KU-631-245

Napier Polytechnic
Langenscheidt's condensed Muret-Sander
S Ref 433.21 Lan 7 20343001

LANGENSCHEIDT'S CONDENSED MURET-SANDERS GERMAN DICTIONARY

LANGENSCHEIDT'S CONDENSED MURET-SANDERS GERMAN DICTIONARY

English - German

BY

HELMUT WILLMANN

HEINZ MESSINGER

AND THE LANGENSCHEIDT EDITORIAL STAFF

NAPIER COLLEGE
THE QUEEN'S LIBRARY
SIGHTHILL

FOR REFERENCE ONLY

HODDER AND STOUGHTON

Published in the British Commonwealth
by Hodder & Stoughton Limited

Words included in this work which are believed to be trademarks have been marked herein by the designation (TM) (after the word). The inclusion of any word in this dictionary is not an expression of the publisher's opinion on whether or not such word is a registered trademark or subject to proprietary rights. It should be understood that no definition in this dictionary or the fact of the inclusion of any word herein is to be regarded as affecting the validity of any trademark. This will apply also with regard to German translations of English words which are accompanied by the letters (TM); in these cases no additional trademark designation has been used for the German translation of such words.
In a few cases it was found necessary to omit the names of particular makes of products or specific trademarks.

Als „Trademark" geschützte englische Wörter werden in diesem Wörterbuch durch das Zeichen (TM) kenntlich gemacht. Das Fehlen eines solchen Hinweises begründet jedoch nicht die Annahme, daß eine Ware oder ein Warenname frei ist und von jedem benutzt werden darf. Dies gilt auch von den deutschen Entsprechungen dieser englischen Wörter, die nicht noch einmal gesondert als geschützte Warenzeichen gekennzeichnet sind.
In einigen Fällen mußte auf die Aufnahme einer Ware oder eines Warennamens ganz verzichtet werden.

NAPIER COLLEGE THE QUEEN'S LIBRARY
AC 87/ 203430 /01
ON 353 0446
SIGHTHILL
REF 433.21 LAN
SUP AAA
CON 0340330724
PR £42-50

© 1985 Langenscheidt KG, Berlin and Munich
Printed in Germany

WITHDRAWN

PREFACE

For nearly a century the names "Muret" and "Sanders" have graced the title pages of Langenscheidt's largest English dictionaries. The association between Langenscheidt and these two lexicographers goes back to the year 1869 when Professor Gustav Langenscheidt, the founder of this publishing company, engaged Professor Eduard Muret to compile a large English dictionary. The German-English part was assigned to the well-known lexicographer, Professor Daniel Sanders.

This dictionary, which became known as the "Muret-Sanders – Unabridged Edition" and comprised four volumes, was completed in 1901. A two-volume "Muret-Sanders – Abridged Edition (for School and Home)" had appeared just prior to the publication of the larger edition. In 1950 the publishers began work on a complete revision of the four-volume "Muret-Sanders". The final volume of this new edition, known as the "Große Muret-Sanders", appeared in 1975.

The "Condensed Muret-Sanders" is the publishers' reply to the increasing demand in recent years for a "Muret-Sanders" in the format of the old two-volume edition.

The present dictionary is based on the English-German part of the "Große Muret-Sanders" and on "Langenscheidts Großwörterbuch Englisch-Deutsch" (1971). However, it is by no means simply the result of a systematic reduction or superficial revision of these works. Its compilers devoted five years to producing a completely new manuscript based on a word-by-word scrutiny and careful sifting of the original material. While the lexicographic merits of the "Große Muret-Sanders" have been retained, care was taken to accommodate developments of recent years in everyday language and specialized fields of knowledge.

Comprising 1,200 pages and containing some 130,000 headwords and a vast range of variant translations, the English-German "Condensed Muret-Sanders" offers far more than merely half of its larger counterpart in the "Große Muret-Sanders" edition. Indeed, to those users who penetrate more deeply into its broad treatment of the general and specialized vocabularies of both languages, the word "Condensed" in the title will appear to be somewhat of an understatement. Since the "Große Muret-Sanders" has virtually become a synonym for the largest English-German dictionary, however, we consider this understatement to be justified.

Needless to say, in its lexicographic presentation this new dictionary has preserved the well-tried principles embodied by the "Große Muret-Sanders". The clear arrangement of the entries, the three-column division of each page, and the general readability of the dictionary make for quick and easy reference. The exemplary quality of its predecessor is further reflected in the balanced typography with its easily distinguishable typefaces and subdivisions, as well as the numerous explanations in italics, the precise labelling of stylistic register in the translations, and its system of cross-references. Special care has been taken to render semantic differences and nuances as accurately as possible, and all entries contain a systematic semantic breakdown allowing for the most subtle variations of meaning. We refer the user here to the detailed account of the dictionary's various lexicographic features in the section entitled "Arrangement of the Dictionary and Guide for the User" (cf. pp. 13 ff.).

The primary aim in the compilation of this dictionary was to provide a comprehensive record of the respective languages from the point of view of general usage, including idiomatic expressions, and specialized terminology. Particular attention has been devoted to the lexicographic "flesh", as it were, in providing an extensive selection of example phrases, idioms, sayings and proverbs. The specialized vocabulary included in this work seeks to fulfil the needs of a wide range of users.

Adherence to tradition alone, however, does not make for a good dictionary, but has to be supplemented by considerations of up-to-dateness. Thus, within the scope of the 130,000 entries contained in the English-German "Condensed Muret-Sanders", the aim has been to remain at the forefront of modern usage in all fields. Even in the final stages of revision, neologisms were continuously incorporated into the dictionary.

The number of new words which had to be taken into consideration in compiling a dictionary of this size naturally ran into many thousands. The following examples may give some idea of the broad spectrum covered by these neologisms:

Among the expressions derived from the daily press are, for example, *concept art*, *Medicaid*, *sign-in*, *terminal clinic*, and, in the lists of proper names and abbreviations, *Gorbachev* and *SDI*.

Highly topical vocabulary areas have been systematically covered, as in the word-field encompassing *biodegradable*, *bioengineering*, *bioethics*, *biofeedback*, *bioplasm* etc.

Words like *ecofreak* do not appear as isolated entries, but are part of an extensive field of associated words.

It goes without saying that British and American usage, both in vocabulary and pronunciation, have been given equal attention in the "Condensed Muret-Sanders". The phonetic transcriptions of the English headwords are based on the principles and phonetic symbols of the International Phonetic Association. In the square brackets next to the headword, the British pronunciation of the word appears first, followed by any American variants. The information provided on American pronunciation goes well beyond that offered in comparable works.

The German user will undoubtedly welcome the syllabification marks in the English headwords. Abbreviations and first names, as well as biographical and geographical references, form part of the large appendix, which also contains useful information on irregular verbs, numerals, weights and measures, English proofreader's marks and phonetic alphabets.

At this point special mention must be made of those to whom we owe the greater part of the compilation of this dictionary, namely Helmut Willmann, a lexicographer at Langenscheidt of 18 years' standing, and Heinz Messinger, who compiled the German-English "Condensed Muret-Sanders". To them, and to Gisela Türck and Inge Spörer, who prepared a considerable part of the manuscript for the press and contributed their critical comments, our warm thanks are due.

Besides this reliable and well-coordinated team, several other members of the Langenscheidt editorial staff played their part in the successful completion of this dictionary.

Above all, Martin Fellermayer and K.H. Buller, two of the editors who devoted several years to working on the project, deserve to be named.

The "Muret-Sanders" set new standards in bilingual lexicography at the beginning of this century, and its complete revision between the years 1950 and 1975 cemented its unrivalled standing as the largest bilingual dictionary of our age. The "Condensed Muret-Sanders" upholds this tradition in the nineteen-eighties in incorporating into its extensive treatment of everyday usage and specialized terminology the very latest developments in the English language.

In 1908 H. Baumann wrote in a preface to the "Muret-Sanders": "In view of the brilliant success of the former Edition of this Dictionary which, while serving for Home and School, also appeals to the wider circle of practical workers in the technical branches, and of professional and commercial men of all sorts, I have been emboldened to hope that, in this new and more perfect form, the work again may attract many friends." We share this hope, albeit in the awareness that even this dictionary can pretend to be no more than a modest contribution to English-German lexicography.

LANGENSCHEIDT

VORWORT

Die Namen „Muret" und „Sanders" stehen seit fast hundert Jahren auf den Titelseiten der größten englischen Langenscheidt-Wörterbücher. Der Ursprung dieser Verbindung geht in das Jahr 1869 zurück. In diesem Jahr schloß Professor Gustav Langenscheidt, der Gründer des Verlags, mit Professor Dr. Eduard Muret einen Vertrag über die Ausarbeitung eines großen englischen Wörterbuchs, für dessen deutsch-englischen Teil er den bekannten Lexikographen Professor Dr. Daniel Sanders gewann.

Dieser „Muret-Sanders – Große Ausgabe" lag im Jahr 1901 vollständig in vier Bänden vor. Eine zweibändige „Muret-Sanders – Hand- und Schulausgabe" erschien schon kurz vor der Publikation der „Großen Ausgabe". Im Jahr 1950 entschloß sich der Verlag, eine vollständige Neubearbeitung des vierbändigen „Muret-Sanders" in Angriff zu nehmen. Der letzte Band dieses neuen „Großen Muret-Sanders" erschien im Jahr 1975.

Um die in den achtziger Jahren steigende Nachfrage nach einem „Muret-Sanders" in der Größe der alten zweibändigen Ausgabe zu befriedigen, bringt nun der Verlag in der Reihe seiner Großwörterbücher den „Kleinen Muret-Sanders" in zwei Bänden heraus.

Der vorliegende englisch-deutsche Band des „Kleinen Muret-Sanders" basiert auf dem englisch-deutschen Teil des „Großen Muret-Sanders" und „Langenscheidts Großwörterbuch Englisch-Deutsch" (1971). Er ist jedoch keineswegs das Ergebnis einer schematischen Kürzung oder einfachen Bearbeitung. Über fünf Jahre arbeiteten die Verfasser an der Erstellung eines vollständig neuen Manuskripts, dem eine Wort-für-Wort-Überprüfung und Straffung des gesamten Ausgangsmaterials zugrunde lag. Unter Beibehaltung der lexikographischen Vorzüge des „Großen Muret-Sanders" wurde überdies den Entwicklungen der letzten Jahre Rechnung getragen – im Bereich der Allgemeinsprache ebenso wie im Bereich der Fachsprachen.

Mit einem Umfang von rund 1200 Seiten, über 130000 Stichwörtern und einem Vielfachen an Übersetzungen bietet der englisch-deutsche „Kleine Muret-Sanders" weit mehr als die Hälfte des entsprechenden Teils des „Großen Muret-Sanders". Wer in die umfassende Darstellung der Allgemeinsprache, der Idiomatik und der Fachsprachen näher eindringt, wird daher das Wort „klein" im Titel des vorliegenden Wörterbuchs als ein „Understatement" empfinden. Da der „Große Muret-Sanders" jedoch fast schon zu einem Synonym für das größte englisch-deutsche Wörterbuch geworden ist, schien uns dieses „Understatement" gerechtfertigt.

Es versteht sich von selbst, daß das vorliegende neue Wörterbuch die bewährten Grundsätze des „Großen Muret-Sanders" in der lexikographischen Darstellung beibehält. Der übersichtliche Aufbau, die Seitenaufteilung in drei Spalten und die gute Lesbarkeit erleichtern den schnellen Zugriff zu dem gesuchten Wort. Die ausgewogene Typographie mit den differenzierenden Schriftarten und Untergliederungen, die zahlreichen Erläuterungen in Kursivschrift, die genaue Beachtung der Sprachgebrauchsebene bei den Übersetzungen und das Verweissystem seien als weitere Beispiele für diese Grundsätze genannt. Besondere Sorgfalt wurde auch auf die semantische Differenzierung verwandt. Alle Stichwortartikel unterliegen bis zur kleinsten Übersetzungsvariante einer sinnvollen semantischen Gliederung. Eine eingehende Beschreibung der Einzelheiten in der lexikographischen Darstellung findet der Benutzer in dem Abschnitt „Anlage des Wörterbuchs mit Hinweisen für den Benutzer“ (vgl. S. 13 ff.).

Das Ziel der inhaltlichen Kompilation war eine umfassende Darstellung der Allgemeinsprache, der Idiomatik und der Fachsprachen. Auf das „Fleisch“ im lexikographischen Sinn – eine ausgedehnte Phraseologie, Anwendungsbeispiele, Redensarten und Sprichwörter – wurde besondere Sorgfalt verwandt. Das fachsprachliche Vokabular versucht möglichst vielen Benutzerkreisen Rechnung zu tragen.

Tradition allein genügt nicht. Modernität und Aktualität des Inhalts müssen hinzukommen. Im Rahmen der 130000 Stichwörter des „Kleinen Muret-Sanders“ Englisch-Deutsch wurde daher versucht, auf allen Gebieten die Grenzen der lexikographischen Aktualität zu erreichen. Selbst in den letzten Revisionsphasen des Werkes wurden noch laufend Neologismen eingearbeitet.

Bei einem Wörterbuch dieser Größenordnung handelt es sich dabei um viele Tausende von Neuwörtern, die berücksichtigt werden mußten. Die Spannweite dieser Neologismen mögen einige „Stichwörter“ verdeutlichen:

Aus den Neologismen der täglichen Zeitungslektüre von heute wurden beispielsweise aufgenommen: *concept art*, *Medicaid*, *sign-in*, *terminal clinic* und (bei den Eigennamen und Abkürzungen) *Gorbachev*, *SDI*.

Hochaktuelle Neuwortbereiche wurden systematisch erfaßt: z. B. *biodegradable*, *bioengineering*, *bioethics*, *biofeedback*, *bioplasm*.

Wörter wie z. B. *ecofreak* erscheinen nicht nur als Stichwörter, sondern auch die Terminologie ihres Umfelds wurde berücksichtigt.

Die Gleichbehandlung des Britischen und Amerikanischen Englisch in Wortschatz und Aussprache ist im „Kleinen Muret-Sanders“ eine Selbstverständlichkeit. Die Ausspracheangaben für die englischen Stichwörter erfolgen nach den Grundsätzen und mit den Symbolen der Internationalen Lautschrift (IPA). Innerhalb der eckigen Klammern erscheint zunächst die Aussprache des Britischen Englisch, dahinter folgt – falls nötig – die amerikanische Lautung, der im vorliegenden Wörterbuch breiterer Raum als bisher üblich eingeräumt wurde.

Auch die Angabe der Silbentrennungsmöglichkeiten in den englischen Stichwörtern wird für den deutschen Benutzer sicherlich hilfreich sein. Abkürzungen, Vornamen, biographische und geographische Namen sind Teile des ausführlichen Anhangs, der dem Benutzer auch wertvolle Informationen über unregelmäßige Verben, Zahlwörter, Maße, Gewichte, englische Korrekturzeichen und Buchstabieralphabete bietet.

Helmut Willmann, seit 18 Jahren als Lexikograph im Langenscheidt-Verlag tätig, und Heinz Messinger, der Verfasser des deutsch-englischen Bandes des „Kleinen Muret-Sanders“, trugen bei der Kompilation und Gestaltung dieses Wörterbuchs die Hauptlast der Verantwortung. Ihnen, aber auch Gisela Türck und Inge Spörer, die erhebliche Teile des Druckmanuskripts erstellten und die Manuskriptarbeiten durch ihre Kritik tatkräftig förderten, sei an dieser Stelle herzlich gedankt.

Neben diesem bewährten und eingespielten Team trugen auch andere Mitglieder der Langenscheidt-Redaktion ihren Teil zum Gelingen dieses Wörterbuchs bei. Zwei Redakteure, die über mehrere Jahre an dem vorliegendem Wörterbuch tätig waren, seien hier genannt: Martin Fellermayer und K.H. Buller.

Der „Muret-Sanders" setzte zu Beginn dieses Jahrhunderts in der zweisprachigen Lexikographie neue Maßstäbe, und durch die vollständige Neubearbeitung in den Jahren 1950 bis 1975 blieb er auch das umfangreichste zweisprachige Wörterbuch unserer Generation. Der „Kleine Muret-Sanders" setzt nun diese Tradition für die achtziger Jahre fort: er verbindet die umfassende Darstellung der Allgemeinsprache und der Fachsprachen mit dem modernen Wortschatz der achtziger Jahre.

H. Baumann schrieb im Jahr 1908 in einem Vorwort des „Muret-Sanders": „Der glänzende Erfolg der früheren Auflage dieses Wörterbuchs, das nicht nur dem Haus und der Schule, sondern auch in weiterem Sinne den zahlreichen praktischen Zwecken der Technik, der Wissenschaft und des Handels nach jeder Richtung hin dienen möchte, berechtigt mich zu der Hoffnung, daß das Werk auch in dieser neuen, vollendeteren Gestalt zahlreiche Freunde finden möge." Auch wir haben diese Hoffnung – wenn wir uns auch bewußt sind, daß selbst dieses umfassende Wörterbuch nur ein neuer Versuch auf dem Feld der englisch-deutschen Lexikographie ist.

LANGENSCHEIDT

INHALTSVERZEICHNIS — CONTENTS

ANLAGE DES WÖRTERBUCHS MIT HINWEISEN FÜR DEN BENUTZER
ARRANGEMENT OF THE DICTIONARY AND GUIDE FOR THE USER

A. ALLGEMEINES

I. SCHRIFTARTEN

Der Unterscheidung des im Wörterbuch gebotenen Stoffes dienen vier Schriftarten:

halbfett	für die englischen Stichwörter,
Auszeichnungsschrift	für die englischen Anwendungsbeispiele und Redewendungen,
Grundschrift	für die deutschen Übersetzungen und
kursiv	für alle erklärenden Zusätze, Definitionen, Ursprungsbezeichnungen, Bezeichnungen der Wortart, des Sachgebietes, der regionalen Verbreitung oder der Sprachgebrauchsebene.

II. ANORDNUNG DER STICHWÖRTER

1. Alphabetische Reihenfolge

Die halbfetten Stichwörter sind streng alphabetisch geordnet. Unregelmäßige Formen und orthographische Varianten sind an ihrem alphabetischen Platz verzeichnet mit Verweis auf das Stichwort, unter dem sie behandelt werden. Außerhalb der alphabetischen Reihenfolge stehen die als halbfette Stichwörter aufgeführten Verbindungen von Verben mit Präpositionen bzw. Adverbien. Sie folgen dem betreffenden Verbartikel unmittelbar in besonderen Abschnitten.

A. GENERAL INDICATIONS

I. STYLES OF TYPE

Four different styles of type are used for the following four categories of information:

boldface	for the entry word,
lightface	for illustrative phrases and idiomatic expressions,
plain	for the German translation, and
italic	for all explanations and definitions, for labels indicating the origin of an entry word, its part of speech, its specialized senses, its geographical distribution, and its level of usage.

II. ARRANGEMENT OF ENTRIES

1. Alphabetical Order

Boldface entries are given in strict alphabetical order. Irregular forms and variant spellings are listed in the proper alphabetical order with cross reference to the entry word where they are treated in full. In the case of verb phrases which are entered in boldface type the alphabetical order has been abandoned. They are dealt with separately, directly after the respective verb entries.

2. Britische und amerikanische Schreibvarianten

Orthographische Varianten des britischen oder amerikanischen Englisch werden nach dem Grundsatz der Gleichwertigkeit behandelt. Die lexikographische Behandlung erfolgt bei derjenigen Schreibvariante, in der das betreffende Wort alphabetisch zuerst erscheint. An dieser Stelle ist zusätzlich die andere Schreibvariante verzeichnet. Bei der alphabetisch später aufgeführten Variante wird auf die alphabetisch frühere Schreibvariante verwiesen.

Wenn orthographische Varianten (vollständig angeführt oder durch eingeklammerte Buchstaben angezeigt) nicht als „britisch" oder „amerikanisch" gekennzeichnet sind, so gelten sie für beide Sprachzweige.

Ist beim zweiten Bestandteil einer Zusammensetzung ein Buchstabe eingeklammert, so ist beim betreffenden Simplex zu ersehen, ob es sich hierbei um eine britische bzw. amerikanische Variante handelt oder ob die Variante für beide Sprachzweige gilt.

2. British and American Orthographic Differences

Where British and American spelling differs, the two forms are regarded as having equal status. Full lexicographical treatment is given with the prior alphabetical form. There the other spelling variant, properly labelled, is also listed. A cross reference from the later alphabetical form to the prior form indicates where the word in question is treated.

When variant spellings (either entered in full or indicated by brackets only) are not marked British or American they are common to both countries.

When in the second element of a compound entry a letter is placed in brackets the user is referred to the respective base word to find out whether the variant spellings constitute orthographic differences between British and American usage or are common to both countries.

3. Zusammensetzungen

Zusammensetzungen sind entweder als halbfette Stichwörter an ihrer alphabetischen Stelle verzeichnet (z. B. **coal bed, coast guard**) oder erscheinen als Anwendungsbeispiele unter einem ihrer Kompositionsglieder (z. B. accident risk unter **risk 2**).

3. Compound Entries

Most compounds are either entered in boldface type in their proper alphabetical position (e.g. **coal bed, coast guard**) or are given as illustrative phrases under one or other of their components (e.g. accident risk under **risk 2**).

4. Ableitungen

Ableitungen stehen als halbfette Stichwörter an ihrer alphabetischen Stelle. Nur wenn sie sehr selten sind oder wenn sich ihre Bedeutung ohne weiteres aus der des Stammworts ergibt, wurden sie nicht eigens aufgeführt.

4. Derivatives

Derivatives are given in their proper alphabetical position as boldface entries. They have been omitted only when they are very rare or when their meaning can easily be gathered from that of their base word.

5. Adverbialformen

Adverbialformen werden immer gekennzeichnet: **hot** ... (*adv* ~ly). Sie erscheinen aber nur dann als selbständiges Stichwort, wenn sie in Bedeutung oder Aussprache eine Besonderheit aufweisen. Ausgeschrieben werden Adverbialformen, bei deren Bildung der Schlußvokal des Adjektivs entfällt oder sich verändert:

capable *adj* (*adv* capably)
gentle *adj* (*adv* gently)
risky *adj* (*adv* riskily)

5. Adverbs

The formation of adverbs is indicated throughout: **hot** ... (*adv* ~ly). However, they are only treated in full if they show any irregularities either in meaning or in pronunciation. Those adverbs which in the course of derivation from an adjective either drop or change the last vowel are written in full:

capable *adj* (*adv* capably)
gentle *adj* (*adv* gently)
risky *adj* (*adv* riskily)

Bei Adjektiven, die auf **-ic** und **-ical** enden können, wird die Adverbialbildung auf folgende Weise gekennzeichnet:

geologic *adj*; **geological** *adj* (*adv* **~ly**)

d. h. **geologically** ist das Adverb zu beiden Adjektivformen.

There may be but one adverbial form for adjectives ending in both **-ic** and **-ical**. This is indicated in the following way:

geologic *adj*; **geological** *adj* (*adv* **~ly**)

i.e. **geologically** is the adverb of **geologic** and **geological.**

6. Wortbildungselemente

Um dem Benutzer die Möglichkeit zu geben, eventuell nicht verzeichnete wissenschaftliche und sonstige Spezialausdrücke zu erschließen, wurden englische Wortbildungselemente aufgenommen.

6. Combining Forms

In order to enable the user to gather the meaning of scientific or other technical terms not listed in the dictionary, English combining forms are given.

7. Eigennamen und Abkürzungen

Wichtige Eigennamen aus der Bibel, von Sternen etc. sind im Hauptteil behandelt. Eigennamen biographischer und geographischer Art sowie Abkürzungen sind in besonderen Verzeichnissen am Schluß des Werkes zusammengestellt.

7. Proper Names and Abbreviations

The more important proper names from the Bible, of stars in the stellar system, etc. are dealt with in the main vocabulary. Biographical and geographical names as well as abbreviations are listed in special appendixes at the end of the dictionary.

B. AUFBAU EINES STICHWORTARTIKELS

Die Unterteilung eines Stichwortartikels geschieht durch

1. römische Ziffern zur Unterscheidung der Wortarten (Substantiv, transitives oder intransitives Verb, Adjektiv etc.),

2. arabische Ziffern (fortlaufend im Artikel und unabhängig von den römischen Ziffern) zur Unterscheidung der einzelnen Bedeutungen,

3. kleine Buchstaben zur weiteren Bedeutungsdifferenzierung innerhalb einer arabischen Ziffer.

Die einzelnen Artikel gliedern sich wie folgt:

B. TREATMENT OF ENTRIES

Subdivisions may be made in the entries by means of

1. Roman numerals to distinguish the various parts of speech (noun, transitive or intransitive verb, adjective, etc.),

2. Arabic numerals (running consecutively through the entire entry, irrespective of the Roman numerals) to distinguish the various senses,

3. small letters as a further means of splitting up into several related meanings a primary sense of a word under an Arabic numeral.

The various elements of a dictionary entry are:

I. ENGLISCHES STICHWORT

Das englische Stichwort erscheint in halbfetter Schrift entweder nach links ausgerückt oder, im Falle von Ableitungen und Zusammensetzungen, innerhalb des fortlaufenden Textes der Spalte.

1. Silbentrennpunkte. Bei mehrsilbigen Stichwörtern ist die Silbentrennung durch auf Mitte stehenden Punkt oder durch Betonungsakzent angezeigt. Bei Wortbildungselementen wird die Silbentren-

I. THE ENGLISH ENTRY WORD

The english entry word is printed in boldface type and appears either at the left-hand side of a column (slightly further over into the left margin than the rest of the text) or is–in the case of derivatives and compounds–run on after the preceding entry.

1. Syllabification. In entry words of more than one syllable syllabification is indicated by centred dots or stress marks. In the case of combining forms syllabification has not been given since it may vary

nungsmöglichkeit nicht angegeben, da sich diese, je nach den weiteren Bestandteilen des zu bildenden Wortes, verändern kann (z. B. **electro-**).

2. Exponenten. Verschiedene Wörter gleicher Schreibung (Homonyme, Homogramme) werden mit Exponenten gekennzeichnet (z. B. **bail¹, bail², bail³, bail⁴**).

3. Bindestrich. Mußte ein mit Bindestrich geschriebenes englisches Wort an der Stelle des Bindestrichs getrennt werden, so wurde der Bindestrich zu Anfang der folgenden Zeile wiederholt.

4. Tilde. Folgen einem ausgerückten Stichwort eine oder mehrere angehängte Zusammensetzungen mit diesem Stichwort als erstem Bestandteil, so wird es nicht jedesmal wiederholt, sondern durch eine halbfette Tilde (**~**) ersetzt:

> **cad·mi·um** [ˈkædmɪəm] ... **~ or·ange** = cadmium orange ...

Ist das ausgerückte Stichwort bereits selbst eine Zusammensetzung, die durch die nachfolgende Tilde nicht als Ganzes wiederaufgenommen werden soll, sondern nur mit ihrem ersten Bestandteil, so steht hinter diesem ersten Bestandteil ein senkrechter Strich. In den darauffolgenden angehängten Stichwörtern ersetzt die halbfette Tilde also nur den vor dem senkrechten Strich stehenden Bestandteil des ausgerückten Stichworts:

> **ab·so·lute| pitch** ... **~ tem·per·a·ture** = absolute temperature ...

Um den Wechsel zwischen Groß- und Kleinschreibung bei den mit Tilde angehängten Stichwörtern anzuzeigen, wurde der große bzw. kleine Anfangsbuchstabe unmittelbar vor die Tilde gesetzt:

> **Great| Mo·gul** ... **g~ mo·rel** = great morel ...

5. Unregelmäßige Formen

a) Substantiv

Der regelmäßig gebildete Plural wird nicht angegeben. Dagegen werden die Pluralformen aller Substantive auf **-o** sowie alle unregelmäßigen Pluralformen durch Wiedergabe der letzten Silbe(n) oder des gesamten Wortes verzeichnet:

> **cac·tus** [ˈkæktəs] *pl* **-ti** [-taɪ], **-tus·es** ...
>
> **knife** [naɪf] **I** *pl* **knives** [naɪvz] *s* ...

according to the other components of the word to be formed (e.g. **electro-**).

2. Superscription. Different words with the same spelling (homographs) have been given numbers in superscript (e.g. **bail¹, bail², bail³, bail⁴**).

3. Hyphen. Where hyphen and division mark coincide in the division of a hyphened English entry, the hyphen is repeated at the beginning of the next line.

4. Swung Dash or Tilde. When a left-margin entry word is followed by one or more compounds (with the entry word as their first element), the entry word has not been repeated every time but has been replaced by a boldface tilde (**~**):

> **cad·mi·um** [ˈkædmɪəm] ... **~ or·ange** = cadmium orange ...

When the left-margin entry word is itself a compound of which only the first element is to be repeated by the following tilde, then this element is separated off by means of a vertical bar. In the run-on entry words following, the boldface tilde repeats only that element of the left-margin entry word which precedes the vertical bar:

> **ab·so·lute| pitch** ... **~ tem·per·a·ture** = absolute temperature ...

When the initial letter of run-on entry words represented by a tilde changes from small to capital or vice versa the small or capital letter has been placed immediately in front of the tilde:

> **Great| Mo·gul** ... **g~ mo·rel** = great morel ...

5. Irregular Forms

a) Noun

Regular plural forms have generally not been given. In the case of nouns ending in **-o** and nouns with irregular plurals, either the entire plural form is given or merely its last syllable(s):

> **cac·tus** [ˈkæktəs] *pl* **-ti** [-taɪ], **-tus·es** ...
>
> **knife** [naɪf] **I** *pl* **knives** [naɪvz] *s* ...

Erscheint ein Substantiv mit unregelmäßigem Plural als letzter Bestandteil einer Zusammensetzung, so weist die Abkürzung *irr* (= **irregular**) auf die Unregelmäßigkeit hin. Die unregelmäßige Pluralform findet man an derjenigen Stelle, an der der letzte Bestandteil der Zusammensetzung als Stichwort verzeichnet ist:

al·der·wom·an [ˈɔːldə(r)ˌwʊmən] *s irr* ...
wom·an [ˈwʊmən] **I** *pl* **wom·en** [ˈwɪmɪn] *s* ...

b) Verbum

Verben, bei welchen keine weitere Grundform angegeben ist, bilden Präteritum und Partizip Perfekt regelmäßig. Bei unregelmäßigen Verben werden Präteritum (*pret*) und Partizip Perfekt (*pp*) verzeichnet.

freeze [friːz] **I** *v/i pret* **froze** [frəʊz] *pp* **froz·en** [ˈfrəʊzn] ...
build [bɪld] **I** *v/t pret u. pp* **built** ...

Bei abgeleiteten oder zusammengesetzten unregelmäßigen Verben wird die Unregelmäßigkeit nur durch die Abkürzung *irr* angedeutet; Einzelheiten sind beim Simplex nachzuschlagen:

ˌ**o·ver**ˈ**hear** *v/t irr* ...

c) Adjektiv und Adverb

Adjektive und Adverbien, die unregelmäßig gesteigert werden, sind mit ihren Steigerungsformen gegeben:

bad[1] [bæd] **I** *adj comp* **worse** [wɜːs; *Am.* wɜrs] *sup* **worst** [wɜːst; *Am.* wɜrst] ...

II. AUSSPRACHE

Grundsätzlich ist bei jedem einfachen Stichwort die Aussprache ganz oder teilweise angegeben. Die Aussprachebezeichnung erfolgt nach den Grundsätzen der „International Phonetic Association". Die phonetischen Angaben werden nach einem der folgenden Grundsätze gemacht:

1. Bei jedem ausgerückten Stichwort, das nicht eine Zusammensetzung bzw. Ableitung von an anderer Stelle verzeichneten und phonetisch umschriebenen Stichwörtern ist, wird die Aussprache in eckigen Klammern – in der Regel unmittelbar hinter dem Stichwort – gegeben:

ask [ɑːsk; *Am.* æsk] **I** *v/t* **1.** ...

When a noun with an irregular plural appears as the last element of a compound, the irregularity is indicated only by the abbreviation *irr* (= **irregular**). The irregular plural form is given where the last element of the compound is listed as a separate entry word:

al·der·wom·an [ˈɔːldə(r)ˌwʊmən] *s irr* ...
wom·an [ˈwʊmən] **I** *pl* **wom·en** [ˈwɪmɪn] *s* ...

b) Verb

When no principal parts are indicated, the past tense and past participle are formed regularly. The past tense (*pret*) and past participle (*pp*) of irregular verbs are given:

freeze [friːz] **I** *v/i pret* **froze** [frəʊz] *pp* **froz·en** [ˈfrəʊzn] ...
build [bɪld] **I** *v/t pret u. pp* **built** ...

The irregularity of the compound and derived irregular verbs is shown by the abbreviation *irr* only. The user should consult the base verbs for the principal parts:

ˌ**o·ver**ˈ**hear** *v/t irr* ...

c) Adjective and Adverb

All irregularly compared adjectives and adverbs are entered with both comparative and superlative forms:

bad[1] [bæd] **I** *adj comp* **worse** [wɜːs; *Am.* wɜrs] *sup* **worst** [wɜːst; *Am.* wɜrst] ...

II. PRONUNCIATION

It is a general rule that either full or partial pronunciation is given for every simple entry word. The symbols used are those laid down by the International Phonetic Association. One or other of the following principles determines the pronunciation:

1. Every left-margin entry word that is not compounded of or derived from words listed and phonetically transcribed elsewhere in the dictionary is followed by the pronunciation in square brackets:

ask [ɑːsk; *Am.* æsk] **I** *v/t* **1.** ...

2. Jedes Stichwort, das ein mit Bindestrich verbundenes oder zusammengeschriebenes Kompositum ist aus an anderer Stelle phonetisch umschriebenen Stichwörtern, trägt nur Betonungsakzente vor den betonten Silben. Das Zeichen [ˈ] stellt den Hauptakzent, das Zeichen [ˌ] den Nebenakzent dar. Die Aussprache ist beim jeweiligen Simplex nachzuschlagen und mit dem bei der Zusammensetzung gegebenen Betonungsschema zu kombinieren:

ˈforeˌfa·ther
(siehe unter **fore** und **father**)

3. Bei Stichwörtern, die getrennt geschriebene Komposita sind, werden keine Betonungsakzente gegeben. Die Aussprache ist beim jeweiligen Simplex nachzuschlagen:

con·ic pro·jec·tion

4. Stichwörter, die als Ableitungen an ein Simplex angehängt sind, erhalten häufig nur Betonungsakzente und Teilumschrift. Die Aussprache des nichtumschriebenen Wortteils ist unter Berücksichtigung eines eventuellen Akzentumsprungs dem vorausgehenden Stichwort zu entnehmen:

flu·or·o·scope [ˈfluːərəskəʊp] ...
ˌflu·or·oˈscop·ic [-ˈskɒpɪk; *Am.* -ˈskɑ-]
= [ˌfluːərəˈskɒpɪk; *Am.* ˌfluːərəˈskɑpɪk] ...

Mehrere besonders häufige Endungen sind jedoch nicht bei jeder Ableitung, sondern nur in einer zusammenfassenden Liste auf S. 27 phonetisch umschrieben:

claim [kleɪm] ... **ˈclaim·a·ble** =
[ˈkleɪməbl] ...

5. Ändert sich die hinter dem Stichwort verzeichnete Aussprache für eine Wortart, so steht die veränderte Aussprache unmittelbar hinter der entsprechenden Wortartangabe, auf die sie sich bezieht:

ex·cuse I *v/t* [ɪkˈskjuːz] ... **II** *s* [ɪkˈskjuːs]
...

III. URSPRUNGSBEZEICHNUNG

Nichtanglisierte Stichwörter aus anderen Sprachen sind mit dem Kennzeichen ihrer Herkunft versehen. Wenn es sich um deutsche, französische, italienische oder spanische Wörter handelt, die noch in der Aussprache als Fremdwort empfunden werden, so sind sie auch in der Herkunftssprache phonetisch umschrieben.

2. All compound entries, whether hyphened or written as one word, with elements listed and phonetically transcribed elsewhere in the dictionary are provided with stress marks in front of the stressed syllables. The notation [ˈ] stands for strong stress, the notation [ˌ] for weak stress. For the pronunciation of the different elements the user must consult the respective entries and combine what he finds there with the stress scheme given within the compound entry:

ˈforeˌfa·ther
(cf. **fore** and **father**)

3. No accents are given in compound entries written as two or more separate words. For the pronunciation the user must consult the respective simple entries:

con·ic pro·jec·tion

4. Derivatives run on after a simple entry often have only accents and part of the pronunciation given. That part of the word which is not transcribed phonetically has, apart from differences in stress, a pronunciation that is identical with that of the corresponding part of the preceding entry:

flu·or·o·scope [ˈfluːərəskəʊp] ...
ˌflu·or·oˈscop·ic [-ˈskɒpɪk; *Am.* -ˈskɑ-]
= [ˌfluːərəˈskɒpɪk; *Am.* ˌfluːərəˈskɑpɪk] ...

A number of the more common suffixes, however, have not been transcribed phonetically after every derivative entry. They are shown, together with their phonetic transcription, in a comprehensive list on p. 27:

claim [kleɪm] ... **ˈclaim·a·ble** =
[ˈkleɪməbl] ...

5. When the pronunciation given after the entry word changes for a particular part of speech the different pronunciation appears immediately after the part-of-speech label to which it refers:

ex·cuse I *v/t* [ɪkˈskjuːz] ... **II** *s* [ɪkˈskjuːs]
...

III. INDICATION OF ORIGIN

Non-assimilated foreign entry words are marked with the label of their origin. In addition German, French, Italian, and Spanish words are transcribed phonetically according to the respective language of origin in so far as their pronunciation is still regarded as foreign.

IV. WORTARTBEZEICHNUNG

Die Angabe der Wortart (*s*, *adj*, *v/t*, *v/i*, *v/reflex*, *adv*, *pron*, *prep*, *conj*, *interj*) folgt meist unmittelbar auf die Aussprache. Gehört ein Stichwort mehreren grammatischen Kategorien an, so steht die Wortartbezeichnung hinter jeder römischen Ziffer.

V. BEZEICHNUNG DES SACHGEBIETS

Stichwörter, die einem besonderen Sachgebiet angehören, sind mit einer entsprechenden Bezeichnung versehen:

> **clause** [klɔːz] *s* **1.** *ling.* Satz ... **2.** *jur.* Klausel ...

Die Stellung der Sachgebietsbezeichnung innerhalb des Stichwortartikels richtet sich danach, ob sie für das ganze Stichwort gilt oder nur für einige Bedeutungen. Unmittelbar hinter der Aussprache eines Stichworts kann sie für alle angehängten Übersetzungen gelten.

VI. BEZEICHNUNG DER REGIONALEN VERBREITUNG

Die auf einen bestimmten Teil des englischen Sprachgebiets beschränkten Stichwörter sind mit der Angabe ihres regionalen Ursprungs (*Am.*, *Austral.*, *Br.*, *Canad.* etc.) gekennzeichnet. Dies schließt jedoch nicht aus, daß sie in vielen Fällen inzwischen auch in andere Sprachzweige Eingang gefunden haben.

VII. BEZEICHNUNG DER SPRACHGEBRAUCHSEBENE

Bei Stichwörtern, die auf irgendeine Weise von der Hochsprache (Standard English) abweichen, ist vermerkt, auf welcher Sprachgebrauchsebene sie stehen (*vulg.*, *sl.*, *colloq.*, *dial.*, *poet.*, *obs.*, *hist.*). Wo immer möglich, wurde als deutsche Übersetzung ein Wort derselben Sprachgebrauchsebene gegeben. Bei den mit *vulg.*, *sl.* oder *colloq.* gekennzeichneten Stichwörtern steht die deutsche Übersetzung, wenn sie derselben Sprachgebrauchsebene angehört, in einfachen Anführungszeichen; ihr folgt (wo notwendig) der hochsprachliche Ausdruck als zusätzliche Übersetzung oder Erläuterung:

> **broke**[2] [brəʊk] *adj colloq.* ‚pleite': a) ‚abgebrannt', ‚blank' (*ohne Geld*) ...

IV. PART-OF-SPEECH LABEL

As a rule the part-of-speech label immediately follows the pronunciation (*s*, *adj*, *v/t*, *v/i*, *v/reflex*, *adv*, *pron*, *prep*, *conj*, *interj*). When an entry word has several parts of speech the part-of-speech label is given after every Roman numeral.

V. SUBJECT LABEL

Entries belonging to a particular field of knowledge are labelled accordingly:

> **clause** [klɔːz] *s* **1.** *ling.* Satz ... **2.** *jur.* Klausel ...

The position of the subject label within an entry depends on whether it refers to the whole entry or only to one or more senses within the entry. When the subject label stands immediately after the pronunciation of an entry word it can refer to all translations.

VI. GEOGRAPHICAL LABEL

Entry words used only in a particular area of the English-speaking world are marked with a label of geographical origin (*Am.*, *Austral.*, *Br.*, *Canad.*, etc.). This does not rule out the possibility that many of them may also have become current in other English-speaking countries.

VII. USAGE LABEL

When an entry deviates in any way from Standard English the level of usage is indicated (*vulg.*, *sl.*, *colloq.*, *dial.*, *poet.*, *obs.*, *hist.*). Wherever possible, the German translation has been drawn from the same usage level. In entries designated as *vulg.*, *sl.*, or *colloq.* the German translation–if drawn from the same level of usage–is placed in inverted commas and is followed, wherever necessary, by the pertinent standard expression in German as an additional translation or explanation:

> **broke**[2] [brəʊk] *adj colloq.* ‚pleite': a) ‚abgebrannt', ‚blank' (*ohne Geld*) ...

VIII. DEUTSCHE ÜBERSETZUNG DES ENGLISCHEN STICHWORTS

1. Rechtschreibung und Genusangabe. Für die Rechtschreibung war im wesentlichen „Duden, Rechtschreibung der deutschen Sprache und der Fremdwörter" maßgebend. Die Angabe des Geschlechts eines Substantivs durch *m*, *f*, *n* wurde, so weit wie möglich, in Anlehnung an Duden durchgeführt. Die Genusangabe unterblieb

a) in den Fällen, in denen das Geschlecht eines Substantivs aus dem Kontext eindeutig hervorgeht (z. B. niedriger Tisch; Arbeiter, der etwas einbettet),

b) wenn die Übersetzung die weibliche Endung in Klammern bringt: Verkäufer(in),

c) bei kursiven Erklärungen,

d) bei den Übersetzungen von Anwendungsbeispielen, und

e) wenn das deutsche Substantiv im Plural steht. In diesem Fall steht die Bezeichnung *pl* hinter dem deutschen Wort.

f) Die Übersetzungen von substantivischen Anwendungsbeispielen, deren Geschlecht nicht aus einem der Fälle a, b und e und auch nicht aus einer Grundübersetzung innerhalb einer arabischen Unterabteilung hervorgeht, erhalten jedoch die Genusbezeichnung.

2. Akzente. Bei allen deutschen Wörtern, die dem nichtdeutschen Benutzer in der Betonung Schwierigkeiten verursachen könnten, sind Betonungsakzente gesetzt. Der Hauptakzent wird durch das Zeichen [ˈ], der Nebenakzent durch das Zeichen [ˌ] wiedergegeben. Die Akzente stehen vor dem Buchstaben, mit dem die betonte Silbe beginnt. Sie werden gesetzt bei

a) Fremdwörtern, die nicht auf der ersten Silbe betont werden,

b) deutschen Wörtern, die nicht auf der ersten Silbe betont werden, außer wenn es sich um eine der stets unbetonten Vorsilben **be-**, **emp-**, **ent-**, **er-**, **ge-**, **ver-**, **zer-** handelt, und

VIII. THE GERMAN TRANSLATION OF THE ENGLISH ENTRY

1. Spelling and Gender. As a rule the spelling given is that recommended by "Duden, Rechtschreibung der deutschen Sprache und der Fremdwörter". The gender of nouns (indicated by the notations *m*, *f*, *n*) is, as far as possible, in accordance with "Duden". Gender is not indicated

a) whenever it can be clearly inferred from the context (e.g. niedriger Tisch; Arbeiter, der etwas einbettet),

b) whenever in the translation the feminine suffix is given in brackets: Verkäufer(in),

c) in all explanations in italics,

d) in the translations of illustrative phrases, and

e) whenever the German noun is in the plural. In this case the designation *pl* follows the German word.

f) In the case, however, of nouns which appear as illustrative phrases the gender is indicated unless it can be inferred either from cases a, b, e, or from one of the basic translations given within a subdivision under an Arabic numeral.

2. Stress Marks. Accentuation is given with those German words which might cause difficulty to the non-German user. The primary stress is indicated by the notation [ˈ], the secondary stress by the notation [ˌ]. The stress marks have been placed immediately before the first letter of the stressed syllable. The following categories of words have been given stress marks:

a) foreign words which are not stressed on the first syllable,

b) German words which are not stressed on the first syllable except for those beginning with one of the following unstressed prefixes: **be-**, **emp-**, **ent-**, **er-**, **ge-**, **ver-**, **zer-**, and

c) deutschen Wörtern, die mit einer bald betonten, bald unbetonten Vorsilbe beginnen: **durch-**, **hinter-**, **miß-**, **über-**, **um-**, **unter-**, **wider-**, **wieder-**;

d) außerdem erhält der deutsche unbestimmte Artikel einen Akzent in Fällen wie: sich in ˈeinem Punkt einigen (statt: e-m).

Ist bei einer deutschen Übersetzung ein Bestandteil eingeklammert, zum Zeichen dafür, daß er auch wegfallen kann, so erfolgt die Akzentsetzung mit Haupt- und Nebenakzent für das gesamte Wort. Steht bei Wegfall des eingeklammerten Wortbestandteils nur ein Nebenakzent auf dem verbleibenden Wort, so wird dieser zum Hauptakzent, z. B. (KriˈstaII)Deˌtektorempfänger.

Bei kursiven Erklärungen und bei den Übersetzungen von Anwendungsbeispielen werden keine Akzente gegeben.

3. Divis. Der kurze Trennstrich (Divis) wie in Häns-chen weist darauf hin, daß „s" und „ch" getrennt gesprochen werden.

4. Kursive Erklärungen können anstelle der Übersetzung stehen – meist nur, wenn es sich um einen unübersetzbaren Ausdruck handelt – oder in Klammern hinter einer Übersetzung.

IX. HINWEISE ZUR REKTION

Vor der Übersetzung stehen in der Regel (kursiv) Dativ- und Akkusativobjekte von Verben:

e·lude ... *v/t* ... *das Gesetz etc* umˈgehen ...

Hinter der Übersetzung kann (kursiv und in Klammern) ein Subjekt verzeichnet sein:

eas·y ... *adj* ... locker, frei (*Moral etc*) ...
die[1] ... *v/i* ... eingehen (*Pflanze, Tier*) ...

Ist ein englisches transitives Verb nicht transitiv übersetzt, so wird die abweichende Rektion bei der deutschen Übersetzung angegeben:

c) German words beginning with a prefix which is sometimes stressed and sometimes not: **durch-**, **hinter-**, **miß-**, **über-**, **um-**, **unter-**, **wider-**, **wieder-**,

d) the German indefinite article in cases like: sich in ˈeinem Punkt einigen (instead of: e-m).

When an element of the German translation is given in brackets, as an indication that omission is possible, the accentuation (with primary and secondary stress) applies to the entire word. When such an element is omitted, however, and there is a secondary stress on the remaining component, this then becomes the primary stress, e.g. (KriˈstaII)Deˌtektorempfänger.

No accentuation is given in explanations in italics or in the translations of illustrative phrases.

3. The Short Hyphen. The short hyphen as in "Häns-chen" indicates that "s" and "ch" must be pronounced separately.

4. Explanations in Italics may be given instead of the translation–but generally only when the English word is untranslatable–or in brackets after the translation.

IX. INDICATION OF GRAMMATICAL CONTEXT

The direct and indirect objects of verbs are printed in italics. They have been placed before the translation:

e·lude ... *v/t* ... *das Gesetz etc* umˈgehen ...

Where necessary the subject of an adjective or verb is indicated in italics and in brackets after the translation:

eas·y ... *adj* ... locker, frei (*Moral etc*) ...
die[1] ... *v/i* ... eingehen (*Pflanze, Tier*) ...

When an English transitive verb cannot be translated with an appropriate German transitive verb the difference in construction has been indicated:

di·rect ... *v/t* ... *j-m* den Weg zeigen ...

Bei englischen Stichwörtern (Substantiven, Adjektiven, Verben), die von einer bestimmten Präposition regiert werden, sind diese Präposition (in Auszeichnungsschrift) und ihre deutsche Entsprechung (in Grundschrift) innerhalb der arabischen Unterabteilung angegeben. Folgende Anordnungen sind möglich:

1. Steht die englische Präposition zusammen mit der deutschen Rektionsangabe *am Ende* aller Übersetzungen einer arabischen Untergruppe, dann gilt die deutsche Rektionsangabe für alle Übersetzungen dieser Untergruppe:

de·tach·ment ... *s* **1.** (Ab)Trennung *f*, (Los)Lösung *f* (**from** von) ...

2. Steht die englische Präposition zusammen mit der deutschen Rektionsangabe *vor* der ersten Ziffer, so gilt sie für sämtliche arabische Unterabteilungen eines Artikels:

con·ceal ... *v/t* (**from** vor *dat*) **1.** verbergen ... **2.** ... tarnen ...

3. Steht die englische Präposition *vor* den deutschen Übersetzungen einer arabischen Untergruppe und die deutsche Rektionsangabe jeweils hinter den einzelnen Übersetzungen, dann gilt die deutsche Rektionsangabe nur für die Übersetzung oder die Übersetzungen, die ihr unmittelbar vorausgehen:

con·gru·ent *adj* **1.** (**to, with**) über'einstimmend (mit), entsprechend, gemäß (*dat*) ...

d. h. „entsprechend" und „gemäß" werden mit dem Dativ konstruiert.

4. Wird das Stichwort nur in Verbindung mit einer Präposition verwendet, so steht diese in Auszeichnungsschrift, ohne Klammer und mit Tilde vor der Übersetzung:

con·sist ... *v/i* **1.** ~ **of** bestehen ... aus. **2.** ~ **in** bestehen in (*dat*): ...

Bei den deutschen Präpositionen, die sowohl den Dativ als auch den Akkusativ regieren können, wird der Kasus angegeben:

com·mem·o·rate ... erinnern an (*acc*) ...

di·rect ... *v/t* ... *j-m* den Weg zeigen ...

English prepositions governing certain entry words (nouns, adjectives, verbs) are indicated within the subdivisions under Arabic numerals in lightface type, followed by their German equivalents in plain type. The following arrangements are possible:

1. When the English preposition and its German equivalent (either a preposition or indication of the case required) *follow* all the translations of a particular subdivision under an Arabic numeral, the German preposition (or other grammatical indication) then applies to all the translations of this particular subdivision:

de·tach·ment ... *s* **1.** (Ab)Trennung *f*, (Los)Lösung *f* (**from** von) ...

2. When the English preposition and its German equivalent *precede* the first Arabic numeral, then they apply to all following subdivisions:

con·ceal ... *v/t* (**from** vor *dat*) **1.** verbergen ... **2.** ... tarnen ...

3. When the English preposition *precedes* the German translations of a subdivision under an Arabic numeral and the German preposition or prepositions (or other grammatical indication) follow each individual translation, the latter applies only to the translation or the translations immediately preceding:

con·gru·ent *adj* **1.** (**to, with**) über'einstimmend (mit), entsprechend, gemäß (*dat*) ...

i.e. "entsprechend" and "gemäß" are construed with the dative.

4. When the entry word can be used only in connection with a preposition, the latter is given in lightface type, without brackets and with a tilde, immediately before the translation:

con·sist ... *v/i* **1.** ~ **of** bestehen ... aus. **2.** ~ **in** bestehen in (*dat*): ...

For German prepositions which can govern both the dative and the accusative, the required case is indicated:

com·mem·o·rate ... erinnern an (*acc*) ...

X. ANWENDUNGSBEISPIELE

Sie stehen in Auszeichnungsschrift unmittelbar hinter der Übersetzung des Stichworts. Die magere Tilde ersetzt dabei stets das gesamte halbfette Stichwort:

get ... **~ a·long** ...: ~ with you! ... (Das Anwendungsbeispiel lautet also **get along with you!**).

Die deutsche Übersetzung des Anwendungsbeispiels ist gelegentlich weggelassen, wenn sie sich aus den Bedeutungen der einzelnen Wörter von selbst ergibt.

X. ILLUSTRATIVE PHRASES

Illustrative phrases follow the translation of the entry word. The English phrase is printed in lightface type, the German translation in plain type. The lightface tilde always replaces the entire boldface entry word:

get ... **~ a·long** ...: ~ with you! ... (The illustrative phrase in this case is **get along with you!**).

When the German translation of an illustrative phrase can easily be gathered from the meanings of the separate words, it has occasionally been omitted.

XI. BESONDERE REDEWENDUNGEN

Bei sehr umfangreichen Stichwörtern sind idiomatische Wendungen und sprichwörtliche Redensarten in einem gesonderten Abschnitt „Besondere Redewendungen" am Ende des Stichwortartikels zusammengefaßt.

XI. IDIOMATIC EXPRESSIONS

In some instances, where the entry is very long, idiomatic expressions and proverbs have been collected in a special paragraph ("Besondere Redewendungen") at the end of the entire entry.

XII. VERWEISE

Verweise werden durch Pfeil gekennzeichnet. Sie dienen zur lexikographischen Straffung und kommen in folgenden Fällen zur Anwendung:

1. Bedeutungsgleichheit zwischen zwei Stichwörtern:

her·bo·rist ... → herbalist.

2. Zwei Wörter unterscheiden sich lediglich in der Schreibung:

hash·eesh → hashish.

3. Eine Redewendung ist bei einem anderen Stichwort zu finden:

clean ... → broom 1.
broom ... **1.** ... a new ~ sweeps clean ...

4. Umfangreiche Übersetzungen treffen auf zwei Wortarten in gleicher Weise zu:

con·cen·trate ... **I** *v/t* **1.** konzen'trieren ...: a) zs.-ziehen, zs.-ballen, vereinigen, sammeln ... **II** *v/i* **4.** sich konzen'trieren (*etc*; → 1) ...

XII. CROSS REFERENCES

Cross references are indicated by arrows. They are intended to make for conciseness and apply in the following cases:

1. Two words have the same meaning:

her·bo·rist ... → herbalist.

2. Two words differ in spelling only:

hash·eesh → hashish.

3. The user is referred to another entry for an illustrative phrase:

clean ... → broom 1.
broom ... **1.** ... a new ~ sweeps clean ...

4. Extensive translations apply to two parts of speech alike:

con·cen·trate ... **I** *v/t* **1.** konzen'trieren ...: a) zs.-ziehen, zs.-ballen, vereinigen, sammeln ... **II** *v/i* **4.** sich konzen'trieren (*etc*; → 1) ...

5. Zwei gleichlautende Wörter haben verschiedene Bedeutungen:

2. ... **dead matter** tote Materie (→ 23) ...
23. ... **dead matter** Ablegesatz *m* (→ 2) ...

5. Two words of the same formation differ in meaning:

2. ... **dead matter** tote Materie (→ 23) ...
23. ... **dead matter** Ablegesatz *m* (→ 2) ...

ERLÄUTERUNG DER PHONETISCHEN UMSCHRIFT
GUIDE TO PRONUNCIATION

Die phonetische Umschrift wird in diesem Wörterbuch nach den Grundsätzen der „International Phonetic Association" (IPA) angegeben. Innerhalb der eckigen Klammern erscheint zunächst die britische Aussprache (nach der 14. Auflage des „English Pronouncing Dictionary" von Jones/Gimson). Dahinter folgt, falls nötig, die amerikanische Lautung, der im vorliegenden Buch breiterer Raum als bisher üblich eingeräumt wird.

A. Vokale und Diphthonge

[iː]	see	[siː]	[ɜ]	*Am.* bird	[bɜrd]
[ɪ]	it	[ɪt]	[æ̃ː]	lingerie	[ˈlæ̃ːnʒəriː]
[e]	get	[get]	[ɑ̃ː]	clientele	[ˌkliːɑ̃ːnˈtel]
[æ]	cat	[kæt]	[ɔ̃ː]	raison d'être	[ˌreɪzɔ̃ːnˈdeɪtrə]
[ɑː]	father	[ˈfɑːðə(r)]	[eɪ]	day	[deɪ]
[ɑ]	*Am.* got	[gɑt]	[əʊ]	go	[gəʊ]
[ɒ]	*Br.* got	[gɒt]	[aɪ]	fly	[flaɪ]
[ɔː]	saw	[sɔː]	[aʊ]	how	[haʊ]
[ʊ]	put	[pʊt]	[ɔɪ]	boy	[bɔɪ]
[uː]	too	[tuː]	[ɪə]	sheer	[ʃɪə(r)]
[ʌ]	up	[ʌp]	[ʊə]	tour	[tʊə(r)]
[ə]	consist	[kənˈsɪst]	[eə]	vary	[ˈveərɪ]
[ɜː]	*Br.* bird	[bɜːd]			

Die Länge eines Vokals wird durch das Zeichen [ː] angegeben, die Kürze wird nicht bezeichnet.

B. Konsonanten

[r]	bright	[braɪt]	[ʃ]	ship	[ʃɪp]
[ŋ]	ring	[rɪŋ]	[ʒ]	measure	[ˈmeʒə(r)]
[j]	yes	[jes]	[tʃ]	chicken	[ˈtʃɪkɪn]
[f]	fat	[fæt]	[dʒ]	judge	[dʒʌdʒ]
[v]	very	[ˈverɪ]	[θ]	thin	[θɪn]
[w]	well	[wel]	[ð]	then	[ðen]
[s]	soul	[səʊl]	[x]	loch	[lɒx]
[z]	zone	[zəʊn]			

b, d, g, h, k, l, m, n, p, t werden wie im Deutschen gesprochen; die Lautschriftzeichen sind identisch mit den entsprechenden Buchstaben des Alphabets.

C. Zusätzliche Erläuterungen zur Aussprache des amerikanischen Englisch

[(r)] am Wortende bzw. im Wortinneren

Das r in runden Klammern steht in allen Fällen, in denen im amerikanischen Englisch im Gegensatz zum britischen Englisch ein r gesprochen wird. (r) am Wortende wird auch im britischen Englisch meist gesprochen, wenn das unmittelbar folgende Wort mit einem Vokal beginnt.

[ɒ] und [ɔ:]

Bei Wörtern wie „long", „song", „wrong" wird aus Platzgründen nur eine Aussprachevariante angegeben, das kurze, sogenannte „offene" o; also [lɒŋ], [sɒŋ], [rɒŋ]. Das amerikanische Englisch zieht in solchen Fällen in der Regel die Aussprache mit [ɔ:] vor, also [lɔ:ŋ], [sɔ:ŋ], [rɔ:ŋ].

[æ]

In Wörtern wie „half", „bad", „sad", „rapid" sprechen Amerikaner in zunehmendem Maße statt des kurzen [æ] ein langes [æ:].

[əʊ]-Diphthong

Bei Wörtern wie „home", „road", „toll" ist strenggenommen zwischen britisch [əʊ] und amerikanisch [oʊ] zu unterscheiden, wobei im Amerikanischen häufig noch das „ʊ" als zweiter Bestandteil des Diphthongs aussprachemäßig stark zurücktritt; also amerikanisch [hoʊm], [roʊd], [toʊl], mit einem o-Laut, der etwa jenem im deutschen Wort „Rose" entspricht.

[hw-]

Bei Wörtern mit wh-Schreibung am Wortanfang, z. B. „which", „wheel", „what" (nicht jedoch bei „who" und Komposita, die mit who- beginnen!), wird insbesondere im amerikanischen Englisch vielfach [hw-] und nicht [w-] gelautet; man spricht also einen Hauchlaut [h], dem sich unmittelbar ein [w] anschließt.

D. Lautsymbole der nichtanglisierten Stichwörter

	Französisch		Deutsch		Französisch		Deutsch
[a]	femme	[fam]	L**a**nd	[œ]	feuille	[fœj]	**ö**fter
[ɑ̃]	enfant	[ɑ̃fɑ̃]		[œ̃]	lundi	[lœ̃di]	
[ɛ]	belle	[bɛl]	st**e**llen	[ø]	peu	[pø]	**Ö**kologe
[ɛ̃]	fin	[fɛ̃]		[y]	sûr	[syr]	K**y**rillisch
[i]	ici	[isi]	v**i**tal	[ɥ]	muet	[mɥɛ]	
[ɔ]	poche	[pɔʃ]	**o**ft	[ɲ]	gagner	[gaɲe]	
[o]	pot	[po]	T**o**mate	[ç]			i**ch**
[õ]	ton	[tõ]		[x]			a**ch**
[u]	souci	[susi]	z**u**viel				

E. Betonungsakzente

Die Betonung der englischen Wörter wird durch Akzente vor den zu betonenden Silben angezeigt. [ˈ] bedeutet Hauptakzent, [ˌ] Nebenakzent mit entsprechend stärkerer bzw. schwächerer Betonung. Sind zwei Silben eines Wortes mit Hauptakzenten versehen, so ist die letztere etwas stärker zu betonen.

Das angegebene Intonationsmuster der isoliert stehenden Stichwörter kann erheblich von jenem in einem bestimmten Satzzusammenhang abweichen. Ein Beispiel: [ˈɪndɪˌpendənt] in "an independent judgment", aber [ˌɪndɪˈpendənt] in "he's very independent for his age". Diese satzphonetisch bedingten Akzentwechsel können naturgemäß in einem Wörterbuch nicht angegeben werden.

Bei eigens als amerikanisch (*Am.*) gekennzeichneten Einträgen wurde in Anlehnung an "Webster's New Collegiate Dictionary" akzentuiert; das bedeutet häufig mehr Akzente als in der britischen Variante.

F. Endungen ohne Lautschrift

Um Raum zu sparen, werden die häufigsten Endungen der englischen Stichwörter hier einmal mit Lautschrift aufgelistet. Sie erscheinen im Wörterverzeichnis in der Regel dann ohne Umschrift.

-ability [-əbɪlətɪ]
-able [-əbl]
-age [-ɪdʒ]
-al [-l; -əl]
-ally [-əlɪ]
-an [-ən]
-ance [-əns; -ns]
-ancy [-ənsɪ]
-ant [-ənt]
-ar [-ə(r)]
-ary [-ərɪ]
-ation [-eɪʃn]
-cious [-ʃəs]
-cy [-sɪ]
-dom [-dəm]
-ed [-ɪd *bzw.* -d *bzw.* -t]*
-en [-n; -ən]
-ence [-əns; -ns]
-ent [-ənt; -nt]
-er [-ə(r)]
-ess [-ɪs; -es]
-est [-ɪst; -əst]
-fication [-fɪkeɪʃn]
-ficence [-fɪsns]
-ficent [-fɪsnt]
-fold [-fəʊld]
-ful [-fʊl; -fl]**
-fully [-fʊlɪ; -fəlɪ]
-hood [-hʊd]
-ial [-jəl; -ɪəl]
-ian [-jən; -ɪən]
-ibility [-əbɪlətɪ]
-ible [-əbl; -ɪbl]
-ic [-ɪk]
-ical [-ɪkl]
-ically [-ɪkəlɪ; -ɪklɪ]
-ily [-əlɪ; -ɪlɪ]
-ing [-ɪŋ]
-ish [-ɪʃ]
-ism [-ɪzəm]
-ist [-ɪst]
-istic [-ɪstɪk]
-istical [-ɪstɪkl]
-istically [-ɪstɪkəlɪ; -ɪstɪklɪ]
-ite [-aɪt]
-ity [-ətɪ; -ɪtɪ]
-ive [-ɪv]
-ization [-aɪzeɪʃn; *Am.* -əzeɪʃən]
-ize [-aɪz]
-izing [-aɪzɪŋ]
-less [-lɪs]
-ly [-lɪ]
-ment [-mənt]
-most [-məʊst]
-ness [-nɪs]
-oid [-ɔɪd]
-oidic [-ɔɪdɪk]
-ory [-ərɪ]
-ous [-əs]
-scence [-sns]
-scent [-snt]
-ship [-ʃɪp]
-sion [-ʒn *bzw.* -ʃn]
-sional [-ʒənl *bzw.* -ʃənl; -ʒnəl *bzw.* -ʃnəl]
-ssion [-ʃn]
-ssional [-ʃənl; -ʃnəl]
-ties [-tɪz]
-tion [-ʃn]
-tional [-ʃənl; -ʃnəl]
-tious [-ʃəs]
-trous [-trəs]
-ward [-wə(r)d]
-y [-ɪ]

* [-ɪd] nach auslautendem d und t; [-d] nach Vokalen und stimmhaften Konsonanten; [-t] nach stimmlosen Konsonanten.

** nur [-fʊl] in der Bedeutung „vollgefüllt mit", z. B. "a handful of rice".

VERZEICHNIS DER IM WÖRTERBUCH VERWANDTEN ABKÜRZUNGEN

ABBREVIATIONS USED IN THIS DICTIONARY

a.	*also*, auch
abbr.	*abbreviated*, abgekürzt
	abbreviation, Kurzform
acc	*accusative*, Akkusativ
act	*active*, aktiv
adj	*adjective*, Adjektiv
adv	*adverb*, Adverb
	adverbial phrase, Adverbiale
aer.	*aeronautics*, Luftfahrt
agr.	*agriculture*, Landwirtschaft
allg., *allg.*	allgemein, *generally*
Am.	(*originally*) *American English*, (ursprünglich) amerikanisches Englisch
amer., *amer.*	amerikanisch, *American*
anat.	*anatomy*, Anatomie
antiq.	*antiquity*, Antike
arch.	*architecture*, Architektur
art[1]	*fine arts*, Kunst
art[2]	*article*, Artikel
astr.	*astronomy*, Astronomie
	astrology, Astrologie
attr	*attributive*, attributiv
Austral., *Austral.*	*Australian*, australisch
bes.	besonders, *especially*
Bes. Redew.	Besondere Redewendungen, *idiomatic expressions*
Bibl.	*Bible*, Bibel, *Biblical*, biblisch
biol.	*biology*, Biologie
bot.	*botany*, Botanik
Br.	*British English*, britisches Englisch
Br. Ind.	*Anglo-Indian*, angloindisch
brit., *brit.*	britisch, *British*
b.s	*bad sense*, in schlechtem Sinne
bzw.	beziehungsweise, *respectively*
Canad.	*Canadian*, kanadisch
chem.	*chemistry*, Chemie
collect.	*collective*, Kollektivum
colloq.	*colloquial*, umgangssprachlich
comp	*comparative*, Komparativ
conj	*conjunction*, Konjunktion
contp.	*contemptuously*, verächtlich
dat	*dative*, Dativ
d-e, *d-e*	deine, *your*
d.h.	das heißt, *that is*
dial.	*dialectal*, dialektisch
d-m, *d-m*	deinem, *to your*
d-n, *d-n*	deinen, *your*
d-r, *d-r*	deiner, *of your*, *to your*
econ.	*economics*, Volkswirtschaft
e-e, *e-e*	eine, *a* (*an*)
electr.	*electricity*, Elektrizität
	electronics, Elektronik
ellipt.	*elliptically*, elliptisch
e-m, *e-m*	einem, *to a* (*an*)
e-n, *e-n*	einen, *a* (*an*)
engS.	in engerem Sinne, *more strictly taken*
e-r, *e-r*	einer, *of a* (*an*), *to a* (*an*)
e-s, *e-s*	eines, *of a* (*an*)
etc	*etcetera*, usw.
euphem.	*euphemistic*, euphemistisch
f	*feminine*, weiblich
fenc.	*fencing*, Fechtkunst
fig.	*figuratively*, übertragen, bildlich
(*Fr.*)	*French*, französisch
gastr.	*gastronomy*, Kochkunst
Gattg	Gattung, *genus*
GB, *GB*	*Great Britain*, Großbritannien

gen	*genitive*, Genitiv
geogr.	*geography*, Geographie
geol.	*geology*, Geologie
ger	*gerund*, Gerundium
(*Ger.*)	*German*, deutsch
Ggs.	Gegensatz, *antonym*
her.	*heraldry*, Heraldik
hist.	*historical*, historisch; inhaltlich veraltet
	history, Geschichte
humor.	*humoristic*, humoristisch
hunt.	*hunting*, Jagd
ichth.	*ichthyology*, Ichthyologie
imp	*imperative*, Imperativ
impers	*impersonal*, unpersönlich
ind	*indicative*, Indikativ
indef	*indefinite*, unbestimmt
inf	*infinitive*, Infinitiv
intens	*intensive*, verstärkend
interj	*interjection*, Interjektion
interrog	*interrogative*, fragend
Ir.	*Irish*, irisch
iro.	*ironically*, ironisch
irr	*irregular*, unregelmäßig
(*Ital.*)	*Italian*, italienisch
j-d, *j-d*	jemand, *someone*
Jh., *Jh.*	Jahrhundert, *century*
j-m, *j-m*	jemandem, *to someone*
j-n, *j-n*	jemanden, *someone*
j-s, *j-s*	jemandes, *of someone*
jur.	*jurisprudence*, *law*, Recht
(*Lat.*)	*Latin*, lateinisch
ling.	*linguistics*, Linguistik
m	*masculine*, männlich
mail	*mail*, Post
mar.	*maritime terminology*, Schiffahrt
math.	*mathematics*, Mathematik
m-e, *m-e*	meine, *my*
med.	*medicine*, Medizin
metall.	*metallurgy*, Metallurgie
meteor.	*meteorology*, Meteorologie
metr.	*metrics*, Metrik
mil.	*military terminology*, Militär
min.	*mineralogy*, Mineralogie
m-m, *m-m*	meinem, *to my*
m-n, *m-n*	meinen, *my*
mot.	*motoring*, Kraftfahrwesen
mount.	*mountaineering*, Bergsteigen
m-r, *m-r*	meiner, *of my*, *to my*
m-s, *m-s*	meines, *of my*
mus.	*music*, Musik
myth.	*mythology*, Mythologie
n	*neuter*, sächlich
n.Chr.	nach Christus, *A.D.*
neg	*negative*, verneinend
nom	*nominative*, Nominativ
nordamer., *nordamer.*	nordamerikanisch, *North American*
npr	*nomen proprium* (*proper name*), Eigenname
Nr.	Nummer, *number*
obj	*object*, Objekt
obs.	*obsolete*, (begrifflich) veraltet
od., *od.*	oder, *or*
opt.	*optics*, Optik
orn.	*ornithology*, Ornithologie
o.s.	*oneself*, sich
paint.	*painting*, Malerei
parl.	*parliamentary term*, parlamentarischer Ausdruck
part	*particle*, Partikel
pass	*passive*, passivisch
ped.	*pedagogy*, Pädagogik
pharm.	*pharmacy*, Pharmazie
philos.	*philosophy*, Philosophie
phot.	*photography*, Photographie
phys.	*physics*, Physik
physiol.	*physiology*, Physiologie
pl	*plural*, Plural
poet.	*poetical*, dichterisch
pol.	*politics*, Politik
pp	*past participle*, Partizip Perfekt
pred	*predicate*, prädikativ
prep	*preposition*, Präposition
pres	*present*, Präsens
pres p	*present participle*, Partizip Präsens
pret	*preterite*, Präteritum
print.	*printing*, Buchdruck
pron	*pronoun*, Pronomen
psych.	*psychology*, Psychologie
	psychiatry, Psychiatrie
rail.	*railways*, Eisenbahn

R.C.	*Roman Catholic*, römisch-katholisch
Redew.	Redewendung, *phrase*
reflex	*reflexive*, reflexiv
relig.	*religion*, Religion
rhet.	*rhetoric*, Rhetorik
(*Russ.*)	*Russian*, russisch
s	*substantive*, *noun*, Substantiv
S. Afr.	*South African*, südafrikanisch
scient.	*scientific*, wissenschaftlich
Scot.	*Scottish*, schottisch
s-e, *s-e*	seine, *his*, *one's*
sg	*singular*, Singular
sl.	*slang*, Slang
s-m, *s-m*	seinem, *to his*, *to one's*
s-n, *s-n*	seinen, *his*, *one's*
s.o.	*someone*, jemand
sociol.	*sociology*, Soziologie
s.o.'s	*someone's*, jemandes
(*Span.*)	*Spanish*, spanisch
s-r, *s-r*	seiner, *of his*, *of one's*, *to his*, *to one's*
s-s, *s-s*	seines, *of his*, *of one's*
s.th.	*something*, etwas
subj	*subjunctive*, Konjunktiv
südamer., *südamer.*	südamerikanisch, *South American*
sup	*superlative*, Superlativ
surv.	*surveying*, Landvermessung
tech.	*technology*, Technik
tel.	*telegraphy*, Telegraphie
teleph.	*telephone system*, Fernsprechwesen
thea.	*theatre*, Theater
(*TM*)	*trademark*, Warenzeichen
TV	*television*, Fernsehen
u., *u.*	und, *and*
UdSSR, *UdSSR*	Union der Sozialistischen Sowjetrepubliken, *Union of Soviet Socialist Republics*
univ.	*university*, Hochschulwesen, Studentensprache
USA, *USA*	*United States*, Vereinigte Staaten
v	*verb*, Verb
v/aux	*auxiliary verb*, Hilfszeitwort
v.Chr.	vor Christus, *B.C.*
vet.	*veterinary medicine*, Tiermedizin
v/i	*intransitive verb*, intransitives Verb
v/impers	*impersonal verb*, unpersönliches Verb
v/reflex	*reflexive verb*, reflexives Verb
v/t	*transitive verb*, transitives Verb
vulg.	*vulgar*, vulgär
weitS.	im weiteren Sinne, *more widely taken*
z. B.	zum Beispiel, *for instance*
zo.	*zoology*, Zoologie
zs.-, Zs.-	zusammen, *together*
Zssg(*n*)	Zusammensetzung(en), *compound word*(*s*)

A

A[1], **a**[1] [eɪ] **I** *pl* **A's, As, Aes, a's, as, aes** [eɪz] *s* **1.** A, a *n* (*Buchstabe*): **from A to Z** *colloq.* ‚von A bis Z': a) von Anfang bis Ende, b) ohne Ausnahme. **2.** *mus.* A, a *n* (*Tonbezeichnung*): **A flat** As, as *n*; **A sharp** Ais, ais *n*; **A double flat** Ases, ases *n*; **A double sharp** Aisis, aisis *n*. **3.** **a** *math.* a (*1. bekannte Größe*). **4.** **A** *ped.* Eins *f*, Sehr Gut *n* (*Note*). **5.** **A** *Am.* etwas Ausgezeichnetes: **the movie was an A** der Film war ausgezeichnet. **II** *adj* **6.** erst(er, e, es): **Company A**. **7.** **A** A-..., A-förmig: **A tent**. **8.** **A** *Am.* ausgezeichnet: **an A movie**.

a[2] [ə; *betont*: eɪ], (*vor vokalischem Anlaut*) **an** [ən; *betont* æn] *adj od. unbestimmter Artikel* **1.** ein, eine, ein: **a man** ein Mann; **a town** eine Stadt; **an hour** eine Stunde; **a Stuart** ein(e) Stuart; **a Mr. Arnold** ein (gewisser) Herr Arnold; **she is a teacher** sie ist Lehrerin; **he died a rich man** er starb reich *od.* als reicher Mann. **2.** einzig: **at a blow** auf ˈeinen Schlag. **3.** ein (zweiter), eine (zweite), ein (zweites): **he is a Shakespeare**. **4.** ein, eine, ein, der-, die-, dasˈselbe: → **kind**[1] 1, **size**[1] 1. **5.** *meist ohne deutsche Entsprechung*: → **few** 2, **great** 1, **good** 23. **6.** per, pro, je: **£10 a year** zehn Pfund im Jahr; **five times a week** fünfmal die *od.* in der Woche.

a-[1] [ə] *Wortelement mit der Bedeutung* in, an, auf, zu, *bes.* a) *Lage, Bewegung*: **abed, ashore**, b) *Zustand*: **afire, alive**, c) *Zeit*: **nowadays**, d) *Art u. Weise*: **aloud**, e) *bes. poet. Handlung, Vorgang*: **ahunt**.

a-[2] [eɪ] *Wortelement zum Ausdruck der Verneinung*: **amoral, asexual**.

A 1 *adj* **1.** *mar.* erstklassig (*Bezeichnung von Schiffen in Lloyds Verzeichnis*): **the ship is A 1**. **2.** *colloq.* ‚prima', I a: **I'm A 1** es geht mir (gesundheitlich) prima *od.* ‚bestens'; **he's A 1** er ist ein prima Kerl. **3.** *mil.* kriegsverwendungsfähig, k.ˈv., *weitS.* kerngesund. **4.** *econ. colloq.* erstklassig, mündelsicher.

aard·vark [ˈɑː(r)dvɑː(r)k] *s zo.* Erdferkel *n*.

ˌ**Aar·on's**|-ˈ**beard** [ˌeərənz-] *s bot.* **1.** Großblumiges Joˈhanniskraut. **2.** Wuchernder Steinbrech. **3.** (*ein*) Zimbelkraut *n*. **4.** Weißhaar-Feigenkaktus *m*. **~ rod** *s* **1.** *Bibl.* Aarons Stab *m* (*a. arch.*). **2.** *bot.* a) Königskerze *f*, b) Goldrute *f*.

a·ba·ca [ˈæbəkə; *Am.* ˌæbəˈkɑː] *s bot.* Aˈbaka *m*, Maˈnilahanf *m*.

ab·a·ci [ˈæbəsaɪ] *pl von* **abacus**.

a·back [əˈbæk] *adv* **1.** *mar.* back, gegen den Mast. **2.** **taken ~** *fig.* a) bestürzt, betroffen, b) verblüfft, sprachlos, überˈrascht. **3.** *obs.* a) nach hinten, b) rückwärts.

ab·a·cus [ˈæbəkəs] *pl* **-ci** [-saɪ], **-cus·es** *s* **1.** *math.* Abakus *m*, Rechengestell *n*, -brett *n*. **2.** *arch.* Abakus *m*, Kapiˈtelldeckplatte *f*.

a·baft [əˈbɑːft; *Am.* əˈbæft] *mar.* **I** *prep* achter, hinter. **II** *adv* achteraus.

a·ban·don [əˈbændən] **I** *v/t* **1.** *etwas* (völlig) aufgeben, verzichten auf (*acc*) (*beide a. jur.*), entsagen (*dat*), *Suchaktion etc* einstellen: **to ~ a project** e-n Plan aufgeben *od.* fallenlassen; **to ~ hope** alle Hoffnung fahrenlassen. **2.** *a. aer. mar.* verlassen, aufgeben. **3.** *etwas* überˈlassen (to *dat*). **4.** *econ. jur.* a) *e-e Klage, e-e Berufung* zuˈrückziehen: **to ~ an appeal**, b) *e-e Forderung etc* fallenlassen: **to ~ a claim**, c) vom (*strafbaren*) *Versuch* zuˈrücktreten: **to ~ an attempt**, d) *ein Schiff* abandonˈnieren, e) *e-e Option* aufgeben. **5.** a) preisgeben, im Stich lassen, b) *jur. ein Kind* aussetzen, c) *jur. den Ehepartner* (böswillig) verlassen. **6.** **~ o.s.** sich ˈhingeben *od.* ergeben *od.* überˈlassen (to *dat*): **to ~ o.s. to despair** sich der Verzweiflung hingeben. **7.** *sport Spiel* abbrechen. **II** *s* **8.** Hemmungslosigkeit *f*: **with ~** mit Hingabe, leidenschaftlich, wie toll.

a·ban·doned [əˈbændənd] *adj* **1.** verlassen, aufgegeben: **to be found ~** verlassen aufgefunden werden (*Fluchtfahrzeug etc*); **~ property** herrenloses Gut. **2.** verworfen, liederlich, lasterhaft. **3.** hemmungslos, wild.

a·ban·don·ee [əˌbændəˈniː] *s jur. Versicherer, dem das beschädigte Schiff überlassen wird.*

aˈban·don·ment *s* **1.** Preisgegebensein *n*. **2.** Preisgabe *f*. **3.** *jur.* a) (böswilliges) Verlassen (*des Ehepartners*), b) (Kindes-) Aussetzung *f*. **4.** Aufgabe *f*, Aufgeben *n*, Verzicht *m*. **5.** *econ. jur.* Verzicht(leistung *f*) *m*, Abanˈdon *m*, Abtretung *f*, Überˈlassung *f*: **~ on an action** Rücknahme *f* e-r Klage. **6.** *Seeversicherungsrecht*: Abanˈdon *m*. **7.** ˈHingabe *f*.

a·base [əˈbeɪs] *v/t* **1.** a) erniedrigen, demütigen, entwürdigen: **to ~ o.s. so far as to do s.th.** sich dazu erniedrigen, etwas zu tun, b) (rangmäßig) zuˈrückstufen, *mil.* degraˈdieren. **2.** *obs.* senken. **aˈbase·ment** *s* Erniedrigung *f*, Demütigung *f*.

a·bash [əˈbæʃ] *v/t* beschämen, in Verlegenheit *od.* aus der Fassung bringen: **to feel ~ed** sich schämen. **aˈbash·ment** *s* Beschämung *f*, Verlegenheit *f*.

a·bat·a·ble [əˈbeɪtəbl] *adj jur.* aufheb-, einstellbar.

a·bate[1] [əˈbeɪt] **I** *v/t* **1.** vermindern, -ringern, *Schmerzen* lindern, *j-s Eifer etc* dämpfen. **2.** *den Preis etc* herˈabsetzen, ermäßigen. **3.** *a. jur.* *e-n Mißstand etc* beseitigen, abstellen. **4.** *jur.* a) *ein Verfahren* einstellen: **to ~ an action**, b) *e-e Verfügung* aufheben: **to ~ a writ**, c) *e-n Anspruch, ein Vermächtnis* (im Verhältnis) kürzen: **to ~ a claim (a legacy)**. **II** *v/i* **5.** abnehmen, nachlassen, abflauen, sich legen. **6.** fallen (*Preise*). **7.** *jur.* a) ungültig werden, b) sich vermindern.

a·bate[2] [əˈbeɪt] *v/i jur.* sich ˈwiderrechtlich (*nach dem Tod des Eigentümers*) in e-m Haus niederlassen.

aˈbate·ment *s* **1.** a) Abnehmen *n*, Nachlassen *n*, b) Verminderung *f*, Linderung *f*. **2.** Herˈabsetzung *f*, Ermäßigung *f*, Abzug *m*, (Preis-, Steuer)Nachlaß *m*, Raˈbatt *m* (*bei Barzahlung*). **3.** *a. jur.* Beseitigung *f* (*e-s Mißstandes*), (*Lärm-, Rauch- etc*)Bekämpfung *f*: **~ of a nuisance**; **smog ~**. **4.** *jur.* a) Einstellung *f*: **plea in ~** prozessuale Einrede, b) Aufhebung *f* (*e-r Verfügung*), c) (verhältnismäßige) Kürzung.

ab·a·tis [ˈæbətɪs; -tiː] *s mil.* Baumverhau *m*.

a·bat-jour [ˌɑːbɑːˈʒʊə(r)] *s arch.* Abatˈjour *n*, Oberlicht *n*.

ab·at·toir [ˈæbətwɑː(r)] *s* Schlachthaus *n*, Schlachthof *m*.

abb [æb] *s Weberei*: Einschlag *m*.

ab·ba·cy [ˈæbəsɪ] *s* Amt(szeit *f*) *n od.* Würde *f od.* Gerichtsbarkeit *f* e-s Abtes *od.* e-r Äbˈtissin. **ab·ba·tial** [əˈbeɪʃl] *adj* Abtei..., Abts...

ab·bess [ˈæbes] *s* Äbˈtissin *f*.

ab·bey [ˈæbɪ] *s* **1.** Kloster *n*. **2.** Abˈtei *f*. **3.** Abˈteikirche *f*: **the A~** *Br.* die Westminsterabtei. **4.** *Br. herrschaftlicher Wohnsitz, der früher e-e Abtei war.*

ab·bot [ˈæbət] *s* Abt *m*.

ab·bre·vi·ate I *v/t* [əˈbriːvɪeɪt] **1.** *Worte, Rede, Besuch etc* abkürzen, *Buch etc* (ver)kürzen. **2.** *math. selten Brüche* heben. **II** *adj* [-ət; -eɪt] **3.** verkürzt. **4.** verhältnismäßig kurz. **ab**ˌ**bre·vi**ˈ**a·tion** *s* **1.** Abkürzung *f*, Kurzform *f*. **2.** *mus.* Abbreviaˈtur *f*.

ABC [ˌeɪbiːˈsiː] **I** *pl* **ABC's** *s* **1.** *Am. oft pl* Abˈc *n*, Alphaˈbet *n*: **(as) easy as ~** kinderleicht. **2.** *fig.* Abˈc *n*, Anfangsgründe *pl*, Grundbegriffe *pl*. **3.** alphaˈbetisches Aˈkrostichon. **4.** alphaˈbetisch angeordnetes Handbuch. **II** *adj* **5.** ABC-..., die ABˈC-Staaten (*Argentinien, Brasilien, Chile*) betreffend: **the ~ powers**. **6.** *mil.* ABC-..., atoˈmare, bioˈlogische u. chemische Waffen betreffend: **~ warfare** ABC-Kriegführung *f*. **7.** **~ art** → **minimal art**.

Ab·de·rite [ˈæbdəraɪt] *s* **1.** *hist.* Abdeˈrit *m* (*Bewohner von Abdera*). **2.** *fig.* Schildbürger *m*.

ab·di·cate [ˈæbdɪkeɪt] **I** *v/t ein Amt, Recht etc* aufgeben, verzichten auf (*acc*), *ein Amt* niederlegen: **to ~ the throne** abdanken. **II** *v/i* abdanken. ˌ**ab·di**ˈ**ca·tion** *s* Abdankung *f*, Verzicht *m* (**of** auf *acc*), Niederlegung *f* (*e-s Amtes*): **~ of the throne** Thronverzicht.

ab·do·men [ˈæbdəmen; -mən; æbˈdəʊ-] *s* **1.** *anat.* Abˈdomen *n*, ˈUnterleib *m*. **2.** *zo.* Leib *m*, ˈHinterleib *m*.

ab·dom·i·nal [æbˈdɒmɪnl; *Am.* -ˈdɑm-] *adj* **1.** *anat.* Abdominal..., Unterleibs...: ~

operation; ~ **breathing** Bauchatmung *f*; ~ **suture** *med.* Bauchdeckennaht *f*; ~ **wall** Bauchdecke *f*; → **cavity** 3. **2.** *zo.* Hinterleibs...: ~ **fin** *ichth.* Bauchflosse *f*.

ab·duct [æbˈdʌkt] *v/t* **1.** *jur. j-n (gewaltsam)* entführen. **2.** *med.* abduˈzieren, *ein Glied* aus s-r Lage bringen. **abˈduc·tion** *s* **1.** Entführung *f*. **2.** *med., a. Logik*: Abduktiˈon *f*. **abˈduc·tor** [-tə(r)] *s* **1.** Entführer *m*. **2.** *a.* ~ **muscle** *anat.* Abˈduktor *m*, Abziehmuskel *m*.

a·beam [əˈbiːm] *adv u. pred adj mar.* querab (*a. aer.*), dwars.

a·be·ce·dar·i·an [ˌeɪbiːsiːˈdeərɪən] **I** *s* **1.** *bes. Am.* Abˈc-Schütze *m*. **II** *adj* **2.** alphaˈbetisch ([an]geordnet). **3.** *fig.* elemenˈtar, grundlegend.

a·bed [əˈbed] *adv obs. od. poet.* im Bett.

a·bele [əˈbiːl; ˈeɪbl] *s bot.* Silberpappel *f*.

A·be·li·an group [əˈbiːljən; -ɪən] *s math.* Abelsche Gruppe.

ab·er·de·vine [ˌæbə(r)dəˈvaɪn; ˈæbə(r)dəvaɪn] *s orn.* Zeisig *m*.

Ab·er·do·ni·an [ˌæbə(r)ˈdəʊnjən; -ɪən] **I** *adj* von *od.* aus Aberˈdeen. **II** *s* Einwohner(in) von Aberˈdeen.

ab·er·rance [æˈberəns], *a.* **abˈer·ran·cy** *s* **1.** *biol.* Abweichung *f*. **2.** Verirrung *f*, Irrtum *m*, Fehltritt *m*. **abˈer·rant** *adj* **1.** *biol.* anoˈmal. **2.** (ab)irrend. **ab·er·ra·tion** [ˌæbəˈreɪʃn] *s* **1.** Abirrung *f*, Abweichung *f*. **2.** a) Irrweg *m*, (geistige) Verirrung, b) geistige Umˈnachtung, (Geistes)Gestörtheit *f*. **3.** *phys.* Aberratiˈon *f* (*a. astr.*), Abweichung *f*. **4.** *biol.* Aberratiˈon *f*, Abweichung *f* von der Regel.

a·bet [əˈbet] *v/t* **1.** unterˈstützen, ermutigen. **2.** *contp. u. jur.* a) *j-n* anstiften, aufhetzen, b) *j-m* Beihilfe leisten, c) *e-r Sache* Vorschub leisten: → **aid** 1. **aˈbet·ment** *s* **1.** Beihilfe *f*, Vorschub *m*. **2.** Aufhetzung *f*, Anstiftung *f*. **aˈbet·tor** [-tə(r)], *a.* **aˈbet·ter** *s* Anstifter *m*, *jur.* Gehilfe *m*.

a·bey·ance [əˈbeɪəns] *s bes. jur.* Schwebe(zustand *m*) *f*, Unentschiedenheit *f*: **in** ~ a) (noch) unentschieden, in der Schwebe, *jur. a.* schwebend unwirksam, b) *jur.* herrenlos; **to leave s.th. in** ~ etwas unentschieden *od.* in der Schwebe lassen; **to fall into** ~ zeitweilig außer Kraft treten. **aˈbey·ant** *adj* unentschieden, in der Schwebe.

ab·hor [əbˈhɔː(r)] *v/t* verabscheuen, Abscheu haben vor (*dat*). **ab·hor·rence** [əbˈhɒrəns; *Am. a.* -ˈhɑr-] *s* **1.** Abscheu *m*, *f* (**of** vor *dat*): **to have an** ~ **of, to hold in** ~ → **abhor**. **2.** Gegenstand *m* des Abscheus: **hypocrisy is my** ~ Heuchelei ist mir ein Greuel. **abˈhor·rent** *adj* (*adv* ~**ly**) **1.** verabscheuungswürdig, abstoßend: **that is** ~ **to me** das ist mir (in der Seele) zuwider *od.* verhaßt. **2. to be** ~ **of** → **abhor**. **3.** (**to, from**) zuˈwider (*dat*), unvereinbar (mit).

a·bid·ance [əˈbaɪdəns; -dns] *s* **1.** Aufenthalt *m*. **2.** Verweilen *n*. **3.** Befolgung *f* (**by the rules** der Regeln).

a·bide [əˈbaɪd] *pret u. pp* **a·bode** [əˈbəʊd] *u.* **aˈbid·ed,** *pp selten* **a·bid·den** [əˈbɪdn] **I** *v/i* **1.** *obs. od. poet.* bleiben, verweilen. **2.** *obs. od. poet.* leben, wohnen (**with** bei; **in, at** in *dat*). **3.** *obs. od. poet.* fortdauern. **4.** (**by**) a) treu bleiben (*dat*), festhalten (an *dat*), sich halten (an *acc*), stehen (zu), b) sich begnügen (mit), c) sich abfinden (mit): **I** ~ **by what I have said** ich bleibe bei m-r Aussage; **to** ~ **by an agreement** sich an e-e Vereinbarung halten, e-n Vertrag einhalten; **to** ~ **by a decision** e-e Entscheidung befolgen; **to** ~ **by a promise** ein Versprechen halten; **to** ~ **by the rules** sich an die Regeln halten; **to** ~ **by the law** dem Gesetz Folge leisten. **II** *v/t* **5.** *obs. od. poet.* ab-, erwarten. **6.** ertragen, aushalten, (er)dulden: **I can't** ~ **him** ich kann ihn nicht ausstehen. **aˈbid·ing** *adj* (*adv* ~**ly**) *obs. od. poet.* dauernd, (be)ständig, bleibend: ~ **place** Wohnstätte *f*.

ab·i·gail [ˈæbɪgeɪl] *s obs.* (Kammer-)Zofe *f*.

a·bil·i·ty [əˈbɪlətɪ] *s* **1.** Fähigkeit *f* (*a. biol. jur. etc*), Befähigung *f*, Vermögen *n*, Können *n*: ~ **test** Eignungsprüfung *f*; ~ **to absorb** *phys.* Absorptionsvermögen; ~ **to pay** *econ.* Zahlungsfähigkeit *f*; **to the best of one's** ~ nach besten Kräften. **2.** Geschicklichkeit *f*. **3.** *meist pl* (geistige) Anlagen *pl*, Veranlagung *f*, Taˈlente *pl*: **a man of many abilities** ein vielseitig veranlagter Mann. **4.** *tech.* Leistungsfähigkeit *f*. **5.** *psych.* Aˈbility *f* (*durch Veranlagung od. Schulung bedingte Fähigkeit, Leistung zu erbringen*).

a·bi·o·gen·e·sis [ˌeɪbaɪəʊˈdʒenɪsɪs] *s biol.* Abioˈgenesis *f*, Abiogeˈnese *f*, Urzeugung *f*.

a·bi·o·sis [ˌeɪbaɪˈəʊsɪs] *s biol.* Abiˈose *f*, Aˈbiosis *f*, Lebensunfähigkeit *f*.

ab·ject [ˈæbdʒekt; *Am. a.* æbˈdʒekt] *adj* (*adv* ~**ly**) **1.** a) niedrig, verworfen, gemein, b) elend, verächtlich, jämmerlich, c) kriecherisch. **2.** hoffnungslos, entmutigend. **3.** niedergeschlagen. **4.** *fig.* tiefst(er, e, es), äußerst(er, e, es): **in** ~ **despair** in tiefster Verzweiflung; **in** ~ **misery** im tiefsten Elend. **abˈjec·tion, ˈab·ject·ness** *s* **1.** a) Verworfenheit *f*, Gemeinheit *f*, b) Verächtlichkeit *f*. **2.** Hoffnungslosigkeit *f*. **3.** Niedergeschlagenheit *f*.

ab·ju·di·cate [æbˈdʒuːdɪkeɪt] *v/t jur.* abjudiˈzieren, (gerichtlich) aberkennen. **ˌab·ju·diˈca·tion** *s jur.* Abjudikatiˈon *f*, (gerichtliche) Aberkennung.

ab·ju·ra·tion [ˌæbdʒʊəˈreɪʃn; -dʒə-] *s* Abschwörung *f*, (feierliche) Entsagung.

ab·jure [əbˈdʒʊə(r); æb-] *v/t* a) *e-r Sache* abschwören *od.* (feierlich) entsagen, b) zuˈrücknehmen, widerˈrufen: **to** ~ **the country** *jur.* unter Eid versprechen, das Land auf immer zu verlassen.

ab·lac·ta·tion [ˌæblækˈteɪʃn] *s* Abstillen *n*.

ab·la·tion [æbˈleɪʃn] *s* **1.** *med.* Ablatiˈon *f*, (operaˈtive) Entfernung (*e-s Organs od. Körperteils*). **2.** *geol.* Ablatiˈon *f*: a) Abschmelzen *n*, b) (Gesteins)Abtragung *f*.

ab·la·ti·val [ˌæbləˈtaɪvl; *Am. a.* ˈæbləˌt-] → **ablative** II. **ˈab·la·tive** [-tɪv] *ling.* **I** *s* **1.** Ablativ *m*: ~ **absolute** Ablativus *m* absolutus. **2.** (Wort *n* im) Ablativ *m*. **II** *adj* **3.** ablaˈtivisch, Ablativ...

ab·laut [ˈæblaʊt; ˈap-] *s ling.* Ablaut *m*.

a·blaze [əˈbleɪz] *adv u. pred adj* **1.** in Flammen, lodernd: **to be** ~ in Flammen stehen; **to set** ~ in Brand stecken. **2.** (**with**) *fig.* a) glänzend, funkelnd (vor *dat*, von): **her face was** ~ **with anger** ihr Gesicht glühte vor Zorn, b) entflammt (von): **all** ~ Feuer u. Flamme.

a·ble [ˈeɪbl] *adj* (*adv* **ably**) **1.** fähig, imˈstande: **to be** ~ **to do** fähig *od.* imstande *od.* in der Lage sein zu tun; tun können; ~ **to contract** *jur.* vertragsfähig; ~ **to pay** zahlungsfähig; ~ **to work** arbeitsfähig, -tauglich. **2.** fähig, befähigt, tüchtig, begabt, geschickt: **an** ~ **man**. **3.** (vor-)ˈtrefflich: **a very** ~ **speech**. **4.** → **able-bodied** 1.

-able [əbl] *Wortelement mit der Bedeutung* ...bar, ...sam.

ˌa·ble-ˈbod·ied *adj* **1.** körperlich leistungsfähig, kerngesund, kräftig: ~ **seaman** Vollmatrose *m*. **2.** *mil.* (dienst-)tauglich.

ab·lins [ˈeɪblɪnz] *adv bes. Scot.* vielˈleicht.

a·bloom [əˈbluːm] *adv u. pred adj* in Blüte, blühend: **to be** ~ in Blüte stehen.

a·blush [əˈblʌʃ] *adv u. pred adj* a) (scham)rot, b) errötend.

ab·lu·tion [əˈbluːʃn] *s* **1.** *relig.* a) *a. allg.* Waschung *f*: **to perform one's** ~**s** *bes. humor.* sich waschen, b) Ablutiˈon *f*. **2.** *pl mil. Br.* saniˈtäre Einrichtungen *pl*.

ab·ne·gate [ˈæbnɪgeɪt] *v/t* **1.** (ab)leugnen. **2.** aufgeben, verzichten auf (*acc*), sich (*etwas*) versagen. **ˌab·neˈga·tion** *s* **1.** Ableugnung *f*, (*a.* Selbst)Verleugnung *f*. **2.** Verzicht *m* (**of** auf *acc*).

ab·nor·mal [æbˈnɔː(r)ml] *adj* (*adv* ~**ly**) **1.** abˈnorm, ˈabnorˌmal, ˈanorˌmal, ungewöhnlich: **it is** ~ **for a child of eight to wet the bed** es ist nicht normal, daß ein Kind mit acht Jahren noch ins Bett macht. **2.** ˈabnorˌmal, ungewöhnlich (groß): ~ **profits**; ~ **ambition** übersteigerter *od.* krankhafter Ehrgeiz. **3.** anoˈmal: a) ˈabnorˌmal, geistig behindert: ~ **psychology** Psychopathologie *f*, b) ˈmißgebildet. **4.** *tech.* normwidrig. **ˌab·norˈmal·i·ty** [-nɔː(r)ˈmælətɪ; *Am. a.* -nərˈm-], **abˈnor·mi·ty** [-mətɪ] *s* **1.** Abnormaliˈtät *f*. **2.** Anomaˈlie *f*.

a·board [əˈbɔː(r)d; *Am. a.* əˈbəʊrd] **I** *adv u. pred adj* **1.** *aer. mar.* an Bord: **to go (take)** ~; **all** ~! a) *mar.* alle Mann *od.* Reisenden an Bord!, b) *rail.* alles einsteigen! **II** *prep* **2.** *aer. mar.* an Bord (*gen*): **to go** ~ **a plane (ship)**. **3.** in (*ein od. e-m Verkehrsmittel*): ~ **a bus**; **to go** ~ **a train** in e-n Zug (ein)steigen.

a·bode[1] [əˈbəʊd] *pret u. pp von* **abide**.

a·bode[2] [əˈbəʊd] *s* **1.** Aufenthalt *m*. **2.** *a.* **place of** ~ Aufenthalts-, Wohnort *m*, Wohnsitz *m*, Wohnung *f*: **of** (*od.* **with**) **no fixed** ~ ohne festen Wohnsitz; **to take one's** ~ s-n Wohnsitz nehmen *od.* aufschlagen, sich niederlassen.

a·boil [əˈbɔɪl] *adv u. pred adj* **1.** siedend, kochend, in Wallung (*alle a. fig.*). **2.** *fig.* in großer Aufregung.

a·bol·ish [əˈbɒlɪʃ; *Am.* əˈbɑlɪʃ] *v/t* **1.** abschaffen, *Gesetz etc a.* aufheben. **2.** völlig zerstören. **aˈbol·ish·a·ble** *adj* abschaffbar. **aˈbol·ish·ment** → **abolition** 1.

ab·o·li·tion [ˌæbəʊˈlɪʃn; -bəˈl-] *s* **1.** Abschaffung *f*, Aufhebung *f*. **2.** *jur.* Abolitiˈon *f*, Niederschlagung *f* (*e-s Strafverfahrens*). **ˌab·oˈli·tion·ism** [-ʃənɪzəm] *s* a) *hist.* Abolitioˈnismus *m*, Prinˈzip *n od.* Poliˈtik *f* der Sklavenbefreiung, b) Bekämpfung *f* e-r bestehenden Einrichtung *etc*. **ˌab·oˈli·tion·ist** *s hist.* Abolitioˈnist(in).

ab·o·ma·sum [ˌæbəʊˈmeɪsəm; -bəˈm-] *pl* **-sa** [-sə], **ˌab·oˈma·sus** [-səs] *pl* **-si** [-saɪ] *s zo.* Labmagen *m* (*der Wiederkäuer*).

ˈA-bomb *s* Aˈtombombe *f*.

a·bom·i·na·ble [əˈbɒmɪnəbl; *Am.* -ˈbɑm-] *adj* (*adv* **abominably**) abˈscheulich, ˈwiderwärtig, scheußlich: → **snowman** 2. **aˈbom·i·na·ble·ness** *s* Abˈscheulichkeit *f*. **a·bom·i·nate** **I** *v/t* [əˈbɒmɪneɪt; *Am.* -ˈbɑm-] verabscheuen. **II** *adj* [-nət; -neɪt] → **abominable**. **aˌbom·iˈna·tion** *s* **1.** Abscheu *m*, *f* (**of** vor *dat*). **2.** Scheußlichkeit *f*, Gemeinheit *f*. **3.** Gegenstand *m* des Abscheus: **to be s.o.'s pet** ~ *colloq.* j-m ein wahrer Greuel sein.

ab·o·rig·i·nal [ˌæbəˈrɪdʒənl] **I** *adj* (*adv* ~**ly**) **1.** eingeboren, ureingesessen, ursprünglich, einheimisch, Ur... **II** *s* **2.** Ureinwohner *m*, *pl a.* Urbevölkerung *f*. **3.** einheimisches Tier, einheimische Pflanze, *pl* (*die*) ursprüngliche Fauna u. Flora.

ab·o·rig·i·ne [ˌæbəˈrɪdʒənɪ] *pl* **-nes** [-niːz] → **aboriginal** II.

a·bort [əˈbɔː(r)t] **I** *v/t* **1.** *med.* a) e-e Fehlgeburt herˈbeiführen bei *j-m*, b) zu früh gebären. **2.** *med.* im Anfangsstadium unter'drücken: **to ~ a disease. 3.** *fig. Raumflug etc* abbrechen. **II** *v/i* **4.** abor'tieren, e-e Fehlgeburt haben, zu früh gebären. **5.** *biol.* verkümmern (*Organ*). **6.** *fig.* fehlschlagen, scheitern. **III** *s* **7.** *med.* Ab'ort(us) *m*, Fehlgeburt *f*, Abgang *m*. **8.** *fig.* Ab'ort *m*, Abbruch *m* e-s Raumflugs. **a'bort·ed** → **abortive** 1 a *u.* 3.

a·bor·ti·cide [ə'bɔː(r)tɪsaɪd] *s med.* **1.** Abtötung *f* der Leibesfrucht. **2.** Abor'tivum *n*, Abor'tivmittel *n*. **a,bor·ti'fa·cient** [-'feɪʃnt] *med.* **I** *adj* abor'tiv. **II** *s* → **aborticide** 2.

a·bor·tion [ə'bɔː(r)ʃn] *s* **1.** *med.* Ab'ort(us) *m*, Fehlgeburt *f*, Abgang *m*. **2.** 'Schwangerschaftsunter,brechung *f*, -abbruch *m*, Abtreibung *f*: **to have an ~** abtreiben (lassen); **to procure an ~** e-e Abtreibung vornehmen (lassen) (**on s.o.** bei j-m); **~ on demand** Recht *n* auf Abtreibung; **~ clinic** Abtreibungsklinik *f*. **3.** 'Mißgeburt *f* (*a. fig.*). **4.** *fig.* Fehlschlag *m*. **5.** *biol.* Verkümmerung *f*, Fehlbildung *f*. **a'bor·tion·ist** *s* **1.** Abtreiber(in). **2.** Abtreibungsbefürworter(in).

a'bor·tive I *adj* (*adv* **~ly**) **1.** *med.* a) zu früh geboren, b) → **abortifacient** I. **2.** *fig.* a) vorzeitig, verfrüht, b) miß'lungen, fruchtlos, verfehlt, erfolglos, ‚totgeboren': **to prove ~** sich als Fehlschlag erweisen. **3.** *biol.* abor'tiv, verkümmert, zu'rückgeblieben (*Organ*). **4.** *bot.* ste'ril, taub, unfruchtbar. **II** *s* **5.** → **aborticide** 2.

a·bought [ə'bɔːt] *pret u. pp von* **aby(e)**.

a·bou·li·a [ə'buːlɪə; -'bjuː-; eɪ'b-] → **abulia**.

a·bound [ə'baʊnd] *v/i* **1.** im 'Überfluß *od.* reichlich vor'handen sein. **2.** 'Überfluß haben, reich sein (**in** an *dat*): **to ~ in fish** fischreich sein. **3.** (**with**) (an)gefüllt sein (mit), voll sein (von), *a. contp.* wimmeln (von), strotzen (vor *dat*): **the cellar ~s with vermin** im Keller wimmelt es von Ungeziefer. **a'bound·ing** *adj* **1.** reichlich (vor'handen). **2.** reich (**in** an *dat*), voll (**with** von).

a·bout [ə'baʊt] **I** *adv* **1.** um'her, ('rings-, 'rund)her,um, in der Runde: **all ~** überall; **a long way ~** ein großer Umweg; **the wrong way ~** falsch herum; **three miles ~** drei Meilen im Umkreis. **2.** ungefähr, etwa, nahezu: **it's ~ right** *colloq.* ‚es kommt so ungefähr hin'; → **just** 13. **3.** (halb) her'um, in der entgegengesetzten Richtung: **to be ~** *mar.* klar zum Wenden sein; → **face** 26, **turn**[1] 28. **4.** auf, auf den Beinen, in Bewegung: **to be (up and) ~** auf den Beinen sein. **5.** in der Nähe, da: **there is no one ~. II** *prep* **6.** um, um ... her'um. **7.** (irgendwo) her'um in (*dat*): **to wander ~ the streets** in den Straßen herumwandern. **8.** bei, auf (*dat*), an (*dat*), um: **have you any money ~ you?** haben Sie Geld bei sich?; **there is nothing ~ him** an ihm ist nichts Besonderes; **to have s.th. ~ one** etwas an sich haben. **9.** um, gegen, etwa: **~ my height** ungefähr m-e Größe; **~ this time** (etwa *od.* ungefähr) um diese Zeit; **~ noon** um die Mittagszeit, gegen Mittag. **10.** über (*acc*): **to talk ~ business; what is it (all) ~?** worum handelt es sich (eigentlich)? **11.** im Begriff, da'bei: **he was ~ to go out** er war im Begriff auszugehen, er wollte gerade ausgehen. **12.** *colloq.* beschäftigt mit: **he knows what he is ~** er weiß, was er tut *od.* was er will; **what are you ~?** a) was machst du da?, b) was hast du vor? **III** *v/t* **13.** *mar. Schiff* wenden.

a,bout-'face *Am.* **I** *s* a) *mil.* Kehrtwendung *f* (*a. fig.*), b) Wendung *f* (*e-s Flusses etc*), c) *fig.* Wendung *f* um 180 Grad: **to do an ~** → II. **II** *v/i* a) *mil.* e-e Kehrtwendung machen (*a. fig.*), b) e-e Wendung machen, c) *fig.* sich um 180 Grad drehen. **a,bout-'ship** *v/i mar.* wenden. **a,bout-'turn** *Br. für* **about-face**.

a·bove [ə'bʌv] **I** *adv* **1.** (dr)oben, oberhalb. **2.** *relig.* (dr)oben, im Himmel: **from ~** von oben (her), vom Himmel; **the powers ~** die himmlischen Mächte. **3.** dar'über (hin'aus): **the court ~** *jur.* die höhere Instanz; **the judge ~** der Richter der höheren Instanz; **the rank ~** der nächsthöhere Rang. **4.** weiter oben, vor..., oben...: **~-mentioned; ~-named; as stated ~** wie oben angeführt *od.* angegeben. **5.** nach oben, hin'auf: **a staircase leading ~. II** *prep* **6.** über (*dat od. acc*), oberhalb (*gen*): **~ the earth** über der Erde, oberirdisch. **7.** *fig.* über (*dat od. acc*), mehr als, stärker als, erhaben über (*acc*): **~ all** vor allem, vor allen Dingen; **he is ~ that** er steht über der Sache, er ist darüber erhaben; **she was ~ taking advice** sie war zu stolz, Rat anzunehmen; sie ließ sich nichts sagen; **he is not ~ accepting bribes** er scheut sich nicht, Bestechungsgelder anzunehmen; **to be ~ s.o.** j-m überlegen sein; **to get ~ s.o.** j-n überflügeln; **that is ~ me** das ist mir zu hoch, das geht über m-n Horizont *od.* Verstand. **III** *adj* **8.** obig, obenerwähnt: **the ~ remarks. IV** *s* **9.** (*das*) Obige *od.* Obenerwähnte: **as mentioned in the ~** wie oben erwähnt. **a,bove'board** *adv u. pred adj* offen, ehrlich, einwandfrei. **a,bove'ground** *adv u. adj* **1.** a) oberirdisch, b) *Bergbau*: über Tage. **2.** (noch) am Leben. **a,bove'stairs** *adv* oben (im Hause), droben.

A-B pow·er pack *s electr.* Netzteil *n* für Heiz- u. An'odenleistung.

ab·ra·ca·dab·ra [,æbrəkə'dæbrə] *s* Abraka'dabra *n*: a) Zauberwort *n*, b) *fig.* sinnloses Gerede.

ab·ra·dant [ə'breɪdənt] → **abrasive** 1, 3. **ab·rade** [ə'breɪd] **I** *v/t* **1.** abschaben, abreiben, *tech. a.* verschleißen, *Reifen* abfahren. **2.** *tech.* abschleifen. **3.** *die Haut etc* aufscheuern, abschürfen. **4.** *fig.* a) unter'graben, schädigen, b) abnutzen, verschleißen. **II** *v/i* **5.** sich abreiben, *tech. a.* verschleißen.

A·bra·ham ['eɪbrəhæm] *npr Bibl.* Abraham *m*: **in ~'s bosom** (sicher wie) in Abrahams Schoß.

a·bran·chi·al [æ'bræŋkɪəl; ə'br-; *Am.* eɪ'br-], *a.* **a'bran·chi·ate** [-kɪət; -ɪeɪt] *adj zo.* kiemenlos.

ab·rase [ə'breɪs] → **abrade. ab'ra·sion** [-ʒn] *s* **1.** Abreiben *n*, Abschaben *n*. **2.** *tech.* a) Abschleifung *f*, b) Verschleiß *m* (*a. fig.*), Abrieb *m*: **~ strength** Abriebfestigkeit *f*. **3.** *med.* (Haut)Abschürfung *f*, Schramme *f*. **ab'ra·sive I** *adj* **1.** abreibend, abschleifend, schmirgelartig, Schleif...: **~ action** Scheuerwirkung *f*; **~ cloth** Schmirgelleinen *n*; **~ hardness** Ritzhärte *f*; **~ paper** Sand-, Schleifpapier *n*; **~ wheel** Schleifscheibe *f*. **2.** schroff, abweisend (*Person, Stimme etc*). **II** *s* **3.** Schleifmittel *n*, Schmirgel *m*.

ab·raum ['æbraʊm; 'ɑːp-] *s* Farberde *f*. **~ salts** *s pl chem.* Abraumsalze *pl*.

ab·re·act [,æbrɪ'ækt] *v/t psych.* 'abrea,gieren. **,ab·re'ac·tion** *s* 'Abreakti,on *f*.

a·breast [ə'brest] **I** *adv* **1.** Seite an Seite, nebenein'ander: **four ~; to keep ~ of** (*od.* **with**) *fig.* Schritt halten mit. **2.** *mar.* a) Bord an Bord, b) in Front, dwars: **the ship was ~ of the cape** das Schiff lag auf der Höhe des Kaps. **3.** gegen'über (**of** von). **II** *prep* **4.** *mar.* dwars ab, gegen'über (*dat*).

a·bridge [ə'brɪdʒ] *v/t* **1.** *Besuch etc* abkürzen, *Buch etc* (ver)kürzen. **2.** be-, einschränken, beschneiden, schmälern. **a'bridged** *adj* (ab)gekürzt, verkürzt, Kurz...: **~ version. a'bridg(e)·ment** *s* **1.** (Ab-, Ver)Kürzung *f*. **2.** a) Kurzfassung *f*, b) Abriß *m*. **3.** Beschränkung *f*, Schmälerung *f*.

a·broad [ə'brɔːd] *adv u. pred adj* **1.** im *od.* ins Ausland: **from ~** aus dem Ausland. **2.** *obs.* aus dem Haus, draußen, im Freien: **to be ~ early** schon früh aus dem Hause sein. **3.** weithin, weit um'her, überall'hin: **to spread** (*od.* **scatter**) **~** verbreiten, aussprengen; **the matter has got ~** die Sache ist ruchbar geworden; **a rumo(u)r is ~** es geht das Gerücht (um). **4.** *obs.* weit vom Ziel: **all ~** a) im Irrtum, b) verwirrt.

ab·ro·gate ['æbrəʊgeɪt; -rəg-] *v/t* **1.** abschaffen, *Gesetze etc* aufheben. **2.** beseitigen. **,ab·ro'ga·tion** *s* Abschaffung *f*, Aufhebung *f*.

ab·rupt [ə'brʌpt] *adj* (*adv* **~ly**) **1.** abgerissen, abgebrochen, zs.-hanglos (*a. fig.*). **2.** jäh, steil, schroff. **3.** kurz (angebunden), schroff. **4.** jäh, plötzlich, ab'rupt. **5.** *bot.* (ab)gestutzt. **ab'rupt·ness** *s* **1.** Abgerissenheit *f*, Zs.-hanglosigkeit *f*. **2.** Steilheit *f*. **3.** Schroffheit *f*. **4.** Plötzlichkeit *f*.

ab·scess ['æbsɪs; -ses] *s med.* Ab'szeß *m*.

ab·scis·sa [æb'sɪsə] *pl* **-sae** [-siː] *od.* **-sas**, *a.* **ab·sciss(e)** ['æbsɪs] *s math.* Ab'szisse *f*.

ab·scis·sion [æb'sɪʒn; -ʃn] *s* **1.** Abschneiden *n* (*e-r Silbe, e-s Gliedes*), Los-, Abtrennung *f*. **2.** plötzliches Abbrechen.

ab·scond [əb'skɒnd; *Am.* æb'skɑnd] *v/i* **1.** *a.* **~ from justice** flüchtig werden, sich den Gesetzen *od.* der Festnahme entziehen. **2.** flüchten (**from** vor *dat*): **an ~ing debtor** ein flüchtiger Schuldner. **3.** sich heimlich da'vonmachen, 'durchbrennen (**with** mit). **ab'scond·er** *s* Flüchtige(r) *m*.

ab·seil ['æbsaɪl] *mount.* **I** *v/i* sich abseilen (**from** von, *a.* aus *e-m Hubschrauber*). **II** *s* Abseilen *n*.

ab·sence ['æbsəns] *s* **1.** Abwesenheit *f*: **in the ~ of s.o.** in j-s Abwesenheit; **he was sentenced to death in his ~** er wurde in Abwesenheit zum Tode verurteilt; **~ of mind** → **absent-mindedness. 2.** (**from**) Fernbleiben *n* (von), Nichterscheinen *n* (in *dat*, zu): **frequent ~s** häufiges Fehlen (**from work** am Arbeitsplatz; **from school** in der Schule); **on leave of ~** auf Urlaub; **~ without leave** *mil.* unerlaubte Entfernung von der Truppe. **3.** (**of**) Fehlen *n* (*gen od.* von), Mangel *m* (an *dat*): **in the ~ of** in Ermangelung (*gen od.* von), mangels (*gen*); **in the ~ of good will** wenn es an gutem Willen fehlt. **4.** *med.* kurze Bewußtseinstrübung.

ab·sent I *adj* ['æbsənt] (*adv* **~ly**) **1.** abwesend, nicht zu'gegen: **to be ~** fehlen (**from work** am Arbeitsplatz; **from school** in der Schule); **to be ~ without leave** a) *mil.* sich unerlaubt von der Truppe entfernt haben, b) unentschuldigt fehlen; **to give s.o. the ~ treatment** *Am. colloq.* j-n wie Luft behandeln; **~ voter** *pol. bes. Am.* Briefwähler(in). **2.** fehlend, nicht vor'handen. **3.** → **absent-minded. II** *v/t* [æb'sent] **4. ~ o.s.** (**from**) a) fernbleiben (*dat od.* von), b) sich entfernen (von, aus).

ab·sen·tee [,æbsən'tiː] **I** *s* **1.** Abwesende(r *m*) *f*: **~s' list** Abwesenheitsliste *f*. **2.** Eigentümer, der nicht auf s-m Grundbesitz lebt. **II** *adj* **3.** abwesend: **~ ballot** *pol. bes. Am.* Briefwahl *f*; **~ landlord** → 2; **~ voter** *pol. bes. Am.* Briefwähler(in).

ˌ**ab·senˈtee·ism** *s* häufiges *od.* längeres (unentschuldigtes) Fehlen (*am Arbeitsplatz, in der Schule*).
ˌ**ab·sent-ˈmind·ed** *adj* (*adv* **~ly**) geistesabwesend, zerstreut. ˌ**ab·sent-ˈmind·ed·ness** *s* Geistesabwesenheit *f*, Zerstreutheit *f*.
ab·sinth(e) [ˈæbsɪnθ] *s* **1.** *bot.* Abˈsinth *m*, Wermut *m*. **2.** Abˈsinth *m* (*Branntwein*). **ab·sin·thi·in** [æbˈsɪnθɪɪn] *s chem.* Absinˈthin *n*, Bitterstoff *m* des Wermuts.
ab·so·lute [ˈæbsəluːt] **I** *adj* (*adv* → **absolutely**) **1.** absoˈlut: a) unbedingt: **~ title** *jur.* Volleigentum *n*, b) ˈunumˌschränkt, unbeschränkt, uneingeschränkt: **~ monarchy** absolute Monarchie; **~ ruler** unumschränkter Herrscher, c) vollˈkommen, rein, völlig, vollständig, d) *philos.* an u. für sich bestehend, e) *chem.* rein, unvermischt: **~ alcohol** absoluter (*wasserfreier*) Alkohol, f) *math.* unbenannt: **~ number**, g) *phys.* unabhängig, nicht relaˈtiv: **~ humidity** absolute Feuchtigkeit. **2.** bestimmt, entschieden. **3.** kateˈgorisch, positiv. **4.** wirklich, tatsächlich. **5.** *ling.* absoˈlut. **6.** *jur.* rechtskräftig. **II** *s* **7. the ~** das Absoˈlute. **~ ad·dress** *s Computer*: absoˈlute Aˈdresse, Maˈschinenaˌdresse *f*. **~ al·ti·tude** *s aer.* absoˈlute Höhe, Flughöhe *f* über Grund. **~ ceil·ing** *s aer.* Gipfelhöhe *f*. **~ fo·cus** *s a. irr tech.* Brennpunkt *m*.
ˈ**ab·so·lute·ly** *adv* **1.** absoˈlut, gänzlich, völlig, vollkommen, durchˈaus. **2.** strikt: **to refuse ~**. **3.** [*a.* ˌæbsəˈluːtlɪ] *colloq.* (*in Antworten*) sicherlich, aber sicher, naˈtürlich.
ab·so·lute| ma·jor·i·ty *s* absoˈlute Mehrheit. **~ mu·sic** *s* absoˈlute Muˈsik (*Ggs. Programmusik*).
ˈ**ab·so·lute·ness** *s* **1.** Absoˈlutheit *f*: a) Unbedingtheit *f*, b) ˈUnumˌschränktheit *f*, c) Vollkommenheit *f*. **2.** (*das*) Absoˈlute.
ab·so·lute| pitch *s mus.* **1.** absoˈlute Tonhöhe. **2.** absoˈlutes Gehör. **~ sys·tem of meas·ures** *s math. phys.* absoˈlutes ˈMaßsyˌstem. **~ tem·per·a·ture** *s phys.* absoˈlute Temperaˈtur. **~ ze·ro** *s phys.* absoˈluter Nullpunkt.
ab·so·lu·tion [ˌæbsəˈluːʃn] *s* **1.** *jur.* Frei-, Lossprechung *f* (*im Zivilverfahren*) (**from, of** von). **2.** *relig.* Absolutiˈon *f*, Sündenerlaß *m*: **to grant s.o. ~** j-m die Absolution erteilen.
ab·so·lut·ism [ˈæbsəluːtɪzəm] *s* **1.** *philos. pol.* Absoluˈtismus *m*. **2.** *relig.* Lehre *f* von Gottes absoˈluter Gewalt. ˈ**ab·so·lut·ist** *s philos. pol.* Absoluˈtist *m*.
ab·solve [əbˈzɒlv; *Am. a.* -ˈzɑlv; -ˈs-] *v/t* **1.** frei-, lossprechen (**of** von *Sünden etc*; **from** von *e-r Schuld, e-r Verpflichtung etc*). **2.** *relig.* *j-m* die Absolutiˈon erteilen.
ab·so·nant [ˈæbsənənt] *adj obs.* **1.** *mus.* ˈmißtönend, ˈunharˌmonisch. **2.** *fig.* (**to, from**) im ˈWiderspruch stehend (zu), nicht im Einklang (mit).
ab·sorb [əbˈsɔː(r)b; -ˈz-] *v/t* **1.** absorˈbieren, auf-, einsaugen, (ver)schlucken, (*a. fig. Wissen etc*) (in sich) aufnehmen. **2.** *obs.* verschlingen (*a. fig.*). **3.** *fig.* ganz in Anspruch nehmen *od.* beschäftigen, fesseln. **4.** *phys.* absorˈbieren, resorˈbieren, in sich aufnehmen, *Schall* schlucken, *Schall, Stoß* dämpfen. **5.** *econ. die Kaufkraft* abschöpfen. **6.** sich einverleiben, ‚schlukken'. **abˈsorbed** *adj* **1.** absorˈbiert. **2.** (**in**) gefesselt *od.* ganz in Anspruch genommen (von), vertieft *od.* versunken (in *acc*): **~ in thought** gedankenverloren, -versunken. **abˈsorb·ed·ly** [-bɪdlɪ] *adv*.
ab·sor·be·fa·cient [əbˌsɔː(r)bɪˈfeɪʃnt; -ˌz-] → **absorbent** 1 *u.* 2.
ab·sorb·en·cy [əbˈsɔː(r)bənsɪ; -ˈz-] *s* Absorptiˈonsvermögen *n*. **abˈsorb·ent I** *adj* **1.** auf-, einsaugend, absorˈbierend: **~ liquid** *phys.* Absorptionsflüssigkeit *f*; **~ paper** Saugpapier *n*; **~ vessel** *biol.* Einsaugader *f*. **II** *s* **2.** aufsaugender Stoff, Absorptiˈonsmittel *n*. **3.** *med.* absorˈbierendes Mittel: **~ cotton** *Am.* (Verband-) Watte *f*. **4.** *anat.* Abˈsorbens *n*, Sauggefäß *n*. **abˈsorb·ing** *adj* (*adv* **~ly**) **1.** aufsaugend. **2.** *fig.* fesselnd, packend. **3.** *biol.* Absorptions...: **~ tissue**. **4.** *tech.* absorˈbierend, Absorptions..., Aufnahme...: **~ power** Absorptionsvermögen *n*. **5.** *econ.* Aufnahme...: **~ capacity** Aufnahmefähigkeit *f* (*des Marktes*).
ab·sorp·tion [əbˈsɔː(r)pʃn; -ˈz-] *s* **1.** (**in**) Versunkenheit *f* (in), Vertieftsein *n* (in), intenˈsive Beschäftigung (mit), gänzliche Inˈanspruchnahme (durch). **2.** Aufnahme *f*, Einverleibung *f*. **3.** *biol. chem. electr. phys. tech.* Absorptiˈon *f*: **~ of shocks (sound)** Stoß-(Schall)dämpfung *f*; **~ of water** Wasseraufnahme *f*, -verbrauch *m*; **~ circuit** Absorptions-, Saugkreis *m*; **~ spectrum** Absorptionsspektrum *n*. **abˈsorp·tive** *adj* absorpˈtiv, absorˈbierend, absorptiˈons-, (auf)saug-, aufnahmefähig. **abˈsorp·tive·ness, ab·sorp·tiv·i·ty** [ˌæbsɔː(r)pˈtɪvətɪ; -z-] *s* Aufnahmefähigkeit *f*.
ab·stain [əbˈsteɪn; æb-] *v/i* sich enthalten (**from** *gen*): **to ~ from comment** sich e-s *od.* jeglichen Kommentars enthalten; **to ~ (from voting)** sich der Stimme enthalten. **abˈstain·er** *s* j-d, der sich (*bes. geistiger Getränke*) enthält, (*meist* **total ~**) Abstiˈnenzler *m*.
ab·ste·mi·ous [æbˈstiːmjəs; -ɪəs; əb-] *adj* (*adv* **~ly**) **1.** mäßig (*im Essen u. im Genuß geistiger Getränke*), enthaltsam. **2.** bescheiden, kärglich (*Mahlzeit*). **abˈste·mi·ous·ness** *s* Mäßigkeit *f*, Enthaltsamkeit *f*.
ab·sten·tion [əbˈstenʃn] *s* Enthaltung *f* (**from** von): **~ (from voting)** Stimmenthaltung.
ab·ster·gent [əbˈstɜːdʒənt; *Am.* -ˈstɜr-; *a.* æbzˈt-] **I** *adj* **1.** reinigend. **2.** *med.* abführend. **II** *s* **3.** Reinigungsmittel *n*. **4.** *med.* Abführmittel *n*.
ab·sti·nence [ˈæbstɪnəns], *a.* ˈ**ab·sti·nen·cy** *s* Abstiˈnenz *f*, Enthaltung *f* (**from** von), Enthaltsamkeit *f*: **total ~** vollkommene Enthaltsamkeit (*von Alkohol*); **day of ~** *R.C.* Abstinenztag *m*. ˈ**ab·sti·nent** *adj* (*adv* **~ly**) enthaltsam, mäßig.
ab·stract I *adj* [ˈæbstrækt; *Am. a.* æbˈstrækt] (*adv* **~ly**) **1.** abˈstrakt: a) rein begrifflich, theoˈretisch: **~ concept, ~ idea** abstrakter Begriff, b) *math.* unbenannt, absoˈlut: **the ~ number** 10, c) rein, nicht angewandt: **~ science**, d) *art* gegenstandslos: **~ painting**, e) abˈstrus, schwerverständlich: **~ theories**. **2.** *ling.* abˈstrakt (*Ggs. konkret*): **~ noun** → 4. **II** *s* [ˈæbstrækt] **3.** (*das*) Abˈstrakte: **in the ~** rein theoretisch (betrachtet), an u. für sich. **4.** *ling.* Abˈstraktum *n*, Begriffswort *n*. **5.** Auszug *m*, Abriß *m*, Inhaltsangabe *f*, ˈÜbersicht *f*: **~ of account** a) Kontoauszug *m*, b) Rechnungsauszug; **~ of title** *jur.* Eigentumsnachweis *m*. **6.** *art* abˈstraktes Gemälde, abstrakte Plastik. **7.** *med. Am.* mit Milchzucker versetzter ˈPflanzenexˌtrakt. **III** *v/t* [æbˈstrækt] **8.** abziehen, ablenken. **9.** (ab)sondern, trennen. **10.** abstraˈhieren (**from** von), für sich *od.* (ab)gesondert betrachten. **11.** entwenden, stehlen. **12.** *chem.* destilˈlieren. **13.** [*bes. Am.* ˈæbstrækt] e-n Auszug machen von, *etwas aus e-m Buch* (her)ˈausziehen. **abˈstract·ed** *adj* (*adv* **~ly**) **1.** (ab)gesondert, getrennt, abstraˈhiert. **2.** zerstreut, geistesabwesend. **abˈstract·ed·ness** → **abstraction**.
ab·strac·tion [æbˈstrækʃn] *s* **1.** Abstraktiˈon *f*: a) Abstraˈhieren *n*, b) *philos.* abˈstrakter Begriff, bloß Gedachtes: **level of ~** Abstraktionsebene *f*, -stufe *f*. **2.** Entwendung *f*: **fraudulent ~** (*Patentrecht*) widerrechtliche Entnahme. **3.** Geistesabwesenheit *f*, Zerstreutheit *f*. **4.** *chem. tech.* Absonderung *f*: **~ of water** Wasserentziehung *f*. **5.** *art* abˈstraktes Gemälde, abˈstrakte Plastik. **abˈstrac·tion·ist** *s* **1.** Begriffsmensch *m*. **2.** abˈstrakter Künstler. **abˈstrac·tive** *adj* **1.** abstraˈhierungsfähig. **2.** *philos.* durch Abstraktiˈon erhalten (*Begriff*). **ab·stract·ness** [ˈæbstræktnɪs; æbˈstrækt-] *s* Abˈstraktheit *f*.
ab·struse [æbˈstruːs; əb-] *adj* (*adv* **~ly**) abˈstrus, schwerverständlich.
ab·surd [əbˈsɜːd; *Am.* əbˈsɜrd; -ˈz-] **I** *adj* (*adv* **~ly**) **1.** abˈsurd, sinnlos, ˈwidersinnig. **2.** unsinnig, albern, lächerlich. **II** *s* **3.** (*das*) Abˈsurde: **theater** (*bes. Br.* **theatre**) **of the ~** absurdes Theater. **abˈsurd·ism** *s Literatur, thea.* Absurˈdismus *m*. **abˈsurd·ist** (*Literatur, thea.*) **I** *adj* absurˈdistisch. **II** *s* Absurˈdist(in). **abˈsurd·i·ty, abˈsurd·ness** *s* **1.** Absurdiˈtät *f*, Sinnlosigkeit *f*, Unsinn *m*: → **reduce** 9. **2.** Albernheit *f*, Lächerlichkeit *f*.
a·bu·li·a [əˈbuːlɪə; -ˈbjuː-; eɪˈb-] *s psych.* Abuˈlie *f*, Willenslähmung *f*, Entschlußunfähigkeit *f*.
a·bun·dance [əˈbʌndəns] *s* **1.** (**of**) ˈÜberfluß *m* (an *dat*, von), Fülle *f* (von), große Anzahl (von) *od.* Menge (an *dat*, von): **in ~** in Hülle u. Fülle. **2.** Wohlstand *m*, Reichtum *m*. **3.** ˈÜberschwang *m* (*der Gefühle*).
a·bun·dant [əˈbʌndənt] *adj* **1.** reichlich (vorˈhanden), reich, sehr viel(e). **2.** (**in** *od.* **with**) im ˈÜberfluß besitzend (*acc*), reich (an *dat*), reichlich versehen (mit). **3.** *math.* abunˈdant, ˈüberschießend: **~ number** Überzahl *f*. **aˈbun·dant·ly** *adv* reichlich, völlig, in reichem Maße.
a·buse I *v/t* [əˈbjuːz] **1.** a) *ein Recht etc* mißˈbrauchen, b) schlechten Gebrauch machen von, c) ˈübermäßig beanspruchen, d) schädigen. **2.** *obs.* schlecht behandeln. **3.** *j-n* beleidigen, beschimpfen. **4.** *obs. j-n* (*geschlechtlich*) mißˈbrauchen, sich vergehen an (*dat*), schänden. **5.** *obs.* täuschen. **II** *s* [əˈbjuːs] **6.** ˈMißbrauch *m*, ˈMißstand *m*, falscher Gebrauch, ˈÜbergriff *m*: **crying ~** grober Mißbrauch; **~ of authority** *jur.* Amts-, Ermessensmißbrauch; **~ of a patent** mißbräuchliche Patentbenutzung. **7.** Schädigung *f*. **8.** *obs.* schlechte Behandlung. **9.** Beschimpfung *f*, Schimpfworte *pl*, Beleidigungen *pl*. **10.** *obs.* Schändung *f*. **11.** *obs.* Täuschung *f*.
a·bu·sive [əˈbjuːsɪv] *adj* (*adv* **~ly**) **1.** ˈMißbrauch treibend. **2.** ˈmißbräuchlich. **3.** beleidigend, ausfallend: **to become ~**; **~ language** Schimpfworte *pl*, Beleidigungen *pl*, ausfallender Ton. **4.** verkehrt, falsch.
a·but [əˈbʌt] **I** *v/i* **1.** (an)stoßen, (an)grenzen (**on, upon, against** an *acc*), sich berühren. **II** *v/t* **2.** berühren, (an)stoßen *od.* (an)grenzen an (*acc*). **3.** *tech.* mit den Enden zs.-fügen. **aˈbut·ment** *s* **1.** Angrenzen *n* (**on, upon, against** an *acc*). **2.** *arch.* Strebe-, Stützpfeiler *m*, ˈWiderlager *n* (*e-r Brücke etc*), Kämpfer *m*: **~ arch** Endbogen *m* (*e-r Brücke*); **~ beam** Stoßbalken *m*. **a·but·tals** [əˈbʌtlz] *s pl* Grenzen *pl* (*e-s Grundstücks*). **aˈbut·ter** *s* **1.** Grundstücksnachbar *m*. **2.** *Am.* Anlieger *m*, Anwohner *m*.

a·by(e) [əˈbaɪ] *pret u. pp* **a·bought** [əˈbɔːt] *v/t obs.* büßen.

a·bysm [əˈbɪzəm] *s obs. od. poet. für* abyss 1. **aˈbys·mal** [-ml] *adj* (*adv* **~ly**) **1.** abgrundtief, bodenlos, unergründlich (*alle a. fig.*): **~ depth** unendliche Tiefe; **~ ignorance** grenzenlose Dummheit. **2.** *colloq.* miseˈrabel: **an ~ play.**

a·byss [əˈbɪs] *s* **1.** *a. fig.* Abgrund *m*, Schlund *m*, bodenlose *od.* unendliche Tiefe. **2.** Hölle *f.* **3.** *fig.* Unergründlichkeit *f*, Unendlichkeit *f.* **4.** Abysˈsal *n* (*des Meeres*). **aˈbyss·al** *adj* **1.** (abgrund)tief. **2.** abysˈsal, aˈbyssisch: **~ zone** abyssische Region, Abyssalregion *f.*

Ab·ys·sin·i·an [ˌæbɪˈsɪnjən; -ɪən] *hist.* **I** *adj* abesˈsinisch. **II** *s* Abesˈsinier(in).

a·ca·cia [əˈkeɪʃə] *s* **1.** *bot.* Aˈkazie *f.* **2.** *bot.* Gemeine Roˈbinie. **3.** Aˈkaziengummi *m, n.*

ac·a·dem·i·a [ˌækəˈdiːmjə; -ɪə] *s* die akaˈdemische Welt.

ac·a·dem·ic [ˌækəˈdemɪk] **I** *adj* (*adv* **~ally**) **1.** akaˈdemisch: a) **A~** *philos.* zur Schule Platos gehörig, b) mit dem Universiˈtätsstudium zs.-hängend: **~ costume** *bes. Am.*, **~ dress** *bes. Br.* akademische Tracht (*Barett u. Talar*); **~ freedom** akademische Freiheit; **~ year** Studienjahr *n*, c) *fig.* (rein) theoˈretisch, hypoˈthetisch: **an ~ question** e-e (rein) akademische Frage, d) *fig.* unpraktisch, ohne praktischen Nutzen. **2.** gelehrt, wissenschaftlich. **3.** allgeˈmeinbildend, geisteswissenschaftlich, humaˈnistisch: **an ~ course. 4.** konventioˈnell, traditioˈnell. **II** *s* **5.** Akaˈdemiker(in). **6.** Universiˈtätsmitglied *n* (*Professor, Student etc*). **ˌac·aˈdem·i·cal I** *adj* → **academic** I. **II** *s pl* akaˈdemische Tracht.

a·cad·e·mi·cian [əˌkædəˈmɪʃn; *Am. a.* ˌækədəˈm-] *s* Mitglied *n* e-r Akadeˈmie.

ac·a·dem·i·cism [ˌækəˈdemɪsɪzəm] *s* **1. A~** akaˈdemische Philosoˈphie. **2.** (*das*) Akaˈdemische, Formaˈlismus *m.*

a·cad·e·my [əˈkædəmɪ] *s* **1. A~** Akadeˈmie *f* (*Platos Philosophenschule*). **2.** a) (höhere) Lehranstalt (*allgemeiner od. spezieller Art*): → **military academy** 1, b) *Am. od. Scot.* höhere Schule mit Interˈnat (*hist. außer in Eigennamen*): **Andover ~; Edinburgh ~. 3.** Hochschule *f*: **~ of music** Musikhochschule. **4.** Akadeˈmie *f* (*der Wissenschaften etc*), gelehrte Gesellschaft.

A·ca·di·an [əˈkeɪdjən; -ɪən] **I** *adj* **1.** aˈkadisch, neuˈschottländisch. **II** *s* **2.** Aˈkadier(in), Bewohner(in) (franˈzösischer Abstammung) von Neuˈschottland. **3.** *Am.* Nachkomme *m* der Aˈkadier in Louisiˈana.

ac·a·jou [ˈækəʒuː] *s bot.* **1.** → **cashew. 2.** → **mahogany** 1-3.

ac·a·leph [ˈækəlef] *s zo.* Akaˈlephe *f*, Scheibenqualle *f.* **ˌac·aˈle·phan** [-ˈliːfən] **I** *s* → **acaleph. II** *adj* zu den Akaˈlephen gehörig. **ˈac·a·lephe** [-liːf] → **acaleph.**

a·can·tha [əˈkænθə] *s* **1.** *bot.* Stachel *m*, Dorn *m.* **2.** *zo.* Stachelflosse *f.* **3.** *anat.* Dornfortsatz *m.*

ac·an·tha·ceous [ˌækənˈθeɪʃəs] *adj bot.* **1.** stach(e)lig, dornig. **2.** zu den Acanthaˈceen gehörig.

a·can·thi [əˈkænθaɪ] *pl von* **acanthus.**

a·can·thite [əˈkænθaɪt] *s min.* Akanˈthit *m.*

ac·an·thop·ter·yg·i·an [ˈækənˌθɒptəˈrɪdʒjən; -ɪən; *Am.* -ˌθɑp-] *zo.* **I** *adj* zu den Stachelflossern gehörig. **II** *s* Stachelflosser *m.*

a·can·thus [əˈkænθəs] *pl* **-thus·es, -thi** [-θaɪ] *s* **1.** *bot.* Aˈkanthus *m*, Bärenklau *f, m.* **2.** *arch.* Aˈkanthus *m*, Laubverzierung *f.*

ac·a·ri [ˈækəraɪ] *pl von* **acarus.**

ac·a·rid [ˈækərɪd] *s zo.* Akaˈride *f*, Milbe *f.*

a·car·pel·(l)ous [eɪˈkɑː(r)pələs] *adj bot.* ohne Fruchtblätter.

a·car·pous [eɪˈkɑː(r)pəs] *adj bot.* ohne Frucht, unfruchtbar.

ac·a·rus [ˈækərəs] *pl* **-ri** [-raɪ] *s zo.* Krätzmilbe *f.*

a·cat·a·lec·tic [æˌkætəˈlektɪk; *Am.* eɪ-] *metr.* **I** *adj* akataˈlektisch (*ohne Fehlsilbe im letzten Versfuß*). **II** *s* akataˈlektischer Vers.

a·cat·a·lep·si·a [æˌkætəˈlepsɪə; *Am.* eɪ-] *s* **1.** *med.* Akatalepˈsie *f*, Unsicherheit *f* der Diaˈgnose. **2.** Geistesschwäche *f.* **aˈcat·a·lep·sy** *s philos.* Akataˈleptik *f.*

a·cau·dal [eɪˈkɔːdl], **aˈcau·date** [-deɪt] *adj zo.* schwanzlos.

a·cau·lous [eɪˈkɔːləs] *adj bot.* stengellos.

ac·cede [ækˈsiːd] *v/i* **1.** (to) beipflichten (*dat*), eingehen (auf *acc*), zustimmen (*dat*): **to ~ to a proposal. 2.** beitreten (to *dat*): **to ~ to a treaty. 3.** (to) gelangen (zu), erhalten (*acc*): **to ~ to an office** ein Amt antreten; **to ~ to power** die Macht übernehmen, die Regierung antreten; **to ~ to the throne** den Thron besteigen. **4.** *jur.* zuwachsen (to *dat*).

ac·cel·er·an·do [ækˌseləˈrændəʊ; *Am.* ɑːˌtʃeləˈrɑːndəʊ] *adv mus.* allˈmählich schneller.

ac·cel·er·ant [əkˈselərənt; æk-; *Am. a.* ɪkˈs-] **I** *adj* beschleunigend. **II** *s* → **accelerator** 1.

ac·cel·er·ate [əkˈseləreɪt; æk-; *Am. a.* ɪkˈs-] **I** *v/t* **1.** *bes. chem. phys. tech.* beschleunigen (*a. fig.*), die Geschwindigkeit (*e-s Fahrzeugs etc*) erhöhen. **2.** *bes. biol. e-e Entwicklung* fördern, die raschere Entwicklung (*des Wachstums etc*) bewirken. **3.** *e-n Zeitpunkt* vorverlegen. **4.** *fig.* ankurbeln. **II** *v/i* **5.** schneller werden, die Geschwindigkeit erhöhen, *mot. a.* beschleunigen, Gas geben, *sport a.* antreten. **6.** sich beschleunigen. **acˈcel·er·at·ed** *adj* **1.** beschleunigt: **~ course** Schnellkurs *m*; **~ depreciation** *econ.* beschleunigte Abschreibung. **2.** *biol. psych.* ˈüberˌdurchschnittlich entwickelt: **he is ~ in intelligence** er ist überdurchschnittlich intelligent für sein Alter. **acˈcel·er·at·ing** *adj* beschleunigend, Beschleunigungs...

ac·cel·er·a·tion [əkˌseləˈreɪʃn; æk-; *Am. a.* ɪkˌs-] *s* **1.** *bes. chem. phys. tech.* Beschleunigung *f* (*a. fig.*), *sport a.* Antritt *m*: *the car* **has good ~** beschleunigt gut; **~ clause** *econ.* Fälligkeitsklausel *f*; **~ lane** *mot.* Beschleunigungsspur *f*, -streifen *m*; **~ principle** *econ.* Akzelerationsprinzip *n*; **~ test (on pilots)** *aer.* Beschleunigungsprobe *f* (an Piloten); **~ voltage** *electr.* (Nach)Beschleunigungsspannung *f.* **2.** *biol. psych.* Akzeleratiˈon *f*, Entwicklungsbeschleunigung *f.* **3.** Vorverlegung *f* (*e-s Zeitpunkts*). **acˈcel·er·a·tive** [-rətɪv; *bes. Am.* -reɪ-] *adj* beschleunigend, Beschleunigungs...

ac·cel·er·a·tor [əkˈseləreɪtə(r); æk-; *Am. a.* ɪkˈs-] *s* **1.** *bes. chem. phys. tech.* Beschleuniger *m.* **2.** *a.* **~ pedal** *mot.* ˈGaspeˌdal *n*: **to step on the ~** Gas geben. **3.** *anat.* Symˈpathikus *m.* **4.** Spannstück *n* (*beim Gewehr*). **acˌcel·erˈom·e·ter** [-ˈrɒmɪtə(r); *Am.* -ˈrɑm-] *s tech.* Beschleunigungsmesser *m.*

ac·cent I *s* [ˈæksənt; *Am.* -ˌsent] **1.** Akˈzent *m*: a) *ling.* Ton *m*, Betonung *f*: **the ~ is on the first syllable** die Betonung liegt auf der ersten Silbe, b) *ling.* Betonungs-, Tonzeichen *n*, c) Tonfall *m*, (*lokale od. fremdländische*) Aussprache: **to speak without an ~** akzentfrei sprechen, d) *math.* Unterˈscheidungszeichen *n*, e) *fig.* Nachdruck *m*, f) *art* marˈkante Stelle, besondere Note. **2.** *mus.* a) Akˈzent *m*, Betonung *f*, b) Akˈzentzeichen *n*, c) Betonungsart *f.* **3.** *meist pl poet.* Sprache *f*: **the ~s of love. II** *v/t* [ækˈsent; *Am. a.* ˈækˌsent] → **accentuate.**

ac·cen·tu·al [ækˈsentjʊəl; -tʃʊəl; *Am.* -tʃəwəl] *adj* **1.** *metr.* akzentuˈierend: **~ verse. 2.** *metr. mus.* Akzent...

ac·cen·tu·ate [ækˈsentjʊeɪt; -tʃʊ-; *Am.* -tʃəˌw-] *v/t* **1.** akzentuˈieren, betonen: a) herˈvorheben (*a. fig.*), b) mit e-m Akˈzent(zeichen) versehen. **2.** *electr. bestimmte Frequenzen* anheben. **acˌcen·tuˈa·tion** *s* **1.** Betonung *f.* **2.** *electr.* Anhebung *f.* **acˈcen·tu·a·tor** [-tə(r)] *s electr.* Schaltungsglied *n* zur Anhebung bestimmter Freˈquenzen.

ac·cept [əkˈsept; æk-; *Am. a.* ɪkˈs-] **I** *v/t* **1.** annehmen, entgegennehmen: **to ~ a gift. 2.** *etwas* annehmen, *j-n, etwas* akzepˈtieren: **to ~ an invitation (a proposal)**; **to ~ an apology (an opinion)** e-e Entschuldigung (e-e Ansicht) akzeptieren *od.* hinnehmen *od.* gelten lassen *od.* anerkennen; **to ~ life** das Leben bejahen; **~ed pairing** anlehnende Werbung. **3.** ˈhinnehmen, sich abfinden mit, akzepˈtieren: **to ~ bad living conditions. 4.** auffassen, verstehen: **~ed** allgemein anerkannt, üblich, landläufig; **in the ~ed sense (of the word)** im landläufigen *od.* gebräuchlichen Sinne; **~ed text** offizieller Text. **5.** aufnehmen (**into** in *acc*). **6.** *etwas* auf sich nehmen: **to ~ a responsibility. 7.** *econ.* a) *e-n Auftrag* annehmen, b) *e-m Angebot* den Zuschlag erteilen: **to ~ the bid** (*od.* **tender**), c) *e-n Wechsel* annehmen, akzepˈtieren. **8.** *zo. männliches Tier* (zur Begattung) annehmen. **II** *v/i* **9.** (das Angebot) annehmen *od.* akzepˈtieren, (damit) einverstanden sein, zusagen. **acˌcept·aˈbil·i·ty** *s* **1.** Annehmbarkeit *f.* **2.** Erträglichkeit *f.* **acˈcept·a·ble** *adj* (*adv* **acceptably**) **1.** annehmbar, akzepˈtabel, tragbar (**to** für). **2.** angenehm, willˈkommen. **3.** erträglich. **4. ~ (as collateral)** *econ.* beleihbar, lomˈbardfähig.

acˈcept·ance *s* **1.** Annahme *f*, Entgegennahme *f.* **2.** Akzepˈtierung *f*, Anerkennung *f*: **~ of life** Lebensbejahung *f.* **3.** ˈHinnahme *f.* **4.** → **acceptation. 5.** Aufnahme *f* (**into** in *acc*). **6.** *econ.* a) Akˈzept *n*, angenommener Wechsel, b) Akzept *n*, Annahme *f* (*e-s Wechsels*), c) Annahmeerklärung *f*, -vermerk *m.* **7.** *jur.* Zustimmung *f*, Vertragsannahme *f.* **8.** *zo.* Brunst(zeit) *f* (*weiblicher Haustiere*). **~ flight** *s aer. mil.* Abnahmeflug *m.* **~ house** *s econ. Br.* Akˈzeptbank *f.*

ac·cep·ta·tion [ˌæksepˈteɪʃn] *s* (übliche) Sinn, landläufige *od.* gebräuchliche Bedeutung (*e-s Wortes*).

ac·cept·er [əkˈseptə(r); æk-; *Am. a.* ɪkˈs-] *s* **1.** An-, Abnehmer *m.* **2.** *econ.* Wechselnehmer *m*, Akzepˈtant *m.* **acˈcep·tor** [-tə(r)] *s* **1.** → **accepter. 2.** *phys.* Akzepˈtant *m*: **~ circuit** Saugkreis *m.*

ac·cess [ˈækses] **I** *s* **1.** Zugang *m* (**to** zu): **~ hatch** *aer. mar.* Einsteigluke *f*; **~ road** a) Zufahrtsstraße *f*, b) Zubringer(straße *f*) *m.* **2.** *fig.* (**to**) Zutritt *m* (bei, zu), Zugang *m* (zu), Gehör *n* (bei): **to gain ~ to** Zutritt erhalten zu; **~ to means of education** Bildungsmöglichkeiten; **to have ~ to the files** Zugang zu den *od.* Einsicht in die Akten haben; **to have ~ to secrets** Zugang zu Geheimnissen haben; **easy of ~** zugänglich (*Person*). **3.** *Computer*: Zugriff *m* (**to** auf *acc*): **~ speed** Zugriffsgeschwindigkeit *f.* **4.** *obs.* Anfall *m*, Ausbruch *m* (*der Wut, e-r Krankheit etc*): **~ of rage**; **~ of fever** Fieberanfall *m.* **5.** *arch.* Vorplatz *m*, Zugangsweg *m.* **6.** *jur.* (Möglichkeit *f* der) Beiwohnung *f.* **II** *v/t* **7.** *Computer*: Zugriff haben auf (*acc*).

ac·ces·sa·ry → accessory.
ac·ces·si·bil·i·ty [əkˌsesəˈbɪlətɪ; æk-; *Am. a.* ɪkˌs-] *s* Zugänglichkeit *f*, Erreichbarkeit *f* (*beide a. fig.*). **acˈces·si·ble** *adj* (*adv* **accessibly**) **1.** *a. fig.* (leicht) zugänglich *od.* erreichbar (**to** für *od. dat*). **2.** verfügbar, erhältlich. **3.** ˈum-, zugänglich (*Person*). **4.** (**to**) zugänglich (für *od. dat*), empfänglich (für).
ac·ces·sion [ækˈseʃn; ək-; *Am. a.* ɪkˈs-] *s* **1.** Annäherung *f*, Hinˈzutritt *m*. **2.** (**to**) Beitritt *m* (zu *e-m Vertrag etc*), Eintritt *m* (in *acc*), Anschluß *m* (an *acc*): **instrument of** ~ Beitrittsurkunde *f*. **3.** (**to**) Gelangen *n* (zu *e-r Würde etc*), Antritt *m* (*e-s Amtes*): ~ **to power** Machtübernahme *f*, Regierungsantritt *m*; ~ **to the throne** Thronbesteigung *f*. **4.** (**to**) Zuwachs *m*, Zunahme *f* (an *dat*), Vermehrung *f* (*gen*): **recent** ~**s** Neuanschaffungen *od.* Neuzugänge (*bes. von Büchern in e-r Bibliothek*); ~ **of property** *jur.* Vermögensanfall *m*. **5.** *pol.* Anwachsung *f* (*von Staatsgebiet*). **6.** Wertzuwachs *m*.
ac·ces·so·ri·al [ˌækseˈsɔːrɪəl; *Am. a.* -ˈsəʊ-] *adj* **1.** Beitritts..., Zuwachs... **2.** zusätzlich.
ac·ces·so·ry [əkˈsesərɪ; æk-; *Am. a.* ɪkˈs-] **I** *adj* **1.** hinˈzukommend, zusätzlich, Bei..., Neben..., Begleit..., Hilfs..., Zusatz...: ~ **contract** *jur.* Zusatzvertrag *m*; ~ **fruit** *bot.* Scheinfrucht *f*; ~ **lens** *phot.* Vorsatzlinse *f*; ~ **symptom** *med.* Begleiterscheinung *f*. **2.** nebensächlich, ˈuntergeordnet, Neben... **3.** beitragend, Hilfs...: **to be** ~ **to** beitragen zu. **4.** teilnehmend, mitschuldig (**to** an *dat*). **II** *s* **5.** Zusatz *m*, Anfügung *f*, Anhang *m*. **6.** *med.* Begleiterscheinung *f*. **7.** *oft pl* Zubehör *n*, Beiwerk *n*, (*Mode a.*) Accesˈsoire *n*. **8.** *pl aer. mar.* ˈBordaggreˌgat *n*. **9.** *pl tech.* Zubehör(teile *pl*) *n*. **10.** *pl biol.* ˈNeben-, ˈHilfsorˌgane *pl*. **11.** *jur.* Teilnehmer(in) (**to** an *e-m Verbrechen*), Komˈplize *m*, Mitschuldige(r *m*) *f*: ~ **after the fact** Begünstigte(r) *m*, *z. B.* Hehler *m*; ~ **before the fact** a) Anstifter *m*, b) Gehilfe *m*; **acting as an** ~ **after the fact** Begünstigung *f*; **acting as an** ~ **before the fact** Beihilfe *f*.
ac·ci·dence [ˈæksɪdəns] *s ling.* Formenlehre *f*.
ac·ci·dent [ˈæksɪdənt] *s* **1.** Zufall *m*, zufälliges Ereignis: **by** ~ a) zufällig, b) versehentlich. **2.** zufällige *od.* unwesentliche Eigenschaft, Nebensache *f*. **3.** Unfall *m*, Unglück(sfall *m*) *n*: **to be in an** ~ in e-n Unfall verwickelt sein; **to have** (*od.* **meet with**) **an** ~ e-n Unfall haben, verunglücken; **she had an** ~ **in the kitchen** ihr ist in der Küche ein Malheur *od.* Mißgeschick passiert; **to be killed in an** ~ bei e-m Unfall ums Leben kommen, tödlich verunglücken; ~ **at work** Arbeitsunfall; **seven-car** ~ Unfall, in den sieben Autos verwickelt sind; **death by** ~ *jur.* Tod *m* durch Unfall; ~ **annuity** Unfallrente *f*; ~ **benefit** Unfallentschädigung *f*; ~ **insurance** Unfallversicherung *f*; ~**-free driving** unfallfreies Fahren; ~**-prone** unfallgefährdet; ~ **research** Unfallforschung *f*. **4.** Unfallort *m*: **at the** ~.
ac·ci·den·tal [ˌæksɪˈdentl] **I** *adj* (*adv* ~**ly**) **1.** zufällig (vorˈhanden, geschehen *od.* hinˈzugekommen), Zufalls... **2.** versehentlich: ~ **hands** (*Fußball*) unabsichtliches Handspiel, *a.* angeschossene Hand. **3.** unwesentlich, nebensächlich: ~ **colo(u)r** Nebenfarbe *f*; ~ **lights** → 10; ~ **point** (perspektivischer) Einfallspunkt. **4.** Unfall...: ~ **death** Tod *m* durch Unfall, Unfalltod *m*. **5.** *mus.* alteˈriert. **II** *s* **6.** (*etwas*) Zufälliges. **7.** zufällige Eigenschaft. **8.** Nebensache *f*. **9.** *mus.* Vorzeichen *n*. **10.** *meist pl paint.* Nebenlichter *pl*.
ac·claim [əˈkleɪm] **I** *v/t* **1.** *j-n od. etwas* freudig *od.* mit Beifall begrüßen, *j-m* zujubeln. **2.** (sehr) loben. **3.** (jauchzend) ausrufen: **to** ~ **s.o. (as) king** j-n zum König ausrufen. **II** *v/i* **4.** Beifall spenden, Hochrufe ausstoßen. **III** *s* → **acclamation**.
ac·cla·ma·tion [ˌækləˈmeɪʃn] *s* **1.** lauter *od.* jauchzender Beifall, Hochrufe *pl*, Jubelgeschrei *n*. **2.** (hohes) Lob: **the book received great critical** ~ das Buch wurde von der Kritik sehr gelobt. **3.** *pol.* Abstimmung *f od.* Ernennung *f* durch Zuruf: **by** ~ durch Akklamation.
ac·clam·a·to·ry [əˈklæmətərɪ; *Am.* -ˌtəʊriː; -ˌtɔː-] *adj* Beifalls..., beifällig.
ac·cli·ma·ta·tion [əˌklaɪməˈteɪʃn] → **acclimation**. **ac·cli·mate** [əˈklaɪmət; ˈæklɪmeɪt] → **acclimatize**. **ac·cli·ma·tion** [ˌækləɪˈmeɪʃn; *Am. a.* ˌækləˈm-], **ac·cli·ma·ti·za·tion** [əˌklaɪmətaɪˈzeɪʃn; *Am.* -təˈz-] *s* Akklimatiˈsierung *f*, Eingewöhnung *f* (*beide a. fig.*), Einbürgerung *f* (*von Tieren u. Pflanzen*). **acˈcli·ma·tize** [-taɪz] *v/t u. v/i* (**to**) (sich) akklimatiˈsieren *od.* gewöhnen (an *acc*), (sich) eingewöhnen (in *dat*) (*alle a. fig.*).
ac·cliv·i·ty [əˈklɪvətɪ; æ-] *s* Steigung *f*, Hang *m*.
ac·co·lade [ˈækəʊleɪd; ˈækə-] *s* **1.** Akkoˈlade *f*: a) Ritterschlag *m*, b) feierliche Umˈarmung (mit Kuß auf beide Wangen). **2.** *fig.* a) Auszeichnung *f*, b) hohe Anerkennung, großes Lob: **his book received** ~**s from the press** sein Buch wurde in der Presse sehr gelobt. **3.** *mus.* Klammer *f*.
ac·com·mo·date [əˈkɒmədeɪt; *Am.* əˈkɑm-] **I** *v/t* **1.** *j-m* e-n Gefallen tun *od.* e-e Gefälligkeit erweisen. **2.** (**with**) *j-n* versorgen *od.* versehen (mit), *j-m* aushelfen (mit): **to** ~ **s.o. with money**. **3.** *j-n* a) ˈunterbringen, beherbergen, ˈeinquarˌtieren, b) versorgen, bewirten. **4.** Platz haben *od.* bieten für, fassen, aufnehmen (können), ˈunterbringen: **the car** ~**s five persons** in dem Wagen haben fünf Personen Platz. **5.** (**to**) a) *j-n od. etwas* anpassen (*dat od.* an *acc*): **to** ~ **o.s. to circumstances**, b) in Einklang bringen (mit): **to** ~ **facts to theory**. **6.** *e-n Streit* beilegen, schlichten. **II** *v/i* **7.** (**to**) a) sich anpassen (*dat od.* an *acc*), b) sich einstellen (auf *acc*). **8.** *med.* sich akkommoˈdieren (*Auge*).
acˈcom·mo·dat·ing *adj* (*adv* ~**ly**) **1.** gefällig, entgegenkommend, zuˈvorkommend: **on** ~ **terms** *econ.* zu angenehmen Bedingungen. **2.** anpassungsfähig. **3.** *tech.* Anpassungs...
ac·com·mo·da·tion [əˌkɒməˈdeɪʃn; *Am.* əˌkɑm-] *s* **1.** *a. sociol.* Anpassung *f* (**to** an *acc*). **2.** Gemäßheit *f*, Überˈeinstimmung *f*. **3.** Gefälligkeit *f*, Entgegenkommen *n*. **4.** Versorgung *f* (**with** mit). **5.** Aushilfe *f*, Darlehen *n*, geldliche Hilfe. **6.** Beilegung *f*, Schlichtung *f* (*e-s Streites*), Verständigung *f*, gütliche Einigung. **7.** *Am. meist pl* a) ˈUnterbringung *f*, (Platz *m* für) ˈUnterkunft *f*, Quarˈtier *n*: **hotel** ~ Unterbringung im Hotel, b) Räumlichkeiten *pl*, Räume *pl*, c) Einrichtung(en *pl*) *f*: **sanitary** ~**s**, d) Bequemlichkeit(en *pl*) *f*, Komˈfort *m*. **8.** *med.* Akkommodatiˈon *f*. **9.** *a.* ~ **train** *Am.* Bummelzug *m*. ~ **ac·cept·ance** *s econ.* Geˈfälligkeitsakˌzept *n*. ~ **ad·dress** *s* ˈDeckaˌdresse *f*. ~ **bill**, ~ **draft** *s econ.* Gefälligkeitswechsel *m*. ~ **lad·der** *s mar.* Fallreep *n*. ~ **note** *Br.*, ~ **pa·per** → **accommodation bill**. ~ **reg·is·try** *s Br.* Wohnungsnachweis *m*.
ac·com·mo·da·tive [əˈkɒmədeɪtɪv; *Am.* əˈkɑm-] *adj* **1.** Bequemlichkeit gewährend. **2.** Aushilfe verschaffend. **3.** *med.* akkommodaˈtiv.
ac·com·pa·ni·ment [əˈkʌmpənɪmənt] *s* **1.** *bes. mus.* Begleitung *f*. **2.** (schmückendes) Beiwerk. **3.** Begleiterscheinung *f*.
ac·com·pa·nist [əˈkʌmpənɪst] *s mus.* Begleiter(in).
ac·com·pa·ny [əˈkʌmpənɪ] **I** *v/t* **1.** begleiten (*a. mus.*), geleiten: **accompanied by**: **XY** am Flügel: XY; **he was accompanied by his wife** er war in Begleitung s-r Frau. **2.** begleiten, e-e Begleiterscheinung sein von (*od. gen*): **to be accompanied with** (*od.* **by**) begleitet sein von, verbunden sein mit. **3.** verbinden (**with** mit): **to** ~ **an advice with a warning**. **II** *v/i* **4.** *mus.* begleiten, die Begleitung spielen. **acˈcom·pa·ny·ing** *adj* begleitend, Begleit...: ~ **documents** Begleitpapiere. **acˈcom·pa·ny·ist** [-niːəst] *s mus. Am.* Begleiter(in).
ac·com·plice [əˈkʌmplɪs; *Br. a.* əˈkɒm-; *Am. a.* əˈkɑm-] *s* Komˈplize *m* (**in**, **of** bei), Mittäter(in).
ac·com·plish [əˈkʌmplɪʃ; *Br. a.* əˈkɒm-; *Am. a.* əˈkɑm-] *v/t* **1.** *e-e Aufgabe etc* vollˈenden, -ˈbringen, ausführen, *etwas* zuˈstande bringen. **2.** *e-n Zweck* erreichen, erfüllen, *etwas Begehrtes* erlangen: **to** ~ **one's object** sein Ziel erreichen. **3.** *e-e Zeitspanne etc* vollˈenden, durchˈleben. **4.** ausbilden, vervollkommnen. **5.** *econ.* leisten, erfüllen. **acˈcom·plish·a·ble** *adj* **1.** ausführbar. **2.** erreichbar. **acˈcom·plished** [-ʃt] *adj* **1.** vollˈendet, -ˈbracht, vollständig ausgeführt: **an** ~ **fact** e-e vollendete Tatsache. **2.** a) (fein *od.* vielseitig) gebildet, kultiˈviert, b) vollˈendet, perˈfekt (*a. iro.*): **an** ~ **hostess**; **an** ~ **liar** ein Erzlügner. **acˈcom·plish·ment** *s* **1.** Vollˈendung *f*, Ausführung *f*. **2.** Vollˈkommenheit *f*. **3.** *meist pl* Bildung *f*, Kultiˈviertheit *f*.
ac·cord [əˈkɔː(r)d] **I** *v/t* **1.** *j-m etwas* gewähren, zukommen lassen, einräumen. **II** *v/i* **2.** im Einklang stehen, überˈeinstimmen, harmoˈnieren (**with** mit). **III** *s* **3.** Überˈeinstimmung *f*, Einklang *m*, Einigkeit *f*. **4.** Zustimmung *f*. **5.** a) Überˈeinkommen *n*, b) *pol.* (*formloses*) Abkommen, c) *jur.* Vergleich *m* (*zwischen dem Masseschuldner u. einzelnen Gläubigern*): **with one** ~ einstimmig, einmütig; ~ **and satisfaction** *jur.* vergleichsweise Erfüllung (*als rechtsvernichtende Einwendung*); **of one's own** ~ aus eigenem Antrieb.
ac·cord·ance [əˈkɔː(r)dəns] *s* Überˈeinstimmung *f*: **in** ~ **with** in Übereinstimmung mit, laut (*gen*), gemäß (*dat*); **to be in** ~ übereinstimmen (**with** mit). **acˈcord·ant** *adj* **1.** (**with**) überˈeinstimmend (mit), im Einklang (mit), entsprechend (*dat*). **2.** *biol.* gleichsinnig. **3.** *geol.* gleich...
acˈcord·ing I ~ **to** *prep* gemäß, entsprechend, nach, zuˈfolge (*dat*), laut (*gen*): ~ **to circumstances** den Umständen entsprechend, je nach Lage der Dinge; ~ **to contract** *econ.* vertragsgemäß; ~ **to directions** vorschriftsmäßig, weisungsgemäß; ~ **to taste** (je) nach Geschmack; ~ **to that** demnach. **II** ~ **as** *conj* so wie, je nachˈdem wie: ~ **as you behave**. **acˈcord·ing·ly** *adv* danach, demgemäß, demnach, folglich, entsprechend.
ac·cor·di·on [əˈkɔː(r)djən; -ɪən] **I** *s* Akˈkordeon *n*, ˈZieh-, ˈHandharˌmonika *f*. **II** *adj* faltbar, Falt...: ~ **map**; ~ **door**. **acˈcor·di·on·ist** *s* Akˈkordeonspieler(in), Akkordeoˈnist(in).
ac·cost [əˈkɒst; *Am. a.* əˈkɑst] *v/t* **1.** sich *j-m* nähern, herˈantreten an (*acc*). **2.** *j-n* ansprechen *od.* anreden. **3.** *j-n* ansprechen (*Prostituierte*).
ac·couche·ment [əˈkuːʃmɑ̃ːŋ; -mɑnt] *s* Entbindung *f*, Niederkunft *f*. **ac·cou-**

cheur [ˌæku:ˈʃɜ:; *Am.* -ˈʃɜr] *s* Geburtshelfer *m.* ˌ**ac·couˈcheuse** [-ˈʃɜ:z] *s* Hebamme *f.*

ac·count [əˈkaʊnt] **I** *v/t* **1.** ansehen *od.* betrachten als, halten für: **to ~ o.s. happy** sich glücklich schätzen.
II *v/i* **2.** (**for**) Rechenschaft *od.* Rechnung ablegen (über *acc*), sich verantworten (für). **3.** die Verantwortung tragen, verantwortlich sein (**for** für). **4.** erklären, begründen (**for** *acc*): **how do you ~ for that?** wie erklären Sie sich das?; **that ~s for it** das erklärt die Sache; **there is no ~ing for taste** über den Geschmack läßt sich (nicht) streiten. **5.** ~ **for** (*zahlenmäßig*) ausmachen: **this region alone ~s for some 20% of the whole population.**
III *s* **6.** *econ.* a) Berechnung *f*, Rechnung *f*, b) *pl* Geschäftsbücher *pl*, c) *pl* (Rechnungs-, Jahres)Abschluß *m*, d) Konto *n*: ~ **book** Konto-, Geschäftsbuch *n*; **transaction for the ~** (*Börse*) Termingeschäft *n*; → *Bes. Redew.* **7.** Rechenschaft *f*, Rechenschaftsbericht *m*: **to bring to ~** *fig.* abrechnen mit; **to call to ~** zur Rechenschaft ziehen; **to give (an) ~ of** Rechenschaft ablegen über (*acc*) (→ 8); **to give a good ~ of** *etwas* gut erledigen, *e-n Gegner* abfertigen; **to give a good (bad) ~ of o.s.** a) sich von s-r guten (schlechten) Seite zeigen, b) gut (schlecht) abschneiden. **8.** Bericht *m*, Darstellung *f*, Beschreibung *f*, *a.* (*künstlerische*) Interpretatiˈon: **by all ~s** nach allem, was man hört; **to give an ~ of** Bericht erstatten über (*acc*) (→ 7). **9.** Liste *f*, Verzeichnis *n*. **10.** Erwägung *f*, Berücksichtigung *f*: **to leave out of ~** außer Betracht lassen; **to take ~ of, to take into ~** Rechnung tragen (*dat*), in Betracht *od.* Erwägung ziehen, berücksichtigen; **on ~ of** wegen, auf Grund von (*od. gen*); **on no ~** auf keinen Fall, keineswegs, unter keinen Umständen; **on all ~s** auf jeden Fall, unbedingt. **11.** Wert *m*, Wichtigkeit *f*, Bedeutung *f*, Ansehen *n*, Geltung *f*: **of no ~** unbedeutend, ohne Bedeutung, wertlos. **12.** Gewinn *m*, Vorteil *m*: **to find one's ~ in s.th.** bei etwas profitieren *od.* auf s-e Kosten kommen; **to turn s.th. to good ~** sich etwas zunutze machen, Kapital schlagen aus etwas.
Besondere Redewendungen:
~(s) agreed upon Rechnungsabschluß *m*; **~ carried forward** Vortrag *m* auf neue Rechnung; **~ current → current account**; **~s payable** Verbindlichkeiten, (*Bilanz*) *Am.* Kreditoren; **~s receivable** Außenstände, (*Bilanz*) *Am.* Debitoren; **to buy for the ~** (*Börse*) auf Termin kaufen; **to carry to ~** in Rechnung stellen; **to carry to a new ~** auf neue Rechnung vortragen; **closing of ~s** Kassenabschluß *m*, Schließung *f* e-s Kontos; **for ~ only** nur zur Verrechnung; **for ~ and risk** auf Rechnung u. Gefahr; **for the ~ of** a conto von; **for one's own ~** auf eigene Rechnung; **to hold an ~ with** ein Konto haben bei; **on ~** auf Rechnung, a conto, auf Abschlag, als An- *od.* Teilzahlung; **business on ~** Metageschäft *n*; **on one's own ~** auf eigene Rechnung (u. Gefahr), für sich selber; **to open an ~ with s.o.** bei j-m ein Konto eröffnen; **to pass an ~** e-e Rechnung anerkennen; **payment per ~** Saldozahlung *f*; **to place** (*od.* **put**) **to (s.o.'s) ~** (j-m) in Rechnung stellen; **received on ~** in Gegenrechnung empfangen; **to settle** (*od.* **square**) **~s with** *fig.* abrechnen mit.

ac·count·a·bil·i·ty [əˌkaʊntəˈbɪlətɪ] *s* Verantwortlichkeit *f* (**to s.o.** j-m gegenˈüber). **acˈcount·a·ble** *adj* (*adv* **accountably**) **1.** verantwortlich, rechenschaftspflichtig (**to** *dat*). **2.** erklärlich.

ac·count·an·cy [əˈkaʊntənsɪ] *s econ.* **1.** Rechnungswesen *n*, Buchhaltung *f*, -führung *f*. **2.** *Br.* Steuerberatung *f*. **acˈcount·ant** *s econ.* **1.** Buchhalter *m*, Rechnungsführer *m*. **2.** Buch-, Wirtschaftsprüfer *m*: → **certified accountant, certified public accountant, chartered** 1. **3.** *Br.* Steuerberater *m*.

ac·count| bal·ance *s* Kontostand *m*, Kontosaldo *m*. **~ charge** *s* Kontogebühr *f*. **~ cus·tom·er** *s* Inhaber(in) e-s Kreˈditkontos (*in e-m Kaufhaus etc*). **~ day** *s Br.* Abrechnungstag *m* (*an der Börse*). **~ ex·ec·u·tive** *s Am.* Sachbearbeiter *m* für Kundenwerbung.

acˈcount·ing → **accountancy** 1: **~ period** Abrechnungszeitraum *m*.

ac·cou·ter, *bes. Br.* **ac·cou·tre** [əˈku:tə(r)] *v/t bes. mil.* einkleiden, ausrüsten, -statten. **acˈcou·ter·ment,** *bes. Br.* **acˈcou·tre·ment** *s meist pl* **1.** Kleidung *f*, Ausstattung *f*, ˈAusstafˌfierung *f*. **2.** *mil.* Ausrüstung *f*.

ac·cred·it [əˈkredɪt] *v/t* **1.** *bes. e-n Gesandten* akkrediˈtieren, beglaubigen (**to** bei). **2.** Glauben *od.* Vertrauen schenken (*dat*). **3.** bestätigen, als berechtigt anerkennen. **4.** zuschreiben (**s.th. to s.o.** *od.* **s.o. with s.th.** j-m etwas). **5.** *econ.* akkrediˈtieren, ein Akkrediˈtiv ausstellen (*dat*). **acˈcred·it·ed** *adj* beglaubigt, akkrediˈtiert.

ac·crete [əˈkri:t; æ-] **I** *v/i* zs.-wachsen, sich vereinigen. **II** *v/t* anwachsen lassen. **III** *adj biol.* zs.-gewachsen.

ac·cre·tion [æˈkri:ʃn; ə-] *s* **1.** Zunahme *f*, Zuwachs *m*, Anwachsen *n*, Wachstum *n*. **2.** Hinˈzugekommene(s) *n*, Hinˈzufügung *f*. **3.** (Wert)Zuwachs *m* (*bei e-r Erbschaft, von Land etc*). **4.** *jur.* Landzuwachs *m* (*durch Anschwemmung*). **5.** *biol.* Zs.-wachsen *n*, Verwachsung *f*.

ac·cru·al [əˈkru:əl] *s* Zuwachs *m*, Anfall *m od.* Entstehung *f* (*e-s Rechts etc*), Auflaufen *n* (*von Zinsen*): **~ of a dividend** Anfall e-r Dividende; **~ of an inheritance** Erb(an)fall.

ac·crue [əˈkru:] *v/i* **1.** *jur.* (als Anspruch) erwachsen, zufallen (**to** *dat*; **from, out of** aus): **a right ~s** ein Recht entsteht; **a liability ~s** e-e Haftung tritt ein. **2.** erwachsen, entstehen, zukommen, zu-, anwachsen (**to** *dat*; **from, out of** aus): **~d interest** aufgelaufene Zinsen *pl*; **~d rent** aufgelaufener Mietzins; **~d taxes** Steuerschuld *f*.

ac·cul·tur·a·tion [əˌkʌltʃəˈreɪʃn] *s* Akkulteratiˈon *f* (*Übernahme von Elementen e-r fremden Kultur*).

ac·cu·mu·late [əˈkju:mjʊleɪt; *Am. a.* -məˌl-] **I** *v/t* ansammeln, auf-, anhäufen, akkumuˈlieren, *a. tech.* (auf)speichern, *a. psych.* (auf)stauen: **~d earnings** (*Bilanz*) *Am.* thesaurierter Gewinn; **~d losses** *Am.* Bilanzverlust *m*; **~d temperature** Wärmesumme *f*; **~d value** Endwert *m*. **II** *v/i* anwachsen, sich anhäufen *od.* ansammeln *od.* akkumuˈlieren, *a. tech.* sich speichern, *a. psych.* sich stauen: **~d demand** *econ.* Nachholbedarf *m*; **~d interest** aufgelaufene Zinsen *pl*. **acˌcu·muˈla·tion** *s* Ansammlung *f*, Auf-, Anhäufung *f*, Akkumulatiˈon *f*, *a. tech.* (Auf)Speicherung *f*, *a. psych.* (Auf-)Stauung *f*: **~ of capital** Kapitalansammlung *f*, -bildung *f*; **~ of interest** Auflaufen *n* von Zinsen; **~ of property** Vermögensanhäufung. **acˈcu·mu·la·tive** [-lətɪv; *Am. bes.* -ˌleɪ-] *adj* sich anhäufend *od.* akkumuˈlierend, wachsend, Häufungs..., Zusatz..., Sammel...: **~ sentence** *jur. Am.* zusätzliche Strafzumessung. **acˈcu·mu·la·tor** [-tə(r)] *s* **1.** *electr.* Akkumuˈlator *m* (*a. Computer*), Akku *m*, (Strom)Sammler *m*: **~ acid** Sammlersäure *f*; **~ battery** Sammlerbatterie *f*; **~ cell** Sammlerzelle *f*; **~ register** (*Computer*) Akkumulator(register *n*) *m*. **2.** *electr.* a) ˈSammelzyˌlinder *m*, Enerˈgiespeichergerät *n*, b) Sekunˈdäreleˌment *n*.

ac·cu·ra·cy [ˈækjʊrəsɪ] *s* **1.** Genauigkeit *f*, Sorgfalt *f*. **2.** Richtigkeit *f*, Exˈaktheit *f*: **~ life** *mil.* Lebensdauer *f* (*e-r Waffe*); **~ to ga(u)ge** *tech.* Maßhaltigkeit *f*.

ac·cu·rate [ˈækjʊrət] *adj* (*adv* **~ly**) **1.** genau, sorgfältig, akkuˈrat (*Person*). **2.** genau, richtig, zutreffend, exˈakt (*Sache*): **to be ~** genau gehen (*Uhr*). **3.** *sport* genau, abgezirkelt (*Paß etc*). ˈ**ac·cu·rate·ness** → **accuracy**.

ac·curs·ed [əˈkɜ:sɪd; *Am.* əˈkɜr-; *a.* -st], *a.* **acˈcurst** [-st] *adj* **1.** verflucht, -wünscht. **2.** *fig.* abˈscheulich.

ac·cus·al [əˈkju:zl] → **accusation**.

ac·cu·sa·tion [ˌækju:ˈzeɪʃn; *Am.* -kjə-] *s* a) *jur.* (*nicht formelle*) Anklage: **to bring an ~ (of murder) against s.o.** (Mord-)Anklage gegen j-n erheben, b) An-, Beschuldigung *f*, c) Vorwurf *m*.

ac·cu·sa·ti·val [əˌkju:zəˈtaɪvl] → **accusative** 1.

ac·cu·sa·tive [əˈkju:zətɪv] **I** *adj* **1.** *ling.* akkusativisch, Akkusativ...: **~ case** → 3. **2.** → **accusatory**. **II** *s* **3.** *ling.* Akkusativ *m*, 4. Fall *m*.

ac·cu·sa·to·ry [əˈkju:zətərɪ; *Am.* -ˌtəʊri:; -ˌtɔ:-] *adj* anklagend, Klage...

ac·cuse [əˈkju:z] *v/t* a) (**of**) *jur.* anklagen (*gen od.* wegen): **to be ~d of doing s.th.** angeklagt sein, etwas getan zu haben, b) (**of**) beschuldigen, bezichtigen (*gen*), c) **to ~ s.o. of s.th.** j-m etwas zum Vorwurf machen. **acˈcused** *adj jur.* angeklagt: **the ~** der *od.* die Angeklagte, die Angeklagten. **acˈcus·er** *s* Ankläger(in). **acˈcus·ing** *adj* (*adv* **~ly**) anklagend, vorwurfsvoll.

ac·cus·tom [əˈkʌstəm] *v/t* gewöhnen (**to** an *acc*): **to be ~ed to do(ing) s.th.** gewohnt sein *od.* pflegen etwas zu tun; **to get ~ed to s.th.** sich an etwas gewöhnen; **his ~ed cheerfulness** s-e gewohnte *od.* übliche Fröhlichkeit; **in ~ed surroundings** in gewohnter Umgebung; **~ed seat** Stammplatz *m*.

AC/DC *adj colloq.* ‚bi' (*bisexuell*).

ace [eɪs] **I** *s* **1.** As *n* (*Spielkarte*): **~ of hearts** Herzas *n*; **to have an ~ in the hole** (*od.* **up one's sleeve**) *fig.* (noch) e-n Trumpf in der Hand haben. **2.** Eins *f* (*auf Würfeln*). **3.** *Golf, Tennis*: As *n*. **4. he came within an ~ of losing** er hätte um ein Haar verloren. **5.** *colloq.* ‚Kaˈnone' *f*, As *n* (**at** in *dat*): **soccer ~** Fußballstar *m*. **II** *adj* **6.** *colloq.* herˈvorragend, Spitzen..., Star...: **~ reporter**; **~ footballer** Fußballstar *m*. **III** *v/t* **7.** a) *Tennis*: *j-m* ein As serˈvieren, b) **he ~d a hole** (*Golf*) ihm gelang ein As. ˌ**~-ˈhigh** *adj*: **to be ~ with s.o.** *Am. colloq.* bei j-m gut angeschrieben sein.

A·cel·da·ma [əˈkeldəmə; -ˈsel-] *s* **1.** *Bibl.* Hakelˈdama *m*, Blutacker *m*. **2.** *oft* **a~** *fig.* Schlachtfeld *n*.

a·ceph·a·lous [əˈsefələs; eɪ-] *adj* **1.** *zo.* kopflos, ohne Kopf. **2.** *metr.* mit e-r Kürze anfangend. **3.** azeˈphalisch, ohne Anfang (*bes. Buch, Vers*). **4.** *anat.* azeˈphal. **5.** *fig.* führerlos.

ac·er·bate [ˈæsə(r)beɪt] *v/t* **1.** a) bitter machen (*a. fig.*), b) säuern. **2.** *fig.* verbittern.

a·cer·bi·ty [əˈsɜ:bətɪ; *Am.* əˈsɜr-] *s* **1.** a) Bitterkeit *f* (*a. fig.*), bitterer Geschmack, b) Säure *f*, saurer Geschmack. **2.** *fig.* Schärfe *f*, Heftigkeit *f*.

ac·e·tab·u·lum [ˌæsɪˈtæbjʊləm] *pl* **-la**

[-lə] *s* **1.** *antiq.* Ace'tabulum *n*, Essigbecher *m.* **2.** *anat.* Ace'tabulum *n*, (Hüft)Gelenkpfanne *f.* **3.** *zo.* Gelenkpfanne *f* (*von Insekten*). **4.** *zo.* Saugnapf *m* (*von Polypen*).

ac·e·tal ['æsɪtæl] *s chem.* Ace'tal *n.*

ac·e·tal·de·hyde [ˌæsɪ'tældɪhaɪd] *s chem.* A'cetaldeˌhyd *m.*

ac·e·tate ['æsɪteɪt] *s* **1.** *chem.* Ace'tat *n* (*Salz od. Ester der Essigsäure*). **2.** *a.* ~ **rayon** Ace'tatseide *f.*

a·ce·tic [ə'siːtɪk; ə'setɪk] *adj chem.* essigsauer: ~ **acid** Holzessig *m*, Essigsäure *f*; ~ **anhydride** Essigsäureanhydrid *n*; **glacial** ~ **acid** Eisessig *m*, wasserfreie Essigsäure. **a·cet·i·fi·er** [ə'setɪfaɪə(r); *Am. a.* ə'siː-] *s chem.* Schnellsäurer *m* (*Apparat*). **a'cet·i·fy** [-faɪ] **I** *v/t* in Essig verwandeln, säuern. **II** *v/i* sauer werden.

ac·e·tone ['æsɪtəʊn] *s chem.* Ace'ton *n.*

ac·e·tose ['æsɪtəʊs; *Am. a.* ə'siː-], **ac·e·tous** ['æsɪtəs; *Am. bes.* ə'siː-] *adj* essigsauer.

ac·e·tyl ['æsɪtɪl; *Am. a.* ə'siːtl] *s chem.* Ace'tyl *n.*

a·cet·y·lene [ə'setɪliːn; -lɪn] *s chem.* Acety'len *n*: ~ **cutter** (Acetylen)Schneidbrenner *m*; ~ **welding** Acetylenschweißen *n.*

ache [eɪk] **I** *v/i* **1.** schmerzen, weh tun: **I am aching all over** mir tut alles weh; **it makes my heart** ~ **to** (*inf*) es tut mir in der Seele weh zu (*inf*). **2.** a) sich sehnen (**for** nach): **he is aching for home,** b) darauf brennen (**to do** zu tun): **she is aching to pay him back. II** *s* **3.** (*anhaltender*) Schmerz: **he has** ~**s and pains all over** ihm tut alles weh.

a·chene [ə'kiːn] *s bot.* A'chäne *f* (*Schließfrucht mit verwachsener Frucht- u. Samenschale*). **a'che·ni·al** [-njəl; -ɪəl] *adj* schließfrüchtig.

A·cher·nar ['eɪkə(r)nɑː(r)] *s astr.* Alpha *n* (*Stern*).

Ach·er·on ['ækərɒn; *Am.* -ˌrɑn] **I** *npr* Acheron *m* (*Fluß der Unterwelt*). **II** *s* 'Unterwelt *f.*

A·cheu·le·an, A·cheu·li·an [ə'ʃuːljən; -ɪən] *geol.* **I** *adj* Acheuléen... **II** *s* Acheulé'en *n* (*dritte Periode der Steinzeit*).

a·chiev·a·ble [ə'tʃiːvəbl] *adj* **1.** ausführbar. **2.** erreichbar.

a·chieve [ə'tʃiːv] *v/t* **1.** voll'bringen, leisten, zu'stande bringen, ausführen, schaffen. **2.** (*mühsam*) erlangen, erringen. **3.** *das Ziel* erreichen, *e-n Erfolg* erzielen, *e-n Zweck* erfüllen *od.* erreichen. **4.** *obs.* zu Ende bringen.

a·chieve·ment [ə'tʃiːvmənt] *s* **1.** Voll'bringung *f*, Zu'standebringen *n*, Ausführung *f*, Schaffung *f.* **2.** (*mühsame*) Erlangung, Erringung *f.* **3.** Erreichung *f*, Erzielung *f*, Erfüllung *f.* **4.** (große) Tat, (große) Leistung, Werk *n*, Errungenschaft *f.* **5.** *her.* durch Ruhmestat erworbenes Wappenbild. ~ **age** *s psych.* Leistungsalter *n* (*Durchschnittsalter bei e-m Leistungstest*).

a'chieve·ment|-ˌor·i·ent·ed *adj* 'leistungsorienˌtiert. ~ **quo·tient** *s psych.* 'Leistungsquotiˌent *m* (*Leistungsalter geteilt durch tatsächliches Alter*). ~ **test** *s psych.* Leistungstest *m.*

a·chiev·er [ə'tʃiːvə(r)] *s* j-d, der es zu etwas bringt; Erfolgstyp *m.*

A·chil·les [ə'kɪliːz] *npr* A'chill(es) *m*: ~' (*od.* ~) **heel, heel of** ~ *fig.* Achillesferse *f*, schwacher Punkt; ~' (*od.* ~) **tendon, tendon of** ~ *anat.* Achillessehne *f.*

ach·ing ['eɪkɪŋ] *adj* schmerzend.

ach·la·myd·e·ous [ˌæklə'mɪdɪəs] *adj bot.* nacktblütig.

ach·ro·mat·ic [ˌækrəʊ'mætɪk; ˌækrə'm-] *adj* (*adv* ~**ally**) **1.** *biol. phys.* achro'matisch, farblos: ~ **lens**; ~ **substance** *biol.* achromatische (Zellkern)Substanz. **2.** *mus.* dia'tonisch.

a·chro·ma·tin [ə'krəʊmətɪn; æ-; *Am. bes.* eɪ-] *s biol.* Achroma'tin *n.* **a'chro·ma·tism** *s* Achroma'tismus *m*, Farblosigkeit *f.* **a'chro·ma·tize** *v/t phys.* achromati'sieren.

a·cic·u·lar [ə'sɪkjʊlə(r)] *adj* **1.** *zo.* stachelborstig. **2.** *biol.* nadelförmig.

ac·id ['æsɪd] **I** *adj* (*adv* ~**ly**) **1.** sauer, scharf (*Geschmack*): ~ **drops** *Br.* saure (Frucht)Bonbons *od.* Drops. **2.** *fig.* beißend, bissig: **an** ~ **remark. 3.** *chem. tech.* säurehaltig, Säure...: ~ **bath** Säurebad *n*; ~ **rain** saurer Regen; ~ **soil** saurer Boden; ~ **yellow** Anilingelb *n.* **4.** *tech.* Säure...: ~ **steel** saurer Stahl. **II** *s* **5.** *chem.* Säure *f.* **6.** *sl.* ‚Acid' *n* (*LSD*). '~**head** *s sl.* ‚Acid'-Süchtige(r *m*) *f.*

a·cid·ic [ə'sɪdɪk] *adj* **1.** säurebildend, -reich, -haltig. **2.** *min.* reich an Silika.

aˌcid·i·fi'ca·tion [-fɪ'keɪʃn] *s chem.* (An)Säuerung *f*, Säurebildung *f.* **a'cid·i·fi·er** [-faɪə(r)] *s chem.* Säurebildner *m*, Säuerungsmittel *n.* **a'cid·i·fy** [-faɪ] **I** *v/t* (an)säuern, in Säure verwandeln. **II** *v/i* sauer werden.

ac·i·dim·e·ter [ˌæsɪ'dɪmɪtə(r)] *s chem.* Acidi'meter *n*, Säuremesser *m.*

a·cid·i·ty [ə'sɪdətɪ] *s* **1.** Säure *f*, Schärfe *f.* **2.** Acidi'tät *f*, Säuregehalt *m*, -grad *m.* **3.** *med.* 'Superacidiˌtät *f*, ('überschüssige) Magensäure. **ac·id·ize** ['æsɪdaɪz] *v/t* **1.** mit Säure behandeln. **2.** → **acidify** I.

a·cid·o·phil [ə'sɪdəʊfɪl; -dəfɪl; 'æsɪdəʊ-], **a'cid·o·phile** [-faɪl; -fɪl] *biol.* **I** *s* acido'phile Zelle *od.* Sub'stanz. **II** *adj* acido'phil.

ac·i·do·sis [ˌæsɪ'dəʊsɪs] *s med.* Aci'dose *f*, Über'säuerung *f* des Blutes.

'ac·id|·proof *adj tech.* säurebeständig, -fest. ~ **re·sist·ance** *s* Säurebeständigkeit *f.* '~**reˌsist·ant** *adj* säurebeständig, -fest. ~ **test** *s fig.* Prüfung *f* auf Herz u. Nieren, Feuerprobe *f*: **to put to the** ~ auf Herz u. Nieren prüfen. ~ **trip** *s sl.* ‚Acid'-Trip *m.*

a·cid·u·late [ə'sɪdjʊleɪt; æ's-; *Am.* -dʒə-] *v/t* (an)säuern: ~**d drops** saure (Frucht-)Bonbons *od.* Drops. **a'cid·u·lous** *adj* **1.** säuerlich: ~ **spring,** ~ **water** *geol. med.* Sauerbrunnen *m.* **2.** *fig.* → **acid** 2.

ac·i·er·age ['æsɪərɪdʒ] *s metall.* Verstählung *f.*

ac·i·ni ['æsɪnaɪ] *pl von* acinus.

a·cin·i·form [ə'sɪnɪfɔː(r)m] *adj anat.* azi'nös, trauben-, beerenförmig (*Drüse*).

ac·i·nus ['æsɪnəs] *pl* **-ni** [-naɪ] *s* **1.** *bot.* a) Einzelbeerchen *n* (*e-r Sammelfrucht*), b) Trauben-, Beerenkern *m.* **2.** *anat.* a) Traubendrüse *f*, b) Drüsenbläs-chen *n.*

ack-ack [ˌæk'æk; 'ækæk] *sl.* (*abbr. für* **antiaircraft**) **I** *s* **1.** Flakfeuer *n.* **2.** 'Flugzeugˌabwehrkaˌnone *f*, Flak *f.* **II** *adj* **3.** Flak...

ack em·ma [ˌæk'emə] *adv Br. sl.* (*Funkerwort für* **a.m.**) vormittags.

ac·knowl·edge [ək'nɒlɪdʒ; *Am.* ɪk'nɑl-; æk-] *v/t* **1.** anerkennen. **2.** zugestehen, zugeben, einräumen. **3.** sich bekennen zu. **4.** dankbar anerkennen, erkenntlich sein für. **5.** *den Empfang* bestätigen, quit'tieren, *e-n Gruß* erwidern. **6.** *jur. e-e Urkunde* (*nach erfolgter Errichtung*) förmlich anerkennen, beglaubigen. **ac'knowl·edged** *adj* anerkannt, bewährt. **ac'knowl·edg(e)·ment** *s* **1.** Anerkennung *f*: ~ **of debt** Schuldanerkenntnis *n*; ~ **of paternity** Vaterschaftsanerkennung. **2.** Ein-, Zugeständnis *n.* **3.** Bekenntnis *n.* **4.** Erkenntlichkeit *f*, lobende Anerkennung, Dank *m* (**of** für): **in** ~ **of** in Anerkennung (*gen*). **5.** (Empfangs)Bestätigung *f.* **6.** *jur.* förmliches Anerkenntnis (*der Errichtung e-r Urkunde*), Beglaubigung(sklausel) *f.*

a·clin·ic [ə'klɪnɪk; *Am. bes.* eɪ-] *adj phys.* a'klinisch, ohne Inklinati'on: ~ **line** Akline *f.*

ac·me ['ækmɪ] *s* **1.** *a. fig.* Gipfel *m*, Spitze *f.* **2.** *fig.* Höhepunkt *m.* **3.** *med.* Ak'me *f*, Krisis *f.* **4.** *biol.* Vollblüte *f.*

ac·mite ['ækmaɪt] *s min.* Ak'mit *m.*

ac·ne ['æknɪ] *s med.* Akne *f.*

ac·node ['æknəʊd] *s math.* Rückkehrpunkt *m* (*e-r Kurve*).

ac·o·lyte ['ækəʊlaɪt; 'ækəl-] *s* **1.** *relig.* Ako'luth *m*: a) Meßgehilfe *m*, Al'tardiener *m*, b) *Inhaber der höchsten der vier niederen Weihen.* **2.** *astr.* Begleitstern *m.* **3.** Gehilfe *m*, Helfer *m.* **4.** Anhänger *m.*

ac·o·nite ['ækəʊnaɪt; 'ækən-] *s* **1.** *bot.* Eisenhut *m*: **yellow** ~ gelber Winterling. **2.** *chem.* Aco'nit *n.*

a·corn ['eɪkɔː(r)n; *Am. a.* -kərn] *s* **1.** *bot.* Eichel *f.* **2.** *mar.* Flügelspill *n.* **3.** *zo.* Meereichel *f*, Seepocke *f.* ~ **cup** *s bot.* Eichelnapf *m.* ~ **shell** *s* **1.** *bot.* Eichelschale *f.* **2.** → **acorn** 3. ~ **tube,** *Br.* ~ **valve** *s electr.* Eichelröhre *f.*

a·cot·y·le·don [æˌkɒtɪ'liːdən; ə-; *Am.* ˌeɪˌkɑtə-] *s bot.* Akotyle'done *f*, Krypto'game *f.*

a·cou·me·ter [ə'kuːmɪtə(r)] *s med. phys.* Aku'meter *n*, Hörschärfemesser *m.*

a·cous·tic [ə'kuːstɪk] *adj*; **a'cous·ti·cal** [-kl] *adj* (*adv* ~**ly**) *phys. physiol. tech.* a'kustisch, Gehör..., Schall..., Hör...: ~ **ceiling** Akustikdecke *f*; ~ **clarifier** Klangreiniger *m*; ~ **coupler** (*Computer*) akustischer Koppler; ~ **duct** (*od.* **meatus**) *anat.* Gehörgang *m*; ~ **engineering** Tontechnik *f*; ~ **feedback** akustische Rückkopplung; ~ **frequency** Hörfrequenz *f*; ~ **mine** *mil.* Geräuschmine *f*; ~ **nerve** *anat.* Gehörnerv *m*; ~ **phonetics** *ling.* akustische Phonetik; ~ **properties** Akustik *f* (*e-s Raumes*); ~ **tile** Akustikplatte *f.* **ac·ous·ti·cian** [ˌækuː'stɪʃn] *s* A'kustiker *m.*

a·cous·tics [ə'kuːstɪks] *s pl* **1.** (*als sg konstruiert*) a) *phys.* A'kustik *f*, Lehre *f* vom Schall, b) *psych.* 'Tonpsycholoˌgie *f.* **2.** (*als pl konstruiert*) *arch.* A'kustik *f* (*e-s Raumes*).

acousto- [əkuːstəʊ] *Vorsilbe mit der Bedeutung* a'kustisch, Akusto...

aˌcous·to'chem·is·try *s* Akustoche'mie *f.*

aˌcous·toˌe·lec'tron·ics *s pl* (*als sg konstruiert*) Akustoelek'tronik *f.*

ac·quaint [ə'kweɪnt] *v/t* **1.** (**o.s.** sich) bekannt *od.* vertraut machen (**with** mit): → **acquainted. 2.** (**with**) bekannt machen (mit), *j-m* mitteilen (*acc*): **she** ~**ed me with the facts. ac'quaint·ance** *s* **1.** Bekanntschaft *f*: **to keep up an** ~ **with s.o.** Umgang mit j-m haben; **to make s.o.'s** ~ j-n kennenlernen, mit j-m Bekanntschaft schließen; **on closer** ~ bei näherer Bekanntschaft. **2.** Kenntnis *f* (**with** von). **3.** Bekanntschaft *f*: a) Bekannte(r *m*) *f*, b) Bekanntenkreis *m*: **an** ~ **of mine** eine(r) m-r Bekannten. **ac'quaint·ed** *adj* bekannt, vertraut: **to be** ~ **with s.o. (s.th.)** j-n (etwas) kennen; **to become** ~ **with s.o. (s.th.)** j-n (etwas) kennenlernen; **we are** ~ wir kennen uns, wir sind Bekannte.

ac·qui·esce [ˌækwɪ'es] *v/i* **1.** (**in**) sich ergeben *od.* fügen (in *acc*), (stillschweigend) dulden *od.* 'hinnehmen (*acc*). **2.** einwilligen (**in** in *acc*). **ˌac·qui'es·cence** *s* **1.** (**in**) Ergebung *f* (in *acc*), Duldung *f* (*gen*). **2.** Einwilligung *f* (**in** in *acc*, zu). **ˌac·qui'es·cent** *adj* ergeben.

ac·quir·a·ble [ə'kwaɪərəbl] *adj* erreich-, erwerb-, erlangbar.

ac·quire [ə'kwaɪə(r)] *v/t* **1.** erwerben, erlangen, erreichen, gewinnen, bekommen: **to ~ by purchase** käuflich erwerben. **2.** (er)lernen, erwerben: **to ~ knowledge** sich Wissen aneignen; **to ~ a taste for s.th.** Geschmack an etwas finden; **~d characteristics** *biol.* erworbene Eigenschaften; **~d taste** anerzogener *od.* angewöhnter Geschmack. **acˈquire·ment** *s* **1.** Erwerbung *f*, Erlangung *f*. **2.** Erworbene(s) *n*, Erlangte(s) *n*, (erworbene) Fähigkeit *od.* Fertigkeit, *pl* Kenntnisse *pl*.

ac·qui·si·tion [ˌækwɪˈzɪʃn] *s* **1.** (*käuflicher etc*) Erwerb, (An)Kauf *m*: **~ of property** Eigentumserwerb. **2.** Erwerbung *f*, Erlernung *f*, Erfassen *n*: **~ of knowledge** Aneignung *f* von Wissen; **~ radar** *mil.* Erfassungsradar *n*. **3.** erworbenes Gut, Errungenschaft *f*: **his latest ~** s-e neueste Errungenschaft (*a. humor. Freundin etc*). **4.** (Neu)Anschaffung *f*, (Neu)Erwerbung *f*: **~ value** Anschaffungswert *m*; **to be a valuable ~ to** ein Gewinn sein für.

ac·quis·i·tive [əˈkwɪzɪtɪv] *adj* **1.** auf Erwerb gerichtet: **~ capital** Erwerbskapital *n*. **2.** gewinn-, habsüchtig. **3.** lernbegierig. **acˈquis·i·tive·ness** *s* Gewinnsucht *f*.

ac·quit [əˈkwɪt] *v/t* **1.** *obs.* (**of**) *j-n* entlasten *od.* entbinden (von), *j-n* (*e-r Verpflichtung*) entheben. **2.** *jur. j-n* freisprechen (**of a charge** von e-r Anklage). **3.** *obs. e-e Schuld* abtragen, ab-, bezahlen, *e-e Verbindlichkeit* erfüllen. **4.** *obs.* **~ o.s.** (**of**) sich (*e-r Aufgabe*) entledigen, (*e-e Pflicht etc*) erfüllen. **5. ~ o.s. well** sich gut halten, s-e Sache gut machen. **acˈquit·tal** [-tl] *s* **1.** *jur.* Freispruch *m*: **hono(u)rable ~** Freispruch wegen erwiesener Unschuld. **2.** Erlassung *f* (*e-r Schuld*). **acˈquit·tance** [-təns] *s* **1.** *obs.* Entlastung *f*, Entbindung *f* (**of** von). **2.** *obs.* Erfüllung *f* (*e-r Pflicht etc*). **3.** Quittung *f*, Empfangsbestätigung *f*.

a·cre [ˈeɪkə(r)] *s* **1.** Acre *m* (= *4047 qm*): 40 **~s of land** 40 Acre Land; **~s and ~s** weite Flächen. **2.** *obs.* Acker *m*, Feld *n*: → **God's acre. 3.** *pl poet. u. Am.* Ländeˈreien *pl*, Grundstücke *pl*. **a·cre·age** [ˈeɪkərɪdʒ] *s* **1.** Flächeninhalt *m*, Fläche *f* (*nach Acres*). **2.** Anbau-, Weidefläche *f*.

ac·rid [ˈækrɪd] *adj* scharf, beißend (*beide a. fig.*).

ac·ri·dine [ˈækrɪdiːn; -dɪn], *a.* **ˈac·ri·din** [-dɪn] *s chem.* Acriˈdin *n*.

a·crid·i·ty [æˈkrɪdətɪ; ə-] *s* Schärfe *f* (*a. fig.*).

ac·ri·fla·vine [ˌækrɪˈfleɪviːn; -vɪn], *a.* **ˌac·riˈfla·vin** [-vɪn] *s chem.* Trypaflaˈvin *n*.

ac·ri·mo·ni·ous [ˌækrɪˈməʊnjəs; -ɪəs] *adj* (*adv* **~ly**) *fig.* a) bitter, b) scharf, beißend, c) erbittert (geführt) (*Diskussion etc*). **ac·ri·mo·ny** [ˈækrɪmənɪ; *Am.* -ˌməʊniː] *s* a) Bitterkeit *f*, b) Schärfe *f*.

ac·ro·bat [ˈækrəbæt] *s* **1.** Akroˈbat(in). **2.** *fig.* Geˈsinnungsakroˌbat *m*. **ˌac·roˈbat·ic I** *adj* (*adv* **~ally**) **1.** akroˈbatisch: **~ flying** Kunstflug *m*, -fliegen *n*. **II** *s* **2.** akroˈbatisches Kunststück. **3.** *pl* (*a. als sg konstruiert*) Akroˈbatik *f* (*a. fig.*): **mental ~s** Gedankenakrobatik; **vocal ~s** Stimmakrobatik.

ac·ro·lith [ˈækrəʊlɪθ; ˈækrə-] *s* Akroˈlith *m* (*Holzfigur mit steinernen Gliedern*).

ac·ro·nar·cot·ic [ˌækrəʊnɑː(r)ˈkɒtɪk; ˌækrə-; *Am.* -ˈkɑ-] *med.* **I** *adj* scharf narˈkotisch. **II** *s* scharfes narˈkotisches Gift.

ac·ro·nym [ˈækrəʊnɪm; ˈækrə-] **I** *s ling.* Akroˈnym *n*, Initiˈalwort *n*. **II** *v/t* a) zu e-m Akroˈnym zs.-ziehen, b) mit e-m Akronym bezeichnen. **ˌac·roˈnym·ic** *adj* Akronym...

ac·ro·pho·bi·a [ˌækrəʊˈfəʊbjə; ˌækrə-; -bɪə] *s med.* Akrophoˈbie *f*, Höhenangst *f*.

a·crop·o·lis [əˈkrɒpəlɪs; *Am.* əˈkrɑ-] *antiq.* **I** *s* Aˈkropolis *f*, Stadtburg *f*. **II** *npr* **A~** Aˈkropolis *f* (*von Athen*).

ac·ro·some [ˈækrəʊsəʊm; ˈækrə-] *s biol.* Akroˈsom *n*.

a·cross [əˈkrɒs] **I** *prep* **1.** a) (quer) über (*acc*), von e-r Seite (*e-r Sache*) zur anderen, b) (quer) durch, mitten durch, c) quer zu: **to run ~ the road** über die Straße laufen; **to lay one stick ~ another** e-n Stock quer über den anderen legen; **to swim ~ a river** durch e-n Fluß schwimmen, e-n Fluß durchschwimmen; **~ (the) country** querfeldein. **2.** auf der anderen Seite von (*od. gen*), jenseits (*gen*), über (*acc*): **from ~ the lake** von jenseits des Sees; **he lives ~ the street** er wohnt auf der gegenüberliegenden Seite der Straße. **3.** in Berührung mit, auf (*acc*): → **come across. II** *adv* **4.** a) (quer) hinˈüber *od.* herˈüber, b) querˈdurch, c) im ˈDurchmesser: **he came ~ in a steamer** er kam mit e-m Dampfer herüber; **to saw directly ~** querdurch sägen; **the lake is three miles ~** der See ist 3 Meilen breit. **5.** a) drüben, auf der anderen Seite, b) hinˈüber, auf die andere Seite: → **come across, get across, put across** 2. **6.** kreuzweise, überˈkreuz: **with arms (legs) ~** mit verschränkten Armen (übereinandergeschlagenen Beinen). **7.** waag(e)recht (*in Kreuzworträtseln*): **three ~**.

aˌcross-the-ˈboard *adj* **1.** lineˈar: **an ~ tax cut. 2.** *Rundfunk, TV*: *Am.* (*meist von Montag bis Freitag*) täglich zur gleichen Zeit ausgestrahlt.

a·crost [əˈkrɔːst; *a.* əˈkrɑst] *Am. dial. für* **across.**

a·cros·tic [əˈkrɒstɪk; *Am. a.* əˈkrɑ-] *metr.* **I** *s* Aˈkrostichon *n*. **II** *adj* akroˈstichisch.

a·crot·ic [əˈkrɒtɪk; *Am.* əˈkrɑ-] *adj med.* **1.** oberflächlich. **2.** aˈkrot, e-e Pulsstörung betreffend. **ac·ro·tism** [ˈækrəʊtɪzəm; ˈækrə-] *s* Akroˈtismus *m*, Fehlen *n od.* Unfühlbarkeit *f* des Pulses.

ac·ry·late [ˈækrɪleɪt] *s chem.* Salz *n* der Aˈcrylsäure. **a·cryl·ic** [əˈkrɪlɪk] *adj* aˈcrylsauer, Acrylsäure...

ac·ryl·yl [ˈækrɪlɪl] *s chem.* einwertiger Aˈcrylsäurerest.

act [ækt] **I** *s* **1.** a) Tat *f*, Werk *n*, Handlung *f*, Maßnahme *f*, Schritt *m*, Akt *m*, b) Tun *n*, Handeln *n*, Tätigkeit *f*: **~ of folly** Wahnsinn(stat *f*) *m*; **~ of God** *jur.* höhere Gewalt (*Naturereignis*); **by the ~ of God** von Gottes Gnaden; **~ of administrative authority** Verwaltungsakt, -maßnahme; **~ of State** staatlicher Hoheitsakt; **~ of war** kriegerische Handlung; **(sexual) ~, ~ of love** (Geschlechts-, Liebes)Akt; **in the ~ of going** (gerade) dabei zu gehen; **to catch s.o. in the (very) ~** j-n auf frischer Tat *od.* in flagranti ertappen; **to get into the ~** *colloq.* (in die Sache) ‚einsteigen'. **2.** *jur.* a) Rechtshandlung *f*, b) Tathandlung *f*, (Straf)Tat *f*, c) *oft* **~ and deed** Willenserklärung *f*, Urkunde *f*, Akte *f*: **~ of sale** Kaufvertrag *m*; → **bankruptcy** 1. **3.** *pol.* Beschluß *m*, Verfügung *f*, -ordnung *f*, Gesetz *n*, Akte *f*: **A~ (of Congress)** *Am.*, **A~ (of Parliament)** *Br.* Gesetz; **~ of grace** Gnadenakt *m*, Amnestie *f*. **4. A~** *univ. Br.* Verteidigung *f* e-r These. **5.** Festakt *m*. **6.** *thea.* Aufzug *m*, Akt *m*: **to get in on the ~** *sl.* a) ‚mit einsteigen', b) sich ins Spiel bringen, c) sich in Szene setzen; **to get one's ~ together** *Am. sl.* a) mit sich (selbst) ins reine kommen, b) sich zs.-raufen. **7.** Nummer *f* (*von Artisten etc*). **8.** *colloq.* ‚Theˈater' *n*, ‚Tour' *f*: **to put on an ~** ‚Theater spielen'; **she did the neglected-wife ~** sie spielte *od.* mimte die *od.* sie ‚machte auf' vernachlässigte Ehefrau. **9. A~s (of the Apostles)** *pl* (*als sg konstruiert*) *Bibl.* (*die*) Aˈpostelgeschichte. **10.** *philos.* Akt *m*.

II *v/t* **11.** *thea. j-n* darstellen, *j-n, e-e Rolle, ein Stück etc* spielen, *ein Stück* aufführen: **to ~ Hamlet** den Hamlet spielen *od.* darstellen; **to ~ a part** a) e-e Rolle spielen, b) *fig.* ‚Theater spielen'; **to ~ out** a) *Szene etc* durchspielen, zu Ende spielen, b) *Ereignis, Vorstellung etc, psych. a. Konflikte etc* (schauspielerisch *od.* mimisch) darstellen, c) nach *s-r Überzeugung etc* leben, *s-e Vorstellungen etc* realisieren; **to be ~ed out** *a.* sich abspielen (*Drama etc*). **12.** *fig.* spielen, mimen: **to ~ outraged virtue; to ~ the fool** a) sich wie ein Narr benehmen, b) den Dummen spielen.

III *v/i* **13.** a) (Theˈater) spielen, auftreten, b) *fig.* ‚Theˈater spielen': **she's only ~ing!** die tut (doch) nur so! **14.** bühnenfähig sein, sich (*gut etc*) aufführen lassen (*Stück*): **his plays ~ well. 15.** a) handeln, Maßnahmen ergreifen, zur Tat schreiten, eingreifen, b) tätig sein, wirken, c) sich benehmen, aˈgieren: **to ~ as** auftreten *od.* amtieren *od.* fungieren *od.* dienen als; **to ~ swiftly** rasch handeln; **to ~ by** verfahren nach; **to ~ for s.o.** für j-n handeln, j-n (als Anwalt) vertreten; **to ~ (up)on** a) *a.* **to ~ up to** sich richten nach, b) *e-e Sache* in Angriff nehmen *od.* bearbeiten *od.* entscheiden. **16. (toward[s])** sich (*j-m* gegenˈüber) verhalten *od.* benehmen: **to ~ up** *colloq.* a) ‚Theater machen', b) ‚verrückt spielen' (*Gerät etc*), c) ‚angeben', sich aufspielen, d) sich wieder bemerkbar machen (*Verletzung etc*). **17. ~ out** sich abspielen (*Drama etc*). **18.** *a. chem. med. tech.* (ein)wirken (**on** auf *acc*). **19.** *bes. tech.* a) gehen, laufen, in Betrieb sein, funktioˈnieren, b) in Tätigkeit *od.* in Funktiˈon treten.

act·a·ble [ˈæktəbl] *adj* **1.** bühnengerecht, aufführbar. **2.** spielbar (*Rolle etc*).

ˈact·ing I *adj* **1.** handelnd, wirkend, tätig. **2.** stellvertretend, interiˈmistisch, amˈtierend, geschäftsführend: **~ manager** geschäftsführender Leiter; **~ partner** geschäftsführender (persönlich haftender) Gesellschafter; **A~ President** *pol. Am.* amtierender Präsident; **~ for** in Vertretung von (*od. gen*). **3.** *thea.* spielend, Bühnen...: **~ version** Bühnenfassung *f*. **II** *s* **4.** *thea.* Spiel *n*, Darstellung *f*, Darstellungs-, Schauspielkunst *f*. **5.** Handeln *n*, Tun *n*. **6.** *fig.* ‚Theˈaterspielen' *n*.

ac·tin·i·a [ækˈtɪnɪə] *pl* **-i·ae** [-ɪiː] *od.* **-i·as** *s zo.* Akˈtinie *f*, Seerose *f*.

ac·tin·ic [ækˈtɪnɪk] *adj chem. phys.* akˈtinisch: **~ light; ~ value** Helligkeitswert *m*.

ac·tin·ism [ˈæktɪnɪzəm] *s chem. phys.* Aktiniˈtät *f*, Lichtstrahlenwirkung *f*.

ac·tin·i·um [ækˈtɪnɪəm] *s chem.* Akˈtinium *n*.

ac·ti·no·chem·is·try [ækˌtɪnəʊˈkemɪstrɪ; ˌæktɪ-] *s chem.* Aktinocheˈmie *f*, ˈStrahlencheˌmie *f*.

ac·ti·no·e·lec·tric [ˌæktɪnəʊɪˈlektrɪk] *adj* ˈlichteˌlektrisch, photoeˈlektrisch.

ac·tin·o·graph [ækˈtɪnəʊgrɑːf; *bes. Am.* -græf] *s chem. phys.* Aktinoˈgraph *m* (*Strahlen-, Belichtungsmesser*).

ac·ti·no·my·ces [ˌæktɪnəʊˈmaɪsiːz] *s biol.* Strahlenpilz *m*.

ac·tion [ˈækʃn] *s* **1.** a) Handeln *n*, Handlung *f*, Maßnahme(n *pl*) *f*, Tat *f*, Aktiˈon *f*: **man of ~** Mann *m* der Tat; **full of ~** aktiv; **ready for ~** bereit, gerüstet, *mil.* einsatzbereit; **to bring into ~** ins Spiel bringen, einsetzen; **to put into ~** in die Tat umsetzen; **to take ~** Maßnahmen treffen, Schritte unternehmen, in Aktion treten, handeln; **to take ~ against** vorgehen gegen (→ 12); **course of ~** Handlungsweise *f*; **for further ~** zur weiteren Veranlassung, b) Action *f*: **~ film; there is no ~ in this play** in diesem Stück tut sich *od.* passiert nichts; **where the ~ is** *sl.* wo sich alles abspielt; wo was los ist; *if you are interested in good food,* **Paris is where the ~ is** mußt du unbedingt nach Paris fahren. **2.** *a. physiol. tech.* Tätigkeit *f*, Funkti'on *f*, Gang *m* (*e-r Maschine*), Funktio'nieren *n* (*e-s Mechanismus*): **~ of the heart** Herztätigkeit, -funktion; **~ (of the bowels)** Stuhlgang *m*; **in ~** *tech.* in Betrieb, im Einsatz; **to put in ~** in Gang *od.* in Betrieb setzen; **to put out of ~** außer Betrieb setzen (→ 13). **3.** *tech.* Mecha'nismus *m*, Werk *n*. **4.** *a. chem. phys. tech.* a) (Ein)Wirkung *f*, Wirksamkeit *f*, Einfluß *m*: **the ~ of this acid on metal** die Einwirkung dieser Säure auf Metall, b) Vorgang *m*, Pro'zeß *m*. **5.** Handlung *f* (*e-s Dramas etc*): **the ~ of the play takes place in** das Stück spielt in (*dat*). **6.** *art* a) Bewegung *f*, Akti'on *f*: **~ painting** Aktionsbild *n od.* -malerei *f*; **~ theater** (*bes. Br.* **theatre**) Aktionstheater *n*, b) Stellung *f*, Haltung *f* (*e-r Figur auf e-m Bild*). **7.** Bewegung *f*, Gangart *f* (*e-s Pferdes*). **8.** Vortrag(sweise *f*) *m*, Ausdruck *m* (*e-s Schauspielers*). **9.** *fig.* Benehmen *n*, Führung *f*, Haltung *f*. **10.** *sociol.* 'Umwelteinflüsse *pl*. **11.** *econ.* Preisbewegung *f*, Konjunk'tur(verlauf *m*) *f*. **12.** *jur.* Klage *f*, Pro'zeß *m*, (Rechts-, Gerichts)Verfahren *n*: **~ for damages** Schadenersatzklage; **(right of) ~** Klagebefugnis *f*, Aktivlegitimation *f*; **to bring** (*od.* **file, institute**) **an ~ against s.o., to take ~ against s.o.** j-n verklagen, gegen j-n Klage erheben *od.* ein Gerichtsverfahren einleiten (→ 1). **13.** *mil.* Gefecht *n*, Gefechts-, Kampfhandlung *f*, Unter'nehmen *n*, Einsatz *m*: **killed (missing, wounded) in ~** gefallen (vermißt, verwundet); **to go into ~** eingreifen; **to put out of ~** außer Gefecht setzen, kampfunfähig machen, niederkämpfen (→ 2); **he saw ~** er war im Einsatz *od.* an der Front. **14.** *pol. etc Am.* a) Beschluß *m*, Entscheidung *f*, b) Maßnahme(n *pl*) *f*. **15.** *mus. tech.* a) ('Spiel)Me,chanik *f*, b) Trak'tur *f* (*der Orgel*). **16. to get a piece of the ~** *sl.* ‚ein Stück vom Kuchen abbekommen'.

ac·tion·a·ble ['ækʃnəbl] *adj jur.* **1.** belangbar (*Person*). **2.** einklagbar (*Sache*). **3.** strafbar, gerichtlich verfolgbar (*Handlung*). '**ac·tion·al** [-ʃənl] *adj* tätig, Tätigkeits...

ac·tion| com·mit·tee *s* Akti'onskomi,tee *n*. **~ cur·rent** *s biol.* Akti'onsstrom *m*. **~ cy·cle** *s tech.* 'Arbeitsperi,ode *f*. **~ noun** *s ling.* Substantiv, das e-e Handlung ausdrückt; Nomen *n* acti'onis. **~ re·play** *s sport, TV Br.* (*bes.* 'Zeitlupen-) Wieder,holung *f* (*e-r Spielszene*). **~ re·search** *s sociol.* Akti'onsforschung *f*.

ac·ti·vate ['æktɪveɪt] *v/t* **1.** *bes. chem. tech.* akti'vieren: **~d carbon** Absorptions-, Aktivkohle *f*. **2.** *chem.* radioak'tiv machen. **3.** *tech.* in Betrieb setzen. **4.** *mil.* a) *e-e Division etc* aufstellen, b) *e-n Zünder* scharf machen. ,**ac·ti'va·tion** *s* Akti'vierung *f*: **~ analysis** *chem.* Aktivierungsanalyse *f*.

ac·tive ['æktɪv] **I** *adj* (*adv* **~ly**) **1.** ak'tiv (*a. sport*): **~ career; an ~ club member; an ~ law** ein in Kraft befindliches Gesetz; **~ satellite** (*Raumforschung*) Aktivsatellit *m*; **~ vocabulary** aktiver Wortschatz; **an ~ volcano** ein aktiver *od.* tätiger Vulkan. **2.** *ling.* ak'tiv(isch): **~ noun** aktivisches Substantiv (*z.B.* **employer**); **~ verb** aktivisch konstruiertes Verb; **~ voice** Aktiv *n*, Tatform *f*. **3.** emsig, geschäftig, tätig, rührig, tatkräftig, ak'tiv: **an ~ man; he's still very ~; an ~ mind** ein reger Geist. **4.** lebhaft, rege, ak'tiv: **the ~ life** das tätige Leben; **to take an ~ interest** reges Interesse zeigen (**in** an *dat*); **~ imagination** lebhafte Phantasie. **5.** *biol. med.* (schnell)wirkend, wirksam, ak'tiv: **an ~ remedy; ~ principle** *biol.* Wirkursache *f*. **6.** a) *chem. phys.* ak'tiv, wirksam: **~ coal** Aktivkohle *f*; **~ current** Wirkstrom *m*; **~ line** *TV* wirksame Zeile; **~ mass** wirksame Masse, b) *phys.* radioak'tiv: **~ deposit; ~ core** Reaktorkern *m*. **7.** *econ.* a) belebt, lebhaft: **~ demand**, b) zinstragend (*Aktien, Wertpapiere*): **~ bonds** *Br.* festverzinsliche Obligationen, c) Aktiv..., produk'tiv: **~ balance** Aktivsaldo *m*; **~ capital** flüssiges Kapital; **~ debts** Außenstände. **8.** *mil.* ak'tiv: **~ army** stehendes Heer; **on ~ duty** (*od.* **service**) im aktiven Dienst. **II** *s* **9.** *sport etc* Ak'tive(r *m*) *f*. **10.** *ling.* Aktiv *n*, Tatform *f*.

ac·tiv·ism ['æktɪvɪzəm] *s philos. u. fig.* Akti'vismus *m*. '**ac·tiv·ist** *s bes. pol.* Akti'vist(in).

ac·tiv·i·ty [æk'tɪvətɪ] *s* **1.** Tätigkeit *f*: **political ~** politische Betätigung (→ 6); → **sphere** 6. **2.** Rührigkeit *f*, Betriebsamkeit *f*, Aktivi'tät *f*: **in full ~** in vollem Gang. **3.** Beweglichkeit *f*, Gewandtheit *f*, Lebhaftigkeit *f* (*a. econ.*). **4.** a) *a. biol.* Aktivi'tät *f*, Tätigkeit *f*: **~ of the heart** *physiol.* Herztätigkeit *f*; **~ holiday** (*bes. Am.* **vacation**) Aktivurlaub *m*, b) *pl* Unter'nehmungen *pl*, c) *pl* Veranstaltungen *pl*: **social activities**, d) *pl* Leben *n* u. Treiben *n*. **5.** *oft pl* a) Freizeitgestaltung *f*, b) *ped. bes. Am.* nicht zum Schulplan gehörende Betätigung *od.* Veranstaltung(en). **6.** *pl* (*politische etc*) 'Umtriebe *pl*. **7.** *biol. med.* Wirkung *f*, (*a. chem. phys.*) Aktivi'tät *f*, Wirksamkeit *f*. **8.** *phys.* Radioaktivi'tät *f*. **9.** *Am.* (Dienst)Stelle *f*.

ac·ton ['æktən] *s hist.* **1.** Wams *n* unter der Rüstung. **2.** Panzerhemd *n*.

ac·tor ['æktə(r)] *s* **1.** Schauspieler *m*. **2.** Ak'teur *m*, Täter *m* (*a. jur.*).

ac·tress ['æktrɪs] *s* Schauspielerin *f*.

ac·tu·al ['æktʃʊəl; *Am.* 'æktʃəwəl; -tʃəl] *adj* (*adv* **~ly**) **1.** wirklich, tatsächlich, eigentlich, *bes. econ. tech.* effek'tiv: **an ~ case** ein konkreter Fall; **~ cost** *econ.* a) Ist-Kosten, b) Selbstkosten; **~ intention** eigentliche Absicht; **~ inventory** (*od.* **stock**) Ist-Bestand *m*; **~ possession** *jur.* unmittelbarer Besitz; **~ power** *tech.* effektive Leistung; **~ price** *econ.* Tagespreis *m*; **~ situation** Sachverhalt *m*; **~ time** *econ.* effektiver Zeitaufwand (*für e-e Arbeit*); **~ value** a) *econ. math.* effektiver Wert, Realwert *m*, b) *tech.* Ist-Wert *m*. **2.** gegenwärtig, jetzig. **3.** **~ grace** *relig.* wirkende Gnade.

'**ac·tu·al·ism** *s philos.* Aktua'lismus *m*.

ac·tu·al·i·ty [,æktʃʊ'ælətɪ; *Am.* -tʃə'wæl-] *s* **1.** Tatsächlichkeit *f*, Wirklichkeit *f*. **2.** *pl* Tatsachen *pl*: **the actualities of life** die Gegebenheiten des Lebens; **the actualities of the situation** der Sachverhalt. **3.** Wirklichkeitstreue *f*. **4.** Dokumen'taraufzeichnung *f*: **~ film** Dokumentarfilm *m*.

ac·tu·al·i·za·tion [,æktʃʊəlaɪ'zeɪʃn; *Am.* ,æktʃəwələ'z-; -tʃələ'z-] *s* Verwirklichung *f*. '**ac·tu·al·ize** [-laɪz] **I** *v/t* **1.** (o.s. sich) verwirklichen. **2.** rea'listisch darstellen. **II** *v/i* **3.** sich verwirklichen. '**ac·tu·al·iz·er** *s* j-d, der sich verwirklicht.

ac·tu·al·ly ['æktʃʊəlɪ; *Am.* 'æktʃəwəli:; -tʃəli:] *adv* **1.** a) tatsächlich, wirklich, b) eigentlich. **2.** jetzt, augenblicklich, momen'tan. **3.** so'gar, tatsächlich (*obwohl nicht erwartet*). **4.** *colloq.* eigentlich (*unbetont*): **what time is it ~?** '**ac·tu·al·ness** → **actuality** 1.

ac·tu·ar·i·al [,æktjʊ'eərɪəl; -tʃʊ-; *Am.* -tʃə'wer-] *adj* ver'sicherungssta,tistisch, -mathe,matisch: **~ method** Tafelmethode *f*; **~ rate** Tafelziffer *f*.

ac·tu·ar·y ['æktjʊərɪ; -tʃʊ-; *Am.* 'æktʃə,weri:] *s* Aktu'ar *m*: a) *obs. bes. jur.* Regi'strator *m*, b) Ver'sicherungssta,tistiker *m*, -mathe,matiker *m*.

ac·tu·ate ['æktjʊeɪt; -tʃʊ-; *Am.* -tʃə,w-] *v/t* **1.** in Bewegung *od.* in Gang setzen. **2.** (*zum Handeln*) antreiben: **to be ~d by** getrieben werden von. **3.** *tech.* a) betätigen, auslösen, b) steuern, c) schalten. ,**ac·tu'a·tion** *s* **1.** In'gangsetzen *n*. **2.** Antrieb *m*. **3.** *tech.* Betätigung *f*, Auslösung *f*. '**ac·tu·a·tor** [-tə(r)] *s* **1.** *tech.* Auslöser *m*. **2.** *mil.* Spannvorrichtung *f* (*bei automatischen Waffen*). **3.** *aer.* Ver'stellor,gan *n* (*am Flugzeugruder*).

a·cu·i·ty [ə'kju:ətɪ] *s* **1.** Schärfe *f* (*a. fig.*). **2.** → **acuteness** 3.

a·cu·men [ə'kju:men; 'ækjʊmen; *Am.* -mən] *s* Scharfsinn *m*: **business ~** Geschäftstüchtigkeit *f*, -sinn *m*.

a·cu·mi·nate [ə'kju:mɪnət] *adj biol.* spitz, zugespitzt.

ac·u·pres·sure ['ækjʊ,preʃə(r)] *s med.* Akupres'sur *f*. '**ac·u,punc·ture** [-,pʌŋktʃə(r)] *med.* **I** *s* Akupunk'tur *f*: **~ needle**. **II** *v/t* akupunk'tieren. ,**ac·u-'punc·tur·ist** *s* Akupunk'teur *m*.

a·cush·la [ə'kʊʃlə] *s Ir.* Liebling *m*.

a·cute [ə'kju:t] **I** *adj* (*adv* **~ly**) **1.** scharf, spitz(ig). **2.** *math.* spitz(wink[e]lig): **~ angle** spitzer Winkel; **~ triangle** spitzwink(e)liges Dreieck. **3.** stechend, heftig (*Schmerz*). **4.** heftig (*Freude etc*). **5.** a'kut, brennend (*Frage*), kritisch, bedenklich: **~ shortage** kritischer Mangel, akute Knappheit. **6.** scharf (*Auge*), fein (*Gehör, Gefühl*). **7.** a) scharfsinnig, klug, b) raffi'niert, schlau. **8.** schrill, 'durchdringend: **an ~ note**. **9.** *ling.* mit A'kut: **~ accent** → 11. **10.** *med.* a'kut: **an ~ disease**. **II** *s* **11.** *ling.* A'kut *m*, Ac'cent *m* ai'gu. **a'cute·ness** *s* **1.** Schärfe *f*. **2.** Schärfe *f*, Feinheit *f*: **~ of vision** Sehschärfe. **3.** *a.* **~ of mind** a) Scharfsinn(igkeit *f*) *m*, wacher Verstand, b) Schlauheit *f*. **4.** schriller Klang. **5.** a) *a. med.* Heftigkeit *f*, b) a'kutes Stadium (*e-r Krankheit*).

a·cu·ti·fo·li·ate [ə,kju:tɪ'fəʊlɪət] *adj bot.* spitzblätt(e)rig.

a·cy·clic [eɪ'saɪklɪk; -'sɪk-] *adj biol. phys.* a'zyklisch.

ad[1] [æd] *colloq. für* **advertisement**: **small ~s** Kleinanzeigen.

ad[2] [æd] *s Tennis*: *Am. colloq.* Vorteil *m*: **~ in (out)** Vorteil Aufschläger (Rückschläger).

ad- [æd; əd] *Wortelement zum Ausdruck von Richtung, Tendenz, Hinzufügung*: **advert; advent**.

a·dac·ty·lous [eɪ'dæktɪləs] *adj zo.* **1.** zehen- *od.* fingerlos. **2.** klauen- *od.* krallenlos.

ad·age ['ædɪdʒ] *s* Sprichwort *n*.

a·da·gio [ə'dɑ:dʒɪəʊ; -dʒəʊ] *mus.* **I** *pl* **-gios** *s* A'dagio *n*. **II** *adv u. adj* a'dagio, langsam.

Ad·am ['ædəm] *npr Bibl.* Adam *m*: **I don't know him from ~** *colloq.* ich habe keine Ahnung, wer er ist; **the old ~** *fig.* der alte Adam; **~'s ale** (*od.* **wine**) *humor.* ‚Gänsewein' *m* (*Wasser*); **~'s apple** *anat.* Adamsapfel *m*.

ad·a·mant ['ædəmənt] **I** *s* **1.** *hist.* Ada'mant *m*: a) *imaginärer Stein von großer Härte*, b) Dia'mant *m*. **2.** *obs.* Ma'gnet *m*. **II** *adj* **3.** stein-, stahlhart. **4.** *fig.* eisern, unerbittlich, unnachgiebig (**to** gegen-'über). ,**ad·a'man·tine** [-'mæntaɪn; *Am. a.* -,ti:n] *adj* **1.** dia'manthart, -artig: **~ spar** *min.* Diamantspat *m*. **2.** *fig.* eisern: **~ will**. **3.** *physiol.* Zahnschmelz...

a·dapt [əˈdæpt] **I** *v/t* **1.** (o.s. sich) anpassen (to *dat od.* an *acc*): **to ~ the means to the end** die Mittel dem Zweck anpassen. **2.** *a. math.* angleichen (to *dat od.* an *acc*). **3.** (to) a) *Maschine etc* ˈumstellen (auf *acc*), b) *Fahrzeug, Gebäude* ˈumbauen (für). **4.** *thea. etc* bearbeiten (for für): **to ~ a novel for the stage**; **~ed from the English** aus dem Englischen übertragen. **II** *v/i* **5.** sich anpassen (to *dat od.* an *acc*). **aˌdapt·aˈbil·i·ty** *s* **1.** Anpassungsfähigkeit *f*, -vermögen *n* (to an *acc*). **2.** Verwendbarkeit *f* (to für). **aˈdapt·a·ble** *adj* **1.** anpassungsfähig (to an *acc*). **2.** verwendbar (to für).

ad·ap·ta·tion [ˌædæpˈteɪʃn] *s* **1.** Anpassung *f* (to an *acc*). **2.** *a. math.* Angleichung *f* (to an *acc*). **3.** *thea. etc* Bearbeitung *f* (to für): **screen ~** Filmbearbeitung. **a·dapt·a·tive** [əˈdæptətɪv] → **adaptive**.

a·dapt·er [əˈdæptə(r)] *s* **1.** Bearbeiter *m* (*e-s Theaterstücks etc*). **2.** *phys.* Aˈdapter *m*, Anpassungsvorrichtung *f*. **3.** *electr.* Aˈdapter *m*, Zwischenstück *n*, Vorsatz *m*: **~ (plug)** Zwischenstecker *m*; **~ transformer** Vorstecktransformator *m*. **4.** *tech.* Zwischen-, Anschluß-, Einsatz-, Paßstück *n*. **aˈdap·tion** → **adaptation**. **aˈdap·tive** *adj* (*adv* **~ly**) anpassungsfähig (to an *acc*): **~ character** *biol.* Anpassungsmerkmal *n*. **aˈdap·tor** → **adapter**.

ˈA-ˌday *s mil. Am.* Tag *m* X (*Termin für e-e militärische Aktion od. e-s möglichen gegnerischen Atomangriffs*).

add[1] [æd] **I** *v/t* **1.** hinˈzufügen, -zählen, -rechnen (to zu): **~ to this that** ... hinzu *od.* dazu kommt (noch), daß ...; **to ~ in** einschließen; **to ~ together** zs.-fügen (→ 3). **2.** hinˈzufügen, obendrein bemerken: **he ~ed that** ... er fügte hinzu, daß ... **3. ~ up, ~ together** adˈdieren, zs.-zählen, -rechnen: **five ~ed to five** fünf plus fünf. **4.** *econ. math. tech.* aufschlagen, -rechnen, zusetzen: **to ~ 5% to the price** 5% auf den Preis aufschlagen. **5.** *chem. etc* beimengen. **II** *v/i* **6.** hinˈzukommen, beitragen (to zu): **that ~s to my worries** das vermehrt meine Sorgen. **7.** adˈdieren. **8. ~ up** a) *math.* aufgehen, stimmen, b) *fig.* e-n Sinn ergeben, sich reimen. **9. to ~ up to** a) betragen (*acc*), sich belaufen auf (*acc*), b) *fig. etwas* bedeuten, hinauslaufen auf (*acc*): **this doesn't ~ up to much** ‚das ist nicht (gerade) berühmt'.

add[2] [æd] *s colloq. für* **addition** 4.

ad·dax [ˈædæks] *s zo.* Wüstenkuh *f*.

add·ed [ˈædɪd] *adj* **1.** zusätzlich, weiter(er, e, es). **2.** vermehrt, erhöht.

ad·dend [ˈædend; əˈdend] *s math.* Adˈdend *m*, zweiter Sumˈmand.

ad·den·dum [əˈdendəm] *pl* **-da** [-də] *s* **1.** Hinˈzufügung *f*. **2.** *oft pl* Zusatz *m*, Anhang *m*, Nachtrag *m*, Adˈdenda *pl*. **3.** *tech.* (Zahn)Kopfhöhe *f*.

add·er[1] [ˈædə(r)] *s* **1.** a) *tech.* Adˈdiergerät *n*, -werk *n*, b) *Computer*: Adˈdierglied *n*. **2.** *electr.* Addiˈtivkreis *m*. **3.** *TV* Beimischer *m*. **4.** Additiˈonsmaˌschine *f*.

ad·der[2] [ˈædə(r)] *s zo.* Natter *f*, Otter *f*, Viper *f*: **flying ~** → **dragonfly**.

ˈad·der's|-fern *s bot.* Tüpfelfarn *m*. **ˈ~-tongue** *s bot.* Natterzunge *f*.

ˈad·der·wort *s bot.* Wiesenknöterich *m*, Natterwurz *f*.

ad·dict I *s* [ˈædɪkt] **1.** Süchtige(r *m*) *f*: **alcohol (television) ~** Alkohol-(Fernseh)süchtige(r); → **drug addict**. **2.** *humor.* (*Fußball- etc*)Faˈnatiker(in), (*Film- etc*)Narr *m*. **II** *v/t* [əˈdɪkt] **3. ~ o.s.** sich ˈhingeben (to s.th. e-r Sache). **4.** *j-n* süchtig machen, *j-n* gewöhnen (to an *ein Rauschgift etc*). **III** *v/i* [əˈdɪkt] **5.** süchtig machen. **adˈdict·ed** *adj* **1.** süchtig, abhängig (to von): **~ to alcohol (drugs, pleasure, smoking, television)** alkohol-(drogen- *od.* rauschgift-/arzneimittel- *od.* medikamenten-, vergnügungs-, nikotin-, fernseh)süchtig. **2. to be ~ to films (football)** *humor.* ein Filmnarr (Fußballfanatiker) sein. **adˈdic·tion** *s* **1.** ˈHingabe *f* (to an *acc*). **2.** Sucht *f*, (*Zustand a.*) Süchtigkeit *f*: **~ to alcohol (drugs, pleasure, smoking, television)** Alkohol-(Drogen- *od.* Rauschgift-/Arzneimittel- *od.* Medikamenten-, Vergnügungs-, Nikotin-, Fernseh)sucht. **adˈdic·tive** *adj* suchterzeugend: **to be ~** süchtig machen; **~ drug** Suchtmittel *n*.

add·ing ma·chine [ˈædɪŋ] *s* Adˈdier-, Additiˈonsmaˌschine *f*.

Ad·di·son's dis·ease [ˈædɪsnz] *s med.* Addisonsche Krankheit.

ad·di·tion [əˈdɪʃn] *s* **1.** Hinˈzufügung *f*, Zusatz *m*, Ergänzung *f*, Nachtrag *m*: **in ~** noch dazu, außerdem; **in ~ to** außer (*dat*), zusätzlich zu. **2.** *chem. etc* Beimengung *f*. **3.** Vermehrung *f*, (*Familien-, Vermögens- etc*)Zuwachs *m*: **they are expecting an ~ to the family** sie erwarten Familienzuwachs *od.* Nachwuchs. **4.** *math.* Additiˈon *f*, Adˈdierung *f*, Zs.-zählen *n*: **~ sign** Pluszeichen *n*. **5.** *econ.* Aufschlag *m* (to auf *acc*): **to pay in ~** zuzahlen. **6.** *tech.* a) Anbau *m*, b) Zugabe *f*, Zusatz *m*: **~ of colo(u)r** Farbzusatz. **7.** *bes. Am.* a) Anbau *m*, b) *econ.* neuerschlossenes städtisches Baugelände.

ad·di·tion·al [əˈdɪʃənl] *adj* **1.** zusätzlich, (neu) hinˈzukommend, ergänzend, weiter(er, e, es), nachträglich, Zusatz..., Mehr..., Extra...: **~ agreement** *jur.* a) Zusatzabkommen *n*, b) Nebenabrede *f*; **~ amplifier** *electr.* Zusatzverstärker *m*; **~ application** Zusatzanmeldung *f* (*zum Patent*); **~ charge** *econ.* Auf-, Zuschlag *m*; **~ charges** *econ.* a) Neben-, Mehrkosten, b) Nachporto *n*; **~ clause** *jur.* Zusatzklausel *f*; **~ income** *econ.* Nebeneinkommen *n*; **~ order** *econ.* Nachbestellung *f*. **2.** erhöht, vermehrt: **~ pressure** *tech.* Überdruck *m*. **adˈdi·tion·al·ly** [-ʃnəlɪ] *adv* **1.** zusätzlich, noch daˈzu, außerdem. **2.** in verstärktem Maße.

ad·di·tive [ˈædɪtɪv] **I** *adj* **1.** hinˈzufügbar. **2.** zusätzlich. **3.** *chem. math. phys.* addiˈtiv. **II** *s* **4.** *chem.* Zusatz *m*, Addiˈtiv *n*.

ad·dle [ˈædl] **I** *adj* **1.** *Ei*: a) unfruchtbar, b) verdorben, faul. **2.** *fig.* konˈfus, verwirrt. **II** *v/t* **3.** faul *od.* unfruchtbar machen, verderben. **4.** *fig.* verwirren. **III** *v/i* **5.** faul werden, verderben (*Ei*). **ˈ~brain** *s* Wirrkopf *m*. **ˈ~-brained, ˈ~ˌhead·ed, ˈ~ˌpat·ed** [-ˌpeɪtɪd] *adj* wirr(köpfig), konˈfus.

ˈadd-on *adj* **1.** zusätzlich: **~ fare** *rail.* Zuschlag *m*. **2. ~ furniture units** Kombimöbel.

ad·dress [əˈdres] **I** *v/t* **1.** *Worte, e-e Botschaft* richten (to an *acc*), das Wort richten an (*acc*), *j-n* anreden *od.* ansprechen, *Briefe* adresˈsieren *od.* richten *od.* schreiben (to an *acc*). **2.** e-e Ansprache halten an (*acc*): **to ~ the meeting** das Wort ergreifen. **3.** *Waren* (ab)senden (to an *acc*). **4.** *Golf*: *den Ball* ansprechen. **5. ~ o.s.** sich widmen, sich zuwenden (to *dat*): **to ~ o.s. to s.th.** sich an e-e Sache machen. **6. to ~ o.s. to s.o.** sich an j-n wenden. **II** *s* [*Am. a.* ˈæˌdres] **7.** Anrede *f*: **form of ~** (Form *f* der) Anrede. **8.** Rede *f*, Vortrag *m*: **~ of welcome** Begrüßungsansprache *f*. **9.** Aˈdresse *f* (*a. Computer*), Anschrift *f*: **a good ~** e-e gute Adresse; **~ code** (*Computer*) Adressencode *m*; **~ tag** Kofferanhänger *m*. **10.** Eingabe *f*, Denk-, Bitt-, Dankschrift *f*. **11. the A~** *Br.* die Erwiderung des Parlaments auf die Thronrede. **12.** *obs.* Benehmen *n*, Lebensart *f*, Maˈnieren *pl*. **13.** *pl* Huldigungen *pl*: **he paid his ~es to the lady** er machte der Dame den Hof. **14.** Geschick *n*, Gewandtheit *f*. **15.** *Golf*: Ansprechen *n* (*des Balles*). **ad·dress·ee** [ˌædreˈsiː; *Am. a.* əˌdresˈiː] *s* Adresˈsat(in), Empfänger(in).

ad·dress·ing ma·chine [əˈdresɪŋ] *s* Adresˈsiermaˌschine *f*.

ad·duce [əˈdjuːs; *Am. a.* əˈduːs] *v/t Beweise, Gründe* anführen, *Beweise* beibringen, *Beweismaterial* liefern: **to ~ evidence**. **adˈdu·cent** *adj anat.* adduˈzierend, (her)ˈanziehend: **~ muscle** → **adductor**.

ad·duct [əˈdʌkt] *v/t anat. Glieder* adduˈzieren, (her)ˈanziehen. **adˈduc·tion** *s* **1.** Anführung *f* (*von Beweisen, Gründen*). **2.** *anat.* Adduktiˈon *f*. **adˈduc·tor** [-tə(r)] *s a.* **~ muscle** *anat.* Adˈduktor *m*, Anziehmuskel *m*.

a·demp·tion [əˈdempʃn] *s jur.* Wegfall *m* (*e-s Vermächtnisses*).

ad·e·ni·tis [ˌædəˈnaɪtɪs] *s med.* Drüsenentzündung *f*, Adeˈnitis *f*.

ad·e·noid [ˈædɪnɔɪd] *physiol.* **I** *adj* **1.** Drüsen... **2.** adenoˈid, drüsenartig. **II** *s* **3.** *meist pl* a) Poˈlypen *pl* (*in der Nase*), b) (Rachenmandel)Wucherungen *pl*. **ˌad·eˈnoi·dal** → **adenoid** I. **ˌad·e·noidˈec·to·my** [-ˈdektəmɪ] *s med.* operaˈtive Entfernung von Poˈlypen (*aus der Nase*). **ad·e·no·ma** [ˌædɪˈnəʊmə] *pl* **-ma·ta** [-mətə] *od.* **-mas** *s med.* Adeˈnom *n*, Drüsengeschwulst *f*.

ad·ept I *s* [ˈædept] **1.** Meister *m*, Exˈperte *m* (at, in in *dat*). **2.** Adˈept *m*, Anhänger *m* (*e-r Lehre*). **II** *adj* [ˈædept; *bes. Am.* əˈdept] **3.** erfahren, geschickt (at, in in *dat*).

ad·e·qua·cy [ˈædɪkwəsɪ] *s* Angemessenheit *f*, Adäˈquatheit *f*.

ad·e·quate [ˈædɪkwət] *adj* (*adv* **~ly**) **1.** angemessen (to *dat*), entsprechend, adäˈquat. **2.** aus-, ˈhinreichend, ˈhinlänglich, genügend: **the food was ~ for all of us** das Essen reichte für uns alle. **ˈad·e·quate·ness** → **adequacy**.

a·der·min [əˈdɜːmɪn; *Am.* eɪˈdɜr-] *s biol.* Aderˈmin *n*, Vitaˈmin *n* B_6.

ad·here [ədˈhɪə(r); æd-] *v/i* **1.** (an)kleben, (an)haften (to an *dat*). **2.** *fig.* (to) festhalten (an *dat*), bleiben (bei *e-r Meinung, e-m Plan, e-r Gewohnheit etc*), (*j-m, e-r Sache*) treu bleiben: **he ~s to his plan**. **3. ~ to** sich halten an (*acc*), *e-e Regel etc* einhalten *od.* befolgen. **4. ~ to** *e-r Partei etc* angehören, es halten mit. **5.** *biol. physiol.* (to) anhaften (*dat*), zs.-wachsen *od.* verwachsen sein (mit). **6.** *Völkerrecht*: *e-m Abkommen* beitreten. **7.** *jur. Scot. ein Urteil* bestätigen. **ad·her·ence** [ədˈhɪərəns; æd-] *s* **1.** (An)Kleben *n*, (An)Haften *n* (to an *dat*). **2.** *fig.* Anhänglichkeit *f* (to an *acc*). **3.** *fig.* Festhalten *n* (to an *dat*). **4.** *fig.* Einhaltung *f*, Befolgung *f* (to *gen*). **5.** *Völkerrecht*: Beitritt *m* (to zu *e-m Abkommen*). **adˈher·ent I** *adj* **1.** (an)klebend, (an)haftend (to an *dat*). **2.** *fig.* (to) festhaltend (an *dat*), fest verbunden (mit), anhänglich. **3.** angehörend (to *dat*). **4.** *biol. physiol.* adhäˈrent, zs.-gewachsen, verwachsen (to mit). **5.** *ling.* attribuˈtiv (bestimmend). **II** *s* **6.** Anhänger(in) (of *gen*).

ad·he·sion [ədˈhiːʒn; æd-] *s* **1.** → **adherence**. **2.** *phys. tech.* a) Adhäsiˈon *f* (*durch Molekularkräfte bedingtes Haften verschiedener flüssiger u. fester Stoffe aneinander*), b) Haften *n*, Haftvermögen *n*, c) Griffigkeit *f* (*von Autoreifen etc*). **3.** *med.* Adhäsiˈon *f* (*Verwachsung od. Verklebung zweier Organe miteinander*).

ad·he·sive [ədˈhiːsɪv; æd-] **I** *adj* (*adv* **~ly**) **1.** (an)haftend, klebend, Kleb(e)...: **~ film**

tech. Klebfolie *f*; ~ **label** Klebzettel *m*; ~ **plaster** Heftpflaster *n*; ~ **powder** Haftpulver *n* (*für Zahnprothesen*); ~ **tape** a) *Am.* Heftpflaster *n*, b) Klebstreifen *m*, Klebeband *n*; ~ **rubber** Klebgummi *m*, *n*. **2.** *phys. tech.* haftend, Adhäsions..., Haft...: ~ **capacity,** ~ **power** Haftvermögen *n*; ~ **grease** Adhäsionsfett *n*; ~ **stress** Adhäsionsspannung *f*. **3.** *biol.* Haft..., Saug...: ~ **bowl** Saugnapf *m*; ~ **disk** Haftscheibe *f*. **4.** *fig.* gar zu anhänglich, aufdringlich. **II** *s* **5.** *tech.* Haft-, Bindemittel *n*, Klebstoff *m*, Kleber *m*. **6.** gum'mierte Briefmarke. **7.** *Am.* Heftpflaster *n*. **ad'he·sive·ness** *s* **1.** (An-)Haften *n*. **2.** Klebrigkeit *f*. **3.** → **adhesion** 4 a *u.* b.

ad hoc [ˌæd'hɒk; -'həʊk; *Am. bes.* -'hɑk] (*Lat.*) *adj u. adv* ad hoc, nur für diesen Fall (bestimmt): ~ **committee** Ad-hoc-Ausschuß *m*. **ad hoc·cer·y, ad hoc·er·y, ad hock·er·y** ['hɒkərɪ; 'həʊk-; *Am. bes.* 'hɑk-] *s collect. sl.* Ad-'hoc-Entscheidungen *pl*.

ad·i·a·bat·ic [ˌædɪə'bætɪk; ˌeɪdaɪə-] *phys.* **I** *adj* adia'batisch (*ohne Wärmeaustausch mit der Umgebung*). **II** *s a.* ~ **curve** adia'batische Kurve.

ad·i·ac·tin·ic [ˌædɪæk'tɪnɪk; ˌeɪdaɪ-] *adj chem. phys.* nicht diak'tinisch.

ad·i·an·tum [ˌædɪ'æntəm] *s bot.* Frauenhaarfarn *m*.

ad·i·a·ther·mal [ˌædɪə'θɜːml; ˌeɪdaɪə-; *Am.* -'θɜr-] *adj phys.* 'wärmeˌunˌdurchlässig.

a·dic·i·ty [ə'dɪsətɪ] *s chem.* Wertigkeit *f*.

a·dieu [ə'djuː; *Am. a.* ə'duː] **I** *interj* lebe wohl!, a'dieu! **II** *pl* **a·dieus, a·dieux** [-uːz] *s* Lebe'wohl *n*, A'dieu *n*: **to bid (s.o.)** ~ (j-m) Lebewohl sagen.

ad in·fi·ni·tum [ˌædɪnfɪ'naɪtəm] (*Lat.*) *adv* ad infi'nitum, endlos.

ad in·ter·im [ˌæd'ɪntərɪm] (*Lat.*) *adj u. adv* Interims..., vorläufig.

ad·i·on ['ædˌaɪən] *s chem. phys.* an e-r Oberfläche adsor'biertes I'on.

a·dip·ic [ə'dɪpɪk] *adj chem.* Fettstoffe enthaltend: ~ **acid** Adipinsäure *f*.

ad·i·po·cere [ˌædɪpəʊ'sɪə; *Am.* 'ædəpəˌsɪər] *s* Adipo'cire *f*, Leichenwachs *n*.

ad·i·pose ['ædɪpəʊs] **I** *adj* adi'pös, fettig, fetthaltig, Fett..., Talg...: ~ **tissue** Fettgewebe *n*. **II** *s* Fett *n* (*im Fettgewebe*). **ˌad·i'po·sis** [-sɪs] *s med.* **1.** Fettsucht *f*. **2.** Verfettung *f*. **ˌad·i'pos·i·ty** [-'pɒsətɪ; *Am.* -'pɑ-] *s med.* Fettsucht *f*.

ad·it ['ædɪt] *s* **1.** *fig.* Zutritt *m*: **to gain** ~ **to** Zutritt erhalten zu. **2.** *tech.* waag(e)rechter Eingang (*in ein Bergwerk*), Stollen *m*: ~ **end** Abbaustoß *m*.

ad·ja·cen·cy [ə'dʒeɪsənsɪ] *s* **1.** Angrenzen *n*. **2.** *meist pl* (*das*) Angrenzende, Um'gebung *f*. **ad'ja·cent** *adj* (*adv* ~**ly**) **1.** angrenzend, anstoßend (**to** an *acc*). **2.** *bes. math. tech.* benachbart, Neben...: ~ **angle** Nebenwinkel *m*; ~ **cell** *biol.* Nachbarzelle *f*; ~ **channel selectivity** (*Radio etc*) Trennschärfe *f* gegen Nachbarkanal; ~ **owner** Grundstücksnachbar *m*; ~ **vision** (*od.* **picture**) **carrier** *TV* Nachbarbildträger *m*.

ad·jec·ti·val [ˌædʒek'taɪvl; -dʒɪk-] *adj* (*adv* ~**ly**) **1.** → **adjective** 4. **2.** mit Adjektiven über'laden (*Stil*).

ad·jec·tive ['ædʒɪktɪv] **I** *s* **1.** Adjektiv *n*, Eigenschaftswort *n*. **2.** 'Nebenˌumstand *m*, (*etwas*) Abhängiges. **3.** *Logik*: Akzidens *n*, (*etwas*) Unwesentliches. **II** *adj* (*adv* ~**ly**) **4.** adjektivisch: ~ **use of a noun.** **5.** abhängig. **6.** *Logik*: akziden'tell, unwesentlich. **7.** *Färberei*: adjektiv (*nur mit e-r Vorbeize*): ~ **dye** Beizfarbe *f*. **8.** *jur.* for'mell: ~ **law.**

ad·join [ə'dʒɔɪn] **I** *v/t* **1.** (an)stoßen *od.* (an)grenzen an (*acc*). **2.** *math.* adjun'gieren. **3.** (**to**) beifügen (*dat*), hin'zufügen (zu). **II** *v/i* **4.** an-, anein'andergrenzen, nebenein'anderliegen. **ad'join·ing** *adj* anliegend, angrenzend, anstoßend, benachbart, Nachbar..., Neben...: **in the** ~ **room** im Nebenraum, im Raum nebenan.

ad·journ [ə'dʒɜːn; *Am.* ə'dʒɜrn] **I** *v/t* **1.** a) verschieben, vertagen (**till, until** auf *acc*; **for** um): **to** ~ **sine die** *jur.* auf unbestimmte Zeit vertagen, b) *den Sitzungsort* verlegen (**to** nach). **2.** *Am. e-e Sitzung etc* schließen, aufheben. **II** *v/i* **3.** a) sich vertagen (**till, until** auf *acc*; **for** um), b) den Sitzungsort verlegen (**to** nach). **4.** *oft humor.* sich begeben, ‚über'siedeln' (**to** in *acc*). **ad'journ·ment** *s* **1.** Vertagung *f*, -schiebung *f* (**till, until** auf *acc*; **for** um). **2.** Verlegung *f* des Sitzungsortes (**to** nach).

ad·judge [ə'dʒʌdʒ] **I** *v/t* **1.** *jur.* a) *e-e Sache* (gerichtlich) entscheiden, b) *j-n* für (*schuldig etc*) erklären: **to** ~ **s.o. bankrupt** über j-s Vermögen den Konkurs eröffnen; **to be** ~**d the winner** *sport* zum Sieger erklärt werden, c) *ein Urteil* fällen. **2.** *jur. u. sport* zusprechen, zuerkennen (**s.th. to s.o.** j-m etwas). **3.** *jur. obs.* verurteilen (**to** zu). **4.** erachten für, beurteilen als. **II** *v/i* → **adjudicate** 2.

ad·ju·di·cate [ə'dʒuːdɪkeɪt] **I** *v/t* **1.** → **adjudge** 1–3. **II** *v/i* **2.** *jur.* (*a. als Schiedsrichter*) entscheiden (**upon** über *acc*). **3.** als Schieds- *od.* Preisrichter fun'gieren (**at** bei). **adˌju·di'ca·tion** *s* **1.** *jur. u. sport* Zuerkennung *f*, Zusprechung *f*. **2.** *Völkerrecht*: Adjudikati'on *f* (*e-s Gebietes durch Schiedsspruch*). **3.** *jur.* richterliche Entscheidung, Rechtsspruch *m*, Urteil *n*. **4.** *a.* ~ **in bankruptcy** *jur.* Kon'kurseröffnung *f*: ~ **order** Konkurseröffnungsbeschluß *m*. **ad'ju·di·ca·tor** [-tə(r)] *s* Schieds-, Preisrichter *m*.

ad·junct ['ædʒʌŋkt] **I** *s* **1.** Zusatz *m*, Beigabe *f*, Zubehör *n* (**to** zu). **2.** a) Kol'lege *m*, b) Mitarbeiter *m*. **3.** → **adjective** 3. **4.** *ling.* Attri'but *n*, Beifügung *f*. **5.** *a.* ~ **professor** *univ. Am.* außerordentlicher Pro'fessor. **II** *adj* **6.** (**to**) verbunden *od.* -knüpft (mit), beigeordnet (*dat*). **ad·junc·tive** [ə'dʒʌŋktɪv; æ-] *adj* (*adv* ~**ly**) a) (**to**) beigeordnet (*dat*), verbunden (mit), b) Beifügungs...

ad·ju·ra·tion [ˌædʒʊə'reɪʃn; *Am.* -dʒə-] *s* **1.** Beschwörung *f*, inständige Bitte. **2.** *obs.* Auferlegung *f* des Eides.

ad·jure [ə'dʒʊə(r)] *v/t* **1.** beschwören, anrufen, inständig bitten. **2.** *obs. j-m* den Eid auferlegen.

ad·just [ə'dʒʌst] **I** *v/t* **1.** (**to**) anpassen (*a. psych.*), angleichen (*dat od.* an *acc*), abstimmen (auf *acc*): **to** ~ **wages** die Löhne anpassen; **to** ~ **o.s. to** sich anpassen (*dat*), sich einfügen in (*acc*), sich einstellen auf (*acc*). **2.** zu'rechtrücken: **to** ~ **one's hat.** **3.** in Ordnung bringen, ordnen, regeln. **4.** berichtigen, ändern. **5.** *Streitigkeiten* beilegen, regeln, schlichten, *Widersprüche, Unterschiede* ausgleichen, beseitigen, bereinigen: **to** ~ **differences; to** ~ **accounts** Konten abstimmen *od.* bereinigen; → **average** 2. **6.** *Versicherungswesen*: a) *Ansprüche* regu'lieren, b) *Schaden etc* berechnen: **to** ~ **damages** den Schadensersatzanspruch festsetzen. **7.** *tech.* (ein-, ver-, nach)stellen, (ein)regeln, richten, regu'lieren, *e-e Schußwaffe, e-e Waage etc* ju'stieren, *Maße* eichen, *electr.* abgleichen. **8.** *mil. ein Geschütz* einschießen. **II** *v/i* **9.** sich anpassen (**to** *dat od.* an *acc*) (*a. psych.*). **10.** *tech.* sich einstellen lassen.

ad'just·a·ble *adj bes. tech.* regu'lierbar, (ein-, ver-, nach)stellbar, ju'stierbar, Lenk..., Dreh..., (Ein)Stell...: ~ **axle** Lenkachse *f*; ~ **cam** verstellbarer Nocken; ~ **speed** regelbare Drehzahl; ~ **speed motor** Motor *m* mit Drehzahlregelung; ~ **wedge** Stellkeil *m*.

ad'just·er *s* **1.** j-d, der etwas ausgleicht, ordnet, regelt. **2.** *tech.* Einsteller *m*, -richter *m*. **3.** *Versicherungswesen*: Schadenssachverständige(r) *m*, Gutachter *m*. **4.** *tech.* Einstellvorrichtung *f*.

ad'just·ing *adj bes. tech.* (Ein)Stell..., Richt..., Justier...: ~ **balance** Justierwaage *f*; ~ **device** Ein-, Nachstellvorrichtung *f*; ~ **lever** (Ein)Stellhebel *m*; ~ **nut** (Nach)Stellmutter *f*; ~ **point** *mil.* Einschießpunkt *m*; ~ **screw** Justierschraube *f*.

ad'just·ment *s* **1.** Anpassung *f* (*a. psych.*), Angleichung *f* (**to** an *acc*): ~ **of wages** Anpassung der Löhne. **2.** Ordnung *f*, Regelung *f*. **3.** Berichtigung *f*, Änderung *f*. **4.** Beilegung *f* (*e-s Streits*), Ausgleich *m* (*von Widersprüchen etc*). **5.** *tech.* a) Einstellung *f*, Regu'lierung *f*, Ju'stierung *f*, Eichung *f*, b) Einstellvorrichtung *f*. **6.** *Versicherungswesen*: a) Schadensfestsetzung *f*, b) Regelung *f* des Anspruches. **7.** *econ.* a) Kontenabstimmung *f*, -bereinigung *f*, b) Anteilberechnung *f*: **financial** ~ Finanzausgleich *m*.

ad·jus·tor [ə'dʒʌstə(r)] *s* **1.** → **adjuster.** **2.** *zo.* Koordinati'onszentrum *n*.

ad·ju·tan·cy ['ædʒʊtənsɪ; -dʒə-] *s mil.* Adju'tantenstelle *f*.

ad·ju·tant ['ædʒʊtənt; -dʒə-] **I** *s* **1.** *mil.* Adju'tant *m*. **2.** *a.* ~ **bird,** ~ **stork** *orn.* Adju'tant *m*, Argalakropfstorch *m*. **II** *adj* **3.** helfend, Hilfs... ~ **gen·er·al** *pl* ~**s gen·er·al** *s mil.* Gene'raladjuˌtant *m*.

ad·ju·vant ['ædʒʊvənt; -dʒə-] **I** *adj* **1.** helfend, behilflich, förderlich, Hilfs... **II** *s* **2.** Hilfe *f*: a) Gehilfe *m*, b) Hilfsmittel *n*. **3.** *pharm.* Ad'juvans *n*.

ad lib [ˌæd'lɪb] *colloq.* **I** *s* Improvisati'on *f*. **II** *adv* → **ad libitum.**

ad-lib [ˌæd'lɪb] *colloq.* **I** *v/t u. v/i* **1.** improvi'sieren, aus dem Stegreif sagen *etc.* **II** *adj* **2.** Stegreif..., improvi'siert. **3.** frei hin'zugefügt: **an** ~ **remark.**

ad lib·i·tum [ˌæd'lɪbɪtəm] (*Lat.*) *adv* ad 'libitum: a) beliebig, nach Belieben, b) aus dem Stegreif.

ad·man ['ædmæn] *s irr colloq.* **1.** Werbetexter *m* für Zeitungsanzeigen. **2.** Anzeigenvertreter *m*. **3.** *print.* Akzi'denzsetzer *m*.

ad·mass ['ædmæs] *colloq.* **I** *adj* **1.** 'werbungsmanipuˌliert, unter Kon'sumzwang (stehend) (*Gesellschaft*). **II** *s* **2.** Kon'sumbeeinflussung *f*, Erzeugung *f* von Kon'sumzwang. **3.** 'werbungsmanipuˌlierte Gesellschaft.

ad·meas·ure [æd'meʒə(r); *Am. a.* -'meɪ-] *v/t* **1.** ab-, aus-, vermessen. **2.** *jur.* zuteilen, zumessen. **ad'meas·ure·ment** *s* **1.** Ab-, Aus-, Vermessung *f*. **2.** *jur.* Zuteilung *f*, Zumessung *f*. **3.** Dimensi'on *f*.

ad·min ['ædmɪn] *s colloq. für* **administration** 1 b.

ad·min·is·ter [əd'mɪnɪstə(r); *Am. a.* æd-] **I** *v/t* **1.** verwalten, *Geschäfte etc* wahrnehmen, führen, *e-e Sache* handhaben, *ein Amt etc* ausüben, *Gesetze* ausführen: **to** ~ **the government** die Regierungsgeschäfte wahrnehmen; ~**ing state** (*od.* **authority**) *pol.* Verwaltungsmacht *f*, Treuhandstaat *m*. **2.** zu'teil werden lassen, *Hilfe* leisten, *das Sakrament* spenden, *Medikamente etc* verabreichen, *e-n Tadel* erteilen (*alle* **to** *dat*): **to** ~ **justice** Recht sprechen; **to** ~ **punishment** e-e Strafe *od.* Strafen verhängen; **to** ~ **a shock to s.o.** *fig.* j-m e-n Schrecken einjagen; → **oath** *Bes. Redew.* **II** *v/i* **3.** (**to**) beitragen (zu), dienen (*dat*). **4.** abhelfen (to *dat*). **5.** als Verwalter funˈgieren. **adˈmin·is·trate** [-streɪt] → **administer** I.

ad·min·is·tra·tion [ədˌmɪnɪˈstreɪʃn] *s* **1.** a) (Betriebs-, Geschäfts-, Vermögens-, Staats- *etc*)Verwaltung *f*, b) Verwaltung *f* (*Betriebsabteilung*): ~ **building** Verwaltungsgebäude *n*. **2.** *jur*. (Nachlaß)Verwaltung *f*: → **letter**¹ 3. **3.** Handhabung *f*, Ausführung *f*: ~ **of justice** Rechtsprechung *f*, Rechtspflege *f*; ~ **of an oath** Eidesabnahme *f*, Vereidigung *f*. **4.** (Verwaltungs)Behörde *f*, Miniˈsterium *n*. **5.** Er-, Austeilung *f*, *relig*. Spendung *f* (*des Sakraments*). **6.** Verabreichung *f* (*e-r Arznei etc*). **7.** *pol. bes. Am.* a) *meist* **A~** Reˈgierung *f*: **the Reagan A~** die Reagan-Regierung, b) ˈAmtsperiˌode *f*, Reˈgierungszeit *f* (*e-s Präsidenten etc*): **during the Reagan ~** während der Amtszeit Präsident Reagans. **adˈmin·is·tra·tive** [-strətɪv; *Am. bes.* -ˌstreɪ-] *adj* (*adv* **~ly**) **1.** administraˈtiv, verwaltend, verwaltungsmäßig, -technisch, Verwaltungs..., Regierungs...: ~ **agency** *Am.* Verwaltungsstelle *f*; ~ **assistance** Amtshilfe *f*; ~ **body** Verwaltungsorgan *n*; ~ **fee** Verwaltungsgebühr *f*; ~ **law** Verwaltungsrecht *n*; ~ **staff** Verwaltungspersonal *n*; ~ **tribunal** *Br.* Verwaltungsgericht *n*. **2.** erteilend, spendend. **3.** behilflich, förderlich.

ad·min·is·tra·tor [ədˈmɪnɪstreɪtə(r)] *s* **1.** Verwalter *m*. **2.** Verˈwaltungsbeˌamte(r) *m*. **3.** *jur*. Nachlaßverwalter *m*. **4.** Spender *m* (*der Sakramente etc*). **adˈmin·is·tra·tor·ship** *s* Verwalteramt *n*. **ad·min·is·tra·trix** [ədˈmɪnɪstreɪtrɪks; *Am. bes.* ədˌmɪnəˈstreɪ-] *pl* **-tri·ces** [-trɪsiːz], **-trix·es** [-trɪksɪz] *s jur*. Nachlaßverwalterin *f*.

ad·mi·ra·ble [ˈædmərəbl] *adj* (*adv* **admirably**) bewundernswert, -würdig, großartig.

ad·mi·ral [ˈædmərəl] *s* **1.** Admiˈral *m*: **Lord High A~** *Br.* Großadmiral, Oberbefehlshaber *m* zur See; → **fleet** 1. **2.** *obs.* Flaggschiff *n*. **3.** *zo.* Admiˈral *m*, (*ein*) Fleckenfalter *m*. **ˈad·mi·ral·ty** [-tɪ] **I** *s* **1.** Admiˈralsamt *n*, -würde *f*. **2.** Admiraliˈtät *f*: **The Lords Commissioners of A~**, **the Board of A~** *Br.* das Marineministerium; **A~ Division** *jur. Br.* Abteilung *f* des **High Court** für Seerecht; ~ **law** *jur.* Seerecht *n*; → **First Lord of the Admiralty**. **3. A~** *Br.* Admiraliˈtätsgebäude *n* (*in London*). **II** *adj* **4.** Admiralitäts...

ad·mi·ra·tion [ˌædməˈreɪʃn] *s* **1.** Bewunderung *f* (**of**, **for** für): **she was the ~ of everyone** sie stand im Mittelpunkt allgemeiner Bewunderung, sie wurde von allen bewundert. **2.** *obs.* Verwunderung *f*.

ad·mire [ədˈmaɪə(r)] **I** *v/t* **1.** bewundern (**for** wegen). **2.** hochschätzen, verehren. **II** *v/i* **3.** *obs.* sich wundern (**at** über *acc*). **adˈmir·er** [-ərə(r)] *s* **1.** Bewunderer *m*. **2.** Verehrer *m*. **adˈmir·ing** *adj* (*adv* **~ly**) bewundernd.

ad·mis·si·bil·i·ty [ədˌmɪsəˈbɪlətɪ] *s* Zulässigkeit *f*. **adˈmis·si·ble** *adj* **1.** zulässig (*a. jur.*), erlaubt, statthaft. **2.** zulassungsfähig.

ad·mis·sion [ədˈmɪʃn] *s* **1.** a) Einlaß *m*, b) Ein-, Zutritt *m*, c) Aufnahme *f* (*als Mitglied etc*; *Am. a. e-s Staates in der Union*): ~ **free** Eintritt frei; **A~ Day** *Am.* Jahrestag *m* der Aufnahme in die Union; ~ **fee** Aufnahmegebühr *f*; Eintritt(sgeld *n*); ~ **ticket** Eintrittskarte *f*. **2.** Eintritt(sgeld *n*) *m*: **to charge ~** Eintritt verlangen. **3.** Zulassung *f* (*zu e-m Amt, Beruf etc*): → **bar** 19. **4.** Eingeständnis *n*: **his ~ of the theft**; **by** (*od.* **on**) **his own ~** wie er selbst zugab. **5.** Zugeständnis *n*, Einräumung *f*. **6.** *tech.* a) Einlaß *m*, (*Luft-, Kraftstoff- etc*)Zufuhr *f*, b) Beaufschlagung *f* (*von Turbinen*): ~ **pipe** Einlaßrohr *n*; ~ **stroke** Einlaßhub *m*.

ad·mit [ədˈmɪt] **I** *v/t* **1.** *j-n* ein-, vorlassen, *j-m* Einlaß gewähren. **2.** (**into**, **to**) *j-n* aufnehmen (in *e-e Gesellschaft*, in *e-m Krankenhaus*), zulassen (zu *e-r Institution, e-m Amt etc*): **to ~ a student to college** e-n Studenten zum College zulassen; **to ~ s.o. into one's confidence** j-n ins Vertrauen ziehen; → **bar** 19. **3.** zulassen, gestatten, erlauben: **this law ~s no exception**. **4.** anerkennen, gelten lassen: **to ~ the justification of a criticism** die Berechtigung e-r Kritik anerkennen. **5.** *s-e Schuld etc* zugeben, (ein-) gestehen, bekennen: **to ~ doing s.th.** zugeben, etwas getan zu haben. **6.** zugeben, einräumen (**that** daß): **~ted!** zugegeben!, das gebe ich zu! **7.** Platz haben *od.* bieten für, fassen, aufnehmen: **the hall ~s 200 persons** in dem Saal haben 200 Personen Platz. **8.** *tech.* einlassen, zuführen: **to ~ air**. **II** *v/i* **9.** Einlaß gewähren, zum Eintritt berechtigen: **a gate that ~s to the garden** ein Tor, das zum Garten führt. **10.** ~ **of** gestatten, erlauben, zulassen: **to ~ of doubt** Zweifel zulassen; **it ~s of no excuse** es läßt sich nicht entschuldigen; **a sentence that ~s of two interpretations** ein Satz, der zwei Interpretationen zuläßt. **11.** ~ **to** → 5.

ad·mit·tance [ədˈmɪtəns] *s* **1.** Zulassung *f*, Einlaß *m*, Ein-, Zutritt *m*: **no ~ (except on business)** Zutritt (für Unbefugte) verboten; **to gain ~** Einlaß finden. **2.** Aufnahme *f*. **3.** *electr.* Scheinleitwert *m*, Admitˈtanz *f*.

ad·mit·ted [ədˈmɪtɪd] *adj* anerkannt: **an ~ fact**; **an ~ liar** anerkanntermaßen ein Lügner. **adˈmit·ted·ly** *adv* anerkanntermaßen, zugegeben(ermaßen).

ad·mix [ædˈmɪks] *v/t* beimischen, -mengen. **adˈmix·ture** [-tʃə(r)] *s* **1.** Beimischen *n*. **2.** Beimischung *f*, -mengung *f*, Zusatz(stoff) *m*.

ad·mon·ish [ədˈmɒnɪʃ; *Am.* ædˈmɑnɪʃ] *v/t* **1.** mahnen, erinnern (**of** an *acc*). **2.** warnen (**of**, **against** vor *dat*; **not to do** davor zu tun). **3.** mahnen zu: **to ~ silence**. **4.** verwarnen, *j-m* Vorhaltungen machen.

ad·mo·ni·tion [ˌædməʊˈnɪʃn; -məˈn-] *s* **1.** Ermahnung *f*. **2.** Warnung *f*, Verweis *m*. **3.** Verwarnung *f*. **ad·mon·i·to·ry** [ədˈmɒnɪtərɪ; *Am.* ədˈmɑnəˌtəʊriː; -ˌtɔː-] *adj* (er)mahnend, warnend.

ad·nate [ˈædneɪt] *adj bot. zo.* angewachsen, verwachsen.

ad nau·se·am [ˌædˈnɔːzɪæm; *Am.* -əm] (*Lat.*) *adv* bis zum ˈÜberdruß.

ad·nom·i·nal [ædˈnɒmɪnl; *Am.* -ˈnɑ-] *adj ling.* adnomiˈnal.

ad·noun [ˈædnaʊn] *s ling.* substantiˈviertes Adjektiv.

a·do [əˈduː] *s* Getue *n*, Lärm *m*, Aufheben(s) *n*, ‚Wirbel' *m*: **much ~ about nothing** viel Lärm um nichts; **without more** (*od.* **further**) **~** ohne weitere Umstände.

a·do·be [əˈdəʊbɪ] **I** *s* **1.** Aˈdobe *m*, luftgetrockneter (Lehm)Ziegel. **2.** Haus *n* aus Aˈdobeziegeln. **II** *adj* **3.** aus Aˈdobeziegeln (gebaut).

ad·o·les·cence [ˌædəʊˈlesns; ˌædə-] *s* Jugendalter *n*, Zeit *f* des Herˈanwachsens, Adolesˈzenz *f*. **ˌad·oˈles·cent I** *s* **1.** Jugendliche(r *m*) *f*, Herˈanwachsende(r *m*) *f*. **II** *adj* **2.** herˈanwachsend, -reifend, jugendlich. **3.** *colloq. contp.* kindisch.

A·do·nis [əˈdəʊnɪs; *Am. a.* əˈdɑnəs] **I** *npr* **1.** *antiq.* Aˈdonis *m*. **II** *s* **2.** *fig.* Aˈdonis *m*, schöner junger Mann. **3.** *bot. pharm.* Aˈdonisrös-chen *n*. **4.** *zo.* Aˈdonisfalter *m*.

a·dopt [əˈdɒpt; *Am.* əˈdɑpt] *v/t* **1.** adopˈtieren, (an Kindes Statt) annehmen: **to ~ a child**; **to ~ a town** die Patenschaft für e-e Stadt übernehmen; **to ~ out** *Am.* zur Adoption freigeben. **2.** *fig.* annehmen, überˈnehmen, sich *e-e Methode etc* zu eigen machen, *ein System etc* einführen, *e-e Politik* einschlagen, *e-e Handlungsweise* wählen, *e-e Haltung* einnehmen. **3.** *pol. e-r Gesetzesvorlage* zustimmen, *e-n Beschluß* annehmen, *Maßregeln* ergreifen. **4.** *pol. Br. e-n Kandidaten* annehmen (*für die nächste Wahl*). **aˈdopt·ed** *adj* adopˈtiert, (an Kindes Statt) angenommen, Adoptiv...: ~ **child**; **his ~ country** s-e Wahlheimat. **a·dopt·ee** [əˌdɒpˈtiː; *Am.* əˌdɑp-] *s bes. Am.* Adopˈtivkind *n*. **aˈdopt·er** *s* Adopˈtierende(r *m*) *f*.

a·dop·tion [əˈdɒpʃn; *Am.* əˈdɑp-] *s* **1.** Adoptiˈon *f*, Annahme *f* (an Kindes Statt). **2.** *fig.* An-, ˈÜbernahme *f*, Wahl *f*. **aˈdop·tion·ism** *s relig.* Adoptiaˈnismus *m*. **aˈdop·tive** *adj* (*adv* **~ly**) Adoptiv...: a) angenommen: ~ **child** Adoptivkind *n*; **his ~ country** s-e Wahlheimat, b) adopˈtierend: ~ **parents** Adoptiveltern.

a·dor·a·ble [əˈdɔːrəbl; *Am. a.* əˈdəʊr-] *adj* (*adv* **adorably**) **1.** anbetungswürdig. **2.** *fig.* allerliebst, entzückend.

ad·o·ra·tion [ˌædəˈreɪʃn] *s* **1.** Anbetung *f* (*a. fig.*), (*kniefällige*) Verehrung. **2.** *fig.* (innige) Liebe, (tiefe) Bewunderung.

a·dore [əˈdɔː(r); *Am. a.* əˈdəʊr] *v/t* **1.** anbeten (*a. fig.*), verehren. **2.** *fig.* (innig) lieben, (heiß) verehren, (tief) bewundern. **3.** *colloq.* schwärmen für. **aˈdor·er** *s* **1.** Anbeter(in). **2.** Verehrer(in), Bewunderer *m*, Liebhaber(in). **aˈdor·ing** *adj* (*adv* **~ly**) **1.** anbetend. **2.** bewundernd.

a·dorn [əˈdɔː(r)n] *v/t* **1.** schmücken, (ver-) zieren (*beide a. fig.*). **2.** *fig.* Glanz verleihen (*dat*), verschöne(r)n. **aˈdorn·ment** *s* Schmuck *m*, Zierde *f*, Verzierung *f* (*alle a. fig.*).

a·down [əˈdaʊn] *adv u. prep poet.* (her-) ˈnieder, hinˈab, herˈab.

ad·re·nal [əˈdriːnl] *anat.* **I** *adj* adreˈnal, Nebennieren...: ~ **gland** → II; ~ **insufficiency** *med.* Nebenniereninsuffizienz *f*. **II** *s* Nebenniere *f*.

a·dren·a·lin(e) [əˈdrenəlɪn] *s* **1.** *chem. physiol.* Adrenaˈlin *n*. **2.** *fig.* Aufputschmittel *n*. **aˈdren·al·ize** *v/t fig.* aufputschen: **an ~d crowd**. **ad·ren·er·gic** [ˌædrəˈnɜːdʒɪk; *Am.* -ˈnɜr-] *adj physiol.* adreˈnergisch, Adrenaˈlin absondernd.

A·dri·at·ic [ˌeɪdrɪˈætɪk; ˌædrɪ-] *geogr.* **I** *adj* adriˈatisch: **the ~ Sea** → II. **II** *s*: **the ~** das Adriˈatische Meer, die Adria.

a·drift [əˈdrɪft] *adv u. pred adj* **1.** (umˈher)treibend, Wind u. Wellen preisgegeben: **to cut ~** treiben lassen; **to be cut ~** den Wellen überlassen werden. **2.** *fig.* hilflos, dem Schicksal preisgegeben, halt-, wurzellos: **to be all ~** weder aus noch ein wissen; **to turn s.o. ~** j-n auf die Straße setzen.

a·droit [əˈdrɔɪt] *adj* (*adv* **~ly**) geschickt, gewandt (**at**, **in** in *dat*). **aˈdroit·ness** *s* Geschicklichkeit *f*, Gewandtheit *f*.

ad·smith [ˈædˌsmɪθ] *s Am. humor.* Werbetexter *m*.

ad·sorb [ædˈsɔː(r)b] *v/t chem.* adsorˈbieren. **adˈsorb·ate** [-beɪt; -bət] *s chem.* Adsorˈbat *n*. **adˈsorb·ent** *chem.* **I** *adj* adsorˈbierend. **II** *s* Adsorˈbent *m*, adsorˈbierende Subˈstanz.

ad·sorp·tion [ædˈsɔː(r)pʃn] *s chem.* Adsorptiˈon *f*.

ad·sum [ˈædsʌm] (*Lat.*) *interj* hier!

ad·u·late [ˈædjʊleɪt; *Am.* -dʒə-] *v/t j-m* lobhudeln, *j-m* (aufdringlich) schmeicheln. **ˌad·uˈla·tion** *s* (aufdringliche)

Schmeiche'lei, Lobhude'lei *f*, Speichellecke'rei *f*. **'ad·u·la·tor** [-tə(r)] *s* (aufdringlicher) Schmeichler, Lobhudler *m*, Speichellecker *m*. **ad·u·la·to·ry** ['ædjʊleɪtərɪ; *Am.* 'ædʒələˌtəʊriː; -ˌtɔː-] *adj* (aufdringlich) schmeichlerisch, lobhudelnd, speichelleckerisch.

a·dult ['ædʌlt; ə'dʌlt] **I** *adj* **1.** erwachsen: **~ person** *jur.* → 5. **2.** *zo.* ausgewachsen: **an ~ lion. 3.** *fig.* reif, gereift. **4.** a) Erwachsenen...: **~ clothes**, b) der Erwachsenen: **the ~ world**, c) (nur) für Erwachsene: **an ~ film**, d) *euphem.* Sex..., Porno... **II** *s* **5.** Erwachsene(r *m*) *f*. **~ ed·u·ca·tion** *s* Erwachsenenbildung *f*.

a·dul·ter·ant [ə'dʌltərənt] **I** *adj* verfälschend. **II** *s* Verfälschungsmittel *n*.

a·dul·ter·ate I *v/t* [ə'dʌltəreɪt] **1.** verfälschen: **to ~ food. 2.** a) *Milch* verdünnen, b) *Wein* verschneiden, panschen. **3.** *Am.* *Artikel* unter falschem Warennamen verkaufen. **4.** *fig.* verwässern. **II** *adj* [-rət; -reɪt] **5.** verfälscht. **6.** ehebrecherisch. **aˌdul·ter'a·tion** *s* **1.** Verfälschung *f*. **2.** verfälschtes Pro'dukt. **a'dul·ter·a·tor** [-tə(r)] *s* **1.** Verfälscher *m*. **2.** Panscher *m*. **3.** *jur.* Falschmünzer *m*.

a·dul·ter·er [ə'dʌltərə(r)] *s* Ehebrecher *m*. **a'dul·ter·ess** *s* Ehebrecherin *f*. **a'dul·ter·ine** [-raɪn; -rɪn] *adj* **1.** im Ehebruch gezeugt: **~ children. 2.** verfälscht. **3.** ungesetzlich, 'illegiˌtim. **a'dul·ter·ous** *adj* (*adv* **~ly**) ehebrecherisch. **a'dul·ter·y** *s* **1.** Ehebruch *m*: **to commit ~** die Ehe brechen, Ehebruch begehen (**with** mit). **2.** *Bibl.* Unkeuschheit *f*. **3.** *Bibl.* Götzendienst *m*.

a·dult·hood ['ædʌlthʊd; ə'dʌlt-] *s* Erwachsensein *n*, Erwachsenenalter *n*: **to reach ~** erwachsen werden.

ad·um·bral [æd'ʌmbrəl] *adj bes. poet.* schattig, Schatten...

ad·um·brate ['ædʌmbreɪt; 'ædəm-; æd'ʌm-] *v/t* **1.** flüchtig entwerfen, um'reißen, skiz'zieren, andeuten. **2.** vor'ausahnen lassen, 'hindeuten auf (*acc*). **3.** über'schatten (*a. fig.*). **ˌad·um'bra·tion** *s* **1.** Andeutung *f*: a) flüchtiger Entwurf, Skizze *f*, b) Vorahnung *f*, Omen *n*. **2.** *bes. poet.* Schatten *m*.

ad va·lo·rem [ˌædvə'lɔːrem; -rəm; *Am. a.* -'ləʊ-] (*Lat.*) *adj u. adv* dem Wert entsprechend: **~ duty** Wertzoll *m*.

ad·vance [əd'vɑːns; *Am.* əd'væns] **I** *v/t* **1.** *etwas, e-e Schachfigur, den Uhrzeiger etc* vorrücken, -schieben, *den Fuß* vorsetzen, *die Hand* ausstrecken, *e-n Tunnel* vortreiben, *mil. Truppen* vorschieben, nach vorn verlegen, vorverlegen, vorrücken lassen. **2.** *tech.* vorrücken, weiterstellen, fortschalten: **to ~ the (ignition) timing** *mot.* Frühzündung einstellen. **3.** *e-n Zeitpunkt* vorverlegen. **4.** *ein Argument, e-e Ansicht, e-n Anspruch etc* vorbringen, geltend machen. **5.** *ein Projekt etc* fördern, vor'anbringen, -treiben: **to ~ one's cause (interest)** s-e Sache (s-e Interessen) fördern. **6.** befördern (**to the rank of general** zum General), verbessern: **to ~ one's position; to ~ s.o. socially** j-n gesellschaftlich heben. **7.** *den Preis* erhöhen. **8.** *das Wachstum etc* beschleunigen. **9.** a) im voraus liefern, b) *Geld* vor'auszahlen, vorschießen, -strecken. **10.** *jur. j-m* den Vor'ausempfang (*e-s Erbteils*) geben: **to ~ a child. 11.** *obs. die Lider* heben. **12.** *pol. Am.* als Wahlhelfer fun'gieren in (*dat*), *bes.* e-e Wahlveranstaltung *od.* Wahlveranstaltungen vorbereiten in (*dat*).

II *v/i* **13.** vor-, vorwärtsgehen, vorrücken, vordringen, 'vormarˌschieren. **14.** vorrücken (*Zeit*): **as time ~s** mit vorrückender Zeit. **15.** zunehmen (**in** an *dat*), steigen: **to ~ in age** älter werden. **16.** *fig.* vor'an-, vorwärtskommen, Fortschritte machen: **to ~ in knowledge** Fortschritte machen. **17.** (*im Rang*) aufrücken, avan'cieren, befördert werden (**to colonel** zum Oberst). **18.** (an)steigen, anziehen (*Preise*). **19.** *pol. Am.* als Wahlhelfer fun'gieren, *bes.* Wahlveranstaltungen vorbereiten (**for** für).

III *s* **20.** Vorwärtsgehen *n*, Vorrücken *n*, Vorstoß *m* (*a. fig.*). **21.** (*beruflicher, sozialer*) Aufstieg, Aufrücken *n* (*im Amt*), Beförderung *f* (**to** zu). **22.** Fortschritt *m*, Verbesserung *f*: **economic ~; ~ in the art** (*Patentrecht*) gewerblicher Fortschritt. **23.** Vorsprung *m*: **to be in ~** e-n Vorsprung haben (**of** vor *dat*); **in ~** a) vorn, b) (im) voraus, vorher; **paid in ~** vorausbezahlt; **to book** (*od.* **order**) **in ~** vor(aus)bestellen; **in ~ of** vor (*dat*); **in ~ of his time** s-r Zeit voraus; **in ~ of the other guests** vor den anderen Gästen (*ankommen*). **24.** *meist pl* a) Annäherungsversuch *m*, *pl a.* A'vancen *pl*, b) Entgegenkommen *n*, Anerbieten *n*: **to make ~s to s.o.** j-m gegenüber den ersten Schritt tun, j-m entgegenkommen; sich an j-n heranmachen. **25.** Vorschuß *m*, Vor'auszahlung *f*, Vorleistung *f*, Kre'dit *m*, Darlehen *n*: **~ on** (*od.* **of**) **one's salary** Gehaltsvorschuß; **~ against merchandise** Vorschüsse auf Waren, Warenlombard *m, n*. **26.** Mehrgebot *n* (*bei Versteigerungen*). **27.** (Preis)Erhöhung *f*, Auf-, Zuschlag *m*. **28.** *mil.* Vorgehen *n*, -marsch *m*, -rücken *n*: **~ by bounds** sprungweises *od.* abschnittweises Vorgehen. **29.** *mil. Am.* Vorhut *f*, Spitze *f*: → **advance guard** 1. **30.** *electr.* Voreilung *f*. **31.** *tech.* Vorschub *m*. **32.** *pol. Am.* Wahlhilfe *f*, *bes.* Vorbereitung *f* e-r Wahlveranstaltung *od.* von Wahlveranstaltungen.

IV *adj* **33.** Vorher..., Voraus..., Vor...: **~ booking** a) Vor(aus)bestellung *f*, b) *thea. etc* Vorverkauf *m*; **~ censorship** Vorzensur *f*; **~ copy** *print.* Vorausexemplar *n*; **~ ignition** (*od.* **sparking**) *mot.* Vor-, Frühzündung *f*; **~ notice** Ankündigung *f*, Voranzeige *f*; **~ payment** Vorauszahlung *f*; **~ sale** Vorverkauf *m*; **~ sheets** *print.* Aushängebogen. **34.** *mil.* Vorhut..., Spitzen..., vorgeschoben: **~ command post** vorgeschobener Gefechtsstand; **~ party** Vorausabteilung *f*.

ad·vanced [əd'vɑːnst; *Am.* əd'vænst] *adj* **1.** *mil.* → **advance** 34. **2.** fortgeschritten: **~ chemistry** Chemie *f* für Fortgeschrittene; **~ student** Fortgeschrittene(r *m*) *f*; **~ studies** wissenschaftliche Forschung. **3.** a) fortschrittlich, mo'dern: **~ views; ~ thinkers; ~ guard** → **avant-garde** I, b) gar zu fortschrittlich, ex'trem. **4.** vorgerückt, fortgeschritten: **~ age; at an ~ hour** zu vorgerückter Stunde; **~ in pregnancy** hochschwanger; **~ state** fortgeschrittenes Stadium; **~ for one's years** weit *od.* reif für sein Alter. **~ cred·it** → **advanced standing. ~ freight** *s econ.* vor'ausbezahlte Fracht. **~ stand·ing** *s ped. Am. Anerkennung der an e-r anderen gleichwertigen Lehranstalt erworbenen Zeugnisse.*

ad·vance|guard *s* **1.** *mil.* Vorhut *f*. **2.** → **avant-garde** I. **~ guard point** *s* Spitze *f* (*der Vorhut*). **~ man** *s irr pol. Am.* Wahlhelfer *m*, *bes.* Vorbereiter *m* e-r Wahlveranstaltung *od.* von Wahlveranstaltungen.

ad'vance·ment *s* **1.** Förderung *f*. **2.** Beförderung *f* (**to captain** zum Hauptmann). **3.** Fortschritt *m* (*in Kenntnissen etc*), Weiterkommen *n*, Aufstieg *m*. **4.** Wachstum *n*. **5.** Vorschuß *m*. **6.** *jur.* Vor'ausempfang *m* (*e-s Erbteils*).

ad·van·tage [əd'vɑːntɪdʒ; *Am.* -'væn-] **I** *s* **1.** Vorteil *m*: a) Über'legenheit *f*, Vorsprung *m*, b) Vorzug *m*: **the ~s of this novel machine** die Vorteile *od.* Vorzüge dieser neuen Maschine; **to gain an ~ over s.o.** sich j-m gegenüber e-n Vorteil verschaffen; **to have the** (*od.* **an**) **~ of s.o.** j-m gegenüber im Vorteil sein; **you have the ~ of me** ich kenne leider Ihren (werten) Namen nicht. **2.** Nutzen *m*, Gewinn *m*, Vorteil *m*: **to ~** vorteilhaft, günstig, von Vorteil; **to take ~ of s.o.** j-n übervorteilen *od.* ausnutzen; **to take ~ of s.th.** etwas ausnutzen, sich etwas zunutze machen; **to derive** (*od.* **draw**) **~ from s.th.** aus etwas Nutzen *od.* e-n Vorteil ziehen. **3.** günstige Gelegenheit. **4.** *sport* Vorteil *m*: **~ server (receiver)** (*Tennis*) Vorteil Aufschläger (Rückschläger); **~ law** (*od.* **rule**) Vorteilsregel *f*; **to apply the ~ rule** Vorteil gelten lassen. **II** *v/t* **5.** fördern, begünstigen.

ad·van·ta·geous [ˌædvən'teɪdʒəs] *adj* (*adv* **~ly**) vorteilhaft, günstig, von Vorteil.

ad·vec·tion [əd'vekʃn; *Am.* æd-] *s meteor.* Advekti'on *f* (*in waagerechter Richtung erfolgende Zufuhr von Luftmassen*).

Ad·vent ['ædvənt; *bes. Am.* -vent] *s* **1.** *relig.* Ad'vent *m*, Ad'ventszeit *f*: **~ Sunday** der 1. Advent(ssonntag). **2.** *relig.* Ankunft *f* Christi. **3. a~** (Auf-) Kommen *n*, Erscheinen *n*: **a~ to power** *fig.* Machtergreifung *f*. **'Ad·vent·ism** *s relig.* Adven'tismus *m*. **Ad·vent·ist** ['ædvəntɪst; *Am. bes.* əd'ventəst] *s* Adven'tist(in).

ad·ven·ti·tious [ˌædven'tɪʃəs; -vən-] *adj* (*adv* **~ly**) **1.** hin'zukommend, (zufällig) hin'zugekommen. **2.** zufällig, nebensächlich, Neben... **3.** *med.* zufällig erworben.

ad·ven·tive [əd'ventɪv; *Am. bes.* æd-] **I** *adj bot. zo.* nicht einheimisch: **~ plant** → II. **II** *s bot.* Adven'tivpflanze *f*.

ad·ven·ture [əd'ventʃə(r)] **I** *s* **1.** Abenteuer *n*: a) gewagtes Unter'nehmen, Wagnis *n*, b) (unerwartetes *od.* aufregendes) Erlebnis: **~ holiday** (*bes. Am.* **vacation**) Abenteuerurlaub *m*; **~ playground** *Br.* Abenteuerspielplatz *m*. **2.** *econ.* Spekulati'onsgeschäft *n*: **joint ~** → **joint venture; bill of ~** Bodmereibrief *m*. **3.** *obs.* Zufall *m*. **II** *v/t* **4.** wagen, ris'kieren. **5.** gefährden. **6. ~ o.s.** sich wagen (**into** in *acc*). **III** *v/i* **7.** sich wagen (**on, upon** in, auf *acc*). **ad'ven·tur·er** *s* **1.** Abenteurer *m* (*a. contp.*). **2.** Speku'lant *m*. **ad'ven·ture·some** [-səm] *adj* abenteuerlich, abenteuerlustig, verwegen. **ad'ven·tur·ess** [-rɪs] *s* Abenteu(r)erin *f*. **ad'ven·tur·ism** *s* **1.** Abenteurertum *n*. **2.** 'Abenteuerpoliˌtik *f*. **ad'ven·tur·ous** *adj* (*adv* **~ly**) **1.** abenteuerlich: a) verwegen, waghalsig, b) gewagt, kühn (*Sache*), c) aufregend, ‚toll' (*Sache*). **2.** abenteuerlustig.

ad·verb ['ædvɜːb; *Am.* 'ædˌvɜrb] *s ling.* Ad'verb *n*, 'Umstandswort *n*. **ad·ver·bi·al** [əd'vɜːbjəl; *Am.* æd'vɜrbiəl] **I** *adj* (*adv* **~ly**) adverbi'al: **~ phrase** → II. **II** *s* Adverbi'ale *n*, Adverbi'albestimmung *f*.

ad·ver·sa·ry ['ædvəsərɪ; *Am.* -vərˌseriː] **I** *s* **1.** Gegner(in) (*a. sport*), 'Widersacher(in), Feind(in). **2. the A~** *relig.* der 'Widersacher (*Teufel*). **3.** *jur.* (Pro'zeß-) Gegner(in). **II** *adj* **4.** *jur.* gegnerisch.

ad·ver·sa·tive [əd'vɜːsətɪv; æd-; *Am.* -'vɜr-] *adj ling.* adversa'tiv, gegensätzlich: **~ word.**

ad·verse ['ædvɜːs; *Am.* æd'vɜrs; 'ædˌv-] *adj* (*adv* **~ly**) **1.** entgegenwirkend, widrig, zu'wider (**to** *dat*). **2.** gegnerisch, feindlich: **~ party** Gegenpartei *f*. **3.** ungünstig, nachteilig (**to** für): **~ decision; ~ balance** *econ.* Unterbilanz *f*; **~ trade balance** passive Handelsbilanz; **~**

budget Haushaltsdefizit *n*; **to have an ~ effect (up)on, to affect ~ly** sich nachteilig auswirken auf (*acc*). **4.** *bot.* gegenläufig. **5.** *jur.* entgegenstehend: **~ claim**; **~ possession** Ersitzung *f*; **to acquire s.th. by ~ possession** etwas ersitzen.

ad·ver·si·ty [əd'vɜːsətɪ; *Am.* æd'vɜr-] *s* **1.** Not *f*, Unglück *n*: **in ~** im Unglück; **in time of ~** in Zeiten der Not. **2.** 'Mißgeschick *n*.

ad·vert I *v/i* [əd'vɜːt; *Am.* æd'vɜrt] 'hinweisen, sich beziehen (**to** auf *acc*). **II** *s* ['ædvɜːt] *Br. colloq. für* **advertisement**.

ad·ver·tise ['ædvə(r)taɪz] **I** *v/t* **1.** ankündigen, anzeigen, (*durch die Zeitung etc*) bekanntmachen: **to ~ a post** e-e Stelle (öffentlich) ausschreiben. **2.** *econ.* Re'klame machen für, werben für, anpreisen: **~d performance** (werkseitig) angegebene Leistung. **3.** (**of**) in Kenntnis setzen, unter'richten (von), wissen lassen (*acc*). **4.** *contp. etwas* 'auspoˌsaunen, an die große Glocke hängen. **5.** *obs.* ermahnen, warnen. **II** *v/i* **6.** inse'rieren, annon'cieren: **to ~ for** durch Inserat suchen. **7.** werben, Re'klame machen, Werbung treiben.

ad·ver·tise·ment [əd'vɜːtɪsmənt; -tɪz-; *Am. bes.* ˌædvər'taɪz-; *a.* əd'vɜrtɪz-; -tɪs-] *s* **1.** (*öffentliche*) Anzeige, Ankündigung *f* (*in e-r Zeitung*), Inse'rat *n*, An'nonce *f*: **~ columns** Inseraten-, Anzeigenteil *m*; **notice by ~** *jur.* öffentliche Zustellung; **to put an ~ in a newspaper** ein Inserat *od.* e-e Anzeige aufgeben *od.* in die Zeitung setzen. **2.** → **advertising** 2.

ad·ver·tis·er ['ædvə(r)taɪzə(r)] *s* **1.** Inse'rent(in). **2.** Anzeiger *m*, Anzeigenblatt *n*. **3.** Werbefachmann *m*. **'ad·ver·tis·ing** [-zɪŋ] **I** *s* **1.** Inse'rieren *n*, Ankündigung *f*. **2.** Re'klame *f*, Werbung *f*: **to be in ~** in der Werbung sein. **II** *adj* **3.** Anzeigen..., Reklame..., Werbe...: **~ agency** a) Anzeigenannahme *f*, b) Werbeagentur *f*; **~ agent** a) Anzeigenvertreter *m*, b) Werbeagent *m*; **~ angle** werbemäßiges Vorgehen; **~ budget** Werbeetat *m*; **~ campaign** (*od.* **drive**) Werbefeldzug *m*, -kampagne *f*; **~ department** a) Werbeabteilung *f*, b) *Am.* Inseratenannahme *f* (*e-r Zeitung*); **~ expert** Werbefachmann *m*; **~ gift** Werbegeschenk *n*; **~ manager** Werbeleiter *m*; **~ medium** Werbeträger *m*, -medium *n*; **~ rates** Anzeigentarif *m*.

ad·ver·tize, *etc Am. für* **advertise,** *etc.*

ad·vice [əd'vaɪs] *s* (*nur sg*) **1.** Rat *m*, Ratschlag *m od.* Ratschläge *pl*: **a piece** (*od.* **bit**) **of ~** ein Ratschlag, e-e Empfehlung; **legal ~** Rechtsberatung *f*; **on** (*od.* **at**) **s.o.'s ~** auf j-s Anraten, auf j-s Rat hin; **to seek** (*od.* **take**) **~** Rat suchen, sich Rat holen (**from** bei); **to take medical ~** ärztlichen Rat einholen, e-n Arzt zu Rate ziehen; **take my ~** folge m-m Rat, hör auf mich. **2.** a) Nachricht *f*, Anzeige *f*, (schriftliche) Mitteilung, b) *econ.* A'vis *m od. n*, Avi'sierung *f*, Bericht *m*: **~ of credit** Gutschriftsanzeige; **~ of draft** Trattenavis; **letter of ~** Avisbrief *m*, Benachrichtigungsschreiben *n*; **~ and consent** *Am.* Zustimmung *f*; **as per ~** laut Avis.

ad·vis·a·bil·i·ty [ədˌvaɪzə'bɪlətɪ] *s* Ratsamkeit *f*. **ad'vis·a·ble** *adj* ratsam, empfehlenswert. **ad'vis·a·bly** *adv* ratsamer-, zweckmäßigerweise.

ad·vise [əd'vaɪz] **I** *v/t* **1.** *j-m* (an)raten, den *od.* e-n Rat erteilen, (an)empfehlen, *j-n* beraten: **they were ~d to go** man riet ihnen zu gehen; **what would you ~ me to do?** was rätst du mir? **2.** *etwas* (an)raten, raten zu, (an)empfehlen: **to ~ a change of air**; **he ~d waiting** er riet zu warten. **3.** (**against**) *j-n* warnen (vor *dat*), *j-m* abraten (von): **to ~ s.o. against doing s.th.** j-m davon abraten, etwas zu tun. **4.** *bes. econ.* benachrichtigen, in Kenntnis setzen, avi'sieren, *j-m* Mitteilung machen (**of** von). **II** *v/i* **5.** *bes. Am.* sich beraten (**with** mit).

ad·vised [əd'vaɪzd] *adj* **1.** beraten: **to be well ~ to** (*inf*) a) gut beraten sein zu (*inf*), b) gut daran tun zu (*inf*). **2.** infor'miert, benachrichtigt: **to keep s.o. ~** j-n auf dem laufenden halten. **ad'vis·ed·ly** [-ɪdlɪ] *adv* **1.** mit Bedacht *od.* Über'legung. **2.** absichtlich, bewußt. **ad'vise·ment** *s bes. Am.* **1.** Über'legung *f*: **to take under ~** sich durch den Kopf gehen lassen. **2.** a) Rat *m*, b) Beratung *f*. **ad'vis·er, ad'vi·sor** [-zə(r)] *s* **1.** Berater *m*, Ratgeber *m*. **2.** *ped.* Studienberater *m*.

ad'vi·so·ry [-zərɪ] *adj* beratend: **~ board** Beratungsstelle *f*; **in an ~ capacity** in beratender Funktion; **~ committee** Beratungsausschuß *m*; **~ council** Beirat *m*; **~ opinion** (Rechts-) Gutachten *n*; **~ procedure** (*Völkerrecht*) Gutachterverfahren *n*.

ad·vo·ca·cy ['ædvəkəsɪ] *s* (**of**) Verteidigung *f*, Befürwortung *f*, Empfehlung *f* (*gen*), Eintreten *n* (für).

ad·vo·cate I *s* ['ædvəkət; -keɪt] **1.** Verfechter *m*, Befürworter *m*: **an ~ of peace**. **2.** *bes. relig.* Verteidiger *m*, Fürsprecher *m*. **3.** *jur.* a) *Scot.* Rechtsanwalt *m*: → **Lord Advocate**, b) *Am.* Rechtsbeistand *m*. **II** *v/t* [-keɪt] **4.** verteidigen, befürworten, eintreten für: **to ~ that** dafür eintreten, daß.

ad·vow·son [əd'vaʊzn] *s relig. Br.* Pfründenbesetzungsrecht *n*.

adz(e) [ædz] *s* Breitbeil *n*.

Ae·ge·an [iː'dʒiːən] *geogr.* **I** *adj* ä'gäisch: **the ~ Sea** → II. **II** *s*: **the ~** das Ägäische Meer, die Ägäis.

ae·gis ['iːdʒɪs] *s* **1.** *antiq.* Ägis *f* (*Schild des Zeus u. der Athene*). **2.** *fig.* Ä'gide *f*, Schirmherrschaft *f*: **under the ~ of**.

ae·gro·tat [iː'grəʊtæt] (*Lat.*) *s univ. Br.* **1.** 'Krankheitsatˌtest *n* (*für Examenskandidaten*). **2.** *a.* **~ degree** wegen Krankheit in Abwesenheit *od.* ohne Prüfung verliehener aka'demischer Grad.

ae·o·li·an [iː'əʊljən; -lɪən] *adj* **1.** *myth.* Äols...: **~ harp** Äolsharfe *f*. **2.** **A~** *geogr.* ä'olisch. **A~ mode** *s mus.* ä'olischer Kirchenton, äolische Tonart.

ae·on ['iːən] *s* a) Ä'on *m*, Zeit-, Weltalter *n*, b) Ewigkeit *f*.

aer·ate ['eɪəreɪt; *bes. Am.* 'eər-] *v/t* **1.** *Raum* lüften, (*a. Gewässer*) belüften, (*a. Aquarium, Erdreich*) durch'lüften. **2.** *Flüssigkeit* a) mit Kohlensäure anreichern, b) zum Sprudeln bringen. **3.** a) *med. dem Blut* (durch Atmung) Sauerstoff zuführen, b) *Gewässer* mit Sauerstoff anreichern. **4.** *fig. e-n Dialog etc* spritzig machen (**with** mit, durch). **'aer·at·ed** *adj* mit Kohlensäure angereichert: **~ water** kohlensaures Wasser. **aer'a·tion** *s* **1.** (Be-, Durch)'Lüftung *f*. **2.** Anreicherung *f* mit Kohlensäure. **3.** *med.* Sauerstoffzufuhr *f*.

aer·i·al ['eərɪəl; *Am. a.* eɪ'ɪr-] **I** *adj* **1.** luftig, zur Luft gehörend, in der Luft lebend *od.* befindlich, hoch, Luft...: **~ advertising** Luftwerbung *f*, -reklame *f*, Himmelsschrift *f*; **~ cableway** Seilschwebebahn *f*; **~ ladder** *Am.* Drehleiter *f* (*der Feuerwehr*); **~ railway** Hänge-, Schwebebahn *f*; **~ root** *bot.* Luftwurzel *f*. **2.** aus Luft bestehend, leicht, flüchtig, ä'therisch. **3.** *fig.* ä'therisch: a) schemenhaft, wesenlos, b) zart. **4.** *aer.* zu e-m Flugzeug *od.* zum Fliegen gehörig, fliegerisch: **~ attack** *mil.* Luft-, Fliegerangriff *m*; **~ barrage** *mil.* a) Luftsperrfeuer, Flakfeuer *n*, b) Ballonsperre *f*; **~ camera** Luftkamera *f*; **~ combat** *mil.* Luftkampf *m*; **~ defence** (*Am.* **defense**) *mil.* Luftabwehr *f*, -verteidigung *f*; **~ inspection** Luftinspektion *f*; **~ map** Luftbildkarte *f*; **~ navigation** Luftschiffahrt *f*; **~ sports** Flugsport *m*; **~ view** Flugzeugaufnahme *f*, Luftbild *n*. **5.** *tech.* oberirdisch, Ober..., Frei..., Luft...: **~ cable** Luftkabel *n*; **~ line, ~ wire** *electr.* Ober-, Freileitung *f*. **6.** *Radio etc*: *bes. Br.* Antennen...: **~ array** Richtantennennetz *n*; **~ booster** Antennenverstärker *m*; **~ gain** Antennengewinn *m*; **~ mast** Antennenmast *m*; **~ noise** Antennenrauschen *n*; **~ power** Antennenleistung *f*. **II** *s* **7.** *bes. Br.* An'tenne *f*.

aer·i·al·ist ['eərɪəlɪst; *Am. a.* eɪ'ɪr-] *s bes. Am.* 'Luftakroˌbat(in).

aer·ie ['eərɪ; 'ɪərɪ] *bes. Am. für* **eyrie**.

aer·o ['eərəʊ] *adj* a) Flugzeug...: **~ engine**, b) Luftsport...: **~ club** Aeroclub *m*.

aero- [eərəʊ] *Wortelement mit der Bedeutung* Aero..., Luft...

ˌaer·o·bal'lis·tics *s pl* (*als sg konstruiert*) Aerobal'listik *f*.

aer·o·bat·ics [ˌeərəʊ'bætɪks; -rə'b-] *s pl* (*als sg konstruiert*) Kunstflug *m*.

aer·obe ['eərəʊb] *s biol.* Ae'robier *m* (*Organismus, der nur mit Sauerstoff leben kann*).

aer·o·bic [eə'rəʊbɪk] *adj* **1.** ae'rob (*Organismus*). **2.** *Sportmedizin*: ae'rob: **~ capacity** aerobe Kapazität.

ˌaer·o·bi'ol·o·gy *s biol.* Aerobiolo'gie *f*.

ˌaer·o·bi'o·sis [-baɪ'əʊsɪs] *s biol.* Aerobi'ose *f* (*auf Luftsauerstoff angewiesene Lebensvorgänge*).

'aer·oˌbod·y → **aerodyne**.

'aer·oˌcam·er·a *s* Luftkamera *f*.

aer·o·drome ['eərədrəʊm] *s aer. Br.* Flugplatz *m*.

ˌaer·o·dy'nam·ic *phys.* **I** *adj* (*adv* **~ally**) aerody'namisch: **~ design** *tech.* aerodynamische Linienführung, Windschnittigkeit *f*, Stromlinienform *f*; **~ volume displacement** Luftverdrängung *f*. **II** *s pl* (*als sg konstruiert*) Aerody'namik *f*. **ˌaer·o·dy'nam·i·cal** → **aerodynamic** I. **ˌaer·o·dy'nam·i·cist** [-ɪsɪst] *s* Aerody'namiker *m*.

aer·o·dyne ['eərəʊdaɪn] *s* Luftfahrzeug *n* schwerer als Luft.

'aer·oˌe·las'tic·i·ty *s aer. tech.* Aeroelastizi'tät *f* (*das Verhalten der elastischen Flugzeugbauteile gegenüber den aerodynamischen Kräften*).

ˌaer·o'em·bo·lism *s med.* 'Luftemboˌlie *f*.

aer·o·foil ['eərəʊfɔɪl] *s aer. bes. Br.* Tragfläche *f*, *a.* Höhen-, Kiel- *od.* Seitenflosse *f*: **~ section** Tragflächenprofil *n*.

aer·o·gram ['eərəʊgræm] *s* **1.** Funkspruch *m*. **2.** Aero'gramm *n*, Luftpostleichtbrief *m*.

aer·og·ra·pher [ˌeə'rɒgrəfər] *s mar. mil. Am.* Wetterbeobachter *m*.

aer·o·lite ['eərəʊlaɪt], *a.* **'aer·o·lith** [-lɪθ] *s* Aero'lith *m*, Mete'orstein *m*.

aer·ol·o·gy [eə'rɒlədʒɪ; *Am.* ˌeər'ɑl-] *s meteor.* **1.** Aerolo'gie *f*, Erforschung *f* der höheren Luftschichten. **2.** aero'nautische Meteorolo'gie.

ˌaer·o·me'chan·ic I *s* **1.** 'Flugzeugmeˌchaniker *m*. **2.** *pl* (*als sg konstruiert*) Aerome'chanik *f*. **II** *adj* **3.** 'flugzeugmeˌchanisch.

ˌaer·o'med·i·cine *s* Aeromedi'zin *f*, 'Luftfahrtmediˌzin *f*.

aer·om·e·ter [eə'rɒmɪtə; *Am.* ˌeər'ɑmətər] *s phys.* Aero'meter *n*, Luftdichtemesser *m*.

'aer·oˌmod·el·ling *s Br.* Mo'dellflugzeugbau *m*.

aer·o·naut ['eərənɔːt; *Am. a.* -ˌnɑːt] *s* Luftfahrer *m*, -schiffer *m*. **ˌaer·o'nau-**

tic I *adj* → **aeronautical. II** *s pl (als sg konstruiert)* Aeroˈnautik *f*: a) *obs.* Luftfahrt *f*, b) Luftfahrtkunde *f*. **ˌaer·o·ˈnau·ti·cal** *adj (adv* **~ly)** aeroˈnautisch: **~ engineering** Flugzeugbau *m*; **~ station** Bodenfunkstelle *f*; **~ telecommunication service** Flugfernmeldedienst *m*.

aer·on·o·my [eəˈrɒnəmɪ; *Am.* ˌeərˈɑn-] *s phys.* Aeronoˈmie *f*, Erforschung *f* der obersten Atmoˈsphäre.

aer·o·pause [ˈeərəʊpɔːz] *s* Aeroˈpause *f (Bereich in großer Höhe, etwa 20–200 km über der Erde).*

ˌaer·oˈpha·gi·a [-ˈfeɪdʒɪə; -dʒə] *s med.* Aerophaˈgie *f*, (krankhaftes) Luftschlucken.

ˌaer·o·phiˈlat·e·ly *s* Sammeln *n* von ˈLuftpostmarken u. -ˌumschlägen.

ˌaer·oˈpho·bi·a *s med.* Aerophoˈbie *f*, (krankhafte) Angst vor frischer Luft.

aer·o·phone [ˈeərəfəʊn] *s mus.* Aeroˈphon *n*, ˈBlasinstruˌment *n*.

aer·o·phyte [ˈeərəfaɪt] *s bot.* Aeroˈphyt *m*, Luftpflanze *f*.

aer·o·plane [ˈeərəpleɪn] *s bes. Br.* Flugzeug *n*: **~ flutter** *TV* Flugzeugflattern *n*.

ˌaer·oˈplank·ton *s biol.* Aeroˈplankton *n*.

aer·o·sol [ˈeərəʊsɒl; *Am. a.* -ˌsɑl] *s* **1.** *chem. phys.* Aeroˈsol *n*: **~ bomb** Aerosolbombe *f (Insektenpulver verstäubender Metallbehälter)*; **~ therapy** *med.* Aerosoltherapie *f*. **2.** Spray-, Sprühdose *f*.

aer·o·space [ˈeərəʊspeɪs] **I** *s* Weltraum *m*. **II** *adj* a) Raumfahrt...: **~ industry**; **~ medicine**, b) (Welt)Raum...: **~ research**; **~ vehicle**.

aer·o·sphere [ˈeərəʊˌsfɪə(r)] *s* ˈErdatmoˌsphäre *f*.

aer·o·stat [ˈeərəʊstæt] *s* Luftfahrzeug *n* leichter als Luft.

ˌaer·oˈstat·ics *s pl (als sg konstruiert)* Aeroˈstatik *f (Lehre vom Gleichgewicht der Gase)*.

ˈaer·oˌther·aˈpeu·tics *s pl (als sg konstruiert) med.* Aerotheraˈpie *f*, Luftbehandlung *f*.

ae·ru·gi·nous [ɪəˈruːdʒɪnəs] *adj* grünspanartig, patiˈniert.

Aes·cu·la·pi·an [ˌiːskjʊˈleɪpjən; -ɪən; *Am.* ˌeskjə-] *adj* **1.** äskuˈlapisch, Äskulap...: **~ staff** Äskulapstab *m*. **2.** ärztlich.

aes·thete [ˈiːsθiːt; *bes. Am.* ˈes-] *s* Äsˈthet *m*. **aesˈthet·ic** [-ˈθetɪk] *adj*; **aesˈthet·i·cal** *adj (adv* **~ly)** äsˈthetisch.

aes·the·ti·cian [ˌiːsθɪˈtɪʃn; *bes. Am.* ˌes-] *s* Äsˈthetiker *m*. **aes·thet·i·cism** [iːsˈθetɪsɪzəm; *bes. Am.* es-] *s* **1.** Ästhetiˈzismus *m*. **2.** Schönheitssinn *m*. **aesˈthet·i·cize** *v/t* ästhetiˈsieren, äsˈthetisch machen, verschönern.

aes·thet·ics [iːsˈθetɪks; *bes. Am.* es-] *s pl (als sg konstruiert)* Äsˈthetik *f*.

aes·ti·val, *etc bes. Br. für* **estival,** *etc.*

ae·ther, ae·the·re·al → **ether, ethereal.**

ae·ti·ol·o·gy *bes. Br. für* **etiology.**

a·far [əˈfɑː(r)] *adv* fern, weit (weg), entfernt: **~ off** in der Ferne; **from ~** von weit her, aus weiter Ferne.

a·fear(e)d [əˈfɪə(r)d] *adj obs.* furchtsam.

af·fa·bil·i·ty [ˌæfəˈbɪlətɪ] *s* Leutseligkeit *f*, Freundlichkeit *f*. **ˈaf·fa·ble** *adj (adv* **affably)** leutselig, freundlich, ˈumgänglich.

af·fair [əˈfeə(r)] *s* **1.** Angelegenheit *f*, Sache *f*, Geschäft *n*: **that is his ~** das ist s-e Sache; **to make an ~ of s.th.** aus etwas e-e Affäre machen; **~ of hono(u)r** Ehrenhandel *m (Duell)*; **an ~ of the imagination** e-e Sache der Phantasie. **2.** *pl* Angelegenheiten *pl*, Verhältnisse *pl*: **public ~s** öffentliche Angelegenheiten; **~s of state** Staatsangelegenheiten, -geschäfte *pl*; **the state of ~s** a) die Lage der Dinge, die Sachlage, b) *jur.* der Tatbestand, der Sachverhalt; → **foreign** 1, **statement** 5. **3.** *colloq.* Ding *n*, Sache *f*, ‚Appaˈrat' *m*: **the car was a shiny ~. 4.** Afˈfäre *f*: a) Ereignis *n*, Geschichte *f*, Sache *f*, b) Skanˈdal *m*, (berüchtigter) Fall, c) ˈLiebesafˌfäre *f*, Verhältnis *n*: **to have an ~ with s.o. 5.** *Am. colloq.* ‚Sache' *f*, Veranstaltung *f*: **a big social ~. 6.** *mil.* Gefecht *n*.

af·faire [əˈfeə(r)] → **affair** 4 c.

af·fect¹ [əˈfekt] *v/t* **1.** lieben, e-e Vorliebe haben für, neigen zu, vorziehen: **to ~ loud neckties** auffallende Krawatten bevorzugen; **much ~ed by** sehr beliebt bei. **2.** zur Schau tragen, erkünsteln, nachahmen: **he ~s an Oxford accent** er redet mit e-m gekünstelten Oxforder Akzent. **3.** vortäuschen: **to ~ ignorance**; **to ~ a limp** so tun, als hinke man. **4.** sich gern aufhalten in *(dat) (Tiere)*, vorkommen in *(dat)*.

af·fect² I *v/t* [əˈfekt] **1.** betreffen, berühren, (ein)wirken *od.* sich auswirken auf *(acc)*, beeinflussen, beeinträchtigen, in Mitleidenschaft ziehen. **2.** *med.* angreifen, befallen, affiˈzieren. **3.** bewegen, rühren, ergreifen. **4.** zuteilen **(to** *dat***)**. **II** *s* [ˈæfekt] **5.** *psych.* Afˈfekt *m*, Erregung *f*.

af·fec·ta·tion [ˌæfekˈteɪʃn] *s* **1.** Affekˈtiertheit *f*, Geziertheit *f*. **2.** Heucheˈlei *f*, Verstellung *f*. **3.** Vorgeben *n*: **his ~ of pity** das von ihm zur Schau getragene Mitleid. **4.** (überˈtriebene) Vorliebe (of für).

af·fect·ed¹ [əˈfektɪd] *adj (adv* **~ly)** **1.** affekˈtiert, gekünstelt, geziert. **2.** zur Schau getragen, erkünstelt. **3.** vorgetäuscht. **4.** *obs.* geneigt, gesinnt **(toward[s]** *dat***)**.

af·fect·ed² [əˈfektɪd] *adj* **1.** *med.* befallen **(with** von), angegriffen. **2.** betroffen, berührt. **3.** gerührt, bewegt, ergriffen.

af·fect·ing [əˈfektɪŋ] *adj* rührend, ergreifend.

af·fec·tion [əˈfekʃn] *s* **1.** *oft pl* a) Liebe *f*, Zuneigung *f* **(for, toward[s]** zu), b) Gefühl *n*: **to play on s.o.'s ~s** mit j-s Gefühlen spielen. **2.** Afˈfekt *m*, Gemütsbewegung *f*, Stimmung *f*. **3.** *med.* Affektiˈon *f*, Erkrankung *f*, Leiden *n*. **4.** Einfluß *m*, -wirkung *f*. **5.** *obs.* **(toward[s])** Hang *m* (zu), Neigung *f* (zu), Vorliebe *f* (für).

af·fec·tion·ate [əˈfekʃnət] *adj (adv* **~ly)** gütig, liebevoll, zärtlich, herzlich: **~ly yours** Dein Dich liebender..., Herzlich Dein... *(Briefschluß)*; **~ly known as Pat** unter dem Kosenamen Pat bekannt. **afˈfec·tion·ate·ness** *s* liebevolle Art, Zärtlichkeit *f*.

af·fec·tive [əˈfektɪv] *adj (adv* **~ly)** **1.** Gemüts..., Gefühls... **2.** *psych.* emotioˈnal, affekˈtiv, Affekt...: **~ psychosis** Affektpsychose *f*.

af·fen·pin·scher [ˈæfənˌpɪntʃə(r)] *s zo.* Affenpinscher *m*.

af·fi·ance [əˈfaɪəns] *obs.* **I** *s* **1.** Vertrauen *n* **(in** auf *acc*, zu). **2.** Verlobung *f* **(to** mit), Eheversprechen *n*. **II** *v/t* **3.** **(o.s.** sich) verloben **(to** mit): **to ~ one's daughter to s.o.** j-m die Hand s-r Tochter versprechen. **afˈfi·anced** *adj* verlobt **(to** mit).

af·fi·ant [əˈfaɪənt] *s jur. Am.* Aussteller *m* e-s **affidavit.**

af·fiche [æˈfiːʃ] *s* Afˈfiche *f*, Aushang *m*, Plaˈkat *n*.

af·fi·da·vit [ˌæfɪˈdeɪvɪt] *s jur.* *(schriftliche)* eidliche Erklärung: **to swear an ~** e-e (schriftliche) beeidigte Erklärung abgeben; **to swear an ~ of means** den Offenbarungseid leisten; **~ of support** *Am.* Bürgschaftserklärung *f (für Einwanderer)*.

af·fil·i·ate [əˈfɪlɪeɪt] **I** *v/t* **1.** *(als Mitglied)* aufnehmen. **2. (on, upon)** *etwas* zuˈrückführen (auf *acc*), zuschreiben *(dat)*: **to ~ a child to** *(od.* **on) s.o.** *jur.* j-m die Vaterschaft e-s Kindes zuschreiben. **3. (to)** a) (eng) verbinden *od.* verknüpfen (mit), b) angliedern, anschließen *(dat*, an *acc)*. **II** *v/i* **4. (with)** sich anschließen *(dat*, an *acc)*, *(e-r Organisation)* beitreten. **5.** *Am.* **(with)** verkehren (mit), sich anschließen *(dat*, an *acc)*. **III** *adj* [-lɪət] **6.** → **affiliated. IV** *s* [-lɪət; -lɪeɪt] **7.** *Am.* Mitglied *n*. **8.** a) ˈZweigorganisatiˌon *f*, b) *econ.* Tochtergesellschaft *f*. **afˈfil·i·at·ed** [-lɪeɪtɪd] *adj* angeschlossen, Zweig..., Tochter...: **~ company** *econ.* Tochtergesellschaft *f*.

af·fil·i·a·tion [əˌfɪlɪˈeɪʃn] *s* **1.** Aufnahme *f (als Mitglied etc)*. **2.** *jur.* Zuschreibung *f od.* Feststellung *f* der Vaterschaft: **~ proceedings** Vaterschaftsprozeß *m*; **to file an ~ petition** *Am.* Unterhaltsklage einreichen. **3.** Zuˈrückführung *f (auf den Ursprung)*. **4.** Verbindung *f*, Anschluß *m*, Angliederung *f*. **5.** *bes. pol. relig.* Mitgliedschaft *f*, Zugehörigkeit *f*.

af·fined [əˈfaɪnd; *Am. a.* æ-] *adj* verwandt, verbunden **(to** *dat*, mit).

af·fin·i·ty [əˈfɪnətɪ] *s* **1.** Verwandtschaft *f (durch Heirat)*, Verschwägerung *f*. **2.** *(geistige)* Verwandtschaft, Überˈeinstimmung *f*. **3.** Wahlverwandtschaft *f*, gegenseitige Anziehung. **4.** Wahlverwandte(r *m*) *f*. **5.** Wesensverwandtschaft *f*, Ähnlichkeit *f*, *(das)* Gemeinsame *od.* Verbindende. **6.** *chem.* Affiniˈtät *f*. **7.** Neigung *f* **(for, to** zu).

af·firm [əˈfɜːm; *Am.* əˈfɜrm] **I** *v/t* **1.** a) versichern, b) beteuern. **2.** bekräftigen, *jur. das Urteil* bestätigen. **3.** *jur.* an Eides Statt versichern. **II** *v/i* **4.** *jur.* e-e Versicherung an Eides Statt abgeben. **5.** *jur.* das Urteil bestätigen. **III** *adj* **6. that's ~** *Am. colloq.* richtig!, stimmt!

af·fir·ma·tion [ˌæfə(r)ˈmeɪʃn] *s* **1.** a) Versicherung *f*, b) Beteuerung *f*. **2.** Bekräftigung *f*, Bestätigung *f*. **3.** *jur.* Versicherung *f* an Eides Statt: **to make an ~** → **affirm** 4. **afˈfirm·a·tive** [-ətɪv] **I** *adj (adv* **~ly)** **1.** bejahend, zustimmend, positiv: **an ~ reply**; **~ vote** *pol.* Ja-Stimme *f*. **2.** bestimmt, positiv. **3. ~ action (plan** *od.* **program)** *Am. Programm, das die Diskriminierung von Minderheitsgruppen, Frauen etc bekämpft.* **II** *s* **4.** Bejahung *f*: **to answer in the ~** bejahen. **5.** *jur. Am.* beweispflichtige Parˈtei.

af·fix I *v/t* [əˈfɪks; æ-] **1. (to)** befestigen, anbringen (an *dat*), anheften, ankleben (an *acc*). **2.** hinˈzu-, beifügen, beilegen. **3. (to)** *s-e Unterschrift* setzen (unter *acc*), *ein Siegel* anbringen (an *dat*), *e-n Stempel* aufdrücken *(dat)* *(a. fig.)*. **II** *s* [ˈæfɪks] **4.** *ling.* Afˈfix *n (an den Wortstamm tretendes Bildungselement)*. **5.** Hinˈzu-, Beifügung *f*, Anhang *m*.

af·fla·tus [əˈfleɪtəs] *s* Inspiratiˈon *f*: **divine ~.**

af·flict [əˈflɪkt] *v/t* betrüben, bedrücken, plagen, quälen, heimsuchen. **afˈflict·ed** *adj* **1.** niedergeschlagen, bedrückt, betrübt. **2. (with)** a) befallen, geplagt, heimgesucht (von), behaftet (mit), b) leidend (an *dat*): **to be ~ with** leiden an. **afˈflic·tion** *s* **1.** Betrübnis *f*, Niedergeschlagenheit *f*, Kummer *m*. **2.** a) Gebrechen *n*, b) *pl* Beschwerden *pl*: **~s of old age** Altersbeschwerden. **3.** Elend *n*, Not *f*: → **brother** 3.

af·flu·ence [ˈæflʊəns] *s* **1.** Zustrom *m*. **2.** Fülle *f*, ˈÜberfluß *m*. **3.** Reichtum *m*, Wohlstand *m*: **to live in ~** im Wohlstand leben; **to rise to ~** zu Wohlstand kommen; **demoralization by ~** *sociol.* Wohlstandsverwahrlosung *f*. **ˈaf·flu·ent I** *adj (adv* **~ly)** **1.** reich(lich).

2. wohlhabend, reich (**in** an *dat*): ~ **society** *sociol.* Wohlstandsgesellschaft *f.* **II** *s* **3.** Nebenfluß *m.*
af·flux [ˈæflʌks] *s* **1.** Zufluß *m*, Zustrom *m* (*a. fig.*). **2.** *physiol.* Zustrom *m*, (Blut-)Andrang *m.*
af·ford [əˈfɔː(r)d; *Am. a.* əˈfəʊərd] *v/t* **1.** sich leisten, sich erlauben, die Mittel haben für: **we can't** ~ **it** wir können es uns nicht leisten (*a. fig.*), es ist für uns unerschwinglich. **2.** aufbringen, *Zeit* erübrigen. **3.** gewähren, bieten: **to** ~ **protection (satisfaction)**; **to** ~ **s.o. pleasure** j-m Freude machen. **4.** (*als Produkt*) liefern: **olives** ~ **oil.** **afˈford·a·ble** *adj* erschwinglich (*Preis*): **at** ~ **prices.**
af·for·est [æˈfɒrɪst; *Am. a.* æˈfɑr-] *v/t* aufforsten. **afˌfor·estˈa·tion** *s* Aufforstung *f.*
af·fran·chise [əˈfræntʃaɪz; æ-] *v/t* befreien (**from** aus *dem Gefängnis*, von *e-r Verpflichtung*).
af·fray [əˈfreɪ] **I** *v/t obs.* erschrecken. **II** *s jur.* Schlägeˈrei *f*, Raufhandel *m* (*Störung der öffentlichen Ordnung*).
af·freight [əˈfreɪt; æ-] *v/t mar. ein Frachtschiff* a) chartern, b) befrachten. **afˈfreight·ment** *s a.* **contract of** ~ (See)Frachtvertrag *m.*
af·fri·cate [ˈæfrɪkət] *s ling.* Affriˈkata *f* (*Verschlußlaut mit folgendem Reibelaut*).
af·fric·a·tive [æˈfrɪkətɪv; ə-] **I** *adj* affriˈziert, angerieben. **II** *s* → **affricate.**
af·fright [əˈfraɪt] *obs. od. poet.* **I** *v/t* erschrecken. **II** *s* Schreck *m.*
af·front [əˈfrʌnt] **I** *v/t* **1.** beleidigen, beschimpfen. **2.** *Stolz, Würde* verletzen. **3.** *obs.* trotzen (*dat*). **II** *s* **4.** Beleidigung *f*, Afˈfront *m.* **5.** Verletzung *f* (**to** *gen*): **that was an** ~ **to his pride** das verletzte s-n Stolz.
Af·ghan [ˈæfgæn] **I** *s* **1.** Afˈghane *m*, Afˈghanin *f.* **2.** **a**~ Afˈghan *m* (*handgeknüpfter Wollteppich*). **3.** *ling.* Afˈghanisch *n*, das Afghanische. **4.** *a.* ~ **hound** Afˈghane *m.* **II** *adj* **5.** afˈghanisch.
a·fi·cio·na·do [əˌfɪsjəˈnɑːdəʊ; *Am.* əˌfɪsiːəˈnɑːdə] *pl* **-dos** *s* Fan *m*, Liebhaber *m*: **jazz** ~.
a·field [əˈfiːld] *adv* **1.** im *od.* auf dem Feld. **2.** ins *od.* aufs Feld. **3.** in der Ferne, draußen. **4.** in die Ferne, hinˈaus. **5.** *bes. fig.* in die Irre: **to lead s.o.** ~; **to be quite** ~ a) gewaltig im Irrtum *od.* auf dem Holzweg sein (*Person*), b) ganz falsch *od.* weit gefehlt sein (*Sache*), c) weit über den Rahmen hinausgehen (*Sache*); **to go** ~ a) in die Ferne schweifen, b) sich (voll u. ganz) einsetzen, c) in die Irre gehen, d) ‚danebengehen' (*Ansicht, Schuß etc*).
a·fire [əˈfaɪə(r)] *adv u. pred adj* in Brand, in Flammen: **to be** ~ in Flammen stehen, brennen; **to set** ~ in Brand setzen *od.* stecken, anzünden; **to be** ~ **with desire** von dem brennenden Wunsch besessen sein (**to do** zu tun); **to be** ~ **with enthusiasm** a) vor Begeisterung glühen, b) *a.* **to be all** ~ Feuer u. Flamme sein (**for** für).
a·flame [əˈfleɪm] *adv u. pred adj* → **afire**: **to be** ~ **with colo(u)r** in allen Farben glühen *od.* leuchten.
af·la·tox·in [ˌæfləˈtɒksɪn; *Am.* -ˈtɑk-] *s biol.* Aflatoˈxin *n* (*Stoffwechselprodukt verschiedener Schimmelpilze*).
a·float [əˈfləʊt] *adv u. pred adj* **1.** flott, schwimmend: **to keep** ~ (sich) über Wasser halten (*a. fig.*); **to set** ~ *mar.* flottmachen (→ 3 *u.* 4). **2.** an Bord, auf See: **goods** ~ *econ.* schwimmende Güter. **3.** in ˈUmlauf (*Gerücht etc*): **to set** ~ in Umlauf bringen; **there is a rumo(u)r** ~ **that** es geht das Gerücht (um), daß. **4.** *fig.* im Gange: **to set** ~ in Gang setzen. **5.** überˈschwemmt: **to be** ~ unter Wasser stehen.
a·flut·ter [əˈflʌtə(r)] *adv u. pred adj* **1.** flatternd. **2.** unruhig, aufgeregt.
a·foot [əˈfʊt] *adv u. pred adj* **1.** *obs.* zu Fuß. **2.** *obs.* auf den Beinen: **he is** ~ **again after his illness.** **3.** *fig.* im Gang(e): **to set** ~ in Gang setzen; **something is** ~ es ist etwas im Gange.
a·fore [əˈfɔː(r); *Am. a.* əˈfəʊər] *obs. für* **before.** **aˌforeˈmen·tioned, aˈfore·said** *adj* obenerwähnt, obengenannt, vorerwähnt, obig(er, e, es). **aˈfore·thought** *adj jur.* vorbedacht, vorsätzlich: → **malice** 5. **aˈfore·time** *obs.* **I** *adv* vormals, früher. **II** *adj* früher, ehemalig.
a for·ti·o·ri [ˈeɪˌfɔː(r)tɪˈɔːraɪ; *Am.* -ˈəʊ-] *adv* a fortiˈori, erst recht, um so mehr.
a·foul [əˈfaʊl] *adv u. pred adj* in Kolliˈsiˈon: **to run** ~ **of** zs.-stoßen mit, rammen (*acc*); **to run** (*od.* **fall**) ~ **of the law** mit dem Gesetz in Konflikt kommen.
a·fraid [əˈfreɪd] *adj*: **to be** ~ Angst haben, sich fürchten (**of** vor *dat*); **to be** ~ **to do** (*od.* **of doing**) sich fürchten *od.* scheuen zu tun; ~ **of hard work** faul, arbeitsscheu; **I'm** ~ **he won't come** ich fürchte, er wird nicht kommen; **I'm** ~ **you are wrong** ich glaube fast *od.* fürchte, Sie irren sich; **I'm** ~ **I must go** leider muß ich jetzt gehen; **I'm** ~ **so** leider ja; ja, leider; **I'm** ~ **not** leider nein *od.* nicht.
af·reet [ˈæfriːt; əˈfriːt] *s* böser Dämon.
a·fresh [əˈfreʃ] *adv* von neuem, abermals, wieder, von vorn: **to begin** ~.
Af·ric [ˈæfrɪk] *colloq. für* **African** I.
Af·ri·can [ˈæfrɪkən] **I** *s* **1.** Afriˈkaner(in). **2.** Neger(in) (*in Amerika lebend*). **II** *adj* **3.** afriˈkanisch: ~ **violet** *bot.* Usambaraveilchen *n.* **4.** (*ursprünglich*) afriˈkanischer Abstammung, Neger...
Af·ri·can·der [ˌæfrɪˈkændə(r)] *obs. für* **Afrikaner.**
Af·ri·can·ism [ˈæfrɪkənɪzəm] *s bes. ling.* Afrikaˈnismus *m.* **ˈAf·ri·can·ist** *s* Afrikaˈnist(in).
Af·ri·kaans [ˌæfrɪˈkɑːns; -z] *s ling.* Afriˈkaans *n*, Kapholländisch *n.* **Af·ri·kan·der** [ˌæfrɪˈkændə(r)] *obs. für* **Afrikaner.** **Af·ri·ka·ner** [ˌæfrɪˈkɑːnə(r)] *s* Afriˈka(a)nder *m* (*Weißer mit Afrikaans als Muttersprache*).
Af·ro [ˈæfrəʊ] **I** *pl* **-ros** *s* a) Afro-Look *m*, b) *a.* ~ **hairdo** ˈAfro-Friˌsur *f*, Friˈsur im Afro-Look. **II** *adv u. pred adj*: **to wear one's hair** ~ sein Haar im Afro-Look tragen, e-e Afro-Frisur tragen.
ˌAf·ro|-Aˈmer·i·can [ˌæfrəʊ-] **I** *s* ˈAfroameriˌkaner(in). **II** *adj* ˈafroameriˌkanisch. **ˌ~-Aˈmer·i·can·ism** *s* ameriˈkanische ˈNegerkulˌtur. **ˌ~-ˈA·sian** *adj* ˈafroasiˌatisch.
Af·roed [ˈæfrəʊd] *adj* im Afro-Look: ~ **young blacks.**
ˈAf·ro·ism *s* Interˈesse *n* an ˈschwarzafriˌkanischer Kulˈtur u. an der Ausbreitung schwarzafrikanischer Macht.
ˌAf·ro-ˈSax·on *s contp.* Schwarzer, der dem weißen Esˈtablishment angehört *od.* ihm angehören möchte.
aft [ɑːft; *Am.* æft] *adv mar.* achtern, hinten (im Schiff): **fore and** ~ von vorn nach achtern (zu).
af·ter [ˈɑːftə; *Am.* ˈæftər] **I** *adv* **1.** nachher, nach, hinterˈher, daˈnach, darˈauf, später, hintenˈnach: **for months** ~ noch monatelang; **during the weeks** ~ in den (nach)folgenden Wochen; **that comes** ~ das kommt nachher; **shortly** ~ kurz danach. **II** *prep* **2.** hinter (*dat*) ... her, nach, hinter (*dat*): **he came** ~ **me** a) er kam hinter mir her, b) er kam nach mir; **to be** ~ **s.o.** (*od.* **s.th.**) *fig.* hinter j-m (*od.* e-r Sache) hersein; → **go after, look after.** **3.** (*zeitlich*) nach: ~ **a week**; **ten** ~ **five** *Am.* 10 nach 5; **day** ~ **day** Tag für Tag; **blow** ~ **blow** Schlag auf Schlag; **wave** ~ **wave** Welle um Welle; **the month** ~ **next** der übernächste Monat; **one** ~ **the other** einer (eine, eines) nach dem (der, dem) andern, nacheinander, hintereinander; ~ **all** a) schließlich, im Grunde, eigentlich, alles in allem, b) immerhin, dennoch, c) (also) doch; ~ **all my trouble** trotz all m-r Mühe; ~ **you, sir!** (bitte) nach Ihnen!; → **hour** 5. **4.** (*im Range*) nach: **the greatest poet** ~ **Shakespeare.** **5.** nach, gemäß: **named** ~ **his father** nach s-m Vater genannt; ~ **his nature** s-m Wesen gemäß; **a picture** ~ **Rubens** ein Gemälde nach *od.* im Stil von Rubens; ~ **what you have told me** nach dem, was Sie mir erzählt haben; → **heart** *Bes. Redew.* **III** *adj* **6.** später, künftig: **in** ~ **years.** **7.** nachträglich, Nach... **8.** hinter(er, e, es), *mar.* Achter... **IV** *conj* **9.** nachˈdem: ~ **he had sat down.** **V** *s pl* (*als sg konstruiert*) **10.** *Br. colloq.* Nachtisch *m*: **for** ~**s** als *od.* zum Nachtisch. **ˈ~·birth** *s med.* Nachgeburt *f.* **ˈ~ˌbod·y** *s* **1.** *mar.* Achterschiff *n.* **2.** *Raumfahrt*: abgestoßener Teil, der der Raˈkete *od.* dem Satelˈliten folgt. **ˈ~·born** *adj* **1.** später geboren, jünger. **2.** nachgeboren. **ˈ~·brain** *s anat.* ˈHinterhirn *n.* **ˈ~ˌburn·er** *s aer. tech.* Nachbrenner *m.* **ˈ~ˌburn·ing** *s aer. tech.* Nachverbrennung *f.* **ˈ~·care** *s* **1.** *med.* Nachbehandlung *f*, -sorge *f.* **2.** Resozialiˈsierungshilfe *f* (*für entlassene Strafgefangene*). **ˈ~·clap** *s* nachträgliche (*bes.* unangenehme) Überˈraschung, Nachspiel *n.* **ˈ~·damp** *s tech.* Nachschwaden *m* (*im Bergwerk*). **ˈ~·death** *s* Leben *n* nach dem Tode. **ˈ~·deck** *s mar.* Achterdeck *n.* **ˈ~-ˌdin·ner** *adj* nach Tisch: ~ **speech** Tischrede *f*; ~ **walk** Verdauungsspaziergang *m.* **ˈ~·efˌfect** *s* **1.** *med.* Nachwirkung *f* (*a. fig.*). **2.** *fig.* Folge *f.* **ˈ~·glow** *s* **1.** Nachglühen *n* (*a. tech.*). **2.** *TV* Nachleuchten *n.* **3.** a) Abendrot *n*, b) Alpenglühen *n.* **4.** *fig.* angenehme Erinnerung(en) (**of an** *acc*). **ˈ~·grass** → **aftermath** 1. **ˈ~·growth** *s agr.* Nachtrieb *m*, -wachsen *n.* **ˈ~·heat** *s phys.* Nachwärme *f* (*in e-m Kernreaktor*). **ˈ~·hold** *s mar.* Achterraum *m.* **ˈ~ˌim·age** *s opt. psych.* Nachbild *n.* **ˈ~·imˌpres·sion** → **afterimage, aftersensation.** **ˈ~·life** *s* **1.** Leben *n* nach dem Tode. **2.** (zu)künftiges Leben. **ˈ~·math** [-mæθ; *Br. a.* -mɑːθ] *s* **1.** *agr.* Nachmahd *f*, Grummet *n*, zweite Grasernte. **2.** Folgen *pl*, Nachwirkungen *pl*: **the** ~ **of war.** **ˈ~·most** [-məʊst] *adj* hinterst(er, e, es).
af·ter·noon [ˌɑːftəˈnuːn; *Am.* ˌæftər-] **I** *s* Nachmittag *m*: **(late) in the** ~ am (späten) Nachmittag; **this** ~ heute nachmittag; **good** ~! guten Tag!; **the** ~ **of life** der Herbst des Lebens. **II** *adj* Nachmittags...
ˌaf·terˈnoon·er *s Am. colloq.* Nachmittagszeitung *f.* **ˌaf·terˈnoons** *adv Am.* nachmittags.
ˈaf·ter|·pains *s pl med.* Nachwehen *pl.* **ˈ~·piece** *s thea.* Nachspiel *n.* **ˈ~·play** *s* (*sexuelles*) Nachspiel. **ˈ~ˌrip·en·ing** *s bot.* Nachreifen *n.* **ˈ~-sales ser·vice** *s econ.* Kundendienst *m.* **ˈ~·senˌsa·tion** *s opt. psych.* Nachempfindung *f.* **ˈ~·shave (lo·tion)** *s* After-shave(-Lotion *f*) *n*, Raˈsierwasser *n.* **ˈ~·shock** *s* Nachbeben *n* (*e-s Erdbebens*). **ˈ~·taste** *s* Nachgeschmack *m* (*a. fig.*). **ˈ~·tax** *adj econ.* nach Abzug der Steuern, *a.* Netto...: ~ **income.** **ˈ~·thought** *s* nachträglicher Einfall, spätere Überˈlegung: **to add s.th. as an** ~ etwas nachträglich hinzufügen. **ˈ~·time** *s* Zukunft *f.* **ˈ~ˌtreat·ment** *s med. tech.* Nachbehandlung *f*, *med.* Nachkur *f.* **ˌ~ˈwar** *adj* Nachkriegs...
af·ter·wards [ˈɑːftə(r)wə(r)dz; *Am.*

ˈæf-], *Am. a.* ˈ**af·ter·ward** *adv* später, herˈnach, nachher, hinterˈher.
ˈ**af·ter|ˌwis·dom** → **hindsight** 2. ˈ**~·word** *s* Nachwort *n* (to zu). ˈ**~·world** *s* **1.** Nachwelt *f.* **2.** Jenseits *n.* ˈ**~·years** *s pl* folgende Jahre *pl*, Folgezeit *f.*
a·gain [əˈgen; əˈgeɪn] *adv* **1.** ˈwieder(um), von neuem, abermals, nochmals: **to be o.s. ~** a) sich wieder beruhigt haben, b) wieder auf den Beinen sein, c) wieder ganz der alte sein; **what's his name ~?** wie heißt er doch noch (schnell)?; → **now** *Bes. Redew.*, **time** 21. **2.** schon wieder: **that fool ~!** **3.** außerdem, ferner, ebenso, noch daˈzu. **4.** noch einmal: → **much** *Bes. Redew.* **5.** *a.* **then ~** and(e)rerseits, hinˈgegen, (hin)ˈwiederum.
a·gainst [əˈgenst; əˈgeɪnst] *prep* **1.** gegen, wider (*acc*), entgegen (*dat*): **~ the enemy** gegen den Feind; **~ the wind** gegen den Wind; **he was ~ it** er war dagegen; → **expectation** 1, **law**[1] 1. **2.** gegenˈüber (*dat*): **(over) ~ the town hall** dem Rathaus gegenüber; **my rights ~ the landlord** m-e Rechte gegenüber dem Vermieter. **3.** an (*dat od. acc*), vor (*dat od. acc*), gegen: **~ the wall.** **4.** gegen (*e-n Hintergrund*): **dark trees ~ a clear sky.** **5.** (*im Austausch*) gegen, für: **payment ~ documents** *econ.* Zahlung gegen Dokumente. **6.** gegen, im ˈHinblick auf (*acc*): **purchases made ~ tomorrow's earnings.** **7.** (in Vorsorge) für, in Erwartung von (*od. gen*): **money saved ~ a day of need.** **8.** *a.* **as ~** gegenˈüber (*dat*), verglichen mit, im Vergleich zu.
a·gam·ic [əˈgæmɪk; *bes. Am.* eɪ-] *adj biol.* **1.** aˈgam, geschlechtslos. **2.** kryptoˈgam.
ag·a·mo·gen·e·sis [ˌægəməʊˈdʒenɪsɪs; *Am. a.* eɪˌgæməˈdʒ-] *s biol.* Agamoˈgenesis *f*, ungeschlechtliche Fortpflanzung.
ag·a·mous [ˈægəməs] → **agamic.**
a·gape [əˈgeɪp] *adv u. pred adj* mit (vor Staunen, Überˈraschung *etc*) offenem Mund.
a·gar [ˈeɪgɑː; ˈeɪgə; *Am.* ˈɑːgˌɑːr] *s biol.* **1.** Nährboden *m.* **2.** → **agar-agar.** ˌ**~-ˈa·gar** *s biol. med.* Agar-Agar *m* (*aus Meeralgen gewonnene Pflanzengelatine*).
a·gar·ic [ˈægərɪk; əˈgærɪk] *s bot.* **1.** Blätterpilz *m*, -schwamm *m.* **2.** Unechter Feuerschwamm.
ag·ate [ˈægət] *s* **1.** *min.* Aˈchat *m.* **2.** *tech.* Wolfszahn *m* (*Polierstein der Golddrahtzieher*). **3.** bunte Glasmurmel. **4.** *print. Am.* Paˈriser Schrift *f* (*Fünfeinhalbpunktschrift*).
a·ga·ve [əˈgeɪvɪ; ˈægeɪv; *Am.* əˈgɑːviː] *s bot.* Aˈgave *f.*
age [eɪdʒ] **I** *s* **1.** (Lebens)Alter *n*, Altersstufe *f*: **at the ~ of** im Alter von; **at his ~** in s-m Alter; **at what ~?** in welchem Alter?, mit wieviel Jahren?; **he is my ~** er ist so alt wie ich; **when I was your ~** als ich in d-m Alter war, als ich so alt war wie du; **when you are my ~** wenn du erst einmal so alt bist wie ich; **I have a daughter your ~** ich habe eine Tochter in Ihrem Alter; **ten years of ~** zehn Jahre alt; **of an ~ with** genauso alt wie; **their ~s are 4 and 7** sie sind 4 u. 7 (Jahre alt); **he does not look his ~** man sieht ihm sein Alter nicht an; **what is his ~?, what ~ is he?** wie alt ist er?; **to act one's ~** sich s-m Alter entsprechend benehmen; **be your ~!** sei kein Kindskopf! **2.** Reife *f*: **(to come) of ~** mündig *od.* volljährig (werden); **under ~** minderjährig, unmündig; → **full age.** **3.** vorgeschriebenes Alter (*für ein Amt etc*): **to be over ~** die Altersgrenze überschritten haben, über der Altersgrenze liegen. **4.** Zeit(alter *n*) *f*: **the ~ of Queen Victoria; the leading poet of his ~; the ~ of reason** die Aufklärung; **down the ~s** durch die Jahrhunderte; **in our ~** in unserer Zeit. **5.** *a.* **old ~** (hohes) Alter: **the wisdom of ~; bent by ~** vom Alter gebeugt; **~ before beauty!** *humor.* Alter vor Schönheit! **6.** Menschenalter *n*, Generatiˈon *f.* **7.** *oft pl colloq.* unendlich lange Zeit, Ewigkeit *f*: **I haven't seen him for ~s** ich habe ihn schon e-e Ewigkeit nicht gesehen; **I've known that for ~s** das weiß ich schon längst; **she was an ~ washing her hair** sie brauchte e-e Ewigkeit, um sich die Haare zu waschen. **8.** *geol.* Periˈode *f*, (*Eis- etc*)Zeit *f.* **II** *v/t* **9.** a) *j-n* alt machen (*Kleid etc*), b) *j-n* altern lassen, um Jahre älter machen (*Sorgen etc*). **10.** *tech.* altern, vergüten. **11.** a) *Wein etc* ablagern lassen, b) *Käse etc* reifen lassen. **III** *v/i* **12.** alt werden, altern. **13.** a) ablagern (*Wein etc*), b) reifen (*Käse etc*). **~ brack·et** → **age group.** **~ class** → **age group.**
aged [eɪdʒd] *adj* **1.** im Alter von ..., ...jährig, ... Jahre alt: **~ twenty.** **2.** a) siebenjährig (*Pferd*), b) vierjährig (*Rind*), c) zweijährig (*Schwein*), d) einjährig (*Schaf*). **3.** [ˈeɪdʒɪd] alt, bejahrt: **the ~** die alten Leute.
ˈ**age|-ˌfel·low** → **age-mate.** **~ group** *s* Altersgruppe *f*, -klasse *f.* ˈ**~-ˌhard·en** *v/t tech. Metall* aushärten. **~ hard·en·ing** *s tech.* Aushärtung *f.*
age·ing → **aging.**
age·ism [ˈeɪdʒɪzəm] *s* Diskrimiˈnierung *f* alter Menschen.
age·less [ˈeɪdʒlɪs] *adj* **1.** nicht alternd, ewig jung, alterslos. **2.** zeitlos.
age| lim·it *s* Altersgrenze *f.* ˈ**~·long** *adj* unendlich lang, ewig. ˈ**~-mate** *s* Altersgenosse *m*, -genossin *f.*
a·gen·cy [ˈeɪdʒənsɪ] *s* **1.** Tätigkeit *f*, Wirksamkeit *f*, Wirkung *f.* **2.** a) (be)wirkende Kraft *od.* Ursache, b) (ausführendes) Orˈgan, c) Werkzeug *n*, Mittel *n*: **by** (*od.* **through**) **the ~ of** mit Hilfe von (*od. gen*), vermittels(t) (*gen*). **3.** Vermittlung *f.* **4.** *jur.* a) (Stell)Vertretung *f*, b) (Handlungs)Vollmacht *f*, Vertretungsbefugnis *f*, Geschäftsbesorgungsauftrag *m.* **5.** Vermittlung(sstelle) *f.* **6.** *econ.* a) (Handels)Vertretung *f* (*a. als Büro*): **to have the ~ for s.th.**, b) (ˈHandels-, *a.* ˈNachrichten- *etc*)Agenˌtur *f*, Verˈkaufsbüˌro *n*, c) Vertretungsbezirk *m*, d) Vertretung *f*, Vertretungsauftrag *m*, -vollmacht *f.* **7.** *bes. Am.* a) Geschäfts-, Dienststelle *f*, b) Amt *n*, Behörde *f.*
a·gen·da [əˈdʒendə] *s* **1.** Tagesordnung *f*: **to be on the ~** auf der Tagesordnung stehen. **2.** *selten* Noˈtizbuch *n.*
a·gent [ˈeɪdʒənt] *s* **1.** Handelnde(r *m*) *f*, Ausführende(r *m*) *f*, Urheber(in). **2.** → **agency** 2. **3.** *biol. chem. med. phys.* Agens *n*, Wirkstoff *m*, Mittel *n*: **protective ~** Schutzmittel. **4.** *mil.* Kampfstoff *m.* **5.** *jur.* (Handlungs)Bevollmächtigte(r *m*) *f*, Beauftragte(r *m*) *f*, (Stell)Vertreter(in). **6.** *econ.* a) *allg.* Aˈgent *m*, Vertreter *m*, b) Kommissioˈnär *m*, c) (*Grundstücks- etc*)Makler *m*, d) Vermittler *m*, e) (Handlungs)Reisende(r) *m.* **7.** (*politischer od. Geheim*)Aˈgent, V-Mann *m.* ˌ**~-ˈgen·er·al** *pl* ˌ**a·gents-ˈgen·er·al** *s* **1.** Geneˈralvertreter *m.* **2. A~ G~** *Br.* Geneˈralvertreter *m* (*der in London e-e kanadische Provinz od. e-n australischen Bundesstaat vertritt*).
a·gent pro·vo·ca·teur *pl* **a·gents pro·vo·ca·teurs** [ˈæʒɑ̃ːŋprəˌvɒkəˈtɜː; *Am.* ˈɑːʒˌɑ̃ːprəʊˌvɑkəˈtɜr] *s* Aˈgent *m* provocaˈteur, Lockspitzel *m.*
ag·gior·na·men·to [əˌdʒɔː(r)nəˈmentəʊ] *s R.C.* Aggiornaˈmento *n* (*Versuch der Anpassung der katholischen Kirche u. ihrer Lehre an die Verhältnisse des modernen Lebens*).
ag·glom·er·ate I *v/t u. v/i* [əˈglɒməreɪt; *Am.* əˈglɑm-] **1.** (sich) zs.-ballen, (sich) an- *od.* aufhäufen. **II** *s* [-rət; -reɪt] **2.** Anhäufung *f*, (Zs.-)Ballung *f*, angehäufte Masse. **3.** *geol. phys. tech.* Aggloméˈrat *n.* **4.** *tech.* Sinterstoff *m.* **III** *adj* [-rət; -reɪt] **5.** zs.-geballt, gehäuft (*a. bot.*), geknäuelt. **agˈglom·er·at·ed** [-reɪtɪd] → **agglomerate** III. **agˌglom·erˈa·tion** *s* Zs.-Ballung *f*, Anhäufung *f.*
ag·glu·ti·nant [əˈgluːtɪnənt] **I** *adj* klebend. **II** *s* Klebe-, Bindemittel *n.*
ag·glu·ti·nate I *adj* [əˈgluːtɪnət; -neɪt] **1.** zs.-geklebt, verbunden. **2.** *bot.* angewachsen. **3.** *ling.* agglutiˈniert. **II** *v/t* [-neɪt] **4.** zs.-kleben, verbinden. **5.** *biol. ling.* agglutiˈnieren. **6.** *med.* an-, zs.-heilen. **III** *v/i* [-neɪt] **7.** zs.-kleben, sich verbinden.
ag·glu·ti·na·tion [əˌgluːtɪˈneɪʃn] *s* **1.** Zs.-kleben *n.* **2.** aneinˈanderklebende Masse, Klumpen *m.* **3.** *biol. ling.* Agglutinatiˈon *f.* **4.** *med.* Zs.-heilung *f.* **agˈglu·ti·na·tive** [-nətɪv; *Am.* -ˌneɪtɪv] *adj bes. ling.* agglutiˈnierend. **agˈglu·ti·nin** [əˈgluːtɪnɪn] *s biol.* Agglutiˈnin *n.*
ag·glu·tin·o·gen [ˌægluˈtɪnədʒən; əˈgluːtɪn-] *s biol.* Agglutinoˈgen *n.*
ag·gran·dize [əˈgrændaɪz; ˈægrən-] *v/t* **1.** *Reichtum etc* vergrößern, -mehren, *s-e Macht* ausdehnen, erweitern. **2.** die Macht *od.* den Reichtum *od.* den Ruhm vergrößern von (*od. gen*). **3.** verherrlichen. **4.** *j-n* erheben, erhöhen. **agˈgran·dize·ment** [əˈgrændɪzmənt] *s* **1.** Vergrößerung *f*, -mehrung *f.* **2.** Erhöhung *f*, Aufstieg *m.*
ag·gra·vate [ˈægrəveɪt] *v/t* **1.** erschweren, verschärfen, -schlimmern: **~d larceny** *jur.* schwerer Diebstahl; **~d risk** erhöhtes (Versicherungs)Risiko. **2.** *colloq. j-n* (ver)ärgern. ˈ**ag·gra·vat·ing** *adj* (*adv* **~ly**) **1.** erschwerend, verschärfend, -schlimmernd. **2.** *colloq.* a) ärgerlich, unangenehm, b) aufreizend. ˌ**ag·graˈva·tion** *s* **1.** Erschwerung *f*, Verschärfung *f*, -schlimmerung *f.* **2.** *colloq.* Ärger *m.* **3.** *jur.* erschwerender ˈUmstand.
ag·gre·gate I *adj* [ˈægrɪgət] **1.** (an)gehäuft, vereinigt, gesamt, Gesamt...: **~ income** Gesamteinkommen *n*; **~ amount** → 9. **2.** *biol.* aggreˈgiert, zs.-gesetzt, gemengt. **3.** *a. ling.* Sammel..., kollekˈtiv: **~ fruit** *bot.* Sammelfrucht *f.* **II** *v/t* [-geɪt] **4.** anhäufen, ansammeln. **5.** vereinigen, -binden (**to** mit), aufnehmen (**to** in *acc*). **6.** sich (insgesamt) belaufen auf (*acc*). **III** *v/i* [-geɪt] **7.** sich (an)häufen *od.* ansammeln. **IV** *s* [-gət] **8.** Anhäufung *f*, Ansammlung *f*, Masse *f.* **9.** Gesamtbetrag *m*, -summe *f*: **in the ~** insgesamt, im ganzen, alles in allem. **10.** *biol. electr. tech.* Aggreˈgat *n.* **11.** *geol.* Gehäufe *n.*
ag·gre·ga·tion [ˌægrɪˈgeɪʃn] *s* **1.** (An-)Häufung *f*, Ansammlung *f.* **2.** Vereinigung *f.* **3.** *phys.* Aggreˈgat *n*: **state of ~** Aggregatzustand *m.* **4.** *biol.* Aggregatiˈon *f.* **5.** *math.* Einklammerung *f.*
ag·gress [əˈgres] *v/i* (**against**) angreifen (*acc*), (e-n) Streit anfangen (mit).
ag·gres·sion [əˈgreʃn] *s bes. mil.* Angriff *m* (**against** gegen; **on, upon** auf *acc*) (*a. fig.*), ˈÜberfall *m* (**on, upon** auf *acc*), *a. psych.* Aggressiˈon *f.* **agˈgres·sive** *adj* (*adv* **~ly**) **1.** aggresˈsiv, angreifend, angriffslustig, Angriffs...: **~ weapon** *mil.* Angriffs-, Offensivwaffe *f.* **2.** *fig.* eˈnergisch, draufgängerisch, dyˈnamisch, aggresˈsiv: **an ~ businessman.** **agˈgres·sive·ness** *s* Aggressiviˈtät *f*, Angriffslust *f.* **agˈgres·sor** [-sə(r)] *s bes. mil.* Angreifer *m*, Agˈgressor *m.*
ag·grieve [əˈgriːv] *v/t* **1.** betrüben, be-

drücken. **2.** kränken. **agˈgrieved** *adj* **1.** betrübt, bedrückt (**at, over** über *acc*, wegen). **2.** gekränkt (**at, over** über *acc*, wegen; **by** durch). **3.** *jur.* beschwert, benachteiligt, geschädigt: **to feel ~** sich ungerecht behandelt fühlen. [siveness]

ag·gro [ˈægrəʊ] *Br. sl. für* **aggres-**

a·ghast [əˈgɑːst; *Am.* əˈgæst] *adv u. pred adj* entgeistert, bestürzt, entsetzt (**at** über *acc*).

ag·ile [ˈædʒaɪl; *Am.* ˈædʒəl] *adj* (*adv* **~ly**) beweglich, flink, behend(e) (*a. fig. Verstand etc*). **a·gil·i·ty** [əˈdʒɪlətɪ] *s* Beweglichkeit *f*, Behendigkeit *f*.

ag·ing [ˈeɪdʒɪŋ] **I** *s* **1.** Altern *n*. **2.** *tech.* Altern *n*, Alterung *f*, Vergütung *f*: **~ inhibitor** Alterungsschutzstoff *m*; **~ test** Alterungsprüfung *f*. **II** *adj* **3.** a) alternd, b) altmachend.

ag·i·o [ˈædʒɪəʊ; ˈædʒəʊ] *pl* **-os** *s econ.* Agio *n*, Aufgeld *n*. **ag·i·o·tage** [ˈædʒətɪdʒ] *s* Agioˈtage *f*.

ag·ism → **ageism**.

a·gist [əˈdʒɪst] *v/t jur. Vieh* gegen Entschädigung in Weide nehmen. **aˈgist·ment** *s jur.* **1.** Weidenlassen *n*. **2.** Weiderecht *n*. **3.** Weidegeld *n*.

ag·i·tate [ˈædʒɪteɪt] **I** *v/t* **1.** hin u. her bewegen, in heftige Bewegung versetzen, schütteln, (ˈum)rühren. **2.** *fig.* beunruhigen: a) stören, b) auf-, erregen, aufwühlen. **3.** aufwiegeln, -hetzen. **4.** a) erwägen, b) lebhaft erörtern. **II** *v/i* **5.** a) agiˈtieren, wühlen, hetzen (**against** gegen), b) Propaˈganda machen (**for** für). **ˈag·i·tat·ed** *adj* (*adv* **~ly**) aufgeregt, erregt.

ag·i·ta·tion [ˌædʒɪˈteɪʃn] *s* **1.** Erschütterung *f*, heftige Bewegung. **2.** Aufregung *f*, Unruhe *f*. **3.** *pol.* Agitatiˈon *f*.

ag·i·ta·tor [ˈædʒɪteɪtə(r)] *s* **1.** Agiˈtator *m*, Aufwiegler *m*, Wühler *m*, Hetzer *m*. **2.** *tech.* ˈRührappaˌrat *m*, -arm *m*, -werk *n*.

ag·it·prop [ˈædʒɪtprɒp; *Am.* -ˌprɑp] *s pol.* **1.** Agitˈprop *m* (*kommunistische Agitation u. Propaganda*): **~ theater** (*bes. Br.* **theatre**). **2.** Agitˈpropredner *m*. **3.** Agitˈprop-Stelle *f*. [zend.]

a·gleam [əˈgliːm] *adv u. pred adj* glän-

ag·let [ˈæglɪt] *s* **1.** Senkel-, Meˈtallstift *m* (*e-s Schnürbandes*), Zierat *m*, Meˈtallplättchen *n* (*als Besatz*). **2.** *bot.* (Blüten-)Kätzchen *n*, hängender Staubbeutel. **3.** Achselschnur *f* (*an Uniformen*).

a·gley [əˈgleɪ; əˈgliː] *Scot. für* **awry** 3.

a·glow [əˈgləʊ] *adv u. pred adj* glühend: **the sky was ~ with the setting sun** der Himmel glühte im Licht der untergehenden Sonne; **to be ~ (with enthusiasm)** (vor Begeisterung) strahlen; **to be ~ with health** vor Gesundheit strotzen.

ag·nail [ˈægneɪl] *s* Nied-, Neidnagel *m*.

ag·nate [ˈægneɪt] **I** *s* **1.** Aˈgnat *m* (*Verwandter väterlicherseits*). **II** *adj* **2.** aˈgnatisch, väterlicherseits verwandt. **3.** stamm-, wesensverwandt. **ag·nat·ic** [ægˈnætɪk] *adj*; **agˈnat·i·cal** *adj* (*adv* **~ly**) → **agnate** II. **ag·na·tion** [ægˈneɪʃn] *s* **1.** Agnatiˈon *f* (*Verwandtschaft väterlicherseits*). **2.** Stamm-, Wesensverwandtschaft *f*.

ag·no·men [ægˈnəʊmen; -ən] *pl* **-nom·i·na** [-ˈnɒmɪnə; *Am.* -ˈnɑ-] *s antiq.* Beiname *m*.

ag·nos·tic [ægˈnɒstɪk; əg-; *Am.* -ˈnɑs-] *philos.* **I** *s* Aˈgnostiker(in). **II** *adj* (*adv* **~ally**) aˈgnostisch. **agˈnos·ti·cal** → **agnostic** II. **agˈnos·ti·cism** [-sɪzəm] *s* Agnostiˈzismus *m* (*Lehre von der Unerkennbarkeit des wahren Seins*).

Ag·nus De·i [ˌɑːgnʊsˈdeɪiː; ˌægnəs-; -ˈdiːaɪ] *pl* **Ag·nus De·i** *s relig.* Agnus *n* Dei: a) *Bezeichnung u. Sinnbild für Christus*, b) *Gebetshymnus*, c) *vom Papst geweihtes Wachstäfelchen mit dem Bild des Osterlamms.*

a·go [əˈgəʊ] *adv u. adj* (*nur nachgestellt*) vor: **ten years ~** vor zehn Jahren; **long ~** vor langer Zeit; **long, long ~** lang, lang ist's her; **not long ~** vor nicht allzu langer Zeit, (erst) vor kurzem; **how long ~ is it that you last saw him?** wann hast du ihn zum letztenmal gesehen?

a·gog [əˈgɒg; *Am.* əˈgɑg] *adv u. pred adj* gespannt, erpicht (**for, about** auf *acc*): **all ~** ganz aus dem Häus-chen; **to have s.o. ~** j-n in Atem halten; **he was ~ to hear the news** er konnte es kaum mehr erwarten, die Neuigkeiten zu hören.

a·gog·ic [əˈgɒdʒɪk; *Am.* əˈgɑ-; əˈgəʊ-] *mus.* **I** *adj* aˈgogisch. **II** *s pl* (*meist als sg konstruiert*) Aˈgogik *f*.

à go·go [əˈgəʊgəʊ] *adj u. adv* à goˈgo, in Hülle u. Fülle, nach Belieben: **champagne ~**.

a·gon·ic [əˈgɒnɪk; *Am.* eɪˈgɑnɪk] *adj math.* aˈgonisch, keinen Winkel bildend.

ag·o·nize [ˈægənaɪz] **I** *v/t* **1.** quälen, martern: **an ~d cry** ein gequälter Schrei. **II** *v/i* **2.** mit dem Tode ringen. **3.** Höllenqualen erleiden. **4.** sich (ab)quälen, verzweifelt ringen (**over** mit *e-r Entscheidung etc*).

ag·o·ny [ˈægənɪ] *s* **1.** heftiger Schmerz, unerträgliche Schmerzen *pl*, (*a. seelische*) Höllenqual(en *pl*), Marter *f*, Pein *f*, Seelenangst *f*: **to be in an ~ of doubt (remorse)** von Zweifeln (Gewissensbissen) gequält werden; **to have an ~ of choice** die Qual der Wahl haben; **to pile** (*od.* **put, turn**) **on the ~** *Br. colloq.* ‚dick auftragen'; **to suffer agonies** Höllenqualen ausstehen; **~ column** *colloq.* Seufzerspalte *f* (*in der Zeitung*). **2. A~** Ringen *n* Christi mit dem Tode. **3.** Agoˈnie *f*, Todeskampf *m*. **4.** Kampf *m*, Ringen *n*. **5.** Ausbruch *m*: **~ of joy** Freudenausbruch.

ag·o·ra·pho·bi·a [ˌægərəˈfəʊbjə; -bɪə] *s med.* Agoraphoˈbie *f*, Platzangst *f*.

a·graffe, *Am. a.* **a·grafe** [əˈgræf] *s* Aˈgraffe *f*, Spange *f*.

a·gram·ma·tism [əˈgræmətɪzəm; *bes. Am.* eɪ-] *s med.* Agrammaˈtismus *m* (*Unvermögen, beim Sprechen die einzelnen Wörter grammatisch richtig aneinanderzureihen*).

ag·ra·pha [ˈægrəfə] *s pl relig.* Agrapha *pl* (*Aussprüche Jesu, die nicht in den vier Evangelien enthalten sind*).

a·graph·i·a [əˈgræfɪə; *bes. Am.* eɪ-] *s med.* Agraˈphie *f* (*Unfähigkeit, einzelne Buchstaben od. zs.-hängende Wörter richtig zu schreiben*).

a·grar·i·an [əˈgreərɪən] **I** *adj* aˈgrarisch, landwirtschaftlich, Agrar...: **~ reform** Agrar-, Bodenreform *f*; **~ state** Agrarstaat *m*. **II** *s* Befürworter *m* der gleichmäßigen Verteilung des Grundbesitzes. **aˈgrar·i·an·ism** *s* **1.** Lehre *f* von der gleichmäßigen Verteilung des Grundbesitzes. **2.** Bewegung *f* zur Förderung der Landwirtschaft.

a·gree [əˈgriː] **I** *v/t* **1.** zugeben, einräumen: **you will ~ that** du mußt zugeben, daß. **2.** bereit *od.* einverstanden sein (**to do** zu tun). **3.** überˈeinkommen, vereinbaren (**to do** zu tun; **that** daß): **it is ~d** es ist *od.* wird vereinbart; **~d!** einverstanden!, abgemacht!; **to ~ to differ** sich auf verschiedene Standpunkte einigen; **let us ~ to differ** ich fürchte, wir können uns nicht einigen. **4.** *bes. Br.* a) sich einigen *od.* verständigen auf (*acc*): **to ~ a common line**, b) *e-n Streit* beilegen. **5.** *econ. Konten* abstimmen. **II** *v/i* **6.** (**to**) zustimmen (*dat*), einwilligen (in *acc*), beipflichten (*dat*), sich einverstanden erklären (mit), gutheißen, genehmigen (*acc*). **7.** (**on, upon, about**) einig werden, sich einigen *od.* verständigen (über *acc*), vereinbaren, verabreden (*acc*): **as ~d upon** wie vereinbart; **to ~ (up)on a price** e-n Preis vereinbaren. **8.** (**with**) (sich) einig sein (mit), der gleichen Meinung sein (wie). **9.** (**with** mit) zs.-passen, auskommen, sich vertragen. **10.** (**with**) überˈeinstimmen (mit) (*a. ling.*), entsprechen (*dat*). **11.** (**with** *dat*) zuträglich sein, bekommen, zusagen: **wine does not ~ with me** ich vertrage keinen Wein.

a·gree·a·ble [əˈgriːəbl] *adj* (*adv* **agreeably**) **1.** angenehm (**to** *dat od.* für): **an ~ smell**; **agreeably surprised (disappointed)** angenehm überrascht (enttäuscht). **2.** liebenswürdig, symˈpathisch, nett: **an ~ person**. **3.** einverstanden (**to** mit): **to be ~ to doing s.th.** damit einverstanden *od.* bereit sein, etwas zu tun. **4.** (**to**) überˈeinstimmend (mit), entsprechend (*dat*), gemäß (*dat*). **aˈgree·a·ble·ness** *s* **1.** (*das*) Angenehme. **2.** angenehmes Wesen, Liebenswürdigkeit *f*. **3.** Bereitschaft *f*.

a·greed [əˈgriːd] *adj*: **to be ~** sich einig sein, gleicher Meinung sein.

a·gree·ment [əˈgriːmənt] *s* **1.** a) Vereinbarung *f*, Abmachung *f*, Absprache *f*, Verständigung *f*, Überˈeinkunft *f*, b) Vertrag *m*, *bes. pol.* Abkommen *n*, c) Vergleich *m*, (gütliche) Einigung: **to come to an ~** zu e-r Verständigung gelangen, sich einig werden *od.* verständigen; **by ~** laut *od.* gemäß Übereinkunft; **~ country (currency)** Verrechnungsland *n* (-währung *f*). **2.** Einigkeit *f*, Eintracht *f*. **3.** Überˈeinstimmung *f* (*a. ling.*), Einklang *m*: **there is general ~** es herrscht allgemeine Übereinstimmung (**that** darüber, daß); **in ~ with** in Übereinstimmung mit, im Einvernehmen mit. **4.** *jur.* Genehmigung *f*, Zustimmung *f*.

a·gré·ment [ˌægreɪˈmɑ̃ːŋ] *s pol.* Agréˈment *n*.

ag·ri·busi·ness [ˈægrɪˌbɪznɪs] *s* Erzeugung *f*, Verarbeitung *f* u. Absatz *m* von Aˈgrarproˌdukten.

ag·ri·cul·tur·al [ˌægrɪˈkʌltʃərəl] *adj* (*adv* **~ly**) landwirtschaftlich, Landwirtschaft(s)..., Land..., Agrar..., Ackerbau...: **~ country** Agrarland *n*; **~ credit** Agrarkredit *m*; **~ engineering** Landmaschinenbau *m*; **~ machinery** landwirtschaftliche Maschinen *pl*; **~ meteorology** Agrarmeteorologie *f*; **~ policy** Agrarpolitik *f*; **~ prices** Agrarpreise; **~ show** Landwirtschaftsausstellung *f*. **ˌag·riˈcul·tur·al·ist** → **agriculturist**. **ˈag·ri·cul·ture** *s* Landwirtschaft *f*, Ackerbau *m* (u. Viehzucht *f*). **ˌag·riˈcul·tur·ist** *s* **1.** Landwirt *m*. **2.** a) Diˈplomlandwirt *m*, b) Landwirtschaftssachverständige(r) *m*.

ag·ri·mo·ny [ˈægrɪmənɪ; *Am.* -ˌməʊniː] *s bot.* Oder-, Ackermennig *m*.

ag·ri·mo·tor [ˈægrɪˌməʊtə(r)] *s* landwirtschaftlicher Traktor.

ag·ro·bi·ol·o·gy [ˌægrəʊbaɪˈɒlədʒɪ; *Am.* -ˈɑl-] *s* ˈAgrobioloˌgie *f*.

a·grol·o·gy [əˈgrɒlədʒɪ; *Am.* -ˈgrɑ-] *s* landwirtschaftliche Bodenkunde.

ag·ro·nom·ic [ˌægrəˈnɒmɪk; *Am.* -ˈnɑm-] **I** *adj* (*adv* **~ally**) agroˈnomisch, ackerbaulich: **~ value** Anbauwert *m*. **II** *s pl* (*als sg konstruiert*) Ackerbaukunde *f*, Agronoˈmie *f*. **ˌag·roˈnom·i·cal** [-kl] *adj* (*adv* **~ly**) → **agronomic** I. **a·gron·o·mist** [əˈgrɒnəmɪst; *Am.* -ˈgrɑ-] *s* Agroˈnom *m*, Diˈplomlandwirt *m*. **aˈgron·o·my** [-nəmɪ] → **agronomic** II.

ag·ros·tol·o·gy [ˌægrəˈstɒlədʒɪ; *Am.* -ˈstɑ-] *s bot.* Agrostoloˈgie *f*, Gräserkunde *f*.

ag·ro·tech·nol·o·gy [ˌægrəʊtekˈnɒlədʒɪ; *Am.* -ˈnɑl-] *s* Aˈgrartechnik *f*.

a·ground [əˈgraʊnd] *adv u. pred adj* gestrandet: **to run ~** a) auflaufen, auf Grund laufen, stranden, b) *ein Schiff* auf Grund setzen; **to be ~** a) aufgelaufen sein, b) *fig.* auf dem trocknen sitzen.

a·gue [ˈeɪgjuː] *s* **1.** Fieber-, Schüttelfrost *m.* **2.** *med.* Wechselfieber *n,* Maˈlaria *f.*

a·gu·ish [ˈeɪgjuːɪʃ] *adj* (*adv* **~ly**) **1.** fieberhaft, fieb(e)rig. **2.** fiebererzeugend (*Klima*). **3.** zitternd, bebend.

ah [ɑː] *interj* ah!, ach!, oh!, ha!, ei!

a·ha [ɑːˈhɑː] **I** *interj* aˈha!, haˈha! **II** *adj*: **~ experience** *psych.* Aha-Erlebnis *n.*

a·head [əˈhed] *adv u. pred adj* **1.** vorn, nach vorn zu. **2.** weiter vor, vorˈan, vorˈaus, vorwärts, e-n Vorsprung habend, an der Spitze: **~ of** vor (*dat*), voraus (*dat*); **the years ~ (of us)** die kommenden *od.* bevorstehenden Jahre, die vor uns liegenden Jahre; **what is ~ of us** was vor uns liegt, was uns bevorsteht, was auf uns zukommt; **to be ~ of s.o.** j-m voraus sein (*a. fig.*); **to get ~** *colloq.* vorankommen, vorwärtskommen, Fortschritte *od.* Karriere machen; **to get ~ of s.o.** j-n überholen *od.* überflügeln; → **forge**[2], **go ahead, look ahead, plan** 9, 12, **speed** 1, **think** 9.

a·heap [əˈhiːp] *adv u. pred adj* auf e-n *od.* e-m Haufen, in e-m Haufen.

a·hem [əˈhem; hm] *interj* hm!

a·hoy [əˈhɔɪ] *interj* ho!, aˈhoi!

a·hunt [əˈhʌnt] *adj bes. poet.* auf der Jagd.

aid [eɪd] **I** *v/t* **1.** unterˈstützen, *j-m* helfen, beistehen, Beistand leisten, behilflich sein (**in** bei; **to do** zu tun): **to ~ and abet** *jur.* a) Beihilfe leisten (*dat*), b) begünstigen (→ 3); **~ed eye** bewaffnetes Auge; **~ed tracking** a) (*Radar*) Nachlaufsteuerung *f,* b) *mil.* Richten *n* mit Steuermotor. **2.** fördern: **to ~ the digestion. II** *v/i* **3.** helfen (**in** bei): **~ing and abetting** *jur.* a) Beihilfe *f,* b) Begünstigung *f* (*nach der Tat*). **III** *s* **4.** Hilfe *f* (**to** für), Hilfeleistung *f* (**in** bei), Unterˈstützung *f,* Beistand *m*: **he came to her ~** er kam ihr zu Hilfe; **they lent** (*od.* **gave**) **their ~** sie leisteten Hilfe; **by** (*od.* **with**) **(the) ~ of** mit Hilfe von (*od. gen*), mittels (*gen*); **in ~ of** a) zum Besten (*gen*), zugunsten von (*od. gen*), b) zur Erreichung von (*od. gen*); **what is all this in ~ of?** *Br. colloq.* wozu soll das alles gut sein?; **an ~ to memory** e-e Gedächtnisstütze; → **legal** 3. **5.** a) Helfer(in), Gehilfe *m,* Gehilfin *f,* Beistand *m,* Assiˈstent(in), b) *Am. für* **aide-de-camp. 6.** Hilfsmittel *n,* -gerät *n.*

aid-de-camp [ˌeɪddəˈkɑ̃ːŋ; *Am. a.* -dɪˈkæmp] *pl* ˌ**aids-de-ˈcamp** [ˌeɪdz-] *bes. Am. für* **aide-de-camp.**

aide [eɪd] *s* **1.** → **aide-de-camp. 2.** Berater *m* (*e-s Ministers etc*).

aide-de-camp [ˌeɪddəˈkɑ̃ːŋ; *Am. a.* -dɪˈkæmp] *pl* ˌ**aides-de-ˈcamp** [ˌeɪdz-] *s mil.* Adjuˈtant *m.*

aide-mé·moire [ˌeɪdmemˈwɑː(r); *Am.* -meɪm-] *pl* ˌ**aides-méˈmoire** [ˌeɪdz-] *s* **1.** Gedächtnisstütze *f.* **2.** *pol.* Denkschrift *f,* Aide-méˈmoire *n.*

aid·er [ˈeɪdə(r)] *s* **1.** → **aid** 5 a. **2.** Hilfe *f*: **~ by verdict** *jur.* Heilung *f* e-s Verfahrensmangels durch Urteil.

ˈ**aid·man** [-mæn] *s irr mil.* Saniˈtäter *m.*

AIDS [eɪdz] *s med.* AIDS *n,* erworbene Imˈmunschwäche (*aus* **acquired immunity deficiency syndrome**).

aid sta·tion *s mil.* Truppenverbandplatz *m.*

ai·glet [ˈeɪglɪt] → **aglet.**

ai·grette [ˈeɪgret; eɪˈgret] *s* **1.** *orn.* kleiner weißer Reiher. **2.** Aiˈgrette *f,* Kopfschmuck *m* (*aus Federn, Blumen, Edelsteinen etc*). **3.** *phys.* Funkenbüschel *n.*

ai·guille [ˈeɪgwiːl; eɪˈgwiːl] *s* Felsnadel *f.*

ai·guil·lette [ˌeɪgwɪˈlet] *s* **1.** *bes. mil.* Achselschnur *f* (*an Uniformen*). **2.** *gastr.* Aiguilˈlette *f* (*gebratener Fisch- od. Fleischstreifen*).

ai·ki·do [ˈaɪkɪdəʊ; ˌ-ˈdəʊ] *s* Aiˈkido *n* (*japanische Form der Selbstverteidigung*).

ail [eɪl] **I** *v/t* schmerzen, weh tun (*dat*): **what ~s you?** a) was fehlt dir?, b) was ist denn los mit dir? **II** *v/i* kränklich sein, kränkeln (*beide a. fig. Wirtschaft etc*).

ai·ler·on [ˈeɪlərɒn; *Am.* -ˌrɑn] *s aer.* Querruder *n* (*an den Tragflächenenden*).

ai·lette [eɪˈlet] *s hist.* Schulterplatte *f.*

ail·ing [ˈeɪlɪŋ] *adj* kränklich, kränkelnd (*beide a. fig. Wirtschaft etc*). ˈ**ail·ment** *s* Krankheit *f,* Leiden *n.*

aim [eɪm] **I** *v/i* **1.** zielen (**at** auf *acc,* nach). **2.** *fig.* (**at, for**) beabsichtigen, im Sinn(e) haben (*acc*), (ˈhin-, ab)zielen (auf *acc*), bezwecken (*acc*): **to be ~ing to do s.th.** vorhaben, etwas zu tun; **~ing to please** zu gefallen suchend. **3.** streben, trachten (**at** nach). **4.** abzielen, anspielen (**at** auf *acc*): **this was not ~ed at you** das war nicht auf dich gemünzt. **II** *v/t* **5.** (**at**) *e-e Schußwaffe* richten *od.* anlegen (auf *acc*), mit (*e-m Gewehr etc*) zielen (auf *acc,* nach). **6.** *e-e Bemerkung, e-n Schlag etc* richten (**at** gegen). **7.** *Bestrebungen* richten (**at** auf *acc*). **III** *s* **8.** Ziel *n*: **to take ~ at** zielen auf (*acc*) *od.* nach, anvisieren. **9.** *fig.* a) Ziel *n,* b) Absicht *f.*

aim·ing| cir·cle [ˈeɪmɪŋ] *s mil.* Richtkreis *m.* **~ po·si·tion** *s* Anschlag *m* (*mit dem Gewehr*). **~ sil·hou·ette** *s* Kopfscheibe *f,* ‚Pappkameˌrad' *m.*

aim·less [ˈeɪmlɪs] (*adv* **~ly**) a) ziellos: **to wander about ~ly,** b) planlos: **to work ~ly.** ˈ**aim·less·ness** *s* Ziel-, Planlosigkeit *f.*

ain't [eɪnt] *colloq. für* **am not, is not, are not, has not, have not.**

air[1] [eə(r)] **I** *s* **1.** Luft *f*: **by ~** auf dem Luftwege, mit dem Flugzeug; **in the open ~** im Freien, unter freiem Himmel; **to be in the ~** a) im Umlauf sein (*Gerücht etc*), b) in der Schwebe sein (*Frage etc*); **to be up in the ~** a) in der Luft hängen *od.* schweben, (völlig) ungewiß *od.* unbestimmt sein, b) *colloq.* ‚ganz aus dem Häus-chen sein'; **to beat the ~** a) (Löcher) in die Luft hauen, b) *fig.* vergebliche Versuche machen; **to clear the ~** a) die Luft reinigen, b) *fig.* die Atmosphäre reinigen; **to give s.o. the ~** *bes. Am. colloq.* a) ‚j-n abblitzen lassen', b) ‚j-n an die (frische) Luft setzen' (*entlassen*); **to take the ~** a) frische Luft schöpfen, b) *aer.* aufsteigen, c) sich in die Lüfte schwingen (*Vogel*); **to tread** (*od.* **walk**) **on ~** sich wie im (siebenten) Himmel fühlen, selig sein. **2.** Brise *f,* Wind *m,* Luftzug *m,* Lüftchen *n.* **3.** *Bergbau*: Wetter *n*: **foul ~** schlagende Wetter *pl.* **4.** *Rundfunk, TV*: Äther *m*: **on the ~** im Rundfunk *od.* Fernsehen; **to be on the ~** a) senden (*Sender*), b) in Betrieb sein (*Sender*), c) gesendet werden (*Programm*), d) auf Sendung sein (*Person*), e) im Rundfunk zu hören *od.* im Fernsehen zu sehen sein (*Person*); **to go on the ~** a) die Sendung beginnen (*Person*), b) sein Programm beginnen (*Sender*), c) den Sendebetrieb aufnehmen (*Sender*); **to go off the ~** a) die Sendung beenden (*Person*), b) sein Programm beenden (*Sender*), c) den Sendebetrieb einstellen (*Sender*); **we go off the ~ at ten o'clock** Sendeschluß ist um 22 Uhr; **to put on the ~** senden, übertragen; **to stay on the ~** auf Sendung bleiben. **5.** Art *f,* Stil *m.* **6.** Miene *f,* Aussehen *n*: **an ~ of importance** e-e gewichtige Miene; **to have the ~ of** aussehen wie; **to give s.o. the ~ of** j-m das Aussehen (*gen*) geben. **7.** Auftreten *n,* Gebaren *n.* **8.** Anschein *m.* **9.** Alˈlüre *f,* Getue *n,* ‚Gehabe' *n,* Pose *f*: **~s and graces** affektiertes Getue; **to put on ~s, to give o.s. ~s** vornehm tun. **10.** Gangart *f* (*e-s Pferdes*). **11. to give ~ to** → 16.

II *v/t* **12.** der Luft aussetzen, lüften: **to ~ o.s.** frische Luft schöpfen. **13.** (be-, durch)ˈlüften, frische Luft einlassen in (*acc*). **14.** *Getränke* abkühlen. **15.** *Wäsche* trocknen, zum Trocknen aufhängen. **16.** *etwas* an die Öffentlichkeit *od.* zur Sprache bringen: **to ~ one's views** s-e Ansichten kundtun *od.* äußern; **to ~ one's knowledge** sein Wissen anbringen. **17.** *Rundfunk, TV*: *Am. colloq.* überˈtragen, senden.

III *v/i* **18.** trocknen, zum Trocknen aufgehängt sein. **19.** *Rundfunk, TV*: *Am. colloq.* gesendet werden.

IV *adj* **20.** pneuˈmatisch, Luft...

air[2] [eə(r)] *s mus.* **1.** Lied *n,* Meloˈdie *f,* Weise *f.* **2.** Meloˈdiestimme *f.* **3.** Arie *f.*

air| a·lert *s* **1.** ˈFlieger-, ˈLuftaˌlarm *m.* **2.** *mil.* Aˈlarmbereitschaft *f.* ˈ**~-aˌlert mis·sion** *s mil.* Bereitschaftseinsatz *m.* **~ at·tack** *s* Luft-, Fliegerangriff *m.* **~ bag** *s mot.* Luftsack *m* (*Aufprallschutz*). **~ bar·rage** *s aer.* Luftsperre *f.* **~ base** *s aer.* Luftstützpunkt *m.* **~ bath** *s* Luftbad *n.* **~ bea·con** *s aer.* Leuchtfeuer *n.* **~ bed** *s* ˈLuftmaˌtratze *f.* **~ blad·der** *s* **1.** *ichth.* Schwimmblase *f.* **2.** Luftblase *f.* **~ blast** *s tech.* **1.** Gebläse *n.* **2.** Luftschleier *m.* **~ bleed** *s tech.* **1.** Belüftung *f.* **2.** Entlüftung *f.* ˈ**~-bleed** *adj tech.* Be- *od.* Entlüfter...: **~ duct** Entlüftungsleitung *f*; **~ screw** Entlüfterschraube *f.* ˈ**~-borne** *adj* **1.** a) *mil.* Luftlande...: **~ troops,** b) im Flugzeug befördert *od.* eingebaut, Bord...: **~ radar** Bordradar *m, n*; **~ transmitter** Bordsender *m.* **2.** in der Luft befindlich, aufgestiegen: **the squadron is ~. 3.** in der Luft vorˈhanden: **~ radioactivity. 4.** *med.* durch die Luft überˈtragen: **~ disease. ~ bot·tle** *s tech.* (Preß)Luftflasche *f.* **~ brake** *s* **1.** *tech.* Druckluftbremse *f.* **2.** *aer.* Luftbremse *f,* Lande-, Bremsklappe *f.* ˈ**~-brake par·a·chute** *s aer.* Landefallschirm *m.* ˈ**~-break switch** *s electr.* Luftschalter *m.* **~ brick** *s tech.* Lüftungs-, Luftziegel *m.* **~ bridge** *s* **1.** *aer.* Luftbrücke *f*: **to form an ~** e-e Luftbrücke errichten. **2.** *aer.* Fluggastbrücke *f.* **3.** Geˈbäudeˌübergang *m.* **~ bro·ker** *s econ. Br.* Luftfrachtmakler *m.* ˈ**~brush** *s tech.* ˈSpritzpiˌstole *f.* **~ bub·ble** *s* Luftblase *f.* **~ bump** *s aer.* Bö *f,* aufsteigender Luftstrom. ˈ**~burst** *s mil.* ˈLuftdetonatiˌon *f.* ˈ**~bus** *s aer.* Airbus *m.* **~ car·go** *s* Luftfracht *f.* **~ car·riage** *s aer.* Luftbeförderung *f.* **~ car·ri·er** *s aer.* **1.** Flug-, Luftverkehrsgesellschaft *f.* **2.** Charterflugzeug *n.* **~ cas·ing** *s tech.* Luftmantel *m* (*um e-e Röhre*). **~ cell** *s* **1.** *aer. orn.* Luftsack *m.* **2.** *tech.* Luftspeicher *m.* **~ cham·ber** *s* **1.** *biol.* Luftkammer *f.* **2.** *tech.* Luftkammer *f,* Windkessel *m.* **~ check** *s Am.* Mitschnitt *m* e-r Rundfunksendung. **~ chief mar·shal** *s Br.* Geneˈral *m* der Luftwaffe. **~ chuck** *s tech.* **1.** Preßluftfutter *n.* **2.** Luftschlauchkupplung *f.* **~ clean·er** *s tech.* Luftreiniger *m,* -filter *m, n* (*a. mot.*). **~ coach** *s* Passaˈgierflugzeug *n* der Touˈristenklasse. **~ col·umn** *s phys.* Luftsäule *f.* **~ com·mo·dore** *s Br.* Briˈgadegeneˌral *m* der Luftwaffe. **~ com·pres·sor** *s tech.* Luftverdichter *m,* Komˈpressor *m.* **~ con·dens·er** *s tech.* ˈLuftkondenˌsator *m.* ˈ**~-conˌdi·tion** *v/t tech.* mit e-r Klimaanlage ausrüsten, klimatiˈsieren. **~ con·di·tion·er** *s tech.* Klimaanlage *f.* **~ con·di·tion·ing** *s tech.* **1.** Klimatiˈsierung *f.* **2.** Klimaanlage *f.* ˈ**~-conˌdi·tion·ing plant** *s tech.* Klimaanlage *f.* **~**

con·trol → air-traffic control. ~ **con·trol·ler** → air-traffic controller. ˈ**~-cooled** *adj tech.* luftgekühlt: ~ steel windgefrischter Stahl. ~ **cool·ing** *s tech.* Luftkühlung *f.* ~ **core** *s tech.* Luftkern *m.* ˈ**~-core coil** *s electr.* Luftspule *f.* ~ **corps** *s mil.* **1.** Fliegerkorps *n.* **2.** A~ C~ *hist. Am.* Luftstreitkräfte *pl* des Heeres. ~ **cor·ri·dor** *s aer.* Luftkorridor *m.* ~ **cov·er** *s mil.* ˈLuftunterˌstützung *f.*

ˈ**air·craft** *pl* **-craft** *s aer.* **1.** Flugzeug *n.* **2.** *allg.* Luftfahrzeug *n* (*Luftschiff, Ballon etc*). ~ **car·ri·er** *s mar. mil.* Flugzeugträger *m.* ~ **en·gine** *s* Flugzeugmotor *m.* ~ **in·dus·try** *s* ˈLuftfahrt-, ˈFlugzeuginduˌstrie *f.* ˈ**~man** [-mən] *s irr Br.* Flieger *m* (*niedrigster Dienstgrad beim brit. Luftwaffen-Bodenpersonal*): ~ first class (Flieger)Gefreite(r) *m.* ~ **noise** *s* Fluglärm *m.* ~ **ra·di·o** *s aer.* Bordfunkgerät *n.*

air| crash *s* Flugzeugabsturz *m.* ˈ**~crew** *s aer.* Flugzeugbesatzung *f.* ˈ**~-cure** *v/t Tabak* naˈtürlich trocknen. ~ **cur·rent** *s* Luftstrom *m,* -strömung *f.* ~ **cur·tain** *s* Luftvorhang *m.* ~ **cush·ion** *s* Luftkissen *n* (*a. tech.*). ~ **cush·ion·ing** *s tech.* Luftfederung *f.* ˈ**~-ˌcush·ion ve·hi·cle** *s tech.* Luftkissenfahrzeug *n.* ~ **cyl·in·der** *s tech.* **1.** Luftpuffer *m* (*zur Abschwächung des Rückstoßes*). **2.** Luftbehälter *m.* ~ **de·fence**, *Am.* ~ **de·fense** *s mil.* Luft-, Fliegerabwehr *f,* Luftverteidigung *f,* Luftschutz *m.* ~ **dis·play** *s aer.* Flugschau *f,* -vorführung *f.* ˈ**~dock** *s aer.* Hangar *m,* Flugzeughalle *f.* ˈ**~-dried** *adj* luftgetrocknet. ~ **drill** *s tech.* Preßluftbohrer *m.* ˈ**~ˌdrome** *s aer. Am.* Flugplatz *m.* ˈ**~drop I** *s* a) Fallschirmabwurf *m,* b) *mil.* Luftlandung *f.* **II** *v/t* a) mit dem Fallschirm abwerfen, b) *mil. Fallschirmjäger etc* absetzen. ˈ**~-dry** *adj* lufttrocken.

Aire·dale [ˈeə(r)deɪl] *s zo.* Airedale(terrier) *m.*

air| em·bo·lism *s med.* ˈLuftemboˌlie *f.* ˈ**~-enˌtrained con·crete** *s tech.* ˈGas-, ˈSchaumbeˌton *m.*

air·er [ˈeərə] *s Br.* Trockengestell *n* (*für Kleidung etc*).

air| ex·press *s mail Am.* Lufteilgut *n.* ˈ**~field** *s aer.* **1.** Flugplatz *m:* ~ lighting Platzbefeuerung *f.* **2.** Landefeld *n,* -platz *m.* ~ **fil·ter** *s mot. tech.* Luftfilter *m, n.* ~ **flap** *s tech.* Luftklappe *f.* ~ **fleet** *s mil.* Luftflotte *f.* ˈ**~flow** *s* Luftstrom *m.* ˈ**~ˌfoil** *s aer. Am.* Tragfläche *f, a.* Höhen-, Kiel- *od.* Seitenflosse *f:* ~ section Tragflächenprofil *n.* ~ **force** *s aer.* **1.** Luftwaffe *f,* Luftstreitkräfte *pl,* Luftflotte *f* (*als Verband*). **2.** A~ F~ a) (*die brit.*) Luftwaffe (*abbr. für* Royal Air Force), b) (*die amer.*) Luftwaffe (*abbr. für* United States Air Force). ~ **frame** *s aer.* Flugwerk *n,* (Flugzeug)Zelle *f.* ˈ**~freight I** *s* **1.** Luftfracht *f.* **2.** Luftfrachtgebühr *f.* **II** *v/t* **3.** per Luftfracht versenden. ˈ**~ˌfreight·er** *s* **1.** Luftfrachter *m.* **2.** ˈLuftspeditiˌon *f.* ~ **gap** *s tech.* Luftspalt *m.* ˈ**~-gap re·act·ance coil** *s elctr.* Funkdrosselspule *f.* ˈ**~graph** *s Br.* Fotoluftpostbrief *m.* ˌ**~-ˈground** *adj aer.* Bord-Boden-...: ~ communication Bord-Boden-Verbindung *f.* ~ **gun** *s* **1.** Luftgewehr *n.* **2.** → a) air hammer, b) airbrush. ~ **hall** *s bes. sport Br.* Traglufthalle *f.* ~ **ham·mer** *s tech.* Preßlufthammer *m.* ˈ**~head** *s mil. bes. Am.* Luftlandekopf *m.* ~ **hole** *s* **1.** Luftloch *n.* **2.** *tech.* Gußblase *f.* **3.** *aer.* Fallbö *f,* Luftloch *n.* ~ **host·ess** *s* Air-hostess *f,* StewarˈdeB *f.* ˈ**~house** *s* Tragluftzelt *n* (*über e-r Baustelle*).

air·i·ly [ˈeərəlɪ] *adv* leichthin, sorglos, unbekümmert, leichtfertig. ˈ**air·i·ness** [-nɪs] *s* **1.** Luftigkeit *f,* luftige Lage. **2.** Leichtigkeit *f,* Zartheit *f.* **3.** Lebhaftigkeit, Munterkeit *f.* **4.** Leichtfertigkeit *f.* ˈ**air·ing** *s* **1.** (Be-, Durch)ˈLüftung *f:* to give one's clothes an ~ s-e Kleider lüften; the room needs an ~ das Zimmer muß einmal ˈdurchgelüftet werden. **2.** Trocknen *n.* **3.** Spaˈziergang *m,* -ritt *m,* -fahrt *f:* to take an ~ frische Luft schöpfen. **4.** to give *s.th.* an ~ → air[1] 16. **5.** *Rundfunk, TV: Am. colloq.* Sendung *f.*

air| in·jec·tion *s tech.* Drucklufteinspritzung *f.* ~ **in·let** *s tech.* **1.** Lufteinlaß *m.* **2.** Zuluftstutzen *m.* ~ **in·take** *s tech.* **1.** Lufteintritt *m.* **2.** a) Luftansaugrohr *n,* b) Schnorchel *m.* ˈ**~-ˌin·take jet** *s tech.* Lufteinlaßdüse *f.* ~ **jack·et** *s* **1.** Schwimmweste *f.* **2.** *tech.* Luft(kühl)mantel *m.* ~ **jet** *s tech.* Luftstrahl *m od.* -düse *f.* ˈ**~ˌland·ed** *adj mil. bes. Am.* Luftlande...: ~ troops. ~ **lane** *s aer.* (festgelegte) Luftroute. ˈ**~-launch** *v/t e-e Rakete* vom Flugzeug aus abschießen.

ˈ**air·less** *adj* **1.** luftlos. **2.** stickig.

air| let·ter *s* **1.** Luftpostbrief *m.* **2.** Luftpostleichtbrief *m.* ~ **lev·el** *s tech.* Liˈbelle *f,* Setzwaage *f.* ˈ**~lift** *aer.* **I** *s* Luftbrücke *f* (*bes. in Krisenzeiten*). **II** *v/t* über e-e Luftbrücke befördern. ~ **line** *s tech.* Luftschlauch *m,* -leitung *f.* ˈ**~line** *s aer.* Flug-, Luftverkehrsgesellschaft *f:* ~ hostess → air hostess. ˈ**~ˌlin·er** *s aer.* Verkehrsflugzeug *n.* ~ **lock** *s* **1.** *Raumfahrt etc:* Luftschleuse *f.* **2.** *Bergbau:* Wetterschleuse *f.* **3.** Luftblase *f,* -einschluß *m.* ˈ**~mail I** *s* Luftpost *f:* by ~ mit *od.* per Luftpost. **II** *adj* Luftpost...: ~ edition (letter, *etc*). **III** *v/t* mit *od.* per Luftpost schicken. ˈ**~man** [-mən] *s irr* Flieger *m* (*bes. in der Luftwaffe*). ˈ**~mark** *v/t aer. e-e Stadt* mit ˈBodenmarˌkierung versehen. ~ **mar·shal** *s Br.* Geneˈralleutnant *m* der Luftwaffe. ~ **mass** *s* Luftmasse *f.* ~ **mat·tress** *s* ˈLuftmaˌtratze *f.* ~ **me·chan·ic** *s* ˈBordmeˌchaniker *m.* ˈ**~-ˌmind·ed** *adj* flugbegeistert, am Flug(zeug)wesen interesˈsiert. ˈ**~-ˌmind·ed·ness** *s* Flugbegeisterung *f.* ~ **miss** *s Br.* Beinahe-Zs.-stoß *m.* ˈ**~-ˌop·er·at·ed** *adj tech.* preßluftbetätigt. ~ **out·let** *s tech.* **1.** Luftablaß *m.* **2.** Abluftrohr *n.* ~ **par·cel** *s Br.* ˈLuftpostpaˌket *n.* ˈ**~ˌpark** *s Am.* Kleinflughafen *m.* ~ **pas·sage** *s* **1.** *biol. physiol.* Luft-, Atemweg *m.* **2.** *tech.* Luftschlitz *m.* **3.** Flug(reise *f*) *m.* ~ **pas·sen·ger** *s* Fluggast *m,* -reisende(r *m*) *f.* ~ **phi·lat·e·ly** → aerophilately. ~ **pho·to·graph** *s* Luftbild *n.* ~ **pi·ra·cy** *s* ˈLuftpiraˌrie *f.* ~ **pi·rate** *s* ˈLuftpiˌrat(in). ~ **pis·tol** *s* ˈLuftpiˌstole *f.* ˈ**~ˌplane** *s Am.* Flugzeug *n:* ~ hostess → air hostess. ~ **plant** *s bot.* Luftpflanze *f.* ~ **plot** *s mil. Am.* ˈFlugkonˌtrollraum *m* (*auf e-m Flugzeugträger*). ~ **pock·et** *s* **1.** *aer.* Fallbö *f,* Luftloch *n.* **2.** *tech.* Luftblase *f,* -einschluß *m.* ~ **pol·lu·tion** *s* Luftverschmutzung *f.* ˈ**~-polˌlu·tion con·trol** *s* Luftreinhaltung *f.* ˈ**~port** *s aer.* Flughafen *m,* -platz *m:* ~ of arrival (departure) Ankunftsflughafen (Abflughafen); ~ of entry Zollflughafen *m;* ~ fee Flughafengebühr *f.* ~ **port** *s tech.* Luftöffnung *f.* ~ **po·ta·to** *s bot.* Yamsbohne *f.* ~ **pow·er** *s mil. pol.* Luftmacht *f.* ~ **pres·sure** *s tech.* Luftdruck *m.* ˈ**~-ˌpres·sure** *adj tech.* Luftdruck...: ~ brake (ga[u]ge); ~ line Druckluftleitung *f.* ˈ**~proof I** *adj* **1.** luftdicht. **2.** luftbeständig. **II** *v/t* **3.** luftdicht machen. ~ **pump** *s tech.* Luftpumpe *f.* ~ **raid** *s* Luftangriff *m.*

ˈ**air-raid| pre·cau·tions** *s pl* Luftschutz *m.* ~ **shel·ter** *s* Luftschutzraum *m,* -keller *m,* (Luftschutz)Bunker *m.* ~ **ward·en** *s* Luftschutzwart *m.* ~ **warn·ing** *s* Luftwarnung *f,* ˈFliegeraˌlarm *m.*

air| ri·fle *s* Luftgewehr *n.* ~ **route** *s* Flugroute *f.* ~ **sac** *s zo.* Luftsack *m.* ~ **sched·ule** *s* Flugplan *m.* ~ **scout** *s* **1.** *mil.* Aufklärungsflugzeug *n.* **2.** Luftspäher *m.* ˈ**~screw** *s Br.* Luftschraube *f,* ˈFlugzeugproˌpeller *m.* ˈ**~-seal** *v/t tech.* luftdicht *od.* herˈmetisch verschließen. ˌ**~-ˈsea res·cue** *s* Rettung *f* Schiffbrüchiger aus der Luft. ~ **ser·vice** *s* **1.** Luftverkehrsdienst *m.* **2.** Fluglinien-, Luftverkehr *m.* ~ **shaft** *s tech.* Luftschacht *m.* ˈ**~ship** *s* Luftschiff *n.* ~ **shut·tle** *s aer.* Pendelverkehr *m* zwischen Flughäfen mit hohem Aufkommen. ˈ**~sick** *adj* luftkrank. ˈ**~ˌsick·ness** *s* Luftkrankheit *f.* ~ **sleeve,** ~ **sock** *s aer. phys.* Luftsack *m.* ˈ**~space** *s* **1.** Luftraum *m:* → territorial 2. **2.** *electr.* Freˈquenzbereich *m.* ~ **speed** *s aer.* (Flug-) Eigengeschwindigkeit *f.* ˈ**~-speed in·di·ca·tor** *s aer.* Fahrtmesser *m.* ~ **spring** *s tech.* Luftfeder *f.* ˈ**~stream** *s* Luftstrom *m.* ~ **strike** *s mil.* Luftangriff *m.* ˈ**~strip** *s aer.* **1.** Behelfsflugplatz *m.* **2.** (behelfsmäßige) Start- u. Landebahn. ~ **sup·ply** *s tech.* Luftzufuhr *f.* ~ **sup·port** *s mil.* ˈLuftunterˌstützung *f:* close ~ Luftnahunterstützung *f.* ~ **switch** *s electr.* Luftschalter *m.* ~ **tax·i** *s* Lufttaxi *n.* ~ **tee** *s aer.* Landekreuz *n.*

air·tel [eə(r)tel] *s* Aeroˈtel *n,* ˈFlughafenhoˌtel *n.*

air| ter·mi·nal *s aer.* **1.** Großflughafen *m.* **2.** Flughafenabfertigungsgebäude *n.* **3.** *Br.* ˈEndstatiˌon *f* der Zubringerlinie zum u. vom Flugplatz. ~ **tick·et** *s* Flugticket *n,* -schein *m.* ˈ**~tight** *adj* **1.** luftdicht, herˈmetisch (verschlossen). **2.** *fig.* hieb- u. stichfest (*Argument etc*). ~ **time** *s Rundfunk, TV:* Sendezeit *f.* ˌ**~-toˈair I** *adj* a) *aer.* Bord-Bord-...: ~ communication Bord-Bord-(Funk)Verkehr *m,* b) *mil.* Luft-Luft-...: ~ weapons, c) *aer. mil.* in der Luft: ~ combat Luftkampf *m;* ~ refuel(l)ing Luftbetankung *f.* **II** *adv aer.* in der Luft: to refuel ~. ˌ**~-to-ˈground** *adj* a) *aer.* Bord-Boden-...: ~ communication Bord-Boden-(Funk-) Verkehr *m,* b) *mil.* Luft-Boden-...: ~ weapons. ˌ**~-to-ˈsur·face** → air-to-ground. ~ **tour·ism** *s* ˈFlugtouˌristik *f.* ~ **traf·fic** *s* Flug-, Luftverkehr *m.* ˈ**~-ˌtraf·fic con·trol** *s aer.* Flugsicherung *f.* ˈ**~-ˌtraf·fic con·trol·ler** *s* Fluglotse *m.* ~ **train** *s aer.* Luftschleppzug *m.* ~ **trav·el** *s* Flug(reise *f*) *m.* ~ **trav·el·(l)er** *s* Fluggast *m,* -reisende(r *m*) *f.* ~ **tube** *s* **1.** *tech.* Luftschlauch *m.* **2.** *anat.* Luftröhre *f.* ~ **um·brel·la** *s aer. mil.* Luftschirm *m.* ~ **valve** *s tech.* ˈLuftvenˌtil *n,* -klappe *f.* ~ **vent** *s tech.* Ent- *od.* Belüftungsrohr *n,* ˈAuslaßvenˌtil *n.* ˈ**~-void** *adj phys. tech.* luftleer: ~ interstellar space luftleerer Weltraum. ~ **war(·fare)** *s* Luftkrieg(führung *f*) *m.* ˈ**~waves** *s pl colloq.* Ätherwellen *pl.* ˈ**~way** *s* **1.** *Bergbau:* Wetterstrecke *f.* **2.** *aer.* Flugroute *f.* **3.** *aer.* Flug-, Luftverkehrsgesellschaft *f.* **4.** *electr.* Kaˈnal *m,* (Freˈquenz)Band *n.* ~ **well** *s* Luftschacht *m.* ˈ**~-wise** *adj* flugerfahren. ˈ**~ˌwor·thy** *adj aer.* flugtüchtig.

air·y [ˈeərɪ] *adj* (*adv* → airily) **1.** aus Luft bestehend, die Luft betreffend, Luft... **2.** luftig: a) mit genügend Luftzufuhr: an ~ room, b) windig: an ~ hilltop, c) hoch (-gelegen): ~ regions. **3.** körperlos: an ~ spirit. **4.** graziˈös, anmutig: an ~ girl. **5.** lebhaft, munter: an ~ boy. **6.** leer: ~ promises. **7.** phanˈtastisch, verstiegen, überˈspannt: ~ plans. **8.** vornehmtuerisch: an ~ manner. **9.** lässig, ungezwungen: an ~ manner. ˌ**~-ˈfair·y** *adj* **1.** elfenhaft: ~ beauty. **2.** *colloq.* → airy 7.

aisle [aɪl] *s* **1.** *arch.* Seitenschiff *n*, -chor *m* (*e-r Kirche*). **2.** (ˈDurch)Gang *m* (*zwischen Sitzbänken, Ladentischen etc*): **to roll in the ~s** *colloq.* sich vor Lachen kugeln (*bes. Theaterpublikum*). ˈ**~ˌway** *s Am.* ˈDurchgang *m.*

ait [eɪt] *s Br. dial.* kleine (Fluß)Insel.

aitch [eɪtʃ] *s* H, h *n* (*Buchstabe*): **to drop one's ~es** das H nicht aussprechen (*Zeichen der Unbildung*).

ˈ**aitch·bone** *s* **1.** Lendenknochen *m.* **2.** Lendenstück *n* (*vom Rind*).

a·jar[1] [əˈdʒɑː(r)] *adv u. pred adj* angelehnt (*Tür etc*).

a·jar[2] [əˈdʒɑː(r)] *adv u. pred adj fig.* im Zwiespalt, in Zwietracht (**with** mit).

a·ke·ley [əˈkiːlɪ] *s bot.* Akeˈlei *f.*

a·kene, *etc* → **achene,** *etc.*

a·kim·bo [əˈkɪmbəʊ] *adv u. pred adj*: **with arms ~** die Arme in die Seite gestemmt.

a·kin [əˈkɪn] *pred adj* **1.** (bluts)verwandt (**to** mit). **2.** *fig.* verwandt, ähnlich (**to** *dat*): **to be ~** a) sich ähneln, b) ähneln (**to** *dat*).

a·la [ˈeɪlə] *pl* **a·lae** [ˈeɪliː] *s biol. bot.* Flügel *m.*

al·a·bas·ter [ˈæləbɑːstə(r); *bes. Am.* -bæs-] **I** *s* **1.** *min.* Alaˈbaster *m.* **2.** Alaˈbasterfarbe *f.* **II** *adj* **3.** alaˈbastern, alaˈbasterweiß, Alabaster...

à la carte [ˌɑːlɑːˈkɑː(r)t; ˌælə-] *adj* à la carte (*nachgestellt*): **an ~ dinner.**

a·lack [əˈlæk], **a·lack·a·day** [əˈlækədeɪ] *interj obs. od. poet.* ach!, o weh!

a·lac·ri·ty [əˈlækrətɪ] *s* **1.** Heiterkeit *f*, Munterkeit *f.* **2.** Bereitwilligkeit *f*, Eifer *m.* **3.** Schnelligkeit *f.*

A·lad·din's lamp [əˈlædɪnz] *s* **1.** Aladins Wunderlampe *f.* **2.** *fig.* wunderwirkender Talisman.

a·lae [ˈeɪliː] *pl von* **ala.**

à la mode [ˌɑːlɑːˈməʊd; ˌælə-] *adj* **1.** à la mode (*nachgestellt*), modisch. **2.** gespickt, geschmort u. mit Gemüse zubereitet: **~ beef. 3.** *Am.* mit (Speise)Eis (serˈviert) (*Nachtisch*): **cake ~.**

a·la·mode [ˈæləməʊd; ˌæləˈm-] *s* dünne, hochglänzende Seide.

a·lar [ˈeɪlə(r)] *adj* **1.** geflügelt, flügelartig, Flügel...: **~ cartilage** *anat.* Flügelknorpel *m.* **2.** *zo.* Schulter...

a·larm [əˈlɑː(r)m] **I** *s* **1.** Aˈlarm *m*: **to give (raise, sound) the ~** a) Alarm geben, b) *fig.* Alarm schlagen; → **false alarm. 2.** a) Weckvorrichtung *f* (*e-s Weckers*), b) Wecker *m.* **3.** Aˈlarmvorrichtung *f*, -anlage *f.* **4.** Aufruhr *m*, Lärm *m*: **no ~s!** alles (ist) ruhig! **5.** Angst *f*, Bestürzung *f*, Unruhe *f*, Besorgnis *f*: **to feel ~ at s.th.** wegen etwas beunruhigt *od.* in Sorge sein. **II** *v/t* **6.** alarˈmieren, warnen. **7.** beunruhigen, erschrecken, ängstigen, alarˈmieren: **to be ~ed at s.th.** wegen etwas beunruhigt *od.* in Sorge sein. **~ bell** *s* Aˈlarmglocke *f*: **to sound the ~s** *fig.* Alarm schlagen. **~ clock** *s* Wecker *m*, Weckuhr *f.*

aˈlarm·ing *adj* (*adv* **~ly**) beunruhigend, beängstigend, besorgniserregend, alarˈmierend. **aˈlarm·ism** *s* Bangemachen *n*, Schwarzseheˈrei *f.* **aˈlarm·ist I** *s* Panik-, Bangemacher *m*, Schwarzseher *m*, ‚Unke' *f.* **II** *adj* unkenhaft, schwarzseherisch.

a·lar·um [əˈleərəm; -ˈlɑː-; -ˈlæ-] *obs. für* **alarm** 4. **~ clock** *bes. Br. obs. für* **alarm clock.**

a·lar·y [ˈeɪlərɪ; ˈæl-] → **alar** 1.

a·las [əˈlæs; *Br. a.* əˈlɑːs] *interj* ach!, o weh!, leider!: **~ the day!** unseliger Tag!

a·las·trim [ˈæləstrɪm; əˈlæs-] *s med.* Aˈlastrim *f*, weiße Pocken *pl.*

a·late [ˈeɪleɪt] *adj bes. bot.* geflügelt.

alb [ælb] *s relig.* Albe *f*, Alba *f* (*weißes liturgisches Untergewand*).

Al·ba·ni·an [ælˈbeɪnjən; -ɪən] **I** *adj* **1.** alˈbanisch. **II** *s* **2.** Alˈbaner(in). **3.** *ling.* Alˈbanisch *n*, das Albanische.

al·ba·ta [ælˈbeɪtə] *s* Neusilber *n.*

al·ba·tross [ˈælbətrɒs; *Am. a.* -ˌtrɑs] *s* **1.** *orn.* Albatros *m*, Sturmvogel *m.* **2.** *a.* **~ cloth** dünnes, nicht geköpertes Wollgewebe. **3.** *Golf*: *Br.* Albatros *m* (*3 Schläge unter Par*). **4.** *fig.* Last *f*, Belastung *f*: **to be an ~ round s.o.'s neck** a) j-m ein Klotz am Bein sein (*Person*), b) j-m am Bein hängen (*Hypothek etc*).

albe → **alb.**

al·be·do [ælˈbiːdəʊ] *s phys.* Alˈbedo *f* (*Verhältnis aus zurückgestrahlter und insgesamt auftreffender Strahlenmenge bei diffus reflektierenden Oberflächen, z. B. Eis, Schnee*).

al·be·it [ɔːlˈbiːɪt] *conj* obˈgleich, obˈzwar, wenn auch.

al·bert [ˈælbə(r)t] *s* (kurze) Uhrkette.

al·bes·cent [ælˈbesənt; -snt] *adj* weiß (-lich) werdend.

al·bi·nism [ˈælbɪnɪzəm] *s med. vet.* Albiˈnismus *m* (*a. bot.*).

al·bi·no [ælˈbiːnəʊ; *Am.* -ˈbaɪ-] *pl* **-nos** *s med. vet.* Alˈbino *m* (*a. bot.*), Kakerlak *m.* **alˈbi·no·ism** → **albinism.**

Al·bi·on [ˈælbjən; -ɪən] *npr poet.* Albion *n* (*Britannien od. England*).

al·bite [ˈælbaɪt] *s min.* Alˈbit *m*, Natronfeldspat *m.*

al·bu·go [ælˈbjuːgəʊ] *pl* **-gi·nes** [-dʒɪniːz] *s med.* Alˈbugo *f*, weißlicher Hornhautfleck.

al·bum [ˈælbəm] *s* **1.** (*Briefmarken-, Foto-, Platten- etc*)Album *n.* **2.** a) ˈSchallplattenkasˌsette *f*, b) Album *n* (*Langspielplatte, a. zwei od. mehrere zs.-gehörige*). **3.** (*meist* illuˈstrierte) Sammlung von Gedichten, Bildern, Muˈsikstücken *etc* in Buchform.

al·bu·men [ˈælbjʊmɪn; *bes. Am.* ælˈbjuː-] *s* **1.** *biol.* Eiweiß *n*, Alˈbumen *n.* **2.** *chem.* Albuˈmin *n*, Eiweißstoff *m.* **alˈbu·men·ize** *v/t phot.* mit e-r Albuˈminlösung behandeln.

al·bu·min [ˈælbjʊmɪn; *bes. Am.* ælˈbjuː-] → **albumen** 2. **alˈbu·mi·nate** [-neɪt] *s chem.* Albumiˈnat *n.*

al·bu·mi·noid [ælˈbjuːmɪnɔɪd] **I** *s biol.* Albuminoˈid *n*, Eiweißkörper *m.* **II** *adj* albuminoˈid, eiweißähnlich, -artig. **al·bu·mi·no·sis** [ˌælbjuːmɪˈnəʊsɪs; *bes. Am.* ælˌbjuː-] *s med.* Albumiˈnose *f* (*erhöhter Bluteiweißspiegel*). **alˈbu·mi·nous** *adj biol.* albumiˈnös, eiweißhaltig. **al·bu·mi·nu·ri·a** [ˌælbjuːmɪˈnjʊərɪə; *bes. Am.* ælˌbjuː-; *Am. a.* -ˈnʊrɪə] *s med.* Albuminuˈrie *f* (*Ausscheidung von Eiweiß im Urin*).

al·bur·num [ælˈbɜːnəm; *Am.* -ˈbɜr-] *s bot.* Splint(holz *n*) *m.*

al·ca·hest → **alkahest.**

Al·ca·ic [ælˈkeɪɪk] *metr.* **I** *adj* alˈkäisch. **II** *s* alˈkäischer Vers.

al·chem·ic [ælˈkemɪk] *adj*; **alˈchem·i·cal** [-kl] *adj* (*adv* **~ly**) alchiˈmistisch.

al·che·mist [ˈælkɪmɪst] *s* Alchiˈmist *m.* ˈ**al·che·mize** [-kəmaɪz] *v/t* durch Alchiˈmie verwandeln. ˈ**al·che·my** [-kɪmɪ] *s hist.* Alchiˈmie *f.*

al·co·hol [ˈælkəhɒl] *s* Alkohol *m*: a) Sprit *m*, Spiritus *m*, Weingeist *m*: **(ethyl) ~** Äthylalkohol; **~-blended fuel** *tech.* Alkoholkraftstoff *m*, b) Alˈkyloˌxyd *n*, c) geistige *od.* alkoˈholische Getränke *pl.* ˈ**al·co·hol·ate** [-eɪt] *s chem.* Alkohoˈlat *n.*

al·co·hol·ic [ˌælkəˈhɒlɪk; *Am. a.* -ˈhɑlɪk] **I** *adj* (*adv* **~ally**) **1.** alkoholartig *od.* -haltig, alkoˈholisch, Alkohol...: **~ beverage; ~ delirium** *med. psych.* Delirium *n* tremens; **~ excess** Alkoholmißbrauch *m*; **~ poisoning** *med.* Alkoholvergiftung *f*; **~ strength** Alkoholgehalt *m.* **2.** alkoholsüchtig. **II** *s* **3.** Alkoˈholiker(in): **A~s Anonymous** (*die*) Anonymen Alkoholiker. ˈ**al·co·hol·ism** *s* Alkohoˈlismus *m*: a) Trunksucht *f*, b) *med. durch Trunksucht verursachte Organismusschädigungen.* ˈ**al·co·hol·ize** *v/t* **1.** *tech. Spiritus* rektifiˈzieren. **2.** *chem.* mit Alkohol versetzen *od.* sättigen. **3.** *chem.* in Alkohol verwandeln.

al·co·hol·om·e·ter [ˌælkəhɒˈlɒmɪtə(r); *Am.* -ˈlɑm-] *s* Alkoholoˈmeter *n.*

Al·co·ran [ˌælkɒˈrɑːn; *Am.* -kəˈræn] *s relig.* Koˈran *m.* ˌ**Al·coˈran·ic** *adj* Koran...

al·cove [ˈælkəʊv] *s* **1.** *arch.* Alˈkoven *m*, Nische *f.* **2.** *meist poet.* a) (Garten)Laube *f*, b) Grotte *f.*

Al·deb·a·ran [ælˈdebərən] *s astr.* Aldebaˈran *m* (*Hauptstern im Stier*).

al·de·hyd·ase [ˈældɪhaɪdeɪs] *s chem.* Aldehyˈdase *f* (*Enzym*).

al·de·hyde [ˈældɪhaɪd] *s chem.* Aldeˈhyd *n.*

al den·te [ælˈdenteɪ] *adj* al dente: a) mit Biß (*Spaghetti etc*), b) körnig (*Reis*).

al·der [ˈɔːldə(r)] *s bot.* Erle *f.* **~ buck·thorn** *s bot.* Faulbaum *m.* ˈ**~-leaved buck·thorn** *s bot.* Nordamer. Kreuzdorn *m.* ˈ**~-leaved dog·wood** *s bot.* Nordamer. Hartriegelstrauch *m.*

al·der·man [ˈɔːldə(r)mən] *s irr* Ratsherr *m*, Stadtrat *m.* ˌ**al·derˈman·ic** [-ˈmænɪk] *adj* **1.** e-n Ratsherrn betreffend, ratsherrlich. **2.** *fig.* würdevoll, graviˈtätisch. ˈ**al·der·man·ry** [-rɪ] *s* **1.** von e-m Ratsherrn vertretener Stadtbezirk. **2.** Amt *n* e-s Ratsherrn. ˈ**al·der·man·ship** → **aldermanry.**

al·dern [ˈɔːldə(r)n] *adj* erlen, von *od.* aus Erlenholz.

al·der·wom·an [ˈɔːldə(r)ˌwʊmən] *s irr* Ratsherrin *f*, Stadträtin *f.*

Al·dis| lamp [ˈɔːldɪs] *s aer. mar.* Aldislampe *f* (*zum Signalisieren*). **~ lens** *s phot.* Aldislinse *f.* **~ u·nit sight** *s aer. mil.* (Bomben)Zielgerät *n.*

al·dose [ˈældəʊs; -z] *s chem.* Alˈdose *f.*

ale [eɪl] *s* Ale *n* (*helles, obergäriges Bier*).

a·le·a·to·ric [ˌeɪlɪəˈtɒrɪk; *Am. a.* -ˈtɑr-] *adj* **1.** aleaˈtorisch, vom Zufall abhängig, gewagt: **~ contract** *jur.* aleatorischer Vertrag, Spekulationsvertrag *m.* **2.** *mus.* aleaˈtorisch. ˌ**a·leˈat·o·rism** [-ˈætərɪzəm] *s mus.* Aleaˈtorik *f* (*Kompositionsrichtung, die dem Zufall breiten Raum gewährt*). ˈ**a·le·a·to·ry** [-tərɪ; *Am.* -ˌtəʊriː; -ˌtɔː-] → **aleatoric.**

a·leck [ˈælɪk] *s* **1.** *Austral. sl.* Idiˈot *m.* **2.** → **smart aleck.**

ˈ**aleˌcon·ner** *s Br. hist.* Bierprüfer *m.*

a·lee [əˈliː] *adv u. pred adj mar.* leewärts.

ˈ**ale·house** *s obs.* Bierschenke *f.*

a·lem·bic [əˈlembɪk] *s* **1.** *hist.* Destilˈlierkolben *m*, -appaˌrat *m.* **2.** *fig.* Filter *m.*

a·lert [əˈlɜːt; *Am.* əˈlɜrt] **I** *adj* (*adv* **~ly**) **1.** wachsam, auf der Hut, auf dem Posten: **to be ~ to** a) achten auf (*acc*), b) auf der Hut sein vor (*dat*) (→ 3). **2.** rege, munter, lebhaft, flink. **3.** aufgeweckt, (hell)wach: **an ~ young man; to be ~ to** *etwas* klar erkennen, sich *e-r Sache* bewußt sein. **II** *s* **4.** *mil.* (Aˈlarm)Bereitschaft *f*, Aˈlarmzustand *m*: **~ phase** Alarmstufe *f*; **to be on the ~** a) in Alarmbereitschaft sein, b) *fig.* auf der Hut sein. **5.** *bes. aer.* Aˈlarm(siˌgnal *n*) *m*, Warnung *f.* **III** *v/t* **6.** a) warnen (**to** vor *dat*), b) alarˈmieren, *mil. a.* in Aˈlarmzustand versetzen, *weitS.* mobiliˈsieren. **7.** *fig.* aufrütteln: **to ~ s.o. to s.th.** j-m etwas (deutlich) zum Bewußtsein bringen. **aˈlert·ness** *s* **1.** Wachsamkeit *f.* **2.** Munterkeit *f*, Flinkheit *f.* **3.** Aufgewecktheit *f.*

A lev·el [eɪ] *s Br.* **1.** *ped.* (*etwa*) Abiˈtur *n*: **he has three ~s** er hat das Abitur in drei

Fächern gemacht. **2.** *colloq. euphem.* Aˈnalverkehr *m.*
al·e·vin [ˈælɪvɪn] *s ichth.* junger Fisch, *bes.* Lachs *m od.* Foˈrelle *f.*
ale·wife [ˈeɪlwaɪf] *s irr* **1.** *obs.* Schankwirtin *f.* **2.** *ichth. Am.* a) Großaugenhering *m,* b) Maifisch *m.*
al·ex·an·ders [ˌælɪgˈzɑːndə(r)z; *bes. Am.* -ˈzæn-] *s bot.* Gelbdolde *f.*
Al·ex·an·dri·an [ˌælɪgˈzɑːndrɪən; *bes. Am.* -ˈzæn-] *adj* alexanˈdrinisch: a) Alexˈandria (*in Ägypten*) betreffend, b) helleˈnistisch, c) *metr.* Alexandriner...
Al·ex·an·drine [ˌælɪgˈzændraɪn; *Am. bes.* -drən] *metr.* **I** *s* Alexanˈdriner *m* (*12- od. 13füßiger Vers*). **II** *adj* → **Alexandrian** c.
a·lex·i·a [eɪˈleksɪə; əˈl-] *s med.* Aleˈxie *f,* Leseschwäche *f.*
a·lex·i·phar·mic [əˌleksɪˈfɑː(r)mɪk] **I** *s* Gegengift *n,* -mittel *n* (**against, for, to** gegen). **II** *adj* als Gegengift dienend.
al·fa [ˈælfə], *a.* **~ grass** *s bot.* Halfagras *n.*
al·fal·fa [ælˈfælfə] *s bot.* Luˈzerne *f.*
al·fres·co [ælˈfreskəʊ] *adj u. adv* im Freien: **~ lunch; to lunch ~.**
al·ga [ˈælgə] *pl* **-gae** [-dʒiː] *s bot.* Alge *f.*
al·ge·bra [ˈældʒɪbrə] *s math.* Algebra *f.*
ˌal·geˈbra·ic [-ˈbreɪɪk] *adj;* **ˌal·geˈbra·i·cal** *adj* (*adv* **~ly**) algeˈbraisch: **algebraic curve (function, geometry, number,** *etc*).
Al·ge·ri·an [ælˈdʒɪərɪən], **Al·ge·rine** [ˌældʒəˈriːn; ˈældʒəriːn] **I** *adj* alˈgerisch. **II** *s* Alˈgerier(in).
al·ge·si·a [ælˈdʒiːzɪə; -sɪə] *s med.* Algeˈsie *f,* Schmerzempfindlichkeit *f.*
al·ge·sim·e·ter [ˌældʒɪˈsɪmɪtə(r)] *s med.* Algesiˈmeter *n* (*Gerät zur Messung der Schmerzempfindlichkeit*).
-algia [ældʒə] *Wortelement mit der Bedeutung* ...schmerz.
al·gid [ˈældʒɪd] *adj med.* kühl, kalt.
al·gi·nate [ˈældʒɪneɪt] *s chem.* Algiˈnat *n* (*Salz der Alginsäure*).
al·gin·ic ac·id [ælˈdʒɪnɪk] *s chem.* Alˈginsäure *f.*
Al·gol[1] [ˈælgɒl; *Am. a.* -ˌgɑl] *s astr.* Alˈgol *m* (*Stern im Sternbild Perseus*).
AL·GOL[2] [ˈælgɒl; *Am. a.* -ˌgɑl] *s* ALGOL *n* (*Computersprache*).
al·go·lag·ni·a [ˌælgəʊˈlægnɪə; -gəˈl-] *s psych.* Algolaˈgnie *f* (*Sadomasochismus*).
al·gol·o·gy [ælˈgɒlədʒɪ; *Am.* -ˈgɑ-] *s* Algoloˈgie *f,* Algenkunde *f.*
al·gom·e·ter [ælˈgɒmɪtə(r); *Am.* -ˈgɑ-] *s med.* Algoˈmeter *n* (*Gerät zur Messung der Schmerzempfindlichkeit*).
al·gor [ˈælgɔː(r)] *s med.* Kälte *f.*
al·go·rithm [ˈælgərɪðm] *s math.* **1.** Algoˈrithmus *m,* meˈthodisches Rechenverfahren. **2.** Algoˈrismus *m.*
a·li·as [ˈeɪlɪæs; -əs] **I** *adv bes. jur.* alias. **II** *s* angenommener Name, Deckname *m, jur. a.* Falschname *m.*
al·i·bi [ˈælɪbaɪ] **I** *adv* **1.** anderswo (*als am Tatort*). **II** *s* **2.** *jur.* Alibi *n* (*a. fig. colloq.*): **to establish one's ~** ein Alibi erbringen *od.* beibringen. **3.** *colloq.* Ausrede *f,* Entschuldigung *f.* **III** *v/i* **4.** *colloq.* Ausflüchte machen. **IV** *v/t* **5.** *j-m* ein Alibi verschaffen (*a. fig. colloq.*).
ˌAl·ice-in-ˈWon·der·land [ˌælɪs-] *adj* **1.** unwirklich, Phantasie...: **~ world. 2.** ˈwiderspruchsvoll, ˈwidersprüchlich.
al·i·cy·clic [ˌælɪˈsaɪklɪk; -ˈsɪk-] *adj chem.* aliˈzyklisch.
al·i·dade [ˈælɪdeɪd], *a.* **ˈal·i·dad** [-dæd] *s astr. math.* Alhiˈdade *f.*
al·ien [ˈeɪljən; -ɪən] **I** *adj* **1.** fremd: **on ~ soil. 2.** ausländisch: **~ subjects** *Br.* ausländische Staatsangehörige; **~ property** *pol.* Feindvermögen *n.* **3.** fremd(artig), exˈotisch. **4.** außerirdisch (*Wesen*). **5.** *fig.* anders (**from** als), fernliegend (**to** *dat*): **~ to the topic** nicht zum Thema gehörend. **6.** *fig.* (**to**) entgegengesetzt (*dat*), (*j-m od. e-r Sache*) zuˈwider(laufend), fremd (*dat*), ˈunsymˌpathisch (*dat*): **that is ~ to his nature** das ist ihm wesensfremd. **II** *s* **7.** Fremde(r *m*) *f,* Ausländer(in): **enemy (friendly, undesirable** *od.* **unwanted) ~** feindlicher (befreundeter, unerwünschter) Ausländer. **8.** nicht naturaliˈsierter Einwohner des Landes. **9.** außerirdisches Wesen: **an ~ from another planet** ein Wesen von e-m anderen Planeten. **ˈal·ien·a·ble** *adj jur.* veräußerlich, überˈtragbar: **~ rights.**
al·ien·age [ˈeɪljənɪdʒ; -lɪən-] *s* **1.** Ausländertum *n,* Fremdheit *f.* **2.** ausländische Staatsangehörigkeit.
al·ien·ate [ˈeɪljəneɪt; -lɪən-] *v/t* **1.** *jur. bes. Grundbesitz* veräußern, überˈtragen. **2.** a) befremden, b) entfremden (*a. psych. pol.*), abspenstig machen (**from** *dat od.* von). **ˌal·ienˈa·tion** *s* **1.** *jur.* Veräußerung *f,* Überˈtragung *f.* **2.** Entfremdung *f* (*a. psych. pol.*) (**from** von), Abwendung *f,* Abneigung *f:* **~ of affection** *jur.* Entfremdung ehelicher Zuneigung. **3.** *a.* **mental ~** *med. psych.* Alienatiˈon *f,* Psyˈchose *f.* **4.** (liteˈrarische) Verfremdung: **~ effect** Verfremdungseffekt *m.*
al·ien·ee [ˌeɪljəˈniː; -lɪə-] *s jur.* Erwerber(in), neuer Eigentümer.
ˈal·ien·ism *s* **1.** → **alienage. 2.** *obs.* Studium *n od.* Behandlung *f* von Geisteskrankheiten. **ˈal·ien·ist** *s* **1.** *obs.* Nervenarzt *m.* **2.** *Am. Arzt, der sich mit den rechtlichen Aspekten der psychiatrischen Behandlung beschäftigt.*
al·ien·or [ˈeɪljənə; *Am.* ˌeɪlɪəˈnɔːr] *s jur.* Veräußerer *m.*
a·light[1] [əˈlaɪt] *pret u. pp* **aˈlight·ed, a·lit** [əˈlɪt] *v/i* **1.** (**from**) aussteigen (aus), absteigen (vom *Fahrrad etc*), absitzen (vom *Pferd*). **2.** (**on**) (sanft) fallen (auf *acc*) (*Schnee*), sich niederlassen (auf *dat od. acc*), sich setzen (auf *acc*) (*Vogel*). **3.** *aer.* niedergehen, landen. **4.** *allg.* landen: **to ~ on one's feet** auf die Füße fallen. **5.** *obs.* (**on, upon**) (zufällig) stoßen *od.* kommen (auf *acc*).
a·light[2] [əˈlaɪt] *adv u. pred adj* **1.** in Brand, in Flammen: **to be ~** in Flammen stehen, brennen; **to set ~** in Brand setzen *od.* stecken, anzünden. **2.** erleuchtet, erhellt (**with** von): **his face was ~ with happiness** sein Gesicht *od.* er strahlte vor Glück.
a·light·ing [əˈlaɪtɪŋ] *s aer.* Landung *f:* **~ on earth** Bodenlandung *f;* **~ on water** Wassern *n,* Wasserlandung *f.*
a·lign [əˈlaɪn] **I** *v/t* **1.** in e-e (gerade) Linie bringen. **2.** in e-r (geraden) Linie *od.* in Reih u. Glied aufstellen, ausrichten (**with** nach). **3.** *fig.* zu e-r Gruppe (*Gleichgesinnter*) zs.-schließen: **to ~ o.s. with** sich anschließen (*dat od.* an *acc*), sich zs.-schließen mit. **4.** *tech.* a) (aus)fluchten, ausrichten (**with** nach), b) juˈstieren, einstellen. **5.** *electr.* abgleichen. **II** *v/i* **6.** (**with**) e-e (gerade) Linie bilden (mit), sich ausrichten (nach). **aˈlign·ment** *s* **1.** Aufstellung *f* in e-r (geraden) Linie, Ausrichten *n.* **2.** *fig.* Zs.-schluß *m* zu e-r Gruppe. **3.** Ausrichtung *f:* **in ~ with** in ˈeiner Linie *od.* Richtung mit, *fig. a.* in Übereinstimmung mit; **out of ~** schlecht ausgerichtet, *tech.* aus der Flucht, verschoben, -lagert. **4.** *surv. tech.* Flucht-, Absteckungslinie *f,* Trasse *f,* Zeilenführung *f.* **5.** *tech.* a) (Aus)Fluchten *n,* Ausrichten *n,* b) Einstellung *f,* Juˈstierung *f,* c) Flucht *f,* Gleichlauf *m:* **~ chart** Rechen-, Leitertafel *f,* Nomogramm *n.* **6.** *electr.* Abgleich(en *n*) *m.*
a·like [əˈlaɪk] **I** *adj* a) gleich: **all music is ~ to him** für ihn ist alle Musik gleich, b) ähnlich (**to** *dat*): **they are very much ~** sie sind sich sehr ähnlich. **II** *adv* a) gleich, ebenso, in gleicher Weise, gleichermaßen: **to treat everybody ~** alle gleich behandeln, b) ähnlich.
al·i·ment [ˈælɪmənt] *s* **1.** Nahrung(smittel *n*) *f.* **2.** etwas Lebensnotwendiges: **not to be an ~** nicht lebensnotwendig sein. **3.** *Scot.* → **alimony. ˌal·iˈmen·tal** [-ˈmentl] → **alimentary** 1.
al·i·men·ta·ry [ˌælɪˈmentərɪ] *adj* **1.** nährend, nahrhaft. **2.** zur Nahrung *od.* zum ˈUnterhalt dienend, Nahrungs...: **~ disequilibrium** gestörtes Nahrungsgleichgewicht. **3.** Ernährungs..., Speise...: **~ canal** *physiol.* Verdauungskanal *m.*
al·i·men·ta·tion [ˌælɪmenˈteɪʃn] *s* **1.** Ernährung *f.* **2.** ˈUnterhalt *m.* **ˌal·iˈmen·ta·tive** [-tətɪv] *adj* nährend, Nahrungs..., nahrhaft.
al·i·mo·ny [ˈælɪmənɪ; *Am.* -ˌməʊniː] *s jur.* ˈUnterhalt(szahlung *f*) *m:* **to pay ~** Unterhalt zahlen. **~ drone** *s Am. bes. contp.* geschiedene Frau, die aus ˈUnterhaltsgründen nicht wieder heiratet.
a·line, *etc* → **align,** *etc.*
al·i·ped [ˈælɪped] *zo.* **I** *adj* mit Flatterfüßen (versehen). **II** *s* Flatterfüßler *m.*
al·i·phat·ic [ˌælɪˈfætɪk] *adj chem.* aliˈphatisch, fetthaltig: **~ compound** Fettverbindung *f.*
al·i·quant [ˈælɪkwənt] *adj math.* aliˈquant, mit Rest teilend.
al·i·quot [ˈælɪkwɒt; *Am.* -ˌkwɑt] *math.* **I** *adj* aliˈquot, ohne Rest teilend. **II** *s* aliˈquoter Teil, Aliˈquote *f.*
a·lit [əˈlɪt] *pret u. pp von* **alight**[1].
a·live [əˈlaɪv] *adj* **1.** lebend, leˈbendig, (noch) am Leben: **are your grandparents still ~?** leben d-e Großeltern noch?; **the proudest man ~** der stolzeste Mann der Welt; **no man ~** kein Sterblicher; **man ~!** *colloq.* Menschenskind!; **to keep ~** a) (sich) am Leben erhalten, b) *fig.* (aufrecht)erhalten, bewahren; **he was burnt ~** er verbrannte bei lebendigem Leib; → **flay** 1, **skin** 10. **2.** *fig.* leˈbendig, tätig, in voller Kraft *od.* Wirksamkeit. **3.** leˈbendig, lebhaft, munter, rege, belebt: **~ and kicking** *colloq.* gesund u. munter; **look ~!** *colloq.* a) mach fix!, b) paß auf! **4.** (**to**) a) empfänglich (für), b) bewußt (*gen*): **to be (become) ~ to s.th.** sich e-r Sache bewußt sein (werden). **5.** gedrängt voll, belebt (**with** von): **to be ~ with** wimmeln von; **the streets were ~ with people** auf der Straße wimmelte es von Menschen. **6.** *fig.* voll, erfüllt (**with** von). **7.** *electr.* spannungs-, stromführend, unter Strom stehend. **8.** *tech.* (noch) in Betrieb, funktioˈnierend.
a·liz·a·rin [əˈlɪzərɪn] *s chem.* Alizaˈrin *n,* Färber-, Krapprot *n.*
al·ka·hest [ˈælkəhest] *s hist.* Alkaˈhest *n,* Univerˈsallösungsmittel *n* (*der Alchimisten*).
al·kal·am·ide [ˌælkælˈæmaɪd; -mɪd] *s chem.* Alkalaˈmid *n,* basisches Aˈmid.
al·ka·li [ˈælkəlaɪ] **I** *pl* **-lies** *od.* **-lis** *s* **1.** *chem.* Alˈkali *n,* Laugensalz *n.* **2.** *chem.* alˈkalischer Stoff: **mineral ~** kohlensaures Natron; **~ metal** Alkalimetall *n.* **3.** *agr. geol.* kalziˈnierte(s) Soda. **4.** *bot.* Salzkraut *n.* **II** *adj* **5.** *chem.* alˈkalisch.
al·ka·li·fy [ˈælkəlɪfaɪ; ælˈkæl-] *v/t u. v/i chem.* (sich) in ein Alˈkali verwandeln.
al·ka·lim·e·ter [ˌælkəˈlɪmɪtə(r)] *s chem.* Alˈkalimesser *m.*
al·ka·line [ˈælkəlaɪn; -lɪn] *adj chem.* alˈkalisch, alˈkalihaltig, basisch: **~ earths** Erdalkalien; **~-earth metal** Erdalkalimetall *n;* **~ water** alkalischer Säuerling.
ˌal·kaˈlin·i·ty [-ˈlɪnətɪ] *s* Alkaliniˈtät *f,*

al'kalische Eigenschaft. **'al·ka·lin·ize** [-lɪnaɪz] *v/t chem.* alkali'sieren.
al·ka·loid ['ælkəlɔɪd] *chem.* **I** *s* Alkalo'id *n.* **II** *adj* al'kaliartig, laugenhaft.
al·kyl group ['ælkɪl] *s chem.* Al'kylrest *m.*
all [ɔ:l] **I** *adj* **1.** all, sämtlich, gesamt, vollständig, ganz: ~ **one's courage** s-n ganzen Mut; ~ **mistakes** alle *od.* sämtliche Fehler; ~ **my friends** alle m-e Freunde; ~ **night (long)** die ganze Nacht (hindurch); ~ **(the) day**, ~ **day long** den ganzen Tag, den lieben langen Tag; **open** ~ **day** ganztägig geöffnet; ~ **the time** die ganze Zeit (über), ständig, immer; **at** ~ **times** zu jeder Zeit, jederzeit; ~ **the town** die ganze Stadt, jedermann. **2.** jeder, jede, jedes, alle *pl*: **at** ~ **hours** zu jeder Stunde; **beyond** ~ **question** ohne Frage, fraglos; **in** ~ **respects** in jeder Hinsicht; **to deny** ~ **responsibility** jede Verantwortung ablehnen. **3.** vollkommen, völlig, to'tal, ganz, rein: ~ **nonsense** reiner Unsinn; ~ **wool** *Am.* reine Wolle; **she is** ~ **legs** sie besteht fast nur aus Beinen, ‚sie hat Beine bis zum Hals'.
II *adv* **4.** ganz (u. gar), gänzlich, völlig: ~ **alone** ganz allein; ~ **the** um so ...; ~ **the better** um so besser; **she was** ~ **gratitude** sie war voll(er) Dankbarkeit; **she is** ~ **kindness** sie ist die Güte selber; ~ **one** einerlei, gleichgültig; **he is** ~ **for it** er ist unbedingt dafür; ~ **mad** völlig verrückt; ~ **wrong** ganz falsch. **5.** für jede Seite, beide: **the score was two** ~ das Spiel stand zwei zu zwei. **6.** *poet.* gerade, eben.
III *pron* **7.** alles, das Ganze: ~ **of it** alles, das Ganze; ~ **of us** wir alle; ~ **of the year** ein ganzes Jahr; **that's** ~ das ist (*od.* wäre) alles; **that's** ~ **there is to it** das ist die ganze Geschichte; **it** ~ **began** die ganze Sache begann; ~ **of a tremble** am ganzen Leibe zitternd; **and** ~ **that** und dergleichen; **when** ~ **is said and done** *colloq.* letzten Endes, im Grunde (genommen).
IV *s* **8.** Alles *n*: **his** ~ a) sein Hab u. Gut, b) sein ein u. alles. **9.** *philos.* (Welt)All *n.*
Besondere Redewendungen:
~ **along** a) der ganzen Länge nach, b) *colloq.* die ganze Zeit (über), schon immer; ~ **in** *colloq.* ‚total fertig *od.* erledigt'; ~ **in** ~ alles in allem; ~ **out** *colloq.* a) ‚total fertig *od.* erledigt', b) ‚auf dem Holzweg' (*im Irrtum*), c) mit aller Macht (**for s.th.** auf etwas aus), mit restlosem Einsatz, d) vollständig (→ **all-out**); **to go** ~ **out** *colloq.* alles daransetzen, aufs Ganze gehen; ~ **over** a) *colloq.* ganz u. gar, b) überall, c) überallhin, in ganz *England etc* herum, im ganzen *Haus etc* herum, d) am ganzen Körper, überall; **that is Max** ~ **over** das ist ganz *od.* typisch Max, das sieht Max ähnlich; **news from** ~ **over** Nachrichten von überall her; **to be** ~ **over s.o.** *colloq.* ‚an j-m e-n Narren gefressen haben'; ~ **right** a) ganz recht *od.* richtig, b) schon gut, c) in Ordnung, d) na schön!; **I'm** ~ **right** bei mir ist alles in Ordnung; **I'm** ~ **right, Jack** *colloq.* Hauptsache, mir geht's gut; **I'm** ~ **right for money** *colloq.* ‚bei mir stimmt die Kasse'; ~ **round** a) rund(her)um, ringsumher, b) überall, c) ‚durch die Bank', durchweg; ~ **there** gewitzt, gescheit, ‚auf Draht'; **he is not** ~ **there** ‚er ist nicht ganz bei Trost'; ~ **up** *colloq.* ‚total fertig *od.* erledigt'; **it's** ~ **up with him** mit ihm ist's aus; (*siehe weitere Verbindungen unter den entsprechenden Stichwörtern*).
al·la bre·ve [ˌælə'breɪvɪ; -'breveɪ] *adj u. adv mus.* alla breve, beschleunigt.
Al·lah ['ælə; 'ælɑ:] *s relig.* Allah *m.*
ˌall-A'mer·i·can I *adj* **1.** rein *od.* typisch ameri'kanisch. **2.** die ganzen Vereinigten Staaten vertretend. **3.** *sport Am.* National...: ~ **player** → 5; **the** ~ **team** *die von der Presse theoretisch aufgestellte bestmögliche Mannschaft.* **4.** den ganzen ameri'kanischen Konti'nent betreffend. **II** *s* **5.** *sport Am.* a) Natio'nalspieler(in), b) Spitzenspieler(in).
al·lan·ite ['ælənaɪt] *s min.* Alla'nit *m.*
al·la pri·ma [ˌɑ:lɑ:'pri:mə; ˌælə-] *adj paint.* alla prima (*nur in* '*einer Farbschicht gemalt*).
al·lar·gan·do [ˌɑ:lɑ:(r)'gændəʊ; -'gɑ:n-] *adj u. adv mus.* allar'gando, langsamer werdend.
ˌall-a'round *Am. für* all-round.
'all-ˌau·to'mat·ic *adj tech.* 'vollautoˌmatisch.
al·lay [ə'leɪ] *v/t* beruhigen, beschwichtigen, *Streit* schlichten, *Hitze, Schmerzen etc* mildern, lindern, *Hunger, Durst* stillen, *Furcht* nehmen, *Freude* dämpfen.
all| clear *s* **1.** Ent'warnung(ssiˌgnal *n*) *f* (*bes. nach e-m Luftangriff*). **2.** *fig.* grünes Licht: **he received the** ~ **on his plan** er bekam grünes Licht für s-n Plan. **'~-ˌdu·ty** *adj* Allzweck...: ~ **tractor.**
al·le·ga·tion [ˌælɪ'geɪʃn] *s a. jur.* (*unerwiesene*) Behauptung, (*zu beweisende*) Aussage, (*jur.* Par'tei)Vorbringen *n*, (Tatsachen)Darstellung *f.*
al·lege [ə'ledʒ] *v/t Unerwiesenes* behaupten, vorbringen, erklären, geltend machen: **he is ~d to have been killed** er soll angeblich umgekommen sein. **al'leged** *adj*, **al'leg·ed·ly** [-ɪdlɪ] *adv* angeblich.
al·le·giance [ə'li:dʒəns] *s* **1.** 'Untertanenpflicht *f*, -treue *f*, -gehorsam *m*: **to change one's** ~ s-e Staatsangehörigkeit *od.* Partei wechseln. **2.** (**to**) Anhänglichkeit *f*, Bindung *f* (an *acc*), Ergebenheit *f* (gegen'über). **3.** Treue *f*, Loyali'tät *f* (**to** gegen'über). **al'le·giant** *adj* (**to**) treu (*dat*), loy'al (gegen['über]).
al·le·gor·ic [ˌælɪ'gɒrɪk; *Am. a.* -'gɑ-] *adj*; **ˌal·le'gor·i·cal** [-kl] *adj* (*adv* **~ly**) alle'gorisch, (sinn)bildlich.
al·le·go·rist ['ælɪgərɪst; *Am.* -ˌgəʊ-; -ˌgɔ:-] *s* Allego'rist *m.*
al·le·gor·i·za·tion [ˌælɪgəraɪ'zeɪʃn; *Am.* -ˌgəʊrə'z-; -ˌgɔ:rə'z-] *s* alle'gorische Darstellung *od.* Erklärung. **al·le·go·rize** ['ælɪgəraɪz; *Am. a.* -ˌgəʊ-; -ˌgɔ:-] **I** *v/t* allegori'sieren, alle'gorisch *od.* sinnbildlich darstellen. **II** *v/i* in Gleichnissen reden.
al·le·go·ry ['ælɪgərɪ; *Am.* -ˌgəʊri:; -ˌgɔ:-] *s* Allego'rie *f*, sinnbildliche Darstellung, Gleichnis *n.*
al·le·gret·to [ˌælɪ'gretəʊ; -le-] *mus.* **I** *adj u. adv* alle'gretto, mäßig lebhaft. **II** *pl* **-tos** *s* Alle'gretto *n.*
al·le·gro [ə'leɪgrəʊ; -'le-] *mus.* **I** *adj u. adv* al'legro, lebhaft. **II** *pl* **-gros** *s* Al'legro *n.*
al·lele [ə'li:l], *a.* **al·lel** [ə'lel] → **allelomorph.**
al·le·lo·morph [ə'li:ləmɔ:(r)f; ə'lelə-] *s biol.* Al'lel *n*, Erbfaktor *m.*
al·le·lu·ia(h), al·le·lu·ja [ˌælɪ'lu:jə] **I** *s* Halle'luja *n*, Loblied *n.* **II** *interj* halle'luja!
ˌall-em'brac·ing *adj* ('all)umˌfassend, glo'bal: ~ **disapproval** allgemeine Mißbilligung.
al·len| screw ['ælən] *s tech.* Allen-, Inbusschraube *f.* **~ wrench** *s tech.* Inbusschlüssel *m.*
al·ler·gen ['ælə(r)dʒen; -dʒən] *s med.* Aller'gen *n*, Aller'giestoff *m.*
al·ler·gic [ə'lɜ:dʒɪk; *Am.* ə'lɜr-] *adj med. physiol.* al'lergisch, 'überempfindlich (**to** gegen): **to be** ~ **to** *colloq. etwas od. j-n* nicht ausstehen können, ‚allergisch' sein gegen.
al·ler·gol·o·gy [ˌælə(r)'gɒlədʒɪ; *Am.* -'gɑl-; -'dʒɑl-] *s med.* Allergolo'gie *f.*
al·ler·gy ['ælə(r)dʒɪ] *s* **1.** *med. physiol.* Aller'gie *f*, 'Überempfindlichkeit *f* (**to** gegen). **2.** *colloq.* ‚Aller'gie' *f*, Abneigung *f*, 'Widerwille *m* (**to** gegen).
al·le·vi·ate [ə'li:vɪeɪt] *v/t* mildern, lindern, (ver)mindern. **alˌle·vi'a·tion** *s* Linderung *f*, Milderung *f.*
al·ley ['ælɪ] *s* **1.** (enge *od.* schmale) Gasse. **2.** (*bes.* von Bäumen gesäumter) Garten- *od.* Parkweg. **3.** *arch.* Verbindungsgang *m*, Korridor *m.* **4.** *Bowling, Kegeln*: Bahn *f* (*a. Gebäude*): **that's down** (*od.* **up**) **my** ~ *colloq.* das ist etwas für mich, das ist (genau) mein Fall. **~ cat** *s* streunende Katze. **'~·way** → **alley** 1.
'All-ˌfa·ther *s relig.* Allvater *m.*
'all|-ˌfired *adj u. adv bes. Am. sl.* verdammt: **he had the** ~ **cheek to call me a liar; don't be so** ~ **sure of yourself! A~ Fools' Day** *s* der erste A'pril. **ˌ~-'Ger·man** *adj* gesamtdeutsch. **~ hail** *interj obs.* heil!, sei(d) gegrüßt!
All·hal·lows [ˌɔ:l'hæləʊz] *s relig.* Aller'heiligen *n.*
al·li·ance [ə'laɪəns] *s* **1.** Verbindung *f.* **2.** Bund *m*, Bündnis *n*, Alli'anz *f*: **offensive and defensive** ~ Schutz- u. Trutzbündnis; **to enter into** (*od.* **form**) **an** ~ ein Bündnis schließen, sich alliieren (**with** mit). **3.** Verwandtschaft *f* durch Heirat, Verschwägerung *f.* **4.** *weitS.* Verwandtschaft *f.* **5.** *fig.* Bund *m*, (Inter'essen)Gemeinschaft *f.* **6.** Über'einkunft *f.* **7.** *bot. zo. obs.* 'Unterordnung *f.*
al·lied [ə'laɪd; *bes. attr* 'ælaɪd] *adj* **1.** a) verbündet, alli'iert, b) **A~** *hist.* Alli'iert, die Alliierten betreffend (*im 1. u. 2. Weltkrieg*): **A~ Forces** alliierte Streitkräfte; **A~ and Associated Powers** Alliierte u. Assoziierte Mächte; **A~ High Commission** Alliierte Hohe Kommission; **A~ Nations** Vereinte Nationen. **2.** *fig.* verwandt (**to** mit).
Al·lies ['ælaɪz] *s pl* (*die*) Alli'ierten *pl* (*im 1. u. 2. Weltkrieg*).
al·li·ga·tion [ˌælɪ'geɪʃn] *s math.* Alligati'onsregel *f*: **rule of** ~ Misch(ungs)rechnung *f.*
al·li·ga·tor ['ælɪgeɪtə(r)] *s* **1.** *zo.* Alli'gator *m*, Kaiman *m.* **2.** *mus. Am. sl.* Swingfan *m.* **~ ap·ple** → **pond apple.** **~ crack·ing** *s tech.* netzartige Rißbildung. **~ pear** → **avocado.** **~ shears** *s pl tech.* Hebelschere *f.* **~ skin** *s* Kroko'dilleder *n.* **~ snap·per, ~ ter·ra·pin, ~ tor·toise, ~ tur·tle** *s zo.* Alli'gatorschildkröte *f.* **~ wrench** *s tech.* Rohrschlüssel *m.*
ˌall-im'por·tant *adj* äußerst wichtig, entscheidend.
all-in [ˌɔ:l'ɪn; *attr* 'ɔ:lɪn] *adj* **1.** *bes. Br.* alles inbegriffen, Gesamt..., Pauschal...: ~ **insurance** Gesamt-, Generalversicherung *f*; ~ **school** *ped. Br.* Gesamtschule *f.* **2.** ~ **wrestling** *sport* Catchen *n.*
ˌall-in'clu·sive → all-in 1.
al·lit·er·ate [ə'lɪtəreɪt; æ-] *v/i* **1.** alliteˈrieren. **2.** im Stabreim dichten. **alˌlit·er'a·tion** *s* Alliterati'on *f*, Stabreim *m.* **al'lit·er·a·tive** [-rətɪv; *Am. bes.* -ˌreɪtɪv] *adj* (*adv* **~ly**) allite'rierend, stab(reim)end: ~ **verse** Alliterations-, Stabreimvers *m.*
ˌall|-'mains *adj electr.* Allstrom..., Netzanschluß...: ~ **receiver.** **ˌ~-'met·al** *adj tech.* Ganzmetall...: ~ **construction** Ganzmetallbau(weise *f*) *m.*
'all-night *adj* **1.** die ganze Nacht geöffnet: **an** ~ **restaurant** ein Restaurant, das die ganze Nacht geöffnet hat. **2.** die ganze Nacht dauernd: **we had an** ~ **meeting** unsere Sitzung zog sich die ganze Nacht hin. **ˌall-'night·er** *s* etwas, was die ganze

Nacht dauert: **he had an ~ over his papers** er saß die ganze Nacht über s-n Akten.

allo- [æləʊ; ælə] *Wortelement mit der Bedeutung* anders..., Fremd...

al·lo·cate [ˈæləʊkeɪt; -lək-] *v/t* **1.** zuteilen, an-, zuweisen (**to** *dat*): **to ~ duties** Pflichten zuweisen; **to ~ shares** (*bes. Am.* **stocks**) Aktien zuteilen. **2.** a) (*nach e-m Schlüssel*) auf-, verteilen: **to ~ expenses** Unkosten verteilen, Gemeinkosten umlegen, b) *Güter* bewirtschaften, ratioˈnieren. **3.** *Geld etc* bestimmen, zuˈrücklegen (**to, for** für *j-n od. e-n Zweck*). **4.** den Platz bestimmen für. ˌ**al·loˈca·tion** *s* **1.** Zuteilung *f*, An-, Zuweisung *f*. **2.** a) Auf-, Verteilung *f*: **~ of expenses** Unkostenverteilung, Umlage *f* von Gemeinkosten; **~ of frequencies** *electr.* Wellen-, Frequenzverteilung, b) Bewirtschaftung *f*, Ratioˈnierung *f*.

ˌ**al·lo·chroˈmat·ic** *adj min.* allochroˈmatisch (*durch Beimengungen anders gefärbt, als es der Substanz nach zu erwarten wäre*).

al·loch·tho·nous [əˈlɒkθənəs; *Am.* -ˈlɑk-] *adj biol. geol.* alloˈchthon, nicht am Fundort heimisch *od.* entstanden.

al·lo·cu·tion [ˌæləʊˈkjuːʃn; -ləˈkj-] *s* **1.** ermahnende *od.* feierliche Ansprache. **2.** *R.C.* Allokutiˈon *f* (*päpstliche Ansprache*).

al·lo·di·al, al·lo·di·um → alo- [dial, alodium.]

al·log·a·mous [əˈlɒgəməs; *Am.* əˈlɑ-] *adj bot.* alloˈgam(isch). **alˈlog·a·my** *s* Allogaˈmie *f*, Fremdbestäubung *f*.

al·lo·graph [ˈæləʊgrɑːf; -ləg-; *bes. Am.* -græf] *s ling.* Alloˈgraph *n* (*Variante e-s Graphems*).

al·lom·e·try [əˈlɒmɪtrɪ; *Am.* -ˈlɑm-] *s biol.* Allomeˈtrie *f* (*Wachstum e-s Organs etc im Verhältnis zum Wachstum des übrigen Organismus*).

al·lo·morph [ˈæləʊmɔː(r)f; -ləm-] *s ling.* Alloˈmorph *n* (*Variante e-s Morphems*).

al·longe [əˈlɔ̃ːʒ; əˈlʌnʒ; æˈl-] *s econ.* Alˈlonge *f*, Verlängerungsabschnitt *m* (*an e-m Wechsel*).

al·lo·nym [ˈæləʊnɪm; -lən-] *s* Alloˈnym *n* (*Name e-r bekannten Persönlichkeit als Pseudonym*).

al·lo·path [ˈæləʊpæθ; -ləp-] *s med.* Alloˈpath *m*. ˌ**al·loˈpath·ic** *adj* (*adv* **~ally**) alloˈpathisch. **al·lop·a·thist** [əˈlɒpəθɪst; *Am.* -ˈlɑ-] → allopath. **alˈlop·a·thy** [-θɪ] *s* Allopaˈthie *f* (*Heilverfahren, bei dem gegen e-e Krankheit Mittel angewendet werden, die e-e der Krankheitsursache entgegengesetzte Wirkung haben*).

al·lo·phone [ˈæləʊfəʊn; -ləf-] *s ling.* Alloˈphon *n* (*Variante e-s Phonems*).

ˈ**al·lo·plasm** *s biol.* Fremdplasma *n* (*bei Kreuzungen*).

ˌ**all|-or-ˈnone** *adj* entweder in vollem Ausmaße *od.* überˈhaupt nicht eintretend, Entweder-oder-...: **an ~ reaction.** ˌ**~-or-ˈnoth·ing** *adj* **1.** → all-or-none. **2.** Alles-oder-nichts-..., komproˈmißlos.

al·lo·some [ˈæləʊsəʊm; -ləs-] *s biol.* Alloˈsom *n*, Geˈschlechts-chromoˌsom *n*.

al·lot [əˈlɒt; *Am.* əˈlɑt] *v/t* **1.** durch Los verteilen, auslosen. **2.** zuteilen, an-, zuweisen (**to** *dat*): **to ~ shares** (*bes. Am.* **stocks**) *econ.* Aktien zuteilen; **the ~ted time** die zugeteilte *od.* gewährte *od.* angesetzte Zeit *od.* Frist. **3.** *Geld etc* bestimmen, zuˈrücklegen (**to, for** für *j-n od. e-n Zweck*). **4.** *fig.* zuschreiben (**to** *dat*). **alˈlot·ment** *s* **1.** Ver-, Auslosung *f*, Verteilung *f*. **2.** Zuteilung *f*, An-, Zuweisung *f*: **letter** (*Am.* **certificate**) **of ~** Zuteilungsschein *m*. **3.** Parˈzelle *f*: **~ (garden)** *bes. Br.* Schrebergarten *m*. **4.** *mar. mil. etc* Überˈweisung *f* e-s festgesetzten Teils der Löhnung an e-n Angehörigen *etc*.

al·lo·trope [ˈæləʊtrəʊp; ˈælə-] *s chem.* Alloˈtrop *m*. ˌ**al·loˈtrop·ic** [-ˈtrɒpɪk; *Am.* -ˈtrɑ-] *adj* alloˈtropisch. **al·lot·ro·pism** [æˈlɒtrəpɪzəm; əˈl-; *Am.* əˈlɑ-], **al·lot·ro·py** [æˈlɒtrəpɪ; əˈl-; *Am.* əˈlɑ-] *s chem.* Allotroˈpie *f*, Vielgestaltigkeit *f*.

all'ot·ta·va [ˌæləˈtɑːvə; ˌɑːləʊ-] *adj u. adv mus.* all'otˈtava (*e-e Oktave höher od. tiefer*).

al·lot·tee [əˌlɒˈtiː; *Am.* əˌlɑ-] *s* (Zuteilungs)Empfänger(in), Bezugsberechtigte(r *m*) *f*. **al·lot·ter** [əˈlɒtə; *Am.* əˈlɑtər] *s* Zuteiler *m*.

ˌ**all|-ˈout** *adj colloq.* **1.** toˈtal, umˈfassend, Groß...: **~ effort** äußerste Anstrengung; **~ offensive** Großoffensive *f*; **~ war** totaler Krieg. **2.** *Am.* komproˈmißlos, radiˈkal: **an ~ reformer**; → **all** *Bes. Redew.* ˌ**~-ˈout·er** *s Am. colloq.* Radiˈkale(r *m*) *f*. ˈ**~ˌo·ver I** *s* **1.** Stoff *m* mit ˈdurchgehendem Muster. **2.** ˈdurchgehendes Muster. **II** *adj* **3.** ˈdurchgehend (*Muster etc*). **4.** Gesamt...

al·low [əˈlaʊ] **I** *v/t* **1.** a) erlauben, gestatten, b) zuerkennen, bewilligen, *a. mildernde Umstände, e-e Frist, Zeit* zubilligen, gewähren (*alle*: **s.o. s.th.** j-m etwas), c) zulassen: **to be ~ed to do s.th.** etwas tun dürfen; **smoking ~ed** Rauchen gestattet; **to ~ o.s.** sich erlauben *od.* gestatten *od.* gönnen; **we are ~ed five ounces a day** uns stehen täglich 5 Unzen zu; → **appeal** 7. **2.** *e-e Summe* aus-, ansetzen, zuwenden, geben. **3.** a) zugeben, einräumen, b) anerkennen, gelten lassen: **to ~ a claim. 4.** dulden, ermöglichen, lassen: **she ~ed the food to get cold** sie ließ das Essen kalt werden. **5.** in Abzug bringen, ab-, anrechnen, abziehen, absetzen, nachlassen, vergüten: **to ~ 10% for inferior quality**; **to ~ in full** voll vergüten. **6.** *Am. dial.* a) der Meinung sein, meinen, b) beabsichtigen, planen (**to do** zu tun). **II** *v/i* **7. ~ of** erlauben, gestatten, zulassen, ermöglichen (*acc*): **it ~s of no excuse** es läßt sich nicht entschuldigen. **8. ~ for** in Betracht ziehen, berücksichtigen, bedenken, ˈeinkalkuˌlieren (*acc*): **to ~ for s.o.'s inexperience** j-m s-e Unerfahrenheit zugute halten; **~ing for** unter Berücksichtigung (*gen*).

al·low·a·ble [əˈlaʊəbl] *adj* (*adv* **allowably**) **1.** erlaubt, zulässig: **~ tolerance** *tech.* zulässige Abweichung. **2.** rechtmäßig. **3.** abzugsfähig: **~ expenses.**

al·low·ance [əˈlaʊəns] **I** *s* **1.** Erlaubnis *f*, Be-, Einwilligung *f*. **2.** Anerkennung *f*. **3.** ausgesetzte Summe, (geldliche) Zuwendung, gewährter Betrag, Zuschuß *m*, Beihilfe *f*, Taschengeld *n*, Zuteilung *f*: **~ for rent, rental ~** Mietzuschuß, (*staatliches*) Wohngeld; **daily ~** Tagegeld *n*; **dress ~** Kleidergeld *n*; **monthly ~** Monatszuschuß, -wechsel *m* (*bes. für Studenten*); → **family allowance, travel allowance. 4.** Entschädigung *f*, Vergütung *f*: **(expense) ~** Aufwandsentschädigung. **5.** *econ.* a) Nachlaß *m*, Raˈbatt *m*, Ermäßigung *f*: **~ for cash** Skonto *n*, b) Abschreibung *f*: **(tax) ~** *Br.* (Steuer-)Freibetrag *m*; **initial ~s** *Br.* Sonderabschreibungen bei Neuanschaffungen. **6.** *fig.* Nachsicht *f*: **to make ~(s) for** in Betracht ziehen, berücksichtigen, bedenken, einkalkulieren; **to make ~s for s.o.'s inexperience** j-m s-e Unerfahrenheit zugute halten. **7.** *math. tech.* Toleˈranz *f*, zulässige Abweichung, Spiel(raum *m*) *n*. **8.** *sport* Vorgabe *f*. **II** *v/t* **9.** a) *j-n* auf Ratiˈonen setzen, b) *Güter* ratioˈnieren. **10.** *j-m Geld* regelmäßig anweisen.

al·low·ed·ly [əˈlaʊɪdlɪ] *adv* a) zugegebenermaßen, b) anerkanntermaßen.

al·loy I *s* [ˈælɔɪ; *fig.* əˈlɔɪ] **1.** *tech.* a) Meˈtalleˌgierung *f*, b) Leˈgierung *f*, Mischung *f*, Gemisch *n* (*a. fig.*): **~ steel** legierter Stahl. **2.** *fig.* (Bei)Mischung *f*, Zusatz *m*: **pleasure without ~** ungetrübte Freude. **II** *v/t* [əˈlɔɪ; ˈælɔɪ] **3.** *Metalle* leˈgieren, (ver)mischen, versetzen: **~ing component** Legierungsbestandteil *m*. **4.** *fig.* verschlechtern, trüben, stören. **III** *v/i* [əˈlɔɪ; ˈælɔɪ] **5.** sich (ver)mischen (*Metalle*).

ˈ**all-ˌpar·ty** *adj* Allparteien...

ˌ**all-play-ˈall** *s sport Br. Turnier, bei dem jeder gegen jeden antritt.*

ˈ**all|-ˌpur·pose** *adj* für jeden Zweck verwendbar, Allzweck..., Universal...: **~ tool**; **~ gun** *mil.* Allzielgeschütz *n*; **~ slicer** Allesschneider *m*. ˌ**~-ˈround** *adj* **1.** all-, vielseitig: **an ~ athlete** ein Allroundsportler; **an ~ education** e-e vielseitige *od.* umfassende Bildung; **~ man** → all-rounder 1; **~ tool** Universalwerkzeug *n*; **~ defence** (*Am.* **defense**) *mil.* Rundumverteidigung *f*. **2.** Gesamt..., gloˈbal, pauˈschal: **~ cost.** ˌ**~-ˈround·er** *s* **1.** Alleskönner *m*, Allerˈweltskerl *m*. **2.** *sport* a) Allroundsportler *m*, b) *bes. Br.* Allroundspieler *m*. **A~ Saints' Day** *s relig.* Allerˈheiligen *n*. **A~ Souls' Day** *s relig.* Allerˈseelen *n*. ˈ**~-spice** *s* **1.** *bot.* Piˈmentbaum *m*. **2.** Piˈment *m, n*, Nelkenpfeffer *m*. ˈ**~-star** *adj sport thea.* Star...: **an ~ team**; **an ~ cast** e-e Star- *od.* Galabesetzung. ˈ**~-steel** *adj tech.* Ganzstahl... ˈ**~-terˌrain** *adj mot.* geländegängig: **~ vehicle** Geländefahrzeug *n*. ˈ**~-ˌtick·et** *adj* ausverkauft: **an ~ match.** ˈ**~-time** *adj* **1.** hauptamtlich, -beruflich, Voll...: **~ job** Ganztagsbeschäftigung *f*. **2.** *fig.* beispiellos, bisher unerreicht: **an ~ record**; **~ high** Höchstleistung *f od.* -stand *m*, Rekordhöhe *f*; **~ low** tiefster Punkt, Tiefstand *m*, *sport* (Zuschauer)Minusrekord *m*.

al·lude [əˈluːd] *v/i* (**to**) anspielen (auf *acc*), andeuten (*acc*).

ˈ**all-up weight** *s aer.* Gesamt(flug)gewicht *n*.

al·lure [əˈljʊə; *bes. Am.* əˈlʊə(r)] *v/t u. v/i* **1.** an-, verlocken. **2.** a) gewinnen, ködern (**to** für), b) abbringen (**from** von). **3.** anziehen, bezaubern. **alˈlure·ment** *s* **1.** (Ver)Lockung *f*. **2.** Lockmittel *n*, Köder *m*. **3.** Anziehungskraft *f*, Zauber *m*, Reiz *m*, Charme *m*. **alˈlur·ing** *adj* (*adv* **~ly**) (ver)lockend, verführerisch, reizend.

al·lu·sion [əˈluːʒn] *s* **1.** (**to**) Anspielung *f* (auf *acc*), Andeutung *f* (*gen*). **2.** Anspielung *f*, ˈindiˌrekte Bezugnahme (*bes. e-s Schriftstellers*). **alˈlu·sive** [-sɪv] *adj* (*adv* **~ly**) **1.** anspielend (**to** auf *acc*), verblümt. **2.** voller Anspielungen.

al·lu·vi·a [əˈluːvjə; -vɪə] *pl von* **alluvium.**

al·lu·vi·al [əˈluːvjəl; -vɪəl] *geol.* **I** *adj* angeschwemmt, alluviˈal: **~ cone** Schwemmkegel *m*; **~ gold** Alluvial-, Seifengold *n*; **~ ore deposit** Erzseife *f*; **~ soil** Alluvialboden *m*. **II** *s* Schwemmland *n*.

al·lu·vi·on [əˈluːvjən; -vɪən] *s* **1.** Anspülung *f*. **2.** Alluviˈon *f*: a) angeschwemmtes Land, b) *jur.* Landvergrößerung *f* durch Anschwemmung.

al·lu·vi·um [əˈluːvjəm; -vɪəm] *pl* **-vi·ums** [-z] *od.* **-vi·a** [-ə] (*Lat.*) *s geol.* Alˈluvium *n*, Schwemmland *n*.

ˈ**all|-wave** *adj electr.* Allwellen...: **~ receiving set.** ˈ**~-ˌweath·er** *adj* Allwetter...: **~ roof**; **~ fighter** *aer. mil.* Allwetterjäger *m*. ˈ**~-wheel** *adj tech.* Allrad...: **~ brake**; **~ drive**; **~ steering.** ˈ**~-wing** *adj*: **~ type aircraft** Nurflügelflugzeug *n*.

al·ly [əˈlaɪ] **I** *v/t* **1.** (*durch Heirat, Bündnis*

od. Freundschaft, Verwandtschaft, Ähnlichkeit) verbinden, -einigen (**to, with** mit): **to ~ o.s.** → 2; → **allied. II** *v/i* **2.** sich vereinigen, sich verbinden, sich verbünden (**to, with** mit). **III** *s* [ˈælaɪ] **3.** Alliˈierte(r *m*) *f*, Verbündete(r *m*) *f*, Bundesgenosse *m*, Bundesgenossin *f* (*a. fig.*). **4.** *bot. zo.* verwandte Sippe.
al·lyl [ˈælɪl] *s chem.* Alˈlyl *n*: **~ alcohol.**
alm [ɑːm; *Am. a.* ɑːlm] *s* Almosen *n*.
Al·ma Ma·ter [ˌælməˈmɑːtə(r)] (*Lat.*) *s* Alma mater *f* (*Universität, Hochschule*).
al·ma·nac [ˈɔːlmənæk; *Am. a.* ˈæl-] *s* Almanach *m*, Kaˈlender *m*, Jahrbuch *n*.
al·man·dine [ˈælməndiːn; -daɪn] *s min.* Almanˈdin *m*, roter Graˈnat.
al·might·i·ness [ɔːlˈmaɪtɪnɪs] *s* Allmacht *f*. **alˈmight·y** *adj* **1.** allˈmächtig: **the A~** der Allmächtige, Gott; **the ~ dollar** die Allmacht des Geldes. **2.** *colloq.* (*a. adv*) a) riesig, ‚mächtig': **an ~ row** ein fürchterlicher Streit, b) scheußlich, ganz verflixt: **he's in an ~ situation.**
al·mond [ˈɑːmənd; *Am. a.* ˈæm-; ˈælm-] *s* **1.** *bot.* Mandel(baum *m*) *f*. **2.** Mandelfarbe *f*. **3.** mandelförmiger Gegenstand. ˌ**~-ˈeyed** *adj* mit mandelförmigen Augen, mandeläugig. **~ milk** *s pharm.* Mandelmilch *f*.
al·mon·er [ˈɑːmənə(r); ˈæl-] *s* **1.** *hist.* Almosenpfleger *m*. **2.** *Br.* Soziˈalarbeiter(in) im Krankenhaus. ˈ**al·mon·ry** [-rɪ] *s hist.* **1.** Wohnung *f* e-s Almosenpflegers. **2.** Kloster *n etc*, wo Almosen verteilt wurden.
al·most [ˈɔːlməʊst] *adv* fast, beinah(e), nahezu.
alms [ɑːmz; *Am. a.* ɑːlmz] *s* **1.** (*meist als pl konstruiert*) Almosen *n*. **2.** (*als sg konstruiert*) *obs.* Armenhilfe *f*. **3.** (*als sg konstruiert*) *relig. Br.* Kolˈlekte *f*. **~ box** *s relig. Br.* Opferbüchse *f*, -stock *m*. **~ dish** *s relig.* Opferteller *m*. **~ fee** *s R.C.* Peterspfennig *m*. ˈ**~house** *s* **1.** *Br.* a) priˈvates Altenheim, b) privates Wohnheim für soziˈal Schwache. **2.** *hist.* Armenhaus *n* (mit Arbeitszwang). ˈ**~man** [-mən] *s irr hist.* Almosenempfänger *m*.
a·lo·di·al [əˈləʊdjəl; -ɪəl] **I** *adj* allodiˈal, (lehens)zinsfrei u. erb-eigen. **II** *s* Allodiˈalbesitz *m*. **aˈlo·di·um** [-əm] *pl* **-di·a** [-ə] *s* Alˈlodium *n*, Freigut *n*.
al·oe [ˈæləʊ] *pl* **-oes** *s* **1.** *bot.* Aloe *f*. **2.** *meist pl* (*als sg konstruiert*) *pharm.* Aloe *f* (*Abführmittel*). **3.** *pl* (*als sg konstruiert*) → **aloeswood.**
al·oes·wood [ˈæləʊzwʊd] *s bot.* Adler-, Paraˈdies-, Aloeholz *n*.
al·o·et·ic [ˌæləʊˈetɪk; *Am.* -əˈw-] *chem. pharm.* **I** *adj* aloˈetisch: **~ acid** Aloesäure *f*. **II** *s* ˈAloepräpaˌrat *n*.
a·loft [əˈlɒft] *adv* **1.** *poet.* hoch (oben *od.* hinˈauf), in der *od.* die Höhe, emˈpor, droben, im Himmel. **2.** *mar.* oben, in der Takelung.
a·log·i·cal [eɪˈlɒdʒɪkl; *Am.* -ˈlɑ-] *adj* alogisch.
a·lone [əˈləʊn] **I** *adj* **1.** alˈlein: → **leave alone, let alone, let**[1] *Bes. Redew.*, **stand** 15. **2.** *selten* einzig(artig), ohneˈgleichen. **II** *adv* **3.** alˈlein, bloß, nur.
a·long [əˈlɒŋ] **I** *prep* **1.** entlang (*dat od. acc*), längs (*gen, a. dat*), an (*dat*) ... vorˈbei, an (*dat*) ... hin: **~ the river** am *od.* den Fluß entlang, entlang dem Fluß. **2.** während (*gen*), im Laufe von (*od. gen*): **~ about July 25** *Am. colloq.* um den 25. Juli (herum); → **all** *Bes. Redew.* **II** *adv* **3. ~ by** → 1. **4.** (weiter) fort, vorwärts, weiter: → **get along. 5.** daˈhin: **as he rode ~. 6. ~ with** (zuˈsammen) mit: **to take ~ (with o.s.)** mitnehmen; → **come along, go along. 7.** *colloq.* da, her, hin: **I'll be ~ in a few minutes** ich bin in ein paar Minuten da. **8. right ~** *Am. colloq.* ständig, fortwährend. **9. ~ of** *Am. dial.* wegen (*gen*).
a·long·shore [əˌlɒŋˈʃɔː(r); *Am. a.* -ˈʃəʊr] *adv u. adj* längs der Küste.
a·long·side [əˌlɒŋˈsaɪd; əˈlɒŋsaɪd] **I** *adv* **1.** *mar.* längsseits. **2.** Seite an Seite, neben(ˈher). **3.** *colloq.* (**of, with**) verglichen (mit), im Vergleich (zu), neben (*dat*). **II** *prep* **4.** neben (*dat od. acc*), längsseits (*gen*). **5.** im gleichen Ausmaß wie.
a·loof [əˈluːf] **I** *adv* fern, entfernt, abseits, von fern: **to hold** (*od.* **keep**) **(o.s.) ~, to stand ~** sich fernhalten (**from** von), für sich bleiben, Distanz wahren. **II** *pred adj* a) fern, abseits, b) reserˈviert, zuˈrückhaltend. **aˈloof·ness** *s* Zuˈrückhaltung *f*, Reserˈviertheit *f*.
al·o·pe·ci·a [ˌæləʊˈpiːʃɪə; -ʃə] *s med.* Alopeˈzie *f*: a) krankhafter Haarausfall, b) Kahlheit *f*.
a·loud [əˈlaʊd] *adv* laut, mit lauter Stimme.
a·low [əˈləʊ] *adv mar.* (nach) unten.
alp [ælp] *s* hoher Berg (in den Alpen).
al·pac·a [ælˈpækə] *s* **1.** *zo.* Pako *m*, Alˈpaka *n*, Peruˈanisches Kaˈmel. **2.** Alˈpakahaar *n*, -wolle *f*, -stoff *m*.
ˈ**al·pen|·glow** [ˈælpən-] *s* Alpenglühen *n*. ˈ**~horn** *s mus.* Alphorn *n*. ˈ**~stock** *s* Bergstock *m*.
al·pes·tri·an [ælˈpestrɪən] *s* Alpiˈnist(in).
al·pes·trine [ælˈpestrɪn] *adj bot.* subalˈpinisch.
al·pha [ˈælfə] *s* **1.** Alpha *n* (*griechischer Buchstabe*): **~ particle** *phys.* Alphateilchen *n*; **~ rays** *phys.* Alphastrahlen. **2.** *fig.* Alpha *n*, der (die, das) erste *od.* beste, Anfang *m*: **~ and omega** der Anfang u. das Ende, das A u. O. **3.** *ped. Br.* Eins *f*, Sehr Gut *n* (*Note*): **~ plus** a) plus Eins, Eins mit Sternchen, b) *fig.* hervorragend, erstklassig; **~ test** *psych. Am.* Alpha-Test *m* (*Intelligenzprüfung*).
al·pha·bet [ˈælfəbɪt; -bet] **I** *s* **1.** Alphaˈbet *n*, Abˈc *n*, Abeˈce *n*: **~ noodles** Buchstabennudeln. **2.** *fig.* ˈGrundeleˌmente *pl*, Anfangsgründe *pl*, Abˈc *n*. **II** *v/t Am.* → **alphabetize.**
al·pha·bet·ar·i·an [ˌælfəbeˈteərɪən] *s* Abˈc-Schütze *m*.
al·pha·bet·ic [ˌælfəˈbetɪk] *adj*; ˌ**al·phaˈbet·i·cal** [-kl] *adj* (*adv* **~ly**) alphaˈbetisch: **~ accounting machine** (*Computer*) alphabetschreibende Tabelliermaschine; **~ agency** Institution *f* mit abgekürzter Bezeichnung; **~ interpreter** (*Computer*) Alpha(bet)lochschriftübersetzer *m*; **~ order** alphabetische Anordnung *od.* Reihenfolge; **in ~ order** alphabetisch (an)geordnet; **~ printing punch** (*Computer*) Alpha(bet)schreiblocher *m*.
al·pha·bet·ize [ˈælfəbətaɪz; -bet-] *v/t* alphabetiˈsieren, alphaˈbetisch (an)ordnen.
al·pha·nu·mer·ic [ˌælfənjuːˈmerɪk; *Am. a.* -nʊˈm-] *adj Computer*: alphanuˈmerisch.
ˈ**alp·horn** → **alpenhorn.**
Al·pine [ˈælpaɪn] *adj* **1.** Alpen... **2.** *a.* **a~** alˈpin, (Hoch)Gebirgs...: **~ combined** (*Skisport*) Alpine Kombination; **~ lake** Bergsee *m*; **~ race** (*Anthropologie*) alpine Rasse; **~ sun** *med.* Höhensonne *f*; **~ troops** *mil.* (Hoch)Gebirgstruppen, Gebirgsjäger.
Al·pin·ism, *a.* **a~** [ˈælpɪnɪzəm] *s* **1.** Alpiˈnismus *m*, Alpiˈnistik *f*. **2.** alˈpiner Skisport. ˈ**Al·pin·ist** *s* **1.** Alpiˈnist(in). **2.** *Skisport*: Alˈpine(r *m*) *f*.
al·read·y [ɔːlˈredɪ] *adv* schon, bereits.
al·right [ˌɔːlˈraɪt] *Br. colloq. od. Am. für* **all right** (→ **all** *Bes. Redew.*).
Al·sa·tian [ælˈseɪʃjən; -ʃən] **I** *adj* **1.** elsässisch, Elsässer: **~ dog** → 3. **II** *s* **2.** Elsässer(in). **3.** Schäferhund *m*.
al·so [ˈɔːlsəʊ] **I** *adv* auch, ferner, außerdem, gleich-, ebenfalls. **II** *conj colloq.* und.
ˈ**al·so-ran** *s* **1.** *sport Teilnehmer an e-m Rennen* (*Läufer, Pferd etc*), *der sich nicht plazieren kann*: **she was an ~** sie kam unter ‚ferner liefen' ein. **2.** *colloq.* a) *j-d, der od. etwas, was nicht besonders gut abschneidet*, b) Versager *m*, ‚Niete' *f*, c) ‚Null' *f* (*unbedeutende Person*): **he is an ~** er kommt unter ‚ferner liefen'.
alt [ælt] *s mus.* Alt(stimme *f*) *m*: **in ~** a) in der Oktave über dem Violinsystem, b) *fig.* in gehobener Stimmung, hingerissen.
al·tar [ˈɔːltə(r)] *s* **1.** *relig.* Alˈtar *m*: **to lead to the ~** *j-n* zum Altar führen, heiraten. **2.** *relig.* Abendmahlstisch *m*. **3.** *mar.* Stufenweg *m* (*am Trockendock*). **~ boy** *s* Miniˈstrant *m*. **~ cloth** *s* Alˈtardecke *f*. ˈ**~piece** *s* Alˈtarbild *n*, -blatt *n*, -gemälde *n*. **~ rail** *s* Alˈtargitter *n*. **~ screen** *s* Alˈtarrückwand *f*, Reˈtabel *n*.
alt·az·i·muth [ælˈtæzɪməθ] *s astr.* Altaziˈmut *n* (*Meßinstrument*).
al·ter [ˈɔːltə(r)] **I** *v/t* **1.** (ver)ändern, ab-, ˈumändern: **~ing with intent to defraud** *jur.* Verfälschen *n* (*e-r echten Urkunde*); **this does not ~ the fact that** ... das ändert nichts an der Tatsache, daß ... **2.** *bes. Am. colloq. Tiere* kaˈstrieren. **3.** *mus.* alteˈrieren. **II** *v/i* **4.** sich (ver-) ändern. ˈ**al·ter·a·ble** *adj* (*adv* **alterably**) veränderlich: **it is (not) ~** es läßt sich (nicht) (ab)ändern.
al·ter·a·tion [ˌɔːltəˈreɪʃn] *s* **1.** Änderung *f* (**to** an *dat*), Ver-, Ab-, ˈUmänderung *f* (*Vorgang u. Ergebnis*): **~ fee** (*Touristik*) Umbuchungsgebühr *f*. **2.** *arch.* ˈUmbau *m*. **3.** *mus.* Alteratiˈon *f*, Alteˈrierung *f*.
ˈ**al·ter·a·tive** [-rətɪv; *Am. bes.* -ˌreɪtɪv] **I** *adj* verändernd. **II** *s med.* Alteraˈtiv *n*, Blutreinigungsmittel *n*.
al·ter·cate [ˈɔːltə(r)keɪt] *v/i* e-e heftige Auseinˈandersetzung haben. ˌ**al·terˈca·tion** *s* heftige Auseinˈandersetzung.
al·ter e·go [ˌæltərˈegəʊ; -ˈiːgəʊ; *Am.* ˌɔːltəˈriːgəʊ] (*Lat.*) *s* Alter ego *n*: a) (das) andere Ich, b) Busenfreund(in).
al·ter·nant [ɔːlˈtɜːnənt; *Am.* ˈɔːltər-] **I** *adj* abwechselnd. **II** *s math.* alterˈnierende Größe.
al·ter·nate [ɔːlˈtɜːnət; *Am.* ˈɔːltər-] **I** *adj* **1.** (miteinˈander) abwechselnd, alterˈnierend, wechselseitig: **~ angles** *math.* Wechselwinkel; **~ position** *mil.* Ausweich-, Wechselstellung *f*; **~ routing** *tech.* Umwegsteuerung *f*; **on ~ days** (abwechselnd) jeden zweiten Tag. **2.** *bot.* wechselständig. **II** *s* **3.** *Am.* Stellvertreter *m*. **III** *v/t* [ˈɔːltə(r)neɪt] **4.** wechselweise tun. **5.** abwechseln lassen. **6.** (*miteinander*) vertauschen, versetzen, *a. tech.* versetzt anordnen. **7.** *tech.* ˈhin- u. ˈherbewegen. **8.** *electr.* durch Wechselstrom in Schwingungen versetzen. **9.** *electr. tech.* (periˈodisch) verändern. **IV** *v/i* [ˈɔːltə(r)neɪt] **10.** wechselweise (*aufeinander*) folgen, alterˈnieren, (*miteinander*) abwechseln. **11.** *electr.* wechseln (*Strom*).
al·ter·nate·ly [ɔːlˈtɜːnətlɪ; *Am.* ˈɔːltər-] *adv* abwechselnd, wechselweise. **al·ter·nat·ing** [ˈɔːltə(r)neɪtɪŋ] *adj* abwechselnd, Wechsel...: **~ current** *electr.* Wechselstrom *m*; **~ perforation** *tech.* Zickzacklochung *f*; **~ three-phase current** *electr.* Drehstrom *m*.
al·ter·na·tion [ˌɔːltə(r)ˈneɪʃn] *s* **1.** Abwechslung *f*, Wechsel *m*, Alterˈnieren *n*, wechselseitige Folge: **~ of generations** *biol.* Generationswechsel. **2.** *math.* a) Permutatiˈon *f*, b) alterˈnierende Proportiˈon. **3.** *relig.* Responˈsorium *n* (*Wechselgesang*). **4.** *electr.* (Strom)Wechsel *m*, ˈHalbperiˌode *f*.
al·ter·na·tive [ɔːlˈtɜːnətɪv; *Am.* -ˈtɜr-]

I *adj* **1.** alternaˈtiv, wahlweise, einˈander ausschließend, Ersatz...: ~ **airfield** Ausweichflugplatz *m*; ~ **birthing** natürliche Geburt; ~ **energy** alternative Energie; ~ **frequency** *electr.* Ausweichfrequenz *f*; ~ **proposal** Gegenvorschlag *m*; ~ **society** alternative Gesellschaft. **2.** ander(er, e, es) (*von zweien*). **II** *s* **3.** (**to**) Alternaˈtive *f* (zu), Wahl *f*, Ausweg *m* (für): **to have no (other)** ~ keine andere Möglichkeit *od.* Wahl haben (**but to** *inf* als zu *inf*). **alˈter·na·tive·ly** *adv* im anderen Falle, ersatz-, hilfs-, wahlweise.

al·ter·na·tor [ˈɔːltə(r)neɪtə(r)] *s electr.* ˈWechselstromgeneˌrator *m.*

al·th(a)e·a [ælˈθiːə] *s bot.* Alˈthee *f*, Eibisch *m.*

Al·thing [ˈɑːlθɪŋ; ˈɔːl-; ˈæl-] *s* Althing *n* (*Parlament von Island*).

al·tho [ɔːlˈðəʊ] *Am. Nebenform für* **although.**

alt·horn [ˈælthɔː(r)n] *s mus.* Althorn *n.*

al·though [ɔːlˈðəʊ] *conj* obˈwohl, obˈgleich, wenn auch.

al·ti·graph [ˈæltɪɡrɑːf; *bes. Am.* -ɡræf] *s phys.* Höhenschreiber *m.*

al·tim·e·ter [ælˈtɪmɪtə(r)] *s phys.* Höhenmesser *m.*

al·ti·tude [ˈæltɪtjuːd; *Am. a.* -ˌtuːd] *s* **1.** *aer. astr. math.* Höhe *f*, (absoˈlute) Höhe (*über dem Meeresspiegel*), Flughöhe *f*: **at an** ~ **of** in e-r Höhe von; ~ **cabin** Unterdruckkammer *f*; ~ **control** Höhensteuerung *f*; ~ **sickness** Höhenkrankheit *f*; ~ **of the sun** Sonnenstand *m*; **to lose** ~ *aer.* an Höhe verlieren. **2.** *meist pl* Höhe *f*, Gipfel *m*, hochgelegene Gegend: **mountain ~s** Berghöhen. **3.** *fig.* Erhabenheit *f*. **ˌal·tiˈtu·di·nal** [-dɪnl] *adj* Höhen...

al·to [ˈæltəʊ] *pl* **-tos** *s mus.* Alt *m*: a) Altstimme *f*, b) Alˈtist(in), c) ˈAltinstruˌment *n*, *bes.* Viˈola *f*, Bratsche *f*, d) ˈAltparˌtie *f*. ~ **clef** *s mus.* Altschlüssel *m.*

ˌal·toˈcu·mu·lus *s irr meteor.* Altoˈkumulus *m* (*Haufenwolke in mittlerer Höhe*).

al·to·geth·er [ˌɔːltəˈɡeðə(r)] **I** *adv* **1.** insgesamt. **2.** ganz (u. gar), gänzlich, völlig. **3.** im ganzen genommen. **II** *s* **4. in the** ~ *humor.* im Adams- *od.* Evaskostüm.

al·to-re·lie·vo [ˌæltəʊrɪˈliːvəʊ; -rɪlˈjeɪ-] *s* ˈHochreliˌef *n.*

ˌal·toˈstra·tus *s irr meteor.* Altoˈstratus *m* (*Schichtwolke in mittlerer Höhe*).

al·tru·ism [ˈæltrʊɪzəm] *s* Altruˈismus *m*, Nächstenliebe *f*, Selbstlosigkeit *f*. **ˈal·tru·ist** *s* Altruˈist(in). **ˌal·truˈis·tic** *adj* (*adv* **~ally**) altruˈistisch.

al·u·del [ˈæljʊdel] *s chem.* Aluˈdel *m.*

al·um [ˈæləm] *s chem.* Aˈlaun *m.*

a·lu·mi·na [əˈljuːmɪnə; *bes. Am.* əˈluː-] *s chem.* Tonerde *f*, Aluˈminiumoˌxyd *n.* **aˈlu·mi·nate** [-neɪt; *Am. bes.* -nət] **I** *s* Alumiˈnat *n.* **II** *v/t* → **aluminize. al·u·min·ic** [ˌæljʊˈmɪnɪk] *adj* aluˈminiumhaltig, Aluminium... **a·lu·mi·nide** [əˈljuːmɪnaɪd; *bes. Am.* əˈluː-] *s* aluˈminiumhaltige Leˈgierung. **aˌlu·miˈnif·er·ous** [-ˈnɪfərəs] *adj* aluˈminiumhaltig. **aˈlu·mi·nite** [-naɪt] *s min.* Alumiˈnit *m.*

al·u·min·i·um [ˌæljʊˈmɪnjəm; -ɪəm] *chem.* **I** *s* Aluˈminium *n.* **II** *adj* Aluminium...: ~ **oxide** → **alumina**; ~ **sulfate** Aluminiumsulfat *n.* **a·lu·mi·nize** [əˈljuːmɪnaɪz; *bes. Am.* əˈluː-] *v/t chem.* **1.** mit Aˈlaun *od.* Tonerde behandeln *od.* versetzen. **2.** mit Aluˈminium überˈziehen.

a·lu·mi·nous [əˈljuːmɪnəs; *bes. Am.* əˈluː-] *adj chem.* Aˈlaun *od.* Aluˈminium enthaltend *od.* betreffend.

a·lu·mi·num [əˈluːmənəm] *Am. für* **aluminium.**

a·lum·na [əˈlʌmnə] *pl* **-nae** [-niː] *s Am.* **1.** ehemalige Stuˈdentin *od.* Schülerin. **2.** *colloq.* ehemaliges Mitglied (*e-r Organisation etc*). **aˈlum·nor** [-nər; -ˌnɔːr] *s Am.* ‚Ehemaligen-Betreuer' *m.* **aˈlum·nus** [-nəs] *pl* **-ni** [-ˌnaɪ] *s Am.* **1.** ehemaliger Stuˈdent *od.* Schüler. **2.** *colloq.* ehemaliges Mitglied (*e-r Organisation etc*).

al·um| rock → **alunite. ˈ~·root** *s bot.* Aˈlaunwurzel *f*. ~ **schist,** ~ **shale,** ~ **slate** *s min.* Aˈlaunschiefer *m*. **~stone** → **alunite.**

al·u·nite [ˈæljʊnaɪt; *Am. a.* ˈæləˌn-] *s min.* Aluˈnit *m.*

al·ve·o·lar [ælˈvɪələ(r); ˌælvɪˈəʊ-] **I** *adj* **1.** alveoˈlär: a) fächerig, zellen-, wabenförmig, b) *anat.* Zahnfächer *od.* den Zahndamm betreffend. **2.** *physiol.* die Lungenbläs-chen betreffend. **3.** *ling.* alveoˈlar, am Zahndamm artikuˈliert. **II** *s* **4.** *a.* ~ **arch** *anat.* Zahnhöhlenbogen *m.* **5.** *ling.* Alveoˈlar *m.*

al·ve·o·late [ælˈvɪələt] → **alveolar** 1 a.

al·ve·ole [ˈælvɪəʊl], **alˈve·o·lus** [-ləs] *pl* **-li** [-laɪ] *s anat.* Alveˈole *f*: a) Zahnfach *n* (*im Kiefer*), b) Lungenbläs-chen *n.*

al·vine [ˈælvɪn; -vaɪn] *adj med. obs.* den Darm *od.* Bauch betreffend.

al·ways [ˈɔːlweɪz; -wɪz] *adv* **1.** immer, jederzeit, stets, ständig. **2.** auf jeden Fall, immerˈhin.

a·lys·sum [ˈælɪsəm; *Am.* əˈlɪsəm] *s bot.* Steinkraut *n.*

am [æm] *1. sg pres von* **be.**

am·a·dou [ˈæmədu:] *s* Feuerschwamm *m.*

a·mah [ˈɑːmə; ˈæmə] *s Br. Ind.* Amme *f*, Kinderfrau *f*.

a·main [əˈmeɪn] *adv obs. od. poet.* **1.** mit (aller) Macht. **2.** außerordentlich.

Am·a·lek·ite [əˈmæləkaɪt; *Am. a.* ˈæməˌlekaɪt] *s Bibl.* Amaleˈkiter *m.*

a·mal·gam [əˈmælɡəm] **I** *s* **1.** *chem. tech.* a) Amalˈgam *n*, b) innige (Stoff)Verbindung, Mischung *f*. **2.** *fig.* Mischung *f*, Verschmelzung *f*. **II** *v/t* → **amalgamate** 1.

a·mal·gam·ate [əˈmælɡəmeɪt] *v/t u. v/i* **1.** *chem. tech.* a) (sich) amalgaˈmieren, b) *a. fig.* (sich) vereinigen, verschmelzen. **2.** *fig.* (sich) zs.-schließen, *econ. a.* fusioˈnieren. **a·mal·gam·a·tion** [əˌmælɡəˈmeɪʃn] *s* **1.** Amalgaˈmieren *n.* **2.** Vereinigung *f*, -schmelzung *f*, Zs.-schluß *m*, Zs.-legung *f*, *econ. a.* Fusiˈon *f*.

a·man·u·en·sis [əˌmænjʊˈensɪs; *Am.* -jəˈw-] *pl* **-ses** [-siːz] *s* Amanuˈensis *m*, (Schreib)Gehilfe *m*, Sekreˈtär(in).

am·a·ranth [ˈæməræn θ] *s* **1.** *bot.* Amaˈrant *m*, Fuchsschwanz *m.* **2.** *poet.* unverwelkliche Blume. **3.** Amaˈrantfarbe *f*, Purpurrot *n.*

am·a·relle [ˈæmərel; ˌæməˈrel] *s bot.* Amaˈrelle *f*, Glaskirsche *f*.

am·a·ryl·lis [ˌæməˈrɪlɪs] *s bot.* **1.** Amaˈryllis *f*. **2.** Ritterstern *m.*

a·mass [əˈmæs] *v/t* an-, aufhäufen, ansammeln. **aˈmass·ment** *s* Anhäufung *f*, Ansammlung *f*.

am·a·teur [ˈæmətə(r); -tjʊə(r); *Am. a.* -ˌtɜr; -ˌtʊr] *s* Amaˈteur *m*: a) (Kunst-*etc*)Liebhaber(in): ~ **painter** Sonntagsmaler(in); ~ **value** Liebhaberwert *m*, b) Amaˈteursportler(in): ~ **boxer** Amateurboxer *m*; ~ **flying** Sportfliegerei *f*; ~ **status** Amateureigenschaft *f*, -status *m*, c) Nichtfachmann *m*, *contp.* Dilet-ˈtant(in), Stümper(in): ~ **detective** Amateurdetektiv *m*, d) Bastler(in): ~ (**frequency**) **band** (*Funk*) Amateurband *n.* **am·a·teur·ish** [ˌæməˈtɜːrɪʃ; -ˈtjʊə-; *Am.* -ˈtɜr-; -ˈtʊr-] *adj* diletˈtantisch. **ˈam·a·teur·ism** [-tərɪzəm] *s* **1.** *sport* Amateuˈrismus *m.* **2.** *contp.* Diletˈtantentum *n.*

A·ma·ti [əˈmɑːtɪ; ɑː-] *s mus.* Aˈmati *f* (*Violine*).

am·a·tive [ˈæmətɪv] *adj* Liebes... **ˈam·a·tive·ness** *s* Sinnlichkeit *f*, Liebesdrang *m.*

am·a·to·ry [ˈæmətərɪ; *Am.* -ˌtəʊriː; -ˌtɔː-] *adj* amouˈrös, sinnlich, eˈrotisch, Liebes...

a·maze [əˈmeɪz] *v/t* in (Er)Staunen versetzen, überˈraschen, verwundern, verblüffen. **aˈmazed** *adj* erstaunt, verblüfft, überˈrascht (**at** über *acc*). **aˈmaz·ed·ly** [-ɪdlɪ] *adv.* **aˈmaze·ment** *s* (Er)Staunen *n*, Überˈraschung *f*, Verwunderung *f*, -blüffung *f*.

a·maz·ing [əˈmeɪzɪŋ] **I** *adj* (*adv* **~ly**) **1.** erstaunlich, verblüffend. **2.** unglaublich, ‚furchtbar', ‚toll'. **II** *adv Am. dial.* → 2.

Am·a·zon [ˈæməzən; *Am. a.* -ˌzɑn] *s* **1.** *antiq.* Amaˈzone *f*. **2.** *a.* **a~** *fig.* Amaˈzone *f*, Mannweib *n.* **3.** *a.* ~ **ant** Amaˈzonenameise *f*.

Am·a·zo·ni·an [ˌæməˈzəʊnjən; -ɪən] *adj* **1.** amaˈzonenhaft, Amazonen... **2.** *geogr.* Amazonas...

am·bag·es [æmˈbeɪdʒiːz; ˈæmbɪdʒɪz] *s pl obs.* **1.** ˈUmschweife *pl.* **2.** Winkelzüge *pl.*

am·bas·sa·dor [æmˈbæsədə(r)] *s* **1.** *pol.* a) *a.* ~ **extraordinary** Gesandte(r) *m* (*in e-m bestimmten Auftrag*), Bevollmächtigte(r) *m*, b) *a.* ~ **extraordinary and plenipotentiary** Botschafter *m* (**to** in *e-m Land*): **~-at-large** *Am.* Sonderbotschafter. **2.** Abgesandte(r) *m*, Bote *m* (*a. fig.*). **amˌbas·saˈdo·ri·al** [-ˈdɔːrɪəl] *adj* Botschafts... **amˈbas·sa·dor·ship** *s* Stellung *f od.* Rang *m* e-s Botschafters.

am·bas·sa·dress [æmˈbæsədrɪs] *s* **1.** *pol.* Botschafterin *f* (**to** in *e-m Land*). **2.** Gattin *f* e-s Botschafters.

am·ber [ˈæmbə(r)] **I** *s* **1.** *min.* Bernstein *m.* **2.** Bernsteinfarbe *f*. **3.** *Br.* Gelb(licht) *n*, gelbes Licht (*Verkehrsampel*): **at** ~ bei Gelb; **the lights were at** ~ die Ampel stand auf Gelb. **4.** → **ambergris. II** *adj* **5.** Bernstein... **6.** bernsteinfarben, gelbbraun. **7.** *Br.* gelb: ~ **light** → 3; **the lights were** ~ die Ampel stand auf Gelb.

am·ber·gris [ˈæmbə(r)ɡriːs; -ɡrɪs] *s* (graue) Ambra.

am·bi·ance → **ambience.**

am·bi·dex·ter [ˌæmbɪˈdekstə(r)] **I** *adj obs. für* **ambidextrous. II** *s obs.* Beidhänder(in). **ˌam·biˈdex·trous** *adj* **1.** mit beiden Händen gleich geschickt, beidhändig. **2.** ungewöhnlich geschickt. **3.** *fig.* doppelzüngig, falsch.

am·bi·ence [ˈæmbɪəns] *s* Ambiˈente *n*: a) *art alles, was eine Gestalt umgibt* (*Licht, Luft, Gegenstände*), b) *fig.* ˈUmwelt *f*, Miliˈeu *n*, c) *fig.* Atmoˈsphäre *f* (*e-s Raums etc*). **ˈam·bi·ent I** *adj* umˈgebend: ~ **light** *TV* Umgebungs-, Raumbeleuchtung *f*; ~ **temperature** *tech.* Umgebungs-, Raumtemperatur *f*. **II** *s* ˈUmwelt *f*, Miliˈeu *n.*

am·bi·gu·i·ty [ˌæmbɪˈɡjuːɪtɪ] *s* Zweideutigkeit *f* (*a. Äußerung*), Mehr-, Vieldeutigkeit *f*, Doppelsinn *m*, Ambiguiˈtät *f*.

am·big·u·ous [æmˈbɪɡjʊəs; *Am.* -jəwəs] *adj* (*adv* **~ly**) **1.** zwei-, mehr-, vieldeutig, doppelsinnig, dunkel (*Ausdruck*), unklar, verschwommen: ~ **policy** undurchsichtige Politik. **2.** probleˈmatisch, ungewiß. **3.** *bot. zo.* von zweifelhaftem systeˈmatischem Chaˈrakter. **amˈbig·u·ous·ness** → **ambiguity.**

am·bi·sex·trous [ˌæmbɪˈsekstrəs] *adj* bisexuˈell.

am·bi·sex·u·al [ˌæmbɪˈseksjʊəl; -ʃʊəl; *Am.* -ʃəwəl] *s* bisexuˈeller Mensch.

am·bit [ˈæmbɪt] *s* **1.** ˈUmkreis *m*: **within an** ~ **of** in e-m Umkreis von. **2.** a) Umˈgebung *f*, b) Grenzen *pl.* **3.** *fig.* Aufgaben-, Einflußbereich *m.*

am·bi·tend·en·cy [ˌæmbɪˈtendənsɪ] *s psych.* Ambitenˈdenz *f*, Doppelwertigkeit *f*.

am·bi·tion [æmˈbɪʃn] *s* **1.** Ehrgeiz *m*,

Ambiti'on *f* (*beide a. Gegenstand des Ehrgeizes*). **2.** (ehrgeiziges) Streben, Wunsch *m*, Begierde *f* (of nach; to do zu tun). **3.** Ziel *n*.

am·bi·tious [æm'bɪʃəs] *adj* (*adv* ~ly) **1.** ehrgeizig: to be ~ for s.o. große Dinge mit j-m vorhaben. **2.** ehrgeizig strebend, begierig (of nach). **3.** *fig.* a) ehrgeizig, ambiti'ös: ~ plans, b) anspruchsvoll, prätenti'ös: ~ style. **am'bi·tious·ness** → ambition 1.

am·biv·a·lence [ˌæmbɪ'veɪləns; *bes. Am.* æm'bɪvələns] *s bes. psych.* Ambiva'lenz *f*, Doppelwertigkeit *f*. **am·biv·a·lent** [-lənt] **I** *adj bes. psych.* ambiva'lent. **II** *s* bisexu'eller Mensch.

am·bi·ver·sion [ˌæmbɪ'vɜːʃn; -ʒn; *Am.* -'vɜr-] *s psych.* Ambiversi'on *f*, Zwischenzustand *m* zwischen Introversi'on u. Extraversi'on. **'am·bi·vert** [-vɜːt; *Am.* -ˌvɜrt] *s* ambiver'tierter Mensch.

am·ble ['æmbl] **I** *v/i* **1.** im Paßgang gehen *od.* reiten. **2.** *fig.* schlendern, gemächlich gehen. **II** *s* **3.** Paß(gang) *m* (*e-s Pferdes*). **4.** gemächlicher Gang, Schlendern *n* (*von Personen*). **5.** gemächlicher Spa'ziergang. **'am·bling** *adj* **1.** schlendernd, gemächlich gehend. **2.** gemächlich, geruhsam. **3.** *fig.* da'hinplätschernd (*Roman etc*).

am·blyg·o·nite [æm'blɪgənaɪt] *s min.* Amblygo'nit *m*.

am·bly·o·pi·a [ˌæmblɪ'əʊpjə; -pɪə] *s med.* Amblyo'pie *f*, Schwachsichtigkeit *f*.

am·bo·cep·tor ['æmbəʊseptə(r)] *s med.* Ambo'zeptor *m*, Im'munkörper *m*.

am·bro·si·a [æm'brəʊzjə; *bes. Am.* -ʒɪə; -ʒə] *s antiq.* Am'brosia *f*, Götterspeise *f* (*a. fig.*). ~ **bee·tle** *s zo.* Am'brosiakäfer *m*.

am·bro·si·al [æm'brəʊzjəl; *bes. Am.* -ʒɪəl; -ʒəl] *adj* (*adv* ~ly) **1.** *antiq.* am'brosisch. **2.** *fig.* am'brosisch, köstlich (duftend).

am·bry ['æmbrɪ] *s* **1.** *Br. obs.* Speisekammer *f*, Schrank *m*. **2.** *relig.* (in die Wand eingelassenes) Taber'nakel.

ambs·ace ['eɪmzeɪs; 'æmz-] *s* **1.** Pascheins *f* (*beim Würfelspiel*). **2.** *fig.* a) ‚Pech' *n*, Unglück *n*, b) (*etwas*) Wertloses.

am·bu·lance ['æmbjʊləns] *s* **1.** Ambu'lanz *f*, Kranken-, Unfall-, Sani'tätswagen *m*. **2.** *mil.* 'Feldlazaˌrett *n*. ~ **bat·tal·ion** *s mil.* 'Krankentransˌportbataiˌllon *n*. ~ **box** *s* Verbandskasten *m*. ~ **chas·er** *s Am. sl.* Anwalt, der versucht, Unfallopfer als Kli'enten zu gewinnen. ~ **dog** *s mil.* Sani'tätshund *m*. ~ **sta·tion** *s* 'Unfallstatiˌon *f*.

am·bu·lant ['æmbjʊlənt] **I** *adj* → ambulatory 1 *u.* 2. **II** *s med.* gehfähiger *od.* ambu'lant behandelter Pati'ent. **am·bu·la·to·ry** ['æmbjʊlətərɪ; ˌæmbjʊ'leɪtərɪ; *Am.* 'æmbjələˌtəʊriː; -ˌtɔː-] **I** *adj* **1.** ambu'lant, ambula'torisch (*beide a. med.*), wandernd, Wander...: ~ trade; ~ patient → ambulant II; ~ treatment *med.* ambulante Behandlung. **2.** beweglich, (orts)veränderlich. **3.** Geh...: ~ exercise. **4.** *jur.* abänderlich, wider'ruflich: ~ will. **II** *s* **5.** *arch.* Ar'kade *f*, Wandelgang *m*.

am·bus·cade [ˌæmbəs'keɪd; *Am. a.* 'æmbəˌskeɪd] → ambush.

am·bush ['æmbʊʃ] **I** *s* **1.** 'Hinterhalt *m* (*a. fig.*), Versteck *n*. **2.** 'Überfall *m* aus dem 'Hinterhalt. **3.** *mil.* im 'Hinterhalt liegende Truppen *pl*. **II** *v/t* **4.** *Truppen* in e-n 'Hinterhalt legen. **5.** aus e-m *od.* dem 'Hinterhalt über'fallen. **III** *v/i* **6.** im 'Hinterhalt liegen.

a·me·ba, a·me·bic *Am. für* amoeba, amoebic.

a·meer → emir.

a·me·li·a [ə'miːljə; -lɪə; ə'melɪə] *s med.* Ame'lie *f* (*angeborenes Fehlen aller Gliedmaßen*).

a·me·lio·rant [ə'miːljərənt; -lɪə-] *s* (*agr.* Boden)Verbesserer *m*. **a'me·lio·rate** [-reɪt] **I** *v/t* verbessern, *agr.* (a)melio'rieren. **II** *v/i* besser werden, sich bessern.

a·me·lio·ra·tion [əˌmiːljə'reɪʃn; -lɪə-] *s* Verbesserung *f*, *agr.* (A)Meliorati'on *f*. **a'me·lio·ra·tive** [-rətɪv; *Am. bes.* -ˌreɪ-] *adj* (ver)bessernd.

a·men [ˌɑː'men; ˌeɪ'men] **I** *interj* amen!: to say ~ to s.th. *colloq.* etwas ‚absegnen', sein Amen zu etwas geben. **II** *s* Amen *n*.

a·me·na·bil·i·ty [əˌmiːnə'bɪlətɪ; *Am. a.* əˌmen-] *s* **1.** Zugänglichkeit *f* (to für). **2.** Verantwortlichkeit *f* (to gegen'über). **a'me·na·ble** *adj* (*adv* amenably) (to) **1.** zugänglich (*dat*): ~ to flattery. **2.** a) gefügig, willfährig (*dat*), b) geeignet (für). **3.** a) verantwortlich (gegen'über), b) unter'worfen (*dat*): ~ to the laws; to be ~ to a penalty e-r Strafe unterliegen.

a·mend [ə'mend] **I** *v/t* **1.** verbessern, berichtigen. **2.** *parl. ein Gesetz* abändern, ergänzen, novel'lieren, *die Verfassung* ändern: as ~ed on March 1st *das Gesetz* in der Fassung vom 1. März. **II** *v/i* **3.** sich bessern. **a'mend·a·ble** *adj* verbesserungsfähig. **a'mend·a·to·ry** [-dətərɪ; *Am.* -ˌtəʊriː; -ˌtɔː-] *adj* Verbesserungs...

a·mende ho·no·ra·ble [amɑ̃d ɔnɔrabl] (*Fr.*) *s* öffentliche Abbitte, Ehrenerklärung *f*.

a·mend·ment [ə'mendmənt] *s* **1.** (*bes. sittliche*) Besserung. **2.** Verbesserung *f*, Berichtigung *f*. **3.** *parl.* a) Abänderungs-, Ergänzungsantrag *m* (*zu e-m Gesetz*), b) *Am.* 'Zusatzarˌtikel *m* zur Verfassung, Nachtragsgesetz *n*: the Fifth A~, c) Ergänzung *f*, Nachtrag *m*, Novel'lierung *f*.

a·mends [ə'mendz] *s pl* (*meist als sg konstruiert*) (Schaden)Ersatz *m*, Vergütung *f*, Wieder'gutmachung *f*, Genugtuung *f*: to make ~ Schadenersatz leisten, es wieder'gutmachen; to make ~ to s.o. for s.th. j-n für etwas entschädigen.

a·men·i·ty [ə'miːnətɪ; -'men-] *s* **1.** *oft pl* Liebenswürdigkeit *f*, Artigkeit *f*, Höflichkeit *f*, *pl a.* Konventi'onen *pl*, Eti'kette *f*: amenities of diplomacy; his ~ of temper sein angenehmes Wesen. **2.** a) *oft pl* Annehmlichkeit(en *pl*) *f*: within easy reach of all amenities in günstiger Einkaufs- u. Verkehrslage, b) *pl* (na'türliche) Vorzüge *pl od.* Reize *pl* (*e-r Person od. e-s Ortes etc*), c) angenehme *od.* schöne Lage (*e-s Hauses etc*), d) Erholungsgebiet *n*.

a·men·or·rh(o)e·a [eɪˌmenə'riːə; *Br. a.* æ-; ə-] *s med.* Amenor'rhö(e) *f*, Ausbleiben *n* der Regel.

am·ent[1] ['æmənt; 'eɪ-] *s bot.* Kätzchen *n*.

a·ment[2] ['eɪment; -ənt; *Br. a.* æ'ment] *s* Geistesgestörte(r *m*) *f*.

a·men·ti·a [eɪ'menʃɪə; -ʃə] *s* Geistesgestörtheit *f*.

a·merce [ə'mɜːs; *Am.* ə'mɜrs] *v/t obs.* **1.** mit e-r Geldstrafe belegen. **2.** (be)strafen. **a'merce·ment** *s obs.* Geldstrafe *f*.

Am·er·Eng·lish [ˌæmə'rɪŋglɪʃ] *s ling.* das ameri'kanische Englisch.

A·mer·i·can [ə'merɪkən] **I** *adj* **1.** ameri'kanisch: a) *Nord- u./od. Südamerika betreffend*, b) *die USA betreffend*. **II** *s* **2.** Ameri'kaner(in): a) *Bewohner(in) von Nord- od. Südamerika*, b) *Bewohner(in) od. Bürger(in) der USA*. **3.** *ling.* Ameri'kanisch *n*, das amerikanische Englisch.

Aˌmer·i'ca·na [-'kɑːnə; *Am. a.* -'kæ-; -'keɪ-] *s pl* Ameri'kana *pl* (*Schriften etc über Amerika*).

A·mer·i·can| Dream *s* (*der*) ameri'kanische Traum (*Vorstellung von Freiheit, der Gleichheit aller u. von materiellem Wohlstand*). ~ **foot·ball** *s sport* American Football *m* (*rugbyähnliches Spiel*). ~ **In·di·an** *s* (*bes.* nordamer.) Indi'aner(in).

A'mer·i·can·ism *s* Amerika'nismus *m*: a) *amer. Nationalgefühl*, b) *amer. Brauch*, c) (*typisch*) *amer. Eigenart od. Lebensauffassung*, d) *ling. amer. Spracheigentümlichkeit*.

A'mer·i·can·ist *s* **1.** Amerika'nist(in) (*Kenner[in] der Geschichte, Sprache u. Kultur des alten Amerika*). **2.** Anhänger(in) ameri'kanischer Ide'ale u. Poli'tik.

A·mer·i·can·i·za·tion [əˌmerɪkənaɪ'zeɪʃn; *Am.* -nə'z-] *s* **1.** Amerikani'sierung *f*. **2.** Belehrung *f* von Einwanderern in amer. Geschichte, Staatsbürgerkunde *etc*. **A'mer·i·can·ize** *v/t u. v/i* (sich) amerikani'sieren, amer. Eigenheiten annehmen, Ameri'kaner(in) werden.

A·mer·i·can| lau·rel *s bot.* Breitblättrige Lorbeerrose. ~ **Le·gion** *s* Frontkämpferbund *m* (*der Teilnehmer am 1. u. 2. Weltkrieg*). ~ **lin·den** *s bot.* Schwarzlinde *f*. ~ **or·gan** *s mus.* amer. Orgel *f* (*Art Harmonium*). ~ **plan** *s Am.* **1.** 'Vollpensiˌon *f*. **2.** *econ.* Beziehungen *pl* u. Verhandlungen *pl* zwischen den Sozi'alpartnern unter Ausschluß der Gewerkschaften *od.* über e-e Betriebsgewerkschaft. ~ **Rev·o·lu·tion** *s hist.* Amer. Freiheitskrieg *m* (*1775–83*).

am·er·i·ci·um [ˌæmə'rɪsɪəm; -ʃɪəm] *s chem.* Ame'ricium *n*.

Am·er·ind ['æmərɪnd] *s* amer. Indi'aner *m od.* Eskimo *m*. **ˌAm·er'in·di·an I** *s* → Amerind. **II** *adj* ameri'kanisch-indi'anisch.

Am·er·o·Eng·lish [ˌæmərəʊ'ɪŋglɪʃ] → AmerEnglish.

ames·ace → ambsace.

a·me·tab·o·lism [ˌeɪme'tæbəlɪzəm; *Am.* -mə't-] *s zo.* Entwicklung *f* (*von Insekten*) ohne Metamor'phose.

am·e·thyst ['æmɪθɪst] *s* **1.** *min.* Ame'thyst *m*. **2.** Vio'lett *n*. **ˌam·e'thys·tine** [-taɪn; *Am.* -tən] *adj* ame'thystartig *od.* -farben, Amethyst...

am·e·tro·pi·a [ˌæmɪ'trəʊpjə; -pɪə] *s med.* Ametro'pie *f* (*Fehlsichtigkeit infolge Abweichungen von der normalen Brechkraft der Augenlinse*).

a·mi·a·bil·i·ty [ˌeɪmjə'bɪlətɪ; -mɪə-] *s* Liebenswürdigkeit *f*.

a·mi·a·ble ['eɪmjəbl; -mɪəbl] *adj* (*adv* amiably) **1.** liebenswürdig, freundlich, gewinnend. **2.** angenehm, reizend.

am·i·an·thus [ˌæmɪ'ænθəs] *s min.* Ami'ant *m*, Amphi'bolasˌbest *m*.

am·i·ca·bil·i·ty [ˌæmɪkə'bɪlətɪ] *s* Freund(schaft)lichkeit *f*. **'am·i·ca·ble** *adj* (*adv* → amicably) freund(schaft)lich, friedlich, *a. jur.* gütlich: ~ agreement (*od.* settlement) gütliche Einigung *od.* Beilegung; ~ composition *jur. pol.* gütliches Schiedsverfahren; ~ numbers *math.* Freundschaftszahlen. **'am·i·ca·ble·ness** → amicability. **'am·i·ca·bly** *adv* freundschaftlich, in Güte, gütlich: to part ~ im guten auseinandergehen.

am·ice ['æmɪs] *s relig.* Hume'rale *n*, (*weißes*) Schultertuch (*des Meßpriesters*).

a·mi·cus cu·ri·ae [əˌmiːkəs'kjʊərɪiː; ə'maɪkəs-] *pl* **a·mi·ci cu·ri·ae** [ə'miːkaɪ; ə'maɪsaɪ] (*Lat.*) *s jur.* sachverständiger Beistand im Pro'zeß.

a·mid [ə'mɪd] *prep* in'mitten (*gen*), (mitten) in *od.* unter (*dat od. acc*) (*a. zeitlich u. fig.*): ~ tears unter Tränen.

am·ide ['æmaɪd; *Am. a.* -əd] *s chem.* A'mid *n*.

amido- [əmiːdəʊ; æmɪdəʊ] *chem. Wortelement mit der Bedeutung* die Gruppe NH_2 enthaltend, Amido...

a·mid·ship(s) [ə'mɪdʃɪp(s)] *mar.* **I** *adv*

mittschiffs. **II** *pred adj* in der Mitte des Schiffes (befindlich).
a·midst [əˈmɪdst] → **amid**.
a·mine [əˈmiːn; ˈæmɪn] *s chem.* Aˈmin *n*: **primary (secondary, tertiary) ~s** primäre (sekundäre, tertiäre) Amine.
a·mi·no ac·id [əˈmiːnəʊ; əˈmaɪ-] *s chem.* Aˈminosäure *f.*
a·mi·no·ben·zo·ic ac·id [əˌmiːnəʊbenˈzəʊɪk; əˌmaɪ-; ˌæmɪ-] *s chem.* Aˈminobenˌzoesäure *f.*
a·mi·no·pu·rine [əˌmiːnəʊˈpjʊəriːn; -rɪn; əˌmaɪ-; ˌæmɪ-] *s chem.* Adeˈnin *n.*
a·miss [əˈmɪs] *pred adj u. adv* verkehrt, falsch, verfehlt, unangebracht, schlecht, übel: **there is s.th. ~ (with it** *od.* **with him)** etwas stimmt nicht (damit *od.* mit ihm); **it would not be ~** es wäre ganz in Ordnung, es würde nichts schaden; **to come ~** ungelegen kommen; **to take ~** übelnehmen.
am·i·to·sis [ˌæmɪˈtəʊsɪs; *Am. a.* ˌeɪmaɪˈt-] *s biol.* Amiˈtose *f*, diˈrekte Zell- *od.* Kernteilung.
am·i·ty [ˈæmətɪ] *s* Freundschaft *f*, gutes Einvernehmen: **treaty of ~ and commerce** Freundschafts- u. Handelsvertrag *m.*
am·me·ter [ˈæmɪtə; *Am.* ˈæmˌmiːtər] *s electr.* Amˈpereˌmeter *n*, ˈStrom(stärke)-messer *m.*
am·mine [ˈæmiːn; əˈmiːn] *s chem.* Amˈmin *n.*
am·mo [ˈæməʊ] *s colloq. für* **ammunition.**
am·mo·ni·a [əˈməʊnjə; -nɪə] *s chem.* Ammoniˈak *n*: **~ solution, liquid ~** Salmiakgeist *m.* **amˈmo·ni·ac** [-nɪæk] **I** *adj* → **ammoniacal. II** *s* Ammoniˈakgummi *m, n.* **am·mo·ni·a·cal** [ˌæməʊˈnaɪəkl; -məˈn-] *adj chem.* ammoniaˈkalisch, Ammoniak...
am·mo·ni·a·cum [ˌæməʊˈnaɪəkəm; -məˈn-] (*Lat.*) → **ammoniac** II.
am·mo·ni·ate [əˈməʊnɪeɪt] *chem.* **I** *s* **1.** Amˈmin(salz) *n.* **2.** Ammoniˈakdünger *m.* **II** *v/t* **3.** mit Ammoniˈak verbinden.
am·mon·i·fy [əˈməʊnɪfaɪ; *Br. a.* əˈmɒ-; *Am. a.* əˈmɑ-] **I** *v/i* Ammoniˈak ˈherstellen. **II** *v/t* mit Ammoniˈak versetzen.
am·mo·nite[1] [ˈæmənaɪt] *s geol.* Ammonshorn *n*, Ammoˈnit *m.*
Am·mo·nite[2] [ˈæmənaɪt] *s Bibl.* Ammoˈniter *m.*
am·mo·ni·um [əˈməʊnjəm; -nɪəm] *s chem.* Amˈmonium *n.* **~ car·bon·ate** *s* Hirschhornsalz *n.* **~ chlo·ride** *s* Amˈmoniumchloˌrid *n*, Salmiˈak *m, n.* **~ ni·trate** *s* Amˈmoniumniˌtrat *n*, Ammoniˈaksalˌpeter *m.*
am·mu·ni·tion [ˌæmjʊˈnɪʃn] **I** *s* Munitiˈon *f* (*a. fig.*): **~ belt** Patronengurt *m*; **~ carrier** Munitionswagen *m*; **~ clip** Ladestreifen *m*; **~ dump** Munitionslager *n*; **to provide** (*od.* **give**) **~ for s.o.** *fig.* j-m Munition liefern. **II** *v/t* mit Munitiˈon versehen *od.* versorgen. **III** *v/i* (nach)laden.
am·ne·si·a [æmˈniːzjə; *bes. Am.* -ʒjə; -ʒɪə; -ʒə] *s med.* Amneˈsie *f*, Gedächtnisschwund *m.*
am·nes·ty [ˈæmnɪstɪ; -nəs-] **I** *s* Amneˈstie *f*, allgemeiner Straferlaß: **A~ International** Amnesty *f* International (*Gefangenenhilfsorganisation*). **II** *v/t* amneˈstieren, begnadigen.
am·ni·o·cen·te·sis [ˌæmnɪəʊsenˈtiːsɪs] *s med.* Amniozenˈtese *f*, ˈFruchtwasserpunktiˌon *f.*
am·ni·on [ˈæmnɪən] *pl* **-ni·ons** *od.* **-ni·a** [-ə] *s med.* Amnion *n*, Frucht-, Embryoˈnalhülle *f*, Schafhäutchen *n.* ˌ**am·niˈon·ic** [-ˈɒnɪk; *Am.* -ˈɑnɪk] *adj* Schafhäutchen...: **~ fluid** Fruchtwasser *n.*
am·ni·os·co·py [ˌæmnɪˈɒskəpɪ; *Am.* -ˈɑs-] *s med.* Amnioskoˈpie *f* (*optische Fruchtblasenuntersuchung*).
am·ni·ot·ic [ˌæmnɪˈɒtɪk; *Am.* -ˈɑtɪk] → **amnionic.**
a·moe·ba [əˈmiːbə] *pl* **-bae** [-biː] *od.* **-bas** *s biol.* Aˈmöbe *f.* **aˈmoe·bic** *adj biol.* aˈmöbisch: **~ dysentery** *med.* Amöbenruhr *f.*
a·mok [əˈmɒk; *Am.* əˈmʌk; əˈmɑk] → **amuck.**
a·mo·mum [əˈməʊməm] *s bot.* Ingwergewürz *n*, Paraˈdieskörner *pl.*
a·mong(st) [əˈmʌŋ(st)] *prep* **1.** (mitten) unter (*dat od. acc*), zwischen (*dat od. acc*), inˈmitten (*gen*), bei (*dat*): **~ the crowd** a) unter *od.* in(mitten) der Menge (*sitzen etc*), b) unter *od.* in die Menge (*gehen etc*); **~ experts** unter Fachleuten; **a custom ~ the savages** e-e Sitte bei den Wilden; **they fought ~ themselves** sie stritten unter sich; **~ other things** unter anderem; **to be ~ the best** zu den Besten zählen *od.* gehören; **from ~** aus (der Zahl derer); aus ... heraus. **2.** gemeinsam *od.* zuˈsammen (mit): **they had two pounds ~ them** sie hatten zusammen 2 Pfund.
a·mon·til·la·do [əˌmɒntɪˈlɑːdəʊ; -ˈljɑː-; *Am.* əˌmɑn-] *s* Amontilˈlado *m* (*Sherry*).
a·mor·al [ˌeɪˈmɒrəl; æˈm-; *Am. a.* -ˈmɑ-] *adj* ˈamoˌralisch. **aˈmor·al·ism** *s* Amoraˈlismus *m.* **a·mo·ral·i·ty** [ˌeɪməˈrælətɪ; ˌæ-; -mɒˈr-] *s* Amoraliˈtät *f.*
am·o·ret·to [ˌæməˈretəʊ] *pl* **-ti** [-tɪ] *s art* Amoˈrette *f.*
am·o·rist [ˈæmərɪst] *s* **1.** Liebhaber *m.* **2.** Verfasser(in) von ˈLiebesroˌmanen.
Am·o·rite [ˈæməraɪt] *s Bibl.* Amoˈriter *m.*
am·o·rous [ˈæmərəs] *adj* (*adv* **~ly**) amouˈrös: a) eˈrotisch, sinnlich, Liebes...: **~ novel** Liebesroman *m*, b) verliebt (**of** in *acc*): **~ glances** verliebte Blicke. ˈ**am·o·rous·ness** *s* Verliebtheit *f.*
a·mor·phism [əˈmɔː(r)fɪzəm] *s* Amorˈphismus *m*, Formlosigkeit *f.* **aˈmor·phous** [-fəs] *adj* **1.** aˈmorph: a) form-, gestaltlos, b) ˈmißgestaltet, c) *min. phys.* ˈunkristalˌlinisch. **2.** *fig.* chaˈotisch.
a·mor·tiz·a·ble [əˈmɔː(r)taɪzəbl; -tɪz-; *Am. bes.* ˈæmərˌtaɪz-] *adj econ.* amortiˈsierbar, tilgbar.
a·mor·ti·za·tion [əˌmɔː(r)tɪˈzeɪʃn; ˌæmɔː(r)tɪˈz-; -taɪ-; *Am. bes.* ˌæmərtə-] *s* **1.** *econ.* Amortisatiˈon *f*: a) (*ratenweise*) Tilgung (*von Schulden*), b) Abschreibung *f* (*von Anlagewerten*): **~ fund** Amortisations-, Tilgungsfonds *m.* **2.** *jur.* Veräußerung *f* (*von Grundstücken*) an die tote Hand. **a·mor·tize** [əˈmɔː(r)taɪz; *Am. bes.* ˈæmər-] *v/t* **1.** *econ.* amortiˈsieren: a) *e-e Schuld* (*ratenweise*) tilgen, abzahlen, b) *Anlagewerte* abschreiben. **2.** *jur. Grundstücke* an die tote Hand veräußern.
a·mor·tize·ment [əˈmɔː(r)tɪzmənt; *Am. bes.* ˈæmərˌtaɪz-] *s* **1.** → **amortization. 2.** *arch.* a) abgeschrägte oberste Fläche e-s Pfeilers, b) oberster Teil e-s Gebäudes.
A·mos [ˈeɪmɒs; *bes. Am.* -əs] *npr u. s Bibl.* (das Buch) Amos *m.*
a·mount [əˈmaʊnt] **I** *v/i* **1.** (to) sich belaufen *od.* beziffern (auf *acc*), betragen, ausmachen (*acc*): **his debts ~ to £120**; **~ing to** in Höhe *od.* im Betrag von. **2. ~ to** *fig.* hinˈauslaufen auf (*acc*), gleichbedeutend sein mit, bedeuten (*acc*): **it ~ed to treason; it ~s to the same thing** es läuft *od.* kommt auf dasselbe hinaus; **it doesn't ~ to much** es bedeutet nicht viel, es ist unbedeutend (*a. contp.*); **he'll never ~ to much** *colloq.* aus ihm wird nie etwas werden, er wird es nie zu etwas bringen. **II** *s* **3.** a) Betrag *m*, Summe *f*, Höhe *f* (*e-r Summe*), b) Bestand *m*, Menge *f*, Ausmaß *n*: **to the ~ of** in Höhe *od.* im Betrag von; bis zum Betrag von; **~ of heat** *phys.* Wärmemenge *f*; **~ of resistance** *phys.* Widerstandswert *m.* **4.** *fig.* Inhalt *m*, Bedeutung *f*, Kern *m.*
a·mour [əˈmʊə(r); æˈmʊə(r)] *s* Liebeˈlei *f*, Liebschaft *f*, ‚Verhältnis' *n.*
a·mour-pro·pre [ˌæmʊə(r)ˈprɒprə; *Am. a.* -ˈprəʊpr] *s* **1.** Selbstachtung *f*, -gefühl *n.* **2.** Eigenliebe *f*, Eitelkeit *f.*
amp[1] [æmp] *s colloq. für* **ampere.**
amp[2] [æmp] *s colloq.* **1.** → **amplifier. 2.** *mus. Am.* ˈE-Giˌtarre *f* (*Elektrogitarre*).
am·per·age [ˈæmpərɪdʒ] *s electr.* Stromstärke *f*, Amˈperezahl *f.*
am·pere [ˈæmpeə; *Am.* ˈæmˌpɪər] *s electr.* Amˈpere *n.* ˈ**~-ˌhour** *s electr.* Amˈperestunde *f*: **~ efficiency** Amperestunden-Wirkungsgrad *m.* ˈ**~ˌme·ter** → **ammeter.**
am·per·sand [ˈæmpə(r)sænd] *s print.* Et-Zeichen *n* (*das Zeichen* &).
am·phet·a·mine [æmˈfetəmiːn; -mɪn] *s chem.* Amphetaˈmin *n.*
amphi- [æmfɪ] *Wortelement mit der Bedeutung* doppelt, zwei..., beiderseitig, umher...
Am·phib·i·a [æmˈfɪbɪə] *s pl zo.* Amˈphibien *pl*, Lurche *pl.* **amˈphib·i·an I** *adj* **1.** → **amphibious. II** *s* **2.** *zo.* Amˈphibie *f*, Lurch *m.* **3.** *aer.* Amˈphibienflugzeug *n.* **4.** a) Amˈphibienfahrzeug *n*, b) *a.* **~ tank** *mil.* Amˈphibien-, Schwimmkampfwagen *m.*
am·phib·i·ol·o·gy [æmˌfɪbɪˈɒlədʒɪ; *Am.* -ˈɑl-] *s zo.* Lurch-, Amˈphibienkunde *f.*
am·phi·bi·ot·ic [ˌæmfɪbaɪˈɒtɪk; *Am.* -ˈɑtɪk] *adj zo.* in ˈeiner Lebensstufe auf dem Lande, in e-r anderen im Wasser lebend.
am·phib·i·ous [æmˈfɪbɪəs] *adj zo., a. mil. tech.* amˈphibisch, Amphibien...: **~ aeroplane** (*Am.* **airplane**) → **amphibian** 3; **~ operation** *mil.* amphibische Operation, Landungsunternehmen *n*; **~ tank** → **amphibian** 4 b; **~ vehicle** → **amphibian** 4 a.
am·phi·bole [ˈæmfɪbəʊl] *s min.* Amphiˈbol *m*, Hornblende *f.*
am·phi·bol·ic [ˌæmfɪˈbɒlɪk; *Am.* -ˈbɑ-] *adj* amphiˈbolisch, zweideutig, doppelsinnig.
am·phib·o·lite [æmˈfɪbəlaɪt] *s geol.* Amphiboˈlit *m*, Hornblendefels *m.*
am·phib·o·log·i·cal [æmˌfɪbəˈlɒdʒɪkl; *Am.* -ˈlɑ-] → **amphibolic. am·phi·bol·o·gy** [ˌæmfɪˈbɒlədʒɪ; *Am.* -ˈbɑ-] *s* Zweideutigkeit *f*, Doppelsinn *m.* **am·phib·o·lous** [æmˈfɪbələs] → **amphibolic.**
am·phi·brach [ˈæmfɪbræk] *s metr.* Amˈphibrachys *m* (*Versfuß*).
am·phi·car·pic [ˌæmfɪˈkɑː(r)pɪk] *adj bot.* doppelfrüchtig, amphiˈkarp.
am·phi·chro·ic [ˌæmfɪˈkrəʊɪk], ˌ**am·phi·chroˈmat·ic** *adj chem.* amphiˈchroisch.
am·phi·dip·loid [ˌæmfɪˈdɪplɔɪd] *s biol.* amphidiploˈid (*mit doppeltem Chromosomensatz, der von zwei verschiedenen Eltern herrührt*).
am·phi·g(a)e·an [ˌæmfɪˈdʒiːən] *adj bot. zo.* **1.** über alle Zonen verbreitet. **2.** in beiden gemäßigten Zonen vorkommend.
am·phi·mix·is [ˌæmfɪˈmɪksɪs] *s biol.* Amphiˈmixis *f*, Keimzellenvereinigung *f* (*bei der Fortpflanzung*).
am·phi·the·a·ter, *bes. Br.* **am·phi·the·a·tre** [ˈæmfɪˌθɪətə(r)] *s* Amˈphiˌtheater *n.* ˌ**am·phiˈthe·a·tral** *adj*; ˌ**am·phi·theˈat·ri·cal** [-θɪˈætrɪkl] *adj* (*adv* **~ly**) amphitheaˈtralisch.
am·pho·ra [ˈæmfərə] *pl* **-rae** [-riː] *od.*

-ras (*Lat.*) *s antiq.* Amphora *f*, Amˈphore *f*.

am·ple [ˈæmpl] *adj* (*adv* **amply**) **1.** weit, groß, geräumig, ausgedehnt. **2.** weitläufig, -gehend, ausführlich, umˈfassend. **3.** reich(lich), (vollauf) genügend, beträchtlich: ~ **supplies**. **4.** stattlich (*Figur etc*): **an** ~ **bust** e-e üppige Büste. **ˈam·ple·ness** *s* **1.** Weite *f*, Geräumigkeit *f*. **2.** Ausführlichkeit *f*. **3.** Reichlichkeit *f*, Fülle *f*.

am·pli·a·tion [ˌæmplɪˈeɪʃn] *s jur.* Vertagung *f*, Aufschub *m*.

am·pli·dyne [ˈæmplɪdaɪn] *s electr.* Ampliˈdyne *f* (*Verstärkermaschine*).

am·pli·fi·ca·tion [ˌæmplɪfɪˈkeɪʃn] *s* **1.** Erweiterung *f*, Vergrößerung *f*, Ausdehnung *f*. **2.** a) weitere Ausführung, nähere Erläuterung, b) Weitschweifigkeit *f*, Ausschmückung *f*. **3.** *electr. phys.* Vergrößerung *f*, -stärkung *f*.

am·pli·fi·er [ˈæmplɪfaɪə(r)] *s electr. phys.* Verstärker *m*: ~ **noise** Verstärkerrauschen *n*; ~ **stage** Verstärkerstufe *f*; ~ **tube** (*Br.* **valve**) Verstärkerröhre *f*.

am·pli·fy [ˈæmplɪfaɪ] **I** *v/t* **1.** erweitern, vergrößern, ausdehnen. **2.** a) näher ausführen *od.* erläutern, näher eingehen auf (*acc*), b) ausmalen, -schmücken. **3.** *electr. phys.* vergrößern, -stärken: ~**ing circuit** Verstärkerschaltung *f*; ~**ing lens** Vergrößerungslinse *f*. **II** *v/i* **4.** sich weitläufig auslassen, sich verbreiten (**on, upon** über *acc*).

am·pli·stat [ˈæmplɪstæt] *s electr.* spannung(s)steuernder Transˈduktor.

am·pli·tude [ˈæmplɪtjuːd; *Am. a.* -ˌtuːd] *s* **1.** Größe *f*, Weite *f*, ˈUmfang *m* (*a. fig.*). **2.** *astr.* Ampliˈtude *f*, Poˈlarwinkel *m*. **3.** *fig.* Fülle *f*, Reichtum *m* (*der Mittel*). **4.** *electr. phys.* Ampliˈtude *f*, Schwingungs-, Ausschlagsweite *f* (*z. B. e-s Pendels*): ~ **characteristic** Frequenzgang *m*; ~ **distortion** Amplitudenverzerrung *f*; ~ **filter** (*od.* **separator**) *TV* Amplitudensieb *n*; ~ **modulation** Amplitudenmodulation *f*.

am·poule [ˈæmpuːl], *a.* **ˈam·pul** [-puːl], **ˈam·pule** [-puːl] *s med.* Amˈpulle *f*.

am·pul·la [æmˈpʊlə; *Am. a.* æmˈpʌlə] *pl* **-lae** [-liː] *s* **1.** *antiq.* Phiˈole *f*, Salbengefäß *n*. **2.** *hist.* Blei- *od.* Glasflasche *f* (*der Pilger*). **3.** Amˈpulle *f*: a) *med.* Behälter *m* für e-e Injektiˈonslösung, b) *anat.* erweitertes Ende e-s Gefäßes *od.* Kaˈnals. **4.** *relig.* Amˈpulle *f*: a) Krug *m* für Wein u. Wasser (*bei der Messe*), b) Gefäß *n* für das heilige Öl (*zur Salbung*).

am·pu·tate [ˈæmpjʊteɪt] *v/t* **1.** stutzen. **2.** *med.* ampuˈtieren, *ein Glied* abnehmen. **3.** *fig.* a) gewaltsam entfernen, b) verstümmeln. **ˌam·puˈta·tion** *s med.* Amputatiˈon *f*, Abnahme *f*. **ˌam·puˈtee** [-ˈtiː] *s* Ampuˈtierte(r *m*) *f*.

a·muck [əˈmʌk] **I** *adv*: **to run** ~ a) Amok laufen, b) (**at, on, against**) in blinder Wut anfallen (*acc*) *od.* losgehen (auf *acc*). **II** *s* Amoklauf(en *n*) *m*.

am·u·let [ˈæmjʊlɪt; -lət] *s* Amuˈlett *n*.

a·muse [əˈmjuːz] *v/t* (**o.s.** sich) amüˈsieren, unterˈhalten, belustigen, ergötzen: **to be** ~**d at** (*od.* **by, in, with**) sich freuen über (*acc*); **it** ~**s them** es macht ihnen Spaß. **aˈmused** *adj*, **aˈmus·ed·ly** [-zɪdlɪ] *adv* amüˈsiert, belustigt. **aˈmuse·ment** *s* Unterˈhaltung *f*, Belustigung *f*, Vergnügen *n*, Spaß *m*, Amüseˈment *n*, Zeitvertreib *m*: **for** ~ zum Vergnügen; **to look at s.o. in** ~ j-n belustigt ansehen; ~ **arcade** *Br.* Spielsalon *m*; ~ **park** Vergnügungspark *m*, Rummelplatz *m*; ~ **tax** Vergnügungssteuer *f*. **aˈmus·ing** *adj* (*adv* ~**ly**) amüˈsant, unterˈhaltend, ergötzlich.

a·my·e·li·a [ˌæmɪˈiːlɪə] *s med.* Amyeˈlie *f*, Fehlen *n* des Rückenmarks.

a·myg·da·la [əˈmɪgdələ] *pl* **-lae** [-liː] *s anat.* Mandel *f*.

a·myg·dal·ic ac·id [ˌæmɪgˈdælɪk] *s chem.* **1.** Amygdaˈlinsäure *f*. **2.** Mandelsäure *f*.

a·myg·da·loid [əˈmɪgdələɪd] **I** *s geol.* Amygdaloˈid *n*, Mandelstein *m*. **II** *adj* mandelförmig.

am·yl [ˈæmɪl] *s chem.* Aˈmyl *n*: ~ **alcohol** Amylalkohol *m*; ~ **nitrite** Amylnitrit *n*. **ˌam·yˈla·ceous** [-ˈleɪʃəs] *adj* stärkemehlartig, stärkehaltig.

am·yl·ase [ˈæmɪleɪz; -s] *s chem.* Amyˈlase *f* (*stärkespaltendes Enzym*).

am·yl·ate [ˈæmɪleɪt] *s chem.* Stärkeverbindung *f*.

am·yl·ene [ˈæmɪliːn] *s chem.* Amyˈlen *n*.

a·myl·ic [əˈmɪlɪk] *adj chem.* Amyl...

am·y·lo·dex·trin [ˌæmɪləʊˈdekstrɪn] *s chem.* Stärkegummi *m, n*.

am·y·loid [ˈæmɪlɔɪd] **I** *s* **1.** stärkehaltige Nahrung. **2.** *chem.* Amyloˈid *n*. **II** *adj* **3.** stärkeartig, -haltig. **ˌam·yˈloi·dal** → **amyloid** II.

am·y·lol·y·sis [ˌæmɪˈlɒlɪsɪs; *Am.* -ˈlɑ-] *s chem.* Amyloˈlyse *f*, Verwandlung *f* von Stärke in Dexˈtrin u. Zucker.

am·y·lum [ˈæmɪləm] *s chem.* Stärke *f*.

a·my·o·tro·phi·a [əˌmaɪəˈtrəʊfɪə; ˌeɪmaɪə-] *s med.* Amyotroˈphie *f*, ˈMuskelatroˌphie *f*, -schwund *m*.

an[1] [ən; *betont*: æn] *vor vokalisch anlautenden Wörtern für* **a**[2].

an[2], **an'** [æn] *conj* **1.** *dial. für* **and**. **2.** *obs.* wenn, falls.

an- [æn] *Vorsilbe mit der Bedeutung* nicht, ohne.

ana- [ænə] *Vorsilbe mit den Bedeutungen*: a) auf, aufwärts, b) zurück, rückwärts, c) wieder, aufs neue, d) sehr, außerordentlich.

-ana [ɑːnə; eɪnə] *Wortelement mit der Bedeutung* Anekdoten, Mitteilungen (über), Aussprüche (von): **Americana, Johnsoniana**.

An·a·bap·tism [ˌænəˈbæptɪzəm] *s relig.* **1.** Anabapˈtismus *m*, Lehre *f* der ˈWiedertäufer. **2.** **a**~ zweite Taufe. **ˌAn·aˈbap·tist** *s* ˈWiedertäufer *m*.

an·a·bat·ic [ˌænəˈbætɪk] *adj meteor.* anaˈbatisch, aufsteigend: ~ **wind** Hang-, Aufwind *m*.

an·a·bi·o·sis [ˌænəbaɪˈəʊsɪs] *s biol.* Anabiˈose *f*.

an·a·bol·ic ster·oid [ˌænəˈbɒlɪk; *Am.* -ˈbɑ-] *s meist pl med.* Anaˈbolikum *n*.

a·nab·o·lism [əˈnæbəʊlɪzəm; -bəl-] *s biol.* Anaboˈlismus *m*, aufbauender Stoffwechsel. **aˈnab·o·lite** [-laɪt] *s biol.* Proˈdukt *n* e-s Assimilatiˈonsproˌzesses. **aˈnab·o·lize** *v/i biol.* sich assimiˈlieren.

an·a·branch [ˈænəbrɑːntʃ; *Am.* -ˌbræntʃ] *s* Arm e-s Flusses, der in den Hauptstrom zuˈrückkehrt.

a·nach·ro·nism [əˈnækrənɪzəm] *s* Anachroˈnismus *m* (*Zeitwidrigkeit*; *a. Sache od. Person*). **aˌnach·roˈnis·tic** *adj*; **aˌnach·roˈnis·ti·cal** *adj* (*adv* ~**ly**) anachroˈnistisch. **aˈnach·ro·nous** → **anachronistic**.

an·a·cid·i·ty [ˌænəˈsɪdətɪ] *s med.* Anacidiˈtät *f*, Säuremangel *m*.

an·a·clas·tic [ˌænəˈklæstɪk] *adj* eˈlastisch, federnd.

an·a·clit·ic [ˌænəˈklɪtɪk] *adj psych.* anaˈklitisch: ~ **depression**.

an·a·co·lu·tha [ˌænəkəʊˈluːθə; -kəˈl-] *pl von* **anacoluthon**.

an·a·co·lu·thi·a [ˌænəkəʊˈluːθɪə; -θjə; -kəˈl-] *s ling.* Anakoluˈthie *f*, Satzbruch *m*.

an·a·co·lu·thon [ˌænəkəʊˈluːθɒn; -kəˈl-; *Am.* -ˌθɑn] *pl* **-tha** [-θə] *s ling.* Anakoˈluth *n, a. m*, Satzbruch *m*.

an·a·con·da [ˌænəˈkɒndə; *Am.* -ˈkɑn-] *s zo.* Anaˈkonda *f*, Riesenschlange *f*.

A·nac·re·on·tic [əˌnækrɪˈɒntɪk; *Am.* -ˈɑn-] **I** *adj* **1.** anakreˈontisch. **2.** *fig.* heiter, lustig, gesellig. **II** *s* **3.** anakreˈontisches Liebesgedicht.

an·a·cru·sis [ˌænəˈkruːsɪs] *s metr. mus.* Auftakt *m*, Vorschlag(silbe *f*) *m*.

an·a·cul·ture [ˈænəˌkʌltʃə(r)] *s scient.* ˈMischkulˌtur *f* (*von Bakterien*).

an·a·di·plo·sis [ˌænədɪˈpləʊsɪs] *s rhet.* Anadiˈplose *f*, Anadiˈplosis *f* (*Wiederholung des letzten Wortes e-s Satzes am Anfang des folgenden Satzes*).

a·nae·mi·a, a·nae·mic *bes. Br. für* **anemia, anemic**.

an·aer·obe [æˈneərəʊb; ˈænərəʊb] *s biol.* Anaeˈrobier *m* (*Organismus, der ohne Sauerstoff leben kann*). **ˌan·aerˈo·bic** *adj* **1.** *biol.* anaeˈrob (*Organismus*). **2.** *Sportmedizin*: anaeˈrob.

an·aer·o·bi·o·sis [æˌneərəʊbaɪˈəʊsɪs; ˌænərəʊ-] *s biol.* Anaerobiˈose *f* (*nicht auf Luftsauerstoff angewiesene Lebensvorgänge*).

an·aes·the·si·a, *etc bes. Br. für* **anesthesia**, *etc*.

an·a·glyph [ˈænəglɪf] *s* Anaˈglyphe *f*: a) (flach)erhabenes Bildwerk, ˈBasreliˌef *n*, b) *e-s von 2 zs.-gehörenden Teilbildern e-s Raumbildverfahrens*.

an·ag·nor·i·sis [ˌænəgˈnɒrɪsɪs; *Am.* ˌænəˈgnəʊr-] *s* Anaˈgnorisis *f* (*plötzliches Erkennen e-r Person od. e-s Tatbestandes im Drama*).

an·a·go·ge [ˈænəgɒdʒɪ; *bes. Am.* -gəʊ-] *s relig.* Anagoˈge *f*, sinnbildliche *od.* mystische Auslegung (*bes. der Bibel*). **ˌan·aˈgog·ic** [-ˈgɒdʒɪk; *Am.* -ˈgɑ-] *adj*; **ˌan·aˈgog·i·cal** *adj* (*adv* ~**ly**) anaˈgogisch. **ˈan·a·gog·y** → **anagoge**.

an·a·gram [ˈænəgræm] *s* Anaˈgramm *n* (*Wortbildung durch Buchstabenversetzung, Buchstabenversetzrätsel*). **ˌan·aˈgram·ma·tize** **I** *v/t* anagramˈmatisch versetzen. **II** *v/i* Anaˈgramme machen.

a·nal [ˈeɪnl] *adj anat.* aˈnal, Anal..., After..., *zo. a.* Steiß..., Schwanz...: ~-**erotic** *psych.* analerotisch; ~ **eroticism** (*od.* **erotism**) *psych.* Analerotik *f*; ~ **intercourse** Analverkehr *m*; ~ **fin** *ichth.* Afterflosse *f*; ~ **sadism** *psych.* Analsadismus *m*; ~-**sadistic** *psych.* analsadistisch; ~ **stage** *psych.* anale Phase.

an·a·lec·ta [ˌænəˈlektə], **ˈan·a·lects** *s pl* Anaˈlekten *pl* (*Sammlung von Auszügen aus der Dichtung od. aus wissenschaftlichem Material*).

an·a·lep·tic [ˌænəˈleptɪk] *pharm.* **I** *adj* anaˈleptisch, belebend, anregend, stärkend. **II** *s* Anaˈleptikum *n*, belebendes Mittel.

an·al·ge·si·a [ˌænælˈdʒiːzjə; -sjə; *Am.* ˌænəlˈdʒiːzə; -zɪə] *s med.* Analgeˈsie *f*, Unempfindlichkeit *f* gegen Schmerz, Schmerzlosigkeit *f*. **ˌan·alˈge·sic** [-ˈdʒiːsɪk; -zɪk; -ˈdʒesɪk], **ˌan·alˈget·ic** [-ˈdʒetɪk] **I** *adj* schmerzstillend. **II** *s* Analˈgetikum *n*, schmerzstillendes Mittel.

an·a·log *Am. für* **analogue**.

an·a·log·ic [ˌænəˈlɒdʒɪk; *Am.* ˌænlˈɑ-] *adj*; **ˌan·aˈlog·i·cal** *adj* (*adv* ~**ly**) anaˈlog, entsprechend (**to, with** *dat*).

a·nal·o·gist [əˈnælədʒɪst] *s* Anaˈlogiker *m*. **aˈnal·o·gize** **I** *v/i* **1.** (**to, with**) anaˈlog sein (*dat*), im Einklang stehen (mit). **2.** nach Analoˈgie verfahren. **II** *v/t* **3.** anaˈlogisch erklären.

a·nal·o·gous [əˈnæləgəs] *adj* (*adv* ~**ly**) anaˈlog, entsprechend (**to, with** *dat*).

an·a·logue [ˈænəlɒg; *Am. a.* ˈænlˌɑg] *s* **1.** Anˈalogon *n*, Entsprechung *f*: ~ **computer** *tech.* Analogrechner *m*; ~ **process quantity** (*Computer*) analoge Prozeßgröße: ~-to-digital converter (*Computer*) Analog-Digitalumsetzer *m*. **2.** (ˈAmts)Kolˌlege *m* (*e-s Ministers etc*).

a·nal·o·gy [əˈnælədʒɪ] *s* **1.** Analoˈgie *f* (*a. ling.*), Entsprechung *f*: **on the ~ of, by ~ with** analog, gemäß, entsprechend (*dat*). **2.** *math.* Proportiˈon *f*.

an·a·ly·sa·tion [ˌænəlaɪˈzeɪʃn], **ˈan·a·lyse, ˈan·a·lys·er** *bes. Br. für* **analyzation, analyze, analyzer.**

a·nal·y·sis [əˈnæləsɪs] *pl* **-ses** [-siːz] *s* **1.** Anaˈlyse *f*: a) *chem. etc* Zerlegung *f* (in die Grundbestandteile): **to make an ~** e-e Analyse vornehmen; **in the final** (*od.* **last**) **~** letzten Endes, im Grunde, b) (kritische) Zergliederung, (gründliche) Unterˈsuchung, Darlegung *f*, Deutung *f*, Auswertung *f*: **~ sheet** *econ.* Bilanzzergliederung *f*, -analyse, c) *ling.* Zergliederung *f* (*e-s Satzes etc*), d) *math.* Auflösung *f*. **2.** *math.* Aˈnalysis *f* (*Teil der Mathematik, in dem mit Grenzwerten gearbeitet u. die Infinitesimalrechnung angewendet wird*). **3.** *psych.* (Psycho)Anaˈlyse *f*. **an·a·lyst** [ˈænəlɪst] *s* **1.** *chem. math.* Anaˈlytiker *m* (*a. fig.*): **public ~** (behördlicher) Lebensmittelchemiker. **2.** Psychoanaˈlytiker *m*. **3.** Staˈtistiker *m*.

an·a·lyt·ic [ˌænəˈlɪtɪk] **I** *adj* (*adv* **~ally**) **1.** anaˈlytisch: **~ geometry (language, psychology,** *etc*); **~ judg(e)ment** *philos.* analytisches Urteil. **2.** psychoanaˈlytisch. **II** *s pl* (*als sg konstruiert*) **3.** Anaˈlytik *f*. **ˌan·aˈlyt·i·cal** *adj* (*adv* **~ly**) **1.** anaˈlytisch: **~ chemistry. 2.** psychoanaˈlytisch.

an·a·ly·za·tion [ˌænləˈzeɪʃən] *s Am.* Analyˈsieren *n*, Anaˈlyse *f*.

an·a·lyze [ˈænlˌaɪz] *v/t Am.* analyˈsieren: a) *chem. math. etc* zergliedern, -legen, auflösen, auswerten, b) *fig.* genau unterˈsuchen. **ˈan·aˌlyz·er** *s Am.* **1.** Analyˈsierende(r *m*) *f*. **2.** Auflösungsmittel *n*. **3.** *phys.* Analyˈsator *m*.

an·am·ne·sis [ˌænæmˈniːsɪs] *s* Anaˈmnese *f*: a) ˈWiedererinnerung *f* (*a. philos.*), b) *med.* Vorgeschichte *f*.

an·a·mor·pho·sis [ˌænəˈmɔː(r)fəsɪs; -mɔː(r)ˈfəʊsɪs] *pl* **-ses** [-siːz] *s* **1.** (perspekˈtivisches) Zerrbild. **2.** a) *bot.* Rückbildung *f*, b) *zo.* Höherentwicklung *f* (*in e-n höheren Typus*). **ˌan·aˈmor·phous** *adj phys.* anaˈmorph(isch), verzerrt.

an·a·mor·phote lens [ˌænəˈmɔː(r)fəʊt] *s phys.* Anamorˈphotobjekˌtiv *n*, Zerrlinse *f*.

a·na·na(s) [əˈnɑːnə(s)] *s bot.* Ananas *f*.

an·an·drous [æˈnændrəs] *adj bot.* anˈandrisch, staubblattlos.

an·a·paest [ˈænəpiːst; *bes. Am.* -pest] *s metr.* Anaˈpäst *m* (*Versfuß*).

a·naph·o·ra [əˈnæfərə] *s Rhetorik*: Aˈnaphora *f*, Aˈnapher *f* (*Wiederholung e-s Wortes od. mehrerer Wörter zu Beginn aufeinanderfolgender Sätze od. Satzteile*).

an·aph·ro·dis·i·ac [ˌænæfrəˈdɪzɪæk] *med.* **I** *adj* den Geschlechtstrieb hemmend. **II** *s* Anaphrodiˈsiakum *n*.

an·a·phy·lac·tic [ˌænəfɪˈlæktɪk] *adj* (*adv* **~ally**) *med.* anaphyˈlaktisch. **ˌan·a·phyˈlax·is** [-ˈlæksɪs] *s* Anaphylaˈxie *f* (*Überempfindlichkeit gegen artfremdes Eiweiß*).

an·arch [ˈænɑː(r)k] *s obs.* Anarˈchist(in), Reˈbell(in). **an·ar·chic** [æˈnɑː(r)kɪk] *adj*; **anˈar·chi·cal** *adj* (*adv* **~ly**) anˈarchisch, anarˈchistisch, gesetzlos.

an·arch·ism [ˈænə(r)kɪzəm] *s* **1.** Anarˈchie *f*, Reˈgierungs-, Gesetzlosigkeit *f*. **2.** Anarˈchismus *m*. **ˈan·arch·ist I** *s* Anarˈchist(in), ˈUmstürzler(in). **II** *adj* anarˈchistisch, ˈumstürzlerisch. **ˌan·arˈchis·tic** → **anarchist** II. **ˈan·arch·ize** *v/t* in Anarˈchie verwandeln.

an·arch·y [ˈænə(r)kɪ] *s* **1.** → **anarchism** 1. **2.** *fig.* Chaos *n*.

an·a·stat·ic [ˌænəˈstætɪk] *adj print.* anaˈstatisch: **~ printing.**

an·as·tig·mat [əˈnæstɪgmæt; æ-; ˌænəˈst-] *s phot.* Anastigˈmat *m*, *n*. **an·as·tig·mat·ic** [ˌænəstɪgˈmætɪk; əˌnæs-] *adj phys.* anastigˈmatisch (*Linse*).

a·nas·to·mo·sis [ˌænəstəˈməʊsɪs; əˌnæstəˈm-] *pl* **-ses** [-siːz] *s* Anastoˈmose *f*: a) *bot. Querverbindung zwischen Gefäßsträngen od. Pilzfäden*, b) *med. natürliche Verbindung zwischen Blut- od. Lymphgefäßen od. zwischen Nerven*, c) *med. operativ hergestellte Verbindung zwischen Hohlorganen.*

a·nas·tro·phe [əˈnæstrəfɪ] *s ling.* Aˈnastrophe *f*, Wortversetzung *f*.

a·nath·e·ma [əˈnæθəmə] *s* **1.** *relig.* Anaˈthem *n*, Aˈnathema *n*, Bannfluch *m*, Kirchenbann *m*. **2.** *fig.* Fluch *m*, Verwünschung *f*. **3.** *relig.* Verfluchte(r *m*) *f*. **4.** *fig.* (*etwas*) Verhaßtes, Greuel *m*: **this is ~ to me** das ist mir verhaßt *od.* ein Greuel. **aˈnath·e·ma·tize I** *v/t* in den Bann tun, mit dem Kirchenbann belegen, verfluchen. **II** *v/i* fluchen.

an·a·tom·ic [ˌænəˈtɒmɪk; *Am.* -ˈtɑ-] *adj*; **ˌan·aˈtom·i·cal** *adj* (*adv* **~ly**) anaˈtomisch. **a·nat·o·mist** [əˈnætəmɪst] *s* **1.** *med.* Anaˈtom *m*. **2.** Zergliederer *m* (*a. fig.*). **aˈnat·o·mize** *v/t* **1.** *med.* zerlegen, seˈzieren (*a. fig.*). **2.** *fig.* zergliedern.

a·nat·o·my [əˈnætəmɪ] *s* **1.** *med.* Anatoˈmie *f*: a) anaˈtomische Zerlegung, b) anaˈtomischer Aufbau, c) Wissenschaft *f* vom Bau e-s orˈganischen Körpers. **2.** (Abhandlung *f* über) Anatoˈmie *f*. **3.** Moˈdell *n* e-s anaˈtomisch zerlegten Körpers. **4.** *fig.* Zergliederung *f*, Anaˈlyse *f*. **5.** *obs.* a) seˈzierte *od.* mumifiˈzierte Leiche, b) Skeˈlett *n*. **6.** *humor.* a) ‚wandelndes Gerippe', b) ‚Anatoˈmie' *f* (*Körper*).

a·nat·ro·pus [əˈnætrəpəs] *adj bot.* anaˈtrop, ˈumgewendet, gegenläufig.

an·bur·y [ˈænbərɪ] *s* **1.** *vet.* schwammige Blutblase. **2.** *bot.* Kohlkropf *m*.

an·ces·tor [ˈænsestə(r)] *s* **1.** Vorfahr *m*, Ahn(herr) *m*, Stammvater *m* (*a. fig.*): **~ cult, ~ worship** Ahnenkult *m*, -verehrung *f*. **2.** *jur.* Vorbesitzer *m*. **3.** *fig.* Vorläufer *m* (*Person od. Sache*).

an·ces·tral [ænˈsestrəl] *adj* Ahnen…, der Vorfahren *od.* Ahnen, angestammt, Ur…, Erb…, ererbt: **~ estate** ererbter Grundbesitz, Erbhof *m*; **~ home** Stammsitz *m*. **ˈan·ces·tress** [-trɪs] *s* Ahnfrau *f*, Ahne *f*, Stammutter *f*. **ˈan·ces·try** *s* **1.** (*bes.* vornehme) Abstammung *od.* ˈHerkunft. **2.** Vorfahren *pl*, Ahnen(reihe *f*) *pl*: **~ research** Ahnenforschung *f*. **3.** *fig.* Entˈwicklungsproˌzeß *m*.

an·chor [ˈæŋkə(r)] **I** *s* **1.** *mar.* Anker *m*: **to cast** (*od.* **come to, drop**) **~** → 11 a; **to lie** (*od.* **ride**) **at ~** → 11 b. **2.** *fig.* Rettungsanker *m*, Zuflucht *f*. **3.** *tech.* a) Anker *m*, Querbolzen *m*, b) Schließe *f*, Schlüsselanker *m*, Klammer *f*: **~ bolt** Ankerbolzen *m*. **4.** *tech.* Anker *m* (*der Uhr*): **~ escapement** Ankerhemmung *f*. **5.** *Rundfunk, TV*: *Am.* a) Modeˈrator *m*, Moderaˈtorin *f* (*e-r Nachrichtensendung*), b) Diskussiˈonsleiter(in). **6.** a) *Leichtathletik, Skisport*: Schlußläufer (-in), b) *Schwimmen*: Schlußschwimmer(in). **II** *v/t* **7.** *mar.* verankern, vor Anker legen. **8.** *tech. u. fig.* verankern, befestigen: **to be ~ed in s.th.** *fig.* in etwas verankert sein. **9.** *Rundfunk, TV*: *Am.* a) *e-e Nachrichtensendung* modeˈrieren, b) *e-e Diskussion* leiten. **10. to ~ a relay team** *sport* Schlußläufer(in) *od.* -schwimmer(in) e-r Staffel sein. **III** *v/i* **11.** *mar.* ankern: a) vor Anker gehen, b) vor Anker liegen. **12.** *Rundfunk, TV*: *Am.* a) die Moderatiˈon (*e-r Nachrichtensendung*) haben, modeˈrieren, b) die Diskussiˈonsleitung haben. **13.** *sport* zum Schluß laufen *od.* schwimmen.

an·chor·age[1] [ˈæŋkərɪdʒ] *s* **1.** Ankerplatz *m*. **2.** *a.* **~ dues** Anker-, Liegegebühr *f*. **3.** fester Halt, Befestigung *f*, Verankerung *f*. **4.** *fig.* a) sicherer Hafen, b) verläßliche Stütze.

an·chor·age[2] [ˈæŋkərɪdʒ] *s* Einsiedlerklause *f*.

an·chor|ball *s mar.* **1.** Ball *m* (*schwarze Signalkugel e-s ankernden Schiffes*). **2.** Geschoß *n* mit Haken (*das in ein Wrack gefeuert wird*). **~ buoy** *s mar.* Ankerboje *f*.

an·cho·ress [ˈæŋkərɪs] *s* Einsiedlerin *f*. **ˈan·cho·ret** [-ret] *s* Einsiedler *m*, Klausner *m*. **ˌan·choˈret·ic** *adj* einsiedlerisch, Einsiedler…

an·chor|hold *s* **1.** *mar.* Festhalten *n* des Ankers. **2.** *fig.* fester Halt, Sicherheit *f*. **~ ice** *s* Grund-, Bodeneis *n*.

an·cho·rite [ˈæŋkəraɪt] → **anchoret. ˌan·choˈrit·ic** [-ˈrɪtɪk] → **anchoretic.**

an·chor|leg *s sport* Schlußstrecke *f* (*e-s Staffelwettbewerbs*). **ˈ~man** [-mən; -mæn] *s irr* → **anchor** 5, 6. **ˈ~ˌwom·an** *s irr* → **anchor** 5, 6.

an·cho·vy [ˈæntʃəvɪ; ænˈtʃəʊvɪ] *s zo.* Anˈ(s)chovis *f*, Sarˈdelle *f*: **~ paste** *gastr.* Sardellenpaste *f*. **~ pear** *s bot.* Anˈ(s)chovisbirne *f*.

an·chu·sa [æŋˈkjuːsə] *s bot.* Ochsenzunge *f*.

an·cient[1] [ˈeɪnʃənt] **I** *adj* (*adv* → **anciently**) **1.** alt, aus alter Zeit. **2.** a) uralt (*a. humor.*), altberühmt, (alt)ehrwürdig (*Sache*), b) *obs.* alt, hochbetagt, ehrwürdig (*Person*). **3.** altertümlich, altmodisch. **4.** *jur.* durch Verjährung zu Recht bestehend. **II** *s* **5.** *obs.* Alte(r *m*) *f*, Greis(in): **the A~ of Days** *Bibl.* der Alte (*Name Gottes*). **6. the ~s** *pl* a) die Alten *pl* (*Griechen u. Römer*), b) die (griechischen u. römischen) Klassiker *pl*.

an·cient[2] [ˈeɪnʃənt] *s obs.* Banner *n*.

an·cient·ly [ˈeɪnʃəntlɪ] *adv* vorˈzeiten.

an·cil·lar·y [ænˈsɪlərɪ; *Am.* ˈænsəˌleriː] *adj* (**to**) ˈuntergeordnet (*dat*), ergänzend (*acc*): **~ costs** Nebenkosten; **~ administrator** *jur.* Nachlaßverwalter *m* für das im Ausland befindliche Vermögen des Erb-lassers; **~ equipment** Zusatz-, Hilfsgeräte *pl*; **~ industries** Zulieferbetriebe.

an·con [ˈæŋkɒn; *Am.* -ˌkɑn] *pl* **-co·nes** [-ˈkəʊniːz] (*Lat.*) *s* **1.** *anat. obs.* Ell(en)bogen *m*. **2.** *arch.* Krag-, Tragstein *m*.

and [ænd; ən; nd; n] *conj* **1.** und: → **forth** 5, **on** 14; **better ~ better** besser und besser, immer besser; **he ran ~ ran** er lief und lief, er lief immer weiter; **there are books ~ books** es gibt gute und schlechte Bücher, es gibt solche Bücher und solche; **for miles ~ miles** viele Meilen weit; **~ all** *colloq.* und so weiter; **skin ~ all** mitsamt der Haut. **2.** mit: **bread ~ butter** Butterbrot *n*; **soap ~ water** Seifenwasser *n*; → **coach** 1, **nice** 4. **3.** *e-e bedingende Konjunktion ersetzend*: **move, ~ I shoot** e-e Bewegung, und ich schieße; **a little more ~ …** es fehlte nicht viel, und … **4.** *die Infinitivpartikel* **to** *ersetzend*: **try ~ come** versuchen Sie zu kommen; **mind ~ bring it** vergiß nicht, es mitzubringen. **5.** und das, und zwar: **he was found, ~ by chance.**

An·da·lu·sian [ˌændəˈluːzjən; -zɪən; *Am.* -ˈluːʒən] **I** *s* **1.** Andaˈlusier(in). **2.** *a.* **~ fowl** *zo.* Andaˈlusier *m* (*Haushuhnrasse*). **II** *adj* **3.** andaˈlusisch.

an·da·lu·site [ˌændəˈluːsaɪt] *s min.* Andaluˈsit *m.*

an·dan·te [ænˈdæntɪ; *Am. a.* ɑːnˈdɑːnteɪ] *mus.* **I** *adj u. adv* anˈdante, mäßig langsam. **II** *s* Anˈdante *n.*

an·dan·ti·no [ˌændænˈtiːnəʊ; *Am. a.* ˌɑːnˌdɑːnˈt-] *mus.* **I** *adj u. adv* andanˈtino (*lebhafter als andante*). **II** *pl* **-nos** *s* Andanˈtino *n.*

AND cir·cuit *s Computer*: UND-Schaltung *f.*

an·de·sine [ˈændɪziːn; -zɪn] *s min.* Andeˈsin *m.*

an·de·site [ˈændɪzaɪt] *s geol.* Andeˈsit *m.*

and·i·ron [ˈændaɪə(r)n] *s* Feuer-, Brat-, Kaˈminbock *m.*

an·dra·dite [ˈændrədaɪt; ænˈdrɑː-] *s min.* Andraˈdit *m.*

An·drew [ˈændruː] *npr* Anˈdreas *m* (*Schutzheiliger Schottlands*).

andro- [ændrəʊ; -drə] *Wortelement mit der Bedeutung* a) Mann..., männlich, b) Staubfaden...

an·dro·gen [ˈændrədʒən] *s chem.* Androˈgen *n* (*männliches Geschlechtshormon*).

an·drog·y·nism [ænˈdrɒdʒɪnɪzəm; *Am.* -ˈdrɑ-] *s* Androgyˈnie *f*: a) *med.* Vermännlichung *f*, b) *bot.* Zwitterbildung *f.* **anˈdrog·y·nous** *adj* androˈgyn. **anˈdrog·y·ny** → **androgynism.**

an·droid [ˈændrɔɪd] *s* Androˈid(e) *m* (*künstlicher Mensch*).

An·drom·e·da [ænˈdrɒmɪdə; *Am.* -ˈdrɑmədə] **I** *npr antiq.* **1.** Anˈdromeda *f.* **II** *s* **2.** *gen* **-dae** [-diː] *astr.* Anˈdromeda *f* (*Sternbild*): ~ **Nebula** Andromedanebel *m.* **3.** a~ *bot.* Rosmarinheide *f.*

an·droph·a·gous [ænˈdrɒfəgəs; *Am.* -ˈdrɑ-] *adj* menschenfressend.

an·dro·pho·bi·a [ˌændrəʊˈfəʊbjə; -bɪə] *s* Androphoˈbie *f*, Männerscheu *f.*

an·ec·dot·age [ˈænɪkdəʊtɪdʒ] *s* **1.** Anekˈdotensammlung *f.* **2.** *bes. humor.* schwatzhaftes Greisenalter.

an·ec·do·tal [ˌænekˈdəʊtl; -nɪk-] *adj* anekˈdotenhaft, anekˈdotisch, Anekdoten...

an·ec·dote [ˈænɪkdəʊt] *s* Anekˈdote *f.* **an·ec·dot·ic** [ˌænekˈdɒtɪk; *Am.* ˌænɪkˈdɑ-], **ˌan·ecˈdot·i·cal** *adj* anekˈdotisch, anekˈdotenhaft, Anekdoten... **ˈan·ec·dot·ist** [-dəʊtɪst] *s* Anekˈdotenerzähler(in).

an·e·cho·ic [ˌænɪˈkəʊɪk] *adj* echofrei, schalltot (*Raum*).

an·e·lec·tric [ˌænɪˈlektrɪk] *adj phys.* ˈnichteˌlektrisch.

a·ne·mi·a [əˈniːmjə; -mɪə] *s med.* Anäˈmie *f*, Blutarmut *f.* **aˈne·mic** *adj* **1.** *med.* anˈämisch (*a. fig.*), blutarm. **2.** *fig.* farblos, blaß (*Prosa etc*).

a·nem·o·chore [əˈneməkɔː(r)] *s bot.* Anemoˈchore *f* (*Pflanze, deren Samen od. Früchte durch den Wind verbreitet werden*).

a·nem·o·gram [əˈneməgræm] *s phys.* Anemoˈgramm *n*, Windmeßkurve *f.*

a·nem·o·graph [əˈneməgrɑːf; *bes. Am.* -græf] *s phys.* Anemoˈgraph *m*, Windschreiber *m.*

an·e·mol·o·gy [ˌænɪˈmɒlədʒɪ; *Am.* -ˈmɑ-] *s meteor.* Anemoloˈgie *f*, Wissenschaft *f* von den Luftströmungen.

an·e·mom·e·ter [ˌænɪˈmɒmɪtə(r); *Am.* -ˈmɑ-] *s phys.* Anemoˈmeter *n*, Windmeßgerät *n.* **ˌan·eˈmom·e·try** [-trɪ] *s phys.* Windmessung *f.*

a·nem·o·ne [əˈnemənɪ] *s* **1.** *bot.* Aneˈmone *f.* **2.** *zo.* → **sea anemone.**

an·e·moph·i·lous [ˌænɪˈmɒfɪləs; *Am.* -ˈmɑ-] *adj bot.* anemoˈphil. **ˌan·eˈmoph·i·ly** *s bot.* Anemophiˈlie *f*, Windbestäubung *f.*

a·nem·o·scope [əˈneməskəʊp] *s phys.* Anemoˈskop *n* (*Instrument zum Messen der Windgeschwindigkeit*).

a·nent [əˈnent] *prep obs. od. Scot.* **1.** neben (*dat*), in gleicher Linie mit. **2.** gegen (*acc*), gegenˈüber (*dat*). **3.** bezüglich (*gen*).

an·er·gy [ˈænə(r)dʒɪ] *s* Anerˈgie *f*: a) *med.* Unempfindlichkeit *f* (*gegen Reize*), b) *med. psych.* Enerˈgielosigkeit *f.*

an·er·oid [ˈænərɔɪd] *phys.* **I** *adj* Aneroid... **II** *s a.* ~ **barometer** Aneroˈid(baroˌmeter) *n.*

an·es·the·si·a [ˌænɪsˈθiːzjə; *bes. Am.* -əsˈθiːʒə], **ˌan·esˈthe·sis** [-ˈθiːsɪs] *s med.* Anästheˈsie *f*: a) Narˈkose *f*, Betäubung *f*, b) Fehlen *n* der Schmerzempfindung (*bes. bei Nervenschädigungen*). **an·es·thet·ic** [ˌænɪsˈθetɪk] **I** *adj* (*adv* **~ally**) **1.** *med.* anäˈsthetisch: a) narˈkotisch, betäubend, Narkose..., b) schmerzunempfindlich. **2.** *fig.* verständnislos (**to** gegenˈüber). **II** *s* **3.** Betäubungsmittel *n*, Narˈkotikum *n.*

an·es·the·tist [æˈniːsθətɪst; *Am.* əˈnes-] *s med.* Anästheˈsist *m*, Narˈkosearzt *m.* **anˈes·the·tize** *v/t med.* anästheˈsieren, betäuben, narkotiˈsieren.

an·eu·rin [ˈænjʊərɪn; *Am.* ˈænjə-; eɪˈnjʊə-] *s chem.* Aneuˈrin *n*, Vitaˈmin *n* B_1.

an·eu·rism, *a.* **an·eu·rysm** [ˈænjʊərɪzəm; *Am.* ˈænjə-] *s med.* Aneuˈrysma *n*, krankhafte Arˈterienerweiterung.

a·new [əˈnjuː; *Am. a.* əˈnuː] *adv* **1.** von neuem, aufs neue, ˈwieder(um), noch einmal. **2.** neu, auf neue Art u. Weise.

an·frac·tu·os·i·ty [ˌænfræktjʊˈɒsətɪ; *Am.* ænˌfræktʃəˈwɑsətiː] *s* **1.** Gewundenheit *f*, Windung *f.* **2.** *anat.* Gehirnfurche *f.*

an·ga·ry [ˈæŋgərɪ] *s a.* **right of** ~ *Völkerrecht*: Angaˈrienrecht *n* (*Recht e-r kriegführenden Macht, neutrale Schiffe, die sich in ihren Hoheitsgewässern befinden, zu beschlagnahmen u. zu benutzen*).

an·gel [ˈeɪndʒəl] *s* **1.** Engel *m*: ~ **of death** Todesengel; **visits like those of ~s** kurze u. seltene Besuche; **to join the ~s** in den Himmel kommen; **to rush in where ~s fear to tread** sich törichter- *od.* anmaßenderweise in Dinge einmischen, an die sich sonst niemand heranwagt; → **entertain** 2. **2.** *fig.* Engel *m* (*Person*): **be an ~ and ...** sei doch so lieb und ...; **she is my good ~** sie ist mein guter Engel; **you are an ~** du bist ein Schatz, das ist ‚furchtbar' nett von dir. **3.** *relig.* Gottesbote *m* (*Priester etc*). **4.** *sl.* fiˈnanzkräftiger ˈHintermann, Geldgeber *m.* **5.** *a.* **~-noble** Engelstaler *m* (*alte englische Goldmünze*). **6.** *Christian Science*: Botschaft *f* höherer guter Mächte. **7.** *Radar*: Engelecho *n.* **8.** → **angelfish.** ~ **cake** *s* (*etwa*) Bisˈkuitkuchen *m.* ~ **dust** *s sl.* Engelsstaub *m* (*e-e Droge*).

An·ge·le·no [ˌændʒəˈliːnəʊ] *pl* **-nos** *s* Einwohner(in) von Los Angeles.

ˈan·gel|·fish *s ichth.* **1.** Engelhai *m.* **2.** Engelbarsch *m.* ~ **food (cake)** *Am. für* **angel cake.**

an·gel·ic [ænˈdʒelɪk] *adj* (*adv* **~ally**) engelhaft, -gleich, Engels...: **A~ Salutation** Englischer Gruß.

an·gel·i·ca [ænˈdʒelɪkə] *s* **1.** *bot.* Anˈgelika *f*, Brustwurz *f*, *bes.* (Erz)Engelwurz *f.* **2.** kanˈdierte Anˈgelikawurzel. **3.** Anˈgelikaliˌkör *m.*

an·gel·i·cal [ænˈdʒelɪkl] *adj* (*adv* **~ly**) → **angelic.**

an·gel·ol·o·gy [ˌeɪndʒəˈlɒlədʒɪ; *Am.* -ˈlɑ-] *s relig.* Angeloloˈgie *f*, Lehre *f* von den Engeln.

ˌan·gels-on-ˈhorse·back *s pl Br.* in Speckschnitten gewickelte u. auf Toast serˈvierte Austern *pl.*

An·ge·lus [ˈændʒɪləs] *s R.C.* **1.** Angelus(gebet *n*, -läuten *n*) *m.* **2.** *a.* ~ **bell** Angelusglocke *f.*

an·ger [ˈæŋgə(r)] **I** *s* Ärger *m*, Unwille *m*, Zorn *m*, Wut *f* (**at** über *acc*): **(fit of)** ~ Wutanfall *m*, Zornausbruch *m*; → **bring down** 7. **II** *v/t* erzürnen, (ver)ärgern, aufbringen.

An·ge·vin [ˈændʒɪvɪn], *a.* **ˈAn·ge·vine** [-vɪn; -viːn; -vaɪn] **I** *adj* **1.** aus Anˈjou (*in Frankreich*). **2.** *hist.* angeˈvinisch, die Planˈtagenets (*englisches Königshaus*) betreffend. **II** *s* **3.** *hist.* Mitglied *n* des Hauses Planˈtagenet.

an·gi·na [ænˈdʒaɪnə] *s med.* Anˈgina *f*, Rachen-, Halsentzündung *f.* ~ **pec·to·ris** [ˈpektərɪs] *s med.* Anˈgina *f* pectoris.

an·gi·o·car·pous [ˌændʒɪəʊˈkɑː(r)pəs] *adj bot.* angioˈkarp, deckfrüchtig.

an·gi·og·ra·phy [ˌændʒɪˈɒgrəfɪ; *Am.* -ˈɑg-] *s med.* Angiograˈphie *f* (*röntgenologische Darstellung von Blutgefäßen*).

an·gi·ol·o·gy [ˌændʒɪˈɒlədʒɪ; *Am.* -ˈɑl-] *s med.* Angioloˈgie *f*, Gefäßlehre *f.*

an·gi·o·ma [ˌændʒɪˈəʊmə] *pl* **-ma·ta** [-mətə] *od.* **-mas** *s med.* Angiˈom *n*, Blutschwamm *m.*

an·gi·o·sperm [ˈændʒɪəspɜːm; *Am.* -ˌspɜrm] *s bot.* Angioˈsperme *f.*

an·gle[1] [ˈæŋgl] **I** *s* **1.** *bes. math.* Winkel *m*: ~ **of advance** *electr. phys.* Voreilungswinkel; ~ **of attack** *aer.* Anstellwinkel; ~ **of climb** a) *tech.* Anstiegswinkel, b) *aer.* Steigwinkel; ~ **of departure** (*Ballistik*) Abgangswinkel; ~ **of divergence** Streu(ungs)winkel; ~ **of elevation** Höhen-, Steigungswinkel; ~ **of incidence** a) Einfallswinkel, b) *aer.* Anstellwinkel; ~ **of inclination** Neigungswinkel; ~ **of lag** *electr. phys.* Nacheilungswinkel; ~ **of pitch** *aer.* Anstellwinkel (*der Luftschraube*); ~ **of taper** Konizität *f* (*des Kegels*); ~ **of traverse** (*Artillerie*) Seitenrichtbereich *m*, Schwenkwinkel; **at right ~s to** im rechten Winkel zu; **at an ~** schräg; **at an ~ to** schräg *od.* im Winkel zu. **2.** *tech.* a) Knie(stück) *n*, b) *pl* Winkeleisen *pl.* **3.** Ecke *f* (*e-s Gebäudes etc*). **4.** scharfe, spitze Kante. **5.** *sport* (Schuß)Winkel *m*: → **narrow** 12. **6.** *astr.* Haus *n.* **7.** *fig.* Standpunkt *m*, Gesichtswinkel *m*, Seite *f.* **8.** *fig.* Seite *f*, Aˈspekt *m*: **to consider all ~s of a question.** **9.** Meˈthode *f* (*etwas anzupacken od. zu erreichen*): **he knows all the ~s and wangles** *colloq.* er kennt alle Tricks. **II** *v/t* **10.** ab-, ˈumbiegen, abwinkeln. **11.** *tech.* bördeln. **12.** *Bericht etc* färben. **III** *v/i* **13.** (ab)biegen: **the road ~s sharply to the right.**

an·gle[2] [ˈæŋgl] **I** *v/i* angeln (**for** nach): **to ~ for s.th.** *fig.* nach etwas fischen *od.* angeln, etwas zu bekommen versuchen, auf etwas aussein. **II** *v/t* angeln.

an·gle| bar *s tech.* Winkeleisen *n.* ~ **brack·et** *s* **1.** *tech.* ˈWinkelkonˌsole *f.* **2.** → **bracket** 5.

an·gled [ˈæŋgld] *adj* winklig, winkelförmig, Winkel...

ˈan·gle|ˌdoz·er *s tech.* Plaˈnierraupe *f* mit Schwenkschild. ~ **drive** *s tech.* Winkeltrieb *m.* ~ **i·ron** *s tech.* Winkeleisen *n.* **ˈ~-park** *v/t u. v/i* schräg parken.

an·gler [ˈæŋglə(r)] *s* **1.** Angler(in). **2.** *ichth.* See-, Meerteufel *m.*

An·gles [ˈæŋglz] *s pl hist.* (*die*) Angeln *pl.*

An·gli·an [ˈæŋglɪən] **I** *adj* **1.** anglisch. **II** *s* **2.** Angehörige(r *m*) *f* des Volksstammes der Angeln. **3.** *ling.* Anglisch *n*, das Anglische.

An·gli·can [ˈæŋglɪkən] **I** *adj* **1.** *relig.* a) angliˈkanisch, b) hochkirchlich: **the ~ Church** die anglikanische Kirche, die englische Staatskirche; ~ **Communion** Anglikanischer Kirchenbund. **2.** *Am.* a) britisch, b) englisch. **II** *s* **3.** *relig.* a) Angliˈkaner(in), b) Hochkirchler(in).

ˈ**Ang·li·can·ism** *s relig.* Anglikaˈnismus *m.*

An·gli·cism [ˈæŋglɪsɪzəm] *s* **1.** *ling.* Angliˈzismus *m.* **2.** englische Eigenart, (*etwas*) typisch Englisches.

An·gli·cist [ˈæŋglɪsɪst] *s* Anˈglist(in).

An·gli·cize, *a.* **an·gli·cize** [ˈæŋglɪsaɪz] **I** *v/t* angliˈsieren (*a. ling.*), englisch machen. **II** *v/i* sich angliˈsieren, englisch werden.

An·gli·fy, *a.* **an·gli·fy** [ˈæŋglɪfaɪ] → **Anglicize** I.

an·gling [ˈæŋglɪŋ] *s* **1.** Angeln *n.* **2.** Angelsport *m.*

An·glist [ˈæŋglɪst] *s* Anˈglist(in). **An·glis·tics** [æŋˈglɪstɪks] *s pl* (*als sg konstruiert*) Anˈglistik *f.*

Anglo- [æŋgləʊ] *Wortelement mit der Bedeutung* englisch, englisch und ...

An·glo [ˈæŋgləʊ] *pl* **-glos** *s colloq. für* **Anglo-American** II.

ˌ**An·glo|-A·mer·i·can I** *adj* angloameriˈkanisch. **II** *s* Angloameriˈkaner(in) (*Amerikaner[in] englischer Abstammung*). ˌ**~-ˈCath·o·lic** *relig.* **I** *s* **1.** Anglokathoˈlik(in). **2.** Hochkirchler(in). **II** *adj* **3.** anglokaˈtholisch. **4.** der Hochkirche angehörend. ˌ**~-ˈFrench I** *adj* anglofranˈzösisch (*a. ling.*): **the ~ Wars** die Kriege zwischen England u. Frankreich. **II** *s ling.* Anglonorˈmannisch *n,* Anglofranˈzösisch *n.*

An·glo·gae·a [ˌæŋgləʊˈdʒiːə] *s biol. geogr.* neˈarktische Regiˈon.

ˌ**An·glo-ˈIn·di·an I** *adj* **1.** angloˈindisch. **II** *s* **2.** in Indien lebender Engländer. **3.** Anglo-ˈInder(in).

ˌ**An·gloˈma·ni·a** *s* Anglomaˈnie *f* (*übertriebene Bewunderung alles Englischen*). ˌ**An·gloˈma·ni·ac** *s* Angloˈmane *m.*

ˌ**An·glo-ˈNor·man I** *s* **1.** Anglonorˈmanne *m.* **2.** *ling.* Anglonorˈmannisch *n.* **II** *adj* **3.** anglonorˈmannisch.

An·glo·phile [ˈæŋgləʊfaɪl; -fɪl], *a.* ˈ**An·glo·phil** [-fɪl] **I** *s* Angloˈphile *m,* Englandfreund *m.* **II** *adj* angloˈphil, englandfreundlich. ˌ**An·gloˈphil·i·a** [-ˈfɪljə; -lɪə] *s* Anglophiˈlie *f.*

An·glo·phobe [ˈæŋgləʊfəʊb] **I** *s* Angloˈphobe *m,* Englandfeind *m.* **II** *adj* angloˈphob, englandfeindlich. ˌ**An·gloˈpho·bi·a** *s* Anglophoˈbie *f.*

An·glo·phone [ˈæŋgləʊfəʊn] **I** *adj* angloˈphon, englischsprachig. **II** *s* Angloˈphone *m.*

ˌ**An·glo-ˈSax·on I** *s* **1.** Angelsachse *m.* **2.** *ling.* Altenglisch *n,* Angelsächsisch *n.* **3.** *colloq.* urwüchsiges u. einfaches Englisch. **II** *adj* **4.** angelsächsisch.

an·go·la [æŋˈgəʊlə] → **angora.**

an·go·ra [æŋˈgɔːrə; *Am. a.* -ˈgəʊrə] *s* **1.** Gewebe *n od.* Kleidungsstück *n* aus Anˈgorawolle. **2.** *meist* **A~** *zo.* a) *a.* **~ cat** Anˈgorakatze *f,* b) *a.* **~ goat** Anˈgoraziege *f,* c) *a.* **~ rabbit** Anˈgora-, ˈSeidenkaˌninchen *n.* **~ wool** *s* **1.** Anˈgorawolle *f.* **2.** Moˈhair *n.*

an·gos·tu·ra [ˌæŋgəˈstjʊərə; -ˈstʊərə] *s a.* **~ bark** *bot.* Angoˈsturarinde *f.* **~ bitters** *s pl* Angoˈsturabitter *m.*

an·gry [ˈæŋgrɪ] *adj* (*adv* **angrily**) **1.** (**at, about**) ärgerlich (auf, über *acc*), verärgert (über *j-n od. etwas*), aufgebracht (gegen *j-n,* über *etwas*), böse (auf *j-n,* über *etwas;* **with** mit *j-m*). **2.** *med.* entzündet, schlimm. **3.** *fig.* a) drohend, finster (*Wolken*), b) stürmisch (*See*). **~ young man** *s irr Br. hist.* Angry young man *m,* ‚zorniger junger Mann' (*in der Literatur*).

angst [æŋst] *s psych.* Angst *f.*

ang·strom [ˈæŋstrəm] *s a.* **~ unit** *phys.* Angström(einheit *f*) *n* (*Einheit der Licht- u. Röntgenwellenlänge*).

an·guine [ˈæŋgwɪn] *adj zo.* **1.** schlangenähnlich. **2.** Schlangen...

an·guish [ˈæŋgwɪʃ] *s* Qual *f,* Pein *f,* Schmerz *m,* Angst *f:* **~ of mind, mental ~** Seelenqual(en *pl*).

an·gu·lar [ˈæŋgjʊlə(r)] *adj* (*adv* **~ly**) **1.** winklig, winkelförmig, eckig, Winkel...: **~ acceleration** *phys.* Winkelbeschleunigung *f;* **~ capital** *arch.* Eckkapitell *n;* **~ cutter** *tech.* Winkelfräser *m;* **~ distance** *math.* Winkelabstand *m;* **~ point** *math.* Scheitelpunkt *m;* **~ position encoder** Winkelstellungsgeber *m* mit digitalem Ausgang; **~ velocity** a) *phys.* Winkelgeschwindigkeit *f,* b) *electr.* Kreisfrequenz *f.* **2.** knochig. **3.** *fig.* steif: a) linkisch, b) forˈmell.

an·gu·lar·i·ty [ˌæŋgjʊˈlærətɪ] *s* **1.** Winkligkeit *f.* **2.** *fig.* Steifheit *f.*

an·gus·ti·fo·li·ate [æŋˌgʌstɪˈfəʊlɪət; -ɪeɪt] *adj bot.* schmalblättrig.

an·har·mon·ic [ˌænhɑː(r)ˈmɒnɪk; *Am.* -ˈmɑ-] *adj math. phys.* ˈunharˌmonisch.

an·he·dral [ænˈhiːdrəl] *s aer.* negative V-Stellung (*der Tragflächen*).

an·hy·dride [ænˈhaɪdraɪd] *s chem.* Anhyˈdrid *n.*

an·hy·drite [ænˈhaɪdraɪt] *s min.* Anhyˈdrit *m.*

an·hy·drous [ænˈhaɪdrəs] *adj biol. chem.* anˈhydrisch, wasserfrei.

a·nigh [əˈnaɪ] *adv u. prep obs.* nahe.

an·il[1] [ˈænɪl] *s* **1.** *bot.* Indigopflanze *f.* **2.** Indigo(farbstoff) *m.*

an·il[2] [ˈænɪl] *s chem.* Aˈnil *n* (*e-n Anilrest enthaltende Verbindung*).

an·i·line [ˈænɪliːn; -lɪn] *s chem.* Aniˈlin *n:* **~ dye** a) Anilinfarbstoff *m,* b) *weitS.* chemisch hergestellte Farbe; **~ resin** Anilinharz *n* (*Kunststoff*).

an·i·ma [ˈænɪmə] *s* **1.** *psych.* Anima *f* (*Seelenbild der Frau im Unbewußten des Mannes*). **2.** *philos.* Anima *f,* Seele *f.*

an·i·mad·ver·sion [ˌænɪmædˈvɜːʃn; *Am.* -ˈvɜrʒən; -ʃən] *s* (**on, upon**) kritische Anmerkung (zu), Kriˈtik *f* (an *dat*). ˌ**an·i·madˈvert** [-ˈvɜːt; *Am.* -ˈvɜrt] *v/i* (**on, upon**) kritische Anmerkungen machen (zu), kritiˈsieren (*acc*).

an·i·mal [ˈænɪml] **I** *s* **1.** Tier *n:* **the ~ within us** *fig.* das Tier in uns; **there ain't such ~!** *humor.* so etwas gibt es doch gar nicht! **2.** a) tierisches Lebewesen (*Ggs. Pflanze*), b) Säugetier *n.* **3.** *fig.* Tier *n,* Bestie *f.* **II** *adj* (*adv* **~ly**) **4.** aniˈmalisch, tierisch (*beide a. fig.*): **~ fat (instincts, oil);** **~ poetry** Tierdichtung *f;* **~ psychology** Tierpsychologie *f.* **~ black** *s tech.* Knochenschwarz *n.* **~ char·coal** *s biol.* Tierkohle *f.* **~ crack·er** *s meist pl Am.* Gebäck *n* in Tiergestalt.

an·i·mal·cule [ˌænɪˈmælkjuːl] *s zo.* mikroˈskopisch kleines Tierchen.

an·i·mal| flow·er *s zo.* Blumentier *n.* **~ food** *s* **1.** Fleischnahrung *f.* **2.** Tierfutter *n.* **~ glue** *s tech.* Tierleim *m.* **~ hos·pi·tal** *s* Tierklinik *f.* **~ hus·band·ry** *s* Viehzucht *f.*

an·i·mal·ier [ˌænɪməˈlɪə(r)] → **animalist** 2.

an·i·mal·ism [ˈænɪməlɪzəm] *s* **1.** Animaliˈtät *f,* Sinnlichkeit *f,* aniˈmalisches Wesen. **2.** Lebenskraft *f,* Vitaliˈtät *f.* **3.** *Lehre, nach der die Menschen auf* ˈ*einer Stufe mit den Tieren stehen.* ˈ**an·i·mal·ist** *s* **1.** Anhänger(in) des **animalism** 3. **2.** Tiermaler(in), Tierbildhauer(in).

an·i·mal·i·ty [ˌænɪˈmælətɪ] *s* **1.** tierische Naˈtur. **2.** a) ˈTiernaˌtur *f,* (*das*) Tierische, b) → **animalism** 1 *u.* 2. **3.** Tierreich *n.*

an·i·mal·ize [ˈænɪməlaɪz] *v/t* **1.** *biol.* durch Assimilatiˈon in tierischen Stoff verwandeln. **2.** *Zellulosefasern etc* animaliˈsieren, wollähnlich machen. **3.** *fig.* zum Tier machen, verrohen. **4.** in Tierform darstellen.

an·i·mal| life *s* Tierleben *n.* **~ lov·er** *s* Tierfreund(in). ˈ**~-ˌlov·ing** *adj* tierliebend. **~ mag·net·ism** *s* **1.** *obs.* aniˈmalischer *od.* tierischer Magneˈtismus. **2.** *oft humor.* eˈrotische Anziehungskraft. **~ shel·ter** *s Am.* ˈTierheim *n,* -aˌsyl *n.* **~ size** *s tech.* Tierleim *m.* **~ spir·its** *s pl* Vitaliˈtät *f,* Lebenskraft *f,* -geister *pl.* **~ starch** *s chem.* tierische Stärke.

an·i·mate I *v/t* [ˈænɪmeɪt] **1.** beseelen, beleben, mit Leben erfüllen (*alle a. fig.*). **2.** beleben, anregen, aufmuntern, in Schwung bringen. **3.** beleben, leˈbendig gestalten: **to ~ a cartoon** e-n Zeichentrickfilm herstellen. **4.** antreiben. **II** *adj* [-mət] → **animated** 1 *u.* 3. ˈ**an·i·mat·ed** *adj* **1.** leˈbendig, beseelt (**with, by** von), lebend. **2.** ‚lebend', sich bewegend: **~ puppets;** **~ cartoon** Zeichentrickfilm *m.* **3.** lebhaft, angeregt, munter. **4.** ermuntert. ˈ**an·i·mat·er** → **animator.**

ˌ**an·iˈma·tion** *s* **1.** Er-, Aufmunterung *f,* Belebung *f.* **2.** Leben *n,* Feuer *n,* Lebhaftigkeit *f,* Munterkeit *f.* **3.** a) Animatiˈon *f,* ˈHerstellung *f* von (Zeichen)Trickfilmen, b) (Zeichen)Trickfilm *m,* c) (meˈchanische) Trickvorrichtung.

an·i·ma·tism [ˈænɪmətɪzəm] *s philos.* Animaˈtismus *m.*

a·ni·ma·to [ˌænɪˈmɑːtəʊ] *adj u. adv mus.* **1.** beseelt. **2.** lebhaft(er).

an·i·ma·tor [ˈænɪmeɪtə(r)] *s* Trickfilmzeichner *m.*

an·i·mism [ˈænɪmɪzəm] *s philos.* Aniˈmismus *m.*

an·i·mos·i·ty [ˌænɪˈmɒsətɪ; *Am.* -ˈmɑ-] *s* Animosiˈtät *f,* Feindseligkeit *f* (**against, towards** gegen[ˈüber]; **between** zwischen *dat*).

an·i·mus [ˈænɪməs] *s* **1.** *psych.* Animus *m* (*Seelenbild des Mannes im Unbewußten der Frau*). **2.** *a. jur.* Absicht *f.* **3.** → **animosity.**

an·i·on [ˈænaɪən] *s chem. phys.* ˈAniˌon *n,* negatives Iˈon. ˌ**an·iˈon·ic** [-ˈɒnɪk; *Am.* -ˈɑn-] *adj* Anion...

an·i·sate [ˈænɪseɪt] *s chem.* aˈnissaures Salz.

an·ise [ˈænɪs] *s* **1.** *bot.* Aˈnis *m.* **2.** Aˈnis(-samen) *m.*

an·i·seed [ˈænɪsiːd] *s* Aˈnissamen *m.*

an·i·sette [ˌænɪˈzet; -ˈset] *s* Aniˈsett *m* (*Anislikör*).

an·i·so·mer·ic [æˌnaɪsəʊˈmerɪk; -səˈm-] *adj chem.* nicht isoˈmer. ˌ**an·iˈsom·er·ous** [-ˈsɒmərəs; *Am.* -ˈsɑ-] *adj bot.* ungleichzählig.

an·i·so·trop·ic [æˌnaɪsəʊˈtrɒpɪk; *Am.* -səˈtrɑ-] *adj biol. phys.* anisoˈtrop. ˌ**an·iˈsot·ro·py** [-ˈsɒtrəpɪ; *Am.* -ˈsɑ-] *s biol. phys.* Anisotroˈpie *f.*

an·ker·ite [ˈæŋkəraɪt] *s min.* Ankeˈrit *m,* Braunspat *m.*

ankh [æŋk] *s* Henkelkreuz *n* (*altägyptisches Lebenssymbol*).

an·kle [ˈæŋkl] **I** *s anat.* **1.** (Fuß)Knöchel *m.* **2.** a) Knöchelgegend *f* (*des Beins*), b) Fessel *f.* **II** *v/i* **3.** *Am. sl.* ‚latschen', marˈschieren. ˈ**~·bone** *s anat.* Sprungbein *n.* **~ boot** *s* **1.** Halbstiefel *m.* **2.** Knöchelbinde *f* (*für Pferde*). ˌ**~-ˈdeep** *adj* knöcheltief, bis zu den Knöcheln. **~ jerk** *s med.* ˈKnöchelreˌflex *m.* **~ joint** *s anat.* Fuß-, Knöchel-, Sprunggelenk *n.* ˈ**~-length** *adj* knöchellang (*Kleid etc*). **~ sock** *s Br.* Söckchen *n.* **~ strap** *s* Fesselriemen *m,* Schuhspange *f.*

an·klet [ˈæŋklɪt] *s* **1.** Fußring *m,* -spange *f* (*als Schmuck*). **2.** a) → **ankle strap,** b) *Am.* Sanˈdale *f* (mit Fesselriemen). **3.** *Am.* Söckchen *n.* **4.** Fußfessel *f,* Fußeisen *n.*

an·ky·lose [ˈæŋkɪləʊs; -z] *med.* **I** *v/t* **1.** *Knochen* fest vereinigen. **2.** *Gelenk* steif machen. **II** *v/i* **3.** fest verwachsen (*Knochen*). **4.** steif werden (*Gelenk*). ˌ**an·ky-**

ˈ**lo·sis** [-sɪs] *s* **1.** *med.* Ankyˈlose *f*, Gelenkversteifung *f*. **2.** *physiol.* Knochenverwachsung *f*.

an·ky·los·to·mi·a·sis [ˌæŋkɪlɒstəˈmaɪəsɪs; *Am.* -ləʊstəʊˈm-] *s med.* Ankylostomiˈase *f*, Ankylostoˈmiasis *f*, Hakenwurmkrankheit *f*.

an·na [ˈænə] *s hist.* Anˈna *m* (*indische Münze*).

an·nal·ist [ˈænəlɪst] *s* Chroˈnist *m*.

an·nals [ˈænlz] *s pl* **1.** Anˈnalen *pl*, Jahrbücher *pl*. **2.** hiˈstorischer Bericht. **3.** (periˈodisch erscheinende) fachwissenschaftliche Berichte *pl*. **4.** (*a. als sg konstruiert*) (Jahres)Bericht *m*.

an·neal [əˈniːl] *v/t* **1.** *metall.* ausglühen, anlassen, vergüten, tempern: **~ing furnace** Glühofen *m*. **2.** *Kunststoffe* tempern. **3.** *Glas* kühlen. **4.** *Keramik*: einbrennen: **~ing varnish** Einbrennlack *m*. **5.** *fig.* härten, stählen.

an·ne·lid [ˈænəlɪd] *s zo.* Ringelwurm *m*.

an·nex I *v/t* [əˈneks; *Am. a.* ˈænˌeks] **1.** (**to**) beifügen (*dat*), anfügen, anhängen (an *acc*): **as ~ed** *econ.* laut Anlage. **2.** *fig.* verbinden, -knüpfen (**to** mit). **3.** *ein Gebiet* annekˈtieren, (sich) einverleiben. **4.** *colloq.* (sich) ‚organiˈsieren', sich aneignen. **II** *s* [ˈæneks] *bes. Am.* **5.** Anhang *m*, Zusatz *m*, Nachtrag *m*. **6.** Anlage *f* (*in e-m Brief*). **7.** Anbau *m*, Nebengebäude *n*.

an·nex·a·tion [ˌænekˈseɪʃn] *s* **1.** Hinˈzu-, Anfügung *f* (**to** zu). **2.** Verbindung *f* (**to** mit). **3.** Annexiˈon *f*, Annekˈtierung *f*, Einverleibung *f* (**to** in *acc*). **4.** annekˈtiertes Gebiet. ˌ**an·nexˈa·tion·ism** *s* Annexioˈnismus *m*, Annexiˈonspoliˌtik *f*. ˌ**an·nexˈa·tion·ist I** *s* Annexioˈnist *m*. **II** *adj* annexioˈnistisch.

an·nexe [ˈæneks] *bes. Br. für* **annex** II.

An·nie Oak·ley [ˌæniːˈəʊkliː] *s Am. sl.* Freikarte *f*.

an·ni·hi·late [əˈnaɪəleɪt] **I** *v/t* **1.** vernichten (*a. fig.*). **2.** *mil.* aufreiben. **3.** *Kernphysik*: *Elementar-, Antiteilchen* annihiˈlieren, zerstören. **4.** *fig.* zuˈnichte machen. **5.** *sport colloq.* ‚vernaschen', ‚auseinˈandernehmen' (*hoch schlagen*). **II** *v/i* **6.** *Kernphysik*: sich annihiˈlieren *od.* zerstören (*Elementar-, Antiteilchen*). **anˌni·hiˈla·tion** *s* **1.** Vernichtung *f* (*a. fig.*): **~ photon** *phys.* Zerstrahlungsphoton *n*; **~ radiation** *phys.* Vernichtungsstrahlung *f*. **2.** *Kernphysik*: Annihiˈlierung *f*, Zerstörung *f*. **anˈni·hi·la·tor** [-tə(r)] *s* Vernichter *m*.

an·ni·ver·sa·ry [ˌæniˈvɜːsəri; *Am.* -ˈvɜr-] *s* **1.** Jahrestag *m*, -feier *f*, *a.* (*zehnjährige etc*) ˈWiederkehr (**of** *e-s Gedenktages*): **the 50th ~ of his death** sein fünfzigster Todestag. **2.** Jubiˈläum *n*.

an·no Dom·i·ni [ˌænəʊˈdɒmɪnaɪ; -niː; *Am.* -ˈdɑm-] (*Lat.*) *adv* Anno Domini, im Jahre des Herrn.

an·no·tate [ˈænəʊteɪt; -nət-] **I** *v/t e-e Schrift* a) mit Anmerkungen versehen, b) kommenˈtieren. **II** *v/i* (**on**) a) Anmerkungen machen (zu), b) e-n Kommenˈtar schreiben (über *acc*, zu). ˌ**an·noˈta·tion** *s* **1.** Kommenˈtieren *n*. **2.** a) Anmerkung *f*, Erläuterung *f*, b) Kommenˈtar *m*. ˈ**an·no·ta·tor** [-tə(r)] *s* Kommenˈtator *m*.

an·nounce [əˈnaʊns] **I** *v/t* **1.** ankünd(ig)en. **2.** bekanntgeben, verkünden. **3.** a) *Rundfunk, TV*: ansagen, b) (*über Lautsprecher*) ˈdurchsagen. **4.** *Besucher etc* melden. **5.** *Geburt etc* anzeigen. **II** *v/i* **6.** *Am.* s-e Kandidaˈtur bekanntgeben (**for** für das Amt *gen*): **to ~ for governor. 7. ~ for** *Am.* sich aussprechen für. **anˈnounce·ment** *s* **1.** Ankündigung *f*. **2.** Bekanntgabe *f*. **3.** a) *Rundfunk, TV*: Ansage *f*, b) (ˈLautsprecher)ˌDurchsage *f*. **4.** (Geburts- *etc*)Anzeige *f*: **~ of sale** *econ.* Verkaufsanzeige; **~ procedure** *jur.* Aufgebotsverfahren *n*. **anˈnounc·er** *s Rundfunk, TV*: Ansager(in), Sprecher(in).

an·noy [əˈnɔɪ] *v/t* **1.** ärgern: **to be ~ed** sich ärgern (**at s.th.** über etwas; **with s.o.** über j-n). **2.** behelligen, belästigen, *a. mil.* stören. **anˈnoy·ance** *s* **1.** Ärgernis *n*. **2.** Störung *f*, Belästigung *f*. **3.** Ärger *m*, Verdruß *m*. **4.** Plage(geist *m*) *f*. **anˈnoy·ing** *adj* (*adv* **~ly**) **1.** ärgerlich. **2.** lästig, störend, unangenehm.

an·nu·al [ˈænjʊəl; *Am.* -jəwəl] **I** *adj* (*adv* **~ly**) **1.** jährlich, Jahres...: **~ accounts** *econ.* Jahresabschluß *m*; **~ balance sheet** *econ.* Jahres-, Schlußbilanz *f*; **~ (general) meeting** *econ.* Hauptversammlung *f*; **~ income** Jahreseinkommen *n*; **~ report** *econ.* Geschäfts-, Jahresbericht *m*; **~ ring** *bot.* Jahresring *m*. **2.** *a. bot.* einjährig. **II** *s* **3.** jährlich erscheinende Veröffentlichung, Jahrbuch *n*. **4.** *bot.* einjährige Pflanze.

an·nu·i·tant [əˈnjuːɪtənt; *Am. a.* əˈnuː-] *s* Rentenempfänger(in).

an·nu·i·ty [əˈnjuːɪtɪ; *Am. a.* əˈnuː-] *s* **1.** (Jahres-, Leib)Rente *f*: **to hold** (*od.* **receive**) **an ~** e-e Rente beziehen; **~ insurance** Rentenversicherung *f*. **2.** Jahresgeld *n*, -gehalt *n*. **3.** Jahresrate *f*, -zahlung *f*. **4.** jährlich zu zahlende Zinsen *pl*. **5.** *a.* **~ bond** Rentenbrief *m*, *pl* ˈRentenpaˌpiere *pl*.

an·nul [əˈnʌl] *v/t* **1.** *Erinnerung etc* löschen. **2.** annulˈlieren, *Gesetze, e-e Ehe etc* aufheben, für ungültig *od.* nichtig erklären, *Vorschriften etc* abschaffen. **3.** neutraliˈsieren, ausgleichen.

an·nu·lar [ˈænjʊlə(r)] *adj* (*adv* **~ly**) ringförmig, geringelt, Ring...: **~ auger** *tech.* Ring-, Kreisbohrer *m*; **~ eclipse** *astr.* ringförmige Sonnenfinsternis; **~ finger** Ringfinger *m*; **~ gear** *tech.* Zahnrad *n od.* Getriebe *n* mit Innenverzahnung; **~ saw** *tech.* Band-, Ringsäge *f*.

an·nu·late [ˈænjʊleɪt; -lɪt], ˈ**an·nu·lat·ed** [-leɪtɪd] *adj* **1.** geringelt, aus Ringen bestehend. **2.** *a. bot.* ringförmig, Ring...: **~ column** *arch.* Ringsäule *f*.

an·nu·let [ˈænjʊlet; -lɪt; -lət] *s* **1.** kleiner Ring. **2.** *arch.* a) schmale, ringförmige Verzierung, b) *bes. pl* Anuli *pl*, Riemchen *pl* (*am dorischen Kapitel*).

an·nu·li [ˈænjʊlaɪ] *pl von* **annulus**.

an·nul·ment [əˈnʌlmənt] *s* Annulˈlierung *f*, Ungültigkeitserklärung *f*, Aufhebung *f*: **~ of marriage** Nichtigkeitserklärung *f* der Ehe; **action for ~** Nichtigkeitsklage *f*.

an·nu·lus [ˈænjʊləs] *pl* **-li** [-laɪ] *od.* **-lus·es** *s* **1.** *a. biol. bot. physiol.* Ring *m*. **2.** *math.* Kreisring *m*. **3.** *astr.* Lichtkreis *m* um den Mondrand (*bei Sonnenfinsternis*). **4.** → **annulet** 2.

an·nun·ci·ate [əˈnʌnʃɪeɪt; *bes. Am.* -sɪeɪt] *v/t* an-, verkünd(ig)en. **anˌnun·ciˈa·tion** [-sɪˈeɪʃn] *s* **1.** An-, Verkündigung *f*. **2. A~**, *a.* **A~ Day** Maˈriä Verkündigung *f* (*25. März*). **anˈnun·ci·a·tive** [-ʃətɪv; -sɪətɪv; *bes. Am.* -sɪeɪtɪv] *adj* an-, verkünd(ig)end. **anˈnun·ci·a·tor** [-sɪeɪtə(r)] *s* **1.** Verkünd(ig)er *m*. **2.** a) *electr.* Siˈgnalanlage *f*, -tafel *f*, b) *teleph.* Fallklappenanlage *f*.

an·od·al [æˈnəʊdl] → **anodic**.

an·ode [ˈænəʊd] *electr.* **I** *s* Anˈode *f*, positiver Pol. **II** *adj* Anoden...: **~ battery** (**circuit, current, rays,** *etc*); **~ detection** Anodengleichrichtung *f*; **~ follower** Kathodenbasisverstärker *m*; **~ power** zugeführte Anodenleistung.

an·od·ic [æˈnɒdɪk; *Am.* æˈnɑ-] *adj* **1.** aufsteigend. **2.** *electr.*, *a. bot.* anˈodisch: **~ oxidation (treatment)** *tech.* Eloxalverfahren *n*.

an·od·ize [ˈænəʊdaɪz; -nəd-] *v/t tech.* eloˈxieren: **anodizing process** Eloxalverfahren *n*.

an·o·dyne [ˈænəʊdaɪn; -nəd-] *med.* **I** *adj* **1.** schmerzstillend. **2.** *fig.* lindernd, beruhigend. **3.** *fig.* a) verwässert, b) kraftlos: **~ translation. II** *s* **4.** schmerzstillendes Mittel. **5.** *fig.* Beruhigungsmittel *n*.

a·noint [əˈnɔɪnt] *v/t* **1.** einölen: **~ing of the sick** *R.C.* Krankenölung *f*. **2.** einreiben, -schmieren. **3.** *bes. relig.* salben: **the Lord's Anointed** der Gesalbte des Herrn. **4.** *humor.* versohlen. **aˈnoint·ment** *s* Salbung *f*.

an·o·lyte [ˈænəʊlaɪt; -nəl-] *s electr.* Anoˈlyt *m*, Anˈodenflüssigkeit *f*.

a·nom·a·lis·tic [əˌnɒməˈlɪstɪk; *Am.* əˌnɑ-], *a.* **aˌnom·aˈlis·ti·cal** [-kl] *adj* **1.** *astr. ling. philos.* anomaˈlistisch: **~ moon; ~ year. 2.** → **anomalous** 1.

a·nom·a·lous [əˈnɒmələs; *Am.* əˈnɑ-] *adj* (*adv* **~ly**) **1.** anoˈmal, abˈnorm, regel-, normwidrig. **2.** ungewöhnlich.

a·nom·a·ly [əˈnɒməlɪ; *Am.* əˈnɑ-] *s* **1.** Anomaˈlie *f* (*a. astr. ling.*), Abweichung *f* (von der Norm), Unregelmäßigkeit *f*, Ungewöhnlichkeit *f*. **2.** *biol.* ˈMißbildung *f*.

a·nom·ic [əˈnɒmɪk; æ-; *Am.* -ˈnɑ-; -ˈnəʊ-] *adj sociol.* aˈnomisch, gesetzlos. **an·o·mie,** *a.* **an·o·my** [ˈænəʊmɪ; ˈænəmɪ] *s* Anoˈmie *f*: a) Gesetzlosigkeit *f*, b) *sociol.* Zustand *m* mangelnder soziˈaler Ordnung.

a·non [əˈnɒn; *Am.* əˈnɑn] *adv obs. od. poet.* **1.** a) bald, b) soˈgleich. **2.** ein anderes Mal: → **ever** 1.

an·o·nym [ˈænənɪm] *s* **1.** Anˈonymus *m* (*ein Ungenannter*). **2.** Pseudoˈnym *n*. ˌ**an·oˈnym·i·ty** *s* Anonymiˈtät *f*: **to hide behind ~** sich in der Anonymität verstecken. **a·non·y·mous** [əˈnɒnɪməs; *Am.* əˈnɑ-] *adj* (*adv* **~ly**) anoˈnym, namenlos, ungenannt, unbekannten Ursprungs.

a·noph·e·les [əˈnɒfɪliːz; *Am.* əˈnɑ-] *pl* **-les** *s zo.* Fiebermücke *f*.

an·oph·thal·mi·a [ˌænɒfˈθælmɪə] *s med.* Anophthalˈmie *f* (*Fehlen des Augapfels*).

an·op·tic [æˈnɒptɪk; *Am.* æˈnɑp-] *adj* anˈoptisch.

a·no·rak [ˈænəræk] *s* Anorak *m*.

an·o·rex·i·a [ˌænəˈreksɪə] *s med.* Anoreˈxie *f*, Appeˈtitlosigkeit *f*. **~ ner·vo·sa** [nɜːˈvəʊsə; *Am.* nɜr-] *s med. psych.* nerˈvöse Anoreˈxie, Magersucht *f*.

an·or·thic [ænˈɔː(r)θɪk] *adj math.* **1.** ohne rechte Winkel. **2.** triˈklinisch.

an·or·thite [ænˈɔː(r)θaɪt] *s min.* Anorˈthit *m*.

an·or·tho·site [ænˈɔː(r)θəsaɪt] *s geol.* Anorthoˈsit *m*.

an·os·mi·a [ænˈɒzmɪə; -ˈɒs-; *Am.* æˈnɑz-; -ɑs-] *s med.* Anosˈmie *f*, Verlust *m* des Geruchssinns.

an·oth·er [əˈnʌðə(r)] *adj u. pron* **1.** ein anderer, e-e andere, ein anderes (**than** als), ein verschiedener, e-e verschiedene, ein verschiedenes: **~ thing** etwas anderes; **that is quite ~ thing** das steht auf e-m ganz anderen Blatt; **he is ~ man now** er ist jetzt ein (ganz) anderer Mensch; **in ~ place** a) anderswo, b) *parl. Br.* im anderen Hause dieses Parlaments (*im Oberhaus bzw. im Unterhaus*); **one after ~** einer nach dem andern; → **one** 9. **2.** noch ein(er, e, es), ein zweiter, e-e zweite, ein zweites, ein weiterer, e-e weitere, ein weiteres: **~ day or two** noch einige Tage; **~ five weeks** noch *od.* weitere fünf Wochen; **not ~ word!** kein Wort mehr!; **~ Shakespeare** ein zweiter Shakespeare; **tell us ~!** *colloq.* das kannst du d-r Großmutter erzählen!; **A.N. Other** *sport Br.* ein (ungenannter) (Ersatz)Spieler.

an·ox·(a)e·mi·a [ˌænɒkˈsiːmɪə; *Am.* -ˌɑk-] *s med.* Anoxäˈmie *f*, Sauerstoffmangel *m* im Blut.
an·ox·i·a [ænˈɒksɪə; *Am.* æˈnɑk-] *s med.* Anoˈxie *f*, Sauerstoffmangel *m* (im Gewebe).
an·sate [ˈænseɪt] *adj* **1.** mit Henkel(n). **2.** henkelförmig. ~ **cross** → **ankh.**
an·schluss, *oft* **An·schluss** [ˈænʃlʊs; ˈɑːn-] *s* **1.** *pol.* Anschluß *m* (**with** an *acc*). **2.** Vereinigung *f* (**with** mit).
an·ser·ine [ˈænsəraɪn; -rɪn] *adj* **1.** gänseartig, Gänse... **2.** *fig.* albern, dumm.
an·swer [ˈɑːnsə; *Am.* ˈænsər] **I** *s* **1.** Antwort *f*, Erwiderung *f*, Entgegnung *f* (**to** auf *acc*): **in** ~ **to** a) in Beantwortung (*gen*), b) auf (*acc*) hin, c) als Antwort *od.* Reaktion auf (*acc*); **he knows all the** ~**s** *colloq.* a) er weiß Bescheid, er kennt sich aus, b) *contp.* er weiß immer alles besser. **2.** *fig.* Antwort *f*: a) Reaktiˈon *f*: **his** ~ **was a new attack,** b) Gegenmaßnahme *f.* **3.** *jur.* a) Klagebeantwortung *f*, Gegenschrift *f*, b) *weitS.* Verteidigung *f*, Rechtfertigung *f.* **4.** *bes. math.* (Auf)Lösung *f.* **5.** *fig.* (**to**) a) Lösung *f* (*e-s Problems*), b) Abhilfe *f*, (*das*) Richtige (für). **6.** *mus.* Beantwortung *f* (*in der Fuge*).
II *v/i* **7.** antworten, e-e Antwort geben (**to** auf *acc*): **to** ~ **back** a) freche Antworten geben, b) widersprechen, c) sich (*mit Worten etc*) verteidigen *od.* wehren. **8.** ~ **to** *fig.* → 17 *u.* 18; ~**ing equipment** *teleph.* Abfrageeinrichtung *f*; ~**ing signal** Antwortzeichen *n.* **9.** (**to s.o.**) sich (j-m gegenˈüber) verantworten, (j-m) Rechenschaft ablegen, (j-m) Rede (u. Antwort) stehen (**for** für). **10.** verantwortlich sein, die Verantwortung tragen, haften, (sich ver)bürgen (**for** für). **11.** die Folgen tragen, büßen (**for** für): **he has much to** ~ **for** er hat allerhand auf dem Kerbholz. **12.** (**for**) (*e-m Zweck*) dienen, entsprechen (*dat*), sich eignen, taugen (für), s-n Zweck erfüllen. **13.** glücken, gelingen (*Plan*). **14.** ~ **to** hören auf (*e-n Namen*).
III *v/t* **15.** *j-m* antworten, erwidern, entgegnen: **to** ~ **s.o. back** a) j-m freche Antworten geben, b) j-m widersprechen, c) sich gegen j-n (*mit Worten etc*) verteidigen *od.* wehren. **16.** antworten auf (*acc*), (*a. mus. ein Thema*) beantworten: **to** ~ **s.o. a question** j-m e-e Frage beantworten. **17.** *fig.* reaˈgieren auf (*acc*): a) eingehen auf (*acc*): **to** ~ **the bell** (*od.* **door**) (*auf das Läuten od. Klopfen*) die Tür öffnen, aufmachen; **to** ~ **the telephone** ans Telefon gehen, e-n Anruf entgegennehmen; **I'll** ~ **it!** ich geh' schon ran!, b) *tech. dem Steuer etc* gehorchen, c) *e-m Befehl, e-m Ruf etc* Folge leisten, folgen, gehorchen, entsprechen, d) *e-n Wunsch etc* erfüllen, *a. e-m Bedürfnis* entsprechen, abhelfen, *ein Gebet* erhören, e) sich auf *e-e Anzeige* hin melden *od.* bewerben. **18.** *e-r Beschreibung* entsprechen, überˈeinstimmen mit: **he** ~**s the description** die Beschreibung paßt auf ihn. **19.** sich gegen *e-e Anklage* verteidigen. **20.** sich *j-m gegenüber* verantworten, *j-m* Rechenschaft ablegen, *j-m* Rede (u. Antwort) stehen (**for** für). **21.** *j-m* genügen, *j-n* zuˈfriedenstellen. **22.** *e-m Zweck* dienen, entsprechen. **23.** *e-e Aufgabe* lösen. **24.** *e-n Auftrag* ausführen.
an·swer·a·ble [ˈɑːnsərəbl; *Am.* ˈæn-] *adj* **1.** verantwortlich, haftbar (**for** für): **to be** ~ **to s.o. for s.th.** j-m für etwas haften *od.* bürgen, sich j-m gegenüber für etwas verantworten müssen. **2.** *obs.* entsprechend, angemessen, gemäß (**to** *dat*). **3.** zu beantworten(d). **ˈan·swer·less** *adj* **1.** ohne Antwort, unbeantwortet. **2.** unbeantwortbar.
ant [ænt] *s zo.* Ameise *f*: **he has** ~**s in his pants** *colloq.* ‚er hat Hummeln im Hintern'.
an·ta¹ [ˈæntə] *pl* **-tae** [-tiː] *s arch.* Ante *f*, Piˈlaster *m*, Eckpfeiler *m.*
an·ta² [ˈæntə; ˈɑːntə] *s zo.* Anta *n*, Gemeiner Amer. Tapir.
ant·ac·id [ˌæntˈæsɪd] **I** *s pharm.* Antiˈacidum *n*, gegen Magensäure wirkendes Mittel. **II** *adj* Säuren neutraliˈsierend.
an·tae [ˈæntiː] *pl von* **anta¹**.
an·tag·o·nism [ænˈtæɡənɪzəm] *s* Antagoˈnismus *m*: a) ˈWiderstreit *m*, Feindschaft *f* (**between** zwischen *dat*), b) ˈWiderstand *m*, Widerˈstreben *n* (**against, to** gegen), c) *physiol.* Wechsel-, Gegenwirkung *f.* **anˈtag·o·nist** *s* **1.** Antagoˈnist(in), Gegner(in), ˈWidersacher(in), Feind(in). **2.** *physiol.* Antagoˈnist *m*, Gegenwirker *m*: ~ (**muscle**) Gegenmuskel *m.* **3.** *biol. chem.* antagoˈnistisch wirkender Stoff. **anˌtag·oˈnis·tic** *adj*; **anˌtag·oˈnis·ti·cal** *adj* (*adv* ~**ly**) antagoˈnistisch, gegnerisch, feindlich (**to** gegen), widerˈstreitend, entgegenwirkend (**to** *dat*). **anˈtag·o·nize** *v/t* **1.** entgegenwirken (*dat*), bekämpfen. **2.** sich *j-n* zum Feind machen, *j-n* gegen sich aufbringen.
ant·arc·tic [æntˈɑː(r)ktɪk] **I** *adj* antˈarktisch, Südpol...: **A**~ **Circle** südlicher Polarkreis; **A**~ **Ocean** Südliches Eismeer; **A**~ **pole** Südpol *m*; **A**~ **Zone** → II. **II** *s* **A**~ Antˈarktis *f.* **Antˈarc·ti·ca** [-kə] *s* Antˈarktik *f.*
ant| bear *s zo.* Ameisenbär *m.* ~ **bird,** ~ **catch·er** *s orn.* Ameisenvogel *m.*
an·te [ˈæntɪ] (*Lat.*) **I** *adv* **1.** (*räumlich*) vorn, vorˈan. **2.** (*zeitlich*) vorher, zuˈvor. **II** *prep* **3.** (*räumlich u. zeitlich*) vor. **III** *s* **4.** *Poker*: Einsatz *m*: **to raise the** ~ a) den Einsatz erhöhen, b) *colloq.* das (nötige) Geld beschaffen. **5.** *bes. Am. colloq.* Anteil *m*, (finanziˈelle) Beteiligung. **IV** *v/t u. v/i* **6.** *meist* ~ **up** (*Poker*) (ein)setzen. **7.** *meist* ~ **up** *bes. Am. colloq.* a) (be)zahlen, ‚blechen', ‚rausrücken' (mit s-m Geld), b) (dazu) beisteuern.
ante- [æntɪ] *Wortelement mit der Bedeutung* vor, vorher, vorangehend.
ˈantˌeat·er *s zo.* **1.** → **ant bear. 2.** → **ant bird.**
an·te·bel·lum [ˌæntɪˈbeləm] (*Lat.*) *adj* vor dem Kriege, Vorkriegs..., *bes.* vor dem Amer. Bürgerkrieg.
an·te·ced·ence [ˌæntɪˈsiːdəns] *s* **1.** Vortritt *m*, Vorrang *m.* **2.** *astr.* Rückläufigkeit *f.* **ˌan·teˈced·ent I** *adj* **1.** (**to**) vorˈher-, vorˈangehend (*dat*), früher (als): ~ **phrase** *mus.* Vordersatz *m.* **II** *s* **2.** *pl* Vorgeschichte *f*, vorˈhergegangene Ereignisse *pl*, frühere ˈUmstände *pl*: **his** ~**s** a) sein Vorleben, b) s-e Abstammung. **3.** *ling.* Bezugswort *n.* **4.** *philos.* Anteˈzedens *n*, Präˈmisse *f.* **5.** *math.* Vorderglied *n* (e-s Verhältnisses). **6.** *mus.* a) Vordersatz *m*, b) (Kanon- *od.* Fugen-) Thema *n.* **7.** *fig.* Vorläufer *m.*
ˈan·teˌcham·ber *s* **1.** → **anteroom. 2.** *mot.* Vorkammer *f.*
ˈan·teˌchap·el *s* Vorhalle *f* e-r Kaˈpelle.
ˌan·te·comˈmun·ion *s anglikanische Kirche*: ˈVorkommuniˌon *f.*
an·te·date I *s* [ˈ-deɪt] **1.** (Zu)ˈRückdaˌtierung *f.* **II** *v/t* [ˌ-ˈdeɪt] **2.** (zu)ˈrückdaˌtieren, ein früheres Datum setzen auf (*acc*). **3.** beschleunigen. **4.** vorˈwegnehmen. **5.** (*zeitlich*) vorˈausgehen (*dat*).
ˌan·te·diˈlu·vi·an I *adj* **1.** antediluviˈanisch, vorsintflutlich (*a. fig.*). **II** *s* **2.** vorsintflutliches Wesen. **3.** *fig.* ‚Fosˈsil' *n*: a) verknöcherte *od.* rückständige Perˈson, b) (*etwas*) ‚Vorsintflutliches'.
an·te·lope [ˈæntɪləʊp] *pl* **-lopes,** *bes. collect.* **-lope** *s* **1.** *zo.* Antiˈlope *f.* **2.** Antiˈlopenleder *n.*
ˌan·te·meˈrid·i·an *adj* Vormittags... **an·te me·rid·i·em** [ˌæntɪməˈrɪdɪəm; -em] (*Lat.*) *adv* vormittags (*abbr.* **a.m.**): 3 a.m. 3 Uhr morgens.
ˌan·teˈna·tal *med.* **I** *adj* präːnaˈtal, vor der Geburt, vorgeburtlich: ~ **care** Mutterschaftsvorsorge *f*; ~ **clinic** Schwangerenberatungsstelle *f*; ~ **examination** Mutterschaftsvorsorgeuntersuchung *f*; ~ **exercises** Schwangerschaftsgymnastik *f.* **II** *s colloq.* ˈMutterschaftsˌvorsorgeunterˌsuchung *f.*
an·ten·na [ænˈtenə] *s* **1.** *pl* **-nae** [-iː] *zo.* Fühler *m*, Fühlhorn *n.* **2.** *pl* **-nas** *bes. Am.* Anˈtenne *f* (*siehe* **aerial** *u. Komposita*). **3.** *fig.* ‚Anˈtenne' *f*, Gespür *n* (**for** für).
an·ten·nif·er·ous [ˌænteˈnɪfərəs] *adj zo.* Fühler besitzend. **an·ten·ni·form** [ænˈtenɪfɔː(r)m] *adj zo.* fühlhornartig. **anˈten·nule** [-juːl] *s zo.* Anˈtennula *f*, Vorderfühler *m.*
ˌan·teˈnup·tial *adj* vorhochzeitlich, *a. jur.* vorehelich: ~ **contract** Ehevertrag *m.*
an·te·pen·di·um [ˌæntɪˈpendjəm; -dɪəm] *s relig.* Anteˈpendium *n* (*Verkleidung des Altarunterbaus*).
an·te·pe·nult [ˌæntɪpɪˈnʌlt; *Am. a.* -ˈpiːˌnʌlt] *s ling. metr.* drittletzte Silbe. **ˌan·te·peˈnul·ti·mate** [-pɪˈnʌltɪmət] **I** *s* **1.** *ling. metr.* drittletzte Silbe. **2.** *Whistspiel*: drittniedrigste Karte e-r Farbe. **II** *adj* **3.** drittletzt(er, e, es).
ˌan·te·poˈsi·tion *s ling.* Vorˈanstellung *f.*
an·te·ri·or [ænˈtɪərɪə(r)] *adj* **1.** vorder, Vor..., Vorder... **2.** vorˈhergehend, (*zeitlich*) früher (**to** als): ~ **to** vor (*dat*).
antero- [æntərəʊ; -rə] *Wortelement mit der Bedeutung* vorn, von vorn: **antero-external** mit der Vorderseite nach außen.
ˈan·te·room *s* **1.** Vorraum *m.* **2.** Vor-, Wartezimmer *n.*
ant·he·li·on [ænˈθiːljən; -ɪən; æntˈh-] *pl* **-li·a** [-ə] *od.* **-li·ons** *s astr.* Antˈhelion *n*, Gegensonne *f.*
an·thel·min·tic [ˌænθelˈmɪntɪk; ˌænt-helˈm-] *pharm.* **I** *adj* wurmabtreibend, wurmtötend. **II** *s* Wurmmittel *n.*
an·them [ˈænθəm] *s mus.* **1.** *relig.* a) (Chor)Hymne *f*, Choˈral *m*, b) Moˈtette *f*, c) *obs.* Wechselgesang *m.* **2.** *allg.* Hymne *f.*
an·ther [ˈænθə(r)] *s bot.* Staubbeutel *m.*
an·the·sis [ænˈθiːsɪs] *s bot.* Blüte(zeit) *f.*
ˈant·hill *s zo.* **1.** Ameisenhaufen *m.* **2.** Terˈmitenhügel *m.*
an·tho·carp [ˈænθəʊkɑː(r)p] *s bot.* Frucht *f* mit bleibender Blütenhülle.
an·thoid [ˈænθɔɪd] *adj* blumen- *od.* blütenartig.
an·thol·o·gist [ænˈθɒlədʒɪst; *Am.* -ˈθɑ-] *s* Herˈausgeber(in) e-r Antholoˈgie. **anˈthol·o·gize I** *v/i* Antholoˈgien zs.-stellen. **II** *v/t* in e-r Antholoˈgie zs.-fassen *od.* bringen. **anˈthol·o·gy** *s* Antholoˈgie *f*, (*bes.* Gedicht)Sammlung *f.*
an·thoph·i·lous [ænˈθɒfɪləs; *Am.* -ˈθɑ-] *adj zo.* blütenliebend.
an·tho·zo·an [ˌænθəˈzəʊən] *s zo.* Blumen-, Koˈrallentier *n.*
an·thrac·ic [ænˈθræsɪk] *adj med.* den Anthrax *od.* Milzbrand betreffend.
an·thra·cite [ˈænθrəsaɪt] *s min.* Anthraˈzit *m*, Glanzkohle *f.*
an·thra·co·sis [ˌænθrəˈkəʊsɪs] *s med.* Anthraˈkose *f*, Kohlenstaublunge *f.*
an·thrax [ˈænθræks] *s med.* Anthrax *m*, Milzbrand *m.*
anthropo- [ænθrəʊpəʊ; ænθrəpə] *Wortelement mit der Bedeutung* den Menschen betreffend.
ˌan·thro·poˈgen·e·sis *s* Anthropogeˈnie *f*, (Studium *n* der) Entwicklungsgeschichte *f* des Menschen.
ˌan·thro·po·geˈog·ra·phy *s* Anthropogeograˈphie *f.*

an·thro·pog·ra·phy [ˌænθrəˈpɒgrəfɪ; *Am.* -ˈpɑ-] *s* Anthropograˈphie *f*, Unterˈsuchung *f* u. Beschreibung *f* des Menschen.
an·thro·poid [ˈænθrəʊpɔɪd; -θrəp-] *zo.* **I** *adj* anthropoˈid, menschenähnlich: ~ **ape** → II. **II** *s* Anthropoˈid *m*, Menschenaffe *m*.
an·thro·po·lith [ænˈθrəʊpəlɪθ; *Am. a.* -ˈθrɑ-], **anˈthro·po·lite** [-laɪt] *s* Anthropoˈlith *m* (*fossiler Menschenrest*).
an·thro·po·log·i·cal [ˌænθrəpəˈlɒdʒɪkl; *Am.* -ˈlɑ-] *adj* (*adv* ~**ly**), *a.* ˌ**an·thro·poˈlog·ic** *adj* anthropoˈlogisch. ˌ**an·throˈpol·o·gist** [-ˈpɒlədʒɪst; *Am.* -ˈpɑ-] *s* Anthropoˈloge *m*. ˌ**an·throˈpol·o·gy** *s* Anthropoloˈgie *f*, Lehre *f* vom Menschen.
an·thro·pom·e·try [ˌænθrəˈpɒmɪtrɪ; *Am.* -ˈpɑ-] *s* Anthropomeˈtrie *f*, Messung *f* des menschlichen Körpers.
an·thro·po·mor·phism [ˌænθrəpəʊˈmɔː(r)fɪzəm] *s* Anthropomorˈphismus *m*, Vermenschlichung *f*. ˌ**an·thro·poˈmor·phize** *v/t* anthropomorphiˈsieren, *e-m Gott, Tier od. leblosen Ding* menschliche Gestalt zuschreiben. ˌ**an·thro·poˈmor·pho·sis** [-ˈmɔː(r)fəsɪs] *s* Anthropomorˈphose *f*, ˈUmwandlung *f* in menschliche Gestalt. ˌ**an·thro·poˈmor·phous** *adj* anthropoˈmorph(isch), von menschlicher *od.* menschenähnlicher Gestalt.
an·thro·poph·a·gous [ˌænθrəʊˈpɒfəgəs; *Am.* ˌænθrəˈpɑ-] *adj* menschenfressend, kanniˈbalisch. ˌ**an·throˈpoph·a·gus** [-gəs] *pl* **-gi** [-gaɪ; -dʒaɪ] *s* Anthropoˈphage *m*, Menschenfresser *m*, Kanniˈbale *m*. ˌ**an·throˈpoph·a·gy** [-dʒɪ] *s* Anthropophaˈgie *f*, Kannibaˈlismus *m*.
an·thro·po·soph·i·cal [ˌænθrəpəˈsɒfɪkl; *Am.* -ˈsɑ-] *adj* anthropoˈsophisch. ˌ**an·throˈpos·o·phist** [-ˈpɒsəfɪst; *Am.* -ˈpɑ-] *s* Anthropoˈsoph(in). ˌ**an·throˈpos·o·phy** *s* **1.** Anthroposoˈphie *f* (*Lehre Rudolf Steiners*). **2.** *philos.* Wissen *n* von der Naˈtur des Menschen.
an·thro·pot·o·my [ˌænθrəʊˈpɒtəmɪ; *Am.* ˌænθrəˈpɑ-] *s* Anatoˈmie *f* des menschlichen Körpers.
an·ti [ˈæntɪ; *Am. a.* -ˌtaɪ] *colloq.* **I** *prep* gegen. **II** *adj*: **to be** ~ a) in Opposition sein, b) dagegen sein; **the** ~ **group** die Gruppe der Gegner. **III** *s* Gegner(in) (*e-r Politik etc*).
anti-[1] [æntɪ; *Am. a.* -taɪ] *Wortelement mit der Bedeutung* a) gegen ... eingestellt *od.* wirkend, Gegen..., anti..., Anti..., feindlich, b) nicht..., un..., c) vor ... schützend.
anti-[2] [æntɪ; *Am. a.* -taɪ] *bes. med. Wortelement mit der Bedeutung* vor, vorn, vorder (*fälschlich für* **ante-**).
ˌ**an·tiˈair·craft** *adj mil.* Fliegerabwehr..., Flak...: ~ **artillery** Flakartillerie *f*; ~ **gun** Flakgeschütz *n*.
ˌ**an·ti·aˈbor·tion·ist** *s* Abtreibungsgegner(in).
ˈ**an·ti·art** *s* Antikunst *f*.
ˈ**an·ti·auˌthor·iˈtar·i·an** *adj* ˈantiautoriˌtär.
ˌ**an·ti·bacˈter·i·al** *adj* antibakteriˈell.
ˌ**an·ti·balˈlis·tic** *adj*: ~ **missile** *mil.* antiballistische Rakete, Antiballistikrakete *f*.
ˌ**an·ti·biˈo·sis** [-baɪˈəʊsɪs] *s biol. med.* Antibiˈose *f*. ˌ**an·ti·biˈot·ic** [-ˈɒtɪk; *Am.* -ˈɑtɪk] *med.* **I** *s* Antibiˈotikum *n*. **II** *adj* antibiˈotisch.
ˌ**an·tiˈblock de·vice** *s mot.* Antiblokˈkiersyˌstem *n*.
ˈ**an·tiˌbod·y** *s biol. chem.* Antikörper *m*, Abwehrstoff *m*.
an·tic [ˈæntɪk] **I** *s* **1.** *meist pl* a) ‚Gekasper' *n*, b) *fig.* ‚Mätzchen' *pl*. **2.** *arch.* groˈteskes Ornaˈment. **3.** *obs.* Hansˈwurst *m*, Possenreißer *m*. **II** *adj* **4.** *obs.* groˈtesk.
an·ti·car·di·um [ˌæntɪˈkɑː(r)djəm; -dɪəm] *s anat.* Magengrube *f*.
ˌ**an·ti·carˈtel** *adj econ.* karˈtellfeindlich, Antikartell...
ˌ**an·tiˈcath·ode** *s electr.* Antikaˈthode *f*.
an·ti·chlor [ˈæntɪklɔː(r); *Am. a.* -ˌkləʊər] *s chem.* Antichlor *n*.
an·ti·chre·sis [ˌæntɪˈkriːsɪs] *pl* **-ses** [-siːz] *s jur.* Nutzungspfandrecht *n*.
ˈ**An·ti·christ** *s relig.* Antichrist *m*.
ˌ**an·tiˈchris·tian I** *adj* christenfeindlich. **II** *s* Christenfeind(in).
an·tic·i·pant [ænˈtɪsɪpənt] → **anticipative**.
an·tic·i·pate [ænˈtɪsɪpeɪt] **I** *v/t* **1.** vorˈaussehen, (vorˈaus)ahnen. **2.** erwarten, erhoffen: ~**d profit** *econ.* voraussichtlicher *od.* erwarteter Gewinn. **3.** im voraus tun *od.* erwähnen. **4.** vorˈwegnehmen (*a. Patentrecht*): ~**d interest** *econ.* vorweggenommene Zinsen. **5.** *j-m, e-m Wunsch etc* zuˈvorkommen. **6.** *fig.* beschleunigen. **7.** *econ.* a) vor Fälligkeit *od.* vorzeitig bezahlen *od.* einlösen, b) *Gelder etc* im voraus *od.* vorzeitig verbrauchen: ~**d payment** Vorauszahlung *f*. **8.** *fig.* vorbauen (*dat*), verhindern (*acc*). **II** *v/i* **9.** vorgreifen (*in e-r Erzählung*).
an·tic·i·pa·tion [ænˌtɪsɪˈpeɪʃn] *s* **1.** Vorgefühl *n*, (Vor)Ahnung *f*. **2.** Ahnungsvermögen *n*, Vorˈaussicht *f* (*z.B. des Kraftfahrers*). **3.** a) Vorfreude *f*, b) Erwartung *f*, Hoffnung *f*: **in** ~ **of s.th.** in Erwartung e-r Sache; **with pleasant** ~ voller Vorfreude. **4.** Vorˈwegnahme *f* (*a. jur. e-r Erfindung*): **in** ~ im voraus *dankend etc*. **5.** Zuˈvorkommen *n*. **6.** Vorgreifen *n*. **7.** Verfrühtheit *f*. **8.** *a.* ~ **of payment** *econ.* Zahlung *f* vor Fälligkeit: **(payment by)** ~ Vorauszahlung *f*. **9.** *jur.* Auszahlung *f od.* Entnahme *f* treuhänderisch verwalteten Geldes vor dem erlaubten Terˈmin. **10.** *med.* zu früher Eintritt (*z.B. der Menstruation*). **11.** *mus.* Antizipatiˈon *f*, Vorˈwegnahme *f* (*e-s Akkordtons etc*). **anˈtic·i·pa·tive** *adj* (*adv* ~**ly**) **1.** ahnungsvoll, vorˈausahnend. **2.** erwartungsvoll, erwartend. **3.** → **anticipatory** 1. **4.** zuˈvorkommend. **5.** vor-, frühzeitig. **anˈtic·i·pa·tor** [-tə(r)] *s* j-d, der vorˈausahnt *od.* -sieht, vorˈwegnimmt, zuˈvorkommt *od.* vorzeitig handelt. **anˈtic·i·pa·to·ry** [-peɪtərɪ; *Am.* -pəˌtəʊriː; -ˌtɔː-] *adj* (*adv* **anticipatorily**) **1.** vorˈwegnehmend, vorgreifend, erwartend: ~ **account** Vorbericht *m*; ~ **breach of contract** *jur.* antizipierter (*vorzeitig angekündigter od. erkennbarer*) Vertragsbruch; ~ **control** *tech.* Vorsteuerung *f*. **2.** *jur.* neuheitsschädlich: ~ **reference** (Patent)Vorwegnahme *f*. **3.** *ling.* (*das logische Subjekt od. Objekt*) vorˈwegnehmend, vorˈausdeutend.
ˌ**an·tiˈcler·i·cal I** *adj* antikleriˈkal, kirchenfeindlich. **II** *s* Antikleriˈkale(r *m*) *f*. ˌ**an·tiˈcler·i·cal·ism** *s* Antiklerikaˈlismus *m*.
ˌ**an·tiˈcli·max** *s* **1.** *rhet.* Antiˈklimax *f*. **2.** *fig.* enttäuschendes Abfallen, Abstieg *m*: **sense of** ~ (plötzliches) Gefühl der Leere *od.* Enttäuschung.
an·ti·cli·nal [ˌæntɪˈklaɪnl] *geol.* **I** *adj* antikliˈnal, sattelförmig: ~ **axis** Sattellinie *f*. **II** *s* Sattel-, Neigungslinie *f*. ˈ**an·ti·cline** *s geol.* Antikliˈnale *f*, Sattelfalte *f*.
ˌ**an·tiˈclock·wise** *adj u. adv* entgegen dem *od.* gegen den Uhrzeigersinn: ~ **rotation** Linkslauf *m*, -drehung *f*.
ˌ**an·ti·coˈag·u·lant** *med. pharm.* **I** *adj* koagulatiˈonshemmend. **II** *s* Antikoˈagulans *n*.
ˈ**an·tiˌcon·stiˈtu·tion·al** *adj pol.* verfassungsfeindlich.
ˌ**an·ti·corˈro·sive** *adj tech.* a) korrosiˈonsverhütend, rostverhindernd: ~ **agent** Rostschutzmittel *n*, b) rostfest.
ˌ**an·tiˈcy·cli·cal** *adj econ.* antiˈzyklisch: ~ **policy** Konjunkturpolitik *f*; **for** ~ **reasons** aus konjunkturpolitischen Gründen.
ˌ**an·tiˈcy·clone** *s meteor.* Antizyˈklone *f*, Hochdruckgebiet *n*, Hoch *n*.
ˌ**an·tiˈdaz·zle** *adj* Blendschutz...: ~ **lamp** Blendschutzlampe *f*; ~ **screen** Blendschutzscheibe *f*; ~ **switch** Abblendschalter *m*.
ˌ**an·ti·deˈpres·sant** *med. pharm.* **I** *adj* antidepresˈsiv. **II** *s* Antidepresˈsivum *n*.
ˌ**an·tiˈdet·o·nant** [-ˈdetənənt] → **antiknock**.
ˌ**an·tiˈdim,** ˌ**an·tiˈdim·ming** *adj tech.* Klarsicht..., Klar...
ˌ**an·ti·disˈtor·tion** *s electr.* Entzerrung *f*: ~ **device** Entzerrer *m*.
an·ti·dot·al [ˈæntɪdəʊtl] *adj* als Gegengift *od.* (*a. fig.*) als Gegenmittel dienend, Gegengift... ˈ**an·ti·dote I** *s* **1.** Gegengift *n*, -mittel *n* (*a. fig.*) (**against, for, to** gegen). **II** *v/t* **2.** ein Gegengift *od.* (*a. fig.*) ein Gegenmittel verabreichen *od.* anwenden gegen *od.* bei. **3.** *ein Gift* neutraliˈsieren.
ˌ**an·tiˈdump·ing** *adj* **1.** *econ.* Antidumping...: ~ **duty**. **2.** ~ **law** *pol.* Gesetz *n* gegen wildes Müllabladen.
ˌ**an·tiˈen·zyme** *s med.* Antiferˈment *n*.
ˈ**an·ti-ˌEu·roˈpe·an I** *adj* **1.** antieuroˈpäisch. **2.** gegen die Zugehörigkeit Großbriˈtanniens zur Euroˈpäischen Gemeinschaft gerichtet. **II** *s* **3.** Antieuroˈpäer(in). **4.** Gegner(in) der britischen Zugehörigkeit zur Euroˈpäischen Gemeinschaft.
ˌ**an·tiˈfad·ing** *electr.* **I** *s* Schwundausgleich *m*. **II** *adj* schwundmindernd: ~ **aerial** (*bes. Am.* **antenna**).
ˌ**an·tiˈfas·cist** *pol.* **I** *s* Antifaˈschist(in). **II** *adj* antifaˈschistisch.
ˌ**an·tiˈfe·brile** *med. pharm.* **I** *adj* fiebersenkend: ~ **agent** (*od.* **drug**) → II. **II** *s* Antifeˈbrile *n*, Fiebermittel *n*.
an·ti·fe·brin [ˌæntɪˈfiːbrɪn] *s med. pharm.* Antifeˈbrin *n* (*ein Fiebermittel*).
ˌ**an·tiˈfed·er·al** *adj* antifödeˈral, bundesfeindlich. ˌ**an·ti-ˈFed·er·al·ist** *s Am. hist.* Antiföderaˈlist(in).
ˌ**an·ti·ferˈtil·i·ty** *adj biol.* befruchtungsverhütend.
ˈ**an·ti·freeze** *chem. tech.* **I** *s* Gefrier-, Frostschutzmittel *n*. **II** *adj* Gefrier-, Frostschutz...: ~ **agent** (*od.* **compound, fluid**) → I. ˈ**an·tiˌfreez·ing** → **antifreeze** II.
ˌ**an·tiˈfric·tion** *s phys.* Mittel *n* gegen Reibung, Schmiermittel *n*: ~ **bearing** Gleit-, Wälzlager *n*; ~ **metal** *tech.* Lagermetall *n*.
ˌ**an·tiˈgas** *adj mil.* Gasschutz...
an·ti·gen [ˈæntɪdʒən; -dʒen] *s med.* Antiˈgen *n*, Imˈmunkörper *m*, Abwehrstoff *m*.
ˌ**an·tiˈglare** → **antidazzle**.
ˌ**an·tiˈgov·ern·ment** *adj* reˈgierungsfeindlich.
ˌ**an·ti-ˈG suit** *s aer.* Anti-ˈg-Anzug *m*.
ˈ**an·tiˌha·lo** *adj phot.* lichthoffrei.
ˈ**an·tiˌhe·ro** *s* Antiheld *m*.
ˌ**an·tiˈhis·ta·mine** *s med. pharm.* Antihistaˈminikum *n* (*Mittel gegen allergische Reaktionen*).
ˈ**an·tiˌhy·perˈbol·ic** *adj math.* inˈvershyperˌbolisch: ~ **function** inverse Hyperbelfunktion.
ˌ**an·ti-ˈic·er** *s tech.* Enteiser *m*, Vereisungsschutzgerät *n*.
ˈ**an·ti-ˌin·terˈfer·ence** *adj electr.* **1.** Störschutz..., Entstörungs...: ~ **con-**

denser. **2.** störungs-, geräuscharm: ~ **aerial** (*bes. Am.* **antenna**).

ˌan·tiˈjam *v/t u. v/i electr.* entstören.

ˌan·tiˈknock *chem. mot.* **I** *adj* Antiklopf..., klopffest: ~ **quality** (*od.* **rating, value**) Klopffestigkeit(sgrad *m*) *f*, Oktanzahl *f*. **II** *s* Antiˈklopfmittel *n*.

ˌan·tiˈlog·a·rithm *s math.* Antilogaˈrithmus *m*, Numerus *m*.

an·til·o·gy [ænˈtɪlədʒɪ] *s* Unlogik *f*.

an·ti·ma·cas·sar [ˌæntɪməˈkæsə(r)] *s* Sessel-, Sofaschoner *m*.

ˌan·ti·maˈlar·i·al *med. pharm.* **I** *adj* gegen Maˈlaria wirksam: ~ **agent** (*od.* **drug**) → II. **II** *s* Maˈlariamittel *n*.

ˈan·ti·mask, ˈan·ti·masque *s thea.* lustiges Zwischenspiel.

ˈan·tiˌmat·ter *s phys.* ˈAntimaˌterie *f*.

an·ti·mere [ˈæntɪˌmɪə(r)] *s zo.* symˈmetrisch entgegengesetzte Körperhälfte.

an·ti·me·tab·o·le [ˌæntɪmeˈtæbəlɪ; -mɪ-] *s rhet.* Antimetaˈbole *f* (*Wiederholung von Wörtern in veränderter Folge*).

ˌan·ti·meˈtath·e·sis *s irr rhet.* Antimeˈtathesis *f* (*Umstellung e-r Antithese*).

ˌan·tiˈmis·sile *mil.* **I** *adj* Raketenabwehr...: ~ **missile** → II. **II** *s* Antiraˈketenraˌkete *f*.

ˈan·ti·mist *adj*: ~ **cloth** Antibeschlagtuch *n*.

ˌan·ti·moˈnar·chi·cal *adj* antimonˈarchisch. **ˌan·tiˈmon·arch·ist** *s* Gegner(in) der Monarˈchie.

an·ti·mo·nate [ˈæntɪməneɪt] *s chem.* antiˈmonsaures Salz. **ˌan·tiˈmo·ni·al** [-ˈməʊnjəl; -ɪəl] *chem.* **I** *adj* Antimon... **II** *s* antiˈmonhaltiges Präpaˈrat. **ˌan·tiˈmon·ic** [-ˈmɒnɪk; *Am.* -ˈmɑ-] *adj chem.* Antimon...: ~ **acid** Antimonsäure *f*. **ˈan·ti·mo·nide** [-mənaɪd; *Am. a.* -nəd] *s chem.* Antimoˈnid *n*. **ˌan·tiˈmo·ni·ous** [-ˈməʊnjəs; -ɪəs] *adj chem.* antiˈmonig: ~ **acid.** **ˈan·ti·mo·nite** [-mənaɪt] *s* **1.** *chem.* antiˈmonigsaures Salz. **2.** *min.* Grauspießglanzerz *n*.

an·ti·mo·ny [ˈæntɪmənɪ; *Am. bes.* -ˌməʊni:] *s chem. min.* Antiˈmon *n*, Spießglanz *m*: **black** ~ Antimonsulfid *n*; **yellow** ~ Antimon-, Neapelgelb *n*. ~ **blende** *s min.* Rotspießglanzerz *n*. ~ **glance** → **antimonite** 2.

ˈan·ti·node *s phys.* Gegenknoten *m*, Schwingungs-, Strombauch *m*.

an·tin·o·my [ænˈtɪnəmɪ] *s jur. philos.* Antinoˈmie *f*, ˈWiderspruch *m* (*zweier Sätze, jur. a. zwischen zwei Gesetzen*).

ˈan·tiˌnov·el *s* ˈAntiroˌman *m*.

ˌan·tiˈox·i·dant *s* **1.** *chem.* Antiˈoxydans *n*. **2.** *tech.* a) Alterungsschutzmittel *n*, b) Oxydatiˈonsbremse *f*.

ˌan·ti·paˈthet·ic *adj*; **ˌan·ti·paˈthet·i·cal** *adj* (*adv* ~**ly**) (**to** *dat*) **1.** abgeneigt. **2.** zuˈwider. **ˌan·tiˈpath·ic** [-ˈpæθɪk] *adj* antiˈpathisch. **an·tip·a·thy** [ænˈtɪpəθɪ] *s* **1.** Antipaˈthie *f*, Abneigung *f*, ˈWiderwille *m* (**against, to, toward[s]** gegen). **2.** Gegenstand *m* der Abneigung, Greuel *m*.

ˌan·ti·per·sonˈnel *adj mil.* gegen Perˈsonen gerichtet: ~ **bomb** Splitterbombe *f*; ~ **mine** Tretmine *f*.

an·ti·per·spi·rant [ˌæntɪˈpɜ:spɪrənt; *Am.* -ˈpɜr-] **I** *adj* schweißhemmend. **II** *s* Antitranspiˈrant *n*.

ˌan·ti·phloˈgis·tic *med. pharm.* **I** *adj* entzündungshemmend: ~ **agent** (*od.* **drug**) → II. **II** *s* Antiphloˈgistikum *n*.

an·ti·phon [ˈæntɪfən] *s mus. relig.* Antiˈphon *f*, Wechselgesang(sstück *n*) *m*. **an·tiph·o·ny** [ænˈtɪfənɪ] *s* **1.** Antiphoˈnie *f*, Wechselgesang *m*. **2.** → **antiphon.**

an·tiph·ra·sis [ænˈtɪfrəsɪs] *s rhet.* Antiˈphrase *f* (*ironische Verkehrung ins Gegenteil*).

an·tip·o·dal [ænˈtɪpədl] *adj* **1.** antiˈpodisch. **2.** genau entgegengesetzt. **anˌtip·oˈde·an** [-pəˈdi:ən] **I** *adj* antiˈpodisch. **II** *s* Antiˈpode *m*, Gegenfüßler *m*. **anˈtip·o·des** [-pədi:z] *s pl* **1.** die diameˈtral gegenˈüberliegenden Teile *pl* der Erde. **2.** Antiˈpoden *pl*, Gegenfüßler *pl*. **3.** (*a. als sg konstruiert*) a) (*das*) (genaue) Gegenteil, b) Gegenseite *f*.

ˈan·ti·pole *s* Gegenpol *m* (*a. fig.*).

ˌan·ti·polˈlu·tion *adj* ˈumweltschützend: ~ **device** Abgasentgiftungsanlage *f*; ~ **standards** Abgasvorschriften. **ˌan·ti·polˈlu·tion·ist** *s* ˈUmweltschützer(in).

ˌan·tiˈpov·er·ty I *adj*: ~ **program** → II. **II** *s Am.* Reˈgierungsproˌgramm *n* zur Bekämpfung der Armut, Anti-ˈPoverty-Proˌgramm *n*.

ˈan·tiˌpro·ton *s phys.* Antiˈproton *n*.

ˌan·ti·pyˈret·ic *med. pharm.* **I** *adj* antipyˈretisch, fiebersenkend: ~ **agent** (*od.* **drug**) → II. **II** *s* Antipyˈretikum *n*, Fiebermittel *n*.

an·ti·quar·i·an [ˌæntɪˈkweərɪən] **I** *adj* **1.** antiˈquarisch: ~ **books. 2.** ~ **bookseller** Antiquar *m*; ~ **bookshop** (*bes. Am.* **bookstore**) Antiquariat *n*. **3.** der Anˈtike: ~ **studies. II** *s* **4.** → **antiquary** 1. **5.** *tech.* ˈZeichenpaˌpier *n* (*78,7 × 134,6 cm*). **ˌan·tiˈquar·i·an·ism** *s* Begeisterung *f* für Altertümer. **ˈan·ti·quar·y** [-kwərɪ; *Am.* -ˌkweri:] *s* **1.** Altertumskenner(in), -forscher(in). **2.** a) Antiquiˈtätensammler(in), b) Antiquiˈtätenhändler(in).

an·ti·quate [ˈæntɪkweɪt] *v/t* a) veralten lassen, b) als veraltet abschaffen. **ˈan·ti·quat·ed** *adj* antiˈquiert, veraltet, altmodisch, überˈholt, überˈlebt.

an·tique [ænˈti:k] **I** *adj* **1.** anˈtik, alt, von ehrwürdigem Alter. **2.** *colloq.* → **antiquated. II** *s* **3.** Antiquiˈtät *f*: ~ **dealer** Antiquitätenhändler(in); ~ **shop** (*bes. Am.* **store**) Antiquitätenladen *m*. **4.** *print.* Egyptiˈenne *f*. **III** *v/t* **5.** in anˈtikem Stil ˈherstellen, antikiˈsieren. **6.** *Buchbinderei*: blindprägen.

an·tiq·ui·ty [ænˈtɪkwətɪ] *s* **1.** Altertum *n*, Vorzeit *f*. **2.** a) die Alten *pl* (*bes. Griechen u. Römer*), b) (*die*) Anˈtike. **3.** *pl* Altertümer *pl*. **4.** (ehrwürdiges) Alter.

ˌan·tiˈres·o·nant|band *s electr.* Sperrkreisbereich *m*. ~ **cir·cuit** *s electr.* Sperrkreis *m*.

ˌan·ti·rheuˈmat·ic *med. pharm.* **I** *adj* antirheuˈmatisch: ~ **agent** (*od.* **drug**) → II. **II** *s* Antirheuˈmatikum *n*.

ˌan·tiˈroll *adj mar. tech.* Stabilisierungs...: ~ **device** Schlingertank *m*.

an·tir·rhi·num [ˌæntɪˈraɪnəm] *s bot.* Löwenmaul *n*.

ˌan·tiˈrust *adj tech.* gegen Rost schützend, Rostschutz...: ~ **paint.**

ˌan·ti-ˈSem·ite *s* Antiseˈmit(in). **ˌan·ti-Seˈmit·ic** *adj* antiseˈmitisch. **ˌan·ti-ˈSem·i·tism** *s* Antisemiˈtismus *m*.

ˌan·tiˈsep·tic I *adj* (*adv* ~**ally**) **1.** *med. pharm.* antiˈseptisch: ~ **agent** (*od.* **substance**) → II. **2.** *colloq.* nüchtern, sachlich. **II** *s* **3.** *med. pharm.* Antiˈseptikum *n*. **ˌan·tiˈsep·ti·cize** [-ˈseptɪsaɪz] *v/t* antiˈseptisch behandeln *od.* machen.

ˌan·tiˈse·rum *s a. irr med.* Antiˈserum *n*, Heilserum *n*.

ˌan·tiˈsex, ˌan·tiˈsex·u·al *adj* sexfeindlich.

ˌan·tiˈskid *adj tech.* rutsch-, gleit-, schleudersicher, Gleitschutz...: ~ **pattern** Gleitschutzprofil *n*.

ˌan·tiˈslip *adj* rutschfest, -sicher: ~ **floor.**

ˌan·tiˈso·cial *adj* **1.** ˈasoziˌal, gesellschaftsfeindlich. **2.** ungesellig.

ˌan·ti·spasˈmod·ic *med. pharm.* **I** *adj* krampflösend: ~ **agent** (*od.* **drug**) → II. **II** *s* Antispasˈmodikum *n*.

an·ti·spast [ˈæntɪspæst] *s metr.* Antiˈspast *m* (*Versfuß*).

ˌan·tiˈspas·tic *adj* **1.** *med. pharm.* krampflösend, antiˈspastisch. **2.** *metr.* antiˈspastisch (*Vers*).

ˈan·tiˌsub·maˈrine *adj mil.* U-Boot-Abwehr...

ˌan·tiˈtank *adj mil.* Panzerabwehr..., Pak...: ~ **battalion** Panzerjägerbataillon *n*; ~ **gun** (*od.* **rifle**) Panzerbüchse *f*; ~ **obstacle** Panzersperre *f*.

ˈan·tiˌthe·a·ter, *bes. Br.* **ˈan·tiˌthe·a·tre** *s* ˈAntitheˌater *n*.

an·tith·e·sis [ænˈtɪθɪsɪs] *pl* **-ses** [-si:z] *s* Antiˈthese *f*: a) *philos.* Gegensatz *m*, b) ˈWiderspruch *m* (**of, between, to** zu). **ˌan·tiˈthet·ic** [-ˈθetɪk] *adj*; **ˌan·tiˈthet·i·cal** *adj* (*adv* ~**ly**) antiˈthetisch, gegensätzlich, im ˈWiderspruch stehend. **anˈtith·e·size** [-saɪz] *v/t* in Gegensätzen ausdrücken, in ˈWiderspruch bringen.

ˈan·ti·torque mo·ment → **antitwisting moment.**

ˌan·tiˈtox·in *s med.* Antitoˈxin *n*, Gegengift *n*.

ˌan·tiˈtrades *s pl meteor.* ˈGegenpasˌsat(winde *pl*) *m*.

ˈan·tiˌtrig·o·noˈmet·ric *adj math.* inˈverstrigonoˌmetrisch, zykloˈmetrisch.

an·ti·trope [ˈæntɪtrəʊp] *s zo.* Körperteil, der mit e-m anderen symˈmetrisch ist.

ˌan·tiˈtrust *adj econ.* karˈtell- u. monoˈpolfeindlich: ~ **laws** Antitrustgesetze.

ˌan·tiˈtwist·ing mo·ment *s phys.* ˈGegenˌdrehmoˌment *n*.

ˈan·ti·type *s bes. relig.* Gegenbild *n*, Antiˈtyp(us) *m*.

ˌan·tiˈun·ion *adj Am.* gewerkschaftsfeindlich.

ˌan·tiˈven·in [-ˈvenɪn] *s med.* Schlangenserum *n*.

ˈan·ti·world *s* Antiwelt *f*.

ant·ler [ˈæntlə(r)] *s zo.* **1.** Geweihsprosse *f*. **2.** *pl* Geweih *n*. **ˈant·lered** *adj* Geweih tragend.

ant li·on *s zo.* Ameisenlöwe *m*.

an·to·nym [ˈæntəʊnɪm; -tənɪm] *s ling.* Antoˈnym *n*.

an·trum [ˈæntrəm] *pl* **-tra** [-ə] (*Lat.*) *s anat.* Höhlung *f*.

a·nu·cle·ar [eɪˈnju:klɪə(r); *Am. a.* -ˈnu:-], **aˈnu·cle·ate** [-ət; -eɪt] *adj biol. phys.* kernlos.

A num·ber 1 *Am.* → **A 1** 2.

an·u·re·sis [ˌænjʊˈri:sɪs; *Am. a.* ˌænəˈr-], **an·u·ri·a** [əˈnjʊərɪə; *Am. a.* əˈnʊrɪə] *s med.* Anuˈrie *f*, Uˈrinverhaltung *f*.

a·nus [ˈeɪnəs] *s anat.* Anus *m*, After *m*.

an·vil [ˈænvɪl] *s* **1.** Amboß *m*: **to be on the** ~ *fig.* a) in Arbeit *od.* in Vorbereitung sein, b) zur Debatte stehen; **between hammer and** ~ *fig.* zwischen Hammer u. Amboß. **2.** *anat.* Amboß *m* (*Knochen im Ohr*). **3.** *tech.* Meßfläche *f*: ~ **of a ga(u)ge.** ~ **block** *s tech.* Amboßstock *m*. ~ **chis·el** *s tech.* (Ab)Schrotmeißel *m*. ~ **e·lec·trode** *s electr.* ˈAmboßelekˌtrode *f*.

anx·i·e·ty [æŋˈzaɪətɪ; æŋg-] *s* **1.** Angst *f*, Ängstlichkeit *f*, Unruhe *f*, Besorgnis *f*, Sorge *f* (**about, for** wegen *gen*, um). **2.** *med. psych.* Beängstigung *f*, Beklemmung *f*: ~ **dream** Angsttraum *m*; ~ **neurosis** Angstneurose *f*; ~ **state** Angstzustand *m*. **3.** Exiˈstenzangst *f*. **4.** starkes Verlangen (**for** nach).

anx·ious [ˈæŋkʃəs; -ŋʃ-] *adj* (*adv* ~**ly**) **1.** ängstlich, bange, besorgt, unruhig: **to be** ~ **for** (*od.* **about**) **s.th.** wegen *od.* um etwas besorgt sein. **2.** *fig.* (**for, to** *inf*) begierig (auf *acc*, zu *inf*), (ängstlich) bedacht (auf *acc*, darauf zu *inf*), bestrebt (zu *inf*): ~ **for his report** auf s-n Bericht gespannt; **I am** ~ **to know** ich möchte gern wissen; **I am very** ~ **to see him** mir liegt viel daran, ihn zu sehen; **he is ~ to please** er gibt sich alle Mühe, es allen recht zu machen. **~bench, ~seat** *s relig.* Sünderbank *f* (*in e-r Erweckungsversammlung*): **to be on the ~** *fig.* wie auf (glühenden) Kohlen sitzen, Blut u. Wasser schwitzen.

an·y [ˈenɪ] **I** *adj* **1.** (*in Frage- u. Verneinungssätzen*) (irgend)ein(e), einige *pl*, (irgend)welche *pl*, etwaige *pl*, etwas: **not ~** (gar) keine; **is there ~ hope?** besteht noch irgendwelche Hoffnung?; **have you ~ money on you?** haben Sie Geld bei sich?; **I cannot eat ~ more** ich kann nichts mehr essen; **there wasn't ~ milk in the house** es war keine Milch *od.* kein Tropfen Milch im Hause. **2.** (*in bejahenden Sätzen*) jeder, jede, jedes (beliebige), jeglich(er, e, es): **~ of these books will do** jedes dieser Bücher genügt (für den Zweck); **~ cat will scratch** jede Katze kratzt; **~ number of** jede *od.* e-e Menge von (*od. gen*); **~ amount** jede (beliebige) Menge, ein ganzer Haufen; **~ person who** ... jeder, der ...; *bes. jur.* wer ...; **at ~ time** zu jeder Zeit, jederzeit; **under ~ circumstances** unter allen Umständen. **II** *pron sg u. pl* **3.** irgendein(er, e, es), irgendwelche *pl*: **if there be ~** ... sollten irgendwelche ... sein; **no money and no prospect of ~** kein Geld u. keine Aussicht auf welches. **III** *adv* **4.** irgend(wie), ein wenig, etwas, (nur) noch, (noch) etwas: **is he ~ happier now?** ist er denn jetzt glücklicher?; **~ more?** noch (etwas) mehr?; **not ~ more than** ebensowenig wie; **have you ~ more to say?** haben Sie noch (irgend) etwas zu sagen?; **~ old how** *colloq.* achtlos; → **if** 1, **old** 12. **5.** *Am.* (*in negativen Sätzen*) gar (*nicht*), überˈhaupt (*nicht*): **this didn't help matters ~** das nützte (der Sache) überhaupt nichts; **he didn't mind that ~** das hat ihm gar nichts ausgemacht.

ˈan·yˌbod·y *pron u. s* **1.** irgend jemand, irgendeine(r), ein beliebiger, e-e beliebige: **is he ~ at all?** *fig.* ist er denn überhaupt ‚wer'?; **ask ~ you meet** frage den ersten besten, den du triffst. **2.** jeder (-mann): **~ who** jeder, der; wer; **hardly ~** kaum jemand, fast niemand; **not ~** niemand, keiner; **~ but you** jeder andere eher als du.

ˈan·y·how *adv* **1.** irgendwie, auf irgendeine Art u. Weise, so gut wie's geht, schlecht u. recht. **2.** trotzdem, jedenfalls, sowieˈso, immerˈhin: **I'm going there ~** ich gehe sowieso hin. **3.** wie dem auch sei, auf alle Fälle, jedenfalls.

ˈan·y·one → **anybody**.

ˈan·y·thing I *pron u. s* **1.** (irgend)etwas, etwas Beliebiges: **not for ~** um keinen Preis; **not ~** (gar *od.* überhaupt) nichts; **he is (as) drunk as ~** *colloq.* er ist ‚blau wie ein Veilchen'; **for ~ I know** soviel ich weiß. **2.** alles(, was es auch sei): **~ but** alles andere als. **II** *adv* **3.** irgend(wie), etwas, überˈhaupt, in gewissem Maße: **if ~** a) wenn überhaupt, höchstens, b) womöglich; **he is a little better if ~** es geht ihm etwas besser, wenn man von Besserung überhaupt reden kann.

ˈan·y·way → **anyhow**.

ˈan·y·ways *obs. od. colloq.* → **anyhow**.

ˈan·y·where *adv* **1.** irgendwo, -woher, -wohin: **not ~** nirgendwo(hin); **hardly ~** fast nirgends; **~ from 10 to 30 minutes** *Am.* etwa zwischen 10 u. 30 Minuten; → **get** 24. **2.** ˈüberall: **from ~** von überall her.

ˈan·y·wise *adv* **1.** → **anyhow** 1. **2.** überˈhaupt.

An·zac [ˈænzæk] *s colloq.* Angehörige(r) *m* der auˈstralischen u. neuˈseeländischen Truppen (*bes. im ersten Weltkrieg; aus* **Australian and New Zealand Army Corps**).

A one → **A** 1.

a·o·rist [ˈeərɪst; ˈeɪə-] *ling.* **I** *adj* aoˈristisch: **~ tense** → II. **II** *s* Aoˈrist *m.*

a·or·ta [eɪˈɔː(r)tə] *pl* **-tas, -tae** [-tiː] *s anat.* Aˈorta *f*, Hauptschlagader *f.*

a·pace [əˈpeɪs] *adv* schnell, rasch.

A·pach·e [əˈpætʃɪ] *s* **1.** *pl* **-es** *od.* **-e** Aˈpache *m*, Aˈpatsche *m* (*Indianer*). **2.** *ling.* Aˈpache *n* (*athapaskische Sprache*). **3. a~** [əˈpæʃ] Aˈpache *m*, ˈUnterweltler *m* (*bes. in Paris*): **a~ dance** Apachentanz *m.*

ap·a·nage → **appanage**.

a·part [əˈpɑː(r)t] *adv* **1.** einzeln, für sich, besonders, (ab)gesondert (**from** von), getrennt, auseinˈander: **to grow ~** *fig.* sich auseinanderleben; **they started to grow ~** ihre Wege trennten sich; **to live ~** getrennt leben; **to lie far ~** weit auseinander liegen; **~ from** abgesehen von; **a topic ~** ein Thema für sich; → **keep** 8, **take apart, tell** 8. **2.** abseits, beiˈseite: → **joking** II, **set apart**.

a·part·heid [əˈpɑː(r)theɪt; -haɪt] *s* **1.** Aˈpartheid *f*, (Poliˈtik *f* der) Rassentrennung *f* (*in Südafrika*). **2.** *fig.* Abgeschlossenheit *f*, Exklusiviˈtät *f.*

a·part·ho·tel [əˈpɑːthəʊˌtel] *s Br. Eigentumswohnanlage, deren Wohneinheiten bei Abwesenheit der Eigentümer als Hotelsuiten vermietet werden.*

a·part·ment [əˈpɑː(r)tmənt] *s* **1.** Raum *m*, Zimmer *n.* **2.** *bes. Am.* (Eˈtagen-)Wohnung *f.* **3.** a) *Br.* große Luxuswohnung, b) *pl bes. Br.* (*bes.* Ferien)Wohnung *f.* **4.** → **apartment house**. **~ build·ing** → **apartment house**. **~ho·tel** *s Am.* Apparteˈmenthoˌtel *n.* **~house** *s Am.* Wohnhaus *n.*

ap·a·thet·ic [ˌæpəˈθetɪk] *adj* (*adv* **~ally**) aˈpathisch, teilnahmslos, gleichgültig.

ap·a·thy [ˈæpəθɪ] *s* Apaˈthie *f*, Teilnahmslosigkeit *f*, Gleichgültigkeit *f* (**to** gegenˈüber).

ape [eɪp] **I** *s* **1.** *zo.* (*bes.* Menschen)Affe *m.* **2.** *fig.* Nachäffer *m.* **3.** *Am. colloq.* ‚Goˈrilla' *m* (*bulliger, ungeschickter od. grober Mensch*). **II** *adj* **4. to go ~** *bes. Am. colloq.* a) ‚aus dem Häus-chen geraten', b) ‚durchdrehen', ‚überschnappen'. **III** *v/t* **5.** nachäffen. **ˈ~man** [-mæn] *s irr* Affenmensch *m.*

a·pep·sia [æˈpepsɪə; ə-; *Am.* eɪ-; *a.* -ʃə], **aˈpep·sy** [-sɪ] *s med.* Apepˈsie *f*, mangelhafte Verdauung, Verdauungsstörung *f.*

a·pe·ri·ent [əˈpɪərɪənt] *med. pharm.* **I** *adj* abführend. **II** *s* Abführmittel *n.*

a·pe·ri·od·ic [ˌeɪpɪərɪˈɒdɪk; *Am.* -ˈɑd-] *adj* **1.** *a. electr.* ˈaperiˌodisch: **~ circuit**. **2.** *tech.* schwingungsfrei. **3.** *electr. phys.* (eigen)gedämpft: **~ instrument**.

a·pé·ri·tif [ɑːˌperɪˈtiːf; əˈperɪtiːf] *s* Aperiˈtif *m.*

a·per·i·tive [əˈperətɪv] → **aperient**.

ap·er·ture [ˈæpə(r)ˌtjʊə(r); -ˌtʃʊə(r); -tʃə(r)] *s* **1.** Öffnung *f*, Schlitz *m*, Loch *n.* **2.** *phot. phys. tech.* Blende *f*: **~ angle** (*Radar*) Bündelbreite *f.* **3.** *TV* Linsenöffnung *f*: **~ lens** Lochscheibenlinse *f.* **4.** (ˈFilm)Projektiˌonsfenster *n.* **5.** *anat.* Aperˈtur *f*, Ostium *n.* **6.** *zo.* Mündung *f.*

ap·er·y [ˈeɪpərɪ] *s* **1.** Nachäffeˈrei *f.* **2.** alberner Streich, ‚Blödsinn' *m.*

a·pet·al·ous [eɪˈpetələs] *adj bot.* ohne Blütenblätter, blumenblattlos.

a·pex [ˈeɪpeks] *pl* **ˈa·pex·es** *od.* **a·pi·ces** [ˈeɪpɪsiːz; ˈæp-] *s* **1.** (*Kegel- etc, a. anat. Herz-, Lungen- etc*)Spitze *f*, Gipfel *m*, Scheitel(punkt) *m*: **to go base over ~** *colloq.* sich überschlagen. **2.** *fig.* Gipfel *m*, Höhepunkt *m.*

a·phaer·e·sis [æˈfɪərɪsɪs; *Am. bes.* əˈferə-] *s ling.* Aphäˈrese *f* (*Abfall e-s Buchstabens od. e-r unbetonten Silbe am Wortanfang*).

a·pha·si·a [əˈfeɪzjə; *bes. Am.* -ʒɪə; -ʒə] *s med.* Aphaˈsie *f* (*Verlust des Sprechvermögens od. Sprachverständnisses infolge Erkrankung des Sprachzentrums im Gehirn*).

aph·e·li·on [æˈfiːljən] *pl* **-li·a** [-ljə] *s* **1.** *astr.* Aˈphel(ium) *n.* **2.** *fig.* entferntester Punkt.

a·pher·e·sis → **aphaeresis**.

aph·e·sis [ˈæfɪsɪs] *s ling.* allˈmählicher Verlust e-s unbetonten ˈAnfangsvoˌkals.

ˈaph·e·tize *v/t ein Wort* um den ˈAnfangsvoˌkal kürzen.

a·phid [ˈeɪfɪd; ˈæfɪd], *a.* **ˈa·phis** [-fɪs] *pl* **aph·i·des** [ˈæfɪdiːz] *s zo.* Blattlaus *f.*

a·phon·ic [eɪˈfɒnɪk; *Am.* -ˈfɑ-; -ˈfəʊ-] *adj* **1.** stumm. **2.** *ling.* stimmlos.

aph·o·rism [ˈæfərɪzəm] *s* Aphoˈrismus *m*, Gedankensplitter *m.* **ˌaph·oˈris·tic** *adj* (*adv* **~ally**) aphoˈristisch.

a·pho·tic [eɪˈfɒtɪk; *Am.* -ˈfəʊ-] *adj* lichtlos, aˈphotisch.

a·phra·si·a [əˈfreɪzjə; *bes. Am.* -ʒɪə; -ʒə] *s psych.* Aphraˈsie *f*: a) *Unvermögen, richtige Sätze zu bilden*, b) *krankhafte Weigerung zu reden.*

aph·ro·dis·i·ac [ˌæfrəʊˈdɪzɪæk; -frəˈd-] **I** *adj* **1.** *med. pharm.* aphroˈdisisch, den Geschlechtstrieb steigernd. **2.** eˈrotisch, erregend. **II** *s* **3.** *med. pharm.* Aphrodiˈsiakum *n.*

aph·tha [ˈæfθə] *pl* **-thae** [-θiː] *s med.* Aphthe *f*, Mundschwamm *m.*

a·phyl·lous [eɪˈfɪləs] *adj bot.* blattlos.

a·pi·an [ˈeɪpjən; -pɪən] *adj* **1.** Bienen... **2.** bienenartig.

a·pi·ar·i·an [ˌeɪpɪˈeərɪən] *adj* die Bienen(zucht) betreffend, Bienen... **a·pi·a·rist** [ˈeɪpjərɪst; -pɪə-] *s* Bienenzüchter *m*, Imker *m.* **a·pi·ar·y** [ˈeɪpjərɪ; *Am.* ˈeɪpɪˌeriː] *s* Bienenhaus *n.*

ap·i·cal [ˈæpɪkl; *bes. Am.* ˈeɪ-] *adj* (*adv* **~ly**) **1.** *anat. biol. med.* die Spitze betreffend, Apikal..., Spitzen...: **~ pneumonia** *med.* Lungenspitzenkatarrh *m.* **2.** *math.* an der Spitze (befindlich): **~ angle**.

a·pi·ces [ˈeɪpɪsiːz; ˈæp-] *pl von* **apex**.

a·pi·cul·ture [ˈeɪpɪkʌltʃə(r)] *s* Bienenzucht *f*, Imkeˈrei *f.*

a·piece [əˈpiːs] *adv* **1.** für jedes *od.* pro Stück, je: **20 cents ~**. **2.** für jeden, pro Kopf, pro Perˈson: **he gave us £5 ~** er gab jedem von uns 5 Pfund.

ap·ish [ˈeɪpɪʃ] *adj* (*adv* **~ly**) **1.** affenartig. **2.** *fig.* nachäffend. **3.** *fig.* äffisch.

ap·la·nat [ˈæplənæt] *s phot. phys.* Aplaˈnat *m.* **ˌap·laˈnat·ic** [-ˈnætɪk] *adj phot. phys.* aplaˈnatisch.

a·pla·si·a [əˈpleɪzjə; *bes. Am.* -ʒɪə; -ʒə] *s biol. med.* Aplaˈsie *f* (*angeborenes Fehlen e-s Gliedes od. Organs*).

a·plen·ty [əˈplentɪ] **I** *adj* (*nachgestellt*) viel(e), jede Menge, haufenweise: **food ~**. **II** *adv* e-e Menge, viel: **he works ~**.

ap·lite [ˈæplaɪt] *s geol.* Aˈplit *m* (*aus Feldspat u. Quarz bestehendes Ganggestein*).

a·plomb [əˈplɒm; *Am.* əˈplɑm] *s* **1.** senkrechte *od.* lotrechte Richtung *od.* Lage. **2.** *fig.* Aˈplomb *m*, (selbst)sicheres *od.* selbstbewußtes Auftreten.

ap·no(e)·a [æpˈnɪə; -ˈniːə; *Am. bes.* ˈæpnɪə] *s med.* Apˈnoe *f*, Atemstillstand *m*, -lähmung *f.*

A·poc·a·lypse [əˈpɒkəlɪps; *Am.* əˈpɑ-] *s* **1.** *Bibl.* Apokaˈlypse *f*, Offenˈbarung *f* Joˈhannis. **2. a~** *fig.* Enthüllung *f*, Offenˈbarung *f.* **3. a~** *fig.* Unheil *n.*

a·poc·a·lyp·tic [əˌpɒkəˈlɪptɪk; *Am.* əˌpɑ-] *adj*; **aˌpoc·aˈlyp·ti·cal** [-kl] *adj* (*adv* **~ly**) **1.** apokaˈlyptisch, nach Art der Offenˈbarung Joˈhannis. **2.** *fig.* dunkel, rätselhaft, geheimnisvoll. **3.** *fig.* unheilkündend.

ap·o·car·pous [ˌæpəʊˈkɑː(r)pəs; -pəˈk-] *adj bot.* apoˈkarp, mit getrennten Fruchtblättern.

a·poc·o·pate [əˈpɒkəʊpeɪt; -kəp-; *Am.* -ˈpɑ-] *v/t ein Wort* apokoˈpieren (*am Ende verkürzen*). **a·poc·o·pe** [əˈpɒkəʊpɪ; -kəpɪ; *Am.* -ˈpɑ-] *s ling.* Aˈpokope *f*, Endverkürzung *f*.

A·poc·ry·pha [əˈpɒkrɪfə; *Am.* -ˈpɑ-] *s pl* (*oft als sg mit pl* **-phas** *behandelt*) **1.** *Bibl.* Apoˈkryphen *pl*. **2. a~** apoˈkryph(isch)e Schriften *pl*. **aˈpoc·ry·phal** [-fl] *adj* apoˈkryph(isch), von zweifelhafter Verfasserschaft, unecht.

ap·od [ˈæpɒd; *Am.* -ɑd] **I** *adj* **1.** *zo.* fußlos. **2.** *ichth.* ohne Bauchflossen. **II** *s* **3.** *zo.* fußloses Tier. **4.** *ichth.* Kahlbauch *m*.

ap·o·dal [ˈæpədl] → **apod** I.

ap·o·deic·tic [ˌæpəʊˈdaɪktɪk; -pəˈd-], **ˌap·oˈdic·tic** [-ˈdɪktɪk] *adj* (*adv* **~ally**) apoˈdiktisch, ˈunwiderˌlegbar.

ap·o·gee [ˈæpəʊdʒiː; -pə-] *s* **1.** *astr.* Apoˈgäum *n* (*größte Erdferne des Mondes*). **2.** *fig.* Gipfel *m*, Höhepunkt *m*.

a·po·lit·i·cal [ˌeɪpəˈlɪtɪkl] *adj* ˈunpoˌlitisch, an Poliˈtik ˈuninteresˌsiert.

a·pol·o·get·ic [əˌpɒləˈdʒetɪk; *Am.* əˌpɑ-] **I** *adj* (*adv* **~ally**) **1.** rechtfertigend, Verteidigungs... **2.** entschuldigend, Entschuldigungs... **3.** reumütig, kleinlaut. **4.** schüchtern. **II** *s* **5.** Verteidigung *f*, Entschuldigung *f*. **6.** *bes. pl* (*meist als sg konstruiert*) *relig.* Apoloˈgetik *f*. **aˌpol·oˈget·i·cal** [-kl] *adj* (*adv* **~ly**) → **apologetic** I.

ap·o·lo·gi·a [ˌæpəˈləʊdʒɪə; -dʒə] *s* Apoloˈgie *f*: a) Verteidigung *f*, Rechtfertigung *f* (*e-r Lehre, Überzeugung etc*), b) Verteidigungsschrift *f*.

a·pol·o·gist [əˈpɒlədʒɪst; *Am.* əˈpɑ-] *s* **1.** Verteidiger *m*. **2.** *relig.* Apoloˈget *m*.

a·pol·o·gize [əˈpɒlədʒaɪz; *Am.* əˈpɑ-] *v/i* **1.** to ~ to s.o. (for s.th.) sich bei j-m (für etwas) entschuldigen, j-n (für etwas) um Entschuldigung *od.* Verzeihung bitten, j-m (für etwas) Abbitte tun *od.* leisten. **2.** sich verteidigen *od.* rechtfertigen.

ap·o·logue [ˈæpəlɒg; *Am. a.* -ˌlɑg] *s* **1.** Apoˈlog *m*, moˈralische Fabel. **2.** Gleichnis *n*.

a·pol·o·gy [əˈpɒlədʒɪ; *Am.* əˈpɑ-] *s* **1.** Entschuldigung *f*: **in ~ for** zur *od.* als Entschuldigung für; **to make** (*od.* **offer**) **s.o. an ~** (**for s.th.**) → **apologize** 1; **to send one's apologies** sich entschuldigen lassen; **letter of ~** Entschuldigungsschreiben *n*. **2.** Verteidigung *f*, Rechtfertigung *f*. **3.** → **apologia**. **4.** *colloq.* minderwertiger Ersatz (**for** für): **an ~ for a meal** ein armseliges Essen.

a·poop, *a.* **a-poop** [əˈpuːp] *adv u. pred adj mar.* achtern, hinten.

ap·o·phthegm → **apothegm**.

a·poph·y·sis [əˈpɒfɪsɪs; *Am.* əˈpɑ-] *pl* **-ses** [-siːz] *s* **1.** *anat.* Apoˈphyse *f*, Knochenfortsatz *m*. **2.** *biol.* a) Anhang *m*, b) Ansatz *m*. **3.** *geol.* a) Ausläufer *m* e-s Ganges *od.* Stocks, b) Ausstülpung *f*, c) Trum *m, n*.

ap·o·plec·tic [ˌæpəʊˈplektɪk] **I** *adj* (*adv* **~ally**) **1.** *med.* apoˈplektisch: a) Schlaganfall...: **~ stroke** (*od.* **fit**) → **apoplexy**, b) zu Schlaganfällen neigend. **2. to be ~** *colloq.* vor Wut fast platzen. **II** *s* **3.** *med.* Apoˈplektiker(in): a) *j-d, der zu Schlaganfällen neigt*, b) *j-d, der an den Folgen e-s Schlaganfalls leidet*.

ap·o·plex·y [ˈæpəʊpleksɪ] *s med.* Apopleˈxie *f*, Schlaganfall *m*, Gehirnschlag *m*.

ap·o·si·o·pe·sis [ˌæpəʊsaɪəʊˈpiːsɪs] *s rhet.* Aposioˈpese *f* (*bewußter Abbruch der Rede od. e-s begonnenen Gedankens vor der entscheidenden Aussage*).

a·pos·ta·sy [əˈpɒstəsɪ; *Am.* əˈpɑ-] *s* Apostaˈsie *f*, Abfall *m*, Abtrünnigkeit *f* (*vom Glauben, von e-r Partei etc*). **a·pos·tate** [əˈpɒsteɪt; -tɪt; *Am.* əˈpɑ-] **I** *s* Apoˈstat *m*, Abtrünnige(r *m*) *f*, Reneˈgat *m*. **II** *adj* abtrünnig. **aˈpos·ta·tize** [-tətaɪz] *v/i* **1.** abfallen (**from** von). **2.** abtrünnig *od.* untreu werden (**from** *dat*). **3.** ˈübergehen (**from ... to** von ... zu).

a pos·te·ri·o·ri [ˈeɪpɒsˌterɪˈɔːraɪ; *Am. bes.* ˈɑːpəʊˌstɪrɪˈəʊriː] *adj u. adv philos.* **1.** a posteriˈori, von der Wirkung auf die Ursache schließend, indukˈtiv. **2.** aposteriˈorisch, emˈpirisch.

a·pos·til [əˈpɒstɪl; *Am.* əˈpɑ-] *s* Apoˈstille *f*, Randbemerkung *f*.

a·pos·tle [əˈpɒsl; *Am.* əˈpɑsəl] *s* **1.** *relig.* Aˈpostel *m*: **A~s' Creed** Apostolisches Glaubensbekenntnis. **2.** *fig.* Aˈpostel *m*, Vorkämpfer(in), Verfechter(in). **aˈpos·tle·ship, a·pos·to·late** [əˈpɒstəʊlət; *Am.* əˈpɑstəˌleɪt] *s* Apostoˈlat *n*, Aˈpostelamt *n*, -würde *f*.

ap·os·tol·ic [ˌæpəˈstɒlɪk; *Am.* -ˈstɑ-] *adj* (*adv* **~ally**) *relig.* **1.** apoˈstolisch: **~ succession** apostolische Sukzession *od.* Nachfolge; **A~ Fathers** Apostolische Väter. **2.** päpstlich: → **see²** 1, **vicar** 3. **ˌap·osˈtol·i·cal** *adj* (*adv* **~ly**) → **apostolic**.

a·pos·tro·phe [əˈpɒstrəfɪ; *Am.* əˈpɑ-] *s* **1.** *rhet.* Aˈpostrophe *f*, feierliche Anrede (*an e-e Person od. Sache außerhalb des Publikums*). **2.** *bot.* Apoˈstrophe *f* (*Ansammlung von Chlorophyllkörnern*). **3.** *ling.* Apoˈstroph *m*. **aˈpos·tro·phize** [-faɪz] *v/t* apostroˈphieren: a) *rhet.* feierlich anreden, b) *ling.* mit e-m Apoˈstroph versehen.

a·poth·e·car·y [əˈpɒθəkərɪ; *Am.* əˈpɑθəˌkeriː] *s obs.* **1.** Apoˈtheker *m*: **apothecaries' weight** Apothekergewicht *n*. **2.** Droˈgist *m*.

ap·o·thegm [ˈæpəθem] *s* Apoˈphthegma *n* (*Sinnspruch*).

a·poth·e·o·sis [əˌpɒθɪˈəʊsɪs; *Am.* əˌpɑ-] *pl* **-ses** [-siːz] *s* **1.** Apotheˈose *f*: a) Vergöttlichung *f*, b) *fig.* Verherrlichung *f*, -götterung *f*. **2.** *fig.* Krone *f*, Ideˈal *n*: **the ~ of womanhood**.

a·poth·e·o·size [əˈpɒθɪəʊsaɪz; *Am.* əˈpɑ-] *v/t* **1.** vergöttlichen. **2.** *fig.* verherrlichen.

ap·o·tro·pa·ic [ˌæpəʊtrəˈpeɪɪk] *adj* apotroˈpäisch, Unheil abwehrend (*Zaubermittel*).

ap·pal, *Am. a.* **ap·pall** [əˈpɔːl] *v/t* erschrecken, entsetzen: **to be ~led at** entsetzt sein über (*acc*). **apˈpal·ling** *adj* erschreckend, entsetzlich.

ap·pa·nage [ˈæpənɪdʒ] *s* **1.** Apaˈnage *f* (*e-s Prinzen*). **2.** abhängiges Gebiet. **3.** *fig.* Merkmal *n*.

ap·pa·ra·tus [ˌæpəˈreɪtəs; *Am. bes.* -ˈrætəs] *pl* **-tus, -tus·es** *s* **1.** a) Appaˈrat *m*, Gerät *n*, Vorrichtung *f*, b) *collect.* Appaˈrate *pl*. **2.** Apparaˈtur *f*, Maschineˈrie *f* (*beide a. fig.*), Hilfsmittel *n*. **3.** *biol.* Syˈstem *n*, Appaˈrat *m*: **respiratory ~** Atmungsapparat, Atemwerkzeuge *pl*. **4.** *sport* Turn-, Übungsgerät *n*: **~ work** Geräteturnen *n*. **~ cri·ti·cus** [ˈkrɪtɪkəs] (*Lat.*) *s* **1.** Appaˈrat *m* (*zs.-gestellte einschlägige Literatur*). **2.** kritischer Appaˈrat, Variˈanten *pl*, Lesarten *pl* (*in e-r wissenschaftlichen Textausgabe*).

ap·par·el [əˈpærəl] **I** *v/t pret u. pp* **-eled**, *bes. Br.* **-elled** **1.** *obs. od. poet.* a) (be-)kleiden, b) *fig.* ausstatten, schmücken. **II** *s* **2.** Kleidung *f*, Gewand *n*, Tracht *f*. **3.** *fig.* Schmuck *m*, Gewand *n*, Kleid *n*. **4.** Stickeˈrei *f*.

ap·par·ent [əˈpærənt] *adj* (*adv* **~ly**) **1.** sichtbar: **~ defects**. **2.** offenbar, offensichtlich, einleuchtend, ersichtlich, klar (**to s.o.** j-m), augenscheinlich: **to be ~ from** hervorgehen aus; **with no ~ reason** ohne ersichtlichen Grund. **3.** a) anscheinend, b) *a. electr. phys.* scheinbar, Schein...(*-frequenz, -leistung, -strom etc*): **~ motion** (*Radar*) relative Bewegung; → **horizon** 1.

ap·pa·ri·tion [ˌæpəˈrɪʃn] *s* **1.** Erscheinen *n* u. Sichtbarwerden *n* (*a. astr.*). **2.** Erscheinung *f*, Gespenst *n*, Geist *m*. **3.** Gestalt *f*, (plötzliche *od.* unerwartete) Erscheinung. **ˌap·paˈri·tion·al** [-ʃənl] *adj* geister-, schemenhaft.

ap·par·i·tor [əˈpærɪtɔː; *bes. Am.* -tə(r)] *s obs.* **1.** Gerichts-, Ratsdiener *m*. **2.** Herold *m*.

ap·pas·sio·na·to [əˌpæsjəˈnɑːtəʊ; *Am.* ɑːˌpɑːsɪə-] *adv u. adj mus.* appassioˈnato, leidenschaftlich.

ap·peal [əˈpiːl] **I** *v/t* **1.** *jur.* a) Berufung *od.* Rechtsmittel *od.* Revisiˈon einlegen gegen, b) *Am.* anklagen. **II** *v/i* **2.** *jur.* Berufung *od.* Rechtsmittel *od.* Revisiˈon einlegen, in die Berufung gehen, *a. allg.* Einspruch erheben, Beschwerde einlegen (**against**, *jur. meist* **from** gegen; **to** bei): **the decision ~ed from** die angefochtene Entscheidung. **3.** (**to**) appelˈlieren *od.* sich wenden (an *acc*), (*j-n od. etwas*) anrufen: **to ~ to the country** *pol. Br.* (das Parlament auflösen u.) Neuwahlen ausschreiben. **4. ~ to** sich berufen auf (*acc*): **to ~ to history** die Geschichte als Zeugen anrufen. **5.** (**to**) Gefallen *od.* Anklang finden (bei), gefallen, zusagen (*dat*), wirken (auf *acc*), anziehen, reizen (*acc*). **6. ~ to** *j-n* dringend bitten (**for** um). **III** *s* **7.** *jur.* Rechtsmittel *n* (**from, against** gegen): a) Berufung *f*, Revisiˈon *f*, b) (Rechts)Beschwerde *f*, c) Einspruch *m*: **court of ~** Berufungs-, Revisionsgericht *n od.* -instanz *f*; **judg(e)ment on ~** Berufungsurteil *n*; **stages of ~** Instanzenweg *m*; **to allow an ~** e-r Berufung *etc* stattgeben; **to file** (*od.* **lodge**) **an ~ with, to give notice of ~** to Berufung *etc* einlegen bei (**from, against** gegen); (**no**) **~ lies** (**from**) die Berufung findet (nicht) statt (gegen); **the decision under ~** die angefochtene Entscheidung; → **criminal** 2. **8.** Berufung *f* (**to** auf *acc*). **9.** Verweisung *f* (**to** an *acc*). **10.** *fig.* (**to**) Apˈpell *m* (an *acc*), Aufruf *m* (*gen od.* an *acc*): **~ to the country** *pol. Br.* (Auflösung *f* des Parlaments u.) Ausschreibung *f* von Neuwahlen; **~ to reason** Appell an die Vernunft; **to make an ~ to** appellieren an (*acc*); **~ for mercy** Gnadengesuch *n*. **11.** *fig.* (flehentliche *od.* dringende) Bitte (**to** an *acc*; **for** um). **12.** *fig.* Anziehung(skraft) *f*, Zugkraft *f*, Wirkung *f* (**to** auf *acc*), Anklang *m* (**to** bei): **~ to customers** *econ.* Anziehungskraft auf Kunden. **apˈpeal·a·ble** *adj jur.* berufungs-, revisiˈons-, beschwerdefähig: **the decision is ~** gegen die Entscheidung kann Berufung eingelegt werden. **apˈpeal·ing** *adj* (*adv* **~ly**) **1.** bittend, flehend. **2.** ansprechend, reizvoll, gefällig.

ap·pear [əˈpɪə(r)] *v/i* **1.** erscheinen (*a. fig. auf e-m Konto etc*), sichtbar werden, sich zeigen, (*a.* öffentlich) auftreten: **to ~ in public** sich in der Öffentlichkeit zeigen; **to ~ on television** im Fernsehen auftreten. **2.** (*vor Gericht*) erscheinen, sich einlassen (**in an action** auf e-e Klage): **to ~ against s.o.** gegen j-n (vor Gericht) auftreten; **to ~ by counsel** sich durch e-n Anwalt vertreten lassen; **to ~ for s.o.** j-n (als Anwalt) vor Gericht vertreten. **3.** scheinen, den Anschein haben, aussehen, wirken, *j-m* vorkommen: **it ~s to me you are right** mir scheint, Sie haben recht; **he ~ed calm** er war äußerlich ruhig. **4.** sich ergeben *od.* herˈausstellen, herˈvorgehen: **it ~s from this** hieraus ergibt sich *od.* geht hervor; **it does not ~ that** es liegt kein Anhaltspunkt dafür vor, daß. **5.** erscheinen, herˈauskommen (*Bücher etc*).

ap·pear·ance [əˈpɪərəns] *s* **1.** Erscheinen *n*: **public ~** Auftreten *n* in der Öffentlichkeit. **2.** Auftreten *n*, Vorkommen *n*. **3.** *jur.* Erscheinen *n* (vor Gericht), Einlassung *f*: **to enter an ~** sich auf die Klage einlassen. **4.** (äußere) Erscheinung, Aussehen *n*, (*das*) Äußere. **5.** (Naˈtur)Erscheinung *f*, (-)Phänoˌmen *n*. **6.** *meist pl* äußerer Schein, (An)Schein *m*: **~s are against him** der (Augen)Schein spricht gegen ihn. **7.** *philos.* Erscheinung *f*. **8.** → **apparition** 2. **9.** Veröffentlichung *f*, Erscheinen *n*.
Besondere Redewendungen:
at first ~ beim ersten Anblick; **in ~** anscheinend, dem Anschein nach; **to all ~(s)** allem Anschein nach; **~s are deceptive** der Schein trügt; **there is every ~ that** es hat ganz den Anschein, als ob; **to keep up** (*od.* **save**) **~s** den Schein wahren; **to make** (*od.* **put in**) **one's ~** sich zeigen, erscheinen, sich einstellen, auftreten; **to make an ~ on television** im Fernsehen auftreten; **to put in an ~** (persönlich) erscheinen; → **sake**[1].

ap·pease [əˈpiːz] *v/t* **1.** *j-n od. j-s Zorn etc* besänftigen, beschwichtigen. **2.** *e-n Streit* schlichten, beilegen. **3.** *Leiden* mildern. **4.** *den Durst etc* stillen, *s-e Neugier* befriedigen. **5.** *pol.* (durch Zugeständnisse *od.* Nachgiebigkeit) beschwichtigen. **apˈpease·ment** *s* **1.** Besänftigung *f*, Beschwichtigung *f*. **2.** Stillung *f*, Befriedigung *f*. **3.** *pol.* Beschwichtigung *f*: **(policy of) ~** Beschwichtigungspolitik *f*. **apˈpeas·er** *s* **1.** Besänftiger *m*. **2.** *pol.* Beˈschwichtigungspoˌlitiker *m*.

ap·pel·lant [əˈpelənt] **I** *adj* **1.** appelˈlierend, bittend. **2.** *jur.* in zweiter Inˈstanz klagend, beschwerdeführend. **II** *s* **3.** *jur.* a) Berufungskläger(in), b) Beschwerdeführer(in). **4.** *fig.* Bittsteller(in).

ap·pel·late [əˈpelət] *adj jur.* Rechtsmittel..., Berufungs..., Revisions..., Beschwerde..., (*nachgestellt*) zweiter Inˈstanz: **~ court**; **~ judge** Berufungsrichter *m*; **~ jurisdiction** Zuständigkeit *f* in der Rechtsmittelinstanz.

ap·pel·la·tion [ˌæpəˈleɪʃn] *s* Benennung *f*, Name *m*, Bezeichnung *f*.

ap·pel·la·tive [əˈpelətɪv] *bes. ling.* **I** *adj* appellaˈtiv, benennend, Gattungs...: **~ name** → II. **II** *s* Appellaˈtiv *n*, Gattungsname *m*.

ap·pel·lee [ˌæpeˈliː; -pə-] *s jur.* Berufungs- *od.* Revisiˈonsbeklagte(r *m*) *f*, Beschwerdegegner(in).

ap·pend [əˈpend] *v/t* (to) **1.** befestigen, anbringen (an *dat*), anhängen, anheften (an *acc*). **2.** bei-, hinˈzufügen (*dat*, zu), anfügen (*dat*, an *acc*): **to ~ a price list**; **to ~ one's signature to** s-e Unterschrift setzen unter (*acc*).

ap·pend·age [əˈpendɪdʒ] *s* **1.** Anhang *m*, Anhängsel *n*, Zubehör *n*. **2.** *fig.* Beigabe *f*, Beiwerk *n*, Begleiterscheinung *f*. **3.** *fig.* Anhängsel *n*, (ständiger) Begleiter. **4.** *biol.* Fortsatz *m*.

ap·pend·ant [əˈpendənt] *adj* (to, on) **1.** daˈzugehörig, gehörend (zu), verbunden (mit), beigefügt (*dat*): **the salary ~ to a position** das mit e-r Stellung verbundene Gehalt. **2.** *jur.* als Recht gehörend (zu), zustehend (*dat*).

ap·pen·dec·to·my [ˌæpenˈdektəmɪ; -pən-] *s med.* Appendektoˈmie *f*, ˈBlinddarmoperatiˌon *f*.

ap·pen·di·ces [əˈpendɪsiːz] *pl von* **appendix**.

ap·pen·di·ci·tis [əˌpendɪˈsaɪtɪs] *s med.* Appendiˈzitis *f*, Blinddarmentzündung *f*.

ap·pen·dix [əˈpendɪks] *pl* **-dix·es, -di·ces** [-dɪsiːz] *s* **1.** Anhang *m* (*e-s Buches*). **2.** Anhängsel *n*, Zubehör *n*. **3.** *aer. tech.* (Füll)Ansatz *m*. **4.** *anat.* Anhang *m*, Fortsatz *m*: **(vermiform) ~** Wurmfortsatz *m*, Blinddarm *m*.

ap·per·ceive [ˌæpə(r)ˈsiːv] *v/t psych.* apperziˈpieren (*aktiv ins Bewußtsein aufnehmen*).

ap·per·cep·tion [ˌæpə(r)ˈsepʃn] *s psych.* Apperzeptiˈon *f*, bewußte Wahrnehmung.

ap·per·son·a·tion [æˌpɜːsəˈneɪʃn; ə-; *Am.* -ˌpɜr-] *s psych.* Appersoˈnierung *f* (*Übernahme fremden Erlebens od. Verhaltens als eigenes*).

ap·per·tain [ˌæpə(r)ˈteɪn] *v/i* (to) **1.** gehören (zu *od. dat*), zugehören (*dat*). **2.** zustehen, gebühren (*dat*).

ap·pe·tence [ˈæpɪtəns], **ˈap·pe·ten·cy** *s* **1.** Verlangen *n*, Begierde *f* (of, for, after nach). **2.** *Verhaltensforschung*: Appeˈtenz *f*, (Naˈtur)Trieb *m*.

ap·pe·tite [ˈæpɪtaɪt] *s* **1.** Verlangen *n*, Begierde *f*, Gelüst *n* (**for** nach). **2.** **(for)** Hunger *m* (nach), Neigung *f*, Trieb *m*, Lust *f* (zu): **~ for life** Lebenshunger. **3.** Appeˈtit *m* (**for** auf *acc*), Eßlust *f*: **~ comes with eating** der Appetit kommt beim Essen; **a good ~ is the best sauce** Hunger ist der beste Koch; **to give s.o. an ~** j-m Appetit machen; **to have an ~** Appetit haben; **to take away** (*od.* **spoil**) **s.o.'s ~** j-m den Appetit nehmen *od.* verderben; **my ~ is gone** mir ist der Appetit vergangen. **ap·pe·tiz·er** [ˈæpɪtaɪzə(r)] *s* appeˈtitanregendes Mittel *od.* Gericht *od.* Getränk, piˈkante Vorspeise, Aperiˈtif *m*. **ˈap·pe·tiz·ing** *adj* (*adv* **~ly**) **1.** a) appeˈtitanregend, b) appeˈtitlich, lecker (*beide a. fig.*). **2.** *fig.* reizvoll, ‚zum Anbeißen'.

ap·plaud [əˈplɔːd] **I** *v/i* **1.** applauˈdieren, Beifall spenden. **II** *v/t* **2.** beklatschen, *j-m* applauˈdieren *od.* Beifall spenden. **3.** *fig.* loben, (*beifällig*) begrüßen, billigen, *j-m* zustimmen. **apˈplaud·er** *s* Applauˈdierende(r *m*) *f*, Beifallspender(in).

ap·plause [əˈplɔːz] *s* **1.** Apˈplaus *m*, Beifall(klatschen *n*) *m*: **to break into ~** in Beifall ausbrechen; **to the ~ of** unter dem Beifall (*gen*). **2.** *fig.* Beifall *m*, Zustimmung *f*, Anerkennung *f*. **apˈplau·sive** [-sɪv] *adj obs.* **1.** applauˈdierend, Beifall klatschend *od.* spendend, Beifalls... **2.** lobend, Lob...

ap·ple [ˈæpl] *s* **1.** *bot.* Apfel *m*: **~ of one's eye** *fig.* Liebling *m*; **there will be trouble (as) sure as (God made) little ~s** *colloq.* es gibt garantiert Ärger; → **discord** 3. **2.** apfelartige Frucht. **3.** **the A~** *Am. Spitzname für die Stadt New York.* **~ blight** *s* **1.** *bot.* Apfelmehltau *m*. **2.** *zo.* (*e-e*) Blutlaus. **~ but·ter** *s* ˈApfelkonfiˌtüre *f*. **ˈ~·cart** *s* Apfelkarren *m*: **to upset the** (*od.* **s.o.'s**) **~** *fig.* alle (*od.* j-s) Pläne über den Haufen werfen. **~ cheese** *s* (gepreßte) Apfeltrester *pl.* **~ dump·ling** *s* ‚Apfel *m* im Schlafrock'. **~ frit·ters** *s pl* (in Teig gebackene) Apfelschnitten *pl.* **ˈ~ˌjack** *s Am.* Apfelschnaps *m*. **~ moth** *s zo.* Apfelwickler *m*. **~ pie** *s* (*warmer*) gedeckter Apfelkuchen. **ˈ~-pie bed** *s Bett, dessen Laken u. Decken aus Jux so gefaltet sind, daß man sich nicht ausstrecken kann.* **ˈ~-pie or·der** *s colloq.* schönste Ordnung: **everything is in ~** alles ist ‚in Butter' *od.* in bester Ordnung. **ˈ~-ˌpol·ish** *v/i Am. colloq.* ‚radfahren'. **~ pol·ish·er** *s Am. colloq.* ‚Radfahrer' *m*, ‚Speichellecker' *m*. **ˈ~·sauce** *s* **1.** Apfelmus *n*. **2.** *Am. sl.* a) ‚Schmus' *m* (*Schmeichelei*), b) ‚Quatsch' *m*.

Ap·ple·ton lay·er [ˈæpltən] *s phys.* Appletonschicht *f* (*Teil der oberen Atmosphäre*).

ap·ple tree *s bot.* Apfelbaum *m*.

ap·pli·ance [əˈplaɪəns] *s* **1.** Gerät *n*, Vorrichtung *f*, (Hilfs)Mittel *n*. **2.** *engS.* (eˈlektrisches) Haushaltsgerät. **3.** Anwendung *f*.

ap·pli·ca·bil·i·ty [ˌæplɪkəˈbɪlətɪ] *s* (to) Anwendbarkeit *f* (auf *acc*), Eignung *f* (für). **ˈap·pli·ca·ble** [-kəbl] *adj* (*adv* **applicably**) (to) anwendbar (auf *acc*) (*a. jur.*), passend, geeignet (für): **to be ~ (to)** → **apply** 7; **not ~** (*in Formularen*) nicht zutreffend, entfällt.

ap·pli·cant [ˈæplɪkənt] *s* Bewerber(in) (**for** um), Antragsteller(in): **~ (for a patent** Patent)Anmelder *m*; **prior ~** (*Patentrecht*) früherer Anmelder, Voranmelder *m*.

ap·pli·ca·tion [ˌæplɪˈkeɪʃn] *s* **1.** (to) Anwendung *f* (auf *acc*), Verwendung *f*, Gebrauch *m* (für): **many ~s** viele Verwendungszwecke; **point of ~** *phys.* Angriffspunkt *m*. **2.** (Nutz)Anwendung *f*: **the ~ of a theory**. **3.** Anwendung *f*, Anwendbarkeit *f*: **words of varied ~**; **area** (*od.* **scope**) **of ~** Anwendungs-, Geltungsbereich *m* (*e-s Gesetzes etc*); **~s satellite** Nutzsatellit *m*. **4.** (to) Anwendung *f* (auf *acc*), Beziehung *f* (zu), Bedeutung *f* (für): **to have no ~ (to)** keine Anwendung finden (bei), nicht zutreffen (auf *acc*), in keinem Zs.-hang stehen (mit). **5.** *med.* a) Applikatiˈon *f*, Anwendung *f*, Anlegung *f*: **the ~ of a poultice**, b) Mittel *n*, Verband *m*, ˈUmschlag *m*. **6.** **(for)** Bitte *f*, Gesuch *n*, Ersuchen *n* (um), Antrag *m* (auf *acc*): **on the ~ of** auf Antrag (*gen*); **on ~** auf Ersuchen *od.* Verlangen *od.* Wunsch; **payable on ~** zahlbar bei Bestellung; **~ blank**, **~ form** Antrags-, Bewerbungs-, Anmeldungsformular *n*. **7.** Bewerbung *f* (**for** um): **(letter of) ~** Bewerbungsschreiben *n*; → **invite** 6. **8.** (Paˈtent)Anmeldung *f*: **to file an ~ for a patent** e-e Patentanmeldung einreichen, ein Patent anmelden. **9.** *econ. Br.* Zeichnung *f* (**for shares** von Aktien). **10.** Fleiß *m*, ˈHingabe *f*, Eifer *m* (**in**, **to** bei). **11.** *astr.* Annäherung *f* (*e-s Planeten an e-n Aspekt*).

ap·pli·ca·tor [ˈæplɪkeɪtə(r)] *s med. tech.* **1.** Appliˈkator *m*, Anwendungsgerät *n*, -vorrichtung *f*: **~ (nozzle)** Auftrags-, Sprühdüse *f*; **~ roll** Auftragswalze *f*. **2.** Strahlungsgerät *n* (*Röntgen*). **3.** Salbenspatel *m*. **ˈap·pli·ca·to·ry** [-kətərɪ; -keɪtərɪ; *Am.* -kəˌtəʊriː; -ˌtɔː-] *adj* praktisch, anwendbar.

ap·plied [əˈplaɪd] *adj* angewandt: **~ linguistics (psychology**, *etc*); **~ energy** *phys.* aufgewendete Energie; **~ music** *Am.* praktische Musik; **~ research** angewandte Forschung, Zweckforschung *f*.

ap·pli·qué [æˈpliːkeɪ; *Am.* ˌæpləˈkeɪ] **I** *adj* **1.** appliˈziert, aufgelegt, -genäht: **~ work** Applikation(sstickerei) *f*. **2.** *tech.* aufgelegt (*Metallarbeit*). **II** *s* **3.** Applikatiˈon(en *pl*) *f*. **4.** Applikatiˈonsstück *n*. **III** *v/t* **5.** a) mit Applikatiˈonen versehen, b) appliˈzieren: **~d pockets** aufgesetzte Taschen.

ap·ply [əˈplaɪ] **I** *v/t* **1.** (to) auflegen, -tragen, legen (auf *acc*), anbringen (an, auf *dat*): **to ~ a plaster to a wound** ein Pflaster auf e-e Wunde kleben; **to ~ a varnish coating** e-n Lacküberzug auftragen *od.* -tragen. **2.** *die Bremsen etc* betätigen: **to ~ the brakes** bremsen. **3.** (to) a) verwenden (auf *acc*, für), b) anwenden (auf *acc*): **to ~ all one's energy** s-e ganze Energie einsetzen *od.* aufbieten; **to ~ a lever** e-n Hebel ansetzen; **to ~ drastic measures** drastische Maßnahmen anwenden *od.* ergreifen; **to**

~ **money** Geld verwenden; **to ~ a voltage** *electr.* e-e Spannung anlegen; **applied to modern conditions** auf moderne Verhältnisse angewandt; **the force is applied to the longer lever arm** *phys.* die Kraft greift am längeren Hebelarm an. **4.** anwenden *od.* beziehen (**to** auf *acc*). **5.** (**to**) *den Sinn* richten (auf *acc*), beschäftigen (mit). **6.** ~ **o.s.** sich widmen (**to** *dat*): **to ~ o.s. to a task. II** *v/i* **7.** (**to**) Anwendung finden (bei), zutreffen *od.* sich anwenden lassen (auf *acc*), passen (auf *acc*, zu), anwendbar sein *od.* sich beziehen (auf *acc*), gelten (für): **the law does not ~** das Gesetz findet keine Anwendung *od.* ist nicht anwendbar; **this applies to all cases** dies gilt für alle Fälle, dies läßt sich auf alle Fälle anwenden. **8.** sich wenden (**to** an *acc*; **for** wegen): **to ~ to the manager. 9.** (**for**) beantragen (*acc*), e-n Antrag stellen (auf *acc*), einkommen *od.* nachsuchen (um), (*a. zum Patent*) anmelden (*acc*): **to ~ for shares** *econ. Br.* Aktien zeichnen. **10.** sich bewerben (**for** um): **to ~ for a job. 11.** bitten, ersuchen (**to** *acc*; **for** um).

ap·pog·gia·tu·ra [əˌpɒdʒəˈtʊərə; *Am.* əˌpɑ-] *s mus.* Appoggiaˈtur *f*, Vorschlag *m.*

ap·point [əˈpɔɪnt] *v/t* **1.** ernennen, machen zu, berufen, an-, bestellen, *j-n od. e-n Ausschuß* einsetzen: **to ~ s.o. governor** j-n zum Gouverneur bestellen *od.* ernennen, j-n als Gouverneur berufen *od.* einsetzen; **to ~ s.o. guardian** j-n zum Vormund bestellen; **to ~ an heir** e-n Erben einsetzen; **to ~ s.o. one's heir** j-n als Erben einsetzen; **to ~ s.o. to a chair** j-n auf e-n Lehrstuhl berufen. **2.** anordnen, vorschreiben. **3.** festsetzen, bestimmen, verabreden: **the ~ed day** der festgesetzte Tag *od.* Termin, der Stichtag; **to ~ a day for trial** e-n Termin (zur Verhandlung) anberaumen. **4.** ausstatten, einrichten (**with** mit): **the house is well ~ed. 5.** *obs.* bestimmen, beschließen (**to do** zu tun). **ap·poin·tee** [əpɔɪnˈtiː; ˌæp-] *s* Ernannte(r *m*) *f*, (*zu e-m Amt*) Berufene(r *m*) *f*. **apˈpoint·ive** *adj bes. Am.* **1.** Ernennungs..., Anstellungs... **2.** durch Ernennung zu besetzen(d): **an ~ office.**

ap·point·ment [əˈpɔɪntmənt] *s* **1.** Ernennung *f*, An-, Bestellung *f*, Berufung *f*: ~ **of trustees**; **by ~ to her Majesty** Königlicher Hoflieferant. **2.** *jur.* Einsetzung *f* (*e-s Erben etc*, *a. e-s Ausschusses*), Bestellung *f* (*e-s Vormunds*), Ernennung *f* (*des Nutznießers*). **3.** Amt *n*, Stellung *f*: **to hold an ~** e-e Stelle innehaben. **4.** Festsetzung *f*, Bestimmung *f*, Anberaumung *f* (*bes. e-s Termins*). **5.** Verabredung *f*, Zs.-kunft *f*, (*geschäftlich, beim Arzt etc*) Terˈmin *m*: **by ~** nach Vereinbarung; **to make an ~** a) e-e Verabredung treffen, b) e-n Termin vereinbaren; **he has made an ~ for her to see him at 10 o'clock** er hat sie für 10 Uhr bestellt; **to keep (break) an ~** e-e Verabredung (nicht) einhalten; ~ **book** (*od.* **pad**) Terminkalender *m.* **6.** Anordnung *f*, Bestimmung *f.* **7.** *meist pl* Ausstattung *f*, Einrichtung *f*: **~s for a hotel.**

ap·por·tion [əˈpɔː(r)ʃn; *Am. a.* əˈpəʊr-] *v/t* **1.** (**to** *dat*) e-n Anteil, *a. e-e Aufgabe* zuteilen, *Lob* erteilen, zollen, *Schuld* beimessen, *Zeit* zumessen. **2.** (proportioˈnal *od.* gerecht) zu- *od.* auf- *od.* verteilen: **to ~ the costs** die Kosten umlegen. **apˈpor·tion·ment** *s* **1.** (proportioˈnale *od.* gerechte) Ver- *od.* Zuteilung: ~ **of costs** Kostenumlage *f.* **2.** *jur. pol. Am. Verteilung der zu wählenden Abgeordneten od. der direkten Steuern auf die einzelnen Staaten.*

ap·po·site [ˈæpəʊzɪt] *adj* (*adv* **~ly**) passend, angemessen (**to** *dat*), angebracht, treffend: **an ~ answer.** **ˈap·po·site·ness** *s* Angemessenheit *f.*

ap·po·si·tion [ˌæpəʊˈzɪʃn] *s* **1.** Bei-, Hinˈzufügung *f*, Bei-, Zusatz *m.* **2.** *ling.* Appositiˈon *f*, Beifügung *f.* **3.** *biol. med.* Appositiˈon *f*, Auflagerung *f.* **ˌap·poˈsi·tion·al** [-ʃənl] → **appositive** I.

ap·pos·i·tive [əˈpɒzɪtɪv; *Am.* əˈpɑ-] *ling.* **I** *adj* appositioˈnell, beigefügt. **II** *s* Appositiˈon *f.*

ap·prais·al [əˈpreɪzl] *s* **1.** (Ab)Schätzung *f*, Taˈxierung *f* (*a. fig.*). **2.** *bes. ped.* Bewertung *f.* **3.** *fig.* Beurteilung *f*, Würdigung *f.*

ap·praise [əˈpreɪz] *v/t* **1.** (ab)schätzen, taˈxieren (*a. fig.*): **~d value** Schätzwert *m.* **2.** *bes. ped.* bewerten. **3.** *fig.* einschätzen, beurteilen, würdigen. **apˈpraise·ment** → **appraisal. apˈprais·er** *s* Schätzer *m.*

ap·pre·ci·a·ble [əˈpriːʃəbl] *adj* (*adv* **appreciably**) nennenswert, merklich, spürbar.

ap·pre·ci·ate [əˈpriːʃɪeɪt] **I** *v/t* **1.** (hoch-) schätzen, richtig einschätzen, würdigen, zu schätzen *od.* zu würdigen wissen: **to ~ s.o.'s ability. 2.** schätzen, aufgeschlossen sein für, Gefallen finden an (*dat*), Sinn haben für: **to ~ music. 3.** (dankbar) anerkennen, dankbar sein für, zu schätzen wissen: **to ~ a gift. 4.** (richtig) beurteilen *od.* einschätzen, (voll u. ganz) erkennen *od.* einsehen, sich bewußt sein (*gen*): **to ~ a difficulty. 5.** *bes. econ. Am.* a) den Wert *od.* Preis (*e-r Sache*) erhöhen, b) aufwerten. **II** *v/i* **6.** im Wert *od.* Preis steigen.

ap·pre·ci·a·tion [əˌpriːʃɪˈeɪʃn] *s* **1.** (Ab-, Ein)Schätzung *f*, Würdigung *f.* **2.** Wertschätzung *f*, Anerkennung *f.* **3.** Verständnis *n*, Aufgeschlossenheit *f*, Sinn *m* (**of**, **for** für): ~ **of music** Musikverständnis. **4.** (klares) Einsehen, (richtige) Beurteilung, Erkennen *n.* **5.** kritische Würdigung, (*bes. günstige*) Kriˈtik. **6.** (dankbare) Anerkennung, Dankbarkeit *f* (**of** für). **7.** *econ.* a) Wertsteigerung *f*, -zuwachs *m*, Preiserhöhung *f*, b) *bes. Am.* Aufwertung *f.* **ap·pre·ci·a·tive** [əˈpriːʃjətɪv; *Am.* -ʃə-] *adj* (*adv* **~ly**), **apˈpre·ci·a·to·ry** [-ʃjətərɪ; *Am.* -ʃəˌtəʊriː; -ˌtɔː-] *adj* (*adv* **appreciatorily**) anerkennend, würdigend, achtungsvoll, verständnisvoll, empfänglich: **to be ~ of** → **appreciate** 1–4.

ap·pre·hend [ˌæprɪˈhend] *v/t* **1.** ergreifen, fassen, festnehmen, verhaften: **to ~ a thief. 2.** *fig. etwas* wahrnehmen. **3.** *fig.* begreifen, erfassen. **4.** *fig.* vorˈaussehen, (be)fürchten.

ap·pre·hen·si·ble [ˌæprɪˈhensəbl] *adj* **1.** faßlich, begreiflich. **2.** wahrnehmbar.

ap·pre·hen·sion [ˌæprɪˈhenʃn] *s* **1.** Festnahme *f*, Ergreifung *f*, Verhaftung *f*: → **warrant** 6. **2.** *fig.* Begreifen *n*, Erfassen *n*: **stimulus of ~** *biol.* Erfassungsreiz *m.* **3.** Auffassungsvermögen *n*, -gabe *f*, -kraft *f*, Verstand *m.* **4.** Begriff *m*, Ansicht *f*, Vorstellung *f*: **according to popular ~. 5.** Besorgnis *f*, Befürchtung *f*, (Vor)Ahnung *f*: **in ~ of s.th.** etwas befürchtend. **6.** *psych.* Apprehensiˈon *f.*

ap·pre·hen·sive [ˌæprɪˈhensɪv] *adj* (*adv* **~ly**) **1.** leicht begreifend, schnell auffassend. **2.** empfindlich, empfindsam. **3.** besorgt (**for** um; **that** daß), ängstlich: **to be ~** Bedenken hegen; **to be ~ for one's life** um sein Leben besorgt sein; **to be ~ of dangers** sich vor Gefahren fürchten. **ˌap·preˈhen·sive·ness** *s* **1.** schnelles Auffassungsvermögen. **2.** Furcht *f*, Besorgnis *f.*

ap·pren·tice [əˈprentɪs] **I** *s* **1.** a) Auszubildende(r *m*) *f*, Lehrling *m* (*a. fig.*): **bricklayer's ~**, b) Praktiˈkant(in), Voloˈntär(in), Eˈleve *m*: **actor's ~** Schauspielschüler(in); **~ teacher** Junglehrer(in), Lehramtskandidat(in). **2.** *fig.* Anfänger(in), Neuling *m.* **3.** *meist* **~ seaman** ˈSeekaˌdett *m.* **II** *v/t* **4.** in die Lehre geben: **to be ~d to** in die Lehre kommen zu, in der Lehre sein bei. **apˈpren·tice·ship** *s* **1.** *a. fig.* Lehrjahre *pl*, -zeit *f*, Lehre *f*: **articles** (*od.* **contract**) **of ~** Ausbildungsvertrag *m*, Lehrvertrag *m*; **to serve one's ~** in der Lehre sein, e-e Lehre durchmachen (**with** bei). **2.** Lehrstelle *f*, Ausbildungsplatz *m.*

ap·prise[1] [əˈpraɪz] *v/t* benachrichtigen, in Kenntnis setzen (**of** von).

ap·prise[2] → **apprize**[1].

ap·prize[1] [əˈpraɪz] *v/t Br. obs. od. Am.* (ab)schätzen, taˈxieren.

ap·prize[2] → **apprise**[1].

ap·pro [ˈæprəʊ] *s*: **on ~** *econ. colloq.* zur Probe, zur Ansicht.

ap·proach [əˈprəʊtʃ] **I** *v/i* **1.** sich nähern, näherkommen, herˈannahen, -rücken, nahen. **2.** *fig.* (**to**) nahekommen, ähnlich *od.* fast gleich sein (*dat*), grenzen (an *acc*). **3.** *aer.* anfliegen. **4.** *Golf*: e-n Annäherungsschlag machen.

II *v/t* **5.** sich nähern (*dat*): **to ~ the city**; **to ~ the end**; **to ~ a limit** *math.* sich e-m Grenzwert nähern. **6.** *fig.* nahekommen (*dat*), (fast) erreichen: **to ~ a certain standard. 7.** herˈangehen an (*acc*), *e-e Aufgabe etc* anpacken: **to ~ a task. 8.** a) an *j-n* herˈantreten, sich an *j-n* wenden, b) *bes. contp.* sich an *j-n* herˈanmachen: **to ~ a customer**; **to ~ a girl**; **to ~ s.o. for a loan** j-n um ein Darlehen bitten *od.* angehen. **9.** zu sprechen kommen auf (*acc*), *ein Thema etc* anschneiden. **10.** näherbringen, (an)nähern.

III *s* **11.** (Herˈan)Nahen *n* (*a. e-s Zeitpunkts*), (Her)ˈAnrücken *n*, Annäherung *f*, Anmarsch *m* (*a. mil.*), *aer.* Anflug *m*: **~ beacon** *aer.* Gleitweg-, Landungsbake *f*; **~ flight** Zielanflug *m*; **~ path** Anflugweg *m*, -ebene *f*; **~ navigation** Annäherungsnavigation *f*; **~ shot** (*Golf*) Annäherungsschlag *m.* **12.** a) Zugang *m*, Ein-, Zu-, Auffahrt *f*, b) *a.* **~ road** Zufahrtsstraße *f.* **13.** *Skisport*: Anlauf(bahn *f*) *m.* **14.** *fig.* Annäherung *f* (**to** an *acc*), Nahekommen *n*: **a fair ~ to accuracy** ziemliche Genauigkeit; **an ~ to truth** annähernd die Wahrheit. **15.** Ähnlichkeit *f* (**to** mit): **an ~ to a smile** der Versuch e-s Lächelns. **16.** *mar.* a) Ansteuerung *f*, b) Reˈvier *n* (*Seegebiet in Hafennähe*). **17.** *pl mil.* a) Laufgräben *pl*, Apˈprochen *pl*, b) Vormarschstraße *f.* **18.** *fig.* erster Schritt, (erster) Versuch (**to** zu). **19.** *oft pl fig.* Annäherung *f*, Herˈantreten *n* (**to s.o.** an j-n): **~es** Annäherungsversuch(e *pl*) *m.* **20.** *a.* **method** (*od.* **line**) **of ~** (**to**) a) Art *f* u. Weise *f* (*etwas*) anzupacken, Meˈthode *f*, Verfahren *n*, b) Auffassung *f* (*gen*), Betrachtungsweise *f* (*gen*), Einstellung *f* (zu), Verhalten *n* (gegenˈüber), c) Behandlung *f* (*e-s Themas etc*), d) *philos. etc* Ansatz *m.* **21.** *fig.* (**to**) Einführung *f* (in *acc*), Weg *m*, Zugang *m* (zu).

ap·proach·a·ble [əˈprəʊtʃəbl] *adj* zugänglich (*a. fig.*).

ap·pro·bate [ˈæprəʊbeɪt; -rə-] *v/t bes. Am.* (amtlich) billigen, genehmigen. **ˌap·proˈba·tion** *s* **1.** (amtliche) Billigung, Genehmigung *f.* **2.** Zustimmung *f*, Beifall *m.* **3.** *obs.* Bewährung *f.* **ap·pro·ba·to·ry** [ˌæprəʊˈbeɪtərɪ; -prəˈb-; *Am.* ˈæprəbəˌtəʊriː; -ˌtɔː-; əˈprəʊ-] *adj* **1.** billigend. **2.** beifällig.

ap·pro·pri·ate I *adj* [əˈprəʊprɪət] (*adv* **~ly**) **1.** (**to**, **for**) passend (zu), geeignet (für, zu), angemessen, dienlich (*dat*): **at the ~ time** zur gegebenen Zeit; **if ~** sofern es zweckdienlich erscheint, gegebenenfalls. **2.** eigen, *j-m* zukommend. **II** *v/t* [-eɪt] **3.** a) verwenden, bestimmen, b) *bes.*

parl. Geld bewilligen, bereitstellen (**to** zu; **for** für). **4.** sich aneignen.

ap·pro·pri·a·tion [əˌprəʊprɪˈeɪʃn] *s* **1.** Bestimmung *f*, Verwendung *f* (*bes. von zweckgebundenen Geldern*). **2.** *a. parl.* (Geld)Bewilligung *f*, (*zweckgebundene*) Bereitstellung: **~s** (bereitgestellte) Mittel; **~ bill** *parl.* a) *Br.* Ausgabebudget *n*, b) *Am.* Gesetzesvorlage *f* zur Bewilligung von Geldern; **~ committee** Bewilligungs-, Haushaltsausschuß *m*. **3.** Aneignung *f*, Besitznahme *f*, -ergreifung *f*. **apˈpro·pri·a·tive** [-ətɪv; *Am.* -ˌeɪtɪv] *adj* aneignend; geneigt, sich (*etwas*) anzueignen. **apˈpro·pri·a·tor** [-eɪtə(r)] *s* *j-d, der sich etwas aneignet.*

ap·prov·a·ble [əˈpruːvəbl] *adj* **1.** zu billigen(d). **2.** anerkennenswert, löblich.

ap·prov·al [əˈpruːvl] *s* **1.** a) Billigung *f*, Genehmigung *f*, b) *bes. tech.* Zulassung *f*: **with the ~ of** mit Genehmigung (*gen*); **to give ~ to** billigen (*acc*); **on ~** *econ.* zur Ansicht, zur Probe. **2.** Anerkennung *f*, Beifall *m*: → **meet** 20. **~ rate** *s*: **his ~ is 52 per cent** 52% der Bevölkerung erklärten sich mit s-r Politik einverstanden.

ap·prove [əˈpruːv] **I** *v/t* **1.** billigen, gutheißen, anerkennen, *e-e Dissertation* annehmen. **2.** (*formell*) bestätigen, genehmigen. **3. ~ o.s.** sich erweisen (**as** als), sich bewähren. **II** *v/i* **4.** (**of**) billigen, anerkennen, gutheißen, genehmigen (*acc*), zustimmen (*dat*): **to ~ of s.o.** j-n akzeptieren; **to be ~d of** Anklang finden; **he ~d** er billigte es, er war einverstanden. **apˈproved** *adj* **1.** erprobt, bewährt: **an ~ friend**. **2.** anerkannt: **~ bill** anerkannter Wechsel; **~ school** *Br. hist.* staatliche Erziehungsanstalt. **apˈprov·er** *s* **1.** Billiger *m*, Beipflichtende(r *m*) *f*. **2.** *jur. Br.* Kronzeuge *m*. **apˈprov·ing** *adj* (*adv* **~ly**) zustimmend, beifällig.

ap·prox·i·mate I *adj* [əˈprɒksɪmət; *Am.* əˈprɑ-] **1.** annähernd, ungefähr, *bes. math.* approximaˈtiv, annähernd richtig, Näherungs...: **~ calculation** Näherungsrechnung *f*; **~ formula** Näherungs-, Faustformel *f*; **~ value** → 4. **2.** *biol.* dicht zs.-stehend, eng aneinˈanderwachsend. **3.** *fig.* sehr ähnlich, annähernd gleich. **II** *s* [-mət] **4.** *math.* Näherungswert *m*. **III** *v/t* [-meɪt] **5.** *math. u. fig.* sich (*e-m Wert etc*) nähern, nahekommen (*dat*), fast erreichen, annähernd gleich sein (*dat*). **6.** *fig.* (an)nähern, angleichen. **IV** *v/i* [-meɪt] **7.** sich nähern (**to** *dat*): a) nahe *od.* näher kommen, b) *fig.* nahe-, näherkommen. **apˈprox·i·mate·ly** [-mətlɪ] *adv* annähernd, ungefähr, etwa.

ap·prox·i·ma·tion [əˌprɒksɪˈmeɪʃn; *Am.* əˌprɑ-] *s* **1.** *a. fig.* Annäherung *f* (**to** an *acc*): **an ~ to the truth** annähernd die Wahrheit. **2.** *bes. math.* (An)Näherung *f* (**to** an *acc*): **~ method** Näherungsverfahren *n*. **3.** *math.* Näherungswert *m*. **4.** *fig.* annähernde Gleichheit. **apˈprox·i·ma·tive** [-mətɪv; *Am.* -ˌmeɪtɪv] *adj* approximaˈtiv, annähernd.

ap·pur·te·nance [əˈpɜːtɪnəns; *Am.* əˈpɜrtn-] *s* **1.** Zubehör *n*. **2.** *meist pl jur.* zugehöriges Recht, Reˈalrecht *n* (*aus Eigentum an Liegenschaften*). **3.** *meist pl* Zubehör *n*, Ausrüstung *f*, Apparaˈtur(en *pl*) *f*. **apˈpur·te·nant** *adj* **1.** (**to**) zugehörig (*dat*), gehörig (zu). **2.** *jur.* anhaftend, zustehend: **~ rights**.

a·prax·i·a [əˈpræksɪə; *bes. Am.* eɪ-] *s* *med.* Apraˈxie *f* (*zentral bedingte Unfähigkeit, sinnvolle u. zweckmäßige Bewegungen auszuführen*).

a·près-ski [ˌæpreɪˈskiː; ˌɑː-] **I** *adj* Après-Ski-... **II** *s* Après-ˈSki *n* (*Vergnügen*).

a·pri·cot [ˈeɪprɪkɒt; *Am.* ˈæprəˌkɑt; ˈeɪ-] *s* **1.** *bot.* a) Apriˈkose *f*, b) Apriˈkosenbaum *m*. **2.** Apriˈkosenfarbe *f*, Rotgelb *n*.

A·pril [ˈeɪprəl] *s* Aˈpril *m*: **in ~** im April; **~ fool** Aprilnarr *m*; **to make an ~ fool of s.o.** j-n in den April schicken; **~ Fools' Day** der erste April.

a pri·o·ri [ˌeɪpraɪˈɔːraɪ; ˌɑːpriːˈɔːriː; *Am. bes.* -ˈəʊriː] *adj u. adv* **1.** *philos.* a priˈori: a) dedukˈtiv, von Ursache auf Wirkung schließend, b) unabhängig von aller Erfahrung, c) von vornherein. **2.** *colloq.* mutmaßlich, ohne (Über)ˈPrüfung. **ˌa·priˈo·rism** *s* Aprioˈrismus *m*. **ˌa·priˈo·rist** *s* *philos.* Apriˈoriker *m*, Aprioˈrist *m*.

a·pron [ˈeɪprən] **I** *s* **1.** Schürze *f*. **2.** Schurz(fell *n*) *m*. **3.** Schurz *m* (*von englischen Bischöfen od. Freimaurern*). **4.** *tech.* a) Schutzblech *n*, -haube *f* (*an Maschinen*), b) *mot.* Wind-, Blechschutz *m*, c) Schutzleder *n*, Kniedecke *f*, -leder *n* (*an Fahrzeugen*). **5.** *mar.* a) Schutzleiste *f*, -brett *n* (*e-s Bootes*), b) Binnenvorsteven *m* (*e-s Schiffes*). **6.** *tech.* Transˈportband *n*. **7.** *aer.* Vorfeld *n* (*vor den Hangars etc*). **8.** *thea.* Vorbühne *f*. **9.** *mil. hist.* Zündlochkappe *f*. **10.** *zo.* a) deckelförmiger ˈHinterleib (*der Krabben*), b) Bauchhaut *f* (*der Gans od. Ente*). **11.** *Golf*: Vorgrün *n*. **II** *v/t* **12.** *j-m* e-e Schürze ˈumbinden. **13.** mit e-m Schurz versehen. **~ con·vey·or** → **apron** 6. **~ lin·ing** *s arch.* Beschalung *f* der Treppenbalken. **~ stage** *s thea.* Bühne *f* mit Vorbühne. **~ strings** *s pl* Schürzenbänder *pl*, *fig.* Gängelband *n*: **to be tied to one's mother's ~** an Mutters Schürzenzipfel hängen; **to be tied to one's wife's ~** unter dem Pantoffel stehen.

ap·ro·pos [ˈæprəpəʊ; ˌæprəˈpəʊ] **I** *adv* **1.** angemessen, zur rechten Zeit: **he arrived very ~** er kam gerade zur rechten Zeit *od.* wie gerufen. **2.** ˈhinsichtlich (**of** *gen*): **~ of our talk**. **3.** aproˈpos, was ich (noch) sagen wollte, nebenˈbei bemerkt. **II** *adj* **4.** passend, (zu)treffend.

apse [æps] *s* **1.** *arch.* Apsis *f* (*halbkreisförmige Altarnische*): **~ aisle** Apsisschiff *n*. **2.** → **apsis** 1 *u.* 2.

ap·si·dal [ˈæpsɪdl] *adj* **1.** *astr.* Apsiden... **2.** *arch.* Apsis...

ap·sis [ˈæpsɪs] *pl* **ap·si·des** [æpˈsaɪdiːz; ˈæpsɪdiːz] *s* **1.** *astr.* Apˈside *f*, Kehr-, Wendepunkt *m* (*e-s Planeten*). **2.** *math.* Exˈtrempunkt *m* e-r Kurve (*in Polarkoordinaten*). **3.** → **apse** 1.

apt [æpt] *adj* (*adv* **~ly**) **1.** passend, geeignet. **2.** treffend: **an ~ remark**; **as he so ~ly said**. **3.** neigend, geneigt (**to do** zu tun): **he is ~ to believe it** er wird es wahrscheinlich glauben; **~ to be overlooked** leicht zu übersehen; **~ to rust** rostanfällig. **4.** (**at**) geschickt (in *dat*), begabt (für), aufgeweckt: **an ~ pupil**.

ap·ter·al [ˈæptərəl] *adj* **1.** → **apterous**. **2.** *arch.* an den Seiten säulenlos.

ap·ter·ous [ˈæptərəs] *adj* **1.** *orn.* flügellos. **2.** *bot.* ungeflügelt.

ap·ti·tude [ˈæptɪtjuːd; *Am. a.* -ˌtuːd] *s* **1.** (**for**) a) Begabung *f*, Befähigung *f* (für), Taˈlent *n* (für, zu), Geschick *n* (für, in *dat*), b) *ped. psych.* Sonderbegabung *f*: **~ test** Eignungsprüfung *f*, *ped.* Test *m* für e-e Sonderbegabung. **2.** Neigung *f*, Hang *m* (**for** zu). **3.** Auffassungsgabe *f*, Intelliˈgenz *f*. **4.** → **aptness** 1.

apt·ness [ˈæptnɪs] *s* **1.** Angemessenheit *f*, Eignung *f*, Tauglichkeit *f* (**for** für, zu). **2.** Neigung *f*, Hang *m* (**for, to** zu). **3.** (**for, to**) Begabung *f*, Eignung *f* (für, zu), Geschick *n* (für, in *dat*). **4.** Eigenschaft *f*, Tenˈdenz *f*.

aq·ua [ˈækwə] *pl* **ˈaq·uae** [-wiː] *od.* **ˈaq·uas** *s* **1.** Wasser *n*. **2.** *chem. obs.* Flüssigkeit *f*. **3.** *chem.* Lösung *f* (*bes. in Wasser*). **4.** Blaugrün *n*.

aq·ua·belle [ˈækwəbel] *s* Badeschönheit *f*.

aq·ua·cade [ˈækwəˌkeɪd] *s Am.* ˈWasserbalˌlett *n*.

aq·ua·cul·ture [ˈækwəkʌltʃə(r)] *s* ˈAquakulˌtur *f* (*systematische Bewirtschaftung des Meeres*).

aq·ua·farm [ˈækwəfɑː(r)m] *s* *künstlich angelegter See etc zur Aufzucht von Fischen, Austern u. anderen Wassertieren.*

aq·ua for·tis [ˌækwəˈfɔː(r)tɪs] *s obs.* **1.** *chem.* Scheidewasser *n*, Salˈpetersäure *f*. **2.** Ätzen *n* mit Salˈpetersäure.

aq·ua·lung [ˈækwəlʌŋ] *s* Taucherlunge *f*, (Unterˈwasser)Atmungsgerät *n*.

aq·ua·ma·rine [ˌækwəməˈriːn] *s* **1.** *min.* Aquamaˈrin *m*. **2.** Aquamaˈrinblau *n*.

aq·ua·naut [ˈækwənɔːt] *s* Aquaˈnaut(in). **ˌaq·uaˈnau·tics** [-tɪks] *s pl* (*als sg konstruiert*) Aquaˈnautik *f*.

aq·ua·plane [ˈækwəpleɪn] **I** *s* **1.** *Wassersport*: Monoski *m*. **II** *v/i* **2.** *Wassersport*: Monoski laufen. **3.** *mot.* a) aufschwimmen (*Reifen*), b) auf regennasser Straße die Bodenhaftung verlieren. **ˈaq·uaˌplan·ing** *s* **1.** *Wassersport*: Monoskilauf *m*. **2.** *mot.* Aquaˈplaning *n*.

aq·ua re·gi·a [ˌækwəˈriːdʒjə; -ɪə; *Am. a.* -dʒə] *s chem.* Königs-, Scheidewasser *n*.

aq·ua·relle [ˌækwəˈrel] *s* **1.** Aquaˈrell *n* (*Bild*). **2.** Aquaˈrellmaleˌrei *f*. **ˌaq·uaˈrel·list** *s* Aquaˈrellmaler(in), Aquarelˈlist(in).

a·quar·i·a [əˈkweərɪə] *pl von* **aquarium**.

A·quar·i·an [əˈkweərɪən] *s astr.* Wassermann *m* (*Person*): **to be an ~** Wassermann sein.

a·quar·i·um [əˈkweərɪəm] *pl* **-i·ums** *od.* **-i·a** [-ɪə] *s* Aˈquarium *n*.

A·quar·i·us [əˈkweərɪəs] *s astr.* Wassermann *m* (*Sternbild u. Tierkreiszeichen*): **to be (an) ~** Wassermann sein.

aq·ua·show [ˈækwəʃəʊ] *s Br.* ˈWasserbalˌlett *n*.

aq·ua·stat [ˈækwəstæt] *s* ˈWassertemperaˌturregler *m*.

aq·ua·tel [ˈækwətel] *s* Aquaˈtel *n* (*Hotel, das an Stelle von Zimmern Hausboote vermietet*).

a·quat·ic [əˈkwætɪk] **I** *adj* **1.** auf dem *od.* im Wasser lebend *od.* betrieben, Wasser...: **~ plants** Wasserpflanzen; **~ fowls** Wasservögel; **~ sports** → 3. **II** *s* **2.** *biol.* Wassertier *n od.* -pflanze *f*. **3.** *pl* (*a. als sg konstruiert*) Wassersport *m*.

aq·ua·tint [ˈækwətɪnt] **I** *s* **1.** Aquaˈtinta(maˌnier) *f*, ˈTuschmaˌnier *f*. **2.** Aquaˈtintastich *m*, -abdruck *m*: **~ engraving** Kupferstich *m* in Tuschmanier. **II** *v/t* **3.** in Aquaˈtinta- *od.* ˈTuschmaˌnier ausführen.

aq·ua·vit [ˈækwəvɪt; *Am.* ˈɑːkwəˌviːt] *s* Aquaˈvit *m* (*mit Kümmel aromatisierter, farbloser Branntwein*).

aq·ua vi·tae [ˌækwəˈvaɪtiː] *s* **1.** *chem. obs.* Alkohol *m*. **2.** Branntwein *m*.

aq·ue·duct [ˈækwɪdʌkt] *s* **1.** Aquäˈdukt *m, a. n.* **2.** *anat.* Kaˈnal *m*.

a·que·ous [ˈeɪkwɪəs; ˈæk-] *adj* wässerig, wäßrig, wasserartig, -haltig: **~ ammonia** Ammoniakwasser *n*; **~ solution** wäßrige Lösung; **~ humo(u)r** *med.* Humor aqueus *m* des Auges, Kammerwasser *n*.

aq·ui·cul·ture [ˈækwɪkʌltʃə(r)] *s* ˈHydrokulˌtur *f* (*Anbau ohne Erde in Nährlösungen*).

Aq·ui·la [ˈækwɪlə; *Br. a.* əˈkwɪlə] *s astr.* Adler *m* (*Sternbild*).

aq·ui·le·gi·a [ˌækwɪˈliːdʒjə; -ɪə; *Am. a.* -dʒə] *s bot.* Akeˈlei *f*.

aq·ui·line [ˈækwɪlaɪn; *Am. a.* -lən] *adj* **1.** Adler..., adlerartig. **2.** gebogen, Adler..., Habichts..., Haken...: **~ nose**.

Ar·ab [ˈærəb] **I** *s* **1.** Araber(in). **2.** *zo.*

Araber *m*, a'rabisches Pferd. **3.** → **street Arab. II** *adj* **4.** a'rabisch.

ar·a·besque [ˌærə'besk] **I** *s art, a. mus. u. Ballett*: Ara'beske *f*. **II** *adj* ara'besk.

A·ra·bi·an [ə'reɪbjən; -bɪən] **I** *adj* a'rabisch: **The ~ Nights** Tausendundeine Nacht. **II** *s* → **Arab** 1 *u.* 2. **~ bird** *s* Phönix *m*. **~ cam·el** *s zo.* Drome'dar *n*.

Ar·a·bic ['ærəbɪk] **I** *adj* a'rabisch: **~ figures** (*od.* **numerals**) arabische Zahlen *od.* Ziffern; **~ gum** Gummiarabikum *n*. **II** *s ling.* A'rabisch *n*, das Arabische.

a·rab·i·nose [ə'ræbɪnəʊs; -z] *s chem.* Arabi'nose *f*, Gummizucker *m*.

Ar·ab·ist ['ærəbɪst] *s* Ara'bist *m* (*Kenner der arabischen Sprache u. Literatur*).

ar·a·ble ['ærəbl] **I** *adj* pflügbar, urbar, anbaufähig: **~ land** → II. **II** *s* Ackerland *n*.

Ar·a·by ['ærəbɪ] *s poet.* A'rabien *n*.

a·rach·nid [ə'ræknɪd], **a'rach·ni·dan** [-dən] *zo.* **I** *s* spinnenartiges Tier. **II** *adj* spinnenartig.

a·rach·noid [ə'ræknɔɪd] **I** *adj* **1.** spinnweb(e)artig. **2.** *zo.* spinnenartig. **3.** *anat.* Spinnwebenhaut... **II** *s* **4.** *zo.* spinnenartiges Tier. **5.** *anat.* Spinnwebenhaut *f* (*des Gehirns*).

ar·ach·nol·o·gy [ˌæræk'nɒlədʒɪ; *Am.* -'nɑl-] *s* Arachnolo'gie *f*, Spinnenkunde *f*.

a·ra·li·a [ə'reɪljə; -lɪə] *s* **1.** *bot.* A'ralie *f*. **2.** *pharm.* A'ralienwurzel *f*.

Ar·a·m(a)e·an [ˌærə'miːən] **I** *s* **1.** Ara'mäer(in). **2.** *ling.* Ara'mäisch *n*, das Aramäische. **II** *adj* **3.** ara'mäisch.

a·ra·ne·id [ə'reɪnɪɪd; ˌærə'niːɪd] *s zo.* (Webe)Spinne *f*. **ar·a·ne·i·dan** [ˌærə'niːɪdən] *zo.* **I** *s* (Webe)Spinne *f*. **II** *adj* zu den (Webe)Spinnen gehörig.

A·rau·can [ə'rɔːkən; *Am.* ə'raʊ-] *s ling.* Arau'kanisch *n*, das Araukanische. **Ar·au·ca·ni·an** [ˌærɔː'keɪnjən; -ɪən; *Am. bes.* əˌraʊ'kɑːnɪən] **I** *s* Arau'kaner(in). **II** *adj* arau'kanisch.

ar·au·ca·ri·a [ˌærɔː'keərɪə] *s bot.* Zimmertanne *f*, Arau'karie *f*.

ar·ba·lest ['ɑː(r)bəlɪst] *s mil. hist.* Armbrust *f*. **'ar·ba·lest·er** *s* Armbrustschütze *m*.

ar·ba·list, *etc* → **arbalest,** *etc.*

ar·bi·ter ['ɑː(r)bɪtə(r)] *s* **1.** Schiedsrichter *m*, Schiedsmann *m*, 'Unparˌteiische(r) *m*. **2.** Herr *m*, Gebieter *m* (**of** über *acc*): **~ of our fate; to be the ~ of fashion** die Mode bestimmen *od.* diktieren. **3.** *fig.* Richter *m*. **~ e·le·gan·ti·ae** [ˌelɪ'gænʃɪiː], **~ ˌe·le·gan·ti'a·rum** [-'eərəm; -'eɪrəm] (*Lat.*) *s* Arbiter *m* eleganti'arum.

ar·bi·tra·ble ['ɑː(r)bɪtrəbl] *adj* schiedsrichterlich beilegbar *od.* zu entscheiden(d), schiedsgerichtsfähig: **~ case** Schiedssache *f*.

ar·bi·trage [ˌɑː(r)bɪ'trɑːʒ; *Am.* 'ɑrbəˌtrɑːʒ] *s econ.* Arbi'trage *f* (*Nutzung der Kursunterschiede*): **~ dealer** → **arbitrager**; **~ dealings** Arbitragegeschäfte; **~ in securities** (*od.* **stocks**) Effektenarbitrage; **currency ~** Devisenarbitrage. **ar·bi·trag·er, ˌar·bi·tra'geur** [-'ʒɜː; *Am.* -'ʒɜr] *s* Arbitra'geur *m*, Arbi'tragehändler *m*. **'ar·bi·tral** [-trəl] *adj* schiedsrichterlich: **~ award** Schiedsspruch *m*; **~ case** Schiedssache *f*; **~ jurisdiction** Schiedsgerichtsbarkeit *f*; **~ body** (*od.* **court** *od.* **tribunal**) Schiedsgericht *n*, -instanz *f*. **ar·bit·ra·ment** [ɑː(r)'bɪtrəmənt] *s* **1.** *obs.* schiedsrichterliche Gewalt, Entscheidungsgewalt *f*. **2.** Schiedsspruch *m*. **3.** *obs.* freier Wille.

ar·bi·trar·i·ness ['ɑː(r)bɪtrərɪnɪs; *Am.* -ˌtreriːnəs] *s* **1.** Willkür *f*, Eigenmächtigkeit *f*. **2.** *math.* Beliebigkeit *f*.

ar·bi·trar·y ['ɑː(r)bɪtrərɪ; *Am.* -ˌtreriː] *adj* (*adv* **arbitrarily**) **1.** willkürlich: a) beliebig (*a. math.*): **~ constant** willkürliche Konstante, b) eigenmächtig: **~ action** eigenmächtige Handlung, Willkürakt *m*, c) des'potisch, ty'rannisch: **~ ruler. 2.** launenhaft, unvernünftig.

ar·bi·trate ['ɑː(r)bɪtreɪt] **I** *v/t* **1.** a) (als Schiedsrichter *od.* durch Schiedsspruch *od.* schiedsrichterlich) entscheiden, schlichten, beilegen, b) über *e-e Sache* schiedsrichterlich verhandeln. **2.** e-m Schiedsspruch unter'werfen. **II** *v/i* **3.** als Schiedsrichter fun'gieren, vermitteln. **4.** *econ.* Arbi'tragegeschäfte machen.

ar·bi·tra·tion [ˌɑː(r)bɪ'treɪʃn] *s* **1.** Schieds(gerichts)verfahren *n*. **2.** a) (schiedsrichterliche) Entscheidung, Schiedsspruch *m*, b) Schlichtung *f*: **~ agreement** (*od.* **treaty**) Schiedsvertrag *m*; **~ board** *Am.* Schlichtungs-, Schiedsstelle *f*; **~ clause** Schieds(gerichts)klausel *f*; **~ committee** Schlichtungs-, Vermittlungsausschuß *m*; **court of ~** Schiedsgericht *n*, Schieds(gerichts)hof *m*; **to submit to ~** e-m Schiedsgericht unterwerfen. **3. ~ of exchange** *econ.* 'Wechselarbiˌtrage *f*. **'ar·bi·tra·tor** [-tə(r)] *s bes. econ. jur.* a) Schiedsrichter *m*, -mann *m*, b) Schlichter *m*.

ar·bor[1], *bes. Br.* **ar·bour** ['ɑː(r)bə(r)] *s* **1.** Laube *f*, Laubengang *m*. **2.** *obs.* a) Rasen *m*, b) (Obst)Garten *m*.

ar·bor[2] ['ɑː(r)bə(r)] *s* **1.** [*Br. bes.* 'ɑːbɔː] *pl* **'ar·bo·res** [-riːz] *bot.* Baum *m*. **2.** *pl* **'ar·bors** *tech.* a) Balken *m*, Holm *m*, b) Achse *f*, Welle *f*, c) Spindel *f*, (Aufsteck)Dorn *m*.

ar·bo·ra·ceous [ˌɑː(r)bə'reɪʃəs] → **arboreal.**

Ar·bor Day *s Am.* Tag *m* des Baumes, Baumpflanz(ungs)tag *m*.

ar·bo·re·al [ɑː(r)'bɔːrɪəl; *Am. a.* -'bəʊ-] *adj* **1.** baumartig, Baum... **2.** auf Bäumen lebend.

ar·bo·re·an [ɑː(r)'bɔːrɪən] → **arboreal.**

ar·bored, *bes. Br.* **ar·boured** ['ɑː(r)bə(r)d] *adj* **1.** mit e-r Laube *od.* Lauben (versehen), laubenartig. **2.** mit Bäumen besetzt *od.* um'säumt.

ar·bo·re·ous [ɑː(r)'bɔːrɪəs; *Am. a.* -'bəʊ-] *adj* **1.** baumreich, waldig, bewaldet. **2.** → **arboreal. 3.** → **arborescent.**

ar·bo·res ['ɑː(r)bəriːz; *Br. bes.* -bɔːr-] *pl von* **arbor[2]** 1.

ar·bo·res·cent [ˌɑː(r)bə'resnt] *adj* **1.** baumartig wachsend *od.* verzweigt *od.* sich ausbreitend. **2.** *bes. min.* mit baumartiger Zeichnung.

ar·bo·ri·cul·tur·al [ˌɑː(r)bərɪ'kʌltʃərəl] *adj* Baumzucht... **'ar·bo·ri·cul·ture** *s* Baumzucht *f*. **ˌar·bo·ri'cul·tur·ist** *s* Baumzüchter(in), -gärtner(in).

ar·bor·i·za·tion [ˌɑː(r)bəraɪ'zeɪʃn; *Am.* -rə'z-] *s* **1.** baumförmige Bildung. **2.** Den'drit *m*: a) *min.* den'dritenartige Bildung, b) *anat.* baumartige Verzweigung.

ar·bor·ous ['ɑː(r)bərəs] *adj* Baum..., aus Bäumen bestehend.

ar·bor vi·tae ['vaɪtɪ] *s anat. bot.* Lebensbaum *m*.

'ar·bour, 'ar·boured *bes. Br. für* **arbor[1], arbored.**

ar·bu·tus [ɑː(r)'bjuːtəs] *s bot.* **1.** Erdbeerbaum *m*. **2.** *a.* **trailing ~** *Am.* Kriechende Heide.

arc [ɑː(r)k] **I** *s* **1.** Bogen *m* (*a. tech.*). **2.** *math.* Bogen *m* (*e-s Kreises etc*), Arkus *m*: **~-hyperbolic function** inverse Hyperbelfunktion; **~ secant** Arkussekans *m*; **~ sine** Arkussinus *m*; **~ trigonometric** inverstrigonometrisch. **3.** *astr.* a) Bogen *m*, (Tag-Nacht)Kreis *m*, b) Winkelgeschwindigkeitsmaß *n*. **4.** *electr.* (Licht)Bogen *m*: **~ ignition** Lichtbogenzündung *f*; **~ spectrum** Bogenspektrum *n*; **~ welding** Lichtbogenschweißen *n*. **II** *v/i pret u. pp* **arc(k)ed,** *pres p* **arc(k)·ing 5.** *a.* **~ over** *electr.* e-n (Licht)Bogen bilden, ‚funken': **to ~ back** rückzünden (*Gleichrichter*), ‚feuern' (*elektrische Maschine*).

ar·cade [ɑː(r)'keɪd] *s* **1.** *arch.* Ar'kade *f*: a) Säulen-, Bogen-, Laubengang *m*, b) Bogen(reihe *f*) *m*. **2.** 'Durchgang *m*, Pas'sage *f*. **ar'cad·ed** *adj* mit e-r Ar'kade (versehen), Arkaden...

Ar·ca·di·a [ɑː(r)'keɪdjə; -dɪə] *npr u. s* Ar'kadien *n* (*a. fig.*).

Ar·ca·di·an[1] [ɑː(r)'keɪdjən; -dɪən] **I** *s* Ar'kadier(in). **II** *adj* ar'kadisch: a) aus Ar'kadien, b) *fig.* i'dyllisch.

ar·ca·di·an[2] [ɑː(r)'keɪdjən; -dɪən] *adj arch.* mit e-r Ar'kade (versehen), Arkaden...

Ar·ca·dy ['ɑː(r)kədɪ] *s poet.* Ar'kadien *n*.

ar·ca·na [ɑː(r)'keɪnə] *pl von* **arcanum.**

ar·cane [ɑː(r)'keɪn] *adj* geheim, geheimnisvoll, verborgen.

ar·ca·num [ɑː(r)'keɪnəm] *pl* **-na** [-nə] *s* **1.** *meist pl* Geheimnis *n*, My'sterium *n*. **2.** *pharm. hist.* Ar'kanum *n*, Eli'xier *n*.

ar·ca·ture ['ɑː(r)kaˌtjʊə; *bes. Am.* -ˌtʃʊə(r); -tʃə(r)] *s arch.* **1.** kleine Ar'kade (*als Balustrade etc*). **2.** 'Blendarˌkade *f*.

arc| back *s electr.* Bogenrückschlag *m*. **~ flame** *s electr.* Flammenbogen *m*, (Licht)Bogenflamme *f*. **~ gen·er·a·tor** *s* 'Lichtbogengeneˌrator *m*.

arch[1] [ɑː(r)tʃ] **I** *s* **1.** *arch.* (Brücken-, Fenster-, Gewölbe-, Schwib)Bogen *m*. **2.** *arch.* über'wölbter (Ein-, 'Durch-) Gang, Gewölbe *n*. **3.** Bogen *m*, Wölbung *f*: **the ~ of her eyebrow; ~ of the instep** *anat.* Fußgewölbe *n*; **~ support** Senkfußeinlage *f*; **~ of the cranium** *anat.* Hirnschädelgewölbe *n*; → **fallen arches. 4.** *fig. poet.* Himmelsbogen *m*: a) Regenbogen *m*, b) Himmelsgewölbe *n*. **5.** *metall.* a) Vorofen *m*, b) Feuer-, Schmelzofen *m*. **6.** *Phonetik*: Gaumenbogen *m*. **II** *v/t* **7.** mit Bogen versehen *od.* über'spannen: **to ~ over** überwölben. **8.** wölben, krümmen: **to ~ one's back** e-n Buckel machen (*bes. Katze*). **III** *v/i* **9.** sich wölben.

arch[2] [ɑː(r)tʃ] *adj* erst(er, e, es), oberst(er, e, es), größt(er, e, es), Haupt..., Ur..., Erz..., Riesen...: **~ rogue** Erzschurke *m*.

arch[3] [ɑː(r)tʃ] *adj* (*adv* **~ly**) **1.** schelmisch, schalkhaft, spitzbübisch, durch'trieben. **2.** schlau.

-arch [ɑː(r)k] *Wortelement mit der Bedeutung* Herrscher: **oligarch.**

arch- [ɑː(r)tʃ] *Wortelement bei Titeln etc mit der Bedeutung* erst, oberst, Haupt..., Erz...

Ar·chae·an [ɑː(r)'kiːən] *geol.* **I** *adj* a'zoisch, ar'chäisch. **II** *s* A'zoikum *n*.

ar·chae·o·log·ic [ˌɑː(r)kɪə'lɒdʒɪk; *Am.* -'lɑ-] *adj*; **ˌar·chae·o'log·i·cal** [-kl] *adj* (*adv* **~ly**) archäo'logisch, Altertums... **ˌar·chae'ol·o·gist** [-'ɒlədʒɪst; *Am.* -'ɑl-] *s* Archäo'loge *m*, Altertumsforscher *m*. **ˌar·chae'ol·o·gy** *s* **1.** Archäolo'gie *f*, Altertumskunde *f*, -wissenschaft *f*. **2.** Altertümer *pl*, Kul'turreste *pl*.

ar·chae·om·e·try [ˌɑː(r)kɪ'ɒmɪtrɪ; *Am.* -'ɑmə-] *s* Archäome'trie *f* (*wissenschaftliche Altersbestimmung archäologischer Funde*).

ar·cha·ic [ɑː(r)'keɪɪk] *adj* (*adv* **~ally**) ar'chaisch: a) frühzeitlich, altertümlich (*Kunst etc*), b) *ling.* veraltet, altmodisch, c) *psych.* regres'siv. **ar'cha·i·cism** [-sɪzəm] → **archaism.**

ar·cha·ism ['ɑː(r)keɪɪzəm; *Am. a.* -kiːˌɪ-] *s* **1.** Archa'ismus *m*: a) veraltete Ausdrucksweise, b) veralteter Ausdruck. **2.** (*etwas*) Altertümliches *od.* Veraltetes, alte Sitte.

'ar·cha·ize I *v/t* archai'sieren. **II** *v/i* alte Formen *od.* Gebräuche nachahmen.

arch·an·gel [ˈɑː(r)kˌeɪndʒəl] *s* **1.** Erzengel *m.* **2.** *bot.* Anˈgelika *f*, Engelwurz *f.*

ˌarchˈbish·op *s relig.* Erzbischof *m.* **ˌarchˈbish·op·ric** *s* **1.** Erzbistum *n.* **2.** Erzbischofsamt *n*, -würde *f.*

arch| brace *s arch.* Bogenstrebe *f.* **~ bridge** *s tech.* Bogen-, Jochbrücke *f.*

ˌarchˈdea·con *s relig.* Archidiaˈkon *m.* **ˌarchˈdea·con·ry** [-rɪ], **ˌarchˈdea·con·ship** *s* Archidiakoˈnat *n*, ˈErzdiaˌkoˌnat *n.*

ˌarchˈdi·o·cese *s relig.* ˈErzdiöˌzese *f.*

ˌarchˈdu·cal *adj* erzherzoglich. **ˌarchˈduch·ess** *s* Erzherzogin *f.* **ˌarchˈduch·y** *s* Erzherzogtum *n.* **ˌarchˈduke** *s* Erzherzog *m.* **ˌarchˈduke·dom** *s* Erzherzogtum *n.*

Ar·che·an [ɑː(r)ˈkiːən] *bes. Am. für* Archaean.

ar·che·bi·o·sis [ˌɑː(r)kɪbaɪˈəʊsɪs] *s* Urzeugung *f.*

arched [ɑː(r)tʃt] *adj* gewölbt, überˈwölbt: **~ charge** *mil.* gewölbte Ladung; **~ roof** Tonnendach *n.*

ˌarchˈen·e·my [ˌɑː(r)tʃ-] → **archfiend.**

ar·chen·ter·on [ɑː(r)ˈkentərɒn; *Am.* -ˌrɑn; -rən] *s biol.* Arˈchenteron *n*, Urdarm *m.*

ar·che·o·log·ic, *etc bes. Am. für* **archaeologic,** *etc.*

ar·che·om·e·try *bes. Am. für* **archaeometry.**

arch·er [ˈɑː(r)tʃə(r)] *s* **1.** Bogenschütze *m.* **2.** **A~** *astr.* Schütze *m* (*Sternbild u. Tierkreiszeichen*): **to be (an) A~** Schütze sein. **ˈarch·er·y** *s* **1.** Bogenschießen *n.* **2.** Ausrüstung *f* e-s Bogenschützen. **3.** *collect.* Bogenschützen *pl.*

ar·che·typ·al [ˈɑː(r)kɪtaɪpl] *adj* **1.** *bes. philos. psych.* archeˈtypisch: a) urbildlich, b) mustergültig. **2.** Muster...

ar·che·type [ˈɑː(r)kɪtaɪp] *s* **1.** Archeˈtyp(us) *m*: a) *philos. etc* Urbild *n*, Urform *f*, Vorbild *n*, Origiˈnal *n*, Muster *n*, b) *bot. zo.* Urform *f*, c) Urhandschrift *f*, erster Druck. **2.** *psych.* Archeˈtypus *m* (*bei C. G. Jung*).

ˌarchˈfiend [ˌɑː(r)tʃ-] *s* Erzfeind *m*: a) Todfeind *m*, b) *oft* **A~** (*der*) Satan.

archi- [ɑː(r)kɪ] *Wortelement mit der Bedeutung* a) Haupt..., Ober..., oberst, erst, b) *biol.* ursprünglich, primitiv.

ar·chi·bald [ˈɑːtʃɪbɔːld; -bəld] → **archie.**

ar·chi·blast [ˈɑː(r)kɪblæst] *s biol.* **1.** Eiplasma *n.* **2.** äußeres Keimblatt (*des Embryos*).

ar·chi·di·ac·o·nal [ˌɑː(r)kɪdaɪˈækənl] *adj relig.* archidiaˈkonisch.

ar·chie [ˈɑːtʃɪ] *s mil. Br. sl.* Flak(geschütz *n*) *f.*

ar·chi·e·pis·co·pa·cy [ˌɑː(r)kɪɪˈpɪskəpəsɪ] *s relig.* ˈKirchenreˌgierung *f* durch Erzbischöfe. **ˌar·chi·eˈpis·co·pal** *adj* erzbischöflich. **ˌar·chi·eˈpis·co·pate** [-pɪt; -peɪt] *s* **1.** Amt *n od.* Würde *f* e-s Erzbischofs. **2.** Erzbistum *n.*

ar·chil [ˈɑː(r)tʃɪl] *s* Orˈseille *f*: a) *bot.* Färberflechte *f*, b) *tech. ein Farbstoff.*

Ar·chi·me·de·an [ˌɑː(r)kɪˈmiːdjən; -ɪən; -mɪˈdiːən] *adj* archiˈmedisch: **~ screw** *tech.* archimedische Schraube, Wasser-, Förderschnecke *f.*

ar·chi·pel·a·go [ˌɑː(r)kɪˈpelɪgəʊ] *pl* **-gos, -goes** *s* Archiˈpel *m*, Inselmeer *n*, -gruppe *f.*

ar·chi·plasm [ˈɑː(r)kɪplæzəm] *s biol.* Urplasma *n.*

ar·chi·tect [ˈɑː(r)kɪtekt] *s* **1.** Archiˈtekt *m*: **~'s scale** Reißbrettlineal *n.* **2.** *fig.* Schöpfer *m*, Urheber *m*, Gründer *m*: **everyone is the ~ of his own fortune** jeder ist s-s Glückes Schmied.

ar·chi·tec·ton·ic [ˌɑː(r)kɪtekˈtɒnɪk; *Am.* -ˈtɑ-] **I** *adj* (*adv* **~ally**) **1.** architekˈtonisch, baulich. **2.** Bau... **3.** konstrukˈtiv, schöpferisch. **4.** planvoll, struktuˈrell, systeˈmatisch. **5.** *mus. philos.* systematiˈsierend, klar u. logisch aufgebaut. **6.** *art* tekˈtonisch. **II** *s meist pl* (*als sg konstruiert*) **7.** Architekˈtonik *f*, Architekˈtur *f* (*als Wissenschaft*). **8.** Strukˈtur *f*, Aufbau *m*, Anlage *f.*

ar·chi·tec·tur·al [ˌɑː(r)kɪˈtektʃərəl] *adj* (*adv* **~ly**) Architektur..., Bau..., architekˈtonisch, baulich: **~ acoustics** Raumakustik *f*; **~ design** Raumgestaltung *f*; **~ engineering** Hochbau *m.*

ar·chi·tec·ture [ˈɑː(r)kɪtektʃə(r)] *s* **1.** Architekˈtur *f*: a) Baukunst *f*: **school of ~** Bauschule *f*, Bauakademie *f*, b) Bauart *f*, Baustil *m.* **2.** *a. fig.* (Auf)Bau *m*, Strukˈtur *f*, Anlage *f*, Konstruktiˈon *f.* **3.** a) Bau(werk *n*) *m*, Gebäude *n*, b) *collect.* Gebäude *pl*, Bauten *pl.* **4.** *poet.* Schöpferkunst *f.*

ar·chi·trave [ˈɑː(r)kɪtreɪv] *s arch.* **1.** Archiˈtrav *m*, Quer-, Tragbalken *m.* **2.** archiˈtravähnliche (Tür- *etc*)Einfassung.

ar·chi·val [ɑː(r)ˈkaɪvl] *adj* Archiv... **ar·chive** [ˈɑː(r)kaɪv] *s meist pl* Arˈchiv *n* (*Sammlung u. Einrichtung*). **ˈar·chi·vist** [-kɪ-] *s* Archiˈvar(in).

ar·chi·volt [ˈɑː(r)kɪvəʊlt] *s arch.* Archiˈvolte *f*, Bogeneinfassung *f.*

arch·ness [ˈɑː(r)tʃnɪs] *s* Schalkhaftigkeit *f*, Schelmeˈrei *f*, Durchˈtriebenheit *f.*

ˌarchˈpriest [ˌɑː(r)tʃ-] *s relig. hist.* Erzpriester *m.*

ˈarch|·way [ˈɑː(r)tʃweɪ] *s arch.* **1.** Bogengang *m*, überˈwölbter Torweg. **2.** Bogen *m* (*über e-m Tor etc*). **ˈ~·wise** *adv* bogenartig.

-archy [ɑː(r)kɪ; ə(r)kɪ] *Wortelement mit der Bedeutung* Herrschaft: **monarchy.**

arc·ing [ˈɑː(r)kɪŋ] *s electr.* Lichtbogenbildung *f*: **~ over** Überschlagen *n* von Funken; **~ contact** Abreißkontakt *m*; **~ voltage** Überschlagsspannung *f.*

arc| lamp *s electr.* Bogen(licht)lampe *f*: **enclosed ~** Dauerbrandbogenlampe, geschlossene Bogenlampe. **~ light** *s electr.* **1.** Bogenlichtlampe *f.* **2.** Bogenlicht *n.*

Arc·ta·li·a [ɑː(r)kˈteɪljə; -lɪə] *s Tiergeographie*: arktischer Seebereich.

arc·ti·an [ˈɑː(r)kʃɪən; -tɪən] → **arctiid.**

arc·tic [ˈɑː(r)ktɪk] **I** *adj* **1.** arktisch, nördlich, Nord..., Polar...: **A~ Ocean** Nördliches Eismeer; **A~ Circle** nördlicher Polarkreis; **~ fox** Polarfuchs *m*; **~ front** *meteor.* Arktikfront *f*; **~ seal** Seal-Imitation *f* aus Kaninchenfell. **2.** *fig.* (eis)kalt, eisig. **II** *s* **3.** *meist pl Am.* gefütterte, wasserdichte ˈÜberschuhe *pl.*

arc·ti·id [ˈɑː(r)ktɪɪd; -kʃɪ-] *zo.* **I** *s* Bärenspinner *m.* **II** *adj* zu den Bärenspinnern gehörig.

Arc·to·g(a)e·a [ˌɑː(r)ktəˈdʒiːə] *s Tiergeographie*: nördliche Halbkugel.

Arc·tu·rus [ɑː(r)kˈtjʊərəs; *Am. a.* -ˈtʊ-] *s astr.* Arkˈtur(us) *m*, Bärenhüter *m* (*Stern*).

ar·cu·ate [ˈɑː(r)kjʊɪt; -eɪt; *Am.* -jəwət; -ˌweɪt], **ˈar·cu·at·ed** [-eɪtɪd] *adj* bogenförmig, gebogen.

ˈarc|-weld *v/t electr.* mit dem Lichtbogen *od.* eˈlektrisch schweißen. **~ weld·ing** *s electr.* Lichtbogenschweißen *n.*

ar·den·cy [ˈɑː(r)dənsɪ] → **ardor.**

ar·dent [ˈɑː(r)dənt] *adj* (*adv* **~ly**) **1.** heiß, brennend, feurig, glühend (*alle a. fig.*): **~ love**; **~ fever** hitziges Fieber; **~ spirits** hochprozentige Spirituosen. **2.** *fig.* inbrünstig, leidenschaftlich, heftig, innig: **~ wish**; **~ admirer** glühender Verehrer; **~ loathing** heftiger Abscheu. **3.** *fig.* eifrig, begeistert: **~ supporter.**

ar·dor, *bes. Br.* **ar·dour** [ˈɑː(r)də(r)] *s* **1.** Hitze *f*, Glut *f.* **2.** *fig.* Leidenschaft (-lichkeit) *f*, Heftigkeit *f*, Inbrunst *f*, Glut *f*, Feuer *n.* **3.** *fig.* Eifer *m*, Begeisterung *f* (**for** für).

ar·du·ous [ˈɑːdjʊəs; *Am.* ˈɑrdʒəwəs] *adj* (*adv* **~ly**) **1.** schwierig, schwer, anstrengend, mühsam: **an ~ task.** **2.** emsig, ausdauernd, zäh, eˈnergisch: **an ~ worker**; **~ efforts** große Anstrengungen. **3.** steil: **an ~ mountain.** **4.** streng, hart: **an ~ winter.** **ˈar·du·ous·ness** *s* Schwierigkeit *f.*

are[1] [ɑː(r); *unbetont* ə(r)] *pl u. 2. sg pres von* **be.**

are[2] [ɑː(r); *Am. a.* eər] *s* Ar *n*, *a. m* (*Flächenmaß = 100 qm = 119,6 square yards*).

a·re·a [ˈeərɪə] *s* **1.** (begrenzte) Fläche, Flächenraum *m*, Boden-, Grundfläche *f.* **2.** Gebiet *n*, Zone *f*, Gegend *f* (*alle a. anat.*), Raum *m*: **(culture) ~** Kulturgebiet, -bereich *m*; **in the Chicago ~** im Raum (von) Chicago; **~ of low pressure** *meteor.* Tiefdruckgebiet. **3.** (freier) Platz. **4.** Grundstück *n.* **5.** *fig.* Bereich *m*, Gebiet *n*: **the ~ of foreign policy**; **within the ~ of possibility** im Bereich des Möglichen. **6.** *math.* Flächeninhalt *m*, -raum *m*, (Grund)Fläche *f*, Inhalt *m*: **~ of a circle** Kreisfläche. **7.** *math. phys. tech.* (Ober-) Fläche *f*: **~ of contact** Begrenzungs-, Berührungsfläche. **8.** *anat.* (*Gehör-, Seh-, Sprach- etc*)Zentrum *n* (*in der Gehirnrinde etc*). **9.** *arch.* lichter Raum. **10.** *mil.* Abschnitt *m*, Operatiˈonsgebiet *n*: **back ~** Etappe *f*; **forward ~** Kampfgebiet *n*; **~ command** *Am.* Militärbereich *m*; **~ bombing** Bombenflächenwurf *m.* **11.** → **areaway.** **~ code** *s teleph. Am.* Vorwählnummer *f*, Vorwahl(nummer) *f.*

a·re·al [ˈeərɪəl] *adj* Flächen(inhalts)... **~ lin·guis·tics** *s pl* (*als sg konstruiert*) Areˈallinguˌistik *f*, Neolinguˈistik *f.*

a·rear [əˈrɪə(r)] *adv* a) hinten, b) nach hinten.

a·re·a| re·ha·bil·i·ta·tion *s* ˈFlächensaˌnierung *f.* **~ vec·tor** *s math.* ˈVektorproˌdukt *n.* **ˈ~·way** *s* Kellervorhof *m*, Lichthof *m*, -schacht *m.*

ar·e·ca (palm) [ˈærɪkə; əˈriːkə] *s bot.* Aˈrekapalme *f.*

a·re·na [əˈriːnə] *s* Aˈrena *f*: a) *antiq.* Kampfplatz *m*, b) *sport* Kampfbahn *f*, Stadion *n*, c) *Am.* Sporthalle *f*, d) (ˈZirkus)Maˌnege *f*, e) *fig.* Schauplatz *m*, Stätte *f*, Szene *f*, Bühne *f*: **the political ~**; **to descend into the ~** *fig.* sich in die Arena *od.* Schlacht begeben; **~ theater** (*bes. Br.* **theatre**) Rundum-Theater *n* (*mit Zentralbühne*).

ar·e·na·ceous [ˌærɪˈneɪʃəs] *adj* **1.** sandig, sandartig, -haltig. **2.** *bot.* in sandigem Boden wachsend.

a·re·o·la [æˈrɪəʊlə; *bes. Am.* əˈriːələ] *pl* **-lae** [-liː], **-las** *s* **1.** *biol.* Areˈole *f*, Feldchen *n*, Spiegelzelle *f.* **2.** *anat.* a) Areˈole *f*, Hof *m*, b) Brustwarzenhof *m*, -ring *m*, c) entzündeter Hautring, d) *Teil der Iris, der an die Pupille grenzt.* **aˈre·o·lar** [-lə(r)] *adj anat.* areoˈlar, zellig, netzförmig: **~ tissue** Zell(en)gewebe *n.*

ar·e·om·e·ter [ˌærɪˈɒmɪtə(r); *Am.* -ˈɑm-] *s phys.* Aräoˈmeter *n*, Tauch-, Senkwaage *f.* **ˌar·eˈom·e·try** [-trɪ] *s* Aräomeˈtrie *f.*

a·rête [æˈreɪt; ə-] *s* (Berg)Kamm *m*, (Fels)Grat *m.*

ar·gent [ˈɑː(r)dʒənt] **I** *s bes. her.* Silber (-farbe *f*) *n.* **II** *adj* silbern, silberfarbig. **arˈgen·tal** [-ˈdʒentl] *adj* silbern, silberhaltig: **~ mercury** Silberamalgam *n.*

ar·gen·tic [ɑː(r)ˈdʒentɪk] *adj chem.* silberhaltig: **~ chloride** Silberchlorid *n.*

ar·gen·tif·er·ous [ˌɑː(r)dʒənˈtɪfərəs] *adj min.* silberführend, -haltig.

ar·gen·tine[1] [ˈɑː(r)dʒəntaɪn; *Am. a.* -tiːn] **I** *adj* **1.** silberartig, -farben, silbern. **2.** *fig.* silberrein, -hell. **II** *s* **3.** Neusilber *n*. **4.** *tech.* Silberfarbstoff *m*.

Ar·gen·tine[2] [ˈɑː(r)dʒəntaɪn; -tiːn] **I** *adj* argenˈtinisch. **II** *s* Argenˈtinier(in).

Ar·gen·tin·e·an [ˌɑː(r)dʒənˈtɪnjən; -ɪən] → **Argentine**[2].

ar·gen·tite [ˈɑː(r)dʒəntaɪt] *s min.* Argenˈtit *m*, Silberglanz *m*.

ar·gen·tum [ɑː(r)ˈdʒentəm] *s chem.* Silber *n*.

ar·gil [ˈɑː(r)dʒɪl] *s* Ton *m*, Töpfererde *f*. **ˌar·gilˈla·ceous** [-ˈleɪʃəs] *adj geol.* tonartig, -haltig, Ton...

ar·gle-bar·gle [ˌɑː(r)glˈbɑː(r)gl] → **argy-bargy**.

ar·gol [ˈɑː(r)gɒl] *s chem.* roher Weinstein.

ar·gon [ˈɑːgɒn; *Am.* ˈɑːrˌgɑn] *s chem.* Argon *n*.

Ar·go·naut [ˈɑː(r)gənɔːt; *Am. a.* -ˌnɑːt] *s* **1.** *myth.* Argoˈnaut *m*. **2.** *Am.* Goldsucher *m* in Kaliˈfornien (*1848–49*). **3. a~** *zo.* → **paper nautilus**. **ˌAr·goˈnau·tic** *adj* argoˈnautisch.

ar·got [ˈɑː(r)gəʊ; *Am. a.* -gət] *s* Arˈgot *n*, Jarˈgon *m*, Slang *m*, *bes.* Gaunersprache *f*.

ar·gu·a·ble [ˈɑː(r)gjʊəbl; *Am.* ˈɑːrgjəwəbəl] *adj* (*adv* **arguably**) **1.** zweifelhaft, fraglich. **2. it is ~ that** man kann durchaus die Meinung vertreten, daß. **3. his latest book is arguably his best** sein letztes Buch ist wohl sein bestes.

ar·gue [ˈɑː(r)gjuː] **I** *v/i* **1.** argumenˈtieren, Gründe (für u. wider) anführen: **to ~ for s.th.** a) für etwas eintreten (*Person*), b) für etwas sprechen (*Sache*); **to ~ against s.th.** a) gegen etwas Einwände machen, b) gegen etwas sprechen (*Sache*). **2.** streiten, rechten, polemiˈsieren (**with** mit): **don't ~!** keine Widerrede! **3.** sprechen, dispuˈtieren (**about** über *acc*; **for** für; **against** gegen; **with** mit). **4.** folgen (**from** aus). **II** *v/t* **5.** be-, erweisen, zeigen. **6.** (das Für u. Wider) erörtern (von), diskuˈtieren: **to ~ s.th. away** etwas (hin)wegdiskutieren. **7.** geltend machen, vorbringen, behaupten (**that** daß). **8.** *j-n* überˈreden, bewegen: **to ~ s.o. into s.th.** j-n zu etwas überreden; **to ~ s.o. out of s.th.** j-n von etwas abbringen. **9.** schließen, folgern (**from** aus; **that** daß). **10.** beweisen, verraten, anzeigen, zeugen von.

ar·gu·fy [ˈɑː(r)gjʊfaɪ] *colloq.* **I** *v/i* **1.** hartnäckig argumenˈtieren, streiten. **II** *v/t* **2.** *j-n* (*mit Argumenten*) bearbeiten. **3.** streiten über (*acc*).

ar·gu·ment [ˈɑː(r)gjʊmənt] *s* **1.** Arguˈment *n*, (Beweis)Grund *m*, Behauptung *f*, Einwand *m*: **beyond ~** einwandfrei. **2.** Beweisführung *f*, Schlußfolgerung *f*, Erhärtung *f*: **~ from design** *philos.* Beweis *m* aus der Zweckmäßigkeit, teleologischer Gottesbeweis. **3.** Erörterung *f*, Deˈbatte *f*: **to hold an ~** diskutieren. **4.** Streitfrage *f*. **5.** *jur.* Vorbringen *n*, *meist pl* (Beweis-, Rechts)Ausführung(en *pl*) *f*: **closing ~s** Schlußanträge. **6.** Wortwechsel *m*, Auseinˈandersetzung *f*. **7.** Thema *n*, Gegenstand *m*. **8.** (Haupt-)Inhalt *m*. **9.** *math.* a) Arguˈment *n*, unabhängige Variˈable, b) Leerstelle *f*, c) Anomaˈlie *f* (*komplexe Zahlen etc*). **10.** *philos.* mittlerer Teil e-s Sylloˈgismus.

ar·gu·men·ta·tion [ˌɑː(r)gjʊmenˈteɪʃn; -mən-] *s* **1.** Argumentatiˈon *f*, Beweisführung *f*, Schlußfolgerung *f*. **2.** Erörterung *f*.

ar·gu·men·ta·tive [ˌɑː(r)gjʊˈmentətɪv] *adj* (*adv* **~ly**) **1.** streitlustig. **2.** strittig, umˈstritten. **3.** ˈhinweisend (**of** auf *acc*): **it is ~ of his guilt** es deutet auf s-e Schuld hin. **4.** folgerichtig. **ˌar·guˈmen·ta·tive·ness** *s* **1.** Streitlust *f*. **2.** Folgerichtigkeit *f*. **ˈar·gu·men·ta·tor** [-teɪtə(r)] *s* **1.** Poˈlemiker *m*. **2.** Beweisführer *m*.

Ar·gus [ˈɑː(r)gəs] **I** *npr* **1.** *myth.* Argus *m*. **II** *s* **2.** *fig.* Argus *m*, wachsamer Hüter. **3.** *orn.* → **argus pheasant**. **ˌ~-ˈeyed** *adj* argusäugig, mit Argusaugen, wachsam. **a~ pheas·ant** *s orn.* ˈPfaufaˌsan *m*, Arguspfau *m*. **a~ shell** *s zo.* Argus-, Porzelˈlanschnecke *f*.

ar·gute [ɑː(r)ˈgjuːt] *adj* (*adv* **~ly**) **1.** scharf, schrill. **2.** scharfsinnig. **3.** verschmitzt.

ar·gy-bar·gy [ˌɑːdʒɪˈbɑːdʒɪ; *Am.* ˌɑːrgiːˈbɑːrgiː] *s bes. Br. colloq.* Wortwechsel *m*, Auseinˈandersetzung *f*.

ar·gyr·i·a [ɑː(r)ˈdʒɪrɪə] *s med.* Argyˈrie *f*, Silbervergiftung *f*.

a·ri·a [ˈɑːrɪə; *Am. a.* ˈeərɪə] *s mus.* Arie *f*.

Ar·i·an [ˈeərɪən] *relig.* **I** *adj* ariˈanisch. **II** *s* Ariˈaner(in). **ˈAr·i·an·ism** *s* Ariaˈnismus *m*.

ar·id [ˈærɪd] *adj* (*adv* **~ly**) **1.** dürr, trocken, unfruchtbar. **2.** *fig.* trocken, nüchtern. **a·rid·i·ty** [æˈrɪdətɪ; ə-] *s* **1.** Dürre *f*, Trockenheit *f*, Unfruchtbarkeit *f*. **2.** *fig.* Trockenheit *f*, Nüchternheit *f*.

Ar·i·el[1] [ˈeərɪəl] *s astr.* Ariel *m* (*Uranusmond*).

ar·i·el[2] [ˈeərɪəl] *s zo.* (*e-e*) aˈrabische Gaˈzelle.

A·ri·es [ˈeəriːz; -rɪiːz] *s astr.* Widder *m*, Aries *m* (*Sternbild u. Tierkreiszeichen*): **to be (an) ~** Widder sein.

a·right [əˈraɪt] *adv* **1.** recht, richtig, zu Recht: **to set ~** richtigstellen. **2.** *obs.* gerade(swegs), diˈrekt.

ar·il [ˈærɪl] *s bot.* Aˈrillus *m*, Samenmantel *m*.

a·rise [əˈraɪz] *pret* **a·rose** [əˈrəʊz] *pp* **a·ris·en** [əˈrɪzn] *v/i* **1.** (**from, out of**) entstehen, -springen, herˈvorgehen (aus), ˈherrühren, kommen, stammen, die Folge sein (von). **2.** entstehen, sich erheben, auftauchen, -kommen, -treten: **new problems ~**; **the question ~s** die Frage erhebt *od.* stellt sich. **3.** aufstehen, sich erheben (*aus dem Bett etc, a. fig. Volk*), auferstehen (*von den Toten*), aufkommen, sich erheben (*Wind etc*), aufgehen (*Sonne etc*), aufsteigen (*Nebel etc*), sich erheben (*Lärm etc*).

a·ris·ta [əˈrɪstə] *pl* **-tae** [-tiː] *s bot.* Granne *f*. **aˈris·tate** [-teɪt] *adj bot.* Grannen tragend.

ar·is·toc·ra·cy [ˌærɪˈstɒkrəsɪ; *Am.* -ˈstɑ-] *s* **1.** Aristokraˈtie *f*: a) Adelsherrschaft *f*, b) *collect.* Adel *m*, (*die*) Adligen *pl*, c) *fig.* Adel *m*, Eˈlite *f*. **2.** Herrschaft *f* der Eˈlite.

a·ris·to·crat [ˈærɪstəkræt; əˈrɪstə-] *s* Aristoˈkrat(in): a) Adlige(r *m*) *f*, b) *fig.* Herr *m*, Dame *f*, vornehmer Mensch.

a·ris·to·crat·ic [ˌærɪstəˈkrætɪk; *Am. bes.* əˌrɪstəˈkr-] *adj*; **ˌa·ris·toˈcrat·i·cal** [-kl] *adj* (*adv* **~ly**) aristoˈkratisch, adlig.

ar·is·toc·ra·tism [ˌærɪˈstɒkrətɪzəm; *Am.* -ˈstɑ-; əˈrɪstəˌkræt-] *s* Aristoˈkratentum *n*.

Ar·is·to·phan·ic [ˌærɪstəʊˈfænɪk; -təˈf-; *Am. bes.* æˌrɪstəˈf-] *adj* aristoˈphanisch, geistreich-spöttisch.

Ar·is·to·te·le·an, Ar·is·to·te·li·an [ˌærɪstəʊˈtiːljən; -ɪən] **I** *adj* aristoˈtelisch: **~ logic**. **II** *s* Aristoˈteliker *m*. **ˌAr·is·toˈte·li·an·ism, Ar·is·tot·e·lism** [ˈærɪstɒtəlɪzəm; *Am.* -ˌstɑ-] *s* Aristoteˈlismus *m*, aristoˈtelische Philosoˈphie.

a·rith·me·tic[1] [əˈrɪθmətɪk] *s* **1.** Arithˈmetik *f*. **2.** Rechnen *n*: **business ~, commercial ~** kaufmännisches Rechnen; → **mental**[2] 1. **3.** Arithˈmetik-, Rechenbuch *n*.

ar·ith·met·ic[2] [ˌærɪθˈmetɪk], **ˌar·ithˈmet·i·cal** [-kl] *adj* arithˈmetisch, Rechen...: **arithmetic element** (*od.* **unit**) Rechenwerk *n* (*in e-r Rechenmaschine*); **arithmetical progression (series)** arithmetische Progression (Reihe); **~ operation** Rechenoperation *f*.

a·rith·me·ti·cian [əˌrɪθməˈtɪʃn] *s* Arithˈmetiker *m*, Rechner *m*.

ark [ɑː(r)k] *s* **1.** Arche *f*: **Noah's ~** Arche Noah(s). **2.** *a.* **~ of refuge** *fig.* Zufluchtsort *m*. **3.** Schrein *m*: **A~ of the Covenant** *Bibl.* Bundeslade *f*. **4.** *obs. od. dial.* Truhe *f*, Kiste *f*, Korb *m*. **5.** *hist. Am.* Flachboot *n*.

ar·kose [ˈɑː(r)kəʊs] *s geol.* Arˈkose *f*, feldspatreicher Sandstein.

ark shell *s zo.* Arche(nmuschel) *f*.

arm[1] [ɑː(r)m] **I** *v/t* **1.** am Arm führen. **2.** *obs.* umˈarmen. **II** *v/i* **3.** *bot.* Seitentriebe bilden. **III** *s* **4.** *anat. zo.* Arm *m*: → *Bes. Redew.* **5.** *bot.* Ast *m*, großer Zweig. **6.** Fluß-, Meeresarm *m*. **7.** *physiol.* Abzweigung *f* (*von Adern etc*). **8.** Arm-, Seitenlehne *f* (*e-s Stuhles etc*). **9.** Ärmel *m*. **10.** *tech.* a) Arm *m* (*e-s Hebels, e-r Maschine etc, a. mar. e-s Ankers etc*), Ausleger *m*, b) Zeiger *m*, Stab *m*: **~ of a balance** Waagebalken *m*. **11.** *mar.* (Rah)Nock *f*. **12.** *electr.* a) Zweig *m* (*e-r Meßbrücke*), b) Schenkel *m* (*e-s Magneten*), c) Tonarm *m* (*am Plattenspieler*). **13.** *fig.* Arm *m*, Macht *f*: **the ~ of the law** der Arm des Gesetzes.

Besondere Redewendungen:

at ~'s length a) auf Armeslänge (entfernt), b) *fig.* in angemessener Entfernung; **to keep s.o. at ~'s length** *fig.* sich j-n vom Leibe halten; **within ~'s reach** in Reichweite; **with open ~s** *fig.* mit offenen Armen; **to fly into s.o.'s ~s** j-m in die Arme fliegen; **to hold out one's ~s to s.o.** j-m die Arme entgegenstrecken; **to lend s.o. one's ~** j-m den Arm reichen; **to make a long ~** *colloq.* a) den Arm ausstrecken, b) *fig.* sich anstrengen; **to take s.o. in one's ~s** j-n in die Arme nehmen *od.* schließen; **child** (*od.* **infant** *od.* **babe**) **in ~s** kleines Kind, Wickelkind *n*, Säugling *m*.

arm[2] [ɑː(r)m] **I** *v/t* **1.** (**o.s.** sich) (be)waffnen. **2.** *mil. tech.* arˈmieren, bewehren, (ver)stärken, (*mit Metall etc*) beschlagen, schützen. **3.** *mil. Munition etc* scharf machen. **4.** zuˈrechtmachen, vorbereiten: **to ~ a hook in angling**. **5.** (**o.s.** sich) rüsten, wappnen, vorbereiten, bereit machen. **II** *v/i* **6.** sich (be)waffnen, sich wappnen, sich rüsten. **III** *s* **7.** *meist pl mil. u. fig.* Waffe(n *pl*) *f*: **~s control** Rüstungskontrolle *f*; **~s dealer** Waffenhändler *m*; **~s race** Wettrüsten *n*, Rüstungswettlauf *m*. **8.** *mil.* a) Waffen-, Truppengattung *f*, b) Wehrmachtsteil *m*: **the naval ~** die Kriegsmarine. **9.** *pl* a) Miliˈtärdienst *m*, b) Kriegswissenschaft *f*. **10.** *pl her.* Wappen(schild) *n*.

Besondere Redewendungen:

in ~s in Waffen, bewaffnet, gerüstet; **~s of courtesy** stumpfe Waffen; **to ~s!** zu den Waffen!, ans Gewehr!; **under ~s** unter Waffen, kampfbereit; **up in ~s** a) kampfbereit, b) in (vollem) Aufruhr, c) *fig.* in Harnisch, in hellem Zorn; **to bear ~s** a) Waffen tragen, b) als Soldat dienen, c) ein Wappen führen; **pile ~s!** setzt die Gewehre zusammen!; **port ~s!** fällt das Gewehr!; **present ~s!** präsentiert das Gewehr!; **shoulder ~s!** Gewehr an Schulter!; **slope ~s!** das Gewehr über!; **to take up ~s** die Waffen ergreifen; → **force** 1, **lay down** 2, **passage at arms**.

ar·ma·da [ɑː(r)ˈmɑːdə] *s* **1.** Kriegsflotte *f*. **2. A~** *hist.* Arˈmada *f*. **3.** Luftflotte *f*, Geschwader *n*.

ar·ma·dil·lo [ˌɑː(r)məˈdɪləʊ] *pl* **-los** *s zo.* **1.** Armaˈdill *n*, Gürteltier *n*. **2.** Apoˈthekerassel *f*.

Ar·ma·ged·don [ˌɑː(r)məˈgedn] *s*

1. *Bibl.* a) Arma'geddon *n*, b) letzter Kampf zwischen Gut u. Böse. 2. *fig.* Entscheidungskampf *m*, Weltkrieg *m*.

ar·ma·ment ['ɑː(r)məmənt] *s mil.* 1. Kriegsstärke *f*, Mili'tärmacht *f* (*e-s Landes*). 2. Streitmacht *f*: **naval ~** Seestreitkräfte *pl*. 3. Bewaffnung *f*, Bestückung *f*, Feuerstärke *f* (*e-s Kriegsschiffes, e-r Befestigung etc*): **~ officer** Waffenoffizier *m* (*der Luftwaffe*). 4. a) (Kriegs)Ausrüstung *f*, b) (Kriegs-)Rüstung *f*, Aufrüstung *f*: **~ order** Rüstungsauftrag *m*; **~ race** Wettrüsten *n*, Rüstungswettlauf *m*.

ar·ma·ture ['ɑː(r)məˌtjʊə; *bes. Am.* -ˌtʃʊə(r); -tʃə(r)] *s* 1. *obs.* a) Rüstung *f*, Panzer *m*, b) Bewaffnung *f*, Waffen *pl*. 2. *mar. tech.* Panzer *m*, Panzerung *f*, Ar'mierung *f*, (*a.* Kabel)Bewehrung *f*, (Me'tall)Beschlag *m*. 3. *fig.* Waffe *f*, Schutz *m*. 4. *arch.* Arma'tur *f*, Verstärkung *f*. 5. Gerüst *n* (*e-r Skulptur*). 6. *electr.* a) Anker *m* (*a. e-s Magneten*), Läufer *m*, Rotor *m*, Re'lais *n*, b) *Radio*: pri'mär schwingender Teil e-s Lautsprechers: **~ coil** Ankerwicklung *f*, -spule *f*; **~ current** Läufer-, Ankerstrom *m*; **~ shaft** Ankerwelle *f*.

arm|band *s* Armbinde *f*. **~'chair I** *s* 1. Arm-, Lehnstuhl *m*, (Lehn)Sessel *m*: **to put o.s. into s.o.'s ~** *fig.* sich in j-n hineinversetzen. **II** *adj* 2. theo'retisch, vom grünen Tisch. 3. Salon..., Stammtisch...: **~ politician** Stammtischpolitiker *m*. **~ drag** *s Ringen*: Armzug *m*.

armed[1] [ɑː(r)md] *adj* mit ... Armen, ...armig: **one-~**; **bare-~** mit bloßen Armen.

armed[2] [ɑː(r)md] *adj* 1. *bes. mil.* bewaffnet: **~ conflict** bewaffnete Auseinandersetzung; **~ eye** bewaffnetes Auge; **~ forces, ~ services** (Gesamt)Streitkräfte, Wehrmacht *f*; **~ neutrality** bewaffnete Neutralität; **~ robbery** *jur.* bewaffneter Raubüberfall; **~ service** Dienst *m* mit der Waffe; → **hilt** I, **tooth** 1. 2. *mil. tech.* gepanzert, bewehrt (*a. zo.*), ar'miert. 3. *mil.* scharf, zündfertig (*Munition etc*). 4. *phys.* mit Arma'tur (versehen): **~ magnet**. 5. *her.* mit (andersfarbigen) Füßen *od.* Hörnern *od.* Spitzen (versehen).

Ar·me·ni·an [ɑː(r)'miːnjən; -nɪən] **I** *adj* 1. ar'menisch. **II** *s* 2. Ar'menier(in). 3. *ling.* Ar'menisch *n*, das Armenische.

ar·met ['ɑː(r)met; -ɪt] *s mil.* Sturmhaube *f*.

arm·ful ['ɑː(r)mfʊl] *s* Armvoll *m*: **an ~ of books** ein Armvoll Bücher.

'arm·hole *s* 1. → **armpit** 1. 2. Ärmel-, Armloch *n*.

ar·mi·ger ['ɑː(r)mɪdʒə(r)] *s* Wappenträger *m*.

arm·ing ['ɑː(r)mɪŋ] *s* 1. Bewaffnung *f*, (Aus)Rüstung *f*. 2. Ar'mierung *f*. 3. *her.* Wappen *n*. 4. *phys.* Arma'tur *f* (*e-s Magneten*). 5. *mar.* Talgbeschickung *f* beim Handlot.

ar·mi·stice ['ɑː(r)mɪstɪs] *s* Waffenstillstand *m* (*a. fig.*). **A~ Day** *s Br.* Jahrestag *m* des Waffenstillstandes vom 11. No'vember 1918.

arm·less[1] ['ɑː(r)mlɪs] *adj* armlos.

arm·less[2] ['ɑː(r)mlɪs] *adj* unbewaffnet.

arm·let ['ɑː(r)mlɪt; -lət] *s* 1. kleiner (Meeres- *od.* Fluß)Arm. 2. *bes. mil.* Armbinde *f*.

arm| le·ver *s Ringen*: Armhebel *m*. **'~lock** *s Ringen*: Armschlüssel *m*.

ar·mor, *bes. Br.* **ar·mour** ['ɑː(r)mə(r)] **I** *s* 1. Rüstung *f*, Panzer *m*. 2. *fig.* Schutz *m*, Panzer *m*: **the ~ of virtue.** 3. *mil. tech.* Panzer(ung *f*) *m*, Ar'mierung *f*, (*a.* Kabel)Bewehrung *f*. 4. Taucheranzug *m*. 5. *bot. zo.* Panzer *m*, Schutz(decke *f*, -mittel *n*) *m*. 6. *collect. mil.* a) Panzer (-fahrzeuge) *pl*, b) Panzertruppen *pl*. **II** *v/t* 7. a) (be)waffnen, (aus)rüsten, b) mit Panzerfahrzeugen ausrüsten. 8. panzern. **'~ˌbear·er** *s hist.* Waffenträger *m*, Schildknappe *m*. **'~-clad I** *adj* gepanzert, Panzer... **II** *s* Panzerschiff *n*.

ar·mored, *bes. Br.* **ar·moured** ['ɑː(r)mə(r)d] *adj mil. tech.* gepanzert, Panzer..., bewehrt, ar'miert: **~ attack** Panzerangriff *m*; **~ cable** bewehrtes *od.* armiertes Kabel, Panzerkabel *n*; **~ car** a) Panzerkampfwagen *m*, b) gepanzertes Fahrzeug (*für Geldtransporte etc*); **~ concrete** armierter Beton, Eisenbeton *m*; **~ cruiser** Panzerkreuzer *m*; **~ infantry** Panzergrenadiere *pl*; **~ train** Panzerzug *m*.

ar·mor·er, *bes. Br.* **ar·mour·er** ['ɑː(r)mərə(r)] *s* 1. *mar. mil.* Waffenmeister *m*. 2. *hist.* Waffenschmied *m*.

ar·mo·ri·al [ɑː(r)'mɔːrɪəl; *Am. a.* -'məʊ-] **I** *adj* Wappen..., he'raldisch: **~ bearings** Wappen(schild *m*, *n*) *n*. **II** *s* Wappenbuch *n*.

Ar·mor·ic [ɑː'mɒrɪk; *Am.* ɑːr'mɔːrɪk; -'mɑr-] *adj* ar'morisch, bre'tonisch. **Ar'mor·i·can I** *s* 1. Armori'kaner(in). 2. *ling.* Bre'tonisch *n*, das Bretonische. **II** *adj* → **Armoric**.

ar·mor·ied ['ɑː(r)mərɪd] *adj* mit Wappen bedeckt. **'ar·mor·ist** *s* He'raldiker *m*.

'ar·mor|-ˌpierc·ing, *bes. Br.* **'ar·mour-ˌpierc·ing** *adj mil.* panzerbrechend, Panzer(spreng)...: **~ ammunition** a) Panzer(spreng)munition *f*, b) *Gewehr*: Stahlkernmunition *f*. **'~-ˌplat·ed,** *bes. Br.* **'ar·mour-ˌplat·ed** → **armor-clad** I.

ar·mor·y[1] ['ɑː(r)mərɪ] *s* He'raldik *f*, Wappenkunde *f*.

ar·mor·y[2], *bes. Br.* **ar·mour·y** ['ɑː(r)mərɪ] *s* 1. Rüst-, Waffenkammer *f*, Waffenmeiste'rei *f*, Zeughaus *n*, Arse'nal *n* (*a. fig.*). 2. 'Waffenfaˌbrik *f*. 3. Exer'zierhalle *f*.

ar·mour, *etc bes. Br. für* **armor**, *etc.*

ar·mour·y *bes. Br. für* **armory**[2].

'arm|·pit *s* 1. *anat.* Achselhöhle *f*. 2. **the ~ of** *Am. colloq.* das dreckigste Loch von (*od. gen*). **'~·rest** *s* Armlehne *f*, -stütze *f*. **'~·scye** [-saɪ] *s* Ärmelausschnitt *m*. **~ stroke** *s Schwimmen*: Armzug *m*. **~ twist·ing** *s fig.* Druckausübung *f*.

ar·mure ['ɑː(r)mjʊə(r)] *s* (*ein*) Woll- *od.* Seidenstoff *m* mit eingewebten Reli'efmustern.

arm wres·tling *s* Armdrücken *n*.

ar·my ['ɑː(r)mɪ] *s* 1. Ar'mee *f*, Heer *n*, Landstreitkräfte *pl*: **~ contractor** Heereslieferant *m*; **~ group** Heeresgruppe *f*; **~ kitchen** Feldküche *f*; **A~ List**, *Am.* **A~ Register** Rangordnung *f* (*des Heeres*); **~ manual, ~ regulation** Heeresdienstvorschrift *f*; **~ post office** Feldpostamt *n*; **~ service area** rückwärtiges Armeegebiet. 2. Ar'mee *f* (*als militärische Einheit*). 3. Mili'tär *n*: **in the ~** beim Militär; **the ~** *Br.* der Militärdienst; **to join the ~** Soldat werden. 4. *fig.* Heer *n*, Menge *f*, große (An)Zahl. **~ ant** → **driver ant**. **~ chap·lain** *s mil.* Mili'tärseelsorger *m*, -geistliche(r) *m*. **~ com·mis·sar·y** *s mil.* Heeresverpflegungsamt *n*. **~ corps** *s mil.* Ar'meekorps *n*. **~ host·ess** *s mil. Am.* Sol'datenbetreuerin *f*.

ar·na ['ɑː(r)nɑː] *s zo.* Arni *m*, Riesen-[büffel *m*.]

ar·ni·ca ['ɑː(r)nɪkə] *s bot. pharm.* Arnika *f*: → **tincture** 1.

ar·oid ['ærɔɪd] *bot.* **I** *adj* zu den Aronstabgewächsen gehörig. **II** *s* Aronstab *m*.

a·roint thee [ə'rɔɪnt] *interj poet.* fort!

a·rol·la [ə'rɒlə; *Am.* ə'rɑlə; ə'rəʊlə] *s bot.* Arve *f*, Zirbelkiefer *f*.

a·ro·ma [ə'rəʊmə] *s* 1. A'roma *n*, Duft *m*, Würze *f*, Blume *f* (*des Weines*). 2. *fig.* Würze *f*, Reiz *m*.

ar·o·mat·ic [ˌærəʊ'mætɪk; -rə'm-] **I** *adj* aro'matisch (*a. chem.*), würzig, duftig: **~ bath** *med.* Kräuterbad *n*. **II** *s* aro'matische Sub'stanz *od.* Pflanze. **a·ro·ma·tize** [ə'rəʊmətaɪz] *v/t* aromati'sieren, A'roma *od. fig.* Reiz verleihen (*dat*).

a·rose [ə'rəʊz] *pret von* **arise**.

a·round [ə'raʊnd] **I** *adv* 1. (rings)her'um: a) (rund)her'um, im Kreise, b) ringsum'her, überall('hin), nach *od.* auf allen Seiten. 2. um'her, (in der Gegend) her'um: **to travel ~**; **to look ~** a) sich umsehen, b) zurückschauen. 3. *colloq.* a) in der Nähe, da'bei: **the man was standing ~**, b) da, zur Hand: **she was always ~**; **stick ~**! bleib da *od.* in der Nähe!; **still ~**? du bist ja noch da! **II** *prep* 4. um, um ... her'um, rund um. 5. in (*dat*) ... her'um: **to travel ~ the country**. 6. *colloq.* ungefähr, etwa, um ... her'um: **~ two thousand tons.** 7. *colloq.* (nahe) bei, in (*dat*) ... her'um: **to stay ~ the house** sich im *od.* beim Hause aufhalten, zu Hause bleiben.

aˌround-the-'clock *adj* den ganzen Tag dauernd, 24stündig, 'durchgehend, Dauer...

a·rouse [ə'raʊz] *v/t* 1. *j-n* (auf)wecken, aus dem Schlaf reißen, wachrütteln. 2. *fig.* auf-, wachrütteln, *Gefühle etc* wachrufen, wecken, erregen.

ar·peg·gio [ɑː(r)'pedʒɪəʊ; -dʒəʊ] *pl* **-gios** *s mus.* Ar'peggio *n*.

ar·que·bus ['ɑː(r)kwɪbəs; *Am. a.* -kəbəs] → **harquebus**.

ar·rack ['ærək] *s* Arrak *m*.

ar·rah ['ærə] *interj Ir.* aber!

ar·raign [ə'reɪn] *v/t* 1. *jur.* a) vor Gericht stellen, b) zur Anklage vernehmen. 2. *a. weitS.* anklagen, beschuldigen. 3. *fig.* rügen. **ar'raign·ment** *s* 1. *jur.* Vernehmung *f* zur Anklage. 2. *a. weitS.* Anklage *f*, Beschuldigung *f*.

ar·range [ə'reɪndʒ] **I** *v/t* 1. arran'gieren, (an)ordnen, aufstellen, in Ordnung bringen, (ein)richten: **to ~ one's affairs** s-e Angelegenheiten ordnen *od.* regeln; **to ~ in layers** *tech.* schichten; **~d in tandem** *tech.* hintereinander angeordnet. 2. *a. math.* gliedern, grup'pieren, einteilen: **to be ~d** sich gliedern. 3. festsetzen, -legen, vorbereiten, planen. 4. Vorkehrungen treffen für, in die Wege leiten, arran'gieren: **to ~ a meeting**. 5. verabreden, vereinbaren, ausmachen: **as ~d** wie vereinbart. 6. *etwas* erledigen, 'durchführen. 7. *e-n Streit* schlichten, beilegen. 8. **~ o.s.** sich einrichten *od.* vorbereiten (**for** auf *acc*). 9. *mus.* arran'gieren, *a. thea. etc* einrichten, bearbeiten. **II** *v/i* 10. sich verständigen *od.* einigen, ins reine kommen, e-n Vergleich schließen (**with s.o. about s.th.** mit j-m über etwas): **to ~ with a creditor about one's debts.** 11. Vorkehrungen treffen (**for, about** für, zu; **to** *inf* zu *inf*), es einrichten, dafür sorgen (**that** daß): **I will ~ for the car to be there.**

ar·range·ment [ə'reɪndʒmənt] *s* 1. (An)Ordnung *f*, Aufbau *m*, Auf-, Zs.-stellung *f*, Dispositi'on *f*, Ein-, Verteilung *f*, Grup'pierung *f*, Einrichtung *f*, Gliederung *f*: **~ of chromosomes** *biol.* Chromosomenanordnung. 2. *math.* a) Ansatz *m* (*e-r Gleichung*), Einteilung *f*, Anordnung *f*, Gliederung *f*, b) Komplexi'on *f*. 3. Festsetzung *f*. 4. Vereinbarung *f*, Verabredung *f*, Über'einkunft *f*, Abkommen *n*, Absprache *f*, Arrange'ment *n*: **to make an ~** (*od.* **to enter into an ~**) **with s.o.** mit j-m e-e Vereinbarung *etc* treffen; **salary by ~** Gehalt nach Vereinbarung. 5. a) Beilegung *f*, Schlichtung *f*, b) Vergleich *m* (*mit Gläubigern*): **to come to an ~** e-n Vergleich schließen, sich vergleichen. **6.** Erledigung *f*, ˈDurchführung *f*. **7.** *pl* Vorkehrungen *pl*, Vorbereitungen *pl*: **to make ~s** Vorkehrungen *od.* Vorbereitungen treffen. **8.** *pl* Veranstaltungen *pl*. **9.** *mus.* Arrangeˈment *n*, *a. thea. etc* Einrichtung *f*, Bearbeitung *f*. **10.** Arrangeˈment *n*, Zs.-stellung *f*: **an ~ in red and white.**

arˈrang·er *s* **1.** Arranˈgeur *m*, (An-)Ordner(in). **2.** *mus.* Arranˈgeur *m*, *a. thea. etc* Bearbeiter(in).

ar·rant [ˈærənt] *adj* (*adv* **~ly**) **1.** völlig, ausgesprochen, ‚komˈplett': **an ~ fool**; **~ nonsense.** **2.** abgefeimt, Erz...: **~ rogue** Erzgauner *m*.

ar·ras [ˈærəs] *s* **1.** gewirkter Teppich, gewirkte Taˈpete. **2.** Wandbehang *m*.

ar·ray [əˈreɪ] **I** *v/t* **1.** *Truppen etc* aufstellen. **2.** (o.s. sich) kleiden, (herˈaus-)putzen, schmücken, ˈausstafˌfieren. **3.** *fig.* aufbieten, ins Feld führen (**against** gegen). **4.** *jur.* a) *die Geschworenenliste* aufstellen: **to ~ the panel**, b) *die Geschworenen* aufrufen. **II** *s* **5.** *mil.* Schlachtordnung *f*. **6.** *fig.* Phalanx *f*, (stattliche) Reihe, Menge *f*, Schar *f*, Aufgebot *n* (**of** von). **7.** Kleidung *f*, Tracht *f*, Aufmachung *f*, Staat *m*. **8.** *a. math.* Anordnung *f*. **9.** *jur.* a) (Aufstellung *f* der) Geschworenenliste *f*, b) (*die*) Geschworenen *pl*, c) Aufruf *m* der Geschworenen.

ar·rear [əˈrɪə(r)] *s meist pl* Rückstand *m*, Rückstände *pl*: a) ausstehende Forderungen *pl*, Schulden *pl*, b) (*etwas*) Unerledigtes: **~s in** (*od.* **of**) **rent** rückständige Miete; **~s of interest** rückständige Zinsen; **~s on interest** Verzugszinsen; **~s of work** Arbeitsrückstände; **to be in ~(s) for** (*od.* **in**) **s.th.** mit etwas im Rückstand *od.* Verzug sein.

ar·rest [əˈrest] **I** *s* **1.** An-, Aufhalten *n*, Hemmung *f*, Stockung *f*: **~ of development** *biol.* Entwicklungshemmung; **~ of growth** *biol.* Wachstumsstillstand *m*; **~ of judg(e)ment** *jur.* Urteilssistierung *f*, Vertagung *f* des Urteils (*wegen Verfahrensmängel*). **2.** *jur.* a) Verhaftung *f*, Festnahme *f*: **you are under ~!** Sie sind verhaftet!; → **warrant** 6, b) Haft *f*, Arˈrest *m*: **under ~** in Haft, c) Beschlagnahme *f*. **II** *v/t* **3.** an-, aufhalten, hemmen, hindern, zum Stillstand bringen: **~ed growth** *biol.* Wachstumsstillstand *m*; **~ed tuberculosis** *med.* inaktive Tuberkulose. **4.** *fig. j-n, j-s Aufmerksamkeit etc* fesseln, bannen. **5.** *jur.* a) festnehmen, verhaften, b) beschlagnahmen, c) **to ~ judg(e)ment** das Urteil (*wegen Verfahrensmängel*) vertagen. **6.** *tech.* arreˈtieren, sperren, feststellen, blocˈkieren: **~ing cam** Auflaufnocken *m*; **~ing gear** Sperrgetriebe *n*, Arretierung *f*.

ar·rest·er [əˈrestə(r)] *s* **1.** j-d, der verhaftet *od.* beschlagnahmt. **2.** *electr.* a) Blitzableiter *m*, b) Funkenlöscher *m*. **3.** *tech.* Filtervorrichtung *f* (*in Fabrikschornsteinen etc*). **~ ca·ble, ~ gear** *s aer. mil.* Fangkabel *n*. **~ hook** *s aer. mil.* Fanghaken *m*.

arˈrest·ing *adj* (*adv* **~ly**) a) fesselnd, eindrucksvoll, interesˈsant, b) verblüffend.

arˈres·tive *adj* fesselnd.

arˈrest·ment *s* **1.** → **arrest** 1. **2.** *jur.* a) Beschlagnahme *f*, b) *Scot.* Verhaftung *f*. **arˈres·tor** [-tə(r)] → **arrester.**

ar·rêt [æˈre; æˈreɪ] *s* **1.** *jur.* Urteil(sspruch *m*) *n*. **2.** *hist.* Erlaß *m*.

ar·rhyth·mi·a [eɪˈrɪðmɪə; ə-; æ-] *s a.* **cardiac ~** *med.* Herzrhythmusstörung(en *pl*) *f*.

ar·ride [əˈraɪd] *v/t obs.* erfreuen.

ar·rière|-ban [ˌærɪeə(r)ˈbæn] *s hist.* a) Aufruf *m od.* Proklamatiˈon *f* zum Waffendienst, b) Heerbann *m*. **~-pen·sée** [ˌ-ˈpɒnseɪ; *Am.* -pɑnˈseɪ] *s* ˈHintergedanke *m*.

ar·ris [ˈærɪs] *pl* **-ris, -ris·es** *s bes. arch.* (scharfe) Kante, Grat(linie *f*) *m*. **~ fil·let** *s arch.* Gratleiste *f*. **~ gut·ter** *s arch.* spitzwink(e)lige Dachrinne.

ar·riv·al [əˈraɪvl] *s* **1.** Ankunft *f* (*a. aer. rail. etc*), Eintreffen *n*: **the day of ~**; **on his ~** bei *od.* gleich nach s-r Ankunft. **2.** Erscheinen *n*, Auftauchen *n*. **3.** a) Ankömmling *m*, b) (*etwas*) Angekommenes: **new ~** Neuankömmling, *colloq. a.* Familienzuwachs *m*. **4.** *pl* ankommende Züge *pl od.* Schiffe *pl od.* Flugzeuge *pl*. **5.** *fig.* Gelangen *n* (**at** zu): **~ at a conclusion.** **6.** *oft pl econ.* Eingänge *pl*, Zufuhr *f*: **~ of goods** Wareneingang *m*; **on ~ of goods** bei Eingang *od.* Eintreffen der Ware.

ar·rive [əˈraɪv] **I** *v/i* **1.** (an)kommen, eintreffen, anlangen (**at, in** an *od.* in *dat*). **2.** erscheinen, auftauchen. **3.** *fig.* (**at**) erreichen (*acc*), kommen *od.* gelangen (zu): **to ~ at a decision (understanding, etc).** **4.** kommen: **the time has ~d.** **5.** *colloq.* Erfolg haben, ‚es schaffen', es (in der Welt) zu etwas bringen. **6.** *obs.* geschehen (**to s.o.** j-m). **II** *v/t* **7.** *poet.* erreichen.

ar·ri·vé [ˌærɪˈveɪ] *s* Arriˈvierte(r *m*) *f*, Emˈporkömmling *m*, Parveˈnü *m*. **ar·ri·viste** [ˌærɪˈvɪst] *s* **1.** Karriˈeremacher(in), Erfolgsmensch *m*. **2.** → **arrivé.**

ar·ro·gance [ˈærəgəns] *s* Arroˈganz *f*, Dünkel *m*, Anmaßung *f*, Überˈheblichkeit *f*: **the ~ of power** *pol.* die Anmaßung der Macht. **ˈar·ro·gant** *adj* (*adv* **~ly**) arroˈgant, anmaßend, hochmütig, überˈheblich.

ar·ro·gate [ˈærəʊgeɪt; -rəg-] *v/t* **1. to ~ s.th. to o.s.** a) etwas für sich in Anspruch nehmen, b) sich etwas anmaßen. **2.** zuschreiben, zuschieben, zusprechen (**s.th. to s.o.** j-m etwas). **ˌar·roˈga·tion** *s* Anmaßung *f* (**of** *gen*).

ar·row [ˈærəʊ] *s* **1.** Pfeil *m*. **2.** Pfeil(zeichen *n*) *m* (*als Richtungsweiser*). **3.** *surv.* Zähl-, Marˈkierstab *m*. **4.** *bot.* Spitze *f* des Hauptstengels vom Zuckerrohr. **~grass** *s bot.* Dreizack *m*. **ˈ~head** *s* **1.** Pfeilspitze *f*. **2.** Pfeil *m* (*in e-r technischen Zeichnung etc*). **3.** *bot.* Pfeilkraut *n*. **ˈ~head·ed** *adj* in Form e-r Pfeilspitze. **ˈ~-root** *s bot.* **1.** Pfeilwurz *f*. **2.** Arrowroot *m*, Pfeilwurzstärke *f*. **ˈ~-type** *adj tech.* pfeilförmig, Pfeil...: **~ wing.**

ar·row·y [ˈærəʊɪ; *Am.* ˈærəwiː] *adj* **1.** pfeilförmig, Pfeil... **2.** *fig.* pfeilschnell.

ar·roy·o [əˈrɔɪəʊ; -əʊ] *pl* **-os** *s Am.* **1.** Wasserlauf *m*. **2.** Trockental *n*. **3.** *geol.* Erosiˈonsrinne *f*.

arse [ɑːs] *Br. vulg.* **I** *s* **1.** ‚Arsch' *m*: **park your blooming ~!** setz dich (endlich) auf d-n Arsch! **2.** ‚Arschloch' *n*. **3.** *fig. contp.* ‚Arsch(loch' *n*) *m*. **4.** (**piece of**) **~** a) ‚Mieze' *f*, b) ‚Nummer' *f* (*Geschlechtsverkehr*): **to have an ~** e-e Nummer machen *od.* schieben. **II** *v/i* **5. ~ about** (*od.* **around**) a) herˈumblödeln, b) herˈumgammeln. **ˈ~·hole** *s Br. vulg.* ‚Arschloch' *n* (*a. fig. contp.*): **his ~ was hanging out** *fig.* ‚ihm ging der Arsch mit Grundeis'. **~ lick·er** *s Br. vulg.* ‚Arschkriecher(in)'. **ˈ~-ˌlick·ing** *Br. vulg.* **I** *adj* ‚arschkriecherisch'. **II** *s* ‚Arschkriecheˈrei' *f*.

ar·se·nal [ˈɑː(r)sənl] *s* **1.** Arseˈnal *n* (*a. fig.*), Zeughaus *n*, Waffenlager *n*. **2.** ˈWaffen-, Munitiˈonsfaˌbrik *f*.

ar·se·nate [ˈɑː(r)səneɪt; *Am. bes.* ˈɑːrsnət] *s chem.* arˈsensaures Salz.

ar·se·nic I *s* [ˈɑː(r)snɪk] *chem.* **1.** Arˈsen *n*. **2.** weißes Arˈsenik. **II** *adj* [ɑː(r)ˈsenɪk] **3.** arˈsenhaltig, Arsen(ik)...: **~ acid** Arsensäure *f*; **~ poisoning** Arsenvergiftung *f*. **arˈsen·i·cal** [-ˈsenɪkl] → **arsenic** 3. **arˈsen·i·cate** [-keɪt] *v/t chem.* mit Arˈsen verbinden *od.* behandeln.

ar·se·nide [ˈɑː(r)sənaɪd] *s chem.* Arˈsenmeˌtall *n*, -verbindung *f*.

ar·se·ni·ous [ɑː(r)ˈsiːnjəs; -ɪəs] *adj chem.* **1.** arˈsenig, Arsen..., dreiwertiges Arˈsen enthaltend. **2.** Arsenik...: **~ acid** Arsensäure *f*.

ar·se·nite [ˈɑː(r)sənaɪt] *s chem.* arˈsenigsaures Salz.

ar·sine [ˈɑː(r)siːn; ɑː(r)ˈsiːn] *s chem.* Arˈsenwasserstoff *m*.

ar·sis [ˈɑː(r)sɪs] *pl* **-ses** [-siːz] *s* **1.** *metr.* a) *hist.* unbetonter Teil e-s Versfußes, b) Hebung *f*, Arsis *f*. **2.** *mus.* Arsis *f*, unbetonter Taktteil.

ar·son [ˈɑː(r)sn] *s jur.* Brandstiftung *f*. **ˈar·son·ist** *s* Brandstifter(in).

art[1] [ɑː(r)t] **I** *s* **1.** (*bes.* bildende) Kunst: **the ~ of painting** (die Kunst der) Malerei *f*; **work of ~** Kunstwerk *n*; **brought to a fine ~** *fig.* zu e-r wahren Kunst entwickelt; → **fine arts.** **2.** *collect.* Kunstwerke *pl*, Kunst *f*. **3.** Kunst(fertigkeit) *f*, Geschicklichkeit *f*: **the ~ of the painter.** **4.** Kunst *f* (*als praktische Anwendung von Wissen u. Geschick*): **the ~ of building; the ~ of navigation; the ~ of cooking** die Hohe Schule des Kochens; **~ and part** Entwurf u. Ausführung; **to be ~ and part in s.th.** planend u. ausführend an etwas beteiligt sein; **applied** (*od.* **industrial**) **~, ~s and crafts** Kunstgewerbe *n*. **5.** a) Wissenszweig *m*, b) *Patentrecht*: Fachgebiet *n*, *a.* Technik *f*: **person skilled in the ~** Fachmann *m*; **term of ~** Fachausdruck *m*; → **prior**[1] 1, **state** 6. **6.** *pl* a) Geisteswissenschaften *pl*, b) *hist.* (*die*) freien Künste *pl* (*des Mittelalters*): **Faculty of A~s**, *Am.* **A~s Department** philosophische Fakultät; → **bachelor** 2, **liberal arts, master** 12. **7.** *meist pl* Kunstgriff *m*, Kniff *m*, Trick *m*. **8.** List *f*, Verschlagenheit *f*, Tücke *f*. **9.** Künstlichkeit *f*, ˈUnnaˌtürlichkeit *f*, Affekˈtiertheit *f*.

II *adj* **10.** Kunst...: **~ ballad** Kunstballade *f*; **~ critic** Kunstkritiker *m*; **~ dealer** Kunsthändler *m*; **~ director** a) *thea. etc* Bühnenmeister *m*, b) Art-director *m* (*künstlerischer Leiter des Layouts in e-r Werbeagentur*); **~ gallery** Gemälde-, Bildergalerie *f*; **~ historian** Kunsthistoriker *m*; **~ lover** Kunstfreund *m*, -liebhaber *m*; **~ paper** Kunstdruckpapier *n*; **~ song** Kunstlied *n*; **~ theater** *Am.* Filmkunsttheater *n*; → **artwork.** **11.** künstlerisch, dekoraˈtiv: **~ pottery.**

art[2] [ɑː(r)t] *obs. 2. sg pres von* **be.**

ar·te·fact → **artifact.**

ar·te·ri·a [ɑː(r)ˈtɪərɪə] *pl* **-ri·ae** [-iː] (*Lat.*) *s anat.* Arˈterie *f*, Puls-, Schlagader *f*. **arˈte·ri·al** *adj* **1.** *anat.* arteriˈell, Arterien..., Puls..., Schlagader... **2.** *fig.* e-e (Haupt)Verkehrsader betreffend: **~ road**, *Am. a.* **~ highway** Hauptverkehrs-, Durchgangs-, Ausfallstraße *f*, *a.* Fernverkehrsstraße *f*; **~ railroad** (*bes. Br.* **railway**) Hauptstrecke *f*.

ar·te·ri·ole [ɑː(r)ˈtɪərɪəʊl] *s anat.* Arteriˈole *f*, kleine Arˈterie.

ar·te·ri·o·scle·ro·sis [ɑː(r)ˌtɪərɪəʊsklɪəˈrəʊsɪs; *bes. Am.* -skləˈr-] *s med.* Arˌterioskleˈrose *f*, Arˈterienverkalkung *f*.

ar·te·ri·ot·o·my [ɑː(r)ˌtɪərɪˈɒtəmɪ; *Am.* -ˈɑt-] *s med.* Arˌteriotoˈmie *f*, operaˈtive Arˈterien(er)öffnung.

ar·te·ri·tis [ˌɑː(r)təˈraɪtɪs] *s med.* Arteriˈitis *f*, Arˈterienentzündung *f*.

ar·ter·y [ˈɑː(r)tərɪ] *s* **1.** *anat.* Arˈterie *f*, Puls-, Schlagader *f*. **2.** *fig.* (Haupt)Verkehrsader *f*, *bes.* a) Hauptstraße *f*,

b) Hauptwasserstraße *f*: ~ **of trade** Haupthandelsweg *m*. **3.** *fig*. Weg *m*.

ar·te·sian well [ɑ:(r)ˈti:zjən; *bes. Am.* -ʒən] *s* **1.** arˈtesischer Brunnen. **2.** *Am.* tiefer Brunnen.

ˈart·ful *adj* (*adv* ~**ly**) **1.** schlau, listig, verschlagen, raffiˈniert. **2.** gewandt, geschickt. **3.** *selten* kunstvoll. **4.** künstlich. **ˈart·ful·ness** *s* **1.** List *f*, Schläue *f*, Verschlagenheit *f*. **2.** Gewandtheit *f*.

ar·thral·gi·a [ɑ:(r)ˈθrældʒə; -dʒɪə] *s med.* Arthralˈgie *f*, Gelenkschmerz *m*.

ar·thrit·ic [ɑ:(r)ˈθrɪtɪk] *med.* **I** *adj* arˈthritisch. **II** *s* Arˈthritiker(in). **ar·ˈthrit·i·cal** → **arthritic** I. **arˈthri·tis** [-ˈθraɪtɪs] *s med.* Arˈthritis *f*, Gelenkentzündung *f*.

ar·thro·pod [ˈɑ:(r)θrəʊpɒd; -θrə-; *Am.* -ˌpɑd] *s zo.* Gliederfüßer *m*.

ar·thro·spore [ˈɑ:(r)θrəʊspɔ:(r); -θrə-; *Am. a.* -ˌspəʊər] *s bot.* Arthroˈspore *f*, Gliederspore *f*.

Ar·thu·ri·an [ɑ:(r)ˈθjʊərɪən; *Am. a.* -ˈθʊr-] *adj* (König) Arthur *od.* Artus betreffend, Arthur..., Artus...

ar·tic [ɑ:ˈtɪk] *s Br. colloq.* Sattelschlepper *m*.

ar·ti·choke [ˈɑ:(r)tɪtʃəʊk] *s bot.* Artiˈschocke *f*.

ar·ti·cle [ˈɑ:(r)tɪkl] **I** *s* **1.** (*Zeitungs- etc*) Arˈtikel *m*, Aufsatz *m* (*in e-r Zeitung etc*). **2.** Arˈtikel *m*, Gegenstand *m*, Sache *f*: **the real** ~ *sl.* das Richtige. **3.** *bes. econ.* (Geˈbrauchs-, ˈHandels)Arˌtikel *m*, Ware *f*, Warenposten *m*, Fabriˈkat *n*: ~ **of clothing** (*od.* **dress**) (Be)Kleidungsstück *n*; ~ **of consumption** Bedarfsartikel, Gebrauchsgegenstand *m*. **4.** *ling.* Arˈtikel *m*, Geschlechtswort *n*. **5.** Arˈtikel *m*, Paraˈgraph *m*, Abschnitt *m*, Absatz *m*, Satz *m* (*e-s Gesetzes, Schriftstückes etc*): **the Thirty-Nine A~s** die 39 Glaubensartikel (der anglikanischen Kirche). **6.** a) Arˈtikel *m*, Punkt *m*, Klausel *f* (*e-s Vertrages etc*), b) Vertrag *m*: **to serve one's ~s** in der Lehre sein, e-e Lehre machen (**with** bei); **~s of association** (*Am.* **incorporation**) Satzung *f* (*e-r Aktiengesellschaft*); **~s of partnership** Gesellschaftsvertrag *m*; **according** (**contrary**) **to the ~s** satzungsgemäß (-widrig); → **apprenticeship, shipping articles. 7.** *Am. sl.* Kerl *m*, ‚Knülch' *m*. **8.** Augenblick *m*: **in the ~ of death.**

II *v/t* **9.** arˈtikelweise abfassen, Punkt für Punkt darlegen. **10.** in die Lehre geben (**to** bei). **11.** *obs.* anklagen (**for** wegen).

ar·ti·cled [ˈɑ:(r)tɪkld] *adj* **1.** vertraglich gebunden. **2.** in der Lehre (**to** bei): ~ **clerk** *jur. Br.* Anwaltsgehilfe *m*.

ar·tic·u·lar [ɑ:(r)ˈtɪkjʊlə(r)] *adj anat. biol.* Glied(er)..., Gelenk...

ar·tic·u·late I *adj* [ɑ:(r)ˈtɪkjʊlət] (*adv* ~**ly**) **1.** klar (erkennbar *od.* herˈvortretend), deutlich, (genau) gegliedert. **2.** artikuˈliert, klar *od.* deutlich ausgesprochen, verständlich (*Wörter etc*). **3.** a) fähig(, deutlich) zu sprechen, b) *weitS.* fähig, sich klar auszudrücken. **4.** a) deutlich, vernehmlich, b) sich Gehör verschaffend: **to make** ~ → 7. **5.** *bot. zo.* gegliedert, Glieder..., Gelenk...: ~ **animal** Gliedertier *n*. **II** *v/t* [-leɪt] **6.** artikuˈlieren: a) (deutlich) aussprechen: **to ~ a word,** b) *Phonetik*: *e-n Laut* bilden. **7.** a) äußern, Ausdruck verleihen (*dat*), b) *etwas* zur Sprache bringen, Gehör verschaffen (*dat*). **8.** verbinden, zs.-fügen, durch Glieder *od.* Gelenke verbinden, *tech.* anlenken. **9.** (**with**) abstimmen (auf *acc*), koordiˈnieren (mit). **III** *v/i* [-leɪt] **10.** deutlich sprechen, (*Phonetik*) artikuˈlieren. **11.** (**with**) sich eingliedern (in *acc*), sich verbinden (mit).

ar·tic·u·lat·ed [ɑ:(r)ˈtɪkjʊleɪtɪd] *adj* **1.** gegliedert. **2.** *Phonetik*: artikuˈliert. **3.** *tech.* angelenkt, gelenkig, Gelenk...: ~ **coupling** Gelenkkupplung *f*; ~ **lorry** (*bes. Am.* **truck**) Sattelschlepper *m*; ~ **train** *rail.* Gliederzug *m*; ~ **vehicle** Gelenkfahrzeug *n*.

ar·tic·u·late·ness [ɑ:(r)ˈtɪkjʊlətnɪs] *s* Artikuˈliertheit *f*, Deutlichkeit *f*.

ar·tic·u·la·tion [ɑ:(r)ˌtɪkjʊˈleɪʃn] *s* **1.** *bes. ling.* Artikulatiˈon *f* (*a. mus.*), (deutliche) Aussprache, Lautbildung *f*. **2.** *ling.* artikuˈlierter Laut, *bes.* Konsoˈnant *m*. **3.** Deutlichkeit *f*, Verständlichkeit *f* (*a. teleph.*). **4.** Zs.-, Aneinˈanderfügung *f*, Verbindung *f*. **5.** Koordinatiˈon *f*. **6.** *anat. tech.* a) Gelenk(verbindung *f*) *n*: ~ **piece** Gelenkstück *n*, b) Gliederung *f*. **7.** *bot.* Knoten *m*, Stengelglied *n*.

ar·ti·fact [ˈɑ:(r)tɪfækt] *s* **1.** Arteˈfakt *n*: a) Gebrauchsgegenstand *m*, Werkzeug *n* *od.* Gerät *n* (*bes. primitiver od. prähistorischer Kulturen*), b) *med.* ˈKunstproˌdukt *n*. **2.** *biol.* durch den Tod *od.* ein Reˈagens herˈvorgerufene Strukˈtur in Geweben *od.* Zellen.

ar·ti·fice [ˈɑ:(r)tɪfɪs] *s* **1.** *obs.* Kunst(fertigkeit) *f*, Geschick(lichkeit *f*) *n*. **2.** List *f*, Verschlagenheit *f*. **3.** Kunstgriff *m*, Kniff *m*, Trick *m*. **ar·tif·i·cer** [ɑ:(r)ˈtɪfɪsə(r); ˈɑ:(r)tɪ-] *s* **1.** → **artisan. 2.** *mil.* a) Feuerwerker *m*, b) Kompaˈniehandwerker *m*. **3.** *fig.* Urheber(in).

ar·ti·fi·cial [ˌɑ:(r)tɪˈfɪʃl] **I** *adj* (*adv* ~**ly**) **1.** Kunst..., künstlich: ~ **flower** (**insemination, kidney, respiration,** *etc*) künstliche Blume (Befruchtung, Niere, Beatmung *etc*); ~ **fertilizer** Kunstdünger *m*; ~ **gem** synthetischer Edelstein; ~ **horizon** *aer. astr.* künstlicher Horizont; ~ **intelligence** (*Computer*) künstliche Intelligenz; ~ **language** Kunstsprache *f*, Welthilfssprache *f*; ~ **limb** *med.* künstliches Glied, Kunstglied *n*, Prothese *f*; ~ **pacemaker** *med.* Herzschrittmacher *m*; ~ **person** juristische Person; ~ **selection** *biol.* künstliche Zuchtwahl; ~ **silk** Kunstseide *f*; ~ **teeth** falsche *od.* künstliche Zähne. **2.** gekünstelt, unecht, falsch. **3.** ˈunnaˌtürlich, affekˈtiert. **4.** *biol.* ˈunorˌganisch. **5.** *bot.* gezüchtet. **II** *s* **6.** *Am.* a) ˈKunstproˌdukt *n*, b) *bes. pl* Kunstdünger *m*.

ar·ti·fi·ci·al·i·ty [ˌɑ:(r)tɪfɪʃɪˈælətɪ] *s* **1.** Künstlichkeit *f*. **2.** (*etwas*) Künstliches *od.* Gekünsteltes.

ar·til·ler·ist [ɑ:(r)ˈtɪlərɪst] *s* **1.** Artilleˈrist *m*. **2.** Kanoˈnier *m*.

ar·til·ler·y [ɑ:(r)ˈtɪlərɪ] *s* **1.** Artilleˈrie *f*: a) Geschütze *pl*, Kaˈnonen *pl*, b) Artilleˈriekorps *n*. **2.** Artilleˈriefeuer *n*. **3.** *Am. sl.* ‚Kaˈnonen' *pl*, Schießeisen *pl*. **4.** *hist.* ˈKriegsmaˌschinen *pl*, Wurfgeschütze *pl*. **arˈtil·ler·y·man** [-mən] *s irr* → **artillerist.**

ar·ti·o·dac·tyl [ˌɑ:(r)tɪəʊˈdæktɪl] *zo.* **I** *adj* paarzehig, spalthufig. **II** *s* Paarzeher *m*, -hufer *m*.

ar·ti·san [ˌɑ:tɪˈzæn; *Am.* ˈɑ:rtəzən] *s* (Kunst)Handwerker *m*.

art·ist [ˈɑ:(r)tɪst] *s* **1.** (bildender) Künstler, (bildende) Künstlerin. **2.** Künstler(in) (*ausübend*), *bes.* a) Musiker(in), b) Sänger(in), c) Tänzer(in), d) Schauspieler(in), e) Arˈtist(in). **3.** *weitS.* Künstler(in), Könner(in). **4.** *obs.* a) Gelehrte(r) *m*, b) → **artisan.**

ar·tiste [ɑ:(r)ˈti:st] → **artist** 1–3.

ar·tis·tic [ɑ:(r)ˈtɪstɪk] *adj*; **arˈtis·ti·cal** [-kl] *adj* (*adv* ~**ly**) **1.** Kunst..., Künstler..., künstlerisch: **artistic works** Kunstwerke. **2.** künstlerisch: a) kunstvoll, geschmackvoll, b) kunstverständig, c) Bohemien..., Künstler...

art·ist·ry [ˈɑ:(r)tɪstrɪ] *s* **1.** Künstlertum *n*. **2.** künstlerische Leistung *od.* Wirkung *od.* Vollˈendung. **3.** Kunstfertigkeit *f*.

art·less [ˈɑ:(r)tlɪs] *adj* (*adv* ~**ly**) **1.** *fig.* aufrichtig, arglos, offen, ohne Falsch. **2.** ungekünstelt, naˈtürlich, schlicht, einfach, naˈiv. **3.** unkünstlerisch, stümperhaft. **4.** ungebildet. **ˈart·less·ness** *s* **1.** Arglosigkeit *f*, Offenheit *f*. **2.** Naˈtürlichkeit *f*, Einfachheit *f*. **3.** Kunstlosigkeit *f*. **4.** Ungebildetheit *f*.

Art Nou·veau [ˌɑ:(r)nu:ˈvəʊ] *s* Art *f* nouˈveau (*Jugendstil in England u. Frankreich*).

ˈart·work *s* **1.** a) Kunstgewerbe *n*, b) kunstgewerbliche Arˈtikel *pl*. **2.** künstlerische Ausgestaltung. **3.** Artwork *n*: a) künstlerische Gestaltung, Illustratiˈon(en *pl*) *f*, Grafik *f*, b) (grafische *etc*) Gestaltungsmittel *pl*.

art·y [ˈɑ:(r)tɪ] *adj colloq.* **1.** a) gewollt bohemiˈenhaft (*Person*): **he is the ~ type** ‚er macht auf Künstler', b) diletˈtantisch, ‚kunstbeflissen', ‚mit künstlerischen Ambitiˈonen': ~ **women. 2.** künstlerisch aufgemacht: ~ **furniture.** **ˌ~(-and)-ˈcraft·y** *adj colloq.* **1.** gewollt künstlerisch. **2.** → **arty** 1 b.

ar·um [ˈeərəm] *s bot.* **1.** Aronstab *m*. **2.** Feuerkolben *m*. **3.** Drachenwurz *f*. ~ **lil·y** *s bot.* Weiße Gartenlilie.

Ar·y·an [ˈeərɪən; ˈɑ:r-] **I** *s* **1.** Arier *m*, Indogerˈmane *m*. **2.** *ling.* a) arische Sprachengruppe, b) indogerˈmanische Sprachen *pl*. **3.** Arier *m*, Nichtjude *m* (*in der Nazi-Ideologie*). **II** *adj* **4.** arisch. **5.** *ling.* a) arisch, indoiˈranisch, b) indogerˈmanisch. **6.** arisch, nichtjüdisch. **ˈAr·y·an·ize** *v/t* ariˈsieren.

ar·yl [ˈærɪl] *s chem.* Aˈryl *n*.

ar·y·te·noid [ˌærɪˈti:nɔɪd] *anat.* **I** *adj* gießbeckenförmig. **II** *s* Gießbeckenknorpel *m* *od.* -muskel *m*.

as [æz; *unbetont* əz; z] **I** *adv* **1.** so, ebenso, geradeso: ~ **good** ~ **gold** *fig.* kreuzbrav, musterhaft; **I ran ~ fast ~ I could** ich lief so schnell ich konnte; **just ~ good** ebenso gut; **twice ~ large** zweimal so groß. **2.** wie (zum Beispiel): **statesmen, ~ Churchill.**

II *conj* **3.** (gerade) wie, so wie: ~ **often ~ they wish** sooft (wie) sie wünschen; ~ **you wish** wie Sie wünschen; ~ **is the case** wie es der Fall ist; ~ **it is** (so) wie die Dinge liegen; (~) **soft ~ butter** butterweich; ~ **requested** wunschgemäß; ~ **I said before** wie ich vorher *od.* schon sagte; ~ **was their habit** wie es ihre Gewohnheit war. **4.** ebenso wie, genauso wie: **you will reap ~ you sow** wie man sät, so erntet man. **5.** als, während, inˈdem: ~ **he entered** als er eintrat, bei s-m Eintritt. **6.** obˈwohl, obˈgleich, wenn auch, wie sehr, sosehr, wie: **late ~ he was, he attended the session** trotz s-r Verspätung nahm er noch an der Sitzung teil; **old ~ I am** so alt wie ich bin; **try ~ he would** sosehr er sich auch mühte. **7.** da, weil: ~ **you are sorry I'll forgive you. 8.** (als *od.* so) daß: **so clearly guilty ~ to leave no doubt** so offensichtlich schuldig, daß kein Zweifel bleibt.

III *pron* **9.** der, die, das, welch(er, e, es) (*nach* **such** *od.* **same**): **such ~ need our help** diejenigen, welche unsere Hilfe brauchen; **the same man ~ was here yesterday** derselbe Mann, der gestern hier war. **10.** was, welche Tatsache, wie: **his health is not good, ~ he himself admits** s-e Gesundheit läßt zu wünschen übrig, was *od.* wie er selbst zugibt.

IV *prep* **11.** als: **to appear ~ Hamlet; he is ~ a father to me** er ist zu mir wie ein Vater.

Besondere Redewendungen:

as ... as (eben)so ... wie; ~ **sweet ~ can**

so süß wie nur möglich; ~ **cheap** ~ **fifty pence the bottle** für nur fünfzig Pence die Flasche; ~ **recently** ~ **last week** erst letzte Woche; ~ **far** ~ **can be ascertained** soweit es sich feststellen läßt; → **far** *Bes. Redew.*; ~ **at** an *od. econ.* zu (*e-m Zeitpunkt*); → **follow** 9; ~ **for** was ... anbetrifft; ~ **from** von *e-m Zeitpunkt* an, ab (*1. April etc*); → **good** 33, **if** 1; ~ **is** im gegenwärtigen Zustand; **the car was sold** ~ **is** der Wagen wurde, so wie er war, verkauft; ~ **it were** sozusagen, gewissermaßen, gleichsam; → **long**[1] 20, **much** *Bes. Redew.*; ~ **per** *econ.* a) laut, gemäß (*dat*), b) nach dem Stande vom (*1. Januar etc*); ~ **to** a) was ... (an)betrifft, im Hinblick auf (*acc*), b) nach, gemäß (*dat*); ~ **to this question** was diese Frage betrifft; **he is taxed** ~ **to his earnings** er wird nach s-m Verdienst besteuert; → **invoice** I, **kind**[2] 1, **usual** I, **well**[1] 12, **yet** 1; ~ **you were!** *mil.* Kommando zurück.

as·a·f(o)et·i·da [ˌæsəˈfetɪdə; -ˈfiː-] *s pharm.* Asaˈfötida *f*, Teufelsdreck *m.*

as·a·ra·bac·ca [ˌæsərəˈbækə] *s bot.* Haselwurz *f.*

as·bes·ti·form [æzˈbestɪfɔː(r)m; æs-] *adj min.* asˈbestförmig, -artig. **asˈbes·tine** [-tiːn; -tɪn] *adj* **1.** asˈbestartig, Asbest... **2.** feuerfest, unverbrennbar.

as·bes·tos [æzˈbestɒs; æs-; *bes. Am.* -təs] *s min. tech.* Asˈbest *m*: ~ **board** Asbestpappe *f.*

as·bes·to·sis [ˌæsbesˈtəʊsɪs; ˌæz-] *s med.* Asbesˈtose *f.*

as·ca·rid [ˈæskərɪd] *s zo.* Askaˈride *f*, Spulwurm *m.*

as·cend [əˈsend] **I** *v/i* **1.** (auf-, emˈpor-, hinˈauf)steigen. **2.** ansteigen, (schräg) in die Höhe gehen. **3.** *fig.* sich erheben, aufsteigen. **4.** *fig.* (*zeitlich*) reichen, zuˈrückgehen (**to, into** bis in *acc*, bis auf *acc*). **5.** *mus.* an-, aufsteigen. **6.** *math.* steigen, zunehmen: ~**ing powers** steigende Potenzen. **II** *v/t* **7.** be-, ersteigen: **to** ~ **a hill**; **to** ~ **the throne** den Thron besteigen. **8.** *e-n Fluß* hinˈauffahren. **asˈcend·a·ble** *adj* be-, ersteigbar.

as·cend·ance [əˈsendəns], **asˈcend·an·cy** [-sɪ] *s* ˈÜbergewicht *n*, Überˈlegenheit *f*, (bestimmender) Einfluß (**over** über *acc*): **to rise to** ~ zur Macht kommen; **to gain** ~ **over a country** bestimmenden Einfluß auf ein Land gewinnen.

as·cend·ant [əˈsendənt] **I** *s* **1.** *astr.* Aszenˈdent *m*, Aufgangspunkt *m* (*e-r Gestirnbahn*): **in the** ~ *fig.* im Aufsteigen (begriffen), im Kommen. **2.** *fig.* → **ascendance**. **3.** Aszenˈdent *m*, Vorfahr *m od.* Verwandte(r) *m* in aufsteigender Linie. **4.** *arch.* Tür-, Fensterpfosten *m.* **II** *adj* **5.** *astr.* aufgehend, -steigend. **6.** (auf)steigend. **7.** *fig.* überˈlegen (**over** *dat*), (vor)herrschend. **8.** *bot.* aufwärts wachsend.

as·cend·en·cy, *etc* → **ascendancy**, *etc.*

as·cend·er [əˈsendə(r)] *s print.* **1.** (Klein-)Buchstabe *m* mit Oberlänge. **2.** Oberlänge *f* (*e-s Buchstabens*).

as·cend·i·ble [əˈsendɪbl] → **ascendable**.

as·cend·ing [əˈsendɪŋ] *adj* **1.** (auf)steigend (*a. fig.*). **2.** (an)steigend. **3.** *fig.* nach oben strebend. **4.** aufsteigend (*Stammbaum*). **5.** *bot.* a) schräg *od.* krumm aufwärts wachsend, b) razeˈmos. ~ **air cur·rent** *s phys.* Aufwind *m.* ~ **cloud** *s phys.* Aufgleitwolke *f.* ~ **con·vec·tion cur·rent** *s phys.* thermischer Aufwind. ~ **gust** *s phys.* Steigbö *f.* ~ **let·ter** → **ascender** 1. ~ **se·ries** *s irr math.* steigende Reihe.

as·cen·sion [əˈsenʃn] *s* **1.** Aufsteigen *n* (*a. astr.*), Aufstieg *m*, Besteigung *f.* **2. the A**~ die Himmelfahrt Christi, Christi Himmelfahrt, Himmelfahrtstag *m.*

as·cent [əˈsent] *s* **1.** Aufstieg *m.* **2.** *tech.* Aufwärtshub *m.* **3.** *fig.* Aufstieg *m*, Emˈporkommen *n.* **4.** Be-, Ersteigung *f*: **the** ~ **of Mount Everest**; **the** ~ **to the top** der Aufstieg auf den Gipfel. **5.** *bes. math. tech.* Steigung *f*, Gefälle *n.* **6.** Anstieg *m*, Hang *m*, Höhe *f.* **7.** a) Auffahrt *f*, Rampe *f*, b) (Treppen)Aufgang *m.* **8.** *mus.* Ansteigen *n*, Anstieg *m.*

as·cer·tain [ˌæsə(r)ˈteɪn] *v/t* **1.** feststellen, ermitteln, in Erfahrung bringen. **2.** *obs.* a) festsetzen, bestimmen, b) ~ **o.s.** sich vergewissern (**of** *gen*), c) sichern. ˌ**as·cerˈtain·a·ble** *adj* feststellbar, ermittelbar, zu ermitteln(d). ˌ**as·cerˈtain·ment** *s* Feststellung *f*, Ermittlung *f.*

as·cet·ic [əˈsetɪk] **I** *adj* (*adv* ~**ally**) asˈketisch, Asketen... **II** *s* Asˈket *m.* **asˈcet·i·cism** [-sɪzəm] *s* Asˈkese *f.*

as·ci [ˈæsaɪ; ˈæskaɪ] *pl von* **ascus**.

as·cid·i·an [əˈsɪdɪən] *s zo.* **1.** Asˈzidie *f*, Seescheide *f.* **2.** Manteltier *n.*

as·ci·tes [əˈsaɪtiːz] *s med.* Asˈzites *m*, Bauchwassersucht *f.*

As·cle·pi·ad[1] [æˈskliːpɪæd] → **Asclepiadean.**

as·cle·pi·ad[2] [æˈskliːpɪæd] *s bot.* Seidenpflanze(ngewächs *n*) *f.*

As·cle·pi·a·de·an [æˌskliːpɪəˈdiːən] *metr.* **I** *adj* asklepiaˈdeisch. **II** *s* Asklepiaˈdeus *m*, asklepiaˈdeischer Vers.

as·cle·pi·as [æˈskliːpɪæs] *s bot.* Seidenpflanze *f.*

a·scor·bic ac·id [əˈskɔː(r)bɪk; æ-; *Am. a.* eɪ-] *s chem.* Ascorˈbinsäure *f*, Vitaˈmin *n* C.

As·cot [ˈæskət] **I** *npr* Ascot (*Pferderennbahn bei Windsor*). **II** *adj* Ascot...: ~ **week**. **III** *s* **a**~ breite Kraˈwatte, Plaˈstron *n.*

as·crib·a·ble [əˈskraɪbəbl] *adj* zuzuschreiben(d), beizumessen(d) (**to** *dat*).

as·cribe [əˈskraɪb] *v/t* (**to**) **1.** zuˈrückführen (auf *acc*), zuschreiben (*dat*): **his death was** ~**d to an accident**. **2.** zuschreiben (*dat*): **omnipotence is** ~**d to God** Gott wird für allmächtig gehalten.

as·crip·tion [əˈskrɪpʃn] *s* (**to**) Zuˈrückführen *n* (auf *acc*), Zuschreiben *n* (*dat*).

as·cus [ˈæskəs] *pl* **as·ci** [ˈæsaɪ; ˈæskaɪ] *s bot.* Sporenschlauch *m*, Askus *m.*

as·dic [ˈæzdɪk] (*abbr. für* **Anti-Submarine Detection Investigation Committee**) → **sonar**.

-ase [eɪs; eɪz] *Wortelement mit der Bedeutung* Enzym.

a·se·i·ty [eɪˈsiːətɪ; ə-] *s philos.* Aseiˈtät *f*: a) *Existenz durch Selbsterschaffung*, b) *die absolute Selbständigkeit Gottes.*

a·sep·sis [æˈsepsɪs; eɪ-; ə-] *s med.* Aˈsepsis *f*: a) Keimfreiheit *f*, b) → **asepticism**. **aˈsep·tic** [-tɪk] **I** *adj* (*adv* ~**ally**) aˈseptisch, keimfrei, steˈril. **II** *s* aˈseptische Subˈstanz.

a·sep·ti·cism [æˈseptɪsɪzəm; eɪ-; ə-] *s med.* Aˈseptik *f*, keimfreie Wundbehandlung. **aˈsep·ti·cize** [-saɪz] *v/t* **1.** keimfrei *od.* aˈseptisch machen, steriliˈsieren. **2.** aˈseptisch behandeln.

a·sex·u·al [eɪˈseksjʊəl; *Am.* eɪˈsekʃəwəl; -ʃəl] *adj* (*adv* ~**ly**) **1.** *biol.* ˈasexuˌal (*a. weitS.*), ungeschlechtig, geschlechtslos. **2.** ungeschlechtlich: ~ **generation** Ammengeneration *f*, ungeschlechtliche Generation; ~ **organism** Amme *f.*

ash[1] [æʃ] **I** *s* **1.** *bot.* Esche *f*: ~ **key** geflügelter Samen der Esche; ~ **tree** Eschenbaum *m.* **2.** Eschenholz *n.* **II** *adj* → **ashen**[1].

ash[2] [æʃ] *s* **1.** *a. chem.* Asche *f*: → **ashes**. **2.** Aschgrau *n.*

a·shamed [əˈʃeɪmd] *adj* beschämt, schamerfüllt: **to be** (*od.* **feel**) ~ **of** sich schämen für (*od. gen*); **to be** (*od.* **feel**) ~ **to do** (*od.* **of doing**) **s.th.** sich schämen, etwas zu tun; **you ought to** (*od.* **should**) **be** ~ (**of yourself**)! du solltest dich schämen!, schäm dich! **aˈsham·ed·ly** [-ɪdlɪ] *adv* beschämt.

ash| **bin** *s bes. Am.* **1.** Abfall-, Mülleimer *m.* **2.** Abfall-, Mülltonne *f.* ˈ~**-blonde** *adj* aschblond. ˈ~ˌ**cake** *s Am.* in Asche gebackener (Mais)Kuchen. ~ **can** *Am.* → **ash bin.** ~ **con·crete** *s tech.* ˈLöschbeˌton *m.*

ash·en[1] [ˈæʃn] *adj* eschen, aus Eschenholz, Eschen(holz)...

ash·en[2] [ˈæʃn] *adj* **1.** Aschen... **2.** aschfarben. **3.** aschfahl, -grau.

ash·es [ˈæʃɪz] *s pl* **1.** Asche *f*: **to burn to** (*od.* **lay in**) ~ einäschern, niederbrennen, in e-n Aschenhaufen verwandeln. **2.** a) Asche *f*, (sterbliche) ˈÜberreste *pl*, b) Trümmer *pl*: **to rise from the** ~ *fig.* aus den Trümmern wieder auferstehen, wie ein Phönix aus der Asche steigen, c) Staub *m.* **3.** Totenblässe *f*: **a face of** ~ ein aschfahles Gesicht. **4.** *geol.* Vulˈkanasche *f.* **5. to win the A**~ (*Kricket*) gegen Australien gewinnen.

ash·et [ˈæʃet; -ɪt] *s bes. Scot.* (Serˈvier-)Platte *f.*

ash| **fur·nace** *s tech.* Glasschmelz-, Frittofen *m.* ˌ~**-ˈgray,** *bes. Br.* ˌ~**-ˈgrey** *adj* aschgrau, -farben.

a·shine [əˈʃaɪn] *pred adj* leuchtend.

Ash·ke·naz·im [ˌæʃkəˈnæzɪm; -ˈnɑː-] *s pl* As(ch)keˈnasim *pl* (*Juden in Mittel- u. Osteuropa*).

ash·lar [ˈæʃlə(r)] *s arch.* **1.** Quaderstein *m.* **2.** Haustein-, Quadermauer *f.* ˈ**ash·lar·ing** *s* **1.** → **ashlar** 2. **2.** (innere) Dachverschalung.

a·shore [əˈʃɔː(r); *Am. a.* əˈʃəʊər] *adv u. pred adj mar.* ans *od.* am Ufer *od.* Land: **to go** ~ an Land gehen; **to run** ~ a) auflaufen, stranden, b) auf Strand setzen.

ˈ**ash**|**·pan** *s* Aschenkasten *m.* ˈ~**·pit** *s* Aschengrube *f.* ~ **re·mov·al** *s tech.* Entaschung *f.* ˈ~**·tray** *s* Aschenbecher *m*, Ascher *m.* **A**~ **Wednes·day** *s* Ascherˈmittwoch *m.*

ash·y [ˈæʃɪ] *adj* **1.** aus Asche (bestehend), Aschen... **2.** mit Asche bedeckt. **3.** → **ashen**[2] 2 *u.* 3.

A·sian [ˈeɪʃn; -ʒn] **I** *adj* asiˈatisch: ~ **flu**. **II** *s* Asiˈat(in). ˌ**A·siˈan·ic** [-ʃɪˈænɪk; -sɪ-; *bes. Am.* -ʒɪ-; -zɪ-] *adj ling.* asiˈanisch, die ˈkleinasiˌatische Sprachengruppe betreffend. **A·si·at·ic** [ˌeɪʃɪˈætɪk; -sɪ-; *bes. Am.* -ʒɪ-; -zɪ-] → **Asian**. ˌ**A·siˈat·i·cism** [-ɪsɪzəm] *s* asiˈatische Eigentümlichkeit (*Sitte, Stil etc*).

a·side [əˈsaɪd] **I** *adv* **1.** beiˈseite, auf die Seite, seitwärts: **to step** ~ zur Seite treten. **2.** beiˈseite, weg: **to lay** ~. **3.** *thea.* für sich, leise, beiˈseite: **to speak** ~. **4.** ~ **from** *bes. Am.* abgesehen von. **II** *s* **5.** *thea.* Aˈparte *n*, beiˈseite gesprochene Worte *pl.* **6.** Nebenbemerkung *f.* **7.** geflüsterte Bemerkung.

as·i·nine [ˈæsɪnaɪn] *adj* **1.** eselartig, Esels... **2.** *fig.* eselhaft, dumm. ˌ**as·iˈnin·i·ty** [-ˈnɪnətɪ] *s* Dummheit *f.*

ask [ɑːsk; *Am.* æsk] **I** *v/t* **1.** *j-n* fragen, *j-m* e-e Frage stellen. **2.** *j-n* fragen nach, sich bei *j-m* nach *etwas* erkundigen: **to** ~ **s.o. the way**; **to** ~ **s.o. (for) his name** j-n nach s-m Namen fragen; **to** ~ **s.o.'s opinion** j-n um s-e Meinung fragen; **may I** ~ **you a question?** darf ich Sie etwas fragen? **3.** *etwas* erfragen: **to** ~ **the time** fragen, wie spät es ist; **to** ~ **a question of s.o.** e-e Frage an j-n stellen *od.* richten, j-m e-e Frage stellen. **4.** a) bitten um, *etwas* erbitten: **to** ~ **advice** e-n Rat erbitten, b) *j-n* bitten *od.* fragen *od.*

ersuchen um: **to ~ s.o. in** j-n hereinbitten; **to ~ s.o. out** j-n ausführen; **~ him for advice** fragen Sie ihn um Rat; **we were ~ed to believe** man wollte uns glauben machen; → **favor** 10. **5.** verlangen, fordern: **to ~ a high price for s.th.**; **that's ~ing too much** das ist zuviel verlangt; **~ed** (*Börse*) Brief; **~ed price** (*Börse*) Briefkurs *m*. **6.** *fig.* erfordern. **7.** einladen, bitten, auffordern: **to ~ s.o. to dinner**; **to be ~ed out** eingeladen sein. **8.** *Brautleute* aufbieten: **to be ~ed in church** *colloq.* aufgeboten werden. **II** *v/i* **9.** fragen, sich erkundigen (**for, about, after** nach): **to ~ around** herumfragen, sich umhören. **10.** bitten (**for** um): **to ~ for help**; **he ~ed for it** (*od.* **for trouble**) *colloq.* er wollte es ja so haben, er hat es herausgefordert *od.* selbst heraufbeschworen. **11.** *fig.* verlangen, erfordern (**for** *acc*): **the matter ~s for great care.** **12.** **to ~ for s.o.** j-n *od.* nach j-m verlangen, nach j-m fragen, j-n zu sprechen wünschen.

a·skance [əˈskæns], *selten* **a·skant** [əˈskænt] *adv*: **to look ~ at s.o.** a) j-n von der Seite ansehen, b) *fig.* j-n schief *od.* mißtrauisch ansehen.

a·skew [əˈskjuː] *adv* **1.** schief: **to go ~** *fig.* schiefgehen. **2.** **to look ~ at s.o.** *fig.* j-n verächtlich ansehen.

ask·ing [ˈɑːskɪŋ; *Am.* ˈæs-] *s* **1.** Fragen *n*, Bitten *n*, Bitte *f*: **to be had for the ~** umsonst *od.* leicht *od.* mühelos zu haben sein. **2.** Verlangen *n*, Forderung *f*. **3.** (Ehe)Aufgebot *n*. **ˈask·ing·ly** *adv* **1.** fragend. **2.** flehentlich.

a·slant [əˈslɑːnt; *Am.* əˈslænt] **I** *adv u. pred adj* schräg, schief, quer. **II** *prep* quer über *od.* durch.

a·sleep [əˈsliːp] *adv u. pred adj* **1.** schlafend, im *od.* in den Schlaf: **to be ~** schlafen (*a. fig.*); **to be fast ~** fest schlafen; **to drop** (*od.* **fall**) **~** einschlafen (*a. fig.*); **to put ~** einschläfern. **2.** *fig.* entschlafen (*tot*). **3.** *fig.* untätig, unaufmerksam, träge, teilnahmslos. **4.** *fig.* eingeschlafen (*Glied*). [schüssig.]

a·slope [əˈsləʊp] *adv u. pred adj* ab-

a·so·cial [eɪˈsəʊʃl] *adj* **1.** *psych. sociol.* ungesellig, eigenbrötlerisch, konˈtaktfeindlich. **2.** egoˈistisch. **3.** → **antisocial**.

asp[1] [æsp] *s zo. u. poet.* Natter *f*, Viper *f*, Giftschlange *f*.

asp[2] [æsp] *poet. für* **aspen** I.

as·par·a·gus [əsˈpærəgəs] *s bot.* Spargel *m*: **~ tips** Spargelspitzen. **~ stone** *s min.* Spargelstein *m*.

as·pect [ˈæspekt] *s* **1.** Aussehen *n*, Erscheinung *f*, Anblick *m*, Form *f*, Gestalt *f*. **2.** Miene *f*, Gesicht(sausdruck *m*) *n*: **serious in ~** mit ernster Miene. **3.** *fig.* Aˈspekt *m* (*a. astr.*), Seite *f*, Gesichts-, Blickpunkt *m*: **both ~s of a question**; **from a different ~**; **in its true ~** im richtigen Licht. **4.** Beziehung *f*, ˈHinsicht *f*, Bezug *m*. **5.** Aussicht *f*, Lage *f*: **the house has a southern ~** das Haus liegt nach Süden. **6.** Seite *f*, Fläche *f*, Teil *m*: **the dorsal ~ of a fish.** **7.** *Radar*: Gesichtswinkel *m*. **8.** *ling.* Aktiˈonsart *f* (*des Verbs*), Aˈspekt *m*. **9.** *tech.* Ansicht *f* von der Seite *od.* von oben. **10.** *bot.* Aˈspekt *m* (*Aussehen von Pflanzen in e-r bestimmten Jahreszeit*). **~ ra·tio** *s* **1.** *tech.* a) Flächen-, Streckenverhältnis *n*, b) Schlankheitsgrad *m*. **2.** *aer. tech.* Längen-, Streckungsverhältnis *n*. **3.** *TV* (Bild)Seitenverhältnis *n*.

as·pec·tu·al [æˈspektjʊəl; -tʃʊəl; *Am.* -tʃəwəl] *adj ling.* auf die Aktiˈonsart *od.* den Aˈspekt bezüglich.

as·pen [ˈæspən] **I** *s bot.* Espe *f*, Zitterpappel *f*. **II** *adj* espen, aus Espenholz, Espen...: **to tremble like an ~ leaf** *fig.* wie Espenlaub zittern.

as·per [ˈæspə(r)] *s ling.* Spiritus *m* asper.

as·per·gill [ˈæspə(r)dʒɪl], **ˌas·perˈgil·lum** [-ˈdʒɪləm] *pl* **-lums, -la** [-lə] *s relig.* Asperˈgill *n*, Weih(wasser)wedel *m*.

as·per·i·ty [æˈsperətɪ; ə-] *s* **1.** a) Rauheit *f*, Unebenheit *f*, b) *pl* Unebenheiten *pl*. **2.** *fig.* Rauheit *f*, Strenge *f* (*des Charakters etc, a. des Klimas*), Schärfe *f*, Schroffheit *f* (*des Benehmens etc*). **3.** Härte *f*, ˈWiderwärtigkeit *f*, Schwierigkeit *f*. **4.** Herbheit *f*, Strenge *f* (*des Stils etc*).

as·perse [əˈspɜːs; *Am.* əˈspɜrs] *v/t* **1.** verleumden, mit Schmutz bewerfen, verunglimpfen, mit Schmähungen überˈhäufen. **2.** *relig.* besprengen.

as·per·sion [əˈspɜːʃn; *Am.* əˈspɜrʒən; -ʃən] *s* **1.** Verleumdung *f*, Verunglimpfung *f*, Schmähung *f*, *pl a.* Anwürfe *pl*: **to cast ~s on** → **asperse** 1. **2.** *relig.* Aspersiˈon *f*, Besprengung *f*.

as·per·so·ri·um [ˌæspə(r)ˈsɔːrɪəm; *Am. a.* -ˈsəʊr-] *s relig.* Asperˈsorium *n*, Weihwasserkessel *m*.

as·phalt [ˈæsfælt; *Am. bes.* ˈæsˌfɔːlt] **I** *s min. tech.* Asˈphalt *m*. **II** *adj* Asphalt...: **~ jungle.** **III** *v/t* asphalˈtieren. **asˈphal·tene** [-tiːn] *s* Asphalˈten *n*. **asˈphal·tic** *adj* Asphalt...: **~ roofing board** Dachpappe *f*.

as·pho·del [ˈæsfədel] *s bot.* **1.** Affoˈdill *m*. **2.** *poet.* Narˈzisse *f*.

as·phyx·i·a [æsˈfɪksɪə; əs-] *s med.* Asphyˈxie *f*, Erstickung(stod *m*) *f*. **asˈphyx·i·ant** **I** *adj* **1.** erstickend. **II** *s* **2.** Erstickung herˈvorrufendes Gift. **3.** *mil.* erstickender Kampfstoff.

as·phyx·i·ate [əsˈfɪksɪeɪt; æs-] *med.* **I** *v/t* ersticken: **to be ~d** ersticken. **II** *v/i* ersticken. **asˌphyx·iˈa·tion** *s* **1.** *med.* a) Erstickungszustand *m*, b) Erstickung *f*. **2.** *bot.* (*durch Luftmangel verursachte*) (Pflanzen)Verbildung.

as·pic[1] [ˈæspɪk] *s bot.* (Breitblättriger) Laˈvendel, Spike *f*.

as·pic[2] [ˈæspɪk] *s gastr.* Aˈspik *m*, Geˈlee *n*.

as·pic[3] [ˈæspɪk] → **asp**[1].

as·pir·ant [əˈspaɪərənt; ˈæspɪrənt] **I** *adj* → **aspiring**. **II** *s* (**to, after, for**) Aspiˈrant(in), Kandiˈdat(in) (für), Bewerber (-in) (um): **~ officer** Offiziersanwärter *m*.

as·pi·rate [ˈæspərət] **I** *s ling.* **1.** Aspiˈrata *f*, Hauchlaut *m*. **2.** Spiritus *m* asper. **II** *adj* **3.** *ling.* aspiˈriert. **III** *v/t* [-reɪt] **4.** *ling.* aspiˈrieren. **5.** *med. tech.* aspiˈrieren, ab-, an-, aufsaugen.

as·pi·ra·tion [ˌæspəˈreɪʃn] *s* **1.** (Ein)Atmen *n*, Atemzug *m*. **2.** *fig.* (**for, after, toward[s]**) Streben *n*, Bestrebung *f*, Trachten *n*, Sehnen *n* (nach), *a. pl* Ambitiˈonen *pl* (*auf acc*). **3.** *ling.* a) Aspiratiˈon *f*, Behauchung *f*, b) Hauchlaut *m*. **4.** *med. tech.* Aspiratiˈon *f*, Ab-, An-, Aufsaugen *n*.

as·pi·ra·tor [ˈæspəreɪtə(r)] *s med. tech.* Aspiˈrator *m*, ˈSaugappaˌrat *m*.

as·pire [əˈspaɪə(r)] *v/i* **1.** streben, trachten, verlangen (**to, after** nach; **to** *inf* zu *inf*): **to ~ to** (*od.* **after**) **s.th.** *a.* etwas erstreben. **2.** sich erheben, aufsteigen.

as·pi·rin [ˈæspərɪn; ˈæsprɪn] *s pharm.* Aspiˈrin *n*: **two ~(s)** zwei Aspirin(tabletten).

as·pir·ing [əˈspaɪərɪŋ] *adj* (*adv* **~ly**) **1.** strebend, trachtend *od.* verlangend (**to, after** nach). **2.** ehrgeizig, strebsam. **3.** auf-, emˈporstrebend.

as·por·ta·tion [ˌæspɔː(r)ˈteɪʃn; *Am. bes.* -pərˈt-] *s jur.* (ˈwiderrechtliche) Wegnahme.

a·sprawl [əˈsprɔːl] *adv u. pred adj* lang ausgestreckt.

asp tree → **aspen** I.

a·squat [əˈskwɒt; *Am.* əˈskwɑt] *pred adj* hockend.

a·squint [əˈskwɪnt] *adv*: **to look ~ at s.o.** j-n aus den Augenwinkeln *od.* verstohlen anschauen.

ass[1] [æs] *s* **1.** *zo.* Esel *m*. **2.** *fig.* Esel *m*, Dummkopf *m*: **to make an ~ of s.o.** j-n zum Narren halten; **to make an ~ of o.s.** sich blamieren *od.* lächerlich machen.

ass[2] [æs], *etc Am. vulg. für* **arse**, *etc.*

as·sa·f(o)et·i·da → **asaf(o)etida**.

as·sai[1] [æˈsaɪ; ɑːˈsɑːiː] *s* **1.** *bot.* Asˈsaipalme *f*. **2.** Getränk *n od.* Würze *f* aus den Früchten der Asˈsaipalme.

as·sai[2] [æˈsaɪ; ɑːˈsɑːiː] *adv mus.* asˈsai, sehr: **allegro ~** sehr lebhaft.

as·sail [əˈseɪl] *v/t* **1.** angreifen: a) ˈherfallen über (*acc*) (*a. fig.*), anfallen, b) *mil.* bestürmen: **to ~ a town.** **2.** *fig.* j-n bestürmen: **to ~ s.o. with questions**; **he was ~ed by dark thoughts**; **~ed by fear** von Furcht gepackt; **to ~ s.o.'s ears** an j-s Ohr schlagen *od.* dringen. **3.** *e-e Aufgabe etc* in Angriff nehmen, anpacken. **asˈsail·a·ble** *adj* angreifbar (*a. fig.*). **asˈsail·ant** *s* **1.** *a. fig.* Angreifer *m*, Gegner *m*. **2.** *fig.* Kritiker *m*.

as·sart [əˈsɑː(r)t] *s jur. hist.* **I** *s* **1.** Ausroden *n* (*von Bäumen*), Urbarmachen *n*. **2.** Rodung *f*, Lichtung *f*. **II** *v/t* **3.** *Bäume* ausroden, *e-n Wald* lichten.

as·sas·sin [əˈsæsɪn] *s* **1.** *bes.* poˈlitischer Mörder, Attentäter *m*. **2.** **A~** *hist.* Assasˈsine *m* (*Mitglied des mohammedanischen Assassinenbundes*).

as·sas·si·nate [əˈsæsɪneɪt] **I** *v/t* **1.** *bes. pol.* ermorden: **to be ~d** e-m Attentat *od.* Mordanschlag zum Opfer fallen. **2.** *fig.* *j-s Ruf* morden, *j-m die Ehre* abschneiden. **3.** *fig.* vernichten. **II** *s* **4.** *obs.* Mörder *m*. **asˌsas·siˈna·tion** *s* (**of**) *bes.* poˈlitischer Mord, Ermordung *f* (*gen*), (geglücktes) Attenˈtat (auf *acc*), (geglückter) Mordanschlag (auf *acc*): **to be on the ~ list** auf der Abschußliste stehen. **asˈsas·si·na·tor** [-tə(r)] → **assassin** 1.

as·sault [əˈsɔːlt] **I** *s* **1.** *a. fig.* Angriff *m*, Atˈtacke *f*, ˈÜberfall *m* (**upon, on** auf *acc*). **2.** *mil.* Sturm *m*: **to carry** (*od.* **take**) **by ~** erstürmen, im Sturm nehmen; **~ boat, ~ craft** Landungsboot *n*, Sturmlandefahrzeug *n*; **~ echelon** Sturmwelle *f*; **~ gap** Sturmgasse *f*; **~ gun** Sturmgeschütz *n*; **~ ship** großes Landungsfahrzeug; **~ troops** Angriffs-, Stoßtruppen. **3.** *jur.* a) (unmittelbare) Bedrohung, b) tätlicher Angriff, Gewaltanwendung *f*, c) *a.* **~ and battery** tätliche Beleidigung; **criminal** (*od.* **indecent**) **~** unzüchtige Handlung (*unter Androhung od. Anwendung von Gewalt*). **4.** *fenc.* Freigefecht *n*. **5.** *euphem.* Vergewaltigung *f*. **II** *v/t* **6.** *a. fig.* angreifen, überˈfallen, ˈherfallen über (*acc*). **7.** *mil.* stürmen. **8.** *jur.* tätlich *od.* schwer beleidigen. **9.** *euphem.* vergewaltigen. **III** *v/i* **10.** angreifen.

as·say **I** *s* [əˈseɪ; æ-; *Am.* ˈæsˌeɪ; æˈseɪ] **1.** *chem. tech.* Probe *f*, Prüfung *f*, Anaˈlyse *f*, Unterˈsuchung *f* (*von Metallen, Drogen etc nach Gewicht, Qualität etc*): **~ balance** Probier-, Goldwaage *f*; **~ crucible** Probiertiegel *m*; **~ office** Prüfungsamt *n*; **~ ton** Probiertonne *f* (= *29,166 Gramm*). **2.** *chem. tech.* (*bes.* Meˈtall- *od.* Münz-) Probe *f* (*Prüfstück*): **~ sample** Probe (-stück *n*) *f*. **3.** *chem. tech.* a) Prüfungsergebnis *n*, b) Gehalt *m* (*an Edelmetall etc*). **II** *v/t* [əˈseɪ; æ-; *Am. a.* ˈæsˌeɪ] **4.** *bes. Metall etc* prüfen, unterˈsuchen. **5.** *fig.* (über)ˈprüfen. **6.** *fig. etwas* versuchen, proˈbieren. **III** *v/i* **7.** *chem. tech. Am.* **~ in** *Edelmetall* enthalten. **asˈsay·er** *s chem. tech.* Prüfer *m*.

as·sem·blage [əˈsemblɪdʒ] *s* **1.** Versammeln *n*, Zs.-bringen *n*. **2.** *Am.* Zs.-legung *f* (*von Grundstücken*). **3.** Ansammlung *f*, Schar *f*, Menge *f*, Gruppe *f* (*von Personen u. Sachen*). **4.** Versammlung *f*: **a political ~.** **5.** *tech.* → **assembly** 4 a. **6.** [*a.* ˌæsəmˈblɑːʒ] *art* Assemˈblage *f*.

as·sem·ble [əˈsembl] **I** *v/t* **1.** versammeln: a) zs.-bringen, b) *mil.* bereitstellen, zs.-ziehen. **2.** *e-e Mannschaft etc, a. Tatsachen etc* zs.-stellen: **to ~ a crew; to ~ data. 3.** *tech.* monˈtieren, zs.-setzen, -bauen. **4.** *Computer*: assemˈblieren. **II** *v/i* **5.** sich versammeln, zs.-kommen, *parl. etc* zs.-treten: **right to ~** *jur.* Versammlungsrecht *n.* **asˈsem·bler** *s* **1.** *j-d, der zs.-bringt od. -stellt od. (ver)sammelt.* **2.** *tech.* Monˈteur *m.* **3.** *Computer*: Asˈsembler(proˌgramm *n*) *m*, Assemˈblierproˌgramm *n*, Assemˈblierer *m*: **~ language** Assembler(sprache *f*) *m*, Assemblier(er)sprache *f.*

as·sem·bly [əˈsemblɪ] *s* **1.** Versammlung *f*, Zs.-kunft *f*, Gesellschaft *f*: **unlawful ~** *jur.* Zs.-rottung *f*, Auflauf *m*; **place of ~** Versammlungsort *m*, Treffpunkt *m*; **right of ~** *jur.* Versammlungsrecht *n*; **~ room** a) Gesellschafts-, Kur-, Ballsaal *m*, b) Versammlungssaal *m*, Aula *f.* **2.** *relig.* (*Art*) Syˈnode *f* (*der reformierten Kirchen*). **3.** *pol.* a) beratende *od.* gesetzgebende Körperschaft, b) **A~** *Am.* ˈUnterhaus *n* (*in einigen Staaten*): → **general assembly** 2; **A~man** Abgeordnete(r) *m.* **4.** *tech.* a) Monˈtage *f*, Zs.-bau *m*, -setzen *n*: **~ drawing** Montagezeichnung *f*; **~ instructions** Montageanleitung *f*; **~ line** Fließband *n* (*a. fig.*), Montageband *n*; **~-line production** Fließbandfertigung *f*; **~ shop** Montagehalle *f*, -werkstatt *f*, b) Baugruppe *f* (*a. Computer*): **assemblies** zs.-gesetzte Bauteile; **~ language** Assembler(sprache *f*) *m*, Assemblier(er)sprache *f.* **5.** *mil.* Bereitstellung *f*: **~ area** Bereitstellungs-, Versammlungsraum *m.* **6.** *mil.* Siˈgnal *n* zum Sammeln.

as·sent [əˈsent] **I** *v/i* (**to**) **1.** zustimmen, beipflichten (*dat*). **2.** einwilligen (in *acc*), billigen, genehmigen (*acc*). **II** *s* **3.** Zustimmung *f*, Beipflichtung *f.* **4.** Einwilligung *f*, Billigung *f*, Genehmigung *f*, Einverständnis *n*: **Royal ~** *pol. Br.* königliche Genehmigung. **asˈsent·er** *s* Beipflichtende(r *m*) *f.* **asˈsen·tient** [-ˈsenʃɪənt; -ʃənt] **I** *adj* **1.** zustimmend, beipflichtend. **2.** genehmigend. **II** *s* **3.** Beipflichtende(r *m*) *f.* **asˈsen·tor** [-tə] *s pol. Br.* Unterˈstützer *m* e-s Wahlvorschlages.

as·sert [əˈsɜːt; *Am.* əˈsɜrt] *v/t* **1.** behaupten, erklären. **2.** behaupten, geltend machen, bestehen auf (*dat*): **to ~ a claim** e-n Anspruch geltend machen. **3.** verteidigen, einstehen für. **4. ~ o.s.** a) sich behaupten *od.* ˈdurchsetzen, b) sich zu viel anmaßen, sich vordrängen. **asˈsert·er** → **assertor. asˈser·tion** *s* **1.** Behauptung *f*, Erklärung *f*: **to make an ~** e-e Behauptung aufstellen. **2.** Behauptung *f*, Geltendmachung *f*: **~ of a right. asˈser·tive** *adj* (*adv* **~ly**) **1.** positiv, bestimmt, ausdrücklich. **2.** dogˈmatisch. **3.** *math. philos.* asserˈtorisch. **4.** anmaßend. **asˈser·tive·ness** *s* selbstbewußtes *od.* anmaßendes Wesen *od.* Vorgehen, Anmaßung *f.* **asˈser·tor** [-tə(r)] *s* **1.** j-d, der etwas behauptet. **2.** Verfechter(in). **asˈser·to·ry** *adj* behauptend.

as·sess [əˈses] *v/t* **1.** *e-e Entschädigungssumme, e-e Geldstrafe, Kosten* festsetzen: **to ~ damages. 2.** (**at**) *Einkommen etc* (zur Steuer) veranlagen (mit), (ab-, ein)schätzen, taˈxieren, bewerten (auf *acc*): **~ed value** Einheits-, Steuerwert *m.* **3.** a) besteuern (*acc*), b) *Steuern, Geldstrafe etc* auferlegen (**on, upon** *dat*). **4.** *fig.* ab-, einschätzen, (be)werten, beurteilen, würdigen: **to ~ the facts. 5.** *Am.* e-n Beitrag in Höhe von ... fordern von (*Vereinsmitgliedern etc*). **asˈsess·a·ble** *adj* (*adv* **assessably**) **1.** (ab)schätzbar. **2.** steuer-, abgabepflichtig: **~ to income tax** einkommensteuerpflichtig.

as·sess·ee [ˌæseˈsiː; əˌseˈsiː] *s Am.* Zahlungspflichtige(r *m*) *f.*

as·sess·ment [əˈsesmənt] *s* **1.** Festsetzung *f* (*e-r Entschädigung etc*): **~ of damages. 2.** (Steuer)Veranlagung *f*, Taˈxierung *f*, (Ab-, Ein)Schätzung *f*, Bewertung *f*: **~ of** (*od.* **on**) **property** Veranlagung zur Vermögenssteuer; **~ of income tax** Einkommensteuerveranlagung *f*; **~ of value** *math.* Wertermittlung *f.* **3.** a) Steuer(betrag *m*) *f*, Abgabe *f*, b) Besteuerung *f*, c) ˈSteuertaˌrif *m.* **4.** *fig.* Einschätzung *f*, (Be)Wertung *f*, Beurteilung *f.* **5.** *Am.* (*einmaliger*) Beitrag, ˈUmlage *f.* **6. stock ~** *econ. Am.* a) Aufforderung *f* zu Nachschußzahlungen auf Aktien, b) Zahlungsaufforderung *f* an Aktienzeichner.

as·ses·sor [əˈsesə(r)] *s* **1.** Steuereinschätzer *m.* **2.** *jur. Br.* sachverständiger Beisitzer, Sachverständige(r) *m.* **3.** *Br.* Schadenssachverständige(r) *m* (*e-r Versicherung*). **4.** *obs.* a) Ratgeber *m*, b) Amtsbruder *m.*

as·set [ˈæset] *s* **1.** *econ.* a) Akˈtivposten *m*: **to enter on the ~ side** aktivieren, b) Vermögenswert *m*, -gegenstand *m*, c) *pl* Akˈtivseite *f* (*der Bilanz*), d) *pl* Akˈtiva *pl*, (Akˈtiv-, Betriebs-, Gesellschafts-) Vermögen *n*, Vermögenswerte *pl*, Guthaben *n od. pl*, Kapiˈtalanlagen *pl*: **~ account** Anlagenkonto *n*; **~s and liabilities** Aktiva u. Passiva; → **fixed** 6, **foreign** 2, **frozen** 6. **2.** *pl jur.* a) Vermögen(smasse *f*) *n* (*bes. zur Deckung von Schulden*), b) Nachlaß *m*, c) Konˈkursmasse *f.* **3.** *fig.* a) Vorzug *m*, Wert *m*, wichtiger Faktor, Plus *n*, Gewinn *m*, Akˈtivposten *m*: **shorthand an ~, not essential** (*in Annoncen*) Stenographie erwünscht, aber nicht Bedingung, b) Gewinn *m* (**to** für), wertvolle Kraft, guter Mitarbeiter *etc.*

as·sev·er·ate [əˈsevəreɪt] *v/t* beteuern, versichern, feierlich erklären. **asˌsev·erˈa·tion** *s* Beteuerung *f.*

as·sib·i·late [əˈsɪbɪleɪt] *v/t ling.* assibiˈlieren, mit e-m Zischlaut aussprechen. **asˌsib·iˈla·tion** *s ling.* Assibiˈlierung *f.*

as·si·du·i·ty [ˌæsɪˈdjuːətɪ; *Am. a.* -ˈduː-] *s* **1.** Emsigkeit *f*, Fleiß *m*, Eifer *m.* **2.** Beharrlichkeit *f*, Unverdrossenheit *f.* **3.** Aufmerksamkeit *f*, Dienstbeflissenheit *f.* **4.** *meist pl* beharrliche Aufmerksamkeit. **as·sid·u·ous** [əˈsɪdjʊəs; *Am.* -dʒəwəs] *adj* (*adv* **~ly**) **1.** emsig, fleißig, eifrig. **2.** beharrlich, unverdrossen. **3.** aufmerksam, dienstbeflissen. **asˈsid·u·ous·ness** → **assiduity.**

as·sign [əˈsaɪn] **I** *v/t* **1.** *e-n Anteil, e-e Aufgabe etc* zuweisen, anweisen, zuteilen (**to** *dat*). **2.** *ein Amt, e-e Aufgabe etc* überˈtragen, anvertrauen (**to s.o.** j-m). **3.** (**to**) *j-n* bestimmen, einsetzen, -teilen (zu, für *e-e Aufgabe etc*), *j-n* betrauen *od.* beauftragen (mit). **4.** *e-e Aufgabe, e-n Zeitpunkt etc* festsetzen, bestimmen: **to ~ a day for trial. 5.** *e-n Grund etc* anführen: **to ~ a reason. 6.** *etwas e-r Person, Zeit etc* zuschreiben: **to ~ s.th. to an epoch (author). 7.** *math.* a) zuordnen: **to ~ a coordinate to each point**, b) beilegen: **to ~ a meaning to a constant. 8.** *jur.* abtreten, überˈtragen, -ˈeignen, zeˈdieren. **II** *s* **9.** *jur.* Zessioˈnar *m*, Rechtsnachfolger(in) (*durch Abtretung*). **asˈsign·a·ble** *adj* **1.** bestimmbar, zuweisbar, zuzuschreiben(d) (*Zahl, Zeit etc*). **2.** anführbar (*Grund*). **3.** *jur.* überˈtragbar.

as·sig·na·tion [ˌæsɪgˈneɪʃn] *s* **1.** → **assignment** 1, 2, 4, 6. **2.** (*etwas*) Zugewiesenes, (Geld)Zuwendung *f.* **3.** *Am.* (*bes.* heimliches *od.* verbotenes) Treffen (*e-s Liebespaares*).

as·sign·ee [ˌæsɪˈniː; -saɪ-] *s jur.* **1.** → **assign** 9. **2.** Bevollmächtigte(r) *m*, Treuhänder *m*: **~ in bankruptcy** Konkursverwalter *m.*

as·sign·ment [əˈsaɪnmənt] *s* **1.** An-, Zuweisung *f* (**to an** *acc*). **2.** Bestimmung *f*, Festsetzung *f.* **3.** *bes. Am.* Aufgabe *f*, Arbeit *f* (*beide a. ped.*), Auftrag *m.* **4.** Zuschreibung *f.* **5.** Angabe *f*, Anführen *n*: **an ~ of reasons. 6.** *econ. jur.* Überˈtragung *f*, -ˈeignung *f*, Abtretung *f*, Zessiˈon *f.* **7.** *jur.* Abtretungsurkunde *f.*

as·sign·or [ˌæsɪˈnɔː(r); *Am. bes.* əˈsaɪnər; əˌsaɪˈnɔːr] *s jur.* Abtretende(r) *m*, Zeˈdent *m.*

as·sim·i·la·ble [əˈsɪmɪləbl] *adj* **1.** assimiˈlierbar. **2.** vergleichbar (**to** mit).

as·sim·i·late [əˈsɪmɪleɪt] **I** *v/t* **1.** assimiˈlieren: a) angleichen (*a. ling.*), anpassen (**to, with** *dat*, an *acc*), b) *biol. Nahrung* einverleiben, ˈumsetzen, c) *bes. sociol.* aufnehmen, absorˈbieren, *a.* gleichsetzen (**to, with** mit). **II** *v/i* **3.** gleich *od.* ähnlich werden, sich anpassen *od.* angleichen (**to, with** *dat*). **4.** *biol. sociol.* sich assimiˈlieren.

as·sim·i·la·tion [əˌsɪmɪˈleɪʃn] *s* (**to**) Assimilatiˈon *f* (an *acc*): a) *a. psych. sociol.* Angleichung *f*, Anpassung *f* (an *acc*), Gleichsetzung *f* (mit), b) *biol. sociol.* Einverleibung *f*, Aufnahme *f* (in *acc*), c) *bot.* Photosynˈthese *f*, d) *ling.* Assimiˈlierung *f.* **asˈsim·i·la·tive** [-lətɪv; *Am. bes.* -ˌleɪtɪv], **asˈsim·i·la·to·ry** [-lətərɪ; *Am.* -ˌtəʊriː; -ˌtɔː-] *adj* **1.** (sich leicht) assimiˈlierend, Assimilierungs... **2.** Assimilations... **3.** assimiˈlierbar.

as·sist [əˈsɪst] **I** *v/t* **1.** helfen (*dat*), *j-m* beistehen, *j-n* unterˈstützen: **~ed person** *jur. Br.* Partei, der das Armenrecht *od.* kostenlose Rechtsberatung zugebilligt ist. **2.** fördern, (*a. finanziell*) unterˈstützen: **~ed immigration** Einwanderung *f* mit (staatlicher) Beihilfe; **~ed take-off** *aer.* Abflug *m* mit Starthilfe; **to ~ the voltage** die Spannung erhöhen. **II** *v/i* **3.** (aus)helfen, Hilfe leisten, mitarbeiten, -helfen (**in** bei): **to ~ in doing a job** bei e-r Arbeit (mit)helfen. **4.** (**at**) beiwohnen (*dat*), zuˈgegen sein (bei), teilnehmen (an *dat*): **to ~ at a meeting. III** *s* **5.** *Am.* → **assistance. 6.** *Eishockey*: Vorlage *f.*

as·sist·ance [əˈsɪstəns] *s* Hilfe(leistung) *f*, Beistand *m*, (*a. finanzielle*) Unterˈstützung *od.* Beihilfe, Mitwirkung *f*: **to afford** (*od.* **lend, render**) **~** Hilfe leisten *od.* gewähren; **economic ~** Wirtschaftshilfe, wirtschaftliche Unterstützung; **judicial ~** *jur.* Rechtshilfe; **medical ~** ärztliche Versorgung; **social ~** Sozialhilfe; **in need of ~** hilfsbedürftig.

as·sist·ant [əˈsɪstənt] **I** *adj* **1.** behilflich (**to** *dat*). **2.** assiˈstierend, stellvertretend, Hilfs..., Unter...: **~ adjutant** *mil.* zweiter Adjutant; **~ driver** Beifahrer *m*; **~ editor** Redaktionsassistent *m*; **~ judge** *jur.* Beisitzer *m*, (Gerichts)Assessor *m*; **~ manager** stellvertretender Leiter, zweiter Geschäftsführer; **~ professor** *univ. Am.* (*etwa*) Lehrbeauftragte(r) *m*; **~ secretary** *pol. Am.* Ministerialdirektor *m.* **II** *s* **3.** Assiˈstent(in), Gehilfe *m*, Gehilfin *f*, Hilfskraft *f*, Mitarbeiter(in). **4.** Angestellte(r *m*) *f*: (**shop**) **~** *Br.* Verkäufer(in). **5.** *univ. Am.* Assiˈstent(in) (*Hilfslehrkraft*). **6.** *fig.* Hilfe *f*, Hilfsmittel *n.*

as·size [əˈsaɪz] **I** *s* **1.** *hist.* Verfügung *f*, Eˈdikt *n.* **2.** *hist.* Gesetz *n* zur Festsetzung der Preise, Maße u. Gewichte. **3.** *jur. Scot.* a) Schwurgericht *n*, b) (*die*) Geschworenen *pl.* **4.** *meist pl jur. Br. hist.* a) *a.* **court of ~** Asˈsisengericht *n*, periˈodisches Geschworenengericht, b) Sitzung *f* des **court of assize** in den einzelnen Grafschaften, c) Zeit *f od.* Ort *m* zur

Abhaltung der Asˈsisen. **5.** *fig.* Gericht *n*: → **great assize**. **II** *v/t* **6.** *hist. Preise, Maße etc* festsetzen. **asˈsiz·er** *s hist.* Marktmeister *m.*

as·so·ci·a·ble [əˈsəʊʃjəbl; -ʃɪəbl; -sɪ-] *adj* **1.** (gedanklich) vereinbar (**with** mit), assoziˈierbar. **2.** *physiol.* symˈpathisch.

as·so·ci·ate I *v/t* [əˈsəʊʃɪeɪt; -sɪ-] **1.** (**with**) (**o.s.** sich) vereinigen, -binden, zs.-schließen, assoziˈieren (mit), zugesellen, angliedern, anschließen, hinˈzufügen (*dat*): **to ~ o.s. with a party** sich e-r Partei anschließen; **to ~ o.s. with s.o.'s views** sich j-s Ansichten anschließen; **~d company** *econ. Br.* Schwester-, Konzerngesellschaft *f*; **~d state** *pol.* assoziierter Staat. **2.** *bes. psych.* assoziˈieren, (gedanklich) verbinden, in Verbindung *od.* Zs.-hang bringen, verknüpfen (**with** mit). **3.** *chem.* (lose) verbinden, assoziˈieren. **4.** *math.* zuordnen.

II *v/i* [-ʃɪeɪt; -sɪ-] **5.** (**with**) sich anschließen (an *j-n*), verkehren, ˈUmgang pflegen (mit). **6.** (**with**) sich verbinden *od.* zs.-tun (mit), sich anschließen (*dat*).

III *adj* [-ʃɪət; -sɪɪt; -sɪeɪt] **7.** a) eng verbunden, b) verwandt (**with** mit), zugehörig. **8.** beigeordnet, Mit...: **~ counsel** Mitanwalt *m*; **~ editor** Mitherausgeber *m*; **~ judge** beigeordneter Richter, Beisitzer *m*; **A~ Justice** *Am.* (beisitzender) Richter am Obersten Gerichtshof. **9.** außerordentlich: **~ member**; **~ professor** *univ. Am.* (*etwa*) planmäßiger außerordentlicher Professor. **10.** *math.* assoziˈiert.

IV *s* [-ʃɪət; -ʃɪɪt; -ʃɪeɪt] **11.** *econ.* Teilhaber *m*, Gesellschafter *m*. **12.** Gefährte *m*, Genosse *m*, Freund *m*, *iro. contp.* Spießgeselle *m*, Komˈplize *m*. **13.** Kolˈlege *m*, Mitarbeiter *m*. **14.** *fig.* Begleiterscheinung *f*. **15.** außerordentliches Mitglied, Beigeordnete(r) *m* (*e-r Akademie etc*). **16.** *univ. Am.* Lehrbeauftragte(r) *m*. **17.** *psych.* Assoziatiˈonswort *n od.* -iˌdee *f*: **paired ~s** Paarassoziationen.

as·so·ci·a·tion [əˌsəʊsɪˈeɪʃn; -ʃɪˈeɪʃn] *s* **1.** Vereinigung *f*, -bindung *f*, Zs.-schluß *m*, Anschluß *m*. **2.** Bund *m*. **3.** Verein(igung *f*) *m*, Gesellschaft *f* (*des bürgerlichen Rechts*). **4.** *econ.* Genossenschaft *f*, (Handels)Gesellschaft *f*, Verband *m*. **5.** Freundschaft *f*, Kameˈradschaft *f*. **6.** ˈUmgang *m*, Verkehr *m*. **7.** *psych.* (Iˈdeen-, Geˈdanken)Assoziatiˌon *f*, Gedankenverbindung *f*: **~ of ideas**; **free ~s** freie Assoziationen. **8.** Beziehung *f*, Verknüpfung *f*, Zs.-hang *m*. **9.** *biol.* Vergesellschaftung *f*: **~ type** Gesellschaftseinheit *f*. **10.** Assoziatiˈon *f*: a) *bot.* Pflanzengesellschaft *f*, b) *chem. das Zs.-treten gleichartiger Moleküle zu e-m losen Verband.* **11.** *Statistik*: Abhängigkeit *f*. **~ foot·ball** *s sport Br.* (Verbands)Fußball(spiel *n*) *m* (*Ggs. Rugby*).

as·so·ci·a·tive [əˈsəʊʃjətɪv; -sjə-; *Am.* -ʃɪˌeɪtɪv; -sɪˌeɪ-; -ʃətɪv] *adj* **1.** (sich) vereinigend *od.* verbindend. **2.** *math. psych.* assoziaˈtiv.

as·soil [əˈsɔɪl] *v/t obs. j-n* los-, freisprechen (**of, from** von).

as·so·nance [ˈæsəʊnəns; -sən-] *s* **1.** Assoˈnanz *f*: a) voˈkalischer Gleichklang, b) Halbreim *m*. **2.** *fig.* ungefähre Entsprechung, Ähnlichkeit *f*. **ˈas·so·nant I** *adj* assoˈnierend, anklingend. **II** *s* assoˈnierendes Wort. **ˌas·soˈnan·tal** [-ˈnæntl] → **assonant** I. **ˈas·so·nate** [-neɪt] *v/i* assoˈnieren.

as·sort [əˈsɔː(r)t] **I** *v/t* **1.** sorˈtieren, ordnen, grupˈpieren, aussuchen, (passend) zs.-stellen: **to ~ samples**. **2.** ein-, zuordnen, klassifiˈzieren. **3.** *econ.* assorˈtieren, mit e-m Sortiˈment ausstatten, *ein Lager* ergänzen, auffüllen: **to ~ a cargo** e-e Ladung (aus verschiedenen Sorten) zs.-stellen. **II** *v/i* **4.** (**with**) passen (zu), überˈeinstimmen (mit). **5.** verkehren, ˈUmgang haben (**with** mit). **asˈsort·a·tive** [-ətɪv] *adj* **1.** ordnend. **2.** zs.-passend. **3.** auswählend: **~ mating** *biol.* Gattenwahl *f*. **asˈsort·ed** *adj* **1.** sorˈtiert, geordnet. **2.** assorˈtiert, zs.-gestellt, gemischt, verschiedenartig, allerlei: **a curiously ~ pair** ein seltsames *od.* ungleiches Paar. **asˈsort·ment** *s* **1.** Sorˈtieren *n*, Ordnen *n*. **2.** Assorˈtieren *n*, Zs.-stellen *n*. **3.** Zs.-stellung *f*, Sammlung *f*. **4.** *bes. econ.* (**of**) Sortiˈment *n* (von), Auswahl *f* (an *dat*), Kollektiˈon *f* (von).

as·suage [əˈsweɪdʒ] *v/t* **1.** lindern, mildern: **to ~ grief**. **2.** stillen: **to ~ one's thirst**. **3.** besänftigen, beruhigen. **asˈsuage·ment** *s* **1.** Linderung *f*, Milderung *f*. **2.** Stillung *f*. **3.** Besänftigung *f*, Beruhigung *f*. **4.** Beruhigungsmittel *n*.

as·sum·a·ble [əˈsjuːməbl; *bes. Am.* əˈsuːm-] *adj* (*adv* **assumably**) anzunehmen(d).

as·sume [əˈsjuːm; *bes. Am.* əˈsuːm] *v/t* **1.** (*als wahr od. erwiesen*) annehmen, vorˈaussetzen, unterˈstellen: **assuming that** vorausgesetzt *od.* angenommen, daß; **this ~s that** dies setzt voraus, daß. **2.** *ein Amt, Schulden, e-e Verantwortung etc* überˈnehmen, *a. e-e Gefahr* auf sich nehmen, *e-e Verbindlichkeit* eingehen: **to ~ an office**. **3.** *e-e Eigenschaft, e-e Gestalt etc* annehmen, bekommen: **to ~ a different look**. **4.** annehmen, sich angewöhnen: **to ~ new habits**. **5.** an-, einnehmen: **to ~ a pose**. **6.** vorgeben, -täuschen. **7.** sich aneignen *od.* anmaßen: **to ~ a right (to o.s.)**. **8.** *Kleider* anlegen, anziehen, *Hut, Brille etc* aufsetzen. **asˈsumed** *adj* **1.** (nur) angenommen, vorˈausgesetzt. **2.** angemaßt. **3.** vorgetäuscht. **4.** angenommen, unecht, Schein..., Deck...: **~ name** Deckname *m*. **asˈsum·ed·ly** [-ɪdlɪ] *adv* vermutlich, mutmaßlich. **asˈsum·ing** *adj* (*adv* **~ly**) anmaßend.

as·sump·sit [əˈsʌmpsət; əˈsʌmsət] *s jur. Am.* **1.** formloses (Leistungs)Versprechen. **2.** (**action of**) **~** Schadenersatzklage *f* wegen Nichterfüllung (*bei formlosen Verträgen*).

as·sump·tion [əˈsʌmpʃn] *s* **1.** Annahme *f*, Vorˈaussetzung *f*, Vermutung *f*: **on the ~ that** in der Annahme *od.* unter der Voraussetzung, daß; → **proceed** 7. **2.** ˈÜbernahme *f*, Annahme *f*: (**unlawful**) **~ of authority** Amtsanmaßung *f*; **~ of power** Machtübernahme. **3.** (ˈwiderrechtliche) Aneignung. **4.** Anmaßung *f*, Arroˈganz *f*. **5. A~** (**Day**) *R.C.* Maˈriä Himmelfahrt *f* (*15. August*). **as·sump·tive** [əˈsʌmptɪv] *adj* **1.** → **assumed** 1. **2.** kriˈtiklos. **3.** anmaßend. **4. ~ arms** *her.* (rechtmäßig) angenommenes Wappen.

as·sur·ance [əˈʃʊərəns] *s* **1.** Zu-, Versicherung *f*, Beteuerung *f*, Versprechen *n*. **2.** Bürgschaft *f*, Sicherheit *f*, Garanˈtie *f*. **3.** *bes. Br.* (Lebens)Versicherung *f*: **industrial ~** Kleinlebensversicherung. **4.** Sicherheit *f*, Gewißheit *f*. **5.** Zuversicht(lichkeit) *f*. **6.** Selbstsicherheit *f*, -vertrauen *n*, sicheres Auftreten. **7.** Dreistigkeit *f*, Anmaßung *f*. **8.** *relig.* Gewißheit *f* göttlicher Gnade.

as·sure [əˈʃʊə(r)] *v/t* **1.** *j-m* versichern (**that** daß): **to ~ s.o. of s.th.** j-n e-r Sache versichern. **2.** (**o.s.** sich) überˈzeugen (**of** von). **3.** sichern (**from, against** gegen), sicherstellen, bürgen für, garanˈtieren: **this ~s the success of your work**. **4.** *j-m* Sicherheit verleihen, *j-m* Zuversicht einflößen, *j-n* beruhigen. **5.** *bes. Br. j-s Leben* versichern: **to ~ one's life with** e-e Lebensversicherung abschließen bei. **6.** *j-m etwas* zusichern: **to ~ s.o. of a definite salary**.

as·sured [əˈʃʊə(r)d] **I** *adj* **1.** (**of**) versichert (*gen*), überˈzeugt (von), gewiß (*gen*): **to be ~ of s.th.**; **be** (*od.* **rest**) **~ that** Sie können sicher sein *od.* sich darauf verlassen, daß. **2.** beruhigt, ermutigt. **3.** sicher, gewiß, unzweifelhaft. **4.** gesichert: **our future is ~**. **5.** zuversichtlich. **6.** selbstsicher, -bewußt. **7.** anmaßend, dreist. **II** *s* **8.** *bes. Br.* Versicherungsnehmer (-in), Versicherte(r *m*) *f*. **as·sur·ed·ly** [əˈʃʊərɪdlɪ] *adv* sicherlich, ganz gewiß. **asˈsured·ness** → **assurance** 4–6. **asˈsur·er, asˈsur·or** *s bes. Br.* Versicherer *m*.

As·syr·i·an [əˈsɪrɪən] **I** *adj* **1.** asˈsyrisch. **II** *s* **2.** Asˈsyrer(in). **3.** *ling.* Asˈsyrisch *n*, das Assyrische.

a·sta·ble [eɪˈsteɪbl] *adj* **1.** ˈinstaˌbil. **2.** *electr.* ˈastaˌbil.

a·stare [əˈsteə(r)] *pred adj* starrend, mit großen Augen: **with eyes ~** mit weitaufgerissenen Augen.

a·start [əˈstɑː(r)t] *adv* plötzlich, mit ˈeinem Ruck.

a·stat·ic [æˈstætɪk; eɪ-] *adj* **1.** veränderlich, ˈinstaˌbil. **2.** *phys.* aˈstatisch. **aˈstat·i·cism** [-sɪzəm] *s phys.* aˈstatischer Zustand.

as·ta·tine [ˈæstətiːn; -tɪn] *s chem.* Astaˈtin *n*.

as·ter [ˈæstə(r)] *s* Aster *f*: a) *bot.* Sternblume *f*, b) *biol.* Teilungsstern *m* zu Beginn der Miˈtose.

as·te·ri·at·ed [æˈstɪərɪeɪtɪd] *adj min.* sternförmig, strahlig, Stern...

as·ter·isk [ˈæstərɪsk] **I** *s print.* Sternchen *n*. **II** *v/t* mit (e-m) Sternchen kennzeichnen.

as·ter·ism [ˈæstərɪzəm] *s* **1.** *astr.* Sterngruppe *f*. **2.** *min.* Asteˈrismus *m* (*sternförmige Lichtbrechung*). **3.** *print.* (Gruppe *f* von) drei Sternchen *pl.*

a·stern [əˈstɜːn; *Am.* əˈstɜrn] *adv mar.* **1.** achtern, hinten: **~ of the ship** hinter dem Schiff. **2.** nach achtern *od.* hinten, achteraus, rückwärts, zuˈrück.

as·ter·oid [ˈæstərɔɪd] **I** *adj* **1.** sternartig, -förmig. **2.** *bot.* asterblütig. **3.** *zo.* seesternartig. **II** *s* **4.** *astr.* Asteroˈid *m*, Planetoˈid *m*. **5.** *zo.* seesternartiges Tier.

as·the·ni·a [æsˈθiːnjə; -nɪə] *s med.* Astheˈnie *f*: a) Kraftlosigkeit *f*, Schwächlichkeit *f*, b) (krankheitsbedingter) Kräfteverfall. **as·then·ic** [æsˈθenɪk] **I** *adj* aˈsthenisch: a) *med.* kraftlos, b) *physiol.* schlank-, schmalwüchsig. **II** *s* Aˈstheniker(in).

as·the·no·pi·a [ˌæsθɪˈnəʊpjə; -pɪə] *s med.* Asthenoˈpie *f*, rasche Ermüdung der Augen (*beim Nahelesen*).

as·the·no·sphere [æsˈθiːnəˌsfɪə(r); *bes. Am.* æsˈθenə-] *s geol.* Asthenoˈsphäre *f* (*in etwa 100 bis 200 km Tiefe gelegener Bereich des Erdmantels*).

asth·ma [ˈæsmə; *Am.* ˈæzmə] *s med.* Asthma *n*, Atemnot *f*, Kurzatmigkeit *f*. **asthˈmat·ic** [-ˈmætɪk] **I** *adj* (*adv* **~ally**) asthˈmatisch: a) *med.* kurzatmig, Asthma...: **~ attack**, b) *fig.* keuchend: **an ~ engine**. **II** *s med.* Asthˈmatiker(in).

as·tig·mat·ic [ˌæstɪgˈmætɪk] *adj*; **ˌas·tigˈmat·i·cal** [-kl] *adj* (*adv* **~ly**) *med. phys.* astigˈmatisch. **a·stig·ma·tism** [æˈstɪgmətɪzəm; ə-] *s* Astigmaˈtismus *m* a) *phys. Abbildungsfehler von Linsen*, b) *med. Sehstörung infolge krankhafter Veränderung der Hornhautkrümmung.*

a·stir [əˈstɜː; *Am.* əˈstɜr] *pred adj* **1.** auf den Beinen: a) in Bewegung, b) auf(gestanden), aus dem Bett, munter. **2.** belebt: **to be ~ with** wimmeln von; **the streets were ~ with people** auf den

Straßen wimmelte es von Menschen. **3.** in Aufregung (**at**, **with** über *acc*, wegen).

a·stom·a·tous [æˈstɒmətəs; -ˈstəʊ-; *Am.* eɪˈstɑmətəs; -ˈstəʊ-], **as·to·mous** [ˈæstəʊməs; -stə-] *adj zo.* mundlos.

as·ton·ied [əˈstɒnɪd; *Am.* əˈstɑn-] *adj obs.* (wie) betäubt, bestürzt.

as·ton·ish [əˈstɒnɪʃ; *Am.* əˈstɑn-] *v/t* **1.** in Erstaunen *od.* Verwunderung setzen: **to be ~ed** erstaunt *od.* überrascht sein (**at** über *acc*; **to** *inf* zu *inf*), sich wundern (**at** über *acc*). **2.** verblüffen, überˈraschen, befremden. **3.** *obs.* erschrecken. **asˈton·ish·ing** *adj* (*adv* **~ly**) erstaunlich, überˈraschend. **asˈton·ish·ment** *s* **1.** Verwunderung *f*, (Er)Staunen *n*: **to cause ~** Staunen erregen; **to fill** (*od.* **strike**) **with ~** → **astonish** 1. **2.** Überˈraschung *f*, Befremden *n*. **3.** Überˈraschung *f*, Ursache *f od.* Gegenstand *m* des (Er-)Staunens.

as·tound [əˈstaʊnd] **I** *v/t* verblüffen, in Staunen *od.* Schrecken versetzen, äußerst überˈraschen. **II** *adj obs.* verblüfft. **asˈtound·ing** *adj* (*adv* **~ly**) verblüffend, höchst erstaunlich.

as·tra·chan → **astrakhan**.

a·strad·dle [əˈstrædl] → **astride**.

as·tra·gal [ˈæstrəgəl; *Am.* -strɪ-] *s* **1.** Astraˈgal *m*: a) *anat.* Sprungbein *n*, b) *arch.* Rundstab *m*, Ring *m* (*an e-r Säule*). **2.** *mil.* Ring *m* (*am Geschützrohr*).

as·tra·khan [ˌæstrəˈkæn; *Am.* ˈæstrəkən] *s* Astrachan *m* (*Pelzart od. Plüschgewebe*).

as·tral [ˈæstrəl] *adj* **1.** Stern(en)..., Astral...: **~ lamp** Astrallampe *f*; **~ spirits** Astralgeister. **2.** sternförmig. **3.** gestirnt, sternig. **4.** *biol.* aˈstral (*den Teilungsstern bei der Mitose betreffend*). **5.** *Parapsychologie*: aˈstral, Astral...: **~ body** Astralleib *m*; **~ excursion** Astralreise *f*, -wanderung *f*.

a·stray [əˈstreɪ] **I** *adv*: **to go ~** a) vom Weg abkommen, b) *fig.* auf Abwege geraten, vom rechten Weg abkommen, c) *fig.* irre-, fehlgehen, d) *sport* das Ziel verfehlen (*Schuß etc*), nicht ankommen (*Paß etc*); **to lead ~** *fig.* irreführen, verleiten. **II** *pred adj fig.* irrig, falsch.

as·trict [əˈstrɪkt] *v/t* **1.** *obs. für* **astringe** 1. **2.** *med.* a) abbinden, b) verstopfen. **3.** *fig.* beschränken (**to** auf *acc*). **asˈtric·tion** *s* **1.** Zs.-ziehen *n*. **2.** *med.* a) Abbinden *n*, b) Verstopfung *f*. **3.** *fig.* Beschränkung *f*. **asˈtric·tive** → **astringent** 1 *u.* 3.

a·stride [əˈstraɪd] *adv u. prep u. pred adj* **1.** rittlings, mit gespreizten Beinen: **~ of** reitend auf (*dat*); **to ride ~** im Herrensitz reiten; **~ (of) a horse** zu Pferde. **2.** quer über (*acc*), über (*acc*).

as·tringe [əˈstrɪndʒ] *v/t* **1.** zs.-ziehen, zs.-pressen, festbinden. **2.** *med.* adstrinˈgieren, zs.-ziehen. **asˈtrin·gen·cy** [-dʒənsɪ] *s* **1.** zs.-ziehende Eigenschaft *od.* Kraft. **2.** *fig.* Härte *f*, Strenge *f*. **asˈtrin·gent I** *adj* (*adv* **~ly**) **1.** *med.* adstrinˈgierend, zs.-ziehend. **2.** *fig.* streng, hart. **II** *s* **3.** *med.* Adˈstringens *n*.

as·tri·on·ics [ˌæstrɪˈɒnɪks; *Am.* -ˈɑn-] *s pl* (*als sg od. pl konstruiert*) Astriˈonik *f*, ˈRaumfahrtelekˌtronik *f*.

astro- [æstrəʊ; -trə] *Wortelement mit der Bedeutung* (Welt)Raum.

ˌas·tro·biˈol·o·gy *s* ˈAstrobioloˌgie *f*.

as·tro·bleme [ˈæstrəʊbliːm] *s* Meteoˈritenkrater *m*.

ˌas·troˈbot·a·ny *s* ˈAstroboˌtanik *f*.

ˌas·troˈcom·pass *s aer. astr.* Astrokompaß *m*.

as·tro·cyte [ˈæstrəʊsaɪt] *s anat. biol.* Astroˈzyte *f*, Sternzelle *f*.

ˈas·tro·dome *s aer.* Astrokuppel *f*.

ˌas·tro·dyˈnam·ics *s pl* (*oft als sg konstruiert*) ˈAstrodyˌnamik *f*.

ˌas·tro·geˈol·o·gy *s* ˈAstrogeoloˌgie *f*.

as·tro·graph [ˈæstrəʊgrɑːf; *bes. Am.* -græf] *s astr.* Astroˈgraph *m* (*Fototeleskop*). **as·trog·ra·phy** [æˈstrɒgrəfɪ; *Am.* -ˈstrɑ-] *s* Astrograˈphie *f*, Sternbeschreibung *f*.

as·tro·labe [ˈæstrəʊleɪb] *s astr. hist.* Astroˈlabium *n* (*Instrument zur lagemäßigen Bestimmung von Gestirnen*).

as·trol·o·ger [əˈstrɒlədʒə(r); *Am.* -ˈstrɑ-] *s* Astroˈloge *m*. **as·tro·log·ic** [ˌæstrəˈlɒdʒɪk; *Am.* -ˈlɑ-] *adj*; **ˌas·troˈlog·i·cal** *adj* (*adv* **~ly**) astroˈlogisch. **asˈtrol·o·gy** [-dʒɪ] *s* Astroloˈgie *f*, Sterndeutung *f*.

as·trom·e·try [æˈstrɒmɪtrɪ; *Am.* əˈstrɑ-] *s* Astromeˈtrie *f* (*Sternmessung*).

as·tro·naut [ˈæstrənɔːt; *Am. a.* -ˌnɑːt] *s* (Welt)Raumfahrer *m*, Astroˈnaut *m*. **ˈas·tro·naut·ess** *s* (Welt)Raumfahrerin *f*, Astroˈnautin *f*. **ˌas·troˈnau·tic I** *adj* (*adv* **~ally**) astroˈnautisch. **II** *s pl* (*meist als sg konstruiert*) Astroˈnautik *f*, (Wissenschaft *f* von der) Raumfahrt *f*. **ˌas·troˈnau·ti·cal** *adj* (*adv* **~ly**) → **astronautic** I.

as·tron·o·mer [əˈstrɒnəmə(r); *Am.* əˈstrɑ-] *s* Astroˈnom *m*. **as·tro·nom·ic** [ˌæstrəˈnɒmɪk; *Am.* -ˈnɑ-] → **astronomical**. **ˌas·troˈnom·i·cal** *adj* (*adv* **~ly**) astroˈnomisch: a) Stern..., Himmels...: **~ chart** Himmels-, Sternkarte *f*; **~ clock** astronomische Uhr; **~ year** Sternjahr *n*, b) *fig.* riesig, ungeheuer: **~ figures** astronomische Zahlen. **asˈtron·o·my** *s* Astronoˈmie *f*, Stern-, Himmelskunde *f*.

ˌas·tro·phoˈtog·ra·phy *s* Astrofotograˈfie *f*.

ˌas·troˈphys·ics *s pl* (*als sg konstruiert*) Astrophyˈsik *f*.

as·tute [əˈstjuːt; *Am. a.* əˈstuːt] *adj* (*adv* **~ly**) **1.** scharfsinnig, klug. **2.** schlau, gerissen, raffiˈniert. **asˈtute·ness** *s* **1.** Scharfsinn(igkeit *f*) *m*, Klugheit *f*. **2.** Schlauheit *f*.

a·sun·der [əˈsʌndə(r)] **I** *adv* auseinˈander, entˈzwei, in Stücke: **to cut s.th. ~**. **II** *pred adj* (voneinˈander) getrennt, auseinˈander(liegend), *fig. a.* verschieden.

a·swarm [əˈswɔː(r)m] *adv u. pred adj* wimmelnd (**with** von): **the market place is ~ with people** auf dem Marktplatz wimmelt es von Menschen.

a·sy·lum [əˈsaɪləm] *s* **1.** *obs.* (Pflege)Anstalt *f*, *bes.* Irrenanstalt *f*: **~ for the blind** Blindenanstalt. **2.** Aˈsyl *n*: a) Freistätte *f*, Zufluchtsort *m*, b) *fig.* Zuflucht *f*, Schutz *m*. **3.** (poˈlitisches) Aˈsyl: (**right of**) **~** Asylrecht *n*; **to ask for ~** um (politisches) Asyl bitten *od.* nachsuchen; **to give s.o. ~** j-m (politisches) Asyl gewähren.

a·sym·met·ric [ˌæsɪˈmetrɪk; ˌeɪ-] *adj*; **ˌa·symˈmet·ri·cal** *adj* (*adv* **~ly**) ˈasymˌmetrisch, ˈunsymˌmetrisch (*beide a. electr.*), ungleichmäßig: **asymmetric bars** (*Turnen*) Stufenbarren *m*. **a·sym·me·try** [æˈsɪmətrɪ; eɪ-] *s* Asymmeˈtrie *f*.

as·ymp·tote [ˈæsɪmptəʊt; -sɪmt-] *s math.* Asymˈptote *f*. **ˌas·ympˈtot·ic** [-ˈtɒtɪk; *Am.* -ˈtɑ-] *adj*; **ˌas·ympˈtot·i·cal** *adj* (*adv* **~ly**) asymˈptotisch.

a·syn·chro·nous [æˈsɪŋkrənəs; eɪ-] *adj* asynˈchron, Asynchron...: **~ generator**.

as·yn·det·ic [ˌæsɪnˈdetɪk] *adj ling.* asynˈdetisch, verbindungslos. **a·syn·de·ton** [æˈsɪndɪtən; *Am.* əˈsɪndəˌtɑn] *pl* **-ta** [-tə] *s* Aˈsyndeton *n* (*Auslassung der Konjunktionen*).

as·y·ner·gi·a [ˌæsɪˈnɜːdʒɪə; -dʒə; *Am.* ˌeɪsɪˈnɜr-], **a·syn·er·gy** [æˈsɪnə(r)dʒɪ; *Am. bes.* eɪ-] *s med.* Asynerˈgie *f*, Koordinatiˈonsstörung *f*.

a·sys·to·le [æˈsɪstəlɪ; *Am. bes.* eɪ-], **aˈsys·to·lism** [-lɪzəm] *s med.* Asystoˈlie *f* (*Kontraktionsstörung des Herzens*).

at[1] [æt] *prep* **1.** (*Ort, Stelle*) in (*dat*), an (*dat*), bei, zu, auf (*dat*) (*in Verbindung mit Städtenamen steht* **at** *im allgemeinen bei kleineren Städten, bei größeren Städten nur dann, wenn sie bloß als Durchgangsstationen, bes. auf Reisen, betrachtet werden; bei London u. der Stadt, in der der Sprecher wohnt, ebenso nach* **here**, *steht stets* **in**, *nie* **at**): **~ a ball** auf e-m Ball; **~ the baker's** beim Bäcker; **~ the battle of N.** in der Schlacht bei N.; **~ court** bei Hofe; **~ the door** an der Tür; **he lives ~ 48, Main Street** er wohnt Main Street Nr. 48; **he was educated ~ Christ's College** er hat am Christ's College studiert. **2.** (*Richtung etc*) auf (*acc*), gegen, nach, bei, durch: **he threw a stone ~ the door** er warf e-n Stein gegen die Tür. **3.** (*Beschäftigung etc*) bei, beschäftigt mit, in (*dat*): **he is still ~ it** er ist noch dabei *od.* d(a)ran *od.* damit beschäftigt. **4.** (*Art u. Weise, Zustand, Lage*) in (*dat*), bei, zu, unter (*dat*), nach, vor: **~ all** überhaupt; **not ~ all** überhaupt *od.* durchaus *od.* gar nicht, keineswegs; **not ~ all!** *colloq.* nichts zu danken!, gern geschehen!; **nothing ~ all** gar nichts, überhaupt nichts; **no doubts ~ all** überhaupt *od.* gar keine Zweifel, keinerlei Zweifel; **is he ~ all suitable?** ist er überhaupt geeignet? **5.** (*Ursprung, Grund, Anlaß*) über (*acc*), bei, von, aus, auf (*acc*), anläßlich (*gen*). **6.** (*Preis, Wert, Verhältnis, Ausmaß, Grad etc*) für, um, zu, auf (*acc*), mit, bei: **~ 6 dollars** für *od.* zu 6 Dollar. **7.** (*Zeit, Alter*) um, bei, zu, im Alter von, auf (*dat*), an (*dat*): **~ 21** mit 21 (Jahren), im Alter von 21 Jahren; **~ 3 o'clock** um 3 Uhr; **~ his death** bei s-m Tod. (*Siehe weitere Verbindungen bei den entsprechenden Stichwörtern.*)

a·tac·tic [əˈtæktɪk; æ-; eɪ-] → **ataxic**.

at·a·man [ˈætəmən; *Am. bes.* ˌ-ˈmæn] *pl* **-mans** *s hist.* Ataˈman *m* (*frei gewählter Stammesführer u. militärischer Führer der Kosaken*).

at·a·rax·i·a [ˌætəˈræksɪə], **at·a·rax·y** [ˈætəræksɪ] *s* Ataraˈxie *f*, Unerschütterlichkeit *f*, Seelenruhe *f*.

a·taunt [əˈtɔːnt; *Am. a.* əˈtɑːnt], **aˈtaun·to** [-təʊ] *pred adj* **1.** *mar.* vollständig aufgetakelt, aufgeriggt. **2.** *fig.* vollkommen in Ordnung.

at·a·vism [ˈætəvɪzəm] *s* Ataˈvismus *m*: a) *biol. das Wiederauftreten von Merkmalen der Vorfahren, die den unmittelbar vorhergehenden Generationen fehlen*, b) *entwicklungsgeschichtlich als überholt geltendes, unvermittelt wieder auftretendes körperliches od. geistig-seelisches Merkmal.* **ˌat·aˈvis·tic** *adj* (*adv* **~ally**) ataˈvistisch.

a·tax·i·a [əˈtæksɪə] *s med.* Ataˈxie *f*, Koordinatiˈonsstörung *f*. **aˈtax·ic** *adj med.* aˈtaktisch.

a·tax·y [əˈtæksɪ] → **ataxia**.

ate[1] [et; *bes. Am.* eɪt] *pret von* **eat**.

A·te[2] [ˈɑːtɪ; *bes. Am.* ˈeɪtɪ] **I** *npr* Ate *f* (*griechische Göttin der Verblendung*). **II** *s* **a~** *fig.* Verblendung *f*.

at·e·lec·ta·sis [ˌætəˈlektəsɪs] *s med.* Atelekˈtase *f* (*Luftverknappung od. -leere in der Lunge*).

at·el·ier [ˈætəlɪeɪ; æˈtel-; *Am. bes.* ˌætlˈjeɪ] *s* Ateliˈer *n*.

Ath·a·na·sian [ˌæθəˈneɪʃn; *Am. bes.* -ʒən] *relig.* **I** *adj* athanasiˈanisch. **II** *s* Athanasiˈaner *m*. **~ Creed** *s relig.* Athanasiˈanisches Glaubensbekenntnis.

a·the·ism [ˈeɪθɪɪzəm] *s* **1.** Atheˈismus *m*, Gottesleugnung *f*. **2.** *obs.* Gottlosigkeit *f*.

ˈa·the·ist *s* **1.** Atheˈist(in), Gottesleugner(in). **2.** *obs.* gottloser Mensch. **ˌa·theˈis·tic** *adj*; **ˌa·theˈis·ti·cal** *adj* (*adv* ~**ly**) **1.** atheˈistisch. **2.** *obs.* gottlos.

ath·el·ing [ˈæθəlɪŋ] *s hist.* Edeling *m*, Fürst *m* (*der Angelsachsen*), *bes.* Thronerbe *m*.

a·the·mat·ic [ˌæθɪˈmætɪk; ˌeɪ-] *adj* **1.** *bes. mus.* ˈatheˌmatisch. **2.** *ling.* ˈatheˌmatisch, ohne ˈThemavoˌkal gebildet: ~ **verb**.

ath·e·n(a)e·um [ˌæθɪˈniːəm] *s* Atheˈnäum *n*: a) *Institut zur Förderung von Literatur u. Wissenschaft*, b) *Lesesaal, Bibliothek*, c) *literarischer od. wissenschaftlicher Klub*, d) **A**~ *antiq. Hadrianische Schule* (*in Rom*), e) **A**~ *antiq. Heiligtum der Athene*.

A·the·ni·an [əˈθiːnjən; -ɪən] **I** *adj* aˈthenisch. **II** *s* Aˈthener(in).

a·ther·ma·nous [æˈθɜːmənəs; eɪ-; *Am.* -ˈθɜr-] *adj phys.* atherˈman, ˈwärmeˌunˌdurchlässig.

ath·er·o·ma [ˌæθəˈrəʊmə] *pl* **-mas, -ma·ta** [-tə] *s med.* Atheˈrom *n*: a) Talgdrüsen-, Haarbalggeschwulst *f*, b) *atheromatöse Veränderung der Gefäßwände*. ˌ**ath·erˈom·a·tous** [-ˈrəʊmətəs] *adj* atheromaˈtös.

ath·er·o·scle·ro·sis [ˌæθərəʊsklɪəˈrəʊsɪs; *bes. Am.* -skləˈr-] *s med.* Atheroskleˈrose *f*, Arˌterioskleˈrose *f*.

a·thirst [əˈθɜːst; *Am.* əˈθɜrst] *pred adj* **1.** *obs.* durstig. **2.** begierig (**for** nach).

ath·lete [ˈæθliːt] *s* **1.** Athˈlet(in): a) Wettkämpfer(in), Sportler(in), b) Kraftmensch *m*. **2.** *Br.* ˈLeichtathˌlet(in).

ath·lete's| foot *s med.* Fußpilz(erkrankung *f*) *m*. ~ **heart** *s med.* Sportherz *n*.

ath·let·ic [æθˈletɪk] **I** *adj* (*adv* ~**ally**) **1.** athˈletisch: a) Sport...: ~ **field** Sportplatz *m*; ~ **foot** → **athlete's foot**; ~ **heart** → **athlete's heart**; ~ **supporter** → **jockstrap**, b) von athˈletischem Körperbau, muskuˈlös: **man of** ~ **build** Athlet *m*, c) sportlich (gewandt). **2.** *Br.* ˈleichtathˌletisch. **3.** *fig.* spannkräftig, aˈgil: **an** ~ **mind**. **II** *s pl* **4.** (*a. als sg konstruiert*) Sport *m*. **5.** (*meist als sg konstruiert*) *Br.* ˈLeichtathˌletik *f*. **6.** (*meist als sg konstruiert*) → **athleticism**.

ath·let·i·cism [æθˈletɪsɪzəm] *s* Sportlichkeit *f*: a) sportliche Betätigung, b) sportliche Gewandtheit, c) Sportbegeisterung *f*.

ath·o·dyd [ˈæθədɪd; ˈæθəʊdaɪd] *s aer. tech.* Strahldüse *f*, Lorin-Triebwerk *n*.

at-home [ətˈhəʊm] *s* a) (*zwangloser*) Besuchs-, Empfangstag, b) (*zwangloser*) Empfang: **to give an** ~.

a·thwart [əˈθwɔː(r)t] **I** *adv* **1.** quer, schräg (hinˈdurch), kreuzweise. **2.** *mar.* dwars(ˈüber). **3.** *fig.* verkehrt, schief: **to go** ~ schiefgehen. **II** *prep* **4.** (quer) über (*acc*), (quer) durch. **5.** *mar.* dwars (über *acc*). **6.** *fig.* (ent)gegen. **aˈthwart·hawse** [-hɔːz] *adj u. adv mar.* quer vor dem Bug (*e-s anderen vor Anker liegenden Schiffes*): ~ **sea** Dwarssee *f*. **aˈthwart·ship** *adj u. adv mar.* quer- *od.* dwarsschiffs.

a·tilt [əˈtɪlt] *adv u. pred adj* **1.** vorgebeugt, vornˈübergeneigt, -kippend. **2.** *hist.* mit eingelegter Lanze: **to run** (*od.* **ride**) ~ **at s.o.** a) mit eingelegter Lanze auf j-n losgehen, b) *fig.* gegen j-n e-e Attacke reiten.

a·tip·toe [əˈtɪptəʊ] *adv* a) auf (den) Zehenspitzen, b) *fig.* neugierig, gespannt.

At·lan·te·an [ˌætlænˈtiːən; ətˈlæntɪən] *adj* **1.** atˈlantisch, den Halbgott Atlas betreffend. **2.** *fig.* giˈgantisch, mächtig. **3.** atˈlantisch, (die sagenhafte Insel) Atˈlantis betreffend.

at·lan·tes [ətˈlæntiːz; æt-] *pl von* **atlas¹** 5.

At·lan·tic [ətˈlæntɪk; *Am. a.* æt-] **I** *adj* **1.** atˈlantisch, Atlantik...: ~ **cable** Kabel *n* für transozeanischen Verkehr. **2.** das Atlasgebirge betreffend, Atlas... **II** *s* **3.** Atˈlantik *m*, Atˈlantischer Ozean. ~ **Char·ter** *s pol.* Atˈlantik-Charta *f* (*vom 14.8.1941*). ~ **(stand·ard) time** *s* Atˈlantische (Standard)Zeit (*im Osten Kanadas*). ~ **States** *s pl Am.* Bundesstaaten *pl* der USA an der Atˈlantikküste.

at·las¹ [ˈætləs] *s* **1.** *geogr.* Atlas *m* (*Kartenwerk*). **2.** (Fach)Atlas *m* (*der Anatomie etc*), (Bild)Tafelwerk *n*. **3.** *anat.* Atlas *m* (*oberster Halswirbel*). **4.** **A**~ *myth.* Atlas *m* (*a. fig.*). **5.** *pl* **at·lan·tes** [ətˈlæntiːz; æt-] *arch.* Atˈlant *m*, Atlas *m*, Gebälkträger *m*. **6.** *a.* ~ **folio** *print.* ˈAtlasforˌmat *n*. **7.** *großes Papierformat* (*0,84 × 0,66 m*).

at·las² [ˈætləs] *s* Atlas(seide *f*) *m*.

at·man [ˈɑːtmən] *s Hinduismus*: Atman *m, n*, (Welt)Seele *f*.

at·mol·y·sis [ætˈmɒlɪsɪs; *Am.* -ˈmɑ-] *pl* **-ses** [-siːz] *s phys.* Atmoˈlyse *f*. **at·mo·lyze** [ˈætməlaɪz] *v/t Gase* durch Atmoˈlyse trennen.

at·mom·e·ter [ætˈmɒmɪtə(r); *Am.* -ˈmɑ-] *s phys.* Atmoˈmeter *n*, Verdunstungsmesser *m*.

at·mos·phere [ˈætməˌsfɪə(r)] *s* **1.** *astr.* Atmoˈsphäre *f*, Lufthülle *f*. **2.** *chem.* Gashülle *f* (*allgemein*). **3.** Luft *f*: **a moist** ~. **4.** *tech.* Atmoˈsphäre *f* (*Druckeinheit*: *1 kp/cm²*). **5.** *fig.* Atmoˈsphäre *f*: a) Umˈgebung *f*, b) Stimmung *f*: **to clear the** ~ die Atmosphäre reinigen.

at·mos·pher·ic [ˌætməsˈferɪk; *Am. a.* -ˈsfɪr-] **I** *adj* (*adv* ~**ally**) **1.** atmoˈsphärisch, Luft...: ~ **conditions** Wetterlage *f*; ~ **electricity** atmosphärische Elektrizität, Luftelektrizität *f*; ~ **pressure** atmosphärischer Druck, Luftdruck *m*. **2.** Witterungs..., Wetter... **3.** *tech.* mit (Luft-)Druck betrieben, (Luft)Druck... **4.** *fig.* stimmungsvoll: **very** ~ atmosphärisch dicht. **II** *s pl* **5.** *tech.* atmoˈsphärische Störungen. **6.** *fig.* (*bes.* freundliche) Atmoˈsphäre. ˌ**at·mosˈpher·i·cal** *adj* (*adv* ~**ly**) → **atmospheric** I.

at·oll [ˈætɒl; *Am.* ˈæˌtɔːl] *s* Aˈtoll *n*.

at·om [ˈætəm] *s* **1.** *phys.* Aˈtom *n*: ~ **bomb**. **2.** *fig.* Aˈtom *n*, winziges Teilchen, Spur *f*, Fünkchen *n*: **not an** ~ **of truth**.

a·tom·ic [əˈtɒmɪk; *Am.* əˈtɑ-] **I** *adj* (*adv* ~**ally**) **1.** *chem. phys.* atoˈmar, aˈtomisch, Atom...: ~ **age** Atomzeitalter *n*. **2.** *fig.* aˈtomisch, winzig. **II** *s pl* (*als sg konstruiert*) **3.** Aˈtomphyˌsik *f*. **aˈtom·i·cal** [-kl] *adj* (*adv* ~**ly**) → **atomic** I.

a·tom·ic| base *s mil.* Abschußbasis *f* für Aˈtomraˌketen. ~ **bomb** *s mil.* Aˈtombombe *f*. ~ **clock** *s* Aˈtomuhr *f*. ~ **de·cay**, ~ **dis·in·te·gra·tion** *s phys.* Aˈtomzerfall *m*. ~ **dis·place·ment** *s chem.* Aˈtomverschiebung *f*. ~ **en·er·gy** *s phys.* Aˈtomenerˌgie *f*. ~ **heat** *s phys.* Aˈtomwärme *f*. ~ **hy·dro·gen weld·ing** *s tech.* Arcaˈtomschweißen *n*, Wasserstoff-Lichtbogenschweißen *n*. ~ **in·dex** → **atomic number**.

at·o·mic·i·ty [ˌætəʊˈmɪsətɪ; -təˈm-] *s* **1.** *chem.* a) Vaˈlenz *f*, Wertigkeit *f*, b) Aˈtomzahl *f* e-s Moleˈküls. **2.** *chem. phys.* Bestehen *n* aus Aˈtomen.

a·tom·ic| link·age *s chem.* Aˈtomverkettung *f*. ~ **mass** *s chem. phys.* Aˈtommasse *f*. ~ **nu·cle·us** *s bes. irr phys.* Aˈtomkern *m*. ~ **num·ber** *s chem. phys.* Aˈtom-, Ordnungszahl *f*. ~ **pile** *s phys.* Aˈtomreˌaktor *m*. ~ **pow·er** *s phys.* Aˈtomkraft *f*.

aˈtom·ic|-ˌpow·ered *adj* mit Aˈtomkraft betrieben: ~ **submarine** Atomunterseeboot *n*. ~ **pow·er plant** *s tech.* Aˈtomkraftwerk *n*.

a·tom·ic| the·o·ry *s phys.* Aˈtomtheoˌrie *f*. ~ **war(·fare)** *s mil.* Aˈtomkrieg (-führung *f*) *m*. ~ **war·head** *s mil.* Aˈtomsprengkopf *m*. ~ **waste** *s* Aˈtommüll *m*. ~ **weight** *s chem. phys.* Aˈtomgewicht *n*. ~ **yield** *s phys.* Detonatiˈonswert *m* (*e-r Atombombe*).

at·om·ism [ˈætəmɪzəm] *s philos.* Atoˈmismus *m*. ˈ**at·om·ist I** *s* Atoˈmist *m*, Anhänger *m* des Atoˈmismus. **II** *adj* atoˈmistisch. **at·om·is·tic** [ˌætəʊˈmɪstɪk; -təˈm-] *adj* (*adv* ~**ally**) atoˈmistisch.

at·om·i·za·tion [ˌætəʊmaɪˈzeɪʃn; *Am.* ˌætəməˈz-] *s tech.* Atomiˈsierung *f*, Zerstäubung *f*.

at·om·ize [ˈætəʊmaɪz; -təm-] *v/t* **1.** atomiˈsieren: a) zerstäuben: **to** ~ **a liquid**, b) in Aˈtome auflösen, c) *weitS. u. fig.* in s-e Bestandteile auflösen, zerstückeln: ~**d society** pluralistische Gesellschaft. **2.** a) mit Aˈtombomben belegen, b) durch Aˈtombomben *od.* -waffen vernichten. ˈ**at·om·iz·er** *s tech.* Zerstäuber *m*.

at·om| smash·er *s phys.* Teilchenbeschleuniger *m*. ~ **smash·ing** *s phys.* Aˈtomzertrümmerung *f*. ~ **split·ting** *s phys.* Aˈtom(kern)spaltung *f*.

at·o·my¹ [ˈætəmɪ] *s obs.* **1.** Aˈtom *n*. **2.** *fig.* Knirps *m*.

at·o·my² [ˈætəmɪ] *s* Gerippe *n*: **to waste away to an** ~ bis zum Gerippe *od.* bis auf die Knochen abmagern.

a·ton·al [eɪˈtəʊnl; æ-] *adj mus.* atoˈnal. **aˈton·al·ism** [-nəlɪzəm] *s* Atonaˈlismus *m*, Atonaliˈtät *f* (*als Prinzip*). ˌ**a·toˈnal·i·ty** [-ˈnælətɪ] *s* Atonaliˈtät *f*.

a·tone [əˈtəʊn] *v/i* (**for**) büßen (für *Verbrechen etc*), sühnen, wiederˈgutmachen (*acc*), Ersatz leisten (für). **aˈtone·ment** *s* **1.** Buße *f*, Sühne *f*, Genugtuung *f*, Ersatz *m* (**for** für): **to make** ~ (**for**) → **atone**; **Day of A**~ *relig.* Versöhnungstag *m* (*jüdischer Feiertag*). **2.** *relig.* Sühneopfer *n* (Christi). **3.** *Christian Science*: Exemplifikatiˈon *f* der Einheit des Menschen mit Gott.

a·ton·ic [æˈtɒnɪk; *Am.* eɪˈtɑ-] **I** *adj* **1.** *med.* a) aˈtonisch, abgespannt, schlaff, kraftlos, b) schwächend. **2.** *ling.* a) unbetont, b) stimmlos. **II** *s ling.* **3.** unbetonte Silbe, unbetontes Wort. **4.** stimmloser Konsoˈnant.

at·o·ny [ˈætənɪ] *s* **1.** *med.* Atoˈnie *f*, Schwäche *f*. **2.** *ling.* Unbetontheit *f*.

a·top [əˈtɒp; *Am.* əˈtɑp] **I** *adv u. pred adj* oben(ˈauf), zuˈoberst. **II** *prep a.* ~ **of** (oben) auf (*dat*).

a·tox·ic [eɪˈtɒksɪk; *Am.* -ˈtɑ-] *adj med.* aˈtoxisch, ungiftig.

at·ra·bil·i·ous [ˌætrəˈbɪljəs] *adj* **1.** melanˈcholisch, schwermütig. **2.** schlechtgelaunt, mürrisch.

a·trem·ble [əˈtrembl] *adv u. pred adj* zitternd.

a·tri·a [ˈɑːtrɪə; ˈeɪ-] *pl von* **atrium**.

a·trip [əˈtrɪp] *adv u. pred adj mar.* **1.** gelichtet (*Anker*). **2.** steifgeheißt u. klar zum Trimmen (*Segel*).

a·tri·um [ˈɑːtrɪəm; ˈeɪ-] *pl* ˈ**a·tri·a** [-ə] *s* Atrium *n*: a) *antiq.* Hauptraum *m*, b) *anat.* (*bes.* Herz)Vorhof *m*, Vorkammer *f*.

a·tro·cious [əˈtrəʊʃəs] *adj* (*adv* ~**ly**) **1.** abˈscheulich, scheußlich, gräßlich, grauenhaft, entsetzlich, fürchterlich (*alle a. colloq.*). **2.** grausam. **3.** mörderisch. **aˈtro·cious·ness** → **atrocity** 1.

a·troc·i·ty [əˈtrɒsətɪ; *Am.* əˈtrɑ-] *s* **1.** Abˈscheulichkeit *f*, Scheußlichkeit *f*, Gräßlichkeit *f*. **2.** Greueltat *f*, Greuel *m*. **3.** *colloq.* a) Ungeheuerlichkeit *f* (*grober Verstoß*), b) ‚Greuel' *m*, (*etwas*) Scheußliches.

at·ro·phied [ˈætrəfɪd] *adj* **1.** ausgemergelt, abgezehrt. **2.** *med.* atroˈphiert, geschrumpft, verkümmert (*a. fig.*).

at·ro·phy [ˈætrəfɪ] **I** *s med.* Atroˈphie *f*, Schwund *m*, Rückbildung *f*, Verkümmerung *f* (*a. fig.*). **II** *v/t* aus-, abzehren, absterben *od.* schwinden *od.* verkümmern lassen. **III** *v/i* schwinden, verkümmern (*a. fig.*), absterben.

at·ro·pine [ˈætrəpɪn; *bes. Am.* -piːn] *s chem.* Atroˈpin *n.*
at·ta·boy [ˈætəbɔɪ] *interj bes. Am. colloq.* so ist's recht!, bravo!
at·tach [əˈtætʃ] **I** *v/t* **1.** (**to**) befestigen, anbringen (an *dat*), anheften, anbinden, ankleben (an *acc*), beifügen (*dat*), verbinden (mit): → **hereto** 1. **2.** *fig. j-n* gewinnen, fesseln, für sich einnehmen: **to ~ o.s. to** sich anschließen (*dat od.* an *acc*); **to be ~ed to s.o.** j-m zugetan sein, an j-m hängen. **3.** (**to**) zuteilen, angliedern, zur Verfügung stellen (*dat*), *mil. a.* (ˈab)kommanˌdieren (zu), unterˈstellen (*dat*). **4.** *fig. Bedeutung, Schuld etc* beimessen (**to** *dat*): → **importance** 1. **5.** *magische Kräfte etc* zuschreiben (**to** *dat*). **6.** *fig. e-n Sinn etc* verknüpfen *od.* verbinden (**to** mit): **to ~ conditions to** Bedingungen knüpfen an (*acc*); **a curse is ~ed to this treasure** ein Fluch liegt auf diesem Schatz. **7.** *jur.* a) *j-n* verhaften (*für Zwecke des Zivilprozesses*), b) (gerichtlich) beschlagnahmen, *e-e Forderung, ein Konto, Schulden etc* pfänden: **to ~ a claim. II** *v/i* **8.** (**to**) anhaften (*dat*), verknüpft *od.* verbunden sein (mit): **no condition ~es (to it)** keine Bedingung ist damit verknüpft; **no blame ~es to him** ihn trifft keine Schuld. **9.** *jur.* (als Rechtsfolge) eintreten: **liability ~es; the risk ~es** das Risiko beginnt.
at·tach·a·ble [əˈtætʃəbl] *adj* **1.** *jur.* a) zu verhaften(d), b) beschlagnahmefähig, pfändbar. **2.** *fig.* (**to**) a) verknüpfbar (mit), b) zuzuschreiben(d) (*dat*). **3.** anfügbar, an-, aufsteckbar, monˈtierbar.
at·ta·ché [əˈtæʃeɪ; *Am.* ˌætəˈʃeɪ] *s* AttaˈchÉ *m.* **~ case** [əˈtæʃɪkeɪs; *bes. Am.* -ʃeɪ-] *s* Aktentasche *f od.* -koffer *m.*
at·tached [əˈtætʃt] *adj* **1.** befestigt, fest (-angebracht). **2.** *zo.* unbeweglich, fest. **3.** *biol.* festgewachsen, festsitzend. **4.** anhänglich, zugetan. **5. to be already ~** schon vergeben sein, ‚in festen Händen sein' (*Mädchen etc*).
at·tach·ment [əˈtætʃmənt] *s* **1.** Befestigung *f*, Anbringung *f*. **2.** (*etwas*) An- *od.* Beigefügtes, Anhängsel *n*, Beiwerk *n*. **3.** *tech.* Zusatzgerät *n*: **~s** Zubehörteile, Ausrüstung *f*; **~ plug** *electr.* Zwischenstecker *m.* **4.** Band *n*, Verbindung *f*: **~s of a muscle** *anat.* Muskelbänder. **5.** *fig.* (**to, for**) a) Treue *f* (zu, gegen), Anhänglichkeit *f* (an *acc*), b) Bindung *f* (an *acc*), (Zu)Neigung *f*, Liebe *f* (zu). **6.** (**to**) a) Angliederung *f* (an *acc*), b) Zugehörigkeit *f* (zu). **7.** *jur.* a) Verhaftung *f* (*e-s Schuldners etc*), b) Beschlagnahme *f*, Pfändung *f*, dinglicher Arˈrest: **~ of a debt** Forderungspfändung; → **warrant** 6, c) Eintritt *m* (*e-r Rechtsfolge*).
at·tack [əˈtæk] **I** *v/t* **1.** angreifen (*a. mil. sport Schach etc*), anfallen, überˈfallen. **2.** *fig.* angreifen, ˈherfallen über (*acc*), attacˈkieren, scharf kritiˈsieren. **3.** *fig. e-e Arbeit etc* in Angriff nehmen, anpacken, über *e-e Mahlzeit etc* ˈherfallen. **4.** *fig.* a) befallen (*Krankheit*), b) *chem.* angreifen, anfressen: **acid ~s metal. 5.** *mus. den Ton* (*sicher od. genau*) ansetzen, einsetzen mit. **II** *v/i* **6.** angreifen (*a. sport etc*). **7.** *mus.* ein-, ansetzen. **III** *s* **8.** Angriff *m* (*a. mil. sport Schach etc*), ˈÜberfall *m* (**on** auf *acc*): **~ is the best form of defence** (*Am.* **defense**) Angriff ist die beste Verteidigung; **~ in waves** *mil.* rollender Angriff; **~ transport** *mil.* Landungsschiff *n*; **~ing zone** (*Eishockey*) Angriffsdrittel *n*, -zone *f*. **9.** *fig.* Angriff *m*, Atˈtacke *f*, (scharfe) Kriˈtik: **under ~** ‚unter Beschuß'. **10.** *med.* Atˈtacke *f*, Anfall *m.* **11.** *fig.* Inˈangriffnahme *f* (*e-r Arbeit etc*). **12.** *chem.* Angriff *m*, Einwirkung *f* (**on** auf *acc*): **the ~ of acids. 13.** *mus.* (*sicherer od. genauer*) Ein- *od.* Ansatz, (*Jazz*) Atˈtacke *f*. **atˈtack·er** *s* Angreifer(in).
at·tain [əˈteɪn] **I** *v/t ein Ziel etc* erreichen, erlangen, gelangen *od.* kommen zu *od.* an (*acc*): **to ~ the opposite shore; to ~ an age** ein Alter erreichen; **after ~ing the age of 21 (years)** nach Vollendung des 21. Lebensjahres. **II** *v/i* **~ to** → I: **to ~ to knowledge** Wissen erlangen. **atˈtain·a·ble** *adj* erreichbar, zu erlangen(d).
at·tain·der [əˈteɪndə(r)] *s jur. hist.* Verlust *m* der bürgerlichen Ehrenrechte u. Einziehung *f* des Vermögens (*als Folge e-r Verurteilung wegen Kapitalverbrechen od. Hochverrat*): **bill of ~** parlamentarischer Strafbeschluß (*der ohne vorhergehende Gerichtsverhandlung zum* **attainder** *führte*).
at·tain·ment [əˈteɪnmənt] *s* **1.** Erreichung *f*, Erlangung *f*, Aneignung *f*. **2.** (*das*) Erreichte, Errungenschaft *f*. **3.** *meist pl* Kenntnisse *pl*, Fertigkeiten *pl*, (geistige) Errungenschaften *pl.*
at·taint [əˈteɪnt] **I** *v/t* **1.** *jur. hist.* zum Tode u. zur Ehrlosigkeit verurteilen, dem **attainder** aussetzen. **2.** *obs.* befallen (*Krankheit*). **3.** *fig. obs.* anstecken, vergiften. **4.** *fig. obs.* beflecken, entehren. **II** *s* **5.** *jur. hist.* → **attainder. 6.** *fig. obs.* Schandfleck *m*, Makel *m.*
at·tar [ˈætə(r)] *s* ˈBlumenesˌsenz *f*, *bes.* Rosenöl *n*: **~ of roses.**
at·tem·per [əˈtempə(r)] *v/t obs.* **1.** (*durch Mischung*) schwächen, mildern. **2.** *Luft etc* tempeˈrieren. **3.** *fig.* dämpfen, mildern. **4.** (**to**) anpassen (*dat*, an *acc*), in Einklang bringen (mit).
at·tempt [əˈtempt; əˈtemt] **I** *v/t* **1.** versuchen, proˈbieren (**to do, doing** zu tun): **~ed murder** Mordversuch *m.* **2.** es versuchen mit, sich machen *od.* wagen an (*acc*), in Angriff nehmen: **to ~ a problem. 3.** zu überˈwältigen suchen, angreifen: **to ~ s.o.'s life** e-n Mordanschlag *od.* ein Attentat auf j-n verüben. **II** *s* **4.** Versuch *m* (*a. jur.*) (**to do, doing** zu tun): **~ at explanation** Versuch e-r Erklärung, Erklärungsversuch; **an ~ at a novel** ein Versuch zu e-m Roman. **5.** Unterˈnehmung *f*, Bemühung *f*. **6.** Angriff *m* (*a. mil. obs.*), Anschlag *m*: **an ~ on s.o.'s life** ein Mordanschlag *od.* Attentat *n* auf j-n.
at·tend [əˈtend] **I** *v/t* **1.** bedienen, pflegen, warten, überˈwachen: **to ~ machinery. 2.** *Kranke* a) pflegen, b) (ärztlich) behandeln. **3.** a) (als Diener *od.* dienstlich) begleiten, b) *j-m* aufwarten. **4.** *fig.* begleiten: **to be ~ed by** (*od.* **with**) nach sich ziehen, zur Folge haben; **to be ~ed with great difficulties** mit großen Schwierigkeiten verbunden sein. **5.** beiwohnen (*dat*), anwesend sein bei, teilnehmen an (*dat*), *die Kirche, Schule, e-e Versammlung etc* besuchen, *e-e Vorlesung* hören. **6.** *obs.* → 7. **II** *v/i* **7.** (**to**) beachten (*acc*), achten, merken (auf *acc*): **~ to these directions! 8.** (**to**) a) sich kümmern (um), sich befassen (mit), sich widmen (*dat*), b) erledigen, besorgen (*acc*): **to ~ to a matter. 9.** *econ.* bedienen, abfertigen (**to a customer** e-n Kunden): **are you being ~ed to?** werden Sie schon bedient? **10.** zuˈgegen *od.* anwesend sein (**at** bei, in *dat*), sich einfinden, erscheinen (**in court** vor Gericht). **11.** (**on, upon**) begleiten (*acc*), folgen (*dat*). **12.** (**on, upon**) (*j-n*) bedienen, pflegen, (*j-m*) aufwarten, zur Verfügung stehen.
at·tend·ance [əˈtendəns] *s* **1.** Dienst *m*, Bereitschaft *f*, Aufsicht *f*: **physician in ~** diensthabender Arzt; **hours of ~** Dienststunden (→ 3); **~ centre** *jur. Br.* Heim *n* für Freizeitarrest (*straffälliger Jugendlicher*); → **dance** 4. **2.** Bedienung *f*, (Auf-) Wartung *f*, Pflege *f* (**on, upon** *gen*), Dienstleistung *f*: → **medical** 1 a. **3.** Anwesenheit *f*, Erscheinen *n*, Besuch *m*: **to be in ~ at** anwesend sein bei; **~ list** (*od.* **record**) Anwesenheitsliste *f*; **~ teacher** *Am. Schulbeamter, der Fälle von häufigem unentschuldigtem Fehlen untersucht*; **hours of ~** Besuchszeit *f* (→ 1). **4.** a) Besucher *pl*, Teilnehmer *pl*, b) Besucherzahl *f*, Besuch *m*, Beteiligung *f*, Erscheinen *n* (**at** bei). **5.** Begleitung *f*, Gefolge *n*, Dienerschaft *f*.
at·tend·ant [əˈtendənt] **I** *adj* **1.** (**on, upon**) a) begleitend (*acc*), b) im Dienst stehend (bei). **2.** *jur.* abhängig (**to** von). **3.** *fig.* (**on, upon**) verbunden (mit), folgend (auf *acc*): **~ circumstances** Begleitumstände; **~ expenses** Nebenkosten. **4.** anwesend. **5.** *mus.* nächstverwandt (*Tonarten*). **II** *s* **6.** Begleiter(in), Gefährte *m*, Gefährtin *f*, Gesellschafter(in). **7.** Diener(in), Bediente(r *m*) *f*. **8.** *pl* Dienerschaft *f*, Gefolge *n.* **9.** Aufseher(in). **10.** *tech.* Bedienungsmann *m*, Wart *m.* **11.** *fig.* Begleiterscheinung *f*, Folge *f* (**of, on, upon** *gen*). **~ phe·nom·e·non** *s irr phys.* Nebenerscheinung *f*.
at·ten·tion [əˈtenʃn] *s* **1.** Aufmerksamkeit *f*: **to attract ~** Aufmerksamkeit erregen; **to bring to the ~ of s.o.** j-m zur Kenntnis bringen, j-n (von *e-r Sache*) unterrichten; **to call** (*od.* **draw**) **~ to** die Aufmerksamkeit lenken auf (*acc*), aufmerksam machen auf (*acc*); → **catch** 15; **to come to the ~ of s.o.** j-m zur Kenntnis gelangen; **to pay ~ to** *j-m od. e-r Sache* Beachtung schenken, s-e Aufmerksamkeit zuwenden (*dat*), achtgeben auf (*acc*); **to pay close ~, to be all ~** ganz Ohr sein, ganz bei der Sache sein; **(for the) ~ of** zu Händen von (*od. gen*). **2.** Beachtung *f*, Erledigung *f*: **for immediate ~!** zur sofortigen Veranlassung!; **to give a matter prompt ~** e-e Sache rasch erledigen. **3.** a) Aufmerksamkeit *f*, Gefälligkeit *f*, Freundlichkeit *f*, b) *pl* Aufmerksamkeiten *pl*: **to pay one's ~s to s.o.** j-m den Hof machen. **4.** *mil.* Grundstellung *f*: **to stand to ~** stillstehen; **~!** Stillgestanden!, Achtung! **5.** *tech.* Wartung *f*, Bedienung *f*.
at·ten·tive [əˈtentɪv] *adj* (*adv* **~ly**) **1.** achtsam, aufmerksam: **to be ~ to s.th.** auf etwas achten. **2.** *fig.* (**to**) aufmerksam (gegen), höflich (zu). **atˈten·tive·ness** *s* Aufmerksamkeit *f* (*a. weitS. Gefälligkeit*).
at·ten·u·ate [əˈtenjʊeɪt; *Am.* -jəˌweɪt] **I** *v/t* **1.** dünn *od.* schlank machen. **2.** *bes. chem.* verdünnen. **3.** *fig.* vermindern, (ab)schwächen. **4.** *med.* die Viruˈlenz (*gen*) vermindern. **5.** *electr.* dämpfen, herˈunterregeln, -teilen: **to ~ the voltage** die Spannung herabsetzen. **II** *v/i* **6.** dünner *od.* schwächer werden, sich vermindern. **III** *adj* [-jʊɪt; *Am.* -jəwət] **7.** verdünnt, vermindert, abgeschwächt. **8.** abgemagert. **9.** *bot.* zugespitzt. **10.** *biol.* verjüngt.
at·ten·u·a·tion [əˌtenjʊˈeɪʃn; *Am.* -jəˈw-] **I** *s* **1.** Verminderung *f*. **2.** *bes. chem.* Verdünnung *f*. **3.** *med.* Schwächung *f*, Abmagerung *f*. **4.** *electr.* Dämpfung *f*. **5.** *fig.* (Ab)Schwächung *f*. **II** *adj* **6.** *electr.* Dämpfungs...
at·ten·u·a·tor [əˈtenjʊeɪtə(r); *Am.* -jəˌw-] *s electr.* (regelbarer) Abschwächer, Dämpfungsglied *n*, Spannungsteiler *m.*
at·test [əˈtest] **I** *v/t* **1.** bezeugen, beglaubigen, bescheinigen, atteˈstieren, amtlich bestätigen *od.* beglaubigen *od.* beurkunden: **~ed copy** beglaubigte Abschrift; **~ed will** von Zeugen unterzeichnetes Testament. **2.** zeugen von, bestätigen, erweisen, zeigen. **3.** vereidigen (*Br. a.*

mil.). **4.** *mil. Rekruten* einstellen. **II** *v/i* **5.** zeugen (to für). **6.** *mil.* sich (zum Wehrdienst) melden. **at·tes·ta·tion** [ˌæteˈsteɪʃn] *s* **1.** a) Bezeugung *f* (*der Errichtung e-r Urkunde etc*), b) Beglaubigung *f* (*durch Unterschrift*), c) Bescheinigung *f*, Atˈtest *n*: ~ **clause** Beglaubigungsvermerk *m*. **2.** Zeugnis *n*, Beweis *m*. **3.** Eidesleistung *f*, Vereidigung *f* (*Br. a. mil.*). **atˈtes·tor** [-tə(r)] *s* Beglaubiger *m*, Zeuge *m*.

at·tic[1] [ˈætɪk] *s arch.* **1.** Attika *f*. **2.** a) *a. pl* Dachgeschoß *n*, b) Dachstube *f*, Manˈsarde *f*.

At·tic[2] [ˈætɪk] *adj* attisch: a) aˈthenisch, b) *fig.* (rein) klassisch: ~ **base** *arch.* attischer Säulenfuß; ~ **order** *arch.* attische Säulenordnung; ~ **salt** (*od.* **wit**) *fig.* attisches Salz, feiner (beißender) Witz.

At·ti·cism, a~ [ˈætɪsɪzəm] *s* **1.** Vorliebe *f* für Aˈthen. **2.** Attiˈzismus *m*, attischer Stil *od.* Ausdruck. **3.** *fig.* Eleˈganz *f od.* Reinheit *f* der Sprache.

at·tire [əˈtaɪə(r)] **I** *v/t* **1.** (be)kleiden, anziehen: **~d in** angetan in (*dat*) *od.* mit. **2.** schmücken, putzen. **II** *s* **3.** Kleidung *f*, Gewand *n*: **official** ~ Amtstracht *f*. **4.** Putz *m*, Schmuck *m*.

at·ti·tude [ˈætɪtjuːd; *Am. a.* -ˌtuːd] *s* **1.** (Körper)Haltung *f*, Stellung *f*, Posiˈtur *f*: **a threatening** ~ e-e drohende Haltung; **to strike an** ~ → **attitudinize** 1 a. **2.** Haltung *f*: a) Verhalten *n*: ~ **of mind** Geisteshaltung, b) Standpunkt *m*, Stellung(nahme) *f*, Einstellung *f*, Positiˈon *f* (**to, towards** zu, gegenˈüber). **3.** *a.* ~ **of flight** *aer.* Fluglage *f*.

at·ti·tu·di·nize [ˌætɪˈtjuːdɪnaɪz; *Am. a.* -ˈtuː-] *v/i* **1.** a) e-e theaˈtralische Haltung *od.* e-e Pose annehmen, b) *a. fig.* sich in Posiˈtur setzen, poˈsieren. **2.** sich affekˈtiert benehmen, affektiert reden *od.* schreiben. **ˌat·tiˈtu·di·niz·er** *s* Poˈseur *m*.

at·torn [əˈtɜːn; *Am.* əˈtɜrn] **I** *v/i* **1.** *hist.* a) e-n neuen Lehnsherrn anerkennen, b) huldigen u. dienen (**to** *dat*). **2.** *jur. j-n* als (den neuen) Eigentümer *od.* Vermieter anerkennen. **II** *v/t* **3.** *hist. die Lehnspflicht etc* auf e-n anderen Lehnsherrn überˈtragen.

at·tor·ney [əˈtɜːnɪ; *Am.* əˈtɜrniː] *s* **1.** *jur. bes. Am.* a) *a.* ~ **at law** (Rechts)Anwalt *m*: ~ **for the defense** *Am.* Anwalt der beklagten Partei, (*im Strafprozeß*) Verteidiger *m*; → **district attorney**, b) *a.* ~ **in fact** Bevollmächtigte(r) *m*, gesetzlicher Vertreter. **2.** *jur.* Bevollmächtigung *f*, Vollmacht *f*: **letter** (*od.* **warrant**) **of** ~ schriftliche Vollmacht; **power of** ~ a) Vollmacht *f*, b) Vollmachtsurkunde *f*; **by** ~ in Vertretung, in Vollmacht, im Auftrag; → **full**[1] 11. ~ **gen·er·al** *pl* **~s gen·er·al** *od.* ~ **gen·er·als** *s jur.* **1.** *Br.* erster Kronanwalt. **2.** *Am.* Juˈstizmiˌnister *m*.

at·tract [əˈtrækt] **I** *v/t* **1.** anziehen. **2.** *fig. Kunden, Touristen etc* anziehen, anlocken, *j-n* fesseln, reizen, gewinnen, für sich einnehmen: **to** ~ **new members** neue Mitglieder gewinnen; **to be ~ed to** sich hingezogen fühlen zu. **3.** *fig. j-s Interesse, Blicke etc* auf sich ziehen, *j-s Mißfallen etc a.* erregen: → **attention** 1. **II** *v/i* **4.** Anziehung(skraft) ausüben (*a. fig.*). **5.** *fig.* anziehend wirken *od.* sein.

at·trac·tion [əˈtrækʃn] *s* **1.** *fig.* a) Anziehungskraft *f*, Reiz *m*, b) Attraktiˈon *f*, (*etwas*) Anziehendes, *thea. etc* Zugnummer *f*, -stück *n*. **2.** *phys.* Attraktiˈon *f*, Anziehung(skraft) *f*: ~ **of gravity** Gravitationskraft *f*. **3.** *ling.* Attraktiˈon *f*.

at·trac·tive [əˈtræktɪv] *adj* (*adv* **~ly**) **1.** anziehend: ~ **force** (*od.* **power**) *phys.* Anziehungskraft *f*. **2.** *fig.* attrakˈtiv: a) anziehend, reizvoll: **to be** ~ **to women** auf Frauen anziehend wirken, b) einnehmend: **an** ~ **appearance**, c) zugkräftig: ~ **offers**. **atˈtrac·tive·ness** *s* **1.** anziehendes Wesen. **2.** (*das*) Anziehende *od.* Reizende. **3.** → **attraction** 1 a.

at·trib·ut·a·ble [əˈtrɪbjʊtəbl] *adj* zuzuschreiben(d) (to *dat*).

at·trib·ute I *v/t* [əˈtrɪbjuːt; *Am.* -bjət] **1.** (to *dat*) zuschreiben, beilegen, -messen, *contp.* ˈunterschieben, unterˈstellen. **2.** zuˈrückführen (**to** auf *acc*). **II** *s* [ˈætrɪbjuːt] **3.** Attriˈbut *n*, Eigenschaft *f*, (wesentliches) Merkmal: **mercy is an** ~ **of God**; **statistical** ~ *math.* festes Merkmal. **4.** Attriˈbut *n*, (Kenn)Zeichen *n*, Sinnbild *n*. **5.** *ling.* Attriˈbut *n*. **at·tri·bu·tion** [ˌætrɪˈbjuːʃn] *s* **1.** Zuschreibung *f*, Beilegung *f* (to *dat*). **2.** beigelegte Eigenschaft. **3.** zuerkanntes Recht, (erteilte) Befugnis.

at·trib·u·tive [əˈtrɪbjʊtɪv] **I** *adj* (*adv* **~ly**) **1.** zuerkennend. **2.** zugeschrieben, beigelegt. **3.** *ling.* attribuˈtiv. **II** *s* **4.** *ling.* Attriˈbut *n*.

at·trit [əˈtrɪt] *v/t mil. Am. Gegner* durch Abnutzung schwächen. **at·trit·ed** [əˈtraɪtɪd] *adj* abgenutzt, zermürbt.

at·tri·tion [əˈtrɪʃn] *s* **1.** a) Ab-, Zerreibung *f*, b) *a. fig.* Aufreibung *f*, Abnutzung *f*, Verschleiß *m*. **2.** *fig.* Zermürbung *f*: **war of** ~ *mil.* Abnutzungs-, Zermürbungskrieg *m*. **3.** *relig.* unvollkommene Reue.

at·tune [əˈtjuːn; *Am. a.* əˈtuːn] *v/t* **1.** *mus.* (ein-, ab)stimmen (**to** auf *acc*). **2.** *fig.* (**to**) ein-, abstimmen, einstellen (auf *acc*), anpassen (*dat*), in Einklang bringen (mit).

a·typ·i·cal [ˌeɪˈtɪpɪkl] *adj* aˈtypisch (**of** für).

au·baine [əʊˈbeɪn] *s a.* **right of** ~ *jur. hist.* Heimfallsrecht *n*.

au·ber·gine [ˈəʊbə(r)ʒiːn; -dʒiːn] *s bot.* Auberˈgine *f*.

au·burn [ˈɔːbə(r)n] **I** *adj* **1.** kaˈstanienbraun (*Haar*). **2.** *obs.* hellbraun. **II** *s* **3.** Kaˈstanienbraun *n* (*Farbe*).

auc·tion [ˈɔːkʃn] **I** *s* Auktiˈon *f*, (öffentliche) Versteigerung: **to sell by** (*Am.* **at**) ~ versteigern; **to put up for** (*Am.* **at**) ~ zur Versteigerung anbieten; **sale by** (*Am.* **at**) ~, ~ **sale** Versteigerung; ~ **bridge** Auktionsbridge *n*; ~ **law** *jur.* Gantrecht *n*; ~ **mart** (*od.* **room**) Auktionslokal *n*; → **Dutch auction**. **II** *v/t meist* ~ **off** versteigern.

auc·tion·eer [ˌɔːkʃəˈnɪə(r)] **I** *s* Auktioˈnator *m*, Versteigerer *m*: **~s** Auktionshaus *n*; **~'s fees** Auktionsgebühren. **II** *v/t* versteigern.

au·da·cious [ɔːˈdeɪʃəs] *adj* (*adv* **~ly**) **1.** kühn, verwegen, waghalsig. **2.** dreist, unverfroren. **auˈda·cious·ness** → **audacity**.

au·dac·i·ty [ɔːˈdæsətɪ] *s* **1.** Kühnheit *f*, Verwegenheit *f*, Waghalsigkeit *f*. **2.** Dreistigkeit *f*, Unverfrorenheit *f*.

au·di·bil·i·ty [ˌɔːdɪˈbɪlətɪ] *s* Hörbarkeit *f*, Vernehmbarkeit *f*. **ˈau·di·ble** [-dəbl] *adj* (*adv* **audibly**) hör-, vernehmbar, vernehmlich (to für), *tech. a.* aˈkustisch. **ˈau·di·ble·ness** → **audibility**.

au·di·ence [ˈɔːdjəns; -dɪ-; *Am. a.* ˈɑːd-] *s* **1.** *a. jur.* Anhörung *f*, Gehör *n*: **to give** ~ **to s.o.** j-m Gehör schenken, j-n anhören; **right of** ~ *jur.* rechtliches Gehör. **2.** Audiˈenz *f* (**of, with** bei): **to have an** ~ **of the Queen**; **to be received in** ~ in Audienz empfangen werden; ~ **chamber** Audienzzimmer *n*; **A~ Court** *jur. relig.* Audienzgericht *n*. **3.** Publikum *n*: a) Zuhörer(schaft *f*) *pl*, b) Zuschauer *pl*, c) Besucher *pl*, d) Leser(kreis *m*) *pl*. **4.** Anhänger(schaft *f*) *pl*.

audio- [ɔːdɪəʊ] *Wortelement mit der Bedeutung* a) Hör..., Ton..., akustisch, b) *electr.* audio..., Hör-, Ton-, Niederfrequenz..., c) Rundfunk-, Fernseh- u. Schallplatten..., *bes.* High-Fidelity..., Hi-Fi...

au·di·o| am·pli·fi·er *s electr. phys.* ˈTonfreˌquenz-, ˈNiederfreˌquenzverstärker *m*. ~ **con·trol en·gi·neer** *s* ˈToningeniˌeur *m*, -meister *m*. ~ **de·tec·tor** *s* NF-Gleichrichter *m*. ~ **fre·quen·cy** *s* ˈAudio-, ˈNieder-, ˈTon-, ˈHörfreˌquenz *f*. **ˌ~ˈlin·gual** *adj ped.* audiolinguˈal (*vom gesprochenen Wort ausgehend*).

au·di·ol·o·gy [ˌɔːdɪˈɒlədʒɪ; *Am.* -ˈɑl-] *s med.* Audioloˈgie *f* (*Teilgebiet der Medizin, das sich mit den Funktionen u. den Erkrankungen des Gehörs befaßt*).

au·di·om·e·ter [ˌɔːdɪˈɒmɪtə(r); *Am.* -ˈɑm-] *s electr. med.* Audioˈmeter *n*, Gehörmesser *m*. **ˌau·diˈom·e·try** [-trɪ] *s* **1.** *med.* Audiomeˈtrie *f*, Gehörmessung *f*: **puretone** ~ Tonaudiometrie; **speech** ~ Sprechaudiometrie. **2.** *electr.* ˈTonfreˌquenzmessung *f*.

ˈau·di·oˌmix·er *s TV* (Ton)Mischtafel *f*.

au·di·on [ˈɔːdɪən] *s Radio*: Audion *n*: ~ **valve** (*Am.* **tube**) Audionröhre *f*.

au·di·o|·phile [ˈɔːdɪəʊfaɪl] *s* Hi-Fi-Fan *m*. ~ **range** *s electr.* ˈHör-, ˈTonfreˌquenzbereich *m*. ~ **sig·nal** *s* **1.** *tech.* aˈkustisches Siˈgnal. **2.** *electr.* ˈTon(freˌquenz)siˌgnal *n*. ~ **stage** *s* ˈNiederfreˌquenzstufe *f*, NF-Stufe *f*. **ˈ~·tape** *s* Tonband *n*. **ˈ~ˌtyp·ist** *s* Phonotyˈpistin *f*. **ˌ~ˈvis·u·al I** *adj* audiovisuˈell: ~ **aids** → II; ~ **instruction** audiovisueller Unterricht. **II** *s pl* audiovisuˈelle ˈUnterrichtsmittel *pl*.

au·di·phone [ˈɔːdɪfəʊn] *s med.* Audiˈphon *n*, ˈHörappaˌrat *m*.

au·dit [ˈɔːdɪt] **I** *s* **1.** *econ.* a) (Buch-, Rechnungs-, Wirtschafts)Prüfung *f*, (ˈBücher-, ˈRechnungs)Revisiˌon *f*, b) Schlußrechnung *f*, Biˈlanz *f*: **personal** ~ *psych. Am.* Persönlichkeitstest *m*, -analyse *f* (*für Angestellte*); ~ **office** *Br.* Rechnungsprüfungsamt *n*; ~ **year** Prüfungs-, Revisionsjahr *n*. **2.** *fig.* Rechenschaft(slegung) *f*. **3.** *obs.* Zeugenverhör *n*. **II** *v/t* **4.** *econ.* (amtlich) prüfen, reviˈdieren: **to** ~ **the books**. **5.** *univ. Am. e-n Kurs etc* als Gasthörer(in) besuchen.

au·dit·ing [ˈɔːdɪtɪŋ] *s econ.* → **audit** 1 a: ~ **of accounts** Rechnungsprüfung *f*; **external** ~ außerbetriebliche Revision (*durch betriebsfremde Prüfer*); **internal** ~ betriebsinterne Revision. ~ **com·pa·ny** *s econ.* Revisiˈonsgesellschaft *f*. ~ **de·part·ment** *s econ.* Revisiˈonsabˌteilung *f*.

au·di·tion [ɔːˈdɪʃn] **I** *s* **1.** *physiol.* Hörvermögen *n*, Gehör *n*. **2.** Hören *n*. **3.** Zu-, Anhören *n*. **4.** *mus. thea.* a) Vorspiel(en) *n* (*e-s Instrumentalisten*), b) Vorsingen *n*, c) Vorsprechen *n*, d) Anhörprobe *f* (*durch Theaterleitung etc*). **II** *v/t u. v/i* **5.** *mus. thea.* vorspielen *od.* vorsingen *od.* vorsprechen (lassen).

au·di·tive [ˈɔːdɪtɪv] → **auditory** 3.

au·di·tor [ˈɔːdɪtə(r)] *s* **1.** (Zu)Hörer(in). **2.** *univ. Am.* Gasthörer(in). **3.** *econ.* Wirtschafts-, Rechnungs-, Buchprüfer *m*, (ˈBücher)Reˌvisor *m*.

au·di·to·ri·um [ˌɔːdɪˈtɔːrɪəm; *Am. a.* -ˈtəʊr-] *pl* **-ums, -ri·a** [-ə] *s* **1.** Audiˈtorium *n*, Zuhörer- *od.* Zuschauerraum *m*. **2.** *Am.* Vortragssaal *m*, Vorführungsraum *m*, *a.* Konˈzerthalle *f*, (*a.* ˈFilm-) Theˌater *n*.

au·di·tor·ship [ˈɔːdɪtə(r)ʃɪp] *s econ.* Rechnungsprüfer-, Reˈvisoramt *n*.

au·di·to·ry [ˈɔːdɪtərɪ; -trɪ; *Am.* -ˌtəʊriː; -ˌtɔː-] **I** *s* **1.** *obs.* Zuhörer(schaft *f*) *pl*. **2.** *obs. für* **auditorium**. **II** *adj* **3.** *anat.*

Gehör..., Hör...: ~ **nerve** Gehörnerv *m.*
au fait [ˌəʊˈfeɪ] *pred adj* auf dem laufenden: **to put s.o. ~ of** (*od.* **with**) **s.th.** j-n mit etwas vertraut machen.
Au·ge·an [ɔːˈdʒiːən] *adj* **1.** *myth. u. fig.* Augias...: **to clean** (*od.* **cleanse**) **the ~ stables** den Augiasstall reinigen. **2.** *fig.* a) ˈüberaus schmutzig, b) äußerst schwierig: **an ~ task.**
au·gend [ˈɔːdʒend; ɔːˈdʒend] *s math.* Auˈgend *m*, erster Sumˈmand.
au·ger [ˈɔːgə(r)] *s tech.* **1.** großer Bohrer, Vor-, Schneckenbohrer *m.* **2.** Erdbohrer *m.* **3.** Löffelbohrer *m.* **4.** Förderschnecke *f*: ~ **conveyor** Schneckenförderer *m.* ~ **bit** *s tech.* **1.** Bohreisen *n.* **2.** Löffel-, Hohlbohrer *m.*
Au·ger ef·fect [ˈəʊʒeɪ; əʊˈʒeɪ] *s phys.* ˈAuger-Efˌfekt *m.*
aught [ɔːt; *Am. a.* ɑːt] *obs. od. poet.* **I** *pron* (irgend) etwas: **for ~ I care** meinetwegen; **for ~ I know** soviel ich weiß. **II** *adv* irgendwie.
au·gite [ˈɔːgaɪt; *Am. bes.* ˈɔːdʒaɪt] *s min.* Auˈgit *m.*
aug·ment [ɔːgˈment] **I** *v/t* **1.** vermehren, -größern, steigern. **2.** *mus. ein Thema* vergrößern. **II** *v/i* **3.** sich vermehren, zunehmen, (an)wachsen. **III** *s* [ˈɔːgmənt; *Am.* -ˌment] **4.** *ling.* Augˈment *n.*
aug·men·ta·tion [ˌɔːgmenˈteɪʃn; -mən-] *s* **1.** Vergrößerung *f*, -mehrung *f*, Wachstum *n*, Zunahme *f*: ~ **factor** *phys.* Wachstumsfaktor *m.* **2.** Zuwachs *m.* **3.** *her.* besonderes hinˈzugefügtes Ehrenzeichen. **4.** *mus.* Augmentatiˈon *f*, Vergrößerung *f (e-s Themas).*
aug·ment·a·tive [ɔːgˈmentətɪv] **I** *adj* vermehrend, -stärkend, Verstärkungs... **II** *s ling.* Verstärkungsform *f.*
au gra·tin [ˌəʊˈgrætæ̃ŋ; *Am.* -ˈgrætn] *adj gastr.* au graˈtin, überˈbacken.
au·gur [ˈɔːgə(r)] **I** *s* **1.** *antiq.* Augur *m.* **2.** Wahrsager *m*, Proˈphet *m.* **II** *v/t* **3.** vorˈaus-, weissagen, ahnen lassen, verheißen, propheˈzeien. **III** *v/i* **4. to ~ ill (well)** a) ein schlechtes (gutes) Zeichen *od.* Omen sein (**for** für), b) Böses (Gutes) erwarten (**of** von; **for** für). ˈ**au·gu·ral** [-gjʊrəl; *Am. a.* -gə-] *adj* **1.** Auguren... **2.** vorbedeutend. **au·gu·ry** [ˈɔːgjʊrɪ; *Am. a.* -gə-] *s* **1.** Wahrsagen *n.* **2.** Weissagung *f*, Propheˈzeiung *f.* **3.** Vorbedeutung *f*, Vor-, Anzeichen *n*, Omen *n.* **4.** Vorahnung *f* (**of** von).
au·gust[1] [ɔːˈgʌst] *adj* (*adv* ~**ly**) erhaben, hehr, herrlich, erlaucht, hoheitsvoll.
Au·gust[2] [ˈɔːgəst] *s* Auˈgust *m*: **in ~** im August.
Au·gus·tan [ɔːˈgʌstən] **I** *adj* **1.** den Kaiser Auˈgustus betreffend, auguˈsteisch. **2.** *relig.* Auguˈstanisch, Augsburgisch (*Konfession*). **3.** klassisch. **II** *s* **4.** Schriftsteller *m* des Auguˈsteischen Zeitalters. ~ **age** *s* **1.** Auguˈsteisches Zeitalter. **2.** klassisches Zeitalter, Blütezeit *f (e-r nationalen Literatur; in England Zeitalter der Königin Anna).*
Au·gus·tine [ɔːˈgʌstɪn] **I** *npr* Auguˈstin(us) *m.* **II** *s a.* ~ **friar** (*od.* **monk**) Auguˈstiner(mönch) *m.* **III** *adj* auguˈstinisch.
Au·gus·tin·i·an [ˌɔːgəˈstɪnɪən] *relig.* **I** *s* **1.** Anhänger *m* des Augustiˈnismus. **2.** Auguˈstiner(mönch) *m.* **II** *adj* **3.** auguˈstinisch.
au·gust·ness [ɔːˈgʌstnɪs] *s* Erhabenheit *f*, Hoheit *f.*
auk [ɔːk] *s orn.* Alk *m.*
auld [ɔːld] *adj Scot.* alt. ~ **lang syne** [ˌ-læŋˈsaɪn] *s Scot.* die gute alte Zeit.
au·lic [ˈɔːlɪk] *adj* höfisch, Hof...
aunt [ɑːnt; *Am.* ænt] *s* Tante *f* (*a. fig.*): **my ~!** *colloq.* a) du liebe Zeit!, b) ‚von wegen!' ˈ**aunt·ie** [-tɪ] *s* Tantchen *n.*
Aunt Sal·ly [ˈsælɪ] *s* **1.** *Spiel auf Jahrmärkten, bei dem e-e Frauengestalt mit Bällen od. Stöcken umgeworfen werden muß.* **2. a~ s~** *Br. colloq.* gute Zielscheibe.
aunt·y [ˈɑːntɪ; *Am.* ˈæntiː] → **auntie.**
au pair [ˌəʊˈpeə] *Br.* **I** *s a.* ~ **girl** Au-ˈpair-Mädchen *n.* **II** *adv* als Au-ˈpair-Mädchen: **to work ~.** **III** *v/i* als Au-ˈpair-Mädchen arbeiten.
au·ra [ˈɔːrə] *pl* **-rae** [-riː], **-ras** *s* **1.** Hauch *m*, Duft *m.* **2.** Aˈroma *n.* **3.** *med.* Aura *f*, Vorgefühl *n* vor (epiˈleptischen *etc*) Anfällen. **4.** *fig.* Aura *f*: a) Fluidum *n*, Ausstrahlung *f*, b) Atmoˈsphäre *f*, c) Nimbus *m.* **5.** *Parapsychologie*: Aura *f.*
au·ral [ˈɔːrəl] *adj* **1.** Ohr..., Ohren..., Gehör...: ~ **surgeon** *med.* Ohrenarzt *m.* **2.** *phys. tech.* aˈkustisch, Hör..., Ton...: ~ **carrier** *TV* Tonträger *m.*
au·rate [ˈɔːreɪt; *Am. bes.* -rət] *s chem.* ˈGoldoˌxydsalz *n*: ~ **of ammonia** Knallgold *n.*
au·re·ate [ˈɔːrɪɪt; -ɪeɪt] *adj* golden.
au·re·li·a [ɔːˈriːljə; -lɪə] *s zo.* **1.** *obs.* Puppe *f bes.* e-s Schmetterlings. **2.** Ohrenqualle *f.*
au·re·o·la [ɔːˈrɪəʊlə] → **aureole.**
au·re·ole [ˈɔːrɪəʊl] *s* Aureˈole *f*: a) Strahlenkrone *f*, Heiligen-, Glorienschein *m*, b) *fig.* Nimbus *m*, Ruhmeskranz *m*, c) *astr.* Hof *m (um Sonne u. Mond).*
au·ric [ˈɔːrɪk] *adj* **1.** Gold... **2.** *chem.* aus Gold gewonnen.
au·ri·cle [ˈɔːrɪkl] *s* **1.** *anat.* äußeres Ohr, Ohrmuschel *f.* **2.** *a.* ~ **of the heart** *anat.* Herzvorhof *m*, Herzohr *n.* **3.** *bot.* Öhrchen *n (am Blattgrund).*
au·ric·u·la [əˈrɪkjʊlə; *bes. Am.* ɔː-] *pl* **-lae** [-liː], **-las** *s* **1.** *bot.* Auˈrikel *f.* **2.** → **auricle** 2, 3.
au·ric·u·lar [ɔːˈrɪkjʊlə(r)] *adj* **1.** das Ohr betreffend, Ohren..., Hör...: ~ **canal** *anat.* Ohrkanal *m*; ~ **nerves** *anat.* Ohrennerven; ~ **tube** *anat.* äußerer Gehörgang. **2.** ins Ohr geflüstert, Ohren...: ~ **confession** Ohrenbeichte *f*; ~ **tradition** mündliche Überlieferung; ~ **witness** Ohrenzeuge *m.* **3.** *anat.* a) zu den Herzohren gehörig, b) aurikuˈlär, ohrförmig.
au·ric·u·late [ɔːˈrɪkjʊlət], **auˈric·u·lat·ed** [-leɪtɪd] *adj* **1.** *zo.* geohrt. **2.** ohrförmig.
au·rif·er·ous [ɔːˈrɪfərəs] *adj* goldhaltig.
au·ri·form [ˈɔːrɪfɔː(r)m] *adj* ohrförmig.
Au·ri·ga [ɔːˈraɪgə] *gen* **-gae** [-dʒiː] *s astr.* Auˈriga *m*, Fuhrmann *m.*
au·ri·scalp [ˈɔːrɪskælp] *s* **1.** Ohrlöffel *m.* **2.** *med.* Ohrsonde *f.*
au·ri·scope [ˈɔːrɪskəʊp] *s med.* Auriˈskop *n*, Ohrenspiegel *m.*
au·rist [ˈɔːrɪst] *s med.* Ohrenarzt *m.*
au·rochs [ˈɔːrɒks; *Am.* -ˌɑks; ˈaʊər-] *pl* **-rochs** *s zo.* Auerochs *m*, Ur *m.*
au·ro·ra [ɔːˈrɔːrə; *Am. a.* əˈrəʊrə] *pl* **-ras,** *selten* **-rae** [-riː] *s* **1.** *poet.* Auˈrora *f*, Morgen(röte *f*) *m.* **2. A~** Auˈrora *f (Göttin der Morgenröte).* **3.** → **aurora borealis.** ~ **aus·tra·lis** [ɒˈstreɪlɪs; *Am.* ɔː-; ɑː-] *s phys.* Poˈlar-, Südlicht *n.* ~ **bo·re·al·is** [ˌbɔːrɪˈeɪlɪs; *Am. a.* -ˈælɪs] *s phys.* Nordlicht *n.*
au·ro·ral [ɔːˈrɔːrəl; *Am. a.* əˈrəʊ-] *adj* **1.** a) die Morgenröte betreffend, b) rosig (glänzend). **2.** Nordlicht...
au·rous [ˈɔːrəs] *adj* **1.** goldhaltig. **2.** *chem.* Gold..., Goldoxydul...
au·rum [ˈɔːrəm] *s chem.* Gold *n.*
aus·cul·tate [ˈɔːskəlteɪt] *v/t med.* auskulˈtieren, abhorchen. ˌ**aus·culˈta·tion** *s med.* Auskultatiˈon *f*, Abhorchen *n.* ˈ**aus·cul·ta·tive** *adj med.* auskultaˈtiv, Hör... ˈ**aus·cul·ta·tor** [-tə(r)] *s med.* **1.** auskulˈtierender Arzt. **2.** Stethoˈskop *n.*
aus·pi·cate [ˈɔːspɪkeɪt] *v/t* unter günstigen Vorzeichen beginnen *od.* einführen, inauguˈrieren.
aus·pice [ˈɔːspɪs] *s* **1.** *antiq.* Auˈspizium *n.* **2.** *pl fig.* (günstiges) An- *od.* Vorzeichen, Auˈspizien *pl.* **3.** *pl fig.* Auˈspizien *pl*, Schirmherrschaft *f*: **under the ~s of s.o.**
aus·pi·cious [ɔːˈspɪʃəs] *adj* (*adv* ~**ly**) günstig: a) vielversprechend, b) glücklich: **to be ~** unter e-m günstigen Stern stehen. **ausˈpi·cious·ness** *s* günstige *od.* verheißungsvolle Aussicht, Glück *n.*
Aus·sie [ˈɒzɪ; ˈɒsɪ; *Am.* ˈɔːsiː; ˈɑːsiː] *colloq.* **I** *s* Auˈstralier(in). **II** *adj* auˈstralisch.
Aus·ter [ˈɔːstə(r)] *s poet.* Südwind *m.*
aus·tere [ɒˈstɪə(r); *Am.* ɔː-] *adj* (*adv* ~**ly**) **1.** streng, ernst: **an ~ person.** **2.** a) asˈketisch, enthaltsam, b) dürftig, karg. **3.** herb, rauh, hart, streng. **4.** streng, nüchtern, schmucklos: **an ~ room; an ~ style.** **aus·ter·i·ty** [ɒˈsterətɪ; *Am.* ɔː-] *s* **1.** Ernst *m*, Strenge *f.* **2.** a) Asˈkese *f*, Enthaltsamkeit *f*, b) Dürftigkeit *f*, Kargheit *f.* **3.** Herbheit *f*, Rauheit *f.* **4.** Strenge *f*, Nüchternheit *f*, Schmucklosigkeit *f.* **5.** *econ. pol.* wirtschaftliche Einschränkung, Sparmaßnahmen *pl* in Notzeiten: ~ **budget** Sparbudget *n*; ~ **program(me)** Sparprogramm *n.*
Aus·tin [ˈɒstɪn; *Am.* ˈɔː-; ˈɑː-] → **Augustine.**
aus·tral [ˈɔːstrəl; *Am. a.* ˈɑː-] *adj* südlich, Süd...: ~ **wind.**
Aus·tral·a·sian [ˌɒstrəˈleɪʒn; *Am.* ˌɔː-] **I** *adj* auˈstralˌasisch. **II** *s* Auˈstralˌasier(in).
Aus·tral·ian [ɒˈstreɪljən; *Am.* ɔː-; ɑː-] **I** *adj* **1.** auˈstralisch. **II** *s* **2.** Auˈstralier(in). **3.** auˈstralisches Englisch. ~ **bal·lot** *s pol. Am. nach australischem Muster eingeführter Stimmzettel, auf dem alle Kandidaten verzeichnet stehen u. der völlig geheime Wahl sichert.*
Aus·tri·an [ˈɒstrɪən; *Am.* ˈɔː-; ˈɑː-] **I** *adj* österreichisch. **II** *s* Österreicher(in).
Austro- [ɒstrəʊ; *Am.* ɔː-; ɑː-] *Wortelement mit der Bedeutung* österreichisch, Austro...: ~**-Hungarian Monarchy** Österreichisch-Ungarische Monarchie.
Aus·tro·ne·sian [ˌɒstrəʊˈniːzjən; *Am.* ˌɔːstrəˈniːʒən; ˌɑː-] *adj ling.* austroˈnesisch.
au·ta·coid [ˈɔːtəkɔɪd] *s physiol.* Autakoˈid *n*, Inˈkret *n*, *bes.* Horˈmon *n.*
au·tar·chic [ɔːˈtɑː(r)kɪk], **auˈtar·chi·cal** [-kl] *adj* **1.** ˈselbstreˌgierend, souveˈrän, Selbstregierungs... **2.** → **autarkic.** ˈ**au·tarch·y** *s* **1.** ˈSelbstreˌgierung *f*, volle Souveräniˈtät. **2.** → **autarky.**
au·tar·kic [ɔːˈtɑː(r)kɪk], **auˈtar·ki·cal** [-kl] *adj econ.* auˈtark, wirtschaftlich unabhängig. ˈ**au·tar·kist** *s econ.* Anhänger(in) der Autarˈkie. ˈ**au·tar·ky** *s econ.* Autarˈkie *f*, wirtschaftliche Unabhängigkeit, auˈtarkes ˈWirtschaftssyˌstem.
au·teur [əʊˈtɜː; *Am.* əʊˈtɜr] *s* ˈFilmregisˌseur *m* mit e-m ausgeprägten Stil.
au·then·tic [ɔːˈθentɪk; *Am. a.* ə-] *adj* (*adv* ~**ally**) **1.** auˈthentisch: a) echt, unverfälscht, verbürgt, b) glaubwürdig, zuverlässig, c) origiˈnal, urschriftlich: ~ **text** maßgebender Text, authentische Fassung. **2.** *jur.* gültig, rechtskräftig, urkundlich beglaubigt *od.* belegt. **3.** wirklich. **4.** *mus.* auˈthentisch.
au·then·ti·cate [ɔːˈθentɪkeɪt; *Am. a.* ə-] *v/t* **1.** beglaubigen, rechtskräftig *od.* -gültig machen, legaliˈsieren. **2.** die Echtheit (*gen*) bescheinigen. **auˌthen·tiˈca·tion** *s* **1.** Beglaubigung *f*, Legaliˈsierung *f.* **2.** Bescheinigung *f* der Echtheit.
au·then·tic·i·ty [ˌɔːθenˈtɪsətɪ] *s* **1.** Authentiziˈtät *f*: a) Echtheit *f*, b) Glaubwürdigkeit *f.* **2.** *jur.* Gültigkeit *f*, Rechtskräftigkeit *f.*
au·thor [ˈɔːθə(r)] **I** *s* **1.** Urheber(in) (*a.*

contp.), Schöpfer(in), Begründer(in). **2.** Ursache *f.* **3.** Autor *m*, Au'torin *f*, Verfasser(in), *a. allg.* Schriftsteller(in): ~'s **correction** Autor(en)korrektur *f*; ~'s **edition** im Selbstverlag herausgegebenes Buch; ~'s **rights** Verfasser-, Urheberrechte. **4.** *pl* (*als sg konstruiert*) *Am. ein Kartenspiel.* **II** *v/t* **5.** schreiben, verfassen. **6.** schaffen, kre'ieren. **'au·thor·ess** *s* Au'torin *f*, Verfasserin *f*, *a. allg.* Schriftstellerin *f.*

au·thor·i·tar·i·an [ɔːˌθɒrɪˈteərɪən; *Am.* ɔːˌθɑrə-] *adj* autori'tär. **auˌthor·i'tar·i·an·ism** *s pol.* Autorita'rismus *m.*

au·thor·i·ta·tive [ɔːˈθɒrɪtətɪv; *Am.* əˈθɑrəˌteɪtɪv] *adj* (*adv* ~**ly**) **1.** gebieterisch, herrisch. **2.** autorita'tiv, maßgebend, -geblich. **3.** amtlich.

au·thor·i·ty [ɔːˈθɒrətɪ; *Am.* əˈθɑr-] *s* **1.** Autori'tät *f*, (Amts)Gewalt *f*: **on one's own** ~ aus eigener Machtbefugnis; **to be in** ~ die Gewalt in Händen haben; **misuse of** ~ Mißbrauch *m* der Amtsgewalt. **2.** Autori'tät *f*, Ansehen *n* (**with** bei), Einfluß *m* (**over** auf *acc*). **3.** Nachdruck *m*, Gewicht *n*: **to add** ~ **to the story**. **4.** Vollmacht *f*, Ermächtigung *f*, Befugnis *f*: **by** ~ mit amtlicher Genehmigung; **on the** ~ **of** im Auftrage *od.* mit Genehmigung (*gen*) (→ 6); **to have full** ~ **to act** volle Handlungsvollmacht besitzen; ~ **to sign** Unterschriftsvollmacht, Zeichnungsberechtigung *f.* **5.** *meist pl* a) Re'gierung *f*, Obrigkeit *f*, b) (Verwaltungs-)Behörde *f*: **the local authorities** die Ortsbehörden; **competent** ~ zuständige Behörde *od.* Dienststelle. **6.** Autori'tät *f*, Zeugnis *n* (*e-r Persönlichkeit, e-s Schriftstellers etc*), Gewährsmann *m*, Quelle *f*, Beleg *m*, Grundlage *f* (**for** für): **on good (the best)** ~ aus glaubwürdiger (bester) Quelle; **on the** ~ **of** a) nach Maßgabe *od.* auf Grund (*gen*), b) mit ... als Gewährsmann (→ 4). **7.** Autori'tät *f*, Kapazi'tät *f*, Sachverständige(r) *m*, (Fach)Größe *f*: **to be an** ~ **on a subject** e-e Autorität auf e-m Gebiet sein. **8.** *jur.* a) Vorgang *m*, Präze'denzfall *m*, b) bindende Kraft (*e-r gerichtlichen Vorentscheidung*). **9.** Glaubwürdigkeit *f*: **of unquestioned** ~ unbedingt glaubwürdig.

au·thor·iz·a·ble [ˈɔːθəraɪzəbl] *adj* **1.** autori'sierbar. **2.** gutzuheißen(d).

au·thor·i·za·tion [ˌɔːθəraɪˈzeɪʃn; *Am.* -rəˈz-] *s* **1.** Autorisati'on *f*, Ermächtigung *f*, Bevollmächtigung *f*, Befugnis *f.* **2.** Genehmigung *f.* **'au·thor·ize** [-raɪz] *v/t* **1.** autori'sieren, ermächtigen, bevollmächtigen, berechtigen, beauftragen. **2.** gutheißen, billigen, genehmigen. **'au·thor·ized** [-raɪzd] *adj* **1.** autori'siert, bevollmächtigt, befugt, verfügungsberechtigt, beauftragt: ~ **agent** *econ.* (Handlungs)Bevollmächtigte(r) *m*, (bevollmächtigter) Vertreter; ~ **capital** *econ.* autorisiertes (*zur Ausgabe genehmigtes*) Kapital; **A**~ **Version** englische Bibelversion von 1611; ~ **person** Befugte(r *m*) *f*; ~ **to sign** unterschriftsbevollmächtigt, zeichnungsberechtigt. **2.** *jur.* rechtsverbindlich.

'au·thor·less *adj* ohne Verfasser, ano'nym.

'au·thor·ship *s* **1.** Urheberschaft *f.* **2.** Autor-, Verfasserschaft *f*: **of unknown** ~ e-s unbekannten Verfassers. **3.** Schriftstellerberuf *m.*

au·tism [ˈɔːtɪzəm] *s psych.* Au'tismus *m.*

au·to [ˈɔːtəʊ; ˈɑːtəʊ] *Am. colloq.* **I** *pl* **-tos** *s* Auto *n.* **II** *v/i* (im Auto) fahren.

auto- [ɔːtəʊ; ɔːtə] *Wortelement mit den Bedeutungen* a) Eigen..., Selbst..., b) automatisch.

ˌau·to·ag'gres·sive *adj*: ~ **disease** *med.* Autoaggressionskrankheit *f.*

ˌau·to'an·tiˌbod·y *s biol. chem.* Autoantikörper *m.*

au·to·bahn [ˈɔːtəʊbɑːn; -təb-; ˈaʊt-] *pl* **-bahns, -ˌbah·nen** [-nən] *s* Autobahn *f.*

ˌau·to·bi'og·ra·pher *s* Autobio'graph (-in). **'au·toˌbi·o'graph·ic** *adj*; **'au·toˌbi·o'graph·i·cal** *adj* (*adv* ~**ly**) autobio'graphisch. **ˌau·to·bi'og·ra·phy** *s* Autobiogra'phie *f*, 'Selbstbiograˌphie *f.*

'au·toˌbus *s Am.* Autobus *m.*

au·to·cade [ˈɔːtəʊˌkeɪd] *Am. für* **motorcade**.

ˌau·to·ca'tal·y·sis *s chem.* Autokata'lyse *f.*

'au·toˌchang·er *s* Plattenwechsler *m.*

'au·to·chrome *s phot.* Auto'chromplatte *f.*

au·toch·tho·nous [ɔːˈtɒkθənəs; *Am.* -ˈtɑk-] *adj* auto'chthon: a) alteingesessen, bodenständig (*Völker, Stämme*), b) *biol. geol.* am Fundort entstanden *od.* vorkommend.

au·to·cide[1] [ˈɔːtəʊsaɪd] *s* Selbstzerstörung *f.*

au·to·cide[2] [ˈɔːtəʊsaɪd] *s* Selbstmord *m* durch e-n absichtlich her'beigeführten Autounfall.

ˌau·to'clas·tic *adj geol.* auto'klastisch.

au·to·clave [ˈɔːtəʊkleɪv] **I** *s* **1.** Auto'klav *m*: a) *Druckapparat in der chemischen Technik*, b) *Apparat zum Sterilisieren von Lebensmitteln etc*, c) *Rührapparat bei der Härtung von Speiseölen.* **2.** Schnell-, Dampfkochtopf *m.* **II** *v/t* **3.** autokla'vieren, mit dem Auto'klav erhitzen.

au·to court *Am. colloq. für* **motel**.

au·toc·ra·cy [ɔːˈtɒkrəsɪ; *Am.* ɔːˈtɑ-] *s pol.* Autokra'tie *f.* **au·to·crat** [ˈɔːtəʊkræt] *s* Auto'krat *m*: a) *pol.* dikta'torischer Al'leinherrscher, b) selbstherrlicher Mensch. **ˌau·to'crat·ic** *adj*; **ˌau·to'crat·i·cal** *adj* (*adv* ~**ly**) auto'kratisch: a) *pol.* 'unumˌschränkt, b) selbstherrlich.

'au·to·cross *s sport* Auto-Cross *n.*

'au·to·cue *s TV Br.* ‚Neger' *m* (*Texttafel als Gedächtnisstütze*).

au·to-da-fé [ˌɔːtəʊdɑːˈfeɪ; *Am.* ˌaʊtədəˈfeɪ] *pl* **ˌau·tos-da-'fé** *s hist.* Autoda'fé *n*, Ketzergericht *n od.* -verbrennung *f.*

au·to·di·dact [ˈɔːtəʊdɪˌdækt; *Am.* ˌɔːtəʊˈdaɪˌdækt] *s* Autodi'dakt(in). **ˌau·to·di'dac·tic** *adj* autodi'daktisch.

au·to·drome [ˈɔːtədrəʊm; *Am. a.* ˈɑː-] *s Motorsport*: Moto-, Auto'drom *n.*

au·to·dyne [ˈɔːtəʊdaɪn] *s Radio*: Auto'dyn *n*, 'Selbstüberˌlagerer *m*: ~ **receiver** Überlagerungsempfänger *m*; ~ **reception** Autodynempfang *m.*

ˌau·to·e'rot·ic *adj* (*adv* ~**ally**) *psych.* autoe'rotisch. **ˌau·to·e'rot·i·cism**, *bes. Am.* **ˌau·to'er·o·tism** *s* Autoe'rotik *f*, Autoero'tismus *m.*

au·tog·a·mous [ɔːˈtɒgəməs; *Am.* -ˈtɑ-] *adj bot.* auto'gam, selbstbefruchtend. **au'tog·a·my** *s bot.* Autoga'mie *f*, Selbstbefruchtung *f.*

ˌau·to'gen·e·sis *s* Selbstentstehung *f.*

ˌau·to'gen·ic *adj med.* auto'gen: ~ **training**. **au·tog·e·nous** [ɔːˈtɒdʒɪnəs; *Am.* -ˈtɑ-] *adj* **1.** (von) selbst entstanden. **2.** *med.* auto'gen, im Orga'nismus selbst erzeugt: ~ **vaccine** Autovakzin *n.* **3.** *tech.* auto'gen: ~ **welding** Autogenschweißen *n.*

au·to·ges·tion [ˌɔːtəʊˈdʒestʃn] *s econ.* Betriebsselbstverwaltung *f.*

ˌau·to'gi·ro *pl* **-ros** *s aer.* Auto'giro *n*, Hub-, Tragschrauber *m.*

au·to·graph [ˈɔːtəgrɑːf; *bes. Am.* -græf] **I** *s* **1.** Auto'gramm *n*, eigenhändige 'Unterschrift. **2.** eigene Handschrift. **3.** Auto'graph *n*, Urschrift *f.* **4.** *print. hist.* auto'graphischer Abdruck. **II** *adj* **5.** auto'graphisch, eigenhändig geschrieben *od.* unter'schrieben: ~ **letter** Handschreiben *n.* **6.** Autogramm...: ~ **album (collector, hunter,** *etc*). **III** *v/t* **7.** eigenhändig (unter)'schreiben. **8.** sein Auto'gramm schreiben in (*acc*) *od.* auf (*acc*), *Buch etc* si'gnieren. **9.** *print. hist.* autogra'phieren. **ˌau·to'graph·ic** [-ˈgræfɪk] *adj*; **ˌau·to'graph·i·cal** *adj* (*adv* ~**ly**) **1.** → **autograph** 5. **2.** *electr. tech.* a) 'selbstregiˌstrierend, b) von e-m Regi'strierinstruˌment aufgezeichnet. **'au·to·graph·ing** *adj*: ~ **session** Autogrammstunde *f*; **to hold an** ~ **session** e-e Autogrammstunde geben.

au·tog·ra·phy [ɔːˈtɒgrəfɪ; *Am.* -ˈtɑ-] *s* **1.** Handschriftenkunde *f.* **2.** → **autograph** 2 *u.* 3. **3.** *print. hist.* Autogra'phie *f.*

au·to grave·yard *s Am. colloq.* Autofriedhof *m.*

ˌau·to'gy·ro → **autogiro**.

'au·to·harp *s mus.* Klavia'turzither *f.*

ˌau·to·hyp'no·sis *s med.* Autohyp'nose *f*, 'Selbsthypˌnose *f.*

ˌau·to·ig'ni·tion *s tech.* Selbstzündung *f.*

ˌau·to·im'mune *adj*: ~ **disease** *med.* Autoimmunkrankheit *f.*

'au·to·inˌtox·i'ca·tion *s med.* Autointoxikati'on *f*, Selbstvergiftung *f.*

au·to·ist [ˈɔːtəwəst; ˈɑː-] *s Am. colloq.* Autofahrer(in).

'au·toˌload·ing *adj* Selbstlade..., selbstladend (*Pistole etc*).

au·tol·y·sis [ɔːˈtɒlɪsɪs; *Am.* -ˈtɑ-] *s biol.* Auto'lyse *f* (*Abbau von Organeiweiß ohne Bakterienhilfe*).

'au·toˌmak·er *s Am. colloq.* Automo'bilˌhersteller *m.*

au·to·mat [ˈɔːtəʊmæt] *s* **1.** *bes. Am.* Auto'matenrestauˌrant *n.* **2.** (Ver'kaufs)Autoˌmat *m.* **3.** *tech.* → **automatic** 2.

au·tom·a·ta [ɔːˈtɒmətə; *Am.* -ˈtɑ-] *pl von* **automaton**.

au·to·mate [ˈɔːtəmeɪt] *v/t* automati'sieren: ~**d** vollautomatisiert.

au·to·mat·ic [ˌɔːtəˈmætɪk] **I** *adj* (*adv* ~**ally**) **1.** *allg.* auto'matisch: a) *a. tech.* selbsttätig, Selbst..., b) zwangsläufig: ~ **change**, c) *mil.* Repetier..., Selbstlade...: ~ **pistol** → 3 a; ~ **rifle** → 3 b, d) unwillkürlich, me'chanisch: **an** ~ **gesture**. **II** *s* **2.** *tech.* Auto'mat *m*, auto'matische Ma'schine. **3.** a) 'Selbstladepiˌstole *f*, b) Selbstladegewehr *n.* **4.** *mot.* Auto *n* mit Auto'matik(getriebe). **ˌau·to'mat·i·cal** *adj* (*adv* ~**ly**) → **automatic** I.

au·to·mat·ic| choke *s mot.* 'StartautoˌmatiK *f.* ~ **cir·cuit break·er** *s electr.* Selbstausschalter *m.* ~ **gun** *s mil.* auto'matisches Geschütz, Schnellfeuergeschütz *n.* ~ **lathe** *s tech.* 'Drehautoˌmat *m.* ~ **ma·chine** *s tech.* Auto'mat *m*, auto'matische Ma'schine. ~ **pen·cil** *s* Druck(blei)stift *m.* ~ **pi·lot** *s* → **autopilot**. ~ **start·er** *s tech.* Selbstanlasser *m.* ~ **tel·e·phone** *s electr.* 'Selbstˌwähltele'fon *n.* ~ **trans·mis·sion** *s tech.* auto'matisches Getriebe. ~ **vol·ume con·trol** *s electr.* (selbsttätiger) Schwundausgleich. ~ **writ·ing** *s Parapsychologie*: auto'matisches Schreiben.

au·to·ma·tion [ˌɔːtəˈmeɪʃn] *s* **1.** Automati'on *f.* **2.** Automati'sierung *f.*

au·tom·a·tism [ɔːˈtɒmətɪzəm; *Am.* -ˈtɑ-] *s* **1.** Unwillkürlichkeit *f*, Auto'matik *f.* **2.** auto'matische *od.* unwillkürliche Tätigkeit *od.* Handlung *od.* Reakti'on. **3.** *med. psych.* Automa'tismus *m.* **4.** *philos. Lehre von der rein mechanisch-körperlichen Bestimmtheit der Handlungen von Menschen u. Tieren.*

au·tom·a·tize [ɔːˈtɒmətaɪz; *Am.* -ˈtɑ-] *v/t* automati'sieren.

au·tom·a·ton [ɔːˈtɒmətən; *Am.* -ˈtɑ-] *pl* **-ta** [-tə], **-tons** *s* Autoˈmat *m*, Roboter *m* (*a. fig.*).

au·to·mo·bile [ˈɔːtəməʊbiːl; -məb-; ˌ-ˈməʊbiːl; *Am. bes.* ˌ-məʊˈbiːl] *s* Auto *n*, Automoˈbil *n*, Kraftwagen *m*, Kraftfahrzeug *n*: ~ **(liability) insurance** Kraftfahrzeugversicherung *f*.

au·to·mo·bil·ism [ˌɔːtəməʊˈbiːlɪzəm; ˌɔːtəˈməʊbɪl-] *s* Kraftfahrwesen *n*. **au·to·mo·bil·ist** *s* Kraftfahrer(in).

au·to·mo·tive [ˌɔːtəˈməʊtɪv] *adj* **1.** selbstfahrend, -getrieben, mit Eigenantrieb. **2.** kraftfahrtechnisch, Kraftfahrzeug..., Auto...: ~ **engineering** Kraftfahrzeugtechnik *f*; ~ **industry** Automobilindustrie *f*; ~ **manufacturer** Automobilhersteller *m*.

au·to·nom·ic [ˌɔːtəʊˈnɒmɪk; *Am.* ˌɔːtəˈnɑ-] *adj* (*adv* **~ally**) autoˈnom: a) selbständig, unabhängig, sich selbst reˈgierend, nach eigenen Gesetzen lebend, b) *physiol.* selbständig funktioˈnierend, c) *biol.* durch innere Vorgänge verursacht.

au·ton·o·mist [ɔːˈtɒnəmɪst; *Am.* -ˈtɑ-] *s* Autonoˈmist *m*, Verfechter *m* der Autonoˈmie. **auˈton·o·mous** *adj* autoˈnom, sich selbst reˈgierend. **auˈton·o·my** *s* Autonoˈmie *f*: a) Eigengesetzlichkeit *f*, Selbständigkeit *f*, b) *philos. sittliche Selbstbestimmung*.

au·to·nym [ˈɔːtənɪm] *s* Autoˈnym *n* (*Buch, das unter dem wirklichen Verfassernamen erscheint*).

au·to·phyte [ˈɔːtəʊfaɪt] *s bot.* autoˈtrophe Pflanze.

ˈau·toˌpi·lot *s aer.* Autopiˈlot *m*, autoˈmatische Steuerungsanlage. **au·to·plast** [ˈɔːtəʊplæst] *s biol.* durch Selbstbildung entstandene (Embryo)Zelle. **ˈau·toˌplas·ty** *s biol. med.* Autoˈplastik *f*.

au·top·sy [ˈɔːtəpsɪ; *Br. a.* ɔːˈtɒpsɪ; *Am. a.* ˈɔːˌtɑpsiː] **I** *s* **1.** perˈsönliche Inˈaugenscheinnahme. **2.** *fig.* kritische Anaˈlyse. **3.** *med.* Autopˈsie *f*, Obduktiˈon *f*, Leichenöffnung *f*: **to conduct** (*od.* **carry out) an** ~ e-e Autopsie vornehmen. **II** *v/t* **4.** *med.* e-e Autopˈsie vornehmen an (*dat*).

ˌau·toˈra·di·o·graph *s phys.* Autoradioˈgramm *n*. **ˈau·toˌra·di'og·ra·phy** *s* Autoradiograˈphie *f* (*Methode zur Sichtbarmachung der räumlichen Anordnung radioaktiver Stoffe*).

ˈau·to·sled *s* Motorschlitten *m*.

au·to·some [ˈɔːtəsəʊm] *s biol.* Autoˈsom *n*, Euchromoˈsom *n*.

ˌau·to·sugˈges·tion *s psych.* Autosuggestiˈon *f*. **ˌau·to·sugˈges·tive** *adj* autosuggeˈstiv.

ˈau·toˌtim·er *s* Vorwahluhr *f* (*e-s Herds*).

au·tot·o·my [ɔːˈtɒtəmɪ; *Am.* -ˈtɑ-] *s zo.* Autotoˈmie *f* (*Abwerfen von meist später wieder nachwachsenden Körperteilen*).

au·to·troph [ˈɔːtəʊtrɒf; *Am.* ˈɔːtəˌtrəʊf; -ˌtrɑf] *s bot.* autoˈtrophe Pflanze. **ˌau·toˈtroph·ic** *adj* autoˈtroph (*sich von anorganischen Stoffen ernährend*). **au·tot·ro·phy** [ɔːˈtɒtrəfɪ; *Am.* -ˈtɑ-] *s* Autotroˈphie *f*.

au·to·type [ˈɔːtəʊtaɪp] *phot. print.* **I** *s* **1.** Autotyˈpie *f*: a) Rasterätzung *f*, b) Rasterbild *n*. **2.** Fakˈsimileabdruck *m*. **II** *v/t* **3.** mittels Autotyˈpie vervielfältigen. **ˌau·toˈtyp·ic** [-ˈtɪpɪk] *adj* autoˈtypisch, Autotyp... **ˌau·to·tyˈpog·ra·phy** [-taɪˈpɒɡrəfɪ; *Am.* -ˈpɑ-] *s print.* Autotypograˈphie *f*, autoˈgraphischer Buchdruck. **ˈau·toˌtyp·y** [-ˌtaɪpɪ] → **autotype** 1.

au·to·vac [ˈɔːtəʊvæk] *s tech.* ˈUnterdruckförderer *m*.

au·to·vac·cine [ˌɔːtəʊˈvæksiːn; *Am.* ˈɔːtəvækˌsiːn] *s med.* Autovakˈzine *f*, Eigenimpfstoff *m*.

au·tumn [ˈɔːtəm] **I** *s* Herbst *m* (*a. fig.*): **the ~ of life; in ~** im Herbst. **II** *adj* Herbst...

au·tum·nal [ɔːˈtʌmnəl] *adj* herbstlich, Herbst... (*a. fig.*): → **equinox** 1.

aux·e·sis [ɔːkˈsiːsɪs; ɔːɡˈziː-] *s biol.* ˈÜberentwicklung *f* (*von Zellen*).

aux·il·ia·ry [ɔːɡˈzɪljərɪ; *Am. a.* -ləriː] **I** *adj* **1.** helfend, mitwirkend, Hilfs...: ~ **cruiser** *mar.* Hilfskreuzer *m*; ~ **equation** *math.* Hilfsgleichung *f*; ~ **variable** *math.* Nebenveränderliche *f*; ~ **troops** → 4; ~ **verb** → 5. **2.** *tech.* Hilfs..., Zusatz..., Behelfs..., Ersatz..., *mil. a.* Ausweich...: ~ **drive** Nebenantrieb *m*; ~ **engine** Hilfsmotor *m*; ~ **jet** Hilfs-, Zusatzdüse *f*; ~ **tank** Reservetank *m*. **II** *s* **3.** Helfer(in), Hilfskraft *f*, *pl a.* ˈHilfspersoˌnal *n*. **4.** *pl mil.* Hilfstruppen *pl*. **5.** *ling.* Hilfsverb *n*. **6.** *math.* Hilfsgröße *f*. **7.** *mar.* Hilfsschiff *n*.

a·vail [əˈveɪl] **I** *v/t* **1.** nützen (*dat*), helfen (*dat*), fördern. **2. to ~ o.s. of s.th.** sich e-r Sache bedienen, sich etwas zuˈnutze machen, etwas benutzen, Gebrauch machen von e-r Sache. **II** *v/i* **3.** nützen, helfen: **what ~s it?** was nützt es? **III** *s* **4.** Nutzen *m*, Vorteil *m*, Gewinn *m*: **of no ~** nutzlos, erfolglos; **of what ~ is it?** was nützt es?; **of little ~** von geringem Nutzen; **to no ~** vergebens, vergeblich. **5.** *pl econ. Am.* Ertrag *m*, Erlös *m*.

a·vail·a·bil·i·ty [əˌveɪləˈbɪlətɪ] *s* **1.** Vorˈhandensein *n*. **2.** Verfügbarkeit *f*. **3.** *Am.* verfügbare Perˈson *od.* Sache. **4.** *jur.* Gültigkeit *f*: **period of ~** Gültigkeitsdauer *f*. **5.** *pol. Am.* Erfolgschance *f* (*e-s Kandidaten*).

a·vail·a·ble [əˈveɪləbl] *adj* (*adv* **availably**) **1.** verfügbar, vorˈhanden, zur Verfügung *od.* zu Gebote stehend: **to make ~** zur Verfügung stellen, bereitstellen; ~ **power** *tech.* verfügbare Leistung; ~ **(machine) time** (*Computer*) nutzbare Maschinenzeit, verfügbare Benutzerzeit. **2.** verfügbar, anwesend, erreichbar (**on** unter *e-r Telefonnummer*), abkömmlich: **he was ~. 3.** *econ.* lieferbar, vorrätig, erhältlich. **4.** zugänglich, benutzbar (**for** für). **5.** *jur.* a) zulässig, statthaft, b) gültig. **6.** *pol. Am.* a) *a.* ~ **for nomination** bereit zu kandiˈdieren, b) aussichtsreich (*Kandidat*).

a·val [æˈvæl] *s jur.* Aˈval *m*, Wechselbürgschaft *f*.

av·a·lanche [ˈævəlɑːnʃ; *Am.* -ˌlæntʃ] **I** *s* **1.** Laˈwine *f* (*a. electr. phys. u. fig.*): **dry ~** Staublawine; **wet ~** Grundlawine; **~ (of electrons)** Elektronenlawine. **2.** *fig.* Unmenge *f*, Flut *f*: **an ~ of letters. II** *v/i* **3.** wie e-e Laˈwine herˈabstürzen. **III** *v/t* **4.** *fig.* überˈschütten (**with** mit).

a·vale·ment [əˈvælmənt] *s Skisport*: Jet-Schwung *m*.

a·vant|-garde [ˌævɑ̃ːŋˈɡɑː(r)d; *Am.* ˌɑːˌvɑːn-] **I** *s fig.* Aˈvantgarde *f*. **II** *adj* avantgarˈdistisch. **ˌ~-ˈgard·ist(e)** [-ˈɡɑː(r)dɪst] *s fig.* Avantgarˈdist(in).

av·a·rice [ˈævərɪs] *s* Geiz *m*, Habsucht *f*. **ˌav·aˈri·cious** [-ˈrɪʃəs] *adj* (*adv* **~ly**) geizig (**of** mit), habsüchtig.

a·vast [əˈvɑːst; *Am.* əˈvæst] *interj mar.* fest!

av·a·tar [ˌævəˈtɑː; *bes. Am.* ˈævətɑː(r)] *s* **1.** *Hinduismus*: Avaˈtara *m* (*Verkörperung göttlicher Wesen beim Herabsteigen auf die Erde*). **2.** Offenˈbarung *f*.

a·vaunt [əˈvɔːnt; *Am. a.* əˈvɑːnt] *interj obs.* fort!

a·ve [ˈɑːvɪ; ˈɑːveɪ] **I** *interj* **1.** sei gegrüßt! **2.** leb wohl! **II** *s* **3. A~** *relig.* Ave *n*. **A~ Ma·ri·a** [məˈrɪə] *s relig.* **1.** ˈAve-Maˈria *n*, Englischer Gruß. **2.** Zeit *f* des Ave-Betens.

a·venge [əˈvendʒ] *v/t* **1.** *j-n* rächen: **to ~ o.s., to be ~d** sich rächen (**on s.o. for s.th.** an j-m für etwas). **2.** *etwas* rächen (**on, upon** an *dat*): **avenging angel** Racheengel *m*. **aˈveng·er** *s* Rächer(in).

av·ens [ˈævɪnz] *pl* **-ens** *s bot.* Nelkenwurz *f*.

a·ven·tu·rin(e) [əˈventjʊrɪn; *Am.* -tʃəˌriːn; -rən] **I** *s* **1.** *min.* Aventuˈrin *n*, Glimmerquarz *m*. **2.** *tech.* Aventuˈringlas *n*. **3.** Aventuˈrin-, Gold(siegel)lack *m*. **II** *adj* **4.** aventuˈrinartig: ~ **glass** → 2.

av·e·nue [ˈævənjuː; *Am. bes.* -ˌnuː] *s* **1.** *meist fig.* Zugang *m*, Weg *m* (**to, of** zu): **an ~ to fame** ein Weg zum Ruhm. **2.** Alˈlee *f*. **3.** a) Bouleˈvard *m*, Haupt-, Prachtstraße *f*, b) *bes. Am.* Straße *f* (*in bestimmter Richtung verlaufend, Ggs.* **Street**): **5th A~ of New York**.

a·ver [əˈvɜː; *Am.* əˈvɜr] *v/t* **1.** behaupten, als Tatsache ˈhinstellen (**that** daß). **2.** beweisen.

av·er·age [ˈævərɪdʒ; ˈævrɪdʒ] **I** *s* **1.** ˈDurchschnitt *m*, Mittelwert *m*: **above (the) ~** über dem Durchschnitt; **below (the) ~** unter dem Durchschnitt; **on (an** *od.* **the) ~** im Durchschnitt, durchschnittlich; **rough ~** annähernder Durchschnitt; **~ of ~s** Oberdurchschnitt; **calculation of ~s** Durchschnittsrechnung *f*; **to strike an ~** → 5. **2.** *jur. mar.* Havaˈrie *f*, Seeschaden *m*: ~ **adjuster** Dispacheur *m*; ~ **bond** Havarieschein *m*; ~ **statement** Dispache *f*, (Aufmachung *f* der) Schadensberechnung *f*; **to make ~** havarieren; **to adjust** (*od.* **make up** *od.* **settle) the ~** die Dispache aufmachen; **free from ~** frei von Havarie, nicht gegen Havarie versichert; **ship under ~** havariertes Schiff; → **general (particular, petty) average. 3.** *Börse*: *Am.* Aktienindex *m*.

II *adj* **4.** ˈdurchschnittlich, Durchschnitts...: ~ **earnings (price, speed,** *etc*); **the ~ Englishman** der Durchschnittsengländer; **to be only ~** nur Durchschnitt sein.

III *v/t* **5.** *a.* **~ out** den ˈDurchschnitt schätzen (**at** auf *acc*) *od.* ermitteln *od.* nehmen von (*od. gen*). **6.** *econ.* anteil(s)mäßig aufteilen (**among** unter *dat*). **7.** ˈdurchschnittlich betragen *od.* ausmachen *od.* haben *od.* leisten *od.* erreichen *etc*: **to ~ sixty miles an hour** e-e Durchschnittsgeschwindigkeit von 100 km pro Stunde fahren *od.* erreichen; **to ~ more than** im Durchschnitt über (*dat*) liegen.

IV *v/i* **8.** e-n ˈDurchschnitt erzielen: **to ~ out at** → 7.

a·ver·ment [əˈvɜːmənt; *Am.* əˈvɜr-] *s* **1.** Behauptung *f*. **2.** *jur.* Beweisangebot *n*, Tatsachenbehauptung *f*.

a·verse [əˈvɜːs; *Am.* əˈvɜrs] *adj* (*adv* **~ly**) **1.** (**to,** *bes. Br. a.* **from**) abgeneigt (*dat*), voller Abneigung (gegen): **to be ~ to** verabscheuen (*acc*); **to be ~ to doing s.th.** abgeneigt sein, etwas zu tun. **2.** *bot.* von der Mittelachse abgewendet.

a·ver·sion [əˈvɜːʃn; *Am.* əˈvɜrʒən; -ʃən] *s* **1.** (**to, for, from**) ˈWiderwille *m*, Abneigung *f*, Aversiˈon *f* (gegen), Abscheu *m, f* (vor *dat*): **to take an ~ to** e-e Abneigung fassen gegen. **2.** Unlust *f*, Abgeneigtheit *f* (**to do** zu tun). **3.** Gegenstand *m* des Abscheus: **beer is my pet ~** *colloq.* gegen Bier habe ich e-e besondere Abneigung, Bier ist mir ein wahrer Greuel. **~ ther·a·py** *s psych.* Aversiˈonstheraˌpie *f*.

a·vert [əˈvɜːt; *Am.* əˈvɜrt] *v/t* **1.** abwenden, wegkehren (**from** von): **to ~ one's face. 2.** *fig.* abwenden, verhüten.

av·gas [ˈævˌɡæs] *s aer. Am. colloq.* ˈFlugbenˌzin *n*.

a·vi·an [ˈeɪvjən; -vɪən] *adj orn.* Vogel...

a·vi·ar·ist [ˈeɪvjərɪst; -vɪə-] *s* Vogelzüchter *m.*

a·vi·ar·y [ˈeɪvjərɪ; *Am.* ˈeiviːˌeriː] *s* Vogelhaus *n*, Aviˈarium *n.*

a·vi·ate [ˈeɪvɪeɪt; *Am. a.* ˈæ-] *v/i aer.* fliegen.

a·vi·a·tion [ˌeɪvɪˈeɪʃn; *Am. a.* ˌæv-] *s aer.* **1.** Luftfahrt *f*, Flugwesen *n*, Luftschifffahrt *f*, Fliegen *n*, Fliegeˈrei *f*: **civil ~** Zivilluftfahrt; **~ gasoline** *Am.* Flugbenzin *n*; **~ cadet** *mil. Am.* Fliegeroffiziersanwärter *m*; **~ industry** Flugzeugindustrie *f*; **~ medicine** Luftfahrtmedizin *f.* **2.** *mil. Am.* Flugzeug(e *pl*) *n.* **3.** Flugzeugbau *m*, -technik *f.*

a·vi·a·tor [ˈeɪvɪeɪtə(r); *Am. a.* ˈæv-] *s obs.* Flieger *m*, Piˈlot *m.*

a·vi·cul·ture [ˈeɪvɪkʌltʃə(r); *Am. a.* ˈæv-] *s* Vogelzucht *f.* **ˌa·viˈcul·tur·ist** *s* Vogelzüchter *m.*

av·id [ˈævɪd] *adj* (*adv* **~ly**) **1.** (be)gierig (**for**, *a.* **of** nach): **~ for fame** ruhmsüchtig. **2.** begeistert, leidenschaftlich: **an ~ gardener.**

a·vid·i·ty [əˈvɪdətɪ; æ-] *s* **1.** Gier *f*, Begierde *f* (**for**, *a.* **of** nach). **2.** Begeisterung *f.* **3.** *chem.* betonte Affiniˈtät.

a·vi·fau·na [ˌeɪvɪˈfɔːnə] *s orn.* Vogelwelt *f* (*e-s Bezirks*).

av·i·ga·tion [ˌævəˈgeɪʃən] *s aer. Am.* ˈFlugnavigatiˌon *f.*

a·vi·on·ics [ˌeɪvɪˈɒnɪks; *Am.* -ˈɑn-; *a.* ˌæv-] *s pl* (*als sg konstruiert*) Aviˈonik *f*, ˈFlugelekˌtronik *f.*

a·vir·u·lent [æˈvɪrʊlənt; eɪ-] *adj med.* aviruˈlent, nicht viruˈlent.

a·vi·so [əˈvaɪzəʊ] *pl* **-sos** *s* **1.** Aˈviso *n*, Benachrichtigung *f.* **2.** *mar.* Aˈviso *m*, Meldeboot *n.*

a·vi·ta·min·o·sis [æˌvɪtəmɪˈnəʊsɪs; eɪ-; *Am.* ˌeɪˌvaɪ-] *s med.* Avitamiˈnose *f*, Vitaˈminmangelkrankheit *f.*

av·o·ca·do [ˌævəʊˈkɑːdəʊ; -vəˈk-] *pl* **-dos** *s a.* **~ pear** *bot.* Avoˈcato(birne) *f.*

av·o·ca·tion [ˌævəʊˈkeɪʃn; -vəˈk-] *s obs.* **1.** (Neben)Beschäftigung *f.* **2.** (Haupt-)Beruf *m.* **3.** Zerstreuung *f.*

A·vo·ga·dro| con·stant [ˌævəˈgɑːdrəʊ] *s phys.* Avoˈgadro-Konˌstante *f.* **~ num·ber** *s phys.* Avoˈgadro-Zahl *f.*

a·void [əˈvɔɪd] *v/t* **1.** (ver)meiden, *j-m od. e-r Sache* ausweichen *od.* aus dem Wege gehen, *e-e Pflicht od. Schwierigkeit* umˈgehen, *e-r Gefahr* entgehen, -rinnen: **to ~ s.o.** j-n meiden; **to ~ doing s.th.** es vermeiden, etwas zu tun. **2.** *jur.* a) aufheben, annulˈlieren, b) anfechten. **aˈvoid·a·ble** *adj* **1.** vermeidbar, vermeidlich. **2.** *jur.* a) annulˈlierbar, b) anfechtbar. **aˈvoid·ance** *s* **1.** Vermeidung *f*, Umˈgehung *f* (**of s.th.** e-r Sache), Meidung *f* (**of s.o.** e-r Person): **in ~ of** um zu vermeiden. **2.** *jur.* a) Aufhebung *f*, Annulˈlierung *f*, Nichtigkeitserklärung *f*, b) Anfechtung *f.* **3.** Freiwerden *n*, Vaˈkanz *f* (*e-s Amtes etc*).

av·oir·du·pois [ˌævə(r)dəˈpɔɪz] *s* **1.** *econ. a.* **~ weight** gesetzliches Handelsgewicht (*1 Pfund = 16 Unzen, 1 Unze = 16 Drams; für alle Waren außer Edelsteinen, Edelmetallen u. Arzneien*): **~ pound** Handelspfund *n.* **2.** *colloq.* ‚Lebendgewicht' *n* (*e-r Person*).

a·vouch [əˈvaʊtʃ] *obs.* **I** *v/t* **1.** behaupten, versichern. **2.** verbürgen. **3.** anerkennen, eingestehen. **II** *v/i* **4.** einstehen, garanˈtieren (**for** für).

a·vow [əˈvaʊ] *v/t* **1.** (offen) bekennen, (ein)gestehen: **to ~ o.s. (to be) the author** sich als Autor bekennen. **2.** anerkennen. **aˈvow·al** *s* (offenes) Bekenntnis *od.* Geständnis, Erklärung *f.* **aˈvowed** *adj* erklärt, offen ausgesprochen *od.* anerkannt: **his ~ principle**; **he is an ~ Jew** er bekennt sich offen zum Judentum. **aˈvow·ed·ly** [-ɪdlɪ] *adv* eingestandenermaßen, offen. **a·vow·ry** [əˈvaʊrɪ] *s* Eingeständnis *n* (*a. jur.*).

a·vun·cu·lar [əˈvʌŋkjʊlə(r)] *adj* **1.** Onkel... **2.** onkelhaft.

a·wait [əˈweɪt] *v/t* **1.** erwarten, warten auf (*acc*), entgegensehen (*dat*): **~ing your answer** in Erwartung Ihrer Antwort; **to ~ instructions** Anweisungen abwarten; **to ~ trial** *jur.* auf s-n Prozeß warten. **2.** *j-n* erwarten (*Dinge*): **a lavish dinner ~ed them.**

a·wake [əˈweɪk] *pret* **a·woke** [əˈwəʊk], **aˈwaked**, *pp* **aˈwaked, aˈwok·en I** *v/t* **1.** (*aus dem Schlaf*) (auf)wecken. **2.** *fig.* (*zur Tätigkeit etc*) erwecken, wach-, aufrütteln (**from** aus): **to ~ s.o. to s.th.** j-m etwas zum Bewußtsein bringen. **II** *v/i* **3.** auf-, erwachen. **4.** *fig.* (*zu neuer Tätigkeit etc*) erwachen: **to ~ to s.th.** sich e-r Sache (voll) bewußt werden. **III** *adj* **5.** wach: **wide ~** a) hellwach (*a. fig.*), b) *fig.* aufgeweckt, ‚hell': **to be ~ to s.th.** sich e-r Sache (voll) bewußt sein. **6.** *fig.* aufmerksam, auf der Hut, wachsam.

a·wak·en [əˈweɪkən] → **awake** 1–4. **aˈwak·en·ing** [-knɪŋ] *s* **1.** Erwachen *n*: **a rude ~** *fig.* ein unsanftes *od.* böses Erwachen. **2.** (Er-, Auf)Wecken *n.* **3.** *fig.* (*bes.* religiˈöse) Erweckung.

a·ward [əˈwɔː(r)d] **I** *v/t* **1.** (durch Urteils- *od.* Schiedsspruch) zuerkennen *od.* zusprechen: **he was ~ed the prize** der Preis wurde ihm zuerkannt; **to ~ damages against s.o.** *jur.* j-n zur Leistung von Schadenersatz verurteilen; **to be ~ed damages** Schadenersatz zugesprochen bekommen; **they were ~ed a penalty kick** (*Fußball*) sie bekamen e-n Strafstoß zugesprochen. **2.** *allg.* gewähren, erteilen, verleihen, zukommen lassen. **II** *s* **3.** Urteil *n*, *bes.* Schiedsspruch *m.* **4.** Zuerkennung *f*, *econ.* Zuschlag *m* (*auf ein Angebot*), Vergabe *f* (*von Aufträgen*). **5.** (zuerkannte) Belohnung *od.* Auszeichnung, (*a. Film- etc*)Preis *m*, (*Ordens- etc*)Verleihung *f.* **6.** *econ.* Prämie *f.* **7.** *bes. univ.* Stiˈpendium *n.*

a·ware [əˈweə(r)] *adj* (**of**) gewahr (*gen*), unterˈrichtet (von): **to be ~ of s.th.** von etwas wissen *od.* Kenntnis haben, etwas kennen, sich e-r Sache bewußt sein; **I am well ~ that** ich weiß wohl, daß; ich bin mir darüber im klaren, daß; **to become ~ of s.th.** etwas gewahr werden *od.* merken; **not that I am ~ of** nicht daß ich wüßte; **to make s.o. ~ of s.th.** j-m etwas bewußtmachen. **aˈware·ness** *s* Bewußtsein *n*, Kenntnis *f*: **~ of a problem** Problembewußtsein.

a·wash [əˈwɒʃ; *Am. a.* əˈwɑʃ] *adv u. pred adj mar.* **1.** mit der Wasseroberfläche abschneidend (*Sandbänke etc*), in gleicher Höhe (**with** mit). **2.** überˈflutet, unter Wasser. **3.** überˈfüllt (**with** von). **4.** *colloq.* betrunken.

a·way [əˈweɪ] **I** *adv u. pred adj* **1.** weg, hinˈweg, fort (**from** von): **to go ~** weg-, fortgehen; **~ with you!** fort mit dir!; **~ from the question** nicht zur Frage *od.* Sache gehörend. **2.** (weit) entfernt, (weit) weg (*örtlich u. zeitlich*): **six miles ~** sechs Meilen entfernt. **3.** fort, abwesend, außer Hause, verreist: **he is ~**; **~ on business** geschäftlich unterwegs; **~ on leave** auf Urlaub. **4.** weg, zur Seite, in andere(r) Richtung. **5.** weithin. **6.** fort, weg (*aus j-s Besitz, Gebrauch etc*). **7.** d(a)raufˈlos, immer weiter, immerˈzu. **8.** *Am.* weit, bei weitem: **~ below the average.** **9.** *poet. abbr. für* **go ~** *od.* **hasten ~**: **I must ~** ich muß fort. **10.** *sport* auswärts: **our next game is ~** unser nächstes Spiel findet auswärts statt. **II** *adj* **11.** *sport* Auswärts...: **~ defeat (game, win, *etc*)**; **~ strength** Auswärtsstärke *f*; **~ weakness** Auswärtsschwäche *f.* **III** *s* **12.** *sport* a) Auswärtsspiel *n*, b) Auswärtssieg *m.*

awe[1] [ɔː] **I** *s* **1.** (Ehr)Furcht *f*, (heilige) Scheu: **to hold s.o. in ~**, **to inspire** (*od.* **strike**) **s.o. with ~** j-m (Ehr)Furcht *od.* (ehrfürchtige) Scheu *od.* großen Respekt einflößen (**of** vor *dat*); **to stand in ~ of** a) e-e (heilige) Scheu haben *od.* sich fürchten vor (*dat*), b) e-n gewaltigen Respekt haben vor (*dat*); **to be struck with ~** von Scheu ergriffen werden. **2.** *obs.* ehrfurchtgebietende Größe *od.* Macht, Majeˈstät *f.* **II** *v/t* **3.** (Ehr)Furcht einflößen (*dat*). **4.** einschüchtern: **to be ~d into obedience** so eingeschüchtert werden, daß man gehorcht.

awe[2] [ɔː] *s tech.* Schaufel *f* e-s ˈunterschlächtigen Wasserrads.

a·wea·ried [əˈwɪərɪd] *adj poet.* müde. **aˈwea·ry** *adj* müde, ˈüberdrüssig (**of** *gen*).

a·weath·er [əˈweðə(r)] *adv u. pred adj mar.* luvwärts.

a·weigh [əˈweɪ] *adv u. pred adj mar.* los, aus dem Grund (*Anker*): **to be ~** Anker auf sein.

ˈawe-inˌspir·ing *adj* ehrfurchtgebietend, erhaben, ehrwürdig, eindrucksvoll.

awe·less *bes. Br. für* **awless.**

awe·some [ˈɔːsəm] *adj* (*adv* **~ly**) **1.** furchteinflößend, schrecklich. **2.** → **awe-inspiring.** **3.** ehrfürchtig.

ˈawe-ˌstrick·en, ˈawe-struck *adj* von Ehrfurcht *od.* Scheu ergriffen.

ˈaw·ful I *adj* **1.** furchtbar, schrecklich. **2.** *colloq.* furchtbar, schrecklich: a) riesig, kolosˈsal: **an ~ lot** e-e riesige Menge, b) scheußlich, entsetzlich, gräßlich: **an ~ noise.** **3.** *obs. für* **awe-inspiring.** **4.** *obs.* ehrfurchtsvoll. **II** *adv* **5.** *colloq.* → **awfully.** **ˈaw·ful·ly** *adv colloq.* furchtbar, schrecklich: a) riesig: **~ nice**; **~ cold** furchtbar kalt; **thanks ~!** tausend Dank!, b) scheußlich, entsetzlich, gräßlich: **~ bad** furchtbar schlecht. **ˈaw·ful·ness** *s* **1.** Schrecklichkeit *f.* **2.** *obs.* Ehrwürdigkeit *f*, Erhabenheit *f.*

a·while [əˈwaɪl] *adv* e-e Weile.

awk·ward [ˈɔːkwə(r)d] *adj* (*adv* **~ly**) **1.** ungeschickt, unbeholfen, linkisch: **to be ~ with s.th.** ungeschickt mit etwas umgehen. **2.** tölpelhaft: → **squad** 1. **3.** verlegen: **an ~ silence.** **4.** peinlich, unangenehm: **an ~ situation**; **to ask ~ questions.** **5.** unhandlich, schwer zu handhaben(d), sperrig. **6.** unangenehm: a) schwer zu behandeln(d): **an ~ customer**, b) schwierig, c) lästig, d) gefährlich. **7.** unpassend, ‚ungeschickt', ‚dumm' (*Zeitpunkt etc*). **ˈawk·ward·ness** *s* **1.** Ungeschicklichkeit *f*, Unbeholfenheit *f*, linkisches Wesen. **2.** Verlegenheit *f.* **3.** Peinlichkeit *f*, Unannehmlichkeit *f.* **4.** Unhandlichkeit *f.* **5.** Lästigkeit *f.*

awl [ɔːl] *s* **1.** *tech.* Ahle *f*, Pfriem(e *f*) *m.* **2.** *mar.* Marlspieker *m.*

aw·less, *bes. Br.* **awe·less** [ˈɔːlɪs] *adj* **1.** unehrerbietig. **2.** furchtlos. **3.** *obs.* keine Ehrfurcht einflößend.

awn [ɔːn] *s bot.* Granne *f.* **awned** *adj* mit Grannen (versehen), grannig.

awn·ing [ˈɔːnɪŋ] *s* **1.** Zeltbahn *f*, (*a.* Wagen)Plane *f.* **2.** Marˈkise *f*, Baldachin *m.* **3.** *mar.* Sonnenzelt *n*, -segel *n*: **~ deck** Sturmdeck *n.* **4.** Vorzelt *n.*

awn·y [ˈɔːnɪ] *adj bot.* grannig.

a·woke [əˈwəʊk] *pret u. pp von* **awake.**

aˈwok·en *pp von* **awake.**

a·wry [əˈraɪ] *adv u. pred adj* **1.** schief, krumm: **his hat was all ~** sein Hut saß ganz schief. **2.** schielend: **to look ~** a) schielen, b) *fig.* schief *od.* scheel blicken. **3.** *fig.* verkehrt, schief: **to go ~** fehlgehen, (sich) irren (*Person*), schiefgehen (*Sache*). **4.** *fig.* schief, entstellt, unwahr.

ax, axe [æks] **I** *s* **1.** Axt *f*, Beil *n*: **to have an ~ to grind** *fig.* eigennützige Zwecke verfolgen; **to lay the ~ to** *a. fig.* die Axt legen an (*acc*); **to put the ~ in the helve** *fig.* die Sache klären. **2.** Henkersbeil *n.* **3.** *colloq.* a) rücksichtslose Sparmaßnahme *od.* Streichung(en *pl*) (*von Staatsausgaben etc*), b) Abbau *m* (*von Dienststellen, Beamten etc*), c) Entlassung *f*: **he got the ~** er ist ‚rausgeflogen'. **4.** *mus. Am. sl.* Instruˈment *n.* **II** *v/t* **5.** mit der Axt *etc* bearbeiten *od.* niederschlagen. **6.** *colloq.* a) rücksichtslos kürzen *od.* (zs.-)streichen *od.* abschaffen, b) *Beamte, Dienststellen* abbauen, *Leute* entlassen, ‚feuern'.

ax·el [ˈæksl] *s Eis-, Rollkunstlauf*: Axel *m.*

ax·es[1] [ˈæksɪz] *pl von* **ax(e)**.

ax·es[2] [ˈæksiːz] *pl von* **axis**[1].

ax·i·al [ˈæksɪəl] *adj* (*adv* **~ly**) *math. tech.* axiˈal, Achsen...: **~-flow turbine** Axialturbine *f*; **~ force** *phys.* Längsdruck *m*; **~ symmetry** *math.* Achsensymmetrie *f*; **~ thrust** *tech.* Axialschub *m.*

ax·il [ˈæksɪl] *s bot.* (Blatt)Achsel *f.*

ax·ile[1] [ˈæksaɪl; -sɪl] *adj bot.* achselständig.

ax·ile[2] [ˈæksaɪl; -sɪl] → **axial**.

ax·il·la [ækˈsɪlə; *Am. a.* ægˈz-] *pl* **-lae** [-liː], **-las** *s anat.* Aˈxilla *f*, Achselhöhle *f.*

ax·il·lar·y [ækˈsɪlərɪ; *Am.* ˈæksəˌleriː] *adj* **1.** *anat.* Achsel...: **~ gland** Achsellymphdrüse *f.* **2.** *bot.* blattachselständig.

ax·i·ol·o·gy [ˌæksɪˈɒlədʒɪ; *Am.* -ˈɑl-] *s philos.* Axioloˈgie *f*, Wertlehre *f.*

ax·i·om [ˈæksɪəm] *s* **1.** Axiˈom *n*, Grundsatz *m* (*der keines Beweises bedarf*): **~ of continuity** *math.* Stetigkeitsaxiom; **~ of law** Rechtsgrundsatz. **2.** allgemein anerkannter Grundsatz. **ˌax·i·oˈmat·ic** [-ˈmætɪk] *adj*; **ˌax·i·oˈmat·i·cal** *adj* (*adv* **~ly**) **1.** axioˈmatisch, einleuchtend, ˈunumˌstößlich, von vornherein sicher, selbstverständlich. **2.** aphoˈristisch: **~ wisdom**.

ax·is[1] [ˈæksɪs] *pl* **ˈax·es** [-siːz] *s* **1.** *bot. math. min. phys. tech.* Achse *f*, Mittellinie *f*: **~ of a balance**; **~ of the earth** Erdachse; **~ of incidence** Einfallslot *n.* **2.** *anat. zo.* a) Dreher *m*, zweiter Halswirbel, b) Achse *f*: **cardiac ~** Herzachse; **vertical ~** Körperlängsachse. **3.** *aer.* Leitlinie *f.* **4.** *paint. etc* Bild-, Zeichnungsachse *f.* **5.** *pol.* Achse *f* (*Bündnis zwischen Großmächten*): **the A~** die Achse (Berlin-Rom-Tokio) (*vor dem u. im 2. Weltkrieg*); **the A~ powers** die Achsenmächte.

ax·is[2] [ˈæksɪs] *s a.* **~ deer** *zo.* Axis(hirsch) *m*, Gangesreh *n.*

ax·is|of ab·scis·sas *s math.* Abˈszissenachse *f*, x-Achse *f.* **~ of cur·va·ture** *s* Poˈlare *f*, Krümmungsachse *f.* **~ of or·di·nates** *s* Ordiˈnatenachse *f*, y-Achse *f.* **~ of os·cil·la·tion** *s* Mittellinie *f* e-r Schwingung. **~ of sup·ply** *s mil.* Nachschub-, Versorgungsachse *f.* **~ of the bore** *s mil.* Seelenachse *f.*

ax·le [ˈæksl] *s tech.* **1.** (Rad)Achse *f*, Welle *f.* **2.** Angel(zapfen *m*) *f.* **~ arm** *s tech.* Achszapfen *m.* **~ bed** *s* Achsfutter *n.* **~ box** *s* **1.** Achs-, Schmierbüchse *f.* **2.** Achsgehäuse *n.* **~ end** *s* Wellenzapfen *m.* **~ jour·nal** *s* Achsschenkel *m.* **~ load** *s* Achslast *f.* **~ swiv·el** *s* Achsschenkel *m.* **ˈ~tree** → **axle 1**.

Ax·min·ster (car·pet) [ˈæksmɪnstə(r)] *s* Axminsterteppich *m.*

ax·o·nom·e·try [ˌæksəʊˈnɒmɪtrɪ; *Am.* ˌæksəˈnɑ-] *s math.* Axonomeˈtrie *f* (*geometrisches Verfahren, räumliche Gebilde durch Parallelprojektion auf e-e Ebene darzustellen*).

ay[1] [eɪ] *interj obs. od. poet.* ach!, oh!

ay[2] [eɪ] *adv obs. od. poet.* immer, ewig: **for ever and ~** für immer u. ewig.

ay[3] → **aye**[1].

a·yah [ˈaɪə; ˈɑːjə] *s Br. Ind.* Aja *f*, indisches Kindermädchen.

aye[1] [aɪ] **I** *interj* **1.** *mar. od. dial.* ja: **~, ~, Sir!** *mar.* jawohl!, zu Befehl! **2.** *parl.* ja (*bei Abstimmungen*). **II** *s* **3.** Ja *n*, bejahende Antwort. **4.** *parl.* Jastimme *f*: **the ~s have it** der Antrag ist angenommen.

aye[2] → **ay**[2].

aye-aye [ˈaɪaɪ] *s zo.* Fingertier *n.*

Ayr·shire [ˈeə(r)ʃə(r); -ˌʃɪə(r)] *s zo.* Ayrshire-Rind *n.*

ˌA-ˈZ *adj* vollständig, umˈfassend (*Bericht etc*).

a·za·le·a [əˈzeɪljə] *s bot.* Azaˈlee *f.*

a·ze·o·trope [əˈziːətrəʊp; eɪ-] *s chem.* azeoˈtropes Gemisch.

az·i·muth [ˈæzɪməθ] *s astr.* Aziˈmut *m*, Scheitelkreis *m*: **~ angle** (*Artillerie*) Seitenwinkel *m*; **~ circle** a) *astr.* Azimutkreis *m*, b) *mil.* Seitenrichtskala *f*; **~ reading** *mil.* Nadelzahl *f*; **~ value** (*Radar*) Azimutwert *m.* **ˌaz·iˈmuth·al** [-ˈmʌθl] *adj* azimuˈtal, Azimutal..., scheitelwinklig.

az·o·ben·zene [ˌeɪzəʊˈbenziːn; -benˈziːn; ˌæz-], **ˌaz·oˈben·zol** [-zɒl; *Am. a.* -ˌzəʊl] *s chem.* ˈAzobenˌzol *n.*

az·o dye [ˈeɪzəʊ; ˈæzəʊ] *s chem.* Azofarbstoff *m.*

a·zo·ic [əˈzəʊɪk; æ-; eɪ-] *adj geol.* aˈzoisch, ohne Lebewesen: **~ age** Azoikum *n.*

az·ole [əˈzəʊl; ˈæzəʊl; ˈeɪ-] *s chem.* Aˈzol *n.*

az·on [ˈæzɒn; ˈeɪ-; *Am.* -ˌzəʊn; -ˌzɑn] *s a.* **~ bomb** *aer. mil.* ferngesteuerte Bombe.

az·ote [əˈzəʊt; ˈæzəʊt; ˈeɪ-] *s chem. obs.* Stickstoff *m.*

az·o·te·mi·a [ˌæzəʊˈtiːmɪə; ˌeɪ-] *s med.* Azotäˈmie *f* (*Stickstoffüberschuß im Blut*).

az·oth [ˈæzɒθ; *Am. a.* ˈæˌzəʊθ; ˈæˌzɑθ] *s Alchimie*: Aˈzoth *n*: a) Quecksilber *n*, b) Univerˈsalmittel *n.*

az·o·tize [ˈæzətaɪz; ˈeɪ-] *v/t chem.* azoˈtieren, mit Stickstoff verbinden.

a·zo·to·bac·ter [əˈzəʊtəʊˌbæktə(r); eɪˈzəʊtə-] *s biol.* Azotoˈbakter *m, n.*

Az·tec [ˈæztek] **I** *adj* **1.** azˈtekisch. **II** *s* **2.** Azˈteke *m*, Azˈtekin *f.* **3.** *ling.* Nahuatl *n.*

az·ure [ˈæʒə(r); ˈeɪ-] **I** *adj* **1.** aˈzur-, himmelblau: **~ spar** *min.* Lazulith *m*, Blauspat *m*; **~ stone** → **azurite**. **2.** aˈzurn (*Himmel*). **II** *s* **3.** Aˈzur-, Himmelblau *n.* **4.** blauer Farbstoff, *bes.* Kobaltblau *n.* **5.** *poet.* Aˈzur *m*, Blau *n* des Himmels. **6.** *her.* blaues Feld. **III** *v/t* **7.** himmelblau färben.

az·u·rite [ˈæʒʊraɪt; -ʒər-] *s min.* Azuˈrit *m*, Laˈsurstein *m.*

az·y·gos, az·y·gous [ˈæzɪgəs] *adj anat.* aˈzygisch, unpaar(ig).

az·ym [ˈæzɪm], **az·yme** [ˈæzaɪm; -zɪm] *s relig.* Azymon *n*, ungesäuertes Brot.

B

B, b [biː] **I** *pl* **B's, Bs, b's, bs** [biːz] *s* **1.** B, b *n* (*Buchstabe*). **2.** *mus.* H, h *n* (*Tonbezeichnung*): **B flat** B, b *n*; **B sharp** His, his *n*; **B double flat** Heses, heses *n*; **B double sharp** Hisis, hisis *n*. **3. b** *math.* b (*2. bekannte Größe*). **4. B** *ped.* Zwei *f*, Gut *n* (*Note*). **5. B** B *n*, B-förmiger Gegenstand. **II** *adj* **6.** zweit(er, e, es): **company B.** **7. B** B-..., B-förmig. **8. B** *electr.* Anoden...: **B battery.**

ba [bɑː] *s relig.* die unsterbliche Seele (*im Glauben der alten Ägypter*).

baa [bɑː] **I** *s* Blöken *n*. **II** *v/i* blöken. **III** *interj* bäh!

Baal [ˈbeɪəl] *pl* **ˈBaa·lim** [-lɪm], **Baals** **I** *npr Bibl.* Baal *m*. **II** *a.* **b~** *s* Baal *m*, Götze *m*. **ˈBa·al·ism** *s* Baals-, Götzendienst *m*.

baas [bɑːs] *s S.Afr.* Baas *m*, Herr *m*.

bab·bitt[1] [ˈbæbɪt] *tech.* **I** *s* **1.** *a.* **B~ metal** ˈBabbit-, ˈWeiß-, ˈLagermeˌtall *n*. **2.** Lager(futter) *n* aus ˈBabbitmeˌtall. **II** *v/t* **3.** mit ˈWeißmeˌtall ausgießen.

Bab·bitt[2] [ˈbæbət] *s Am.* selbstzufriedener Spießer. **ˈBab·bitt·ry** [-triː] *s Am.* selbstzufriedenes Spießertum.

bab·ble [ˈbæbl] **I** *v/i* **1.** stammeln, lallen. **2.** plappern, schwatzen. **3.** plätschern, murmeln (*Bach etc*). **II** *v/t* **4.** *etwas* stammeln. **5.** plappern, schwatzen. **6.** ausplaudern: **to ~ (out) a secret.** **III** *s* **7.** Geplapper *n*, Geschwätz *n*. **8.** Geplätscher *n*, Gemurmel *n*. **ˈbab·ble·ment** → babble III. **ˈbab·bler** *s* **1.** Schwätzer(in). **2.** Plaudertasche *f*: **he is a ~** er plaudert (immer) alles gleich aus, er kann nichts für sich behalten. **3.** *orn.* (*ein*) Schwätzer *m*.

babe [beɪb] *s* **1.** kleines Kind, Baby *n* (*beide a. fig. naiver Mensch*): **~ in the woods** *fig.* großes Kind, ‚Dummerchen' *n*; → **arm**[1] *Bes. Redew.* **2.** *bes. Am. sl.* ‚Puppe' *f* (*Mädchen*).

Ba·bel [ˈbeɪbl] **I** *npr Bibl.* **1.** Babel *n*, Babylon *n*. **II** *s oft* **b~** **2.** a) Wirrwarr *m*, Durcheinˈander *n*, b) Stimmengewirr *n*. **3.** grandiˈoser Plan, großer Traum.

Bab·ism [ˈbɑːbɪzəm] *s relig.* Baˈbismus *m* (*religiöse Bewegung des persischen Islams im 19. Jh.*).

ba·boo [ˈbɑːbuː] *pl* **-boos** → babu.

ba·boon [bəˈbuːn; *Am.* bæ-] *s* **1.** *zo.* Pavian *m*. **2.** *colloq.* ‚Goˈrilla' *m*. **baˈboon·er·y** [-nərɪ] *s colloq.* goˈrillahaftes Getue.

ba·bu [ˈbɑːbuː] *s Br. Ind.* Babu *m*: a) Herr *m* (*bei den Hindus*) (*a. Titel*), b) *oft contp.* Inder *m* mit oberflächlicher englischer Bildung.

ba·bul [bɑːˈbuːl; *Am.* bə-] *s bot.* **1.** (*e-e*) Aˈkazie, *bes.* Babul *m*. **2.** Babulrinde *f od.* -schoten *pl*.

ba·bush·ka [bəˈbuːʃkə] *s* (dreieckiges) Kopftuch.

ba·by [ˈbeɪbɪ] **I** *s* **1.** Baby *n*, Säugling *m*, kleines Kind: **from a ~** von frühester Kindheit an; **to throw the ~ out with the bath water** *fig.* das Kind mit dem Bad ausschütten; **to be left holding the ~** *colloq.* die Sache ausbaden müssen, der Dumme sein; **to pass the ~ over to s.o.** *colloq.* j-m den Schwarzen Peter zuschieben; **(as) smooth as a ~'s bottom** glatt wie ein Kinderpopo. **2.** (*der, die, das*) Jüngste, ‚Benjamin' *m* (*a. fig.*): **the ~ of the family.** **3.** *contp.* a) ‚Kindskopf' *m*, kindische Perˈson, b) ‚Heulsuse' *f*. **4.** *sl.* ‚Bier' *n* (*Angelegenheit*): **it's your ~!** **5.** *sl.* a) ‚Puppe' *f* (*Mädchen*), b) Schatz *m*, Liebling *m*. **II** *adj* **6.** (Klein)Kinder..., Baby..., Säuglings... **7.** kindlich, Kinder...: **a ~ face.** **8.** kindisch. **9.** *colloq.* klein, Klein... **III** *v/t* **10.** wie ein Baby behandeln, (ver)hätscheln. **11.** *colloq.* *etwas* sorgsam *od.* liebevoll behandeln. **~ beef** *s Am.* **1.** Jungrind *n*. **2.** Jungrindfleisch *n*. **~ bond** *s econ. Am.* ˈKleinobligatiˌon *f*, kleingestückelte Schuldverschreibung (*bis zu 100 Dollar*). **~ boom** *s* Babyboom *m*. **~ bot·tle** *s* (Saug)Flasche *f*. **~ bug·gy** *s* **1.** *Br.* Sportwagen *m* (*für Kinder*). **2.** *Am. colloq.* Kinderwagen *m*. **~ car** *s* Kleinwagen *m*. **~ car·riage** *s Am.* Kinderwagen *m*. **~ con·vert·er** *s tech.* kleine Thomasbirne, Kleinbirne *f*. **~ farm** *s meist contp.* Säuglingsheim *n*. **~ farm·er** *s meist contp.* Frau, die gewerbsmäßig Kinder in Pflege nimmt. **~ grand** *s mus.* Stutzflügel *m*.

ˈba·by·hood *s* frühe Kindheit, Säuglingsalter *n*.

ˈba·by·ish *adj* **1.** kindisch. **2.** kindlich.

Bab·y·lon [ˈbæbɪlən; *Am. a.* -ˌlɑn] **I** *npr* Babylon *n*. **II** *s fig.* (Sünden)Babel *n*.

Bab·y·lo·ni·an [ˌbæbɪˈləʊnjən; -nɪən] **I** *adj* **1.** babyˈlonisch: **~ captivity** Babylonische Gefangenschaft. **2.** *fig.* a) üppig, luxuriˈös, b) verderbt. **II** *s* **3.** Babyˈlonier(in). **4.** *ling.* Babyˈlonisch *n*, das Babylonische.

ˈba·by|-ˌmind·er *s Br.* Tagesmutter *f*. **ˈ~-sit** *v/i irr* babysitten. **ˈ~-ˌsit·ter** *s* Babysitter(in). **~ snatch·er** *s* **1.** Kindesentführer(in). **2.** *colloq.* a) *Mann, der mit e-m Mädchen ein Verhältnis hat od. der ein Mädchen heiratet, dessen Vater er sein könnte*, b) *Frau, die mit einem Mann ein Verhältnis hat od. die e-n Mann heiratet, dessen Mutter sie sein könnte*: **I'm not a ~!** ich vergreif' mich doch nicht an kleinen Kindern! **~ spot** *s* Baby-Spot *m* (*kleiner Suchscheinwerfer*). **~ talk** *s* kindlich(tuend)es Gebabbel. **~ tooth** *s irr* Milchzahn *m*.

bac [bæk] *s Brauerei etc*: Kühlschiff *n*.

bac·ca·lau·re·ate [ˌbækəˈlɔːrɪət; *Am. a.* -ˈlɑ-] *s univ.* **1.** → **bachelor** 2. **2.** *bes. Am.* a) Promotiˈonsgottesdienst *m*, b) *a.* **~ sermon** Abschiedspredigt *f* an die promoˈvierten Stuˈdenten.

bac·ca·rat, *a.* **bac·ca·ra** [ˈbækərɑː; *Am.* ˌbɑːkəˈrɑː] *s* Bakkarat *n* (*Glücksspiel*).

bac·cate [ˈbækeɪt] *adj bot.* **1.** beerenartig. **2.** beerentragend.

bac·cha·nal [ˈbækənl] **I** *s* **1.** Bacˈchant(in). **2.** ausgelassener *od.* trunkener Zecher. **3.** *oft pl* Bacchaˈnal *n*, Orgie *f*, wüstes Gelage. **II** *adj* **4.** bacchisch. **5.** bacˈchantisch.

Bac·cha·na·li·a [ˌbækəˈneɪljə] *s pl* **1.** *antiq.* Bacchaˈnal *n*, Bacchusfest *n*. **2.** **b~** → **bacchanal** 3. **ˌbac·chaˈna·li·an** **I** *adj* → **bacchanal** II. **II** *s* → **bacchanal** 2.

bac·chant [ˈbækənt; *Am. a.* bəˈkænt; bəˈkɑːnt] **I** *pl* **-chants, -chan·tes** [-tiːz] *s* **1.** *antiq.* Bacˈchant *m*. **2.** *fig.* wüster Trinker *od.* Schwelger. **II** *adj* **3.** bacˈchantisch. **bac·chan·te** [bəˈkæntɪ; *Am. a.* -ˈkɑːn-] *s* Bacˈchantin *f*. **bacˈchan·tic** *adj* bacˈchantisch.

Bac·chic [ˈbækɪk] *adj* bacˈchantisch: a) bacchisch, b) *meist* **b~** *fig.* ausschweifend, ausgelassen.

bac·cif·er·ous [bækˈsɪfərəs] *adj bot.* beerentragend.

bac·cy [ˈbækɪ] *s colloq.* Tabak *m*.

bach [bætʃ] *v/i oft* **~ it** *Am. sl.* ein Strohwitwerdasein führen.

bach·e·lor [ˈbætʃələ(r)] *s* **1.** Junggeselle *m*: **~ flat** *Br.* Junggesellenwohnung *f*; **~ girl** Junggesellin *f*. **2.** *univ.* Bachelor *m*, Bakkaˈlaureus *m* (*Inhaber des niedrigsten akademischen Grades*): **B~ of Arts** Bakkalaureus der philosophischen Fakultät; **B~ of Science** Bakkalaureus der Naturwissenschaften. **3.** *hist.* Knappe *m* niedrigsten Ranges. **4.** *zo.* Tier *n* (*bes.* junger Seehund) ohne Weibchen während der Brunstzeit. **ˌbach·e·lorˈette** [-ˈret] *s* Junggesellin *f*. **ˈbach·e·lor·hood** *s* **1.** Junggesellenstand *m*. **2.** *univ.* Bakkalaureˈat *n* (*niedrigster akademischer Grad*).

bach·e·lor's| but·ton *s* **1.** *bot.* a) Kornblume *f*, b) ˈKugelamaˌrant *m*, c) Scharfer Hahnenfuß. **2.** Paˈtentknopf *m*. **~ de·gree** → **bachelorhood** 2.

ˈbach·e·lor·ship → **bachelorhood.**

ba·cil·la·ry [bəˈsɪlərɪ; *Am. a.* ˈbæsəˌleriː] *adj* **1.** stäbchenförmig. **2.** *med.* bazilˈlär, Bazillen...

ba·cil·li [bəˈsɪlaɪ] *pl von* **bacillus.**

baˌcil·loˈpho·bi·a [bəˌsɪləʊ-] *s med.* Bazillophoˈbie *f*, Baˈzillenangst *f*.

ba·cil·lus [bəˈsɪləs] *pl* **-li** [-laɪ] *s med.* **1.** Baˈzillus *m*, ˈStäbchenbakˌterie *f*. **2.** Bakˈterie *f*.

back[1] [bæk] **I** *s* **1.** *anat. zo.* a) Rücken *m*, b) Rückgrat *n*, Kreuz *n*: **at the ~ of** hinter (*dat*), hinten in (*dat*); **to be at the ~ of s.th.** hinter etwas stecken; **(in) ~ of** *Am.* hinter (*dat*); **behind s.o.'s ~** *fig.* a) hinter j-s Rücken, b) in j-s Abwesenheit; **on one's ~** a) auf dem Leib (*Kleidungsstück*), b) *a.* **flat on one's ~** bettlägerig, krank, c) *a.* **flat on one's ~** hilflos, ‚aufgeschmissen'; **to have s.o. on one's ~** j-n auf dem Hals haben; **with one's ~ to the wall** mit dem Rücken zur Wand; **to have one's ~ to the wall** mit dem Rücken zur Wand stehen; **to spend every penny on one's ~** sein ganzes Geld für Kleidung ausgeben; **to break one's ~** sich abplagen; **to break s.o.'s ~** a) j-m das Kreuz brechen (*a. fig.*), b) *fig.* j-n ‚fertigmachen' *od.* zugrunde richten; **to break the ~ of s.th.** das Schwierigste e-r Sache hinter sich bringen; **we have broken the ~ of it** wir sind über den Berg; **to put** (*od.* **get**) **s.o.'s ~ up** j-n ‚auf die Palme bringen'; **to put one's ~ into s.th.** sich bei e-r Sache ins Zeug legen, sich in e-e Sache ‚hineinknien'; **to be glad** (*od.* **pleased**) **to see the ~ of s.o.** froh sein, j-n los zu sein; **to turn one's ~ on s.o.** a) j-m den Rücken zuwenden, b) *fig.* j-m den Rücken kehren, j-n fallenlassen; **to make a ~** e-n Buckel machen, sich bücken; **~ to ~** Rücken an Rücken; **he has a strong ~** er hat e-n breiten Rücken *od.* Buckel (*a. fig.*); → **scratch** 12. **2.** ˈHinter-, Rückseite *f* (*des Kopfes, Hauses, Briefes, e-r Tür etc*), ˈUnterseite *f* (*e-s Blattes*), (*Buch-, Berg-, Hand-, Messer- etc*)Rücken *m*, Kehrseite *f* (*e-s Bildes etc*), (Rück)Lehne *f* (*e-s Stuhls*), linke Seite (*des Tuches*), Boden *m* (*e-s Saiteninstruments*). **3.** hinterer *od.* rückwärtiger *od.* entferntgelegener Teil, ˈHintergrund *m*: **~ of the head** Hinterkopf *m*; **~ of the house** rückwärtiger *od.* hinterer Teil des Hauses; **at the ~ of beyond** *fig. bes. Br.* am Ende *od.* ‚Arsch' der Welt; **to have s.th. at the ~ of one's mind** a) sich dunkel an etwas erinnern, b) insgeheim an etwas denken; **at the ~ of the stage** im Hintergrund der Bühne; **in the ~ of the car** auf dem Rücksitz *od.* im Fond des Autos. **4.** Rückenteil *m* (*e-s Kleidungsstückes*): **to have one's pullover on ~ to front** den Pullover verkehrt herum anhaben. **5.** ˈHinterstück *n*: **~ of a roe** *gastr.* Rehziemer *m*. **6.** *arch.* Hauptdachbalken *m*. **7.** → **back yard.** **8.** *sport* Verteidiger *m*.

II *adj* **9.** rückwärtig, letzt(er, e, es), hinter(er, e, es), Hinter..., Rück..., Nach...: **~ entrance** Hintereingang *m*; **~ pass** *sport* a) Rückpaß *m*, b) Rückgabe *f* (*zum Tormann*). **10.** fern, abgelegen: **~ country** Hinterland *n*; **~ province** finster(st)e Provinz. **11.** *ling.* hinten im Mund geformt: **a ~ vowel** ein dunkler Vokal. **12.** rückläufig: **a ~ current.** **13.** rückständig: **~ rent**; **~ wages.** **14.** alt, zuˈrückliegend: **~ issue** alte Ausgabe *od.* Nummer (*e-r Zeitung etc*).

III *adv* **15.** zuˈrück, rückwärts: **~ and forth** hin u. her, vor u. zurück; **to move ~** zurückgehen; **two miles ~** zwei Meilen zurück *od.* weiter hinten; (*siehe die Verbindungen mit den entsprechenden Verben*). **16.** (wieder) zuˈrück: **he is ~ (again)** er ist wieder da; **~ home** a) wieder zu Hause, b) *Am.* daheim, bei uns (zulande). **17.** zuˈrück, vorher: **20 years ~** vor 20 Jahren; **~ in 1900** (damals *od.* noch *od.* schon) im Jahre 1900. **18.** *colloq.* zuˈrück, im Rückstand: **to be ~ in one's rent** mit der Miete im Rückstand sein.

IV *v/t* **19.** *a.* **~ up** *j-n od. etwas* unterˈstützen, eintreten für, *j-m* den Rücken stärken, *j-n* decken, *etwas* bekräftigen, unterˈmauern, *econ. die Währung etc* stützen, *Noten* decken. **20.** *a.* **~ up** zuˈrückbewegen, *e-n Wagen, e-e Maschine, ein Pferd etc* rückwärts fahren *od.* laufen lassen: **to ~ one's car up** mit dem Auto rückwärts fahren *od.* zurückstoßen; **to ~ the car out of the garage** den Wagen rückwärts aus der Garage fahren; **to ~ water** a) *mar.* ein Schiff rückwärtsrudern, rückwärts fahren, b) *Am. colloq.* e-n Rückzieher machen. **21.** wetten *od.* setzen auf (*acc*): → **horse** 1. **22.** a) *ein Pferd etc* besteigen, b) *ein Pferd* zureiten. **23.** *a.* **~ up** *ein Buch etc* mit e-m Rücken versehen, an der Rückseite verstärken, *e-n Stuhl* mit e-r Lehne *od.* Rückenverstärkung versehen. **24.** *tech.* beschichten, mit e-m ˈÜberzug versehen. **25.** *tech., a. ein Tuch etc* füttern. **26.** *econ. e-n Scheck* indosˈsieren, gegenzeichnen, *e-n Wechsel* als Bürge unterˈschreiben, avaˈlieren. **27.** auf der Rückseite beschreiben *od.* bedrucken. **28.** den ˈHintergrund (*gen*) bilden, hinten grenzen an (*acc*). **29.** *colloq.* auf dem Rücken tragen, auf den Rücken nehmen. **30.** *hunt.* hinter u. mit (*dem Leithund*) (vor)stehen (*Meute*).

V *v/i* **31.** *oft* **~ up** sich zuˈrückbewegen, sich rückwärts bewegen, zuˈrückgehen *od.* -treten *od.* -fahren, *mot. a.* zuˈrückstoßen. **32.** links ˈumspringen, rückdrehen (*Wind*). **33. to ~ and fill** a) *mar.* back u. voll brassen, laˈvieren, b) *fig.* unschlüssig sein.

Verbindungen mit Adverbien:

back| down (*od.* **off**) (**from**), **~ out** (**of**) *v/i* zuˈrücktreten *od.* sich zuˈrückziehen *od.* ‚abspringen' (von), ‚aussteigen' (aus), ausweichen (*dat*), ‚sich drücken' (um), ‚kneifen' (vor *dat*). **~ up** → **back¹** 19, 20, 23, 31.

back² → **bac.**

ˈback|·ache *s med.* Rückenschmerzen *pl.* **~ al·ley** *s Am.* finsteres Seitengäßchen. **ˈ~·band** *s* Kreuzriemen *m*, Rückengurt *m* (*e-s Pferdes*). **~ bas·ket** *s* Kiepe *f*, Rückentragkorb *m*. **~ bench** *s parl. Br.* a) hintere Sitzreihe, b) ˈHinterbänkler *pl.* **ˈ~-bench** *adj parl. Br.* der ˈHinterbänkler: **~ support for the plan.** **ˌ~ˈbench·er** *s parl. Br.* ˈHinterbänkler *m*. **ˈ~·bend** *s sport* Brücke *f* (aus dem Stand). **ˈ~·bite** *v/t irr* verleumden (**to** bei *j-m*). **ˈ~ˌbit·er** *s* Verleumder(in). **ˈ~ˌbit·ing I** *adj* verleumderisch. **II** *s* Verleumdung *f*. **ˈ~·board** *s* **1.** Rücken-, Lehnbrett *n* (*hinten im Boot, Wagen etc*). **2.** *med.* Geradehalter *m*. **3.** *Basketball*: Korb-, Spielbrett *n*. **4.** *tech.* Gegenschlagbug *m*. **ˈ~·bone** *s* **1.** Wirbelsäule *f*, Rückgrat *n*: **to the ~** *fig.* bis auf die Knochen, durch u. durch. **2.** Hauptgebirgszug *m*. **3.** (Buch)Rücken *m*. **4.** *fig.* Rückgrat *n*: a) Chaˈrakter(stärke *f*) *m*, Mut *m*, b) Hauptstütze *f*. **ˈ~ˌbreak·ing** *adj* erschöpfend, zermürbend, ‚mörderisch': **a ~ job.** **~ burn·er** *s*: **to put s.th. on the ~** etwas (als nebensächlich *od.* zweitrangig) zuˈrückstellen. **ˈ~-ˌburn·er** *adj* nebensächlich, zweitrangig. **ˈ~·chat** *s colloq.* **1.** freche Antwort(en *pl*). **2.** *bes. Am.* schlagfertiges Hin u. Her. **~ cloth** *bes. Br. für* **backdrop** 1. **ˈ~·comb** *v/t Haar* touˈpieren. **ˈ~-ˌcou·pled** *adj electr.* rückgekoppelt. **~ court** *s Tennis*: *bes. Am.* ˈHinterfeld *n*. **ˈ~·cross** *biol.* **I** *v/t* rückkreuzen. **II** *s* Rückkreuzung *f*. **ˌ~ˈdate** *v/t* **1.** (zu)ˈrückdaˌtieren. **2.** rückwirkend in Kraft setzen: **the wage increases are to be ~d to April 1** die Lohnerhöhungen sollen rückwirkend ab 1. April gelten. **~ door** *s* **1.** ˈHintertür *f*. **2.** *fig.* ˈHintertürchen *n*. **ˌ~ˈdoor** *adj* geheim, heimlich. **ˈ~·down** *s* ‚Rückzieher' *m* (**on** von). **ˈ~·drop** *s* **1.** *thea.* Proˈspekt *m*. **2.** *fig.* ˈHintergrund *m*: **to be the ~ for** den Hintergrund (*gen*) bilden; **against the ~ of** vor dem Hintergrund (*gen*).

backed [bækt] *adj* **1.** mit Rücken, Lehne *etc* versehen, ...rückig, ...lehnig. **2.** gefüttert: **a curtain ~ with satin.** **3.** *in Zssgn* mit (e-m) ... Rücken: **straight-~.**

back| e·lec·tro·mo·tive force *s electr.* eˈlektromoˌtorische Gegenkraft, Gegen-EMK *f*. **~ end** *s* **1.** letzter Teil. **2.** *Br. dial.* (Spät)Herbst *m*.

ˈback·er *s* **1.** Unterˈstützer(in), Förderer *m*, Helfer(in). **2.** *econ.* ˈHintermann *m*, Geldgeber *m*. **3.** *econ.* Wechselbürge *m*, Avaˈlist *m*. **4.** Wetter *m*: **his ~s** diejenigen, die auf ihn gesetzt haben *od.* hatten.

ˈback|·fall *s tech.* Sattel *m*, Kropf *m* (*e-s Papierholländers*). **ˈ~ˌfield** *s American Football*: a) hinteres Feld, b) *collect.* ˈHinterfeld(spieler *pl*) *n*. **~·fire I** *v/i* [ˌbækˈf-; *Am.* ˈ-ˌf-] **1.** *tech.* früh-, fehlzünden. **2.** *electr. tech.* zuˈrückschlagen. **3.** *fig.* fehlschlagen, ‚ins Auge gehen': **his plan ~d on him** der Schuß ging nach hinten los. **II** *s* [ˈbækˌf-] **4.** *tech.* a) Früh-, Fehlzündung *f*, b) (Auspuff)Knall *m*. **5.** *electr. tech.* (Flammen)Rückschlag *m*. **6.** *fig. Am.* heftige Reaktiˈon. **ˈ~·flash I** *s* **1.** → **flashback.** **II** *v/i* **2.** → **backfire** 2. **3.** → **flash** 28. **~ for·ma·tion** *s ling.* Rückbildung *f*. **~ freight** *s econ.* Rückfracht *f*. **ˌ~ˈgam·mon** *s* Backgammon *n*. **~ gear** *s tech.* Vorgelegerad *n*: **~s** Vorgelege *n*. **ˈ~-gear shaft** *s tech.* Vorgelegewelle *f*. **ˈ~·ground** *s* **1.** ˈHintergrund *m* (*a. fig.*): **against the ~ of** vor dem Hintergrund (*gen*); **to form a ~ to s.th.** e-n Hintergrund für etwas bilden; **to keep** (*od.* **stay**) **in the ~** im Hintergrund bleiben; **~ projection** (*Film*) Hintergrundprojektion *f*. **2.** *fig.* a) ˈHintergrund *m*, ˈUmstände *pl*: **~ information** Hintergrundinformationen *pl*, b) ˈUmwelt *f*, Miliˈeu *n*, c) Werdegang *m*, Vorgeschichte *f*, d) Erfahrung *f*, Wissen *n*: **educational ~** Vorbildung *f*, Bildungsgang *m*, e) Anhaltspunkte *pl*, Grundlage *f*. **3.** Muˈsik-, Geˈräuschkuˌlisse *f*: **~ music** musikalischer Hintergrund, musikalische Untermalung, Hintergrundmusik *f*. **4.** *a.* **~ noise** (*Radio etc*) Hintergrundgeräusch *n*. **5.** *a.* **~ brightness** *TV* Grundhelligkeit *f*: **~ control** Steuerung *f* der mittleren Helligkeit. **ˈ~ˌground·er** *s Am. inoffizielle Pressekonferenz, auf der Journalisten von e-m Regierungsvertreter mit Hintergrundinformationen versorgt werden.* **ˈ~·hand I** *s* **1.** nach links geneigte Handschrift. **2.** *sport* a) Rückhand *f*: **he took the ball with his ~** er nahm den Ball mit der Rückhand, b) Rückhandschlag *m*. **II** *adj* → **backhanded** I. **III** *adv* → **backhanded** II. **ˌ~ˈhand·ed I** *adj* (*adv* **~ly**) **1.** *sport* Rückhand... **2.** mit dem Handrücken (*Schlag*). **3.** nach links geneigt (*Schrift*). **4.** ˈindiˌrekt: **~ censorship.** **5.** ‚krumm', unredlich: **~ methods.** **6.** zweifelhaft, zweischneidig: **~ compliment.** **7.** schüchtern, scheu. **II** *adv* **8.** *sport* mit der Rückhand. **9.** mit dem Handrücken. **ˈ~·hand·er** *s* **1.** *sport* Rückhandschlag *m*. **2.** Schlag *m* mit dem Handrücken. **3.** *colloq.* ˈindiˌrekter Angriff. **4.** *colloq.* ‚Schmiergeld' *n* (*Bestechungsgeld*): **to give s.o. a ~** j-n schmieren. **ˈ~·house** *s* **1.** ˈHinterhaus *n*. **2.** *Am. colloq.* ‚Häus-chen' *n* (*primitive Toilette außerhalb des Hauses*).

ˈback·ing *s* **1.** Unterˈstützung *f*, Hilfe *f*. **2.** *collect.* ˈHintermänner *pl*, Geldgeber *pl*. **3.** *tech.* versteifende Ausfütterung, Verstärkung *f*. **4.** (*Rock- etc*)Futter *n*. **5.** *tech.* Belag *m*, ˈÜberzug *m*. **6.** *phot.* Lichthof-Schutzschicht *f*. **7.** *econ.* a) Wechselbürgschaft *f*, Gegenzeichnung *f*, Aˈval *n*, b) Deckung *f* (*der Banknoten*), c) Stützungskäufe *pl*. **8.** *mus.* Begleitung *f* (*bes. e-s Popsängers*). **~ met·al** *s tech.* Hinterˈgießmeˌtall *n*. **ˌ~-ˈoff lathe** *s tech.* ˈHinterdrehbank *f*. **~ stor·age** *s Computer*: Ergänzungsspeicher *m*.

ˈback|·kick *s* **1.** *tech.* Rückschlag *m*. **2.** *electr.* Rückentladung *f*. **~ land** *s*

ˈHinterland *n.* ˈ~**lash** *s* **1.** *tech.* toter Gang, (Flanken)Spiel *n.* **2.** verwickelte Angelschnur an der Haspel. **3.** Rückprall *m.* **4.** *fig.* Gegenschlag *m*, (heftige) Reaktiˈon (**to** auf *acc*): (**white**) ~ *Am. Widerstand konservativer Weißer gegen die Integration der Schwarzen.*

ˈ**back·less** *adj* rückenfrei (*Kleid*).

ˈ**back|ˌlight·ing** *s* ˈHintergrundbeleuchtung *f.* ˈ~**log** *s* **1.** *bes. Am.* großes Scheit im Kaˈmin (*um das Feuer zu unterhalten*). **2.** (*Arbeits-, Auftrags- etc*)Rückstand *m*, ˈÜberhang *m* (**of** an *dat*), Reˈserve *f* (**of** an *dat*, von): ~ **of (unfilled) orders** Auftragsüberhang *m od.* -polster *n*; ~ **demand** Nachholbedarf *m.* ~ **matter** *s print.* Endbogen *m.* ~ **num·ber** *s* **1.** alte Nummer (*e-r Zeitschrift etc*). **2.** *colloq.* (*etwas*) Überˈholtes, rückständige *od.* altmodische Perˈson *od.* Sache. ˈ~**pack** *s bes. Am.* Rucksack *m.* ˈ~ˌ**pack·ing** *s bes. Am.* ˈRucksacktouˌrismus *m.* ~ **pay** *s econ.* rückständiger Lohn, Lohn-, Gehaltsnachzahlung *f.* ˌ~-ˈ**ped·al** *v/i pret u. pp* **-aled,** *bes. Br.* **-alled 1.** rückwärtstreten (*Radfahrer*). **2.** zuˈrückweichen, ‚den Rückwärtsgang einlegen' (*bes. Boxer*). **3.** *fig.* e-n Rückzieher machen. ˈ~-ˌ**ped·al brake** *s tech.* Rücktrittbremse *f.* ~ **pres·sure** *s tech.* Gegendruck *m.* ˈ~-ˌ**pres·sure valve** *s tech.* ˈRückschlagvenˌtil *n.* ~ **pro·jec·tion** *s Film*: ˈHintergrundprojektiˌon *f.* ˈ~**rest** *s* Rückenstütze *f*, -lehne *f.* ~ **room** *s* ˈHinterzimmer *n.* ˈ~-**room boy** *s bes. Br. colloq.* Wissenschaftler, der an Geˈheimproˌjekten arbeitet. ˈ~**saw** *s tech.* Fuchsschwanz *m* mit Rückenschiene. ˈ~ˌ**scat·ter** *s electr.* Rückstreuung *f.* ~ **scratch·ing** *s colloq.* gegenseitige Unterˈstützung. ~ **seat** *s* **1.** Rücksitz *m.* **2.** *colloq.* ˈuntergeordnete Stellung: **to take a** ~ in den Hintergrund treten (**to** gegenˈüber) (*a. Sache*). ˈ~-**seat driv·er** *s colloq.* **1.** *mot.* besserwisserischer Mitfahrer. **2.** *fig.* Besserwisser *m.* ˈ~**set** *s* **1.** Rückschlag *m.* **2.** *mar.* Gegenströmung *f.*

back·sheesh, back·shish → **baksheesh.**

ˌ**back|ˈside** *s* **1.** Kehr-, Rückseite *f*, hintere *od.* linke Seite. **2.** *colloq.* ˈHinterteil *n*, ‚Hintern' *m.* ˈ~**sight** *s* **1.** a) *tech.* Viˈsier *n*, b) *surv.* ˈStandviˌsier *n.* **2.** *mil.* Kimme *f*, ˈKlappviˌsier *n.* ~ **slang** *s* ˈUmkehrung *f* der Wörter (*beim Sprechen*). ˈ~ˌ**slap·per** *s bes. Am. colloq.* **1.** joviˈaler *od.* leutseliger Mensch. **2.** plump-vertraulicher Mensch. ˌ~ˈ**slide** *v/i irr* **1.** rückfällig werden. **2.** *relig.* abtrünnig werden. ˌ~ˈ**slid·er** *s* **1.** *relig.* Abtrünnige(r *m*) *f.* **2.** Rückfällige(r *m*) *f.* ˈ~**space key** *s*, ˈ~ˌ**spac·er** *s* Rücktaste *f* (*der Schreibmaschine*). ˈ~**spin** *s sport* Backspin *m*, ˈRückefˌfet *m.* ˈ~**stage** *thea.* **I** *s* **1.** Garderobenräume *pl* u. Bühne *f* (hinter dem Vorhang). **II** *adj* **2.** hinter dem Vorhang *od.* (*a. fig.*) den Kuˈlissen. **III** *adv* [ˌ-ˈst-] **3.** (hinten) auf der Bühne. **4.** hinter dem Vorhang *od.* (*a. fig.*) den Kuˈlissen, in den Gardeˈroben. ˈ~**stair** → **backstairs** II. ˌ~ˈ**stairs I** *s pl* **1.** ˈHintertreppe *f.* **II** *adj* **2.** ~ **gossip** (*od.* **talk**) (bösartige) Anspielungen *pl* (**about** auf *acc*). **3.** ~ **influence** Protektion *f.* ˈ~**stitch** *s* Steppstich *m*: ~ **seam** Steppnaht *f.* ˈ~**stop** *s* **1.** *Kricket*: Feldspieler *m*, Fänger *m.* **2.** a) *Baseball etc*: Netz *n* hinter dem Fänger, b) *Tennis*: Zaun *m* hinter der Grundlinie. **3.** *Am.* Kugelfang *m* (*im Schießstand*). **4.** *tech.* rückwärtiger Anschlag. ~ **straight** → **backstretch.** ~ **street** *s* Seitenstraße *f.* ˈ~-**street** *adj* heimlich: ~ **abortion** illegale Abtreibung; ~ **abortionist** Engelmacher(in). ˈ~**stretch** *s sport* Gegengerade *f.* ˈ~**stroke** *s* **1.** *sport* a) Rückschlag *m* (*des Balls*), b) Rückenschwimmen *n.* **2.** *tech.* Rückschlag *m*, -lauf *m*, -hub *m.* ˈ~**swept** *adj* nach hinten zuˈrückgenommen *od.* verjüngt: ~ **hair** zurückgekämmtes Haar; ~ **wing** *aer.* pfeilförmige Tragfläche. ˈ~**swing** *s Golf*: Aufschwung *m.* ~ **talk** *s bes. Am. colloq.* freche Antwort(en *pl*). ˌ~-**to-ˈback** *adj* **1.** Rücken an Rücken. **2.** aufeinˈanderfolgend: ~ **method** *electr.* Rückarbeitsverfahren *n*; ~ **rectifier** Gegentaktgleichrichter *m.* ˌ~-**to-ˈwork** *adj*: ~ **order** *jur. gerichtliche Verfügung, die Streikende zur Wiederaufnahme der Arbeit zwingt.* ˈ~**trace** *v/t teleph. Anrufer* ermitteln, feststellen. ˈ~**track** *v/i* **1.** denˈselben Weg zuˈrückgehen *od.* -verfolgen. **2.** *fig.* a) e-n Rückzieher machen, sich zuˈrückziehen (**from** von), b) e-e Kehrtwendung machen. ˈ~**up I** *s* **1.** → **backing** 1, 3. **2.** Verstopfung *f* (*e-s Rohrs etc*). **3.** *mot. Am.* (Rück)Stau *m.* **4.** *fig.* Rückzieher *m* (**on** ˈhinsichtlich). **5.** *tech.* Erˈsatzgerät *n*, -maˌschine *f.* **II** *adj* **6.** Unterstützungs..., Hilfs...: ~ **troops. 7.** *tech.* Ersatz..., Reserve... **8.** ~ **light** *mot. Am.* Rückfahrscheinwerfer *m.*

back·ward [ˈbækwə(r)d] **I** *adj* **1.** rückwärts gerichtet, Rück(wärts)...: ~ **flow** Rückfluß *m*; **a** ~ **glance** ein Blick zurück *od.* nach hinten; ~ **pass** *sport* a) Rückpaß *m*, b) Rückgabe *f* (*zum Tormann*). **2.** hinten gelegen, Hinter... **3.** ˈumgekehrt. **4.** a) langsam, träge: **to be** ~ **in one's duty** s-e Pflicht vernachlässigen, b) (*geistig*) schwerfällig. **5.** (*in der Entwicklung etc*) zuˈrück(geblieben) (*Kind etc*), ˈunterentwickelt (*a. Land etc*), spät reifend (*Früchte*), spät eintretend (*Jahreszeit*). **6.** rückständig: **a** ~ **country**; **a** ~ **person**; **to be** ~ **in one's work** mit s-r Arbeit im Rückstand sein. **7.** zögernd, ˈwiderwillig. **8.** *colloq. a.* ~ **in coming forward** zuˈrückhaltend, schüchtern, scheu. **II** *adv* **9.** rückwärts, zuˈrück, nach hinten: ~ **and forward** hin u. her, vor u. zurück. **10.** rücklings, verkehrt. **11.** zuˈrück, in die Vergangenheit: **to look** ~ *fig.* zurückblicken. **12.** zuˈrück, zum Schlechten: **to go** ~ *fig.* sich verschlechtern.

back·ward·a·tion [ˌbækwə(r)ˈdeɪʃn] *s Börse*: *Br.* Deˈport *n*, Kursabschlag *m.*

ˈ**back·ward·ness** *s* **1.** Langsamkeit *f*, Trägheit *f.* **2.** Rückständigkeit *f.* **3.** ˈWiderwilligkeit *f.* **4.** Schüchternheit *f.*

back·wards [ˈbækwə(r)dz] → **backward** II.

ˈ**back|·wash** *s* **1.** Rückströmung *f*, *mar. a.* Bugwellen *pl od.* Kielwasser *n.* **2.** *fig.* Aus-, Nachwirkung(en *pl*) *f.* ˈ~ˌ**wa·ter** *s* **1.** → **backwash** 1. **2.** Stauwasser *n.* **3.** totes Wasser. **4.** *fig.* Ort *m od.* Zustand *m* der Rückständigkeit u. Stagnatiˈon, Proˈvinz *f*, (kultuˈrelles) Notstandsgebiet. ˈ~**woods I** *s pl* **1.** unerschlossenes Waldgebiet, abgelegene Wälder *pl.* **2.** *contp.* Proˈvinz *f.* **II** *adj* **3.** *contp.* ˈhinterwäldlerisch, Provinz... ˈ~**woods·man** [-mən] *s irr* **1.** *contp.* ˈHinterwäldler *m.* **2.** Mitglied *n* des brit. Oberhauses, das nur selten erscheint. ˌ~ˈ**yard** *s* **1.** *Br.* ˈHinterhof *m.* **2.** *Am.* Garten *m* hinter dem Haus. **3. in our own** ~ *fig.* bei uns, unter uns.

ba·con [ˈbeɪkən] *s* Speck *m*: **to bring home the** ~ *colloq.* a) die ‚Brötchen' verdienen, b) (*bei e-m Unternehmen etc*) Erfolg haben; **to bring home the** ~ **on a contract** e-n Vertrag unter Dach u. Fach bringen; **to save one's** ~ *Br. colloq.* mit heiler Haut davonkommen.

Ba·co·ni·an the·o·ry [beɪˈkəʊnjən; -nɪən] *s* ˈBacon-Theoˌrie *f* (*Theorie, nach der Francis Bacon Shakespeares Dramen verfaßt habe*).

bac·te·ri·a [bækˈtɪərɪə] *pl von* **bacterium.**

bac·te·ri·al [bækˈtɪərɪəl] *adj* bakteriˈell.

bac·te·ri·cid·al [bækˌtɪərɪˈsaɪdl] *adj med.* bakteriˈzid, bakˈterientötend.

bacˈte·ri·cide [-saɪd] *s* Bakteriˈzid *n.*

bac·te·rin [ˈbæktərɪn] *s med.* Bakˈterienvakˌzin *n.*

bac·te·ri·o·log·i·cal [bækˌtɪərɪəˈlɒdʒɪkl; *Am.* -ˈlɑ-] *adj* (*adv* ~**ly**) bakterioˈlogisch, Bakterien...: ~ **warfare. bacˌte·riˈol·o·gist** [-ˈɒlədʒɪst; *Am.* -ˈɑ-] *s* Bakterioˈloge *m.* **bacˌte·riˈol·o·gy** *s* Bakteriologie *f*, Bakˈterienkunde *f*, -forschung *f.*

bac·te·ri·ol·y·sis [bækˌtɪərɪˈɒlɪsɪs; *Am.* -ˈɑ-] *s med.* Bakterioˈlyse *f* (*Zerstörung von Bakterien durch Antikörper*).

bac·te·ri·o·phage [bækˈtɪərɪəfeɪdʒ] *s med.* Bakterioˈphage *m* (*virenähnliches Kleinstlebewesen, das Bakterien zerstört*).

bac·te·ri·o·sta·sis [bækˌtɪərɪəʊˈsteɪsɪs] *s med.* Bakterioˈstase *f* (*Hemmung des Wachstums u. der Vermehrung von Bakterien*).

bac·te·ri·um [bækˈtɪərɪəm] *pl* **-ri·a** [-ə] *s biol.* Bakˈterie *f.*

bac·ter·oid [ˈbæktərɔɪd] **I** *adj* bakˈterienähnlich. **II** *s biol.* Bakteroˈid *n.*

Bac·tri·an cam·el [ˈbæktrɪən] *s zo.* Zweihöckeriges Kaˈmel.

bad[1] [bæd] **I** *adj comp* **worse** [wɜːs; *Am.* wɜrs] *sup* **worst** [wɜːst; *Am.* wɜrst] (*adv* → **badly**) **1.** *allg.* schlecht. **2.** böse, schlimm, arg, schwer: **a** ~ **mistake** ein schwerer Fehler. **3.** böse, ungezogen: **a** ~ **boy. 4.** verdorben, lasterhaft: **a** ~ **woman. 5.** unanständig, unflätig: ~ **language** a) unanständige Ausdrücke *pl*, b) (gottes-) lästerliche Reden *pl*, c) beleidigende Äußerungen *pl*; **a** ~ **word** ein häßliches Wort. **6.** falsch, fehlerhaft, schlecht: **his** ~ **English** sein schlechtes Englisch; ~ **grammar** grammatisch falsch *od.* schlecht. **7.** unbefriedigend, schlecht: **a** ~ **plan (harvest, year,** *etc*); **not** ~ nicht schlecht *od.* übel; **not** ~ **fun** ganz amüsant. **8.** ungünstig, schlecht: ~ **news; to be** ~ **news** *colloq.* ein Ärgernis sein (*Person od. Sache*). **9.** schädlich, ungesund, schlecht (**for** für): ~ **for the eyes;** ~ **for you;** ~ **for one's health** ungesund. **10.** unangenehm, ärgerlich: **that's too** ~ das ist (zu) schade, das ist (doch) zu dumm. **11.** schlecht (*Qualität, Zustand*): ~ **teeth; a** ~ **repair job; in** ~ **condition;** ~ **trip** *sl.* ‚Bad Trip' *m* (*Drogenrausch mit Angstzuständen*). **12.** ungültig (*Anspruch, Münze etc*), ungedeckt (*Scheck*): ~ **debts** *econ.* zweifelhafte Forderungen; ~ **title** *jur.* mangelhafter Rechtstitel; ~ **shot** *sport* ungültiger Schuß *od.* Schlag. **13.** schlecht, verdorben: ~ **meat; to go** ~ schlecht werden, verderben. **14.** schlecht, angegriffen: ~ **health. 15.** a) unwohl, krank: **she is** (*od.* **feels**) **very** ~ **today** es geht ihr heute sehr schlecht; **he is in a** ~ **way** (*a. weitS.*) es geht ihm schlecht, er ist übel dran, b) niedergeschlagen: **he felt** ~ **at** (*od.* **about**) **it** er war (sehr) deprimiert darüber. **16.** schlimm, böse, arg, heftig: **a** ~ **cold; a** ~ **shock; a** ~ **finger** ein böser *od.* schlimmer Finger. **17.** widerlich, schlecht: **a** ~ **smell. 18.** schlecht, schwach (**at** in *dat*). **II** *s* **19.** (*das*) Schlechte, (*das*) Böse, Unglück *n*: **to go from** ~ **to worse** immer schlimmer werden; **to take the** ~ **with the good** (auch) die Nachteile *od.* die schlechten Seiten in Kauf nehmen; **to go to the** ~ auf die schiefe Bahn geraten. **20.** *econ.* Defizit *n*: **to be $25 to the** ~ ein Defizit *od.* e-n Verlust von 25 Dollar haben. **21.** *colloq.* **to be in** ~ **with** schlecht angeschrieben sein bei; **to get in** ~ **with** sich unbeliebt machen bei. **III** *adv colloq. für* **badly.**

bad² [bæd] *obs. pret von* **bid.**
bad³ [bæd] *obs. pret von* **bide.**
bad·der·locks [ˈbædə(r)lɒks; *Am.* -ˌlɑks] *s bot.* (*eßbarer*) arktischer Seetang.
bad·die [ˈbædɪ] *s TV, Film etc: colloq.* Bösewicht *m*, Schurke *m.*
bad·dish [ˈbædɪʃ] *adj* ziemlich schlecht.
bad·dy → **baddie.**
bade¹ [bæd; beɪd] *pret u. pp von* **bid.**
bade² [bæd; beɪd] *pret von* **bide.**
badge [bædʒ] *s* **1.** Abzeichen *n.* **2.** *mil.* a) Dienstgrad-, Rangabzeichen *n*, b) (Ehren)Spange *f*, Auszeichnung *f.* **3.** *fig.* Ab-, Kennzeichen *n*, Merkmal *n*, Stempel *m.*
badg·er [ˈbædʒə(r)] **I** *s* **1.** *zo.* Dachs *m.* **2.** **B~** *Am.* (*Spitzname für e-n*) Bewohner von Wisˈconsin: **B~ State** Wisconsin *n.* **II** *v/t* **3.** hetzen. **4.** *fig.* plagen, *j-m* zusetzen: **to ~ s.o. for s.th.** j-m wegen etwas keine Ruhe lassen; **to ~ s.o. into doing s.th.** j-m so lange zusetzen, bis er etwas tut. **~ bait·ing** *s* Dachshetze *f.* **~ dog** *s* Dachshund *m.* **~ draw·ing** *s* Dachshetze *f.* **~ game** *s Am. colloq. abgekartetes Spiel, bei dem ein Mann von e-r Frau in e-e verfängliche Situation gelockt u. anschließend von e-m Komplizen, der sich als Ehemann od. Bruder ausgibt, erpreßt wird.*
ba·di·geon [bəˈdɪdʒən] *s tech.* Gips-, Stuckmörtel *m.*
bad·i·nage [ˈbædɪnɑːʒ; ˌbædɪˈnɑːʒ] *s* Schäkeˈrei *f*, Neckeˈrei *f.*
ˈbad·lands *s pl* Ödland *n.*
ˈbad·ly *adv* **1.** schlecht, schlimm: **he is ~ off** es geht ihm sehr schlecht. **2.** schlecht, mangelhaft, miseˈrabel: **to do ~** schlecht fahren (**in** bei, mit). **3.** dringend, sehr: **~ needed** dringend nötig (*od.* benötigt). **4.** schwer: **~ wounded.**
bad·min·ton [ˈbædmɪntən] *s* **1.** a) *sport* Badminton *n*, b) *Freizeitsport*: Federball(spiel *n*) *m.* **2.** *a.* **~ cup** *Erfrischungsgetränk aus Rotwein, Sodawasser u. Zucker.*
ˈbad-ˌmouth *v/t Am. colloq. j-n od. etwas* schlechtmachen, ˈherziehen über (*acc*).
ˈbad·ness *s* **1.** Verdorbenheit *f*, Lasterhaftigkeit *f.* **2.** Schädlichkeit *f.* **3.** schlechter Zustand, schlechte Beschaffenheit.
ˌbad-ˈtem·pered *adj* schlechtgelaunt, übellaunig.
Bae·de·ker [ˈbeɪdɪkə(r)] *s* **1.** Baedeker *m*, Reiseführer *m.* **2.** *allg.* Handbuch *n.*
baf·fle [ˈbæfl] **I** *v/t* **1.** verwirren, -blüffen, narren, täuschen, *j-m* ein Rätsel sein: **the police are ~d** die Polizei steht vor e-m Rätsel; **it ~s (all) description** es spottet jeder Beschreibung. **2.** *e-n Plan etc* durchˈkreuzen, vereiteln. **3.** *tech.* a) ablenken, b) dämpfen, bremsen. **II** *s* **4.** → **bafflement. 5.** *tech.* Ablenkplatte *f*, Schutzschirm *m*, *bes.* Schallwand *f*, -schirm *m.* **ˈbaf·fle·ment** *s* **1.** Verwirrung *f.* **2.** Vereit(e)lung *f.*
baf·fle plate *s tech.* Prall-, Ablenkplatte *f*, *mot.* Schlingerwand *f.*
ˈbaf·fling *adj* (*adv* **~ly**) **1.** verwirrend, verblüffend, vertrackt: **a ~ problem. 2.** vereitelnd, hinderlich. **3.** unstet (*Wind*).
bag [bæg] **I** *s* **1.** (*a.* Post-, Schlaf- *etc*)Sack *m*, Beutel *m*, (Schul-, Reise-, Hand- *etc*) Tasche *f*: **~ and baggage** (mit) Sack u. Pack, mit allem Drum u. Dran; **~s under the eyes** a) Ringe unter den Augen, b) Tränensäcke; **~s of** *colloq.* jede Menge (*Geld etc*); **to give s.o. the ~** *colloq.* j-n ‚feuern' (*entlassen*); **to be left holding the ~** *Am. colloq.* die Sache ausbaden müssen, der Dumme sein; **it's in the ~** *colloq.* das haben wir in der Tasche *od.* sicher; **the whole ~ of tricks** *colloq.* der ganze Krempel; → **bone¹** 1, **cat** *Bes. Redew.*, **nerve** 1. **2.** *tech.* (*Zellophanetc*)Beutel *m* (*zur Verpackung*): **inner ~** Innenbeutel. **3.** Tüte *f.* **4.** Sack *m* (*als Maß*). **5.** Geldbeutel *m.* **6.** *hunt.* a) Jagdtasche *f*, b) Jagdbeute *f*, Strecke *f.* **7.** *zo.* a) Euter *n*, b) Honigmagen *m* (*e-r Biene*). **8.** *Boxen*: (Sand)Sack *m.* **9.** *Baseball*: a) Mal *n*, b) Sandsack *m* (*um das Mal zu bezeichnen*). **10.** *sl.* a) ‚Nutte' *f* (*Prostituierte*), b) *a.* **old ~** alte Schlampe. **11.** *colloq.* a) ‚Sack' *m*, weites Kleidungsstück, b) *pl a.* **pair of ~s** *bes. Br.* Hose *f.* **12.** *colloq.* Briefchen *n* (*Rauschgift*). **13.** *colloq.* (Gemüts)Zustand *m*, (-)Verfassung *f.* **14.** *colloq.* a) Geschmack *m*, b) Stärke *f.*
II *v/t* **15.** a) in e-n Sack *od.* e-e Tasche stecken, einsacken, b) in (*Zellophanetc*)Beutel verpacken *od.* abfüllen. **16.** *hunt.* zur Strecke bringen, fangen (*a. fig.*). **17.** *colloq.* a) (sich) *etwas* schnappen, einsacken, b) ‚klauen', stehlen, c) *j-n* ‚in die Tasche stecken', schlagen, besiegen. **18.** aufbauschen, ausdehnen: **~ged** → **baggy.**
III *v/i* **19.** sich sackartig ausbauchen, sich bauschen. **20.** herˈunterhängen wie ein Sack (*Kleidungsstück*).
bag·a·telle [ˌbægəˈtel] *s* **1.** Bagaˈtelle *f*, Kleinigkeit *f.* **2.** *mus.* Bagaˈtelle *f* (*kurzes Musikstück*). **3.** Tivolispiel *n.*
bag·ful [ˈbægfʊl] *s* (*ein*) Sack(voll) *m* (*a. fig. Menge*).
bag·gage [ˈbægɪdʒ] *s* **1.** *bes. Am.* (Reise-) Gepäck *n.* **2.** *mil.* Gepäck *n*, Troß *m.* **3.** *fig. Am.* Balˈlast *m.* **4.** *contp.* ‚Luder' *n*, ‚Flittchen' *n.* **5.** *colloq. humor.* ‚Fratz' *m* (*Mädchen*). **~ al·low·ance** *s aer. bes. Am.* Freigepäck *n.* **~ car** *s rail. bes. Am.* Gepäckwagen *m.* **~ check** *s bes. Am.* Gepäckschein *m.* **~ com·part·ment** *s aer. rail. bes. Am.* Gepäckraum *m.* **~ in·sur·ance** *s bes. Am.* Reisegepäckversicherung *f.* **~ lock·er** *s bes. Am.* Gepäckschließfach *n* (*auf Bahnhöfen etc*). **~ rack** *s rail. bes. Am.* Gepäcknetz *n.* **~ train** *s mil.* Troß *m.*
bag·ging [ˈbægɪŋ] **I** *s* **1.** Sack-, Packleinwand *f.* **2.** a) Einsacken *n*, b) Verpackung *f od.* Abfüllung *f* in (*Zellophanetc*)Beutel. **3.** Aufbauschung *f.* **II** *adj* → **baggy.**
bag·gy [ˈbægɪ] *adj* **1.** sackartig. **2.** bauschig. **3.** sackartig herˈunterhängend: **~ clothes; ~ cheeks** Hängebacken. **4.** ausgebeult: **~ trousers.**
bag|la·dy *s Am. colloq.* Stadtstreicherin *f.* **ˈ~man** [-mən] *s irr* **1.** *bes. Br. colloq.* (Handels)Vertreter *m.* **2.** *Am. colloq.* Kasˈsierer *m od.* Verteiler *m* von Schutz- *od.* Schmiergeldern.
ba·gnio [ˈbɑːnjəʊ; *Am. a.* ˈbæn-] *pl* **-gnios** *s* **1.** Borˈdell *n.* **2.** *obs.* türkisches Badehaus. **3.** *obs.* Gefängnis *n* (*im Orient*).
ˈbag|·pipe *s meist pl mus.* Dudelsack *m.* **ˈ~pip·er** *s* Dudelsackpfeifer *m.* **ˈ~reef** *s mar.* ˈUnterreff *n.* **ˈ~snatch·er** *s* Handtaschenräuber *m.* **ˈ~wig** *s hist.* Peˈrücke *f* mit Haarbeutel. **ˈ~worm** *s zo.* Raupe *f* des Sackträgers: **~ moth** Sackträger *m.*
bah [bɑː] *interj contp.* bah!
Ba·ha·i [bəˈhɑːɪ; *Am. a.* bɑː-] *relig.* **I** *s* Baˈhai *m.* **II** *adj* Bahaismus... **Baˈha·ism** *s* Bahaˈismus *m* (*aus dem Babismus entstandene universale Religion*).
bail¹ [beɪl] *jur.* **I** *s* **1.** *nur sg* Bürge(n *pl*) *m*: **to find ~** sich (e-n) Bürgen verschaffen. **2.** Bürgschaft *f*, Sicherheitsleistung *f*, (ˈHaft)Kautiˌon *f*: **to admit to ~** → 5; **to allow** (*od.* **grant**) **~** → 5, b) Sicherheitsleistung *od.* Kaution zulassen; **to be out on ~** gegen Kaution auf freiem Fuß sein; **to forfeit one's ~** (*bes. wegen Nichterscheinens vor Gericht*) die Kaution verlieren; **to furnish** (*od.* **give**) **~** Sicherheit leisten, Kaution stellen; **to go** (*od.* **stand**) **~ for s.o.** für j-n Sicherheit leisten *od.* Kaution stellen; **to jump ~** *Am. colloq.* die Kaution ‚sausen lassen', flüchtig werden; **to refuse ~** die Freilassung gegen Kaution *od.* Sicherheitsleistung verweigern; **release** (*Br. a.* **remand**) **on ~** → 3; **to release** (*Br. a.* **remand**) **on ~** → 5; **to save** (*od.* **surrender to**) **one's ~** vor Gericht erscheinen. **3.** Freilassung *f od.* Entlassung *f* aus der Unterˈsuchungshaft gegen Kautiˈon *od.* Sicherheitsleistung. **II** *v/t* **4.** *meist* **~ out** *j-s* Freilassung *od.* Entlassung aus der Unterˈsuchungshaft gegen Kautiˈon *od.* Sicherheitsleistung erwirken. **5.** gegen Kautiˈon *od.* Sicherheitsleistung freilassen *od.* aus der Unterˈsuchungshaft entlassen. **6.** *Güter* (*zur treuhänderischen Verwahrung*) überˈgeben (**to** *dat*). **7.** *meist* **~ out** *fig. j-n* retten, *j-m* (herˈaus)helfen (**[out] of** aus *dat*).
bail² [beɪl] **I** *v/t* **1.** *meist* **~ out** a) *Wasser etc* ausschöpfen, b) *ein Boot* ausschöpfen. **II** *v/i* **2.** Wasser ausschöpfen. **3.** **~ out** *aer.* ‚aussteigen', (mit dem Fallschirm) abspringen. **4.** **~ out** *fig. colloq.* ‚aussteigen' (**of** aus *dat*).
bail³ [beɪl] *s* **1.** Bügel *m*, Henkel *m*, (Hand)Griff *m.* **2.** Reif *m*, Halbreifen *m* (*z. B. e-s Planwagendaches*).
bail⁴ [beɪl] *s* **1.** *bes. Br.* Schranke *f* (*im Stall*). **2.** *Kricket*: Querstab *m* (*über den* **stumps**). **3.** äußere Burgmauer.
ˈbail·a·ble *adj jur.* kautiˈonsfähig.
bail bond *s jur. schriftliche Verpflichtungserklärung e-s Untersuchungsgefangenen od. Angeschuldigten u. s-s Bürgen anstelle von Zahlung e-r Kaution.*
bail·ee [ˌbeɪˈliː] *s jur.* Depoˈsiˈtar *m* (*e-r beweglichen Sache*), (*treuhänderischer*) Verwahrer *m*, *z. B.* Frachtführer *m*, Spediˈteur *m.*
bai·ley [ˈbeɪlɪ] *s* **1.** Außenmauer *f* (*e-r Burg*). **2.** Burghof *m*: → **Old Bailey.**
bail·ie [ˈbeɪlɪ] *s Scot.* Stadtverordnete(r) *m.*
bail·iff [ˈbeɪlɪf] *s* **1.** *jur.* a) *Br.* Gerichtsvollzieher *m*, Hilfsbeamte(r) *m* e-s **sheriffs**, b) *Am.* Juˈstizwachtmeister *m*, c) *Am.* Vollˈstreckungsbeamte(r) *m.* **2.** *Br.* (Guts)Verwalter *m.*
bail·i·wick [ˈbeɪlɪwɪk] *s* **1.** *jur.* Amtsbezirk *m* e-s **bailiff. 2.** *fig.* Speziˈalgebiet *n.*
ˈbail·ment *s jur.* **1.** a) (vertragliche) Hinterˈlegung (*e-r beweglichen Sache*), Verwahrung(svertrag *m*) *f*, *a.* Beförderungsvertrag *m*, b) hinterˈlegte Sachen *pl*, anvertrautes Gut. **2.** → **bail¹** 3.
bail·or [ˈbeɪlə(r); beɪˈlɔː(r)] *s jur.* Hinterˈleger *m* (*e-r beweglichen Sache*), Depoˈnent *m.*
bails·man [ˈbeɪlzmən] *s irr jur.* Bürge *m.*
bairn [beə(r)n] *s Scot.* Kind *n.*
bait [beɪt] **I** *s* **1.** Köder *m* (*a. fig.*): **live ~** lebender Köder; **to rise to** (*od.* **swallow, take**) **the ~** anbeißen, *fig. a.* sich ködern lassen. **2.** *obs.* Erfrischungspause *f*, Rast *f* (*auf der Reise*). **3.** *obs.* Füttern *n* u. Tränken *n* (*der Pferde etc*). **II** *v/t* **4.** mit e-m Köder versehen. **5.** *fig.* ködern, (an)locken. **6.** *hunt.* (mit Hunden) hetzen. **7.** *fig.* quälen, peinigen, ‚piesacken'. **8.** *obs. Pferde etc* (*bes. auf der Reise*) füttern u. tränken. **III** *v/i* **9.** *obs.* einkehren, Rast machen. **10.** *obs.* fressen.
ˈbait·er *s fig.* Quäler *m.*
ˈbait·ing *s* **1.** *fig.* Quäleˈrei *f.* **2.** → **bait** 2. **3.** → **bait** 3.
baize [beɪz] **I** *s* **1.** Boi *m* (*Art Flanell od. Fries, meist grün*). **2.** ˈTischˌüberzug *m etc* aus Boi. **II** *v/t* **3.** mit Boi überˈziehen.
bake [beɪk] **I** *v/t* **1.** backen, im (Back-) Ofen braten: **~d beans** Baked Beans (*in Tomatensoße gekochte Bohnen*); **~d potatoes** a) *ungeschälte, im Ofen gebackene Kartoffeln*, b) Folienkartoffeln. **2.** a) dör-

ren, härten, austrocknen, b) *Ziegel* brennen, c) *tech. Lack* einbrennen: **to ~ on** aufbrennen. **II** *v/i* **3.** backen, braten (*a. fig. in der Sonne*), gebacken werden (*Brot etc*). **4.** dörren, hart werden. **5.** zs.- *od.* festbacken. **III** *s* **6.** *Scot.* Keks *m, n.* **7.** *Am. gesellige Zs.-kunft, bei der e-e Backspezialität als Hauptgericht serviert wird.* **ˈ~·house** *s* Backhaus *n*, -stube *f.*

Ba·ke·lite, b~ [ˈbeɪkəlaɪt] (*TM*) *s tech.* Bakeˈlit *n.*

ˈbak·er *s* **1.** Bäcker *m*: → **dozen** 2. **2.** tragbarer Backofen.

bak·er·y [ˈbeɪkərɪ] *s* **1.** Bäckeˈrei *f.* **2.** → **bakehouse.**

bakh·shish → **baksheesh.**

ˈbak·ing *s* **1.** Backen *n.* **2.** Schub *m* (*Brote etc*). **3.** *tech.* a) Brennen *n* (*von Ziegeln*), b) Einbrennen *n* (*von Lack*). **ˌ~-ˈhot** *adj* glühendheiß (*Tag etc*). **~ pow·der** *s* Backpulver *n.* **~ so·da** *s* ˈNatriumˌbikarboˌnat *n.*

bak·sheesh, bak·shish [ˈbækʃiːʃ; -ˈʃiːʃ] *s* (*ohne art*) Bakschisch *n.*

Ba·laam [ˈbeɪlæm; -ləm] **I** *npr Bibl.* Bileam *m.* **II b~** *s print. Am. colloq.* Füller *m.*

Ba·la·cla·va (hel·met) [ˌbæləˈklɑːvə] *s* (wollener) Kopfschützer.

ba·la·lai·ka [ˌbæləˈlaɪkə] *s mus.* Balaˈlaika *f.*

bal·ance [ˈbæləns] **I** *s* **1.** Waage *f* (*a. fig.*). **2.** Gleichgewicht *n*: a) Baˈlance *f*, b) *a.* **~ of mind** Fassung *f*, Gemütsruhe *f*; **in the ~** *fig.* in der Schwebe; **to hang** (*od.* **tremble**) **in the ~** *fig.* auf Messers Schneide stehen; **to hold the ~** *fig.* das Zünglein an der Waage bilden; **to keep one's ~** a) das Gleichgewicht halten, b) *fig.* sich nicht aus der Fassung bringen lassen; **to lose one's ~** das Gleichgewicht *od.* (*fig.*) die Fassung verlieren; **off ~** aus dem Gleichgewicht; **to throw s.o. off (his) ~** *fig.* j-n aus der Fassung bringen; **~ of power** (politisches) Gleichgewicht, Gleichgewicht der Kräfte. **3.** (**to**) *bes. fig.* Gegengewicht *n* (zu), Ausgleich *m* (für). **4.** *bes. fig.* ˈÜbergewicht *n.* **5.** *fig.* Abwägen *n*: **on ~** wenn man alles berücksichtigt, alles in allem genommen. **6.** *art* harˈmonisches Verhältnis, Ausgewogenheit *f* (*a. e-s Fernsehprogramms etc*). **7.** *econ.* a) Biˈlanz *f*, b) Rechnungsabschluß *m*, c) (Konten-, Rechnungs)Saldo *m*, Kontostand *m*, Bestand *m*, Guthaben *n*, d) Restbetrag *m*, -summe *f*: **~ at** (*od.* **in**) **the bank** Banksaldo, -guthaben *n*; **~ of accounts** Kontenabschluß *m*; **~ of payments** Zahlungsbilanz; **~ of the books** Abschluß *m* der Bücher; **~ due** Debetsaldo, geschuldeter Restbetrag; **~ in your favo(u)r** Saldo zu Ihren Gunsten; **~ in** (*od.* **on**) **hand** Bar-, Kassenbestand; **to show a ~** e-n Saldo aufweisen; **to strike a ~** den Saldo *od.* (*a. fig.*) (die) Bilanz ziehen; **on ~** per Saldo. **8.** *Am. colloq.* Rest *m.* **9.** Baˈlance *f* (*Tanzschritt*). **10.** *tech.* Unruh *f* (*der Uhr*). **11.** *electr.* (Null)Abgleich *m* (*e-r Meßbrücke*). **12.** *phys.* Ausgleich *m*, Kompensatiˈon *f.* **13.** *physiol.* (*Stickstoff- etc*)Gleichgewicht *n*: **thyroid ~** Schilddrüsengleichgewicht, normales Funktionieren der Schilddrüse. **14. B~** *astr.* Waage *f.*

II *v/t* **15.** wiegen. **16.** *fig.* (ab-, er-)wägen: **to ~ one thing against another** e-e Sache gegen e-e andere abwägen. **17.** (**o.s.** sich) im Gleichgewicht halten, balanˈcieren. **18.** ins Gleichgewicht bringen, ausgleichen, ˈausbalanˌcieren. **19.** *electr.* a) abgleichen, b) entkoppeln, neutraliˈsieren, c) symmeˈtrieren. **20.** *tech. Räder etc* auswuchten. **21.** *econ. Konten od. Rechnungen* aus-, begleichen, salˈdieren, abschließen: **to ~ one item against another** e-n Posten gegen e-n anderen aufrechnen; **to ~ our account** zum Ausgleich unserer Rechnung; **to ~ the ledger** das Hauptbuch (ab)schließen; **to ~ the cash** Kasse(nsturz) machen. **22.** *econ.* gleichstehen mit: **the expenses ~ the receipts. 23.** *art* harˈmonisch gestalten.

III *v/i* **24.** sich im Gleichgewicht halten (*a. fig.*), balanˈcieren: **to ~ with** ein Gegengewicht bilden zu, *etwas* ausgleichen. **25.** sich (hin u. her) wiegen, wippen. **26.** *a.* **~ out** *tech.* (sich) einspielen (*Zeiger etc*). **27.** *econ.* sich ausgleichen (*Rechnungen*).

bal·ance| ac·count *s econ.* Ausgleichskonto *n.* **~ beam** *s* **1.** Waagearm *m*, -balken *m.* **2.** *Turnen*: Schwebebalken *m.* **~ card** *s econ.* Bestandskarte *f.*

bal·anced [ˈbælənst] *adj* **1.** im Gleichgewicht befindlich, ˈausbalanˌciert. **2.** *fig.* ausgewogen, ausgeglichen: **~ budget; ~ diet** ausgeglichene Kost; **~ team** *sport* ausgeglichene Mannschaft. **3.** *fig.* wohlerwogen: **~ judg(e)ment. 4.** *electr.* ausgeglichen, symˈmetrisch: **~ aerial** (*bes. Am.* **antenna**) Ausgleichsantenne *f*; **~ circuit** symmetrische Schaltung; **~ voltage** (erd)symmetrische Spannung. **5.** *tech.* ausgewuchtet: **~ wheels.**

ˈbal·anc·er *s* **1.** Balanˈcierkünstler(in). **2.** *tech.* Auswuchtgerät *n.*

bal·ance| sheet *s econ.* **1.** (*aufgestellte*) Biˈlanz, Rechnungsabschluß *m*: **first** (*od.* **opening**) **~** Eröffnungsbilanz; **~ item** Bilanzposten *m.* **2.** *fig.* Biˈlanz *f.* **~ spring** *s tech.* Unruhfeder *f* (*der Uhr*). **~ wheel** *s* **1.** *tech.* Hemmungsrad *n*, Unruh *f.* **2.** *fig.* ausgleichendes Moˈment.

ˈbal·anc·ing *adj* **1.** Balance..., Balancier...: **~ act** Balanceakt *m* (*a. fig.*); **~ pole** Balancierstange *f.* **2.** *electr.* Ausgleichs...: **~ battery; ~ condenser; ~ force** *phys.* Gleichgewichts-, Kompensationskraft *f*; **~ loop** Symmetrierschleife *f*; **~ method** Nullabgleichmethode *f.*

bal·as [ˈbæləs] *s min.* ˈBalasruˌbin *m.*

bal·co·nied [ˈbælkənɪd] *adj* mit e-m Balˈkon (versehen), mit Balˈkonen. **ˈbal·co·ny** *s* Balˈkon *m*, *thea. a.* zweiter Rang.

bald [bɔːld] **I** *adj* (*adv* **~ly**) **1.** kahl (-köpfig), glatzköpfig: **to go ~** e-e Glatze bekommen, kahl werden. **2.** kahl (*ohne Haar, Federn, Laub, Pflanzenwuchs*). **3.** (völlig) abgefahren (*Reifen*). **4.** *fig.* kahl, schmucklos, armselig, dürftig. **5.** *fig.* nackt, unverhüllt, unverblümt: **~ egotism; a ~ statement** e-e knappe Erklärung; **to put it ~ly** um es ganz offen zu sagen. **6.** weißköpfig (*Vogel*), weißfleckig (*Pferde, bes. am Kopf*): **~ eagle** Weißköpfiger Seeadler (*Wappentier der USA*). **II** *v/i* **7.** *Am.* kahl werden, e-e Glatze bekommen.

bal·da·chin, *a.* **bal·da·quin** [ˈbɔːldəkɪn; *Am. a.* ˈbæl-] *s* Baldachin *m* (*a. arch.*), Thron-, Traghimmel *m.*

bal·der·dash [ˈbɔːldə(r)dæʃ] *s* ‚Quatsch' *m*, Unsinn *m.*

bald| face *s Am.* **1.** Blesse *f* (*Pferd*). **2.** *sl.* ‚Fusel' *m* (*schlechter Whisky*). **ˈ~head** *s* **1.** Kahl-, Glatzkopf *m.* **2.** *orn.* (*e-e*) Haustaube. **ˌ~ˈhead·ed I** *adj* kahl, glatzköpfig. **II** *adv*: **to go ~** *colloq.* a) blindlings losgehen (**at, for** auf *acc*), b) blindlings rennen (**into** in *acc*).

ˈbald·ing *adj* kahl (*od.* schütter) werdend: **he is ~** er bekommt langsam e-e Glatze; **a ~ head** schütteres Haar.

ˈbald·ness *s* **1.** Kahlheit *f* (*a. fig.*). **2.** *fig.* Schmucklosigkeit *f*, Dürftigkeit *f.* **3.** *fig.* Unverblümtheit *f.*

ˈbald|·pate *s* **1.** Kahl-, Glatzkopf *m.* **2.** *orn.* Amer. Pfeifente *f.* **ˌ~ˈpat·ed** *adj* kahl(köpfig), glatzköpfig.

bal·dric [ˈbɔːldrɪk] *s* (Horn-, Degen-, Wehr)Gehenk *n.*

ˈbald·y *s Am. colloq.* Glatzkopf *m.*

bale[1] [beɪl] **I** *s econ.* Ballen *m*: **~ goods** Ballenware *f*; **in ~s** ballenweise. **II** *v/t* in Ballen verpacken.

bale[2] [beɪl] *s obs. od. poet.* **1.** Unheil *n.* **2.** Leid *n*, Weh *n.*

bale[3] → **bail**[2].

ba·leen [bəˈliːn] *s* Fischbein *n.*

ˈbaleˌfire *s obs.* **1.** Siˈgnalfeuer *n.* **2.** Freudenfeuer *n.* **3.** Scheiterhaufen *m* (*zur Feuerbestattung*).

ˈbale·ful *adj* (*adv* **~ly**) **1.** *Person*: a) bösartig, b) rachsüchtig. **2.** haßerfüllt (*Blick*). **3.** verderblich (*Einfluß*). **4.** unheilvoll. **5.** niedergeschlagen, depriˈmiert.

ˈbal·er *s* Ballen-, Packpresse *f.*

Ba·li·nese [ˌbɑːlɪˈniːz] **I** *s* **1.** Baliˈnese *m*, Baliˈnesin *f.* **2.** *ling.* Baliˈnesisch *n*, das Balinesische. **II** *adj* **3.** baliˈnesisch.

balk [bɔːk] **I** *s* **1.** Hindernis *n.* **2.** Enttäuschung *f.* **3.** *Am. obs.* Auslassung *f.* **4.** *agr.* (Furchen)Rain *m.* **5.** *arch.* Haupt-, Zug-, Spannbalken *m.* **6.** *Billard*: Quarˈtier *n*, Kessel *m*: **~ line** Feldlinie *f*; **~-line game** Karreespiel *n.* **7.** *Baseball*: vorgetäuschter Wurf (*des Werfers*) (*Regelverstoß*). **8.** *sport* mißˈglückter Versuch. **9.** Hauptau *n* (*e-s Fischernetzes*). **II** *v/i* **10.** stokken, stutzen, nicht weiter wollen. **11.** scheuen (**at** vor *dat*) (*Pferd*), *Reitsport*: verweigern. **12.** (**at**) a) sich sträuben (gegen), b) zuˈrückschrecken (vor *dat*). **III** *v/t* **13.** (ver)hindern, durchˈkreuzen, vereiteln. **14.** verfehlen, sich entgehen lassen: **~ed landing** *aer.* Fehllandung *f.* **15.** *fig.* umˈgehen, sich drücken vor (*dat*): **to ~ a topic.**

Bal·kan [ˈbɔːlkən] **I** *adj* Balkan... **II** *s* **the ~s** *pl* die Balkanstaaten *pl*, der Balkan. **ˈBal·kan·ize** *v/t Gebiet* balkaniˈsieren.

ˈbalk·y [ˈbɔːkɪ] *adj* störrisch (*Pferd etc*).

ball[1] [bɔːl] **I** *s* **1.** Ball *m*, Kugel *f*, kugelförmiger Körper, Knäuel *m, n* (*Garn etc*), Ballen *m*, Klumpen *m*, (*Fleisch- etc*)Kloß *m.* **2.** Kugel *f* (*zum Schießen*), *a. collect.* Kugeln *pl*, Blei *n*: **to load with ~** scharf laden. **3.** *anat.* Ballen *m*: **~ of the eye** Augapfel *m*; **~ of the foot** Fußballen; **~ of the thumb** Handballen. **4.** → **ballot** 1 a. **5.** (Spiel)Kugel *f.* **6.** *sport* a) (Spiel)Ball *m*: **tennis ~,** b) *Am.* Ballspiel *n*, *bes.* Baseball(spiel *n*) *m*, c) Ball *m*, (*Kricket etc*) Wurf *m*, (*Tennis etc*) Schlag *m*, (*Fußball etc*) Schuß *m*: **a fast ~** ein scharfer Ball; **no ~!** (*Kricket*) der Ball gilt nicht; → **no-ball,** d) *Baseball*: ungültiger Wurf *od.* Ball. **7.** *astr.* Himmelskörper *m.* **8.** *Tischlerei*: Poˈlierwachs *n.* **9.** *metall.* Luppe *f.* **10.** *vet.* große Pille (*für Pferde*). **11.** → **balls.**

Besondere Redewendungen:

to be on the ~ *colloq.* ‚auf Draht' sein; **to have the ~ at one's feet** *Br.* s-e große Chance haben; **to have a lot on the ~** *Am. colloq.* ‚e-e Menge auf dem Kasten haben'; **to keep the ~ rolling** das Gespräch *od.* die Sache in Gang halten; **the ~ is with you** (*od.* **in your court**) du bist an der Reihe *od.* dran *od.* am Zug; **to play ~** a) den Ball spielen, b) *colloq.* mitmachen, ‚spuren'; **to set** (*od.* **start**) **the ~ rolling** den Stein ins Rollen bringen; **to take the ~ away from s.o.** *Am. colloq.* j-m die Sache (*e-e Aufgabe etc*) aus der Hand nehmen.

II *v/t* **12.** zs.-ballen, zu Kugeln *od.* Ballen formen. **13. ~ up** *Am. sl.* a) (völlig) durcheinˈanderbringen; **to get ~ed up** → 16, b) ‚versauen', verpfuschen.

III *v/i* **14.** sich (zs.-)ballen. **15. ~ up** *metall.* Luppen bilden. **16. ~ up** *Am. sl.* (völlig) durcheinˈanderkommen (**on** bei).

ball[2] [bɔːl] **I** *s* **1.** Ball *m*, Tanzveranstaltung *f*: **to open the ~** a) den Ball eröffnen, b) *fig.* den Reigen eröffnen; **to have a ~** → 2; **to get a ~ out of** *bes. Am. colloq.* Spaß haben an (*dat*). **II** *v/i* **2.** *bes. Am. colloq.* sich köstlich amüˈsieren. **3.** *bes. Am. vulg.* ‚bumsen', ‚vögeln' (*miteinander schlafen*). **III** *v/t* **4.** *bes. Am. vulg.* ‚bumsen', ‚vögeln'.

bal·lad [ˈbæləd] *s* **1.** Balˈlade *f.* **2.** Bänkellied *n.*

bal·lade [bæˈlɑːd; *Am. a.* bə-] *s* **1.** Balˈlade *f* (*Gedichtform aus meist drei Strophen mit je 7, 8 od. 10 Versen u. Refrain*). **2.** *mus.* Balˈlade *f.* **~ roy·al** *s Ballade mit Strophen von 7 od. 8 zehnsilbigen Zeilen.*

ˈbal·lad|ˌmon·ger *s* **1.** Bänkelsänger *m.* **2.** *contp.* Dichterling *m.* **~ op·er·a** *s* Singspiel *n.*

bal·lad·ry [ˈbælədrɪ] *s* Balˈladendichtung *f.*

ball| am·mu·ni·tion *s mil.* ˈVollmuniti̦on *f.* **~ and chain** *s* **1.** Kugel- u. Kettenfessel *f.* **2.** *fig.* ‚Klotz *m* am Bein'. **3.** *sl.* ‚Hauskreuz' *n* (*Ehefrau*). **ˌ~-and-ˈsock·et joint** *s anat. tech.* Kugelgelenk *n.*

bal·last [ˈbæləst] **I** *s* **1.** *bes. aer. mar.* Ballast *m*: **in ~** in Ballast, nur mit Ballast beladen. **2.** *fig.* (sittlicher) Halt, Grundsätze *pl.* **3.** *tech.* Steinschotter *m*, *rail.* ˈBettungsmateriˌal *n.* **II** *v/t* **4.** *bes. aer. mar.* mit Ballast beladen. **5.** *fig. j-m* Halt geben. **6.** beschottern.

bal·last| con·crete *s tech.* ˈSchotterbeˌton *m.* **~ port** *s mar.* Ballastpforte *f* (*an der Schiffsseite*). **~ re·sis·tor** *s electr.* ˈBallastˌwiderstand *m.*

ball| bear·ing *s tech.* **1.** Kugellager *n.* **2.** Kugellagerkugel *f.* **~ boy** *s sport* Balljunge *m.* **~ car·tridge** *s mil.* ˈVoll-, ˈKugelpaˌtrone *f.* **~ check valve** *s tech.* ˈKugelˌrückschlagvenˌtil *n.* **~ cock** *s tech.* ˈSchwimmerhahn *m*, -venˌtil *n.* **~ con·trol** *s sport* ˈBallkonˌtrolle *f.* **~ dress** *s* Ballkleid *n.*

bal·le·ri·na [ˌbæləˈriːnə] *s* **1.** Balleˈrina *f*, Balˈlettänzerin *f.* **2.** *Am.* Primaballeˈrina *f.*

bal·let [ˈbæleɪ; *Am. a.* bæˈleɪ] *s* Balˈlett *n*: a) Balˈlettkunst *f*, -stil *m*, b) Balˈlettaufführung *f*, c) Balˈlettkorps *n*, d) Balˈlettmuˌsik *f.* **~ danc·er** *s* Balˈlettänzer(in).

bal·let·ic [bæˈletɪk] *adj* **1.** Ballett… **2.** tänzerisch (*Bewegungen*).

bal·let mas·ter *s* Balˈlettmeister *m.*

bal·let·o·mane [ˈbælɪtəʊmeɪn; *Am.* bæˈletəˌmeɪn] *s* Balˈlettfaˌnatiker(in).

bal·let skirt *s* Balˈlettröckchen *n.*

ˈball|ˌflow·er *s arch.* Ballenblume *f* (*gotische Verzierung*). **~ game** *s* **1.** *sport* a) Ballspiel *n*, b) *Am.* Baseballspiel *n.* **2.** *bes. Am. colloq.* ‚Chose' *f*, Sache *f*: **that's a completely different ~** das ist etwas ganz anderes. **3.** *Am. colloq.* Schauplatz *m*, Ort *m* der Handlung *od.* des Geschehens: **to be in the ~** an Ort u. Stelle sein. **4.** *Am. colloq.* Sachlage *f*, Situatiˈon *f.*

bal·lis·tic [bəˈlɪstɪk] *adj* (*adv* **~ally**) *mil. phys.* balˈlistisch: **~ curve**; **~ cap** *mil.* Geschoßhaube *f*; **~ missile** *mil.* ballistische Rakete; **~ parabola** *phys.* Wurfparabel *f.* **bal·lis·ti·cian** [ˌbælɪˈstɪʃn] *s* Balˈlistiker *m.* **balˈlis·tics** *s pl* (*meist als sg konstruiert*) *mil. phys.* Balˈlistik *f.*

ball| joint *s anat. tech.* Kugelgelenk *n.* **~ light·ning** *s* Kugelblitz *m.*

bal·locks [ˈbæləks] → **bollocks.**

bal·lo·net [ˌbæləˈnet; *Am.* -ˈneɪ] *s aer.* Luftsack *m* (*im Gasraum des Luftschiffs*).

bal·loon [bəˈluːn] **I** *s* **1.** *aer.* (ˈFrei-, ˈFessel)Balˌlon *m*: **the ~ goes up** *colloq.* ‚die Sache steigt', es geht los; **to shoot ~s** *Am. colloq.* wilde Theorien aufstellen. **2.** ˈLuftbalˌlon *m* (*Kinderspielzeug*). **3.** *arch.* (Pfeiler)Kugel *f.* **4.** *chem.* Balˈlon *m*, Rezipiˈent *m.* **5.** (*in Comics etc*) Sprech-, Denkblase *f.* **6.** *Weberei*: Trockenhaspel *f.* **7.** *a.* **~ glass** Kognakglas *n*, -schwenker *m.* **8.** *sport Br. colloq.* a) *Fußball*: ‚Kerze' *f* (*steil in die Luft geschossener Ball*), b) *Kricket*: *vom Schläger in steilem Winkel geschlagener Ball.* **II** *v/i* **9.** *aer.* (*bei der Landung*) springen (*Flugzeug*). **10.** im Balˈlon aufsteigen *od.* fliegen. **11.** sich blähen. **12.** *sport Br. colloq.* a) *Fußball*: ‚e-e Kerze fabriˈzieren', b) *Kricket*: den Ball in steilem Winkel schlagen. **13.** *econ. Am.* in die Höhe schnellen (*Kosten, Preise*). **III** *v/t* **14.** aufblähen, ausdehnen (*a. med.*). **15.** **to ~ the ball** → 12. **16.** *econ. Am. Kosten, Preise* in die Höhe treiben. **IV** *adj* **17.** balˈlonförmig, aufgebläht, aufgebauscht: **~ sleeve** Puffärmel *m.* **~ as·tron·o·my** *s astr.* Balˈlonastronoˌmie *f*, Stratoskoˈpie *f.* **~ bar·rage** *s mil.* Balˈlonsperre *f.*

balˈloon·ist *s* Balˈlonfahrer(in).

bal·loon| jib *s mar. obs.* ˈKreuzbalˌlon *m.* **~ sail** *s mar. obs.* Balˈlon(segel *n*) *m.* **~ tire,** *bes. Br.* **~ tyre** *s tech.* Balˈlonreifen *m.* **~ vine** *s bot.* Balˈlonrebe *f.*

bal·lot [ˈbælət] **I** *s* **1.** a) *hist.* Wahlkugel *f*, b) Wahl-, Stimmzettel *m.* **2.** Gesamtzahl *f* der abgegebenen Stimmen: **large ~** hohe Wahlbeteiligung. **3.** Geheimwahl *f*: **voting is by ~** die Abstimmung ist geheim. **4.** (*bes.* geheime) Wahl *od.* Abstimmung: **to have** (*od.* **hold, take**) **a ~** abstimmen (**on** über *acc*). **5.** Wahlgang *m*: **second ~** zweiter Wahlgang, Stichwahl *f.* **6.** Auslosung *f.* **II** *v/i* **7.** (**for**) stimmen (für), (*bes.* in geheimer Wahl) wählen (*acc*). **8.** abstimmen (**on** über *acc*). **9.** losen: **to ~ for s.th.** etwas auslosen. **III** *v/t* **10.** abstimmen über (*acc*). **11.** *j-n* abstimmen lassen (**on** über *acc*). **12.** auslosen. **~ box** *s pol.* Wahlurne *f.* **~ card, ~ pa·per** → **ballot** 1 b.

ball| park *s Am.* **1.** *sport* Baseballstadion *n.* **2.** **to be in the right ~** *colloq.* ungefähr hinkommen (*Zahl etc*). **ˈ~-ˌpark** *adj*: **~ figure** *Am. colloq.* ungefähre Zahl. **~ pen** *s* Kugelschreiber *m.* **ˈ~ˌplay·er** *s sport* **1.** Ballspieler *m.* **2.** *Fußball*: *Br.* ˈBallarˌtist *m.* **3.** *Am.* Baseballprofi *m.* **ˈ~point (pen)** *s* Kugelschreiber *m.* **~ race** *s tech.* Kugellager-, Laufring *m.* **ˈ~room** *s* Ball-, Tanzsaal *m*: **~ dancing** Gesellschaftstanz *m*, -tänze *pl.*

balls [bɔːlz] *vulg.* **I** *s pl* ‚Eier' *pl* (*Hoden*): **to have s.o. by the ~** j-n (fest) in der Hand haben. **II** *interj* ‚Scheiße!' **III** *v/t* **~ up** *Br. für* **ball**[1] 13. **ˈ~-up** *Br. vulg. für* **ballup.**

ball·sy [ˈbɔːlziː] *adj Am. colloq.* **1.** draufgängerisch. **2.** aggresˈsiv.

ball| tap → **ball cock.** **~ thrust bear·ing** *s tech.* Druckkugellager *n.* **ˈ~ˌup** *s Am. sl.* **1.** Durcheinˈander *n.* **2.** **to make a ~ of s.th.** etwas ‚versauen' *od.* verpfuschen. **~ valve** *s tech.* ˈKugelvenˌtil *n.*

bal·ly [ˈbælɪ] → **bloody** 4, 5.

bal·ly·hack [ˈbælɪˌhæk] *s Am. sl.* Hölle *f*: **go to ~!** geh zum Teufel!

bal·ly·hoo [ˌbælɪˈhuː; *Am.* ˈbælɪˌhuː] *colloq.* **I** *s* **1.** ‚Wirbel' *m*, ‚Tamˈtam' *n*, Getue *n* (**about** um). **2.** Ballyhoo *n*, marktschreierische Reˈklame. **II** *v/t* **3.** *Am.* marktschreierisch anpreisen.

bal·ly·rag [ˈbælɪræg] → **bullyrag.**

balm [bɑːm; *Am. a.* bɑlm] *s* **1.** Balsam *m*: a) aroˈmatisches Harz, b) wohlriechende Salbe, c) *fig.* Wohltat *f.* **2.** balˈsamischer Duft. **3.** *bot.* Meˈlisse *f.* **4.** **~ of Gilead** *bot.* a) Balsamstrauch *m*, b) *dessen aromatisches Harz.*

bal·mor·al [bælˈmɒrəl; *Am. a.* -ˈmɑ-] *s* **1.** Schnürstiefel *m.* **2.** (*Art*) Schottenmütze *f.* **3.** **B~** *hist.* wollener ˈUnterrock.

ˈbalm·y *adj* **1.** balˈsamisch, wohlriechend. **2.** lind, mild (*Wetter*). **3.** heilend. **4.** *bes. Am. sl.* ‚bekloppt', verrückt: **to go ~** überschnappen.

bal·ne·al [ˈbælnɪəl] *adj* Bade…

bal·ne·ol·o·gy [ˌbælnɪˈɒlədʒɪ; *Am.* -ˈɑ-] *s med.* Balneoloˈgie *f*, Bäderkunde *f.*

ba·lo·ney → **boloney.**

bal·sa [ˈbɒlsə; ˈbɔːlsə] *s* **1.** *bot.* Balsabaum *m*: **~ wood** Balsaholz *n.* **2.** *Am.* leichtes Brandungsfloß.

bal·sam [ˈbɔːlsəm] *s* **1.** → **balm** 1. **2.** *bot.* Springkraut *n.* **3.** *bot.* a) **~ fir** Balsamtanne *f*, b) *a.* **~ poplar** *Am.* Balsampappel *f.*

bal·sam·ic [bɔːlˈsæmɪk] *adj* **1.** balˈsamisch, Balsam… **2.** balˈsamisch, wohlriechend. **3.** lindernd, heilend.

Balt [bɔːlt] *s* **1.** Balte *m*, Baltin *f.* **2.** *Austral. neueingetroffener Einwanderer aus Mitteleuropa.* **ˈBal·tic I** *adj* **1.** baltisch. **2.** Ostsee… **II** *s* **3.** *a.* **~ Sea** Ostsee *f.* **4.** *ling.* Baltisch *n*, das Baltische.

ˌBal·to-ˈSlav·ic [ˌbɔːltəʊ-], **ˌBal·to-Slaˈvon·ic I** *adj* baltoˈslawisch. **II** *s ling.* Baltoˈslawisch *n*, das Baltoslawische.

bal·un [ˈbælən] *s electr.* Symmeˈtrierglied *n.*

bal·us·ter [ˈbæləstə(r)] *s arch.* Geländersäule *f* (*e-r Treppe*): **~s** Balustrade *f*, Treppengeländer *n.*

bal·us·trade [ˌbæləˈstreɪd] *s arch.* Baluˈstrade *f*, Treppen-, Brückengeländer *n*, Brüstung *f.*

bam·bi·no [bæmˈbiːnəʊ; *Am. a.* bɑm-] *pl* **-nos, -ni** [-niː] *s* Bamˈbino *m*: a) *colloq.* kleines Kind, kleiner Junge, b) *art* Jesuskind *n.*

bam·boo [bæmˈbuː] *pl* **-boos** *s* **1.** *bot.* Bambus(rohr *n*) *m*: **B~ Curtain** *pol.* Bambusvorhang *m* (*von Rotchina*). **2.** Bambusstock *m.*

bam·boo·zle [bæmˈbuːzl] *v/t colloq.* **1.** prellen, betrügen (**out of** um), ‚übers Ohr hauen': **to ~ s.o. into doing s.th.** j-n so ‚einwickeln', daß er etwas tut. **2.** irremachen, verwirren.

ban [bæn] **I** *v/t* **1.** verbieten: **to ~ a play**; **to ~ a political party**; **to ~ s.o. from speaking** j-m Rede- *od.* Sprechverbot erteilen. **2.** *relig.* auf den Index setzen. **3.** *sport* sperren. **4.** *obs.* verfluchen. **II** *s* **5.** (amtliches) Verbot (**on** *gen*), Sperre *f* (*a. sport*): **import ~** Einfuhrverbot, -sperre; **to place a ~ on** → 1. **6.** (gesellschaftliche) Ächtung, Ablehnung *f* durch die öffentliche Meinung: **under (a) ~** geächtet, allgemein mißbilligt. **7.** *relig.* (Kirchen)Bann *m*: **under the ~** a) *hist.* in Acht u. Bann, b) exkommuniziert. **8.** *obs.* Fluch *m.* **9.** *obs.* öffentliche Aufforderung *od.* Bekanntmachung. **9.** *pl* → **banns.**

ba·nal [bəˈnɑːl; ˈbeɪnl] *adj* baˈnal, abgedroschen, seicht.

ba·nal·i·ty [bəˈnælətɪ] *s* Banaliˈtät *f*: a) Abgedroschenheit *f*, b) Gemeinplatz *m.*

ba·nal·ize [bəˈnɑːlaɪz] *v/t* banaliˈsieren, ins Baˈnale ziehen.

ba·na·na [bəˈnɑːnə; *Am.* -ˈnæ-] *s* **1.** *bot.* Baˈnane *f* (*Pflanze u. Frucht*). **2.** *sl.* **to be ~s** ‚bekloppt' *od.* verrückt sein; **to go ~s** überschnappen. **~ oil** *s* **1.** *chem.* Aˈmylaceˌtat *n.* **2.** *Am. sl.* a) ‚Quatsch' *m*, b) verlogenes Zeug. **~ plug** *s electr.* Baˈnanenstecker *m.* **~ re·pub·lic** *s* Baˈnanenrepuˌblik *f.*

banc [bæŋk] *s jur.* Richterbank *f*: **sitting in ~** (*a.* **in banco**) Plenarsitzung *f*, Sitzung als Kollegialgericht.

ban·co[1] [ˈbæŋkəʊ] *pl* **-cos** *s econ.* Paˈpier-, Rechnungsgeld *n.*

ban·co[2] [ˈbæŋkəʊ] → **banc.**

band[1] [bænd] **I** *s* **1.** Schar *f*, Gruppe *f.*

2. *mus.* a) (Muˈsik-, *bes.* ˈBlas)Kaˌpelle *f*, (ˈTanz-, Unterˈhaltungs)Orˌchester *n*, (Jazz-, Rock- *etc*)Band *f*, b) *mil.* Muˈsikkorps *n*, c) (Instruˈmenten)Gruppe *f* (*im Orchester*): **big** ~ Big Band; → **beat**[1] 22. 3. bewaffnete Schar, (*bes. Räuber*)Bande *f*. 4. *zo. Am.* a) Herde *f*, b) (*Insekten-, Vogel*)Schwarm *m*. 5. *fig. Am.* Reihe *f*, Anzahl *f*. **II** *v/t* 6. *meist* ~ **together** zu e-r Gruppe, Bande *etc* vereinigen. **III** *v/i* 7. *meist* ~ **together** a) sich zs.-tun, b) sich zs.-rotten.

band[2] [bænd] **I** *s* 1. (flaches) Band, (Heft)Schnur *f*: → **rubber**[1] 3. 2. Band *n* (*an Kleidern*), Gurt *m*, Binde *f*, (*Hosen-etc*)Bund *m*. 3. (*andersfarbiger od. andersartiger*) Streif(en). 4. *zo.* Querstreifen *m* (*z. B. beim Zebra*). 5. *anat.* (Gelenk)Band *n*: ~ **of connective tissue** Bindegewebsbrücke *f*. 6. *med.* → **bandage** 1. 7. *Radio*: (Freˈquenz)Band *n*: ~ **filter** Bandfilter *n*, *m*. 8. Ring *m* (*a. e-s Vogels*): **wedding** ~ Ehe-, Trauring. 9. *tech.* a) Treibriemen *m*, b) Band *n*. 10. *pl* Beffchen *n* (*der Richter, Geistlichen etc*). 11. *arch.* Band *n*, Borte *f*, Leiste *f*. 12. Band *n*, Ring *m* (*zur Verbindung od. Befestigung*). 13. *tech.* (Rad)Schiene *f*. 14. *Bergbau*: Zwischenschicht *f*. 15. Bauchbinde *f* (*e-r Zigarre*). 16. *meist pl fig.* Band *n*, Bande *pl*, Bindung *f*. 17. *obs. od. fig.* Fessel *f*. **II** *v/t* 18. mit e-m Band zs.-binden *od.* kennzeichnen, *Bäume* mit e-r (Leim)Binde versehen. 19. mit (e-m) Streifen versehen. 20. *Vogel* beringen.

band·age [ˈbændɪdʒ] **I** *s* 1. *med.* a) Banˈdage *f* (*a. des Boxers etc*), b) Verband *m*, c) Binde *f*. 2. Binde *f*, Band *n*. **II** *v/t* 3. a) bandaˈgieren, b) verbinden.

ban·da·la [bænˈdælə] *s* Maˈnilahanf *m*.

ban·dan·(n)a [bænˈdænə] *s* großes, buntes Taschen- *od.* Halstuch.

ban·dar [ˈbʌndə(r)] *s zo.* Rhesusaffe *m*. ˈ**~-log** *s* seichter Schwätzer.

ˈ**band|·box** *s* Hutschachtel *f*: **she looked as if she had come out of the** ~ sie sah aus wie aus dem Ei gepellt. ~ **brake** *s tech.* Band- *od.* Riemenbremse *f*. ~ **con·vey·or** *s tech.* Förderband *n*.

ban·deau [ˈbændəʊ] *pl* **-deaux** [-dəʊz] *s* Haar-, Stirnband *n*.

ban·de·ril·la [ˌbændəˈriːljə; -ˈriːjə] *s* Bandeˈrilla *f* (*mit Bändern geschmückter Spieß mit Widerhaken*). ˌ**ban·de·rilˈle·ro** [-ˈjeərəʊ] *pl* **-ros** *s* Banderilˈlero *m* (*Stierkämpfer, der mit den Banderillas den Stier reizt*).

ban·de·rol(e) [ˈbændərəʊl] *s* 1. (langer) Wimpel, Fähnlein *n*. 2. *arch.* Inschriftenband *n*. 3. Trauerfahne *f*.

ban·dit [ˈbændɪt] *pl* **-dits, -dit·ti** [-ˈdɪtɪ] *s* 1. a) Banˈdit *m*, (Straßen)Räuber *m*, b) Gangster *m*. 2. *pl* **-dits** *aer. sl.* Feindflugzeug *n*. ˈ**ban·dit·ry** [-rɪ] *s* Banˈditenunwesen *n*.

ˈ**band|ˌlead·er** *s mus.* Bandleader *m*. ˈ**~ˌmas·ter** *s mus.* 1. Kaˈpellmeister *m*. 2. *mil.* Muˈsikmeister *m*. ˈ**~ˌmoll** *s Am. sl.* Groupie *n* (*e-r Rockband*).

ban·dog [ˈbændɒg] *s* Kettenhund *m*.

ban·do·leer, *a.* **ban·do·lier** [ˌbændəʊˈlɪə(r); -də-] *s mil.* (*um die Brust geschlungener*) Paˈtronengurt, Bandeˈlier *n*.

ban·dore [ˈbændɔː(r); *Am. a.* -ˌdəʊər] *s mus.* Banˈdura *f* (*alte Lautenart*).

ˈ**band|·pass fil·ter** *s Radio*: Band-, Paßfilter *n*, *m*. ~ **pul·ley** *s tech.* Riemenscheibe *f*, Schnurrad *n*. ~ **saw** *s tech.* ˈBandsäge(maˌschine) *f*. ~ **shell** *s* (muschelförmiger) Orˈchesterpavillon.

bands·man [ˈbændzmən] *s irr mus.* Mitglied *n* e-r (Muˈsik)Kaˌpelle.

band| spec·trum *s phys.* Band-, Streifenspektrum *n*. ~ **spread** *s Radio*: Bandspreizung *f*. ˈ**~·stand** *s* 1. Muˈsikpavillon *m*. 2. Muˈsikpodium *n*. ˈ**~·string** *s* 1. *Buchbinderei*: Heftschnur *f*. 2. *hist.* Halskrausenband *n*. ~ **switch** *s Radio*: Wellenschalter *m*, Freˈquenz(band)ˌumschalter *m*. ˈ**~ˌwag·(g)on** *s* 1. Wagen *m* mit e-r Muˈsikkaˌpelle (*bes. bei e-m Straßenumzug*). 2. *colloq.* a) erfolgreiche Seite *od.* Parˈtei: **to climb** (*od.* **get, jump**) **on the** ~ zur erfolgreichen Partei übergehen; **to get on s.o.'s** ~ sich an j-n anhängen, b) gewaltiger (poˈlitischer) Appaˈrat, c) (laut)starke (poˈlitische *etc*) Bewegung, d) ‚Welle' *f*, Mode *f*. ~ **wheel** *s tech.* 1. Riemenscheibe *f*. 2. Bandsägenscheibe *f*. ~ **width** *s Radio*: Bandbreite *f*.

ban·dy[1] [ˈbændɪ] **I** *v/t* 1. sich *e-n Ball etc* zuwerfen. 2. sich *Geschichten etc* erzählen. 3. sich *Beleidigungen etc* an den Kopf werfen, sich (gegenseitig) *Komplimente, Vorwürfe* machen: **to** ~ **blows** sich prügeln *od.* schlagen; **to** ~ **words** sich streiten; **they bandied words** ein Wort gab das andere. 4. *a.* ~ **about** (*od.* **around**) *Gerüchte etc* a) in ˈUmlauf setzen, b) weitererzählen, -tragen. 5. *meist* ~ **about** (*od.* **around**) *j-s Namen* immer wieder nennen: **he has his name bandied about** a) sein Name fällt dauernd (**in connection with** in Zs.-hang mit), b) er ist ins Gerede gekommen. **II** *s* 6. *sport* a) Bandy *n* (*Abart des Eishockeys mit Ball statt Puck*), b) *Stock für dieses Spiel.*

ban·dy[2] [ˈbændɪ] *adj* 1. krumm, nach außen gebogen: ~ **legs** Säbelbeine, O-Beine. 2. → **bandy-legged**.

ban·dy[3] [ˈbændɪ] *s* (Ochsen)Wagen *m* (*in Indien*).

ˈ**bandy-leg·ged** *adj* säbel-, O-beinig.

bane [beɪn] **I** *s* 1. Vernichtung *f*, Tod *m*, *bes.* (tödliches) Gift (*obs. außer in Zssgn*): **rats**~. 2. *fig. poet.* Verderben *n*, Ruˈin *m*, Plage *f*: **the** ~ **of his life** (*od.* **existence**) der Fluch s-s Lebens, ein Nagel zu s-m Sarg. **II** *v/t* 3. *obs.* töten, *bes.* vergiften. ˈ**bane·ful** *adj* (*adv* **~ly**) 1. tödlich, *bes.* giftig. 2. *fig. poet.* verderblich: ~ **influence**. ˈ**bane·ful·ness** *s* Giftigkeit *f*.

ˈ**bane·wort** *s bot.* Tollkirsche *f*.

bang[1] [bæŋ] **I** *s* 1. heftiger *od.* knallender Schlag: **he gave the ball a** ~ er drosch den Ball weg. 2. Bums *m*, Krach *m*, Knall *m*: **to close** (*od.* **shut**) **the door with a** ~ die Tür zuschlagen *od.* zuknallen. 3. *colloq.* a) ‚Paukenschlag' *m*, Sensatiˈon *f*: **it started with a** ~; **to go off** (*Am.* **over**) **with a** ~ großartig ‚ankommen' (*Schallplatte etc*), b) Schwung *m*, Eˈlan *m*, c) *Am.* (Nerven)Kitzel *m*, Spaß *m*: **to get a** ~ **out of s.th.** an e-r Sache mächtig Spaß haben. 4. *sl.* ‚Schuß' *m* (*Heroin etc*). 5. *vulg.* ‚Nummer' *f* (*Geschlechtsverkehr*): **to have a** ~ e-e Nummer machen *od.* schieben. **II** *v/t* 6. dröhnend schlagen, knallen mit, krachen lassen, *e-e Tür etc* zuschlagen, zuknallen, *Ball etc* dreschen: **to** ~ **one's fist on the table** mit der Faust auf den Tisch schlagen; **to** ~ **one's head against** (*od.* **on**) sich den Kopf anschlagen an (*dat*), mit dem Kopf stoßen gegen; **to** ~ **one's head against a brick wall** *fig.* mit dem Kopf gegen die Wand rennen; **to** ~ **off** losknallen mit *e-m Gewehr etc, ein Musikstück* (auf dem Klavier) herunterhämmern; **to** ~ **out** *e-n Artikel etc* (schnell) herunterschreiben, ‚hinwerfen'; **to** ~ **sense into s.o.** fig. j-m Vernunft einhämmern *od.* einbleuen; **to** ~ **up** ruinieren, *bes. Auto* zuschanden fahren. 7. ~ **about** (*od.* **around**) *fig.* j-n herˈumstoßen. 8. *colloq. obs.* ‚vermöbeln', verprügeln. 9. *vulg.* ‚bumsen', ‚vögeln' (*schlafen mit*). **III** *v/i* 10. knallen: a) krachen, b) zuschlagen (*Tür etc*), c) ‚ballern', schießen: **to** ~ **away** drauflosknallen (→ 11); **to** ~ **into** a) stoßen *od.* prallen *od.* ‚bumsen' gegen *od.* an (*acc*), zs.-stoßen mit, b) *fig. colloq.* zufällig treffen; **to** ~ **about** (*od.* **around**) herumpoltern (in *dat*) (→ 12). 11. ~ **away** *colloq.* schuften; **to** ~ **away at** sich ‚klemmen' hinter (*acc*). 12. ~ **about** (*od.* **around**) *Am. colloq.* sich herˈumtreiben (in *dat*). 13. *sl.* sich e-n Schuß (*Heroin etc*) setzen *od.* drücken. 14. *vulg.* ‚bumsen', ‚vögeln' (*Geschlechtsverkehr haben*). **IV** *adv* 15. ‚bums', mit lautem *etc* Krach *od.* Knall, krachend: **to go** ~ explodieren. 16. ‚bums', auf ˈeinmal: ~ **went the money** bums war das Geld weg!; ~ **in the eye** ‚peng' ins Auge. 17. (ganz) genau: ~ **on time** auf die Sekunde pünktlich. **V** *interj* 18. peng!, bum(s)!

bang[2] [bæŋ] **I** *s* 1. *meist pl* Pony *m*, ˈPonyfriˌsur *f*. **II** *v/t* 2. *das Haar* an der Stirn kurz abschneiden. 3. *den Schwanz* stutzen.

bang[3] → **bhang**.

ban·ga·lore (tor·pe·do) [ˌbæŋgəˈlɔː(r); *Am. a.* -ˈləʊər] *s mil.* gestreckte Ladung.

ˈ**bang-bang** *s colloq.* 1. Knalleˈrei *f*, Schießeˈrei *f*. 2. **there is a lot of** ~ **in that film** in dem Film wird ganz schön gerauft (u. geschossen).

ˈ**bang·er** *s Br.* 1. Feuerwerks-, Knallkörper *m*. 2. *colloq.* (alter) Klapperkasten (*Auto*). 3. *colloq.* (Brat)Wurst *f*, Würstchen *n*.

ban·gle [ˈbæŋgl] *s* Armring *m*, -reif *m*, -band *n*, (*a.* Fuß)Spange *f*, -ring *m*. ˈ**ban·gled** *adj* mit Armreifen *etc* geschmückt.

ˈ**bang-up** *adj bes. Am. colloq.* ‚prima': **you've done a** ~ **job** das hast du prima gemacht.

ban·ian [ˈbænɪən; -jən] *s* 1. Banjan *m* (*Händler od. Kaufmann, der zur Vaischyakaste der Hindus gehört*). 2. loses (Baumwoll)Hemd, lose Jacke (*in Indien*).

ban·ish [ˈbænɪʃ] *v/t* 1. verbannen, ausweisen (**from** aus), des Landes verweisen. 2. *fig.* (ver)bannen, verscheuchen, -treiben: **to** ~ **care**. ˈ**ban·ish·ment** *s* 1. Verbannung *f* (*a. fig.*), Ausweisung *f*: **to go into** ~ in die Verbannung gehen. 2. *fig.* Vertreiben *n*.

ban·is·ter [ˈbænɪstə(r)] *s* 1. Geländersäule *f*. 2. *pl* Treppengeländer *n*.

ban·jax [ˈbændʒæks] *v/t sl.* 1. (nieder-, zs.-)schlagen. 2. **to be ~ed** ‚baff' *od.* sprachlos sein.

ban·jo [ˈbændʒəʊ] *pl* **-jos, -joes** *s mus.* Banjo *n*. ˈ**ban·jo·ist** *s* Banjospieler *m*.

bank[1] [bæŋk] **I** *s* 1. *econ.* Bank(haus *n*) *f*: ~ **of deposit** Depositenbank; ~ **of issue** (*od.* **circulation**) Noten-, Emissionsbank; **the B~** *Br.* die Bank von England; **at the** ~ auf der Bank; **to deposit money in** (*od.* **at**) **a** ~ Geld in e-r Bank deponieren. 2. (*bes.* Kinder)Sparbüchse *f*. 3. Bank *f* (*bei Glücksspielen*): **to be** (*od.* **keep**) **the** ~ die Bank halten; **to break the** ~ die Bank sprengen. 4. *med.* (Blut-*etc*)Bank *f*. 5. Vorrat *m*, Reˈserve *f* (**of** an *dat*). **II** *v/i* 6. *econ.* Bankgeschäfte machen. 7. *econ.* ein Bankkonto haben (**with** bei), Geld auf der Bank haben: **where do you** ~? welche Bankverbindung haben Sie?, bei welcher Bank haben Sie Ihr Konto? 8. Geld auf die Bank bringen. 9. die Bank halten (*bei Glücksspielen*). 10. ~ (**up**)**on** bauen *od.* sich verlassen auf (*acc*): **to** ~ **on s.o.('s) doing** (*od.* **on s.o. to do**) **s.th.** fest damit rechnen, daß j-d etwas tut. **III** *v/t* 11. *econ.* *Geld* bei e-r Bank einzahlen *od.* depoˈnieren. 12. *med. Blut etc* konserˈvieren u. aufbewahren.

bank² [bæŋk] **I** *s* **1.** Erdwall *m*, Damm *m*, Wall *m*. **2.** (*Straßen- etc*)Böschung *f*. **3.** Überˈhöhung *f* (*e-r Straße etc in Kurven*). **4.** Abhang *m*. **5.** *oft pl* Ufer *n* (*e-s Flusses etc*). **6.** (Fels-, Sand)Bank *f*, Untiefe *f*. **7.** Bank *f*, Wand *f*, Wall *m*, Zs.-ballung *f*: ~ **of clouds** Wolkenbank; ~ **of snow** Schneewall, -wächte *f*. **8.** *geol.* Bank *f*, Steinlage *f* (*in Steinbrüchen*). **9.** *Bergbau*: a) bearbeitetes Kohlenlager, b) Tagesfläche *f* des Grubenfeldes. **10.** *aer.* Querneigung *f*, Schräglage *f* (*in der Kurve*): **angle of** ~ Querneigungswinkel *m*. **11.** *Billard*: Bande *f*. **II** *v/t* **12.** eindämmen, mit e-m Wall umˈgeben. **13.** *e-e Straße etc* (*in der Kurve*) überˈhöhen: ~**ed curve** überhöhte Kurve. **14.** ~ **up** aufhäufen, zs.-ballen. **15.** *aer.* in die Kurve legen, in Schräglage bringen. **16.** *ein Feuer* mit Asche belegen (*um den Zug zu vermindern*). **III** *v/i* **17.** *a.* ~ **up** sich aufhäufen, sich zs.-ballen. **18.** überˈhöht sein (*Straße, Kurve*). **19.** e-e Bank bilden (*Wolken etc*). **20.** *aer.* in die Kurve gehen.

bank³ [bæŋk] **I** *s* **1.** *tech.* a) Gruppe *f*, Reihe *f* (*z. B. Tastatur der Schreibmaschine*): ~ **of capacitors** *electr.* Kondensator(en)batterie *f*; ~ **lights** Lampenaggregat *n*; ~ **transformers** Gruppentransformatoren, b) Reihenanordnung *f*. **2.** *hist.* a) Ruderbank *f* (*in e-r Galeere*), b) Reihe *f* von Ruderern. **II** *v/t* **3.** in (e-r) Reihe anordnen.

ˈbank·a·ble *adj* **1.** *econ.* bankfähig, diskonˈtierbar: ~ **securities** bankmäßige Sicherheiten. **2.** *fig.* zuverlässig, verläßlich (*Freund etc*): **a** ~ **promise** ein Versprechen, auf das man sich verlassen kann.

bank| ac·cept·ance *s econ.* ˈBankakˌzept *n*. ~ **ac·count** *s* Bankkonto *n*, -guthaben *n*. ~ **an·nu·i·ties** → **consols**. ~ **bill** *s* **1.** Bankwechsel *m*. **2.** *Am.* Banknote *f*, Geldschein *m*. ˈ~**book** *s* Kontobuch *n*, *a.* Sparbuch *n*. ~ **card** *s* Scheckkarte *f*. ~ **check**, *Br.* ~ **cheque** *s* Bankscheck *m*. ~ **clerk** *s* Bankangestellte(r *m*) *f*. ~ **de·pos·it** *s* Bankeinlage *f*. ~ **dis·count** *s* ˈBankdisˌkont *m*. ~ **draft** *s* Bankwechsel *m*, -tratte *f*.

ˈbank·er¹ *s* **1.** *econ.* Banki'er *m*: **his** ~**s** s-e Bank; ~**'s acceptance**, *etc* → **bank acceptance**, *etc*; ~**'s card** Scheckkarte *f*; ~**'s discretion** Bankgeheimnis *n*; ~**'s order** *Br.* Dauerauftrag *m* (*e-s Kunden*). **2.** Bankhalter *m* (*bei Glücksspielen*). **3.** *a.* ~ **and broker** *ein Kartenglücksspiel*.

ˈbank·er² *s* Maßbrett *n* (*der Maurer*), Modelˈlierbank *f* (*der Bildhauer*).

ban·ket [ˈbæŋkɪt] *s geol.* goldhaltiges Konglomeˈrat (*Südafrika*).

ˈbank|-ˌfund·ed *adj econ.* ˈbankfinanˌziert (*Bauprojekt etc*). ~ **group** *s* ˈBankenkonˌsortium *n*. ~ **hold-up** *s* ˈBankˌüberfall *m*. ~ **hol·i·day** *s Br.* Bankfeiertag *m*.

ˈbank·ing¹ *econ.* **I** *s* Bankwesen *n*, -geschäft(e *pl*) *n*. **II** *adj* Bank...

ˈbank·ing² *s aer.* Querneigung *f*, Schräglage *f* (*in der Kurve*).

bank·ing| ac·count *s econ.* Bankkonto *n*. ~ **doc·trine** *s Br. Doktrin, daß nur ein Drittel Deckung durch Edelmetall für umlaufende Banknoten vorhanden sein muß*. ~ **hours** *s pl* Öffnungszeiten *pl*, Geschäftsstunden *pl* (*e-r Bank*). ~ **house** *s* Bank (-haus *n*) *f*.

bank| mon·ey *s econ.* Giˈral-, Buchgeld *n*. ~ **night** *s Am.* Kinovorstellung *f* mit Lotteˈrie. ~ **note** *s econ.* Banknote *f*, Geldschein *m*.

ban·ko ware [ˈbæŋkəʊ] *s* jaˈpanisches ˈunglaˌsiertes Steingut.

bank| pa·per *s econ.* ˈBankpaˌpier *n*, -wechsel *m*. ~ **pass·book** *s* Kontobuch *n*, *a.* Sparbuch *n*. ~ **post bill** *s Br.* Solawechsel *m* der Bank von England. ~ **raid** *s* ˈBankˌüberfall *m*, -raub *m*. ~ **raid·er** *s* Bankräuber *m*. ~ **rate** *s econ.* Disˈkontsatz *m*. ~ **rob·ber** *s* Bankräuber *m*. ~ **rob·ber·y** *s* Bankraub *m*. ˈ~**roll** *bes. Am.* **I** *s* **1.** Bündel *n* Banknoten *od.* Geldscheine. **2.** Geld(mittel *pl*) *n*. **II** *v/t* **3.** *colloq.* a) finanziˈell unterˈstützen, b) finanˈzieren.

bank·rupt [ˈbæŋkrʌpt; -rəpt] **I** *s* **1.** *jur.* Zahlungsunfähige(r *m*) *f*, Konˈkurs-, Gemeinschuldner *m*: **(un)discharged** ~ (noch nicht) entlasteter Gemeinschuldner; ~**'s creditor** Konkursgläubiger *m*; ~**'s estate** (*od.* **property**) Konkursmasse *f*. **2.** (*betrügerischer*) Bankrotˈteur. **3.** *fig.* (*politisch etc*) bankˈrotter *od.* (*sittlich etc*) herˈuntergekommener Mensch. **II** *adj* **4.** *jur.* a) bankˈrott, zahlungsunfähig: **to become** (*od.* **go**) ~ in Konkurs gehen *od.* geraten, Bankrott machen; → **declare** 1, b) Konkurs... **5.** *fig.* a) arm (**in, of** an *dat*): **to be** ~ **in ideas** keine Ideen (mehr) haben, b) bankˈrott, ruiˈniert: **morally** ~ moralisch bankrott, sittlich heruntergekommen; **he is politically** ~ er ist politisch erledigt *od.* am Ende, er hat als Politiker abgewirtschaftet; **a** ~ **career** e-e zerstörte Karriere. **III** *v/t* **6.** *jur.* bankˈrott machen. **7.** *fig.* zuˈgrunde richten, ruiˈnieren: **to** ~ **of** (gänzlich) berauben (*gen*).

ˈbank·rupt·cy *s* **1.** *jur.* Bankˈrott *m*, Konˈkurs *m*: **act of** ~ Konkurshandlung *f*, -grund *m*; **B**~ **Act** Konkursordnung *f*; **court of** ~ Konkursgericht *n*; **notice of** ~ Zahlungsaufforderung *f* mit Konkursandrohung; **petition in** ~, ~ **petition** Konkursantrag *m*; ~ **proceedings** Konkursverfahren *n*; **to initiate** (*od.* **institute**) ~ **proceedings** den Konkurs *od.* das Konkursverfahren eröffnen; **to terminate** ~ **proceedings** den Konkurs aufheben *od.* einstellen; **referee in** ~ Konkursrichter *m*; **trustee in** ~ (*von Gläubigern ernannter*) Konkursverwalter; **to go into** ~ Konkurs anmelden; → **declare** 1, **declaration** 6. **2.** *fig.* Bankˈrott *m*, Schiffbruch *m*, Ruˈin *m*.

bank state·ment *s econ.* **1.** Bank-, Kontoauszug *m*. **2.** *Am.* Bankausweis *m*.

ban·ner [ˈbænə(r)] **I** *s* **1.** a) Stanˈdarte *f*, b) Banner *n*, Heeres-, Reichsfahne *f*. **2.** Vereins-, Kirchenfahne *f*: **the** ~ **of freedom** das Banner der Freiheit. **3.** Banner *n* (mit Inschrift), Spruchband *n*, Transpaˈrent *n* (*bei politischen Umzügen*). **4.** *bot.* Fahne *f* (*oberstes Blatt der Schmetterlingsblüten*). **5.** *a.* ~ **headline** (*Zeitung*) ˈBalkenˌüberschrift *f*, breite Schlagzeile. **II** *adj* **6.** *Am.* erstklassig, herˈvorragend.

ˈban·nered *adj* mit Bannern (versehen), ein Banner führend.

ban·ner·et¹ [ˈbænərɪt; *Am. a.* ˌbænəˈret] *s hist.* Bannerherr *m*.

ban·ner·et², ban·ner·ette [ˌbænəˈret; *Am. a.* ˈbænərət] *s* kleines Banner, Fähnlein *n*.

ban·nock [ˈbænək] *s Br.* Hafer- *od.* Gerstenmehlkuchen *m*.

banns [bænz] *s pl relig.* Aufgebot *n* (*des Brautpaares vor der Ehe*): **to ask** (*od.* **publish, put up**) **the** ~ **of** *ein Brautpaar* (kirchlich) aufbieten; **to forbid the** ~ Einspruch gegen die Eheschließung erheben.

ban·quet [ˈbæŋkwɪt] **I** *s* **1.** Banˈkett *n*, Festessen *n*: ~ **hall**, ~ **room** Bankettsaal *m*; **at the** ~ auf dem Bankett. **2.** *obs.* a) Nachtisch *m*, b) Zwischenmahlzeit *f*. **II** *v/t* **3.** festlich bewirten. **III** *v/i* **4.** tafeln, schmausen. ˌ**ban·quetˈeer** [-ˈtɪə(r)], ˈ**ban·quet·er** *s* Teilnehmer (-in) an e-m Banˈkett.

ban·quette [bæŋˈket] *s* **1.** *mil.* Banˈkett *n*, Wallbank *f*, Schützenauftritt *m*. **2.** *Am.* a) erhöhter Fußweg, b) Bürgersteig *m*. **3.** *tech.* Banˈkett *n*, steile Böschung. **4.** *bes. Am.* gepolsterte Bank.

ban·shee [bænˈʃiː] *s Ir.* Todesfee *f*.

bant [bænt] *v/i* e-e Banting-Kur machen.

ban·tam [ˈbæntəm] **I** *s* **1.** *meist* **B**~ *orn.* Bantam-, Zwerghuhn *n*, -hahn *m*. **2.** *fig.* kleiner Kampfhahn, draufgängerischer Knirps. **3.** → **bantamweight** I. **4.** *mil. mot.* Jeep *m*. **II** *adj* **5.** Zwerg...: ~ **rooster**. **6.** *fig.* a) klein, *tech.* Klein..., b) handlich: **a** ~ **edition**. **7.** aggresˈsiv, streitlustig. **8.** → **bantamweight** II. ˈ~**weight** *sport* **I** *s* Bantamgewicht(ler *m*) *n*. **II** *adj* Bantamgewichts...

ban·ter [ˈbæntə(r)] **I** *v/t* **1.** necken. **2.** *Am.* herˈausfordern (**for, to** zu). **II** *v/i* **3.** necken. **III** *s* **4.** Neckeˈrei *f*, neckisches Geplänkel. ˈ**ban·ter·ing** *adj* (*adv* ~**ly**) neckend.

bant·ing [ˈbæntɪŋ], ˈ**ban·ting·ism** *s hist.* Banting-Kur *f* (*e-e Abmagerungskur durch fett- u. kohlehydratarme Diät*).

bant·ling [ˈbæntlɪŋ] *s contp. obs.* Balg *m*, *n*, Bankert *m* (*Kind*).

ban·tu [ˌbænˈtuː] **I** *pl* **-tu** *od.* **-tus** *s* **1.** a) Bantu *m, f*, Bantuneger(in), b) *pl* Bantu *pl*. **2.** *ling.* Bantu *n*. **II** *adj* **3.** Bantu...

ban·zai [bɑːnˈzaɪ] **I** *interj* Bansai!, Banzai! (*japanischer Hoch- od. Schlachtruf*). **II** *adj*: ~ **attack** (*od.* **charge**) *mil.* selbstmörderischer Massenangriff.

ba·o·bab [ˈbeɪəʊbæb; *Am. a.* ˈbaʊ-] *s bot.* Baobab *m*, Affenbrotbaum *m*.

bap [bæp] *s Br.* weiche Semmel.

bap·tism [ˈbæptɪzəm] *s* **1.** *relig.* Taufe *f*: ~ **of blood** Blutzeugenschaft *f*, Märtyrertod *m*; ~ **of fire** *relig. u. mil.* Feuertaufe (*a. fig.*). **2.** *Christian Science*: Reinigung *f* durch den Geist. **bapˈtis·mal** [-ˈtɪzml] *adj relig.* Tauf...: ~ **water**; ~ **font** Taufstein *m*, -becken *n*.

Bap·tist [ˈbæptɪst] *relig.* **I** *s* **1.** Bapˈtist(in). **2.** **b**~ Täufer *m*: **John the B**~ Johannes der Täufer. **II** *adj* **3.** bapˈtistisch, Baptisten... ˈ**bap·tis·ter·y** [-tɪstərɪ; *Am.* -təstriː] *s relig.* **1.** Baptiˈsterium *n*, ˈTaufkaˌpelle *f*. **2.** a) Taufbecken *n*, Taufstein *m*, b) ˈTaufbasˌsin *n* (*der Baptisten*). **bapˈtis·tic** *adj relig.* **1.** Tauf... **2.** **B**~ → **Baptist** 3. ˈ**bap·tist·ry** [-trɪ] → **baptistery**.

bap·tize [bæpˈtaɪz; *Am. a.* ˈbæpˌtaɪz] *v/t* **1.** *relig. u. fig.* taufen: **to** ~ **s.o. John** j-n (auf den Namen) John taufen. **2.** *fig.* reinigen, läutern.

bar [bɑː(r)] **I** *s* **1.** Stange *f*, Stab *m*: ~**s** Gitter; **behind** ~**s** *fig.* hinter Gittern, hinter Schloß u. Riegel, hinter schwedischen Gardinen; **to put behind** ~**s** *fig.* hinter Schloß u. Riegel bringen. **2.** Riegel *m*, Querbalken *m*, -holz *n*, -stange *f*. **3.** Schranke *f*, Barriˈere *f*, Sperre *f*: **the** ~ (**of the House**) *parl.* die Schranke (*bes. im brit. Unterhaus, bis zu der geladene Zeugen vortreten dürfen*). **4.** *fig.* (**to**) Hindernis *n* (für), Schranke *f* (gegen): **to be a** ~ **to progress** dem Fortschritt im Wege stehen; **to let down the** ~**s** alle (*bes. moralischen*) Beschränkungen fallen lassen, *Am.* die polizeiliche Überwachung (*bes. des Nachtlebens*) lockern. **5.** Riegel *m*, Stange *f*: **a** ~ **of soap** ein Riegel *od.* Stück Seife; **a** ~ **of chocolate, a chocolate** ~ ein Riegel (*weitS.* e-e Tafel) Schokolade; ~ **copper** Stangenkupfer *n*; ~ **soap** Stangenseife *f*. **6.** Brechstange *f*. **7.** *econ. tech.* (*Gold- etc*)Barren *m*. **8.** *tech.* a) *allg.* Schiene *f*, b) Zugwaage *f* (*am Wagen*), c) *Maschinenbau*: Leitschiene *f* *od.* -stange *f*, d) Schieber *m*, Schubriegel *m*, e) Laˈmelle *f*. **9.** Barren *m*, Stange *f* (*als Maßeinheit*). **10.** Band *n*, Streifen *m*, Strahl *m* (*von Farbe, Licht etc*). **11.** *mar.* Barre *f*, Sandbank *f* (*am Hafeneingang*). **12.** a) (dicker) Strich: **a vertical ~**, b) *her.* (horizonˈtaler) Balken, c) *TV* Balken *m* (*auf dem Bildschirm*). **13.** *mus.* a) Taktstrich *m*, b) (*ein*) Takt *m*: **~ rest** (Ganz-) Taktpause *f.* **14.** a) Bar *f*, b) Bar *f*, Schanktisch *m*, Theke *f*, c) Schankraum *m*, d) Loˈkal *n*, Imbißstube *f.* **15.** *jur.* a) Hindernis *n* (**to** für), Ausschließungsgrund *m*, b) Einrede *f*: **defence** (*Am.* **defense**) **in ~** perem(p)torische Einrede; **~ to marriage** Ehehindernis; **as a ~ to, in ~ of** *etwas* ausschließend, zwecks Ausschlusses (*gen*). **16.** *jur.* (Gerichts-) Schranke *f*: **at the ~** vor Gericht; **case at ~** *Am.* zur Verhandlung stehender Fall; **prisoner at the ~** Angeklagte(r *m*) *f*; **trial at ~** Verhandlung *f* vor dem Gericht in vollständiger Besetzung; **to be called within the ~** *Br.* zum **King's (Queen's) Counsel** ernannt werden. **17.** *jur.* (*das tagende*) Gericht. **18.** *fig.* Gericht *n*, Tribuˈnal *n*, Schranke *f*: **at the ~ of public opinion** vor den Schranken *od.* vor dem Tribunal der öffentlichen Meinung. **19.** *jur.* a) Schranke *f* in den **Inns of Court**, b) Anwaltsberuf *m*, c) *collect.* (*die gesamte*) Anwaltschaft, *Br.* (*der*) Stand der **barristers**: **admission** (*Br.* **call** [-**ing**]) **to the ~** Zulassung *f* als Anwalt (*Br.* **barrister**); **to be admitted** (*Br.* **called**) **to the ~** als Anwalt (*Br.* **barrister**) zugelassen werden; **to go to the ~** *Br.* **barrister** werden; **to read for the ~** *Br.* Jura studieren; **B~ Association** *Am.* Anwaltskammer *f*, -vereinigung *f*; **B~ Council** *Br.* Standesrat *m* der **barristers**. **20.** *phys.* Bar *n* (*Maßeinheit des Drucks*). **21.** a) Schaumstange *f* (*e-s Stangengebisses*), b) Träger *pl* (*Teile des Pferdegaumens*), c) *pl* Sattelbäume *pl*, Stege *pl.* **22.** (Quer)Band *n* an e-r Meˈdaille, (Ordens)Spange *f.* **23.** *sport* a) (Reck)Stange *f*, b) (Barren)Holm *m*, c) (Tor-, Quer-) Latte *f*, d) (Sprung)Latte *f.*

II *v/t* **24.** zu-, verriegeln: → **barred**. **25.** *a.* **~ up** vergittern, mit Schranken umˈgeben. **26.** *a.* **~ in** einsperren: **to ~ out** aussperren. **27.** versperren: **it ~red the way**. **28.** *jur. e-e Klage, den Rechtsweg etc* ausschließen. **29.** a) (ver)hindern, hemmen, b) (**from**) hindern (an *dat*), abhalten (von), c) *j-n od. etwas* ausschließen (**from** aus): → **barring**. **30.** verbieten, unterˈsagen: → **hold²** 3. **31.** mit Streifen versehen. **32.** *mus.* mit Taktstrichen unterˈteilen, in Takte einteilen.

III *prep* **33.** außer, ausgenommen, abgesehen von: **~ one** außer einem; **~ none** (alle) ohne Ausnahme, ausnahmslos.

barb¹ [bɑː(r)b] **I** *s* **1.** a) ˈWiderhaken *m* (*e-s Pfeils etc*), b) Stachel *m* (*von Stacheldraht etc*). **2.** *fig.* a) Stachel *m*: **the ~ of remorse**, b) Spitze *f*, spitze *od.* bissige Bemerkung. **3.** *bot. zo.* Bart *m*. **4.** *orn.* Fahne *f* (*e-r Feder*). **5.** *ichth.* Bartfaden *m* (*e-s Fisches*). **6.** *pl vet.* Frosch *m* (*wildes Fleisch unter der Zunge von Pferden etc*). **7.** gefältelte Hals- u. Brustbedeckung aus weißem Leinen (*bes. der Nonnen*). **8.** *her.* Kelchblatt *n*. **II** *v/t* **9.** mit ˈWiderhaken *etc* versehen.

barb² [bɑː(r)b] *s zo.* Berberpferd *n*.

barb³ [bɑː(r)b] → **barbarian** 2.

barb⁴ [bɑrb] *Am. colloq. für* **barbiturate**.

bar·bar·i·an [bɑː(r)ˈbeərɪən] **I** *s* **1.** Barˈbar(in): a) Angehörige(r *m*) *f* e-s ˈunziviliˌsierten Volkes, b) ungebildeter *od.* ungesitteter Mensch, c) Unmensch *m*. **2.** *univ. Am. sl. Student(in), der/die keiner* **fraternity** *od.* **sorority** *angehört.* **II** *adj* **3.** barˈbarisch: a) ˈunziviliˌsiert, b) ungebildet, ungesittet, c) roh, grausam. **4.** fremd(ländisch).

bar·bar·ic [bɑː(r)ˈbærɪk] *adj* **1.** → **barbarian** 3 *u.* 4. **2.** *art* barˈbarisch, primiˈtiv.

bar·ba·rism [ˈbɑː(r)bərɪzəm] *s* **1.** *ling.* Barbaˈrismus *m*, Sprachwidrigkeit *f.* **2.** Barbaˈrei *f*, ˈUnkulˌtur *f.*

bar·bar·i·ty [bɑː(r)ˈbærətɪ] *s* **1.** Barbaˈrei *f*, Roheit *f*, Grausamkeit *f*, Unmenschlichkeit *f.* **2.** *art* Barbaˈrismus *m*.

bar·ba·rize [ˈbɑː(r)bəraɪz] **I** *v/t* **1.** in den Zustand der Barbaˈrei versetzen, verrohen *od.* verwildern lassen. **2.** *Sprache, Kunst etc* barbariˈsieren, durch Stilwidrigkeiten *etc* verderben. **II** *v/i* **3.** in Barbaˈrei versinken, verrohen. **ˈbar·ba·rous** *adj* (*adv* **~ly**) **1.** → **barbarian** 3 *u.* 4. **2.** barˈbarisch: a) sprachwidrig, unklassisch, b) rauh(klingend), wild (*Sprache, Musik*). **ˈbar·ba·rous·ness** → **barbarity**.

Bar·ba·ry| ape [ˈbɑː(r)bərɪ] *s zo.* Magot *m* (*Affe*). **~ horse** *s* Berberpferd *n*.

bar·be·cue [ˈbɑː(r)bɪkjuː] **I** *v/t* **1.** (auf dem Rost *od.* am Spieß über offenem Feuer) im ganzen *od.* in großen Stücken braten. **2.** *bes. Am. kleine Fleisch- od. Fischstücke* in stark gewürzter (Essig-) Soße zubereiten. **3.** auf dem Rost braten, grillen. **4.** *Am.* a) dörren, b) räuchern. **II** *s* **5.** *am Spieß od. auf dem Rost gebratenes Tier* (*bes. Ochse, Schwein*). **6.** Barbecue *n*: a) *Gartenfest, bei dem ganze Tiere gebraten werden*, b) Grillfest *n*, c) Bratrost *m*, Grill *m*, d) *auf dem Rost od. Grill gebratenes Fleisch*. **7.** *bes. Am. in stark gewürzter* (*Essig*)*Soße zubereitete kleine Fleisch- od. Fischstücke*.

barbed [bɑː(r)bd] *adj* **1.** mit ˈWiderhaken *od.* Stacheln (versehen), Stachel... **2.** stachelartig. **3.** *fig.* spitz, bissig: **a ~ remark**. **~ wire** *s* Stacheldraht *m*.

bar·bel [ˈbɑː(r)bl] *s* **1.** *ichth.* (Fluß)Barbe *f.* **2.** → **barb¹** 5 *u.* 6.

ˈbar·bell [-bel] *s Gewichtheben*: Hantel *f.*

bar·bel·late [ˈbɑː(r)bəleɪt; bɑː(r)ˈbelɪt] *adj bot.* gebärtet.

bar·ber [ˈbɑː(r)bə(r)] **I** *s* (ˈHerren)Friˌseur *m*. **II** *v/t* a) raˈsieren, b) friˈsieren.

bar·ber·ry [ˈbɑː(r)bərɪ; *Am.* -ˌberiː] *s bot.* Berbeˈritze *f.*

ˈbar·ber·shop I *s bes. Am.* Friˈseurladen *m*. **II** *adj*: **~ singing** *Am.* (zwangloses) Singen im Chor.

bar·ber's| itch *s med.* Bartflechte *f.* **~ pole** *s spiralig bemalte Stange als Geschäftszeichen der Friseure.* **~ rash** *s med.* Bartflechte *f.* **~ shop** *Br. für* **barbershop** I.

bar·bet [ˈbɑː(r)bɪt] *s zo.* **1.** kleiner, langhaariger Pudel. **2.** (*ein*) Bartvogel *m*.

bar·bi·can¹ [ˈbɑː(r)bɪkən] *s mil.* Außen-, Vorwerk *n*.

bar·bi·can² [ˈbɑː(r)bɪkən] *s orn.* (*ein*) Bartvogel *m*.

bar·bi·tal [ˈbɑrbəˌtɔːl] *s chem. med. pharm. Am.* Barbiˈtal *n*. **~ so·di·um** *s chem. Am.* Natriumsalz *n* von Barbiˈtal.

bar·bi·tone [ˈbɑːbɪtəʊn] *s chem. med. pharm. Br.* Barbiˈtal *n*.

bar·bi·tu·rate [bɑː(r)ˈbɪtjʊrət; *Am.* -tʃə-] *s chem. med. pharm.* Barbituˈrat *n*.

bar·bi·tu·ric ac·id [ˌbɑː(r)bɪˈtjʊərɪk; *Am. a.* -ˈtʊ-] *s chem.* Barbiˈtursäure *f.*

bar·bo·la (work) [bɑː(r)ˈbəʊlə] *s* Verzierung *f* (*kleiner Gegenstände*) durch Aufkleben bunter Plastikblumen *etc*.

ˈbarbˌwire *Am. für* **barbed wire**.

bar·ca·rol(l)e [ˈbɑː(r)kərəʊl] *s mus.* Barkaˈrole *f*, Barkeˈrole *f* (*Gondellied*).

bar code *s* Strichcode *m*.

bard¹ [bɑː(r)d] *s* **1.** Barde *m* (*keltischer Sänger*). **2.** *obs. od. poet.* Barde *m*, Sänger *m* (*Dichter*): **the B~ (of Avon)** Shakespeare.

bard² [bɑː(r)d] *s mil. hist.* **1.** Panzer *m* e-s Rosses. **2.** *pl* Plattenpanzer *m*.

ˈbar·dic, ˈbard·ish *adj* bardisch, Barden...

bard·ol·a·try [bɑː(r)ˈdɒlətrɪ; *Am.* -ˈdɑ-] *s* Shakespeare-Vergötterung *f.*

bare¹ [beə(r)] **I** *adj* (*adv* → **barely**) **1.** nackt, unbekleidet, bloß, entblößt: **~ feet** bloße Füße; **on one's ~ feet** barfüßig, barfuß; **with ~ hands** mit bloßer Hand (*unbewaffnet*); **in one's ~ skin** nackt; **~ to the waist** mit nacktem Oberkörper. **2.** barhäuptig, unbedeckt. **3.** kahl, leer, nackt, bloß: **~ walls** kahle Wände; **the ~ boards** der nackte Fußboden; **~ pile** (Atom)Reaktor *m* ohne Reflektor; **~ sword** bloßes *od.* blankes Schwert; **~ wire** *tech.* blanker Draht. **4.** *bot. zo.* kahl. **5.** klar, unverhüllt: **~ nonsense** barer *od.* blanker Unsinn; **to lay ~** → 11 *u.* 12. **6.** *fig.* nackt, bloß, ungeschminkt: **the ~ facts** die nackten Tatsachen. **7.** abgetragen, fadenscheinig, schäbig. **8.** (**of**) dürftig, arm (an *dat*), leer, entblößt (von), ohne: **~ of vegetation** vegetationslos. **9.** bloß, kaum ˈhinreichend, knapp: **to earn a ~ living** knapp das Nötigste zum Leben verdienen; **~ majority** hauchdünne *od.* (ganz) knappe Mehrheit; **~ majority of votes** *pol.* einfache Stimmenmehrheit; **the ~ necessities of life** das Notwendigste (zum Leben). **10.** bloß, alˈlein: **the ~ thought** der bloße (*od.* allein der, schon der) Gedanke; **~ words** bloße Worte. **II** *v/t* **11.** entblößen, -hüllen, frei machen, *weitS. die Zähne* zeigen, blecken: **to ~ the end of a wire** *electr.* e-n Draht abisolieren. **12.** *fig.* enthüllen, bloßlegen, offenˈbaren.

bare² [beə(r)] *obs. pret von* **bear¹**.

ˈbare|·back *adj u. adv* ungesattelt, ohne Sattel: **to ride ~**; **~ rider** (*Zirkus*) Voltigeur *m*, Voltigierer *m*. **ˈ~·backed** → **bareback**. **ˈ~·faced** *adj* **1.** bartlos. **2.** mit unverhülltem Gesicht, ohne Maske. **3.** *fig.* unverhüllt, unverschämt, schamlos, frech: **~ lie; that's ~ robbery!** das ist ja der reinste Wucher! **ˈ~·fac·ed·ly** [-feɪsɪdlɪ; -feɪstlɪ] *adv.* **ˈ~·fac·ed·ness** [-feɪsɪdnɪs; -feɪstnɪs] *s fig.* Frechheit *f*, Unverschämtheit *f.* **ˈ~·foot** *adj u. adv* barfuß, barfüßig: **~ doctor** Barfußarzt *m*, -doktor *m*. **ˌ~ˈfoot·ed** → **barefoot**.

ba·rege, ba·rège [bəˈreʒ] *s* Baˈrège *m* (*durchsichtiges Seidengewebe*).

ˌbare|ˈhand·ed *adj u. adv* mit bloßer Hand (*unbewaffnet*). **ˌ~ˈhead·ed** *adj u. adv* barhäuptig, ohne Kopfbedeckung. **ˌ~ˈleg·ged** *adj* nacktbeinig, mit nackten Beinen.

ˈbare·ly *adv* **1.** kaum, knapp, gerade (noch), bloß: **~ enough food** kaum genug zu essen; **he ~ escaped** er kam gerade noch *od.* mit knapper Not davon; **I ~ know her** ich kenne sie kaum. **2.** ärmlich, spärlich: **~ furnished rooms**.

ˈbare·ness *s* **1.** Nacktheit *f*, Entblößtheit *f*, Blöße *f.* **2.** Kahlheit *f.* **3.** Dürftigkeit *f.* **4.** Knappheit *f.*

bare·sark [ˈbeə(r)sɑː(r)k] *hist.* **I** *s* Berˈserker *m*. **II** *adv* ohne Rüstung.

barf [bɑrf] *Am. sl.* **I** *v/i* ‚kotzen' (*sich übergeben*). **II** *s* ‚Kotze' *f.*

ˈbar·fly *s bes. Am. colloq.* Kneipenhocker *m*.

bar·gain [ˈbɑː(r)gɪn] **I** *s* **1.** Vertrag *m*, Abmachung *f.* **2.** Kauf(vertrag) *m*, Handel *m*, Geschäft *n* (*a. fig.*): **a good (bad) ~** ein gutes (schlechtes) Geschäft. **3.** vorteilhafter Kauf *od.* Verkauf, vorteilhaftes Geschäft. **4.** Gelegenheit(skauf *m*) *f*, Sonderangebot *n*, preisgünstige Ware, günstiges ˈKaufobˌjekt. **5.** *Börse*: *Br.* (*einzelner*) Abschluß: ~ **for account** Termingeschäft *n.*

Besondere Redewendungen:
a ~'s a ~! abgemacht ist abgemacht!; **it's a ~!** abgemacht!; **into the ~** obendrein, noch dazu; **to strike a ~** e-n Handel abschließen, e-e Vereinbarung treffen, handelseinig werden; **to make the best of a bad ~** sich so gut wie möglich aus der Affäre ziehen; → **drive** 25.

II *v/i* **6.** handeln, feilschen (**for** um). **7.** verhandeln (**for** über *acc*): **to ~ on** übereinkommen über (*acc*), vereinbaren (*acc*); **as ~ed for** wie verabredet; **~ing chip** (*bes. bei Verhandlungen*) a) Trumpf *m*, b) Druckmittel *n*; **~ing point** Verhandlungspunkt *m*; **~ing position** Verhandlungsposition *f*; → **collective bargaining. 8.** (**for**) rechnen (mit), gefaßt sein (auf *acc*), erwarten (*acc*) (*meist neg*): **we did not ~ for that!** darauf waren wir nicht gefaßt!; **it was more than we ~ed for!** damit hatten wir nicht gerechnet! **9. ~ on** sich verlassen auf (*acc*), zählen auf (*acc*).

III *v/t* **10.** (ein)tauschen: **to ~ one horse for another. 11.** verkaufen: **to ~ away** a) verschachern (*a. fig.*), b) (ohne entsprechende Gegenleistungen) verzichten auf (*Freiheit, Rechte etc*). **12. ~ down** herˈunterhandeln, -feilschen. **13.** aushandeln, durch Verhandlungen erreichen.

bar·gain| and sale *s jur. Am.* Kaufvertrag *m* (*bes. bei Grundstücksverkäufen*). **~ base·ment** *s* ˈNiedrigpreisabˌteilung *f* im Tiefgeschoß (*e-s Kaufhauses*). **~ count·er** *s* Verkaufstisch *m* für Sonderangebote, ‚Wühltisch' *m.*

bar·gain·ee [ˌbɑrɡəˈniː] *s jur. Am.* Käufer(in).

ˈbar·gain·er *s* **1. to be a good ~** a) (gut) handeln *od.* feilschen können, b) (gut) verhandeln können. **2.** → **bargainor.**

bar·gain hunt·er *s* j-d, der (ständig) auf der Suche nach Sonderangeboten ist.

bar·gain·or [ˌbɑrɡəˈnɔːr] *s jur. Am.* Verkäufer(in) (*bes. bei Grundstückstransaktionen*).

bar·gain| price *s* Gelegenheits-, Sonderpreis *m.* **~ sale** *s* **1.** Verkauf *m* zu herˈabgesetzten Preisen. **2.** Ausverkauf *m.*

barge [bɑː(r)dʒ] **I** *s* **1.** *mar.* flaches Flußod. Kaˈnalboot, Last-, Schleppkahn *m*, Leichter *m*, Prahm *m.* **2.** *mar.* Schaˈluppe *f.* **3.** *mar.* (Offiˈziers)Barˌkasse *f.* **4.** (geschmücktes) Gala(ruder)boot. **5.** Hausboot *n.* **6.** *sport Am. zu Trainingszwecken benutztes breites, schweres Rennruderboot.* **7.** *colloq. contp.* (alter) Kahn. **8.** *colloq.* Rempler *m*, Stoß *m.* **II** *v/i* **9.** sich schwerfällig (daˈher)bewegen, trotten. **10.** *colloq.* (**into**) stoßen, prallen, ‚bumsen' (gegen, an *acc*), zs.-stoßen (mit). **11. ~ in(to)** *colloq.* a) hereinplatzen (in *acc*): **to ~ into the room,** b) sich einmischen (in *acc*): **to ~ into the conversation. 12. ~ through** *colloq.* sich ‚boxen' *od.* drängen durch. **III** *v/t* **13.** mit Schleppkähnen *etc* befördern. **14.** *colloq.* *j-m* e-n Rempler *od.* Stoß geben. **15. to ~ one's way through** *colloq.* → 12. **ˈ~board** *s arch.* Giebelschutzbrett *n.* **~ course** *s arch.* **1.** Firstpfette *f.* **2.** Ortschicht *f.*

bar·gee [bɑːˈdʒiː] *s mar. Br.* Kahnführer *m*: **to swear like a ~** fluchen wie ein Droschkenkutscher.

ˈbarge|·man [-mən] *s irr mar. Am.* Kahnführer *m.* **ˈ~pole** *s* Bootsstange *f*: **I wouldn't touch him (it) with a ~** *Br. colloq.* a) den (das) würde ich nicht einmal mit e-r Feuerzange anfassen, b) mit dem (damit) möchte ich nichts zu tun haben. **~ stone** *s arch.* Giebelstein *m.*

bar girl *s bes. Am.* **1.** Aniˈmierdame *f.* **2.** Prostituˈierte, die sich ihre Kunden in Bars sucht.

bar·ic[1] [ˈbeərɪk; ˈbærɪk] *adj chem.* Barium...

bar·ic[2] [ˈbærɪk] *adj phys.* baroˈmetrisch, Gewichts...

ba·ril·la [bəˈrɪlə; *Am.* bəˈriːljə] *s* **1.** *bot.* Baˈrillakraut *n.* **2.** *econ.* Baˈrilla *f*, rohe Soda.

bar i·ron *s tech.* Stabeisen *n.*

bar·ite [ˈbeəraɪt] *s min.* Baˈryt *m*, Schwerspat *m.*

bar·i·tone [ˈbærɪtəʊn] *mus.* **I** *s* **1.** Bariton *m*: a) Baritonstimme *f*, b) Baritonsänger *m*, c) ˈBaritonparˌtie *f.* **2.** Baryton *n*: a) B- *od.* C-Saxhorn *n*, b) *hist.* Viˈola *f* di borˈdone. **II** *adj* **3.** Bariton...

bar·i·um [ˈbeərɪəm] *s chem.* Barium *n.* **~ chlo·ride** *s* ˈBariumchloˌrid *n.* **~ ox·ide** *s* ˈBariumoˌxid *n.*

bark[1] [bɑː(r)k] **I** *s* **1.** *bot.* (Baum)Rinde *f*, Borke *f.* **2.** → **Peruvian bark. 3.** (Gerber)Lohe *f.* **4.** *colloq.* Haut *f*, ‚Fell' *n.* **II** *v/t* **5.** *Bäume* a) abrinden, b) ringeln. **6.** mit Rinde bedecken. **7.** *tech.* lohgerben. **8.** abschürfen: **to ~ one's knees.**

bark[2] [bɑː(r)k] **I** *v/i* **1.** bellen, kläffen (*beide a. fig.*): **to ~ at** anbellen, *fig. j-n* anschnauzen; **~ing dogs never bite** Hunde, die bellen, beißen nicht; **to ~ up the wrong tree** *colloq.* a) ‚auf dem Holzweg sein', b) ‚an der falschen Adresse sein'. **2.** *colloq.* ‚bellen' (*husten*). **3.** ‚bellen' (*Geschütz etc*). **II** *v/t* **4.** *meist* **~ out** *Worte* ‚bellen', barsch herˈvorstoßen. **5.** *colloq.* *Ware* marktschreierisch *od.* reißerisch anpreisen. **III** *s* **6.** Bellen *n*, Kläffen *n*, Gebell *n*, *fig. a.* Gebelfer *n*: **his ~ is worse than his bite** *fig.* er bellt nur(, aber beißt nicht). **7.** *colloq.* ‚Bellen' *n* (*Husten*). **8.** ‚Bellen' *n* (*von Geschützen etc*).

bark[3] [bɑː(r)k] *s mar.* **1.** Barke *f.* **2.** *poet.* Schiff *n.* **3.** Bark(schiff *n*) *f* (*ein dreimastiges Segelschiff*).

ˈbar|ˌkeep *Am. colloq. für* **barkeeper. ˈ~ˌkeep·er** *s* Barkeeper *m*: a) Barbesitzer *m*, b) Barmann *m*, Barmixer *m.*

bark·en·tine [ˈbɑː(r)kəntiːn] *s mar.* Schonerbark *f.*

ˈbark·er *s* **1.** Beller *m*, Kläffer *m.* **2.** *colloq.* a) Marktschreier *m*, b) ‚Anreißer' *m* (*e-s Clubs etc*), c) *Am.* Fremdenführer *m.*

bark| house *s Gerberei*: Lohhaus *n.* **~ mill** *s tech.* **1.** *Gerberei*: Lohmühle *f.* **2.** Entˈrindungsmaˌschine *f.* **~ pit** *s Gerberei*: Lohgrube *f.* **~ tree** *s bot.* Chinarindenbaum *m.*

ˈbark·y *adj* borkig, rindig.

bar lathe *s tech.* Prismendrehbank *f.*

bar·ley [ˈbɑː(r)lɪ] *s bot.* Gerste *f.* **ˈ~-bree** [-briː], **ˈ~-broo** [-bruː] *s bes. Scot.* **1.** a) Ale *n*, b) Bier *n.* **2.** Whisky *m.* **ˈ~corn** *s* **1.** Gerstenkorn *n*: **(Sir) John B~** *scherzhafte Personifikation der Gerste als Grundstoff von Bier od. Whisky.* **2.** altes Längenmaß (= *8,5 mm*). **~ sug·ar** *s* Gerstenzucker *m.* **~ wa·ter** *s Getränk aus Gerstenextrakt, meist mit Orangen- od. Zitronengeschmack.* **~ wine** *s ein extrem starkes Bier.*

bar line *s mus.* Taktstrich *m.*

bar·low [ˈbɑrˌləʊ] *s Am.* großes einschneidiges Taschenmesser.

barm [bɑː(r)m] *s* Bärme *f*, (Bier)Hefe *f.*

bar| mag·net *s phys.* ˈStabmaˌgnet *m.* **ˈ~maid** *s bes. Br.* Bardame *f.* **ˈ~man** [-mən] *s irr* Barmann *m*, Barkeeper *m*, Barmixer *m.*

barm·brack [ˈbɑː(r)mbræk] *s Ir.* (ein) Roˈsinenkuchen *m.*

bar mitz·va [ˌbɑː(r)ˈmɪtsvə] *relig.* **I** *s* **1.** Bar-ˈMizwa *n* (*Einführung e-s 13jährigen Jungen in die jüdische Glaubensgemeinschaft*). **2.** *Junge, der Bar-Mizwa feiert.* **II** *v/t* **3.** *Jungen* in die jüdische Glaubensgemeinschaft einführen.

ˈbarm·y *adj* **1.** heftig gärend, schaumig. **2.** *sl.* ‚bekloppt', verrückt: **to go ~** überschnappen.

barn[1] [bɑː(r)n] *s* **1.** Scheune *f*, Schuppen *m* (*beide a. contp. Gebäude*). **2.** (Vieh)Stall *m.* **3.** *Am.* (*Straßenbahn- etc*)Deˈpot *n.*

barn[2] [bɑː(r)n] *s phys.* Barn *n* (*Einheit des Wirkungsquerschnitts*).

Bar·na·by [ˈbɑː(r)nəbɪ] *npr* Barnabas *m*: **~ day, ~ bright** Barnabastag *m* (*11. Juni*).

bar·na·cle[1] [ˈbɑː(r)nəkl] *s* **1.** *zo.* (*ein*) Rankenfußkrebs *m*, *bes.* Entenmuschel *f.* **2.** *fig.* a) ‚Klette' *f* (*lästiger Mensch*), b) (*lästige*) Fessel, *bes.* ‚alter Zopf'. **3.** *a.* **~ goose** *orn.* Berˈnikel-, Ringelgans *f.*

bar·na·cle[2] [ˈbɑː(r)nəkl] *s* **1.** *meist pl a.* **pair of ~s** Nasenknebel *m* (*für unruhige Pferde*). **2.** *pl a.* **pair of ~s** *Br. dial.* Brille *f.*

barn| dance *s* **1.** *ein dem Schottischen ähnlicher Tanz.* **2.** *Am.* Tanzveranstaltung *f* mit ländlicher Muˈsik. **~ door** *s* **1.** Scheunentor *n*: **(as) big as a ~** *colloq.* so groß wie ein Scheunentor, nicht zu verfehlen. **2.** *TV, Film*: *sl.* Lichtschirm *m.* **ˈ~-door fowl** *s orn.* Haushuhn *n.*

bar·ney[1] [ˈbɑːnɪ] *s Br. colloq.* **1.** ‚Krach' *m*, Streit *m.* **2.** Raufeˈrei *f*, Schlägeˈrei *f.*

bar·ney[2] [ˈbɑː(r)nɪ] *s Bergbau*: kleiner Karren.

barn| owl *s orn.* Schleiereule *f.* **ˈ~storm** *bes. Am.* **I** *v/i* ‚auf die Dörfer gehen': a) herˈumreisen u. auf dem Land Theˈateraufführungen veranstalten, auf (e-e Konˈzert- *od.* ˈVortrags)Tourˌnee durch die Proˈvinz gehen, b) *pol.* von Ort zu Ort reisen u. Wahlreden halten. **II** *v/t e-e Gegend* bereisen *od.* *e-n Ort* besuchen u. dort Theˈater spielen *etc* (→ I). **ˈ~ˌstorm·er** *s* **1.** Wander-, *bes.* Schmierenschauspieler(in). **2.** Wahlredner(in) *od.* Kandiˈdat(in) auf Rundreise. **~ swal·low** *s orn.* Rauchschwalbe *f.* **ˈ~yard** *s* Scheunenhof *m*: **~ fowl** *orn.* Haushuhn *n*; **~ humo(u)r** derber Humor.

bar·o·gram [ˈbærəʊɡræm; -rə-] *s meteor.* Baroˈgramm *n.*

bar·o·graph [ˈbærəʊɡrɑːf; -rə-; *bes. Am.* -ɡræf] *s meteor.* Baroˈgraph *m.*

ba·rom·e·ter [bəˈrɒmɪtə; *Am.* -ˈrɑmətər] *s* Baroˈmeter *n*: a) *phys.* Luftdruckmesser *m*, Wetterglas *n*, b) *fig.* Grad-, Stimmungsmesser *m.* **~ ga(u)ge** *s* **1.** ˈNiederdruckmanoˌmeter *n.* **2.** *aer.* (baroˈmetrisches) Höhenmeßgerät.

bar·o·met·ric [ˌbærəʊˈmetrɪk; -rə-] *adj* (*adv* **~ally**) *phys.* baroˈmetrisch, Barometer...: **~ cell** Druckdose *f*; **~ column** Quecksilbersäule *f*; **~ height** Barometerhöhe *f*; **~ level(l)ing** barometrische Höhenmessung; **~ maximum** *meteor.* Hoch(druckgebiet) *n*; **~ pressure** Luft-, Atmosphärendruck *m.* **ˌbar·oˈmet·ri·cal** *adj* (*adv* **~ly**) → **barometric.**

ba·rom·e·try [bəˈrɒmɪtrɪ; *Am.* -ˈrɑmə-] *s phys.* Baromeˈtrie *f*, Luftdruckmessung *f.*

bar·on [ˈbærən] *s* **1.** *Br.* a) *hist.* Pair *m*, Baˈron *m*, b) (*heute*) Baˈron *m* (*niedrigster Titel des höheren brit. Adels*). **3.** (*nichtbrit.*) Baˈron *m*, Freiherr *m.* **3.** (Induˈstrie-*etc*)Baˌron *m*, Maˈgnat *m*: **beer ~** Bierkönig *m.* **4.** *her. jur.* Ehemann *m.* **5.** *gastr.* ungeteilte Lendenstücke *pl*: **~ of beef.** **ˈbar·on·age** [-ɪdʒ] *s* **1.** *collect.* (Gesamtheit *f* der) Baˈrone *pl.* **2.** Verzeichnis *n* der Baˈrone. **3.** Rang *m od.* Würde *f* e-s Baˈrons. **ˈbar·on·ess** *s* **1.** a) Baˈronin *f*, b) Baroˈneß *f*, Baroˈnesse *f.* **2.** (*nichtbrit.*) Baˈronin *f*, Freifrau *f.*

bar·on·et [ˈbærənɪt] **I** *s* Baronet *m* (*Angehöriger des niederen brit. Adels,*

zwischen **knight** *u.* **baron** *stehend*). **II** *v/t* zum Baronet ernennen. **ˈbar·on·et·age** [-ɪdʒ] *s* **1.** *collect.* (Gesamtheit *f* der) Baronets *pl.* **2.** Verzeichnis *n* der Baronets. **3.** Rang *m od.* Würde *f* e-s Baronets.
ˈbar·on·et·cy → **baronetage** 3.
ba·ro·ni·al [bəˈrəʊnjəl; -nɪəl] *adj* **1.** Barons... **2.** prunkvoll, großartig. **bar·o·ny** [ˈbærənɪ] *s* **1.** Baroˈnie *f*: a) Herrschaftsgebiet *n* e-s Baˈrons, b) Rang *m od.* Würde *f* e-s Baˈrons. **2.** Macht- *od.* Einflußbereich *m* e-s (Induˈstrie- *etc*)Baˌrons.
ba·roque [bəˈrɒk; bəˈrəʊk; *Am. a.* bəˈrɑk] **I** *adj* **1.** *art etc* baˈrock, Barock... **2.** *fig.* baˈrock: a) überˈladen, prunkvoll, b) überˈsteigert, c) verschnörkelt, d) biˈzarr, seltsam. **3.** baˈrock, schiefrund (*Perlen*). **II** *s* **4.** Baˈrock *n, m*: a) Baˈrockstil *m*, b) Baˈrockzeitalter *n*. **5.** baˈrockes Kunstwerk. **6.** Baˈrockperle *f*.
bar·o·scope [ˈbærəskəʊp] *s phys.* Baroˈskop *n*, Schweremesser *m*.
ba·rouche [bəˈruːʃ] *s* Landauer *m*, (viersitzige) Kaˈlesche.
bar par·lour *s Br.* Schank-, Gaststube *f*.
barque → **bark**[3].
bar·quen·tine → **barkentine**.
bar·rack[1] [ˈbærək] **I** *s* **1.** Baˈracke *f*, Hütte *f*. **2.** *meist pl* (*aber meist als sg konstruiert*) *mil.* Kaˈserne *f*: **~(s) bag** Kleidersack *m*; **~(s) square** (*od.* **yard**) Kasernenhof *m*; **~s stores** *Br.* Unterkunftsgerät *n*. **3.** *meist pl* (*aber meist als sg konstruiert*) *contp.* ˈMietskaˌserne *f*. **II** *v/t* **4.** in Baˈracken *od.* Kaˈsernen ˈunterbringen, kaserˈnieren.
bar·rack[2] [ˈbærək] *Br. u. Austral. colloq.* **I** *v/t* **1.** ausbuhen, auspfeifen, *Redner a.* niederbrüllen, -schreien. **II** *v/i* **2.** buhen, pfeifen. **3.** ~ **for** schreien für, (lautstark) anfeuern.
bar·ra·cou·ta [ˌbærəˈkuːtə] *pl* **-tas,** *bes. collect.* **-ta, ˌbar·raˈcu·da** [-ˈkjuːdə; *Am.* -ˈkuː-] *pl* **-das,** *bes. collect.* **-da** *ichth.* Barraˈkuda *m*, Pfeilhecht *m*.
bar·rage[1] [ˈbærɑːʒ; *Am.* bəˈrɑːʒ] **I** *s* **1.** *mil.* a) Sperrfeuer *n*, b) (Balˈlon-, Minen- *etc*)Sperre *f*: **~ balloon** Sperrballon *m*; **~ jamming** (*Radar*) Teppich-, Sperrstörung *f*; **~ reception** (*Radio*) Richtempfang *m*; → **creeping barrage**, *etc.* **2.** (Pfeil-, Stein- *etc*)Hagel *m*. **3.** *fig.* Hagel *m*, (Wort-, Rede)Schwall *m*: **a ~ of questions** ein Schwall von Fragen. **II** *v/t* **4.** *mil.* mit Sperrfeuer belegen. **5.** *fig.* bombarˈdieren, eindecken (**with** mit *Fragen etc*). **III** *v/i* **6.** *mil.* Sperrfeuer schießen.
bar·rage[2] [ˈbærɑːʒ; *Am.* ˈbɑːrɪdʒ] *s tech.* Damm *m*, *bes.* Talsperre *f*, Staudamm *m*.
bar·ran·ca [bəˈræŋkə], **barˈran·co** [-kəʊ] *pl* **-cos** *s geol. Am.* Wasserriß *m*, tiefe Schlucht.
bar·ra·tor, *a.* **bar·ra·ter** [ˈbærətə(r)] *s* **1.** *mar.* j-d, der e-e Baratteˈrie (→ **barratry** 1) begeht. **2.** *jur.* schikaˈnöser Proˈzeßstifter, Queruˈlant *m*. **3.** j-d, der öffentliche *od.* geistliche Ämter kauft *od.* verkauft.
bar·ra·try [ˈbærətrɪ] *s* **1.** *mar.* Baratteˈrie *f* (*Veruntreuung durch Schiffsführer od. Besatzung gegenüber dem Reeder od. Charterer*). **2.** *jur.* a) schikaˈnöses Prozesˈsieren, b) Anstiftung *f* zu mutwilliger Klageführung. **3.** Kauf *m od.* Verkauf *m* von öffentlichen *od.* geistlichen Ämtern, *relig. a.* Simoˈnie *f*.
barred [bɑː(r)d] *adj* **1.** (ab)gesperrt, verriegelt. **2.** vergittert, Gitter...: **~ windows**. **3.** gestreift. **4.** *mus.* mit Taktstrichen unterˈteilt.
bar·rel [ˈbærəl] **I** *s* **1.** Faß *n*, Tonne *f* (*a. als Maß*), (*als Rohölmaß meist*) Barrel *n*: **~ cargo** Faßladung *f*; **by the ~** faßweise; **to have s.o. over a ~** *colloq.* j-n in der Hand haben; **to scrape the ~** *colloq.* auf dem letzten Loch pfeifen. **2.** Faß(voll) *n*. **3.** *colloq.* ‚Haufen' *m*, große Menge: **a ~** (*od.* **~s**) **of money**; **we had a ~ of fun** wir hatten jede Menge Spaß. **4.** *tech.* a) Walze *f*, Rolle *f*, Trommel *f*, b) Lauf-, Zyˈlinderbüchse *f*, c) (Gewehr)Lauf *m*, (Geschütz-)Rohr *n*, d) Federgehäuse *n* (*der Uhr*), e) Stiefel *m*, Kolbenrohr *n* (*e-r Pumpe*), f) Rumpf *m* (*e-s Dampfkessels*), g) Tintenbehälter *m* (*e-r Füllfeder*), h) Glockenkörper *m*, i) Walze *f* (*der Drehorgel*), j) (rundes) Gehäuse. **5.** *med.* Zyˈlinder *m* (*der Spritze*). **6.** *orn.* Kiel *m* (*e-r Feder*). **7.** Rumpf *m* (*e-s Pferdes od. Ochsen*). **II** *v/t pret u. pp* **-reled,** *bes. Br.* **-relled** **8.** in Fässer packen *od.* füllen. **9.** *Am. colloq.* a) schnell befördern, b) rasen mit: **he ~ed his car to the nearest hospital**. **III** *v/i* **10.** *meist* **~ along** *Am. colloq.* (daˈhin)rasen. **~ burst** *s mil.* ˈRohrkreˌpierer *m*. **~ chair** *s* Wannensessel *m*. **ˈ~-ˌchest·ed** *adj* mit gewölbter Brust: **to be ~** e-e gewölbte Brust haben. **~ com·pass** *s tech.* Trommelkompaß *m*.
bar·reled, *bes. Br.* **bar·relled** [ˈbærəld] *adj* **1.** faßförmig. **2.** in Fässer gefüllt: **~ beer** Faßbier *n*. **3.** *in Zssgn* ...läufig (*Gewehr etc*): **double-~**. **4.** gewölbt: **~ road**.
bar·rel·ful [ˈbærəlfʊl] *s* Faß(voll) *n*.
ˈbar·relˌhouse *s Am. colloq.* Speˈlunke *f*, Kneipe *f*.
ˈbar·relled *bes. Br. für* **barreled**.
ˈbar·rel|ˌmak·er *s* Faßbinder *m*. **~ or·gan** *s mus.* **1.** Orgelwalze *f* (*mechanische Orgel*). **2.** Drehorgel *f*, Leierkasten *m*. **~ roll** *s aer.* Rolle *f* (*im Kunstflug*). **ˈ~-roll** *v/i aer.* e-e Rolle ausführen. **~ roof** *s arch.* Tonnendach *n*. **ˈ~-roofed** *adj arch.* mit Tonnendach: **~ vault** Tonnengewölbe *n*. **~ saw** *s tech.* zyˈlinderförmige Rundsäge. **~ shut·ter** *s phot.* Trommelverschluß *m*. **~ switch** *s electr.* Walzenschalter *m*. **~ vault** *s arch.* Tonnengewölbe *n*.
bar·ren [ˈbærən] **I** *adj* (*adv* **~ly**) **1.** unfruchtbar: a) steˈril (*Mensch, Tier, Pflanze*), b) öde, dürr, kahl, ˈunproduktˌtiv (*Land*). **2.** *fig.* a) öde, trocken, ˈuninteresˌsant, b) seicht, c) dürftig, armselig. **3.** *fig.* (*geistig*) ˈunproduktˌtiv: **a ~ phase**. **4.** *fig.* leer, arm (**of** an *dat*): **his speech was ~ of wit** s-r Rede fehlte der *od.* jeglicher Witz. **5.** nutzlos: **a ~ conquest**; **~ capital** *econ.* totes Kapital; **a ~ title** ein leerer Titel. **6.** milchlos (*Kuh*). **7.** *geol.* taub (*Gestein*). **II** *s* **8.** *meist pl Am.* Ödland *n*.
ˈbar·ren·ness *s* **1.** Unfruchtbarkeit *f* (*a. fig.*). **2.** *fig.* Trockenheit *f*, ˈUninteresˌsantheit *f*. **3.** *fig.* (*geistige*) ˈUnproduktiviˌtät. **4.** *fig.* Armut *f* (**of** an *dat*).
bar·ri·cade [ˌbærɪˈkeɪd; *Am. a.* ˈbærəˌkeɪd] **I** *s* **1.** Barriˈkade *f* (*a. fig.*): **to go to** (*od.* **mount**) **the ~s** *fig.* auf die Barrikaden gehen *od.* steigen. **2.** Hindernis *n*. **3.** *fig.* Schutzwall *m*. **II** *v/t* **4.** verbarrikaˈdieren, verrammeln: **to ~ o.s.** (**in**) sich verbarrikadieren; **to ~ off** *Straße etc* durch Barrikaden versperren; **his mind was ~d against new ideas** er war neuen Ideen gegenüber (völlig) unzugänglich.
bar·ri·er [ˈbærɪə(r)] *s* **1.** Schranke *f* (*a. fig.*), Barriˈere *f*, Sperre *f*. **2.** Schlag-, Grenzbaum *m*. **3.** *phys.* Schwelle *f*, (Schall)Mauer *f*. **4.** *a.* **~ bar, ~ beach** *geol.* der Küste vorgelagerte Barriˈere, freier Strandwall. **5.** *oft* **B~** *geogr.* ˈEisbarriˌere *f* der Antˈarktis. **6.** *Pferderennen*: ˈStartmaˌschine *f*. **7.** *Verpackungstechnik*: Isoˈlierung *f* (*gegen Hitze etc*). **8.** *fig.* Hindernis *n* (**to** für). **9.** *fig.* Mauer *f*: **a ~ of distrust**. **10.** Grenze *f*. **11.** *pl hist. Turnier, bei dem über e-e Schranke hinweg gekämpft wurde.* **~ cream** *s* Schutzcreme *f*. **~ gear** *s mil.* Fangvorrichtung *f* (*auf e-m Flugzeugträger*). **ˈ~-grid stor·age tube** *s electr.* Sperrgitterröhre *f*.
bar·ring [ˈbɑːrɪŋ] *prep* abgesehen von, ausgenommen: **~ rain** falls *od.* wenn es nicht regnet; **~ errors** Irrtümer vorbehalten.
bar·ris·ter [ˈbærɪstə(r)] *s jur.* **1.** *Br.* Barrister *m* (*vor den höheren Gerichten plädierender Rechtsanwalt*; *voller Titel*: **~-at-law**; *Ggs.* **solicitor**). **2.** *Am. allg.* Rechtsanwalt *m*.
ˈbarˌroom *Am. für* **bar parlour**.
bar·row[1] [ˈbærəʊ] *s* **1.** (Obst- *etc*)Karre(n *m*) *f* (*e-s Straßenhändlers*). **2.** Handkarre(n *m*) *f*. **3.** Schubkarre(n *m*) *f*. **4.** Gepäckkarre(n *m*) *f*.
bar·row[2] [ˈbærəʊ] *s* **1.** *Archäologie*: Tumulus *m*, Hügelgrab *n*. **2.** Hügel *m*.
bar·row[3] [ˈbærəʊ] *s agr.* Bork *m*, Borg *m* (*im Ferkelalter kastriertes Schwein*).
bar·row| boy *s*, **ˈ~·man** [-mən] *s irr* Straßenhändler *m*.
bar| shoe *s tech.* Ringeisen *n* (*hinten geschlossenes Hufeisen*). **~ shot** *s mil. hist.* Stangenkugel *f*. **~ sight** *s mil.* ˈStangenviˌsier *n*. **~ sin·is·ter** *s* **1.** *her.* Schrägˈlinksbalken *m* (*als Zeichen unehelicher Geburt*). **2.** *fig.* Stigma *n*, Schandfleck *m*. **~ spring** *s tech.* Stabfeder *f*. **~ steel** *s tech.* Stangenstahl *m*. **ˈ~stool** *s* Barhocker *m*. **ˈ~ˌtend·er** *s bes. Am.* Barmann *m*, Barkeeper *m*, Barmixer *m*.
bar·ter [ˈbɑː(r)tə(r)] **I** *v/i* **1.** Tauschhandel treiben. **2.** verhandeln: **to ~ for peace** über e-n Frieden verhandeln. **II** *v/t* **3.** (im Handel) (ein-, ˈum)tauschen, austauschen (**for, against** gegen): **to ~ away** a) im Tausch weggeben, b) verschleudern, -schachern (*a. fig.*), c) (ohne entsprechende Gegenleistungen) verzichten auf (*Freiheit, Rechte etc*). **III** *s* **4.** Tausch(handel *m*, -geschäft *n*) *m* (*a. fig.*): **~ shop** (*bes. Am.* **store**) Tauschladen *m*; **~ transaction** *econ.* Tausch-, Kompensationsgeschäft *n*. **5.** ˈTauschobˌjekt *n*.
ˈbar·ter·er *s* Tauschhändler *m*.
Bar·tho·lin's glands [ˈbɑː(r)θəlɪnz; *Am. a.* ˈbɑrtlənz] *s pl anat.* Bartholin-Drüsen *pl*.
Bar·thol·o·mew [bɑː(r)ˈθɒləmjuː; *Am.* -ˈθɑ-] *npr Bibl.* Bartholoˈmäus *m*: (**St.**) **~'s Day, ~tide** Bartholomäustag *m* (*24. August*).
bar·ti·zan [ˈbɑː(r)tɪzən; ˌbɑː(r)tɪˈzæn] *s arch.* Erkertürmchen *n*.
bar·ton [ˈbɑːtn] *Br. obs. für* **farmyard**.
bar trac·er·y *s arch.* Maßwerk *n* in Querstrichen.
bar| wind·ing *s electr.* Stabwicklung *f*. **ˈ~wise** *adv her.* horizonˈtal. **ˈ~-wound ar·ma·ture** *s electr.* Stabanker *m*, Anker *m* mit Stabwicklung.
ˈbar·yˌcen·ter, *bes. Br.* **ˈbar·yˌcen·tre** [ˈbærɪ-] *s phys.* Baryzentrum *n*, Schwerpunkt *m*.
bar·y·on [ˈbærɪɒn; *Am.* -ˌɑn] *s phys.* Baryon *n* (*Elementarteilchen, dessen Masse mindestens so groß ist wie die e-s Protons*).
ˈbar·yˌsphere [ˈbærɪ-] *s geol.* Baryˈsphäre *f* (*innerster Teil der Erde*).
ba·ry·ta [bəˈraɪtə] *s chem.* ˈBariumoˌxid *n*.
ba·ry·tes [bəˈraɪtiːz] *pl* **-tes** *s min.* Baˈryt *m*, Schwerspat *m*.
ba·ryt·ic [bəˈrɪtɪk] *adj min.* Baryt...
bar·y·tone → **baritone**.
bas·al [ˈbeɪsl] *adj* (*adv* **~ly**) **1.** an der Basis *od.* Grundfläche befindlich, baˈsal, Grund... **2.** *fig.* grundlegend, fundamenˈtal, Grund... **3.** *biol.* baˈsal, basisständig, Basal... **~ bod·y** *s biol.* Baˈsalkörperchen

n. ~ **cell** *s biol.* Grund-, Ba'salzelle *f.* ~ **leaf** *s irr bot.* grundständiges Blatt. ~ **met·a·bol·ic rate** *s med.* 'Grund͵umsatz *m.* ~**me·tab·o·lism** *s med.* Grundstoffwechsel *m.*

ba·salt ['bæsɔːlt; bə'sɔːlt] *s* **1.** *geol.* Ba'salt *m.* **2.** Ba'saltgut *n* (*schwarzes Steingut*).

ba·sal·tic [bə'sɔːltɪk] *adj geol.* ba'saltisch, Basalt...

bas·an ['bæzən] *s* Ba'sane *f* (*für Bucheinbände verwendetes* [*braunes*] *Schafleder*).

bas·a·nite ['bæsənaɪt; -zə-] *s min.* Basa'nit *m.*

bas·cule ['bæskjuːl] *s tech.* Hebebaum *m*: ~ **bridge** Hub-, Klappbrücke *f.*

base[1] [beɪs] **I** *s* **1.** *a. fig.* Basis *f*, Grundlage *f*, Funda'ment *n* (*a. arch.*). **2.** *fig.* Ausgangspunkt *m*, -basis *f.* **3.** Grund-, Hauptbestandteil *m* (*e-r Arznei etc*), Grundstoff *m.* **4.** *chem.* Base *f.* **5.** *arch.* Basis *f*, Sockel *m*, Posta'ment *n* (*e-r Säule etc*). **6.** *math.* a) Basis *f*, Grundlinie *f od.* -fläche *f*, b) Träger *m* (*e-r Punktreihe*), c) Basis *f*, Grundzahl *f* (*e-s Logarithmen-od. Zahlensystems od. e-r Potenz*), d) Bezugsgröße *f.* **7.** *surv.* Standlinie *f.* **8.** *biol.* a) Befestigungspunkt *m* (*e-s Organs*), b) Basis *f*, 'Unterteil *n, m*: ~ **of the brain** *anat.* Gehirnbasis. **9.** *mil.* a) Standort *m*, b) (Operati'ons- *od.* Versorgungs)Basis *f*, Stützpunkt *m*, c) *aer.* Flugbasis *f*, *Am.* (Flieger)Horst *m*, d) E'tappe *f.* **10.** *Baseball*: Mal *n*: **to be off** ~ *Am. colloq.* auf dem Holzweg sein; **to catch s.o. off** ~ *Am. colloq.* j-n überraschen *od.* -rumpeln; **to get to first** ~ *Am. colloq.* e-n ersten (erfolgreichen) Schritt tun; **he didn't get to first** ~ **with her** *Am. colloq.* er hat bei ihr überhaupt nichts erreicht; **to touch** ~ **with** *Am. colloq.* sich in Verbindung setzen mit. **11.** *bei verschiedenen Spielen*: a) Start(punkt) *m*, b) Ziel (-punkt *m*) *n.* **12.** *ling.* Stamm *m.* **13.** *tech.* a) Mon'tage-, Grundplatte *f*, Sockel *m*, Gestell *n*, b) (Ge'häuse-, Ma'schinen-) ͵Unterteil *n, m*, c) Funda'ment *n*, 'Unterlage *f*, Bettung *f*, d) Sohle *f* (*e-r Mauer*), e) Trägerstoff *m* (*z. B. für Magnetschicht*), f) *mil.* (Geschoß)Boden *m.* **14.** *electr.* (Lampen-, Röhren)Sockel *m*, (-)Fassung *f.* **15.** *Färberei*: Beize *f.* **16.** *geol.* (*das*) Liegende.
II *v/t* **17.** stützen, gründen (**on, upon** auf *acc*): **to be** ~**d on** beruhen *od.* basieren auf (*dat*); **to** ~ **o.s. on** sich verlassen auf (*acc*); → **based** 1. **18.** *mil.* statio'nieren: → **based** 3 a. **19.** e-e Basis bilden für.
III *adj* **20.** als Basis dienend, Grund..., Ausgangs...

base[2] [beɪs] *adj* (*adv* ~**ly**) **1.** gemein, niedrig, niederträchtig. **2.** minderwertig. **3.** unedel: → **base metal**. **4.** falsch, unecht: ~ **coin** a) *Br.* Falschgeld *n*, b) *Am.* Scheidemünze *f.* **5.** *ling.* unrein, unklassisch. **6.** *jur. Br. hist.* dienend: ~ **estate** durch gemeine Dienstleistungen erworbenes Lehen. **7.** *mus. obs.* Baß...: ~ **tones** Baßtöne. **8.** *obs.* niedrigen Standes.

base| an·gle *s* **1.** *mil.* Grundrichtungswinkel *m.* **2.** *math.* Basiswinkel *m.* '~**ball** *s sport* **1.** Baseball(spiel *n*) *m.* **2.** Baseball *m.* '~͵**board** *s arch. Am.* Fuß-, Scheuerleiste *f.* '~**born** → **base**[2] 8, 9. ~ **camp** *s mount.* Basislager *n.* ~ **charge** *s* Hauptladung *f* (*Munition*). ~ **cir·cle** *s tech.* Grundkreis *m* (*von Zahnrädern*).

based [beɪst] *adj* **1.** (**on**) gegründet *od.* gestützt (auf *acc*), beruhend (auf *dat*). **2.** *fig.* mit e-r (*fundierten etc*) Basis: **a soundly** ~ **argument** ein stichhaltiges Argument. **3.** (*in Zssgn*) a) *mil.* mit ... (*dat*) als Stützpunkt, statio'niert in (*dat*): **a London-**~ **unit**, b) *econ. etc* mit Sitz in (*dat*): **a Liverpool-**~ **firm**.

base| de·pot *s mil.* 'Hauptde͵pot *n.* ~ **ex·change** *s chem.* Basenaustausch *m.* ~ **hos·pi·tal** *s Austral. Krankenhaus mit e-m großen ländlichen Versorgungsgebiet.*

'**base·less** *adj* grundlos, unbegründet.

base| line *s* **1.** Grundlinie *f.* **2.** *surv.* Standlinie *f.* **3.** *mil.* a) *bes. Radar*: Basislinie *f*, b) Grundrichtungslinie *f.* **4.** *sport* a) *Baseball*: *Verbindungslinie zwischen den Malen*, b) *Tennis*: Grundlinie *f.* '~**-line** *adj Tennis*: Grundlinien...: ~ **duel** (**player**, *etc*). '~͵**lin·er** *s Tennis*: Grundlinienspieler(in). ~ **load** *s electr.* Grundlast *f*, -belastung *f.* '~**man** [-mən] *s irr Baseball*: Malhüter *m.*

'**base·ment** *s arch.* **1.** Kellergeschoß *n.* **2.** Grundmauer(n *pl*) *f.*

base| met·al *s tech.* **1.** unedles Me'tall. **2.** Hauptbestandteil *m* (*e-r Legierung*). ͵~-'**mind·ed** → **base**[2] 1.

'**base·ness** *s* **1.** Gemeinheit *f*, Niedrigkeit *f*, Niederträchtigkeit *f.* **2.** Minderwertigkeit *f.* **3.** Unechtheit *f.* **4.** *obs.* Niedrigkeit *f* (*der Geburt*). **5.** *obs.* Unehelichkeit *f.*

base| pin *s electr.* Sockelstift *m.* ~ **plate** → **base**[1] 13 a. ~ **price** *s econ.* Grundpreis *m.* ~ **rate** *s econ. Br.* Eckzins *m.*

ba·ses ['beɪsiːz] *pl von* **basis**.

base| time *s econ.* (für e-n Arbeitsvorgang benötigte) Grundzeit (*ohne Erholungszuschläge etc*). ~ **wal·lah** *s mil. Br. sl.* ‚E'tappenschwein' *n.*

bash [bæʃ] *colloq.* **I** *v/t* **1.** heftig schlagen, *j-n* verprügeln: **he** ~**ed his finger with a hammer** er drosch sich mit dem Hammer auf den Finger; **she** ~**ed him on the head with her umbrella** sie schlug ihm den Schirm über den Kopf; **to** ~ **one's head against** sich den Kopf anschlagen an (*dat*), mit dem Kopf ‚knallen' gegen; **to** ~ **down** *Tür* einschlagen; **to** ~ **in** a) *Fenster etc* einschlagen, b) *Kotflügel etc* ein-, verbeulen; **to** ~ **s.o.'s head in** j-m den Schädel einschlagen; **to** ~ **up** a) *j-n* zs.-schlagen, krankenhausreif schlagen, b) *Auto etc* zu Schrott fahren. **II** *v/i* **2.** ~ **into** ‚knallen' *od.* krachen gegen: **the car** ~**ed into a tree**. **III** *s* **3.** *bes. Br.* ‚Pfund' *n* (*heftiger Schlag*): **to give s.o. a** ~ (**on the nose**) j-m ‚ein Ding (auf die Nase) verpassen'. **4.** *bes. Br.* Beule *f* (*am Auto etc*): **my car has had a** ~ mein Auto hat etwas *od.* e-e Beule abgekriegt. **5.** *Br.* ausgelassene Party. **6.** *Br.* Versuch *m*: **to have a** ~ e-n Versuch wagen; **to have a** ~ **at s.th.** es mit etwas probieren.

ba·shaw [bə'ʃɔː] *s hist. u. fig.* Pascha *m.*

'**bash·ful** *adj* (*adv* ~**ly**) schüchtern, verschämt, scheu. '**bash·ful·ness** *s* Schüchternheit *f*, Scheu *f.*

bas·ic[1] ['beɪsɪk] **I** *adj* (*adv* → **basically**) **1.** grundlegend, Grund...: ~ **driving** *bes. mil.* elementare Fahrschulung; ~ **facts** grundlegende Tatsachen, Grundlagen; ~ **fee** Grundgebühr *f*; ~ **flying training** *aer.* fliegerische Grundausbildung; ~ **material** *tech.* Ausgangsmaterial *n*, Grundstoff *m*; ~ **position** Grundposition *f*; → **knowledge** 2. **2.** *biol. chem. geol. min.* basisch. **3.** *metall.* im Thomasverfahren 'hergestellt, Thomas... **4.** *electr.* ständig (*Belastung*). **II** *s* **5.** *pl* Grundlagen *pl.* **6.** *Am.* → **basic training**.

BAS·IC[2] ['beɪsɪk] *s Computer*: BASIC *n* (*e-e Computersprache*).

'**bas·i·cal·ly** *adv* **1.** im Grunde. **2.** im wesentlichen.

bas·ic| Bes·se·mer con·vert·er steel *s tech.* Thomas(fluß)stahl *m.* ~ **Bes·se·mer pro·cess** → **basic process**. **B**~ **Eng·lish** *s* Basic Englisch *n* (*auf 850 Grundwörter beschränktes u. in der Grammatik vereinfachtes Englisch; von C. K. Ogden*). ~ **food** *s*, ~ **food-stuffs** *s pl* Grundnahrungsmittel *pl.* ~ **for·mu·la** *s a. irr math.* Grundformel *f.* ~ **in·dus·try** *s* 'Grund(stoff)-, 'Schlüsselindu͵strie *f.*

ba·sic·i·ty [beɪ'sɪsətɪ] *s chem.* **1.** Basei'tät *f*, Basizi'tät *f* (*e-r Säure*). **2.** basischer Zustand.

bas·ic| law *s pol.* Grundgesetz *n.* ~ **load** *s electr.* ständige Grundlast. ~ **op·er·a·tion** *s math.* 'Grundrechnung *f*, -operati͵on *f.* ~ **pro·cess** *s metall.* basisches Verfahren, Thomasverfahren *n.* ~ **pro·te·in** *s biol.* Al'kalieiweiß *n.* ~ **re·search** *s* Grundlagenforschung *f.* ~ **sal·a·ry** *s econ.* Grundgehalt *n.* ~ **set** *s Zwölftonmusik*: Reihe *f.* ~ **size** *s tech.* Sollmaß *n.* ~ **steel** *s tech.* Thomasstahl *m.* ~ **train·ing** *s mil.* Grundausbildung *f.* ~ **wage** *s meist pl econ.* Grundlohn *m.*

ba·si·fy ['beɪsɪfaɪ] *v/t chem.* basisch machen.

bas·il ['bæzl; *Am. a.* 'beɪ-] *s bot.* a) **sweet** ~ Ba'silienkraut *n*, Ba'silikum *n*, b) *a.* ~ **bush**, **lesser** ~ Kleine 'Nelkenba͵silie.

bas·i·lar ['bæsɪlə(r)] *adj* **1.** *bot.* grundständig, Grund... **2.** *med.* basi'lar, die Schädelbasis betreffend. **3.** grundlegend, Grund...: ~ **instinct** Grundtrieb *m.*

ba·sil·i·ca [bə'zɪlɪkə; -'sɪ-] *s arch.* Ba'silika *f.*

bas·i·lisk ['bæzɪlɪsk; *Am. a.* -sə-] **I** *s* **1.** Basi'lisk *m* (*Fabeltier*). **2.** *zo.* Basi'lisk *m*, Kroneidechse *f.* **II** *adj* **3.** Basilisken...: ~ **eye**.

ba·sin ['beɪsn] *s* **1.** (Wasser-, Wasch-*etc*)Becken *n*, Schale *f.* **2.** Becken(voll) *n.* **3.** (*einzelne*) Waagschale. **4.** a) Bas'sin *n*, Wasserbecken *n*, -behälter *m*, b) Teich *m*, c) Bai *f*, kleine Bucht, d) Hafenbecken *n*, Innenhafen *m*, e) *mar. tech.* Dock(raum *m*) *n*, f) Schwimmbecken *n*, Bas'sin *n.* **5.** *opt.* Schleifschale *f.* **6.** Einsenkung *f*, Vertiefung *f.* **7.** *geol.* a) Bas'sin *n*, Becken *n*, b) (Senkungs)Mulde *f*, Kessel *m*, c) (Fluß-, See)Becken *n*, Stromgebiet *n.* **8.** *anat.* a) dritte Gehirnhöhlung, b) (Rumpf- *etc*)Becken *n.*

bas·i·net ['bæsɪnet; *Am.* ͵bæsə'net] *s mil. hist.* Kesselhaube *f.*

'**ba·sin·ful** [-fʊl] *s* Becken(voll) *n*: **to have had a** ~ **of** *colloq.* ‚die Nase voll haben' von.

ba·sis ['beɪsɪs] *pl* **-ses** [-siːz] *s* **1.** *bes. arch.* Basis *f*, Grund *m*, Funda'ment *n.* **2.** → **base**[1] 3 *u.* 8 b. **3.** *mil.* (Operati'ons)Basis *f*, Stützpunkt *m.* **4.** *fig.* Basis *f*, Grundlage *f*: **on the** ~ **of** auf der Basis von (*od. gen*); ~ **of discussion** Diskussionsgrundlage; ~ **of comparison** Vergleichsbasis; **to form** (*od.* **lay**) **the** ~ **of s.th.** den Grund zu etwas legen; **to take as a** ~ *etwas* zugrunde legen. **5.** *math.* a) Grund-, Basisfläche *f*, b) Grundlinie *f*, Basis *f.*

bask [bɑːsk; *Am.* bæsk] *v/i* **1.** sich (wohlig) wärmen, sich aalen, sich sonnen (*a. fig.*): **to** ~ **in the sun(shine)** ein Sonnenbad nehmen; **to** ~ **in s.o.'s admiration** *fig.* sich in j-s Bewunderung sonnen. **2.** *fig.* (**in**) schwelgen (in *dat*), genießen (*acc*).

bas·ket ['bɑːskɪt; *Am.* 'bæskət] **I** *s* **1.** Korb *m* (*a. als Maß*): **what's left in the** ~ was übrigbleibt, der schäbige Rest; → **egg**[1] 1, **pick**[1] 4. **2.** Korb(voll) *m*: **a** ~ **of potatoes**. **3.** a) *pol.* Korb *m*, Pa'ket *n*, b) Gruppe *f*, Reihe *f.* **4.** *Basketball*: a) Korb *m*, b) Treffer *m*, Korb *m.* **5.** *mil. hist.* Säbelkorb *m.* **6.** *aer.* (Passa'gier-) Korb *m*, Gondel *f.* **7.** *bes. Bergbau*: Fördergefäß *n.* **8.** (Typen)Korb *m* (*der Schreibmaschine*). **9.** *colloq.* Blödmann *m*, Idi'ot *m.* **II** *v/t* **10.** in e-n Korb *od.* Körbe legen *od.* verpacken. '~**ball** *s sport* **1.** Basketball(spiel *n*) *m.* **2.** Basketball *m.* ~ **case** *s Am.* **1.** ˈArm- u. ˈBeinampuˌtierte(r *m*) *f.* **2.** *sl.* Nervenbündel *n.* ~ **chair** *s* Korbsessel *m.* ~ **din·ner** *s Am.* Picknick *n.*

ˈ**bas·ket·ful** [-fʊl] *s* Korb(voll) *m.*

ˈ**bas·ket|-ˌhan·dle** *s arch.* Korbhenkel-, Stichbogen *m.* ~ **hilt** *s mil. hist.* Säbelkorb *m.* ~ **lunch** *s Am.* Picknick *n.* ~ **mak·er** *s* **1.** Korbmacher *m*, -flechter *m.* **2. B**~ **M**~ Korbflechter *m* (*prähistorischer Bewohner der südwestl. USA u. angrenzender Gebiete Mexikos*). ~ **o·sier** *s bot.* Korbweide *f.*

bas·ket·ry [ˈbɑːskɪtrɪ; *Am.* ˈbæs-] *s* Korbwaren *pl.*

ˈ**bask·ing shark** *s ichth.* Riesenhai *m.*

bas·oid [ˈbeɪsɔɪd] *agr.* **I** *adj* alˈkalisch. **II** *s* alˈkalischer Boden.

Basque [bæsk] **I** *s* **1.** Baske *m*, Baskin *f.* **2.** *ling.* Baskisch *n*, das Baskische. **II** *adj* **3.** baskisch.

bas-re·lief [ˈbæsrɪˌliːf; *bes. Am.* ˌbɑːrɪˈliːf] *s art* ˈBas-, ˈFlachreliˌef *n.*

bass[1] [beɪs] *mus.* **I** *s* Baß *m*: a) Baßstimme *f*, b) Baßsänger *m*, Basˈsist *m*, c) ˈBaßparˌtie *f*, d) ˈBaßinstruˌment *n*, *bes.* Streich-, Kontrabaß *m.* **II** *adj* tief, Baß...

bass[2] [bæs] *pl* ˈ**bass·es**, *bes. collect.* **bass** *s ichth.* (Fluß- *od.* See)Barsch *m.*

bass[3] [bæs] *s* **1.** (Linden)Bast *m.* **2.** → basswood. **3.** Bastmatte *f.*

bass| bar [beɪs] *s mus.* (Baß)Balken *m.* ~ **clar·i·net** *s mus.* ˈBaßklariˌnette *f.* ~ **clef** *s mus.* Baßschlüssel *m.* ~ **con·trol** *s Radio*: Baßregler *m.* ~ **drum** *s mus.* große Trommel, Baßtrommel *f.*

bas·set[1] [ˈbæsɪt] *s zo.* Basset *m.*

bas·set[2] [ˈbæsɪt] *Bergbau* **I** *s* Ausgehende(s) *n* e-s Flözes. **II** *adj* (zu Tage) ausgehend.

bas·set| horn *s mus. hist.* Basˈsetthorn *n.* ~ **hound** → basset[1].

bass| gui·tar [beɪs] *s mus.* ˈBaßgiˌtarre *f.* ~ **horn** *s mus.* **1.** Baßtuba *f.* **2.** (Englisch)Baßhorn *n.*

bas·si [ˈbæsɪ; *Am.* ˈbɑːsiː] *pl von* basso.

bas·si·net [ˌbæsɪˈnet] *s* a) Korbwiege *f*, b) Korbkinderwagen *m* (*mit Verdeck*), c) *Am.* Korbkindertrage *f.*

bass·ist [ˈbeɪsɪst] *s* Basˈsist *m* (*Sänger u., bes. in e-r Jazzband, Instrumentalist*).

bas·so [ˈbæsəʊ; *Am. a.* ˈbɑː-] *pl* **-sos, -si** [ˈbæsɪ; *Am.* ˈbɑːsiː] *s* Basˈsist *m*, Baßsänger *m.* ~ **con·tin·u·o** *pl* **-so -os** *s mus.* Geneˈralbaß *m.*

bas·soon [bəˈsuːn] *s mus.* Faˈgott *n.* **basˈsoon·ist** *s* Fagotˈtist *m.*

bas·so| pro·fun·do [prəʊˈfʌndəʊ] *pl* **-si -di** [-dɪ], **-so -dos** *s mus.* tiefer Baß (*Stimme od. Sänger*). ˌ~**-reˈlie·vo** [ˌ-rɪˈliːvəʊ] → bas-relief.

bass| trom·bone [beɪs] *s mus.* ˈBaßpoˌsaune *f.* ~ **vi·ol** *s mus.* **1.** Gambe *f.* **2.** Kontrabaß *m.*

ˈ**bass·wood** [ˈbæs-] *s bot.* **1.** (*bes.* Schwarz)Linde *f.* **2.** Linde(nholz *n*) *f.*

bast [bæst] *s* **1.** *bot.* Bast *m.* **2.** Bastmatte *f.*

bas·tard [ˈbɑːstə(r)d; *bes. Am.* ˈbæs-] **I** *s* **1.** Bastard *m*: a) Bankert *m*, uneheliches Kind, b) *biol.* Mischling *m.* **2.** *fig.* a) Nachahmung *f*, Fälschung *f*, b) Scheußlichkeit *f.* **3.** *sl.* a) *contp.* ‚Schweinˈ *n*, ‚Scheißkerlˈ *m*, b) Kerl *m*, Bursche *m*: **a fine** ~; **a poor** ~ ein armer Hund, ein armes Schwein, c) **that job is a real** ~ diese Arbeit ist einfach ‚beschissenˈ; **this** ~ **of a headache** diese verfluchten Kopfschmerzen. **4.** unreiner, grober Braunzucker. **II** *adj* **5.** unehelich. **6.** *biol.* Bastard..., Mischlings..., falsch. **7.** *fig.* nachgemacht, unecht, verfälscht, Bastard..., Zwitter..., Pseudo... **8.** *fig.* abˈnorm, von der Norm abweichend: ~ **size** *tech.* Abmaß *n*, Maßabweichung *f.*

bas·tard| a·ca·cia *s bot.* Roˈbinie *f*, Falsche Aˈkazie. ~ **file** *s tech.* Bastard-, Vorfeile *f.*

bas·tard·ize [ˈbæstə(r)daɪz] **I** *v/t* **1.** *jur.* für unehelich erklären. **2.** verfälschen, verderben. **3.** entarten lassen. **II** *v/i* **4.** entarten. ˈ**bas·tard·ized** *adj* entartet, Mischlings..., Bastard...

bas·tard| ribs *s pl anat.* kurze, falsche Rippen *pl.* ~ **rock·et** *s bot.* Ackersenf *m.* ~ **ti·tle** *s print.* Schmutztitel *m.* ~ **type** *s print.* Bastardschrift *f.*

ˈ**bas·tard·y** *s* uneheliche Geburt: ~ **procedure** Verfahren *n* zur Feststellung der (unehelichen) Vaterschaft u. Unterhaltspflicht.

baste[1] [beɪst] *v/t* **1.** (ver-, ˈdurch)prügeln, (ver)hauen. **2.** *fig.* beschimpfen, ˈherfallen über (*j-n*).

baste[2] [beɪst] *v/t e-n Braten* mit Fett begießen.

baste[3] [beɪst] *v/t* (an)heften.

bas·ti·na·do [ˌbæstɪˈneɪdəʊ; -ˈnɑː-] **I** *pl* **-does** *s* Bastoˈnade *f* (*Stockschläge auf die Fußsohlen*). **II** *v/t j-m* die Bastoˈnade geben.

ˈ**bast·ing**[1] *s* (Tracht *f*) Prügel *pl.*

ˈ**bast·ing**[2] *s* **1.** Heften *n.* **2.** a) Heftfaden *m*, b) Heftnaht *f.*

bas·tion [ˈbæstɪən; *Am.* ˈbæstʃən] *s mil.* Bastiˈon *f*, Baˈstei *f*, Bollwerk *n* (*a. fig.*).

bat[1] [bæt] **I** *s* **1.** *bes. Baseball u. Kricket*: Schlagholz *n*, Schläger *m*: **to carry one's** ~ (*Kricket*) noch im Spiel sein; **off one's own** ~ *colloq.* auf eigene Faust; (**right**) **off the** ~ *Am. colloq.* auf Anhieb, prompt. **2.** *Tischtennis etc*: Schläger *m.* **3.** *Kricket*: Schläger *m*, Schlagmann *m.* **4.** Schlagen *n*: **to be at (the)** ~ → 11 b; **to go to** ~ **for s.o.** a) (*Baseball*) für j-n einspringen, b) *fig.* → 12. **5.** Knüttel *m*, Keule *f*, Stock *m.* **6.** *colloq.* Stockhieb *m.* **7.** *tech.* Schlegel *m.* **8.** *Br. colloq.* Tempo *n*: **a at fair** ~ mit e-m ganz schönen ‚Zahnˈ. **9.** *Am. sl.* ‚Saufeˈreiˈ *f*: **to go on a** ~ e-e ‚Sauftourˈ machen. **II** *v/t* **10.** *bes. den Ball* schlagen: **to** ~ **s.th. around** *Am. colloq.* etwas ‚bequatschenˈ *od.* diskutieren; **to** ~ **s.th. out** *Am. colloq.* etwas ‚hinhauenˈ (*schnell schreiben etc*); **to** ~ **s.th. out on the typewriter** *Am. colloq.* etwas heruntertippen. **III** *v/i* **11.** *Baseball, Kricket*: a) (*gut etc*) schlagen, b) am Schlagen *od.* dran sein. **12.** (**to go to**) ~ **for** *fig.* für *j-n* eintreten, sich für *j-n* einsetzen. **13.** ~ **around** *Am. colloq.* sich herˈumtreiben.

bat[2] [bæt] *s* **1.** *zo.* Fledermaus *f*: **to be (as) blind as a** ~ stockblind sein; **to have** ~**s in the belfry** *colloq.* ‚e-n Vogel habenˈ, verrückt sein. **2. B**~ *aer. mil.* radargelenkte Gleitbombe. **3.** *Am. sl.* a) ‚Nutteˈ *f* (*Prostituierte*), b) Schlampe *f.*

bat[3] [bæt] *v/t* mit (*den Augen*) blinzeln *od.* zwinkern: **to** ~ **one's eyes**; **without** ~**ting an eyelid** ohne mit der Wimper zu zucken; **I never** ~**ted an eyelid** ich habe (*in der Nacht*) kein Auge zugetan.

bat[4] [bæt] *s Br. Ind. colloq.* Jarˈgon *m* der Eingeborenen (*ursprünglich Indiens*): **to sling the** ~ die (Umgangs)Sprache der Einheimischen sprechen.

ba·ta·ta [bəˈtɑːtə] *s bot.* Baˈtate *f*, ˈSüßkarˌtoffel *f.*

Ba·ta·vi·an [bəˈteɪvjən; -vɪən] **I** *adj* **1.** *hist.* baˈtavisch. **2.** *obs. od. poet.* holländisch. **II** *s* **3.** *hist.* Baˈtavier(in). **4.** *obs. od. poet.* Holländer(in).

batch [bætʃ] **I** *s* **1.** Schub *m* (*auf einmal gebackene Menge Brot*): **a** ~ **of bread** ein Schub Brot. **2.** Schub *m*, Schwung *m*: a) Gruppe *f* (*von Personen*): **a** ~ **of prisoners** ein Trupp Gefangener, b) Satz *m* (*Muster etc*), Stapel *m*, Stoß *m* (*Briefe etc*), Parˈtie *f*, Posten *m* (*gleicher Dinge*): **in** ~**es**, ~**wise** schubweise. **3.** *Computer*: Stapel *m.* **4.** *tech.* a) in ˈeinem Arbeitsgang erzeugte Menge, Schub *m*, b) für ˈeinen Arbeitsgang erforderliches Materiˈal, Satz *m*, Charge *f*, Füllung *f*, *z. B. Gießerei*: (Beschickungs)Schicht *f*, *Glasfabrikation*: (Glas)Satz *m.* **II** *v/t* **5.** schub- *od.* stoßweise verarbeiten *od.* zumessen, in Schübe *od.* Gruppen einteilen. **6.** → batch-process. ˈ~**-ˌpro·cess** *v/t Computer*: stapelweise verarbeiten. ~ **pro·cess·ing** *s Computer*: Stapelverarbeitung *f*, -betrieb *m.*

bate[1] [beɪt] **I** *v/t* **1.** *fig.* schwächen, vermindern, *j-s Neugier etc* mäßigen, *Preis, e-e Forderung etc* herˈabsetzen, *den Atem* anhalten: **with** ~**d breath** mit angehaltenem Atem, gespannt. **2.** *obs.* a) *etwas* ausnehmen: → **bating**, b) berauben (**s.o. s.th.** j-n e-r Sache). **II** *v/i* **3.** *dial.* sich vermindern, abnehmen.

bate[2] [beɪt] (*Gerberei*) **I** *s* Beizbrühe *f*, Ätzlauge *f.* **II** *v/t* in die Beizbrühe legen.

bate[3] [beɪt] *v/i* (*unruhig*) umˈherflattern (*Falke*).

bate[4] [beɪt] *s Br. colloq.* a) schlechte Laune, b) Wut *f.*

ba·teau [bæˈtəʊ] *pl* **-teaux** [-ˈtəʊ; -ˈtəʊz] *s Am. Canad.* leichtes flaches Flußboot. ~ **bridge** *s Am. Canad.* Ponˈtonbrücke *f.*

ˈ**bate·ment** *s arch.* Maßwerk *n*: ~ **light** Maßwerklichte *f.*

Bath[1] [bɑːθ] *npr* Bath *n* (*Stadt u. Badeort in England*).

bath[2] [bɑːθ; *Am.* bæθ] **I** *pl* **baths** [-ðz] *s* **1.** (Wannen)Bad *n*: **to take a** ~ a) *a.* **to have a** ~ baden, ein Bad nehmen, b) *Am. sl.* (*finanziell*) ‚baden gehenˈ (**on** bei). **2.** Badewasser *n.* **3.** (Bade)Wanne *f.* **4.** Bad *n*, Badezimmer *n.* **5.** *meist pl* Bad *n*: a) Badeanstalt *f*, b) Heil-, Kurbad *n*, Badeort *m.* **6.** *chem. phot.* a) Bad *n* (*Behandlungsflüssigkeit*), b) Behälter *m dafür.* **7. the (Order of the) B**~ *Br.* der Bathorden; **Knight of the B**~ Ritter *m* des Bathordens; **Knight Commander of the B**~ Komtur *m* des Bathordens. **II** *v/t* **8.** *Br. ein Kind etc* baden. **III** *v/i* **9.** *Br.* ein Bad nehmen.

Bath| brick *s* Putzstein *m.* ~ **bun** *s* Kuchen-, Roˈsinenbrötchen *n.* ~ **chair** *s* Rollstuhl *m* (*für Kranke*). ~ **chap** *s gastr.* Schweinebacke *f.*

bathe [beɪð] **I** *v/t* **1.** *e-e Wunde etc, bes. Am. ein Kind etc* baden: **to** ~ **o.s.** → 6. **2.** waschen. **3.** befeuchten, benetzen. **4.** *fig.* baden, (ein)tauchen (**in** in *acc*): ~**d in sunlight** sonnenüberflutet, in Sonnenlicht getaucht; ~**d in sweat** in Schweiß gebadet, schweißgebadet; ~**d in tears** in Tränen aufgelöst, tränenüberströmt. **5.** *poet.* bespülen. **II** *v/i* **6.** *bes. Am.* baden, ein Bad nehmen. **7.** baden, schwimmen. **8.** (Heil)Bäder nehmen. **9.** *fig.* sich baden, eingetaucht *od.* versunken sein, *a.* schwelgen (**in** in *dat*). **III** *s* **10.** *Br.* Bad *n* (*im Freien*): **to have** (*od.* **take**) **a** ~ → 7.

ba·thet·ic [bəˈθetɪk] *adj* **1.** triviˈal, platt. **2.** kitschig. **3.** voll von falschem Pathos.

ˈ**bath·house** *s* **1.** Bad *n*, Badeanstalt *f.* **2.** *Am.* ˈUmkleidekaˌbinen *pl.*

bath·ing [ˈbeɪðɪŋ] *s* Baden *n.* ~ **ac·cident** *s* Badeunfall *m.* ~ **beau·ty,** *obs.* ~ **belle** *s* Badeschönheit *f.* ~ **cap** *s* Bademütze *f*, -kappe *f.* ~ **cos·tume,** ~ **dress** *s bes. Br.* Badeanzug *m.* ~ **machine** *s hist.* Badekarren *m* (*fahrbare Umkleidekabine*). ~ **suit** *s* Badeanzug *m.*

bath mat *s* Badematte *f*, -vorleger *m.*

Bath met·al *s metall.* Tombak *m.*

bath·o·lite [ˈbæθəlaɪt], ˈ**bath·o·lith** [-lɪθ] *s geol.* Bathoˈlit *m.*

Bath Ol·i·ver *s Br.* (*ein*) ungesüßter Keks.

ba·thom·e·ter [bəˈθɒmɪtə(r); *Am.* -ˈθɑ-]

Bathoˈmeter *n*, (Meeres)Tiefenmesser *m* (*Gerät*), Tiefseelot *n*.

Bath·o·ni·an [bəˈθəʊnjən; -nɪən] **I** *s* Bewohner(in) von Bath (*England*). **II** *adj* aus *od.* von Bath.

ˈbat·horse *s mil.* Packpferd *n*.

ba·thos [ˈbeɪθɒs; *Am.* -ˌθɑs] *s* **1.** ˈÜbergang *m* vom Erhabenen zum Lächerlichen *od.* Triviˈalen. **2.** Gemeinplatz *m*, Plattheit *f*. **3.** falsches Pathos. **4.** Kitsch *m*. **5.** Null-, Tiefpunkt *m*: **the ~ of stupidity** der Gipfel der Dummheit.

Bath| pa·per, ~ post *s* feines ˈBriefpaˌpier.

ˈbath|·robe *s* **1.** Bademantel *m*. **2.** *Am.* Morgen-, Schlafrock *m*. **ˈ~·room** *s* **1.** Badezimmer *n*: **~ cabinet** Badezimmerschrank *m*. **2.** *Am.* Toiˈlette *f*. **~ salts** *s pl* Badesalz *n*. **B~ stone** *s geol.* Muschelkalkstein *m*. **~ tow·el** *s* Badetuch *n*. **ˈ~·tub** *s* **1.** Badewanne *f*. **2.** *Skisport*: *Am.* ‚Badewanne' *f*.

bath·y·al [ˈbæθɪəl] *adj* bathyˈal, Tiefsee...

ba·thym·e·try [bəˈθɪmətrɪ] *s* **1.** Tiefenmessung *f*. **2.** Tiefseemessung *f*.

bath·y·scaphe [ˈbæθɪskæf; *Am. a.* -ˌskeɪf] *s* Bathyˈskaph *m*, *n* (*Tiefseetauchgerät*).

bath·y·sphere [ˈbæθɪˌsfɪə(r)] *s tech.* Tiefseetaucherkugel *f*.

ba·tik [ˈbætɪk; *Am. a.* bəˈtiːk] *s* **1.** Batik (-druck *m*) *m*, *a. f*. **2.** gebatikter Stoff.

bat·ing [ˈbeɪtɪŋ] *prep* abgerechnet, abgesehen von, ausgenommen.

ba·tiste [bæˈtiːst; bə-] *s* Baˈtist *m*.

bat·man [ˈbætmən] *s irr mil. Br.* Offiˈziersbursche *m*, Putzer *m*.

ba·ton [ˈbætən; *Am.* bəˈtɑn] *s* **1.** (Amts-, Komˈmando)Stab *m*: **Field Marshal's ~** Marschall(s)stab. **2.** *mus.* Taktstock *m*, (Diriˈgenten)Stab *m*. **3.** *Leichtathletik*: (Staffel)Stab *m*, (-)Holz *n*. **4.** Schlagstock *m*, Gummiknüppel *m* (*der Polizei*). **5.** *her.* (schmaler) Schrägbalken. **6.** *Am.* a) langes Brot, b) Käsestange *f*. **~ charge** *s* Schlagstockeinsatz *m*: **to make a ~ on** → **baton-charge**. **ˈ~-charge** *v/t* mit dem Schlagstock vorgehen gegen.

ˈba·toned *adj* **1.** mit e-m Schlagstock ausgerüstet (*Polizist*). **2.** *her.* mit e-m Schrägbalken (versehen).

ba·tra·chi·an [bəˈtreɪkjən; -ɪən] *zo.* **I** *adj* frosch-, krötenartig. **II** *s* Baˈtrachier *m*, Froschlurch *m*.

bats [bæts] → **batty**.

bats·man [ˈbætsmən] *s irr* **1.** *Kricket*: Schläger *m*, Schlagmann *m*. **2.** *aer.* Marshaler *m*.

ˈbats·wing burn·er *s tech.* Fledermausbrenner *m*.

bat·tal·ion [bəˈtæljən] *s mil.* Batailˈlon *n* (*a. fig.*).

bat·tels [ˈbætlz] *s pl univ. Br.* Collegerechnung *f* für Lebensmittel u. sonstige Einkäufe (*Oxford*).

bat·ten¹ [ˈbætn] *v/i* **1.** (**on**) a) sich gütlich tun (an *dat*), b) sich ‚vollfressen' (an *dat*, mit). **2.** (**on**) a) sich mästen (mit), b) *meist fig.* dick u. fett werden (auf Kosten *gen*).

bat·ten² [ˈbætn] **I** *s* **1.** Latte *f*, Leiste *f*. **2.** *mar.* a) achteres Schalstück (*der Rahen*), b) Perˈsenningleiste *f*: **~ of the hatch** Schalkleiste *f*. **3.** Diele *f*, (Fußboden)Brett *n*. **4.** *Weberei*: Lade *f*. **II** *v/t* **5.** *a.* **~ down, ~ up** (mit Latten) verkleiden *od.* befestigen. **6.** *mar.* verschalken: **to ~ down the hatches** a) die Luken dicht machen, b) *fig.* alles dicht machen.

bat·ter¹ [ˈbætə(r)] **I** *v/t* **1.** a) wiederˈholt mit heftigen Schlägen bearbeiten: **to ~ down** (*od.* **in, open**) *Tür* einschlagen, b) *Ehefrau, Kind etc* (wiederˈholt) schlagen *od.* mißˈhandeln: **~ed wives' refuge** Frauenhaus *n*. **2.** umˈpeitschen (*Sturm etc*), schlagen gegen (*Wellen etc*). **3.** abnutzen. **4.** (arg) läˈdieren *od.* zerbeulen, *a. fig.* arg in Mitleidenschaft ziehen: **a ~ed old car; our ~ed democracy** unsere stark angeschlagene Demokratie. **5.** *mil.* wiederˈholt bombarˈdieren: **to ~ down** zerbomben, zs.-schießen. **II** *v/i* **6.** wiederˈholt heftig schlagen *od.* stoßen (**against** gegen; **at** an *acc*): **to ~ (away) at the door** gegen die Tür hämmern. **III** *s* **7.** Eierkuchenteig *m* (*a. zum Fritieren*). **8.** *print.* beschädigte Type, deˈfekter Schriftsatz.

bat·ter² [ˈbætə(r)] *arch.* **I** *v/i* sich nach oben verjüngen (*Mauer*). **II** *v/t* einziehen, verjüngen. **III** *s* Böschung *f*, Verjüngung *f*, Abdachung *f*.

bat·ter³ [ˈbætə(r)] *s Baseball, Kricket*: Schläger *m*, Schlagmann *m*.

ˈbat·terˌcake *s Am.* (*Art*) Pfannkuchen *m*.

ˈbat·tered *adj* **1.** zerschmettert, zerschlagen. **2.** a) abgenutzt, zerbeult, b) *a. fig.* arg mitgenommen, übel zugerichtet.

ˈbat·ter·ing *adj mil. hist.* a) Sturm..., Angriffs..., b) Belagerungs... **~ ram** *s mil. hist.* (Belagerungs)Widder *m*, Sturmbock *m*.

bat·ter rule *s tech.* Bleilot *n*.

bat·ter·y [ˈbætərɪ] *s* **1.** *mil. hist.* Angriff *m* (*mit dem Sturmbock etc*). **2.** *jur.* tätlicher Angriff, tätliche Beleidigung, *a.* Körperverletzung *f*. **3.** *mil.* a) *Am.* Batteˈrie *f*, b) *Br.* Artilleˈrieabˌteilung *f*, -batailˌlon *n*, c) *mar.* Geschützgruppe *f*. **4.** *mil. Am.* Schußbereitschaft *f* (*e-s Gewehrs*): **in ~** schußfertig. **5.** *electr.* Batteˈrie *f*. **6.** Batteˈrie *f* (*von Flaschen, Scheinwerfern, Maschinen etc*), *a. opt.* Reihe *f*, Satz *m*, *opt.* ˈLinsen- u. ˈPrismensyˌstem *n*. **7.** *agr.* ˈLegebatteˌrie *f*. **8.** *fig.* Batteˈrie *f*, Phalanx *f*, Reihe *f*. **9.** *Baseball*: Werfer *m* u. Fänger *m* (*zusammen*). **10.** *mus.* Batteˈrie *f*, Schlagzeuggruppe *f*. **11.** *psych.* Test(-reihe *f*) *m*. **~ ac·id** *s electr.* Akkumulaˈtoren-, Sammlersäure *f*. **~ cell** *s* Sammlerzelle *f*, Batteˈrieleˌment *n*. **~ charg·er** *s* (Batteˈrie)Ladesatz *m*, -gerät *n*. **ˈ~-ˌcharg·ing sta·tion** *s* Batteˈrieladestelle *f*. **~ e·lim·i·na·tor** *s* ˈNetzanˌode *f*. **ˈ~-fed** → **battery-operated**. **~ hen** *s agr.* Batteˈriehenne *f*. **~ ig·ni·tion** *s mot.* Batteˈriezündung *f*. **ˈ~-ˌop·er·at·ed** *adj* batteˈriegespeist, -betrieben, Batterie...

bat·tik → **batik**.

bat·ting [ˈbætɪŋ] *s* **1.** Schlagen *n* (*bes. von Rohbaumwolle zu Watte*). **2.** *Baseball, Kricket*: Schlagen *n*, Schlägerspiel *n*: **~ average** Durchschnitt(sleistung *f*) *m* (*a. fig.*). **3.** (Baumwoll)Watte *f*.

bat·tle [ˈbætl] **I** *v/i* **1.** *bes. fig.* kämpfen, streiten (**with** mit; **for** um; **against** gegen); **to ~ it (out)** es auskämpfen; **to ~ for breath** nach Atem ringen. **2. ~ through** sich (durch)kämpfen durch; **to ~ through the crowd (through difficulties,** *etc*). **II** *v/t* **3.** *Am.* kämpfen gegen, bekämpfen (*a. fig.*). **4. to ~ one's way through** → 2. **III** *s* **5.** Schlacht *f* (of *meist* bei), *a.* Gefecht *n*: **~ of Britain** (Luft)Schlacht um England (*2. Weltkrieg*); **line of ~** Schlacht-, Gefechtslinie *f*; **~ of words** Wortgefecht *n*; → **bulge** 1. **6.** *fig.* Kampf *m*, Ringen *n*, Schlacht *f* (**for** um). **7.** Zweikampf *m*: **trial by ~** *hist.* Gottesurteil *n* durch Zweikampf; **~ of wits** *fig.* geistiges Duell. **8.** *mil. hist.* a) Heer *n*, Schlachtreihe *f*, b) *a.* **main ~** Haupttreffen *n*.

Besondere Redewendungen:

to do ~ kämpfen, sich schlagen; **to do ~ for s.o., to fight s.o.'s ~** j-s Sache verfechten; **to give** (*od.* **join**) **~** sich zum Kampf stellen; **to have the ~** den Sieg davontragen; **to be killed in ~** fallen; **the ~ is to the strong** der Sieg gehört den Starken; **that is half the ~** damit ist schon viel gewonnen, ‚das ist schon die halbe Miete'; **a good start is half the ~** frisch gewagt ist halb gewonnen.

bat·tle| ar·ray → **battle order** 1. **ˈ~-ax(e)** *s* **1.** *mil. hist.* a) Streitaxt *f*, b) Helleˈbarde *f*. **2.** *colloq.* alter ‚Drachen' (*bösartige Frau*). **~ clasp** *s mil.* Erinnerungsspange *f* (*für Schlachtteilnehmer*). **~ cruis·er** *s mar.* Schlachtkreuzer *m*. **~ cry** *s* Schlachtruf *m* (*a. fig.*).

bat·tle·dore [ˈbætldɔː(r); *Am. a.* -ˌdəʊər] *s* **1.** *hist.* Waschschlegel *m*. **2.** *sport hist.* a) *a.* **~ and shuttlecock** *Vorläufer des Federballspiels*, b) *der dabei verwendete Schläger*. **3.** Bäckerschaufel *f*. **4.** *hist.* (Kinder)Fibel *f*.

bat·tle| dress *s mil.* Dienst-, Feldanzug *m* (*Uniform*). **~ fa·tigue** *s mil. psych.* ˈKriegsneuˌrose *f*. **ˈ~·field, ˈ~·ground** *s* Schlachtfeld *n* (*a. fig.*).

ˈbat·tle·ment *s mil.* (Brustwehr *f* mit) Zinnen *pl*. **ˈbat·tle·ment·ed** [-məntɪd; *Am.* -ˌmen-] *adj* mit Zinnen (versehen).

bat·tle| or·der *s mil.* **1.** Schlachtordnung *f*, Gefechtsgliederung *f*. **2.** Gefechtsbefehl *m*. **~ piece** *s* Schlachtenszene *f* (*in Malerei, Literatur etc*). **ˈ~-plane** *s aer. mil.* Kampf-, Kriegsflugzeug *n*. **~ roy·al** *pl* **-tles -al, -tle -als** *s* **1.** Handgemenge *n*, Massenschlägeˈrei *f*. **2.** *fig.* heftige Auseinˈandersetzung, erregte Diskussiˈon. **ˈ~·ship** *s mar.* Schlachtschiff *n*. **~ sight** *s mil.* ˈStandviˌsier *n*. **ˈ~ˌwag·(g)on** *s mil. sl.* **1.** *mar.* ‚großer Pott', Schlachtschiff *n*. **2.** *aer.* schwerer Bomber.

bat·tue [bæˈtuː; bæˈtjuː] *s* **1.** Treibjagd *f*. **2.** (*auf e-r Treibjagd erlegte*) Strecke. **3.** geschäftiges *od.* reges Treiben. **4.** Gemetzel *n*, Metzeˈlei *f*.

bat·ty [ˈbætɪ] *adj sl.* ‚bekloppt'.

ˈbat·wing I *s* **1.** Fledermausflügel *m*. **2.** *a.* **~ burner** *tech.* Fledermaus-, Flächenbrenner *m*. **II** *adj* **3.** Fledermausflügel..., Fächer...: **~ sleeve** Fledermausärmel *m*.

bau·ble [ˈbɔːbl; *Am. a.* ˈbɑː-] *s* **1.** Nippsache *f*. **2.** (Kinder)Spielzeug *n*. **3.** *fig.* Spieleˈrei *f*. **4.** *hist.* Narrenzepter *n*. **5.** *obs.* Kindskopf *m*, Narr *m*.

baud [bɔːd; *Am. a.* bəʊd] *s electr.* Baud *n*: a) *Einheit der Telegrafiergeschwindigkeit*, b) *Computer*: *Einheit der Schrittgeschwindigkeit*.

baulk → **balk**.

Bau·mé scale [bəʊˈmeɪ] *s phys.* Bauˈmé-Skala *f*.

baux·ite [ˈbɔːksaɪt] *s min.* Bauˈxit *m*.

Ba·var·i·an [bəˈveərɪən] **I** *adj* bay(e)risch. **II** *s* Bayer(in).

baw·cock [ˈbɔːkɒk; *Am.* -ˌkɑk] *s colloq. obs.* feiner Kerl.

bawd [bɔːd] *s obs.* **1.** Kuppler(in). **2.** Borˈdellwirt(in). **3.** Hure *f*. **ˈbawd·ry** [-rɪ] *s obs.* **1.** Kuppeˈlei *f*. **2.** Unzucht *f*, Hureˈrei *f*. **3.** Unflätigkeit *f*, Obszöniˈtät *f*.

ˈbawd·y I *adj* unzüchtig, unflätig, obˈszön. **II** *s* Zoten *pl*: **to talk ~** Zoten reißen. **ˈ~·house** *s obs.* Borˈdell *n*.

bawl [bɔːl] **I** *v/t* **1.** *oft* **~ out** (herˈaus-)schreien, (-)brüllen: **to ~ out an order**. **2. ~ out** *colloq.* j-n anbrüllen, ‚anschnauzen'. **II** *v/i* **3.** schreien, brüllen: **to ~ at s.o.** j-n anbrüllen; **to ~ for help** um Hilfe schreien. **4.** *colloq.* laut ‚flennen' *od.* ‚heulen' (*weinen*). **III** *s* **5.** Schrei *m*.

bawn [bɔːn] *s Ir.* **1.** befestigter Schloßhof. **2.** (Vieh)Gehege *n*.

bay¹ [beɪ] *s* **1.** *a.* **~ tree, ~ laurel** *bot.* Lorbeer(baum) *m*. **2.** *meist pl* a) Lorbeerkranz *m*, b) *fig.* Lorbeeren *pl*.

bay² [beɪ] *s* **1.** Bai *f*, Bucht *f*. **2.** Talmulde *f*. **3.** *Am.* Präˈriearm *m* (*zwischen Wäldern*).

bay³ [beɪ] *s* **1.** *arch.* Lücke *f*, (*Mauer-, Tür*)Öffnung *f*. **2.** *arch.* Joch *n*, Fach *n*, Abˈteilung *f* (*zwischen Pfeilern u. Balken*): ~ **of a bridge** Brückenjoch. **3.** *arch.* Feld *n*, Kasˈsette *f* (*e-r Balkendecke*). **4.** *arch.* a) Fensternische *f*, b) Erker(fenster *n*) *m*. **5.** Banse(nfach *n*) *f* (*e-r Scheune*). **6.** *aer.* a) Abˈteilung *f* zwischen den Streben u. Schotten, b) (Rumpf)Zelle *f*: → **bomb bay**. **7.** *mar.* ˈSchiffslazaˌrett *n*. **8.** *rail. Br.* Seitenbahnsteig *m*, *bes.* ˈEndstatiˌon *f* e-r Nebenlinie. **9.** *tech.* Gestell *n*.

bay⁴ [beɪ] **I** *v/i* **1.** (dumpf) bellen, Laut geben (*Hund*): **to ~ at** anbellen (*acc*), *fig.* anschreien (*acc*); → **moon** 1. **II** *v/t* **2.** anbellen. **3.** (*von Jagdhunden*) a) *Wild* stellen, b) jagen, hetzen. **4.** *e-n Befehl etc* ‚bellen' *od.* schreien. **5.** a) *j-n* in Schach halten, b) *ein Feuer, e-e Seuche etc* eindämmen, unter Konˈtrolle halten. **III** *s* **6.** (dumpfes) Gebell (*der Meute*): **to be** (*od.* **stand**) **at ~** a) gestellt sein (*Wild*), b) *fig.* in die Enge getrieben sein; **to bring to ~** a) *Wild* stellen, b) *fig.* in die Enge treiben; **to hold** (*od.* **keep**) **at ~** → 5.

bay⁵ [beɪ] **I** *adj* rötlich-, kaˈstanienbraun (*Pferd etc*): ~ **horse** → II. **II** *s* Braune(r) *m* (*Pferd*).

bay⁶ [beɪ] *s zo.* Eissprosse *f* (*am Geweih*).

bay·ber·ry [ˈbeɪbərɪ; *Am.* -ˌberiː] *s bot.* **1.** Frucht *f* des Lorbeerbaumes. **2.** *Am.* Frucht *f* der Wachsmyrthe. **3.** Piˈmentbaum *m*.

bay leaf *s irr* Lorbeerblatt *n*.

bay·o·net [ˈbeɪənɪt] *mil.* **I** *s* Bajoˈnett *n*, Seitengewehr *n*: **to take** (*od.* **carry**) **at the point of the ~** mit dem Bajonett *od.* im Sturm nehmen; **the ~ at the charge** mit gefälltem Bajonett; **to fix the ~** das Bajonett aufpflanzen. **II** *v/t pret u. pp* **-net·ed**, *bes. Br.* **-net·ted** mit dem Bajoˈnett angreifen *od.* erstechen. ~ **catch**, ~ **joint** *s tech.* Bajoˈnettverschluß *m*. ~ **sock·et** *s tech.* Bajoˈnettfassung *f*.

bay·ou [ˈbaɪəʊ; -uː] *s Am.* **1.** Altwasser *n*, Ausfluß *m* aus e-m See. **2.** sumpfiger Flußarm.

bay| rum *s* Piˈmentöl *n*. ~ **salt** *s* Seesalz *n*. **B~ State** *s Am.* (*Beiname für den Staat*) Massaˈchusetts *n*. ~ **win·dow** *s* **1.** Erkerfenster *n*. **2.** *Am. humor.* ‚Vorbau' *m*, Bauch *m*. ˈ**~wood** *s* Kamˈpescheholz *n*. ˈ**~work** *s arch.* Fachwerk *n*.

ba·zaar, *a.* **ba·zar** [bəˈzɑː(r)] *s* **1.** Baˈsar *m*, Markt *m* (*im Orient*). **2.** *econ.* Kaufhaus *n*. **3.** (ˈWohltätigkeits)Baˌsar *m*.

ba·zoo·ka [bəˈzuːkə] *s* **1.** *mil.* a) Baˈzooka *f* (*Panzerabwehrwaffe*), b) *aer.* Raˈketenabschußvorrichtung *f* (*unter den Tragflächen*). **2.** *Radio*: *sl.* Symmeˈtrierkopf *m*.

B bat·ter·y *s electr. Am.* Anˈodenbatteˌrie *f*.

BB gun *s Am. colloq.* Luftgewehr *n*.

bdel·li·um [ˈdelɪəm] *s* **1.** *a.* ~ **shrub** *bot.* (*ein*) Balsamstrauch *m*. **2.** *chem.* Bdellium *n* (*Gummiharz von* 1). **3.** *Bibl.* Beˈdellion *n*.

be [biː] *1. sg pres* **am** [æm], *2. sg pres* **are** [ɑː(r)], *obs.* **art** [ɑː(r)t], *3. sg pres* **is** [ɪz], *pl pres* **are** [ɑː(r)], *1. u. 3. sg pret* **was** [wɒz; wəz; *Am.* wɑz], *2. sg pret* **were** [wɜː; *Am.* wɜr], *pl pret* **were** [wɜː; *Am.* wɜr], *pp* **been** [biːn; bɪn], *pres p* **be·ing** [ˈbiːɪŋ] **I** *v/aux* **1.** sein (*mit dem pp zur Bildung der zs.-gesetzten Zeiten von intransitiven Verben zur Bezeichnung e-s dauernden Zustandes*): **he is gone** er ist weg; **I am come** ich bin da. **2.** werden (*mit dem pp zur Bildung des pass*): **the register was signed** das Protokoll wurde unterzeichnet; **we were appealed to** man wandte sich an uns; **you will be sent for** man wird Sie holen lassen. **3.** (*mit* **to** *u. inf*) sollen, müssen, dürfen, können: **he is to be pitied** er ist zu bedauern; **he is to die** er muß *od.* soll sterben; **it is not to be seen** es ist nicht zu sehen; **he was to become a great writer** er sollte ein großer Schriftsteller werden; **it was not to be** es sollte nicht sein *od.* sich nicht erfüllen; **if I were to die** wenn ich sterben sollte. **4.** (*mit dem pres p e-s anderen Verbs zur Bildung der Verlaufsform*): **he is reading** er liest (eben *od.* gerade), er ist beim Lesen; **he was working when the teacher entered** er arbeitete (gerade), als der Lehrer hereinkam; **the house is building** *od.* **is being built** das Haus ist im Bau. **5.** → **go¹** 49. **6.** (*als Kopula*) sein: **he is my father**.
II *v/i* **7.** (*Zustand od. Beschaffenheit bezeichnend*) sein, sich befinden, der Fall sein: **be it so, so be it, let it be so** gut so, so sei es; **be it that** gesetzt den Fall (daß); **how is it that ...?** wie kommt es, daß ...?; **it is I** (*od. colloq.* **me**) ich bin es. **8.** (vorˈhanden) sein, bestehen, exiˈstieren: **I think, therefore I am** ich denke, also bin ich; **he is no more** er ist (*lebt*) nicht mehr; **to be or not to be: that is the question** Sein oder Nichtsein, das ist die Frage. **9.** a) geschehen, stattfinden, vor sich gehen, sein: **when will the meeting be?** wann findet die Versammlung statt?, b) gehen, fahren (*Bus etc*): **when is the next bus?** **10.** (*beruflich*) werden: **I'll be an engineer** ich werde Ingenieur (*wenn ich erwachsen bin*). **11.** (*e-e bestimmte Zeit*) her sein: **it is ten years since he died** es ist zehn Jahre her, daß er starb; er starb vor zehn Jahren. **12.** (aus)gegangen sein (*mit Formen der Vergangenheit u. Angabe des Zieles der Bewegung*): **he had been to town** er war in die Stadt gegangen; **he had been bathing** er war baden (gegangen); **I won't be long** ich werde nicht lange wegbleiben. **13.** (*mit dem Possessiv*) gehören: **this book is my sister's.** **14.** stammen: **he is from Liverpool** er ist *od.* stammt aus Liverpool. **15.** kosten: **how much are the gloves?** was kosten die Handschuhe? **16.** bedeuten: **what is that to me?** was kümmert mich das? **17.** *zur Bekräftigung der bejahenden od. verneinenden Antwort*: **are these your horses? yes, they are** gehören diese Pferde Ihnen? Ja. **18.** dauern: **the performance is approximately two hours; it will probably be some time before ...**
Besondere Redewendungen:
it is they that have seen him ˈsie haben ihn gesehen; **to be an hour in going to ...** e-e Stunde brauchen, um nach ... zu gehen; **has any one been?** *colloq.* ist jemand dagewesen?; **the government that is (was)** die gegenwärtige (vergangene) Regierung; **my wife that is to be** m-e zukünftige Frau; **he is dead, is he not** (*od.* **isn't he**)? er ist tot, nicht wahr?; **he is not dead, is he?** er ist doch nicht (etwa) tot?; **have you ever been to Rome?** sind Sie schon einmal in Rom gewesen?; **we have been into the matter** wir haben uns damit (bereits) befaßt.

be- [bɪ] *Wortelement mit der Bedeutung* be..., an..., ver..., um..., über... *etc.*

beach [biːtʃ] **I** *s* (flacher) (Meeres)Strand, flaches Ufer: **on the ~** am Strand; **to be on the ~** *sl.* gestrandet *od.* heruntergekommen sein; **to run on the ~** → II a. **II** *v/t mar. ein Schiff* a) auf den Strand laufen lassen, auf den Strand setzen *od.* ziehen, b) stranden lassen. **III** *v/i mar.* (*absichtlich*) auf den Strand laufen, stranden. ~ **ball** *s* Wasserball *m*. ~ **bug·gy** *s mot.* Strandbuggy *m*. ˈ**~ˌcomb·er** [-ˌkəʊmə(r)] *s* **1.** a) Strandläufer *m*, Strandguträuber *m*, b) Herˈumtreiber *m od.* Gelegenheitsarbeiter *m* (*bes. Weißer auf e-r pazifischen Insel*). **2.** *Am.* Feriengast *m* an der See. **3.** *fig.* Nichtstuer *m*. **4.** breite Strandwelle. ˈ**~head** *s* **1.** *mil.* Lande-, Brückenkopf *m*. **2.** *fig.* (Ausgangs)Basis *f*. ˈ**~ˌmas·ter** *s* **1.** *mar.* ˈStrandkommanˌdant *m*, ˈLandungsoffiˌzier *m*. **2.** *zo.* männlicher Seehund. ~ **tow·el** *s* Bade-, Strandlaken *n*. ~ **um·brel·la** *s* Sonnenschirm *m*. ~ **wag·on** *s mot. Am.* Kombiwagen *m*. ˈ**~wear** *s* Strandkleidung *f*.

ˈ**beach·y** *adj* **1.** kieselig. **2.** sandig.

bea·con [ˈbiːkən] **I** *s* **1.** Leucht-, Siˈgnalfeuer *n*. **2.** Leuchtturm *m*, -feuer *n*, (Feuer)Bake *f*, (landfestes) Seezeichen. **3.** *aer.* Funkfeuer *n*, -bake *f*, Leitstrahlsender *m*: ~ **course** (*Radar*) Bakenkurs *m*. **4.** *Br.* Aussichtshügel *m*. **5.** *fig.* a) Faˈnal *n*, b) Leitstern *m* (**to, for** für). **6.** a) (Verkehrs)Ampel *f*, b) → **Belisha beacon**. **II** *v/t* **7.** *mar.* mit Baken marˈkieren. **8.** erleuchten (*a. fig.*). **III** *v/i* **9.** leuchten (*a. fig.*).

bead [biːd] **I** *s* **1.** (Glas-, Holz-, Stick-) Perle *f*. **2.** *relig.* a) Rosenkranzperle *f*, b) *pl* Rosenkranz *m*: **to say** (*od.* **tell**) **one's ~s** den Rosenkranz beten. **3.** (Schaum)Bläs-chen *n*, (Tau-, Schweiß- *etc*)Perle *f*, Tröpfchen *n*. **4.** (Blei- *etc*) Kügelchen *n*. **5.** *arch.* a) perlartige Verzierung, Perle *f*, b) *pl* → **beading** 2. **6.** *tech.* Wulst *m*, Randversteifung *f*, *bes.* a) (eˈlastischer) Wulst (*Gummireifen*), b) Schweißnaht *f*, c) Bördelrand *m*, d) (Borax)Perle *f* (*vor dem Lötrohr*): ~ **of rim** Felgenrand *m*. **7.** *meist* ~ **sight** *mil.* (Perl)Korn *n* (*am Gewehr*): **to draw** (*od.* **take**) **a ~ on** a) zielen auf (*acc*), b) *fig.* sich *j-n* herauspicken. **II** *v/t* **8.** mit Perlen *od.* perlartiger Verzierung *etc* versehen. **9.** (*wie Perlen*) aufziehen, aufreihen. **10.** *tech.* bördeln, falzen. **III** *v/i* **11.** perlen, Perlen bilden.

bead·ed [ˈbiːdɪd] *adj* **1.** mit Perlen (versehen *od.* verziert). **2.** perlschnurförmig. **3.** *tech.* mit Wulst. ~ **screen** *s tech. Film*: Perlwand *f*, Kriˈstall-Projektiˌonsleinwand *f*. ~ **tire,** *bes. Br.* ~ **tyre** *s tech.* Wulstreifen *m*.

ˈ**bead·ing** *s* **1.** Perlstickeˈrei *f*. **2.** *bes. arch.* Perl-, Rundstab(verzierung *f*) *m*. **3.** *tech.* a) Wulst *m*, b) Bördelrand *m*. ~ **ma·chine** *s tech.* ˈSickenmaˌschine *f*. ~ **plane** *s tech.* Rundhobel *m*.

bea·dle [ˈbiːdl] *s* **1.** *obs.* Kirchendiener *m*. **2.** *univ. Br. uniformierter Angestellter, der Umzüge anführt, für Ordnung sorgt etc.* **3.** *obs.* Gerichtsbote *m*, Büttel *m*. ˈ**bea·dle·dom** *s* sture Bürokraˈtie, Pedanteˈrie *f*.

bead|mo(u)ld·ing *s arch.* Perl-, Rundstab *m*. ˈ**~roll** *s* **1.** *relig. hist.* Liste *f* der Perˈsonen, die ins Fürbittgebet mit eingeschlossen werden sollen. **2.** *fig.* (Namens- *etc*)V erzeichnis *n*. **3.** *relig.* Rosenkranz *m*. **4.** *Buchbinderei*: Punkˈtierlinie *f*.

beads·man [ˈbiːdzmən] *s irr hist.* **1.** *relig.* Fürbitter *m*. **2.** Armenhäusler *m* (*bes. e-r, der für die Stifter des Hauses beten mußte*).

bead| weld *s tech.* Schweißraupe *f*. ˈ**~work** *s* **1.** Perlstickeˈrei *f*, Perlarbeit *f*. **2.** → **beading** 2.

ˈ**bead·y** *adj* **1.** klein, rund u. glänzend (*Augen*). **2.** perlend.

bea·gle [ˈbiːgl] *s zo.* Beagle *m*.

beak¹ [biːk] *s* **1.** *zo.* a) Schnabel *m* (*der Vögel*), b) schnabelartiges Mundwerkzeug (*einiger Tiere*), c) (Stech)Rüssel *m* (*der Insekten*). **2.** *bot. zo.* Fortsatz *m*. **3.** Schnabel *m*, schnabelförmiges Ende. **4.** *colloq.* ‚Zinken' *m* (*große, unförmige Nase*). **5.** *tech.* a) Tülle *f*, Ausguß *m* (*an e-m Gefäß*), b) Schnauze *f*, Nase *f*,

Röhre *f.* **6.** *mar. hist.* Schiffsschnabel *m*, (Ramm)Sporn *m*.

beak² [bi:k] *s Br. sl.* **1.** ,Kadi' *m* (*Richter*). **2.** *ped.* ,Direx' *m* (*Direktor*).

beaked [bi:kt] *adj* **1.** mit (e-m) Schnabel, geschnäbelt, schnabelförmig, Schnabel... **2.** vorspringend, spitz.

beak·er ['bi:kə(r)] *s* **1.** Becher *m*. **2.** *chem.* Becherglas *n*.

'beak·head *s* **1.** *mar.* a) Vordeck *n*, b) *hist.* Schiffsschnabel *m*, Gali'on(sfi,gur *f*) *n*. **2.** *arch.* Schnabelkopf *m* (*Verzierung an e-m Fries*).

'be-all *s*: **the ~ and end-all** *colloq.* das A u. O, das Wichtigste; **sport is his ~ and end-all** Sport ist sein ein u. alles.

beam [bi:m] **I** *s* **1.** *arch.* a) Balken *m*, b) Tragbalken *m*, c) *pl* Gebälk *n*, 'Unterzug *m*: **the ~ in one's own eye** *Bibl. u. fig.* der Balken im eigenen Auge. **2.** *tech.* a) Brückenbalken *m*, b) Hebebalken *m* (*e-r Zugbrücke*), c) *Weberei*: (Weber-) Kamm *m*, d) *agr.* Pflugbaum *m*, e) Waagebalken *m*, f) Spindel *f* (*e-r Drehbank*), g) Deichsel *f* (*am Wagen*), h) Holm *m* (*a. aer.*), Querstange *f*, i) Triebstange *f*, Balan'cier *m*: **~ and scales** Balkenwaage *f*. **3.** *mar.* a) Deckbalken *m*, b) Ladebaum *m*, c) Ankerrute *f*, d) größte Schiffsbreite: **before the ~** im Vorschiff; **in the ~** breit, in der Breite (*bei Längenmaßen*); **to be broad in the ~** *colloq.* breit um die Hüften sein; **on the starboard ~** querab an Steuerbord. **4.** *zo.* Stange *f* (*am Hirschgeweih*). **5.** *poet.* Baum *m*. **6.** (Licht)Strahl *m*, *electr. phys.* Strahl *m*, Bündel *n*: **~ of rays** *phys.* Strahlenbündel; **full** (*od.* **high, main**) **~** *mot.* Fernlicht *n*; **~ of hope** Hoffnungsstrahl. **7.** *electr.* a) Peilstrahl *m*, b) (Funk)Leit-, Richtstrahl *m*: **to come in on the ~** auf dem Peil- *od.* Leitstrahl ein- *od.* anfliegen (*aer.*) *od.* einkommen (*mar.*); **to ride the ~** *aer.* genau auf dem Leitstrahl steuern; **to be off (the) ~** a) *aer. mar.* vom Kurs abgekommen sein, b) *colloq.* ,auf dem Holzweg sein', ,danebenliegen'; **to be on (the) ~** a) *aer. mar.* auf Kurs sein, b) *colloq.* ,richtig liegen'. **8.** strahlendes Lächeln.

II *v/t* **9.** mit Balken versehen. **10.** *Weberei*: *die Kette* aufbäumen. **11.** ausstrahlen (*a. phys.*). **12.** *Rundfunk, TV*: *Programm* ausstrahlen (**to** nach *London etc*, für *Frauen etc*). **13.** *Werbung etc* zuschneiden (**at** auf *acc*): **this campaign is ~ed at sportsmen** dieser Werbefeldzug wendet sich speziell an den Sportler.

III *v/i* **14.** strahlen (*a. fig.* **with** vor *dat*): **to ~ on s.o.** j-n anstrahlen, j-n strahlend anblicken; **~ing with joy** freudestrahlend.

beam| aer·i·al *s electr. bes. Br.* 'Richt(,strahl)an,tenne *f*, Richtstrahler *m*. **~ a·lign·ment** *s TV* ('Bündel)Zen,trierung *f*. **~ an·ten·na** *bes. Am. für* **beam aerial**. **~ ant·lers** *s pl zo.* drittes u. viertes Ende des Hirschgeweihes. **~ com·pass** *s tech.* Stangenzirkel *m*.

beamed [bi:md] *adj* **1.** (*meist in Zssgn*) mit (e-m) Balken (versehen). **2.** *zo.* mit e-m Geweih *od.* Gehörn.

,beam|-'ends *s pl* **1.** Waagebalkenenden *pl*. **2.** *mar.* Balkenköpfe *pl*: **the vessel is (laid** *od.* **thrown) on her ~** das Schiff hat starke Schlagseite *od.* liegt zum Kentern; **to be on one's ~** *fig.* ,auf dem letzten Loch pfeifen'. **~ pow·er valve** *s electr.* Bremsfeldröhre *f*, 'Strahlelek,trode *f*. **'~-,rid·er guid·ance** *s aer.* Leitstrahlsteuerung *f*. **~ scale** *s tech.* Hebelwaage *f*. **~ trans·mis·sion** *s Radio*: Richtsendung *f*. **~ trans·mit·ter** *s Radio*: Richt(strahl)sender *m*. **~ volt·age** *s electr.* An'odenspannung *f*.

'beam·y *adj* **1.** wuchtig, schwer. **2.** *zo.* mit vollem Geweih (*Hirsch*). **3.** *mar.* breit (*Schiff*). **4.** strahlend (*a. fig.* **with** vor *dat*).

bean [bi:n] *s* **1.** *bot.* Bohne *f*: **not to know ~s about** *bes. Am. colloq.* keine Ahnung *od.* keinen ,Dunst' haben von; **to be full of ~s** *colloq.* a) ,aufgekratzt' sein, b) voller Leben(skraft) stecken; **to spill the ~s** *colloq.* alles ausplaudern; **I don't care a ~** (*od.* **~s**) **for that** *Am. colloq.* ,das kann mir gestohlen bleiben'; **to give s.o. ~s** *colloq.* j-m ,Saures' geben (*j-n schlagen, schimpfen, strafen etc*). **2.** bohnenartige Pflanze. **3.** bohnenförmiger Samen, (Kaffee- *etc*)Bohne *f*. **4.** *Am. sl.* a) ,Birne' *f* (*Kopf*), b) ,Grips' *m* (*Verstand*). **5.** *sl.* Geldstück *n*, Pfennig *m*, *Am. a.* Dollar *m*: **not to have** (*od.* **to be without**) **a ~** ,keinen roten Heller haben'; **~s** ,Zaster' *m*, ,Moneten' *pl* (*Geld*). **6. old ~!** *obs. Br. colloq.* ,altes Haus!' **~bag** *s* Sitzsack *m*. **~ curd** *s* 'Bohnengal,lerte *f* (*als Nahrungsmittel in Ostasien*).

bean·er·y ['bi:nərɪ] *s colloq.* billiges Restau'rant.

'bean·feast *s colloq.* **1.** *Br. jährliches Festessen e-s Arbeitgebers für s-e Belegschaft.* **2.** *bes. Br.* (feucht)fröhliches Fest.

bean·ie ['bi:nɪ] *s bes. Am.* kleiner, runder (Damen)Hut.

bean·o ['bi:nəʊ] *pl* **-os** → **beanfeast** 2.

bean| pod *s bot.* Bohnenhülse *f*. **~ pole** *s* Bohnenstange *f* (*a. fig. colloq. Person*). **'~,shoot·er** *s Am.* Blas-, Pusterohr *n*.

'bean·y *adj colloq.* tempera'mentvoll, (*Pferd a.*) feurig.

bear¹ [beə(r)] *pret* **bore** [bɔ:(r); *Am. a.* 'bəʊər] *obs.* **bare** [beə(r)], *pp* **borne** [bɔ:(r)n; *Am. a.* 'bəʊərn], *bei* 4 **born** [bɔ:(r)n; *Am. a.* 'bəʊərn] **I** *v/t* **1.** *Lasten etc* tragen, befördern. **2.** *fig. Kosten, e-n Verlust, die Verantwortung, die Folgen etc* tragen: **to ~ a loss**; **to ~ the consequences**. **3.** *Blumen, Früchte, a. Zinsen etc* tragen: → **fruit** 1, **interest** 11 (*u. andere Verbindungen mit Substantiven*). **4.** (*pp* **borne** *od.* **born**; *letzteres nur in der passiven Bedeutung*: *geboren* [*werden*], *sofern nicht* **by** ... von ... *folgt*) zur Welt bringen, gebären: **to ~ a child** a) ein Kind gebären, b) ein Kind (unter dem Herzen) tragen; **the children borne to him by this woman** die ihm von dieser Frau geborenen Kinder; **he was born into a rich family** er kam als Kind reicher Eltern zur Welt. **5.** *e-n Namen, e-n Titel, a. Waffen etc* tragen, führen: **to ~ arms against** Krieg führen gegen; → **arm²** *Bes. Redew.* **6.** *ein Amt etc* innehaben, ausüben. **7.** *ein Datum, e-n Stempel, ein Zeichen etc* tragen, aufweisen: **to ~ a proportion to** in e-m Verhältnis stehen zu; → **resemblance**. **8.** *e-e Bedeutung etc* haben, in sich schließen: **to ~ a sense**. **9.** *ein Gefühl* hegen: → **grudge** 5, **will²** 6. **10.** *e-e Rolle* spielen (**in** bei): **to ~ a part**. **11.** *Schmerzen etc* ertragen, (er)dulden, (er)leiden. **12.** aushalten, *e-r Prüfung etc* standhalten: → **comparison** 1, **repeat** 1. **13.** (*meist neg*) ausstehen, leiden: **I cannot ~ him (it)** ich kann ihn (es) nicht ausstehen *od.* (v)ertragen. **14.** *e-e Nachricht etc* über'bringen. **15.** *Gehorsam etc* leisten, *Lob* zollen (**to** *dat*): **to ~ s.o. a hand** j-m helfen *od.* zur Hand gehen; → **company** 1. **16.** *Zeugnis* ablegen: **to ~ witness** (*od.* **evidence**) zeugen (**to** für). **17. ~ o.s.** sich betragen, sich benehmen.

II *v/i* **18.** tragen, (sicher) halten (*Balken, Eis etc*). **19.** (**on, upon**) schwer lasten *od.* liegen (auf *dat*), drücken, e-n Druck ausüben (auf *acc*). **20.** (**against**) drücken, sich lehnen (gegen), anliegen (an *dat*). **21.** (**on, upon**) a) einwirken, Einfluß haben (auf *acc*), b) sich beziehen, Bezug haben (auf *acc*), im Zs.-hang stehen (mit), betreffen (*acc*): **to bring to ~ (up)on** a) einwirken lassen auf (*acc*), b) richten *od.* anwenden auf (*acc*); **to ~ hard on** sehr zusetzen (*dat*), hart treffen, arg mitnehmen; → **pressure** 5. **22.** e-e Richtung einschlagen, sich halten: **to ~ (to the) left** sich links halten; **to ~ to a star** *aer. mar.* ein Gestirn anpeilen; **the beacon ~s 240 degrees** die Bake liegt bei *od.* auf 240°. **23.** *mar.* a) abfahren, absegeln (**to** nach), b) abfallen. **24.** sich erstrecken. **25. ~ with** Nachsicht üben mit, (geduldig) ertragen (*acc*). **26.** *bot.* (Früchte) tragen. **27.** *zo.* tragen, trächtig sein (*Tier*). **28.** *mil.* tragen (*Geschütz*): **to ~ on** beschießen (*acc*).

Verbindungen mit Adverbien:

bear| a·way I *v/t* **1.** forttragen, fort-, mitreißen (*a. fig.*). **2.** *fig. den Sieg etc* da'vontragen. **II** *v/i* → **bear** 23 a. **~ down I** *v/t* **1.** zu Boden drücken. **2.** über'winden, -'wältigen, *Widerstand* brechen. **II** *v/i* **3. ~ (up)on** a) sich (schnell) nähern (*dat*), zusteuern auf (*acc*), b) sich wenden gegen, sich stürzen auf (*acc*), c) her'abstoßen auf (*acc*) (*Raubvogel*), d) *fig.* lasten auf (*dat*), bedrücken (*acc*), e) *e-r Sache* zu Leibe gehen. **4.** a) sich anstrengen, b) (*bei der Geburt*) pressen. **~ in I** *v/t meist pass j-m etwas* klarmachen: **it was borne in (up)on him** die Erkenntnis drängte sich ihm auf, es wurde ihm klar (**that** daß). **II** *v/i mar.* zusegeln, zuhalten (**with** auf *acc*). **~ off I** *v/t* **1.** wegtragen, -schaffen, *den Sieg etc* da'vontragen. **2.** abhalten (*a. mar.*), entfernt halten. **3.** pa'rieren, abwehren. **II** *v/i* **4.** *mar.* (*vom Lande*) abhalten. **~ out** *v/t* **1.** eintreten für, unter'stützen. **2.** bestätigen, erhärten, bekräftigen: **to bear s.o. out** j-m recht geben. **~ up I** *v/t* **1.** tragen, stützen. **2.** *fig.* aufrechterhalten, ermutigen. **II** *v/i* **3.** (**against, under**) (tapfer) standhalten (*dat*), die Stirn bieten (*dat*), sich behaupten (gegen), (tapfer) ertragen (*acc*). **4.** *Br.* Mut fassen, (wieder) fröhlich werden: **~!** Kopf hoch!, laß den Kopf nicht hängen!

bear² [beə(r)] **I** *s* **1.** *zo.* Bär *m*: **he's like a ~ with a sore head today** er ist heute unausstehlich. **2.** *fig.* a) Bär *m*, Tolpatsch *m*, b) ,Brummbär' *m*, ,Ekel' *n*, c) *Am.* ,Ka'none' *f* (**at** in *dat*). **3.** *econ.* Baissi'er *m*, 'Baissespeku,lant *m*: **to sell a ~** → 6. **4.** *astr.* a) **the Greater** (*od.* **Great**) **B~** der Große Bär, b) **the Lesser** (*od.* **Little**) **B~** der Kleine Bär. **5.** *metall.* Eisenklumpen *m*, Bodensau *f*. **II** *v/i* **6.** *econ.* auf Baisse speku'lieren, fixen. **III** *v/t* **7. to ~ the market** *econ.* die Kurse drücken *od.* zu drücken versuchen. **IV** *adj* **8.** *econ.* a) flau (*Markt*), fallend (*Preise*), b) Baisse...: **~ campaign** Angriff *m* der Baissepartei; **~ market** Baisse *f*; **~ operation** Baissespekulation *f*; **~ sale** Leerverkauf *m*.

'bear·a·ble *adj* (*adv* **bearably**) erträglich, zum Aushalten.

bear| an·i·mal·cule *s zo.* Bärtierchen *n*. **'~,bait·ing** *s hist.* Bärenhetze *f*. **'~·ber·ry** [-bərɪ; *Am.* -,beri:] *s bot.* Bärentraube *f*. **~ cat** *s* **1.** *zo.* → **binturong**. **2.** *Am. colloq.* a) ,Ka'none' *f* (**at** in *dat*), b) ,Wucht' *f*, ,prima Sache'.

beard [bɪə(r)d] **I** *s* **1.** Bart *m* (*a. von Tieren*): **to laugh in one's ~** sich ins Fäustchen lachen. **2.** *bot.* Grannen *pl*, Fasern *pl*. **3.** *zo.* a) *ichth.* Bartfäden *pl*, Barteln *pl*, b) Barten *pl* (*des Wals*), c) Bart *m* (*der Auster etc*). **4.** *tech.* a) 'Widerhaken *m* (*an Pfeilen, Angeln etc*), b) *print.* Grat *m* (*e-r Type*), c) *Schlosserei*: Bart *m*, Angriff *m*, d) Gußnaht *f*. **II** *v/t* **5.** beim Bart fassen. **6.** *fig.* Trotz bieten, (mutig) entgegentreten (*dat*): **to ~ the lion in his**

den sich in die Höhle des Löwen wagen.

ˈ**beard·ed** *adj* **1.** bärtig. **2.** *bot. zo.* mit Grannen *etc* (versehen): ~ **wheat** Grannenweizen *m.* **3.** mit (e-m) ˈWiderhaken (*Angelhaken, Pfeil etc*). **4.** *poet.* geschweift (*Komet*). ˈ**beard·less** *adj* **1.** bartlos. **2.** *fig.* jugendlich, unreif. **3.** *bot. zo.* ohne Grannen.

bear·er [ˈbeərə(r)] *s* **1.** Träger(in). **2.** (Amts)Träger *m.* **3.** Überˈbringer(in): ~ **of this letter. 4.** *econ.* Inhaber(in) (*e-s Wertpapiers*), Überˈbringer(in) (*e-s Schecks etc*): **check** (*Br.* **cheque**) **to** ~ Inhaberscheck *m*; **payable to** ~ zahlbar an Überbringer, auf den Inhaber lautend (*Scheck*). **5.** *tech.* a) (ˈUnter)Zug *m*, Stütze *f*, Träger *m*, b) Auflageknagge *f*, c) *print.* Schmitz-, Druckleiste *f.* **6.** *bot.* fruchttragender Baum: **a good** ~ ein Baum, der gut trägt. **7.** *her.* Schildhalter *m.* ~ **bond** *s econ.* ˈInhaberobligatiˌon *f*, -schuldverschreibung *f.* ~ **check,** *Br.* ~ **cheque** *s econ.* Inhaberscheck *m.* ~ **clause** *s econ.* Überˈbringerklausel *f.* ~ **se·cu·ri·ties** *s pl econ.* ˈInhaberpaˌpiere *pl.* ~ **share,** *bes. Am.* ~ **stock** *s econ.* Inhaberaktie *f.*

bear| gar·den *s* **1.** Bärenzwinger *m.* **2.** *fig.* ‚Tollhaus' *n.* ~ **hug** *s colloq.* heftige *od.* ungestüme Umˈarmung.

ˈ**bear·ing I** *adj* **1.** tragend: ~ **4 per cent** *econ.* vierprozentig. **2.** *chem. min.* ...haltig. **II** *s* **3.** Tragen *n*, Stützen *n.* **4.** *bot. zo.* Tragen *n*: **past** ~ a) *bot.* keine Früchte mehr tragend, b) *zo.* nicht mehr gebärend. **5.** *fig.* Ertragen *n*, Erdulden *n*: **past** (*od.* **beyond**) ~ unerträglich, nicht zum Aushalten. **6.** Betragen *n*, Verhalten *n.* **7.** (Körper)Haltung *f.* **8.** *fig.* (**on**) a) Einfluß *m* (auf *acc*), b) Zs.-hang *m* (mit), c) Verhältnis *n*, Beziehung *f* (zu), Bezug *m* (auf *acc*), d) Tragweite *f*, Bedeutung *f*: **to have no** ~ **on** keinen Einfluß haben auf (*acc*), in keinem Zs.-hang stehen mit, nichts zu tun haben mit. **9.** *aer. mar.* Lage *f*, Positiˈon *f*, Richtung *f*, (*a.* Funk)Peilung *f*, *a. fig.* Orienˈtierung *f*: **to take one's** ~**s** *aer. mar.* e-e Peilung vornehmen, die Richtung *od.* Lage feststellen, *a. fig.* sich orientieren; **to take a** ~ **of s.th.** *aer. mar.* etwas anpeilen; **to lose one's** ~**(s)** a) die Orientierung verlieren, sich verirren, b) *fig.* in Verlegenheit geraten; **to find** (*od.* **get**) **one's** ~**s** sich zurechtfinden; **to bring s.o. to his** ~**s** *fig.* j-m den Kopf zurechtsetzen; **true** ~**(s)** a) *mar.* rechtweisende Peilung, b) *fig.* wahrer Sachverhalt; **to consider a question in all its** ~**s** e-e Frage von allen Seiten beleuchten. **10.** Viˈsierlinie *f*: ~ **of the compass** Kompaßstrich *m.* **11.** *mar.* (Tief)Ladelinie *f.* **12.** *astr. geogr.* Abweichung *f* (**from** von). **13.** *arch.* Tragweite *f*, freitragende Länge. **14.** *tech.* a) (Achsen-, Wellen-, Zapfen)Lager *n*, Auflager *n*, Lagerung *f*, b) Lager(schale *f*) *n.* **15.** *meist pl her.* Wappenbild *n.*

bear·ing| an·gle *s mar.* Peilwinkel *m.* ~ **brack·et** *s tech.* Lagerbock *m.* ~ **com·pass** *s mar.* Peilkompaß *m.* ~ **fric·tion loss** *s tech.* (Lager)Reibungsverluste *pl.* ~ **met·al** *s tech.* ˈLagermeˌtall *n.* ~ **note** *s mus.* Ausgangston *m.* ~ **plate** *s tech.* **1.** *aer. mar.* Peilscheibe *f.* **2.** Grundplatte *f.* ~ **pres·sure,** ~ **re·ac·tion** *s tech.* Auflager-, Stauchdruck *m.*

ˈ**bear·ish** *adj* **1.** bärenhaft. **2.** *fig.* a) tolpatschig, b) brummig, unfreundlich. **3.** *econ.* a) ˈbaissetendenziˌös, fallend, b) Baisse...: ~ **tendency** (*od.* **tone**) Baissetendenz *f.* **4.** pessiˈmistisch: **to be** ~ **on s.th.** etwas pessimistisch sehen.

bear lead·er *s hist.* Bärenführer *m* (*a. fig.*).

ˈ**bear's|-breech** → **acanthus** 1. ˈ~**-ear** *s bot.* Auˈrikel *f.* ˈ~**-foot** *s irr bot.* Stinkende Nieswurz.

ˈ**bear|·skin** *s* **1.** Bärenfell *n.* **2.** Kalˈmuck *m* (*langhaariger Wollstoff*). **3.** *mil. Br.* Bärenfellmütze *f.* ˈ~**·wood** *s bot.* Kreuz-, Wegdorn *m.*

beast [biːst] *s* **1.** (*bes. vierfüßiges*) Tier: ~ **of burden** Lasttier; ~ **of chase** Jagdwild *n*; ~**s of the forest** Waldtiere. **2.** (wildes) Tier, Bestie *f*: ~ **of prey** Raubtier; **the** ~ **(with)in us** das Tier(ische) in uns. **3.** *agr.* Vieh *n*, *bes.* Mastvieh *n.* **4.** *fig.* a) bruˈtaler Mensch, Rohling *m*, Bestie *f*, Vieh *n*, b) *colloq.* ‚Biest' *n*, ‚Ekel' *n.* **5.** *colloq.* (*etwas*) Scheußliches: **a** ~ **of a day** ein scheußlicher Tag; **a** ~ **of a job** e-e ‚ekelhafte' Arbeit. **6. the B**~ *relig.* das Tier, der Antichrist.

beast·ings *Am. für* **beestings.**

beast·li·ness [ˈbiːstlɪnɪs] *s* **1.** Bestialiˈtät *f*, Roheit *f.* **2.** *colloq.* ‚Ekelhaftigkeit' *f*, Gemeinheit *f.* **3.** *colloq.* Scheußlichkeit *f.*

ˈ**beast·ly I** *adj* **1.** viehisch, tierisch, bestiˈalisch, roh. **2.** *colloq.* ‚ekelhaft', ‚eklig', ‚garstig', gemein. **3.** *colloq.* abˈscheulich, scheußlich: ~ **weather** ‚Sauwetter' *n.* **4.** tierähnlich, Tier... **II** *adv* **5.** *colloq.* scheußlich, ‚verflucht', ‚verdammt': **it was** ~ **hot.**

beat[1] [biːt] **I** *s* **1.** (*bes. regelmäßig wiederholter*) Schlag, *z.B.* Herz-, Puls-, Trommelschlag *m*, Pochen *n*, Klopfen *n* (*des Herzens etc*), Ticken *n* (*der Uhr*), (An-)Schlagen *n* (*der Wellen*). **2.** *sport* (Ruder-)Schlag *m*, Schlagzahl *f* (*pro Minute*). **3.** *fenc.* Batˈtuta *f.* **4.** *mus.* a) Takt(schlag) *m*: **in** ~ im Takt; **out of** ~, **off (the)** ~ aus dem Takt, b) Schlag(zeit *f*) *m*, Taktteil *m*, c) *Jazz*: Beat *m*, rhythmischer Schwerpunkt, d) ˈBeat(muˌsik *f*) *m.* **5.** *metr.* Hebung *f*, Ton *m.* **6.** *electr. phys. Radio*: Schwebung *f.* **7.** *Am. colloq.* a) **I never heard the** ~ **of that** das schlägt *od.* übersteigt alles, was ich je gehört habe, b) (sensatioˈnelle) Alˈlein- *od.* Erstmeldung (*e-r Zeitung*). **8.** → **beatnik. 9.** Runde *f*, Reˈvier *n* (*e-s Schutzmanns etc*): **to be on one's** ~ s-e *od.* die Runde machen; **to be off** (*od.* **out of**) **one's** ~ *fig.* nicht in s-m Element sein; **that is out of my** ~ das schlägt nicht in mein Fach. **10.** *hunt.* Treiben *n.*

II *adj* **11.** *colloq.* ‚wie erschlagen', ‚fix u. fertig', völlig erschöpft. **12.** *mus.* Beat...: ~ **club (fan, group, music,** *etc*). **13.** Beatnik...: ~ **philosophy; the B**~ **Generation** die Beat generation. **14.** *phys. Radio*: Schwebungs...

III *v/t pret* **beat** *pp* ˈ**beat·en,** *obs. dial.* **beat 15.** schlagen, (ver)prügeln, verhauen: **to** ~ **s.th. into s.o.('s head)** j-m etwas einbleuen; → **air**[1] 1. **16.** (regelmäßig *od.* häufig) schlagen, *z.B.* a) *e-n Teppich etc* klopfen, *Kleider etc* (aus-)klopfen, b) *Metall* hämmern *od.* schmieden, c) *Steine* klopfen, d) *Eier etc* (zu Schaum *od.* Schnee) schlagen. **17.** *den Takt, die Trommel* schlagen: **to** ~ **the charge** *mil.* das Signal zum Angriff geben; **to** ~ **the drum for s.o. (s.th.)** *fig.* für j-n (etwas) die Trommel rühren; → **retreat** 1. **18.** peitschen, schlagen gegen (*Wind, Wellen, Regen etc*): ~**en by storms** sturmgepeitscht. **19.** schlagen mit *den Flügeln etc*: **to** ~ **the wings; to** ~ **one's hands** (in die Hände) klatschen. **20.** *e-n Weg* stampfen, treten, (sich) bahnen: **to** ~ **one's way** *Am. colloq.* ‚per Anhalter' reisen, trampen; **to** ~ **it** *colloq.* ‚abhauen', ‚verduften'. **21.** *hunt. u. weitS. ein Revier* durchˈstöbern, -ˈstreifen, e-n Rundgang machen um. **22.** *e-n Gegner* schlagen, besiegen: **to** ~ **s.o. at swimming** j-n im Schwimmen schlagen; **to** ~ **s.o. into second place** j-n auf den zweiten Platz verweisen; **I'll not be** ~**en** *fig.* ich lasse mich nicht unterkriegen; **to** ~ **s.o. to it** (*od.* **to the punch**) *colloq.* j-m zuvorkommen; **to** ~ **the band** *bes. Am. colloq.* a) alles übertreffen, b) (*als Wendung*) mit (aller) Macht, wie toll; **she was screaming to** ~ **the band** *colloq.* sie schrie aus Leibeskräften; **he was sleeping to** ~ **the band** *colloq.* er schlief wie ein Murmeltier; **to** ~ **the deadline** *colloq.* noch rechtzeitig fertig werden, die Frist einhalten; → **gun**[1] 3, **hollow** 10. **23.** *fig.* schlagen, überˈtreffen, -ˈbieten: **to** ~ **a record** e-n Rekord brechen; **that** ~**s all** (*od.* **everything**)! das ist doch der Gipfel *od.* die Höhe!; **that** ~**s everything I've ever heard** das ist das Tollste, was ich je gehört habe; **can you** ~ **it** (*od.* **that**)! *colloq.* das darf doch nicht wahr sein! **24.** *fig.* verblüffen: **that** ~**s me** ‚das ist mir zu hoch', da komme ich nicht mehr mit. **25.** *colloq.* erschöpfen, ‚fertigmachen': **the journey quite** ~ **him. 26.** *print.* abklopfen: **to** ~ **a proof** e-n Bürstenabzug machen.

IV *v/i* **27.** (heftig) schlagen, pochen, klopfen (*Herz*), ticken (*Uhr*): **to** ~ **at** (*od.* **on**) **the door** gegen die Tür hämmern *od.* schlagen. **28.** schlagen, peitschen (**against** gegen): **the rain** ~**s against the house. 29.** schlagen, (er)tönen (*Trommel etc*). **30.** *mar.* laˈvieren, kreuzen: **to** ~ **against the wind, to** ~ **to windward** (luvwärts) kreuzen, abfallen. **31.** *hunt.* e-e Treibjagd veranstalten: → **bush**[1] 1.

Verbindungen mit Adverbien:

beat| back *v/t e-n Gegner* zuˈrückschlagen, -treiben, abwehren. ~ **down I** *v/t* **1.** *fig.* niederschlagen, unterˈdrücken. **2.** *econ.* a) *den Preis* drücken, herˈunterhandeln, b) *j-n* herˈunterhandeln (**to** auf *acc*). **II** *v/i* **3.** a) herˈunterbrennen (**on** auf *acc*) (*Sonne*), b) herˈunter-, niederprasseln (**on** auf *acc*) (*Regen*). ~ **in** *v/t Tür* einschlagen: **to beat s.o.'s head in** j-m den Schädel einschlagen. ~ **off** *v/t e-n Angriff, e-n Gegner* zuˈrückschlagen, abwehren. ~ **out** *v/t* **1.** *Metall etc* aushämmern *od.* ausschmieden: **to beat s.o.'s brains out** *colloq.* j-m den Schädel einschlagen; → **brain** 2. **2.** *e-n Plan etc* ausarbeiten, ‚ausknobeln'. **3.** *colloq. j-n* ausstechen, *j-m* das Nachsehen geben. **4.** *Feuer* ausschlagen. **5.** *e-e Melodie etc* trommeln (**on** auf *dat*). ~ **up I** *v/t* **1.** aufrütteln (*a. fig.*). **2.** → **beat**[1] 16 d. **3.** *mil. Rekruten* werben. **4.** zs.-schlagen, krankenhausreif schlagen. **II** *v/i* **5.** *mar.* aufkreuzen.

beat[2] [biːt] *s Br.* Flachs- *od.* Hanfbündel *n.*

beat board *s Turnen*: Sprungbrett *n.*

beat·en [ˈbiːtn] **I** *pp von* **beat**[1]. **II** *adj* **1.** geschlagen, besiegt. **2.** *tech.* gehämmert: ~ **gold** Blattgold *n.* **3.** ‚erledigt', ‚fertig', erschöpft. **4.** a) abgetragen, abgenutzt: **a** ~ **suit,** b) zerfleddert: **a** ~ **book,** c) rampoˈniert, zerbeult: **a** ~**(-up) old car** ein alter Klapperkasten. **5.** a) vielbegangen (*Weg*), b) *fig.* gewohnt, abgedroschen: **the** ~ **track** *fig.* das ausgefahrene Geleise; **off the** ~ **track** abgelegen, *fig.* ungewohnt, ungewöhnlich. ~ **bis·cuit** *s Am.* (*Art*) Blätterteiggebäck *n.* ~ **zone** *s mil.* bestrichener Raum.

ˈ**beat·er** *s* **1.** *hunt.* Treiber *m.* **2.** *tech.* a) Stampfe *f*, b) Rammeisen *n*, c) Stößel *m*, d) Schlegel *m*, e) Klopfer *m.* **3.** *gastr.* Schneebesen *m.*

be·a·tif·ic [ˌbiːəˈtɪfɪk] *adj*; ˌ**be·a·tif·i·cal** [-kl] *adj* (*adv* ~**ly**) **1.** (glück)selig. **2.** beseligend, seligmachend: **beatific vision** *relig.* beseligende Gottesschau. **3.** glückstrahlend. **be·at·i·fi·ca·tion**

[bi:ˌætɪfɪˈkeɪʃn] *s* 1. (Glück)Seligkeit *f.* 2. *R.C.* Seligsprechung *f,* Beatifikatiˈon *f.*

be·at·i·fy [bi:ˈætɪfaɪ] *v/t* 1. beseligen, glücklich machen. 2. *R.C.* seligsprechen, beatifiˈzieren.

ˈbeat·ing *s* 1. Schlagen *n.* 2. a) Prügel *pl,* b) *fig.* Niederlage *f:* **to give s.o. a good** (*od.* **sound**) ~ j-m e-e tüchtige Tracht Prügel verabreichen, *fig.* j-m e-e böse Schlappe zufügen; **to take a** ~ Prügel beziehen, *fig.* e-e Schlappe erleiden. 3. (rhythmisches) Schlagen *od.* Klopfen *od.* Pochen: ~ **of the heart** Herzschlag *m.*

be·at·i·tude [bi:ˈætɪtju:d; *Am. a.* -ˌtu:d] *s* 1. (Glück)Seligkeit *f.* 2. *relig.* a) **the ~s** *pl* die Seligpreisungen *pl* (*Christi in der Bergpredigt*), b) **B~** (Eure) Seligkeit (*Anrede e-s Patriarchen etc*).

beat·nik [ˈbi:tnɪk] *s* Beatnik *m:* a) *Angehöriger der Beat generation,* b) *j-d, der sich in Kleidung u. Verhalten gegen die gesellschaftliche Konvention stellt.*

beat| note *s electr. phys.* Schwebungs-, Interfeˈrenzton *m.* ~ **re·ceiv·er** *s electr.* Superhet *m,* Überˈlagerungsempfänger *m.* **ˈ~-up** *adj bes. Am. colloq. für* **beaten** 4.

beau [bəʊ] *pl* **beaus, beaux** [bəʊz] *s obs.* 1. Beau *m,* Stutzer *m.* 2. ‚Kavaˈlier' *m,* Liebhaber *m.*

Beau·fort scale [ˈbəʊfə(r)t] *s* Beaufortskala *f* (*Windskala*).

beau i·de·al *s* 1. vollˈkommene Schönheit, Schönheit *f* in höchster Vollˈendung. 2. *pl* **-als** (ˈSchönheits)Ideˌal *n,* Vorbild *n.*

Beau·jo·lais [ˈbəʊʒəleɪ; *Am.* ˌbəʊʒəʊˈleɪ] *s* Beaujoˈlais *m* (*Wein*).

beaut [bju:t] *bes. Am. u. Austral. sl. für* **beauty** 3.

beau·te·ous [ˈbju:tjəs; -tɪəs] *adj* (*adv* **~ly**) 1. schön. 2. wunderbar.

beau·ti·cian [bju:ˈtɪʃn] *s* Kosˈmetiker(in).

beau·ti·ful [ˈbju:təfʊl; -tɪ-] **I** *adj* (*adv* **~ly**) 1. schön: **the ~ people** die Schickeria. 2. wunderbar, prächtig. **II** *s* 3. **the ~** das Schöne.

beau·ti·fy [ˈbju:tɪfaɪ] **I** *v/t* 1. schön(er) machen, verschöne(r)n. 2. ausschmücken, verzieren. **II** *v/i* 3. sich verschöne(r)n.

beau·ty [ˈbju:tɪ] *s* 1. Schönheit *f.* 2. *colloq.* (*das*) Schön(st)e: **the ~ of it is that** das Schöne daran ist, daß; **that is the ~ of it all** das ist das Schönste an der ganzen Sache. 3. *colloq.* (**of** von) ‚Gedicht' *n,* Prachtstück *n,* (*a. iro.*) ˈPrachtexemˌplar *n* (*a. Person, Tier etc*). 4. Schönheit *f* (*bes. Frau*). ~ **com·pe·ti·tion,** ~ **con·test** *s* Schönheitswettbewerb *m.* ~ **cream** *s* Schönheitscreme *f.* ~ **farm** *s* Schönheitsfarm *f.* ~ **par·lo(u)r** *s* ˈSchönheitssaˌlon *m.* ~ **patch** → **beauty spot** 1. ~ **queen** *s* Schönheitskönigin *f.* ~ **sa·lon,** *Am.* ~ **shop** → **beauty parlo(u)r.** ~ **sleep** *s colloq.* Schlaf *m* vor Mitternacht. ~ **spot** *s* 1. Schönheitspflästerchen *n.* 2. Schönheits-, Leberfleck *m.* 3. *colloq.* Schönheitsfehler *m.* 4. schönes Fleckchen Erde, lohnendes Ausflugsziel.

beaux [bəʊz] *pl von* **beau.**

beaux es·prits [ˌbəʊzəˈspri:] *pl von* **bel esprit.**

bea·ver[1] [ˈbi:və(r)] **I** *s* 1. *zo.* Biber *m:* **to work like a ~** arbeiten wie ein Pferd. 2. Biberpelz *m.* 3. *hist. a.* ~ **hat** a) Biber-, Kastorhut *m,* b) Filz-, Seidenhut *m,* Zyˈlinder *m.* 4. Biber *m, n* (*filziger Wollstoff*). 5. *colloq. obs.* ‚Biber' *m:* a) Vollbart *m,* b) Mann *m* mit Vollbart. **II** *v/i* 6. *meist* ~ **away** *Br. colloq.* schuften, schwer *od.* hart arbeiten.

bea·ver[2] [ˈbi:və(r)] *s mil. hist.* 1. Kinnschutz *m* (*am Helm*). 2. Viˈsier *n.*

ˈbea·ver·board *s* Hartfaserplatte *f.*

bea·ver| rat *s zo.* 1. Auˈstralische Schwimmratte. 2. Bisam-, Zibetratte *f.* ~ **tree,** **ˈ~·wood** *s bot.* Virˈginische Maˈgnolie, Biberbaum *m.*

beˈcall *v/t obs.* beschimpfen.

beˈcalm *v/t* 1. beruhigen, besänftigen, beschwichtigen. 2. *mar.* bekalmen: **to be ~ed** a) in e-e Flaute geraten, b) blind liegen.

be·came [bɪˈkeɪm] *pret von* **become.**

be·cause [bɪˈkɒz; *Am.* bɪˈkɔ:z] **I** *conj* 1. weil, da. 2. *obs.* daˈmit. **II** *prep* 3. ~ **of** wegen (*gen*), inˈfolge von (*od. gen*).

bé·cha·mel (sauce) [ˌbeɪʃəˈmel] *s gastr.* Béchaˈmelsoße *f.*

beˈchance → **befall.**

beˈcharm *v/t* be-, verzaubern.

bêche|-de-mer [ˌbeʃdəˈmeə(r); ˌbeɪʃ-] *s* 1. *zo.* Eßbare Holoˈthurie, Trepang *m.* 2. Bêche-de-mer *n,* Beach-la-mar *n* (*dem Pidgin-Englisch ähnliche Verkehrssprache in West-Ozeanien*). **ˌ~-le-ˈmar** [-ləˈmɑ:(r)] → **bêche-de-mer** 2.

beck[1] [bek] *s* Wink *m,* Zeichen *n:* **to be at s.o.'s ~ and call** j-m auf den leisesten Wink gehorchen, nach j-s Pfeife tanzen.

beck[2] [bek] *s Br.* (Wild)Bach *m.*

beck·on [ˈbekən] **I** *v/t* 1. *j-m* (zu)winken, zunicken, ein Zeichen geben. 2. *j-n* herˈanwinken. 3. *fig.* (an)locken. **II** *v/i* 4. winken. 5. *fig.* locken, rufen.

beˈcloud *v/t* 1. umˈwölken, verdunkeln (*a. fig.*). 2. *fig.* vernebeln: **to ~ the issue.**

be·come [bɪˈkʌm] *pret* **beˈcame** [-ˈkeɪm] *pp* **beˈcome** **I** *v/i* 1. werden: **what has ~ of him?** a) was ist aus ihm geworden?, b) *colloq.* wo steckt er nur?; **to ~ better** besser werden. **II** *v/t* 2. anstehen (*dat*), sich (ge)ziemen *od.* schicken für: → **ill** 8. 3. *j-m* stehen, passen zu, *j-n* kleiden.

beˈcom·ing **I** *adj* (*adv* **~ly**) 1. passend, kleidsam: **a most ~ coat** ein äußerst kleidsamer Mantel; **this dress is very ~ to you** dieses Kleid steht Ihnen sehr gut. 2. schicklich, geziemend: **as is ~** wie es sich gebührt; **with ~ respect** mit geziemender Hochachtung. **II** *s* 3. (*das*) Passende *od.* Schickliche. **beˈcom·ing·ness** *s* 1. Kleidsamkeit *f.* 2. Schicklichkeit *f.*

bed [bed] **I** *s* 1. Bett *n:* a) Bettstelle *f,* b) (*Feder- etc*)Bett *n:* ~ **and bedding** Bett u. Zubehör (*Bettzeug etc*). 2. Lager(statt *f*) *n* (*a. e-s Tieres*): ~ **of straw** Strohlager; ~ **of oysters** Bett junger Austern; ~ **of snakes** Nest *n* (*junger*) Schlangen. 3. letzte Ruhestätte, Grab *n.* 4. ˈUnterkunft *f:* ~ **and breakfast** (*in Gasthöfen*) Zimmer *n* mit Frühstück. 5. (Ehe)Bett *n:* → **separation** 4. 6. (Garten)Beet *n.* 7. (*Fluß-, Strom*)Bett *n.* 8. *geol. u. Bergbau:* Lage(r *n*) *f,* Bett *n,* Schicht *f,* (*Kohlen*)Flöz *n:* ~ **of ore** Erztrum *n,* Bank *f;* ~ **of sand** Sandschicht. 9. *tech.* ˈUnterlage *f,* Bett(ung *f*) *n,* Fundaˈment *n,* Schicht *f, z.B.* a) Bett *n* (*e-r Werkzeugmaschine*), b) *rail.* ˈUnterbau *m,* Kies-, Schotterbett *n,* c) (*Pflaster- etc*) Bettung *f,* d) *print.* Zurichtung *f* (*Druckform*), e) *Schriftguß:* Sattel *m,* f) untere Backe, Maˈtrize *f* (*e-r Stanz- od. Lochmaschine*), g) innere, schräge Fläche (*des Hobels*), h) *mar.* Schiffsschlitten *m* (*auf der Werft*), i) *mil.* Bettungs-, Bodenplatte *f* (*e-s Geschützes*).

Besondere Redewendungen:

his life is no ~ of roses er ist nicht (gerade) auf Rosen gebettet; **marriage is not always a ~ of roses** die Ehe hat nicht nur angenehme Seiten; ~ **of state** Prunkbett; **his life was a ~ of thorns** (*od.* **nails**) er mußte in s-m Leben allerhand durchmachen; **to be brought to ~** entbunden werden (**of** von); **to die in one's ~** e-s natürlichen Todes sterben; **to get out of ~ on the wrong side** mit dem verkehrten *od.* linken Fuß (zuerst) aufstehen; **to go to ~** a) ins *od.* zu Bett gehen, b) ‚ins Bett gehen' (**with** mit); **to keep one's ~** das Bett hüten; **to lie in the ~ one has made** die Suppe auslöffeln müssen, die man sich eingebrockt hat; **to make the ~** das Bett machen; **as you make your ~ so you must lie on it** wie man sich bettet, so liegt man; **to put to ~** *j-n* zu *od.* ins Bett bringen; **to take to one's ~** sich (krank) ins Bett legen.

II *v/t* 10. zu *od.* ins Bett bringen. 11. **to be ~ded** bettlägerig sein: **to be ~ded for a week with influenza** e-e Woche mit Grippe im Bett liegen. 12. *meist* ~ **down** a) *Gäste etc* für die Nacht ˈunterbringen, b) *j-m* das Bett machen, c) *ein Pferd etc* mit Streu versorgen. 13. ‚ins Bett gehen' mit *j-m.* 14. in ein Beet *od.* in Beete pflanzen: **to ~ out** auspflanzen, -setzen. 15. *meist* ~ **in** (ein)betten, (ein-, auf-) lagern.

III *v/i* 16. ins *od.* zu Bett gehen. 17. *meist* ~ **down** sein Nachtlager aufschlagen. 18. ‚ins Bett gehen' (**with** mit).

beˈdab·ble *v/t* bespritzen: **~d with blood** blutbespritzt.

ˌbed-and-ˈbreak·fast ho·tel *s* Hoˈtel *n* garˈni.

beˈdaub *v/t* beschmieren: **~ed with clay** lehmbeschmiert.

beˈdaz·zle *v/t* blenden (*a. fig.*).

ˈbed|·bug *s zo.* Wanze *f.* ~ **bun·ny** *s colloq.* ‚Betthäs-chen' *n.* **ˈ~·cham·ber** *s* Schlafzimmer *n,* Schlafgemach *n* (*obs. außer in*): **Gentleman of the B~** königlicher Kammerjunker; → **Lady (Lord) of the Bedchamber.** **ˈ~·clothes** *s pl* Bettwäsche *f.* **ˈ~·cov·er** *s* Bettdecke *f.*

bed·da·ble [ˈbedəbl] *adj:* **she's quite ~** *colloq.* die wär' was fürs Bett.

bed·der [ˈbedə(r)] *s* 1. *univ. Br.* Aufwärter(in) (*der Collegestudenten in Cambridge*). 2. *bot.* Freilandsetzling *m.*

bed·ding [ˈbedɪŋ] **I** *s* 1. Bettzeug *n.* 2. (Lager)Streu *f* (*für Tiere*). 3. *tech.* a) Betten *n,* b) Bettung *f,* Lager *n,* c) Auflagefläche *f.* 4. *arch.* Fundaˈment *n,* ˈUnterlage *f.* 5. *geol. tech.* Schichtung *f.* **II** *adj* 6. Beet..., Freiland...: ~ **plants.**

beˈdeck *v/t* zieren, schmücken.

be·del(l) [beˈdel; bə-] *obs. für* **beadle** 2.

beˈdev·il *v/t pret u. pp* **-iled,** *bes. Br.* **-illed** 1. *bes. fig.* be-, verhexen. 2. *fig.* a) durcheinˈanderbringen, verwirren, b) verderben, -pfuschen. 3. a) plagen, peinigen, b) bedrücken, belasten. **beˈdev·il·ment** *s* 1. Besessenheit *f.* 2. Verwirrung *f.*

beˈdew *v/t* betauen, benetzen: **her face was ~ed with tears** ihr Gesicht war tränenfeucht.

ˈbed|·fast *adj obs.* bettlägerig. **ˈ~·fel·low** *s* 1. Bettgenosse *m,* ˈSchlafkameˌrad *m.* 2. Verbündete(r) *m,* Genosse *m:* **adversity** (*od.* **misfortune**) **makes strange ~s** Unglück bringt die verschiedensten Leute zusammen. **ˈ~·gown** *s* (Frauen)Nachtgewand *n.*

be·dight [bɪˈdaɪt] *pret u. pp* **beˈdight, beˈdight·ed** *v/t obs. od. poet.* 1. ausrüsten. 2. schmücken.

beˈdim *v/t* 1. verdunkeln, trüben. 2. *fig.* vernebeln: **to ~ the issue.**

be·diz·en [bɪˈdaɪzn] *v/t obs.* geschmacklos herˈausputzen.

bed·lam [ˈbedləm] *s* 1. Aufruhr *m,* Tuˈmult *m:* **to cause ~** e-n Tumult auslösen. 2. Gewirr *n:* **a ~ of alleys.** 3. *obs.* a) Irren-, Tollhaus *n* (*a. fig.*): **the classroom was a regular ~** im Klassenzimmer ging es zu wie in e-m Tollhaus, b) Irre(r *m*) *f.* **ˈbed·lam·ite** *s obs.* Irre(r *m*) *f.*

bed| lift *s* Stellkissen *n* (*für Kranke*). **~ lin·en** *s* Bettwäsche *f*.

Bed·ling·ton (ter·ri·er) [ˈbedlɪŋtən] *s zo*. Bedlingtonterrier *m*.

ˈbed·mate → **bedfellow** 1.

Bed·ou·in [ˈbedʊɪn; *Am*. ˈbedəwən] **I** *pl* **-ins, -in** *s* Beduˈine *m*, Beduˈinin *f*. **II** *adj* beduˈinisch, Beduinen...

ˈbed|·pan *s* **1.** Wärmpfanne *f*, -flasche *f*. **2.** *med*. Stechbecken *n*, Bettpfanne *f*, -schüssel *f*. **ˈ~·plate** *s tech*. Bett-, Grund-, ˈUnterlagsplatte *f*, Fundaˈmentplatte *f*, -rahmen *m*. **ˈ~·post** *s* Bettpfosten *m*: → **between** 2.

be·drag·gled [bɪˈdrægld] *adj* **1.** a) durchˈnäßt, b) verdreckt. **2.** *fig*. a) herˈuntergekommen: **a ~ house**, b) ungepflegt: **~ appearance**.

ˈbed|·rail *s* Seitenteil *n* des Bettes. **~ rest** *s* Bettruhe *f*. **ˈ~ˌrid·den** *adj* bettlägerig. **ˈ~·rock I** *s* **1.** *geol*. Grund-, Muttergestein *n*, gewachsener Fels. **2.** *fig*. a) Grundlage *f*, Fundaˈment *n*: **to get down to the ~ of a matter** e-r Sache auf den Grund gehen, b) (sachlicher) Kern (*e-s Problems etc*), c) Tiefpunkt *m*: **at ~** auf dem Tiefpunkt. **II** *adj* **3.** *colloq*. a) grundlegend, b) (felsen)fest, c) sachlich, konˈkret, d) *econ*. äußerst, niedrigst: **~ price**. **ˈ~·roll** *s* zs.-gerolltes Bettzeug. **ˈ~·room** *s* Schlafzimmer *n*: **~ eyes** *humor*. ‚Schlafzimmeraugen', -blick' *m*; **~ scene** (*Film etc*) Bettszene *f*; **~ suburb** (*od*. **town**) ‚Schlafstadt' *f*. **~ sheet** *s* Bettlaken *n*. **ˈ~·side** *s* Seite *f* des Bettes: **at the ~** am (*a. Kranken*)Bett; **the doctor has a good ~ manner** der Arzt kann gut mit Kranken umgehen; **~ lamp** Nachttischlampe *f*; **~ rug** Bettvorleger *m*; **~ table** Nachttisch(chen *n*) *m*; **~ teaching** Unterricht *m* am Krankenbett. **ˌ~-ˈsit** *Br*. **I** *s* → **bed-sitter**. **II** *v/i irr* ein möˈbliertes Zimmer *od*. ein Einˈzimmeraˌpartment bewohnen. **ˌ~-ˈsit·ter, ˌ~-ˈsit·ting room** *s Br*. **1.** möˈbliertes Zimmer. **2.** Einˈzimmeraˌpartment *n*. **ˈ~·sore** *s med*. wundgelegene Stelle. **ˈ~·space** *s* ˈBettenzahl *f*, -kapaziˌtät *f* (*in Klinik, Hotel etc*). **ˈ~·spread** *s* Tagesdecke *f*. **ˈ~·stead** *s* Bettstelle *f*, -gestell *n*. **ˈ~·straw** *s bot*. **1.** Labkraut *n*. **2.** Wandelklee *m*. **ˈ~·tick** *s* Inlett *n*. **ˈ~·time** *s* Schlafenszeit *f*: **~ reading** Bettlektüre *f*; **~ story** Gutenachtgeschichte *f*; **it's past ~** es ist höchste Zeit zum Schlafengehen; **it's long past your ~** du müßtest schon längst im Bett sein. **~ wet·ting** *s med*. Bettnässen *n*.

bee[1] [biː] *s* **1.** *zo*. Biene *f*: **(as) busy as a ~** bienenfleißig, emsig wie e-e Biene; **to have a ~ in one's bonnet** *colloq*. e-n ‚Fimmel' *od*. ‚Tick' haben. **2.** *fig*. Biene *f* (*fleißiger Mensch*). **3.** *Am. colloq*. Grille *f*, Maˈrotte *f*. **4.** *bes. Am*. a) Treffen *n* (*von Freunden*) zur Gemeinschaftshilfe *od*. Unterˈhaltung: **sewing ~** Nähkränzchen *n*, b) Wettbewerb *m*.

bee[2] [biː] *s mar*. Backe *f*, Klampe *f*.

bee[3] [biː] *s* B, b *n* (*Buchstabe*).

Beeb [biːb] *s*: **the ~** *Br. colloq*. die BBC.

beech [biːtʃ] *s* **1.** *bot*. (Rot)Buche *f*. **2.** Buchenholz *n*. **ˈbeech·en** *adj* buchen, aus Buchenholz, Buchen...

beech| fern *s bot*. Buchenfarn *m*. **~ mar·ten** *s zo*. Stein-, Hausmarder *m*. **~ mast** *s* Buchmast *f*, -eckern *pl*. **ˈ~·nut** *s* Buchecker *f*, Buchel *f*.

bee eat·er *s orn*. Bienenfresser *m*.

beef [biːf] **I** *s* **1.** *pl* **beeves** [biːvz], *a*. **beefs** Mastbulle *m*, -ochse *m*, -rind *n*. **2.** Rindfleisch *n*. **3.** *colloq*. a) Fleisch *n* (*am Menschen*), b) (Muskel)Kraft *f*: **put some ~ into it!** *fig*. streng dich ein bißchen an! **4.** *pl* **beefs** *sl*. ‚Meckeˈrei' *f*, Nörgeˈlei *f*, Beschwerde *f*. **II** *v/i* **5.** *sl*. ‚meckern', nörgeln, sich beschweren (**about** über *acc*). **III** *v/t* **6. ~ up** *Am. colloq. Streitkräfte etc* verstärken. **ˈ~ˌbur·ger** [-ˌbɜːgə; *Am*. -ˌbɜrgər] *s gastr*. Hamburger *m*. **ˈ~·cake** *s sl*. Zurˈschaustellung *f* von Muskelkraft (*bes. auf Fotografien*). **ˈ~ˌeat·er** *s Br*. Beefeater *m*, Tower-Wächter *m* (*in London*).

ˌbeef|ˈsteak *s* Beefsteak *n*. **~ tea** *s* (Rind)Fleisch-, Kraftbrühe *f*, Bouilˈlon *f*. **ˈ~-ˌwit·ted** *adj* dumm, schwer von Begriff.

ˈbeef·y *adj* **1.** fleischig: **~ cattle**. **2.** *colloq*. bullig, kräftig, vierschrötig.

bee| glue *s* Bienenharz *n*. **~ hawk** *s orn*. Wespenbussard *m*. **ˈ~·hive** *s* **1.** Bienenstock *m*, -korb *m*. **2.** *fig*. a) Bienenhaus *n*, ‚Taubenschlag' *m*, b) emsiges Gewühl. **3.** *etwas Bienenkorbförmiges*: **~ (hairdo)** toupierte Hochfrisur. **4.** *mil*. Hohl(raum)ladung *f*. **ˈ~·house** *s* Bienenhaus *n*. **ˈ~ˌkeep·er** *s* Bienenzüchter *m*, Imker *m*. **ˈ~ˌkeep·ing** *s* Bienenzucht *f*, Imkeˈrei *f*. **~ kill·er** *s zo*. Bienentöter *m*. **ˈ~·line** *s fig*. kürzester Weg: **to make a ~ for s.th.** schnurstracks auf etwas los- *od*. zugehen; **he made a ~ for his dinner** er stürzte sich sofort auf sein Essen.

Be·el·ze·bub [biːˈelzɪbʌb] **I** *npr Bibl*. Beˈelzebub *m*. **II** *s* Teufel *m* (*a. fig*.).

bee| mar·tin *s orn*. Königsvogel *m*. **ˈ~ˌmas·ter** → **beekeeper**.

been [biːn; bɪn] *pp von* **be**.

bee| net·tle *s bot*. **1.** Hanfnessel *f*. **2.** Bienensaug *m*. **~ or·chis** *s bot*. Bienenragwurz *f*.

beep [biːp] **I** *s a*. **~ signal** a) *mot*. Hupen *n*, ˈHupsiˌgnal *n*, b) Tuten *n* (*e-r Schiffssirene etc*), c) *electr*. kurzes Summerzeichen, Piepton *m*. **II** *v/t*: **to ~ one's horn** *mot*. hupen. **III** *v/i* a) *mot*. hupen, b) tuten (*Schiffssirene etc*). **ˈbeep·er** *s* **1.** Siˈgnalgeber *m*, -gerät *n* (*für ferngesteuerte Flugkörper*). **2.** Fernsteuerungsgerät *n*.

beer[1] [bɪə(r)] *s* **1.** Bier *n*: **two ~s** zwei (Glas) Bier; **life is not all ~ and skittles** *colloq*. das Leben besteht nicht nur aus Vergnügen; → **small beer**. **2.** bierähnliches Getränk (*aus Pflanzen*): → **ginger beer**.

beer[2] [bɪə(r)] *s Weberei*: Kettfadenbündel *n*.

beer| bust *s Am. colloq*. Bierparty *f*. **~ cel·lar** *s* Bierkeller *m*. **~ en·gine** *s* Bierpumpe *f*, ˈBierdruckappaˌrat *m*. **~ gar·den** *s* Biergarten *m*. **ˈ~·house** *s Br*. Bierstube *f*, -schenke *f*. **~ mat** *s* Bierfilz *m*, -deckel *m*. **~ pump** *s* Bierpumpe *f*. **~ stone** *s* Bierstein *m* (*Ablagerung*).

ˈbeer·y *adj* **1.** bierartig, Bier... **2.** bierselig. **3.** nach Bier riechend: **~ breath** ‚Bierfahne' *f*.

bee skep *s* Bienenkorb *m*, -stock *m*.

beest·ings [ˈbiːstɪŋz] *s pl* (*oft als sg konstruiert*) Biest(milch *f*) *m* (*erste Milch nach dem Kalben*).

ˈbees|·wax I *s* Bienenwachs *n*. **II** *v/t* mit Bienenwachs einreiben. **ˈ~·wing** *s* feines Häutchen (*auf altem Wein*).

beet [biːt] *s* **1.** *bot*. Bete *f*, *bes*. Runkelrübe *f*, Mangold *m*, *Am. a*. Rote Bete *od*. Rübe. **2.** *a*. **~ greens** Mangoldgemüse *n*.

bee·tle[1] [ˈbiːtl] **I** *s zo*. Käfer *m*: **(as) blind as a ~** stockblind. **II** *v/i colloq*. hasten, sausen: **to ~ off** ‚abschwirren'.

bee·tle[2] [ˈbiːtl] **I** *s* **1.** Holzhammer *m*, Schlegel *m*. **2.** *tech*. a) Erdstampfe *f*, b) ˈStampfkaˌlander *m* (*für Textilien*). **II** *v/t* **3.** mit e-m Schlegel *etc* bearbeiten, (ein)stampfen. **4.** *tech*. *Textilien* kaˈlandern.

bee·tle[3] [ˈbiːtl] **I** *adj* ˈüberhängend. **II** *v/i* vorstehen, ˈüberhängen.

ˈbee·tle|-browed *adj* **1.** mit buschigen (Augen)Brauen. **2.** finster blickend. **ˈ~ˌcrush·er** *s sl*. **1.** ‚Elbkahn' *m*, ‚Kindersarg' *m* (*riesiger Schuh*). **2.** *mil*. ‚Landser' *m* (*Infanterist*).

ˈbeet|·root *s bot*. **1.** *Br*. Wurzel *f* der (Roten) Bete. **2.** *Am*. *für* **beet** 1. **~ sug·ar** *s* Rübenzucker *m*.

beeves [biːvz] *pl von* **beef** 1.

beez·er [ˈbiːzə(r)] *s sl*. ‚Gurke' *f* (*Nase*).

beˈfall, *pret* **beˈfell**, *pp* **beˈfall·en** *obs. od. poet*. **I** *v/i* sich ereignen, sich zutragen. **II** *v/t j-m* zustoßen, widerˈfahren, begegnen.

beˈfit *v/t* anstehen (*dat*), sich (ge)ziemen *od*. schicken für: → **ill** 8. **beˈfit·ting** *adj* (*adv* **~ly**) geziemend, schicklich.

beˈfog *v/t* **1.** in Nebel hüllen. **2.** *fig*. vernebeln: **to ~ the issue**.

beˈfool *v/t* **1.** zum Narren haben *od*. halten, täuschen. **2.** *obs*. als Narren behandeln.

be·fore [bɪˈfɔː(r); *Am. a*. bɪˈfəʊər] **I** *adv* **1.** (*räumlich*) vorn, vorˈan: **to go ~** vorangehen. **2.** (*zeitlich*) vorher, zuˈvor, vormals, früher (schon), bereits, schon: **an hour ~** e-e Stunde vorher *od*. früher; **long ~** lange vorher *od*. zuvor; **the year ~** das vorhergehende *od*. das vorige Jahr; **he had been in Paris ~** er war schon (früher) einmal in Paris; **never ~** noch nie(mals). **II** *prep* **3.** (*räumlich*) vor (*acc od. dat*): **~ my eyes** vor m-n Augen; **he sat ~ me** er saß vor mir; **the question ~ us** die (uns) vorliegende Frage; **he has the world ~ him** ihm steht die Welt offen. **4.** vor (*dat*), in Gegenwart von (*od. gen*): **~ witnesses** vor Zeugen. **5.** (*zeitlich*) vor (*dat*): **the week ~ last** vorletzte Woche; **~ long** in Kürze, bald; **what is ~ us** was (*in der Zukunft*) vor uns liegt; **three minutes ~ nine** *Am*. drei Minuten vor neun. **6.** (*Reihenfolge, Rang*) vorˈaus, vor (*acc od. dat*): **to be ~ the others** den anderen (*in der Schule etc*) voraus sein. **III** *conj* **7.** bevor, ehe: **not ~** nicht früher *od*. eher als bis, erst als, erst wenn. **8.** lieber *od*. eher ..., als daß: **I would die ~ I lied** (*od*. **~ lying**) eher *od*. lieber will ich sterben als lügen. **beˈfore·hand I** *adv* **1.** zuˈvor, (im) vorˈaus: **to know s.th. ~** etwas im voraus wissen. **2.** zuˈvor, früher. **3.** zu früh, verfrüht. **II** *adj* **4.** *a*. **~ with the world** gut versorgt: **to have nothing ~** nichts in Reserve haben. **5. to be ~ with** a) *j-m od. e-r Sache* zuˈvorkommen, b) *etwas* vorˈwegnehmen. **beˈfore-ˌmen·tioned** *adj* oben-, vorerwähnt. **beˈfore-tax** *adj econ*. vor Abzug der Steuern, *a*. Brutto...

beˈfor·tune → **befall**.

beˈfoul *v/t* besudeln, beschmutzen (*a. fig*.): **to ~ one's own nest** sein eigenes Nest beschmutzen.

beˈfriend *v/t j-m* behilflich sein, sich *j-s* annehmen.

beˈfud·dle *v/t* **1.** ‚benebeln', berauschen. **2.** verwirren.

beg [beg] **I** *v/t* **1.** *etwas* erbitten (**of s.o.** von j-m), bitten um: **to ~ leave (of s.o.)** (j-n) um Erlaubnis bitten; → **pardon** 4. **2.** erbetteln, betteln *od*. bitten um: **to ~ a meal**. **3.** *j-n* bitten (**to do s.th.** etwas zu tun). **4.** (*ohne Beweis*) als gegeben annehmen: → **question** 1. **5. ~ off** *j-n* entschuldigen. **II** *v/i* **6.** betteln: **to go ~ging** a) betteln gehen, b) *fig*. keinen Interessenten *od*. Abnehmer finden; **this post is going ~ging** *fig*. niemand will den Posten übernehmen. **7.** (dringend) bitten, flehen (**for** um): **I ~ of you** ich bitte Sie; **to ~ off** sich entschuldigen (lassen), absagen. **8.** sich erlauben *od*. gestatten (**to do s.th.** etwas zu tun): **I ~ to differ** ich erlaube mir, anderer Meinung zu sein; **I ~ to inform you** *econ. obs*. ich erlaube mir, Ihnen mitzuteilen. **9.** schönmachen, Männchen machen (*Hund*).

be·gad [bɪˈgæd] *interj colloq. obs.* bei Gott!

be·gan [bɪˈgæn] *pret von* **begin.**

be·get bɪˈget] *pret* **beˈgot** [-ˈgɒt; *Am.* -ˈgɑt], *obs.* **beˈgat** [-ˈgæt], *pp* **beˈgot·ten** [-ˈgɒtn; *Am.* -ˈgɑtn] *obs.* **be·got** *v/t* **1.** *Kinder* zeugen. **2.** *fig.* erzeugen, herˈvorbringen. **beˈget·ter** *s* **1.** Erzeuger *m*, Vater *m*. **2.** *fig.* Urheber *m*.

beg·gar [ˈbegə(r)] **I** *s* **1.** Bettler(in). **2.** *fig.* Arme(r *m*) *f*, Bedürftige(r *m*) *f*: **~s can't be choosers** in der Not darf man nicht wählerisch sein. **3.** *humor. od. contp.* Kerl *m*, Bursche *m*: **lucky ~** Glückspilz *m*; **a naughty little ~** ein kleiner Frechdachs. **II** *v/t* **4.** an den Bettelstab bringen, arm machen. **5.** *fig.* entwerten. **6.** *fig.* überˈsteigen: **it ~s description** a) es läßt sich nicht mit Worten beschreiben, b) es spottet jeder Beschreibung.

beg·gar·li·ness [ˈbegə(r)lɪnɪs] *s* **1.** Bettelarmut *f*. **2.** *fig.* Armseligkeit *f*. **ˈbeg·gar·ly** *adj* **1.** bettelarm. **2.** *fig.* armselig, lumpig, erbärmlich, kümmerlich: **a ~ salary.**

ˌbeg·gar-my-ˈneigh·bo(u)r [ˌ-mɪˈ-] Bettelmann *m* (*Kartenspiel*).

beg·gar·y [ˈbegərɪ] *s* Bettelarmut *f*.

beg·ging [ˈbegɪŋ] **I** *adj* **1.** bettelnd: **~ letter** Bettelbrief *m*. **II** *s* **2.** Betteˈlei *f*. **3.** Bitten *n*.

be·gin [bɪˈgɪn] *pret* **beˈgan** [-ˈgæn] *pp* **beˈgun** [-ˈgʌn] **I** *v/t* **1.** beginnen, anfangen: **when did you ~ (to learn** *od.* **learning) English?** wann hast du mit dem Englisch angefangen (angefangen, Englisch zu lernen)?; **he began his lecture by saying that ...** er leitete s-n Vortrag mit den Worten ein, daß ...; **to ~ the world** ins Leben treten. **2.** (be)gründen: **to ~ a dynasty. II** *v/i* **3.** beginnen, anfangen: **he began by saying that ...** er sagte einleitend, daß ...; **to ~ with s.th. (s.o.)** anfangen mit etwas (bei j-m); **to ~ with** (*adverbiell*) a) zunächst (einmal), fürs erste, b) erstens (einmal), um es gleich zu sagen; **to ~ on s.th.** etwas in Angriff nehmen; **to ~ on a new bottle** e-e neue Flasche anbrechen; **not to ~ to do s.th.** nicht entfernt *od.* im entferntesten daran denken, etwas zu tun; **he does not even ~ to try** er versucht es nicht einmal; **it began to be put into practice** es wurde langsam aber sicher in die Praxis umgesetzt; **well begun is half done** gut begonnen ist halb gewonnen. **4.** entstehen, ins Leben gerufen werden. **beˈgin·ner** *s* Anfänger(in), Neuling *m*: **~'s luck** Anfängerglück *n*. **beˈgin·ning** *s* **1.** Anfang *m*, Beginn *m*: **at** (*od.* **in**) **the ~** am *od.* im *od.* zu Anfang, anfangs; **from the (very) ~** (ganz) von Anfang an; **from ~ to end** von Anfang bis Ende; **the ~ of the end** der Anfang vom Ende. **2.** Ursprung *m*. **3.** *pl* a) (erste) Anfangsgründe *pl*, b) (erste) Anfänge *pl*, Anfangsstadium *n*.

beˈgird *pret u. pp* **beˈgirt** *od.* **beˈgird·ed** *v/t* **1.** umˈgürten. **2.** umˈgeben.

be·gone [bɪˈgɒn; *Am. a.* -ˈgɑn] *interj obs. od. poet.* fort!, (scher dich) weg!

be·go·ni·a [bɪˈgəʊnjə] *s bot.* Beˈgonie *f*.

be·gor·ra [bɪˈgɒrə; *Am. a.* -ˈgɑ-] *interj Ir. colloq.* bei Gott!

be·got [bɪˈgɒt; *Am.* -ˈgɑt] *pret u. obs. pp von* **beget.**

be·got·ten [bɪˈgɒtn; *Am.* -ˈgɑtn] **I** *pp von* **beget. II** *adj* gezeugt: **the first ~** der Erstgeborene; **God's only ~ son** Gottes eingeborener Sohn.

beˈgrime *v/t* besudeln, beschmutzen (*a. fig.*).

beˈgrudge *v/t* **1.** mißˈgönnen (**s.o. s.th.** j-m etwas): **to ~ s.o. the shirt on his back** j-m nicht das Schwarze unterm Nagel *od.* das Weiße im Auge gönnen. **2.** nur ungern geben (**s.o. s.th.** j-m etwas). **3. to ~ doing s.th.** etwas nur widerwillig *od.* ungern tun.

beˈguile *v/t* **1.** betrügen (**of, out of** um), täuschen, hinterˈgehen. **2.** verleiten, -locken (**into doing** zu tun). **3.** sich *die Zeit* (angenehm) vertreiben *od.* verkürzen (**by, with** mit). **4.** *fig.* betören, berücken. **beˈguile·ment** *s* Hinterˈgehung *f*, Betrug *m*, Täuschung *f*.

be·gun [bɪˈgʌn] *pp von* **begin.**

be·half [bɪˈhɑːf; *Am.* bɪˈhæf] *s*: **on** (*Am. a.* **in**) **~ of** a) zugunsten von (*od. gen*), für *j-n*, b) im Namen *od.* im Auftrag von (*od. gen*), für *j-n*, namens (*gen*); **on one's own ~** in eigenem Namen, in eigener Sache; **on ~ of s.th.** mit Rücksicht auf e-e Sache.

be·have [bɪˈheɪv] **I** *v/i* **1.** sich (gut) benehmen, sich zu benehmen wissen: **please ~!** bitte benimm dich!; **he can't ~** er kann sich nicht (anständig) benehmen. **2.** sich verhalten *od.* benehmen (**to, toward[s]** gegen *j-n*, gegenˈüber *j-m*). **3.** sich verhalten (*Sache*), arbeiten, funktioˈnieren (*Maschine etc*). **II** *v/t* **4. ~ o.s.** sich (gut) benehmen: **~ yourself!** benimm dich! **beˈhaved** *adj* (*meist in Zssgn*) von *gutem etc* Benehmen: → **well-behaved**, *etc.*

be·hav·ior, *bes. Br.* **be·hav·iour** [bɪˈheɪvjə(r)] *s* **1.** Benehmen *n*, Betragen *n*, Verhalten *n*, *jur.* Führung *f* (*e-s Strafgefangenen*): **during good ~** *Am.* auf Lebenszeit (*ernannt od. gewählt*); **to be in office on (one's) good ~** ein Amt auf Bewährung innehaben; **to be on one's best ~** sich von s-r besten Seite zeigen; **to put s.o. on his good ~** j-m einschärfen, sich (ja) gut zu benehmen; **~ disorder** *psych.* Verhaltensstörung *f*; **investigation of ~** *psych.* Verhaltensforschung *f*; **~ modification** *psych.* Verhaltensmodifikation *f*; **~ therapy** *psych.* Verhaltenstherapie *f*; → **pattern** 11. **2.** *chem. math. phys. tech.* Verhalten *n*. **beˈhav·io(u)r·al** *adj psych.* Verhaltens...: **~ disturbance**; **~ science** Verhaltensforschung *f*; **~ scientist** Verhaltensforscher(in). **beˈhav·io(u)r·ism** *s psych.* Behavioˈrismus *m*. **beˈhav·io(u)r·ist I** *s* Behavioˈrist *m*. **II** *adj* behavioˈristisch. **beˌhav·io(u)rˈis·tic** *adj* (*adv* **~ally**) behavioˈristisch.

be·head [bɪˈhed] *v/t* enthaupten, köpfen. **beˈhead·al** [-dl], **beˈhead·ing** *s* Enthauptung *f*.

be·held [bɪˈheld] *pret u. pp von* **behold.**

be·he·moth [bɪˈhiːmɒθ; *Am.* -məθ] *s* **1.** *Bibl.* Behemoth *m*. **2.** *colloq.* a) Koˈloß *m*, Riese *m* (*Mensch*), b) Ungetüm *n*, Monstrum *n* (*Sache*).

be·hen·ic ac·id [bɪˈhenɪk; -ˈhiː-] *s chem.* Bensäure *f*.

be·hen·ol·ic ac·id [ˌbiːhəˈnɒlɪk; *Am.* -ˈnɑ-] *s chem.* Behensäure *f*.

be·hest [bɪˈhest] *s* **1.** *obs. od. poet.* Geheiß *n*, Befehl *m*: **at the ~ of** auf Befehl von (*od. gen*); **land of ~** Land *n* der Verheißung. **2.** Forderung *f*. **3.** Veranlassung *f*. **4.** dringende Bitte.

be·hind [bɪˈhaɪnd] **I** *prep* **1.** (*räumlich u. zeitlich*) hinter (*acc od. dat*): **~ the tree** hinter dem *od.* den Baum; **he looked ~ him** er blickte hinter sich; **he has the majority ~ him** er hat die Mehrheit hinter sich; **to get s.th. ~ one** etwas hinter sich bringen; **his schooldays are ~ him** s-e Schulzeit liegt hinter ihm; **what is ~ all this?** was steckt dahinter? **2.** (*Reihenfolge, Rang*) hinter (*acc od. dat*): **to be ~ s.o.** j-m nachstehen, hinter j-m zurück sein (**in** in *dat*). **II** *adv* **3.** hinten, daˈhinter, hinterˈher, -ˈdrein, hintenˈnach: **to walk ~** hinten gehen, hinterhergehen. **4.** nach hinten, zuˈrück: **to look ~** zurückblicken. **III** *pred adj* **5.** zuˈrück, im Rückstand: **to be ~ in** (*od.* **with**) **one's work** mit s-r Arbeit im Rückstand *od.* im Verzug sein; **to remain ~** zurückbleiben. **6.** *fig.* daˈhinter, verborgen: **there is more ~** da steckt (noch) mehr dahinter. **IV** *s* **7.** *colloq.* ˈHinterteil *n*, ‚Hintern' *m*. **beˈhind·hand** *adv u. pred adj* **1.** im Rückstand, im Verzug (**with** mit). **2.** verschuldet, in schlechten Verhältnissen. **3.** verspätet: **to be ~** Verspätung haben. **4.** rückständig. **5. to be ~ with s.o. in** j-m nachstehen in (*dat*). **beˌhind-the-ˈscenes** *adj fig.* hinter den Kuˈlissen.

be·hold [bɪˈhəʊld] **I** *v/t pret u. pp* **beˈheld** [-ˈheld], *obs. pp* **beˈhold·en** sehen, erblicken, anschauen. **II** *interj* siehe (da)! **beˈhold·en** *adj* (zu Dank) verpflichtet, dankbar (**to** *dat*). **beˈhold·er** *s* Betrachter(in), Zuschauer(in).

be·hoof [bɪˈhuːf] *pl* **beˈhooves** [-ˈhuːvz] *s* Vorteil *m*, Nutzen *m*.

be·hoove [bɪˈhuːv], *bes. Br.* **beˈhove** [-ˈhəʊv] *v/t impers* erforderlich sein für, sich schicken für: **it ~s you** a) es obliegt dir *od.* ist d-e Pflicht (**to do** zu tun), b) es gehört sich für dich.

be·hooves [bɪˈhuːvz] *pl von* **behoof.**

be·hove [bɪˈhəʊv] *bes. Br. für* **behoove.**

beige [beɪʒ] **I** *adj* **1.** beige, sandfarben. **II** *s* **2.** Beige *f* (*Wollstoff*). **3.** Beige *n* (*Farbton*).

ˈbe-in *s* zwangloses Beiˈsammensein (*bes. im Freien*).

be·ing [ˈbiːɪŋ] *s* **1.** (Da)Sein *n*, Exiˈstenz *f*: **in ~** existierend, wirklich (vorhanden); **to call into ~** ins Leben rufen; **to come into ~** entstehen. **2.** *j-s* Wesen *n*, Naˈtur *f*. **3.** (Lebe)Wesen *n*, Geschöpf *n*.

beˈjew·el *v/t pret u. pp* **-eled,** *bes. Br.* **-elled** mit Edelsteinen *od.* Juˈwelen schmücken.

bel [bel] *s electr.* Bel *n* (*logarithmische Verhältniseinheit bei Spannungen u. Leistungen*).

beˈla·bor, *bes. Br.* **beˈla·bour** *v/t* **1.** *obs.* verprügeln. **2.** *fig.* (*mit Worten*) ‚bearbeiten', *j-m* zusetzen.

be·lat·ed [bɪˈleɪtɪd] *adj* **1.** verspätet: **~ best wishes** nachträglich herzlichen Glückwunsch. **2.** *obs.* von der Nacht *od.* Dunkelheit überˈrascht.

be·laud [bɪˈlɔːd] *v/t* preisen, rühmen.

be·lay [bɪˈleɪ] **I** *v/t* **1.** *mar.* festmachen, *ein Tau* belegen. **2.** *mount. j-n* sichern. **II** *v/i* **3. ~ there!** *mar.* Schluß!, genug (jetzt)! **III** *s* **4.** *mount.* Sichern *n*.

bel can·to [belˈkæntəʊ; *Am.* -ˈkɑn-] *s mus.* Belˈcanto *m*, Belˈkanto *m*.

belch [beltʃ] **I** *v/i* **1.** aufstoßen, rülpsen. **2.** quellen (**from** aus) (*Rauch etc*). **II** *v/t* **3.** *a.* **~ out** (*od.* **forth**) *Feuer, Rauch etc* speien, (*a. fig. Beleidigungen etc*) ausstoßen. **III** *s* **4.** a) Aufstoßen *n*, Rülpsen *n*, b) Rülpser *m*. **5.** *fig.* (Rauch-, Flammen- *etc*)Stoß *m*. **6.** *fig.* Schwall *m* (*von Beleidigungen etc*).

ˈbel·cher *s* (buntes) Halstuch.

bel·dam(e) [ˈbeldəm] *s* **1.** a) alte Frau, b) *obs.* Großmutter *f*. **2.** (böse) Hexe, alte Vettel.

be·lea·guer [bɪˈliːgə(r)] *v/t* **1.** *mil.* belauern. **2.** *fig.* umˈgeben. **3.** *fig.* quälen, plagen.

ˌB-eˈlec·trode *s electr.* Dreielekˈtrodenröhre *f*, Triˈode *f*.

bel·em·nite [ˈbeləmnaɪt] *s geol.* Belemˈnit *m*, Donnerkeil *m*.

bel es·prit [ˌbeləˈspriː] *pl* **beaux esprits** [ˌbəʊzəˈspriː] *s* Schöngeist *m*.

bel·fry [ˈbelfrɪ] *s* **1.** a) Glockenturm *m*, b) Glockenstuhl *m*, -gehäuse *n*: → **bat**² 1. **2.** *mil. hist.* (*beweglicher*) Belagerungsturm.

Bel·gian [ˈbeldʒən] **I** *s* Belgier(in). **II** *adj* belgisch.

Be·li·al [ˈbiːljəl; -lɪəl] *npr Bibl.* Belial *m*, Teufel *m*: **man of** ~ Verworfene(r) *m*.

beˈlie *v/t* **1.** *obs.* Lügen erzählen über (*acc*), falsch darstellen. **2.** *j-n od. etwas* Lügen strafen. **3.** widerˈsprechen (*dat*). **4.** hinˈwegtäuschen über (*acc*). **5.** *e-e Hoffnung etc* enttäuschen, *e-r Sache* nicht entsprechen.

be·lief [bɪˈliːf] *s* **1.** *relig.* Glaube *m*, Reliɡiˈon *f*. **2.** (**in**) a) Glaube *m* (an *acc*): **beyond** ~ unglaublich, b) Vertrauen *n* (auf *e-e Sache od.* zu *j-m*). **3.** Meinung *f*, Anschauung *f*, Überˈzeugung *f*: **to the best of my** ~ nach bestem Wissen u. Gewissen. **4.** **B**~ *relig.* das Apoˈstolische Glaubensbekenntnis.

be·liev·a·ble [bɪˈliːvəbl] *adj* **1.** glaublich, glaubhaft. **2.** glaubwürdig.

be·lieve [bɪˈliːv] **I** *v/i* **1.** glauben (**in** an *acc*). **2.** (**in**) vertrauen (auf *acc*), Vertrauen haben (zu). **3.** viel halten (**in** von): **I do not** ~ **in sports** ich halte nicht viel von Sport. **II** *v/t* **4.** glauben, meinen, denken: **do not** ~ **it** glaube es nicht; ~ **it or not!** ob Sie es glauben oder nicht!; **would you** ~ **it!** ist das denn die Möglichkeit!; **he made me** ~ **it** er machte es mich glauben; **I wouldn't have** ~**d it of him** das hätte ich nicht von ihm geglaubt *od.* gedacht. **5.** Glauben schenken (*dat*), glauben (*dat*): ~ **me** glaube mir. **beˈliev·er** *s* **1.** *relig.* Gläubige(r *m*) *f*: **true**~ Rechtgläubige(r). **2. to be a great** ~ **in** fest glauben an (*acc*), viel halten von. **beˈliev·ing** *adj* (*adv* ~**ly**) *relig.* gläubig.

be·like [bɪˈlaɪk] *adv obs.* **1.** (höchst)wahrscheinlich. **2.** vielleicht.

Be·lim·i·na·tor *s electr.* ˈUmformer *m*, Netzgerät *n*.

Be·lish·a bea·con [bɪˈliːʃə] *s Br. gelbes Blinklicht an Fußgängerüberwegen.*

beˈlit·tle *v/t* **1.** a) verkleinern, b) klein erscheinen lassen. **2.** *fig.* herˈabsetzen, schmälern: **to** ~ **o.s.** sein Licht unter den Scheffel stellen. **3.** *fig.* verharmlosen, bagatelliˈsieren.

bell¹ [bel] **I** *s* **1.** Glocke *f*, Klingel *f*, Schelle *f*: **to bear** (*od.* **carry away**) **the** ~ den Preis *od.* Sieg davontragen; (**as**) **clear as a** ~ glockenhell, -rein; (**as**) **sound as a** ~ a) ohne Sprung, ganz (*Geschirr*), b) kerngesund, gesund wie ein Fisch im Wasser; **that rings a** ~ *colloq.* das kommt mir bekannt vor, das erinnert mich an etwas. **2.** Glockenzeichen *n*, Läuten *n*, Klingeln *n*. **3.** *teleph.* Wecker *m*. **4.** *mar.* a) Schiffsglocke *f*, b) Glasen *pl* (*halbstündiges Schlagen*): **eight** ~**s** acht Glasen. **5.** *mus.* a) Glockenspiel *n*, b) Becher *m*, Stürze *f* (*e-s Blasinstruments*). **6.** *bot.* glockenförmige Blumenkrone, Kelch *m*. **7.** *arch.* Glocke *f*, Kelch *m* (*am Kapitell*). **8.** Taucherglocke *f*. **9.** *tech.* a) *metall.* Gichtglocke *f*, b) *Tiefbau*: Fangglocke *f*, c) konischer Teil (*der Ziehdüse*), d) Muffe *f* (*an Röhren*), e) ˈSchweißmanˌschette *f*. **II** *v/t* **10.** mit e-r Glocke *etc* versehen: **to** ~ **the cat** *fig.* der Katze die Schelle umhängen.

bell² [bel] **I** *v/i* rö(h)ren (*Hirsch*). **II** *s* Rö(h)ren *n*.

bel·la·don·na [ˌbeləˈdɒnə; *Am.* -ˈdɑ-] *s* Bellaˈdonna *f*: a) *bot.* Tollkirsche *f*, b) *med. pharm. aus der Tollkirsche gewonnenes Arzneimittel.*

ˈbell|**ˌbind·er** *s bot.* Zaunwinde *f*. **ˈ~-ˌbot·tomed** *adj* unten weit ausladend: ~ **trousers** Hose *f* mit Schlag. **ˈ~boy** *s bes. Am.* (Hoˈtel)Page *m*. ~ **buoy** *s mar.* Glockenboje *f*. ~ **but·ton** *s electr.* Klingelknopf *m*. ~ **cage** *s arch.* Glockenstuhl *m*. ~ **cap·tain** *s Am.* Leiter *m* des Hoˈtelpagendienstes. ~ **clap·per** *s tech.* Glockenklöppel *m*. ~ **cord** *s* Glocken-, Klingelzug *m*. ~ **cot** *s arch.* Giebeltürmchen *n* (*für ein od. zwei Glocken*).

belle [bel] *s* Schöne *f*, Schönheit *f*: ~ **of the ball** Ballkönigin *f*.

belles-let·tres [ˌbelˈletrə] *s pl* (*als sg konstruiert*) Belleˈtristik *f*, Unterˈhaltungsliteraˌtur *f*.

bel·let·rist [belˈletrɪst] *s* Belleˈtrist *m*. **ˌbel·leˈtris·tic** *adj* belleˈtristisch.

ˈbell|**ˌflow·er** *s bot.* Glockenblume *f*. ~ **found·er** *s* Glockengießer *m*. ~ **found·ry** *s* Glockengießeˈrei *f*. ~ **glass** *s* Glasglocke *f*. ~ **heath·er** *s bot.* Glockenheide *f*. **ˈ~ˌhop** *s Am.* (Hoˈtel)Page *m*.

bel·li·cose [ˈbelɪkəʊs] *adj* (*adv* ~**ly**) **1.** kriegslustig, kriegerisch. **2.** → **belligerent** 3. **ˌbel·liˈcos·i·ty** [-ˈkɒsətɪ; *Am.* -ˈkɑ-] *s* **1.** Kriegslust *f*. **2.** → **belligerence** 2.

bel·lied [ˈbelɪd] *adj* **1.** bauchig. **2.** (*in Zssgn*) ...bauchig, ...bäuchig: → **potbellied**, *etc.*

bel·lig·er·ence [bɪˈlɪdʒərəns] *s* **1.** Kriegführung *f*. **2.** Streit-, Kampf(es)lust *f*, Aggressiviˈtät *f*. **belˈlig·er·en·cy** [-sɪ] *s* **1.** Kriegszustand *m*. **2.** → **belligerence**. **belˈlig·er·ent** **I** *adj* (*adv* ~**ly**) **1.** → **bellicose** 1. **2.** kriegführend: **the** ~ **powers**; ~ **occupation** kriegerische Besetzung; ~ **rights** Rechte e-s kriegführenden Staates. **3.** *fig.* streit-, kampflustig, aggresˈsiv. **II** *s* **4.** kriegführender Staat.

bell| **jar** *s phys. tech.* Glas-, Vakuumglocke *f*. ~ **lap** *s sport* letzte Runde (*e-s Rennens*). ~ **ly·ra** *s mus.* Schellenbaum *m*. **ˈ~man** [-mən] *s irr* **1.** *hist.* öffentlicher Ausrufer. **2.** *Am.* (Hoˈtel)Page *m*. ~ **mare** *s* Stute *f* mit Glocke (*als Leittier*). ~ **met·al** *s tech.* ˈGlockenmeˌtall *n*, -speise *f*.

Bel·lo·na [bəˈləʊnə] **I** *npr* Belˈlona *f* (*Kriegsgöttin*). **II** *s fig.* ‚Walˈküre' *f*, gebieterische Frau.

bel·low [ˈbeləʊ] **I** *v/i* **1.** brüllen (**with** vor *dat*). **2.** grölen. **II** *v/t a.* ~ **out** **3.** *Befehl etc* brüllen. **4.** *Lied etc* grölen. **III** *s* **5.** Brüllen *n*. **6.** Grölen *n*.

bel·lows [ˈbeləʊz] *s pl* (*a. als sg konstruiert*) **1.** *tech.* a) Gebläse *n*, b) *a.* **pair of** ~ Blasebalg *m*. **2.** *Am. colloq.* Lunge *f*. **3.** *phot.* Balg *m*.

ˈbell|**·pull** *s* Klingelzug *m*. ~ **push** *s electr.* Klingeltaste *f*, -knopf *m*. ~ **ring·er** *s* **1.** Glöckner *m*. **2.** Glockenspieler *m*. **3.** *Am. colloq.* ‚Schlager' *m*, ‚Knüller' *m*. ~ **rope** *s* **1.** Glockenstrang *m*. **2.** Klingelzug *m*. **ˈ~-shaped** *adj* glockenförmig: ~ **curve** *math.* Glockenkurve *f*; ~ **insulator** *electr.* Glockenisolator *m*. ~ **tent** *s* Rundzelt *n*. ~ **tow·er** *s* Glockenturm *m*. **ˈ~ˌweth·er** *s* Leithammel *m* (*a. fig., meist contp.*). ~ **wire** *s electr.* Klingeldraht *m*.

bel·ly [ˈbelɪ] **I** *s* **1.** Bauch *m*: **to go** ~ **up** → 10. **2.** Magen *m*. **3.** *fig.* a) Appeˈtit *m*, b) Schlemmeˈrei *f*. **4.** Bauch *m*, (*das*) Innere: **the** ~ **of a ship**. **5.** Bauch *m*, Ausbauchung *f* (*e-r Flasche etc*). **6.** *mus.* a) Decke *f* (*e-s Saiteninstruments*), b) Resoˈnanzboden *m* (*des Klaviers etc*). **7.** *fig.* ˈUnterseite *f*. **II** *v/i* **8.** *a.* ~ **out** sich (aus)bauchen, (an)schwellen. **9.** robben, auf dem Bauch kriechen. **10.** ~ **up** *sl.* a) ‚e-n kalten Arsch kriegen' (*sterben*), b) ‚Pleite machen'. **III** *v/t* **11.** *a.* ~ **out** (an)schwellen lassen, (auf)bauschen. **ˈ~ache** **I** *s colloq.* Bauchweh *n*, -schmerzen *pl*. **II** *v/i sl.* ‚meckern', nörgeln, quengeln (**about** über *acc*). **ˈ~band** *s* Bauchriemen *m*, Sattelgurt *m*. **ˈ~ˌbust** *Am.* → **belly-flop**. ~ **bust(·er)** *Am.* → **belly flop(per)**. ~ **but·ton** *s colloq.* ‚Bauchknöpfchen' *n* (*Nabel*). ~ **clear·ance** *s mot. tech.* Bodenfreiheit *f*. ~ **dance** *s* Bauchtanz *m*. **ˈ~-dance** *v/i* bauchtanzen. ~ **danc·er** *s* Bauchtänzerin *f*. **ˈ~-flop** *v/i Schwimmen*: *colloq.* e-n ‚Bauchklatscher' machen. ~ **flop (-per)** *s Schwimmen*: *colloq.* ‚Bauchklatscher' *m*: **to do a** ~ e-n Bauchklatscher machen.

bel·ly·ful [ˈbelɪfʊl] *s* **1. to have a** ~ **of** *colloq.* sich den Bauch ‚vollschlagen' mit. **2. to have had a** (*od.* **one's**) ~ **of** *colloq.* ‚die Nase voll haben' von.

bel·ly| **god** *s colloq. obs.* Schlemmer *m*. **ˈ~hold** *s aer.* Gepäckraum *m* (*im Flugzeugrumpf*). **ˈ~land** *v/i u. v/t aer.* e-e Bauchlandung machen (mit). ~ **land·ing** *s aer.* Bauchlandung *f*. ~ **laugh** *s colloq.* dröhnendes Lachen. ~ **tank** *s aer.* Rumpfabwurfbehälter *m*.

be·long [bɪˈlɒŋ] *v/i* **1.** gehören (**to** *dat*): **this** ~**s to me**. **2.** gehören (**to** zu): **this lid** ~**s to another pot**; **where does this book** ~? wohin gehört dieses Buch?; **a dictionary** ~**s in every office** ein Lexikon gehört in jedes Büro. **3.** an-, zugehören (**to** *dat*): **to** ~ **to a club**. **4.** daˈzugehören, am richtigen Platz sein: **he does not** ~ er gehört nicht hierher, er ist fehl am Platze; **do you** ~ **here?** wohnen Sie hier? **5.** sich gehören *od.* schicken (**to, for** für). **6.** *Am.* a) gehören (**to** zu), verbunden sein (**with** mit), b) das Wohnrecht haben (**in** in *dat*). **beˈlong·ing** *s* **1.** Zugehörigkeit *f*. **2.** *pl* a) Habseligkeiten *pl*, Habe *f*, b) Zubehör *n*, c) *colloq.* Angehörige *pl*.

be·lov·ed [bɪˈlʌvd; -vɪd] **I** *adj* (innig) geliebt (**of, by** von). **II** *s* Geliebte(r *m*) *f*.

be·low [bɪˈləʊ] **I** *adv* **1.** unten, *mar.* unter Deck: **as stated** ~ wie unten aufgeführt *od.* angegeben; **a few houses** ~ ein paar Häuser weiter unten; **he is** ~ er ist unten (*im Haus*). **2.** hinˈunter, hinˈab, nach unten, *mar.* unter Deck. **3.** *meist* **here** ~ *poet.* hieˈnieden, auf Erden. **4.** in der Hölle. **5.** (dar)ˈunter, niedriger, tiefer: **the court** ~ *jur.* die Vorinstanz; **the judge** ~ der Richter der Vorinstanz; **the rank** ~ der nächstniedere Rang. **II** *prep* **6.** unter (*dat od. acc*), ˈunterhalb (*gen*): ~ **s.o.** unter j-s Rang, Würde *etc.* **beˈlow-ground** *adv u. adj* **1.** a) ˈunterirdisch, b) *Bergbau*: unter Tage. **2.** unter der Erde, tot. **beˈlow·stairs** *adv* unten, parˈterre.

belt [belt] **I** *s* **1.** Gürtel *m*: **to hit below the** ~ a) *Boxen*: tief schlagen, *j-m* e-n Tiefschlag versetzen (*a. fig.*), b) *fig.* sich (*j-m* gegenüber) unfair verhalten; **under one's** ~ *colloq.* a) im Magen, b) *fig.* ‚in der Tasche', c) *fig.* hinter sich; → **tighten** 2. **2.** *mil.* Koppel *n*, Gehenk *n*. **3.** (Anschnall-, Sicherheits)Gurt *m*. **4.** *Boxen*: (Meisterschafts)Gürtel *m*. **5.** *mil.* (Maˈschinengewehr-, Paˈtronen)Gurt *m*. **6.** *mar.* Panzergürtel *m* (*e-s Kriegsschiffes*). **7.** Gürtel *m*, Gebiet *n*, Zone *f*: → **black belt, green belt**. **8.** *geogr.* Meerenge *f*, Belt *m*: **the Great (Little) B**~ der Große (Kleine) Belt. **9.** *tech.* a) (Treib)Riemen *m*, b) Gürtel *m*, c) Förderband *n*. **10.** *arch.* Gurt(gesims *n*) *m*. **11.** *colloq.* Schlag *m*: **to give s.o. a** ~ j-m e-e ‚knallen'. **12.** *Am. sl.* → **bang**¹ 3 c. **II** *v/t* **13.** umˈgürten, mit Riemen *od.* Gurten befestigen: **to** ~ **on** an-, umschnallen. **14.** *a.* ~ **up** den Gürtel (*gen*) zumachen. **15.** zs.-halten. **16.** *colloq.* a) *j-n* verprügeln, b) *j-m* e-e ‚knallen', c) *Ball etc* ‚knallen', ‚dreschen'. **17.** *a.* ~ **out** *colloq. ein Lied etc* schmettern. **III** *v/i* **18.** ~ **up** *mot. etc* sich anschnallen. **19.** *a.* ~ **along** *bes. mot.*

colloq. (da'hin)rasen. **20. ~ up** (*meist imp*) *sl.* ‚die Schnauze halten'.

belt| con·vey·or *s tech.* Bandförderer *m*, Förderband *n*. **~ cou·pling** *s tech.* Riemenkupplung *f*. **~ course** *s arch.* **1.** Eckbindesteine *pl.* **2.** Gurt *m*. **~ drive** *s tech.* Riemenantrieb *m*. **'~-ˌdriv·en** *adj tech.* mit Riemenantrieb (versehen).

belt·ed ['beltɪd] *adj* **1.** mit e-m Gürtel (versehen). **2.** *bes. zo.* gestreift.

belt| gear·ing *s tech.* Riemenvorgelege *n*. **~ high·way** *s Am.* Um'gehungsstraße *f* (*um e-e Stadt*).

'belt·ing *s* **1.** a) 'Gürtelmateriˌal *n*, b) *collect.* Gürtel *pl.* **2.** *colloq.* (Tracht *f*) Prügel *pl*: **to give s.o. a good ~** j-m e-e gehörige Tracht Prügel verpassen.

belt|line *s Am.* Verkehrsgürtel *m* (*um e-e Stadt*). **~ pul·ley** *s tech.* Riemenscheibe *f*. **'~-ˌsand·ing ma·chine** *s tech.* 'Bandschleifmaˌschine *f*. **~ saw** *s tech.* Bandsäge *f*. **~ tight·en·er** *s tech.* Riemenspanner *m*. **'~way** → **belt highway.**

be·lu·ga [bə'lu:gə] *s ichth.* Be'luga *f*: a) Hausen *m*, b) Weißwal *m*.

bel·ve·dere ['belvɪˌdɪə(r)] *s* Gebäude *n* mit schönem Ausblick.

be·mazed [bɪ'meɪzd] *adj obs.* verwirrt.

be·mean [bɪ'mi:n] *v/t* erniedrigen.

be'mire *v/t* beschmutzen.

be'moan *v/t* **1.** beklagen, beweinen, betrauern. **2.** *obs. j-n* bedauern.

be'mock *v/t* verhöhnen.

be'mud·dle *v/t* verwirren.

be·muse [bɪ'mju:z] *v/t* **1.** verwirren, benebeln. **2.** betäuben. **3.** nachdenklich stimmen. **be'mused** *adj* **1.** verwirrt. **2.** betäubt. **3.** gedankenverloren.

ben[1] [ben] *Scot.* **I** *adv* **1.** (dr)innen. **2.** her'ein, hin'ein: **come ~** komm herein (*ins Wohnzimmer*). **II** *prep* **3.** in den *od.* im Innen- *od.* Wohnraum von (*od. gen*). **III** *adj* **4.** inner(er, e, es). **IV** *s* **5.** Innen-, Wohnraum *m*.

ben[2] [ben] *s Scot. Ir.* Berggipfel *m*.

be'name *pret u. pp* **be'named,** *pp a.* **be·nempt** [bɪ'nempt] *v/t obs.* (be)nennen.

bench [bentʃ] **I** *s* **1.** (Sitz)Bank *f*: **to play to empty ~es** *thea.* vor leeren Bänken spielen. **2.** *sport* (Teilnehmer-, Auswechsel-, Re'serve)Bank *f*: **to be on the ~** a) auf der Bank sitzen, b) auf s-n Einsatz warten. **3.** *meist* **B~** *jur.* a) Richtersitz *m*, -bank *f*, b) Gericht *n*, c) *fig.* Richteramt *n*, d) *collect.* Richter(schaft *f*) *pl*: **B~ and Bar** Richter u. Anwälte; **to be on the ~** Richter sein, den Vorsitz *od.* die Verhandlung führen; **to be raised to the ~** zum Richter ernannt werden; → **King's Bench (Division). 4.** Sitz *m* (*im Parlament etc*), (Abgeordneten-, Zeugen- *etc*) Bank *f*. **5.** Werk-, Arbeitsbank *f*, -tisch *m*: **carpenter's ~** Hobelbank. **6.** a) *Plattform, auf der Tiere, bes. Hunde, ausgestellt werden*, b) Hundeausstellung *f*. **7.** *Bergbau*: horizon'tale Schicht, Bank *f*. **8.** *tech.* Bank *f*, Reihe *f* (*von Geräten, Retorten etc*). **9.** *geogr. Am.* ter'rassenförmiges Flußufer. **10.** *mar.* Ruderbank *f*. **II** *v/t* **11.** mit Bänken versehen. **12.** *bes. Hunde* ausstellen. **13.** *Am.* abstufen, terras'sieren. **14.** *sport Spieler* auf die Re'servebank verbannen. **~ coal** *s* Bank-, Flözkohle *f*.

'bench·er *s* **1.** *Br.* Vorstandsmitglied *n* e-r Anwaltsinnung: **~ of an Inn of Court. 2.** *parl. Br.* (*in Zssgn*) Parla'mentsmitglied *n*: → **backbencher, frontbencher.**

bench| lathe *s tech.* Me'chaniker-, Tischdrehbank *f*. **'~mark** *s tech.* **1.** *surv.* Abrißpunkt *m*. **2.** *fig.* Bezugspunkt *m*, -größe *f*: **~ problem** (*Computer*) Bewertungsaufgabe *f*. **~ plane** *s tech.* Bankhobel *m*. **~ sci·en·tist** *s* La'borwissenschaftler *m*. **~ seat** *s mot.* Sitzbank *f* (*im Auto*). **~ warm·er** *s sport Am. colloq.* Ersatzmann *m* (*der nur selten zum Einsatz kommt*). **~ war·rant** *s jur.* (*vom Verhandlungsrichter erlassener*) Haftbefehl.

bend [bend] **I** *s* **1.** Biegung *f*, Krümmung *f*, (*e-r Straße a.*) Kurve *f*: **round the ~** *Br. colloq.* ‚bekloppt', übergeschnappt; **to drive s.o. round the ~** *Br. colloq.* j-n (noch) wahnsinnig *od.* verrückt machen. **2.** Knoten *m*, Schlinge *f*. **3.** *tech.* Krümmer *m*, Knie(stock, -rohr) *n*. **4.** *her.* Schrägbalken *m*. **5. the ~s** *pl* (*a. als sg konstruiert*) *med.* Luftdruck-, Cais'sonkrankheit *f*.

II *v/t pret u. pp* **bent** [bent], *obs.* **bend·ed** ['bendɪd] **6.** ('um-, 'durch-, auf)biegen, krümmen: **to ~ at (right) angles** *tech.* abkanten; **to ~ on edge** *tech.* hochkantbiegen; **to ~ out of line** *tech.* verkanten; **to ~ out of shape** verbiegen. **7.** beugen, neigen: **to ~ one's head** den Kopf neigen; **to ~ one's knee** a) das Knie beugen, b) *fig.* sich unterwerfen, c) beten; **on ~ed knees** kniefällig, auf Knien; → **knee** 1. **8.** *e-n Bogen, e-e Feder etc* spannen. **9.** *mar.* festmachen. **10.** *fig.* beugen, unter'werfen: **to ~ the law** *jur.* das Recht beugen (**to s.o.'s convenience** zu j-s Gunsten); **to ~ s.o. to one's will** sich j-n gefügig machen. **11.** *s-e Blicke, Gedanken etc* richten, *a. s-e Schritte* lenken, *s-e Anstrengungen etc* konzen'trieren (**on, to, upon** auf *acc*): **to ~ one's energies on s.th.** s-e ganze Kraft auf etwas verwenden; **to ~ o.s. (one's mind) to a task** sich (s-e Aufmerksamkeit) e-r Aufgabe widmen; → **bent**[1] 2.

III *v/i* **12.** sich krümmen, sich ('um-, 'durch-, auf)biegen. **13.** *a.* **~ down** a) sich bücken, b) sich neigen, sich nach unten biegen (*Ast etc*), c) sich verbeugen (**to, before** vor *dat*): **to ~ over** sich beugen *od.* neigen über (*acc*), sich nach vorn beugen. **14.** e-e Biegung machen (*Fluß*), (*Straße a.*) e-e Kurve machen: **to ~ left** e-e Linkskurve machen. **15.** *fig.* sich beugen (**before, to** *dat*). **16.** neigen, ten'dieren (**toward[s]** zu).

'bend·er *s* **1.** *tech.* 'Biegemaˌschine *f od.* -zange *f*. **2.** *colloq.* ‚Saufe'rei' *f*: **to go (out) on a ~** e-e ‚Sauftour' machen.

'bend·ing| fa·tigue strength *s phys.* Biegeschwingungsfestigkeit *f*. **~ pres·sure** *s phys.* Biegedruck *m*, -beanspruchung *f*, -spannung *f*. **~ re·sist·ance** *s phys.* Biegesteifigkeit *f*. **~ strain** → **bending pressure. ~ strength** → **bending resistance. ~ stress** → **bending pressure. ~ test** *s tech.* Biegeprobe *f*.

bend sin·is·ter *s her.* Schräg'linksbalken *m*.

'bend·y *adj* **1.** biegsam. **2.** kurvenreich: **a ~ road.**

be·neath [bɪ'ni:θ] **I** *adv* **1.** unten: **on the earth ~** *poet.* hienieden. **2.** dar'unter, unten drunter, (*weiter*) unten. **II** *prep* **3.** unter (*dat od. acc*), 'unterhalb (*gen*): **~ the same roof** unter demselben Dach; **~ him** (*od.* **his dignity**) *fig.* unter s-r Würde; **he is ~ notice** er verdient keine Beachtung; → **contempt** 1.

ben·e·dic·i·te [ˌbenɪ'daɪsɪtɪ; *Am.* -'dɪ-] (*Lat.*) *s* **1. B~** *R.C.* Bene'dicite *n* (*Danklied*). **2.** Segnung *f*.

ben·e·dick ['benɪdɪk], *a.* **'ben·e·dict** [-dɪkt] *s* frischgebackener Ehemann (*bes. e-r, der lange Junggeselle war*).

Ben·e·dic·tine [ˌbenɪ'dɪktɪn] **I** *s* **1.** *relig.* Benedik'tiner(in). **2.** [-ti:n] Benedik'tiner *m* (*Likör*). **II** *adj* **3.** *relig.* Benediktiner...

ben·e·dic·tion [ˌbenɪ'dɪkʃn] *s relig.* **1.** Benedikti'on *f*, Segnung *f*. **2.** Segen(swunsch) *m* (*a. fig.*). **3.** Danksagungsgottesdienst *m*, Dankgebet *n*. **ˌben·e'dic·tion·al** [-ʃənl] *relig.* **I** *s* Segensformelbuch *n*. **II** *adj* Segens...

ben·e·fac·tion [ˌbenɪ'fækʃn] *s* **1.** Wohltat *f*. **2.** Wohltätigkeit *f*, Spende *f*, wohltätige Gabe *od.* Stiftung. **'ben·e·fac·tor** [-tə(r)] *s* Wohltäter *m*. **'ben·e·fac·tress** [-trɪs] *s* Wohltäterin *f*.

ben·e·fice ['benɪfɪs] *s* **1.** *relig.* Pfründe *f*. **2.** *hist.* Lehen *n*. **'ben·e·ficed** *adj* im Besitz e-r Pfründe *etc.*

be·nef·i·cence [bɪ'nefɪsns; bə-] *s* **1.** Wohltätigkeit *f*. **2.** Wohltat *f*. **3.** Schenkung *f*, Stiftung *f*. **be'nef·i·cent** *adj* (*adv* **~ly**) **1.** wohltätig. **2.** → **beneficial** 1.

ben·e·fi·cial [ˌbenɪ'fɪʃl] *adj* (*adv* **~ly**) **1.** (**to**) nützlich, förderlich, zuträglich (*dat*), vorteilhaft, günstig, gut, wohltuend, heilsam (für). **2.** *jur.* nutznießend: **~ interest** materieller Eigentumsanspruch; **~ owner** (wahrer) Eigentümer. **ˌben·e'fi·cial·ness** *s* Nützlichkeit *f*, Zuträglichkeit *f*.

ben·e·fi·ci·ar·y [ˌbenɪ'fɪʃərɪ; *Am. a.* -ʃɪˌeri:] **I** *adj* **1.** *relig.* Pfründen... **2.** *hist.* Leh(e)ns... **II** *s* **3.** *relig.* Pfründner *m*. **4.** *hist.* Leh(e)nsmann *m*. **5.** *jur. allg.* (Bezugs)Berechtigte(r *m*) *f*, Begünstigte(r *m*) *f*, Empfänger(in), *z. B.* a) Nutznießer (-in), Nießbraucher(in), b) Versicherungsnehmer(in): **~ of an insurance policy** Begünstigte(r) aus e-m Versicherungsvertrag, c) Vermächtnisnehmer (-in): **~ under a will** Testamentserbe *m*, d) Kre'ditnehmer(in), e) Unter'stützungsempfänger(in).

ben·e·fi·ci·ate [ˌbenɪ'fɪʃɪeɪt] *v/t metall. Erz etc* redu'zieren.

ben·e·fit ['benɪfɪt] **I** *s* **1.** Vorteil *m*, Nutzen *m*, Gewinn *m*: **to be of ~ to** *j-m, e-r Sache* nützen; **for the ~ of** zugunsten *od.* zum Besten *od.* im Interesse (*gen*); **to derive ~ (from)** → 10; **to give s.o. the ~ of s.th.** j-n in den Genuß e-r Sache kommen lassen, j-m etwas gewähren. **2.** Vergünstigung *f*. **3.** *econ.* Zuwendung *f*, Beihilfe *f*: a) (*Sozial-, Versicherungs- etc*) Leistung *f*: **cash ~** Barleistung; **~ in kind** Sachleistung, b) (*Alters-, Invaliden-, Unfall- etc*)Rente *f*, c) (*Arbeitslosen- etc*) Unterstützung *f*, d) (*Kranken-, Sterbe- etc*)Geld *n*. **4.** *jur.* a) Vorrecht *n*: **~ of clergy** *hist.* Vorrecht des Klerus (*sich nur vor geistlichen Gerichten verantworten zu müssen*); **to live together without ~ of clergy** ohne kirchlichen Segen zs.-leben, b) Rechtswohltat *f*: **~ of counsel** Rechtswohltat der Vertretung durch e-n Anwalt; **~ of the doubt** Rechtswohltat des Grundsatzes „im Zweifel für den Angeklagten"; **to give s.o. the ~ of the doubt** im Zweifelsfalle zu j-s Gunsten entscheiden. **5.** Bene'fiz(vorstellung *f*, *sport* -spiel *n*) *n*, Wohltätigkeitsveranstaltung *f*. **6.** *obs.* Wohltat *f*, Gefallen *m*. **7.** *Lotterie*: *obs.* Treffer *m*. **II** *v/t pret u. pp* **-ed,** *bes. Am.* **-ted 8.** nützen, zu'gute kommen (*dat*), fördern (*acc*), im Inter'esse (*gen*) sein *od.* liegen: **the sea air will ~ you** die Seeluft wird dir guttun. **9.** begünstigen. **III** *v/i* **10.** (**by, from**) Vorteil haben (von, durch), Nutzen ziehen (aus): **you will ~ by the sea air** die Seeluft wird dir guttun. **~ clause** *s* Begünstigungsklausel *f* (*in e-r Lebensversicherung*). **~ fund** *s econ.* Versicherungsfonds *m*. **~ game, ~ match** *s sport* Bene'fizspiel *n*. **~ so·ci·e·ty** *s* **1.** Wohltätigkeits-, Unter'stützungsverein *m*. **2.** *econ. bes. Br.* Versicherungsverein *m* auf Gegenseitigkeit.

be·nempt [bɪ'nempt] *pp von* **bename.**

be·nev·o·lence [bɪ'nevələns] *s* **1.** Wohl-, Mildtätigkeit *f*. **2.** Wohlwollen *n*. **3.**

Wohltat *f.* **4.** *Br. hist.* (*königliche*) Zwangsanleihe.

be·nev·o·lent [bɪˈnevələnt] *adj* (*adv* **~ly**) **1.** wohl-, mildtätig, gütig. **2.** wohlwollend. **~ fund** *s* Unterˈstützungsfonds *m*, -kasse *f*. **~ so·ci·e·ty** *s* Hilfs-, Unterˈstützungsverein *m* (auf Gegenseitigkeit).

Ben·gal [ˌbeŋˈɡɔːl; ˌben-] *adj* benˈgalisch: **~ light** (*od.* **fire**) bengalisches Feuer; **~ tiger** *zo.* Bengalischer Tiger.

Ben·ga·lee, Ben·ga·li [beŋˈɡɔːlɪ; ben-] **I** *s* **1.** Benˈgale *m*, Benˈgalin *f*. **2.** *ling.* Benˈgali *n*, das Benˈgalische. **II** *adj* **3.** benˈgalisch.

be·night·ed [bɪˈnaɪtɪd] *adj* **1.** *obs.* von der Nacht *od.* Dunkelheit überˈrascht. **2.** *obs. od. poet.* a) unbedarft: **~ minds**, b) rückständig: **a ~ country**.

be·nign [bɪˈnaɪn] *adj* (*adv* **~ly**) **1.** gütig, freundlich. **2.** günstig, vorteilhaft. **3.** mild: **~ climate**. **4.** *med.* gutartig: **~ tumo(u)r**.

be·nig·nan·cy [bɪˈnɪɡnənsɪ] *s* **1.** Güte *f*, Milde *f*. **2.** *med.* Gutartigkeit *f*. **beˈnig·nant** *adj* (*adv* **~ly**) → **benign**. **beˈnig·ni·ty** [-nətɪ] *s* **1.** Wohlwollen *n*. **2.** → **benignancy**.

ben·i·son [ˈbenɪzn; -sn] *s obs. od. poet.* **1.** Segen *m*. **2.** Segnung *f*.

ben·ja·min[1] [ˈbendʒəmɪn] *npr* Benjamin *m* (*a. fig. jüngstes Kind*).

ben·ja·min[2] [ˈbendʒəmɪn] → **benzoin**.

ben·ja·min tree *s bot.* Benˈzoebaum *m*.

ben·net [ˈbenɪt] *s bot.* **1.** Beneˈdiktenkraut *n*. **2.** Gänseblümchen *n*. **3.** ˈBockspeterˌsilie *f*.

bent[1] [bent] **I** *pret u. pp von* **bend**. **II** *adj* **1.** gebeugt, gebogen, gekrümmt: **~ (at right angles)** *tech.* gekröpft; **~ lever** Winkelheber *m*; **~ thermometer** Winkelthermometer *n*. **2.** a) entschlossen (**on doing** zu tun), b) erpicht (**on** auf *acc*), darauf aus *od.* versessen *od.* ‚scharf' (**on doing** zu tun). **3.** *Br. sl.* a) betrügerisch, b) bestechlich, korˈrupt. **4.** *Br. sl.* ‚bekloppt', verrückt. **5.** *Br. sl.* ‚schwul' (*homosexuell*). **III** *s* **6.** *fig.* Neigung *f*, Hang *m* (**for** zu): **to follow one's ~** s-r Neigung folgen; **to the top of one's ~** nach Herzenslust. **7.** Veranlagung *f*: **to have a ~ for art** künstlerisch veranlagt sein; **~ for languages** Sprachbegabung *f*.

bent[2] [bent] *s* **1.** *bot.* a) *a.* **~ grass** (*ein*) Straußgras *n*, b) Heidekraut *n*, c) Teichbinse *f*, d) Sandsegge *f*. **2.** *Br. dial.* Heide (-moor *n*) *f*.

Ben·tham·ism [ˈbentəmɪzəm; -θə-] *s philos.* Benthaˈmismus *m*, Utilitaˈrismus *m* Jeremy Benthams (*mit dem Prinzip des größten Glücks der größten Zahl als sittlichem Maßstab*). **ˈBen·tham·ite** [-maɪt] *s* Anhänger(in) (der Lehre) Benthams.

ben·thos [ˈbenθɒs; *Am.* -ˌθɑs] *s biol.* **1.** Benthal *n* (*die Region des Gewässergrundes od. Meeresbodens*). **2.** Benthos *n* (*die Fauna u. Flora des Meeresbodens*).

ben·ton·ite [ˈbentənaɪt] *s geol.* Bentoˈnit *m*.

ˈbent·wood *s* Bugholz *n* (*für Stuhllehnen, Tennisschläger etc*): **~ chair** Wiener Stuhl *m*.

beˈnumb *v/t* betäuben: a) gefühllos machen, erstarren lassen, b) *fig.* lähmen. **beˈnumbed** *adj* betäubt: a) gefühllos, erstarrt: **my fingers were ~ with cold** m-e Finger waren starr vor Kälte, b) *fig.* gelähmt.

benz·al·de·hyde [benˈzældɪhaɪd] *s chem.* Benzaldeˈhyd *m*.

Ben·ze·drine [ˈbenzədriːn] (*TM*) *s pharm.* Benzeˈdrin *n*.

ben·zene [ˈbenziːn] *s chem.* Benˈzol *n*: **~ ring** Benzolring *m*, -kern *m*.

ben·zi·dine [ˈbenzɪdiːn] *s chem.* Benziˈdin *n*.

ben·zine [ˈbenziːn] *s chem.* **1.** ˈLeichtbenˌzin *n*. **2.** *bes. Austral.* Benˈzin *n*.

ben·zo·ate [ˈbenzəʊeɪt; *Am.* -zəˌweɪt] *s chem.* Benzoˈat *n*, benˈzoesaures Salz.

ben·zo·ic [benˈzəʊɪk] *adj chem.* Benzoe...: **~ acid** Benzoesäure *f*.

ben·zo·in [ˈbenzəʊɪn; *Am.* -zəwən] *s* **1.** *chem.* Benzoˈin *n*. **2.** *a.* **~ gum** (*od.* **resin**) *tech.* Benˈzoe(harz *n*) *f*.

ben·zol(e) [ˈbenzɒl; *Am. a.* -ˌzəʊl] → **benzene**.

ben·zo·yl [ˈbenzəʊɪl] *s chem.* Benzoˈyl *n*.

ben·zyl [ˈbenzɪl; -ziːl] *s chem.* Benˈzyl *n*: **~ alcohol** Benzylalkohol *m*.

ben·zyne [ˈbenzaɪn] *s chem.* Benˈzyn *n*, Aˈrin *n*.

be·queath [bɪˈkwiːð; -θ] *v/t* **1.** *jur.* hinterˈlassen, (testamenˈtarisch) vermachen (**s.th. to s.o.** j-m etwas). **2.** *fig.* überˈliefern, vererben.

be·quest [bɪˈkwest] *s* **1.** *jur.* Vermächtnis *n*, Leˈgat *n*. **2.** *a. fig.* Hinterˈlassenschaft *f*, Erbe *n*.

be·rate [bɪˈreɪt] *v/t* ausschelten, auszanken (**about, for** wegen).

Ber·ber [ˈbɜːbə; *Am.* ˈbɜrbər] **I** *s* **1.** Berber(in). **2.** *ling.* Berbersprache(n *pl*) *f*. **II** *adj* **3.** Berber...

ber·ber·ine [ˈbɜːbəriːn; *Am.* ˈbɜr-] *s chem.* Berbeˈrin *n*.

ber·ber·is [ˈbɜːbərɪs; *Am.* ˈbɜr-], **ber·ber·ry** [ˈbɜːbərɪ; *Am.* ˈbɜrˌberiː] → **barberry**.

be·reave [bɪˈriːv] *pret u. pp* **beˈreaved** *od.* **be·reft** [bɪˈreft] *v/t* berauben (**s.o. of s.th.** j-n e-r Sache): **an accident ~d him of his wife** er verlor s-e Frau bei e-m Unfall; **indignation bereft him of speech** die Empörung raubte ihm die Sprache; **~d** durch den Tod beraubt, hinterblieben; **the ~d** der *od.* die Hinterbliebene, die Hinterbliebenen. **beˈreave·ment** *s* **1.** Beraubung *f*, schmerzlicher Verlust (*durch Tod*). **2.** Trauerfall *m*.

be·reft [bɪˈreft] **I** *pret u. pp von* **bereave**. **II** *adj meist fig.* beraubt (**of** *gen*): **~ of all hope**; **~ of one's senses** von Sinnen.

be·ret [ˈbereɪ; *Am.* bəˈreɪ] *s* **1.** Baskenmütze *f*. **2.** *mil. Br.* ˈFelduniˌformmütze *f*.

berg [bɜːɡ; *Am.* bɜrɡ] *s* **1.** Eisberg *m*. **2.** *bes. S. Afr.* Berg *m*, Hügel *m*.

ber·ga·mot [ˈbɜːɡəmɒt; *Am.* ˈbɜrɡəˌmɑt] *s* **1.** *bot.* Bergaˈmottenbaum *m*. **2.** *a.* **essence of ~, ~ oil** *chem.* Bergaˈmottöl *n*. **3.** Bergaˈmotte *f* (*Birnensorte*). **4.** *bot.* a) Ziˈtronenminze *f*, b) Pfefferminze *f*.

berg|·mehl [ˈbɛrkmeːl] (*Ger.*) *s geol.* Bergmehl *n*. **ˈ~·schrund** [-ʃrʊnt] (*Ger.*) *s geol.* Randspalte *f* (*e-s Gletschers*).

beˈrib·boned *adj* mit (Ordens)Bändern geschmückt.

ber·i·ber·i [ˌberɪˈberɪ] *s med.* Beriˈberi *f*, Reisesserkrankheit *f*.

berk → **burk**.

Berke·le·ian [bɑːˈkliːən; *Am.* ˈbɑrˌkl-; ˈbɜr-] *philos.* **I** *adj* die Lehre Berkeleys betreffend. **II** *s* Anhänger(in) (des subjekˈtiven Ideaˈlismus) Berkeleys.

berke·li·um [ˈbɜːklɪəm; *Am.* ˈbɜr-] *s chem.* Berˈkelium *n*.

ber·lin [bɜːˈlɪn; *Am.* bɜr-] *s* **1.** Berˈline *f* (*zweisitziger Reisewagen im 17. u. 18. Jh.*). **2.** *mot.* Limouˈsine *f* mit Glasscheiben zwischen Fahrersitz u. Wagenfond. **B~ black** *s tech.* schwarzer Eisenlack. **B~ blue** *s* Berˈliner Blau *n*.

ber·line [bɜːˈliːn; *Am.* bɜr-] → **berlin**.

Ber·lin| gloves *s pl* Strickhandschuhe *pl*. **~ wool** *s* feine St(r)ickwolle.

berm(e) [bɜːm; *Am.* bɜrm] *s* **1.** Berme *f*: a) *mil.* Böschungsstütze *f*, Wall *m*, b) Banˈkett *n* (*waagrechter Absatz e-r Böschung*). **2.** (*Straßen*)Banˈkett *n*.

Ber·mu·da grass [bə(r)ˈmjuːdə] *s bot.* Berˈmuda-, Hundszahngras *n*.

Ber·mu·das [bə(r)ˈmjuːdəz] *s pl a.* **pair of ~** Berˈmudas *pl* (*Bermudashorts*).

Ber·mu·da shorts *s pl a.* **pair of ~** Berˈmudashorts *pl*.

Ber·mu·di·an [bə(r)ˈmjuːdɪən] **I** *s* Bewohner(in) der Berˈmudainseln. **II** *adj* zu den Berˈmudainseln gehörig.

Ber·nard·ine [ˈbɜːnə(r)dɪn; -diːn; *Am.* ˈbɜr-] *relig.* **I** *adj* Bernhardiner..., Zisterzienser... **II** *s* Bernharˈdiner(in), Zisterziˈenser(in).

Ber·nese [ˌbɜːˈniːz; *Am.* ˌbɜr-] **I** *adj* aus Bern, Berner: **~ Alps** Berner Alpen. **II** *s* a) Berner(in), b) *pl* Berner *pl*.

ber·ried [ˈberɪd] *adj* **1.** beerenförmig. **2.** *bot.* beerentragend. **3.** *zo.* a) eiertragend (*Hummer*), b) rogentragend (*Fisch*).

ber·ry [ˈberɪ] **I** *s* **1.** *bot.* a) Beere *f*, b) Korn *n*, Kern *m* (*beim Getreide*). **2.** *jede kleine Frucht, bes.* Hagebutte *f*. **3.** Kaffeebohne *f*. **4.** *zo.* Ei *n* (*vom Hummer od. Fisch*). **II** *v/i* **5.** *bot.* Beeren tragen *od.* ansetzen. **6.** Beeren sammeln *od.* suchen.

ber·serk [bəˈsɜːk; *Am.* bərˈsɜrk] **I** *adj* wütend, rasend: **~ rage** Berserkerwut *f*; **to go ~** a) wild werden, b) Amok laufen. **II** *s* → **berserker**. **berˈserk·er** *s hist.* Berˈserker *m* (*a. fig.*).

berth [bɜːθ; *Am.* bɜrθ] **I** *s* **1.** *mar.* Seeraum *m*: **to give a wide ~ to** a) weit abhalten von (*der Küste etc*), b) *fig.* e-n (großen) Bogen machen um, *j-m* aus dem Weg gehen. **2.** *mar.* Liege-, Ankerplatz *m*. **3.** *mar.* (Schlaf)Koje *f*, Kaˈjütenbett *n*, *allg.* Schiffsplatz *m*. **4.** (Schlafwagen)Bett *n* *od.* (-)Platz *m*. **5.** *colloq.* Stellung *f*, ‚Pöstchen' *n*: **he has a good ~**. **II** *v/t* **6.** *mar.* am Kai festmachen, vor Anker legen. **7.** *j-m* e-e (Schlaf)Koje *od.* ein (Schlafwagen)Bett zuweisen. **III** *v/i* **8.** *mar.* festmachen, anlegen: **to ~ in the dock** docken.

ber·tha [ˈbɜːθə; *Am.* ˈbɜrθə] *s* Bert(h)e *f* (*Spitzeneinfassung am Ausschnitt e-s Kleides*).

ˈberth·age *s mar.* **1.** Kaigebühr *f*. **2.** → berth 2.

Berth·on boat [ˈbɜːθɒn; *Am.* ˈbɜrˌθɑn] *s mar.* Faltboot *n*.

ber·yl [ˈberɪl] *s* **1.** *min.* Beˈryll *m*. **2.** Beˈryllfarbe *f*, helles Meergrün.

be·ryl·li·um [beˈrɪljəm; -ɪəm] *s chem.* Beˈryllium *n*.

be·seech [bɪˈsiːtʃ] *pret u. pp* **be·sought** [bɪˈsɔːt] *u.* **beˈseeched** *v/t* **1.** inständig *od.* flehentlich bitten, anflehen (**for** um; **to do** zu tun). **2.** inständig *od.* flehentlich bitten um: **to ~ s.th. of s.o.** etwas von j-m erflehen. **beˈseech·ing** *adj* flehend, bittend. **beˈseech·ing·ly** *adv* flehentlich.

be·seem [bɪˈsiːm] *obs. od. poet.* **I** *v/t* sich ziemen *od.* schicken für: → ill 8. **II** *v/i* sich ziemen, sich schicken. **beˈseem·ing·ly** *adv* auf schickliche Art, geziemend.

be·set [bɪˈset] *pret u. pp* **beˈset** *v/t* **1.** a) *mil.* einschließen, belagern, b) anfallen, attacˈkieren. **2.** *j-n* (von allen Seiten) bedrängen. **3.** *fig.* a) heimsuchen, peinigen: **he was ~ by doubts**, b) *etwas* (*mit Problemen etc*) überˈhäufen *od.* behaften: **a task ~ with difficulties** e-e mit vielen Schwierigkeiten verbundene Aufgabe. **4.** *e-e Straße etc* blocˈkieren, versperren. **5.** *obs.* besetzen: **to ~ with pearls**. **beˈset·ting** *adj* **1.** hartnäckig, eingefleischt, unausrottbar, ständig: **~ sin** Gewohnheitslaster *n*. **2.** ständig drohend: **~ danger**.

be·shrew [bɪˈʃruː] *v/t* verfluchen (*obs. außer in*): **~ it!** hol's der Teufel!

be·side [bɪˈsaɪd] *prep* **1.** neben (*acc od. dat*), dicht bei: **sit ~ me** setzen Sie sich neben mich. **2.** außerhalb (*gen*): → **point** 19. **3.** außer: **to be ~ o.s.** außer sich sein (**with** vor *Freude etc*).

be·sides [bɪˈsaɪdz] **I** *adv* **1.** außerdem, ferner, überˈdies, noch daˈzu. **2.** *neg* sonst. **II** *prep* **3.** außer, neben (*dat*). **4.** über ... (*acc*) hinˈaus.

be·siege [bɪˈsiːdʒ] *v/t* **1.** *mil.* belagern (*a. fig.*). **2.** *fig.* bestürmen, bedrängen.

beˈslob·ber *v/t* **1.** begeifern. **2.** *contp. j-m* lobhudeln.

beˈsmear *v/t* **1.** beschmieren. **2.** *fig.* besudeln, beflecken: **to ~ s.o.'s reputation.**

beˈsmirch *v/t* besudeln, beschmutzen, *fig. a.* in den Schmutz ziehen: **to ~ s.o.'s name.**

be·som [ˈbiːzəm] *s* (*bes.* Reisig)Besen *m.*

be·sot·ted [bɪˈsɒtɪd; *Am.* -ˈsɑ-] *adj* **1.** töricht, dumm. **2.** (**about, on, with**) betört (von), vernarrt (in *acc*). **3.** betrunken, berauscht (**with** von) (*a. fig.*).

be·sought [bɪˈsɔːt] *pret u. pp von* **beseech.**

be·spake [bɪˈspeɪk] *obs. pret von* **bespeak.**

beˈspan·gle *v/t* mit Flitter schmücken *od.* besetzen: **the grass is ~d with dewdrops** auf dem Gras glitzern Tautropfen.

beˈspat·ter *v/t* **1.** bespritzen (**with** mit *bes. Schmutz*). **2.** *fig.* überˈschütten (**with** mit *Vorwürfen etc*). **3.** *fig.* den Wert (*gen*) mindern.

be·speak [bɪˈspiːk] *pret* **beˈspoke** [-ˈspəʊk] *obs.* **beˈspake** [-ˈspeɪk] *pp* **beˈspo·ken** *v/t* **1.** a) im voraus bitten um: **to ~ the reader's patience,** b) (vorˈaus)bestellen: **to ~ a seat** e-n Platz bestellen. **2.** mit Beschlag belegen. **3.** zeugen von: **this ~s a kindly heart. 4.** *obs.* ankündigen. **5.** *poet.* anreden.

beˈspec·ta·cled *adj* bebrillt, brillentragend.

be·spoke [bɪˈspəʊk] **I** *pret von* **bespeak. II** *adj Br.* nach Maß *od.* auf Bestellung angefertigt, Maß...: **~ suit** Maßanzug *m*; **~ tailor** Maßschneider *m.* **beˈspo·ken** *pp von* **bespeak.**

beˈsprin·kle *v/t* **1.** besprengen, bespritzen. **2.** bestreuen.

Bes·se·mer [ˈbesɪmə(r)] *abbr. für* **Bessemer converter** *u.* **Bessemer steel. ~ con·vert·er** *s tech.* ˈBessemerbirne *f*, -konˌverter *m.*

Bes·se·mer·ize [ˈbesɪməraɪz] *v/t tech.* bessemern.

Bes·se·mer| pro·cess *s tech.* ˈBessemerproˌzeß *m*, -verfahren *n.* **~ steel** *s tech.* Bessemerstahl *m.*

best [best] **I** (*sup von* **good**) *adj* **1.** best(er, e, es): **to be ~ at** hervorragend sein in (*dat*); **~ evidence** *jur.* primärer Beweis; **the ~ of wives** die beste aller Frauen; **the ~ families** die besten *od.* feinsten Familien; → **bet** 2, **foot** 1. **2.** best(er, e, es), geeignetst(er, e, es), passendst(er, e, es): **the ~ thing to do** das Beste(, was man tun kann). **3.** größt(er, e, es), meist(er, e, es), höchst(er, e, es): **the ~ part of the week** der größte Teil der Woche. **II** (*sup von* **well**[1]) *adv* **4.** am besten, am meisten, am vorteilhaftesten, am passendsten: **the ~-hated man of the year** *colloq.* der meistgehaßte Mann des Jahres; **as ~ they could** so gut sie konnten, nach besten Kräften; **you had ~ go** es wäre das beste, wenn Sie gingen. **III** *v/t* **5.** überˈtreffen. **6.** *colloq.* überˈvorteilen, übers Ohr hauen. **IV** *s* **7.** (*der, die, das*) Beste: **all the ~!** alles Gute!, viel Glück! **8.** *colloq.* ‚bestes Stück' (*bester Anzug etc*).

Besondere Redewendungen:

at ~ bestenfalls, höchstens; **with the ~** (mindestens) so gut wie jeder andere; **the ~ of it is** ... das Beste daran *od.* der Witz dabei ist ...; **to be at one's ~** a) in Hoch- *od.* Höchstform sein, b) in s-m Element sein; **to do one's ~** sein möglichstes tun; **to do s.th. for the ~** etwas in bester Absicht tun; **to have** (*od.* **get**) **the ~ of s.o.** → **best** 5, 6; **to have** (*od.* **get**) **the ~ of it** am besten dabei wegkommen; **to look one's ~** am vorteilhaftesten *od.* besonders gut aussehen; **to make the ~ of** a) sich zufriedengeben mit, b) sich abfinden mit (*etwas Unabänderlichem*), c) etwas bestens *od.* voll ausnutzen, d) *e-r Sache* die beste Seite abgewinnen, das Beste machen aus; **he meant it for the ~** er hat es (doch nur) gut gemeint; → **ability** 1, **belief** 3, **job**[1] 5, **knowledge** 1, **memory** 1, **recollection** 1.

ˈbest-ball match *s Golf*: Bestball(spiel *n*) *m.*

be·stead [bɪˈsted] *obs.* **I** *v/t pret u. pp* **beˈstead·ed** *pp a.* **beˈstead 1.** *j-m* a) helfen, beistehen, b) nützen. **II** *adj* **2.** in e-r schwierigen *od.* gefährlichen Lage. **3.** bedrängt: **ill ~, hard ~** schwer bedrängt.

be·sted → **bestead** II.

bes·tial [ˈbestjəl; *Am.* -tʃəl; *a.* ˈbiːs-] *adj* (*adv* **~ly**) **1.** tierisch (*a. fig.*). **2.** *fig.* bestiˈalisch, entmenscht, viehisch. **3.** gemein.

ˌbes·ti·al·i·ty [-tɪˈælətɪ; *Am.* -tʃɪ-] *s* **1.** Bestialiˈtät *f*: a) tierisches Wesen, b) *fig.* bestiˈalische Grausamkeit, c) Greueltat *f.* **2.** Sodoˈmie *f.* **ˈbes·tial·ize** [-tjəlaɪz; *Am.* -tʃəˌl-] *v/t j-n* zum Tier machen, entmenschlichen.

bes·ti·ar·y [ˈbestɪərɪ; *Am.* ˈbestʃiːˌeriː; *a.* ˈbiːs-] *s hist.* Bestiˈarium *n* (*Tierbuch*).

beˈstir *v/t* anspornen: **to ~ o.s. to do s.th.** sich dazu aufraffen, etwas zu tun.

best man *s irr Freund des Bräutigams, der bei der Ausrichtung der Hochzeit e-e wichtige Rolle spielt.*

be·stow [bɪˈstəʊ] *v/t* **1.** *etwas, a. s-e Aufmerksamkeit* schenken, *e-n Preis, e-n Titel* verleihen, *e-e Gunst, ein Lob* gewähren, *e-e Ehre* erweisen, zuˈteil werden lassen, *Zeit* widmen (**s.th.** [**up**]**on s.o.** j-m etwas). **2.** *obs.* ˈunterbringen (*a. beherbergen*), aufspeichern, verstauen. **3.** *obs.* zur Ehe geben. **beˈstow·al** *s* **1.** a) Gabe *f*, b) Schenkung *f*, Verleihung *f.* **2.** *obs.* ˈUnterbringung *f.*

beˈstrad·dle → **bestride.**

beˈstrew, *pret* **beˈstrewed** *pp* **beˈstrewed** *u.* **beˈstrewn** *v/t* **1.** bestreuen. **2.** verstreuen. **3.** verstreut liegen auf (*dat*).

be·strid [bɪˈstrɪd] *pret u. pp von* **bestride. beˈstrid·den** *pp von* **bestride.**

be·stride [bɪˈstraɪd] *pret* **beˈstrode** [-ˈstrəʊd], *a.* **beˈstrid** [-ˈstrɪd] *pp* **beˈstrid·den** [-ˈstrɪdn], *a.* **beˈstrid** *od.* **beˈstrode** *v/t* **1.** rittlings sitzen auf (*dat*). **2.** mit gespreizten Beinen stehen auf *od.* über (*dat*). **3.** *fig.* sich wölben *od.* spannen über (*acc od. dat*), überˈspannen (*acc*). **4.** sich mit gespreizten Beinen stellen auf *od.* über (*acc*). **5.** *obs.* (hinˈweg)schreiten über (*acc*). **6.** beherrschen.

be·strode [bɪˈstrəʊd] *pret u. pp von* **bestride.**

best|sell·er *s* **1.** Bestseller *m*, Verkaufsschlager *m* (*Buch, Schallplatte etc*). **2.** Bestsellerautor *m.* **ˈ~ˌsell·ing** *adj* a) meistverkauft: **~ novel** Bestseller *m*, b) Bestseller...: **~ author.**

bet [bet] **I** *s* **1.** Wette *f*: **to make** (*od.* **lay**) **a ~ on** wetten *od.* setzen auf (*acc*). **2.** Gegenstand *m* der Wette: **he is a safe ~** er ist ein sicherer Tip; **the best ~** *colloq.* die sicherste Methode; das Beste, was man tun kann. **3.** Wetteinsatz *m*, gewetteter Betrag *od.* Gegenstand. **II** *v/t u. v/i pret u. pp* **bet** *od.* **ˈbet·ted 4.** wetten, setzen (**on** auf *acc*), einsetzen: **I ~ you ten pounds** ich wette mit Ihnen (um) zehn Pfund; **you ~!** *colloq.* und ob!, aber sicher!; **you can ~ your boots** (*od.* **bottom dollar, life, shirt**) **on that!** *colloq.* darauf kannst du Gift nehmen!

be·ta [ˈbiːtə; *Am.* ˈbeɪtə] *s* Beta *n*: a) *griechischer Buchstabe*, b) *astr. math. phys. Symbol für 2. Größe*, c) der (die, das) Zweite, d) *ped. Br.* Zwei *f*, Gut *n* (*Note*).

be·ta| block·er *s med. pharm.* Betablocker *m.* **~ de·cay** *s phys.* Betazerfall *m.*

be·ta·ine [ˈbiːtəiːn] *s chem.* Betaˈin *n.*

be·take [bɪˈteɪk] *pret* **beˈtook** [-ˈtʊk] *pp* **beˈtak·en** *v/t*: **to ~ o.s.** (**to**) *obs. od. poet.* a) sich begeben (nach), b) s-e Zuflucht nehmen (zu); **to ~ o.s. to flight** die Flucht ergreifen.

be·ta|par·ti·cle *s phys.* Betateilchen *n.* **~ rays** *s pl phys.* Betastrahlen *pl.*

be·ta·tron [ˈbiːtətrɒn; *Am.* ˈbeɪtəˌtrɑn] *s phys.* Betatron *n* (*Elektronenschleuder*).

be·tel [ˈbiːtl] *s* **1.** *a.* **~ pepper** *bot.* Betelpfeffer *m.* **2.** Betel *m* (*Kaumittel*).

Be·tel·geuse, Be·tel·geuze [ˌbiːtlˈʒɜːz; *Am.* ˈbiːtlˌdʒuːs] *s astr.* Beteiˈgeuze *m.*

be·tel| nut *s bot.* Betel-, Aˈrekanuß *f.* **~ palm** *s bot.* Betelnuß-, Aˈrekapalme *f.*

bête noire [ˌbeɪtˈnwɑː; *Am.* ˌbetnəˈwɑːr; ˌbeɪt-] *pl* **bêtes noires** [-(r)z] *s fig.* a) Greuel *m*, b) Schreckgespenst *n* (*beide Person od. Sache*).

Beth·el [ˈbeθl] **I** *npr Bibl.* **1.** Bethel *n.* **II** *s* **b~ 2.** Disˈsenterkaˌpelle *f.* **3.** Kirche *f* für Maˈtrosen.

be·think [bɪˈθɪŋk] *pret u. pp* **beˈthought** [-ˈθɔːt] *obs.* **I** *v/t* **1.** sich *etwas* ins Gedächtnis zuˈrückrufen. **2. ~ o.s.** a) sich besinnen (**of** *gen*), b) sich erinnern (**of** an *acc*), c) sich vornehmen, beschließen (**to do** zu tun). **II** *v/i* **3.** überˈlegen.

be·thought [bɪˈθɔːt] *pret u. pp von* **bethink.**

be·tide [bɪˈtaɪd] *v/t u. v/i j-m* geschehen, *j-m* widerˈfahren: **whatever may ~** was auch immer geschehen mag; → **woe** II.

be·times [bɪˈtaɪmz] *adv* **1.** *obs.* beiˈzeiten, rechtzeitig. **2.** *obs.* früh(zeitig). **3.** *obs.* bald. **4.** *Am. dial.* gelegentlich.

be·to·ken [bɪˈtəʊkən] *v/t obs.* **1.** bezeichnen, bedeuten. **2.** anzeigen, verkünden.

bet·o·ny [ˈbetənɪ] *s bot.* Rote Beˈtonie.

be·took [bɪˈtʊk] *pret von* **betake.**

be·tray [bɪˈtreɪ] *v/t* **1.** verraten, Verrat begehen an (*dat*): **to ~ s.o. to** j-n verraten (*dat*) *od.* an (*acc*). **2.** verraten, im Stich lassen, (*j-m*) die Treue brechen: **to ~ one's principles** s-n Prinzipien untreu werden. **3.** *j-n* hinterˈgehen: **to ~ s.o.'s trust** j-s Vertrauen mißbrauchen. **4.** *fig.* verraten, offenˈbaren, zeigen: **to ~ o.s.** sich verraten. **5.** verleiten, -führen (**into, to** zu). **6.** *ein Mädchen etc* verführen u. dann sitzenlassen. **beˈtray·al** *s* Verrat *m*, Treubruch *m.*

be·troth [bɪˈtrəʊð; *Am.* bɪˈtrɑːθ; bɪˈtrɔːθ] *v/t obs. j-n* (*od.* **o.s.** sich) verloben (**to** mit). **be·troth·al** [bɪˈtrəʊðl] *s obs.* Verlobung *f.* **beˈtrothed** *obs.* **I** *adj* verlobt. **II** *s* Verlobte(r *m*) *f.*

bet·ter[1] [ˈbetə(r)] **I** (*comp von* **good**) *adj* **1.** besser: **I am ~** es geht mir (*gesundheitlich*) besser; **I am none the ~ for it** das hilft mir auch nicht; **it is no ~ than it should be** man konnte nicht mehr erwarten; **to be ~ than one's word** mehr tun, als man versprach; **to get ~** a) besser werden, sich bessern, b) sich erholen; **to go one ~ than s.o.** j-n (noch) übertreffen; **my ~ half** *humor.* m-e bessere Hälfte; → **safe** 1. **2.** größer: **upon ~ acquaintance** bei näherer Bekanntschaft. **II** *s* **3.** (*das*) Bessere, (*das*) Vorˈzüglichere: **for ~ for worse** a) in Freud u. Leid, in guten wie in schlechten Tagen

(*Trauformel*), b) was auch (immer) geschieht; I expected ~ ich habe (etwas) Besseres erwartet; → change 8, 13, turn[1] 8. **4.** Vorteil *m*: to get the ~ of a) die Oberhand gewinnen über (*j-n*), *j-n* besiegen *od.* ausstechen, b) *etwas* überwinden. **5.** *meist pl* (*die*) Vorgesetzten *pl*, (*im Rang*) Höherstehende *pl*, (*finanziell*) Bessergestellte *pl*: his ~s die ihm (*geistig etc*) Überlegenen. **III** (*comp von* well[1]) *adv* **6.** besser: ~ off a) besser daran, b) (*finanziell*) bessergestellt; to think ~ of it sich e-s Besseren besinnen, es sich anders überlegen; so much the ~ desto besser; you had ~ (*Am. colloq.* you ~) go es wäre besser, du gingest: you had ~ (*Am. colloq.* you ~) not! laß das lieber sein!; → know 7. **7.** mehr: ~ loved; ~ than 10 miles über *od.* mehr als 10 Meilen; → like[2] 1. **IV** *v/t* **8.** *Beziehungen, Lebensbedingungen, e-n Rekord etc* verbessern. **9.** überˈtreffen. **10.** *den Spieleinsatz* erhöhen. **11.** ~ o.s. a) sich (*finanziell*) verbessern, b) sich weiterbilden. **V** *v/i* **12.** besser werden, sich (ver)bessern.

bet·ter² [ˈbetə(r)] *s* Wettende(r *m*) *f*, Wetter(in).

ˈbet·ter·ment *s* **1.** a) Verbesserung *f*, b) *econ.* Wertsteigerung *f*, Melioratiˈon *f* (*an Grundstücken*): ~ tax Wertzuwachssteuer *f*. **2.** Besserung *f*.

ˈbet·ting *s* Wetten *n*. **~ man** *s irr* (regelmäßiger) Wetter. **~ of·fice,** *Br.* **~ shop** *s* ˈWettbüˌro *n*.

bet·tor → better².

be·tween [bɪˈtwiːn] **I** *prep* **1.** (*räumlich u. zeitlich*) zwischen (*dat od. acc*): ~ meals zwischen den Mahlzeiten; the relations ~ them die Beziehungen zwischen ihnen, ihr Verhältnis zueinander; → devil 1, stool 1. **2.** unter (*dat od. acc*): ~ ourselves unter uns (gesagt); ~ you and me (and the bedpost *od.* gatepost *od.* lamppost) *colloq.* unter uns *od.* im Vertrauen (gesagt), ‚unter uns Pastorentöchtern'; they bought it ~ them sie kauften es gemeinschaftlich; we have only one pound ~ us wir haben zusammen nur ein Pfund; they shared the money ~ them sie teilten das Geld unter sich. **II** *adv* **3.** daˈzwischen: few and far ~ a) (ganz) vereinzelt, b) (ganz) selten; the space ~ der Zwischenraum; in ~ dazwischen. **~ decks** *s pl* (*als sg konstruiert*) *mar.* Zwischendeck *n*.

beˈtween·times, beˈtween·whiles *adv* zwischenˈdurch.

be·twixt [bɪˈtwɪkst] **I** *adv*: ~ and between zwischendrin, halb u. halb, weder das e-e noch das andere. **II** *obs. für* between.

bev·a·tron [ˈbevətrɒn; *Am.* -ˌtrɑn] *s phys.* Bevatron *n* (*großes Protonensynchrotron an der University of California*).

bev·el [ˈbevl] **I** *s tech.* **1.** Schräge *f*, (Ab-)Schrägung *f*: on a ~ schräg; ~ edge abgeschrägte Kante, Facette *f*. **2.** schräger Ausschnitt, Fase *f*. **3.** Winkelpasser *m*, Schmiege *f*, Schrägmaß *n*. **4.** Kegel *m*, Konus *m*. **5.** Böschung *f*. **II** *v/t pret u. pp* **-eled,** *bes. Br.* **-elled 6.** abkanten, abschrägen, gehren, facetˈtieren: ~(l)ed cutter Kegelfräser *m*; ~(l)ed gear → bevel gear; ~(l)ed glass facettiertes Glas; ~(l)ing plane Schräghobel *m*. **III** *v/i* **7.** schräg verlaufen. **IV** *adj* **8.** schräg, abgeschrägt: ~ cut Schräg-, Gehrungsschnitt *m*. **9.** konisch, kegelig.

bev·el| gear *s tech.* **1.** Kegel(zahn)rad *n*. **2.** *pl* a) Kegelrad-, Winkelgetriebe *n*, konisches Getriebe, b) Schrägverzahnung *f*. **ˈ~-gear drive** *s tech.* Kegelradantrieb *m*. **~ gear·ing** *s* → bevel gear 2. **~ pin·ion** *s tech.* konisches Getrieberad, (kegelförmiges) Ritzel. **~ sec·tion** *s math.* Schrägschnitt *m*. **~ square** → bevel 3. **~ wheel** *s tech.* Kegelrad *n*.

bev·er·age [ˈbevərɪdʒ] *s* Getränk *n* (*außer Wasser*).

bev·y [ˈbevɪ] *s orn.* Flug *m*, Schar *f*, Schwarm *m* (*a. fig. bes. Mädchen*).

beˈwail I *v/t* beklagen, beweinen. **II** *v/i* wehklagen.

be·ware [bɪˈweə(r)] *v/i u. v/t* sich in acht nehmen, sich hüten *od.* vorsehen (of vor *dat*; lest daß nicht): to ~ (of) doing s.th. sich (davor) hüten, etwas zu tun; ~! Vorsicht!, Achtung!; ~ of pickpockets (of the dog)! vor Taschendieben wird gewarnt (Warnung vor dem Hunde)!

be·wil·der [bɪˈwɪldə(r)] *v/t* **1.** *obs.* irreführen. **2.** verblüffen, verwirren, irremachen. **3.** bestürzen. **beˈwil·dered** *adj* **1.** verblüfft, verwirrt, konˈfus, verdutzt. **2.** bestürzt. **beˈwil·der·ing** *adj* (*adv* ~ly) **1.** *obs.* irreführend. **2.** verblüffend, verwirrend. **beˈwil·der·ment** *s* Verwirrung *f*: in ~ → bewildered.

be·witch [bɪˈwɪtʃ] *v/t* **1.** behexen, verzaubern. **2.** bezaubern, bestricken, berücken, becircen, *j-m* den Kopf verdrehen. **beˈwitch·ing** *adj* (*adv* ~ly) bezaubernd, berückend, bestrickend, entzückend. **beˈwitch·ment** *s* **1.** Zauber *m*. **2.** Verzauberung *f*.

be·wray [bɪˈreɪ] *obs. für* betray 4.

bey [beɪ] *s* Bei *m* (*Titel e-s höheren türkischen Beamten*).

be·yond [bɪˈjɒnd; *Am.* biːˈɑnd] **I** *adv* **1.** darˈüber hinˈaus, jenseits. **2.** weiter weg. **II** *prep* **3.** jenseits. **4.** außer. **5.** über ... (*acc*) hinˈaus: that is ~ me *colloq.* das ist mir zu hoch, das geht über m-n Horizont *od.* Verstand. **III** *s* **6.** *a.* (Great) B~ (*das*) Jenseits. **7.** → back[1] 3.

bez·ant [ˈbezənt] *s* **1.** *hist.* Byzanˈtiner *m* (*Goldmünze*). **2.** *her.* runde Scheibe.

bez·el [ˈbezl; *Am. a.* ˈbiː-] *s* **1.** *tech.* zugeschärfte Kante, Schneide *f* (*e-s Meißels*). **2.** Schräg-, *bes.* Rautenfläche *f* (*e-s Edelsteins*). **3.** Ringkasten *m* (*zur Einfassung e-s Edelsteins*).

be·zique [bɪˈziːk; bə-] *s* Béˈzigue *n*: a) *Kartenspiel*, b) *Bézigue von Pikdame u. Karobube in diesem Spiel*.

be·zoar [ˈbiːzɔː(r); *Am. a.* -ˌzəʊər] *s zo.* Bezoˈar *m*, Magenstein *m*.

be·zo·ni·an [bɪˈzəʊnɪən] *s obs.* Schurke *m*.

ˈB-ˌgirl *s Am. colloq.* Aniˈmierdame *f*, -mädchen *n*.

Bha·ga·vad-Gi·ta [ˌbʌgəvədˈgiːtə; *Am.* ˌbɑːgəˌvɑːd-] *s* Bhagawadˈgita *f* (*indisches religionsphilosophisches Gedicht*).

bhak·ti [ˈbʌktɪ] *s Hinduismus*: Bhakti *f* (*liebende Hingabe an Gott*).

bhang [bæŋ] *s Br. Ind.* **1.** *bot.* Hanfpflanze *f*. **2.** Bhang *n*, Haschisch *n*.

bi- [baɪ] *Vorsilbe mit der Bedeutung* zwei(fach, -mal), doppel(t).

bi [baɪ] *adj colloq.* ‚bi' (*bisexuell*).

ˌbiˈan·nu·al *adj* zweimal jährlich vorkommend *od.* erscheinend.

bi·as [ˈbaɪəs] **I** *s* **1.** schiefe Seite, schräge Fläche *od.* Richtung. **2.** schräger Schnitt: cut on the ~ diagonal geschnitten. **3.** *fig.* (toward[s]) a) Neigung *f*, Hang *m* (zu), b) Vorliebe *f* (für). **4.** *fig.* Vorurteil *n*, *jur.* Befangenheit *f*: free from ~ unvoreingenommen, vorurteilsfrei; to challenge for ~ *e-n Richter etc* wegen Befangenheit ablehnen. **5.** *Rasenbowling*: a) ˈÜberhang *m* (*der einseitig beschwerten Kugel*), b) Neigung *f* (*der Kugel*), schräg zu laufen, c) *Kurve, die diese Kugel beschreibt*. **6.** *electr.* a) (Gitter)Vorspannung *f* (*e-r Elektronenröhre*), b) ˈGitter(ableit)ˌwiderstand *m*. **7.** *Schneiderei*: Schrägstreifen *m*. **II** *adj u. adv* **8.** schräg, schief, diagoˈnal. **III** *v/t pret u. pp* **-ased, -assed 9.** auf ˈeine Seite lenken. **10.** *fig.* ˈhinlenken, richten (toward[s] auf *acc*, nach). **11.** *fig.* (*meist ungünstig*) beeinflussen, *j-n* einnehmen (against gegen).

bi·as(s)ed [ˈbaɪəst] *adj* voreingenommen, *bes. jur.* befangen.

biˈath·lete *s sport* ˈBiathˌlet *m*, Biathlonkämpfer *m*. **bi·ath·lon** [baɪˈæθlən] *s* Biathlon *n*.

ˌbiˈax·i·al *adj* zweiachsig.

bib [bɪb] **I** *s* **1.** Lätzchen *n*. **2.** Schürzenlatz *m*: best ~ and tucker *colloq.* Sonntagsstaat *m*. **3.** *ichth.* (*ein*) Schellfisch. **II** *v/t u. v/i obs.* **4.** (unmäßig) trinken, ‚bechern'.

bi·ba·cious [bɪˈbeɪʃəs; baɪ-] *adj* dem Trunk ergeben.

ˌbiˈbas·ic *adj chem.* zweibasisch, -basig.

ˈbib·ber *s* (Gewohnheits)Trinker(in), Säufer(in).

ˈbib·cock *s tech.* Zapfhahn *m*.

bi·be·lot [ˈbɪbləʊ; *Am.* ˈbiːbəˌləʊ] *s* Nippsache *f*.

bi·bi [ˈbiːbiː] *s Br. Ind.* Dame *f*.

ˈbi-ˌbiˈva·lent *adj chem. phys.* in zwei ˈbivaˌlente Iˈonen zerfallend (*Elektrolyt*).

Bi·ble [ˈbaɪbl] *s* **1.** *relig.* Bibel *f*: I don't know my ~ very well ich bin nicht bibelfest. **2.** b~ *fig.* Bibel *f*, Evanˈgelium *n* (*maßgebendes Buch etc*). **~ bash·er** *s colloq.* schwärmerischer *od.* aggresˈsiver Bibelverfechter. **~ clerk** *s* (*in Oxford*) *Student, der in der College-Kapelle die Bibeltexte verliest*. **~ oath** *s* Eid *m* auf die Bibel. **~ pa·per** *s* ˈDünndruckpaˌpier *n*. **ˈ~-thump** *v/i colloq.* Moˈral predigen, moraliˈsieren. **~ thump·er** *s colloq.* Moˈralaˌpostel *m*, -prediger *m*.

bib·li·cal [ˈbɪblɪkl] *adj* (*adv* ~ly) biblisch, Bibel... **~ crit·i·cism** *s* ˈBibelkriˌtik *f*. **B~ Lat·in** *s ling.* ˈBibellaˌtein *n*.

Bib·li·cism [ˈbɪblɪsɪzəm] *s* **1.** Bibliˈzismus *m* (*pietistische Richtung der evangelischen Theologie, die nur die Bibel als göttliche Offenbarung gelten läßt*). **2.** Bibelkunde *f*. **ˈBib·li·cist** *s* **1.** Bibliˈzist *m*. **2.** Bibˈlist *m*, Bibelkundige(r *m*) *f*.

biblio- [bɪblɪəʊ; bɪblɪə] *Wortelement mit der Bedeutung* Buch.

bib·li·o·clasm [ˈbɪblɪəʊklæzəm] *s* Bücherzerstörung *f*.

ˈbib·li·o·film *s tech.* Mikrofilm *m*, Mikrokoˈpie *f* (*von Buchseiten*), *a.* Miˈkrat *n* (*bei sehr starker Verkleinerung*).

bib·li·og·ra·pher [ˌbɪblɪˈɒgrəfə(r); *Am.* -ˈɑ-] *s* Biblioˈgraph *m*, Verfasser *m* e-r Bibliograˈphie. **ˌbib·li·oˈgraph·ic** [-əʊˈgræfɪk], **ˌbib·li·oˈgraph·i·cal** *adj* (*adv* ~ly) biblioˈgraphisch. **ˌbib·liˈog·ra·phy** *s* Bibliograˈphie *f*: a) Bücher-, Literaˈturverzeichnis *n*, b) Bücherkunde *f*.

bib·li·ol·a·ter [ˌbɪblɪˈɒlətə(r); *Am.* -ˈɑ-], *a.* **ˌbib·liˈol·a·trist** [-trɪst] *s* **1.** Büchervererher *m*. **2.** Bibelverehrer *m*. **ˌbib·liˈol·a·try** [-trɪ] *s* Bibliolaˈtrie *f*, Bücher- *od.* Bibelverehrung *f*.

bib·li·o·log·i·cal [ˌbɪblɪəʊˈlɒdʒɪkl; *Am.* -ˈlɑ-] *adj* biblioˈlogisch. **ˌbib·liˈol·o·gy** [-ˈɒlədʒɪ; *Am.* -ˈɑ-] *s* Bibliologˈgie *f*, Bücherkunde *f*.

bib·li·o·man·cy [ˈbɪblɪəʊmænsɪ] *s* Bibliomanˈtie *f*, Wahrsagen *n* aus der Bibel.

ˌbib·li·oˈma·ni·a *s* Bibliomaˈnie *f*, (krankhafte) Bücherleidenschaft. **ˌbib·li·oˈma·ni·ac I** *s* Biblioˈmane *m*, Büchernarr *m*. **II** *adj* biblioˈmanisch, büchernärrisch, -wütig. **ˌbib·li·o·maˈni·a·cal** → bibliomaniac II.

bib·li·o·phile [ˈbɪblɪəʊfaɪl], *a.* **ˈbib·li·o·phil** [-fɪl] *s* Biblioˈphile *m*, Bücherfreund *m*. **ˌbib·li·oˈphil·ic** [-ˈfɪlɪk] *adj* biblioˈphil. **ˌbib·liˈoph·i·lism** [-ˈɒfɪlɪzəm; *Am.* -ˈɑ-] *s* Bibliophiˈlie *f*, Bücherliebhabeˈrei *f*.

bib·li·o·pole [ˈbɪblɪəʊpəʊl] *s* Buchhändler *m* (*bes. mit wertvollen Büchern*).

bib·li·o·the·ca [ˌbɪblɪəʊˈθiːkə] *pl* **-cas, -cae** [-kiː; *Am. a.* -ˌsiː] *s* **1.** Biblioˈthek *f* (*Bücherei u. Büchersammlung*). **2.** ˈBücherkataˌlog *m*, -liste *f*.

ˌbib·li·oˈther·a·py *s psych.* Bibliotheraˈpie *f* (*Verfahren, durch ausgewählte Lektüre die Heilung zu fördern*).

bib·li·ot·ics [ˌbɪblɪˈɒtɪks; *Am.* -ˈɑ-] *s pl* (*a. als sg konstruiert*) Wissenschaft *f* von der ˈHandschriftenanaˌlyse u. Prüfung der Echtheit von Manuˈskripten.

Bib·list [ˈbɪblɪst] *s* **1.** Bibelgläubige(r *m*) *f*. **2.** → **Biblicist**.

bib·u·lous [ˈbɪbjʊləs] *adj* (*adv* **~ly**) **1.** aufsaugend. **2.** schwammig. **3.** a) trunksüchtig, b) feuchtfröhlich.

bi·cam·er·al [ˌbaɪˈkæmərəl] *adj pol.* Zweikammer...

biˈcar·bon·ate *s chem.* ˈBikarboˌnat *n*: **~ of soda** doppel(t)kohlensaures Natrium, Natriumbikarbonat.

ˌbiˈcar·bu·ret·(t)ed *adj chem.* zwei Aˈtome Kohlenstoff enthaltend.

bice [baɪs] *s* **1.** *a.* **~ blue** Aˈzurblau *n*. **2.** *a.* **~ green** Malaˈchitgrün *n*.

ˌbi·cenˈte·nar·y I *adj* **1.** zweihundertjährig. **2.** alle 200 Jahre eintretend. **II** *s* **3.** Zweihundertˈjahrfeier *f*. **ˌbi·cenˈten·ni·al** *bes. Am. für* **bicentenary**.

ˌbi·ceˈphal·ic, biˈceph·a·lous *adj biol.* zweiköpfig.

bi·ceps [ˈbaɪseps] *pl* **-ceps, -ceps·es** *s anat.* Bizeps *m*.

ˌbiˈchlo·rid, ˌbiˈchlo·ride *s chem.* ˈBichloˌrid *n*.

ˌbiˈchro·mate I *s chem.* ˈBichroˌmat *n*: **~ of potash** Kaliumbichromat. **II** *v/t phot.* mit ˈBichroˌmat behandeln.

bick·er [ˈbɪkə(r)] **I** *v/i* **1.** (sich) zanken *od.* streiten (**about, over** um). **2.** *poet.* a) plätschern (*Wasser*), prasseln (*Regen*), b) zucken, huschen: **a smile ~ed across her face**. **II** *s* **3.** Streit *m*, Zank *m*. **ˈbick·er·ing** *s* Gezänk *n*.

ˌbiˈcol·o(u)r(ed) *adj* zweifarbig, Zweifarben...

ˌbi·conˈcave *adj phys.* bikonˈkav.

ˌbi·conˈvex *adj phys.* bikonˈvex.

bi·cy·cle [ˈbaɪsɪkl] **I** *s* Fahrrad *n*: **~ kick** (*Fußball*) Scherenschlag *m*; **~ pump** Fahrradpumpe *f*. **II** *v/i* a) radfahren, b) mit dem Rad fahren. **ˈbi·cy·cler** *s bes. Am.*, **ˈbi·cy·clist** [-klɪst] *s* Radfahrer(in).

bid¹ [bɪd] **I** *s* **1.** a) *econ.* Gebot *n* (*bei Versteigerungen*), b) *econ.* Angebot *n* (*bei Ausschreibungen*), c) *econ. Am.* (Lieferungs)Angebot *n*, Kostenvoranschlag *m*, d) *Börse*: Geld, e) *fig.* Bewerbung *f* (**for** um), Versuch *m* (**to do** zu tun): **first ~** Erstgebot; **highest ~** Meistgebot; **~ price** (*Börse*) (*gebotener*) Geldkurs; **invitation for ~s** Ausschreibung *f*; **to invite ~s for** *ein Projekt* ausschreiben; **~ for power** Griff *m* nach der Macht; **to make a (strong) ~ for s.th.** sich (sehr) um etwas bemühen, etwas (unbedingt) erringen wollen; **to make a ~ for power** nach der Macht greifen. **2.** *Kartenspiel*: Reizen *n*, Melden *n*: **no ~!** (ich) passe! **3.** *obs.* Einladung *f* (**to** zu). **II** *v/t pret* **bid, bade** [bæd; beɪd], *obs.* **bad** [bæd], *pp* **bid, ˈbid·den,** *a.* **bade 4.** *econ.* bieten (*bei Versteigerungen*): **to ~ up** den Preis (*e-r Sache*) in die Höhe treiben. **5.** *Kartenspiel*: reizen, melden. **6.** *e-n Gruß* entbieten, *j-m e-n guten Morgen etc* wünschen: **to ~ s.o. good morning**; **to ~ farewell** Lebewohl sagen. **7.** *j-m etwas* gebieten, befehlen, *j-n* heißen (**to do** zu tun): **to ~ s.o. (to) go** j-n gehen heißen. **8.** *obs.* einladen (**to** zu). **III** *v/i* **9.** *econ.* a) (*bei Versteigerungen*) bieten, ein Gebot abgeben, b) *Am.* ein (Lieferungs)Angebot *od.* e-n Kostenvoranschlag machen, c) an e-r Ausschreibung teilnehmen: **invitation to ~** Ausschreibung *f*. **10.** *Kartenspiel*: melden, reizen. **11.** sich bewerben *od.* bemühen (**for** um). **12.** sich *gut etc* anlassen: → **fair¹** 18.

bid² [bɪd] *obs. pp von* **bide**.

bid·den¹ [ˈbɪdn] *pp von* **bid¹**.

bid·den² [ˈbɪdn] *obs. pp von* **bide**.

ˈbid·der *s* **1.** Bieter *m* (*bei Versteigerungen*): **highest** (*od.* **best**) **~** Meistbietende(r *m*) *f*. **2.** Bewerber *m* (*bei Ausschreibungen*). **3.** *obs.* Einladende(r *m*) *f*.

ˈbid·ding *s* **1.** → **bid¹** 1 a *u.* 2. **2.** Geheiß *n*, Befehl *m*: **to do s.o.'s ~** tun, was j-d will. **~ price** *s econ.* Erstgebot *n*.

bid·dy¹ [ˈbɪdɪ] *s dial.* a) Küken *n*, b) Henne *f*.

bid·dy² [ˈbɪdɪ] *s colloq.* altes klatschsüchtiges *od.* aufdringliches Weib.

bide [baɪd] **I** *v/t pret* **bode** [bəʊd], **ˈbid·ed,** *a.* **bade** [bæd; beɪd], *obs.* **bad** [bæd], *pp* **ˈbid·ed,** *obs.* **bid** [bɪd], **ˈbid·den 1.** er-, abwarten: **to ~ one's time** den rechten Augenblick abwarten *od.* abpassen. **2.** *obs. e-r Sache* trotzen. **3.** *obs. od. dial.* ertragen. **II** *v/i* **4.** *obs. od. dial.* bleiben.

bi·det [ˈbiːdeɪ; *Am.* bɪˈdeɪ] *s* Biˈdet *n*.

bi·don·ville [ˌbiːdəʊnˈviːl] *s* Bidonˈville *n*, Elendsviertel *n*.

Bie·der·mei·er [ˈbiːdə(r)ˌmaɪə(r)] *adj* **1.** Biedermeier...: **~ furniture**. **2.** *fig.* a) eintönig, langweilig, fad, b) phiˈlisterhaft, spießbürgerlich.

bi·en·ni·al [baɪˈenɪəl] **I** *adj* **1.** zweijährlich. **2.** zweijährig, *bot. a.* biˈenn. **II** *s* **3.** *bot.* Biˈenne *f*, zweijährige Pflanze. **4.** *art etc* Bienˈnale *f*. **biˈen·ni·al·ly** *adv* alle zwei Jahre.

bier [bɪə(r)] *s* (Toten)Bahre *f*.

bier·kel·ler [ˈbɪəˌkelə] (*Ger.*) *s Br.* Bierkeller *m*.

biest·ings → **beestings**.

bi·far·i·ous [baɪˈfeərɪəs] *adj bot.* zweiteilig.

biff [bɪf] *sl.* **I** *v/t* ‚hauen', schlagen: **to ~ s.o. on the nose** j-m eins auf die Nase geben. **II** *s* Schlag *m*, Hieb *m*.

bif·fin [ˈbɪfɪn] *s Br.* roter Kochapfel.

bi·fi·lar [ˌbaɪˈfaɪlə(r)] *electr. tech.* **I** *adj* bifiˈlar, zweifädig. **II** *s a.* **~ micrometer** Bifiˈlarmikroˌmeter *n*.

ˌbiˈfo·cal I *adj* **1.** Bifokal..., Zweistärken..., mit zwei Brennpunkten (*Linse*). **II** *s* **2.** Bifoˈkal-, Zweiˈstärkenglas *n od.* -linse *f*. **3.** *pl a.* **pair of ~s** Bifoˈkal-, Zweiˈstärkenbrille *f*.

ˌbiˈfo·li·ate *adj bot.* zweiblättrig.

bi·fur·cate [ˈbaɪfə(r)keɪt] **I** *v/t* gabeln, gabelförmig teilen. **II** *v/i* sich gabeln. **III** *adj* [*a.* -kɪt] gegabelt, gabelförmig, zweiästig. **ˈbi·fur·cat·ed** → **bifurcate** III. **ˌbi·furˈca·tion** *s* Gabelung *f*.

big [bɪg] **I** *adj* **1.** groß, dick, stark: **a ~ fellow**; **the ~gest party** die stärkste Partei; **the win might have been ~ger** *sport* der Sieg hätte höher ausfallen können; **to earn ~ money** *colloq.* ‚das große Geld verdienen'. **2.** groß, breit, weit: **this coat is too ~ for me** dieser Mantel ist mir zu groß; **to get too ~ for one's boots** (*od.* **breeches,** *bes. Am.* **pants)** *colloq.* größenwahnsinnig werden. **3.** groß, hoch: **~ trees**. **4.** groß, erwachsen. **5.** a) **(with)** voll, schwer, strotzend (von), beladen (mit), reich (an *dat*): **~ with fate** schicksalsschwer, -schwanger; **~ with rage** wutentbrannt, b) ausgiebig, reichlich (*Mahlzeit*). **6.** trächtig (*Tier*), (hoch)schwanger (*Frau*): **~ with child** (hoch)schwanger. **7.** *colloq.* aufgeblasen, eingebildet: **to have ~ ideas** ‚große Rosinen im Kopf haben'; **what's the ~ idea?** was soll denn das?; **~ talk** ‚große Töne', Angeberei *f*. **8.** voll, laut: **a ~ voice**. **9.** *colloq.* a) groß, hoch (-stehend), wichtig, bedeutend, b) *bes. Am.* sehr popuˈlär. **10.** großzügig, ‚nobel': **that's very ~ of you**. **11.** groß, ‚Mords...': **a ~ rascal** ein Erzgauner; **a ~ eater** ein starker Esser. **12. to be ~ on** *colloq.* ‚stehen auf' (*acc*), begeistert sein von. **II** *adv* **13.** *colloq.* ‚mächtig', ‚mordsmäßig'. **14.** *colloq.* teuer: **to pay ~**. **15.** *colloq.* großspurig: **to talk ~** ‚große Töne spucken', angeben. **16.** *Am. colloq.* tapfer.

big·a·mist [ˈbɪgəmɪst] *s* Bigaˈmist(in).

ˈbig·a·mous *adj* (*adv* **~ly**) bigaˈmistisch: a) biˈgamisch, in Bigaˈmie lebend, b) die Doppelehe betreffend: **~ marriage** Doppelehe *f*.

Big Ap·ple *s Am.* **1. the ~** *Spitzname für die Stadt New York*. **2. b~ a~** *fig.* a) Mittelpunkt *m*, b) Hauptanliegen *n*.

big·ar·reau [ˈbɪgərəʊ], *Br. a.* **ˌbig·aˈroo(n)** [-ˈruː(n)] *s bot.* Weiße Herzkirsche.

big| bang *s Kosmologie*: Urknall *m*. **ˌ~-ˈbang the·o·ry** *s Kosmologie*: ˈUrknalltheoˌrie *f*. **B~ Ben** *s* Big Ben *m* (*Glocke im Uhrturm u. Uhrturm des brit. Parlamentsgebäudes*). **B~ Ber·tha** *s mil. colloq.* Dicke Bertha (*deutscher 42-cm-Mörser im 1. Weltkrieg*). **B~ Board** *s Am. colloq.* (*die*) New Yorker (ˈWertpaˌpier)Börse. **ˈ~-boned** *adj* grobknochig. **ˈ~-bore** *adj* ˈgroßkaˌlibrig: **~ gun**. **~ broth·er** *s* **1.** großer Bruder (*a. fig. Freund*). **2. B~ B~** *pol.* ‚der große Bruder' (*Diktator*; ‚*Nineteen Eighty-Four*' *von George Orwell*). **~ bug** → **bigwig**. **~ busi·ness** *s econ.* Big Business *n*: a) *monopolartige Ballung von Großkapital u. Industrieorganisationen*, b) *die Geschäftswelt der Großunternehmen*. **~ C** *s*: **the ~** *med. colloq.* Krebs *m*. **~ cheese, ~ chief** → **bigwig**. **ˈ~ˌcir·cuˈla·tion** *adj* auflagenstark (*Zeitung etc*). **~ dip·per** *s* **1.** Achterbahn *f*. **2. B~ D~** *Am.* → **bear²** 4 a.

bi·ge·ner [ˈbaɪdʒɪnə(r)] *s biol.* Gattungsbastard *m*. **ˌbi·geˈner·ic** [-ˈnerɪk] *adj biol.* bigeˈnerisch.

big| game *s* **1.** *hunt.* Großwild *n*. **2.** *fig.* a) hochgestecktes Ziel, b) risˈkante, aber lohnende Sache. **ˌ~-ˈgame hunt·ing** *s* Großwildjagd *f*.

big·gie [ˈbɪgiː] *Am.* → **bigwig**.

big·gish [ˈbɪgɪʃ] *adj* ziemlich groß.

big gun *s colloq.* **1.** → **bigwig**. **2.** ‚grobes *od.* schweres Geschütz': **to bring out** (*od.* **up) the** (*od.* **one's) ~s** schwere Geschütze auffahren..

big·gy [ˈbɪgiː] *Am.* → **bigwig**.

ˈbig|·head *s colloq.* **1.** eingebildeter Kerl. **2.** *Am.* Einbildung *f*. **ˌ~ˈhead·ed** *adj colloq.* eingebildet. **ˌ~ˈheart·ed** *adj* großherzig, -mütig. **ˈ~·horn** *pl* **-horns,** *bes. collect.* **-horn** *s zo. Am.* Dickhornschaf *n*. **~ house** *s Am. sl.* **1.** ‚Kittchen' *n* (*Gefängnis*). **2.** Herrschaftshaus *n*, *bes.* Haus *n* e-r Loˈkalgröße.

bight [baɪt] *s* **1.** Bucht *f*. **2.** Einbuchtung *f*. **3.** *geol.* Krümmung *f*. **4.** *mar.* Bucht *f* (*im Tau*).

big| lau·rel *s bot.* **1.** Großblütige Magnolie. **2.** Große Alpenrose. **ˈ~·mouth** *colloq.* **I** *s* **1.** Großmaul *n*. **2.** a) Plaudertasche *f*: **he's a ~** er plaudert (immer) alles gleich aus, er kann nichts für sich behalten, b) Klatschmaul *n*. **II** *adj* → **bigmouthed**. **ˌ~ˈmouthed** *adj* **1.** großmäulig. **2.** klatschmäulig. **~ name** *s colloq.* Berühmtheit *f*, Größe *f* (*Person*). **ˌ~ˈname** *adj colloq.* **1.** berühmt. **2.** mit berühmten Leuten *od.* mit großen Namen (besetzt): **~ committee**.

ˈbig·ness *s* Größe *f*, Dicke *f*, ˈUmfang *m*.

big noise → **bigwig**.

big·no·ni·a [bɪgˈnəʊnɪə] *s bot.* Biˈgnonie *f*, Tromˈpetenbaum *m*.

big·ot [ˈbɪgət] *s* **1.** selbstgerechte *od.* ˈintoleˌrante Perˈson. **2.** Frömmler(in), Betbruder *m*, Betschwester *f*, biˈgotte Perˈson. **ˈbig·ot·ed** *adj* **1.** selbstgerecht, ˈintoleˌrant. **2.** biˈgott, frömmlerisch, frömmelnd. **ˈbig·ot·ry** [-trɪ] *s* **1.** Selbstgerechtigkeit *f*, ˈIntoleˌranz *f*. **2.** Bigotteˈrie *f*, Frömmeˈlei *f*.

big| screen *s colloq.* Kino *n*. **~ shot** *bes. Am.* → **bigwig**. **~ stick** *s bes. mil. pol. colloq.* Gewalt(androhung) *f*. **ˌ~-ˈstick pol·i·cy** *s* Poliˈtik *f* der Stärke *od.* des Säbelrasselns. **~ time** *s bes. Showbusineß, sport: sl.* a) Eˈlite *f*, b) Groß-, Spitzenverdiener *pl*: **to be in the ~** zur Elite gehören; zu den Groß- *od.* Spitzenverdienern gehören, ‚das große Geld verdienen'. **ˈ~-time** *adj sl.* **1.** erstklassig: **a ~ performance.** **2.** Elite...: **a ~ actor** a) ein Eliteschauspieler, b) ein Spitzenverdiener unter den Schauspielern; **a ~ boxer** ein Boxer mit ‚dicken' *od.* ‚fetten' Börsen. **ˈ~ˌtim·er** *s sl.* a) Eˈliteschauspieler(in), -sportler(in), b) Groß-, Spitzenverdiener(in). **~ top** *s* **1.** Hauptzelt *n (e-s Zirkus)*. **2.** Zirkus *m*. **~ wheel** *s* **1.** *Br.* Riesenrad *n*. **2.** *bes. Am.* → **bigwig**. **ˈ~wig** *s colloq.* ‚großes *od.* hohes Tier', *bes.* Parˈteibonze *m*.

bi·jou [ˈbiːʒuː] **I** *pl* **-joux** [-ʒuːz] *s* Biˈjou *m, n*. **II** *adj* klein, aber geschmackvoll (ausgestattet *od.* eingerichtet): **a ~ theatre.**

bike [baɪk] *colloq.* **I** *s* a) Rad *n (Fahrrad)*: **on your ~!** ‚hau ab!', verschwinde!, b) ‚Maˈschine' *f (Motorrad)*. **II** *v/i* a) radeln, b) Motorrad fahren, c) mit dem Motorrad fahren. **ˈbik·er** *s colloq.* a) Radler (-in), b) Motorradfahrer(in) (*bes. Mitglied e-r Motorradbande*).

ˈbikeˌway *s Am. colloq.* Rad(fahr)weg *m*.

bi·ki·ni [bɪˈkiːnɪ] *s* Biˈkini *m*.

ˌbiˈla·bi·al I *adj* **1.** *ling.* bilabiˈal, mit beiden Lippen gebildet. **2.** → **bilabiate**. **II** *s* **3.** Bilabiˈal(laut) *m*. **ˌbiˈla·bi·ate** *adj bot.* zweilippig.

ˌbiˈlat·er·al *adj* (*adv* **~ly**) **1.** bilateˈral, zweiseitig: a) *jur.* beiderseitig verbindlich, gegenseitig: **~ agreement**, b) *biol.* beide Seiten betreffend, c) *bot.* bisymˈmetrisch. **2.** soˈwohl auf väterliche wie mütterliche Vorfahren zuˈrückgehend. **3.** *tech.* doppelseitig: **~ drive**; **~ symmetry** *math.* bilaterale Symmetrie.

bil·ber·ry [ˈbɪlbərɪ; *Am.* -ˌberiː] *s bot.* Heidel-, Blaubeere *f*.

bil·bo [ˈbɪlbəʊ] *pl* **-boes** *s hist.* **1.** *pl a.* **-bos** gutgehärtetes Schwert. **2.** *pl* Fußfesseln *pl*.

Bil·dungs·ro·man [ˈbɪldʊŋzroˌmaːn] *pl* **-ˌma·ne** [-ˌmaːnə], **-mans** (*Ger.*) *s* ˈBildungsroˌman *m*.

bile [baɪl] *s* **1.** *physiol.* Galle(nflüssigkeit) *f*. **2.** *fig.* a) Gereiztheit *f*, schlechte Laune, b) Reizbarkeit *f*. **~ cal·cu·lus** *s a. irr physiol.* Gallenstein *m*. **~ cyst** *s anat.* Gallenblase *f*. **~ duct** *s anat.* Gallengang *m*. **ˈ~stone** *s physiol.* Gallenstein *m*.

bilge [bɪldʒ] *s* **1.** Bauch *m (des Fasses)*. **2.** *mar.* a) Kielraum *m (unterster Teil des Schiffsrumpfes)*, Bilge *f*, Kimm *f*, b) Flach *n (Boden in der Mitte des Schiffes)*. **3.** → **bilge water** 1. **4.** *colloq.* ‚Quatsch' *m*, ‚Mist' *m*, ‚Käse' *m*, dumme Redensarten *pl*. **~ keel** *s* Schlingerkiel *m*. **~ line** *s* Lenzleitung *f*. **~ pipe** *s* Bilgenrohr *n*. **~ pump** *s* Bilgen-, Lenzpumpe *f*. **~ water** *s* **1.** Bilgen-, Schlagwasser *n*. **2.** → **bilge** 4. **~ ways** *s pl* Schlittenbalken *pl*.

bil·i·ar·y [ˈbɪljərɪ; *Am.* ˈbɪliːˌeriː] *adj* biliˈar, Gallen...

ˌbiˈlin·e·ar *adj* **1.** doppellinig. **2.** *math.* bilineˈar.

bi·lin·gual [baɪˈlɪŋgwəl] *adj* zweisprachig (*Person od. Text*). **biˈlin·gual·ism** *s* Zweisprachigkeit *f*. **biˈlin·guist** *s* Zweisprachige(r *m*) *f*; j-d, der zwei Sprachen spricht.

bil·ious [ˈbɪljəs] *adj* (*adv* **~ly**) **1.** *med.* biliˈös: a) gallig, gallenartig, b) Gallen...: **~ attack** Gallenkolik *f*; **~ complaint** Gallenleiden *n*. **2.** *fig.* a) gereizt, schlechtgelaunt, b) reizbar. **3.** *fig.* widerlich (*bes. Farbe*). **ˈbil·ious·ness** *s* **1.** *med.* Gallenbeschwerden *pl*, -krankheit *f*. **2.** → **bile** 2.

bilk [bɪlk] **I** *v/t* **1.** *etwas* verhindern, durchˈkreuzen, vereiteln. **2.** *e-n Gläubiger* betrügen, prellen (**[out] of** um). **3.** *j-m* entwischen. **II** *s* **4.** Betrug *m*. **5.** Betrüger(in). **ˈbilk·er** → **bilk** 5.

bill[1] [bɪl] **I** *s* **1.** *zo.* a) Schnabel *m*, b) schnabelähnliche Schnauze. **2.** Schnabel *m*, Spitze *f (am Anker, Zirkel etc)*. **3.** *agr.* Hippe *f*. **4.** *geogr.* spitz zulaufende Halbinsel, Spitze *f*: **Portland B~**. **5.** *hist.* a) Helleˈbarde *f*, Pike *f*, b) Hellebarˈdier *m*. **II** *v/i* **6.** *a.* **~ and coo** wie die Turteltauben miteinˈander schnäbeln, (miteinˈander) turteln.

bill[2] [bɪl] **I** *s* **1.** *pol.* (Gesetzes)Vorlage *f*, (-)Antrag *m*, Gesetzentwurf *m*: **B~ of Rights** Bill *f* of Rights: a) *Br. Staatsgrundgesetz von 1689*, b) *Am. die 1791 in Kraft getretenen 10 ersten Zusatzartikel zur Verfassung von 1787*. **2.** *jur.* (An)Klageschrift *f*, Schriftsatz *m*: **~ of particulars** a) den Tatbestand spezifizierender Schriftsatz, b) Klageantrag *m*; **to find a true ~** die Anklage für begründet erklären; → **attainder, indictment** 2 b. **3.** *a.* **~ of exchange** *econ.* Wechsel *m*, Tratte *f*: **~s payable** Wechselschulden; **~s receivable** Wechselforderungen; **~ after date** Datowechsel; **~ of credit** Kreditbrief *m*; → **sight** 5. **4.** *econ. etc* Rechnung *f*: **waiter, the ~, please!** (Herr) Ober, bitte zahlen!; **~ of costs** a) Kostenberechnung *f*, b) *jur. Br.* Gebührenrechnung des Solicitors, c) *jur. Am.* Prozeßkostenaufstellung *f (des Gerichts)*, d) *jur. Am.* (*der obsiegenden Partei zu erstattende*) (Gerichts)Kosten *pl*; **~ of parcels** *econ.* Faktura *f*, (spezifizierte) Warenrechnung; **to fill the ~** *fig.* den Ansprüchen genügen (*a. Person*), den Zweck erfüllen. **5.** Liste *f*, Aufstellung *f*: **~ of fare** Speisekarte *f*; **there are two sonatas on the ~ of fare** *Am.* auf dem Programm stehen zwei Sonaten; **~ of materials** Stückliste, Materialaufstellung. **6.** Bescheinigung *f*: **~ of delivery** *econ.* Lieferschein *m*; **~ of health** a) *mar.* Gesundheitsattest *n*, -paß *m*, b) *fig.* Unbedenklichkeitsbescheinigung; **to give s.o. a clean ~ of health** a) j-m (gute) Gesundheit bescheinigen, b) *fig.* j-m Unbedenklichkeit bescheinigen, c) *econ.* j-m Zahlungsfähigkeit bescheinigen; **~ of lading** *econ.* Konnossement *n*, (See-) Frachtbrief *m*, *Am. a. allg.* Frachtbrief *m*; **air ~ of lading** *Am.* Luftfrachtbrief *m*; **on board ~ of lading** Bordkonnossement *n*; **straight ~ of lading** *Am.* Namenskonnossement *n*; **~ of sale** *jur.* Verkaufsurkunde *f (über bewegliche Sachen)*; **~ of sale by way of security** *jur. Br.* Urkunde *f* über Sicherungsübereignung; **~ of sight** *econ.* schriftliche Warenbeschreibung (*des Importeurs*), vorläufige Zollangabe; **~ of store(s)** *econ. Br.* Genehmigung *f* zur zollfreien Wiedereinfuhr (*zollfrei ausgeführter Waren*); **~ of sufferance** *econ. Br.* Zollpassierschein *m*. **7.** Plaˈkat *n*, Anschlag(zettel) *m*: **stick no ~s!** Plakate ankleben verboten! **8.** *thea. etc* a) Proˈgramm(zettel *m*) *n*, b) *weitS.* Proˈgramm *n*, Darbietung(en *pl*) *f*: **who's on the ~ tonight?** wer tritt heute abend auf?; **to head** (*od.* **top**) **the ~** der Star des Programms sein, die Hauptattraktion sein. **9.** *Am.* Banknote *f*, (Geld)Schein *m*. **II** *v/t* **10.** *econ.* a) *j-m* e-e Rechnung ausstellen: **to ~ s.o. for s.th.** j-m etwas berechnen *od.* in Rechnung stellen, b) *j-m* e-e Rechnung schicken. **11.** eintragen, buchen. **12.** (durch Plaˈkate *etc*) ankündigen *od.* bekanntgeben: **he's ~ed (to appear) as Hamlet** er wird den Hamlet spielen. **13.** *thea. etc Am. Darsteller, Programm etc* bringen.

bil·la·bong [ˈbɪləbɒŋ; *Am. a.* -ˌbɑŋ] *s Austral.* **1.** Seitenarm *m (e-s Flusses)*. **2.** stehendes Wasser.

ˈbill|·board *s bes. Am.* a) Reˈklametafel *f*, b) *Film, TV*: Vorspann *m*. **~ book** *s econ.* Wechselbuch *n*. **~ case** *s econ. Br.* ˈWechselporteˌfeuille *n (e-r Bank)*. **~ discount** *s econ.* ˈWechseldisˌkont *m*.

bil·let[1] [ˈbɪlɪt] **I** *s* **1.** *mil.* a) Quarˈtierschein *m*, b) (Priˈvat)Quarˌtier *n*: **in ~s** privat einquartiert, in Ortsunterkunft; **every bullet has its ~** jede Kugel hat ihre Bestimmung. **2.** ˈUnterkunft *f*. **3.** *colloq.* ‚Job' *m*, Posten *m*. **4.** *obs.* Bilˈlett *n*, Briefchen *n*. **II** *v/t* **5.** *mil.* ˈeinquarˌtieren (**with, on** bei). **6.** ˈunterbringen. **III** *v/i* **7.** *mil.* ˈeinquarˌtiert sein. **8.** (*bes.* vorˈübergehend) wohnen.

bil·let[2] [ˈbɪlɪt] *s* **1.** Holzscheit *m*, -klotz *m*. **2.** *her.* Schindel *f*. **3.** *arch.* Spannkeil *m*. **4.** *metall.* Knüppel *m*. **5.** *Kunststoffherstellung*: Puppe *f*.

bil·let-doux [ˌbɪleɪˈduː] *pl* **bil·lets--doux** [-eɪˈduːz] *s obs. od. humor.* Liebesbrief *m*.

ˈbill|ˌfold *s Am.* a) Scheintasche *f*, b) Brieftasche *f*. **ˈ~head** *s* **1.** gedrucktes ˈRechnungsformuˌlar. **2.** gedruckter Firmenkopf (*e-r Rechnung*). **ˈ~ˌhold·er** *s econ.* Wechselinhaber *m*. **ˈ~hook** *s agr. electr.* Hippe *f*.

bil·liard [ˈbɪljə(r)d] **I** *s* **1.** *pl* (*meist als sg konstruiert*) Billard(spiel) *n*. **2.** *Billard: Am.* Karamboˈlage *f*. **II** *adj* **3.** Billard... **~ ball** *s* Billardkugel *f*. **~ cue** *s* Queue *n*, Billardstock *m*. **~ ta·ble** *s* Billardtisch *m*.

ˈbill·ing *s* **1.** *econ.* Faktuˈrierung *f*, Rechnungserstellung *f*: **~ machine** Fakturiermaschine *f*. **2.** Buchung *f*: a) Eintragung *f*, b) (Vorˈaus)Bestellung *f*. **3.** *Am.* Geˈsamtbudˌget *n od.* -ˌumsatz *m (bes. e-r Werbeagentur)*. **4.** *thea. etc bes. Am.* a) Ankündigung *f*, b) Reˈklame *f*, c) Bewertung *f (e-s Darstellers etc)*: **to get top ~** an erster Stelle genannt werden.

Bil·lings·gate [ˈbɪlɪŋzgɪt] **I** *npr Fischmarkt in London*. **II** *s* **b~** wüstes Geschimpfe, Unflat *m*.

bil·lion [ˈbɪljən] *s* **1.** Milliˈarde *f* (10^9). **2.** *Br. obs.* Billiˈon *f* (10^{12}).

bill| job·ber *s econ. Br.* Wechselreiter *m*. **~ job·bing** *s* Wechselreiteˈrei *f*. **ˈ~man** [-mən] *s irr Am.* → **billposter** 1.

bil·lon [ˈbɪlən] *s* **1.** Bilˈlon *m, n* (*Silberlegierung mit hohem Kupfer-, Zinn- od. Zinkgehalt*). **2.** Scheidemünze *f* aus Bilˈlon.

bil·low [ˈbɪləʊ] **I** *s* **1.** Woge *f*. **2.** (Nebel-, Rauch)Schwaden *m*. **II** *v/i* **3.** wogen. **4.** *a.* **~ out** sich bauschen *od.* blähen (*Segel, Vorhänge etc*). **III** *v/t* **5.** bauschen, blähen. **ˈbil·low·y** *adj* **1.** wogend. **2.** in Schwaden ziehend. **3.** gebauscht, gebläht.

ˈbill|ˌpost·er *s* **1.** Plaˈkatkleber *m*. **2.** (Reˈklame)Plaˌkat *n*. **ˈ~ˌstick·er** → **billposter** 1.

bil·ly [ˈbɪlɪ] *s* **1.** *Am.* (Poliˈzei)Knüppel *m*. **2.** Feldkessel *m*. **3.** → **billy goat**. **4.** *tech. Bezeichnung verschiedener Maschinen u. Geräte, bes.* ˈVorspinnmaˌschine *f*. **ˈ~boy** *s mar. Br. colloq.* (*Art*) Fluß- u. Küstenbarke *f*. **ˈ~can** → **billy** 2. **ˈ~cock (hat)** *s Br. colloq.* ‚Meˈlone' *f*

(*steifer runder Filzhut*). ~ **gate** *s tech.* Spindelwagen *m* (*der Vorspinnmaschine*). ~ **goat** *s* Ziegenbock *m.*
bil·ly-(h)o [ˈbılı(h)əʊ] *s*: like ~ *bes. Br. colloq.* ‚wie verrückt', ‚mordsmäßig'.
ˌ**bi·loˈca·tion** *s Parapsychologie*: Bilokatiˈon *f.*
bil·tong [ˈbıltɒŋ; *Am. a.* -ˌtɑŋ], ˈ**bil·tongue** [-tʌŋ] *s S. Afr.* Biltongue *n*, bukaˈniertes Fleisch.
bim·bo [ˈbımbəʊ] *pl* **-bos, -boes** *s sl.* **1.** ‚Knülch' *m*, Kerl *m.* **2.** ‚Flittchen' *n* (*leichtes Mädchen*).
ˌ**bi·meˈtal·lic** *adj* ˈbimeˌtallisch (*a. econ.*). ˌ**biˈmet·al·lism** [-ˈmetəlızəm] *s* Bimetalˈlismus *m*, Doppelwährung *f.*
ˌ**biˈmod·al** *adj math.* zweigipfelig (*Häufigkeitskurven*).
ˌ**bi·moˈlec·u·lar** *adj chem.* ˈbimolekuˌlar.
ˌ**biˈmonth·ly I** *adj u. adv* **1.** zweimonatlich, alle zwei Monate (ˈwiederkehrend *od.* erscheinend). **2.** zweimal im Monat (erscheinend). **II** *s* **3.** zweimonatlich erscheinende Veröffentlichung. **4.** zweimal im Monat erscheinende Veröffentlichung.
ˌ**biˈmo·tored** *adj aer.* ˈzweimoˌtorig.
bin [bın] **I** *s* **1.** (großer) Behälter: a) → **bread bin**, b) → **dustbin**, c) → **litter-bin**, d) (Getreide)Silo *m, n*, (-)Speicher *m.* **2.** (Karˈtoffel- *etc*)Verschlag *m*, (Wein-) Keller *m.* **3.** *colloq.* ‚Klapsmühle' *f* (*Nervenheilanstalt*). **II** *v/t* **4.** *Kartoffeln, Wein etc* einlagern.
bi·na·ry [ˈbaınərı] **I** *adj* **1.** *chem. math. phys. tech.* biˈnär, aus zwei Eleˈmenten bestehend. **II** *s* **2.** → **binary number**. **3.** → **binary star**. ~ **ad·der** *s Computer*: Biˈnäradˌdierer *m.* ~ **cell** *s Computer*: biˈnäre Speicherzelle, Biˈnärzelle *f*, -eleˌment *n.* ~ **code** *s Computer*: Biˈnärcode *m.* ~ **col·o(u)r** *s phys.* biˈnäre Farbe. ~ **com·pound** *s chem.* biˈnäre Verbindung, Zweifachverbindung *f.* ~ **dig·it** *s Computer*: Biˈnär-, Duˈalziffer *f.* ~ **fis·sion** *s biol.* Zweiteilung *f.* ~ **no·ta·tion** *s Computer*: Biˈnärdarstellung *f*, biˈnäre Schreibweise. ~ **num·ber** *s math.* Biˈnär-, Duˈalzahl *f.* ~ **op·er·a·tion** *s math.* Biˈnäroperatiˌon *f.* ~ **scale** *s Computer*: Biˈnär-, Duˈal-, ˈZweiersyˌstem *n.* ~ **star** *s astr.* Doppelstern *m.* ~ **sys·tem** *s* **1.** → **binary scale 2.** → **binary star**. ˌ~**-to-ˈdec·i·mal con·ver·sion** *s Computer*: Biˈnär-Deziˈmal-ˌUmsetzung *f.*
bin·au·ral [ˌbaınˈɔːrəl] *adj* binauˈral: a) beide Ohren betreffend, beidohrig, b) für beide Ohren (*Stethoskop, Kopfhörer*), c) *electr.* ˈzweikaˌnalig (*Schallübertragungen*), Stereo...: ~ **hearing** Raumhören *n.*
bind [baınd] **I** *s* **1.** a) Band *n*, b) Bindfaden *m.* **2.** *mus.* a) Haltebogen *m*, b) Bindebogen *m*, c) Klammer *f*, d) Querbalken *m.* **3.** *min.* eisenhaltige Tonerde. **4.** *fenc.* Bindung *f.* **5.** → **bine**. **6.** *colloq.* **to be (a bit of) a** ~ recht lästig sein; **to be in a** ~ in ‚Schwulitäten' sein. **II** *v/t pret u. pp* **bound** [baʊnd] *obs. pp* ˈ**bound·en 7.** (an-, ˈum-, fest)binden, knoten, knüpfen: **to** ~ **to a tree** an e-n Baum binden. **8.** (ein)binden, verbinden, umˈwickeln. **9.** *e-n Saum etc* einfassen. **10.** *ein Rad etc* beschlagen. **11.** fesseln, binden (*a. fig.* to an *acc*). **12.** *fenc. die Klinge des Gegners* binden. **13.** *chem. etc* (mit e-m Bindemittel) binden. **14.** *fig.* behindern. **15.** hart machen. **16.** *med.* verstopfen. **17.** *fig.* (*a. vertraglich*) binden, verpflichten (to **s.th.** zu etwas): **to** ~ **o.s. to do s.th.**; **to** ~ **a bargain** e-n Handel (durch Anzahlung) verbindlich machen; **to** ~ **s.o. (as an) apprentice** j-n in die Lehre geben (to bei); → **bound**[1] 2 *u.* 4. **18.** *ein Buch* (ein)binden. **III** *v/i* **19.** *chem. etc* binden. **20.** fest *od.* hart werden. **21.** *med.* stopfen. **22.** *fig.* binden(d sein), verpflichten.
Verbindungen mit Adverbien:
bind|off *v/t tech.* kette(l)n. ~ **out** *v/t* in die Lehre geben (to bei). ~ **o·ver** *v/t jur.* **1.** zum Erscheinen verpflichten (to vor *e-m Gericht*). **2.** *Br.* **to bind s.o. over (to keep the peace)** j-n auf Bewährung entlassen; **he was bound over for a year** er erhielt e-e einjährige Bewährungsfrist. ~ **to·geth·er** *v/t* zs.-binden (*a. fig.*). ~ **up** *v/t* **1.** aneinˈander-, zs.-binden. **2.** *e-e Wunde* verbinden. **3.** *meist pass* **to be bound up** a) (**with**) eng verknüpft sein (mit), b) (**with, in**) ganz aufgehen (in *dat*), ganz in Anspruch genommen werden (von).
ˈ**bind·er** *s* **1.** (*Buch-, Garben- etc*)Binder(in). **2.** Garbenbinder *m* (*Maschine*). **3.** a) Band *n*, b) Bindfaden *m.* **4.** Einband *m*, (Akten- *etc*)Deckel *m*, Hefter *m*, ˈUmschlag *m.* **5.** *med.* a) Leibbinde *f* (*für Wöchnerinnen*), b) Nabelbinde *f* (*für Säuglinge*). **6.** *chem.* Bindemittel *n.* **7.** *tech.* ˈTrägermeˌtall *n.* **8.** *arch.* Binder *m*: a) Bindestein *m*, b) Bindebalken *m.* **9.** *jur. Am.* a) Vor(verkaufs)vertrag *m* (*bei Grundstückskauf*), b) (Quittung *f* für e-e) Anzahlung *f.* **10.** *econ.* Deckungszusage *f* (*vor Aushändigung der Police*).
bind·er·y [ˈbaındərı] *s* (Buch)Bindeˈrei *f.*
ˈ**bind·ing I** *adj* (*adv* ~**ly**) **1.** bindend, verbindlich ([**up**]**on** für): **legally** ~ rechtsverbindlich; ~ **authority** (*od.* **force**) *jur.* bindende Kraft; ~ **law** zwingendes Recht; **not** ~ **offer** unverbindliches *od.* freibleibendes Angebot. **II** *s* **2.** (Buch)Einband *m.* **3.** Einfassung *f*, Borte *f.* **4.** (Meˈtall)Beschlag *m*: ~ **of a wheel**. **5.** *sport* (Ski)Bindung *f.* **6.** *chem. etc* Bindemittel *n.* ~ **a·gent** → **binding** 6. ~ **course** *s arch.* Binderschicht *f.* ~ **en·er·gy** *s chem. phys.* ˈBindungsenerˌgie *f.* ˈ~**-head screw** *s tech.* Setzschraube *f.* ~ **joist** *s arch.* Binderbalken *m.* ~ **nut** *s tech.* Kontermutter *f.* ~ **post** *s electr.* Klemmschraube *f*, (Pol-, Anschluß)Klemme *f.*
bin·dle [ˈbındl] *s Am. sl.* **1.** Bündel *n* (*Kleider u. Kochgerät*). **2.** a) Briefchen *n* (*Kokain etc*), b) Prise *f.* ~ **stiff** *s Am. sl.* ‚Tippelbruder' *m.*
ˈ**bind·weed** *s bot.* (*e-e*) Winde.
bine [baın] *s bot.* **1.** Ranke *f.* **2.** Rankengewächs *n.*
binge [bındʒ] *s colloq.* ‚Sauf- *od.* Freßgelage' *n*: **to go (out) on a** ~ e-e ‚Sauf- *od.* Freßtour' machen; **to go on a buying** (*od.* **shopping, spending**) ~ wie verrückt einkaufen.
bin·go [ˈbıŋgəʊ] **I** *s* Bingo *n* (*ein Glücksspiel*). **II** *interj colloq.* zack!
bin·na·cle [ˈbınəkl] *s mar.* Kompaßhaus *n.*
bin·oc·u·lar I *adj* [ˌbaıˈnɒkjʊlə(r); *Am.* -ˈnɑ-] *phys.* binokuˈlar, beidäugig: ~ **microscope** Binokularmikroskop *n*; ~ **telescope** Doppelfernrohr *n*; ~ **vision** binokulares Sehen. **II** *s* [bıˈn-] *meist pl a.* **pair of** ~**s** Feldstecher *m*, Opern-, Fernglas *n.*
bi·node [ˈbaınəʊd] *s electr.* Biˈnode *f*, Verbundröhre *f.*
bi·no·mi·al [ˌbaıˈnəʊmjəl; -ıəl] **I** *adj* **1.** *math.* biˈnomisch, zweigliedrig. **2.** *biol.* → **binominal**. **II** *s* **3.** *math.* Biˈnom *n*, zweigliedriger Ausdruck. **4.** *biol.* Doppelname *m.* ~ **char·ac·ter** *s math.* Zweigliedrigkeit *f.* ~ **co·ef·fi·cient** *s math.* Binomiˈalkoeffiziˌent *m.* ~ **dis·tri·bu·tion** *s Wahrscheinlichkeitsrechnung*: Binomiˈalverteilung *f.* ~ **the·o·rem** *s math.* biˈnomischer Lehrsatz.
bi·nom·i·nal [ˌbaıˈnɒmınl; *Am.* -ˈnɑ-] *adj biol.* zweinamig: ~ **nomenclature** binäre Nomenklatur.
bint [bınt] *s sl. contp.* Weib *n* (*Frau od. Mädchen*).
bin·tu·rong [ˈbıntjʊrɒŋ; *Am.* bınˈtuːˌrɔːŋ] *s zo.* Binturong *m* (*Schleichkatze*).
ˌ**biˈnu·cle·ar**, *a.* ˌ**biˈnu·cle·ate** *adj biol. phys.* zweikernig.
bio- [baıəʊ; baıə] *Wortelement mit den Bedeutungen* a) Lebens..., b) leiblich: ~**mother**.
ˌ**bi·oˈac·tive** *adj* bioakˈtiv. ˌ**bi·o·acˈtiv·i·ty** *s* Bioaktiviˈtät *f.*
ˌ**bi·o·asˈsay** *s med.* Erprobung *f* e-r Droge, e-s Horˈmons *od.* e-s Vitaˈmins an e-m lebenden Orgaˈnismus.
ˈ**bi·oˌbib·liˈog·ra·phy** *s* Biobibliograˈphie *f* (*Bibliographie, die das über e-e Person erschienene Schrifttum verzeichnet*).
bi·o·blast [ˈbaıəʊblɑːst; *Am.* -ˌblæst] → **biophor(e)**.
ˌ**bi·oˈcat·a·lyst** *s chem.* Biokatalyˈsator *m.*
bi·o·ce·nol·o·gy [ˌbaıəʊsıˈnɒlədʒı; *Am.* -ˈnɑ-] *s* Biozänoloˈgie *f* (*Wissenschaft von den biologischen Lebensgemeinschaften*).
ˌ**bi·oˈchem·i·cal I** *adj* (*adv* ~**ly**) bioˈchemisch. **II** *s* Biochemiˈkalie *f.* ˌ**bi·oˈchem·ist** *s* Bioˈchemiker(in). ˌ**bi·oˈchem·is·try** *s* Biocheˈmie *f.*
bi·o·cide [ˈbaıəsaıd] *s* Bioˈzid *n*, Schädlingsbekämpfungsmittel *n.*
ˈ**bi·oˌcli·maˈtol·o·gy** *s* Bioklimatoloˈgie *f* (*Wissenschaft von den Einwirkungen des Klimas auf das Leben*).
ˈ**bi·oˌcy·berˈnet·ics** *s pl* (*als sg konstruiert*) Biokyberˈnetik *f* (*Wissenschaft, die die Steuerungs- u. Regelungsvorgänge in biologischen Systemen untersucht*).
ˌ**bi·o·deˈgrad·a·ble** *adj* bioˈlogisch abbaubar.
ˌ**bi·o·dyˈnam·ic**, ˌ**bi·o·dyˈnam·i·cal** *adj* biodyˈnamisch. ˌ**bi·o·dyˈnam·ics** *s pl* (*als sg konstruiert*) Biodyˈnamik *f* (*Wissenschaft von den Wirkungen verschiedener Außeneinflüsse auf Organismen*).
ˌ**bi·o·eˈcol·o·gy** *s biol.* Bioökoloˈgie *f.*
ˈ**bi·oˌen·erˈget·ics** *s pl* (*als sg konstruiert*) Bioenerˈgetik *f* (*Lehre von der Anwendung der Energiegesetze auf die Lebensvorgänge*).
ˈ**bi·oˌen·giˈneer·ing** *s* Bioˈtechnik *f* (*technische Nutzbarmachung biologischer Vorgänge*).
ˌ**bi·oˈeth·ics** *s pl* (*als sg konstruiert*) Bioˈethik *f* (*Untersuchung der jüngsten Erkenntnisse der Biologie u. medizinischen Verfahrenstechnik auf die humanitäre, soziale, ethische u. religiöse Relevanz hin*).
ˌ**bi·oˈfeed·back** *s physiol. psych.* Bioˈfeedback(meˌthode *f*) *n* (*e-e Technik, durch Konzentration automatische Vorgänge wie Herzschlag u. Atmung zu beeinflussen*).
ˌ**bi·oˈgen·e·sis** *s biol.* **1.** Biogeˈnese *f* (*Entwicklung*[*sgeschichte*] *der Lebewesen*). **2.** Rekapitulatiˈonstheoˌrie *f.* ˌ**bi·o·geˈnet·ic**, *a.* ˌ**bi·o·geˈnet·i·cal** *adj* (*adv* ~**ly**) biogeˈnetisch: **biogenetic law** biogenetisches Grundgesetz. **bi·og·e·nous** [baıˈɒdʒənəs; *Am.* -ˈɑ-] *adj* bioˈgen: a) *durch Tätigkeit von Lebewesen entstanden*, b) *aus abgestorbenen Lebewesen gebildet*. **biˈog·e·ny** *s* Biogeˈnie *f* (*Entwicklungsgeschichte der Lebewesen*).
ˌ**bi·o·geˈog·ra·phy** *s* Biogeograˈphie *f.*
bi·og·ra·pher [baıˈɒgrəfə(r); *Am.* -ˈɑ-] *s* Bioˈgraph *m.* **bi·o·graph·ic** [ˌbaıəʊˈgræfık; -əˈg-] *adj*; ˌ**bi·oˈgraph·i·cal** *adj* (*adv* ~**ly**) bioˈgraphisch. **biˈog·ra·phy** *s* Biograˈphie *f*, Lebensbeschreibung *f.*
bi·o·lith [ˈbaıəʊlıθ], *a.* ˈ**bi·o·lite** [-laıt] *s geol.* Bioˈlith *m* (*aus abgestorbenen Lebewesen entstandenes Sediment*).

bi·o·log·ic [ˌbaɪəʊˈlɒdʒɪk; *Am.* -ˈlɑ-] *adj* (*adv* ~ally) *obs. für* **biological** I. ˌ**bi·o·ˈlog·i·cal I** *adj* (*adv* ~ly) bioˈlogisch: ~ **clock** biologische *od.* innere *od.* physiologische Uhr; ~ **shield** *phys. tech.* biologischer Schild; ~ **species** ökologische Art; ~ **warfare** biologische Kriegsführung, Bakterienkrieg *m.* **II** *s med. pharm.* bioˈlogisches Präpaˈrat (*z. B. Serum*).

bi·ol·o·gist [baɪˈɒlədʒɪst; *Am.* -ˈɑ-] *s* Bioˈloge *m*, Bioˈlogin *f.* **biˈol·o·gy** *s* Bioloˈgie *f.*

ˈ**bi·oˌlu·miˈnes·cence** *s* Biolumines-ˈzenz *f* (*auf biochemischen Vorgängen beruhende Lichtausstrahlung vieler Lebewesen*).

bi·ol·y·sis [baɪˈɒlɪsɪs; *Am.* -ˈɑl-] *s biol.* Bioˈlyse *f*: a) *Tod u. Auflösung e-s lebenden Organismus*, b) *chemische Zersetzung organischer Substanz durch lebende Organismen.*

ˈ**bi·o·mass** *s* Biomasse *f* (*Gesamtmasse der in e-m Lebensraum vorkommenden Lebewesen*).

bi·ome [ˈbaɪəʊm] *s* Biˈom *n* (*Lebensgemeinschaft von Tieren u. Pflanzen in e-m größeren geographischen Raum*).

bi·o·met·rics [ˌbaɪəʊˈmetrɪks] *s pl* (*als sg konstruiert*), **biˈom·e·try** [-ˈɒmɪtrɪ; *Am.* -ˈɑ-] *s* **1.** Bioˈmetrik *f*, Biomeˈtrie *f* (*Erfassung u. Bearbeitung von Meß- u. Zählwerten in der Biologie*). **2.** *statistische Berechnung der wahrscheinlichen Dauer des menschlichen Lebens.*

bi·on·ics [baɪˈɒnɪks; *Am.* -ˈɑ-] *s pl* (*als sg konstruiert*) Biˈonik *f* (*Wissenschaft, die technische, bes. elektronische Probleme nach dem Vorbild der Funktionen von Körperorganen zu lösen sucht*).

bi·o·nom·ics [ˌbaɪəʊˈnɒmɪks; *Am.* -ˈnɑ-] *s pl* (*a. als sg konstruiert*) *biol.* Ökoloˈgie *f.*

bi·o·phor(e) [ˈbaɪəfɔː(r); *Am. a.* -ˌfəʊər] *s biol.* Bioˈphor *m* (*früher angenommene Elementareinheit des Zellplasmas*).

ˌ**bi·oˈphys·ics** *s pl* (*als sg konstruiert*) Biophyˈsik *f.*

ˈ**bi·oˌphys·iˈog·ra·phy** *s biol.* beschreibende Bioloˈgie.

ˈ**bi·o·plasm** *s* Bioˈplasma *n* (*a. Parapsychologie*).

bi·op·sy [ˈbaɪɒpsɪ; *Am.* -ˌɑp-] *s med.* Biopˈsie *f* (*Untersuchung von Gewebe etc, das dem lebenden Organismus entnommen ist*).

ˈ**bi·oˌrhythm** *s* Biorhythmus *m.*

ˈ**bi·oˌsphere** *s biol.* Bioˈsphäre *f* (*Zone des Erdballs, die Lebewesen beherbergt*).

ˌ**bi·oˈstat·ics** *s pl* (*als sg konstruiert*) *biol.* Bioˈstatik *f*, Stoffwechsellehre *f.*

ˌ**bi·oˈsyn·the·sis** *s* Biosynˈthese *f*: a) *Aufbau chemischer Verbindungen in den Zellen des lebenden Organismus*, b) *Herstellung organischer Substanzen mit Hilfe von Mikroorganismen.*

bi·o·ta [baɪˈəʊtə] *s* Fauna *f* u. Flora *f* (*e-s Gebiets od. e-r Periode*).

ˌ**bi·o·techˈnol·o·gy** *Am.* → **ergonomics.**

bi·ot·ic [baɪˈɒtɪk; *Am.* -ˈɑ-] *adj* biˈotisch, Lebens...

bi·o·tin [ˈbaɪətɪn] *s chem.* Bioˈtin *n*, Vitaˌmin *n* ˈH.

bi·o·tite [ˈbaɪətaɪt] *s min.* Bioˈtit *m.*

bi·o·tope [ˈbaɪətəʊp] *s* Bioˈtop *m, n*: a) *durch bestimmte Pflanzen- u. Tiergesellschaften gekennzeichneter Lebensraum*, b) *Lebensraum e-r einzelnen Art.*

ˈ**bi·o·type** *s biol.* Bioˈtyp(us) *m*, reiner Typ, reine Linie.

ˌ**bi·par·tiˈsan** *adj bes. pol.* **1.** zwei Parˈteien vertretend. **2.** aus Mitgliedern zweier Parˈteien bestehend, Zweiparteien... **3.** von zwei Parˈteien getragen: ~ **foreign policy.** ˌ**bi·par·tiˈsan·ship** *s* **1.** Zugehörigkeit *f* zu zwei Parˈteien. **2.** von zwei Parˈteien getragene (*bes.* ˈAußen)Poliˌtik.

ˌ**biˈpar·tite** *adj* **1.** zweiteilig, Zweier..., Zwei... **2.** *jur. pol.* a) zweiseitig: ~ **contract**, b) in doppelter Ausfertigung: ~ **document.** ˌ**bi·parˈti·tion** *s* Zweiteilung *f.*

bi·ped [ˈbaɪped] *zo.* **I** *s* Zweifüßer *m*, zweifüßiges Tier. **II** *adj* zweifüßig. **bi·ped·al** [ˈ-ˌpedl; *Am.* ˌ-ˈpedl] → **biped** II.

ˌ**biˈphen·yl** *s chem.* Dipheˈnyl *n.*

bi·plane [ˈbaɪpleɪn] *s aer.* Doppel-, Zweidecker *m.*

bi·pod [ˈbaɪpɒd; *Am.* -ˌpɑd] *s* Zweifuß *m.*

ˌ**biˈpo·lar** *adj* zweipolig (*a. electr.*), bipoˈlar (*a. anat. math.*).

ˌ**biˈquad·rate** *s math.* ˈBiquaˌdrat *n*, vierte Poˈtenz. ˌ**bi·quadˈrat·ic I** *adj* biquaˈdratisch: ~ **equation** → II. **II** *s* biquaˈdratische Gleichung, Gleichung vierten Grades.

birch [bɜːtʃ; *Am.* bɜrtʃ] **I** *s bot.* a) Birke *f*, b) Birkenholz *n*, c) Birkenreis *n*, -rute *f.* **II** *adj* birken. **III** *v/t* (mit der Rute) züchtigen. ˈ**birch·en** *adj bot.* birken, Birken... ˈ**birch·ing** *s* Züchtigung *f* (mit der Rute): **to get a** ~ gezüchtigt werden.

birch| oil *s* Birkenöl *n.* ~ **rod** *s* Birkenrute *f.*

bird [bɜːd; *Am.* bɜrd] *s* **1.** Vogel *m.* **2.** a) *hunt.* Jagdvogel *m*, *bes.* Rebhuhn *n*, b) *Skeet-, Trapschießen*: *colloq.* Taube *f.* **3.** *colloq.* a) ‚Knülch' *m*, Bursche *m*, b) ‚Tante' *f*, Mädchen *n*: **queer** ~ komischer Kauz; **a cunning old** ~ ein alter Fuchs. **4.** *Br. colloq.* ‚Biene' *f*, ‚Puppe' *f* (*Mädchen, bes. Freundin*). **5.** *aer. colloq.* a) ‚Vogel' *m* (*Flugzeug*), b) Raˈkete *f* (*a. mil.*). **6.** *mil. Am. colloq. Adlerabzeichen e-s Obersten etc.* **7.** *Am. colloq.* a) ‚toller' Kerl, b) ‚tolles' Ding. **8.** *Federballspiel*: *colloq.* (Feder)Ball *m.* **9.** *Br. colloq.* ‚Knast' *m* (*Haftstrafe*): **to do** ~ Knast schieben.

Besondere Redewendungen:

a ~ **in the hand is worth two in the bush** besser ein Spatz *od.* Sperling in der Hand als e-e Taube auf dem Dach; **a little** ~ **told me** a) das hat mir mein kleiner Finger gesagt, b) das hat mir j-d ‚geflüstert'; **to tell a child about the** ~**s and the bees** ein Kind aufklären; **that's (strictly) for the** ~**s** *colloq.* a) das ist ‚für die Katz', b) das taugt nichts, c) das soll glauben, wer mag; **to give s.o. the** ~ *colloq.* a) j-n auspfeifen *od.* auszischen *od.* ausbuhen, b) j-n ‚abfahren' lassen, c) j-m den ‚Laufpaß' geben (*entlassen*); → **early** 5, **feather** 1, **fly**[1] 9, **kill** 1.

ˈ**bird|·brain** *s*: **to be a** ~ ein Spatzen(ge)hirn haben. ˈ~**-brained** *adj*: **to be** ~ → **birdbrain.** ˈ~**·cage** *s* Vogelbauer *n, a. m*, -käfig *m.* ˈ~**·call** *s* **1.** Vogelruf *m.* **2.** Locke *f*, ˈLockinstruˌment *n*, *bes.* Lockpfeife *f.* ˈ~ˌ**catch·er** *s* Vogelfänger *m*, -steller *m.* ~ **dog** *s Am.* **1.** *hunt.* Hühner-, Vorstehhund *m.* **2.** *fig.* a) ‚Spürnase' *f* (*Person*), b) *bes. sport* Taˈlentsucher *m.* ˈ~**-ˌdog** *v/t Am. colloq.* *j-m nachspüren.*

ˈ**bird·er** *s* **1.** Vogelbeobachter *m.* **2.** Vogelfänger *m*, -steller *m.*

ˈ**bird·house** *s* **1.** Nistkasten *m.* **2.** Vogelhaus *n.*

bird·ie [ˈbɜːdɪ; *Am.* ˈbɜrdiː] **I** *s* **1.** Vögelchen *n.* **2.** ‚Täubchen' *n* (*Kosename*). **3.** *Golf*: Birdie *n* (*1 Schlag unter Par*). **II** *v/t* **4. to** ~ **the 12th hole** (*Golf*) am 12. Loch ein Birdie spielen.

ˈ**bird·ing** *s* **1.** Vogelbeobachtung *f.* **2.** Vogelfang *m.*

bird| life *s* Vogelleben *n*, -welt *f.* ˈ~**·like** *adj* vogelartig. ˈ~**·lime** *s* Vogelleim *m.* ˈ~**·man** [-mən] *s irr* **1.** a) Vogelfänger *m*, b) Vogelkenner *m*, c) ˈVogelpräpaˌrator *m.* **2.** *aer. colloq. obs.* Flieger *m.* ~ **mi·gra·tion** *s* Vogelzug *m.* ~ **of free·dom** *s Am.* Weißköpfiger Seeadler (*Wappentier der USA*). ~ **of Jove** *s orn.* Adler *m.* ~ **of Ju·no** *s orn.* Pfau *m.* ~ **of par·a·dise** *s orn.* Paraˈdiesvogel *m.* ~ **of pas·sage** *s orn.* Zugvogel *m* (*a. fig.*). ~ **of peace** *s* Friedenstaube *f.* ~ **of prey** *s* Raubvogel *m.* ~ **pep·per** *s bot.* Caˈyenne-Pfeffer *m.* ~ **sanc·tu·a·ry** *s* Vogelschutzgebiet *n.* ˈ~**·seed** *s* Vogelfutter *n.*

ˈ**bird's-eye I** *s* **1.** *bot.* a) Aˈdonisröschen *n*, b) Gaˈmander-Ehrenpreis *m*, c) Mehlprimel *f.* **2.** a) Pfauen-, Vogelauge *n* (*Stoff*), b) Pfauenaugen-, Vogelaugenmuster *n.* **II** *adj* **3.** aus der ˈVogelperspekˌtive (gesehen): ~ **view** a) (Blick *m* aus der) Vogelschau *f*, b) *fig.* allgemeiner Überblick (**of** über *acc*); ~ **perspective** Vogelperspektive *f.* **4.** mit Pfauenaugen- *od.* Vogelaugenmuster.

bird shot *s* Vogeldunst *m* (*Schrot*).

bird's| nest *s* **1.** (*a. eßbares*) Vogelnest. **2.** *bot.* a) Nestwurz *f*, b) Fichtenspargel *m*, c) Mohrrübe *f.* ˈ~**-nest I** *adj*: ~ **soup** *gastr.* Schwalbennestersuppe *f.* **II** *v/i* Vogelnester ausnehmen.

bird| strike *s aer.* Zs.-stoß *m* zwischen e-m Flugzeug u. e-m Vogel(schwarm). ~ **watch·er** *s* Vogelbeobachter *m.*

ˌ**bi·recˈtan·gu·lar** *adj math.* mit zwei rechten Winkeln.

bi·reme [ˈbaɪriːm] *s mar. antiq.* Biˈreme *f* (*Zweiruderer*).

bi·ret·ta [bɪˈretə] *s* Biˈrett *n* (*Kopfbedeckung röm.-kath. Geistlicher*).

bi·ro [ˈbaɪərəʊ] *pl* **-ros** (*TM*) *s Br.* Kugelschreiber *m.*

birth [bɜːθ; *Am.* bɜrθ] *s* **1.** Geburt *f*: **at** ~ bei der Geburt; **a musician by** ~ ein geborener Musiker; **from** (*od.* **since**) **(one's)** ~ von Geburt an; **on** (*od.* **at**) **one's** ~ bei s-r Geburt; **to give** ~ **to** gebären, zur Welt bringen (→ 4). **2.** *zo.* Wurf *m.* **3.** (*a.* vornehme *od.* adlige) Abstammung *od.* Ab-, ˈHerkunft: **he's a man of (good)** ~ er stammt aus gutem Hause; **she's English by** ~ sie ist gebürtige Engländerin; → **high** 8. **4.** Ursprung *m*, Entstehung *f*: **to give** ~ **to** hervorbringen, -rufen, gebären (→ 1). ~ **cer·tif·i·cate** *s* Geburtsurkunde *f.* ~ **con·trol** *s* Geburtenregelung *f*, -beschränkung *f.* ˈ~**·day I** *s* Geburtstag *m*: **when is your** ~**?** wann hast du Geburtstag?; **happy** ~**!** alles Gute *od.* herzlichen Glückwunsch zum Geburtstag! **II** *adj* Geburtstags...: ~ **party**; ~ **present**; ~ **honours** *Br.* Titelverleihungen anläßlich des Geburtstags des Königs *od.* der Königin; **in one's** ~ **suit** *colloq. humor.* im Adams- *od.* Evaskostüm. ˈ~**·mark** *s* Muttermal *n.* ~ **pill** *s med. pharm.* Antiˈbabypille *f.* ˈ~**·place** *s* Geburtsort *m.* ~ **rate** *s* Geburtenziffer *f*: **falling** ~, **decline of** (*od.* **in**) **the** ~ Geburtenrückgang *m.* ˈ~**·right** *s* (Erst)Geburtsrecht *n.*

bis [bɪs] (*Lat.*) *adv* **1.** zweimal. **2.** *mus.* bis, noch einmal.

bis·cuit [ˈbɪskɪt] **I** *s* **1.** *Br.* Keks *m, n*: **to take the** ~ *colloq.* ‚den Vogel abschießen'; **that (really) takes the** ~**!** *colloq.* a) das ist (einsame) Spitze!, b) *contp.* das ist (wirklich) das Allerletzte! **2.** *Am.* kleines weiches Brötchen. **3.** → **biscuit ware. 4.** a) Rehbraun *n*, b) Beige *n.* **II** *adj* **5.** a) rehbraun, b) beige. ~ **ware** *s tech.* Bisˈkuit(porzelˌlan) *n* (*zweimal gebranntes Porzellan*).

bi·sect [baɪˈsekt; *Am. a.* ˈbaɪˌsekt] **I** *v/t* **1.** in zwei Teile (zer)schneiden *od.* teilen. **2.** *math.* halˈbieren: ~**ing line** → **bisector. II** *v/i* **3.** sich teilen *od.* gabeln. **biˈsec·tion** *s math.* Halˈbierung *f.* **biˈsec·tor** [-tə(r)] *s math.* Halˈbierungslinie *f*, Halˈbierende *f*. **biˈsec·trix** [-trɪks] *pl* **-tri·ces** [-trɪsiːs] *s math. min.* ˈWinkelhalˌbierende *f*, Mittellinie *f*.

ˌbiˈsex·u·al *adj* bisexuˈell: a) *biol.* doppelgeschlechtig, zwitterhaft, b) *mit beiden Geschlechtern sexuell verkehrend*, c) *auf beide Geschlechter gerichtet* (*Sexualtrieb*).

bish [bɪʃ] *s Br. sl.* Fehler *m*.

bish·op [ˈbɪʃəp] *s* **1.** *relig.* Bischof *m*. **2.** *Schach*: Läufer *m*. **3.** Bischof *m* (*Getränk aus Rotwein, Zucker u. Pomeranzenschalen*). **ˈbish·op·ric** [-rɪk] *s* Bistum *n*, Diöˈzese *f*.

Bis·marck her·ring [ˈbɪzmɑː(r)k] *s gastr.* Bismarckhering *m*.

bis·muth [ˈbɪzməθ] *s chem. min.* Wismut *n*. **ˈbis·muth·ate** [-θeɪt] *s chem.* wismutsaures Salz.

bi·son [ˈbaɪsn] *pl* **-sons,** *bes. collect.* **-son** *s zo.* **1.** Bison *m*, Amer. Büffel *m*. **2.** Euroˈpäischer Wisent.

bisque¹ [bɪsk] *s Golf, Tennis*: Vorgabe *f* (*bes. e-e, die bei Bedarf in Anspruch genommen werden kann*).

bisque² [bɪsk] *s* **1.** a) Krebs- *od.* Geflügelcremesuppe *f*, b) (Gemüse)Cremesuppe *f*: **tomato ~. 2.** Nußeis *n*.

bisque³ [bɪsk] → **biscuit ware.**

bis·sex·tile [bɪˈsekstaɪl] **I** *s* Schaltjahr *n*. **II** *adj* Schalt...: **~ day** Schalttag *m*.

ˌbiˈsta·ble *adj electr. tech.* ˈbistaˌbil.

bis·ter, *bes. Br.* **bis·tre** [ˈbɪstə(r)] *s* Bister *m, n* (*aus Holzruß hergestellte bräunliche Wasserfarbe*).

bis·tort [ˈbɪstɔː(r)t] *s bot.* Natterwurz *f*.

bis·tou·ry [ˈbɪstʊrɪ] *s med.* Biˈstouri *n* (*langes, schmales Skalpell mit auswechselbarer Klinge*).

bis·tre *bes. Br. für* **bister.**

bis·tro [ˈbiːstrəʊ] *pl* **-tros** *s* Bistro *n*.

ˌbiˈsul·fate, *bes. Br.* **ˌbiˈsul·phate** *s chem.* Bisulˈfat *n*, saures Sulˈfat. **~ of pot·ash** *s chem.* ˈKaliumbisulˌfat *n*.

ˌbiˈsul·fite, *bes. Br.* **ˌbiˈsul·phite** *s chem.* Bisulˈfit *n*, doppeltschwefligsaures Salz.

bit¹ [bɪt] **I** *s* **1.** Gebiß *n* (*am Pferdezaum*): **to take the ~ between** (*od.* **in**) **one's teeth** a) durchgehen (*Pferd*), b) *fig.* störrisch werden, c) *fig.* ‚sich reinknien', sich mächtig anstrengen; → **chafe** 4, **champ¹** 3. **2.** *fig.* Zaum *m*, Zügel *m u. pl*, Kanˈdare *f*: **to bite on the ~** a) s-n Ärger verbeißen, b) sich e-e Äußerung *etc* verkneifen. **3.** *tech. schneidender od. packender Werkzeugteil*: a) Bohrer(spitze *f*) *m*, Stich *m*, Meißel *m*, Schneide *f*, b) Hobeleisen *n*, c) Backe *f*, Maul *n* (*der Zange etc*), d) (Schlüssel)Bart *m*. **4.** Mundstück *n* (*e-r Tabakspfeife, Zigarettenspitze etc*). **II** *v/t* **5.** *e-m Pferd* das Gebiß anlegen. **6.** *fig.* zügeln.

bit² [bɪt] *s* **1.** Bissen *m*, Happen *m*, Stück(chen) *n*. **2.** *a. fig.* Stück(chen) *n*: **to fall to ~s** entzweigehen, zerbrechen; **to pull** (*od.* **pick, tear**) **to ~s** a) in Stücke reißen, b) *fig. e-e Äußerung etc* zerpflükken; **a ~** ein bißchen, ein wenig, etwas; **a ~ dull** ziemlich langweilig. **3.** *colloq.* Augenblick *m*, Moˈment *m*: **wait a ~; after a ~** nach e-m Weilchen. **4.** *colloq.* kleine Münze: **twopenny ~;** → **two bits. 5.** *a.* **~ part** *thea. etc* kleine (Neben)Rolle. **6.** *Am. sl.* ‚Knast' *m* (*Freiheitsstrafe*). **7.** *sl. contp.* Weib *n* (*Mädchen od. Frau*).

Besondere Redewendungen:

a ~ of all right *bes. Br. colloq.* a) ‚schwer in Ordnung', ein ‚prima' Kerl, e-e ‚prima' Sache, b) ein ‚sexy Zahn'; **he is a ~ of a comedian** er hat etwas von e-m Komödianten (an sich); **a ~ of a coward** ziemlich feig(e); **a ~ of a fool** ein bißchen dumm; **a ~ of good luck** ein glücklicher Zufall; **a ~ of a mystery** e-e ziemlich rätselhafte Geschichte; **not a ~** keine Spur, ganz u. gar nicht, nicht im geringsten, überhaupt nicht; **not a ~!** keine Spur!; **a good ~** ein tüchtiges Stück; **quite a ~** ziemlich viel; **~ by ~, a ~ at a time** Stück für Stück, nach u. nach, allmählich; **to do one's ~** a) s-e Pflicht (u. Schuldigkeit) tun, b) s-n Beitrag leisten; **he's doing the boss ~** er spielt sich als Boß auf; **you misunderstood every ~ of it** das hast du ganz u. gar mißverstanden; **every ~ as good** ganz genauso gut; **one's ~s and pieces** s-e Siebensachen; **to have a ~ on the side** *colloq.* e-n Freund/e-e Freundin haben, fremdgehen; → **mind** 4.

bit³ [bɪt] *Computer*: Bit *n*.

bit⁴ [bɪt] *pret u. obs. od. colloq. pp von* **bite.**

ˌbiˈtan·gent *s math.* ˈDoppeltanˌgente *f*.

bitch [bɪtʃ] **I** *s* **1.** *zo.* Hündin *f*. **2.** *zo.* Weibchen *n*: **~ (fox)** Füchsin *f*; **~ (wolf)** Wölfin *f*. **3.** *sl.* a) Schlampe *f*, b) ‚Miststück' *n*, ‚Mistweib' *n*: → **son** 2. **4.** *Am. sl.* ‚Mistding' *n*, (*etwas*) Scheußliches: **he had a ~ of a time** ihm ist es ganz schön dreckig gegangen. **5.** *sl.* ‚Meckeˈrei' *f*. **II** *v/t* **6.** *a.* **~ up** *sl.* ‚versauen', verpfuschen. **7.** *sl.* ‚meckern' über (*acc*). **III** *v/i* **8.** *sl.* ‚meckern' (**about** über *acc*). **ˈbitch·y** *adj* gemein, gehässig (*Frau*).

bite [baɪt] **I** *v/t pret* **bit** [bɪt] *pp* **bit·ten** [ˈbɪtn], *obs. od. colloq.* **bit 1.** beißen: **to ~ the hand that feeds one** Gutes mit Schlechtem vergelten; **to ~ one's nails** a) an den Nägeln kauen, b) *fig.* nervös *od.* unruhig sein; **to ~ the dust** (*Am. a.* **ground**) *colloq.* a) ‚ins Gras beißen' (*umkommen*), b) ‚abgeschmettert' werden (*Plan etc*), c) ‚dran glauben müssen' (*getrunken werden, ausrangiert werden*); **what's biting you?** *colloq.* was ist mit dir los?; **to ~ back** sich *e-e Äußerung etc* verkneifen; **to ~ off** abbeißen; **to ~ off more than one can chew** *colloq.* sich zuviel zumuten; → **bitten** II, **head** *Bes. Redew.*, **lip** 1, **tongue** 1. **2.** beißen, stechen (*Insekt*). **3.** a) beißen in (*dat*): **smoke ~s the eyes,** b) *j-m* schneiden in (*acc*): **the wind was biting his face. 4.** schneiden in (*acc*) (*Säge*). **5.** *chem.* beizen, ätzen, zerfressen, angreifen. **6.** *fig.* (*nur pass*) angreifen, in Mitleidenschaft ziehen: **badly bitten** schwer mitgenommen. **7.** *colloq.* (*nur pass*) betrügen: **to be bitten** hereingefallen sein; **the biter bit** der betrogene Betrüger; **the biter will be bitten** wer andern e-e Grube gräbt, fällt selbst hinein.

II *v/i* **8.** (zu)beißen: **to ~ into** a) (hinein)beißen in (*acc*), b) → 4, 5; **s.th. to ~ on** a) etwas zum Beißen, b) *fig.* etwas Konkretes. **9.** anbeißen (*a. fig.*), schnappen (**at** nach) (*Fisch*). **10.** beißen, stechen (*Insekt*). **11.** beißen (*Rauch, Gewürz etc*), schneiden (*Wind, Kälte etc*). **12.** fassen, greifen (*Rad, Schraube etc*). **13.** *fig.* beißend *od.* verletzend sein. **14.** sich (*bes. negativ*) auswirken (*Maßnahme*).

III *s* **15.** Beißen *n*, Biß *m*: **to put the ~ on s.o.** *Am. sl.* j-n unter Druck setzen. **16.** Biß *m*, Stich *m* (*e-s Insekts*). **17.** Biß(wunde *f*) *m*. **18.** Bissen *m*, Happen *m* (*a. weitS. Imbiß od. Nahrung*): **not a ~ to eat. 19.** (An)Beißen *n* (*der Fische*): **he hasn't had** (*od.* **got**) **a single ~ yet** bei ihm hat noch kein einziger Fisch angebissen. **20.** Fassen *n*, Greifen *n* (*von Rädern, Schrauben etc*): **these screws have plenty of ~** diese Schrauben fassen *od.* greifen sehr gut; **s.th. has lost its ~** *fig.* etwas greift *od.* zieht nicht mehr. **21.** *chem.* Beizen *n*, Ätzen *n*. **22.** Schärfe *f*: **the ~ of a spice. 23.** *fig.* a) Bissigkeit *f*, Schärfe *f*, b) Würze *f*, Geist *m*, c) *sport* Biß *m*.

ˈbit·er *s* Beißende(r *m*) *f*: → **bite** 7.

ˈbite-shaped *adj* mundgerecht.

ˈbit·ing *adj* (*adv* **~ly**) beißend (*Rauch, Kälte etc*), schneidend (*Wind, Kälte etc*) (*beide a. Worte etc*).

bitt [bɪt] *mar.* **I** *s* Poller *m*. **II** *v/t e-e Trosse* um e-n Poller nehmen.

bit·ten [ˈbɪtn] **I** *pp von* **bite. II** *adj* gebissen: **once ~ twice shy** (ein) gebranntes Kind scheut das Feuer; **to be ~ with s.th.** *colloq.* von etwas angesteckt *od.* gepackt sein.

bit·ter [ˈbɪtə(r)] **I** *adj* (*adv* **~ly**) **1.** bitter (*Geschmack*): → **pill** 1. **2.** bitterkalt (*Nacht, Wind etc*). **3.** *fig.* bitter (*Schicksal, Wahrheit, Tränen, Worte etc*), schmerzlich, hart: **to weep ~ly** bitterlich weinen; **to the ~ end** bis zum bitteren Ende. **4.** *fig.* scharf, heftig (*Kritik etc*). **5.** *fig.* a) erbittert (*Feinde etc*), b) verbittert (**about** wegen). **II** *adv* **6.** bitter (*nur in Verbindungen wie*): **~ cold** bitterkalt. **III** *s* **7.** Bitterkeit *f*. **8.** *fig.* (*das*) Bittere: **the ~s of life** die Widrigkeiten des Lebens; **to take the ~ with the sweet** das Leben so nehmen, wie es ist. **9.** *meist pl* bitteres (alkoˈholisches) Getränk, (Magen)Bitter *m*. **10.** *Br. stark gehopftes* (*Faß*)*Bier*. **IV** *v/t u. v/i* **11.** bitter machen (werden). **~ al·mond** *s* a) Bittermandel *f*, b) bittere Mandeln (*Samen*). **ˌ~-ˈal·mond oil** *s* Bittermandelöl *n*. **~ earth** *s chem.* Bittererde *f*, Maˈgnesiumoˌxyd *n*.

bit·ter·ling [ˈbɪtə(r)lɪŋ] *s ichth.* Euroˈpäischer Bitterling: **~ test** *med. ein Schwangerschaftstest.*

bit·tern¹ [ˈbɪtə(r)n] *s orn.* Rohrdommel *f*.

bit·tern² [ˈbɪtə(r)n] *s* **1.** *chem.* Mutterlauge *f*. **2.** Bitterstoff *m* (*für Bier*).

ˈbit·ter·ness *s* **1.** (*das*) Bittere, Bitterkeit *f*, bitterer Geschmack. **2.** *fig.* Bitterkeit *f*, Schmerzlichkeit *f*, Härte *f*. **3.** *fig.* a) Erbitterung *f*, b) Verbitterung *f*.

ˈbit·ter|·nut *s bot.* (*e-e*) amer. Hickorynuß. **~ salt** *s chem.* Bittersalz *n*, Maˈgnesiumsalz *n*. **~ spar** *s min.* Bitterspat *m*, Magneˈsit *m*. **ˈ~·sweet I** *adj* bittersüß. **II** *s bot.* Bittersüß *n*. **ˈ~·wood** *s* Bitter-, Quassiaholz *n*. **ˈ~·wort** *s bot.* Goldenzian *m*.

bit·ty [ˈbɪtɪ] *adj oft contp.* (bunt) zs.-gewürfelt.

bi·tu·men [ˈbɪtjʊmɪn; *Am.* bəˈtjuːmən; -ˈtuː-; *a.* baɪ-] *s* **1.** *min.* Biˈtumen *n*, Erdpech *n*, Asˈphalt *m*. **2.** *geol.* Bergteer *m*. **~ lig·nite** *s* ölreiche Braunkohle. **~ road** *s* Asˈphaltstraße *f*. **~ slate** *s* Brandschiefer *m*. **~ tar** *s* Braunkohlenteer *m*.

bi·tu·mi·nize [bɪˈtjuːmɪnaɪz; *Am. a.* -ˈtuː-] *v/t* **1.** bitumiˈnieren. **2.** asphalˈtieren: **~d road** Asphaltstraße *f*.

bi·tu·mi·nous [bɪˈtjuːmɪnəs; *Am. a.* -ˈtuː-; *a.* baɪ-] *adj min. tech.* bitumiˈnös, asˈphalt-, pechhaltig. **~ coal** *s* Stein-, Fettkohle *f*.

ˈbiˌva·lent I *s* **1.** *biol.* Geminus *m*, Chromoˈsomenpaar *n*. **II** *adj* **2.** *chem.* zweiwertig. **3.** *biol.* ˈdoppelchromoˌsomig.

ˈbi·valve *zo.* **I** *s* zweischalige Muschel. **II** *adj* zweischalig.

biv·ou·ac [ˈbɪvʊæk; ˈbɪvwæk] *bes. mil. mount.* **I** *s* Biwak *n*. **II** *v/i* biwaˈkieren.

ˌbiˈweek·ly I *adj u. adv* **1.** zweiwöchentlich, vierzehntägig, halbmonatlich, Halbmonats... **2.** zweimal in der Woche (erscheinend). **II** *s* **3.** Halbmonatsschrift *f*. **4.** zweimal in der Woche erscheinende Veröffentlichung.

biz [bɪz] *colloq. für* **business.**

bi·zarre [bɪˈzɑː(r)] **I** *adj* biˈzarr, seltsam, abˈsonderlich, phanˈtastisch. **II** *s bot.* buntgestreifte Nelken- *od.* Tulpenart.

ˌbiˈzon·al *adj* bizoˈnal.

blab [blæb] **I** *v/t* **1.** *oft* **~ out** (aus)plappern, ausplaudern, verraten. **II** *v/i* **2.** plappern, schwatzen. **3.** ‚plaudern', die

Sache verraten. **III** *s* **4.** Geschwätz *n.* **5.** Schwätzer(in), Klatschbase *f.* ˈ**blab·ber** → **blab.** ˈ**blab·ber·mouth** *s colloq.* Plappermaul *n.*

black [blæk] **I** *adj* **1.** schwarz (*a. Kaffee, Tee*): **(as) ~ as coal** (*od.* **pitch** *od.* **the devil** *od.* **ink** *od.* **night**) schwarz wie die Nacht, kohlraben-, pechschwarz; **the house went ~** im ganzen Haus ging das Licht aus. **2.** schwärzlich, dunkel(farben): **~ in the face** dunkelrot im Gesicht (*vor Aufregung etc*); **to beat s.o. ~ and blue** j-n grün u. blau schlagen; **he was ~ and blue all over** er hatte am ganzen Körper blaue Flecken; → **black eye. 3.** schwarz, dunkel(häutig): **~ man** Schwarze(r) *m*, Neger *m.* **4.** schwarz, schmutzig: **~ hands. 5.** *fig.* finster, düster, schwarz: **to look ~** düster blicken; **things are looking ~, the outlook is ~** es sieht schlimm aus (**for** mit, für); **~ despair** völlige Verzweiflung. **6.** böse, schwarz: **a ~ deed** e-e schlimme Tat; **~ humo(u)r** schwarzer Humor; **a ~ look** ein böser Blick; **to look ~ at s.o., to give s.o. a ~ look** j-n (böse) anfunkeln; **not so ~ as he is painted** besser als sein Ruf. **7.** *Am. hist.* negerfreundlich. **8.** *pol.* a) ‚schwarz', kleriˈkal, b) faˈschistisch. **9.** schwarz, ungesetzlich: **~ payments. 10.** *econ. bes. Br.* boykotˈtiert.

II *s* **11.** Schwarz *n* (*a. bei Brettspielen*), schwarze Farbe: **dressed in ~** schwarz *od.* in Schwarz gekleidet. **12.** (*etwas*) Schwarzes: **in the ~ of the night** in tiefster Nacht. **13.** *oft* **B~** Schwarze(r *m*) *f*, Neger(in). **14.** *pol.* a) ‚Schwarze(r)' *m*, Kleriˈkale(r) *m*, b) Faˈschist *m.* **15.** Schwärze *f*, schwarzer Farbstoff. **16.** Schwarz *n*, schwarze Kleidung, Trauerkleidung *f*: **to be in** (*od.* **wear**) **~** Trauer (-kleidung) tragen. **17.** *meist pl print.* Spieß *m.* **18. to be in the ~** *econ.* a) mit Gewinn arbeiten, b) aus den roten Zahlen heraussein. **19.** *econ. bes. Br.* Boyˈkott *m.*

III *v/t* **20.** → **blacken** 1, 3. **21.** *Schuhe* (schwarz) wichsen. **22. to ~ s.o.'s eye** j-m ein ‚blaues Auge' *od.* ein ‚Veilchen' schlagen. **23.** *econ. bes. Br.* boykotˈtieren.

IV *v/i* **24.** → **blacken** 4.

Verbindungen mit Adverbien:

black| out I *v/t* **1.** (völlig) abdunkeln, *a. mil.* verdunkeln: **to ~ the windows. 2.** *Geschriebenes* schwarz überˈmalen. **3.** *Nachrichten etc* unterˈdrücken. **4.** *e-e Funkstation* (durch Störgeräusche) ausschalten, *Sendungen* überˈdecken. **5.** *TV* a) (*durch Streik*) die Ausstrahlung *e-s Programms* verhindern: **to ~ a program(me); the television technicians blacked out last night's program(me)s** durch s-n Streik brachte das technische Fernsehpersonal gestern abend den Sendebetrieb zum Erliegen, b) *ein Gebiet* ausdunkeln. **6.** a) *j-n* bewußtlos machen, b) *tech. u. fig. etwas* außer Betrieb setzen, ausschalten. **II** *v/i* **7.** sich verdunkeln. **8.** ein Blackout haben. **9.** bewußtlos *od.* ohnmächtig werden. **10.** *tech. u. fig.* ausfallen. **~ up** *v/i thea.* sich als Neger schminken.

black| Af·ri·ca *s pol.* Schwarzafrika *n.* **~ Af·ri·can I** *adj* ˈschwarzafriˌkanisch. **II** *s* ˈSchwarzafriˌkaner(in).

black·a·moor [ˈblækəˌmʊə(r)] *s obs. od. humor.* Neger(in), Mohr(in).

ˌ**black|-and-ˈblue** *adj* dunkelblau (verfärbt) (*Körperstelle*). **~ and tan** *pl* **black and tans** *s* **1.** *zo.* Manchesterterrier *m.* **2.** *Br. Mischgetränk aus Stout od. Porter u. Ale.* **3. Black and Tans** *pl mil. hist. brit. Truppen, die 1920–21 gegen Irland eingesetzt wurden.* ˌ**~-and-ˈtan I** *adj* **1.** schwarz mit hellbraunen Flekken: **~ terrier** → **black and tan** 1. **2.** *Am.* a) Schwarze u. Weiße zuˈsammen betreffend, b) von Schwarzen u. Weißen besucht: **~ bar. II** *s* **3.** *Am.* von Schwarzen u. Weißen besuchte Bar. **~ and white** *pl* **black and whites** *s* **1.** (*etwas*) Gedrucktes *od.* Geschriebenes: **in ~** schwarz auf weiß, schriftlich. **2.** Schwarzˈweißbild *n*, -zeichnung *f.* **3.** *fig.* **to depict s.th. in ~** etwas schwarzweißmalen; **he always sees things in ~** für ihn gibt es nur Schwarz od. Weiß. ˌ**~-and-ˈwhite** *adj* **1.** schriftlich. **2.** *art, Film etc*: Schwarzweiß... (*a. fig.*): **~ photograph (television,** *etc*); **~ depiction** *fig.* Schwarzweißmalerei *f.* **~ art** → **black magic.** ˈ**~ball I** *s* **1.** a) schwarze Wahlkugel, b) *fig.* Gegenstimme *f.* **II** *v/t* **2.** stimmen gegen. **3.** a) *j-n* (aus der Gesellschaft, aus e-m Berufsverband *etc*) ausstoßen, b) *j-n* boykotˈtieren. **~ bear** *s zo.* Schwarzbär *m.* **~ bee·tle** *s zo.* Küchenschabe *f.* **~ belt** *s Am.* **1.** Zone *f* mit vorwiegend schwarzer Bevölkerung. **2.** Zone *f* mit schwarzerdigem, fruchtbarem Boden. ˈ**~ber·ry** [-bərɪ; *Am.* -ˌberi:] *s bot.* Brombeere *f.* ˈ**~bird** *s* **1.** *orn.* Amsel *f*, Schwarzdrossel *f.* **2.** *hist. sl. gefangener Südseeinsulaner, der – bes. nach Australien – als Sklave verkauft wurde.* **~ blende** *s min.* Uˈranpechblende *f.* ˈ**~board** *s* (Schul-, Wand)Tafel *f*: **~ jungle** a) Schule *f* mit aufsässigen u. rowdyhaften Schülern, b) *die Verhältnisse an e-r solchen Schule.* ˈ**~ˌbod·y** *s phys.* schwarzer Strahler *od.* Körper: **~ radiation** schwarze Strahlung. **~ box** *s* **1.** *Kybernetik*: Black box *f* (*Teil e-s Systems, dessen Aufbau u. innerer Ablauf aus den Reaktionen auf eingegebene Signale erst erschlossen werden muß*). **2.** *aer. colloq.* Flugschreiber *m.* **~ cap** *s hist. Br.* schwarze Kappe (*der Richter bei Todesurteilen*). ˈ**~cap** *s orn.* a) Schwarzköpfige Grasmücke, b) Kohlmeise *f*, c) Schwarzköpfige Lachmöwe. **~ cat** *s zo.* Kaˈnadischer Marder. **~ cat·tle** *s ursprünglich schwarze Rinderrasse aus Schottland u. Wales.* **~ cin·der** *s tech.* Rohschlacke *f.* **~ coal** *s* Stein-, Schwarzkohle *f.* ˈ**~coat** *s meist contp.* ‚Schwarzrock' *m*, Geistliche(r) *m.* ˈ**~ˌcoat·ed** *adj Br.* Büro...: **~ proletariat** ‚Stehkragenproletariat' *n*; **~ worker** (Büro)Angestellte(r *m*) *f.* ˈ**~cock** *s orn.* Birkhahn *m.* **B~ Code** *s Am. hist. die Neger (bes. die Negersklaven vor der Befreiung) betreffende Gesetzessammlung.* **~ com·e·dy** *s thea.* schwarze Koˈmödie. **B~ Coun·try** *s* (*das kohlen- u. eisenreiche*) Induˈstriegebiet von Staffordshire und Warwickshire (*in England*). ˈ**~damp** *s Bergbau*: Ferch *m*, (Nach)Schwaden *m*, Stickwetter *n.* **B~ Death** *s* (*der*) Schwarze Tod, (*die*) Pest. **~ di·a·mond** *s* **1.** Karboˈnado *m* (*grauschwarze Diamantenabart*). **2.** *pl* schwarzes Gold (*Kohle*). **~ dog** *s colloq.* ‚miese' Stimmung, Katzenjammer *m.* **~ ea·gle** *s orn.* Steinadler *m.* **~ earth** *s geol.* (Steppen)Schwarzerde *f.*

ˈ**black·en I** *v/t* **1.** schwarz machen, schwärzen. **2.** → **black** 21. **3.** *fig.* **to ~ s.o.'s character** j-n verunglimpfen; **to ~ s.o.'s name** (*od.* **reputation**) j-n schlechtmachen; **to ~ the picture** a) etwas Negatives sagen, b) schwarzmalen. **II** *v/i* **4.** schwarz *od.* dunkel werden.

Black Eng·lish *s* von schwarzen Ameriˈkanern gesprochenes Englisch.

black| eye *s* ‚blaues Auge', ‚Veilchen' *n*: **to give s.o. a ~** a) j-m ein blaues Auge schlagen, b) *fig.* j-m e-e Abfuhr erteilen. ˈ**~face** *s* **1.** a) als Neger geschminkter Schauspieler, b) schwarze Schminke: **in ~** schwarzgeschminkt. **2.** *print.* (halbfette Schrift. ˈ**~ˌfel·low** *s* Auˈstralneger *m.* **~ flag** *s* schwarze (Piˈraten)Flagge. **~ flux** *s tech.* schwarzer Fluß (*Schmelz- od. Flußmittel aus Kohle u. Pottasche*). **~ fly** *s zo.* **1.** (*e-e*) Kriebelmücke. **2.** Schwarze Blattlaus. ˈ**B~foot** *s irr* ˈSchwarzfuß(indiˌaner) *m.* **B~ Fri·ar** *s relig.* Dominiˈkaner *m.* **~ frost** *s* strenge, aber trockene Kälte. **~ game** *s orn.* Schwarzes Rebhuhn. **~ grouse** *s orn.* Birkhuhn *n.*

black·guard [ˈblægɑ:(r)d; *Am. a.* ˈblægərd] **I** *s* **1.** Lumpenpack *n*, Gesindel *n.* **2.** gemeiner Kerl, Lump *m*, Schuft *m.* **3.** *obs.* ˈKüchenpersoˌnal *n.* **II** *adj* **4.** gemein, schuftig. **5.** unflätig (*Sprache*). **III** *v/t* **6.** unflätig ˈherziehen über (*acc*). ˈ**black·guard·ism** *s* **1.** Lumpeˈrei(en *pl*) *f.* **2.** Unflat *m.* ˈ**black·guard·ly** → **blackguard** II.

ˈ**black|·head** *s med.* Mitesser *m.* ˌ**~-ˈheart·ed** *adj* boshaft, gemein. **~ hole** *s* **1.** *astr.* schwarzes Loch. **2.** *mil.* ‚Bau' *m*, ‚Loch' *n.* **~ ice** *s* Glatteis *n.*

ˈ**black·ing** *s* **1.** schwarze (Schuh)Wichse: **shining ~** Glanzwichse. **2.** (Ofen-) Schwärze *f.* **~ brush** *s* Wichsbürste *f.*

black i·ron plate *s tech.* Schwarzblech *n.*

ˈ**black·ish** *adj* schwärzlich: **~-blue** bläulichschwarz.

ˈ**black|·jack I** *s* **1.** *a.* **~ oak** *bot. Am.* Schwarzeiche *f.* **2.** → **black flag. 3.** *min.* Christoˈphit *m.* **4.** ˈSiebzehnundˈvier *n* (*Kartenglücksspiel*). **5.** *bes. Am.* Totschläger *m* (*Waffe*). **II** *v/t* **6.** *bes. Am.* mit e-m Totschläger zs.-schlagen. **7. to ~ s.o. into doing s.th.** *bes. Am.* j-n durch Drohungen dazu zwingen, etwas zu tun. **~ lead** [led] *s min.* Reißblei *n*, Graˈphit *m.* ˌ**~-ˈlead pow·der** *s* Eisenschwärze *f.*

ˈ**black·leg I** *s* **1.** a) Falschspieler *m*, b) Wettbetrüger *m.* **2.** *bes. Br.* Streikbrecher *m.* **II** *v/i* **3.** *bes. Br.* sich als Streikbrecher betätigen. ˈ**blackˌleg·ger·y** *s bes. Br.* Betätigung *f* als Streikbrecher.

black| let·ter *s print.* Frakˈtur *f*, gotische Schrift. ˌ**~-ˈlet·ter day** *s* schwarzer Tag, Unglückstag *m.* **~ lev·el** *s TV* Schwarzwert *m*, -pegel *m.* ˈ**~list I** *s* schwarze Liste. **II** *v/t j-n* auf die schwarze Liste setzen. **~ mag·ic** *s* Schwarze Maˈgie. ˈ**~mail I** *s* **1.** *jur.* Erpressung *f.* **2.** Erpressungsgeld *n.* **II** *v/t* **3.** *j-n* erpressen (**over s.th.** mit etwas), Geld erpressen von (*j-m*): **to ~ s.o. into doing s.th.** j-n durch Erpressung dazu zwingen, etwas zu tun. ˈ**~ˌmail·er** *s* Erpresser(in). **B~ Ma·ri·a** *s colloq.* ‚grüne Minna' (*Gefangenentransportwagen*). **~ mark** *s fig.* Minuspunkt *m*: **to be a ~ against** ein Hindernis sein für. **~ mar·ket** *s* schwarzer Markt, Schwarzmarkt *m*, -handel *m.* ˌ**~-ˈmar·ket I** *v/i* Schwarzhandel treiben. **II** *v/t* auf dem schwarzen Markt verkaufen. **~ mar·ket·eer** *s* Schwarzhändler(in). ˌ**~-mar·ketˈeer** → **black-market** I. **~ mass** *s* Schwarze Messe, Teufelsmesse *f.* **~ mea·sles** *s pl* (*meist als sg konstruiert*) *med.* hämorˈrhagische Masern *pl.* **~ mon·ey** *s* schwarzes Geld (*das nicht versteuert wird*). **B~ Monk** *s relig.* Benedikˈtiner(mönch) *m.* **B~ Mus·lim** *s* Black Muslim *m* (*Mitglied e-r radikalen mohammedanischen Sekte, bes. in den USA*).

ˈ**black·ness** *s* **1.** Schwärze *f.* **2.** → **negritude. 3.** schwarzer Huˈmor.

ˈ**black|·out** *s* **1.** *bes. mil.* Blackout *n, m*, Verdunk(e)lung *f.* **2.** *thea.* Blackout *n, m*: a) *plötzliches Verdunkeln der Szene bei Bildschluß*, b) *kleinerer Sketch, der mit e-r scharfen Pointe u. plötzlichem Verdunkeln endet.* **3.** *med.* Blackout *n, m*: a) *zeitweili-*

ger Ausfall des Sehvermögens unter der Einwirkung hoher Beschleunigung od. bei Kreislaufstörungen, b) *plötzlich auftretender, kurz dauernder Verlust des Bewußtseins, Erinnerungsvermögens etc.* **4.** *med.* Ohnmacht *f*, Bewußtlosigkeit *f*. **5.** Blackout *n, m*: a) *phys. Aussetzen des Kurzwellenempfangs durch den Einfluß von Röntgenstrahlen der Sonne*, b) *Raumfahrt*: *Unterbrechung des Funkkontaktes zwischen Raumschiff u. Bodenstation.* **6.** *TV* a) (*streikbedingter*) Pro'grammausfall, Stillegung *f* des Sendebetriebs, b) Ausdunk(e)lung *f* (*e-s Gebiets*). **7.** *TV Am.* Austasten *n*: ~ **signal** Austastsignal *n*. **8.** (*bes.* Nachrichten)Sperre *f*: **to draw a ~ over** e-e Nachrichtensperre verhängen über (*acc*). **9.** a) *tech. u. fig.* Ausfall *m*, b) Blackout *n, m*, to'taler Stromausfall. **B~ Pope** *s R.C.* Schwarzer Papst (*der Jesuitengeneral*). **~ pop·lar** *s bot.* Schwarzpappel *f*. **~ pow·er** *s* Black Power *f* (*Bewegung nordamerikanischer Schwarzer gegen die Rassendiskriminierung*). **B~ Prince** *s* (*der*) Schwarze Prinz (*Eduard, Prinz von Wales*). **~ pud·ding** *s* Blutwurst *f*. **B~ Rod** *s* **1.** oberste(r) Dienstbeamte(r) des englischen Oberhauses. **2.** erster Zere'monienmeister bei Ka'piteln des Hosenbandordens (*voller Titel*: **Gentleman Usher of the ~**). **~ rot, ~ rust** *s bot.* Schwarz(trocken)fäule *f*. **~ sheep** *s fig.* ‚schwarzes Schaf': **the ~ of the family.** **~sheet** *s tech.* Schwarzblech *n*. '**B~shirt** *s pol.* **1.** *hist.* Schwarzhemd *n* (*italienischer Faschist*). **2.** *allg.* Fa'schist *m*. **~ sil·ver** *s min.* Stepha'nit *m*. '**~smith** *s* (Grob-, Huf)Schmied *m*: **~('s) shop** Schmiede *f*. '**~snake** *s* **1.** *zo.* Kletternatter *f*. **2.** *a.* **~ whip** *Am.* lange, geflochtene Lederpeitsche. **~ spot** *s* **1.** *bot.* Schwarzfleckigkeit *f* (*bei Rosen*). **2.** schwarzer Punkt (*Gefahrenstelle e-r Straße*). '**~strap** *s* **1.** *Am.* a) *Getränk aus Rum u. Sirup*, b) *colloq. roter Tischwein aus dem Mittelmeergebiet.* **2.** *tech.* schwarzes Schmieröl. '**~thorn** *s bot.* Schwarz-, Schlehdorn *m*. **~ tie** *s* **1.** schwarze Fliege. **2.** Smoking *m*. ,**~-'tie** *adj*: **~ reception** Empfang, bei dem Smoking vorgeschrieben ist. '**~top** *s bes. Am.* a) As'phaltbelag *m*, b) As'phaltstraße *f*. **~ var·nish** *s* As'phaltlack *m*, Teerfirnis *m*. **~ vel·vet** *s Getränk aus Stout u. Sekt.* **~ vom·it** *s med.* **1.** Gelbfiebersputum *n*. **2.** *colloq.* Gelbfieber *n*. **B~ Watch** *s mil. Br.* (*das*) 42. 'Hochländeregi,ment. '**~wa·ter fe·ver** *s med.* Schwarzwasserfieber *n*. ,**~-'white con·trol** *s electr.* Hell'dunkelsteuerung *f*. **~ wid·ow** *s zo.* Schwarze Witwe (*giftige Spinne*). '**~wood** *s* **1.** Schwarzholz *n*. **2.** *bot.* a) Schierlingstanne *f*, b) Schwarze Man'grove.

'**black·y** *s sl.* Schwarze(r *m*) *f*, Neger(in).

blad·der ['blædə(r)] *s* **1.** *anat. zo.* Blase *f*, *engS. anat.* Harnblase *f*, *zo.* Schwimmblase *f*. **2.** Blase *f*: **football ~.** **3.** *med.* Bläs-chen *n* (*auf der Haut*). **4.** *fig.* Schaumschläger *m*, aufgeblasener Mensch. **~ cam·pi·on** *s bot.* Gemeines Leimkraut. **~ cher·ry** *s bot.* Judenkirsche *f*. **~ wrack** *s bot.* Blasentang *m*.

blade [bleɪd] **I** *s* **1.** *bot.* Blatt *n*, Spreite *f* (*e-s Blattes*), Halm *m*: **~ of grass** Grashalm; **in the ~** auf dem Halm. **2.** *tech.* Blatt *n* (*der Säge, Axt, Schaufel, des Ruders*). **3.** *tech.* a) Flügel *m* (*des Propellers*), b) Schaufel *f* (*des Schiffsrades od. der Turbine*). **4.** *tech.* Klinge *f* (*des Degens, Messers etc*). **5.** *phot.* Blendenflügel *m*. **6.** *electr.* 'Messer(kon,takt *m*) *n*: **~ switch** Messerschalter *m*. **7.** a) *agr.* Pflugschar *f*, b) *tech.* Pla'nierschild *m* (*e-r Planierraupe etc*). **8.** *arch.* Hauptdachbalken *m*. **9.** *math.* Schiene *f*. **10.** *poet.* Degen *m*, Klinge *f*. **11.** *poet.* Kämpfer *m*, Streiter *m*. **12.** *obs.* forscher Kerl. **13.** *ling.* Rücken *m* (*der Zunge*). **II** *v/t* **14.** mit e-m Blatt *od.* e-r Klinge *etc* versehen. **15.** *tech. Schutt etc* mit e-r Pla'nierraupe (weg)räumen.

blad·ed ['bleɪdɪd] *adj* **1.** *bot.* behalmt, beblättert. **2.** (*in Zssgn*) a) mit e-m Blatt *etc* (versehen), b) ...klingig: **two-~** zweischneidig, doppelklingig.

blae·ber·ry ['bleɪbərɪ; *Am.* -,beri:] *bes. Scot. für* **bilberry.**

blag [blæg] *s Br. sl.* bewaffneter 'Raub-,überfall.

blague [blɑ:g] *s* Schaumschläge'rei *f*.

blah[1] [blɑ:], *a* ,**blah'blah** *colloq.* **I** *s* ‚Bla'bla' *n*, ‚Geschwafel' *n*. **II** *v/i* ‚schwafeln'. **III** *v/t Parolen etc* wieder'holen.

blah[2] [blɑ:] *colloq.* **I** *adj* fad, langweilig. **II** *s pl Am.* a) Langeweile *f*, b) Unbehagen *n*, c) allgemeine Unzufriedenheit: **to have the ~s** sich langweilen; sich unbehaglich fühlen.

blain [bleɪn] *s med.* Pustel *f*, Eiterbläschen *n*.

blam·a·ble ['bleɪməbl] *adj* (*adv* **blamably**) **1.** tadelnswert, zu tadeln(d). **2.** schuldig.

blame [bleɪm] **I** *v/t* **1.** tadeln, rügen (**for** wegen). **2.** (**for**) verantwortlich machen (für), *j-m od. e-r Sache* die Schuld geben *od.* zuschreiben (an *dat*): **to ~ s.o. for s.th.**; **he is to ~ for it** er ist daran schuld; **he ~d it on his brother** er gab s-m Bruder die Schuld daran, er lastete es s-m Bruder an; **he has only himself to ~** er hat es sich selbst zuzuschreiben; **I can't ~ him** ich kann es ihm nicht verübeln; **to ~ the other fellow** die Schuld auf andere schieben. **3.** *bes. Am. euphem.* **~ this rainy weather!** dieses verdammte Regenwetter!; **~ it!** verflucht noch mal! **II** *s* **4.** Tadel *m*, Vorwurf *m*, Rüge *f*: **beyond all ~** über jeden Tadel erhaben, untadelig. **5.** Schuld *f*, Verantwortung *f*: **to lay** (*od.* **put, cast**) **the ~ on s.o** j-m die Schuld geben *od.* zuschieben; **to bear** (*od.* **take**) **the ~** die Schuld auf sich nehmen. **6.** Fehler *m*, Vergehen *n*. **III** *adj* → **blamed.** **blamed** *adj bes. Am. euphem.* verdammt, verflucht. '**blame·ful** *adj* (*adv* **~ly**) → **blamable.** '**blame·less** *adj* (*adv* **~ly**) **1.** untadelig, makellos: **~ past. 2.** schuldlos (**of** an *dat*). '**blame,wor·thy** → **blamable.**

blanch [blɑ:ntʃ; *Am.* blæntʃ] **I** *v/t* **1.** bleichen, weiß machen. **2.** *agr. Pflanzen* (*durch Ausschluß von Licht*) bleichen: **to ~ celery. 3.** *gastr.* blan'chieren, brühen. **4.** *tech.* weiß sieden. **5.** *tech.* verzinnen. **6.** *oft* **~ over** *fig.* beschönigen. **7.** erbleichen lassen. **II** *v/i* **8.** erblassen, erbleichen, bleich werden (**with** vor *dat*). '**blanch·er** *s* **1.** Bleicher(in). **2.** *tech.* Weißsieder *m*. **3.** *chem.* Bleichmittel *n*.

blanc·mange [blə'mɒnʒ; *Am.* -'mɑndʒ] *s* Pudding *m*.

bland [blænd] *adj* (*adv* **~ly**) **1.** a) mild (*a. Wetter*), sanft, b) verbindlich, höflich, c) (ein)schmeichelnd. **2.** gleichgültig, kühl. **3.** fad, langweilig.

blan·dish ['blændɪʃ] *v/t j-m* schmeicheln, schöntun. '**blan·dish·ment** *s meist pl* Schmeiche'lei *f*.

blank [blæŋk] **I** *adj* (*adv* **~ly**) **1.** *obs.* weiß. **2.** leer: a) unbeschrieben, unbedruckt: **a ~ sheet (of paper)**; **~ leaf** leere Seite, Leerblatt *n*; **~ space** freier *od.* leerer Raum, Lücke *f*; **to leave ~** frei lassen, b) unbespielt: **~ tape** Leerband *n*. **3.** *econ. jur.* unausgefüllt, unausgefertigt, Blanko...: **~ signature** Blankounterschrift *f*; **~ form** → 11 b; **in ~** blanko; → **blank acceptance**, *etc.* **4.** *arch.* 'undurch,brochen, glatt (*Mauer*), blind (*Fenster, Tür*): **~ wall** *fig.* unüberwindliche Barriere. **5.** *fig.* a) inhaltslos, leer, unausgefüllt: **~ life; my mind went ~** plötzlich konnte ich mich an nichts mehr erinnern, b) trüb: **her future looks ~**, c) ausdruckslos: **~ face; to keep one's face ~** sich nichts anmerken lassen. **6.** a) verdutzt, verblüfft, b) verständnislos: **a ~ look. 7.** *mil.* **~ ammunition** Übungsmunition *f*; **~ cartridge** Platzpatrone *f*; **~ fire, ~ practice** blindes Schießen. **8.** völlig, bar, rein: **~ astonishment** sprachloses Erstaunen; **~ despair** helle Verzweiflung; **~ idiot** *colloq.* Vollidiot *m*; **~ terror** nackte Angst. **9.** *metr.* reimlos: → **blank verse.**

II *s* **10.** freier *od.* leerer Raum, Lücke *f*: **to leave a ~** (*beim Schreiben etc*) Platz *od.* e-n freien Raum lassen. **11.** a) unbeschriebenes Blatt (*a. fig.*), Leerblatt *n*, b) (unausgefülltes) Formu'lar *od.* Formblatt, Vordruck *m*. **12.** Leerstelle *f*, ungelochte Stelle (*e-r Lochkarte etc*). **13.** Gedankenstrich *m* (*an Stelle e-s verpönten Wortes etc*), ‚Pünktchen' *pl.* **14.** Leere *f*, Lücke *f* (*beide a. fig.*): **his mind was a ~** a) in s-m Kopf herrschte völlige Leere, b) er hatte alles vergessen. **15.** *Lotterie*: Niete *f*: **to draw a ~** a) e-e Niete ziehen (*a. fig.*), b) *fig.* kein Glück haben. **16.** *mil.* 'Platzpa,trone *f*. **17.** *arch.* blindes Fenster, blinde Tür. **18.** *fig.* Öde *f*, Nichts *n*. **19.** (*das*) Schwarze (*e-r Zielscheibe*). **20.** *tech.* a) ungeprägte Münzplatte, b) rohes Formstück, Rohling *m*, c) ausgestanztes Stück, Stanzteil *n*.

III *v/t* **21.** *meist* **~ out** a) aus-, 'durchstreichen, b) *fig.* verhindern, vereiteln. **22. ~ out** *print.* gesperrt drucken. **23.** *ein verpöntes Wort etc* durch e-n Gedankenstrich *od.* durch ‚Pünktchen' ersetzen. **24.** *colloq.* verfluchen: **~ him!** zum Henker mit ihm!; **~ed!** verflucht!, verdammt! **25.** (aus)stanzen. **26.** *TV* austasten.

blank| ac·cept·ance *s econ.* 'Blankoak,zept *n*. **~ bill** *s econ.* Blankowechsel *m*. '**~book** *s Am.* No'tizbuch *n*. **~ check,** *Br.* **~ cheque** *s* **1.** *econ.* Blankoscheck *m*, 'Scheckformu,lar *n*. **2.** *colloq.* Blankovollmacht *f*: **to give s.o. a ~** j-m (völlig) freie Hand lassen. **~ cred·it** *s econ.* 'Blankokre,dit *m*. **~ en·dorse·ment** *s econ.* 'Blankoindossa,ment *n*.

blan·ket ['blæŋkɪt] **I** *s* **1.** (wollene) Decke, Bettdecke *f*, (Pferde-, Esels)Dekke *f*: **to get between the ~s** *colloq.* ‚in die Federn kriechen'; **to be born on the wrong side of the ~** *Br. obs.* unehelich (geboren) sein; → **wet blanket. 2.** *a.* **~ cloth** *Am.* Frot'tee *n, m* (*Stoff*). **3.** *fig.* Decke *f*, Hülle *f*: **~ of snow (clouds)** Schnee-(Wolken)decke; **security ~** umfassende Sicherheitsmaßnahmen *pl.* **4.** *tech.* 'Filz,unterlage *f*.

II *v/t* **5.** zudecken: **~ed in** (*od.* **with**) **fog** in Nebel eingehüllt. **6.** *hist.* prellen (*auf e-r Decke hochschleudern*). **7.** *mar. e-m Segelschiff* den Wind abfangen. **8.** *Feuer, Gefühle* ersticken. **9.** *Radio*: stören, über'lagern. **10.** *electr., a. sport Gegenspieler* abschirmen. **11.** um'fassen, ganz erfassen. **12.** *mil.* (*durch künstlichen Nebel*) abschirmen.

III *adj* **13.** gemeinsam, allgemein, gene'rell, um'fassend, General..., Gesamt..., Pauschal...

blan·ket| clause *s econ.* Gene'ralklausel *f*. **~ coat·ing** *s tech.* Gummituch-Streichverfahren *n*. **~ In·di·an** *s Am.* Indi'aner, der den alten Bräuchen treu bleibt.

'**blan·ket·ing** *s* **1.** a) Deckenstoff *m*, b) Decken(vorrat *m*) *pl.* **2.** *electr.* Über'lagerung *f* von Emp'fangssi,gnalen.

blan·ket| in·sur·ance *s econ.* Kollek-

ˈtivversicherung *f.* **~ mort·gage** *s econ.* Geˈsamthypoˌthek *f.* **~ or·der** *s econ.* Blankoauftrag *m.* **~ pol·i·cy** *s* Geneˈral-, Pauˈschalpoˌlice *f.* **~ price** *s econ. Am.* Pauˈschalpreis *m.* **~ roll** *s Am.* Torˈnisterrolle *f.* **~ sheet** *s* Zeitung *f* in Großfolio. **~ stitch** *s* Einfaßstich *m.*

ˈblan·ket·y(-blank) *adj u. adv euphem.* verflixt.

ˈblank·ing| pulse *s TV* ˈAustastimˌpuls *m.* **~ sig·nal** *s TV* ˈAustastsiˌgnal *n.* **~ tool** *s tech.* Stanzwerkzeug *n.*

blank| line *s print.* blinde Zeile. **~ ma·te·ri·al** *s print.* ˈBlindmateriˌal *n*, Ausschluß *m.* **~ verse** *s metr.* **1.** Blankvers *m* (*reimloser fünffüßiger Jambus*). **2.** *allg.* reimloser Vers.

blare [bleə(r)] **I** *v/i* **1.** *dial.* heulen, plärren, brüllen. **2.** *a.* **~ out** a) schmettern (*Trompete*), b) brüllen, plärren (*Radio etc*). **3.** grell leuchten (*Farben etc*). **II** *v/t* **4.** *a.* **~ out** a) *Befehl etc* brüllen, b) *Musikstück etc* schmettern. **5.** Lärm machen mit: **to ~ the horn** laut hupen. **6.** *a.* **~ out** *fig.* ˈauspoˌsaunen. **III** *s* **7.** a) Schmettern *n*, b) Brüllen *n*, Plärren *n*, c) Lärm *m*: **a ~ of horns** lautes Hupen. **8.** grelles Leuchten. **9.** (*Reklame- etc*) Rummel *m.*

blar·ney [ˈblɑː(r)nɪ] **I** *s* Schmeicheˈlei *f*: **he's kissed the B~ Stone** *colloq.* er ist ein großer Schmeichler. **II** *v/t u. v/i* (*j-m*) schmeicheln.

bla·sé [ˈblɑːzeɪ; *Am.* blɑːˈzeɪ] *adj* **1.** gleichgültig, gelangweilt: **he was ~ about his success** sein Erfolg ließ ihn kalt. **2.** abgestumpft.

blas·pheme [blæsˈfiːm] **I** *v/t* **1.** *Gott od. etwas Heiliges* lästern. **2.** *allg. j-n, etwas* schmähen. **II** *v/i* **3.** Gott lästern: **to ~ against** → 1, 2. **blasˈphem·er** *s* (Gottes)Lästerer *m.* **blas·phe·mous** [ˈblæsfəməs] *adj* (*adv* **~ly**) blasˈphemisch, (gottes)lästerlich. **ˈblas·phe·my** *s* **1.** Blaspheˈmie *f*, (Gottes)Lästerung *f.* **2.** *allg.* Schmähung *f.*

blast [blɑːst; *Am.* blæst] **I** *s* **1.** (starker) Windstoß. **2.** Blasen *n*, Schmettern *n*, Schall *m* (*e-s Blasinstruments*), Siˈgnal *n*, (Heul-, Pfeif)Ton *m*, ˈHupsiˌgnal *n*, Tuten *n*: **a ~ of the trumpet** ein Trompetenstoß. **3.** *fig.* Fluch *m*, verderblicher Einfluß. **4.** *bot.* a) Brand *m*, Mehltau *m*, b) Verdorren *n.* **5.** a) ausgeatmete *od.* beim Husten herˈausgepreßte Luft, b) *poet.* Atem *m*, Hauch *m*: **winter's chilly ~.** **6.** *fig. colloq.* heftiger Angriff (**against** gegen). **7.** *tech.* Gebläse(luft *f*) *n*: **(at) full ~** *tech. u. fig.* auf Hochtouren (*laufen od. arbeiten*); **the radio was playing (at) full ~** das Radio war voll aufgedreht; **to play a record (at) full ~** e-e Schallplatte mit voller Lautstärke abspielen; **at half ~** *tech. u. fig.* mit halber Kraft; **out of ~** außer Betrieb (*Hochofen*). **8.** a) Exploṡiˈon *f*, Detonatiˈon *f*, b) Druckwelle *f.* **9.** a) Sprengung *f*, b) Sprengladung *f.* **10.** *Am. sl.* Party *f.* **II** *v/t* **11.** *bot.* a) durch Brand *od.* Mehltau vernichten, b) verdorren lassen. **12.** sprengen: **to ~ away** wegsprengen. **13.** *colloq.* a) *mil.* unter Beschuß nehmen, beschießen, b) *oft* **~ down** ,niederknallen' (*niederschießen*). **14.** *fig.* zuˈnichte machen, vereiteln. **15.** *fig. colloq. j-n, etwas* heftig attacˈkieren. **16.** *sport Am. colloq.* ,vernaschen', ,überfahren' (*hoch schlagen*). **17.** *sl.* verfluchen: **~ed!** verdammt!, verflucht!; **~ it (all)!** verdammt (nochmal)!; **~ him!** der Teufel soll ihn holen!; **a ~ed idiot** ein Vollidiot. **18. to ~ off (into space)** *Rakete, Astronauten* in den Weltraum schießen. **III** *v/i* **19.** a) sprengen, b) *fig.* Himmel u. Hölle in Bewegung setzen. **20.** *colloq.* ,knallen' (*schießen*): **to ~ away at** a) ,ballern' auf (*acc*), b) *fig. j-n, etwas* heftig attacˈkieren. **21.** *Am. sl.* ,kiffen' (*Marihuana rauchen*). **22. ~ off** abheben, starten (*Rakete*).

blas·te·ma [blæˈstiːmə] *s biol.* Keimstoff *m*, ˈKeimmateriˌal *n*, Blaˈstem *n.*

blast| fur·nace *s tech.* Hochofen *m.* **ˈ~·hole** *s tech.* Sprengloch *n.*

ˈblast·ing| cap *s tech.* Sprengkapsel *f.* **~ car·tridge** *s* ˈSprengpaˌtrone *f.* **~ charge** *s mil.* Sprengladung *f.* **~ gel·a·tin** *s tech.* ˈSprenggelaˌtine *f.* **~ nee·dle** *s tech.* **1.** *Bergbau*: Schieß-, Räumnadel *f.* **2.** Bohreisen *n*, -nadel *f.* **~ oil** *s tech.* Sprengöl *n*, Nitroglyzeˈrin *n.*

blast lamp *s* Stich-, Lötlampe *f.*

blas·to·cyst [ˈblæstəʊsɪst; -tə-] *s biol.* Keimbläs-chen *n.* **ˈblas·to·derm** [-dɜːm; *Am.* -ˌdɜrm] *s biol.* Blastoˈderm *n*, Keimhaut *f.*

ˈblast·off *s* Start *m* (*e-r Rakete*).

blas·to·gen·e·sis [ˌblæstəʊˈdʒenɪsɪs] *s biol.* Blastogeˈnese *f* (*ungeschlechtliche Vermehrung durch Knospung od. Sprossung*). **ˈblas·to·mere** [-mɪə(r)] *s biol.* Blastoˈmere *f*, Furchungszelle *f.* **ˈblas·to·pore** [-pɔː(r); *Am. a.* -ˌpəʊər] *s biol.* Blastoˈporus *m*, Urmund *m.* **ˈblas·to·sphere** [-ˌsfɪə(r)] → **blastula.**

blast| pipe *s tech.* **1.** Düse(nrohr *n*) *f.* **2.** *Bergbau*: Windleitung *f.* **3.** Abblasrohr *n.* **~ pres·sure** *s tech.* Gebläse- *od.* Exploṡiˈonsdruck *m.* **~ tube** *s aer.* Strahlrohr *n* (*e-r Rakete*).

blas·tu·la [ˈblæstjʊlə; *Am.* -tʃə-] *pl* **-lae** [-liː], **-las** *s biol.* Blastula *f*, Blasenkeim *m.*

blat [blæt] *Am.* **I** *v/i* blöken (*Schaf, Rind*). **II** *v/t colloq.* ˈauspoˌsaunen.

bla·tan·cy [ˈbleɪtənsɪ] *s* Aufdringlichkeit *f.* **ˈbla·tant** *adj* (*adv* **~ly**) **1.** lärmend, laut, plärrend. **2.** a) marktschreierisch, b) aufdringlich. **3.** offenkundig, eklaˈtant: **a ~ lie**; **a ~ discrepancy** e-e krasse Diskrepanz.

blath·er [ˈblæðə(r)] **I** *v/i* Unsinn reden, ,blöd daˈherreden *od.* quatschen'. **II** *s* dummes Geschwätz, ,Gequatsche' *n*, ,Quatsch' *m.* **ˈblath·er·skite** [-skaɪt] *s* **1.** ,Quatschkopf' *m*, Schwätzer(in). **2.** → **blather** II.

blaze [bleɪz] **I** *s* **1.** (lodernde) Flamme, loderndes Feuer, Lohe *f*: **to be in a ~** in hellen Flammen stehen. **2.** *pl colloq.* Hölle *f*: **go to ~s!** scher dich zum Teufel!; **like ~s** wie verrückt, wie toll; **what the ~s is the matter?** was zum Teufel ist denn los? **3.** blendender (Licht)Schein, Leuchten *n*, Strahlen *n*, Glanz *m* (*a. fig.*): **in the ~ of day** am hellichten Tag; **~ of fame** Ruhmesglanz; **~ of colo(u)rs** Farbenpracht *f*, -meer *n*; **the ~ of publicity** das grelle Licht der Öffentlichkeit. **4.** *fig.* plötzlicher Ausbruch, Anfall *m*: **~ of anger** Wutanfall. **5.** Blesse *f* (*weißer Stirnfleck bei Pferden od. Rindern*). **6.** Anschalmung *f*, Marˈkierung *f* (*an Bäumen*). **II** *v/i* **7.** lodern: **in a blazing temper** *fig.* in heller Wut. **8.** *a. fig.* leuchten, glühen, strahlen: **to ~ with anger** a) vor Zorn glühen (*Wangen*), b) vor Zorn funkeln (*Augen*); **to ~ above** *fig.* überstrahlen. **9.** brennen, glühen (*Sonne*). **10. to ~ into prominence** e-n kometenhaften Aufstieg erleben. **III** *v/t* **11.** verbrennen, -sengen. **12.** *Bäume* anschalmen, *e-n Weg* marˈkieren: → **trail** 21. **13.** strahlen *od.* leuchten vor (*dat*). **14.** *s-e Verärgerung etc* deutlich zeigen (**to s.o.** j-m). **15.** → **blaze abroad.**

Verbindungen mit Adverbien:

blaze| a·broad *v/t* verkünden, verbreiten, *contp.* ˈauspoˌsaunen. **~ a·way I** *v/i* **1.** lodern. **2.** (wild) draufˈlosschießen (**at** auf *acc*). **3. ~ about** *colloq.* a) *etwas* mit Nachdruck vertreten, b) ˈherziehen über (*acc*). **II** *v/t* **4.** *Munition* verschießen. **~ down** *v/i* herˈunterbrennen (**on** auf *acc*) (*Sonne*). **~ out** *v/i* **1.** aufflammen, -flackern, -lodern. **2.** *fig.* (wütend) auffahren (**at** bei *e-r Beleidigung etc*). **~ up** *v/i* **1.** aufflammen, -flackern, -lodern, *fig. a.* entflammen, -brennen: **the fight blazed up again.** **2.** → **blaze out** 2.

ˈblaz·er *s* Blazer *m*, Klub-, Sportjacke *f.*

ˈblaz·ing *adj* **1.** flammend, (hell) glühend. **2.** auffällig, schreiend, offenkundig, eklaˈtant, unerhört: **~ colo(u)rs** grelle Farben; **a ~ lie** e-e freche Lüge; **~ scent** *hunt.* warme Fährte. **3.** *colloq.* verteufelt. **~ star** *s fig.* Gegenstand *m* allgemeiner Bewunderung (*Person od. Sache*).

bla·zon [ˈbleɪzn] **I** *s* **1.** a) Wappen(schild *m, n*) *n*, b) heˈraldische Erklärung e-s Wappens. **2.** *fig.* a) Darstellung *f*, b) Herˈausstellung *f*, -streichung *f.* **II** *v/t* **3.** *Wappen* a) heˈraldisch erklären, b) ausmalen. **4.** schmücken, verzieren. **5.** *fig.* herˈausstellen, -streichen (**as** als). **6.** *meist* **~ abroad** → **blaze abroad.** **ˈbla·zon·er** *s* Wappenkundige(r *m*) *f od.* -maler(in). **ˈbla·zon·ry** [-rɪ] *s* **1.** → **blazon** 1 b. **2.** *fig.* a) künstlerische *od.* prächtige Gestaltung, b) künstlerische Verzierung.

bleach [bliːtʃ] **I** *v/t* **1.** bleichen. **2.** *fig.* reinigen, läutern. **II** *v/i* **3.** bleichen. **III** *s* **4.** Bleichen *n*: **to give s.th. a ~** etwas bleichen. **5.** Bleichmittel *n*: **~ liquor** Bleichlauge *f.* **ˈbleach·er** *s* **1.** Bleicher(in). **2.** *bes. sport Am.* a) *meist pl* (*a. als sg konstruiert*) ˈunüberˌdachte Triˈbüne (*meist mit unnumerierten Plätzen*), b) *pl* ˈunüberˌdachte Triˈbünenplätze *pl*, c) *pl* (*die*) ˈunüberˌdachte Triˈbüne, (*die*) Zuschauer *pl* auf den unüberdachten Tribünenplätzen. **ˈbleach·erˌite** [-ˌraɪt] *s bes. sport Am.* Zuschauer(in) auf e-m ˈunüberˌdachten Triˈbünenplatz. **ˈbleach·ing** *s* Bleichen *n*: **chemical ~** Schnellbleiche *f*; **~ powder** *chem.* Bleichpulver *n*, Chlorkalk *m.*

bleak[1] [bliːk] *s ichth.* Ukeˈlei *m.*

bleak[2] [bliːk] *adj* (*adv* **~ly**) **1.** kahl, öde. **2.** ungeschützt, windig, zugig. **3.** rauh, kalt: **~ weather**; **a ~ wind.** **4.** *fig.* trost-, freudlos (*Dasein etc*), trüb, düster (*Aussichten etc*): **the future looks ~** die Zukunft sieht düster aus. **ˈbleak·ness** *s* **1.** Kahlheit *f*, Öde *f.* **2.** Rauheit *f*, Kälte *f.* **3.** *fig.* Trostlosigkeit *f*, Düsterheit *f.*

blear [blɪə(r)] **I** *adj* **1.** → **bleary** 1-3. **II** *v/t* **2.** *den Blick* trüben. **3.** *bes.* **to ~ the eyes of** *obs. j-n* hinters Licht führen. **ˈ~-eyed, ˈ~-ˌwit·ted** → **bleary-eyed.**

blear·y [ˈblɪərɪ] *adj* **1.** trübe, verschwommen. **2.** trüb, (durch Tränen *od.* Müdigkeit) getrübt (*Augen*). **3.** *fig.* dunkel, nebelhaft. **4.** (völlig) erschöpft. **ˈ~-eyed** *adj* **1.** a) mit trüben Augen: **she looked at him ~** sie sah ihn durch e-n Tränenschleier an, b) verschlafen (*Person*). **2.** *fig.* a) einfältig, b) kurzsichtig.

bleat [bliːt] **I** *v/i* **1.** blöken (*Schaf, Kalb*), meckern (*Ziege*). **2.** plärren. **3.** in weinerlichem Ton reden. **II** *v/t* **4.** *oft* **~ out** *etwas* plärren. **5.** *oft* **~ out** *etwas* in weinerlichem Ton sagen. **III** *s* **6.** Blöken *n*, Meckern *n.* **7.** Plärren *n.*

bleb [bleb] *s* **1.** Bläs-chen *n*, Luftblase *f.* **2.** *med.* (Haut)Bläs-chen *n.*

bled [bled] *pret u. pp von* **bleed.**

bleed [bliːd] **I** *v/i pret u. pp* **bled** [bled] **1.** bluten (*a. Pflanze*): **to ~ to death** verbluten. **2.** sein Blut vergießen, sterben (**for** für). **3. my heart ~s for him** a) ich empfinde tiefes Mitleid mit ihm, b) *iro.* ich fang' gleich an zu weinen, mir kommen gleich die Tränen. **4.** *colloq.* ‚bluten', ‚blechen' (*zahlen*): **to ~ for s.th.** für etwas schwer bluten müssen. **5.** ver-, auslaufen (*Farbe*). **6.** *tech.* zerlaufen (*Asphalt etc*). **7.** schwitzen (*Mauer etc*). **8.** *tech.* leck sein, lecken. **9.** *print.* a) angeschnitten *od.* bis eng an den Druck beschnitten sein (*Buch, Bild*), b) über den Rand gedruckt sein (*Illustration*). **II** *v/t* **10.** *med.* zur Ader lassen. **11.** a) *e-m Baum* Saft abzapfen, b) Gas *od.* e-e Flüssigkeit ablassen aus: **to ~ a brake** *mot.* e-e Bremse entlüften. **12.** *colloq.* ‚bluten lassen', ‚schröpfen': **to ~ s.o. white** j-n bis zum Weißbluten auspressen; **to ~ s.o. for £1,000** j-m 1000 Pfund ‚abknöpfen'. **13.** *Färberei*: den Farbstoff entziehen (*dat*). **14.** a) den Rand (*e-r Illustration etc*) abschneiden, b) über den Rand drucken. **III** *s* **15.** *print.* angeschnittene Seite.

'bleed·er *s* **1.** *med.* Bluter *m*: **~'s disease** Bluterkrankheit *f*. **2.** *colloq.* ‚Blutsauger' *m*. **3.** *sl.* a) Kerl *m*: **lucky ~** Glückspilz *m*; **poor (old) ~** armer Hund, armes Schwein, b) Gauner *m* (*a. humor.*): **you old ~!**, c) *Br.* ‚Scheißkerl' *m*, d) *Br.* ‚Scheißding *n*, -sache' *f*: **that job is a real ~** diese Arbeit ist einfach ‚beschissen'; **a ~ of a headache** verfluchte Kopfschmerzen. **4.** *tech.* 'Ablaßven,til *n*. **5.** *electr.* 'Vorbelastungs,widerstand *m*: **~ current** Vorbelastungsstrom *m*; **~ (resistor)** *TV* Nebenschlußwiderstand.

'bleed·ing I *s* **1.** *med.* a) Blutung *f*, b) Aderlaß *m*: **~ of the nose** Nasenbluten *n*. **2.** Auslaufen *n* (*von Farbe*). **3.** *tech.* Zerlaufen *n* (*von Asphalt etc*). **4.** Entlüften *n* (*der Bremsen*). **II** *adj u. adv* **5.** *sl.* verdammt, verflucht: **~ idiot** Vollidiot *m*; **~ beautiful** wahnsinnig schön. **~ heart** *s bot.* Flammendes Herz.

bleed valve *s tech.* 'Ablaßven,til *n*.

bleep [bli:p] **I** *s* **1.** Piepton *m*. **2.** *colloq.* ‚Piepser' *m* (*Funkrufempfänger*). **II** *v/i* **3.** piepen. **III** *v/t* **4.** *TV etc ein anstößiges Wort etc* durch e-n Piepton ersetzen. **5.** *j-n* ‚anpiepsen' (*mit j-m über e-n Funkrufempfänger Kontakt aufnehmen*).

'bleep·er → **bleep** 2.

blem·ish ['blemɪʃ] **I** *v/t* **1.** entstellen, verunstalten. **2.** *fig.* beflecken, schänden, (*dat*) schaden. **II** *s* **3.** Fehler *m*, Mangel *m*, Verunstaltung *f*, Schönheitsfehler *m* (*a. fig.*). **4.** *fig.* Makel *m*. **5.** *tech.* Fehlstelle *f*.

blench[1] [blentʃ] **I** *v/i* **1.** verzagen, den Mut verlieren. **2.** zu'rückschrecken (**at** vor *dat*). **II** *v/t* **3.** *obs.* (ver)meiden.

blench[2] [blentʃ] → **blanch** 8.

blend [blend] **I** *v/t pret u. pp* **'blend·ed,** *obs. od. poet.* **blent** [blent] **1.** a) vermengen, (ver)mischen, verschmelzen, b) *Flüssigkeiten* mixen, c) *Kartoffeln etc* pü'rieren. **2.** mischen, e-e (*Tee-, Tabak-, Whisky- etc*)Mischung zs.-stellen aus, *Wein* verschneiden. **3.** *Farben* inein'ander 'übergehen lassen. **4.** *Pelze* dunkel färben. **5.** **~ in** *electr. tech.* über'blenden. **II** *v/i* **6.** *a.* **~ in (with)** sich vermischen, sich (har'monisch) verbinden (mit), gut passen (zu). **7.** verschmelzen, inein'ander 'übergehen (*Farben, Klänge, Kulturen etc*): **to ~ into** sich vereinigen zu (*e-m Ganzen etc*). **8.** *biol.* sich mischen (*Vererbungsmerkmale*). **III** *s* **9.** Mischung *f*, (har'monische) Zs.-stellung (*Getränke, Farben etc*), Verschnitt *m* (*Spirituosen*). **10.** Verschmelzung *f* (*von Klängen etc*). **11.** *biol.* Vermischung *f*. **12.** *ling.* Kurzwort *n* (*z. B.* **smog** *aus* **smoke** *u.* **fog**).

blende [blend] *s min.* (*engS.* Zink-) Blende *f*.

'blend·er *s* Mixer *m*, Mixgerät *n*.

blend word → **blend** 12.

blen·noid ['blenɔɪd] *adj med.* schleimähnlich. **,blen·nor'rh(o)e·a** [-nə'ri:ə] *s med.* Blennor'rhö(e) *f*, eitrige Bindehautentzündung.

blen·ny ['blenɪ] *s ichth.* (*ein*) Schleimfisch *m*.

blent [blent] *obs. od. poet. pret u. pp von* **blend.**

bles·bok ['blesbɒk; -bʌk; *Am.* -,bɑk] *pl* **-boks,** *bes. collect.* **-bok** *s zo.* Bläßbock *m*.

bless [bles] *pret u. pp* **blessed,** *a.* **blest** [blest] *v/t* **1.** segnen, den Segen sprechen über (*acc*). **2.** *Hostie, Reliquie* weihen, segnen. **3.** *Gott* bene'deien, lobpreisen. **4.** glücklich machen, beseligen: **a child ~ed the union** dem Ehepaar wurde ein Kind beschert; **to be ~ed with** gesegnet sein mit (*Talenten, Reichtum etc*). **5.** glücklich preisen: **to ~ o.s.** sich glücklich preisen *od.* schätzen; **I ~ the day when** ich segne *od.* preise den Tag, an dem; → **star** 3. **6.** a) *obs.* behüten (**from** vor *dat*), b) das Kreuz machen über (*acc*): **to ~ o.s.** sich bekreuzigen. **7.** *euphem.* verwünschen: **~ him!** der Teufel soll ihn holen! *Besondere Redewendungen*: **(God) ~ you!** a) alles Gute!, b) Gesundheit!; **well, I'm blest!** *colloq.* na, so was!; **~ me!, ~ my heart!, ~ my soul!** *colloq.* du m-e Güte!; **not at all, ~ you!** *iro.* o nein, mein Verehrtester!; **Mr Brown, ~ him** *iro.* Herr Brown, der Gute; **I am ~ed if I know** ich weiß es wirklich nicht; **~ that boy, what is he doing there?** *colloq.* was zum Kuckuck stellt der Junge dort an?; **he hasn't a penny to ~ himself with** er hat keinen roten Heller.

bless·ed ['blesɪd] **I** *adj* **1.** gesegnet, selig, glücklich: **~ event** *humor.* freudiges Ereignis (*Geburt e-s Kindes*); **of ~ memory** seligen Angedenkens; **the whole ~ day** den lieben langen Tag; → **bless** 4. **2.** gepriesen. **3.** selig, heilig: **the B~ Virgin** die heilige Jungfrau (Maria); **to declare ~** seligsprechen. **4.** *euphem.* verwünscht, verflixt: **not a ~ day of sunshine** aber auch nicht ein einziger Sonnentag; **not a ~ soul** keine Menschenseele. **II** *s* **5. the ~** die Seligen: → **island** 1. **'bless·ed·ly** *adv* glücklicherweise. **'bless·ed·ness** *s* **1.** (Glück)'Seligkeit *f*, Glück *n*: **single ~** *humor.* Junggesellendasein *n*; **to live in single ~** Junggeselle sein. **2.** Seligkeit *f*, Heiligkeit *f*.

'bless·ing *s* Segen *m*: a) Segensspruch *m*, Segnung *f*, b) Wohltat *f*, Gnade *f* (**to** für): **to ask a ~** das Tischgebet sprechen; **what a ~ that I was there!** welch ein Segen, daß ich da war!; **it turned out to be a ~ in disguise** es stellte sich im nachhinein als Segen heraus; **maybe it is a ~ in disguise** wer weiß, wofür es gut ist; **to count one's ~s** dankbar sein für alles, was e-m beschert wurde; **to give one's ~ to** *fig.* s-n Segen geben zu, *etwas* absegnen; → **mixed blessing.**

blest [blest] **I** *pret u. pp von* **bless. II** *s*: → **isle.**

blet [blet] **I** *v/i* teigig werden (*Obst*). **II** *s* (Innen)Fäule *f*.

bleth·er ['bleðə(r)] → **blather. 'bleth·er·skite** [-skaɪt] → **blatherskite.**

blew [blu:] *pret von* **blow**[1] *od.* **blow**[3].

blight [blaɪt] **I** *s* **1.** *bot.* a) Pflanzenkrankheit *f*, *bes.* (Trocken)Fäule *f*, Brand *m*, Mehltau *m*, b) Schädling(sbefall) *m*. **2.** *bes. Br.* Blutlaus *f*. **3.** *fig.* a) Gift-, Pesthauch *m*, schädlicher *od.* verderblicher Einfluß, b) Vernichtung *f*, Vereitelung *f*, c) Fluch *m*: **the ~ of poverty**; **to cast** (*od.* **put**) **a ~ on s.o.'s life** j-m das Leben vergällen. **4.** a) Verwahrlosung *f* (*e-r Wohngegend*): **area of ~** → **b**, b) verwahrloste Wohngegend. **5.** *med. Austral.* schmerzhafte Entzündung der Augenlider. **II** *v/t* **6.** (durch Brand *etc*) vernichten, verderben, rui'nieren (*a. fig.*): **to ~ s.o.'s life** j-m das Leben vergällen. **7.** *fig.* im Keim ersticken, zu'nichte machen, zerstören, vereiteln.

'blight·er *s Br. colloq.* a) Kerl *m*: **lucky ~** Glückspilz *m*; **poor ~** armer Hund, b) ‚Mistkerl' *m*, c) ‚Mistding' *n*: **that job is a real ~** diese Arbeit ist verdammt schwer; **a ~ of a headache** ekelhafte Kopfschmerzen *pl*.

Blight·y ['blaɪtɪ] *s mil. Br. sl.* **1.** die Heimat, England *n*: **back to ~. 2.** *a.* **~ one** ‚Heimatschuß' *m*. **3.** Heimaturlaub *m*.

bli·mey ['blaɪmɪ] *interj bes. Br. sl.* a) Mensch Meier! (*überrascht*), b) verdammt!

blimp[1] [blɪmp] *s tech.* **1.** unstarres Kleinluftschiff. **2.** Schallschutzhülle *f* (*e-r Filmkamera*).

Blimp[2] [blɪmp] *s a.* **Colonel ~** *bes. Br.* selbstgefällige(r) 'Erzkonserva,tive(r).

blind [blaɪnd] **I** *adj* (*adv* **~ly**) **1.** blind, Blinden...: **~ in one eye** auf 'einem Auge blind; **to strike ~** blenden (*a. fig.*); **to be struck ~** mit Blindheit geschlagen sein *od.* werden (*a. fig.*). **2.** *fig.* blind (**to** gegen['über]), verständnislos: **love is ~** Liebe macht blind; **~ to one's own defects** den eigenen Fehlern gegenüber blind; **~ with fury** blind vor Wut; **~ rage** blinde Wut; **~ side** ungeschützte *od. fig.* schwache Seite; **to turn a ~ eye** a) ein Auge zudrücken, b) sich den Tatsachen verschließen; **to turn a ~ eye to s.th.** a) bei etwas ein Auge zudrücken, b) etwas bewußt ignorieren. **3.** *fig.* blind, unbesonnen, wahllos: **~ bargain** unüberlegter Handel; **~ chance** blinder Zufall; **~ faith** blinder Glaube. **4.** blind (*ohne nähere Kenntnisse*): **~ interpretation, ~ rating** (*Statistik etc*) blinde Auswertung. **5.** zwecklos, ziellos, leer: **~ excuse** faule Ausrede; **~ pretence** (*Am.* **pretense**) Vorwand *m*. **6.** verdeckt, verborgen, geheim, *a. econ. tech.* ka'schiert: **~ staircase** Geheimtreppe *f*; **~ vein** (*Bergbau*) blinde Erzader. **7.** schwererkennbar *od.* -verständlich: **~ copy** *print.* unleserliches Manuskript; **~ corner** unübersichtliche Kurve *od.* Ecke; **~ hole** (*Golf*) Blind Hole *n* (*Loch, dessen Grün man beim Annäherungsschlag nicht sehen kann*); **~ letter** unzustellbarer Brief. **8.** *arch.* blind, nicht durch'brochen: **~ arch** Bogenblende *f*; **~ door** blinde (*zugemauerte*) Tür. **9.** *bot.* blütenlos, taub. **10.** *phot.* nur gegen blaues, vio'lettes u. 'ultravio,lettes Licht empfindlich: **~ film. 11.** matt, nicht po'liert. **12.** *colloq.* ‚blau'. **13.** *colloq.* **he didn't take a ~ bit of notice** er nahm nicht die geringste Notiz davon; **he hasn't done a ~ bit of work yet** er hat noch keinen (Hand)Schlag *od.* Strich getan; **it's not a ~ bit of use** es hat überhaupt keinen Zweck.

II *v/t* **14.** blenden (*a. fig.*), blind machen: **his left eye was ~ed** er wurde auf dem linken Auge blind; **to ~ s.o. with one's knowledge** j-n mit s-m Wissen stark beeindrucken. **15.** *j-m* die Augen verbinden. **16.** *fig.* mit Blindheit schlagen, verblenden, blind machen (**to** für, gegen): **to ~ o.s. to facts** sich den Tatsachen verschließen. **17.** verdunkeln, das Licht nehmen (*dat*). **18.** verbergen, -hehlen, -tuschen: **to ~ a trail** e-e Spur verwischen. **19.** *mil.* verblenden, mit e-r Blende versehen. **20.** *Straßenbau*: mit Kies *od.* Erde ausfüllen. **21.** *tech.* mat'tieren.

III *v/i* **22.** *mot. Br. sl.* wie ein Verrückter rasen.

IV *s* **23. the ~** die Blinden. **24.** a) Rolladen *m*, b) Rou'leau *n*, Rollo *n*, c) *bes. Br.* Mar'kise *f*: → **Venetian** 1. **25.** *pl*

Scheuklappen *pl.* **26.** *fig.* a) Vorwand *m*, b) (Vor)Täuschung *f*, c) Tarnung *f*. **27.** *colloq.* Strohmann *m*. **28.** → **blindage. 29.** *hunt. bes. Am.* Deckung *f*. **30.** *Br. sl.* ‚Saufe'rei' *f*. **31.** → **blind tooling.**

V *adv* **32.** blind: → **fly**[1] 10. **33.** blindlings, sinnlos: **to go it** ~ *colloq.* blind (-lings) drauflosgehen; ~ **drunk** *colloq.* ‚sternhagelvoll'.

'blind·age *s mil. hist.* Blin'dage *f* (*Deckwand gegen Splitter im Festungsbau*).

blind| al·ley *s* Sackgasse *f* (*a. fig.*): **to lead up a** ~ in e-e Sackgasse führen. **,~-'al·ley** *adj* zu nichts führend: ~ **occupation** Stellung *f* ohne Aufstiegsmöglichkeiten. **~ ap·proach** *s aer.* Blindanflug *m*. **,~-ap'proach** *adj*: ~ **beacon** Blindlandefeuer *n*; ~ **beam system** impulsgesteuerte Navigationsbake (*zum Ansteuern der Landebahn*). **~ block·ing** → **blind tooling. ~ coal** *s* Taubkohle *f*, Anthra'zit *m*. **~ date** *s colloq.* a) Rendez'vous *n* mit e-r *od.* e-m Unbekannten, b) *unbekannter Partner bei e-m solchen Rendezvous.*

'blind·er *s* **1.** *pl Am.* Scheuklappen *pl* (*a. fig.*). **2.** *Br. sl.* a) ‚Saufe'rei' *f*, b) ‚Sauftour' *f*: **to go on a** ~ e-e Sauftour machen.

blind| flight *s aer.* Blind-, Instru'mentenflug *m*. **'~fold I** *adj* **1.** mit verbundenen Augen: ~ **chess** Blindschach *n*. **2.** *fig.* blind: ~ **rage. II** *adv* **3.** *fig.* blindlings. **III** *v/t* **4.** *j-m* die Augen verbinden. **5.** *fig.* blind machen. **IV** *s* **6.** Augenbinde *f*. **B~ Fred·die** *s*: ~ **could see that!** *Austral. colloq.* das sieht doch ein Blinder! **~ gut** *s anat.* Blinddarm *m*.

blind·man's| buff [-mænz] *s* Blindekuh(spiel *n*) *f*. **~ hol·i·day** *s obs.* Zwielicht *n*, Abenddämmerung *f*.

'blind·ness *s* **1.** Blindheit *f* (*a. fig.*). **2.** *fig.* Verblendung *f*.

blind| net·tle *s bot.* Weiße Taubnessel. **~ shell** *s mil.* **1.** Gra'nate *f* ohne Sprengladung. **2.** Blindgänger *m*. **~ spot** *s* **1.** *med.* blinder Fleck (*auf der Netzhaut*). **2.** *fig.* schwacher *od.* wunder Punkt. **3.** *tech.* tote Zone, Totpunkt *m*. **4.** *mot.* toter Winkel (*im Rückspiegel*). **5.** *electr.* Schattenstelle *f*, Empfangsloch *n* (*e-s Senders*). **'~-stamp** *v/t bes. Bucheinband* blindprägen. **~ stitch** *s* blinder (*unsichtbarer*) Stich. **~ tool·ing** *s Buchbinderei*: Blindpressung *f*, Blind(rahmen)prägung *f*. **'~worm** *s zo.* Blindschleiche *f*.

blink [blɪŋk] **I** *v/i* **1.** blinzeln, zwinkern: **to** ~ **at a)** *j-m* zublinzeln, b) → 2 *u.* 6. **2.** erstaunt *od.* verständnislos dreinblikken: **to** ~ **at** *fig.* sich maßlos wundern über (*acc*). **3.** a) schimmern, flimmern, b) blinken. **II** *v/t* **4. to** ~ **one's eyes** (mit den Augen) zwinkern. **5. to** ~ **away one's tears** s-e Tränen wegblinzeln. **6.** *a.* ~ **away** *fig.* igno'rieren: **there is no ~ing the fact** es läßt sich nicht bestreiten, es ist nicht zu leugnen (**that** daß). **7.** blinken, durch 'Lichtsi,gnale mitteilen. **8.** *Am.* erkennen: **to** ~ **the truth. III** *s* **9.** Blinzeln *n*. **10.** *bes. Br.* flüchtiger Blick. **11.** a) (Licht)Schimmer *m*, b) Blinken *n*. **12.** Augenblick *m*. **13.** → **iceblink. 14. on the** ~ *sl.* nicht in Ordnung.

'blink·er I *s* **1.** *pl* Scheuklappen *pl* (*a. fig.*). **2.** *pl a.* **pair of ~s** *colloq.* Schutzbrille *f*. **3.** *colloq.* ‚Gucker' *pl* (*Augen*). **4.** a) Blinklicht *n* (*an Straßenkreuzungen etc*), b) *mot.* Blinker *m*. **5.** a) 'Lichtsi,gnal *n*, Blinkspruch *m*, b) Blinkgerät *n*, Si'gnallampe *f*: ~ **beacon** Blinkfeuer *n*. **II** *v/t* **6.** *e-m Pferd* Scheuklappen anlegen: **~ed** mit Scheuklappen (*a. fig.*). **7.** → **blink** 7.

'blink·ing *adj u. adv Br. colloq.* verdammt: ~ **good**; ~ **idiot** Vollidiot *m*.

blip [blɪp] **I** *s* **1.** Klicken *n*. **2.** *Radar*: 'Echoim,puls *m*, -si,gnal *n*. **II** *v/i* **3.** klikken. **III** *v/t* **4.** *TV etc ein anstößiges Wort etc* durch e-n Piepton ersetzen.

bliss [blɪs] *s* Seligkeit *f* (*a. relig.*), Glück (-'seligkeit *f*) *n*, Wonne *f*. **'bliss·ful** *adj* (*adv* **~ly**) (glück)'selig: ~ **ignorance** *iro.* selige Unwissenheit. **'bliss·ful·ness** → **bliss.**

blis·ter ['blɪstə(r)] **I** *s* **1.** *med.* a) (Brand-, Wund)Blase *f*, b) (Haut)Bläs-chen *n*, Pustel *f*. **2.** *med.* Zugpflaster *n*. **3.** *tech.* a) Gußblase *f*, b) Glasblase *f*, c) Blase *f* (*auf Holz etc*). **4.** *bot.* Kräuselkrankheit *f*. **5.** *aer. colloq.* a) Bordwaffen- *od.* Beobachterstand *m* (*Kuppel*), b) Radarkuppel *f*. **6.** *mar.* Tor'pedowulst *m*. **7.** *rail. Am.* Aussichtskuppel *f*. **II** *v/t* **8.** *med.* Blasen her'vorrufen auf (*dat*). **9.** *fig. j-n* heftig attac'kieren. **III** *v/i* **10.** Blasen ziehen: **his hands** ~ **easily** er bekommt leicht Blasen an den Händen. **11.** *metall. etc* Blasen werfen. **'blis·tered** *adj med.* mit Blasen bedeckt, blasig (*a. metall. etc*).

blis·ter gas *s mil.* ätzender Kampfstoff.

'blis·ter·ing *adj* **1.** *med.* blasenziehend. **2.** brennend (*a. fig.*): ~ **sun**; **a** ~ **issue. 3.** *fig.* a) heftig: **a** ~ **attack**; ~ **pace** mörderisches Tempo, b) scharf, ätzend: **a** ~ **letter. 4.** *sl.* verdammt, verflucht.

blithe [blaɪð; *Am. a.* blaɪθ] *adj* (*adv* **~ly**) **1.** fröhlich, munter, vergnügt. **2.** unbekümmert.

blith·er·ing ['blɪðərɪŋ] *adj Br. colloq.* verdammt: ~ **idiot** Vollidiot *m*.

blitz [blɪts] **I** *s* **1.** heftiger (Luft)Angriff: **the B~** die deutschen Luftangriffe auf London (*1940/41*). **2.** → **blitzkrieg** I. **II** *v/t* **3.** a) e-n Blitzkrieg führen gegen, b) Großangriffe fliegen *od.* machen auf (*acc*), schwer bombar'dieren: **~ed area** zerbombtes Gebiet. **4.** *fig.* über'rumpeln, (blitzartig *od.* mas'siv) attac'kieren. **'~krieg** [-kriːg] **I** *s* **1.** Blitzkrieg *m*. **2.** *fig.* Über'rumpelung *f*. **II** *v/t* → **blitz** 3 a.

bliz·zard ['blɪzə(r)d] *s* Blizzard *m*, Schneesturm *m*.

bloat[1] [bləʊt] **I** *v/t* **1.** *meist* ~ **up** aufblasen, -blähen (*a. fig.*). **II** *v/i* **2.** *a.* ~ **out** auf-, anschwellen. **III** *s* **3.** aufgeblasene Per'son. **4.** *sl.* Säufer *m*. **5.** *vet.* Blähsucht *f*.

bloat[2] [bləʊt] *v/t bes. Heringe* räuchern: ~ **herring** → **bloater.**

bloat·ed ['bləʊtɪd] *adj* aufgeblasen (*a. fig. Person*), (an)geschwollen, aufgebläht (*a. fig. Budget etc*), aufgedunsen (*Gesicht etc*): ~ **with pride** stolzgeschwellt.

'bloat·er *s* Räucherhering *m*, Bückling *m*.

blob [blɒb; *Am.* blɑb] **I** *s* **1.** (*Farb-, Tinten*)Klecks *m*, (*Wachs- etc*)Tropfen *m*: **a** ~ **of jam** ein Klecks Marmelade. **2.** etwas Undeutliches *od.* Formloses: **small ~s of satire** satirische Ansätze. **3.** *Kricket*: *sl.* null Punkte *pl*. **II** *v/t* **4.** beklecksen.

bloc [blɒk; *Am.* blɑk] *s econ. pol.* Block *m*.

block [blɒk; *Am.* blɑk] **I** *s* **1.** a) Block *m*, Klotz *m* (*aus Stein, Holz, Metall etc*), b) *arch.* (hohler) Baustein, c) Baustein *m*, (Bau)Klötzchen *n* (*für Kinder*). **2.** Hackklotz *m*. **3. the** ~ der Richtblock: **to go to the** ~ das Schafott besteigen; **to send s.o. to the** ~ j-n aufs Schafott schicken. **4.** (*Schreib-, Notiz- etc*)Block *m*. **5.** *Buchbinderei*: Prägestempel *m*. **6.** Pe'rückenstock *m*. **7.** *colloq.* ‚Birne' *f* (*Kopf*). **8.** Hutstock *m*. **9.** *Schuhmacherei*: a) Lochholz *n*, b) Leisten *m*. **10.** *print.* a) Kli'schee *n*, Druckstock *m*, b) Ju'stierblock *m* (*für Stereotypieplatten*), c) Farbstein *m* (*für Klischees*). **11.** *tech.* Block *m*, Kloben *m*, Rolle *f*: ~ **and pulley**, ~ **and fall**, ~ **and tackle** Flaschenzug *m*. **12.** *tech.* (Auflage)Block *m*, Sockel *m*, Gestell *n*. **13.** *mot.* (*Motor-, Zylinder-*)Block *m*. **14.** *tech.* Block *m* (*dicke Platte von Kunststoffhalbzeug*). **15.** *rail.* Blockstrecke *f*. **16.** a) *a.* ~ **of flats** *Br.* Wohnhaus *n*, b) → **office block**, c) *Am.* Zeile *f* (*Reihenhäuser*), d) *bes. Am.* (Häuser-)Block *m*: **three ~s from here** drei Straßen weiter. **17.** Bauland *n*. **18.** a) *bes. Austral.* Siedlungsgrundstück *n*, b) *oft* **B~** *Austral.* 'Stadtprome,nade *f*. **19.** *bes. Am.* (Ausstellungs)Sockel *m* (*für Maschinen etc*): **to put on the** ~ zur Versteigerung anbieten. **20.** *sport* (*Start*)Block *m*. **21.** *fig.* Block *m*, Gruppe *f*, Masse *f*, *z. B.* a) *a.* ~ **of shares** (*bes. Am.* **stocks**) *econ.* 'Aktienpa,ket *n*, b) *a.* ~ **of seats** Zuschauerblock *m*, Sitzreihe(n *pl*) *f*, c) *a.* ~ **of information** (*Computer*) Datenblock *m*, d) *Statistik*: Testgruppe *f*. **22.** *med.* Blok'kierung *f*, Block *m*: **mental** ~ *fig.* (geistige) Sperre. **23.** a) Hindernis *n*, b) Absperrung *f*, c) Verstopfung *f*, (Verkehrs-)Stockung *f*, (-)Stauung *f*: **traffic** ~; **there was a** ~ **in the pipe** das Rohr war verstopft. **24.** Dummkopf *m*. **25.** *sport* Abblocken *n* (*e-s Gegenspielers, Schlags etc*). **26.** *Volleyball*: Block *m*: **three-man** ~ Dreierblock.

II *v/t* **27.** (auf e-m Block) formen: **to** ~ **a hat. 28.** *Buchbinderei*: (mit Prägestempeln) pressen. **29.** *tech.* a) sperren, b) aufbocken. **30.** a) hemmen, hindern (*a. fig.*), b) *fig.* verhindern, durch'kreuzen: **to** ~ **a bill** *parl. Br.* die Annahme e-s Gesetzentwurfes (*durch Hinausziehen der Beratung*) verhindern. **31.** (ab-, ver)sperren, bloc'kieren, verstopfen: **road ~ed** Straße gesperrt; **my nose is ~ed** m-e Nase ist verstopft *od.* zu. **32.** *econ. Konten* sperren, *Geld* einfrieren, bloc'kieren: **~ed account** Sperrkonto *n*; **~ed credit** eingefrorener Kredit. **33.** *chem.* blok'kieren, *Säuren* neutrali'sieren, *Katalysator* inakti'vieren. **34.** *sport Gegenspieler, Schlag etc* abblocken.

III *v/i* **35.** *sport* s-n Gegenspieler, den Schlag *etc* abblocken. **36.** (*unerwünscht*) zs.-kleben (*Papier*). **37.** *tech.* bloc'kieren (*Rad etc*).

Verbindungen mit Adverbien:

block| in *v/t* **1.** entwerfen, skiz'zieren. **2.** *Fenster etc* zumauern. **~ out** *v/t* **1.** → **block in** 1. **2.** *Licht* nehmen (*Bäume etc*). **3.** *phot. Teil e-s Negativs* abdecken. **~ up** → **block** 31.

block ad·dress *s Computer*: 'Blocka,dresse *f*.

block·ade [blɒ'keɪd; *Am.* blɑ-] **I** *s* **1.** Bloc'kade *f*: **economic** ~ Wirtschaftsblockade; **to break** (*od.* **run**) **a** ~ e-e Blockade brechen. **2.** a) Hindernis *n*, b) Sperre *f*, Barri'kade *f*. **II** *v/t* **3.** e-e Bloc'kade verhängen über (*acc*). **4.** blok'kieren, ab-, versperren.

block'ad·er *s* Bloc'kadeschiff *n*.

block'ade-,run·ner *s* Bloc'kadebrecher *m*.

'block·age *s* **1.** Bloc'kierung *f*. **2.** Verstopfung *f*: **there was a** ~ **in the pipe** das Rohr war verstopft.

block| brake *s tech.* Backenbremse *f*. **'~bust·er** *s colloq.* **1.** *mil.* Minenbombe *f*. **2.** ‚Knüller' *m* (*Sache*), (*a. Person*) ‚Wucht' *f*. **3.** *Am. Immobilienspekulant, der den Bewohnern e-r weißen Wohngegend einredet, ihr Gebiet werde von Angehörigen rassischer Minderheiten überschwemmt, damit sie unter Wert verkaufen.* **~ cap·i·tals** → **block letter** 2. **~ chain** *s tech.* **1.** Kette *f* ohne Ende. **2.** Flaschenzugkette *f*. **~ di·a·gram** *s tech.* 'Blockdia,gramm *n*, *electr. meist* Blockschaltbild *n*. **'~head** *s* Dummkopf *m*. **'~,head·ed** *adj* dumm, einfältig. **'~house** *s* Blockhaus *n*.

'block·ish *adj* dumm, einfältig.

block| let·ter *s print.* **1.** Holztype *f*. **2.** *pl* Blockschrift *f*. **~ plan** *s* skiz'zierter Plan.

~ **plane** *s tech.* Stirnhobel *m.* ~ **print** *s* **1.** Holz-, Liˈnolschnitt *m.* **2.** Katˈtun-, Tafel-, Handdruck *m.* ~ **print·ing** *s* **1.** Handdruck *m* (*Verfahren*). **2.** Drucken *n od.* Schreiben *n* in Blockschrift. ~ **sig·nal** *s rail.* ˈBlocksiˌgnal *n.* ~ **sys·tem** *s* **1.** *rail.* ˈBlocksyˌstem *n.* **2.** *electr.* Blockschaltung *f.* ~ **tin** *s tech.* Blockzinn *n.* ~ **vote** *s* Sammelstimme *f* (*wobei ein Abstimmender e-e ganze Gruppe vertritt*).

bloke [bləʊk] *s bes. Br. colloq.* Kerl *m.*

blond [blɒnd; *Am.* blɑnd] **I** *s* **1.** Blonde(r) *m.* **II** *adj* **2.** blond (*Haar*), hell (*Haut, Augen*). **3.** blond(haarig). **blonde** [blɒnd; *Am.* blɑnd] **I** *s* **1.** Blonˈdine *f.* **2.** *a.* ~ **lace** Blonde *f* (*Spitze aus Rohseide*). **II** *adj* → **blond** II.

blood [blʌd] **I** *s* **1.** Blut *n*: **to give one's** ~ (**for**) sein Blut *od.* sein Leben lassen (für); **to have English** ~ **in one's veins** englisches Blut in den Adern haben; **to taste** ~ Blut lecken; **to inject fresh** ~ **into** *fig.* frisches Blut zuführen (*dat*); **his** ~ **froze** (*od.* **ran cold**) das Blut erstarrte ihm in den Adern; ~ **and thunder** *fig.* ‚Mord u. Totschlag' *m* (*in der Literatur etc*). **2.** *fig.* Blut *n*, Temperaˈment *n*: **it made his** ~ **boil** es brachte ihn in Rage; **his** ~ **was up** sein Blut war in Wallung; **to breed** (*od.* **make**) **bad** (*od.* **ill**) ~ böses Blut machen *od.* schaffen (**between** zwischen *dat*); **one cannot get** ~ **out of a stone** man kann von herzlosen Menschen kein Mitgefühl erwarten; → **cold blood. 3.** (edles) Blut, Geblüt *n*, Abstammung *f*: **prince of the** ~ **royal** Prinz *m* von königlichem Geblüt; **a gentleman of** ~ ein Herr aus adligem Haus; → **blue blood. 4.** Blutsverwandtschaft *f*, Faˈmilie *f*, Geschlecht *n*: **allied** (*od.* **related**) **by** ~ blutsverwandt; ~ **will out** Blut bricht sich Bahn; ~ **is thicker than water** Blut ist dicker als Wasser; **it runs in the** ~ es liegt im Blut *od.* in der Familie. **5.** *zo.* Vollblut *n* (*bes. Pferd*). **6.** (*bes.* roter) Saft: ~ **of grapes** Traubensaft. **7.** Blutvergießen *n*, Mord *m*: **his** ~ **be on us** *Bibl.* sein Blut komme über uns. **8.** *obs.* Leben *n*, Lebenskraft *f*: **in** ~ kraftvoll, gesund (*Tier*). **9.** *obs.* Lebemann *m*, Dandy *m.* **10.** *Br. colloq.* ‚Reißer' *m* (*Roman*). **II** *v/t* **11.** *hunt.* e-n Hund an Blut gewöhnen. **12.** *j-n* s-e Feuertaufe (*im Krieg u. fig.*) erleben lassen, *fig. j-n od. etwas* ‚taufen' *od.* einweihen.

blood| **al·co·hol** *s med.* Blutalkohol *m*: ~ **concentration** Blutalkoholgehalt *m*, ‚Promille' *pl.* ~**-and-ˈthun·der** *adj*: ~ **novel** ‚Reißer' *m.* ~ **bank** *s med.* Blutbank *f.* ˈ~**bath** *s* Blutbad *n.* ~ **blis·ter** *s med.* Blutblase *f.* ~ **bond** *s* Blutsbande *pl.* ~ **broth·er** *s* **1.** leiblicher Bruder. **2.** Blutsbruder *m.* ~ **broth·er·hood** *s* Blutsbrüderschaft *f.* ~ **cell** *s physiol.* Blutzelle *f*, *bes.* rotes Blutkörperchen. ~ **clot** *s med.* Blutgerinnsel *n*, Thrombus *m.* ~ **count** *s med.* Blutkörperchenzählung *f*, Blutbild *n.* ~ **cri·sis** *s med.* Blutkrise *f.* ˈ~ˌ**cur·dler** *s colloq.* ‚Reißer' *m* (*Roman od. Theaterstück*). ˈ~ˌ**cur·dling** *adj* grauenhaft. ~ **do·na·tion** *s* Blutspende *f.* ~ **do·nor** *s med.* Blutspender (-in).

blood·ed [ˈblʌdɪd] *adj* **1.** reinrassig, Vollblut... (*Tier*). **2.** (*in Zssgn*) ...blütig: → **pureblooded**, *etc.*

blood| **feud** *s* Blutfehde *f.* ~ **gland** *s physiol.* endoˈkrine Drüse. ~ **group** *s med.* Blutgruppe *f.* ~ **group·ing** *s med.* Blutgruppenbestimmung *f.* ˈ~**guilt**, ˈ~ˌ**guilt·i·ness** *s* Blutschuld *f.* ˈ~ˌ**guilt·y** *adj* mit Blutschuld beladen. ~ **heat** *s physiol.* Blutwärme *f*, ˈKörpertemperaˌtur *f.* ~ **horse** *s* Vollblut(pferd) *n*, Vollblüter *m.* ˈ~**hound** *s* Bluthund *m* (*a. fig.*). ~ **is·lands** *s pl med.* Blutinseln *pl* (*des Embryos*).

ˈ**blood·less** *adj* **1.** blutlos, -leer (*a. fig. leblos*). **2.** bleich. **3.** gefühllos, kalt. **4.** unblutig, ohne Blutvergießen: ~ **revolution**; ~ **victory**.

ˈ**blood**|ˌ**let·ting** *s* **1.** *med.* Aderlaß *m* (*a. fig.*). **2.** Blutvergießen *n* (*bes. bei e-r Blutfehde*). ˈ~**line** *s biol. zo.* Blutlinie *f* (*Abstammungsverlauf*). ~ **meal** *s agr.* Blutmehl *n.* ˈ~**moˌbile** [-məʊˌbiːl] *s med. Am.* fahrbare Blutspenderstelle. ~ **mon·ey** *s* Blutgeld *n.* ~ **or·ange** *s* ˈBlutoˌrange *f.* ~ **pic·ture** *s med.* Blutbild *n.* ~ **plas·ma** *s physiol.* Blutflüssigkeit *f*, -plasma *n.* ~ **poi·son·ing** *s med.* Blutvergiftung *f.* ~ **pres·sure** *s med.* Blutdruck *m.* ~ **pud·ding** *s* Blutwurst *f.* ~**-ˈred** *adj* blutrot. ~ **re·la·tion** *s* Blutsverwandte(r *m*) *f.* ~ **re·la·tion·ship** *s* Blutsverwandtschaft *f.* ~ **rel·a·tive** *s* Blutsverwandte(r *m*) *f.* ~ **re·venge** *s* Blutrache *f.* ˈ~**root** *s bot.* Blutwurz *f.* ~ **sam·ple** *s med.* Blutprobe *f.* ~ **sau·sage** *s bes. Am.* Blutwurst *f.* ~ **se·rum** *s physiol.* Blutserum *n.* ˈ~**shed**, ˈ~ˌ**shed·ding** *s* Blutvergießen *n.* ˈ~**shot** *adj* ˈblutunterˌlaufen. ~ **spav·in** *s vet.* Blutspat *m* (*Pferd*). ~ **spec·i·men** *s med.* Blutprobe *f.* ~ **sport** *s hunt.* Hetz-, *bes.* Fuchsjagd *f.* ˈ~**stain** *s* Blutfleck *m.* ˈ~**stained** *adj* blutbefleckt. ˈ~**stock** *s* Vollblutpferde *pl.* ˈ~**stone** *s min.* **1.** Blutstein *m*, Hämaˈtit *m.* **2.** Helioˈtrop *m* (*e-e Quarz-Abart*). ~ **stream** *s* **1.** *physiol.* Blutstrom *m*, -kreislauf *m.* **2.** *fig.* Lebensstrom *m.* ˈ~ˌ**suck·er** *s zo.* Blutsauger *m* (*a. fig.*). ~ **sug·ar** *s physiol.* Blutzucker *m*, Gluˈkose *f.* ~ **test** *s med.* ˈBlutprobe *f*, -unterˌsuchung *f.* ˈ~**thirst**, ˈ~ˌ**thirst·i·ness** *s* Blutdurst *m.* ˈ~ˌ**thirst·y** *adj* blutdürstig. ~ **trans·fu·sion** *s med.* ˈBluttransfusiˌon *f*, -überˌtragung *f.* ~ **type** *s med.* Blutgruppe *f.* ˈ~**-type** *v/t med.* die Blutgruppe (*gen*) bestimmen. ~ **typ·ing** *s med.* Blutgruppenbestimmung *f.* ˈ~ˌ**vas·cu·lar** *adj anat.* Blutgefäß...: ~ **system**; ~ **gland** Blut-, Hormondrüse *f.* ~ **ven·geance** *s* Blutrache *f.* ~ **ves·sel** *s anat.* Blutgefäß *n.* ˈ~**wort** *s bot.* **1.** Blutampfer *m.* **2.** Attich *m*, ˈZwerghoˌlunder *m.* **3.** (*e-e*) ˈBlutnarˌzisse. **4.** (*ein*) Tausendˈgüldenkraut *n.* **5.** Schafgarbe *f.* **6.** Ruprechtskraut *n.*

ˈ**blood·y I** *adj* **1.** blutig, blutbefleckt. **2.** Blut...: ~ **feud**; ~ **flux** *med.* rote Ruhr. **3.** blutdürstig, -rünstig, mörderisch, grausam: **a** ~ **battle** e-e blutige Schlacht. **4.** *Br. sl.* verdammt, verflucht (*oft nur verstärkend*): ~ **fool** Vollidiot *m*; **not a** ~ **soul** ‚kein Schwanz'. **II** *adv* **5.** *Br. sl.* verdammt, verflucht: ~ **awful** saumäßig, ganz fürchterlich; **not** ~ **likely!** kommt überhaupt nicht in Frage!; **he can** ~ **well wait** der Kerl kann ruhig warten. **III** *v/t* **6.** blutig machen, mit Blut beflecken. **7.** *j-n* blutig schlagen. **B**~ **Ma·ri·a** *s Am. Getränk aus Tequila u. Tomatensaft.* **B**~ **Ma·ry** *s Getränk aus Wodka u. Tomatensaft.* ~**-ˈmind·ed** *adj Br. colloq.* **1.** stur. **2.** boshaft, niederträchtig. ~ **shirt** *s*: **to wave the** ~ *Am.* hetzen, Haßgesänge anstimmen.

bloo·ey [ˈbluːiː] *adj*: **to go** ~ *Am. sl.* schief-, danebengehen.

bloom[1] [bluːm] **I** *s* **1.** Flaum *m*, Hauch *m* (*auf Früchten u. Blättern*), Schmelz *m* (*a. fig.*). **2.** *poet.* Blume *f*, Blüte *f*, Flor *m*: **to be in full** ~ in voller Blüte stehen. **3.** *fig.* Blüte(zeit) *f*, Jugend(frische) *f*, Glanz *m*: **the** ~ **of youth** die Jugendblüte; **the** ~ **of her cheeks** die rosige Frische ihrer Wangen. **4.** *Brauerei*: Gärungsschaum *m.* **5.** Wolkigkeit *f* (*des Firnisses*). **6.** Fluoresˈzenz *f* (*von Petroleum*). **7.** *TV* Überˈstrahlung *f.* **8.** *min.* Blüte *f.* **II** *v/i* **9.** blühen, in Blüte stehen (*a. fig.*). **10.** (er)blühen, (*in Jugendfrische, Schönheit etc*) (er)strahlen.

bloom[2] [bluːm] *s metall.* **1.** Vor-, Walzblock *m.* **2.** Puddelluppe *f*: ~ **steel** Luppenstahl *m.*

bloom·er [ˈbluːmə(r)] *s bes. Br. colloq.* grober Fehler, Schnitzer *m.*

bloom·ers [ˈbluːmə(r)z] *s pl a.* **pair of** ~ **1.** *hist.* (Damen)Pumphose *f.* **2.** *Am.* Schlüpfer *m* mit langem Bein.

ˈ**bloom·ing**[1] *adj* **1.** blühend (*a. fig.*). **2.** *colloq.* (*a. adv*) verflixt.

ˈ**bloom·ing**[2] *s metall.* Luppenwalzen *n.*

bloop [bluːp] *colloq.* **I** *s Film etc*: Klebstellengeräusch *n.* **II** *v/i Radio*: heulen.

bloop·er [ˈbluːpə(r)] *s bes. Am. colloq.* **1.** grober Fehler, Schnitzer *m.* **2.** peinlicher Irrtum.

blos·som [ˈblɒsəm; *Am.* ˈblɑ-] **I** *s* **1.** a) (*bes. fruchtbildende*) Blüte, b) Blütenstand *m*, -fülle *f*: **to be in full** ~ in voller Blüte stehen. **2.** *fig.* Blüte(zeit) *f.* **3.** *fig.* ‚Perle' *f* (*hervorragende Sache od. Person*). **4.** Pfirsichfarbe *f.* **II** *v/i* **5.** blühen: a) Blüten treiben (*a. fig.*), b) *fig.* gedeihen: **to** ~ (**out**) *fig.* erblühen, gedeihen (**into** zu).

blot [blɒt; *Am.* blɑt] **I** *s* **1.** (*Farb-, Tinten-*) Klecks *m.* **2.** *fig.* (Schand)Fleck *m*, Makel *m*: **to cast a** ~ **upon s.o.** j-n verunglimpfen; → **escutcheon** 1. **3.** Verunstaltung *f*, Schönheitsfehler *m.* **II** *v/t* **4.** (*mit Tinte etc*) beklecksen: → **copybook** 1. **5.** *fig.* a) beflecken, b) verunglimpfen. **6.** *oft* ~ **out** *Schrift* aus-, ˈdurchstreichen. **7.** *oft* ~ **out** *e-e Familie etc, a. fig. Erinnerungen* auslöschen. **8.** *den Himmel* verdunkeln (*Wolken*), *Berge etc* einhüllen (*Nebel*). **9.** (*mit Löschpapier*) (ab)löschen. **10.** *print.* unsauber abziehen. **III** *v/i* **11.** klecksen, schmieren.

blotch [blɒtʃ; *Am.* blɑtʃ] **I** *s* **1.** (*Farb-, Tinten*)Klecks *m.* **2.** *fig.* Makel *m*, (Schand)Fleck *m.* **3.** *med.* Hautfleck *m.* **4.** *bot. allg.* Fleckenkrankheit *f.* **II** *v/t* **5.** (*mit Tinte etc*) beklecksen. **III** *v/i* **6.** klecksen, schmieren. ˈ**blotch·y** *adj* **1.** klecksig. **2.** *med.* fleckig (*Haut*).

blot·ter [ˈblɒtə; *Am.* ˈblɑtər] *s* **1.** (Tinten)Löscher *m.* **2.** *Am.* a) Eintragungsbuch *n*, Kladde *f*, b) → **police blotter**.

blot·tesque [blɒˈtesk; *Am.* blɑ-] *adj paint.* mit schweren (Pinsel)Strichen ausgeführt.

blot·ting| **book** *s* ˈLöschpaˌpierblock *m.* ~ **pad** *s* ˈSchreibˌunterlage *f od.* Block *m* aus ˈLöschpaˌpier. ~ **pa·per** *s* ˈLöschpaˌpier *n.*

blot·to [ˈblɒtəʊ; *Am.* ˈblɑ-] *adj sl.* ‚(stink-) besoffen', ‚sternhagelvoll'.

blouse [blaʊz; *Am.* blaʊs] *s* **1.** Bluse *f.* **2.** a) *bes. mil.* Uniˈformjacke *f*, b) *mil.* Feldbluse *f.*

blow[1] [bləʊ] **I** *s* **1.** Blasen *n*, Wehen *n.* **2.** a) *mar.* steife Brise, b) Luftzug *m*, frischer Wind: **to go for a** ~ an die frische Luft gehen. **3.** Blasen *n*, Stoß *m* (*in ein Instrument*): **a** ~ **on a whistle** ein Pfiff. **4.** a) Schnauben *n*, b) (Nase)Schneuzen *n*: **to give one's nose a** ~ sich die Nase putzen, sich schneuzen. **5.** *Am. colloq.* a) Angabe *f*, Angebeˈrei *f*, b) Angeber *m.* **6.** Eierlegen *n*, Schmeiß *m* (*der Fliegen*). **7.** *tech.* a) undichte Stelle, Leck *n*, b) Damm-, Deichbruch *m.* **8.** *metall.* Chargengang *m* (*Hochofen*), Schmelze *f* (*Konverterbetrieb*). **9.** *colloq.* Verschnauf-, Atempause *f.* **10.** → **blow-out** 4.

II *v/i pret* **blew** [bluː] *pp* **blown** [bləʊn] **11.** blasen, wehen, pusten: **it is** ~**ing hard** es weht ein starker Wind; **to** ~ **hot and cold** *fig.* unbeständig *od.* wetterwendisch sein. **12.** *mus.* a) blasen, spielen (**on** auf *dat*), b) *Am. sl.* Jazz spielen. **13.** ertönen (*Pfiff etc*), (er)schallen (*Trompete etc*). **14.** keuchen, schnaufen, pusten. **15.** zischen (*Schlange*). **16.** spritzen, blasen (*Wal, Delphin*). **17.** Eier legen (*Schmeißfliege*). **18.** *Am. colloq.* angeben. **19.** *sl.* ‚verduften', ‚abhauen'. **20.** *tech.* a) quellen (*Zement*), b) Blasen bilden (*Papier etc*). **21.** (*aus dem Bohrloch*) ˈunkontrolˌliert ausbrechen (*Erdgas, Erdöl*). **22.** a) exploˈdieren, in die Luft fliegen, b) platzen (*Reifen*), c) *electr.* ˈdurchbrennen (*Sicherung*).

III *v/t* **23.** blasen, wehen, (auf)wirbeln, treiben (*Wind*). **24.** *Rauch etc* blasen, pusten: → **kiss** 1. **25.** *Suppe etc* blasen, *Feuer* anfachen, *den Blasebalg* treten *od.* ziehen. **26.** *die Trompete etc* blasen, ertönen lassen: **to ~ the horn** a) das Horn blasen, ins Horn stoßen, b) *mot.* hupen; **to ~ one's own horn** *Am. fig.* sein eigenes Lob(lied) singen; → **trumpet** 1, **whistle** 6. **27.** *bes. ein Pferd* a) außer Atem bringen, b) verschnaufen lassen. **28.** aufblasen, -blähen: **to ~ bubbles** Seifenblasen machen; **to ~ glass** Glas blasen. **29.** a) → **blow up** 1, b) **he blew a fuse** *electr.* ihm ist die Sicherung durchgebrannt (*a. fig. colloq.*); **to ~ a gasket, to ~ one's cool** (*od.* **lid, stack, top**) *colloq.* ‚an die Decke gehen' (*vor Wut*), e-n ‚Tobsuchtsanfall bekommen'; **to ~ s.o.'s mind** *sl.* j-s Bewußtsein verändern (*Droge*), *fig.* ‚j-n vom Stuhl hauen'. **30.** *sl.* a) ‚verpfeifen', verraten, b) enthüllen, aufdecken: → **gaff**³ 2, **lid** 1. **31.** aus-, ˈdurchblasen: **to ~ one's nose** sich die Nase putzen, sich schneuzen; **to ~ an egg** ein Ei ausblasen; **to ~ an oil well** *tech.* e-e Ölquelle durch Sprengung löschen. **32.** *sl. e-e Droge* a) rauchen: **to ~ grass** ‚kiffen', b) ‚schnüffeln', ‚sniffen' (*inhalieren*). **33.** *sl. Geld* ‚verpulvern' (**on** für). **34.** *Am. sl.* **to ~ s.o. to s.th.** j-m etwas spendieren; **to ~ o.s. to s.th.** sich etwas leisten. **35.** *sl.* a) *Klassenarbeit etc* ‚versauen', b) *sport Chance* vergeben. **36.** *sl.* ‚verduften' *od.* ‚abhauen' von *od.* aus (*e-r Stadt etc*). **37. to ~ s.o.** *vulg.* j-m e-n ‚blasen' (*j-n fellationieren*). **38.** (*pp* **blowed**) *colloq.* verfluchen: **~ it!** verdammt!; **I'll be ~ed if** der Teufel soll mich holen, wenn; **~ the expense!, expense be ~ed!** Kosten spielen keine Rolle! **39.** *Damespiel: e-n Stein* wegnehmen.

Verbindungen mit Adverbien:

blow| a·way *v/t* **1.** fort-, wegblasen, -fegen (*a. fig.*): → **cobweb** 4. **2.** *fig.* verjagen. **~ down I** *v/t* ˈum-, herˈunterwehen. **II** *v/i* ˈum-, herˈuntergeweht werden. **~ in I** *v/t* **1.** *Scheiben* eindrücken (*Wind*). **2.** *tech. den Hochofen* anblasen. **II** *v/i* **3.** eingedrückt werden. **4.** *colloq.* ‚herˈeinschneien' (*Besucher*). **~ off I** *v/t* **1.** → **blow away** 1 *u.* 2. **2.** *tech. Dampf od. Gas* ablassen: → **steam** 1. **II** *v/i* **3.** abtreiben (*Schiff*). **4.** ausströmen (*Dampf etc*). **5.** *Am colloq.* ‚meckern', schimpfen (**about** über *acc*). **6.** *Br. sl.* ‚e-n fahren lassen'. **~ out I** *v/t* **1.** *Licht* ausblasen, *a. Feuer* (aus)löschen. **2.** *tech. den Hochofen* ausblasen. **3.** *electr. Funken etc* löschen. **4.** a) *Rohr etc* ˈdurch-, ausblasen, b) *etwas* herˈausblasen. **5.** herˈaussprengen, -treiben: **to ~ one's brains** *colloq.* sich e-e Kugel durch den Kopf jagen. **6.** *e-n Reifen etc* platzen lassen: **he blew out a tire** (*bes. Br.* **tyre**) ihm *od.* an s-m Wagen platzte ein Reifen. **7.** → **blow**¹ 29 b. **8. to blow itself out** → 13. **II** *v/i* **9.** ausgeblasen werden, verlöschen. **10.** herˈausgesprengt *od.* herˈausgetrieben werden. **11.** → **blow**¹ 22 b *u.* c. **12.** verpuffen (*Sprengladung*). **13.** sich austoben (*Sturm*). **14.** → **blow**¹ 21. **~ o·ver I** *v/t* **1.** ˈumwehen. **II** *v/i* **2.** ˈumgeweht werden. **3.** sich legen (*Sturm*) (*a. fig.*). **~ up I** *v/t* **1.** a) (in die Luft) sprengen, b) vernichten, zerstören, c) zur Exploˈsion bringen. **2.** aufblasen, -pumpen. **3.** a) *ein Foto* vergrößern, b) *fig.* aufbauschen (**into** zu). **4.** *colloq.* a) sich negativ auswirken auf (*acc*), b) *j-s Ruf etc* ruiˈnieren. **5.** *colloq. j-n* ‚anschnauzen'. **II** *v/i* **6.** a) in die Luft fliegen, b) exploˈdieren (*a. fig. colloq.*): **to ~ at s.o.** j-n ‚anschnauzen'. **7.** sich aufblasen *od.* aufpumpen lassen. **8.** losbrechen (*Sturm etc*), ausbrechen (*Streit etc*). **9.** *colloq.* ruiˈniert werden (*Ruf etc*). **10.** *fig. colloq.* auf-, eintreten.

blow² [bləʊ] *s* **1.** Schlag *m*, Streich *m*, Hieb *m*, Stoß *m*: **at one** (*od.* **a [single]**) **~** mit ˈeinem Schlag; **without (striking) a ~** a) ohne jede Gewalt(anwendung), b) mühelos; **to come to ~s** handgemein *od.* handgreiflich werden; **to strike a ~ against** e-n Schlag versetzen (*dat*) (*a. fig.*); **to strike a ~ for** *fig.* sich einsetzen für, e-e Lanze brechen für; **~ by ~** *fig.* genau, minutiös, detailliert. **2.** *fig.* (Schicksals)Schlag *m*: **it was a great** (*od.* **heavy**) **~ to his pride** es traf ihn schwer in s-m Stolz.

blow³ [bləʊ] **I** *v/i pret* **blew** [bluː] *pp* **blown** [bləʊn] (auf-, er)blühen. **II** *s* Blüte(zeit) *f*: **to be in full ~** in voller Blüte stehen.

ˈblow|·back *s mil. tech.* Rückstoß *m*: **~ (-operated gun)** Gasdrucklader *m*. **ˈ~·ball** *s bot.* Pusteblume *f*. **ˌ~-by--ˈblow** *adj* genau, minutiˈös, detailˈliert. **ˈ~-dry** *v/t* a) *j-m die Haare* fönen: **to ~ s.o.'s hair**, b) *j-m* die Haare fönen: **to ~ s.o. ~ dry·er** *s* Haartrockner *m*, Fön *m* (*TM*).

blowed [bləʊd] *pp von* **blow**¹ 38.

ˈblow·er I *s* **1.** Bläser *m*: **~ of a horn** Hornist *m*. **2.** *tech.* Gebläse *n*. **3.** *mot.* Vorverdichter *m*, Auflader *m*. **4.** *Am. colloq.* Angeber *m*. **5.** *Br. colloq.* Teleˈfon *n*: **to get on the ~** ‚sich an die Strippe hängen'; **to get on the ~ to s.o.** j-n anrufen. **II** *adj* **6.** *tech.* Gebläse...: **~ cooling** Gebläsekühlung *f*. **7.** *mot.* Vorverdichtungs...: **~(-type) supercharger** Aufladegebläse *n*.

ˈblow|·fly *s zo.* Schmeißfliege *f*, *bes.* Blauer Brummer. **~ form·ing** *s tech.* Blasverformung *f* (*von Folien*). **ˈ~·gun** *s* **1.** Blasrohr *n*. **2.** *tech.* ˈSpritzpiˌstole *f*. **ˈ~ˌhard** *s Am. colloq.* Angeber *m*. **ˈ~·hole** *s* **1.** Luft-, Zugloch *n*. **2.** Nasenloch *n* (*Wal*). **3.** Loch *n* im Eis (*zum Atmen für Wale etc*). **4.** *metall.* (Luft)Blase *f* (*im Guß*), Lunker *m*. **~ job** *s*: **to do a ~ on s.o.** *vulg.* j-m e-n ‚blasen' (*j-n fellationieren*). **ˈ~·lamp** *s tech.* Lötlampe *f*. **ˈ~·moˌbile** [-məʊˌbiːl] *s Am.* Motorschlitten *m* mit Proˈpellerantrieb.

blown¹ [bləʊn] **I** *pp von* **blow**¹. **II** *adj* **1.** **~ film** *tech.* Blasfolie *f*. **2.** außer Atem.

blown² [bləʊn] *pp von* **blow**³.

ˈblow|·off *s* **1.** *tech.* Ablassen *n* (*von Dampf etc*). **2.** *tech.* Ablaßvorrichtung *f*: **~ cock** Ablaßhahn *m*; **~ pipe** Ablaß-, Aufblaserohr *n*. **3.** *Am. colloq.* a) ‚Knallefˌfekt' *m*, Höhepunkt *m*, b) ‚Kladderaˈdatsch' *m* (*Skandal*), c) ‚Schlager' *m*, Zugnummer *f*, d) → **blowout** 4. **ˈ~·out** *s* **1.** a) Zerplatzen *n* (*e-s Behälters*), b) Sprengloch *n*, c) Reifenpanne *f*. **2.** Blow-out *m* (*unkontrollierter Ausbruch von Erdgas od. Erdöl aus e-m Bohrloch*). **3.** *electr.* a) ˈDurchbrennen *n* der Sicherung: **he had a ~** ihm ist die Sicherung durchgebrannt (*a. fig. colloq.*), b) *a.* **magnetic ~** maˈgnetische Bogenbeeinflussung: **~ coil** (Funken)Löschspule *f*; **~ fuse** Durchschlagssicherung *f*. **4.** *colloq.* ‚Freß- *od.* Saufgelage' *n*: **to go (out) for a ~** e-e ‚Freß- *od.* Sauftour' machen. **ˈ~·pipe** *s* **1.** *tech.* Lötrohr *n*, Schweißbrenner *m*: **~ analysis** Lötrohranalyse *f*; **~ proof** Lötrohrprobe *f*. **2.** → **blowtube** 2. **3.** Blasrohr *n*. **ˈ~·torch** *s* **1.** *tech.* Lötlampe *f*. **2.** *aer. sl.* Düsentriebwerk *n*. **ˈ~·tube** *s* **1.** → **blowgun** 1. **2.** Glasbläserpfeife *f*. **ˈ~·up** *s* **1.** Exploˈsion *f* (*a. fig. colloq.*). **2.** *fig. colloq.* ‚Krach' *m*: **they had a ~** sie hatten Krach (miteinander). **3.** *phot.* Vergrößerung *f*.

ˈblow·y *adj* windig.

blowzed [blaʊzd], **ˈblowz·y** *adj* **1.** (drall u.) rotgesichtig (*Frau*). **2.** schlampig (*bes. Frau*).

blub [blʌb] *Br. sl. für* **blubber** II, III.

blub·ber [ˈblʌbə(r)] **I** *s* **1.** Tran *m*, Speck *m*. **2.** *colloq.* Schwabbelspeck *m* (*an Menschen u. Tieren*). **3.** Flennen *n*, Geplärr *n*. **II** *v/i* **4.** flennen, plärren, schluchzen. **III** *v/t* **5.** *oft* **~ out** schluchzen(d sagen). **IV** *adj* **6.** wulstig: **~ lips**. **ˈ~-cheeked** *adj* pausbäckig.

blu·cher [ˈbluːtʃə(r); -kə(r)] *s hist.* fester Halbschuh zum Schnüren.

bludg·eon [ˈblʌdʒən] **I** *s* **1.** a) Knüppel *m*, Keule *f*, b) Totschläger *m*. **2.** *fig.* a) heftige Angriffe *pl*, heftige Kriˈtik, b) ˈHolzhammermeˌthode *f*. **II** *v/t* **3.** mit e-m Knüppel *etc* schlagen, niederknüppeln. **4.** *fig.* tyranniˈsieren, drangsaˈlieren. **5. to ~ s.o. into doing s.th.** j-n zwingen, etwas zu tun.

blue [bluː] **I** *adj* **1.** blau: **you can wait till you are ~ in the face** du kannst warten, bis du schwarz wirst; → **moon** 1. **2.** bläulich, fahl (*Licht, Haut etc*). **3.** (grau-) blau, dunstig: **~ distance** blaue Ferne. **4.** *colloq.* melanˈcholisch, traurig, bedrückt, depriˈmiert: **to look ~** a) traurig dreinblicken (*Person*), b) trüb aussehen (*Umstände*); **a ~ lookout** trübe Aussichten *pl*. **5.** *pol. Br.* konservaˈtiv. **6.** blau(gekleidet). **7.** *Am.* (*moralisch*) streng, puriˈtanisch: → **blue laws**. **8.** *bes. contp.* intellektuˈell (*Frau*). **9.** a) unanständig, gewagt, nicht saˈlonfähig, schlüpfrig: **~ jokes**, b) Porno...: **~ film**. **10.** wüst, ordiˈnär (*Rede*): **to turn the air ~** lästerlich fluchen. **11.** *colloq.* schrecklich (*oft nur verstärkend*): **~ despair** helle Verzweiflung; **~ fear** Heidenangst *f*; → **funk**¹ 1, 2, **murder** 1.

II *s* **12.** Blau *n*, blaue Farbe: **dressed in ~** blau *od.* in Blau gekleidet; **chemical ~** Chemischblau *n*, Indigoschwefelsäure *f*; **constant ~** Indigokarmin *n*. **13.** blauer Farbstoff, Waschblau *n*. **14.** a) *Student von Oxford od. Cambridge, der bei Wettkämpfen s-e Universität vertritt od. vertreten hat*: **an Oxford ~ in cricket**, b) *blaue Mütze zum Zeichen dafür, daß man s-e Universität bei Wettkämpfen vertritt od. vertreten hat*: **to get** (*od.* **win**) **one's ~** in die Universitätsmannschaft berufen werden. **15.** *pol. Br.* Konservaˈtive(r) *m*. **16. the ~** *poet.* a) der (blaue) Himmel: **out of the ~** *fig.* aus heiterem Himmel, völlig unerwartet, b) die (weite) Ferne, c) das (blaue) Meer. **17.** *colloq. bes. contp.* Blaustrumpf *m*. **18.** *pl* (*a. als sg konstruiert*) *colloq.* Melanchoˈlie *f*: **to have the ~s, to be in the ~s** ‚den Moralischen haben'. **19.** *pl mus.* → **blues** 2. **20.** *Austral. colloq.* a) ‚Krach' *m*, b) Schlägeˈrei *f*.

III *v/t* **21.** blau färben *od.* streichen, *Wäsche* bläuen. **22.** *metall.* blau anlaufen lassen. **23.** *Br. colloq. Geld* ‚verpulvern', ‚verjuxen', verprassen.

IV *v/i* **24.** blau werden.

blue| ash·es *s pl* (*meist als sg konstruiert*) *tech.* Kupferblau *n*. **~ ba·by** *s med.* Blue baby *n* (*Kind mit ausgeprägter Blausucht* *bei angeborenem Herzfehler*). ˈ**B~ˌbeard** *s* (Ritter) Blaubart *m* (*Frauenmörder*). ˈ**~bell** *s bot.* **1.** (*bes.* Rundblättrige) Glockenblume. **2.** Nickende ˈSternhyaˌzinthe. **3.** ˈTraubenhyaˌzinthe *f.* **4.** Gemeine Akeˈlei. ˈ**~ber·ry** [-bərɪ; *Am.* -ˌberi:] *s bot.* Blau-, Heidelbeere *f.* ˈ**~bird** *s orn. e-e dem Rotkehlchen verwandte Drossel.* ˌ**~ˈblack** *adj* blauschwarz. **~ blood** *s* **1.** blaues Blut, alter Adel. **2.** Aristoˈkrat(in), Adlige(r *m*) *f.* ˌ**~ˈblood·ed** *adj* blaublütig, adlig. **~ book** *s* **1.** *oft* **B~ B~** *pol.* Blaubuch *n.* **2.** *oft* **B~ B~** *colloq. bes. Am. Verzeichnis prominenter Persönlichkeiten.* **3.** *univ. Am.* a) Prüfungsheft *n*, b) Prüfung *f.* ˈ**~ˌbot·tle** *s* **1.** *zo.* Schmeißfliege *f*, *bes.* Blauer Brummer. **2.** *bot.* a) Kornblume *f*, b) (*e-e*) ˈTraubenhyaˌzinthe. **3.** *Br. colloq.* ‚Bulle' *m* (*Polizist*). **~ box** *s TV, Film*: Blue box *f* (*Gerät für ein Projektionsverfahren, bei dem künstliche Hintergründe in Aufnahmestudios geschaffen werden können*). **~ cheese** *s* Blauschimmelkäse *m.* **~ chip** *s* **1.** *Poker*: blaue Spielmarke (*von hohem Wert*). **2.** *econ.* erstklassiges ˈWertpaˌpier. ˈ**~ˌcoat** *s Am. colloq.* ‚Bulle' *m* (*Polizist*). ˌ**~ˈcol·lar work·er** *s* (Faˈbrik)Arbeiter(in). **~ dev·il** *s colloq.* **1.** *pl* Säuferwahn *m.* **2.** *pl* → **blue** 18. **3.** *bot.* (*e-e*) Aster. **B~ En·sign** *s Flagge der brit. Marinereserve.* ˌ**~ˈeyed** *adj* **1.** blauäugig. **2.** ~ **boy** *colloq.* Liebling *m* (*des Chefs etc*). **3.** *Am. colloq.* (*bes. von Schwarzen gebraucht*) weiß: ~ **devil** *contp.* Weiße(r *m*) *f.* **~ fox** *s zo.* Blaufuchs *m.* ˈ**~grass** *s bot. Am.* (*bes.* Wiesen)Rispengras *n.* ˈ**B~ˌgrass State** *s Am.* (*Spitzname für den Staat*) Kenˈtucky *n.* **~ hel·met** *s mil. pol.* Blauhelm *m* (*Mitglied der UN-Friedenstruppe*). **~ i·ron earth** *s min.* Eisenblau *n.* **~ i·ron ore** *s min.* Blaueisenstein *m.* ˈ**~ˌjack·et** *s* Blaujacke *f*, Maˈtrose *m.* **~ jeans** *s pl* Blue jeans *pl.* **~ laws** *s pl Am.* strenge, puriˈtanische Gesetze *pl*, *bes.* Sonntagsgesetze *pl* (*gegen Entheiligung der Sonn- u. Feiertage*). **B~ Man·tle** *s Name e-s der 4 Wappenherolde von England.* **~ met·al** *s min.* blauer Konzentratiˈonsstein (*60% Kupfer enthaltend*).

ˈ**blue·ness** *s* **1.** Bläue *f*, blaue Farbe. **2.** *pol. Br.* konservaˈtive Einstellung.

ˈ**blue|·nose** *s colloq.* **1.** *Am.* Puriˈtaner(in), sittenstrenge Perˈson. **2. B~** Einwohner(in) von Neuˈschottland. **~ note** *s mus.* Blue note *f* (*erniedrigter 3. u. 7. Ton der Durtonleiter im Blues*). **~ pen·cil** *s* **1.** Blaustift *m.* **2.** *fig.* Rotstift *m*, Zenˈsur *f.* ˌ**~ˈpen·cil** *v/t pret u. pp* **-ciled,** *bes. Br.* **-cilled 1.** *Manuskript etc* (mit Blaustift) korriˈgieren *od.* zs.-streichen. **2.** *fig.* zenˈsieren. **~ pe·ter** *s mar.* blauer Peter (*Abfahrtssignalflagge*). ˈ**~print I** *s* **1.** *phot.* Blaupause *f.* **2.** *fig.* Plan *m*, Entwurf *m*: ~ **stage** Planungsstadium *n.* **II** *v/t* **3.** e-e Blaupause machen von (*etwas*). **4.** e-n (genauen) Plan ausarbeiten für, planen, entwerfen. ˈ**~ˌprint·er** *s* Blaudrucker *m* (*Arbeiter u. Maschine*). **~ rib·bon** *s* **1.** blaues Band: a) *Br. des Hosenbandordens*, b) *Am. als Abzeichen von Mäßigkeitsvereinen*, c) *bes. sport Auszeichnung für Höchstleistungen*: **the B~ R~** *mar.* das Blaue Band (*des Ozeans*). **2.** *fig.* erster Preis, Lorbeer *m.* ˈ**~-ˌrib·bon** *adj Am.* **1.** erstklassig. **2.** herˈausragend. **3.** ~ **jury** → **special jury**.

blues [blu:z] *s pl* **1.** → **blue** 18. **2.** (*a. als sg konstruiert*) *mus.* Blues *m.*

blue| shark *s ichth.* Blau-, Menschenhai *m.* **~ shift** *s astr. phys.* Blau-, Vioˈlettverschiebung *f.* ˌ**~ˈsky law** *s Am.* Gesetz *n* zur Verhütung unlauterer Manipulatiˈonen im ˈWertpaˌpierhandel.

ˈ**blues·man** [-mən] *s irr mus.* **1.** Bluessänger *m.* **2.** Bluesmusiker *m.*

blue| spar *s min.* Blauspat *m*, Lazuˈlith *m.* ˈ**~-ˌstock·ing** *s bes. contp.* Blaustrumpf *m.*

blu·et [ˈblu:ɪt] *s bot.* **1.** *Am.* (*ein*) Engelsauge *n.* **2.** (*e-e*) Heidelbeere.

ˈ**blue|·throat** *s orn.* Blaukehlchen *n.* ˈ**~tit** *s orn.* Blaumeise *f.* **~ vit·ri·ol** *s chem.* ˈKupfersulˌfat *n.*

bluff[1] [blʌf] **I** *v/t* **1.** a) *j-n* bluffen: **to ~ s.o. into doing s.th.** j-n durch e-n Bluff dazu bringen, etwas zu tun, b) **to ~ it out** sich herausreden; **to ~ one's way out of** sich herausreden aus. **2.** *etwas* vortäuschen. **II** *v/i* **3.** bluffen. **III** *s* **4.** Bluff *m*: **to call s.o.'s ~** j-n zwingen, Farbe zu bekennen. **5.** → **bluffer**. **6.** *pl Am.* Scheuklappen *pl.*

bluff[2] [blʌf] **I** *adj* **1.** *mar.* breit (*Bug*). **2.** schroff, steil (*Felsen, Küste*). **3.** *fig.* ehrlich-grob, gutmütig-derb; rauh, aber herzlich. **II** *s* **4.** Steil-, Felsufer *n*, Klippe *f.* **5.** *Am.* Baumgruppe *f.*

ˈ**bluff·er** *s* Bluffer *m.*

ˈ**bluff·ness** *s* **1.** Steilheit *f.* **2.** rauhe Herzlichkeit.

blu·ing [ˈblu:ɪŋ] *s* **1.** Bläuen *n* (*von Wäsche*). **2.** (Wasch)Blau *n.* **3.** bläuliches (Haar)Tönungsmittel. ˈ**blu·ish** *adj* bläulich.

blun·der [ˈblʌndə(r)] **I** *s* **1.** (grober) Fehler *od.* ‚Schnitzer', (*gesellschaftlich*) Fauxˈpas *m*: **to make a ~** → 2. **II** *v/i* **2.** e-n (groben) Fehler *od.* ‚Schnitzer' machen, ‚e-n Bock schießen', (*gesellschaftlich*) e-n Fauxˈpas begehen. **3.** (grobe) Fehler *od.* ‚Schnitzer' machen, pfuschen, stümpern. **4.** unbesonnen handeln. **5.** stolpern, tappen (*beide a. fig.*): **he ~ed into a dangerous situation**; **to ~ on** a) blind darauflostappen, b) *fig.* weiterwursteln; **to ~ upon s.th.** zufällig auf etwas stoßen. **III** *v/t* **6.** verpfuschen, verderben, ‚verpatzen'. **7.** *meist* ~ **out** herˈausplatzen mit.

ˈ**blun·der·buss** [-bʌs] *s* **1.** *mil. hist.* Donnerbüchse *f.* **2.** *colloq. für* **blunderer**.

ˈ**blun·der·er** *s* **1.** Stümper *m*, Pfuscher *m.* **2.** Tölpel *m.*

ˈ**blun·der|·head** *s* Tölpel *m.* ˈ**~ˌhead·ed** *adj* tölpelhaft.

ˈ**blun·der·ing** *adj* (*adv* **~ly**) **1.** stümperhaft, ungeschickt. **2.** tölpelhaft.

blunt [blʌnt] **I** *adj* **1.** stumpf: ~ **edge**; ~ **instrument** *jur.* stumpfer Gegenstand (*unidentifizierte Mordwaffe*). **2.** *fig.* abgestumpft, unempfindlich (**to** gegen). **3.** *fig.* ungeschliffen, ungehobelt: ~ **manners**. **4.** barsch, grob, rauh(beinig). **5.** offen, schonungslos. **6.** dumm, beschränkt. **7.** schlicht. **II** *v/t* **8.** stumpf machen, abstumpfen (*a. fig.* **to** gegen). **9.** *fig.* die Schärfe *od.* Spitze nehmen (*dat*), (ab)schwächen. **III** *v/i* **10.** stumpf werden, sich abstumpfen. **IV** *s* **11.** stumpfe Seite (*e-r Klinge etc*). **12.** *pl* kurze Nähnadeln *pl.* **13.** *sl. obs.* ‚Moˈneten' *pl* (*Geld*). ˈ**blunt·ly** *adv fig.* frei herˈaus, mit schonungsloser Offenheit: **to put it ~** um es ganz offen zu sagen; **to refuse ~** glatt ablehnen. ˈ**blunt·ness** *s* **1.** Stumpfheit *f.* **2.** *fig.* Abgestumpftheit *f* (**to** gegen). **3.** Grobheit *f.*

blur [blɜ:; *Am.* blɜr] **I** *v/t* **1.** verwischen: a) *Schrift etc* verschmieren, b) *a. opt. u. fig.* undeutlich *od.* verschwommen machen. **2.** *phot. TV* verwackeln. **3.** *Sinne etc* trüben. **4.** *fig.* besudeln, entstellen. **II** *v/i* **5.** schmieren. **6.** *opt. etc* verschwimmen (*a. Töne*; *a. fig. Eindruck etc*). **7.** *fig.* sich verwischen (*Unterschiede etc*). **III** *s* **8.** Fleck *m*, verwischte Stelle. **9.** *fig.* Makel *m*, Schandfleck *m.* **10.** undeutlicher *od.* nebelhafter Eindruck, verschwommene Vorstellung: **a ~ in one's memory** e-e nebelhafte Erinnerung. **11.** Schleier *m od. pl* (*vor den Augen*). **12.** Geräusch *n*: ~ **of engines** Motorengeräusch.

blurb [blɜ:b; *Am.* blɜrb] *colloq.* **I** *s* **1.** a) ‚Waschzettel' *m*, Klappentext *m*, b) ‚Bauchbinde' *f*, Reˈklamestreifen *m* (*um ein Buch*). **2.** *allg.* (überˈtriebene) Anpreisung. **II** *v/t* **3.** *ein Buch* mit Waschzettel *etc* versehen, *weitS.* Reˈklame machen für (*ein Buch etc*), anpreisen.

blurred [blɜ:d; *Am.* blɜrd], ˈ**blur·ry** *adj* **1.** unscharf, verschwommen, verwischt (*alle a. phot. TV*). **2.** *fig.* nebelhaft.

blurt [blɜ:t; *Am.* blɜrt] *v/t oft* ~ **out** a) herˈausplatzen mit, b) *Worte* ausstoßen.

blush [blʌʃ] **I** *v/i* **1.** erröten, rot werden (**at** bei): **to ~ for** (*od.* **with**) **shame** schamrot werden. **2.** *fig.* sich schämen (**for** für). **3.** *meist poet.* sich röten, in rötlichem Glanze erstrahlen. **4.** *tech.* wolkig *od.* trübe werden (*Lack etc*). **II** *s* **5.** Erröten *n*, (Scham)Röte *f*: **to put s.o. to the ~** j-n zum Erröten *od.* in Verlegenheit bringen; → **spare** 1. **6.** a) Röte *f*, rötlicher Glanz, b) rosiger Hauch. **7. at first ~** *obs. od. poet.* auf den ersten Blick. ˈ**blush·er** *s* Rouge *n.* ˈ**blush·ing I** *s* **1.** → **blush** 5. **II** *adj* (*adv* **~ly**) **2.** errötend. **3.** schamhaft, züchtig.

blus·ter [ˈblʌstə(r)] **I** *v/i* **1.** brausen, toben (*Wind*). **2.** *fig.* a) poltern, toben, ‚donnern', b) Drohungen ausstoßen, c) (laut) prahlen, sich aufblasen: **~ing fellow** Großmaul *n.* **II** *v/t* **3.** *a.* ~ **out** a) poltern(d äußern), ‚donnern', b) ‚tönen'. **4.** *j-n* (durch Drohungen) zwingen (**into doing** zu tun) *od.* abbringen (**out of** von). **III** *s* **5.** Brausen *n*, Toben *n.* **6.** *fig.* a) Poltern *n*, Toben *n*, b) ‚große Töne' *pl*, Prahlen *n*, c) Drohung(en *pl*) *f.* ˈ**blus·ter·ing** *adj* (*adv* **~ly**) **1.** stürmisch (*Wetter etc*). **2.** *fig.* a) polternd, b) prahlerisch, c) drohend.

B mi·nus *s electr.* Minuspol *m* (*der Anodenstromversorgung*).

bo[1] [bəʊ] *interj* huh! (*um andere zu erschrecken*): **he wouldn't** (*od.* **couldn't, won't**) **say ~ to a goose** er ist ein Hasenfuß.

bo[2] [bəʊ] *s Am. sl.* alter Knabe (*als Anrede*).

bo[3] [bəʊ] *pl* **boes** *s Am. sl.* Landstreicher *m*, Tippelbruder *m.*

bo·a [ˈbəʊə] *s* **1.** *zo.* Boa *f*, Riesenschlange *f.* **2.** *Mode*: Boa *f.* **~ con·stric·tor** *s zo.* Boa *f* conˈstrictor, Königsschlange *f.*

boar [bɔ:(r); *Am. a.* ˈbəʊər] *s zo.* Eber *m*, (*Wildschwein*) Keiler *m.*

board[1] [bɔ:(r)d; *Am. a.* ˈbəʊərd] **I** *s* **1.** a) Brett *n*, Diele *f*, Planke *f*, b) *Leichtathletik*: Balken *m.* **2.** Tisch *m*, Tafel *f* (*nur noch in festen Ausdrücken*): → **aboveboard, separation** 4. **3.** *fig.* Kost *f*, Beköstigung *f*, Verpflegung *f*, ˈUnterhalt *m*: ~ **and lodging** Kost u. Logis, Wohnung u. Verpflegung, Vollpension *f*; **to put out to ~** in Kost geben. **4.** (Beratungs-, Gerichts)Tisch *m.* **5.** *oft* **B~** *fig.* a) Ausschuß *m*, Kommissiˈon *f*, b) Amt *n*, Behörde *f*, c) Miniˈsterium *n*: **B~ of Arbitration** *econ. Br.* Schlichtungsstelle *f*; ~ **of examiners** Prüfungskommission; **B~ of Health** Gesundheitsbehörde, -amt; ~ **of directors** *econ.* Verwaltungsrat *m* (*e-r Aktiengesellschaft*); ~ **of management** *econ.* Vorstand *m* (*e-r Aktiengesellschaft*); ~ **of governors** (Schul- *etc*)Behörde; **B~ of Inland Revenue** *econ. Br.* oberste Steuerbehörde; **B~ of Trade** *Br.* Handelsministerium, *Am.* Handelskammer *f*; ~ **of trustees** Treuhänderausschuß *m*; **to be on the ~** im Verwaltungsrat *etc* sitzen; → **admiralty** 2. **6.** (Anschlag-)

Brett *n.* **7.** *ped.* (Wand)Tafel *f.* **8.** (Schach-, Bügel)Brett *n*: **to sweep the ~** a) alles gewinnen, b) überlegen siegen. **9.** *pl thea.* Bretter *pl*, Bühne *f*: **on the ~s** a) beim *od.* am Theater, b) auf der Bühne; **to tread** (*od.* **walk**) **the ~s** ,auf den Brettern' stehen, Schauspieler(in) sein. **10.** *sport* a) (Surf)Board *n*, b) *pl* ,Bretter' *pl*, Skier *pl.* **11.** *pl Eishockey*: Bande *f.* **12.** a) Karˈton *m*, Pappe *f*, Pappdeckel *m*, b) Buchdeckel *m*: (**bound**) **in ~s** kartoniert, c) *tech.* Preßspan *m.* **13.** *econ. Am.* Börse *f.* **II** *v/t* **14.** dielen, täfeln, mit Brettern belegen *od.* absperren, verschalen: **~ed ceiling** getäfelte Decke; **~ed floor** Bretter(fuß)boden *m.* **15.** beköstigen, in Kost nehmen *od.* geben, *Tier* in Pflege nehmen *od.* geben (**with** bei).
III *v/i* **16.** sich in Kost *od.* Pensiˈon befinden, wohnen, loˈgieren (**with** bei).
Verbindungen mit Adverbien:
board|a·round *v/i Am.* abwechselnd bei j-m anderen speisen. **~ in** → **board up.** **~ out I** *v/t* in Kost *od.* Pflege geben. **II** *v/i* auswärts essen. **~ up** *v/t* mit Brettern vernageln.
board² [bɔː(r)d; *Am. a.* ˈbəʊərd] **I** *s* **1.** Seite *f*, Rand *m* (*nur noch in Zssgn*): → **seaboard.** **2.** *mar.* Bord *m*, Bordwand *f* (*nur in festen Ausdrücken*): **on ~** a) an Bord (*e-s Schiffes, Flugzeugs*), b) im Zug *od.* Bus; **on ~ (a) ship** an Bord e-s Schiffes; **to go on ~** a) an Bord gehen, b) einsteigen; **to go by the ~** a) über Bord gehen *od.* fallen (*a. fig.*), b) *fig.* zunichte werden (*Hoffnungen, Pläne etc*), c) *fig.* kleingeschrieben werden, nicht mehr gefragt sein (*Höflichkeit etc*). **3.** *mar.* Gang *m*, Schlag *m* (*beim Kreuzen*): **good ~** Schlagbug *m*; **long (short) ~s** lange (kurze) Gänge; **to make ~s** lavieren, kreuzen. **II** *v/t* **4.** a) an Bord (*e-s Schiffes od. Flugzeugs*) gehen, *mar. mil.* entern, b) einsteigen in (*e-n Zug od. Bus*). **III** *v/i* **5.** *mar.* laˈvieren.
ˈboard·er *s* **1.** a) Kostgänger(in), b) Pensiˈonsgast *m.* **2.** *ped. Br.* Interˈnatsschüler(in). **3.** *mar. mil.* Enterer *m*: **~s** Entermannschaft *f.*
board game *s* Brettspiel *n.*
ˈboard·ing *s* **1.** Verschalen *n*, Dielen *n*, Täfeln *n.* **2.** Bretterverkleidung *f*, Verschalung *f*, Dielenbelag *m*, Täfelung *f.* **3.** *pl* Schalbretter *pl.* **4.** Kost *f*, Verpflegung *f.* **~ card** *s aer.* Bordkarte *f.* **ˈ~-house** *s* **1.** Pensiˈon *f*, Fremdenheim *n.* **2.** *Br.* Wohngebäude *n* e-s Interˈnats. **~ joist** *s tech.* Dielenbalken *m.* **~ of·fi·cer** *s mar.* ˈPrisenoffiˌzier *m.* **~ pass** → **boarding card.** **~ school** *s* Interˈnat *n*, Pensioˈnat *n.*
board|lot *s Börse*: *Am.* handlungsfähige Nomiˈnalgröße (*z. B. in New York*: *100 Stück*). **ˈ~·man** [-mən] *s irr econ. Am.* Börsenvertreter *m*, -makler *m* (*e-r Firma*). **~ mea·sure** *s econ.* Kuˈbikmaß *n* (*Raummaß im Holzhandel*). **~meet·ing** *s econ.* Verwaltungsrats-, Vorstandssitzung *f.* **~ room** *s* **1.** Sitzungssaal *m.* **2.** *econ. Zimmer in e-m Maklerbüro, in dem die Börsennotierungen angeschlagen sind.* **~ school** *s Br. hist.* Volksschule *f.* **~ wag·es** *s pl* Kostgeld *n* (*des Personals*). **ˈ~·walk** *s* **1.** *Am.* a) Plankenweg *m*, b) (*bes.* hölzerne) ˈStrandpromeˌnade. **2.** *bes. mil.* Knüppeldamm *m.*
ˈboar·ish *adj fig.* a) schweinisch, b) grausam, c) geil.
boart → **bort.**
boast¹ [bəʊst] **I** *s* **1.** Prahleˈrei *f*: a) Großtueˈrei *f*, b) prahlerische *od.* stolze Behauptung: **to make a ~ of s.th.** sich e-r Sache rühmen. **2.** Stolz *m* (*Gegenstand des Stolzes*): **he was the ~ of his age** er war der Stolz s-r Zeit. **II** *v/i* **3.** (**of, about**) sich rühmen (*gen*), prahlen, großtun (mit), stolz sein (auf *acc*): **it is not much to ~ of** damit ist es nicht weit her; **he ~s of being strong** er ist stolz darauf, stark zu sein. **III** *v/t* **4.** sich des Besitzes (*e-r Sache*) rühmen (können), aufzuweisen haben, besitzen: **the town ~s the largest stadium of the country.**
boast² [bəʊst] *v/t* **1.** *Steine* roh behauen. **2.** *Bildhauerei*: aus dem Groben arbeiten.
ˈboast·er *s* Prahler *m.*
ˈboast·ful *adj* (*adv* **~ly**) prahlerisch.
boat [bəʊt] **I** *s* **1.** Boot *n*, Kahn *m*, Nachen *m*: **to be in the same ~** *fig.* im selben Boot sitzen; **to burn one's ~s (behind one)** *fig.* alle Brücken hinter sich abbrechen; **to push the ~ out** *Br. colloq.* ,ein Faß aufmachen'; **to take to the ~s** *mar.* in die (Rettungs)Boote gehen; → **miss²** 1, **rock²** 2. **2.** Schiff *n* (*jeder Art*), (*Br. a.* Kaˈnal)Dampfer *m.* **3.** (bootförmiges) Gefäß, (*bes.* Soßen)Schüssel *f.* **II** *v/i* **4.** (in e-m) Boot fahren, rudern, segeln: **to go ~ing** e-e Bootsfahrt machen. **III** *v/t* **5.** in e-m Boot befördern *od.* transporˈtieren: **to ~ s.o. across the river** j-n übersetzen. **6.** in ein Boot verladen: → **oar** *Bes. Redew.*
ˈboat·age *s* **1.** Beförderung *f od.* Transˈport *m* mit e-m Boot. **2.** (Boot)Frachtgebühr *f.*
ˈboat|ˌbuild·er *s* Bootsbauer *m.* **ˈ~ˌbuild·ing** *s* Bootsbau *m.* **~ deck** *s mar.* Bootsdeck *n.* **~ drill** *s mar.* Rettungsübung *f.*
boa·tel → **botel.**
ˈboat·er *s* **1.** Bootsfahrer *m*, Ruderer *m*, Segler *m.* **2.** *bes. Br.* steifer Strohhut, ,Kreissäge' *f.*
ˈboat|·hook *s* Bootshaken *m.* **ˈ~·house** *s* Bootshaus *n*, -schuppen *m.*
ˈboat·ing *s* **1.** Bootfahren *n*, Ruder-, Segelsport *m.* **2.** Bootsfahrt *f.*
ˈboat|·load *s* **1.** *mar.* Bootsladung *f.* **2.** *fig. colloq.* Masse *f*, Haufen *m.* **ˈ~·man** [-mən] *s irr* **1.** *mar.* Bootsführer *m.* **2.** Bootsverleiher *m.* **~ race** *s* Bootrennen *n.*
boat·swain [ˈbəʊsn] *s mar.* Bootsmann *m*: **~ 1st class** Oberbootsmann; **~ 2nd class** Bootsmann; **~ 3rd class** Unterbootsmann; **~'s mate** Bootsmannsmaat *m.*
boat train *s* Zug *m* mit Schiffsanschluß.
bob¹ [bɒb; *Am.* bɑb] **I** *s* **1.** *allg.* baumelnder rundlicher Körper, *bes.* a) (Haar-) Knoten *m*, (-)Büschel *n*, b) Quaste *f*, c) Anhänger *m*, (Ohr)Gehänge *n*, d) (Pendel)Gewicht *n*, e) Senkblei *n* (*der Lotleine*), f) Laufgewicht *n* (*der Schnellwaage*). **2.** kurzgestutzter Pferdeschwanz. **3.** kurzer Haarschnitt, ˈBubikopf(friˌsur *f*) *m.* **4.** *a.* **~ wheel** *tech.* Schwabbelscheibe *f.* **5.** *pl* **bob** *Br. colloq. hist.* Schilling *m*: **five ~**; **a ~ a nob** e-n Schilling pro Kopf. **6.** a) → **bobsled,** b) Kufe(npaar *n*) *f.* **7.** kurze, ruckartige Bewegung, Ruck *m*: **a ~ of the head** ein Hochwerfen des Kopfes. **8.** Knicks *m.* **9.** (*Art*) harˈmonisches Wechselgeläute. **10.** *obs.* (*kurzer*) Kehrreim, Reˈfrain *m.*
II *v/t* **11.** ruckweise (hin u. her *od.* auf u. ab) bewegen: **to ~ one's head into the room** den Kopf kurz ins Zimmer stekken; **to ~ a curts(e)y** e-n Knicks machen. **12.** *Haare, Pferdeschwanz etc* kurz schneiden, stutzen: **to have one's hair ~bed** sich e-n Bubikopf schneiden lassen. **13.** *tech.* mit e-r Schwabbelscheibe poˈlieren. **14.** *Langholz* auf e-m Doppelschlitten transporˈtieren.
III *v/i* **15.** sich auf u. ab *od.* hin u. her bewegen, hüpfen, springen, tanzen, schnellen. **16.** a) knicksen (**at, before, to** vor *dat*), b) (kurz) nicken. **17.** haschen, schnappen (**for** nach). **18.** **~ up** (plötzlich) auftauchen (*a. fig.*): **to ~ up like a cork** sich nicht unterkriegen lassen, (wie ein Stehaufmännchen) immer wieder hochkommen. **19.** *sport* Bob fahren.
Bob² [bɒb; *Am.* bɑb] *npr*: **~'s your uncle!** *colloq.* ,fertig ist die Laube!'
bobbed [bɒbd; *Am.* bɑbd] *adj* kurzgeschnitten, gestutzt: **~ hair** Bubikopf (-frisur *f*) *m.*
bob·bin [ˈbɒbɪn; *Am.* ˈbɑ-] *s* **1.** Spule *f*, Garnrolle *f.* **2.** Klöppel(holz *n*) *m.* **3.** dünne Schnur. **4.** *electr.* Induktiˈonsrolle *f*, Spule *f.*
bob·bi·net [ˌbɒbɪˈnet; *Am.* ˈbɑbəˌnet] *s* Bobinet *m*, englischer Tüll.
bob·bin lace *s* Klöppelspitze *f.*
bob·ble [ˈbɒbl; *Am.* ˈbɑbəl] **I** *s* **1.** ruckartige (Hinundˈher- *od.* Aufundˈab)Bewegung. **2.** Bommel *f*, Troddel *f.* **3.** *bes. sport Am. colloq.* ,Patzer' *m*, Fehler *m.* **II** *v/i* **4.** → **bob¹** 15. **5.** *bes. sport Am. colloq.* ,patzen'. **III** *v/t* **6.** *bes. sport Am. colloq.* ,verpatzen'.
bob·by [ˈbɒbɪ; *Am.* ˈbɑ-] *s* **1.** *Br. colloq.* ,Bobby' *m* (*Polizist*). **2.** *a.* **~ calf** *Austral.* Kalb *n* von weniger als 100 Pfund Lebendgewicht. **~ pin** *s bes. Am.* Haarklammer *f*, Haarklemme *f.* **~ sock** *pl* **socks, sox** *s* Söckchen *n* (*bes. hist. der bobby-sockers*). **ˈ~ˌsock·er, ˈ~ˌsox·er** [-ˌsɑksər] *s Am. colloq. hist.* Backfisch *m*, junges Mädchen.
ˈbob·cat *s zo.* Rotluchs *m.*
bob·let [ˈbɒblɪt; *Am.* ˈbɑb-] *s sport* Zweierbob *m.*
bob·o·link [ˈbɑbəˌlɪŋk] *s orn. Am.* Reisstärling *m.*
ˈbob|·sled, ˈ~·sleigh I *s* **1.** Doppelschlitten *m* (*zum Langholztransport*). **2.** *sport* Bob *m.* **II** *v/i* **3.** *sport* Bob fahren.
ˈ~·stay *s mar.* Wasserstag *n.* **ˈ~·tail I** *s* **1.** Stutzschwanz *m.* **2.** Pferd *n od.* Hund *m etc* mit Stutzschwanz. **3.** *Am. colloq.* a) *mot.* (ˈAnhänger)Zugmaˌschine *f*, b) *rail.* Ranˈgierlokomoˌtive *f.* **4.** *mil. Am. sl.* unehrenhafte Entlassung. **II** *adj* **5.** mit gestutztem Schwanz (*Tier*). **III** *v/t* **6.** *e-m Tier* den Schwanz stutzen. **7.** (ab-, ver-) kürzen.
bock (beer) [bɒk; *Am.* bɑk] *s* Bock(bier *n*) *n, a. m.*
bod [bɒd] *s Br. colloq.* Kerl *m*: **a queer ~** ein komischer Kauz.
bod biz [bɑd] *s psych. Am. colloq.* Sensitiviˈtätstraining *n.*
bode¹ [bəʊd] *pret von* **bide.**
bode² [bəʊd] **I** *v/t* bedeuten, ahnen lassen: **this ~s him no good** das bedeutet nichts Gutes für ihn. **II** *v/i*: **to ~ ill** Unheil verkünden; **to ~ well** Gutes versprechen.
ˈbode·ful *adj* unheilvoll.
bodge [bɒdʒ; *Am.* bɑdʒ] → **botch** II, III.
bod·ice [ˈbɒdɪs; *Am.* ˈbɑ-] *s* **1.** Mieder *n*: a) *Teil der Unterkleidung für Frauen mit stützender u. formender Wirkung*, b) *enganliegendes, ärmelloses Oberteil e-s Trachtenkleids.* **2.** Oberteil *n* (*e-s Kleids etc*).
bod·ied [ˈbɒdɪd; *Am.* ˈbɑ-] *adj* **1.** (*in Zssgn*) ... gebaut, von ... Gestalt *od.* Körperbau: **small-~** klein von Gestalt. **2.** *tech.* verdickt: **~ paint.**
bod·i·less [ˈbɒdɪlɪs; *Am.* ˈbɑ-] *adj* **1.** körperlos. **2.** unkörperlich, wesenlos.
bod·i·ly [ˈbɒdɪlɪ; *Am.* ˈbɑ-] **I** *adj* **1.** körperlich, leiblich, physisch: **~ harm** (*od.* **injury**) *jur.* Körperverletzung *f*; **~ needs** (*od.* **wants**) leibliche Bedürfnisse; → **grievous** 2, **serious** 3. **II** *adv* **2.** leibˈhaftig, perˈsönlich. **3.** a) als Ganzes, b) geschlossen: **the audience rose ~.**
bod·kin [ˈbɒdkɪn; *Am.* ˈbɑd-] *s* **1.** *tech.* Ahle *f*: a) Pfriem *m*, b) *print.* Punkˈturspitze *f*, c) ˈDurchzieh-, Schnürnadel *f.*

2. *obs.* lange Haarnadel. 3. *obs.* Dolch *m.*

Bod·lei·an (Li·brar·y) [bɒdˈliːən; *Am.* bɑd-] *s* Bodleyˈanische Biblioˈthek (*in Oxford*).

bod·y [ˈbɒdɪ; *Am.* ˈbɑ-] **I** *s* **1.** Körper *m*, Leib *m* (*a. relig.*): ~ **and soul** mit Leib u. Seele; **to keep ~ and soul together** Leib u. Seele zs.-halten; → **heir. 2.** *oft* **dead ~** Leiche *f*, Leichnam *m*: **over my dead ~** *colloq.* nur über m-e Leiche. **3.** *engS.* Rumpf *m*, Leib *m*. **4.** Rumpf *m*, Haupt(bestand)teil *m*, Mittel-, Hauptstück *n*, Zentrum *n*, *z. B.* a) (Schiffs-, Flugzeug-)Rumpf *m*, b) *mil.* (Geschoß)Hülle *f*, c) Bauch *m* (*e-r Flasche etc*), d) *mus.* (Schall)Körper *m*, Resoˈnanzkasten *m*, e) (ˈAuto-, ˈWagen)Karosseˌrie *f*, f) Hauptgebäude *n*, g) (Kirchen)Schiff *n*, h) *mil.* Hauptfestung *f*. **5.** *mil.* Truppenkörper *m*: ~ **of horse** Kavallerieeinheit *f*; ~ **of men** Trupp *m*, Abteilung *f*; **the main ~** das Gros. **6.** (*die*) große Masse, (*das*) Gros. **7.** (gegliedertes) Ganzes, Gesamtheit *f*, Syˈstem *n*: **in a ~** zusammen, wie ˈein Mann; ~ **corporate** a) juristische Person, Körperschaft *f*, b) Gemeinwesen *n*, Gemeinde *f*; ~ **of facts** Tatsachenmaterial *n*; ~ **of history** Geschichtswerk *n*; ~ **of laws** Kodex *m*, Gesetz(es)sammlung *f*; ~ **politic** a) juristische Person, b) organisierte Gesellschaft, c) Staat(skörper) *m*. **8.** Körper(-schaft *f*) *m*, Gesellschaft *f*, Gruppe *f*, Orˈgan *n*, Gremium *n*: **student ~** Studentenschaft *f*; → **administrative** 1, **diplomatic** 1, **governing** 1. **9.** *fig.* Kern *m*, eigentlicher Inhalt, Subˈstanz *f*, (*das*) Wesentliche: ~ **of a speech. 10.** Hauptteil *m*, Text(teil) *m*: ~ **of an advertisement**; ~ **of a letter. 11.** *phys.* (ˈdreidimensioˌnaler) Körper, Masse *f* (*Menge*). **12.** *chem.* Subˈstanz *f*, Stoff *m*. **13.** *anat.* Körper *m*, Stamm *m*: ~ **of the uterus** Gebärmutterkörper. **14.** *geogr.* Masse *f*: ~ **of water** Wasserfläche *f*, stehendes Gewässer; ~ **of cold air** kalte Luftmasse. **15.** *fig.* Körper *m*, Gehalt *m* (*von Wein*), Stärke *f* (*von Papier etc*), Deckfähigkeit *f* (*von Farbe*), Dichtigkeit *f*, Güte *f* (*von Gewebe etc*), (Klang)Fülle *f*. **16.** *colloq.* Perˈson *f*, Mensch *m*: **a curious (old) ~** ein komischer (alter) Kauz; **not a (single) ~** keine Menschenseele. **17.** *Töpferei*: Tonmasse *f*. **18.** *electr.* Isoˈlier-, Halteteil *m*.

II *v/t* **19.** *meist* ~ **forth** verkörpern: a) versinnbildlichen, b) darstellen.

bod·y|blow *s* **1.** *Boxen*: Körperschlag *m*. **2.** *fig.* harter *od.* schwerer Schlag (to für). ~ **build** *s biol.* Körperbau *m*. ~ **build·er** *s* Bodybuilder *m*. ~ **build·ing** *s* Bodybuilding *n*. ~ **cav·i·ty** *s biol.* Körperhöhle *f*. ˈ**~·check** (*Eishockey*) **I** *s* Bodycheck *m*. **II** *v/t* checken. ~ **clock** *s* innere Uhr. ~ **coat** *s tech.* Grunˈdierung *f*. ~ **col·o(u)r** *s* Deckfarbe *f*. ~ **con·tact** *s electr.* Körperschluß *m*. ~ **danc·ing** *s* Tanzen *n* mit ˈKörperkonˌtakt. ~ **flu·id** *s physiol.* Körperflüssigkeit *f*. ˈ**~·guard** *s* **1.** Leibwächter *m*. **2.** Leibgarde *f*, -wache *f*. ~ **lan·guage** *s* Körpersprache *f*. ~ **louse** *s irr zo.* Kleiderlaus *f*. ˈ**~ˌmak·er** *s tech.* Karosseˈriebauer *m*. ~ **o·do(u)r** *s* (*bes.* unangenehmer) Körpergeruch. ~ **plasm** *s biol.* Körperplasma *n*, Somatoˈplasma *n*. ~ **search** *s* ˈLeibesvisitatiˌon *f*. ~ **seg·ment** *s biol.* ˈKörper-, ˈRumpfsegˌment *n*. ~ **serv·ant** *s* Leib-, Kammerdiener *m*. ~ **shop** *s* **1.** *tech.* Karosseˈriewerkstatt *f*. **2.** *Am. sl.* a) ‚Puff' *m*, *a. n* (*Bordell*), b) *Unternehmen, das Claqueure, Demonstrationsteilnehmer etc vermietet.* ~ **slam** *s Ringen*: Ausheber *m*. ~ **snatch·er** *s hist.* Leichenräuber *m*. ~ **snatch·ing** *s hist.* Leichenraub *m*. ~ **stock·ing** *s* Bodystocking *m* (*enganliegende, einteilige Unterkleidung* [*mit angearbeiteten Strümpfen*]). ~ **type** *s print.* Werk-, Grundschrift *f* (*Hauptschrift, in der ein Buch gesetzt ist*). ˈ**~·work** *s tech.* Karosseˈrie *f*.

Boehm·ite [ˈbɜːmaɪt; *Am.* ˈbeɪm-] *s min.* Böhˈmit *m*.

Boer [ˈbəʊə(r)] **I** *s* Bur(e) *m*, Boer *m* (*Südafrika*). **II** *adj* burisch: ~ **War** Burenkrieg *m*.

bof·fin [ˈbɒfɪn] *s Br. colloq.* Wissenschaftler *m*, Forscher *m* (*bes. auf dem Gebiet der Militärwissenschaft*).

bog [bɒg; *Am. a.* bɑg] **I** *s* **1.** Sumpf *m*, Moˈrast *m* (*beide a. fig.*), (Torf)Moor *n*. **2.** *Br. u. Austral. vulg.* ‚Scheißhaus' *n*. **3.** *Austral. vulg.* ‚Scheißen' *n*: **to have (go for) a ~** scheißen (gehen). **II** *v/t* **4. to get ~ged (down)** → 6 a; **to ~ down** *fig.* zum Stocken bringen. **5.** ~ **up** *colloq.* durcheinˈanderbringen. **III** *v/i* **6.** *oft* ~ **down** a) im Schlamm *od.* Sumpf versinken, b) *a. fig.* sich festfahren, steckenbleiben. **7.** ~ **in** *Austral. colloq.* a) ‚sich hinˈeinknien': **to ~ into a task** sich in e-e Arbeit knien, b) (*beim Essen*) ‚reinhauen': **to ~ into s.th.** sich etwas schmecken lassen. ˈ**~·ber·ry** [-bərɪ; *Am.* -ˌberiː] *s bot.* **1.** Moosbeere *f*. **2.** *Am.* (*e-e*) Himbeere. ~ **but·ter** *s min.* Sumpfbutter *f*. ~ **earth** *s min.* Moorerde *f*.

bo·gey [ˈbəʊgɪ] **I** *s* **1.** *Golf*: a) *bes. Br.* Par *n*, b) Bogey *n* (*ein Schlag über Par*). **2.** *sl.* Popel *m*. **3.** *sl.* a) *mil.* ˈunidentifiˌziertes *od.* feindliches Flugzeug, b) UFO *n*, Ufo *n*. **4.** → **bogie** 1–4. **5.** → **bogy** 1, 2. **II** *v/t* **6. to ~ the 12th hole** (*Golf*) am 12. Loch ein Bogey spielen.

bog·gle [ˈbɒgl; *Am.* ˈbɑgəl] **I** *v/i* **1.** a) erschrecken, zs.-fahren, b) zuˈrückschrecken, c) scheuen (*Pferd*) (**at** vor *dat*). **2.** stutzen, zögern, schwanken. **3.** Schwierigkeiten machen (*Person*). **4.** überˈwältigt *od.* fassungslos sein, ‚Bauklötze' staunen: **imagination** (*od.* **the mind**) **~s at the thought** es wird e-m schwindlig bei dem (bloßen) Gedanken. **5.** *Am.* pfuschen, stümpern. **II** *v/t* **6.** *Am.* verpfuschen. ˈ**bog·gler** *s* **1.** *fig.* Angsthase *m*. **2.** *Am.* Pfuscher(in).

bog·gy [ˈbɒgɪ; *Am. a.* ˈbɑ-] *adj* sumpfig, moˈrastig.

bo·gie [ˈbəʊgɪ] *s* **1.** *tech. Br.* a) Blockwagen *m* (*mit beweglichem Radgestell*), b) *rail.* Dreh-, Rädergestell *n*. **2.** *Bergbau*: Förderkarren *m* (*zum Befahren von Kurven*). **3.** *mot. Am.* Drehschemel *m* (*am Großlaster*). **4.** → **bogie wheel 5.** → **bogey** 1–3. **6.** → **bogy** 1, 2. ~ **en·gine** *s tech.* (*e-e*) Geˈlenklokomoˌtive. ~ **wheel** *s* (Ketten)Laufrad *n* (*am Panzerwagen*).

bog| i·ron (ore) *s min.* Raseneisenerz *n*. ˈ**~·land** *s* Marsch-, Sumpf-, Moorland *n*. ~ **moss** *s bot.* Torfmoos *n*. ~ **myr·tle** *s bot.* Heidemyrte *f*. ~ **ore** → **bog iron (ore)**. ~ **spav·in** *s vet. zo.* Spat *m* (*beim Pferd*). ˈ**~ˌtrot·ter** *s contp.* Ire *m*, Irländer *m*, *bes.* irischer Bauer. ˈ**~·up** *s*: **to make a ~ of s.th.** *colloq.* etwas durcheinanderbringen.

bo·gus [ˈbəʊgəs] **I** *adj* **1.** nachgemacht, falsch, unecht. **2.** Schein..., Schwindel...: ~ **bill** *econ.* Kellerwechsel *m*; ~ **company** Schwindelgesellschaft *f*. **II** *s* **3.** *Am. Getränk aus Rum u. Sirup.* **4.** *Am. sl.* ˈFüllarˌtikel *m* (*in Zeitungen*).

bo·gy [ˈbəʊgɪ; *Am. a.* ˈbʊ-] *s* **1.** (*der*) Teufel. **2.** a) Kobold *m*, b) (Schreck)Gespenst *n* (*a. fig.*): **the ~ of war**; ~ **team** *sport* Angstgegner *m*. **3.** → **bogey** 1–3. **4.** → **bogie** 1–4. ˈ**~·man** [-mən] *s irr* Butzemann *m*, (*der*) schwarze Mann (*Kindersprache*).

Bo·he·mi·a [bəʊˈhiːmjə; -mɪə] *s* a) Boˈheme *f* (*Künstlerwelt*), b) Künstlerviertel *n*. **Boˈhe·mi·an I** *s* **1.** Böhme *m*, Böhmin *f*. **2.** Ziˈgeuner(in). **3.** *fig.* Bohemiˈen *m*. **II** *adj* **4.** böhmisch. **5.** *fig.* a) ˈunkonventioˌnell, unbürgerlich: ~ **life**, b) Künstler...: ~ **circles (quarters**, *etc*). **Boˈhe·mi·an·ism** *s* ˈunkonventioˌnelle *od.* unbürgerliche Lebensweise.

bo·hunk [ˈbəʊˌhʌŋk] *s Am. sl.* **1.** *contp.* (*bes. aus Süd- od. Osteuropa eingewanderter*) Arbeiter. **2.** (blöder) Kerl.

boil[1] [bɔɪl] *s med.* Geschwür *n*, Fuˈrunkel *m*, *n*, Eiterbeule *f*.

boil[2] [bɔɪl] **I** *s* **1.** Kochen *n*, Sieden *n*: **to be on the ~** kochen; **to bring to the ~** zum Kochen bringen; **to come to the ~** a) zu kochen anfangen, b) *a.* **to be brought to the ~** *colloq.* s-n Höhepunkt erreichen; **to go off the ~** zu kochen aufhören; **he went off the ~** *colloq.* sein Interesse kühlte ab, er verlor die Lust; **to keep on the ~** a) kochen lassen, b) *colloq.* hinhalten, vertrösten. **2.** Brodeln *n*, Tosen *n* (*des Meeres etc*). **II** *v/i* **3.** kochen, sieden: **the kettle (the water) is ~ing** der Kessel (das Wasser) kocht; → **pot**[1] 2. **4.** brodeln, tosen (*Meer etc*). **5.** *fig.* kochen, schäumen (**with rage** vor Wut). **III** *v/t* **6.** kochen (lassen): **to ~ eggs** Eier kochen; **to ~ clothes** Wäsche (aus)kochen.

Verbindungen mit Adverbien:

boil| a·way I *v/i* **1.** a) → **boil**[2] 3, b) weiterkochen. **2.** verdampfen. **3.** *fig.* abkühlen (*Interesse etc*). **II** *v/t* **4.** verdampfen lassen. ~ **down I** *v/t* **1.** einkochen lassen. **2.** *fig.* zs.-fassen (**to a few sentences** in ein paar Sätzen). **II** *v/i* **3.** einkochen. **4.** *fig.* sich (*gut*) zs.-fassen lassen. **5.** ~ **to** (letzten Endes) hinˈauslaufen auf (*acc*). ~ **off** *v/t* **1.** aus-, abkochen. **2.** *tech. Seide* degumˈmieren. ~ **out** → **boil off**. ~ **o·ver** *v/i* **1.** ˈüberkochen, -laufen. **2.** *fig.* vor Wut kochen *od.* schäumen. **3.** *fig. Situation etc*: a) außer Konˈtrolle geraten, b) sich auswachsen (**into** zu). ~ **up** *v/i* **1.** aufkochen: **anger was boiling up in him** Wut stieg in ihm auf. **2.** *Austral.* Tee machen. **3.** *fig.* sich zs.-brauen (*Unheil etc*).

ˈ**boilˌdown** *s Am.* Kurz-, Zs.-fassung *f*.

boiled [bɔɪld] *adj* **1.** gekocht. **2.** *Am. sl.* ‚stinkbesoffen'. ~ **din·ner** *s Am.* Eintopf(gericht *n*) *m*. ~ **shirt** *s colloq.* Frackhemd *n*. ~ **sweet** *s Br.* Bonˈbon *m*, *n*.

ˈ**boil·er** *s* **1.** (*meist in Zssgn*) Sieder *m*: **soap ~. 2.** (Heiz-, Koch-, Siede-, *Br.* Wasch)Kessel *m*, Kochtopf *m*. **3.** *tech.* Dampfkessel *m*. **4.** Boiler *m*, Heißwasserspeicher *m*. **5.** *Zuckerfabrikation*: Siedepfanne *f*. **6. to be a good ~** sich (gut) zum Kochen eignen. **7.** Suppenhuhn *n*. ˈ**~·house** *s* Kesselhaus *n*. ˈ**~ˌmak·er** *s* Kesselschmied *m*. ~ **plate** *s tech.* **1.** Kesselblech *n*. **2.** *Zeitungswesen*: *Am.* Platte *f* e-s Materndienstes. ~ **suit** *s* Overall *m*.

boil·er·y [ˈbɔɪlərɪ] *s tech.* Siedeˈrei *f*.

ˈ**boil·ing I** *adj* **1.** siedend, kochend: ~ **heat** Siedehitze *f*; ~ **spring** heiße Quelle. **2.** *fig.* kochend, schäumend (**with rage** vor Wut). **II** *adv* **3.** kochend: ~ **hot** kochend-, glühendheiß. **4.** *Am. colloq.* ‚mordsmäßig': ~ **drunk** ‚stinkbesoffen'; **they got ~ mad** sie wurden ‚stinkwütend'. **III** *s* **5.** Kochen *n*, Sieden *n*. ~ **point** *s* Siedepunkt *m* (*a. fig.*): **to reach ~** den Siedepunkt erreichen, *fig. a.* auf den Siedepunkt steigen. ˈ**~ˌwa·ter re·ac·tor** *s Atomenergie*: ˈSiedewasserreˌaktor *m*.

bois·ter·ous [ˈbɔɪstərəs] *adj* (*adv* ~**ly**) **1.** stürmisch (*Meer, Wetter etc*). **2.** lärmend, laut. **3.** ausgelassen, wild (*Person, Party etc*). ˈ**bois·ter·ous·ness** *s* Ausgelassenheit *f*.

bo·la [ˈbəʊlə] *s* Bola *f*, Wurfschlinge *f*.

bold [bəʊld] **I** *adj* (*adv* ~**ly**) **1.** kühn: a) mutig, beherzt, verwegen, unerschrocken, b) keck, dreist, frech, unverschämt, anmaßend: **to make ~ to** sich erdreisten *od.* sich die Freiheit nehmen *od.* es wagen zu; **to make ~ (with)** sich Freiheiten herausnehmen (gegen); **(as) ~ as brass** *colloq.* frech wie Oskar, unverschämt. **2.** kühn: a) gewagt, mutig: **a ~ plan; a ~ speech,** b) fortschrittlich: **a ~ design. 3.** scharf herˈvortretend, ins Auge fallend, deutlich, ausgeprägt: **in ~ outline** in deutlichen Umrissen; **with a few ~ strokes of the brush** mit ein paar kühnen Pinselstrichen. **4.** steil, abschüssig. **5.** → bold-face. **II** *s* → **bold face.** ~ **face** *s print.* (halb)fette Schrift. ˈ**~-face** *adj print.* (halb)fett: ~ **type** (halb)fette Schrift. ˈ**~-faced** *adj* **1.** → **bold** 1 b. **2.** → bold-face.

ˈ**bold·ness** *s* **1.** Kühnheit *f*: a) Mut *m*, Beherztheit *f*, b) Keckheit *f*, Dreistigkeit *f*. **2.** *fig.* Kühnheit *f*. **3.** Steilheit *f*.

bole[1] [bəʊl] *s* **1.** Baumstamm *m*. **2.** Rolle *f*, Walze *f*. **3.** *mar.* kleines Boot (*für hohen Seegang*).

bole[2] [bəʊl] *s min.* Bolus *m*, Siegelerde *f*.

bo·le·ro [bəˈleərəʊ] *pl* **-ros** *s* Boˈlero *m*: a) *spanischer Tanz,* b) [*Br.* ˈbɒlərəʊ] *kurzes Jäckchen.*

bo·le·tus [bəʊˈliːtəs] *pl* **-tus·es, -ti** [-taɪ] *s bot.* Boˈletus *m*, Röhrenpilz *m*.

bo·lide [ˈbəʊlaɪd] *s astr.* Boˈlid *m*, Feuerkugel *f*.

boll [bəʊl] *s bot.* Samenkapsel *f* (*Baumwolle, Flachs*).

bol·lard [ˈbɒlə(r)d; *Am.* ˈbɑ-] *s* **1.** *mar.* Poller *m* (*am Kai*). **2.** *Br.* Poller *m*, Sperrpfosten *m* (*e-r Verkehrsinsel etc*).

bol·lix [ˈbɑlɪks] *Am.* → **bollocks.**

bol·locks [ˈbɒləks; *Am.* ˈbɑ-] *vulg.* **I** *s pl* ‚Eier' *pl* (*Hoden*): **~!** ‚Scheiße!' **II** *v/t meist* **~ up** *e-e Prüfung etc* ‚versauen'.

boll|wee·vil *s zo.* Baumwollkapselkäfer *m*. ˈ**~worm** *s zo. Larve e-s Eulenfalters* (*Baumwollschädling*).

Bo·lo·gna| flask, ~ phi·al [bəˈləʊnjə] *s phys.* Boloˈgneser Flasche. **~ sau·sage** [*Am. meist* bəˈləʊniː] *s bes. Am.* Mortaˈdella *f*.

bo·lo·graph [ˈbəʊləgrɑːf; *Am.* -ˌgræf] *s phys.* boloˈmetrische Aufzeichnung.

bo·lom·e·ter [bəʊˈlɒmɪtə(r); *Am.* -ˈlɑ-] *s phys.* Boloˈmeter *n* (*Strahlungsmeßgerät mit temperaturempfindlichem elektrischem Widerstand*).

bo·lo·ney [bəˈləʊnɪ] *s colloq.* **1.** ‚Quatsch' *m*, Geschwafel *n*. **2.** *bes. Am.* Mortaˈdella *f*.

Bol·she·vik, b~ [ˈbɒlʃɪvɪk; *Am. a.* ˈbəʊlʃə-; ˈbɑlʃə-] **I** *s* **1.** Bolscheˈwik *m*, Bolscheˈwist *m*. **2.** Kommuˈnist *m*. **3.** *contp.* Radiˈkale(r) *m*, *bes.* Revolutioˈnär *m*. **II** *adj* **4.** bolscheˈwistisch. **5.** kommuˈnistisch. **6.** *contp.* radiˈkal, *bes.* revolutioˈnär. ˈ**Bol·she·vism, b~** *s* Bolscheˈwismus *m*. ˈ**Bol·she·vist, b~ I** *s* → Bolshevik I. **II** *adj* → **Bolshevik** II. ˌ**Bol·sheˈvis·tic, b~** → **Bolshevik** II. ˌ**Bol·she·viˈza·tion, b~** *s* Bolschewiˈsierung *f*. ˈ**Bol·she·vize, b~** *v/t* bolschewiˈsieren.

Bol·shie, b~, *a.* **Bol·shy, b~** [ˈbɒlʃɪ; *Am. a.* ˈbəʊl-; ˈbɑl-] *colloq.* **I** *s* **1.** → Bolshevik I. **II** *adj* **2.** → **Bolshevik** II. **3.** *Br. colloq.* aufsässig. **4.** *Br. colloq.* stur.

bol·ster [ˈbəʊlstə(r)] **I** *s* **1.** a) Keilkissen *n*, b) Nackenrolle *f*. **2.** Polster *n*, Kissen *n*, ˈUnterlage *f* (*a. tech.*). **3.** *tech.* a) *allg.* Lager(ung *f*) *n*, b) Achsschemel *m* (*am Wagen*), c) Scheibe *f* zwischen Angel u. Klinge (*des Messers*), d) Endplatte *f* (*am Heft e-s Taschenmessers*). **4.** *arch.* a) **~ of cent(e)ring** Schalbrett *n* e-s Lehrgerüstes, b) Polster *n* (*zwischen den Voluten e-s ionischen Kapitells*), c) Sattel-, Trummholz *n*. **II** *v/t* **5.** *j-m* Kissen ˈunterlegen. **6.** (aus)polstern. **7.** *meist* **~ up** *e-e Sache* unterˈstützen, *e-e Währung* stützen, *j-m* den Rücken stärken: **to ~ up s.o.'s morale** j-m Mut machen.

bolt[1] [bəʊlt] **I** *s* **1.** Bolzen *m*: **to shoot one's ~** e-n letzten Versuch machen; **he has shot his ~** er hat sein Pulver verschossen; **a fool's ~ is soon shot** Narrenwitz ist bald zu Ende. **2.** Blitz(strahl) *m*, Donnerkeil *m*: **a ~ from the blue** *fig.* ein Blitz aus heiterem Himmel. **3.** (Wasser- *etc*)Strahl *m*. **4.** *tech.* (Tür-, Schloß-) Riegel *m*. **5.** *tech.* (Schrauben)Bolzen *m*, Schraube *f* (mit Mutter): **~ nut** Schraubenmutter *f*. **6.** *tech.* Dorn *m*, Stift *m*. **7.** *mil. tech.* Bolzen *m*, (Gewehr- *etc*) Schloß *n*. **8.** *Buchbinderei*: noch unaufgeschnittener Druckbogen. **9.** (Stoff)Ballen *m*, (Taˈpeten)Rolle *f*. **10.** *bot.* a) Butterblume *f*, b) (*bes.* Knolliger) Hahnenfuß. **11.** plötzlicher Satz *od.* Sprung, (blitzartiger) Fluchtversuch: **he made a ~ for the door** er machte e-n Satz zur Tür; **to make a ~ for it** → 15. **12.** *pol. Am.* Weigerung *f*, die Poliˈtik *od.* e-n Kandiˈdaten der eigenen Parˈtei zu unterˈstützen.

II *adv* **13. ~ upright** bolzen-, kerzengerade.

III *v/i* **14.** rasen, stürmen, stürzen (**from, out of** aus). **15.** ˈdurchbrennen, daˈvonlaufen, ausreißen, sich aus dem Staub machen. **16.** scheuen, ˈdurchgehen (*Pferd*). **17.** *a.* **~ up** (erschreckt) hochfahren (**from** aus). **18.** *pol. Am.* den Beschlüssen der eigenen Parˈtei zuˈwiderhandeln *od.* die Zustimmung verweigern. **19.** *agr.* vorzeitig in Samen schießen.

IV *v/t* **20.** *Worte* herˈvorstoßen, herˈausplatzen mit. **21.** *hunt. Hasen etc* aufstöbern, aus dem Bau treiben. **22.** *oft* **~ down** *Essen* hinˈunterschlingen, *ein Getränk* hinˈunterstürzen. **23.** *e-e Tür etc* ver-, zuriegeln. **24.** *tech.* mit Bolzen befestigen, verbolzen, ver-, festschrauben: **~ed connection, ~ed joint** Schraubverbindung *f*, Verschraubung *f*. **25.** *Stoff* in Ballen *od. Tapeten* in Rollen wickeln. **26.** *obs. fig.* fesseln. **27.** *pol. Am. die eigene Partei od. ihre Kandidaten* nicht unterˈstützen, sich von *s-r Partei* lossagen.

bolt[2] [bəʊlt] *v/t* **1.** *Mehl* sieben, beuteln. **2.** *fig.* unterˈsuchen, sichten.

bol·tel [ˈbəʊltl] *s arch.* starker Rundstab, Wulst *m*.

ˈ**bolt·er** *s* **1.** ˈDurchgänger *m* (*Pferd*). **2.** *pol. Am.* j-d, der (den Beschlüssen) s-r Parˈtei zuˈwiderhandelt, Abtrünnige(r *m*) *f*.

ˈ**bolt|ˌhan·dle** *s tech.* **1.** Handgriff *m* des Schubriegels (*an Türen etc*). **2.** *mil.* Kammerstengel *m* (*am Gewehr*). ˈ**~head** *s* **1.** *tech.* Schrauben-, Bolzenkopf *m*. **2.** *chem. hist.* (Destilˈlier)Kolben *m*. ˈ**~hole** *s* **1.** *tech.* Bolzenloch *n*. **2.** *Bergbau*: Wetterloch *n*: **to cut ~s** e-n Gang verschrämen. **3.** Schlupfloch *n*. **~ po·si·tion** *s mil.* Riegelstellung *f*. ˈ**~rope** *s mar.* Liek *n* (*a. am Ballon*), Saum *m* (*am Segel*): **~ line** Liekleine *f*. **~ screw** *s tech.* Bolzenschraube *f*.

Boltz·mann's con·stant [ˈbəʊltsmənz; -mɑːnz] *s phys.* ˈBoltzmann-Konˌstante *f*.

bo·lus [ˈbəʊləs] *s* **1.** *vet. pharm.* Bolus *m*, große Pille. **2.** runder Klumpen, Kloß *m*. **3.** → **bole**[2].

bomb [bɒm; *Am.* bɑm] **I** *s* **1.** Bombe *f*: **the ~** die (Atom)Bombe; **to go like a ~** *Br. colloq.* a) ein Bombenerfolg sein (*Party etc*), b) e-e richtige Rakete sein (*Wagen*); **to go down a ~** *Br. colloq.* Riesenanklang finden (**with** bei). **2.** *tech.* a) Gasflasche *f*, b) Zerstäuberflasche *f* (*für Schädlingsbekämpfung etc*). **3.** *Br. colloq.* ‚Heidengeld' *n*: **to cost (make, spend) a ~. 4.** *thea. etc Am. colloq.* ‚Flop' *m*, ‚ˈDurchfall' *m*. **II** *v/t* **5.** mit Bomben belegen, bombarˈdieren, zerbomben: **~ed out** ausgebombt; **~ed site** Ruinengrundstück *n*. **6. ~ up** *Bomber etc* mit Bomben beladen. **III** *v/i* **7.** *thea. etc Am. colloq.* ‚ˈdurchfallen'. **~ a·lert** *s* ˈBombenaˌlarm *m*.

bom·bard I *s* [ˈbɒmbɑːd; *Am.* ˈbɑmˌbɑrd] **1.** *mil. hist.* Bomˈbarde *f* (*altes Steingeschütz*). **2.** *mus.* a) *hist.* Bomˈbard(e *f*) *m*, (Baß)Pommer *m* (*a. Orgelregister*), b) Kontrabaßtuba *f*. **II** *v/t* [bɒmˈbɑː(r)d; *Am.* bɑm-] **3.** bombarˈdieren, beschießen (*beide a. phys.*), Bomben werfen auf (*acc*). **4.** *fig.* bombarˈdieren, bestürmen (**with** mit): **to ~ with blows** (*Boxen*) mit Schlägen eindecken.

bom·bar·dier [ˌbɒmbə(r)ˈdɪə(r); *Am.* ˌbɑm-] *s mil.* **1.** *Br.* Artilleˈrieˌunteroffiˌzier *m*. **2.** *aer.* Bombenschütze *m*. **3.** *obs.* Kanoˈnier *m*.

bomˈbard·ment *s* Bombardeˈment *n*, Bombarˈdierung *f*, Beschießung *f* (*alle a. phys.*).

bom·bar·don [bɒmˈbɑː(r)dn; *Am.* bɑm-; *a.* ˈbɑmbərˌdəʊn] *s mus.* Bombarˈdon *n*, Helikon *n*.

bom·bast [ˈbɒmbæst; *Am.* ˈbɑm-] *s* **1.** *fig.* Bomˈbast *m*, Wortschwall *m*, Schwulst *m*. **2.** *obs.* a) rohe Baumwolle, b) Watˈtierung *f*. **bomˈbas·tic** *adj* (*adv* **~ally**) bomˈbastisch, hochtrabend, schwülstig.

bomb at·tack *s* Bombenanschlag *m*.

Bom·bay duck [ˈbɒmbeɪ; *Am.* ˈbɑm-] *s* **1.** *ichth.* indischer Seewels. **2.** *Delikatesse aus getrockneten ostindischen Seefischen.*

bomb| bay *s aer.* Bombenschacht *m*. **~ cal·o·rim·e·ter** *s phys.* ˈBombenkaloriˌmeter *n*. **~ car·pet** *s* Bombenteppich *m*. **~ dis·pos·al** *s* Bombenräumung *f*. ˈ**~-disˌpos·al squad** *s* ˈBombenräum-, ˈSprengkomˌmando *n*. **~ door** *s aer.* Bombenklappe *f*.

bombe [bɔ̃ːmb; *Am.* bɑm] *s gastr.* Eisbombe *f*.

bombed [bɒmbd; *Am.* bɑmbd] *adj sl.* **1.** ‚besoffen'. **2.** ‚high' (*im Drogenrausch*).

ˈ**bomb·er** *s* **1.** Bomber *m*, Bombenflugzeug *n*. **2.** Bombenleger *m*.

bomb| ketch *s mar. hist.* Bombarˈdierfahrzeug *n*, -schiff *n*. **~ lance** *s mar.* Harˈpune *f* mit Sprenggeschoß. ˈ**~proof** *mil.* **I** *adj* bombensicher: **~ shelter** → II. **II** *s* Bunker *m*. **~ rack** *s aer.* Bombenaufhängevorrichtung *f*. ˈ**~-reˌlease tel·e·scope** *s aer.* (Bomben)Abwurffernrohr *n*. **~ scare** *s* Bombendrohung *f*. ˈ**~shell** *s* **1.** Bombe *f*: **the news was a ~** die Nachricht schlug wie e-e Bombe ein. **2. a blonde ~** *colloq.* e-e blonde ‚Sexbombe'. ˈ**~sight** *s aer.* Bombenzielgerät *n*. **~ site** *s* Ruˈinengrundstück *n*. **~ threat** *s* Bombendrohung *f*.

bom·by·cid [ˈbɒmbɪsɪd; *Am.* ˈbɑm-] *s zo.* Spinner *m* (*Nachtschmetterling*).

bo·na| fi·de [ˌbəʊnəˈfaɪdɪ; *Am. a.* ˈbəʊnəˌfaɪd] *adj u. adv* **1.** ehrlich, aufrichtig: **~ friends. 2.** echt: **a ~ manuscript. 3.** *jur.* gutgläubig, in gutem Glauben: **to act ~; ~ possessor** gutgläubiger Besitzer. **4.** *econ.* soˈlid: **a ~ offer. ~ fi·des** [-ˈfaɪdiːz] (*Lat.*) *s* **1.** *jur.* guter Glaube. **2.** a) Ehrlichkeit *f*, Aufrichtigkeit *f*, b) ehrliche Absicht.

bo·nan·za [bəʊˈnænzə; bə-] **I** *s* **1.** *geol. min. Am.* reiche Erzader (*bes. Edelmetalle*). **2.** *fig.* Goldgrube *f*. **3.** *fig.* Fülle *f*, Reichtum *m*, große Menge. **II** *adj* **4.** sehr einträglich *od.* lukraˈtiv: **a ~ enterprise** e-e Goldgrube.

bon·bon [ˈbɒnbɒn; *Am.* ˈbɑnˌbɑn] *s* Bonˈbon *m, n.*

bonce [bɒns] *s Br. sl.* ‚Birne' *f,* ‚Rübe' *f* (*Kopf*).

bond[1] [bɒnd; *Am.* bɑnd] **I** *s* **1.** *pl obs. od. poet.* Fesseln *pl,* Ketten *pl,* Bande *pl:* **in ~s** a) in Fesseln, gefangen, b) versklavt; **to burst one's ~s** s-e Ketten sprengen. **2.** *pl fig.* Bande *pl:* **the ~s of love. 3.** Bund *m,* Verbindung *f.* **4.** *econ.* Zollverschluß *m:* **in ~** unter Zollverschluß, unverzollt; **to place under** (*od.* **into**) **~s** in Zollverschluß legen; **to release from ~** aus dem Zollverschluß nehmen, verzollen. **5.** *econ.* a) *allg.* (gesiegelte) Schuldurkunde, Schuld-, Verpflichtungsschein *m,* (urkundliche) Verpflichtung, b) festverzinsliches ˈWertpaˌpier, (*öffentliche*) Schuldverschreibung, Obligatiˈon *f,* (Schuld-, Staats)Anleihe *f,* c) *meist* **mortgage ~** (Hypoˈtheken)Pfandbrief *m;* **industrial (municipal) ~** Industrie-(Kommunal)anleihe *f;* **~ creditor** Obligations-, Pfandbriefgläubiger *m;* **~ debtor** Obligations-, Pfandbriefschuldner *m;* **to enter (into) ~s** (durch Urkunde) e-e Verpflichtung eingehen. **6.** a) Bürge *m,* b) Bürgschaft *f,* Sicherheit *f,* (*a.* ˈHaft)Kautiˌon *f:* **to furnish a ~** Kaution stellen, Sicherheit leisten; **his word is as good as his ~** er ist ein Mann von Wort. **7.** *chem.* a) Bindung *f:* **~ energy** *chem. phys.* Bindungsenergie *f,* b) Wertigkeit *f.* **8.** *tech.* Bindemittel *n:* **~ strength** Haftfestigkeit *f.* **9.** *electr.* Strombrücke *f* (*an Schienenstößen*). **10.** *arch.* (Holz-, Mauer-, Stein)Verband *m.* **11.** → **bond paper. II** *v/t* **12.** *econ.* a) verpfänden, b) durch Schuldverschreibung sichern, c) mit Obligatiˈonen belasten. **13.** *econ.* unter Zollverschluß legen. **14.** *chem. tech.* binden. **15.** *Steine etc* in Verband legen, einbinden. **III** *v/i* **16.** *tech.* binden.

bond[2] [bɒnd; *Am.* bɑnd] *adj hist.* in Knechtschaft, leibeigen.

ˈ**bond·age** *s* **1.** *hist.* Knechtschaft *f,* Sklaveˈrei *f* (*a. fig.*), Leibeigenschaft *f:* **to be in the ~ of vice** dem Laster verfallen sein. **2.** Gefangenschaft *f.* **3.** Zwang *m.* **4.** *Sadomasochismus:* Fesseln *n.*

bond·ed [ˈbɒndɪd; *Am.* ˈbɑn-] *adj* **1.** *econ.* verpfändet. **2.** *econ.* durch Schuldverschreibung gesichert: **~ claim** Forderung *f* aus Schuldverschreibung; **~ debt** Obligations-, Anleiheschuld *f.* **3.** *econ.* unter Zollverschluß (befindlich): **~ goods; ~ warehouse** Zollspeicher *m* (für unverzollte Güter); **~ value** unverzollter Wert; **~ to destination** Verzollung *f* am Bestimmungsort. **4. ~ fabrics** Vlies-, Faserverbundstoffe.

ˈ**bond·er** → **bondstone.**

bond·er·ize [ˈbɒndəraɪz; *Am.* ˈbɑn-] *v/t Stahl* bondern (*mittels Phosphatlösung korrosionsfest machen*).

ˈ**bondˌhold·er** *s econ.* Obligatiˈonsinhaber *m.*

ˈ**bond·ing** *s chem. tech.* Bindung *f:* **~ agent** Bindemittel *n.*

bond| is·sue *s econ.* Obligatiˈonsausgabe *f,* ˈAnleiheemissiˌon *f.* ˈ**~man** [-mən] *s irr hist.* **1.** Leibeigene(r) *m,* Sklave *m.* **2.** Fronpflichtige(r) *m.* **~ mar·ket** *s econ.* Rentenmarkt *m.* **~ pa·per** *s* Bankpost *f,* ˈPost-, ˈBanknotenpaˌpier *n.* **~serv·ant** → **bondman** 1.

bonds·man [ˈbɒndzmən; *Am.* ˈbɑndz-] *s irr* **1.** *jur.* a) Bürge *m,* b) j-d, der gewerblich Kautiˈon(en) stellt. **2.** → **bondman.**

ˈ**bond·stone** *s arch.* Binder *m,* Ankerstein *m.*

bone[1] [bəʊn] **I** *s* **1.** Knochen *m:* **to make no ~s about** (*od.* **of**) a) nicht viel Federlesens machen mit, nicht lange fackeln mit, b) keine Skrupel haben hinsichtlich (*gen*), c) kein Hehl machen aus; **to be near** (*od.* **close**) **to the ~** a) gewagt sein (*Witz etc*), b) am Hungertuch nagen; **to feel s.th. in one's ~s** etwas in den Knochen *od.* instinktiv spüren; **to have a ~ to pick with s.o.** mit j-m ein Hühnchen zu rupfen haben; **chilled** (*od.* **frozen**) **to the ~** völlig durchgefroren; **cut to the ~** aufs äußerste reduziert (*Preis etc*); **bred in the ~** angeboren; **bag of ~s** ‚Gerippe' *n,* dürre Person; **to make old ~s** alt werden, lange leben; **the (bare) ~s** die wesentlichen Punkte; → **contention** 1. **2.** *pl* Gebein(e *pl*) *n.* **3.** Skeˈlett *n,* Gerippe *n.* **4.** *pl colloq.* ‚Knochen' *pl,* Körper *m:* **my old ~s. 5.** (Fisch)Gräte *f.* **6.** *pl* Würfel *pl:* **to rattle the ~s** würfeln. **7.** *pl* Dominosteine *pl.* **8.** *pl* Kastaˈgnetten *pl.* **9.** (Fischbein)Stäbchen *n,* Korˈsettstange *f.* **10.** *vulg.* ‚Ständer' *m* (*erigierter Penis*). **II** *v/t* **11.** a) die Knochen herˈausnehmen aus, ausbeinen, b) *e-n Fisch* entgräten. **12.** (Fischbein)Stäbchen einarbeiten in (*ein Korsett*). **13.** *agr.* mit Knochenmehl düngen. **14.** *Br. sl.* ‚klauen' (*stehlen*). **III** *v/i* **15. to ~ up on s.th.** *colloq.* etwas ‚pauken' *od.* ‚büffeln' *od.* ‚ochsen'. **IV** *adj* **16.** beinern, knöchern.

bone[2] [bəʊn] *v/t tech.* nivelˈlieren.

bone| ash *s* Knochenasche *f.* **~ bed** *s geol.* (*diluviales*) Knochenlager. **~black** *s* **1.** *chem.* Knochenkohle *f.* **2.** *paint.* Beinschwarz *n* (*Farbe*). **~ brec·ci·a** *s geol.* Knochenbrekzie *f* (*durch Kalk verkittete diluviale Knochenablagerung*). **~ car·ti·lage** *s zo.* Knochenknorpel *m.* **~ chi·na** *s* ˈKnochenporzelˌlan *n.*

boned [bəʊnd] *adj* **1.** (*in Zssgn*) ...knochig: → **strong-boned. 2.** *gastr.* a) ohne Knochen, ausgebeint, b) entgrätet: **~ fish. 3.** mit (Fischbein)Stäbchen (versehen) (*Korsett*).

ˌ**bone|-ˈdry** *adj* **1.** knochen-, staub-, strohtrocken. **2.** *Am. colloq.* völlig ‚trocken': a) streng ˈantialkoˌholisch, b) ohne jeden Alkohol: **a ~ party. ~ dust** → **bone meal. ~ earth** → **bone ash. ~ glue** *s* Knochenleim *m.* ˈ**~head** *s colloq.* ‚Holzkopf' *m,* Dummkopf *m.* ˈ**~ˌhead·ed** *adj colloq.* dumm. ˌ**~-ˈi·dle** → **bone-lazy. ~ lace** *s* Klöppelspitze *f.* ˌ**~-ˈla·zy** *adj* ‚stinkfaul'.

ˈ**bone·less** *adj* **1.** ohne Knochen *od.* Gräten. **2.** *fig.* rückgratlos.

bone| meal *s* Knochenmehl *n.* **~ oil** *s chem.* Knochenöl *n.*

bon·er [ˈbəʊnə(r)] *s bes. Am. sl.* (grober) Fehler, ‚Schnitzer' *m.*

ˈ**bone|ˌset·ter** *s* Knocheneinrichter *m.* ˈ**~ˌshak·er** *s colloq.* ‚Klapperkasten' *m* (*Bus etc*). **~spav·in** *s vet.* Hufspat *m* (*des Pferdes*). **~ tar** *s chem.* Knochenteer *m.* ˈ**~yard** *s Am.* **1.** Abdeckeˈrei *f.* **2.** *sl.* Friedhof *m.* **3.** *colloq.* ‚(*Auto- etc*)Friedhof' *m,* Schrottplatz *m.*

bon·fire [ˈbɒnˌfaɪə(r); *Am.* ˈbɑn-] *s* **1.** Freudenfeuer *n.* **2.** a) Feuer *n* im Freien (*zum Unkrautverbrennen etc*): **to make a ~ of s.th.** etwas vernichten.

bong[1] [bɒŋ; *Am. a.* bɑŋ] **I** *v/i* dröhnen. **II** *s* Dröhnen *n.*

bong[2] [bɒŋ; *Am. a.* bɑŋ] *s* Haschisch-, Marihuˈanapfeife *f.*

bon·go[1] [ˈbɒŋgəʊ; *Am. a.* ˈbɑŋ-] *pl* **-gos,** *bes. collect.* **-go** *s zo.* Bongo *m.*

bon·go[2] [ˈbɒŋgəʊ; *Am. a.* ˈbɑŋ-] *pl* **-gos, -goes** *s mus.* Bongo *n, f.*

bon·go[3] [ˈbɒŋgəʊ; *Am. a.* ˈbɑŋ-] *pl* **-gos, -goes** *s sl.* Kopfverletzung *f.*

bon·go drum *s mus.* Bongotrommel *f.*

bon·ho(m)·mie [ˈbɒnɒmiː; *Am.* ˌbɑnəˈmiː; ˌbəʊ-] *s* Gutmütigkeit *f,* Jovialiˈtät *f.*

bon·i·fi·ca·tion [ˌbɒnɪfɪˈkeɪʃn; *Am.* ˌbɑ-] *s* **1.** *agr.* Bodenverbesserung *f,* Melioratiˈon *f.* **2.** Saˈnierung *f* (*e-s Bezirks*).

ˈ**bon·ing** *tech.* **I** *s* Nivelˈlieren *n.* **II** *adj* Nivellier...

bon·kers [ˈbɒŋkə(r)z; *Am. a.* ˈbɑŋ-] *adj sl.* ‚ˈübergeschnappt', verrückt: **to go ~** überschnappen.

bon mot [bɒnˈməʊ; *Am.* bəʊn-] *pl* **bons mots** [bɒnˈməʊ; -ˈməʊz; *Am.* bəʊn-] *s* Bonˈmot *n.*

bonne [bɒn; *Am.* bɔːn] *s* Hausangestellte *f, bes.* Kindermädchen *n.*

bon·net [ˈbɒnɪt; *Am.* ˈbɑ-] **I** *s* **1.** (*bes.* Schotten)Mütze *f,* Kappe *f:* → **bee**[1] 1. **2.** (Damen)Hut *m,* (Damen- *od.* Kinder-) Haube *f* (*meist randlos u. mit Bändern unter dem Kinn befestigt*). **3.** Kopfschmuck *m* (*der Indianer*). **4.** *tech. allg.* (Schutz)Kappe *f,* Haube *f, z.B.* a) *e-s offenen Kamins,* b) *rail.* Funkenfänger *m,* c) *rail.* (Plattform)Dach *n,* d) *Bergbau:* Schutzplatte *f* (*im Schacht*), e) *mot. Br.* Motorhaube *f,* f) Schutzkappe *f* (*für Ventile, Zylinder, Hydranten etc*). **5.** *zo.* zweiter Magen, Haube *f* (*der Wiederkäuer*). **II** *v/t* **6.** *j-m* e-e Mütze *od.* Haube aufsetzen. **7.** mit e-r Schutzkappe *etc* versehen. **8.** *j-m* den Hut über die Augen drücken. **~ mon·key** *s zo.* Hutaffe *m.* **~ piece** *s Scot. hist.* schottische Goldmünze.

bon·ny [ˈbɒnɪ; *Am.* ˈbɑ-] *adj bes. Scot.* **1.** hübsch, schön, nett (*alle a. iro.*), niedlich, ‚süß': **a ~ girl; my ~ lad!** *iro.* (mein) Freundchen! **2.** prächtig, ‚prima'. **3.** drall, rosig. **4.** gesund. **5.** *obs.* lustig.

bon·sai [ˈbɒnsaɪ; *Am.* bəʊnˈsaɪ] *pl* **-sai** *s* Bonsai *n:* a) *die japanische Kunst, Zwergbäume zu ziehen,* b) Bonsaibaum *m.*

bo·nus [ˈbəʊnəs] **I** *s* **1.** *econ.* Bonus *m,* Prämie *f,* Sondervergütung *f,* (Sonder-) Zulage *f:* **~ issue** (*bei Kapitalerhöhung ausgegebene*) Gratisaktie; **~ share** *Br.* (*z.B. anstelle e-r Bardividende ausgegebene*) Gratisaktie; **~ system** (*od.* **plan**) Prämiensystem *n* (*für geleistetes Übersoll*). **2.** Gratifikatiˈon *f:* **Christmas ~. 3.** *econ. bes. Br.* ˈExtradiviˌdende *f,* Sonderausschüttung *f.* **4.** *Br.* Gewinnanteil *m* (*Erhöhung der Lebensversicherungssumme durch Ausschüttung*). **5.** *econ. Am.* Subventiˈon *f,* staatlicher Zuschuß. **6.** *Am.* Dreingabe *f:* **two steak knives as a ~. 7.** *allg.* Vergünstigung *f.* **8.** *euphem. Br.* Bestechungsgeschenk *n,* Schmiergeld *n.* **II** *v/t* **9.** Prämien *etc* gewähren (*dat*). **10.** *econ. Am.* subventioˈnieren.

bon vi·vant [ˌbɒnviːˈvɒnt; *Am.* ˌbɑnviːˈvɑnt] *pl* **bons vi·vants** [-t; -ts] *s* Bonviˈvant *m,* Lebemann *m.*

bon·y [ˈbəʊnɪ] *adj* **1.** knöchern, Knochen...: **~ process** Knochenfortsatz *m.* **2.** (stark-, grob)knochig. **3.** a) voll(er) Knochen, b) voll(er) Gräten (*Fisch*). **4.** knochendürr.

bonze [bɒnz; *Am.* bɑnz] *s* Bonze *m* (*buddhistischer Mönch od. Priester*).

boo[1] [buː] **I** *interj* **1.** huh! (*um j-n zu erschrecken*): **he wouldn't** (*od.* **couldn't, won't**) **say ~ to a goose** er ist ein Hasenfuß. **2.** buh! (*Ausruf der Verachtung*). **3. the baby didn't say ~ all through church** das Baby gab während des gesamten Gottesdienstes keinen einzigen Laut von sich. **II** *s* **4.** Buh(ruf *m*) *n:* **greeted by ~s. III** *v/i* **5.** buhen. **IV** *v/t* **6.** *j-n* ausbuhen: **to ~ a team off the field** *sport* e-e Mannschaft mit Buhrufen verabschieden.

boo[2] [buː] *s Am. sl.* Marihuˈana *n.*

boob [buːb] *sl.* **I** *s* **1.** ‚Blödmann' *m,* ‚Idiˈot' *m.* **2.** *Br.* (grober) Fehler, ‚Schnitzer' *m.* **3.** *pl* ‚Titten' *pl* (*Busen*). **II** *v/i* **4.** *Br.* e-n ‚Schnitzer' machen. **III** *v/t* **5.** ‚verarschen', veralbern. **6.** *Br. Prüfung etc* ‚versauen'.

ˈ**boo-boo** *s bes. Am. sl.* (grober) Fehler, ‚Schnitzer' *m.*
boob tube *s bes. Am. sl.* a) ‚Glotzkasten *m*, -kiste' *f*, ‚Glotze' *f* (*Fernseher*), b) Fernsehen *n.*
boo·by [ˈbuːbɪ] *s* **1.** Trottel *m*, Dummkopf *m.* **2.** *sport etc* Letzte(r *m*) *f*, Schlechteste(r *m*) *f.* **3.** *orn.* (*ein*) Tölpel *m* (*Seevogel*). **4.** → boob 3. **~ hatch** *s* **1.** *mar.* Schiebeluke *f.* **2.** *Am. sl.* ‚Klapsmühle' *f* (*Nervenheilanstalt*). **~ prize** *s sport etc Scherzpreis für den Letzten od. Schlechtesten.* **~ trap** *s* **1.** a) versteckte Bombe *od.* Sprengladung, b) Auto *etc*, in dem e-e Bombe *od.* Sprengladung versteckt ist. **2.** *fig.* grober Scherz, ‚Falle' *f* (*bes. über e-r halbgeöffneten Tür angebrachter Wassereimer*). **3.** *fig.* Falle *f.* ˈ**~-trap** *v/t* a) e-e Bombe *od.* Sprengladung verstecken in (*dat*), b) durch e-e versteckte Bombe *od.* Sprengladung e-n Anschlag verüben auf (*acc*).
boo·dle [ˈbuːdl] *bes. Am. sl.* **I** *s* **1.** → caboodle. **2.** *bes. pol.* Schmier-, Korruptiˈonsgeld(er *pl*) *n.* **3.** ‚Blüten' *pl*, Falschgeld *n.* **4.** a) ‚Zaster' *m* (*Geld*), b) (*ein*) Haufen *m* Geld. **5.** *allg.* Beute *f.* **II** *v/t* **6.** prellen, betrügen. **7.** ‚schmieren', bestechen. **III** *v/i* **8.** Schmiergelder (an-) nehmen. **9.** Schmiergelder zahlen.
boo·gie [ˈbuːgɪ; *Am. a.* ˈbʊ-] *sl.* **I** *s* ˈDiskomuˌsik *f.* **II** *v/i* zu ˈDiskomuˌsik tanzen. **~-woo·gie** [-ˌwuːgɪ; ˌ-ˈwuːgɪ; *Am. a.* -ˈwʊ-] **I** *s* Boogie-Woogie *m* (*Musikstil u. Tanz*). **II** *v/i* Boogie-Woogie tanzen.
boo·hoo [ˌbuːˈhuː] **I** *pl* **-hoos** *s oft pl* lautes Geschluchze. **II** *v/i* laut schluchzen.
book [bʊk] **I** *s* **1.** Buch *n*: **the ~ of life** *fig.* das Buch des Lebens; **a closed ~** *fig.* ein Buch mit sieben Siegeln (**to** für); **as far as I am concerned the affair is a closed ~** für mich ist die Angelegenheit erledigt; **an open ~** *fig.* ein offenes *od.* aufgeschlagenes Buch (**to** für); **to be at one's ~s** über s-n Büchern sitzen; **in my ~** *colloq.* m-r Meinung *od.* Erfahrung nach, für mich; **without ~** a) aus dem Gedächtnis, b) unbefugt; **one for the ~(s)** *colloq.* ein ‚Knüller' *od.* Schlager, e-e großartige Leistung; **I read him like a ~** er ist wie ein aufgeschlagenes *od.* offenes Buch für mich; **to speak** (*od.* **talk**) **like a ~** geschraubt *od.* gestelzt reden; **to suit s.o.'s ~** j-m passen *od.* recht sein; → hit 10, leaf 4, reference 8. **2.** Buch *n* (*als Teil e-s literarischen Gesamtwerkes od. der Bibel*): **the ~s of the Old Testament.** **3. the B~**, *a.* **the ~ of ~s, the divine ~, the ~ of God** die Bibel: → **kiss** 4, **swear** 1. **4.** *fig.* Vorschrift *f*, Kodex *m*: **to follow the ~** sich an die Vorschriften halten; **according to the ~** ganz vorschriftsmäßig; **by the ~** a) ganz genau *od.* korrekt, b) ‚nach allen Regeln der (Kriegs)Kunst'; **every trick in the ~** jeder nur denkbare Trick; **he knows every trick in the ~** er ist mit allen Wassern gewaschen. **5. to throw the ~ at s.o.** a) *jur.* j-n zur Höchststrafe verurteilen, b) *jur.* j-n aller einschlägigen Verbrechen bezichtigen *od.* anklagen, c) *colloq.* j-m ‚gehörig den Kopf waschen'. **6.** *obs.* (*bes.* ˈGrundbesitzüberˌtragungs)Urkunde *f.* **7.** Liste *f*, Verzeichnis *n*: **to be on the ~s** auf der (Mitglieder- *etc*)Liste stehen, eingetragenes Mitglied sein. **8.** *pl univ.* Liste *f* der Immatrikuˈlierten. **9.** *econ.* Geschäftsbuch *n*: **~ of accounts** Kontobuch; **~s of account** Geschäftsbücher; **~ account** Buchkonto *n*; **~ of charges** Ausgabe(n)-, Unkostenbuch; **~ of rates** Zolltarif *m*; **~ of sales** Warenverkaufsbuch; **to close** (*od.* **balance**) **the ~s** die Bücher abschließen; **to shut the ~s** das Geschäft(s-unternehmen) aufgeben; **to keep the ~s** die Bücher führen; **to get** (*od.* **run**) **into s.o.'s ~s** bei j-m Schulden machen; **to be deep in s.o.'s ~s** bei j-m tief ‚in der Kreide stehen'; **to call** (*od.* **bring**) **s.o. to ~** *fig.* j-n zur Rechenschaft ziehen. **10.** a) Noˈtizbuch *n*, -block *m*, b) (Schreib-, Schul)Heft *n*: **to be in s.o.'s good** (**bad** *od.* **black**) **~s** *fig.* bei j-m gut (schlecht) angeschrieben sein. **11.** Wettbuch *n*: **to make ~** a) Wetten annehmen *od.* abschließen (**on** über *acc*), b) wetten; **you can make ~ on it that** ich möchte wetten, daß. **12.** a) *thea.* Text *m*, b) *mus.* Textbuch *n*, Liˈbretto *n*, c) *mus. bes. Am.* Reperˈtoire *n* (*e-s Orchesters od. Musikers*). **13.** Heft(chen) *n*: **~ of stamps** (**tickets**) Marken-(Fahrschein)heft (-chen); **~ of matches** Streichholz-, Zündholzbriefchen *n.* **14.** *Whist u. Bridge*: Buch *n* (*die ersten 6 Stiche*).
II *v/t* **15.** *econ.* a) (ver)buchen, eintragen, b) *e-n Auftrag* noˈtieren. **16.** aufschreiben, noˈtieren, *sport a.* verwarnen: **to ~ s.o. for wreckless driving** j-n wegen rücksichtslosen Fahrens aufschreiben (*Polizei*). **17.** *j-n* verpflichten, engaˈgieren: **to ~ a band.** **18.** *j-n als* (*Fahr*)*Gast, Teilnehmer etc* einschreiben, vormerken: **to ~ s.o. into** (*od.* **in at**) *bes. Br.* j-m ein Zimmer reservieren lassen in (*dat*). **19.** *e-n Platz, ein Zimmer etc* (vor)bestellen, *e-e Reise etc* buchen, *e-e Eintritts- od. Fahrkarte* lösen: **to ~ a seat** (*od.* **ticket**) **to London** e-e Fahr- (Schiffs-, Flug)karte nach London lösen; **to ~ in advance** im voraus bestellen, *thea. a.* im Vorverkauf besorgen; **~ed-up** ausgebucht (*Künstler*), (*Hotel etc a.*) belegt, (*Veranstaltung etc a.*) ausverkauft. **20.** *e-n Termin* ansetzen. **21.** *Gepäck* aufgeben (**to** nach). **22. ~ out** *bes. Br.* sich *ein Buch etc* (*aus e-r Bibliothek etc*) (aus-) leihen.
III *v/i* **23.** *Br. a.* **~ up** e-e (Fahr-, Schiffs-, Flug)Karte lösen (**to, for** nach): **to ~ through** durchlösen (**to** bis, nach). **24.** sich (*für e-e Fahrt etc*) vormerken lassen, e-n Platz *etc* bestellen, buchen. **25. ~ in** *bes. Br.* sich (*im Hotel*) eintragen: **to ~ in at** absteigen in (*dat*). **26. ~ out** *bes. Br.* sich (*im Hotel etc*) abmelden.
ˈ**book·a·ble** *adj* im Vorverkauf erhältlich.
book·a·te·ri·a → **booketeria.**
ˈ**book**|**ˌbind·er** *s* Buchbinder *m.* ˈ**~ˌbind·er·y** *s* Buchbindeˈrei *f.* ˈ**~ˌbind·ing** *s* **1.** Buchbinden *n.* **2.** Buchbinderhandwerk *n*, Buchbindeˈrei *f.* **~ burn·ing** *s* Bücherverbrennung *f.* ˈ**~case** *s* **1.** ˈBücherschrank *m*, -reˌgal *n.* **2.** Buchdeckel *m.* **~ claim** *s econ.* Buchforderung *f*, buchmäßige Forderung. **~ clamp** *s* Bücherpreßlade *f.* **~ cloth** *s* Buchbinderleinwand *f.* **~ club** *s* Buchgemeinschaft *f.* **~ debt** *s econ.* Buchschuld *f*, buchmäßige Schuld. **~ end** *s* Bücherstütze *f.*
book·e·te·ri·a [ˌbʊkəˈtɪərɪə] *s bes. Am.* Buchhandlung *f* mit Selbstbedienung.
ˈ**bookˌhold·er** *s* Buchstütze *f.*
book·ie [ˈbʊkɪ] *colloq. für* **bookmaker** 2.
ˈ**book·ing** *s* **1.** Buchen *n*, (Vor)Bestellung *f*: **to make a ~** buchen; **onward** (**return**) **~** *aer.* Reservierung *f* für den Weiterflug (Rückflug). **2.** (Karten)Ausgabe *f.* **3.** *econ.* (Ver)Buchung *f*, Eintragung *f.* **~ clerk** *s* Schalterbeamte(r) *m*, Fahrkartenverkäufer *m.* **~ hall** *s* Schalterhalle *f.* **~ of·fice** *s* **1.** (Fahrkarten)Schalter *m.* **2.** *Am.* Gepäckschalter *m*, -annahme *f.* **3.** (Theˈater- *etc*)Kasse *f*, Vorverkaufsstelle *f.* **~ or·der** *s econ.* Bestellzettel *m.*
ˈ**book·ish** *adj* (*adv* **~ly**) **1.** Buch..., Bücher...: **~ knowledge** Bücherweisheit *f*; **~ person** a) Büchermensch *m*, -narr *m*, b) Stubengelehrte(r) *m.* **2.** voll Bücherweisheit: **~ style** papierener Stil. **3.** a) belesen, b) gelehrt. ˈ**book·ish·ness** *s* trockene Gelehrsamkeit.
book| **jack·et** *s* ˈSchutzˌumschlag *m*, Buchhülle *f* (*aus Papier*). ˈ**~ˌkeep·er** *s econ.* Buchhalter(in). ˈ**~ˌkeep·ing** *s econ.* Buchhaltung *f*, -führung *f*: **~ by single** (**double**) **entry** einfache (doppelte) Buchführung; **~ department** Buchhaltung(sabteilung) *f.* **~ knowl·edge** *s* Buchwissen *n*, -gelehrsamkeit *f*, Bücherweisheit *f.* ˈ**~-ˌlearn·ed** → **bookish** 3. **~ learn·ing** → **book knowledge.**
book·let [ˈbʊklɪt] *s* Büchlein *n*, Broˈschüre *f.*
ˈ**book**|**·lore** → **book knowledge.** **~ loss** *s econ.* Buchverlust *m*, buchmäßiger Verlust. **~ louse** *s irr zo.* Bücherlaus *f.* ˈ**~ˌlov·er** *s* Bücherliebhaber(in), -freund (-in). ˈ**~ˌmak·er** *s* **1.** Bücherschreiber *m*, *bes.* Kompiˈlator *m.* **2.** Buchmacher *m.* ˈ**~ˌmak·ing** *s* **1.** Bücherschreiben *n*, *bes.* Kompilatiˈon *f.* **2.** Buchmacheˈrei *f.* ˈ**~man** [-mən] *s irr* **1.** Büchermensch *m*, (Stuben)Gelehrte(r) *m.* **2.** Buchhändler *m.* ˈ**~mark,** ˈ**~ˌmark·er** *s* Lesezeichen *n.* ˈ**~moˌbile** [-məʊˌbiːl] *s Am.* ˈWander-, ˈAutobücheˌrei *f.* **~ mus·lin** *s Buchbinderei*: Orˈgandy *m.* **B~ of Common Prayer** *s* Gebetbuch *n* der Angliˈkanischen Kirche. ˈ**~plate** *s* Exˈlibris *n.* **~ post** *s bes. Br.* Büchersendung *f*: **to send s.th. by ~** etwas als Büchersendung schicken. **~ prof·it** *s econ.* Buchgewinn *m*, buchmäßiger Gewinn. ˈ**~rack** *s* **1.** ˈBüchergestell *n*, -reˌgal *n.* **2.** a) Lesepult *n*, b) Buchstütze *f.* ˈ**~rest** *s* → **bookrack** 2 a. **~ re·view** *s* Buchbesprechung *f*, ˈBuchkriˌtik *f.* **~ re·view·er** *s* Buchkritiker *m.* ˈ**~ˌsell·er** *s* Buchhändler(in). ˈ**~ˌsell·ing** *s* Buchhandel *m.* ˈ**~shelf** *s irr* ˈBücherreˌgal *n.* ˈ**~shop** *s* Buchhandlung *f.* ˈ**~stack** *s* ˈBücherreˌgal *n.* ˈ**~stall** *s* **1.** Bücherstand *m.* **2.** *bes. Br.* Zeitungskiosk *m*, -stand *m.* ˈ**~store** *s bes. Am.* Buchhandlung *f.*
book·sy [ˈbʊksiː] *adj Am. colloq. contp.* ‚hochgestochen', ‚auf intellektuˈell machend'.
book| **to·ken** *s Br.* Büchergutschein *m.* **~ trade** *s* Buchhandel *m.* **~ truck** → **bookmobile.** **~ val·ue** *s econ.* Buchwert *m*, buchmäßiger Wert. ˈ**~work** *s* **1.** *print.* Werk-, Buchdruck *m.* **2.** Bücherstudium *n.* ˈ**~worm** *s zo. u. fig.* Bücherwurm *m.*
Bool·e·an al·ge·bra [ˈbuːlɪən] *s math.* Boolesche Algebra.
boom[1] [buːm] **I** *s* **1.** Dröhnen *n* (*e-r Stimme*), (*Geschütz- etc*)Donner *m*, Brausen *n* (*der Wellen etc*). **2.** Schrei *m* (*der Rohrdommel etc*). **II** *v/i* **3.** dröhnen (*Stimme etc*), donnern (*Geschütz etc*), brausen (*Wellen etc*). **4.** schreien (*Rohrdommel etc*). **III** *v/t* **5.** *meist* **~ out** dröhnen(d äußern).
boom[2] [buːm] *s* **1.** *mar.* Baum *m*, Ausleger *m* (*als Hafen- od. Flußsperrgerät*). **2.** *mar.* Baum *m*, Spiere *f*: **fore ~** Schonerbaum. **3.** *pl mar.* Barring *f.* **4.** *Am.* Schwimmbaum *m* (*zum Auffangen des Floßholzes*). **5.** *tech.* Ausleger *m* (*e-s Krans*), Ladebaum *m.* **6.** *Film, TV*: (*Mikrophon*)Galgen *m.*
boom[3] [buːm] **I** *s* **1.** *econ.* Boom *m*: a) ˈHochkonjunkˌtur *f*, b) *Börse*: Hausse *f*, c) (plötzlicher) (wirtschaftlicher *od.* geschäftlicher) Aufschwung: **~ market** Haussemarkt *m*; **to curb** (*od.* **check**) **the ~** die Konjunktur bremsen. **2.** *bes. Am.* plötzliches Entstehen u. raˈpide Entwicklung (*e-r Stadt etc*). **3.** *bes. Am.* a) Reˈklamerummel *m*, (aufdringliche) Propaˈganda, Stimmungsmache *f* (*bes. für*

e-n Wahlkandidaten), b) anwachsende Stimmung für e-n Kandi'daten. **4.** *bes. Am.* a) ko'metenhafter Aufstieg, b) Blüte(zeit) *f*, große Zeit, *a.* (Zeit *f* der) Populari'tät *f*. **II** *v/i* **5.** e-n ra'piden Aufschwung nehmen, flo'rieren, blühen: **~ing** florierend, im Aufschwung (begriffen). **6.** in die Höhe schnellen, ra'pide (an)steigen (*Kurse, Preise*). **7.** *bes. Am.* sehr rasch an Populari'tät gewinnen (*Person*). **III** *v/t* **8.** hochpeitschen, zu e-r ra'piden (Aufwärts)Entwicklung zwingen, *Preise* (künstlich) in die Höhe treiben. **9.** *bes. Am.* die Werbetrommel rühren für.

,boom-and-'bust *s econ. Am. colloq.* Zeit *f* außergewöhnlichen Aufstiegs, der e-e ernste Krise folgt.

'boom·er *s* **1.** *Am. colloq.* Wanderarbeiter *m.* **2.** *zo.* a) *Austral.* männliches Riesenkänguruh, b) Ka'nadischer Biber.

boom·er·ang ['bu:məræŋ] **I** *s* **1.** Bumerang *m* (*a. fig.*). **2.** *thea. Am.* Hebebühne *f* (*für Bühnenmaler*). **II** *v/i* **3.** *fig.* sich als Bumerang erweisen (**on** für).

boon[1] [bu:n] *s* **1.** *obs.* Gunst *f*, Gnade *f*. **2.** *fig.* Segen *m* (**to** für).

boon[2] [bu:n] *adj* **1.** *obs.* a) gefällig, b) wohlgesinnt. **2. ~ companion** lustiger Kumpan.

'boon|,docks *s pl Am. sl.* **1.** Wildnis *f*. **2.** finsterste Pro'vinz. **'~,dog·gle** [-,dɑgəl] *Am.* **I** *s* **1.** einfacher, handgemachter Gebrauchsgegenstand (*bes. aus Leder od. Weide*). **2.** *colloq.* a) nutzlose u. aufwendige Angelegenheit, b) Scheinbeschäftigung *f* (*bes. im öffentlichen Dienst*). **II** *v/i* **3.** *colloq.* a) sich mit nutzlosen u. aufwendigen Angelegenheiten beschäftigen, b) e-r Scheinbeschäftigung nachgehen.

boon·ies ['bu:ni:z] *s pl* → **boondocks**.

boor [bʊə(r)] *s* **1.** *contp.* ‚Bauer' *m*, ungehobelter Kerl. **2. B~** → **Boer I. 'boor·ish** *adj* (*adv* **~ly**) *contp.* bäu(e)risch, ungehobelt. **'boor·ish·ness** *s contp.* bäu(e)risches *od.* ungehobeltes Benehmen *od.* Wesen.

boost [bu:st] **I** *v/t* **1.** *e-n Kletternden* von unten hochschieben, *j-m od. e-r Sache* nachhelfen (*a. fig.*). **2.** *econ. colloq. die Preise* in die Höhe treiben. **3.** *colloq.* fördern, Auftrieb geben (*dat*), *die Produktion etc* ankurbeln, steigern: **to ~ business** *econ.* die Wirtschaft ankurbeln; **to ~ morale** die (*Arbeits- etc*)Moral heben. **4.** *bes. Am. colloq.* Re'klame machen *od.* die Werbetrommel rühren für. **5.** *tech.* a) *Flüssigkeiten etc* unter erhöhten Druck setzen, b) *den Druck* erhöhen, c) durch erhöhten Druck regu'lieren. **6.** *electr.* a) *die Spannung* verstärken, anheben, b) *e-e Batterie* verstärken. **7.** *aer. mot.* aufladen. **8.** *Am. sl.* ‚klauen' (*stehlen*) (*bes. in e-m Laden*). **II** *s* **9.** *colloq.* Förderung *f*, ‚Spritze' *f*, Schützenhilfe *f*. **10.** *colloq.* Auftrieb *m*, Belebung *f*. **11.** *colloq.* (*Lohn-, Preis-, Produktions- etc*)Erhöhung *f*, Steigerung *f*: **~ in salary** Gehaltserhöhung. **12.** *electr. tech.* Verstärkung *f* (*a. fig.*). **13.** *aer. mot.* Aufladung *f*, Ladedruck *m*. **14.** *bes. Am. colloq.* Re'klame *f*.

'boost·er *s* **1.** *colloq.* Förderer *m.* **2.** *colloq.* Preistreiber *m.* **3.** *bes. Am. colloq.* Re'klamemacher *m.* **4.** *tech.* Verstärker *m*, Verstärkung *f*, 'Zusatz(aggre,gat *n*) *m.* **5.** *electr.* a) *a.* **~ dynamo** 'Zusatzdy,namo *m*, b) Servomotor *m*, c) *a.* **~ amplifier** Zusatzverstärker *m.* **6.** *a.* **~ charge** *mil. tech.* Über'tragungsladung *f*. **7.** *tech.* Kom'pressor *m.* **8.** *a.* **~ pump** *tech.* Förderpumpe *f*. **9.** *Raketentechnik*: a) 'Antriebsaggre,gat *n*, b) erste Stufe, Zündstufe *f*. **10.** → **booster shot**. **11.** *mil.* 'Trägerra,kete *f*. **12.** *sl.* (*bes.* Laden)Dieb *m.* **~ coil** *s electr.* Anlaßspule *f*. **~ re·lay** *s electr.* 'Hilfsre,lais *n.* **~ rock·et** *s aer.* 'Startra,kete *f*. **~ shot** *s med.* Wieder'holungsimpfung *f*.

boot[1] [bu:t] **I** *s* **1.** Stiefel *m*: **the ~ is on the other foot** (*od.* **leg**) a) der Fall liegt umgekehrt, b) die Verantwortung liegt (jetzt) bei der anderen Seite; **his courage** (*od.* **heart**) **sank in(to) his ~s** ihm fiel (vor Angst) das Herz in die Hose; **I'll eat my ~s if** ... *colloq.* ich fresse e-n Besen, wenn ...; **to hang up the ~s** *colloq.* s-n Beruf, die Fußballschuhe *etc* an den Nagel hängen; **to put the ~ in** *bes. Br. colloq.* a) e-n wehrlos am Boden Liegenden mit (Fuß)Tritten traktieren, b) *fig.* j-n vollends fertigmachen; **the ~ of Italy** *geogr. humor.* der italienische ‚Stiefel'; → **bet** 4, **die**[1], **lick** 1. **2.** *hist.* spanischer Stiefel (*Folterinstrument*). **3.** *hist.* Beinharnisch *m.* **4.** Hufstiefel *m* (*für Pferde*). **5.** *orn.* Beinfedern *pl* (*von Geflügel*). **6.** *Br.* a) *hist.* Kutschkasten *m* (*für Gepäck*), b) *mot.* Kofferraum *m.* **7.** *tech.* a) Schutzkappe *f*, b) ('Autoreifen)Unter,legung *f*. **8.** *obs.* Trinkschlauch *m.* **9.** Strumpfbein *n.* **10.** a) *colloq.* (Fuß)Tritt *m*: **to give s.o. a ~** j-m e-n Fußtritt geben *od.* versetzen, b) *sl.* Rausschmiß *m*, *bes.* Entlassung *f*: **to get the ~** rausgeschmissen (*bes.* entlassen) werden; **to give s.o. the ~** → 16. **11.** *Am. sl.* a) *mil.* Re'krut *m* (*bes. der Marine [-infanterie]*), b) Anfänger *m.* **12.** *Br. sl.* a) ‚Schreckschraube' *f* (*häßliche Frau*), b) ‚Hexe' *f* (*bösartige Frau*): **you old ~!** **13.** *Baseball*: *sl.* ‚Patzer' *m.* **II** *v/t* **14.** *j-m* (die) Stiefel anziehen. **15.** *colloq.* a) e-n (Fuß-) Tritt geben *od.* versetzen (*dat*), b) *bes. Fußball*: *den Ball* treten, kicken. **16.** *meist* **~ out** *sl. j-n* rausschmeißen, *bes.* entlassen.

boot[2] [bu:t] **I** *s* **1.** *obs.* Vorteil *m*, Gewinn *m*, Nutzen *m.* **2. to ~** obendrein, noch dazu. **II** *v/i u. v/t* **3.** *obs.* (*j-m*) nützen: **what ~s it to complain?**

boot[3] [bu:t] *s obs.* Beute *f*.

'boot·black *s* Schuhputzer *m.*

boot·ed ['bu:tɪd] *adj* gestiefelt: **~ and spurred** gestiefelt u. gespornt.

boot·ee ['bu:ti:; ,bu:'ti:] *s* **1.** Damenhalbstiefel *m.* **2.** gestrickter Babyschuh.

Bo·ö·tes [bəʊ'əʊti:z] *s astr.* Bärenhüter *m* (*Sternbild*).

booth [bu:ð; *Am. bes.* bu:θ] *s* **1.** (Markt-, Schau)Bude *f*, (Messe)Stand *m.* **2.** a) (Tele'fon-, Fernsprech)Zelle *f*, b) ('Wahl-) Ka,bine *f*, (-)Zelle *f*. **3.** a) *Rundfunk, TV*: (Über'tragungs)Ka,bine *f*, b) ('Abhör-) Ka,bine *f* (*in e-m Schallplattengeschäft*). **4.** Sitzgruppe *f* (*im Restaurant*).

'boot|·jack *s* Stiefelknecht *m.* **'~·lace** *s* Schnürsenkel *m*: **to pull o.s. up by one's (own) ~s** *colloq.* es aus eigener Kraft zu etwas bringen.

'boot·leg I *s* 'ille,gal 'hergestellte, schwarz verkaufte *od.* geschmuggelte Spiritu'osen *pl.* **II** *v/t bes. Spirituosen* 'ille,gal 'herstellen, schwarz verkaufen *od.* schmuggeln. **III** *v/i* Spiritu'osen 'ille,gal 'herstellen, (*bes.* Alkohol)Schmuggel *od.* (-)Schwarzhandel treiben. **IV** *adj* 'ille,gal, geschmuggelt, Schmuggel..., Schmuggler...: **~ whisky** geschmuggelter Whisky; **~ radio station** Schwarzsender *m.* **'boot,leg·ger** *s* (*bes.* Alkohol)Schmuggler *m*, (-)Schwarzhändler *m.* **'boot,leg·ging** *s* (*bes.* Alkohol-) Schmuggel *m*, (-)Schwarzhandel *m.*

'boot·less *adj* nutzlos.

'boot|·lick *colloq.* **I** *v/t u. v/i* ‚kriechen' (vor *j-m*). **II** → **bootlicker**. **'~,lick·er** *s colloq.* ‚Kriecher' *m.* **'~,load·er** *s Computer*: a) 'Urlesepro,gramm *n*, b) 'Ureingabepro,gramm *n.*

boots [bu:ts] *pl* **boots** *s Br.* Hausdiener *m* (*im Hotel*).

'boot|·strap I *s* **1.** Stiefelstrippe *f*, -schlaufe *f*: **to pull o.s. up by one's (own) ~s** *colloq.* es aus eigener Kraft zu etwas bringen; **~ circuit** *electr.* Bootstrap-Schaltung *f*. **2.** *Computer*: Ureingabe *f*: **~ loader** a) Urladeprogramm *n*, b) Ureingabeprogramm *n.* **II** *v/t* **3.** *Computer*: durch Ureingabe laden. **~ top** *s* Stiefelstulpe *f*. **~ tree** *s* Stiefelleisten *m.*

boot·y ['bu:tɪ] *s* **1.** (Kriegs)Beute *f*, Beutegut *n*, Raub *m*: **to play ~** a) sich mit e-m anderen Spieler zur Ausplünderung e-s Dritten zs.-tun u. anfangs absichtlich verlieren, b) *fig.* sich listig verstellen. **2.** *fig.* (Aus)Beute *f*, Fang *m.*

booze [bu:z] *colloq.* **I** *v/i* ‚saufen', (gewohnheits- *od.* 'übermäßig) trinken: **~d** ‚blau' (*betrunken*). **II** *s* a) ‚Zeug' *n* (*alkoholisches Getränk*), b) ‚Saufe'rei' *f*: **to go on** (*od.* **hit**) **the ~** ‚saufen', c) ‚Sauftour' *f*: **to go on a ~** e-e Sauftour machen, d) ‚Besäufnis' *n.* **'~,hound** *s Am. colloq.* Säufer *m.*

'booz·er *s colloq.* **1.** Säufer *m.* **2.** *Br.* Kneipe *f*.

'booze-up *s Br. colloq.* → **booze** II c, d.

booz·y ['bu:zɪ] *adj colloq.* **1.** ‚versoffen'. **2.** Sauf...: **a ~ party** ein ‚Besäufnis'.

bop [bɒp; *Am.* bɑp] *colloq.* **I** *s* Schlag *m*: **to give s.o. a ~ on the nose** j-m eins auf die Nase geben. **II** *v/t j-n* schlagen.

bo·peep [,bəʊ'pi:p] *s* Guck-guck-Spiel *n.*

'bop·per → **teeny-bopper**.

bo·ra ['bɔ:rə; *Am. a.* 'bəʊrə] *s* Bora *f* (*trocken-kalter Fallwind*).

bo·rac·ic [bə'ræsɪk] *adj chem.* boraxhaltig, Bor...: **~ acid** Borsäure *f*.

bo·ra·cite ['bɔ:rəsaɪt; *Am. a.* 'bəʊ-] *s min.* Bora'cit *m.*

bor·age ['bɒrɪdʒ; *Am. a.* 'bɑ-] *s bot.* Borretsch *m*, Gurkenkraut *n.*

bo·rate ['bɔ:reɪt] *s chem.* borsaures Salz: **~ of lead** Bleiborat *n.*

bo·rax ['bɔ:ræks; *Am. a.* 'bəʊ-] *s chem.* Borax *m.*

bor·dar ['bɔ:də] *s Br. hist.* Kätner *m.*

Bor·deaux [bɔ:(r)'dəʊ] *s* Bor'deaux (-wein) *m.* **~ mix·ture** *s agr. chem.* Borde'laiser Brühe.

bor·del ['bɔ:(r)dl] *s obs.* Bor'dell *n.*

bor·del·lo [bɔ:(r)'deləʊ] *pl* **-los** *s* Bor'dell *n.*

bor·der ['bɔ:(r)də(r)] **I** *s* **1.** Rand *m.* **2.** Einfassung *f*, Saum *m*, Um'randung *f*, Borte *f*, Randverzierung *f*, *a. print.* Rand-, Zierleiste *f*. **3.** Gebiets- *od.* Landesgrenze *f*: **on the ~** an der Grenze; **~ crossing point** Grenzübergang(sstelle *f*) *m*; **~ incident** Grenzzwischenfall *m*; **~ war** Grenzkrieg *m.* **4.** *a.* **~ area** Grenzgebiet *n*: **the B~** die Grenze *od.* das Grenzgebiet zwischen England u. Schottland; **north of the B~** in Schottland. **5.** *agr.* Rain *m.* **6.** *Gartenbau*: Ra'batte *f*, Randbeet *n.* **7.** *pl* → **borderlights**. **II** *v/t* **8.** einfassen. **9.** (um)'säumen: **a lawn ~ed by trees**. **10.** begrenzen, (an)grenzen *od.* stoßen an (*acc*). **11.** *tech.* rändern, (um)'bördeln. **III** *v/i* **12.** (an)grenzen, (an)stoßen (**on, upon** an *acc*): **it ~s on insolence** *fig.* es grenzt an Unverschämtheit.

bor·de·reau [,bɔ:(r)də'rəʊ] *pl* **-reaux** [-'rəʊ; -'rəʊz] *s Bankwesen*: Borde'reau *m*, *n* (*Verzeichnis eingelieferter Wertpapiere, bes. von Wechseln*).

'bor·der·er *s* Grenzbewohner *m* (*Br. Bewohner des Grenzgebiets zwischen England u. Schottland*).

'bor·der·ing *s* **1.** Einfassung *f*, Besatz *m.* **2.** Materi'al *n* (*Stoff etc*) zum Einfassen *od.* Besetzen. **3.** *tech.* Bördeln *n*, Rändelung *f*.

ˈ**bor·der|·land** *s* **1.** Grenzland *n*, -gebiet *n*. **2.** *fig.* a) Grenzland *n*, b) Randgebiet *n*, c) Niemandsland *n*. ˈ**~·lights** *s pl thea.* Sofˈfittenlichter *pl*. ˈ**~·line I** *s* **1.** Grenzlinie *f*. **2.** *fig.* Grenze *f*. **II** *adj* **3.** auf *od.* an der Grenze (*a. fig.*): ~ **case** Grenzfall *m*; ~ **disease** *med.* latente Krankheit; ~ **joke** nicht mehr ganz salonfähiger Witz; ~ **state** Zwischenstadium *n*. ~ **stone** *s* **1.** Bord-, Randstein *m*. **2.** Grenzstein *m*.

bor·dure [ˈbɔːˌdjʊə; *Am.* ˈbɔːrdʒər] *s her.* ˈSchild-, ˈWappenumˌrandung *f*.

bore[1] [bɔː(r); *Am. a.* ˈbəʊər] **I** *s* **1.** *tech.* Bohrung *f*: a) Bohrloch *n*, b) ˈInnenˌdurchmesser *m*. **2.** *Bergbau*: Bohr-, Schieß-, Sprengloch *n*. **3.** *mil. tech.* Bohrung *f*, Seele *f*, Kaˈliber *n*: ~ **of a gun**. **4.** *geol.* Ausflußöffnung *f* (*e-s Geysirs*). **II** *v/t* **5.** (*bes.* aus)bohren, durchˈbohren. **6.** durchˈdringen, sich ˈdurchbohren durch: **to ~ one's way (into, through)** sich (mühsam) e-n Weg bahnen (in *dat od. acc*, durch). **7.** *sport sl. ein anderes Rennpferd* abdrängen. **III** *v/i* **8.** bohren, Bohrungen machen, *Bergbau*: schürfen (**for** nach). **9.** *tech.* a) (*bei Holz*) (ins Volle) bohren, b) (*bei Metall*) (aus-, auf)bohren. **10.** *fig.* ˈdurch- *od.* vordringen, sich e-n Weg bahnen (**to** bis, zu, nach), sich (hinˈein)bohren (**into** in *acc*).

bore[2] [bɔː(r); *Am. a.* ˈbəʊər] **I** *s* **1.** a) langweilige *od.* stumpfsinnige *od.* fade Sache: **the book is a ~ to read** das Buch ist langweilig, b) *bes. Br.* unangenehme *od.* lästige Sache: **what a ~!** wie dumm!, wie lästig! **2.** a) Langweiler *m*, fader Kerl, b) *bes. Br.* lästiger Kerl. **II** *v/t* **3.** langweilen: **to ~ s.o. stiff** (*od.* **to tears**) *colloq.* j-n ‚zu Tode' langweilen; **to be ~d** sich langweilen. **4.** *bes. Br. j-m* lästig sein *od.* auf die Nerven gehen.

bore[3] [bɔː(r); *Am. a.* ˈbəʊər] *s* Springflut *f*, Flutwelle *f*.

bore[4] [bɔː(r); *Am. a.* ˈbəʊər] *pret von* **bear**[1].

bo·re·al [ˈbɔːrɪəl; *Am. a.* ˈbəʊ-] *adj* **1.** boreˈal: a) nördlich, b) dem nördlichen Klima Euˈropas, Asiens u. Aˈmerikas zugehörend. **2.** Nordwind...

Bo·re·as [ˈbɒrɪæs; *Am.* ˈbəʊrɪəs; ˈbɔː-] **I** *npr* Boreas *m* (*Gott des Nordwindes*). **II** *s poet.* Boreas *m* ([*kalter*] *Nordwind*).

ˈ**bore·dom** *s* **1.** Lang(e)weile *f*, Gelangweiltsein *n*. **2.** Langweiligkeit *f*.

ˈ**bor·er** *s* **1.** *tech.* Bohrer *m*. **2.** Bohrarbeiter *m*. **3.** *zo.* (*ein*) Bohrer *m* (*Insekt*).

bo·ric [ˈbɔːrɪk; *Am. a.* ˈbəʊ-] *adj chem.* Bor...: ~ **acid** Borsäure *f*.

bo·ride [ˈbɔːraɪd; *Am. a.* ˈbəʊ-] *s chem.* Boˈrid *n*.

ˈ**bor·ing**[1] **I** *s* **1.** Bohren *n*, Bohrung *f*. **2.** Bohrloch *n*. **3.** *pl* Bohrspäne *pl*. **II** *adj* **4.** bohrend, Bohr...

ˈ**bor·ing**[2] *adj* langweilig.

bor·ing| bar *s tech.* Bohrstange *f*. ~ **head** *s tech.* Bohrkopf *m*. ~ **ma·chine** *s tech.* ˈBohrmaˌschine *f*. ~ **tool** *s tech.* Innendrehmeißel *m*.

born [bɔː(r)n] **I** *pp von* **bear**[1] 4. **II** *adj* **1.** geboren: ~ **of** geboren von, Kind des *od.* der; ~ **again** wiedergeboren; **an Englishman ~ and bread** ein (wasch-) echter Engländer; **a ~ fool** ein völliger Narr; **never in all my ~ days** noch nie in m-m Leben. **2.** geboren, bestimmt (**to zu**): ~ **a poet, a ~ poet** zum Dichter geboren, ein geborener Dichter. **3.** angeboren: ~ **dignity**.

borne [bɔː(r)n] **I** *pp von* **bear**[1]. **II** *adj* **1.** (*in Zssgn*) getragen von, befördert mit *od.* auf (*dat*) *od.* in (*dat*): **lorry-~** mit (e-m) Lastwagen befördert; → **air-borne**, *etc.* **2.** geboren (**by** von).

bor·né [bɔː(r)ˈneɪ] *adj* borˈniert.

Born·holm dis·ease [ˈbɔː(r)nhɒlm; *Am.* -ˌhəʊlm; -ˌhəʊm] *s med.* Bornˈholmer Krankheit *f*.

born·ite [ˈbɔː(r)naɪt] *s min.* Borˈnit *m*, Buntkupferkies *m*.

bo·ron [ˈbɔːrɒn; *Am.* ˈbɔːrˌɑn; *a.* ˈbəʊər-] *s chem.* Bor *n*.

bo·ro·si·lic·ic ac·id [ˌbəʊrəʊsɪˈlɪsɪk] *s chem.* Borkieselsäure *f*.

bor·ough [ˈbʌrə; *Am.* ˈbɜrəʊ; ˈbʌ-] *s* **1.** *Br. hist.* Burg(flecken *m*) *f*. **2.** *Br.* a) Stadt *f* (*mit Selbstverwaltung*), b) *a.* **parliamentary ~** Stadt *f od.* städtischer Wahlbezirk mit eigener Vertretung im Parlaˈment, c) Stadtteil *m* (*von Groß-London*). **3.** *Am.* a) Stadt- *od.* Dorfgemeinde *f* (*in einigen Staaten*), b) Stadtbezirk *m* (*in New York*). **B~ Coun·cil** *s Br.* Stadtrat *m*. ~-ˈ**Eng·lish** *s jur. hist.* Vererbung *f* auf den jüngsten Sohn.

bor·row [ˈbɒrəʊ; *Am. a.* ˈbɑ-] **I** *v/t* **1.** (sich) *etwas* borgen (*a. math.*) *od.* (ent-) leihen (**from** von): **~ed funds** *econ.* Fremdmittel; **he lives on ~ed time** a) s-e Tage sind gezählt, b) s-e Uhr ist abgelaufen. **2.** *fig.* entlehnen, -nehmen, *iro.* (sich) *etwas* ‚borgen': **to ~ a phrase from Shaw**; **to ~ trouble** sich unnötigen Ärger einhandeln; **~ed word** *ling.* Lehnwort *n*. **3.** *euphem.* ‚mitgehen lassen' (*stehlen*). **II** *v/i* **4.** borgen, *econ. a.* Geld *od.* Darlehen *od.* Kreˈdit aufnehmen: **to ~ on securities** Effekten lombardieren.

ˈ**bor·row·er** *s* **1.** Entleiher(in), Borger(in): **~'s ticket** Leihkarte *f*. **2.** *econ.* Geld-, Darlehens-, Kreˈditnehmer(in). **3.** *fig.* Entlehner(in) (**from** von). ˈ**bor·row·ing** *s* **1.** Borgen *n*, (Ent)Leihen *n*. **2.** *econ.* Geld-, Darlehens-, Kreˈditaufnahme *f*: ~ **power** Kreditfähigkeit *f*.

Bor·stal [ˈbɔːstl] *s a.* ~ **Institution** *Br. erzieherisch gestaltete Strafanstalt für die Altersgruppe 15–21*: ~ **training** *Strafvollzug in e-m* **Borstal**.

bort [bɔː(r)t] *s* **1.** Diaˈmantenschleifpulver *n*. **2.** *min.* unreiner, farbiger, *bes.* schwarzer Diaˈmant.

bor·zoi [ˈbɔː(r)zɔɪ] *s* Barˈsoi *m* (*russischer Windhund*).

bos·cage → **boskage**.

bosh[1] [bɒʃ; *Am.* bɑʃ] *s metall.* **1.** Kohlensack *m*, Rast *f* (*am Hochofen*). **2.** Löschtrog *m*.

bosh[2] [bɒʃ; *Am.* bɑʃ] *s a. interj colloq.* ‚Quatsch' *m*, Blödsinn *m*.

bosk [bɒsk; *Am.* bɑsk] *s poet.* Gehölz *n*.

bos·kage [ˈbɒskɪdʒ; *Am.* ˈbɑs-] *s poet.* **1.** Gebüsch *n*, Buschwerk *n*, Dickicht *n*. **2.** ˈUnterholz *n*. ˈ**bosk·y** *adj poet.* buschig.

bos'n, bo's'n → **boatswain**.

bos·om [ˈbʊzəm] **I** *s* **1.** Busen *m*: **to take to one's ~** → 6. **2.** *fig.* Busen *m*, Herz *n* (*als Sitz der Gefühle etc*): **to conceal** (*od.* **lock**) **in one's ~** → 7; ~ **friend** Busenfreund(in). **3.** *fig.* Schoß *m*: **in the ~ of one's family (the Church)** im Schoße der Familie (der Kirche); → **Abraham**. **4.** Tiefe *f*, (*das*) Innere: **the ~ of the earth** das Erdinnere. **5.** Brustteil *m* (*e-s Kleides etc*), *bes. Am.* (Hemd)Brust *f*. **II** *v/t* **6.** *j-n* ans Herz drücken. **7.** *fig. etwas* in s-m Busen verschließen. ˈ**bos·omed** *adj* **1.** (*in Zssgn*) ...busig. **2.** *fig.* (**in**) umˈgeben (von), eingebettet (in *acc*). ˈ**bos·om·y** *adj* vollbusig.

bos·on [ˈbəʊzɒn; *Am.* -ˌzɑn] *s phys.* Boson *n*, Bose-Teilchen *n*.

bos·quet [ˈbɒskɪt; *Am.* ˈbɑs-] → **bosk**.

boss[1] [bɒs; *Am. a.* bɑs] **I** *s* **1.** (An)Schwellung *f*, Beule *f*, Höcker *m*. **2.** runde erhabene Verzierung, (*a.* Schild)Buckel *m*, Knauf *m*, Knopf *m*. **3.** *arch.* Bossen *m*. **4.** *tech.* a) Rad-, Proˈpeller-, Kolben- *etc*)Nabe *f*, b) Hals *m*, Verstärkung *f* (*e-r Welle*), c) Nocken *m*. **5.** *tech.* (Streich-) Ballen *m*, (Auftrags)Kissen *n* (*für Farbe*). **6.** *geol.* Lakkoˈlith *m*, säulenförmiger Gesteinsblock. **II** *v/t* **7.** mit Buckeln *etc* verzieren *od.* besetzen. **8.** *tech.* bossen, treiben.

boss[2] [bɒs] *colloq.* **I** *s* **1.** Chef *m*, Boß *m*, Vorgesetzte(r) *m*, Meister *m*. **2.** *fig.* ‚Macher' *m*, Tonangebende(r) *m*, ‚Obermimer' *m*: **who is the ~ in the house?** wer ist der Herr im Haus?, wer hat die Hosen an? **3.** *pol. bes. Am.* (Parˈtei-, Gewerkschafts)Bonze *m*, (-)Boß *m*. **II** *adj* **4.** erstklassig, ‚Super...': **a ~ player**. **5.** Haupt... **III** *v/t* **6.** Herr sein über (*acc*), kommanˈdieren, leiten: **to ~ the show** der Chef vom Ganzen sein, ‚den Laden schmeißen'; **to ~ about** (*od.* **around**) herumkommandieren, ‚schurigeln'.

bos·sa no·va [ˌbɒsəˈnəʊvə; *Am.* ˌbɑ-] *s mus.* Bossa Nova *m*.

ˈ**boss-eyed** *adj colloq.* schielend: **to be ~** schielen, ‚e-n Knick im Auge *od.* in der Linse *od.* in der Optik haben'.

ˈ**bossˌism** *s pol. Am.* poˈlitisches Bonzentum *od.* Cliquenwesen.

ˈ**boss·y**[1] *adj* mit Buckeln *etc* verziert (→ **boss**[1]).

ˈ**boss·y**[2] *adj colloq.* **1.** herrisch, herrschsüchtig, diktaˈtorisch. **2.** rechthaberisch.

Bos·ton [ˈbɒstən] *s* **1.** *hist.* Boston *n* (*Kartenspiel*). **2.** Boston *m* (*langsamer Walzer*). **~ bag** *s Am.* (*e-e*) Tragetasche. **~ baked beans** *s pl gastr. Am. Gericht aus Bohnen, gepökeltem Schweinefleisch u. Sirup.* **~ rock·er** *s Am.* (*ein*) Schaukelstuhl *m*. **~ ter·ri·er** *s ein kleiner, glatthaariger Hund* (*Kreuzung zwischen Bulldogge u. Bullterrier*).

bo·sun → **boatswain**.

bo·tan·ic [bəˈtænɪk] *adj* (*adv* **~ally**) → **botanical** I. **bo'tan·i·cal** [-kl] **I** *adj* boˈtanisch, Pflanzen...: ~ **drug** → II; ~ **garden(s)** botanischer Garten. **II** *s med.* Pflanzenheilmittel *n*. **bot·a·nist** [ˈbɒtənɪst; *Am.* ˈbɑ-] *s* Boˈtaniker(in). ˈ**bot·a·nize I** *v/i* botaniˈsieren, Pflanzen (*zu Studienzwecken*) sammeln. **II** *v/t* boˈtanisch erforschen. ˈ**bot·a·ny** *s* Boˈtanik *f*, Pflanzenkunde *f*.

botch [bɒtʃ; *Am.* bɑtʃ] **I** *s* **1.** *fig.* Flickwerk *n*, -schusteˈrei *f*. **2.** Pfusch(arbeit *f*) *m*: **to make a ~ of s.th.** etwas verpfuschen. **II** *v/t* **3.** *fig.* zs.-flicken, zs.-stoppeln, zs.-schustern. **4.** verpfuschen. **III** *v/i* **5.** pfuschen.

ˈ**botch·er**[1] *s* **1.** *fig.* Flickschuster *m*. **2.** Pfuscher *m*.

ˈ**botch·er**[2] *s* junger Lachs.

ˈ**botch·y** *adj fig.* zs.-geflickt, zs.-gestoppelt, zs.-geschustert.

bo·tel [bəʊˈtel] *s* Boˈtel *n* (*als Hotel ausgebautes verankertes Schiff*).

bot·fly [ˈbɒtflaɪ; *Am.* ˈbɑt-] *s zo.* Pferdebremse *f*.

both [bəʊθ] **I** *adj u. pron* beide, beides: ~ **my brothers** m-e beiden Brüder; ~ **daughters** beide Töchter; ~ **of them** sie *od.* alle beide; **they have ~ gone** sie sind beide gegangen; **look at it ~ ways** betrachte es von beiden Seiten; **you can't have it ~ ways** du kannst nicht beides haben, du kannst nur e-s von beiden haben; **I met them ~** ich traf sie beide. **II** *adv od. conj*: ~ ... **and** soˈwohl ... als (auch); nicht nur ..., sondern auch.

both·er [ˈbɒðə(r); *Am.* ˈbɑ-] **I** *s* **1.** Belästigung *f*, Störung *f*, Plage *f*, Mühe *f*, Schereˈrei *f*, Ärger *m*, Verdruß *m*, Kummer *m*: **this boy is a great ~** der Junge ist e-e große Plage; **don't put yourself to any ~** machen Sie sich keine Umstände; **we had quite a lot of ~ (in) getting here** es war ziemlich schwierig für uns hierherzukommen. **2.** Lärm *m*, Aufregung *f*, Getue *n*, ‚Wirbel' *m*. **II** *v/t*

3. belästigen, quälen, stören, beunruhigen, ärgern, plagen: **don't ~ me!** laß mich in Ruhe!; **it won't ~ me** mir soll's recht sein; **to be ~ed about s.th.** über etwas beunruhigt sein; **I can't be ~ed with it now** ich kann mich jetzt nicht damit abgeben; **to ~ one's head about s.th.** sich über etwas den Kopf zerbrechen. **III** *v/i* **4.** (**about**) a) sich befassen, sich abgeben (mit), sich kümmern (um), b) sich aufregen (über *acc*): **I shan't ~ about it** ich werde mich nicht damit abgeben *od.* mir keine Sorgen darüber machen; **don't ~!** bemühen Sie sich nicht! **IV** *interj colloq.* **5.** verflixt!, Mist!: **~ it!** zum Kuckuck damit! **ˌboth·erˈa·tion** *colloq.* **I** *s* → **bother** 1. **II** *interj* → **bother** 5.

both·er·some [ˈbɒðə(r)səm; *Am.* ˈbɑ-] *adj* lästig, unangenehm.

both·y [ˈbɒθɪ] *s Scot.* Schutzhütte *f.*

bo tree [bəʊ] *s* **1.** *bot.* Heiliger Feigenbaum. **2. B~ T~** *relig.* (*der*) heilige (Feigen)Baum (*Buddhas*).

bot·ry·oid [ˈbɒtrɪɔɪd; *Am.* ˈbɑ-], **ˌbot·ryˈoi·dal** *adj biol. etc* traubenförmig.

bot·ry·ose [ˈbɒtrɪəʊs; *Am.* ˈbɑ-] → **botryoid**.

bot·tle¹ [ˈbɒtl; *Am.* ˈbɑtl] **I** *s* **1.** Flasche *f* (*a. Inhalt*): **to bring up on the ~** *e-n Säugling* mit der Flasche aufziehen; **over a ~** bei e-r Flasche (*Wein etc*); **to break** (*od.* **crack**) **a ~** e-r Flasche den Hals brechen; **he is fond of the ~, he likes his ~** er trinkt gern; **to be on the ~** trinken; → **hit** 8. **2.** *tech.* (Gas)Flasche *f.* **3.** *Br. sl.* ,Mumm' *m* (*Mut*): **his ~ is all over the shop** er hat keinen Mumm mehr in den Knochen. **II** *v/t* **4.** in Flaschen abfüllen, auf Flaschen ziehen. **5.** *Br. Früchte etc* in Gläser einmachen, einwecken. **6. ~ up** *fig. Gefühle etc* unterˈdrücken: **~d-up emotions** aufgestaute Emotionen. **7. ~ up** *bes. mil.* einschließen: **to ~ up the enemy troops.** **8.** *colloq. j-m* e-e Flasche über den Kopf schlagen.

bot·tle² [ˈbɒtl] *s dial. Br.* (Heu-, Stroh-)Bündel *n*, Bund *n.*

bot·tle| ba·by *s* Flaschenkind *n.* **ˈ~·brush** *s bot.* a) Ackerschachtelhalm *m*, b) Tannenwedel *m*, c) (*e-e*) Banksie, (*ein*) Eisenholzbaum *m.*

bot·tled [ˈbɒtld; *Am.* ˈbɑtld] *adj* **1.** flaschenförmig. **2.** in Flaschen *od. Br.* (Einmach)Gläser (ab)gefüllt: **~ beer** Flaschenbier *n*; **~ gas** Flaschengas *n.*

ˈbot·tle|-feed *v/t irr Kind, Tier* aus der Flasche ernähren: **bottle-fed child** Flaschenkind *n.* **~ gourd** *s bot.* Flaschenkürbis *m.* **~ green** *s* Flaschen-, Dunkelgrün *n.* **ˈ~·head** *pl* **-heads,** *bes. collect.* **-head** *s zo.* (*ein*) Schnabelwal *m.* **ˈ~ˌhold·er** *s* **1.** *Boxen*: Sekunˈdant *m.* **2.** *colloq.* Helfer *m.* **~ imp** *s* Flaschenteufelchen *n.* **ˈ~·neck I** *s* Flaschenhals *m*, Engpaß *m* (*e-r Straße*) (*a. fig.*). **II** *v/t u. v/i Am. fig.* hemmen. **ˈ~·nose** *s zo.* **1.** *verschiedene Wale*: a) Großer Tümmler, Flaschennase *f*, b) → **bottlehead**, c) (*ein*) Grindwal *m.* **2.** *Am.* (*ein*) ˈnordameriˌkanischer Karpfenfisch. **~ nose** *s* Säufernase *f.* **~ o·pen·er** *s* Flaschenöffner *m.* **~ par·ty** *s* Bottle-Party *f* (*zu der die Gäste die Getränke selbst mitbringen*). **~ post** *s* Flaschenpost *f.*

ˈbot·tler *s* **1.** a) Abfüller *m*, b) ˈAbfüllmaˌschine *f.* **2.** Abfüllbetrieb *m.*

bot·tle| tree *s bot.* Ausˈtralischer Flaschenbaum. **~ wash·er** *s* **1.** a) Flaschenreiniger *m*, b) ˈFlaschenspülmaˌschine *f.* **2.** *colloq.* Fakˈtotum *n*, Mädchen *n* für alles.

ˈbot·tling *s* Flaschenfüllung *f*, Abziehen *n* auf Flaschen: **~ machine** Abfüllmaschine *f.*

bot·tom [ˈbɒtəm; *Am.* ˈbɑ-] **I** *s* **1.** unterster Teil, Boden *m* (*Gefäß, Faß, Glas etc*), Fuß *m* (*Berg, Druckseite, Treppe etc*), Sohle *f* (*Brunnen, Schacht, Graben, Tal etc*), ˈUnterseite *f*: **~!** (*Aufschrift auf Behältern*) Unten!; **to start at the ~ of the ladder** (*beruflich etc*) klein *od.* ganz unten anfangen; **at the ~ of the page** unten auf der Seite; **at the ~ of the road** am Ende der Straße; **at the ~ of the table** a) am Fuße *od.* untersten Ende der Tafel, b) *sport* am Tabellenende; **from the ~ up** *fig.* von Grund auf; **from the ~ of my heart** *fig.* aus Herzensgrund, aus tiefstem Herzen; **~s up!** *colloq.* ex! **2.** Boden *m*, Grund *m* (*von Gewässern*): **the ~ of the sea** der Meeresboden *od.* -grund; **to go to the ~** versinken; **to send to the ~** auf den Grund schicken, versenken; **to touch the ~** auf Grund geraten, *fig.* den Tiefpunkt erreichen (*Preis etc*). **3.** Grund(lage *f*) *m*: **to stand on one's own ~** *fig.* auf eigenen Beinen *od.* Füßen stehen; **to be at the ~ of** der (wahre) Grund sein für, hinter *e-r Sache* stecken; **to get to the ~ of s.th.** e-r Sache auf den Grund gehen *od.* kommen; **to knock the ~ out of s.th.** e-r Sache den Boden entziehen, etwas gründlich widerlegen; **the ~ has fallen out of the market** der Markt hat e-n Tiefstand erreicht; **at ~** im Grunde. **4.** *meist pl geol.* Schwemmland *n* (*Fluß*), Tiefland *n.* **5.** *mar.* a) Schiffsboden *m*: **~ up(wards)** kieloben, b) *weitS.* Schiff *n*: **in British ~s.** **6.** (Stuhl-)Sitz *m.* **7.** *meist pl* ˈUnterteil *n* (*e-s Kleidungsstücks*), *bes.* Pyˈjamahose *f.* **8.** unterste (Spiel)Karte. **9.** *meist pl tech.* Bodenrückstand *m* (*in e-m Öltank*). **10.** *colloq.* ,Hintern' *m*, ,Poˈpo' *m.* **11.** *fig.* Ausdauer *f* (*bes. bei Hunden u. Pferden*).

II *adj* **12.** unterst(er, e, es), niedrigst(er, e, es), Tiefst...: **~ drawer** *bes. Br. colloq.* Aussteuer(truhe) *f*; **~ line** letzte *od.* unterste Zeile; **~ price** niedrigster *od.* äußerster Preis; **~ view** Ansicht *f* von unten; → **gear** 3 b. **13.** *fig.* zuˈgrundeliegend, grundlegend, Grund...: **the ~ idea.** **14.** letzt(er, e, es): → **bet** 4.

III *v/t* **15.** mit e-m Boden *od.* (Stuhl)Sitz versehen. **16.** *fig.* ergründen. **17.** als ˈUnterlage dienen (*dat*). **18.** *tech.* grunˈdieren. **19.** *fig. etwas* gründen (**on, upon** auf *dat*): **~ed on** beruhend auf (*dat*).

IV *v/i* **20.** *tech.* den Boden erreichen. **21.** *fig.* fußen (**on, upon** auf *dat*). **22.** *meist* **~ out** *fig.* den Tiefpunkt erreichen (*Preis etc*).

bot·tom land → **bottom** 4.

ˈbot·tom·less *adj* (*adv* **~ly**) **1.** bodenlos (*a. fig.*). **2.** *fig.* a) unergründlich, b) unerschöpflich, unbegrenzt, c) jeder Grundlage entbehrend.

bot·tom·ry [ˈbɒtəmrɪ; *Am.* ˈbɑ-] *s mar.* Bodmeˈrei(geld *n*) *f*, Schiffsverpfändung(svertrag *m*) *f*: **~ bond** *econ.* Bodmereibrief *m.*

bot·u·lism [ˈbɒtjʊlɪzəm; *Am.* ˈbɑtʃəˌl] *s med.* Botuˈlismus *m* (*bakterielle Lebensmittelvergiftung*).

bou·chée [buːˈʃeɪ] *s* Bouˈchée *f* (*gefülltes Pastetchen als warme Vorspeise*).

bou·cher·ize [ˈbuːʃəraɪz] *v/t tech.* boucheriˈsieren.

bou·clé [ˈbuːkleɪ; *Am. a.* buːˈkleɪ] *s* **1.** Bouˈclé *n* (*Garn*). **2.** Bouˈclé *m* (*Gewebe*).

bou·doir [ˈbuːdwɑː(r)] *s* Bouˈdoir *n*, (eleˈgantes) Damenzimmer.

bouf·fant [ˈbuːfɔ̃ːŋ; *Am.* buːˈfɑːnt; ˈbuːˌf] **1.** gebauscht, Puff... (*Ärmel etc*). **2.** touˈpiert (*Haare*).

bou·gain·vil·l(a)e·a [ˌbuːgənˈvɪlɪə] *s bot.* Bougainˈvillea *f.*

bough [baʊ] *s* Ast *m*, Zweig *m.*

bought [bɔːt] *pret u. pp von* **buy**.

bou·gie [ˈbuːʒiː] *s* **1.** Wachslicht *n.* **2.** *med.* Bouˈgie *f*, Dehnsonde *f.*

bouil·la·baisse [ˈbuːjəbes; *Am.* ˌ-ˈbeɪs] *s* Bouillaˈbaisse *f* (*würzige Fischsuppe*).

bouil·lon [ˈbuːjɔ̃ːŋ; *Am.* ˈbuːˌjɑːn; ˈbʊl-] *s* Bouilˈlon *f*, Fleischbrühe *f.*

boul·der [ˈbəʊldə(r)] *s* **1.** Fluß-, Kopfstein *m*: **~ing** Kopfsteinpflaster *n.* **2.** *geol.* erˈratischer Block, Findling *m.* **3.** *min.* (Erz)Klumpen *m* (*Ggs. Erzader*). **~ clay** *s geol.* Geschiebelehm *m.* **~ drift** *s geol.* erˈratisches Geschiebe. **~ field** *s geol.* Felsen-, Blockmeer *n.* **~ for·ma·tion** → **boulder drift. B~ pe·ri·od** *s geol.* Eiszeit *f.*

bou·le·vard [ˈbuːlvɑː; *Am.* ˈbʊləˌvɑrd] *s* **1.** Bouleˈvard *m* (*breite* [*Ring*]*Straße*), *Am. a.* Hauptverkehrsstraße *f.* **2.** *Am.* Grünstreifen *m* e-s Bouleˈvards.

boult → **bolt²**.

boul·ter [ˈbəʊltə(r)] *s lange Angelschnur mit mehreren Haken.*

bounce [baʊns] **I** *s* **1.** Aufprall(en *n*) *m*, Aufspringen *n* (*e-s Balles etc*): **on the ~** beim Aufspringen. **2.** a) Elastiziˈtät *f* (*von Gummi etc*), b) **the ball has plenty of ~** der Ball springt sehr gut. **3.** Sprung *m*, Satz *m*, Schwung *m.* **4.** *colloq.* ,Schwung' *m*, ,Schmiß' *m* (*Lebenskraft, -freude*). **5.** *colloq.* ,Rausschmiß' *m* (*a. Entlassung*): **to give s.o. the ~** j-n rausschmeißen; **to get the ~** rausgeschmissen werden. **6.** *fig.* a) ,Angabe' *f*, b) freche Lüge, c) Unverfrorenheit *f.* **II** *v/t* **7.** *e-n Ball etc* aufprallen *od.* aufspringen lassen. **8.** (herˈum)schmeißen, (-)schleudern. **9.** *bes. Br. colloq. j-n* drängen (**into** zu). **10.** *colloq. j-n* ,rausschmeißen' (*a. entlassen*). **III** *v/i* **11.** aufprallen, aufspringen (*Ball etc*): **to ~ off** abprallen (von). **12.** a) federn, eˈlastisch sein (*Gummi etc*), b) springen (*Ball*). **13.** springen, e-n Satz machen, (hoch)schnellen, hüpfen: **to ~ over a fence**; **to ~ about** (*od.* **around**) herumhüpfen; **to ~ into the room** ins Zimmer platzen *od.* stürzen; **he ~d out of his chair** er schnellte von s-m Stuhl in die Höhe. **14.** *colloq.* ,platzen' (*ungedeckter Scheck*). **15. ~ back** *colloq.* a) sich rasch wieder fangen, b) rasch wieder auf die Beine kommen, c) *Am.* sich als Bumerang erweisen (**on** für). **16.** *bes. Br.* ,angeben', ,aufschneiden'.

bounce pass *s Basketball*: Bodenpaß *m.*

ˈbounc·er *s* **1. the ball is a good ~** der Ball springt gut. **2.** *Br.* ,Angeber' *m.* **3.** *colloq.* ,Rausschmeißer' *m* (*in e-m Nachtklub etc*). **4.** *colloq.* ungedeckter Scheck. **5.** *Am. sl.* ˈPrachtexemˌplar *n*: a) ,Mordssache' *f*, b) ,Mordskerl' *m*, c) ,Prachtweib' *n.*

ˈbounc·ing *adj* **1.** aufprallend, aufspringend (*Ball etc*): **~ shot** (*Fußball*) Aufsetzer *m.* **2.** ,stramm' (*kräftig*): **a ~ baby boy**; **a ~ girl.** **3.** munter, lebhaft.

ˈbounc·y *adj* **1.** → **bouncing** 2, 3. **2.** federnd, eˈlastisch.

bound¹ [baʊnd] **I** *pret u. pp von* **bind**. **II** *adj* **1.** *a. chem. electr. ling.* gebunden. **2.** verpflichtet: **he is ~ to tell me** er muß es mir sagen; **~ by contract** vertraglich verpflichtet; → **honor** 9. **3. to be ~ to do s.th.** (zwangsläufig) etwas tun müssen; **he is ~ to come** er kommt bestimmt; **he is ~ to be late** er muß ja zu spät kommen; **the plan was ~ to fail** der Plan mußte fehlschlagen; **it is ~ to happen one day** e-s Tages passiert es bestimmt. **4. I'll be ~!** *colloq.* darauf möchte ich wetten!, da bin ich mir ganz sicher! **5.** entschlossen (**on doing, to do** zu tun). **6.** → **bind up** 3. **7.** *in Zssgn* festgehalten durch: → **snowbound**, *etc.*

bound² [baʊnd] *adj* bestimmt, unter-

ˈwegs (**for** nach) (*bes. Schiff*): ~ **for London; homeward (outward)** ~ *mar.* auf der Heimreise (Ausreise) befindlich; **outward** ~ **course** *Br.* Abenteuerkurs *m*; **outward** ~ **school** Kurzschule *f*; **where are you** ~ **for?** wohin reisen *od.* gehen Sie?

bound[3] [baʊnd] **I** *s* **1.** *meist pl* Grenze *f*, *fig. a.* Schranke *f*: **least upper** ~ **of a sequence** *math.* obere Grenze e-r Folge; **to keep s.th. within** ~**s** etwas in (vernünftigen) Grenzen halten; **to know no** ~**s** keine Grenzen kennen; **to set** ~**s to s.th.** e-r Sache e-e Grenze setzen, etwas in Schranken halten; **beyond all** ~**s** über alle Maßen, maßlos, grenzenlos; **out of** ~**s** *sport* aus, im *od.* ins Aus; **the park is out of** ~**s (to)** das Betreten des Parks ist (für *od. dat*) verboten; **the village is out of** ~**s** das Dorf ist Sperrgebiet. **2.** *meist pl* Bereich *m*: **within the** ~**s of possibility** im Bereich des Möglichen. **3.** *meist pl* eingegrenztes Land. **II** *v/t* **4.** be-, eingrenzen. **5.** *fig.* beschränken, in Schranken halten. **6.** die Grenze bilden von.

bound[4] [baʊnd] **I** *s* **1.** Sprung *m*, Satz *m*, Schwung *m*: → **leap** 9. **2.** Aufprall(en *n*) *m*, Aufspringen *n* (*e-s Balles etc*): **on the** ~ beim Aufspringen. **3.** *mil.* Sprung *m* (*beim sprungweisen Vorgehen*). **II** *v/i* **4.** springen, e-n Satz machen, hüpfen. **5.** aufprallen, aufspringen (*Ball etc*).

bound·a·ry [ˈbaʊndərɪ] *s* **1.** Grenze *f*, Grenzlinie *f*, Rand *m*. **2.** *Kricket*: a) Spielfeldgrenze *f*, b) Schlag *m* über die Spielfeldgrenze hinˈaus. **3.** *math. phys.* a) Be-, Abgrenzung *f*, b) Rand *m*, c) ˈUmfang *m*. **4.** *tech.* Umˈrandung *f*. **5.** *mil.* Nahtstelle *f*. ~ **con·di·tion** *s math.* Grenzbedingung *f*. ~ **light** *s aer.* Grenzlichtbake *f*, (Platz)Randfeuer *n*. ~ **light·ing** *s aer.* (Platz)Randbefeuerung *f*. ~ **line** *s math.* Grenz-, Begrenzungslinie *f*. ~ **val·ue** *s math.* Randwert *m*.

bound·en [ˈbaʊndən] **I** *adj* **1.** *obs. fig.* a) gebunden, b) verpflichtet (**to** *dat*). **2.** verpflichtend: **my** ~ **duty** m-e Pflicht u. Schuldigkeit. **II** *obs. pp von* **bind**.

ˈ**bound·er** *s bes. Br. colloq. obs.* Lump *m*, Schurke *m*.

ˈ**bound·less** *adj* (*adv* ~**ly**) **1.** *a. fig.* grenzenlos, unbegrenzt. **2.** un-, ˈübermäßig.

boun·te·ous [ˈbaʊntɪəs] *adj* (*adv* ~**ly**) → **bountiful**.

boun·ti·ful [ˈbaʊntɪfʊl] *adj* (*adv* ~**ly**) **1.** freigebig (**of** mit; **to** gegen), mild(tätig): → **Lady Bountiful**. **2.** reichlich, (ˈüber)reich.

boun·ty [ˈbaʊntɪ] *s* **1.** Mildtätigkeit *f*, Freigebigkeit *f*. **2.** großzügige Gabe *od.* Spende. **3.** Belohnung *f*, Prämie *f*. **4.** *mil.* Handgeld *n*. **5.** *econ.* Prämie *f* (*zur Förderung e-r Industrie etc*), Zuschuß *m* (**on** auf *acc*, für): ~ **on exports** Ausfuhrprämie. ˈ~**-fed** *adj econ.* subventioˈniert.

bou·quet [bʊˈkeɪ; bəʊ-] *s* **1.** Buˈkett *n*, (Blumen)Strauß *m*. **2.** Aˈroma *n*, *bes.* Blume *f* (*von Wein*). **3.** Kompliˈment *n*.

Bour·bon[1] [ˈbʊə(r)bən; *Am. a.* ˈbɜʊər-; ˈbɔːr-] *s* **1.** *pol. Am.* Reaktioˈnär *m*, ˈStockkonservaˈtive(r) *m*. **2.** *bot.* Bourˈbon-Rose *f*.

bour·bon[2] [ˈbɜːbən; *Am.* ˈbɜr-] *s* Bourbon *m* (*amer. Whiskey aus Mais*).

bour·don[1] [ˈbʊə(r)dn] *s mus.* Borˈdun *m*: a) Brummbaß *m*, -ton *m*, b) *gedacktes Orgelregister*, c) Brummer *m* (*des Dudelsacks*), d) Schnarrseite *f*.

bour·don[2] [ˈbʊə(r)dn] *s obs.* (*bes.* Pilger)Stab *m*.

Bour·don| ga(u)ge [ˈbʊə(r)dn] *s tech.* ˈRöhrenfedermanoˌmeter *n*. ~ **spring** *s* Bourˈdonfeder *f*.

bourg [bʊə(r)g] *s* **1.** Marktflecken *m* (*in Frankreich*). **2.** Stadt *f*.

bour·geois[1] [ˈbʊə(r)ʒwɑː] *sociol. contp.* **I** *s* Bourˈgeois *m*, etaˈblierter, konventioˈnell ausgerichteter Bürger. **II** *adj* bourˈgeois, konventioˈnell ausgerichtet.

bour·geois[2] [bɜːˈdʒɔɪs; *Am.* bɜr-] *print. hist.* **I** *s* Borgis *f* (*Schriftgrad*). **II** *adj* in Borgislettern gedruckt.

bour·geoi·sie [ˌbʊə(r)ʒwɑːˈziː] *s* Bourgeoiˈsie *f*: a) *sociol. contp. etabliertes, konventionell ausgerichtetes Bürgertum*, b) (*Marxismus*) *herrschende Grundklasse der kapitalistischen Gesellschaft, die im Besitz der Produktionsmittel ist*.

bourn(e)[1] [bʊə(r)n; bɔː(r)n; *Am. a.* ˈbaʊərn] *s* (Gieß)Bach *m*.

bourn(e)[2] [bʊə(r)n; bɔː(r)n; *Am. a.* ˈbaʊərn] *s obs.* **1.** Ziel *n*. **2.** Grenze *f*.

bourse [bʊə(r)s] *s econ.* **1.** Börse *f*. **2.** **B**~ Paˈriser Börse *f*.

bouse [baʊz] *v/t mar.* anholen.

bou·sou·ki → **bouzouki**.

bout [baʊt] *s* **1.** a) *fenc.* Gefecht *n*, b) *Boxen, Ringen*: Kampf *m*. **2.** a) (lange) Sitzung, b) (Verhandlungs)Runde *f*. **3.** *med.* Anfall *m*: ~ **of rheumatism** Rheumaanfall. **4.** (Trink)Gelage *n*. **5.** *mus.* Bügel *m* (*e-s Streichinstruments*).

bou·tique [buːˈtiːk] *s* Bouˈtique *f*.

bou·ton·ni·ere [ˌbuːtɒnɪˈeə(r); *Am. bes.* ˌbuːtnˈɪər] *s bes. Am.* Knopflochsträußchen *n*.

bou·zou·ki [bʊˈzuːkɪ] *pl* **-ki·a** [-kɪə], *a.* **-kis** *s mus.* Buˈsuki *f*, Bouˈzouki *f*.

bo·vine [ˈbəʊvaɪn] **I** *adj* **1.** *zo.* Rinder... **2.** *fig.* (*a. geistig*) träge, schwerfällig. **II** *s* **3.** *zo.* Rind *n*.

bov·ver [ˈbɒvə] *Br. sl.* **I** *s* Straßenkämpfe *pl* (*bes. unter Rockerbanden*). **II** *adj*: ~ **boots** *schwere Stiefel, mit denen Rocker aufeinander eintreten*; ~ **boy** Rocker *m*. **III** *v/i* sich Straßenkämpfe liefern (**with** mit).

bow[1] [baʊ] **I** *s* **1.** Verbeugung *f*, Verneigung *f*: **to make one's** ~ a) sich verbeugen *od.* verneigen (**to** vor *dat*), b) sich vorstellen, c) → **bow out** II; **to take a** ~ sich verbeugen, sich für den Beifall bedanken; **a** ~ **to** *fig.* e-e Reverenz an (*acc*). **II** *v/t* **2.** beugen, neigen: **to** ~ **one's head** den Kopf neigen; **to** ~ **the neck** den Nacken beugen; **to** ~ **one's thanks** sich dankend verneigen; ~**ed with age** vom Alter gebeugt; ~**ed with grief** gramgebeugt; → **knee** 1. **3.** biegen. **III** *v/i* **4.** (**to**) sich verbeugen *od.* verneigen (vor *dat*), grüßen (*acc*): **to** ~ **back to s.o.** j-s Gruß erwidern; ~**ing acquaintance** oberflächliche(r) Bekannte(r), Grußbekanntschaft *f*, flüchtige Bekanntschaft; **to have a** ~**ing acquaintance with s.o.** j-n flüchtig kennen; **we are on** ~**ing terms** wir stehen auf dem ‚Grüßfuß'; **to** ~ **and scrape** katzbuckeln. **5.** *fig.* sich beugen *od.* unterˈwerfen (**to** *dat*): **to** ~ **to the inevitable** sich in das Unvermeidliche fügen.

Verbindungen mit Adverbien:

bow| down *v/i* **1.** → **bow**[1] 4. **2.** → **bow**[1] 5. ~ **in** *v/t j-n* unter Verbeugungen hinˈeingeleiten *od.* -komplimenˌtieren. ~ **out I** *v/t* **1.** *j-n* unter Verbeugungen hinˈausgeleiten *od.* -komplimenˌtieren. **II** *v/i* **2.** sich verabschieden *od.* (unter Verbeugungen) zuˈrückziehen. **3.** *fig.* a) aussteigen (**of** aus), b) sich ins Priˈvatleben zuˈrückziehen (**of** aus *der Politik etc*).

bow[2] [bəʊ] **I** *s* **1.** a) (Schieß)Bogen *m*: **to have more than one string to one's** ~ *fig.* mehrere Eisen im Feuer haben; **to draw the long** ~ *fig.* aufschneiden, übertreiben, b) Bogenschütze *m*. **2.** *mus.* a) (Vioˈlin- *etc*)Bogen *m*, b) (Bogen-)Strich *m*. **3.** *math.* Bogen *m*, Kurve *f*. **4.** *tech.* a) Gradbogen *m*, b) ˈBogenlineˌal *n*, c) *pl a.* **pair of** ~**s** Bogenzirkel *m*. **5.** *tech.* Bügel *m*. **6.** *electr.* Bügel *m*, Wippe *f* (*zur Stromabnahme*). **7.** *Am.* a) (Brillen-)Gestell *n*, b) (Brillen)Bügel *m*. **8.** *arch.* Erker *m*. **9.** Knoten *m*, Schleife *f* (*a. vom Halstuch*). **II** *v/t* **10.** *mus.* (mit dem Bogen) streichen *od.* spielen *od.* geigen. **III** *v/i* **11.** *mus.* den Bogen führen.

bow[3] [baʊ] *s mar.* **1.** *a. pl* (Schiffs)Bug *m*: **at the** ~ am Bug; **on the starboard (port)** ~ an Steuerbord (Backbord) voraus. **2.** a) Bugmann *m*, b) Bugriemen *m*.

ˈ**bow|·back** [ˈbəʊ-] *s ichth.* Seehering *m*, Weißfisch *m* (*Nordamerika*). **B**~ **bells** [bəʊ] *s pl* Glocken *pl* der Kirche St. Mary le Bow (*in der City von London*): **to be born within the sound of** ~ ein echter Cockney sein. ~ **chas·er** [baʊ] *s mar. mil.* Heckgeschütz *n*. ~ **col·lec·tor** [bəʊ] *s tech.* Bügel(strom)abnehmer *m*. ~ **com·pass** [bəʊ] *s math. tech.* Bogenzirkel *m*.

Bow·den ca·ble [ˈbəʊdn; ˈbaʊdn] *s tech.* Bowdenzug *m*.

bowd·ler·ism [ˈbaʊdlərɪzəm; *Am. a.* ˈbəʊd-] *s* Sucht *f*, Bücher von anstößig erscheinenden Stellen zu reinigen. ˌ**bowd·ler·iˈza·tion** *s* **1.** Reinigung *f* von anstößig erscheinenden Stellen. **2.** *fig.* Verwässerung *f*. ˈ**bowd·ler·ize** *v/t* **1.** *Bücher* von anstößig erscheinenden Stellen reinigen. **2.** *fig.* verwässern.

bow drill [bəʊ] *s tech.* Bogenbohrer *m*.

bowed[1] [baʊd] *adj* gebeugt: → **bow**[1] 2.

bowed[2] [bəʊd] *adj* **1.** bogenförmig. **2.** mit e-m Bügel *etc* (versehen).

bow·el [ˈbaʊəl] **I** *s* **1.** *anat.* a) *meist pl* Darm *m*, b) *pl* Eingeweide *pl*, Gedärm *n*: **to move (***od.* **open) the** ~**s** abführen; **to have open** ~**s** regelmäßig(en) Stuhlgang haben. **2.** *pl* (*das*) Innere, Mitte *f*: **the** ~**s of the earth** das Erdinnere. **3.** *pl obs. fig.* a) Sitz *m*: **the** ~**s of compassion**, b) Herz *n*, (Mit)Gefühl *n*. **II** *v/t* → **disembowel**. ~**move·ment** *s physiol.* a) Stuhlgang *m*, b) Stuhl *m*.

bow·er[1] [ˈbaʊə(r)] **I** *s* **1.** (Garten)Laube *f*, schattiges Plätzchen. **2.** iˈdyllisch gelegenes Landhaus. **3.** *hist.* Frauengemach *n*, Bouˈdoir *n*. **II** *v/t* **4.** einschließen.

bow·er[2] [ˈbaʊə(r)] *s mar.* Buganker *m*.

ˈ**bow·er·bird** *s orn.* Laubenvogel *m*.

bow·er·y[1] [ˈbaʊərɪ] *adj* **1.** laubenähnlich. **2.** voller Lauben, schattig.

bow·er·y[2] [ˈbaʊərɪ] *s* **1.** *Am. hist.* Farm *f*, Pflanzung *f* (*e-s holländischen Siedlers im Staat New York*). **2. the B**~ die Bowery (*Straße u. Gegend in New York mit billigem Amüsierbetrieb*).

ˈ**bow|·grace** [ˈbaʊ-] *s mar.* Eisschutz *m* (*am Schiffsbug*). ~ **hand** [bəʊ] *s mus.*, *Bogenschießen*: Bogenhand *f*. ˈ~**·head** [ˈbəʊ-] *s zo.* Grönlandwal *m*.

bow·ie| knife [ˈbəʊɪ; *Am. a.* ˈbuːiː] *s irr* Bowiemesser *n* (*langes Jagdmesser*). **B**~ **State** *s Am.* (*Spitzname für den Staat*) Arˈkansas *n*.

bowl[1] [bəʊl] *s* **1.** a) Schüssel *f*, b) (*Obst- etc*) Schale *f*, c) (*Zucker*)Dose *f*, d) Napf *m* (*für Tiere etc*), e) (*Trink*)Schale *f*, f) Bowle *f* (*Gefäß*). **2.** (*Wasch*)Becken *n*. **3.** (*Klosett*)Becken *n*, (-)Schüssel *f*. **4.** *ausgehöhlter od. schalenförmiger Teil, bes.* a) (*Pfeifen*)Kopf *m*, b) (*Waag-, Leuchter- etc*) Schale *f*, c) Höhlung *f* (*vom Löffel etc*). **5.** *geogr.* Becken *n*. **6.** *Am.* Stadion *n*.

bowl[2] [bəʊl] **I** *s* **1.** a) (*Bowling-, Bowls-, Kegel*)Kugel *f*, b) → **bowls** 1, c) Wurf *m* (*a. Kricket*). **2.** *Scot.* a) Murmel *f*, b) → **bowls** 2. **3.** *obs.* Kugel *f*. **4.** *tech.* Walze *f* (*der Tuchpresse*). **II** *v/t* **5.** a) *allg.* rollen (lassen), b) *e-n Reifen* rollen, treiben, c) *Bowling etc*: *die Kugel* werfen, d) *Kricket*: *den Ball* werfen. **6.** *Bowling etc*: *ein Ergebnis* erzielen. **7.** → **bowl out** 1.

III *v/i* **8.** a) bowlen, Bowls spielen, b) bowlen, Bowling spielen, c) kegeln. **9.** *Bowling, Kricket etc*: werfen. **10.** → **bowl along.**

Verbindungen mit Adverbien:

bowl| a·long *v/i* **1.** da'hinrollen (*Wagen etc*). **2.** ‚laufen' (*Arbeit etc*). **~ down** → **bowl out** 2. **~ out** *v/t* **1.** *Kricket*: *den Schlagmann* (*durch Treffen des Dreistabs*) ‚ausmachen'. **2.** *fig. bes. Br. j-n* ‚erledigen', aus dem Rennen werfen, schlagen. **~ o·ver** *v/t* **1.** 'umwerfen (*a. fig.*), 'umstoßen. **2.** 'umfahren. **3.** *fig. j-m* die Sprache verschlagen.

'**bow|·leg·ged** ['bəʊ-] *adj* O-beinig. '**~·legs** *s pl* O-Beine *pl.*

'**bowl·er** *s* **1.** a) Bowlsspieler(in), b) Bowlingspieler(in). **2.** a) Bowlingspieler(in), b) Kegler(in). **3.** *Kricket*: Werfer *m*. **4.** *a.* **~ hat** *bes. Br.* Bowler *m*, ‚Me'lone' *f*.

bow·line ['bəʊlɪn; *Am. a.* -ˌlaɪn] *s mar.* Bu'lin *f*: **on a ~** dicht beim Wind gebraßt. **~ knot** *s* einfacher Palstek.

'**bowl·ing** *s* **1.** Bowling *n* (*Kugelspiel auf Rasenplätzen*). **2.** a) Bowling *n*, b) Kegeln *n*. **~ al·ley** *s* a) Bowlingbahn *f*, b) Kegelbahn *f* (*beide a. Gebäude*). **~ green** *s* *Bowling, Bowls*: (Rasen)Platz *m*.

bowls [bəʊlz] *s pl* (*als sg konstruiert*) **1.** a) Bowls *n* (*dem Boccia entsprechendes Spiel*), b) → **bowling** 2. **2.** *Scot.* Murmelspiel *n*.

bow·man ['bəʊmən] *s irr* Bogenschütze *m*.

bow saw [bəʊ] *s tech.* Bogen-, Bügelsäge *f*.

bowse [baʊz] → **bouse**.

'**bow|·shot** ['bəʊ-] *s* Bogenschußweite *f*. **~·sprit** ['bəʊsprɪt; *Am. a.* 'baʊ-] *s mar.* Bugspriet *n*.

'**bow·string** ['bəʊ-] **I** *s* Bogensehne *f*. **II** *v/t irr* mit e-r Bogensehne erdrosseln. **~ bridge** *s arch. tech.* Bogenbrücke *f* mit Zugband.

bow| tie [bəʊ] *s* (Frack)Schleife *f*, Fliege *f*. **~ win·dow** *s arch.* Erkerfenster *n*.

bow·wow **I** *interj* [ˌbaʊ'waʊ] **1.** wau'wau! **II** *s* ['baʊwaʊ] **2.** Wauwau *n* (*Hundegebell*). **3.** *Kindersprache*: Wauwau *m* (*Hund*): **to go to the ~s** *Am. colloq.* vor die Hunde gehen. **III** *v/i* **4.** bellen. **~ the·o·ry** *s* onomatopo'etische 'Sprachtheoˌrie.

box[1] [bɒks; *Am.* bɑks] **I** *s* **1.** Kasten *m*, Kiste *f* (*a. colloq. Sarg*): **to be in a ~** *Am. colloq.* ‚in der Klemme' sein *od.* sitzen *od.* stecken. **2.** Schachtel *f*: **~ of chocolates** Bonbonniere *f*. **3.** Büchse *f*, Dose *f*, Kästchen *n*, Etu'i *n*. **4.** Behälter *m*, (*a. Buch-, Film- etc*)Kas'sette *f*. **5.** *tech.* Gehäuse *n*, Kapsel *f*, Muffe *f*, Hülse *f*. **6.** *Br. obs.* (Schrank)Koffer *m*. **7.** Fach *n* (*für Briefe etc*). **8.** a) Briefkasten *m*, b) Postfach *n*. **9.** (Wahl)Urne *f*. **10.** *Br.* (Tele'fon-, Fernsprech)Zelle *f*. **11.** → **Christmas box**. **12.** → **box junction**. **13.** *Br.* (Jagd)Hütte *f*. **14.** *hist.* a) Kutschkasten *m*, b) Wagenkasten *m*. **15.** a) *rail.* Si'gnalhäus-chen *n*, b) *mil.* Schilderhäus-chen *n*. **16.** Box *f* (*in e-m Restaurant etc*). **17.** *thea. etc* Loge *f*. **18.** *jur.* a) Zeugenstand *m*, b) Geschworenenbank *f*. **19.** Box *f*: a) *Pferdestand, in dem sich das Pferd frei bewegen kann*, b) *durch Zwischenwände abgeteilter Einstellplatz in e-r Großgarage*. **20.** *mar.* Bootsführerplatz *m*. **21.** *print.* a) Fach *n* (*im Schriftkasten*), b) Kasten *m* (*vom Hauptteil abgesetzt eingerahmter Text*), c) Kästchen *n* (*auf Formularen, zum Ankreuzen*), d) Bild(einheit *f*) *n* (*in Comic strips*), e) → **box number**, *f*) *allg.* Ru'brik *f*, Feld *n*. **22.** *Gießerei*: Form-, Gießkasten *m*. **23.** *tech.* Bohrspindel *f* (*e-s Vollbohrers*). **24.** *tech.* (Pumpen)Stiefel *m*, Röhre *f*. **25.** *tech.* Weberschiffchenkasten *m*. **26.** *mar.* Kompaßgehäuse *n*. **27.** *Baseball*: a) Wurfmal *n*, b) Schlägerbox *f*. **28.** Aushöhlung *f* (e-s Baumes) (*zum Saftsammeln*). **29.** *Fußball*: *colloq.* Strafraum *m*. **30.** *colloq.* a) ‚Kasten' *m* (*Fernseher*), b) Fernsehen *n*: **on the ~** im Fernsehen.

II *v/t* **31.** *oft* **~ in**, **~ up** in Schachteln *od.* Kästen *etc* packen *od.* legen, ver-, einpacken. **32.** *oft* **~ up** einschließen, -sperren: **to feel ~ed up** sich beengt fühlen. **33.** *oft* **~ in** (*od.* **up**) a) *sport Läufer etc* einschließen, b) *parkendes Fahrzeug* einklemmen. **34.** *oft* **~ off** abteilen, abtrennen (**from** von). **35.** *Farben etc* von Dose zu Dose mischen. **36.** *meist* **~ out**, **~ up** *arch.* (*mit Holz*) verschalen. **37.** *Blumen etc* in Kästen *od.* Kübel pflanzen. **38.** *Bäume* anzapfen. **39.** *tech.* ausbuchsen, mit e-r Achsbuchse versehen. **40. to ~ the compass** a) *mar.* die Kompaßpunkte der Reihe nach aufzählen, b) *fig.* e-e völlige Kehrtwendung machen. **41.** → **boxhaul**.

box[2] [bɒks; *Am.* bɑks] **I** *s* **1.** **~ on the ear** Ohrfeige *f*. **II** *v/t* **2. to ~ s.o.'s ears** j-n ohrfeigen. **3.** *sport* boxen mit *j-m od.* gegen *j-n*. **III** *v/i* **4.** *sport* boxen.

box[3] [bɒks; *Am.* bɑks] *s* **1.** *bot.* Buchs(-baum) *m*. **2.** Buchsbaumholz *n*.

box| bar·rage *s mil.* Abriegelungsfeuer *n*. **~ beam** *s tech.* **1.** Doppel-T-Träger *m*. **2.** Kastenbalken *m*. **~ bed** *s* Klappbett *n*. '**~·board** *s* Schachtelpappe *f*, Kar'ton *m*. **~ bod·y** *s mot.* Kastenaufbau *m*. **~ calf** *s* Boxkalf *n* (*Leder*). **~ cam·er·a** *s phot.* Box(kamera) *f*. '**~ˌcar** *s rail. Am.* geschlossener Güterwagen.

'**box·er**[1] *s* **1.** *sport* Boxer *m*. **2.** *zo.* Boxer *m* (*Hunderasse*).

'**Box·er**[2] *s hist.* Boxer *m* (*Anhänger e-s chinesischen Geheimbundes um 1900*).

'**box|·haul** *v/t mar. das Schiff* backhalsen. '**~·head** *s* **1.** *print.* a) 'Überschrift *f* e-s um'randeten Ar'tikels, b) umrandete Überschrift, c) Ta'bellenkopf *m*. **2.** *electr.* Dosen'endverschluß *m*. **~ head·ing** → **boxhead** 1.

'**box·ing**[1] *s* Boxen *n*, Boxsport *m*.

'**box·ing**[2] *s* **1.** Ver-, Einpacken *n*. **2.** *collect.* Kisten *pl*, Schachteln *pl*, Ver'packungsmateriˌal *n*. **3.** *arch.* (Ver-)'Schalung(smateriˌal *n*) *f*. **4.** *mar.* Laschung *f*. **5.** *Schuhmacherei*: Kappenversteifung *f*.

box·ing| bout → **boxing match**. **B~ Day** *s Br.* der 2. Weihnachtsfeiertag. **~ gloves** *s pl* Boxhandschuhe *pl*. **~ match** *s* Boxkampf *m*. **~ ring** *s* Boxring *m*.

box| i·ron *s* Bolzen(bügel)eisen *n*. **~ junc·tion** *s Br. gelbmarkierte Kreuzung, in die bei stehendem Verkehr nicht eingefahren werden darf*. '**~ˌkeep·er** *s thea.* Logenschließer(in). **~ key** → **box wrench**. **~ kite** *s* Kastendrachen *m*. **~ lev·el** *s tech.* 'Dosenliˌbelle *f*. **~ num·ber** *s* Chiffre(nummer) *f* (*in Zeitungsannoncen*). **~ nut** *s tech.* 'Überwurfmutter *f*. **~ of·fice** *s thea. etc* **1.** Kasse *f*. **2. to be good ~** ein Kassenerfolg *od.* -schlager sein; **to be bad ~** beim Publikum durchfallen. **3.** Einspielergebnis *n*, -summe *f*. '**~-ˌof·fice** *adj*: **~ success** Kassenerfolg *m*, -schlager *m*. **~ pleat** *s* Kellerfalte *f* (*an Kleidern*). '**~·room** *s* Abstellraum *m*. **~ score** *s sport Am.* tabel'larischer Ergebnisbericht e-s kom'pletten Spiels. **~ span·ner** → **box wrench**. **~ stall** → **box**[1] 19 a. **~ switch** *s electr.* Dosen-, Drehschalter *m*. '**~·thorn** *s bot.* Bocksdorn *m*. '**~ˌwal·lah** *s Br. Ind.* **1.** Hau'sierer *m*. **2.** *contp.* Handlungsreisende(r) *m*. '**~·wood** → **box**[3] 2. **~ wrench** *s tech.* (Auf)Steck-, Ringschlüssel *m*.

boy [bɔɪ] **I** *s* **1.** Knabe *m*, Junge *m*, Bursche *m* (*a. als vertrauliche Anrede*): **~'s name** männlicher Vorname; **a German ~** ein junger Deutscher; **he has been with us from a ~** er ist schon von Kindheit an bei uns; **~s will be ~s** Jungen sind nun einmal so; **the** (*od.* **our**) **~s** unsere Jungs (*z.B. Soldaten*); **jobs for the ~s** *colloq.* Vetternwirtschaft *f*; **~!** ‚Mann!'; **oh ~!** ‚au weia!'; ach, du Schreck!; → **old boy**. **2.** *colloq.* Sohn *m*: **my ~** mein Junge. **3.** *colloq.* Freund *m* (*e-s Mädchens*). **4.** Diener *m*, Boy *m*, (*bes.* eingeborener *od.* farbiger) Angestellter. **5.** Laufbursche *m*. **6.** *bes. Am. colloq.* Bursche *m*, ‚Knülch' *m*, ‚Heini' *m*: **the ~s** *collect.* die ‚Bande', der ‚Verein'; **the science ~s** *humor.* die Wissenschaftler. **II** *adj* **7.** männlich, Knaben...: **~ child** Knabe *m*, Junge *m*, Kind *n* männlichen Geschlechts; **~ singer** Sängerknabe *m*; **~ wonder** Wunderkind *n*, -knabe *m*.

boy·cott ['bɔɪkɒt; *Am.* -ˌkɑt] **I** *v/t* boykot'tieren. **II** *s* Boy'kott *m*: **to put under a ~, to put a ~ on** den Boykott verhängen über (*acc*), mit Boykott belegen.

'**boy·friend** *s* Freund *m* (*e-s Mädchens*).

'**boy·hood** *s* Knabenjahre *pl*, -zeit *f*, Jugend(zeit) *f*: **during his ~** in s-r Jugend.

'**boy·ish** *adj* (*adv* **~ly**) **1.** a) jungenhaft: **his ~ laughter**, b) knabenhaft: **her ~ movements**. **2.** Jungen...: **~ games**. '**boy·ish·ness** *s* a) Jungenhaftigkeit *f*, b) Knabenhaftigkeit *f*.

'**boy|-ˌmeets-'girl** *adj* trivi'al (*Liebesgeschichte etc*). **~ scout** *s* Pfadfinder *m*: **B~ S~s** Pfadfinder(bewegung *f*) *pl*.

'**boy's-love** *s bot.* Eberraute *f*.

bo·zo ['bəʊzəʊ] *pl* **-zos** *s Am. sl.* Kerl *m* (*bes. e-r, der mehr Muskeln als Verstand hat*).

B| plus *s electr.* Pluspol *m* (*der Anodenstromversorgung*). **~ pow·er sup·ply** *s electr.* Ener'gieversorgung *f* des An'odenkreises.

bra [brɑː] *s colloq.* B'H *m* (*Büstenhalter*).

brab·ble ['bræbl] **I** *s* **1.** Zänke'rei *f*, Streit *m*. **2.** (lautes) Geschwätz, Geplapper *n*. **II** *v/i* **3.** schwatzen, plappern.

bra burn·er *s colloq. contp.* mili'tante Femi'nistin.

brac·cate ['brækeɪt] *adj orn.* an den Füßen gefiedert.

brace [breɪs] **I** *s* **1.** *tech.* Band *n*, Bügel *m*, Halter *m*, Strebe *f*, Stütze *f*. **2.** *arch. tech.* a) Winkel-, Tragband *n*, Gurt *m*, b) Strebe *f*, Verstrebung *f*, c) Anker *m*, Klammer *f*, d) Stützbalken *m*, Versteifung *f*. **3.** Spannschnur *f* (*e-r Trommel*). **4.** *tech.* Griff *m* der Bohrleier: **~ and bit** Bohrleier *f*, -kurbel *f*. **5.** *pl a.* **pair of ~s** *Br.* Hosenträger *pl*. **6.** *print.* geschweifte Klammer. **7.** *mus.* Klammer *f*. **8.** *med.* a) *meist pl* (Zahn)Klammer *f*, (-)Spange *f*, b) Stützband *n*, *engS.* Bruchband *n*. **9.** *mar.* a) Brasse *f* (*Tau an beiden Rahen-Enden*), b) Ruderöse *f*. **10.** (*pl* **brace**) Paar *n* (*zwei Tiere, bes. Hunde u. Kleinwild, od. Dinge gleicher Art*; *iro. contp. a. von Personen*): **a ~ of pistols** ein Paar Pistolen; **a ~ of thieves** ein Diebespaar. **11.** *hist.* Armschiene *f* (*der Rüstung*). **12.** *Am.* aufrechte *od. mil.* stramme Haltung.

II *v/t* **13.** *tech.* verstreben, -steifen, -ankern, stützen, klammern. **14.** *mus. e-e Trommel etc* spannen. **15.** a) erfrischen, b) kräftigen, stärken. **16.** *oft* **~ up** *fig. s-e Kräfte, s-n Mut* zs.-nehmen: **to ~ o.s. (up)** → 22; **to ~ o.s. for** sich gefaßt machen auf (*acc*). **17.** zs.-heften. **18.** *mus. print. Notenzeilen* mit Klammern versehen, zs.-klammern. **19.** *mar.* brassen: **to ~ back** (*a. v/i*) backbrassen, -holen; **to ~ about** (*a. v/i*) rundbrassen; **to ~ by** (*a. v/i*) anbrassen; **to ~ in** (*od.* **to**) (*a. v/i*) auf-, zurückbrassen. **20.** *Am. colloq.* a) zur

Rede stellen (**for** wegen), b) ‚in die Mangel nehmen'.
III *v/i* **21.** → 15. **22.** *oft* ~ **up** *fig.* a) sich zs.-nehmen *od.* -reißen, s-e Kräfte *od.* s-n Mut zs.-nehmen (**for** für), b) sich aufraffen *od.* -schwingen (**to** zu).

brace·let [ˈbreɪslɪt] *s* **1.** Armband *n* (*a. für Uhren etc*), Armreif *m*, -spange *f*: ~ **watch** kleine (*bes.* Damen)Armbanduhr. **2.** *pl colloq.* ‚Armbänder' *pl*, ‚Manˈschetten' *pl* (*Handschellen*). **3.** → **brace** 11.

ˈ**brac·er** *s* **1.** *sport* Armschutz *m.* **2.** *colloq. etwas, was die Lebensgeister weckt*: a) anregendes Getränk, *bes.* ‚Schnäps-chen' *n*, b) *fig.* Ermunterung *f.*

bra·chi·al [ˈbreɪkjəl; -kɪəl] *adj anat.* brachiˈal, Arm...

bra·chi·ate [ˈbreɪkɪɪt; -eɪt] *adj bot.* paarweise gegenständig.

bra·chi·o·pod [ˈbreɪkɪəpɒd; *Am.* -ˌpɑd] *pl* ˌ**bra·chiˈop·o·da** [-ˈɒpədə; *Am.* -ˈɑ-] *s zo.* Brachioˈpode *m*, Armfüßer *m.*

brach·y·ce·phal·ic [ˌbrækɪkeˈfælɪk; -se-] *adj* brachyzeˈphal, kurzköpfig. ˌ**brach·yˈceph·a·lism** [-ˈkefəlɪzəm; -ˈse-] *s* Brachyzephaˈlie *f*, Kurzköpfigkeit *f.* ˌ**brach·yˈceph·a·lous** → **brachycephalic.**

bra·chyl·o·gy [bræˈkɪlədʒɪ] *s ling.* Brachyloˈgie *f*, gedrängte Ausdrucksweise.

bra·chyp·ter·ous [bræˈkɪptərəs] *adj zo.* kurzflügelig.

brach·y·u·ral [ˌbrækɪˈjʊərəl], ˌ**brach·yˈu·rous** *adj zo.* kurzschwänzig.

ˈ**brac·ing I** *adj* **1.** stärkend, kräftigend. **2.** erfrischend. **II** *s* **3.** *arch. tech.* a) Verankerung *f*, b) Verstrebung *f*, Verspannung *f*, Versteifung *f*: ~ **cable** Spannkabel *n.*

brack·en [ˈbrækən] *s bot. bes. Br.* **1.** Adlerfarn *m*, Farnkraut *n.* **2.** Farndickicht *n*, -gestrüpp *n.*

brack·et [ˈbrækɪt] **I** *s* **1.** *tech.* a) Träger *m*, Halter *m*, Stützarm *m*, Stütze *f*, Konˈsole *f*, b) Gabel *f*, Gestell *n*, c) (Wand)Arm *m* (*e-r Leuchte etc*), d) *electr.* Isoˈlator-, Winkelstütze *f.* **2.** *arch. tech.* a) Konˈsole *f*, Krag-, Tragstein *m*, b) Stützbalken *m* (*im Dachstuhl*), c) Schwingbaum *m* (*e-r Brücke*). **3.** kurzes Wandbrett. **4.** *mil.* Gabel *f* (*beim Einschießen*): **long** ~ große *od.* weite Gabel; **short** ~ kleine *od.* enge Gabel. **5.** *math. print.* (*meist* eckige) Klammer: **in** ~**s**; (**angle** *od.* **broken** *od.* **pointed**) ~ spitz(ig)e Klammer; **round** ~**s** runde Klammern, Parenthese *f*; **square** ~**s** eckige Klammern. **6.** Ruˈbrik *f* (*durch Klammer verbundener Teil e-r Liste etc*). **7.** (*soziologische*) Schicht, (*statistische*) Kategoˈrie, (*bes. Alters-, Steuer*)Klasse *f*, (*Einkommens- etc-*) Gruppe *f*, (-)Stufe *f.*
II *v/t* **8.** einklammern, in Klammern setzen *od.* schreiben. **9.** *a.* ~ **together** a) in dieˈselbe Kategoˈrie einordnen, in ˈeine Gruppe zs.-fassen, b) auf ˈeine *od.* die gleiche Stufe stellen (**with** mit). **10.** *oft* ~ **off** *fig.* ausklammern. **11.** *mil. das Ziel* eingabeln.

brack·ish [ˈbrækɪʃ] *adj* **1.** brackig, leicht salzig: ~ **water** Brackwasser *n.* **2.** a) ungenießbar, b) *fig.* ekelhaft.

bract [brækt] *s bot.* **1.** Hochblatt *n.* **2.** Trag-, Deckblatt *n* (*e-r Blüte*). ˈ**bract·e·ate** [-tɪɪt; -eɪt] **I** *adj* **1.** *bot.* mit Hochblättern. **2.** aus dünnem Meˈtall geprägt (*Münze*). **II** *s* **3.** *hist.* Brakteˈat *m* (*nur auf e-r Seite geprägte Münze*).

brad [bræd] *s tech.* **1.** Nagel *m* ohne Kopf, (Draht)Stift *m.* **2.** Boden-, Lattennagel *m.* ˈ~**awl** *s tech.* Vorstech-, Bindeahle *f*, Spitzbohrer *m.*

Brad·shaw [ˈbrædʃɔː] *s rail. Br.* Kursbuch *n* (*1839–1961*).

brad·y·car·di·a [ˌbrædɪˈkɑː(r)dɪə; *Am. a.* ˌbreɪ-] *s med.* Bradykarˈdie *f*, langsame Herztätigkeit.

brae [breɪ] *s Scot.* a) Hügel *m*, b) Abhang *m.*

brag [bræg] **I** *s* **1.** Prahleˈrei *f.* **2.** → **boast**[1] 2. **3.** → **braggart** I. **4.** *hist. pokerähnliches Kartenspiel.* **II** *v/i* **5.** (**about, of**) prahlen, aufschneiden (mit), sich rühmen (*gen*).

brag·ga·do·ci·o [ˌbrægəˈdəʊtʃɪəʊ; *Am.* -ʃiːˌəʊ; -siː-; -ʃəʊ] *pl* **-os** *s* **1.** → **braggart** I. **2.** Prahleˈrei *f.*

brag·gart [ˈbrægə(r)t] **I** *s* Prahler *m*, Prahlhans *m*, Aufschneider *m.* **II** *adj* prahlerisch.

Bragg's law [brægz] *s phys.* Braggsche Gleichung.

brah·ma [ˈbrɑːmə; *Am. a.* ˈbreɪ-; ˈbræ-] → **brahmapootra.**

Brah·man [ˈbrɑːmən] *s* **1.** Brahˈmane *m* (*Angehöriger der Priesterkaste der Inder*). **2.** [*a.* ˈbreɪ-; ˈbræ-] *zo. Am.* Zebu *n.*

Brah·ma·nee [ˈbrɑːməniː], ˈ**Brah·ma·ni** [-nɪ] *s* Brahˈmanin *f.* **Brahˈman·ic** [-ˈmænɪk], **Brahˈman·i·cal** *adj* brahˈmanisch. ˈ**Brah·man·ism** *s* Brahmaˈnismus *m*, Lehre *f* der Brahˈmanen.

brah·ma·poo·tra [ˌbrɑːməˈpuːtrə] *s orn.* Brahmaˈputra-Huhn *n.*

Brah·min [ˈbrɑːmɪn] **I** *s* **1.** → **Brahman.** **2.** *Am.* gebildete, kultiˈvierte Perˈson. **3.** *Am. iro.* (eingebildeter) Intellektuˈeller. **4.** *Am.* kultiˈviertes, konservaˈtives Mitglied e-r alteingesessenen Faˈmilie in Boston *od.* New England. **II** *adj* **5.** brahˈmanisch: ~ **bull** heiliges Zebu. ˈ**Brah·mi·nee** [-niː] → **Brahmanee.** **Brahˈmin·ic, Brahˈmin·i·cal** → **Brahmanic.** ˈ**Brah·min·ism** → **Brahmanism.**

braid [breɪd] **I** *v/t* **1.** *bes. Haar, Bänder* flechten. **2.** mit Litze *od.* Borte besetzen *od.* schmücken. **3.** *tech. Draht etc* umˈspinnen, -ˈklöppeln. **II** *s* **4.** (Haar)Flechte *f.* **5.** Borte *f*, Litze *f*, *bes. mil.* Tresse *f*: **gold** ~ goldene Tresse(n *pl*). **6.** Umˈklöppelung *f.* ˈ**braid·ed** *adj* **1.** geflochten. **2.** mit Litze *etc* besetzt. **3.** *tech.* umˈsponnen: ~ **wire.**

brail [breɪl] **I** *s* **1.** *mar.* Geitau *n* (*beim Gaffelsegel*). **2.** Riemen *m* (*zum Festbinden der Fittiche e-s Falken*). **II** *v/t* **3.** *die Fittiche des Falken* binden. **4.** ~ **up** *mar.* aufgeien.

Braille [breɪl] **I** *s* Braille-, Blindenschrift *f.* **II** *v/t* in Brailleschrift (ˈum)schreiben.

brain [breɪn] **I** *s* **1.** *anat.* Gehirn *n.* **2.** *oft pl fig. colloq.* Gehirn *n*, Hirn *n*, Verstand *m*, Intelliˈgenz *f*, Kopf *m*, ‚Köpfchen' *n*, ‚Grips' *m*: **to have** ~**s** gescheit sein, Köpfchen haben; **to beat (out)** (*od.* **cudgel** *od.* **rack) one's** ~**s** sich das Hirn zermartern, sich den Kopf zerbrechen; **he's got sex on the** ~ er hat nur Sex im Kopf, er denkt immer nur an Sex; **to pick** (*od.* **suck**) **s.o.'s** ~ a) geistigen Diebstahl an j-m begehen, b) j-n ‚ausholen', j-m ‚die Würmer aus der Nase ziehen'; **to turn s.o.'s** ~ j-m den Kopf verdrehen; → **blow out** 5. **3.** *colloq.* a) kluger Kopf, Geˈnie *n* (*Person*): **he's no big** ~ er ist nicht besonders intelligent, b) *meist pl* Kopf *m*, Gehirn *n*, *contp.* ‚Drahtzieher' *m.* **II** *v/t* **4.** *j-m* den Schädel einschlagen. **5. to** ~ **s.o. with s.th.** *colloq.* j-m etwas über den Schädel schlagen. ˈ~**case** *s anat.* Hirnschale *f*, Schädeldecke *f.* ~ **child** *s irr colloq.* ˈGeistesproˌdukt *n.* ~ **death** *s med.* Hirntod *m.* ~ **drain** *s* Brain-Drain *m* (*Abwanderung von Wissenschaftlern ins Ausland*). ˈ~**-drain** *v/i* ins Ausland abwandern (*Wissenschaftler*). ~ **drain·er** *s* ins Ausland abwandernder *od.* abgewanderter Wissenschaftler.

brained [breɪnd] *adj* (*in Zssgn*) ...köpfig, mit e-m ... Gehirn: **feeble-**~ schwachköpfig.

ˈ**brain|·fag** *s* geistige Erschöpfung. ~ **fe·ver** *s med.* a) Gehirnentzündung *f*, b) Hirnhautentzündung *f.*

ˈ**brain·less** *adj fig.* a) hirn-, geistlos, dumm, blöd(e), b) töricht, gedankenlos.

ˈ**brain|·pan** → **braincase.** ~ **pow·er** *s* Geisteskraft *f*, Intelliˈgenz *f.* ˈ~**sick** *adj* geisteskrank, verrückt. ~ **stem** *s anat.* Hirnstamm *m.* ˈ~**storm** *s* **1.** *med.* Anfall *m* von Geistesstörung. **2. to have a** ~ *Br. colloq.* geistig weggetreten sein. **3.** *Am. colloq.* a) verrückter Einfall, hirnverbrannte Iˈdee, b) → **brain wave** 2. ˈ~ˌ**storm·ing** *s* Brainstorming *n* (*Verfahren, durch Sammeln von spontanen Einfällen die beste Lösung e-s Problems zu finden*).

brains trust [breɪnz] *s Br.* **1.** Teilnehmer *pl* an e-r ˈPodiumsdiskussiˌon. **2.** → **brain trust.**

ˈ**brain|ˌteas·er** → **brain twister.** ~ **trust** *s Am.* ‚Gehirntrust' *m*, Brain-Trust *m* (*bes. politische od. wirtschaftliche Beratergruppe*). ~ **trust·er** *s Am.* Braintruster *m*, Mitglied *n* e-s Brain-Trust. ~ **tu·mo(u)r** *s med.* Gehirntumor *m.* ~ **twist·er** *s colloq.* ‚harte Nuß' (*schwieriges Problem*). ˈ~**wash I** *v/t* **1.** *bes. pol.* *j-n* e-r Gehirnwäsche unterˈziehen. **2. to** ~ **s.o. into doing s.th.** j-n so lange bearbeiten, bis er etwas tut. **II** *s* → **brainwashing.** ˈ~ˌ**wash·ing** *s bes. pol.* Gehirnwäsche *f.* ~ **wave** *s* **1.** *med.* Hirnwelle *f.* **2.** *colloq.* Geistesblitz *m*, guter Einfall, ‚tolle Iˈdee'. ˈ~**work** *s* Geistes-, Kopfarbeit *f.* ˈ~ˌ**work·er** *s* Geistes-, Kopfarbeiter *m.*

ˈ**brain·y** *adj colloq.* gescheit, intelliˈgent (*a. Vorschlag etc*).

braise [breɪz] *v/t* schmoren: ~**d beef** Schmorbraten *m.*

brake[1] [breɪk] *obs. pret von* **break**[1].

brake[2] [breɪk] *s* **1.** Dickicht *n*, Gestrüpp *n.* **2.** *a.* ~ **fern** *bot.* Farnkraut *n.*

brake[3] [breɪk] **I** *s* Flachs-, Hanfbreche *f.* **II** *v/t Flachs etc* brechen.

brake[4] [breɪk] **I** *s* **1.** *tech.* Bremse *f*: **to put on** (*od.* **apply**) **the** ~**s** die Bremse ziehen (*a. fig.*), *mot.* auf die Bremse treten, bremsen (*a. fig.*); **to put a** ~ **on s.th.,** **to apply** (*od.* **put**) **the** ~**s on s.th.** e-e Sache bremsen, e-r Sache Einhalt gebieten. **2.** *tech.* a) Bremsvorrichtung *f*, -anlage *f*, b) Hemm-, Radschuh *m.* **3.** *tech.* Pumpenschwengel *m.* **4.** *Bobsport*: Bremser *m.* **5.** *hist.* Folter(bank) *f*, Streckfolter *f.* **6.** *mot. Br.* Kombiwagen *m.* **7.** *rail. Br.* Bremswagen *m.* **II** *v/t* **8.** bremsen (*a. fig.*). **III** *v/i* **9.** bremsen. **10.** *Bergbau*: die ˈFördermaˌschine bedienen. **IV** *adj* **11.** *tech.* Brems...: ~ **cylinder** (**disk, drum, fluid, hose, light, pedal, test,** *etc*).

brake| chute → **brake parachute.** ~ **flap** *s aer.* Lande-, Bremsklappe *f.* ~ **horse·pow·er** *s tech.* Nutzleistung *f* (*e-s Verbrennungsmotors*). ~ **line** *s tech.* Bremsleitung *f.* ~ **lin·ing** *s tech.* Bremsbelag *m.* ˈ~**load** *s tech.* **1.** Bremslast *f*, -gewicht *n.* **2.** Belastung *f* der Bremse(n). ˈ~**man** [-mən] *Am.* → **brakesman.** ~ **pad** *s tech.* Bremsklotz *m.* ~ **par·a·chute** *s aer.* Bremsfallschirm *m.* ~ **pow·er** → **brake horsepower.** ~ **shoe** *s tech.* Bremsbacke *f.*

brakes·man [ˈbreɪksmən] *s irr bes. Br.* **1.** *rail.* Bremser *m.* **2.** *Bergbau*: ˈFördermaschiˌnist *m.*

brake| valve *s tech.* ˈBremsvenˌtil *n.* ~ **van** *s rail. Br.* Bremswagen *m.*

ˈ**brak·ing** *s tech.* Bremsen *n*, Bremsung *f*. **~ dis·tance** *s mot. etc* Bremsweg *m*. **~ force** *s tech.* Bremsleistung *f*. **~ rock·et** *s Raumfahrt*: ˈBremsraˌkete *f*.
ˈ**bra·less** *adj colloq.* ohne BˈH: **she's ~** sie hat keinen BH an.
bram·ble [ˈbræmbl] *s* **1.** *bot. bes. Br.* a) Brombeerstrauch *m*, b) Brombeere *f*. **2.** Dornenstrauch *m*. ˈ**~·ber·ry** [-bərɪ; *Am.* -ˌberi:] *s bot. bes. Br.* Brombeere *f*. **~ finch** → **brambling**. **~ rose** → **dog rose**.
bram·bling [ˈbræmblɪŋ] *s orn.* Bergfink *m*.
bran [bræn] *s* Kleie *f*.
branch [brɑ:ntʃ; *Am.* bræntʃ] **I** *s* **1.** Ast *m*, Zweig *m*. **2.** *fig.* Zweig *m*, Linie *f* (*e-r Familie*). **3.** *fig.* a) Zweig *m*, (ˈUnter)Abˌteilung *f*, Sparte *f* (*e-r Wissenschaft etc*), b) Branche *f*, Wirtschafts-, Geschäftszweig *m*, c) *a.* **~ of service** *mil.* Waffen-, Truppengattung *f*, d) *zo.* ˈHauptabˌteilung *f* (*des Tierreichs*). **4.** *a.* **~ establishment, ~ house** *econ.* Außen-, Zweig-, Nebenstellle *f*, Filiˈale *f*, (Zweig)Niederlassung *f*, Zweiggeschäft *n*: **main ~** Hauptfiliale; **network of ~es** Filialnetz *n*; **~ manager** Filialleiter *m*. **5.** *rail.* Zweigbahn *f*, Nebenlinie *f*. **6.** *geogr.* a) Arm *m* (*e-s Gewässers*), b) Ausläufer *m* (*e-s Gebirges*), c) *Am.* Nebenfluß *m*, d) *Am.* Flüßchen *n*. **7.** *math.* Zweig *m od.* Ast *m* (*e-r Kurve*). **8.** *electr.* Abzweigleitung *f*. **9.** *tech.* Zweigrohr *n*, (Rohr)Abzweigung *f*. **10.** *Computer*: (Proˈgramm)Verzweigung *f*: **~ program(me)** Verzweigungsprogramm *n*. **11.** *arch.* (*gotische*) Zweigrippe. **12.** Arm *m* (*e-s Leuchters etc*). **13.** Sprosse *f*, Stange *f* (*am Hirschgeweih*). **II** *adj* **14.** Zweig..., Tochter..., Filial..., Neben... **III** *v/i* **15.** Zweige *od.* Äste treiben. **16.** *oft* **~ off, ~ out** a) sich verzweigen *od.* verästeln, b) abzweigen *od.* sich gabeln (*Straße etc*). **17.** (ˈher)stammen (**from** von). **18.** ˈübergehen, auslaufen (**into** in *acc*). **IV** *v/t* **19.** in Zweige *od.* ˈUnterabˌteilungen *etc* teilen.
Verbindungen mit Adverbien:
branch| off *v/i* **1.** → **branch** 16. **2.** abbiegen (*Fahrer*). **3.** → **branch out** 4. **~ out** *v/i* **1.** → **branch** 16. **2.** *econ.* die Produktiˈon *od.* das Sortiˈment erweitern (**into** auf *acc*), das Angebot vergrößern. **3. to ~ on one's own** sich selbständig machen. **4.** (vom Thema) abschweifen, sich verlieren (**into** in *acc*).
branch| bank *s econ.* ˈBankfiliˌale *f*, Filiˈalbank *f*. **~ cir·cuit** *s electr.* **1.** Verzweigungsleitung *f*. **2.** Teilschaltung *f*.
bran·chi·a [ˈbræŋkɪə] *pl* **-chi·ae** [-kii:] *s zo.* Kieme *f*. ˈ**bran·chi·al** *adj zo.* Kiemen...: **~ cleft** Kiemenöffnung *f*. ˈ**bran·chi·ate** [-kɪeɪt; -kɪɪt] *adj zo.* kiementragend.
ˈ**branch·ing I** *adj* **1.** zweige-, ästetragend. **2.** sich verzweigend *od.* verästelnd (*a. fig.*). **II** *s* **3.** Verzweigung *f*, Verästelung *f* (*a. fig.*).
bran·chi·o·pod [ˈbræŋkɪəpɒd; *Am.* -ˌpɑd] *zo.* **I** *pl* ˌ**bran·chiˈop·o·da** [-ˈɒpədə; *Am.* -ˈɑ-] *s* Blatt-, Kiemenfüßer *m*. **II** *adj* kiemenfüßig.
branch·let [ˈbrɑ:ntʃlɪt; *Am.* ˈbræntʃ-] *s* Ästchen *n*.
branch| line *s* **1.** *rail.* Neben-, Zweiglinie *f*. **2.** Seitenlinie *f* (*e-r Familie*). **3.** *electr.* Anschlußleitung *f*. **~ of·fice** → **branch** 4. **~ point** *s* **1.** *math.* Verzweigungspunkt *m*. **2.** *electr. phys.* Abzweigpunkt *m*. **~ road** *s Am.* Nebenstraße *f*.
ˈ**branch·y** *adj* **1.** zweige-, ästetragend. **2.** verästelt, verzweigt.
brand [brænd] **I** *s* **1.** *econ.* a) (Handels-, Schutz)Marke *f*, Warenzeichen *n*, b) *a.* **~ name** Markenbezeichnung *f*, -name *m*, c) ˈMarkenarˌtikel *m*, d) Sorte *f*, Klasse *f* (*e-r Ware*). **2.** *fig.* ‚Sorte' *f*, Art *f*: **his ~ of humo(u)r.** **3.** Brandmal *n*, eingebranntes Zeichen (*auf Fässern, Vieh etc*). **4.** → **branding iron**. **5.** *fig.* Schandfleck *m*, -mal *n*: **the ~ of Cain** Kainszeichen *n*. **6.** *bot.* Brand *m* (*Pflanzen-, bes. Getreidekrankheit*). **7.** (Feuer)Brand *m* (*angebrannte s, brennendes od. schon ausgelöschtes Stück Holz*). **8.** *poet.* a) Fackel *f*, b) (sengender Sonnen-, Blitz)Strahl, c) Schwert *n*. **II** *v/t* **9.** *ein Zeichen od. Mal* einbrennen (**into, on** *dat od.* in *acc*). **10.** *fig.* unauslöschlich einprägen (**on s.o.'s mind** j-m, j-s Gedächtnis). **11.** mit e-m Brandmal *od.* Warenzeichen *etc* versehen: **~ed goods** Markenartikel. **12.** *fig.* brandmarken.
ˈ**brand·ing i·ron** *s* Brand-, Brenneisen *n*.
bran·dish [ˈbrændɪʃ] **I** *v/t* (*bes.* drohend) schwingen. **II** *s* (*bes.* drohendes) Schwingen.
brand·ling [ˈbrændlɪŋ] *s* **1.** *ichth.* junger Lachs. **2.** *zo.* Mistwurm *m*.
ˌ**brand-ˈnew** *adj* (funkel)nagelneu.
bran·dreth [ˈbrændrɪθ] *s* **1.** hölzerne Einfassung (*e-s Brunnens*). **2.** Gestell *n*, Stütze *f*.
bran·dy [ˈbrændɪ] **I** *s* **1.** Weinbrand *m*, Kognak *m*, Brandy *m*. **2.** Obstwasser *n*: **plum ~** Zwetschgenwasser. **II** *v/t* **3.** mit Weinbrand versetzen. **4.** *Obst* in Weinbrand einlegen: **brandied peaches** Pfirsiche in Weinbrand. ˈ**~·ball** *s Br.* ˈWeinbrandbonˌbon *m*, *n*. **~ mint** *s bot.* Pfefferminze *f*. **~ paw·nee** *s Br. Ind.* Kognak *m* mit Wasser. **~ snap** *s oft mit Schlagsahne gefülltes Gebäckröllchen aus mit Ingwer gewürztem Teig.*
bran-new [ˌbrænˈnju:; *Am.* -ˈnu:] → **brand-new**.
brant [brænt] *bes. Am.* → **brent**.
brash [bræʃ] **I** *s* **1.** *geol.* Trümmergestein *n*. **2.** *mar.* Eistrümmer *pl*. **3.** Abfall(haufen) *m*, *bes.* Heckenschnitzel *pl*. **4.** *med.* Sodbrennen *n*. **II** *adj* (*adv* **~ly**) **5.** *Am.* → **brashy**. **6.** a) ungestüm, b) draufgängerisch, c) ˈunüberˌlegt, d) taktlos, ungezogen, e) frech, unverfroren. **7.** a) aufdringlich, laut (*Musik etc*), b) grell, schreiend (*Farben*).
ˈ**brash·y** *adj* a) bröckelig (*Gestein*), b) morsch (*Holz*).
bra·sier → **brazier**[2].
brass [brɑ:s; *Am.* bræs] **I** *s* **1.** Messing *n*. **2.** *hist.* ˈKupferleˌgierung *f*, Bronze *f*, Erz *n*: **the age of ~** *fig.* das eherne Zeitalter. **3.** a) Messinggegenstand *m od.* -verzierung *f*, b) *a. pl* Messinggerät *n*, -ware *f*: **to clean** (*od.* **do**) **the ~(es)** das Messing putzen. **4.** *Br.* Grabplatte *f*, Gedenktafel *f* (*aus Bronze od. Messing*). **5. the ~** *mus.* das Blech (*im Orchester*), die Blechbläser *pl*. **6.** *tech.* Lagerschale *f*. **7.** *colloq. collect.* ‚hohe Tiere' *pl* (*bes. hohe Offiziere*): **the top ~** a) *mil.* die höchsten Offiziere, b) die ‚höchsten Tiere' (*e-s Konzerns etc*). **8.** *Br. colloq.* ‚Moos' *n*, ‚Kies' *m* (*Geld*). **9.** *colloq.* Frechheit *f*, Unverschämtheit *f*: → **bold** 1. **II** *adj* **10.** Messing... **III** *v/t* **11.** a) mit Messing überˈziehen, b) bronˈzieren.
bras·sard [ˈbræsɑ:(r)d; *Am. a.* brəˈsɑ:rd], *a.* **bras·sart** [ˈbræsə(r)t; *Am. a.* brəˈsɑ:rt; ˈbræˌ-] *s* **1.** *hist.* Armrüstung *f*, -schiene *f*. **2.** Armbinde *f* (*als Abzeichen*).
brass| band *s mus.* ˈBlaskaˌpelle *f*, -orˌchester *n*. ˈ**~bound** *adj* **1.** messingbeschlagen. **2.** *fig.* a) starr (*Traditionen etc*), b) (streng) konservaˈtiv, c) komproˈmißlos.
brassed [brɑ:st] *adj*: **to be ~ off with s.th.** *Br. colloq.* ‚die Nase voll' haben von etwas.
brass hat *s colloq.* ‚hohes Tier' (*bes. hoher Offizier*).
bras·si·ca [ˈbræsɪkə] *s bot.* Kohl *m*.
brass·ie [ˈbræsɪ; *Br. a.* ˈbrɑ:-] *s Golf*: Brassie *m* (*Holzschläger Nr. 2*).
bras·siere, bras·sière [ˈbræsɪə; *Am.* brəˈzɪər] *s* Büstenhalter *m*.
brass| knob *s* Messinggriff *m*: **the same to you with ~s on!** *colloq. iro.* danke gleichfalls! **~ knuck·les** *s pl* (*a. als sg konstruiert*) *Am.* Schlagring *m*. **~ tacks** *s pl colloq.* Hauptsache *f*: **to get down to ~** zur Sache *od.* auf den Kern der Sache kommen.
ˈ**brass·y I** *adj* (*adv* **brassily**) **1.** messingartig. **2.** messingfarben. **3.** blechern (*Klang*). **4.** *colloq.* unverschämt, frech. **5.** unangenehm laut (*Musik etc, a. Person, bes. Frau*). **II** *s* → **brassie**.
brat[1] [bræt] *s contp.* Balg *m*, *n*, Gör *n* (*Kind*).
brat[2] [bræt] *s Br. dial.* a) Schürze *f*, b) Kittel *m*.
brat·tice [ˈbrætɪs] *s* **1.** *hist.* a) hölzerne Brustwehr, b) Wehrgang *m* (*e-r Festung*). **2.** *Bergbau*: Bretter(scheide)wand *f*.
brat·wurst [ˈbrɑ:twɜ:st; *Am.* -wərst] *s* Bratwurst *f*.
braun·ite [ˈbraʊnaɪt] *s min.* Brauˈnit *m*.
Braun tube [braʊn] *s phys.* Braunsche Röhre, Kaˈthodenstrahlröhre *f*.
bra·va·do [brəˈvɑ:dəʊ] *pl* **-does** *od.* **-dos** *s* **1.** a) gespielte Tapferkeit, prahlerisches *od.* herˈausforderndes Benehmen, b) prahlerische Drohung. **2.** *obs.* Prahler *m*, Maulheld *m*.
brave [breɪv] **I** *adj* (*adv* **~ly**) **1.** tapfer, mutig, unerschrocken. **2.** *obs.* prächtig: a) stattlich, ansehnlich, b) glänzend, prunkhaft. **II** *s* **3.** *poet.* Tapfere(r) *m*. **4.** (indiˈanischer) Krieger. **III** *v/t* **5.** mutig begegnen, die Stirn bieten, trotzen (*dat*): **to ~ death**; **to ~ it out** es durchstehen.
brav·er·y [ˈbreɪvərɪ] *s* **1.** Tapferkeit *f*, Mut *m*. **2.** *obs.* a) Pracht *f*, b) Gepränge *n*, Putz *m*, Staat *m*. **3.** *obs. für* **bravado** 1.
bra·vo[1] [ˌbrɑ:ˈvəʊ] **I** *interj* bravo! **II** *pl* **-vos** *s* Bravo(ruf *m*) *n*.
bra·vo[2] [ˈbrɑ:vəʊ] *pl* **-voes** *od.* **-vos** *s* Bravo *m*, (gedungener Meuchel)Mörder.
bra·vu·ra [brəˈvʊərə; -ˈvjʊə-] **I** *s mus. u. fig.* **1.** Braˈvour *f*, Meisterschaft *f*. **2.** Braˈvourstück *n*. **II** *adj* **3.** bravouˈrös, Bravour...: **~ performance**.
brawl [brɔ:l] **I** *s* **1.** laute Auseinˈandersetzung. **2.** Raufeˈrei *f*, Schlägeˈrei *f*. **3.** Tosen *n*, Rauschen *n* (*e-s Flusses etc*). **4.** *Am. colloq.* (*bes.* Sauf)Party *f*. **II** *v/i* **5.** e-e laute Auseinˈandersetzung haben. **6.** raufen, sich schlagen. **7.** tosen, rauschen (*Fluß etc*). ˈ**brawl·er** *s* Raufbold *m*. ˈ**brawl·ing I** *s* **1.** → **brawl** 1–3. **II** *adj* **2.** rauflustig. **3.** tosend, rauschend (*Fluß etc*).
brawn [brɔ:n] *s* **1.** a) Muskeln *pl*, b) muskuˈlöser Teil (*des Armes, Beines etc*). **2.** Muskelkraft *f*: **brains against ~**; **~ drain** Abwanderung *f* von Arbeitern, Sportlern *etc* ins Ausland. **3.** *gastr. Br.* (Schweine)Sülze *f*, Preßkopf *m*. ˈ**brawn·y** *adj* muskuˈlös, kräftig.
bray[1] [breɪ] **I** *s* **1.** Schrei *m* (*e-s Esels, a. e-r Person*): **~ of protest** Protestschrei. **2.** a) Schmettern *n* (*e-r Trompete*), b) Lärmen *n*, Tosen *n* (*des Verkehrs etc*). **II** *v/i* **3.** a) schreien (*Esel, a. Person*): **to ~ at s.o.** j-n anschreien, b) schmettern (*Trompete*), c) lärmen, tosen (*Verkehr etc*). **III** *v/t* **4.** *oft* **~ out** (hinˈaus)schreien.
bray[2] [breɪ] *v/t* (*bes. im Mörser*) (zer-)stoßen, (-)reiben, (-)stampfen.
ˈ**bray·er** *s* **1.** Mörserkeule *f*, Stößel *m*. **2.** *print.* a) (Farb)Läufer *m*, b) Reibwalze *f*.

braze[1] [breɪz] *v/t* mit Messing verzieren.

braze[2] [breɪz] *tech.* **I** *v/t* hartlöten. **II** *s* Hartlötstelle *f*.

bra·zen [ˈbreɪzn] **I** *adj* (*adv* **~ly**) **1.** Messing...: **~ age** *fig.* ehernes Zeitalter. **2.** meˈtallisch (*Klang*). **3.** *fig.* unverschämt, unverfroren, schamlos, frech. **II** *v/t* **4. to ~ it out** sich mit großer Unverfrorenheit behaupten. **ˈ~·faced** → **brazen** 3.

ˈbra·zen·ness *s fig.* Unverschämtheit *f*, Unverfrorenheit *f*, Schamlosigkeit *f*, Frechheit *f*.

bra·zier[1] [ˈbreɪzjə; *bes. Am.* -ʒə(r)] *s* **1.** Messingarbeiter *m*. **2.** *tech.* Gelb-, Rotgießer *m*.

bra·zier[2] [ˈbreɪzjə; *bes. Am.* -ʒə(r)] *s* **1.** (*große*) flache Kohlenpfanne, (*korbförmiger*) Rost. **2.** *mil.* Bunkerofen *m*.

bra·zil [brəˈzɪl] → **brazilwood**.

Bra·zil·ian [brəˈzɪljən] **I** *s* Brasiliˈaner(in). **II** *adj* brasiliˈanisch.

Bra·zil nut [brəˈzɪl] *s bot.* Paranuß *f*.

braˈzil·wood *s* **1.** Indisches Rotholz. **2.** Braˈsilien-, Pernamˈbucoholz *n*. **3.** Baˈhama-, Brasiˈlettholz *n*.

ˈbraz·ing *s tech.* Hartlöten *n*: **~ solder** Hartlot *n*.

breach [briːtʃ] **I** *s* **1.** *fig.* Bruch *m*, Überˈtretung *f*, Verletzung *f*. **2.** a) Bruch *m*, Riß *m*, Sprung *m*, b) Lücke *f*. **3.** *fig.* Bruch *m*, Zwiespalt *m*, Zwist *m*. **4.** *mil.* Bresche *f* (*a. fig.*): **to blow a ~ in** *fig.* e-e Bresche schlagen in (*acc*); **to fill** (*od.* **fling o.s. into, step into, throw o.s. into**) **the ~** *fig.* in die Bresche springen (**for** für); **to stand in the ~** a) *mil.* die Hauptlast des Angriffs tragen, b) *fig.* die Hauptarbeit leisten. **5.** *mar.* Brechen *n*, Einbruch *m* (*der Wellen*). **6.** *tech.* ˈDurchbruch *m*. **7.** *fig.* a) Kluft *f* (**between** zwischen), b) Unterˈbrechung *f*, Lücke *f*. **II** *v/t* **8.** *mil.* a) e-e Bresche schlagen in (*acc*), b) durchˈbrechen (*a. fig.*). **9.** *e-n Vertrag etc* brechen, verletzen.
Besondere Redewendungen:
~ of close *jur.* unbefugtes Betreten fremden Besitztums; **~ of confidence** (*od.* **faith**) Vertrauensbruch *m*; **~ of contract**; **~ of covenant** *jur.* Vertragsbruch *m*; **~ of etiquette** Verstoß *m* gegen den guten Ton; **~ of the peace** *jur.* (Land)Friedensbruch *m*, öffentliche Ruhestörung; **~ of prison** Ausbruch *m* aus dem Gefängnis; **~ of the rules** Verstoß *m* gegen die Regeln; **~ of trust** *jur.* Vertrauensbruch *m*, Veruntreuung *f*; → **duty** 1, **promise** 1.

bread [bred] **I** *s* **1.** Brot *n*. **2.** *a.* **daily ~** *fig.* (tägliches) Brot, ˈLebensˌunterhalt *m*: **~ riot** Hungerrevolte *f*; **to earn** (*od.* **make**) **one's ~** sein Brot verdienen; **out of ~, without ~** brotlos. **3.** (*ein*) Stollen *m*: **Easter ~**. **4.** *relig.* Hostie *f*: **~ and wine** das (heilige) Abendmahl. **5.** *sl.* ‚Kies' *m*, ‚Moos' *n* (*Geld*). **II** *v/t* **6.** *gastr.* paˈnieren.
Besondere Redewendungen:
~ and butter a) Butterbrot *n*, b) *colloq.* Lebensunterhalt *m*; **writing is his ~ and butter** *colloq.* er verdient sich s-e ‚Brötchen' mit Schreiben; **to butter one's ~ on both sides** *colloq.* zwei Einnahmequellen haben, zweimal abkassieren; **to quarrel with one's ~ and butter** *colloq.* a) mit s-m Los hadern, b) sich ins eigene Fleisch schneiden; **to know which side one's ~ is buttered (on)** *colloq.* s-n Vorteil (er)kennen; **~ and cheese** a) Käsebrot *n*, b) bescheidenes Mahl; **~ and circuses** Brot u. Spiele; **to be the greatest** (*od.* **best**) **thing since sliced ~** *colloq.* einfach ‚klasse' sein; **to cast one's ~ upon the waters** uneigennützig handeln; **man cannot live by ~ alone** der Mensch lebt nicht vom Brot allein; **to be put on ~ and water** auf Wasser u. Brot gesetzt werden; **to take the ~ out of s.o.'s mouth** j-n brotlos machen.

ˌbread|-and-ˈbut·ter *adj colloq.* **1.** a) **~ job** Stellung, die ihren Mann (er)nährt; **~ education** Brotstudium *n*, b) **~ play** *thea.* Stück, das immer ‚zieht'. **2. ~ questions** Fragen, die die Grundbedürfnisse des täglichen Lebens betreffen. **3.** praktisch, sachlich: **~ arguments**. **4.** (ˈgrund)soˌlide: **a ~ player**. **5. ~ letter** Dankesbrief *m* für erwiesene Gastfreundschaft. **ˈ~ˌbas·ket** *s* **1.** Brotkorb *m*. **2.** *fig.* Kornkammer *f* (*e-s Landes*). **3.** *sl.* Magen *m*. **~ bin** *s* Brotkasten *m*. **ˈ~·board** *s* **1.** a) Brett *n* zum Kneten von (Brot)Teig, b) Brotschneidebrett *n*. **2.** *electr.* Laˈborschaltbrett *n*: **~ assembly** → **breadboarding**. **ˈ~ˌboard·ing** *s electr.* Laˈbor-, Brettaufbau *m*. **~ crumb** *s* **1.** Brotkrume *f*, -krümel *m*: **~s** Paniermehl *n*. **2.** Krume *f* (*das weiche Innere des Brotes*). **ˈ~·crumb** *v/t gastr.* paˈnieren. **ˈ~·fruit** *s bot.* **1.** Brotfrucht *f*. **2.** Brotfruchtbaum *m*. **ˈ~·grain** *s* Brotgetreide *n*. **~ knife** *s irr* Brotmesser *n*. **ˈ~·line** *s Schlange von Bedürftigen vor e-r Nahrungsmittelausgabestelle*: **to be on the ~** *fig.* nur das Allernotwendigste zum Leben haben. **~ sauce** *s* Brottunke *f*. **ˈ~·stuff** *s* **1.** a) Brotmehl *n*, b) Brotgetreide *n*. **2.** Brot *n*.

breadth [bredθ] *s* **1.** Breite *f*, Weite *f* (*beide a. fig.*): **ten yards in ~** 10 Yards breit. **2.** *fig.* Ausdehnung *f*, Größe *f*, Spannweite *f*, ˈUmfang *m*. **3.** *fig.* Großzügigkeit *f*. **4.** *art* großzügige Wirkung, Breite *f* u. Geschlossenheit *f*. **5.** *tech.* Bahn *f*, Breite *f*: **a ~ of silk**. **ˈ~·ways, ˈ~·wise** *adv* der Breite nach, in der Breite.

bread| tree → **breadfruit** 2. **ˈ~ˌwin·ner** *s* **1.** Ernährer *m*, (Geld)Verdiener *m* (*e-r Familie*). **2.** Beruf *m*, Verdienstquelle *f*. **ˈ~ˌwin·ning** *s* Broterwerb *m*, Verdienst *m*.

break[1] [breɪk] **I** *s* **1.** (Ab-, Zer-, ˈDurch-, Entzwei)Brechen *n*, Bruch *m*. **2.** Bruch(-stelle *f*) *m*, ˈDurchbruch *m*, Riß *m*, Spalt *m*, Bresche *f*, Öffnung *f*, Zwischenraum *m*, Lücke *f* (*a. fig.*). **3.** *fig.* Bruch *m* (**from, with** mit; **between** zwischen), Abbruch *m* (*von Beziehungen etc*): **a ~ with tradition**; **she made a ~ from her family** sie brach mit ihrer Familie. **4.** (Wald)Lichtung *f*. **5.** Pause *f* (*Br. a. ped.*), Unterˈbrechung *f* (*a. electr.*): **without a ~** ununterbrochen; **to have** (*od.* **take**) **a ~** ausspannen; **to take a ~ for a cigarette** e-e Zigarettenpause machen. **6.** *fig., a. metr.* Zäˈsur *f*, Einschnitt *m*. **7.** Ausbrechen *n* (*e-s Gefangenen*), Fluchtversuch *m*: **to make a ~ for it** (*od.* **for freedom**) das Weite suchen, flüchten; **to make a ~ for the woods** zum Wald hin flüchten. **8.** Einbruch *m*. **9.** (plötzlicher) Wechsel, ˈUmschwung *m*: **~ in the weather** Wetterumschlag *m*; **at ~ of day** bei Tagesanbruch. **10.** *econ.* (Preis-, Kurs)Sturz *m*, Kurseinbruch *m*. **11.** *mus.* a) Reˈgisterwechsel *m*, b) *Jazz*: Break *n* (*kurzes Zwischensolo*). **12.** *mus.* a) Versagen *n* (*im Ton*), b) Versager *m* (*Ton*). **13.** Richtungswechsel *m*. **14.** *Billard*: a) Serie *f*, b) Abweichen *n* (*des Balles*) (*a. Kricket*). **15.** *Boxen*: ˈTrennkomˌmando *n*. **16.** *Pferderennen*: Start *m*. **17.** *colloq.* a) **bad ~** ‚Pech' *n*; **lucky ~** ‚Dusel' *m*, ‚Schwein' *n*; **to get (all) the ~s** e-n ‚Mordsdusel' haben, ein Glückspilz sein, b) Chance *f*: **to give s.o. a ~**. **18.** *Tennis*: Break *n* (*Punktgewinn bei gegnerischem Aufschlag*): **he had a ~** er schaffte ein Break, ihm gelang ein Break.
II *v/t pret* **broke** [brəʊk] *obs.* **brake** [breɪk], *pp* **bro·ken** [ˈbrəʊkən] *obs.* **broke** **19.** ab-, auf-, ˈdurchbrechen, (er-, zer)brechen: **to ~ one's arm** sich den Arm brechen; **to ~ s.o.'s head** j-m den Schädel einschlagen; **to ~ a glass** ein Glas zerbrechen; **to ~ jail** aus dem Gefängnis ausbrechen; **~ a leg, John!** *colloq. bes. thea.* Hals- u. Beinbruch!; **to ~ a record** *fig.* e-n Rekord brechen; **to ~ a seal** ein Siegel erbrechen; **to ~ s.o.'s service** (*Tennis*) j-s Aufschlag durchˈbrechen; → **heart** *Bes. Redew.* **20.** zerreißen, -schlagen, -trümmern, kaˈputtmachen. **21.** *phys. Licht, Strahlen, weitS. Wellen, Wind* brechen, *e-n Stoß od. Fall* abfangen, dämpfen, *a. fig.* abschwächen. **22.** ab-, unterˈbrechen, trennen, aufheben, sprengen: **to ~ company** a) auseinandergehen, b) sich wegstehlen; **to ~ a journey** e-e Reise unterbrechen; **to ~ the silence** das Schweigen brechen; **a cry broke the silence** ein Schrei zerriß die Stille; **to ~ a set** a) e-n Satz (*z. B. Gläser durch Zerbrechen e-s einzelnen Teiles*) unvollständig machen, b) e-n Satz (*z. B. Briefmarken*) auseinanderreißen; **to ~ a siege** e-e Belagerung aufheben; → **camp** 1, **fast**[3] 2, **ice** 1. **23.** *electr.* a) *e-n Stromkreis od. Kontakt* unterˈbrechen, *e-n Kontakt* öffnen, b) ab-, ausschalten. **24.** aufgeben, ablegen: **to ~ a custom** mit e-r Tradition *od.* Gewohnheit brechen, sich etwas abgewöhnen; **to ~ s.o. of s.th.** j-m etwas abgewöhnen; → **habit** 1. **25.** a) *Speise, Ware, Geldschein* anbrechen: → **bottle**[1] 1, b) *Geldschein* kleinmachen, wechseln. **26.** *fig. j-s Macht, Willen etc* brechen, *j-n* zerbrechen, *j-m* das Kreuz brechen: **to ~ s.o.'s resistance** j-s Widerstand brechen. **27.** *Tiere* zähmen, abrichten, *ein Pferd* zureiten, einfahren, *a. j-n* gewöhnen (**to** an *acc*): **to ~ a horse to harness (to rein)** ein Pferd einfahren (zureiten); → **break in** 4 b *u.* c. **28.** *das Gesetz, e-n Vertrag, sein Versprechen etc* brechen, *e-e Regel* verletzen, *e-e Vorschrift* überˈtreten, verstoßen gegen: **to ~ a contract (the law, a rule, one's promise)**; **to ~ bounds** die erlaubten Grenzen überschreiten. **29.** *fig.* vernichten, (*a. finanziell*) ruiˈnieren *od.* zuˈgrunde richten, *e-e Ehe etc* zerrütten: **to ~ a will** *jur.* ein Testament (*durch gerichtliches Verfahren*) aufheben; → **bank**[1] 3. **30.** *mil.* a) entlassen, kasˈsieren, b) degraˈdieren (**to** zu). **31.** eröffnen, kundtun: **to ~ the bad news gently to s.o.** j-m die schlechte Nachricht schonend beibringen. **32.** *Am. colloq. e-e Unternehmung* starten: **to ~ a sales campaign**. **33.** foltern, auf der *od.* die Folter strecken: → **wheel** 6. **34.** a) *e-n Code etc* ‚knacken', entschlüsseln, b) *e-n Fall* lösen. **35. ~ (the) ground** *agr.* ein Brachfeld ˈumbrechen, -pflügen; → **ground**[1] 1. **36.** *mus.* a) *e-n Akkord* brechen, b) *Notenwerte* zerlegen.

II *v/i* **37.** brechen: **to ~ into** a) in *ein Haus etc* einbrechen, b) *allg. u. fig.* eindringen *od.* einbrechen in (*acc*): **to ~ into the best social circles**, c) *etwas* unterbrechen, hineinplatzen in (*acc*), d) → 53, e) → 25 a; **to ~ with** mit *j-m, e-r Tradition etc* brechen. **38.** (zer)brechen, zerspringen, -reißen, platzen, kaˈputt-, entzweigehen: **the rope broke** das Seil riß. **39.** unterˈbrochen werden. **40.** (plötzlich) auftauchen (*Fisch, U-Boot*). **41.** sich (zer)teilen (*Wolken*). **42.** zersprengt werden, in Unordnung geraten, weichen (*Truppen*), sich auflösen (*Heer*). **43.** *med.* aufgehen, -platzen, -springen, -reißen (*Wunde, Geschwür*). **44.** *fig.* brechen (*Herz, Kraft, Mut*). **45.** nachlassen, abnehmen, gebrochen *od.* zerrüttet werden, verfallen (*Geist od. Gesundheit*), (*a. see-*

lisch) zs.-brechen. **46.** ˈumschlagen, muˈtieren (*Stimme*): **his voice broke** a) er befand sich im Stimmbruch, er mutierte, b) ihm brach die Stimme (*vor Rührung etc*). **47.** *sport* a) die Gangart wechseln (*Pferd*), b) *bes. Baseball u. Kricket*: die Flugrichtung ändern (*Ball*). **48.** sich brechen, branden (*Wellen*). **49.** brechen (*Eis*). **50.** ˈumschlagen (*Wetter*). **51.** anbrechen (*Tag*). **52.** los-, ausbrechen (**over** über *dat*): **the storm broke** der Sturm brach los. **53.** *fig. in Gelächter, Tränen etc* ausbrechen: **to ~ into laughter**. **54.** eröffnet werden, bekanntgegeben werden (*Nachricht*). **55.** *econ.* plötzlich im Preis *od.* Kurs fallen (*Ware, Wertpapier*). **56.** *econ.* ruiˈniert werden, bankˈrott machen *od.* gehen, falˈlieren. **57.** *Boxen*: sich trennen (*aus dem Clinch gehen*): **~!** break! **58.** rennen, hasten: **to ~ for cover** hastig in Deckung gehen. **59.** *Pferderennen*: starten. **60.** e-e Pause machen. **61.** sich zersetzen. **62.** *bes. Am. colloq.* sich entwickeln: **things are ~ing well**.

Verbindungen mit Adverbien:

break| a·way I *v/t* **1.** ab-, losbrechen, wegreißen (**from** von). **II** *v/i* **2.** los-, abbrechen, absplittern (**from** von) (*a. fig.*). **3.** (**from** von) a) *a. fig.* sich losmachen *od.* -reißen, b) *fig.* sich lossagen *od.* trennen: **to ~ from a habit** mit e-r Gewohnheit brechen, sich etwas abgewöhnen. **4.** a) sich daˈvonmachen, fortstürzen, b) *sport* sich absetzen (**from, of** von), sich freimachen, (*bes. Radsport*) ausreißen, c) **they broke away** *sport* ihnen gelang ein Break. **5.** *sport Am.* e-n Fehl- *od.* Frühstart verursachen. **6.** *tech.* losbrechen (*Maschine*). **~ clear** → **break away** 4 b. **~ down I** *v/t* **1.** ein-, niederreißen, *ein Haus* abbrechen, abreißen. **2.** *fig. j-n, j-s Widerstand etc* brechen, zermürben, überˈwinden. **3.** *tech. e-e Maschine* (in ihre Bestandteile) zerlegen. **4.** *fig.* aufgliedern, aufschlüsseln, analyˈsieren. **5.** *chem.* aufspalten, auflösen. **II** *v/i* **6.** zs.-brechen (*a. fig.*). **7.** versagen (*Maschine, Stimme, Schüler beim Examen*), kaˈputtgehen, steckenbleiben, *mot. a.* e-e Panne haben. **8.** zerbrechen, in die Brüche gehen (*a. fig.*). **9.** scheitern (*Ehe, Verhandlungen etc*): *their marriage is* **irretrievably broken down** *jur. Br.* unheilbar zerrüttet. **10.** *fig.* zerfallen (*in einzelne Gruppen, Teile etc*). **~ e·ven** *v/i econ.* kostendeckend arbeiten. **~ forth** *v/i* **1.** herˈvorbrechen. **2.** sich plötzlich erheben (*Geschrei etc*). **~ in I** *v/i* **1.** einbrechen, -dringen: **to ~ (up)on s.o.** hereinplatzen bei j-m. **2.** **~ (up)on** sich einmischen in (*acc*), *e-e Unterhaltung etc* unterˈbrechen. **II** *v/t* **3.** einschlagen, *e-e Tür* aufbrechen. **4.** a) → **break**[1] 27, b) *Auto etc* einfahren, *neue Schuhe* einlaufen, austreten, c) *j-n* einarbeiten, anlernen. **~ loose I** *v/t* **1.** los-, abbrechen (**from** von). **II** *v/i* **2.** losgehen, abbrechen (**from** von). **3.** sich befreien, sich losreißen (**from** von). **4.** (*aus der Haft*) ausbrechen, -reißen. **5.** *mar.* abtreiben. **~ off I** *v/t* **1.** *ein Stück* abbrechen (**from** von). **2.** *e-e Rede, e-e Freundschaft etc* abbrechen, *Schweigen etc* (unter)ˈbrechen, Schluß machen mit: **to ~ an engagement** e-e Verlobung (auf)lösen; **to ~ negotiations** die Verhandlungen abbrechen; **to break it off** sich entloben. **3. to ~ work** die Arbeit unterbrechen, e-e Pause machen. **II** *v/i* **4.** abbrechen (**from** von). **5.** *in der Rede etc* (plötzlich) abbrechen. **6.** die Arbeit unterˈbrechen, e-e Pause machen: **to ~ for tea** e-e Teepause machen. **~ o·pen I** *v/t e-e Tür etc* aufbrechen. **II** *v/i* aufspringen, -platzen. **~ out I** *v/t* **1.** (her)ˈaus-, losbrechen. **2.** *etwas* gebrauchsfertig *od.* einsatzbereit machen, *mar. die Boote* klarmachen. **3.** *Speisen, Getränke* auspacken. **4.** *e-e Flagge* hissen. **II** *v/i* **5.** ausbrechen (*Feuer, Krankheit, Krieg, Gefangener etc*): **to ~ of prison** aus dem Gefängnis ausbrechen. **6. ~ in a rash** (*od.* **in spots**) Ausschlag bekommen; **to ~ with measles** die Masern bekommen; **he broke out in a sweat** ihm brach der Schweiß aus. **7.** *fig.* ausbrechen (**in laughter, laughing** in Gelächter; **in tears** in Tränen). **~ through I** *v/t* **1.** durchˈbrechen, *e-e Schwierigkeit etc* überˈwinden. **II** *v/i* **2.** ˈdurchbrechen, (*Sonne a.*) herˈvorkommen. **3.** *fig.* den ˈDurchbruch schaffen. **~ up I** *v/t* **1.** abbrechen, *e-e Sitzung etc* aufheben, beendigen, schließen, *e-e Versammlung* auflösen, sprengen. **2.** *e-n Haushalt etc* auflösen. **3.** *e-e Ehe, die Gesundheit etc* zerrütten. **4.** *Wild* aufbrechen, zerlegen. **5.** *Straße, Eis etc* aufbrechen. **6.** *Holz etc* zerkleinern, *Schiff* abwracken. **7.** *sport e-e siegreiche Mannschaft etc* auseinˈanderreißen. **8.** → **break**[1] 35. **II** *v/i* **9.** a) aufgehoben werden (*Sitzung etc*), sich auflösen (*Versammlung*), b) *ped. bes. Br.* aufhören: **when do you ~?, when does your school ~?** wann beginnen bei euch die Ferien? **10.** a) zerbrechen, auseinˈandergehen (*Ehe etc*), b) sich trennen (*Ehepaar etc*), c) zerfallen (*Reich etc*). **11.** sich zerteilen *od.* auflösen (*Nebel*), aufklaren, sich aufklären (*Wetter, Himmel*), nachlassen (*Frost*). **12.** (*körperlich od. seelisch*) zs.-brechen. **13.** aufbrechen (*Straße, Eis etc*). **14.** zerschellen (*Schiff*).

break[2] [breɪk] *s* **1.** Break *m, n* (*Art Kremser mit zwei Längssitzen*). **2.** Wagen *m* zum Einfahren von Pferden.

ˈbreak·a·ble I *adj* zerbrechlich. **II** *s* zerbrechlicher Gegenstand: **~s** zerbrechliche Ware. **ˈbreak·age** *s* **1.** (Zer-) Brechen *n*, Bruch *m*. **2.** a) Bruch(stelle *f*) *m*, b) Bruch(schaden) *m*. **3.** *econ.* Reˈfaktie *f*, Entschädigung *f* für Bruchschaden.

ˈbreak·a·way I *s* **1.** (**from**) Lossagung *f*, Trennung *f* (von), Bruch *m* (mit). **2.** *sport* a) (*bes. Radsport*) Ausreißen *n*, b) Break *n* (*Durchbruch aus der Verteidigung heraus*). **3.** *sport Am.* Fehl-, Frühstart *m*. **4.** *tech.* Losbrechen *n* (*e-r Maschine*). **5.** *thea. etc Requisit, das bei Raufszenen etc besonders leicht zerbricht*. **II** *adj* **6.** *Br.* Splitter...: **~ group**. **7.** *thea. etc* besonders leicht zerbrechlich (*Requisiten*). **8.** *tech.* mit Soll-Bruchstelle.

ˈbreak·down *s* **1.** Zs.-bruch *m* (*a. fig.*): **nervous ~** Nervenzusammenbruch. **2.** *tech.* a) Panne *f*, Fahrzeug-, Maˈschinenschaden *m*, (Betriebs)Störung *f*, b) *electr.* Zs.-bruch *m* (*der Spannung*), c) *electr.* (erster) ˈDurchschlag. **3.** Scheitern *n* (*e-r Ehe, von Verhandlungen etc*): **irretrievable ~ of marriage** *jur. Br.* unheilbare Zerrüttung der Ehe. **4.** *fig.* Aufgliederung *f*, Aufschlüsselung *f*, Anaˈlyse *f*. **5.** *chem.* Aufspaltung *f*, Auflösung *f*. **~ ser·vice** *s mot. Br.* Pannen-, Straßendienst *m*. **~ strength** *s electr.* ˈDurchschlagsfestigkeit *f*. **~ truck, ~ van** *s mot. Br.* Abschleppwagen *m*. **~ volt·age** *s electr.* ˈDurchschlagsspannung *f*.

ˈbreak·er *s* **1.** (*bes. in Zssgn*) Brecher *m* (*Person od. Gerät*): **coal-~**. **2.** *Br. mot.* Verschrotter *m*, *mar. a.* ˈAbwrackunterˌnehmer *m*. **3.** Abrichter *m*, Dresˈseur *m*, Zureiter *m*. **4.** *mar.* Sturzwelle *f*, Brecher *m*. **5.** *electr.* Unterˈbrecher *m*. **6.** *tech. Name für verschiedene Geräte, bes.* a) *Kürschnerei*: Schabmesser *n*, b) *Papierherstellung*: Halbzeugholländer *m*. **~ arm** *s electr.* Imˈpulskonˌtakt *m*.

ˌbreak-ˈe·ven point *s econ.* Rentabiliˈtätsgrenze *f*, Gewinnschwelle *f*.

break·fast [ˈbrekfəst] **I** *s* Frühstück *n*: **to have ~** frühstücken. **II** *v/i* frühstücken: **to ~ on s.th.** etwas frühstücken, etwas zum Frühstück haben. **III** *v/t j-m* das Frühstück serˈvieren *od.* machen. **~ food** *s* Frühstücksnahrung *f* (*z. B. Cornflakes*). **~ tel·e·vi·sion** *s* Frühstücksfernsehen *n*.

ˈbreak-in *s* **1.** *jur.* Einbruch *m*. **2.** a) Abrichten *n* (*von Tieren*), Zureiten *n* (*von Pferden*), b) Einfahren *n* (*von Autos etc*), c) Einlaufen *n* (*von neuen Schuhen*), d) Einarbeitung *f*, Anlernen *n* (*von Personen*).

ˈbreak·ing *s* **1.** Brechen *n*, Bruch *m* (*etc*; → **break**[1]): **~ of the voice** Stimmbruch *m*; **~ and entering** *jur.* Einbruch *m*. **2.** *ling.* Brechung *f* (*Diphthongierung*). **~ cur·rent** *s electr.* ˈÖffnungs(induktiˌons)strom *m*. **~ de·lay** *s* Abfallverzögerung *f*: a) *aer. vom Fallschirm*, b) *electr. e-s Relais*. **~ fac·tor** *s phys. tech.* Bruchfaktor *m*. **~ load** *s phys.* Bruchlast *f*. **~ point** *s phys. tech.* Bruch-, Zerreißgrenze *f*: **he has reached** (*od.* **is at**) **~** er steht (*körperlich od. seelisch*) kurz vor dem Zs.-bruch; **to work to ~** bis zur Erschöpfung arbeiten. **~ strain** → **breaking stress**. **~ strength** *s phys. tech.* Bruchfestigkeit *f*. **~ stress, ~ ten·sion** *s tech.* Bruchbeanspruchung *f*, Zerreißspannung *f*. **~ test** *s tech.* Bruchprobe *f*.

break| key *s electr.* Unterˈbrechertaste *f*. **ˈ~·neck** *adj* a) halsbrecherisch: **~ speed**, b) lebensgefährlich steil: **~ stairs**. **ˈ~·off** *s* Abbruch *m* (*von Verhandlungen etc*). **ˈ~·out** *s* Ausbruch *m* (*aus dem Gefängnis etc*). **~ spark** *s electr.* Abreißfunke *m*. **ˈ~·through** *s bes. mil. u. fig.* ˈDurchbruch *m*. **ˈ~·up** *s* **1.** Aufhebung *f* (*e-r Sitzung etc*), Auflösung *f* (*e-r Versammlung, e-s Haushalts etc*). **2.** Zerrüttung *f* (*e-r Ehe, der Gesundheit etc*). **3.** (*körperlicher od. seelischer*) Zs.-bruch. **4.** Zerfall *m* (*e-s Reichs etc*). **ˈ~·wa·ter** *s* Wellenbrecher *m*.

bream [briːm] *pl* **bream** *s ichth.* Brassen *m*.

breast [brest] **I** *s* **1.** a) Brust *f* (*von Mensch u. Tier*): **to beat one's ~** sich an die Brust schlagen, sich Vorwürfe machen; **~ of chicken** *gastr.* Hühnerbrust, b) (weibliche) Brust, Busen *m*: **to give the ~ to a baby** e-m Kind die Brust geben. **2.** *fig.* Brust *f*, Herz *n*, Busen *m*, Gemüt *n*: **to make a clean ~ of s.th.** sich etwas von der Seele reden, etwas offen eingestehen. **3.** Wölbung *f*: **the ~ of a hill**. **4.** *agr.* Streichbrett *n* (*des Pfluges*). **5.** *arch.* a) Brüstung *f*, b) Brandmauer *f*, c) unterer Teil (*e-s Geländers*). **6.** Brust(teil *m*) *f*: **the ~ of a jacket**. **II** *v/t* **7.** mutig auf *etwas* losgehen, *Br. e-n Berg* angehen. **8.** sich gegen *etwas* stemmen, trotzen (*dat*), die Stirn bieten (*dat*), gegen *etwas* ankämpfen: **to ~ the waves** gegen die Wellen ankämpfen. **9.** *sport das Zielband* durchˈreißen. **ˈ~ˌbeat·ing** *s* Selbstvorwürfe *pl*. **ˈ~·bone** *s anat.* Brustbein *n*. **ˌ~-ˈdeep** *adj* brusttief, -hoch. **~ drill** *s tech.* Brustbohrer *m*.

breast·ed [ˈbrestɪd] *adj* (*in Zssgn*) ...brüstig: **narrow-~** engbrüstig.

ˈbreast|-feed *v/t u. v/i irr* stillen: **breast-fed child** Brustkind *n*. **ˌ~-ˈhigh** *adj* brusthoch, -tief. **~ milk** *s* Muttermilch *f*. **ˈ~·pin** *s* **1.** Brosche *f*, Anstecknadel *f*. **2.** Kraˈwattennadel *f*. **ˈ~·plate** *s* **1.** Brustharnisch *m*. **2.** *zo.* Bauchplatte *f*, -schild *m* (*der Schildkröte*). **3.** Brustgurt *m* (*am Pferdegeschirr*). **4.** *tech.* Brustplatte *f* (*der Handbohrmaschine*). **ˈ~plough,** *bes. Am.* **ˈ~plow** *s agr.* Abstech-, Rasenpflug *m.* **~pock·et** *s* Brusttasche *f.* **ˈ~stroke** *s sport* Bruststil *m,* -schwimmen *n.*

ˈbreast·sum·mer [ˈbresəmə(r)] → **bressumer.**

breast|wall *s arch.* **1.** Stützmauer *f* (*am Fuße e-s Abhanges*). **2.** Brustwehr *f,* Geländer *n.* **ˈ~work** *s arch. u. mil.* Brustwehr *f.*

breath [breθ] *s* **1.** Atem(zug) *m:* **bad ~** schlechter Atem, Mundgeruch *m;* **to have bad ~** aus dem Mund riechen; **to be out of ~** außer Atem sein; **to catch** (*od.* **hold**) **one's ~** den Atem anhalten; **to draw ~** Atem holen; **to draw one's first ~** das Licht der Welt erblicken; **to draw one's last ~** den letzten Atemzug tun (*sterben*); **to gasp for ~** nach Luft schnappen; **to get one's ~** (**again** *od.* **back**) wieder zu Atem kommen; **to go out for a ~ of fresh air** an die frische Luft gehen, frische Luft schnappen gehen; **to have no ~ left** (völlig) außer Atem sein; **to lose one's ~** außer Atem kommen; **save your ~!** spare dir d-e Worte!; **to take ~** Atem schöpfen, verschnaufen (*a. fig.*); **to take s.o.'s ~ away** j-m den Atem verschlagen; **to take a deep ~** tief Luft holen; **to waste one's ~** in den Wind reden; **you are wasting your ~** du kannst dir die Worte sparen; **short of ~** kurzatmig; **under** (*od.* **below**) **one's ~** im Flüsterton, leise; **with his last ~** mit s-m letzten Atemzug; **in the same ~** im gleichen Atemzug. **2.** *fig.* Hauch *m,* Spur *f,* Anflug *m:* **not a ~ of suspicion** nicht der geringste Verdacht. **3.** Lufthauch *m,* Lüftchen *n:* **there wasn't a ~ of air** kein Lüftchen rührte *od.* regte sich. **4.** Duft *m:* **a ~ of roses. 5.** *ling.* stimmloser Hauch.

breath·a·lyse [ˈbreθəlaɪz] *bes. Br.,* **ˈbreath·aˌlyze** *Am.* **I** *v/t Verkehrsteilnehmer* (ins ‚Röhrchen') blasen *od.* pusten lassen. **II** *v/i* (ins ‚Röhrchen') blasen *od.* pusten. **ˈbreath·a·lys·er** *s bes. Br.,* **ˈbreath·aˌlyz·er** *s Am.* Alkoholtestgerät *n,* ‚Röhrchen' *n.*

breathe [briːð] **I** *v/i* **1.** atmen, *weitS.* leben: **to ~ in** (**out**) ein-(aus)atmen; **to ~ down s.o.'s neck** a) *bes. sport* j-m im Nacken sitzen, b) j-m auf die Finger schauen; **to ~ heavily** schwer atmen, keuchen. **2.** Atem holen *od.* schöpfen: **to** (**be able to**) **~ again** (*od.* **freely**) (erleichtert) aufatmen. **3.** (sich) verschnaufen, sich erholen. **4.** wehen (*Lüftchen etc*). **5.** *obs.* duften, riechen (**of** nach). **6.** *tech.* atmen (*Leder etc*). **II** *v/t* **7.** *etwas* atmen: **to ~ in** a) einatmen, b) *Worte etc* begierig aufnehmen; **to ~ out** ausatmen; **to ~ fire** a) Feuer speien *od.* spucken (*Drache*), b) *fig.* Gift u. Galle speien *od.* spucken; **to ~ new life into** neues Leben bringen in (*acc*); **to ~ vengeance** Rache schnauben; → **last**[1] *Bes. Redew.* **8.** *fig.* atmen, ausströmen. **9.** flüstern, hauchen: **to ~ a wish; to ~ a sigh** leise (auf)seufzen. **10.** verlauten lassen: **not to ~ a word** (**of it**) kein Sterbenswörtchen (davon) sagen. **11.** verschnaufen lassen: **to ~ a horse. 12.** *ling.* stimmlos aussprechen: **~d** stimmlos. **13.** *tech.* entlüften.

ˈbreath·er *s* **1.** j-d, der (*schwer etc*) atmet: **to be a heavy ~** e-n schweren Atem haben; **to be a mouth ~** durch den Mund atmen. **2.** *colloq.* Atem-, Verschnaufpause *f:* **to give s.o. a ~** j-n verschnaufen lassen; **to have** (*od.* **take**) **a ~** (sich) verschnaufen. **3.** *sport Am. colloq.* ‚Spaˈziergang' *m* (*leichtes Spiel*). **4.** *Am. colloq.* Straˈpaze *f.* **5.** *tech.* Entlüfter *m:* **~ valve** Druckausgleichsventil *n.*

ˈbreath·ing I *s* **1.** Atmen *n,* Atmung *f:* **heavy ~** Keuchen *n.* **2.** → **breather** 2. **3.** Lufthauch *m,* Lüftchen *n.* **4.** → **breather** 4. **5.** *ling.* Hauchlaut *m.* **6.** *tech.* Entlüftung *f.* **II** *adj* **7.** Atem...: **~ exercise; ~ difficulties** Atembeschwerden. **8.** lebenswahr (*Bild etc*). **9.** *tech.* ˈatmungsakˌtiv (*Leder etc*). **~ ap·pa·ra·tus** *s tech.* Atem-, Sauerstoffgerät *n.* **~ mark** *s mus.* Atemzeichen *n.* **~ space** *s* **1.** Platz *m,* um arbeiten *od.* sich bewegen zu können *etc:* *the train was so crowded* **that there was hardly ~** daß man kaum Luft bekam. **2.** Atem-, Verschnaufpause *f.*

ˈbreath·less *adj* (*adv* **~ly**) **1.** atemlos (*a. fig.*), außer Atem: **with ~ attention** mit atemloser Spannung. **2.** atemberaubend: **~ speed. 3.** windstill: **a ~ day.**

ˈbreath|ˌtak·ing *adj* (*adv* **~ly**) atemberaubend. **~ test** *s Br.* (*an e-m Verkehrsteilnehmer vorgenommener*) Alkoholtest. **ˈ~-test** *Br.* → **breathalyse** I.

brec·ci·a [ˈbretʃɪə] *s geol.* Breccie *f,* Brekzie *f,* Trümmergestein *n.*

bred [bred] *pret u. pp von* **breed.**

breech [briːtʃ] *s* **1.** ˈHinterteil *n,* Gesäß *n.* **2.** hinterer Teil, Boden *m, bes.* a) Hosenboden *m,* b) Verschluß *m* (*e-s Hinterladers od. Geschützes*). **3.** *tech.* unterster Teil e-s Flaschenzuges. **4.** → **breech delivery. 5.** *pl* → **breeches. ˈ~block** *s* **1.** *mil.* Verschlußstück *n* (*an Hinterladern*), (Geschütz)Verschlußblock *m.* **2.** *tech.* Verschluß *m.* **ˈ~cloth, ˈ~clout** *s* Lendenschurz *m.* **~ de·liv·er·y** *s med.* Steißgeburt *f.*

breeched [briːtʃt] *adj* behost.

breech·es [ˈbrɪtʃɪz] *s pl a.* **pair of ~** Breeches(hose *f*) *pl,* Kniebund-, Reithose(n *pl*) *f:* → **wear**[1] 1. **~ buoy** *s mar.* Hosenboje *f.*

ˈbreech|ˌload·er *s* ˈHinterlader *m.* **~ pres·en·ta·tion** *s med.* Steißlage *f.*

breed [briːd] **I** *v/t pret u. pp* **bred** [bred] **1.** erzeugen, herˈvorbringen, gebären. **2.** a) *Tiere* züchten: **to ~ cattle; to ~ in** (**out**) *e-e Eigenschaft* hinein-(weg)züchten, b) *e-e Kuh etc* decken lassen. **3.** *Pflanzen* züchten, ziehen: **to ~ roses. 4.** *fig.* herˈvorrufen, verursachen, führen zu: → **blood** 2. **5.** auf-, erziehen, ausbilden: → **s.o. a scholar** j-n zum Gelehrten heranziehen. **II** *v/i* **6.** Nachkommenschaft zeugen, sich fortpflanzen, sich vermehren: **to ~ like rabbits** *colloq. contp.* sich wie die Kaninchen vermehren; → **in-and-in. 7.** brüten. **8.** *fig.* ausgebrütet werden, entstehen, sich bilden. **III** *s* **9.** Rasse *f,* Zucht *f,* Brut *f:* **~ of horses** Zucht Pferde, Gestüt *n.* **10.** Art *f,* (*Menschen*)Schlag *m.*

ˈbreed·er *s* **1.** Züchter *m.* **2.** a) Zuchttier *n,* b) Zuchtpflanze *f.* **3. rabbits are persistent ~s** Kaninchen vermehren sich immer wieder. **4.** *phys.* Brüter *m.*

ˈbreed·ing *s* **1.** Fortpflanzung *f.* **2.** Ausbildung *f,* Erziehung *f.* **3.** (gutes) Benehmen, (gute) ‚Kinderstube' *od.* Maˈnieren *pl.* **4.** Züchten *n,* (Auf)Zucht *f,* Züchtung *f* (*von Tieren u. Pflanzen*): → **in-and-in. 5.** *phys.* (Aus)Brüten *n.* **~ ground** *s* Brutplatz *m,* -stätte *f* (*a. fig.*). **~ mare** *s* Zuchtstute *f.* **~ place** → **breeding ground. ~ sea·son** *s* **1.** Brutzeit *f.* **2.** Fortpflanzungszeit *f.*

breeze[1] [briːz] **I** *s* **1.** Brise *f,* leichter Wind. **2.** *bes. Br. colloq.* Krach *m:* a) Lärm *m,* b) Streit *m.* **3. to bat** (*od.* **shoot**) **the ~** *Am. colloq.* a) plaudern, b) ‚quatschen', Unsinn reden, c) übertreiben. **4.** *Am. colloq.* ‚Kinderspiel' *n* (*leichte Sache*). **II** *v/i* **5.** wehen (*Wind*). **6.** *colloq.* a) schweben, tänzeln (*Person*): **to ~ in** hereinwehen, hereingeweht kommen, b) sausen, flitzen, c) ‚abhauen'. **7. ~ through** a) überˈfliegen: **to ~ through a report,** b) sich nur oberflächlich beschäftigen mit.

breeze[2] [briːz] *s zo. Br. obs. od. dial.* Viehbremse *f.*

breeze[3] [briːz] *s tech.* Lösche *f,* Kohlenklein *n.*

breeze block *s tech. Br.* **1.** Abschlußblock *m* (*e-s Hochofens mit Schlackenöffnung*). **2.** Schlackenstein *m.*

breez·i·ness [ˈbriːzɪnɪs] *s* **1.** Windigkeit *f.* **2.** Heiterkeit *f,* Unbeschwertheit *f.*

breez·y [ˈbriːzɪ] *adj* (*adv* **breezily**) **1.** luftig, windig. **2.** heiter, unbeschwert: **his ~ nature. 3.** *colloq.* oberflächlich, seicht: **a ~ conversation.**

breg·ma [ˈbregmə] *pl* **-ma·ta** [-mətə] *s anat.* Scheitel(höhe *f*) *m,* Bregma *n.*

Bre·hon [ˈbriːhən; *Am.* -ˌhɑn] *s hist.* irischer Richter: **~ law** *jur.* altirisches (Gewohnheits)Recht (*vor 1650*).

brek·ky [ˈbrekɪ] *s bes. Austral. colloq.* Frühstück *n.*

Bren (gun) [bren] *s mil.* (*ein*) leichtes Maˈschinengewehr.

brent [brent] *pl* **brents,** *bes. collect.* **brent** *s, a.* **brent goose** *s irr orn.* (*e-e*) Meergans.

bres·sum·mer [ˈbresəmə(r)] *s tech.* Ober-, Trägerschwelle *f.*

breth·ren [ˈbreðrən] *pl von* **brother** 2.

Bre·ton [ˈbretən] **I** *adj* **1.** breˈtonisch. **II** *s* **2.** Breˈtone *m,* Breˈtonin *f.* **3.** *ling.* Breˈtonisch *n,* das Bretonische.

Bret·wal·da [bretˈwɔːldə] *s Br. hist.* Herrscher *m* über alle Briten.

breve [briːv; *Am. a.* brev] *s* **1.** *ling.* Kürzezeichen *n.* **2.** *mus.* Brevis *f.* **3.** *R.C.* (päpstliches) Breve.

bre·vet [ˈbrevɪt; *Am.* brɪˈvet] *mil.* **I** *s* Breˈvet *n* (*Offizierspatent, das nur e-n höheren Rang, aber keine höhere Besoldung etc mit sich bringt*). **II** *adj* Brevet...: **~ major** Hauptmann *m* im Rang e-s Majors; **~ rank** Titularrang *m.* **III** *v/t pret u. pp* **-ed,** *bes. Br.* **-ted** durch Breˈvet befördern *od.* ernennen.

bre·vi·ar·y [ˈbriːvjərɪ; *Am. a.* ˈbriːviːˌeriː] *s relig.* Breˈvier *n.*

bre·vier [brəˈvɪə(r)] *s print.* Peˈtitschrift *f.*

ˌbrev·iˈfo·li·ate [ˌbrevɪ-] *adj bot.* kurzblättrig. **ˌbrev·iˈlin·gual** *adj zo.* kurzzüngig. **ˌbrev·iˈros·trate** *adj zo.* kurzschnäblig, -schnäuzig.

brev·i·ty [ˈbrevətɪ] *s* Kürze *f.*

brew [bruː] **I** *v/t* **1.** *Bier* brauen. **2.** *ein Getränk, a. Tee* brauen, (zu)bereiten. **3.** *fig.* aushecken, ausbrüten. **II** *v/i* **4.** brauen, Brauer sein. **5. ~ up** *Br. colloq.* sich e-n Tee machen. **6.** *fig.* sich zs.-brauen, im Anzug sein, in der Luft liegen (*Gewitter, Unheil*). **III** *s* **7.** Gebräu *n* (*a. fig.*), Bräu *n.* **ˈbrew·er** *s* (Bier)Brauer *m:* **~'s yeast** Bierhefe *f;* **he's suffering from ~'s droop** *Br. colloq.* er säuft so viel *od.* hat so viel gesoffen, daß bei ihm (*sexuell*) nichts mehr geht.

brew·er·y [ˈbrʊərɪ] *s* Braueˈrei *f.*

Brezh·nev Doc·trine [ˈbreʒnef] *s pol.* ˈBreschnew-Dokˌtrin *f.*

bri·ar → **brier.**

brib·a·ble [ˈbraɪbəbl] *adj* bestechlich.

bribe [braɪb] **I** *v/t* bestechen: **to ~ s.o. into silence** j-n bestechen, damit er nichts sagt; j-m Schweigegeld zahlen. **II** *v/i* Bestechungsgelder zahlen. **III** *s* Bestechung *f,* Bestechungsgeld *n,* -summe *f,* -geschenk *n:* **to accept** (*od.* **take**) **~s** sich bestechen lassen; **accepting** (*od.* **taking**) **of ~s** passive Bestechung; **to give s.o. a ~** j-n bestechen; **giving of ~s** aktive Bestechung; **to offer s.o. a ~** j-n bestechen wollen. ˈ**brib·er** *s* Bestechende(r) *m*. ˈ**brib·er·y** *s* Bestechung *f*: **open to ~** bestechlich.

bric·a·brac [ˈbrɪkəbræk] *s* **1.** Antiquiˈtäten *pl*. **2.** Nippsachen *pl*.

brick [brɪk] **I** *s* **1.** Ziegel(stein) *m*, Backstein *m*: **to come down on s.o. like a ton of ~s** *colloq*. j-m ganz gewaltig ‚aufs Dach steigen'; **to drop a ~** *Br. colloq*. ins Fettnäpfchen treten; **to hit s.o. like a ton of ~s** *colloq*. bei j-m wie e-e Bombe einschlagen (*Nachricht etc*); **to shit ~s** (*od*. **a ~**) *vulg*. sich vor Aufregung fast in die Hosen ‚scheißen'; **to swim like a ~** *humor*. schwimmen wie e-e bleierne Ente. **2.** *Br*. Baustein *m*, (Bau)Klötzchen *n* (*für Kinder*): **box of ~s** Baukasten *m*. **3.** *colloq*. ‚Pfundskerl' *m*, feiner Kerl. **II** *adj* **4.** Ziegel..., Backstein..., gemauert. **5.** ziegelförmig. **III** *v/t* **6.** mit Ziegeln *etc* belegen *od*. pflastern *od*. einfassen: **to ~ up** (*od*. **in**) zumauern. **7.** ziegelartig überˈmalen. ˈ**~·bat** *s* **1.** Ziegelbrocken *m* (*bes. als Wurfgeschoß*). **2.** *fig*. ‚schwerer Brocken' (*abfällige Bemerkung etc*): **the critic threw several ~s at the singer** der Kritiker ließ kaum ein gutes Haar an dem Sänger; **he was at the receiving end of a lot of ~s** er mußte einiges einstecken, er mußte sich einiges anhören (**for** wegen). ˈ**~-built** → **brick** 4. **~ cheese** *s Am*. (*Art*) Backsteinkäse *m*. **~ clay** *s* Ziegelton *m*. **~ earth** *s* Ziegelerde *f*. ˈ**~·field** *s* Ziegeˈlei *f*. ˈ**~·kiln** *s* Ziegelofen *m*, Ziegeˈlei *f*. ˈ**~ˌlay·er** *s* Maurer *m*. **~ lin·ing** *s* (Ziegel)Ausmauerung *f*, Mauerausbau *m*. ˈ**~ˌmak·er,** ˈ**~ˌma·son** *s* Ziegelbrenner *m*. **~ red** *s* Ziegelrot *n* (*Farbton*). **~ tea** *s* (*chinesischer*) Ziegeltee. **~ wall** *s* Backsteinmauer *f*: → **bang**[1] 6, **knock** 5, **run** 104. ˈ**~·work** *s* **1.** Mauerwerk *n*. **2.** *pl* (*oft als sg konstruiert*) Ziegeˈlei *f*.

bri·cole [brɪˈkəʊl] *s Billard*: Briˈkole *f*, Bandenstoß *m*.

brid·al [ˈbraɪdl] **I** *adj* a) Braut...: **~ dress** (**veil**, *etc*), b) Hochzeits...: **~ ceremony** (**dress**, *etc*); **~ suite** Appartement *n* für Hochzeitsreisende. **II** *s obs*. Hochzeit *f*.

bride [braɪd] *s* Braut *f* (*am u. kurz vor dem Hochzeitstag*), neuvermählte Frau: **to give away the ~** die Braut zum Altar führen; **~ of Christ** *relig*. Braut Christi. ˈ**bride·groom** *s* Bräutigam *m*, ‚frischgebackener' Ehemann. ˈ**brides·maid** *s* Brautjungfer *f*.

bride·well [ˈbraɪdwəl; -wel] *s* Gefängnis *n*.

bridge[1] [brɪdʒ] **I** *s* **1.** Brücke *f*, (Brücken)Steg *m*: **golden ~** *fig*. goldene Brücke; **~ of boats** Pontonbrücke; **to burn one's ~s (behind one)** *fig*. alle Brücken hinter sich abbrechen; **don't cross your ~s before you come** (*od*. **get**) **to them** *fig*. laß doch die Dinge (einfach) auf dich zukommen; **a lot of water has flowed under the ~ since then** seitdem ist schon sehr viel Wasser die Isar *etc* heruntergeflossen. **2.** *mar*. a) (Komˈmando)Brücke *f*, b) Landungsbrücke *f*. **3.** *fig*. Brücke *f*, Überˈbrückung *f*, ˈÜberleitung *f* (*a. mus*.). **4.** (ˈStraßen-)Überˌführung *f*. **5.** *anat*. (Nasen)Rücken *m*: **~ of the nose**. **6.** (Brillen)Steg *m*. **7.** *med*. (Zahn)Brücke *f*. **8.** *chem*. Brücke *f*. **9.** *electr*. a) (Meß)Brücke *f*, b) Brükke(nschaltung) *f*. **10.** *mus*. a) Steg *m* (*e-s Streichinstruments*), b) Saitenhalter *m* (*bei Zupfinstrumenten u. beim Klavier*). **11.** *Ringen, Turnen*: Brücke *f*. **II** *v/t* **12.** e-e Brücke schlagen *od*. bauen über (*acc*): **to ~ a river**. **13.** *electr. u. fig*. überˈbrücken: **to ~ over a difficulty**; **this money will ~ you over till next month** dieses Geld wird dich bis zum nächsten Monat über Wasser halten. **III** *v/i* **14.** *Ringen, Turnen*: in die Brücke gehen.

bridge[2] [brɪdʒ] *s* Bridge *n* (*Kartenspiel*).

bridge| bond *s chem*. Brückenbindung *f*. ˈ**~ˌbuild·er** *s* Brückenbauer *m* (*a. fig*.). **~ cir·cuit** → **bridge** 9 b. **~ crane** *s tech*. Brückenkran *m*. ˈ**~·head** *s mil*. Brückenkopf *m*. **~ rec·ti·fi·er** *s electr*. Graetz-, Brückengleichrichter *m*. **~ toll** *s* Brükkenmaut *f*. ˈ**~ˌway** *s Am*. **1.** Brükkengang *m od*. -fahrbahn *f*. **2.** Verbindungsbrücke *f* (*zwischen zwei Gebäuden*). ˈ**~·work** *s* **1.** Brückenbau *m*. **2.** → **bridge** 7.

ˈ**bridg·ing loan** *s econ*. Überˈbrükkungskreˌdit *m*.

bri·dle [ˈbraɪdl] **I** *s* **1.** a) Zaum *m*, Zaumzeug *n*, b) Zügel *m* (*a. fig*.): **driving ~** Fahrleine *f*; **to give a horse the ~** e-m Pferd die Zügel schießen lassen; **to put a ~ on** → 4. **2.** *anat*. Sehnenband *n*. **II** *v/t* **3.** *ein Pferd* (auf)zäumen. **4.** a) *ein Pferd* zügeln, im Zaum halten (*a. fig*.), b) *fig*. bändigen, (be)zähmen. **III** *v/i* **5.** *oft* **~ up** a) (verächtlich *od*. stolz) den Kopf zuˈrückwerfen, b) (**at**) Anstoß nehmen (an *dat*), sich beleidigt fühlen (durch), c) rebelˈlieren (**against** gegen). **~ hand** *s* Zügelhand *f*. **~ path** *s* schmaler Saumpfad, Reitweg *m*. **~ port** *s mar. obs*. Bugpforte *f*. **~ rein** *s* Zügel *m*.

bri·doon [brɪˈduːn] *s* Trense *f*.

Brie (cheese) [briː] *s* Brie(käse) *m*.

brief [briːf] **I** *adj* (*adv* **~ly**) **1.** kurz: **a ~ interruption**; **be ~!** fasse dich kurz!; **to make ~ of s.th.** etwas rasch erledigen. **2.** kurz(gefaßt), gedrängt, knapp: **a ~ speech**. **3.** kurz angebunden: **to be ~ with s.o.** **4.** knapp: **a ~ bikini**. **II** *s* **5.** kurze Zs.-fassung. **6.** *R.C*. (päpstliches) Breve. **7.** *jur*. a) (*kurzer*) Schriftsatz, b) *Br*. schriftliche Beauftragung u. Informatiˈon (*des Barristers durch den Solicitor*) zur Vertretung des Falles vor Gericht, *weitS*. Manˈdat *n*: **to abandon** (*od*. **give up**) **one's ~** sein Mandat niederlegen, c) *a*. **trial ~** Verhandlungsschriftsatz *m* (*des Anwalts*), d) *Am*. Informatiˈon *f* des Gerichts (*durch den Anwalt*), e) *Br. sl*. Anwalt *m*. **8.** **to hold a ~ for** *j-n od. j-s Sache* vor Gericht vertreten, *a. fig*. als Anwalt auftreten für, *fig*. sich einsetzen *od*. e-e Lanze brechen für. **9.** *mil*. → **briefing** 2. **10.** *pl* → **briefs**. **III** *v/t* **11.** kurz zs.-fassen, in gedrängter Form darstellen. **12.** *a. mil. j-n* instruˈieren *od*. einweisen, *j-m* genaue Anweisungen geben. **13.** *jur. Br*. a) *e-n Barrister* mit der Vertretung des Falles betrauen, b) *den Anwalt* über den Sachverhalt inforˈmieren. **IV** *s* **14.** **in ~** kurz(um). ˈ**~·case** *s* Aktentasche *f*.

ˈ**brief·ing** *s* **1.** (genaue) Anweisung(en *pl*), Instruktiˈon(en *pl*) *f* (*a. mil*.). **2.** *mil*. Lage-, Einsatzbesprechung *f*. **3.** *jur. Br*. Beauftragung *f* (*e-s Barristers*).

ˈ**brief·less** *adj Br*. unbeschäftigt, ohne Kliˈenten (*Barrister*).

ˈ**brief·ness** *s* Kürze *f*.

briefs [briːfs] *s pl a*. **pair of ~** Slip *m* (*kurze Unterhose*).

bri·er [ˈbraɪə(r)] *s* **1.** *bot*. Dornstrauch *m*. **2.** *collect*. Dorngebüsch *n*, -gestrüpp *n*. **3.** *bot*. Wilde Rose. **4.** a) Bruyˈère *f* (*Wurzel der Baumheide*), b) *a*. **~ pipe** Bruyˈèrepfeife *f*. ˈ**bri·er·y** *adj* voller Dornen(sträucher), dornig, stachelig.

brig[1] [brɪg] *s mar*. Brigg *f*, zweimastiges Segelschiff.

brig[2] [brɪg] *s Am*. **1.** *mar*. Schiffsgefängnis *n*. **2.** *mil. colloq*. ‚Bau' *m*, ‚Bunker' *m* (*Arrestlokal*).

bri·gade [brɪˈgeɪd] **I** *s* **1.** *mil*. Briˈgade *f*. **2.** (*zu e-m bestimmten Zweck gebildete*) Organisatiˈon, (*meist* uniforˈmierte) Vereinigung: → **fire brigade**. **II** *v/t* **3.** *mil*. e-e Briˈgade forˈmieren aus. **4.** zu e-r Gruppe vereinigen.

brig·a·dier [ˌbrɪgəˈdɪə(r)] *s mil*. a) *Br*. Briˈgadekommanˌdeur *m*, b) *a*. **~ general** *Am*. Briˈgadegeneˌral *m*.

brig·and [ˈbrɪgənd] *s* Banˈdit *m*, (Straßen)Räuber *m*. ˈ**brig·and·age** *s* Räuberunwesen *n*.

brig·an·dine [ˈbrɪgəndaɪn; -diːn] *s hist*. Panzerhemd *n*, Schuppenpanzer *m*.

brig·an·tine [ˈbrɪgəntaɪn; -tiːn] *s mar*. Briganˈtine *f*, Brigg *f*.

Briggs log·a·rithms [brɪgz] *s pl math*. Briggsche Logaˈrithmen *pl*, ˈZehnerlogaˌrithmen *pl*.

bright [braɪt] **I** *adj* (*adv* **~ly**) **1.** hell, glänzend, leuchtend, strahlend (**with** von, vor): **a ~ day** ein strahlender Tag; **~ eyes** glänzende *od*. strahlende Augen; **a ~ face** ein strahlendes Gesicht; **a ~ red** ein leuchtendes Rot; **to be (as) ~ as a button** *colloq*. ein ‚heller' Kopf sein. **2.** hell, meˈtallisch: **a ~ sound**. **3.** *tech*. blank: **~ wire**; **~ annealing** Blankglühen *n*; **~ steel** Blankstahl *m*. **4.** *electr*. lichtstark, helleuchtend. **5.** heiter: **~ weather**; **to look on** (*od*. **at**) **the ~ side of things** *fig*. das Leben von s-r heiteren Seite betrachten. **6.** lebhaft, munter. **7.** klar: **~ water**. **8.** gescheit, intelliˈgent, klug, ‚hell': **a ~ boy**. **9.** glorreich, glänzend: **a ~ victory**. **10.** günstig, vielversprechend: **~ prospects**. **II** *adv* **11.** hell *etc*: **the fire was burning ~**. **12.** **~ and early** in aller Frühe. **III** *s* **13.** *pl mot. Am. colloq*. Fernlicht *n*.

ˈ**bright·en** **I** *v/t oft* **~ up** **1.** hell(er) machen, auf-, erhellen (*a. fig*.). **2.** *fig*. a) heiter(er) machen, beleben: **to ~ a party** (**a room**, *etc*), b) *j-n* fröhlich stimmen, aufheitern, c) noch mehr Glanz verleihen (*dat*): **to ~ an already famous name**. **3.** poˈlieren, blank putzen, glänzend machen. **II** *v/i oft* **~ up** **4.** hell(er) werden, sich aufhellen (*Gesicht, Wetter etc*), aufleuchten (*Augen*): **his face ~ed** sein Gesicht erhellte sich. **5.** *fig*. sich beleben, lebhafter werden. **6.** besser *od*. erfreulicher werden: **prospects ~ed** die Aussichten besserten sich.

ˌ**bright|-ˈeyed** *adj* **1.** helläugig. **2.** mit strahlenden (Kinder)Augen: **~ and bushy-tailed** *colloq*. quietschvergnügt. **~ lev·el** *s TV* Hellspannung(swert *m*) *f*. **~ lights** *s pl colloq*. (*die*) Vergnügungsstätten *pl* (*e-r Stadt*). ˈ**~-line spec·trum** *s phys*. Hellinienspektrum *n*.

ˈ**bright·ness** *s* **1.** Helligkeit *f*, Glanz *m*. **2.** Heiterkeit *f*. **3.** Lebhaftigkeit *f*, Munterkeit *f*. **4.** *oft iro*. Gescheitheit *f*, Intelliˈgenz *f*. **5.** *phys. tech*. Leuchtdichte *f*. **6.** *TV* Helligkeit *f*: **~ contrast** Helligkeitskontrast *m*; **~ control** Helligkeitssteuerung *f*.

Bright's dis·ease [braɪts] *s med*. Nierenentzündung *f*, Brightsche Krankheit.

brill [brɪl] *pl* **brills,** *bes. collect*. **brill** *s ichth*. Glattbutt *m*.

bril·liance [ˈbrɪljəns], ˈ**bril·lian·cy** *s* **1.** Leuchten *n*, Glanz *m*, Helligkeit *f*. **2.** *fig*. a) funkelnder Geist, ˈdurchdringender Verstand, b) (*das*) Glänzende *od*. Herˈvorragende, Brilˈlanz *f*. **3.** *TV* Helligkeit *f*: **~ control** Helligkeitssteuerung *f*.

ˈ**bril·liant** **I** *adj* (*adv* **~ly**) **1.** leuchtend, glänzend, hell, glitzernd. **2.** *fig*. glänzend, herˈvorragend, brilˈlant: **a ~ speaker** (**scientist**); **a ~ victory** ein glänzender Sieg. **II** *s* **3.** a) Brilˈlant *m* (*geschliffener Diamant*), b) *a*. **~ cut** Brilˈlantschliff *m*. **4.** *print*. Brilˈlant *f* (*Schriftgrad von rund 3 Punkt*).

bril·lian·tine [ˌbrɪljənˈtiːn] *s* **1.** Brillan-

ˈtine *f*, ˈHaarpoˌmade *f*. **2.** *bes. Am.* alˈpakaartiger Webstoff.
brim [brɪm] **I** *s* **1.** Rand *m* (*bes. e-s Gefäßes*): **full to the** ~ randvoll. **2.** (Hut-)Krempe *f*. **II** *v/i* **3.** voll sein: **to** ~ **over** a) übervoll sein (**with** von) (*a. fig.*), b) überfließen, -sprudeln (**with** von) (*a. fig.*): **her eyes were** ~**ming (over) with tears** ihre Augen schwammen in Tränen; **he is** ~**ming (over) with health** er strotzt von *od.* vor Gesundheit. **III** *v/t* **4.** bis zum Rand füllen.
ˌ**brimˈful(l)** [-ˈfʊl] *adj* randvoll: **her eyes were** ~ **of tears** ihre Augen schwammen in Tränen; **he is** ~ **of health** er strotzt von *od.* vor Gesundheit. ˈ**brim·less** *adj* ohne Rand *od.* Krempe. **brimmed** [brɪmd] *adj* **1.** mit Rand *od.* Krempe. **2.** randvoll. ˈ**brim·mer** *s* randvolles Glas. ˈ**brim·ming** *adj* randvoll.
brim·stone [ˈbrɪmstən; *Am.* -ˌstəʊn] *s* **1.** Schwefel *m*. **2.** *obs. colloq.* ‚Drachen' *m* (*böses Weib*). **3.** *a.* ~ **butterfly** *zo.* (*ein*) Ziˈtronenfalter *m*.
brin·dle [ˈbrɪndl] **I** *s* gestreifte *od.* scheckige Farbe. **II** *adj* → **brindled**. ˈ**brin·dled** *adj* gestreift, scheckig.
brine [braɪn] **I** *s* **1.** a) Sole *f*, b) Lake *f*, Salzbrühe *f*. **2.** Salzwasser *n*. **3.** *meist poet.* Meer *n*. **II** *v/t* **4.** (ein)salzen, (ein)pökeln. ~ **bath** *s* Solbad *n*.
Bri·nell| ma·chine [brɪˈnel] *s metall.* Briˈnellappaˌrat *m*, Härteprüfgerät *n*. ~ **num·ber** *s tech.* Briˈnellzahl *f*.
brine| pan *s* Salzpfanne *f*. ~ **pit** *s* Salzgrube *f*, Solquelle *f*.
bring [brɪŋ] *pret u. pp* **brought** [brɔːt] *v/t* **1.** bringen, ˈmit-, ˈherbringen, herˈbeischaffen, überˈbringen: ~ **him (it) with you** bringe ihn (es) mit; **to** ~ **s.th. upon o.s.** sich etwas einbrocken, etwas auf sich laden; **what** ~**s you here?** was führt Sie zu mir?; → **account** 7, **bear**¹ 21, **book** 9, **light**¹ 9, **low**¹ 1. **2.** herˈvorbringen, *Ehre, e-n Gewinn etc* (ein)bringen: **to** ~ **a profit**. **3.** (mit sich) bringen, nach sich ziehen, bewirken: **to** ~ **a change**; **to** ~ **relief from pain** den Schmerz lindern. **4.** *e-e Fähigkeit etc* mitbringen (**to** zu): **to** ~ **a rich experience to one's task**. **5.** *Publikum* anziehen, (an)locken (**to** zu). **6.** *j-n* dazu bringen *od.* bewegen, verˈanlassen, überˈreden (**to do** zu tun): **I can't** ~ **myself to do it** ich kann mich nicht dazu durchringen *od.* ich bringe es (einfach) nicht fertig, es zu tun. **7.** *Beweise, Gründe etc* vorbringen: → **action** 12, **suit** 4.
Verbindungen mit Adverbien:
bring| a·bout *v/t* **1.** bewerkstelligen, zuˈstande bringen. **2.** bewirken, verursachen. **3.** *mar.* wenden. ~ **a·long** *v/t* **1.** mitbringen. **2.** → **bring on** 4. ~ **a·round** → **bring round** 1, 4. ~ **a·way** *v/t Eindrücke, Erinnerungen* mitnehmen. ~ **back** *v/t* **1.** zuˈrückbringen. **2.** a) *Erinnerungen* wachrufen (**of** an *acc*), b) Erinnerungen wachrufen an (*acc*). **3.** *die Todesstrafe etc* wiederˈeinführen. **4. to** ~ **to life** a) *j-n* wieder zu(m) Bewußtsein bringen, b) *a.* **to** ~ **to health** *j-n* wieder gesund machen *od.* wiederherstellen. ~ **down** *v/t* **1.** *a. Flugzeug* herˈunterbringen. **2.** *hunt. Wild* erlegen, schießen. **3.** *aer. mil. ein Flugzeug* abschießen, herˈunterholen. **4.** *bes. Fußball*: zu Fall bringen, ‚legen'. **5.** *Regierung etc* zu Fall bringen, stürzen. **6.** *den Preis etc* herˈabsetzen, senken. **7. to** ~ **s.o.'s anger** (*od.* **fury, wrath**) **(up)on one's head** sich j-s Zorn zuziehen. **8. to** ~ **the house** *colloq.* a) stürmischen Beifall auslösen, b) Lachstürme entfesseln. ~ **forth** *v/t* **1.** a) *allg.* herˈvorbringen, b) *Kinder* gebären, c) *zo. Junge* werfen, d) *Früchte* tragen. **2.** verursachen, bewirken, zeitigen. **3.** *fig.* ans Tageslicht bringen. ~ **for·ward** *v/t* **1.** *Wissen etc* vorˈanbringen, fördern. **2.** *e-n Antrag, e-e Entschuldigung etc* vorbringen. **3.** *econ. e-n Betrag* überˈtragen: **amount** (*od.* **balance**) **brought forward** Übertrag *m*, (Saldo)Vortrag *m*. **4.** a) *Versammlung etc* vorverlegen (**to** auf *acc*), b) *die Uhr* vorstellen (**one hour** um e-e Stunde). ~ **home** *v/t* **1.** nach Hause bringen: → **bacon**. **2.** → **home** 17. ~ **in** *v/t* **1.** herˈeinbringen, *Ernte* einbringen: **to** ~ **capital** *econ.* Kapital einbringen; **brought-in capital** eingebrachtes Kapital, Geschäftseinlage *f*. **2.** *e-n Gewinn etc* ein-, erbringen, erzielen. **3.** *parl. e-n Gesetzentwurf* einbringen: **to** ~ **a bill**. **4.** *j-n* einschalten. **5.** *j-n* beteiligen (**on** an *e-m Entscheidungsprozeß etc*). **6.** *jur. e-n Spruch* fällen (*Geschworene*): **to** ~ **a verdict of guilty** e-n Schuldspruch fällen. ~ **off** *v/t* **1.** *bes. Schiffbrüchige* retten. **2.** *etwas* zuˈstande bringen, fertigbringen, ‚schaffen'. **3.** *vulg. j-n* (*sexuell*) befriedigen. ~ **on** *v/t* **1.** herˈan-, herˈbeibringen. **2.** *bes. Krankheit* herˈbeiführen, verursachen. **3.** a) → **bring forward** 1, b) in Gang bringen. **4.** *Ernte etc* gut gedeihen lassen (*Wetter*). **5.** *sport Spieler* bringen, einwechseln. ~ **out** *v/t* **1.** herˈausbringen. **2.** *econ. ein Buch, Theaterstück, Auto etc* herˈausbringen. **3.** *fig.* ans Licht bringen. **4.** vorbringen, aussprechen. **5.** herˈvorheben, betonen. **6.** zum Ausdruck bringen, erkennen lassen. **7.** *den Sinn e-s Gedichts etc* herˈausarbeiten. **8.** *e-e junge Dame* in die Gesellschaft einführen. **9.** *econ. Beschäftigte* zum Streiken bringen. **10. to bring s.o. out (of himself)** j-m s-e Hemmungen nehmen; j-n dazu bringen, etwas aus sich herauszugehen. **11. to bring s.o. out in a rash** *med.* bei j-m e-n Ausschlag verursachen. ~ **o·ver** *v/t* **1.** herˈüberbringen. **2.** → **bring round** 4. ~ **round** *v/t* **1.** ˈher-, vorˈbeibringen. **2.** *mar.* wenden. **3.** a) *e-n Ohnmächtigen* wieder zu sich bringen, b) *e-n Kranken* wieder auf die Beine bringen. **4.** *j-n* ˈumstimmen, überˈreden, bekehren, ‚herˈumkriegen': **to bring s.o. round to one's side** j-n auf s-e Seite bringen. **5.** *das Gespräch* bringen (**to** auf *acc*). ~ **through** *v/t e-n Kranken* ˈdurchbringen. ~ **to I** *v/t* **1.** → **bring round** 3 a. **2.** *mar.* stoppen. **II** *v/i* **3.** *mar.* stoppen. ~ **up** *v/t* **1.** herˈaufbringen. **2.** *ein Kind* a) auf-, großziehen, b) erziehen: **to bring s.o. up to do s.th.** j-n dazu erziehen, etwas zu tun. **3.** zur Sprache bringen. **4.** *Truppen* herˈanführen. **5.** *e-e Zahl etc* hinˈaufsetzen, erhöhen, *e-n Betrag* bringen (**to** auf *acc*). **6.** *etwas* (er)brechen: **to** ~ **one's lunch**. **7.** zum Stillstand *od.* zum Halten bringen: **to** ~ **one's car**; **to bring s.o. up short** (*od.* **sharply**) j-n innehalten lassen. **8.** *jur.* vor Gericht stellen (**for** wegen). **9. to bring s.o. up against s.th.** j-n mit etwas konfrontieren.
ˈ**bring·er** *s* (Über)ˈBringer(in).
ˌ**bring·ing-ˈup** *s* **1.** Auf-, Großziehen *n*. **2.** Erziehung *f*.
brink [brɪŋk] *s* **1.** Rand *m* (*a. fig.*): **to be on the** ~ **of doing s.th.** nahe daran sein, etwas zu tun; **to be on the** ~ **of the grave** mit e-m Fuß im Grab stehen; **to be on the** ~ **of tears** den Tränen nahe sein; **to be on the** ~ **of war** am Rande e-s Krieges stehen; **to bring s.o. to the** ~ **of ruin** j-n an den Rand des Ruins bringen; **to be on the** ~ **of collapse** vor dem Zs.-bruch stehen. **2.** Ufer *n*.
brink·man·ship [ˈbrɪŋkmənʃɪp] *s pol.* Poliˈtik *f* des äußersten Risikos.
brin·y [ˈbraɪnɪ] **I** *adj* salzig, solehaltig. **II** *s*: **the** ~ *Br. colloq.* die See.
bri·o [ˈbriːəʊ] *s* Schwung *m*, Feuer *n* (*a. mus.*).
bri·oche [briːˈɒʃ; -ˈəʊʃ] *s* Briˈoche *f* (*feines Hefegebäck in Brötchenform*).
bri·o·lette [ˌbriːəʊˈlet] *s* Brioˈlette *f* (*Diamant mit Dreieckschliff*).
bri·quet, bri·quette [brɪˈket] **I** *s* Briˈkett *n*. **II** *v/t* briketˈtieren.
bri·sance [ˈbriːzəns; *Am.* brɪˈzɑːnts] *s* Briˈsanz *f*, Sprengkraft *f*.
brisk [brɪsk] **I** *adj* (*adv* ~**ly**) **1.** rasch, flott: **a** ~ **walk**. **2.** lebhaft, flott: a) munter, frisch, b) eˈnergisch. **3.** frisch (*Luft, Wetter*), kräftig: **a** ~ **wind**. **4.** a) frisch (*im Geschmack*): ~ **tea**, b) prickelnd, schäumend: ~ **wine**. **5.** lebhaft, lustig (*Feuer*). **6.** *econ.* lebhaft, rege: **a** ~ **demand**; **a** ~ **trade**. **II** *v/t* **7.** *meist* ~ **up** anregen, beleben. **III** *v/i* **8.** *meist* ~ **up** sich beleben, (wieder) aufleben. ˈ**brisk·en** → **brisk** 7 *u.* 8.
bris·ket [ˈbrɪskɪt] *s gastr.* Brust(stück *n*) *f*.
ˈ**brisk·ness** *s* **1.** Lebhaftigkeit *f*, Munterkeit *f*, Flottheit *f*. **2.** Frische *f*.
bris·ling [ˈbrɪslɪŋ; -z-] *s ichth.* Brisling *m*, Sprotte *f*.
bris·tle [ˈbrɪsl] **I** *s* **1.** a) Borste *f* (*a. bot.*), b) (Bart)Stoppel *f*. **II** *v/i* **2.** *a.* ~ **up** sich sträuben (*Borsten, Haare, Stacheln*). **3.** *a.* ~ **up** a) e-e drohende Haltung annehmen, b) zornig *od.* böse werden: **to** ~ **with anger** vor Wut schnauben. **4.** starren, strotzen, voll sein (**with** von): **to** ~ **with mistakes** von Fehlern strotzen *od.* wimmeln; **to** ~ **with weapons** von Waffen starren. **III** *v/t* **5.** *a.* ~ **up** *Borsten, Haare etc* sträuben, aufrichten. **6.** mit Borsten versehen. ˈ**bris·tled** *adj* borstig.
bris·tle fern *s bot.* Hautfarn *m*.
ˈ**bris·tly** *adj* **1.** a) borstig, b) stopp(e)lig, Stoppel…: ~ **beard**; ~ **chin**. **2.** *fig.* kratzbürstig.
Bris·tol| board [ˈbrɪstl] *s* ˈBristolkarˌton *m*, feiner (ˈZeichen)Karˌton. ~ **pa·per** *s* ˈBristol-, ˈZeichenpaˌpier *n*.
bris·tols [ˈbrɪstlz] *s pl Br. sl.* ‚Titten' *pl* (*Brüste*).
Brit [brɪt] *s colloq.* Brite *m*, Britin *f*.
Bri·tan·ni·a (met·al) [brɪˈtænjə] *s tech.* Briˈtanniameˌtall *n*.
Bri·tan·nic [brɪˈtænɪk] *adj* briˈtannisch (*bes. in*): **His** (*od.* **Her**) ~ **Majesty**.
Brit·i·cism [ˈbrɪtɪsɪzəm] *s ling.* Britiˈzismus *m*.
Brit·ish [ˈbrɪtɪʃ] **I** *adj* britisch: ~ **English** *ling.* britisches Englisch; **the best of** ~ **(luck)!** *Br. colloq.* na, dann mal viel Glück! **II** *s*: **the** ~ *pl* die Briten *pl*. ˈ**Brit·ish·er** *s Am.* Brite *m*, Britin *f*, Engländer(in).
Brit·on [ˈbrɪtn] *s* **1.** Brite *m*, Britin *f*. **2.** *hist.* Briˈtannier(in).
brit·tle [ˈbrɪtl] **I** *adj* **1.** spröde, zerbrechlich (*a. fig.*). **2.** brüchig (*Metall etc*) (*a. fig.*). **3.** *fig.* scharf, hart, schneidend: ~ **voice**. **4.** a) hart, kalt, b) schwierig: **a** ~ **personality**, c) reizbar: **to have a** ~ **temper** leicht aufbrausen, jähzornig sein. **II** *s* **5.** (ˈNuß)Kroˌkant *m*. ~ **i·ron** *s* sprödes Eisen.
ˈ**brit·tle·ness** *s* **1.** Sprödigkeit *f*, Zerbrechlichkeit *f*. **2.** Brüchigkeit *f*.
broach [brəʊtʃ] **I** *s* **1.** Stecheisen *n*, Ahle *f*, Pfriem *m*. **2.** *tech.* Räumahle *f*. **3.** Bratspieß *m*. **4.** (*achteckige*) Turmspitze. **II** *v/t* **5.** *ein Faß* anstechen. **6.** abzapfen. **7.** *tech.* ausräumen. **8.** *ein Thema* anschneiden. **9.** *Am.* ankündigen.
broad [brɔːd] **I** *adj* (*adv* → **broadly**) **1.** breit: **it is as** ~ **as it is long** *fig.* es ist gehupft wie gesprungen. **2.** weit, ausgedehnt: ~ **plains**. **3.** hell: → **daylight** 1.

4. weitreichend, weitgehend: ~ **sympathies; in the ~est sense** im weitesten Sinne. **5.** breit, stark: **a ~ accent. 6.** großzügig, toleˈrant, libeˈral: **to have ~ views on s.th. 7.** a) derb, b) anstößig, schlüpfrig: **a ~ joke. 8.** klar, deutlich: → **hint** 1. **9.** allgemein (*Ggs. detailliert*): **a ~ agreement; a ~ rule; the ~ facts** die allgemeinen Tatsachen, die wesentlichen Punkte; **in ~ outline** in großen Zügen, in groben Umrissen. **10.** ~ **tuning** (*Radio*) unscharfe *od.* breite Einstellung. **II** *adv* **11.** ~ **awake** hellwach. **III** *s* **12.** breiter Teil (*e-r Sache*): ~ **of the hand** Handfläche *f.* **13.** *pl Br. System von Seen u. Flüssen (im Südosten Englands)*: **the Norfolk B~s. 14.** *Film, TV*: ˈLampenaggreˌgat *n*, Beleuchtungsbühne *f.* **15.** *bes. Am. sl.* a) ‚Frauenzimmer' *n*, ‚Weib(sbild)' *n*, b) ‚Nutte' *f.* ˈ**~ax(e)** *s* Breitbeil *n.* ˈ**~band am·pli·fi·er** *s electr.* Breitbandverstärker *m.* **~ beam** *s electr.* Breitstrahler *m.* **~ bean** *s bot.* Saubohne *f.* ˈ**~brim** *s* **1.** breitrandiger (*bes.* Quäker)Hut. **2.** *humor.* Quäker *m.* ˌ**~ˈbrimmed** *adj* breitrandig, -krempig. ˈ**~brush** *adj* grob, ˈüberschlägig (*Schätzung*).

broad·cast [ˈbrɔːdkɑːst; *Am.* -ˌkæst] **I** *v/t pret u. pp* **-cast** *od.* **-cast·ed 1.** breitwürfig säen. **2.** *fig. e-e Nachricht* verbreiten, *iro.* ˈauspoˌsaunen. **3.** a) durch den Rundfunk *od.* das Fernsehen verbreiten, im Rundfunk *od.* Fernsehen bringen, b) ausstrahlen, senden, c) überˈtragen. **II** *v/i* **4.** im Rundfunk *od.* Fernsehen sprechen *od.* auftreten. **5.** senden. **III** *s* **6.** *agr.* Breitsaat *f.* **7.** a) Rundfunk-, Fernsehsendung *f*, b) Überˈtragung *f.* **IV** *adj* **8.** im Rundfunk *od.* Fernsehen gesendet *od.* überˈtragen, Rundfunk..., Fernseh...: ~ **advertising** Rundfunk-, Fernsehwerbung *f*, Werbefunk *m*, -fernsehen *n.* **9.** (weit)verstreut, (*nachgestellt*) nach allen Richtungen. ˈ**broad·cast·er** *s* **1.** a) Rundfunk-, Fernsehsprecher(in), b) beim Rundfunk *od.* Fernsehen Beschäftigte(r *m*) *f*: **~s** Rundfunk-, Fernsehleute. **2.** ˈRundfunk-, ˈFernsehstatiˌon *f*, (-)Sender *m*, Sendeanstalt *f.* **3.** *agr.* ˈBreitsämaˌschine *f.*

ˈ**broad·cast·ing** *s* **1.** → **broadcast** 7. **2.** Sendebetrieb *m.* **3.** Rundfunk *m*, Fernsehen *n*: **in the early days of ~. ~ ar·e·a** *s* Sendegebiet *n*, -bereich *m.* **~ sat·el·lite** *s* ˈRundfunk-, ˈFernsehsatelˌlit *m.* **~ sta·tion** → **broadcaster** 2. **~ stu·di·o** *s* Senderaum *m*, Studio *n.*

Broad| Church *s relig.* Broad-Church *f* (*liberale Richtung in der anglikanischen Kirche*). ˌ**B~-ˈChurch** *adj relig.* Broad-Church-..., der Broad-Church. ˌ**B~-ˈChurch·man** *s irr relig.* Anhänger *m* der Broad-Church. ˈ**~cloth** *s* feiner Wollstoff.

broad·en [ˈbrɔːdn] **I** *v/t* breiter machen, verbreitern, erweitern (*a. fig.*): **to ~ one's horizon(s)** (*od.* **mind, outlook**) s-n Horizont erweitern; **travel(l)ing ~s the mind** Reisen bildet. **II** *v/i a.* **~ out** breiter werden, sich verbreitern (**into** zu), sich erweitern (*a. fig.*): **his face ~ed into a grin** auf s-m Gesicht machte sich ein Grinsen breit.

broad| ga(u)ge *s rail.* Breitspur *f.* ˈ**~-ga(u)ge** *adj* Breitspur... **~ jump** *s Leichtathletik*: *Am.* Weitsprung *m.* **~ jump·er** *s Leichtathletik*: *Am.* Weitspringer(in). ˈ**~loom car·pet** *s* nahtloser, auf breitem Webstuhl gewebter Teppich.

ˈ**broad·ly** *adv* **1.** weitgehend (*etc*; → **broad** I). **2.** allgemein (gesprochen). **3.** in großen Zügen.

ˌ**broad|-ˈmind·ed** *adj* großzügig, libeˈral (gesinnt), toleˈrant. ˌ**~-ˈmind·ed·ness** *s* Großzügigkeit *f*, Toleˈranz *f.*

Broad·moor pa·tient [ˈbrɔːdˌmʊə] *s Br.* geisteskranker Krimiˈneller.

ˈ**broad·ness** *s* **1.** → **breadth** 1–3. **2.** Derbheit *f.*

ˈ**broad|·piece** *s hist. Br.* Zwanzig-ˈSchilling-Münze *f* (*aus Gold; 17. Jh.*). **~ seal** *s* Staatssiegel *n.* ˈ**~sheet** *s* **1.** *print.* Planobogen *m.* **2.** *hist.* große, einseitig bedruckte Flugschrift. ˈ**~side I** *s* **1.** *mar.* Breitseite *f*: a) *alle Geschütze auf e-r Schiffsseite*: **to fire a ~** e-e Breitseite abfeuern, b) *Abfeuern e-r Breitseite*: **~ on** breitseitig. **2.** *fig.* Breitseite *f*, masˈsive Atˈtacke. **3.** → **broadsheet. II** *adv* **4.** *mar.* breitseitig. **5.** in ˈeiner Salve. **6.** *fig.* alle zuˈsammen. **7.** *fig.* wahllos. ˈ**~sword** *s* breites Schwert, Pallasch *m.* ˈ**~tail** *s zo.* Breitschwanzschaf *n.* ˈ**B~ˌway** *npr* Broadway *m* (*Hauptstraße u. Theaterviertel in New York*): **on ~** auf dem Broadway.

ˈ**broad·ways,** ˈ**broad·wise** *adv* der Breite nach, in der Breite.

bro·cade [brəʊˈkeɪd] **I** *s* **1.** Broˈkat *m.* **2.** → **brocatel(le). II** *v/t* **3.** mit Broˈkatmuster verzieren. **broˈcad·ed** *adj* **1.** broˈkaten. **2.** mit Broˈkat geschmückt. **3.** wie Broˈkat gemustert. **4.** in Broˈkat gekleidet.

bro·card [ˈbrəʊkə(r)d; -kɑː(r)d] *s* elemenˈtarer Grundsatz.

broc·a·tel(le) [ˌbrɒkəˈtel; *Am.* ˌbrɑ-] *s* Brokaˈtell(e *f*) *m* (*mittelschweres Baumwoll- od. Halbseidengewebe mit plastisch hervortretenden Mustern*).

broc·co·li [ˈbrɒkəlɪ; *Am.* ˈbrɑ-] *s pl* Brokkoli *pl*, Spargelkohl *m.*

broch [brɒk; brʌk] *s Scot.* Broch *m*, runder Steinturm.

bro·ché [brəʊˈʃeɪ] *adj* broˈchiert (*mit eingewebtem, stickereiartig wirkendem Muster*).

bro·chure [ˈbrəʊʃə; *Am.* brəʊˈʃʊər] *s* Broˈschüre *f*, Proˈspekt *m.*

brock·et [ˈbrɒkɪt; *Am.* ˈbrɑ-] *s hunt.* Spießer *m*, zweijähriger Hirsch.

bro·die [ˈbrəʊdiː] *s Am. sl.* **1.** Todessprung *m* (*bes. von e-r Brücke*): **to do a ~** sich in selbstmörderischer Absicht in die Tiefe stürzen. **2.** a) ‚Schnitzer' *m*, (grober) Fehler: **to pull a ~** e-n Schnitzer machen, b) ‚Pleite' *f*, ‚Reinfall' *m.*

bro·gan [ˈbrəʊgən] *s* geschnürter Arbeitsstiefel.

brogue[1] [brəʊg] *s* derber Straßenschuh.

brogue[2] [brəʊg] *s ling.* **1.** irischer Akˈzent (des Englischen). **2.** *allg.* (stark) diaˈlektisch gefärbte Aussprache.

broil[1] [brɔɪl] **I** *v/t* **1.** (auf dem Rost) braten, grillen. **2. to get ~ed** vor Hitze fast umkommen. **II** *v/i* **3.** (auf dem Rost) braten, grillen. **4. to be ~ing in the sun** a) sich von der Sonne braten lassen, b) in der Sonne schmoren. **5.** vor Wut kochen. **III** *s* **6.** Gebratenes *n*, Gegrilltes *n.*

broil[2] [brɔɪl] **I** *s* laute Auseinˈandersetzung. **II** *v/i* e-e laute Auseinˈandersetzung haben.

ˈ**broil·er**[1] *s* **1.** (Brat)Pfanne *f*, Bratrost *m.* **2.** Bratofen *m* mit Grillvorrichtung. **3.** *a.* **~ chicken** Brathühnchen *n* (*bratfertig*). **4.** *colloq.* glühendheißer Tag.

ˈ**broil·er**[2] *s* Krachmacher *m.*

ˈ**broil·ing I** *adj* glühendheiß: **a ~ day. II** *adv*: **~ hot** glühend heiß.

broke[1] [brəʊk] *pret u. obs. pp von* **break**[1].

broke[2] [brəʊk] *adj colloq.* ‚pleite': a) ‚abgebrannt', ‚blank' (*ohne Geld*), b) bankˈrott: **to go ~** pleite gehen; **to go for ~** den Bankrott riskieren.

broke[3] [brəʊk] *s tech.* (Paˈpier)Ausschuß *m*, Kollerstoff *m.*

bro·ken [ˈbrəʊkən] **I** *pp von* **break**[1]. **II** *adj* (*adv* → **brokenly**) **1.** zerbrochen, entzwei, kaˈputt. **2.** gebrochen: **a ~ leg; a ~ promise. 3.** zerrissen. **4.** unterˈbrochen, gestört: **~ sleep. 5.** (*seelisch od. körperlich*) gebrochen: **a ~ man. 6.** zerrüttet: **~ marriage; ~ health; ~ home** zerrüttete Familienverhältnisse. **7.** ruiˈniert, bankˈrott. **8.** gezähmt, *bes.* zugeritten: **~ horse. 9.** *mil.* a) degraˈdiert, b) kasˈsiert. **10.** *meteor.* a) unbeständig: **~ weather,** b) fast bedeckt. **11.** a) uneben, holp(e)rig: **~ ground,** b) zerklüftet: **~ country,** c) bewegt: **~ sea. 12.** unvollständig. **13.** *ling.* a) gebrochen: **to speak ~ English** gebrochen Englisch sprechen, b) gebrochen, diphthonˈgiert. **14.** gebrochen: **~ colo(u)r. ~ coal** *s* Bruchkohle *f* (*Anthrazit*). ˌ**~-ˈdown** *adj* **1.** verbraucht, erschöpft. **2.** a) (*a. gesundheitlich*) herˈuntergekommen, b) ruiˈniert, kaˈputt. **3.** (seelisch) gebrochen. ˌ**~-ˈheart·ed** *adj* (*adv* **~ly**) gebrochen, verzweifelt, untröstlich. **~ line** *s* unterˈbrochene Linie (*a. im Straßenverkehr*), gestrichelte *od.* punkˈtierte Linie.

ˈ**bro·ken·ly** *adv* **1.** stoßweise. **2.** mit Unterˈbrechungen. **3.** mit gebrochener Stimme.

bro·ken| num·ber *s math.* gebrochene Zahl, Bruch *m.* **~ stone** *s* Schotter *m*, Splitt *m.* **~ wind** *s vet.* Dämpfigkeit *f* (*von Pferden*). ˌ**~-ˈwind·ed** *adj vet.* dämpfig.

bro·ker [ˈbrəʊkə(r)] *s* **1.** *econ.* a) Makler *m*, b) (*Börse*) Broker *m* (*der im Kundenauftrag Geschäfte tätigt*). **2.** (*a.* Heirats-) Vermittler *m*: **honest ~** ehrlicher Makler. ˈ**bro·ker·age** *s* **1.** Maklerberuf *m*, Maklergeschäft *n.* **2.** Maklergebühr *f*, Courˈtage *f.*

brol·ly [ˈbrɒlɪ] *s Br. colloq.* (Regen-) Schirm *m.*

bro·mate [ˈbrəʊmeɪt] *chem.* **I** *s* Broˈmat *n*, bromsaures Salz. **II** *v/t* mit bromsaurem Salz versetzen.

brome (grass) [brəʊm] *s bot.* Trespe *f.*

bro·mic [ˈbrəʊmɪk] *adj chem.* bromhaltig: **~ acid** Bromsäure *f.*

bro·mide [ˈbrəʊmaɪd] *s* **1.** *chem. pharm.* Broˈmid *n*: **~ paper** *phot.* Bromsilberpapier *n.* **2.** *fig.* a) Langweiler *m*, fader Kerl, b) Gemeinplatz *m*, Plattheit *f.*

bro·mid·ic [brəʊˈmɪdɪk] *adj* **1.** langweilig. **2.** abgedroschen, platt.

bro·mine [ˈbrəʊmiːn] *s chem.* Brom *n.*

ˈ**bro·min·ism** [-mɪnɪzəm], ˈ**bro·mism** *s med.* Broˈmismus *m*, Bromvergiftung *f.*

bron·chi [ˈbrɒŋkaɪ; *Am.* ˈbrɑŋ-], ˈ**bron·chi·a** [-kɪə] *s pl anat.* Bronchien *pl.* ˈ**bron·chi·al** [-kjəl; -kɪəl] *adj* bronchiˈal: **~ asthma** Bronchialasthma *n*; **~ tube** Bronchie *f.*

bron·chi·ec·ta·sis [ˌbrɒŋkɪˈektəsɪs; *Am.* ˌbrɑŋ-] *s med.* Bronchiektaˈsie *f* (*krankhafte Erweiterung der Bronchien*).

bron·chi·ole [ˈbrɒŋkɪəʊl; *Am.* ˈbrɑŋ-] *s anat.* Bronchiˈole *f* (*feinere Verzweigung der Bronchien in den Lungenläppchen*).

bron·chi·tis [brɒŋˈkaɪtɪs; *Am.* brɑŋ-] *s* Bronˈchitis *f*, Bronchiˈalkaˌtarrh *m.*

bron·cho → **bronco.**

ˌ**bron·cho·pneuˈmo·ni·a** [ˌbrɒŋkəʊ-; *Am.* ˌbrɑŋ-] *s med.* Bronchopneumoˈnie *f* (*Lungenentzündung mit diffusen Infiltrationsherden*).

bron·cho·scope [ˈbrɒŋkəskəʊp; *Am.* ˈbrɑŋ-] *s med.* Bronchoˈskop *n* (*Spiegelgerät zur Untersuchung der Bronchien*).

bronˈchos·co·py [-ˈkɒskəpɪ; *Am.* -ˈkɑ-] *s med.* Bronchoskoˈpie *f.*

bron·chot·o·my [brɒŋˈkɒtəmɪ; *Am.* brɑŋˈkɑ-] *s med.* Bronchotoˈmie *f* (*operative Öffnung der Bronchien*).

bron·chus [ˈbrɒŋkəs; *Am.* ˈbrɑŋ-] *pl*

-chi [-kaɪ] *s anat.* Bronchus *m*: a) Hauptast *m* der Luftröhre, b) Bronchie *f.*

bron·co [ˈbrɒŋkəʊ; *Am.* ˈbrɑŋ-] *pl* **-cos** *s* **1.** kleines, halbwildes Pferd (*des nordamer. Westens*). **2.** *allg.* wildes Pferd, Mustang *m.* **ˈ~ˌbust·er** *s Am.* Zureiter *m* (von wilden Pferden).

Bronx [brɑŋks] **I** *npr Stadtteil von New York City.* **II** *s Cocktail aus Wermut, Gin u. Orangensaft.* **~ cheer** *s Am. sl.* → **raspberry** 4.

bronze [brɒnz; *Am.* brɑnz] **I** *s* **1.** Bronze *f.* **2.** ˈBronzeleˌgierung *f.* **3.** (Statue *f etc* aus) Bronze *f.* **4.** Bronzefarbe *f.* **II** *v/t* **5.** bronˈzieren. **6.** *Haut etc* bräunen. **III** *v/i* **7.** bräunen, braun werden (*Haut etc*). **IV** *adj* **8.** a) bronzen, bronzefarben, b) Bronze...: **~ age**, *meist* **B~ Age** *hist.* Bronzezeit *f*; **~ medal** *bes. sport* Bronzemedaille *f*; **~ medal(l)ist** *bes. sport* Bronzemedaillengewinner(in). **bronzed** *adj* **1.** bronˈziert. **2.** (sonnen)gebräunt, braun.

brooch [brəʊtʃ; *Am. a.* bruːtʃ] *s* Brosche *f*, Spange *f.*

brood [bruːd] **I** *s* **1.** *zo.* Brut *f*, Hecke *f.* **2.** Nachkommenschaft *f*, Art *f*, Sippe *f.* **3.** *contp.* Brut *f*, Horde *f.* **II** *v/t* **4.** *Eier* ausbrüten. **5.** *fig.* ausbrüten. **III** *v/i* **6.** brüten (*Henne*). **7.** *fig.* a) (**on, over, about**) brüten (über *dat*), grübeln (über *acc od. dat*), b) (dumpf) vor sich ˈhinbrüten. **8.** (**over**) a) hängen (über *dat*) (*dunkle Wolken etc*), b) lasten (auf *dat*) (*Schwierigkeiten etc*). **IV** *adj* **9.** brütend. **10.** Brut...: **~ hen**; **~ bud** *biol.* Brutknospe *f*; **~ pouch** *biol.* Bruttasche *f.* **11.** Zucht...: **~ mare** Zuchtstute *f.*

ˈbrood·er *s* **1.** ˈBrutappaˌrat *m*, -kasten *m.* **2.** *fig.* Grübler *m.*

ˈbrood·y *adj* **1.** brütig (*Henne*): **to be ~** a) glucken, b) *colloq.* gern ein Kind haben wollen (*Frau*). **2.** *fig.* a) grüblerisch, b) niedergeschlagen, trübsinnig.

brook[1] [brʊk] *s* Bach *m.*

brook[2] [brʊk] *v/t* ertragen, erdulden (*meist neg*): **it ~s no delay** es duldet keinen Aufschub.

brook·ite [ˈbrʊkaɪt] *s min.* Brooˈkit *m.*

brook·let [ˈbrʊklɪt] *s* Bächlein *n.*

brook trout *s ichth.* ˈBachfoˌrelle *f.*

broom [bruːm; brʊm] **I** *s* **1.** Besen *m*: **a new ~ sweeps clean** neue Besen kehren gut. **2.** *bot.* a) Besenginster *m*, b) Geißklee *m*, c) (*ein*) Ginster *m.* **II** *v/t* **3.** kehren, fegen: **to ~ up** auf-, zs.-kehren. **ˈ~·corn** *s bot.* **1.** Besenhirse *f*, Sorghum *n.* **2.** Kaffern-, Zuckerhirse *f.* **ˈ~·rape** *s bot.* (*ein*) Sommerwurzgewächs *n.* **ˈ~·stick** *s* Besenstiel *m.*

broth [brɒθ] *s* Suppe *f*, (Kraft-, Fleisch-) Brühe *f*: **clear ~** klare Brühe; **a ~ of a boy** *Ir. colloq.* ein Prachtkerl.

broth·el [ˈbrɒθl; *Am. a.* ˈbrɑθəl] *s* Borˈdell *n.*

broth·er [ˈbrʌðə(r)] **I** *s* **1.** Bruder *m*: **~s and sisters** Geschwister; **Smith B~s** *econ.* Gebrüder Smith. **2.** *relig.* *pl* **brethren** Bruder *m*: a) Nächste(r) *m*, b) Glaubensgenosse *m*, Mitglied *n* e-r religiˈösen Gemeinschaft, c) *R.C.* (Laien-) Bruder *m.* **3.** Amtsbruder *m*, Kolˈlege *m*, Genosse *m*, Gefährte *m*, Kameˈrad *m*: **~ in affliction** (*od.* **distress**) Leidensgefährte, -genosse; **~ in arms** Waffenbruder *m*, Kampfgenosse. **II** *adj* **4.** Bruder...: **~ officer** Regimentskamerad *m*; **~ scientist** wissenschaftlicher Kollege; **~ student** Kommilitone *m*, Studienkollege *m.* **III** *interj* **5.** *colloq.* Freund(chen)!, ‚Kumpel!' **6.** *colloq.* Mann!, Mensch!: **~ was I sick!** **ˈ~ˌger·man** *pl* **ˈ~s-ˌger·man** *s* leiblicher Bruder.

ˈbroth·er·hood *s* **1.** *relig.* Bruderschaft *f.* **2.** brüderliches Verhältnis. **3.** Brüderlichkeit *f.*

ˈbroth·er-in-law *pl* **ˈbroth·ers-in--law** *s* Schwager *m.*

Broth·er Jon·a·than *s bes. Br. obs. humor.* Bruder Jonathan (*Amerikaner*).

ˈbroth·er·less *adj* bruderlos, ohne Bruder *od.* Brüder. **ˈbroth·er·ly** *adj* brüderlich: **~ love** Bruderliebe *f.*

brough·am [ˈbruːəm] *s* **1.** Brougham *m* (*geschlossener vierrädriger, zweisitziger Wagen*). **2.** *hist.* Limouˈsine *f* mit offenem Fahrersitz.

brought [brɔːt] *pret u. pp von* **bring**.

brou·ha·ha [bruːˈhɑːhɑː; *Am. a.* ˈbruːˌhɑːˌhɑː] *s colloq.* Getue *n*, Wirbel *m*, Lärm *m.*

brow [braʊ] *s* **1.** (Augen)Braue *f.* **2.** Stirn *f.* **3.** Miene *f*, Gesichtsausdruck *m.* **4.** Vorsprung *m*, Rand *m* (*e-s Abhangs*). **~ ant·ler** *s zo.* Augsprosse *f* (*beim Hirschgeweih*). **ˈ~·beat** *v/t irr* **1.** ein-, verschüchtern: **to ~ s.o. into doing s.th.** j-n so einschüchtern, daß er etwas tut. **2.** tyranniˈsieren.

brown [braʊn] **I** *adj* **1.** braun: **to do s.o. ~** *Br. colloq.* j-n ‚reinlegen' *od.* ‚anschmieren' (*betrügen*); **to do s.th. up ~** *Am. colloq.* etwas (sehr) gründlich tun. **2.** brüˈnett, bräunlich (*Gesichtsfarbe etc*): (**as**) **~ as a berry** braun wie e-e Kastanie. **II** *s* **3.** Braun *n*, braune Farbe. **4.** *hunt.* Schar *f* Vögel. **III** *v/t* **5.** *Haut etc* bräunen, *Fleisch etc* (an)bräunen. **6.** *tech.* brüˈnieren. **7. ~ off** *colloq.* verärgern: **to be ~ed off with s.th.** ‚die Nase voll' haben von etwas, etwas satt haben; **to be ~ed off at s.o.** auf j-n ‚sauer' sein. **IV** *v/i* **8.** braun werden, bräunen.

brown| al·gae *s pl bot.* Braunalgen *pl.* **~ bear** *s zo.* Braunbär *m.* **~ Bess** [bes] *s mil. hist.* Kuhfuß *m* (*altes Steinschloßgewehr*). **~ Bet·ty** [ˈbetiː] *s gastr. Am. Auflauf aus geschichteten Apfelstücken u. Brotkrumen.* **~ bread** *s* a) Mischbrot *n*, b) Vollkornbrot *n*, c) Schwarzbrot *n.* **~ coal** *s* Braunkohle *f.*

brown·ie [ˈbraʊnɪ] *s* **1.** Heinzelmännchen *n.* **2.** *bes. Am.* kleiner Schokoˈladenkuchen mit Nüssen. **3. B~** ‚Wichtel' *m* (*Pfadfinderin, Br. im Alter von 8 bis 11 Jahren, Am. im Alter von 7 bis 9 Jahren*).

Brown·ing [ˈbraʊnɪŋ] *s* Browning *m* (*e-e Pistole*).

ˈbrown·ish *adj* bräunlich.

ˈbrown|·nose *v/t bes. Am. vulg.* j-m ‚in den Arsch kriechen'. **ˈ~ˌnos·er** *s bes. Am. vulg.* ‚Arschkriecher' *m.* **ˈ~·out** *s bes. Am.* **1.** *bes. mil.* teilweise Verdunkelung. **2.** Stromeinschränkung *f* (*bes. für Straßenbeleuchtung, Leuchtreklame etc*). **~ owl** *s orn.* Waldkauz *m.* **~ pa·per** *s* ˈPackpaˌpier *n.* **~ rat** *s zo.* Hausratte *f.* **ˈB~·shirt** *s pol.* Braunhemd *n*: a) *hist. Mitglied von Hitlers Sturmabteilung*, b) Natioˈnalsoziaˌlist *m.* **~ spar** *s min.* Braunspat *m.* **ˈ~ˌstone** *Am.* **I** *s* **1.** rötlichbrauner Sandstein. **2.** *a.* **~ front** (Reihen)Haus *n* aus rötlichbraunem Sandstein (*bes. in New York City*). **II** *adj* **3.** *fig. obs.* wohlhabend, vornehm. **~ sug·ar** *s* brauner Zucker.

browse [braʊz] **I** *s* **1.** junge Sprößlinge *pl* (*als Rinderfutter*). **2.** Grasen *n.* **3. to have a ~** sich umsehen; **to have a ~ through a book** in e-m Buch schmökern *od.* blättern; **to have a ~ in** (*od.* **around**) **a shop** (*bes. Am.* **store**) sich (unverbindlich) in e-m Laden umschauen. **II** *v/t* **4.** abfressen, *Weide etc* abgrasen. **5.** *fig.* a) schmökern *od.* blättern in (*e-m Buch etc*), b) sich (unverbindlich) ˈumsehen in (*e-m Laden etc*). **III** *v/i* **6.** grasen, weiden. **7.** *a.* **~ around** sich ˈumsehen: **to ~ through a book** in e-m Buch schmökern *od.* blättern; **to ~ in** (*od.* **around**) **a shop** (*bes. Am.* **store**) sich (unverbindlich) in e-m Laden umsehen.

bru·cel·lo·sis [ˌbruːsɪˈləʊsɪs] *s med. vet.* Brucelˈlose *f*, Maltafieber *n.*

bru·cine [ˈbruːsiːn] *s chem.* Bruˈcin *n.*

bru·in [ˈbruːɪn] *s* Meister *m* Petz (*Bär in Märchen od. Fabeln*).

bruise [bruːz] **I** *v/t* **1.** *e-n Körperteil* quetschen, *j-m* Prellungen zufügen, *j-n* grün u. blau schlagen. **2.** *etwas* übel zurichten, *Früchte* anstoßen. **3.** (zer)quetschen, zerstampfen, *Malz etc* schroten. **4.** *j-n* kränken, *a. j-s Gefühle* verletzen. **II** *v/i* **5.** e-e Quetschung *od.* e-n blauen Fleck bekommen. **6.** *fig.* (leicht *etc*) verletzt *od.* gekränkt sein. **III** *s* **7.** *med.* Quetschung *f*, Prellung *f*, blauer Fleck, Bluterguß *m.* **8.** Druckstelle *f* (*auf Obst*). **ˈbruis·er** *s colloq.* **1.** (Berufs)Boxer *m.* **2.** a) ‚Schläger' *m* (*Raufbold*), b) ‚Schrank' *m* (*großer Kerl*).

bruit [bruːt] **I** *v/t* **1.** *meist* **~ about** *Br. obs. od. Am. Gerüchte* aussprengen, verbreiten. **II** *s* **2.** *obs.* Lärm *m.* **3.** *obs.* Gerücht *n.* **4.** *med.* Geräusch *n.*

Brum [brʌm] → **Brummagem** I.

bru·mal [ˈbruːməl] *adj* winterlich.

brume [bruːm] *s* Nebel *m.*

Brum·ma·gem [ˈbrʌmədʒəm] *colloq.* **I** *npr* **1.** Birmingham *n* (*Stadt in England*). **II** *s* **2. b~** billiger Kitsch, Schund *m*, Talmi *n.* **III** *adj* **b~** **3.** billig, kitschig, wertlos. **4.** unecht.

Brum·mie [ˈbrʌmɪ] *s colloq.* Einwohner(in) von Birmingham.

bru·mous [ˈbruːməs] *adj* neblig.

brunch [brʌntʃ] *s colloq.* Brunch *m* (*spätes reichliches Frühstück, das das Mittagessen ersetzt*). **~ coat** *s* (Damen)Hausmantel *m.*

bru·nette, *Am. a.* **bru·net** [bruːˈnet] **I** *adj* brüˈnett. **II** *s* Brüˈnette *f* (*Frau*).

brunt [brʌnt] *s* Hauptstoß *m*, volle Wucht (*e-s Angriffs*) (*a. fig.*): **to bear the ~ (of the costs)** die Hauptlast (der Kosten) tragen; **the main ~ of his criticism fell on me** s-e Kritik entlud sich hauptsächlich über mich.

brush[1] [brʌʃ] **I** *s* **1.** Bürste *f.* **2.** Pinsel *m.* **3.** *paint.* a) Pinsel *m*, b) Pinselstrich *m*, c) Stil *m*, d) Maler *m*, e) **the ~** die Malerei. **4.** Bürsten *n* (*Tätigkeit*): **to give s.th. a ~** etwas ab- *od.* ausbürsten. **5.** buschiger Schwanz, Rute *f*, Lunte *f*: **the ~ of a fox.** **6.** *electr.* a) (Konˈtakt)Bürste *f*, b) → **brush discharge**. **7.** *electr. tech.* (Abtast)Bürste *f* (*für Lochkarten*). **8.** *electr. phys.* Strahlen-, Lichtbündel *n.* **9.** (Vorˈbei)Streifen *n.* **10.** *mil. u. fig.* Scharˈmützel *n*, kurzer Zs.-stoß: **to have a ~ with s.o.** mit j-m aneinandergeraten. **11.** → **brushoff**. **II** *v/t* **12.** a) bürsten, b) fegen, kehren: **to ~ away** (*od.* **off**) wegbürsten, abwischen, abstreifen (*a. mit der Hand*) (→ 16, 17); **to ~ down** abbürsten; **to ~ up** aufkehren (→ 18). **13.** *tech. Farbe etc* auftragen, -bürsten. **14.** *Stoff* rauhen. **15.** a) streifen, leicht berühren, b) *fig. j-n* (innerlich) berühren. **16. ~ aside** (*od.* **away**) a) zur Seite schieben, wegschieben, b) *fig.* (mit e-r Handbewegung) abtun, wegwischen. **17. ~ off** *sl.* a) *j-n* ‚abwimmeln', loswerden, b) *j-m* e-n ‚Korb' geben *od.* e-e Abfuhr erteilen. **18. ~ up** *Kenntnisse* ‚aufpoˌlieren', auffrischen. **III** *v/i* **19. ~ off** sich wegbürsten *od.* abwischen lassen. **10. to ~ past s.o.** a) j-n streifen *od.* leicht berühren, b) an j-m vorbeihuschen, c) an j-m (gerade noch) vorbeikommen. **21. ~ up on** → 18.

brush[2] [brʌʃ] *s* **1.** Gebüsch *n*, Strauchwerk *n*, Gestrüpp *n*, Dickicht *n*, ˈUnterholz *n*, Niederwald *m.* **2.** Busch(land *n*) *m*,

ˈHinterwald *m* (*in USA u. Australien*). **3.** Reisig *n*.

brush| coat·ing *s tech*. Bürstenauftrag *m*. **~ dis·charge** *s electr*. Büschel-, Sprühentladung *f*. **ˈ~,fire war** *s mil*. begrenzter *od*. loˈkaler Konˈflikt.

brush·ings [ˈbrʌʃɪŋz] *s pl* Kehricht *m*.

ˈbrush·land → **brush²** 2.

ˈbrush·less *adj* **1.** ohne Bürste. **2.** ohne Schwanz.

ˈbrush|·off *s sl*. Abfuhr *f*, ‚Korb' *m*: **to give s.o. the ~** → **brush¹** 17. **ˈ~·up** *s colloq*. ,ˈAufpo,lierung' *f*, Auffrischung *f*: **to give one's English a ~** s-e Englischkenntnisse ‚aufpolieren'. **ˈ~·wood** → **brush²**. **ˈ~·work** *s paint*. Pinselführung *f*, Stil *m*, Technik *f*.

brusque [brʊsk; *bes. Am*. brʌsk] *adj* (*adv* **~ly**) brüsk, barsch, schroff, kurz (angebunden). **ˈbrusque·ness** *s* Schroffheit *f*, brüske Art.

Brus·sels| car·pet [ˈbrʌslz] *s* Brüsseler Teppich *m*. **~ lace** *s* Brüsseler Spitzen *pl*. **~ sprouts** *s pl bot*. Rosenkohl *m*.

bru·tal [ˈbruːtl] *adj* (*adv* **~ly**) **1.** tierisch, viehisch. **2.** bruˈtal, roh, viehisch, unmenschlich. **3.** scheußlich, ‚grausam': **~ heat; the ~ truth** die bittere Wahrheit. **ˈbru·tal·ism** *s arch*. Brutaˈlismus *m*. **bruˈtal·i·ty** [-ˈtælətɪ] *s* Brutaliˈtät *f*, Roheit *f*. **,bru·tal·iˈza·tion** *s* Verrohung *f*. **ˈbru·tal·ize I** *v/t* **1.** zum Tier machen, verrohen lassen. **2.** bruˈtal behandeln. **II** *v/i* **3.** vertieren, zum Tier werden.

brute [bruːt] **I** *s* **1.** (*unvernünftiges*) Tier, Vieh *n*. **2.** *fig*. Untier *n*, Vieh *n*, Scheusal *n*, Rohling *m*: **the ~ in him** das Tier in ihm. **II** *adj* **3.** tierisch: a) unvernünftig, ohne Verstand, b) triebhaft, c) → **brutal** 2: **by ~ force** (*od*. **strength**) mit roher Gewalt. **4.** seelenlos. **5.** hirnlos, dumm. **6.** ungeschlacht, roh, primiˈtiv. **7.** hart, ungeschminkt: **the ~ facts** die nackten Tatsachen. **ˈbrut·ish** *adj* (*adv* **~ly**) → **brute** II.

bry·ol·o·gy [braɪˈɒlədʒɪ; *Am*. -ˈɑ-] *s bot*. Bryoloˈgie *f*, Mooskunde *f*.

bry·o·ny [ˈbraɪənɪ] *s bot*. Zaunrübe *f*.

bry·o·phyte [ˈbraɪəfaɪt] *s bot*. Bryoˈphyt *m*, Moospflanze *f*.

bry·o·zo·an [,braɪəˈzəʊən] *s zo*. Bryoˈzoon *n*, Moostierchen *n*.

Bryth·on [ˈbrɪθən] *s hist*. cymbrischer Angehöriger der brit. Kelten. **Bry·thon·ic** [brɪˈθɒnɪk; *Am*. -ˈθɑ-] *hist*. **I** *s ling*. Bryˈthonisch *n*, Ursprache *f* der Kelten in Wales, Cornwall u. der Breˈtagne. **II** *adj* bryˈthonisch.

bub [bʌb] *interj Am. colloq*. Freund (-chen)!

bub·bies [ˈbʌbiːz] *s pl vulg*. ‚Titten' *pl* [(*Brüste*).]

bub·ble [ˈbʌbl] **I** *s* **1.** (Luft-, Gas-, Seifen)Blase *f*. **2.** *bes. sport Am*. Traglufthalle *f*. **3.** *fig*. Seifenblase *f*. **4.** *fig*. Schwindel(geschäft *n*) *m*: **to prick the ~** den Schwindel auffliegen lassen; **~ company** Schwindelfirma *f*. **5.** a) Sprudeln *n*, Brodeln *n*, (Auf)Wallen *n*, b) Perlen *n*. **II** *v/i* **6.** a) sprudeln, brodeln, (auf)wallen (*kochendes Wasser etc*), b) sprudeln, perlen (*Sekt etc*), c) Blasen bilden (*Gas*): **to ~ up** aufsprudeln (*Sekt etc*), in Blasen aufsteigen (*Gas*); **to ~ over** übersprudeln (**with** vor *dat*) (*a. fig*.). **~ and squeak** *s gastr. Eintopfgericht aus Kohl, Kartoffeln* (*u. Fleisch*). **~ bath** *s* Schaumbad *n* (*a. Badezusatz*). **~ can·o·py** *s aer*. stromlinienförmiger Baldachin. **~ cap** *s phys. tech*. Fraktioˈnierbodenglocke *f*. **~ car** *s mot*. **1.** *Br*. Kleinstwagen *m*, Kaˈbinenroller *m*. **2.** Wagen *m* mit e-m ˈdurchsichtigen, kugelsicheren Aufsatz. **~ cham·ber** *s Atomphysik*: Blasenkammer *f*. **~ dance** *s* Nackttanz *m* hinter ˈLuftbal,lons. **~ gum** *s* **1.** Bubble-gum *m*, Balˈlon-, Knallkaugummi *m*. **2.** *mus. colloq*. ‚Teenyrock' *m*. **ˈ~·gum mu·sic** → **bubble gum** 2. **ˈ~,head·ed** *adj Am. colloq*. albern. **~ lev·el** *s tech*. Liˈbelle *f*, Wasserwaage *f*. **~ mem·o·ry** *s Computer*: (Maˈgnet)Blasenspeicher *m*.

ˈbub·bler *s* Trinkwasserbrunnen *m*.

bub·ble| top *s* **1.** ˈdurchsichtiger, kugelsicherer Aufsatz (*auf e-m Wagen*). **2.** → **bubble umbrella**. **~ um·brel·la** *s* ˈdurchsichtiger, stark gewölbter (Regen)Schirm.

ˈbub·bly I *adj* **1.** sprudelnd. **2.** blasenförmig. **3.** *fig*. temperaˈmentvoll. **II** *s* **4.** *bes. Br. colloq*. ‚Schampus' *m* (*Sekt*).

bu·bo [ˈbjuːbəʊ] *pl* **-boes** *s med*. Bubo *m*, Lymphdrüsenschwellung *f*.

bu·bon·ic plague [bjuːˈbɒnɪk; *Am*. -ˈbɑ-] *s med*. Beulenpest *f*.

buc·cal [ˈbʌkəl] *adj anat*. a) bukˈkal, Wangen...: **~ gland** Wangendrüse *f*, b) Mund...: **~ cavity** Mundhöhle *f*.

buc·ca·neer [,bʌkəˈnɪə(r)] **I** *s* Piˈrat *m*, Seeräuber *m*, Freibeuter *m* (*a. fig*.), *hist. a*. Bukaˈnier *m*. **II** *v/i* Seeräubeˈrei betreiben.

Buch·man·ism [ˈbʊkmənɪzəm] *s relig*. Oxfordgruppenbewegung *f*, Moˈralische Aufrüstung.

buck¹ [bʌk] **I** *s* **1.** *zo*. (Hirsch-, Ziegen- *etc*)Bock *m*, *engS*. Rehbock *m*, *allg*. Männchen *n*, *bes*. a) Rammler *m* (*Hase, Kaninchen*), b) Widder *m*. **2.** *zo*. Antiˈlope *f*. **3.** *Br. obs*. Stutzer *m*, Geck *m*. **4.** Draufgänger *m*, (toller) Kerl. **5.** *Am. contp*. a) Nigger *m*, b) Rothaut *f*. **6.** Bocken *n* (*vom Pferd*). **7.** *Am*. (Säge- *etc*)Bock *m*. **8.** *Turnen*: Bock *m*. **9.** *Poker*: *Gegenstand, der e-n Spieler daran erinnern soll, daß er am Geben ist*: **to pass the ~** *colloq*. den Schwarzen Peter weitergeben; **to pass the ~ to s.o.** *colloq*. j-m den Schwarzen Peter zuschieben *od*. zuspielen. **II** *v/i* **10.** bocken (*Pferd etc*). **11.** *bes. Am. colloq*. a) bocken, ‚meutern', sich auflehnen *od*. sträuben (**against** gegen), b) bocken, sich ruckweise fortbewegen (*Auto*), c) angehen (**against** gegen). **12.** **to ~ for s.th.** *Am. colloq*. sich (rücksichtslos) um etwas bemühen, etwas unbedingt haben wollen. **13.** *electr*. entgegenwirken. **14.** **~ up** *colloq*. aufleben: **~ up!** Kopf hoch! **15.** **~ up** *colloq*. sich ranhalten. **III** *v/t* **16.** *den Reiter* durch Bocken abzuwerfen versuchen: **to ~ (off)** *j-n* abwerfen. **17.** *bes. Am. colloq*. a) sich auflehnen *od*. sträuben gegen, b) angehen gegen. **18.** **~ up** *colloq. j-n* aufmuntern. **19.** **~ up** *colloq. j-m* Dampf machen. **20.** **to ~ one's ideas up** *colloq*. sich zs.-reißen. **21.** *Am. colloq*. weiterreichen (**to** an *acc*) (*a. fig*.). **22.** *American Football*: (mit dem Ball) anstürmen gegen. **23.** *Am. colloq*. setzen *od*. wetten gegen. **24.** *electr*. kompenˈsieren. **IV** *adj* **25.** männlich. **26.** *mil. Am. sl*. einfach: **~ private** einfacher Soldat.

buck² [bʌk] *s Am. sl*. Dollar *m*: **to make big ~s** ein ‚Schweinegeld' verdienen; **to make a quick ~** ‚auf die schnelle' ein paar Dollar verdienen.

buck·a·roo [,bʌkəˈruː] *s Am*. Cowboy *m*.

ˈbuck,board *s Am*. (*ein*) leichter, vierrädriger Wagen.

buck·et [ˈbʌkɪt] **I** *s* **1.** Eimer *m*, Kübel *m*: **to kick the ~** *colloq*. ‚den Löffel weglegen' (*sterben*). **2.** *tech*. a) Schaufel *f* (*e-s Schaufelrades*), b) Förderkübel *m*, Eimer *m* (*e-s Baggers*), c) Flügelrad *n*. **3.** *tech*. (Pumpen)Kolben *m*. **4.** (Leder)Behälter *m* (*für Peitsche, Karabiner etc*). **5.** → **bucketful**. **6.** *Am. sl*. a) ‚Eimer' *m* (*Schiff*), b) ‚Karre' *f* (*Auto*). **7.** *Am. sl*. ‚Kittchen' *n* (*Gefängnis*). **II** *v/t* **8.** schöpfen: **to ~ out** ausschöpfen. **9.** *Br. sein Pferd* (ab)hetzen *od*. zuˈschanden reiten. **III** *v/i* **10.** **it's ~ing (down), the rain's ~ing (down)** *Br. colloq*. es gießt wie aus *od*. mit Kübeln. **11.** *a*. **~ along** (daˈhin-) rasen. **12.** *colloq*. holpern (*Fahrzeug*). **13.** *Am. colloq*. (**about, around** in *dat*) a) herˈumschlendern, b) herˈumgondeln. **~ con·vey·or** *s tech*. Becherförderer *m*, -werk *n*. **~ dredg·er** *s tech*. Löffel-, Eimerbagger *m*. **~ el·e·va·tor** → **bucket conveyor**.

ˈbuck·et·ful [-fʊl] *s* (*ein*) Eimer(voll) *m*: **in ~s** eimerweise.

buck·et| seat *s* **1.** *mot*. Schalensitz *m*. **2.** *aer. mot*. Klapp-, Notsitz *m*. **~ shop** *s* **1.** ˈunre,elle Maklerfirma. **2.** *bes. Br*. kleine ‚windige' Firma. **~ wheel** *s tech*. Schöpfrad *n*.

ˈbuck|,eye *s Am*. **1.** *bot*. (*e-e*) ˈRoßka,stanie. **2.** **B~** *colloq*. Bewohner(in) Oˈhios. **3.** *zo*. Nordamer. Pfauenauge *n* (*Schmetterling*). **~ fe·ver** *s hunt. u. weitS*. Lampenfieber *n*. **ˈ~·horn** *s* Hirschhorn *n*. **ˈ~·hound** *s* Jagdhund *m*.

ˈbuck·ish *adj Br. obs*. stutzerhaft.

ˈbuck,jump·er *s* störrisches Pferd.

buck·le [ˈbʌkl] **I** *s* **1.** Schnalle *f*, Spange *f*. **2.** *mil*. Koppelschloß *n*. **3.** verbogene *od*. verzogene Stelle (*bes. in Metall*). **II** *v/t* **4.** *a*. **~ up** zu-, festschnallen: **to ~ on** anschnallen; **to ~ o.s. into one's seat** *mot. aer*. sich anschnallen. **5.** *bes. Metall* verbiegen, verziehen. **6.** **to ~ o.s. to a task** *colloq*. a) sich auf e-e Aufgabe vorbereiten, b) sich hinter e-e Aufgabe ‚klemmen'. **III** *v/i* **7.** mit e-r Schnalle *od*. Spange geschlossen werden. **8.** *a*. **~ up** sich (leicht *etc*) zu- *od*. festschnallen lassen. **9.** **~ up** *mot. aer*. sich anschnallen. **10.** sich verbiegen *od*. verziehen (*Metall etc*). **11.** *oft* **~ up** einknicken, zs.-sacken, nachgeben (**under** unter *dat*). **12.** *fig*. zs.-brechen (**under** unter *dat*). **13.** *meist* **~ down** *colloq*. ‚sich daˈhinterklemmen': **to ~ down to a task** → 6 b. **14.** **~ to** *colloq*. ‚sich am Riemen reißen'.

ˈbuck·led *adj* mit e-r Schnalle versehen *od*. befestigt, Schnallen...

ˈbuck·ler *s* **1.** kleiner runder Schild. **2.** *zo*. Schild *m*. **3.** *fig*. a) Schutz *m*, b) Beschützer(in).

ˈbuck·ling| load *s tech*. Knicklast *f*. **~ re·sist·ance, ~ strength** *s tech*. Knickfestigkeit *f*.

buck·o [ˈbʌkəʊ] **I** *pl* **-oes** *s Am. für* **bully²** 1. **II** *interj bes. Ir*. Freund(chen)!

ˈbuck-,pass·ing *s colloq*. Drückebergeˈrei *f*.

buck·ram [ˈbʌkrəm] **I** *s* **1.** Buckram *m*, *a. n*, Buchbinderleinwand *f*. **2.** *fig. obs*. Steifigkeit *f*. **II** *v/t* **3.** mit Buckram füttern, versteifen. **III** *adj* **4.** *fig. obs*. steif, forˈmell.

ˈbuck·saw *s* Bocksäge *f*.

buck·shee [,bʌkˈʃiː] *adj u. adv Br. colloq*. gratis, umˈsonst: **~ ticket** Freikarte *f*.

ˈbuck|·shot *s hunt*. grober Schrot, Rehposten *m*. **ˈ~·skin** *s* **1.** Wildleder *n*. **2.** *pl a*. **pair of ~s** *Am*. Lederhose *f*. **3.** Buckskin *m* (*geköperter Wollstoff*). **4.** *Am. hist*. ˈHinterwäldler *m*. **5.** *Am*. Falbe *m*. **~ slip** *s Am*. innerbetriebliche Mitteilung, ˈAktenno,tiz *f*. **ˈ~·thorn** *s bot*. Weg-, Kreuzdorn *m*. **ˈ~·tooth** *s irr* vorstehender Zahn. **ˈ~·wheat** *s bot*. (*ein*) Buchweizen *m*.

bu·col·ic [bjuːˈkɒlɪk; *Am*. -ˈkɑ-] **I** *adj* **1.** buˈkolisch: a) Hirten..., b) ländlich, iˈdyllisch. **II** *s* **2.** *humor*. Landmann *m*, Bauer *m*. **3.** Iˈdylle *f*, Hirtengedicht *n*.

buˈcol·i·cal → **bucolic** I.

bud¹ [bʌd] **I** *s* **1.** *bot*. Knospe *f*, Auge *n*: **to be in ~** knospen. **2.** Keim *m*. **3.** *fig*. Keim *m*: a) Anfangsstadium *n*, b) erste Ansätze *pl*, (zaghafter) Beginn: **to nip in the ~** im

Keim ersticken. **4.** *zo.* Knospe *f*, Keim *m*. **5.** *biol.* in der Entwicklung befindliches Orˈgan. **6.** ‚junges Blut' (*Knabe, Mädchen*). **7.** *Am. colloq. für* **debutante**. **8.** (noch) ‚in den Kinderschuhen steckende' Sache. **II** *v/i* **9.** knospen, keimen, sprossen. **10.** *a.* ~ **out**, ~ **up** sich entwickeln *od.* entfalten, herˈanreifen: **a ~ding lawyer** ein angehender Jurist; **to ~ off (from)** erwachsen (aus *dat*). **III** *v/t* **11.** *agr.* okuˈlieren.

bud² [bʌd] → **buddy** II.

Bud·dhism [ˈbʊdɪzəm] *s* Budˈdhismus *m*. ˈ**Bud·dhist I** *s* Budˈdhist *m*. **II** *adj* budˈdhistisch. **Budˈdhis·tic** *adj* budˈdhistisch.

bud·dy [ˈbʌdɪ] *bes. Am. colloq.* **I** *s* ‚Kumpel' *m*, Kameˈrad *m*, ‚Spezi' *m*. **II** *interj* (*bes. drohend*) Freund(chen)! ˌ**bud·dy-ˈbud·dy** *adj*: **to be ~ with s.o.** *bes. Am. colloq.* mit j-m ‚dick' befreundet sein.

budge¹ [bʌdʒ] *meist neg* **I** *v/i* sich regen, sich (von der Stelle) rühren, sich (im geringsten) bewegen: **he didn't ~**; **to ~ from one's opinion** von s-r Meinung abrücken *od.* abgehen. **II** *v/t* (vom Fleck) bewegen: **to ~ s.o. from his opinion** j-n von s-r Meinung abbringen.

budge² [bʌdʒ] *s* (gegerbtes) Lammfell.

budg·er·i·gar [ˈbʌdʒərɪɡɑː(r)] *s orn.* Wellensittich *m*.

budg·et [ˈbʌdʒɪt] **I** *s* **1.** *bes. pol.* Budˈget *n*, Haushaltsplan *m*, (Staats)Haushalt *m*, Eˈtat *m*: **~ bill** *Am.* Haushaltsvorlage *f*; **~ cut** Etatkürzung *f*; **~ grant** bewilligte Haushaltsmittel *pl*; **according to ~** etatmäßig; **to make a ~** e-n Haushaltsplan aufstellen; **to open the ~** das Budget vorlegen. **2.** Budˈget *n*, Eˈtat *m*, Fiˈnanzen *pl*: **family ~**; **for the low ~** für den schmalen Geldbeutel; **~ account** Kundenkonto *n*; **~-conscious** preisbewußt; **~-priced** preis-, kostengünstig; **~ dress** preisgünstiges Kleid. **3.** Bündel *n*: **a ~ of letters**. **4.** Vorrat *m*, Menge *f*: **a ~ of news** ein Sackvoll Neuigkeiten. **II** *v/t* **5.** a) *Mittel* bewilligen *od.* vorsehen, b) *e-e Ausgabe* einplanen. **6.** haushalten mit, gut einteilen. **III** *v/i* **7.** planen, ein Budˈget machen: **to ~ for** die Kosten für *etwas* veranschlagen, e-e Ausgabe von ... vorsehen. ˈ**budg·et·a·ry** [-tərɪ; *Am.* -ˌteriː] *adj* **1.** *bes. pol.* Budget..., Etat... **2.** Finanz...

budg·ie [ˈbʌdʒɪ] *colloq. für* **budgerigar**.

buff¹ [bʌf] **I** *s* **1.** starkes Ochsen- (*ursprünglich* Büffel)Leder. **2.** Lederbraun *n*, Lederfarbe *f*. **3.** *colloq.* bloße Haut: **in the ~** im Adams- *od.* Evaskostüm; **to strip to the ~** a) sich nackt ausziehen, b) alle Hüllen fallen lassen. **4.** *tech.* Schwabbelscheibe *f*. **II** *adj* **5.** aus starkem Leder. **6.** lederfarben. **III** *v/t* **7.** *tech.* schwabbeln, poˈlieren.

buff² [bʌf] *s colloq.* (*in Zssgn*) ...fan *m*: **film ~**.

buff³ [bʌf] *s obs.* Puff *m*, Schlag *m*.

buf·fa·lo [ˈbʌfələʊ] **I** *pl* **-loes, -los,** *bes. collect.* **-lo** *s* **1.** *zo.* (*ein*) Büffel *m*, *bes.* a) Indischer Arni-Büffel, Kerabau *m*, b) Büffel *m*, Nordamer. Bison *m*. **2.** Büffelfell *n* (*als Reisedecke*). **3.** *mil.* amˈphibischer Panzerwagen. **II** *v/t* **4.** *Am. colloq.* a) *j-n* ‚reinlegen', täuschen, b) *j-n* ins Bockshorn jagen, einschüchtern, c) *j-n* verwirren, aus der Fassung bringen. **~ chips** *s pl* getrockneter Büffelmist (*als Brennstoff*). **~ grass** *s bot.* Büffelgras *n*. **~ robe** → **buffalo** 2.

ˈ**buff·er¹ I** *s* **1.** *tech.* a) Stoßdämpfer *m*, b) Puffer *m* (*a. fig.*), c) Prellbock *m* (*a. fig.*), d) *mil.* (Rohr)Rücklaufbremse *f*. **2.** *electr.* a) Puffer *m*, Entkoppler *m*, b) Trennkreis *m*, -stufe *f*. **3.** *Computer*: Puffer *m*. **4.** *chem.* a) Puffer *m*, b) Pufferlösung *f*. **5.** *pol.* Pufferstaat *m*. **II** *v/t* **6.** *Stöße* (ab)dämpfen, als Puffer wirken gegen. **7.** *Computer*: puffern, zwischenspeichern.

ˈ**buff·er²** *s*: (**old**) ~ *Br. colloq.* Blödmann *m*.

buff·er|bar *s tech.* **1.** *rail.* Kopfschwelle *f*. **2.** Stoßstange *f*. **~ mem·o·ry** *s Computer*: Pufferspeicher *m*. **~ so·lu·tion** *s chem.* Pufferlösung *f*. **~ stage** *s electr.* Trennstufe *f*. **~state** *s pol.* Pufferstaat *m*. **~stock** *s econ.* Ausgleichs-, Puffervorrat *m*. **~ zone** *s mil.* Pufferzone *f*.

buf·fet¹ [ˈbʌfɪt] **I** *s* **1.** a) (Faust)Schlag *m*, b) Ohrfeige *f*. **2.** *fig.* (Schicksals)Schlag *m*: **~s of fate**. **II** *v/t* **3.** a) *j-m* e-n (Faust-)Schlag versetzen, b) *j-m* e-e Ohrfeige geben. **4.** *a.* ~ **about** ˈdurchrütteln, -schütteln. **5.** ankämpfen gegen (*acc*). **6. to ~ one's way through the crowd** sich durch die Menge (hindurch)kämpfen. **III** *v/i* **7.** kämpfen: **to ~ against** ankämpfen gegen (*acc*); **to ~ through the crowd** → 6. **8.** *aer.* flattern (*Leitwerk*).

buf·fet² [ˈbʌfɪt; *Am.* bəˈfeɪ] *s* **1.** Büˈfett *n*, Anrichte *f*. **2.** [*Br.* ˈbʊfeɪ] Büˈfett *n*: a) Theke *f*, b) *Tisch mit Speisen u. Getränken*: **~ dinner, ~ luncheon** kaltes Büfett. **~ car** *s* Büˈfettwagen *m*.

ˈ**buf·fet·ing** *s aer.* Flatterschwingung *f* (*des Leitwerks*).

buf·fi [ˈbʊfɪ] *pl von* **buffo**.

ˈ**buf·fing wheel** *s tech.* Schwabbelscheibe *f*.

buf·fo [ˈbʊfəʊ] *mus.* **I** *pl* **-fos,** *a.* **-fi** [-fɪ] *s* Buffo *m*. **II** *adj* Buffo...: **~ aria**.

buf·foon [bəˈfuːn] *s* Possenreißer *m*, Hansˈwurst *m* (*a. fig. contp.*): **to play the ~** den Hanswurst spielen. **bufˈfoon·er·y** [-ərɪ] *s* Possen(reißen *n*) *pl*.

bug¹ [bʌɡ] **I** *s* **1.** *zo.* a) Wanze *f*, b) *bes. Am. allg.* Inˈsekt *n* (*Käfer, Spinne, Fliege etc*). **2.** *colloq.* a) Baˈzillus *m* (*a. fig.*): **I must have picked up a ~ somewhere** ich muß mir irgendwo e-n Bazillus ‚eingehandelt' haben, b) *fig.* Leidenschaft *f*, Spleen *m*, ‚Fieber' *n*: **bitten by the golf ~** von der Golfleidenschaft gepackt; **he got bitten by** (*od.* **he's got**) **the ~** ihn hat's gepackt. **3.** *Am. colloq.* a) Faˈnatiker(in), (*Foto-, Ski- etc*)Fex *m*, (-)Narr *m*: **camera ~**; **ski ~**, b) Verrückte(r *m*) *f*. **4.** *colloq.* a) (*technischer*) Deˈfekt, *pl* ‚Mucken' *pl*, b) *Computer*: Programˈmierfehler *m*. **5.** *colloq.* a) *Am.* Aˈlarmanlage *f*, b) *teleph. Am.* Abhörvorrichtung *f*, c) ‚Wanze' *f*, ˈMinispiˌon' *m*. **II** *v/t* **6.** *Am. colloq.* a) ärgern, wütend machen, b) nerven, *j-m* ‚auf den Wecker fallen'. **7.** *colloq.* a) *Am.* e-e Aˈlarmanlage einbauen in (*acc od. dat*), b) *Am. Telefongespräche* abhören, c) ‚Wanzen' anbringen in (*dat*). **III** *v/i* **8.** ~ **off** *colloq.* (*bes. imp*) ‚abhauen', verschwinden. **9.** *Am. colloq.* herˈvortreten, -quellen (*Augen*).

bug² [bʌɡ] *s obs.* → **bugaboo**.

bug·a·boo [ˈbʌɡəbuː] *s* (Schreck)Gespenst *n* (*a. fig.*).

ˈ**bug|·bear** *s* Popanz *m*, (Schreck)Gespenst *n*. ˈ**~·bite** *s* Wanzen-, *bes. Am.* Inˈsektenstich *m*.

bug·ger [ˈbʌɡə(r); *Am. a.* ˈbʊ-] **I** *s* **1.** a) j-d, der Aˈnalverkehr praktiˈziert, b) Homosexuˈelle(r) *m*, c) Sodoˈmit *m*. **2.** *vulg.* a) ‚Scheißkerl' *m*, b) *allg.* Bursche *m*, Kerl *m*: **a poor ~** ein armer Hund, ein armes Schwein, c) **that job is a real ~** diese Arbeit ist einfach ‚beschissen'; **this ~ of a headache** diese verfluchten Kopfschmerzen. **II** *interj* **3.** *vulg.* ‚Scheiße!' **III** *v/t* **4.** a) aˈnal verkehren mit, b) Sodoˈmie treiben mit. **5.** *vulg.* *j-n* ‚fertigmachen': **we were completely ~ed** wir waren ‚fix u. fertig'. **6.** *vulg.* **~ it!** ‚Scheiße!'; **~ him!** a) dieser ‚Scheißkerl'!, b) der soll mich mal am Arsch lecken! **7.** ~ **about** (*od.* **around**) *vulg. Br.* a) *j-n* wie e-n Deppen behandeln, b) *j-n* ‚verarschen'. **8.** *meist* ~ **up** *vulg. etwas* ‚versauen': **~ed up** ‚im Arsch'. **IV** *v/i* **9.** ~ **about** (*od.* **around**) *vulg. Br.* a) herˈumgammeln, b) herˈumspielen (**with** mit). **10. ~ off** *vulg. Br.* (*meist imp*) ‚sich verpissen'. ˈ**bug·ger·y** [-ərɪ] *s* a) Aˈnalverkehr *m*, b) Sodoˈmie *f*.

bug·gy¹ [ˈbʌɡɪ] *adj* **1.** a) verwanzt, b) *bes. Am.* von Inˈsekten befallen. **2.** *Am. sl.* verrückt.

bug·gy² [ˈbʌɡɪ] *s* **1.** Buggy *m*: a) *leichter, einspänniger Wagen, vierrädrig in den USA, zweirädrig in England*, b) *mot. geländegängiges Freizeitauto mit offener Kunststoffkarosserie*. **2.** → **baby buggy**.

ˈ**bugˌhouse** *Am. sl.* **I** *s* ‚Klapsmühle' *f* (*Nervenheilanstalt*). **II** *adj* verrückt.

bu·gle¹ [ˈbjuːɡl] **I** *s* **1.** (Wald-, Jagd)Horn *n*. **2.** *mil.* Siˈgnalhorn *n*: **to sound the ~** ein Hornsignal blasen; **~ call** Hornsignal *n*. **II** *v/t u. v/i* **3.** auf dem Horn blasen.

bu·gle² [ˈbjuːɡl] *s* Glas-, Schmelzperle *f*.

bu·gle³ [ˈbjuːɡl] *s bot.* Günsel *m*.

ˈ**bu·gler** *s* Horˈnist *m*.

build [bɪld] **I** *v/t pret u. pp* **built** [bɪlt] **1.** (er)bauen, errichten, erstellen: **to ~ a house**; **to ~ a railroad** e-e Bahnlinie bauen; **to ~ a fire** (ein) Feuer machen; **to ~ on** anbauen. **2.** bauen: a) konstruˈieren, machen, b) ˈherstellen, fertigen: **to ~ cars**; **to ~ in(to)** einbauen (in *acc*) (*a. fig.*); → **built-in**. **3.** ~ **up** a) zu-, vermauern, zubauen, b) *Gelände* bebauen: **to ~ up an area**; → **built-up area**. **4.** ~ **up** aufbauen, schaffen, gründen: **to ~ up an empire**; **to ~ up a business**; **to ~ up an existence** (sich) e-e Existenz aufbauen; **to ~ up a reputation** sich e-n Namen machen; **to ~ up one's health** s-e Gesundheit festigen. **5.** gestalten, bilden. **6.** zs.-stellen, -tragen, (an)sammeln, *e-e Briefmarkensammlung etc* aufbauen: **to ~ up a case** (Beweis)Material zs.-tragen. **7.** ~ **up** vergrößern, steigern, erhöhen. **8. ~ up** *fig. j-n* (*in der Presse etc*) ‚aufbauen', lanˈcieren, groß herˈausstellen, Reˈklame machen für. **9. to ~ one's hope on** s-e Hoffnung setzen auf (*acc*). **10.** ~ **up** *electr. phys.* einschwingen, aufschaukeln. **II** *v/i* **11.** bauen. **12.** *fig.* bauen, sich verlassen (**on, upon** auf *acc*). **13. to be ~ing** im Bau (begriffen) sein. **14.** ~ **up** zunehmen, sich vergrößern *od.* steigern *od.* erhöhen, (*Musik etc*) anschwellen (**to** zu). **15.** ~ **up** sich bilden: **traffic queues built up**. **III** *s* **16.** Bauart *f*, Form *f*, Gestalt *f*. **17.** Körperbau *m*, Fiˈgur *f*, Staˈtur *f*. **18.** Schnitt *m* (*Kleid*). **19.** *Am.* Steigerung *f*, Intensiˈvierung *f*. ˈ**build·er** *s* **1.** Erbauer *m*. **2.** ˈBauunterˌnehmer *m*: **~'s labo(u)rer** Bauhilfsarbeiter *m*. **3.** Bauhandwerker *m*.

ˈ**build·ing** *s* **1.** (Er)Bauen *n*, Errichten *n*. **2.** a) Bauwesen *n*, b) *a.* ~ **construction** Hochbau *m*. **3.** Gebäude *n*, Bau(werk *n*) *m*. **~ and loan as·so·ci·a·tion** *s Am.* → **building society**. **~ block** *s* **1.** (Zeˈment- *etc*)Block *m* für Bauzwecke. **2.** *tech. u. fig.* Baustein *m*: **~ system** *tech.* Bausteinsystem *n*. **3.** Baustein *m*, (Bau-)Klötzchen *n* (*für Kinder*). **~ con·trac·tor** → **builder** 2. **~ freeze** *s* Baustopp *m*. **~ in·dus·try** *s* Baugewerbe *n*, -wirtschaft *f*. **~ lease** *s jur. Br.* Baupacht(vertrag *m*) *f* (*mit Bau- u. Nutzungsrecht des Pächters*). **~ line** *s tech.* Baufluchtl(linie) *f*, Fluchtlinie *f*. **~ lot** → **building plot**. **~ own·er** *s* Bauherr *m*. **~ plot** *s* Bauplatz *m*, -grundstück *n*. **~ site** *s* **1.** → **building plot**. **2.** Baustelle *f*. **~ so·ci·e·ty** *s Br.* Bausparkasse *f*. ˌ**~-ˈup**

pro·cess *s electr. phys.* Aufschaukelvorgang *m.*
ˈbuild·up *s* **1.** Aufbau *m.* **2.** *fig.* (starker) Zuwachs, Zunahme *f.* **3.** Reˈklame *f*, Propaˈganda *f*, Publiziˈtät *f*: **to give** *s.o.* **a ~ → build** 8.
built [bɪlt] **I** *pret u. pp von* **build.** **II** *adj* gebaut, konstruˈiert, geschaffen, geformt: **well ~** gut gebaut; **~ for** geschaffen für; **he is ~ that way** *colloq.* so ist er eben. **ˌ~-ˈin I** *adj arch. tech.* eingebaut (*a. fig.*), Einbau...: **~ furniture** Einbaumöbel *pl.* **II** *s meist pl* Einbaumöbel *n.* **ˈ~-up ar·e·a** *s* bebautes Gelände *od.* Gebiet, *Verkehr*: geschlossene Ortschaft.
bulb [bʌlb] **I** *s* **1.** *bot.* a) Knolle *f*, Zwiebel *f* (*e-r Pflanze*), b) Zwiebelgewächs *n.* **2.** zwiebelförmiger Gegenstand, (ˈGlas-*etc*)Balˌlon *m*, Birne *f*, *bes.* a) (Thermoˈmeter)Kugel *f*, b) *electr.* Glühbirne *f*, -lampe *f*, c) *electr.* (Röhren)Kolben *m*, d) *phot.* Balˈlonauslöser *m.* **3.** *anat.* zwiebelförmiger anaˈtomischer Teil (*Zahnwurzel etc*). **4.** *med.* Schwellung *f* e-s Orˈgans (*Harnröhre etc*). **II** *v/i* **5.** *a.* **~ out** anschwellen. **6.** *bot.* Knollen *od.* Zwiebeln bilden. **bulbed** *adj* **1.** knollenförmig, knollig, wulstig. **2.** *bot.* knollig, zwiebelartig. **ˈbulb·i·form** [-bɪfɔː(r)m] **→ bulbed** 1.
bul·bous [ˈbʌlbəs] *adj* **→ bulbed**: **~ nose** Knollennase *f.* **~ root** *s bot.* Knollenwurzel *f.*
Bul·gar [ˈbʌlgɑː(r); *Am. a.* ˈbʊl-] **→ Bulgarian** 1. **Bulˈgar·i·an** [-ˈgeərɪən] **I** *s* **1.** Bulˈgare *m*, Bulˈgarin *f.* **2.** *ling.* Bulˈgarisch *n*, das Bulgarische. **II** *adj* **3.** bulˈgarisch.
bulge [bʌldʒ] **I** *s* **1.** (Aus)Bauchung *f*, (*a. mil.* Front)Ausbuchtung *f*, Vorsprung *m*, Wulst *m*, Anschwellung *f*, Beule *f*, Buckel *m*: **Battle of the B~** Ardennenschlacht *f* (*1944*); **to fight the battle of the ~** *humor.* gegen sein Übergewicht ankämpfen; **~ electrode** Bauchelektrode *f.* **2.** Rundung *f*, Bauch *m* (*vom Faß etc*). **3.** *mar.* a) **→ bilge** 2, b) *mil.* Torˈpedowulst *m.* **4. to get the ~ on** *Am. colloq.* die Oberhand gewinnen über (*acc*). **5.** *fig.* Anschwellen *n*, Anwachsen *n*, Zunahme *f.* **6.** *econ.* (plötzlicher) Preisanstieg. **7.** raˈpide Zunahme: **population ~** Bevölkerungsexplosion *f.* **II** *v/i* **8.** *a.* **~ out** sich (aus)bauchen, bauchig herˈvortreten, herˈvorquellen (*a. Augen*), sich blähen *od.* bauschen: **his eyes will ~** *colloq.* er wird ‚Stielaugen' machen. **9.** sich (plötzlich *od.* schwerfällig) schieben (**into** in *acc*): **to ~ into vision.** **10. ~ with** strotzen von, (fast) platzen vor (*dat*), (zum Bersten) voll sein von *od.* mit. **III** *v/t* **11.** *s-e Backen* aufblähen. **12.** *s-e Taschen* vollstopfen (**with** mit). **ˈbulg·er** *s Golf*: Bulger *m* (*Holzschläger mit stark konvexer Schlagfläche*). **ˈbulg·y** *adj* bauchig (herˈvortretend), geschwollen.
bu·lim·i·a [bjuːˈlɪmɪə] *s med.* Buliˈmie *f*, Gefräßigkeit *f.*
bulk [bʌlk] **I** *s* **1.** ˈUmfang *m*, Voˈlumen *n*, Größe *f*, Masse *f*, Menge *f.* **2.** große *od.* massige Gestalt, (hochragende *od.* dunkle *od.* schwere) Masse. **3.** ˈKörperˌumfang *m*, -fülle *f.* **4.** (*der*) größere Teil, Großteil *m*, Hauptteil *m*, -masse *f*, (*die*) Mehrheit: **the ~ of our property; the ~ of the citizens.** **5.** lose *od.* unverpackte (Schiffs)Ladung: **in ~** *econ.* a) lose, unverpackt, b) in großen Mengen, en gros; **to sell in** (*od.* **by the**) **~** im ganzen *od.* in Bausch u. Bogen verkaufen; **to break ~** *mar.* zu löschen anfangen; **~ manufacture** Massenfertigung *f.* **II** *v/i* **6.** ˈumfangreich *od.* massig *od.* sperrig *od.* (*fig.*) wichtig sein: **to ~ large** *fig.* e-e große *od.* wichtige Rolle spielen. **7.** *oft* **~ up** a) (an-, auf)schwellen, b) hochragen. **III** *v/t* **8.** *Am.* a) *bes. Tabak* aufstapeln, b) *Teesorten* mischen. **~ buy·ing** *s econ.* Massenankauf *m*, Mengen-, Großeinkauf *m.* **~ car·go** *s econ.* Schüttgut *n.* **~ e·ras·er** *s tech.* Löschspule *f.* **~ goods** *s pl* **→ bulk cargo.** **ˈ~head** *s* **1.** *mar.* Schott *n.* **2.** *tech.* a) Schutzwand *f*, b) Spant *m.*
bulk·i·ness [ˈbʌlkɪnɪs] *s* **1.** Größe *f*, ˈUmfang *m.* **2.** (*das*) Massige.
bulk| mail *s Am.* Postwurfsendung *f.* **~ mort·gage** *s Am.* Verpfändung *f* ganzer Bestände. **~ pur·chase → bulk buying.** **~ sale, ~ sell·ing** *s econ.* Massenverkauf *m.* **~ stor·age** *s Computer*: Großraumspeicher *m.*
ˈbulk·y *adj* **1.** sehr ˈumfangreich, massig. **2.** unhandlich, sperrig: **~ goods** sperrige Güter, Sperrgut *n*; **~ refuse** (*od.* **waste**) Sperrmüll *m.*
bull¹ [bʊl] **I** *s* **1.** *zo.* Bulle *m*, (Zucht)Stier *m*: **to take the ~ by the horns** den Stier bei den Hörnern packen; **like a ~ in a china shop** wie ein Elefant im Porzellanladen. **2.** (Eleˈfanten-, Elch-, Wal-, *etc*)Bulle *m*, Männchen *n* (*großer Säugetiere*). **3.** *colloq.* Bulle *m*, bulliger *od.* ungeschlachter Kerl. **4.** *econ.* Haussiˈer *m*, ˈHaussespekuˌlant *m*: **to go a ~ →** 12. **5.** *Am. sl.* ‚Bulle' *m* (*Polizist*). **6.** **B~** *astr.* Stier *m* (*Sternbild*). **7. → bull's-eye** 3 a. **II** *v/t* **8.** *econ.* a) die Preise für (*etwas*) in die Höhe treiben, b) *die Kurse* in die Höhe treiben. **9.** *die Kuh* decken (*Stier*). **10. to ~ one's way through the crowd** sich durch die Menge (hindurch)kämpfen. **III** *v/i* **11.** den Stier annehmen (*Kuh*). **12.** *econ.* auf Hausse spekuˈlieren. **13.** im Preis steigen. **IV** *adj* **14.** männlich (*Tier*). **15.** *econ.* a) steigend (*Preise*), b) Hausse...: **~ campaign** Kurstreiberei *f*, Angriff *m* der Haussepartei; **~ market** Hausse *f*; **~ operation** Haussespekulation *f.*
bull² [bʊl] *s* (päpstliche) Bulle.
bull³ [bʊl] *s colloq.* **1.** a) ‚Quatsch' *m*, Blödsinn *m*, b) Schnitzer *m*, (grober) Fehler, c) komisch wirkende logische Ungereimtheit. **2. to shoot the ~** *Am. colloq.* a) schwatzen, b) ‚große Töne spucken', angeben.
bul·lace [ˈbʊlɪs] *s bot.* Pflaumenschlehe *f.*
bull| calf *s irr zo.* Stier-, Bullenkalb *n.* **ˈ~ˌdag·ger** *s sl.* ‚kesser Vater' (*Lesbierin, die sich betont männlich kleidet u. gibt*). **ˈ~dike → bulldagger.** **ˈ~dog I** *s* **1.** *zo.* Bulldogge *f*, Bullenbeißer *m.* **2.** *fig.* a) mutiger Kerl, b) zäher *od.* hartnäckiger Bursche. **3.** *univ. Br.* Begleiter *m* des Proctors. **4.** ˈgroßkaˌlibrige Piˈstole mit kurzem Lauf. **II** *adj* **5.** a) mutig, b) zäh, hartnäckig. **III** *v/t* **6.** *Am. e-n Stier* bei den Hörnern packen u. werfen. **ˈ~dog e·di·tion** *s Am.* Frühausgabe *f* (*e-r Zeitung*). **ˈ~doze** *v/t* **1.** *colloq.* a) einschüchtern, terroriˈsieren, b) *j-n* zwingen (**into doing s.th.** etwas zu tun). **2.** *colloq.* **to ~ a bill through parliament** e-e Vorlage im Parlament durchpeitschen; **to ~ one's way through the crowd** sich e-n Weg durch die Menge bahnen. **3.** *tech.* (*mit e-r Planierraupe*) plaˈnieren, räumen. **ˈ~doz·er** *s* **1.** *tech.* Plaˈnierraupe *f*, Bulldozer *m.* **2. → bully²** 1 a, b. **ˈ~dyke → bulldagger.**
bul·let [ˈbʊlɪt] *s* (Gewehr-, Piˈstolen-) Kugel *f*: **to bite (on) the ~** *colloq.* in den sauren Apfel beißen; **to give s.o. the ~** *colloq.* j-n ‚feuern' (*entlassen*); **to get the ~** *colloq.* ‚gefeuert' werden. **ˈ~head** *s* **1.** Rundkopf *m.* **2.** *Am. colloq.* Dickkopf *m.* **ˈ~ˌhead·ed** *adj* **1.** rundköpfig. **2.** *Am. colloq.* dickköpfig.
bul·le·tin [ˈbʊlɪtɪn] *s* **1.** Bulleˈtin *n*: a) Tagesbericht *m* (*a. mil.*), b) *med.* Krankenbericht *m*, c) offiziˈelle Bekanntmachung. **2.** Mitteilungsblatt *n.* **3.** *Rundfunk, TV*: Kurznachricht(en *pl*) *f.* **~ board** *s Am.* Schwarzes Brett, Anschlagtafel *f.*
ˈbul·let|·proof I *adj* **1.** kugelsicher: **~ vest; ~ glass** Panzerglas *n.* **2.** *fig. Am.* hieb- u. stichfest (*Argument etc*). **II** *v/t* **3.** kugelsicher machen. **~ trap** *s* Kugelfang *m.* **~ wound** *s* Schußwunde *f*, -verletzung *f.*
ˈbull|·fight *s* Stierkampf *m.* **ˈ~ˌfight·er** *s* Stierkämpfer *m.* **ˈ~finch** *s orn.* (*ein*) Dompfaff *m*, (*bes.* Gemeiner) Gimpel. **ˈ~frog** *s zo.* Ochsenfrosch *m.* **ˈ~head** *s* **1.** *fig.* a) Dummkopf *m*, b) Dickkopf *m.* **2.** *ichth.* a) (*ein*) Kaulkopf *m*, b) (*ein*) Katzenwels *m.* **ˌ~ˈhead·ed** *adj* dickköpfig. **ˈ~ˌhorn** *s Am.* Megaˈphon *n.*
bul·lion [ˈbʊljən] *s* **1.** ungemünztes Gold *od.* Silber. **2.** Gold-, Silberbarren *m*: **~ point** *econ.* Goldpunkt *m.* **3.** *a.* **~ fringe** Gold-, Silbertroddel *f*, -schnur *f*, -litze *f.* **ˈbul·lion·ism** *s econ.* Metalˈlismus *m.* **ˈbul·lion·ist** *s* Anhänger *m* der reinen Meˈtallwährung.
ˈbull·ish *adj* **1.** bullenartig, bullig. **2.** dickköpfig. **3.** *econ.* a) ˈhaussetendenˌziˌös, steigend, b) Hausse...: **~ tendency** (*od.* **tone**) Haussetendenz *f.* **4.** optiˈmistisch: **to be ~ on s.th.** etwas optimistisch sehen.
bull| moose *s zo.* Amer. Elchbulle *m.* **ˌ~-ˈnecked** *adj* stiernackig. **~ nose** *s* abgerundete Kante. **ˌ~-ˈnosed** *adj* mit abgerundeten Kanten.
bull·ock [ˈbʊlək] *s zo.* Ochse *m.*
bull| pen *s Am. colloq.* **1.** große Zelle (*für Untersuchungshäftlinge*). **2.** *Baseball*: Übungsplatz *m* für Reˈservewerfer. **3.** ˈGroßraumbüˌro *n.* **ˈ~ring** *s* ˈStierkampfaˌrena *f.* **ˈ~ˌroar·er** *s* (Kinder-) Rassel *f.* **~ ses·sion** *s Am. colloq.* angeregtes Männergespräch.
bull's-eye [ˈbʊlzaɪ] *s* **1.** *arch. mar.* Bullauge *n*, rundes Fensterchen. **2.** *a.* **~ pane** Ochsenauge *n*, Butzenscheibe *f.* **3.** a) Zentrum *n*, (*das*) Schwarze (*der Zielscheibe*): **to hit the ~** ins Schwarze treffen (*a. fig.*), b) *a. fig.* Schuß *m* ins Schwarze, Volltreffer *m.* **4.** a) Konˈvexlinse *f*, b) (ˈBlend)Laˌterne *f* (mit Konˈvexlinse). **5.** kugelförmiger Bonˈbon.
ˈbull·shit *vulg.* **I** *s* ‚Scheiß' *m*: **to talk ~ →** II. **II** *v/i a. irr* ‚Scheiß' reden.
bull ter·ri·er *s zo.* Bullterrier *m.*
bul·ly¹ [ˈbʊlɪ] *s* Rinderpökelfleisch *n.*
bul·ly² [ˈbʊlɪ] **I** *s* **1.** a) bruˈtaler Kerl, ‚Schläger' *m*, b) Tyˈrann *m*, (Kameˈraden)Schinder *m*, c) Maulheld *m.* **2.** *obs.* Zuhälter *m.* **II** *v/t* **3.** tyranniˈsieren, drangsaˈlieren, schikaˈnieren, ‚piesacken', einschüchtern: **to ~ s.o. about** (*od.* **around**) j-n herumkommandieren; **to ~ s.o. into doing s.th.** j-n so einschüchtern, daß er etwas tut. **III** *adj u. interj* **4.** ‚prima': **~ for you!** a) na und?, b) *iro.* gratuliere!
bul·ly³ [ˈbʊlɪ] (*Hockey*) **I** *s* Bully *n.* **II** *v/t*: **to ~** (*Br. a.* **~ off**) **the ball →** III. **III** *v/i Br. a.* **~ off** das Bully ausführen.
bul·ly| beef → bully¹. **ˈ~rag** *v/t colloq.* mit *j-m* Schindluder treiben.
bul·rush [ˈbʊlrʌʃ] *s bot.* (große) Binse.
bul·wark [ˈbʊlwə(r)k] *s* **1.** *a. fig.* Bollwerk *n*, Wall *m.* **2.** Hafendamm *m*, Mole *f.* **3.** *mar.* Schanzkleid *n.*
bum¹ [bʌm] *s bes. Br. colloq.* ‚Hintern' *m.*
bum² [bʌm] *bes. Am. colloq.* **I** *s* **1.** a) Tagedieb *m*, ‚fauler Hund', b) Herˈumtreiber *m*, (*junger*) Gammler. **2.** ‚Schnorrer' *m*, ‚Nassauer' *m.* **3.** a) Tippelbruder *m*, b) umˈherziehender Gelegenheitsarbeiter. **4.** Säufer *m.* **5.** ‚Saukerl' *m.* **6.** (*in*

Zssgn) ...narr *m*: **baseball ~. 7. to give s.o the ~'s rush** j-n ‚rausschmeißen'; **to get the ~'s rush** ‚rausgeschmissen' werden. **8.** ‚Schnorren' *n*, ‚Nassauern' *n*: **to come to s.o. on the ~** zu j-m zum Schnorren kommen. **9.** Tippeln *n*: **to be on the ~** tippeln. **10.** ‚Saufe'rei' *f*. **11. on the ~** kaputt, ‚im Eimer'. **II** *v/i* **12.** *meist* **~ around** (*od.* **about**) a) in den Tag hin'ein leben, b) her'umgammeln. **13.** ‚schnorren', ‚nassauern' (**off** bei). **14.** tippeln (**through** durch). **III** *v/t* **15.** *etwas* ‚schnorren' (**off** bei, von): **he ~med a lift** er schaffte es, (im Auto) mitgenommen zu werden. **IV** *adj* **16.** ‚mies', schlecht. **17.** ka'putt (*a. Knie etc*).

,bum'bail·iff *s hist. Br. contp.* Büttel *m*.

bum·ble[1] ['bʌmbl] **I** *v/i* **1.** a) stümpern, pfuschen, ‚patzen', b) stottern: **he ~d through his speech** er stotterte s-e Rede herunter. **2.** stolpern, taumeln, wanken. **II** *v/t* **3.** verpfuschen, ‚verpatzen'. **III** *s* **4.** ‚Patzer' *m*. **5.** Pfusch(arbeit *f*) *m*.

bum·ble[2] ['bʌmbl] *v/i* summen.

bum·ble[3] ['bʌmbl] *s Br.* kleiner wichtigtuerischer Beamter.

'bum·ble·bee *s zo.* Hummel *f*.

'bum·ble·dom *s* Wichtigtue'rei *f* der kleinen Beamten.

'bum·ble,pup·py *s Spiel, bei dem ein angebundener Ball um e-n Pfosten geschlagen wird.*

bum·bo ['bʌmbəʊ] *s* Rum- *od.* Ginpunsch *m*.

'bum·boat *s mar.* Bumboot *n* (*Proviantboot*).

bumf [bʌmf] *s Br. colloq.* **1.** *contp. collect.* ‚Pa'pierkram' *m* (*Akten etc*). **2.** ‚'Klopa,pier' *n*.

bum·kin ['bʌmkɪn] → **bumpkin[2]**.

bum·mer ['bʌmə(r)] *s colloq.* **1.** → **bum[1]** 1, 2. **2.** ‚Bad Trip' *m* (*Drogenrausch mit Angstzuständen*). **3.** unangenehme Sache *od.* Situati'on. **4.** ‚Reinfall' *m*, ‚Pleite' *f*.

bump [bʌmp] **I** *v/t* **1.** (heftig) stoßen. **2.** rennen mit (*etwas*) (**against** gegen), zs.-stoßen mit, *etwas* rammen, auf *ein Auto* auffahren: **to ~ a car; to ~ one's head against the door** mit dem Kopf gegen die Tür rennen *od.* ‚knallen'. **3.** *tech. Am. Kotflügel etc* ausbeulen. **4. ~ off** *colloq.* ‚'umlegen', ‚kaltmachen', 'umbringen. **5.** *mil. Am. sl.* degra'dieren (**to** zu). **6. ~ up** *colloq.* a) *Preise etc* hochtreiben, b) *Gehalt, Ergebnis etc* aufbessern. **II** *v/i* **7.** (**against, into**) stoßen, prallen, ‚bumsen' (gegen, an *acc*), zs.-stoßen (mit): **to ~ into** *fig. j-n* zufällig treffen. **8.** rumpeln, holpern (*Fahrzeug*). **9.** *meist* **~ and grind** *bes. Am. colloq.* mit den Hüften wackeln (*Stripteasetänzerin etc*). **III** *s* **10.** heftiger Ruck *od.* Stoß, Bums *m*. **11.** Beule *f*. **12.** Unebenheit *f*. **13.** a) *Phrenologie*: Höcker *m* am Schädel, b) Fähigkeit *f*, Sinn *m*, Or'gan *n* (**of** für): → **locality** 1. **14.** *Am. colloq.* ‚Rundung' *f* (*Busen*). **15.** *Am. colloq. fig.* Hindernis *n*. **16.** *mil. Am. sl.* Degra'dierung *f* (**to** zu). **17.** *aer.* Steigbö *f*.

'bump·er[1] **I** *s* **1.** randvolles Glas, randvoller Becher. **2.** etwas Riesiges. **II** *adj* **3.** riesig: **~ crop** Rekordernte *f*. **III** *v/t* **4.** *Glas, Becher* bis zum Rand füllen.

'bump·er[2] *s* **1.** *mot.* Stoßstange *f*: **to drive ~ to ~** Stoßstange an Stoßstange fahren. **2.** *rail. etc Am.* a) Rammbohle *f*, b) Puffer *m*.

'bump·er[3] *s Austral. colloq.* (Ziga'retten)Kippe *f*.

bump·er| car *s* (Auto)Skooter *m*. **~ guard** *s mot.* Stoßstangenhorn *n*. **~ stick·er, ~ strip** *s* Autoaufkleber *m*.

bumph → **bumf**.

'bump·ing race *s univ. Br. Ruderrennen mit gestaffeltem Start, bei dem jedes Boot das nächstvordere einzuholen u. anzustoßen versucht, um beim nächsten Rennen dessen Platz einzunehmen.*

bump·kin[1] ['bʌmpkɪn] *s a.* **country ~** *contp.* ‚Bauer' *m*, ‚Pro'vinzler' *m*.

bump·kin[2] ['bʌmpkɪn] *s mar.* Butenluv *n*.

bump| start *s Br.* Anschieben *n*. **'~-start** *v/t Br. ein Auto* anschieben.

bump·tious ['bʌmpʃəs] *adj* (*adv* **~ly**) *colloq.* aufgeblasen, wichtigtuerisch.

'bump·y *adj* **1.** holperig, uneben. **2.** *aer.* unruhig (*Flug*). **3. we are having a ~ time (of it)** *colloq.* uns geht es mal so, mal so; uns geht es ‚durchwachsen'.

bum| steer *s bes. Am. sl.* falsche *od.* irreführende Informati'on: **to give s.o. a ~** j-n ‚anschmieren'. **'~,suck·er** *s Br. vulg.* ‚Arschkriecher(in)'. **'~,suck·ing** *Br. vulg.* **I** *s* ‚Arschkrieche'rei' *f*. **II** *adj* ‚arschkriecherisch'.

bun [bʌn] *s* **1.** süßes Brötchen: **she has a ~ in the oven** *colloq.* bei ihr ist was unterwegs. **2.** (Haar)Knoten *m*: **she wears her hair in a ~** sie trägt e-n Knoten.

bu·na ['bju:nə; 'bu:nə] *s* (*TM*) *m* Buna (*synthetischer Kautschuk*).

bunch [bʌntʃ] **I** *s* **1.** Bündel *n*, Bund *n*, *m*, Büschel *n*, Traube *f*: **~ of flowers** Blumenstrauß *m*; **~ of grapes** Weintraube *f*; **~ of keys** Schlüsselbund *m*, *n*; **~ of fives** *colloq.* Faustschlag *m*. **2.** *electr. phys.* (*Leitungs-, Strahlen*)Bündel *n*. **3.** Anzahl *f*, Pack *m*, Haufen *m*: **a ~ of orders; a ~ of partridges** e-e Kette Rebhühner; → **pick[1]** 4. **4.** *colloq.* ‚Verein' *m*, ‚Haufen' *m*, ‚Blase' *f*. **II** *v/t* **5.** *a.* **~ up** bündeln (*a. electr.*), zs.-fassen, binden: **~ed circuit** *electr.* Leitungsbündel *n*. **III** *v/i* **6. ~ out** her'vortreten (*Muskeln etc*). **7.** *oft* **~ up** (*od.* **together**) Grüppchen *od.* Haufen bilden: **don't ~ up!** nicht alle auf e-n Haufen! **'bunch·ing** *s electr.* Bündelung *f*, Im'pulsbildung *f*.

'bunch·y *adj* **1.** büschelig, buschig, traubenförmig. **2.** bauschig.

bun·co ['bʌŋkəʊ] *Am. colloq.* **I** *pl* **-cos** *s* **1.** Bauernfängerspiel *n*. **2.** Schwindel *m*, Betrug *m*: **~ steerer** Schwindler *m*, Betrüger *m*. **II** *v/t* **3.** *j-n* ‚reinlegen'.

bun·combe *bes. Am.* → **bunkum**.

bun·dle ['bʌndl] **I** *s* **1.** Bündel *n*, Bund *n*, Pa'ket *n*, Ballen *m*: **by ~s** bündelweise; **~ of rays** *phys.* Strahlenbündel; **~ pillar** *arch.* Bündelpfeiler *m*. **2.** *colloq.* a) (*Kraft-, Nerven- etc*)Bündel *n*: **a ~ of energy**, b) Menge *f*, Haufen *m*, c) ‚Batzen' *m* (*Geld*). **3.** (*Papier- etc*)Rolle *f*. **4.** *anat.* Fas'cilus *m*: **~ sheath** Gefäßbündelscheide *f*. **5. to go a ~ on** *colloq. etwas* wahnsinnig gern mögen. **II** *v/t* **6.** *oft* **~ up** in (ein) Bündel binden, bündeln, zs.-binden, -packen. **7.** stopfen: **we ~d everything into a drawer. 8. to ~ o.s. up against the cold** sich warm anziehen. **9.** *meist* **~ off** *j-n od. etwas* eilig *od.* ohne viel Federlesens fortschaffen, *j-n* abschieben: **he was ~d into a taxi** er wurde in ein Taxi gepackt *od.* verfrachtet. **III** *v/i* **10. to ~ up against the cold** → 8. **11.** *meist* **~ off** sich packen *od.* eilig da'vonmachen. **12.** *hist.* angekleidet im gleichen Bett liegen (*alte Sitte bei Verlobten in Wales u. Neuengland*).

bung [bʌŋ] **I** *s* **1.** a) Spund(zapfen) *m*, Stöpsel *m*, b) → **bunghole**. **2.** *mil.* Mündungspfropfen *m* (*am Geschütz*). **3.** *Töpferei*: Kapselstoß *m*. **II** *v/t* **4.** *ein Faß* a) verspunden, b) verfüllen. **5.** *meist* **~ up** *colloq. e-e Öffnung etc* verstopfen: **my nose is ~ed up** m-e Nase ist zu; **to be ~ed up** an Verstopfung leiden. **6.** *colloq.* ‚schmeißen', werfen: **to ~ out** rausschmeißen. **7.** *meist* **~ up** *Am. colloq.* a) *j-n* grün u. blau schlagen, b) *ein Auto etc* schwer beschädigen *od.* verbeulen. **III** *adj* **8. to go ~** *Austral. colloq.* a) ‚den Löffel weglegen' (*sterben*), b) ‚pleite gehen'.

bun·ga·low ['bʌŋgələʊ] *s* Bungalow *m*.

'bung·hole *s* Spund-, Zapfloch *n*.

bun·gle ['bʌŋgl] **I** *v/i* **1.** stümpern, pfuschen, ‚patzen'. **II** *v/t* **2.** verpfuschen, ‚verpatzen'. **III** *s* **3.** Stümpe'rei *f*, Pfusch(arbeit *f*) *m*: **to make a ~ of** *s.th.* → 2. **4.** (grober) Fehler, ‚Schnitzer' *m*. **'bun·gler** [-lə(r)] *s* Stümper *m*, Pfuscher *m*. **'bun·gling** [-lɪŋ] *adj* (*adv* **~ly**) ungeschickt, stümperhaft.

bun·ion ['bʌnjən] *s med.* entzündeter Fußballen.

bunk[1] [bʌŋk] **I** *s* a) *mar.* (Schlaf)Koje *f*, b) → **bunk bed**, c) *colloq.* Schlafstelle *f*, Bett *n*, ‚Falle' *f*. **II** *v/i* a) in e-r Koje *etc* schlafen, b) *oft* **~ down** *colloq.* ‚kam'pieren': **to ~ in** im Bett bleiben.

bunk[2] [bʌŋk] → **bunkum**.

bunk[3] [bʌŋk] *Br. colloq.* **I** *v/i* ‚verduften', ‚türmen'. **II** *s*: **to do a ~** → I.

bunk bed *s* E'tagenbett *n*.

bunk·er ['bʌŋkə(r)] **I** *s* **1.** *mar.* (*bes.* Kohlen)Bunker *m*: **~ coal** Bunkerkohle *f*; **~ oil** Bunkeröl *n*. **2.** *mil.* Bunker *m*, bombensicherer 'Unterstand. **3.** *Golf*: Bunker *m*, Sandhindernis *n*. **II** *v/i* **4.** *mar.* bunkern, Kohle *etc* über'nehmen. **III** *v/t* **5.** *Golf*: *den Ball* in e-n Bunker schlagen: **he is ~ed** er hat den Ball in e-n Bunker geschlagen. **6.** *Am. colloq.* a) *etwas* zum Erliegen bringen, b) *j-n* in ‚Schwuli'täten' bringen.

'bunk,house *s Am.* 'Schlafba,racke *f*.

bun·ko → **bunco**.

bun·kum ['bʌŋkəm] *s* Blödsinn *m*, ‚Quatsch' *m*, ‚Blech' *n*, Gewäsch *n*.

bun·ny ['bʌnɪ] *s* **1.** *a.* **~ rabbit** (*Kosename für*) Häs-chen *n*. **2.** *colloq.* ‚Häs-chen' *n* (*attraktives Mädchen*).

Bun·sen burn·er ['bʊnsn; *Am.* 'bʌnsən] *s chem. tech.* Bunsenbrenner *m*.

bunt[1] [bʌnt] *s mar.* **1.** Buk *m*, Bauch *m* (*e-s Segels*). **2.** Mittelteil *m* e-r Raa.

bunt[2] [bʌnt] **I** *v/t u. v/i* **1.** mit den Hörnern *od.* dem Kopf stoßen (*Ziege etc*). **2.** *Baseball*: (den Ball) kurz *od.* leicht schlagen. **II** *s* **3.** Stoß *m* mit dem Kopf *od.* den Hörnern.

bunt[3] [bʌnt] *s bot.* Weizenstein-, Stinkbrand *m*.

bun·ting[1] ['bʌntɪŋ] *s bes. mar.* **1.** Flaggentuch *n*. **2.** *collect.* Flaggen *pl*.

bun·ting[2] ['bʌntɪŋ] *s orn.* Ammer *f*.

buoy [bɔɪ] **I** *s* **1.** *mar.* Boje *f*, Bake *f*, Seezeichen *n*. **2.** Rettungsboje *f*. **II** *v/t* **3.** *meist* **~ up** a) aufbojen, flott erhalten, b) über Wasser halten. **4.** *a.* **~ off** (*od.* **out**) ausbojen, *e-e Fahrrinne* durch Bojen mar'kieren. **5.** *meist* **~ up** *fig.* Auftrieb geben (*dat*), beleben: **~ed up** von neuem Mut erfüllt. **'buoy·age** *s mar.* **1.** *collect.* (ausgelegte) Bojen *pl*. **2.** Mar'kierung *f* durch Bojen.

buoy·an·cy ['bɔɪənsɪ] *s* **1.** *phys.* Schwimm-, Tragkraft *f* (*schwimmender Körper*). **2.** *aer.* Auftrieb *m*. **3.** *fig.* a) Lebens-, Spannkraft *f*, b) Schwung *m*, Lebhaftigkeit *f*, Heiterkeit *f*. **4.** *econ.* Lebhaftigkeit *f*.

buoy·ant ['bɔɪənt] *adj* **1.** schwimmend, tragend (*Wasser etc*). **2.** federnd (*Schritt*). **3.** *fig.* schwungvoll, lebhaft. **4.** *econ.* lebhaft. **~ gas** *s tech.* Traggas *n*.

bur [bɜ:; *Am.* bɜr] *s* **1.** *bot.* Klette *f* (*a. fig.*): **to cling** (*od.* **stick**) **to s.o. like a ~** an j-m wie e-e Klette hängen. **2.** *bot.* rauhe *od.* stachelige Samenschale (*z. B. Igel der Kastanie*). **3.** *zo.* Knotenbildung *f* (*z. B. Rose am Hirschgeweih*). **4.** *tech.* → **burr[1]** 1–3.

bur·ble [ˈbɜːbl; *Am.* ˈbɜrbəl] **I** *v/i* **1.** plätschern. **2.** *oft* ~ **away** (*od.* **on**) plappern. **II** *s* **3.** *aer. tech.* Wirbel *m.* **~ point** *s aer.* Grenzschichtablösungspunkt *m.*

bur·bot [ˈbɜːbət; *Am.* ˈbɜr-] *pl* **-bots,** *bes. collect.* **-bot** *s zo.* (Aal)Quappe *f.*

burd [bɜːd; *Am.* bɜrd] *s poet.* (junge) Dame.

bur·den[1] [ˈbɜːdn; *Am.* ˈbɜrdn] **I** *s* **1.** Last *f,* Ladung *f*: **to bear a** ~ e-e (schwere) Last tragen. **2.** (*seelische od. finanzielle*) Last, Bürde *f,* Belastung *f,* Druck *m*: ~ **of years** Last der Jahre; **to be a** ~ **to** (*od.* **on**) **s.o.** j-m zur Last fallen; **to throw off a** ~ e-e Last abschütteln; **the** ~ **of proof rests with him** die Beweislast trifft ihn. **3.** *econ.* Gemeinkosten *pl.* **4.** *tech.* a) (Trag)Last *f,* b) Druck *m,* c) *Hochofen*: Möller *m,* Gicht *f.* **5.** *mar.* a) Tragfähigkeit *f,* Tonnengehalt *m*: **a ship of 1,000 tons** ~ ein Schiff von 1000 Tonnen, b) Gewicht *n* der Schiffsladung. **II** *v/t* **6.** belasten (*a. fig.*): **to** ~ **s.o. with s.th.** j-m etwas aufbürden.

bur·den[2] [ˈbɜːdn; *Am.* ˈbɜrdn] *s* **1.** *mus.* a) Baß *m,* tiefe Begleitung, b) → **bourdon**[1] c. **2.** Reˈfrain *m,* Kehrreim *m.* **3.** ˈHauptiˌdee *f,* -punkt *m,* -gedanke *m,* Kern *m.*

ˈbur·den·some [-səm] *adj* lästig, beschwerlich, drückend.

bur·dock [ˈbɜːdɒk; *Am.* ˈbɜrˌdɑk] *s bot.* (*bes.* Große) Klette.

bu·reau [bjʊəˈrəʊ] *pl* **-reaus, -reaux** [-rəʊz] *s* **1.** *Br.* Schreibtisch *m,* -pult *n.* **2.** *Am.* (*bes.* ˈSpiegel)Komˌmode *f.* **3.** Büˈro *n,* Geschäfts-, Amtszimmer *n.* **4.** a) Abˈteilung *f* (*e-s Staatsamtes*), b) Amt *n,* Dienststelle *f.* **5.** Auskunfts- *od.* Vermittlungsstelle *f.* **buˈreauc·ra·cy** [-ˈrɒkrəsɪ; *Am.* -ˈrɑ-] *s* **1.** Bürokraˈtie *f.* **2.** büroˈkratisches Reˈgierungssysˌstem. **3.** *collect.* (Berufs)Beamtentum *n.* **ˈbu·reau·crat** [-kræt] *s* Büroˈkrat *m.* **ˌbu·reau·cratˈese** [-krəˈtiːz] *s* Amts-, Beamtenstil *m,* -sprache *f.* **ˌbu·reau·ˈcrat·ic** *adj* (*adv* **~ally**) büroˈkratisch. **buˈreauc·ra·tism** [-ˈrɒkrətɪzəm; *Am.* -ˈrɑ-] *s.* Bürokraˈtismus *m.* **buˈreauc·ra·tist** *s* **1.** Büroˈkrat *m.* **2.** Verfechter *m* des Bürokraˈtismus. **buˈreauc·ra·tize** *v/t* bürokratiˈsieren.

bu·rette [bjʊəˈret] *s* **1.** *chem.* Büˈrette *f,* Meßröhre *f.* **2.** verzierte Kanne (*bes. für Meßwein*).

burg [bɜːg; *Am.* bɜrg] *s* **1.** *hist.* befestigte Stadt. **2.** *Am. colloq.* Stadt *f.*

bur·gee [ˈbɜːdʒiː; *Am.* bɜrˈdʒiː] *s* **1.** *mar.* Doppelstander *m* (*Wimpel*). **2.** *tech. Br. e-e kleine Kohlensorte.*

bur·geon [ˈbɜːdʒən; *Am.* ˈbɜr-] **I** *s* **1.** *bot.* Knospe *f,* Auge *n.* **2.** *zo.* Keim *m.* **II** *v/i* **3.** *oft* ~ **forth** (*od.* **out**) a) knospen, b) *fig.* sich entwickeln *od.* entfalten.

burg·er [ˈbɜːgə; *Am.* ˈbɜrgər] *s gastr. bes. Am. colloq.* Hamburger *m.*

bur·gess [ˈbɜːdʒɪs; *Am.* ˈbɜrdʒəs] *s hist.* **1.** *Br.* (freier) Bürger. **2.** *Br.* Abgeordnete(r) *m.* **3.** *Am. Abgeordneter der Volksvertretung in Maryland od. Virginia.*

burgh [ˈbʌrə; *Am.* ˈbɜrəʊ] *s* **1.** *Scot. für* **borough** 2 a. **2.** *obs. für* **borough** 2 b.

burgh·er [ˈbɜːgə; *Am.* ˈbɜrgər] *s* **1.** Städter *m.* **2.** (etaˈblierter, konventioˈnell ausgerichteter) Bürger.

bur·glar [ˈbɜːglə; *Am.* ˈbɜrglər] *s* Einbrecher *m*: **we had ~s last night** bei uns wurde letzte Nacht eingebrochen. **~ a·larm** *s* Aˈlarmanlage *f.*

bur·glar·i·ous [bɜːˈgleərɪəs; *Am.* bɜr-] *adj* (*adv* **~ly**) einbrecherisch, Einbrecher..., Einbruchs...: ~ **attempt**; ~ **tools.**

bur·glar·ize [ˈbɜrgləˌraɪz] *Am. für* **burgle.**

ˈbur·glar·proof *adj* einbruch(s)sicher.

bur·gla·ry [ˈbɜːglərɪ; *Am.* ˈbɜr-] *s* Einbruch(sdiebstahl) *m.*

bur·gle [ˈbɜːgl; *Am.* ˈbɜrgəl] *v/t u. v/i* einbrechen (in *acc od. dat*): **he was ~d** bei ihm wurde eingebrochen.

bur·go·mas·ter [ˈbɜːgəʊˌmɑːstə; *Am.* ˈbɜrgəˌmæstər] *s* Bürgermeister *m* (*in Belgien, Deutschland, den Niederlanden u. Österreich*).

bur·go·net [ˈbɜːgənet; *Am.* ˈbɜrgənət] *s hist.* Sturmhaube *f.*

bur·grave [ˈbɜːgreɪv; *Am.* ˈbɜr-] *s hist.* (*deutscher*) Burggraf.

Bur·gun·dy [ˈbɜːgəndɪ; *Am.* ˈbɜr-] *s a.* ~ **wine** Burˈgunder *m.*

bur·i·al [ˈberɪəl] *s* Begräbnis *n,* Beerdigung *f,* Beisetzung *f.* **~ ground** *s* Friedhof *m.* **~ mound** *s* Grabhügel *m.* **~ place** *s* Grab(stätte *f*) *n.* **~ ser·vice** *s* Trauerfeier *f.*

bu·rin [ˈbjʊərɪn; *Am. a.* ˈbɜrən] *s tech.* Grabstichel *m.*

burk [bɜːk] *s Br. sl.* Idiˈot *m,* Trottel *m.*

burke [bɜːk; *Am.* bɜrk] *v/t* **1.** erwürgen. **2.** *fig.* vertuschen. **3.** *fig.* umˈgehen, vermeiden.

burl [bɜːl; *Am.* bɜrl] **I** *s* **1.** Knoten *m* (*in Tuch od. Garn*). **2.** *bot.* Auswuchs *m,* Knoten *m* (*an Bäumen*). **II** *v/t* **3.** *Tuch* belesen, noppen: **~ing irons** Noppzange *f*; ~ **machine** Zeugsichtemaschine *f.*

bur·lap [ˈbɜːlæp; *Am.* ˈbɜr-] *s* Rupfen *m,* Juteleinen *n,* Sackleinwand *f.*

bur·lesque [bɜːˈlesk; *Am.* bɜr-] **I** *adj* **1.** burˈlesk, possenhaft. **II** *s* **2.** Burˈleske *f,* Posse *f,* Persiˈflage *f.* **3.** *fig.* Karikaˈtur *f.* **4.** *Am.* Tingeltangel *n,* Varieˈté *n.* **III** *v/t* **5.** persiˈflieren. **6.** *fig.* kariˈkieren.

bur·ly [ˈbɜːlɪ; *Am.* ˈbɜrliː] *adj* stämmig.

Bur·man [ˈbɜːmən; *Am.* ˈbɜr-] → **Burmese** 2 a.

Bur·mese [ˌbɜːˈmiːz; *Am.* ˌbɜr-] **I** *adj* **1.** birˈmanisch. **II** *s* **2.** a) Birˈmane *m,* Birˈmanin *f,* b) Birˈmanen *pl.* **3.** *ling.* Birˈmanisch *n,* das Birmanische.

burn[1] [bɜːn; *Am.* bɜrn] **I** *s* **1.** verbrannte Stelle. **2.** *med.* Brandwunde *f,* Verbrennung *f.* **3.** *tech.* Zündung *f* (*e-r Rakete*). **4.** **to do a** ~ → **slow burn.**

II *v/i pret u. pp* **burned** *u.* **burnt** **5.** (ver)brennen, in Flammen stehen: **the house is ~ing** das Haus brennt. **6.** brennen (*Ofen, Licht etc*). **7.** *fig.* brennen (with vor *dat*): **to** ~ **with impatience**; **~ing with anger** wutentbrannt; **~ing with love** von Liebe entflammt; **to be ~ing to do s.th.** darauf brennen, etwas zu tun. **8.** ver-, anbrennen, versengen: **the meat is ~t** das Fleisch ist angebrannt. **9.** brennen (*Gesicht, Wunde etc*): **his face ~ed**; → **ear**[1] *Bes. Redew.* **10. you are ~ing!** (*bes. bei Rätsel- od. Suchspielen*) heiß! **11.** *chem.* verbrennen, oxyˈdieren. **12.** a) in den Flammen ˈumkommen, verbrennen, b) verbrannt werden, den Feuertod erleiden, c) *Am. sl.* auf dem eˈlektrischen Stuhl ˈhingerichtet werden. **13.** *fig.* sich (unauslöschlich) einbrennen (**into** *dat od.* in *acc*): **her words ~ed into his memory.**

III *v/t* **14.** verbrennen: **his house was ~t** sein Haus brannte ab; **to be ~t to death** → 12 a; → **boat** 1, **bridge**[1] 1, **candle** 1, **midnight** II. **15.** ab-, verbrennen, versengen, durch Feuer *od.* Hitze beschädigen, *Speise* anbrennen (lassen): **to** ~ **one's fingers** sich die Finger verbrennen (*a. fig.*); **to** ~ **a hole** ein Loch brennen (**in** in *acc*); **to** ~ **the throat** im Hals brennen. **16.** *tech.* (*Holz*)*Kohle, Ziegel, Kalk, Porzellan* brennen. **17.** a) heizen mit, *Kohle etc* verwenden: **we** ~ **gas this winter,** b) *bes. mar.* betrieben werden *od.* fahren mit. **18.** *Am. sl.* auf dem eˈlektrischen Stuhl ˈhinrichten. **19.** *Am. sl. e-n Ball etc* ‚pfeffern‘, schmeißen.

Verbindungen mit Adverbien:

burn| a·way I *v/i* **1.** (vor sich hin) brennen. **2.** herˈunterbrennen (*Kerze etc*). **3.** verbrennen. **II** *v/t* **4. to be burnt away** *med.* wegbrennen (*Haut etc*). **~ down I** *v/t* **1.** ab-, niederbrennen: **to be burnt down** → 2. **II** *v/i* **2.** ab-, niederbrennen. **3.** herˈunterbrennen (*Feuer, Kerze etc*). **~ in** *v/t* **1.** *Farben etc* einbrennen. **2.** *phot.* nachbelichten. **~ off** *v/t Farbe etc* abbrennen. **~ out I** *v/i* **1.** ausbrennen (*Feuer, Kerze etc, a. tech. Rakete*). **2.** *agr.* ausgelaugt werden (*Boden*). **3.** *electr.* ˈdurchbrennen. **II** *v/t* **4. to be burnt out** ausbrennen (*Haus, Fahrzeug etc*): **they were burnt out of their home** ihr Haus brannte ab. **5. to burn itself out** → 1. **6. to burn o.s. out** a) sich (*gesundheitlich*) ruinieren, sich kaputtmachen, b) *bes. sport* sich völlig verausgaben. **7.** *feindliche Truppen etc* ausräuchern. **~ up I** *v/i* **1.** auflodern. **2.** a) verbrennen, b) verglühen (*Rakete etc*). **3.** *Am. colloq.* wütend werden. **II** *v/t* **4.** *Abfall etc* verbrennen. **5.** *Am. colloq.* *j-n* wütend machen.

burn[2] [bɜːn] *s Scot.* Bach *m.*

ˈburn·er *s* Brenner *m* (*Person u. Gerät*).

bur·net [ˈbɜːnɪt; *Am.* ˈbɜr-] *s bot.* **1.** Wiesenknopf *m.* **2.** → **pimpernel.** **~ rose** *s bot.* Biberˈnellrose *f.* **~ sax·i·frage** *s pharm.* Biberˈnellwurz *f.*

Burn·ham scale [ˈbɜːnəm] *s Br. Gehaltsskala für Lehrer an staatlichen Schulen.*

ˈburn·ing I *adj* **1.** brennend (*a. fig.*), (*Kohle a.*) glühend: **a** ~ **question**; **to take a ~ing interest in** brennend interessiert sein an (*dat*); ~ **sensation** *med.* Brennen *n.* **2.** ungeheuer (*Schande etc*). **II** *s* **3.** Brennen *n* (*a. tech.*). **4.** *tech.* Überˈhitzung *f.* **~ bush** *s Bibl.* brennender Dornbusch. **~ glass** *s* Brennglas *n.* **~ life** *s* Brenndauer *f* (*e-r Glühlampe etc*).

bur·nish [ˈbɜːnɪʃ; *Am.* ˈbɜr-] **I** *v/t* **1.** poˈlieren, blank reiben. **2.** *Metall* brüˈnieren, glanzschleifen, (ˈpreß)poˌlieren. **3.** *hunt. das Geweih* fegen (*Hirsch*). **II** *v/i* **4.** glänzend *od.* blank werden. **III** *s* **5.** Glanz *m,* Poliˈtur *f.* **ˈbur·nish·er** *s* **1.** Poˈlierer *m.* **2.** Brüˈnierer *m.* **3.** *tech.* Poˈlierstahl *m.*

bur·noose, bur·nous [bɜːˈnuːs; *Am.* bɜr-], **burˈnouse** [-ˈnuːz] *s* **1.** Burnus *m* (*Kapuzenmantel der Beduinen*). **2.** burnusähnlicher Damenmantel.

ˈburn·out *s* **1.** *electr.* ˈDurchbrennen *n.* **2.** *tech.* Brennschluß *m* (*e-r Rakete*).

burnt [bɜːnt; *Am.* bɜrnt] *pret u. pp von* **burn**[1]. **~ al·monds** *s pl* gebrannte Mandeln *pl.* **~ lime** *s tech.* Ätzkalk *m,* gebrannter Kalk. **~ of·fer·ing** *s* **1.** *Bibl.* Brandopfer *n.* **2.** *humor.* angebranntes Essen.

ˈburn-up *s Atomphysik*: Abbrand *m.*

burp [bɜːp; *Am.* bɜrp] *colloq.* **I** *s* a) Rülpsen *n,* b) Rülpser *m,* (*e-s Babys*) ‚Bäuerchen‘ *n*: ~ **gun** *mil. Am.* Maschinenpistole *f.* **II** *v/i* rülpsen, aufstoßen, (*Baby*) ein ‚Bäuerchen‘ machen. **III** *v/t ein Baby* ein ‚Bäuerchen‘ machen lassen.

burr[1] [bɜː; *Am.* bɜr] **I** *s* **1.** *tech.* (Bohr-, Stanz-, Walz- *etc*)Grat *m* (*rauhe Kante od. Naht*). **2.** *tech.* kleine Beilagscheibe. **3.** *med.* (Zahn)Bohrer *m.* **4.** → **bur** 1–3. **II** *v/t* **5.** *tech.* abgraten.

burr[2] [bɜː; *Am.* bɜr] **I** *s* **1.** *ling.* Zäpfchenaussprache *f* des R. **2.** schnarrende Aussprache. **3.** Schnarrton *m.* **II** *v/i* **4.** rauh *od.* gutturˈral *od.* undeutlich sprechen. **5.** schnarren. **III** *v/t* **6.** gutturˈral aussprechen, schnarren: **he ~s his r's.**

burr[3] [bɜː; *Am.* bɜr] *s* **1.** Mühlstein *m.* **2.** Wetzstein *m.*

burr drill *s tech.* Drillbohrer *m.*

bur·ro [ˈbɜrəʊ; ˈbʊ-] *pl* **-ros** *s Am.* kleiner (Pack)Esel.

bur·row [ˈbʌrəʊ; *Am. a.* ˈbɜrəʊ] **I** *s* **1.** (*Fuchs- etc*)Bau *m*, Höhle *f*, Erdloch *n*. **2.** Fraßgang *m*, (*Wurm- etc*)Loch *n*. **3.** ‚Loch' *n*, (notdürftiger) ˈUnterschlupf. **II** *v/i* **4.** e-e Höhle *od.* e-n Gang graben. **5.** sich eingraben *od.* verkriechen (**into** in *acc*). **6.** *fig.* (**into**) a) sich vertiefen (in *acc*): **he ~ed into his records**, b) graben *od.* wühlen (in *dat*): **he ~ed into his pockets. 7.** sich schmiegen (**against** an *acc*). **III** *v/t* **8.** *ein Loch etc* graben. **9. to ~ one's head into s.o.'s shoulder** s-n Kopf an j-s Schulter schmiegen.

ˈ**bur·row·ing owl** *s orn.* Höhleneule *f*.

bur·sa [ˈbɜːsə; *Am.* ˈbɜrsə] *pl* **-sae** [-siː] *od.* **-sas** *s* Bursa *f*: a) *zo.* Tasche *f*, Beutel *m*, b) *anat.* Schleimbeutel *m*.

bur·sar [ˈbɜːsə; *Am.* ˈbɜrsər] *s univ.* **1.** Quästor *m*, Fiˈnanzverwalter *m*. **2.** *Scot.* Stipendiˈat *m*. ˈ**bur·sar·ship** → **bursary** 2. ˈ**bur·sa·ry** *s univ.* **1.** Quäˈstur *f*. **2.** *Scot.* Stiˈpendium *n*.

bur·si·tis [bɜːˈsaɪtɪs; *Am.* bɜr-] *s med.* Burˈsitis *f*, Schleimbeutelentzündung *f*.

burst [bɜːst; *Am.* bɜrst] **I** *v/i pret u. pp* **burst 1.** a) bersten (*Eis, Mauer etc*), (zer)platzen (*Luftballon, Reifen etc*), brechen (*Damm etc*), b) *a.* **~ open** aufplatzen (*Knospe, Wunde etc*), aufspringen (*Knospe, Tür etc*): **she was ~ing out of her dress** sie platzte fast aus ihrem Kleid. **2.** exploˈdieren, (*Granate etc a.*) kreˈpieren. **3.** zerbrechen, zersplittern. **4.** *fig.* ausbrechen (**into** in *acc*): **to ~ out laughing, to ~ into laughter** in Gelächter ausbrechen, loslachen, ‚herausplatzen'; **to ~ into tears** in Tränen ausbrechen; **to ~ into bloom** plötzlich erblühen; **to ~ into flame(s)** in Flammen aufgehen; **to ~ into rage** plötzlich in Wut geraten. **5. ~ out** ‚herˈausplatzen': **'I don't believe it!' he ~ out. 6.** zum Bersten voll sein (**with** von): **barns ~ing with grain; to ~ with health (energy)** *fig.* von *od.* vor Gesundheit (Energie) strotzen. **7.** *fig.* (*vor Neugierde, Neid etc*) bersten, platzen: **to ~ with curiosity (envy); to ~ with laughter** sich vor Lachen schütteln; **I am ~ing to tell you** ich brenne darauf, es dir zu sagen. **8. ~ in (out)** herˈein-(hinˈaus)stürmen: **to ~ into the room** ins Zimmer platzen *od.* stürzen; **to ~ in (up)on** a) hereinplatzen bei (*j-m*), b) sich einmischen in (*acc*), *e-e Unterhaltung etc* unterbrechen. **9. to ~ into view** (*od.* **sight**) plötzlich sichtbar werden; **to ~ forth** hervorbrechen, -sprudeln; **to ~ through** durchbrechen (*Sonne etc*); **to ~ upon s.o.** j-m plötzlich klar werden. **II** *v/t* **10.** (auf)sprengen, zum Platzen bringen: **to ~ open** aufbrechen; **I have ~ a blood vessel** mir ist e-e Ader geplatzt; **to ~ a hole into s.th.** ein Loch in etwas sprengen; **the car ~ a tire** (*bes. Br.* **tyre**) ein Reifen am Wagen platzte; **the river ~ its banks** der Fluß trat über die Ufer *od.* durchbrach die Dämme; → **side** 4. **III** *s* **11.** Bersten *n*, Platzen *n*. **12.** Exploˈsiˈon *f*. **13.** Bruch *m*, Riß *m*. **14.** *fig.* Ausbruch *m*: **~ of applause** Beifallssturm *m*; **~ of hospitality** plötzliche Anwandlung von Gastfreundschaft; **~ of laughter** Lachsalve *f*. **15.** *a.* **~ of fire** Feuerstoß *m*, Salve *f* (*e-s Maschinengewehrs etc*). **16.** *electr. phys.* a) (Strom)Stoß *m*, Imˈpuls *m*, b) Ionisatiˈonsstoß *m*. **17.** *a.* **~ of speed** *sport* (Zwischen)Spurt *m*.

ˈ**burst·ing| point** *s* **1.** *mil.* Sprengpunkt *m*. **2.** *fig.* Siedepunkt *m*: **at ~** zum Zerreißen gespannt (*Nerven*). **~ strength** *s tech.* Berst-, Bruchfestigkeit *f*.

bur·then [ˈbɜːðn; *Am.* ˈbɜrðən] *obs. für* **burden**[1].

bur·ton [ˈbɜːtn; *Am.* ˈbɜrtn] *s* **1.** *mar. ein leichter Flaschenzug.* **2. to have gone for a ~** *Br. colloq.* a) ‚im Eimer' (*kaputt od. gescheitert*) sein, b) ‚futsch' (*weg*) sein, c) ‚den Löffel weggelegt haben' (*gestorben sein*).

bur·y [ˈberɪ] *v/t* **1.** ver-, eingraben, (ver-)senken, *electr. tech.* in die Erde verlegen: **to ~ one's face in the pillows** sein Gesicht in den *od.* die Kissen vergraben; **to ~ o.s. (away** *od.* **alive) in the country** *fig.* sich auf dem Land vergraben; **buried cable** *tech.* Erdkabel *n*; **buried wire** *electr.* Unterputzleitung *f*; → **hatchet** 2, **head** *Bes. Redew.* **2.** begraben, beerdigen, bestatten: **she has buried three husbands** sie hat drei Männer überlebt. **3.** verschütten, begraben: **buried under an avalanche; to be buried in** (*od.* **under**) **work** bis über den Hals in Arbeit stecken. **4.** *fig.* begraben, vergessen: **to ~ a quarrel; to ~ the past** e-n Schlußstrich unter die Vergangenheit ziehen. **5. to ~ o.s.** sich vertiefen *od.* versenken (**in** in *acc*): **to be buried in** vertieft sein in (*acc*); **to be buried in thought(s)** gedankenversunken *od.* in Gedanken versunken sein.

ˈ**bur·y·ing| bee·tle** *s zo.* (*ein*) Totengräber(käfer) *m*. **~ ground** *s* Friedhof *m*.

bus [bʌs] **I** *pl* **-es, -ses** *s* **1.** Omnibus *m*, (Auto)Bus *m*: → **miss**[2] 1. **2.** *colloq.* ‚Kiste' *f*: a) Auto *n*, b) Flugzeug *n*. **II** *v/i pret u. pp* **bused, bussed 3.** mit dem Bus fahren. **4.** *Am.* als Hilfskellner arbeiten. **III** *v/t* **5.** mit Bussen befördern *od.* fahren. **6.** *Am. Schulkinder mit Bussen in andere Bezirke befördern, um in den Klassen ein rassisches Gleichgewicht zu erzielen.* **~ bar** *s electr.* Strom-, Sammelschiene *f*. **~ boy** *s Am.* Hilfskellner *m*.

bus·by [ˈbʌzbɪ] *s* Bärenmütze *f*.

bush[1] [bʊʃ] **I** *s* **1.** Busch *m*, Strauch *m*: **to beat about** (*od.* **around**) **the ~** *fig.* wie die Katze um den heißen Brei herumgehen, um die Sache herumreden. **2.** Gebüsch *n*, Dickicht *n*. **3.** a) (*australischer etc*) Busch, b) Waldland *n*. **4. ~ of hair** (Haar)Schopf *m*. **5.** a) *obs.* Buschen *m* (*zur Kennzeichnung e-r Buschenschenke*), b) Wirtshausschild *n*, c) Reˈklame *f*: **it needs no ~. II** *adj* → **bush-league**.

bush[2] [bʊʃ] *tech.* **I** *s* Buchse *f*, Büchse *f*. **II** *v/t* ausbuchsen.

bushed [bʊʃt] *adj colloq.* (tod)müde, (völlig) ‚groggy'.

bush·el[1] [ˈbʊʃl] *s* **1.** Bushel *m*, Scheffel *m* (*Br. 36,37 l, Am. 35,24 l*): → **light**[1] 4. **2.** *fig.* Haufen *m*.

bush·el[2] [ˈbʊʃəl] *v/t pret u. pp* **-eled** *Am. Kleidung* a) ausbessern, flicken, b) ändern.

ˈ**bush|ˌfight·er** *s Am.* Gueˈrilla(kämpfer) *m*. ˈ**~ˌham·mer** *s tech.* Stockhammer *m*. **~ har·row** *s* Buschegge *f*.

ˈ**bush·ing** *s* **1.** *tech.* a) → **bush**[2] I, b) Muffe *f*, Spannhülse *f*. **2.** *electr.* ˈDurchführungshülse *f*.

bush| jack·et *s* Buschhemd *n*. **~ league** *s bes. Baseball*: *Am. colloq.* a) untere Spielklasse, b) Proˈvinzliga *f*. ˈ**~-ˌleague** *adj Am. colloq.* a) diletˈtantisch, Schmalspur..., b) Provinz..., c) minderwertig. **~ leagu·er** *s Am. colloq.* **1.** Spieler *m* in e-r **bush league**. **2.** Diletˈtant *m*. ˈ**B~man** [-mən] *s irr* **1.** Buschmann *m* (*Südafrikas*). **2.** *Am. Austral. j-d, der im Wald od. Busch lebt.* **3. b~** *Am.* ˈHinterwäldler *m*. ˈ**~ˌmas·ter** *s zo.* Buschmeister *m* (*amer. Giftschlange*). **~ met·al** *s tech.* Hartguß *m*. ˈ**~ˌrang·er** *s* **1.** *Austral. entsprungener Strafgefangener, der im Busch lebt.* **2.** *Am.* ˈHinterwäldler *m*. **~ shirt** *s* Buschhemd *n*. **~ tel·e·graph** *s* ˈUrwaldteleˌfon *n*: **I heard it on the ~** *colloq.* ich hab' so etwas läuten hören. ˈ**~ˌwhack I** *v/i* **1.** *Am. Austral.* im Wald *od.* Busch leben *od.* herˈumstreichen. **2.** *Am.* a) als Gueˈrilla kämpfen, b) e-n Gueˈrillakampf führen. **II** *v/t* **3.** *Am.* aus e-m *od.* dem ˈHinterhalt überˈfallen. ˈ**~ˌwhack·er** *s* **1.** *Am. Austral. j-d, der im Wald od. Busch lebt od. herumstreicht.* **2.** *Am.* Gueˈrilla(kämpfer) *m*.

ˈ**bush·y** *adj* buschig. ˈ**~-tailed** *adj zo.* mit buschigem Schwanz: → **bright-eyed** 2.

busi·ness [ˈbɪznɪs] *s* **1.** Geschäft *n*, Beruf *m*, Tätigkeit *f*, Gewerbe *n*, Arbeit *f*: **to carry on ~ as an estate agent** als Grundstücksmakler tätig sein; **on ~** geschäftlich, beruflich, in Geschäften, in e-r geschäftlichen Angelegenheit; **to discuss ~** über geschäftliche Dinge reden; **he knows his ~** er versteht sein Geschäft; **on the way to ~** auf dem Weg zur Arbeit(sstätte). **2.** a) Kaufmannsberuf *m*, b) Geschäftsleben *n*, Handel *m*: **to be in ~** Geschäftsmann *od.* Kaufmann sein, ein Geschäft haben; **to go into ~** Kaufmann werden; **to go out of ~** das Geschäft *od.* s-n Beruf aufgeben; **~ is ~** Geschäft ist Geschäft. **3.** *econ.* Geschäft(sgang *m*) *n*, Geˈschäftsvoˌlumen *n*, ˈUmsatz *m*: **how is ~?** wie gehen die Geschäfte?; **~ is slack** das Geschäft ist flau; **~ done** (*Börse*) Umsatz(betrag) *m*, (tatsächlich getätigte) Abschlüsse *pl*; **no ~ (done)** (*Börse*) ohne Umsatz; **to do good ~ (with)** gute Geschäfte machen (mit); **to lose ~** Kundschaft *od.* Aufträge verlieren. **4.** *econ.* Geschäft *n*, (Geˈschäfts)Unterˌnehmen *n*, (-)Betrieb *m*, Firma *f*. **5.** (Laden)Geschäft *n*. **6.** Arbeit *f*, Tätigkeit *f*, Beschäftigung *f*: **~ before pleasure** erst die Arbeit, dann das Vergnügen. **7.** *a.* **~ of the day** Tagesordnung *f*. **8.** Sache *f*, Aufgabe *f*, Pflicht *f*: **that's your ~ (to do)** das (zu tun) ist d-e Aufgabe; **to make it one's ~ to do s.th., to make a ~ of doing s.th.** es sich zur Aufgabe machen, etwas zu tun. **9.** Angelegenheit *f*, Sache *f*: **to get down to ~** zur Sache kommen; **that's my ~** das ist m-e Sache; **this is none of your ~, that is no ~ of yours** das geht Sie nichts an; **the whole ~** die ganze Sache; **I'm trying to keep out of this demonstration ~** *colloq.* ich versuche, mich aus der ganzen Demonstriererei herauszuhalten; **to send s.o. about his ~** j-m heimleuchten; **to do s.o.'s ~, to give s.o. the ~** *colloq.* j-n ‚fertigmachen', ‚es j-m besorgen'; → **mean**[1] 1, **mind** 10. **10.** Anliegen *n*: **what is your ~?** was haben Sie auf dem Herzen? **11.** Anlaß *m*, Grund *m*, Berechtigung *f*: **you have no ~ doing** (*od.* **to do**) **that** Sie haben kein Recht, das zu tun; **what ~ had he to say that?** wie kam er dazu, das zu sagen? **12.** *thea.* Aktiˈon *f* (*stumme Szenen, Bewegungen etc*; *Ggs. Sprechtext*). **13.** ‚Geschäft' *n* (*Notdurft*): **to do one's ~** sein Geschäft erledigen *od.* machen *od.* verrichten.

busi·ness| ac·tiv·i·ty → **business** 3. **~ ad·dress** *s* Geˈschäftsaˌdresse *f*. **~ a·gent** *s* **1.** Handelsvertreter *m*. **2.** *Am.* Geˈwerkschaftsfunktioˌnär *m*. **~ cap·i·tal** *s econ.* Beˈtriebs-, Geˈschäftskapiˌtal *n*. **~ card** *s* Geschäftskarte *f*. **~ cir·cles** *s pl* Geschäftskreise *pl*. **~ col·lege** *s* Wirtschaftsoberschule *f*. **~ con·sult·ant** *s econ.* Betriebsberater *m*. **~ cy·cle** *s econ. bes. Am.* Konjunkˈturzyklus *m*. **~ end** *s colloq.* wesentlicher Teil (*e-r Sache*), *z. B.* Spitze *f* (*e-s Bohrers od. Dolchs*), Mündung *f od.* Lauf *m* (*e-r Pistole etc*). **~ hours** *s pl* Geschäftsstunden *pl*, -zeit *f*: **after ~** nach Geschäftsschluß. **~ in·come** *s econ.* a) Geschäftseinkommen *n*,

b) gewerbliche Einkünfte *pl*, c) Unter'nehmensgewinn *m*. **~ let·ter** *s* Geschäftsbrief *m*. **'~like** *adj* **1.** geschäftsmäßig, geschäftlich, sachlich, nüchtern. **2.** (geschäfts)tüchtig, praktisch. **~ lunch** *s* Geschäftsessen *n*. **~ ma·chine** *s* Bü'romaˌschine *f*. **'~man** [-mæn] *s irr* Geschäftsmann *m*: **he is a good ~** er ist geschäftstüchtig. **~ out·look** *s econ*. Geschäftsaussichten *pl*. **~ part·ner** *s econ*. Geschäftspartner *m*. **~ prac·tic·es** *s pl* Geschäftsgebaren *n*. **~ prem·is·es** *s pl* Geschäftsräume *pl*. **~ re·la·tions** *s pl* Geschäftsbeziehungen *pl*. **~ re·ply card** *s* Werbeantwortkarte *f*. **~ re·search** *s econ*. Konjunk'turforschung *f*. **~ se·cret** *s* Betriebs-, Geschäftsgeheimnis *n*. **~ suit** *s* Straßenanzug *m*. **~ trip** *s* Geschäftsreise *f*. **'~ˌwom·an** *s irr* Geschäftsfrau *f*: **she is a good ~** sie ist geschäftstüchtig. **~ year** *s econ*. Geschäftsjahr *n*.

'bus·ing *s Am. Busbeförderung von Schulkindern in andere Bezirke, um in den Klassen ein rassisches Gleichgewicht zu erzielen.*

busk¹ [bʌsk] *s* Kor'settstäbchen *n*.

busk² [bʌsk] *v/i Br.* auf der Straße musi'zieren, singen *od.* akro'batische Kunststücke *etc* vorführen.

'busk·er *s Br.* a) 'Straßenmusiˌkant(in), b) Straßensänger(in), c) *j-d, der auf der Straße akrobatische Kunststücke etc vorführt.*

bus·kin ['bʌskɪn] *s* **1.** geschnürter (Halb-)Stiefel. **2.** *antiq. thea.* Ko'thurn *m*. **3.** Tra'gödie *f*, Trauerspiel *n*.

'bus|·load *s* Busladung *f*. **'~man** [-mən] *s irr* Omnibusfahrer *m*: **~'s holiday** Urlaub, der mit der üblichen Berufsarbeit verbracht wird.

buss¹ [bʌs] **I** *s* Kuß *m*. **II** *v/t* küssen.

buss² [bʌs] *s mar.* Büse *f*, Heringsfischerboot *n*.

bus| ser·vice *s* Busverbindung *f*. **~ shel·ter** *s* Wartehäus-chen *n*.

bus·sing → **busing**.

bus stop *s* Bushaltestelle *f*.

bust¹ [bʌst] *s* **1.** Büste *f*: a) Brustbild *n* (*aus Stein, Bronze etc*), b) Busen *m*. **2.** *Schneiderei:* 'Brustˌumfang *m*.

bust² [bʌst] *colloq.* **I** *v/i pret u. pp* **'bust·ed, bust 1.** a) ‚ka'puttgehen': **and if I ~** und wenn es mich umbringt, b) (zer)platzen. **2.** ‚pleite' gehen. **3. ~ up** a) ‚Krach' haben, b) sich ‚verkrachen'. **4. ~ out** *ped. Am.* ‚'durchrasseln', ‚'durchrauschen'. **II** *v/t* **5.** *a.* **~ up** a) *etwas, a. fig. e-e Ehe* ‚ka'puttmachen', b) zum Platzen bringen, c) *e-n Safe, mil. e-n Panzer* knacken, d) *Am.* sich *etwas* brechen: **he ~ed his arm**, e) *e-e Versammlung etc* sprengen. **6.** ‚pleite' machen. **7.** a) festnehmen, verhaften (**for** wegen), b) e-e Razzia machen in (*dat*), c) durch'suchen. **8.** *mil. Am.* degra'dieren (**to** zu). **9.** *Am. ein Pferd* zureiten. **10.** *bes. Am. j-m* e-n (Faust)Schlag versetzen: **he ~ed him on the jaw** er ‚verpaßte' ihm e-n Kinnhaken. **III** *s* **11.** ‚Pleite' *f, a. weitS.* ‚Reinfall' *m*. **12.** a) Festnahme *f*, Verhaftung *f*, b) Razzia *f*, c) Durch'suchung *f*. **13.** *mil. Am.* Degra'dierung *f*. **14.** *bes. Am.* (Faust)Schlag *m*: **to give s.o. a ~ on the jaw** j-m e-n Kinnhaken ‚verpassen'. **15.** a) ‚Saufe'rei' *f*, b) ‚Sauftour' *f*: **to go on a ~** e-e Sauftour machen. **IV** *adj* **16.** ‚ka'putt', ‚im Eimer'. **17.** ‚pleite': **to go ~** pleite gehen.

bus·tard ['bʌstə(r)d] *s orn.* Trappe *m, a. f.*

'bust·er *s colloq.* **1.** a) ‚Mordsding' *n*, b) ‚Mordskerl' *m*. **2.** *oft* **B~** *bes. Am.* (*als Anrede*) ‚Chef!', ‚Meister!', (*drohend*) Freundchen! **3.** (*in Zssgn*) ...knacker *m*: safe ~ Geldschrankknacker *m*; → **tank buster**. **4.** *Am.* Zureiter *m*. **5.** *Am.* a) → **bust²** 15, b) Gröler *m*. **6.** *Austral.* heftiger, kalter Südwind.

bus·tle¹ ['bʌsl] **I** *v/i* **1.** *a.* **~ about** (*od.* **around**) geschäftig hin u. her eilen. **2.** a) sich beeilen, b) eilen, hasten. **3. the streets are bustling with life** auf den Straßen herrscht geschäftiges Treiben. **II** *v/t* **4.** *a.* **~ up** antreiben, hetzen. **III** *s* **5.** a) Geschäftigkeit *f*, b) geschäftiges Treiben.

bus·tle² ['bʌsl] *s hist.* Tour'nüre *f* (*unter dem Kleid getragenes Gesäßpolster*).

'bus·tler *s* geschäftiger Mensch. **'bus·tling** *adj* **1.** geschäftig. **2.** belebt (*Straße etc*).

'bust-up *s colloq.* ‚Krach' *m*: **to have a ~** → **bust²** 3.

bus·y ['bɪzɪ] **I** *adj* (*adv* **busily**) **1.** beschäftigt, tätig: **he was ~ sorting the books** er war damit beschäftigt, die Bücher zu ordnen. **2.** geschäftig, emsig, rührig, fleißig: **get ~!** an die Arbeit!, ‚ran!'; → **bee¹** 1. **3.** *Straßen etc:* a) belebt, b) verkehrsreich, stark befahren. **4.** arbeitsreich: **a ~ day; I had a ~ day yesterday** ich hatte gestern viel zu tun. **5.** 'über-, diensteifrig, auf-, zudringlich, lästig. **6.** *teleph. bes. Am.* besetzt. **7.** unruhig (*Muster, Tapete etc*). **II** *v/t* **8.** (**o.s.** sich) beschäftigen (**with** mit): **to ~ o.s. doing s.th.** sich damit beschäftigen, etwas zu tun. **'~ˌbod·y** *s* ‚Gschaftlhuber' *m*, 'Übereifrige(r *m*) *f*, aufdringlicher Mensch.

'bus·y·ness *s* Geschäftigkeit *f*.

bus·y sig·nal *s teleph. bes. Am.* Besetztzeichen *n*.

but [bʌt] **I** *adv* **1.** nur, bloß: **~ a child; there is ~ one way out** es gibt nur 'einen Ausweg; **I did ~ glance** ich blickte nur flüchtig hin. **2.** erst, gerade: **he left ~ an hour ago** er ist erst vor e-r Stunde gegangen. **3.** wenigstens, immer'hin: **you could ~ try**. **4. all ~** fast, beinahe, ‚um ein Haar': **he all ~ died** er wäre fast gestorben.

II *prep* **5.** außer: **all ~ him** alle außer ihm; **the last ~ one** der vorletzte; **the last ~ two** der drittletzte; **nothing ~ nonsense** nichts als Unsinn; **~ that** außer daß; es sei denn, daß. **6. ~ for** ohne: **~ for my parents** wenn m-e Eltern nicht (gewesen) wären.

III *conj* **7.** (*nach Negativen od. Interrogativen*) außer, als: **what can I do ~ refuse** was bleibt mir anderes übrig als abzulehnen; **he could not ~ laugh** er mußte einfach lachen. **8.** ohne daß: **he never comes ~ he causes trouble** er kommt nie, ohne Unannehmlichkeiten zu verursachen. **9.** *a.* **~ that, ~ what** (*nach Negativen*) daß nicht: **you are not so stupid ~** (*od.* **~ that, ~ what**) **you can learn that** du bist nicht so dumm, daß du das nicht lernen könntest. **10. ~ that** daß: **you cannot deny ~ that you did it**. **11. ~ that** wenn nicht: **I would do it ~ that I am busy**. **12.** aber, je'doch: **you want to do it ~ you cannot** du willst es tun, aber du kannst es nicht; **small ~ select** klein, aber fein; **~ then** a) aber schließlich, b) aber andererseits, c) immerhin. **13.** dennoch, nichtsdesto'weniger: **~ yet, ~ for all that** (aber) trotzdem. **14.** sondern: **not only ... ~ also** nicht nur ..., sondern auch.

IV *neg rel pron* **15.** der *od.* die *od.* das nicht: **there is no one ~ knows about it** es gibt niemanden, der es nicht weiß; **few of them ~ rejoiced** es gab nur wenige, die sich nicht freuten.

V *s* **16.** Aber *n*, Einwand *m*, 'Widerrede *f*: → **if** 5.

VI *v/t* **17. ~ me no buts!** hier gibt es kein Aber!, keine Widerrede!

bu·ta·di·ene [ˌbju:tə'daɪi:n] *s chem.* Butadi'en *n*.

bu·tane ['bju:teɪn] *s chem.* Bu'tan *n*.

bu·ta·nol ['bju:tənɒl; *Am. a.* -ˌəʊl] *s chem.* Buta'nol *n*, Bu'tylalkohol *m*.

bu·ta·none ['bju:tənəʊn] *s chem.* Buta'non *n*.

butch [bʊtʃ] *sl.* **I** *s* **1.** a) Mannweib *n*, b) ‚kesser Vater' (*Lesbierin, die sich betont männlich kleidet u. gibt*). **2.** *Br.* Schläger (-typ) *m*. **II** *adj* **3.** maskulin: **~ woman** a) → 1 a, b) → 1 b; **to be ~** ‚auf kesser Vater machen'. **4.** *Br.* gewalttätig.

butch·er ['bʊtʃə(r)] **I** *s* **1.** Fleischer *m*, Metzger *m*, Schlachter *m*. **2.** *fig.* a) (Menschen)Schlächter *m*, bru'taler Mörder, b) ‚Henker' *m* (*Richter, der wegen s-r Bluturteile berüchtigt ist*), c) *General etc, der sinnlos Blut vergießt*. **3.** Pfuscher *m*. **4.** *Am.* Verkäufer *m* (*von Süßigkeiten etc bes. in Zügen od. Theatern*). **II** *v/t* **5.** schlachten. **6.** abschlachten, niedermetzeln. **7.** verpfuschen. **'butch·er·ly** *adj* grausam, blutdürstig.

butch·er's (hook) *s Br. sl.* Blick *m*: **to have a ~ at** e-n Blick werfen auf (*acc*).

'butch·er·y *s* **1.** Fleischer-, Metzger-, Schlachterhandwerk *n*. **2.** Schlachthaus *n*, -hof *m*. **3.** *fig.* a) Metze'lei *f*, Gemetzel *n*, b) Abschlachten *n*, Niedermetzeln *n*.

bu·tene ['bju:ti:n] *s chem.* Bu'ten *n*.

but·ler ['bʌtlə(r)] *s* **1.** Kellermeister *m*. **2.** Butler *m*.

butt¹ [bʌt] **I** *s* **1.** (dickes) Ende (*e-s Werkzeugs etc*). **2.** (Gewehr- *etc*)Kolben *m*. **3.** a) (Zi'garren-, Ziga'retten-, Kerzen-) Stummel *m*, (Ziga'retten)Kippe *f*, b) *Am. colloq.* ‚Glimmstengel' *m* (*Zigarette*). **4.** *bot.* unteres Ende (*vom Stiel od. Stamm*). **5.** *tech.* a) Stoß *m* (*Berührungsstelle von Bauteilenden*), b) → **butt joint**. **6.** a) Kugelfang *m*, b) *meist pl* Schießstand *m*. **7.** *fig.* Zielscheibe *f* (*des Spottes etc*). **8.** a) Kopfstoß *m* (*a. Boxen*), b) Stoß *m* mit den Hörnern. **9.** *sl.* ‚Hintern' *m*, ‚Arsch' *m*. **10.** *obs.* Ziel *n*. **II** *v/t* **11.** *tech.* stumpf anein'anderfügen. **12.** a) *j-m* e-n Kopfstoß versetzen (*a. Boxen*), b) *j-m* e-n Stoß mit den Hörnern versetzen. **13.** *Zigarre, Zigarette* ausdrücken. **III** *v/i* **14. ~ in** *colloq.* sich einmischen (**on** in *acc*): **to ~ into** sich einmischen in (*acc*). **15.** (an)stoßen, (an)grenzen (**on, against** an *acc*): **to ~ out** vorspringen. **16.** a) mit dem Kopf stoßen (*a. Boxen*), b) mit den Hörnern stoßen.

butt² [bʌt] *s* **1.** a) Wein-, Bierfaß *n*, b) Regentonne *f*. **2.** Butt *n* (*englisches Flüssigkeitsmaß = 108 gallons*).

butte [bju:t] *s geol. Am.* Spitzkuppe *f*.

butt end *s* **1.** dickes Endstück. **2.** *tech.* Plankenende *n*.

but·ter ['bʌtə(r)] **I** *s* **1.** Butter *f*: **melted ~** zerlassene Butter; **run ~** Butterschmalz *n*; **he looks as if ~ would not melt in his mouth** er sieht aus, als könnte er nicht bis drei zählen *od.* als könnte er kein Wässerchen trüben; → **bread** *Bes. Redew.* **2.** butterähnliche Masse: → **cocoa butter, peanut butter**. **3.** *colloq.* ‚Schmus' *m*, Schmeiche'lei *f*, Schöntue'rei *f*. **II** *v/t* **4.** buttern, mit Butter bestreichen: **~ed toast** Toast *m* mit Butter. **5.** mit Butter zubereiten. **6. ~ up** *colloq. j-m* schöntun, *j-m* schmeicheln. **III** *v/i* **7. ~ up to** → 6. **'~ball** *s colloq.* Dicke(r *m*) *f*, Dickerchen *n*. **~ bean** *s bot.* Wachsbohne *f*. **~ boat** *s* kleine Sauci'ere (*für zerlassene Butter*). **~ churn** *s* Butterfaß *n* (*zum Buttern*). **'~cup** *s bot.* Butterblume *f*, Hahnenfuß *m*. **~ dish** *s* Butterdose *f*, -schale *f*. **'~fat** *s* Butterfett *n*. **'~ˌfin·gered** *adj*: **he's ~** *colloq.* er ist tolpatschig, ihm rutscht alles aus der Hand. **ˈ~ˌfin·gers** *s pl (als sg konstruiert) colloq.* Tolpatsch *m.*

ˈbut·ter·fly *s* **1.** *zo.* Schmetterling *m*, Tagfalter *m*: **to have butterflies in one's stomach** *colloq.* ein flaues Gefühl in der Magengegend haben; → **wheel** 6. **2.** *fig.* a) ‚Schmetterling' *m*, flatterhafter, oberflächlicher Mensch, b) ‚Papaˈgei' *m* (*auffällig u. geschmacklos gekleideter Mensch*), c) vergnügungssüchtiger Mensch. **3.** *a.* ~ **stroke** (*Schwimmen*) Schmetterlingsstil *m*, Butterfly(stil) *m.* ~ **bomb** *s mil.* Flügelsprengbombe *f.* ~ **nut** *s tech.* Flügelmutter *f.* ~ **screw** *s tech.* Flügelschraube *f.* ~ **valve** *s tech.* Drossel-, Absperrklappe *f.*

but·ter·ine [ˈbʌtəriːn] *s* Kunstbutter *f.*

ˈbut·ter|·milk *s* Buttermilch *f.* ~ **moun·tain** *s econ.* Butterberg *m.* ~ **mus·lin** *s* locker gewebter Musseˈlin. **ˈ~·nut** *s* **1.** *bot.* a) Grauer Walnußbaum, b) Graunuß *f.* **2.** *Am. hist. sl. Spitzname für e-n Soldaten der Südstaaten im Bürgerkrieg.* **ˈ~·scotch** *s* Karaˈmelbonˌbon *m, n.* **ˈ~·wort** *s bot.* Fettkraut *n.*

ˈbut·ter·y I *adj* **1.** butterartig, Butter... **2.** mit Butter bestrichen. **3.** *colloq.* schöntuerisch, schmeichlerisch. **II** *s* **4.** Speisekammer *f.* **5.** *univ. Br.* Kanˈtine *f.*

butt| joint *s tech.* Stoßverbindung *f*, -fuge *f.* **ˈ~-joint** *v/t tech.* stumpf stoßen. **ˈ~ˌleg·ging** *s Am. colloq.* ˈilleˌgaler Verkauf von unversteuerten Zigaˈretten.

but·tock [ˈbʌtək] *s* **1.** Gesäßbacke *f*, *zo.* ˈHinterbacke *f.* **2.** *pl* Gesäß *n*, *colloq. od. zo.* ˈHinterteil *n.* **3.** *meist pl mar.* Heck *n.*

but·ton [ˈbʌtn] **I** *s* **1.** (Kleider)Knopf *m*: **not worth a ~** *colloq.* keinen Pfifferling wert; **to be a ~ short** *colloq.* nicht alle Tassen im Schrank haben; → **care** 8. **2.** (Klingel-, Licht-, Druck-, Schalt-) Knopf *m*, (Druck)Taste *f.* **3.** Knopf *m*, knopfähnlicher Gegenstand, *z.B.* a) (ˈAnsteck)Plaˌkette *f*, (-)Nadel *f*, Abzeichen *n*, b) *fenc.* Spitzenschutz *m*, c) *mus.* (Reˈgister)Knopf *m*, d) *mus.* (Spiel-) Knopf *m* (*der Ziehharmonika*), e) *electr.* (Mikroˈphon)Kapsel *f*, f) ˈRundkopfmarˌkierung *f* (*im Straßenverkehr*). **4.** *bot. knotenartige Bildung bei Pflanzen*: a) Auge *n*, Knospe *f*, b) Fruchtknoten *m*, c) kleine *od.* verkümmerte Frucht, d) junger Pilz. **5.** *pl* (*als sg konstruiert*) *bes. Br. colloq.* Hoˈtelpage *m.* **6.** *Boxen*: *colloq.* ‚Punkt' *m* (*Kinnspitze*): **his answer was right on the ~** s-e Antwort traf genau ins Schwarze. **II** *v/t* **7.** *meist* **~ up** zuknöpfen: **to ~ s.th. up** etwas unter Dach u. Fach bringen; **to ~ up one's lip** (*od.* **mouth**) *colloq.* den Mund halten; **~ed** mit Knöpfen (versehen), (zu)geknöpft; **~ed up** *colloq.* a) ‚zugeknöpft', zurückhaltend, b) unter Dach u. Fach. **III** *v/i* **8.** sich knöpfen lassen, *hinten etc* geknöpft werden. **ˈ~·hole I** *s* **1.** Knopfloch *n.* **2.** *bes. Br.* Knopflochsträußchen *n*, Blume *f* im Knopfloch. **II** *v/t* **3.** a) *j-n* ‚abfangen' (u. auf ihn einreden), b) *Am. j-n* aufhorchen lassen. **4.** Knopflöcher nähen in (*acc*). **5.** mit Knopflochstichen nähen. **ˈ~·hole stitch** *s* Knopflochstich *m.* **ˈ~·hook** *s* Stiefelknöpfer *m.* ~ **switch** *s tech.* Druckknopfschalter *m.*

but·tress [ˈbʌtrɪs] **I** *s* **1.** *arch.* Strebe-, Stützpfeiler *m.* **2.** *fig.* Stütze *f.* **3.** vorspringender Teil. **II** *v/t a.* **~ up 4.** (durch Strebepfeiler) stützen. **5.** *fig.* (unter-) ˈstützen.

butt| shaft *s mil. hist.* Pfeil *m.* ~ **strap** *s tech.* Stoßblech *n*, Lasche *f.* ~ **weld** *s tech.* Stumpf(schweiß)naht *f.* **ˈ~-weld** *v/t* stumpfschweißen. ~ **weld·ing** *s* Stumpfschweißen *n.*

bu·tyl [ˈbjuːtɪl] *s chem.* Buˈtyl *n.* ~ **al·co·hol** *s chem.* Buˈtylalkohol *m.*

bu·tyl·ene [ˈbjuːtɪliːn] *s chem.* Butyˈlen *n.*

bu·tyr·a·ceous [ˌbjuːtɪˈreɪʃəs] *adj chem.* butterartig *od.* -haltig.

bu·tyr·al·de·hyde [ˌbjuːtɪˈrældɪhaɪd] *s chem.* Buˈtyraldeˌhyd *n.*

bu·tyr·ate [ˈbjuːtɪreɪt] *s chem.* Butyˈrat *n.*

bu·tyr·ic [bjuːˈtɪrɪk] *adj chem.* Butter...: **~ acid** Buttersäure *f.*

bux·om [ˈbʌksəm] *adj* drall.

buy [baɪ] **I** *s* **1.** *colloq.* Kauf *m*, (*das*) Gekaufte: **a good ~** ein guter Kauf. **II** *v/t pret u. pp* **bought** [bɔːt] **2.** (ein)kaufen, beziehen (**of, from** von; **at** bei): **to ~ s.th. from s.o.** j-m etwas abkaufen; **all that money can ~** alles, was für Geld zu haben ist; **$1,000 will ~ that car** für 1000 Dollar bekommt man diesen Wagen; **he's bought it** *Br. colloq.* ‚ihn hat's erwischt' (*er ist umgekommen*). **3.** *e-e Fahrkarte etc* lösen. **4.** *econ.* **to ~ o.s. into** sich einkaufen in (*acc*); **to ~ insurance** sich versichern lassen. **5.** *fig.* a) *e-n Sieg etc* erkaufen (**with** mit): **dearly bought** teuer erkauft, b) *Zeit* gewinnen. **6.** *j-n* ‚kaufen', bestechen. **7.** *relig.* erlösen. **8.** *bes. Am. colloq.* a) *etwas* glauben: **I won't ~ that!** ‚das kauf' ich dir *etc* nicht ab!', b) *etwas* akzepˈtieren. **III** *v/i* **9.** kaufen. **10. to ~ into** → 4.

Verbindungen mit Adverbien:

buy| back *v/t* zuˈrückkaufen. **~ in I** *v/t* **1.** sich eindecken mit. **2.** (*auf e-r Auktion*) zuˈrücknehmen. **3. to buy o.s. in** *econ.* sich einkaufen. **II** *v/i* **4.** sich eindecken (**for** für). **5.** → 3. **~ off** *v/t* → **buy** 6. **~ out** *v/t* **1.** *Teilhaber etc* abfinden, auszahlen. **2.** *Firma etc* aufkaufen. **3.** *mil.* los-, freikaufen (**of** von). **~ o·ver** *v/t* → **buy** 6. **~ up** *v/t* aufkaufen.

ˈbuy·er *s* **1.** Käufer(in), Abnehmer(in): **~s** (*Börse*) Geld *n*; **~-up** Aufkäufer *m*; **~s' market** *econ.* Käufermarkt *m*; **~'s option** Kaufoption *f*, (*Börse*) Vorprämie(ngeschäft *n*) *f*; **~s' strike** Käuferstreik *m.* **2.** *econ.* Einkäufer(in).

ˈbuy·ing I *s* (Ein-, Ab)Kauf *m.* **II** *adj* (Ein)Kauf(s)...: **~ agent** Einkaufsvertreter *m*, Einkäufer *m*; **~ brokerage** Einkaufsprovision *f*; **~ department** Einkauf(sabteilung *f*) *m*; **~ order** Kaufauftrag *m*; **(excessive) ~ power** (überschüssige) Kaufkraft.

buzz [bʌz] **I** *v/i* **1.** summen, surren, brummen, schwirren: **to ~ about** (*od.* **around**) herumschwirren (*a. fig.*); **to ~ off** *colloq.* (*meist imp*) ‚abschwirren', ‚abhauen'. **2. to ~ for s.o.** j-n mit dem Summer rufen. **3.** *fig.* dröhnen (**with** von): **my ears are ~ing** mir dröhnen die Ohren; **~ing with excitement** in heller Aufregung. **II** *v/t* **4.** *a.* **~ abroad** *Gerücht etc* verbreiten, in ˈUmlauf setzen. **5.** surren lassen. **6.** *Am.* mit e-r Kreissäge schneiden. **7.** a) *j-n* mit dem Summer rufen, b) *teleph. colloq. j-n* anrufen. **8.** *aer.* a) in geringer Höhe überˈfliegen, b) (bedrohlich nahe) herˈanfliegen an *ein Flugzeug etc.* **III** *s* **9.** Summen *n*, Brummen *n*, Surren *n*, Schwirren *n*: **to give s.o. a ~** a) j-n mit dem Summer rufen, b) *teleph. colloq.* j-n anrufen. **10.** Gemurmel *n*, Stimmengewirr *n.* **11.** Gerede *n*, Gerücht *n.*

buz·zard [ˈbʌzə(r)d] *s* **1.** *orn.* a) Bussard *m*, b) Amer. Truthahngeier *m*, c) Fischadler *m.* **2.** *meist* **old ~** *colloq.* ‚alter Gauner'.

buzz bomb → **flying bomb.**

ˈbuzz·er *s* **1.** Summer *m*, Brummer *m*, *bes.* summendes Inˈsekt. **2.** Summer *m*, Summpfeife *f.* **3.** *electr.* a) Summer *m*: **at the ~** beim Ertönen des Summers, b) Unterˈbrecher *m.* **4.** *Am. sl.* Poliˈzeimarke *f.*

buzz| saw *s tech. Am.* Kreissäge *f.* ~ **track** *s Film*: Geräuschspur *f.* ~ **word** *s* Schlagwort *n.*

by[1] [baɪ] **I** *prep* **1.** (*örtlich*) (nahe *od.* dicht) bei *od.* an (*dat*), neben (*dat*): **a house ~ the river** ein Haus beim *od.* am Fluß; **side ~ side** Seite an Seite. **2.** vorˈbei *od.* vorˈüber an (*dat*), an (*dat*) ... entlang: **he went ~ the church.** **3.** über (*acc*): **to go ~ London.** **4.** auf (*dat*), entlang (*acc*) (*Weg etc*): **to come ~ another road** e-e andere Straße entlangkommen. **5.** per, mit, mittels, durch (*ein Verkehrsmittel*): → **air**[1] 1, **post**[3] 1, *etc.* **6.** (*zeitlich*) bis zu, bis um, bis spätestens: **be here ~ 4.30** sei um 4 Uhr 30 hier; **~ that time** a) bis dahin, unterdessen, b) um diese Zeit, (ungefähr) zu diesem Zeitpunkt; → **now** *Bes. Redew.* **7.** während, bei (*Tageszeit*): → **day** *Bes. Redew. etc.* **8.** nach, ...weise: **sold ~ the meter** (*bes. Br.* **metre**) meterweise verkauft; → **hour**, *etc.* **9.** nach, gemäß: **it is ten ~ my watch** nach *od.* auf m-r Uhr ist es zehn. **10.** von: → **nature** 2, **trade** 4. **11.** von, durch (*Urheberschaft*): **she has a son ~ him** sie hat e-n Sohn von ihm; **a play ~ Shaw** ein Stück von Shaw; **it was settled ~ him** es wurde durch ihn *od.* von ihm erledigt; → **oneself** 1. **12.** mittels, mit Hilfe von, mit, durch: **written ~ pencil** mit Bleistift geschrieben; **~ listening** durch Zuhören; **~ (his) talking rapidly** dadurch, daß er schnell redete; → **force** 1, 3, 4, **letter**[1] 2. **13.** um (*bei Größenverhältnissen*): **(too) short ~ an inch** um e-n Zoll zu kurz. **14.** *math.* a) mal: **3 ~ 4; the size is 9 feet ~ 6** die Größe ist 9 auf 6 (*od.* 9 × 6) Fuß; → **multiply** 2, b) durch: **6 ~ 2**; → **divide** 7 a. **15.** an (*dat*), bei: → **root**[1] 1, **seize** 1 a. **II** *adv* **16.** nahe, da(ˈbei): **~ and large** im großen u. ganzen; **~ and ~** a) bald, demnächst, b) nach u. nach; → **close** 28, **hard** 26. **17.** vorˈbei, vorˈüber: → **go by, pass by**, *etc.* **18.** beiˈseite: → **put by**, *etc.*

by[2] → **bye**[1] II.

by- [baɪ] *Wortelement mit den Bedeutungen* a) (nahe) dabei *od.* vorbei, b) Neben..., Seiten..., c) geheim.

ˌby|-and-ˈby *s Am.* (nahe) Zukunft. **ˈ~-blow** *s* **1.** versehentlicher Schlag. **2.** *obs.* uneheliches Kind. **ˈ~-ˌby** *Am.* → **bye-bye.** **ˈ~-ˌcor·ner** *s* abgelegener Ort.

bye[1] [baɪ] **I** *s* **1.** Nebensache *f*: **by the ~** übrigens, nebenbei (bemerkt). **2.** *Krikket*: durch e-n vorˈbeigelassenen Ball ausgelöster Lauf. **3.** *sport* Freilos *n*: **to draw a ~** ein Freilos ziehen. **II** *adj* **4.** seitlich, Seiten... **5.** Neben...

bye[2] [baɪ] → **bye-bye** III.

bye- → **by-**.

bye-bye I *s* [ˈbaɪbaɪ] *meist pl* ‚Heia' *f* (*Kindersprache für Bett od. Schlaf*): **to go to ~(s)** a) in die Heia gehen, b) einschlafen. **II** *adv* → **bye-byes.** **III** *interj* [ˌbaɪˈbaɪ] *colloq.* a) ˈWiedersehen!, Tschüs!, b) *teleph.* ˈWiederhören! **ˈbye-byes** *adv*: **to go ~** a) in die ‚Heia' gehen, b) einschlafen.

ˈbye-eˌlec·tion → **by-election.** **ˈbye-law** → **bylaw.**

ˈby-efˌfect *s* Nebenwirkung *f.* **ˈby-eˌlec·tion** *s* Nachwahl *f.* **ˈby·gone I** *adj* vergangen. **II** *s* (*das*) Vergangene: **let ~s be ~s** laß(t) das Vergangene ruhen, sprechen wir nicht mehr davon. **ˈby·law** *s* **1.** *bes. Br.* ˈOrtsstaˌtut *n*, städtische Verordnung, Gemeindesatzung *f*: **building ~s** örtliche Bauvorschriften. **2.** a) Staˈtuten *pl*, Satzung *f* (*e-r Körperschaft des öffentlichen Rechts*), b) *pl econ. Am.* Satzung *f* (*e-r Aktiengesellschaft, bes. das Innenverhältnis betreffend*). **3.** ˈDurchführungsverordnung *f*, Ergänzungsgesetz *n.*

ˈ**by-line** *s* **1.** *rail.* Nebenlinie *f.* **2.** Nebenbeschäftigung *f.* **3.** Verfasserzeile *f,* -angabe *f* (*unter der Überschrift e-s Zeitungsartikels*). ˈ**by·name** *s* **1.** Beiname *m.* **2.** Spitzname *m.*
ˈ**by·pass I** *s* **1.** ˈUmleitung *f,* Umˈgehungsstraße *f.* **2.** *tech.* Bypass *m,* Nebenleitung *f.* **3.** ˈSeiten-, ˈNebenkaˌnal *m.* **4.** *electr.* Nebenschluß *m,* Shunt *m.* **5.** *Gasbrenner*: Dauerflamme *f.* **6.** *med.* Bypass *m*: a) *vorübergehende Blutumleitung e-s Gefäßes während e-r Operation an diesem Gefäß,* b) *Überbrückung e-s krankhaft veränderten Blutgefäßabschnitts durch Einpflanzung e-s Venenstücks etc.* **II** *v/t* **7.** umˈgehen (*a. fig.*). **8.** vermeiden. **9.** *fig.* überˈgehen. **10.** ab-, ˈumleiten. **11.** *electr.* a) shunten, vorˈbeileiten, b) überˈbrücken. **~con·dens·er** *s electr.* Überˈbrückungskondenˌsator *m.* **~ op·er·a·tion** *s med.* ˈBypassoperatiˌon *f.*
ˈ**by·path** → **byway**. ˈ**by·play** *s thea. bes. Am.* Nebenspiel *n.* ˈ**by-plot** *s* Nebenhandlung *f* (*im Drama etc*). ˈ**by-ˌprod·uct** *s* ˈNebenproˌdukt *n* (*a. fig.*), Nebenerzeugnis *n.*
byre [ˈbaɪə] *s Br.* Kuhstall *m.*
byr·nie [ˈbɜːnɪ; *Am.* ˈbɜrniː] *s hist.* Brünne *f.*
ˈ**by·road** *s* Seiten-, Nebenstraße *f.*
By·ron·ic [baɪˈrɒnɪk; *Am.* -ˈrɑ-] *adj* (*adv* **~ally**) **1.** Byronsch(er, e, es), **2.** byˈronisch, saˈtirisch-melanˈcholisch.
ˈ**byˌstand·er** *s* ˈUmstehende(r *m*) *f,* Zuschauer(in).
ˈ**by·street** *s* Seiten-, Nebenstraße *f.*
byte [baɪt] *s Computer*: Byte *n,* Biˈnärwort *n.*
ˈ**by·way** *s* **1.** Seiten-, Nebenstraße *f.* **2.** *fig.* a) ˈNebenaˌspekt *m,* b) Nebengebiet *n.*
ˈ**by·word** *s* **1.** Sprichwort *n.* **2.** (**for**) Innbegriff *m* (*gen*), Musterbeispiel (für): **to be a ~ for** stehen für, gleichbedeutend sein mit. **3.** *fig.* Gespött *n,* Gegenstand *m* der Verachtung. **4.** (*bes.* verächtlicher) Beiname. **5.** stehende Redensart, Schlagwort *n.*
Byz·an·tine [bɪˈzæntaɪn; *bes. Am.* ˈbɪzəntiːn; -taɪn] **I** *adj* byzanˈtinisch. **II** *s* Byzanˈtiner(in).

C

C, c [si:] **I** *pl* **C's, Cs, c's, cs** [si:z] *s* **1.** C, c *n* (*Buchstabe*). **2.** *mus.* C, c *n* (*Tonbezeichnung*): **C flat** Ces, ces *n*; **C sharp** Cis, cis *n*; **C double flat** Ceses, ceses *n*; **C double sharp** Cisis, cisis *n*. **3.** *mus.* C *n* (*Taktzeichen des Viervierteltakts*). **4. C** *ped.* Drei *f*, Befriedigend *n* (*Note*). **5. C** *Am. sl.* Hundert'dollarschein *m*. **6. C** C *n*, C-förmiger Gegenstand. **II** *adj* **7.** dritt(er, e, es): **Company C**. **8. C** C-..., C-förmig.

C 3 *adj Br. colloq.* **1. I'm C 3** mir geht es (*gesundheitlich*) nicht besonders (gut). **2.** minderwertig.

cab [kæb] **I** *s* **1.** a) Droschke *f*, b) Taxi *n*. **2.** a) Führerstand *m* (*Lokomotive*), b) Fahrerhaus *n* (*Lastkraftwagen*), (*a. Kran*) Führerhaus *n*. **II** *v/i* **3.** mit dem Taxi *od.* der Droschke fahren.

ca·bal [kə'bæl] **I** *s* **1.** Ka'bale *f*, Kom'plott *n*, Verschwörung *f*, In'trige *f*. **2.** Clique *f*, Verschwörergruppe *f*. **3.** exklu'siver (*literarischer etc*) Zirkel. **II** *v/i* **4.** sich verschwören. **5.** intri'gieren.

ca·ba·la [kə'bɑ:lə; *Am. a.* 'kæbələ] *s* Kabbala *f*: a) *jüdische Geheimlehre*, b) *allg.* Geheimlehre *f*.

cab·a·lism ['kæbəlɪzəm] *s* Kabba'listik *f*, Geheimwissenschaft *f*. **ˌcab·a'lis·tic** *adj*; **ˌcab·a'lis·ti·cal** *adj* (*adv* **~ly**) kabba'listisch.

cab·al·line ['kæbəlaɪn; -lɪn] *adj* Pferde...: **~ fountain** (*od.* **spring**) *poet.* Hippokrene *f*, Musenquell *m*.

ca·ba·na [kə'bɑ:nə; *Am.* kə'bænə] *s bes. Am.* Bade-, 'Umkleidezelt *n*.

cab·a·ret ['kæbəreɪ; *Am.* ˌkæbə'reɪ] *s* **1.** *a.* **~ show** Varie'tédarbietungen *pl* (*in e-m Restaurant od. Nachtklub*). **2.** *bes. Am.* Restau'rant *n od.* Nachtklub *m* mit Varie'tédarbietungen.

cab·bage ['kæbɪdʒ] **I** *s* **1.** *bot.* a) Kohl *m*, -pflanze *f*, b) Kohlkopf *m*. **2.** *a.* **palm ~** *bot.* Palmkohl *m*. **3.** *Br. colloq.* ‚geistiger Kleinrentner *od.* -gärtner'. **4.** *a.* **~ leaves** *pl Am. sl.* ‚Lappen' *pl* (*Papiergeld, Geldscheine*). **II** *v/i* **5.** stehlen, sti'bitzen. **~ but·ter·fly** *s zo.* Großer Kohlweißling. **~ fly** *s zo.* (*e-e*) Kohlfliege. **'~·head** *s* **1.** Kohlkopf *m*. **2.** *colloq.* → **cabbage** 3. **~ let·tuce** *s bot.* 'Kopfsaˌlat *m*. **~ palm** *s bot.* Kohlpalme *f*. **~ rose** *s bot.* Hundertblättrige Rose, Zenti'folie *f*. **~ tree** *s bot.* Kohlpalme *f* (*verschiedene Palmarten mit eßbaren Knospen*). **~ white** → **cabbage butterfly**.

cab·ba·la, cab·ba·lism, cab·ba·lis·tic(al) → **cabala**, *etc.*

cab·bie, cab·by ['kæbɪ] *colloq. für* **cabdriver**.

'cabˌdriv·er *s* **1.** Taxifahrer *m*. **2.** Droschkenkutscher *m*.

ca·ber ['keɪbə] *s Scot.* Baumstamm *m*: **tossing the ~** Baumstammwerfen *n*.

cab·in ['kæbɪn] **I** *s* **1.** Häus-chen *n*, Hütte *f*. **2.** *mar.* Ka'bine *f*, Ka'jüte *f*. **3.** *aer.* Ka'bine *f*: a) Fluggastraum *m*, b) Kanzel *f*. **4.** Ka'bine *f* (*Seilbahn etc*). **5.** *Br.* → **cab** 2b. **6.** *rail. Br.* Stellwerk *n*. **II** *v/t* **7.** einpferchen. **III** *v/i* **8.** a) beengt hausen, b) in e-r Hütte wohnen. **~ boy** *s mar.* junger Ka'binensteward. **~ class** *s mar.* Ka'binen-, Ka'jütsklasse *f*. **~ cruis·er** *s mar.* Ka'binenkreuzer *m*.

cab·i·net ['kæbɪnɪt] *s* **1.** *oft* **C~** *pol.* Kabi'nett *n*: **~ crisis** Regierungskrise *f*; **~ list** Kabinettsliste *f*; **~ meeting** Kabinettssitzung *f*; **~ minister** Kabinettsminister *m*; **~ question** Kabinettsfrage *f*; **~ reshuffle** Kabinettsumbildung *f*. **2.** *pol. obs.* Beratungs-, Sitzungszimmer *n*. **3.** kleiner Raum, Ka'bine *f*. **4.** *obs.* Pri'vat-, Stu'dierzimmer *n*. **5.** Vi'trine *f*, Kabi'nett-, Sammlungsschrank *m*. **6.** (Bü'ro-, Kar'tei-, La'bor- *etc*) Schrank *m*, (Wand)Schränkchen *n*. **7.** Scha'tulle *f*, kleine Truhe. **8.** *Radio etc*: Gehäuse *n*, Schrank *m*. **9.** a) → **cabinet photograph**, b) → **cabinet size**. **~ at·tend·ant** *s aer.* Flugbegleiter(in). **~ e·di·tion** *s* biblio'phile Ausgabe (*Buch*). **'~ˌmak·er** *s* Kunst-, Möbeltischler *m*. **'~ˌmak·ing** *s* Kunst-, Möbeltischle'rei *f*. **~ paint·ing** *s* Kabi'nettmaleˌrei *f*. **~ pho·to·graph** *s* Fotogra'fie *f* im Kabi'nettforˌmat. **~ pi·an·o** *s mus.* Pia'nino *n*. **~ pud·ding** *s gastr.* *Süßspeise aus Brot od. Kuchen, Trockenobst, Eiern u. Milch*. **~ saw** *s tech.* zweischneidige Handsäge. **~ size** *s phot.* Kabi'nettforˌmat *n* (*100 × 140 mm*). **~ var·nish** *s* 'Möbelpoliˌtur *f*, -lack *m*. **'~·work** *s* Kunsttischlerarbeit *f*.

ca·ble ['keɪbl] **I** *s* **1.** Kabel *n*, Tau *n*, (Draht)Seil *n*. **2.** *mar.* Ankertau *n*, -kette *f*: **to slip the ~** a) das Ankertau schießen lassen, b) *colloq.* ‚den Löffel weglegen' (*sterben*). **3.** *electr.* (Leitungs)Kabel *n*. **4.** *arch.* Schiffstauverzierung *f*. **5.** → **cablegram**. **6.** → **cable transfer**. **II** *v/t* **7.** mit e-m Kabel versehen *od.* befestigen. **8.** *Drähte etc* ka'blieren, zu e-m Kabel zs.-drehen. **9.** a) *j-m etwas* telegra'fieren, b) *j-n* tele'grafisch benachrichtigen. **10.** *j-m Geld* tele'grafisch anweisen *od.* über'weisen. **11.** *arch. e-n Säulenschaft* seilförmig winden. **III** *v/i* **12.** telegra'fieren. **~ ad·dress** *s* Tele'grammaˌdresse *f*. **~ box** *s electr.* Kabelabzweiger *m*, -kasten *m*. **~ bridge** *s* Seil(hänge)brücke *f*. **~ car** *s* **1.** *Seilbahn*: a) Ka'bine *f*, b) Wagen *m*. **2.** Wagen *m* (→ **cable railway** 2). **'~·cast** [-kɑ:st, *Am.* -ˌkæst] **I** *v/t pret u. pp* **-cast** *od.* **-ˌcast·ed** per Kabelfernsehen über'tragen. **II** *s* per Kabelfernsehen über'tragene Sendung. **~ con·trol** *s tech.* Seil(zug)steuerung *f*.

ca·ble·gram ['keɪblgræm] *s* ('Übersee-) Teleˌgramm *n*.

ca·ble| joint *s* **1.** *tech.* a) Seilschloß *n*, b) Seilverbindung *f*. **2.** *electr.* Kabelverbindung *f*. **'~-laid** *adj tech.* kabelartig gedreht: **~ rope** Kabeltrosse *f*. **~ length** → **cable's length**. **~ mo(u)ld·ing** *s arch.* Schiffstauverzierung *f*. **~ rail·way** *s* **1.** (Draht)Seilbahn *f*. **2.** *Straßenbahn in San Francisco, deren Wagen durch unter der Straße liegende Drahtseile gezogen werden*. **~ re·lease** *s phot.* Drahtauslöser *m*.

ca·blese [keɪ'bli:z] *s* Tele'grammstil *m*.

ca·ble's length ['keɪblz] *s mar.* Kabellänge *f* (*Br. 185,3 m, Am. 219,5 m*).

ca·ble stitch *s* Kettenstich *m*, Zopfmuster *n*.

ca·blet ['keɪblɪt] *s tech.* kleines Kabel (*mit e-m Umfang von unter 25 cm*).

ca·ble| tel·e·vi·sion *s* Kabelfernsehen *n*. **~ tier** ['tɪə(r)] *s mar.* Kabelgatt *n*. **~ trans·fer** *s Am.* tele'grafische 'Geldüberˌweisung. **'~·way** *s tech.* Seilförderanlage *f*.

ca·bling ['keɪblɪŋ] *s arch.* Schiffstauverzierung(en *pl*) *f*.

'cab·man [-mən] *s irr* → **cabdriver**.

ca·boo·dle [kə'bu:dl] *s*: **the whole (kit and) ~** *colloq.* a) (*von Sachen*) der ganze Plunder *od.* Kram, b) (*von Leuten*) die ganze ‚Blase' *od.* Sippschaft.

ca·boose [kə'bu:s] *s* **1.** *mar.* Kom'büse *f*. **2.** *rail. Am.* Dienstwagen *m*.

cab·o·tage ['kæbətɑ:ʒ; -tɪdʒ] *s Land-, See-, Luftverkehr*: Kabo'tage *f* (*die meist den eigenen Staatsangehörigen e-s Staats vorbehaltene Erbringung von Beförderungsleistungen zwischen zwei Punkten des Inlands*).

cab rank *s Br.* → **cabstand**.

cab·ri·ole [ˌkæbrɪ'əʊl; *bes. Am.* 'kæbrɪˌəʊl] *s* geschwungenes, verziertes (Stuhl- *etc*)Bein.

cab·ri·o·let [ˌkæbrɪəʊ'leɪ] *s* Kabrio'lett *n*: a) *zweirädriger Einspänner mit Klappdach*, b) *obs. Auto mit Klappverdeck*.

'cab|·stand *s* **1.** Taxistand *m*. **2.** Droschkenstand *m*. **'~·track** *s* Ka'binentaxi *n*.

ca'can·ny [kɑ:'kænɪ; kɔ:-] *s econ. Scot.* Bummelstreik *m*.

ca·ca·o [kə'kɑ:əʊ; kə'keɪəʊ; *Am. a.* kə'kaʊ] *s* **1.** *bot.* Ka'kaobaum *m*. **2.** → **cacao bean**. **~ bean** *s* Ka'kaobohne *f*. **~ but·ter** *s* Ka'kaobutter *f*.

cach·a·lot ['kæʃəlɒt; *Am.* -ˌlɑt; -ˌləʊ] *s zo.* Pottwal *m*.

cache [kæʃ] **I** *s* **1.** Versteck *n*, geheimes (Waffen- *od.* Provi'ant)Lager. **2.** versteckte Vorräte *pl*. **II** *v/t* **3.** verstecken.

ca·chec·tic [kə'kektɪk] *adj med.* ka'chektisch, 'hinfällig.

cache·pot ['kæʃpɒt; kæʃ'pəʊ; *Am.* 'kæʃˌpɑt; -ˌpəʊ] *s* 'Übertopf *m*.

ca·chet ['kæʃeɪ] *s* **1.** Siegel *n*: **to place one's ~ upon** *fig. e-e Sache* billigen. **2.** *fig.* Stempel *m*, Merkmal *n*, Gepräge *n*.

3. Pre'stige *n*, Ansehen *n*. **4.** *pharm.* (Ob'laten)Kapsel *f*. **5.** *mail* a) Sonderstempel *m*, b) Werbeaufdruck *m*.
ca·chex·i·a [kə'keksɪə], **ca·chex·y** [kə'keksɪ] *s med.* Kache'xie *f*, (starker) Kräfteverfall.
cach·in·nate ['kækɪneɪt] *v/i* vor Lachen brüllen.
ca·chou ['kæʃu:; kæ'ʃu:] *s* **1.** → **catechu**. **2.** Ca'chou *n* (*Pille gegen Mundgeruch*).
ca·cique [kæ'si:k; kə-] *s* **1.** Ka'zike *m*: a) *südamerikanischer Indianerhäuptling*, b) *Ortsvorsteher in Südamerika*. **2.** *orn.* (*ein*) Stirnvogel *m*.
cack-hand·ed [ˌkæk'hændɪd] *adj colloq.* **1.** linkshändig. **2.** ungeschickt, tolpatschig.
cack·le ['kækl] **I** *v/i* gackern (*Huhn*), schnattern (*Gans*), *fig. a.* gackernd lachen. **II** *v/t Worte etc* (her'vor)schnattern, gackern. **III** *s* Gegacker *n*, Geschnatter *n*, *fig. a.* gackerndes Lachen: **cut the ~!** *colloq.* Schluß mit dem Geschnatter! **'cack·ling** → **cackle** III.
cac·o·ep·y ['kækəʊepɪ; *Am.* 'kækəˌwepi:] *s* schlechte *od.* fehlerhafte Aussprache.
cac·o·gen·ics [ˌkækəʊ'dʒenɪks; -kə'dʒ-] *s pl* (*als sg konstruiert*) *sociol.* Erforschung *f* der Rassenschädigungen.
ca·cog·ra·phy [kæ'kɒgrəfɪ; *Am.* kæ'kɑ-] *s* Kakogra'phie *f*: a) schlechte Handschrift, b) fehlerhafte Schreibweise.
ca·col·o·gy [kæ'kɒlədʒɪ; *Am.* kæ'kɑ-] *s* Kakolo'gie *f*: a) fehlerhafte Ausdrucksweise, b) schlechte Aussprache.
cac·o·phon·ic [ˌkækəʊ'fɒnɪk; *Am.* ˌkækə-'fɑnɪk], ˌ**cac·o'phon·i·cal** → **cacophonous**. **ca·coph·o·nous** [kæ'kɒfənəs; *Am.* kæ'kɑ-] *adj* 'mißtönend, kako'phon. **ca'coph·o·ny** *s* Kakopho'nie *f*: a) *mus.* 'Mißklang *m*, Disso'nanz *f*, b) *ling. schlecht klingende Folge von Lauten*.
cac·ta·ceous [kæk'teɪʃəs] *adj bot.* **1.** kaktusartig. **2.** zu den Kak'teen gehörend, Kaktus...
cac·tus ['kæktəs] *pl* **-ti** [-taɪ], **-tus·es** *s bot.* Kaktus *m*.
ca·cu·mi·nal [kæ'kju:mɪnl; kə-] *ling.* **I** *adj* Kakuminal... **II** *s* Kakumi'nal *m* (*mit der Zungenspitze am Gaumendach gebildeter Laut*).
cad [kæd] *s obs.* Schuft *m*, Schurke *m*.
ca·das·ter → **cadastre**.
ca·das·tral [kə'dæstrəl] *adj* Kataster...
ca·das·tre [kə'dæstə(r)] *s* Ka'taster *m*, *n*, Flur-, Grundbuch *n*.
ca·dav·er [kə'deɪvə; *Am.* kə'dævər] *s med.* Leichnam *m*.
ca·dav·er·ic [kə'dævərɪk] *adj* leichenhaft, Leichen... **ca'dav·er·ous** *adj* **1.** → **cadaveric**. **2.** a) leichenblaß, b) ab-, ausgezehrt.
cad·die ['kædɪ] (*Golf*) **I** *s* a) Caddie *m* (*Schlägerträger*), b) → **caddie cart**. **II** *v/i* Caddie sein. **~cart** *s* Caddie(-cart) *m* (*kleiner Wagen zum Transport der Golftasche*).
cad·dis ['kædɪs] *s a.* **~ bait**, **~ worm** *zo.* Larve *f* der Köcherfliege. **~fly** *s zo.* (*e-e*) Köcherfliege.
cad·dish ['kædɪʃ] *adj obs.* schuftig, schurkisch.
cad·dy[1] ['kædɪ] *s* (*bes.* Tee)Büchse *f*.
cad·dy[2] → **caddie**.
cade [keɪd] *adj* von Menschen aufgezogen (*Jungtier*).
ca·dence ['keɪdəns] *s* **1.** (Vers-, Sprech-) Rhythmus *m*. **2.** Takt(schlag) *m*, Rhythmus *m* (*a. fig.*). **3.** *mus.* a) Ka'denz *f*, Schluß(fall) *m*, b) Schlußphrase *f*, c) Schlußverzierung *f*: **half ~, imperfect ~** Halbschluß. **4.** a) Sinken(lassen) *n*, b) Tonfall *m*, Modulati'on *f* (*der Stimme*), c) (besonderer) Ak'zent (*e-r Sprache*). **5.** *mil.* Zeitmaß *n*, Gleichschritt *m* (*Marsch*). **'ca·denced** *adj mus.* kaden'ziert. **'ca·den·cy** *s* **1.** → **cadence**. **2.** *her.* Abstammung *f* von e-r jüngeren Linie.
ca·den·za [kə'denzə] *s mus.* Ka'denz *f*: a) (*eingeschaltete*) 'Solopasˌsage, b) Kon'zertkaˌdenz *f*.
ca·det [kə'det] *s* **1.** *mil.* Ka'dett *m*: **~ corps** *Br.* Kadettenkorps *n*. **2.** (Poli'zei-*etc*)Schüler *m*: **~ nurse** Schwesternschülerin *f*. **3.** jüngerer Sohn *od.* Bruder: **~ branch** jüngere Linie (*e-r Familie*).
cadge [kædʒ] **I** *v/i* **1.** ‚schnorren', ‚nassauern' (**from** bei). **II** *v/t* **2.** erbetteln, ‚schnorren', ‚nassauern' (**from** bei, von). **III** *s* **3. to be on the ~** *Br. colloq.* ‚schnorren', ‚nassauern'. **4.** *Br.* → **cadger**. **'cadg·er** *s* ‚Schnorrer' *m*, ‚Nassauer' *m*.
ca·di ['kɑ:dɪ; 'keɪdɪ] *s* Kadi *m*, Bezirksrichter *m* (*im Orient*).
Cad·me·an vic·to·ry [kæd'mi:ən] *s* Pyrrhussieg *m*.
cad·mi·um ['kædmɪəm] *s chem.* Kadmium *n*. **~or·ange** *s* 'Kadmiumoˌrange *n*. **'~-plate** *v/t tech.* kad'mieren.
ca·dre ['kɑ:də; *Am.* 'kædri:] *s* **1.** *econ. mil. pol.* Kader *m*. **2.** *econ. pol.* Kader *m* (*Mitglied e-s Kaders*). **3.** 'Rahmenorganisatiˌon *f*. **4.** *fig.* Grundstock *m*, Rahmen *m*.
ca·du·ce·us [kə'dju:sjəs; -sɪəs; *Am. a.* -'du:-; -ʃəs] *pl* **-ce·i** [-sjaɪ; -sɪaɪ] *s myth.* Mer'kurstab *m*, *a.* Äsku'lapstab *m*.
ca·du·ci·ty [kə'dju:sətɪ; *Am. a.* -'du:-] *s* **1.** Flüchtigkeit *f*, Vergänglichkeit *f*. **2.** a) Senili'tät *f*, b) Greisenalter *n*. **3.** *jur.* a) Erlöschen *n* (*von Ansprüchen*), b) Verfall *m*, Heimfall *m* (*e-s Rechts*), c) Ablauf *m* (*e-s Vertrags*). **ca'du·cous** [-kəs] *adj* **1.** flüchtig, vergänglich. **2.** *bot.* leicht *od.* frühzeitig abfallend. **3. to be ~** *zo.* abgestoßen *od.* abgeworfen werden. **4.** *jur.* a) erloschen, b) verfallen, heimgefallen, c) abgelaufen.
cae·ca ['si:kə] *pl von* **caecum**.
cae·cal ['si:kəl] *adj anat.* Blinddarm...
cae·cum ['si:kəm] *pl* **-ca** [-kə] *s anat.* Blinddarm *m*.
Cae·sar ['si:zə(r)] *s* **1.** Cäsar *m* (*Titel der römischen Kaiser*). **2.** *a.* **c~** Auto'krat *m*. **3.** *fig.* weltliche Gewalt.
Cae·sar·e·an, Cae·sar·i·an [si:'zeərɪən] **I** *adj* **1.** cä'sarisch. **2.** *a.* **c~** *med.*: **~ operation** (*od.* **section**) → 3; **she had a ~ birth** sie hatte e-n Kaiserschnitt. **II** *s* **3.** *a.* **c~** *med.* Kaiserschnitt *m*.
Cae·sar·ism ['si:zərɪzəm] *s* Cäsa'rismus *m*, Autokra'tie *f*.
cae·su·ra [si:'zjʊərə; *Am.* sɪ'zʊrə; -'ʒʊrə] *s* Zä'sur *f*: a) *metr.* (Vers)Einschnitt *m*, b) *mus.* Ruhepunkt *m*.
ca·fé ['kæfeɪ; -fɪ; *Am.* kæ'feɪ; kə-] *s* **1.** Ca'fé *n*. **2.** Restau'rant *n*. **3.** *Am.* a) Kneipe *f*, b) Nachtklub *m*. **4.** Kaffee *m*. **~ au lait** [əʊ'leɪ] *s* Milchkaffee *m*. **~ fil·tre** ['fɪltə(r)] *s* Filterkaffee *m*. **~ noir** [nwɑ:(r)] *s* schwarzer Kaffee.
caf·e·te·ri·a [ˌkæfɪ'tɪərɪə] *s* Cafete'ria *f*, 'Selbstbedienungsrestauˌrant *n*, *a.* Kan'tine *f*, *univ.* Mensa *f*. **~ car** *s rail. Am.* Bü'fettwagen *m*.
caff [kæf] *s Br. sl.* → **café** 1, 2.
caf·fein, caf·feine ['kæfi:n; *Am. a.* kæ'fi:n] *s chem.* Koffe'in *n*, Kaffe'in *n*.
caf·fein·ism *s med.* Koffe'invergiftung *f*.
Caf·fer, Caf·fre → **Kaf(f)ir**.
caf·tan ['kæftæn; kæf'tæn] *s* Kaftan *m*.
cage [keɪdʒ] **I** *s* **1.** (Tier-, Vogel)Käfig *m*, Vogelbauer *n*, *a. m.* **2.** *fig.* Käfig *m*, Gefängnis *n*. **3.** a) Gitterzelle *f*, b) *mil.* Kriegsgefangenenlager *n*. **4.** a) Ka'bine *f* (*e-s Aufzugs*), b) *Bergbau*: Förderkorb *m*. **5.** *tech.* a) Käfig *m* (*e-s Kugellagers*), b) Stahlgerüst *n* (*a. arch. e-s Hochhauses*): **~ construction** *arch.* (Stahl)Skelettbau *m*. **6.** *electr.* Käfig(schutz) *m*. **7.** *colloq.* a) *Baseball*: Fanggitter *n*, b) *Basketball*: Korb *m*, c) *Eishockey*: Tor *n*. **II** *v/t* **8.** in e-n Käfig sperren, einsperren: **to feel ~d in** sich eingesperrt fühlen, sich wie in e-m Käfig *od.* Gefängnis fühlen. **9.** *Eishockey*: *die Scheibe* im Tor 'unterbringen. **~ aer·i·al,** *bes. Am.* **~ an·ten·na** *s Radio*: 'Käfig-, 'Reusenanˌtenne *f*. **~ bird** *s* Käfig-, Stubenvogel *m*.
caged [keɪdʒd] *adj* (in e-n Käfig) eingesperrt, hinter Gittern: **~ bird** → **cage bird**. **~ valve** *s tech.* hängendes Ven'til.
cage·ling ['keɪdʒlɪŋ] → **cage bird**.
cage·y ['keɪdʒɪ] *adj colloq.* **1.** verschlossen: **to be very ~ about** ein großes Geheimnis machen aus. **2.** vorsichtig. **3.** *Am.* schlau, ‚gerissen'.
ca·hoot [kə'hu:t] *s bes. Am. colloq.* **to be in ~s (with)** gemeinsame Sache machen (mit), unter 'einer Decke stecken (mit); **to be in ~s with the devil** mit dem Teufel im Bunde stehen; **to go into ~s** sich zs.-tun (**with** mit).
cai·man → **cayman**.
Cain [keɪn] *s*: **to raise ~** *colloq.* a) Krach machen, lärmen, b) ‚Krach machen *od.* schlagen'.
cai·no·zo·ic [ˌkaɪnəʊ'zəʊɪk; ˌkeɪ-] → **cenozoic**.
cairn [keə(r)n] *s* **1.** Steinhaufen *m*, -hügel *m*: a) Grenzmal *n*, b) Hügelgrab *n*. **2.** *a.* **~ terrier** *zo.* Cairn Terrier *m*.
cairn·gorm [ˌkeə(r)n'gɔ:(r)m], *a.* **~ stone** *s min.* Rauchquarz *m*.
cais·son [kə'su:n; *bes. Am.* 'keɪsən] *s* **1.** *tech.* a) Cais'son *m*, Senkkasten *m* (*im Tiefbau*), b) 'Schleusenponˌton *m*, c) → **camel** 2. **2.** *mil.* a) Muniti'onswagen *m*, b) kistenförmige Mine. **~ dis·ease** *s med.* Cais'son-, Druckluftkrankheit *f*.
cai·tiff ['keɪtɪf] *s obs. od. poet.* Schurke *m*.
ca·jole [kə'dʒəʊl] *v/t* **1.** *j-m* schmeicheln, ‚um den Bart gehen', schöntun. **2.** *j-n* beschwatzen, *j-m* gut zureden (**into doing** zu tun): **to ~ s.o. out of s.th.** j-m etwas ausreden; **to ~ s.th. out of s.o.** j-m etwas abbetteln. **ca'jole·ment, ca'jol·er·y** [-ərɪ] *s* **1.** Schmeiche'lei *f*, schmeichlerische Worte *pl*. **2.** gutes Zureden.
cake [keɪk] **I** *s* **1.** Kuchen *m*, Torte *f*: **marriage is not always ~s and ale** die Ehe hat nicht nur angenehme Seiten; **to go** (*od.* **sell**) **like hot ~s** ‚weggehen wie warme Semmeln' (*Waren*); **to take the ~** *colloq.* ‚den Vogel abschießen'; **that (really) takes the ~!** *colloq.* a) das ist (einsame) Spitze!, b) *contp.* das ist (wirklich) das Allerletzte!; **you can't have your ~ and eat it!**, *a.* **you can't eat your ~ and have it!** du kannst nur eines von beiden tun *od.* haben!, entweder – oder!; **a share in** (*od.* **a slice of**) **the ~** *colloq.* ein Stück vom Kuchen; → **piece** 1. **2.** Fladen *m*, ungesäuertes Brot, *bes. Scot.* Haferkuchen *m*. **3.** ('Fleisch-, 'Fisch)Frikaˌdelle *f*. **4.** *kuchen- od. laibförmige Masse*, *z. B.* Tafel *f Schokolade*, Riegel *m Seife*. **5.** Kruste *f*: **~s of dirt**. **II** *v/t* **6.** mit e-r Kruste *von Schmutz etc* über'ziehen: **~d in** (*od.* **with**) **mud** schmutzverkrustet. **III** *v/i* **7.** sich zs.-ballen, (in Klumpen) zs.-backen, klumpen. **'~ˌeat·er** *s Am. colloq.* Sa'lonlöwe *m*. **'~hole** *s colloq.* ‚Fresse' *f* (*Mund*). **~ mix** *s* Back-, Teigmischung *f*. **~serv·er** *s* Tortenheber *m*, -schaufel *f*. **~ tin** *s* Kuchenblech *n*. **'~walk I** *s mus.* Cakewalk *m*. **II** *v/i* Cakewalk tanzen.
cak·ey, cak·y ['keɪkɪ] *adj* a) klumpend, b) klumpig.

cal·a·bash [ˈkæləbæʃ] *s* **1.** *bot.* a) Flaschenkürbis *m*, b) *a.* ~ **tree** Kaleˈbassenbaum *m.* **2.** Kaleˈbasse *f*: a) *bot. Frucht des Kalebassenbaums*, b) *aus der Schale des Flaschenkürbis od. der Frucht des Kalebassenbaums hergestelltes Gefäß.*
cal·a·boose [ˈkæləˌbuːs] *s Am.* ‚Kittchen' *n* (*Gefängnis*).
cal·a·mar·y [ˈkæləmərɪ; *Am.* -ˌmeriː] → **squid** 1.
cal·a·mi [ˈkæləmaɪ] *pl von* **calamus.**
cal·a·mine [ˈkæləmaɪn] *s min. obs.* Galˈmei *m*: a) *Br.* Zinkspat *m*, b) *Am.* Kieselzinkerz *n.*
cal·a·mint [ˈkæləmɪnt], *a.* ~ **balm** *s bot.* Kölle *f*, Bergminze *f.*
cal·a·mite [ˈkæləmaɪt] *s geol.* Kalaˈmit *m* (*fossiler Schachtelhalm*).
ca·lam·i·tous [kəˈlæmɪtəs] *adj* (*adv* ~**ly**) verheerend, katastroˈphal. **caˈlam·i·ty** [-mətɪ] *s* **1.** großes Unglück, Kataˈstrophe *f*: **in the** ~ bei der Katastrophe; ~ **of nature** Naturkatastrophe; ~ **howler** *bes. Am.* Schwarzseher(in), Panikmacher(in); **C**~ **Jane** Pechmarie *f.* **2.** Elend *n*, Miˈsere *f.*
cal·a·mus [ˈkæləməs] *pl* **-mi** [-maɪ] *s* **1.** *bot.* Gemeiner Kalmus. **2.** *antiq.* Calamus *m* (*Schreibgerät aus Schilfrohr*). **3.** *zo.* Calamus *m* (*hohler Teil des Federkiels*).
ca·lash [kəˈlæʃ] *s* **1.** Kaˈlesche *f* (*leichte vierrädrige Kutsche*). **2.** *hist.* (*e-e*) (Frauen)Haube.
cal·ca·ne·us [kælˈkeɪnɪəs] *pl* **-ne·i** [-nɪaɪ] *s anat.* Calˈcaneus *m*, Fersenbein *n.*
cal·car·e·ous [kælˈkeərɪəs] *adj chem.* **1.** kalkartig. **2.** kalkig, Kalk...
cal·ce·o·lar·i·a [ˌkælsɪəˈleərɪə] *s bot.* Panˈtoffelblume *f.*
cal·ces [ˈkælsiːz] *pl von* **calx.**
cal·cic [ˈkælsɪk] *adj* Kalk..., Kalzium...
cal·ci·cole [ˈkælsɪkəʊl] *s bot.* kalziˈphile *od.* kalkliebende Pflanze.
cal·cif·er·ous [kælˈsɪfərəs] *adj chem.* **1.** kalkhaltig. **2.** kohlensauren Kalk enthaltend.
cal·cif·ic [kælˈsɪfɪk] *adj* kalkbildend. **ˌcal·ci·fiˈca·tion** *s* **1.** *med.* Verkalkung *f.* **2.** Kalkbildung *f.* **3.** *geol.* Kalkablagerung *f.*
cal·ci·fy [ˈkælsɪfaɪ] *v/t u. v/i* verkalken.
cal·ci·mine [ˈkælsɪmaɪn] **I** *s* Kalkanstrich *m.* **II** *v/t* kalken.
cal·ci·na·tion [ˌkælsɪˈneɪʃn] *s chem.* Kalziˈnierung *f.* **cal·cine** [ˈkælsaɪn] **I** *v/t* kalziˈnieren. **II** *v/i* kalziˈniert werden.
cal·cite [ˈkælsaɪt] *s min.* Calˈcit *m*, Kalkspat *m.*
cal·ci·um [ˈkælsɪəm] *s chem.* Kalzium *n.* ~ **car·bide** *s* (ˈKalzium)Karˌbid *n.* ~ **car·bon·ate** *s* ˈKalziumkarboˌnat *n.* ~ **chlo·ride** *s* ˈKalziumchloˌrid *n*, Chlorkalzium *n.* ~ **hy·drox·ide** *s* gelöschter Kalk, ˈKalziumˌhydroˌxyd *n.* ~ **light** → **limelight** 1. ~ **ox·ide** *s* ˈKalziumoˌxid *n*, Ätzkalk *m*, gebrannter Kalk. ~ **phos·phate** *s* ˈKalziumphosˌphat *n.*
ˈcalc|-ˌsin·ter [ˈkælk-] *s geol.* Kalksinter *m*, Traverˈtin *m.* **ˈ~-spar** *s min.* Kalkspat *m.* **ˈ~-ˌtu·fa,** *a.* **ˈ~-tuff** *s geol.* Kalktuff *m.*
cal·cu·la·ble [ˈkælkjʊləbl] *adj* **1.** berechen-, kalkuˈlierbar: ~ **risk** kalkulierbares Risiko. **2.** verläßlich.
cal·cu·late [ˈkælkjʊleɪt] **I** *v/t* **1.** berechnen, ausrechnen: **to** ~ **that** ... damit rechnen, daß ... **2.** *econ. Preise etc* kalkuˈlieren. **3.** *Entfernung etc* kalkuˈlieren, berechnen, abschätzen. **4.** *s-e Chancen etc* abwägen. **5.** a) *s-e Worte* abwägen, b) *die Wirkung s-r Worte* kalkuˈlieren, berechnen. **6.** *meist pass* berechnen, planen: → **calculated** 2. **7.** *Am. colloq.* vermuten, denken, glauben (**that** daß). **II** *v/i* **8.** rechnen, e-e Berechnung anstellen. **9.** *econ.* kalkuˈlieren. **10.** ~ **(up)on** rechnen mit *od.* auf (*acc*), zählen *od.* sich verlassen auf (*acc*): **you can't** ~ **on his coming** du kannst nicht damit rechnen, daß er kommt. **ˈcal·cu·lat·ed** *adj* **1.** berechnet (**for** auf *acc*), gewollt, beabsichtigt: **a** ~ **indiscretion** e-e gezielte Indiskretion; **a** ~ **insult** e-e bewußte Beleidigung; **a** ~ **risk** ein kalkuliertes Risiko. **2.** gedacht, bestimmt (**for** für; **to do** zu tun): **it was** ~ **to impress** es sollte Eindruck machen. **ˈcal·cu·lat·ing** *adj* **1.** (kühl) überˈlegend *od.* abwägend. **2.** a) berechnend, b) schlau, ‚gerissen'. **3.** Rechen...: ~ **machine**; ~ **punch** Rechenlocher *m.* **ˌcal·cuˈla·tion** *s* **1.** Berechnung *f*, Ausrechnung *f*: **to be out in one's** ~ sich verrechnet haben. **2.** *econ.* Kalkulatiˈon *f*: ~ **of profits** Gewinnkalkulation, Rentabilitätsrechnung *f.* **3.** Überˈlegung *f*: **after much** ~ nach reiflicher Überlegung. **4.** a) Berechnung *f*, b) Schläue *f*, ‚Gerissenheit' *f.* **ˈcal·cu·la·tive** [-lətɪv; *bes. Am.* -ˌleɪtɪv] *adj* berechnend. **ˈcal·cu·la·tor** [-tə(r)] *s* **1.** *econ.* Kalkuˈlator *m.* **2.** ˈRechentaˌbelle *f.* **3.** Rechner *m* (*Gerät*).
cal·cu·li [ˈkælkjʊlaɪ] *pl von* **calculus**[1], [2].
cal·cu·lous [ˈkælkjʊləs] *adj med.* **1.** steinkrank. **2.** Stein...
cal·cu·lus[1] [ˈkælkjʊləs] *pl* **-li** [-laɪ], **-lus·es** *s med.* (*Blasen-, Gallen- etc*)Stein *m*: **renal** ~ Nierenstein.
cal·cu·lus[2] [ˈkælkjʊləs] *pl* **-li** [-laɪ], **-lus·es** *s math.* Kalˈkül *n*: a) Rechnungsart *f*, (*Differential- etc*)Rechnung *f*, b) höhere Aˈnalysis, *bes.* Infinitesiˈmalkalˌkül *n*: ~ **of probabilities** Wahrscheinlichkeitsrechnung.
cal·dron → **cauldron.**
ca·lèche, ca·leche [kəˈlæʃ; kəˈleʃ] → **calash.**
Cal·e·do·ni·an [ˌkælɪˈdəʊnjən] *poet.* **I** *adj* kaleˈdonisch (*schottisch*). **II** *s* Kaleˈdonier *m* (*Schotte*).
cal·e·fa·cient [ˌkælɪˈfeɪʃnt] *adj u. s* erwärmend(es Mittel). **ˌcal·eˈfac·tion** [-ˈfækʃn] *s* **1.** Erwärmung *f.* **2.** ˈUmweltschädigung *f* durch Wärme.
ca·lem·bour [ˈkæləmˌbʊə(r)] *s* Wortspiel *n.*
cal·en·dar [ˈkælɪndə(r)] **I** *s* **1.** Kaˈlender *m.* **2.** Jahrbuch *n*, Almanach *m.* **3.** *fig.* Kaˈlender *m*, Zeitrechnung *f.* **4.** Liste *f*, Reˈgister *n*, (Urkunden)Verzeichnis *n.* **5.** a) *a. econ. jur.* Terˈminkaˌlender *m*, b) *parl. Am.* ˈSitzungskaˌlender *m.* **6.** *obs.* Vorbild *n*, Muster *n.* **II** *adj* **7.** Kalender...: ~ **month**; ~ **year**; ~ **clock** (*od.* **watch**) Kalender-, Datumsuhr *f.* **III** *v/t* **8.** in e-n Kaˈlender eintragen. **9.** regiˈstrieren.
cal·en·der[1] [ˈkælɪndə(r)] *tech.* **I** *s* Kaˈlander *m*, Satiˈniermaˌschine *f.* **II** *v/t* kaˈlandern, satiˈnieren.
cal·en·der[2] [ˈkælɪndə(r)] *s* Derwisch *m.*
cal·ends [ˈkælɪndz; ˈkæləndz] *s pl* (*a. als sg konstruiert*) *antiq.* Kaˈlenden *pl* (*1. Tag des altrömischen Monats*): **on the Greek** ~ *fig.* am St. Nimmerleinstag.
cal·en·ture [ˈkælənˌtjʊə; *bes. Am.* -ˌtʃʊə(r)] *s med.* hitziges Fieber, Tropenfieber *n.*
calf[1] [kɑːf; *Am.* kæf] *pl* **calves** [-vz] *s* **1.** Kalb *n* (*bes. der Kuh, a. vom Elefanten, Seehund, Wal, Hirsch etc*): **with** (*od.* **in**) ~ trächtig (*Kuh*). **2.** Kalb(s)leder *n.* **3.** *a.* ~ **binding** (*Buchbinderei*) Franz-, Lederband *m.* **4.** *colloq.* ‚Kalb' *n*, ‚Schafskopf' *m.* **5.** treibende Eisscholle.
calf[2] [kɑːf; *Am.* kæf] *pl* **calves** [-vz] *s* Wade *f* (*Bein, Strumpf etc*).
ˈcalf|-bound *adj* in Kalb(s)leder gebunden. ~ **love** *s colloq.* jugendliche Schwärmeˈrei.
ˈcalf's-foot jel·ly [ˈkɑːvzfʊt; *Am.* ˈkævz-] *s gastr.* Kalbsfußsülze *f.*
ˈcalf·skin *s* a) Kalb(s)fell *n*, b) Kalb(s)leder *n.*
Cal·i·ban [ˈkælɪbæn] *s* Kaliban *m*, Unhold *m.*
cal·i·ber, *bes. Br.* **cal·i·bre** [ˈkælɪbə(r)] *s* **1.** *mil.* Kaˈliber *n*: ~ **of a gun**; ~ **of a shell.** **2.** (innerer) ˈDurchmesser: ~ **of a cylinder.** **3.** *tech.* Kaˈliber(lehre *f*) *n* (*Meßwerkzeug*). **4.** *fig.* Kaˈliber *n*, Forˈmat *n*: **a man of his** ~. **ˈcal·i·bered,** *bes. Br.* **ˈcal·i·bred** *adj* ...kalibrig.
cal·i·brate [ˈkælɪbreɪt] *v/t tech.* kaliˈbrieren: a) eichen, b) mit e-r Gradeinteilung versehen. **ˈcal·i·brat·ed** *adj* graduˈiert. **ˌcal·iˈbra·tion** *s tech.* Kaliˈbrierung *f*, Eichung *f.*
cal·i·bre, cal·i·bred *bes. Br. für* **caliber, calibered.**
cal·i·ces [ˈkeɪlɪsiːz; ˈkæ-] *pl von* **calix.**
cal·i·co [ˈkælɪkəʊ] **I** *pl* **-cos, -coes** *s* **1.** *bes. Am.* Kaliko *m*, (bedruckter) Katˈtun. **2.** *Br.* weißer *od.* ungebleichter Baumwollstoff. **II** *adj* **3.** *bes. Am.* Kattun... **4.** *Am. colloq.* bunt, scheckig.
ca·lif, ca·lif·ate → **caliph, caliphate.**
Cal·i·for·ni·an [ˌkælɪˈfɔː(r)njən] **I** *adj* kaliˈfornisch. **II** *s* Kaliˈfornier(in).
cal·i·for·ni·um [ˌkælɪˈfɔː(r)nɪəm] *s chem.* Caliˈfornium *n* (*stark radioaktives, künstlich hergestelltes Metall*).
cal·i·pash [ˈkælɪpæʃ] *s* (*eßbare*) Galˈlerte an der oberen Platte der Schildkröte.
cal·i·pee [ˈkælɪpiː] *s* (*eßbare*) Galˈlerte am Bauchschild der Schildkröte.
cal·i·per, *bes. Br.* **cal·li·per** [ˈkælɪpə(r)] **I** *s* **1.** *tech. meist pl, a.* **pair of** ~**s** Greif-, Tastzirkel *m*, Taster *m*: **inside** ~**s** Innen-, Lochtaster; **outside** ~**s** Außentaster. **2.** *med.* (Geh)Schiene *f.* **3.** *tech.* Bremssattel *m.* **II** *v/t* **4.** *tech.* mit e-m Greifzirkel messen. ~ **rule** *s tech.* (Werkstatt)Schieblehre *f.* ~ **slide** *s tech.* Schublehre *f.*
ca·liph [ˈkælɪf; ˈkeɪ-] *s* Kaˈlif *m.* **ca·liph·ate** [ˈkælɪfeɪt; -fɪt] *s* Kaliˈfat *n.*
cal·is·then·ic, *bes. Br.* **cal·lis·then·ic** [ˌkælɪsˈθenɪk], **ˌcal·isˈthen·i·cal,** *bes. Br.* **ˌcal·lisˈthen·i·cal** [-kl] *adj* gymˈnastisch, Gymnastik... **ˌcal·isˈthen·ics,** *bes. Br.* **ˌcal·lisˈthen·ics** *s pl* **1.** (*meist als sg konstruiert*) Gymˈnastik (-lehre) *f.* **2.** (*als pl konstruiert*) Gymˈnastik *f*, Freiübungen *pl.*
ca·lix [ˈkeɪlɪks; ˈkælɪks] *pl* **ˈcal·i·ces** [-lɪsiːz] *s anat. zo., a. relig.* Kelch *m.*
calk[1] [kɔːk] *v/t* **1.** *mar.* kalˈfatern, (*a. allg. Ritzen*) abdichten. **2.** *tech.* verstemmen.
calk[2] [kɔːk] **I** *s* **1.** Stollen *m* (*am Hufeisen*). **2.** *bes. Am.* Griffeisen *n*, Gleitschutzbeschlag *m* (*an der Schuhsohle*). **II** *v/t* **3.** mit Stollen *etc* versehen.
calk[3] [kælk] *v/t* (ab-, ˈdurch)pausen.
cal·kin [ˈkælkɪn; ˈkɔːkɪn] → **calk**[2].
call [kɔːl] **I** *s* **1.** Ruf *m*, Schrei *m* (**for** nach): ~ **for help** Hilferuf; **within** ~ in Rufweite; **they came at my** ~ sie kamen auf mein Rufen hin; **the doctor had a** ~ **this morning** der Arzt wurde heute morgen zu e-m Patienten gerufen. **2.** (Lock)Ruf *m* (*e-s Tieres*). **3.** *fig.* Lockung *f*, Ruf *m*: **the** ~ **of the sea (of nature)**; **that's the** ~ **of nature** das ist etwas ganz Natürliches; **he felt a** ~ **of nature** *euphem. humor.* er verspürte ein menschliches Rühren. **4.** Siˈgnal *n*: ~ **to quarters** *mil. Am.* Zapfenstreich *m.* **5.** *fig.* Berufung *f*, Missiˈon *f.* **6.** Ruf *m*, Berufung *f* (**to** auf *e-n Lehrstuhl*, an *e-e Universität*, in *ein Amt*); → **bar** 19. **7.** Aufruf *m* (*a. für e-n Flug u. Computer*), Aufforderung *f*, Befehl *m*: **to make a** ~ **for s.th.** zu etwas aufrufen; **to make a** ~ **on** e-e Auffor-

derung richten an (*acc*); ~ **to arms** *mil.* Einberufung *f.* **8.** *thea.* Her'ausruf *m* (*vor den Vorhang*). **9.** (kurzer) Besuch (**on s.o., at s.o.'s [house]** bei j-m; **at the hospital** im Krankenhaus): **to make a** ~ e-n Besuch machen (*a. Arzt*); **to make** (*od.* **pay**) **a** ~ **on s.o.** j-n besuchen, j-m e-n Besuch abstatten; **mailman's** (*bes. Br.* **postman's**) ~ (*das*) Eintreffen der Post. **10.** *mar.* Anlaufen *n* (*e-s Hafens*), *aer.* Anfliegen *n* (*e-s Flughafens*): **to make a** ~ **at a port** e-n Hafen anlaufen; → **port**[1] 1. **11.** *neg* a) Veranlassung *f*, Grund *m*: **there is no** ~ **for you to worry** du brauchst dir keine Sorgen zu machen, b) Recht *n*, Befugnis *f*: **he had no** ~ **to do that. 12.** In'anspruchnahme *f*: **to make many** ~**s on s.o.'s time** j-s Zeit oft in Anspruch nehmen. **13.** → **roll call. 14.** *teleph.* Anruf *m*, Gespräch *n*: **to give s.o. a** ~ j-n anrufen; **I had three** ~**s** ich wurde dreimal angerufen; **to make a** ~ ein Gespräch führen, telefonieren. **15.** *Kartenspiel*: a) Ansage *f*, b) *Poker*: Aufforderung *f*, s-e Karten auf den Tisch zu legen. **16.** *econ.* a) Zahlungsaufforderung *f*, b) Abruf *m*, Kündigung *f* (*von Geldern*): **at** (*od.* **on**) ~ auf Abruf (bereitstehend), auf tägliche Kündigung; **money at** ~ tägliches Geld, Tagesgeld *n*, c) Einlösungsaufforderung *f* (*auf Schuldverschreibungen*), d) Nachfrage *f* (**for** nach). **17.** *Börse*: 'Kaufopti͵on *f*, Vorprämie *f*: **to have the first** ~ *fig.* den Vorrang haben. **18.** *sport* Entscheidung *f* (*des Schiedsrichters*).

II *v/t* **19.** *j-n* (her'bei)rufen, *Arzt, Auto etc* kommen lassen: **to** ~ **to arms** zu den Waffen rufen; → **attention** 1, **being** 1, *etc.* **20.** zu *etwas* aufrufen: **to** ~ **a strike. 21.** befehlen, anordnen: → **halt**[1] 1. **22.** *Versammlung etc* einberufen, zs.-rufen: **to** ~ **a meeting. 23.** *j-n* wecken: ~ **me at 7 o'clock. 24.** *Tiere* (an)locken. **25.** *teleph. j-n* anrufen. **26.** *Namen etc* verlesen: → **roll** 2. **27.** a) *jur. Streitsache, Zeugen* aufrufen: **to** ~ **a case,** b) *Computer*: *Programm* aufrufen. **28.** *econ. Schuldverschreibung etc* einfordern, kündigen. **29.** *j-n* berufen, ernennen (**to** zu); → **bar** 16, 19. **30.** *j-n od. etwas* rufen, nennen: **to** ~ **s.o. Peter; to be** ~**ed** heißen, genannt werden (**after** nach); **a man** ~**ed Smith** ein Mann namens Smith; **to** ~ **s.th. one's own** etwas sein eigen nennen; **to** ~ **a thing by its name** e-e Sache beim richtigen Namen nennen; → **spade**[1] 1. **31.** (be)nennen, bezeichnen (als): **what do you** ~ **this?** wie heißt *od.* nennt man das? **32.** nennen, finden, heißen, halten für: **I** ~ **that stupid. 33.** *j-n etwas* schimpfen, heißen, schelten: **to** ~ **s.o. a fool**; → **name** 11. **34.** *Kartenspiel*: *Farbe* ansagen: **to** ~ **diamonds; to** ~ **s.o.'s hand** (*Poker*) j-n auffordern, s-e Karten auf den Tisch zu legen. **35. the umpire** ~**ed the ball out** (*Tennis*) der Schiedsrichter gab den Ball aus.

III *v/i* **36.** rufen: **to** ~ **to s.o.** j-m zurufen. **37.** *a. fig.* rufen, schreien, dringend verlangen (**for** nach): **to** ~ **for help** um Hilfe rufen; **the situation** ~**s for courage** die Lage erfordert Mut; **duty** ~**s** die Pflicht ruft; **nature** ~**ed** *euphem. humor.* er *etc* verspürte ein menschliches Rühren; **not** ~**ed for** unnötig. **38.** vorsprechen, e-n (kurzen) Besuch machen (**on s.o., at s.o.'s [house]** bei j-m; **at the hospital** im Krankenhaus): **to** ~ **on s.o.** j-n besuchen, j-m e-n Besuch abstatten; **has he** ~**ed yet?** ist er schon dagewesen?; **to** ~ **for** a) *etwas* anfordern, bestellen, b) *j-n, etwas* abholen; **to be** ~**ed for** postlagernd; → **leave** [1] 3. **39.** ~ **at** a) *mar.* anlegen in (*dat*): **to** ~ **at a port** e-n Hafen anlaufen, b) *rail.* halten in (*dat*), c) *aer. e-n Flughafen* anfliegen. **40.** ~ **(up)on** a) sich wenden an (*acc*) (**for s.th.** um etwas *od.* wegen e-r Sache), appel'lieren an (*acc*) (**to do** zu tun): **to be** ~**ed upon to do s.th.** aufgefordert sein, etwas zu tun; **I feel** ~**ed upon** ich fühle mich genötigt (**to do** zu tun), b) *j-n* bitten (**to do** zu tun). **41.** anrufen, telefo'nieren.

Verbindungen mit Adverbien:

call| a·side *v/t* bei'seite rufen, auf die Seite nehmen. ~ **a·way** *v/t* **1.** wegrufen (**from** von): **they were called away from the meeting** sie wurden aus der Sitzung gerufen; **the doctor has been called away (to an accident)** der Arzt ist zu e-m Patienten (zu e-m Unfall) gerufen worden. **2.** *fig. Gedanken etc* ablenken (**from** von). ~ **back I** *v/t* **1.** *a. teleph.* zu'rückrufen. **2.** *defekte Autos etc* (in die Werkstatt) zu'rückrufen. **3.** wider'rufen. **II** *v/i* **4.** *a. teleph.* zu'rückrufen. **5.** noch einmal vorsprechen *od.* vor'beikommen. ~ **down** *v/t* **1.** *Segen etc* her'abflehen, -rufen. **2.** sich *j-s Zorn etc* zuziehen. **3.** *colloq. Theaterstück etc* ‚verreißen'. **4.** *Am. colloq.* ‚her'unterputzen', ausschimpfen (**for** wegen). ~ **forth** *v/t* **1.** her'vorrufen, auslösen, *Fähigkeiten etc* wachrufen, wecken. **2.** *fig. Willen, Kraft etc* aufbieten. ~ **in I** *v/t* **1.** her'ein-, hin'einrufen. **2.** *Geld* einziehen, außer 'Umlauf setzen, *defekte Ware* aus dem Verkehr ziehen. **3.** *Sachverständigen, Arzt etc* (hin)'zuziehen, zu Rate ziehen. **4.** *Schulden* einfordern, *Forderungen etc* einziehen. **5.** *Kredit etc* kündigen. **II** *v/i* **6.** (kurz) vor'beischauen (**on s.o., at s.o.'s [house]** bei j-m; **at the hospital** im Krankenhaus). **7. to** ~ **sick** *Am.* sich (tele'fonisch) krank melden. ~ **off** *v/t* **1.** *Hund etc* zu'rückrufen. **2.** *j-n* (von s-m Posten) abberufen. **3.** *Aufmerksamkeit etc* ablenken (**from** von). **4.** *Streik etc* a) absagen, b) abbrechen. ~ **out I** *v/t* **1.** ausrufen, *Namen etc* aufrufen. **2.** *Militär, Polizei etc* a) aufbieten, b) alar'mieren. **3.** *Fähigkeiten etc* wachrufen, wecken. **4.** zum Streik aufrufen. **II** *v/i* **5.** rufen, (auf)schreien: **to** ~ **for help** um Hilfe rufen. ~ **o·ver** *v/t Namen, Liste etc* verlesen. ~ **round** → **call in** 6. ~ **up I** *v/t* **1.** *j-n* her'auf-, hin'aufrufen. **2.** *teleph.* anrufen. **3.** *Geister etc* beschwören. **4.** *Erinnerungen etc* wachrufen, wecken. **5.** *mil.* a) einberufen, b) mobili'sieren. **II** *v/i* **6.** *teleph.* anrufen.

call·a·ble ['kɔːləbl] *adj econ.* **1.** einforderbar (*Schulden*), einziehbar (*Forderungen etc*). **2.** kündbar (*Kredit etc*).

'call|·back *s* Rückruf *m* (in die Werkstatt), 'Rückrufakti͵on *f.* ~ **bell** *s* Tisch-, Rufglocke *f.* ~ **bird** *s* Lockvogel *m.* ~ **box** *s* **1.** *Br.* Tele'fon-, Fernsprechzelle *f.* **2.** *mail Am.* Postfach *n* (*aus dem man die Post ausgehändigt bekommt*). **3.** *Am.* a) Notrufsäule *f*, b) Feuermelder *m.* **'~boy** *s* **1.** *Am.* Ho'telpage *m.* **2.** *thea.* Inspizi'entengehilfe *m* (*der die Schauspieler zu ihrem Auftritt ruft*). ~ **but·ton** *s* Klingelknopf *m.* ~ **card** *s Am.* Bücherbestellkarte *f* (*in Leihbibliotheken*). ~ **day** *s jur. Br.* Zulassungstag *m* (*für* **barristers**). ~ **duck** *s hunt.* Lockente *f.*

call·er[1] ['kɔːlə(r)] *s* **1.** Rufer(in). **2.** *teleph.* Anrufer(in): (*unübersetzt in Sätzen wie*) **I'm sorry,** ~**, their telephone seems to be broken. 3.** Besucher(in).

cal·ler[2] ['kælə(r)] *adj Scot.* **1.** frisch (*Nahrungsmittel, bes. Fisch*). **2.** frisch, kühl (*Brise etc*).

call girl *s* Callgirl *n*: ~ **ring** Callgirlring *m.*

cal·li ['kælaɪ] *pl von* **callus.**

cal·lig·ra·pher [kə'lɪgrəfə(r)] *s* Kalli'graph *m.* **cal·li·graph·ic** [͵kælɪ'græfɪk] *adj* kalli'graphisch. **cal'lig·ra·phist** → **calligrapher. cal'lig·ra·phy** *s* **1.** Kalligra'phie *f*, Schönschreibkunst *f.* **2.** (*schöne*) Handschrift.

'call-͵in *Am.* → **phone-in.**

call·ing ['kɔːlɪŋ] **I** *s* **1.** Rufen *n.* **2.** Beruf *m*, Gewerbe *n*: **what is his** ~**?** was ist er von Beruf? **3.** *bes. relig.* Berufung *f*: **he had a** ~ **to become a priest** er fühlte sich berufen, Priester zu werden. **4.** Einberufung *f* (*e-r Versammlung*). **5.** Aufruf *m.* **6.** *mil.* a) Einberufung *f*, b) Mobili'sierung *f.* **II** *adj* **7.** rufend. **8.** *teleph.* (An)Ruf... **9.** Besuchs... ~ **card** *s Am.* **1.** Vi'sitenkarte *f.* **2.** Kre'ditkarte *f* (*e-r Telefongesellschaft*).

Cal·li·o·pe [kə'laɪəpɪ] **I** *npr myth.* Kal'liope *f* (*Muse der epischen Dichtung*). **II** *s* c~ *mus. Am.* Dampf(pfeifen)orgel *f.*

cal·li·per *bes. Br. für* **caliper.**

cal·lis·then·ic, *etc bes. Br. für* **calisthenic,** *etc.*

cal·li·thump ['kælə͵θʌmp] *s Am. colloq.* 'Katzenmu͵sik *f.*

call| let·ters *s pl bes. Am.* → **call sign.** ~ **loan** *s econ.* täglich kündbares Darlehen. ~ **mark** → **call number.** ~ **mon·ey** *s econ.* tägliches Geld, Tagesgeld *n.* ~ **num·ber** *s* **1.** *teleph.* Rufnummer *f* (*a. Computer*). **2.** Standnummer *f*, Signa'tur *f* (*e-s Buches in e-r Bibliothek*).

cal·los·i·ty [kæ'lɒsətɪ; kə-; *Am.* -'lɑ-] *s* **1.** Schwiele *f*, harte (Haut)Stelle, Hornhautbildung *f.* **2.** *bot. med.* → **callus. 3.** *fig.* Gefühllosigkeit *f*, Abgestumpftheit *f* (**to** gegen'über).

cal·lous ['kæləs] **I** *adj* (*adv* ~**ly**) **1.** *med.* schwielig, verhärtet. **2.** *fig.* abgestumpft, gefühllos (**to** gegen'über). **II** *v/t u. v/i* **3.** hart *od.* schwielig machen (werden), (sich) verhärten. **4.** *fig.* gefühllos machen (werden), abstumpfen (**to** gegen'über).

'cal·lous·ness *s* **1.** Schwieligkeit *f.* **2.** *fig.* Gefühllosigkeit *f*, Abgestumpftheit *f* (**to** gegen'über).

cal·low ['kæləʊ] **I** *adj* **1.** *orn.* ungefiedert, nackt. **2.** dünn, leicht (*Bart, Flaum etc*). **3.** *fig.* ‚grün', unreif, unerfahren: **a** ~ **youth. 4.** *Br. dial.* brach, kahl: ~ **land. 5.** *Ir.* tiefliegend, sumpfig: ~ **meadow. II** *s* **6.** *Ir.* Niederung *f.*

call| rate *s econ.* Zinsfuß *m* für tägliches Geld. ~ **sign,** ~ **sig·nal** *s* Kennung *f* (*e-s Senders etc*). ~ **slip** *s* Bücherbestellzettel *m* (*in Leihbibliotheken*). **'~-up** *s mil.* a) Einberufung *f*: **there was a large** ~ es wurden sehr viele Wehrpflichtige einberufen, b) Mobili'sierung *f.*

cal·lus ['kæləs] *pl* **-lus·es,** *a.* **-li** [-laɪ] *s* **1.** *med.* a) Kallus *m*, Knochennarbe *f*, b) Schwiele *f*, Hornhaut *f.* **2.** *bot.* Kallus *m*: a) *Gewebewulst, Zellwucherung an Wundflächen,* b) *Belag älterer Siebplatten.*

calm [kɑːm] **I** *s* **1.** Stille *f*, Ruhe *f* (*a. fig.*): **the** ~ **before the storm;** ~ **(of mind)** Gelassenheit *f*, Gemütsruhe *f.* **2.** *mar.* Windstille *f*: **dead** ~ völlige Windstille, Flaute *f.* **II** *adj* (*adv* ~**ly**) **3.** still, ruhig. **4.** windstill. **5.** *fig.* ruhig, gelassen: ~ **and collected** ruhig u. gefaßt. **6.** unverschämt, unverfroren: **a** ~ **liar. III** *v/t* **7.** *oft* ~ **down** beruhigen, besänftigen, beschwichtigen. **IV** *v/i oft* ~ **down 8.** sich beruhigen. **9.** sich legen (*Sturm, Zorn etc*).

cal·ma·tive ['kælmətɪv; *bes. Am.* 'kɑːm-] **I** *s med. pharm.* Beruhigungsmittel *n.* **II** *adj* beruhigend.

calm·ness ['kɑːmnɪs] → **calm** 1.

cal·o·mel ['kæləʊmel] *s chem. med.* Kalomel *n*, 'Quecksilber-'I-Chlo͵rid *n.*

cal·o·res·cence [͵kælə'resns] *s phys.*

Kaloresˈzenz *f* (*Übergang von Wärmestrahlen in Lichtstrahlen*).

Cal·or gas [ˈkælə(r)] (*TM*) *s* Flaschen-, Buˈtangas *n*.

ca·lor·ic [kəˈlɒrɪk; ˈkælərɪk; *Am. a.* kəˈlɑ-] **I** *s* **1.** *phys. obs.* Wärme *f*. **2.** *hist.* Wärmestoff *m*. **II** *adj* **3.** *phys.* kaˈlorisch, Wärme...: ~ **engine** Heißluftmaschine *f*.

cal·o·rie [ˈkælərɪ] *s chem. phys.* Kaloˈrie *f*. **ˈ~-ˌcon·scious** *adj* kaloˈrienbewußt.

ca·lor·i·fa·cient [kəˌlɒrɪˈfeɪʃnt; *Am. a.* -ˌlɑ-] *adj* Wärme erzeugend. **cal·o·rif·ic** [ˌkæləˈrɪfɪk] *adj* **1.** Wärme erzeugend. **2.** Erwärmungs..., Wärme...: ~ **capacity** *phys.* spezifische Wärme; ~ **value** Heizwert *m*.

cal·o·rim·e·ter [ˌkæləˈrɪmɪtə(r)] *s phys.* Kaloriˈmeter *m*, Wärmemesser *m*. **ˌcal·oˈrim·e·try** [-trɪ] *s* Kalorimeˈtrie *f*, Wärmemessung *f*.

cal·o·ry → **calorie**.

ca·lotte [kəˈlɒt; *Am.* kəˈlɑt] *s* **1.** *R.C.* Kaˈlotte *f*, Scheitelkäppchen *n*. **2.** Schneekuppe *f* (*e-s Berges*). **3.** *math.* Kaˈlotte *f* (*gekrümmte Fläche e-s Kugelabschnitts*). **4.** *arch.* Kaˈlotte *f*, flache Kuppel.

cal·trop, *a.* **cal·trap** [ˈkæltrəp] *s* **1.** *mil. hist.* Fußangel *f*. **2.** *bot.* a) Stern-, Wegedistel *f*, b) Wassernuß *f*.

cal·u·met [ˈkæljʊmet] *s* Kaluˈmet *n*, (indiˈanische) Friedenspfeife.

ca·lum·ni·ate [kəˈlʌmnɪeɪt] *v/t* verleumden. **caˌlum·niˈa·tion** *s* Verleumdung *f*. **caˈlum·ni·a·tor** [-tə(r)] *s* Verleumder(in). **caˈlum·ni·a·to·ry** [-nɪətərɪ; *Am.* -nɪəˌtəʊriː; -ˌtɔː-], **caˈlum·ni·ous** *adj* verleumderisch. **cal·um·ny** [ˈkæləmnɪ] *s* Verleumdung *f*.

cal·u·tron [ˈkæljʊtrɒn; *Am.* -jəˌtrɑn] *s phys.* Caluˈtron *n* (*Trennanlage für Isotope*).

Cal·va·dos [ˈkælvədɒs; *Am.* ˌ-ˈdəʊs] *s* Calvados *m*.

cal·var·i·a [kælˈveərɪə] *s anat.* Schädeldach *n*, -decke *f*.

Cal·va·ry [ˈkælvərɪ] *s* **1.** *Bibl.* Golgotha *n*. **2.** **c~** *relig. art* Kalˈvarienberg *m*, Kreuzigungsgruppe *f*. **3.** **c~** *fig.* Marˈtyrium *n*.

calve [kɑːv; *Am.* kæv] **I** *v/i* **1.** *a.* ~ **down** kalben, Junge werfen. **2.** *geol.* kalben (*Eisberg, Gletscher etc*). **II** *v/t* **3.** *Junge* zur Welt bringen. **4.** *Stücke* abstoßen.

calves [kɑːvz; *Am.* kævz] *pl von* **calf**[1] *u.* [2].

Cal·vin·ism [ˈkælvɪnɪzəm] *s* Kalviˈnismus *m*. **ˈCal·vin·ist I** *s* Kalviˈnist(in). **II** *adj* kalviˈnistisch. **ˌCal·vinˈis·tic, ˌCal·vinˈis·ti·cal** *adj* kalviˈnistisch.

calx [kælks] *pl* **ˈcalx·es, ˈcal·ces** [-siːz] → **calcium oxide**.

cal·y·ces [ˈkeɪlɪsiːz; ˈkæl-] *pl von* **calyx**.

cal·y·cif·er·ous [ˌkælɪˈsɪfərəs] *adj bot.* kelchtragend.

ca·lyp·so [kəˈlɪpsəʊ] *pl* **-sos** *s mus.* Caˈlypso *m*.

ca·lyx [ˈkeɪlɪks; ˈkæl-] *pl* **ˈca·lyx·es** [-ksɪz], **ˈcal·y·ces** [-lɪsiːz] *s* **1.** *anat. bot.* Kelch *m*. **2.** *anat.* Nierenkelch *m*.

cam [kæm] *s tech.* Nocken *m*, Kurvenscheibe *f*: ~**-controlled** nockengesteuert; ~ **gear** Kurvengetriebe *n*; ~ **lever** Nocken-, Kipphebel *m*.

ca·ma·ra·de·rie [ˌkæməˈrɑːdəriː; *Am. a.* ˌkɑː-] *s* **1.** Kameˈradschaft(lichkeit) *f*. **2.** Kumpaˈnei *f*.

cam·a·ril·la [ˌkæməˈrɪlə] *s* Kamaˈrilla *f* (*Clique in unmittelbarer Umgebung e-s Herrschers, die auf diesen e-n unkontrollierbaren Einfluß ausübt*).

cam·ber [ˈkæmbə(r)] **I** *v/t* **1.** biegen, krümmen, wölben, schweifen. **II** *v/i* **2.** sich wölben *od.* krümmen. **III** *s* **3.** leichte konˈvexe Krümmung. **4.** (leichte) Wölbung. **5.** *mot.* Sturz *m*. **6.** *aer.* Proˈfilwölbung *f*. ~ **beam** *s arch.* Krumm-, Kehlbalken *m*.

cam·bered [ˈkæmbə(r)d] *adj* gekrümmt, gewölbt, geschweift. ~ **ax·le** *s tech.* gestürzte Achse. ~ **wheel** *s mot.* gestürztes Rad.

cam·bist [ˈkæmbɪst] *s* **1.** *econ.* a) Wechselmakler *m*, b) Deˈvisenhändler *m*. **2.** ˈUmrechnungstaˌbellen *pl*.

Cam·bo·di·an [kæmˈbəʊdjən; -ɪən] **I** *s* Kamboˈdschaner(in). **II** *adj* kamboˈdschanisch.

Cam·bri·an [ˈkæmbrɪən] **I** *s* **1.** Waˈliser(in). **2.** *geol.* kambrische Formatiˈon, Kambrium *n*. **II** *adj* **3.** waˈlisisch. **4.** *geol.* kambrisch.

cam·bric [ˈkeɪmbrɪk] *s* Kambrik *m*, Cambric *m* (*lockeres, feinfädiges Zellwoll- od. Baumwollgewebe*).

Cam·bridge blue [ˈkeɪmbrɪdʒ] *s* Hellblau *n*.

came [keɪm] *pret von* **come**.

cam·el [ˈkæml] *s* **1.** *zo.* Kaˈmel *n*. **2.** *mar. tech.* Kaˈmel *n*, Hebeleichter *m*. **ˈ~·back** *s mot. etc* Runderneuerungsgummi *m*, *n*. ~ **driv·er** *s* Kaˈmeltreiber *m*.

cam·el·eer [ˌkæmɪˈlɪə(r); -mə-] *s* Kaˈmeltreiber *m*.

cam·el hair → **camel's hair**.

ca·mel·li·a [kəˈmiːljə] *s bot.* Kaˈmelie *f*.

cam·el·ry [ˈkæmlrɪ] *s mil.* Kaˈmeltruppe *f*.

cam·el's hair [ˈkæmlz] *s* **1.** Kaˈmelhaar *n*. **2.** Kaˈmelhaar(stoff *m*) *n*. **ˈ~-hair** *adj* **1.** Kamelhaar... **2.** *paint.* aus Eichhörnchenhaaren (*Pinsel*).

cam·el spin *s Eis-, Rollkunstlauf*: ˈWaagepirouˌette *f*.

Cam·em·bert [ˈkæməmbeə(r)] *s gastr.* Camembert *m* (*französischer Käse*).

cam·e·o [ˈkæmɪəʊ] *pl* **-os** *s* **1.** Kaˈmee *f* (*Edelstein mit erhabener figürlicher Darstellung*). **2.** *kurzes literarisches Werk od. Bühnenstück, das e-e Person, e-n Ort od. ein Ereignis in den Mittelpunkt stellt*. **3.** *thea. etc von e-m bekannten Schauspieler od. e-r bekannten Schauspielerin gespielte kleine Nebenrolle od. kurze Szene*.

cam·er·a [ˈkæmərə; ˈkæmrə] *pl* **-er·as,** (*für 4 u. 5*) **-er·ae** [-riː] *s* **1.** Kamera *f*, ˈFotoappaˌrat *m*: **the ~ cannot lie** das Auge der Kamera ist unbestechlich. **2.** Film-, Fernsehkamera *f*: ~ **crane** Kamerakran *m*; ~ **tube** *TV* Aufnahme-, Abtaströhre *f*; **to be on ~** a) vor der Kamera stehen, b) im Bild sein. **3.** → **camera obscura**. **4.** *jur.* Richterzimmer *n*: **in ~** a) unter Ausschluß der Öffentlichkeit, b) *fig.* geheim. **5.** *arch.* Gewölbe *n*. **6.** Apoˈstolische Kammer (*päpstliche Vermögensverwaltung*). ~ **lu·ci·da** [ˈluːsɪdə] *pl* **-ra -das** *s opt.* Zeichenprisma *n*. **ˈ~·man** [-mæn] *s irr* **1.** Kameramann *m*. **2.** ˈPressefotoˌgraf *m*. **3.** Fotohändler *m*. ~ **ob·scu·ra** [ɒbˈskjʊərə; *Am.* əbˈskjʊrə] *pl* **-ra -ras** *s* Camera *f* obˈscura, Lochkamera *f*. **ˈ~-shy** *adj* kamerascheu.

cam·i·knick·ers [ˌkæmɪˈnɪkəz] *s pl Br. hist.* (Damen)Hemdhose *f*.

cam·i·on [ˈkæmɪən] *s* Last(kraft)wagen *m*.

cam·i·sole [ˈkæmɪsəʊl] *s* **1.** Bett-, Morgenjäckchen *n*. **2.** Mieder *n* (*e-s Trachtenkleids etc*).

cam·let [ˈkæmlɪt] *s* Kameˈlott *m* (*feines Kammgarngewebe*).

cam·o·mile [ˈkæməmaɪl] *s bot.* Kaˈmille *f*. ~ **tea** *s* Kaˈmillentee *m*.

cam·ou·flage [ˈkæmʊflɑːʒ; -mə-] **I** *s mil. zo.* Tarnung *f*, *fig. a.* Verschleierung *f*: ~ **measures** Verschleierungsmaßnahmen; ~ **paint** Tarnfarbe *f*, -anstrich *m*. **II** *v/t mil.* tarnen, *fig. a.* verschleiern.

camp[1] [kæmp] **I** *s* **1.** (Zelt-, Ferien-, Miliˈtär)Lager *n*, Lager(platz *m*) *n*, Camp *n* (*alle a. collect. Personen*): ~ **bed** (*Am. a.* cot) a) Feldbett *n*, b) Campingliege *f*; ~ **chair** Klapp-, Campingstuhl *m*; ~ **disease** Fleckfieber *n*, Lagerseuche *f*; **to pitch one's ~** sein Lager aufschlagen; **to break** (*od.* **strike**) ~ das Lager abbrechen. **2.** Solˈdatenleben *n*. **3.** *fig.* Lager *n*, Parˈtei *f*, Anhänger *pl* (*e-r Richtung*): **the rival ~** das gegnerische Lager. **4.** *Am.* Siedlung *f*, *bes.* ˈGoldgräberkoloˌnie *f*. **II** *v/i* **5.** sein Lager aufschlagen, kamˈpieren: **to ~ on s.o.'s trail** *Am. colloq.* unablässig hinter j-m her sein. **6.** *oft* ~ **out** zelten, campen. **7.** ~ **out** *colloq.* a) vorˈübergehend wohnen (**in** in *dat*; **with** bei), b) primiˈtiv hausen (**in** in *dat*). **III** *v/t* **8.** a) in e-m Lager ˈunterbringen, b) vorˈübergehend ˈunterbringen (**in** in *dat*).

camp[2] [kæmp] *colloq.* **I** *adj* **1.** a) lächerlich altmodisch, b) unfreiwillig komisch, naˈiv wirkend, c) bewußt naˈiv, d) künstlich, gewollt, e) ‚aufgemotzt', *thea. etc a.* überˈzogen. **2.** tuntenhaft. **II** *s* **3.** etwas lächerlich Altmodisches *etc* (→ 1). **4.** tuntenhaftes Benehmen. **5.** Tunte *f* (*betont femininer Homosexueller*). **III** *v/i* **6.** a) sich tuntenhaft benehmen, b) (tuntenhaft) tänzeln *od.* trippeln. **IV** *v/t* **7.** *etwas* in lächerlich altmodischer Weise *etc* (→ 1) darbieten *od.* darstellen. **8. to ~ it up** a) → 6, b) die Sache ‚aufmotzen', *thea. etc a.* überˈziehen.

cam·paign [kæmˈpeɪn] **I** *s* **1.** *mil.* Feldzug *m*. **2.** *fig.* Kamˈpagne *f*, Feldzug *m*, Aktiˈon *f*: → **advertising campaign,** *etc.* **3.** *pol.* Wahlkampf *m*: ~ **button** Wahlkampfplakette *f*; ~ **pledge** (*od.* **promise**) Wahlversprechen *n*. **4.** *metall.* Hütten-, Ofenreise *f*. **5.** *obs.* ˈLandparˌtie *f*. **II** *v/i* **6.** *mil.* an e-m Feldzug teilnehmen, kämpfen. **7.** *fig.* kämpfend zu Felde ziehen (**for** für; **against** gegen). **8.** *pol.* a) sich am Wahlkampf beteiligen, im Wahlkampf stehen, b) Wahlkampf machen (**for** für), c) *Am.* kandiˈdieren (**for** für). **camˈpaign·er** *s* **1.** *mil.* Feldzugteilnehmer *m*: **old ~** a) Veteran *m*, b) *fig.* alter Praktikus. **2.** *fig.* Kämpfer *m* (**for** für; **against** gegen).

cam·pa·ni·le [ˌkæmpəˈniːlɪ] *pl* **-les, -li** [-liː] *s* Kampaˈnile *m*, Campaˈnile *m*, frei stehender Glockenturm.

cam·pan·u·la [kəmˈpænjʊlə; *Am.* kæm-] *s bot.* Glockenblume *f*.

Camp·bell·ite [ˈkæmbəˌlaɪt; ˈkæməˌl-] *s relig. Am.* Mitglied *n* der Sekte ‚Jünger Christi' (**Disciples of Christ**).

cam·pea·chy wood [kæmˈpiːtʃɪ], **cam·pe·che wood** [kɑːmˈpetʃe] *s* Camˈpeche-, Blauholz *n*.

camp·er [ˈkæmpə(r)] *s* **1.** Zeltler(in), Camper(in). **2.** *Am.* a) Wohnanhänger *m*, -wagen *m*, b) ˈWohnmoˌbil *n*.

ˈcamp|·fire *s* **1.** Lagerfeuer *n*. **2.** *fig.* Treffen *n*: ~ **girl** *Am.* (*Art*) Pfadfinderin *f*. ~ **fol·low·er** *s* **1.** Solˈdatenprostituˌierte *f*. **2.** *pol. etc* Mitläufer *m*, Sympathiˈsant *m*. **ˈ~·ground** *s* **1.** Lagerplatz *m*. **2.** Zelt-, Campingplatz *m*.

cam·phire [ˈkæmfaɪə(r)] *obs. für* **henna** 1.

cam·phol [ˈkæmfɒl; *Am. a.* -ˌfəʊl] *s chem.* Borneˈol *n*.

cam·phor [ˈkæmfə(r)] *s chem.* Kampfer *m*: ~ **ball** Mottenkugel *f*. **ˈcam·phor·ate** [-reɪt] *chem.* **I** *v/t* kampfern. **II** *s* kampfersaures Salz. **cam·phor·ic** [kæmˈfɒrɪk; *Am. a.* -ˈfɑ-] *adj chem.* **1.** kampferhaltig. **2.** Kampfer...: ~ **acid**.

cam·phor|·ice *s chem.* Kampfereis *n*. ~ **oil** *s chem.* Kampferöl *n*. ~ **tree** *s bot.* Kampferbaum *m*. **ˈ~·wood** *s* Kampferholz *n*.

camp·ing [ˈkæmpɪŋ] *s* Zelten *n*, Camping *n*. ~ **ground,** ~ **site** → **campground**.

cam·pi·on [ˈkæmpjən; -ıən] *s bot.* Feuer-, Lichtnelke *f.*
camp meet·ing *s bes. Am.* (*oft* mehrtägige) religiˈöse Versammlung im Freien *od.* im Zelt.
cam·po·ree [ˌkæmpəˈriː] *s* regioˈnales Pfadfindertreffen.
ˈcamp|·shed *v/t Br. Ufermauer* durch Bohlen verstärken. **ˈ~ˌshed·ding, ˈ~ˌsheet·ing, ˈ~·shot** *s Br.* Bohlenverstärkung *f* (*e-r Ufermauer*). **ˈ~·site** → **campground. ˈ~·stool** *s* Klapp-, Campinghocker *m.*
cam·pus [ˈkæmpəs] *s* **1.** a) Campus *m* (*Gesamtanlage e-r Universität, e-s College od. e-r Schule*), b) *Rasenfläche in der Mitte e-s Universitäts-, College- od. Schulgeländes.* **2.** *bes. Am.* a) *ein von den Hauptgebäuden entfernt liegender Teil e-r Universität,* b) *ein in sich abgeschlossener Teil e-r Universität mit eigenem Lehrkörper, der mit der Universität durch e-n gemeinsamen Rektor verbunden ist.*
camp·y [ˈkæmpı] → **camp**[2] I.
campyl(o)- [kæmpıl(əʊ)] *bot. Wortelement mit der Bedeutung* gebogen, gekrümmt.
ˈcam|·shaft *s tech.* Nockenwelle *f.* **~ switch** *s tech.* Nockenschalter *m.* **~ wheel** *s tech.* Nockenrad *n,* Exˈzentrik *f.* **ˈ~·wood** *s* Kamholz *n.*
can[1] [kæn; *unbetont* kən] *inf u. pp fehlen, 2. sg pres obs.* **canst** [kænst] *3. sg pres* **can** *neg* **can·not,** *pret* **could** [kʊd; *unbetont* kəd] *v/aux* (*mit folgendem inf ohne* **to**) **1.** *ich, er, sie, es* kann, *du* kannst, *wir, Sie, sie* können, *ihr* könnt: **~ you do it?; I shall do all I ~** ich werde alles tun, was ich (tun) kann *od.* was in m-n Kräften steht; **~ he still be living?** kann es sein, daß er noch am Leben ist?, ob er wohl noch lebt?; → **could. 2.** dürfen, können.
can[2] [kæn] **I** *s* **1.** (Blech)Kanne *f*: **to have to carry the ~** *colloq.* den Kopf hinhalten müssen (**for** für). **2.** (Blech-, Konˈserven)Dose *f,* (-)Büchse *f*: **~ opener** Dosen-, Büchsenöffner *m*; **in the ~** *colloq.* a) ‚gestorben', abgedreht (*Filmszene*), b) ‚im Kasten', abgedreht (*Film*), c) unter Dach u. Fach (*Vertrag etc*); **a ~ of worms** *colloq.* e-e ‚harte Nuß', e-e komplizierte Geschichte. **3.** *Am.* (Ein)Weckglas *n.* **4.** *Am.* a) Müll-, Abfalleimer *m,* b) Müll-, Abfalltonne *f.* **5.** Kaˈnister *m.* **6.** *sl.* ‚Kittchen' *n* (*Gefängnis*). **7.** *Am. sl.* ‚Klo' *n,* Abˈort *m.* **8.** *sl.* ‚Arsch' *m,* ‚Hintern' *m.* **9.** *mar. mil. sl.* a) Wasserbombe *f,* b) *Am.* ‚Eimer' *m,* Zerstörer *m.* **10.** *sl.* Unze *f* Marihuˈana. **11.** *colloq.* Kopfhörer *m.* **II** *v/t* **12.** konserˈvieren, (in Büchsen) einmachen, eindosen: → **canned** 1. **13.** *tech.* einkapseln, herˈmetisch verschließen. **14.** *Am. sl.* ‚rausschmeißen' (*entlassen*). **15.** *Am. sl.* aufhören mit: **~ it!** hör auf damit! **16.** *colloq.* (auf Band *od.* Schallplatte) aufnehmen: → **canned** 2.
Ca·naan·ite [ˈkeınənaıt] *Bibl.* **I** *s* Kanaaˈniter(in). **II** *adj* kanaaˈnäisch.
Ca·na·di·an [kəˈneıdjən; -ıən] **I** *adj* kaˈnadisch. **II** *s* Kaˈnadier(in).
ca·naille [kəˈneıl; kəˈnaı] *s* Pöbel *m,* Gesindel *n,* Pack *n.*
ca·nal [kəˈnæl] **I** *s* **1.** Kaˈnal *m* (*für Schiffahrt, Bewässerung etc*). **2.** Förde *f,* Meeresarm *m.* **3.** *anat. zo.* Kaˈnal *m,* Gang *m,* Röhre *f.* **4.** *astr.* ˈMarskaˌnal *m.* **II** *v/t pret u. pp* **-naled,** *bes. Br.* **-nalled 5.** kanaliˈsieren.
ca·nal·i·za·tion [ˌkænəlaıˈzeıʃn; *Am.* -ləˈz-] *s* Kanalisatiˈon *f,* Kanaliˈsierung *f.*
ca·nal·ize [ˈkænəlaız] *v/t* **1.** kanaliˈsieren. **2.** a) in e-n Kaˈnal verwandeln, b) *e-n Fluß* kanaliˈsieren, schiffbar machen. **3.** *fig. etwas* kanaliˈsieren, (in bestimmte Bahnen) lenken.
ca·nal| lock *s* Kaˈnalschleuse *f.* **~ rays** *s pl chem. phys.* Kaˈnalstrahlen *pl.* **C~ Zone** *s* Kaˈnalzone *f* (*am Panamakanal*).
can·a·pé [ˈkænəpeı] *s gastr.* Appeˈtit-, Cocktailhappen *m.*
ca·nard [kæˈnɑː(r)d; kə-] *s* **1.** (Zeitungs-)Ente *f,* Falschmeldung *f.* **2.** *aer.* Ente(nflugzeug *n*) *f.*
ca·nar·y [kəˈneərı] *s* **1.** *a.* **~ bird** Kaˈnarienvogel *m*: **to have a ~** *Br. colloq.* ‚Zustände kriegen'. **2.** *a.* **~ yellow** Kaˈnariengelb *n.* **3.** *Am. sl.* a) (*bes.* Koloraˈtur)Sopraˌnistin *f,* b) (Schlager)Sängerin *f.* **~ creep·er** *s bot.* Kaˈnarien-, Kapuˈzinerkresse *f.*
ca·nas·ta [kəˈnæstə] *s* Kaˈnasta *n* (*Kartenspiel*).
ca·nas·ter [kəˈnæstə(r)] *s* grober Tabak.
can buoy *s mar.* Stumpftonne *f,* -boje *f.*
can·can [ˈkænkæn] *s mus.* Canˈcan *m.*
can·cel [ˈkænsl] **I** *v/t pret u. pp* **-celed,** *bes. Br.* **-celled 1.** (ˈdurch-, aus)streichen. **2.** *Erlaubnis etc* widerˈrufen, *Beschluß etc* rückgängig machen, *Abonnement etc* kündigen, *econ. Auftrag etc* storˈnieren, *mot. Blinker* abstellen, ausmachen: **to ~ a magazine subscription** e-e Zeitschrift abbestellen; **to ~ one's membership** (aus dem Verein *etc*) austreten; **until ~(l)ed** bis auf Widerruf. **3.** *Eintragung, Bandaufnahme etc* löschen. **4.** *Verabredung etc* absagen, *Veranstaltung etc* ausfallen lassen. **5.** *Briefmarke, Fahrschein* entwerten. **6.** *math.* kürzen. **7.** *mus. Vorzeichen* auflösen, -heben. **8.** *a.* **~ out** ausgleichen, kompenˈsieren. **II** *v/i* **9.** *math.* sich kürzen lassen. **10.** *a.* **~ out** sich (gegenseitig) aufheben. **III** *s* **11.** → **cancellation. 12.** *mus.* Auflösungs-, Wiederˈherstellungszeichen *n.* **13.** *pl, a.* **pair of ~s** Lochzange *f.* **ˌcan·celˈa·tion** *Am. für* **cancellation. ˈcan·cel·er,** *bes. Br.* **ˈcan·cel·ler** [-sələ(r)] *s tech.* (Briefmarken-, Fahrschein)Entwerter *m.*
can·cel·late [ˈkænsıleıt; *Am. a.* kænˈselət], **ˈcan·cel·lat·ed** [-sıleıtıd] *adj* **1.** *bot.* gegittert, gitterförmig. **2.** *med.* schwammig.
can·cel·la·tion, *Am. a.* **can·cel·a·tion** [ˌkænsəˈleıʃn] *s* **1.** Streichung *f.* **2.** Widerˈrufung *f* (*e-r Erlaubnis etc*), Rückgängigmachung *f* (*e-s Beschlusses etc*), Kündigung *f* (*e-s Abonnements etc*), *econ.* Storˈnierung *f* (*e-s Auftrags etc*), *mot.* Abstellen *n,* Ausmachen *n* (*des Blinkers*). **3.** Löschung *f* (*e-r Eintragung, e-r Bandaufnahme etc*). **4.** Absage *f* (*e-r Verabredung etc*). **5.** Entwertung *f* (*e-r Briefmarke, e-s Fahrscheins*). **6.** *math.* Kürzung *f.* **7.** *mus.* Auflösung *f,* -hebung *f* (*e-s Vorzeichens*).
can·cel·ler [ˈkænsələ(r)] *bes. Br. für* **canceler.**
can·cel·lous [ˈkænsıləs; *Am. a.* kænˈseləs] → **cancellate.**
can·cer [ˈkænsə(r)] **I** *s* **1.** *med.* a) Krebs *m,* b) Karziˈnom *n,* Krebsgeschwulst *f.* **2.** *fig.* Krebsgeschwür *n,* -schaden *m.* **3. C~** *astr.* Krebs *m* (*Sternbild u. Tierkreiszeichen*): **to be (a) ~** Krebs sein; → **tropic** 1. **II** *adj* **4.** *med.* Krebs...: **~ cells (clinic, research,** *etc*); **~ stick** *sl.* ‚Sargnagel' *m* (*Zigarette*). **ˈcan·cer·ous** *adj med.* a) krebsbefallen: **a ~ lung; a ~ man** ein Krebskranker, b) Krebs...: **~ tumo(u)r** Krebsgeschwulst *f,* c) krebsartig: **~ growth** *fig.* Krebsgeschwür *n.*
can·croid [ˈkæŋkrɔıd] **I** *adj* **1.** *zo.* krebsartig. **2.** *med.* → **cancerous** b. **II** *s* **3.** *med.* Spinaliˈom *n,* Stachelzellenkrebs *m.*
can·de·la [kænˈdiːlə] *s phys.* Canˈdela *f* (*Einheit der Lichtstärke*).
can·de·la·bra [ˌkændıˈlɑːbrə] *s* **1.** *pl* **-bras** → **candelabrum. 2.** *pl von* **candelabrum. ˌcan·deˈla·brum** [-brəm] *pl* **-bra** [-brə], **-brums** *s* Kandeˈlaber *m,* Armleuchter *m.*
can·des·cence [kænˈdesns] *s* (Weiß-)Glühen *n,* (-)Glut *f.* **canˈdes·cent** *adj* (*adv* **~ly**) (weiß)glühend.
can·did [ˈkændıd] **I** *adj* (*adv* **~ly**) **1.** offen (u. ehrlich), aufrichtig, freimütig. **2.** unvoreingenommen, objekˈtiv: **a ~ opinion. 3.** *phot.* ungestellt: **~ camera** a) Kleinstbildkamera *f,* b) versteckte Kamera; **~ picture** Schnappschuß *m.* **II** *s* **4.** *phot.* Schnappschuß *m.* **ˈcan·did·ness** → **candor.**
can·di·da·cy [ˈkændıdəsı] *s bes. Am.* Kandidaˈtur *f,* Bewerbung *f,* Anwartschaft *f.*
can·di·date [ˈkændıdət; -deıt] *s* **1.** (**for**) Kandiˈdat(in) (für), Anwärter(in) (auf *acc*) (*beide a. iro.*), Bewerber(in) (um): **to run** (*bes. Br.* **stand**) **as a ~ for** kandidieren für, sich bewerben um; **~ chemicals** in Frage kommende *od.* in engerer Wahl stehende Stoffe. **2.** (ˈPrüfungs)Kandiˌdat(in), Prüfling *m.* **ˈcan·di·da·ture** [-dətʃə(r); -dəˌtʃʊə(r)] *bes. Br. für* **candidacy.**
can·died [ˈkændıd] *adj* **1.** kanˈdiert, überˈzuckert: **~ peel** Zitronat *n.* **2.** kristalliˈsiert (*Sirup etc*). **3.** *fig.* honigsüß, schmeichlerisch.
can·dle [ˈkændl] **I** *s* **1.** (Wachs- *etc*)Kerze *f,* Licht *n*: **to burn the ~ at both ends** *fig.* Raubbau mit s-r Gesundheit treiben, sich übernehmen; **not to be fit** (*od.* **able**) **to hold a ~ to** *j-m* das Wasser nicht reichen können; **the game is not worth the ~** die Sache ist nicht der Mühe wert. **2.** *phys. hist.* Kerze *f* (*Einheit der Lichtstärke*). **II** *v/t* **3.** *bes. Eier* durchˈleuchten. **ˈ~ˌber·ry** *s bot.* Wachsmyrte(nbeere) *f.* **~ end** *s* Kerzenstummel *m.* **ˈ~-foot** *s irr* → **foot-candle. ˈ~·light I** *s* **1.** Kerzenlicht *n*: **by ~** bei Kerzenlicht. **2.** gedämpftes künstliches Licht. **3.** Abenddämmerung *f*: **at early ~** am frühen Abend. **II** *adj* **4.** bei Kerzenlicht: **~ dinner.**
Can·dle·mas [ˈkændlməs] *s R.C.* (Maˈriä) Lichtmeß *f.*
ˈcan·dle|ˌpow·er *s phys. hist.* Kerzenstärke *f.* **ˈ~·stick** *s* Kerzenleuchter *m,* -ständer *m.* **ˈ~·wick** *s* **1.** Kerzendocht *m.* **2.** *Gewebe mit chenilleähnlichem Charakter.*
can·dock [ˈkændɒk; *Am.* -ˌdɑk] *s bot.* Gelbe Teichrose.
can·dor, *bes. Br.* **can·dour** [ˈkændə(r)] *s* **1.** Offenheit *f,* Aufrichtigkeit *f,* Freimütigkeit *f.* **2.** Unvoreingenommenheit *f,* Objektiviˈtät *f.*
can·dy [ˈkændı] **I** *s* **1.** Kandis(zucker) *m.* **2.** *bes. Am.* a) Süßwaren *pl,* Süßigkeiten *pl,* Konˈfekt *n,* b) *a.* **hard ~** Bonˈbon *m, n.* **II** *v/t* **3.** kanˈdieren, glaˈsieren, mit Zucker überˈziehen *od.* einmachen. **4.** *Zucker etc* kristalliˈsieren lassen. **ˈ~·floss** *s Br.* **1.** Zuckerwatte *f.* **2.** Hirngespinste *pl.* **~ store** *s Am.* Süßwarenladen *m,* -geschäft *n.*
cane [keın] **I** *s* **1.** Spaˈzierstock *m.* **2.** (Rohr)Stock *m*: **to give** *s.o.* **the ~** → 5. **3.** *bot.* a) (Bambus-, Zucker-, Schilf)Rohr *n,* b) Schaft *m* (*einiger Palmen*), c) Stamm *m* (*des Himbeerstrauchs etc*). **4.** *collect.* spanisches Rohr, Peddigrohr *n* (*für Korbflechtarbeiten*). **II** *v/t* **5.** (mit dem Stock) züchtigen. **6.** a) aus Rohr flechten, b) *e-n Stuhl etc* mit Rohrgeflecht versehen. **ˈ~-ˌbot·tomed** *adj* mit Sitz aus Rohr(geflecht). **ˈ~ˌbrake** *s Am.* Rohrdickicht *n,* Röhricht *n.* **~ chair** *s* Rohrstuhl *m.*
ca·nel·la [kəˈnelə], **~ al·ba** [ˈælbə], **~ bark** *s* Caˈnellarinde *f,* Kaˈneel *m.*

cane| sug·ar *s* Rohrzucker *m.* **~ trash** *s* Ba'gasse *f.* '**~·work** *s* Rohrgeflecht *n.*
cang, cangue [kæŋ] *s hist.* (schwerer) Holzkragen (*chinesisches Strafinstrument*).
Ca·nic·u·la [kə'nɪkjʊlə] *s astr.* Hundsstern *m*, Sirius *m.*
ca·nic·u·lar| cy·cle [kə'nɪkjʊlə(r)] *s astr.* 'Hundssternperi,ode *f.* **~ days** *s pl* Hundstage *pl.* **~ heat** *s* Hundstagshitze *f.*
ca·nine ['keɪnaɪn] **I** *adj* **1.** Hunde..., Hunds... **2.** *contp.* hündisch: **~ devotion** hündische Ergebenheit. **II** *s* **3.** *zo.* Hund *m.* **4.** [ˌkænaɪn; 'keɪ-] *a.* **~ tooth** Augen-, Eckzahn *m.* **~ mad·ness** *s med. vet.* Tollwut *f.*
can·ing ['keɪnɪŋ] *s*: **to give s.o. a ~** j-n (mit dem Stock) züchtigen.
Ca·nis| Ma·jor ['keɪnɪs] *s astr.* Großer Hund (*Sternbild*). **~ Mi·nor** *s astr.* Kleiner Hund (*Sternbild*).
can·is·ter ['kænɪstə(r)] *s* **1.** Blechbüchse *f*, -dose *f.* **2.** *mil.* a) Atemeinsatz *m* (*der Gasmaske*), b) *a.* **~ shot** *hist.* Kar'tätsche *f.*
can·ker ['kæŋkə(r)] **I** *s* **1.** *med.* a) Soor *m*, b) Lippengeschwür *n.* **2.** *vet.* Strahlfäule *f* (*am Pferdefuß*). **3.** *bot.* Baumkrebs *m.* **4.** *zo.* schädliche Raupe. **5.** *fig.* Krebsgeschwür *n.* **II** *v/t* **6.** *fig.* a) anstecken, vergiften, b) zerfressen. **III** *v/i* **7.** *fig.* a) angesteckt *od.* vergiftet werden, (langsam) verderben, b) zerfressen werden. '**can·kered** *adj* **1.** *bot.* a) vom Baumkrebs befallen, b) von Raupen zerfressen. **2.** *fig.* a) giftig, bösartig, b) verdrießlich, mürrisch. '**can·ker·ous** *adj* **1.** *bot.* a) → **cankered** 1 a, b) von Baumkrebs verursacht. **2.** *fig.* a) ansteckend, vergiftend, b) zersetzend, zerfressend.
can·ker|sore *s med.* Soor *m.* '**~·worm** *s zo.* schädliche Raupe.
can·na·bis ['kænəbɪs] *s* Cannabis *m*: a) *bot.* Hanf *m*, b) Haschisch *n* (*Rauschgift*).
canned [kænd] *adj* **1.** konser'viert, Dosen..., Büchsen...: **~ fruit** Obstkonserven *pl*; **~ meat** Büchsenfleisch *n.* **2.** *colloq.* (auf Band *od.* Schallplatte) aufgenommen: **~ music** ‚Musik *f* aus der Konserve'; **~ program(me)** (*Rundfunk, TV*) ‚Programmkonserve' *f.* **3.** *Am. colloq.* abgedroschen. **4.** *sl.* ‚blau', betrunken.
can·nel ['kænl], **~ coal** *s* Kännelkohle *f* (*bitumenhaltige Pechkohle*).
can·nel·lo·ni [ˌkænə'ləʊnɪ] *s pl* Cannel'loni *pl.*
can·ne·lure ['kænəlʊə(r)] *s* **1.** *arch.* Kanne'lierung *f*, Auskehlung *f.* **2.** *mil.* Führungsrille *f* (*e-r Patrone*).
can·ner ['kænə(r)] *s* **1.** Kon'servenfabri,kant *m.* **2.** Arbeiter(in) in e-r Kon'servenfa,brik. '**can·ner·y** *s* Kon'servenfa,brik *f.*
can·ni·bal ['kænɪbl] *s* **1.** Kanni'bale *m*, Menschenfresser *m.* **2.** Tier, das s-e Artgenossen frißt. **3.** (Auto- *etc*)Ausschlachter *m.* ,**can·ni'bal·ic** [-'bælɪk] *adj* kanni'balisch (*a. fig. unmenschlich*). '**can·ni·bal·ism** [-bəlɪzəm] *s* **1.** Kanniba'lismus *m* (*a. fig. Unmenschlichkeit*). **2.** *zo.* Kanniba'lismus *m*, Fressen *n* von Artgenossen. ,**can·ni·bal'is·tic** *adj* kanni'balisch. '**can·ni·bal·ize** *v/t altes Auto etc* ausschlachten.
can·ning ['kænɪŋ] *s* Kon'servenfabrikati,on *f*: **~ factory** (*od.* **plant**) → **cannery.**
can·non ['kænən] **I** *pl* **-nons, -non** *s* **1.** *pl meist* **-non** *mil.* (*aer.* 'Bord)Ka,none *f*, (-)Geschütz *n.* **2.** *tech.* a) Henkel *m*, Krone *f* (*e-r Glocke*), b) sich frei um e-e Welle drehender Zy'linder. **3.** Gebiß *n* (*des Pferdegeschirrs*). **4.** *zo.* Ka'nonenbein *n* (*Mittelfußknochen*). **5.** *Billard*: *Br.* Karambo'lage *f.* **6.** *Am. sl.* ‚Ka'none' *f* (*Revolver*). **7.** *Am. sl.* Taschendieb *m.* **II** *v/i* **8.** *Billard*: *Br.* karambo'lieren. **9.** (into) rennen, prallen (gegen, an *acc*), karambo'lieren, zs.-stoßen (mit). **III** *v/t* → **cannonade** 3.
can·non·ade [ˌkænə'neɪd] **I** *s* **1.** *mil.* Kano'nade *f*, Beschießung *f.* **2.** Dröhnen *n*, Donnern *n.* **II** *v/t* **3.** *mil.* mit (*aer.* 'Bord)Ka,nonen beschießen. **III** *v/i* **4.** dröhnen, donnern.
'**can·non|·ball I** *s* **1.** Ka'nonenkugel *f.* **2.** Hocksprung *m* (*ins Wasser*). **3.** *sport* a) *bes. Fußball*: ‚Bombe' *f*, b) *a.* **~ service** (*Tennis*) Ka'nonenaufschlag *m.* **II** *v/i* **4.** *a.* **~ along** (da'hin)rasen. **~ bit** → **cannon** 3. **~ bone** *s zo.* **1.** → **cannon** 4. **2.** Sprungbein *n.*
can·non·eer [ˌkænə'nɪə(r)] *s mil.* (*aer.* 'Bord)Kano,nier *m.*
can·non fod·der *s* Ka'nonenfutter *n.*
can·non·ry ['kænənrɪ] *s mil.* **1.** *collect.* (*aer.* 'Bord)Ka,nonen *pl*, (-)Geschütze *pl.* **2.** → **cannonade** 1.
can·non shot *s mil.* Schußweite *f* (*e-r Kanone*).
can·not ['kænɒt; *Am.* -nɑt; kə'nɑt] *neg von* **can**[1].
can·nu·la ['kænjʊlə] *pl* **-las, -lae** [-liː] *s med.* Ka'nüle *f.*
can·ny ['kænɪ] *adj* (*adv* **cannily**) **1.** ‚gerissen', schlau (*bes. in Geldangelegenheiten*). **2.** *bes. Scot.* nett. **3. to be ~** *Scot.* Glück haben.
ca·noe [kə'nuː] **I** *s* Kanu *n* (*a. sport*), Paddelboot *n*: **~ slalom** Kanuslalom *m*; **to paddle one's own ~** a) auf eigenen Beinen *od.* Füßen stehen, b) sich um s-e eigenen Angelegenheiten kümmern. **II** *v/i* Kanu fahren, paddeln. **ca'noe·ist** *s* Ka'nute *m*, Ka'nutin *f* (*beide bes. sport*), Kanufahrer(in), Paddler(in).
can·on[1] ['kænən] *s* **1.** Kanon *m*, Regel *f*, Richtschnur *f*, Vorschrift *f.* **2.** Maßstab *m*, Wertmesser *m.* **3.** Grundsatz *m*: **~s of professional ethics** Standesregeln (*der Anwälte, Ärzte etc*). **4.** *relig.* Kanon *m*: a) ka'nonische Bücher *pl* (*der Bibel*), b) **C~** Meßkanon *m*, c) Heiligenverzeichnis *n.* **5.** *relig.* a) Ordensregeln *pl*, b) → **canon law. 6.** au'thentische Schriften *pl* (*e-s Autors*): **the Chaucer ~. 7.** *mus.* Kanon *m.* **8.** *print.* Kanon(schrift) *f.*
can·on[2] ['kænən] *s relig.* **1.** Chor-, Dom-, Stiftsherr *m*, Ka'nonikus *m.* **2.** *hist.* Mitglied *n* e-r klösterlichen Gemeinschaft von Klerikern.
ca·ñon → **canyon.**
can·on bit → **cannon** 3.
can·on·ess ['kænənɪs] *s relig.* Kano'nissin *f*, Stiftsdame *f.*
ca·non·i·cal [kə'nɒnɪkl; *Am.* -'nɑ-] **I** *adj* (*adv* **~ly**) **1.** ka'nonisch, vorschriftsmäßig. **2.** *Bibl.* ka'nonisch: **~ books. 3.** anerkannt, autori'siert. **4.** *mus.* in Kanonform. **II** *s* **5.** *pl relig.* Meßgewänder *pl*, kirchliche Amtstracht. **~ hours** *s pl* **1.** *relig.* ka'nonische Stunden *pl* (*offizielle Gebetsstunden*). **2.** *Br. Zeit von 8 bis 18 Uhr, während der in englischen Pfarrkirchen getraut wird.*
can·on·ist ['kænənɪst] *s* Kano'nist *m*, Kirchenrechtler *m.*
can·on·i·za·tion [ˌkænənaɪ'zeɪʃn; *Am.* -nə'z-] *s relig.* Kanonisati'on *f*, Heiligsprechung *f.* '**can·on·ize** [-naɪz] *v/t relig.* **1.** heiligsprechen, kanoni'sieren. **2.** a) sanktio'nieren, b) unter die ka'nonischen Bücher aufnehmen.
can·on law *s* ka'nonisches Recht, Kirchenrecht *n.*
can·on·ry ['kænənrɪ] *s* Kanoni'kat *n*, Domherrnpfründe *f.*
ca·noo·dle [kə'nuːdl] *v/i sl.* ‚knutschen', ‚schmusen' (**with** mit).
can·o·pied ['kænəpɪd] *adj* mit e-m Baldachin (über'dacht).
can·o·py ['kænəpɪ] **I** *s* **1.** Baldachin *m*, (Bett-, Thron-, Trag)Himmel *m*: **~ bed** Himmelbett *n*; **~ top** *mot.* Sonnendach *n*, Verdeck *n.* **2.** *arch.* Vordach *n.* **3.** *arch.* Baldachin *m* (*Überdachung des Altars etc*). **4.** *aer.* a) Fallschirmkappe *f*, b) ('durchsichtige) Ka'binenhaube, Verglasung *f.* **5.** *electr.* 'Lampenarma,tur *f.* **6.** Firma'ment *n.* **II** *v/t* **7.** (mit e-m Baldachin) über'dachen.
ca·no·rous [kə'nɔːrəs] *adj* me'lodisch.
canst [kænst] *obs. 2. sg pres von* **can**[1].
cant[1] [kænt] **I** *s* **1.** Gewinsel *n.* **2.** Ar'got *n*, Jar'gon *m*, Bettler-, Gaunersprache *f.* **3.** Fach-, Zunftsprache *f.* **4.** *fig.* Kauderwelsch *n*, Gewäsch *n.* **5.** Frömme'lei *f*, frömmlerisches Gerede. **6.** (leere) Phrase(n *pl*): **the same old ~** die alte Leier. **II** *v/i* **7.** mit kläglicher Stimme reden. **8.** frömmeln, frömmlerisch reden. **9.** Jar'gon reden. **10.** Phrasen dreschen.
cant[2] [kænt] **I** *s* **1.** Schrägung *f*, geneigte Fläche: **~ of a polygon. 2.** Neigung *f.* **3.** plötzlicher Ruck, Stoß *m.* **II** *v/t* **4.** schräg legen, kanten, kippen: **to ~ over** umstürzen, umkippen. **5.** *tech.* abschrägen. **III** *v/i* **6.** *a.* **~ over** a) sich neigen, sich auf die Seite legen, b) 'umkippen.
can't [kɑːnt; *Am.* kænt] *colloq. für* **cannot.**
Can·tab ['kæntæb] *colloq. für* **Cantabrigian.**
can·ta·bi·le [kæn'tɑːbɪlɪ; *Am.* -'tæb-; *a.* kɑːn'tɑːbəˌleɪ] *adj u. adv mus.* can'tabile, gesangartig.
Can·ta·brig·i·an [ˌkæntə'brɪdʒɪən] **I** *s* **1.** Einwohner(in) von Cambridge (*England od. USA*). **2.** Stu'dent(in) an der *od.* Absol'vent(in) der Universi'tät Cambridge (*England*) *od.* der Harvard University (*USA*). **II** *adj* **3.** von *od.* aus Cambridge.
can·ta·loup(e) ['kæntəluːp; *Am.* -tlˌəʊp] *s bot.* Kanta'lupe *f*, 'Beutel-, 'Warzenme,lone *f.*
can·tan·ker·ous [kæn'tæŋkərəs] *adj* (*adv* **~ly**) giftig, streitsüchtig. **can'tan·ker·ous·ness** *s fig.* giftiges Wesen, Streitsucht *f.*
can·ta·ta [kæn'tɑːtə; kən-] *s mus.* Kan'tate *f.*
cant dog *s tech.* Kanthaken *m.*
can·teen [kæn'tiːn] *s* **1.** *bes. Br.* Kan'tine *f.* **2.** *mil.* a) Feldküche *f*, b) Me'nagekoffer *m* (*der Offiziere*), c) Feldflasche *f*, d) Kan'tine *f*, e) Kochgeschirr *n*: **~ cup** Feldbecher *m.* **3.** Erfrischungsstand *m*, Bü'fett *n* (*bei Veranstaltungen*). **4.** a) Besteckkasten *m*, b) Besteck *n.*
cant·er[1] ['kæntə(r)] *s* **1.** Frömmler(in). **2.** Phrasendrescher(in).
can·ter[2] ['kæntə(r)] **I** *s* Kanter *m* (*kurzer, leichter Galopp*): **to win at a ~** *fig.* mühelos gewinnen *od.* siegen. **II** *v/t* kantern lassen. **III** *v/i* kantern.
can·ter·bur·y ['kæntərˌberiː] *s Am.* Noten- *od.* Zeitschriftenständer *m.* **C~ bell** ['kæntəbərɪ; -brɪ; *Am.* -tərˌberiː] *s bot.* (*e-e*) Glockenblume.
can·thar·i·des [kæn'θærɪdiːz] **1.** *pl von* **cantharis. 2.** *pl* (*a. als sg konstruiert*) *med. pharm.* Kantha'riden *pl* (*aus getrockneten Weichkäfern zubereitetes Pulver etc*). **can·tha·ris** ['kænθərɪs] *pl* **can·thar·i·des** [kæn'θærɪdiːz] *s zo.* Kantha'ride *m*, Weichkäfer *m* (*z. B. Spanische Fliege*).
cant hook *s tech.* Kanthaken *m.*
can·ti·cle ['kæntɪkl] *s relig.* Lobgesang *m* (*bes. Bibl.*): (**C~ of**) **C~s** *Bibl.* (*das*) Hohelied Salomons, (*das*) Lied der Lieder.
can·ti·le·na [ˌkæntɪ'leɪnə; -'liːnə] *s mus.* Kanti'lene *f.*
can·ti·le·ver ['kæntɪliːvə(r); *Am.* *a.*

-ˌlevər] **I** *s* **1.** *arch.* Konˈsole *f.* **2.** *tech.* freitragender Arm, vorspringender Träger, Ausleger *m.* **3.** *aer.* unverspreizte *od.* freitragende Tragfläche. **II** *adj* **4.** freitragend. **~ arm, ~ beam** *s tech.* Ausleger(balken) *m.* **~ bridge** *s tech.* Auslegerbrücke *f.* **~ roof** *s arch.* Krag-, Auslegerdach *n.* **~ wing** → **cantilever** 3.

cant·ing [ˈkæntɪŋ] *adj* **1.** frömmlerisch. **2.** Phrasen dreschend.

can·tle [ˈkæntl] *s* **1.** ˈHinterpausche *f*, -zwiesel *m* (*des Reitsattels*). **2.** Ausschnitt *m*, Teil *m*, *n*, Stück *n.*

can·to [ˈkæntəʊ] *pl* **-tos** *s* **1.** Gesang *m* (*Teil e-r größeren Dichtung*). **2.** *mus.* a) Ober-, Soˈpranstimme *f* (*in vokaler Mehrstimmigkeit*), b) Meloˈdiestimme *f* (*a. instrumental*).

can·ton I *s* **1.** [ˈkæntɒn; *Am.* ˈkæntən] Kanˈton *m* (*in der Schweiz u. in Frankreich*). **2.** [ˈkæntən] a) *her.* Feld *n*, b) *mar.* Gösch *f.* **II** *v/t* **3.** [kænˈtɒn; *Am.* ˈkæntən] *oft* **~ out** in Kanˈtone einteilen. **5.** [kænˈtuːn; *Am.* kænˈtəʊn] *mil.* ˈeinquarˌtieren.

can·ton·al [ˈkæntənl] *adj* kantoˈnal.

can·ton·ment [kænˈtuːnmənt; *Am.* -ˈtəʊn-] *s mil.* **1.** (ˈOrts)ˌUnterkunft *f*, Quarˈtier *n.* **2.** großes Ausbildungslager.

can·tor [ˈkæntɔː; *Am.* -tər] *s* Kantor *m.*

can·trip [ˈkæntrɪp] *s bes. Scot.* **1.** Zauber(spruch) *m.* **2.** (Schelmen)Streich *m.*

Ca·nuck [kəˈnʌk] *s contp.* a) *Am.* Kaˈnadier(in), b) *Canad.* Kaˈnadier(in) franˈzösischer Abstammung.

can·vas [ˈkænvəs] **I** *s* **1.** *mar.* a) Segeltuch *n*, b) *collect.* Segel *pl*: **under ~** unter Segel (→ 3); **under full ~** mit allen Segeln. **2.** Pack-, Zeltleinwand *f.* **3.** Zelt *n*, *collect.* Zelte *pl*: **under ~** in Zelten (→ 1). **4.** Kanevas *m*, Straˈmin *m* (*für Stickereien*). **5.** *paint.* a) Leinwand *f*, b) (Öl)Gemälde *n* auf Leinwand. **II** *v/t* **6.** mit Segeltuch beziehen *od.* auskleiden. **ˈ~-back** *pl* **-backs,** *bes. collect.* **-back** *s orn.* Kanevasente *f.*

can·vass [ˈkænvəs] **I** *v/t* **1.** eingehend unterˈsuchen *od.* erörtern *od.* prüfen. **2.** *j-n* ausfragen, sonˈdieren. **3.** *pol.* a) werben um (*Stimmen*), b) *e-n Wahldistrikt* bearbeiten, c) die Stimmung erforschen in (*e-m Wahlkreis*). **4.** *econ.* a) *e-n Geschäftsbezirk* bereisen, bearbeiten, b) *Aufträge* herˈeinholen, *Abonnenten, Inserate* sammeln. **5.** um *j-n od. etwas* werben. **6.** *pol. bes. Am. Wahlstimmen* prüfen. **II** *v/i* **7.** *pol.* e-n Wahlfeldzug veranstalten, Stimmen werben. **8.** werben (**for** um *od.* für), *econ. a.* e-n Werbefeldzug ˈdurchführen. **9.** debatˈtieren, diskuˈtieren. **III** *s* **10.** eingehende Unterˈsuchung *od.* Erörterung *od.* Prüfung. **11.** *pol.* Wahlfeldzug *m.* **12.** *econ.* Werbefeldzug *m.* **13.** → **canvassing** 3.

can·vass·er [ˈkænvəsə(r)] *s* **1.** *pol.* Stimmenwerber *m*, Wahlhelfer *m.* **2.** *pol. bes. Am.* Wahlstimmenprüfer *m.* **3.** *econ.* Handelsvertreter *m*: **advertising ~** Anzeigenvertreter; **insurance ~** Versicherungsagent *m.*

can·vas shoes *s pl* Segeltuchschuhe *pl.*

can·vass·ing [ˈkænvəsɪŋ] *s* **1.** *econ.* (Kunden)Werbung *f*, Reˈklame *f*: **~ campaign** Werbefeldzug *m.* **2.** *pol.* Stimmenwerbung *f.* **3.** *pol. bes. Am.* Wahlstimmenprüfung *f.*

can·vas top *s mot.* Planverdeck *n.*

can·yon [ˈkænjən] *s* Cañon *m.*

caou·tchouk [ˈkaʊtʃʊk] *s* Kautschuk *m.*

cap [kæp] **I** *s* **1.** Mütze *f*, Kappe *f*, Haube *f*: **~ and bells** Schellen-, Narrenkappe; **~ in hand** demütig, unterwürfig; **to set one's ~ at** (*od.* **for**) **s.o.** *colloq.* j-n zu angeln suchen, hinter j-m her sein, es auf j-n abgesehen haben (*Frau*): → **fit**[1] 19, **thinking** 3. **2.** (viereckige) Universiˈtätsmütze, Baˈrett *n*: **~ and gown** Universitätstracht *f*, Barett *n* u. Talar *m.* **3.** a) (Sport-, Stuˈdenten-, Klub-, Dienst-) Mütze *f*, b) *sport Br. Mütze, die ein Spieler anläßlich s-r Berufung in e-e Auswahlmannschaft, bes. in die Nationalmannschaft, erhält*: **to get** (*od.* **win**) **one's ~** in die Nationalmannschaft berufen werden; **he has won three England ~s** er hat schon dreimal in der englischen Nationalmannschaft gespielt, c) *sport Br.* Auswahl-, *bes.* Natioˈnalspieler(in): **new ~** (Nationalmannschafts)Neuling *m.* **4.** *bot.* Hut *m* (*e-s Pilzes*). **5.** Gipfel *m*, Spitze *f.* **6.** *arch.* a) Haubendach *n*, b) Kapiˈtell *n*, c) Aufsatz *m.* **7.** a) *mil. u. Bergbau*: Zünd-, Sprengkapsel *f*, b) Zündplättchen *n*: **~ pistol** Kinderpistole *f.* **8.** *tech.* a) (Schutz-, Verschluß-) Kappe *f*, (Abdeck-, Schutz)Haube *f*, b) Deckel *m*, c) Schuhkappe *f*, -spitze *f*, d) *mot.* (Reifen)Auflage *f*: **full ~** Runderneuerung *f.* **9.** *geol.* Deckschicht *f.* **10.** *med.* Pesˈsar *n.* **11.** Kapsel *f* (*Heroin etc*). **II** *v/t* **12.** *Flasche etc* verschließen, zumachen. **13.** (mit *od.* wie mit e-r Kappe) bedecken. **14.** krönen: a) oben liegen auf (*dat*), b) *fig.* abschließen. **15.** *bes. Scot. j-m* e-n akaˈdemischen Grad verleihen. **16.** *sport Br.* in e-e Auswahl-, *bes.* in die Natioˈnalmannschaft berufen: **he has been ~ped three times for** (*od.* **by**) **England** er hat schon dreimal in der englischen Nationalmannschaft gespielt. **17.** *obs.* vor *j-m* die Mütze abnehmen *od.* ziehen. **18.** *fig.* überˈtreffen, -ˈtrumpfen, schlagen: **to ~ the climax** (*od.* **everything**) allem die Krone aufsetzen, alles übertreffen; **to ~ it all** als Krönung des Ganzen; → **verse** 1. **19.** *Reifen* runderneuern.

ca·pa·bil·i·ty [ˌkeɪpəˈbɪlətɪ] *s* **1.** Fähigkeit *f* (**of s.th.** zu etwas), Vermögen *n.* **2.** Tauglichkeit *f* (**for** zu). **3.** *a. pl* Befähigung *f*, Taˈlent *n*, Begabung *f.*

ca·pa·ble [ˈkeɪpəbl] *adj* (*adv* **capably**) **1.** (leistungs)fähig, tüchtig: **a ~ teacher.** **2.** fähig (**of** zu *od. gen*; **of doing** zu tun), imˈstande (**of doing** zu tun): **~ of murder** fähig, e-n Mord zu begehen; **do you think he is ~ of murder?** trauen Sie ihm e-n Mord zu? **3.** geeignet, tauglich (**for** zu). **4.** (**of**) zulassend (*acc*), fähig (zu): **~ of being divided** teilbar; **~ of improvement** verbesserungsfähig; **~ of being misunderstood** mißverständlich; **this text is not ~ of translation** dieser Text läßt sich nicht übersetzen. **5. legally ~** *jur.* rechts-, geschäftsfähig.

ca·pa·cious [kəˈpeɪʃəs] *adj* (*adv* **~ly**) **1.** geräumig (*Saal, Tasche etc*), groß (*Flasche, Topf etc*). **2.** aufnahmefähig (*Verstand*), ausgezeichnet (*Gedächtnis*).

caˈpa·cious·ness *s* Geräumigkeit *f*, Weite *f.*

ca·pac·i·tance [kəˈpæsɪtəns] *s electr.* Kapaziˈtät *f.*

ca·pac·i·tate [kəˈpæsɪteɪt] *v/t* befähigen.

ca·pac·i·tive [kəˈpæsɪtɪv] *adj electr.* kapaziˈtiv: **~ load** kapazitive Belastung; **~ reactance** Kapazitanz *f*, kapazitiver Widerstand. **caˈpac·i·tor** [-tə(r)] *s electr.* Kondenˈsator *m.*

ca·pac·i·ty [kəˈpæsətɪ] **I** *s* **1.** a) Fassungsvermögen *n*, Kapaziˈtät *f*: **filled to ~** ganz voll, *thea. etc* (bis auf den letzten Platz) ausverkauft, b) (Raum)Inhalt *m*, Voˈlumen *n*: → **measure** 1. **2.** *phys.* Aufnahmefähigkeit *f.* **3.** *electr.* a) Kapaziˈtät *f*, b) Leistungsfähigkeit *f*, Belastbarkeit *f.* **4.** *mar. rail.* Ladefähigkeit *f.* **5.** (Leistungs)Fähigkeit *f*, Vermögen *n*: **~ for learning** Lernfähigkeit; **~ for remembering** Erinnerungsvermögen. **6.** *econ. tech.* Kapaziˈtät *f*, Leistungsfähigkeit *f*, (Nenn)Leistung *f*: **working to ~** mit Höchstleistung arbeitend, voll ausgelastet. **7.** *fig.* (geistiges) Fassungsvermögen, Auffassungsgabe *f*: **that is beyond his ~** damit ist er überfordert, das ist für ihn zu hoch; **the book is well within the ~ of young readers** das Buch können auch junge Leser ohne weiteres verstehen. **8.** Eigenschaft *f*, Stellung *f*: **in his ~ as** in s-r Eigenschaft als. **9.** *jur.* (Geschäfts-, Teˈstier- *etc*)Fähigkeit *f*: **criminal ~** strafrechtliche Verantwortlichkeit; **~ to sue and to be sued** Prozeßfähigkeit. **II** *adj* **10.** maxiˈmal, Höchst...: **~ business** Rekordgeschäft *n.* **11.** **~ audience** *thea. etc* (bis auf den letzten Platz) ausverkauftes Haus; **~ crowd** *sport* ausverkauftes Stadion. **12.** *electr.* kapaziˈtiv.

cap-a-pie, cap-à-pie [ˌkæpəˈpiː] *adv* von Kopf bis Fuß.

ca·par·i·son [kəˈpærɪsn] **I** *s* **1.** Schaˈbracke *f* (*verzierte Pferdedecke*). **2.** Aufputz *m*, reicher Schmuck. **II** *v/t* **3.** e-e Schaˈbracke breiten über (*acc*). **4.** *j-n* herˈausputzen. **5.** *fig. s-e Gedanken etc* kleiden (**in** in *acc*).

cape[1] [keɪp] *s* Cape *n*, ˈUmhang *m.*

cape[2] [keɪp] *s* Kap *n*, Vorgebirge *n*: **the C~** das Kap der Guten Hoffnung; **C~ doctor** starker Südostwind (*in Südafrika*); **C~ Dutch** *ling.* Kapholländisch *n*; **C~ wine** Kapwein *m.*

ca·per[1] [ˈkeɪpə(r)] **I** *s* **1.** Kapriˈole *f*: a) Freuden-, Luftsprung *m*: **to cut ~s** → 4, b) *fig.* ˈübermütiger Streich. **2.** *sl.* a) ‚Dingʻ *n* (*Verbrechen*), b) Gauneˈrei *f.* **3.** *sl.* ‚Dingʻ *n*, Sache *f.* **II** *v/i* **4.** a) Freuden- *od.* Luftsprünge machen, b) herˈumtollen, -hüpfen.

ca·per[2] [ˈkeɪpə(r)] *s* **1.** *bot.* Kapernstrauch *m.* **2.** Kaper *f* (*Gewürz*): **~ sauce** Kapernsoße *f.*

cap·er·cail·lie [ˌkæpə(r)ˈkeɪlɪ; -ljɪ], **ˌcap·erˈcail·zie** [-ˈkeɪlɪ; -lzɪ] *s orn.* (Großer) Auerhahn.

cap·ful [ˈkæpfʊl] *s* (*e-e*) Mützevoll: **a ~ (of wind)** *mar.* Wind *m* von kurzer Dauer, e-e ‚Mütze Windʻ.

ca·pi·as [ˈkeɪpɪæs; -əs] *s a.* **writ of ~** *jur.* Haftbefehl *m* (*bes. im Vollstreckungsverfahren*).

cap·il·lar·i·ty [ˌkæpɪˈlærətɪ] *s phys.* Kapillariˈtät *f*, Kapilˈlaranziehung *f.*

cap·il·lar·y [kəˈpɪlərɪ; *Am.* ˈkæpəˌleriː] **I** *adj* **1.** haarförmig, -fein, kapilˈlar: **~ vessel** → 4. **2.** haarähnlich, Haar... **3.** *phys.* Kapillar...: **~ action** Kapillareffekt *m*; **~ attraction** → **capillarity.** **II** *s* **4.** *anat.* Haar-, Kapilˈlargefäß *n.*

cap·i·tal[1] [ˈkæpɪtl] *s arch.* Kapiˈtell *n.*

cap·i·tal[2] [ˈkæpɪtl] **I** *s* **1.** Hauptstadt *f.* **2.** Großbuchstabe *m*: **to write a word with a ~** ein Wort groß (*mit großem Anfangsbuchstaben*) schreiben; **to write a word in ~s** ein Wort groß (*in Großbuchstaben*) schreiben. **3.** *econ.* Kapiˈtal *n*, Vermögen *n*: **invested ~** Anlagekapital. **4.** *econ.* Reinvermögen *n.* **5.** *oft* **C~** *sociol.* Kapiˈtal *n*, Unterˈnehmer(tum *n*) *pl*: **C~ and Labo(u)r** Kapital u. Arbeit. **6.** Vorteil *m*, Nutzen *m*: **to make a ~ (out) of s.th.** aus etwas Kapital schlagen *od.* Nutzen ziehen. **II** *adj* **7.** *jur.* a) kapiˈtal: **~ crime** Kapitalverbrechen *n*, b) Tod(es)...: **~ punishment** Todesstrafe *f*; → **sin** 1. **8.** größt(er, e, es), höchst(er, e, es), äußerst(er, e, es): **of ~ importance.** **9.** Haupt..., wichtigst(er, e, es): **~ city** Hauptstadt *f.* **10.** verhängnisvoll: **a ~ error** ein Kapitalfehler. **11.** großartig, ausgezeichnet, fabelhaft: **a ~ fellow** ein famoser Kerl; **a ~ joke** ein Mordsspaß. **12.** groß (geschrieben): **~ letter** → 2; **~ B**

großes B; **he is mean with a ~ M** er ist ein furchtbarer Geizhals; **it was murder with a ~ M** es war hundertprozentig Mord.

cap·i·tal| ac·count *s econ.* **1.** Kapiˈtalkonto *n.* **2.** Kapiˈtalaufstellung *f* (*e-s Unternehmens*). **~ as·sets** *s pl econ.* **1.** Kapiˈtalvermögen *n.* **2.** *Bilanz*: Anlagevermögen *n.* **~ ex·pend·i·ture** *s econ.* Investitiˈonsaufwand *m*, -ausgaben *pl.* **~ flight** *s econ.* Kapiˈtalflucht *f.* **~ gain** *s econ.* (Kapiˈtal)Veräußerungsgewinn *m.* **~ goods** *s pl econ.* Investitiˈonsgüter *pl.* **ˈ~-inˌten·sive** *adj econ.* kapiˈtalintenˌsiv. **~ in·vest·ment** *s* **1.** Kapiˈtalanlage *f*, Investitiˈonen *pl.* **2.** langfristig angelegtes Kapiˈtal.

cap·i·tal·ism [ˈkæpɪtəlɪzəm] *s* Kapitaˈlismus *m.* **ˈcap·i·tal·ist I** *s* Kapitaˈlist *m* (*a. contp.*). **II** *adj* kapitaˈlistisch. **ˌcap·i·talˈis·tic** *adj* (*adv* **~ally**) kapitaˈlistisch.

cap·i·tal·i·za·tion [ˌkæpɪtəlaɪˈzeɪʃn; *Am.* -ləˈz-] *s* **1.** *econ.* Kapitalisatiˈon *f*, Errechnung *f* des Kapiˈtalbetrages aus den Zinsen. **2.** *econ.* Kapitaliˈsierung *f* (*e-r Gesellschaft*). **3.** Großschreibung *f.*

cap·i·tal·ize [ˈkæpɪtəlaɪz] **I** *v/t* **1.** *econ.* a) kapitaliˈsieren, den Kapiˈtalbetrag (*gen*) errechnen, b) zum Vermögen schlagen, c) *e-e Gesellschaft* kapitaliˈsieren, mit Kapiˈtal ausstatten. **2.** groß schreiben: a) mit großem Anfangsbuchstaben schreiben, b) mit Großbuchstaben schreiben. **II** *v/i* **3.** Kapiˈtal anhäufen. **4.** *econ.* e-n Kapiˈtalwert haben (**at** von). **5. ~ on** Kapiˈtal schlagen *od.* Nutzen ziehen aus.

cap·i·tal| lev·y *s econ.* Vermögens-, Kapiˈtalabgabe *f.* **~ loss** *s econ.* (Kapiˈtal)Veräußerungsverlust *m.* **~ mar·ket** *s econ.* Kapiˈtalmarkt *m.* **~ re·turns tax** *s econ.* Kapiˈtalertragssteuer *f.* **~ ship** *s mar. mil.* Großkampfschiff *n.* **~ stock** *s econ. bes. Am.* ˈAktienkapiˌtal *n.* **~ trans·fer tax** *s econ. Br.* Schenkungs- u. Erbschaftssteuer *f.*

cap·i·ta·tion [ˌkæpɪˈteɪʃn] *s* **1.** Kopfzählung *f.* **2.** *a.* **~ tax** Kopfsteuer *f.* **3.** Zahlung *f* pro Kopf.

Cap·i·tol [ˈkæpɪtl] *s* Kapiˈtol *n*: a) *antiq. im alten Rom*, b) *Kongreßhaus in Washington, a. einzelstaatliches Regierungsgebäude.*

ca·pit·u·lar [kəˈpɪtjʊlə; *Am.* -tʃələr] *relig.* **I** *adj* kapituˈlar, zu e-m Kaˈpitel gehörig. **II** *s* Kapituˈlar *m*, Dom-, Stiftsherr *m.*

ca·pit·u·late [kəˈpɪtjʊleɪt; *Am.* -tʃə-] *v/i mil.* (**to**) kapituˈlieren, die Waffen strekken (vor) (*beide a. fig.*), sich ergeben (*dat*). **caˌpit·uˈla·tion** *s* **1.** *mil.* a) Kapitulatiˈon *f*, ˈÜbergabe *f*, b) Kapitulaˈtiˈonsurkunde *f.* **2.** *hist.* Kapitulatiˈon *f* (*Vertrag über Exterritorialitätsrechte*).

ca·pon [ˈkeɪpən; *Am. a.* -ˌpɑn] *s* Kaˈpaun *m.* **ca·pon·ize** [ˈkeɪpənaɪz] *v/t* kaˈpaunen, kaˈstrieren.

cap·o·ral [ˌkæpəˈrɑːl; *Am.* -ˈræl; ˈkæprəl] *s* (*ein*) grober Tabak.

capped [kæpt] *adj* mit e-r Kappe *od.* Mütze (bedeckt): **~ and gowned** *univ.* in vollem Ornat.

cap·per [ˈkæpər] *s Am. sl.* **1.** Ende *n* (**for, to** von *od. gen*). **2.** Höhepunkt *m* (**for, to** *gen*).

cap·puc·ci·no [ˌkæpʊˈtʃiːnəʊ] *pl* **-nos** *s* Cappucˈcino *m.*

cap·ric ac·id [ˈkæprɪk] *s chem.* Caˈprin-, Kaˈprinsäure *f.*

ca·pric·ci·o [kəˈprɪtʃɪəʊ; -tʃəʊ] *pl* **-ci·os,** *a.* **-ci** [-tʃɪ] *s* **1.** *mus.* Caˈpriccio *n.* **2.** (ˈübermütiger) Streich. **3.** → **caprice** 1. **ca·pric·ci·o·so** [kəˌprɪtʃɪˈəʊzəʊ; -səʊ] *adj u. adv mus.* capricˈcioso, kapriziˈös.

ca·price [kəˈpriːs] *s* **1.** *mus.* Caˈprice *f.* **2.** Laune *f*, launischer Einfall, Kaˈprice *f.* **3.** Launenhaftigkeit *f.* **ca·pri·cious** [kəˈprɪʃəs] *adj* (*adv* **~ly**) launenhaft, launisch, kapriziˈös. **caˈpri·cious·ness** *s* Launenhaftigkeit *f.*

Cap·ri·corn [ˈkæprɪkɔː(r)n] *s astr.* Steinbock *m* (*Sternbild u. Tierkreiszeichen*): **to be (a) ~** Steinbock sein; → **tropic** 1.

cap·rine [ˈkæpraɪn] *adj zo.* ziegenähnlich, Ziegen...

cap·ri·ole [ˈkæprɪəʊl] (*Hohe Schule*) **I** *s* Kapriˈole *f.* **II** *v/i* e-e Kapriˈole machen.

ca·pro·ic ac·id [kəˈprəʊɪk] *s chem.* Caˈpron-, Kaˈpronsäure *f.*

ca·pryl·ic ac·id [kəˈprɪlɪk] *s chem.* Caˈpryl-, Kaˈprylsäure *f.*

cap·si·cum [ˈkæpsɪkəm] *s* **1.** *bot.* Spanischer Pfeffer. **2.** Kapsikum *n*, spanischer Pfeffer (*Gewürz*).

cap·size [kæpˈsaɪz; *Am. a.* ˈ-ˌsaɪz] *mar.* **I** *v/i* kentern, ˈumschlagen. **II** *v/t* zum Kentern bringen.

cap·stan [ˈkæpstən] *s* **1.** *tech.* a) Winde *f* mit senkrechter Welle, Spill *n*, b) *Bergbau*: Schachtwinde *f*, c) Tonrolle *f*, -welle *f* (*e-s Tonbandgeräts etc*): **~ idler** Andruckrolle *f.* **2.** *mar.* (Gang)Spill *n*, Ankerwinde *f.* **~ en·gine** *s mar.* ˈAnkerˌlichtmaˌschine *f.* **~ lathe** *s tech.* ˈSattelreˌvolverˌdrehmaˌschine *f.*

ˈcap·stone *s arch.* (Ab)Deckstein *m*, Schlußstein *m* (*a. fig.*), Mauerkappe *f.*

cap·su·lar [ˈkæpsjʊlə; *Am.* -sələr] *adj* kapselförmig, Kapsel... **ˈcap·su·late** [-leɪt; -lət], **ˈcap·su·lat·ed** [-leɪtɪd] *adj* eingekapselt, verkapselt.

cap·sule [ˈkæpsjuːl; *Am.* -səl; -suːl] **I** *s* **1.** *anat.* Kapsel *f*, Hülle *f*, Schale *f*: **articular ~** Gelenkkapsel. **2.** *bot.* a) Kapselfrucht *f*, b) Sporenkapsel *f.* **3.** *pharm.* (Arzˈnei)Kapsel *f.* **4.** (Meˈtall)Kapsel *f* (*als Flaschenverschluß*). **5.** (Raum)Kapsel *f.* **6.** *fig.* kurze ˈÜbersicht, ˈÜberblick *m*: **~ of history** geschichtlicher Überblick. **7.** *chem.* Abdampfschale *f*, -tiegel *m.* **II** *v/t* **8.** ein-, verkapseln. **9.** *fig.* kurz umˈreißen. **III** *adj* **10.** kurz, Kurz...: **~ biography.** **ˈcap·sul·ize** → **capsule** II.

cap·tain [ˈkæptɪn] **I** *s* **1.** (An)Führer *m*, Oberhaupt *n*: **~ of industry** Industriekapitän *m.* **2.** *mil.* a) Hauptmann *m*, b) *hist.* Rittmeister *m* (*der Kavallerie*). **3.** *mar.* a) Kapiˈtän *m*, Kommanˈdant *m*, b) *mil.* Kapiˈtän *m* zur See, c) ˈUnteroffiˌzier *m* mit besonderen Aufgaben: **~ of the gun** Geschützführer *m.* **4.** *sport* (ˈMannschafts)Kapiˌtän *m*, Mannschaftsführer *m.* **5.** *Bergbau*: *bes. Br.* Obersteiger *m.* **6.** *aer.* (ˈFlug)Kapiˌtän *m.* **7.** *Am.* Poliˈzeihauptmann *m.* **8.** *Am.* a) Oberkellner *m*, b) → **bell captain.** **II** *v/t* **9.** Kapiˈtän (*gen*) sein, *Schiff a.* befehligen.

cap·tain·cy [ˈkæptɪnsɪ], **ˈcap·tain·ship** *s* **1.** *mar. mil.* Stelle *f od.* Rang *m* e-s Hauptmanns *od.* Kapiˈtäns *etc.* **2.** miliˈtärisches Geschick.

cap·ta·tion [kæpˈteɪʃn] *s* Streben *n* nach Beifall *od.* Gunst.

cap·tion [ˈkæpʃn] **I** *s* **1.** a) ˈÜberschrift *f*, Titel *m*, Kopf *m*: **~ of an article**, b) ˈBildˌunterschrift *f*, -text *m*, c) ˈUntertitel *m* (*Film*). **2.** *jur.* a) Präˈambel *f*: **~ of a document**, b) Rubrum *n* (*Bezeichnung der Prozeßparteien u. des Gerichts*), c) Spalte *f*, Ruˈbrik *f.* **3.** *obs.* Wegnahme *f.* **II** *v/t* **4.** mit e-r ˈÜberschrift *etc* versehen, *Film* unterˈtiteln.

cap·tious [ˈkæpʃəs] *adj* (*adv* **~ly**) **1.** verfänglich: **a ~ question.** **2.** spitzfindig, peˈdantisch, krittelig: **a ~ critic.** **ˈcap·tious·ness** *s* **1.** Verfänglichkeit *f.* **2.** Spitzfindigkeit *f*, Pedanteˈrie *f.*

cap·ti·vate [ˈkæptɪveɪt] *v/t fig.* gefangennehmen, fesseln, für sich einnehmen, bestricken, bezaubern: **to be ~d with s.th.** von etwas eingenommen sein. **ˈcap·ti·vat·ing** *adj* (*adv* **~ly**) fesselnd, bezaubernd, einnehmend. **ˌcap·tiˈva·tion** *s* Bezauberung *f.*

cap·tive [ˈkæptɪv] **I** *adj* **1.** gefangen, in Gefangenschaft: **~ knights; ~ animals; to hold ~** gefangenhalten (*a. fig.*); **to take ~** gefangennehmen (*a. fig.*). **2.** festgehalten: **~ audience** (*bes. Rundfunk, TV*) unfreiwilliges Publikum; **~ balloon** Fesselballon *m.* **3.** Gefangenen... **4.** *fig.* gefangen, gefesselt (**to** von). **5.** *tech.* unverlierbar: **~ screw.** **6.** *econ. Am.* für den Eigenbedarf (*nicht für den Markt*) bestimmt. **II** *s* **7.** Gefangene(r *m*) *f.* **8.** *fig.* Gefangene(r *m*) *f*, Sklave *m* (**to, of** *gen*).

cap·tiv·i·ty [kæpˈtɪvətɪ] *s* **1.** Gefangenschaft *f.* **2.** *fig.* Unterˈdrückung *f* (**by** durch).

cap·tor [ˈkæptə(r)] *s* **1.** j-d, der Gefangene macht: **his ~** der ihn gefangennahm. **2.** *mar.* Kaper *m*, Aufbringer *m* (*e-s Schiffes*).

cap·ture [ˈkæptʃə(r)] **I** *v/t* **1.** fangen, gefangennehmen. **2.** *mil.* a) erobern, b) erbeuten: **~d property** Beute *f.* **3.** *mar.* kapern, aufbringen. **4.** *fig.* erobern: a) *Macht etc* an sich reißen, b) erlangen, gewinnen: **to ~ a prize**, c) gewinnen, fesseln, für sich einnehmen. **5.** *fig. e-e Stimmung, a. phys. Neutronen* einfangen: **to ~ a mood.** **II** *s* **6.** Gefangennahme *f.* **7.** *mil.* a) Einnahme *f*, Eroberung *f*, b) Erbeutung *f.* **8.** *mar.* a) Kapern *n*, Aufbringen *n*, b) Beute *f*, Prise *f.* **9.** *fig.* Eroberung *f.*

cap·u·chin [ˈkæpjʊʃɪn; -tʃɪn; *Am. a.* ˈkæpəʃən] *s* **1. C~** *relig.* Kapuˈziner (-mönch) *m.* **2.** Kaˈpuze *f.* **3.** (ˈDamen-) ˌUmhang *m* mit Kaˈpuze. **4.** a) *a.* **~ monkey** *zo.* Kapuˈzineraffe *m*, b) *orn.* (*e-e*) Lockentaube.

car [kɑː(r)] *s* **1.** Auto *n*, Wagen *m*: **by ~** mit dem (*od.* im) Auto. **2.** *rail. Am. allg.* Wagen *m*, Wagˈgon *m*, *Br.* (*nur in Zssgn*) Perˈsonenwagen *m*: → **dining car**, *etc.* **3.** (Straßenbahn- *etc*)Wagen *m.* **4.** Gondel *f* (*e-s Ballons etc*). **5.** Kaˈbine *f* (*e-s Aufzugs*). **6.** *poet.* (Kriegs-, Triˈumph-) Wagen *m.*

car·a·ba·o [ˌkærəˈbeɪəʊ; *Am.* -ˈbaʊ] *pl* **-os** → **buffalo** 1 a.

car·a·bin [ˈkærəbɪn], **ˈcar·a·bine** [-baɪn; *Am. a.* -ˌbiːn] → **carbine.**

car·a·bi·neer, car·a·bi·nier [ˌkærəbɪˈnɪə(r)] → **carbineer.**

car·a·cal [ˈkærəkæl] *s zo.* Karaˈkal *m*, Wüstenluchs *m.*

car·a·col [ˈkærəkɒl; *Am.* -ˌkɑl], **ˈcar·a·cole** [-kəʊl] **I** *s* **1.** *Dressurreiten*: Karaˈkole *f*, halbe Wendung. **2.** *arch.* Wendeltreppe *f.* **II** *v/i* **3.** *Dressurreiten*: karakoˈlieren.

ca·rafe [kəˈræf; kəˈrɑːf] *s* Kaˈraffe *f.*

car·a·mel [ˈkærəmel; -məl] *s* **1.** Karaˈmel *m*, gebrannter Zucker. **2.** Karaˈmelle *f*, ˈSahnebonˌbon *m, n.*

car·a·pace [ˈkærəpeɪs] *s zo.* Schale *f*, Rückenschild *m* (*der Schildkröte etc*).

car·at [ˈkærət] *s* Kaˈrat *n*: a) *Juwelen- u. Perlengewicht* (= *200 mg*), b) *Goldfeingehalt*: **18-~ gold** 18karätiges Gold.

car·a·van [ˈkærəvæn] **I** *s* **1.** Karaˈwane *f* (*a. fig.*). **2.** a) Wohnwagen *m* (*von Schaustellern etc*), b) *Br.* Caravan *m*, Wohnwagen *m*, Wohnanhänger *m*: **~ site** (*od.* **park**) Platz *m* für Wohnwagen. **II** *v/i pret u. pp* **-vaned,** *bes. Br.* **-vanned** **3.** in e-r Karaˈwane reisen *od.* ziehen. **4.** im Wohnwagen (*Br. a.* im Caravan) reisen. **ˌcar·a·vanˈeer** [-ˈnɪə(r)] → **caravan(n)er** 1. **ˈcar·a·van·(n)er** *s* **1.** Reisende(r) *m* in e-r Karaˈwane. **2.** *Br.* Caravaner *m.* **ˌcar·aˈvan·sa·ry** [-sərɪ], *a.*

ˌcar·aˈvan·se·rai [-raɪ] *s* **1.** Karawanseˈrei *f.* **2.** großes Gasthaus.
car·a·vel [ˈkærəvel] *s mar.* Karaˈvelle *f.*
car·a·way [ˈkærəweɪ] *s bot.* Kümmel *m* (*a. Gewürz*). **~ seeds** *s pl* Kümmelsamen *pl*, -körner *pl.*
car·bam·ic ac·id [kɑː(r)ˈbæmɪk] *s chem.* Carbaˈmid-, Karbaˈmidsäure *f.*
car·bam·ide [ˈkɑː(r)bəmaɪd; kɑː(r)ˈbæmaɪd] *s chem.* Carbaˈmid *n*, Karbaˈmid *n*, Harnstoff *m.*
car·bide [ˈkɑː(r)baɪd] *s chem.* Karˈbid *n.*
car·bine [ˈkɑː(r)baɪn; *Am. a.* -ˌbiːn] *s mil.* Karaˈbiner *m.* **ˌcar·biˈneer, ˌcar·biˈnier** [-bɪˈnɪə(r)] *s mil.* Karabiniˈer *m.*
car bod·y *s tech.* Karosseˈrie *f.*
car·bo·hy·drate [ˌkɑː(r)bəʊˈhaɪdreɪt; -drɪt] *s chem.* ˈKohle(n)hyˌdrat *n.*
car·bol·ic ac·id [kɑː(r)ˈbɒlɪk; *Am.* -ˈbɑ-] *s chem.* Karˈbol(säure *f*) *n*, Pheˈnol *n.*
car·bo·lize [ˈkɑː(r)bəlaɪz] *v/t chem.* mit Karˈbolsäure behandeln *od.* tränken.
car bomb *s* Autobombe *f.*
car·bon [ˈkɑː(r)bən] *s* **1.** *chem.* Kohlenstoff *m.* **2.** *electr.* ˈKohle(elekˌtrode) *f.* **3.** a) ˈKohlepaˌpier *n*, b) ˈDurchschlag *m*, Koˈpie *f.*
car·bo·na·ceous [ˌkɑː(r)bəʊˈneɪʃəs] *adj* **1.** *chem.* kohlenstoffhaltig, -artig. **2.** *geol.* kohlenhaltig. **3.** kohleartig.
car·bo·na·do [ˌkɑː(r)bəˈneɪdəʊ; -ˈnɑː-] *pl* **-dos, -does** *s* Karboˈnado *m* (*grauschwarze Diamantenabart*).
car·bon·ate [ˈkɑː(r)bənɪt; -bəneɪt] *chem.* **I** *s* **1.** Karboˈnat *n*, kohlensaures Salz: **~ of lime** Kalziumkarbonat, Kreide *f*, Kalkstein *m*; **~ of soda** Natriumkarbonat, kohlensaures Natron, Soda *n.* **II** *v/t* [-neɪt] **2.** mit Kohlensäure *od.* Kohlenˈdioˌxyd behandeln *od.* sättigen *od.* verbinden: **~d water** kohlensäurehaltiges Wasser, Sodawasser *n.* **3.** karbinoˈsieren, in Karboˈnat ˈumwandeln.
car·bon| black *s* Kohlenschwarz *n*, (Lampen)Ruß *m.* **~ brush** *s electr.* Kohlebürste *f*, Schleifkohle *f.* **~ but·ton** *s electr.* Mikroˈphonkapsel *f.* **~ cop·y** *s* **1.** → **carbon** 3 b. **2.** *fig.* Ebenbild *n.* **~ dat·ing** *s* Radiokarˈbonmeˌthode *f*, ˈC-ˈ14-Meˌthode *f* (*zur Altersbestimmung organischer Reste*). **~ di·ox·ide** *s chem.* Kohlenˈdioˌxyd *n*, Kohlensäure *f.* **ˈ~-diˌox·ide snow** *s tech.* Kohlensäureschnee *m*, Trockeneis *n.* **~ di·sul·fide, ~ di·sul·phide** *s chem.* Schwefelkohlenstoff *m.* **~ dust** *s electr.* Kohlenstaub *m.* **ˈ~-dust mi·cro·phone** *s electr.* ˈKohlenstaubmikroˌphon *n.* **ˈ~-ˈ14 dat·ing** → **carbon dating.**
car·bon·ic [kɑː(r)ˈbɒnɪk; *Am.* -ˈbɑ-] *adj* **1.** *chem.* kohlenstoffhaltig: **~ acid** Kohlensäure *f.* **2.** Kohlen... **3. C~** → **carboniferous** 2 b.
carˌbon·ic|-ˈac·id gas → **carbon dioxide. ~ ox·ide** *s chem.* Kohlenˈmonoˌxyd *n.*
car·bon·if·er·ous [ˌkɑː(r)bəˈnɪfərəs] **I** *adj* **1.** a) *chem.* kohlenstoffhaltig, b) kohlehaltig, kohlig. **2.** *geol.* a) kohleführend, -haltig, b) **C~** das Karˈbon betreffend, Karbon... **II** *s* **3. C~** *geol.* a) Karˈbon *n*, b) Karˈbon *n* u. Perm *n.*
car·bon·i·za·tion [ˌkɑː(r)bənaɪˈzeɪʃn; *Am.* -nəˈz-] *s* **1.** Verkohlung *f.* **2.** *chem. tech.* Karbonisatiˈon *f*, Durchˈtränkung *f od.* Verbindung *f* mit Kohlenstoff. **3.** *tech.* Verkokung *f*, Verschwelung *f*: **~ plant** Kokerei *f.* **4.** *Wollverarbeitung*: Karbonisatiˈon *f.* **5.** *geol.* Inkohlung *f.*
car·bon·ize [ˈkɑː(r)bənaɪz] **I** *v/t* **1.** verkohlen. **2.** *chem. tech.* karboniˈsieren. **3.** *tech.* verkoken, verschwelen. **4.** *Wolle* karboniˈsieren, aus-, entkohlen. **II** *v/i* **5.** verkohlen: **to ~ at low temperature** schwelen.
car·bon| lamp *s tech.* Kohle(n)fadenlampe *f.* **~ mi·cro·phone** *s electr.* ˈKohlemikroˌphon *n.* **~ mon·ox·ide** *s chem.* Kohlenˈmonoˌxyd *n.* **~ pa·per** *s* **1.** ˈKohlepaˌpier *n.* **2.** *phot.* Pigˈmentpaˌpier *n.* **~ print** *s print.* Kohle-, Pigˈmentdruck *m.* **~ pro·cess** *s phot.* Pigˈmentdruck(verfahren *n*) *m.* **~ steel** *s metall.* Kohlenstoff-, Flußstahl *m.* **~ tet·ra·chlo·ride** *s chem.* Tetraˈchlorkohlenstoff *m.* **~ tis·sue** → **carbon paper** 2. **~ trans·mit·ter** → **carbon microphone.**
car·bon·yl [ˈkɑː(r)bənɪl; *Br. a.* -naɪl] *s chem.* Karboˈnyl *n.*
ˈcar·borne *adj* **1.** im Auto mitgeführt (*Gegenstand*). **2. to be ~** das Auto benutzen, mit dem Auto fahren.
car·bo·run·dum [ˌkɑː(r)bəˈrʌndəm] *s tech.* Karboˈrundum *n* (*Schleifmittel*).
car·boy [ˈkɑː(r)bɔɪ] *s* Korbflasche *f*, (ˈGlas)Balˌlon *m* (*bes. für Säuren*).
car·bun·cle [ˈkɑː(r)bʌŋkl] *s* **1.** *med.* Karˈbunkel *m.* **2.** a) rund geschliffener Graˈnat, b) *obs.* Karˈfunkel(stein) *m.*
car·bu·ra·tion [ˌkɑː(r)bjʊˈreɪʃn; -bəˈr-] → **carburetion.**
car·bu·ret [ˈkɑː(r)bjʊret; -bəret; *Am. a.* -ˌreɪt] **I** *s* **1.** *chem. obs.* Karˈbid *n.* **II** *v/t pret u. pp* **-ret·ed,** *bes. Br.* **-ret·ted 2.** *chem.* mit Kohlenstoff verbinden. **3.** *tech.* karbuˈrieren. **car·bu·ret·er,** *bes. Br.* **car·bu·ret·ter** → **carburetor.**
car·bu·re·tion [ˌkɑː(r)bjʊˈreɪʃn; -bəˈr-; *Br. a.* -ˈreʃn] *s tech.* **1.** Karbuˈrierung *f.* **2.** a) Vergasung *f*, b) Vergaseranordnung *f.*
car·bu·ret·or, *bes. Br.* **car·bu·ret·tor** [ˌkɑːbjʊˈretə; -bəˈr-; *Am.* ˈkɑːrbəˌreɪtər; -bjə-] *s tech.* **1.** Vergaser *m.* **2.** Karbuˈrator *m.* **~ float** *s tech.* Vergaserschwimmer *m.* **~ nee·dle** *s tech.* Schwimmernadel *f.* **~ jet** *s tech.* Vergaserdüse *f.*
car·bu·ret·ter, car·bu·ret·tor *bes. Br. für* **carbureter, carburetor.**
car·bu·rize [ˈkɑː(r)bjʊraɪz; -bər-] *v/t* **1.** → **carburet** II. **2.** einsatzhärten: **~d steel** einsatzgehärteter Stahl.
car·ca·jou [ˈkɑː(r)kədʒuː; -ʒuː] *s zo.* Amer. Vielfraß *m.*
car·ca·net [ˈkɑː(r)kənet; -nɪt] *s obs.* goldenes *od.* juˈwelenbesetztes Halsband *etc.*
car·case, car·cass [ˈkɑː(r)kəs] *s* **1.** Kaˈdaver *m*, Aas *n*, (Tier-, *contp.* Menschen)Leiche *f.* **2.** *humor.* ‚Leichnam' *m* (*Körper*). **3.** Rumpf *m* (*e-s ausgeweideten Tieres*): **~ meat** frisches (*Ggs. konserviertes*) Fleisch. **4.** Trümmer *pl*, Wrack *n.* **5.** Gerippe *n*, Skeˈlett *n*: **the ~ of a ship.** **6.** Geˈbäudekörper *m*, -skeˌlett *n.* **7.** *tech.* Karˈkasse *f* (*e-s Reifens*). **8.** *mil. hist.* Karˈkasse *f*, ˈBrandgraˌnate *f.*
car| cem·e·ter·y *s* Autofriedhof *m.* **~ chase** *s* Verfolgungsjagd *f* im Auto.
car·cin·o·gen [kɑː(r)ˈsɪnədʒən; ˈkɑː(r)sɪnədʒen] *s med.* Karzinoˈgen *n*, Kanzeroˈgen *n.* **ˌcar·ci·noˈgen·ic** [-ˈdʒenɪk] *adj med.* karzinoˈgen, kanzeroˈgen, krebserzeugend. **ˌcar·ciˈnol·o·gy** [-ˈnɒlədʒɪ; *Am.* -ˈnɑ-] *s* Karzinoloˈgie *f*: a) *med. Lehre von den Krebserkrankungen*, b) *zo. Lehre von den Krebsen.* **car·ci·no·ma** [ˌkɑː(r)sɪˈnəʊmə] *pl* **-ma·ta** [-mətə] *od.* **-mas** *s med.* Karziˈnom *n*, Krebsgeschwulst *f.* **ˈcar·ciˌno·maˈto·sis** [-ˈtəʊsɪs], **ˌcar·ciˈno·sis** [-ˈnəʊsɪs] *s med.* Karziˈnose *f* (*über den ganzen Körper verbreitete Krebsgeschwülste*).
car coat *s* Autocoat *m.*
card[1] [kɑː(r)d] *s* **1.** a) (Spiel)Karte *f*: **house of ~s** Kartenhaus *n* (*a. fig.*); **a safe ~** *fig.* e-e sichere Karte, ein sicheres Mittel; **he is a safe ~** auf ihn kann man sich verlassen; **it is quite on** (*Am. a.* **in**) **the ~s** *fig.* es ist durchaus möglich *od.* ‚drin'; **he has a ~ up his sleeve** *fig.* er hat (noch) e-n Trumpf in der Hand; **he holds all the ~s** *fig.* er hat alle Trümpfe in der Hand; **to lay** (*od.* **place, put**) **one's ~s on the table** s-e Karten auf den Tisch legen (*a. fig.*); **to play one's ~s well** (*od.* **right**) *fig.* geschickt vorgehen; **to play one's best ~** *fig.* s-n Trumpf ausspielen; **to play one's last ~** *fig.* die letzte Karte ausspielen; **to show one's ~s** s-e Karten aufdecken (*a. fig.*); **to throw up the ~s** *fig.* aufgeben, sich geschlagen geben, b) *pl* (*a. als sg konstruiert*) Kartenspiel *n*: **at ~s** beim Kartenspiel. **2.** (Post)Karte *f.* **3.** (Geschäfts-, Viˈsiten-, Speise-, Wein-, Hochzeits-, Einladungs- *etc*)Karte *f*: **to go through the (whole) ~** *fig.* alle Möglichkeiten in Betracht ziehen *od.* durchspielen. **4.** *tech.* (Loch)Karte *f.* **5.** Mitgliedskarte *f.* **6.** *pl* (ˈArbeits)Paˌpiere *pl*: **to get one's ~s** entlassen werden. **7.** (Eintritts)Karte *f.* **8.** *sport* Proˈgramm *n.* **9.** Windrose *f* (*e-s Kompasses*): **by the ~** *fig.* präzise. **10.** *colloq.* Spaßvogel *m*, Witzbold *m.*
card[2] [kɑː(r)d] *tech.* **I** *s* **1.** Karˈdätsche *f*, Wollkratze *f*, Krempel *f*, Karde *f.* **2.** ˈKrempelmaˌschine *f.* **II** *v/t* **3.** *Wolle* karˈdätschen, krempeln: **~ed yarn** Streichgarn *n.*
car·dam·i·ne [kɑː(r)ˈdæmɪnɪ] *s bot.* Schaumkraut *n.*
Car·dan| joint [ˈkɑː(r)dæn] *s tech.* Karˈdan-, Kreuzgelenk *n.* **~ shaft** *s tech.* Karˈdan-, Gelenkwelle *f.*
ˈcard|·board I *s* **1.** Karˈton(paˌpier *n*) *m*, Pappe *f*, Papp(en)deckel *m.* **II** *adj* **2.** Papp...: **~ box** Pappschachtel *f*, -karton *m.* **3.** *fig.* subˈstanzlos: **a ~ smile** ein nichtssagendes Lächeln; **a ~ general** ein blasser *od.* farbloser General. **ˈ~-ˌcar·ry·ing** *adj* **1.** eingetragen: **a ~ member.** **2.** typisch: **a ~ representative of modern art. ~ cat·a·log(ue)** *s* ˈZettelkataˌlog *m*, Kartoˈthek *f*, Karˈtei *f.* **~ cloth, ~ cloth·ing** *s tech.* Kratzenleder *n*, -tuch *n.* **ˈ~-conˌtrolled cal·cu·la·tor** *s tech.* (loch)kartengesteuerte ˈRechenmaˌschine.
card·er [ˈkɑː(r)də(r)] *s tech.* **1.** Krempler *m*, Wollkämmer *m.* **2.** ˈKrempelmaˌschine *f.*
card| file → **card catalog(ue). ~ game** *s* Kartenspiel *n.*
car·di·a [ˈkɑː(r)dɪə] *s anat.* **1.** Kardia *f*, Magenmund *m.* **2.** Magengrund *m.*
car·di·ac [ˈkɑː(r)dɪæk] **I** *adj* **1.** *anat. med. physiol.* Herz...: **~ asthma (death, massage, pacemaker,** *etc*). **2.** *anat.* die Kardia *od.* den Magengrund betreffend. **II** *s* **3.** *med. pharm.* Herzmittel *n.* **4.** *med.* ˈHerzpatiˌent *m.* **~ ac·tiv·i·ty** *s physiol.* Herztätigkeit *f.* **~ ar·rest** *s med.* Herzstillstand *m.* **~ in·farct, ~ in·farc·tion** *s med.* ˈHerzinˌfarkt *m.* **~ mur·mur** *s med.* Herzgeräusch *n.* **~ or·i·fice** *s anat.* Magenmund *m.* **~ valve** *s anat.* Herzklappe *f.*
car·di·al·gia [ˌkɑː(r)dɪˈældʒə; -dʒɪə] *s med.* **1.** Kardialˈgie *f*, Herzschmerzen *pl.* **2.** Sodbrennen *n.*
car·di·gan [ˈkɑː(r)dɪgən] *s* Strickjacke *f.*
car·di·nal [ˈkɑː(r)dɪnl] **I** *adj* (*adv* **~ly**) **1.** grundsätzlich, hauptsächlich, Grund..., Haupt..., Kardinal...: **of ~ importance** von grundsätzlicher Bedeutung; **~ number, ~ numeral** → 7; **~ points** *geogr.* (*die*) vier (Haupt)Himmelsrichtungen; **~ signs** *astr.* (*die*) Hauptzeichen im Tierkreis; **~ virtues** Kardinaltugenden; → **humor** 6. **2.** *R.C.* Kardinals... **3.** scharlachrot: **~ flower** *bot.* Kardinalsblume *f.* **II** *s* **4.** *R.C.* Kardiˈnal *m.* **5.** *a.* **~ bird** *orn.* Kardiˈnal(vogel) *m.* **6.** Scharlachrot *n.* **7.** Kardiˈnal-, Grundzahl *f.* **ˈcar·di·nal·ate** [-nlət;

-nleɪt], ˈ**car·di·nal·ship** *s R.C.* **1.** Kardiˈnalswürde *f.* **2.** *collect.* Kardiˈnalskolˌlegium *n.*

card| in·dex → **card catalog(ue)**. ˈ**~ˌin·dex** *v/t* **1.** e-e Karˈtei anlegen von, verzetteln. **2.** in e-e Karˈtei eintragen.

card·ing [ˈkɑː(r)dɪŋ] *s tech.* Krempeln *n*, Karˈdätschen *n.* **~ ma·chine** *s tech.* ˈKrempelmaˌschine *f.*

car·di·o·gram [ˈkɑː(r)dɪəʊgræm] *s med.* Kardioˈgramm *n.* ˈ**car·di·o·graph** [-grɑːf; *bes. Am.* -ˌgræf] *s med.* Kardioˈgraph *m* (*Apparat*).

car·di·oid [ˈkɑː(r)dɪɔɪd] **I** *s math.* Kardioˈide *f*, Herzkurve *f.* **II** *adj* herzförmig.

car·di·ol·o·gy [ˌkɑː(r)dɪˈɒlədʒɪ; *Am.* -ˈɑl-] *s med.* Kardioloˈgie *f*, Herz(heil)kunde *f.*

car·di·tis [kɑː(r)ˈdaɪtɪs] *s med.* Karˈditis *f*, Herzentzündung *f.*

card| punch *s* **1.** *Computer*: (Loch)Kartenstanzer *m.* **2.** (*manueller*) Kartenlocher. **~read·er** *s Computer*: (Loch)Kartenleser *m.* **~room** *s* Kartenspielzimmer *n.* ˈ**~sharp,** ˈ**~sharp·er** *s* Falschspieler *m.* **~ trick** *s* Kartenkunststück *n.* **~ vote** *s Br.* (*meist* gewerkschaftliche) Abstimmung durch Wahlmänner.

care [keə(r)] **I** *s* **1.** Sorge *f*, Besorgnis *f*, Kummer *m*: **to be free from ~(s)** keine Sorgen haben; **without a ~ in the world** völlig sorgenfrei. **2.** Sorgfalt *f*, Achtsamkeit *f*, Aufmerksamkeit *f*, Vorsicht *f*: **my first ~ was for** m-e erste Sorge galt (*dat*); **ordinary ~** *jur.* verkehrsübliche Sorgfalt; **with due ~** mit der erforderlichen Sorgfalt; **to bestow great ~ (up)on** große Sorgfalt verwenden auf (*acc*); **have a ~!** *Br. colloq.* paß (doch) auf!; **to take ~** a) vorsichtig sein, aufpassen, b) sich Mühe geben, c) darauf achten *od.* nicht vergessen (**to do** zu tun; **that** daß); **take ~!** *colloq.* mach's gut!; **to take ~ not to do s.th.** sich hüten, etwas zu tun; **take ~ not to drop it!** paß auf, daß du es nicht fallen läßt!, laß es ja nicht fallen! **3.** a) Obhut *f*, Schutz *m*, Fürsorge *f*, Betreuung *f*, (*Kinder- etc, a. Körper- etc*)Pflege *f*: **to take ~ of** aufpassen auf (*acc*); **that takes ~ of that!** das wäre (damit) erledigt!; **that will take ~ of itself** das erledigt sich von selbst; **that took ~ of him** damit ‚hatte er sein Fett weg', b) Aufsicht *f*, Leitung *f*: **~ and custody** (*od.* **control**) *jur.* Sorgerecht *n* (**to the person of** für *j-n*). **4.** a) Pflicht *f*: **his special ~s,** b) → **charge** 29 a *u.* b. **II** *v/i u. v/t* **5.** sich sorgen (**about** über *acc*, um). **6. ~ for** sorgen für, sich kümmern um, betreuen, pflegen: **(well) ~d-for** (gut)gepflegt; **easy to ~ for** pflegeleicht; **more than I ~d for** mehr als mir lieb war. **7. (for)** Interˈesse haben (für), (*j-n, etwas*) gern haben *od.* mögen: **he doesn't ~ for her** er macht sich nichts aus ihr, er mag sie nicht; **he ~s for it** die Sache liegt ihm sehr am Herzen. **8.** (*meist neg od. interrog*) sich etwas machen aus: **I don't ~ for whisky** ich mache mir nichts aus Whisky; **he ~s a great deal** es ist ihm sehr daran gelegen, es macht ihm schon etwas aus; **she doesn't really ~** in Wirklichkeit liegt ihr nicht viel daran; **I don't ~ a button** (*od.* **damn, fig, pin, straw**), **I couldn't ~ less,** *Am. colloq.* **I could ~ less** das ist mir völlig gleich(gültig) *od.* egal *od.* ‚schnuppe' *od.* ‚Wurst'; **who ~s?** was macht das schon (aus)?, na und?, und wenn schon?; **for all I ~** meinetwegen, von mir aus; **for all you ~** wenn es nach dir ginge. **9.** (*neg od. interrog*) Lust haben, es gern haben *od.* tun *od.* sehen: **would you ~ for a drink?** möchtest du etwas zu trinken?; **I don't ~ to do it now** ich habe keine Lust, es jetzt zu tun; **I don't ~ to be seen with you** ich lege keinen Wert darauf, mit dir gesehen zu werden. **10.** (*neg od. konditional*) etwas daˈgegen haben: **we don't ~ if you stay here** wir haben nichts dagegen *od.* es macht uns nichts aus, wenn du hierbleibst; **I don't ~ if I do!** *colloq.* von mir aus!

ca·reen [kəˈriːn] **I** *v/t* **1.** *mar. Schiff* kielholen (*auf die Seite legen*). **2.** *mar. ein Schiff* (*in dieser Lage*) reinigen, ausbessern. **II** *v/i* **3.** *mar.* krängen, sich auf die Seite legen. **4.** *mar.* kielholen, Schiffe reinigen. **5.** *fig.* (hin u. her) schwanken, (*Person a.*) torkeln. **caˈreen·age** *s mar.* **1.** (*a.* Kosten *pl* der) Kielholung *f.* **2.** Kielholplatz *m.*

ca·reer [kəˈrɪə(r)] **I** *s* **1.** Karriˈere *f*, Laufbahn *f*, Werdegang *m*: **to enter upon a ~** e-e Laufbahn einschlagen. **2.** (*erfolgreiche*) Karriˈere: **to make a ~ for o.s.** Karriere machen. **3.** Beruf *m*: **~ change** Berufswechsel *m*; **~ consular officer** Berufskonsul *m*; **~ diplomat** Berufsdiplomat *m*; **~ girl** (*od.* **woman**) Karrierefrau *f.* **4.** gestreckter Gaˈlopp, Karriˈere *f*: **in full ~** a) in gestrecktem Galopp, b) *weitS.* mit Höchstgeschwindigkeit. **II** *v/i* **5.** galopˈpieren. **6.** rennen, rasen, jagen. **ca·reer·ist** [kəˈrɪərɪst] *s* Karriˈeremacher *m.*

ca·reers| guid·ance *s Br.* Berufsberatung *f.* **~ mas·ter** *s Br.* mit Berufsberatung befaßter Lehrer. **~ mis·tress** *s Br.* mit Berufsberatung befaßte Lehrerin. **~ of·fi·cer** *s Br.* Berufsberater *m.*

ˈ**care·free** *adj* sorgenfrei, sorglos.

ˈ**care·ful** *adj* (*adv* **~ly**) **1.** vorsichtig, achtsam: **be ~!** paß auf!, gib acht!, nimm dich in acht!; **to be ~ to do** darauf achten zu tun, nicht vergessen zu tun; **to be ~ not to do** sich hüten zu tun; **be ~ not to drop it!** paß auf, daß du es nicht fallen läßt!, laß es ja nicht fallen!; **he has to be very ~ what he says about it** er muß sich sehr genau überlegen, was er darüber *od.* dazu sagt. **2.** sorgfältig, gründlich: **a ~ study**; **to be ~ about s.th.** sorgfältig mit etwas umgehen. **3.** sorgsam bedacht (**of, for, about** auf *acc*), ˈumsichtig, achtsam, behutsam: **be ~ of your clothes!** sieh dich mit d-r Kleidung vor! **4.** *Br.* sparsam: **to be ~ with one's money** sparsam mit s-m Geld umgehen. ˈ**care·ful·ness** *s* **1.** Vorsicht *f*, Achtsamkeit *f.* **2.** Sorgfalt *f*, Gründlichkeit *f.*

care·less [ˈkeə(r)lɪs] *adj* (*adv* **~ly**) **1.** nachlässig, unordentlich, liederlich. **2.** ˈunüberˌlegt, unbedacht: **a ~ remark**; **a ~ mistake** ein Flüchtigkeitsfehler. **3. (of, about)** unbekümmert (um), gleichgültig (gegen): **to be ~ of** nicht achten auf (*acc*), unachtsam umgehen mit. **4.** unvorsichtig, leichtsinnig, fahrlässig: **~ driving** *Br.* leichtsinnige Fahrweise. **5.** sorglos. ˈ**care·less·ness** *s* **1.** Nachlässigkeit *f.* **2.** ˈUnüberˌlegtheit *f.* **3.** Unachtsamkeit *f.* **4.** Fahrlässigkeit *f*, Leichtsinn *m.*

ca·ress [kəˈres] **I** *s* **1.** Liebkosung *f.* **II** *v/t* **2.** liebkosen, streicheln. **3.** *fig.* schmeicheln (*dat*): **this music ~es the ear.** **caˈress·ing** *adj* (*adv* **~ly**) **1.** liebkosend, zärtlich. **2.** *fig.* schmeichelnd.

car·et [ˈkærət] *s* Einschaltungszeichen *n* (*für fehlendes Wort im Text*).

ˈ**care|ˌtak·er I** *s* a) Hausmeister *m*, b) (Haus- *etc*)Verwalter *m.* **II** *adj* Interims...: **~ government** geschäftsführende Regierung, Übergangskabinett *n.* ˈ**~ˌtak·ing** *adj* sorgsam. ˈ**~worn** *adj* vergrämt, abgehärmt, von Sorgen gezeichnet.

car·ex [ˈkeəreks] *pl* **car·i·ces** [ˈkærɪsiːz] *s bot.* Segge *f*, Riedgras *n.*

Car·ey Street [ˈkeərɪ] *s Br.* Bankˈrott *m*: **to bring s.o. into ~** j-n bankrott machen; **to lead down ~** zum Bankrott führen.

ˈ**carˌfare** *s Am.* Fahrpreis *m*, -geld *n.*

car·fax [ˈkɑːfæks] *s Br.* (Straßen)Kreuzung *f* (*bes. von 4 Straßen in e-r Stadt*).

car·fuf·fle → **kerfuffle**.

car·go [ˈkɑː(r)gəʊ] *pl* **-goes** *od.* **-gos** *s* **1.** Ladung *f*: **to take in ~** (ein)laden. **2.** Fracht(gut *n*) *f.* **~ air·craft** *s* Transˈportflugzeug *n.* **~ boat** *s mar.* Frachtschiff *n.* **~ book** *s mar.* Ladebuch *n.* ˈ**~ˌcar·ry·ing** *adj* Fracht..., Transport... **~ hold** *s mar.* Laderaum *m.* **~ lin·er** *s mar.* Linienfrachtschiff *n.* **~ par·a·chute** *s aer.* Lastenfallschirm *m.* **~ port** *s mar.* Luke *f*, Ladepforte *f.*

car·hop [ˈkɑːrˌhɑp] *Am. colloq.* **I** *s* Kellner(in) in e-m Drive-ˈin-Restauˌrant. **II** *v/i* als Kellner(in) in e-m Drive-ˈin-Restauˌrant arbeiten.

Car·ib [ˈkærɪb] *pl* **-ibs, -ib** *s* Kaˈribe *m*, Kaˈribin *f.* **Car·ib·be·an** [ˌkærɪˈbiːən; kəˈrɪbɪən] **I** *adj* kaˈribisch. **II** *pl* **-ans, -an** *s* → **Carib**.

car·i·bou [ˈkærɪbuː] *pl* **-bous,** *bes. collect.* **-bou** *s zo.* Kariˈbu *n* (*nordamer. Ren*).

car·i·ca·ture [ˈkærɪkəˌtjʊə(r); -ˌtʃʊə(r); *Am. a.* -ˌtʊr] **I** *s* Karikaˈtur *f* (*a. fig.*): **he is a ~ of a statesman.** **II** *v/t* kariˈkieren. ˈ**car·i·caˌtur·ist** [-ˌtjʊərɪst; -ˌtʃʊə-; *Am. a.* -ˌtʊr-] *s* Karikatuˈrist *m.*

car·i·ces [ˈkærɪsiːz] *pl von* **carex**.

car·i·es [ˈkeəriːz; *Am.* -riːz] *s med.* Karies *f*: a) Knochenfraß *m*, b) Zahnfäule *f.*

car·il·lon [ˈkærɪljən; kəˈrɪljən; *Am.* ˈkærəˌlɑn; -lən] *s mus.* Carilˈlon *n*: a) (Turm-) Glockenspiel *n*, b) Stahlspiel *n*, c) *e-e Orgelmixtur*, d) ˈGlockenspielmuˌsik *f.*

ca·ri·na [kəˈriːnə; -ˈraɪnə] *pl* **-nae** [-niː], **-nas** *s bot. zo.* Kiel *m.* **car·i·nate** [ˈkærɪneɪt] *adj bot. zo.* gekielt.

car·ing [ˈkeərɪŋ] *adj* fürsorglich (*Charakter etc*).

Ca·rin·thi·an [kəˈrɪnθɪən] *adj* kärntnerisch, Kärntner(...).

car·i·ous [ˈkeərɪəs] *adj med.* kariˈös, von Karies befallen.

car jack *s tech.* Wagenheber *m.*

cark [kɑː(r)k] *s obs.* Kummer *m*, Sorge *f.* ˈ**cark·ing** *adj* bedrückend, quälend.

carl(e) [kɑː(r)l] *s* **1.** *bes. Scot.* Kerl *m.* **2.** *Scot.* Flegel *m.* **3.** *Scot.* Geizhals *m.*

car·li·na [kɑː(r)ˈlaɪnə], **car·line** [ˈkɑː(r)lɪn] *s bot.* Eberwurz *f.*

ˈ**car·load** *s* **1.** Wagenladung *f.* **2.** *rail. Am.* Wagˈgonladung *f*: **mixed ~** Sammelladung. **3.** *econ. rail. Am.* Mindestlademenge *f* (*für ermäßigten Frachttarif*).

Car·lo·vin·gi·an [ˌkɑː(r)ləʊˈvɪndʒɪən; -dʒən] → **Carolingian**.

ˈ**car·man** [-mən] *s irr* **1.** Fuhrmann *m.* **2.** (Kraft)Fahrer *m.* **3.** Spediˈteur *m.* **4.** *Am.* Straßenbahnfahrer *m.*

Car·mel·ite [ˈkɑː(r)mɪlaɪt; -məl-] *relig.* **I** *s* Karmeˈliter(in). **II** *adj* Karmeliter...

car·min·a·tive [ˈkɑː(r)mɪnətɪv; *Am.* -ˌneɪtɪv; kɑːrˈmɪnətɪv] *med. pharm.* **I** *s* Karminaˈtivum *n*, blähungstreibendes Mittel. **II** *adj* blähungstreibend.

car·mine [ˈkɑː(r)maɪn; *Am. a.* -mən] **I** *s* **1.** Karˈminrot *n.* **2.** Karˈmin *n* (*Farbstoff*). **II** *adj* **3.** karˈminrot.

car·nage [ˈkɑː(r)nɪdʒ] *s* Blutbad *n*, Gemetzel *n.*

car·nal [ˈkɑː(r)nl] *adj* (*adv* **~ly**) körperlich: a) fleischlich, sinnlich, b) geschlechtlich, sexuˈell: **~ delight** Fleisches-, Sinnenlust *f*; **~ desire** sinnliche Begierde; **to have ~ knowledge of s.o.** *bes. jur.* mit j-m geschlechtlichen Umgang haben. **car·nal·i·ty** [kɑː(r)ˈnælətɪ] *s* Fleischeslust *f*, Sinnlichkeit *f.* ˈ**car·nal·ize** *v/t* sinnlich machen.

car·nall·ite [ˈkɑː(r)nəlaɪt] *s min.* Karnalˈlit *m.*

ˈ**car·nap·per,** *Am. a.* ˈ**car·nap·er** [-ˌnæpə(r)] *s* Autodieb *m.*

car·nas·si·al [kɑː(r)ˈnæsɪəl] *zo.* **I** *adj*: ~ tooth → II. **II** *s* Reißzahn *m.*

car·na·tion [kɑː(r)ˈneɪʃn] *s* **1.** *bot.* (Garten)Nelke *f.* **2.** Blaßrot *n,* Rosa *n.* **3.** *oft pl paint.* Fleischfarbe *f,* -ton *m.*

car·nel·ian [kəˈniːljən; *bes. Am.* kɑː(r)-] *s min.* Karneˈol *m.*

car·net [ˈkɑː(r)neɪ; kɑː(r)ˈneɪ] *s mot.* Carˈnet *n,* ˈZollpasˌsierscheinheft *n.*

car·ney → **carny.**

car·ni·fi·ca·tion [ˌkɑː(r)nɪfɪˈkeɪʃn] *s med.* Karnifikatiˈon *f* (*Umwandlung von entzündlichem Lungengewebe in Bindegewebe*).

car·ni·val [ˈkɑː(r)nɪvl] *s* **1.** Karneval *m,* Fasching *m.* **2.** Volksfest *n.* **3.** ausgelassenes Feiern.

car·niv·o·ra [kɑː(r)ˈnɪvərə] *s pl zo.* Fleischfresser *pl.* ˈ**car·ni·vore** [-vɔː(r); *Am. a.* -ˌvəʊər] *s* **1.** *zo.* fleischfressendes Tier, *bes.* Raubtier *n.* **2.** *bot.* fleischfressende Pflanze. **carˈniv·o·rous** *adj* (*adv* ~**ly**) *bot. zo.* fleischfressend.

Car·not cy·cle [ˈkɑː(r)nəʊ; ˌ-ˈnəʊ] *s phys.* Carˈnot-Proˌzeß *m.*

car·no·tite [ˈkɑː(r)nətaɪt] *s min.* Carnoˈtit *m.*

car·ny [ˈkɑːnɪ] *v/t Br. colloq.* **1.** *j-m* schmeicheln, ‚um den Bart gehen', schöntun. **2.** *j-n* beschwatzen, *j-m* gut zureden (**into doing** zu tun): **to ~ s.o. out of s.th.** j-m etwas ausreden; **to ~ s.th. out of s.o.** j-m etwas abbetteln.

car·ob [ˈkærəb] *s bot.* **1.** Joˈhannisbrotbaum *m.* **2.** *a.* ~ **bean** Joˈhannisbrot *n.*

ca·roche [kəˈrɒʃ; *Am.* kəˈrəʊtʃ; kəˈrəʊʃ] *s hist.* Kaˈrosse *f,* Staatskutsche *f.*

car·ol [ˈkærəl] **I** *s* **1.** Freuden-, Lobgesang *m,* Jubellied *n.* **2.** (Weihnachts)Lied *n*: ~ **singers** Weihnachtssänger (*Kinder, die am Weihnachtsabend singend von Haus zu Haus ziehen*). **II** *v/i pret u. pp* **-oled,** *bes. Br.* **-olled 3.** fröhlich singen, jubiˈlieren. **4.** Weihnachtslieder singen.

Car·o·lin·gi·an [ˌkærəˈlɪndʒɪən; -dʒən] *hist.* **I** *adj* karolingisch. **II** *s* Karolinger *m.*

car·om [ˈkærəm] *bes. Am.* **I** *s* **1.** *Billard*: Karamboˈlage *f.* **II** *v/i* **2.** *Billard*: karamboˈlieren. **3.** abprallen.

car·o·tene [ˈkærətiːn] *s chem.* Karoˈtin *n.*

ca·rot·id [kəˈrɒtɪd; *Am.* -ˈrɑ-] *anat.* **I** *s* Kaˈrotis *f,* Halsschlag-, Kopfschlagader *f.* **II** *adj* die Kaˈrotis betreffend.

car·o·tin [ˈkærətɪn] → **carotene.**

ca·rous·al [kəˈraʊzl] *s* Trinkgelage *n,* Zecheˈrei *f.* **ca·rouse** [kəˈraʊz] **I** *v/i* (lärmend) zechen. **II** *s* → **carousal.**

car·ou·sel → **carrousel.**

carp[1] [kɑː(r)p] *v/i* (herˈum)nörgeln, (-)kritteln (**at** an *dat*).

carp[2] [kɑː(r)p] *pl* **carps,** *bes. collect.* **carp** *s ichth.* Karpfen *m.*

car·pal [ˈkɑː(r)pəl] *anat.* **I** *s* **1.** Handwurzel *f.* **2.** Handwurzelknochen *m.* **II** *adj* **3.** Handwurzel...: ~ **bone** → 2.

car| park *s bes. Br.* **1.** Parkplatz *m.* **2.** Parkhaus *n.* ~ **pas·sen·ger** *s* Autoinsasse *m.*

car·pel [ˈkɑːpel; *Am.* ˈkɑrpəl] *s bot.* Karˈpell *n,* Fruchtblatt *n.*

car·pen·ter [ˈkɑː(r)pəntə(r)] **I** *s* (*mar.* Schiffs)Zimmermann *m,* (Bau)Tischler *m.* **II** *v/t u. v/i* zimmern. ~ **ant** *s zo.* (*e-e*) Holzameise. ~ **bee** *s zo.* (*e-e*) Holzbiene.

car·pen·ter·ing [ˈkɑː(r)pəntərɪŋ; -trɪŋ] *s* Zimmeˈrei *f,* Zimmermannsarbeit *f.*

car·pen·ter| moth *s zo.* Holzbohrer *m.* ~ **scene** *s thea.* Szene *f* auf der Vorbühne.

car·pen·try [ˈkɑː(r)pəntrɪ] *s* **1.** Zimmerhandwerk *n.* **2.** → **carpentering.**

carp·er [ˈkɑː(r)pə(r)] *s* Nörgler(in), Krittler(in).

car·pet [ˈkɑː(r)pɪt] **I** *s* **1.** Teppich *m* (*a. fig.*), (Treppen)Läufer *m*: **a ~ of moss** ein Moosteppich; **to be on the ~** a) zur Debatte stehen, auf dem Tapet sein, b) *colloq.* ‚zs.-gestaucht' werden; **to have s.o. on the ~** *colloq.* j-n ‚zs.-stauchen' *od.* ‚zur Minna machen'; **to pull the ~ (out) from under s.o.** *fig.* j-m den Boden unter den Füßen wegziehen; **to sweep** (*od.* **brush**) **s.th. under** (**-neath**) (*od.* **beneath**) **the ~** *fig.* etwas unter den Teppich kehren; → **red carpet. II** *v/t* **2.** mit Teppichen *od.* e-m Teppich auslegen. **3.** *bes. Br. colloq. j-n* ‚zs.-stauchen', ‚zur Minna machen'. ˈ**~bag** *s* Reisetasche *f.* ˈ**~ˌbag·ger** *s Am.* **1.** *hist. Spekulant aus dem Norden, der nach dem Bürgerkrieg vom Wiederaufbau im Süden profitieren wollte.* **2.** *j-d, der sich in die Politik e-r Gegend einmischt, zu der er gar keine echte Beziehung hat.* ˈ**~ˌbeat·er** *s* Teppichklopfer *m.* ~ **bomb·ing** *s mil.* Bombenteppichwurf *m.* ~ **dance** *s* zwangloses Tänzchen.

car·pet·ing [ˈkɑː(r)pɪtɪŋ] *s* **1.** ˈTeppichstoff *m,* -materiˌal *n.* **2.** *collect.* Teppiche *pl.*

car·pet| knight *s contp.* Saˈlonlöwe *m.* ~ **moth** *s zo.* **1.** Taˈpetenmotte *f.* **2.** Kleidermotte *f.* **3.** (*ein*) Blattspanner *m.* ~ **rod** *s* (Treppen)Läuferstange *f.* ~ **slip·per** *s* Panˈtoffel *m,* Hausschuh *m.* ~ **square** *s* Teppichfliese *f.* ~ **sweep·er** *s* ˈTeppichkehrer *m,* -kehrmaˌschine *f.* ~ **tile** *s* Teppichfliese *f.*

car·pi [ˈkɑː(r)paɪ] *pl von* **carpus.**

carp·ing [ˈkɑː(r)pɪŋ] **I** *s* Nörgeˈlei *f,* Kritteˈlei *f.* **II** *adj* (*adv* ~**ly**) nörgelig, krittelig.

car·po·lite [ˈkɑː(r)pəlaɪt] *s bot. geol.* Karpoˈlith *m,* Frucht- *od.* Samenversteinerung *f.*

car·pol·o·gy [kɑː(r)ˈpɒlədʒɪ; *Am.* -ˈpɑ-] *s bot.* Karpoloˈgie *f,* Fruchtlehre *f.*

car| pool *s* **1.** Fahrbereitschaft *f,* Fuhrpark *m.* **2.** Fahrgemeinschaft *f.* ˈ**~-ˌpool** *v/i Am.* sich zu e-r Fahrgemeinschaft zs.-schließen.

car·poph·a·gous [kɑː(r)ˈpɒfəgəs; *Am.* -ˈpɑ-] *adj zo.* fruchtfressend, von Früchten lebend.

car·po·phore [ˈkɑː(r)pəfɔː(r); *Am. a.* -ˌfəʊər] *s bot.* Karpoˈphor *m,* Fruchtträger *m.*

car·po·phyl [ˈkɑː(r)pəfɪl] → **carpel.**

ˈ**car·port** *s* Einstellplatz *m* (*im Freien*).

car·pus [ˈkɑː(r)pəs] *pl* **-pi** [-paɪ] (*Lat.*) *s anat.* Handgelenk *n,* -wurzel *f.*

car·rel(l) [ˈkærəl] *s* kleine Lesenische (*in e-r Bibliothek*).

car·riage [ˈkærɪdʒ] *s* **1.** Wagen *m,* Kutsche *f,* Equiˈpage *f*: ~ **and pair** Zweispänner *m.* **2.** *rail. Br.* (Perˈsonen-) Wagen *m.* **3.** Beförderung *f,* Transˈport *m* (*von Waren*). **4.** *econ.* Transˈport-, Beförderungskosten *pl,* Fracht(gebühr) *f,* Rollgeld *n*: **bill of ~** (Bahn)Frachtbrief *m*; **to charge for ~** Frachtkosten berechnen; ~ **forward** *Br.* Frachtkosten per Nachnahme; **to send s.th. ~ forward** etwas per Frachtnachnahme schicken; ~ **free** (*od.* **paid**) frachtfrei. **5.** *mil.* (Geˈschütz)Laˌfette *f.* **6.** *tech.* a) Fahrgestell *n* (*a. aer.*), Wagen *m* (*a. e-r Druck- od. Schreibmaschine*), b) Laufwerk *n,* c) Supˈport *m,* Schlitten *m* (*e-r Werkzeugmaschine*). **7.** (Körper)Haltung *f*: ~ **of head** Kopfhaltung. **8.** *pol.* ˈDurchbringen *n* (*e-r Gesetzesvorlage*). **9.** *obs.* Benehmen *n,* Auftreten *n.* **10.** *obs.* Bürde *f.* ˈ**car·riage·a·ble** *adj* **1.** transporˈtierbar. **2.** befahrbar: ~ **road.**

car·riage| dog → **coach dog.** ~ **horse** *s* Kutschpferd *n.* ˈ**~way** *s Br.* Fahrbahn *f.*

car·ri·er [ˈkærɪə(r)] *s* **1.** Träger *m,* Überˈbringer *m,* Bote *m.* **2.** Spediˈteur *m.* **3.** a) Frachtführer *m,* b) *mar.* Verfrachter *m.* **4.** *med.* Keimträger *m,* (ˈKrankheits-) Überˌträger *m.* **5.** a) *chem.* (Über)ˈTräger *m,* Katalyˈsator *m,* b) *Atomphysik*: ˈTräger(subˌstanz *f*) *m.* **6.** *tech.* a) Schlitten *m,* Transˈport *m,* b) Mitnehmer *m* (*auf Drehbänken*), c) ˈFördermaˌschine *f,* d) *phot.* Halterahmen *m,* e) Leitung *f.* **7.** a) Gepäckträger *m* (*am Fahrrad*), b) *mot.* Dachgepäckträger *m.* **8.** Transˈportbehälter *m.* **9.** *electr.* a) Trägerstrom *m,* b) Trägerwelle *f.* **10.** → **aircraft carrier. 11.** → **carrier pigeon. 12.** *aer.* Flug-, Luftverkehrsgesellschaft *f.* ~ **bag** *s Br.* Einkaufsbeutel *m,* -tasche *f.* ˈ**~-based,** ˈ**~-borne** *adj mil.* (Flugzeug)Träger...: ~ **aircraft** trägergestütztes Flugzeug. ~ **cur·rent** → **carrier** 9 a. ~ **fre·quen·cy** *s electr.* ˈTrägerfreˌquenz *f.* ~ **pi·geon** *s* Brieftaube *f.* ~ **te·leg·ra·phy** *s electr.* ˈTräger(freˌquenz)telegraˌfie *f.* ~ **trans·mis·sion** *s electr.* **1.** ˈTräger(freˌquenz)-überˌtragung *f.* **2.** *Radio*: Drahtfunk *m.* ~ **wave** → **carrier** 9 b.

car·ri·on [ˈkærɪən] **I** *s* **1.** Aas *n.* **2.** verdorbenes Fleisch. **3.** *fig.* Schmutz *m.* **II** *adj* **4.** aasfressend. **5.** aasig. ~ **bee·tle** *s zo.* Aaskäfer *m,* Totengräber *m.* ~ **crow** *s orn.* Aas-, Rabenkrähe *f.*

car·ron oil [ˈkærən] *s med.* Brandöl *n.*

car·rot [ˈkærət] *s* **1.** *bot.* Kaˈrotte *f,* Möhre *f,* Mohrrübe *f,* Gelbe Rübe: **to hold out** (*od.* **offer**) **a ~ to s.o., to dangle a ~ before s.o.** *fig.* j-n zu ködern versuchen. **2.** *colloq.* a) *pl* rotes Haar, b) Rotkopf *m.* ˈ**car·rot·y** *adj* **1.** gelbrot. **2.** rothaarig.

car·rou·sel [ˌkæruːˈzel; ˌkærəˈsel] *s* **1.** *bes. Am.* Karusˈsell *n.* **2.** *hist.* Reiterspiel *n.*

car·ry [ˈkærɪ] **I** *s* **1.** Trag-, Schußweite *f.* **2.** *Golf*: Flugstrecke *f* (*des Balls*). **3.** *Am.* → **portage** 3.

II *v/t* **4.** tragen: **to ~ s.th. in one's hand; he carried his jacket** er trug s-e Jacke (*über dem Arm*); **pillars ~ing an arch** bogentragende Pfeiler; **to ~ one's head high** den Kopf hoch tragen; **to ~ o.s. well** a) sich gut halten, b) sich gut benehmen; **to ~ a disease** e-e Krankheit weitertragen *od.* verbreiten; **to ~ sails** *mar.* Segel führen; **he knows how to ~ his liquor** er kann e-e Menge (Alkohol) vertragen; **as fast as his legs could ~ him** so schnell ihn s-e Beine trugen; **to ~ all** (*od.* **everything**) **before one** a) auf der ganzen Linie siegen *od.* erfolgreich sein, b) *humor.* ‚viel Holz vor der Hütte (*e-n großen Busen*) haben'. **5.** *fig.* tragen, (unter)ˈstützen. **6.** bringen, tragen, führen, schaffen, befördern: **to ~ mail** *rail.* Post befördern; **the pipes ~ water** die Rohre führen Wasser; → **coal** 4. **7.** *Nachricht etc* (über)ˈbringen: **to ~ a message; he carried his complaint to the manager** er trug s-e Beschwerde dem Geschäftsführer vor. **8.** mitführen, mit sich *od.* bei sich tragen: **to ~ arms; to ~ a watch** e-e Uhr tragen *od.* haben; **to ~ s.th. in one's head** *fig.* etwas im Kopf haben *od.* behalten; **to ~ with one** *fig.* im Geiste mit sich herumtragen. **9.** *fig.* (an sich *od.* zum Inhalt) haben: **to ~ conviction** überzeugen(d sein *od.* klingen); **to ~ a moral** e-e Moral (zum Inhalt) haben; **to ~ weight** Gewicht *od.* Bedeutung haben, viel gelten (**with** bei); **this does not ~ any weight with him** das beeindruckt ihn nicht im mindesten. **10.** *fig.* nach sich ziehen, zur Folge haben: **treason carries the death penalty** auf Hochverrat steht die Todesstrafe; **to ~ consequences** Folgen haben. **11.** weiterführen, (hinˈdurch-, hinˈauf- *etc*)führen, *e-e Hecke, Mauer etc* ziehen: **to ~ the chimney through the roof** den Schornstein durch das Dach führen. **12.** *fig.* fortreißen, über'wältigen: **to ~ the audience with one** die Zuhörer mitreißen. **13.** *fig.* treiben: **to ~ s.th. too far** (*od.* **to excess**) etwas übertreiben *od.* zu weit treiben; **to ~ it with a high hand** gebieterisch auftreten. **14.** *fig.* a) erreichen, 'durchsetzen: **to ~ into effect** verwirklichen, ausführen; → **point** 22, b) *pol. Antrag etc* 'durchbringen: **to ~ a motion unanimously** e-n Antrag einstimmig annehmen; **the motion was carried** der Antrag ging durch. **15.** *fig.* a) erlangen, erringen, gewinnen: **to ~ a prize,** b) siegreich *od.* erfolgreich her'vorgehen aus: **to ~ an election;** → **day** *Bes. Redew.*, c) *mil.* (ein)nehmen, erobern: **to ~ a fortress. 16.** *Früchte etc* tragen, her'vorbringen. **17.** *Mineralien etc* führen, enthalten. **18.** tragen, unter'halten, ernähren: **the country cannot ~ such a population. 19.** *e-n Bericht etc* bringen: **this newspaper carries no weather forecast; the press carried the statement without comment** die Presse brachte *od.* veröffentlichte die Erklärung kommentarlos. **20.** *econ.* a) *Ware* führen: **to ~ hardware,** b) in den Büchern führen: **to ~ a debt,** c) *Zinsen* tragen: → **interest** 11, d) *Versicherung etc* zahlen: **to ~ insurance** versichert sein. **21.** *hunt. die Spur* festhalten (*Hund*). **22.** *mus. Ton, Melodie* tragen.

III *v/i* **23.** tragen (*a. mus. Ton, Stimme*). **24.** den Kopf *gut etc* halten (*Pferd*): **the horse carries well. 25.** tragen, reichen (*Stimme, Schußwaffe etc*): **his voice carries far** s-e Stimme trägt weit. **26.** sich *gut etc* tragen lassen. **27.** fliegen (*Ball etc*). **28.** *bes. Am.* Anklang finden, ‚einschlagen' (*Kunstwerk etc*).

Verbindungen mit Adverbien:

car·ry|a·bout *v/t* her'umtragen: **to ~ with one** mit sich herumtragen, *Paß etc* bei sich haben *od.* führen. **~ a·long** *v/t* **1.** mitnehmen, forttragen. **2.** *fig.* anspornen: **the team was carried along by the enthusiasm of its supporters** die Mannschaft wurde von der Begeisterung ihrer Anhänger getragen. **~ a·way** *v/t* **1.** weg-, forttragen, -schaffen. **2.** wegreißen (*Sturm etc*), (*Flut etc a.*) wegspülen. **3.** *fig.* mitreißen: **to get carried away** in Verzückung geraten. **4. to get carried away** *fig.* die Kontrolle über sich verlieren. **~ back** *v/t* **1.** zu'rücktragen, -bringen. **2.** *fig. Gedanken* zu'rücklenken (**to** auf *acc*). **3.** *fig.* zu'rückversetzen (**to** in *acc*): **this carries me back to my youth. ~ down** *v/t* hin'unter-, her'untertragen, -bringen. **~ for·ward** *v/t* **1.** fortsetzen, (erfolgreich) fortführen. **2.** *econ. Summe, Saldo etc* vor-, 'übertragen: **amount** (*od.* **balance**) **carried forward** → **carry-forward. ~ in** *v/t* hin'ein-, her'eintragen, -schaffen. **~ off** *v/t* **1.** forttragen, -schaffen. **2.** abführen (**to prison** ins Gefängnis). **3.** entführen. **4.** *j-n* hin'wegraffen (*Krankheit*). **5.** *Preis etc* gewinnen, erringen. **6. to carry it off well** die Sache gut durchstehen. **~ on I** *v/t* **1.** fortführen, -setzen, weiterführen. **2.** *Geschäft, Prozeß etc* betreiben, führen: **to ~ business as a broker** als Makler tätig sein. **3.** *e-n Plan etc* beharrlich verfolgen. **II** *v/i* **4.** weitermachen (**with** mit): **~!** a) weiter!, *mil.* weitermachen!, b) nur (immer) zu! **5.** *colloq.* a) ein ‚The'ater' *od.* e-e Szene machen (**about** wegen), b) sich ‚da'nebenbenehmen', es wild *od.* wüst treiben, c) **~ with** ‚es haben' mit, ein (Liebes-) Verhältnis haben mit *j-m.* **6. to ~ with, to be carrying on with** erst einmal, fürs erste: **here's $10 to be carrying on with. ~ out** *v/t* **1.** hin'aus-, her'austragen, -schaffen, -bringen. **2.** *Plan etc* aus-, 'durchführen, *Drohung* wahrmachen. **3.** *Vertrag etc* erfüllen. **~ o·ver** *v/t* **1.** hin'über-, her'übertragen, -schaffen, -führen. **2.** auf-, verschieben. **3.** *Waren etc* zu'rück(be)halten. **4.** *econ.* → **carry forward** 2. **5.** *Börse*: *Br.* prolon'gieren. **~ through** *v/t* **1.** 'durch-, ausführen. **2.** *etwas* 'durchsetzen. **3.** *j-m* 'durchhelfen, *j-n* 'durchbringen. **~ up** *v/t* **1.** hin'auf-, her'aufbringen, -führen, -tragen. **2.** *e-e Mauer etc* errichten, hochziehen. **3.** *Tatsachen etc* zu'rückverfolgen.

'carry|-all *s* **1.** *hist.* leichter, gedeckter Einspänner. **2.** *Am.* Per'sonenkraftwagen *m* mit Längssitzen. **3.** *bes. Am.* Reisetasche *f.* **'~cot** *s Br.* (Baby)Tragetasche *f,* Kindertrage *f.* **'~-ˌfor·ward** *s econ. Br.* (Saldo)Vortrag *m,* 'Übertrag *m.*

car·ry·ing ['kærɪɪŋ] **I** *s* **1.** Tragen *n.* **2.** Trans'port *m,* Beförderung *f.* **II** *adj* **3.** tragend, haltend, Trag(e)...: **~ strap** Tragriemen *m,* -gurt *m.* **4.** Speditions..., Transport...: **~ cost** Transportkosten. **~ busi·ness** → **carrying trade. ~ a·gent** *s* Spedi'teur *m.* **~ ca·pac·i·ty** *s* **1.** *electr.* Belastbarkeit *f.* **2.** Lade-, Tragfähigkeit *f.* **ˌ~-'on** *pl* **ˌ~s-'on** *s meist pl colloq.* Treiben *n*: **scandalous carryings-on** skandalöse Geschichten. **~ trade** *s* **1.** Spediti'onsgeschäft *n.* **2.** Spediti'onsgewerbe *n.*

ˌcar·ry|-'on I *s* **1.** *aer.* Bordcase *n, m.* **2.** *bes. Br. colloq.* ‚The'ater' *n.* **II** *adj* **3. ~ baggage** (*bes. Br.* **luggage**) *aer.* Bordgepäck *n.* **ˌ~-'o·ver** *s econ.* **1.** → **carry-forward. 2.** *Börse*: *Br.* Prolongati'on *f.*

car·sey → **carzey.**

'car|·sick *adj*: **she gets easily ~** ihr wird beim Autofahren leicht übel *od.* schlecht. **~ sick·ness** *s* Übelkeit *f* beim Autofahren. **~ stick·er** *s* Autoaufkleber *m.*

cart [kɑː(r)t] **I** *s* **1.** (*meist zweirädriger*) (Fracht-, Last)Karren, Karre *f*: **~ horse** Zugpferd *n*; **to be in the ~** *Br. colloq.* ‚in der Klemme' sein *od.* sitzen *od.* stecken; **to put the ~ before the horse** *fig.* das Pferd beim Schwanz aufzäumen. **2.** zweirädriger Wagen (*für Personen*). **3.** (Hand-) Wagen *m,* Wägelchen *n.* **II** *v/t* **4.** karren, (in e-m Karren) befördern *od.* fahren: **to ~ about** (*od.* **around**) *colloq.* (mit sich) herumschleppen. **cart·age** ['kɑː(r)tɪdʒ] *s* **1.** Trans'port *m.* **2.** Fuhrlohn *m,* Rollgeld *n.*

carte [kɑː(r)t] *s fenc.* Quart *f.*

carte blanche [ˌkɑː(r)t'blɑ̃ːnʃ; -'blɑːnʃ] *pl* **cartes blanches** [ˌkɑː(r)ts'blɑ̃ːnʃ; -'blɑːnʃ] *s* **1.** *econ.* Blan'kett *n.* **2.** *fig.* Carte *f* blanche, unbeschränkte Vollmacht: **to have ~** (völlig) freie Hand haben.

car·tel [kɑː(r)'tel] *s* **1.** *econ.* Kar'tell *n.* **2.** *oft* **C~** *pol.* Kar'tell *n* (*festes Bündnis mehrerer Parteien*). **3.** *Völkerrecht*: Abkommen *n* über den Austausch von Kriegsgefangenen. **4.** *hist.* schriftliche Her'ausforderung zum Du'ell. **car·tel·ism** ['kɑː(r)tlɪzəm; kɑː(r)'tel-] *s* Kar'tellwesen *n.*

car·tel·i·za·tion [ˌkɑː(r)tlaɪ'zeɪʃn; kɑː(r)ˌtelaɪ'z-; *Am.* -lə'z-] *s econ.* Kartel'lierung *f.* **car·tel·ize** ['kɑː(r)tlaɪz; kɑː(r)'telaɪz] **I** *v/t* kartel'lieren. **II** *v/i* sich zu e-m Kar'tell zs.-schließen.

cart·er ['kɑː(r)tə(r)] *s* Fuhrmann *m.*

Car·te·sian [kɑː'tiːzjən; *Am.* kɑːr'tiːʒən] **I** *adj* **1.** kar'tesisch, kartesi'anisch: **~ coordinates** *math.* kartesische Koordinaten. **II** *s* **2.** Kartesi'aner *m.* **3.** *a.* **~ curve** *math.* kar'tesische Kurve. **Car·'te·sian·ism** *s philos.* Kartesia'nismus *m,* Lehre *f* des Des'cartes.

Car·tha·gin·i·an [ˌkɑː(r)θə'dʒɪnɪən; -jən] *hist.* **I** *adj* kar'thagisch. **II** *s* Kar'thager(in).

Car·thu·sian [*Br.* kɑː'θjuːzjən; -'θuː-; *Am.* kɑːr'θuːʒən; -'θjuː-] *R.C.* **I** *s* Kar'täuser(mönch) *m.* **II** *adj* Kartäuser...

car·ti·lage ['kɑː(r)tɪlɪdʒ] *s anat. zo.* Knorpel *m*: **~ operation** *med.* Meniskusoperation *f.* **ˌcar·ti'lag·i·nous** [-'lædʒɪnəs] *adj anat. zo.* knorpelig, Knorpel...

'cart·load *s* Karren-, Wagenladung *f,* Fuder *n,* Fuhre *f*: **by ~s** fuder-, fuhren-, wagenweise.

car·to·gram ['kɑː(r)təgræm] *s* Karto'gramm *n,* sta'tistische Karte.

car·tog·ra·pher [kɑː(r)'tɒgrəfə(r); *Am.* -'tɑg-] *s* Karto'graph(in). **ˌcar·to'graph·ic** [-tə'græfɪk], **ˌcar·to'graph·i·cal** *adj* karto'graphisch: **~ distance** Entfernung *f* auf der Karte. **car'tog·ra·phy** *s* Kartogra'phie *f.*

cart·o·man·cy ['kɑː(r)təʊmænsɪ] *s* Kartoman'tie *f,* Kartenlegen *n.*

car·ton ['kɑː(r)tən] *s* **1.** ('Papp)Karˌton *m,* (Papp)Schachtel *f*: **a ~ of cigarettes** e-e Stange Zigaretten. **2.** (*das*) ‚Schwarze' (*der Schießscheibe*).

car·toon [kɑː(r)'tuːn] **I** *s* **1.** Car'toon *m, n,* Karika'tur *f.* **2.** Zeichentrickfilm *m.* **3.** Car'toon *m, n,* Bilderfortsetzungsgeschichte *f* (*in Zeitschriften etc*). **4.** *paint.* Kar'ton *m,* Entwurf *m* (*in natürlicher Größe*). **II** *v/t* **5.** kari'kieren. **6.** *paint.* als Kar'ton entwerfen. **III** *v/i* **7.** Car'toons *od.* Karika'turen zeichnen. **car'toon·ist** *s* Car'toonist *m,* Karikatu'rist *m.*

car·touch(e) [kɑː(r)'tuːʃ] *s* **1.** Kar'tusche *f*: a) *arch. medaillonförmiges Ornamentmotiv,* b) *Umrahmung e-r ägyptischen Hieroglyphe, die e-n Königsnamen darstellt.* **2.** a) Sprengkapsel *f* (*e-s Feuerwerkskörpers*), b) *mil.* Pa'pierkarˌtuschhülse *f.*

car·tridge ['kɑː(r)trɪdʒ] *s* **1.** *mil.* a) Pa'trone *f,* b) *Artillerie*: Kar'tusche *f.* **2.** *phot.* ('Film)Paˌtrone *f* (*e-r Kleinbildkamera*), ('Film)Kasˌsette *f* (*e-r Film- od. Kassettenkamera*). **3.** *phys.* Spaltstoffhülse *f.* **4.** Tonabnehmer *m* (*e-s Plattenspielers*). **5.** Pa'trone *f* (*e-s Füllhalters*). **~ belt** *s mil.* **1.** Pa'tronen-, Ladegurt *m* (*e-s Maschinengewehrs*). **2.** Pa'tronentragegurt *m.* **~ case** *s* Pa'tronenhülse *f*: **~ jacket** Hülsenmantel *m.* **~ clip** *s mil.* Ladestreifen *m.* **~ fuse** *s electr.* Pa'tronensicherung *f.* **~ pa·per** *s tech.* **1.** 'Kardus-, 'Linienpaˌpier *n.* **2.** Kar'tonpaˌpier *n.* **~ pen** *s* Pa'tronenfüllhalter *m.*

cart|road, ~ track, '~way *s* Feldweg *m.* **'~wheel I** *s* **1.** Wagenrad *n.* **2.** *sport* Rad *n*: **to do** (*od.* **turn**) **~s** radschlagen. **3.** *Am. colloq.* Silberdollar *m.* **II** *v/i* **4.** radschlagen. **5.** a) sich mehrmals (seitlich) über'schlagen, b) *aer.* auf e-m Flügelende landen. **'~wright** *s* Stellmacher *m,* Wagenbauer *m.*

car·un·cle ['kærəŋkl; kə'rʌŋkl] *s* **1.** *med.* Ka'runkel *f,* Fleischgeschwulst *f.* **2.** *orn.* Fleischauswuchs *m,* -lappen *m.* **3.** *bot.* Auswuchs *m.*

carve [kɑː(r)v] **I** *v/t* **1.** (*in*) *Holz* schnitzen, (*in*) *Stein* meißeln: **~d work** Schnitzwerk *n,* -arbeit *f.* **2.** ausschnitzen, -meißeln: **to ~ out of stone** aus Stein meißeln *od.* hauen. **3.** einschneiden, -meißeln: **to ~ one's initials on a tree trunk** s-e Initialen in e-n Baumstamm schnitzen. **4.** (mit Schnitze'reien) verzieren: **to ~ a stone with figures. 5.** *Fleisch etc* zerlegen, vorschneiden, tran'chieren. **6.** *oft* **~ out** *fig.* gestalten: **to ~ out a fortune** ein Vermögen machen; **to ~ out a career for o.s.** sich e-e Karriere aufbauen, Karriere machen. **7.** *meist* **~ up** *Gebiet etc* aufteilen. **8. ~ up** *colloq. j-n* mit e-m

Messer übel zurichten. **II** *v/i* **9.** schnitzen, meißeln. **10.** (*bei Tisch*) vorschneiden, tranˈchieren.

car·vel [ˈkɑː(r)vəl] → **caravel.** **ˈ~-built** *adj mar.* karˈweel-, glattgebaut: **~ boat** Karweelboot *n.*

carv·en [ˈkɑː(r)vən] *adj obs. od. poet.* geschnitzt, gemeißelt.

carv·er [ˈkɑː(r)və(r)] *s* **1.** (Holz)Schnitzer *m*, Bildhauer *m.* **2.** Tranˈchierer *m.* **3.** Tranˈchiermesser *n*: **(pair of) ~s** Tranchierbesteck *n.*

carv·er·y [ˈkɑː(r)vərɪ] *s bes. Br. Lokal, in dem man für e-n Einheitspreis soviel Fleisch essen kann, wie man will.*

ˈcarve-up *s* Aufteilung *f* (*e-s Gebiets etc*).

carv·ing [ˈkɑː(r)vɪŋ] *s* **1.** Schnitzen *n*, Meißeln *n.* **2.** Schnitzeˈrei *f*, Schnitzwerk *n*, geschnitztes Bildwerk. **3.** Tranˈchieren *n.* **~ chis·el** *s tech.* Schnitzmeißel *m*, Bosˈsiereisen *n.* **~ knife** *s irr* Tranˈchiermesser *n.*

car wash *s* **1.** Autowäsche *f.* **2.** Waschanlage *f*, -straße *f.*

car·y·at·id [ˌkærɪˈætɪd] *pl* **-i·des** [-ɪdiːz], **-ids** *s arch.* Karyaˈtide *f* (*weibliche Figur als Säule*).

car·zey [ˈkɑːzɪ] *s Br. sl.* ‚Klo' *n* (*Klosett*).

ca·sa·ba [kəˈsɑːbə], *a.* **~ mel·on** *s bot.* ˈWintermeˌlone *f.*

Cas·a·no·va [ˌkæzəˈnəʊvə; ˌkæsə-] *s* Casaˈnova *m.*

cas·bah → **kasbah.**

cas·cade [kæˈskeɪd] **I** *s* **1.** Kasˈkade *f*, (*bes. mehrstufiger*) Wasserfall. **2.** *etwas kaskadenartig Fallendes, z. B.* Faltenwurf *m.* **3.** (*bes.* ˈSpitzen)Jaˌbot *n.* **4.** Kasˈkade *f*: a) *chem. Anordnung über- od. hintereinandergeschalteter Gefäße od. Geräte*, b) *electr.* → **cascade connection. II** *v/i* **5.** kasˈkadenartig herˈabstürzen. **III** *v/t* **6.** *electr.* in Kasˈkade schalten: **~d circuit** Kaskadenschaltung *f.* **~ am·pli·fi·ca·tion** *s electr.* Kasˈkadenverstärkung *f.* **~ bomb·ing** *s mil.* Kasˈkaden-, Marˈkierungsbombenwurf *m.* **~ con·nec·tion** *s electr.* Kasˈkadenschaltung *f.*

case[1] [keɪs] **I** *s* **1.** Fall *m*: **a ~ in point** ein typischer Fall, ein einschlägiges Beispiel; **a clear ~ of injustice** ein klarer Fall von Ungerechtigkeit; **it is a ~ of** es handelt sich um. **2.** Fall *m*, ˈUmstand *m*, Lage *f*: **in any ~** auf jeden Fall, jedenfalls, sowieso; **in no ~** auf keinen Fall, keinesfalls; **in ~** a) *a.* **in ~ that** im Falle daß, falls, b) für alle Fälle; **in ~ of** im Falle von (*od. gen*); **in ~ of need** nötigenfalls, im Notfall; **in that ~** in diesem Falle; **the ~ is this** die Sache ist ˈdie, der Fall liegt ˈso; **as the ~ may be** je nachdem. **3.** Fall *m*, Tatsache *f*: **that is not the ~ (with him)** das ist (bei ihm) nicht der Fall, das trifft (auf ihn) nicht zu; **as is the ~ with me** wie es bei mir der Fall ist; **if that is the ~** wenn das der Fall ist, wenn das zutrifft. **4.** Sache *f*, Angelegenheit *f*, Frage *f*: **~ of conscience** Gewissensfrage; **that alters the ~** das ändert die Sache; **to come down to ~s** *colloq.* zur Sache kommen. **5.** *jur.* (Streit-, Rechts)Sache *f*, (Rechts)Fall *m*: **the ~ of Brown** der Fall Brown; → **leading case. 6.** *bes. jur.* a) (Gesamtheit *f* der) Tatsachen *pl* u. Beweise *pl*, Beˈweismateriˌal *n*, b) (*a.* begründeter) Standpunkt (*e-r Partei*), c) *allg.* Arguˈmente *pl*, (triftige) Gründe *pl*: **the ~ for the defence** (*Am.* **defense**) die Verteidigung; **to make out a ~** s-e Sache beweisen; **to make out one's ~** triftige Gründe vorlegen, s-e Gründe als stichhaltig beweisen; **to state one's ~** s-e Klage *od.* Verteidigung *od.* (*a. allg.*) s-e Sache vortragen; **he has a good** (*od.* **strong**) **~** viele Tatsachen sprechen für ihn, er hat gute Beweise, s-e Sache steht gut; **there is a ~ for it** es gibt triftige Gründe dafür, vieles spricht dafür; → **rest**[1] 28. **7.** *ling.* Kasus *m*, Fall *m.* **8.** *med.* (Krankheits)Fall *m*, Patiˈent(in): **two ~s of typhoid** zwei Fälle von Typhus *od.* zwei Typhuskranke. **9.** *colloq.* komischer Kauz. **10.** *Am. colloq.* Verliebtheit *f*: **they had quite a ~ on each other** ‚sie waren schrecklich ineinander verknallt'. **II** *v/t* **11.** *Am. sl.* ‚ausbaldowern', auskundschaften.

case[2] [keɪs] **I** *s* **1.** Kiste *f*, Kasten *m*: **a ~ of wine** e-e Kiste Wein. **2.** *allg.* Behälter *m*, Behältnis *n*, *bes.* a) Schachtel *f*, b) (*Schmuck*)Kästchen *n*, c) (*Brillen-, Zigaretten- etc*)Eˈtui *n*, (*Brillen-, Messer*)Futteˈral *n*, (Schutz)Hülle *f* (*für Bücher, Messer etc*), d) (*Akten-, Schreib-*)Mappe *f*, e) Koffer *m*, f) (*Glas*)Schrank *m*, g) (*Uhr- etc*)Gehäuse *n*, h) (*Kissen-*)Bezug *m*, ˈÜberzug *m.* **3.** Besteckkasten *m* (*e-s Chirurgen etc*): **~ of instruments** Besteck *n.* **4.** *arch.* (Tür-, Fenster)Futter *n*, Einfassung *f.* **5.** *Buchbinderei*: Einbanddecke *f.* **6.** *print.* Setzkasten *m*: → **lower (upper) case** 1. **7.** *tech.* Verkleidung *f*, Mantel *m.* **8.** *mil.* → **case shot. II** *v/t* **9.** in ein Gehäuse *od.* Futteˈral stecken, mit e-m Gehäuse *od.* e-r Hülle umˈgeben. **10. (in)** einhüllen (in *acc*), umˈgeben (mit). **11.** *hunt. Tier* abziehen, abbalgen: **to ~ a fox. 12.** *Buchbinderei*: *Buchblock* (in die Einbanddecke) einhängen. **13.** *tech.* verkleiden, umˈmanteln. **14.** *print. Lettern* in den Setzkasten einordnen.

case| bind·ing *s* **1.** Einhängen *n* (*des Buchblocks*) in die Einbanddecke. **2.** Einbanddecke *f.* **ˈ~book** *s* **1.** *jur.* kommenˈtierte Entscheidungssammlung. **2.** *med.* Patiˈentenbuch *n* (*des Arztes*). **ˈ~-bound** *adj* gebunden (*Buch*). **~ cast·ings** *s pl tech.* Hartguß *m.* **~ end·ing** *s ling.* Kasusendung *f.* **~ fur·ni·ture** *s* Kastenmöbel *pl.* **ˈ~ˌhard·en** *v/t* **1.** *metall.* einsatzhärten. **2.** *fig.* abhärten. **ˈ~ˌhard·ened** *adj* **1.** *metall.* im Einsatz gehärtet, schalenhart. **2.** *fig.* abgehärtet, ‚hartgesotten'. **~ his·to·ry** *s* **1.** *bes. jur. sociol.* Vorgeschichte *f* (*e-s Falles*). **2.** *med.* Anaˈmnese *f*, Krankengeschichte *f.* **3.** typisches Beispiel.

ca·sein [ˈkeɪsiːɪn; *Am. a.* keɪˈsiːn] *s chem.* Kaseˈin *n.*

case| knife *s irr* Dolch *m*, Hirschfänger *m.* **~law** *s jur.* Fallrecht *n* (*auf Präzedenzfällen beruhend*). **~ load** *s Gesamtheit der von e-m Arzt, Gericht etc zu behandelnden Fälle*: **to have a heavy ~** viele Fälle (zu behandeln) haben.

case·mate [ˈkeɪsmeɪt] *s mar. mil.* Kaseˈmatte *f.*

case·ment [ˈkeɪsmənt] *s arch.* a) Fensterflügel *m*: **~ cloth** Gardinenstoff *m*, b) *a.* **~ window** Flügelfenster *n*, c) Hohlkehle *f.*

ca·se·ous [ˈkeɪsɪəs] *adj* käsig, käseartig.

ca·sern(e) [kəˈzɜːn; *Am.* kəˈzɜrn] *s mil. obs.* Kaˈserne *f.*

case| shot *s mil.* Schrapˈnell *n*, Karˈtätsche *f.* **~ stud·y** *s sociol.* (Einzel)Fallstudie *f.* **~ sys·tem** *s jur.* (ˈRechts-)ˌUnterricht *m* an Hand von Präzeˈdenzfällen u. praktischen Beispielen. **ˈ~work**[1] *s* **1.** *Buchbinderei*: ˈHerstellen *n* der Buchdecken. **2.** *print.* Handsatz *m.* **ˈ~work**[2] *s* Einzelfallhilfe *f*, soziˈale Einzelarbeit. **ˈ~ˌwork·er** *s* Soziˈalarbeiter(in) (*der/die individuelle Fälle betreut*).

cash[1] [kæʃ] **I** *s* **1.** (Bar)Geld *n*: → **hard cash. 2.** *econ.* Barzahlung *f*, Kasse *f*: **for ~, ~ down** gegen bar *od.* Barzahlung; **~ in advance** gegen Vorauszahlung; **~ in bank** Bankguthaben *n*; **~ in hand** Bar-, Kassenbestand *m*; **~ with order** zahlbar bei Bestellung; **in ~** per Kassa, bar; **to be in (out of) ~** (nicht) bei Kasse sein; **short of ~** knapp bei Kasse; **to turn into ~** zu Geld machen, einlösen; → **delivery** 1, **prompt** 4, **ready** 7. **II** *v/t* **3.** *Scheck etc* einlösen. **4.** zu Geld machen.
Verbindungen mit Adverbien:
cash| in I *v/t* **1.** *Scheck etc* einlösen: → **chip** 4. **2.** zu Geld machen. **II** *v/i* **3.** *Am. sl.* ‚den Löffel weglegen' (*sterben*). **4. ~ on** *colloq.* a) profiˈtieren von, Nutzen ziehen *od.* Kapiˈtal schlagen aus, b) ausnutzen (*a. contp.*). **~ up** *v/i Br.* Kasse machen.

cash[2] [kæʃ] *pl* **cash** *s* Käsch *n* (*ost- u. südasiatische Münze*).

cash| ac·count *s econ.* Kassenkonto *n.* **~ ad·vance** *s* Barvorschuß *m.* **~ and car·ry** *econ.* **I** *s* **1.** Selbstabholung *f* gegen Barzahlung. **2.** Cash-and-carry-Geschäft *n.* **II** *adv* **3.** (nur) gegen Barzahlung u. Selbstabholung. **ˌ~-and-ˈcar·ry** *adj econ.* Cash-and-carry-...

ca·shaw [kəˈʃɔː] *s bot.* Meˈlonenkürbis *m.*

cash| bal·ance *s econ.* Kassenbestand *m*, -saldo *m*, Barguthaben *n.* **ˈ~book** *s econ.* Kassenbuch *n.* **ˈ~box** *s* ˈGeldkasˌsette *f.* **~ busi·ness** *s econ.* Bar(zahlungs)-, Kassageschäft *n.* **~ cheque** *s econ. Br.* Barscheck *m.* **~ crop** *s* für den Verkauf bestimmte Anbaufrucht. **~ desk** *s* Kasse *f* (*im Warenhaus etc*). **~ dis·count** *s econ.* (Kassa)Skonto *m, n*, ˈBarzahlungsraˌbatt *m.* **~ dis·pens·er** *s* ˈGeldautoˌmat *m*, Bankoˈmat *m.*

ca·shew [kæˈʃuː; kə-; ˈkæʃuː] *s bot.* **1.** Acaˈjou-, Caˈshew-, Nierenbaum *m.* **2.** *a.* **~ nut** Acaˈjou-, Caˈshewnuß *f.*

cash flow *s econ.* Cash-flow *m*, Kassenzufluß *m.*

cash·ier[1] [kæˈʃɪə(r)] *s* Kasˈsierer(in), Kassenverwalter(in): **~'s check** *econ. Am.* Bankscheck *m*; **~'s desk** (*od.* **office**) Kasse *f.*

cash·ier[2] [kəˈʃɪə(r); kæˈʃ-] *v/t* **1.** *mil.* (unehrenhaft) entlassen. **2.** verwerfen.

cash·less [ˈkæʃlɪs] *adj* bargeldlos.

cash·mere [kæʃˈmɪə(r); ˈkæʃˌmɪə(r); *Am. a.* ˈkæʒ-] *s* **1.** Kaschmirwolle *f.* **2.** Kaschmir *m* (*Gewebe*).

cash note *s econ.* Kassen-, Auszahlungsanweisung *f.*

cash·o·mat [ˈkæʃəʊmæt] *s* ˈGeldautoˌmat *m*, Bankoˈmat *m.*

cash| pay·ment *s* Barzahlung *f.* **ˈ~point** → **cash dispenser. ~ price** *s* Bar(zahlungs)preis *m.* **~ pur·chase** *s* Barkauf *m.* **~ reg·is·ter** *s* Regiˈstrier-, Konˈtrollkasse *f.* **~ sale** *s* Barverkauf *m.* **~ sur·ren·der val·ue** *s* Rückkaufswert *m* (*e-r Police*). **~ vouch·er** *s* Kassenbeleg *m*, -zettel *m.*

cas·i·mere → **cassimere.**

cas·ing [ˈkeɪsɪŋ] *s* **1.** *tech.* a) Verkleidung *f*, Umˈmantelung *f*, (Schutz)Hülle *f*, (Ver)Schalung *f*, b) Gehäuse *n.* **2.** *tech.* Verˈschalungs-, Beˈkleidungsmateriˌal *n.* **3.** (Fenster-, Tür)Futter *n.* **4.** *mot.* (Reifen)Mantel *m.* **5.** *tech.* Futterrohr *n* (*e-s Bohrloches etc*). **6.** (Wurst)Darm *m*, (-)Haut *f.*

ca·si·no [kəˈsiːnəʊ; -ˈziː-] *pl* **-nos** *s* **1.** Kaˈsino *n*: a) *Gebäude mit Räumen für gesellige Zs.-künfte*, b) ˈSpielkaˌsino *n*, -bank *f.* **2.** → **cassino.**

cask [kɑːsk; *Am.* kæsk] **I** *s* Faß *n*: **a ~ of wine. II** *v/t* in ein Faß *od.* in Fässer füllen.

cas·ket [ˈkɑːskɪt; *Am.* ˈkæs-] **I** *s* **1.** Schaˈtulle *f*, Kästchen *n.* **2.** *bes. Am.* Sarg *m.* **II** *v/t* **3.** in e-e Schaˈtulle legen. **4.** *bes. Am.* einsargen.

Cas·pi·an [ˈkæspɪən] *adj geogr.* Kasˈpisch.

casque [kæsk] *s poet.* Helm *m.* **casqued** [-kt] *adj poet.* behelmt.

cas·sa·ba → **casaba.**

Cas·san·dra [kəˈsændrə] *s fig.* Kasˈsandra *f* (*Unglücksprophetin*).

cas·sa·ta [kəˈsɑːtə] *s* Casˈsata *f* (*Eisspezialität*).
cas·sa·tion [kæˈseɪʃn; kəˈs-] *s jur.* Kassatiˈon *f*, Aufhebung *f*: **Court of C~** Kassationshof *m*.
cas·se·role [ˈkæsərəʊl] **I** *s* **1.** Kasseˈrolle *f*, Schmortopf *m*. **2.** in der Kasseˈrolle serˈviertes Gericht. **II** *v/t* **3.** schmoren.
cas·sette [kæˈset; kə-] *s* (ˈFilm-, ˈBand- *etc*)Kasˌsette *f*. **~ deck** *s* Kasˈsettendeck *n*. **~ ra·di·o** *s* ˈRadioreˌcorder *m*. **~ re·cord·er** *s* Kasˈsettenreˌcorder *m*. **~ tel·e·vi·sion** *s* Kasˈsettenfernsehen *n*.
cas·sia [ˈkæsɪə; *Am.* ˈkæʃə] *s* **1.** *bot.* Kassie *f*. **2.** *a.* **~ tree** *bot.* Kassia-Zimtbaum *m*. **~ bark** *s* Kassiarinde *f*.
cas·si·mere [ˈkæsɪˌmɪə(r); *Am. a.* ˈkæzə-] *s* Kasimir *m* (*feines, weiches Wollgewebe*).
cas·si·no [kəˈsiːnəʊ] *s* Kaˈsino *n* (*Kartenspiel*).
cas·sit·er·ite [kəˈsɪtəraɪt] *s min.* Kassiteˈrit *m*, Zinnstein *m*.
cas·sock [ˈkæsək] *s relig.* Souˈtane *f*.
cast [kɑːst; *Am.* kæst] **I** *s* **1.** Wurf *m* (*a. mit Würfeln*): **~ of fortune** Zufall *m*. **2.** Wurfweite *f*. **3.** a) Auswerfen *n* (*der Angel etc*), b) Angelhaken *m*, Köder *m*. **4.** a) Gewölle *n* (*von Raubvögeln*), b) (*von Würmern aufgeworfenes*) Erdhäufchen, c) abgestoßene Haut (*e-s Insekts*). **5.** (*bes. seitwärts gerichteter*) Blick, (Augen)Fehler *m*: **to have a ~ in one eye** auf einem Auge schielen. **6.** *thea.* Besetzung *f*: a) Rollenverteilung *f*, b) Enˈsemble *n*, (*die*) Mitwirkenden *pl*: **with the full ~** in voller Besetzung. **7.** Faltenwurf *m* (*auf Gemälden*). **8.** Anlage *f* (*e-s Werkes*), Form *f*, Zuschnitt *m*. **9.** Schatˈtierung *f*, (Farb-)Ton *m*, Anflug *m* (*a. fig.*): **to have a slight ~ of blue** ins Blaue spielen; **green ~** *phot.* Grünstich *m*. **10.** Gesichtsschnitt *m*. **11.** *tech.* Guß(form *f*, -stück *n*) *m*. **12.** *tech.* Abdruck *m*, Moˈdell *n*, Form *f*. **13.** *med.* Gipsverband *m*. **14.** (*angeborene*) Art: **~ of mind** Geistesart. **15.** Typ *m*, Gattung *f*, Schlag *m*. **16.** a) Berechnung *f*, b) Aufrechnung *f*, Additiˈon *f*.
II *v/t pret u. pp* **cast 17.** werfen: **to ~ a burden (up)on** *fig. j-m* e-e Last aufbürden; → **blame** 5, **die**[2] 1, **dust** 1, **lot** 1, **slur**[1] 3, **spell**[2] 2, **tooth** 1. **18.** *Angel, Anker, Lot, Netz etc* auswerfen. **19.** *zo.* a) *Haut, Gehörn* abwerfen, *Zähne* verlieren, b) *Junge* (vorzeitig) werfen, gebären. **20.** *Stimmzettel* abgeben: **to ~ one's vote** s-e Stimme abgeben. **21.** *Blicke* werfen, *sein Auge* richten (**at, on, upon** auf *acc*). **22.** *Licht, Schatten etc* werfen (**on** auf *acc*; **over** über *acc*). **23.** *jur. j-n* e-n Proˈzeß verlieren lassen. **24.** *meist* **~ up** zs.-zählen, ausrechnen: **to ~ accounts** *econ.* Abrechnung machen, Saldo ziehen; → **horoscope**. **25.** *tech. Metall, Glas, Statue etc* gießen, formen. **26.** *fig.* formen, bilden, gestalten: → **mold**[1] 1. **27.** *thea. etc* a) *Stück etc* besetzen, b) (**to**) *Rollen* verteilen (an *acc*), zuweisen (*dat*): **the play is perfectly ~** das Stück ist ausgezeichnet besetzt; **to ~ s.o. as Othello** j-m die Rolle des Othello geben; **he was badly ~** er war e-e Fehlbesetzung.
III *v/i* **28.** sich werfen, krumm werden (*Holz*), sich (ver)ziehen (*Stoff*). **29.** die Angel auswerfen. **30.** *tech.* a) sich gießen *od.* (*a. fig.*) formen lassen, b) sich formen. **31.** *mar.* abfallen.
Verbindungen mit Adverbien:
cast| a·bout, ~ a·round *v/i* **1.** **~ for** suchen (nach), *fig. a.* sich ˈumsehen nach. **2.** *mar.* umˈherlaˌvieren. **~ a·side** *v/t* **1.** *Möbel etc* ˈausranˌgieren, *Kleidung a.* ablegen. **2.** *Gewohnheit etc* ablegen, *Freund etc* fallenlassen. **~ a·way** *v/t* **1.** wegwerfen. **2.** verschwenden, vergeuden. **3. to be ~** *mar.* verschlagen werden. **~ back I** *v/t*: **to ~ one's mind** (*od.* **thoughts**) s-e Gedanken zurückschweifen lassen (**to** in *acc*). **II** *v/i* zuˈrückdenken (**to** an *acc*). **~ down** *v/t* **1.** *j-n* erniedrigen. **2.** entmutigen: **to be ~** niedergeschlagen *od.* deprimiert sein. **3.** *die Augen* niederschlagen: **to ~ one's eyes**. **4.** *die Stimmung* dämpfen. **~ in** *v/t*: → **lot** 1. **~ off I** *v/t* **1.** *Kleidungsstück* abwerfen. **2.** *Kleidung* ablegen, ˈausranˌgieren. **3.** *Freund etc* fallenlassen. **4.** (*beim Stricken*) *Maschen* abnehmen. **5.** *print.* den ˈUmfang (*e-s Buchs etc*) berechnen. **6.** *mar.* losmachen. **II** *v/i* **7.** *mar.* ablegen, losmachen. **~ on** *v/t* (*beim Stricken*) *die ersten Maschen* aufnehmen. **~ out** *v/t* verstoßen, vertreiben (**from** aus), *Dämonen etc* austreiben. **~ up** *v/t* **1.** *die Augen* aufschlagen: **to ~ one's eyes**. **2.** → **cast** 24. **3.** anspülen, an Land spülen.
cas·ta·net [ˌkæstəˈnet] *s* Kastaˈgnette *f*.
ˈcast·a·way I *s* **1.** (*von der Gesellschaft*) Ausgestoßene(r *m*) *f*. **2.** *mar.* Schiffbrüchige(r *m*) *f*. **3.** etwas ˈAusranˌgiertes, *bes.* abgelegtes Kleidungsstück. **II** *adj* **4.** ausgestoßen. **5.** ˈausranˌgiert (*Möbel etc*), (*Kleidung a.*) abgelegt. **6.** *mar.* schiffbrüchig.
caste [kɑːst; *Am.* kæst] *s* **1.** (*indische*) Kaste: **~ feeling** Kastengeist *m*; **~ mark** Kastenzeichen *n*. **2.** Kaste *f*, Gesellschaftsklasse *f*. **3.** gesellschaftliche Stellung, Rang *m*, Ansehen *n*: **to lose ~** an gesellschaftlichem Ansehen verlieren (**with, among** bei).
cas·tel·lan [ˈkæstɪlən] *s* Kastelˈlan *m*, Burg-, Schloßvogt *m*.
cas·tel·lat·ed [ˈkæstəleɪtɪd] *adj* **1.** burgartig (gebaut), mit Türmen u. Zinnen (versehen). **2.** burgengekrönt. **3.** burgenreich.
cast·er [ˈkɑːstə; *Am.* ˈkæstər] *s* **1.** Berechner(in): **~ of horoscopes** Horoskopsteller(in). **2.** *tech.* a) Gießer *m*, b) Walzrad *n*, c) Lenkrad *n*, d) → **castor**[2]. **3.** → **castor**[5].
cas·ti·gate [ˈkæstɪgeɪt] *v/t* **1.** züchtigen. **2.** *fig.* geißeln, scharf kritiˈsieren. **3.** *fig. literarischen Text* verbessern, berichtigen. **ˌcas·tiˈga·tion** *s* **1.** Züchtigung *f*. **2.** Geißelung *f*, scharfe Kriˈtik. **3.** Textverbesserung *f*. **ˈcas·ti·ga·tor** [-tə(r)] *s* **1.** Züchtiger *m*. **2.** Geißler *m*, scharfer Kritiker. **3.** Emenˈdator *m*.
Cas·tile [kæˈstiːl] *s a.* **~ soap** Oˈlivenölseife *f*. **Casˈtil·ian** [-ˈstɪlɪən; -ljən] **I** *s* **1.** Kaˈstilier(in). **2.** *ling.* Kaˈstilisch *n*, das Kastilische, Spanisch *n*. **II** *adj* **3.** kaˈstilisch.
cast·ing [ˈkɑːstɪŋ; *Am.* ˈkæs-] **I** *s* **1.** *tech.* a) Guß *m*, Gießen *n*, b) Gußstück *n*, c) Gußeisen *n*, d) *pl* Gußwaren *pl*. **2.** *Maurerei*: (roher) Bewurf, Kalkverputz *m*: **rough ~**. **3.** *thea.* → **cast** 6 a. **II** *adj* **4.** Wurf... **~ bot·tle** *s* Parˈfümzerstäuber *m*. **~ burr** *s tech.* Gußnaht *f*. **~ gate** *s tech.* Gußtrichter *m*. **~ la·dle** *s tech.* Gießkelle *f*. **~ net** *s* Wurfnetz *n*. **~ shop** *s tech.* Gießeˈrei *f*. **~ vote** *s* (*die*) entscheidende Stimme: **he shall have the ~** s-e Stimme entscheidet.
cast| i·ron *s tech.* Guß-, Roheisen *n*. **ˌ~-ˈi·ron** *adj* **1.** gußeisern: **~ castings** Grauguß(stücke) *m*. **2.** *fig.* eisern, unbeugsam (*Wille*), eisern (*Konstitution*), unempfindlich (*Magen*), hart (*Gesetze etc*), hieb- u. stichfest (*Alibi*).
cas·tle [ˈkɑːsl; *Am.* ˈkæsəl] **I** *s* **1.** Kaˈstell *n*, Burg *f*, Schloß *n*: **to build ~s in the air** (*od.* **in Spain**) *fig.* Luftschlösser bauen. **2.** *Schach*: Turm *m*. **II** *v/i* **3.** *Schach*: roˈchieren. **ˈ~ˌbuild·er** *s* Phanˈtast *m*. **~ nut** *s tech.* Kronenmutter *f*.
cas·tling [ˈkɑːslɪŋ; *Am.* ˈkæsəlɪŋ] *s Schach*: Roˈchade *f*.
ˌcastˈoff *s* **1.** abgelegtes *od.* ˈausranˌgiertes Kleidungsstück. **2.** *print.* ˈUmfangsberechnung *f*.
ˌcast-ˈoff *adj* abgelegt, ˈausranˌgiert (*Kleidungsstück*).
Cas·tor[1] [ˈkɑːstə; *Am.* ˈkæstər] *s* **1.** *astr.* Kastor *m* (*Stern*). **2.** *meteor.* Elmsfeuer *n*.
cas·tor[2] [ˈkɑːstə; *Am.* ˈkæstər] *s* (schwenkbare) Laufrolle.
cas·tor[3] [ˈkɑːstə; *Am.* ˈkæstər] *s* **1.** *zo.* Biber *m*. **2.** *med. pharm.* Bibergeil *n*. **3.** → **beaver**[1] 3.
cas·tor[4] [ˈkɑːstə; *Am.* ˈkæstər] *s vet.* Spat *m*.
cas·tor[5] [ˈkɑːstə; *Am.* ˈkæstər] *s* **1.** (*Salz- etc*)Streuer *m*. **2.** *pl* Meˈnage *f*, Gewürzständer *m*.
cas·tor| oil *s med. pharm.* Rizinus-, Kastoröl *n*. **~ sug·ar** *s bes. Br.* Kastorzucker *m*, feinkörniger Kriˈstallzucker.
cas·trate [kæˈstreɪt; *bes. Am.* ˈkæstreɪt] *v/t* **1.** kaˈstrieren: a) *med.* entmannen, b) *vet.* verschneiden, c) *vet.* die Eierstöcke (*gen*) entfernen. **2.** *fig.* kraftlos machen, abschwächen. **3.** *Buch etc* zenˈsieren, die anstößigen Stellen entfernen aus.
cas·tra·ti [kæˈstrɑːtiː] *pl von* **castrato**.
cas·tra·tion [kæˈstreɪʃn] *s* Kaˈstrierung *f*, Kastratiˈon *f*.
cas·tra·to [kæˈstrɑːtəʊ] *pl* **-ti** [-tiː], **-tos** *s mus. hist.* Kaˈstrat *m*.
Cas·tro·ism [ˈkæstrəʊɪzəm] *s pol.* Castroˈismus *m*, Caˈstrismus *m*.
cast steel *s tech.* Gußstahl *m*.
cas·u·al [ˈkæʒjʊəl; -ʒʊəl; *Am.* ˈkæʒəwəl; -ʒəl] **I** *adj* (*adv* **~ly**) **1.** zufällig: **a ~ visit**; **a ~ observer**. **2.** gelegentlich, unregelmäßig: **~ customer** Laufkunde *m*; **~ labo(u)rer** → 7 a. **3.** beiläufig: **a ~ remark**; **a ~ glance** ein flüchtiger Blick. **4.** lässig: a) gleichgültig, nachlässig, b) zwanglos, saˈlopp: **his ~ manner**. **5.** sportlich, saˈlopp (*Kleidung*): **~ wear** Freizeitkleidung *f*. **II** *s* **6.** a) sportliches *od.* saˈloppes Kleidungsstück, b) *pl* Slipper(s) *pl* (*Schuhe mit flachen Absätzen*). **7.** a) Gelegenheitsarbeiter *m*, b) gelegentlicher Besucher, Laufkunde *m*. **8.** *pl mil. Am.* ˈDurchgangspersoˌnal *n*. **ˈcas·u·al·ism** *s philos.* Kasuaˈlismus *m*, Zufallsglaube *m*. **ˈcas·u·al·ness** *s* Nachlässigkeit *f*, Gleichgültigkeit *f*.
cas·u·al·ty [ˈkæʒjʊəltɪ; -ʒʊ- *Am.* ˈkæʒəltiː] *s* **1.** Unfall *m*. **2.** a) Verunglückte(r *m*) *f*, Opfer *n*, b) *mil.* Verwundete(r) *m od.* Gefallene(r) *m*: **casualties** Opfer *pl* (*e-r Katastrophe etc*), *mil. meist* Verluste *pl*; **~ list** Verlustliste *f*. **3.** *a.* **~ ward** (*od.* **department**) ˈUnfallstatiˌon *f*.
cas·u·ist [ˈkæzjʊɪst; ˈkæʒjʊɪst; *Am.* ˈkæʒəwəst] *s* Kasuˈist *m* (*a. fig. Wortverdreher, Haarspalter*). **ˌcas·uˈis·tic** *adj*; **ˌcas·uˈis·ti·cal** *adj* (*adv* **~ly**) kasuˈistisch (*a. fig. spitzfindig, haarspalterisch*). **ˈcas·u·ist·ry** [-trɪ] *s* Kasuˈistik *f* (*a. fig. Wortverdreherei, Haarspalterei*).
ca·sus bel·li, *pl* **ca·sus bel·li** [ˌkɑːsʊsˈbeliː; ˌkeɪsəsˈbelaɪ] (*Lat.*) *s* Casus *m* belli.
cat [kæt] **I** *s* **1.** *zo.* Katze *f*: (**domestic**) **~** Hauskatze. **2.** *fig.* Katze *f*, falsches Frauenzimmer: **old ~** boshafte Hexe. **3.** → **cat-o'-nine-tails**. **4.** *mar.* Katt *f*. **5.** *colloq.* → **caterpillar** 2. **6.** *sl.* Kerl *m*. **7.** → **hepcat**. **II** *v/t* **8.** (aus)peitschen. **9.** *mar. den Anker* katten. **III** *v/i* **10.** *Br. sl.* ‚kotzen' (*sich übergeben*).
Besondere Redewendungen:
to be like a ~ on hot bricks (*bes. Am.* **on a hot tin roof**) furchtbar nervös sein; **when the ~ is away the mice will play** wenn die Katze aus dem Haus ist, tanzen die Mäuse (auf dem Tisch); **all ~s are**

gray (*bes. Br.* **grey**) **in the dark** in der Nacht sind alle Katzen grau; **not to have** (*od.* **stand**) **a ~ in hell's chance** *colloq.* nicht die Spur e-r Chance haben; **has the ~ got your tongue?** *colloq.* hat es dir die Rede *od.* Sprache verschlagen?; **to let the ~ out of the bag** die Katze aus dem Sack lassen; **a ~ may look at a king** schaut die Katz' den Kaiser an!; **look what the ~'s brought** (*od.* **dragged**) **in!** *colloq.* wie schaust denn du aus!; **to live like ~ and dog** wie Hund und Katze leben; **it's enough to make a ~ laugh** *colloq.* da lachen ja die Hühner!; **to play ~ and mouse with** Katz u. Maus spielen mit; **to put** (*od.* **set**) **the ~ among the pigeons** für helle Aufregung sorgen; **it is raining ~s and dogs** es gießt in Strömen; **to see which way the ~ jumps** sehen, wie der Hase läuft; **to think one is the ~'s whiskers** (*od.* **pyjamas**) *colloq.* sich für etwas Besonderes halten; **to wait for the ~ to jump** die Entwicklung der Ereignisse abwarten.

ca·tab·o·lism [kəˈtæbəlɪzəm] *s biol.* Kataboˈlismus *m*, Abbau *m*.

cat·a·chre·sis [ˌkætəˈkriːsɪs] *s ling.* Kataˈchrese *f*, Bildbruch *m*. **ˌcat·a-ˈchres·tic** [-ˈkrestɪk] *adj*; **ˌcat·a-ˈchres·ti·cal** *adj* (*adv* **~ly**) kataˈchrestisch.

cat·a·clysm [ˈkætəklɪzəm] *s* **1.** *geol.* Kataˈklysmus *m*, erdgeschichtliche Kataˈstrophe. **2.** Überˈschwemmung *f*. **3.** *fig.* ˈUmwälzung *f*, ˈUmbruch *m*. **ˌcat·aˈclys·mic** [-ˈklɪzmɪk] *adj* **1.** *geol.* kataˈklystisch. **2.** *fig.* ˈumwälzend.

cat·a·comb [ˈkætəkuːm; *bes. Am.* -kəʊm] *s meist pl* Kataˈkombe *f*.

cat·a·cous·tics [ˌkætəˈkuːstɪks] *s pl* (*meist als sg konstruiert*) *phys.* Kataˈkustik *f*.

cat·a·falque [ˈkætəfælk] *s* **1.** Kataˈfalk *m*. **2.** offener Leichenwagen.

Cat·a·lan [ˈkætələn; -læn] **I** *s* **1.** Kataˈlane *m*, Kataˈlanin *f*. **2.** *ling.* Kataˈlanisch *n*, das Katalanische. **II** *adj* **3.** kataˈlanisch.

cat·a·lec·tic [ˌkætəˈlektɪk] *adj metr.* kataˈlektisch, unvollständig (*Vers*).

cat·a·lep·sis [ˌkætəˈlepsɪs], **ˈcat·a·lep·sy** [-sɪ] *s med. psych.* Katalepˈsie *f*, Starrkrampf *m*.

cat·a·logue, *Am. a.* **cat·a·log** [ˈkætəlɒg; *Am.* ˈkætlˌɔːg; -ˌɑg] **I** *s* **1.** Kataˈlog *m*. **2.** Verzeichnis *n*, (Preis-*etc*)Liste *f*. **3.** *univ. Am.* Vorlesungsverzeichnis *n*. **4.** Kataˈlogpreis *m*, -wert *m*. **II** *v/t* **5.** in e-n Kataˈlog aufnehmen, katalogiˈsieren. **III** *v/i* **6.** an e-m Kataˈlog arbeiten, e-n Katalog erstellen. **7. ~ at** e-n Kataˈlogpreis haben von, im Katalog stehen mit.

ca·tal·pa [kəˈtælpə] *s bot.* Kaˈtalpa *f*, Kaˈtalpe *f*, Tromˈpetenbaum *m*.

cat·a·lyse [ˈkætəlaɪz] *v/t chem. Br.* katalyˈsieren, beschleunigen (*beide a. fig.*). **ˈcat·a·lys·er** *Br.* → **catalyst. ca·tal·y·sis** [kəˈtælɪsɪs] *s* Kataˈlyse *f*. **cat·a·lyst** [ˈkætəlɪst] *s* Katalyˈsator *m* (*a. fig.*). **cat·a·lyt·ic** [ˌkætəˈlɪtɪk] *adj* kataˈlytisch (*a. fig.*): **~ converter** *mot. tech.* Katalysator *m*. **ˈcat·aˌlyze** *Am.* → **catalyse. ˈcat·aˌlyz·er** *Am.* → **catalyst.**

cat·a·ma·ran [ˌkætəməˈræn] *s* **1.** (primiˈtives) Floß. **2.** *mar.* Katamaˈran *m*. **3.** *colloq.* ‚Kratzbürste' *f*, Xanˈthippe *f*.

cat·a·me·ni·a [ˌkætəˈmiːnɪə] *s physiol.* Kataˈmenien *pl*, Menstruatiˈon *f*.

cat·a·mite [ˈkætəmaɪt] *s* Lustknabe *m*.

cat·am·ne·sis [ˌkætəmˈniːsɪs] *s med.* Kataˈmnese *f* (*abschließender Krankheitsbericht*).

cat·a·mount [ˈkætəmaʊnt] *s zo.* **1.** → **cougar. 2.** → **lynx** 1. **3.** → **catamountain.**

cat·a·moun·tain [ˌkætəˈmaʊntɪn] *s zo.* a) (euroˈpäische) Wildkatze, b) → **leopard** 1.

ˌcat-and|-ˈdog *adj*: **to lead a ~ life** wie Hund u. Katze leben. **ˌ~-ˈmouse** *adj*: **to play a ~ game with** Katz u. Maus spielen mit.

cat·a·phyll [ˈkætəfɪl] *s bot.* Keim-, Niederblatt *n*.

cat·a·plasm [ˈkætəplæzəm] *s med.* Kataˈplasma *n*, heißer ˈBreiˌumschlag.

cat·a·plex·y [ˈkætəpleksɪ] *s* Katapleˈxie *f*, Schrecklähmung *f*, -starre *f*.

cat·a·pult [ˈkætəpʌlt] **I** *s* **1.** Kataˈpult *n*, *a. m*: a) *mil. hist.* ˈWurf-, ˈSchleudermaˌschine *f*, b) *Br.* (Stein)Schleuder *f*, c) *aer.* Startschleuder *f*: **~ seat** Schleudersitz *m*; **~ take-off** Katapultstart *m*. **II** *v/t* **2.** schleudern, katapulˈtieren (*beide a. aer.*): **she was ~ed to stardom overnight** sie wurde über Nacht zum Star. **3.** *Br.* mit einer Schleuder beschießen. **III** *v/i* **4.** geschleudert *od.* katapulˈtiert werden (*a. aer.*).

cat·a·ract [ˈkætərækt] *s* **1.** Kataˈrakt *m*: a) Wasserfall *m*, b) Stromschnelle *f*, c) *fig.* Flut *f*, rasche Aufeinˈanderfolge. **2.** *med.* Kataˈrakt *f*, grauer Star.

ca·tarrh [kəˈtɑː(r)] *s med.* Kaˈtarrh *m*, Schnupfen *m*. **caˈtarrh·al** *adj* katarˈrhalisch, Schnupfen...

ca·tas·ta·sis [kəˈtæstəsɪs] *pl* **-ses** [-siːz] *s thea.* Kataˈstase *f*, Höhepunkt *m*.

ca·tas·tro·phe [kəˈtæstrəfɪ] *s* **1.** Kataˈstrophe *f* (*a. im Drama*), Verhängnis *n*. **2.** *geol.* erdgeschichtliche Kataˈstrophe. **cat·a·stroph·ic** [ˌkætəˈstrɒfɪk; *Am.* -strɑ-] *adj*; **ˌcat·aˈstroph·i·cal** *adj* (*adv* **~ly**) katastroˈphal.

ˈcat|·bird *s orn.* (*e-e*) amer. Spottdrossel. **ˈ~·boat** *s mar.* Catboat *n* (*kleines Segelboot mit Mast am Bug*). **~ bur·glar** *s* Fasˈsadenkletterer *m*, Einstiegdieb *m*. **ˈ~·call I** *s* a) Buh(ruf *m*) *n*, b) Pfiff *m*. **II** *v/i* a) buhen, b) pfeifen. **III** *v/t* a) *j-n* ausbuhen, b) auspfeifen.

catch [kætʃ] **I** *s* **1.** Fangen *n*. **2.** Fang *m*, Beute *f* (*beide a. fig.*): **a good ~** a) ein guter Fang (*beim Fischen od. fig.*), b) *colloq.* e-e gute Partie (*Heirat*); **no ~** *colloq.* kein (gutes) Geschäft. **3.** *Baseball, Kricket*: a) Fang *m* (*e-s Balles*), b) Fänger *m*. **4.** Stocken *n* (*des Atems*): **there was a ~ in his voice** s-e Stimme stockte. **5.** Halt *m*, Griff *m*. **6.** *tech.* a) Haken *m*, Schnäpper *m*, (Tür)Klinke *f*: **~ of a lock** Schließhaken, b) Sperre *f*, Sicherung *f*, Verschluß *m* (*e-r Brosche etc*), c) Knagge *f*, Mitnehmer *m*, d) *arch.* Halter *m*. **7.** *fig.* Haken *m*: a) Falle *f*, Kniff *m*, b) Schwierigkeit *f*: **there must be a ~ somewhere** die Sache muß irgendwo e-n Haken haben; **~-22**, *Am. a.* **~-23** gemeiner Trick, böse Falle. **8.** a) Brocken *m*, Bruchstück *n*: **by ~es** stückchenweise, b) Pause *f*, kurze Unterˈbrechung. **9.** *Am.* Keimen *n*, Ausschlagen *n*. **10.** *mus.* Kanon *m*.

II *v/t pret u. pp* **caught** [kɔːt] **11.** a) *e-n Ball etc* fangen, *a. e-n Blick* auffangen, (er)haschen, *ein Tier etc* (ein)fangen, *Flüssigkeiten* auffangen, b) *allg.* ‚kriegen', bekommen, erwischen: **to ~ a thief** e-n Dieb fassen *od.* ‚schnappen'; **to ~ a train** e-n Zug (noch) kriegen *od.* erwischen; → **breath** 1, **crab**[1] 1, **glimpse** 1, **sight** 2, **Tartar**[1] 2. **12.** *j-n* einholen. **13.** überˈraschen, erwischen, ertappen (**s.o. at s.th.** j-n bei etwas; **s.o. doing** j-n dabei, wie er etwas tut): **I caught myself lying** ich ertappte mich bei e-r Lüge; **let me ~ you at it again!** laß dich ja nicht mehr dabei erwischen!; **they were caught in a storm** sie wurden vom Sturm überrascht, sie gerieten in ein Unwetter; **~ me (doing that)!** *Br. colloq.* (das) fällt mir nicht im Traum ein!, ‚denkste!'; **~ him!** der läßt sich nicht erwischen!; **he caught himself** er hielt plötzlich inne (*beim Sprechen*), er fing sich (gerade noch); → **nap**[1] 2, **unawares** 2. **14.** *a. fig.* packen, ergreifen, erfassen: **she caught her child to herself** sie riß ihr Kind an sich; **the fire caught the curtains** das Feuer erfaßte die Vorhänge; **he caught** (*od.* **was caught with**) **the general enthusiasm** er wurde von der allgemeinen Begeisterung erfaßt *od.* angesteckt; → **hold**[2] 1. **15.** *fig.* **to ~ the ear** ans Ohr dringen; **to ~ the eye** ins Auge fallen; **to ~ s.o.'s eye** (*od.* **attention**) j-s Aufmerksamkeit auf sich lenken; → **fancy** 7, **speaker** 2. **16.** erfassen, verstehen, ‚mitkriegen': **she did not ~ his name. 17.** *fig.* einfangen: **he caught the atmosphere well; caught from life** dem Leben abgelauscht. **18.** sich *e-e Krankheit etc* holen, sich *e-e Erkältung etc, a. e-e Strafe etc* zuziehen, bekommen: **to ~ (a) cold** sich erkälten; **to ~ a bullet in one's leg** e-n Schuß ins Bein abbekommen; **to ~ it** *sl.* ‚sein Fett (ab)kriegen', ‚eins aufs Dach kriegen'; → **fire** 1, **hell** 1, **packet** 5. **19.** *fig. Gewohnheit, Aussprache* annehmen. **20.** a) streifen *od.* stoßen an (*acc*), b) hängenbleiben *od.* sich verfangen mit *etwas*: **to ~ one's foot in s.th.** mit dem Fuß in etwas hängenbleiben; **my fingers were caught in the door** ich klemmte mir die Finger in der Tür. **21.** *sl.* a) *e-n Schlag* versetzen (*dat*): **to ~ s.o. a blow,** b) treffen: **the blow caught him on the chin.**

III *v/i* **22.** fassen, greifen: **to ~ at** greifen *od.* schnappen nach, (*fig. Gelegenheit* gern) ergreifen; → **shadow** 5, **straw** 1. **23.** *tech.* ineinˈander- *od.* eingreifen (*Räder*), einschnappen, -rasten (*Schloß etc*). **24.** sich verfangen, hängenbleiben: **her dress caught on a nail; the plane caught in the trees. 25.** klemmen, festsitzen: **the bolt ~es somewhere. 26.** sich ausbreiten (*Feuer*). **27.** anspringen (*Motor*). **28.** *gastr.* anbrennen. **29.** *Am.* keimen, ausschlagen.

Verbindungen mit Adverbien:

catch| on *v/i colloq.* **1.** kaˈpieren, verstehen (**to s.th.** etwas). **2.** einschlagen, Anklang finden, popuˈlär werden. **~ out** *v/t* **1.** a) ertappen, b) überˈführen. **2.** *Kricket*: *den Schläger* (durch Fangen des Balles) ‚aus' machen. **~ up I** *v/t* **1.** unterˈbrechen. **2.** *Br.* einholen (*a. bei der Arbeit*). **3.** (schnell) ergreifen, *a. Kleid* aufraffen. **4. to be caught up in** a) vertieft sein in (*acc*), b) verwickelt sein in (*acc*). **II** *v/i* **5.** aufholen: **to ~ with** einholen (*a. bei der Arbeit*); **to ~ on** (*od.* **with**) *e-n Arbeitsrückstand etc* aufholen; **to ~ on one's sleep** Schlaf nachholen.

ˈcatch|·all *s bes. Am.* **1.** Tasche *f od.* Behälter *m* für alles mögliche. **2.** *fig.* Sammelbezeichnung *f*: **~ term** Sammelbegriff *m*. **ˈ~-as-ˌcatch-ˈcan** *s sport* Catch-as-catch-can *n*, Catchen *n*: **~ wrestler** Catcher *m*. **~ ba·sin** *Am.* → **catch pit. ~ bolt** *s tech.* Riegel *m* mit Feder. **~ crop** *s agr.* Zwischenfrucht *f*. **ˈ~·cry** *s* Schlagwort *n*.

catch·er [ˈkætʃə(r)] *s* Fänger *m* (*a. Trapezkünstler*).

ˈcatch·fly *s bot.* **1.** (*bes.* Garten)Leimkraut *n*. **2.** Pechnelke *f*.

catch·ing [ˈkætʃɪŋ] *adj* (*adv* **~ly**) **1.** *med.* ansteckend (*a. fig. Lachen etc*). **2.** *fig.* anziehend, fesselnd (**to** für). **3.** → **catchy** 1. **4. ~ bargain** *jur.* a) Rechtsgeschäft *n* (*bes.* Darlehen *n*) zu unfairen *od.* wucherischen Bedingungen, b) Ablistung *f* des Erbanteils.

catch·ment [ˈkætʃmənt] *s* **1.** (Auf)Fangen *n* (*von Wasser*). **2.** *geol.* Auffangbehälter *m*, Reserˈvoir *n*. **~ a·re·a** *s* **1.** *geol.* Einzugsgebiet *n* (*e-s Flusses*). **2.** *fig.* Einzugsbereich *m*, -gebiet *n* (*e-s Krankenhauses etc*). **~ ba·sin** → catchment area 1.

ˈ**catch**|ˌ**pen·ny I** *adj* wertlos, Schund..., auf Kundenfang berechnet: ~ title reißerischer Titel. **II** *s* Schund(ware *f*) *m*, ˈLock-, ˈSchleuderarˌtikel *m*. ˈ**~phrase** *s* Schlagwort *n*. **~ pit** *s tech.* Auffangbehälter *m*. ˈ**~pole,** ˈ**~poll** *s jur. hist.* Büttel *m*, Gerichtsdiener *m*. **~ quo·ta** *s Fischfang*: Fangquote *f*. ˈ**~up** *bes. Am.* → ketchup. ˈ**~waist spin** *s Eis-, Rollkunstlauf*: ˈWaagepirouˌette *f* (*im Paarlauf*). ˈ**~weed** *s bot.* (*ein*) Labkraut *n*. ˈ**~weight** *s sport* durch keinerlei Regeln beschränktes Gewicht e-s Wettkampfteilnehmers. ˈ**~word** *s* **1.** Stichwort *n* (*im Lexikon etc*) (*a. thea.*). **2.** Schlagwort *n*. **3.** *print.* a) *hist.* Kustos *m*, b) Koˈlumnentitel *m*.

catch·y [ˈkætʃɪ] *adj* **1.** eingängig: ~ tune. **2.** → catching 2. **3.** unregelmäßig: ~ breathing. **4.** a) schwierig, b) Fang...: ~ question.

cate [keɪt] *s obs.* **1.** *pl* Lebensmittel *pl*. **2.** *meist pl* Leckerbissen *m*.

cat·e·che·sis [ˌkætɪˈkiːsɪs] *s relig.* Kateˈchese *f*. ˌ**cat·eˈchet·ic** [-ˈketɪk] *adj*; ˌ**cat·eˈchet·i·cal** *adj* (*adv* ~ly) kateˈchetisch.

cat·e·chin [ˈkætəkɪn] *s chem.* Kateˈchin *n*.

cat·e·chism [ˈkætɪkɪzəm] *s* **1.** *relig.* Kateˈchismus *m*. **2.** *fig.* Reihe *f od.* Folge *f* von Fragen. ˈ**cat·e·chist** *s relig.* Kateˈchet(in), Religiˈonslehrer(in). ˌ**cat·eˈchis·tic** *adj*; ˌ**cat·eˈchis·ti·cal** *adj* (*adv* ~ly) *relig.* kateˈchetisch, Katechismus... ˈ**cat·e·chize** *v/t* **1.** *relig.* katechiˈsieren, durch Frage u. Antwort unterˈrichten. **2.** ausfragen, ausforschen.

cat·e·chol [ˈkætɪkɒl; -kəʊl; -tɪtʃ-] *s chem. phot.* ˈBrenzkateˌchin *n*.

cat·e·chu [ˈkætɪtʃuː] *s chem.* Katechu *n*, Katschu *n*.

cat·e·chu·men [ˌkætɪˈkjuːmen] *s* **1.** *relig. bes. hist.* Katechuˈmene *m* (*Taufbewerber im Vorbereitungsunterricht*). **2.** *fig.* Neuling *m*, Anfänger(in).

cat·e·gor·i·cal [ˌkætɪˈgɒrɪkl; *Am. a.* -ˈgɑr-] *adj* (*adv* ~ly), *a.* ˌ**cat·eˈgor·ic** *adj* (*adv* ~ally) **1.** *philos.* kateˈgorisch: categorical imperative. **2.** *fig.* kateˈgorisch, bestimmt. ˈ**cat·e·go·rize** [-gəraɪz] *v/t* kategoriˈsieren, nach Kategoˈrien ordnen. **cat·e·go·ry** [ˈkætɪgərɪ; *Am.* ˈkætəˌgəʊriː; -ˌgɔː-] *s* Kategoˈrie *f*: a) *philos.* Begriffsklasse *f*, b) *fig.* Art *f*, Klasse *f*, Gruppe *f*.

ca·te·na [kəˈtiːnə], *pl* **-nae** [-niː], **-nas** *s* **1.** Reihe(nfolge) *f*, Kette *f*. **2.** *relig.* Kaˈtene *f* (*Sammlung von Auslegungen der Kirchenväter zu Bibelstellen*). **3.** *geogr.* Caˈtena *f*, Standortreihe *f*. **cat·e·nar·i·an** [ˌkætɪˈneərɪən] *adj math.* zu e-r Kettenlinie gehörig. **cat·e·nar·y** [kəˈtiːnərɪ; *Am.* ˈkætəˌneriː] **I** *adj* Ketten...: ~ bridge Hängebrücke *f*. **II** *s math.* Kettenlinie *f*. **cat·e·nate** [ˈkætɪneɪt] *v/t* verketten, aneinˈanderreihen.

ca·ter [ˈkeɪtə(r)] **I** *v/i* **1.** (for) Speisen u. Getränke liefern (für). **2.** sorgen (for für). **3.** *fig.* (for, to) befriedigen (*acc*), etwas bieten (*dat*): to ~ to popular taste. **II** *v/t* **4.** Speisen u. Getränke liefern für, mit Speisen u. Getränken beliefern.

cat·er·an [ˈkætərən] *s* **1.** *mil. hist.* (*schottischer*) Irreguˈlärer. **2.** Banˈdit *m*, Räuber *m*.

cat·er-cor·ner(ed) [ˌkætiːˈkɔːrnər(d)] *adj Am. colloq.* diagoˈnal.

ˈ**ca·ter-ˌcous·in** [ˈkeɪtə(r)-] *s obs.* Busenfreund(in).

ca·ter·er [ˈkeɪtərə(r)] *s* Liefeˈrant *m od.* Lieferfirma *f* für Speisen u. Getränke.

cat·er·pil·lar [ˈkætə(r)pɪlə(r)] *s* **1.** *zo.* Raupe *f*. **2.** (*TM*) *tech.* Raupenfahrzeug *n*.

cat·er·waul [ˈkætə(r)wɔːl] **I** *s* **1.** Jaulen *n*. **2.** *fig.* Keifen *n*. **II** *v/i* **3.** jaulen (*Katze*). **4.** *fig.* (sich an)keifen. **5.** *contp.* geil sein.

ˈ**cat**|**-eyed** *adj* **1.** katzenäugig. **2.** to be ~ im Dunkeln sehen können. ˈ**~fall** *s mar.* Kattläufer *m*. ˈ**~fish** *s ichth.* **1.** Kat-, Katzenfisch *m*, Wels *m*. **2.** Petermännchen *n*. **3.** Gemeiner Seewolf. ˈ**~gut** *s* **1.** Darmsaite *f*. **2.** *med.* Katgut *n*. **3.** (*Art*) Steifleinen *n*.

ca·thar·sis [kəˈθɑː(r)sɪs] *s* **1.** *Ästhetik*: Katharsis *f*. **2.** *med.* Abführung *f*. **3.** *Psychotherapie*: Katharsis *f*, ˈAbreaktiˌon *f*. **caˈthar·tic** [-tɪk] **I** *s* **1.** *med. pharm.* Abführmittel *n*. **II** *adj* (*adv* ~ally) **2.** kaˈthartisch. **3.** *med. pharm.* abführend: ~ drug (*od.* agent) → 1. **caˈthar·ti·cal** *adj* (*adv* ~ly) → cathartic II.

ca·the·dra [kəˈθiːdrə] *s relig.* Cathedra *f*, Bischofsstuhl *m*.

ca·the·dral [kəˈθiːdrəl] **I** *s* **1.** Katheˈdrale *f*, Dom *m*. **II** *adj* **2.** Dom...: ~ city (*od.* town); ~ church → 1. **3.** autoritaˈtiv, maßgebend, maßgeblich.

cath·er·ine wheel [ˈkæθərɪn; -θrɪn] *s* **1.** Kathaˈrinenrad *n*: a) *arch. ein Radfenster*, b) *her. Rad mit Spitzen od. Haken am Kranz*. **2.** Feuerrad *n* (*Feuerwerkskörper*). **3.** *sport* Rad *n*: to turn ~s radschlagen.

cath·e·ter [ˈkæθɪtə(r)] *s med.* Kaˈtheter *m*. ˈ**cath·e·ter·ize** *v/t* katheteriˈsieren, kaˈthetern.

cath·o·dal [kæˈθəʊdl; ˈkæθəʊdl] *adj electr.* Kathoden...

cath·ode [ˈkæθəʊd] *s electr.* Kaˈthode *f*. **~ cur·rent** *s electr.* **1.** Kaˈthodenstrom *m* (*bei Elektronenröhren etc*). **2.** Entladungsstrom *m* (*bei Gasentladungsgefäßen*). ˈ**~-ray tube** *s* Kaˈthodenstrahlröhre *f*, Braunsche Röhre.

ca·thod·ic [kæˈθɒdɪk; *Am.* -ˈθɑ-] *adj electr.* kaˈthodisch.

cath·o·lic [ˈkæθəlɪk; -θlɪk] **I** *adj* **1.** (ˈall-)umˌfassend, univerˈsal: a man with ~ interests ein vielseitig interessierter Mann. **2.** vorurteilslos. **3.** großzügig, toleˈrant. **4.** C~ *relig.* (*bes. römisch-*)kaˈtholisch. **II** *s* **5.** C~ *relig.* Kathoˈlik(in). **Ca·thol·i·cism** [kəˈθɒlɪsɪzəm; *Am.* -ˈθɑ-] *s relig.* Katholiˈzismus *m*. **cath·o·lic·i·ty** [ˌkæθəʊˈlɪsətɪ; -θəˈl-] *s* **1.** Universaliˈtät *f*. **2.** Großzügigkeit *f*, Toleˈranz *f*. **3.** kaˈtholischer Glaube. **4.** C~ Katholiziˈtät *f* (*Gesamtheit der katholischen Kirche*). **ca·thol·i·cize** [kəˈθɒlɪsaɪz; *Am.* -ˈθɑ-] *v/t u. v/i* kaˈtholisch machen (werden), katholiˈsieren.

ˈ**cat**|ˌ**house** *s Am. colloq.* ‚Puff' *m*, *a. n* (*Bordell*). **~ ice** *s* dünne Eisschicht.

cat·i·on [ˈkætaɪən] *s chem. phys.* Kation *n* (*positiv geladenes Ion*).

cat·kin [ˈkætkɪn] *s bot.* (Blüten)Kätzchen *n* (*der Weiden etc*).

ˈ**cat**|**·lick** *s colloq.* ‚Katzenwäsche' *f*: to have a ~ Katzenwäsche machen. ˈ**~like** *adj* katzenartig.

cat·ling [ˈkætlɪŋ] *s* **1.** *obs.* Kätzchen *n*. **2.** *med.* feines zweischneidiges Amputatiˈonsmesser. **3.** Darmsaite *f*.

cat| **lit·ter** *s* Katzenstreu *f*. ˈ**~mint** → catnip. ˈ**~nap I** *v/i* ein Schläfchen *od.* Nickerchen machen. **II** *s* Schläfchen *n*, Nickerchen *n*: to have (*od.* take) a ~ → I. **~nip** [ˈkætnɪp], *a.* ˈ**~nep** [-nep] *s bot.* Echte Katzenminze.

cat-o'-moun·tain [ˌkætəˈmaʊntɪn] → catamountain.

ˌ**cat-o'-ˈnine-tails** *s sg u. pl* neunschwänzige Katze (*Peitsche*).

ca·top·tric [kəˈtɒptrɪk; *Am.* -ˈtɑp-] *phys.* **I** *adj* katˈoptrisch, Spiegel... **II** *s pl* (*als sg konstruiert*) Katˈoptrik *f* (*Lehre von der Reflexion der Lichtstrahlen*).

cat's| **cra·dle** *s* Abnehme-, Fadenspiel *n*. ˈ**~-ear** *s bot.* Ferkelkraut *n*. ˈ**~-eye** *s* **1.** *min.* Katzenauge *n*. **2.** *bot.* (*ein*) Ehrenpreis *m*. **3.** *tech.* a) Katzenauge *n*, Rückstrahler *m*, b) Leuchtnagel *m*. ˈ**~-foot** *s irr bot.* **1.** Katzenpfötchen *n*. **2.** Gundermann *m*. ˈ**~-paw** *s* **1.** Katzenpfote *f*. **2.** *fig.* Handlanger *m*, *j-s* Werkzeug *n*.

cat suit *s* einteiliger Hosenanzug.

cat·sup [ˈkætsəp; ˈketʃəp; ˈkætʃəp] *bes. Am.* → ketchup.

ca·ta·lo [ˈkætələʊ] *pl* **-los** *od.* **-loes** *s Kreuzung zwischen amer. Büffel u. Hausrind.*

cat·ti·ness [ˈkætɪnɪs] *s* Bosheit *f*. ˈ**cat·tish** *adj* (*adv* ~ly) **1.** katzenhaft. **2.** *fig.* boshaft, gehässig.

cat·tle [ˈkætl] *s collect.* (*meist als pl konstruiert*) **1.** (Rind)Vieh *n*: ten head of ~ zehn Stück Vieh, zehn Rinder. **2.** *contp.* Viehzeug *n* (*Menschen*). **~ car** *s rail. Am.* Viehwagen *m*. **~ lift·er** *s* Viehdieb *m*. ˈ**~man** [-mən] *s irr* **1.** *bes. Am.* Viehzüchter *m*. **2.** Viehknecht *m*. **~ pen** *s* Viehgehege *n*, Pferch *m*. **~ plague** *s vet.* Rinderpest *f*. **~ range** *s* Weideland *n*, Viehtrift *f*.

cat tray *s* ˈKatzenkloˌsett *n*.

cat·ty[1] [ˈkætɪ] → cattish.

cat·ty[2] [ˈkætɪ] *s* Katt(i) *m* (*ostasiatisches Gewicht, etwa ein Pfund*).

cat·ty-cor·ner(ed) → cater-corner(ed).

ˈ**cat**|**·walk** *s* **1.** *tech.* Laufplanke *f*, Steg *m*. **2.** Laufsteg *m* (*bei Modeschauen*). **~ whisk·er** *s electr.* Deˈtektornadel *f*.

Cau·ca·sian [kɔːˈkeɪzjən; -ʒjən; *Am.* kɔːˈkeɪʒən; -ˈkæʒən] **I** *adj* kauˈkasisch. **II** *s* Kauˈkasier(in).

cau·cus [ˈkɔːkəs] *pol.* **I** *s* **1.** *bes. Am.* Wahlversammlung *f* (*e-r Partei zur Benennung von Kandidaten etc*). **2.** *bes. Am.* Versammlung *f* von Parˈteiführern, Parˈteikonfeˌrenz *f*. **3.** *Br.* örtlicher Parˈteiausschuß. **II** *v/i* **4.** *bes. Am.* e-e Wahl- *od.* Parˈteiversammlung abhalten.

cau·dal [ˈkɔːdl] *adj zo.* Schwanz..., Steiß...: ~ fin *ichth.* Schwanzflosse *f*. ˈ**cau·date** [-deɪt] *adj zo.* geschwänzt.

cau·dle [ˈkɔːdl] *s Getränk aus erwärmtem Ale od. Wein mit Brot od. Haferschleim u. Gewürzen.*

caught [kɔːt] *pret u. pp von* catch.

caul [kɔːl] *s* **1.** Haarnetz *n* (*bes. e-r Haube*). **2.** *anat.* a) großes Netz, b) Glückshaube *f* (*der Neugeborenen*).

caul·dron [ˈkɔːldrən] *s* großer Kessel (*a. fig.*): witches' ~ Hexenkessel.

cau·li·flow·er [ˈkɒlɪˌflaʊə(r); *Am. a.* ˈkɑlɪ-] *s bot.* Blumenkohl *m*. **~ ear** *s Boxen*: Blumenkohlohr *n*.

cau·li·form [ˈkɔːlɪfɔː(r)m] *adj bot.* stengelförmig. ˈ**cau·line** [-lɪn; *bes. Am.* -laɪn] *adj* Stengel..., stengelständig.

caulk → calk[1].

cau·lome [ˈkɔːləʊm] *s bot.* Caulom *n*, (blättertreibende) Achse.

caus·al [ˈkɔːzl] *adj* (*adv* ~ly) **1.** ursächlich, kauˈsal: ~ connection Kausalzusammenhang *m*; ~ law Kausalgesetz *n*. **2.** verursachend: ~ agent Verursacher *m* (*e-r Krankheit etc*). **cau·sal·i·ty** [kɔːˈzælətɪ] *s* **1.** Ursächlichkeit *f*, Kausaliˈtät *f*: law of ~ Kausalgesetz *n*. **2.** Kauˈsalzuˌsammenhang *m*, Kauˈsalnexus *m*.

cau·sa·tion [kɔːˈzeɪʃn] *s* **1.** Verur-

sachung *f*: **chain of ~** Kausalzusammenhang *m*. **2.** Ursache *f*. **3.** Ursächlichkeit *f*. **4.** *philos.* Kauˈsalprinˌzip *n*.
cauˈsa·tion·ism → **causation** 4.
caus·a·tive [ˈkɔːzətɪv] **I** *adj* **1.** kauˈsal, begründend, verursachend (**of** *acc*). **2.** *ling.* kausativ. **II** *s* **3.** *ling.* Kausativ *n*.
cause [kɔːz] **I** *s* **1.** Ursache *f*: **~ of death** Todesursache; **~ and effect** Ursache u. Wirkung *f*. **2.** Grund *m*, Anlaß *m*, Veranlassung *f* (**for** zu): **to give s.o. ~ for** j-m Anlaß geben zu; **you have no ~ for complaint** (*od.* **to complain**) Sie haben keinen Grund zur Klage (*od.*, sich zu beklagen); **for ~** *jur.* aus wichtigem Grunde; **without ~** ohne triftigen Grund. **3.** (gute) Sache: **to work for a good ~**; **to fight for one's ~**; **to make common ~ with** gemeinsame Sache machen mit; **in the ~ of** zum Wohle (*gen*), für. **4.** *jur.* a) Sache *f*, Rechtsstreit *m*, Proˈzeß *m*: **lost ~** *fig.* verlorene *od.* aussichtslose Sache, b) Gegenstand *m*, Grund *m* (*e-s Rechtsstreits*): **~ of action** Klagegrund; **to show ~** s-e Gründe darlegen, dartun (**why** warum). **5.** Sache *f*, Angelegenheit *f*, Frage *f*: **living ~s** aktuelle Fragen *od.* Angelegenheiten. **II** *v/t* **6.** veranlassen, lassen: **to ~ s.o. to do s.th.** j-n etwas tun lassen; j-n veranlassen, etwas zu tun; **to ~ s.th. to be done** etwas veranlassen; **he ~d the man to be arrested** er ließ den Mann verhaften; er veranlaßte, daß der Mann verhaftet wurde. **7.** verursachen, herˈvorrufen, bewirken. **8.** bereiten, zufügen: **to ~ s.o. trouble** j-m Mühe *od.* Schwierigkeiten bereiten.
cause cé·lè·bre [ˌkəʊzseˈlebrə; *Am.* -seɪ-] *pl* **caus·es cé·lè·bres** [*wie sg oder* ˌkəʊzɪz-] *s jur.* Cause *f* céˈlèbre, berühmter Rechtsstreit.
cause·less [ˈkɔːzlɪs] *adj* (*adv* **~ly**) unbegründet, grundlos, ohne Grund.
cause list *s jur.* Terˈmin-, Proˈzeßliste *f*.
cau·se·rie [ˈkəʊzəriː; *Am. bes.* ˌkəʊzəˈriː] *s* Plaudeˈrei *f*.
cause·way [ˈkɔːzweɪ] *s* **1.** erhöhter Fußweg, Damm *m* (*durch e-n See od. Sumpf*). **2.** *obs.* Chausˈsee *f*.
caus·tic [ˈkɔːstɪk] **I** *adj* (*adv* **~ally**) **1.** *chem.* kaustisch, ätzend, beizend, brennend. **2.** *fig.* beißend, ätzend, sarˈkastisch: **~ humo(u)r**; **a ~ reply**. **3.** *phys.* kaustisch. **II** *s* **4.** Beiz-, Ätzmittel *n*. **5.** *phys.* → a) **caustic curve**, b) **caustic surface**. **~ curve** *s phys.* Brennlinie *f*, kaustische Kurve.
caus·tic·i·ty [kɔːˈstɪsətɪ] *s* **1.** Ätz-, Beizkraft *f*. **2.** *fig.* Sarˈkasmus *m*, Schärfe *f*.
caus·tic| lime *s chem.* Ätzkalk *m*. **~ pot·ash** *s chem.* Ätzkali *n*. **~ so·da** *s chem.* Ätznatron *n*. **~ sur·face** *s phys.* Brennfläche *f*.
cau·ter·i·za·tion [ˌkɔːtəraɪˈzeɪʃn; *Am.* -rəˈz-] *s med. tech.* **1.** Kauterisatiˈon *f*, (Aus)Brennen *n*. **2.** Ätzen *n*, Ätzung *f*.
ˈcau·ter·ize [-raɪz] *v/t* **1.** *med. tech.* kauteriˈsieren, (aus)brennen, (ver)ätzen. **2.** *fig. Gefühl, Gewissen* abtöten, abstumpfen. **cau·ter·y** [ˈkɔːtərɪ] *s* **1.** → **cauterization**. **2.** *med.* a) *a.* **actual ~** Kauter *m*, Brenneisen *n*, b) *a.* **chemical ~** Ätzmittel *n*, -stift *m*.
cau·tion [ˈkɔːʃn] **I** *s* **1.** Vorsicht *f*, Behutsamkeit *f*: **to act** (*od.* **proceed**) **with ~** Vorsicht walten lassen; **~!** *mot. etc* Vorsicht! **2.** a) Verwarnung *f*, b) Warnung *f*. **3.** *jur.* a) Rechtsmittel- *od.* Eidesbelehrung *f*, b) (poliˈzeiliche) Verwarnung, c) Vormerkung *f* (*zur Sicherung von Grundstücksrechten*), d) *bes. Scot.* Kautiˈon *f*, Bürgschaft *f*. **4.** *mil.* ˈAnkündigungskomˌmando *n*. **5.** *colloq.* a) (*etwas*) Origiˈnelles, drollige *od.* ‚tolle' Sache, b) Origiˈnal *n*, ‚ulkige Nummer' (*Person*), c) unheimlicher Kerl. **II** *v/t* **6.** warnen (**against** vor *dat*): **to ~ o.s.** sich in acht nehmen. **7.** verwarnen. **8.** *jur.* belehren (**as to** über *acc*). **cau·tion·ar·y** [ˈkɔːʃnərɪ; *Am.* -ʃəˌneriː] *adj* warnend, Warn..., Warnungs...: **~ command** → **caution** 4; **~ mortgage** *Am.* Sicherungshypothek *f*; **~ signal** Warnsignal *n*; **~ tale** Geschichte *f* mit e-r Moral.
cau·tion mon·ey *s bes. univ. Br.* Kautiˈon *f*, (hinterˈlegte) Bürgschaft (*für eventuell verursachte Schäden*).
cau·tious [ˈkɔːʃəs] *adj* (*adv* **~ly**) **1.** vorsichtig, behutsam, auf der Hut. **2.** achtsam. **3.** verhalten, gedämpft (*Optimismus etc*). **ˈcau·tious·ness** *s* Vorsicht *f*, Behutsamkeit *f*.
cav·al·cade [ˌkævlˈkeɪd; ˈ-keɪd] *s* Kavalˈkade *f*, Reiterzug *m*, *weitS. a.* Zug *m* von Autos *etc*.
cav·a·lier [ˌkævəˈlɪə(r)] **I** *s* **1.** *hist.* Ritter *m*, Edelmann *m*. **2.** Kavaˈlier *m*: a) ritterlicher Mensch, b) Verehrer *m od.* Begleiter *m* (*e-r Dame*). **3.** **C~** *hist.* Kavaˈlier *m*, Royaˈlist *m* (*Anhänger Karls I. von England*). **II** *adj* **4.** arroˈgant, anmaßend, rücksichtslos. **5.** unbekümmert, lässig. **6.** **C~** *hist.* royaˈlistisch: **the C~ Poets** die Kavalierdichter.
cav·al·ry [ˈkævlrɪ] *s mil.* a) *bes. hist.* Kavalleˈrie *f*, Reiteˈrei *f*: **two hundred ~** 200 Mann Kavallerie, b) Panzertruppe(n *pl*) *f*. **ˈ~man** [-mən] *s irr mil.* a) *bes. hist.* Kavalleˈrist *m*, b) Angehörige(r) *m* e-r Panzertruppe.
cav·a·ti·na [ˌkævəˈtiːnə] *pl* **-nas, -ne** [-nɪ] *s mus.* Kavaˈtine *f*.
cave[1] [keɪv] **I** *s* **1.** Höhle *f*. **2.** *pol. Br. hist.* a) Absonderung *f*, Sezessiˈon *f* (*e-s Teils e-r Partei*), b) Sezessiˈonsgruppe *f*: **to form a ~** → 7. **II** *v/t* **3.** aushöhlen. **4.** *meist* **~ in** eindrücken, zum Einsturz bringen. **III** *v/i* **5.** *meist* **~ in** einbrechen, -stürzen, -sinken. **6.** *meist* **~ in** *colloq.* a) (*vor Erschöpfung*) ‚zs.-klappen', ‚schlappmachen', b) nachgeben (**to** *dat*), klein beigeben. **7.** *pol. Br. hist.* sich (*in e-r bestimmten Frage von der Partei*) absondern.
ca·ve[2] [ˈkeɪvɪ] (*Lat.*) *ped. Br. sl.* **I** *interj* Vorsicht!, Achtung! **II** *s*: **to keep ~** ‚Schmiere stehen', aufpassen.
ca·ve·at [ˈkævɪæt; ˈkeɪ-] *s jur.* **1.** Einspruch *m*: **to file** (*od.* **enter**) **a ~** Einspruch erheben, Verwahrung einlegen (**against** gegen). **2.** a) *Am.* (vorläufige) Paˈtentanmeldung, b) *Br.* Einspruch *m* gegen e-e Paˈtenterneuerung.
cave| bear *s zo.* Höhlenbär *m*. **~ dwell·er** *s* Höhlenbewohner(in). **ˈ~-in** *s* Einsturz *m*, Senkung *f* (*des Bodens*). **~ man** *s irr* **1.** Höhlenbewohner *m*, -mensch *m*. **2.** *colloq.* a) Naˈturbursche *m*, b) ‚Tier' *n*.
cav·en·dish [ˈkævəndɪʃ] *s* Cavendish *m* (*in Täfelchen gepreßter Tabak*).
cav·ern [ˈkævə(r)n] *s* (große) Höhle. **ˈcav·ern·ous** *adj* **1.** voller Höhlen. **2.** poˈrös. **3.** tiefliegend (*Augen*). **4.** hohl, eingefallen (*Wangen etc*). **5.** höhlenartig. **6.** *anat.* kaverˈnös: **~ body** Schwellkörper *m*.
cav·es·son [ˈkævɪsən] *s* Kappzaum *m*.
cav·i·ar(e) [ˈkævɪɑː(r); *Am. a.* ˈkɑː-] *s* Kaviar *m*: **~ to the general** *fig.* Kaviar fürs Volk.
cav·il [ˈkævɪl] **I** *v/i pret u. pp* **-iled,** *bes. Br.* **-illed** nörgeln, kritteln: **to ~ at** (*od.* **about**) **s.th.** an etwas herumnörgeln, etwas bekritteln. **II** *s* Nörgeˈlei *f*, Kritteˈlei *f*. **ˈcav·il·(l)er** *s* Nörgler(in), Krittler(in). **ˈcav·il·(l)ing** *adj* nörglerisch, krittelig.
cav·i·ty [ˈkævətɪ] *s* **1.** (Aus)Höhlung *f*, Hohlraum *m*. **2.** *Kunststoffverarbeitung*: a) (Maˈtrizen)Hohlraum *m*, b) Maˈtrize *f*, ˈFormˌunterteil *n*: **multiple ~ mo(u)ld** Mehrfachform *f*. **3.** *anat.* Höhle *f*, Raum *m*, Grube *f*: **abdominal ~** Bauchhöhle; → **oral** 2, **pelvic**. **4.** *med.* a) Kaˈverne *f*, b) Loch *n* (im Zahn) (*bei Karies*).
ca·vort [kəˈvɔː(r)t] *v/i colloq.* herˈumhüpfen, -tanzen.
ca·vy [ˈkeɪvɪ] *s zo.* (*bes.* Gemeines) Meerschweinchen.
caw [kɔː] **I** *s* Krächzen *n*. **II** *v/i* krächzen (*Rabe, Krähe*).
Cax·ton [ˈkækstən] *s* **1.** Caxton *m* (*von William Caxton gedrucktes Buch*). **2.** **C~** *print.* Caxton *f* (*altgotische Schrift*).
cay [keɪ; kiː] *s* **1.** Riff *n*. **2.** Sandbank *f*.
cay·enne [keɪˈen; *Am. a.* kaɪ-], *a.* **~ pep·per** [ˈkeɪen; *Am. a.* ˈkaɪ-] *s* Cayˈennepfeffer *m*.
cay·man [ˈkeɪmən; *Am. a.* keɪˈmæn; kaɪ-] *pl* **-mans,** *bes. collect.* **-man** *s zo.* Kaiman *m* (*ein Alligator*).
ca·zique [kæˈziːk; kə-] → **cacique**.
C clef *s mus.* C-Schlüssel *m*.
ce → **cee**.
cease [siːs] **I** *v/i* **1.** aufhören, zu Ende gehen, enden: **the noise ~d** der Lärm verstummte. **2.** *obs.* ablassen (**from** von). **3.** *obs.* (aus)sterben. **II** *v/t* **4.** aufhören (**to do** *od.* **doing** zu tun): **they ~d to work** sie hörten auf zu arbeiten, sie stellten die Arbeit ein; **to ~ fire** *mil.* das Feuer einstellen; **to ~ payment** *econ.* die Zahlungen einstellen; **~ and desist order** *econ. jur. Am.* Unterlassungsbefehl *m*. **III** *s* **5.** *obs.* Aufhören *n* (*nur in*): **without ~** unaufhörlich, ohne Unterlaß. **ˌ~-ˈfire** *s mil.* **1.** (Befehl *m* zur) Feuereinstellung *f*. **2.** Waffenruhe *f*, (zeitweiliger) Waffenstillstand.
cease·less [ˈsiːslɪs] *adj* (*adv* **~ly**) unaufhörlich, fortwährend, unablässig.
ce·cal → **caecal**.
ce·cum → **caecum**.
ce·dar [ˈsiːdə(r)] **I** *s bot.* **1.** Zeder *f*: **~ of Lebanon** Echte Zeder, Libanonzeder; **~ of Atlas** Atlas-, Silberzeder. **2.** *verschiedene zedernähnliche Bäume, z. B.* a) Waˈcholder *m*: **red ~** Rote *od.* Falsche Zeder, b) Lebensbaum *m*, c) ˈZederzyˌpresse *f*. **3.** Zedernholz *n*. **II** *adj* **4.** aus Zedernholz, Zedern...: **~ nut** Zirbelnuß *f*; **~ pine** (*e-e*) amer. Kiefer. **ce·darn** [ˈsiːdə(r)n] *adj poet.* Zedern...
cede [siːd] **I** *v/t* **1.** (**to**) abtreten, abgeben (*dat od.* an *acc*), überˈlassen (*dat*): **to ~ a right** ein Recht abtreten. **2.** **to ~ a point** in e-m Punkt nachgeben. **II** *v/i* **3.** *obs.* nachgeben (**to** *dat*).
ce·dil·la [sɪˈdɪlə] *s ling.* Ceˈdille *f*.
ce·drate [ˈsiːdreɪt] *s* Zitroˈnat *n*.
cee [siː] **I** *s* C, c *n* (*Buchstabe*). **II** *adj* C-..., C-förmig.
ceil [siːl] *v/t* **1.** *Zimmerdecke* täfeln *od.* verputzen. **2.** e-e Decke einziehen in (*e-n Raum*).
cei·lidh [ˈkeɪlɪ] *s schottischer od. irischer Unterhaltungsabend, bei dem musiziert u. getanzt wird u. Gedichte vorgetragen werden.*
ceil·ing [ˈsiːlɪŋ] *s* **1.** Decke *f*, Plaˈfond *m* (*e-s Raumes*): **to hit the ~** *colloq.* ‚an die Decke gehen'. **2.** *mar.* Wegerung *f*, Innenbeplankung *f*. **3.** a) Maximum *n*, Höchstmaß *n*, b) *econ.* Höchstgrenze *f* (*von Preisen etc*), Plaˈfond *m* (*e-s Kredits*): **~ price** Höchstpreis *m*. **4.** *aer.* Gipfelhöhe *f*: **service ~** Dienstgipfelhöhe, Gipfelhöhe unter normalen Betriebsbedingungen; → **absolute ceiling**. **5.** *aer. phys.* Wolkenhöhe *f*, ˈWolkenˌuntergrenze *f*: **unlimited ~** unbegrenzte Wolkenhöhe *od.* Sicht.

cel·a·don [ˈselədɒn; *Am.* -ˌdɑn] *s* Blaßgrün *n.*

cel·an·dine [ˈseləndaɪn] *s bot.* **1.** *a.* **greater ~** Schöllkraut *n.* **2.** *a.* **lesser ~** Scharbockskraut *n.*

cel·e·brant [ˈselɪbrənt] *s* **1.** *relig.* Zeleˈbrant *m.* **2.** Feiernde(r *m*) *f.*

cel·e·brate [ˈselɪbreɪt] **I** *v/t* **1.** *Fest etc* feiern, (festlich) begehen. **2.** *j-n* feiern, preisen. **3.** *relig. Messe etc* zeleˈbrieren, abhalten, feiern, lesen. **II** *v/i* **4.** feiern. **5.** *relig.* zeleˈbrieren. **ˈcel·e·brat·ed** *adj* **1.** gefeiert, berühmt (**for** für, wegen). **2.** (berühmt-)berüchtigt. **ˌcel·eˈbra·tion** *s* **1.** Feier *f.* **2.** Feiern *n*, Begehen *n* (*e-s Festes*): **in ~ of** zur Feier (*gen*). **3.** Verherrlichung *f.* **4.** *relig.* Zeleˈbrieren *n*, Lesen *n* (*der Messe*). **ˈcel·e·bra·tor** [-tə(r)] *s* Feiernde(r *m*) *f.*

ce·leb·ri·ty [sɪˈlebrətɪ] *s* Berühmtheit *f*: a) promiˈnente Perˈson, b) Ruhm *m.*

ce·ler·i·ac [sɪˈlerɪæk] *s bot.* Knollensellerie *m, f.*

ce·ler·i·ty [sɪˈlerətɪ] *s* Schnelligkeit *f*, Geschwindigkeit *f.*

cel·er·y [ˈselərɪ] *s bot.* Sellerie *m, f.*

ce·les·ta [sɪˈlestə] *s mus.* Ceˈlesta *f*, ˈStahl(platten)klaˌvier *n.*

ce·leste [sɪˈlest] *s* **1.** Himmelblau *n.* **2.** *mus.* a) Vox *f* ceˈlestis (*Orgelregister*), b) leises (Klaˈvier)Peˌdal.

ce·les·tial [sɪˈlestjəl; *Am.* -tʃəl] **I** *adj* (*adv* **~ly**) **1.** himmlisch, Himmels..., göttlich: **C~ City** *relig.* Himmlisches Jerusalem. **2.** *astr.* Himmels...: **~ body**; **~ equator**; **~ light** Himmels-, Astrallicht *n*; **~ navigation** Astronavigation *f.* **3.** **C~** *humor.* chiˈnesisch: **C~ Empire** *hist.* Reich *n* des Himmels (*China*). **II** *s* **4.** Himmelsbewohner(in), Selige(r *m*) *f.* **5.** **C~** *humor.* Chiˈnese *m*, Chiˈnesin *f.* **6.** *a.* **~ blue** Himmelblau *n.*

cel·es·tine [ˈselɪstaɪn; *Am. a.* ˈ-ˌstiːn; səˈlestən], **cel·es·tite** [ˈselɪstaɪt; *Am. a.* səˈles-] *s min.* Zöleˈstin *m.*

ce·li·ac [ˈsiːlɪˌæk] *adj anat. Am.* Bauch...

cel·i·ba·cy [ˈselɪbəsɪ] *s* Zöliˈbat *n, m*, Ehelosigkeit *f.* **ˌcel·i·baˈtar·i·an** [-ˈteərɪən] *adj* **1.** unverheiratet. **2.** das Zöliˈbat befürwortend. **ˈcel·i·bate** [-bət] **I** *s* Unverheiratete(r *m*) *f.* **II** *adj* unverheiratet.

cell [sel] *s* **1.** (Kloster-, Gefängnis- *etc*) Zelle *f.* **2.** *allg.* Zelle *f* (*a. pol.*), Kammer *f* (*a. physiol., im Gewebe*), Fach *n* (*a. bot., des Fruchtknotens*). **3.** *biol.* Zelle *f*: **~ division** Zellteilung *f*; **~ fluid** Zellsaft *m*; **~ membrane** Plasmahaut *f*; **~ nucleus** Zellkern *m*; **~ therapy** *med.* Zelltherapie *f*; **~ wall** Zellwand *f.* **4.** *electr.* a) Zelle *f*, Eleˈment *n* (*e-r Batterie*), b) Speicherzelle *f* (*e-r Rechenmaschine*), c) Schaltzelle *f.* **5.** *chem. phys.* elektroˈlytische Zelle. **6.** *aer.* a) *Flügel u. Verspannungsglieder auf e-r Seite des Rumpfes*, b) Gaszelle *f.*

cel·lar [ˈselə(r)] **I** *s* **1.** Keller *m.* **2.** a) Weinkeller *m*, b) Weinvorrat *m*: **he keeps a good ~** er hat gute Weine. **3.** → **saltcellar**. **II** *v/t* **4.** *a.* **~ in** einkellern. **ˈcel·lar·age** *s* **1.** *collect.* Keller(räume) *pl.* **2.** Kellermiete *f.* **3.** Einkellerung *f.*

cel·lar·et [ˌseləˈret] *s* Wein-, Flaschenschränkchen *n.* **ˈcel·lar·man** [-mən] *s irr* Kellermeister *m.*

-celled [seld] *adj* (*in Zssgn*) ...zellig.

cel·list [ˈtʃelɪst] *s mus.* Celˈlist(in).

cel·lo [ˈtʃeləʊ] *pl* **-los** *s mus.* (Violon-) ˈCello *n.*

cel·lo·phane [ˈseləʊfeɪn] *s tech.* Zelloˈphan *n*, Zellglas *n*: **~ package** Zellophan-, Klarsichtpackung *f.*

cel·lu·lar [ˈseljʊlə(r)] *adj* zelluˈlar, zellig, Zell(en)...: **~ shirt** Netzhemd *n*; **~ therapy** *med.* Zelltherapie *f*; **~ tissue** *biol.* Zellgewebe *n.* **cel·lule** [ˈseljuːl] *s* kleine Zelle. **cel·lu·li·tis** [ˌseljʊˈlaɪtɪs] *s med.* Zelluˈlitis *f*, Zellgewebsentzündung *f.* **ˈcel·lu·loid** [-ljʊlɔɪd; *Am. a.* -ləˌlɔɪd] *s tech.* Zelluˈloid *n.* **ˈcel·lu·lose** [-jʊləʊs] **I** *s* **1.** Zelluˈlose *f*, Zellstoff *m.* **II** *adj* **2.** Zellulose...: **~ nitrate** Nitrozellulose *f.* **3.** zelluˈlar. **ˌcel·luˈlos·i·ty** [-jʊˈlɒsətɪ; *Am.* -ˈlɑ-] *s* zelluˈlare Beschaffenheit.

Cel·si·us [ˈselsjəs; -sɪəs], *a.* **~ ther·mom·e·ter** *s phys.* ˈCelsiusthermoˌmeter *n*: **20° Celsius** 20° Celsius.

celt[1] [selt] *s hist.* Kelt *m*, Faustkeil *m.*

Celt[2] [kelt; *Am. bes.* selt] *s* Kelte *m*, Keltin *f.*

Celt·ic [ˈkeltɪk; *Am. bes.* ˈsel-] **I** *adj* keltisch. **II** *s ling.* Keltisch *n*, das Keltische. **Celt·i·cism** [ˈkeltɪsɪzəm; *Am. bes.* ˈsel-] *s* Keltiˈzismus *m*: a) *keltischer Brauch*, b) *ling. keltische Spracheigentümlichkeit.*

cel·tuce [ˈseltɪs] *s ein Gemüse, das den Geschmack von Kopfsalat u. Sellerie in sich vereinigt.*

cem·ba·lo [ˈtʃembələʊ] *pl* **-li** [-lɪ], **-los** *s mus.* Cembalo *n.*

ce·ment [sɪˈment] **I** *s* **1.** Zeˈment *m*, (Kalk)Mörtel *m.* **2.** Klebstoff *m*, Kitt *m.* **3.** Bindemittel *n.* **4.** *fig.* Bindung *f*, Band *n.* **5.** a) *biol.* ˈZahnzeˌment *m*, b) Zeˈment *m* zur Zahnfüllung. **II** *v/t* **6.** zemenˈtieren. **7.** (ver)kitten, einkitten. **8.** *metall.* harteinsetzen. **9.** *fig.* festigen, ‚zemenˈtieren'.

ce·men·ta·tion [ˌsiːmenˈteɪʃn] *s* **1.** Zemenˈtierung *f.* **2.** (Ver)Kitten *n.* **3.** *a.* **~ process** *metall.* Einsatzhärtung *f.* **4.** *fig.* Festigung *f.*

ce·ment mix·er *s* Beˈtonmischmaˌschine *f.*

cem·e·ter·y [ˈsemɪtrɪ; *Am.* -əˌteriː] *s* Friedhof *m.*

cen·o·bite [ˈsiːnəʊbaɪt; *Am.* ˈsenəˌbaɪt] *s relig.* Zönoˈbit *m*, Klostermönch *m.* **ˌcen·oˈbit·ic** [-ˈbɪtɪk], **ˌcen·oˈbit·i·cal** *adj* klösterlich, Kloster...

cen·o·taph [ˈsenəʊtɑːf; *Am.* ˈsenəˌtæf] *s* Zenoˈtaph *n*, (leeres) Ehrengrabmal: **the C~** *das brit. Ehrenmal in London für die Gefallenen beider Weltkriege.*

Ce·no·zo·ic [ˌsiːnəˈzəʊɪk; *Am. a.* ˌsen-] *s geol.* Känoˈzoikum *n* (*Periode zwischen Tertiär u. Jetztzeit*).

cense [sens] *v/t* beräuchern. **ˈcen·ser** [-sə(r)] *s relig.* (Weih)Rauchfaß *n.*

cen·sor [ˈsensə(r)] **I** *s* **1.** Zensor *m* (*a. psych.*). **2.** *antiq.* Zensor *m*, Sittenrichter *m* (*in Rom*). **II** *v/t* **3.** zenˈsieren.

cen·so·ri·ous [senˈsɔːrɪəs; *Am. a.* -ˈsəʊr-] *adj* (*adv* **~ly**) **1.** kritisch, streng. **2.** tadelsüchtig, krittelig (**of** gegenˈüber). **cenˈso·ri·ous·ness** *s* Tadelsucht *f*, Kritteˈlei *f.*

cen·sor·ship [ˈsensə(r)ʃɪp] *s* Zenˈsur *f* (*a. psych.*): **~ of the press** Pressezensur.

cen·sur·a·ble [ˈsenʃərəbl] *adj* tadelnswert, sträflich.

cen·sure [ˈsenʃə(r)] **I** *s* **1.** Tadel *m*, Verweis *m*, Rüge *f*: **vote of ~** Mißtrauensvotum *n.* **2.** (**of**) Kriˈtik *f* (an *dat*), ˈMißbilligung *f* (*gen*). **3.** *obs.* Urteil *n*, Meinung *f.* **II** *v/t* **4.** tadeln: **to ~ s.o. for being lazy** j-n wegen s-r Faulheit tadeln. **5.** kritiˈsieren, mißˈbilligen.

cen·sus [ˈsensəs] *s* Zensus *m*, (*bes.* Volks-) Zählung *f*, Erhebung *f*: **C~ Bureau** *Am.* Statistisches Bundesamt; **~ of opinion** Meinungsbefragung *f*; **livestock ~** Viehzählung; **traffic ~** Verkehrszählung; **to take a ~** e-e Zählung vornehmen.

cent [sent] *s* **1.** Hundert *n* (*nur noch in Wendungen wie*): **at five per ~** zu 5 Prozent; **~ per ~** hundertprozentig (*a. fig.*). **2.** *Am.* Cent *m* ($^1/_{100}$ *Dollar*). **3.** *colloq.* Pfennig *m*, Heller *m*: **not worth a ~** keinen Heller wert.

cen·tal [ˈsentl] *s* Zentner *m* (*45,3 kg*).

cen·taur [ˈsentɔː(r)] *s myth.* Zenˈtaur *m.*

Cen·tau·rus [senˈtɔːrəs] *s astr.* Zenˈtaur *m* (*Sternbild*).

cen·tau·ry [ˈsentɔːrɪ] *s bot.* **1.** (*e-e*) Flockenblume. **2.** Tausendˈgüldenkraut *n.* **3.** Bitterling *m.*

cen·te·nar·i·an [ˌsentɪˈneərɪən] **I** *adj* hundertjährig, 100 Jahre alt. **II** *s* Hundertjährige(r *m*) *f.* **cen·te·nar·y** [senˈtiːnərɪ; -ˈten-; *Am.* ˈsentəˌneriː; senˈtenəriː] **I** *adj* **1.** hundertjährig, von 100 Jahren. **2.** hundert betragend. **II** *s* **3.** Jahrˈhundert *n*, Zeitraum *m* von 100 Jahren. **4.** Hundertˈjahrfeier *f*, hundertjähriges Jubiˈläum.

cen·ten·ni·al [senˈtenjəl; -nɪəl] **I** *adj* hundertjährig. **II** *s bes. Am.* → **centenary** 4.

cen·ter, *bes. Br.* **cen·tre** [ˈsentə(r)] **I** *s* **1.** *math. mil. phys. etc, a. fig.* Zentrum *n*, Mittelpunkt *m*: **~ of attraction** a) *phys.* Anziehungsmittelpunkt, b) *fig.* Hauptanziehungspunkt *m*; **~ of gravity** *phys.* a) Schwerpunkt *m* (*a. fig.*), b) Gleichgewichtspunkt *m*; **~ of gyration** (*od.* **motion**) *phys.* Drehpunkt *m*; **~ of inertia** (*od.* **mass**) Massen-, Trägheitszentrum; **~ of interest** Hauptinteresse *n*, Mittelpunkt (des Interesses); **to be the ~ of interest** im Mittelpunkt des Interesses stehen; **~ of trade** Handelszentrum. **2.** Zenˈtrale *f*, Zenˈtralstelle *f*, (Haupt)Sitz *m*, Hauptgebiet *n*: **research ~** Forschungszentrum *n*: **training ~** Ausbildungszentrum *n*; → **shopping** II. **3.** *fig.* Herd *m*: **the ~ of the revolt**; → **storm center**. **4.** *pol.* a) (*die*) Mitte, b) ˈZentrums-, ˈMittelparˌtei *f.* **5.** *physiol.* (Nerven)Zentrum *n.* **6.** *Basketball*: Center *m.* **7.** *bes. Fußball*: Flanke *f.* **8.** *tech.* a) (Dreh-, Körner)Spitze *f* (*e-r Drehbank*), b) Bogenlehre *f*, -gerüst *n.* **II** *v/t* **9.** in den Mittelpunkt stellen (*a. fig.*). **10.** *fig.* richten, konzenˈtrieren (**on** auf *acc*). **11.** *tech.* a) zenˈtrieren, einmitten: **to ~ the bubble** die Libelle (*der Wasserwaage*) einspielen lassen, b) ankörnen. **12.** *math.* den Mittelpunkt (*gen*) finden. **13.** **to ~ the ball** (*bes. Fußball*) flanken. **III** *v/i* **14.** im Mittelpunkt stehen. **15.** sich richten *od.* konzenˈtrieren (**in, on** auf *acc*), sich drehen (**round** um). **16.** *fig.* sich gründen (**on** auf *dat*). **17.** *bes. Fußball*: flanken. **~ bit** *s tech.* Zentrumbohrer *m.* **ˈ~board** *s mar.* **1.** Kielschwert *n.* **2.** Schwertboot *n.* **~ court** *s Tennis*: Centre Court *m.* **~ drill** *s tech.* Zenˈtrierbohrer *m.* **~ for·ward** *s Fußball etc*: Mittelstürmer *m*: **at ~** auf dem Mittelstürmerposten. **~ half** *s bes. Fußball*: Vorstopper *m.*

cen·ter·ing, *bes. Br.* **cen·tre·ing** [ˈsentərɪŋ], **ˈcen·tring** [-trɪŋ] *s tech.* **1.** Zenˈtrierung *f*, Einmitten *n.* **2.** Lehr-, Bogen-, Wölbgerüst *n.* **~ lathe** *s tech.* Spitzendrehbank *f.* **~ ma·chine** *s tech.* Zenˈtriermaˌschine *f.*

ˌcen·ter|-ˈleft, *bes. Br.* **ˌcen·tre|-ˈleft** *adj pol.* Mitte-Links-...: **~ coalition**. **~ line** *s* **1.** Mitte *f*, Mittellinie *f.* **2.** *mar.* Mittschiffslinie *f.* **ˈ~piece** *s* **1.** Mittelteil *m, n*, -stück *n.* **2.** (mittlerer) Tafelaufsatz. **~ punch** *s tech.* Körner *m.* **ˌ~-ˈright** *adj pol.* Mitte-Rechts-...: **~ coalition**. **~ sec·ond** *s* Zenˈtralseˌkunde(nzeiger *m*) *f.*

cen·tes·i·mal [senˈtesɪml] *adj* (*adv* **~ly**) **1.** hundertst(er, e, es). **2.** zentesiˈmal, hundertteilig.

cen·ti·are [ˈsentɪeə(r)] *s* Quaˈdratmeter *m, n.*

cen·ti·grade [ˈsentɪgreɪd] *adj* hundertteilig, -gradig: **~ thermometer** Celsiusthermometer *n*; **20 degrees ~** 20 Grad Celsius.

cen·ti·gram(me) [ˈsentɪgræm] *s* Zentigramm *n.*

cen·ti·li·ter, *bes. Br.* **cen·ti·li·tre** [ˈsentɪˌliːtə(r)] *s* Zentiliter *m, n.*

cen·ti·me·ter, *bes. Br.* **cen·ti·me·tre** [ˈsentɪˌmiːtə(r)] *s* Zentimeter *m, n.* **ˈ~-ˌgram-ˈsec·ond** *s phys.* Zentiˈmeter-ˌGramm-Seˌkunde *f.*

cen·ti·pede [ˈsentɪpiːd] *s zo.* Hundertfüßer *m.*

cent·ner [ˈsentnə(r)] *s* **1.** Zentner *m (50 kg, in Großbritannien etc 45,3 kg).* **2.** Doppelzentner *m (100 kg).*

cen·tral [ˈsentrəl] **I** *adj (adv* **~ly) 1.** zenˈtral (gelegen), zentrisch. **2.** Mittel(punkts)... **3.** Haupt..., Zentral...: **~ bank** *econ.* Zentralbank *f*; **~ figure** Schlüssel-, Hauptfigur *f*; **~ idea** Hauptgedanke *m*; **~ question** Schlüsselfrage *f.* **II** *s* **4.** *(Am.* Teleˈfon)Zenˌtrale *f.* **C~ A·mer·i·can** *adj* zenˈtral-, ˈmittelameriˌkanisch. **~ com·mit·tee** *s pol.* Zenˈtralkomiˌtee *n.* **C~ Crim·i·nal Court** *s jur. Br.* oberster Strafgerichtshof. **C~ Eu·ro·pe·an Time** *s* ˈmitteleuroˌpäische Zeit. **~ heat·ing** *s* Zenˈtralheizung *f.*

cen·tral·ism [ˈsentrəlɪzəm] *s* Zentraˈlismus *m*, (Poliˈtik *f* der) Zentraliˈsierung *f.* **ˈcen·tral·ist** *s* Zentraˈlist *m.* **cenˈtral·i·ty** [-ˈtrælətɪ] *s* Zentraliˈtät *f*, zenˈtrale Lage. **ˌcen·tral·iˈza·tion** *s* Zentraliˈsierung *f.* **ˈcen·tral·ize I** *v/t* zentraliˈsieren. **II** *v/i* sich zentraliˈsieren.

cen·tral| lock·ing *s mot.* Zenˈtralverˌrieg(e)lung *f.* **~ lu·bri·ca·tion** *s tech.* Zenˈtralschmierung *f.* **~ ner·vous sys·tem** *s physiol.* Zenˈtralˌnervensyˌstem *n.* **~ point** *s* **1.** *math.* Mittelpunkt *m.* **2.** *electr.* Nullpunkt *m.* **C~ Pow·ers** *s pl pol. hist.* Mittelmächte *pl (bes. Deutschland u. Österreich-Ungarn).* **~ pro·cess·ing u·nit** *s Computer:* Zenˈtraleinheit *f.* **~ re·serve,** *a.* **~ res·er·va·tion** *s Br.* Mittelstreifen *m (e-r Autobahn).* **~ sta·tion** *s* **1.** *mar.* (ˈBord)Zenˌtrale *f.* **2.** Haupt-, Zenˈtralbahnhof *m.* **3.** *electr.* Zenˈtral-, ˈHauptstatiˌon *f.* **~ u·nit** *s Computer:* Zenˈtraleinheit *f.*

cen·tre *bes. Br. für* **center. ~bit,** *etc bes. Br. für* **center bit,** *etc.*

cen·tre·ing [ˈsentərɪŋ] *bes. Br. für* **centering.**

cen·tric [ˈsentrɪk] *adj*; **ˈcen·tri·cal** [-kl] *adj (adv* **~ly)** zenˈtral, zentrisch, mittig, im Mittelpunkt befindlich. **cenˈtric·i·ty** [-ˈtrɪsətɪ] *s* zenˈtrale Lage.

cen·trif·u·gal [senˈtrɪfjʊgl] *adj (adv* **~ly)** *phys.* zentrifuˈgal *(a. physiol. Nerven).* **~ blow·er** *s tech.* Schleudergebläse *n.* **~ brake** *s tech.* Zentrifuˈgal-, Fliehkraftbremse *f.* **~ clutch** *s tech.* Fliehkraftkupplung *f.* **~ force** *s phys.* Flieh-, Zentrifuˈgalkraft *f.* **~ gov·er·nor** *s tech.* Fliehkraft-, Zentrifuˈgalregler *m.*

cen·trif·u·gal·ize [senˈtrɪfjʊgəlaɪz], **cenˈtrif·u·gate** [-geɪt] → **centrifuge** II.

cen·tri·fuge [ˈsentrɪfjuːdʒ] *tech.* **I** *s* Zentriˈfuge *f*, Trennschleuder *f.* **II** *v/t* schleudern, zentrifuˈgieren.

cen·tring [ˈsentrɪŋ] *bes. Br. für* **centering.**

cen·trip·e·tal [senˈtrɪpɪtl] *adj phys.* zentripeˈtal: **~ force** Zentripetalkraft *f.*

cen·tu·ple [ˈsentjʊpl; *Am. a.* -tʊpl] **I** *adj* hundertfach. **II** *v/t* verhundertfachen. **III** *s (das)* Hundertfache. **cen·tu·pli·cate** [senˈtjuːplɪkət; *Am. a.* -ˈtuː-] **I** *adj* **1.** hundertfach. **II** *v/t* [-keɪt] **2.** verhundertfachen. **3.** in hundertfacher Ausfertigung anfertigen. **III** *s* **4.** *(das)* Hundertfache. **5.** hundertfache Ausfertigung: **in ~.**

cen·tu·ri·on [senˈtjʊərɪən; *Am. a.* -ˈtʊr-] *s antiq. mil.* Zenˈturio *m (Hauptmann e-r römischen Zenturie).*

cen·tu·ry [ˈsentʃʊrɪ; -tʃərɪ] *s* **1.** Jahrˈhundert *n*: **centuries-old** jahrhundertealt. **2.** Satz *m od.* Gruppe *f* von hundert: a) *sport* 100 Punkte *pl*, b) *Rennsport:* 100 Meilen *pl*, c) *Kricket:* 100 Läufe *pl.* **3.** *print. e-e Typenart.* **4.** *antiq.* Zenˈturie *f.* **~ plant** *s bot. (e-e)* Aˈgave.

ceorl [ˈtʃeəːrl; ˈtʃeɪ-; *Br. a.* ˈtʃeəl] *s hist.* Freie(r) *m (der untersten Stufe bei den Angelsachsen).*

ce·phal·ic [keˈfælɪk; *bes. Am.* sɪ-] *adj anat.* Schädel..., Kopf...: **~ index** Schädelindex *m.*

ceph·a·lo·pod [ˈsefələʊpɒd; *Am.* -ləˌpɑd] *s zo.* Kopffüßer *m.*

-cephalous [sefələs] *Wortelement mit der Bedeutung* ...köpfig.

-cephaly [sefəlɪ] *Wortelement mit der Bedeutung* ...köpfigkeit.

Ce·pheus [ˈsiːfjuːs; -fɪəs] *s astr.* Kepheus *m (Sternbild).*

ce·ram·ic [sɪˈræmɪk; səˈr-] **I** *adj* **1.** keˈramisch. **II** *s* **2.** Keˈramik *f (einzelnes Erzeugnis).* **3.** *pl (meist als sg konstruiert)* Keˈramik *f (Technik).* **4.** *pl* Keˈramik *f*, keˈramische Erzeugnisse *pl.* **cer·a·mist** [ˈserəmɪst; səˈræm-] *s* Keˈramiker(in).

cer·a·toid [ˈserətɔɪd] *adj* hornig.

Cer·be·re·an [sə(r)ˈbɪərɪən; *Am. bes.* ˌsɜrbəˈriːən] *adj* Zerberus..., zerberusgleich.

Cer·ber·us [ˈsɜːbərəs; -brəs; *Am.* ˈsɜr-] *s* **1.** *fig.* Zerberus *m*, *(bes.* grimmiger) Wächter: → **sop** 6. **2.** *astr.* Zerberus *m (Sternbild).*

cere [sɪə(r)] **I** *s orn.* Wachshaut *f (am Schnabel).* **II** *v/t e-e Leiche etc* in ein Wachstuch einhüllen.

ce·re·al [ˈsɪərɪəl] **I** *adj* **1.** Getreide... **II** *s* **2.** Zereˈalie *f*, Getreidepflanze *f*, Kornfrucht *f.* **3.** Getreide *n.* **4.** Getreideflocken(gericht *n) pl*, Frühstückskost *f (aus Getreide).*

cer·e·bel·lar [ˌserɪˈbelə(r)] *adj anat.* Kleinhirn... **ˌcer·eˈbel·lum** [-ləm] *pl* **-lums, -la** [-lə] *s* Zereˈbellum *n*, Kleinhirn *n.*

cer·e·bra [ˈserɪbrə; *Am. a.* səˈriː-] *pl von* **cerebrum.**

cer·e·bral [ˈserɪbrəl; *Am. a.* səˈriː-] **I** *adj* **1.** *anat.* zereˈbral, Gehirn...: **~ death** *med.* Hirntod *m*; **~ function** *(od.* **activity)** Gehirntätigkeit *f.* **2.** *ling.* Kakuminal... **3.** a) (rein) intellektuˈell, b) *humor.* durchˈgeistigt, vergeistigt. **II** *s* **4.** *ling.* Kakumiˈnallaut *m*, Zereˈbral *m.* **ˌcer·eˈbra·tion** [-ˈbreɪʃn] *s* Denken *n*, Gehirntätigkeit *f.*

cer·e·bro·spi·nal [ˌserɪbrəʊˈspaɪnl; *Am. a.* səˌriːbrəʊˈsp-] *adj med.* zerebrospiˈnal, Gehirn u. Rückenmark betreffend: **~ meningitis** *(od.* **fever)** zerebrospinale Meningitis, Genickstarre *f.*

cer·e·brum [ˈserɪbrəm; *Am. a.* səˈriː-] *pl* **-brums, -bra** [-brə] *s anat.* Großhirn *n.*

ˈcere·cloth *s* Wachstuch *n*, -leinwand *f*, *bes. als* Leichentuch *n.*

cere·ment [ˈsɪə(r)mənt; *Am. a.* ˈserə-] *s meist pl* **1.** → **cerecloth. 2.** Totenhemd *n.*

cer·e·mo·ni·al [ˌserɪˈməʊnjəl; -nɪəl] **I** *adj (adv* **~ly) 1.** zeremoniˈell, feierlich. **2.** → **ceremonious** 2 *u.* 3. **II** *s* **3.** Zeremoniˈell *n.* **ˌcer·eˈmo·ni·al·ism** *s* Vorliebe *f* für Zeremoˈnien.

cer·e·mo·ni·ous [ˌserɪˈməʊnjəs; -nɪəs] *adj (adv* **~ly) 1.** feierlich. **2.** zeremoniˈös, förmlich. **3.** rituˈell. **4.** ˈumständlich, steif. **ˌcer·eˈmo·ni·ous·ness** *s* **1.** Feierlichkeit *f.* **2.** Förmlichkeit *f.* **3.** ˈUmständlichkeit *f.*

cer·e·mo·ny [ˈserɪmənɪ; *Am.* ˈserəˌməʊniː] *s* **1.** Zeremoˈnie *f*, Feier(lichkeit) *f*, feierlicher Brauch: **master of ceremonies** a) Zeremonienmeister *m*, b) *thea. etc bes. Am.* Conférencier *m.* **2.** Förmlichkeit(en *pl) f*: **without ~** ohne Umstände (zu machen); → **stand on** 1. **3.** Höflichkeitsgeste *f.*

ce·re·ous [ˈsɪərɪəs] *adj* wächsern.

cer·iph → **serif.**

ce·rise [səˈriːz; səˈriːs] **I** *adj* kirschrot, ceˈrise. **II** *s* Kirschrot *n.*

ce·ri·um [ˈsɪərɪəm] *s chem.* Cer *n.* **~ met·als** *s pl* Ceˈrite *pl.*

ce·rog·ra·phy [sɪəˈrɒgrəfɪ; *Am.* səˈrɑg-] *s* Zerograˈphie *f*, ˈWachsgraˌvierung *f.*

ce·ro·type [ˈsɪərətaɪp; *Am. a.* ˈser-] *s print.* Wachsdruckverfahren *n.*

cert [sɜːt] *s Br. colloq.* sichere Sache: **it's a dead ~ that he'll come** er kommt hundertprozentig *od.* todsicher.

cer·tain [ˈsɜːtn; *Am.* ˈsɜrtn] *adj* **1.** *allg.* sicher: a) *(meist von Sachen)* gewiß, bestimmt: **it is ~ that** es ist sicher, daß; **it is ~ to happen** es wird mit Sicherheit geschehen; **for ~** ganz gewiß, mit Sicherheit; **I don't know for ~** ich weiß es nicht sicher, b) *(meist von Personen)* überˈzeugt, gewiß: **to be** *(od.* **feel) ~ of s.th.** e-r Sache sicher *od.* gewiß sein; **to make ~ of s.th.** sich e-r Sache vergewissern, c) verläßlich, zuverlässig: **a ~ remedy** ein sicheres Mittel; **the news is quite ~** die Nachricht ist durchaus zuverlässig. **2.** bestimmt: **a ~ day** ein (ganz) bestimmter Tag. **3.** gewiß, unbestimmt: **a ~ charm**; **a ~ Mr. Brown** ein gewisser Herr Brown; **in a ~ sense** in gewissem Sinne; **to a ~ extent** bis zu e-m gewissen Grade, gewissermaßen; **for ~ reasons** aus bestimmten Gründen; → **something** 1. **ˈcer·tain·ly** *adv* **1.** sicher, gewiß, zweifellos, bestimmt. **2.** *(in Antworten)* sicherlich, aber sicher, bestimmt, naˈtürlich.

cer·tain·ty [ˈsɜːtntɪ; *Am.* ˈsɜr-] *s* **1.** Sicherheit *f*, Bestimmtheit *f*, Gewißheit *f*: **to know for** *(a.* **of, to) a ~** mit Sicherheit wissen; **it is a ~ that he will come** er kommt mit Sicherheit *od.* bestimmt. **2.** Überˈzeugung *f.*

cer·tes [ˈsɜːtɪz; *Am.* ˈsɜrtɪz; sɜrts] *adv obs.* sicherlich.

cer·ti·fi·a·ble [ˌsɜːtɪˈfaɪəbl; *Am.* ˈsɜrtəˌf-] *adj (adv* **certifiably) 1.** zu bescheinigen(d). **2.** a) in e-m Zustand, der die Einweisung in e-e Heilanstalt rechtfertigt *(Geisteskranker)*, b) (an)meldepflichtig *(Krankheit)*, c) *colloq.* verrückt.

cer·tif·i·cate I *s* [sə(r)ˈtɪfɪkət] **1.** Bescheinigung *f*, Atˈtest *n*, Schein *m*, Zertifiˈkat *n*, Urkunde *f*: **~ of baptism** Taufschein; **~ of (good) conduct** Führungs-, Leumundszeugnis *n*; **~ of deposit** Depotschein *(Bank)*; **~ of incorporation** *econ. jur.* Gründungsbescheinigung; **~ of indebtedness** *econ.* a) Schuldschein, b) *Am.* Schatzanweisung *f*; **~ of origin** *econ.* Ursprungszeugnis *n*; **~ of stock** *econ. Am.* Aktienzertifikat *n.* **2.** *ped.* Zeugnis *n*: **General C~ of Education** *Br.* a) *a.* **General C~ of Education ordinary level** *(etwa)* mittlere Reife, b) *a.* **General C~ of Education advanced level** *(etwa)* Abitur(zeugnis) *n*, Reifeprüfung *f od.* -zeugnis; **school ~** Schul-, *bes.* Abgangszeugnis. **3.** Gutachten *n.* **4.** *econ.* a) Geleitzettel *m (Zollbehörde)*, b) *Am. Papiergeld mit dem Vermerk, daß Gold od. Silber als Gegenwert hinterlegt wurde.* **5.** *mar.* Befähigungsschein *m (Handelskapitän).* **II** *v/t* [-keɪt] **6.** *etwas* bescheinigen, e-e Bescheinigung *od.* ein Zeugnis ausstellen über *(acc).* **7.** *j-m* e-e Bescheinigung *od.* ein Zeugnis geben: **~d** a) (amtlich) zugelassen, b) diplomiert; **~d bankrupt** *jur. Br.* rehabilitierter Konkursschuldner; **~d engineer** Diplomingenieur *m.*

cer·ti·fi·ca·tion [ˌsɜːtɪfɪˈkeɪʃn; *Am.* ˌsɜr-] *s* **1.** (Ausstellen *n* e-r) Bescheinigung *f*. **2.** → **certificate** 1. **3.** a) (amtliche) Beglaubigung, b) beglaubigte Erklärung. **4.** *econ.* Bestätigung *f* (*e-s Schecks durch e-e Bank*). **cer·tif·i·ca·to·ry** [sə(r)ˈtɪfɪkətərɪ; *Am.* -ˌtəʊriː; -ˌtɔː-] *adj* bescheinigend, Beglaubigungs...

cer·ti·fied [ˈsɜːtɪfaɪd; *Am.* ˈsɜr-] *adj* **1.** bescheinigt, beglaubigt: → **copy** 1. **2.** garanˈtiert. **3.** (*amtlich*) für geisteskrank erklärt. **~ ac·count·ant** *s econ. Br.* a) konzessioˈnierter Buchprüfer, b) konzessionierter Steuerberater. **~ check** *s econ. Am.* (*als gedeckt*) bestätigter Scheck. **~ mail** *s Am.* eingeschriebene (*aber unversicherte*) Sendung(en *pl*). **~ milk** *s* amtlich geprüfte Milch. **~ pub·lic ac·count·ant** *s econ. Am.* amtlich zugelassener Wirtschaftsprüfer.

cer·ti·fi·er [ˈsɜːtɪfaɪə(r); *Am.* ˈsɜr-] *s* Aussteller *m* e-r Bescheinigung.

cer·ti·fy [ˈsɜːtɪfaɪ; *Am.* ˈsɜr-] **I** *v/t* **1.** bescheinigen, versichern, atteˈstieren: **this is to ~ that** es wird hiermit bescheinigt, daß. **2.** beglaubigen, beurkunden: → **copy** 1. **3.** *econ. Am. Scheck* (*als gedeckt*) bestätigen (*Bank*). **4.** *j-n* versichern (**of** *gen*). **5.** *j-n* (*amtlich*) für geisteskrank erklären. **6.** *jur. e-e Sache* verweisen (**to** an *ein anderes Gericht*). **II** *v/i* **7.** **~ to** *etwas* bezeugen.

cer·ti·o·ra·ri [ˌsɜːtɪɔːˈreəraɪ; *Am.* ˌsɜrʃɪəˈreəriː; -ˈrɑːriː] *s jur.* Aktenanforderung *f* (*durch ein übergeordnetes Gericht*).

cer·ti·tude [ˈsɜːtɪtjuːd; *Am.* ˈsɜrtəˌtjuːd; *a.* -ˌtuːd] *s* Sicherheit *f*, Bestimmtheit *f*, Gewißheit *f*.

ce·ru·le·an [sɪˈruːljən; -lɪən] *adj poet.* himmel-, tiefblau.

ce·ru·men [sɪˈruːmen] *s physiol.* Zeˈrumen *n*, Ohrenschmalz *n*.

ce·ruse [ˈsɪəruːs; sɪˈruːs] *s* **1.** *chem.* Bleiweiß *n*. **2.** (*e-e*) weiße Schminke.

ce·ru(s)·site [ˈsɪərəsaɪt; *Am. a.* səˈrʌsaɪt] *s min.* Zerusˈsit *m*.

cer·ve·lat [ˈsɜːvəlæt; -lɑːt; *Am.* ˈsɜr-] *s* Zerveˈlatwurst *f*.

cer·vi·cal [sɜːˈvaɪkl; ˈsɜːvɪkl; *Am.* ˈsɜrvɪkəl] *anat.* **I** *adj* zerviˈkal: a) Hals..., Nacken..., b) Gebärmutterhals...: **~ smear** *med.* Abstrich *m*. **II** *s* Halswirbel *m*.

cer·vi·ces [ˈsɜːvɪsiːz; səˈvaɪ-; *Am.* ˈsɜrvəˌsiːz; sərˈvaɪ-] *pl von* **cervix**.

cer·vine [ˈsɜːvaɪn; *Am.* ˈsɜr-] *adj* **1.** *zo.* Hirsch... **2.** schwarzbraun.

cer·vix [ˈsɜːvɪks; *Am.* ˈsɜr-] *pl* **-vi·ces** [ˈsɜːvɪsiːz; səˈvaɪ-; *Am.* ˈsɜrvəˌsiːz; sərˈvaɪ-] *od.* **-vix·es** [-vɪksɪz] *s anat.* **1.** Hals *m*, *bes.* Genick *n*. **2.** (*bes.* Gebärmutter-) Hals *m*.

Ce·sar·e·an, Ce·sar·i·an *Am.* → **Caesarean** 2, 3.

ce·sar·e·vitch [sɪˈzɑːrəvɪtʃ] *s hist.* Zaˈrewitsch *m*.

ce·si·um *Am.* → **caesium**.

cess[1] [ses] *s Scot.* Grundsteuer *f*.

cess[2] [ses] *s Ir. colloq.* Glück *n* (*bes. in*): **bad ~ to you!** der Teufel soll dich holen!

cess[3] [ses] → **cesspool**.

ces·sa·tion [seˈseɪʃn] *s* Aufhören *n*, Einstellung *f*: **~ of hostilities**.

cess·er [ˈsesə(r)] *s jur.* Einstellung *f*, *a.* Ablauf *m* (*e-s Zeitraums etc*).

ces·sion [ˈseʃn] *s* Zessiˈon *f*, Abtretung *f*.

ces·sion·ar·y [ˈseʃnərɪ; *Am.* ˈseʃəˌneriː] *s* Zessioˈnar *m*.

ˈcess|·pit → **cesspool** 1. **ˈ~·pool** *s* **1.** Jauche(n)-, Senkgrube *f*. **2.** *fig.* Pfuhl *m*: **a ~ of iniquity** ein Sündenpfuhl.

ces·tode [ˈsestəʊd], **ces·toid** [ˈsestɔɪd] *s zo.* Bandwurm *m*.

ce·su·ra → **caesura**.

ce·ta·cean [sɪˈteɪʃjən; *Am.* -ʃən] *zo.* **I** *s* Wal *m*. **II** *adj* Wal... **ceˈta·ceous** [-ʃjəs; *Am.* -ʃəs] *adj zo.* walartig, Wal...

ce·tane [ˈsiːteɪn] *s chem.* Ceˈtan *m*. **~ num·ber, ~ rat·ing** *s chem.* Ceˈtanzahl *f*.

Ce·tus [ˈsiːtəs] *s astr.* Cetus *m*, Walfisch *m* (*Sternbild*).

ce·vi·tam·ic ac·id [ˌsiːvɪˈtæmɪk; *bes. Am.* -vaɪˈt-] *s chem.* Ascorˈbinsäure *f*, Vitaˈmin *n* C.

chab·a·zite [ˈkæbəzaɪt] *s min.* Chabaˈsit *m*.

chab·lis [ˈʃæbliː] *s* Chaˈblis *m* (*Wein*).

cha-cha(-cha) [ˈtʃɑːtʃɑː; (ˌ)tʃɑːtʃɑːˈtʃɑː)] **I** *s mus.* Cha-Cha-Cha *m*. **II** *v/i* Cha-Cha-Cha tanzen.

chafe [tʃeɪf] **I** *v/t* **1.** warmreiben, frotˈtieren. **2.** (auf-, ˈdurch)reiben, scheuern, wund reiben: **clothing that ~s one's skin** Kleidung, die auf der Haut scheuert. **3.** *fig.* ärgern, reizen. **II** *v/i* **4.** (sich ˈdurch)reiben, scheuern, schaben: **to ~ at the bit to do s.th.** *fig.* es kaum mehr erwarten können, etwas zu tun. **5.** sich reiben (**against** an *dat*). **6.** sich ärgern (**at, against** über *acc*). **III** *s* **7.** wund- *od.* ˈdurchgescheuerte Stelle. **8.** *obs.* Ärger *m*.

chaf·er [ˈtʃeɪfə(r)] *s zo.* (*bes.* Mai)Käfer *m*.

chaff[1] [tʃɑːf; *bes. Am.* tʃæf] *s* **1.** Spreu *f*, Kaff *n*: **to separate the grain** (*od.* **wheat**) **from the ~** die Spreu vom Weizen trennen. **2.** Häcksel *m*, *n*. **3.** wertloses Zeug. **4.** *mil.* Düppel(streifen) *pl*, Stanniˈolstreifen *m* (*zur Radarstörung*).

chaff[2] [tʃɑːf; *bes. Am.* tʃæf] *colloq.* **I** *v/t* necken, ‚aufziehen' (**about** wegen). **II** *s* Neckeˈrei *f*.

ˈchaffˌcut·ter *s agr.* **1.** Häckselschneider *m*. **2.** Häckselbank *f*.

chaf·fer [ˈtʃæfə(r)] **I** *s* **1.** Handeln *n*, Feilschen *n*. **II** *v/i* **2.** handeln, feilschen (**over** um). **3.** *Br.* schwatzen. **III** *v/t* **4.** **~ down** *Preis etc* herˈunterhandeln (**to** auf *acc*).

chaf·finch [ˈtʃæfɪntʃ] *s orn.* Buchfink *m*.

chaf·ing [ˈtʃeɪfɪŋ] *s* **1.** (ˈDurch-, Wund-) Reiben *n*, Scheuern *n*. **2.** Ärger *m*. **~ dish** *s* Reˈchaud *n*.

cha·grin [ˈʃægrɪn; *Am.* ʃəˈgrɪn] **I** *s* **1.** Ärger *m*, Verdruß *m*: **to his ~** zu s-m Verdruß. **II** *v/t* **2.** (ver)ärgern, verdrießen. **3.** kränken.

chain [tʃeɪn] **I** *s* **1.** Kette *f* (*a. tech.*): **a ~ is (only) as strong as its weakest link** jede Kette ist (nur) so stark wie das schwächste ihrer Glieder; **~ of office** Amtskette. **2.** Kette *f*, Fessel *f* (*beide a. fig.*): **in ~s** gefangen, in Ketten; **the ~s of poverty** die Last *od.* Bürde der Armut. **3.** *fig.* Kette *f*, Reihe *f*: **the ~ of events; a link in the ~ of evidence** ein Glied in der Beweiskette. **4.** *a.* **~ of mountains** Gebirgskette *f*. **5.** *econ.* (Laden- *etc*)Kette *f*. **6.** *chem.* Kette *f* (*von Atomen des gleichen Elementes*). **7.** *tech.* a) Meßkette *f*, b) *Maßeinheit* (*66 Fuß = 20,12 m*). **8.** *Weberei*: Kette *f*, Zettel *m*. **II** *v/t* **9.** (an)ketten, mit e-r Kette befestigen (**to** an *dat*): **to ~ (up) a dog** e-n Hund anketten *od.* an die Kette legen; **~ed to his wife** *fig.* an s-e Frau gekettet. **10.** *e-n Gefangenen* in Ketten legen, fesseln: **to ~ a prisoner**. **11.** *Land* mit der Meßkette messen. **12.** *math.* verketten.

chain| ar·gu·ment *s philos.* Kettenschluß *m*. **~ ar·mo(u)r** *s* Kettenpanzer *m*. **~ belt** *s* **1.** *tech.* endlose Kette. **2.** Kettengürtel *m*. **~ bridge** *s* Ketten-, Hängebrücke *f*. **~ dredg·er** *s tech.* Eimerkettenbagger *m*. **~ drive** *s tech.* Kettenantrieb *m*. **ˈ~-ˌdriv·en** *adj tech.* mit Kettenantrieb. **~ gang** *s Am.* Trupp *m* aneinˈandergeketteter Sträflinge. **~ gear** *s tech.* Kettengetriebe *n*.

chain·less [ˈtʃeɪnlɪs] *adj* kettenlos.

chain| let·ter *s* Kettenbrief *m*. **~ mail** *s* Kettenpanzer *m*. **~ pump** *s* Kettenpumpe *f*, Paterˈnosterwerk *n*. **~ re·ac·tion** *s phys.* ˈKettenreaktiˌon *f* (*a. fig.*). **ˈ~-smoke** *v/i* Kette rauchen, e-e (Zigaˈrette) nach der anderen rauchen. **~ smok·er** *s* Kettenraucher(in). **~ stitch** *s Nähen*: Kettenstich *m*. **~ store** *s* Kettenladen *m*.

chair [tʃeə(r)] **I** *s* **1.** Stuhl *m*, Sessel *m*: **to take a ~** Platz nehmen, sich setzen; **on a ~** auf e-m Stuhl; **in a ~** in e-m Sessel. **2.** *fig.* a) Amtssitz *m*, b) Richterstuhl *m*, c) Vorsitz *m*: **to be in the ~, to take the ~** den Vorsitz führen *od.* übernehmen; **to leave the ~** die Sitzung aufheben, d) Vorsitzende(r *m*) *f*: **to address the ~** sich an den Vorsitzenden wenden; **~, ~!** *parl. Br.* zur Ordnung! **3.** Lehrstuhl *m*, Profesˈsur *f* (**of** für): **~ of Natural History**. **4.** *Am. colloq.* (*der*) eˈlektrische Stuhl. **5.** *tech.* a) *rail.* Schienenstuhl *m*, b) Glasmacherstuhl *m*. **6.** Sänfte *f*. **II** *v/t* **7.** bestuhlen, mit Stühlen versehen. **8.** in ein Amt *od.* auf e-n Lehrstuhl *etc* berufen, einsetzen. **9.** *bes. Br.* (im Triˈumph) auf den Schultern tragen. **10.** den Vorsitz haben *od.* führen bei: **a committee ~ed by ...** ein Ausschuß unter dem Vorsitz von ... **~ back** *s* Stuhl-, Sessellehne *f*. **ˈ~borne** *adj*: **to be ~** *colloq.* e-n Schreibtischjob haben. **~ bot·tom** *s* Stuhlsitz *m*. **~ car** *s rail. Am.* **1.** Saˈlonwagen *m*. **2.** Wagen *m* mit verstellbaren Sitzen. **ˈ~ˌla·dy** *s* Vorsitzende *f*. **~ lift** *s* Sessellift *m*.

chair·man [ˈtʃeə(r)mən] *s irr* **1.** Vorsitzende(r) *m*, Präsiˈdent *m*. **2.** j-d, der e-n Rollstuhl schiebt. **ˈchair·man·ship** *s* Vorsitz *m*: **under the ~ of** unter dem Vorsitz von.

chair·o·plane [ˈtʃeərəpleɪn] *s* ˈKettenkarusˌsell *n*.

ˈchairˌwom·an *s irr* Vorsitzende *f*.

chaise [ʃeɪz] *s* Chaise *f*, Kaˈlesche *f*. **~ longue** *pl* **~(s) longues** [ˌ-ˈlɔ̃ːŋg] *s* Chaiseˈlongue *f*, Liegesofa *n*.

cha·la·za [kəˈleɪzə] *pl* **-zas, -zae** [-ziː] *s* Chaˈlaza *f*: a) *bot.* Nabel-, Keimfleck *m*, b) *zo.* Hagelschnur *f* (*im Ei*).

chal·ced·o·ny [kælˈsedənɪ] *s min.* Chalceˈdon *m*.

chal·co·cite [ˈkælkəsaɪt] *s min.* Chalkoˈzit *m*, Kupferglanz *m*.

chal·cog·ra·pher [kælˈkɒgrəfə(r); *Am.* -ˈkɑ-], **chalˈcog·ra·phist** *s* Kupferstecher *m*.

chal·dron [ˈtʃɔːldrən] *s ein englisches Hohlmaß = 1,30 m³*.

cha·let [ˈʃæleɪ; *Am. a.* ʃæˈleɪ] *s* Chaˈlet *n*: a) Sennhütte *f*, b) Landhaus *n*.

chal·ice [ˈtʃælɪs] *s* **1.** *poet.* (Trink)Becher *m*. **2.** *relig.* (Abendmahls)Kelch *m*.

chalk [tʃɔːk] **I** *s* **1.** *min.* Kreide *f*, Kalk *m*. **2.** Zeichenkreide *f*, Kreidestift *m*: **col·o(u)red ~** Pastell-, Bunt-, Farbstift; **to give ~ for cheese** Gutes mit Schlechtem vergelten; **(as) different** (*od.* **like**) **as ~ and cheese** verschieden wie Tag u. Nacht; **he doesn't know** (*od.* **can't tell**) **~ from cheese** er hat keine blasse Ahnung. **3.** Kreidestrich *m*: **to be still able to walk the ~** → **chalk line**. **4.** *Br.* a) (angekreidete) Schuld, b) Plus-, Gewinnpunkt *m* (*bei Spielen*): **that is one ~ to me!** *colloq.* das ist ein Punkt für mich!; **not by a long ~** *colloq.* bei weitem nicht. **II** *v/t* **5.** mit Kreide behandeln. **6.** mit Kreide schreiben *od.* zeichnen *od.* marˈkieren, ankreiden: **to ~ s.th. up** *colloq.* etwas rot im Kalender anstreichen. **7.** kalken, weißen: **to ~ a wall**. **8.** **~ up** a) anschreiben, auf die Rechnung setzen, b) noˈtieren: **to ~ s.th. up against s.o.** j-m etwas ankreiden; **to ~ s.th. up to** *fig.* etwas *j-m od. e-r Sache* zuschreiben. **9.** entwerfen, skizˈzieren: **to ~ out a plan**.

~bed *s geol.* Kreideschicht *f.* **'~board** *s Am.* (Schul-, Wand)Tafel *f.* **'~cut·ter** *s* Kreidegräber *m.* **~ line** *s tech.* Schlagschnur *f*: **to be still able to walk the ~** noch auf dem (Kreide)Strich gehen können (*noch nüchtern sein*). **~talk** *s Am. Vortrag, bei dem der Redner Illustrationen an die Tafel zeichnet.*

chal·lenge [ˈtʃælɪndʒ] **I** *s* **1.** Herˈausforderung *f* (**to** *gen od.* an *acc*) (*a. sport u. fig.*), Kampfansage *f.* **2.** *fig.* (**to**) a) Angriff *m* (auf *acc*), b) Proˈtest *m*, Einwand *m* (gegen). **3.** *fig.* Proˈblem *n*, (schwierige *od.* lockende) Aufgabe, Probe *f*: **the ~ now is** jetzt gilt es (**to do** zu tun). **4.** *mil.* a) Anruf *m* (durch Wachtposten), b) *Radar*: Abfragung *f.* **5.** *hunt.* Anschlagen *n* (der Hunde). **6.** *jur.* a) Ablehnung *f* (*e-s Geschworenen od. Richters*), b) Anfechtung *f* (*e-s Beweismittels etc*). **7.** Aufforderung *f* zur Stellungnahme. **8.** *med.* Immuniˈtätstest *m.* **II** *v/t* **9.** (*zum Kampf etc*) herˈausfordern. **10.** auf-, herˈausfordern (**to do** zu tun). **11.** a) *jur. e-n Geschworenen od. Richter* ablehnen, b) *etwas od. die Gültigkeit e-r Sache* anfechten. **12.** *etwas* stark anzweifeln, angreifen, in Frage stellen. **13.** *Aufmerksamkeit etc* fordern, in Anspruch nehmen, *Bewunderung* abnötigen, *j-n* locken *od.* reizen *od.* fordern (*Aufgabe*). **14.** in scharfen Wettstreit treten mit. **15.** *mil.* a) anrufen, b) (*Radar*) abfragen. **III** *v/i* **16.** anschlagen (*Hund*). **ˈchal·lenge·a·ble** *adj* anfechtbar.

chal·lenge cup *s bes. sport* ˈWanderpoˌkal *m.*

ˈchal·leng·er *s bes. sport* Herˈausforderer *m.*

chal·lenge tro·phy *s bes. sport* Wanderpreis *m.*

chal·leng·ing [ˈtʃælɪndʒɪŋ] *adj* (*adv* **~ly**) **1.** herˈausfordernd, provoˈzierend. **2.** lockend: **a ~ task. 3.** schwierig.

cha·lyb·e·ate [kəˈlɪbɪət] **I** *adj min.* stahl-, eisenhaltig: **~ spring** Stahlquelle *f.* **II** *s med. pharm.* Stahlwasser *n.*

chal·y·bite [ˈkælɪbaɪt] *s geol.* Eisenspat *m*, Spateisenstein *m.*

cham·ber [ˈtʃeɪmbə(r)] **I** *s* **1.** *obs.* (*bes.* Schlaf)Zimmer *n*, Stube *f*, Kammer *f*, Gemach *n*: **bridal ~** Brautgemach. **2.** *pl Br.* a) (*zu vermietende*) Zimmer *pl*: **to live in ~s** privat wohnen, b) Geschäftsräume *pl.* **3.** (Empfangs)Zimmer *n*, Raum *m* (*in e-m Palast od. e-r Residenz*): **audience ~. 4.** *parl.* a) Pleˈnarsaal *m*, b) Kammer *f*, gesetzgebende Körperschaft. **5.** Kammer *f*, Amt *n*: **~ of commerce** Handelskammer. **6.** *jur.* Amtszimmer *n* des Richters: **in ~s** in nichtöffentlicher Sitzung. **7.** *pl jur.* ˈAnwaltszimmer *pl*, -büˌros *pl* (*bes. in den* **Inns of Court**). **8.** *obs.* Schatzamt *n.* **9.** *tech.* Kammer *f* (*a. e-s Gewehrs od. e-r Schleuse*). **10.** *anat. zo.* Kammer *f*: **~ of the eye** Augenkammer. **11.** → **chamber pot. II** *v/t* **12.** *a. Gewehr etc* mit e-r Kammer versehen. **~ con·cert** *s mus.* ˈKammerkonˌzert *n.* **~ coun·sel** *s* Rechtsberater *m* (*der nur privat berät u. nicht vor Gericht plädiert*).

cham·ber·er [ˈtʃeɪmbərə(r)] *s obs.* a) Stubenmädchen *n*, b) Diener *m*, c) Gaˈlan *m*, Hofmacher *m.*

cham·ber·lain [ˈtʃeɪmbə(r)lɪn] *s* **1.** Kammerherr *m*: **Lord Great C~ of England** Großkämmerer *m* (*Vorsteher des Hofstaates*); → **Lord Chamberlain (of the Household). 2.** Stadtkämmerer *m.* **3.** Haushofmeister *m* (*in adligem Haushalt*). **4.** Schatzmeister *m.*

ˈcham·ber|·maid *s* Zimmermädchen *n* (*im Hotel*). **~mu·sic** *s* ˈKammermuˌsik *f.* **~or·ches·tra** *s* ˈKammerorˌchester *n.* **~or·gan** *s* Zimmerorgel *f.* **~pot** *s* Nachtgeschirr *n*, -topf *m.* **~ prac·tice** *s* (*private*) Rechtsanwaltspraxis.

cha·me·leon [kəˈmiːljən] *s* **1.** *zo.* Chaˈmäleon *n* (*a. fig. Mensch*). **2. C~** *astr.* Chaˈmäleon *n* (*Sternbild*).

cham·fer [ˈtʃæmfə(r)] **I** *s* **1.** *arch.* Auskehlung *f*, Hohlrinne *f*, Kanneˈlierung *f* (*e-r Säule*). **2.** *tech.* a) abgeschrägte Kante, Schrägkante *f* (*Tisch*), b) Abschrägung *f*, Fase *f.* **II** *v/t* **3.** *arch.* auskehlen, kanneˈlieren. **4.** *tech.* a) abkanten, schräg abstoßen, b) abschrägen, c) riffeln, abfasen, verjüngen.

cham·fron [ˈtʃæmfrən; *Am. a.* ˈʃæm-] *s hist.* Stirnschild *m* (*e-s Streitrosses*).

cham·ois [ˈʃæmwɑː; *Am.* ˈʃæmiː] *s* **1.** *zo.* Gemse *f.* **2.** *a.* **~ leather** [*meist* ˈʃæmɪ] Sämischleder *n.* **3.** *tech.* Poˈlierleder *n.*

cham·o·mile → **camomile.**

champ¹ [tʃæmp] **I** *v/t* **1.** (heftig *od.* geräuschvoll) kauen. **2.** kauen auf (*dat*), beißen auf (*acc*) (*z.B. Pferde auf das Zaumgebiß*). **II** *v/i* **3.** kauen: **to ~ at the bit** a) am Gebiß kauen (*Pferd*), b) *fig.* ungeduldig sein, es kaum mehr erwarten können (**to do** zu tun). **III** *s* **4.** Kauen *n.*

champ² [tʃæmp] *colloq. für* **champion** 3, 4.

cham·pagne [ˌʃæmˈpeɪn] *s* **1.** a) Chamˈpagner *m*, b) Sekt *m*, Schaumwein *m.* **2.** Chamˈpagnerfarbe *f.* **~ buck·et** *s* Sektkübel *m.*

cham·pers [ˈʃæmpə(r)z] *colloq. für* **champagne.**

cham·per·ty [ˈtʃæmpɜːtɪ; *Am.* -pərtiː] *s jur. Unterstützung einer Prozeßpartei gegen Zusicherung eines Teils des Prozeßgewinns.*

cham·pi·gnon [tʃæmˈpɪnjən; ʃæm-] *s bot.* Wiesenchampignon *m.*

cham·pi·on [ˈtʃæmpjən; -pɪən] **I** *s* **1.** *obs.* Krieger *m*, Kämpe *m.* **2.** (**of**) Streiter *m* (für), Verfechter *m*, Fürsprecher *m* (von *od. gen*). **3.** Sieger *m* (*bei e-m Wettbewerb etc*). **4.** *sport* Meister *m.* **II** *v/t* **5.** *Sache, Idee etc* verfechten, eintreten für, verteidigen. **III** *adj* **6.** Meister...: **~ team.**

ˈcham·pi·on·ship *s* **1.** *sport etc* a) Meisterschaft *f*, -titel *m*, b) *pl* Meisterschaftskämpfe *pl*, Meisterschaften *pl.* **2.** (**of**) Verfechten *n* (*gen*), Eintreten *n* (für).

chance [tʃɑːns; *Am.* tʃæns] **I** *s* **1.** Zufall *m*: **a lucky ~; game of ~** Glücksspiel *n*; **by ~** durch Zufall, zufällig; **by the merest ~** rein zufällig; **to leave it to ~** es dem Zufall überlassen; **as ~ would have it** wie es der Zufall wollte. **2.** Schicksal *n*: **whatever be my ~. 3.** Möglichkeit *f*, Wahrˈscheinlichkeit *f*: **all ~s of error** alle denkbaren Fehlerquellen; **on the (off) ~** a) auf die (entfernte) Möglichkeit hin, für den Fall (**of s.o.'s doing s.th.** daß j-d etwas tut), b) auf gut Glück; **the ~s are that** es besteht Aussicht, daß; aller Wahrscheinlichkeit nach. **4.** Chance *f*: a) (günstige) Gelegenheit, (sich bietende) Möglichkeit, *sport* (Tor)Gelegenheit *f*: **the ~ of a lifetime** e-e einmalige Gelegenheit, ˈdie Chance s-s *etc* Lebens; **give him a ~!** gib ihm e-e Chance!, versuch's mal mit ihm!; → **main chance,** b) Aussicht *f* (**of** auf *acc*): **a good ~ of success** gute Erfolgschancen; **to stand a ~** Aussichten *od.* e-e Chance haben; **the ~s are against you** die Umstände sind gegen dich; **~ would be a fine thing!** *colloq.* schön wär's! **5.** Risiko *n*: **to take a ~** es darauf ankommen lassen, es riskieren; **to take no ~s** nichts riskieren (wollen), kein Risiko eingehen (wollen). **6.** *obs.* ˈMißgeschick *n.* **7.** *Am. dial.* Menge *f*, Anzahl *f.* **II** *v/i* **8.** (unerwartet) eintreten *od.* geschehen: **it ~d that** es fügte sich (so), daß; **I ~d to meet her** zufällig traf ich sie. **9. ~ (up)on** a) zufällig begegnen (*dat*) *od.* treffen (*acc*), b) zufällig stoßen auf (*acc*) *od.* finden (*acc*). **III** *v/t* **10.** es ankommen lassen auf (*acc*), risˈkieren: **to ~ defeat; to ~ missing him** es riskieren, ihn zu verfehlen; **to ~ one's arm** *Br.* etwas riskieren; **to ~ it** *colloq.* es darauf ankommen lassen. **IV** *adj* **11.** zufällig, Zufalls...: **a ~ acquaintance; ~ customers** Laufkundschaft *f*; **~ hit** Zufallstreffer *m.* **~ child** *s* uneheliches Kind.

chan·cel [ˈtʃɑːnsl; *Am.* ˈtʃænsəl] *s relig.* Alˈtarraum *m*, hoher Chor: **~ table** Altar *m*, Abendmahlstisch *m.*

chan·cel·ler·y [ˈtʃɑːnsələrɪ; *Am.* ˈtʃæn-] *s* **1.** Amt *n* e-s Kanzlers. **2.** Kanzˈlei *f.* **3.** *Am.* ˈBotschafts-, Geˈsandtschafts-, Konsuˈlatskanzˌlei *f.*

chan·cel·lor [ˈtʃɑːnsələ; *Am.* ˈtʃænslər] *s* **1.** Kanzler *m*: a) Vorsteher *m* e-r ˈHofkanzˌlei, b) (*Art*) Sekreˈtär *m*, Kanzˈleivorstand *m* (*an Konsulaten etc*). **2.** *pol.* Kanzler *m* (*Regierungschef in Deutschland etc*). **3.** *Br. Titel hoher Staatswürdenträger*: **C~ of the Exchequer** Schatzkanzler *m*, Finanzminister *m*; → **Lord Chancellor. 4.** *univ.* a) *Br.* Kanzler *m* (*Ehrentitel des höchsten Gönners od. Protektors an verschiedenen Universitäten*), b) *Am.* Rektor *m.* **5.** *jur. Am.* Vorsitzende(r) *m od.* Richter *m* e-s **chancery court. ˈchan·cel·lor·ship** *s* **1.** Kanzleramt *m.* **2.** Kanzlerschaft *f.*

ˌchance-ˈmed·ley *s* **1.** *jur.* Totschlag *m* (*in Notwehr od. Affekt*). **2.** reiner Zufall.

chan·cer·y [ˈtʃɑːnsərɪ; *Am.* ˈtʃæn-] *s* **1.** Kanzˈlei *f.* **2.** *jur.* a) *hist. Br. Gericht des Lordkanzlers bis 1873*, b) *Am.* → **chancery court. 3.** *jur.* Billigkeitsrecht *n.* **4.** gerichtliche Verwaltung: **in ~** a) unter gerichtlicher (Zwangs)Verwaltung, b) *Ringen etc*: ‚im Schwitzkasten'; **to be in ~** ‚in der Klemme' sein *od.* sitzen *od.* stecken; → **ward** 5 a. **~ court** *s jur. Am. Gericht, das nach Billigkeitsgrundsätzen urteilt.* **C~ Di·vi·sion** *s jur. Br. für Grundstücks-, Erbschaftssachen etc zuständige Abteilung des* **High Court of Justice.**

chan·cre [ˈʃæŋkə(r)] *s med.* Schanker *m.*

ˈchan·croid [-krɔɪd] *s* weicher Schanker.

chanc·y [ˈtʃɑːnsɪ; *Am.* ˈtʃænsiː] *adj colloq.* unsicher, risˈkant.

chan·de·lier [ˌʃændəˈlɪə(r)] *s* Kronleuchter *m*, Lüster *m.*

chan·delle [ʃænˈdel] *s aer.* Chanˈdelle *f* (*hochgezogene Kehrtkurve*).

chan·dler [ˈtʃɑːndlə; *Am.* ˈtʃændlər] *s* **1.** Kerzengießer *m*, -macher *m*, -zieher *m.* **2.** Händler *m*: → **ship chandler.**

change [tʃeɪndʒ] **I** *v/t* **1.** (ver)ändern, ˈumändern, verwandeln (**into** in *acc*): **to ~ one's address** (*od.* **lodgings**) umziehen, verziehen; **to ~ colo(u)r** die Farbe wechseln (*erbleichen, erröten*); **to ~ one's note** (*od.* **tune**) *colloq.* e-n anderen Ton anschlagen, andere Saiten aufziehen; **to ~ one's position** die Stellung wechseln, sich (beruflich) verändern; → **subject** I. **2.** wechseln, (ver)tauschen: **to ~ one's shoes** andere Schuhe anziehen, die Schuhe wechseln; **to ~ places with s.o.** mit j-m den Platz *od.* die Plätze tauschen; **to ~ trains** umsteigen; **to ~ ends** *sport* die Seiten wechseln; → **hand** *Bes. Redew.*, **mind** 4, *etc.* **3.** a) *Bettzeug etc* wechseln, *Bett* frisch beziehen, b) *Baby* trockenlegen, wickeln. **4.** *Geld* wechseln: **can you ~ this note?**; **to ~ dollars into francs** Dollar in Francs umwechseln. **5.** *tech. Teile* (aus-) wechseln, *Öl* wechseln. **6.** *mot. tech.* schalten: **to ~ over** a) umschalten, b) *Maschine, a. Industrie etc* umstellen (**to**

auf *acc*); → **gear** 3b. **7.** *electr.* kommuˈtieren.

II *v/i* **8.** sich (ver)ändern, wechseln: **the moon is changing** der Mond wechselt; **the prices have ~d** die Preise haben sich geändert; **to ~ for the better (worse)** besser werden, sich bessern (sich verschlimmern *od.* verschlechtern). **9.** sich verwandeln (**to, into** in *acc*). **10.** ˈübergehen (**to** zu): **he ~d to cigars.** **11.** sich ˈumziehen (**for dinner** zum Abendessen): **she ~d into a dress** sie zog ein Kleid an. **12.** *rail. etc* ˈumsteigen. **13.** wechseln, ˈumspringen (**from** ... **to** von ... auf [*acc*]) (*Verkehrsampel*). **14.** *mot. tech.* schalten: **to ~ up (down)** hinauf-(herunter)schalten; → **gear** 3b. **15.** ~ **over** *Rundfunk, TV*: ˈumschalten (**to** auf *acc*). **16.** *sport bes. Br.* die Seiten wechseln.

III *s* **17.** (Ver)Änderung *f*, Wechsel *m*, (Ver)Wandlung *f*, *weitS. a.* ˈUmschwung *m*, Wendung *f*: **in case of ~ of address** falls verzogen; **~ of air** Luftveränderung; **~ for the better (worse)** Besserung *f* (Verschlimmerung *f*, Verschlechterung *f*); **~ of course** *aer. mar.* Kurswechsel (*a. fig.*); **~ of ends** *sport* Seitenwechsel; **~ of front** *fig.* Frontenwechsel; **~ of heart** Sinnesänderung; **~ of life** *physiol.* a) Wechseljahre *pl*, b) Menopause *f*; **~ of the moon** Mondwechsel; **~ of scenery** *fig.* Tapetenwechsel; **~ in thinking** Umdenken *n*; **~ of voice** Stimmwechsel, -bruch *m*; **~ in weather** Witterungsumschlag *m*. **18.** (Aus)Tausch *m*. **19.** (*etwas*) Neues, Abwechslung *f*: **for a ~** zur Abwechslung. **20.** a) Wechsel *m* (*Kleidung etc*): **~ of clothes** Umziehen *n*, b) Kleidung *f* zum Wechseln, frische Wäsche. **21.** a) Wechselgeld *n*, b) Kleingeld *n*, c) herˈausgegebenes Geld: **to get (give) ~** Geld herausbekommen (herausgeben) (**for a pound** auf ein Pfund); **to get no ~ out of s.o.** *fig.* nichts aus j-m herausholen können. **22.** **C~** *econ. Br. colloq.* Börse *f*. **23.** *mus.* a) (Tonart-, Takt-, Tempo-) Wechsel *m*, b) Variˈierung *f*, c) (*enharmonische*) Verwechslung, d) *meist pl* Wechsel(folge *f*) *m* (*beim Wechselläuten*): **to ring the ~s** wechselläuten, *Br. fig.* für Abwechslung sorgen.

change·a·bil·i·ty [ˌtʃeɪndʒəˈbɪlətɪ] *s* **1.** Wankelmut *m*, Unbeständigkeit *f*, Wandelbarkeit *f*. **2.** Veränderlichkeit *f*, Unbeständigkeit *f*. **ˈchange·a·ble** *adj* (*adv* **changeably**) **1.** wankelmütig, unbeständig, wandelbar (*Mensch*): **to be (as) ~ as a weathercock** wetterwendisch sein. **2.** veränderlich, unbeständig (*Wetter*). **3.** chanˈgierend (*Stoff*). **ˈchange·a·ble·ness** → **changeability**.

ˈchange·ful *adj* (*adv* **~ly**) veränderlich, wechselvoll.

change gear *s tech.* Wechselgetriebe *n*.

change·less [ˈtʃeɪndʒlɪs] *adj* unveränderlich, beständig, ohne Wechsel.

change·ling [ˈtʃeɪndʒlɪŋ] *s* **1.** Wechselbalg *m*, ˈuntergeschobenes Kind. **2.** *obs.* wankelmütiger Mensch.

ˈchangeˌo·ver *s* **1.** *electr. tech.* ˈUmschaltung *f*: **~ switch** Umschalter *m*, Polwender *m*. **2.** *tech. u. fig.* ˈUmstellung *f* (*e-r Maschine, Industrie etc*). **3.** *sport bes. Br.* Seitenwechsel *m*.

chang·er [ˈtʃeɪndʒə(r)] *s* **1.** (Ver)Änderer *m*. **2.** *in Zssgn* (Platten- *etc*)Wechsler *m*.

change| ring·ing *s* Wechselläuten *n*. **ˌ~-ˈspeed gear** *s tech.* Wechsel-, Schaltgetriebe *n*.

chang·ing [ˈtʃeɪndʒɪŋ] **I** *adj* veränderlich (*a. Wetter*), wechselnd. **II** *s* Wechsel *m*, Veränderung *f*: **~ of the guard** Wachablösung *f*; **~ of gears** Schalten *n* (der Gänge). **~ room** *s* ˈUmkleideraum *m*.

chan·nel [ˈtʃænl] **I** *s* **1.** Flußbett *n*. **2.** Fahrrinne *f*, Kaˈnal *m*. **3.** (breite Wasser)Straße: **the English C~**, *bes. Br.* **the C~** der (Ärmel)Kanal. **4.** *mar.* a) schiffbarer Wasserweg (*der 2 Gewässer verbindet*), b) Seegatt *n*, c) Rüst *f*. **5.** Zufahrtsweg *m*, (Hafen)Einfahrt *f*. **6.** Rinne *f*, Gosse *f*. **7.** *fig.* Kaˈnal *m*, Bahn *f*, Weg *m*: **to direct a matter into** (*od.* **through**) **other ~s** e-e Angelegenheit in andere Bahnen lenken; **~s of distribution** Absatzwege; **~s of supply** Versorgungswege; **through official ~s** auf dem Dienst- *od.* Instanzenweg; **~s of trade** Handelswege. **8.** *electr.* Freˈquenzband *n*, (*Fernseh- etc*)Kaˈnal *m*, (-)Proˈgramm *n*: **to switch ~s** umschalten; **~ selector** Kanalwähler *m*. **9.** *tech.* ˈDurchlaßröhre *f*. **10.** *arch.* Auskehlung *f*, Kanneˈlierung *f*. **11.** *tech.* Nut *f*, Furche *f*, Riefe *f*. **12.** *a.* **~ iron** *tech.* U-Eisen *n*. **II** *v/t pret u. pp* **-neled,** *bes. Br.* **-nelled** **13.** rinnenförmig aushöhlen, furchen. **14.** *arch.* auskehlen, kanneˈlieren. **15.** *tech.* nuten, furchen. **16.** *fig.* kanaliˈsieren, lenken.

chant [tʃɑːnt; *Am.* tʃænt] **I** *s* **1.** Gesang *m*, Weise *f*, Meloˈdie *f*. **2.** *relig.* a) (*rezitierender*) Kirchengesang, *bes.* Psalmoˈdie *f*, b) ˈKirchenmeloˌdie *f*. **3.** Singsang *m*, monoˈtoner Gesang *od.* Tonfall. **4.** Sprechchor *m*. **II** *v/t* **5.** singen. **6.** besingen, preisen. **7.** (ˈher-, herˈunter)leiern. **8.** in Sprechchören rufen. **III** *v/i* **9.** singen, *relig. a.* psalmoˈdieren. **10.** Sprechchöre anstimmen. **ˈchant·er** *s* **1.** a) (Kirchen)Sänger(in), b) Kantor *m*, Vorsänger *m*. **2.** *mus.* Meloˈdiepfeife *f* (*des Dudelsacks*).

chan·te·relle¹ [ˌtʃæntəˈrel; ˌʃæn-] *s bot.* Pfifferling *m*.

chan·te·relle² [ˌtʃæntəˈrel; ˌʃæn-] *s mus.* E-Saite *f*, Sangsaite *f*.

chant·ey [ˈʃæntɪ; ˈtʃæn-] *s bes. Am.* Shanty *n*, Seemannslied *n*.

chan·ti·cleer [ˌtʃæntɪˈklɪə(r); ˌʃæn-] *s poet.* Hahn *m*.

chan·try [ˈtʃɑːntrɪ; *Am.* ˈtʃæn-] *s relig.* **1.** Stiftung *f* von Seelenmessen. **2.** Voˈtivkaˌpelle *f od.* -alˌtar *m*.

chant·y → **chantey**.

cha·os [ˈkeɪɒs; *Am.* -ˌɑs] *s* Chaos *n*: a) Urzustand *m* (*vor der Schöpfung*), b) *fig.* Wirrwarr *m*, Durcheinˈander *n*: **to throw into ~** ein Chaos auslösen in (*dat*); **the room is in a state of ~** in dem Zimmer herrscht ein furchtbares Durcheinander. **chaˈot·ic** [-ˈɒtɪk; *Am.* -ˈɑt-] *adj* (*adv* **~ally**) chaˈotisch, wirr.

chap¹ [tʃæp] *s colloq.* Bursche *m*, Junge *m*, Kerl *m*: **old ~** ‚alter Knabe'.

chap² [tʃæp] *s* Kinnbacke(n *m*) *f*, Kiefer *m od. pl*, Maul *n* (*e-s Tieres*).

chap³ [tʃæp] **I** *v/t* **1.** *Holz* spalten. **2.** Risse verursachen in *od.* auf (*dat*), *die Haut* rissig machen. **II** *v/i* **3.** aufspringen, rissig werden (*Haut*): → **chapped**. **III** *s* **4.** Riß *m*, Sprung *m*.

ˈchap·book *s* **1.** *hist.* Volksbuch *n*, Balˈladenbüchlein *n*. **2.** kleines (Unterˈhaltungs)Buch.

chape [tʃeɪp] *s* **1.** *mil.* a) Ortband *n* (*e-r Degenscheide*), b) Schuh *m* (*e-r Säbelscheide*). **2.** Schnallenhaken *m*. **3.** *Br.* ˈDurchziehschlaufe *f*.

chap·el [ˈtʃæpl] *s* **1.** Kaˈpelle *f*: a) *Teil e-r Kirche*, b) *Privatkapelle e-s Schlosses, Klosters etc*, c) *a.* **~ of ease** Filiˈalkirche *f*. **2.** Gottesdienst *m* (*in e-r Kapelle*). **3.** Gotteshaus *n*: a) *e-r Universität etc*, b) *Br. der Dissenters*: **he is ~** *colloq.* er ist ein Dissenter. **4.** *mus.* a) Orˈchester *n od.* Chor *m* e-r Kaˈpelle, b) (ˈHof-, ˈHaus)Kaˌpelle *f*. **5.** *print.* a) Druckeˈrei *f*, b) gewerkschaftliche Gruppe *od.* Zelle (*in e-r Druckerei*), c) *Versammlung e-r solchen Gruppe*. **ˈchap·el·ry** [-rɪ] *s relig.* Sprengel *m*.

chap·er·on [ˈʃæpərəʊn] **I** *s* **1.** Anstandsdame *f*. **2.** ˈAufsichts-, Beˈgleitperˌson *f*. **II** *v/t* **3.** (als Anstandsdame) begleiten. **4.** beaufsichtigen. **ˈchap·er·on·age** *s* **1.** Begleitung *f*. **2.** Beaufsichtigung *f*.

chap·fall·en [ˈtʃæpˌfɔːlən] *adj* entmutigt, niedergeschlagen, bedrückt.

chap·i·ter [ˈtʃæpɪtə(r)] *s arch.* Kapiˈtell *n*.

chap·lain [ˈtʃæplɪn] *s* **1.** Kaˈplan *m*, Geistliche(r) *m* (*an e-r Kapelle*). **2.** Hof-, Haus-, Anstaltsgeistliche(r) *m*. **3.** Miliˈtär- *od.* Maˈrinegeistliche(r) *m*: **army ~**; **navy ~**. **ˈchap·lain·cy** *s* Kaˈplansamt *n*, -würde *f*, -pfründe *f*.

chap·let [ˈtʃæplɪt] *s* **1.** Kranz *m*. **2.** Perlenschnur *f*, -kette *f*. **3.** *relig.* (*verkürzter*) Rosenkranz.

chap·man [ˈtʃæpmən] *s irr Br. obs.* Hauˈsierer *m*, Händler *m*.

chapped [tʃæpt] *adj* aufgesprungen, rissig (*bes. Haut*): **~ hands**.

chap·pie [ˈtʃæpɪ] *s colloq.* Kerlchen *n*.

chap·py [ˈtʃæpɪ] → **chapped**.

chap·ter [ˈtʃæptə(r)] **I** *s* **1.** Kaˈpitel *n* (*e-s Buches u. fig.*): **~ and verse** a) Kapitel u. Vers (*Angabe e-r Bibelstelle*), b) genaue Einzelheiten; **he knows ~ and verse of** er weiß genau Bescheid über (*acc*); **to the end of the ~** bis ans Ende; **a ~ of accidents** e-e Unfallserie. **2.** *Br. Titel der einzelnen Parlamentsbeschlüsse e-r Sitzungsperiode*. **3.** *relig.* Zweig *m* e-r religiˈösen Gesellschaft. **4.** *relig.* a) ˈDomkaˌpitel *n*, b) ˈOrdenskaˌpitel *n*, c) Vollversammlung *f* der Kaˈnoniker e-r Proˈvinz. **5.** *bes. Am.* Ortsgruppe *f* (*e-s Vereins etc*). **6.** *pl* römische Zahlen *pl* (*bes. auf dem Zifferblatt*). **II** *v/t* **7.** in Kaˈpitel einteilen. **~ house** *s* **1.** *relig.* ˈDomkaˌpitel *n*, Stift(shaus) *n*. **2.** *Am.* Klubhaus *n* (*e-r Studentenverbindung*).

char¹ [tʃɑː(r)] **I** *v/t* **1.** verkohlen, -koken: **a ~red body** e-e verkohlte Leiche. **2.** anbrennen. **II** *v/i* **3.** verkohlen. **III** *s* **4.** Holz-, Knochen-, Tierkohle *f*.

char² [tʃɑː(r)] *s ichth.* ˈRotfoˌrelle *f*.

char³ [tʃɑː(r)] **I** *s* **1.** *Br. colloq. für* **charlady, charwoman**. **2.** Putzen *n* (*als Lebensunterhalt*). **II** *v/i* **3.** putzen: **to go out ~ring** putzen gehen.

char⁴ [tʃɑː] *s Br. sl.* Tee *m*.

char·a·banc, char-à-banc [ˈʃærəbæŋ] *pl* **-bancs** [-z] *s* **1.** Kremser *m*. **2.** *Br.* Ausflugsomnibus *m*.

char·ac·ter [ˈkærəktə(r); -rɪk-] **I** *s* **1.** *allg.* Chaˈrakter *m*: a) Wesen *n*, Art *f* (*e-s Menschen etc*): **bad ~**; **a man of noble ~**, b) guter Charakter: **(strong) ~** Charakterstärke *f*; **he has** (*od.* **is a man of**) **~** er hat Charakter, c) (ausgeprägte) Perˈsönlichkeit: **he is an odd ~** er ist ein merkwürdiger Mensch *od.* Charakter; **he is (quite) a ~** *colloq.* er ist (schon) ein Original *od.* ein komischer Kerl, d) Eigenschaft(en *pl*) *f*, (charakteˈristisches) Kennzeichen, Gepräge *n*, *a. biol.* Merkmal *n*: **the ~ of the landscape** der Landschaftscharakter; → **generic** 1. **2.** a) Ruf *m*, Leumund *m*, b) Zeugnis *n* (*bes. für Personal*): **to give s.o. a good ~** j-m ein gutes Zeugnis ausstellen (*a. fig.*). **3.** Eigenschaft *f*, Rang *m*, Stellung *f*: **in his ~ of ambassador** in s-r Eigenschaft als Botschafter. **4.** Fiˈgur *f*, Gestalt *f* (*e-s Romans etc*): **the ~s of the play** die Charaktere des Stückes; → **imaginary** 1. **5.** *thea.* Rolle *f*: **in ~** a) der Rolle gemäß, b) *fig.* (zum Charakter des Ganzen) passend; **it is in ~** es paßt dazu, zu ihm *etc*; **it is out of ~** es paßt nicht dazu, zu ihm *etc*, es fällt aus dem Rahmen. **6.** Schrift(zeichen *n*) *f*, Buchstabe *m*: **in Greek ~s**; **in large ~s** mit großen Buchstaben; **to**

know s.o.'s ~s j-s Handschrift kennen. **7.** Ziffer *f*, Zahl(zeichen *n*) *f*. **8.** Geheimzeichen *n*. **II** *adj* **9.** Charakter...: **~ actor** *thea. etc* Charakterdarsteller *m*, -schauspieler *m*; **~ assassination** Rufmord *m*; **~ building** Charakterbildung *f*; **~ dance** a) Ausdruckstanz *m*, b) (typischer) Nationaltanz; **~ defect** Charakterfehler *m*; **~ part** (*od.* **role**) *thea. etc* Charakterrolle *f*; **~ piece** *mus.* Charakterstück *n*; **~ study** Charakterstudie *f*; **~ trait** Charakterzug *m*; **~ witness** *jur.* Leumundszeuge *m*.

ˈchar·ac·ter·ful *adj* chaˈraktervoll.

char·ac·ter·is·tic [ˌkærəktəˈrɪstɪk; -rɪk-] **I** *adj* **1.** charakteˈristisch, bezeichnend, eigentümlich, typisch (**of** für): **~ curve** *tech.* Leistungskurve *f*, -kennlinie *f*; **~ note** *mus.* Leitton *m*. **II** *s* **2.** charakteˈristisches Merkmal, Eigentümlichkeit *f*, Kennzeichen *n*. **3.** *math.* Index *m* e-s Logaˈrithmus, Kennziffer *f*. **ˌchar·ac·terˈis·ti·cal** → **characteristic** I. **ˌchar·ac·terˈis·ti·cal·ly** *adv* in charakteˈristischer Weise, typischerweise.

char·ac·ter·i·za·tion [ˌkærəktəraɪˈzeɪʃn; -rɪk-; *Am.* -rəˈz-] *s* Charakteriˈsierung *f*.

char·ac·ter·ize [ˈkærəktəraɪz; -rɪk-] *v/t* charakteriˈsieren: a) beschreiben, schildern, b) kennzeichnen.

char·ac·ter·less [ˈkærəktə(r)lɪs; -rɪk-] *adj* **1.** chaˈrakterlos. **2.** nichtssagend.

char·ac·ter·ol·o·gy [ˌkærəktəˈrɒlədʒɪ; -rɪk-; *Am.* -ˈrɑ-] *s psych.* Charakteroloˈgie *f*, Chaˈrakterkunde *f*.

cha·rade [ʃəˈrɑːd; *Am.* ʃəˈreɪd] *s* **1.** Schaˈrade *f*. **2.** *bes. Br.* Farce *f*.

ˈchar·broil *v/t* auf Holzkohle grillen.

char·coal [ˈtʃɑː(r)kəʊl] *s* **1.** Holz-, Knochenkohle *f*. **2.** (Reiß-, Zeichen)Kohle *f*, Kohlestift *m*. **3.** Kohlezeichnung *f*. **~ burn·er** *s* Köhler *m*, Kohlenbrenner *m*. **~ draw·ing** *s* **1.** Kohlezeichnung *f*. **2.** Kohlezeichnen *n* (*als Kunst*).

chard [tʃɑː(r)d] *s* **1.** Blattstiele *pl* der Artiˈschocke. **2.** a) *bot.* Mangold *m*, b) Mangold(gemüse *n*) *m*.

charge [tʃɑː(r)dʒ] **I** *v/t* **1.** beladen, (*a. fig. sein Gedächtnis etc*) belasten. **2.** (an)füllen, *tech. a.* beschicken. **3.** *Gewehr, Mine etc* laden: **to ~ a rifle.** **4.** *electr. Batterie etc* (auf)laden. **5.** *chem.* sättigen, ansetzen (**with** mit). **6. ~ with** *fig. j-m etwas* aufbürden. **7.** *j-n* beauftragen (**with** mit): **to ~ s.o. with a task** j-n mit e-r Aufgabe betrauen; **to ~ s.o. to be careful** j-m einschärfen, vorsichtig zu sein. **8.** belehren, *j-m* Weisungen geben: **to ~ the jury** *jur.* den Geschworenen Rechtsbelehrung erteilen. **9.** (**with**) *j-m* (*etwas*) zur Last legen *od.* vorwerfen *od.* anlasten, *a. jur. j-n* (*e-r Sache*) beschuldigen *od.* anklagen *od.* bezichtigen: **to ~ s.o. with murder.** **10.** (**with**) *econ. j-n* belasten (mit *e-m Betrag*), *j-m* (*etwas*) in Rechnung stellen: **to ~ an amount to s.o.'s account** j-s Konto mit e-m Betrag belasten. **11.** berechnen, (als Preis) fordern: **how much do you ~ for it?** wieviel berechnen *od.* verlangen Sie dafür?; **he ~d me 3 dollars for it** er berechnete mir 3 Dollar dafür; **~d at** berechnet mit. **12.** *mil.* a) angreifen, b) stürmen. **13.** *sport e-n Gegenspieler* ‚angehen', rempeln. **14.** *mil. Waffe* zum Angriff fällen.
II *v/i* **15.** stürmen: **to ~ at s.o.** auf j-n losgehen.
III *s* **16.** *bes. fig.* Last *f*, Belastung *f*, Bürde *f*. **17.** Fracht(ladung) *f*. **18.** *tech.* a) Beschickung(sgut *n*) *f*, Füllung *f*, *metall.* Charge *f*, Gicht *f*, b) Ladung *f* (*e-r Schußwaffe, Batterie etc*), (Pulver-, Spreng-) Ladung *f*. **19.** *fig.* Exploˈsivkraft *f*, Dyˈnamik *f*: **emotional ~.** **20.** (finanziˈelle) Belastung *od.* Last: **~ on an estate** Grundstücksbelastung, Grundschuld *f*. **21.** *fig.* (**on, upon**) Anforderung *f* (an *acc*), Beanspruchung *f* (*gen*). **22.** a) Preis *m*, Kosten *pl*, b) Forderung *f*, in Rechnung gestellter Betrag, c) Gebühr *f*, d) *a. pl* Unkosten *pl*, Spesen *pl*: **~ for admission** Eintrittspreis; **at s.o.'s ~** auf j-s Kosten; **free of ~** kostenlos, gratis; **what is the ~?** was kostet es?; **there is no ~** es kostet nichts. **23.** *econ.* Belastung *f* (**to an account** e-s Kontos). **24.** Beschuldigung *f*, Vorwurf *m*, *jur. a.* (Punkt *m* der) Anklage *f*: **to be on a ~ of murder** unter Mordanklage stehen; **to return to the ~** *fig.* auf das alte Thema zurückkommen. **25.** *mil.* a) Angriff *m*, b) Sturm *m*. **26.** *mil.* Siˈgnal *n* zum Angriff: **to sound the ~** zum Angriff blasen. **27.** Verantwortung *f*: a) Aufsicht *f*, Leitung *f*, b) Obhut *f*, Verwahrung *f*: **the person in ~** die verantwortliche Person, der *od.* die Verantwortliche; **to be in ~ of** verantwortlich sein für, die Aufsicht *od.* den Befehl führen über (*acc*), leiten, befehligen (*acc*); **to be in s.o.'s ~, to be in** (*od.* **under**) **the ~ of s.o.** unter j-s Obhut stehen, von j-m betreut werden; **to have ~ of** in Obhut *od.* Verwahrung haben, betreuen; **to place** (*od.* **put**) **s.o. in ~ (of)** j-m die Leitung (*gen*) *od.* Aufsicht (über *acc*) übertragen; **to take ~** die Leitung *etc* übernehmen, die Sache in die Hand nehmen; → **drunk** 1. **28.** *Br.* (poliˈzeilicher) Gewahrsam: **to give s.o. in ~** j-n der Polizei übergeben. **29.** a) Schützling *m*, Pflegebefohlene(r *m*) *f*, Mündel *m*, *n*, b) *j-m* anvertraute Sache, c) *relig.* Gemeinde(glied *n*) *f* (*e-s Seelsorgers*), ‚Schäflein' *n od. pl.* **30.** Befehl *m*, Anweisung *f*. **31.** *jur.* Rechtsbelehrung *f* (*an die Geschworenen*). **32.** *her.* Wappenbild *n*.

charge·a·ble [ˈtʃɑː(r)dʒəbl] *adj* (*adv* **chargeably**) **1.** (**to**) anrechenbar, anzurechnen(d) (*dat*), zu Lasten gehend (von). **2.** anzuklagen(d), belangbar (**for** wegen): **~ offence** (*Am.* **offense**) gerichtlich zu belangendes Vergehen.

charge ac·count *s econ.* **1.** ˈKundenkreˌditkonto *n*. **2.** Abzahlungskonto *n* (*bei Teilzahlungen*).

char·gé d'af·faires [ˌʃɑː(r)ʒeɪdæˈfeə(r)] *pl* **char·gés d'af·faires** [-ʒeɪz-] *s* Charˈgé d'afˈfaires *m*, Geschäftsträger *m*.

charge nurse *s med. Br.* Oberschwester *f*.

charg·er¹ [ˈtʃɑː(r)dʒə(r)] *s* **1.** a) *mil. bes. hist.* Chargen-, Dienstpferd *n* (*e-s Offiziers*), b) *poet.* (Schlacht)Roß *n*. **2.** *a.* **~ strip** *mil.* Ladestreifen *m*. **3.** *electr.* Ladegerät *n*. **4.** *tech.* Aufgeber *m*.

charg·er² [ˈtʃɑː(r)dʒə(r)] *s obs.* Taˈblett *n*, Platte *f*.

charge sheet *s* **1.** a) Poliˈzeireˌgister *n* (*der Verhafteten u. der gegen sie erhobenen Beschuldigungen*), b) poliˈzeiliches Aktenblatt (*über den Einzelfall*). **2.** *mil.* Tatbericht *m*.

charg·ing [ˈtʃɑː(r)dʒɪŋ] *s* **1.** Beladung *f*. **2.** *tech.* Beschickung *f* (*e-r Anlage*). **3.** *electr.* (Auf)Ladung *f*. **4.** *econ.* Belastung *f*, Auf-, Anrechnung *f*. **~ ca·pac·i·tor** *s electr.* ˈLadekondenˌsator *m*. **~ floor** *s tech.* Gichtbühne *f*. **~ hole** *s tech.* Einschüttöffnung *f*. **~ or·der** *s jur. Br.* Beschlagnahmeverfügung *f*.

char·i·ness [ˈtʃeərɪnɪs] *s* **1.** Vorsicht *f*, Behutsamkeit *f*. **2.** Sparsamkeit *f*.

char·i·ot [ˈtʃærɪət] *s* **1.** *antiq.* zweirädriger Streit- *od.* Triˈumphwagen. **2.** leichter vierrädriger Wagen. **ˌchar·i·otˈeer** [-ˈtɪə(r)] *s bes. poet.* Wagen-, Rosselenker *m*.

cha·ris·ma [kəˈrɪzmə] *s* Charisma *n*: a) *relig. göttliche Gnadengabe*, b) *fig.* Ausstrahlung(skraft) *f*. **char·is·mat·ic** [ˌkærɪzˈmætɪk] *adj* charisˈmatisch.

char·i·ta·ble [ˈtʃærətəbl] *adj* (*adv* **charitably**) **1.** wohltätig, mild(tätig), karitaˈtiv: **~ society** Wohltätigkeitsverein *m*. **2.** gütig, nachsichtig (**to** *j-m* gegenˈüber): **to take a ~ view of s.th.** e-e Sache mit Nachsicht beurteilen. **ˈchar·i·ta·ble·ness** → **charity** 2 *u.* 3. **char·i·ty** [ˈtʃærətɪ] **I** *s* **1.** (christliche) Nächstenliebe: **Brother of ~** barmherziger Bruder. **2.** Wohl-, Mildtätigkeit *f* (**to the poor** gegen die Armen): **~ begins at home** zuerst kommt einmal die eigene Familie *od.* das eigene Land; (**as**) **cold as ~** *fig.* hart wie Stein. **3.** Liebe *f*, Güte *f*, Milde *f*, Nachsicht *f*: **to practice** (*bes. Br.* **practise**) **~ toward(s) s.o.** j-m gegenüber Milde *od.* Nachsicht üben. **4.** Almosen *n*, milde Gabe. **5.** gutes Werk. **6.** wohltätige Einrichtung *od.* Stiftung, ˈWohlfahrtsinstiˌtut *n*. **II** *adj* **7.** Wohltätigkeits...: **~ bazaar**; **~ stamp** *mail* Wohlfahrtsmarke *f*.

cha·ri·va·ri [ˌʃɑːrɪˈvɑːrɪ; *Am.* ˌʃɪvəˈriː; ˈʃɪvəˌriː] *s* **1.** ˈKatzenmuˌsik *f* (*bes. als Ständchen für Neuvermählte*). **2.** Getöse *n*, Lärm *m*.

char·la·dy [ˈtʃɑː(r)ˌleɪdɪ] *Br. für* **charwoman.**

char·la·tan [ˈʃɑː(r)lətən] *s* Scharlatan *m*: a) Quacksalber *m*, Kurpfuscher *m*, b) Schwindler *m*. **ˌchar·laˈtan·ic** [-ˈtænɪk], **ˌchar·laˈtan·i·cal** *adj* quacksalberisch, pfuscherhaft. **ˈchar·la·tan·ism, ˈchar·la·tan·ry** [-rɪ] *s* Scharlataneˈrie *f*.

Charles·ton [ˈtʃɑː(r)lstən] **I** *s mus.* Charleston *m*. **II** *v/i a.* **c~** Charleston tanzen.

char·ley horse [ˈtʃarliː] *s Am. colloq.* Muskelkater *m*.

char·lie [ˈtʃɑːlɪ] *s colloq.* **1.** *Br.* Trottel *m*. **2.** *Austral.* ‚Puppe' *f* (*Mädchen*).

char·lock [ˈtʃɑːlɒk; *Am.* ˈtʃɑːrˌlɑk] *s bot.* Ackersenf *m*, Hederich *m*.

char·lotte [ˈʃɑː(r)lət] *s gastr.* Charˈlotte *f* (*Süßspeise*).

charm [tʃɑː(r)m] **I** *s* **1.** Charme *m*, Zauber *m*, bezauberndes Wesen, (Lieb)Reiz *m*: **feminine ~s** weibliche Reize; **~ of style** gefälliger Stil; **to turn on the** (*od.* **one's**) **~** *colloq.* s-n (ganzen) Charme spielen lassen. **2.** a) Zauberformel *f*, -mittel *n*, b) Zauber *m*: **to be under a ~** unter e-m Zauber *od.* e-m Bann stehen; **like a ~** *fig.* wie Zauberei, fabelhaft. **3.** Talisman *m*, Amuˈlett *n*. **II** *v/t* **4.** bezaubern, entzücken: **~ed by** (*od.* **with**) bezaubert *od.* entzückt von; **to be ~ed to meet s.o.** entzückt sein, j-n zu treffen. **5.** be-, verzaubern, behexen, *Schlangen* beschwören: **~ed against s.th.** gegen etwas gefeit; **to have a ~ed life** e-n Schutzengel haben; **to ~ away** wegzaubern, *Sorgen etc* zerstreuen. **III** *v/i* **6.** bezaubern(d wirken), entzücken. **ˈcharm·er** *s* **1.** Zauberer *m*, Zauberin *f*. **2.** a) bezaubernder Mensch, Charˈmeur *m*, b) reizvolles Geschöpf, ‚Circe' *f* (*Frau*). **3.** Schlangenbeschwörer *m*.

charm·ing [ˈtʃɑː(r)mɪŋ] *adj* (*adv* **~ly**) charˈmant, bezaubernd, entzückend, reizend. **ˈcharm·ing·ness** *s* bezauberndes Wesen.

char·nel [ˈtʃɑː(r)nl] **I** *s* → **charnel house.** **II** *adj* Leichen... **~ house** *s hist.* Leichen-, Beinhaus *n*.

char·qui [ˈtʃɑː(r)kɪ] *s* in Streifen geschnittenes, getrocknetes Rindfleisch.

chart [tʃɑː(r)t] **I** *s* **1.** Taˈbelle *f*: **genealogical ~.** **2.** a) graphische Darstellung, *z. B.* (Farb)Skala *f*, (Fieber)Kurve *f*, (Wetter)Karte *f*, b) *bes. tech.* Plan *m*, Diaˈgramm *n*, Tafel *f*, Schaubild *n*, Kurve(nblatt *n*) *f*. **3.** (*bes.* See-, Himmels-) Karte *f*: **admiralty ~** Admiralitätskarte;

→ **astronomical**. **4.** *pl* Charts *pl*, Hitliste(n *pl*) *f*: **to get into the ~s** in die Charts kommen. **II** *v/t* **5.** auf e-r Karte *etc* einzeichnen *od.* verzeichnen. **6.** graphisch darstellen, skizˈzieren. **7.** *fig.* entwerfen, planen.

char·ter [ˈtʃɑː(r)tə(r)] **I** *s* **1.** Urkunde *f*, Freibrief *m*. **2.** Priviˈleg *n* (von Freiheiten u. Rechten). **3.** Gnadenbrief *m*. **4.** a) *urkundliche Genehmigung seitens e-r Gesellschaft etc zur Gründung e-r Filiale, Tochtergesellschaft etc*, b) Gründungsurkunde *f* (*e-r juristischen Person des öffentlichen od. privaten Rechts*), c) *Am.* Satzung *f* (*e-r Aktiengesellschaft*), d) Konzessiˈon *f*. **5.** *pol.* Charta *f*, Verfassung(surkunde) *f*: **the C~ of the United Nations**. **6.** a) Chartern *n*, b) → **charter party**. **II** *v/t* **7.** *Bank etc* konzessioˈnieren. **8.** chartern: a) *Schiff, Flugzeug etc* mieten, b) *mar.* (*durch Chartepartie*) befrachten. ˈ**char·ter·age** *s mar.* Befrachtung *f*, Charter *f*.

char·tered [ˈtʃɑː(r)tə(r)d] *adj* **1.** konzessioˈniert: **~ accountant** *Br.* a) konzessionierter Buchprüfer, b) konzessionierter Steuerberater; **~ company** *Br.* (königlich) privilegierte (Handels)Gesellschaft; **~ corporation** staatlich konzessionierte juristische Person. **2.** gechartert: a) gemietet, Charter...: **~ aircraft**; **~ flight**, b) *mar.* befrachtet. ˈ**char·ter·er** *s mar.* Befrachter *m*.

char·ter| flight *s* Charterflug *m*. **~ mem·ber** *s* Gründungsmitglied *n*. **~ par·ty** *s mar.* ˈCharteparˌtie *f*, Befrachtungsvertrag *m*.

Chart·ism [ˈtʃɑː(r)tɪzəm] *s hist. Br.* Charˈtismus *m* (*politische Bewegung 1830–48*).

char·tog·ra·pher, *etc* → **cartographer**, *etc.*

char·treuse [ʃɑːˈtrɜːz; *Am.* ʃɑːrˈtruːz] *s* **1.** Charˈtreuse *m* (*Kräuterlikör*). **2.** *a.* **~ green** hellgrüne Farbe. **3.** *gastr.* Charˈtreuse *f* (*Gericht aus Gemüse od. Teigwaren u. Fleisch*).

ˈ**chart·room** *s mar.* Kartenzimmer *n*, -haus *n*, Navigatiˈonsraum *m*.

char·wom·an [ˈtʃɑː(r)ˌwʊmən] *s irr* Putzfrau *f*, Raumpflegerin *f*.

char·y [ˈtʃeərɪ] *adj* (*adv* **charily**) **1.** vorsichtig, behutsam (**in**, **of** in *dat*, bei). **2.** wählerisch. **3.** sparsam, zuˈrückhaltend (**of** mit).

chase¹ [tʃeɪs] **I** *v/t* **1.** a) jagen, Jagd machen auf (*acc*), nachjagen (*dat*) (*a. fig. e-m Traum etc*), verfolgen, b) *colloq. e-m Mädchen etc* nachlaufen. **2.** *hunt.* hetzen, jagen. **3.** *a.* **~ away** verjagen, -treiben: **go (and) ~ yourself!** *colloq.* hau ab! **II** *v/i* **4.** jagen: **to ~ after s.o.** j-m nachjagen. **5.** *colloq.* rasen, rennen. **III** *s* **6.** a) *hunt. u. fig.* (Hetz)Jagd *f*: **to go in ~ of the fox** hinter dem Fuchs herjagen, b) *fig.* Verfolgung(sjagd) *f*: **to give ~** die Verfolgung aufnehmen; **to give ~ to s.o. (s.th.)** j-n (etwas) verfolgen, j-m (e-r Sache) nachjagen. **7.** gejagtes Wild (*a. fig.*) *od.* Schiff *etc.* **8.** *Br.* a) ˈJagd(reˌvier *n*) *f*, b) *jur.* Jagdrecht *n*.

chase² [tʃeɪs] **I** *s* **1.** *print.* Formrahmen *m*. **2.** Kupferstecherrahmen *m*. **3.** Rinne *f*, Furche *f*. **4.** *mil.* langes, gezogenes Feld (*e-s Geschützrohres*). **II** *v/t* **5.** ziseˈlieren, ausmeißeln: **~d work** getriebene Arbeit. **6.** *tech.* a) punzen, b) *Gewinde* strehlen, strählen.

chase gun *s mar.* Buggeschütz *n*.

chas·er¹ [ˈtʃeɪsə(r)] *s* **1.** Jäger *m*, Verfolger *m*. **2.** *mar.* a) Jagd machendes Schiff, (*bes.* U-Boot-)Jäger *m*, b) Jagdgeschütz *n*. **3.** *aer.* Jagdflugzeug *n*, Jäger *m*. **4.** *Am. colloq.* ,Schluck *m* zum Nachspülen' (*Schnaps auf Kaffee etc*). **5.** *Am. colloq.* ,Rausschmeißer' *m* (*letzter Tanz etc*). **6.** *colloq.* Schürzenjäger *m*.

chas·er² [ˈtʃeɪsə(r)] *s* **1.** Ziseˈleur *m*. **2.** *tech.* Gewindestahl *m*, -strähler *m*. **3.** *tech.* Treibpunzen *m*.

chas·ing lathe [ˈtʃeɪsɪŋ] *s tech.* Drück(dreh)bank *f*.

chasm [ˈkæzəm] *s* **1.** Kluft *f*, Abgrund *m* (*a. fig.*). **2.** Schlucht *f*, Klamm *f*. **3.** Riß *m*, Spalte *f*. **4.** *fig.* Lücke *f*.

chas·sé [ˈʃæseɪ; *Am.* ʃæˈseɪ] **I** *s* gleitender Tanzschritt. **II** *v/i pret u. pp* **-séd** schasˈsieren.

chas·seur [ʃæˈsɜː; *Am.* ʃæˈsɜr] *s* **1.** *mil.* Jäger *m* (*in der französischen Armee*). **2.** liˈvrierter Laˈkai. **3.** Jäger *m*.

chas·sis [ˈʃæsɪ; *Am. a.* -sɪs] *s* **1.** Chasˈsis *n*: a) *aer. mot.* Fahrgestell *n*, b) *Radio*: Grundplatte *f*. **2.** *mil.* Laˈfettenrahmen *m*.

chaste [tʃeɪst] *adj* (*adv* **~ly**) **1.** keusch: a) rein, unschuldig, b) züchtig, tugendhaft, sittsam, zuˈrückhaltend. **2.** stilrein, von edler Schlichtheit: **a ~ design**. **3.** bescheiden, schlicht: **a ~ meal**. **chas·ten** [ˈtʃeɪsn] *v/t* **1.** züchtigen, strafen. **2.** *fig.* reinigen, läutern, *Stil etc* verfeinern. **3.** *fig.* a) mäßigen, dämpfen, b) ernüchtern, nachdenklich stimmen. ˈ**chaste·ness** *s* Keuschheit *f*.

chas·tise [tʃæˈstaɪz] *v/t* **1.** züchtigen, (be)strafen. **2.** *fig.* geißeln, scharf tadeln. **chas·tise·ment** [ˈtʃæstɪzmənt; tʃæˈstaɪz-] *s* Züchtigung *f*, Strafe *f*.

chas·ti·ty [ˈtʃæstətɪ] *s* **1.** Keuschheit *f*: **~ belt** *hist.* Keuschheitsgürtel *m*. **2.** Reinheit *f*, Unschuld *f*. **3.** Schlichtheit *f*.

chas·u·ble [ˈtʃæzjʊbl; *Am.* -zəbəl] *s relig.* Kasel *f*, Meßgewand *n*.

chat¹ [tʃæt] **I** *v/i* plaudern, plauschen, schwatzen. **II** *v/t* **~ up** *Br. colloq.* a) einreden auf (*acc*), b) sich ,ranmachen' an (*ein Mädchen etc*), ,anquatschen'. **III** *s* Plaudeˈrei *f* (*a. im Radio etc*), Schwätzchen *n*, Plausch *m*: **to have a ~ with s.o.** mit j-m plaudern.

chat² [tʃæt] *s orn.* Steinschmätzer *m*.

chat·e·lain [ˈʃætəleɪn] *s* Kastelˈlan *m*.

chat·e·laine [ˈʃætəleɪn] *s* **1.** Kastelˈlanin *f*. **2.** Schloßherrin *f*. **3.** Chateˈlaine *f*, (Gürtel)Kette *f*.

chat| show *s Br.* Talk-Show *f*. ˈ**~-show host** *s Br.* Talkmaster *m*.

chat·tel [ˈtʃætl] *s* **1.** Sklave *m*, Leibeigene(r *m*) *f*. **2.** *meist pl jur.* a) *a.* **~(s) personal** Moˈbilien *pl*, bewegliches Eigentum, b) jegliches Eigentum (*mit Ausnahme von Grundstücken u. Gebäuden*): **~ real** Besitzrecht *n* (*z. B. Pacht*). **~ mort·gage** *s jur.* Mobiliˈarhypoˌthek *f*. **~ pa·per** *s Am.* Verˈkehrspaˌpier *n*.

chat·ter [ˈtʃætə(r)] **I** *v/i* **1.** schnattern (*Affen*), krächzen (*Elstern etc*). **2.** schnattern: a) schwatzen, plappern, b) klappern: **his teeth ~ed with cold** er klapperte vor Kälte (mit den Zähnen). **3.** rattern, klappern (*Blech etc*). **4.** plätschern. **II** *v/t* **5.** (daˈher)plappern. **III** *s* **6.** Geschnatter *n*, Geplapper *n*, Geschwätz *n*. **7.** Klappern *n*, Rattern *n*. ˈ**~box** *s* Plaudertasche *f*, Plappermaul *n*.

chat·ter·er [ˈtʃætərə(r)] *s* Schwätzer(in).

chat·ti·ness [ˈtʃætɪnɪs] *s* Gesprächigkeit *f*, Redseligkeit *f*.

chat·ty [ˈtʃætɪ] *adj* (*adv* **chattily**) **1.** geschwätzig, redselig, gesprächig. **2.** plaudernd, im Plauderton (geschrieben *etc*), unterˈhaltsam: **a ~ letter**.

chauf·feur [ˈʃəʊfə(r); ʃəʊˈfɜː; *Am.* -ˈfɜr] **I** *s* Chaufˈfeur *m*, Fahrer *m*. **II** *v/t* chaufˈfieren, fahren: **~ed** mit Chauffeur. **III** *v/i* **~ for** als Chaufˈfeur angestellt sein bei.

chauf·feuse [-ˈfɜːz] *s* Fahrerin *f*.

chau·vi [ˈʃəʊvɪ] *s colloq.* ,Chauvi' *m* (*männlicher Chauvinist*).

chau·vin·ism [ˈʃəʊvɪnɪzəm] *s* Chauviˈnismus *m*: **male ~** männlicher Chauvinismus. ˈ**chau·vin·ist** *s* Chauviˈnist *m*: **male ~** männlicher Chauvinist; **male ~ pig** *colloq. contp.* ,Chauvischwein' *n*. ˌ**chau·vinˈis·tic** *adj* (*adv* **~ally**) chauviˈnistisch.

chaw [tʃɔː] *dial.* **I** *v/t* Priem kauen. **II** *s* Priem *m*.

chaw·dron [ˈtʃɔːdrən] *s obs.* Kalˈdaunen *pl*, (Tier)Eingeweide *pl*.

cheap [tʃiːp] **I** *adj* (*adv* **~ly**) **1.** billig, preiswert: **~ flights** Billigflüge; **~ rate** *teleph. etc* Billigtarif *m*; **to hold s.th. ~** e-e geringe Meinung von etwas haben; **(as) ~ as dirt** *colloq.* spottbillig; **it is ~ at that price** für diesen Preis ist es billig. **2.** *fig.* billig: a) mühelos: **~ glory**, b) minderwertig, kitschig: **~ finery**. **3.** *fig.* a) schäbig, gemein: **~ conduct** schäbiges Benehmen; **to feel ~** sich schäbig vorkommen, b) billig, ordiˈnär: **a ~ girl**. **4.** *Br.* verbilligt, ermäßigt: **a ~ fare**. **II** *adv* **5.** billig: **to buy s.th. ~**. **III** *s* **6.** **on the ~** *colloq.* billig. ˈ**cheap·en I** *v/t* **1.** verbilligen, (im Preis) herˈabsetzen. **2.** *fig.* schlechtmachen. **3.** *fig.* ordiˈnär erscheinen lassen: **to ~ o.s.** sich herabwürdigen. **II** *v/i* **4.** billiger werden.

ˈ**cheap·jack I** *s* billiger Jakob. **II** *adj* Ramsch...

cheap·ness [ˈtʃiːpnɪs] *s* Billigkeit *f*.

ˈ**cheap·skate** *s colloq.* ,Knicker' *m*, ,Geizkragen' *m*, Geizhals *m*.

cheat [tʃiːt] **I** *s* **1.** Betrüger(in), Schwindler(in), ,Mogler(in)'. **2.** Betrug *m* (*a. jur.*), Schwindel *m*, ,Mogeˈlei' *f*. **II** *v/t* **3.** betrügen (*a. fig. um e-e Möglichkeit etc*), beschwindeln, ,bemogeln' (**of**, **out of** um): **to ~ s.o. into doing s.th.** j-n dazu verleiten, etwas zu tun; **to ~ s.o. into believing that** j-m weismachen, daß. **4.** ein Schnippchen schlagen, sich entziehen (*dat*): **to ~ justice**. **III** *v/i* **5.** betrügen, schwindeln, ,mogeln': **to ~ at cards** beim Kartenspiel mogeln. **6.** **~ on** *colloq. s-e Frau etc* betrügen. ˈ**cheat·er** *s* **1.** → **cheat** 1. **2.** *pl*, *a.* **pair of ~s** *Am. sl.* Brille *f*. **3.** *pl Am. sl.* Schaumgummieinlagen *pl* (*im Büstenhalter*). ˈ**cheat·er·y** [-ərɪ] → **cheat** 2.

cheat sheet *s ped.* Spickzettel *m*.

cheat·ing pack *s* Mogelpackung *f*.

check [tʃek] **I** *s* **1.** Schach(stellung *f*) *n*: **in ~** im Schach (stehend); **to give ~** Schach bieten; **to hold** (*od.* **keep**) **in ~** *fig.* in Schach halten. **2.** Hemmnis *n*, Hindernis *n* (*Person od. Sache*) (**on** für): **without a ~** ungehindert; **to put a ~ (up)on s.o.** j-m e-n Dämpfer aufsetzen, j-n zurückhalten. **3.** Einhalt *m*, Unterˈbrechung *f*, Rückschlag *m*: **to give a ~ to** Einhalt gebieten (*dat*). **4.** Konˈtrolle *f*, Überˈprüfung *f*, Nachprüfung *f*, Überˈwachung *f*: **to keep a ~ (up)on s.th.** etwas unter Kontrolle halten. **5.** *Am.* Konˈtrollzeichen *n*, *bes.* Häkchen *n* (*auf Listen etc*). **6.** *econ. Am.* Scheck *m* (= *Br.* **cheque**) (**for** über *acc*). **7.** *bes. Am.* Kassenschein *m*, -zettel *m*, Rechnung *f* (*im Kaufhaus od. Restaurant*). **8.** Konˈtrollabschnitt *m*, -marke *f*, -schein *m*. **9.** *bes. Am.* Aufbewahrungsschein *m*: a) Gardeˈrobenmarke *f*, b) Gepäckschein *m*. **10.** (*Essens-etc*)Bon *m*, Gutschein *m*. **11.** a) Schachbrett-, Würfel-, Karomuster *n*, b) Karo *n*, Viereck *n*, c) kaˈrierter Stoff. **12.** Spielmarke *f* (*z. B. beim Pokerspiel*): **to pass** (*od.* **hand**) **in one's ~s** *Am. colloq.* ,den Löffel weglegen' (*sterben*). **13.** *tech.* Areˈtiervorrichtung *f*, -feder *f*. **14.** kleiner Riß *od.* Spalt (*in Holz, Stahl etc*). **15.** *Eishockey*: Check *m*. **16.** **to come to a ~** von der Fährte abkommen (*Jagdhund*). **II** *interj* **17.** Schach! **18.** *Am. colloq.* klar! **III** *v/t* **19.** Schach bieten (*dat*). **20.** hemmen, hindern, zum Stehen bringen, aufhalten, eindämmen. **21.** *tech., a. fig. econ. etc* drosseln, bremsen. **22.** zu'rückhalten, zügeln: **to ~ o.s.** sich beherrschen. **23.** *Eishockey*: checken. **24.** checken, kon'trol'lieren, über'prüfen, nachprüfen (**for** auf *e-e Sache* hin): **to ~ against** vergleichen mit. **25.** *Am.* (*auf e-r Liste etc*) abhaken, ankreuzen. **26.** *bes. Am.* a) (zur Aufbewahrung *od.* in der Garde'robe) abgeben, b) (als Reisegepäck) aufgeben. **27.** *bes. Am.* a) (zur Aufbewahrung) annehmen, b) zur Beförderung (als Reisegepäck) über'nehmen *od.* annehmen. **28.** ka'rieren, mit e-m Karomuster versehen. **29.** *a.* **~ out** *Am. Geld* mittels Scheck abheben. **30.** *Br. Karte* lochen. **31.** *obs. j-n* rügen, tadeln.

IV *v/i* **32.** *bes. Am.* a) sich als richtig erweisen, stimmen, b) (**with**) genau entsprechen (*dat*), über'einstimmen (mit). **33.** *oft* **~ up (on)** (*e-e Sache*) nachprüfen, (*e-e Sache od. j-n*) über'prüfen. **34.** *Am.* e-n Scheck ausstellen (**for** über *acc*). **35.** (plötzlich) inne- *od.* anhalten, stutzen. **36.** *tech.* rissig werden.

Verbindungen mit Adverbien:

check|back *v/i* rückfragen (**with** bei). **~ in I** *v/i* **1.** sich (*in e-m Hotel*) anmelden. **2.** einstempeln. **3.** *aer.* einchecken. **II** *v/t* **4.** (*in e-m Hotel*) anmelden. **5.** *aer.* einchecken. **~ off** → **check** 25. **~ out I** *v/t* **1.** → **check** 24. **2.** → **check** 29. **3.** sich erkundigen nach, sich infor'mieren über (*acc*). **II** *v/i* **4.** (*aus e-m Hotel*) abreisen. **5.** ausstempeln. **6.** *Am. sl.* ‚abkratzen' (*sterben*). **~ o·ver** → **check** 24. **~ up** → **check** 33.

check·a·ble ['tʃekəbl] *adj* kontrol'lierbar, nachprüfbar.

'check|·back *s* Rückfrage *f.* **~ bit** *s* *Computer*: Prüf-, Kon'trollbit *n.* **'~,book,** *Br.* **'cheque·book** *s* Scheckbuch *n*, -heft *n.* **~ card,** *Br.* **cheque card** *s* Scheckkarte *f.* **~col·lar** *s* **1.** (*Art*) Kummet *n* (*zum Einfahren von Pferden*). **2.** Dres'surhalsband *n* (*für Hunde*).

checked [tʃekt] *adj* **1.** ka'riert: **~ pattern** Karomuster *n.* **2.** *ling.* auf e-n Konso'nanten endend (*Silbe*).

check·er¹, *bes. Br.* **cheq·uer** ['tʃekə(r)] **I** *s* **1.** *Am.* a) (Dame)Stein *m*, b) *pl* (*als sg konstruiert*) Damespiel *n*: **to play (at) ~s** Dame spielen. **2.** *obs.* Schachbrett *n.* **3.** Karomuster *n.* **II** *v/t* **4.** ka'rieren. **5.** *fig.* vari'ieren, bunt *od.* wechselvoll gestalten.

check·er² ['tʃekə(r)] *s bes. Am.* **1.** Kas'siererin *f* (*bes. im Supermarkt*). **2.** Garde'robenfrau *f.* **3.** *rail.* Angestellte(r *m*) *f* in e-r Gepäckaufbewahrung.

'check·er,board, *bes. Br.* **'cheq·uerboard I** *s* Schach- *od.* Damebrett *n.* **II** *adj* → **checkered** 1.

check·ered, *bes. Br.* **cheq·uered** ['tʃekə(r)d] *adj* **1.** ka'riert, gewürfelt, schachbrettartig. **2.** bunt (*a. fig.*). **3.** *fig.* wechselvoll, bewegt: **a ~ history (past)**.

'check·er,work, *bes. Br.* **'cheq·uerwork** *s* schachbrettartig ausgelegte Arbeit, Schachbrettmuster *n.*

'check-in *s* **1.** Anmeldung *f* (*in e-m Hotel*). **2.** Einstempeln *n.* **3.** *aer.* Einchecken *n*: **~ counter** Abfertigungsschalter *m.*

check·ing| ac·count ['tʃekɪŋ] *s econ. Am.* Girokonto *n.* **~ slip** *s* Kon'trollabschnitt *m.*

check| list *s* Check-, Kon'troll-, Vergleichsliste *f.* **~ lock** *s* kleines Sicherheitsschloß. **'~mate I** *s* **1.** (Schach-) 'Matt *n*, Mattstellung *f.* **2.** *fig.* Niederlage *f.* **II** *v/t* **3.** (schach)'matt setzen (*a. fig.*). **III** *interj* **4.** schach'matt! **~ nut** *s tech.* Gegenmutter *f.* **'~,off** *s Am.* Einbehaltung *f* der Gewerkschaftsbeiträge durch den Betrieb. **'~-out** *s* **1.** a) Abreise *f* (*aus e-m Hotel*), b) *a.* **~ time** *Zeit, zu der ein Hotelzimmer geräumt sein muß*: **~ is at** 10 die Zimmer müssen um 10 geräumt sein. **2.** Ausstempeln *n.* **3.** *a.* **~ counter** Kasse *f* (*bes. im Supermarkt*). **4.** *tech.* Bestehen *n* e-s Tauglichkeitstests: **~ test** Tauglichkeitstest *m.* **'~-,o·ver** → **checkup** 1. **'~point** *s* **1.** *mil.* Bezugs-, Orien'tierungspunkt *m.* **2.** *electr. tech.* Kon'troll-, Eichpunkt *m.* **3.** *pol.* Kon'trollpunkt *m* (*an der Grenze*). **~ rail** *s rail.* Radlenker *m.* **'~,rein** *s Am.* Ausbindezügel *m.* **'~room** *s bes. Am.* **1.** *rail.* Gepäckaufbewahrung(sstelle) *f.* **2.** Garde'robe(nraum *m*) *f.* **~s and bal·anc·es** *s pl pol. bes. Am.* gegenseitige Kon'trolle (*zur Verhinderung von Machtmißbrauch*). **'~up** *s* **1.** Über'prüfung *f*, Kon'trolle *f.* **2.** *med.* Check-up *m*, ('umfangreiche) 'Vorsorgeunter,suchung. **~ valve** *s tech.* **1.** 'Absperrven,til *n.* **2.** 'Rückschlagven,til *n.* **'~,weigh·er** *s tech.* **1.** Wiegemeister *m.* **2.** Kon'trollwaage *f.*

Ched·dar (cheese) ['tʃedə(r)] *s* Cheddarkäse *m.*

cheek [tʃi:k] **I** *s* **1.** Backe *f*, Wange *f*: **to be ~ by jowl** Tuchfühlung haben (**with** mit) (*a. fig.*). **2.** *colloq.* ‚Backe' *f* (*Gesäßhälfte*). **3.** *colloq.* Frechheit *f*, Unverfrorenheit *f*: **to have the ~ to do s.th.** die Frechheit *od.* Stirn besitzen, etwas zu tun; **he had the ~ to be late** er kam glatt zu spät. **4.** *tech.* Backe *f* (*Seitenteil e-s Schraubstocks etc*): **~s of a vice.** **5.** a) Knebel *m* (*am Trensengebiß e-s Pferdes*), b) *pl* Backenteile *pl* (*des Pferdegeschirrs*). **II** *v/t* **6.** *colloq.* frech sein zu. **'~bone** *s* Backenknochen *m.*

cheeked [tʃi:kt] *adj in Zssgn* ...wangig: **hollow-~**; **rosy-~** *a.* rotbäckig.

cheek·i·ness ['tʃi:kɪnɪs] *s colloq.* Frechheit *f.*

'cheek|·piece *s* Backenriemen *m* (*am Pferdegeschirr*). **~ pouch** *s zo.* Backentasche *f.* **~ tooth** *s irr* Backenzahn *m.*

cheek·y ['tʃi:kɪ] *adj* (*adv* **cheekily**) *colloq.* frech, unverschämt (**to** zu).

cheep [tʃi:p] **I** *v/t u. v/i* piepsen. **II** *s* a) Piepsen *n*, b) Pieps(er) *m* (*a. fig.*): **we didn't get a ~ out of him** er hat nicht piep gesagt. **'cheep·er** *s orn.* junger Vogel, Küken *n.*

cheer [tʃɪə(r)] **I** *s* **1.** Beifall(sruf) *m*, Hur'ra(ruf *m*) *n*, Hoch(ruf *m*) *n*: **three ~s for him!** ein dreifaches Hoch auf ihn!, er lebe hoch, hoch, hoch!; **to give ~s for s.o.** ein dreifaches Hoch auf j-n ausbringen, j-n dreimal hochleben lassen; **to the ~s of** unter dem Beifall *etc* (*gen*). **2.** Auf-, Ermunterung *f*, Aufheiterung *f*, Trost *m*: **words of ~** aufmunternde Worte; **~s!** → **cheerio.** **3.** a) gute Laune, vergnügte Stimmung, Frohsinn *m*, Fröhlichkeit *f*, b) Stimmung *f*: **good ~** → a; **to be of good ~** guter Laune *od.* Dinge sein, vergnügt *od.* froh sein; **be of good ~!** sei guten Mutes!; **to make good ~** sich amüsieren, *a.* gut essen u. trinken. **4.** *obs.* Speise *f* u. Trank *m.* **II** *v/t* **5.** Beifall spenden (*dat*), zujubeln (*dat*), mit Hoch*od.* Bravorufen begrüßen, hochleben lassen. **6.** *a.* **~ on** anspornen, anfeuern: **to ~ on a football team.** **7.** *a.* **~ up** *j-n* er-, aufmuntern, aufheitern. **III** *v/i* **8.** Beifall spenden, hoch *od.* hur'ra rufen, jubeln. **9.** *meist* **~ up** Mut fassen, (wieder) fröhlich werden: **~ up!** Kopf hoch!, laß den Kopf nicht hängen!

'cheer·ful *adj* **1.** fröhlich, vergnügt, munter. **2.** freundlich (*Raum, Wetter etc*). **3.** fröhlich (*Lied etc*). **4.** bereitwillig (gegeben). **'cheer·ful·ly** *adv* **1.** → **cheerful.** **2.** *iro.* ‚quietschvergnügt', ganz gemütlich. **'cheer·ful·ness, cheer·iness** ['tʃɪərɪnɪs] *s* Fröhlichkeit *f.*

cheer·i·o [,tʃɪərɪ'əʊ] *interj bes. Br. colloq.* **1.** mach's gut!, tschüs! **2.** prost!

'cheer,lead·er *s sport* Einpeitscher *m.*

cheer·less ['tʃɪə(r)lɪs] *adj* (*adv* **~ly**) **1.** freudlos, trüb(e), trostlos. **2.** unfreundlich (*Raum, Wetter etc*). **'cheer·y** *adj* (*adv* **cheerily**) fröhlich, vergnügt, munter.

cheese¹ [tʃi:z] *s* Käse *m*: **say ~!** *phot.* bitte recht freundlich!; **hard ~!** *sl.* Künstlerpech!; **the ~** *sl.* genau das Richtige, das einzig Wahre; **that's the ~!** genau!

cheese² [tʃi:z] *v/t sl.* **1.** **~ it!** a) ‚hau ab!', b) ‚halt die Klappe!', c) hör auf (damit)! **2.** **~ off** *Br.* anöden: **I'm ~d off with him** er ödet mich an.

'cheese|,burg·er *s* Cheeseburger *m.* **'~cake** *s* **1.** (*ein*) Käsekuchen *m.* **2.** *sl.* Zur'schaustellung *f* weiblicher Reize (*bes. auf Fotografien*). **'~cloth** *s* Mull *m*, Gaze *f.* **~cov·er** *s* Käseglocke *f.* **~ knife** *s irr* **1.** *Käsefabrikation*: Käsespachtel *m*, *f.* **2.** Käsemesser *n* (*a. humor. Säbel etc*). **~ mite** *s zo.* Käsemilbe *f.* **'~,mon·ger** *s* Käsehändler *m.* **'~,par·ing I** *s* **1.** Käserinde *f.* **2.** wertlose Sache. **3.** Knause'rei *f.* **II** *adj* **4.** knauserig. **~ ren·net** *s bot.* Echtes Labkraut. **~ scoop** *s* Käsestecher *m.* **~ screw** *s tech.* Zy'linderschraube *f.* **~ spread** *s* Streich-, Schmelzkäse *m.* **~ stick, ~ straw** *s* Käsestange *f* (*Gebäck*).

chees·y ['tʃi:zɪ] *adj* **1.** käsig. **2.** *Am. sl.* a) mise'rabel, b) piekfein.

chee·tah ['tʃi:tə] *s zo.* Gepard *m.*

chef [ʃef] *s* Küchenchef *m.* **~ de cui·sine** [,ʃefdəkwi:'zi:n] *pl* **chefs de cui·sine** [,ʃefs-] → **chef.** **~ d'œu·vre** *pl* **chefs d'œu·vre** [,ʃeɪ'dɜ:vrə] *s* Meisterwerk *n.*

Che·ka ['tʃekə; *Am.* 'tʃeɪkɑ:] *s hist.* Tscheka *f* (*sowjetrussische Geheimpolizei*).

che·la¹ ['ki:lə] *pl* **-lae** [-li:] *s zo.* Schere *f.*

che·la² ['tʃeɪlə] *s Br. Ind.* Schüler *m*, Jünger *m* (*e-s Mahatmas etc*).

che·loid → **keloid.**

che·lo·ni·an [kɪ'ləʊnjən; -nɪən] *zo.* **I** *adj* schildkrötenartig. **II** *s* Schildkröte *f.*

chem·ic ['kemɪk] *obs.* **I** *adj* **1.** alchi'mistisch. **2.** chemisch. **II** *s* **3.** Alchi'mist *m.* **4.** Chemiker(in).

chem·i·cal ['kemɪkl] **I** *adj* (*adv* **~ly**) **1.** chemisch: **~ changes; ~ laboratory; ~ fiber** (*bes. Br.* **fibre**) Chemie-, Kunstfaser *f.* **2.** *mil.* chemisch, Kampfstoff...: **~ agent** Kampfstoff *m*; **~ projector** Gaswerfer *m.* **II** *s* **3.** Chemi'kalie *f*, chemisches Präpa'rat. **~ bond** *s* chemische Bindung. **~ clos·et** *s* 'Trockenklo,sett *n*, chemisches Klo'sett. **~ en·gi·neer** *s* Chemo'techniker *m.* **~ en·gi·neer·ing** *s* Indu'striechе,mie *f.* **~ war·fare** *s* chemische Kriegsführung.

che·mise [ʃə'mi:z] *s* (Damen)Hemd *n.*

chem·i·sette [,ʃemi:'zet] *s* Chemi'sett *n*, Chemi'sette *f*, Einsatz *m* (*im Kleid*).

chem·ism ['kemɪzəm] *s* Che'mismus *m* (*chemische Wirkung od. Zs.-setzung*).

chem·ist ['kemɪst] *s* **1.** *a.* **analytical ~** Chemiker(in). **2.** *Br.* Apo'theker(in), Dro'gist(in): **~'s shop** Apotheke *f*, Drogerie *f.* **'chem·is·try** [-trɪ] *s* **1.** Che'mie *f.* **2.** chemische Eigenschaften *pl od.* Zs.-setzung. **3.** *fig.* Wesen *n*, Na'tur *f.*

chem·i·type ['kemɪtaɪp] *s print.* Chemity'pie *f.*

chem·o·ther·a·peu·tics ['kemәʊ,θerə'pju:tɪks] *s pl* (*als sg konstruiert*), **,chem·o'ther·a·py** *s* Chemothera'pie *f.*

chem·ur·gy ['kemɜ:dʒɪ; *Am.* -,ɜr-; -ər-] *s* Chemur'gie *f* (*Gewinnung chemischer Produkte aus land- u. forstwirtschaftlichen Erzeugnissen*).

che·nille [ʃə'ni:l] *s* **1.** Che'nille *f.* **2.** Stoff *m* mit eingewebter Che'nille.

cheque *Br. für* check 6. ~ **ac·count** *s econ. Br.* Girokonto *n.*

cheq·uer, cheq·uered *bes. Br. für* checker, checkered.

cher·ish [ˈtʃerɪʃ] *v/t* **1.** (wert)schätzen, hochhalten: to ~ s.o.'s memory j-s Andenken in Ehren halten. **2.** zugetan sein (*dat*), zärtlich lieben. **3.** sorgen für, (hegen u.) pflegen. **4.** *Gefühle etc* hegen: to ~ hope; to ~ no resentment keinen Groll hegen. **5.** *fig.* festhalten an (*dat*): to ~ an idea.

che·root [ʃəˈruːt] *s* Stumpen *m* (*Zigarre ohne Spitzen*).

cher·ry [ˈtʃerɪ] **I** *s* **1.** a) *bot.* Kirsche *f*, b) → cherry tree, c) → cherrywood. **2.** kirschenähnliche Pflanze *od.* Beere. **3.** Kirschrot *n.* **4.** *tech.* Kugelfräser *m.* **5.** *sl.* a) Jungfräulichkeit *f*, b) Jungfernhäutchen *n.* **II** *adj* **6.** kirschfarben, -rot. ~ **bounce** *s* **1.** *Br.* → cherry brandy. **2.** *Am. Kirschlikör auf Whiskey- od. Rumbasis.* ~ **bran·dy** *s* Cherry Brandy *m*, ˈKirschliˌkör *m.* ~ **coal** *s* weiche, nicht backende Kohle. ~ **lau·rel** *s bot.* Kirschlorbeer *m.* ~ **pie** *s* **1.** Kirschtorte *f.* **2.** *bot.* (*ein*) Helioˈtrop *m.* ~ **pit** *Am. für* cherry stone. ˌ~ˈ**red** *adj* **1.** kirschrot. **2.** rotglühend: ~ heat volle Rotgluthitze. ~ **reds** *s pl Br. sl. schwere Stiefel, mit denen Rocker aufeinander eintreten.* ~ **stone** *s* Kirschkern *m*, -stein *m.* ~ **to·ma·to** *s* ˈZucker-, ˈKirschtoˌmate *f.* ~ **tree** *s* Kirschbaum *m.* ˈ~**wood** *s* Kirschbaum(holz *n*) *m.*

cher·so·nese [ˈkɜːsəniːs; -niːz; *Am.* ˈkɜr-] *s* Halbinsel *f.*

chert [tʃɜːt; *Am.* tʃɜrt] *s min.* Kieselsäuregestein *n.*

cher·ub [ˈtʃerəb] *pl* **-ubs, -u·bim** [-əbɪm] *s* **1.** Cherub *m*, Engel *m.* **2.** geflügelter Engelskopf. **3.** *pl* **-ubs** *fig.* Engel (-chen *n*) *m* (*Kind*). **4.** *pl* **-ubs** pausbäckige Perˈson (*bes. Kind*). **che·ru·bic** [tʃeˈruːbɪk; tʃə-] *adj* (*adv* ~ally) engelhaft.

cher·vil [ˈtʃɜːvɪl; *Am.* ˈtʃɜrvəl] *s bot.* Kerbel *m.*

Chesh·ire| cat [ˈtʃeʃə(r)] *s*: to grin (*od.* to wear a grin) like a ~ breit grinsen. ~ **cheese** *s* Chesterkäse *m.*

chess[1] [tʃes] *s* Schach(spiel) *n*: a game of ~ e-e Partie Schach, e-e Schachpartie.

chess[2] [tʃes] *pl* **chess, ˈchess·es** *s* Bohle *f*, Planke *f* (*e-r Pontonbrücke*).

chess[3] [tʃes] *s bot. Am.* Roggentrespe *f.*

ˈchess|·board *s* Schachbrett *n.* ˈ~**man** [-mæn] *s irr*, ~ **piece** *s* ˈSchachfiˌgur *f.* ~ **play·er** *s* Schachspieler(in). ~ **prob·lem** *s* Schachaufgabe *f.*

ches·sy·lite [ˈtʃesɪlaɪt; *Am.* ˈʃesə-] *s min.* Azuˈrit *m.*

chest [tʃest] **I** *s* **1.** Kiste *f*, Kasten *m*, Truhe *f*: tool ~ Werkzeugkasten; ~ (of drawers) Kommode *f*; ~-on-~ Kommode *f* mit Aufsatz. **2.** *anat.* Brust(kasten *m*) *f*: ~ expander *sport* Expander *m*; ~ freezer Gefrier-, Tiefkühltruhe *f*; ~ note, ~ tone *mus.* Brustton *m*; ~ trouble *med.* Lungenleiden *n*; ~ voice, ~ register *mus.* Bruststimme *f*; to beat one's ~ sich an die Brust schlagen, sich Vorwürfe machen; to have a cold in one's ~ es auf der Brust haben, e-n Bronchialkatarrh haben; to get s.th. off one's ~ *colloq.* sich etwas von der Seele reden, etwas loswerden. **3.** Kasse *f*, Fonds *m.* **II** *v/t* **4.** to ~ down the ball (*Fußball*) den Ball von der Brust abtropfen lassen.

chest·ed [ˈtʃestɪd] *adj* (*in Zssgn*) ...brüstig: narrow-~ engbrüstig.

Ches·ter → Cheshire cheese.

ches·ter·field [ˈtʃestə(r)fiːld] *s* **1.** Chesterfield *m* (*eleganter Herrenmantel mit verdeckter Knopfleiste*). **2.** Polstersofa *n.*

chest·nut [ˈtʃesnʌt; ˈtʃest-] **I** *s* **1.** Kaˈstanie *f*: a) *bot.* ˈEdel- *od.* ˈRoßkaˌstanie *f*: to pull the ~s out of the fire (for s.o.) *fig.* (für j-n) die Kastanien aus dem Feuer holen, b) *bot.* Kaˈstanienbaum *m*, c) Kaˈstanienholz *n*, d) Kaˈstanienbraun *n.* **2.** *colloq.* ‚alte *od.* olle Kaˈmelle', alter Witz. **3.** a) Braune(r) *m* (*Pferd*), b) *vet.* Kaˈstanie *f*, Hornwarze *f.* **II** *adj* **4.** kaˈstanienbraun.

chest·y [ˈtʃestɪ] *adj* (*adv* chestily) **1.** *colloq.* ‚mit viel Holz vor der Hütte' (*mit großem Busen*). **2.** *colloq.* tiefsitzend (*Husten*). **3.** *sl.* eingebildet, arroˈgant.

che·val|-de-frise [ʃəˌvældəˈfriːz] *pl* **cheˌvaux-de-ˈfrise** [ʃəˌvəʊ-] *s mil.* spanischer Reiter. ~ **glass** *s* Drehspiegel *m.*

chev·a·lier [ˌʃevəˈlɪə(r)] *s* **1.** (Ordens)Ritter *m*: ~ of the Legion of Hono(u)r Ritter der Ehrenlegion. **2.** Chevaliˈer *m* (*französischer Adliger*). **3.** *fig.* Kavaˈlier *m.*

che·vaux-de-frise [ʃəˌvəʊdəˈfriːz] *pl von* cheval-de-frise.

che·vet [ʃəˈveɪ] *s arch.* Apsis *f.*

Chev·i·ot [ˈtʃevɪət; ˈtʃiː-] *s* **1.** *zo.* Bergschaf *n.* **2.** *meist* c~ [*Am.* ˈʃevɪət] Cheviot (-stoff) *m.*

chev·ron [ˈʃevrən] *s* **1.** *her.* Sparren *m.* **2.** *mil.* Winkel *m* (*Rangabzeichen*). **3.** *arch.* Zickzackleiste *f.*

chev·ro·tain [ˈʃevrəteɪn; -tɪn] *s zo.* Kant(s)chil *m*, Zwergböckchen *n.*

chev·y [ˈtʃevɪ] **I** *s* **1.** *Br. obs. Ruf bei der (Hetz)Jagd.* **2.** *Br.* (Hetz)Jagd *f.* **3.** *Br.* Barlauf(spiel *n*) *m.* **II** *v/t* **4.** *Br.* jagen. **5.** *j-n* herˈumhetzen, -jagen, *weitS.* piesacken, schikaˈnieren. **III** *v/i* **6.** *Br.* herˈumrennen.

chew [tʃuː] **I** *v/t* **1.** (zer)kauen: to ~ one's nails an den Nägeln kauen; → cud 1, fat 6, rag[1] 1. **2.** *fig.* sinnen auf (*acc*), brüten: to ~ revenge. **II** *v/i* **3.** kauen: to ~ on herumkauen auf (*dat*). **4.** Tabak kauen. **5.** nachsinnen, grübeln (on, over über *acc*). **III** *s* **6.** Kauen *n*: to have a ~ on herumkauen auf (*dat*). **7.** (*das*) Gekaute, (*a.* ~ of tobacco) Priem *m.*

chew·ing [ˈtʃuːɪŋ] → chew 6. ~ **gum** *s* Kaugummi *m, a. n.*

chi [kaɪ] *s* Chi *n* (*griechischer Buchstabe*).

chi·an·ti [kɪˈæntɪ; kɪˈɑːntɪ] *s* Chiˈanti *m.*

chi·a·ro·scu·ro [kɪˌɑːrəˈskʊərəʊ] *pl* **-ros** *s paint.* **1.** Chiaroˈscuro *n*, Helldunkel *n.* **2.** Verteilung *f* von Licht u. Schatten.

chi·as·mus [kaɪˈæzməs] *pl* **-mi** [-maɪ] *s* Chiˈasmus *m.*

chic [ʃiːk; ʃɪk] *colloq.* **I** *s* Schick *m*, Eleˈganz *f*, Geschmack *m.* **II** *adj* (*adv* ~ly) schick, eleˈgant, geschmackvoll.

chi·cane [ʃɪˈkeɪn] **I** *s* **1.** → chicanery. **2.** *Bridge*: Blatt *n* ohne Trümpfe. **3.** *Motorsport*: Schiˈkane *f.* **II** *v/t* **4.** *j-n* überˈvorteilen, betrügen (out of um). **5.** herˈumnörgeln an (*dat*), bekritteln. **III** *v/i* **6.** Rechtskniffe anwenden. **chiˈcan·er·y** [-ərɪ] *s* Schiˈkane *f*, Rechtskniff *m*, -verdrehung *f.*

Chi·ca·no [tʃɪˈkɑːnəʊ] *pl* **-nos** *s* Ameriˈkaner(in) mexiˈkanischer Abstammung.

chic·co·ry → chicory.

chi·chi [ˈʃiːʃiː] *adj colloq.* **1.** (tod)schick. **2.** *contp.* auf schick gemacht.

chick [tʃɪk] *s* **1.** Küken *n*, junger Vogel. **2.** *colloq.* Kleine(s) *n* (*Kind*; *oft als Anrede*). **3.** *sl.* ‚Biene' *f*, ‚Puppe' *f* (*Mädchen*).

chick·a·ree [ˈtʃɪkəˌriː] *s zo. Am.* Rotes Nordamer. Eichhörnchen.

chick·en [ˈtʃɪkɪn] **I** *s* **1.** Küken *n*, Hühnchen *n*, Hähnchen *n*: to count one's ~s before they are hatched das Fell des Bären verkaufen, ehe man ihn hat. **2.** Huhn *n.* **3.** Hühnerfleisch *n.* **4.** *colloq.* ‚Küken' *n* (*junge Person*): she is no ~ sie ist auch nicht mehr die Jüngste. **5.** *colloq.* Feigling *m.* **6.** *mil. sl.* Schiˈkane *f*, ‚Schleifen' *n*: to give s.o. ~ j-n ‚schleifen', mit j-m ‚Schlitten fahren'. **II** *adj* **7.** *colloq.* feig: he is ~; to get ~ → 8. **III** *v/i* **8.** *colloq.* ‚Schiß' bekommen: to ~ out ‚kneifen' (of, on vor *dat*). ~ **breast** *s med.* Hühnerbrust *f.* ˈ~ˌ**breast·ed** *adj* hühnerbrüstig. ~ **broth** *s gastr.* Hühnerbrühe *f.* ~ **farm·er** *s* Geflügelzüchter *m.* ~ **feed** *s* **1.** Hühnerfutter *n.* **2.** *sl. contp.* ‚ein paar Pfennige' *pl*, *a.* Hungerlohn *m*: *a thousand pounds* is no ~ sind kein Pappenstiel. ˈ~ˌ**heart·ed**, ˈ~ˌ**liv·ered** *adj* furchtsam, feige. ~ **pest** *s vet.* Hühnerpest *f.* ~ **pox** *s med.* Windpocken *pl.* ~ **run** *s* Hühnerhof *m*, Auslauf *m.* ~ **wire** *s* feinmaschiges Drahtgeflecht.

ˈchick|·pea *s bot.* Kichererbse *f.* ˈ~**weed** *s bot.* Vogelmiere *f.*

chic·le [ˈtʃɪkl; *Am. a.* -kliː], *a.* ~ **gum** *s* Chicle(gummi) *m* (*für Kaugummi*).

chic·o·ry [ˈtʃɪkərɪ] *s bot.* **1.** Chicorée *f, a. m.* **2.** Ziˈchorie *f* (*als Kaffeezusatzmittel*).

chide [tʃaɪd] *pret* **chid** [tʃɪd], **chid·ed** [ˈtʃaɪdɪd] *pp* **chid, chid·ed** *od.* **chid·den** [ˈtʃɪdn] **I** *v/t* (aus)schelten, tadeln (for wegen). **II** *v/i* zanken, tadeln, schelten.

chief [tʃiːf] **I** *s* **1.** (Ober)Haupt *n*, (An-)Führer *m*, Chef *m*, Vorgesetzte(r) *m*, Leiter *m*: ~ of a department, department ~ Abteilungsleiter. **2.** Häuptling *m*: Red Indian ~ Indianerhäuptling; ~ of the tribe Stammeshäuptling. **3.** *mil. Am.* Inspiziˈent *m.* **4.** *her.* Schildhaupt *n* (*Wappenbild*). **5.** Hauptteil *m, n*, wichtigster Teil. **II** *adj* (*adv* → chiefly) **6.** erst(er, e, es), oberst(er, e, es), höchst(er, e, es), Ober..., Haupt...: ~ accountant *econ.* Hauptbuchhalter *m*; ~ cameraman (*Film*) Aufnahmeleiter *m*; ~ designer Chefkonstrukteur *m*; ~ meal Hauptmahlzeit *f*; ~ problem Hauptproblem *n.* **7.** hauptsächlich, wichtigst(er, e, es): the ~ thing to remember was man sich vor allem merken muß. **III** *adv obs.* **8.** hauptsächlich. ~ **clerk** *s* a) Büˈrovorsteher *m*, b) erster Buchhalter. ~ **con·sta·ble** *s Br.* Poliˈzeipräsiˌdent *m* (*e-r Stadt od. Grafschaft*). ~ **en·gi·neer** *s* **1.** ˈChefingeniˌeur *m.* **2.** *mar.* erster Maschiˈnist. **3.** *mil.* leitender Ingeniˈeur *od.* Pioˈnieroffiˌzier *m.* ~ **ex·am·in·er** *s Patentrecht*: Oberprüfer *m.* **C~ Ex·ec·u·tive** *s Am.* oberster Reˈgierungsbeamter: a) Präsiˈdent *m* (*der USA*), b) Gouverˈneur *m* (*e-s Bundesstaates*). ~ **jus·tice** *s* **1.** *jur.* Oberrichter *m*, Präsiˈdent *m* e-s mehrgliedrigen Gerichtshofes. **2.** *Am. Vorsitzende(r) des* Supreme Court *u. anderer hoher Gerichte*: C~ J~ of the United States.

chief·ly [ˈtʃiːflɪ] *adv* hauptsächlich, vor allem, in der Hauptsache.

chief| of staff *s mil.* **1.** (Geneˈral)Stabschef *m*, Chef *m* des (Geneˈral)Stabes. **2.** *Am.* Inspekˈteur *m* u. Geneˈralstabschef *m* (*e-r Teilstreitkraft*). ~ **of state** *s* Staatschef *m*, -oberhaupt *n.* ~ **pet·ty of·fi·cer** *s mar. mil.* **1.** *Am.* Stabsbootsmann *m.* **2.** *Br.* Oberbootsmann *m.*

chief·tain [ˈtʃiːftən; -tɪn] *s* **1.** Häuptling *m* (*e-s Stammes*). **2.** Anführer *m* (*e-r Bande*). **ˈchief·tain·cy, ˈchief·tain·ship** *s* Amt *n od.* Würde *f* e-s Häuptlings.

chiff·chaff [ˈtʃɪftʃæf] *s orn.* Weidenlaubsänger *m*, Zilpzalp *m.*

chif·fon [ˈʃɪfɒn; *Am.* ʃɪfˈɑn] *s* **1.** Chifˈfon *m* (*Gewebe*). **2.** *pl colloq.* Garniˈtur *f* (*an Damenkleidern*).

chif·fo·nier [ˌʃɪfəˈnɪə(r)] *s* Chiffoniˈere *f* (*Kommode, oft mit Spiegel*).

chig·ger [ˈtʃɪgə(r)] *s zo.* **1.** *parasitische*

Larve einiger Herbst- od. Erntemilben. **2.** → **chigoe.**

chi·gnon [ˈʃiːnjɔ̃ːŋ; *Am.* -ˌjɑːn] *s* Chiˈgnon *m*, Nackenknoten *m*.

chig·oe [ˈtʃɪɡəʊ] *pl* **-oes** *s zo.* Sandfloh *m*.

chi·hua·hua [tʃɪˈwɑːwə; -wɑː] *s zo.* Chihuˈahua *m* (*dem Zwergpinscher ähnlicher Hund*).

chil·blain [ˈtʃɪlbleɪn] *s* Frostbeule *f*. ˈ**chil·blained** *adj* mit Frostbeulen bedeckt.

child [tʃaɪld] *pl* **chil·dren** [ˈtʃɪldrən] *s* **1.** Kind *n*: **with** ~ schwanger; **to get with** ~ schwängern; **from a** ~ von Kindheit an; **be a good** ~! sei artig!; **that's** ~**'s play (compared to** [*od.* **with**]) a) das ist ein Kinderspiel *od.* kinderleicht (verglichen mit), b) das ist harmlos (verglichen mit); ~ **bride** kindliche *od.* (sehr) junge Braut; ~ **labo(u)r** Kinderarbeit *f*. **2.** *fig.* Kind *n*, kindliche *od.* (*contp.*) kindische Perˈson: **don't be such a** ~! sei doch nicht so kindisch!; **he's a** ~ **in such** (*od.* **these**) **matters** er ist in solchen Dingen ziemlich unerfahren. **3.** Kind *n*, Nachkomme *m*: **the children of Israel** die Kinder Israels; **the children of light** a) *Bibl.* die Kinder des Lichtes, b) die Quäker. **4.** *obs. od. poet.* Jüngling *m* vornehmer Abkunft, Junker *m*. **5.** *fig.* Jünger *m*, Schüler *m*. **6.** *fig.* Kind *n*, Proˈdukt *n*. ~ **a·buse** *s jur.* ˈKindesmißˌhandlung *f*. ~ **al·low·ance** *s* Kinderfreibetrag *m*. ˈ~**bear·ing** *s* Gebären *n*: **of** ~ **age** in gebärfähigem Alter. ˈ~**bed** *s* Kind-, Wochenbett *n*: **to be in** ~ im Wochenbett liegen; ~ **fever** *med.* Kindbettfieber *n*. ~ **ben·e·fit** *s Br.* Kindergeld *n*. ˈ~**birth** *s* Geburt *f*, Niederkunft *f*, Entbindung *f*: **to die in** ~ bei der Entbindung sterben. ~ **care** *s* **1.** Kinderbetreuung *f*. **2.** *Br.* Kinderfürsorge *f*.

childe → **child** 4.

Chil·der·mas [ˈtʃɪldə(r)mæs] *s relig. obs.* Fest *n* der Unschuldigen Kinder (*28. Dezember*).

child guid·ance *s* ˈheilpädaˌgogische Betreuung (von Kindern).

child·hood [ˈtʃaɪldhʊd] *s* Kindheit *f*: **from** ~ von Kindheit an; → **second childhood.**

child·ish [ˈtʃaɪldɪʃ] *adj* (*adv* ~**ly**) **1.** kindlich. **2.** kindisch. ˈ**child·ish·ness** *s* **1.** Kindlichkeit *f*. **2.** kindisches Wesen, Kindeˈrei *f*.

child·less [ˈtʃaɪldlɪs] *adj* kinderlos.

ˈ**child·like** *adj* kindlich.

child|mind·er *s* Tagesmutter *f*. ~**por·nog·ra·phy** *s* ˈKinderpornograˌphie *f*. ~**prod·i·gy** *s* Wunderkind *n*. ˈ~**proof** *adj* kindersicher: ~ **lock** *mot.* Kindersicherung *f*.

chil·dren [ˈtʃɪldrən] *pl von* **child**: ~**'s clinic** Kinderklinik *f*; ~**'s home** Kinderheim *n*. **C**~ **Act** *s jur.* Kinderschutzgesetz *n*.

chil·dren·ese [ˌtʃɪldrəˈniːz; -s] *s Am.* kindertümliche *od.* kindgemäße Sprache.

child|steal·ing *s jur.* Kindesraub *m*. ~ **wel·fare** *s* Jugendfürsorge *f*, -hilfe *f*: ~ **worker** Jugendfürsorger(in). ˈ~**wife** *s irr* Kindweib *n*, (sehr) junge Ehefrau.

chil·e → **chili.**

Chil·e·an [ˈtʃɪlɪən] **I** *s* Chiˈlene *m*, Chiˈlenin *f*. **II** *adj* chiˈlenisch.

Chil·e|ni·ter, *bes. Br.* ~**ni·tre** [ˈtʃɪlɪ] → **Chile saltpeter.** ~**salt·pe·ter,** *bes. Br.* ~**salt·pe·tre** *s chem.* ˈChilesalˌpeter *m*.

chil·i [ˈtʃɪlɪ] *pl* **chil·ies** *s bot.* Chili *m* (*a. Cayennepfeffer*): ~ **sauce** Chili(soße *f*) *m*.

chil·i·ad [ˈkɪlɪæd] *s* **1.** Tausend *n*. **2.** Jahrˈtausend *n*. **chil·i·asm** [ˈkɪlɪæzəm] *s relig.* Chiliˈasmus *m*, Lehre *f* vom tausendjährigen Reich Christi.

chill [tʃɪl] **I** *s* **1.** Kältegefühl *n*, Frösteln *n*, (*a.* Fieber)Schauer *m*: ~**s (and fever)** *Am.* Schüttelfrost *m*; **a** ~ **of fear** ein Angstschauder. **2.** Kälte *f*, Kühle *f* (*beide a. fig.*): **autumn** ~ **in the air; to take the** ~ **off** *etwas* leicht anwärmen,überschlagen lassen. **3.** Erkältung *f*: **to catch a** ~ sich erkälten; **she's got a** ~ **on the bladder** *colloq.* sie hat sich die Blase erkältet. **4.** *fig.* Gefühl *n* der Entmutigung, gedrückte Stimmung: **to cast a** ~ **upon** → 11. **5.** *metall.* a) Koˈkille *f*, Abschreck-, Gußform *f*, b) Abschreckstück *n*. **II** *adj* **6.** *a. fig.* kalt, frostig, kühl: **a** ~ **night; a** ~ **reception** ein kühler Empfang. **7.** fröstelnd. **8.** *fig.* bedrückend, entmutigend. **III** *v/i* **9.** abkühlen. **IV** *v/t* **10.** a) *j-n* frösteln lassen, b) abkühlen (lassen), kalt machen, *Lebensmittel etc* kühlen: ~**ed** gekühlt; ~**ed cargo** Kühlgut *n*, gekühlte Ladung; ~**ed meat** Kühlfleisch *n*. **11.** *fig.* abkühlen, entmutigen, dämpfen. **12.** *metall.* a) abschrecken, härten: ~**ed iron** Hartguß *m*, b) in Koˈkille (ver)gießen. ˈ~**cast** *adj metall.* in Koˈkillen gegossen, abgeschreckt. ~**cast·ing** *s metall.* Koˈkillen-, Hartguß *m*.

chil·li *pl* **-lies** → **chili.**

chill·i·ness [ˈtʃɪlɪnɪs] *s* Kälte *f*, Frostigkeit *f* (*beide a. fig.*).

chill·ing [ˈtʃɪlɪŋ] **I** *s* **1.** Abkühlung *f* (*a. fig.*). **2.** *tech.* Abschrecken *n*. **3.** *tech.* Kühlen *n*. **II** *adj* → **chill** 6 *u.* 7.

ˈ**chill·room** *s* Kühlraum *m*.

chill·y[1] [ˈtʃɪlɪ] *adj* a) kalt, frostig, kühl (*alle a. fig.*), b) fröstelnd: **to feel** ~ frösteln.

chil·ly[2] → **chili.**

Chil·tern Hun·dreds [ˈtʃɪltən] *s pl Br.* Kronamt *n* (*dessen Verwaltung der Form halber zurücktretenden Parlamentariern übertragen wird*): **to apply for the** ~ s-n Sitz im Parlament aufgeben.

chi·mae·ra [kaɪˈmɪərə; kɪˈm-] *s* **1.** *zo.* a) Chiˈmäre *f*, Seehase *m*, b) Seedrachen *m*. **2.** → **chimera.**

chimb → **chime**[2].

chime[1] [tʃaɪm] **I** *s* **1.** (Turm)Glockenspiel *n*. **2.** *mus.* Glocken-, Stahlspiel *n* (*des Orchesters*). **3.** Satz *m* Glocken u. Hämmer (*wie bei Spieluhren etc*). **4.** *fig.* Einklang *m*, Harmoˈnie *f*. **5.** harˈmonisches Glockengeläute. **6.** Muˈsik *f*, Meloˈdie *f*. **II** *v/i* **7.** (Glocken) läuten. **8.** ertönen, erklingen. **9.** *fig.* harmoˈnieren, überˈeinstimmen (**with** mit). **10.** ~ **in** sich (ins Gespräch) einmischen, (*a. mus.*) einfallen: **to** ~ **in with** a) zustimmen, beipflichten (*dat*), b) übereinstimmen mit. **III** *v/t* **11.** *Glocken* läuten, *a. e-e Melodie* erklingen lassen. **12.** *die Stunde* schlagen: **Big Ben** ~**s the hours. 13.** rhythmisch *od.* meˈchanisch ˈhersagen.

chime[2] [tʃaɪm] *s* Zarge *f* (*e-s Fasses*).

chim·er[1] [ˈtʃaɪmə(r)] *s* Glockenspieler *m*.

chim·er[2] [ˈtʃaɪmə(r); ˈʃaɪmə(r)] → **chimere.**

chi·me·ra [kaɪˈmɪərə; kɪˈm-] *s* **1.** *myth.* Chiˈmära *f* (*Ungeheuer*). **2.** *fig.* a) Schreckgespenst *n*, b) Schiˈmäre *f*, Hirngespinst *n*, Trugbild *n*. **3.** *bot.* Chiˈmäre *f* (*Pflanze aus Geweben von zwei genotypisch verschiedenen Arten*).

chi·mere [tʃɪˈmɪə(r); ʃɪˈm-] *s relig.* Saˈmarie *f*, Siˈmare *f* (*Obergewand*).

chi·mer·ic [kaɪˈmerɪk; kɪ-] *adj*; **chiˈmer·i·cal** *adj* (*adv* ~**ly**) **1.** schiˈmärisch, trügerisch. **2.** schiˈmärenhaft, phanˈtastisch.

chim·ney [ˈtʃɪmnɪ] *s* **1.** Schornstein *m*, Schlot *m*, Kaˈmin *m*, Rauchfang *m*: **to smoke like a** ~ *fig.* rauchen wie ein Schlot. **2.** (ˈLampen)Zyˌlinder *m*. **3.** a) *geol.* Vulˈkanschlot *m*, b) *mount.* Kaˈmin *m* (*Felsspalt*). **4.** Kaˈmin *m*, Herd *m*, Esse *f*: **open** ~ offener Kamin. ~ **breast** *s* **1.** Kaˈminvorsprung *m*. **2.** → **chimneypiece.** ~ **flue** *s* ˈRauchkaˌnal *m*, Schornsteinzug *m*. ˈ~**piece** *s* Kaˈminsims *m, n*. ~**pot** *s* Kaˈmin-, Schornsteinkappe *f*. ~ **stack** *s* Schornsteinkasten *m* (*mehrerer Schornsteinröhren*). ~ **swal·low** *s orn.* **1.** Rauchschwalbe *f*. **2.** → **chimney swift.** ~ **sweep(·er)** *s* Schornsteinfeger *m*. ~ **swift** *s orn.* (*ein*) Stachelschwanzsegler *m*.

chimp [tʃɪmp] *colloq. für* **chimpanzee.**

chim·pan·zee [ˌtʃɪmpənˈziː; -pæn-; *Am. a.* tʃɪmˈpænziː] *s zo.* Schimˈpanse *m*.

chin [tʃɪn] **I** *s* Kinn *n*: **up to the** ~ a) bis zum Kinn, b) *fig.* bis über die Ohren; **to take it (right) on the** ~ *colloq.* a) schwer einstecken müssen, e-e böse ‚Pleite' erleben, b) es standhaft ertragen, es mit Fassung tragen; **(keep your)** ~ **up!** Kopf hoch!, halt die Ohren steif!; **to stick one's** ~ **out** viel riskieren, den Kopf hinhalten (**for** für). **II** *v/t* **to** ~ **o.s. (up),** to ~ **the bar** e-n Klimmzug machen. **III** *v/i Am. colloq.* schwatzen, plappern.

chi·na [ˈtʃaɪnə] **I** *s* **1.** Porzelˈlan *n*. **2.** (Porzelˈlan)Geschirr *n*. **II** *adj* **3.** aus Porzelˈlan, Porzellan... **C**~ **as·ter** *s bot.* China-, Garten-, Sommeraster *f*. ~**bark** *s bot.* Chinarinde *f*. ~ **blue** *s chem.* Kobaltblau *n*. **C**~ **clay** *s* Kaoˈlin *n, m*, Porzelˈlanerde *f*. **C**~ **ink** *s* chiˈnesische Tusche.

Chi·na·man [ˈtʃaɪnəmən] *s irr meist contp.* Chiˈnese *m*.

ˈ**chi·na|root** *s bot.* Chinawurzel *f*. **C**~ **rose** *s bot.* **1.** Chiˈnesischer Roseneibisch. **2.** Monatsrose *f*. ˈ**C**~**town** *s* Chiˈnesenviertel *n*. ˈ~**ware** *s* Porzelˈlan(waren *pl*) *n*.

chinch [tʃɪntʃ] *s zo. Am.* **1.** Bettwanze *f*. **2.** *a.* ~ **bug** Getreidewanze *f*.

chin·chil·la [tʃɪnˈtʃɪlə] *s* **1.** *zo.* Chinˈchilla *f*. **2.** Chinˈchilla(pelz) *m*.

chin-chin [ˌtʃɪnˈtʃɪn; *Am.* ˈ-ˌtʃɪn] *interj colloq.* **1.** a) (guten) Tag!, b) tschüs!, adiˈeu! **2.** chin-chin!, prosit!, prost!

chine[1] [tʃaɪn] *s Br. dial.* Klamm *f*, tiefe, enge Schlucht.

chine[2] [tʃaɪn] *s* **1.** Rückgrat *n*, Kreuz *n*. **2.** Kamm-, Lendenstück *n* (*vom Schlachttier*). **3.** (Berg)Kamm *m*, Grat *m*. **4.** *mar.* Kimme *f*.

Chi·nee [tʃaɪˈniː] *s colloq.* Chiˈnese *m*.

Chi·nese [ˌtʃaɪˈniːz] **I** *adj* **1.** chiˈnesisch. **II** *s* **2.** a) Chiˈnese *m*, Chiˈnesin *f*, b) *pl* Chiˈnesen *pl*. **3.** *ling.* Chiˈnesisch *n*, das Chinesische. ~ **cab·bage** *s bot.* Chinakohl *m*. ~ **lan·tern** *s* Paˈpierlaˌterne *f*, Lampiˈon *m, n*. ~ **puz·zle** *s* **1.** (*ein*) Geduld(s)spiel *n*. **2.** *fig.* kompliˈzierte Angelegenheit. ~**red** *s* Ziˈnoberrot *n*. ~ **stud·ies** *s pl* Sinoloˈgie *f*. ~ **white** *s* Zinkweiß *n*.

Chink[1] [tʃɪŋk] *s sl. contp.* Chiˈnese *m*.

chink[2] [tʃɪŋk] **I** *s* **1.** Riß *m*, Ritze *f*, Spalt *m*, Spalte *f*: **the** ~ **in s.o.'s armo(u)r** *fig.* j-s schwacher Punkt; → **glottal. 2.** ~ **of light** schmaler Lichtstrahl *od.* -streifen. **II** *v/t* **3.** *bes. Am.* die Ritzen *etc* schließen von *od.* in (*dat*).

chink[3] [tʃɪŋk] **I** *v/t* klingen *od.* klirren lassen, klimpern mit (*Geld etc*), mit *den Gläsern* anstoßen. **II** *v/i* klimpern, klingeln. **III** *s* Klingen *n*, Klirren *n*, Klimpern *n*.

chink·y [ˈtʃɪŋkɪ] *adj* rissig.

chin·less [ˈtʃɪnlɪs] *adj* **1. to be** ~ a) ein fliehendes Kinn haben, b) *Br. colloq.* willensschwach sein. **2.** ~ **wonder** *Br. colloq.* Trottel *m*, *bes.* vertrottelter Vertreter der Oberschicht.

Chino- [tʃaɪnəʊ] *Wortelement mit der Bedeutung* chinesisch.

Chi·nook [tʃɪˈnʊk; *Am. a.* ʃə-] *s* **1.** *pl*

-nook, -nooks Chiˈnook(indiˌaner) *m*. **2.** *ling*. Chiˈnook *n*. **3.** ∼ *Am*. Chiˈnook *m*, föhnartiger Wind.
chin strap *s* Kinn-, Sturmriemen *m*.
chintz [tʃɪnts] *s* Chintz *m*, ˈMöbelkatˌtun *m*. **ˈchintz·y** *adj colloq*. **1.** schmuck. **2.** *Am*. ‚billig', geschmacklos.
ˈchin·wag *colloq*. **I** *s* **1.** Plaudeˈrei *f*, Schwätzchen *n*, Plausch *m*. **2.** Klatsch *m*, Tratsch *m*. **II** *v/i* **3.** plaudern, schwatzen, plauschen. **4.** klatschen, tratschen.
chip [tʃɪp] **I** *s* **1.** (Holz- *od*. Meˈtall)Splitter *m*, Span *m*, Schnitzel *n*, *m*, Abfall *m*: **he is a ∼ of the old block** *fig*. er ist ganz der Vater; **to have a ∼ on one's shoulder** *colloq*. a) sich ständig angegriffen fühlen, b) e-n Komplex haben (**about** wegen). **2.** angeschlagene Stelle (*an Geschirr etc*). **3.** *gastr*. a) Scheibchen *n*: **orange∼s**, b) *pl Br*. Pommes ˈfrites *pl*, c) *pl Am*. (Karˈtoffel)Chips *pl*. **4.** Spielmarke *f*: **to be in the ∼s** *Am. colloq*. ‚Zaster haben', reich sein; **to cash in one's ∼s** *bes. Am. colloq*. ‚den Löffel weglegen' (*sterben*); **the ∼s are down** *colloq*. jetzt geht es um die Wurst; **when the ∼s are down** *colloq*. wenn es hart auf hart geht; **to have had one's ∼s** *Br. colloq*. ausgespielt haben. **5.** *Golf*: Chip (shot) *m* (*kurzer Annäherungsschlag, bei dem der Ball so auf das Grün gehoben wird, daß er noch rollen kann*). **6.** (geschliffener Brilˈlant- *etc*) Splitter. **7.** Holz- *od*. Strohfasern *pl* (*für Korbflechter etc*). **8.** *electr*. Chip *m* (*Siliziumplättchen mit gedruckten Schaltungen*). **II** *v/t* **9.** (mit der Axt *od*. dem Meißel *etc*) behauen. **10.** abraspeln, abschnitzeln. **11.** abbrechen. **12.** *Kanten, Ecken von Geschirr etc* an-, abschlagen. **III** *v/i* **13.** abbrechen, abbröckeln. **14.** *Golf*: chippen, e-n Chip schlagen *od*. spielen.
Verbindungen mit Adverbien:
chip| in I *v/i* **1.** *Am*. (ein)setzen (*beim Spiel*). **2.** *colloq*. dazu beisteuern, e-n Beitrag leisten: **to ∼ with** → 5. **3.** *colloq*. sich (*in ein Gespräch*) einmischen. **II** *v/t colloq*. **4.** (*im Gespräch*) einwerfen. **5.** *Geld etc* beisteuern. **∼ off I** *v/t* abbrechen. **II** *v/i* abbröckeln, abblättern.
chip| ax(e) *s* Schlichtbeil *n*. **∼ bas·ket** *s* Spankorb *m*. **∼ bird** *s orn*. (*ein*) amer. Sperling *m*. **ˈ∼board** *s* **1.** (Holz)Spanplatte *f*. **2.** Graupappe *f*. **ˈ∼ˌmunk** *s zo. Am*. gestreiftes Eichhörnchen. **∼ pan** *s* Friˈteuse *f*.
chipped [tʃɪpt] *adj* **1.** angeschlagen (*Geschirr etc*). **2.** abgebröckelt.
Chip·pen·dale [ˈtʃɪpəndeɪl] *s* Chippendale *n* (*Möbelstil*).
chip·per[1] [ˈtʃɪpə(r)] *adj bes. Am. colloq*. lebhaft, munter, vergnügt.
chip·per[2] [ˈtʃɪpər] *v/i Am*. **1.** zwitschern. **2.** schwatzen, plappern.
chip·ping [ˈtʃɪpɪŋ] *s* **1.** Abspringen *n*, Abbröckeln *n* (*e-s Stückes*). **2.** *tech*. Ab-, Grobmeißeln *n*. **3.** a) Span *m*, Schnitzel *m*, *n*, abgesprungenes *od*. abgeschlagenes Stück, b) angestoßene Ecke. **4.** *pl tech*. a) Bohrspäne *pl*, b) (Straßen)Splitt *m*.
chip·py [ˈtʃɪpɪ] **I** *s* **1.** *Am. sl*. ‚Flittchen' *n*, ‚leichtes Mädchen'. **2.** → **chip bird**. **II** *adj* **3.** angeschlagen (*Geschirr etc*). **4.** *fig*. trocken, fad. **5.** *Am. sl*. verkatert.
chip shot → chip 5.
chirk [tʃɜrk] *Am. colloq*. **I** *adj* → **chipper**[1]. **II** *v/t* ∼ **up** aufheitern, aufmuntern.
chi·rog·ra·pher [kaɪəˈrɒgrəfə(r); *Am*. -ˈrɑ-] *s* **1.** Schönschreiber *m*. **2.** *Br. hist*. (Amts)Schreiber *m*. **chiˈrog·ra·phy** *s* **1.** Schönschreibkunst *f*. **2.** Handschrift *f*.
chi·ro·man·cer [ˈkaɪərəʊmænsə(r)] *s* Chiroˈmant *m*, Handliniendeuter *m*. **ˈchi·ro·man·cy** *s* Chiromanˈtie *f*, Handlesekunst *f*.
chi·rop·o·dist [kɪˈrɒpədɪst; ʃɪˈr-; *Am*. -ˈrɑ-] *s* Fußpfleger(in), Pediˈküre *f*. **chiˈrop·o·dy** *s* Fußpflege *f*, Pediˈküre *f*.
chi·ro·prac·tic [ˌkaɪərəʊˈpræktɪk] *s med*. Chiroˈpraktik *f*. **ˈchi·ro·prac·tor** [-tə(r)] *s* Chiroˈpraktiker *m*.
chirp [tʃɜːp; *Am*. tʃɜrp] **I** *v/t u. v/i* **1.** a) zirpen (*Grille etc*), b) zwitschern, piepsen (*Vogel*) (*alle a. fig. Person etc*). **II** *s* **2.** a) Gezirp *n*, b) Zwitschern *n*, Piepsen *n*. **3.** Piepser *m*. **ˈchirp·y** *adj* (*adv* **chirpily**) *colloq*. ‚quietschvergnügt', munter.
chirr [tʃɜː; *Am*. tʃɜr] **I** *v/i* zirpen (*Grille*). **II** *s* Zirpen *n*.
chir·rup [ˈtʃɪrəp; *Am. a*. ˈtʃɜrəp] **I** *v/i* **1.** (*a. v/t*) → **chirp** I. **2.** mit der Zunge schnalzen. **II** *s* **3.** → **chirp** II. **4.** (Zungen)Schnalzer *m*.
chis·el [ˈtʃɪzl] **I** *s* **1.** Meißel *m*. **2.** *tech*. (Stech)Beitel *m*, Stemmeisen *n*. **II** *v/t pret u. pp* **-eled,** *bes. Br*. **-elled 3.** mit dem Meißel bearbeiten, (aus)meißeln. **4.** *fig*. stiˈlistisch ausfeilen. **5.** *sl*. a) ‚reinlegen', betrügen (**out**, **of** um), b) ergaunern. **III** *v/i* **6.** meißeln. **7.** *sl*. ‚krumme Sachen machen'. **ˈchis·el(l)ed** *adj* **1.** (aus)gemeißelt, geformt. **2.** *fig*. scharfgeschnitten: ∼ **face**; **a finely ∼ mouth** ein feingeschnittener Mund. **3.** *fig*. a) ausgefeilt, geschliffen: ∼ **style**, b) durchˈdacht: ∼ **idea**. **ˈchis·el·(l)er** *s sl*. Gauner(in), Betrüger(in).
chi-square| dis·tri·bu·tion [ˈkaɪskweə(r)] *s Statistik*: ˈChi-Quaˌdrat-Verteilung *f*. **∼ test** *s Statistik*: ˈChi-Quaˌdrat-Test *m*.
chit[1] [tʃɪt] *s* Kind *n*: **a ∼ of a girl** a) ein junges Ding, b) *contp*. ein Fratz.
chit[2] [tʃɪt] *s* **1.** vom Gast abgezeichnete Speisen- *od*. Getränkerechnung (*e-s Clubs etc*). **2.** Rechnung *f*, Quittung *f*. **3.** a) kurzer Brief, (kurze) Noˈtiz, b) beschriebener Zettel. **4.** Zeugnis *n* (*für Hausangestellte etc*).
chit·chat [ˈtʃɪttʃæt] **I** *s* **1.** Plaudeˈrei *f*, Plausch *m*. **2.** Klatsch *m*, Tratsch *m*. **II** *v/i* **3.** plaudern, plauschen. **4.** klatschen, tratschen.
chit·ter·lings [ˈtʃɪtə(r)lɪŋz] *s pl* Inneˈreien *pl*, Gekröse *n* (*bes. vom Schwein*).
chiv → **chive**[2].
chiv·al·resque [ˌʃɪvlˈresk], **chiv·al·ric** [ˈʃɪvlrɪk; *Am*. ʃəˈvæl-] *adj* ritterlich, gaˈlant, chevaleˈresk. **ˈchiv·al·rous** *adj* (*adv* ∼**ly**) **1.** → **chivalresque**. **2.** a) tapfer, b) loyˈal, c) großzügig. **ˈchiv·al·ry** [-rɪ] *s* **1.** Ritterlichkeit *f*, ritterliches *od*. gaˈlantes Benehmen: **the age of ∼ is not dead yet** es gibt noch immer Kavaliere. **2.** ritterliche Tugend. **3.** *hist*. a) Rittertum *n*, -wesen *n*, b) Ritterstand *m*, c) Gruppe *f* von Rittern.
chive[1] [tʃaɪv] *s bot*. Schnittlauch *m*.
chive[2] [tʃɪv] *sl*. **I** *s* Messer *n*. **II** *v/t* a) mit dem Messer verletzen, b) erstechen.
chive gar·lic → **chive**[1].
chiv·y, chiv·vy [ˈtʃɪvɪ] → **chevy**.
chlo·ral [ˈklɔːrəl] *s chem*. Chloˈral *n*: ∼ (**hydrate**) Chloralhydrat *n*. **ˈchlo·ral·ism** *s med*. Chloraˈlismus *m*, Chloˈralvergiftung *f*.
chlo·rate [ˈklɔːreɪt] *s chem*. Chloˈrat *n*, chlorsaures Salz. **ˈchlo·ric** *adj chem*. chlorhaltig, Chlor..., chlorsauer: ∼ **acid** Chlorsäure *f*. **ˈchlo·ride** [-raɪd] *s chem*. Chloˈrid *n*, Chlorverbindung *f*: ∼ **of lime** Chlorcalcium *n*. **ˈchlo·rin·ate** [-rɪneɪt] *v/t* **1.** *chem*. chloˈrieren, mit Chlor verbinden *od*. behandeln: ∼**d lime** Chlorkalk *m*. **2.** *Wasser etc* chloren. **ˈchlo·rine** [-riːn] *s chem*. Chlor *n*.
chlo·rite[1] [ˈklɔːraɪt] *s min*. Chloˈrit *m*.
chlo·rite[2] [ˈklɔːraɪt] *s chem*. chlorigsaures Salz.
chlo·ro·form [ˈklɒrəfɔː(r)m; *Am. a*. ˈkləʊ-] **I** *s chem. med*. Chloroˈform *n*. **II** *v/t* a) chloroforˈmieren, b) *Tier* durch Chloroˈform töten.
chlo·ro·phyll, *Am. a*. **chlo·ro·phyl** [ˈklɒrəfɪl; *Am. a*. ˈkləʊ-] *s bot*. Chloroˈphyll *n*, Blattgrün *n*.
chlo·ro·plast [ˈklɒrəplæst; *Am. a*. ˈkləʊ-] *s bot*. Chloroˈplast *n*, Farbstoffträger *m*.
chlo·ro·sis [kləˈrəʊsɪs] *s bot*. Chloˈrose *f*, *med. a*. Bleichsucht *f*. **chloˈrot·ic** [-ˈrɒtɪk; *Am*. -ˈrɑ-] *adj bot*. chloˈrotisch, *med. a*. bleichsüchtig.
chlo·rous [ˈklɔːrəs; *Am. a*. ˈkləʊrəs] *adj chem*. chlorig: ∼ **acid** Chlorsäure *f*.
chock [tʃɒk; *Am*. tʃɑk] **I** *s* **1.** (Brems-, Hemm)Keil *m*. **2.** *mar*. (Boots)Klampe *f*. **II** *v/t* **3.** festkeilen. **4.** *meist* ∼ **up** vollstopfen (**with** mit). **III** *adv* **5.** möglichst nahe, dicht: ∼ **against the wall** dicht an die Wand *stellen etc*. **ˌ∼-a-ˈblock** *adj* **1.** *mar*. Block an Block. **2.** *fig*. vollgestopft (**with** mit). **ˌ∼-ˈfull** *adj* zum Bersten *od*. ‚gerammelt' voll (**of** mit).
choc·o·late [ˈtʃɒkələt; -klət; *Am. a*. ˈtʃɑk-] **I** *s* **1.** Schokoˈlade *f* (*a. als Getränk*). **2.** Praˈline *f*: ∼**s** Pralinen, Konfekt *n*. **3.** Schokoˈlade(n)braun *n*. **II** *adj* **4.** schokoˈladen, Schokolade(n)... **5.** schokoˈlade(n)braun. **∼ cream** *s* ˈCremepraˌline *f*.
choice [tʃɔɪs] **I** *s* **1.** *allg*. Wahl *f*: a) Auswahl *f*: **to have the ∼** die Wahl haben; **to make a ∼** wählen, e-e Wahl treffen; **to take one's ∼** s-e Wahl treffen, sich etwas aussuchen; **his ∼ fell on me** s-e Wahl fiel auf mich; **colo(u)r of ∼** bevorzugte Farbe; ∼ **of ends** *sport* Seiten-, Platzwahl *f*, b) freie Wahl: **at ∼** nach Belieben; **of one's own free ∼** aus eigener freier Wahl; **for** (*od*. **by**) ∼ am liebsten, vorzugsweise; **to give s.o. his ∼** j-m die Wahl lassen; → **Hobson's choice**, c) gewählte *od*. auserwählte Perˈson *od*. Sache: **you are his ∼** s-e Wahl ist auf Sie gefallen; **it was his ∼** er wollte es ja so *od*. nicht anders, d) Alternaˈtive *f*, andere Möglichkeit: **I have no ∼** ich habe keine andere Wahl (**but to do** als zu tun), *a*. es ist mir einerlei. **2.** (große *od*. reichhaltige) Auswahl (**of an** *dat*): **a wide** (*od*. **big**) **∼ of products**. **3.** Auslese *f*, (*das*) Beste, (*die*) Eˈlite: **the ∼ of everything** das Beste, was es gibt; **the ∼ of our troops** unsere Kerntruppen. **II** *adj* (*adv* ∼**ly**) **4.** auserlesen, ausgesucht (gut): ∼ **quality**; **a ∼ dinner** ein erlesenes *od*. vorzügliches Mahl; ∼ **goods** ausgesuchte *od*. ausgesucht gute Waren; **in ∼ words** in gewählten Worten. **5.** wählerisch (**of** mit). **6.** *humor*. deftig (*Sprache*): ∼ **word** Kraftausdruck *m*. **ˈchoice·ness** *s* Auserlesenheit *f*, Gewähltheit *f*.
choir [ˈkwaɪə(r)] **I** *s* **1.** *mus*. a) (*bes*. Kirchen)Chor *m*, b) Stimmgruppe *f* (*e-s Chors*), c) Instruˈmentengattung *f* (*Orchester*), d) Gruppe *f*, Chor *m* (*gleicher Instrumente od. Orgelregister*). **2.** *arch*. Chor *m*: a) Chor-, Alˈtarraum *m*, b) ˈChoremˌpore *f*. **II** *v/i* **3.** im Chor singen. **ˈ∼boy** *s* Chor-, Sängerknabe *m*. **∼ loft** *s* ˈChoremˌpore *f* (*Kirche*). **ˈ∼ˌmas·ter** *s* ˈChordiriˌgent *m*, -leiter *m*. **∼ or·gan** *s* Chororgel *f*.
choke [tʃəʊk] **I** *s* **1.** Würgen *n*. **2.** *mot*. Choke *m*, Luftklappe *f*: **to pull out the ∼** den Choke ziehen. **3.** *electr*. Drosselspule *f*. **4.** → **chokebore** 1. **5.** *Judo*: Würgegriff *m*. **II** *v/t* **6.** würgen. **7.** e-n Erstickungsanfall herˈvorrufen bei *j-m*. **8.** erwürgen, erdrosseln, (*a. weitS. Feuer*) ersticken: **the smoke almost ∼d me** ich bin an dem Rauch fast erstickt; **rage ∼d him** er brachte vor Wut kein Wort her-

aus. **9.** *a.* ~ **back** (*od.* **down**) *fig. Bemerkung, Ärger etc* unter'drücken, hin'unterschlucken, *Tränen* zu'rückhalten. **10.** *tech. Motor* a) drosseln, b) *colloq.* ‚abwürgen'. **11.** *electr. Strom* drosseln. **12.** *a.* ~ **back** *fig. Konjunktur etc* drosseln, dämpfen: **to ~ (back) the building boom. 13.** *a.* ~ **off** *fig.* a) *Diskussion etc* abwürgen, b) *j-s Redefluß* stoppen. **14.** *a.* ~ **up** a) verstopfen, b) vollstopfen. **III** *v/i* **15.** würgen. **16.** ersticken (**on** an *dat*): **he was choking with anger** er erstickte fast vor Wut. **17.** e-n Erstickungsanfall haben. **18.** *a.* ~ **up** sich verstopfen. **19. the words ~d in his throat** die Worte blieben ihm im Hals stecken. **20. he ~d up** es schnürte ihm die Kehle zu(sammen). **21.** ~ **up** verkrampfen (*Sportler etc*). '**~·bore** *s tech.* **1.** Chokebohrung *f.* **2.** Schrotflinte *f* mit Chokebohrung. **~·coil** *s* **1.** *electr.* Drosselspule *f.* **2.** *tech.* Abflachungsdrossel *f.* '**~·damp** *s Bergbau*: Ferch *m*, (Nach-)Schwaden *m*, Stickwetter *n*. ,**~-'full** → chock-full.

chok·er ['tʃəʊkə(r)] *s colloq.* a) ‚Vatermörder' *m* (*enger od. hoher Kragen*), b) enge Kette, enges Halsband.

chok·ing ['tʃəʊkɪŋ] *adj* **1.** erstickend: ~ **air** stickige Luft. **2.** *fig.* (*vor Bewegung, Zorn etc*) erstickt: **to speak with a ~ voice.**

chok·y[1] ['tʃəʊkɪ] *adj* stickig: ~ **air.**

chok·y[2] ['tʃəʊkɪ] *s* **1.** *Br. Ind.* 'Post-, 'Zollstati,on *f.* **2.** *Br. sl.* ‚Kittchen' *n*.

chol·er ['kɒlə; *Am.* 'kɑlər; 'kəʊ-] *s* **1.** *obs.* Galle *f.* **2.** *fig.* Zorn *m*: **to raise s.o.'s ~** j-s Zorn erregen.

chol·er·a ['kɒlərə; *Am.* 'kɑ-] *s med. vet.* Cholera *f.*

chol·er·ic ['kɒlərɪk; *Am.* 'kɑ-] *adj* (*adv* **~ally**) cho'lerisch, aufbrausend, jähzornig.

chol·er·ine ['kɒlərɪn; -raɪn; *Am.* 'kɑ-] *s med.* Chole'rine *f*, 'Brech,durchfall *m*.

cho·les·ter·in [kə'lestərɪn], **cho·les·ter·ol** [kə'lestərɒl; *Am. a.* -,rəʊl] *s physiol.* Choleste'rin *n*.

choo-choo ['tʃu:tʃu:] *s Kindersprache*: Puff-Puff *f* (*Eisenbahn*).

choose [tʃu:z] *pret u. obs. pp* **chose** [tʃəʊz] *pp* **cho·sen** ['tʃəʊzn] **I** *v/t* **1.** (aus)wählen, aussuchen: **to ~ a hat; to ~ s.o. as** (*od.* **for** *od.* **to be**) **one's leader** j-n zum Führer wählen; → **chosen** II. **2.** *a. iro.* belieben, (es) vorziehen, beschließen (**to do** zu tun): **he chose to run** er zog es vor davonzulaufen; **he did not ~ to answer** er geruhte nicht zu antworten; **to do as one ~s** tun, wie es e-m beliebt; **stay as long as you ~** bleibe so lange, wie du willst *od.* wie es dir gefällt. **II** *v/i* **3.** wählen: **you have chosen well** Sie haben e-e gute Wahl getroffen. **4.** die Wahl haben, wählen (können): **there are three versions to ~ from** es stehen drei Ausführungen zur (Aus)Wahl; **there is not much to ~ between them** es ist kaum ein Unterschied zwischen ihnen; **he cannot ~ but come** er hat keine andere Wahl als zu kommen; es bleibt ihm nichts anderes übrig, als zu kommen. '**choos·er** *s* (Aus)Wählende(r *m*) *f*: → **beggar** 2. '**choos·ey** → **choosy.** '**choos·ing** *s* Auswahl *f*: **it is all of your ~** Sie wollten es ja so *od.* nicht anders. '**choos·y** *adj colloq.* wählerisch, heikel.

chop[1] [tʃɒp; *Am.* tʃɑp] **I** *s* **1.** Hieb *m*, Schlag *m* (*a. Karate*): **he got the ~** *colloq.* er ist ‚rausgeflogen' (*entlassen worden*). **2.** Chop *m*: a) (*Boxen*) *kurzer, nach unten gerichteter Schlag*, b) (*Tennis*) *Schlag, bei dem sich Schlägerbahn u. Schlagfläche in e-m Winkel von mehr als 45° schneiden.* **3.** *gastr.* Kote'lett *n*. **4.** *agr.* gehäckseltes Futter. **5.** *pl* kurzer, unregelmäßiger Wellenschlag. **II** *v/t* **6.** (zer)hacken, hauen, spalten, in Stücke hacken: **to ~ wood** Holz hacken; → **logic** 2. **7.** *Tennis*: *den Ball* choppen. **8.** *aer. Am.* (ab)drosseln. **III** *v/i* **9.** hacken. **10.** sich einmischen (**in[to]** in *ein Gespräch*). **11.** schnappen (**at** nach). **12.** *Tennis*: choppen.

Verbindungen mit Adverbien:

chop| a·way I *v/t* abhacken. **II** *v/i* (munter) drauf'loshacken. **~ down** *v/t* **1.** fällen. **2.** *Fußball*: 'umsäbeln. **~ in** *v/i* sich (*in ein Gespräch*) einmischen. **~ off** *v/t* **1.** abhacken. **2.** *tech. Metall* abschroten, schruppen. **~ up** *v/t* zer-, kleinhacken.

chop[2] [tʃɒp; *Am.* tʃɑp] **I** *v/i* **1.** *oft* ~ **about,** ~ **round** sich drehen u. wenden, plötzlich 'umschlagen (*Wind etc*): **to ~ and change** *fig.* dauernd s-e Meinung *od.* s-e Pläne ändern, hin u. her schwanken. **II** *v/t* **2.** ~ **logic** (*bes.* haarspalterisch) dispu'tieren (**with** mit). **3.** *Br. obs.* → **barter** 3. **III** *s* **4.** *meist pl* Wechsel *m*: **~s and changes** ewiges Hin u. Her.

chop[3] [tʃɒp; *Am.* tʃɑp] *s* **1.** *meist pl* (Kinn)Backen *pl.* **2.** *pl humor.* Mund *m*: **to lick one's ~s** sich die Lippen lecken. **3.** *pl fig.* Maul *n*, Rachen *m*, Mündung *f* (*e-r Kanone etc*).

chop[4] [tʃɒp; *Am.* tʃɑp] *s* (*in Indien u. China*) **1.** (Amts)Stempel *m*. **2.** amtlich gestempeltes Doku'ment, Pas'sierschein *m*: **grand ~** Zollschein. **3.** (*bes. in China*) Handelsmarke *f.* **4.** Quali'tät *f*: **first ~** a) erste Sorte, b) erstklassig.

,**chop-'chop** (*Pidgin-English*) **I** *adv* schnell. **II** *interj* hopphopp!

'**chop·house**[1] *s* Steakhaus *n*.

'**chop·house**[2] *s* (*China*) Zollhaus *n*.

chop·per ['tʃɒpə; *Am.* 'tʃɑpər] **I** *s* **1.** (Holz- *etc*)Hacker *m*. **2.** Hackmesser *n*, -beil *n*, Häckselmesser *n*. **3.** *electr.* Zerhacker *m*. **4.** *pl sl.* ‚Beißerchen' *pl* (*Zähne*). **5.** *colloq.* Hubschrauber *m*. **6.** *bes. Am. sl.* Ma'schinengewehr *n*. **7.** *bes. Br. sl.* ‚Schwanz' *m* (*Penis*). **II** *v/t* **8.** *colloq.* mit dem Hubschrauber transpor'tieren *od.* befördern. **III** *v/i* **9.** *colloq.* mit dem Hubschrauber fliegen.

chop·ping ['tʃɒpɪŋ; *Am.* 'tʃɑ-] **I** *adj* **1.** unruhig, ungleichmäßig, gegenein'anderlaufend (*Wellen etc*): ~ **sea** kabbelige See. **2.** plötzlich 'umschlagend, böig (*Wind etc*). **II** *s* **3.** Wechsel *m*: ~ **and changing** ewiges Hin u. Her.

chop·ping| block *s* Hackblock *m*, -klotz *m*. **~ knife** *s irr* Hack-, Wiegemesser *n*.

chop·py ['tʃɒpɪ; *Am.* 'tʃɑ-] *adj* **1.** *mar.* unruhig, kabbelig: ~ **sea. 2.** böig (*Wind*). **3.** *fig.* a) abgehackt: ~ **style,** b) zu'sammenhang(s)los.

'**chop|·stick** *s* Eßstäbchen *n* (*der Chinesen etc*). **~su·ey** ['su:ɪ] *s gastr.* Chop Suey *n* (*chinesisches Gericht aus verschiedenen Gemüsen mit Hühner- od. Schweinefleisch*).

cho·ra·gus [kɒ'reɪgəs; *bes. Am.* kə'r-] *pl* **-gi** [-dʒaɪ], **-gus·es** *s* **1.** *antiq.* Cho'reg *m*, Chorführer *m*. **2.** *mus.* a) Chorleiter *m*, b) 'Chordi,rektor *m* (*Kirche*).

cho·ral ['kɔ:rəl] *adj* (*adv* **~ly**) Chor..., chorartig: ~ **concert** Chorkonzert *n*; ~ **service** Chorgottesdienst *m*; ~ **society** Gesangverein *m*, Chor *m*. **cho·ral(e)** [kɒ'rɑ:l; *Am.* kə'ræl; kə'rɑ:l] *s* Cho'ral *m*.

chord[1] [kɔ:(r)d] *s* **1.** *mus.* Saite *f.* **2.** *fig.* Saite *f*, Ton *m*: **to strike the right ~** den richtigen Ton treffen; **does that strike a ~?** erinnert dich das an etwas? **3.** *math.* Sehne *f.* **4.** *tech.* a) Kämpferlinie *f*, b) Spannweite *f.* **5.** *anat.* a) Band *n*, b) Strang *m*. **6.** *aer.* (Pro'fil)Sehne *f.*

chord[2] [kɔ:(r)d] *s mus.* Ak'kord *m*: **to break into a ~** *sl.* e-n Tusch blasen.

chor·di·tis [kɔ:(r)'daɪtɪs] *s med.* **1.** Chor'ditis *f*, Stimmbandentzündung *f.* **2.** Samenstrangentzündung *f.*

chore [tʃɔ:(r)] **I** *s* **1.** *pl* Hausarbeit *f*: **to do the ~s** den Haushalt machen, die Hausarbeit erledigen. **2.** schwierige *od.* unangenehme Aufgabe. **II** *v/i* **3.** *Am.* den Haushalt machen, die Hausarbeit erledigen.

cho·re·a [kɒ'rɪə; *Am.* kə'ri:ə] *s med.* Cho'rea *f*, Veitstanz *m*.

cho·re·o·graph ['kɒrɪəgræf; *Am. a.* 'kəʊ-] *v/t Ballett* choreogra'phieren. **cho·re·og·ra·pher** [,kɒrɪ'ɒgrəfə; *Am.* ,kəʊri:'ɑgrəfər] *s* Choreo'graph(in). ,**cho·re·o'graph·ic** [-rɪə'græfɪk] *adj* (*adv* **~ally**) choreo'graphisch. ,**cho·re·'og·ra·phy** *s* Choreogra'phie *f*: a) Tanzschrift *f*, b) Bal'lett-, Tanzgestaltung *f.*

cho·ri·amb ['kɒrɪæmb; -æm; *Am. a.* 'kəʊ-] *s*, **cho·ri·am·bus** [,kɒrɪ'æmbəs; *Am. a.* ,kəʊ-] *pl* **-bus·es, -bi** [-baɪ] *s metr.* Chori'ambus *m* (*aus Trochäus und Jambus*).

cho·ric ['kɒrɪk; *Am. a.* 'kəʊ-; 'kɑ-] *adj* Chor..., chorisch.

cho·ri·oid ['kɔ:rɪɔɪd; *Am. a.* 'kəʊ-] *s anat.* Chorio'idea *f*, Aderhaut *f* des Auges.

cho·ri·on ['kɔ:rɪɒn; *Am.* 'kəʊri:,ɑn] *s biol.* Chorion *n*, Ei-, Fruchthaut *f.*

chor·is·ter ['kɒrɪstə(r); *Am. a.* 'kəʊ-; 'kɑ-] *s* **1.** (*bes.* Kirchen)Chorsänger(in), *bes.* Chorknabe *m*. **2.** *Am.* Kirchenchorleiter *m*.

cho·rog·ra·phy [kɒ'rɒgrəfɪ; *Am.* kə'rɑ-] *s* **1.** Chorogra'phie *f*, Land(schafts)beschreibung *f.* **2.** karto'graphische Darstellung e-s Landstrichs.

cho·roid ['kɔ:rɔɪd; *Am. a.* 'kəʊ-] → **chorioid.**

cho·rol·o·gy [kə'rɒlədʒɪ; *Am.* -'rɑl-] *s biol.* Chorolo'gie *f*, Studium *n* der örtlichen Verbreitung von Lebewesen.

chor·tle ['tʃɔ:(r)tl] **I** *v/t u. v/i* **1.** glucksen (**with** vor *Vergnügen etc*). **II** *s* **2.** Glucksen *n*. **3.** Gluckser *m*.

cho·rus ['kɔ:rəs; *Am. a.* 'kəʊrəs] **I** *s* **1.** *antiq.* Chor *m* (*im Drama*). **2.** *thea.* a) (Sänger)Chor *m*, b) Tanzgruppe *f* (*bes. e-r Revue*). **3.** *mus.* Chor *m*: a) 'Chorpar,tie *f*, b) 'Chorkompositi,on *f*, c) ('Chor-)Re,frain *m*, Kehrreim *m*. **4.** *hist.* Chorus *m*, Chorsprecher *m* (*bes. im Elisabethanischen Drama*). **5.** *fig.* Chor *m*: ~ **of protest** Protestgeschrei *n*; **in ~** im Chor, alle gemeinsam. **6.** Mix'turenchor *m* (*e-r Orgel*). **7.** *Jazz*: Chorus *m*, Variati'onsthema *n od.* -peri,ode *f.* **II** *v/t u. v/i* **8.** im Chor singen *od.* sprechen *od.* rufen. **~ girl** *s* (Re'vue)Tänzerin *f.* **~ mas·ter** *s thea.* Chorleiter *m*.

chose[1] [tʃəʊz] *pret u. obs. pp von* **choose.**

chose[2] [ʃəʊz] *s jur.* Sache *f*, 'Rechtsob,jekt *n*: ~ **in action** a) obligatorischer Anspruch (*auf Eigentum, das nur auf gerichtlichem Wege zu erlangen ist*), b) unkörperlicher Rechtsgegenstand; ~ **in possession** im unbestrittenen Besitz befindliches Rechtsobjekt.

cho·sen ['tʃəʊzn] **I** *pp von* **choose. II** *adj* ausgesucht, auserwählt: **the ~ people** *Bibl.* das auserwählte Volk (*die Juden*). **III** *s* **the ~** die Auserwählten.

chough [tʃʌf] *s orn.* (*ein*) Rabenvogel *m*: **alpine ~** Alpendohle *f*; **Cornish ~** Alpenkrähe *f*, Steindohle *f.*

choux pas·try [ʃu:] *s gastr.* Brandteig *m*.

chow [tʃaʊ] *s* **1.** *zo.* Chow-Chow *m* (*chinesischer Hund*). **2.** *sl.* ‚Futter' *n*, Essen *n*.

chow·chow [,tʃaʊ'tʃaʊ; '-tʃaʊ] *s* **1.** (*China u. Indien*) a) Konfi'türe *f* aus gemischten Früchten, b) gemischtes Allerlei.

2. zerkleinerte Mixed Pickles *pl* in Senfsoße. 3. → chow 1.
chow·der [ˈtʃaʊdə(r)] *s gastr. bes. Am. dicke Suppe aus Meeresfrüchten.*
chre·ma·tis·tics [ˌkriːməˈtɪstɪks; *Am. a.* ˌkremə-] *s pl (als sg konstruiert) econ.* Chremaˈtistik *f (Lehre von der Gütererwerbung u. -erhaltung).*
chres·tom·a·thy [kreˈstɒməθɪ; *Am.* -ˈstɑ-] *s* Chrestomaˈthie *f (für den Unterricht bestimmte Sammlung ausgewählter Texte aus den Werken bekannter Autoren).*
chrism [ˈkrɪzəm] *relig.* **I** *s* **1.** Chrisam *n, m,* Chrisma *n,* geweihtes Salböl. **2.** Salbung *f.* **II** *v/t* **3.** salben.
chris·om [ˈkrɪzəm] *s* **1.** → chrism I. **2.** Taufkleid *n.* **3.** *obs.* Täufling *m.*
Christ [kraɪst] **I** *s Bibl.* der Gesalbte, Christus *m*: before ~ vor Christi Geburt. **II** *interj sl.* verdammt noch mal!, Herrgott noch mal!
christ·cross [ˈkrɪskrɒs; -krɔːs] *s obs.* Zeichen *n* des Kreuzes.
chris·ten [ˈkrɪsn] *v/t* **1.** taufen. **2.** *j-n, a. Schiff etc* (auf den Namen ...) taufen: he was ~ed John er wurde John getauft. **3.** *colloq.* ‚einweihen'.
Chris·ten·dom [ˈkrɪsndəm] *s* **1.** *obs.* Christenheit *f.* **2.** die christliche Welt: in ~ *fig.* auf Gottes Erde.
chris·ten·ing [ˈkrɪsnɪŋ] **I** *s* Taufe *f.* **II** *adj* Tauf...
Christ·er [ˈkraɪstər] *s Am. sl.* Frömmler *m,* Betbruder *m.*
Christ·hood [ˈkraɪsthʊd] *s* Sendung *f od.* Amt *n* des Mesˈsias.
Chris·tian [ˈkrɪstjən; *bes. Am.* ˈkrɪstʃən] **I** *adj (adv* ~ly) **1.** christlich. **2.** *colloq.* anständig, menschlich, menschenfreundlich. **II** *s* **3.** Christ(in). **4.** Christ(enmensch) *m,* guter Mensch. **5.** *bes. Am. dial.* Mensch *m (Ggs. Tier).* ~ **E·ra** *s* christliche Zeitrechnung.
Chris·tian·ism [ˈkrɪstjənɪzəm; *bes. Am.* ˈkrɪstʃə-] *s* Christentum *n,* christlicher Glaube.
Chris·ti·an·i·ty [ˌkrɪstɪˈænətɪ; *Am. a.* -tʃɪˈæ-; krɪsˈtʃæn-] *s* **1.** Christenheit *f.* **2.** Christentum *n,* christlicher Glaube. **3.** christliches Denken *od.* Handeln.
Chris·tian·ize [ˈkrɪstjənaɪz; *bes. Am.* -tʃə-] **I** *v/t* christianiˈsieren, zum Christentum bekehren. **II** *v/i* sich zum Christentum bekennen.
ˈ**Chris·tian·like,** ˈ**Chris·tian·ly** [*adj* christlich.]
Chris·tian| name *s* Vorname *m.* ~ **Sci·ence** *s* Christian Science *f (e-e christliche Gemeinschaft).* ~**Sci·en·tist** *s* Anhänger(in) der Christian Science.
Christ·mas [ˈkrɪsməs] *s* **1.** Weihnachtsfest *n,* Weihnachten *n u. pl*: at ~ zu Weihnachten; → merry 1. **2.** Weihnachtszeit *f.* ~ **bo·nus** *s econ.* ˈWeihnachtsgratifikatiˌon *f.* ~ **box** *s Br.* Geldgeschenk *n* zu Weihnachten *(für Briefträger etc).* ~ **card** *s* Weihnachtskarte *f.* ~ **car·ol** *s* Weihnachtslied *n.* ~ **Day** *s* der erste Weihnachtsfeiertag. ~ **Eve** *s* Heiliger Abend, Heiligabend *m,* Weihnachtsabend *m.* ~ **flow·er** *s bot.* **1.** Christrose *f.* **2.** Winterling *m.* **3.** Weihnachtsstern *m,* Poinˈsettie *f.* ~ **pud·ding** *s Br.* Plumpudding *m.* ~ **rose** *s bot.* Christrose *f.* ~ **sea·son** *s* Weihnachtszeit *f.*
Christ·mas·sy [ˈkrɪsməsɪ] *adj colloq.* weihnachtlich.
ˈ**Christ·mas|·tide,** ˈ~**time** *s* Weihnachtszeit *f.* ~ **tree** *s* **1.** Christ-, Weihnachtsbaum *m.* **2.** *tech.* Eruptiˈonskreuz *n (Erdöl-, Erdgasbohrung).*
Christ·mas·y → Christmassy.
ˈ**Christ's-thorn** *s bot.* Christusdorn *m.*
chro·ma [ˈkrəʊmə] *s phys.* **1.** Farbenreinheit *f.* **2.** ˈFarbenintensiˌtät *f.*
chro·mate [ˈkrəʊmeɪt] *s chem.* Chroˈmat *n,* chromsaures Salz.
chro·mat·ic [krəʊˈmætɪk] *adj (adv* ~ally) **1.** *phys.* chroˈmatisch, Farben... **2.** *mus.* a) chroˈmatisch, b) alteˈriert, c) (stark) moduˈlierend: ~ sign Versetzungs-, Vorzeichen *n.* **chroˈmat·ics** *s pl (als sg konstruiert)* **1.** *phys.* Chroˈmatik *f,* Farbenlehre *f.* **2.** *mus.* Chroˈmatik *f.*
chro·ma·tid [ˈkrəʊmətɪd] *s biol.* Chromaˈtid *n,* Chromoˈsomenspalthälfte *f.* ˈ**chro·ma·tin** [-tɪn] *s biol.* Chromaˈtin *n (Zustandsform der Chromosomen zwischen zwei Kernteilungen).* ˈ**chro·ma·tism** *s* **1.** Chromaˈtismus *m,* Färbung *f.* **2.** *bot.* ˈunnaˌtürliche Färbung einzelner Pflanzenteile. **3.** *phys.* Farbenzerstreuung *f.*
chro·ma·tog·ra·phy [ˌkrəʊməˈtɒgrəfɪ; *Am.* -ˈtɑ-] *s chem.* Chromatograˈphie *f (Verfahren zur Trennung chemisch nahe verwandter Stoffe).* **chro·ma·to·phore** [ˈkrəʊmətəfɔː(r); krəʊˈmætə-] *s* Chromatoˈphor *n*: a) *zo.* Farbstoffzelle *f,* b) *bot.* Farbstoffträger *m.*
chrome [krəʊm] **I** *s* **1.** → chromium. **2.** *tech.* ˈKaliumˌdichroˌmat *n (gelber Farbstoff).* **3.** *a.* ~ yellow Chromgelb *n.* **4.** *a.* ~ leather Chromleder *n.* **II** *v/t* **5.** *a.* ~-plate *tech.* verchromen. ~ **red** *s* Chromrot *n.* ~ **steel** *s* Chromstahl *m.*
chro·mic [ˈkrəʊmɪk] *adj chem.* chromsäurehaltig: ~ acid Chromsäure *f.*
chro·mite [ˈkrəʊmaɪt] *s min.* Chromeisenerz *n,* Chroˈmit *m.*
chro·mi·um [ˈkrəʊmjəm; -mɪəm] *s chem.* Chrom *n.* ˌ~-ˈ**plate** *v/t tech.* verchromen. ˌ~-ˈ**plat·ing** *s* Verchromung *f.* ~ **steel** *s* Chromstahl *m.*
chro·mo·gen [ˈkrəʊmədʒən] *s chem.* Farbenerzeuger *m,* Chromoˈgen *n.*
chro·mo·lith·o·graph [ˌkrəʊməʊˈlɪθəgrɑːf; *bes. Am.* ˌkrəʊməˈlɪθəgræf] *s* Chromolithograˈphie *f,* Mehrfarbensteindruck *m (Bild).* ˌ**chro·mo·liˈthog·ra·phy** [-lɪˈθɒgrəfɪ; *Am.* -lɪθˈɑg-] *s* Chromolithograˈphie *f,* Mehrfarbensteindruck *m (Verfahren).*
chro·mo·mere [ˈkrəʊməˌmɪə(r)] *s biol.* Chromoˈmer *n (Träger bestimmter Erbfaktoren).*
chro·mo·plasm [ˈkrəʊməˌplæzəm] *s biol.* Chromoˈplasma *n.* ˈ**chro·mo·plast** [-plæst] *s biol.* Chromoˈplast *m,* Pigˈmentzelle *f.*
chro·mo·some [ˈkrəʊməsəʊm] *s biol.* Chromoˈsom *n,* Kernschleife *f.*
chro·mo·sphere [ˈkrəʊməˌsfɪə(r)] *s astr.* Chromoˈsphäre *f (glühende Gasschicht um die Sonne).*
chro·mo·type [ˈkrəʊməʊtaɪp] *s* **1.** Farbdruck *m.* **2.** Chromotyˈpie *f,* ˈFarbfotograˌfie *f (Bild u. Verfahren).*
chron·ic [ˈkrɒnɪk; *Am.* ˈkrɑ-] *adj;* ˈ**chron·i·cal** *adj (adv* ~ly) **1.** ständig, (an)dauernd, ‚ewig': ~ unemployment Dauerarbeitslosigkeit *f.* **2.** a) eingewurzelt, b) unverbesserlich, eingefleischt: a ~ grumbler. **3.** *bes. med.* chronisch, langwierig: ~ disease; ~ carrier Dauerausscheider *m.* **4.** *Br. colloq.* scheußlich, miseˈrabel.
chron·i·cle [ˈkrɒnɪkl; *Am.* ˈkrɑnɪkəl] **I** *s* **1.** Chronik *f*: ~ play Geschichtsdrama *n,* historisches Drama. **2.** C~s *pl Bibl.* Chronik *f,* Bücher *pl* der Chronika. **II** *v/t* **3.** aufzeichnen. ˈ**chron·i·cler** [-klə(r)] *s* Chroˈnist *m.*
chron·o·bi·ol·o·gy [ˌkrɒnəʊbaɪˈɒlədʒɪ; *Am.* ˌkrɑnəbaɪˈɑl-; ˌkrəʊ-] *s* Chronobioloˈgie *f (Fachgebiet der Biologie, auf dem die zeitlichen Gesetzmäßigkeiten im Ablauf von Lebensvorgängen erforscht werden).*
chron·o·gram [ˈkrɒnəʊgræm; *Am.* ˈkrɑnə-; ˈkrəʊnə-] *s* Chronoˈgramm *n*: a) *Inschrift (in lateinischer Sprache), in der hervorgehobene Großbuchstaben als Zahlzeichen die Jahreszahl eines geschichtlichen Ereignisses ergeben, auf das sich der Satz bezieht,* b) Aufzeichnung *f* e-s Chronoˈgraphen. ˈ**chron·o·graph** [-grɑːf; *bes. Am.* -græf] *s* Chronoˈgraph *m,* Zeitmesser *m,* -schreiber *m.*
chro·nol·o·ger [krəˈnɒlədʒə(r); *Am.* -ˈnɑl-] *s* Chronoˈloge *m,* Zeitforscher *m.*
chron·o·log·i·cal [ˌkrɒnəˈlɒdʒɪkl; *Am.* ˌkrɑnlˈɑdʒɪkəl; ˌkrəʊnl-] *adj (adv* ~ly) chronoˈlogisch: ~ order chronologische Reihenfolge. **chroˈnol·o·gist** → chronologer. **chroˈnol·o·gize** *v/t* chronologiˈsieren, nach der Zeitfolge ordnen. **chroˈnol·o·gy** *s* **1.** Chronoloˈgie *f,* Zeitbestimmung *f,* -rechnung *f.* **2.** Zeittafel *f.* **3.** chronoˈlogische Aufstellung.
chro·nom·e·ter [krəˈnɒmɪtə; *Am.* -ˈnɑmətər] *s* Chronoˈmeter *n,* Zeitmesser *m,* Präzisiˈonsuhr *f.* **chron·o·met·ric** [ˌkrɒnəʊˈmetrɪk; *Am.* ˌkrɑnə-; ˌkrəʊnə-] *adj;* ˌ**chron·o·met·ri·cal** *adj (adv* ~ly) chronoˈmetrisch. **chroˈnom·e·try** [-trɪ] *s* Chronomeˈtrie *f,* Zeitmessung *f.*
chron·o·scope [ˈkrɒnəskəʊp; *Am.* ˈkrɑ-; ˈkrəʊ-] *s* Chronoˈskop *n,* regiˈstrierender Zeitmesser.
chrys·a·lid [ˈkrɪsəlɪd] *zo.* **I** *adj* puppenartig. **II** *s* → chrysalis. **chrys·a·lis** [ˈkrɪsəlɪs] *pl* ˈ**chrys·a·lis·es** *od.* **chry·sal·i·des** [krɪˈsælɪdiːz] *s zo.* Schmetterlingspuppe *f.*
chrys·an·the·mum [krɪˈsænθəməm] *s bot.* Chrysˈanthemum *n,* Chrysanˈtheme *f.*
chrys·o·lite [ˈkrɪsəʊlaɪt] *s min.* Chrysoˈlith *m.*
chtho·ni·an [ˈθəʊnjən; -nɪən], **chthon·ic** [ˈθɒnɪk; *Am.* ˈθɑ-] *adj* chthonisch, ... der ˈUnterwelt.
chub [tʃʌb] *pl* **chubs,** *bes. collect.* **chub** *ichth.* Döbel *m.*
chub·bi·ness [ˈtʃʌbɪnɪs] *s* a) Rundlichkeit *f,* b) Pausbäckigkeit *f.* ˈ**chub·by** *adj* a) dicklich, rundlich: ~ cheeks Pausbacken, b) pausbäckig.
chuck[1] [tʃʌk] **I** *s* **1.** *colloq.* Wurf *m.* **2.** zärtlicher Griff unters Kinn. **3.** to give s.o. the ~ *Br. colloq.* j-n ‚rausschmeißen' *(entlassen).* **II** *v/t* **4.** *colloq.* werfen, ‚schmeißen': → weight 3. **5.** *colloq.* a) Schluß machen mit *(e-r Freundin etc)*: ~ it! laß das!, b) → chuck up. **6.** to ~ s.o. under the chin j-n *od.* j-m zärtlich unters Kinn fassen.
Verbindungen mit Adverbien:
chuck| a·way *v/t colloq.* **1.** ‚wegschmeißen': to chuck o.s. away on s.o. sich an j-n wegschmeißen. **2.** *Geld* verschwenden. **3.** *Gelegenheit etc* verpassen, verschenken. ~ **in** → chuck up. ~ **out** *v/t colloq. j-n* ‚rausschmeißen', *etwas Altes etc a.* ‚wegschmeißen'. ~ **up** *v/t colloq. Job etc* ‚ˈhinschmeißen'.
chuck[2] [tʃʌk] **I** *s* **1.** Glucken *n (der Henne).* **2.** *obs.* ‚Schnucki' *m (Kosewort).* **II** *v/t u. v/i* **3.** glucken. **III** *interj* **4.** put, put! *(Lockruf für Hühner)*
chuck[3] [tʃʌk] *tech.* **I** *s* **1.** Spann-, Klemmfutter *n (e-s Werkzeuges).* **2.** Spannvorrichtung *f.* **3.** ˈBohr(maˌschinen)futter *n.* **II** *v/t* **4.** in das Futter einspannen.
chuck·er-out [ˌtʃʌkərˈaʊt] *s colloq.* ‚Rausschmeißer' *m (in e-m Nachtclub etc).*
chuck lathe *s tech.* Futterdrehbank *f.*
chuck·le [ˈtʃʌkl] **I** *v/i* **1.** glucksen: to ~ (to o.s.) (stillvergnügt) in sich hineinlachen. **2.** glucken *(Henne).* **II** *s* **3.** Glucksen *n,* leises Lachen. ˈ~**head** *s colloq.* Dummkopf *m.* ˌ~ˈ**head·ed** *adj colloq.* dumm, blöd.

chud·dah [ˈtʃʌdə], **chud·dar** [ˈtʃʌdə(r)] *s Br. Ind.* ˈUmhängetuch *n* (*für Frauen*).

chu·fa [ˈtʃuːfə] *s bot.* Erdmandel *f.*

chuff[1] [tʃʌf] *s contp.* ‚Bauer' *m*, ungehobelter Kerl.

chuff[2] [tʃʌf] **I** *s* Puffen *n* (*der Lokomotive*). **II** *v/i* puffen.

chuff[3] [tʃʌf] *v/t*: ~ **up** *Br. colloq.* aufmuntern.

chuffed [tʃʌft] *adj Br. colloq.* froh, glücklich (**about** über *acc*).

chug [tʃʌg] **I** *s* **1.** Tuckern *n* (*des Motors*). **II** *v/i* **2.** tuckern. **3.** tuckern(d fahren): **to ~ along** dahintuckern.

chuk·ka [ˈtʃʌkə], **chuk·ker** [ˈtʃʌkə(r)] *s Polo*: Chukker *m* (*Spielabschnitt*).

chum[1] [tʃʌm] *colloq.* **I** *s* **1.** *obs.* Stubengenosse *m.* **2.** ‚Kumpel' *m*, Kameˈrad *m*: **to be great ~s** ‚dicke' Freunde sein. **II** *v/i* **3.** *obs.* ein Zimmer teilen (**with** mit). **4.** ‚dick' befreundet sein: **to ~ up with s.o.** enge Freundschaft mit j-m schließen.

chum[2] [tʃʌm] *s bes. Am.* Fisch- *od.* Fleischreste *pl* (*als Fischköder*).

chum·my [ˈtʃʌmɪ] *adj* (*adv* **chummily**) *colloq.* **1.** gesellig. **2.** ‚dick' befreundet: **don't get ~ with me!** keine plumpe(n) Vertraulichkeit(en)!

chump [tʃʌmp] *s* **1.** Holzklotz *m.* **2.** dickes Ende (*z.B. der Hammelkeule*). **3.** *colloq.* Trottel *m*, Dummkopf *m.* **4.** *Br. sl.* ‚Birne' *f*, Kopf *m*: **to be off one's ~** ‚e-n Vogel haben'.

chunk [tʃʌŋk] *s colloq.* **1.** a) (Holz)Klotz *m*, b) (dickes) Stück: **a ~ of bread** ein ‚Runken'. **2.** *Am.* a) ‚Bulle' *m*, vierschrötiger Kerl, b) (*bes.* kleines) stämmiges Tier (*bes. Pferd*). **3.** *fig.* ‚Batzen' *m*, ‚großer Brocken'. ˈ**chunk·y** *adj colloq.* **1.** *Am.* unterˈsetzt, stämmig, vierschrötig. **2.** klobig, klotzig.

Chun·nel [ˈtʃʌnl] *s geplanter Tunnel unter dem Ärmelkanal zwischen Frankreich u. England.*

church [tʃɜːtʃ; *Am.* tʃɜrtʃ] **I** *s* **1.** Kirche *f.* **2.** Kirche *f*, Gottesdienst *m*: **in ~** in der Kirche; **to go to ~** in die Kirche gehen; **to attend ~** am Gottesdienst teilnehmen; **~ is over** die Kirche ist aus. **3.** Kirche *f*, *bes.* Christenheit *f.* **4.** Glaubens-, Religiˈonsgemeinschaft *f.* **5.** Geistlichkeit *f*: **to enter the ~** Geistlicher werden. **II** *v/t* **6.** (*zur Taufe etc*) in die Kirche bringen. **7.** *Br.* e-n Dankgottesdienst abhalten für (*e-e Wöchnerin*). **III** *adj* **8.** Kirchen..., kirchlich: **~ court.** **C~ Ar·my** *s kirchlich-soziale Laienbewegung der anglikanischen Kirche.* ˈ**~go·er** *s* Kirchgänger(in). **~ in·vis·i·ble** *s* unsichtbare Kirche, Gemeinschaft *f* der (*irdischen u. überirdischen*) Gläubigen. **~ law** *s* Kirchenrecht *n.* ˈ**~man** [-mən] *s irr* **1.** Geistliche(r) *m.* **2.** Mitglied *n* e-r Glaubensgemeinschaft. **~ mil·i·tant** *s* (*die*) streitende Kirche (*auf Erden*). **~ mode** *s mus.* Kirchenton(art *f*) *m.* **~ mouse** *s irr*: **(as) poor as a ~** arm wie e-e Kirchenmaus. **C~ of Eng·land** *s* englische Staatskirche, angliˈkanische Kirche. **C~ of (Je·sus Christ of) Lat·ter-Day Saints** *s* Morˈmonenkirche *f.* **C~ of Scot·land** *s* schottische Staatskirche. **~ rate** *s* Kirchenabgabe *f.* **~ reg·is·ter** *s* ˈKirchenbuch *n*, -reˌgister *n.* ˈ**~scot,** ˈ**~shot** *s hist.* Kirchenabgabe *f.* **~ text** *s* **1.** altenglische Kirchenschrift. **2.** *print.* Angelsächsisch *f* (*Schrifttyp*). **~ tri·um·phant** *s* (*die*) triumˈphierende Kirche, himmlische Gemeinde. ˌ**~ˈward·en** *s* **1.** *Br.* Kirchenvorsteher *m.* **2.** *Am.* Verwalter *m* der weltlichen Angelegenheiten e-r Kirche *od.* Gemeinde. **3.** *Br. colloq.* langstielige Tonpfeife. **~ wed·ding** *s* kirchliche Trauung. ˈ**~ˌwom·an** *s irr* weibliches Mitglied e-r Glaubensgemeinschaft.

church·y [ˈtʃɜːtʃɪ; *Am.* ˈtʃɜr-] *adj colloq.* kirchlich (gesinnt).

ˈ**church·yard** *s* Kirchhof *m*, Friedhof *m*: → **cough** 1.

churl [tʃɜːl; *Am.* tʃɜrl] *s* **1.** Flegel *m*, Grobian *m.* **2.** Bauer *m.* **3.** Geizhals *m.* **4.** *Br. hist.* freier Mann (*niedersten Ranges*). ˈ**churl·ish** *adj* (*adv* **~ly**) **1.** *fig.* grob, ungehobelt, flegelhaft. **2.** mürrisch. **3.** geizig, knauserig.

churn [tʃɜːn; *Am.* tʃɜrn] **I** *s* **1.** ˈButterfaß *n*, -maˌschine *f.* **2.** *Br.* Milchkanne *f.* **II** *v/t* **3.** buttern: **to ~ cream**; **to ~ out** *fig.* am laufenden Band produzieren, ausstoßen. **4.** *a.* **~ up** *Flüssigkeiten* heftig schütteln, aufschäumen, *die Wellen* aufwühlen, peitschen. **III** *v/i* **5.** buttern. **6.** schäumen. **7.** sich heftig bewegen: **ideas ~ed in his head** Gedanken schwirrten ihm im Kopf herum. **~ drill** *s tech.* **1.** Seilbohrer *m.* **2.** Schlagbohrer *m.* ˈ**~milk** *s bes. Am. dial.* Buttermilch *f.*

churr [tʃɜː; *Am.* tʃɜr] *v/i* surren, schwirren.

chute [ʃuːt] **I** *s* **1.** a) Stromschnelle *f*, b) Wasserfall *m.* **2.** Rutsche *f*, Rutschbahn *f* (*auf Spielplätzen etc*). **3.** *tech.* a) Rutsche *f*, (Förder)Rinne *f*, b) Schacht *m*, c) Müllschlucker *m.* **4.** *sport* Rodelbahn *f.* **5.** *colloq. für* **parachute** I. **II** *v/t* **6.** auf e-r Rutsche befördern. **7.** *colloq. für* **parachute** II. **III** *v/i* **8.** rutschen. **9.** e-e Rutsche benützen. **10.** *colloq. für* **parachute** III.

chut·ist [ˈʃuːtɪst] *colloq. für* **parachutist**.

chut·nee, chut·ney [ˈtʃʌtnɪ] *s gastr.* Chutney *n* (*scharf gewürzte Paste aus Früchten*).

chut·tie, chut·ty [ˈtʃʌtɪ] *s Austral. colloq.* Kaugummi *m*, *n.*

chutz·pa(h) [ˈhʊtspə] *s Am. colloq.* Chutzpe *f*, Frechheit *f*, Unverschämtheit *f.*

chyle [kaɪl] *s physiol.* Chylus *m* (*milchig trüber Inhalt der Darmlymphgefäße*).

chyme [kaɪm] *s physiol.* Chymus *m* (*nicht zu Ende verdauter Speisebrei im Magen*).

ci·bo·ri·um [sɪˈbɔːrɪəm; *Am. a.* sɪˈbəʊ-] *pl* **-ri·a** [-rɪə], **-ri·ums** *s relig.* a) Ziˈborium *n* (*Gefäß für die geweihte Hostie*), b) Taberˈnakel *n*, *m*, c) Alˈtarbaldachin *m.*

ci·ca·da [sɪˈkɑːdə; -ˈkeɪ-] *pl* **-dae** [-diː], **-das** *s zo.* Ziˈkade *f*, Baumgrille *f.*

cic·a·trice [ˈsɪkətrɪs] *s* Narbe *f* (*a. bot.*). ˈ**cic·a·triced** *adj med.* vernarbt. ˌ**cic·aˈtri·cial** [-ˈtrɪʃl] *adj* Narben... ˈ**cic·a·tri·cle** [-trɪkl] *s* **1.** *bot.* a) Samennabel *m*, b) Blattnarbe *f.* **2.** *zo.* Hahnentritt *m* (*im Ei*). ˈ**cic·a·trix** [-trɪks] *pl* ˌ**cic·aˈtri·ces** [-ˈtraɪsiːz] *s* **1.** Narbe *f.* **2.** → **cicatricle.** ˈ**cic·a·trize** *v/i u. v/t* vernarben (lassen).

cic·er·o [ˈsɪsərəʊ] *s print.* Cicero *f* (*Schriftgrad von 12 Punkt*).

ci·ce·ro·ne [ˌtʃɪtʃəˈrəʊnɪ; ˌsɪsə-] *pl* **-ni** [-niː], **-nes** *s* Ciceˈrone *m*, Fremdenführer *m.*

Cic·e·ro·ni·an [sɪsəˈrəʊnjən; -ɪən] *adj* ciceˈronisch, redegewandt.

ci·cu·ta [sɪˈkjuːtə] *s bot.* Schierling *m.*

ci·der [ˈsaɪdə(r)] *s* (*Am.* **hard** ~) Apfelwein *m*: **(sweet) ~** *Am.* Apfelmost *m*, -saft *m.* **~ press** *s* Apfelpresse *f.*

C.I.F., cif [sɪf] (*abbr. von* **cost, insurance, freight**) *econ.* Kosten, Versicherung, Fracht (*zum benannten Bestimmungshafen*): **~ New York** cif New York; **~ price** cif-Preis *m*; **~ landed** Verkäufer übernimmt außer den cif-Verpflichtungen auch die Abladekosten.

cig [sɪg] *s colloq.* ‚Glimmstengel' *m* (*Zigarette*).

ci·gar [sɪˈgɑː(r)] *s* Ziˈgarre *f.* **~ box** *s* Ziˈgarrenkiste *f*, -schachtel *f.* **~ case** *s* Ziˈgarreneˌtui *n.* **~ cut·ter** *s* Ziˈgarrenabschneider *m.*

cig·a·rette, *Am. a.* **cig·a·ret** [ˌsɪgəˈret; *Am. a.* ˈsɪgəˌret] *s* Zigaˈrette *f.* **~ card** *s* Zigaˈrettenbild *n.* **~ case** *s* Zigaˈretteneˌtui *n.* **~ end** *s* Zigaˈrettenstummel *m.* **~ hold·er** *s* Zigaˈrettenspitze *f.* **~ light·er** *s* Feuerzeug *n.* **~ pa·per** *s* Zigaˈrettenpaˌpier *n.*

ci·gar hold·er *s* Ziˈgarrenspitze *f* (*Halter*).

cig·a·ril·lo [ˌsɪgəˈrɪləʊ] *pl* **-los** *s* Zigaˈrillo *m*, *n.*

ci·gar light·er *s mot.* Ziˈgarren-, Zigaˈrettenanzünder *m.*

cig·gy [ˈsɪgɪ] → **cig.**

cil·i·a [ˈsɪlɪə] *pl von* **cilium.**

cil·i·ar·y [ˈsɪlɪərɪ; *Am.* -lɪˌeriː] *adj anat.* Wimper...: **~ movement**; **~ muscle** Linsen-, Ziliarmuskel *m* (*des Augapfels*).

cil·i·ate [ˈsɪlɪət; -lɪeɪt] **I** *adj anat. bot.* bewimpert. **II** *s zo.* Wimpertierchen *n.*

cil·i·at·ed [ˈsɪlɪeɪtɪd] → **ciliate** I.

cil·ice [ˈsɪlɪs] *s* härenes Hemd.

cil·i·um [ˈsɪlɪəm] *pl* ˈ**cil·i·a** [-ə] *s* **1.** *anat.* (Augen)Wimper *f.* **2.** *bot. zo.* Wimper *f*, Cilium *n.*

Cim·me·ri·an [sɪˈmɪərɪən] *adj* **1.** *antiq.* kimˈmerisch. **2.** dunkel: **~ darkness** kimmerische Finsternis.

cinch[1] [sɪntʃ] **I** *s* **1.** *Am.* Sattel-, Packgurt *m.* **2.** *sl.* a) ‚todsichere' Sache, b) Leichtigkeit *f*, ‚Kinderspiel' *n.* **II** *v/t* **3. to ~ (up) a horse** *Am.* den Sattelgurt anziehen. **4.** *sl.* sicherstellen.

cinch[2] [sɪntʃ] *s ein Kartenspiel.*

cin·cho·na [sɪŋˈkəʊnə] *s* **1.** *bot.* China-, Fieberrindenbaum *m.* **2.** *a.* **~ bark** China-, Fieberrinde *f.* ˈ**cin·cho·nine** [-kəniːn; -nɪn] *s chem.* Cinchoˈnin *n.* ˈ**cin·cho·nism** *s med.* Chiˈninvergiftung *f.*

cinc·ture [ˈsɪŋktʃə(r)] **I** *s* **1.** Gürtel *m.* **2.** *arch.* (Säulen)Kranz *m.* **II** *v/t* **3.** gürten. **4.** umˈgeben, einschließen.

cin·der [ˈsɪndə(r)] *s* **1.** Zinder *m*, *a. metall.* Schlacke *f*, ausgeglühte Kohle: **burnt to a ~** verkohlt, verbrannt. **2.** *pl* Asche *f.* **~ block** *s tech. Am.* **1.** Abschlußblock *m* (*e-s Hochofens mit Schlackenöffnung*). **2.** Schlackenstein *m.* **~ con·crete** *s* ˈAschen-, ˈLöschbeˌton *m.* **~ cone** *s geol.* vulˈkanischer Aschenkegel.

Cin·der·el·la [ˌsɪndəˈrelə] *s* Aschenbrödel *n*, -puttel *n* (*a. fig.*).

cin·der|path *s* **1.** Weg *m* mit Schlackenschüttung. **2.** → **cinder track.** **~ pig** *s metall.* Schlackenroheisen *n.* **~ track** *s sport* Aschenbahn *f.*

cin·der·y [ˈsɪndərɪ] *adj* schlackig.

cin·e·aste [ˈsɪnɪæst] *s* Cineˈast *m*, begeisterter Kinogänger.

cin·e·cam·er·a [ˈsɪnɪˌkæmərə] *s* (Schmal)Filmkamera *f.* ˈ**cin·e·film** *s* Schmalfilm *m.*

cin·e·ma [ˈsɪnəmə] *s* **1.** *bes. Br.* Kino *n*, ˈFilm-, ˈLichtspieltheˌater *n.* **2. the ~** der Film, die Filmkunst. ˈ**cin·e·maˌgo·er** *s bes. Br.* Kinobesucher(in), -gänger(in). ˌ**cin·e·maˈtheque** [-ˈtek] *s bes. Br.* Werkraumkino *n.* ˌ**cin·eˈmat·ic** [-nɪˈmætɪk] *adj* (*adv* **~ally**) Film..., filmisch. ˌ**cin·eˈmat·o·graph** [-ˈmætəgrɑːf; *bes. Am.* -græf] *bes. Br.* **I** *s hist.* Kinematoˈgraph *m* (*Apparat zur Aufnahme u. Wiedergabe bewegter Bilder*). **II** *v/t obs.* (ver)filmen. **III** *v/i obs.* filmen. ˌ**cin·e·maˈtog·ra·pher** [-məˈtɒgrəfə(r); *Am.* -ˈtɑ-] *s obs.* Kameramann *m.* ˌ**cin·e·mat·oˈgraph·ic** [-mætəˈgræfɪk] *adj* (*adv* **~ally**) kinematoˈgraphisch, Film... ˌ**cin·e·maˈtog·ra·phy** *s* Kinematograˈphie *f*: a) *hist. Verfahren zur Aufnahme u. Wiedergabe bewegter Bilder*, b) Filmkunst *f*, -technik *f.*

ci·né·ma vé·ri·té [ˌsɪnəməˈverɪteɪ] *s* Ciné'ma-véri'té *n* (*um extreme Authentizität bemühte Stilrichtung der Filmkunst*).
cin·e·phile [ˈsɪnəfaɪl] *s bes. Br.* Filmliebhaber(in).
cin·e·rar·i·um [ˌsɪnəˈreərɪəm] *pl* **-i·a** [-ə] *s* **1.** Urnenfriedhof *m.* **2.** Urnennische *f.*
cin·er·ar·y [ˈsɪnərərɪ; *Am.* -ˌreriː] *adj* Aschen... **~ urn** *s* Urne *f.*
cin·er·a·tor [ˈsɪnəreɪtə(r)] *s bes. Am.* Leichenverbrennungsofen *m* (*im Krematorium*).
cin·e·re·cord [ˌsɪnɪrɪˈkɔː(r)d] *v/t* filmen, mit der (Schmal)Filmkamera aufnehmen.
ci·ne·re·ous [sɪˈnɪərɪəs] *adj* aschgrau.
ci·né·vé·ri·té [ˌsɪneɪˈverɪteɪ] → **cinéma vérité.**
Cin·ga·lese → **Singhalese.**
cin·na·bar [ˈsɪnəbɑː(r)] *s* **1.** *min.* Zin'nober *m.* **2.** zin'noberroter Farbstoff. **3.** Zin'noberrot *n.*
cin·nam·ic [sɪˈnæmɪk] *adj chem.* Zimt...: **~ acid.**
cin·na·mon [ˈsɪnəmən] **I** *s* **1.** *bot.* Zimtbaum *m.* **2.** Zimt *m*, Ka'neel *m.* **3.** Zimtfarbe *f.* **II** *adj* **4.** zimtfarben. **~ bark** *s* Zimtrinde *f.* **~ bear** *s zo.* Baribal *m*, Amer. Schwarzbär *m.* **~ stick** *s* Stangenzimt *m.*
cinque [sɪŋk] *s* Fünf *f* (*auf Würfeln od. Spielkarten*).
cin·que·cen·to [ˌtʃɪŋkwɪˈtʃentəʊ] *s* Cinque'cento *n* (*italienischer Kunststil des 16. Jahrhunderts*).
cinque|·foil [ˈsɪŋkfɔɪl] *s* **1.** *bot.* (*ein*) Fingerkraut *n.* **2.** *arch. her.* 'Fünfblattroˌsette *f.* **C~ Ports** *s pl* Cinque Ports *pl* (*ursprünglich die 5 Seestädte Hastings, Sandwich, Dover, Romney u. Hythe*).
ci·on → **scion.**
ci·pher [ˈsaɪfə(r)] **I** *s* **1.** *math.* Null *f* (*Ziffer*). **2.** (a'rabische) Ziffer, Zahl *f.* **3.** *fig.* a) Null *f* (*unbedeutende Person*), b) Nichts *n* (*unbedeutende Sache*). **4.** a) Chiffre *f*, Geheimschrift *f*: **in ~** chiffriert, b) chif'frierter Text, c) Schlüssel *m* (zu e-r Geheimschrift). **5.** Mono'gramm *n.* **II** *v/i* **6.** rechnen. **III** *v/t* **7.** chif'frieren, verschlüsseln. **8. ~ out** a) be-, ausrechnen, b) entziffern, dechif'frieren, c) *Am. colloq.* ‚ausknobeln', ‚austüfteln'. **~ clerk** *s* (De)Chif'freur *m.* **~ key** → **cipher** 4c. **'~·text** *s* Schlüsseltext *m.*
cir·ca [ˈsɜːkə; *Am.* ˈsɜrkə] **I** *adv* zirka, ungefähr, etwa. **II** *prep* um ... her'um: **~ 1850** um das Jahr 1850.
cir·ca·di·an [sɜːˈkeɪdɪən; *Am.* sɜr-; *a.* -ˈkæ-] *adj biol.* circadi'an, zirkadi'an (*e-n 24-Stunden-Rhythmus aufweisend*).
Cir·cas·sian [sɜːˈkæsɪən; -ʃɪən; *Am.* sɜrˈkæʃən] **I** *s* **1.** Tscher'kesse *m*, Tscher'kessin *f.* **2.** *ling.* Tscher'kessisch *n*, das Tscherkessische. **3. c~** Zirkas *m* (*Wollstoff*). **II** *adj* **4.** tscher'kessisch.
Cir·ce [ˈsɜːsɪ; *Am.* ˈsɜrsiː] *npr myth.* Circe *f* (*a. fig. Verführerin*). **Cir'ce·an** [-ˈsiːən] *adj* verführerisch, betörend.
cir·cle [ˈsɜːkl; *Am.* ˈsɜrkəl] **I** *s* **1.** *math.* a) Kreis *m*, b) Kreisfläche *f*, -inhalt *m*, c) 'Kreisˌumfang *m*: **~ of curvature** Krümmungskreis; **to go** (*od.* **run**) **round in ~s** *fig.* sich im Kreis bewegen; **to square the ~** den Kreis quadrieren (*a. fig. das Unmögliche vollbringen*); **to come full ~** *fig.* sich schließen (*Zyklus etc*); **things have come full ~** *fig.* der Kreis hat sich geschlossen. **2.** Kreis *m*, Kranz *m*, Ring *m* (*von Dingen*). **3.** 'Zirkusmaˌnege *f.* **4.** *thea.* Rang *m*: **upper ~** zweiter Rang; → **dress circle. 5.** Wirkungskreis *m*, Einflußsphäre *f.* **6.** *fig.* Kreislauf *m*: **the ~ of the seasons** der Zyklus der Jahreszeiten. **7.** *philos.* Zirkelschluß *m*: **to argue in a ~** im Kreis argumentieren; → **vicious circle. 8.** Serie *f*, Zyklus *m*, Ring *m.* **9.** a) Zirkel *m*: **theatrical ~s**, b) (Gesellschafts)Kreis *m*: **business ~s** Geschäftskreise; **court ~s** Hofkreise; **to have a large ~ of friends** e-n großen Freundeskreis haben. **10.** (Verwaltungs)Kreis *m.* **11.** 'Umkreis *m.* **12.** *mar.* (Längen- *od.* Breiten-) Kreis *m*: **~ of longitude (latitude). 13.** *astr.* a) Bahn *f od.* Um'drehungsperiˌode *f* (*e-s Himmelskörpers*), b) Hof *m* (*bes. des Mondes*). **14.** Krone *f*, Dia'dem *n.* **15.** *Hockey*: (Schuß)Kreis *m.* **II** *v/t* **16.** um'geben, um'ringen. **17.** um'kreisen. **18.** einkreisen, -schließen, um'zingeln. **19.** um'winden. **20.** kreisförmig machen. **III** *v/i* **21.** kreisen (*a. aer.*), sich im Kreis bewegen, die Runde machen (*a. Pokal*). **22.** *mil.* e-e Schwenkung ausführen.
cir·clet [ˈsɜːklɪt; *Am.* ˈsɜr-] *s* **1.** kleiner Kreis. **2.** Reif *m*, Ring *m.* **3.** Dia'dem *n.*
circs [sɜːks; *Am.* sɜrks] *s pl bes. Br. colloq.* 'Umstände *pl.*
cir·cuit [ˈsɜːkɪt; *Am.* ˈsɜr-] **I** *s* **1.** a) Kreisbewegung *f*, b) 'Um-, Kreislauf *m.* **2.** 'Umfang *m*, 'Umkreis *m*: *10 miles* **in ~** im Umfang. **3.** Bereich *m*, Gebiet *n.* **4.** Runde *f*, Rundreise *f*: **to make the ~ of** die Runde *od.* e-e Rundreise machen in (*dat*). **5.** *jur.* a) *Br.* Rundreise *f* von Richtern (*zur Abhaltung von Gerichtstagen*): **to go on ~** auf Rundreise gehen, b) Gerichtsbezirk *m.* **6.** *aer.* Rundflug *m*: **to do a ~** e-e Platzrunde fliegen. **7.** The'ater- *od.* 'Kinokonˌzern *m*, -ring *m.* **8.** 'Umweg *m* (*a. fig.*): **to make a ~. 9.** *electr.* a) Strom-, Schaltkreis *m*: **in ~** angeschlossen; **to put in ~** anschließen; **to close (open) the ~** den Stromkreis schließen (öffnen); → **closed** 1, **control circuit, integrated** 1, **short circuit,** b) Schaltung *f*, 'Schaltsyˌstem *n* (*e-s Gerätes etc*), c) → **circuit diagram,** d) Wechselsprechanlage *f.* **10.** *phys.* ma'gnetischer Kreis. **11.** *Motorsport*: *bes. Br.* Rennbahn *f.* **12.** *sport* Zirkus *m*: **the international tennis ~. 13.** *Am.* (Per'sonen)Kreis *m*, ‚Verein' *m.* **II** *v/t* **14.** um'kreisen, die Runde machen um. **~ break·er** *s electr.* Unter'brecher *m* (*a. mot.*), Leistungsschalter *m.* **~ clos·er** *s electr.* Einschalter *m.* **~ court** *s jur.* **1.** *Br.* Bezirksgericht *n* (*das in verschiedenen Orten Gerichtstage abhält*). **2.** *Am.* ordentliches Gericht, *z. B.* a) (*etwa*) Landgericht *n*, b) (*etwa*) Oberlandesgericht *n.* **~ di·a·gram** *s electr.* Schaltplan *m.* **~ log·ic** *s electr.* Schaltkreislogik *f.*
cir·cu·i·tous [sə(r)ˈkjuːɪtəs] *adj* (*adv* **~ly**) **1.** e-n 'Umweg machend *od.* bedeutend: **by a ~ route** auf e-m Umweg; **the river's ~ course** der gewundene Flußlauf. **2.** weitschweifig, 'umständlich.
cir·cuit·ry [ˈsɜːkɪtrɪ; *Am.* ˈsɜr-] *s electr.* **1.** Schaltungen *pl.* **2.** Schaltungsanordnung *f.* **3.** Schaltungsbauteile *pl.*
cir·cuit train·ing *s sport* Zirkel-, Circuittraining *n.*
cir·cu·i·ty [sə(r)ˈkjuːətɪ] *s* 'Umständlichkeit *f*, 'Umschweife *pl.*
cir·cu·lar [ˈsɜːkjʊlə; *Am.* ˈsɜrkjələr] **I** *adj* (*adv* **~ly**) **1.** (kreis)rund, kreisförmig. **2.** a) Kreis...: **~ motion,** b) Rund...: **~ dance,** c) Ring...: **~ road. 3.** peri'odisch, (im Kreislauf) 'wiederkehrend. **4.** 'umständlich. **5.** Umlauf..., Rund..., Zirkular...: **~ order** Runderlaß *m.* **II** *s* **6.** a) Rundschreiben *n*, -brief *m*, b) 'Umlauf *m*, c) (Post)Wurfsendung *f.* **~ cone** *s math.* Kreiskegel *m.* **~ func·tion** *s math.* 'Kreisfunktiˌon *f.* **~ in·san·i·ty** *s med.* manisch-depres'sives Irresein.
cir·cu·lar·i·ty [ˌsɜːkjʊˈlærətɪ; *Am.* ˌsɜrkjə-] *s* Kreisförmigkeit *f.*
cir·cu·lar·ize [ˈsɜːkjʊləraɪz; *Am.* ˈsɜrkjə-] *v/t* **1.** rund machen. **2.** Rundschreiben, *a.* (Post)Wurfsendungen verschicken an (*acc*). **3.** a) Fragebogen schicken an (*acc*), b) befragen. **4.** durch (Post)Wurfsendungen werben für.
cir·cu·lar| let·ter → **circular** 6a. **~ let·ter of cred·it** *s* 'Reisekreˌditbrief *m.* **~ meas·ure** *s math.* (Kreis)Bogenmaß *n.* **~ note** *s* **1.** Zirku'larnote *f*, diplo'matisches Rundschreiben. **2.** *econ.* 'Reisekreˌditbrief *m.* **~ num·ber** *s math.* Zirku'larzahl *f.* **~ pitch** *s tech.* Zahnteilung *f* im Teilkreis. **~ saw** *s tech.* Kreissäge *f.* **~ skirt** *s* Tellerrock *m.* **~ stair(·case)** *s Am.* Wendeltreppe *f.* **~ tick·et** *s* Rundreisefahrschein *m.* **~ tour** *s* Rundreise *f*, -fahrt *f.* **~ track** *s mil.* (Dreh)Kranz *m.* **~ tri·an·gle** *s math.* sphärisches Dreieck.
cir·cu·late [ˈsɜːkjʊleɪt; *Am.* ˈsɜrkjə-] **I** *v/i* **1.** zirku'lieren: a) 'umlaufen, kreisen, b) im 'Umlauf sein, kur'sieren (*Geld, Nachricht etc*), (*Gerücht etc a.*) 'umgehen. **2.** her'umreisen, -gehen. **II** *v/t* **3.** in 'Umlauf setzen (*a. fig.*), zirku'lieren lassen, *Wechsel* gi'rieren.
cir·cu·lat·ing [ˈsɜːkjʊleɪtɪŋ; *Am.* ˈsɜrkjə-] *adj* **1.** zirku'lierend, 'umlaufend, kur'sierend. **2.** *math.* peri'odisch: **~ fraction. ~ cap·i·tal** *s econ.* 'Umlauf-, Be'triebskapiˌtal *n.* **~ dec·i·mal** *s math.* peri'odischer Dezi'malbruch. **~ li·brar·y** *s* 'Leihbücheˌrei *f.* **~ me·di·um** *s econ.* **1.** Tauschmittel *n.* **2.** 'Umlaufs-, Zahlungsmittel *n.* **~ mem·o·ry** *s Computer*: 'Umlaufspeicher *m.* **~ pump** *s tech.* 'Umlauf-, 'Umwälzpumpe *f.*
cir·cu·la·tion [ˌsɜːkjʊˈleɪʃn; *Am.* ˌsɜrkjə-] *s* **1.** Kreislauf *m*, Zirkulati'on *f.* **2.** *physiol.* (Blut)Kreislauf *m*, 'Blutzirkulatiˌon *f.* **3.** *econ.* a) 'Umlauf *m*, Verkehr *m*: **~ of bills** Wechselverkehr, -umlauf; **~ of capital** Kapitalverkehr; **to be in ~** in Umlauf sein, zirkulieren (*Geld etc*) (*a. fig.*); **to bring** (*od.* **put**) **into ~** in Umlauf setzen (*a. fig.*), in den Verkehr bringen; **out of ~** außer Kurs (gesetzt); **to withdraw from ~** aus dem Verkehr ziehen; **she's back in ~** *colloq.* sie ist wieder frei, b) im 'Umlauf befindliche Zahlungsmittel *pl.* **4.** *econ.* a) Verbreitung *f*, Absatz *m* (*e-s Artikels*), b) Auflage *f*, Auflagenhöhe *f*, -ziffer *f* (*e-s Buches, e-r Zeitung etc*), c) (Fernseh- *etc*)Teilnehmer *pl*, d) Verbreitung *f*, Zahl *f* der (durch Werbung) angesprochenen Per'sonen. **5.** Strömung *f*, 'Durchzug *m*, -fluß *m.* **6.** *arch.* Verbindungsräume *pl* (*Treppen, Gänge etc*). **~ heat·ing** *s tech.* 'Umlaufheizung *f.*
cir·cu·la·tive [ˈsɜːkjʊlətɪv; *Am.* ˈsɜrkjəˌleɪtɪv] → **circulatory.**
cir·cu·la·tor [ˈsɜːkjʊleɪtə(r); *Am.* ˈsɜrkjə-] *s* **1.** Verbreiter(in): **~ of scandal. 2.** *tech.* Zirkulati'onsvorrichtung *f.* **cir·cu·la·to·ry** [ˌsɜːkjʊˈleɪtərɪ; ˈsɜːkjʊlətərɪ; *Am.* ˈsɜrkjələˌtəʊriː; -ˌtɔː-] *adj* **1.** zirku'lierend, 'umlaufend, kreisend, Kreis...: **~ motion. 2.** Umlaufs..., Zirkulations..., *physiol.* (Blut)Kreislauf...: **~ collapse** *med.* Kreislaufkollaps *m*; **~ disturbance** *med.* Kreislaufstörung *f*; **~ system** *physiol.* Kreislauf *m.*
cir·cum·am·bi·ent [ˌsɜːkəmˈæmbɪənt; *Am.* ˌsɜr-] *adj* um'gebend, um'schließend, einschließend (*a. fig.*). **ˌcir·cum'am·bu·late** [-ˈæmbjʊleɪt] **I** *v/t* **1.** her'umgehen um. **II** *v/i* **2.** her'um-, um'hergehen. **3.** *fig.* um die Sache her'umreden. **ˌcir·cum'ben·di·bus** [-ˈbendɪbəs] *s humor. fig.* 'Umschweife *pl*, 'umständliche Ausdrucksweise. **ˌcir·cum'cen·ter,** *bes. Br.* **ˌcir·cum'cen·tre** [-ˈsentə(r)] *s math.* 'Umkreismittelpunkt *m.*

cir·cum·cise [ˈsɜːkəmsaɪz; *Am.* ˈsɜr-] *v/t* **1.** *med. relig.* beschneiden. **2.** *fig.* reinigen, läutern. ˌ**cir·cumˈci·sion** [-ˈsɪʒn] *s* **1.** *med. relig.* Beschneidung *f.* **2.** *fig.* Reinigung *f*, Läuterung *f.* **3. C~** *relig.* Fest *n* der Beschneidung Christi (*am 1. Januar*). **4. the ~** *Bibl.* die Beschnittenen *pl* (*Juden*).

cir·cum·fer·ence [sə(r)ˈkʌmfərəns] *s math.* ˈUmkreis *m*, (ˈKreis)ˌUmfang *m*, Peripheˈrie *f.* **cirˌcum·feˈren·tial** [-fəˈrenʃl] *adj* periˈpherisch, Umfangs...

cir·cum·flex [ˈsɜːkəmfleks; *Am.* ˈsɜr-] **I** *s* **1.** *a.* **~ accent** *ling.* Zirkumˈflex *m.* **II** *adj* **2.** *ling.* mit e-m Zirkumˈflex (versehen) (*Laut*). **3.** *anat.* gebogen, gekrümmt (*bes. Blutgefäß*). **III** *v/t* **4.** *ling.* mit (e-m) Zirkumˈflex schreiben.

cir·cum·fuse [ˌsɜːkəmˈfjuːz; *Am.* ˌsɜr-] *v/t* **1.** umˈfließen, (mit Flüssigkeit) umˈgeben. **2.** *fig.* umˈgeben. ˌ**cir·cumˈja·cent** [-ˈdʒeɪsnt] *adj* ˈumliegend, umˈgebend. ˌ**cir·cum·loˈcu·tion** [-ləˈkjuːʃn; *Am.* -ləʊ-] *s* **1.** Umˈschreibung *f.* **2.** a) ˈUmschweife *pl* (*beim Reden*), b) Weitschweifigkeit *f*, ˈumständliche Ausdrucksweise. ˌ**cir·cumˈloc·u·to·ry** [-ˈlɒkjʊtərɪ; *Am.* -ˈlɑkjəˌtəʊriː; -ˌtɔː-] *adj* **1.** umˈschreibend. **2.** weitschweifig. ˌ**cir·cumˈlu·nar** *adj* den Mond umˈkreisend: **~ flight** Mondumkreisung *f*, -umrundung *f.* ˌ**cir·cumˈnav·i·gate** [-ˈnævɪgeɪt] *v/t* umˈschiffen, umˈsegeln. ˈ**cir·cumˌnav·iˈga·tion** *s* Umˈschiffung *f*, Umˈseg(e)lung *f*: **~ of the globe** Weltumseglung. ˌ**cir·cumˈnav·i·ga·tor** *s* Umˈsegler *m*: **~ of the globe** Weltumsegler.

cir·cum·scribe [ˈsɜːkəmskraɪb; *Am.* ˈsɜr-] *v/t* **1.** e-e Linie ziehen um. **2.** begrenzen, einschränken. **3.** a) (*a. math. e-e Figur*) umˈschreiben, b) defiˈnieren. ˌ**cir·cumˈscrip·tion** [-ˈskrɪpʃn] *s* **1.** Beschränkung *f*, Begrenzung *f.* **2.** Umˈschreibung *f.* **3.** a) Umˈgrenzung *f*, b) umˈgrenzte Fläche. **4.** ˈUmschrift *f* (*e-r Münze etc*).

cir·cum·spect [ˈsɜːkəmspekt; *Am.* ˈsɜr-] *adj* (*adv* **~ly**) **1.** ˈumsichtig, wohlerwogen: **a ~ plan.** **2.** vorsichtig, behutsam: **~ behavio(u)r.** ˌ**cir·cumˈspec·tion** *s* **1.** ˈUmsicht *f.* **2.** Vorsicht *f*, Behutsamkeit *f.* ˌ**cir·cumˈspec·tive** → **circumspect.**

cir·cum·stance [ˈsɜːkəmstəns; -stæns; *Am.* ˈsɜr-] *s* **1.** ˈUmstand *m*: a) Beˈgleitˌumstand *m*, b) Tatsache *f*, c) Einzelheit *f*, d) Ereignis *n*: **a fortunate ~** ein glücklicher Umstand; **a victim of ~** ein Opfer der Umstände. **2.** *meist pl* (Sach)Lage *f*, Sachverhalt *m*, ˈUmstände *pl*, Verhältnisse *pl*: **in** (*od.* **under**) **no ~s** unter keinen Umständen, auf keinen Fall; **in** (*od.* **under**) **the ~s** unter diesen Umständen. **3.** *pl* Verhältnisse *pl*, Lebenslage *f*: **in easy** (**reduced**) **~s** in gesicherten (beschränkten) Verhältnissen *leben.* **4.** Ausführlichkeit *f*, Weitschweifigkeit *f*, ˈUmständlichkeit *f.* **5.** Zeremoniˈell *n*, Formaliˈtät(en *pl*) *f*, ˈUmstände *pl*: **without any ~** ohne alle Umstände. ˈ**cir·cum·stanced** *adj* **1.** in e-r *guten etc* Lage, (*gut- etc*)situˈiert: **to be poorly ~** in ärmlichen Verhältnissen leben. **2.** gelagert (*Sache*): **well timed and ~** zur rechten Zeit und unter günstigen Umständen.

cir·cum·stan·tial [ˌsɜːkəmˈstænʃl; *Am.* ˌsɜr-] *adj* (*adv* **~ly**) **1.** durch die ˈUmstände bedingt. **2.** nebensächlich, zufällig. **3.** ausführlich, detailˈliert. **4.** ˈumständlich, weitschweifig. **~ ev·i·dence** *s jur.* Inˈdizien(beweis *m*) *pl.*

cir·cum·stan·ti·al·i·ty [ˈsɜːkəmˌstænʃɪˈælətɪ; *Am.* ˌsɜr-] *s* **1.** Ausführlichkeit *f.* **2.** ˈUmständlichkeit *f.* **3.** Einzelheit *f*, Deˈtail *n.* ˌ**cir·cumˈstan·ti·ate** [-eɪt] *v/t* **1.** genau beschreiben *od.* darstellen. **2.** *jur.* durch Inˈdizien beweisen.

cir·cum·val·la·tion [ˌsɜːkəmvəˈleɪʃn; -væˈl-; *Am.* ˌsɜr-] *s bes. mil.* Umˈwallung *f.*

cir·cum·vent [ˌsɜːkəmˈvent; *Am.* ˌsɜr-] *v/t* **1.** umˈzingeln. **2.** überˈlisten, hinterˈgehen, täuschen. **3.** vereiteln, verhindern. **4.** ausweichen (*dat*), umˈgehen: **to ~ a rule.** ˌ**cir·cumˈven·tion** *s* **1.** Umˈzingelung *f.* **2.** Überˈlistung *f.* **3.** Vereitelung *f.* **4.** Umˈgehung *f.* ˌ**cir·cumˈven·tive** *adj* betrügerisch, raffiˈniert.

cir·cum·vo·lu·tion [ˌsɜːkəmvəˈljuːʃn; -ˈluː-; *Am.* sərˌkʌmvəˈluːʃən; ˌsɜrkəmvəʊˈl-] *s* **1.** (ˈUm)Drehung *f.* **2.** ˈUmwälzung *f.* **3.** Windung *f.*

cir·cus [ˈsɜːkəs; *Am.* ˈsɜr-] *s* **1.** a) Zirkus *m*, b) Zirkus(truppe *f*) *m*, c) Zirkusvorstellung *f*, d) ˈZirkusaˌrena *f*: **~ parade** (festlicher) Umzug e-s Zirkus; **~ rider** Zirkusreiter(in). **2.** kreisförmige Anordnung von Bauten. **3.** *Br.* runder, von Häusern umˈschlossener Platz (*von dem strahlenförmig Straßen ausgehen*). **4.** *antiq. u. fig.* Amˈphitheˌater *n.* **5.** *mil. Br. sl.* a) im Kreis fliegende Flugzeugstaffel, b) ‚fliegende' motoriˈsierte Truppeneinheit. **6.** *Am. sl.* ‚Mordsspaß' *m.* **7.** *colloq.* ‚Rummel' *m*, ‚Zirkus' *m.*

cirl bun·ting [sɜːl; *Am.* sɜrl] *s orn.* Zaunammer *f.*

cirque [sɜːk; *Am.* sɜrk] *s* **1.** *geol.* Kar *n*, naˈtürliches Amˈphitheˌater: **~ lake** Karsee *m.* **2.** Ring *m*, kreisförmige Aufstellung.

cir·rho·sis [sɪˈrəʊsɪs] *s med.* Zirˈrhose *f*, (*bes.* Leber)Schrumpfung *f.*

cir·ri [ˈsɪraɪ] *pl von* **cirrus.**

cir·ri·ped [ˈsɪrɪped] *s zo.* Rankenfüßer [*m.*]

cir·ro·cu·mu·lus [ˌsɪrəʊˈkjuːmjʊləs] *s irr meteor.* Zirrokumulus *m*, Schäfchenwolke *f.*

cir·rose [ˈsɪrəʊs; sɪˈrəʊs] *adj* **1.** *bot.* mit Ranken. **2.** *zo.* mit Haaren *od.* Fühlern. **3.** federartig.

cir·ro·stra·tus [ˌsɪrəʊˈstrɑːtəs; *bes. Am.* -ˈstreɪ-; *Am. a.* -ˈstræ-] *s irr meteor.* Zirrostratus *m*, Schleierwolke *f.*

cir·rous [ˈsɪrəs] → **cirrose.**

cir·rus [ˈsɪrəs] *pl* **-ri** [-aɪ] *s* **1.** *bot.* Ranke *f.* **2.** *zo.* a) Wimper *f*, b) Rankenfuß *m.* **3.** *meteor.* Zirrus *m*, Federwolke *f.*

cis- [sɪs] *Vorsilbe mit der Bedeutung* a) diesseits, b) nach (*e-m Zeitpunkt*).

cis·al·pine [sɪsˈælpaɪn] *adj* zisalˈpin(isch), diesseits der Alpen (*von Rom aus*).

cis·at·lan·tic [ˌsɪsətˈlæntɪk] *adj* diesseits des Atˈlantischen Ozeans.

cis·mon·tane [sɪsˈmɒnteɪn; *Am.* -ˈmɑn-] *adj* diesseits der Berge.

cis·soid [ˈsɪsɔɪd] *math.* **I** *s* Zissoˈide *f*, Efeulinie *f.* **II** *adj* zissoˈid.

cis·sy → **sissy.**

cist [sɪst] *s antiq.* **1.** Kiste *f*, Truhe *f.* **2.** keltisches Steingrab.

Cis·ter·cian [sɪˈstɜːʃjən; -ʃn; *Am.* sɪsˈtɜrʃən] **I** *s* Zisterziˈenser(mönch) *m.* **II** *adj* Zisterziˈensisch, Zisterzienser...

cis·tern [ˈsɪstə(r)n] *s* **1.** Wasserbehälter *m*, (*in der Toilette*) Spülkasten *m*: **~ barometer** *phys.* Gefäßbarometer *n.* **2.** Ziˈsterne *f*, ˈunterirdischer Regenwasserspeicher. **3.** *anat.* Lymphraum *m.*

cis·tus [ˈsɪstəs] *pl* **-ti** [-aɪ] *s bot.* Zistrose *f.*

cit·a·ble [ˈsaɪtəbl] *adj* anführbar, ziˈtierbar.

cit·a·del [ˈsɪtədl; -del] *s mil.* **1.** Zitaˈdelle *f* (*a. fig.*). **2.** *mar.* Zitaˈdelle *f*, gepanzerte Mittelaufbauten *pl.*

ci·ta·tion [saɪˈteɪʃn] *s* **1.** Ziˈtieren *n*, Anführung *f.* **2.** a) Ziˈtat *n* (*zitierte Stelle*), b) *jur.* (**of**) Berufung *f* (auf *e-e Grundsatzentscheidung etc*), Herˈanziehung *f* (*gen*). **3.** a) Vorladung *f* (*vor Gericht etc*), b) *Br.* Streitverkündung *f* (*im Zivilprozeß vor dem* **High Court**). **4.** Aufzählung *f.* **5.** a) (lobende) Erwähnung, b) *mil.* lobende Erwähnung (*z. B. im Tagesbefehl*).

cite [saɪt] *v/t* **1.** ziˈtieren. **2.** (als Beispiel *od.* Beweis) anführen, vorbringen, sich berufen auf (*acc*). **3.** vorladen, ziˈtieren (*vor Gericht etc*). **4.** *poet.* auffordern, aufrufen. **5.** *mil.* lobend (*in e-m Bericht*) erwähnen.

cith·a·ra [ˈsɪθərə] *s antiq. mus.* Kithara *f* (*dreieckige Leier*).

cith·er [ˈsɪθə(r); *Am. a.* ˈsɪðər], ˈ**cith·ern** [-ə(r)n] *s mus.* **1.** → **cithara.** **2.** → **zither.**

cit·i·fy [ˈsɪtɪfaɪ] *v/t* verstädtern.

cit·i·zen [ˈsɪtɪzn] *s* **1.** Bürger(in): a) Staatsbürger(in), Staatsangehörige(r *m*) *f*: **~ of the world** Weltbürger, b) Einwohner(in) e-r Stadt: **~s' initiative group** Bürgerinitiative *f*; **~s' band** CB-Funk *m.* **2.** Stadtbewohner(in), Städter(in). **3.** *jur.* Bürger *m* im Genuß der Bürgerrechte. **4.** Ziviˈlist *m.* ˈ**cit·i·zen·ry** [-rɪ] *s* Bürgerschaft *f.* ˈ**cit·i·zen·ship** *s* **1.** Staatsbürgerschaft *f.* **2.** Bürgerrecht *n.*

cit·ral [ˈsɪtrəl; *Am.* -ˌtræl] *s chem.* Ziˈtral *n.*

cit·rate [ˈsɪtreɪt; -rət; ˈsaɪt-] *s chem.* Ziˈtrat *n.*

cit·re·ous [ˈsɪtrɪəs] *adj* ziˈtronengelb.

cit·ric ac·id [ˈsɪtrɪk] *s chem.* Ziˈtronensäure *f*; **~ cycle** (*Biochemie*) Zitronensäurezyklus *m.*

cit·ri·cul·ture [ˈsɪtrɪkʌltʃə(r)] *s* Anbau *m* von Zitrusfrüchten.

cit·rin [ˈsɪtrɪn] *s chem.* Ziˈtrin *n*, Vitaˈmin *n* P.

cit·rine [ˈsɪtrɪn] **I** *adj* **1.** ziˈtronengelb. **II** *s* **2.** *min.* Ziˈtrin *m.* **3.** Ziˈtronengelb *n.*

cit·ron [ˈsɪtrən] *s* **1.** *bot.* Gemeiner Ziˈtronenbaum. **2.** Zitroˈnat *n.*

cit·ron·el·la [ˌsɪtrəˈnelə] *s* **1.** *bot.* Ziˈtronengras *n.* **2.** *a.* **~ oil** Zitroˈnell-Öl *n.*

ˈ**cit·ron·wood** *s* **1.** Ziˈtronenbaumholz *n.* **2.** Sandarakholz *n.*

cit·rus [ˈsɪtrəs] *bot.* **I** *s* Zitrus(gewächs *n*) *f.* **II** *adj* Zitrus...: **~ fruit.**

cit·tern [ˈsɪtɜːn; *Am.* -tərn] *s mus. hist.* ˈLautengiˌtarre *f.*

cit·y [ˈsɪtɪ] *s* **1.** (Groß)Stadt *f*: **C~ of God** *relig.* Reich *n* Gottes. **2.** *Br.* inkorpoˈrierte Stadt (*meist mit Kathedrale*). **3. the C~** die (Londoner) City: a) *Altstadt von London*, b) *Geschäftsviertel in der City*, c) *fig. Londoner Geschäftswelt.* **4.** *Am.* inkorpoˈrierte Stadtgemeinde (*unter e-m Bürgermeister u. Gemeinderat*). **5.** *Canad.* Stadtgemeinde *f* erster Ordnung (*mit großer Einwohnerzahl*). **6.** *antiq.* Stadtstaat *m.* **C~ ar·ti·cle** *s econ. Br.* Börsenbericht *m* (*in e-r Zeitung*). ˈ**~-born** *adj* in e-r (Groß)Stadt geboren. ˈ**~-bred** *adj* in der Stadt aufgewachsen: **~ person** Großstadtkind *n.* **~ cen·tre** *s Br.* Innenstadt *f*, City *f.* **~ child** *s Br.* Großstadtkind *n.* **C~ Com·pa·ny** *s e-e der großen Londoner Gilden.* **~ coun·cil** *s* Stadtrat *m.* **~ coun·cil·(l)or** *s* Stadtrat(smitglied *n*) *m.* **~ desk** *s* **1.** *Am.* Loˈkalredaktiˌon *f.* **2.** *Br.* ˈWirtschaftsredaktiˌon *f.* **~ ed·i·tor** *s* **1.** *Am.* Loˈkalredakˌteur *m.* **2.** *Br.* ˈWirtschaftsredakˌteur *m.* **~ fa·ther** *s* Stadtrat *m*: **~s** Stadtväter. ˈ**~folk** *s* Städter *pl*, Stadtbevölkerung *f.* **~ hall** *s* **1.** Rathaus *n.* **2.** *bes. Am.* Stadtverwaltung *f.* **C~ man** *s irr Br.* Fiˈnanz- *od.* Geschäftsmann *m* der City. **~ man·ag·er** *s Am.* (*vom Stadtrat ernannter*) ˈStadtdiˌrektor. **~ plan·ning** *s* Städte-, Stadtplanung *f*, städtebauliche Planung. **~ re·cord·er** *s* Stadtsyndikus *m.* ˈ**~scape** [-skeɪp] *s* Stadtbild *n.* **~ slick·er** *s colloq.* **1.** ‚Großstadtpflanze' *f.* **2.** ‚Schlitzohr' *n.* **~ state** *s* Stadtstaat *m.*

civ·et [ˈsɪvɪt] *s zo.* **1.** Zibet *m* (*moschusartiges Sekret*). **2.** *a.* **~ cat** Zibetkatze *f.*

civ·ic [ˈsɪvɪk] **I** *adj* (*adv* **~ally**) **1.** (*a.* staats)bürgerlich, Bürger...: **~ duties; ~ pride; ~ action campaign** Bürgerinitiative *f*; **~ action group** Bürgerinitiative *f*; **~ rights → civil rights. 2.** städtisch, Stadt...: **~ centre** (*Am.* **center**) Behördenviertel *n*; **~ problems** städtische Probleme. **II** *s pl* (*als sg konstruiert*) **3.** *bes. ped.* Staatsbürgerkunde *f.*

civ·ies →**civvies.**

civ·il [ˈsɪvl; -vɪl] *adj* (*adv* **~ly**) **1.** staatlich, Staats...: **~ institutions; ~ affairs** Verwaltungsangelegenheiten. **2.** (*a.* staats-) bürgerlich, Bürger...: **~ duties; ~ life** bürgerliches Leben; **~ society** bürgerliche Gesellschaft; → **civil rights. 3.** ziˈvil, Zivil... (*Ggs. militärisch, kirchlich etc*): **~ aviation;** → **civil marriage. 4.** *obs.* ziviliˈsiert. **5.** höflich: **a ~ answer;** → **tongue** 1. **6.** staatlich festgesetzt (*Zeitrechnung*). **7.** *jur.* a) ziˈvil-, priˈvatrechtlich, bürgerlich-rechtlich: **~ case** (*od.* **suit**) Zivilsache *f*, -prozeß *m*, b) gemäß römischem Recht. **~ death** *s* bürgerlicher Tod (*Verlust der Rechtsfähigkeit*). **~ de·fence,** *Am.* **~ de·fense** *s* Ziˈvilschutz *m*, -verteidigung *f*: **~ corps** Zivilschutz(korps *n*). **~ dis·o·be·di·ence** *s* ziˈviler Ungehorsam. **~ en·gi·neer** *s* ˈBauingeniˌeur *m.* **~ en·gi·neer·ing** *s* Tiefbau *m.* **~ gov·ern·ment** *s* Ziˈvilreˌgierung *f.*

ci·vil·ian [sɪˈvɪljən] **I** *s* **1.** Ziviˈlist *m.* **2.** *jur.* Kenner *m* des römischen *od.* des bürgerlichen Rechts. **II** *adj* **3.** ziˈvil, Zivil...: **~ government (life, population,** *etc*); **~ casualties** Verluste unter der Zivilbevölkerung; **in ~ clothes** in Zivil. **ciˌvil·ian·iˈza·tion** [-naɪˈzeɪʃn; *Am.* -nəˈz-] *s* ˈUmwandlung *f* (*e-r Garnison etc*) zur ziˈvilen Verwendung.

ci·vil·i·ty [sɪˈvɪlətɪ] *s* **1.** Höflichkeit *f* (*a. Bemerkung etc*): **in ~** anständiger-, höflicherweise. **2.** *oft pl* Gefälligkeit *f.*

civ·i·liz·a·ble [ˈsɪvɪlaɪzəbl] *adj* ziviliˈsierbar. **ˌciv·i·liˈza·tion** *s* **1.** Zivilisatiˈon *f*, Kulˈtur *f*: **disease of ~** *med.* Zivilisationskrankheit *f.* **2.** ziviliˈsierte Welt. **ˈciv·i·lize** *v/t* ziviliˈsieren. **ˈciv·i·lized** *adj* **1.** ziviliˈsiert, gebildet, kultiˈviert: **~ nations** Kulturvölker. **2.** höflich.

civ·il| jus·tice *s jur.* Ziˈvilgerichtsbarkeit *f.* **~ law** *s jur.* **1.** römisches Recht (*Ggs.* **common law**). **2.** Ziˈvil-, Priˈvatrecht *n*, bürgerliches Recht. **~ list** *s parl. Br.* Ziˈvilliste *f* (*die zur Bestreitung des königlichen Haushaltes bewilligten Beträge*). **C~ Lord** *s Br.* ziˈviles Mitglied der Admiraliˈtät. **~ mar·riage** *s* Ziˈviltrauung *f*, -ehe *f*, standesamtliche Trauung. **~ rights** *s pl* bürgerliche Ehrenrechte *pl*, (Staats)Bürgerrechte *pl*: **loss of ~** *jur.* Verlust *m* der bürgerlichen Ehrenrechte; **~ activist** Bürgerrechtler(in); **~ movement** Bürgerrechtsbewegung *f.* **~ serv·ant** *s* Standesbeamte(r) *m*, Beamte(r) *m* im öffentlichen Dienst. **~ ser·vice** *s* **1.** Staatsdienst *m*, öffentlicher Dienst. **2.** Beamtenschaft *f.* **~ war** *s* **1.** Bürgerkrieg *m.* **2. C~ W~** a) amer. Sezessiˈonskrieg *m* (*1861–65*), b) Krieg *m* zwischen den englischen Royaˈlisten u. dem Parlaˈment (*1642 bis 1652*). **~ wrong** *s jur.* unerlaubte Handlung.

civ·ism [ˈsɪvɪzəm] *s* Bürgersinn *m.*

civ·vies [ˈsɪvɪz] *s pl sl.* ‚Ziˈvilklaˌmotten' *pl.*

civ·vy street [ˈsɪvɪ] *s mil. Br. sl.* Ziˈvilleben *n*: **in ~** im Zivilleben.

clach·an [ˈklaxən; ˈklæ-] *s Scot. od. Ir.* kleines Dorf, Weiler *m.*

clack [klæk] **I** *v/i* **1.** klappern. **2.** knallen (*Peitsche*). **3.** schnattern (*Gans*), gackern, glucken (*Henne*). **4.** plappern, ‚gackern'. **II** *v/t* **5.** plappern. **6.** klappern lassen. **7.** knallen mit (*e-r Peitsche etc*). **III** *s* **8.** Klappern *n*, Geklapper *n*, Rasseln *n.* **9.** Klapper *f.* **10.** Geplapper *n.* **11.** *sl.* ‚Klappe' *f* (*Mund*). **12.** *tech.* Venˈtilklappe *f.* **~ valve** *s* ˈKlappenvenˌtil *n.*

clad [klæd] **I** *pret u. pp von* **clothe. II** *adj* **1.** gekleidet. **2.** *tech.* (ˈnichtgalˌvanisch) platˈtiert.

claim [kleɪm] **I** *v/t* **1.** (*ein Recht od. als Recht*) fordern, beanspruchen, verlangen, geltend machen, Anspruch erheben auf (*acc*): **to ~ compensation** Ersatz fordern; **to ~ back** zurückfordern. **2.** *fig.* in Anspruch nehmen, (er)fordern: **to ~ attention. 3.** *fig. Todesopfer, Leben* fordern: **the plague ~ed thousands of lives. 4.** a) behaupten (**s.th.** etwas; **that** daß), b) (von sich) behaupten (**to be** zu sein), für sich in Anspruch nehmen, Anspruch erheben auf (*acc*): **to ~ victory,** c) aufweisen (können), haben, d) sich bekennen zu, die Verantwortung überˈnehmen für (*e-n Terroranschlag etc*). **5.** zuˈrück-, einfordern, (*als sein Eigentum*) abholen. **II** *v/i* **6. ~ against** Klage erheben gegen. **III** *s* **7.** Anspruch *m*, Forderung *f* (**on, against** gegen): **to lay ~ to** → 1, 4b; **to make a ~** e-e Forderung erheben *od.* geltend machen; **to make (many) ~s (up)on** *fig. j-n, j-s Zeit* (stark) in Anspruch nehmen. **8.** a) (Rechts)Anspruch *m*, Anrecht *n* (**to, [up]on** auf *acc*, gegen): **~ for damages** Schadenersatzanspruch; **to put in** (*od.* **enter**) **a ~** e-e Forderung erheben, e-n Anspruch geltend machen, b) (Zahlungs)Forderung *f*, c) (Paˈtent)Anspruch *m.* **9.** Behauptung *f*, Anspruch *m.* **10.** *Am.* a) Stück *n* Staatsland (*das von Ansiedlern abgesteckt u. beansprucht wird*), b) Claim *m* (*Anteil an e-m Goldgräberunternehmen*). **11.** *Bergbau*: Mutung *f*, Grubenanteil *m.* **ˈclaim·a·ble** *adj* zu beanspruchen(d). **ˈclaim·ant, ˈclaim·er** *s* **1.** Beanspruchende(r *m*) *f*, Antragsteller(in): **rightful ~** Anspruchsberechtigte(r *m*) *f.* **2.** Präten'dent *m.* **3.** Anwärter(in) (**to** auf *acc*).

clair·voy·ance [kleə(r)ˈvɔɪəns] *s* **1.** Hellsehen *n.* **2.** ungewöhnlicher Scharfsinn. **clairˈvoy·ant I** *adj* hellseherisch. **II** *s* Hellseher(in).

clam[1] [klæm] **I** *s* **1.** *zo.* eßbare Muschel: **hard ~, round ~** Venusmuschel; **long ~** Sand- *od.* Schwertmuschel; **(as) close as a ~** geizig, ‚knickerig'. **2.** *colloq.* ‚zugeknöpfter' Mensch. **II** *v/i* **3.** *bes. Am.* Muscheln suchen. **4. ~ up** *colloq.* den Mund zumachen, nichts mehr sagen.

clam[2] [klæm] → **clamp**[1].

cla·mant [ˈkleɪmənt; *Am. a.* ˈklæ-] *adj* **1.** lärmend, schreiend (*a. fig.*): **a ~ wrong. 2.** dringend.

clam·bake [ˈklæmˌbeɪk] *s Am.* **1.** Picknick *n* (*bes. am Strand*). **2.** *sl.* große Party. **3.** *Rundfunk, TV*: *sl.* verpatzte Sendung.

clam·ber [ˈklæmbə(r)] **I** *v/i* (mühsam) klettern. **II** *v/t* erklettern. **III** *s* Klettern *n.*

clam·mi·ness [ˈklæmɪnɪs] *s* feuchtkalte Klebrigkeit.

clam·my [ˈklæmɪ] *adj* (*adv* **clammily**) feuchtkalt (u. klebrig), klamm.

clam·or, *bes. Br.* **clam·our** [ˈklæmə(r)] **I** *s* **1.** Lärm *m*, lautes Geschrei, Tuˈmult *m.* **2.** *bes. fig.* (Weh)Geschrei *n*, lautstarker Proˈtest (**against** gegen), (*fordernder*) Schrei (**for** nach). **II** *v/i* **3.** (laut) schreien, lärmen, toben. **4.** *fig.* schreien: a) wütend *od.* lautstark verlangen (**for** nach), b) Lärm schlagen, heftig proteˈstieren (**against** gegen). **III** *v/t* **5.** *etwas* schreien. **6. ~ down** *j-n* niederbrüllen. **ˈclam·or·ous** *adj* (*adv* **~ly**) **1.** lärmend, schreiend, tobend. **2.** lärmerfüllt, tosend. **3.** *fig.* lautstark: **~ demands.**

clamp[1] [klæmp] **I** *s* **1.** *tech.* a) Klemme *f*, Klampe *f*, Klammer *f*, Krampe *f*, Zwinge *f*, b) Klemmschraube *f*, -schelle *f*, Einspannkopf *m*, c) *electr.* Erdungsschelle *f*, d) Hirnleiste *f*, e) Haspe *f*, Angel *f*, f) Halterung *f*, g) Schraubstockklemmstück *n*, h) Einschiebeleiste *f.* **2.** *Formerei*: Formkastenpresse *f.* **3.** *bes. hist.* Strammer *m* (*e-r Skibindung*). **II** *v/t* **4.** *tech.* festklemmen, mit Klammer(n) *etc* befestigen. **5. ~ down** *fig.* als Strafe auferlegen, anordnen. **6.** *mar. Deck* reinigen. **III** *v/i* **7. ~ down** *fig. colloq.* zuschlagen, scharf vorgehen *od.* einschreiten (**on** gegen).

clamp[2] [klæmp] **I** *s* **1.** Haufen *m*, Stapel *m.* **2.** *Br.* (Karˈtoffel- *etc*)Miete *f.* **II** *v/t* **3.** *Br.* (auf)stapeln.

clamp[3] [klæmp] **I** *v/i* schwerfällig auftreten, trampeln. **II** *s* schwerer Tritt.

clamp| bolt *s tech.* Klemmbolzen *m.* **~ bush·ing** *s* Klemmbuchse *f.* **~ cou·pling** *s* Klemm-, Schalenkupplung *f.* **ˈ~·down** *s colloq.* scharfes Vorgehen (**on** gegen).

clamp·ing [ˈklæmpɪŋ] *adj tech.* Spann..., Klemm...: **~ lever; ~ screw. ~ cir·cuit** *s electr.* Klemmschaltung *f.* **~ col·lar, ~ ring** *s tech.* Klemmring *m*, Schelle *f.* **~ sleeve** *s* Spannhülse *f.*

ˈclam·shell *s* **1.** *zo.* Muschelschale *f.* **2.** *a.* **~ bucket** *Am.* Greifbaggereimer *m.*

clan [klæn] *s* **1.** Clan *m*: a) *Scot.* Stamm *m*, b) *allg.* Sippe *f*, Geschlecht *n*: **gathering of the ~s** Sippentag *m.* **2.** *Gruppe innerhalb e-s Stammes mit gemeinsamen Vorfahren in der weiblichen od. männlichen Linie.* **3.** Gruppe *f*, *bes. contp.* Clique *f.*

clan·des·tine [klænˈdestɪn] *adj* (*adv* **~ly**) heimlich, verborgen, verstohlen: **~ trade** Schleichhandel *m.*

clang [klæŋ] **I** *v/i* schallen, klingen, klirren, rasseln. **II** *v/t* laut schallen *od.* erklingen lassen. **III** *s* (lauter, meˈtallischer) Klang *od.* Ton, Geklirr *n.*

clang·er [ˈklæŋə] *s Br. colloq.* unpassende Bemerkung, Fauxˈpas *m*: **to drop a ~** ins Fettnäpfchen treten.

clang·or, *bes. Br.* **clang·our** [ˈklæŋgə(r); ˈklæŋə(r)] → **clang** III. **ˈclang·or·ous** *adj* (*adv* **~ly**) **1.** schallend, schmetternd. **2.** klirrend.

clank [klæŋk] **I** *s* Klirren *n*, Geklirr *n*, Gerassel *n*: **~ of arms** Waffengeklirr; **~ of chains** Kettengerassel. **II** *v/i u. v/t* klirren *od.* rasseln (mit).

clan·nish [ˈklænɪʃ] *adj* (*adv* **~ly**) **1.** zu e-m Clan gehörig, Sippen...: **~ pride** Sippenstolz *m.* **2.** stammesbewußt, stammesverbunden. **3.** (unter sich) zs.-haltend, *bes. contp.* cliquenhaft. **ˈclan·nish·ness** *s* **1.** Stammesverbundenheit *f.* **2.** Zs.-halten *n*, *bes. contp.* Cliquenwesen *n.*

clan·ship [ˈklænʃɪp] *s* **1.** Vereinigung *f* in e-m Clan. **2.** Stammesbewußtsein *n.*

clans·man [ˈklænzmən] *s irr* Stammesmitglied *n*, Mitglied *n* e-s Clans.

clap[1] [klæp] **I** *s* **1.** (*a.* Hände-, Beifall-) Klatschen *n.* **2.** leichter Schlag, Klaps *m.* **3.** Krachen *n*, Schlag *m*: **a ~ of thunder** ein Donnerschlag. **II** *v/t* **4.** schlagen *od.* klappen *od.* klatschen mit, (*hörbar*) zs.-schlagen: **to ~ one's hands** in die Hände klatschen; **to ~ the wings** mit den Flügeln schlagen. **5.** Beifall klatschen, applauˈdieren (*dat*). **6.** klopfen (**s.o. on the shoulder** j-m auf die Schulter). **7.** hastig *od.* eˈnergisch ˈhinstellen, -setzen, -werfen: **to ~ on one's hat** sich den Hut aufstülpen; **to ~ eyes on** zu Gesicht bekommen, erblicken; **to ~ to** *die Tür etc* zuschlagen; **to ~ up** a) *j-n* einsperren, b) *etwas* zs.-pfuschen. **8.** *fig.* ,aufbrummen', auferlegen: **to ~ import duties on s.th.** etwas mit Einfuhrzoll belegen. **III** *v/i* **9.** klatschen, schlagen. **10.** (Beifall) klatschen, applau'dieren.

clap² [klæp] *s med. sl.* Tripper *m.*

clap·board ['klæpbɔː(r)d; 'klæbə(r)d] **I** *s* Schindel *f.* **II** *v/t* mit Schindeln decken *od.* verkleiden, schindeln.

Clap·ham ['klæpəm] *s*: **the man on the ~ omnibus** *Br. colloq.* der Mann auf der Straße, der Durchschnittsbürger, der gewöhnliche Sterbliche.

'clap·net *s* Schlagnetz *n.*

'clapped-out *adj Br. colloq.* **1.** baufällig. **2.** schäbig, verwahrlost. **3.** schrottreif. **4.** ,ka'putt', erschöpft.

clap·per ['klæpə(r)] *s* **1.** Beifallklatscher *m.* **2.** Klöppel *m* (*Glocke*): **to drive like the ~s** *Br. colloq.* wie ein Verrückter fahren. **3.** Klapper *f* (*a. tech. der Mühle*). **4.** *colloq.* Zunge *f,* Mundwerk *n.* **5.** → **clapper board.** **~board** *s Am. meist pl Film*: (Syn'chron)Klappe *f.* **'~-claw** *v/t obs.* **1.** zerkratzen. **2.** ausschelten.

'clap·trap I *s* **1.** Ef,fekthasche'rei *f.* **2.** Phrasendresche'rei *f,* Gewäsch *n.* **II** *adj* **3.** ef'fekthaschend. **4.** phrasenhaft.

claque [klæk] *s* Claque *f,* Cla'queure *pl.*

cla·queur [klæ'kɜː; *Am.* -'kɜr] *s* Cla'queur *m.*

clar·ence ['klærəns] *s* vierrädrige, geschlossene Kutsche (*für 4 Personen*).

clar·en·don ['klærəndən] *s print.* halbfette Egypti'enne.

clar·et ['klærət] **I** *s* **1.** roter Bor'deaux (-wein). **2.** *allg.* Rotwein *m.* **3.** *a.* **~ red** Weinrot *n.* **4.** *bes. Boxen*: *sl.* Blut *n.* **II** *adj* **5.** weinrot. **~ cup** *s* gekühlte Rotweinbowle.

clar·i·fi·ca·tion [,klærɪfɪ'keɪʃn] *s* **1.** (Er-, Auf)Klärung *f,* Klarstellung *f.* **2.** *tech.* (Abwasser)Klärung *f,* (Ab)Läuterung *f,* Abklärung *f*: **~ plant** Kläranlage *f.*

clar·i·fy ['klærɪfaɪ] **I** *v/t* **1.** *fig.* (auf-, er)klären, erhellen, klarstellen. **2.** *tech.* (ab)klären, (ab)läutern, reinigen. **II** *v/i* **3.** *fig.* sich (auf)klären, klar werden. **4.** sich (ab)klären (*Flüssigkeit etc*).

clar·i·net [,klærɪ'net] *s mus.* Klari'nette *f* (*a. Orgelregister*). **,clar·i'net·(t)ist** *s* Klarinet'tist(in).

clar·i·on ['klærɪən] **I** *s* **1.** *mus.* Cla'rino *n,* Clai'ron *n*: a) 'Bachtrom,pete *f,* b) *Zungenstimme der Orgel.* **2.** *poet.* heller Trom'petenton: **~ call** *fig.* (Weck)Ruf *m*; **~ voice** *fig.* Trompetenstimme *f.* **II** *v/t* **3.** laut verkünden.

clar·i·o·net [,klærɪə'net] *obs.* → **clarinet.**

clar·i·ty ['klærətɪ] *s allg.* Klarheit *f.*

cla·ro ['klɑːrəʊ] *pl* **-roes** *s* helle, milde Zi'garre.

clar·y ['kleərɪ] *s bot.* **1.** Muska'tellersalbei *m.* **2.** Scharlachsalbei *m.*

clash [klæʃ] **I** *v/i* **1.** klirren, rasseln. **2.** klirrend anein'anderstoßen *od.* -schlagen. **3.** prallen, stoßen (**into** gegen), (*a. feindlich*) zs.-prallen, zs.-stoßen (**with** mit). **4.** *fig.* (**with**) kolli'dieren: a) anein'andergeraten (mit), b) im 'Widerspruch stehen (zu), unver'einbar sein (mit), c) (zeitlich) zs.-fallen (mit). **5.** nicht zs.-passen *od.* harmo'nieren (**with** mit): **these colo(u)rs ~** diese Farben ,beißen sich'. **II** *v/t* **6.** klirren *od.* rasseln mit. **7.** klirrend anein'anderschlagen. **III** *s* **8.** Geklirr *n,* Gerassel *n.* **9.** (*a. feindlicher*) Zs.-stoß, Zs.-prall *m,* Kollisi'on *f* (*a. fig.*): **~ of interests** Interessenkollision. **10.** *fig.* Kon'flikt *m,* 'Widerspruch *m,* -streit *m,* Reibung *f.* **11.** (zeitliches) Zs.-fallen.

clasp [klɑːsp; *Am.* klæsp] **I** *v/t* **1.** ein-, zuhaken, zu-, festschnallen, mit Schnallen *od.* Haken befestigen *od.* schließen. **2.** mit Schnallen *od.* Haken *etc* versehen. **3.** ergreifen, um'klammern, (fest) um'fassen: **to ~ s.o.'s hand** a) j-m die Hand drücken, b) j-s Hand umklammern; **to ~ s.o. to one's breast** j-n an die Brust drücken. **II** *s* **4.** Klammer *f,* Haken *m,* Schnalle *f,* Spange *f*: **~ and eye** Haken u. Öse. **5.** Schloß *n,* Schließe *f* (*e-s Buches, e-r Handtasche etc*). **6.** *mil.* Ordensspange *f.* **7.** Um'klammerung *f,* Um'armung *f*: **by ~ of hands** durch Händedruck *od.* Handschlag. **'clasp·er** *s* **1.** (Haken-, Schnallen)Verschluß *m.* **2.** *pl zo.* a) Haltezange *f,* b) 'Haftor,gan *n.* **3.** *bot.* Ranke *f.*

clasp| knife *s irr* Klapp-, Taschenmesser *n.* **~ lock** *s* Schnappschloß *n.*

class [klɑːs; *Am.* klæs] **I** *s* **1.** Klasse *f* (*a. biol.*), Gruppe *f,* Katego'rie *f,* Art *f.* **2.** (Wert)Klasse *f*: **in the same ~ with** gleichwertig mit; **in a ~ by oneself** (*od.* **of one's own**) e-e Klasse für sich; **no ~** *colloq.* minderwertig. **3.** (Güte)Klasse *f,* Quali'tät *f.* **4.** *rail. etc* Klasse *f.* **5.** a) gesellschaftlicher Rang, sozi'ale Stellung, b) (Gesellschafts)Klasse *f,* (Bevölkerungs)Schicht *f*: **to pull ~ on s.o.** *colloq.* j-n s-e gesellschaftliche Überlegenheit fühlen lassen. **6.** *colloq.* ,Klasse' *f,* Erstklassigkeit *f*: **he (it) has ~** er (es) ist (große) Klasse. **7.** *ped.* a) (Schul)Klasse *f*: **to be at the top of one's ~** der Klassenerste sein, b) ('Unterrichts)Stunde *f*: **to attend ~es** am Unterricht teilnehmen. **8.** Kurs *m.* **9.** *univ. Am.* a) Stu'denten *pl* e-s Jahrgangs, Stu'dentenjahrgang *m,* b) Promoti'onsklasse *f,* c) Semi'nar *n*: **Spanish ~.** **10.** *univ. Br.* a) → **honors degree,** b) Stufe *f,* Gruppe *f,* Klasse *f* (*Einteilung der Kandidaten nach dem Resultat der* **honours**-*Prüfung*): **to take a ~** e-n **honours degree** erlangen. **11.** *mil.* Re'krutenjahrgang *m.* **12.** *math.* Aggre'gat *n,* mehrgliedrige Zahlengröße. **II** *v/t* **13.** klassifi'zieren: a) in Klassen einteilen, b) in e-e Klasse einteilen, einordnen, einstufen: **to ~ with** gleichstellen mit, rechnen zu; **to be ~ed** a) angesehen werden (**as** als), b) *univ. Br.* e-n **honours degree** verliehen bekommen. **III** *v/i* **14.** angesehen werden (**as** als). **'~book** *s ped. Am.* Klassenbuch *n.* **~ con·flict** 'Klassenausein,andersetzung *f,* -kon,flikt *m.* **'~-,con·scious** *adj* klassenbewußt. **~ con·scious·ness** *s* Klassenbewußtsein *n.* **~ day** *s ped. univ. Am.* Abschlußfeier (-lichkeiten *pl*) *f.* **~ dis·tinc·tion** *s* 'Klassen,unterschied *m.*

clas·ses ['klæsiːz] *pl von* **classis.**

'class|,fel·low *s* 'Klassenkame,rad(in), Mitschüler(in). **~ ha·tred** *s* Klassenhaß *m.* **~ hour** *s ped.* 'Unterrichtsstunde *f.*

clas·sic ['klæsɪk] **I** *adj* (*adv* **~ally**) **1.** erstklassig, ausgezeichnet. **2.** klassisch, mustergültig, voll'endet: **~ prose**; **a ~ example** ein klassisches Beispiel. **3.** klassisch: a) das klassische Altertum betreffend, b) die klassische Litera'tur *etc* betreffend, c) (durch e-n Schriftsteller *od.* ein geschichtliches Ereignis) berühmt: **~ districts of London.** **4.** klassisch: a) 'herkömmlich, traditio'nell: **a ~ method,** b) typisch, c) zeitlos: **a ~ dress.** **II** *s* **5.** Klassiker *m* (*Literatur od. Kunst*). **6.** klassisches Werk. **7.** *pl* klassische Philolo'gie. **8.** Jünger(in) der Klassik, Verehrer(in) der Klassiker. **9.** (*das*) Klassische (*Stil, Kunst etc*). **10.** *sport* Klassiker *m.* **11.** *Am.* klassisches Beispiel (**of** für).

clas·si·cal ['klæsɪkl] *adj* (*adv* **~ly**) **1.** → **classic** 2, 3 a, b, 4. **2.** klassisch, dem an'tiken Stil entsprechend: **~ architecture** a) klassischer *od.* antiker Baustil, b) klassizistischer Baustil. **3.** klassisch: a) huma'nistisch gebildet, b) die klassische Kunst *od.* Litera'tur betreffend: **~ education** klassische *od.* humanistische (Aus)Bildung; **the ~ languages** die alten Sprachen; **~ scholar** Altphilologe *m,* Humanist *m.* **4.** klassisch (*Musik*).

clas·si·cism ['klæsɪsɪzəm] *s* **1.** a) Klassik *f,* b) Klassi'zismus *m.* **2.** klassische Bildung. **3.** klassische Redewendung *od.* Bezeichnung. **'clas·si·cist** *s* Kenner *m od.* Anhänger *m* des Klassischen u. der Klassiker. **'clas·si·cize I** *v/t* klassisch machen. **II** *v/i* dem klassischen Stil entsprechen.

clas·si·fi·a·ble ['klæsɪfaɪəbl] *adj* klassifi'zierbar. **,clas·si·fi'ca·tion** *s* **1.** Klassifikati'on *f*: a) Einteilung *f,* Anordnung *f,* Aufstellung *f,* b) *bot. zo.* Sy'stem *n,* Gruppeneinteilung *f.* **3.** *mil. pol.* Geheimhaltungsstufe *f.* **clas·si·fi·ca·to·ry** [,klæsɪfɪ'keɪtərɪ; *Am.* 'klæsəfəkə,təʊriː; -,tɔː-; klæ'sɪ-] *adj* klassifi'zierend, Klassifikations... **'clas·si·fied** [-faɪd] *adj* **1.** klassifi'ziert, (in *od.* nach Klassen *od.* Gruppen) eingeteilt: **~ ad(vertisement)** Kleinanzeige *f*; **~ directory** Branchenverzeichnis *n.* **2.** *mil. pol.* geheim: **~ matter** *mil.* Verschlußsache *f.* **'clas·si·fy** [-faɪ] *v/t* **1.** klassifi'zieren, ('ein)grup,pieren, (in *od.* nach Klassen *od.* Gruppen) einteilen. **2.** einstufen. **3.** *math.* (aus)gliedern. **4.** *tech.* sor'tieren, klas'sieren. **5.** *mil. pol.* für geheim erklären.

clas·sis ['klæsɪs] *pl* **-ses** [-siːz] *s relig.* 'Kreissyn,ode *f* (*in einigen reformierten Kirchen*).

class·less ['klɑːslɪs; *Am.* 'klæs-] *adj* klassenlos: **~ society.**

class| lim·it *s math.* Klassenende *n,* Grenzpunkt *m.* **~ list** *s univ. Br.* Benotungsliste *f* (*der Kandidaten, die nicht nach den Ergebnissen der* **honours**-*Prüfung in 3 Gruppen eingeteilt werden*). **'~mate** → **classfellow.** **~ mean·ing** *s ling.* Bedeutung *f* e-r gram'matischen Katego'rie. **~ num·ber** *s Bibliothek*: Signa'tur *f,* Kennummer *f.* **'~room** *s* Klassenzimmer *n.* **~ strug·gle, ~ war** *s* Klassenkampf *m.*

class·y ['klɑːsɪ; *Am.* 'klæsiː] *adj sl.* ,Klasse', ,Klasse...', erstklassig.

clas·tic ['klæstɪk] **I** *adj* **1.** zerlegbar (*bes. anatomisches Modell*). **2.** *geol.* klastisch. **II** *s* **3.** *pl geol.* sekun'däre Gesteine *pl.*

clat·ter ['klætə(r)] **I** *v/i* **1.** klappern, rasseln. **2.** poltern, klappern, trappen: **to ~ about** (*od.* **around**) herumtrampeln. **3.** *fig.* plappern, schwatzen. **II** *v/t* **4.** klappern *od.* rasseln mit. **III** *s* **5.** Geklapper *n,* Gerassel *n.* **6.** Getrappel *n,* Getrampel *n.* **7.** Krach *m,* Lärm *m.* **8.** Geplapper *n.*

clause [klɔːz] *s* **1.** *ling.* Satz(teil *m,* -glied *n*) *m.* **2.** *jur.* a) Klausel *f,* Vorbehalt *m,* Bestimmung *f,* b) Abschnitt *m,* Absatz *m.*

claus·tral ['klɔːstrəl] *adj* klösterlich, Kloster...

claus·tro·pho·bi·a [,klɔːstrə'fəʊbjə; -bɪə] *s med.* Klaustropho'bie *f,* ,Platzangst' *f.*

clave [kleɪv] *obs. pret von* **cleave¹.**

clav·i·a·ture ['klævɪə,tjʊə; *bes. Am.* -,tʃʊə(r); -tʃə(r)] *s mus.* **1.** Klavia'tur *f.* **2.** Kla'vierfingersatz *m.*

clav·i·chord ['klævɪkɔː(r)d] *s mus.* Klavi'chord *n.*

clav·i·cle ['klævɪkl] *s* **1.** *anat.* Schlüsselbein *n.* **2.** *bot.* kleine Ranke.

cla·vic·u·lar [klə'vɪkjʊlə(r); klæ-] *adj anat.* Schlüsselbein...

cla·vier ['klævɪə(r); *Am. a.* klə'vɪər] *s mus.* **1.** Klavia'tur *f.* **2.** [*Br.* klə'vɪə; 'klævɪə] 'Tasten-, Kla'vierinstru-

ˌment *n.* **3.** (*stumme*) ˈÜbungsklaviaˌtur.

claw [klɔː] **I** *s* **1.** *zo.* a) Klaue *f*, Kralle *f* (*beide a. fig.*), b) Schere *f* (*Krebs etc*): **to get one's ~s into s.o.** *fig.* j-n in s-e Klauen bekommen; **to pare s.o.'s ~s** *fig.* j-m die Krallen beschneiden. **2.** *fig.* ‚Klaue' *f*, ‚Pfote' *f* (*Hand*). **3.** Kratzwunde *f*. **4.** *bot.* Nagel *m* (*an Blütenblättern*). **5.** *tech.* a) Klaue *f*, Kralle *f*, Haken *m*, Greifer *m*, b) gespaltene Finne (*des Hammers*). **II** *v/t* **6.** die Krallen schlagen in (*acc*). **7.** (zer)kratzen, zerkrallen, zerreißen: **to ~ s.o.'s face** j-m das Gesicht zerkratzen. **8.** umˈkrallen, packen. **9. ~ off** sich entledigen (*gen*), loswerden. **III** *v/i* **10.** kratzen. **11.** (mit den Krallen) reißen, zerren (**at** an *dat*). **12.** packen, greifen (**at** nach). **13.** *oft* **~ off** *mar.* windwärts vom Ufer abhalten. **~ bar** *s tech.* lange Nagelklaue, Brecheisen *n* mit Finne. **~ clutch** *s tech.* Klauenkupplung *f*.

clawed [klɔːd] *adj zo.* mit Klauen.

claw|ham·mer *s* **1.** *tech.* Splitt-, Klauenhammer *m*. **2.** *a.* **claw-hammer coat** *humor.* Frack *m*. **~ wrench** *s tech.* Nagelzieher *m*.

clay [kleɪ] **I** *s* **1.** Ton(erde *f*) *m*, Lehm *m*, Mergel *m*: **baked ~** gebrannte Erde. **2.** (feuchte) Erde, zäher Lehm. **3.** *fig.* Erde *f*, Staub *m* u. Asche *f*, irdische Hülle (*Leib*): → **wet** 15. **4.** → **clay pipe**. **II** *v/t* **5.** mit Ton *od.* Lehm behandeln, verschmieren. **6.** *tech.* *Zucker* decken, terˈrieren. **ˈ~bank** *s* **1.** *geol.* Tonschicht *f*. **2.** *Am.* lehmfarben, gelblich-braun. **~ brick** *s tech.* **1.** Lehmstein *m*, ungebrannter Ziegel. **2.** Luftziegel *m*. **~court** *s Tennis*: Rotgrantplatz *m*.

clay·ey [ˈkleɪɪ] *adj* tonig, lehmig, Ton..., Lehm...

clay marl *s geol.* Tonmergel *m*.

clay·more [ˈkleɪmɔː] *s Scot.* **1.** *hist.* Zweihänder *m*, Breitschwert *n*. **2.** Säbel *m* mit Korbgriff.

clay|pi·geon *s sport* Ton-, Wurftaube *f*. **~pipe** *s* Tonpfeife *f* (*zum Rauchen*). **~pit** *s* Ton-, Lehmgrube *f*. **~ slate** *s* Tonschiefer *m*. **~soil** *s* Lehm-, Tonboden *m*. **~ sug·ar** *s* gedeckter Zucker.

clean [kliːn] **I** *adj* (*adv* → **cleanly** II) **1.** rein, sauber: **a ~ room** ein sauberer (*sterilisierter*) Raum; → **breast** 2, **heel**[1] *Bes. Redew.* **2.** sauber, frisch (gewaschen). **3.** reinlich, stubenrein: **the dog is ~.** **4.** unvermischt, rein: **~ gold.** **5.** einwandfrei: **~ food.** **6.** rein, makellos (*Edelstein etc*; *a. fig.*): **~ record** tadellose Vergangenheit. **7.** (*moralisch*) rein, lauter, schuldlos: **a ~ conscience** ein reines Gewissen. **8.** anständig, sauber: **a ~ story**; **keep it ~!** keine Schweinereien!; **~ living!** bleib sauber!; **Mr C~** Herr Saubermann; → **liver**[2]. **9.** unbeschrieben, leer: **a ~ sheet.** **10.** sauber, ohne Korrekˈturen (*Schrift*): → **copy** 1. **11.** anständig, fair: **a ~ fighter**; **~ rivalry.** **12.** klar, sauber: **a ~ set of fingerprints.** **13.** glatt, sauber, tadellos (ausgeführt), fehlerfrei: **a ~ leap** ein glatter Sprung (*über ein Hindernis*). **14.** glatt, eben: **~ cut** glatter Schnitt; **~ wood** astfreies Holz. **15.** restlos, gründlich: **a ~ miss** ein glatter Fehlschuß; **to make a ~ break with the past** völlig mit der Vergangenheit brechen. **16.** *mar.* a) mit gereinigtem Kiel u. Rumpf, b) leer, ohne Ladung, c) scharf, spitz zulaufend, mit gefälligen Linien. **17.** klar, ebenmäßig, ˈwohlproportioˌniert: **~ features** klare Gesichtszüge. **18.** *sl.* ‚clean' (*nicht mehr drogenabhängig*). **19.** *sl.* ‚sauber' (*unbewaffnet*). **II** *adv* **20.** rein(lich), sauber, sorgfältig: **to sweep ~** a) rein ausfegen, b) *fig.* völlig hinwegfegen, vollständig aufräumen mit (*etwas*); **to come ~** *colloq.* (alles) gestehen; → **broom** 1. **21.** anständig, fair: **to fight ~.** **22.** rein, glatt, völlig, ganz u. gar, toˈtal: **to go ~ off one's head** *colloq.* völlig den Kopf verlieren; **to forget ~ about s.th.** *colloq.* etwas total vergessen; **the bullet went ~ through the door** die Kugel durchschlug glatt die Tür; **~ gone** *colloq.* a) spurlos verschwunden, b) ‚total übergeschnappt'. **III** *v/t* **23.** reinigen, säubern, *Fenster*, *Schuhe*, *Silber*, *Zähne* putzen: **to ~ house** *Am. fig. colloq.* gründlich aufräumen, e-e Säuberungsaktion durchführen. **24.** waschen. **25.** freimachen von, leerfegen. **26.** → **clean out**. **27.** → **clean up** I.

Verbindungen mit Adverbien:

clean| down *v/t* gründlich reinigen, *Auto etc* waschen, *Wand etc* abwaschen. **~ off** *v/t* abputzen. **~ out** *v/t* **1.** reinigen, *Stall* ausmisten. **2.** *colloq.* *j-n* ‚ausnehmen', schröpfen. **3.** *colloq.* *Kasse etc* leer machen, *Vorräte etc* erschöpfen. **4.** *colloq.* *Laden etc* leer kaufen. **5.** *colloq.* *Bank etc* ‚ausräumen' (*Einbrecher etc*). **6.** *Am. colloq.* ‚rausschmeißen', hinˈauswerfen. **~ up I** *v/t* **1.** gründlich reinigen. **2.** in Ordnung bringen, aufräumen. **3.** *fig.* *Stadt etc* säubern. **4.** *bes. Am. colloq.* *Profit* einheimsen. **II** *v/i* **5.** *bes. Am. colloq.* ‚ˈabkasˌsieren'.

clean·a·ble [ˈkliːnəbl] *adj* gut zu reinigen(d), waschbar.

clean| ac·cept·ance *s econ.* bedingungsloses Akˈzept, vorbehaltlose Annahme. **~ and jerk** *s Gewichtheben*: Stoßen *n*. **~bill** *s* **1.** *econ.* reine Tratte: **~ of lading** echtes Konnossement. **2.** → **bill**[2] 6. **ˈ~-bred** *adj* reinrassig. **ˌ~-ˈcut** *adj* **1.** klar, scharfgeschnitten: **~ features.** **2.** *fig.* klar umˈrissen, klar, deutlich. **3.** wohlgeformt. **4.** anständig, sauber (*Person*).

clean·er [ˈkliːnə(r)] *s* **1.** a) Reiniger *m* (*Person od. Vorrichtung*), ˈReinigungsmaˌschine *f*, b) *pl* Reinigung(sanstalt) *f*: **~'s naphtha** Waschbenzin *n*; **to take to the ~s** a) zur Reinigung bringen, b) → **clean out** 2. **2.** Reinigungsmittel *n*. **3.** Staubsauger *m*. **4.** Rein(e)machefrau *f*, (*Fenster- etc*)Putzer *m*.

ˌclean|-ˈfin·gered *adj* **1.** *fig.* ehrlich. **2.** geschickt. **ˌ~ˈhand·ed** *adj fig.* schuldlos.

clean·ing [ˈkliːnɪŋ] **I** *s*: **to do the ~** saubermachen, putzen. **II** *adj* Reinigungs...: **~ cloth**; **~ woman** (*od.* **lady**) Rein(e)machefrau *f*.

ˌclean-ˈlimbed *adj* ˈwohlproportioˌniert, gutgebaut.

clean·li·ness [ˈklenlɪnɪs] *s* Reinlichkeit *f*.

ˌclean-ˈliv·ing *adj* mit einwandfreiem Lebenswandel, chaˈrakterlich sauber.

clean·ly I *adj* [ˈklenlɪ] reinlich: a) sauber, b) sauberkeitsliebend. **II** *adv* [ˈkliːnlɪ] säuberlich, reinlich. **clean·ness** [ˈkliːnnɪs] *s* Sauberkeit *f*, Reinheit *f*.

ˈclean·out *s* **1.** Reinigung *f*, Säuberung *f*: **to give s.th. a ~** etwas reinigen *od.* säubern. **2.** *tech.* Reinigungsöffnung *f*.

cleanse [klenz] *v/t* **1.** *a. fig.* reinigen, säubern, reinwaschen (**of, from** von). **2.** *obs.* heilen. **3.** befreien, frei-, lossprechen (**of, from** von). **ˈcleans·er** *s* **1.** Reiniger *m*. **2.** Reinigungsmittel *n*.

ˌclean-ˈshav·en *adj* ˈglattraˌsiert.

cleans·ing [ˈklenzɪŋ] *adj* Reinigungs...: **~ cream**; **~ tissue** Reinigungstuch *n*.

ˈclean·up *s* **1.** gründliche Reinigung: **to give s.th. a ~** → **clean up** 1. **2.** *fig.* ˈSäuberung(saktiˌon) *f*. **3.** *bes. Am. colloq.* ‚Schnitt' *m*, (großer) Proˈfit.

clear [klɪə(r)] **I** *adj* (*adv* → **clearly**) **1.** klar, hell: **~ day (eyes, light, water,** *etc*); (**as**) **~ as mud** *colloq.* ‚klar wie Kloßbrühe'. **2.** klar, ˈdurchsichtig, rein: → **crystal** 1. **3.** klar, heiter: **~ sky**; **~ weather.** **4.** rein, flecken-, makellos: **~ skin.** **5.** klar, rein, hell: **~ voice**; → **bell**[1] 1. **6.** *fig.* klar, hell, scharf: **a ~ head** ein klarer *od.* heller Kopf. **7.** klar, unvermischt: **~ soup** *gastr.* klare Suppe. **8.** *Funk etc*: unverschlüsselt: **~ text** → 23. **9.** ˈübersichtlich, klar: **~ design.** **10.** klar, verständlich, deutlich: **~ speech**; **to make s.th. ~ (to s.o.)** (j-m) etwas klarmachen; **to make it ~ that** klipp u. klar sagen, daß; **to make o.s. ~** sich klar ausdrücken, sich verständlich machen. **11.** klar, offensichtlich: **a ~ case of bribery**; **a ~ victory** ein klarer Sieg; **to be ~ about s.th.** sich über etwas im klaren sein; **for no ~ reason** ohne ersichtlichen Grund. **12.** klar: a) sicher, b) in Ordnung: **all ~** alles klar. **13.** frei (**of** von), unbehindert, offen: **~ road** freie Straße; **~ of snow** schneefrei. **14.** (**of**) frei (von *Schulden etc*), unbelastet (von): **~ of debt** schuldenfrei; **~ title** einwandfreier Rechtstitel; **a ~ conscience** ein reines Gewissen. **15.** *econ.* netto, Netto..., Rein...: **~ gain** (*od.* **profit**) Reingewinn *m*; **~ loss** Nettoverlust *m*, reiner Verlust. **16.** glatt, voll, ganz: **a ~ ten minutes**; **~ 15 yards.** **17.** *tech.* licht: **~ height**; **~ width.**

II *adv* **18.** hell, klar. **19.** klar, deutlich: **to speak ~.** **20.** *colloq.* völlig, ganz, glatt: **to jump ~ over the fence** glatt über den Zaun springen. **21.** frei, los, weg (**of** von): **to keep ~ of** sich fernhalten von, meiden (*acc*); **to be ~ of s.th.** etwas los sein; **to get ~ of** loskommen von; **to jump ~** wegspringen, sich durch e-n Sprung retten; **to see one's way ~** freie Bahn haben; → **steer**[1] 4.

III *s* **22.** freier Raum: **in the ~** a) frei, *sport* freistehend, b) *fig.* aus der Sache heraus, *bes.* vom Verdacht gereinigt. **23.** *Funk etc*: Klartext *m*: **in the ~** im Klartext.

IV *v/t* **24.** *oft* **~ away** wegräumen, -schaffen (**from** von), *Geschirr* abräumen. **25.** *e-e Straße etc* freimachen, *e-n Saal etc*, *econ. a.* (*Waren*)*Lager* räumen. **26.** *den Tisch* abräumen, abdecken. **27.** *Land*, *Wald* roden. **28.** reinigen, säubern: **to ~ one's throat** sich räuspern; → **air**[1] 1, **atmosphere** 5. **29.** leeren, entladen. **30.** *Schulden* tilgen, bezahlen, bereinigen. **31.** von Schulden befreien: **to ~ an estate.** **32.** *econ.* a) *e-n Scheck* einlösen, b) *e-n Scheck etc* durch ein Clearinghaus verrechnen lassen, c) als Reingewinn erzielen. **33.** frei-, lossprechen, entlasten: **to ~ o.s. (s.o.) of a crime** sich (j-n) vom Verdacht e-s Verbrechens reinigen; **to ~ one's conscience** sein Gewissen entlasten; **to ~ one's name** s-n Namen reinwaschen. **34.** *etwas* (auf)klären. **35.** *allg.* abfertigen, *bes. mar.* a) *Waren* deklaˈrieren, verzollen, b) *das Schiff* ˈausklaˌrieren, c) aus *dem Hafen* auslaufen, d) *die Ladung* löschen, e) von *der Küste* freikommen: **to ~ the decks (for action)** das Schiff gefechtsklar machen, *fig.* sich bereit- *od.* fertigmachen. **36.** a) *ein Hindernis* (glatt) nehmen, über *e-e Hecke etc* setzen: **to ~ a hedge**, b) *sport die Latte*, *e-e Höhe* überˈspringen. **37.** (knapp *od.* heil) vorˈbeikommen an (*dat*): **his car just ~ed the bus.** **38.** **to ~ the ball** *sport* klären.

V *v/i* **39.** sich klären (*Wein etc*), klar *od.* hell werden. **40.** aufklaren, sich aufhellen (*Wetter*). **41.** *oft* **~ away** sich verziehen (*Nebel etc*). **42.** *econ. mar.* a) die ˈZollformaliˌtäten erledigen, b) ˈausklaˌrieren, den Hafen nach Erledigung der ˈZollformaliˌtäten verlassen.

Verbindungen mit Adverbien:

clear| in *v/i mar.* ˈeinklaˌrieren. **~off I**

v/t **1.** (weg)räumen, beseitigen. **2.** → **clear** 30. **II** *v/i* → **clear out** 4. **~out I** *v/t* **1.** (aus)räumen, leeren. **2.** vertreiben. **II** *v/i* **3.** *mar.* ˈauskla͵rieren. **4.** *colloq.* ‚sich verziehen', ‚abhauen'. **~ up I** *v/t* **1.** aufräumen, in Ordnung bringen. **2.** (auf)klären, erklären, lösen. **3.** → **clear** 30. **4.** *Arbeit* erledigen. **II** *v/i* **5.** aufräumen. **6.** → **clear** 39.

clear·ance [ˈklɪərəns] *s* **1.** Räumung *f*, Beseitigung *f*, Freimachung *f*. **2.** Leerung *f*. **3.** a) Abholzung *f*, Rodung *f*, b) Lichtung *f*. **4.** *tech.* a) lichter Abstand, Zwischenraum *m*, b) lichte Höhe, c) Spiel (-raum *m*) *n*, Luft *f*, d) *mot. etc* Bodenfreiheit *f*, e) → **clearance angle**. **5.** *econ.* a) Tilgung *f*, volle Bezahlung, b) Verrechnung *f* (im Clearingverkehr), c) → **clearance sale**. **6.** *mar.* a) ˈAuskla͵rierung *f*, Zollabfertigung *f*, b) Zollschein *m*: ~ (**papers**) Zollpapiere. **7.** *allg.* Abfertigung *f*, *bes.* a) *aer.* Freigabe *f*, Start- *od.* ˈDurchflugerlaubnis *f*, b) *mar.* Auslaufgenehmigung *f*. **8.** *allg.* Erlaubnis *f*, Genehmigung *f*. **9.** *jur. pol. etc* Unbedenklichkeitsbescheinigung *f*. **~an·gle** *s tech.* Freiwinkel *m*. **~ fit** *s tech.* Spielpassung *f*. **~ light** *s aer.* seitliches Begrenzungslicht. **~ sale** *s* Räumungs-, Ausverkauf *m*. **~space** *s mot.* Verdichtungsraum *m*.

ˈ**clear**|**-͵chan·nel sta·tion** *s tech. Sender, der auf s-m eigenen Frequenzkanal mit maximaler Stärke senden kann.* **͵~-ˈcut** *adj* **1.** scharfgeschnitten. **2.** klar umˈrissen. **3.** klar, deutlich, bestimmt. **͵~-ˈeyed** *adj* **1.** mit scharfen Augen. **2.** *fig.* scharfblickend, -sichtig. **͵~ˈhead·ed** *adj* klardenkend, intelliˈgent.

clear·ing [ˈklɪərɪŋ] *s* **1.** (Auf-, Aus)Räumen *n*. **2.** Säuberung *f*. **3.** Aufklärung *f*. **4.** Lichtung *f*, Schlag *m*, Rodung *f* (*im Wald*). **5.** *econ.* a) Clearing *n*, Verrechnungsverkehr *m*, b) *pl* Verrechnungssumme *f* (*im Clearingverkehr*). **~ check,** *Br.* **~ cheque** *s econ.* Verrechnungsscheck *m*. ˈ**~·house** *s econ.* Clearinghaus *n*, Verrechnungsstelle *f*. **~ sta·tion** *s mil. Am.* Truppen-, Hauptverbandsplatz *m*. **~ sys·tem** *s econ.* Clearingverkehr *m*.

clear·ly [ˈklɪə(r)lɪ] *adv* **1.** klar, deutlich. **2.** offensichtlich, zweifellos. ˈ**clear·ness** *s* **1.** Klarheit *f*: a) Helle *f*, b) Deutlichkeit *f*. **2.** Reinheit *f*. **3.** *phot. etc* (Bild-) Schärfe *f*.

clear| **ob·scure** *s paint.* Helldunkel *n*. **͵~-ˈsight·ed** → **clear-eyed**. ˈ**~·starch** *v/t Wäsche* stärken. ˈ**~-͵think·ing** *adj* klardenkend. ˈ**~-up** *s* Aufräumen *n*: **to have a ~** aufräumen. ˈ**~·way** *s Br.* Schnellstraße *f*.

cleat [kliːt] **I** *s* **1.** Keil *m*, Pflock *m*. **2.** *mar.* Klampe *f* (*Verstärkungsleiste*). **3.** *tech.* Kreuzholz *n*, Querleiste *f*. **4.** *electr.* Isoˈlierschelle *f*. **5.** breitköpfiger Schuhnagel. **II** *v/t* **6.** mit Klampen *etc* befestigen.

cleav·age [ˈkliːvɪdʒ] *s* **1.** Spaltung *f* (*a. chem. u. fig.*), (Auf-, Zer)Teilung *f*. **2.** Spalt *m*. **3.** *biol.* (Zell)Teilung *f*. **4.** *zo.* (Ei)Furchung *f*. **5.** *min.* a) Spaltbarkeit *f* (*Kristalle*), b) *a.* **~ face** Spaltebene *f*. **6.** *geol.* Schieferung *f*. **7.** Brustansatz *m* (*im Dekolleté*).

cleave[1] [kliːv] *pret* **cleft** [kleft], **cleaved, clove** [kləʊv], *obs.* **clave** [kleɪv], *pp* **cleft, cleaved, clo·ven** [ˈkləʊvn] **I** *v/t* **1.** (zer)spalten, (zer)teilen. **2.** ab-, lostrennen. **3.** *Luft, Wasser etc* durchˈschneiden. **4.** *e-n Weg* bahnen: **to ~ a path**. **II** *v/i* **5.** sich spalten.

cleave[2] [kliːv] *v/i* **1.** (an)kleben, hängenbleiben (**to** an *dat*). **2.** *fig.* (**to**) treu bleiben (*dat*), halten (zu).

cleav·er [ˈkliːvə(r)] *s* Hackmesser *n*, Hackbeil *n*.

cleav·ers [ˈkliːvə(r)z] *s pl* (*meist als sg konstruiert*) *bot.* (*ein*) Labkraut *n*.

clef [klef] *s mus.* (Noten)Schlüssel *m*.

cleft[1] [kleft] *pret u. pp von* **cleave**[1].

cleft[2] [kleft] **I** *s* **1.** Spalt *m*, Spalte *f*, Schlitz *m*, Ritze *f*: **~ of a rock** Felsspalte. **2.** Kluft *f*. **3.** *zo.* a) Spalt *m* (*im Pferdehuf*), b) Zehe *f* (*Spalthufer*). **4.** *vet.* Hornspalte *f* (*am Pferdehuf*). **II** *adj* **5.** gespalten, geteilt. **͵~-ˈfoot·ed** *adj zo.* mit Spalthuf: **~ animal** Spalthufer *m*. **~ pal·ate** *s med.* Gaumenspalte *f*, Wolfsrachen *m*. **~stick** *s*: **to be in a ~** ‚in der Klemme' sein *od.* sitzen *od.* stecken.

cleis·tog·a·my [klaɪˈstɒɡəmɪ; *Am.* -ˈstɑ-] *s bot.* Kleistogaˈmie *f*, Selbstbestäubung *f* bei geschlossener Blüte.

clem [klem] *v/i u. v/t Br. dial.* verschmachten (lassen).

clem·a·tis [ˈklemətɪs] *s bot.* Waldrebe *f*, Kleˈmatis *f*.

clem·en·cy [ˈklemənsɪ] *s* **1.** Milde *f*, Gnade *f*, Nachsicht *f*: **~ board** Gnadenbehörde *f*. **2.** Milde *f* (*des Wetters etc*).

clem·ent [ˈklemənt] *adj* (*adv* **~ly**) **1.** mild, nachsichtig, gnädig. **2.** mild (*Wetter*).

clench [klentʃ] **I** *v/t* **1.** *die Lippen etc* (fest) zs.-pressen: **to ~ one's fist** die Faust ballen; **to ~ one's teeth** die Zähne zs.-beißen. **2.** fest packen *od.* anfassen. **3.** → **clinch** 1–3. **4.** *fig. Nerven, Geist etc* anspannen: **with ~ed attention** mit gespannter Aufmerksamkeit. **II** *v/i* **5.** sich fest zs.-pressen. **6.** → **clinch** 5. **III** *s* **7.** Festhalten *n*, fester Griff, Zs.-pressen *n*. ˈ**clench·er** → **clincher**.

clep·to·ma·ni·a, *etc* → **kleptomania,** *etc.*

clere·sto·ry [ˈklɪə(r)stərɪ; *bes. Am.* -͵stɔːriː] *s* **1.** *arch.* Lichtgaden *m*, Fenstergeschoß *n* (*am Hauptschiff e-r Kirche*). **2.** *rail.* Dachaufsatz *m* (*mit Fenstern*).

cler·gy [ˈklɜːdʒɪ; *Am.* ˈklɜr-] *s relig.* Geistlichkeit *f*, Klerus *m*, (*die*) Geistlichen *pl*. ˈ**~·man** [-mən] *s irr* **1.** Geistliche(r) *m*. **2.** ordiˈnierter Priester.

cler·ic [ˈklerɪk] **I** *s* **1.** Geistliche(r) *m*, Kleriker *m*. **2.** ordiˈnierter Priester. **II** *adj* → **clerical** I. ˈ**cler·i·cal** [-kl] **I** *adj* (*adv* **~ly**) **1.** kleriˈkal, geistlich. **2.** Schreib..., Büro...: **~ error** Schreibfehler *m*; **~ work** Büroarbeit *f*. **II** *s* **3.** → **cleric** 1. **4.** *pol.* Kleriˈkale(r) *m*. **5.** *pl* Priestertracht *f*. ˈ**cler·i·cal·ism** *s pol.* Klerikaˈlismus *m*.

cler·i·hew [ˈklerɪhjuː] *s* Clerihew *n* (*vierzeiliger humoristischer Vers*).

clerk [klɑːk; *Am.* klɜrk] **I** *s* **1.** Schriftführer *m*, Sekreˈtär *m*, Schreiber *m* (*in öffentlichen Ämtern*): **~ of the court** *jur.* Urkundsbeamte(r) *m*, Protokollführer *m*. **2.** kaufmännische(r) Angestellte(r), (Büˈro-, *a.* Bank-, Post)Angestellte(r *m*) *f*, (Bank-, Post)Beamte(r) *m*, (-)Beamtin *f*: **bookkeeping ~** Buchhalter(in); **signing ~** Prokurist(in); → **chief clerk**. **3.** → **articled** 2. **4.** *Br.* Vorsteher *m*, Leiter *m*: **~ of (the) works** Bauleiter; **the ~ of the weather** *fig.* der Wettergott, Petrus. **5.** *Am.* (Laden)Verkäufer(in). **6.** *Am.* Empfangschef *m* (*im Hotel*). **7.** *relig.* a) → **cleric** 1 *u.* 2, b) Kirchenbeamte(r) *m*. **8.** *obs.* a) Schreibkundige(r) *m*, b) Gelehrte(r) *m*. **II** *v/i* **9.** als Schreiber *od. Am.* als Verkäufer(in) tätig sein. ˈ**clerk·ly** *adj* **1.** Schreiber..., Sekretärs..., Angestellten...: **a ~ hand** e-e schöne Handschrift. **2.** *obs.* gelehrt. ˈ**clerk·ship** *s* Stellung *f* e-s Buchhalters *etc*; → **clinical** 1.

clev·er [ˈklevə(r)] *adj* (*adv* **~ly**) **1.** clever: a) geschickt, gewandt, tüchtig (**at** in *dat*): **a ~ artisan**, b) ‚gerissen', raffiˈniert (*a. Gerät etc*): **a ~ salesman; a ~ trick; ~ dick** *bes. Br. sl.* ‚Schlaumeier' *m*. **2.** gescheit: a) klug, intelliˈgent, b) geistreich: **a ~ remark**. **3.** → **clever-clever**. **4.** begabt (**at** in *dat*, für). ˈ**~-ˈclev·er** *adj colloq.* ‚oberschlau'.

ˈ**clev·er·ness** *s* **1.** Cleverness *f*: a) Geschick(lichkeit *f*) *n*, Gewandtheit *f*, Tüchtigkeit *f*, b) Gerissenheit *f*, Raffiˈniertheit *f*. **2.** Gescheitheit *f*, Klugheit *f*.

clev·is [ˈklevɪs] *s tech.* **1.** U-förmige Zugstange, Bügel *m* (*an der Wagendeichsel etc*). **2.** Haken *m*.

clew [kluː] **I** *s* **1.** (Woll-, Garn- *etc*-) Knäuel *m, n*. **2.** → **clue** 1 *u.* 2. **3.** *myth. fig.* (Leit)Faden *m* (*im Labyrinth etc*). **4.** *mar.* Schothorn *n*. **II** *v/t* **5.** (auf)wickeln, knäueln. **6.** *mar.* a) **~ down** *Segel* streichen, b) **~ up** *Segel* aufgeien. **~gar·net** *s mar.* Geitau *n* (*des Haupt- od. Focksegels*). **~ line** *s* Geitau *n* (*der kleinen Segel*).

cli·ché [ˈkliːʃeɪ; *Am.* kliːˈʃeɪ] *s* **1.** *print.* Kliˈschee *n*, Druckstock *m*. **2.** *fig.* Kliˈschee *n*, Gemeinplatz *m*, abgedroschene Phrase *od.* Sache. **cli·chéd** [ˈkliːʃeɪd; *Am.* kliːˈʃeɪd] *adj* kliˈscheehaft.

click [klɪk] **I** *s* **1.** Klicken *n*, Knipsen *n*, Knacken *n*, Ticken *n*. **2.** Einschnappen *n* (*der Türklinke etc*). **3.** Schnappvorrichtung *f*. **4.** *tech.* a) Sperrklinke *f*, -vorrichtung *f*: **~ spring** Sperrfeder *f*, b) *electr.* Schaltklinke *f*. **5.** a) *ling.* Schnalzlaut *m*, b) Schnalzer *m* (*mit der Zunge*). **6.** *Ringen*: Beinausheber *m*. **II** *v/i* **7.** klicken, knacken, ticken. **8.** (*mit der Zunge*) schnalzen. **9.** klappern. **10.** zu-, einschnappen (*Klinke, Schloß*): **to ~ into place** a) einrasten, b) *fig.* sein (richtiges) Plätzchen finden; **to ~ shut** ins Schloß fallen (*Tür etc*). **11.** *colloq.* überˈeinstimmen (**with** mit). **12. it ~ed** *when I heard her name colloq.* bei mir ‚klingelte' es. **13.** *colloq.* einschlagen, Erfolg haben (**with** bei). **14.** *colloq.* a) soˈfort Gefallen aneinˈander finden, b) sich soˈfort ineinˈander ‚verknallen' (*verlieben*): **they ~ed (with each other) as soon as they met** bei ihnen ‚funkte' es vom ersten Augenblick an. **III** *v/t* **15.** klicken *od.* knacken *od.* einschnappen lassen: **to ~ the door (to)** die Tür zuklinken; **to ~ one's heels** die Hacken zs.-schlagen. **16. to ~ glasses** anstoßen. **17.** schnalzen mit (*der Zunge*). ˈ**~-clack** *s* Klippklapp *n*.

click·er [ˈklɪkə(r)] *s* **1.** Ausstanzer *m* (*von Schuhoberteilen etc*). **2.** *print.* Metˈteur *m*.

cli·ent [ˈklaɪənt] *s* **1.** *jur.* Kliˈent(in), Manˈdant(in) (*e-s Anwalts*). **2.** Kunde *m*, Kundin *f*, Auftraggeber(in). **3.** Abhängige(r *m*) *f*, Vaˈsall *m*. **4.** *a.* **~ state** *pol.* abhängiger Staat. ˈ**cli·ent·age** *s* **1.** → **clientele**. **2.** Kliˈentschaft *f*. **cli·en·tele** [͵kliːɑ̃ːnˈtel; *Am.* ͵klaɪənˈtel; ͵kliːən-] *s* **1.** Klienˈtel *f*, Kliˈenten *pl* (*e-s Anwalts*). **2.** Patiˈenten(kreis *m*) *pl* (*e-s Arztes*). **3.** *econ.* Kunden(kreis *m*) *pl*, Kundschaft *f*. **4.** Gefolgschaft *f*.

cliff [klɪf] *s* **1.** Klippe *f*, Felsen *m*. **2.** steiler Abhang, (Fels)Wand *f*. **~ dwell·er** *s* **1.** Felsenbewohner *m* (*Vorfahre der Puebloindianer*). **2.** *Am. sl.* Bewohner(in) e-r ˈMietska͵serne. **~ dwell·ing** *s* **1.** Felsenwohnung *f*. **2.** *Am. sl.* ˈMietska͵serne *f*. ˈ**~·hang** *v/i irr* in der Schwebe sein. ˈ**~͵hang·er** *s* **1.** a) spannender ˈFortsetzungsro͵man (*der immer im spannendsten Moment aufhört*), b) *Rundfunk, TV*: spannender Mehrteiler. **2.** *fig.* spannende Sache: **the election was a ~** die Wahl war spannend bis zum Schluß. ˈ**~͵hang·ing** *adj* spannend.

cliff·y [ˈklɪfɪ] *adj* felsig, steil, schroff.

cli·mac·ter·ic [klaɪˈmæktərɪk; ͵klaɪmækˈterɪk] **I** *adj* (*adv* **~ally**) **1.** *physiol.* klimakˈterisch. **2.** entscheidend, kritisch. **3.** → **climactic**. **II** *s* **4.** entscheidende *od.* kritische Zeit. **5.** *physiol.* Klimakˈterium *n*,

Wechseljahre *pl*, kritisches Alter. ˌ**cli·macˈter·i·cal** → climacteric 1 *u.* 2.

cli·mac·tic [klaɪˈmæktɪk] *adj* sich steigernd, sich zuspitzend.

cli·mate [ˈklaɪmɪt] *s* **1.** Klima *n.* **2.** Himmelsstrich *m*, Gegend *f.* **3.** *fig.* Klima *n*, Atmoˈsphäre *f*: ~ **of opinion(s)** herrschende Ansichten; ~ **of the workplace** Arbeitsklima. **cliˈmat·ic** [-ˈmætɪk] *adj* (*adv* ~**ally**) kliˈmatisch, Klima... ˌ**cli·ma·toˈlog·ic** [-mətəˈlɒdʒɪk; *Am.* -ˈlɑ-] *adj*; ˌ**cli·ma·toˈlog·i·cal** *adj* (*adv* ~**ly**) klimatoˈlogisch. ˌ**cli·maˈtol·o·gist** [-məˈtɒlədʒɪst; *Am.* -ˈtɑ-] *s* Klimatoˈloge *m.* ˌ**cli·maˈtol·o·gy** *s* Klimatoloˈgie *f*, Klimakunde *f.* ˌ**cli·maˈtom·e·ter** [-məˈtɒmɪtə; *Am.* -ˈtɑmətər] *s* Klimatoˈmeter *n* (*Instrument zur Messung der Temperaturschwankungen*).

cli·max [ˈklaɪmæks] **I** *s* **1.** *Rhetorik*: Klimax *f*, Steigerung *f.* **2.** Gipfel *m*, Höhepunkt *m*: **to reach a** ~ e-n Höhepunkt erreichen. **3.** *physiol.* Höhepunkt *m*, Orˈgasmus *m.* **II** *v/t* **4.** steigern, auf den Höhepunkt bringen. **5.** *Laufbahn etc* krönen: **to** ~ **one's career.** **III** *v/i* **6.** sich steigern. **7.** den Höhepunkt erreichen.

climb [klaɪm] **I** *s* **1.** Aufstieg *m* (*a. fig.*), Besteigung *f.* **2.** ˈKletterparˌtie *f*, Berg-, Klettertour *f.* **3.** *aer.* Steigen *n*, Steigflug *m*: **rate of** ~ Steiggeschwindigkeit *f.* **4.** *mot.* Bergˈauffahrt *f.* **II** *v/i* **5.** klettern: **to** ~ **up (down) a tree** auf e-n Baum klettern (von e-m Baum herunterklettern). **6.** (auf-, emˈpor)steigen (*a. Rauch etc*), sich emporarbeiten (*a. fig.*). **7.** (an-)steigen (*Straße, Weg*). **8.** *bot.* klettern, sich hinˈaufranken. **9.** (hoch)klettern (*Preise etc*). **III** *v/t* **10.** er-, besteigen, erklettern, klettern auf (*acc*).

Verbindungen mit Adverbien:

climb| down *v/i* **1.** hinˈunter-, herˈuntersteigen, -klettern. **2.** *colloq.* klein beigeben, e-n Rückzieher machen. ~ **up** *v/t* hinˈauf-, herˈaufsteigen, -klettern.

climb·a·ble [ˈklaɪməbl] *adj* ersteigbar.

ˌ**climb|-and-ˈdive in·di·ca·tor** → climb indicator. ˈ**~-down** *s colloq.* ,Rückzieher' *m*, Nachgeben *n.*

climb·er [ˈklaɪmə(r)] *s* **1.** Kletterer *m* (*a. Radrennfahrer*), *engS.* Bergsteiger *m*: **a good** ~ a) ein guter Bergsteiger *od.* Kletterer, b) *mot.* ein bergfreudiger Wagen. **2.** *bot.* Schling-, Kletterpflanze *f.* **3.** *orn.* Klettervogel *m.* **4.** Steigeisen *n.* **5.** → social climber.

climb in·di·ca·tor *s aer.* Statoˈskop *n.*

climb·ing| a·bil·i·ty [ˈklaɪmɪŋ] *s* **1.** *aer.* Steigvermögen *n.* **2.** *mot.* Steigfähigkeit *f.* ~ **i·ron** *s* Steigeisen *n.* ~ **rose** *s bot.* Kletterrose *f.*

climb mill·ing *s tech.* Gleichlauffräsen *n.*

clime [klaɪm] *s poet.* **1.** Gegend *f*, Landstrich *m*: **to seek milder ~s** Gegenden mit milderem Klima aufsuchen. **2.** *fig.* Gebiet *n*, Sphäre *f.*

clinch [klɪntʃ] **I** *v/t* **1.** (vollends) entscheiden: **to** ~ **the game; that ~ed it** damit war die Sache entschieden; **to** ~ **the argument** den Streit für sich entscheiden; **to** ~ **s.o.'s suspicion** j-s Verdacht endgültig bestätigen. **2.** *tech.* a) sicher befestigen, b) (ver)nieten, c) *Nagel etc* stauchen. **3.** *mar. Tau* mit Ankerstich befestigen. **4.** *Boxen*: umˈklammern. **II** *v/i* **5.** *Boxen*: clinchen, in den Clinch gehen. **III** *s* **6.** *tech.* a) Vernietung *f*, Niet *m*, b) Haspe *f.* **7.** fester Halt (*a. fig.*). **8.** Griff *m.* **9.** *Boxen*: Clinch *m* (*a. sl. Umarmung*). **10.** *mar.* Ankerstich *m.*

clinch·er [ˈklɪntʃə(r)] *s* **1.** *tech.* a) Klammer *f*, Klampe *f*, b) Niet(nagel) *m.* **2.** *colloq.* a) entscheidendes Arguˈment, Trumpf *m*, b) entscheidender ˈUmstand: that's the ~ damit ist der Fall erledigt *od.* die Sache entschieden. ˈ**~-built** → clinker-built. ~ **rim** *s tech.* Wulstfelge *f.* ~ **tire,** *bes. Br.* ~ **tyre** *s tech.* Wulstreifen *m.*

clinch nail *s tech.* Niet(nagel) *m.*

cline [klaɪn] *s biol.* Ableitung *f*, Progresˈsiˈon *f* (*Fortschrittslinie e-s Verwandtschaftsmerkmals*).

cling [klɪŋ] *v/i pret u. pp* **clung** [klʌŋ] **1.** (fest) haften, kleben (**to** an *dat*): **to** ~ **together** aneinanderhaften, -hängen, zs.-halten (*a. fig.*); *the wet dress* **clung to her body** klebte ihr am Leib. **2.** *a. fig.* (**to**) hängen (an *dat*), anhaften (*dat*): **the smell clung to his clothes** der Geruch setzte sich in s-r Kleidung fest; **the nickname clung to him** der Spitzname haftete ihm an *od.* blieb an ihm hängen. **3.** *a. fig.* (**to**) sich klammern (an *e-e Sache, j-n, e-e Hoffnung etc*), festhalten (an *e-r Meinung, Sitte etc*): **to** ~ **to a hope (an opinion, a custom)**; **to** ~ **to the text** sich eng an den Text halten, am Text ,kleben'. **4.** sich (an)schmiegen (**to** an *acc*). ~ **film** *s* Frischhaltefolie *f.* ˈ**~stone** **I** *s* **1.** am Fleisch haftender (*Pfirsich*)Stein. **2.** Pfirsich *m* mit haftendem Stein. **II** *adj* **3.** mit haftendem Stein.

cling·y [ˈklɪŋɪ] *adj* **1.** haftend. **2.** zäh, klebrig.

clin·ic [ˈklɪnɪk] **I** *s* **1.** *allg.* Klinik *f*, Krankenhaus *n.* **2.** a) Klinik *f*, Universiˈtätskrankenhaus *n*, b) Klinikum *n*, klinischer ˈUnterricht. **3.** Poliklinik *f*, Ambuˈlanz *f.* **4.** *relig. hist.* auf dem Sterbebett Getaufte(r *m*) *f.* **II** *adj* → **clinical.**

clin·i·cal [ˈklɪnɪkl] *adj* (*adv* ~**ly**) **1.** *med. allg.* klinisch: ~ **death**; ~ **diagnosis**; ~ **instruction** Unterweisung *f* (der Studenten) am Krankenbett; ~ **thermometer** Fieberthermometer *n*; **to do one's** ~ **clerkship** sein Klinikum machen. **2.** *fig.* nüchtern (*a. Einrichtung etc*), kühl analyˈsierend. **3.** *relig.* am Kranken- *od.* Sterbebett gespendet (*Sakrament*): ~ **baptism** Taufe *f* am Sterbebett.

clin·i·car [ˈklɪnɪkɑː(r)] *s* Notarztwagen *m.*

cli·ni·cian [klɪˈnɪʃn] *s* Kliniker *m.*

clink[1] [klɪŋk] **I** *v/i* klingen, klimpern, klirren. **II** *v/t* klingen *od.* klirren lassen: **to** ~ **glasses** (mit den Gläsern) anstoßen. **III** *s* Klingen *n*, Klimpern *n*, Klirren *n.*

clink[2] [klɪŋk] *s sl.* ,Kittchen' *n*: **in** ~ im ,Knast'.

clink·er[1] [ˈklɪŋkə(r)] *s* **1.** Klinker(stein) *m*, Hartziegel *m.* **2.** verglaster Backstein. **3.** Schlacke *f.* **4.** sich bei der Härtung von Stahl bildende Kruste.

clink·er[2] [ˈklɪŋkə(r)] *s bes. Am. sl.* a) Schnitzer *m*, ,Patzer' *m* (*Fehler*), b) ,Pleite' *f* (*Mißerfolg*).

clink·er| brick → **clinker**[1] 1. ˈ**~-built** *adj mar.* klinkergebaut.

clink·ing [ˈklɪŋkɪŋ] *adj u. adv sl.* ,prima', ,Klasse', eˈnorm.

cli·noid pro·cess [ˈklaɪnɔɪd] *s anat.* Sattelfortsatz *m.*

cli·nom·eter [klaɪˈnɒmɪtə; *Am.* -ˈnɑmətər] *s* **1.** Klinoˈmeter *n*, Neigungsmesser *m.* **2.** *math.* Winkelmesser *m.* **3.** *mil.* ˈWinkelquaˌdrant *m.*

clin·quant [ˈklɪŋkənt] **I** *adj* goldflimmernd. **II** *s* Flitter(gold *n*) *m.*

Cli·o [ˈklaɪəʊ] *pl* **-os** *s* Clio *f* (*alljährlich verliehene Statuette für die beste Werbespotproduktion, die beste schauspielerische Leistung in e-m Werbespot etc im amerikanischen Fernsehen*).

clip[1] [klɪp] **I** *v/t* **1.** (be)schneiden, stutzen (*a. fig.*): **to** ~ **a hedge**; **to** ~ **s.o.'s wings** *fig.* j-m die Flügel stutzen. **2.** *fig.* kürzen, beschneiden: **to** ~ **s.o.'s power**; **to** ~ **wages.** **3.** *a.* ~ **off** abschneiden: **he ~ped three seconds off the record** *sport* er verbesserte den Rekord um 3 Sekunden. **4.** *aus der Zeitung* ausschneiden. **5.** *Haare* schneiden. **6.** *Schaf etc* scheren. **7.** *Wolle* beim Scheren abwerfen (*Schaf*). **8.** *Münze* beschneiden. **9.** *Silben* verschlucken, *Worte* verstümmeln: **~ped speech** knappe *od.* schneidige Sprechweise. **10.** *colloq.* j-m e-n Schlag ,verpassen'. **11.** *sl.* a) *j-n* ,erleichtern' (**for** um *Geld*), b) *j-n* ,neppen'. **12.** *Fahrkarte etc* lochen. **II** *v/i* **13.** schneiden. **14.** *colloq.* ,sausen', (daˈhin)jagen. **III** *s* **15.** (Be)Schneiden *n*, Stutzen *n.* **16.** Haarschnitt *m.* **17.** Schur *f.* **18.** Wollertrag *m* (*e-r Schur*). **19.** Ausschnitt *m.* **20.** *pl*, *a.* **pair of ~s** (Schaf-)Schere *f.* **21.** *colloq.* (Faust)Schlag *m.* **22.** *colloq.* (hohes) Tempo: **to go at a good** ~ einen ziemlichen ,Zahn drauf haben'.

clip[2] [klɪp] **I** *v/t* **1.** festhalten, mit festem Griff packen. **2.** *a.* ~ **on** befestigen, anklammern. **3.** *American Football*: *Gegner* (regelwidrig) von hinten zu Fall bringen. **4.** *obs. od. dial.* umˈfassen, umˈarmen. **II** *s* **5.** (Heft-, Büˈro- *etc*)Klammer *f*, Klipp *m*, Spange *f.* **6.** *tech.* a) Klammer *f*, Lasche *f*, b) Kluppe *f*, c) Schelle *f*, Bügel *m.* **7.** *electr.* Halterung *f*, Clip *m.* **8.** *mil.* a) Paˈtronenrahmen *m*, b) Ladestreifen *m.*

clip joint *s sl.* ,ˈNeploˌkal' *n.*

clip·per [ˈklɪpə(r)] *s* **1.** (*Tier*)Scherer *m.* **2.** *pl*, *a.* **pair of ~s** (*Nagel- etc*)Schere *f*, ˈHaarschneidemaˌschine *f.* **3.** Renner *m*, schnelles Pferd. **4.** *mar. bes. hist.* Klipper *m* (*Schnellsegler*). **5.** *aer.* Clipper *m* (*für Überseeflüge*). ~**cir·cuit** *s TV* Clipper *m*, Ampliˈtudensepaˌrator *m.*

clip·pie [ˈklɪpɪ] *s Br. colloq.* (Bus)Schaffnerin *f.*

clip·ping [ˈklɪpɪŋ] **I** *s* **1.** (Be)Schneiden *n*, Stutzen *n.* **2.** Schur *f.* **3.** *bes. Am.* (Zeitungs)Ausschnitt *m*: ~ **bureau** Zeitungsausschnittbüro *n.* **4.** *meist pl* Schnitzel *pl*, Abfälle *pl.* **II** *adj* **5.** *colloq.* schnell: **a** ~ **pace** ein scharfes *od.* hohes Tempo.

clique [kliːk; klɪk] *s* Clique *f*, Klüngel *m.* ˈ**cli·quey,** ˈ**cli·quish** → **cliquy.** ˈ**cli·quism** *s* Cliquenwesen *n.* ˈ**cli·quy** *adj* cliquenbildend, cliquenhaft.

clit [klɪt] *s anat. colloq.* Kitzler *m.*

cli·to·ris [ˈklɪtərɪs; ˈklaɪ-] *s anat.* Klitoris *f*, Kitzler *m.*

clo·a·ca [kləʊˈeɪkə] *pl* **-cae** [-kiː] *s* **1.** Kloˈake *f*: a) ˈAbzugskaˌnal *m*, Senkgrube *f*, b) *anat. zo. Endabschnitt des Darmkanals*, c) *fig.* moˈralischer Sumpf, Pfuhl *m.* **2.** Aˈbort *m.* **cloˈa·cal** *adj* Kloaken..., kloˈakenhaft.

cloak [kləʊk] **I** *s* **1.** (loser) Mantel, Cape *n*, ˈUmhang *m.* **2.** *fig.* Deckmantel *m*: **the** ~ **of secrecy** der Schleier des Geheimnisses; **under the** ~ **of** unter dem Deckmantel *od.* Vorwand (*gen*), im Schutz (*der Nacht etc*). **3.** *zo.* Mantel *m* (*der Weichtiere*). **II** *v/t* **4.** (wie) mit e-m Mantel bedecken *od.* einhüllen. **5.** *fig.* bemänteln, verhüllen. ˌ**~-and-ˈdag·ger** *adj* **1.** Mantel-u.-Degen...: ~ **drama.** **2.** Spionage... ˌ**~-and-ˈsword** *adj* ˈabenteuerlich-roˈmantisch: ~ **play.** ˈ**~room** **I** *s* **1.** Gardeˈrobe(nraum *m*) *f*, Kleiderablage *f*: ~ **attendant** Garderobenfrau *f*; ~ **ticket** (*bes. Am.* **check**) Garderobenmarke *f*, -zettel *m.* **2.** *Br. euphem.* Toiˈlette *f.*

clob·ber[1] [ˈklɒbə; *Am.* ˈklɑbər] *s* **1.** Lederpaste *f.* **2.** *Br. sl.* a) ,Klaˈmotten' *pl* (*Kleider*), b) ,Klaˈmotten' *pl*, ,Plunder' *m*, ,Kram' *m.*

clob·ber[2] [ˈklɒbə; *Am.* ˈklɑbər] *v/t sl.* **1.** zs.-schlagen, ,fertigmachen' (*a. fig.*). **2.** *sport* ,überˈfahren', ,vernaschen' (*hoch besiegen*).

cloche [kləʊʃ; *Br. a.* klɒʃ; *Am. a.* klɑʃ; klɔːʃ] *s* **1.** Glasglocke *f* (*für Pflanzen*). **2.** *hist.* Glocke *f* (*Damenhut*).

clock[1] [klɒk; *Am.* klɑk] **I** *s* **1.** (Wand-,

Turm-, Stand)Uhr *f*: (a)round the ~ a) rund um die Uhr, vierundzwanzig Stunden (lang), b) *fig.* ununterbrochen; five o'~ fünf Uhr; to know what o'~ it is a) wissen, wieviel Uhr es ist, b) *fig.* wissen, wieviel es geschlagen hat; to put (*od.* turn) the ~ back *fig.* das Rad der Zeit zurückdrehen. **2.** *colloq.* a) Konˈtroll-, Stoppuhr *f*, b) Fahrpreisanzeiger *m* (*Taxi*). **3.** *colloq.* Pusteblume *f* (*Fruchtstand des Löwenzahns*). **4.** *Br. sl.* ‚Viˈsage' *f*, ‚Fresse' *f* (*Gesicht*). **II** *v/t* **5.** *bes. sport* a) (ab)stoppen, die Zeit (*e-s Läufers etc*) nehmen, b) *a.* ~ up *e-e Zeit* erreichen (for über *e-e Distanz*). **6.** *Arbeitszeit an der Stechuhr, Geschwindigkeit, Zahlen etc* regiˈstrieren. **7.** ~ up *Geschwindigkeit, Strecke* fahren. **8.** ~ up *colloq.* a) *Erfolg* verbuchen, b) *Schulden* machen. **9.** to ~ s.o. one *Br. sl.* j-m e-e ‚scheuern' *od.* ‚kleben'. **III** *v/i* **10.** to ~ in (*od.* on) einstempeln; to ~ out (*od.* off) ausstempeln.

clock[2] [klɒk; *Am.* klɑk] *s* eingewebte *od.* eingestickte Verzierung (*am Strumpf*).

clock| card *s* Stechkarte *f*. **~ cy·cle** *s* Taktzyklus *m* (*e-r Rechenmaschine*). **ˈ~face** *s* Zifferblatt *n*. **~ gen·er·a·tor** *s Rechenmaschine*: ˈTaktimˌpulsgeber *m*. **~ hour** *s* volle Stunde. **ˈ~ˌmak·er** *s* Uhrmacher *m*. **~ ra·di·o** *s* Radiowecker *m*. **~ watch** *s* Taschenuhr *f* mit Schlagwerk. **~ watch·er** *s colloq.*: to be a ~ *bei der Arbeit immer wieder auf die Uhr sehen.* **ˈ~wise** *adj* im Uhrzeigersinn, rechtsläufig, Rechts...: ~ rotation. **ˈ~work** *s tech.* Lauf-, Gehwerk *n*, *a. fig.* Uhr-, Räderwerk *n*: ~ fuse *mil.* Uhrwerkszünder *m*; ~ toy Spielzeug *n* zum Aufziehen, mechanisches Spielzeug; like ~ a) wie am Schnürchen, wie ‚geschmiert', b) (pünktlich) wie die Uhr.

clod [klɒd; *Am.* klɑd] *s* **1.** Klumpen *m*. **2.** Erdklumpen *m*, Scholle *f*. **3.** *fig.* Körper *m* (*Ggs. Seele*). **4.** Dummkopf *m*, Trottel *m*. **5.** Teil *m*, *n* der Rindsschulter. **ˈclod·dish, ˈclod·dy** *adj* klumpig. **ˈclod|ˌhop·per** *s* **1.** *colloq.* a) ‚Bauer' *m*, ungehobelter Kerl, b) Tolpatsch *m*. **2.** *pl* schwere, klobige Schuhe *pl*. **ˈ~ˌhop·ping** *adj colloq.* ungehobelt. **ˈ~pate, ˈ~pole, ˈ~poll** [-pəʊl] → clod 4.

clog [klɒg; *Am.* klɑg] **I** *s* **1.** (Holz)Klotz *m*. **2.** *fig.* Hemmschuh *m*, Hemmnis *n*, Klotz *m* am Bein. **3.** fester Arbeitsschuh mit Holzsohle, Holzschuh *m*, Panˈtine *f*. **4.** *tech.* Verstopfung *f*. **5.** → clog dance. **II** *v/t* **6.** (be)hindern, hemmen, belasten. **7.** *a.* ~ up verstopfen. **8.** *Schuhe* mit Holzsohlen versehen. **III** *v/i* **9.** sich verstopfen. **10.** klumpig werden, sich zs.-ballen. **11.** *Fußball*: *colloq.* ‚holzen'. **~ dance** *s* Holzschuhtanz *m*.

cloi·son·né [klwɑːˈzɒneɪ; *Am.* ˌklɔɪznˈeɪ] **I** *s a.* ~ enamel Cloisonˈné *n*, Goldzellenschmelz *m*. **II** *adj* Cloisonné...

clois·ter [ˈklɔɪstə(r)] **I** *s* **1.** Kloster *n*. **2.** *arch.* a) Kreuzgang *m*, b) gedeckter (Säulen)Gang (*um e-n Hof*), Arˈkade *f*. **II** *v/t* **3.** in ein Kloster stecken. **4.** *fig.* (*a.* o.s. sich) von der Welt abschließen, einsperren. **ˈclois·tered** *adj* **1.** *arch.* mit e-m Kreuzgang (versehen). **2.** *fig.* a) einsam, zuˈrückgezogen, klösterlich, b) weltfremd.

clois·tral [ˈklɔɪstrəl] *adj* klösterlich, Kloster...

clon [klɒn; kləʊn; *Am.* kləʊn; klɑn], **clone** [kləʊn] *biol.* **I** *s* Klon *m* (*durch ungeschlechtliche Fortpflanzung entstandener erbgleicher Stamm*). **II** *v/t* klonen.

clon·ic [ˈklɒnɪk; *Am.* ˈklɑ-] *adj med.* klonisch: ~ spasm → clonus.

clonk [klɒŋk; *Am. a.* klɑŋk] **I** *v/i* **1.** plumpsen. **II** *v/t* **2.** *colloq. j-n* schlagen. **III** *s* **3.** Plumps *m*. **4.** *colloq.* Schlag *m*.

clo·nus [ˈkləʊnəs] *s med.* Klonus *m*, Schüttelkrampf *m*.

cloot [kluːt] *s bes. Scot.* **1.** a) Zehe *f* (*e-s gespaltenen Hufes*), b) Huf *m*. **2.** C~s *pl* (*als sg konstruiert*) → Clootie. **ˈCloot·ie** [-tɪ] *s bes. Scot.* (Ritter *m* mit dem) Pferdefuß *m*, Teufel *m*.

clop [klɒp; *Am.* klɑp] **I** *v/i* trappeln. **II** *s* Getrappel *n*.

close I *adj* [kləʊs] (*adv* → closely) **1.** ver-, geschlossen, (*nur pred*) zu. **2.** *obs.* von Mauern *etc* umˈgeben. **3.** zuˈrückgezogen, abgeschieden. **4.** verborgen, geheim. **5.** dumpf, schwül, stickig, drückend: ~ atmosphere. **6.** *fig.* verschlossen, -schwiegen, zuˈrückhaltend. **7.** geizig, knauserig. **8.** knapp, beschränkt: money is ~ das Geld ist knapp. **9.** nicht zugänglich, nicht öffentlich, geschlossen. **10.** dicht, fest: ~ texture. **11.** eng, (dicht)gedrängt: ~ handwriting enge Schrift. **12.** knapp, kurz, bündig: ~ style. **13.** kurz (*Haar*). **14.** eng(anliegend): ~ dress. **15.** (wort)getreu, genau: ~ translation. **16.** stark: ~ resemblance. **17.** nah, dicht: ~ combat *mil.* Nahkampf *m*; ~ fight Handgemenge *n*, *weitS.* zähes Ringen, harter Kampf; ~ proximity nächste Nähe; ~ together dicht beieinander; ~ to a) nahe *od.* dicht bei, b) (*zeitlich*) dicht vor (*dat*), nahe (*dat*), c) *fig.* (*j-m*) nahestehend, vertraut mit, d) *fig.* eng verwandt *od.* verbunden mit; ~ to tears den Tränen nahe; a speed ~ to that of sound e-e Geschwindigkeit, die dicht an die Schallgrenze herankommt. **18.** eng, vertraut: ~ friends; he was a ~ friend of mine wir waren eng befreundet. **19.** nah: ~ relatives. **20.** *fig.* knapp: → shave 11, squeak 8, squeeze 22. **21.** *fig.* scharf, hart, knapp: ~ victory knapper Sieg; ~ election knapper Wahlausgang; ~ finish scharfer Endkampf. **22.** gespannt: ~ attention. **23.** gründlich, eingehend, scharf, genau: ~ investigation gründliche *od.* eingehende Untersuchung; ~ observer scharfer Beobachter; ~ questioning strenges Verhör. **24.** streng, scharf: ~ arrest strenge Haft; ~ prisoner streng bewachter Gefangener; in ~ custody unter scharfer Bewachung; to keep a ~ watch on scharf im Auge behalten (*acc*). **25.** streng, logisch, lückenlos (*Beweisführung etc*): ~ reasoning. **26.** *ling.* geschlossen: ~ sound; ~ syllable; → punctuation I. **27.** *mus.* eng: ~ harmony enger Satz.

II *adv* [kləʊs] **28.** eng, nahe, dicht: ~ by a) nahe *od.* dicht dabei, ganz in der Nähe, b) nahe *od.* dicht bei, neben (*dat*); ~ at hand nahe bevorstehend; ~ on two hundred fast *od.* annähernd zweihundert; to fly ~ to the ground dicht am Boden fliegen; to come ~ to *fig.* dicht herankommen *od.* -reichen an (*acc*), fast ... sein; to cut ~ ganz kurz schneiden; to keep ~ in der Nähe bleiben; to lie (*od.* keep) ~ sich verborgen halten; to press s.o. ~ j-n hart bedrängen; to run s.o. ~ j-m dicht auf den Fersen sein; if you look ~r wenn du näher *od.* genauer hinsiehst.

III *s* [kləʊz] **29.** (Ab)Schluß *m*, Ende *n*: to come (*od.* draw) to a ~ sich dem Ende nähern. **30.** Schlußwort *n*. **31.** Briefschluß *m*. **32.** *mus.* Kaˈdenz *f*, Schluß(fall) *m*. **33.** Handgemenge *n*, Kampf *m*. **34.** [kləʊs] *Br.* a) Einfriedung *f*, Hof *m* (*e-r Kirche, Schule etc*), b) Gehege *n*, c) *jur.* (eingefriedetes) Grundstück: → breach *Bes. Redew.* **35.** [kləʊs] *Br.* (kurze, umˈbaute) Sackgasse. **36.** [kləʊs] *Scot.* ˈHausˌdurchgang *m* zum Hof.

IV *v/t* [kləʊz] **37.** (ab-, ver-, zu)schließen, zumachen: → closed, door *Bes. Redew.*, eye 1, gap 6, heart *Bes. Redew.*, mind 2, rank[1] 7 **38.** verstopfen: to ~ a hole. **39.** *e-n Betrieb, die Schule etc* schließen. **40.** *ein Gelände, e-e Straße* (ab)sperren: to ~ a road to traffic e-e Straße für den Verkehr sperren. **41.** *die Hand* schließen, *die Faust* ballen. **42.** *die Sicht* versperren: to ~ the view. **43.** *electr. den Stromkreis* schließen. **44.** *fig.* beenden, be-, abschließen: to ~ a career (debate, speech, war, *etc*); to ~ the court *jur.* die Verhandlung schließen; to ~ an issue e-e (strittige) Sache erledigen; to ~ a procession e-n Zug beschließen; to ~ one's days s-e Tage beschließen (*sterben*). **45.** *econ. ein Konto, e-e Rechnung* abschließen: to ~ an account; → book 9. **46.** *e-n Handel, ein Geschäft* abschließen: to ~ a bargain. **47.** *e-e Strecke* zuˈrücklegen: to ~ a distance. **48.** *mar.* näher herˈangehen an (*acc*): to ~ the wind an den Wind gehen. **49.** *econ. Am.* → close out 2.

V *v/i* [kləʊz] **50.** *allg.* sich schließen (*a. Lücke, Wunde etc*). **51.** geschlossen werden. **52.** schließen, zumachen: schools ~d for the holiday; the shop ~s at 5 o'clock. **53.** enden, aufhören, zu Ende gehen. **54.** schließen (with the words mit den Worten). **55.** *Börse*: abschließen (at mit). **56.** herˈanrücken, sich nähern: to ~ (a)round (*od.* about) s.o. j-n einschließen, j-n umzingeln. **57.** to ~ with s.o. mit j-m (handels)einig werden, sich mit j-m einigen (on über *acc*). **58.** to ~ with s.o. mit j-m handgemein werden *od.* aneinˈandergeraten. **59.** sich verringern (*Abstand, Strecke*): the distance ~d.

Verbindungen mit Adverbien:

close| down I *v/t* **1.** *ein Geschäft etc* schließen, aufgeben, *e-n Betrieb* stillegen. **II** *v/i* **2.** schließen, zumachen, stillgelegt werden. **3.** *Rundfunk, TV*: *Br.* das Proˈgramm beenden, Sendeschluß haben. **4.** *fig.* scharf vorgehen (on gegen): to ~ on gambling dens. **~ in** *v/i* **1.** sich herˈanarbeiten (on, upon an *acc*). **2.** kürzer werden (*Tage*). **3.** herˈeinbrechen (*Dunkelheit, Nacht*). **~ out** *Am.* **I** *v/t* **1.** ausschließen. **2.** *econ. Waren etc* (im Ausverkauf *etc*) abstoßen, verkaufen. **3.** außer Betrieb stellen, stillegen. **4.** (plötzlich) beenden. **II** *v/i* **5.** *econ.* e-n Ausverkauf machen. **~ up I** *v/t* **1.** → close 37–39. **2.** *fig.* abschließen, beenden, erledigen. **II** *v/i* **3.** → close down 2. **4.** *mil. etc* die Reihen schließen. **5.** aufschließen, -rücken (on zu).

ˌclose|-ˈbod·ied *adj* enganliegend (*Kleidungsstück*). **~ bor·ough** *s Br. hist.* Wahlbezirk *m* mit engbegrenzter Zahl von Wahlberechtigten. **~ col·umn** *s mil.* (auf)geschlossene ˈMarschkoˌlonne (*Fahrzeuge*). **~ com·pa·ny** *s econ. Br.* → close corporation 1. **~ cor·po·ra·tion** *s* **1.** *econ. Am.* (Aktien)Gesellschaft *f* mit geschlossenem Mitgliederkreis (*entspricht etwa der deutschen GmbH*). **2.** *fig.* exkluˈsiver Zirkel. **ˈ~-cropped** *adj* kurzgeschoren.

closed [kləʊzd] *adj* **1.** geschlossen (*a. electr. tech. u. ling.*), *pred* zu: behind ~ doors hinter verschlossenen Türen; ~ circuit *electr.* geschlossener Stromkreis, Ruhestromkreis *m*; ~ current *electr.* Ruhestrom *m*; to sit in ~ court *jur.* unter Ausschluß der Öffentlichkeit verhandeln; → book 1. **2.** ge-, versperrt: ~ to vehicles für Fahrzeuge gesperrt. **3.** geheim: a ~ file. **4.** geschlossen, exkluˈsiv: a ~ circle; ~ company *Br.* → close corporation 1; ~ corporation → close corporation. **5.** in sich geschlossen,

auˈtark: ~ **economy.** **ˈ~-ˌcir·cuit tel·e·vi·sion** *s* ˈFernsehüberˌtragung *f* im Kurzschlußverfahren, *z. B.* Betriebsfernsehen *n.* **ˈ~door** *adj* hinter verschlossenen Türen. **ˈ~-end fund** *s econ.* Inˈvestmentfonds *m* mit begrenzter Emissiˈonshöhe.
ˈclose-down *s* **1.** Schließung *f*, Stillegung *f.* **2.** *Rundfunk, TV*: Sendeschluß *m.*
closed| schol·ar·ship *s ped. univ. Br.* nur bestimmten Kandiˈdaten gewährtes Stiˈpendium. **~ ses·sion** *s pol.* Sitzung *f* unter Ausschluß der Öffentlichkeit. **~ shop** *s econ.* gewerkschaftspflichtiger Betrieb.
ˌclose|ˈfist·ed *adj* geizig, knauserig. **ˌ~ˈfist·ed·ness** *s* Geiz *m*, Knauseˈrei *f.* **~ fit** *s* **1.** enge Paßform. **2.** *tech.* Feinpassung *f.* **ˌ~-ˈfit·ting** *adj* enganliegend (*Kleidungsstück*). **ˌ~-ˈgrained** *adj* feinkörnig (*Holz, Stein etc*). **ˌ~ˈhauled** *adj mar.* hart am Wind. **~ in·ter·val** *s mil.* Tuchfühlung *f.* **ˈ~-knit** *adj fig.* eng *od.* fest zs.-gewachsen, eng verbunden. **ˌ~-ˈlipped** *adj fig.* verschlossen, schweigsam.
close·ly [ˈkləʊslɪ] *adv* **1.** genau, eingehend. **2.** scharf, streng. **3.** fest, dicht, eng. **4.** nah. **5.** aus der Nähe.
ˌcloseˈmouthed → **close-lipped.**
close·ness [ˈkləʊsnɪs] *s* **1.** Nähe *f*: ~ **of relationship** enge Beziehung; ~ **to life** Lebensnähe. **2.** Knappheit *f.* **3.** Festigkeit *f*, Dichtheit *f*, Dichte *f.* **4.** Genauigkeit *f.* **5.** Verschwiegenheit *f*, Verschlossenheit *f.* **6.** Schwüle *f*, Stickigkeit *f.* **7.** Schärfe *f*, Strenge *f.* **8.** Geiz *m.*
close| or·der *s mil.* geschlossene Ordnung. **ˈ~-out** [ˈkləʊz-] *s a.* ~ **sale** Ausverkauf *m* wegen Geschäftsaufgabe. **~ quar·ters** *s pl* **1.** Nahkampf *m*, Handgemenge *n*: **to come to ~** handgemein werden. **2.** Beengtheit *f*, beengte Lage. **3.** Nähe *f*, enger Konˈtakt: **at ~** in (*od.* aus) nächster Nähe.
clos·er [ˈkləʊzə(r)] *s* **1.** Schließer(in). **2.** *tech.* Verschlußvorrichtung *f.* **3.** *arch.* Schlußstein *m*, Kopfziegel *m.* **4.** abschließende (Proˈgramm)Nummer.
ˌclose|-ˈrange *adj* aus nächster Nähe, Nah... **~ sea·son** *s hunt.* Schonzeit *f.*
clos·et [ˈklɒzɪt; *Am. a.* ˈklɑzət] **I** *s* **1.** (Wand-, Einbau-, Vorrats)Schrank *m.* **2.** Kabiˈnett *n*, Gelaß *n*, Kammer *f*, Geheimzimmer *n*: ~ **drama** *bes. Am.* Lesedrama *n.* **3.** (ˈWasser)Kloˌsett *n.* **II** *adj* **4.** priˈvat, vertraulich, geheim: ~ **homosexual** (*colloq.* **queen, queer**) heimlicher Homosexueller *od.* ‚Schwuler'. **5.** *Am.* theoˈretisch, wirklichkeitsfern. **III** *v/t* **6.** in e-n Raum (*zwecks Beratung etc*) einschließen: **to be ~ed together with s.o.** mit j-m geheime Besprechungen führen. **7.** einschließen, verbergen.
close| time → **close season.** **ˌ~-ˈtongued** → **close-lipped.** **ˈ~-up** *s* **1.** *phot. Film*: Nah-, Großaufnahme *f.* **2.** *fig.* a) genaue Betrachtung, b) genaues Bild.
clos·ing| cer·e·mo·ny [ˈkləʊzɪŋ] *s bes. sport* ˈSchlußzeremoˌnie *f.* **~ date** *s* letzter Terˈmin (**for applicants** für Bewerbungen). **~ price** *s Börse*: ˈSchlußnoˌtierung *f.* **~ scene** *s thea. etc* Schlußszene *f.* **~ speech** *s jur.* ˈSchlußplädoˌyer *n.* **~ time** *s* a) Laden-, Geschäftsschluß *m*, b) Ende *n* der Schalterstunden (*e-r Bank etc*), c) Poliˈzeistunde *f* (*e-s Pubs*).
clo·sure [ˈkləʊʒə(r)] **I** *s* **1.** (Zu-, Ver-)Schließen *n.* **2.** Schließung *f*, Stillegung *f* (*e-s Betriebs*). **3.** Abgeschlossenheit *f.* **4.** *tech.* Verschluß(vorrichtung *f*) *m.* **5.** Schluß *m*, Beendigung *f* (*e-r Debatte etc*): **to apply** (*od.* **move**) **the ~** *parl. Br.* den Antrag auf Schluß der Debatte (*mit anschließender Abstimmung*) stellen. **II** *v/t* **6.** *parl. Br.*: *e-e Debatte* zum Abschluß bringen.
clot [klɒt; *Am.* klɑt] **I** *s* **1.** Klumpen *m*, Klümpchen *n*: ~ **of blood, blood ~** *med.* Blutgerinnsel *n.* **2.** *Br. colloq.* Trottel *m.* **II** *v/i* **3.** gerinnen. **4.** Klumpen bilden: → **clotted.**
cloth [klɒθ; klɔːθ] **I** *pl* **cloths** [-θs; -ðz] *s* **1.** Tuch *n*, Gewebe *n*, (*engS.* Woll)Stoff *m*: **American ~** (*Art*) Wachstuch; ~ **of state** Baldachin *m*, Thronhimmel *m*; → **coat** 1. **2.** Tuch *n*, Lappen *m.* **3.** (Tisch-)Tuch *n*, (-)Decke *f*: **to lay the ~** den Tisch decken. **4.** (*bes.* geistliche) Tracht: **the ~** der geistliche Stand, die Geistlichkeit. **5.** *mar.* a) Segeltuch *n*, b) Segel *pl.* **6.** *pl thea.* Sofˈfitten *pl.* **7.** (Buchbinder)Leinwand *f*: **bound in ~, ~bound** in Leinen (gebunden). **II** *adj* **8.** aus Tuch, *bes.* Leinen...: ~ **board** Leinwanddeckel *m* (*e-s Buches*); ~ **binding** Leineneinband *m.* **ˈ~-cap** *adj Br. colloq.* Arbeiterklassen...
clothe [kləʊð] *pret u. pp* **clothed** [kləʊðd] *od.* **clad** [klæd] *v/t* **1.** (an-, be)kleiden. **2.** einkleiden, mit Kleidung versehen. **3.** mit Stoff beziehen. **4.** *fig.* umˈhüllen, einhüllen: **mist ~d the hills.** **5.** *in Worte* kleiden, fassen.
ˌcloth|-ˈeared *adj colloq.* schwerhörig. **~ ears** *s pl colloq.* Schwerhörigkeit *f*: **to have ~** schwerhörig sein.
clothes [kləʊðz; kləʊz] *s pl* **1.** Kleider *pl*, Kleidung *f*: **a suit of ~** ein Anzug; **to change one's ~** sich umziehen; **to put on one's ~** sich ankleiden *od.* anziehen; **with one's ~ on (off)** angezogen (ausgezogen). **2.** Wäsche *f*: **to wash ~.** **3.** Bettwäsche *f.* **~ bas·ket** *s* Wäschekorb *m.* **~ brush** *s* Kleiderbürste *f.* **~ hang·er** *s* Kleiderbügel *m.* **ˈ~horse** *s* **1.** Wäscheständer *m.* **2.** *colloq.* a) Modepuppe *f*, b) Modenarr *m.* **ˈ~line** *s* Wäscheleine *f.* **~ moth** *s zo.* **1.** Kleidermotte *f.* **2.** Pelzmotte *f.* **~ peg** *s Br.*, **ˈ~ˌpin** *s Am.* Wäscheklammer *f.* **ˈ~press** *s* Kleider- *od.* Wäscheschrank *m.* **~ tree** *s* Gardeˈroben-, Kleiderständer *m.*
cloth hall *s hist.* Tuchbörse *f.*
cloth·ier [ˈkləʊðɪə(r); -jə(r)] *s* ˈTuch-, ˈKleiderfabriˌkant *m od.* -händler *m.*
cloth·ing [ˈkləʊðɪŋ] *s* **1.** (Be)Kleidung *f*: ~ **industry** Bekleidungsindustrie *f.* **2.** Umˈhüllung *f*, Hülle *f*, Decke *f.* **3.** *mar.* Segel *pl*, Takeˈlage *f.* **~ wool** *s* Kratz-, Streichwolle *f.*
cloth| pa·per *s* ˈGlanzpaˌpier *n* (*zum Appretieren*). **~ wheel** *s tech.* (*mit Tuch überzogenes*) Poˈlier-, Schmirgelrad. **ˈ~ˌwork·er** *s* Tuchmacher *m*, -wirker *m.* **~ yard** *s hist.* Tuchelle *f.*
clot·ted [ˈklɒtɪd; *Am.* ˈklɑ-] *adj* **1.** geronnen. **2.** klumpig: ~ **cream** (*Art*) verdickte Sahne; ~ **hair** verklebtes *od.* verfilztes Haar. **ˈclot·ting** [-tɪŋ] *s* **1.** *med.* (Blut-)Gerinnung *f.* **2.** Klumpenbildung *f.* **ˈclot·ty** *adj* klumpig.
clo·ture [ˈkləʊtʃər] *Am. für* **closure** 5 *u.* 6.
clou [kluː] *s* Clou *m*, Höhepunkt *m.*
cloud [klaʊd] **I** *s* **1.** Wolke *f*: ~ **of dust** Staubwolke; **to have one's head in the ~s** *fig.* a) in höheren Regionen schweben, b) in Gedanken vertieft sein; **to be on ~ nine** *colloq.* im siebten Himmel schweben; → **silver lining.** **2.** Wolke *f*, Schwarm *m*, Haufe(n) *m*: **a ~ of insects**; ~ **of electrons** *phys.* Elektronenwolke, -schwarm; ~ **track** *phys.* Nebelspur *f.* **3.** Wolke *f* (*a. in Flüssigkeiten*), dunkler Fleck, Fehler *m* (*in Edelsteinen, Holz etc*). **4.** (dunkler) Fleck (*z. B. auf der Stirn e-s Pferdes*). **5.** *fig.* a) (drohende) Wolke: **the ~s of war,** b) Schatten *m*, Trübung *f*: **to cast a ~ on s.th.** e-n Schatten auf etwas werfen, etwas trüben; **under a ~** unter dem Schatten e-s Verdachtes, in Verruf, in Ungnade; ~ **on title** *jur.* (geltend gemachter) Fehler im Besitz. **II** *v/t* **6.** be-, umˈwölken. **7.** *Glas etc, a. j-s Verstand, Urteil etc* trüben: **to ~ the issue** die Sache vernebeln *od.* unklar machen. **8.** *fig.* verdunkeln, trüben, e-n Schatten werfen auf (*acc*): **a ~ed future** e-e trübe Zukunft. **9.** *Ruf etc* beflecken. **10.** ädern, flecken. **11.** *tech.* a) *Seide* moiˈrieren, b) *Stoff, a. Stahl* flammen. **III** *v/i a.* ~ **over** **12.** sich bewölken. **13.** sich verdunkeln *od.* trüben, sich umˈwölken (*a. fig.*). **14.** (sich) beschlagen (*Glas*). **~bank** *s* Wolkenbank *f.* **ˈ~-built** *adj fig.* phanˈtastisch, unwirklich. **ˈ~burst** *s* Wolkenbruch *m.* **ˈ~capped** *adj* wolkenverhangen, *pred* in Wolken. **~ cham·ber** *s phys.* Nebelkammer *f.* **ˈ~-ˌcuck·oo-land** *s* Wolkenˈkuckucksheim *n.* **~ drift** *s* **1.** Wolkenzug *m.* **2.** *Verstäuben von Insektenvertilgungsmitteln vom Flugzeug aus.*
cloud·ed [ˈklaʊdɪd] *adj* **1.** be-, umˈwölkt. **2.** trübe, wolkig (*Flüssigkeit*). **3.** beschlagen (*Glas*). **4.** *fig.* a) düster, trübe, b) umˈwölkt, getrübt (*Verstand etc*). **5.** wolkig (*Edelstein*). **cloud·i·ness** [ˈklaʊdɪnɪs] *s* **1.** Bewölkung *f.* **2.** *tech.* Trübung *f*, Schleier *m.* **ˈcloud·ing** *s* **1.** Wolkigkeit *f.* **2.** Wolken-, Moiˈrémuster *n* (*auf Seidenstoff etc*). **3.** Umˈwölkung *f*, Trübung *f* (*a. fig.*).
ˈcloud·land *s* **1.** ˈWolkenregiˌon *f.* **2.** Phantaˈsieland *n.* **ˈcloud·less** *adj* (*adv* **~ly**) **1.** wolkenlos, klar. **2.** *fig.* ungetrübt. **ˈcloud·let** [-lɪt] *s* Wölkchen *n.*
cloud·y [ˈklaʊdɪ] *adj* (*adv* **cloudily**) **1.** wolkig, bewölkt. **2.** wolkenartig, Wolken... **3.** wolkig (*Edelstein etc*). **4.** moiˈriert (*Stoff*). **5.** wolkig, trübe (*Flüssigkeit*). **6.** *fig.* düster, umˈwölkt (*Stirn*). **7.** *fig.* nebelhaft, unklar.
clough [klʌf] *s* (Berg)Schlucht *f.*
clout [klaʊt] **I** *s* **1.** *colloq.* Schlag *m* (*a. Baseball*): **to give s.o. a ~** j-m e-e ‚runterhauen' *od.* ‚schmieren'. **2.** *Bogenschießen*: a) Zentrum *n* (*der Zielscheibe*), b) Treffer *m.* **3.** *bes. pol. Am. colloq.* Macht *f*, Einfluß *m.* **II** *v/t* **4.** *colloq.* schlagen, *Ball a.* ‚dreschen': **to ~ s.o. one** j-m e-e ‚runterhauen' *od.* ‚schmieren'. **~ nail** *s tech.* Schuhnagel *m.*
clove[1] [kləʊv] *s* **1.** (Gewürz)Nelke *f.* **2.** *bot.* Gewürznelkenbaum *m.*
clove[2] [kləʊv] *s bot.* **1.** Brut-, Nebenzwiebel *f* (*des Knoblauchs, Schnittlauchs etc*): ~ **of garlic** Knoblauchzehe *f.* **2.** Teilfrucht *f.*
clove[3] [kləʊv] *pret von* **cleave**[1].
clove[4] [kləʊv] *s Am.* (Berg)Schlucht *f.*
clove hitch *s mar.* Webeleinstek *m* (*Knoten*).
clo·ven [ˈkləʊvn] *pp von* **cleave**[1]. **~ foot** *s irr* → **cloven hoof** 2. **~ hoof** *s* **1.** *zo.* Huf *m* der Paarzeher. **2.** Pferdehuf *m* (*des Teufels*): **the ~** *fig.* der (Ritter mit dem) Pferdefuß, der Teufel; **to show the ~** den Pferdefuß (*od.* sein wahres Gesicht) zeigen. **ˌ~-ˈhoofed** *adj* **1.** *zo.* paarzehig. **2.** *fig.* mit e-m Pferdefuß, teuflisch.
clove pink *s* **1.** *bot.* (*e-e*) Gartennelke. **2.** Nelkenrot *n.*
clo·ver [ˈkləʊvə(r)] *s bot.* Klee *m*, *bes.* Kopf-, Wiesenklee *m*: **to be** (*od.* **to live**) **in ~** wie Gott in Frankreich leben. **ˈ~leaf** **I** *s irr* **1.** Kleeblatt *n.* **2.** *mot.* Kleeblatt *n* (*Autobahnkreuzung*). **II** *adj* **3.** kleeblattförmig: ~ **aerial** (*bes. Am.* **antenna**) Kleeblattantenne *f*; ~ **intersection** → **cloverleaf** 2.
clown [klaʊn] **I** *s* **1.** Clown *m*, Hansˈwurst *m*, Possenreißer *m*, Kasper *m* (*alle a. fig.*). **2.** *contp.* ‚Bauer' *m*, ungehobelter Kerl. **3.** *obs.* Bauer *m.* **II** *v/i* **4.** *a.* ~ **about** (*od.* **around**) herˈumkaspern. **ˈclown·er·y**

[-ərɪ] *s* **1.** Clowneˈrie *f*, clownisches Benehmen. **2.** Posse *f*. ˈ**clown·ish** *adj* (*adv* **~ly**) **1.** clownisch. **2.** ungehobelt.

cloy [klɔɪ] **I** *v/t* **1.** überˈsättigen, -ˈladen. **2.** anwidern. **II** *v/i* **3.** Überˈsättigung verursachen. **4.** unangenehm werden. ˈ**cloy·ing** *adj* unangenehm, widerlich.

club [klʌb] **I** *s* **1.** Keule *f*, Knüttel *m*, Prügel *m*. **2.** *sport* a) Schlagholz *n*, b) (Golf)Schläger *m*, c) → **Indian club**. **3.** Klumpen *m*, Knoten *m*. **4.** *hist.* Haarknoten *m* (*der Herren im 18. Jh.*). **5.** *zo.* keulenförmiger Fühler. **6.** a) Klub *m*, Verein *m*, Gesellschaft *f*: **sports ~** Sportverein; **to be in the ~** *colloq.* ein Kind ‚kriegen'; **to put a girl in the ~** *colloq.* e-m Mädchen ein Kind ‚machen'; **join the ~!** *bes. Br. colloq.* du auch?, b) → **clubhouse**. **7.** *Spielkarten*: a) Treff *n*, Kreuz *n*, Eichel *f*, b) Karte *f* der Treff- *od.* Kreuzfarbe, c) Treffansage *f*. **II** *v/t* **8.** einknüppeln auf (*acc*), (nieder)knüppeln. **9.** zs.-fassen, -ballen. **10.** vereinigen: **to ~ efforts** sich gemeinsam bemühen. **11.** sich teilen in (*acc*), gemeinsam aufkommen für (*Kosten*), *Geld etc* beisteuern *od.* zs.-legen. **III** *v/i* **12.** *meist* **~ together** sich zs.-tun: a) e-n Verein *etc* bilden, b) (Geld) zs.-legen. **13.** sich zs.-ballen. **14.** *oft* **~ down** *mar.* vor schleppendem Anker mit dem Strom treiben (*Schiff*). ˈ**club·(b)a·ble** *adj colloq.* **1.** klubfähig. **2.** gesellig. **clubbed** [klʌbd] *adj* **1.** keulenförmig. **2.** klumpig, Klump... ˈ**club·ber** *s Am.* Klubmitglied *n*. ˈ**club·by** *adj colloq.* gesellig.

club| car *s rail. Am.* Saˈlonwagen *m*. **~ chair** *s* Klubsessel *m*. **~ com·pass** *s* Kolbenzirkel *m*. ˌ**~ˈfoot** *s irr med.* Klumpfuß *m*. ˌ**~ˈfoot·ed** *adj* klumpfüßig. **~ grass** → **club rush** 2. ˈ**~·house** *s* Klub(-haus *n*) *m*, Vereinshaus *n*. ˈ**~·land** *s* Klubviertel *n* (*bes. in London*). ˈ**~·man** [-mən] *s irr* **1.** Klubmitglied *n*. **2.** Klubmensch *m*. ˈ**~·moˌbile** [-məˌbiːl] *s* Erfrischungswagen *m*, -fahrzeug *n* (*für Arbeiter etc*). **~ moss** *s bot.* Bärlapp *m*. **~ rush** *s bot.* **1.** Simse *f*. **2.** Breitblättriger Rohrkolben. **~ sand·wich** *s bes. Am.* Sandwich *n* (*meist aus drei Lagen Toast, kaltem Geflügel, grünem Salat u. Mayonnaise bestehend*). **~ steak** *s gastr.* Clubsteak *n*. **~ sus·pen·sion** *s sport* verˈeinsinˌterne Sperre. **~ swing·ing** *s Gymnastik*: Keulenschwingen *n*.

cluck [klʌk] **I** *v/i* **1.** a) gackern, b) glukken. **2.** schnalzen. **3. ~ over** *fig.* Interˈesse an (*dat*) *od.* Besorgnis über (*acc*) äußern. **II** *v/t* **4.** gluckend locken (*Henne*). **5. to ~ one's tongue** mit der Zunge schnalzen. **III** *s* **6.** a) Gackern *n*, b) Glucken *n*. **7.** Schnalzen *n*. **8.** *Am. sl.* a) Trottel *m*, b) Naˈivling *m*.

clue [kluː] **I** *s* **1.** (**to**) ˈHinweis *m* (auf *acc*), Anhaltspunkt *m* (für), Fingerzeig *m*. **2.** Schlüssel *m* (**to** zu *e-m Rätsel etc*): **I haven't a ~** *colloq.* ich hab' keinen Schimmer. **3.** Faden *m* (*e-r Erzählung etc*). **4.** → **clew** 1, 3, 4. **II** *v/t* **5. ~ up** inforˈmieren, ins Bild setzen.

clum·ber (span·iel) [ˈklʌmbə(r)] *s zo.* Clumberspaniel *m* (*englischer Jagdhund*).

clump [klʌmp] **I** *s* **1.** Büschel *n*. **2.** (*bes. Baum- od. Häuser*)Gruppe *f*: **a ~ of trees**. **3.** (Holz)Klotz *m*, (Erd- *etc*)Klumpen *m*. **4.** Haufen *m*, Masse *f*. **5.** Zs.-ballung *f*. **6.** Trampeln *n*. **7.** Doppelsohle *f*. **8.** *colloq.* Schlag *m*. **9.** *pl* Frage- u. Antwortspiel *n*. **II** *v/i* **10.** trampeln: **to ~ about** (*od.* **around**) a) herumtrampeln, b) herumstapfen. **11.** sich zs.-ballen. **III** *v/t* **12.** zs.-ballen, aufhäufen. **13.** doppelt besohlen. **14.** *colloq. j-m* e-n Schlag ‚verpassen'.

clum·si·ness [ˈklʌmzɪnɪs] *s* Plumpheit *f*: a) Ungeschick(lichkeit *f*) *n*, Unbeholfenheit *f*, b) Schwerfälligkeit *f*, c) Taktlosigkeit *f*, d) Unförmigkeit *f*. ˈ**clum·sy** *adj* (*adv* **clumsily**) *allg.* plump: a) ungeschickt, unbeholfen: **~ hands** ungeschickte Hände; **a ~ excuse** e-e plumpe Ausrede; **a ~ forgery** e-e plumpe Fälschung, b) schwerfällig: **a ~ man**; **a ~ style**, c) taktlos: **a ~ joke**, d) unförmig.

clung [klʌŋ] *pret u. pp von* **cling**.

Clu·ni·ac [ˈkluːnɪæk] *relig.* **I** *s* Kluniaˈzenser *m*. **II** *adj* kluniaˈzensisch.

Clu·ny lace [ˈkluːnɪ] *s* Cluˈnyspitze *f*.

clu·pe·id [ˈkluːpɪɪd] *s ichth.* Hering(sfisch) *m*. ˈ**clu·pe·oid I** *adj* heringsartig. **II** *s* heringsartiger Fisch.

clus·ter [ˈklʌstə(r)] **I** *s* **1.** *bot.* Büschel *n*, Traube *f*: **a ~ of grapes** e-e Weintraube. **2.** Haufen *m*, Menge *f*, Schwarm *m*, Anhäufung *f*, Gruppe *f*: **a ~ of bees** ein Bienenschwarm; **a ~ of trees** e-e Baumgruppe. **3.** *astr.* Sternhaufen *m*. **4.** *a. tech.* traubenförmige Anordnung, Bündel *n* (*von Bomben, Lampen etc*). **5.** *mil.* Spange *f* (*am Ordensband*). **II** *v/i* **6.** e-e Gruppe *od.* Gruppen bilden, sich versammeln *od.* scharen *od.* drängen (**round** um). **7.** trauben- *od.* büschelartig wachsen, sich ranken (**round** um). **8.** sich (zs.-) ballen (*Schnee*). **III** *v/t* **9.** in Büscheln sammeln, häufen, bündeln. **10.** mit Büscheln *etc* bedecken. **~ bomb** *s mil.* Streubombe *f*.

ˈ**clus·tered** *adj* **1.** büschel- *od.* traubenförmig, gebündelt. **2.** mit Büscheln bedeckt.

clus·ter| gear *s tech.* Zahnradblock *m*. **~ pine** *s bot.* Strandkiefer *f*.

clutch[1] [klʌtʃ] **I** *v/t* **1.** packen, (er)greifen. **2.** umˈklammern, umˈkrampfen, krampfhaft festhalten: **to ~ to one's breast** an die Brust pressen. **3.** *a. fig.* an sich reißen. **4.** *tech.* kuppeln. **II** *v/i* **5. ~ at** (heftig *od.* gierig) greifen nach: → **straw** 1. **III** *s* **6.** (krampfhafter *od.* gieriger) Griff: **to make a ~ at** → 5. **7.** a) *zo.* Klaue *f*, Kralle *f* (*beide a. fig.*): **to have s.o. (s.th.) in one's ~es** j-n (etwas) in s-n Fängen halten, b) *fig.* Hand *f*, Gewalt *f*: **in s.o.'s ~es** in j-s Klauen *od.* Gewalt. **8.** *tech.* a) Greifer *m*, Klaue *f*, b) Kupplungshebel *m*, c) (Ausrück-, Schalt)Kupplung *f*: **to let in** (*od.* **engage**) **the ~** (ein)kuppeln.

clutch[2] [klʌtʃ] *s* **1.** Brut *f* (*junger Hühner*). **2.** Nest *n* (*mit Eiern*), Gelege *n*. **3.** *colloq.* Gruppe *f*, Haufen *m*.

clutch| cou·pling *s tech.* Kupplungsgelenk *n*. **~ disk** *s* Kupplungsscheibe *f*. **~ fac·ing, ~ lin·ing** *s* Kupplungsbelag *m*. **~ ped·al** *s* ˈKupplungspeˌdal *n*.

clut·ter [ˈklʌtə(r)] **I** *v/t* **1.** *a.* **~ up** (unordentlich) vollstopfen, überˈhäufen. **2.** durcheinˈanderwerfen, herˈumstreuen. **II** *v/i* **3.** durcheinˈanderlaufen. **III** *s* **4.** Wirrwarr *m*, Durcheinˈander *n*. **5.** Unordnung *f*. **6.** *Radar*: Störflecke *pl*. **7.** Lärm *m*.

Clydes·dale [ˈklaɪdzdeɪl] *s e-e Rasse schwerer, ursprünglich schottischer Zugpferde*. **~ ter·ri·er** *s zo.* Seidenpinscher *m*.

clyp·e·ate [ˈklɪpɪət; -pɪeɪt], ˈ**clyp·e·i·form** [-pɪɪfɔː(r)m] *adj biol.* schildförmig. ˈ**clyp·e·us** [-əs] *pl* **-e·i** [-aɪ] *s zo.* Kopfschild *m* (*der Insekten*).

clys·ter [ˈklɪstə(r)] *med. obs.* **I** *s* Kliˈstier *n*, Einlauf *m*. **II** *v/t j-m* e-n Einlauf geben.

C mi·nus *s electr.* Minuspol *m* (*e-r Gitterbatterie*).

coach [kəʊtʃ] **I** *s* **1.** (*große, geschlossene*) Kutsche: **~ and four** Vierspänner *m*. **2.** *rail. Br.* (Perˈsonen)Wagen *m*. **3.** *Br.* Omnibus *m*, *bes.* Reisebus *m*. **4.** *Am.* geschlossenes Auto, Limouˈsine *f* (*meist mit zwei Türen*). **5.** *mot.* Karosseˈrie *f*. **6.** Einpauker *m*, Nachhilfe-, Hauslehrer *m*. **7.** *sport* Trainer *m*: **football ~**. **8.** *fig.* Lehrmeister *m*. **9.** *Am.* kurzer Leitfaden. **II** *v/t* **10.** *j-m* ˈNachhilfeˌunterricht geben: **to ~ s.o. in s.th.** j-m etwas einpauken, j-n in e-e Sache einarbeiten. **11.** *j-m* Anweisungen geben, *j-n* instruˈieren. **12.** *sport* traiˈnieren. **III** *v/i* **13.** in e-r Kutsche reisen, kutˈschieren. **14.** a) ˈNachhilfeˌunterricht geben, b) ˈNachhilfeˌunterricht haben (**with** bei). **~ box** *s* Kutschbock *m*, Kutschersitz *m*. ˈ**~·build·er** *s* **1.** Stellmacher *m*. **2.** *mot. Br.* Karosseˈriebauer *m*. **~ dog** *s zo.* Dalmaˈtiner *m*.

coach·ee [ˈkəʊtʃiː] *s* Kutscher *m*.

coach·er [ˈkəʊtʃə(r)] *s* **1.** Einpauker *m*. **2.** *sport* Trainer *m*. **3.** Kutschpferd *n*.

coach| horse *s* Kutschpferd *n*. **~ house** *s* Wagenschuppen *m*, Reˈmise *f*.

coach·ing [ˈkəʊtʃɪŋ] *s* **1.** ˈNachhilfeˌunterricht *m*, Einpauken *n*. **2.** Unterˈweisung *f*, Anleitung *f*.

ˈ**coach|·man** [-mən] *s irr* **1.** Kutscher *m*. **2.** *Angeln*: Kutscher *m* (*künstliche Fliege*). ˈ**~·whip** *s* **1.** Kutscherpeitsche *f*. **2.** *zo.* Peitschenschlange *f*. ˈ**~·work** *s mot.* Karosseˈrie *f*.

co·ac·tion [kəʊˈækʃn] *s* **1.** Zs.-wirken *n*. **2.** Zwang *m*. **coˈac·tive** *adj* **1.** zs.-wirkend. **2.** zwingend.

co·ad·ju·tor [kəʊˈædʒʊtə(r); *Am. a.* ˌkəʊəˈdʒuːtər] *s* **1.** Gehilfe *m*, Assiˈstent *m*. **2.** *relig.* Koadˈjutor *m* (*e-s Bischofs*).

co·ag·u·la·ble [kəʊˈægjʊləbl] *adj* gerinnbar. **coˈag·u·lant** *s* Koaguˈlans *n*, Gerinnungsmittel *n*. **coˈag·u·late** [-leɪt] **I** *v/i* gerinnen, koaguˈlieren. **II** *v/t* gerinnen lassen. **coˌag·uˈla·tion** *s* Gerinnung *f*, Koagulatiˈon *f*. **coˈag·u·la·tive** [-lətɪv; *bes. Am.* -ˌleɪtɪv] *adj* Gerinnung verursachend. **coˈag·u·lum** [-ləm] *pl* **-la** [-lə] *s* **1.** geronnene Masse, Gerinnsel *n*. **2.** Blutgerinnsel *n*, -klumpen *m*.

coal [kəʊl] **I** *s* **1.** *min.* a) Kohle *f*, b) *engS.* Steinkohle *f*, c) (*ein*) Stück *n* Kohle. **2.** Holzkohle *f*. **3.** (glühendes) Stück Kohle *od.* Holz: **to drop s.o. like hot ~s** *fig.* j-n fallenlassen wie e-e heiße Kartoffel. **4.** *pl Br.* Kohle *f*, Kohlen *pl*, Kohlenvorrat *m*: **to lay in ~s** sich mit Kohlen eindecken; **to carry** (*od.* **take**) **~s to Newcastle** *fig.* Eulen nach Athen tragen; **to haul** (*od.* **drag**) **s.o. over the ~s** *fig.* j-m die Hölle heiß machen; **to heap ~s of fire on s.o.'s head** *fig.* feurige Kohlen auf j-s Haupt sammeln. **5.** *chem.* Schlacke *f*. **II** *v/t* **6.** zu Kohle brennen. **7.** *mar. rail.* bekohlen, mit Kohle versorgen. **III** *v/i* **8.** *mar. rail.* Kohle einnehmen, bunkern. **C~ and Steel Com·mu·ni·ty** *s econ.* Monˈtanuniˌon *f*. **~ bed** *s geol.* Kohlenflöz *n*. ˈ**~·bin** *s* **1.** Verschlag *m* (*im Keller*) für Kohlen. **2.** *tech.* Kohlenbunker *m*. ˌ**~-ˈblack** *adj* kohlschwarz. **~ black·ing** *s* schwarzer Eisenlack. **~ brass** *s geol.* Schwefelkiesminen *pl*.

coal·er [ˈkəʊlə(r)] *s* a) Kohlenschlepper *m*, b) ˈKohlenwagˌgon *m*, -zug *m*.

co·a·lesce [ˌkəʊəˈles] *v/i* verschmelzen, zs.-wachsen, sich vereinigen *od.* verbinden (*alle a. fig.*). ˌ**co·aˈles·cence** *s* Verschmelzung *f*, Vereinigung *f*. ˌ**co·aˈles·cent** *adj* verschmelzend.

ˈ**coal|·field** *s* ˈKohlenreˌvier *n*. ˈ**~·fish** *s ichth.* **1.** Köhler *m*. **2.** Kerzenfisch *m*. **~ gas** *s* **1.** Kohlengas *n*. **2.** Leuchtgas *n*. **~ heav·er** *s* Kohlenträger *m*.

coal·ing sta·tion [ˈkəʊlɪŋ] *s mar.* ˈBunker-, ˈKohlenstatiˌon *f*.

co·a·li·tion [ˌkəʊəˈlɪʃn] **I** *s* **1.** *pol.* Koaliˈtion *f*: **to form a ~** e-e Koalition eingehen *od.* bilden, koalieren. **2.** Bündnis *n*, Zs.-schluß *m*. **II** *adj* **3.** *pol.* Koalitions...: **~ crisis (government,**

partner, *etc*). ˌ**co·a'li·tion·ist** *s* Koalitioˈnist *m*.

coal|mas·ter *s* Besitzer *m od.* Pächter *m* e-s Steinkohlenbergwerks. ~ **measures** *s pl geol.* Kohlengebirge *n*. ~ **mine** *s* Kohlenbergwerk *n*, Kohlengrube *f*, -zeche *f*. ~ **min·er** *s* Grubenarbeiter *m*, Bergmann *m*, -arbeiter *m*. ~ **min·ing** *s* Kohlenbergbau *m*. ˈ**~·mouse** *s irr orn.* Tannenmeise *f*. ~ **oil** *s Am.* Peˈtroleum *n*. ~ **own·er** → coal master. ˈ**~·pit** *s* **1.** Kohlengrube *f*. **2.** *Am.* Holzkohlenmeiler *m*. ~ **plant** *s geol.* Pflanzenabdruck *m* in Steinkohlen. ~ **pow·er sta·tion** *s* Kohlekraftwerk *n*. ~ **screen** *s* Kohlensieb *n*. ~ **scut·tle** *s* Kohleneimer *m*, -behälter *m*, -kiste *f*. ~ **seam** *s geol.* Kohlenflöz *n*. ~ **tar** *s* Steinkohlenteer *m*. ~ **tit(·mouse)** → coalmouse. ~ **wharf** *s mar.* Bunkerkai *m*.

coam·ing [ˈkəʊmɪŋ] *s meist pl mar.* Süll *n*, Lukenkimming *f*.

co·ap·ta·tion [ˌkəʊæpˈteɪʃn] *s* **1.** Zs.-passen *n* (*von Teilen*). **2.** *med.* Einrichten *n* (*gebrochener Knochenteile*).

coarse [kɔː(r)s; *Am. a.* ˈkəʊərs] *adj* (*adv* ~**ly**) **1.** *allg.* grob: a) rauh: ~ **skin**; ~ **linen** Grobleinwand *f*; ~ **fare** grobe *od.* einfache Kost, b) grobkörnig: ~ **sand**; ~ **bread** Schrotbrot *n*; ~ **fodder** *agr.* Rauhfutter *n*, c) derb: ~ **face**. **2.** grob, ungenau: ~ **adjustment** *tech.* Grobeinstellung *f*. **3.** *fig.* grob, derb, roh, ungehobelt: **a** ~ **fellow**; ~ **language** derbe Ausdrucksweise; ~ **manners** ungehobeltes Benehmen. **4.** gemein, unanständig. ˈ**~-grained** *adj* **1.** *tech.* a) grobkörnig, b) grobfaserig. **2.** *fig.* rauh, ungehobelt.

coars·en [ˈkɔː(r)sn; *Am. a.* ˈkəʊrsn] **I** *v/t* grob machen, vergröbern (*a. fig.*). **II** *v/i* grob werden, sich vergröbern. ˈ**coarse·ness** *s* **1.** Grobheit *f*, grobe Qualiˈtät. **2.** *fig.* a) Grob-, Derbheit *f*, b) Gemeinheit *f*, Unanständigkeit *f*.

coast [kəʊst] **I** *s* **1.** Küste *f*, Gestade *n*, Meeresufer *n*: **the** ~ **is clear** *fig.* die Luft ist rein. **2.** Küstenlandstrich *m*. **3. the C~** *Am.* die (Paˈzifik)Küste. **4.** *Am.* a) Rodelbahn *f*, b) (Rodel)Abfahrt *f*. **II** *v/i* **5.** *mar.* a) die Küste entlangfahren, b) Küstenschiffahrt treiben. **6.** *Am.* rodeln. **7.** *mit e-m Fahrzeug* (bergˈab) rollen, im Leerlauf (*Auto*) *od.* im Freilauf (*Fahrrad*) fahren. **8.** *tech.* leerlaufen (*Maschine, Motor*). **9.** sich ohne Anstrengung (*unter Ausnutzung e-s Schwungs*) fortbewegen: **to** ~ **to victory** mühelos siegen. **10.** ~ **on** *sl.* ‚reisen' auf (*e-n Trick etc*). **III** *v/t* **11.** an der Küste entlangfahren von (*od. gen*). ˈ**coast·al** *adj* Küsten...: ~ **road (strip**, *etc*).

coast ar·til·ler·y *s mil. Am.* ˈKüstenartilleˌrie *f*.

coast·er [ˈkəʊstə(r)] *s* **1.** *mar.* a) Küstenfahrer *m* (*bes. Schiff*), b) Küstenfahrzeug, das nur Inlandshäfen anläuft. **2.** Küstenbewohner(in). **3.** *Am.* (Rodel)Schlitten *m*. **4.** Berg-u.-Tal-Bahn *f* (*im Vergnügungspark*). **5.** Taˈblett *n*, *bes.* Serˈviertischchen *n*. **6.** ˈUntersatz *m* (*für Gläser etc*). **7.** Fußstütze *f* (*an der Vordergabel des Fahrrads*). ~ **brake** *s* Rücktrittbremse *f*.

coast guard *s* **1.** *Br.* Küstenwache *f* (*a. mil.*), Küstenzollwache *f*. **2. C~ G~** *Am.* (staatlicher) Küstenwach- u. Rettungsdienst. **3.** Angehörige(r) *m* der Küsten(zoll)wache *od.* des Küstenwachdienstes.

coast·ing [ˈkəʊstɪŋ] *s* **1.** Küstenschiffahrt *f*. **2.** *Am.* Rodeln *n*. **3.** Bergˈabfahren *n* (*ohne Arbeitsleistung, im Freilauf od. bei abgestelltem Motor*). ~ **trade** *s* Küstenhandel *m*.

coast| line *s* Küstenlinie *f*, -strich *m*. ˈ**~ˌwait·er** *s Br.* Beamte(r) *m* der Zollaufsicht über den Küstenhandel. ˈ**~wise I** *adv* an der Küste entlang, längs der Küste. **II** *adj* Küsten...

coat [kəʊt] **I** *s* **1.** Rock *m*, Jacke *f*, Jacˈkett *n* (*des Herrenanzugs*): **to cut one's** ~ **according to one's cloth** sich nach der Decke strecken; **to wear the king's** ~ *hist.* des Königs Rock tragen, Soldat sein. **2.** Mantel *m*: **to turn one's** ~ *fig.* sein Mäntelchen nach dem Wind hängen; → **trail** 1. **3.** Damenjacke *f*: ~ **and skirt** (Schneider)Kostüm *n*. **4.** *meist pl Br. dial.* a) ˈUnterrock *m*, b) Frauenrock *m*. **5.** *zo.* a) Pelz *m*, Fell *n*, b) Haut *f*, c) Gefieder *n*. **6.** Haut *f*, Schale *f*, Hülle *f*. **7.** (*Farb-, Metall- etc*)ˈÜberzug *m*, Anstrich *m*, Schicht *f*, (Gips)Bewurf *m*: **to apply a second** ~ **of paint** e-n zweiten Anstrich auftragen. **8.** → **coat of arms**. **II** *v/t* **9.** mit e-m Mantel *od.* e-r Jacke bekleiden. **10.** mit e-m ˈÜberzug (*von Farbe etc*) versehen, (an)streichen, überˈstreichen, -ˈziehen, beschichten: **to** ~ **with silver** mit Silber plattieren. **11.** bedecken, umˈhüllen, umˈgeben (**with** mit). ~ **ar·mor**, *bes. Br.* ~ **ar·mour** *s* **1.** Faˈmilienwappen *n*. **2.** *obs. für* **coat of arms**. ~ **dress** *s* Mantelkleid *n*.

coat·ed [ˈkəʊtɪd] *adj* **1.** (*a. in Zssgn*) mit e-m (...) Rock *od.* Mantel bekleidet, ...röckig: **black-~** schwarzgekleidet; **rough-~ dog** rauhhaariger Hund. **2.** (mit ...) überˈzogen *od.* gestrichen *od.* bedeckt *od.* beschichtet: **sugar-~** mit Zuckerüberzug; ~ **tablet** Dragée *n*. **3.** *tech.* a) gestrichen: ~ **paper**, b) imprägˈniert: ~ **fabric**. **4.** *med.* belegt (*Zunge*).

coat·ee [ˈkəʊtiː; ˌkəʊˈtiː] *s* enganliegender, kurzer (*bes.* Waffen-, Uniˈform-) Rock.

coat|hang·er *s* Kleiderbügel *m*. ~ **hook** *s* Kleiderhaken *m*.

co·a·ti [kəʊˈɑːtɪ; kəˈwɑːtiː] *s zo.* Nasenbär *m*.

coat·ing [ˈkəʊtɪŋ] *s* **1.** Mantelstoff *m*, -tuch *n*. **2.** *tech.* → **coat** 7. **3.** *tech.* a) Futter *n*, b) Beschlag *m*.

coat| of arms *s* Wappen(schild *m od. n*) *n*. ~ **of mail** *s* Harnisch *m*, Panzer(hemd *n*) *m*. ~ **peg** *s* Kleiderhaken *m*. ˈ**~·tail** *s* Rockschoß *m*. ˈ**~-ˌtrail·ing I** *adj* provoˈzierend, provokaˈtiv. **II** *s* Provokatiˈon *f*.

co·au·thor [ˌkəʊˈɔːθə(r)] *s* Mitautor *m*.

coax [kəʊks] **I** *v/t* **1.** (*durch Schmeicheln*) überˈreden, beschwatzen, bewegen (**s.o. to do** *od.* **into doing s.th.** j-n zu etwas), *j-m* gut *od.* schmeichelnd zureden. **2.** sich erschmeicheln: **to** ~ **s.th. out of s.o.** j-m etwas abschwatzen. **3.** *etwas* ganz vorsichtig *od.* mit Gefühl *in e-n bestimmten Zustand* bringen: **he ~ed the fire to burn** ‚mit Geduld u. Spucke' brachte er das Feuer in Gang. **4.** *obs.* schmeicheln (*dat*), liebkosen. **II** *v/i* **5.** schmeicheln, Überˈredungskunst aufbieten.

co·ax·al [ˌkəʊˈæksl] → **coaxial**.

coax·er [ˈkəʊksə(r)] *s* Schmeichler(in), Überˈredungskünstler(in).

co·ax·i·al [ˌkəʊˈæksɪəl] *adj math. tech.* koaxiˈal, konˈzentrisch: ~ **cable** *electr.* Koaxialkabel *n*.

coax·ing [ˈkəʊksɪŋ] *adj* (*adv* ~**ly**) schmeichelnd, überˈredend.

cob[1] [kɒb; *Am.* kɑb] *s* **1.** *zo.* männlicher Schwan. **2.** kleines, gedrungenes Pferd. **3.** *Am.* Pferd *n* mit außergewöhnlich hohem Tritt. **4.** Klumpen *m*, Stück *n* (*Kohle etc*). **5.** Maiskolben *m*. **6.** *Br.* ˈBaumateriˌal *n* für Wellerbau, Strohlehm *m*. **7.** → **cobloaf**. **8.** → **cobnut**. **9.** *obs. od. dial.* bedeutender Mann.

cob[2] [kɒb; *Am.* kɑb] *s orn.* (*e-e*) Seemöwe, *bes.* Mantelmöwe *f*.

co·balt [kəʊˈbɔːlt; *bes. Am.* ˈkəʊbɔːlt] *s* **1.** *chem. min.* Kobalt *n* (*Zeichen*: *Co*): ~-60 ^{60}Co (*künstlich erzeugtes radioaktives Isotop*); ~ **bomb** a) *mil.* Kobaltbombe *f*, b) *med.* Kobaltkanone *f*. **2.** → **cobalt blue**. ~ **blue** *s* **1.** Kobaltblau *n*. **2.** Schmalt *m*, Schmelzblau *n*.

co·bal·tic [kəʊˈbɔːltɪk], **co·balt·if·er·ous** [ˌkəʊbɔːlˈtɪfərəs] *adj* kobalthaltig. **co·bal·tite** [kəʊˈbɔːltaɪt; ˈkəʊbɔːltaɪt] *s min.* Kobaltglanz *m*.

cob·ble[1] [ˈkɒbl; *Am.* ˈkɑbəl] **I** *s* **1.** Kopfstein *m*, runder Pflasterstein. **2.** *pl* Kopfsteinpflaster *n*. **3.** *pl* → **cob coal**. **4.** Klumpen *m* Abfalleisen. **II** *v/t* **5.** mit Kopfsteinen pflastern: **~d street** Straße *f* mit Kopfsteinpflaster.

cob·ble[2] [ˈkɒbl; *Am.* ˈkɑbəl] **I** *v/t* **1.** *Schuhe* flicken. **2.** *a.* ~ **up** zs.-pfuschen, zs.-schustern. **II** *v/i* **3.** Schuhe flicken.

cob·bler [ˈkɒblə; *Am.* ˈkɑblər] *s* **1.** (Flick-) Schuster *m*. **2.** *obs.* Pfuscher *m*, Stümper *m*. **3.** Cobbler *m* (*Cocktail aus Wein, Rum od. Whisky u. Zucker*). **4.** *Am.* ˈFruchtpaˌstete *f*. **5.** *pl Br. sl.* ‚Scheiß' *m*: *I've never heard* **such a load of old ~s** so e-n Scheiß. **6.** *pl Br. vulg.* ‚Eier' *pl* (*Hoden*).

ˈ**cob·bler·fish** *s ichth.* (*e-e*) ˈStachelmaˌkrele.

ˈ**cob·ble·stone** → **cobble**[1] 1.

cob coal *s bes. Br.* Nuß-, Stückkohle *f*.

Cob·den·ism [ˈkɒbdənɪzəm; *Am.* ˈkɑb-] *s econ. hist.* Manchestertum *n*, Freihandelslehre *f*.

co·bel·lig·er·ent [ˌkəʊbɪˈlɪdʒərənt] **I** *s* mitkriegführender Staat (*ohne Bestehen e-s Bündnisvertrages*). **II** *adj* mitkriegführend.

co·ble [ˈkəʊbl; *Br. a.* ˈkɒbl; *Am. a.* ˈkɑbəl] *s* flaches Fischerboot.

ˈ**cob|·loaf** *s irr* rundes Brot, runder Laib Brot. ˈ**~·nut** *s* **1.** *bot.* Haselnuß *f*. **2.** *ein Kinderspiel mit an Schnüren befestigten Nüssen.*

Co·bol [ˈkəʊbɒl] *s* COBOL *n* (*Computersprache*).

co·bra [ˈkəʊbrə] *s zo.* **1.** Kobra *f*: a) (*e-e*) Hutschlange, b) → **cobra de capello**. **2.** Mamba *f*. ~ **de ca·pel·lo** [diːkəˈpeləʊ] *s zo.* Indische Brillenschlange, Kobra *f*.

cob swan *s* männlicher Schwan.

co·burg [ˈkəʊbɜːg; *Am.* -ˌbɜrg] *s ein dünner Kleiderstoff aus Kammgarn mit Baumwolle od. Seide.*

ˈ**cob·web** *s* **1.** Spinn(en)gewebe *n*, Spinnwebe *f*. **2.** Spinnenfaden *m*. **3.** feines, zartes Gewebe (*a. fig.*). **4.** *fig.* Netz *n*, Schlinge *f*: **the ~s of the law** die Tücken des Gesetzes. **5.** *fig.* Staub *m*. ˈ**cob·webbed** *adj* voller Spinnweben. ˈ**cobˌweb·by** *adj* **1.** spinnwebartig, zart. **2.** → **cobwebbed**.

co·ca [ˈkəʊkə] *s* **1.** *bot.* (*e-e*) Koka. **2.** getrocknete Kokablätter *pl*.

co·cain(e) [kəʊˈkeɪn; *Am. a.* ˈkəʊˌkeɪn] *s chem.* Kokaˈin *n*.

co·cain·ism [kəʊˈkeɪnɪzəm; ˈkəʊkə-] *s med.* **1.** Kokaˈinvergiftung *f*. **2.** Kokaˈinsucht *f*. **co·cain·ize** [kəʊˈkeɪnaɪz; ˈkəʊkənaɪz] *v/t med.* kokainiˈsieren, mit Kokaˈinlösung betäuben.

coc·ci [ˈkɒkaɪ; -ksaɪ; *Am.* ˈkɑ-] *pl von* **coccus**.

coc·cid [ˈkɒksɪd; *Am.* ˈkɑ-] *s zo.* Schildlaus *f*.

coc·coid [ˈkɒkɔɪd; *Am.* ˈkɑ-] *adj bot. med.* kokkenähnlich.

coc·cous [ˈkɒkəs; *Am.* ˈkɑ-] *adj bot.* aus Kokken bestehend.

coc·cus [ˈkɒkəs; *Am.* ˈkɑ-] *pl* **-ci** [ˈkɒkaɪ; -ksaɪ; *Am.* ˈkɑ-] *s* **1.** *med.* (Mikro)Kokkus *m*, Kokke *f*, ˈKugelbakˌterie *f*. **2.** *bot.* a) Kokke *f* (*runde Teilfrucht*), b) Sporenmutterzelle *f*.

coc·cyg·e·al [kɒkˈsɪdʒɪəl; *Am.* kɑk-; *a.* -dʒəl] *adj anat.* Steißbein...: ~ **bone** →

coccyx 1. **coc·cyx** [ˈkɒksɪks; *Am.* ˈkɑ-] *pl* **-cy·ges** [-sɪdʒiːz; *a.* -ˈsaɪdʒiːz] *s* **1.** *anat.* Steißbein *n.* **2.** *zo.* Schwanzfortsatz *m.*

Co·chin, c~ [ˈkɒtʃɪn; *bes. Am.* ˈkəʊ-], *a.* **ˌCo·chin-ˈChi·na, ˌc~-ˈc~** *s orn.* Kotschinˈchinahuhn *n.*

coch·i·neal [ˈkɒtʃɪniːl; *Am.* ˈkɑtʃəˌniːl; ˈkəʊ-] *s* **1.** Koscheˈnille(farbe *f*, -rot *n*) *f.* **2.** *a.* **~ insect** *zo.* Koscheˈnille(schildlaus) *f.*

coch·le·a [ˈkɒklɪə; *Am.* ˈkəʊ-; ˈkɑ-] *pl* **-le·ae** [-lɪiː] *s anat.* Cochlea *f*, Schnecke *f* (*im Ohr*).

cock¹ [kɒk; *Am.* kɑk] **I** *s* **1.** *orn.* Hahn *m*: **~ of the north** Bergfink *m*; **~ of the wood** Schopfspecht *m*; **old ~!** *Br. colloq.* alter Knabe! **2.** Männchen *n*, Hahn *m* (*von Vögeln*). **3.** a) Hahnenschrei *m*, b) Zeit *f* des ersten Hahnenschreis. **4.** Turmhahn *m*, Wetterhahn *m.* **5.** *colloq.* (An)Führer *m*: **~ of the school** Erste(r) *m od.* Anführer unter den Schülern; **~ of the walk** (*od.* **roost**) *oft contp.* der Größte. **6.** *tech.* (Absperr-, Wasser-, Gas)Hahn *m.* **7.** a) (Gewehr-, Piˈstolen)Hahn *m*, b) Hahnstellung *f*: **at full ~** mit gespanntem Hahn; **at half ~** mit Hahn in Ruh; → **half cock. 8.** a) (vielsagendes *od.* verächtliches) (Augen)Zwinkern, b) Hochtragen *n* (*des Kopfes, der Nase*), c) keckes Schiefsetzen (*des Hutes*): **to give one's hat a saucy ~** s-n Hut keck aufs Ohr setzen, d) Spitzen *n* (*der Ohren*), e) Aufrichten *n* (*des Schweifs*). **9.** aufgebogene Hutkrempe. **10.** *tech.* Unruhscheibe *f* (*der Uhr*). **11.** *vulg.* ‚Schwanz' *m* (*Penis*). **12.** *Br. colloq.* ‚Quatsch' *m*, Blödsinn *m*: ***I've never heard such a load of ~*** so e-n Quatsch. **II** *v/t* **13.** *den Gewehrhahn* spannen. **14.** aufrichten, schiefstellen: **to ~ (up) one's head** herausfordernd den Kopf heben; **to ~ one's ears** die Ohren spitzen; **to ~ one's eye at s.o.** j-n schräg ansehen; **to ~ one's hat** den Hut schief aufsetzen; → **snook. 15.** *Hutkrempe* aufstülpen. **16. ~ up** *Br. sl.* ‚versauen', verpfuschen. **III** *v/i* **17.** *obs.* einˈherstolˌzieren, großspurig auftreten. **IV** *adj* **18.** *meist orn.* männlich: **~ canary** Kanarienhähnchen *n*; **~ lobster** männlicher Hummer. **19.** *colloq.* Ober..., Haupt...

cock² [kɒk; *Am.* kɑk] **I** *s* kleiner Heu-, Getreide-, Dünger-, Torfhaufen. **II** *v/t Heu etc* in Haufen setzen.

cock³ [kɒk; *Am.* kɑk] *obs. für* **cockboat.**

cock·ade [kɒˈkeɪd; *Am.* kɑˈk-] *s* Koˈkarde *f.* **cockˈad·ed** *adj* mit e-r Koˈkarde.

cock-a-doo·dle-doo [ˌkɒkəduːdlˈduː; *Am.* ˈkɑkəˌduːdlˈduː] *s* **1.** Kikeriˈki *n* (*Krähen des Hahns*). **2.** *humor.* Kikeriˈki *m* (*Hahn*).

cock-a-hoop [ˌkɒkəˈhuːp; *Am.* ˌkɑ-] *adj u. adv* **1.** triumˈphierend. **2.** prahlerisch, arroˈgant. **3.** ausgelassen, fiˈdel.

Cock·aigne [kɒˈkeɪn; *Am.* kɑˈk-] *s* Schlaˈraffenland *n.*

cock·a·leek·ie [ˌkɒkəˈliːkɪ; *Am.* ˌkɑkɪ-] *s* Hühnersuppe *f* mit Lauch. **ˌcock·aˈlo·rum** [-əˈlɔːrəm] *s* (kleiner) Gernegroß.

ˌcock·aˈma·mie, ˌcock·aˈma·my [-ˈmeɪmiː] *Am. sl.* **I** *adj* blödsinnig. **II** *s* ‚Quatsch' *m*, Blödsinn *m.*

ˌcock|-and-ˈbull sto·ry *s colloq.* Ammenmärchen *n*, Lügengeschichte *f.* **ˌ~-and-ˈhen** *adj colloq.* gemischt: **a ~ party.**

cock·a·too [ˌkɒkəˈtuː; *Am.* ˈkɑkəˌtuː] *s orn.* Kakadu *m.*

cock·a·trice [ˈkɒkətraɪs; -trɪs; *Am.* ˈkɑ-] *s* **1.** *myth.* Basiˈlisk *m.* **2.** *fig.* Schlange *f*, tückische Perˈson.

Cock·ayne → **Cockaigne.**

ˈcock|·boat *s mar.* kleines Boot, *bes.* Beiboot *n.* **ˈ~chaf·er** *s zo.* Maikäfer *m.* **ˈ~crow, ˈ~crow·ing** *s* **1.** Hahnenschrei *m.* **2.** *fig.* Tagesanbruch *m.*

cocked [kɒkt; *Am.* kɑkt] *adj* **1.** aufwärts gerichtet. **2.** aufgestülpt (*Hutkrempe*). **3.** gespannt (*Gewehrhahn*): → **half-cocked. ~ hat** *s* Dreispitz *m* (*Hut*): **to knock** (*od.* **beat**) **into a ~** *sl.* a) *sport* ‚überfahren', ‚vernaschen' (*hoch schlagen*), *j-n, etwas* weit in den Schatten stellen, c) *e-n Plan etc* völlig ‚über den Haufen werfen'.

cock·er¹ [ˈkɒkə; *Am.* ˈkɑkər] *s* **1.** → **cocker spaniel. 2.** a) Kampfhahnzüchter *m*, b) Liebhaber *m* von Hahnenkämpfen.

cock·er² [ˈkɒkə; *Am.* ˈkɑkər] *v/t* verhätscheln, verwöhnen: **to ~ up** aufpäppeln.

Cock·er³ [ˈkɒkə; *Am.* ˈkɑkər] *npr nur in*: **according to ~** nach Adam Riese, genau.

cock·er·el [ˈkɒkərəl; *Am.* ˈkɑ-] *s* **1.** junger Hahn. **2.** *fig.* junger Mann.

cock·er span·iel *s zo.* Cockerspaniel *m.*

cock·et [ˈkɒkɪt] *s Br. hist.* a) königliches Zollsiegel, b) Zollplombe *f.*

ˈcock|·eye *s* **1.** *colloq.* Schielauge *n.* **2.** *tech.* Karaˈbinerhaken *m* (*am Pferdegeschirr*). **ˈ~eyed** *adj colloq.* **1.** schielend: **to be ~** schielen. **2.** (krumm u.) schief. **3.** ‚blöd', verrückt. **4.** ‚blau' (*betrunken*). **~feath·er** *s* Feder *f* (*am Pfeil*). **ˈ~fight, ˈ~fight·ing** *s* Hahnenkampf *m*: **that beats cockfighting** *colloq.* ‚das ist 'ne Wucht'. **ˌ~ˈhorse I** *s* **1.** a) Schaukel-, Steckenpferd *n*, b) Knie *n* (*auf dem man ein Kind reiten läßt*): **a-~** → II. **II** *adj u. adv* **2.** hoch zu Roß. **3.** *fig.* hochmütig, stolz.

cock·i·ness [ˈkɒkɪnɪs; *Am.* ˈkɑ-] *s colloq.* Großspurigkeit *f*, Anmaßung *f.*

cock·ish [ˈkɒkɪʃ; *Am.* ˈkɑ-] *adj colloq.* **1.** wie ein Hahn. **2.** → **cocky.**

cock·le¹ [ˈkɒkl; *Am.* ˈkɑkəl] **I** *s* **1.** *zo.* (*bes.* eßbare) Herzmuschel: **that warms the ~s of my heart** *fig.* das tut m-m Herzen wohl, dabei wird mir warm ums Herz. **2.** → **cockleshell. 3.** Runzel *f*, Falte *f.* **II** *v/i* **4.** runz(e)lig werden. **5.** sich kräuseln *od.* werfen. **III** *v/t* **6.** runzeln. **7.** kräuseln.

cock·le² [ˈkɒkl; *Am.* ˈkɑkəl] → **corn cockle.**

cock·le³ [ˈkɒkl; *Am.* ˈkɑkəl] *s* **1.** *a.* **~ stove** Kachelofen *m.* **2.** *a.* **~ oast** Hopfendarrofen *m.*

ˈcock·le|·boat → **cockboat. ˈ~bur** *s bot.* Spitzklette *f.* **ˈ~shell** *s* **1.** Muschelschale *f.* **2.** ‚Nußschale' *f*, kleines Boot.

ˈcock|·loft *s* Dachkammer *f.* **ˈ~mas·ter** → **cocker¹** 2. **~ met·al** *s tech.* ˈGraumeˌtall *n.*

cock·ney [ˈkɒknɪ; *Am.* ˈkɑkniː] **I** *s* **1.** *oft* **C~** Cockney *m*, waschechter Londoner (*bes. aus dem* **East End**). **2.** *oft* **C~** ˈCockney(diaˌlekt *m*, -aussprache *f*) *n.* **3.** *obs.* verhätscheltes Kind. **4.** *obs.* Städter *m.* **II** *adj* **5.** Cockney... **ˈcock·ney·dom** *s* **1.** Gegend, in der die Cockneys wohnen (*bes. das* **East End**). **2.** *collect.* die Cockneys *pl.* **ˈcock·ney·fy** [-faɪ] *v/t u. v/i* zum Cockney machen (werden). **ˈcock·ney·ism** *s* **1.** Cockneyausdruck *m.* **2.** Cockneyeigenart *f.*

ˈcock·pit *s* **1.** *aer. mar.* Cockpit *n* (*a. e-s Rennwagens*). **2.** *mar. obs.* a) Raumdeck *n* für jüngere Offiˈziere, b) Verbandsplatz *m.* **3.** Hahnenkampfplatz *m.* **4.** *fig.* Kampfplatz *m.*

ˈcock·roach *s zo.* (Küchen)Schabe *f.*

cocks|·comb [ˈkɒkskəʊm; *Am.* ˈkɑ-] *s* **1.** *zo.* Hahnenkamm *m.* **2.** Narrenkappe *f.* **3.** *bot.* a) Koˈrallenbaum *m*, b) (*ein*) Hahnenkamm *m.* **4.** *obs.* Stutzer *m*, Geck *m.* **ˈ~foot** *s irr bot.* Band-, Knäuelgras *n.*

ˈcock|·shy [-ʃaɪ] *s* **1.** (*ein*) Wurfspiel *n.* **2.** Wurf *m* auf ein Ziel. **3.** Zielscheibe *f* (*a. fig.*). **ˈ~spur** *s* **1.** *zo.* Hahnensporn *m.* **2.** *bot.* a) Hahnensporn-Weißdorn *m*, b) Stachelige Piˈsonie. **ˌ~ˈsure** *adj* (*adv* **~ly**) **1.** ganz sicher, todsicher, vollkommen überˈzeugt (**of, about** von). **2.** überˈtrieben selbstsicher, anmaßend. **3.** *obs.* ganz ohne Gefahr.

cock·sy [ˈkɒksɪ; *Am.* ˈkɑ-] → **cocky.**

ˈcock|·tail *s* **1.** a) Cocktail *m*: **~ cherry** (**dress**, *etc*); **~ belt** Prominentenvorstadt *f*, b) Austern-, Hummer-, Krabbencocktail *m*, c) Fruchtcocktail *m*, gemischte Fruchtschale. **2.** a) Pferd *n* mit gestutztem Schweif, b) Halbblut *n* (*Pferd*). **ˈ~tailed** *adj* mit gestutztem Schweif.

ˈcock·up *s Br. sl.* Pfusch *m*: **to make a ~ of** → **cock¹** 16.

cock·y [ˈkɒkɪ; *Am.* ˈkɑ-] *adj colloq.* großspurig, anmaßend.

cock·y-leek·y [ˌkɒkɪˈliːkɪ; *Am.* ˌkɑ-] → **cockaleekie.**

cock·y·ol·(l)y bird [ˌkɒkɪˈɒlɪ; *Am.* ˌkɑkiːˈɑliː] *s humor.* Piepvögelchen *n.*

co·co [ˈkəʊkəʊ] **I** *pl* **-cos** *s* **1.** *bot.* a) Kokospalme *f*, b) Kokosnuß *f.* **2.** *sl.* ‚Nuß' *f* (*Kopf*). **II** *adj* **3.** aus Kokosfasern ˈhergestellt, Kokos...: **~ matting** Kokosmatte *f.*

co·coa [ˈkəʊkəʊ] **I** *s* **1.** a) Kaˈkao(pulver *n*) *m*, b) Kaˈkao *m* (*Getränk*). **2.** *fälschlich für* **coco. ~ bean** *s* Kaˈkaobohne *f.* **~ but·ter** *s* Kaˈkaobutter *f.*

co·con·scious [kəʊˈkɒnʃəs; *Am.* -ˈkɑn-] *adj psych.* nebenbewußt. **coˈcon·scious·ness** *s psych.* Nebenbewußtsein *n.*

co·co·nut [ˈkəʊkənʌt] **I** *s* **1.** Kokosnuß *f*: **that accounts for the milk in the ~** *humor.* ‚daher der Name!' **2.** *sl.* ‚Nuß' *f* (*Kopf*). **II** *adj* → **coco** 3. **~ but·ter** *s* Kokosbutter *f.* **~ milk** *s* Kokosmilch *f.* **~ oil** *s* Kokosöl *n.* **~ palm, ~ tree** *s bot.* Kokospalme *f.*

co·coon [kəˈkuːn] **I** *s* **1.** *zo.* a) Koˈkon *m*, Puppe *f* (*der Seidenraupe*), b) Gespinst *n*, Schutzhülle *f* (*bes. für Egel, Spinnen, Fische*). **2.** *mil.* Schutzhülle *f* (*aus Plastik, für Geräte*). **II** *v/t* **3.** in e-n Koˈkon einspinnen. **4.** *mil. Gerät* ‚einmotten'. **5.** *fig.* einhüllen. **III** *v/i* **6.** sich (in e-n Koˈkon) einspinnen. **coˈcoon·er·y** [-ərɪ] *s* (Gebäude *n od.* Raum *m* für) Seidenraupenzucht *f.*

co·co palm → **coconut palm.**

co·cotte [kɒˈkɒt; kəʊ-; *Am. a.* kəʊˈkɑt] *s* **1.** Koˈkotte *f.* **2.** Kasseˈrolle *f.*

cod¹ [kɒd; *Am.* kɑd] *pl* **cods,** *bes. collect.* **cod** *s ichth.* Kabeljau *m*, Dorsch *m*: **dried ~** Stockfisch *m*; **cured ~** Klippfisch *m.*

cod² [kɒd; *Am.* kɑd] *s* **1.** *dial.* Hülse *f*, Schote *f.* **2.** *obs.* Beutel *m*, Tasche *f.*

cod³ [kɒd; *Am.* kɑd] *v/t u. v/i* foppen.

co·da [ˈkəʊdə] *s mus.* Coda *f*, Schlußteil *m* (*e-s Satzes*).

cod·dle [ˈkɒdl; *Am.* ˈkɑdl] *v/t* **1.** langsam kochen lassen. **2.** verhätscheln, verzärteln: **to ~ up** aufpäppeln.

code [kəʊd] **I** *s* **1.** *jur.* Kodex *m*, Gesetzbuch *n*, Gesetzessammlung *f.* **2.** Kodex *m*, Regeln *pl*: **~ of hono(u)r** Ehrenkodex. **3.** *mar. mil.* Siˈgnalbuch *n.* **4.** (Teleˈgramm)Schlüssel *m.* **5.** a) Code *m*, Schlüsselschrift *f*, b) Chiffre *f*: **~ name** Deckname *m*; **~ number** Code-, Kennziffer *f*; **~ word** Code-, Schlüsselwort *n*, c) Code *m*, Schlüssel *m.* **II** *v/t* **6.** kodifiˈzieren. **7.** in Code *od.* Schlüsselschrift ˈumsetzen, verschlüsseln, coˈdieren, chifˈfrieren: **~d message** verschlüsselte *od.* chiffrierte Nachricht; **~d instruction** (*Computer*) codierter Befehl.

co·de·fend·ant [ˌkəʊdɪˈfendənt] *s jur.* a) (*Zivilrecht*) Mitbeklagte(r *m*) *f*, b) (*Strafrecht*) Mitangeklagte(r *m*) *f.*

code flag *s mar.* Si'gnalflagge *f.*
co·deine ['kəʊdiːn; -diːn] *s med. pharm.* Kode'in *n.*
code plug *s electr.* Schlüsselstecker *m.*
'co·de,ter·mi'na·tion *s econ.* Mitbestimmung(srecht *n*) *f.*
co·dex ['kəʊdeks] *pl* **co·di·ces** ['kəʊdɪsiːz] *s* Kodex *m*, alte Handschrift.
'cod|·fish → cod¹. **'~,fish·er** *s* **1.** Kabeljaufänger *m*, -fischer *m.* **2.** Boot *n* zum Kabeljaufang.
codg·er ['kɒdʒə; *Am.* 'kɑdʒər] *s colloq.* komischer (alter) Kauz.
co·di·ces ['kəʊdɪsiːz] *pl von* codex.
cod·i·cil ['kɒdɪsɪl; *Am.* 'kɑdə-] *s jur.* **1.** Kodi'zill *n*, Testa'mentsnachtrag *m.* **2.** Zusatz *m*, Anhang *m.* **,cod·i'cil·la·ry** [-lərɪ] *adj* Kodizill...
cod·i·fi·ca·tion [,kəʊdɪfɪ'keɪʃn; ,kɒd-; *Am.* ,kɑd-] *s* Kodifi'zierung *f.* **'cod·i·fy** [-faɪ] *v/t* **1.** *jur.* kodifi'zieren. **2.** in ein Sy'stem bringen. **3.** *Nachricht etc* verschlüsseln.
co·di·rec·tion·al [,kəʊdɪ'rekʃənl; -daɪ-] *adj* die'selbe Richtung habend.
cod·lin ['kɒdlɪn; *Am.* 'kɑd-] → codling².
cod·ling¹ ['kɒdlɪŋ; *Am.* 'kɑd-] *s ichth.* junger Kabeljau *od.* Dorsch.
cod·ling² ['kɒdlɪŋ] *s Br.* (*ein*) Kochapfel *m.*
cod·ling moth *s zo.* Apfelwickler *m.*
'cod-,liv·er oil *s* Lebertran *m.*
'cod·piece *s hist.* Hosenbeutel *m.*
co·driv·er [,kəʊ'draɪvə(r)] *s* Beifahrer *m.*
cods·wal·lop ['kɒdz,wɒləp; *Am.* 'kɑdz,wɑ-] *s bes. Br. sl.* ‚Quatsch' *m*, Blödsinn *m.*
co·ed [,kəʊ'ed; 'kəʊed] *ped. colloq.* **I** *s* **1.** *Am.* Stu'dentin *f od.* Schülerin *f* e-r gemischten Schule. **2.** *Br.* gemischte Schule, Koedukati'onsschule *f.* **II** *adj* **3.** gemischt, Koedukations...
co·ed·u·ca·tion [,kəʊedjuː'keɪʃn; *Am.* -,edʒə'k-] *s ped.* Koedukati'on *f*, Gemeinschaftserziehung *f.* **,co·ed·u'ca·tion·al** [-ʃənl] *adj*: **~ school** gemischte Schule, Koedukationsschule *f*; **~ teaching** → coeducation.
co·ef·fi·cient [,kəʊɪ'fɪʃnt] **I** *s* **1.** *math. phys.* Koeffizi'ent *m.* **2.** mitwirkende Kraft, Faktor *m.* **II** *adj* **3.** mit-, zs.-wirkend. **~ of fric·tion** *s phys.* 'Reibungskoeffizi,ent *m.* **~ of meas·ure** *s math.* Maßzahl *f.*
coe·horn ['kəʊhɔː(r)n] *s mil. hist.* kleiner tragbarer Mörser (*18. Jh.*).
coe·len·ter·ate [sɪ'lentəreɪt; -rət] *s zo.* Hohltier *n.* **coe'len·ter·on** [-rɒn; *Am.* -,rɑn] *pl* **-ter·a** [-rə] *s zo.* **1.** Ga'stralraum *m* (*der Hohltiere*). **2.** Darmleibeshöhle *f.*
coe·li·ac *bes. Br.* → celiac.
co·emp·tion [kəʊ'emʃn] *s obs.* Ankauf *m* des gesamten Vorrats (*e-r Ware*).
coe·no·bi·a [sɪ'nəʊbɪə] *pl von* coenobium.
coe·no·bite → cenobite.
coe·no·bi·um [sɪ'nəʊbɪəm] *pl* **-bi·a** [-ə] *s* **1.** Kloster(gemeinschaft *f*) *n.* **2.** *biol.* 'Zellkolo,nie *f.* **3.** *bot.* Klause *f* (*einsamige Teilfrucht*).
co·en·zyme [kəʊ'enzaɪm] *s med.* Koen'zym *n*, 'Konfer,ment *n.*
co·e·qual [kəʊ'iːkwəl] **I** *adj* (*adv* **~ly**) ebenbürtig, gleichrangig, -gestellt. **II** *s* Rang-, Standesgenosse *m*, Ebenbürtige(r *m*) *f.*
co·erce [kəʊ'ɜːs; *Am.* -'ɜrs] *v/t* **1.** zu'rückhalten. **2.** zwingen, nötigen (**into doing** zu tun). **3.** erzwingen: **to ~ obedience.** **co'er·ci·ble** *adj* (*adv* **coercibly**) **1.** erzwingbar, zu erzwingen(d). **2.** *phys.* kompri'mierbar.
co·er·cion [kəʊ'ɜːʃn; *Am.* -'ɜrʃən] *s* **1.** Einschränkung *f.* **2.** Zwang *m*, Gewalt *f*: **by ~** → coercively. **3.** *pol.* 'Zwangsre,gierung *f*, -re,gime *n.* **4.** *jur.* Nötigung *f.* **co'er·cion·ist** *s* Anhänger(in) der 'Zwangspoli,tik.
co·er·cive [kəʊ'ɜːsɪv; *Am.* -'ɜr-] **I** *adj* **1.** zwingend, Zwangs...: **~ measure** Zwangsmaßnahme *f.* **2.** über'zeugend, zwingend: **~ reasons.** **3.** *phys.* koerzi'tiv: **~ force** Koerzitivkraft *f.* **II** *s* **4.** Zwangsmittel *n.* **co'er·cive·ly** *adv* durch Zwang, zwangsweise. **co'er·cive·ness** *s* (*das*) Zwingende.
co·es·sen·tial [,kəʊɪ'senʃl] *adj* wesensgleich.
co·e·ta·ne·ous [,kəʊɪ'teɪnjəs; -nɪəs] → coeval I.
co·e·val [kəʊ'iːvl] **I** *adj* (*adv* **~ly**) **1.** zeitgenössisch: **to be ~ with** aus der gleichen Zeit stammen wie. **2.** gleichalt(e)rig. **3.** von gleicher Dauer. **II** *s* **4.** Zeitgenosse *m.* **5.** Altersgenosse *m.*
co·ex·ec·u·tor [,kəʊɪg'zekjʊtə(r)] *s jur.* 'Mitvoll,strecker *m* (*e-s Testaments*).
co·ex·ist [,kəʊɪg'zɪst] *v/i* gleichzeitig *od.* nebenein'ander bestehen *od.* leben, koexi'stieren. **,co·ex'ist·ence** *s* gleichzeitiges Bestehen, Nebenein'anderleben *n*, Koexi'stenz *f*: **peaceful ~** *pol.* friedliche Koexistenz. **,co·ex'ist·ent** *adj* gleichzeitig *od.* nebenein'ander bestehend, koexi'stent.
co·fac·tor [,kəʊ'fæktə(r)] *s math.* Ad'junkte *f*, Faktor *m.*
coff [kɒf] *v/t pret u. pp* **coffed, coft** [kɒft] *Scot.* kaufen.
cof·fee ['kɒfɪ; *Am. a.* 'kɑ-] *s* **1.** Kaffee *m* (*Getränk*). **2.** Kaffee(bohnen *pl*) *m*: **ground (roasted) ~** gemahlener (gebrannter) Kaffee. **3.** *bot.* Kaffeebaum *m.* **4.** Kaffeebraun *n.* **~ bar** *s Br.* a) Ca'fé *n*, b) Imbißstube *f.* **~ bean** *s* Kaffeebohne *f.* **~ ber·ry** *s* Kaffeebeere *f.* **~ break** *s* Kaffeepause *f.* **~ cup** *s* Kaffeetasse *f.* **~ grounds** *s pl* Kaffeesatz *m.* **'~·house** *s* Kaffeehaus *n*, Ca'fé *n.* **~ klat(s)ch** [klætʃ] *s Am. colloq.* Kaffeeklatsch *m.* **~ ma·chine** *s* 'Kaffeeauto,mat *m.* **'~,mak·er** *s* 'Kaffeema,schine *f.* **~ mill** *s* Kaffeemühle *f.* **'~·pot** *s* Kaffeekanne *f.* **~ roast·er** *s* **1.** Kaffeebrenner *m.* **2.** Kaffeetrommel *f.* **~ roy·al** *s* Kaffee *m* mit Schuß. **~ set** *s* 'Kaffeeser,vice *n.* **~ shop** *Am. für* coffee bar. **~ ta·ble** *s* Couchtisch *m.* **'~-,ta·ble** *adj* 'großfor,matig u. reichbebildert: **~ book** Bildband *m.* **~ tree** *s bot.* **1.** Kaffeebaum *m.* **2.** Schusserbaum *m.* **~ urn** *s* ('Groß),Kaffeema,schine *f.* **~ whit·en·er** *s* Kaffeeweißer *m.*
cof·fer ['kɒfə(r); *Am. a.* 'kɑ-] **I** *s* **1.** Kasten *m*, Kiste *f*, Truhe *f* (*bes. für Geld, Schmuck etc*). **2.** *pl* a) Schatz *m*, Schätze *pl*, Gelder *pl*, b) Schatzkammer *f*, Tre'sor *m.* **3.** *tech.* a) *Brückenbau*: Fangdamm *m*, b) Kammer *f* (*e-r Schleuse*). **4.** *arch.* Deckenfeld *n*, Kas'sette *f.* **II** *v/t* **5.** (in e-r Truhe) verwahren. **6.** *arch.* kasset'tieren: **~ed ceiling** Kassettendecke *f.* **'~·dam** *s* **1.** → coffer 3. **2.** *mar.* Kofferdamm *m.* **3.** *mar.* Cais'son *m* (*zur Reparatur von Schiffen unter der Wasserlinie*).
cof·fin ['kɒfɪn] **I** *s* **1.** Sarg *m.* **2.** Pferdehuf *m.* **3.** *print.* Karren *m.* **II** *v/t* **4.** einsargen. **5.** ein-, wegschließen. **~ bone** *s zo.* Hufbein *n* (*des Pferdes*). **~ cor·ner** *s American Football*: Spielfeldecke *f* zwischen Mal- u. Marklinie. **~ joint** *s zo.* Hufgelenk *n* (*des Pferdes*). **~ nail** *s* Sargnagel *m* (*a. bes. Am. sl. Zigarette*).
cof·fle ['kɒfl; *Am. a.* 'kɑfəl] *s* Zug *m* anein'andergeketteter Menschen (*bes. Sklaven*) *od.* Tiere.
coft [kɒft] *pret u. pp von* coff.
cog¹ [kɒg; *Am.* kɑg] *s tech.* a) (Rad)Zahn *m*, Kamm *m*, b) Zahnrad *n*: **he's just a ~ in the machine** (*od.* **wheel**) er ist nur ein Rädchen im Getriebe.
cog² [kɒg; *Am.* kɑg] *v/t colloq.* **1.** *Würfel* mit Blei beschweren: **to ~ the dice** beim Würfeln betrügen. **2.** ‚übers Ohr hauen'.
cog³ [kɒg; *Am.* kɑg] *s mar.* **1.** *hist.* Kogge *f*, Handelssegler *m.* **2.** → cockboat.
co·gen·cy ['kəʊdʒənsɪ] *s* zwingende Kraft, Beweiskraft *f*, Triftigkeit *f.* **'co·gent** *adj* (*adv* **~ly**) zwingend, über'zeugend, triftig: **~ arguments.**
cogged [kɒgd; *Am.* kɑgd] *adj* **1.** *tech.* gezahnt: **~ wheel** Kammrad *n*; **~ railway** *bes. Am.* Zahnradbahn *f.* **2. ~ dice** *colloq.* (mit Blei) beschwerte *od.* falsche Würfel *pl.*
cog·ging| joint ['kɒgɪŋ; *Am.* 'kɑ-] *s tech.* verzahnte Verbindung. **~ mill** *s tech.* Vor-, Blockwalzwerk *n.*
cog·i·ta·ble ['kɒdʒɪtəbl; *Am.* 'kɑdʒətəbəl] *adj* denkbar. **'cog·i·tate** [-teɪt] **I** *v/t* **1.** nachdenken *od.* (nach)sinnen *od.* medi'tieren über (*acc*), über'legen (*acc*). **2.** ersinnen. **II** *v/i* **3.** (nach)denken, (nach)sinnen: **to ~ (up)on** → 1. **,cog·i'ta·tion** *s* **1.** (Nach)Sinnen *n.* **2.** Denkfähigkeit *f.* **3.** Gedanke *m*, Über'legung *f.* **cog·i·ta·tive** ['kɒdʒɪtətɪv; *Am.* 'kɑdʒə,teɪ-] *adj* (*adv* **~ly**) **1.** (nach)sinnend. **2.** nachdenklich. **3.** Denk...: **~ faculty** Denkfähigkeit *f.* **4.** denkfähig, denkend.
co·gnac ['kɒnjæk; *bes. Am.* 'kəʊn-] *s* **1.** Cognac *m* (*französischer Weinbrand*). **2.** *weitS.* Kognak *m*, Weinbrand *m.*
cog·nate ['kɒgneɪt; *Am.* 'kɑg-] **I** *adj* **1.** (bluts)verwandt. **2.** *fig.* (art)verwandt. **3.** *ling.* a) gleichen Ursprungs, verwandt: **~ words**, b) sinnverwandt, aus dem'selben Stamm: **~ object** Objekt *n* des Inhalts. **II** *s* **4.** *jur.* (Bluts)Verwandte(r *m*) *f.* **5.** *fig.* (*etwas*) Verwandtes. **6.** *ling.* verwandtes Wort. **cog'na·tion** *s* (Bluts-)Verwandtschaft *f.*
cog·ni·tion [kɒg'nɪʃn; *Am.* kɑg'n-] *s* **1.** Erkennen *n.* **2.** Erkenntnis *f.* **3.** Erkennungsvermögen *n.* **4.** a) Wahrnehmung *f*, b) Begriff *m.* **5.** Kenntnis *f*, Wissen *n.* **6.** *jur. bes. Scot.* gerichtliches Erkenntnis. **'cog·ni·tive** *adj* kogni'tiv, erkenntnismäßig.
cog·ni·za·ble ['kɒgnɪzəbl; 'kɒnɪ-; *Am.* 'kɑgnəzəbəl; kɑg'naɪ-] *adj* (*adv* **cognizably**) **1.** a) erkennbar, b) wahrnehmbar. **2.** *jur.* a) der Gerichtsbarkeit e-s (*bestimmten*) Gerichts unter'worfen, b) gerichtlich verfolgbar, c) zu verhandeln(d).
cog·ni·zance ['kɒgnɪzəns; 'kɒnɪ-; *Am.* 'kɑgnə-] *s* **1.** Erkenntnis *f*, Kenntnis (-nahme) *f*: **to have ~ of s.th.** von etwas Kenntnis haben, (um) etwas wissen; **to take ~ of s.th.** von etwas Kenntnis nehmen. **2.** *jur.* a) gerichtliches Erkenntnis, b) (Ausübung *f* der) Gerichtsbarkeit *f*, Zuständigkeit *f*, c) Einräumung *f od.* Anerkennung *f* der Klage: **to fall under the ~ of a court** unter die Zuständigkeit e-s Gerichts fallen; **to have ~ over** zuständig sein für (*a. weitS.*); **to take (judicial) ~ of** sich zuständig mit *e-m Fall* befassen; **beyond my ~** außerhalb m-r Befugnis (→ 3). **3.** Erkenntnissphäre *f*: **beyond his ~** außerhalb s-s Wissensbereichs (liegend). **4.** *bes. her.* Ab-, Kennzeichen *n.* **'cog·ni·zant** *adj* **1.** unter'richtet (**of** über *acc od.* von): **to be ~ of s.th.** von etwas Kenntnis haben, (um) etwas wissen (→ 3). **2.** *jur.* zuständig. **3.** erkennend: **to be ~ of s.th.** etwas erkennen (→ 1).
cog·nize [kɒg'naɪz; '-naɪz; *Am.* kɑg'n-] *v/t* erkennen.
cog·no·men [kɒg'nəʊmen; *Am.* kɑg'nəʊmən] *pl* **-mens, -nom·i·na** [-'nɒmɪnə; -'nəʊ-; *Am.* -'nɑ-] *s* **1.** Fa'milien-, Zuname *m.* **2.** Spitz-, Beiname *m.*

cog·nosce [kɒgˈnɒs] *v/t jur. Scot.* **1.** unterˈsuchen. **2.** entscheiden. **3.** → **certify** 5.
co·gno·scen·te [ˌkɒnjəʊˈʃentɪ; *Am.* ˌkɑnjə-] *pl* **-ti** [-tiː] *s* (*bes.* Kunst)Kenner *m.*
cog·nos·ci·ble [kɒgˈnɒsəbl; *Am.* kɑgˈnɑsəbəl] *adj* erkennbar.
cog·no·vit [kɒgˈnəʊvɪt; *Am.* kɑgˈn-] *s jur.* Anerkennung *f* e-r klägerischen Forderung seitens des Beklagten.
ˈ**cog**|**-rail** *s tech.* Zahnschiene *f.* **~ rail·way,** ˈ**~·way** *s bes. Am.* Zahnradbahn *f.* ˈ**~·wheel** *s tech.* Zahn-, Kammrad *n*: **~ drive** Zahnradantrieb *m.*
co·hab·it [kəʊˈhæbɪt] *v/i* (*unverheiratet*) zs.-leben, *jur.* in e-m eheähnlichen Verhältnis zs.-leben. **coˈhab·it·ant** *s* Lebensgefährte *m,* -gefährtin *f.* **co·hab·i·ta·tion** [ˌkəʊhæbɪˈteɪʃn; kəʊˌhæbɪˈt-] *s* **1.** Zs.-leben *n.* **2.** Beischlaf *m,* Beiwohnung *f.*
co·heir [ˌkəʊˈeə(r)] *s* Miterbe *m.* **coˈheir·ess** [-ˈeərɪs] *s* Miterbin *f.*
co·here [kəʊˈhɪə(r)] *v/i* **1.** zs.-hängen, -kleben. **2.** *fig.* zs.-hängen, in (logischem) Zs.-hang stehen. **3.** zs.-halten, -gehalten werden. **4.** *fig.* (**with**) zs.-passen, überˈeinstimmen (mit), passen (zu). **5.** *Radio*: fritten.
co·her·ence [kəʊˈhɪərəns], **coˈher·en·cy** *s* **1.** Zs.-halt *m* (*a. fig.*): **family ~.** **2.** *phys.* Kohäˈrenz *f* (*Eigenschaft von Wellen, e-e feste Phasenbeziehung zu besitzen*). **3.** *Radio*: Frittung *f.* **4.** (logischer) Zs.-hang: **~ of speech** Klarheit *f* der Rede. **5.** Überˈeinstimmung *f.* **coˈher·ent** *adj* (*adv* **~ly**) **1.** zs.-hängend, -haftend, verbunden. **2.** *phys.* kohäˈrent. **3.** (logisch) zs.-hängend, einheitlich, klar, verständlich: **to be ~ in one's speech** sich klar ausdrücken (können). **4.** überˈeinstimmend, zs.-passend. **coˈher·er** *s Radio*: Fritter(empfänger) *m.*
co·he·sion [kəʊˈhiːʒn] *s* **1.** Zs.-halt *m,* -hang *m.* **2.** Bindekraft *f.* **3.** *phys.* Kohäsiˈon *f* (*durch die Molekularkräfte bedingter Zs.-halt der Moleküle e-s Stoffes*). **coˈhe·sive** [-sɪv] *adj* **1.** Kohäsions..., Binde...: **~ force** → **cohesiveness** 1. **2.** fest zs.-haltend *od.* -hängend. **coˈhe·sive·ness** *s* **1.** Kohäsiˈons-, Bindekraft *f.* **2.** Festigkeit *f.*
co·hort [ˈkəʊhɔː(r)t] *s* **1.** *antiq. mil.* Koˈhorte *f.* **2.** Gruppe *f,* Schar *f* (*Krieger etc*). **3.** *Statistik*: (Perˈsonen)Gruppe *f* mit e-m gleichen staˈtistischen Faktor.
co·hune [kəʊˈhuːn], *a.* **~ palm** *s bot.* Coˈhunepalme *f.*
coif [kɔɪf] **I** *s* **1.** Kappe *f,* (*a.* Nonnen-) Haube *f.* **2.** *jur. hist. Br.* weiße Kappe der Anwälte, *bes. der* **serjeants at law**: **to take the ~** zum **serjeant at law** befördert werden. **II** *v/t* **3.** mit e-r Kappe *etc* bekleiden.
coif·feur [kwɑːˈfɜː; *Am.* -ˈfɜr] *s* Friˈseur *m.*
coif·fure [kwɑːˈfjʊə(r)] **I** *s* **1.** Friˈsur *f,* Haartracht *f.* **2.** *obs.* Kopfputz *m.* **II** *v/t* **3.** friˈsieren.
coign [kɔɪn] *s* Ecke *f,* Eckstein *m.* **~ of van·tage** *s fig.* a) günstiger (Angriffs-) Punkt, vorteilhafte Stellung, b) (hohe) Warte.
coil[1] [kɔɪl] **I** *v/t* **1.** *a.* **~ up** aufrollen, (auf)wickeln: **to ~ o.s. up** sich zs.-rollen. **2.** *mar. Tau* aufschießen, in Ringen überˈeinˈanderlegen. **3.** spiˈralenförmig winden. **4.** umˈschlingen. **5.** *electr.* wickeln. **II** *v/i* **6.** *a.* **~ up** sich winden, sich zs.-rollen. **7.** sich winden *od.* wickeln, sich schlingen (**about, around** um). **8.** sich (daˈhin)schlängeln. **III** *s* **9.** Rolle *f,* Spiˈrale *f.* **10.** *mar.* Tauwerks-, Seilrolle *f.* **11.** Rolle *f,* Spule *f*: **~ of wire; ~ of yarn** Garnknäuel *m, n.* **12.** *tech.* a) Spiˈrale *f,* (*a.* einzelne) Windung, b) (Rohr)Schlange *f,* c) *electr.* Spule *f,* Wicklung *f.* **13.** Haarrolle *f.* **14.** a) Rolle *f* von Briefmarken (→ **coil stamps**), b) *Briefmarke in e-r solchen Rolle.* **15.** *med.* Spiˈrale *f* (*Pessar*).
coil[2] [kɔɪl] *s obs. od. poet.* a) Tuˈmult *m,* Wirrwarr *m,* b) Plage *f*: **mortal ~** Drang *m od.* Mühsal *f* des Irdischen.
coil| **ig·ni·tion** *s electr.* Batteˈriezündung *f.* ˈ**~-load** *v/t electr.* pupiniˈsieren, bespulen. **~ spring** *s tech.* Schraubenfeder *f.* **~ stamps** *s pl* Briefmarken *pl* in perfoˈrierten, zs.-gerollten Bogen (*zu 500 Stück*).
coin [kɔɪn] **I** *s* **1.** Münze *f*: a) Geldstück *n,* b) (gemünztes) Geld, Meˈtallgeld *n*: **to pay s.o. back in his own** (*od.* **in the same**) **~** *fig.* es j-m mit *od.* in gleicher Münze heimzahlen; **the other side of the ~** *fig.* die Kehrseite der Medaille. **2.** → **coign.** **II** *v/t* **3.** a) *Metall* münzen, b) *Münzen* schlagen, prägen: **to ~ money** *colloq.* Geld wie Heu verdienen. **4.** *fig. Wort* prägen. **5.** *fig.* zu Geld machen. **III** *v/i* **6.** münzen, Geld prägen. ˈ**coin·age** *s* **1.** Prägen *n,* (Aus)Münzen *n*: **~ metal** Münzmetall *n.* **2.** *collect.* Münzen *pl,* (gemünztes) Geld. **3.** ˈMünzsyˌstem *n*: **decimal ~** Dezimalmünzsystem. **4.** Münzrecht *n.* **5.** *fig.* Prägung *f* (*von Wörtern etc*).
ˈ**coin**|**-box tel·e·phone** *s* Münzfernsprecher *m.* **~·chang·er** *s* Münzwechsler *m* (*Automat*).
co·in·cide [ˌkəʊɪnˈsaɪd] *v/i* **1.** (*örtlich od. zeitlich*) zs.-treffen, -fallen (**with** mit). **2.** überˈeinstimmen, sich decken (**with** mit): **they ~d in opinion** sie waren der gleichen Meinung.
co·in·ci·dence [kəʊˈɪnsɪdəns] *s* **1.** (*örtliches od. zeitliches*) Zs.-treffen, Zs.-fallen *n.* **2.** zufälliges Zs.-treffen, Zufall *m*: **not a mere ~** kein bloßer Zufall; **by mere ~** rein zufällig. **3.** Überˈeinstimmung *f.* **coˈin·ci·dent** *adj* (*adv* **~ly**) **1.** zs.-fallend, -treffend (*örtlich u. zeitlich*), gleichzeitig (**with** mit). **2.** (**with**) genau überˈeinstimmend (mit), sich deckend (mit), genau entsprechend (*dat*). **coˌin·ciˈden·tal** [-ˈdentl] *adj* **1.** → **coincident** 2. **2.** zufällig. **3.** *tech.* zwei Arbeitsvorgänge gleichzeitig ausführend.
coin·er [ˈkɔɪnə(r)] *s* **1.** Münzschläger *m,* Präger *m.* **2.** *fig.* Präger *m.* **3.** *bes. Br.* Falschmünzer *m.* ˈ**coin·ing** *adj* Münz..., Präge...: **~ die** Münz-, Prägestempel *m.*
coin|**-op** [ˈkɔɪnɒp; *Am.* -ˌnɑp] *s colloq.* **1.** ˈWaschsaˌlon *m.* **2.** Münztankstelle *f.* ˈ**~-ˌop·er·at·ed** *adj* mit Münzbetrieb, Münz... **~ ring** *s* Münzring *m.*
co·in·stan·ta·ne·ous [ˌkəʊɪnstənˈteɪnjəs; -nɪəs] *adj* (*adv* **~ly**) (genau) gleichzeitig.
co·in·sur·ance [ˌkəʊɪnˈʃʊərəns] *s econ.* **1.** Mitversicherung *f.* **2.** Rückversicherung *f.*
coir [ˈkɔɪə(r)] *s* Coˈir *n, f* (*Kokosfasergarn*).
cois·trel [ˈkɔɪstrəl], ˈ**cois·tril** [-trɪl] *s obs.* **1.** Stallknecht *m.* **2.** Schuft *m.*
co·i·tal [ˈkəʊɪtl] *adj* (den) Geschlechtsverkehr betreffend: **~ position** Stellung *f.*
co·i·tion [kəʊˈɪʃn], **co·i·tus** [ˈkəʊɪtəs] *s* Koitus *m,* Geschlechtsverkehr *m.* **co·i·tus in·ter·rup·tus** [ˌɪntəˈrʌptəs] *pl* **-tus -ti** [-taɪ] *s* Koitus *m* interˈruptus.
co·ju·ror [kəʊˈdʒʊərə(r)] *s jur. hist.* Eideshelfer *m.*
coke[1] [kəʊk] *tech.* **I** *s* Koks *m*: **~ breeze** Koksgrus *m*; **~ iron** Kokseisen *n.* **II** *v/t* verkoken (lassen). **III** *v/i* verkoken.
coke[2] [kəʊk] *s sl.* ‚Koks' *m* (*Kokain*).
Coke[3] [kəʊk] (*TM*) *s* ‚Coke' *n,* ‚Cola' *n, f,* ‚Coca' *n, f* (*Coca-Cola*).
co·ker·nut [ˈkəʊkə(r)nʌt] → **coconut.**
col [kɒl; *Am.* kɑl] *s* **1.** Gebirgspaß *m,* Joch *n.* **2.** *meteor.* schmales Tief.
co·la[1] → **kola.**
co·la[2] [ˈkəʊlə] *pl von* **colon**[1] *u.* **colon**[2] 2.
col·an·der [ˈkʌləndə(r)] **I** *s* Sieb *n,* Seiher *m.* **II** *v/t* ˈdurchseihen, (ˈdurch)sieben.
co·la nut → **kola** 1.
co·lat·i·tude [kəʊˈlætɪtjuːd; *Am. a.* -ˌtuːd] *s astr.* Kompleˈment *n* der Breite e-s Gestirns, Diffeˈrenz *f* zwischen e-r angegebenen Breite u. 90°.
col·can·non [kɒlˈkænən; *Am.* kɑlˈk-] *s gastr. Eintopf aus Kartoffeln u. Kohl.*
col·chi·cum [ˈkɒltʃɪkəm; ˈkɒlkɪ-; *Am.* ˈkɑl-] *s* **1.** *bot.* Herbstzeitlose *f.* **2.** Herbstzeitlosensamen *pl od.* -knollen *pl.* **3.** *pharm.* Colchiˈcin *n.*
cold [kəʊld] **I** *adj* (*adv* **~ly**) **1.** kalt: (**as**) **~ as ice** eiskalt; **~ fury** *fig.* kalte Wut; → **cold blood, meat** 4, **shoulder** 1, **sweat** 18, **water** *Bes. Redew.* **2.** kalt, frierend: **I feel** (*od.* **am**) **~** mir ist kalt, ich friere, mich friert; **to get ~ feet** *colloq.* ‚kalte Füße' (*Angst*) bekommen. **3.** tot: **he lay ~ in his coffin.** **4.** *fig.* kalt, kühl: a) frostig, unfreundlich: **a ~ welcome,** b) nüchtern, sachlich: **the ~ facts** die nackten Tatsachen; **in ~ print** schwarz auf weiß, c) ˈunperˌsönlich: **~ style,** d) ruhig, gelassen: **it left me ~** es ließ mich kalt, e) gefühllos, gleichgültig, teilnahmslos (**to** gegen): **~ comfort** ein schwacher Trost; → **charity** 2. **5.** (gefühls)kalt, friˈgid: **a ~ woman.** **6.** lau, wenig interesˈsiert: **a ~ audience.** **7.** *fig.* a) alt, überˈholt, ‚abgestanden': **~ news,** b) fad, langweilig, trocken. **8.** kalt (*unvorbereitet od. noch nicht in Schwung*): **a ~ player; a ~ motor; ~ start** *mot.* Kaltstart *m.* **9.** *hunt. u. fig.* kalt: **~ scent** kalte Fährte. **10.** *colloq.* ‚kalt' (*im Suchspiel*): **you're still ~** a) immer noch kalt, b) *fig.* du bist noch weit davon entfernt. **11.** ‚kalt': **~ colo(u)rs; a ~ room.** **12.** *colloq.* bewußtlos: **to knock s.o. ~** a) j-n bewußtlos schlagen, b) *fig.* j-n ‚glatt umhauen'. **13.** *Am. sl.* betrügerisch: **~ check** gefälschter Scheck.
II *adv* **14.** *Am. sl.* (tod)sicher: **to know s.th. ~.**
III *s* **15.** Kälte *f.* **16.** Kälte *f,* kalte Witterung: **to be left out in the ~** *fig.* a) kaltgestellt sein, ignoriert werden, leer ausgehen, b) schutzlos dastehen. **17.** *med.* Erkältung *f*: (**common**) **~,** **~ (in the head)** Schnupfen *m*; → **catch** 18.
cold| **blood** *s fig.* kaltes Blut, Kaltblütigkeit *f*: **to murder s.o. in ~** j-n kaltblütig *od.* kalten Blutes ermorden. ˌ**~-ˈblood·ed** *adj* **1.** *zo.* kaltblütig: **~ animal** Kaltblüter *m.* **2.** *fig.* a) kaltblütig, gefühllos, b) kaltblütig (begangen): **~ murder.** **3.** *colloq.* kälteempfindlich. **~ cash** *s Am.* flüssige Mittel *pl,* Bargeld *n.* **~ cath·ode** *s electr.* ˈKaltkaˌthode *f.* **~ chis·el** *s tech.* Kalt-, Schrotmeißel *m.* **~ cream** *s* Cold Cream *f, n* (*pflegende, kühlende Hautcreme*). ˌ**~-ˈdrawn** *adj tech.* **1.** kaltgezogen (*Metall*). **2.** kaltgepreßt (*Öl*). **~ duck** *s* kalte Ente (*Getränk*). **~ e·mis·sion** *s phys.* kalte Elekˈtronenemissiˌon. **~ frame** *s* Frühbeet *n.* **~ front** *s meteor.* Kaltfront *f.* ˌ**~-ˈham·mer** *v/t tech.* kalthämmern, -schmieden. ˌ**~-ˈheart·ed** *adj* (*adv* **~ly**) kalt-, hartherzig. ˌ**~-ˈheart·ed·ness** *s* Kalt-, Hartherzigkeit *f.*
cold·ish [ˈkəʊldɪʃ] *adj* ziemlich *od.* etwas [kalt.]
cold·ness [ˈkəʊldnɪs] *s* Kälte *f* (*a. fig.*).
cold| **pack** *s med.* kalte Packung. ˈ**~-pack meth·od** *s tech.* Kaltverfahren *n* (*beim Konservieren*). **~ press** *s tech.* Kaltpresse *f.* ˈ**~-reˌsist·ant** *adj* kältebeständig. **~ room** *s* Kühlraum *m.* **~ rub·ber** *s tech.* ˈTieftemperaˌturkautschuk *m,* Cold Rubber *m.* **~ saw** *s tech.* **1.** Kaltsäge *f.* **2.** Trennsäge *f.* ˌ**~-ˈshort** *adj tech.* kaltbrüchig. ˌ**~-ˈshoul·der** *v/t colloq. j-m* die kalte Schulter zeigen, *j-n* kühl *od.* abweisend behandeln. **~ sore** *s*

med. Lippen-, Gesichtsherpes *m*, Fieber-bläs-chen *pl*. **~ steel** *s* blanke Waffe (*Messer, Bajonett etc*). **~ stor·age** *s* Kühlraum-, Kaltlagerung *f*: **to put s.th. into ~** *fig*. etwas ‚auf Eis legen' (*aufschieben*). **ˌ~ˈstor·age room** *s* Kühlraum *m*. **~ store** *s* Kühlhalle *f*, -haus *n*. **~ tur·key** *s sl*. radiˈkale Entziehung(skur). **~ war** *s pol*. ‚kalter Krieg'. **~ war·ri·or** *s pol*. ‚kalter Krieger'. **ˌ~-ˈwa·ter cure** *s med*. Kaltˈwasser-, Kneippkur *f*. **~ wave** *s* **1.** *meteor*. Kältewelle *f*. **2.** Kaltwelle *f* (*Frisur*). **ˈ~-ˌweld·ing** *s tech*. Kaltschweißen *n*. **ˈ~-ˌwork·ing** *s tech*. Kaltverformung *f*, Kaltrecken *n*.

cole [kəʊl] *s bot*. (*ein*) Kohl *m*, *bes*. Raps *m*.

co·le·op·ter·ist [ˌkɒlɪˈɒptərɪst; *Am*. ˌkəʊlɪˈɑp-] *s* Käferkenner *m*. **ˌco·leˈop·ter·on** [-rən] *pl* **-ter·a** [-rə] *s* Käfer *m*. **ˌco·leˈop·ter·ous** *adj* zu den Käfern gehörig, Käfer...

co·le·o·rhi·za [ˌkɒlɪəˈraɪzə; *Am*. ˌkəʊ-] *pl* **-zae** [-ziː] *s bot*. (Keim)Wurzelscheide *f*.

ˈcole|·seed *s bot*. **1.** Rübsamen *m*. **2.** Raps *m*, Rübsen *m*. **ˈ~·slaw** *s* ˈKohlsaˌlat *m*.

co·le·us [ˈkəʊlɪəs] *s bot*. Buntlippe *f*.

ˈcole·wort → **cole**.

co·li·ba·cil·lus [ˌkɒlɪbəˈsɪləs; *Am*. ˌkəʊ-; ˌkɑ-] *s irr med*. ˈKolibaˌzillus *m*, Baˈzillus *m* Coli.

col·ic [ˈkɒlɪk; *Am*. ˈkɑ-] *med*. **I** *s* **1.** Kolik *f*: **renal ~** Nierenkolik. **II** *adj* **2.** → **colicky**. **3.** Dickdarm... **ˈcol·ick·y** *adj* **1.** kolikartig, Kolik... **2.** Kolik verursachend.

col·i·se·um [ˌkɒlɪˈsɪəm; *Am*. ˌkɑləˈsiːəm] *s* **1.** Amˈphitheˌater *n*. **2.** *sport* a) Sporthalle *f*, b) Stadion *n*. **3.** C~ Kolosˈseum *n* (*in Rom*).

co·li·tis [kɒˈlaɪtɪs; *bes. Am*. kəʊˈl-; kəˈl-] *s med*. Koˈlitis *f*, Dickdarmentzündung *f*.

col·la [ˈkɒlə; *Am*. ˈkɑlə] *pl von* **collum**.

col·lab·o·rate [kəˈlæbəreɪt] *v/i* **1.** zs.-, mitarbeiten: **to ~ with s.o. in s.th.** mit j-m an e-r Sache zs.-arbeiten. **2.** zs.-gehen, sich zs.-tun (**with** mit). **3.** *pol*. mit dem Feind zs.-arbeiten, kollaboˈrieren. **colˌlab·oˈra·tion** *s* **1.** Zs.-arbeit *f* (in bei *e-r Sache*): **in ~ with** gemeinsam mit. **2.** *pol*. Kollaboratiˈon *f*. **colˌlab·oˈra·tion·ist** *s pol*. Kollaboraˈteur *m*. **colˈlab·o·ra·tive** [-rətɪv; *Am*. -ˌreɪtɪv] *adj* zs.-arbeitend, Gemeinschafts... **colˈlab·o·ra·tor** [-tə(r)] *s* **1.** Mitarbeiter(in). **2.** *pol*. Kollaboraˈteur *m*.

col·lage [kɒˈlɑːʒ; kəˈl-] *art* **I** *s* Colˈlage *f*. **II** *v/t Material* zu e-r Colˈlage verarbeiten.

col·laps·a·ble → **collapsible**.

col·lapse [kəˈlæps] **I** *v/i* **1.** zs.-brechen, einfallen, -stürzen. **2.** *fig*. zs.-brechen, scheitern: **the whole plan ~d**. **3.** *fig*. (*moralisch od. physisch*) zs.-brechen, ‚zs.-klappen'. **4.** *med*. e-n Kolˈlaps erleiden, (*a. Lunge*) kollaˈbieren. **5.** *tech*. zs.-legbar sein, sich zs.-klappen lassen. **II** *s* **6.** Einsturz *m*: **~ of a house**. **7.** *fig*. Zs.-bruch *m*, Fehlschlag *m*: **~ of a bank** Bankkrach *m*; **~ of prices** (tiefer) Preissturz. **8.** *fig*. (*moralischer od. physischer*) Zs.-bruch. **9.** *med*. Kolˈlaps *m*: **nervous ~** Nervenzusammenbruch. **colˈlaps·i·ble** *adj* zs.-klappbar, Klapp..., Falt...: **~ boat** Faltboot *n*; **~ chair** Klappstuhl *m*; **~ roof** Klapp-, Rollverdeck *n*.

col·lar [ˈkɒlə; *Am*. ˈkɑlər] **I** *s* **1.** (*Hemd-, Rock-, Pelz- etc*)Kragen *m*: **to take s.o. by the ~** j-n beim Kragen nehmen *od*. packen. **2.** (*Hunde- etc*)Halsband *n*: **to slip the** (*od*. **one's**) **~** a) sich (von s-m Halsband) befreien, b) *fig*. den Kopf aus der Schlinge ziehen. **3.** Kummet *n* (*Pferdegeschirr*): **to work against the ~** *fig*. schuften wie ein Pferd. **4.** Hals-, Amts-, Ordenskette *f*: **~ of SS** (*od*. **Esses**) *Br*. a) *hist*. Insignien *pl* des Hauses Lancaster, b) *heute*: Kette *f* des **Lord Justice** von England. **5.** Kolliˈer *n*: **a ~ of pearls** Perlenkollier, -halsband *n*. **6.** *Am. hist*. eisernes Halsband (*für Sklaven*): **he wears no man's ~** *pol*. er ist unabhängig *od*. kein Parteigänger. **7.** *zo*. a) Halsstreifen *m*, -kragen *m*, b) Mantelwulst *m*. **8.** *tech*. a) Bund *m*, Kragen *m* (*bei Wellen od. Achsen*), b) Ring *m*, Einfassung *f*, c) Zwinge *f*, d) Bohrlochöffnung *f*, e) runde ˈUnterlegscheibe, f) → **collar beam**. **II** *v/t* **9.** mit e-m Kragen versehen. **10.** *sport den Gegner* stoppen *od*. angehen. **11.** *j-n* beim Kragen packen. **12.** *colloq*. schnappen: a) *j-n* festnehmen, b) *etwas* ‚ergattern', erwischen. **13.** *Br. Fleisch etc* rollen u. zs.-binden. **~ beam** *s arch*. Quer-, Kehlbalken *m*. **ˈ~·bone** *s anat*. Schlüsselbein *n*. **~·but·ton** *s Am*. Kragenknopf *m*.

col·lar·et(te) [ˌkɒləˈret; *Am*. ˌkɑ-] *s* kleiner (Spitzen- *etc*)Kragen.

col·lar| in·sig·ni·a *s pl mil*. Kragenabzeichen *pl*. **~ nut** *s tech*. Ringmutter *f*. **~ patch** *s mil*. Kragenspiegel *m*. **~ stud** *s Br*. Kragenknopf *m*. **~ work** *s* **1.** Fahrt *f* bergˈauf. **2.** *fig*. harte Arbeit, Schindeˈrei *f*.

col·late [kɒˈleɪt; *Am*. kə-] *v/t* **1.** *Texte etc* kollatioˈnieren: a) *mit dem Original vergleichen*, b) *print. auf richtige Zahl u. Anordnung überprüfen*. **2.** *Texte* zs.-stellen (u. vergleichen). **3.** *electr. tech. Lochkarten etc* mischen. **4.** *relig*. (*in e-e Pfründe*) einsetzen.

col·lat·er·al [kɒˈlætərəl; *bes. Am*. kəˈl-] **I** *adj* (*adv* **~ly**) **1.** seitlich, Seiten... **2.** paralˈlel (laufend). **3.** *bot*. nebenständig. **4.** begleitend, Neben...: **~ circumstances** Begleit-, Nebenumstände. **5.** zusätzlich, Neben...: **~ insurance**. **6.** ˈindiˌrekt. **7.** gleichzeitig (auftretend). **8.** in der Seitenlinie (verwandt): **~ descent** Abstammung *f* von e-r Seitenlinie. **II** *s* **9.** *econ*. Nebensicherheit *f*, -bürgschaft *f*. **10.** Seitenverwandte(r *m*) *f*. **~ cir·cu·la·tion** *s med*. Kollateˈral-, Umˈgehungskreislauf *m*. **~ loan** *s econ*. Lomˈbarddarlehen *n*, -kreˌdit *m*. **~ se·cu·ri·ty** → **collateral** 9. **~ sub·ject** *s ped*. Nebenfach *n*. **~ trust bond** *s econ. Am. Schuldverschreibung, die durch Deponierung von Effekten als Treuhandgut gesichert ist*.

col·la·tion [kɒˈleɪʃn; *Am*. kə-] *s* **1.** (Text)Vergleichung *f*, Kollatiˈon *f*. **2.** Zs.-stellen *n* (*von Texten etc*) zum Vergleichen. **3.** Überˈprüfung *f*. **4.** Beschreibung *f* der technischen Einzelheiten e-s Buches (*Format, Seitenzahl etc*). **5.** Verifiˈzierung *f* (*e-r Depesche durch Wiederholung*). **6.** *relig*. Verleihung *f* e-r Pfründe. **7.** *relig*. Zs.-kunft *f* (*zu erbaulicher Lektüre*). **8.** Imbiß *m*. **colˈla·tor** [-tə(r)] *s* **1.** Kollatioˈnierende(r *m*) *f*. **2.** *relig*. Verleiher *m*.

col·league [ˈkɒliːg; *Am*. ˈkɑ-] **I** *s* Kolˈlege *m*, Kolˈlegin *f*, Mitarbeiter(in). **II** *v/i* sich zs.-tun.

col·lect[1] [kəˈlekt] **I** *v/t* **1.** *Briefmarken etc* sammeln: **to ~ stamps**. **2.** (ein)sammeln: **to ~ the letters** den Briefkasten leeren. **3.** auflesen, aufsammeln. **4.** versammeln. **5.** (an)sammeln, zs.-bringen, zs.-tragen: **to ~ facts**. **6.** *etwas od. j-n* abholen. **7.** *Geld, Rechnungsbetrag etc* (ˈein)kasˌsieren: **to ~ an insurance benefit** e-e Versicherungsleistung beziehen *od*. erhalten; **to ~ a fine** e-e Geldstrafe eintreiben; **to ~ taxes** Steuern erheben *od*. einziehen. **8.** *Gedanken etc* sammeln: **to ~ one's o.s.** sich sammeln *od*. fassen; **to ~ one's thoughts** s-e Gedanken zs.-nehmen, sich konzentrieren. **9.** *ein Pferd* fest in die Hand nehmen. **10.** folgern, schließen (**from** aus). **II** *v/i* **11.** sich (ver)sammeln. **12.** sich (an)sammeln, sich (an)häufen. **13.** sammeln. **III** *adj* **14.** *Am*. Nachnahme..., bei Lieferung zu bezahlen(d): **~ call** *teleph*. R-Gespräch *n*. **IV** *adv* **15.** *a.* **~ on delivery** *Am*. per Nachnahme; **to call ~** *teleph. Am*. ein R-Gespräch führen.

col·lect[2] [ˈkɒlekt; *Am*. ˈkɑlɪkt] *s relig*. Kolˈlekte *f*, Kirchengebet *n*.

col·lect·a·ble → **collectible**.

col·lec·ta·ne·a [ˌkɒlekˈtɑːnjə; *Am*. ˌkɑlˌekˈteɪniːə] *s pl* Lesefrüchte *pl* (*gesammelte Auszüge*).

col·lect·ed [kəˈlektɪd] *adj* (*adv* **~ly**) **1.** gesammelt: **~ works**. **2.** *fig*. a) gefaßt, gesammelt, ruhig, b) konzenˈtriert. **colˈlect·ed·ness** *s fig*. Gefaßtheit *f*, Fassung *f*, Sammlung *f*. **colˈlect·i·ble I** *adj* **1.** sammelbar. **2.** *econ*. einzieh-, eintreib-, einlösbar. **II** *s* **3.** ˈSammelobˌjekt *n*.

col·lect·ing [kəˈlektɪŋ] **I** *s* **1.** Sammeln *n*. **2.** *econ*. Einziehung *f*, -treibung *f*, Inˈkasso *n*. **II** *adj* **3.** Sammel... **~ a·gent** *s econ*. Inˈkassoaˌgent *m*. **~ bar** *s electr*. Sammelschiene *f*. **~ cen·ter**, *bes. Br*. **~ cen·tre** *s* Sammelstelle *f*. **~ e·lec·trode** *s* ˈFangelekˌtrode *f*. **~ sta·tion** *s mil*. Truppenverbandsplatz *m*.

col·lec·tion [kəˈlekʃn] *s* **1.** (Ein)Sammeln *n*. **2.** (*Briefmarken- etc*)Sammlung *f*: **stamp ~**. **3.** Kolˈlekte *f*, (Geld)Sammlung *f*. **4.** *econ*. Inˈkasso *n*, Ein-, Beitreibung *f*: **forcible ~** Zwangsbeitreibung; **~ at source** Steuererhebung *f* an der Quelle; **~ department** Inkassoabteilung *f*. **5.** *econ*. (ˈMuster)Kollektiˌon *f*, Auswahl *f*, Sortiˈment *n*: **winter ~** Winterkollektion. **6.** Beschaffung *f*, Einholung *f*: **~ of news**; **~ of statistics** statistische Erhebung(en *pl*). **7.** Abholung *f*. **8.** Leerung *f* des Briefkastens. **9.** Ansammlung *f*, Anhäufung *f*. **10.** *fig*. Fassung *f*, Sammlung *f*, Gefaßtheit *f*. **11.** *pl univ. Br*. Schlußprüfung *f* am Ende e-s Triˈmesters (*Oxford*). **12.** *Br*. Steuerbezirk *m*.

col·lec·tive [kəˈlektɪv] **I** *adj* (*adv* → **collectively**) **1.** gesammelt, vereint, zs.-gefaßt. **2.** kollekˈtiv: a) e-e ganze Gruppe betreffend, gesamt: **~ interests** Gesamtinteressen, b) gemeinsam: **~ ownership**, c) Gemeinschafts..., gemeinschaftlich: **~ consciousness** *psych*. Kollektivbewußtsein *n*, d) umˈfassend, zs.-fassend. **3.** Sammel... (*a. bot*.), Gemeinschafts...: **~ number** *teleph*. Sammelnummer *f*, -anschluß *m*; **~ order** *econ*. Sammelbestellung *f*. **II** *s* **4.** *ling*. Kollekˈtivum *n*, Sammelbegriff *m*. **5.** Gemeinschaft *f*, Gruppe *f*. **6.** *pol*. a) Kollekˈtiv *n*, Produktiˈonsgemeinschaft *f* (*in kommunistischen Ländern*), b) → **collective farm**. **~ a·gree·ment** *s econ*. Kollekˈtivvertrag *m*, Taˈrifabkommen *n*. **~ bar·gain·ing** *s econ*. Taˈrifverhandlungen *pl* (*zwischen Arbeitgeber*[*n*] *u. Gewerkschaften*). **~ be·hav·io(u)r** *s sociol*. Kollekˈtivverhalten *n*. **~ farm** *s* Kolˈchose *f* (*UdSSR*), landwirtschaftliche Produktiˈonsgenossenschaft (*DDR*).

col·lec·tive·ly [kəˈlektɪvlɪ] *adv* **1.** gemeinsam, zuˈsammen, gemeinschaftlich. **2.** insgesamt.

col·lec·tive| mort·gage *s econ*. Geˈsamthypoˌthek *f*. **~ noun** → **collective** 4. **~ se·cu·ri·ty** *s pol*. kollekˈtive Sicherheit.

col·lec·tiv·ism [kəˈlektɪvɪzəm] *s* Kollektiˈvismus *m*: a) *Lehre, die mit Nachdruck den Vorrang des gesellschaftlichen Ganzen vor dem Individuum betont*, b) *econ. pol*. kollekˈtive Wirtschaftslenkung, c) *econ. pol*. Vergesellschaftung *f* des Priˈvateigentums. **colˈlec·tiv·ist I** *s* Kollektiˈvist(in). **II** *adj* kollektiˈvistisch.

col·lec·tiv·i·ty [ˌkɒlekˈtɪvətɪ; *Am*. ˌkɑ-] *s* **1.** Kollektiviˈtät *f*, kollekˈtiver Chaˈrakter. **2.** (*die*) Gesamtheit, (*das*) Ganze. **3.** (*die*) Gesamtheit des Volkes.

col·lec·tiv·i·za·tion [kəˌlektɪvaɪˈzeɪʃn; *Am.* -vəˈz-] *s econ. pol.* Kollektiˈvierung *f.* **colˈlec·tiv·ize** *v/t* kollektiˈvieren.
col·lec·tor [kəˈlektə(r)] *s* **1.** Sammler(in): **~'s item** (*Br. a.* **piece**) Sammlerstück *n.* **2.** Kasˈsierer *m,* (*Steuer- etc*)Einnehmer *m.* **3.** Einsammler *m.* **4.** *electr.* a) Stromabnehmer *m,* b) ˈAuffangelekˌtrode *f.* **5.** *tech.* Sammelscheibe *f.* **6.** *Br. Ind.* oberste(r) Verwaltungsbeamte(r) e-s Bezirkes. **~ ring** *s electr.* Schleifring *m.*
col·leen [ˈkɒliːn; kɒˈliːn] *s Ir.* Mädchen *n.*
col·lege [ˈkɒlɪdʒ; *Am.* ˈkɑ-] *s* **1.** *Br.* College *n* (*Wohngemeinschaft von Dozenten u. Studenten innerhalb e-r Universität*): **to enter** (*od.* **go to**) ~ e-e Universität beziehen. **2.** *Br.* höhere (*zu e-r Universität gehörende*) Lehranstalt: **University C~** (*in London*); **~ of education** pädagogische Hochschule. **3.** *Am.* a) College *n,* höhere Lehranstalt (*selbständig od. vereinigt mit e-r Universität; mit meist vierjährigem Lehrplan den Übergang bildend zwischen der High-School u. dem Universitäts- od. Berufsstudium*), b) Instiˈtut *n* (*für Sonderausbildung*): **medical ~.** **4.** höhere Lehranstalt, Akadeˈmie *f:* a) *Br.* e-e *der großen Public Schools wie Eton etc,* b) *Lehranstalt für besondere Studienzweige:* **Naval C~** Marineakademie. **5.** College(gebäude) *n.* **6.** Kolˈlegium *n:* a) *organisierte Vereinigung von Personen mit gemeinsamen Pflichten u. Rechten,* b) Ausschuß *m:* → **electoral** 1. **7.** *relig.* (*Kardinals- etc*)Kolˈlegium *n.* **8.** a) Gemein-, Gesellschaft *f,* b) Schwarm *m* (*Bienen*). **9.** *bes. Br. sl. obs.* ‚Kittchen' *n* (*Gefängnis*). **~ liv·ing** *s Br.* Pfründe *f* für e-n (*meist theologischen*) Gelehrten an e-m College. **C~ of Arms** → **Heralds' College. C~ of Jus·tice** *s jur. Scot.* oberstes Gericht für Ziˈvilsachen. **~ pud·ding** *s Br.* (*Art*) Plumpudding *m.*
col·leg·er [ˈkɒlɪdʒə(r); *Am.* ˈkɑ-] *s* **1.** *Br.* (im College wohnender) Stipendiˈat (*Eton*). **2.** *Am.* Stuˈdent *m* e-s College.
col·lege wid·ow *s Am. colloq.* ‚ewige Stuˈdentenbraut'.
col·le·gi·al [kəˈliːdʒɪəl; *Am. a.* -dʒəl] → **collegiate. colˈle·gi·an** [-dʒjən; -dʒɪən; *Am. a.* -dʒən] *s* Mitglied *n od.* Stuˈdent *m* e-s College.
col·le·gi·ate [kəˈliːdʒɪət; *Am. a.* -dʒət] *adj* College..., Hochschul..., akaˈdemisch, Studenten...: **~ dictionary** Schulwörterbuch *n.* **~ church** *s relig.* **1.** *Br.* Kollegiˈat-, Stiftskirche *f.* **2.** *Am.* Vereinigung *f* mehrerer ehemals unabhängiger Kirchen. **3.** *Scot.* Kirche *f od.* Gemeinde *f* mit mindestens zwei ranggleichen Paˈstoren.
col·let [ˈkɒlɪt; *Am.* ˈkɑlət] *s tech.* **1.** Meˈtallring *m,* Spannhülse *f,* Zwinge *f.* **2.** Fassung *f* (*e-s Edelsteins*).
col·lide [kəˈlaɪd] *v/i* (**with**) kolliˈdieren (mit): a) zs.-stoßen (mit) (*a. fig.*), b) stoßen (gegen), c) *fig.* im ˈWiderspruch stehen (zu).
col·lie [ˈkɒlɪ; *Am.* ˈkɑliː] *s zo.* Collie *m* (*langhaariger, schottischer Schäferhund*).
col·lier [ˈkɒlɪə; *Am.* ˈkɑljər] *s* **1.** Kohlenarbeiter *m,* Bergmann *m.* **2.** *mar.* a) Kohlendampfer *m,* -schiff *n,* b) Maˈtrose *m* auf e-m Kohlenschiff. **3.** *obs.* Kohlenträger *m,* -händler *m.* **ˈcol·lier·y** [-ljərɪ] *s* Kohlengrube *f,* (Kohlen)Zeche *f.*
col·li·gate [ˈkɒlɪgeɪt; *Am.* ˈkɑ-] *v/t* **1.** *philos. Tatsachen* logisch verbinden. **2.** verbinden, vereinigen.
col·li·mate [ˈkɒlɪmeɪt; *Am.* ˈkɑ-] *v/t astr. phys.* **1.** *zwei Linien etc* zs.-fallen lassen. **2.** *Teleskop etc* richten, einstellen. **ˌcol·liˈma·tion** *s astr. phys.* **1.** Kollimatiˈon *f* (*Übereinstimmung od. Parallelität zweier Richtungen an e-m Meßgerät*): **~ error** Kollimationsfehler *m;* **~ line** Sehlinie *f.* **2.** genaues Einstellen (*Meßgerät*). **ˈcol·li·ma·tor** [-tə(r)] *s astr. phys. TV* Kolliˈmator *m.*
col·lin·e·ar [kɒˈlɪnjə; *Am.* kəˈlɪniːər] *adj math.* kollineˈar (*auf derselben Geraden liegend*).
col·lins [ˈkɒlɪnz; *Am.* ˈkɑ-] *s Getränk aus Gin, Wodka, Rum etc, vermischt mit Fruchtsaft, Sodawasser u. Zucker.*
col·li·qua·tion [ˌkɒlɪˈkweɪʃn; *Am.* ˌkɑ-; *a.* -ʒən] *s med.* Kolliquatiˈon *f,* Zersetzung *f* (*von Geweben*).
col·li·sion [kəˈlɪʒn] *s* **1.** Zs.-stoß *m,* Zs.-prall *m,* Kollisiˈon *f* (*alle a. fig.*): **to come into ~ with s.th.** mit etwas zs.-stoßen; **to be on a ~ course** auf Kollisionskurs sein. **2.** *fig.* ˈWiderspruch *m,* -streit *m,* Konˈflikt *m,* Gegensatz *m:* **to bring s.o. into ~ with the law** j-n mit dem Gesetz in Konflikt bringen.
col·lo·cate [ˈkɒləʊkeɪt; *Am.* ˈkɑlə-] *v/t* zs.-stellen, ordnen. **ˌcol·loˈca·tion** *s* **1.** Zs.-stellung *f.* **2.** *ling.* Kollokatiˈon *f.*
col·loc·u·tor [ˈkɒləkjuːtə(r); kəˈlɒkjʊ-; *Am.* ˈkɑlə-; kəˈlɑkjə-] *s* Gesprächspartner(in).
col·lo·di·on [kəˈləʊdjən; -ɪən] *chem.* **I** *s* Kolˈlodium *n.* **II** *adj* Kollodium...: **~ cotton** *tech.* Schießbaumwolle *f.* **colˈlo·di·on·ize** *v/t* mit Kolˈlodium behandeln.
col·lo·di·um [kəˈləʊdjəm; -ɪəm] → **collodion.**
col·logue [kəˈləʊg] *v/i* sich beraten (**with** mit).
col·loid [ˈkɒlɔɪd; *Am.* ˈkɑ-] *chem.* **I** *s* Kolloˈid *n,* gallertartiger Stoff. **II** *adj* → **colloidal** 1. **colˈloi·dal** *adj* **1.** *chem.* kolloiˈdal, gallertartig. **2.** *min.* aˈmorph.
col·lop [ˈkɒləp; *Am.* ˈkɑ-] *s* **1.** kleine Scheibe Speck *od.* Fleisch. **2.** Stückchen *n.*
col·lo·qui·a [kəˈləʊkwɪə] *pl von* **colloquium.**
col·lo·qui·al [kəˈləʊkwɪəl] *adj* (*adv* **~ly**) ˈumgangssprachlich, familiˈär, Umgangs...: **~ English** Umgangsenglisch *n;* **~ expression** → **colloquialism. colˈlo·qui·al·ism** *s* Ausdruck *m* der ˈUmgangssprache. **colˈlo·qui·al·ize** *v/t* ˈumgangssprachlich abfassen.
col·lo·quist [ˈkɒləkwɪst; *Am.* ˈkɑ-] → **collocutor.**
col·lo·qui·um [kəˈləʊkwɪəm] *pl* **-qui·ums, -qui·a** [-kwɪə] *s* Kolˈloquium *n.*
col·lo·quy [ˈkɒləkwɪ; *Am.* ˈkɑ-] *s* Unterˈredung *f,* Gespräch *n.*
col·lo·type [ˈkɒləʊtaɪp; *Am.* ˈkɑlə-] *phot.* **I** *s* **1.** Lichtdruckverfahren *n.* **2.** Farbenlichtdruck *m.* **3.** Lichtdruckplatte *f* (*mit Chromgelatineschicht überzogen*). **II** *v/t* **4.** im Lichtdruckverfahren ˈherstellen.
col·lude [kəˈluːd; *Br. a.* kəˈljuːd] *v/i* in heimlichem Einverständnis stehen *od.* handeln, unter e-r Decke stecken.
col·lum [ˈkɒləm; *Am.* ˈkɑ-] *pl* **-la** [-lə] *s anat. bot.* Hals *m,* halsähnlicher Teil.
col·lu·sion [kəˈluːʒn; *Br. a.* -ˈljuː-] *s* **1.** *jur.* Kollusiˈon *f:* a) geheimes *od.* betrügerisches Einverständnis, Absprache *f:* **to act in ~** in geheimem Einverständnis handeln, b) Verdunkelung *f:* **risk** (*od.* **danger**) **of ~** Verdunkelungsgefahr *f.* **2.** abgekartete Sache, Schwindel *m.* **colˈlu·sive** [-sɪv] *adj* (*adv* **~ly**) heimlich verabredet, abgekartet.
col·lyr·i·um [kəˈlɪrɪəm; *Br. a.* kɒ-] *pl* **-i·a** [-ə], **-i·ums** *s med.* Augenwasser *n.*
col·ly·wob·bles [ˈkɒlɪˌwɒblz; *Am.* ˈkɑliːˌwɑbəlz] *s pl* (*als sg od. pl konstruiert*): **to have the ~** *colloq.* ein flaues Gefühl in der Magengegend haben.
co·lo·en·ter·i·tis [ˈkəʊləʊˌentəˈraɪtɪs] *s med.* Enterokoˈlitis *f,* Entzündung *f* des Dünn- u. Dickdarms.
co·logne [kəˈləʊn], *a.* **~ wa·ter** *s* Kölnischwasser *n,* Eau *n, f* de Coˈlogne.
Co·lom·bi·an [kəˈlɒmbɪən; *bes. Am.* -ˈlʌm-] **I** *adj* kolumbiˈanisch, koˈlumbisch. **II** *s* Kolumbiˈaner(in), Koˈlumbier(in).
co·lon[1] [ˈkəʊlən] *pl* **-lons, -la** [-lə] *s anat.* Colon *n,* Dickdarm *m.*
co·lon[2] [ˈkəʊlən] *s ling.* **1.** Doppelpunkt *m.* **2.** *pl* **-la** [-lə] ˈHauptabˌteilung *f* e-r rhythmischen Periˈode.
co·lon[3] [kəʊˈləʊn; kəˈl-] *pl* **-lons, -lo·nes** [-neɪs] *s* Coˈlon *m* (*Währungseinheit in Costa Rica u. El Salvador*).
colo·nel [ˈkɜːnl; *Am.* ˈkɜrnl] **I** *s* **1.** *mil.* Oberst *m:* → **Blimp**[2]. **2. C~** *Am. Ehrentitel für prominente Bürger.* **II** *v/t* **3.** *mil.* zum Oberst befördern. **ˈcolo·nel·cy** *s* Stelle *f od.* Rang *m* e-s Obersten.
colo·nel gen·er·al *pl* **colo·nels gen·er·al** *od.* **colo·nel gen·er·als** *s mil.* Geneˌralˈoberst *m.*
ˈcolo·nel-in-chief *pl* **ˈcolo·nels-in-chief** *od.* **ˈcolo·nel-in-chiefs** *s mil.* Regiˈmentschef *m* (*ehrenhalber*).
co·lo·nes [kəʊˈləʊneɪs; kəˈl-] *pl von* **colon**[3].
co·lo·ni·al [kəˈləʊnjəl; -nɪəl] **I** *adj* (*adv* **~ly**) **1.** koloniˈal, Kolonial...: **~ masters** Kolonialherren; **~ system** → **colonialism** 2. **2.** *Am.* a) die dreizehn brit. Koloˈnien betreffend (*die sich als Vereinigte Staaten selbständig machten*), b) die Zeit vor 1776 *od.* (*weitS.*) das 18. Jh. betreffend. **3.** *biol.* koloˈnienbildend, gesellig. **4. C~** *arch. Am.* den Koloniˈalstil (*des 18. Jhs.*) betreffend. **II** *s* → **colonist. coˈlo·ni·al·ism** *s* **1.** (*ein*) für e-e Koloˈnie typischer Zug (*in Sitte, Ausdrucksweise etc*). **2.** *pol.* Koloniaˈlismus *m,* Koloniˈalsysˌstem *n,* -poliˌtik *f.*
Co·lo·ni·al| of·fice *s pol. Br.* Koloniˈalminiˌsterium *n.* **~ Sec·re·tar·y** *s* Koloniˈalmiˌnister *m.*
co·lon·ic [kəʊˈlɒnɪk; kəˈl-; *Am.* -ˈlɑ-] *adj anat.* Dickdarm...
col·o·nist [ˈkɒlənɪst; *Am.* ˈkɑ-] *s* Koloˈnist(in), (An)Siedler(in). **ˌcol·o·niˈza·tion** [-naɪˈzeɪʃn; *Am.* -nəˈz-] *s* **1.** Kolonisatiˈon *f,* Besiedlung *f* (*a. biol.*). **2.** *pol.* vorˈübergehende Ansiedlung von Wählern in e-m Wahlbezirk (*um Stimmen zu gewinnen*). **ˈcol·o·nize** [-naɪz] **I** *v/t* **1.** koloniˈsieren, besiedeln. **2.** ansiedeln. **II** *v/i* **3.** sich ansiedeln. **4.** e-e Koloˈnie bilden. **ˈcol·o·niz·er** *s* **1.** Koloniˈsator *m.* **2.** → **colonist.**
col·on·nade [ˌkɒləˈneɪd; *Am.* ˌkɑ-] *s* **1.** *arch.* Kolonˈnade *f,* Säulengang *m.* **2.** Alˈlee *f.*
col·o·ny [ˈkɒlənɪ; *Am.* ˈkɑ-] *s allg.* Koloˈnie *f:* a) Koloniˈal-, Siedlungsgebiet *n:* **the Colonies** *hist.* die dreizehn brit. Kolonien (*die sich als Vereinigte Staaten von Amerika selbständig machten*), b) Siedlung *f,* c) Gruppe *f* von Ansiedlern, d) (ˈAusländer-, ˈFremden)Koloˌnie *f:* **the German ~ in Rome; a ~ of artists** e-e Künstlerkolonie, e) *biol.* (Bakˈterien-, ˈPflanzen- *od.* ˈTier)Koloˌnie *f.*
col·o·phon [ˈkɒləfən; *Am.* ˈkɑ-] *s* Koloˈphon *m* (*Schlußinschrift alter Druckwerke*).
co·loph·o·ny [kɒˈlɒfənɪ; *Am.* kəˈlɑ-; ˈkɑləˌfəʊniː] *s* Koloˈphonium *n,* Geigenharz *n.*
col·or, *bes. Br.* **col·our** [ˈkʌlə(r)] **I** *s* **1.** (*bes.* chroˈmatische) Farbe: **what ~ is it?** welche Farbe hat es? **2.** (*a.* gesunde) Gesichtsfarbe: **to have ~** gesund aussehen; **to lose ~** die Farbe verlieren, erbleichen, blaß werden; **she has little ~** sie ist blaß; → **change** 1. **3.** (*bes.* dunkle) Hautfarbe: **gentleman of ~** Farbige(r) *m;* **people of ~** Farbige; **~ problem**

Rassenfrage *f*. **4.** (Gesichts)Röte *f*: **her ~ came and went** sie wurde abwechselnd rot u. blaß. **5.** *fig*. Farbe *f*, Kolo'rit *n*: **a novel with a great deal of local ~** ein Roman mit viel Lokalkolorit; **to add** (*od*. **lend**) **~ to** *etwas* beleben, lebendig *od*. realistisch machen. **6.** *paint. tech*. Farbe *f*, Farbstoff *m*: **~ additive** Farbstoffzusatz *m*; **to lay on the ~s too thickly** *fig*. zu dick auftragen; **to paint in bright (dark) ~s** *etwas* in rosigen (düsteren) Farben schildern. **7.** a) Farbgebung *f*, b) Farbwirkung *f*. **8.** *mus*. Klangfarbe *f*. **9.** *fig*. Färbung *f*, Ton *m*, Cha'rakter *m*, Stimmung *f*. **10.** Farbe *f*, farbiges Band *od*. Abzeichen (*e-r Schule, e-s Jockeys etc*): **to get one's ~s** sein Mitgliedsabzeichen (*als neues Mitglied*) erhalten. **11.** *pl mil*. Fahne *f*: **to call to the ~s** einberufen; **to join the ~s** zur Fahne eilen, Soldat werden; **to come off with flying ~s** e-n glänzenden Sieg *od*. Erfolg erringen; **he passed his examination with flying ~s** er hat s-e Prüfung glänzend bestanden. **12.** *pl mar*. Flagge *f*: **to lower one's ~s** die Flagge streichen (*a. fig*.); **to nail one's ~s to the mast** sich unwiderruflich festlegen; **to stick to one's ~s** standhaft bleiben, nicht kapitulieren (wollen); **to sail under false ~s** unter falscher Flagge segeln (*a. fig*.); **to come out in one's true ~s** s-n wahren Charakter zeigen; **to show one's true ~s** a) sein wahres Gesicht zeigen, b) Farbe bekennen, sich erklären. **13.** Anschein *m*, Anstrich *m*: **~ of truth**; **to give ~ to the story** der Geschichte den Anstrich der Wahrscheinlichkeit geben, die Geschichte glaubhafter machen; **~ of office** *jur*. Amtsanmaßung *f*; **~ of title** *jur. Am*. (zu Unrecht) behaupteter Rechtstitel. **14.** Deckmantel *m*, Vorwand *m*: **under the ~ of charity** unter dem Vorwand *od*. Mäntelchen der Nächstenliebe. **15.** Art *f*, Sorte *f*: **a man of his ~** ein Mann s-s Schlages. **16.** *colloq*. Spur *f*: **he will not see the ~ of my money** von mir bekommt er keinen Pfennig. **17.** *Kartenspiel*: rote u. schwarze Farbe. **18.** *her*. Wappenfarbe *f*. **19.** ausgewaschenes Goldteilchen.

II *v/t* **20.** färben, kolo'rieren, anstreichen, anmalen. **21.** *fig*. färben: a) e-n Anstrich geben (*dat*), gefärbt darstellen, entstellen: **a ~ed report** ein gefärbter Bericht, b) schönfärben, beschönigen. **22.** *fig*. abfärben auf (*acc*), beeinflussen.

III *v/i* **23.** sich (ver)färben, (e-e) Farbe annehmen. **24.** *a*. **~ up** erröten, rot werden.

col·or·a·ble, *bes. Br*. **col·our·a·ble** ['kʌlərəbl] *adj* (*adv* **colo[u]rably**) **1.** färbbar. **2.** plau'sibel, glaubhaft. **3.** vorgeblich, fin'giert: **~ imitation** *jur*. täuschend ähnliche Nachahmung (*e-s Warenzeichens*); **~ title** *jur*. unzureichender Anspruch auf Eigentumsrecht.

Col·o·ra·do (po·ta·to) bee·tle [ˌkɒlə'rɑːdəʊ; *Am*. ˌkɑlə'rædəʊ; -'rɑ-] *s zo*. Kar'toffelkäfer *m*.

col·or·ant ['kʌlərənt] *s* Farbstoff *m*, Färbemittel *n*.

col·or·a·tion [ˌkʌlə'reɪʃn] *s* **1.** Färben *n*, Kolo'rieren *n*. **2.** Farb(en)gebung *f*, 'Farbzuˌsammenstellung *f*. **3.** *biol*. Färbung *f*.

col·o·ra·tu·ra [ˌkɒlərə'tʊərə; -'tjʊərə; *Am*. ˌkʌl-] *s mus*. **1.** Kolora'tur *f*. **2.** virtu'ose Mu'sik. **3.** Kolora'tursängerin *f*. **~ so·pra·no** *s* a) Kolora'tursoˌpran *m*, b) Kolora'tursopraˌnistin *f*.

col·or| bar, *bes. Br*. **col·our| bar** *s* Rassenschranke *f*. **'~-ˌbear·er** *s mil*. Fahnenträger *m*. **'~-blind** *adj* **1.** *med*. farbenblind. **2.** *Am. fig*. blind (to für). **3.** *fig*. frei von Rassenvorurteilen. **~blind·ness** *s med*. Farbenblindheit *f*. **~ cast** *s* Farbfernsehsendung *f*. **~ chart** *s* Farbenskala *f*. **'~-code** *v/t* durch verschiedene Farben kennzeichnen.

col·ored, *bes. Br*. **col·oured** ['kʌlə(r)d] **I** *adj* **1.** farbig, bunt (*beide a. fig*.), kolo'riert: **~ pencil** Bunt-, Farbstift *m*; **~ plate** Farbenkunstdruck *m*. **2.** farbig: **a ~ man** ein Farbiger; **~ people** Farbige; **a ~ school** e-e Schule für Farbige. **3.** *fig*. gefärbt: a) beschönigt, b) nicht objek'tiv, tendenzi'ös: **~ account**, c) beeinflußt: **politically ~**. **4.** *fig*. angeblich, falsch: **a ~ ally**. **5.** *in Zssgn* ...farbig, ...farben. **II** *pl* **-o(u)red, -o(u)reds** *s* **6.** Farbige(r *m*) *f*: **the ~**; **a school for ~s**.

'col·or|·fast, *bes. Br*. **'col·our|·fast** *adj* farbecht. **~ film** *s phot*. Farbfilm *m*. **~ fil·ter** *s phot*. Farbfilter *m, n*.

'col·or·ful, *bes. Br*. **'col·our·ful** *adj* **1.** farbenfreudig, -prächtig, bunt. **2.** *fig*. farbig, bunt, lebhaft, abwechslungsreich: **a ~ pageant**; **a ~ description** e-e anschauliche Beschreibung. **3.** *fig*. auffallend, interes'sant: **a ~ personality**.

col·or guard, *bes. Br*. **col·our guard** *s mil*. Fahnenwache *f*, -abordnung *f*.

col·or·if·ic [ˌkɒlə'rɪfɪk; *bes. Am*. ˌkʌl-] *adj* **1.** farbgebend. **2.** *obs*. a) Farb..., b) farbenfreudig.

col·or·im·e·ter [ˌkɒlə'rɪmɪtə(r); *bes. Am*. ˌkʌl-] *s phys*. Kolori'meter *n*, Farbenmesser *m*.

col·or·ing, *bes. Br*. **col·our·ing** ['kʌlərɪŋ] **I** *s* **1.** Färben *n*. **2.** Farbe *f*, Färbemittel *n*. **3.** Färbung *f*, Kolo'rit *n*, Farbe *f*, Farbgebung *f*. **4.** Gesichtsfarbe *f*. **5.** *fig*. äußerer Anstrich, Schein *m*. **6.** *fig*. Schönfärbe'rei *f*, Beschönigung *f*. **7.** *fig*. Färbung *f*, Ten'denz *f*. **II** *adj* **8.** Farb...: **~ book** Malbuch *n*; **~ matter** Farbstoff *m*.

'col·or·inˌten·sive, *bes. Br*. **'col·our·inˌten·sive** *adj* 'farbintenˌsiv.

col·or·ist, *bes. Br*. **col·our·ist** ['kʌlərɪst] *s paint*. Farbenkünstler *m*, *engS*. Kolo'rist *m*.

'col·or-key, *bes. Br*. **'col·our-key** → color-code.

col·or·less, *bes. Br*. **col·our·less** ['kʌlə(r)lɪs] *adj* (*adv* **~ly**) **1.** farblos (*a. fig. nichtssagend*). **2.** *fig*. neu'tral, 'unparˌteiisch.

col·or| line, *bes. Br*. **col·our| line** *s* Rassenschranke *f*. **'~·man** [-mən] *s irr Br*. Farbenhändler *m*. **~ or·gan** *s* Lichtorgel *f*. **~ pho·tog·ra·phy** *s* 'Farbfotograˌfie *f*. **~ plate** *s* Farben(kunst)druck *m*. **~ prej·u·dice** *s* Rassenvorurteil *n*. **~ print** *s print*. Farbendruck *m* (*Bild*). **~ print·ing** *s print*. Bunt-, Farbendruck *m* (*Verfahren*). **~ prob·lem** *s* 'Rassenproˌblem *n*. **~ sa·lute** *s mil*. Flaggengruß *m*. **~ scheme** → coloration 2. **~ screen** *s tech*. Farbraster *m*. **~ ser·geant** *s mil*. (*etwa*) Oberfeldwebel *m*. **~ set** *s* Farbfernseher *m*. **~ sup·ple·ment** *s* Farbbeilage *f* (*e-r Zeitung*). **~ tel·e·vi·sion** *s* Farbfernsehen *n*.

co·los·sal [kə'lɒsl; *Am*. kə'lɑsəl] *adj* kolos'sal, riesig, Riesen..., ungeheuer (*alle a. fig. colloq*.): **a ~ mistake**; **a ~ statue** e-e Kolossalstatue.

col·os·se·um [ˌkɒlə'sɪəm; *Am*. ˌkɑ-] → **coliseum**.

co·los·si [kə'lɒsaɪ; *Am*. -'lɑ-] *pl von* colossus.

Co·los·sians [kə'lɒʃnz; *Am*. -'lɑ-] *s pl Bibl*. (Brief *m* des Paulus an die) Ko'losser *pl*.

co·los·sus [kə'lɒsəs; *Am*. -'lɑ-] *pl* **-si** [-saɪ], **-sus·es** *s* Ko'loß *m*: a) Riese *m*, b) (*etwas*) Riesengroßes, c) Riesenstandbild *n*.

co·los·to·my [kə'lɒstəmɪ; *Am*. -'lɑ-] *s med*. Kolosto'mie *f* (*Anlegung e-r Dickdarmfistel*).

co·los·trum [kə'lɒstrəm; *Am*. -'lɑ-] *s biol*. Vormilch *f*.

col·our, col·our·a·ble, col·our bar, *etc* → color, colorable, color bar, *etc*.

col·pi·tis [kɒl'paɪtɪs; *Am*. kɑl'p-] *s med*. Kol'pitis *f*, Scheidenentzündung *f*.

col·por·tage ['kɒlˌpɔː(r)tɪdʒ; *Am*. 'kɑlˌp-] *s* Kolpor'tage *f*. **'colˌpor·teur** [-tə(r)] *s* Kolpor'teur *m*, Hau'sierer *m* mit (*bes. religiösen*) Büchern *od*. Zeitschriften.

colt[1] [kəʊlt] **I** *s* **1.** Füllen *n*, Fohlen *n*: **(as) sound as a ~** gesund wie ein Fisch im Wasser. **2.** *fig*. ‚Grünschnabel' *m*, ‚junger Dachs'. **3.** *sport* 'unroutiˌnierter Spieler. **4.** *mar*. Tauende *n*. **II** *v/t* **5.** *mar*. mit dem Tauende verprügeln.

Colt[2] [kəʊlt] (*TM*) *s* Colt *m* (*Revolver*).

col·ter, *bes. Br*. **coul·ter** ['kəʊltə(r)] *s agr*. Kolter *n* (*am Pflug*).

colt·ish ['kəʊltɪʃ] *adj* **1.** fohlenartig. **2.** ausgelassen, 'übermütig.

'colts·foot *pl* **-foots** *s bot*. Huflattich *m*.

colt's tooth *s irr* **1.** *zo*. a) Milchzahn *m*, b) Wolfszahn *m* (*beim Pferd*). **2.** (jugendlicher) 'Übermut: **to cast** (*od*. **shed**) **one's ~** sich die Hörner abstoßen.

Co·lum·bi·an[1] [kə'lʌmbɪən] *adj* **1.** *poet*. ameri'kanisch. **2.** Ko'lumbus betreffend.

Co·lum·bi·an[2] [kə'lʌmbɪən] *s print*. Tertia *f* (*16 Punkt*; *Schriftgröße*).

co·lum·bic ac·id [kə'lʌmbɪk] *s chem*. Co'lumbium-, Ni'obsäure *f*.

col·um·bine[1] ['kɒləmbaɪn; *Am*. 'kɑ-] *adj* **1.** taubenartig, Tauben... **2.** taubengrau.

col·um·bine[2] ['kɒləmbaɪn; *Am*. 'kɑ-] *s bot*. Ake'lei *f*.

Col·um·bine[3] ['kɒləmbaɪn; *Am*. 'kɑ-] *s thea*. Kolom'bine *f* (*Geliebte des Harlekin*).

co·lum·bite [kə'lʌmbaɪt] *s min*. Kolum'bit *m*. **co'lum·bi·um** [-bɪəm] → **niobium**.

col·umn ['kɒləm; *Am*. 'kɑləm] *s* **1.** *arch*. Säule *f*, Pfeiler *m*. **2.** *tech*. a) Ständer *m*, Pfosten *m*, Stütze *f*, b) Ko'lonne *f*, säulenförmiger Destil'lierappaˌrat. **3.** *fig*. (*Rauch-, Wasser- etc*)Säule *f*: **~ of smoke**; **~ of mercury** *phys*. Quecksilbersäule; → **spinal column**. **4.** *print*. Ko'lumne *f*, (Satz-, Zeitungs)Spalte *f*: **printed in double ~s** zweispaltig gedruckt. **5.** *Zeitung*: Ko'lumne *f* (*regelmäßig an bestimmter Stelle veröffentlichter Meinungsbeitrag*). **6.** *math*. Ko'lonne *f*, senkrechte (Zahlen)Reihe. **7.** Feld *n*, Ru'brik *f* (*e-r Tabelle*). **8.** *mil*. ('Marsch-) Koˌlonne *f*: **~ left, march!** links schwenkt, marsch!; → **fifth column**.

co·lum·nar [kə'lʌmnə(r)] *adj* **1.** säulenartig, -förmig. **2.** Säulen... **3.** in Spalten gedruckt *od*. angeordnet. **col·um·nat·ed** ['kɒləmneɪtɪd; *Am*. 'kɑ-], **'col·umned** *adj* **1.** mit Säulen (versehen), von Säulen getragen, Säulen... **2.** → columnar. **col·um·nist** ['kɒləmnɪst; -mɪst; *Am*. 'kɑ-] *s Zeitung*: Kolum'nist(in).

co·lure [kə'ljʊə; *Am*. kə'lʊər; 'kəʊˌl-] *s astr*. Ko'lur *m*, Deklinati'onskreis *m*.

col·za ['kɒlzə; *Am*. 'kɑl-; 'kəʊl-] *s bot*. Raps *m*: **~ oil** Rüb-, Rapsöl *n*.

co·ma[1] ['kəʊmə] *s* **1.** *med*. Koma *n*, tiefe Bewußtlosigkeit: **to be in a ~** im Koma liegen; **to fall** (*od*. **go**) **into a ~** ins Koma fallen. **2.** Apa'thie *f*, Stumpfheit *f*.

co·ma[2] ['kəʊmə] *pl* **-mae** [-miː] *s* **1.** *bot*. a) Schopf *m*, b) Haarbüschel *n* (*an Samen*). **2.** Koma *f*: a) *astr. Nebelhülle um den Kern e-s Kometen*, b) *phys. Linsenfehler*.

Co·man·che [kə'mæntʃɪ] *s* **1.** Ko'mantsche *m*, Ko'mantschin *f*. **2.** *ling*. Ko'mantschensprache *f*.

Co·man·che·an [kə'mæntʃɪən] *s e-e*

nordamer. geologische Periode (*zwischen Jura- u. Kreidezeit*).

co·ma·tose [ˈkəʊmətəʊs; *Am. a.* ˈkɑm-] *adj* **1.** *med.* komaˈtös. **2.** aˈpathisch, stumpf.

comb [kəʊm] **I** *s* **1.** a) Kamm *m*, b) Kämmen *n*: **your hair needs a good ~** du mußt dich mal richtig kämmen. **2.** (Pferde)Striegel *m*. **3.** *tech.* Kamm *m*, *bes.* a) Wollkamm *m*, b) (Flachs)Hechel *f*, c) Gewindeschneider *m* (*an e-r Drehbank*), d) *electr.* (Kamm)Stromabnehmer *m*. **4.** *zo.* Kamm *m* (*des Hahnes etc*): **to cut s.o.'s ~** *fig.* j-n demütigen. **5.** (Berg- *od.* Wellen)Kamm *m*. **6.** Honigwabe *f*. **II** *v/t* **7.** *Haar* kämmen. **8.** *a.* **~ out** a) *Wolle* auskämmen, krempeln, b) *Flachs* hecheln. **9.** *Pferd* striegeln. **10.** *fig. Gegend* ˈdurchkämmen, absuchen, durchˈsuchen. **11.** *meist* **~ out** *fig.* a) sieben, sichten, b) aussondern, -suchen, c) *mil.* ausmustern.

com·bat [ˈkɒmbæt; *Am.* ˈkɑm-] **I** *v/t* **1.** bekämpfen, kämpfen gegen. **II** *v/i* **2.** kämpfen. **III** *s* **3.** Kampf *m*. **4.** *mil.* (Entscheidungs)Kampf *m*, Gefecht *n*, (Kampf)Einsatz *m*. **IV** *adj* **5.** Kampf...: **~ dress**; **~ sport**; **~ airfield** Feldflugplatz *m*.

com·bat·ant [ˈkɒmbətənt; *Am.* ˈkɑm-; *a.* kəmˈbætnt] **I** *s* **1.** Kämpfer *m*. **2.** *mil.* Angehörige(r) *m* der Kampftruppen, Frontkämpfer *m*. **II** *adj* **3.** kämpfend. **4.** *mil.* zur Kampftruppe gehörig, Kampf...

com·bat| car *s mil. Am.* Kampfwagen *m*. **~ef·fi·cien·cy** *s mil.* Kampfwert *m*. **~ fa·tigue** *s mil. psych.* ˈKriegsneuˌrose *f*. **~ group** *s mil.* Kampfgruppe *f*.

com·ba·tive [ˈkɒmbətɪv; *Am.* kəmˈbætɪv] *adj* (*adv* **~ly**) **1.** kampfbereit. **2.** aggresˈsiv.

com·bat| or·der *s mil.* Gefechtsbefehl *m*. **ˈ~-ˌread·y** *adj mil.* einsatz-, gefechtsbereit. **~ team** *s mil. Am.* Kampfgruppe *f*. **~ train·ing** *s mil.* Gefechtsausbildung *f*. **~ troops** *s pl mil.* Kampftruppen *pl*. **~ u·nit** *s mil. Am.* Kampfverband *m*.

combe → **coomb(e)**.

comb·er [ˈkəʊmə(r)] *s* **1.** a) Wollkämmer *m*, Krempler *m*, b) Flachshechler *m*. **2.** *tech.* a) ˈKrempelmaˌschine *f*, b) ˈHechelmaˌschine *f*. **3.** *mar.* Sturzwelle *f*, Brecher *m*.

comb hon·ey *s* Scheibenhonig *m*.

com·bi·na·tion [ˌkɒmbɪˈneɪʃn; *Am.* ˌkɑmbəˈneɪʃən] *s* **1.** Verbindung *f*, Vereinigung *f*, Verknüpfung *f*, Kombinatiˈon *f* (*a. Sport, Schach etc*). **2.** Zs.-stellung *f*. **3.** Vereinigung *f*, Verbindung *f*, Interˈessengemeinschaft *f* (*von Personen*). **4.** a) Gewerkschaft *f*, b) Konˈzern *m*, c) Karˈtell *n*, Ring *m*. **5.** Zs.-schluß *m*, Bündnis *n*, Absprache *f*: **~ in restraint of trade** Abkommen *n* zur Monopolisierung des Handels. **6.** *mus.* Combo *f*, (kleine) Jazzband. **7.** *tech.* Kombinatiˈon *f*, kombiˈniertes Gerät. **8.** Motorrad *n* mit Beiwagen, ˈBeiwagenmaˌschine *f*, *bes. sport* Gespann *n*. **9.** *chem.* Verbindung *f*. **10.** *math.* Kombinatiˈon *f*. **11.** *tech.* a) (ˈBuchstaben)Kombinatiˌon *f* (*Vexierschloß*), b) Mechaˈnismus *m* e-s Veˈxierschlosses. **12.** *meist pl* Kombinatiˈon *f*: a) Hemdhose *f* mit langem Bein, b) (einteiliger) Schutzanzug, Monˈtur *f*. **~ fuse** *s tech.* kombiˈnierter Zünder, Doppelzünder *m*. **~ lock** *s tech.* Kombinatiˈons-, Veˈxierschloß *n*. **~ pli·ers** *s pl* (*a. als sg konstruiert*) Kombi(natiˈons)zange *f*. **~ room** *s Br.* Gemeinschaftsraum *m* (*der Fellows e-s College der Universität Cambridge*).

com·bi·na·tive [ˈkɒmbɪnətɪv; -neɪtɪv; *Am.* ˈkɑmbəˌneɪtɪv; kəmˈbaɪnə-] *adj* **1.** verbindend. **2.** Verbindungs...

com·bi·na·to·ri·al [ˌkɒmbɪnəˈtɔːrɪəl; *Am.* ˌkɑmbənəˈtəʊriːəl; kəmˌbaɪnəˈt-] *adj math.* kombinaˈtorisch. **~ a·nal·y·sis** *s math.* Kombinatiˈons- u. Permutatiˈonslehre *f*.

com·bi·na·to·rics [ˌkɒmbɪnəˈtɔːrɪks; *Am.* ˌkɑmbənəˈtəʊrɪks; kəmˌbaɪnəˈt-] *s pl* (*als sg konstruiert*) *math.* Kombinaˈtorik *f*, Kombinatiˈonslehre *f*.

com·bine [kəmˈbaɪn] **I** *v/t* **1.** verbinden (*a. chem.*), vereinigen, zs.-setzen, kombiˈnieren: **to ~ business with pleasure** das Nützliche mit dem Angenehmen verbinden; **to ~ forces** die Kräfte vereinigen. **2.** in sich vereinigen, *Eigenschaften etc* gleichzeitig besitzen. **II** *v/i* **3.** sich verbinden (*a. chem.*), sich vereinigen. **4.** sich zs.-schließen, sich verbünden. **5.** zs.-wirken: **everything ~d against him** alles verschwor sich gegen ihn. **6.** e-e Einheit bilden. **III** *s* [ˈkɒmbaɪn; *Am.* ˈkɑm-] **7.** Verbindung *f*, Vereinigung *f*. **8.** a) poˈlitische *od.* wirtschaftliche Interˈessengemeinschaft, b) *econ.* Verband *m*, Konˈzern *m*, Karˈtell *n*: **~ price** Verbandspreis *m*. **9.** *a.* **~ harvester** *agr.* Mähdrescher *m*. **10.** *art* ˈBildobˌjekt *n*.

com·bined [kəmˈbaɪnd] *adj* **1.** vereinigt: **all his talents ~** all s-e Talente zusammen. **2.** verbündet. **3.** *chem.* verbunden. **4.** gemeinsam, gemeinschaftlich: **~ efforts** gemeinsame Bemühungen. **5.** *mil.* verbunden (*mehrere Truppengattungen*), kombiˈniert, ˈinteralliˌiert (*mehrere Alliierte*). **~ arms** *s pl mil.* verbundene Waffen *pl*, gemischte Verbände *pl*. **~ e·vent** *s sport* Mehrkampf *m*. **~ op·er·a·tion** *s mil.* Operatiˈon *f* verbundener Waffen.

comb·ing [ˈkəʊmɪŋ] *s* **1.** (Aus)Kämmen *n*. **2.** *pl* ausgekämmte Haare *pl*. **~ works** *s pl* (*oft als sg konstruiert*) *tech.* Kämmeˈrei *f*.

com·bin·ing form [kəmˈbaɪnɪŋ] *s ling.* in Zs.-setzungen verwendete Wortform (*wie* **Anglo-** *etc*).

com·bo [ˈkɒmbəʊ; *Am.* ˈkɑm-] *pl* **-bos** → **combination** 6.

ˈcomb-out *s* **1.** Auskämmen *n*. **2.** *fig.* Siebung *f*, Sichtung *f*.

com·bus·ti·bil·i·ty [kəmˌbʌstəˈbɪlətɪ] *s* (Ver)Brennbarkeit *f*, Entzündlichkeit *f*.

comˈbus·ti·ble I *adj* (*adv* **combustibly**) **1.** (ver)brennbar, (leicht)entzündlich. **2.** *fig.* erregbar, jähzornig. **II** *s* **3.** ˈBrennstoff *m*, -materiˌal *n*.

com·bus·tion [kəmˈbʌstʃən] *s* **1.** Verbrennung *f* (*a. biol. chem.*). **2.** *fig.* Erregung *f*, Aufruhr *m*, Tuˈmult *m*. **~ cham·ber** *s tech.* Verbrennungskammer *f*, -raum *m*, Brennkammer *f*. **~ en·gine** *s tech.* Verˈbrennungs(ˌkraft)maˌschine *f*, Verbrennungsmotor *m*.

com·bus·tive [kəmˈbʌstɪv] *adj* **1.** entzündend, Zünd... **2.** Verbrennungs..., Brenn..., Entzündungs... **comˈbus·tor** [-tə(r)] → **combustion chamber**.

come [kʌm] **I** *v/i pret* **came** [keɪm] *pp* **come 1.** kommen: **s.o. is coming** es kommt j-d; **to be long in coming** lange auf sich warten lassen; **to ~ before the judge** vor den Richter kommen; **he came to see us** er besuchte uns, er suchte uns auf; **no work has ~ his way** er hat (noch) keine Arbeit gefunden; **that ~s on page 4** das kommt auf Seite 4; **the message has ~** die Nachricht ist gekommen *od.* eingetroffen; **ill luck came to him** ihm widerfuhr (ein) Unglück; **I was coming to that** darauf wollte ich gerade hinaus. **2.** (dran)kommen, an die Reihe kommen: **who ~s first? 3.** kommen, erscheinen, auftreten: **to ~ and go** a) kommen u. gehen, b) erscheinen u. verschwinden; **love will ~ in time** mit der Zeit wird sich die Liebe einstellen. **4.** reichen, sich erstrecken: **the dress ~s to her knees** das Kleid reicht ihr bis zu den Knien. **5.** kommen, gelangen (**to** zu): **to ~ to the throne** den Thron besteigen; **to ~ into danger** in Gefahr geraten; **when we ~ to die** wenn es zum Sterben kommt, wenn wir sterben müssen; **how came it to be yours?** wie kamen *od.* gelangten Sie dazu? **6.** kommen, abstammen (**of, from** von): **he ~s of a good family** er kommt *od.* stammt aus gutem Hause; **I ~ from Leeds** ich stamme aus Leeds. **7.** kommen, ˈherrühren (**of** von): **that's what ~s of your hurry** das kommt von d-r Eile; **nothing came of it** es wurde nichts daraus. **8.** kommen, geschehen, sich entwickeln, sich ereignen: **~ what may** (*od.* **will**) komme, was da wolle. **9.** sich erweisen: **it ~s expensive** es kommt teuer; **the expenses ~ rather high** die Kosten kommen recht hoch. **10.** ankommen (**to s.o** j-n): **it ~s hard (easy) to me** es fällt mir schwer (leicht). **11.** (*vor inf*) werden, sich entwickeln, dahin *od.* dazu kommen: **he has ~ to be a good musician** er ist ein guter Musiker geworden, aus ihm ist ein guter Musiker geworden; **it has ~ to be the custom** es ist Sitte geworden; **to ~ to know s.o.** j-n kennenlernen; **to ~ to know s.th.** etwas erfahren; **I have ~ to believe that** ich bin zu der Überzeugung gekommen, daß; **how did you ~ to do that?** wie kamen Sie dazu, das zu tun? **12.** (*bes. vor adj*) werden, sich entwickeln: **to ~ true** sich bewahrheiten *od.* erfüllen, eintreffen; **to ~ all right** in Ordnung kommen; **the butter will not ~** die Butter bildet sich nicht *od.* ‚wird' nicht. **13.** *agr. bot.* (herˈaus)kommen, sprießen, keimen. **14.** auf den Markt kommen, erhältlich sein: **these shirts ~ in three sizes** diese Hemden gibt es in drei Größen. **15. to ~** (*als adj gebraucht*) (zu)künftig, kommend: **the life to ~** das zukünftige Leben; **for all time to ~** für alle Zukunft; **in the years to ~** in den kommenden Jahren. **16.** *sl.* ‚kommen' (*e-n Orgasmus haben*).

II *v/t* **17.** *colloq.* sich aufspielen als, *j-n od. etwas* spielen, herˈauskehren: **don't try to ~ the great scholar over me!** versuche nicht, mir gegenüber den großen Gelehrten zu spielen!; **don't ~ that dodge over me!** mit dem Trick kommst du bei mir nicht an!

III *interj* **18.** na (hör mal)!, komm!, bitte!: **~, ~!** a) *a.* **~ now!** nanu!, nicht so wild!, immer langsam!, b) (*ermutigend*) na komm schon!, auf geht's!

IV *s* **19.** Kommen *n*: **the ~ and go of the years** das Kommen u. Gehen der Jahre. **20.** *vulg.* ‚Soße' *f* (*Sperma*).

Besondere Redewendungen:

~ again! *colloq.* sag's nochmal!; **~ to that** *colloq.* was das betrifft; **as stupid as they ~** *colloq.* dumm wie Bohnenstroh; **how ~s it that?**, *colloq.* **how ~ that?** wie kommt es, daß?; **how ~?** *colloq.* wieso (denn)?, wie das?; **a year ago ~ March** *colloq.* im März vor e-m Jahr; **came Christmas** *obs.* dann kam Weihnachten; **he is coming nicely** *colloq.* er macht sich recht gut; **to ~ to o.s.** (wieder) zu sich kommen; **to ~ it** *Br. colloq.* ‚es schaffen'; **he can't ~ that** *Br. colloq.* das schafft er nicht; (*siehe a. die Verbindungen mit den entsprechenden Substantiven etc*).

Verbindungen mit Präpositionen:

come| a·cross *v/i* **1.** zufällig treffen *od.* finden *od.* sehen, stoßen auf (*acc*). **2.** *j-m* in den Sinn kommen: **the thought came across my mind that** mir kam der Gedanke, daß. **~ af·ter** *v/i* **1.** *j-m* folgen, hinter *j-m* ˈhergehen. **2.** *etwas* holen kommen. **3.** suchen, sich bemühen um. **~ at** *v/i* **1.** erreichen, bekommen, erlangen, *Wahrheit etc* herˈausfinden. **2.** angreifen, auf *j-n* losgehen. **~ be·tween** *v/i fig.* zwischen (*Personen od. Dinge*) treten. **~ by** *v/i* **1.** kommen zu *etwas*, erlangen, bekommen, sich *e-e Verletzung etc* holen. **2.** → **come across** 1. **~ for** *v/i* **1.** *etwas* abholen kommen, kommen wegen. **2.** *j-n* attacˈkieren, losgehen auf (*acc*). **~ in·to** *v/i* **1.** eintreten in (*acc*). **2.** *e-m Klub etc* beitreten. **3.** (*rasch od. unerwartet*) zu *etwas* kommen: **to ~ a fortune** ein Vermögen erben; → **fashion** 1, **own** *Bes. Redew.*, **use** 10. **~ near** *v/i* **1.** *fig.* nahekommen (*dat*). **2. to ~ doing s.th.** etwas beinahe tun. **~ off** *v/i* **1.** herˈunterfallen von (*Pferd, Rad etc*). **2. ~ it!** *colloq.* hör schon auf damit! **~ on** → **come upon**. **~ o·ver** *v/i* **1.** überˈkommen, beschleichen, befallen: **what has ~ you?** was ist mit dir los?, was fällt dir ein? **2.** *colloq. j-n* reinlegen. **3.** → **come** 17. **~ through** *v/i Krankheit etc* überˈstehen, -ˈleben. **~ to** *v/i* **1.** *j-m* zufallen (*bes. durch Erbschaft*). **2.** *j-m* zukommen, zustehen: **all the credit that's coming to him; he had it coming to him** *colloq.* er hatte das längst verdient. **3.** zum *Bewußtsein etc* kommen, zur *Besinnung* kommen. **4.** kommen *od.* gelangen zu: **what are things coming to?**, I don't **know what the world's coming to** wo soll das denn nur hinführen?; **when it comes to paying** wenn es ans Bezahlen geht. **5.** sich belaufen auf (*acc*): **it comes to £100.** **~ un·der** *v/i* **1.** kommen *od.* fallen unter (*acc*): **to ~ a law. 2.** geraten unter (*acc*). **~ up·on** *v/i* **1.** *j-n* befallen, überˈkommen, *j-m* zustoßen. **2.** über *j-n* ˈherfallen. **3.** → **come across** 1. **4.** *j-m* zur Last fallen. **~ with·in** → **come under.**

Verbindungen mit Adverbien:

come| a·bout *v/i* **1.** geschehen, pasˈsieren. **2.** entstehen. **3.** *mar.* ˈumspringen (*Wind*). **~ a·cross** *v/i* **1.** herˈüberkommen. **2.** a) verstanden werden, b) ‚ankommen', ‚rüberkommen' (*Rede etc*). **3.** *colloq.* daˈmit ‚herˈausrücken': **to ~ with** a) mit *Informationen* herausrücken, b) *Geld* herausrücken. **~ a·long** *v/i* **1.** mitkommen, -gehen: **~!** *colloq.* ‚dalli!', komm schon! **2.** kommen, sich ergeben (*Chance etc*). **3.** *colloq.* vorwärtskommen, Fortschritte machen: **how is your English coming along?** wie kommst du mit d-m Englisch voran? **~ a·part** *v/i* auseinˈanderfallen, in Stücke gehen. **~ a·way** *v/i* **1.** sich lösen, ab-, losgehen (*Knopf etc*). **2.** weggehen (*Person*). **~ back** *v/i* **1.** a) zuˈrückkommen, ˈwiederkehren: **to ~ to s.th.** auf e-e Sache zurückkommen, b) wieder in Mode kommen, c) wieder eingeführt werden. **2.** ein Comeˈback feiern. **3.** wieder einfallen (**to s.o.** j-m). **4.** (schlagfertig) antworten: **she came back at him with an angry remark** sie entgegnete ihm mit e-r wütenden Bemerkung. **~ by** *v/i* vorˈbeikommen, ‚reinschauen' (*Besucher*). **~ down** *v/i* **1.** herˈab-, herˈunterkommen, (*Regen, Schnee*) fallen. **2.** (ein)stürzen, (-)fallen. **3.** *aer.* niedergehen. **4.** *a.* **~ in the world** *fig.* herˈunterkommen (*Person*): **she has ~ quite a bit** sie ist ganz schön tief gesunken. **5.** *ped. univ. Br.* a) die Universiˈtät verlassen, b) in die Ferien gehen. **6.** überˈliefert werden. **7.** *colloq.* herˈuntergehen, sinken (*Preis*), billiger werden (*Dinge*). **8.** nachgeben, kleinlaut werden: → **peg** 1. **9. ~ on** a) sich stürzen auf (*acc*), b) ˈherfallen über (*acc*), *j-m* ‚aufs Dach steigen': → **brick** 1. **10. ~ with** *colloq.* *Geld* herˈausrücken: **to ~ handsomely** sich spendabel zeigen. **11. ~ with** erkranken an (*dat*). **12. ~ to** a) hinˈauslaufen auf (*acc*), b) ankommen auf (*acc*). **~ forth** *v/i* **1.** herˈvorkommen. **2. nothing new came forth** es gab keine neuen Erkenntnisse. **3. ~ for·ward** *v/i* **1.** an die Öffentlichkeit treten, herˈvortreten: **to ~ as a candidate** als Kandidat auftreten. **2.** sich (freiwillig) melden, sich anbieten. **~ home** *v/i* **1.** nach Hause kommen, heimkommen. **2. to ~ to s.o.** j-m schmerzlich klar werden. **~ in** *v/i* **1.** herˈeinkommen: **~!** a) herein!, b) (*Funk*) (bitte) kommen! **2.** eingehen, -treffen (*Nachricht, Geld etc*), *mar. sport* einkommen, *rail.* einlaufen: **to ~ second** *sport* den zweiten Platz belegen. **3.** aufkommen, in Mode kommen: **long skirts ~ again. 4.** an die Macht *od.* ans Ruder kommen. **5.** an die Reihe kommen. **6.** sich *als nützlich etc* erweisen: **this will ~ useful**; → **handy** 5. **7.** Berücksichtigung finden: **where do I ~?** wo bleibe ich?; **that's where you ~** da bist dann du dran; **where does the joke ~?** was ist daran so witzig? **8. ~ for** *Bewunderung etc* erregen, auf *Kritik etc* stoßen. **9. ~ on** mitmachen bei, sich beteiligen an (*dat*). **~ off** *v/i* **1.** ab-, losgehen, sich lösen. **2.** herˈunterfallen (*vom Rad etc*). **3.** auslaufen (*Stück*), enden (*Ausstellung*). **4.** *colloq.* stattfinden, ‚über die Bühne gehen'. **5.** *colloq.* a) abschneiden: **he came off best**, b) erfolgreich verlaufen, glücken. **6.** *sl.* ‚kommen' (*e-n Orgasmus haben*). **~ on** *v/i* **1.** herˈankommen: **~!** a) komm (mit)!, b) komm her!, c) na, komm schon!; los!, d) *colloq.* na, na!; nur sachte! **2.** beginnen, einsetzen: **it came on to rain** es begann zu regnen. **3.** an die Reihe kommen. **4.** *thea.* a) auftreten, b) aufgeführt werden. **5.** stattfinden: **it comes on next week. 6.** a) wachsen, gedeihen, b) vorˈankommen, Fortschritte machen. **7.** *jur.* verhandelt werden (*Fall*). **~ out** *v/i* **1.** herˈaus-, herˈvorkommen, sich zeigen. **2.** *a.* **~ on strike** *bes. Br.* streiken. **3.** herˈauskommen: a) erscheinen (*Buch*), b) bekanntwerden, an den Tag kommen (*Wahrheit etc*). **4.** ausgehen (*Haare, Farbe*), herˈausgehen (*Fleck etc*). **5.** *colloq.* werden, sich *gut etc* entwickeln. **6.** ausbrechen (*Ausschlag*): **to ~ in a rash** e-n Ausschlag bekommen. **7.** debüˈtieren: a) zum ersten Male auftreten (*Schauspieler*), b) in die Gesellschaft eingeführt werden. **8.** *phot. etc* a) *gut etc* werden (*Bild*), b) *gut etc* herˈauskommen (**in** auf *dat*) (*Person*). **9. ~ with** *colloq.* a) mit *der Wahrheit etc* ‚herˈausrücken', b) *Flüche etc* ‚vom Stapel lassen'. **10. ~ against** a) sich aussprechen gegen, b) den Kampf ansagen (*dat*). **11.** sich offen zu s-r Homosexualiˈtät bekennen. **~ o·ver** *v/i* **1.** herˈüberkommen. **2.** ˈübergehen (**to** zu). **3.** *Br.* werden, sich fühlen: **to ~ faint. ~ round** *v/i* **1.** ‚vorˈbeikommen' (*Besucher*). **2.** ˈwiederkehren (*Fest, Zeitabschnitt*). **3. to ~ to s.o.'s way of thinking** sich zu j-s Meinung bekehren. **4.** a) wieder zu sich kommen, das Bewußtsein ˈwiedererlangen, b) sich erholen. **5.** a) sich wieder beruhigen, b) sich wieder vertragen. **6. to ~ to doing s.th.** dazu kommen, etwas zu tun. **~ through** *v/i* **1.** ˈdurchkommen (*Funkspruch etc*): **to ~ on the telephone** telefonisch durchkommen. **2.** ˈdurchkommen (*Patient etc*): **to ~ without a scratch** ohne e-n Kratzer davonkommen. **~ to** *v/i* **1.** → **come round** 4. **2.** *mar.* vor Anker gehen. **~ up** *v/i* **1.** herˈaufkommen. **2.** herˈankommen: **to ~ to s.o.** an j-n herantreten. **3.** aufgehen (*Sonne*). **4.** *jur.* verhandelt werden (*Fall*). **5.** *a.* **~ for discussion** zur Sprache kommen, angeschnitten werden: **the question came up. 6. ~ for** zur *Abstimmung, Entscheidung* kommen. **7.** gezogen werden, gewinnen (*Los etc*): **he came up on the football pools** er gewann im Fußballtoto. **8.** aufkommen, Mode werden. **9.** *Br.* sein Studium aufnehmen, zu stuˈdieren anfangen. **10. if a vacancy comes up** falls e-e Stelle frei wird. **11.** *Br.* nach London kommen. **12. ~ to** a) reichen bis an (*acc*) *od.* zu, b) erreichen (*acc*), c) *fig.* herˈanreichen an (*acc*): → **expectation** 1, **scratch** 5. **13. ~ with** a) *j-n* einholen, b) Schritt halten mit, c) *fig.* es *j-m* gleichtun. **14. his supper came up again** das Abendessen kam ihm wieder hoch. **15. ~ with** ‚daˈherkommen' mit, ‚auftischen': **to ~ with a solution** e-e Lösung präsentieren.

come-at-a·ble [ˌkʌmˈætəbl] *adj colloq.* erreichbar, zugänglich.

ˈcome·back *s* **1.** Comeˈback *n*: **to stage** (*od.* **make**) **a ~** ein Comeback feiern. **2.** (schlagfertige) Antwort.

co·me·di·an [kəˈmiːdjən; -ɪən] *s* **1.** a) Koˈmödienschauspieler *m*, b) Komiker *m* (*a. contp.*). **2.** Koˈmödien-, Lustspieldichter *m*. **3.** Spaßvogel *m*, Witzbold *m* (*beide a. contp.*). **co·me·di·enne** [kəˌmeɪdɪˈen; kəˌmiː-] *s* a) Koˈmödienschauspielerin *f*, b) Komikerin *f*. **coˌme·di·ˈet·ta** [-ˈetə] *s* kurzes Lustspiel, Posse *f*.

com·e·dist [ˈkɒmɪdɪst; *Am.* ˈkɑ-] *s* Koˈmödien-, Lustspieldichter *m*.

com·e·do [ˈkɒmɪdəʊ; *Am.* ˈkɑ-] *pl* **-do·nes** [ˌ-ˈdəʊniːz], **-dos** *s med.* Mitesser *m*.

ˈcome·down *s fig.* **1.** Niedergang *m*, Abstieg *m*. **2.** *colloq.* Enttäuschung *f*.

com·e·dy [ˈkɒmɪdɪ; *Am.* ˈkɑ-] *s* **1.** *thea.* Koˈmödie *f*, Lustspiel *n*: **light ~** Schwank *m*; **~ of character** Charakterkomödie; **~ of manners** Sittenstück *n*; **~ of mistaken identity** Verwechslungskomödie. **2.** *fig.* ‚Koˈmödie' *f*, komische Sache. **3.** Komik *f*. **ˈ~wright** → **comedian** 2.

ˌcome-ˈhith·er *adj colloq.* einladend: **a ~ look.**

come·li·ness [ˈkʌmlɪnɪs] *s* Attraktiviˈtät *f*, Schönheit *f*. **ˈcome·ly** *adj* **1.** attrakˈtiv, schön. **2.** *obs.* schicklich.

ˈcome|-off *s colloq.* **1.** Vorwand *m*, Ausflucht *f*. **2.** Ausgang *m*, Ende *n*. **ˈ~-on** *s colloq.* **1.** Lockvogelangebot *n*, Köder *m* (*bes. für Käufer*). **2.** Schwindler *m*. **3.** leichtes Opfer, Gimpel *m*. **4. to give s.o. the ~** j-n ‚anmachen' (*bes. Frau*).

com·er [ˈkʌmə(r)] *s* **1.** Ankömmling *m*: **the ~s and goers** die Ankommenden u. die Abreisenden; **to watch the ~s and goers** das Kommen u. Gehen der Leute beobachten; **first ~** Zuerstkommende(r *m*) *f*, wer zuerst kommt, *weitS.* (*der od. die*) erstbeste; **all ~s** jedermann. **2.** *bes. Am. colloq.* vielversprechende Perˈson *od.* Sache: **he is a ~** er ist der kommende Mann.

co·mes·ti·ble [kəˈmestɪbl] **I** *adj* eßbar, genießbar. **II** *s pl* Eßwaren *pl*, Nahrungs-, Lebensmittel *pl*.

com·et [ˈkɒmɪt; *Am.* ˈkɑmət] *s* **1.** *astr.* Koˈmet *m*. **2.** *fig.* Senkrechtstarter, der schnell wieder in der Versenkung verschwindet.

come·up·pance [ˌkʌmˈʌpəns] *s colloq.* wohlverdiente Strafe.

com·fit [ˈkʌmfɪt] *s obs.* Konˈfekt *n*, Zukkerwerk *n*, kanˈdierte Früchte *pl*.

com·fort [ˈkʌmfə(r)t] **I** *v/t* **1.** trösten, *j-m* Trost zusprechen *od.* spenden. **2.** beruhigen. **3.** erfreuen. **4.** *j-m* Mut zusprechen. **5.** *obs.* unterˈstützen, *j-m* helfen. **II** *s* **6.** Trost *m*, Tröstung *f*, Erleichterung *f* (**to** für): **to derive** (*od.* **take**) **~ from s.th.** aus etwas Trost schöpfen; **to give ~ to** → 1; **what a ~!** Gott sei Dank!, welch ein Trost!; **he was a great ~ to**

her er war ihr ein großer Trost *od.* Beistand; **a few words of ~** ein paar tröstliche Worte; → **cold** 4 e. **7.** Wohltat *f*, Labsal *n*, Erquickung *f* (to für). **8.** Behaglichkeit *f*, Wohlergehen *n*: **to live in ~** ein behagliches u. sorgenfreies Leben führen. **9.** *a. pl* Komˈfort *m*: **a hotel with every modern ~** (*od.* **all modern ~s**) ein Hotel mit allem Komfort; **~ station** (*od.* **room**) *Am.* öffentliche Bedürfnisanstalt. **10.** *a.* **soldiers' ~s** *pl* Liebesgaben *pl* (für Solˈdaten). **11.** *obs.* Hilfe *f*.

com·fort·a·ble [ˈkʌmfə(r)təbl; ˈkʌmftəbl] *adj* (*adv* **comfortably**) **1.** komforˈtabel, bequem, behaglich, gemütlich: **to make o.s. ~** es sich bequem machen; **are you ~?** haben Sie es bequem?, sitzen *od.* liegen *etc* Sie bequem?; **to feel ~** sich wohl fühlen; **the patient is ~** der Patient hat keine Beschwerden. **2.** bequem, sorgenfrei: **to live in ~ circumstances** in angenehmen Verhältnissen leben. **3.** ausreichend, recht gut: **a ~ income**. **4.** tröstlich. **5.** angenehm, wohltuend. **6.** *bes. sport* beruhigend (*Vorsprung, Führung*).

com·fort·er [ˈkʌmfə(r)tə(r)] *s* **1.** Tröster *m*: **the C~** *relig.* der Tröster (*der Heilige Geist*); → **Job**[2]. **2.** *bes. Br.* Wollschal *m*. **3.** *Am.* Steppdecke *f*. **4.** *bes. Br.* Schnuller *m* (*für Babys*). **ˈcom·fort·ing** *adj* tröstlich, ermutigend. **ˈcom·fort·less** *adj* **1.** unbequem. **2.** trostlos. **3.** unerfreulich.

com·frey [ˈkʌmfrɪ] *s bot.* Schwarzwurz *f*.

com·fy [ˈkʌmfɪ] *colloq.* → **comfortable** 1.

com·ic [ˈkɒmɪk; *Am.* ˈkɑ-] **I** *adj* (*adv* → **comically**) **1.** komisch, Komödien..., Lustspiel...: **~ actor** a) Komödienschauspieler *m*, b) Komiker *m*; **~ tragedy** Tragikomödie *f* (*a. fig.*); **~ writer** Komödien-, Lustspieldichter *m*. **2.** komisch, humoˈristisch: **~ book** *Am.* buntes (Monats)Heft mit Bildergeschichten; **~ paper** → 5 a. **3.** → **comical** 1. **II** *s* **4.** → **comedian** 1. **5.** *colloq.* a) Witzblatt *n*, b) *pl* → **comic strips**. **6.** ˈFilmkoˌmödie *f*. **7.** → **comicality**. **ˈcom·i·cal** *adj* (*adv* → **comically**) **1.** komisch, ulkig, spaßig. **2.** *colloq.* komisch, sonderbar. **ˌcom·iˈcal·i·ty** [-ˈkælətɪ] *s* Komik *f*, (*das*) Komische, Spaßigkeit *f*. **ˈcom·i·cal·ly** *adv* komisch(erweise). **ˈcom·i·cal·ness** → **comicality**.

com·ic| op·er·a *s mus.* komische Oper. **~ strips** *s pl* Comics *pl*.

com·ing [ˈkʌmɪŋ] **I** *adj* **1.** kommend: a) (zu)künftig: **the ~ man** der kommende Mann, b) nächst(er, e, es): **~ week**. **II** *s* **2.** Kommen *n*, Nahen *n*, Ankunft *f*. **3.** Eintritt *m* (*e-s Ereignisses*): **~ of age** Mündigwerden *n*. **4.** **C~** *relig.* Adˈvent *m*, Kommen *n* (*Christi*). **~ in** *pl* **com·ings in** *s* **1.** Anfang *m*, Beginn *m*. **2.** *pl* Einkommen *n*, Einnahmen *pl*.

com·i·ty [ˈkɒmɪtɪ; *Am.* ˈkɑm-; ˈkəʊm-] *s* **1.** Freundlichkeit *f*, Höflichkeit *f*. **2.** **~ of nations** *jur.* gutes Einvernehmen der Natiˈonen.

com·ma [ˈkɒmə; *Am.* ˈkɑmə] *s* **1.** Komma *n* (*a. mus.*), Beistrich *m*. **2.** *pl a.* **-ma·ta** [-mətə] *metr.* a) Halbvers *m* (*des Hexameters*), b) Zäˈsur *f*. **3.** *fig.* (kurze) Pause. **~ ba·cil·lus** *s irr med.* ˈKommabaˌzillus *m*.

com·mand [kəˈmɑːnd; *Am.* kəˈmænd] **I** *v/t* **1.** befehlen, gebieten (*dat*): **to ~ s.o. to come** j-m befehlen zu kommen. **2.** gebieten, fordern, (gebieterisch) verlangen: **to ~ silence** sich Ruhe erbitten. **3.** beherrschen, gebieten über (*acc*), unter sich haben. **4.** *mil.* kommanˈdieren: a) *j-m* befehlen, b) *Truppe* befehligen, führen. **5.** *Gefühle, a. die Lage* beherrschen: **to ~ o.s.** (*od.* **one's temper**) sich beherrschen. **6.** zur Verfügung haben, verfügen über (*acc*): **to ~ a sum**; **to ~ s.o.'s services**. **7.** *Mitgefühl, Vertrauen etc* einflößen: **to ~ sympathy**; **to ~ (s.o.'s) admiration** (j-m) Bewunderung abnötigen, (j-s) Bewunderung verdienen; **to ~ respect** Achtung gebieten. **8.** (*durch strategisch günstige Lage*) beherrschen: **this hill ~s a wide area**. **9.** *Aussicht* gewähren, bieten: **this window ~s a fine view**. **10.** *arch.* den einzigen Zugang bilden zu (*e-m Gebäudeteil etc*). **11.** *econ.* a) *Preis* einbringen, erzielen, b) *Absatz* finden. **12.** *obs.* bestellen.
II *v/i* **13.** befehlen, gebieten. **14.** *mil.* kommanˈdieren, das Komˈmando führen, den Befehl haben. **15.** Ausblick gewähren: **as far as the eye ~s** soweit das Auge reicht.
III *s* **16.** Befehl *m* (*a. Computer*), Gebot *n*: **at s.o.'s ~** auf j-s Befehl; **by ~** laut Befehl. **17.** *fig.* Herrschaft *f*, Gewalt *f* (**of** über *acc*): **to lose ~ of one's temper** die Beherrschung verlieren. **18.** Verfügung *f*: **to be at s.o.'s ~** j-m zur Verfügung stehen; **to have at ~** → 6. **19.** Beherrschung *f*, Kenntnis *f* (*e-r Sprache etc*): **to have ~ of** *e-e Fremdsprache etc* beherrschen; **his ~ of English** s-e Englischkenntnisse; **~ of language** Sprachbeherrschung *f*, Redegewandtheit *f*. **20.** *mil.* Komˈmando *n*: a) (Ober)Befehl *m*, Führung *f*: **to be in ~** das Kommando führen; **in ~ of** befehligend; **to take ~ of an army** das Kommando über e-e Armee übernehmen; **the higher ~** *Br.* die höhere Führung, b) (volle) Komˈmandogewalt, Befehlsbefugnis *f*, c) Befehl *m*: **~ of execution** Ausführungskommando, d) Befehlsbereich *m*. **21.** *mil.* Komˈmandobehörde *f*, Führungsstab *m*, ˈOberkomˌmando *n*. **22.** (*strategische*) Beherrschung (*e-s Gebiets etc*). **23.** Sichtweite *f*, Aussicht *f*. **24.** *Br.* königliche Einladung.

com·man·dant [ˌkɒmənˈdænt; -ˈdɑːnt; *Am.* ˈkɑmənˌd-] → **commander** 1 b.

com·mand car *s mil. Am.* Befehlsfahrzeug *n*, Kübelwagen *m*.

com·man·deer [ˌkɒmənˈdɪə(r); *Am.* ˌkɑ-] *v/t* **1.** zum Miliˈtärdienst zwingen. **2.** *mil.* requiˈrieren, beschlagnahmen. **3.** *colloq.* ‚organiˈsieren', sich aneignen.

com·mand·er [kəˈmɑːndə(r); *Am.* -ˈmæn-] *s* **1.** *mil.* Truppen-, Einheitsführer *m*: a) Kommanˈdeur *m* (*vom Bataillon bis einschließlich Korps*), Befehlshaber *m* (*e-r Armee*), b) Kommanˈdant *m* (*e-r Festung od. e-s Panzers od. Flugzeugs*), c) (Zug)Führer *m*, (Kompaˈnie-)Chef *m*, d) **~ in chief** *pl* **~s in chief** Oberbefehlshaber *m*. **2.** *mar. Am.* Freˈgattenkapiˌtän *m*. **3.** **C~ of the Faithful** *hist.* Beherrscher *m* der Gläubigen (*Sultan der Türkei*). **4.** Komˈtur *m*, Komˈmanˈdeur *m* (*e-s Verdienstordens*). **5.** *hist.* Komˈtur *m* (*e-s Ritterordens*): **Grand C~** Großkomtur. **comˈmand·er·y** *s* **1.** *hist.* Komtuˈrei *f*. **2.** *mil.* Kommanˈdanˈtur *f* (*Bezirk*).

com·mand| file *s Computer*: Komˈmandodaˌtei *f*. **~ func·tion** *s Computer*: Komˈmandofunktiˌon *f*.

com·mand·ing [kəˈmɑːndɪŋ; *Am.* -ˈmænd-] *adj* (*adv* **~ly**) **1.** herrschend, domiˈnierend, gebietend, befehlend. **2.** achtunggebietend, impoˈnierend, eindrucksvoll. **3.** herrisch, gebieterisch. **4.** *mar. mil.* kommanˈdierend, befehlshabend: **~ general** kommandierender General, (Armee)Befehlshaber *m*; **~ officer** Kommandeur *m*, Einheitsführer *m*. **5.** (*die Gegend*) beherrschend. **6.** weit: **~ view**.

com·mand·ment [kəˈmɑːndmənt; *Am.* -ˈmænd-] *s* **1.** Gebot *n*, Gesetz *n*, Vorschrift *f*: **the Ten C~s** *Bibl.* die Zehn Gebote. **2.** Befehlsgewalt *f*.

com·mand mod·ule *s Raumfahrt*: Komˈmandokapsel *f*.

com·man·do [kəˈmɑːndəʊ; *Am.* -ˈmæn-] *pl* **-dos, -does** *s mil.* **1.** Komˈmando *n*: **~ attack** Kommandounternehmen *n*; **~ squad** (*od.* **unit**) Kommandotrupp *m*, -einheit *f*. **2.** Angehörige(r) *m* e-s Komˈmandos.

com·mand| pa·per *s parl. Br.* (*dem Parlament vorgelegter*) Kabiˈnettsbeschluß. **~ per·form·ance** *s thea.* Aufführung *f* auf königlichen Befehl *od.* Wunsch. **~ post** *s mil.* Befehls-, Gefechtsstand *m*.

com·ma·ta [ˈkɒmətə; *Am.* ˈkɑ-] *pl von* **comma** 2.

com·mem·o·rate [kəˈmeməreɪt] *v/t* **1.** erinnern an (*acc*): **a monument to ~ a victory** ein Denkmal zur Erinnerung an e-n Sieg. **2.** e-e Gedenkfeier abhalten für, *j-s* Gedächtnis feiern, (ehrend) gedenken (*gen*). **comˌmem·oˈra·tion** *s* **1.** (ehrendes) Gedenken, Erinnerung *f*, Gedächtnis *n*: **in ~ of** zum Gedenken *od.* Gedächtnis an (*acc*). **2.** Gedenk-, Gedächtnisfeier *f*.

com·mem·o·ra·tive [kəˈmemərətɪv; -reɪtɪv], **comˈmem·o·ra·to·ry** [-rətərɪ; *Am.* -rəˌtəʊriː; -ˌtɔː-] *adj* **1.** **to be ~ of** erinnern an (*acc*). **2.** Gedenk..., Gedächtnis..., Erinnerungs...: **~ issue** Gedenkausgabe *f* (*Briefmarken etc*); **~ plaque** Gedenktafel *f*.

com·mence [kəˈmens] **I** *v/i* **1.** beginnen, anfangen. **2.** *bes. Br.* e-n akaˈdemischen Grad erwerben: **to ~ M.A.** zum M.A. promovieren. **II** *v/t* **3.** beginnen, anfangen. **4.** *jur.* *e-e Klage* anhängig machen, *e-n Prozeß* einleiten *od.* anstrengen. **comˈmence·ment** *s* **1.** Anfang *m*, Beginn *m*. **2.** *bes. Am.* (Tag *m* der) Feier *f* der Verleihung akaˈdemischer Grade. **comˈmenc·ing** *adj* Anfangs...: **~ salary**.

com·mend [kəˈmend] *v/t* **1.** empfehlen: **to ~ o.s.** sich (*als geeignet*) empfehlen (*a. Sache*); **~ me to your parents** empfehlen Sie mich Ihren Eltern. **2.** loben. **3.** empfehlen, anvertrauen (**to** *dat*): **to ~ one's soul to God** s-e Seele Gott befehlen. **comˈmend·a·ble** *adj* (*adv* **commendably**) **1.** empfehlenswert. **2.** lobenswert, löblich.

com·men·dam [kəˈmendæm] *s relig.* Komˈmende *f*.

com·men·da·tion [ˌkɒmenˈdeɪʃn; *Am.* ˌkɑmənˈd-] *s* **1.** Empfehlung *f*. **2.** Lob *n*. **3.** *relig.* Sterbegottesdienst *m*, Toten-, Seelenmesse *f*. **ˈcom·men·da·tor** [-tə(r)] *s relig.* Verwalter *m* e-r Komˈmende. **com·mend·a·to·ry** [kəˈmendətərɪ; *Am.* -dəˌtəʊriː; -ˌtɔː-] *adj* **1.** empfehlend, Empfehlungs...: **~ letter**. **2.** lobend, anerkennend.

com·men·sal [kəˈmensl] **I** *s* **1.** Tischgenosse *m*. **2.** *biol.* Kommenˈsale *m* (*mit e-m anderen in Ernährungsgemeinschaft lebender Organismus*). **II** *adj* **3.** am gleichen Tisch essend. **4.** *biol.* kommenˈsal.

com·men·su·ra·bil·i·ty [kəˌmenʃərəˈbɪlətɪ] *s* **1.** Kommensurabiliˈtät *f* (*a. math. phys.*), Vergleichbarkeit *f*. **2.** richtiges Verhältnis. **comˈmen·su·ra·ble I** *adj* (*adv* **commensurably**) **1.** (**with**) kommensuˈrabel (mit) (*a. math. phys.*), vergleichbar (mit), mit demˈselben Maß meßbar (wie). **2.** angemessen, im richtigen Verhältnis. **II** *s* **3.** *math.* kommensuˈrable Größe.

com·men·su·rate [kəˈmenʃərət] *adj* (*adv* **~ly**) **1.** gleich groß, von gleicher Dauer, von gleichem ˈUmfang *od.* (Aus-)Maß (**with** wie). **2.** (**with, to**) im Einklang stehend (mit), entsprechend *od.* angemessen (*dat*). **3.** → **commensurable.**

com,men·su'ra·tion *s* **1.** Anpassung *f.* **2.** Gleichmaß *n.* **3.** richtiges Verhältnis.

com·ment ['kɒment; *Am.* 'kɑ-] **I** *s* **1.** (on, upon) Kommen'tar *m* (zu): a) Bemerkung *f*, Erklärung *f*, Stellungnahme *f* (zu): **no ~!** kein Kommentar!, b) (kritische *od.* erklärende) Erläuterung, Anmerkung *f* (zu), Deutung *f* (*gen*): **fair ~ (on a matter of public interest)** *jur.* sachliche Kritik. **2.** Kri'tik *f*, kritische Bemerkungen *pl.* **3.** Gerede *n*: **to give rise to much ~** viel von sich reden machen. **II** *v/i* (on, upon) **4.** e-n Kommen'tar abgeben (zu), Erläuterungen *od.* Anmerkungen machen (zu), Stellung nehmen (zu): **to ~ on s.th.** etwas kommentieren. **5.** (kritische) Bemerkungen machen *od.* sich kritisch äußern (über *acc*). **6.** reden, klatschen (über *acc*). **III** *v/t* **7.** bemerken: **he ~ed that** er wies darauf hin, daß.

com·men·tar·y ['kɒməntərɪ; -trɪ; *Am.* 'kɑmən,teri:] *s* **1.** Kommen'tar *m* (on zu *Texten etc*): **a ~ on the Bible** ein Bibelkommentar. **2.** Kommen'tar *m*, erläuternder Bericht: **radio ~** Rundfunkkommentar. **3.** → **comment** 1. **4.** *pl* Kommen'tare *pl*, tagebuchartige Bemerkungen *pl*, Denkschriften *pl.* **'com·men·tate I** *v/t e-n Text etc* kommen'tieren. **II** *v/i* ~ (up)on (*Rundfunk, TV*) kommen'tieren (*acc*). **,com·men'ta·tion** *s* Kommen'tierung *f.* **'com·men·ta·tor** [-menteɪtə(r); -mən-] *s* **1.** Kommen'tator *m*, Erläuterer *m.* **2.** *Rundfunk, TV*: Kommen'tator *m*, Re'porter *m.* **3.** Berichterstatter *m.*

'com·ment·less *adj* kommen'tarlos.

com·merce ['kɒmɜ:s; *Am.* 'kɑmərs; -,mɜrs] *s* **1.** Handel *m*, Handelsverkehr *m*: **domestic** (*od.* **internal**) ~ *Am.* Binnenhandel; **foreign ~** *Am.* Außenhandel. **2.** (gesellschaftlicher) Verkehr, 'Umgang *m*: **to have no ~ with** *fig.* nichts zu tun haben mit. **3.** *obs.* Geschlechtsverkehr *m.* **4.** (Gedanken)Austausch *m.*

com·mer·cial [kə'mɜ:ʃl; *Am.* -'mɜrʃəl] **I** *adj* (*adv* **~ly**) **1.** Handels..., Geschäfts..., kommerzi'ell, kaufmännisch, geschäftlich. **2.** handeltreibend. **3.** für den Handel bestimmt, Handels... **4.** a) in großen Mengen erzeugt *od.* vorkommend, b) abbauwürdig (*Ölvorkommen etc*), c) mittlerer *od.* niederer Quali'tät, d) nicht (ganz) rein (*Chemikalien*). **5.** handelsüblich: **~ quality. 6.** *Rundfunk, TV*: Werbe..., Reklame...: **~ broadcasting** a) Werbefunk *m*, b) kommerzieller Rundfunk; **~ television** a) Werbefernsehen *n*, b) kommerzielles Fernsehen. **7.** a) kommerzi'ell, auf finanzi'ellen Gewinn abzielend: **a ~ drama** ein kommerzielles Stück, b) finanzi'ell: **a ~ success. II** *s* **8.** *Rundfunk, TV*: a) Werbespot *m*, b) von e-m Sponsor finan'zierte Sendung. **~ a·gen·cy** *s* **1.** 'Handelsauskunf,tei *f.* **2.** 'Handelsagen,tur *f*, -vertretung *f.* **~ al·co·hol** *s* handelsüblicher Alkohol, Sprit *m.* **~ art** *s* Gebrauchs-, Werbegraphik *f.* **~ at·ta·ché** *s* 'Handelsatta,ché *m.* **~ a·vi·a·tion** *s* Handels-, Verkehrsluftfahrt *f.* **~ col·lege** *s* Wirtschafts(ober)schule *f.* **~ cor·re·spond·ence** *s* 'Handels-, Ge'schäftskorrespon,denz *f.* **~ court** *s jur.* Handelsgericht *n.* **~ cred·it** *s* 'Waren-, 'Handels-, Ge'schäftskre,dit *m.* **~ di·rec·to·ry** *s* 'Handelsa,dreßbuch *n.* **~ fer·ti·liz·er** *s* Handelsdünger *m.* **~ ge·og·ra·phy** *s* 'Wirtschaftsgeogra,phie *f.* **~ ho·tel** *s* Ho'tel *n* für Handlungsreisende.

com·mer·cial·ism [kə'mɜ:ʃəlɪzəm; *Am.* -'mɜr-] *s* **1.** Handelsgeist *m.* **2.** Handelsgepflogenheit *f.* **3.** kommerzi'elle Ausrichtung. **com'mer·cial·ist** *s* **1.** Handeltreibende(r) *m.* **2.** kommerzi'ell denkender Mensch. **com,mer·cial·i'za·tion** [-laɪ'zeɪʃn; *Am.* -lə'z-] *s* Kommerziali'sierung *f*, Vermarktung *f*: **com'mer·cial·ize** *v/t* **1.** kommerziali'sieren, vermarkten. **2.** in den Handel bringen.

com·mer·cial| law *s jur.* Handelsrecht *n.* **~ let·ter** *s* Geschäftsbrief *m.* **~ let·ter of cred·it** *s* Akkredi'tiv *n.* **~ loan** *s* 'Warenkre,dit *m.* **~ man** *s irr* Geschäftsmann *m.* **~ pa·per** *s* kurzfristiges 'Handelspa,pier (*bes. Wechsel*). **~ school** *s* Handelsschule *f.* **~ tim·ber** *s* Nutzholz *n.* **~ trav·el·(l)er** *s* Handlungsreisende(r) *m.* **~ trea·ty** *s* Handelsvertrag *m*, -abkommen *n.* **~ val·ue** *s* Handels-, Marktwert *m.* **~ ve·hi·cle** *s* Nutzfahrzeug *n.*

com·mie, C~ ['kɒmɪ; *Am.* 'kɑmi:] *s colloq.* Kommu'nist(in).

com·mi·na·tion [,kɒmɪ'neɪʃn; *Am.* ,kɑ-] *s* **1.** Drohung *f* (mit e-r Strafe *od.* mit Rache). **2.** *relig.* (*anglikanische Kirche*) a) Androhung *f* göttlicher Strafe, b) Bußgottesdienst *m.*

com·min·gle [kɒ'mɪŋgl; *Am.* kɑ-] *v/t u. v/i* (sich) vermischen.

com·mi·nute ['kɒmɪnju:t; *Am.* 'kɑ-; *a.* -,nu:t] *v/t* **1.** zerreiben, pulveri'sieren. **2.** zerkleinern, zersplittern: **~d fracture** *med.* Splitterbruch *m.* **,com·mi'nu·tion** *s* **1.** Zerreibung *f*, Pulveri'sierung *f.* **2.** Zerkleinerung *f.* **3.** Abnutzung *f.* **4.** *med.* (Knochen)Splitterung *f.*

com·mis·er·ate [kə'mɪzəreɪt] **I** *v/t j-n* bemitleiden, bedauern. **II** *v/i* Mitleid empfinden (with mit). **com,mis·er'a·tion** *s* Mitleid *n*, Bedauern *n.* **com'mis·er·a·tive** [-rətɪv; *Am.* -,reɪtɪv] *adj* mitleidsvoll.

com·mis·sar [,kɒmɪ'sɑ:; 'kɒmɪsɑ:; *Am.* 'kɑmə,sɑ:r] *s* Kommis'sar *m* (*bes. in der Sowjetunion*): **People's C~** *pol. obs.* Volkskommissar. **,com·mis'sar·i·al** [-'seərɪəl] *adj* kommis'sarisch, Kommissar... **,com·mis'sar·i·at** [-'seərɪət] *s* **1.** *mil.* a) Intendan'tur *f*, b) Ver'pflegungsorganisati,on *f.* **2.** Lebensmittelversorgung *f.* **3.** *pol. obs.* 'Volkskommissari,at *n.*

com·mis·sar·y ['kɒmɪsərɪ; *Am.* 'kɑmə,seri:] *s* **1.** (*relig.* bischöflicher) Kommis'sar, Beauftragte(r) *m.* **2.** *pol.* (*obs.* 'Volks)Kommis,sar *m.* **3.** *jur.* a) *Scot.* Richter *m* e-s Grafschaftsgerichts, b) *Br.* Universi'tätsrichter *m* (*Oxford, Cambridge*). **4.** Ver'pflegungsstelle *f*, -maga,zin *n.* **5.** *mil.* Verpflegungsausgabestelle *f.* **~ gen·er·al** *pl* **com·mis·sar·ies gen·er·al** *s* Gene'ralkommis,sar *m.*

com·mis·sion [kə'mɪʃn] **I** *s* **1.** Über'tragung *f* (to an *acc*). **2.** Auftrag *m*, Anweisung *f.* **3.** Bevollmächtigung *f*, Beauftragung *f*, Vollmacht *f* (*a. als Urkunde*). **4.** a) Ernennungsurkunde *f*, b) *mil.* Offi'zierspa,tent *n*: **to hold a ~** e-e Offiziersstelle innehaben. **5.** Kommissi'on *f*, Ausschuß *m*: **to be on the ~** Mitglied der Kommission sein; **~ of inquiry** Untersuchungsausschuß. **6.** kommis'sarische Stellung *od.* Verwaltung: **in ~** a) bevollmächtigt, beauftragt (*Person*), b) in kommissarischer Verwaltung (*Amt etc*). **7.** (über'tragenes) Amt: **in ~** in amtlicher Stellung. **8.** über'tragene Aufgabe, Auftrag *m.* **9.** *econ.* a) (Geschäfts)Auftrag *m*, b) Kommissi'on *f*, Geschäftsvollmacht *f*: **on ~** in Kommission, c) Provisi'on *f*, Kommissi'ons-, Vermittlungsgebühr *f*: **to sell on ~** gegen Provision verkaufen; **on a ~ basis** auf Provisionsbasis; **~ agent** Kommissionär *m*, Provisionsvertreter *m*, d) Cour'tage *f*, Maklergebühr *f.* **10.** Verübung *f*, Begehung *f*: **~ of a crime. 11.** a) *mar.* Dienst *m* (*e-s Schiffes*), b) *colloq.* Betrieb(sfähigkeit *f*) *m*: **to put** (*od.* **place**) **a ship in** (*od.* **into**) **~** ein Schiff (wieder) in Dienst stellen; **to put out of ~** *Schiff* außer Dienst stellen, *colloq. etwas* ‚außer Gefecht setzen', ‚kaputtmachen'; **out of ~** außer Betrieb, ‚kaputt'. **II** *v/t* **12.** bevollmächtigen, beauftragen. **13.** a) *j-m* e-n Auftrag *od.* e-e Bestellung geben, b) *etwas* in Auftrag geben: **to ~ a statue; ~ed work** Auftragswerk *n*, -arbeit *f.* **14.** *mar. mil. j-m* ein Offi'zierspa,tent verleihen, *j-n* zum Offi'zier ernennen: **~ed officer** (durch Patent bestallter) Offizier. **15.** *mar. Schiff* in Dienst stellen. **16.** *j-m* ein Amt über'tragen.

com·mis·sion·aire [kə,mɪʃə'neə(r)] *s* **1.** *bes. Br.* (li'vrierter) Porti'er (*Theater, Hotel etc*). **2.** *Am.* (Handels)Vertreter *m*, *bes.* (Auslands)Einkäufer *m.*

com·mis·sion·er [kə'mɪʃnə(r)] *s* **1.** Bevollmächtigte(r) *m*, Beauftragte(r) *m.* **2.** (Re'gierungs)Kommis,sar *m*: **High C~** Hochkommissar (*diplomatischer Vertreter e-s Commonwealth-Landes*). **3.** *bes. Am.* Leiter *m* des Amtes (of für) (*das e-m Ministerium unterstellt ist*): **~ of patents** Leiter des Patentamts; **~ of police** Polizeichef *m.* **4.** Mitglied *n* e-r (Re'gierungs)Kommissi,on, Kommis'sar *m.* **5.** *pl* Re'gierungskommissi,on *f.* **6. ~ of deeds** *jur. Am.* (*etwa*) No'tar *m*; **~ for oaths** *jur. Br.* (*etwa*) Notar *m.*

com·mis·sion| mer·chant *s econ.* Kommissio'när *m*, 'Handelsa,gent *m*, Inhaber *m* e-s Kommissi'onsgeschäfts. **~ of the peace** *s Br.* Friedensrichteramt *n.*

com·mis·sure ['kɒmɪ,sjʊə; *Am.* 'kɑmə,ʃʊər] *s* **1.** Naht *f*, Verbindungsstelle *f.* **2.** *anat.* Verbindung *f*, *bes.* a) Nervenverbindungsstrang *m*, b) Fuge *f*, (Knochen-)Naht *f.*

com·mit [kə'mɪt] *v/t* **1.** anvertrauen, über'geben, -'tragen, -'antworten (to *dat*): **to ~ s.th. to s.o.'s care** etwas j-s Fürsorge anvertrauen; **to ~ one's soul to God** s-e Seele Gott befehlen; **to ~ to the grave** der Erde übergeben, beerdigen. **2.** festhalten (to auf, in *dat*): **to ~ to paper** (*od.* **to writing**) zu Papier bringen; **to ~ to memory** auswendig lernen. **3.** *jur.* a) *j-n* einweisen (**to prison** in e-e Strafanstalt; **to an institution** in e-e Heil- u. Pflegeanstalt), b) *j-n* über'geben: **to ~ s.o. for trial** j-n dem zuständigen Gericht zur Hauptverhandlung überstellen. **4.** *parl. Gesetzesantrag etc* an e-n Ausschuß über'weisen. **5.** *ein Verbrechen etc* begehen, verüben: **to ~ murder; to ~ a sin (folly)** e-e Sünde (Dummheit) begehen; → **foul** 16, **suicide** 1. **6.** (to) *j-n* (*od.* **o.s.** sich) verpflichten (zu), binden (an *acc*), festlegen (auf *acc*): **to ~ o.s. to s.th.** sich e-r Sache verschreiben; **to be ~ted** sich festgelegt haben; **~ted writer** engagierter Schriftsteller. **7.** kompromit'tieren, gefährden: **to ~ o.s.** sich e-e Blöße geben, sich kompromittieren. **8.** *mil. Truppen* einsetzen.

com·mit·ment [kə'mɪtmənt] *s* **1.** Über'tragung *f*, -'antwortung *f*, 'Übergabe *f* (to an *acc*). **2.** *jur.* a) → **committal** 2, b) Verhaftung *f*, c) schriftlicher Haftbefehl. **3.** *parl.* Über'weisung *f* an e-n Ausschuß. **4.** Begehung *f*, Verübung *f*: **~ of a crime. 5.** (to) Verpflichtung *f* (zu), Festlegung *f* (auf *acc*), Bindung *f* (an *acc*), *a.* (*politisches etc*) Engage'ment: **to undertake a ~** e-e Verpflichtung eingehen; **without any ~** ganz unverbindlich.

6. *econ.* a) Verbindlichkeit *f*, (finanzi'elle) Verpflichtung, b) *Am. Börse*: Engage'ment *n*.

com·mit·ta·ble [kəˈmɪtəbl] *adj* leicht zu begehen(d): ~ **mistake. com'mit·tal** *s* **1.** → **commitment** 1–5. **2.** *jur.* Über'stellung *f*, Einlieferung *f*, Einweisung *f* (**to** in *e-e Strafanstalt od. e-e Heil- u. Pflegeanstalt*): ~ **to prison**; ~ **order** Einweisungsbeschluß *m*. **3.** Beerdigung *f*: ~ **service** Bestattungsfeier *f*.

com·mit·tee [kəˈmɪtɪ] *s* **1.** Komi'tee *n*, Ausschuß *m*, Kommissi'on *f* (**on** für): **to be** (*od.* **sit**) **on a** ~ in e-m Ausschuß sein; **standing** ~ ständiger Ausschuß; **the House goes into C~** (*od. Br.* **resolves itself into a C~**) *parl.* das Abgeordnetenhaus konstituiert sich als Ausschuß; ~ **of the whole (House)** *parl.* das gesamte als Ausschuß zs.-getretene Haus; **C~ of Supply** *Br.* Staatsausgaben-Bewilligungsausschuß; **C~ of Ways and Means** *bes. Br.* Finanz-, Haushaltsausschuß; **~man, ~woman** *bes. Am.* Komiteemitglied *n*; ~ **stage** Stadium *n* der Ausschußberatung (*zwischen 2. u. 3. Lesung e-s Gesetzentwurfs*). **2.** [*Br.* ˌkɒmɪˈtiː] *jur. obs.* Vormund *m* (*e-s Entmündigten*).

com·mix [kɒˈmɪks; *Am.* kəˈm-; kɑˈm-] *v/t u. v/i* (sich) (ver)mischen. **com'mix·ture** [-tʃə(r)] *s* **1.** (Ver)Mischung *f*. **2.** Gemisch *n*.

com·mode [kəˈməʊd] *s* **1.** ('Wasch-) Komˌmode *f*. **2.** hoher Nachtstuhl. **3.** *hist.* Faltenhaube *f*.

com·mo·di·ous [kəˈməʊdjəs; -dɪəs] *adj* (*adv* **~ly**) **1.** geräumig. **2.** *obs.* (zweck-) dienlich, geeignet. **com'mo·di·ous·ness** *s* **1.** Geräumigkeit *f*. **2.** *obs.* Zweckdienlichkeit *f*.

com·mod·i·ty [kəˈmɒdətɪ; *Am.* -ˈmɑ-] *s* **1.** *econ.* Ware *f*, ('Handels)Arˌtikel *m*, Gebrauchsgegenstand *m*. **2.** *econ.* Roh-, Grundstoff *m*. **3.** Vermögensgegenstand *m*. **4.** *obs.* Vorteil *m*, Nutzen *m*. **~dol·lar** *s econ. Am.* Warendollar *m* (*vorgeschlagene Währungseinheit, deren Goldgehalt sich der jeweiligen Warenindexziffer anpassen würde*). **~ex·change** *s econ.* Warenbörse *f*. **~mar·ket** *s econ.* **1.** Warenmarkt *m*. **2.** Rohstoffmarkt *m*. **~mon·ey** *s econ. Am. auf dem* **commodity dollar** *fußende Währung*. **~pa·per** *s econ.* Doku'mententratte *f*.

com·mo·dore [ˈkɒmədɔː(r); *Am.* ˈkɑ-] *s mar.* **1.** Kommo'dore *m*: a) *Am. Kapitän zur See mit Admiralsrang*, b) *Br. Kapitän zur See, Geschwaderkommandant* (*kein offizieller Dienstgrad*), c) *rangältester Kapitän mehrerer* (*Kriegs*)*Schiffe*, d) *Ehrentitel für verdiente Kapitäne der Handelsmarine*. **2.** Präsi'dent *m* e-s Jachtklubs. **3.** Kommo'doreschiff *n*.

com·mon [ˈkɒmən; *Am.* ˈkɑ-] **I** *adj* (*adv* → **commonly**) **1.** gemeinsam, gemeinschaftlich: **our** ~ **interest**; ~ **to all** allen gemeinsam; **to be on** ~ **ground with s.o.** j-s Ansichten teilen, mit j-m e-r Meinung sein; **that was** ~ **ground in yesterday's debate** darüber waren sich in der gestrigen Debatte alle einig; **to be** ~ **ground between the parties** *jur.* von keiner der Parteien bestritten werden; → **cause** 3. **2.** allgemein, öffentlich: **by** ~ **consent** mit allgemeiner Zustimmung; ~ **crier** *bes. hist.* öffentlicher Ausrufer. **3.** Gemeinde..., Stadt... **4.** no'torisch, berüchtigt: ~ **criminal**. **5.** allgemein (bekannt), all'täglich, gewöhnlich, nor'mal, vertraut: **it is a** ~ **belief** es wird allgemein geglaubt; **it is** ~ **knowledge (usage)** es ist allgemein bekannt (üblich); **a very** ~ **name** ein sehr häufiger Name; ~ **sight** alltäglicher *od.* vertrauter Anblick; ~ **talk** Stadtgespräch *n*. **6.** üblich, allgemein gebräuchlich: ~ **salt** gewöhnliches Salz, Kochsalz *n*. **7.** *bes. biol.* gemein (*die häufigste Art bezeichnend*): ~ **or garden** *colloq.* ‚Feld-Wald-u.-Wiesen-...'; → **cold** 15. **8.** allgemein zugänglich, öffentlich: ~ **woman** Prostituierte *f*. **9.** gewöhnlich, minderwertig, zweitklassig. **10.** abgedroschen: **a** ~ **phrase**. **11.** *colloq.* gewöhnlich, ordi'när: ~ **manners**. **12.** gewöhnlich, ohne Rang: **the** ~ **people** das einfache Volk; ~ **soldier** einfacher Soldat. **13.** *math.* gemeinsam: → **denominator** 1.

II *s* **14.** All'mende *f*, Gemeindeland *n* (*heute oft Parkanlage in der Ortsmitte*). **15.** *a.* **right of** ~ Mitbenutzungsrecht *n* (**of an** *dat*): ~ **of pasture** Weiderecht; → **fishery** 5, **piscary** 1. **16.** Gemeinsamkeit *f*: (**to act**) **in** ~ gemeinsam (vorgehen); **in** ~ **with** (genau) wie; **to have in** ~ **with** gemein haben mit; **to hold in** ~ gemeinsam besitzen. **17.** (*das*) Gewöhnliche, Norm *f*: **out of the** ~ außergewöhnlich, -ordentlich. **18.** → **commons**.

com·mon·a·ble [ˈkɒmənəbl; *Am.* ˈkɑ-] *adj* **1.** in gemeinsamem Besitz (*Land*), Gemeinde... **2.** *hist.* Gemeindeweide...: ~ **cattle**. **'com·mon·age** *s* **1.** gemeinsames Nutzungsrecht (*von Weideland etc*). **2.** gemeinsamer Besitz. **ˌcom·mon'al·i·ty** [-ˈnælətɪ] → **commonalty** 1. **'com·mon·al·ty** [-nltɪ] *s* **1.** (*das*) gemeine Volk, Allge'meinheit *f*. **2.** (Mitglieder *pl* e-r) Körperschaft *f*.

com·mon| car·ri·er *s* **1.** öffentliche Verkehrs- *od.* Trans'portgesellschaft. **2.** 'Fuhrunterˌnehmer *m*, Spedi'teur *m*, Spediti'on *f*. **~coun·cil** *s* Gemeinderat *m* (*in USA u. London*). **~di·vi·sor** *s math.* gemeinsamer Teiler.

com·mon·er [ˈkɒmənə(r); *Am.* ˈkɑ-] *s* **1.** Bürger(liche[r]) *m*, Nichtadlige(r) *m*. **2.** *Br.* Stu'dent, der s-n 'Unterhalt selbst bezahlt. **3.** **C~** *Br.* a) *parl.* 'Unterhausabgeordnete(r) *m*, b) Mitglied *n* des Londoner Stadtrats.

com·mon| frac·tion *s math.* gemeiner Bruch. **~gen·der** *s ling.* doppeltes Geschlecht. **~law** *s jur.* **1.** (ungeschriebenes englisches) Gewohnheitsrecht (*Ggs.* **statute law**). **2.** *das gesamte anglo-amerikanische Rechtssystem* (*Ggs.* **civil law**). **3.** *das von den früheren Gerichten in England angewandte strengere Recht* (*Ggs.* **equity [law]**). **'~-law** *adj jur.* gewohnheitsrechtlich: ~ **marriage** eheähnliches Zs.-leben (ohne kirchliche *od.* Ziviltrauung), Konsensehe *f*; ~ **wife** Lebensgefährtin *f*.

com·mon·ly [ˈkɒmənlɪ; *Am.* ˈkɑ-] *adv* gewöhnlich, im allgemeinen, nor'malerweise.

Com·mon| Mar·ket *s econ. pol.* Gemeinsamer Markt. **c~ meas·ure** *s* **1.** → **common divisor**. **2.** *mus.* gerader Takt, *bes.* Vier'vierteltakt *m*. **c~ mul·ti·ple** *s math.* gemeinsames Vielfaches. **c~ name** *s* Gattungsname *m*.

com·mon·ness [ˈkɒmənnɪs; *Am.* ˈkɑ-] *s* **1.** Gemeinsamkeit *f*. **2.** Gewöhnlichkeit *f*, All'täglichkeit *f*, Häufigkeit *f*. **3.** *colloq.* Gewöhnlichkeit *f*, ordi'näre Art.

com·mon| night·shade *s bot.* Schwarzer Nachtschatten. **~noun** *s ling.* Gattungsname *m*, -wort *n*.

com·mon·place [ˈkɒmənpleɪs; *Am.* ˈkɑ-] **I** *s* **1.** Gemeinplatz *m*, Binsenwahrheit *f*, Plati'tüde *f*. **2.** All'täglichkeit *f*, Abgedroschenheit *f*. **3.** all'tägliche (*uninteressante*) Sache. **4.** Lesefrucht *f*, Aufzeichnung *f* (*aus e-m Buch*): ~ **book** Kollektaneen-, Notizbuch *n*. **II** *adj* **5.** all'täglich, Alltags..., abgedroschen, *pred a.* gang u. gäbe.

com·mon| pleas *s pl jur. Br. hist.* Zi'vilrechtsklagen *pl*. **C~ prayer** *s relig.* **1.** angli'kanische Litur'gie. **2.** (**Book of**) ~ Gebetbuch *n* der angli'kanischen Kirche. **~room** *s* **1.** Gemeinschaftsraum *m*: **junior (senior)** ~ *univ. Br.* Gemeinschaftsraum für Studenten (für den Lehrkörper *od.* die Fellows). **2.** *ped.* Lehrerzimmer *n*.

com·mons [ˈkɒmənz; *Am.* ˈkɑ-] *s pl* **1.** (*das*) gemeine Volk, (*die*) Gemeinen *pl od.* Bürgerlichen *pl*. **2.** **the C~** *parl.* a) die 'Unterhausabgeordneten *pl*, b) *a.* **House of C~** Unterhaus *n* (*in GB u. Kanada*). **3.** *Br.* a) Gemeinschaftsessen *n* (*bes. in Colleges*): **to eat at** ~ am gemeinsamen Mahl teilnehmen, b) tägliche Kost, Essen *n*, Rati'on *f*: **kept on short** ~ auf schmale Kost gesetzt.

com·mon| school *s Am.* staatliche (Volks)Schule. **~sense** *s* gesunder Menschenverstand, praktischer Sinn: **in** ~ vernünftigerweise. **'~-sense** *adj* vernünftig (denkend), verständig, dem gesunden Menschenverstand entsprechend. **~ser·geant** *s* Richter *m* u. Rechtsberater *m* der **City of London**. **~stock** *s econ. Am.* Stammaktie *f*. **~time** → **common measure** 2. **'~weal** *s* **1.** Gemeinwohl *n*, (*das*) allgemeine Wohl. **2.** *obs.* → **commonwealth**.

'com·mon·wealth *s* **1.** Gemeinwesen *n*, Staat *m*, Nati'on *f*. **2.** Freistaat *m*, Repu'blik *f*. **3.** **C~** *Br. hist.* Repu'blik *f*, Commonwealth *n* (*unter Cromwell 1649–60*). **4.** *Am.* a) *offizielle Bezeichnung für e-n der Staaten Massachusetts, Pennsylvania, Virginia u. Kentucky*, b) *hist. Bundesstaat der USA*. **5.** Commonwealth *n*, Staatenbund *m*: **the British C~ of Nations** das Commonwealth; **the C~ of Australia** der Australische Bund; **C~ Day** *Br.* Commonwealth-Feiertag *m* (*am 24. Mai, dem Geburtstag der Queen Victoria*); **the** ~ **of learning** *fig.* die Gelehrtenwelt. **6.** *obs.* Gemeinwohl *n*.

com·mo·tion [kəˈməʊʃn] *s* **1.** heftige Bewegung, Erschütterung *f*. **2.** Erregung *f*, Aufregung *f*. **3.** *pol. u. fig.* Aufruhr *m*, Tu'mult *m*. **4.** Durchein'ander *n*, Wirrwarr *m*.

com·mu·nal [ˈkɒmjʊnl; *bes. Am.* kəˈmjuːnl; *Am. a.* ˈkɑmjənl] *adj* **1.** Gemeinde..., Kommunal... **2.** gemeinschaftlich, Gemeinschafts...: ~ **aerial** (*bes. Am.* **antenna**) *TV* Gemeinschaftsantenne *f*. **3.** einfach, Volks...: ~ **poetry** Volksdichtung *f*. **4.** ~ **living** *sociol.* Leben *n* in Kommunen. **com·mu·nal·ism** *s* Kommuna'lismus *m* (*Regierungssystem in Form von fast unabhängigen, verbündeten kommunalen Bezirken*). **com·mu·nal·i'za·tion** [-laɪˈzeɪʃn; *Am.* -ləˈz-] *s* Kommunali'sierung *f*. **com·mu·nal·ize** [ˈkɒmjʊnəlaɪz; *bes. Am.* kəˈmjuːnl-; *Am. a.* ˈkɑmjənl-] *v/t* kommunali'sieren, in Gemeindebesitz *od.* -verwaltung 'überführen.

com·mu·nard [ˈkɒmjʊnɑːd; *Am.* ˌkɑmjʊˈnɑːrd] *s sociol.* Kommu'narde *m*.

com·mune[1] **I** *v/i* [kəˈmjuːn] **1.** sich (vertraulich) unter'halten, sich besprechen, Gedanken austauschen (**with** mit): **to** ~ **with o.s.** mit sich zu Rate gehen. **2.** *relig.* kommuni'zieren, das heilige Abendmahl empfangen. **II** *s* [ˈkɒmjuːn; *Am.* ˈkɑ-] **3.** Gespräch *n*.

com·mune[2] [ˈkɒmjuːn; *Am.* ˈkɑ-] *s* Gemeinde *f*, Kom'mune *f* (*a. sociol.*).

com·mu·ni·ca·bil·i·ty [kəˌmjuːnɪkəˈbɪlətɪ] *s* **1.** Mitteilbarkeit *f*. **2.** Über'tragbarkeit *f*. **3.** *obs.* Mitteilsamkeit *f*.

com'mu·ni·ca·ble *adj* (*adv* **communicably**) **1.** mitteilbar: ~ **knowledge**. **2.** über'tragbar: ~ **disease** *med.* übertragbare *od.* ansteckende Krankheit.

3. *obs.* kommunikaˈtiv, mitteilsam. **comˈmu·ni·ca·ble·ness** → **communicability**. **comˈmu·ni·cant** [-kənt] **I** *s* **1.** *relig.* a) Kommuniˈkant(in), b) (*kommunizierendes*) Kirchenmitglied. **2.** Mitteilende(r *m*) *f*, Gewährsmann *m*. **II** *adj* **3.** mitteilend. **4.** teilhabend.

com·mu·ni·cate [kəˈmjuːnɪkeɪt] **I** *v/t* **1.** mitteilen (**s.th. to s.o.** j-m etwas). **2.** überˈtragen (**to** auf *acc*): **to ~ a disease**; **to ~ itself (to)** sich mitteilen (*dat*) (*Erregung etc*). **3.** *obs.* teilnehmen an (*dat*). **II** *v/i* **4.** kommuniˈzieren, sich besprechen, Gedanken *od.* Informatiˈonen *od.* Briefe *etc* austauschen, in Verbindung stehen (**with** mit). **5.** sich in Verbindung setzen (**with s.o.** mit j-m). **6.** miteinˈander in Verbindung stehen *od.* (durch e-e Tür *etc*) verbunden sein, zs.-hängen: **these two rooms ~** diese beiden Zimmer haben e-e Verbindungstür; **communicating door** Verbindungstür *f.* **7.** *relig.* → **commune**[1] 2.

com·mu·ni·ca·tion [kəˌmjuːnɪˈkeɪʃn] *s* **1.** (**to**) *allg.* Mitteilung *f* (an *acc*): a) Verständigung *f* (*gen od.* von), b) Überˈmittlung *f* (*e-r Nachricht*) (an *acc*), c) Nachricht *f*, Botschaft *f* (an *acc*), d) Kommunikatiˈon *f* (*von Ideen etc*). **2.** *a. med. phys.* Überˈtragung *f* (**to** auf *acc*): **~ of motion** Bewegungsfortpflanzung *f*; **~ of power** Kraftübertragung. **3.** Gedanken-, Meinungsaustausch *m*, (Brief-, Nachrichten)Verkehr *m*, Schriftwechsel *m*, Verbindung *f*: **to be in ~ with s.o.** mit j-m in Verbindung stehen; **to break off all ~** jeglichen Verkehr abbrechen. **4.** Verbindung *f*, Verkehrsweg *m*, ˈDurchgang *m*. **5.** *pl bes. mil.* Fernmeldewesen *n*: **~ officer** Fernmeldeoffizier *m*; **~ system** Fernmeldenetz *n*. **6.** *pl mil.* Nachschublinien *pl*, Verbindungswege *pl.* **7.** Versammlung *f* (*Freimaurerloge*). **~ cen·ter,** *bes. Br.* **~ cen·tre** *s mil.* ˈFernmeldestelle *f*, -meldezenˌtrale *f.* **~ cord** *s rail. Br.* Notbremse *f*: **to pull the ~.** **~ en·gi·neer·ing** *s* Fernmelde-, Nachrichtentechnik *f.* **~ ser·vice** *s* ˈNachrichtensyˌstem *n*, -dienst *m*. **~s sat·el·lite** *s* ˈNachrichtensatelˌlit *m*.

com·mu·ni·ca·tive [kəˈmjuːnɪkətɪv; -keɪtɪv] *adj* (*adv* **~ly**) **1.** mitteilsam, gesprächig, kommunikaˈtiv. **2.** Mitteilungs... **comˈmu·ni·ca·tive·ness** *s* Mitteilsamkeit *f.* **comˈmu·ni·ca·tor** [-keɪtə(r)] *s* **1.** Mitteilende(r) *m*. **2.** *tel.* (Zeichen)Geber *m*. **comˈmu·ni·ca·to·ry** [-kətərɪ; *Am.* -kəˌtəʊriː; -ˌtɔː-] *adj* mitteilend.

com·mun·ion [kəˈmjuːnjən] *s* **1.** Teilhaben *n*. **2.** gemeinsamer Besitz: **~ of goods** Gütergemeinschaft *f.* **3.** Gemeinschaft *f* (*von Personen*): **C~ of Saints** Gemeinschaft der Heiligen. **4.** Verkehr *m*, Verbindung *f*, ˈUmgang *m*, (enge) Gemeinschaft: **to have** (*od.* **hold**) **~ with s.o.** mit j-m Umgang pflegen; **to hold ~ with o.s.** Einkehr bei sich selbst halten. **5.** *relig.* Religiˈonsgemeinschaft *f*: **to receive into the ~ of the Church** in die Gemeinschaft der Kirche aufnehmen. **6.** **C~** *relig.* (heiliges) Abendmahl, *R.C.* (heilige) Kommuniˈon: **to go to C~** zum Abendmahl gehen; **C~ cup** Abendmahlskelch *m*; **C~ rail** Altargitter *n*; **C~ service** Abendmahlsgottesdienst *m*; **C~ table** Abendmahlstisch *m*.

com·mu·ni·qué [kəˈmjuːnɪkeɪ] *s* Kommuniˈqué *n*.

com·mu·nism [ˈkɒmjʊnɪzəm; *Am.* ˈkɑmjə-] *s* **1.** *econ. pol.* Kommuˈnismus *m*. **2.** *biol.* Kommensaˈlismus *m*. **ˈcom·mu·nist, C~ I** *s* Kommuˈnist(in). **II** *adj* kommuˈnistisch. **ˌcom·muˈnis·tic** *adj* (*adv* **~ally**) kommuˈnistisch.

com·mu·ni·ty [kəˈmjuːnətɪ] *s* **1.** Gemeinschaft *f*: **the ~ of saints**; **~ of heirs** Erbengemeinschaft; **~ singing** gemeinsames Singen; **~ spirit** Gemeinschaftsgeist *m*. **2.** (organiˈsierte poˈlitische *od.* soziˈale) Gemeinschaft. **3.** Gemeinde *f.* **4.** **the ~** die Allgeˈmeinheit, die Öffentlichkeit, das Volk. **5.** Staat *m*, Gemeinwesen *n*. **6.** *relig.* (*nach e-r bestimmten Regel lebende*) Gemeinschaft. **7.** in Gütergemeinschaft lebende (Perˈsonen-)Gruppe. **8.** *bot. zo.* Gemein-, Gesellschaft *f.* **9.** Gemeinschaft *f*, Gemeinsamkeit *f*, gemeinsamer Besitz: **~ of goods** Gütergemeinschaft; **~ of interests** Interessengemeinschaft; **~ property** *jur.* (eheliches) Gemein-, Gesamtgut; **~ aerial** (*bes. Am.* **antenna**) *TV* Gemeinschaftsantenne *f.* **10.** *jur.* eheliche Gütergemeinschaft. **~ cen·ter,** *bes. Br.* **~ cen·tre** *s* Gemeinschaftszentrum *n*. **~ chest, ~ fund** *s Am.* (öffentlicher) Wohlfahrtsfonds. **~ home** *s Br.* Erziehungsheim *n*.

com·mu·ni·za·tion [ˌkɒmjʊnaɪˈzeɪʃn; *Am.* ˌkɑmjənəˈz-] *s* Überˈführung *f* in Gemeinbesitz. **ˈcom·mu·nize** *v/t* **1.** in Gemeinbesitz ˈüberführen, verstaatlichen. **2.** kommuˈnistisch machen.

com·mut·a·ble [kəˈmjuːtəbl] *adj* **1.** austauschbar. **2.** ˈumwandelbar (*a. jur.*), ablösbar.

com·mu·tate [ˈkɒmjuːteɪt; *Am.* ˈkɑmjə-] *v/t electr.* a) *Strom* wenden, ˈumpolen, b) *Wechselstrom* in Gleichstrom verwandeln, gleichrichten: **commutating pole** Wendepol *m*.

com·mu·ta·tion [ˌkɒmjuːˈteɪʃn; *Am.* ˌkɑmjə-] *s* **1.** (ˈUm-, Aus)Tausch *m*, ˈUmwandlung *f.* **2.** a) Ablösung *f* (*durch Geld*), Abfindung *f*, b) Ablöse(summe) *f.* **3.** *jur.* (ˈStraf)ˌUmwandlung *f*, (-)Milderung *f.* **4.** *rail. etc* Pendeln *n*, Pendelverkehr *m*: **~ ticket** *Am.* Dauer-, Zeitkarte *f.* **5.** *electr.* Kommutatiˈon *f*, Stromwendung *f.* **6.** *astr. math.* Kommutatiˈon *f*.

com·mu·ta·tive [kəˈmjuːtətɪv; *Br. a.* ˈkɒmjuːteɪtɪv; *Am. a.* ˈkɑmjəˌteɪtɪv] *adj* (*adv* **~ly**) **1.** auswechselbar, Ersatz... **2.** Tausch... **3.** gegen-, wechselseitig. **4.** *math.* kommutaˈtiv, vertauschbar.

com·mu·ta·tor [ˈkɒmjuːteɪtə(r); *Am.* ˈkɑmjə-] *s electr.* a) Kommuˈtator *m*, Pol-, Stromwender *m*, b) Kolˈlektor *m*, c) *mot.* Zündverteiler *m*. **~ bar** *s electr.* Kommuˈtator-, Kolˈlektorsegˌment *n*. **~ pitch** *s electr.* Kommuˈtatorteilung *f.* **~ switch** *s electr.* Wendeschalter *m*.

com·mute [kəˈmjuːt] **I** *v/t* **1.** aus-, ˈumtauschen, auswechseln. **2.** eintauschen (**for** für). **3.** (**to, into**) *jur. Strafe* ˈumwandeln (in *acc*), mildern (zu). **4.** *Verpflichtungen etc* ˈumwandeln (**into** in *acc*), ablösen (**for, into** durch). **5.** *electr.* → **commutate**. **II** *v/i* **6.** *rail. etc* pendeln. **III** *s* **7.** Pendlerfahrt *f.* **comˈmut·er** *s* **1.** a) *Am.* Zeitkarteninhaber(in), b) Pendler(in): **~ belt** Einzugsgebiet *n* (*e-r Stadt*); **~ train** Pendler-, Vorort-, Nahverkehrszug *m*. **2.** → **commutator**.

comp [kɒmp; *Am.* kʌmp; kɑmp] *colloq.* **I** *s* **1.** (Schrift)Setzer *m*. **2.** *mus.* a) Begleiter(in), b) Begleitung *f.* **3.** Wettbewerb *m*. **II** *v/t* **4.** *mus.* begleiten.

com·pact[1] [ˈkɒmpækt; *Am.* ˈkɑm-] *s* Vertrag *m*, Pakt *m*.

com·pact[2] [kəmˈpækt] **I** *adj* (*adv* **~ly**) **1.** komˈpakt, fest, dicht, gedrängt, raumsparend: **~ car** → 10; **~ cassette** Kompaktkassette *f.* **2.** *geol.* dicht, masˈsiv. **3.** gedrungen: **~ figure**. **4.** *fig.* knapp, gedrängt: **~ style**. **II** *v/t* **5.** komˈpakt machen, zs.-drängen, -pressen, fest miteinˈander verbinden, verdichten: **~ed** → I; **~ed of** zs.-gesetzt aus. **6.** konsoliˈdieren, festigen. **III** *s* [ˈkɒmpækt] **7.** komˈpakte Masse. **8.** *tech.* Preßling *m* (*aus Metallstaub etc*). **9.** Puderdose *f.* **10.** *mot. Am.* Komˈpaktauto *n*, -wagen *m*. **comˈpact·ness** [kəmˈpæktnɪs] *s* **1.** Komˈpaktheit *f.* **2.** *fig.* Knappheit *f*, Gedrängtheit *f* (*des Stils etc*).

com·pan·ion[1] [kəmˈpænjən] **I** *s* **1.** Begleiter(in) (*a. astr. u. fig.*). **2.** Kameˈrad(in), Genosse *m*, Genossin *f*, Gefährte *m*, Gefährtin *f*: **~ in arms** Waffengefährte, -genosse. **3.** Gesellschafter(in). **4.** Gegenstück *n*, Penˈdant *n*. **5.** Handbuch *n*, Leitfaden *m*. **6.** Ritter *m* (*unterste Stufe*): **C~ of the Bath** Ritter des Bath-Ordens. **7.** *obs.* Kumˈpan *m*, Kerl *m*. **II** *v/t* **8.** *j-n* begleiten. **III** *v/i* **9.** verkehren (**with** mit). **IV** *adj* **10.** dazu passend, daˈzugehörig: **~ piece** → 4; **~ volume** Begleitband *m*.

com·pan·ion[2] [kəmˈpænjən] *s mar.* **1.** Kaˈjütskappe *f* (*Überdachung der Kajütstreppe*). **2.** Kaˈjütstreppe *f*, Niedergang *m*. **3.** Deckfenster *n*.

com·pan·ion·a·ble [kəmˈpænjənəbl] *adj* (*adv* **companionably**) ˈumgänglich, gesellig, leutselig. **comˈpan·ion·a·ble·ness** *s* ˈUmgänglichkeit *f*.

com·pan·ion·ate [kəmˈpænjənɪt] *adj* kameˈradschaftlich: **~ marriage** Kameradschaftsehe *f*.

com·pan·ion| crop *s agr.* Zwischenfrucht *f.* **~ hatch** → **companion**[2] 1. **~ hatch·way, ~ lad·der** → **companion**[2] 2.

com·pan·ion·ship [kəmˈpænjənʃɪp] *s* **1.** Begleitung *f*, Gesellschaft *f.* **2.** Gesellschaft *f*, Gemeinschaft *f.* **3.** *print. Br.* Koˈlonne *f* (*von Setzern*).

comˈpan·ion·way → **companion**[2] 2.

com·pa·ny [ˈkʌmpənɪ; -pnɪ] **I** *s* **1.** Gesellschaft *f*: **in ~ (with)** in Gesellschaft *od.* Begleitung (*gen od.* von), zusammen (mit); **to be in good ~** sich in guter Gesellschaft befinden; **I sin in good ~** ich befinde mich in guter Gesellschaft (*wenn ich das tue*); **to keep** (*od.* **bear**) **s.o. ~** j-m Gesellschaft leisten; **to cry for ~** mitweinen; **to part ~ with s.o.** a) sich von j-m trennen, b) *fig.* sich von j-m lossagen, c) *fig.* anderer Meinung sein als j-d (**over, on** in *dat*); **he is good ~** es ist nett, mit ihm zs.-zusein; **two is ~, three is none** (*od.* **three is a crowd**) zu zweit ist es gemütlich, ein Dritter stört; → **break**[1] 22. **2.** Gesellschaft *f*: **to see much ~** a) viel in Gesellschaft gehen, b) oft Gäste haben; **to be fond of ~** die Geselligkeit lieben; **to be on one's ~ manners** s-e besten Manieren zur Schau tragen. **3.** Gesellschaft *f*, ˈUmgang *m*, Verkehr *m*: **to keep good ~** guten Umgang pflegen; **to keep ~ with** verkehren *od.* Umgang haben mit. **4.** *colloq.* Besuch *m*, Gast *m od.* Gäste *pl*: **to have ~ for tea** Gäste zum Tee haben; **present ~ excepted!** Anwesende ausgenommen! **5.** *econ.* (Handels)Gesellschaft *f*, Firma *f*: **~ car** Firmenwagen *m*; **~ name** Firmenname *m*; **~ pension** Betriebsrente *f*; **~ physician** Betriebsarzt *m*. **6.** *econ.* (*in Firmennamen*) Teilhaber *m od. pl*: **Brown & C~** (*abbr.* **Co.**) Brown u. Kompanie *od.* Kompagnon (*abbr.* & Co.). **7.** *colloq.* (*meist contp.*) Genossen *pl*, Kumˈpane *pl*, Konˈsorten *pl.* **8.** (Theˈater)Truppe *f.* **9.** *mil.* Kompaˈnie *f.* **10.** *mar.* Mannschaft *f*, Besatzung *f.* **11.** Anzahl *f*, Menge *f.* **12.** *hist.* Zunft *f*, Innung *f.* **II** *v/i* **13.** *obs.* verkehren (**with** mit). **III** *v/t* **14.** *obs.* begleiten.

com·pa·ny| law *s* Gesellschaftsrecht *n*. **~ man** *s irr Am. contp.* a) Betriebsspitzel *m*, b) ‚Radfahrer' *m*. **~ of·fi·cer** *s mil.* Kompaˈnie-, Subalˈternoffiˌzier *m*. **~ ser·geant ma·jor** *s mil.* Hauptfeldwebel *m*. **~ store** *s Am.* firmeneigenes

(Laden)Geschäft, Firmenladen *m*. **~ time** *s*: **on ~** während der Arbeitszeit (*private Arbeit etc*). **~ un·ion** *s bes. Am.* Betriebsgewerkschaft *f*.

com·pa·ra·bil·i·ty [ˌkɒmpərəˈbɪlətɪ; *Am.* ˌkɑm-] → **comparableness**. **ˈcom·pa·ra·ble** *adj* (*adv* **comparably**) vergleichbar (**to, with** mit). **ˈcom·pa·ra·ble·ness** *s* Vergleichbarkeit *f*.

com·par·a·tist [kəmˈpærətɪst] *s* vergleichender Literaˈturwissenschaftler.

com·par·a·tive [kəmˈpærətɪv] **I** *adj* **1.** vergleichend: **~ advertising**; **~ (study of) literature** vergleichende Literaturwissenschaft, Komparatistik *f*; → **law**[1] 5. **2.** Vergleichs... **3.** verhältnismäßig, relaˈtiv. **4.** beträchtlich, ziemlich: **with ~ speed**. **5.** *ling.* komparativ, Komparativ...: **~ degree** → 6. **II** *s* **6.** *ling.* Komparativ *m*. **comˈpar·a·tive·ly** *adv* verhältnismäßig, ziemlich.

com·par·a·tor [kəmˈpærətə(r)] *s* Kompaˈrator *m* (*Gerät zum Vergleich u. zur genauen Messung von Längenmaßen*).

com·pare [kəmˈpeə(r)] **I** *v/t* **1.** vergleichen (**with, to** mit): **(as) ~d with** im Vergleich zu, gegenüber (*dat*). **2.** vergleichen, gleichsetzen, -stellen (**to** mit): **not to be ~d to** (*od.* **with**) nicht zu vergleichen mit. **3.** Vergleiche anstellen zwischen (*dat*), miteinˈander vergleichen, nebeneinˈanderstellen: **to ~ notes** Meinungen *od.* Erfahrungen austauschen, sich beraten. **4.** *ling.* steigern. **II** *v/i* **5.** sich vergleichen (lassen), e-n Vergleich aushalten (**with** mit): **to ~ favo(u)rably with** den Vergleich mit ... nicht zu scheuen brauchen, (noch) besser sein als. **III** *s* **6.** Vergleich *m*: **beyond ~**, **without ~** unvergleichlich.

com·par·i·son [kəmˈpærɪsn] *s* **1.** Vergleich *m*: **by ~** vergleichsweise, im Vergleich dazu; **in ~ with** im Vergleich mit *od.* zu; **to draw** (*od.* **make**) **a ~** e-n Vergleich anstellen *od.* ziehen; **to bear** (*od.* **stand**) **~ with** e-n Vergleich aushalten mit; **points of ~** Vergleichspunkte; **without ~**, **beyond (all) ~** unvergleichlich. **2.** *ling.* Komparatiˈon *f*, Steigerung *f*. **3.** *rhet.* Gleichnis *n*. **~ shop·ping** *s* preisbewußtes Einkaufen.

com·part·ment [kəmˈpɑː(r)tmənt] **I** *s* **1.** Abˈteilung *f*, Fach *n*, Kammer *f*. **2.** *rail.* (ˈWagen)Abˌteil *n*, Couˈpé *n*. **3.** Fläche *f*, Feld *n*, Abschnitt *m*. **4.** *arch.* (abgeteiltes) Fach, Kasˈsette *f*. **5.** *mar.* → **watertight compartment**. **6.** *pol. Br.* Abschnitt *m* der Tagesordnung (*für dessen Diskussion von der Regierung e-e bestimmte Zeitspanne angesetzt wird*). **7.** *fig.* a) Sektor *m*, b) abgegrenzte Gruppe. **II** *v/t* **8.** aufteilen, unterˈteilen. **com·part·men·tal** [ˌkɒmpɑː(r)tˈmentl; *Am.* ˌkɑm-] *adj* **1.** Abteilungs... **2.** aufgeteilt. **3.** fach-, felderartig.

com·pass [ˈkʌmpəs] **I** *s* **1.** *phys.* Kompaß *m*: **point of the ~** Himmelsrichtung *f*: → **box**[1] 40. **2.** *meist pl, a.* **pair of ~es** *math. tech.* (Einsatz)Zirkel *m*. **3.** ˈUmkreis *m*, ˈUmfang *m*, Ausdehnung *f* (*a. fig.*): **in ~** an Umfang; **within the ~ of a year** innerhalb e-s Jahres; **within the ~ of the law** im Rahmen des Gesetzes; **the ~ of the eye** der Gesichtskreis; **this is beyond my ~** das geht über m-n Horizont. **4.** Grenzen *pl*, Schranken *pl*: **to keep within ~** in Schranken halten; **narrow ~** enge Grenzen. **5.** Bereich *m*, Sphäre *f*: **the ~ of man's imagination**. **6.** *mus.* ˈUmfang *m* (*der Stimme etc*). **7.** a) Kreis *m*, Ring *m*, b) Kreisbewegung *f*. **8. C~es** *pl astr.* Zirkel *m* (*Sternbild*). **9.** *obs.* ˈUmweg *m*. **II** *v/t* **10.** → **encompass**. **11.** herˈumgehen um, umˈkreisen. **12.** (*geistig*) begreifen, erfassen. **13.** vollˈbringen, *Ziel* erreichen, *Ergebnis* erzielen. **14.** planen. **15.** *Plan* aushecken, *etwas* anzetteln. **16.** biegen. **III** *adj* **17.** bogenförmig. **~ bear·ing** *s mar.* Kompaßpeilung *f*. **~ box** *s mar.* Kompaßgehäuse *n*. **~ brick** *s tech.* Krummziegel *m*. **~ card** *s mar.* Kompaßrose *f*.

com·pas·sion [kəmˈpæʃn] **I** *s* Mitleid *n*, Mitgefühl *n*, Erbarmen *n* (**for** mit): **out of ~** aus Mitleid; **to have** (*od.* **take**) **~ (up)on s.o.** Mitleid mit j-m empfinden *od.* haben; **to look at s.o. in** (*od.* **with**) **~** j-n mitfühlend ansehen. **II** *v/t* → **compassionate** II. **comˈpas·sion·ate I** *adj* [-ʃənət] (*adv* **~ly**) mitfühlend, mitleidsvoll, mitleidig: **~ allowance** gesetzlich nicht verankerte Beihilfe in Härtefällen; **~ case** Härtefall *m*; **~ leave** *mil. bes. Br.* Urlaub *m* aus dringenden familiären Gründen. **II** *v/t* [-neɪt] bemitleiden, Mitleid empfinden *od.* haben mit. **comˈpas·sion·ate·ness** *s* **1.** mitfühlendes Wesen. **2.** Mitleid *n*.

com·pass| nee·dle *s* Kompaß-, Maˈgnetnadel *f*. **~ plane** *s tech.* Rund-, Schiffshobel *m*. **~ plant** *s bot.* Kompaßpflanze *f*. **~ rose** *s mar.* Windrose *f*. **~ saw** *s tech.* Schweif-, Loch-, Stichsäge *f*. **~ win·dow** *s arch.* Rundbogenfenster *n*.

com·pat·i·bil·i·ty [kəmˌpætəˈbɪlətɪ] *s* **1.** Vereinbarkeit *f*, Kompatibiliˈtät *f*. **2.** Verträglichkeit *f*. **comˈpat·i·ble** *adj* (*adv* **compatibly**) **1.** vereinbar: a) ˈwiderspruchsfrei, b) kompaˈtibel (*Ämter*). **2.** verträglich: a) zs.-passend (*a. Personen*): **to be ~ (with)** sich vertragen (mit), zs.-passen, passen (zu), b) *med.* kompaˈtibel (*Blutgruppen, Arzneimittel*): **~ blood** Blut *n* der entsprechenden Gruppe. **3.** *Nachrichtentechnik*: kompaˈtibel, austauschbar (*Wiedergabesysteme*). **comˈpat·i·ble·ness** → **compatibility**.

com·pa·tri·ot [kəmˈpætrɪət; *Am.* -ˈpeɪt-] **I** *s* Landsmann *m*, -männin *f*. **II** *adj* landsmännisch. **comˌpa·tri'ot·ic** [-ˈɒtɪk; *Am.* -ˈɑt-] → **compatriot** II.

com·peer [kɒmˈpɪə; ˈkɒmˌpɪə; *Am.* ˈkɑmˌpɪər; kəmˈp-] *s* **1.** Gleichgestellte(r *m*) *f*, Standesgenosse *m*: **to have no ~** nicht seinesgleichen haben. **2.** Kameˈrad(in).

com·pel [kəmˈpel] *v/t* **1.** zwingen, nötigen: **to be ~led to do** (*od.* **into doing**) gezwungen sein, *etwas* zu tun; *etwas* tun müssen. **2.** *etwas* erzwingen. **3.** *a. Bewunderung etc* abnötigen (**from s.o.** j-m): **to ~ s.o.'s respect** j-m Respekt abnötigen. **4.** unterˈwerfen (**to** *dat*), bezwingen. **comˈpel·la·ble** *adj* **1.** zu zwingen(d) (**to** zu). **2.** erzwingbar.

com·pel·ling [kəmˈpelɪŋ] *adj* (*adv* **~ly**) **1.** zwingend: **~ reason**. **2.** ˈunwiderˌstehlich.

com·pend [ˈkɒmpend; *Am.* ˈkɑm-] → **compendium**.

com·pen·di·a [kəmˈpendɪə] *pl von* **compendium**.

com·pen·di·ous [kəmˈpendɪəs] *adj* (*adv* **~ly**) kurz(gefaßt), gedrängt. **comˈpen·di·ous·ness** *s* Kürze *f*, Gedrängtheit *f*.

comˈpen·di·um [-əm] *pl* **-ums, -a** [-ə] *s* **1.** Komˈpendium *n*, Leitfaden *m*, Handbuch *n*, Grundriß *m*. **2.** Abriß *m*, Zs.-fassung *f*.

com·pen·sate [ˈkɒmpenseɪt; -pən-; *Am.* ˈkɑm-] **I** *v/t* **1.** kompenˈsieren (*a. psych.*), ausgleichen, aufwiegen, wettmachen. **2.** a) *j-n* entschädigen (**for** für), b) *Am. j-n* bezahlen, entlohnen, c) *etwas* ersetzen, vergüten, für *etwas* Ersatz leisten (**to s.o.** j-m). **3.** *phys. tech.* a) aufheben, ausgleichen, kompenˈsieren, b) auswuchten. **II** *v/i* **4.** Ersatz bieten *od.* leisten, entschädigen (**for** für). **5. ~ for** → 1.

com·pen·sat·ing [ˈkɒmpenseɪtɪŋ; -pən-; *Am.* ˈkɑm-] *adj* ausgleichend, Ausgleichs..., Kompensations... **~ con·dens·er** *s electr.* ˈAusgleichskondenˌsator *m*. **~ er·rors** *s pl* sich gegenseitig aufhebende Fehler *pl*. **~ gear** *s tech.* Ausgleichs-, *bes.* Differentiˈalgetriebe *n*.

com·pen·sa·tion [ˌkɒmpenˈseɪʃn; -pən-; *Am.* ˌkɑm-] *s* **1.** *a. chem. electr. tech.* Kompensatiˈon *f*, Ausgleich *m*: **in ~ for** als Ausgleich für. **2.** *econ. jur.* a) Vergütung *f*, (Rück)Erstattung *f*, b) gegenseitige Abrechnung, c) Vergütung *f*, Entgelt *n*, d) (Schaden)Ersatz *m*, Entschädigung *f*: **to pay ~** Schadenersatz leisten; **as** (*od.* **by way of**) **~** als Ersatz; **(workmen's) ~** (Betriebs)Unfallentschädigung. **3.** *jur.* Kompensatiˈon *f*: a) Abfindung *f*, b) Aufrechnung *f*. **4.** *Am.* Bezahlung *f*, Gehalt *n*, Lohn *m*. **5.** *psych.* Kompensatiˈon *f*, Ersatzhandlung *f*. **ˌcom·penˈsa·tion·al** [-ʃənl] *adj* Kompensations..., Ersatz..., Ausgleichs...

com·pen·sa·tion| bal·ance *s tech.* Kompensatiˈonsunruh *f* (*der Uhr*). **~ in·sur·ance** *s econ.* wechselseitige Versicherung.

com·pen·sa·tive [kəmˈpensətɪv; *Br. a.* ˈkɒmpenseɪtɪv; -pən-; *Am. a.* ˈkɑmpənˌseɪtɪv; -pen-] *adj* **1.** kompenˈsierend, ausgleichend. **2.** entschädigend, vergütend, Entschädigungs... **3.** Ersatz...

com·pen·sa·tor [ˈkɒmpenseɪtə(r); -pən-; *Am.* ˈkɑm-] *s tech.* Kompenˈsator *m*, Ausgleichsvorrichtung *f*. **com·pen·sa·to·ry** [kəmˈpensətərɪ; *Am.* -ˌtəʊriː; -ˌtɔː-] *adj* **1.** → **compensative**. **2. ~ lengthening** *ling.* Ersatzdehnung *f*.

com·père, com·pere [ˈkɒmpeə(r); *Am.* ˈkɑm-] *bes. Br.* **I** *s* Conférenciˈer *m*, Ansager(in). **II** *v/t* konfeˈrieren, ansagen. **III** *v/i* konfeˈrieren, als Conférenciˈer funˈgieren.

com·pete [kəmˈpiːt] *v/i* **1.** in Wettbewerb treten, sich (mit)bewerben (**for s.th.** um etwas). **2.** *econ. u. weitS.* konkurˈrieren (**with** mit): **competing business (product)** Konkurrenzgeschäft *n* (-erzeugnis *n*). **3.** wetteifern, sich messen (**with** mit). **4.** *sport* a) am Wettkampf teilnehmen, b) *a. weitS.* kämpfen (**for** um; **against** gegen).

com·pe·tence [ˈkɒmpɪtəns; *Am.* ˈkɑmpə-], **ˈcom·pe·ten·cy** *s* **1.** Fähigkeit *f*, Tüchtigkeit *f*. **2.** *jur.* a) *a. weitS.* Zuständigkeit *f*, Kompeˈtenz *f*, b) Zulässigkeit *f*, c) Geschäftsfähigkeit *f*. **3.** (*gutes etc*) Auskommen: **to enjoy a ~** sein Auskommen haben. **ˈcom·pe·tent** *adj* (*adv* **~ly**) **1.** fähig (**to do** zu tun), tüchtig. **2.** fach-, sachkundig, qualifiˈziert. **3.** gut(gemacht), gekonnt. **4.** *jur.* a) *a. weitS.* kompeˈtent, zuständig (*Gericht etc*): **a ~ judge** ein zuständiger Richter, *fig.* ein sachkundiger Beurteiler, ein Kenner, b) zulässig (*Beweise, Zeuge*), c) geschäftsfähig. **5.** (**for**) ausreichend (für), angemessen (*dat*): **a ~ answer** e-e zufriedenstellende Antwort. **6.** *geol.* kompeˈtent, tekˈtonisch verformbar (*Gestein*).

com·pe·ti·tion [ˌkɒmpɪˈtɪʃn; *Am.* ˌkɑmpə-] *s* **1.** *allg.* Wettbewerb *m*, -kampf *m*, -streit *m* (**for** um). **2.** Konkurˈrenz *f*: a) *econ.* Wettbewerb *m*: **free (unfair) ~** freier (unlauterer) Wettbewerb; **~ clause** Konkurrenzklausel *f*; **to enter into ~ with** in Konkurrenz treten mit, konkurrieren mit, b) *econ.* Konkurˈrenzfirma *f*, -firmen *pl*, c) *weitS.* Gegner *pl*, Riˈvalen *pl*. **3.** *sport* Wettkampf *m*, Konkurˈrenz *f*, Veranstaltung *f*: **~ rules** Wettkampfbestimmungen. **4.** Preisausschreiben *n*, Wettbewerb *m*. **5.** *biol.* Exiˈstenzkampf *m*.

com·pet·i·tive [kəmˈpetətɪv] *adj* (*adv* **~ly**) **1.** konkurˈrierend, wetteifernd.

2. Wettbewerbs..., Konkurrenz..., auf Wettbewerb eingestellt *od.* beruhend, *econ. a.* konkur'renz-, wettbewerbsfähig: ~ **advantage** Vorteil *m* gegenüber der Konkurrenz; ~ **career** *sport* aktive Laufbahn; ~ **examination** Ausleseprüfung *f*; ~ **position** (*od.* **capacity**) *econ.* Konkurrenzfähigkeit *f*; ~ **pressure** *econ.* Wettbewerbszwang *m*; ~ **prices** *econ.* konkurrenzfähige Preise; ~ **sports** Wettkampfsport *m*; **on a** ~ **basis** *econ.* auf Wettbewerbsgrundlage. **com'pet·i·tive·ness** *s econ.* Konkur'renz-, Wettbewerbsfähigkeit *f.* **com'pet·i·tor** [-tɪtə(r)] *s* **1.** Mitbewerber(in) (**for** um). **2.** *bes. econ.* Konkur'rent *m*, Konkur'renz (-firma) *f.* **3.** *bes. sport* (Wettbewerbs-) Teilnehmer(in), Ri'vale *m*, Ri'valin *f.*

com·pi·la·tion [ˌkɒmpɪ'leɪʃn; *Am.* ˌkɑmpə-] *s* Kompilati'on *f*: a) Zs.-stellen *n*, Sammeln *n*, b) Sammlung *f*, Sammelwerk *n* (*Buch*). **com·pil·a·to·ry** [kəm'pɪlətərɪ; -'paɪl-; *Am.* -ˌtəʊri:; -ˌtɔ:-] *adj* kompila'torisch.

com·pile [kəm'paɪl] *v/t* **1.** *ein Verzeichnis etc* kompi'lieren, zs.-stellen, sammeln, *Material* zs.-tragen. **2.** *Computer*: kompi'lieren. **com'pil·er** *s* **1.** Kompi'lator *m.* **2.** *Computer*: Com'piler *m*, Kompi'lierer *m.*

com·pla·cence [kəm'pleɪsns], **com'pla·cen·cy** *s* **1.** 'Selbstzuˌfriedenheit *f*, -gefälligkeit *f.* **2.** *obs.* a) Zu'friedenheit *f*, b) Quelle *f* der Zu'friedenheit *f.* **3.** *obs.* → **complaisance. com'pla·cent** *adj* (*adv* ~**ly**) **1.** 'selbstzuˌfrieden, selbstgefällig. **2.** *obs.* zu'frieden. **3.** *obs.* → **complaisant.**

com·plain [kəm'pleɪn] *v/i* **1.** sich beklagen, sich beschweren, Klage *od.* Beschwerde führen (**of, about** über *acc*; **to** bei): **we have nothing to** ~ **of** wir können uns nicht beklagen. **2.** klagen (**of** über *acc*): **he** ~**ed of a sore throat.** **3.** *jur.* a) klagen, b) (Straf)Anzeige erstatten (**of** gegen). **4.** *econ.* rekla'mieren: **to** ~ **about** *etwas* reklamieren *od.* beanstanden. **com'plain·ant** *s* **1.** Beschwerdeführer(in). **2.** *jur.* Kläger(in). **com'plain·er** *s* **1.** Nörgler(in). **2.** *jur. Scot.* Kläger(in).

com·plaint [kəm'pleɪnt] *s* **1.** Klage *f*, Beschwerde *f* (**about** über *acc*): ~ **book** Beschwerdebuch *n*; **to make a** ~ (**about**) → **complain** 1; **we have no cause** (*od.* **grounds**) **for** ~ wir können uns nicht beklagen. **2.** *econ.* Reklamati'on *f*, Beanstandung *f*, Mängelrüge *f.* **3.** *jur.* a) (*Zivil*)Klage *f*, b) Klageschrift *f*, c) Beschwerde *f*, d) Beschwerdeschrift *f*, e) (Straf)Anzeige *f.* **4.** *med.* Beschwerden *pl*, (chronisches) Leiden.

com·plai·sance [kəm'pleɪzəns; *Am. a.* -'pleɪs-; ˌkɑmpleɪ'zæns] *s* Gefälligkeit *f*, Entgegenkommen *n*, Höflichkeit *f*, Zu'vorkommenheit *f.* **com'plai·sant** *adj* (*adv* ~**ly**) gefällig, höflich, zu'vor-, entgegenkommend (**to** gegen).

com·pla·nate ['kɒmpləneɪt; -nət; *Am.* 'kɑm-] *adj* abgeplattet, abgeflacht.

com·ple·ment I *s* ['kɒmplɪmənt; *Am.* 'kɑmplə-] **1.** a) Ergänzung *f* (**to** *gen*), b) Vervollkommnung *f* (**to** *gen*). **2.** Ergänzungsstück *n.* **3.** *obs.* Voll'kommenheit *f.* **4.** Vollständigkeit *f*, -zähligkeit *f.* **5.** *a.* **full** ~ volle (An)Zahl *od.* Menge *od.* Besetzung, *bes.* a) *mar.* vollzählige Besatzung, b) *mil.* (volle) Stärke, Sollstärke *f.* **6.** *ling.* Ergänzung *f.* **7.** *math.* Komple'ment *n.* **8.** *mus.* Er'gänzung(sinterˌvall *n*) *f.* **9.** *Serologie*: Komple'ment *n*, Ale'xin *n.* **II** *v/t* [-ment] **10.** a) ergänzen, b) vervollkommnen, abrunden: **a wide range of wines to** ~ **your food.** ˌ**com·ple'men·tal** [-'mentl] → **complementary.**

com·ple·men·ta·ry [ˌkɒmplɪ'mentərɪ; -trɪ; *Am.* ˌkɑmplə-] *adj* **1.** ergänzend, komplemen'tär: **to be** ~ **to s.th.** etwas ergänzen. **2.** sich gegenseitig ergänzend. ~ **an·gle** *s math.* Komplemen'tär-, Ergänzungswinkel *m.* ~ **col·o(u)rs** *s pl* Komplemen'tärfarben *pl.*

com·plete [kəm'pli:t] **I** *adj* (*adv* ~**ly**) **1.** kom'plett, vollständig, voll'kommen, völlig, ganz, to'tal: ~ **combustion** vollständige Verbrennung; ~ **defeat** vollständige Niederlage; ~ **edition** Gesamtausgabe *f*; ~ **outfit** komplette Ausstattung; **he is a** ~ **stranger to me** er ist mir völlig unbekannt; **it was a** ~ **surprise to me** es war *od.* kam für mich völlig überraschend. **2.** vollzählig, kom'plett. **3.** beendet, voll'endet, fertig. **4.** *obs.* voll'kommen, per'fekt: **a** ~ **hostess.** **II** *v/t* **5.** vervollständigen, ergänzen. **6.** voll'enden, abschließen, beendigen, fertigstellen: **to** ~ **a contract** e-n Vertrag erfüllen; **to** ~ **one's sentence** *jur.* s-e Strafe verbüßen. **7.** *fig.* voll'enden, vervollkommnen: **that** ~**d his happiness** das machte sein Glück vollkommen. **8.** *ein Formular* ausfüllen. **9.** *e-e Telefonverbindung* 'herstellen. **com'plete·ness** *s* Vollständigkeit *f*, Voll'kommenheit *f.* **com'ple·tion** [-ʃn] *s* **1.** Vervollständigung *f*, Ergänzung *f*: ~ **test** *psych.* Lückentest *m.* **2.** Voll'endung *f*, Beendigung *f*, Fertigstellung *f*: **to bring to** ~ zum Abschluß bringen; ~ **date** Fertigstellungstermin *m.* **3.** Erfüllung *f* (*e-s Vertrags*). **4.** Ausfüllen *n* (*e-s Formulars*).

com·plex I *adj* ['kɒmpleks; *Am.* kɑm'pleks; 'kɑmˌpleks] (*adv* ~**ly**) **1.** zs.-gesetzt: ~ **word**; → **sentence** 1. **2.** kom'plex, vielschichtig: ~ **problem.** **3.** *math.* kom'plex: ~ **fraction** komplexer Bruch, Doppelbruch *m.* **II** *s* ['kɒmpleks; *Am.* 'kɑm-] **4.** Kom'plex *m*, (*das*) Ganze, Gesamtheit *f.* **5.** (*Gebäude- etc*)Kom'plex *m*: ~ **of buildings**; **industrial** ~ Industriekomplex. **6.** *psych.* Kom'plex *m* (*a. weitS. Phobie, fixe Idee*). **7.** *chem.* Kom'plexverbindung *f.*

com·plex·ion [kəm'plekʃn] *s* **1.** Gesichtsfarbe *f*, Teint *m.* **2.** *fig.* Aussehen *n*, Cha'rakter *m*, Zug *m*: **to put a fresh** ~ **on s.th.** e-r Sache e-n neuen Anstrich geben; **that puts a different** ~ **on it** dadurch bekommt die Sache (freilich) ein (ganz) anderes Gesicht. **3.** allgemeines Aussehen, Farbe *f.* **4.** *fig.* Cou'leur *f*, (po'litische) Richtung: **people of all political** ~**s.** **com'plex·ioned** *adj* (*meist in Zssgn*) mit (*hellem etc*) Teint, von (*blasser etc*) Gesichts- *od.* Hautfarbe: **dark-**~.

com·plex·i·ty [kəm'pleksətɪ] *s* **1.** Komplexi'tät *f* (*a. math.*), Vielschichtigkeit *f.* **2.** (*etwas*) Kom'plexes.

com·pli·ance [kəm'plaɪəns] *s* **1.** (**with**) a) Einwilligung *f* (in *acc*), Gewährung *f*, Erfüllung *f* (*gen*), b) Befolgung *f*, Einhaltung *f* (*gen*): **in** ~ **with** *e-r Vorschrift, e-m Wunsche etc* gemäß. **2.** Willfährigkeit *f*, Unter'würfigkeit *f.* **com'pli·an·cy** → **compliance** 2. **com'pli·ant** *adj* (*adv* ~**ly**) willfährig, unter'würfig.

com·pli·ca·cy ['kɒmplɪkəsɪ; *Am.* 'kɑm-] *s* Kompli'ziertheit *f.* '**com·pli·cate I** *adj* [-kət] **1.** kompli'ziert. **2.** *bot. zo.* längsgefaltet. **II** *v/t* [-keɪt] **3.** kompli'zieren. '**com·pli·cat·ed** *adj* **1.** kompli'ziert. **2.** *math.* verschlungen. ˌ**com·pli'ca·tion** *s* **1.** Komplikati'on *f* (*a. med.*). **2.** Kompli'ziertheit *f.* **3.** *math.* Verschlingung *f.*

com·plic·i·ty [kəm'plɪsətɪ] *s* Mitschuld *f*, Mittäterschaft *f*, Teilnahme *f* (**in** an *dat*): ~ **in murder** *jur.* Beihilfe *f* zum Mord; **a look of** ~ ein komplizenhafter *od.* verständnisinniger Blick.

com·pli·ment I *s* ['kɒmplɪmənt; *Am.* 'kɑmplə-] **1.** Kompli'ment *n*, Höflichkeiten *pl*, Schmeiche'lei *f*: **to pay s.o. a** ~ j-m ein Kompliment machen (**on** wegen). **2.** Lob *n*, Ausdruck *m* der Bewunderung: **in** ~ **to** zu Ehren (*gen*); **he paid you a high** ~ er hat dir ein großes Lob gespendet; **to do** (*od.* **pay**) **s.o. the** ~ **of doing s.th.** j-m die Ehre erweisen, etwas zu tun. **3.** Empfehlung *f*, Gruß *m*: **my best** ~**s** m-e besten Empfehlungen; **with the** ~**s of the season** mit den besten Wünschen zum Fest. **4.** *obs.* Geschenk *n.* **II** *v/t* [-ment] **5.** (**on**) a) *j-m* ein Kompli'ment *od.* Komplimente machen (wegen), b) *j-m* gratu'lieren (zu). **6.** *j-n* beehren, auszeichnen (**with** mit). ˌ**com·pli'men·ta·ry** [-'mentərɪ; -trɪ] *adj* **1.** höflich, Höflichkeits...: ~ **close** Gruß-, Schlußformel *f* (*in Briefen*). **2.** schmeichelhaft. **3.** Ehren...: ~ **dinner** Festessen *n*; ~ **ticket** Ehren-, Freikarte *f.* **4.** Frei..., Gratis...: ~ **copy** Freiexemplar *n* (*Buch*), Werbenummer *f* (*Zeitschrift*).

com·plin ['kɒmplɪn; *Am.* 'kɑm-], '**com·pline** [-ɪn; -aɪn] *s relig.* Kom'plet *f* (*Tagesschlußgebet*).

com·plot I *s* ['kɒmplɒt; *Am.* 'kɑmˌplɑt] Kom'plott *n*, Verschwörung *f.* **II** *v/t* [kəm'plɒt; *Am.* -'plɑt] anzetteln. **III** *v/i* sich verschwören.

com·ply [kəm'plaɪ] *v/i* (**with**) a) einwilligen (in *acc*), sich fügen (*dat*), b) (*e-m Wunsche od. Befehl*) nachkommen *od.* entsprechen *od.* Folge leisten, erfüllen (*acc*): **to** ~ **with a wish** (**an order**), c) (*e-e Anordnung*) befolgen, einhalten: **to** ~ **with an instruction**; **to** ~ **with the law** sich an die Gesetze halten; **he complied** er fügte sich.

com·po ['kɒmpəʊ; *Am.* 'kɑm-] *pl* **-pos** *s* **1.** *tech.* Kompositi'on *f*: a) Me'tallkompositiˌon *f*, b) Putz *m* (*aus Harz, Leim etc zu Wandverzierungen*), c) Gips *m*, Mörtel *m.* **2.** *econ.* Abfindungssumme *f* (*an Gläubiger*).

com·po·nent [kəm'pəʊnənt] **I** *adj* **1.** e-n Teil bildend, Teil...: ~ **sentence** Teilaussage *f*; ~ **part** Bestandteil *m.* **II** *s* **2.** (Bestand)Teil *m*, *a. math. phys.* Kompo'nente *f*, *electr. tech.* 'Baueleˌment *n.* **3.** *fig.* Baustein *m.*

com·po ra·tion *s mil.* 'Sammelratiˌon *f.*

com·port [kəm'pɔ:(r)t] **I** *v/t* ~ **o.s.** sich betragen, sich benehmen, sich verhalten: **to** ~ **o.s. as if** auftreten, als ob. **II** *v/i* (**with**) sich vertragen (mit), passen (zu). **III** *s obs.* Betragen *n*, Benehmen *n.* **com'port·ment** *s* **1.** Betragen *n*, Benehmen *n.* **2.** Verhalten *n.* **3.** Haltung *f* (*des Körpers*).

com·pose [kəm'pəʊz] **I** *v/t* **1.** zs.-setzen *od.* -stellen: **to be** ~**d of** bestehen *od.* sich zs.-setzen aus. **2.** bilden: **to** ~ **a sentence.** **3.** *Schriften etc* ab-, verfassen, aufsetzen: **to** ~ **a speech.** **4.** dichten, *ein Gedicht etc* verfassen. **5.** *mus.* kompo'nieren. **6.** *Gemälde etc* entwerfen. **7.** *print.* (ab)setzen. **8.** besänftigen: **to** ~ **o.s.** sich beruhigen, sich fassen. **9.** *Streit etc* beilegen, schlichten. **10.** a) in Ordnung bringen, regeln, b) ordnen, zu'rechtlegen: **to** ~ **one's thoughts** s-e Gedanken sammeln. **11.** ~ **o.s.** sich anschicken (**to** zu). **II** *v/i* **12.** schriftstellern, schreiben, dichten. **13.** *mus.* kompo'nieren. **14.** (*als Künstler etc*) Entwürfe machen. **15.** *print.* setzen. **com'posed** *adj*, **com'pos·ed·ly** [-zɪdlɪ] *adv* ruhig, gelassen, gesetzt. **com'pos·ed·ness** [-ɪdnɪs] *s* Gelassenheit *f*, Ruhe *f.* **com'pos·er** *s* **1.** *mus.* Kompo'nist *m.* **2.** Verfasser(in). **3.** Schlichter(in).

com·pos·ing [kəm'pəʊzɪŋ] **I** *s* **1.** Kompo'nieren *n*, Dichten *n.* **2.** Schriftsetzen *n.* **II** *adj* **3.** beruhigend, Beruhigungs...: ~ **draught** Schlaftrunk *m.* ~ **ma·chine** *s* *print.* ˈSetzmaˌschine *f.* ~ **room** *s print.* Setzeˈrei *f*, Setzersaal *m.* ~ **rule** *s print.* Setzlinie *f.* ~ **stick** *s print.* Winkelhaken *m.*

com·pos·ite [ˈkɒmpəzɪt; *Am.* kɑmˈpɑzət; kəm-] **I** *adj* **1.** zs.-gesetzt (*a. math. Zahl*), gemischt (of aus): ~ **arch** Spitzbogen *m*; ~ **candle** (*Art*) Stearinkerze *f*; ~ **construction** *tech.* Gemischtbauweise *f.* **2.** *bot.* Kompositen..., Korbblüter... **II** *s* **3.** Zs.-setzung *f*, Mischung *f.* **4.** *bot.* Korbblüter *m*, Kompoˈsite *f.* ~ **con·nec·tion** *s tech.* Doppelbetriebsschaltung *f.* ~ **in·dex num·ber** *s math.* Hauptmeßzahl *f.* ~ **ma·te·ri·al** *s* Verbund(werk)stoff *m.* ~ **met·al** *s* Verˈbundmeˌtall *n.* ~**pho·to·graph** *s* Kompoˈsitfotograˌfie *f* (*Fotomontage etc*).

com·po·si·tion [ˌkɒmpəˈzɪʃn; *Am.* ˌkɑm-] *s* **1.** Zs.-setzung *f*, Bildung *f.* **2.** Abfassung *f*, Entwurf *m* (*e-r Schrift etc*). **3.** Schrift(stück *n*) *f*, (Schrift)Werk *n*, Dichtung *f.* **4.** *ped.* a) (Schul)Aufsatz *m*, b) Stilübung *f.* **5.** *ling.* a) (ˈWort)Zuˌsammensetzung *f*, b) ˈSatzkonstruktiˌon *f.* **6.** Kompositiˈon *f*: a) Muˈsikstück *n*, b) (künstlerische) Anordnung *od.* Gestaltung, Aufbau *m.* **7.** Zs.-setzung *f*, Verbindung *f*, Strukˈtur *f*, Synˈthese *f*: **chemical** ~ chemisches Präparat; ~ **metal** Kupferlegierung *f.* **8.** *print.* a) Setzen *n*, Satz *m*, b) Walzenmasse *f.* **9.** Beschaffenheit *f*, Naˈtur *f*, Anlage *f*, Art *f.* **10.** *jur.* Komproˈmiß *m*, Verˈgleich *m* (*mit Gläubigern etc*): ~ **in bankruptcy** Zwangsvergleich im Konkursverfahren; ~ **proceedings** (Konkurs)Vergleichsverfahren *n.* **11.** Überˈeinkunft *f*, Abkommen *n.* **12.** Ablöse (-summe) *f.*

com·pos·i·tor [kəmˈpɒzɪtə; *Am.* kəmˈpɑzətər] *s* (Schrift)Setzer *m.*

com·pos men·tis [ˌkɒmpəsˈmentɪs; *Am.* ˌkɑm-] (*Lat.*) *adj* **1.** *jur.* geistig gesund, zurechnungsfähig. **2.** *colloq.* ‚voll da'.

com·post [ˈkɒmpɒst; *Am.* ˈkɑmˌpəʊst] **I** *s* Komˈpost *m*: ~ **heap.** **II** *v/t* kompoˈstieren: a) zu Komˈpost verarbeiten, b) mit Komˈpost düngen.

com·po·sure [kəmˈpəʊʒə(r)] *s* (Gemüts-) Ruhe *f*, Fassung *f*, Gelassenheit *f.*

com·pote [ˈkɒmpɒt; -pəʊt; *Am.* ˈkɑmˌpəʊt] *s* **1.** Komˈpott *n.* **2.** Komˈpottschale *f.*

com·pound[1] [ˈkɒmpaʊnd; *Am.* ˈkɑm-] *s* **1.** Lager *n.* **2.** Gefängnishof *m.* **3.** (Tier)Gehege *n.*

com·pound[2] [kəmˈpaʊnd; *Am. a.* kɑm-] **I** *v/t* **1.** zs.-setzen, (ver)mischen. **2.** zs.-setzen, zs.-stellen. **3.** ˈherstellen, bilden. **4.** a) *Streit* beilegen, b) *Sache* gütlich *od.* durch Vergleich regeln. **5.** *econ. jur.* a) *Schulden* durch Vergleich tilgen, b) *laufende Verpflichtungen* durch einmalige Zahlung ablösen, c) *Gläubiger* befriedigen, d) *Zinseszinsen* zahlen. **6.** *jur. e-e Straftat* wegen erhaltener Entschädigung nicht anzeigen. **7.** *Am.* steigern, *bes.* verschlimmern. **8.** *electr.* compounˈdieren. **II** *v/i* **9.** sich vergleichen, sich einigen (**with** mit; **for** über *acc*). **10.** *fig.* sich vereinigen (**into** zu). **III** *adj* [ˈkɒmpaʊnd; *Am.* ˈkɑm-; *a.* kɑmˈpaʊnd] **11.** *allg.* zs.-gesetzt. **12.** *med.* kompliˈziert. **13.** *electr. tech.* Verbund... **IV** *s* [ˈkɒmpaʊnd; *Am.* ˈkɑm-] **14.** Zs.-setzung *f*, Mischung *f.* **15.** Mischung *f*, Masse *f*: **cleaning** ~ Reinigungsmasse. **16.** *chem.* Verbindung *f*, Präpaˈrat *n.* **17.** *ling.* Komˈpositum *n*, zs.-gesetztes Wort.

com·pound| an·i·mal *s zo.* Tierstock *m.* ˈ~-ˌ**com·plex sen·tence** *s ling.* zs.-gesetzter Satz mit e-m Nebensatz *od.* mehreren Nebensätzen. ~ **du·ty** *s econ.* Mischzoll *m.* ~ **en·gine** *s* **1.** *aer.* Compoundtriebwerk *n.* **2.** *tech.* Verˈbund-, ˈCompoundmaˌschine *f.* ~ **eye** *s zo.* Netz-, Faˈcettenauge *n.* ~ **flow·er** *s bot.* zs.-gesetzte Blüte. ~ **frac·tion** *s math.* komˈplexer Bruch, Doppelbruch *m.* ~ **frac·ture** *s med.* kompliˈzierter Bruch. ~ **fruit** *s bot.* Sammelfrucht *f.* ~ **in·ter·est** *s econ.* Staffel-, Zinseszinsen *pl.* ~ **mo·tor** *s electr.* Verbund-, Compoundmotor *m.* ~ **noun** *s ling.* Komˈpositum *n*, zs.-gesetztes Hauptwort. ~ **nu·cle·us** *s bes. irr Atomphysik*: Verbund-, Compoundkern *m.* ~ **num·ber** *s math.* **1.** zs.-gesetzte Zahl (*keine Primzahl*). **2.** benannte Zahl. ~ **oil** *s* Compoundöl *n.* ~ **op·tion** *s econ.* Doppelprämiengeschäft *n.* ~ **sen·tence** *s ling.* zs.-gesetzter Satz. ~ **steel** *s* Verbundstahl *m.* ~ **tense** *s ling.* zs.-gesetzte Zeit(form). ˈ~-**wound dy·na·mo** *s electr.* Verˈbunddyˌnamo *m.*

com·preg [ˈkɒmpreg; *Am.* ˈkɑm-] *s tech.* Kunstharzpreßholz *n.*

com·pre·hend [ˌkɒmprɪˈhend; *Am.* ˌkɑm-] *v/t* **1.** umˈfassen, einschließen, in sich fassen. **2.** begreifen, erfassen, verstehen. ˈ**com·preˌhen·siˈbil·i·ty** [-səˈbɪlətɪ] *s* Faßlichkeit *f.* ˌ**com·preˈhen·si·ble** *adj* begreiflich, verständlich, faßlich. ˌ**com·preˈhen·si·bly** *adv* verständlicherweise.

com·pre·hen·sion [ˌkɒmprɪˈhenʃn; *Am.* ˌkɑm-] *s* **1.** Einbeziehung *f.* **2.** ˈUmfang *m.* **3.** → **comprehensiveness.** **4.** Begriffsvermögen *n*, Fassungskraft *f*, Verstand *m*, Einsicht *f*: **it is beyond my** ~ das geht über m-n Horizont; **past** ~ unfaßbar, unfaßlich. **5.** (**of**) Begreifen *n* (*gen*), Verständnis *n* (für): **to be quick** (**slow**) **of** ~ schnell (langsam) begreifen. **6.** *philos.* Inhalt *m* e-s Begriffes. **7.** *relig.* Einbeziehung *f* der ˈNonkonforˌmisten in die angliˈkanische Kirche. ˌ**com·preˈhen·sive** [-sɪv] **I** *adj* (*adv* ~**ly**) **1.** umˈfassend, weit: ~ **law** allgemeines Gesetz; ~ **insurance** Vollkaskoversicherung *f*; ~ **school** *bes. Br.* Gesamtschule *f.* **2.** in sich fassend (**of** *acc*). **3.** inhaltsreich. **4.** Begriffs...: ~ **faculty** Fassungskraft *f*, Begriffsvermögen *n.* **II** *s* **5.** *bes. Br.* Gesamtschule *f.* ˌ**com·preˈhen·sive·ness** *s* ˈUmfang *m*, Reichhaltigkeit *f*, (*das*) Umˈfassende. ˌ**com·preˈhen·si·vize** *v/t bes. Br.* a) *e-e Schule* in e-e Gesamtschule ˈumwandeln, b) *das Schulwesen* auf Gesamtschulen ˈumstellen.

com·press I *v/t* [kəmˈpres] zs.-drücken, -pressen, *phys. tech.* kompriˈmieren (*a. fig.*), verdichten. **II** *s* [ˈkɒmpres; *Am.* ˈkɑm-] *med.* Komˈpresse *f.*

com·pressed [kəmˈprest] *adj* **1.** zs.-gedrückt, -gepreßt, *phys. tech.* kompriˈmiert (*a. fig.*), verdichtet: ~ **air** Preß-, Druckluft *f*; ~-**air brake** Druckluftbremse *f*; ~ **steel** Preßstahl *m.* **2.** *bot.* zs.-gedrückt. **3.** *zo.* schmal.

com·press·i·bil·i·ty [kəmˌpresəˈbɪlətɪ] *s* Zs.-drückbarkeit *f*, *phys. tech.* Kompriˈmierbarkeit *f*, Verdichtbarkeit *f.* **comˈpress·i·ble** *adj* (*adv* **compressibly**) zs.-drückbar, *phys. tech.* kompriˈmier-, verdichtbar.

com·pres·sion [kəmˈpreʃn] *s* **1.** Zs.-pressen *n*, -drücken *n.* **2.** *fig.* knappe Formuˈlierung. **3.** *phys. tech.* a) (*Dampf- etc*)Druck *m*, b) Kompressiˈon *f*, Verdichtung *f* (*bei Explosionsmotoren*), c) Druckbeanspruchung *f.* ~ **cham·ber** *s mot.* Kompressiˈons-, Verdichtungsraum *m.* ~ **cup** *s tech.* Preßöler *m*, Schmierbüchse *f.* ~ **pres·sure** *s tech.* Verdichtungsdruck *m.* ~ **ra·tio** *s tech.* Verdichtungsverhältnis *n.* ~ **spring** *s tech.* Druckfeder *f.* ~ **stroke** *s mot.* Kompressiˈonshub *m.*

com·pres·sive [kəmˈpresɪv] *adj* zs.-drückend, -pressend, Preß..., Druck...: ~ **strength** Druckfestigkeit *f*; ~ **stress** Druckspannung *f.*

com·pres·sor [kəmˈpresə(r)] *s* **1.** *anat.* Preß-, Schließmuskel *m.* **2.** *med.* a) Gefäßklemme *f*, (Ader)Presse *f*, b) Druckverband *m.* **3.** *tech.* Komˈpressor *m*, Verdichter *m.* **4.** *mar.* Kettenkneifer *m.*

com·pris·al [kəmˈpraɪzl] *s* **1.** Umˈfassung *f*, Einschließung *f.* **2.** Zs.-fassung *f.*

comˈprise I *v/t* **1.** einschließen, umˈfassen, enthalten. **2.** sich zs.-setzen aus, bestehen aus. **II** *v/i* **3.** ~ **of** *Am.* → 2.

com·pro·mise [ˈkɒmprəmaɪz; *Am.* ˈkɑm-] **I** *s* **1.** Komproˈmiß *m*: **to make a** ~ e-n Kompromiß schließen. **2.** *jur.* (gütlicher *od. obs.* schiedsrichterlicher) Vergleich. **3.** Konzessiˈon *f*, Zugeständnis *n.* **4.** Komproˈmiß *m*, Mittelding *n.* **II** *v/t* **5.** durch e-n Komproˈmiß regeln *od.* beilegen *od.* schlichten. **6.** *Ruf*, *Leben etc* gefährden, aufs Spiel setzen. **7.** (**o.s.** sich) bloßstellen, kompromitˈtieren. **III** *v/i* **8.** a) e-n Komproˈmiß *od.* (*a. fig. contp.*) Komproˈmisse schließen, b) *jur.* sich (gütlich) vergleichen (**on** über *acc*). **9.** Entgegenkommen zeigen (**on** in *dat*). ~ **for·mu·la** *s a. irr* Komproˈmißformel *f.* ~ **set·tle·ment,** ~ **so·lu·tion** *s* Komproˈmißlösung *f.*

Comp·ton ef·fect [ˈkʌmptən; ˈkɒmp-; *Am.* ˈkɑmp-] *s phys.* ˈComptonefˌfekt *m.*

comp·trol·ler [kənˈtrəʊlə(r)] *s* (staatlicher) Rechnungsprüfer (*Beamter*): **C~ General** a) *Am.* Präsident *m* des Rechnungshofes, b) *Br.* Präsident *m* des Patentamtes; **C~ of the Currency** *Am.* Kontrolleur *m* der Umlaufmittel.

com·pul·sion [kəmˈpʌlʃn] *s* **1.** Zwang *m*: **under** ~ unter Zwang *od.* Druck, gezwungen, zwangsweise. **2.** *psych.* Zwang *m*, ˈunwiderˌstehlicher Drang. **comˈpul·sive** [-sɪv] *adj* (*adv* ~**ly**) **1.** zwingend, Zwangs... **2.** *psych.* zwanghaft.

com·pul·so·ry [kəmˈpʌlsərɪ; -srɪ] *adj* (*adv* **compulsorily**) **1.** zwangsweise, gezwungen, Zwangs...: ~ **measures**; ~ **auction** Zwangsversteigerung *f*; ~ **purchase** *Br.* Zwangsenteignung *f.* **2.** obligaˈtorisch, zwingend (vorgeschrieben), Pflicht...: ~ **dives** (*Kunstspringen*) Pflichtsprünge; ~ **education** allgemeine Schulpflicht; ~ **military service** allgemeine Wehrpflicht; ~ **subject** *ped. univ.* Pflichtfach *n.*

com·punc·tion [kəmˈpʌŋkʃn] *s* a) Gewissensbisse *pl*, b) Reue *f*, c) Bedenken *pl*: **without** ~. **comˈpunc·tious** *adj* (*adv* ~**ly**) reuevoll, reuig.

com·pur·ga·tion [ˌkɒmpɜːˈgeɪʃn; *Am.* ˌkɑmˌpɜrˈg-; -pərˈg-] *s jur.* **1.** Reinwaschung *f*, Schuldlossprechung *f*, Rechtfertigung *f.* **2.** *hist.* Reinigung *f* durch Eideshilfe. ˈ**com·pur·ga·tor** [-geɪtə(r)] *s jur. hist.* Eideshelfer *m.*

com·put·a·ble [kəmˈpjuːtəbl] *adj* berechenbar, zu berechnen(d).

com·pu·ta·tion [ˌkɒmpjuːˈteɪʃn; *Am.* ˌkɑmpjʊˈt-] *s* **1.** (Be)Rechnen *n*, Kalkuˈlieren *n.* **2.** Berechnung *f.* **3.** Anschlag *m*, ˈÜberschlag *m*, Kalkulatiˈon *f*, Schätzung *f.*

com·pute [kəmˈpjuːt] **I** *v/t* **1.** berechnen. **2.** schätzen, veranschlagen (**at** auf *acc*). **II** *v/i* **3.** rechnen (**by** nach).

comˈput·er *s* **1.** (Be)Rechner *m*, Kalkuˈlator *m.* **2.** *electr.* Comˈputer *m*, Rechner *m.* ~ **age** *s* Comˈputerzeitalter *n.* ~ **cen·ter,** *bes. Br.* ~ **cen·tre** *s* Rechenzentrum *n.*

comˈput·er-conˌtrolled *adj* comˈputergesteuert.

com·put·er| crim·i·nal·i·ty *s* Comˈputerkriminaliˌtät *f.* ~ **dat·ing** *s* Hei-

ratsvermittlung *f* mit Hilfe e-s Comˈputers. **~ di·ag·nos·tics** *s pl* (*als sg konstruiert*) *med.* Comˈputerdiaˌgnostik *f.*
com·put·er·ese [kəmˌpjuːtəˈriːz] *s* **1.** Jarˈgon *m* der Comˈputerfachleute. **2.** Comˈputersprache *f.*
com·put·er| fore·cast *s* Hochrechnung *f.* **~ graph·ics** *s pl* (*als sg konstruiert*) Comˈputergraphik *f.*
com·put·er·ize [kəmˈpjuːtəraɪz] *v/t* a) *Werk, Industrie* mit Comˈputern ausstatten, auf Computer ˈumstellen, b) *System, Verfahren* mit e-m Comˈputer ˈdurchführen, c) mit Hilfe e-s Comˈputers errechnen *od.* zs.-stellen.
com·put·er lan·guage *s* Comˈputersprache *f.*
comˈput·er·man [-mæn] *s irr* Comˈputerspeziaˌlist *m.*
com·put·er| pre·dic·tion *s* Hochrechnung *f.* **~ sci·ence** *s* Inforˈmatik *f.* **~ sci·en·tist** *s* **1.** Comˈputerspeziaˌlist *m.* **2.** Inforˈmatiker *m.* **~ sim·u·la·tion** *s* Comˈputersimulatiˌon *f.*
comˈput·er-supˌport·ed *adj* comˈputergestützt.
com·put·er sys·tem *s* Rechenanlage *f.*
com·rade [ˈkɒmreɪd; -rɪd; *Am.* ˈkamˌræd] *s* **1.** Kameˈrad *m*, Genosse *m*, Gefährte *m*: **~ in arms** Waffengefährte *m.* **2.** *pol.* (Parˈtei)Genosse *m.* **ˈcom·rade·ly** *adj* kameˈradschaftlich. **ˈcom·rade·ship** *s* Kameˈradschaft *f.*
com·sat [ˈkɒmsæt; *Am.* ˈkam-] *s* ˈNachrichtensatelˌlit *m.*
com·stock·er·y [ˈkamˌstakəriː] *s Am.* überˈtrieben strenge Zenˈsur (gegen Immoraliˈtät in Kunst u. Literaˈtur).
Com·ti·an [ˈkɔ̃ːntɪən; *Am.* ˈkamptɪən] *adj* Comtesch(er, e, es) (*A. Comte od. s-e Lehre betreffend*). **ˈComt·ism** *s philos.* Positiˈvismus *m.*
con[1] [kɒn; *Am.* kan] *v/t* lernen, sich *etwas* einprägen.
con[2] → conn.
con[3] [kɒn; *Am.* kan] **I** *s* **1.** Nein-Stimme *f*, Stimme *f* daˈgegen. **2.** ˈGegenarguˌment *n*: → **pro**[1] 2. **3.** *colloq.* Gegner(in). **II** *adv* **4.** (da)ˈgegen.
con[4] [kɒn; *Am.* kan] *sl.* **I** *adj* betrügerisch: **~ man** a) Betrüger *m*, b) Hochstapler *m*; **~ game** a) aufgelegter Schwindel, b) Hochstapelei *f.* **II** *v/t* ‚reinlegen', betrügen.
con[5] [kɒn; *Am.* kan] *s sl.* Sträfling *m.*
co·nar·i·um [kəʊˈneərɪəm] *pl* **-ri·a** [-ə] *s anat.* Zirbeldrüse *f.*
co·na·tion [kəʊˈneɪʃn] *s philos. psych.* Willenstrieb *m*, Begehren *n.* **co·na·tive** [ˈkəʊnətɪv] *adj* Begehrens..., triebhaft.
con·cat·e·nate [kɒnˈkætɪneɪt; *Am.* kan-] *v/t* verketten, verknüpfen: **~d connection** *electr.* Kaskadenschaltung *f.* **conˌcat·eˈna·tion** *s* **1.** Verkettung *f.* **2.** Kette *f.*
con·cave I *adj* [ˌkɒnˈkeɪv; ˈkɒnkeɪv; *Am.* kanˈk-; ˈkanˌk-] (*adv* **~ly**) konˈkav: a) hohl, ausgehöhlt, b) *tech.* hohlgeschliffen, Hohl...: **~ brick** Hohlziegel *m*; **~ lens** Zerstreuungslinse *f*; **~ mirror** Hohlspiegel *m.* **II** *s* [ˌkɒnˈkeɪv; ˈkɒnkeɪv; *Am.* ˈkanˌk-] (Aus)Höhlung *f*, Wölbung *f*, Hohlrundung *f*, konˈkave Fläche. **III** *v/t* [ˌkɒnˈkeɪv; *Am.* kanˈk-] aushöhlen, konˈkav formen. **conˈcav·i·ty** [-ˈkævətɪ] *s* **1.** hohle Beschaffenheit, Konkaviˈtät *f.* **2.** → concave II. **con·ca·vo-con·cave** [kɒnˌkeɪvəʊkɒnˈkeɪv; *Am.* kanˌkeɪvəʊkanˈkeɪv] *adj* ˈbikonˌkav, auf beiden Seiten hohl. **conˌca·vo-conˈvex** [-kɒnˈveks; *Am.* -kanˈv-] *adj* konˈkavkonˌvex, hohlerhaben.
con·ceal [kənˈsiːl] *v/t* (**from** vor *dat*) **1.** *allg.* verbergen: a) *a. tech.* verdecken, kaˈschieren: **~ing power** Deckkraft *f* (*von Farben*), b) verstecken, c) verborgen halten, geheimhalten, verschleiern: **to ~ the true state of affairs**; **~ed assets** *econ.* (*Konkursrecht*) verschleierte Vermögenswerte, (*Buchführung*) unsichtbare Aktiva; **~ed damage** verborgener *od.* latenter Schaden, d) verschweigen, verhehlen, verheimlichen. **2.** *mil.* verschleiern, tarnen: **to ~ by smoke** vernebeln. **conˈceal·er** *s* Verberger(in), (Ver)Hehler(in). **conˈceal·ment** *s* **1.** Verbergung *f*, Verheimlichung *f*, Verschweigung *f*, Geheimhaltung *f.* **2.** Verborgenheit *f*, Versteck *n*: **to stay in ~** sich verborgen halten. **3.** *mil.* Deckung *f*, Tarnung *f.*
con·cede [kənˈsiːd] **I** *v/t* **1.** zugestehen, einräumen: a) gewähren, bewilligen (**s.o. s.th.** j-m etwas): **to ~ a privilege** ein Vorrecht einräumen, b) anerkennen, zugeben, zubilligen (*a.* **that** daß): **to ~ the battle** *mil. sport.* → 5; **to ~ a right** ein Recht anerkennen; **to ~ a goal** *sport* ein Tor hinnehmen müssen *od.* zulassen; **to ~ a point** in e-m Punkt nachgeben, *sport* e-n Punkt abgeben (**to** gegen). **2.** abtreten (**to** *dat*). **3. to ~ an election** s-e (Wahl)Niederlage eingestehen. **II** *v/i* **4.** nachgeben, Zugeständnisse machen. **5.** *mil. pol. sport* sich geschlagen geben. **conˈced·ed·ly** [-dɪdlɪ] *adv* zugestandenermaßen.
con·ceit [kənˈsiːt] **I** *s* **1.** Eingebildetheit *f*, Einbildung *f*, (Eigen)Dünkel *m*, Selbstgefälligkeit *f*, Eitelkeit *f.* **2.** günstige Meinung (*nur noch in*): **out of ~ with** überdrüssig (*gen*); **to put s.o. out of ~ with s.th.** j-m die Lust an etwas nehmen. **3.** *obs.* Gedanke *m*, Vorstellung *f*, Iˈdee *f.* **4.** *obs.* guter Einfall, Witz *m.* **5.** a) *obs.* seltsamer Einfall, Maˈrotte *f*, b) gesuchte Meˈtapher. **6.** *obs.* perˈsönliche Meinung: **in my own ~** m-r Ansicht nach. **7.** *obs.* Begriffsvermögen *n.* **II** *v/t* **8.** *obs.* glauben, denken (**of** von): **well ~ed** gut ausgedacht; **to ~ o.s. to be s.th.** sich einbilden, etwas zu sein. **conˈceit·ed** *adj* (*adv* **~ly**) selbstgefällig, dünkelhaft, eitel, eingebildet (**about, of** auf *acc*).
con·ceiv·a·bil·i·ty [kənˌsiːvəˈbɪlətɪ] *s* Begreiflichkeit *f.* **conˈceiv·a·ble** *adj* **1.** begreiflich, faßlich. **2.** denkbar, vorstellbar: **the best plan ~** der denkbar beste Plan; **it is hardly ~ to me that** ich kann mir kaum vorstellen, daß. **conˈceiv·a·ble·ness** → **conceivability**. **conˈceiv·a·bly** [-blɪ] *adv* denkbar: **he may ~ be wrong** es ist durchaus denkbar, daß er sich irrt.
con·ceive [kənˈsiːv] **I** *v/t* **1.** *biol. ein Kind* empfangen. **2.** begreifen, sich vorstellen, sich denken, sich e-n Begriff *od.* e-e Vorstellung machen von. **3.** planen, ersinnen, ausdenken, entwerfen: **to ~ an idea** auf e-n Gedanken kommen; **a badly ~d project** e-e Fehlplanung. **4.** *e-e Neigung etc* fassen (**for** zu): **to ~ an affection for s.o.**; **to ~ a desire** e-n Wunsch hegen. **5.** *in Worten* ausdrücken. **II** *v/i* **6.** **~ of** → 2. **7.** *biol.* a) empfangen, schwanger werden (*Mensch*), b) aufnehmen, trächtig werden (*Tier*).
con·cen·trate [ˈkɒnsəntreɪt; *Am.* ˈkan-] **I** *v/t* **1.** konzenˈtrieren (**on, upon** auf *acc*): a) zs.-ziehen, zs.-ballen, vereinigen, sammeln, masˈsieren: **to ~ troops**; **~d fire** *mil.* konzentriertes *od.* zs.-gefaßtes Feuer, b) *Anstrengungen etc* richten: **to ~ one's thoughts upon s.th.** s-e Gedanken auf etwas richten, sich auf etwas konzentrieren. **2.** *fig.* zs.-fassen (**in** in *dat*). **3.** *chem. Lösung etc* a) sättigen, konzenˈtrieren, b) verstärken, *bes. metall.* anreichern. **II** *v/i* **4.** sich konzenˈtrieren (*etc*; → 1). **5.** sich (*an e-m Punkt*) sammeln. **III** *s* **6.** *chem.* Konzenˈtrat *n.* **ˈcon·cen·trat·ed** *adj* konzenˈtriert.
con·cen·tra·tion [ˌkɒnsənˈtreɪʃn; *Am.* ˌkan-] *s* **1.** Konzenˈtrierung *f*, Konzentratiˈon *f*: a) Zs.-fassung *f*, Zs.-ziehung *f*, (Zs.-)Ballung *f*, Masˈsierung *f*, (An-)Sammlung *f* (*alle a. mil.*): **~ area** *mil.* Bereitstellungsraum *m*, Aufmarschgebiet *n*; **~ camp** *pol.* Konzentrationslager *n*, b) ˈHinlenkung *f* auf ˈeinen Punkt, c) *fig.* (geistige) Sammlung, gespannte Aufmerksamkeit: **power of ~** Konzentrationsfähigkeit *f.* **2.** *chem.* Konzentraˈtiˈon *f*, Dichte *f*, Sättigung *f.* **3.** *metall.* Anreicherung *f.* **4.** *biol.* Konzentratiˈon *f* der erblichen Veranlagung.
con·cen·tra·tive [ˈkɒnsəntreɪtɪv; *Am.* ˈkan-] *adj* konzenˈtrierend.
con·cen·tric [kɒnˈsentrɪk; *bes. Am.* kən-; *Am. a.* kan-] *adj*; **conˈcen·tri·cal** *adj* (*adv* **~ly**) konˈzentrisch. **con·cen·tric·i·ty** [ˌkɒnsənˈtrɪsətɪ; *Am.* ˌkanˌsen-] *s* Konzentriziˈtät *f.*
con·cept [ˈkɒnsept; *Am.* ˈkan-] *s* **1.** *philos.* (*allgemeiner logischer*) Begriff. **2.** Gedanke *m*, Auffassung *f*, Konzeptiˈon *f.* **~ art** *s* Concept-Art *f* (*moderne Kunstrichtung, in der das Konzept das fertige Kunstwerk ersetzt*).
con·cep·tion [kənˈsepʃn] *s* **1.** *biol.* Empfängnis *f*: **(statutory) period of ~** *jur.* (gesetzliche) Empfängniszeit. **2.** a) Begreifen *n*, b) Begriffsvermögen *n*, Verstand *m*, c) (*philos.* logischer) Begriff, Vorstellung *f* (**of** von): **in my ~** nach m-r Auffassung, d) Konzeptiˈon *f*, Iˈdee *f.* **3.** Entwurf *m*, Konˈzept *n*, Plan *m*, Anlage *f.* **4.** (Geistes)Schöpfung *f.* **conˈcep·tion·al** [-ʃənl] *adj* begrifflich, abˈstrakt. **conˈcep·tive** [-tɪv] *adj* **1.** begreifend, empfänglich: **~ power** Begriffsvermögen *n.* **2.** *med.* empfängnisfähig. **conˈcep·tu·al** [-tjʊəl; -tʃʊəl; *Am.* -tʃəwəl; -tʃəl] *adj* begrifflich, Begriffs...: **~ art** Conceptual art *f* (*moderne Kunstrichtung, in der das Konzept das fertige Kunstwerk ersetzt*); **~ artist** → **conceptualist** 2. **conˈcep·tu·al·ism** *s philos.* Konzeptuaˈlismus *m* (*scholastische Lehre, die dem Allgemeinen nur ein Sein im Begriff, aber nicht in der Realität zugesteht*). **conˈcep·tu·al·ist** *s* **1.** *philos.* Konzeptuaˈlist *m.* **2.** Künstler *m* auf dem Gebiet der Conceptual art. **conˈcep·tu·al·ize I** *v/t* in Begriffe fassen. **II** *v/i* begrifflich denken.
con·cern [kənˈsɜːn; *Am.* -ˈsɜrn] **I** *v/t* **1.** betreffen, angehen, sich beziehen auf (*acc*): **it does not ~ me** es betrifft mich nicht, es geht mich nichts an; **as far as I am ~ed** soweit es mich betrifft, was mich anbelangt; **To Whom It May C~** an alle, die es angeht (*Überschrift auf Attesten etc*). **2.** von Wichtigkeit *od.* Belang *od.* Interˈesse sein für, angehen: **this problem ~s us all** dieses Problem geht uns alle an *od.* ist für uns alle wichtig; **your reputation is ~ed** es geht um d-n Ruf. **3.** beunruhigen: **don't let that ~ you** mache dir deswegen keine Sorgen; **to be ~ed about** (*od.* **at**) sich Sorgen machen wegen; **to be ~ed for s.o.'s safety** um j-s Sicherheit besorgt sein; → **concerned** 5. **4.** interesˈsieren, beschäftigen: **to ~ o.s. with** sich beschäftigen *od.* befassen mit; **to be ~ed in a plot** in e-e Verschwörung verwickelt sein; → **concerned** 2, 3. **II** *s* **5.** Angelegenheit *f*, Sache *f*: **that is your ~** das ist Ihre Sache; **that is no ~ of mine** das geht mich nichts an; **the ~s of the nation** die Belange der Nation. **6.** Geschäft *n*, Firma *f*, Unterˈnehmen *n*: **first ~** Firma, die noch in den Händen der Gründer ist; **a going ~** a) ein gutgehendes Unternehmen, b) *fig.* e-e gut funktionierende Sache. **7.** Unruhe *f*, Sorge *f*, Besorgnis *f* (**at, about, for** wegen, um): **there is ~** es herrscht Besorgnis. **8.** Wichtigkeit *f*: **to be of no small ~** nicht ganz unbedeutend sein, sehr wich-

tig sein; **a matter of national ~** ein nationales Anliegen. **9.** Beziehung *f* (with zu): **to have no ~ with a matter** mit e-r Sache nichts zu tun haben. **10.** (at, about, for, in, with) Teilnahme *f* (an *dat*), Rücksicht *f* (auf *acc*), Anteil *m* (an *dat*), Inter'esse *n* (für): **to feel a ~ for** Teilnahme empfinden für, sich interessieren für. **11.** *colloq.* ‚Ding' *n*, Sache *f*, ‚Geschichte' *f*.

con·cerned [kən'sɜːnd; *Am.* -'sɜrnd] *adj* **1.** betroffen, betreffend: **the matter ~**. **2.** (in) beteiligt, interes'siert (an *dat*), *contp.* verwickelt (in *acc*): **the parties ~** die Beteiligten. **3.** (with, in) a) befaßt *od.* beschäftigt (mit), b) handelnd (von). **4.** bemüht (to do zu tun). **5.** (about, at, for) a) besorgt (um), beunruhigt (wegen), in Unruhe *od.* Sorge (um, wegen), b) bekümmert, betrübt (über *acc*). **6.** (po'litisch *od.* sozi'al) enga'giert. **con'cern·ed·ly** [-nɪdlɪ] *adv.* **con'cern·ing** *adj* betreffend (*acc*), betreffs (*gen*), 'hinsichtlich, bezüglich, wegen (*gen*), über (*acc*): **~ me** was mich (an)betrifft *od.* anbelangt.

con·cern·ment [kən'sɜːnmənt; *Am.* -'sɜrn-] *s* **1.** Wichtigkeit *f*, Bedeutung *f*, Inter'esse *n*: **of general ~**. **2.** Beteiligung *f*, Anteil *m*. **3.** Besorgtheit *f*, Sorge *f* (for um *acc*, wegen *gen*).

con·cert ['kɒnsət; *Am.* 'kɑnsərt; -ˌsɜrt] **I** *s* **1.** *mus.* a) Kon'zert *n*: **~ hall** Konzertsaal *m*; **~ overture** Konzertouvertüre *f*; **~ pianist** Konzertpianist(in); **~ tour** Konzertreise *f*, -tournee *f*, b) har'monische Über'einstimmung. **2.** [*Br.* 'kɒnsɜːt] Einvernehmen *n*, Einverständnis *n*, Über'einstimmung *f*, Harmo'nie *f*: **in ~ with** im Einvernehmen *od.* in Übereinstimmung mit. **3.** [*Br.* 'kɒnsɜːt] Zs.-wirken *n*: **to act in ~ with s.o.** gemeinsam mit j-m vorgehen. **II** *v/t* [kən'sɜːt; *Am.* -'sɜrt] **4.** *etwas* verabreden, abmachen, absprechen, aufein'ander abstimmen: **to ~ measures**. **5.** planen. **III** *v/i* **6.** zs.-arbeiten. **con'cert·ed** *adj* **1.** gemeinsam (geplant *od.* ausgeführt): **~ action** a) gemeinsames Vorgehen, b) *econ. pol.* konzertierte Aktion. **2.** *mus.* mehrstimmig (arran'giert).

'con·cert|go·er *s* Kon'zertbesucher(in). **~ grand** *s mus.* Kon'zertflügel *m*.

con·cer·ti [kən'tʃeətɪ; *Am.* -'tʃertiː] *pl von* **concerto**.

con·cer·ti·na [ˌkɒnsə'tiːnə; *Am.* ˌkɑnsər-] **I** *s* Konzer'tina *f*, (sechseckige) 'Ziehharˌmonika: **~ door** Falttür *f*. **II** *v/t u. v/i* 'ziehharˌmonikaförmig zs.-drücken *od.* -falten (zs.-gedrückt *od.* -gefaltet werden).

con·cer·ti·no [ˌkɒntʃə(r)'tiːnəʊ; *Am.* ˌkɑn-] *pl* **-nos, -ni** [-nɪ] *s mus.* Concer'tino *n*: a) kleines ('Solo)Konˌzert, b) *Solistengruppe im Concerto grosso*.

con·cer·tize ['kɒnsətaɪz; *Am.* 'kɑnsər-] *v/i* Kon'zerte geben (*bes. Solist od. Dirigent*).

'con·certˌmas·ter *s mus. Am.* Kon'zertmeister *m*.

con·cer·to [kən'tʃeətəʊ; *Am.* -'tʃer-] *pl* **-tos, -ti** [-tɪ] *s mus.* ('Solo)Konˌzert *n* (*mit Orchesterbegleitung*): **piano (violin) ~** Klavier-(Violin)konzert.

con·cert of Eu·rope *s pol. hist.* Euro'päisches Kon'zert.

con·cer·to gros·so ['grɒsəʊ; *Am.* 'grəʊsəʊ] *pl* **-ti -si** [-sɪ], **-to -sos** *s mus.* Con'certo *n* grosso.

con·cert| per·form·ance *s mus.* konzer'tante Aufführung (*e-r Oper etc*). **~ pitch** *s mus.* Kammer-, Kon'zertton *m*: **to be at ~** *colloq.* a) in Höchst- *od.* Bestform sein, b) *mil.* in Alarmbereitschaft stehen.

con·ces·sion [kən'seʃn] *s* **1.** Konzessi'on *f*, Entgegenkommen *n*, (*econ. a.* Zoll-) Zugeständnis *n*: **to make a ~ of a right** ein Recht einräumen; **to make no ~(s)** keine Konzessionen machen (**to s.o.** j-m; **to s.th.** hinsichtlich e-r Sache). **2.** Anerkennung *f*, Zugeständnis *n* (*der Berechtigung e-s Standpunkts*). **3.** Genehmigung *f*, Bewilligung *f*. **4.** (amtliche *od.* staatliche) Konzessi'on, Privi'leg *n*: **~ of a mine** Bergwerkskonzession. **5.** a) behördliche Über'lassung von Grund u. Boden, b) *Am.* Konzessi'on *f*, Gewerbeerlaubnis *f*, c) über'lassenes Stück Land. **6.** Über'lassung *f* von Grund u. Boden an e-e fremde Macht. **conˌces·sion'aire** [-ʃə'neə(r)] *s econ.* Konzessi'onsˌinhaber(in). **con'ces·sion·ar·y** [-ʃnərɪ; *Am.* -ʃəˌneriː] **I** *adj* **1.** Bewilligungs..., Konzessions... **2.** konzessio'niert, bewilligt. **II** *s* → **concessionaire**. **con'ces·sive** [-sɪv] *adj* **1.** Zugeständnisse machend. **2.** *ling.* konzes'siv: **~ clause** einräumender Satz, Konzessivsatz *m*.

conch [kɒntʃ; kɒŋk; *Am.* kɑŋk; kɑntʃ] *pl* **-s** [-ks] *od.* **con·ches** ['kɒntʃɪz; *Am.* 'kɑn-] *s* **1.** *zo.* Muschel(schale) *f*. **2.** *zo.* (*e-e*) See- *od.* Schneckenmuschel. **3.** → **concha** 2. **4.** *Am. bes. contp. Landbewohner im Süden der USA, bes. in Florida.*

con·cha ['kɒŋkə; *Am.* 'kɑŋ-] *pl* **-chae** [-kiː] *s* **1.** *anat.* Ohrmuschel *f*. **2.** *arch.* Kuppeldach *n* (*e-r Apsis*). **'con·choid** [-kɔɪd] *s math.* Koncho'ide *f*, Schneckenlinie *f*.

con·chy ['kɒntʃɪ; *Am.* 'kɑntʃiː] *sl. für* **conscientious objector**.

con·cil·i·ar [kən'sɪlɪə(r)] *adj relig.* Konzil...

con·cil·i·ate [kən'sɪlɪeɪt] *v/t* **1.** aus-, versöhnen, *j-n* versöhnlich stimmen. **2.** *Gunst etc* gewinnen. **3.** in Einklang bringen, auf e-n gemeinsamen Nenner bringen. **conˌcil·i'a·tion** *s* Aus-, Versöhnung *f*: **~ committee** Schlichtungsausschuß *m*; **~ hearing** *jur.* Sühnetermin *m* (*in Scheidungssachen*). **con'cil·i·a·tive** [-lɪətɪv; *Am.* -lɪˌeɪtɪv] → **conciliatory**. **con'cil·i·a·tor** [-eɪtə(r)] *s* Schlichter *m*, Vermittler *m*. **con'cil·i·a·to·ry** [-lɪətərɪ; *Am.* -ljəˌtəʊriː; -ˌtɔː-] *adj* versöhnlich, vermittelnd, Versöhnungs...: **~ proposal** Vermittlungsvorschlag *m*.

con·cise [kən'saɪs] *adj* (*adv* **~ly**) kurz, bündig, prä'gnant, prä'zis(e), knapp: **~ dictionary** Handwörterbuch *n*. **con'cise·ness** *s* Kürze *f*, Prä'gnanz *f*. **con'ci·sion** [-'sɪʒn] *s* **1.** → **conciseness**. **2.** *obs.* Verstümmelung *f*.

con·clave ['kɒnkleɪv; *Am.* 'kɑn-] *s* **1.** *obs.* Beratungszimmer *n*. **2.** *R.C.* Kon'klave *n*. **3.** geheime Versammlung *od.* Sitzung.

con·clude [kən'kluːd] **I** *v/t* **1.** *a. e-e Rede etc* beenden, (be-, ab)schließen (**with** mit): **to be ~d** Schluß folgt. **2.** *Vertrag etc* (ab)schließen. **3.** *etwas* folgern, schließen (**from** aus). **4.** beschließen, entscheiden. **II** *v/i* **5.** schließen, enden, aufhören (**with** mit): **he ~d by saying** zum Schluß sagte er. **6.** sich entscheiden *od.* entschließen (**to do zu tun**). **con'clud·ing** *adj* abschließend, End..., Schluß...: **~ scene** Schlußszene *f*; **~ words** Schlußworte.

con·clu·sion [kən'kluːʒn] *s* **1.** (Ab-) Schluß *m*, Ende *n*: **to bring to a ~** zum Abschluß bringen; **in ~** zum Schluß, schließlich, endlich. **2.** Abschluß *m* (*e-s Vertrages etc*): **~ of peace** Friedensschluß. **3.** (logischer) Schluß, (Schluß-) Folgerung *f*: **to come to** (*od.* **arrive at**) **the ~ that** zu dem Schluß *od.* der Überzeugung kommen, daß; **to draw a ~** e-n Schluß ziehen; **to jump at** (*od.* **to**) **~s, to leap to ~s, to rush at ~s** voreilig(e) Schlüsse ziehen. **4.** Beschluß *m*, Entscheidung *f*. **5.** *jur.* a) bindende Verpflichtung, b) (*prozeßhindernde*) Einrede, c) Ausspruch *m*, Entscheidung *f*, d) Schlußausführungen *pl*. **6.** Erfolg *m*, Folge *f*, Ausgang *m*. **7. to try ~s** *Br.* es versuchen, sich *od.* s-e Kräfte messen (**with** mit). **8.** *ling.* A'podosis *f* (*Nachsatz e-s Bedingungssatzes*). **9.** *math.* Rückschluß *m*.

con·clu·sive [kən'kluːsɪv] *adj* (*adv* **~ly**) **1.** abschließend, Schluß... **2.** endgültig. **3.** über'zeugend, schlüssig: **~ evidence**. **con'clu·sive·ness** *s* **1.** Endgültigkeit *f*. **2.** (*das*) Entscheidende *od.* Endgültige *od.* Über'zeugende. **3.** Schlüssigkeit *f*, Triftigkeit *f*, Beweiskraft *f*.

con·coct [kən'kɒkt; *Am.* -'kɑkt; *a.* kɑn-] *v/t* **1.** (zs.-)brauen (*a. fig.*). **2.** *fig.* aushecken, -brüten, sich ausdenken: **to ~ a plan**. **con'coc·tion** *s* **1.** (Zs.-)Brauen *n*. **2.** *med.* Absud *m*, zs.-gemischter Trank. **3.** *a. contp. u. fig.* Gebräu *n*. **4.** *fig.* Ausbrüten *n*, -hecken *n*: **~ of a plan (story)**. **5.** *fig.* (*das*) Zs.-gebraute *od.* Ausgeheckte, Erfindung *f*.

con·com·i·tance [kən'kɒmɪtəns; *Am.* -'kɑm-; *a.* kɑn'k-], **con'com·i·tan·cy** *s* **1.** Zs.-bestehen *n*, gleichzeitiges Vor'handensein. **2.** *relig.* Konkomi'tanz *f*. **con'com·i·tant I** *adj* (*adv* **~ly**) begleitend, gleichzeitig: **~ circumstances** Begleitumstände. **II** *s* Be'gleiterscheinung *f*, -ˌumstand *m*.

con·cord ['kɒŋkɔː(r)d; *Am.* 'kɑn-] *s* **1.** Einmütigkeit *f*, Eintracht *f*, Einklang *m*, (*ling.* syn'taktische) Über'einstimmung. **2.** *mus.* a) Zs.-klang *m*, Harmo'nie *f*, b) Konso'nanz *f*. **3.** Vertrag *m*, Über'einkommen *n*.

con·cord·ance [kən'kɔː(r)dəns] *s* **1.** Über'einstimmung *f* (**in** mit). **2.** Konkor'danz *f* (*alphabetisches Wörter- od. Sachverzeichnis etc*): **C~ to the Bible** Bibelkonkordanz. **3.** *geol. tech.* Konkor'danz *f*. **con'cord·ant** *adj* (*adv* **~ly**) **1.** (**with, to**) über'einstimmend (mit), entsprechend (*dat*). **2.** har'monisch.

con·cor·dat [kɒn'kɔː(r)dæt; *bes. Am.* kən'k-] *s* **1.** Über'einkommen *n*, Vertrag *m*. **2.** *relig.* Konkor'dat *n*.

con·course ['kɒŋkɔː(r)s; *Am.* 'kɑn-] *s* **1.** a) *allg.* Zs.-treffen *n*, b) Zs.-fluß *m*: **a ~ of streams**. **2.** (Menschen)Auflauf *m*, (-)Menge *f*, Ansammlung *f*, Gewühl *n*. **3.** a) *Am.* Bahnhofshalle *f*, b) freier Platz (*für Versammlungen etc*). **4.** *jur.* Konkur'renz *f*, Klagenhäufung *f*.

con·cres·cence [kən'kresns] *s biol.* **1.** Verwachsung *f* von Or'ganen *od.* Zellen. **2.** Zs.-wachsen *n* embryo'naler Teile.

con·crete I *v/t* [kən'kriːt; *Am.* 'kɑnˌkriːt; kɑn'k-] **1.** zu e-r kom'pakten Masse formen *od.* verbinden. **2.** *fig.* vereinigen (**with** mit). **3.** konkreti'sieren. **4.** *fig.* festigen. **5.** [*Br.* 'kɒnkriːt] *tech.* beto'nieren: **to ~ s.th. over** etwas zubetonieren. **II** *v/i* **6.** sich zu e-r kom'pakten Masse vereinigen, fest werden. **III** *adj* [*Br.* 'kɒnkriːt] (*adv* **~ly**) **7.** fest, dicht, massig, kom'pakt. **8.** *tech.* beto'niert, Beton...: **~ construction** Betonbau *m*; **~ jungle** Betonwüste *f*; **~ mixer** Betonmischmaschine *f*; **~ pile** Betonklotz *m*, -silo *m*; **~ steel** Stahlbeton *m*. **9.** kon'kret (*a. ling. philos.*; *Ggs. abstrakt*), greifbar, wirklich, gegenständlich, 'festumˌrissen: **~ noun** *ling.* Konkretum *n*; **~ proposals** konkrete Vorschläge. **10.** *math.* benannt. **11.** *mus. Literatur*: kon'kret: **~ music (poem, poet)**; **~ poetry** konkrete Literatur *od.* Dichtung. **IV** *s* [*Br.* 'kɒnkriːt] **12.** *philos.* kon'kreter Gedanke *od.* Begriff: **in the ~** im konkreten Sinne, in Wirklichkeit. **13.** feste *od.* kom'pakte Masse. **14.** *tech.* Be'ton

m. **15.** *Am.* Be'tondecke *f* (*e-r Straße etc*).
con·crete·ness ['kɒnkriːtnɪs; *Am.* kɑn'k-; 'kɑnˌk-] *s* Kon'kretheit *f.*
con·cre·tion [kən'kriːʃn; *Am. a.* kɑn'k-] *s* **1.** Zs.-wachsen *n,* Verwachsung *f.* **2.** Festwerden *n.* **3.** feste *od.* kom'pakte Masse. **4.** Verhärtung *f,* Häufung *f,* Knoten *m.* **5.** *geol.* Konkreti'on *f.* **6.** *med.* Konkre'ment *n*: **bronchial ~** Bronchienstein *m*; **gouty ~** Gichtknoten *m.*
con·cret·ism ['kɒnkriːtɪzəm; *Am.* kɑn'kriːt-; 'kɑnˌk-] *s* kon'krete Litera'tur *od.* Dichtung. **con·cret·ist** *s* kon'kreter Dichter.
con·cu·bi·nage [kɒn'kjuːbɪnɪdʒ; *Am.* kɑn-] *s* Konkubi'nat *n,* wilde Ehe. **con'cu·bi·nar·y** [-bɪnərɪ; *Am.* -ˌneriː] *adj* **1.** Konkubinats... **2.** im Konkubi'nat lebend. **con·cu·bine** ['kɒŋkjʊbaɪn; *Am.* 'kɑŋ-] *s* **1.** *obs.* Konku'bine *f,* Mä'tresse *f.* **2.** Nebenfrau *f.*
con·cu·pis·cence [kən'kjuːpɪsəns; *Am. a.* kɑn-] *s* Lüsternheit *f,* sinnliche Begierde, Sinnlichkeit *f.* **con'cu·pis·cent** *adj* lüstern.
con·cur [kən'kɜː; *Am.* -'kɜr; *a.* kɑn-] *v/i* **1.** zs.-fallen, -treffen (*Ereignisse etc*). **2.** *relig.* aufein'anderfallen (*Feste*). **3.** (**with s.o., in s.th.**) über'einstimmen (mit j-m, in e-r Sache), beipflichten, -stimmen (j-m, e-r Sache). **4.** mitwirken, beitragen (**to** zu). **5.** zs.-wirken. **6.** *jur.* gemeinsam mit anderen Gläubigern Ansprüche auf e-e Kon'kursmasse erheben.
con·cur·rence [kən'kʌrəns; *Am.* -'kɜr-] *s* **1.** Zs.-treffen *n.* **2.** Über'ein-, Zustimmung *f,* Einverständnis *n.* **3.** Mitwirkung *f.* **4.** Zs.-wirken *n.* **5.** *math.* Schnittpunkt *m.* **6.** *jur.* Kon'flikt *m,* Kollisi'on *f*: **~ of rights. con'cur·ren·cy** → **concurrence** 1–5.
con·cur·rent [kən'kʌrənt; *Am.* -'kɜr-] **I** *adj* (*adv* **~ly**) **1.** gleichlaufend, nebenein'ander bestehend, gleichzeitig (**with** mit). **2.** zs.-fallend (**with** mit). **3.** zs.-, mitwirkend. **4.** *jur.* a) gleichberechtigt, b) gleich zuständig, c) gleichzeitig abgeschlossen (*Pacht, Versicherung etc*). **5.** über'einstimmend (**with** mit). **6.** *math.* durch den'selben Punkt gehend: **~ lines. II** *s* **7.** mitwirkender 'Umstand, Be'gleitˌumstand *m.* **8.** *obs.* Konkur'rent *m.*
con·cuss [kən'kʌs] *v/t* **1.** erschüttern: **he was ~ed** *med.* er erlitt e-e Gehirnerschütterung. **2.** einschüchtern, durch Drohung zwingen. **con'cus·sion** [-ʃn] *s* Erschütterung *f*: **~ (on the brain)** *med.* Gehirnerschütterung; **~ fuse** *mil.* Erschütterungszünder *m*; **~ spring** *tech.* Stoßdämpfer *m.* **con'cus·sive** [-sɪv] *adj* erschütternd.
con·cy·clic [kɒn'saɪklɪk; *Am.* kɑn-] *adj math.* kon'zyklisch.
con·demn [kən'dem] *v/t* **1.** verdammen, verurteilen, verwerfen, miß'billigen, tadeln (**as** als; **for, on account of** wegen): **to ~ as untrustworthy** als unglaubwürdig verwerfen. **2.** a) *jur. u. fig.* verurteilen (**to death** zum Tode): **~ed cell** Todeszelle *f,* b) *fig.* verdammen (**to** zu): **his own words ~ him** er hat sich selbst das Urteil gesprochen; **his very looks ~ him** sein bloßes Aussehen verrät ihn. **3.** *jur.* a) *Schmuggelware etc* als verfallen erklären, beschlagnahmen, b) *Am.* enteignen. **4.** für unbrauchbar *od.* unbewohnbar *od.* gesundheitsschädlich erklären: **to ~ a building (a food product). 5.** *mar.* a) *ein Schiff* kondem'nieren (*für seeuntüchtig erklären*), b) als Prise erklären, mit Beschlag belegen. **6.** *e-n Kranken* aufgeben, für unheilbar erklären. **con'dem·na·ble** [-'demnəbl; -'deməbl] *adj* verdammenswert, zu verdammen(d).
con·dem·na·tion [ˌkɒndem'neɪʃn; *Am.* ˌkɑn-] *s* **1.** *jur. u. fig.* Verurteilung *f.* **2.** *fig.* Verdammung *f,* 'Mißbilligung *f,* Verwerfung *f,* Tadel *m*: **his conduct was sufficient ~** sein Betragen genügte (als Grund), um ihn zu verurteilen. **3.** *mar.* Kondem'nierung *f.* **4.** *jur.* a) *a. mar.* Beschlagnahme *f,* b) *Am.* Enteignung *f.*
con·dem·na·to·ry [kən'demnətərɪ; *Am.* -ˌtəʊriː; -ˌtɔː-] *adj* **1.** *jur.* verurteilend. **2.** *fig.* verdammend.
con·den·sa·bil·i·ty [kənˌdensə'bɪlətɪ] *s phys.* Konden'sierbarkeit *f.* **con'den·sa·ble** *adj phys.* konden'sierbar, verdichtbar. **con·den·sate** [kən'denseɪt; *Am. a.* 'kɑndən-] → **condensation** 1 c.
con·den·sa·tion [ˌkɒnden'seɪʃn; *Am.* ˌkɑn-] *s* **1.** *phys.* a) Kondensati'on *f* (*a. chem.*), Verdichtung *f*: **~ of gases,** b) Konzentrati'on *f*: **~ of light,** c) Konden'sat *n,* Kondensati'onsproˌdukt *n*: **~ trail** *aer.* Kondensstreifen *m.* **2.** *psych.* 'Wiedergabe *f* (zweier *od.* mehrerer Gedanken *etc*) durch ein Wort *od.* Wortbild (*in Allegorien, Träumen etc*). **3.** Zs.-drängung *f,* Anhäufung *f*: **~ point** *math.* Häufungspunkt *m.* **4.** *fig.* Zs.-fassung *f,* (Ab-)Kürzung *f,* bündige Darstellung. **5.** gekürzte Fassung (*e-s Romans etc*).
con·dense [kən'dens] **I** *v/t* **1.** *tech.* konden'sieren, verdichten (*beide a. chem.*), kompri'mieren, zs.-pressen. **2.** *phys.* a) *Gase etc* niederschlagen, b) konzen'trieren: **to ~ light rays. 3.** kürzen, zs.-fassen, gedrängt darstellen. **II** *v/i* **4.** sich verdichten, konden'siert werden. **5.** flüssig werden.
con·densed [kən'denst] *adj* **1.** verdichtet, kompri'miert (*Gase etc*). **2.** gekürzt, zs.-gedrängt. **3.** *print.* schmal. **~ milk** *s* konden'sierte Milch, Kon'densmilch *f.* **~ type** *s print.* schmale Drucktype.
con·dens·er [kən'densə(r)] *s* **1.** *phys. tech.* a) Konden'sator *m* (*a. electr.*), Verdichter *m,* b) Verflüssiger *m,* c) Vorlage *f* (*bei Destillationseinrichtungen*). **2.** *opt.* Kon'densor(linse *f*) *m,* Sammellinse *f.* **~ aer·i·al,** *bes. Am.* **~ an·ten·na** *s Radio*: Konden'satoranˌtenne *f.* **~ mi·cro·phone** *s electr.* Konden'satormikroˌphon *n.*
con·dens·ing| coil [kən'densɪŋ] *s tech.* Kühlschlange *f.* **~ lens** → **condenser** 2.
con·de·scend [ˌkɒndɪ'send; *Am.* ˌkɑn-] *v/i* **1.** *a. iro.* sich her'ablassen, geruhen, belieben (**to do s.th.** etwas zu tun): **to ~ to s.th.** sich zu etwas herablassen. **2.** *contp.* sich (soweit) erniedrigen (**to do** zu tun). **3.** gönnerhaft *od.* her'ablassend sein (**to** gegen). **4. ~ upon** *Scot. od. obs.* (besonders) erwähnen. **ˌcon·de'scend·ing** *adj* (*adv* **~ly**) gönnerhaft, her'ablassend. **ˌcon·de'scen·sion** [-'senʃn] *s* Her'ablassung *f,* gönnerhafte Art.
con·dign [kən'daɪn; *Am. a.* 'kɑnˌd-] *adj* (*adv* **~ly**) gebührend, angemessen (*bes. Strafe*).
con·di·ment ['kɒndɪmənt; *Am.* 'kɑndə-] *s* Würze *f,* Gewürz *n.*
con·di·tion [kən'dɪʃn] **I** *s* **1.** *a. jur.* Bedingung *f*: a) Abmachung *f,* b) *jur.* Bestimmung *f,* Klausel *f,* Vertragspunkt *m,* Vorbehalt *m*: **peace ~s** Friedensbedingungen; **(up)on ~ that** unter der Bedingung, daß; vorausgesetzt, daß; **on ~** freibleibend; **on ~ of his leaving** unter der Bedingung, daß er abreist; **on no ~** unter keinen Umständen, keinesfalls; **to make s.th. a ~** etwas zur Bedingung machen. **2.** *a. philos.* Vor'aussetzung *f,* (Vor)Bedingung *f.* **3.** *ling.* Bedingung *f,* (vorgestellter) Bedingungssatz. **4.** Verfassung *f*: a) Zustand *m,* Beschaffenheit *f,* b) (körperlicher *od.* Gesundheits)Zustand, *sport* Konditi'on *f,* Form *f*: **in good ~**; **out of ~** in schlechter Verfassung, in schlechtem Zustand; **the ~ of her health** ihr Gesundheitszustand. **5.** *med.* Leiden *n*: **heart ~. 6.** Lage *f*: **in every ~ of life** in jeder Lebenslage. **7.** Fi'nanz-, Vermögenslage *f.* **8.** Rang *m,* (gesellschaftliche) Stellung, (*a.* Fa'milien)Stand *m*: **persons of ~** hochgestellte Persönlichkeiten; **to change one's ~** heiraten. **9.** *ped. Am.* (Gegenstand *m* der) Nachprüfung *f* (*bei Nichterreichen des Studienzieles*). **10.** *pl* (Lebens)Bedingungen *pl,* Verhältnisse *pl,* 'Umstände *pl*: **living ~s; weather ~s** Witterungs-, Wetterverhältnisse.
II *v/t* **11.** zur Bedingung machen, sich ausbedingen, festsetzen, aus-, abmachen, die Bedingung stellen (**that** daß). **12.** die Vor'aussetzung sein für, bedingen: **~ed by** bedingt durch. **13.** abhängig machen (**on** von): **to be ~ed on** abhängen von. **14.** *univ. Am.* a) *e-m Studenten* e-e Nachprüfung (*od. sonstige Bedingung*) auferlegen, b) e-e Nachprüfung ablegen müssen in (*e-m Fach*). **15.** *tech. etwas* auf s-n Zustand *od.* s-e Beschaffenheit prüfen, *Textilien* konditio'nieren. **16.** in den richtigen *od.* gewünschten Zustand bringen: → **air-condition. 17.** *fig.* a) formen, b) anpassen, c) beeinflussen. **18.** *fig. j-n* program'mieren (**to, for** auf *acc*).
con·di·tion·al [kən'dɪʃənl] **I** *adj* (*adv* **~ly**) **1.** bedingt (**on, upon** durch), abhängig (**on, upon** von), eingeschränkt: **~ acceptance** *econ.* bedingte Annahme; **~ discharge** *jur.* bedingte Entlassung; **~ offer** *econ.* bedingtes Angebot; **~ sale** *econ.* Verkauf *m* mit Eigentumsvorbehalt; **to be ~ (up)on** abhängen von; **to make ~ (up)on** abhängig machen von. **2.** *ling.* konditio'nal, Bedingungs...: **~ clause** (*od.* **sentence**) → 5 a; **~ mood** → 5 b. **3.** *philos.* a) hypo'thetisch, b) e-e hypo'thetische Prä'misse enthaltend: **~ proposition** → 6. **II** *s* **4.** bedingender Ausdruck. **5.** *ling.* a) Bedingungs-, Konditio'nalsatz *m,* Bedingung *f,* b) Bedingungsform *f,* Konditio'nal(is) *m,* c) Be'dingungsparˌtikel *f.* **6.** *philos.* hypo'thetischer Satz. **conˌdi·tion'al·i·ty** [-'nælətɪ] *s* Bedingtheit *f.*
con·di·tioned [kən'dɪʃnd] *adj* **1.** bedingt, abhängig: **~ reflex** *med.* bedingter Reflex; → **condition** 12 *u.* 13. **2.** beschaffen, geartet. **3.** in gutem Zustand, in guter Verfassung. **con'di·tion·er** *s* **1.** *tech.* Konditio'nierappaˌrat *m.* **2.** Klimaanlage *f.* **3.** *agr.* Bodenverbesserer *m.* **4.** *sport* (Konditi'ons)Trainer *m.*
con·do ['kɑndəʊ] *pl* **-dos** *s Am. colloq.* Eigentumswohnung *f.*
con·do·la·to·ry [kən'dəʊlətərɪ; *Am.* -ˌtəʊriː; -ˌtɔː-] *adj* Beileid bezeigend, Beileids..., Kondolenz... **con'dole** *v/i* sein Beileid bezeigen *od.* ausdrücken, kondo'lieren (**with s.o. on s.th.** j-m zu etwas). **con'do·lence** *s* Beileid(sbezeigung *f*) *n,* Kondo'lenz *f*: **please accept my ~s** mein herzliches *od.* aufrichtiges Beileid; **letter of ~** Beileidsbrief *m*; **register of ~** Kondolenzliste *f*; **visit of ~** Kondolenzbesuch *m.*
con·dom ['kɒndəm; *Am.* 'kʌn-; 'kɑn-] *s med.* Kon'dom *n, m,* Präserva'tiv *n.*
con·do·min·i·um [ˌkɒndə'mɪnɪəm; *Am.* ˌkɑn-] *s* **1.** *pol.* Kondo'minium *n.* **2.** *Am.* a) Eigentumswohnanlage *f,* b) *a.* **~ apartment** Eigentumswohnung *f.*
con·do·na·tion [ˌkɒndəʊ'neɪʃn; *Am.* ˌkɑn-] *s* Verzeihung *f* (*a. jur. e-s ehelichen Fehltritts*), Vergebung *f.* **con·done** [kən'dəʊn] *v/t* verzeihen, vergeben.
con·dor ['kɒndɔː(r); -də(r); *Am.* 'kɑn-] *s orn.* Kondor *m.*

con·duce [kən'dju:s; *Am. a.* -'du:s] *v/i* (to, toward[s]) beitragen (zu), dienlich *od.* förderlich sein, dienen (*dat*). **con'du·cive** *adj* (to) dienlich, förderlich (*dat*), nützlich, ersprießlich (für).

con·duct[1] **I** *s* ['kɒndʌkt; -dəkt; *Am.* 'kɑn-] **1.** Führung *f*: a) Leitung *f*, Verwaltung *f*, b) Handhabung *f*, 'Durchführung *f*: ~ of state Staatsverwaltung; ~ of war Kriegführung. **2.** Geleit *n*, Begleitung *f*: → safe-conduct. **3.** *fig.* Führung *f*, Betragen *n*, Benehmen *n*, Verhalten *n*, Haltung *f*: good ~ gute Führung; line of ~ Lebensführung; → certificate 1. **4.** *obs.* Schutzgeleit *n*. **5.** *paint. etc* Ausführung *f*. **II** *v/t* [kən'dʌkt] **6.** führen, geleiten, begleiten: ~ed tour (of) a) Führung *f* (durch), b) Gesellschaftsreise *f* (durch). **7.** *ein Geschäft* führen, betreiben, leiten, verwalten: to ~ a campaign (a lawsuit) e-n Feldzug (e-n Prozeß) führen; to ~ war Krieg führen. **8.** *mus. ein Orchester* leiten, diri'gieren. **9.** ~ o.s. sich betragen, sich benehmen, sich (auf)führen, sich verhalten. **10.** *phys. Wärme, Elektrizität etc* leiten. **III** *v/i* **11.** *phys.* leiten, als Leiter wirken. **12.** *mus.* diri'gieren.

con·duct[2] ['kɒndʌkt] *s Br.* Geistliche(r) *m* am Eton College.

con·duct·ance [kən'dʌktəns] *s electr.* Leitfähigkeit *f*, Wirkleitwert *m*. **con·,duct·i'bil·i·ty** *s phys.* Leitvermögen *n*. **con'duct·i·ble** *adj phys.* leitfähig.

con·duct·ing [kən'dʌktɪŋ] *adj electr. phys.* leitfähig, leitend.

con·duc·tion [kən'dʌkʃn] *s* **1.** Leitung *f* (*a. phys. von Wärme etc*). **2.** *phys.* Leitvermögen *n*. **3.** *physiol.* Über'tragung *f* von Im'pulsen (*durch das Nervensystem*). **4.** *bot.* Saftsteigen *n*. **con·duc·tiv·i·ty** [ˌkɒndʌk'tɪvətɪ; *Am.* ˌkɑn-] *s phys.* (*electr.* spe'zifisches) Leitvermögen.

con·duc·tor [kən'dʌktə(r)] *s* **1.** Führer *m*, (*a.* Reise)Leiter *m*, Begleiter *m*. **2.** Leiter *m*, Verwalter *m*. **3.** a) (Omnibus-, Straßenbahn)Schaffner *m*, b) *rail. Am.* Zugbegleiter *m*. **4.** *mus.* (Or'chester)Diri'gent *m*, (Chor)Leiter *m*. **5.** *phys.* Leiter *m*. **6.** *electr.* a) (Strom)Leiter *m*, Leitung *f*, b) Blitzableiter *m*, c) (Kabel)Ader *f*, Seele *f*: ~ circuit Leiterkreis *m*; ~ rail Leit(ungs)-schiene *f*. **con'duc·tor·ship** *s* **1.** Amt *n* *od.* Tätigkeit *f* e-s Leiters *od.* Diri'genten *etc.* **2.** Leitung *f*. **con'duc·tress** [-trɪs] *s* **1.** Leiterin *f*, Führerin *f*. **2.** Schaffnerin *f*. **3.** *mus.* Diri'gentin *f*.

con·duit ['kɒndɪt; *Am.* 'kɑnˌdu:ət; -ˌdju:ət] *s* **1.** (Leitungs)Rohr *n*, Röhre *f*, Rohrleitung *f*, Ka'nal *m* (*a. fig.*). **2.** [*Br. a.* 'kɒndjʊɪt; -dwɪt] *electr.* a) Rohrkabel *n*, b) Iso'lierrohr *n* (*für Leitungsdrähte*). **3.** *geol.* Vul'kanschlot *m*. **~ box** *s electr.* Abzweigdose *f*. **~ pipe** *s* Leitungsrohr *n*.

con·dyle ['kɒndɪl; *Am.* 'kɑnˌdaɪl] *s anat.* Gelenkhöcker *m*, -knorren *m*.

cone [kəʊn] **I** *s* **1.** *math. u. fig.* Kegel *m*: blunt (*od.* truncated) ~ stumpfer Kegel, Kegelstumpf *m*; ~ of fire Feuergarbe *f*; luminous ~, ~ of light *tech.* Lichtkegel; ~ of silence (*Radar*) Null-, Schweigekegel *m*. **2.** *bot.* (*Tannen- etc*)Zapfen *m*. **3.** *kegelförmiger Gegenstand, z. B.* a) Waffeltüte *f* (*für Speiseeis*), b) Py'lon *m*, Py'lone *f*, Leitkegel *m*. **4.** *tech.* Konus *m*, Kegel *m*. **5.** Bergkegel *m*. **6.** *anat.* Zapfen *m*, Zäpfchen *n* (*in der Netzhaut des Auges*). **7.** *geol.* Butze *f* (*Erzkegel im Taubgestein*). **II** *v/t* **8.** kegelförmig machen *od.* ausschleifen *od.* ausdrehen. **9.** ~ off mit Leitkegeln absperren. **~ bear·ing** *s tech.* Kegellager *n*. **~ brake** *s tech.* Kegelbremse *f*. **~ clutch** *s tech.* Kegel-, Konuskupplung *f*.

coned [kəʊnd] *adj* **1.** kegelförmig. **2.** *bot.* zapfentragend.

cone| (loud·)speak·er *s* Konuslautsprecher *m*. **~ pul·ley** *s tech.* Stufenscheibe *f*. **'~-shaped** *adj* kegelförmig. **~ shell** *s zo.* Kegelschnecke *f*, Tüte *f*. **~ sug·ar** *s* Hutzucker *m*. **~ valve** *s tech.* 'Kegelvenˌtil *n*.

co·ney → cony.

con·fab ['kɒnfæb; kɒn'fæb; *Am.* kən'fæb; 'kɑnˌfæb] *colloq. für* confabulate *u.* confabulation. **con·fab·u·late** [kən'fæbjʊleɪt] *v/i* sich (vertraulich) unter'halten, plaudern. **conˌfab·u'la·tion** *s* **1.** Plaude'rei *f*. **2.** *psych.* Konfabulati'on *f*.

con·fect I *v/t* [kən'fekt] **1.** 'herstellen, (zu)bereiten, mischen. **2.** → confection 5. **3.** *obs.* einmachen, einpökeln. **II** *s* ['kɒnfekt; *Am.* 'kɑn-] → confection 2.

con·fec·tion [kən'fekʃn] **I** *s* **1.** Zubereitung *f*, Mischung *f*. **2.** a) (mit Zucker) Eingemachtes *n*: ~s Konfitüren, b) Kon'fekt *n*, Süßwaren *pl*, c) *pharm.* Lat'werge *f*. **3.** 'Damenmode-, Konfekti'onsarˌtikel *m*. **II** *v/t* **4.** *Damenkleider etc* fa'brikmäßig 'herstellen, konfektio'nieren. **5.** (mit Zucker) einmachen. **con'fec·tion·ar·y** [-ʃənərɪ; *Am.* -ˌneri:] **I** *s* **1.** *bes. Am.* Kondito'rei *f*. **2.** Kon'fekt *n*. **II** *adj* **3.** *bes. Am.* Konditorei... **4.** Konfekt... **con'fec·tion·er** *s* Kon'ditor *m*: ~'s sugar *Am.* Puderzucker *m*. **con'fec·tion·er·y** [-ʃənərɪ; *Am.* -ˌneri:] *s* **1.** Süßigkeiten *pl*, Süß-, Kondito'reiwaren *pl*. **2.** Kondito'reigeˌwerbe *n*. **3.** Kondito'rei *f*, Süßwarengeschäft *n*.

con·fed·er·a·cy [kən'fedərəsɪ; -drəsɪ] *s* **1.** Bündnis *n*, Bund *m*. **2.** (Staaten)Bund *m*: C~ *Am. hist.* Konföderation *f* (*der Südstaaten im Sezessionskrieg*). **3.** Kom'plott *n*, Verschwörung *f*.

con·fed·er·ate [kən'fedərət; -drət] **I** *adj* **1.** verbündet, verbunden, konföde'riert (with mit), Bundes... **2.** C~ *Am. hist.* zu den Konföde'rierten Staaten von A'merika gehörig: C~ States of America. **II** *s* **3.** Verbündete(r) *m*, Bundesgenosse *m*. **4.** Kom'plize *m*, Mitschuldige(r) *m*, Helfershelfer *m*. **5.** *Am. hist.* Konföde'rierte(r) *m*, Südstaatler *m*. **III** *v/t u. v/i* [-reɪt] **6.** (sich) verbünden *od.* (zu e-m Bund) vereinigen *od.* zs.-schließen.

con·fed·er·a·tion [kənˌfedə'reɪʃn] *s* **1.** Bund *m*, Bündnis *n*, (födera'tiver) Zs.-schluß: Articles of C~ *Am. hist.* Bundesartikel (*von 1777, die erste Verfassung der 13 Kolonien*). **2.** (Staaten)Bund *m*: Germanic C~ Deutscher Bund; Swiss C~ (*die*) Schweizer Eidgenossenschaft. **con'fed·er·a·tive** [-dərətɪv; -drə-; *Am. a.* -dəˌreɪtɪv] *adj* födera'tiv, Bundes...

con·fer [kən'fɜ:; *Am.* -'fɜr] **I** *v/t* **1.** *ein Amt, e-n Titel etc* verleihen, über'tragen, erteilen (on, upon *dat*): to ~ a degree (up)on s.o. j-m e-n (akademischen) Grad verleihen; to ~ a favo(u)r upon s.o. j-m e-e Gefälligkeit erweisen. **2.** *im Imperativ*: vergleiche (*abbr.* cf). **II** *v/i* **3.** sich beraten, konfe'rieren, Rücksprache nehmen (with mit). **con·fer·ee** [ˌkɒnfə'ri:; *Am.* ˌkɑn-] *s* **1.** Konfe'renzteilnehmer(in). **2.** Empfänger(in) (*e-s Titels etc*).

con·fer·ence ['kɒnfərəns; *Am.* 'kɑn-] *s* **1.** Konfe'renz *f*: a) Beratung *f*, Besprechung *f*, Verhandlung *f*, b) Tagung *f*, Zs.-kunft *f*, Sitzung *f*: ~ call *teleph.* Sammel-, Konferenzgespräch *n*; ~ interpreter Konferenzdolmetscher(in); ~ room Besprechungszimmer *n*, Sitzungssaal *m*; at the ~ auf der Konferenz *od.* Tagung; in ~ with in Beratung mit; he is in ~ er ist in e-r Besprechung. **2.** *parl.* Verhandlung *f* zwischen Ausschüssen gesetzgebender Körperschaften: ~ committee *Am.* Vermittlungsausschuß *m*. **3.** *sport Am.* a) Verband *m*, b) Liga *f*. **ˌcon·fer'en·tial** [-'renʃl] *adj* Konferenz...

con·fer·ment [kən'fɜ:mənt; *Am.* -'fɜr-] *s* Verleihung *f* (on, upon an *acc*). **con'fer·ra·ble** *adj* über'tragbar.

con·fess [kən'fes] **I** *v/t* **1.** bekennen, (ein-)gestehen: to ~ a crime; to ~ a debt e-e Schuld anerkennen. **2.** zugeben, (zu)gestehen, einräumen (*a.* that daß): to ~ o.s. guilty of s.th. sich e-r Sache schuldig bekennen. **3.** *bes. relig.* a) beichten, b) *j-s* Beichte abnehmen *od.* hören: to ~ s.o. **4.** *Bibl. u. poet.* offen'baren, kundtun. **II** *v/i* **5.** (to) (ein)gestehen (*acc*), sich schuldig bekennen (*gen*, an *dat*), beichten (*acc*), sich bekennen (zu): to ~ to doing s.th. (ein)gestehen, etwas getan zu haben; he has ~ed *jur.* er hat gestanden, er ist geständig. **6.** *relig.* a) beichten (to s.o. j-m), b) die Beichte abnehmen *od.* hören. **con'fessed** *adj* zugestanden, erklärt: a ~ enemy ein erklärter Gegner. **con'fess·ed·ly** [-ɪdlɪ] *adv* zugestandenermaßen, eingestandenermaßen.

con·fes·sion [kən'feʃn] *s* **1.** Geständnis *n* (*a. jur.*), Bekenntnis *n*, (*Zivilrecht*) (förmliches) Anerkenntnis: to make a full ~ ein volles Geständnis ablegen; by (*od.* on) his own ~ nach s-m eigenen Geständnis. **2.** Einräumung *f*, Zugeständnis *n*. **3.** *jur. Am.* Anerkenntnis *n*, Anerkennung *f* (*e-s Rechts etc*). **4.** *relig.* Beichte *f*, Sündenbekenntnis *n*: to go to ~ zur Beichte gehen; → auricular 2, dying 2. **5.** *relig.* Konfessi'on *f*: a) Glaubensbekenntnis *n*, b) Glaubensgemeinschaft *f*. **6.** *arch. relig.* Grabmal *n* *od.* Al'tar *m* e-s Bekenners. **con'fes·sion·al** [-ʃənl; -ʃnəl] **I** *adj* **1.** konfessio'nell, Konfessions..., Bekenntnis...: ~ school. **2.** Beicht... **II** *s* **3.** *relig.* Beichtstuhl *m*: secret of the ~ Beichtgeheimnis *n*. **con'fes·sion·ar·y** [-ʃnərɪ; *Am.* -ʃəˌneri:] *adj relig.* Beicht...

con·fes·sor [kən'fesə(r)] *s* **1.** *relig.* Beichtvater *m*. **2.** Bekenner *m*, Glaubenszeuge *m*: Edward the C~ Eduard der Bekenner (*König Eduard III.*).

con·fet·ti [kən'fetɪ] *s pl* (*als sg konstruiert*) **1.** Kon'fetti *n*. **2.** a) Bon'bons *pl*, b) Kon'fekt *n*, Pra'linen *pl*.

con·fi·dant [ˌkɒnfɪ'dænt; *Am.* 'kɑnfəˌdænt] *s* Vertraute(r) *m*, Mitwisser *m*. **ˌcon·fi'dante** [-'dænt] *s* Vertraute *f*, Mitwisserin *f*.

con·fide [kən'faɪd] **I** *v/i* **1.** sich anvertrauen (in *dat*). **2.** vertrauen (in *dat od.* auf *acc*): to ~ in s.o. j-m vertrauen, j-m Vertrauen schenken. **II** *v/t* **3.** *j-m etwas* anvertrauen: a) vertraulich mitteilen, b) zu treuen Händen über'geben, c) *j-n* betrauen mit *e-r Aufgabe etc.*

con·fi·dence ['kɒnfɪdəns; *Am.* 'kɑnfə-] *s* **1.** (in) Vertrauen *n* (auf *acc*, zu), Zutrauen *n* (zu): vote of ~ *parl.* Vertrauensvotum *n*; vote of no ~ *parl.* Mißtrauensvotum *n*; to pass a vote of no ~ in s.o. *parl.* j-m das Mißtrauen aussprechen; to have (*od.* place) ~ in s.o. zu j-m Vertrauen haben, in j-n Vertrauen setzen; to take s.o. into one's ~ j-n ins Vertrauen ziehen; to be in s.o.'s ~ j-s Vertrauen genießen; in ~ im Vertrauen, vertraulich. **2.** Selbstvertrauen *n*, -bewußtsein *n*, Zuversicht *f*. **3.** Dreistigkeit *f*. **4.** vertrauliche Mitteilung, Geheimnis *n*. **5.** feste Über'zeugung. **~ course** *s mil.* Hindernisbahn *f*. **~ game** *Am.* → confidence trick. **~ lim·its** *s pl* sta'tistisches Zahlenpaar (*zur Feststellung e-r Bevölkerungseigenschaft*). **~ man** *s irr* a) Betrüger *m*, b) Hochstapler *m*. **~ trick** *s* a) aufgelegter Schwindel, b) Hochstape'lei *f*. **~ trick·ster** → confidence man.

con·fi·dent ['kɒnfɪdənt; *Am.* 'kɑnfə-] **I** *adj* (*adv* ~ly) **1.** (of, that) über'zeugt (von, daß), gewiß, sicher (*gen*, daß): ~ **of victory** siegesgewiß, -sicher. **2.** zuversichtlich. **3.** selbstsicher, -bewußt. **4.** anmaßend, dreist. **II** *s* **5.** Vertraute(r) *m*.

con·fi·den·tial [ˌkɒnfɪˈdenʃl; *Am.* ˌkɑnfə-] *adj* **1.** vertraulich, geheim, priˈvat: **private and** ~ streng vertraulich. **2.** Vertrauen genießend, vertraut, Vertrauens...: ~ **agent** Geheimagent(in); ~ **clerk** *econ.* Prokurist(in); ~ **person** Vertrauensperson *f*; ~ **secretary** Privatsekretär(in). **3.** inˈtim, vertraulich: ~ **communication** *jur.* vertrauliche Mitteilung (*an e-e schweigepflichtige Person, z. B. Anwalt*). ˌ**con·fiˈden·tial·ly** [-ʃəlɪ] *adv* vertraulich, im Vertrauen, priˈvatim.

con·fid·ing [kənˈfaɪdɪŋ] *adj* (*adv* ~**ly**) vertrauensvoll, zutraulich. **conˈfid·ing·ness** *s* Zutraulichkeit *f*.

con·fig·u·ra·tion [kənˌfɪgjʊˈreɪʃn; *Am.* -ˌfɪgəˈr-; -gjəˈr-] *s* **1.** (*äußere*) Bildung, Gestalt(ung) *f*, Bau *m*, *a. geol.* Strukˈtur *f*: ~ **of the skull** Schädelbau. **2.** *astr.* a) Konfiguratiˈon *f*, Aˈspekt(e *pl*) *m*, b) Sternbild *n*. **3.** *phys.* a) Aˈtomanordnung *f* in Moleˈkülen, b) Elekˈtronenanordnung *f*. **4.** *math.* Fiˈgur *f*, Zs.-stellung *f*. **5.** *psych.* Gestalt *f*. **conˌfig·uˈra·tion·ism** *s* Geˈstaltpsycholoˌgie *f*.

con·fin·a·ble [kənˈfaɪnəbl] *adj* zu begrenzen(d), zu beschränken(d) (**to** auf *acc*).

con·fine I *s* [ˈkɒnfaɪn; *Am.* ˈkɑn-] *meist pl* **1.** Grenze *f*, Grenzgebiet *n*, *fig.* Rand *m*, Schwelle *f*: **on the** ~**s of death** am Rande des Todes. **2.** [kənˈfaɪn] *obs.* Gebiet *n*. **3.** a) *poet.* Gefangenschaft *f*, b) *obs.* Gefängnis *n*. **II** *v/t* [kənˈfaɪn] **4.** begrenzen, be-, einschränken (**to** auf *acc*): **to** ~ **o.s. to** sich beschränken auf. **5.** einschließen, einsperren. **6.** *j-s* Bewegungsfreiheit einschränken: ~**d to bed** ans Bett gefesselt, bettlägerig; ~**d to one's room** ans Zimmer gefesselt; **to be** ~**d to barracks** Kasernenarrest haben. **7.** *pass* (**of**) niederkommen (mit), entbunden werden (von), entbinden (*acc*): **to be** ~**d of a boy**. **conˈfined** *adj* **1.** begrenzt, beschränkt, beengt. **2.** im Wochenbett liegend. **conˈfin·ed·ness** [-ɪdnɪs] *s* Beschränktheit *f*, Eingeengtheit *f*, Enge *f*.

con·fine·ment [kənˈfaɪnmənt] *s* **1.** Ein-, Beschränkung *f*, Ein-, Beengung *f*. **2.** Bettlägerigkeit *f*. **3.** Beengtheit *f*. **4.** Niederkunft *f*, Entbindung *f*. **5.** Gefangenschaft *f*, Haft *f*, *mil.* Arˈrest(strafe *f*) *m*: ~ **to quarters** *mil.* Stubenarrest; **close** ~ strenge Haft; **solitary** ~ Einzelhaft; **to place under** ~ in Haft nehmen.

con·firm [kənˈfɜːm; *Am.* -ˈfɜrm] *v/t* **1.** *Nachricht, econ. Auftrag, jur. Urteil etc* bestätigen: **to** ~ **a contract**; **to** ~ **by oath** eidlich bekräftigen; **this** ~**ed my suspicions** dies bestätigte m-n Verdacht; **she** ~**ed his words** sie bestätigte die Richtigkeit s-r Aussage. **2.** a) *Entschluß* bekräftigen, b) bestärken (**s.o. in s.th.** j-n in etwas). **3.** *j-s Macht etc* festigen. **4.** *j-n in e-m Amt etc* bestätigen. **5.** *relig.* a) konfirˈmieren, b) *R.C.* firmen. **conˈfirm·a·ble** *adj* zu bestätigen(d), erweisbar.

con·firm·and [ˈkɒnfə(r)mænd; *Am.* ˈkɑn-] *s relig.* a) Konfirˈmand(in), b) *R.C.* Firmling *m*.

con·fir·ma·tion [ˌkɒnfə(r)ˈmeɪʃn; *Am.* ˌkɑn-] *s* **1.** Bestätigung *f*: ~ **of a report (theory, treaty)**; **in** ~ **of** in *od.* zur Bestätigung (*gen*). **2.** Bekräftigung *f*, (Be)Stärkung *f*. **3.** Festigung *f*. **4.** *relig.* a) Konfirmatiˈon *f*, b) *R.C.* Firmung *f*: ~ **candidate** → **confirmee**. **con·firm·a·tive** [kənˈfɜːmətɪv; *Am.* -ˈfɜr-] *adj* (*adv* ~**ly**); **conˈfirm·a·to·ry** [-tərɪ; *Am.* -ˌtəʊriː; -ˌtɔː-] *adj* bestätigend, bekräftigend, Bestätigungs...

con·firmed [kənˈfɜːmd; *Am.* -ˈfɜrmd] *adj* **1.** bestätigt. **2.** bestärkt. **3.** a) fest, eingewurzelt: **a** ~ **habit** e-e feste Gewohnheit, b) erklärt, überˈzeugt: ~ **democrat**; **a** ~ **bachelor** ein eingefleischter Junggeselle. **4.** chronisch: **she is a** ~ **invalid** sie ist chronisch krank. **conˈfirm·ed·ness** [-ɪdnɪs] *s* Eingewurzeltsein *n*.

con·fis·ca·ble [kɒnˈfɪskəbl; *bes. Am.* kən-] *adj* konfisˈzierbar, einziehbar.

con·fis·cate [ˈkɒnfɪskeɪt; *Am.* ˈkɑn-] **I** *v/t* beschlagnahmen, einziehen, konfisˈzieren. **II** *adj* beschlagnahmt, konfisˈziert. **ˈcon·fis·cat·ed** → **confiscate** II. ˌ**con·fisˈca·tion** *s* Einziehung *f*, Beschlagnahme *f*, Konfisˈzierung *f*. **con·fis·ca·to·ry** [kənˈfɪskətərɪ; *Am.* -ˌtəʊriː; -ˌtɔː-] *adj* **1.** konfisˈzierend, Beschlagnahme... **2.** *colloq.* räuberisch: ~ **taxes** ruinöse Steuern.

con·fla·grate [ˈkɒnfləgreɪt; *Am.* ˈkɑn-] **I** *v/t* in Flammen setzen. **II** *v/i* Feuer fangen (*a. fig.*). ˌ**con·flaˈgra·tion** *s* (*bes.* Groß)Brand *m*.

con·flate [kənˈfleɪt] *v/t bes. zwei Textversionen* verschmelzen, vereinigen (**into** in *acc*). **conˈfla·tion** *s* Verschmelzung *f*.

con·flict I *s* [ˈkɒnflɪkt; *Am.* ˈkɑn-] Konˈflikt *m* (*a. im Drama etc*): a) (feindlicher) Zs.-stoß, Zs.-prall *m*, Auseinˈandersetzung *f*, Kampf *m*, Kontroˈverse *f*: ~ **area** *mil.* Kampfgebiet *n*, Konfliktzone *f*; ~ **research** Konfliktforschung *f*; → **armed**[2] 1, **wordy** 1, b) ˈWiderstreit *m*, -spruch *m*: **to come into** ~ **with s.o.** mit j-m in Konflikt geraten; ~ **of ideas** Ideenkonflikt; ~ **of interests** Interessenkonflikt *m*, -kollision *f*; ~ **of laws** *jur.* Gesetzeskollision *f*, *weitS.* internationales Privatrecht; **inner** ~ innerer *od.* seelischer Konflikt. **II** *v/i* [kənˈflɪkt] (**with**) in Konˈflikt stehen, kolliˈdieren (mit), im ˈWiderspruch *od.* Gegensatz stehen (zu): ~**ing claim** (*Patentrecht*) entgegenstehender *od.* kollidierender Anspruch; ~**ing emotions** Widerstreit *m* der Gefühle; ~**ing laws** einander widersprechende Gesetze. **conˈflict·ing** *adj* ˈwidersprüchlich: → **conflict** II.

con·flu·ence [ˈkɒnflʊəns; *Am.* ˈkɑn-] *s* **1.** Zs.-fluß *m*: **the** ~ **of two rivers**. **2.** Zs.-strömen *n*, Zustrom *m* (*von Menschen*). **3.** (Menschen)Auflauf *m*, Gewühl *n*, Menge *f*. **4.** *physiol.* Zs.-wachsen *n*. **5.** *tech.* Kofluˈenz *f*. **ˈcon·flu·ent I** *adj* zs.-fließend, -laufend. **II** *s* Nebenfluß *m*.

con·flux [ˈkɒnflʌks; *Am.* ˈkɑn-] → **confluence** 1–3.

con·form [kənˈfɔː(r)m] **I** *v/t* **1.** anpassen, -gleichen (**to** *dat od.* an *acc*): **to** ~ **o.s.** (**to**) → 3. **2.** in Einklang bringen. **II** *v/i* **3.** (**to**) sich anpassen *od.* angleichen (*dat*), sich richten (nach). **4.** überˈeinstimmen. **5.** sich fügen (**to** *dat*). **6.** *relig. Br.* sich in den Rahmen der angliˈkanischen Staatskirche einfügen. **conˌform·aˈbil·i·ty** *s* Gleichförmigkeit *f*, Überˈeinstimmung *f*. **conˈform·a·ble** *adj* (*adv* **conformably**) **1.** (**to, with**) konˈform, überˈeinstimmend, gleichförmig (mit), entsprechend, gemäß (*dat*): **to be** ~ **to** entsprechen (*dat*), übereinstimmen mit. **2.** vereinbar (**with** mit). **3.** fügsam. **4.** *geol.* gleichstreichend, -gelagert. **conˈform·al** *adj math.* konˈform, winkeltreu: ~ **projection**. **conˈform·ance** *s* **1.** Überˈeinstimmung *f*: **in** ~ **with** in Übereinstimmung mit, gemäß (*dat*). **2.** Anpassung *f* (**to** an *acc*).

con·for·ma·tion [ˌkɒnfɔː(r)ˈmeɪʃn; -fə(r)ˈm-; *Am.* ˌkɑn-] *s* **1.** Angleichung *f*, Anpassung *f* (**to** an *acc*). **2.** Gestaltung *f*: a) Gestalt *f*, Strukˈtur *f*, Anordnung *f*, (*a.* Körper)Bau *m*, b) Formgebung *f*.

con·form·er [kənˈfɔː(r)mə(r)], **conˈform·ist** *s* **1.** j-d, der sich anpaßt *od.* fügt. **2.** *relig. Br.* Konforˈmist(in), Anhänger(in) der englischen Staatskirche.

conˈform·i·ty *s* **1.** Gleichförmigkeit *f*, Überˈeinstimmung *f* (**with** mit): **to be in** ~ **with s.th.** mit e-r Sache übereinstimmen; **in** ~ **with** in Übereinstimmung *od.* übereinstimmend mit, gemäß (*dat*); ~ **with law** *math.* Gesetzlichkeit *f*. **2.** (**to**) Anpassung *f* (an *acc*), Fügsamkeit *f* (gegenˈüber), Befolgung *f* (*gen*). **3.** überˈeinstimmender Punkt, Ähnlichkeit *f*: **conformities in style** Ähnlichkeiten des Stils. **4.** *relig. Br.* Konforˈmismus *m*, Zugehörigkeit *f* zur englischen Staatskirche.

con·found [kənˈfaʊnd] *v/t* **1.** verwechseln, vermengen, durcheinˈanderbringen (**with** mit). **2.** *j-n od. etwas* verwirren, durcheinˈanderbringen. **3.** vernichten, vereiteln. **4.** widerˈlegen, (*im Streitgespräch*) e-e Abfuhr erteilen (*dat*). **5.** *bes. Bibl. j-n* beschämen. **6.** *als Verwünschung*: ~ **him!** zum Teufel mit ihm!; ~ **it!** zum Henker!, verdammt!; ~ **his cheek!** so e-e Frechheit! **conˈfound·ed I** *adj* (*adv* ~**ly**) **1.** verwirrt, bestürzt. **2.** *colloq.* (*a. interj u. adv*) verdammt: a) verwünscht, verflucht, verflixt, b) (*als Verstärkung*) ‚toll', scheußlich: ~(**ly**) **cold** verdammt *od.* scheußlich kalt.

con·fra·ter·ni·ty [ˌkɒnfrəˈtɜːnətɪ; *Am.* ˌkɑnfrəˈtɜr-] *s* **1.** *bes. relig.* Bruderschaft *f*, Gemeinschaft *f*. **2.** Brüderschaft *f*, brüderliche Gemeinschaft. **3.** (Berufs)Genossenschaft *f*. **con·frere** [ˈkɒnfreə(r); *Am.* ˈkɑn-], *Br.* **ˈcon·frère** *s* Kolˈlege *m*.

con·front [kənˈfrʌnt] *v/t* **1.** (*oft feindlich*) gegenˈübertreten, -stehen (*dat*): **to be** ~**ed with** *Schwierigkeiten etc* gegenüberstehen, sich gegenübersehen (*dat*). **2.** mutig begegnen, sich stellen (*dat*). **3.** *a. jur.* (**with**) konfronˈtieren (mit), gegenˈüberstellen (*dat*): **to** ~ **s.o. with s.th.** j-m etwas entgegenhalten. **4.** vergleichen. **con·fron·ta·tion** [ˌkɒnfrʌnˈteɪʃn; -frən-; *Am.* ˌkɑn-] *s* Gegenˈüberstellung *f*, Konfrontatiˈon *f* (*a. pol.*). ˌ**con·fronˈta·tion·ist** *adj* **1.** die Konfrontatiˈon suchend. **2.** Konfrontations... **conˈfront·ment** → **confrontation**.

Con·fu·cian [kənˈfjuːʃjən; *Am.* -ʃən] **I** *adj* konfuziˈanisch. **II** *s* Konfuziˈaner(in). **Conˈfu·cian·ism** *s* Konfuziaˈnismus *m*.

con·fuse [kənˈfjuːz] *v/t* **1.** (miteinˈander) verwechseln, durcheinˈanderbringen (**with** mit): **I've got the two terms** ~**d** ich habe die beiden Ausdrücke durcheinandergebracht. **2.** verwirren: a) in Unordnung bringen, b) aus der Fassung bringen, verlegen machen. **3.** verworren *od.* undeutlich machen. **conˈfused** *adj* **1.** verwirrt: a) konˈfus, verworren, wirr, b) verlegen, bestürzt. **2.** undeutlich, verworren: ~ **noises**. **conˈfus·ed·ly** [-ɪdlɪ] *adv*. **conˈfus·ed·ness** [-ɪdnɪs] *s* Verworrenheit *f*, Durcheinˈander *n*. **conˈfus·ing** *adj* (*adv* ~**ly**) verwirrend.

con·fu·sion [kənˈfjuːʒn] *s* **1.** Verwirrung *f*, Durcheinˈander *n*, (heillose) Unordnung: **to cause** ~ Verwirrung stiften *od.* anrichten; **to throw everything into** ~ alles durcheinanderbringen; **my things were lying in** ~ **on the floor** m-e Sachen lagen wild durcheinander auf dem Boden. **2.** Aufruhr *m*, Lärm *m*. **3.** Verwirrung *f*, Bestürzung *f*, Verlegenheit *f*: **in** ~ verwirrt, bestürzt, verlegen; **to put s.o. to** ~ j-n in Verlegenheit bringen; **to be in a state of** ~ verwirrt *od.* bestürzt sein. **4.** Verwechslung *f*: ~ **of names** Namensverwechslung. **5.** geistige Verwirrung. **6.** Verworrenheit *f*. **7.** *als*

Verwünschung: ~ **to our enemies!** Tod unseren Feinden! **8.** *jur.* a) Vereinigung *f* (*zweier Rechte*), b) Verschmelzung *f* (*von Gütern*).

con·fut·a·ble [kənˈfjuːtəbl] *adj* widerˈlegbar. **con·fu·ta·tion** [ˌkɒnfjuːˈteɪʃn; *Am.* ˌkɑnfjʊ-] *s* Widerˈlegung *f*, Überˈführung *f* (*durch Argumente etc*). **conˈfut·a·tive** [-ətɪv] *adj* widerˈlegend, Widerlegungs...

con·fute [kənˈfjuːt] *v/t* **1.** *etwas* widerˈlegen: **to ~ an argument. 2.** *j-n* widerˈlegen, e-s Irrtums überˈführen: **to ~ an opponent. 3.** *obs.* zuˈnichte machen.

con·gé [ˈkɔ̃ːnʒeɪ; *Am.* kəʊnˈʒeɪ] *s* **1.** Abschied *m*: a) Verabschiedung *f*, b) Entlassung *f*: **to give s.o. his ~** j-n verabschieden *od.* entlassen; **to make one's ~** sich verabschieden. **2.** (Abschieds)Verbeugung *f*.

con·geal [kənˈdʒiːl] **I** *v/t* **1.** gefrieren *od.* gerinnen *od.* erstarren lassen (*a. fig.*). **II** *v/i* **2.** gefrieren, gerinnen, erstarren (*a. fig. vor Entsetzen*). **3.** *fig.* feste Gestalt annehmen. **conˈgeal·a·ble** *adj* gerinnbar, gefrierbar. **conˈgeal·ment** → **congelation.**

con·gee [ˈkɒndʒiː; *Am.* ˈkɑn-] → **congé** 1.

con·ge·la·tion [ˌkɒndʒɪˈleɪʃn; *Am.* ˌkɑn-] *s* **1.** Gefrieren *n*, Gerinnen *n*, Erstarren *n*: **point of ~** Gefrierpunkt *m.* **2.** gefrorene *od.* geronnene *od.* erstarrte Masse.

con·ge·ner [ˈkɒndʒɪnə(r); *Am.* ˈkɑn-; *Br. u. Am. a.* kənˈdʒiːnə(r)] **I** *s* **1.** *bes. bot. zo.* gleichartiges, verwandtes Ding *od.* Wesen, Gattungsverwandte(r) *m*, -genosse *m.* **2.** Art-, Stammverwandte(r) *m.* **II** *adj* **3.** (art-, stamm)verwandt (**to** mit). **ˌcon·geˈner·ic** [-ˈnerɪk], **ˌcon·geˈner·i·cal** *adj* gleichartig, verwandt.

con·gen·ial [kənˈdʒiːnjəl; -nɪəl] *adj* (*adv* **~ly**) **1.** gleichartig, kongeniˈal, (geistes-)verwandt (**with** mit *od. dat*). **2.** symˈpathisch, angenehm (**to** *dat*): **~ manners. 3.** angenehm, zusagend, entsprechend (**to** *dat*): **to be ~ to s.o.** (*od.* **to s.o.'s taste**) j-m zusagen. **4.** zuträglich (**to** *dat od.* für): **~ to one's health** gesund. **5.** freundlich.

conˌge·niˈal·i·ty [-nɪˈælətɪ] *s* **1.** Geistesverwandtschaft *f.* **2.** Zuträglichkeit *f.*

con·gen·i·tal [kənˈdʒenɪtl; *Am. a.* kɑn-] *adj biol.* angeboren (*a. fig.*), ererbt, kongeniˈtal (*a. bot.*): **~ defect** Geburtsfehler *m*; **~ instinct** angeborener *od.* natürlicher Instinkt; **a ~ liar** ein geborener Lügner. **conˈgen·i·tal·ly** [-təlɪ] *adv* **1.** von Geburt (an): **~ deaf. 2.** von Naˈtur (aus): **~ sceptical.**

con·ge·ries [kɒnˈdʒɪəriːz; *Am.* ˈkɑndʒəriːz] *pl* **-ries** *s* Anhäufung *f*, Masse *f.*

con·gest [kənˈdʒest] **I** *v/t* **1.** ansammeln, anhäufen, zs.-drängen, stauen. **2.** verstopfen, blocˈkieren, (*med.* mit Blut) überˈfüllen: **~ed streets; to ~ the market** *econ.* den Markt überschwemmen. **II** *v/i* **3.** sich ansammeln (*etc*; → I). **conˈgest·ed** *adj* **1.** überˈfüllt (**with** von): **~ area** übervölkertes Gebiet, Ballungsgebiet *n.* **2.** *med.* mit Blut überˈfüllt.

con·ges·tion [kənˈdʒestʃən] *s* **1.** Ansammlung *f*, Anhäufung *f*, Andrang *m*: **~ of population** Übervölkerung *f*; **~ of traffic** Verkehrsstockung *f*, -stauung *f*, -stau *m.* **2.** *med.* Kongestiˈon *f*, Blutandrang *m* (**of the brain** zum Gehirn): **vascular ~** Gefäßstauung *f.*

con·glo·bate [ˈkɒngləʊbeɪt; *Am.* kɑnˈgləʊ-] **I** *adj* [*Am. a.* -bət] (zs.-)geballt, kugelig. **II** *v/t u. v/i* (sich) (zs.-)ballen (**into** zu).

con·glom·er·ate I *v/t u. v/i* [kənˈglɒməreɪt; *Am.* -ˈglɑm-] **1.** (sich) zs.-ballen: a) (sich) fest verbinden (**to** zu), b) (sich) anhäufen *od.* ansammeln. **II** *adj* [-rət] **2.** (zs.-)geballt, geknäult. **3.** *fig.* zs.-gewürfelt. **III** *s* [-rət] **4.** Konglomeˈrat *n*: a) *geol.* Trümmergestein *n*, b) *fig.* Anhäufung *f*, zs.-gewürfelte Masse, (*a. phys.*) Gemisch *n.* **5.** *econ.* ˈMischkonˌzern *m.* **conˌglom·erˈat·ic** [-ˈrætɪk] *adj geol.* Konglomerat...: **~ rock** Trümmergestein *n.* **conˌglom·erˈa·tion** *s* **1.** Anhäufung *f*, Zs.-würfelung *f.* **2.** → **conglomerate** 4 b. **3.** *math.* Häufung *f.* **4.** *geol.* Ballung *f.*

con·glu·ti·nate [kənˈgluːtɪneɪt] **I** *v/t* zs.-leimen, -kitten. **II** *v/i* zs.-kleben, -haften, sich miteinˈander vereinigen, *med.* konglutiˈnieren, verkleben (*rote Blutkörperchen*). **conˌglu·tiˈna·tion** *s* Vereinigung *f*, *med.* Konglutinatiˈon *f.*

Con·go·lese [ˌkɒngəʊˈliːz; *Am.* ˌkɑngəˈliːz] **I** *adj* Kongo..., kongoˈlesisch. **II** *s* Kongoˈlese *m*, Kongoˈlesin *f.*

Con·go| pa·per [ˈkɒngəʊ; *Am.* ˈkɑŋ-] *s* ˈKongopaˌpier *n* (*mit Kongorot gefärbtes Reagenzpapier*). **~ pink, ~ red** *s* Kongorot *n* (*Azofarbstoff*).

con·grats [kənˈgræts] *interj bes. Br. colloq.* gratuˈliere!

con·grat·u·lant [kənˈgrætjʊlənt; -tʃʊ-; *bes. Am.* -tʃə-] **I** *s* Gratuˈlant(in). **II** *adj* → **congratulatory. conˈgrat·u·late** [-leɪt] *v/t j-m* gratuˈlieren, Glück wünschen, *j-n* beglückwünschen (**on** zu): **to ~ o.s. on s.th.** sich zu etwas gratulieren. **conˌgrat·uˈla·tion** *s* Gratulatiˈon *f*, Glückwunsch *m*: **~s!** ich gratuliere!, herzlichen Glückwunsch! **conˈgrat·u·la·tor** [-tə(r)] *s* Gratuˈlant(in). **conˈgrat·u·la·to·ry** [-lətərɪ; *Am.* -ˌtəʊriː; -ˌtɔː-] *adj* Gratulations..., Glückwunsch...: **~ telegram.**

con·gre·gate [ˈkɒŋgrɪgeɪt; *Am.* ˈkɑŋ-] *v/t u. v/i* (sich) (ver)sammeln.

con·gre·ga·tion [ˌkɒŋgrɪˈgeɪʃn; *Am.* ˌkɑŋ-] *s* **1.** (Ver)Sammeln *n.* **2.** Ansammlung *f*, Menge *f.* **3.** Versammlung *f.* **4.** *relig.* (Kirchen)Gemeinde *f.* **5.** *R.C.* a) Kardiˈnalskongregatiˌon *f*, b) Kongregatiˈon *f*, Ordensgemeinschaft *f.* **6.** *Bibl.* Gemeinschaft *f* der Juden. **7.** *univ. Br.* a) akaˈdemische Versammlung (*Oxford*), b) Seˈnatsversammlung *f* (*Cambridge*). **8.** *Am. hist.* (Stadt)Gemeinde *f*, Niederlassung *f.* **ˌcon·greˈga·tion·al** [-ʃənl; -ʃnəl] *adj relig.* **1.** Gemeinde..., Versammlungs... **2.** gottesdienstlich. **3. C~** indepenˈdent, unabhängig: **C~ chapel** Kapelle *f* der freien Gemeinden. **ˌcon·greˈga·tion·al·ism** *s relig.* **1.** Kongregationaˈlismus *m*, Syˈstem *n* der Selbstverwaltung der Kirchengemeinde. **2. C~** Lehre *f* der sich zu e-r Gemeinde vereinigenden Indepenˈdenten. **ˌCon·greˈga·tion·al·ist** *s* Kongregationaˈlist(in), Mitglied *n* e-r Gemeinde von Indepenˈdenten.

con·gress [ˈkɒŋgres; *Am.* ˈkɑŋgrəs] *s* **1.** Konˈgreß *m*, Tagung *f.* **2.** Begegnung *f*, Zs.-kunft *f.* **3.** Geschlechtsverkehr *m.* **4.** *Am.* a) (*ohne art*) **C~** Konˈgreß *m*, gesetzgebende Versammlung (*Senat u. Repräsentantenhaus*): **Member of C~** Kongreßabgeordnete(r *m*) *f*, b) gesetzliche Dauer e-s Kongresses. **5.** gesetzgebende Körperschaft (*bes. e-r Republik*).

con·gres·sion·al [kəŋˈgreʃənl; -ʃnəl; *Am.* kɑnˈg-] *adj* **1.** Kongreß... **2. C~** den amer. Konˈgreß betreffend: **C~ debate** Kongreßdebatte *f*; **C~ district** *Wahlbezirk für die Abgeordneten des Repräsentantenhauses*; **C~ medal** Verdienstmedaille *f*; **C~ Medal of Honor** *mil. höchste Tapferkeitsauszeichnung.* **ˈcon·gress·ist, conˈgres·sion·al·ist** *s parl.* Konˈgreßabgeordnete(r *m*) *f.*

ˈcon·gress|·man [-mən] *s irr parl.* Konˈgreßabgeordnete(r) *m*: **C~** Mitglied *n* des amer. Repräsenˈtantenhauses. **C~ of Vi·en·na** *s hist.* Wiener Konˈgreß *m.* **ˈ~ˌwom·an** *s irr parl.* Konˈgreßabgeordnete *f* (→ **congressman**).

con·gru·ence [ˈkɒŋgrʊəns; *Am.* kənˈgruːəns; ˈkɑŋgrəwəns] *s* **1.** Überˈeinstimmung *f.* **2.** *math.* Kongruˈenz *f* (*a. fig.*): a) Deckungsgleichheit *f*: **to be in ~ with** sich decken, kongruent sein, b) *Übereinstimmung von zwei Zahlen, die, durch e-e dritte geteilt, gleiche Reste liefern.* **con·gru·ent** *adj* **1.** (**to, with**) überˈeinstimmend (mit), entsprechend, gemäß (*dat*). **2.** (**to, with**) passend (zu), vereinbar (mit). **3.** *math.* kongruˈent (*a. fig.*). **con·gru·i·ty** [kɒŋˈgruːətɪ; *bes. Am.* kənˈg-; *Am. a.* kɑn-] *s* **1.** Überˈeinstimmung *f.* **2.** Folgerichtigkeit *f.* **3.** Angemessenheit *f.* **4.** Kongruiˈtät *f.* **5.** → **congruence** 2.

con·gru·ous [ˈkɒŋgrʊəs; *Am.* ˈkɑŋgrəwəs] *adj* (*adv* **~ly**) **1.** → **congruent** 1. **2.** folgerichtig. **3.** → **congruent** 2. **4.** → **congruent** 3. **ˈcon·gru·ous·ness** → **congruity.**

con·ic [ˈkɒnɪk; *Am.* ˈkɑ-] **I** *adj* **1.** → **conical. II** *s* **2.** → **conics. 3.** → **conic section** 1.

con·i·cal [ˈkɒnɪkl; *Am.* ˈkɑ-] *adj* (*adv* **~ly**) **1.** konisch, kegelförmig. **2.** verjüngt, kegelig. **~ bear·ing** *s tech.* Spitzenlager *n.* **~ frus·tum** *s a. irr math.* Kegelstumpf *m.*

ˈcon·i·cal·ness, co·nic·i·ty [kəʊˈnɪsətɪ] *s* Kegelform *f*, Koniziˈtät *f.* **ˌcon·i·co·cyˈlin·dri·cal** [ˌkɒnɪkəʊ-; *Am.* ˌkɑ-] *adj* konisch-zyˈlindrisch. **ˈcon·i·coid** [-kɔɪd] **I** *s math.* Fläche *f* zweiter Ordnung. **II** *adj* kegelförmig, kegelig.

con·ic pro·jec·tion *s* **1.** *Kartographie*: Kegelabbildung *f.* **2.** *math.* ˈKegelprojektiˌon *f.*

con·ics [ˈkɒnɪks; *Am.* ˈkɑ-] *s pl* (*als sg konstruiert*) *math.* Lehre *f* von den Kegelschnitten.

con·ic sec·tion *s math.* **1.** Kegelschnitt *m.* **2.** *pl* → **conics.**

co·ni·fer [ˈkɒnɪfə(r); ˈkəʊ-; *Am.* ˈkɑ-] *s bot.* Koniˈfere *f*, Nadelbaum *m.* **co·nif·er·ous** [kəʊˈnɪfərəs] *adj bot.* a) zapfentragend, b) Nadel...: **~ tree; ~ wood.**

co·ni·form [ˈkəʊnɪfɔː(r)m] *adj* kegelförmig.

con·jec·tur·a·ble [kənˈdʒektʃərəbl] *adj* (*adv* **conjecturably**) zu vermuten(d). **conˈjec·tur·al** *adj* (*adv* **~ly**) **1.** auf Vermutungen beruhend, mutmaßlich. **2.** zu Mutmaßungen neigend.

con·jec·ture [kənˈdʒektʃə(r)] **I** *s* **1.** Vermutung *f*, Mutmaßung *f*, Annahme *f*: **to make a ~** Mutmaßungen anstellen; **to be reduced to ~** auf Vermutungen angewiesen sein; **this is a matter for pure ~** das kann man nur vermuten. **2.** Theoˈrie *f*, (vage) Iˈdee. **3.** Konjekˈtur *f* (*Textverbesserung*). **II** *v/t* **4.** vermuten, mutmaßen. **III** *v/i* **5.** Vermutungen anstellen, mutmaßen (**of, about** über *acc*).

con·join [kənˈdʒɔɪn] *v/t u. v/i* (sich) verbinden *od.* vereinigen. **conˈjoined** *adj* **1.** verbunden, verknüpft. **2.** zs.-treffend: **~ events. con·joint** [ˈkɒndʒɔɪnt; *bes. Am.* kənˈdʒ-] *adj* **1.** verbunden, vereinigt, gemeinsam. **2.** Mit...: **~ minister** Mitminister *m.* **3.** *mus.* nebeneinˈander liegend: **~ degree** Nachbarstufe *f.* **con·joint·ly** [ˈkɒndʒɔɪntlɪ; *bes. Am.* kənˈdʒ-] *adv* zuˈsammen, gemeinsam (**with** mit).

con·ju·gal [ˈkɒndʒʊgl; *Am.* ˈkɑndʒɪgəl; kənˈdʒuː-] *adj* (*adv* **~ly**) ehelich, Ehe..., Gatten...: **~ bed** Ehebett *n*; **~ life** Eheleben *n*; **~ rights** *jur.* eheliche Rechte. **ˌcon·juˈgal·i·ty** [-ˈgælətɪ] *s* Ehestand *m.*

con·ju·gate [ˈkɒndʒʊgeɪt; *Am.* ˈkɑndʒə-] **I** *v/t* **1.** *ling.* konjuˈgieren, beugen. **II** *v/i* **2.** *biol.* sich paaren. **III** *adj* [-dʒʊgɪt; *Am.* -dʒɪgət] **3.** (paarweise) verbunden, gepaart. **4.** *ling.* stammverwandt. **5.** *math.*

(ein'ander) zugeordnet, konju'giert: ~ **axis**; ~ **lines**; ~ **number**. **6.** *bot.* paarweise stehend, paarig. **7.** *chem. med.* konju'giert, assozi'iert. **IV** *s* [-dʒʊgɪt; *Am.* -dʒɪgət] **8.** *ling.* stammverwandtes Wort. **9.** *chem.* konju'giertes Radi'kal. **'con·ju·gat·ed** *adj chem.* **1.** durch Koppelung von Verbindungen *od.* Radi'kalen gebildet. **2.** konju'gierte Doppelbindungen enthaltend. **ˌcon·ju'ga·tion** *s* **1.** Vereinigung *f.* **2.** *ling.* Konjugati'on *f*: a) Beugung *f*, b) Konjugati'onsgruppe *f*: **first** ~ erste Konjugation. **3.** *biol.* Konjugati'on *f* (*von Geschlechtszellen*). **4.** *chem.* Konjugati'on *f* (*der Doppelbindungen od. π-Elektronen*).

con·junct [kən'dʒʌŋkt] *adj* (*adv* ~**ly**) **1.** verbunden, vereint, gemeinsam (**with** mit): ~ **consonant** (*Sanskrit*) Ligatur *f*; ~ **degree** *mus.* Nachbarstufe *f.* **2.** *jur.* befangen.

con·junc·tion [kən'dʒʌŋkʃn] *s* **1.** Verbindung *f*, Vereinigung *f* (*a. fig.*): **in** ~ **with** in Verbindung *od.* zusammen mit; **taken in** ~ **with** zs.-genommen *od.* -gefaßt mit. **2.** Zs.-treffen *n*: **a** ~ **of events**. **3.** *ling.* Konjunkti'on *f*, Bindewort *n.* **4.** *astr.* Konjunkti'on *f.* **con'junc·tion·al** [-ʃənl] *adj* **1.** *astr.* konjunktio'nal. **2.** *ling.* Konjunktions...

con·junc·ti·va [ˌkɒndʒʌŋk'taɪvə; *Am.* ˌkɑn-] *pl* **-vas, -vae** [-viː] *s anat.* Bindehaut *f.*

con·junc·tive [kən'dʒʌŋktɪv] **I** *adj* **1.** (eng) verbunden. **2.** verbindend, Verbindungs...: ~ **tissue** *anat.* Bindegewebe *n*; ~ **word** *ling.* Bindewort *n*, Konjunktion *f.* **3.** *ling. Am.* konjunktivisch: ~ **mood** → 5. **4.** *math.* konjunk'tiv. **II** *s* **5.** *ling. Am.* Konjunktiv *m.* **con'junc·tive·ly** *adv* gemeinsam, vereint.

con·junc·ti·vi·tis [kənˌdʒʌŋktɪ'vaɪtɪs] *s med.* Konjunkti'vitis *f*, Bindehautentzündung *f.*

con·junc·ture [kən'dʒʌŋktʃə(r)] *s* **1.** Verbindung *f.* **2.** a) Zs.-treffen *n*, b) Zs.-treffen *n* von (*bes. ungünstigen*) 'Umständen. **3.** *astr.* Konjunkti'on *f.*

con·ju·ra·tion [ˌkɒndʒʊə'reɪʃn; *Am.* ˌkɑn-] *s* **1.** Beschwörung *f*: a) feierliche Anrufung: ~ **of spirits**, b) Verzauberung *f.* **2.** Zauberformel *f.* **3.** Zaube'rei *f.* **4.** *obs.* Verschwörung *f.*

con·jure ['kʌndʒə(r)] **I** *v/t* **1.** [kən'dʒʊə(r)] beschwören, inständig bitten (um). **2.** *den Teufel etc* beschwören, (an-)rufen: **to** ~ **up** heraufbeschwören (*a. fig.*), zitieren (→ 3). **3.** be-, verhexen: **to** ~ **away** wegzaubern, bannen; **to** ~ **up** hervorzaubern (*a. fig.*) (→ 2). **II** *v/i* **4.** zaubern, hexen: **a name to** ~ **with** ein Name, der Wunder wirkt. **5.** Geister beschwören.

con·jur·er ['kʌndʒərə(r)] *s* **1.** Zauberer *m*, Geisterbeschwörer *m*: **I'm not a** ~! ich kann (auch) nicht hexen! **2.** Zauberkünstler *m.*

con·jur·ing trick ['kʌndʒərɪŋ] *s* Zauberkunststück *n*, Zaubertrick *m.*

con·jur·or[1] ['kʌndʒərə(r)] → **conjurer**.

con·jur·or[2] [ˌkɒn'dʒʊərə(r); *Am.* ˌkɑn-] *s obs.* Mitverschworene(r) *m.*

conk[1] [kɒŋk] *sl.* **I** *s* **1.** a) ,Riecher' *m* (*Nase*), b) ,Birne' *f* (*Kopf*). **II** *v/t* **2.** a) *j-m* eins auf die Nase geben, b) *j-m* ,eins über die Birne ziehen'. **3.** *Am. Haar* entkräuseln.

conk[2] [kɑŋk; kɔːŋk] *s bot. Am.* **1.** Holzfäule *f.* **2.** kon'solenförmige Pilz-Fruchtkörper *pl* (*an fauligen Stämmen*).

conk[3] [kɒŋk; *Am. a.* kɑŋk] *v/i sl. meist* ~ **out 1.** ,streiken', ,den Geist aufgeben' (*Fernseher etc*), ,absterben' (*Motor*). **2.** a) ,'umkippen' (*ohnmächtig werden*), b) ,zs.-klappen' (*vor Erschöpfung etc*), c) *a.* ~ **off** ,einpennen' (*einschlafen*). **3.** ,den Löffel weglegen' (*sterben*).

conk·er ['kɒŋkə(r); *Am.* 'kɑ-] *s* Ka'stanie *f*: ~**s** *pl* (*als sg konstruiert*) *Br. Spiel, bei dem die Teilnehmer mit e-r an e-r Schnur befestigten Kastanie versuchen, die des Partners zu zerschlagen.*

'conkˌout *s Am. sl.* (*Motor- etc*)Panne *f.*

conn [kɒn; *Am.* kɑn] *mar.* **I** *v/t ein Schiff* führen. **II** *v/i* das Steuern über'wachen.

con·nate ['kɒneɪt; *Am.* kɑ'n-] *adj* **1.** angeboren. **2.** gleichzeitig geboren *od.* entstanden. **3.** (abstammungs-, art)verwandt. **4.** gleichgeartet. **5.** *biol.* verwachsen.

con·nat·u·ral [kɒ'nætʃrəl; *Am.* kɑ'n-] *adj* (*adv* ~**ly**) (**to**) von gleicher Na'tur (wie), ähnlich, verwandt (*dat*).

con·nect [kə'nekt] **I** *v/t* **1.** *a. fig.* verbinden, verknüpfen, e-e Verbindung 'herstellen (**with** mit). **2.** *fig.* in Zs.-hang *od.* in Verbindung bringen: **to** ~ **ideas** Gedanken verknüpfen; **to become** ~**ed** (**with**) a) in Verbindung treten (mit), b) in verwandtschaftliche Beziehungen treten (zu). **3.** (**to**) *tech.* verbinden, koppeln, zs.-fügen (mit), *Wagen etc* anhängen, ankuppeln (an *acc*). **4.** (**to**) *electr.* anschließen (an *acc*), verbinden (mit), (zu)schalten (*dat*), Kon'takt 'herstellen zwischen (*dat*). **5.** *j-n* (tele'fonisch) verbinden (**to**, **with** mit): **to** ~ **s.o. further** j-n weiterverbinden; **to be** ~**ed** verbunden sein. **II** *v/i* **6.** in Verbindung treten *od.* stehen. **7.** in (logischem) Zs.-hang stehen (**with** mit). **8.** *rail. etc* Anschluß haben (**with** an *acc*). **9.** *Boxen etc*: *colloq.* treffen: **to** ~ **with a blow** e-n Schlag ,landen'.

con·nect·ed [kə'nektɪd] *adj* **1.** verbunden, verknüpft. **2.** (logisch) zs.-hängend: **the two deaths may be** ~ zwischen den beiden Todesfällen besteht möglicherweise ein Zs.-hang. **3.** verwandt: ~ **industries**; **to be well** ~ einflußreiche Verwandte *od.* gute Beziehungen haben; ~ **by marriage** verschwägert. **4.** (**with**) verwickelt (in *acc*), beteiligt (an *dat*): **to be** ~ **with an affair**. **5.** *tech.* gekoppelt. **6.** *electr.* angeschlossen, (zu)geschaltet: ~ **load** Anschlußwert *m.* **con'nect·ed·ly** *adv* (logisch) zs.-hängend: **to think** ~. **con'nect·ed·ness** *s* (logischer) Zs.-hang. **con'nect·er** → **connector**.

con·nect·ing [kə'nektɪŋ] *adj* Binde..., Verbindungs..., Anschluß... ~ **cord** *s electr.* Verbindungsschnur *f.* ~ **door** *s* Verbindungstür *f.* ~ **flange** *s tech.* Anschlußflansch *m.* ~ **link** *s* Binde-, Zwischenglied *n.* ~ **mem·brane** *s biol.* Verbindungshaut *f.* ~ **piece** *s tech.* Verbindungs-, Anschlußstück *n*, Stutzen *m.* ~ **plug** *s electr.* Stecker *m.* ~ **re·lay** *s electr.* 'Durchschaltereˌlais *n.* ~ **rod** *s tech.* Pleuel-, Kurbel-, Schubstange *f.* ~ **shaft** *s tech.* Transmissi'onswelle *f.*

con·nec·tion, *bes. Br. a.* **con·nex·ion** [kə'nekʃn] *s* **1.** Verbindung *f.* **2.** *tech. allg.* Verbindung *f*, Anschluß *m* (*beide a. electr. rail. teleph. etc*), Verbindungs-, Bindeglied *n*, *electr.* Schaltung *f*, Schaltverbindung *f*: ~ (**piece**) → **connecting piece**; ~ **fee** *teleph.* Anschlußgebühr *f*; **hot-water** ~**s** Heißwasseranlage *f*; **pipe** ~ Rohranschluß; ~ **plug** Anschlußstecker *m.* **3.** Zs.-hang *m*, Beziehung *f*: **in this** ~ in diesem Zs.-hang; **in** ~ **with this** im Zs.-hang damit. **4.** per'sönliche Beziehung, Verbindung *f*: **to enter into** ~ **with s.o.** mit j-m in Verbindung treten. **5.** a) (*geschäftliche etc*) Verbindung, (*einflußreicher*) Bekannter *od.* Verwandter, b) *pl* (gute, nützliche, geschäftliche *etc*) Beziehungen *pl od.* Verbindungen *pl*, Bekannten-, Kundenkreis *m*, Verwandtschaft *f*: **business** ~**s**; **business with first-rate** ~**s** Geschäft *n* mit erstklassigem Kundenkreis. **6.** religi'öse *od.* po'litische Gemeinschaft. **7.** *nur* **connexion** *Br.* Metho'distengemeinschaft *f.* **8.** Geschlechtsverkehr *m.*

con·nec·tive [kə'nektɪv] **I** *adj* (*adv* ~**ly**) verbindend: ~ **tissue** *anat.* Binde-, Zellgewebe *n.* **II** *s ling.* Bindewort *n.*

con·nec·tor [kə'nektə(r)] *s* **1.** *tech.* Verbindungsglied *n*, Anschlußstück *n.* **2.** *electr.* Klemmverbindung *f*, Stecker *m.*

con·nex·ion *bes. Br. für* **connection**.

con·ning| bridge ['kɒnɪŋ; *Am.* 'kɑ-] *s mar.* Kom'mandobrücke *f.* ~ **tow·er** *s mar. mil.* Kom'mandoturm *m.*

con·nip·tion [kə'nɪpʃən], *a.* ~ **fit** *s Am. colloq.* (Wut-, Lach)Anfall *m*, ,Rappel' *m*: **to throw a** ~ e-n ,Anfall' bekommen.

con·niv·ance [kə'naɪvəns] *s* **1.** stillschweigende Einwilligung *od.* Duldung, bewußtes Über'sehen (**at**, **in**, **with** *gen od.* von). **2.** *jur.* a) Begünstigung *f*, strafbares Einverständnis, b) (*stillschweigende*) Duldung ehebrecherischer Handlungen des Ehepartners.

con·nive [kə'naɪv] *v/i* **1.** (**at**) ein Auge zudrücken (bei), stillschweigend dulden, geflissentlich über'sehen (*acc*). **2.** *a. jur.* (stillschweigend) Vorschub leisten (**with s.o.** j-m; **at s.th.** [bei] e-r Sache). **3.** *a. jur.* im geheimen Einverständnis stehen, ,zs.-arbeiten' (**with** mit). **4.** *Am.* ein Kom'plott schmieden. **5.** *biol.* konver'gieren.

con'niv·ence → **connivance**.

con·nois·seur [ˌkɒnə'sɜː; *Am.* ˌkɑnə'sɜr] *s* (Kunst- *etc*)Kenner *m*: ~ **of wines** Weinkenner. **ˌcon·nois'seur·ship** *s* Kennerschaft *f.*

con·no·ta·tion [ˌkɒnəʊ'teɪʃn; *Am.* ˌkɑnə't-] *s* **1.** Mitbezeichnung *f.* **2.** Konnotati'on *f*, Nebenbedeutung *f*, Beiklang *m.* **3.** *ling. philos.* Begriffsinhalt *m*, (Wort-)Bedeutung *f.* **con·not·a·tive** ['kɒnəʊteɪtɪv; kə'nəʊtətɪv; *Am.* 'kɑnə-] *adj* **1.** mitbedeutend. **2.** logisch um'fassend. **3.** Nebenbedeutungen habend. **con·note** [kɒ'nəʊt; *Am.* kə'nəʊt; kɑ-] *v/t* mitbezeichnen, (zu'gleich) bedeuten, in sich schließen, den Beiklang haben von.

con·nu·bi·al [kə'njuːbjəl; *Am. a.* kə'nuːbɪəl] *adj* (*adv* ~**ly**) ehelich, Ehe... **conˌnu·bi'al·i·ty** [-bɪ'ælətɪ] *s* Ehestand *m.*

co·noid ['kəʊnɔɪd] **I** *adj* **1.** kegelförmig. **2.** *math.* kono'idisch. **II** *s* **3.** *math.* a) Kono'id *n*, b) Kono'ide *f* (*Fläche*). **co'noi·dal, co'noi·dic, co'noi·di·cal** → **conoid** I.

co·no·scen·te [ˌkɒnəʊ'ʃentɪ; *Am.* ˌkəʊnə'ʃ-; ˌkɑ-] → **cognoscente**.

con·quer ['kɒŋkə(r); *Am.* 'kɑŋ-] **I** *v/t* **1.** erobern: a) *Land etc* einnehmen: **to** ~ **territories from s.o.** j-m Land abgewinnen, b) *fig.* erringen, erkämpfen: **to** ~ **one's independence**, c) *fig. j-n, j-s Herz* gewinnen. **2.** a) unter'werfen, besiegen: **to** ~ **the enemy**, b) *a. fig.* über'winden, -'wältigen, bezwingen, Herr werden (*gen*): **to** ~ **one's fear**; **to** ~ **difficulties**; **to** ~ **a mountain** e-n Berg bezwingen. **II** *v/i* **3.** Eroberungen machen. **4.** siegen: **to stoop to** ~ sein Ziel durch Zugeständnisse zu erreichen trachten. **'con·quer·a·ble** *adj* **1.** zu erobern(d). **2.** a) besiegbar, b) über'windlich. **'con·quer·ing** *adj* (*adv* ~**ly**) erobernd, siegreich. **'con·quer·or** [-rə(r)] *s* **1.** Eroberer *m*: (**William**) **the C**~ *hist.* Wilhelm der Eroberer. **2.** (Be)Sieger *m.*

con·quest ['kɒŋkwest; *Am.* 'kɑnˌkwest; 'kɑŋ-] *s* **1.** Eroberung *f*: a) Einnahme *f*: **the C**~ *hist.* die normannische Eroberung, b) erobertes Gebiet, c) *fig.* Erringung *f*: **the** ~ **of liberty**. **2.** a) Besiegung *f*, b) *a. fig.* Über'windung *f*, Bezwingung *f.* **3.** *fig.* ,Eroberung' *f* (*Person*): **to make a** ~ **of s.o.** j-n erobern *od.* für sich gewinnen; **you have made a ~!** Sie haben e-e Eroberung gemacht! **4.** *jur. Scot.* (Güter-) Erwerb *m.*

con·san·guine [kɒnˈsæŋgwɪn; *Am.* kɑn-], **ˌcon·sanˈguin·e·ous** [-ɪəs] *adj* blutsverwandt. **ˌcon·sanˈguin·i·ty** *s* Blutsverwandtschaft *f.*

con·science [ˈkɒnʃəns; *Am.* ˈkɑn-] *s* **1.** Gewissen *n*: **a good (bad, guilty) ~** ein gutes (böses, schlechtes) Gewissen. **2.** Gewissenhaftigkeit *f.* **3.** *obs.* a) Bewußtsein *n*, b) innerstes Denken.

Besondere Redewendungen:

a matter of ~ e-e Gewissensfrage; **in (all) ~** a) sicherlich, wahrhaftig, b) nach allem, was recht u. billig ist; **upon my ~** auf mein Wort, gewiß; **my ~!** mein Gott!; **for ~'s sake** um das Gewissen zu beruhigen; **to have s.th. on one's ~** Gewissensbisse *od.* ein schlechtes Gewissen haben wegen e-r Sache; **to have the ~ to do s.th.** die Frechheit *od.* Stirn besitzen, etwas zu tun; **to speak one's ~** *obs.* s-e Meinung (unverblümt) sagen; **with a safe ~** mit ruhigem Gewissen; **to act on ~** nach s-m Gewissen handeln, s-m Gewissen folgen.

con·science| clause *s jur.* Gewissensklausel *f.* **~ mon·ey** *s* freiwillige (*bes.* anoˈnyme) Steuernachzahlung. **ˈ~-proof** *adj* ‚abgebrüht', ohne Gewissen(sregungen). **ˈ~-ˌsmit·ten, ˈ~-ˌstrick·en** *adj* von Gewissensbissen gepeinigt, reuevoll.

con·sci·en·tious [ˌkɒnʃɪˈenʃəs; *Am.* ˌkɑn-] *adj* (*adv* **~ly**) **1.** gewissenhaft: **a ~ worker**; **a ~ description** e-e genaue Beschreibung. **2.** Gewissens...: **on ~ grounds** aus Gewissensgründen. **ˌcon·sciˈen·tious·ness** *s* Gewissenhaftigkeit *f.*

con·sci·en·tious ob·jec·tor *s* Kriegsdienstverweigerer *m* (*aus Gewissensgründen*).

con·scion·a·ble [ˈkɒnʃnəbl; *Am.* ˈkɑn-] *adj obs.* **1.** gewissenhaft. **2.** gerecht, billig.

con·scious [ˈkɒnʃəs; *Am.* ˈkɑn-] *adj* (*adv* **~ly**) **1.** *pred* bei Bewußtsein: **the patient is ~**. **2.** bewußt: **~ mind** Bewußtsein *n*; **to be ~ of s.th.** sich e-r Sache bewußt sein, sich über e-e Sache im klaren sein, von etwas wissen *od.* Kenntnis haben; **to be ~ that** wissen, daß; **she became ~ that** es kam ihr zum Bewußtsein *od.* sie wurde sich klar darüber, daß. **3.** denkend: **man is a ~ being.** **4.** bewußt (schaffend): **~ artist.** **5.** dem Bewußtsein gegenwärtig, bewußt: **~ guilt.** **6.** befangen. **7.** bewußt, wissentlich, absichtlich: **a ~ lie.**

-conscious [kɒnʃəs; *Am.* kɑn-] *Wortelement mit den Bedeutungen*: a) aufgeschlossen für, interesˈsiert an (*dat*), ...freudig: **art-~**, b) empfindlich gegen (*etwas Schlechtes*), c) ...bewußt: **class-~.**

con·scious·ness [ˈkɒnʃəsnɪs; *Am.* ˈkɑn-] *s* **1.** (**of**) Sichbeˈwußtsein *n* (*gen*), Wissen *n* (von *od.* um). **2.** Bewußtsein(szustand *m*) *n*: **to lose ~** das Bewußtsein verlieren; **to regain ~** wieder zu sich kommen, das Bewußtsein wiedererlangen. **3.** (Gesamt-) Bewußtsein *n*, Denken *n*, Empfinden *n*. **ˈ~-exˌpand·ing** *adj* bewußtseinserweiternd (*Droge*). **ˈ~-ˌrais·ing** *s* Bewußtseinsentwicklung *f.*

con·scribe [kənˈskraɪb] → **conscript** 4.

con·script I *adj* [ˈkɒnskrɪpt; *Am.* ˈkɑn-] **1.** zwangsweise verpflichtet: **~ nurses.** **2.** *mil.* einberufen, eingezogen: **~ soldiers.** **3. ~ fathers** *antiq.* (*die*) römischen Senaˈtoren *pl.* **II** *v/t* [kənˈskrɪpt] **4.** *mil.* a) einziehen, -berufen, b) *hist. Truppen etc* ausheben. **III** *s* [ˈkɒnskrɪpt; *Am.* ˈkɑn-] **5.** *mil.* a) Wehr(dienst)pflichtige(r) *m*, b) Einberufene(r) *m.*

con·scrip·tion [kənˈskrɪpʃn] *s* **1.** *mil.* Einberufung *f*, Einziehung *f.* **2.** *a.* **universal ~** *mil.* allgemeine Wehrpflicht. **3.** *a.* **industrial ~** Arbeitsverpflichtung *f.* **4.** *a.* **~ of wealth** (Herˈanziehung *f* zur) Vermögensabgabe *f.*

con·se·crate [ˈkɒnsɪkreɪt; *Am.* ˈkɑnsə-] **I** *v/t allg.* weihen: a) *relig.* konseˈkrieren, einsegnen, b) widmen (**to** *dat*): **to ~ one's life to an idea**, c) heiligen: **a custom ~d by tradition.** **II** *v/i relig.* konseˈkrieren, die Wandlung vollˈziehen (*in der Messe*). **III** *adj* a) geweiht (**to** *dat*), b) geheiligt. **ˌcon·seˈcra·tion** *s* **1.** *relig.* a) (*a.* Priester)Weihe *f*, Weihung *f*, b) Einsegnung *f*, c) Konsekratiˈon *f*, Wandlung *f.* **2.** Heiligung *f.* **3.** Widmung *f*, ˈHingabe *f* (**to** an *acc*).

con·se·cu·tion [ˌkɒnsɪˈkjuːʃn; *Am.* ˌkɑn-] *s* **1.** (Aufeinˈander-, Reihen)Folge *f*: **~ of tenses** *ling.* Zeitenfolge. **2.** logische Folge.

con·sec·u·tive [kənˈsekjʊtɪv; *Am. a.* -kətɪv] *adj* **1.** aufeinˈanderfolgend: **for three ~ weeks** drei Wochen hintereinander. **2.** (fort)laufend: **~ numbers.** **3.** konsekuˈtiv, abgeleitet: **~ clause** *ling.* Konsekutiv-, Folgesatz *m.* **4.** *mus.* paralˈlel (fortschreitend) (*Intervalle*). **5.** Folge...: **~ symptom** *med.* Folgeerscheinung *f.* **conˈsec·u·tive·ly** *adv* **1.** nach-, hintereinˈander. **2.** (fort)laufend: **~ numbered.** **conˈsec·u·tive·ness** *s* Aufeinˈanderfolge *f.*

con·sen·su·al [kənˈsensjʊəl; -ʃʊəl; *Am.* -ˈsenʃəwəl; -ˈsenʃəl] *adj* (*adv* **~ly**) **1.** *jur.* auf bloßer mündlicher Überˈeinkunft beruhend: **~ contract** obligatorischer Vertrag. **2.** unwillkürlich, Reflex...: **~ motion.**

con·sen·sus [kənˈsensəs] *s a.* **~ of opinion** (allgemein) überˈeinstimmende Meinung, (allgemeine) Überˈeinstimmung.

con·sent [kənˈsent] **I** *v/i* **1.** (**to**) zustimmen (*dat*), einwilligen (in *acc*). **2.** sich bereit erklären (**to do s.th.** etwas zu tun). **3.** nachgeben. **4.** *obs.* überˈeinstimmen. **II** *s* **5.** (**to**) Zustimmung *f*, Einverständnis *n* (zu), Einwilligung *f* (in *acc*), Genehmigung *f* (*gen od.* für): **age of ~** *jur.* (*bes.* Ehe)Mündigkeit *f*; **with one ~** einstimmig, einmütig; **with the ~ of** mit Genehmigung von (*od. gen*); → **common** 2, **informed** 1. **conˌsen·taˈne·i·ty** [-təˈniːətɪ] *s* **1.** Überˈeinstimmung *f.* **2.** Einmütigkeit *f.* **con·sen·ta·ne·ous** [ˌkɒnsenˈteɪnɪəs; *Am.* ˈkɑn-], **con·sen·tient** [kənˈsenʃnt] *adj* (*adv* **~ly**) **1.** (**to, with**) zustimmend (*dat*), überˈeinstimmend (mit). **2.** einmütig, einstimmig.

con·se·quence [ˈkɒnsɪkwəns; *Am.* ˈkɑn-; *a.* -səˌkwens] *s* **1.** Folge *f*, Resulˈtat *n*, Ergebnis *n*, Auswirkung *f*, Konseˈquenz *f*: **bad ~s** schlimme Folgen; **in ~** infolgedessen, folglich, daher; **in ~ of** infolge von (*od. gen*); **to take the ~s** die Folgen tragen; **with the ~ that** mit dem Ergebnis, daß; → **carry** 10. **2.** Folgerung *f*, Schluß(satz) *m.* **3.** Bedeutung *f*, Wichtigkeit *f*: **of (no) ~** von (ohne) Bedeutung, (un)bedeutend, (un)wichtig (**to** für); **it is of no ~** es hat nichts auf sich. **4.** Einfluß *m*, Ansehen *n*: **a person of great ~** e-e bedeutende *od.* einflußreiche Persönlichkeit. **5.** Würde *f.* **6.** Wichtigtueˈrei *f.*

con·se·quent [ˈkɒnsɪkwənt; *Am.* ˈkɑn-; *a.* -səˌkwent] **I** *adj* (*adv* → **consequently**) **1.** (**on, upon**) a) (nach)folgend (*dat*, auf *acc*): **to be ~ on s.th.** die Folge von etwas sein, e-r Sache folgen, b) sich ergebend, resulˈtierend, entstehend (aus): **the ~ trouble** *a.* die entstandenen Schwierigkeiten. **2.** → **consequential** 2. **II** *s* **3.** Folge(erscheinung) *f.* **4.** *philos.* logische Folge, Folgerung *f*, Schluß *m.* **5.** *ling.* Nachsatz *m.* **6.** *math.* ˈHinterglied *n.*

ˌcon·seˈquen·tial [-ˈkwenʃl] *adj* (*adv* **~ly**) **1.** a) (logisch) folgend (**on, upon** auf *acc*), b) → **consequent** 1. **2.** folgerichtig, logisch richtig, konseˈquent. **3.** wichtigtuend, überˈheblich. **4.** mittelbar, ˈindiˌrekt: **~ damage** *jur.* Folgeschaden *m.* **5.** bedeutend, einflußreich: **~ people.** **ˈcon·seˌquen·tiˈal·i·ty** [-ʃɪˈælətɪ] *s* Wichtigtueˈrei *f*, Überˈheblichkeit *f.* **ˈcon·se·quent·ly** *adv* **1.** als Folge, in der Folge. **2.** folglich, infolgeˈdessen, daher, deshalb.

con·serv·a·ble [kənˈsɜːvəbl; *Am.* -ˈsɜr-] *adj* konserˈvierbar. **conˈserv·an·cy** *s* **1.** Erhaltung *f.* **2.** → **conservation** 2. **3.** *Br.* Konˈtrollbehörde *f* (*für Flüsse, Häfen, Forste etc*).

con·ser·va·tion [ˌkɒnsə(r)ˈveɪʃn; *Am.* ˌkɑn-] *s* **1.** Erhaltung *f*, Bewahrung *f*: **~ of energy (mass, matter)** *phys.* Erhaltung der Energie (Masse, Materie). **2.** a) Naˈturschutz *m*: **~ area**, b) ˈUmweltschutz *m.* **3.** Konserˈvieren *n*, Haltbarmachen *n*. **ˌcon·serˈva·tion·ist** *s* a) Naˈturschützer(in), b) ˈUmweltschützer(in).

con·serv·a·tism [kənˈsɜːvətɪzəm; *Am.* -ˈsɜr-] *s* **1.** *a. pol.* Konservaˈtismus *m*: a) konservaˈtive Grundsätze *pl od.* Einstellung, b) **C~** *Br.* Grundsätze *pl* u. Ziele *pl* der konservaˈtiven Parˈtei. **2.** *Am.* Vorsicht *f*, Zuˈrückhaltung *f.* **conˈserv·a·tive I** *adj* (*adv* **~ly**) **1.** *allg.* (*pol. meist* **C~**) konservaˈtiv: **C~ Party** *pol. Br.* Konservative Partei. **2.** erhaltend, bewahrend, konserˈvierend: **~ force** erhaltende Kraft. **3.** zuˈrückhaltend, vorsichtig: **a ~ estimate**; **~ investments.** **II** *s* **4.** *meist* **C~** *pol.* Konservaˈtive(r *m*) *f*, Mitglied *n* der Konservativen Parˈtei. **5.** konservaˈtiver Mensch.

con·ser·va·toire [kənˈsɜːvətwɑː(r); *Am.* -ˈsɜr-] *s mus.* Konservaˈtorium *n.*

con·ser·va·tor [ˈkɒnsə(r)veɪtə(r); kənˈsɜːvətə(r); *Am.* ˈkɑn-; kənˈsɜr-] *s* **1.** Konserˈvator *m*, Muˈseumsdiˌrektor *m.* **2.** *Br.* Mitglied *n* der ˈFlußkonˌtrollbeˌhörde: **C~ of the River Thames** *Titel des* **Lord Mayor** *von London als Vorsitzender der* **conservancy.** **3.** Erhalter *m*, Beschützer *m*: **C~ of the Peace** Erhalter des Friedens (*Titel des englischen Königs*). **4.** *jur. Am.* Vormund *m*, Pfleger *m.*

con·serv·a·to·ry [kənˈsɜːvətrɪ; *Am.* kənˈsɜrvəˌtəʊriː; -ˌtɔː-] **I** *s* **1.** Treib-, Gewächshaus *n*, *bes.* Wintergarten *m.* **2.** → **conservatoire.** **3.** *obs.* Aufbewahrungsort *m.* **II** *adj* **4.** erhaltend.

con·serve I *s* [kənˈsɜːv; ˈkɒnsɜːv; *Am.* ˈkɑnsɜrv] **1.** *meist pl* Eingemachtes *n.* **II** *v/t* [kənˈsɜːv; *Am.* -ˈsɜrv] **2.** erhalten, bewahren. **3.** *Obst etc* einmachen. **4.** *fig.* beibehalten, aufrechterhalten: **to ~ a custom** e-e Gewohnheit beibehalten.

con·sid·er [kənˈsɪdə(r)] **I** *v/t* **1.** nachdenken über (*acc*). **2.** betrachten *od.* ansehen als, halten für: **to ~ s.o. (to be) a fool**; **to ~ s.th. (to be) a mistake**; **to be ~ed rich** als reich gelten, für reich gehalten werden; **you may ~ yourself lucky** du kannst von Glück sagen *od.* dich glücklich schätzen; **~ yourself dismissed!** betrachten Sie sich als entlassen! **3.** sich überˈlegen, ins Auge fassen, in Erwägung ziehen, erwägen: **to ~ buying a car** den Kauf e-s Wagens erwägen; → **considered.** **4.** berücksichtigen, in Betracht ziehen: **all things ~ed** wenn man alles erwägt; **~ his age** bedenken Sie sein Alter; → **considering** I. **5.** Rücksicht nehmen auf (*acc*), denken an (*acc*): **he never ~s others.** **6.** achten, respekˈtieren. **7.** finden, meinen, der Meinung sein, denken (**that** daß). **8.** (eingehend) betrachten. **9.** *obs.* *j-n* entschädigen *od.* belohnen. **II** *v/i* **10.** nachdenken, überˈlegen. **conˈsid·er·a·ble I** *adj* (*adv* **considerably**) **1.** beachtlich, beträchtlich, erheblich, ansehnlich. **2.** bedeutend, wichtig (*a. Person*). **II** *s* **3.** *Am. colloq.* e-e ganze Menge, viel: *he spent* ~ **of his life** *abroad* e-n Großteil s-s Lebens. **conˈsid·er·a·ble·ness** *s* **1.** Beträchtlichkeit *f*. **2.** Bedeutung *f*.

con·sid·er·ate [kənˈsɪdərət; -drət] *adj* (*adv* ~**ly**) **1.** aufmerksam, rücksichtsvoll (**to, toward[s]** gegen). **2.** taktvoll. **3.** ˈumsichtig, besonnen. **4.** (ˈwohl)überˌlegt, besonnen. **conˈsid·er·ate·ness** *s* **1.** Rücksichtnahme *f*, Aufmerksamkeit *f*. **2.** ˈUmsicht *f*, Besonnenheit *f*.

con·sid·er·a·tion [kənˌsɪdəˈreɪʃn] *s* **1.** Erwägung *f*, Überˈlegung *f*: **on** (*od.* **under**) **no** ~ unter keinen Umständen; **the matter is under** ~ die Angelegenheit wird (noch) erwogen; **to give s.th. one's careful** ~ e-e Sache sorgfältig erwägen; **to take into** ~ in Erwägung *od.* in Betracht ziehen, berücksichtigen; **to leave a question out of** ~ e-e Frage ausklammern. **2.** Berücksichtigung *f*: **in** ~ **of** in Anbetracht (*gen*). **3.** Rücksicht(nahme) *f* (**for, of** auf *acc*): **lack of** ~ Rücksichtslosigkeit *f*; **out of** ~ **for s.o.** aus Rücksicht auf j-n. **4.** (zu berücksichtigender) Grund: **that is a** ~ das ist ein triftiger Grund, das ist von Belang; **money is no** ~ Geld spielt keine Rolle *od.* ist Nebensache. **5.** Entgelt *n*, Entschädigung *f*, Vergütung *f*: **in** ~ **of** als Entgelt für; **for a** ~ gegen Entgelt. **6.** *jur.* (vertragliche) Gegenleistung: **concurrent (executed)** ~ gleichzeitige (vorher empfangene) Gegenleistung; **for valuable** ~ entgeltlich. **7.** (Hoch)Achtung *f*: **a person of** ~ e-e geachtete Persönlichkeit.

con·sid·ered [kənˈsɪdə(r)d] *adj a.* **well-**~ ˈwohlüberˌlegt, -erwogen. **conˈsid·er·ing I** *prep* in Anbetracht (*gen*), wenn man ... (*acc*) bedenkt. **II** *adv colloq.* den ˈUmständen entsprechend: **he is quite well** ~ es geht ihm soweit ganz gut.

con·sign [kənˈsaɪn] *v/t* **1.** überˈgeben, ausliefern (**to** *dat*): **to** ~ **to the flames** den Flammen übergeben, verbrennen; → **oblivion** 1. **2.** *j-m etwas* anvertrauen. **3.** *jur. Scot. Geld* hinterˈlegen. **4.** *etwas* vorsehen, bestimmen (**for, to** für). **5.** (**to**) *econ. Waren* a) überˈsenden, zusenden (*dat*), b) adresˈsieren (an *acc*), c) (*Überseehandel*) in Kommissiˈon *od.* Konsignatiˈon geben (*dat*). **6. to** ~ (**for sale**) (zur Auktion) einliefern.

con·sig·na·tion [ˌkɒnsaɪˈneɪʃn; *Am.* ˌkɑn-; *a.* -sɪgˈn-] *s* **1.** → **consignment** 1. **2.** *jur.* Hinterˈlegung *f*.

con·sign·ee [ˌkɒnsaɪˈniː; *Am.* ˌkɑnsəˈniː; -ˌsaɪ-] *s econ.* **1.** Empfänger *m*, Adresˈsat *m*. **2.** *Überseehandel*: Konsignaˈtar *m*, Verˈkaufskommissioˌnär *m*.

con·sign·er [kənˈsaɪnə(r)] → **consignor**.

con·sign·ment [kənˈsaɪnmənt] *s* **1.** *econ.* a) Überˈsendung *f*, Zusendung *f*: **bill of** ~, ~ **note** Frachtbrief *m*, b) (*Überseehandel*) Konsignatiˈon *f*: ~ **sale** Konsignations-, Kommissionsverkauf *m*; **in** ~ in Konsignation *od.* Kommission. **2.** *econ.* a) (Waren)Sendung *f*, b) (*Überseehandel*) Konsignatiˈonsware(n *pl*) *f*. **3.** *jur. Scot.* Hinterˈlegung *f*.

con·sign·or [kənˈsaɪnə; ˌkɒnsaɪˈnɔː; *Am.* ˌkɑnsəˈnɔːr; -ˌsaɪˈn-] *s* **1.** *econ.* a) Überˈsender *m*, b) (*Überseehandel*) Konsiˈgnant *m*. **2.** *jur. Scot.* Hinterˈleger *m*.

con·sist [kənˈsɪst] *v/i* **1.** ~ **of** bestehen *od.* sich zs.-setzen aus. **2.** ~ **in** bestehen in (*dat*): **his task** ~**s mainly in writing letters** s-e Arbeit besteht hauptsächlich darin, Briefe zu schreiben. **3.** überˈeinstimmen, vereinbar sein (**with** mit).

con·sist·ence [kənˈsɪstəns], **conˈsist·en·cy** *s* **1.** Konsiˈstenz *f*, Beschaffenheit *f*, (Grad *m* der) Festigkeit *f od.* Dichtigkeit *f*. **2.** *fig.* a) Konseˈquenz *f*, Folgerichtigkeit *f*, b) Gleichmäßigkeit *f*, Unbeirrbarkeit *f*. **3.** *fig.* Überˈeinstimmung *f*, Einklang *m*. **4.** *fig.* ˈWiderspruchsfreiheit *f*, Konsiˈstenz *f*. **conˈsist·ent** *adj* **1.** konsiˈstent, fest, dicht. **2.** *fig.* konseˈquent: a) folgerichtig, b) gleichmäßig, unbeirrbar (*a. Person*). **3.** *fig.* überˈeinstimmend, vereinbar, in Einklang stehend (**with** mit). **4.** *fig.* ˈwiderspruchsfrei, (*bes. Logik a.*) konsiˈstent. **5.** *sport etc* beständig (*Leistung etc*). **conˈsist·ent·ly** *adv* **1.** im Einklang (**with** mit). **2.** ˈdurchweg.

con·sis·to·ry [kənˈsɪstərɪ; -strɪ] *s* **1.** Kirchenrat *m*, geistliche Behörde, Konsiˈstorium *n*. **2.** *R.C.* Kardiˈnalsversammlung *f*. **3.** *a.* **C~ Court** bischöfliches Konsiˈstorium der angliˈkanischen Kirche (*Diözesangericht*). **4.** kirchliche Behörde, ˈPresbyterkolˌlegium *n* (*einiger reformierter Kirchen*). **5.** *obs.* Versammlungsort *m*, Beratungsraum *m*.

con·so·ci·ate [kənˈsəʊʃɪət; -ʃɪeɪt; -sɪ-] **I** *adj* verbunden. **II** *s* Genosse *m*, Teilhaber *m*. **III** *v/t u. v/i* [-ʃɪeɪt; -sɪ-] (sich) vereinigen, (sich) verbinden. **conˌso·ciˈa·tion** [-ʃɪˈeɪʃn; -sɪ-] *s* Vereinigung *f*, Bund *m*.

con·so·la·tion [ˌkɒnsəˈleɪʃn; *Am.* ˌkɑn-] *s* Tröstung *f*, Trost *m* (**to** für): **poor** ~ schwacher Trost; **a few words of** ~ ein paar tröstliche Worte; ~ **goal** *sport* Ehrentor *n*; ~ **prize** Trostpreis *m*.

con·sol·a·to·ry [kənˈsɒlətərɪ; -trɪ; *Am.* kənˈsəʊləˌtəʊriː; -ˌtɔː-; -ˈsɑlə-] *adj* tröstend, tröstlich, Trost...: **a few** ~ **words** ein paar Worte des Trostes; **to be** ~ **to s.o.** j-n trösten.

con·sole[1] [ˈkɒnsəʊl; *Am.* ˈkɑn-] *s* **1.** Konˈsole *f*: a) *arch.* Krag-, Tragstein *m*, b) Wandgestell *n*. **2.** *a.* ~ **table** Konˈsoltischchen *n*. **3.** *tech.* Stütze *f*, Strebe *f*. **4.** *mus.* (Orgel)Spieltisch *m*. **5.** (Fernseh-, Muˈsik)Truhe *f*, (Radio)Schrank *m*. **6.** *Computer, electr.* Schalt-, Steuerpult *n*, Konˈsole *f*.

con·sole[2] [kənˈsəʊl] *v/t j-n* trösten: **to** ~ **o.s. with s.th.** sich mit etwas trösten; **to** ~ **s.o. for s.th.** j-n über etwas hinwegtrösten.

con·sol·er [kənˈsəʊlə(r)] *s* Tröster(in).

con·sol·i·date [kənˈsɒlɪdeɪt; *Am.* -ˈsɑlə-] **I** *v/t* **1.** (ver)stärken, festigen (*beide a. fig.*). **2.** *mil.* a) *Truppen* zs.-ziehen, b) *Stellung* ausbauen, verstärken. **3.** *econ.* a) (*bes. Staats*)*Schulden* konsoliˈdieren, funˈdieren, b) *Emissionen* vereinigen, *Aktien* zs.-legen, c) *Gesellschaften* zs.-schließen, -legen. **4.** *jur. Klagen* miteinˈander verbinden, zs.-legen. **5.** *tech.* verdichten. **II** *v/i* **6.** *tech.* sich verdichten, fest werden. **7.** *bes. fig.* sich festigen: **to** ~ **into** sich kristallisieren zu *e-m Ganzen*. **8.** *econ.* sich zs.-schließen. **III** *adj* → **consolidated**.

con·sol·i·dat·ed [kənˈsɒlɪdeɪtɪd; *Am.* -ˈsɑlə-] *adj* **1.** *tech.* fest, dicht, komˈpakt. **2.** *bes. fig.* gefestigt. **3.** *econ.* vereinigt, konsoliˈdiert. ~ **an·nu·i·ties** → **consols**. ~ **bal·ance sheet** *s econ.* konsoliˈdierte Biˈlanz, Konˈzernbiˌlanz *f*. ~ **bonds** *s pl econ.* konsoliˈdierte ˈWertpaˌpiere *pl*. **C~ Fund** *s econ. Br.* konsoliˈdierter Staatsfonds. ~ **state·ment** *s econ. Am.* gemeinsame Gewinn- u. Verlustrechnung (*Konzern*).

con·sol·i·da·tion [kənˌsɒlɪˈdeɪʃn; *Am.* -ˌsɑləˈd-] *s* **1.** (Ver)Stärkung *f*, Festigung *f* (*beide a. fig.*). **2.** *mil.* a) Zs.-ziehung *f*, b) Ausbau *m*. **3.** *econ.* a) Konsoliˈdierung *f*, Funˈdierung *f*, b) Vereinigung *f*, Zs.-legung *f*, c) Zs.-schluß *m*. **4.** *jur.* Verbindung *f*. **5.** *tech.* Verdichtung *f*. **6.** *agr.* Flurbereinigung *f*. **7.** *med.* Induratiˈon *f*, heilende Verhärtung (*bei Tuberkulose etc*). **8.** *tech.* naˈtürliche Bodenverdichtung, Sacken *n*.

con·sols [ˈkɒnsəlz; -sɒlz] *s pl econ. Br.* Konˈsols *pl*, konsoliˈdierte Staatsanleihen *pl*.

con·som·mé [kənˈsɒmeɪ; ˈkɒnsɒmeɪ; *Am.* ˌkɑnsəˈmeɪ] *s* Consomˈmé *f* (*klare Kraftbrühe*).

con·so·nance [ˈkɒnsənəns; -snəns; *Am.* ˈkɑn-] *s* **1.** Zs.-, Gleichklang *m*, Harmoˈnie *f*, Überˈeinstimmung *f*: ~ **of words** Gleichlaut *m*; ~ **of opinions** Meinungsgleichheit *f*; **in** ~ **with** im Einklang mit. **2.** Konsoˈnanz *f*: a) *mus.* harˈmonischer Zs.-klang, b) *phys.* Mitschwingen *n*.

ˈcon·so·nant I *adj* (*adv* ~**ly**) **1.** *mus.* konsoˈnant, harˈmonisch zs.-klingend. **2.** gleichlautend: ~ **words**. **3.** überˈeinstimmend, vereinbar (**with** mit). **4.** (**to**) passend (zu), gemäß, entsprechend (*dat*). **5.** *ling.* konsoˈnantisch. **II** *s* **6.** *ling.* Konsoˈnant *m*, Mitlaut *m*: ~ **shift(ing)** Lautverschiebung *f*. **ˌcon·so·ˈnan·tal** [-ˈnæntl] *adj ling.* konsoˈnantisch, Konsonanten...

con·sort I *s* [ˈkɒnsɔː(r)t; *Am.* ˈkɑn-] **1.** Gemahl(in), Gatte *m*, Gattin *f*: **king** ~, **prince** ~ Prinzgemahl *m*. **2.** Gefährte *m*, Gefährtin *f*: ~**s** *contp.* Konsorten, Kumpane. **3.** *mar.* Begleit-, Geleitschiff *n*. **4.** *obs.* Überˈeinstimmung *f*: **in** ~ **with** im Einklang mit. **II** *v/i* [kənˈsɔː(r)t; *Am. a.* ˈkɑnˌs-] **5.** (**with**) verkehren, ˈumgehen (mit), sich gesellen (zu). **6.** pakˈtieren. **7.** *fig.* (**with**) überˈeinstimmen, harmoˈnieren (mit), passen (zu). **conˈsor·ti·um** [-tjəm; -tɪəm; -ʃɪəm] *pl* **-ti·a** [-ə] *s* **1.** *jur.* (eheliche) Gemeinschaft. **2.** Vereinigung *f*, Konˈsortium *n*. **3.** *econ.* Konˈsortium *n*: ~ **of banks** Bankenkonsortium.

con·spec·tus [kənˈspektəs] *s* **1.** (allgemeine) ˈÜbersicht. **2.** Zs.-fassung *f*.

con·spi·cu·i·ty [ˌkɒnspɪˈkjuːətɪ; *Am.* ˌkɑn-] → **conspicuousness**.

con·spic·u·ous [kənˈspɪkjʊəs; *Am.* -jəwəs] *adj* (*adv* ~**ly**) **1.** deutlich sichtbar, in die Augen fallend. **2.** auffallend, auffällig (*a. contp.*): **to make o.s.** ~ sich auffällig benehmen, auffallen; ~ **consumption** *econ.* aufwendige Lebenshaltung aus Prestigegründen. **3.** *fig.* bemerkenswert, herˈvorragend (**for** wegen): **to be** ~ **by one's absence** durch Abwesenheit glänzen (*Person*), völlig fehlen (*Sache*); **to render o.s.** ~ sich hervortun; ~ **service** *mil.* hervorragende Dienste. **conˈspic·u·ous·ness** *s* **1.** Augenfälligkeit *f*, Deutlichkeit *f*. **2.** Auffälligkeit *f*.

con·spir·a·cy [kənˈspɪrəsɪ] *s* **1.** Verschwörung *f*, Komˈplott *n*, Konspiratiˈon *f*: ~ (**to commit a crime**) *jur.* Verabredung *f* zur Verübung e-r Straftat; ~ **of silence** verabredetes Stillschweigen. **2.** *fig.* Zs.-wirken *n*, Verkettung *f*: ~ **of circumstances**. **conˈspir·a·tor** [-tə(r)] *s* Verschwörer *m*, Konspiˈrant *m*: **conˌspir·aˈto·ri·al** [-ˈtɔːrɪəl; *Am. a.* -ˈtəʊ-] *adj* (*adv* ~**ly**) verschwörerisch, Verschwörungs..., konspiraˈtiv. **conˈspir·a·tress** [-trɪs] *s* Verschwörerin *f*, Konspiˈrantin *f*. **conˈspire** [-ˈspaɪə(r)] **I** *v/i* **1.** sich verschwören, ein Komˈplott schmieden, konspiˈrieren (**against** gegen). **2.** *jur.* sich verabreden: **to** ~ **to defraud s.o.** **3.** *fig.* zs.-wirken, -treffen, dazu beitragen, sich verschwören: **everything** ~**d against him** alles hatte sich gegen ihn verschworen; **all things ~ to make him happy** alles trifft zu s-m Glück zusammen. **II** *v/t* **4.** (heimlich) planen, aushecken, anzetteln.

con·spue [kənˈspjuː] *v/t* verachten.

con·sta·ble [ˈkʌnstəbl] *s* **1.** *bes. Br.* a) Poliˈzist *m*, Wachtmeister *m*: → **special** 3 *u.* 5 a, b) (höherer) Poliˈzeibeamter: **high ~** (*bis 1869*) Befehlshaber *m* e-r Hundertschaft; → **chief constable. 2.** *hist.* Konneˈtabel *m*, hoher Reichsbeamter: **C~ of France**; → **Lord High Constable. 3.** *hist.* Schloßvogt *m*.

con·stab·u·lar·y [kənˈstæbjʊlərɪ; *Am.* -jəˌleriː] *bes. Br.* **I** *s* **1.** Poliˈzei(truppe) *f* (*e-s Bezirks*). **2.** (*Art*) Gendarmeˈrie *f*, miliˈtärisch organiˈsierte Schutztruppe. **II** *adj* **3.** poliˈzeilich, Polizei...

con·stan·cy [ˈkɒnstənsɪ; *Am.* ˈkɑn-] *s* **1.** Beständigkeit *f*, Unveränderlichkeit *f*, Konˈstanz *f*. **2.** Bestand *m*, Dauer *f*. **3.** *fig.* Beständigkeit *f*, Unerschütterlichkeit *f*, Standhaftigkeit *f*. **4.** Treue *f*.

con·stant [ˈkɒnstənt; *Am.* ˈkɑn-] **I** *adj* (*adv* **~ly**) **1.** beständig, unveränderlich, gleichbleibend, konˈstant. **2.** (be)ständig, fortwährend, unaufhörlich, (an)dauernd, stet(ig): **~ change** stetiger Wechsel; **~ rain** anhaltender Regen. **3.** *fig.* a) beständig, standhaft, beharrlich, fest, unerschütterlich, b) verläßlich, treu: **~ companion** ständiger Begleiter. **4.** *electr. math. phys.* konˈstant: **~ quantity**; **~ speed**; **~ value** *math.* fester Wert; **~ white** *chem.* Permanentweiß *n*. **II** *s* **5.** (*das*) Beständige. **6.** *math. phys.* konˈstante Größe, Konˈstante *f* (*beide a. fig.*), Koeffiziˈent *m*, Expoˈnent *m*: **~ of friction** Reibungskoeffizient; **~ of gravitation** Gravitations- *od.* Erdbeschleunigungskonstante.

con·stel·late [ˈkɒnstəleɪt; *Am.* ˈkɑn-] **I** *v/t Sterne* (zu e-r Gruppe) vereinigen (*a. fig.*). **II** *v/i* sich vereinigen. **ˌcon·stelˈla·tion** *s* **1.** Konstellatiˈon *f*: a) *astr.* Sternbild *n*, b) Stellung *f* der Plaˈneten zueinˈander, c) *fig.* Anordnung *f*, Grupˈpierung *f*, d) Zs.-treffen *n* (*von Umständen*). **2.** glänzende Versammlung.

con·ster·nate [ˈkɒnstə(r)neɪt; *Am.* ˈkɑn-] *v/t* bestürzen, verblüffen, verwirren: **~d** konsterniert, bestürzt, verblüfft. **ˌcon·sterˈna·tion** *s* Bestürzung *f*: **to be filled with ~** bestürzt sein; **in ~** konsterniert, bestürzt.

con·sti·pate [ˈkɒnstɪpeɪt; *Am.* ˈkɑn-] *v/t med.* konstiˈpieren, verstopfen. **ˌcon·stiˈpa·tion** *s med.* Verstopfung *f*.

con·stit·u·en·cy [kənˈstɪtjʊənsɪ; *Am.* kənˈstɪtʃəwənsiː] *s* **1.** Wählerschaft *f*. **2.** Wahlbezirk *m*, -kreis *m*. **3.** *Am. colloq.* Kundenkreis *m*. **conˈstit·u·ent I** *adj* **1.** e-n (Bestand)Teil bildend, zs.-setzend: **~ part** → 4; **~ fact** *jur.* Tatbestandsmerkmal *n*. **2.** *pol.* Wähler..., Wahl...: **~ body** Wählerschaft *f*. **3.** *pol.* konstituˈierend, verfassunggebend: **~ assembly** verfassunggebende Versammlung. **II** *s* **4.** (wesentlicher) Bestandteil. **5.** *jur.* Vollmachtgeber(in). **6.** *econ.* Auftraggeber *m*. **7.** *pol.* Wähler(in). **8.** *ling.* ˈSatzteil *m*, -eleˌment *n*. **9.** *chem. phys.* Kompoˈnente *f*.

con·sti·tute [ˈkɒnstɪtjuːt; *Am.* ˈkɑn-; *a.* -ˌtuːt] *v/t* **1.** *j-n* ernennen, einsetzen (*in ein Amt etc*): **to ~ s.o. a judge** j-n als Richter einsetzen *od.* zum Richter ernennen; **to ~ o.s. a judge of** sich zum Richter aufwerfen über (*acc*). **2.** *ein Gesetz* erlassen, in Kraft setzen. **3.** einrichten, gründen, konstituˈieren: **to ~ a committee** e-n Ausschuß einsetzen; **to ~ o.s. a committee** sich als Ausschuß konstituieren; **the ~d authorities** die verfassungsmäßigen Behörden. **4.** ausmachen, bilden, darstellen: **this ~s a precedent** dies stellt e-n Präzedenzfall dar; **to be so ~d that** so beschaffen sein, daß.

con·sti·tu·tion [ˌkɒnstɪˈtjuːʃn; *Am.* ˌkɑn-; *a.* -ˈtuː-] *s* **1.** Zs.-setzung *f*, (Auf-)Bau *m*, Strukˈtur *f*, Beschaffenheit *f*. **2.** Konstitutiˈon *f*, körperliche Veranlagung, Naˈtur *f*: **strong (weak) ~** starke (schwache) Konstitution; **~ type** Konstitutionstyp *m*. **3.** Naˈtur *f*, (seelische) Veranlagung, Wesen *n*: **by ~** von Natur (aus). **4.** Einsetzung *f*, Bildung *f*, Errichtung *f*, Gründung *f*. **5.** Erlaß *m*, Verordnung *f*, Gesetz *n*. **6.** *pol.* Verfassung *f*. **7.** Satzung *f* (*e-s Verbands etc*). **ˌcon·stiˈtu·tion·al** [-ʃənl] **I** *adj* (*adv* **~ly**) **1.** *med.* konstitutioˈnell, anlagebedingt: **a ~ disease** e-e Konstitutionskrankheit. **2.** gesundheitsfördernd. **3.** grundlegend, wesentlich. **4.** *pol.* verfassungsmäßig, Verfassungs..., konstitutioˈnell: **~ charter** Verfassungsurkunde *f*; **~ government** verfassungsmäßige Regierung; **~ law** *jur.* Verfassungsrecht *n*; **~ liberty** verfassungsmäßig verbürgte Freiheit; **~ state** Rechtsstaat *m*; → **monarchy** 1. **5.** verfassungstreu. **II** *s* **6.** *colloq.* Verˈdauungs- *od.* Geˈsundheitsspaˌziergang *m*. **ˌcon·stiˈtu·tion·al·ism** [-ʃnəlɪzəm] *s pol.* Konstitutionaˈlismus *m*, konstitutioˈnelle Reˈgierungsform. **ˌcon·stiˈtu·tion·al·ist** *s pol.* **1.** Anhänger *m* der konstitutioˈnellen Reˈgierungsform. **2.** Verfassungsrechtler *m*. **ˈcon·stiˌtu·tionˈal·i·ty** [-ʃəˈnælətɪ] *s pol.* Verfassungsmäßigkeit *f*. **ˌcon·stiˈtu·tion·al·ize** [-ʃnəlaɪz] *v/t pol.* konstitutioˈnell machen.

con·sti·tu·tive [ˈkɒnstɪtjuːtɪv; kənˈstɪtjuː-; *Am.* ˈkɑnstə-; *a.* -ˌtuː-; *a.* kənˈstɪtʃətɪv] *adj* **1.** → **constituent** I. **2.** grundlegend, wesentlich. **3.** gestaltend, aufbauend, richtunggebend. **4.** *philos.* konstituˈtiv, (*das Wesen e-r Sache*) bestimmend. **5.** begründend, konstituˈierend.

con·strain [kənˈstreɪn] *v/t* **1.** *j-n* zwingen, nötigen, drängen: **to be (*od.* feel) ~ed to do s.th.** gezwungen *od.* genötigt sein *od.* sich gezwungen fühlen, etwas zu tun. **2.** *etwas* erzwingen. **3.** einengen. **4.** einsperren (**to** in *dat*). **5.** fesseln, binden. **6.** bedrücken. **conˈstrained** *adj* gezwungen, verlegen, verkrampft, ˈunnaˌtürlich, steif: **a ~ laugh** ein gezwungenes Lachen. **conˈstrain·ed·ly** [-ɪdlɪ] *adv* gezwungen.

con·straint [kənˈstreɪnt] *s* **1.** Zwang *m*, Nötigung *f*: **under ~** unter Zwang, gezwungen. **2.** Beschränkung *f*. **3.** *fig.* a) Befangenheit *f*, b) Gezwungenheit *f*. **4.** Zuˈrückhaltung *f*, (Selbst)Beherrschung *f*.

con·strict [kənˈstrɪkt] *v/t* **1.** zs.-ziehen, -pressen, -schnüren, einengen (*a. fig.*). **2.** *fig.* beschränken. **conˈstrict·ed** *adj* **1.** zs.-gezogen, -geschnürt. **2.** eingeengt, *fig. a.* beschränkt. **3.** *bot.* eingeschnürt. **conˈstric·tion** *s* **1.** Zs.-ziehung *f*, Einschnürung *f*. **2.** Beengtheit *f*, Enge *f*. **conˈstric·tive** *adj* zs.-ziehend, -schnürend, einengend (*a. fig.*). **conˈstric·tor** [-tə(r)] *s* **1.** *anat.* Schließmuskel *m*. **2.** *zo.* Riesenschlange *f*.

con·stru·a·ble [kənˈstruːəbl] *adj* auszulegen(d), auslegbar.

con·struct I *v/t* [kənˈstrʌkt] **1.** errichten, bauen. **2.** *tech.* konstruˈieren, bauen. **3.** *ling. math.* konstruˈieren. **4.** *fig.* gestalten, entwerfen, formen, ausarbeiten. **II** *s* [ˈkɒnstrʌkt; *Am.* ˈkɑn-] **5.** konstruˈiertes Gebilde. **6.** *philos.* (*geistige*) Konstruktiˈon. **conˈstruct·er** → **constructor. conˈstruct·i·ble** *adj math.* konstruˈierbar.

con·struc·tion [kənˈstrʌkʃn] *s* **1.** Konstruktiˈon *f*, (Er)Bauen *n*, Bau *m*, Errichtung *f*: **~ of transformers** Transformatorenbau; **~ engineer** Bauingenieur *m*; **~ industry** Bauindustrie *f*; **~ material** Baumaterial *n*, -stoff *m*; **~ site** Baustelle *f*; **under ~** im Bau (befindlich). **2.** Bauweise *f*, Konstruktiˈon *f*: **steel ~** Stahlbauweise, -konstruktion. **3.** Bau(werk *n*) *m*, Baulichkeit *f*, Anlage *f*. **4.** *fig.* Aufbau *m*, Anlage *f*, Gestaltung *f*, Konstruktiˈon *f*. **5.** *math.* Konstruktiˈon *f* (*e-r Figur od. Gleichung*). **6.** *ling.* ˈWort- *od.* ˈSatzkonstruktiˌon *f*. **7.** *fig.* Auslegung *f*, Deutung *f*: **to put (*od.* place) a favo(u)rable (wrong) ~ on s.th.** etwas günstig (falsch) auslegen; **on the strict ~ of** bei strenger Auslegung (*gen*). **conˈstruc·tion·al** [-ʃənl] *adj* **1.** *tech.* Konstruktions..., Bau..., baulich, konstruktiˈonstechnisch: **~ details**; **~ engineer** Tiefbauingenieur *m*. **2.** *geol.* aufbauend.

con·struc·tive [kənˈstrʌktɪv] *adj* (*adv* **~ly**) **1.** schöpferisch, konstrukˈtiv: **~ talent**; **~ work. 2.** konstrukˈtiv (*Ggs. destruktiv*): **~ criticism. 3.** → **constructional** 1. **4.** a) *a. jur.* gefolgert, abgeleitet, angenommen, b) *jur.* ˈindiˌrekt, mittelbar, forˈmaljuˌristisch: **~ delivery** symbolische Übergabe (*z. B. e-s Schlüssels*); **~ fraud** Betrug *m* kraft gesetzlicher Vermutung; **~ possession** mittelbarer Besitz. **conˈstruc·tiv·ism** *s art* Konstruktiˈvismus *m*. **conˈstruc·tor** [-tə(r)] *s* Erbauer *m*, Konstrukˈteur *m*.

con·strue [kənˈstruː] **I** *v/t* **1.** *ling.* a) *e-n Satz* konstruˈieren, zergliedern, analyˈsieren, b) *ein Wort* konstruˈieren, bilden: **to be ~d with** konstruiert werden mit (*e-r Präposition etc*), c) *obs.* Wort für Wort überˈsetzen. **2.** auslegen, deuten, auffassen (**as** als). **II** *v/i* **3.** *ling.* a) e-e ˈSatzanaˌlyse vornehmen, konstruˈieren, b) sich konstruˈieren lassen (*Satz etc*). **III** *s* [ˈkɒnstruː] **4.** *obs.* wörtliche Überˈsetzung.

con·sub·stan·tial [ˌkɒnsəbˈstænʃl; *Am.* ˌkɑn-] *adj bes. relig.* ˈeines Wesens: **~ unity** Wesenseinheit *f*. **ˌcon·subˈstan·tial·ism** [-ʃəlɪzəm] *s relig.* Lehre *f* von der Wesensgleichheit. **ˈcon·subˌstan·tiˈal·i·ty** [-ʃɪˈælətɪ] *s relig.* Konsubstantialiˈtät *f*, Wesensgleichheit *f* (*der drei göttlichen Personen*). **ˈcon·subˌstan·tiˈa·tion** *s relig.* Konsubstantiatiˈon *f* (*Mitgegenwart des Leibes u. Blutes Christi beim Abendmahl*).

con·sue·tude [ˈkɒnswɪtjuːd; *Am.* ˈkɑn-; *a.* -ˌtuːd] *s* Gewohnheit *f*, Brauch *m*. **ˌcon·sueˈtu·di·nar·y** [-dɪnərɪ; *Am.* -dnˌeriː] *adj* gewohnheitsmäßig, Gewohnheits...: **~ law** *jur.* Gewohnheitsrecht *n*.

con·sul [ˈkɒnsəl; *Am.* ˈkɑnsəl] *s* Konsul *m* (*a. antiq. hist.*).

con·su·lar [ˈkɒnsjʊlə; *Am.* ˈkɑnsələr; -slər] *adj* Konsulats..., Konsular..., konsuˈlarisch: **~ agency** Konsularagentur *f*; **~ agent** Konsularagent *m*; **~ invoice** *econ.* Konsulatsfaktura *f*; **~ officer** Konsularbeamte(r) *m*, Konsul *m*; **~ service** Konsulatsdienst *m*.

con·su·late [ˈkɒnsjʊlət; *Am.* ˈkɑnsələt; -slət] *s* **1.** Konsuˈlat *n*. **2.** Konsuˈlat(gebäude) *n*. **~ gen·er·al** *pl* **-lates -al** *s* Geneˈralkonsuˌlat *n*.

con·sul gen·er·al *pl* **-suls -al** *s* Geneˈralkonsul *m*.

ˈcon·sul·ship *s* Amt *n* e-s Konsuls, Konsuˈlat *n*.

con·sult [kənˈsʌlt] **I** *v/t* **1.** um Rat fragen, zu Rate ziehen, konsulˈtieren (**about** wegen): **to ~ a doctor**; **to ~ one's watch** auf die Uhr schauen. **2.** nachschlagen *od.* -sehen in (*e-m Buch*): **to ~ a dictionary**; **to ~ an author** bei e-m Autor nachschlagen. **3.** berücksichtigen, in Erwägung ziehen, im Auge haben: **they ~ed his wishes. II** *v/i* **4.** (sich) beraten, beratschlagen (**about** über *acc*).

con·sult·ant [kənˈsʌltənt] *s* **1.** (fachmännischer) Berater, Gutachter *m*: **firm of ~s** Beraterfirma *f*. **2.** *med.* a) fachärztlicher Berater, hinˈzugezogener zweiter Arzt, b) Facharzt *m* (*an e-m Krankenhaus*). **3.** Ratsuchende(r *m*) *f*.

con·sul·ta·tion [ˌkɒnsəlˈteɪʃn; *Am.* ˌkɑn-] *s* Beratung *f*, Rücksprache *f*, Konsultatiˈon *f* (*a. med.*): **on ~ with** nach Rücksprache mit; **to be in ~ over** (*od.* **on**) sich beraten über (*acc*); **~ hour** Sprechstunde *f*; **~ mechanism** *pol.* Konsultationsmechanismus *m*.

con·sul·ta·tive [kənˈsʌltətɪv], **conˈsul·ta·to·ry** [-tətərɪ; -trɪ; *Am.* -ˌtəʊriː; -ˌtɔː-] *adj* beratend. **con·sul·tee** [ˌkɒnsʌlˈtiː; *Am.* ˌkɑn-] *s* fachlicher Berater.

con·sult·er [kənˈsʌltə(r)] *s* Ratsuchende(r *m*) *f*. **conˈsult·ing** *adj* **1.** beratend: **~ engineer** technischer (Betriebs)Berater; **~ fee** Beraterhonorar *n*; **~ firm** Beraterfirma *n*; **~ physician** beratender Arzt; **~ room** Sprechzimmer *n*. **2.** ratsuchend. **conˈsul·tive** → **consultative**.

con·sum·a·ble [kənˈsjuːməbl; *bes. Am.* -ˈsuːm-] **I** *adj* **1.** zerstörbar. **2.** verbrauchbar, Verbrauchs...: **~ goods. II** *s meist pl* **3.** Verbrauchsgut *n*.

con·sume [kənˈsjuːm; *bes. Am.* -ˈsuːm] **I** *v/t* **1.** zerstören, vernichten: **~d by fire** ein Raub der Flammen. **2.** *fig.* verzehren: **to be ~d with desire (hatred)** von Begierde (Haß) verzehrt werden. **3.** auf-, verzehren, (auf)essen, trinken. **4.** auf-, verbrauchen, konsuˈmieren: **this car ~s a lot of oil** dieser Wagen verbraucht viel Öl. **5.** verschwenden, vergeuden (**on** für). **6.** *Zeit* aufwenden, ˈhinbringen. **7.** *Aufmerksamkeit etc* in Anspruch nehmen. **II** *v/i* **8.** *a.* **~ away** sich abnutzen, sich verbrauchen, abnehmen, (daˈhin-) schwinden. **conˈsum·ed·ly** [-ɪdlɪ] *adv obs.* höchst.

con·sum·er [kənˈsjuːmə(r); *bes. Am.* -ˈsuː-] *s* **1.** Verzehrer(in). **2.** *econ.* Verbraucher(in), Konsuˈment(in): **~ behavio(u)r** Verbraucherverhalten *n*; **~ cooperative** Verbrauchergenossenschaft *f*; **~ credit** Verbraucher-, Kundenkredit *m*; **~ demand** Verbrauchernachfrage *f*; **~ durables** Gebrauchsgüter, langlebige Konsumgüter; **~ education** Verbrauchererziehung *f*; **~ goods** Konsumgüter; **~ industry** Verbrauchsgüterindustrie *f*; **~ market** Konsumgütermarkt *m*; **~ protection** Verbraucherschutz *m*; **~ research** Verbraucherbefragung *f*, -forschung *f*; **~ resistance** Kaufunlust *f*; **~ society** Konsumgesellschaft *f*. **conˈsum·er·ism** *s* **1.** Verbraucherschutzbewegung *f*. **2.** kritische Verbraucherhaltung. **conˈsum·ing** *adj* **1.** *fig.* verzehrend. **2.** *econ.* verbrauchend, Verbraucher...

con·sum·mate I *v/t* [ˌkɒnsəˈmeɪt; *Am.* ˌkɑn-] **1.** vollˈenden, -ˈbringen, -ˈziehen, zum Abschluß bringen. **2.** *die Ehe* vollˈziehen. **3.** vollˈkommen machen. **II** *adj* [kənˈsʌmɪt; *Am. a.* ˈkɑnsəmət] **4.** vollˈendet, vollˈkommen, vollständig: **~ actor** vollendeter *od.* meisterhafter Schauspieler; **~ cruelty** äußerste Grausamkeit; **~ fool** ausgemachter Narr; **~ skill** höchstes Geschick; **with ~ art** mit künstlerischer Vollendung.

con·sum·ma·tion [ˌkɒnsəˈmeɪʃn; *Am.* ˌkɑn-] *s* **1.** Vollˈendung *f*, Vollˈbringung *f*. **2.** (höchstes) Ziel, Ende *n*. **3.** *jur.* Vollˈziehung *f* (*der Ehe*). **ˈcon·sum·ma·tor** [-tə(r)] *s* Vollˈender *m*.

con·sump·tion [kənˈsʌmpʃn] *s* **1.** Verzehrung *f*. **2.** Zerstörung *f*. **3.** Verbrauch *m* (**of** an *dat*): **fuel ~** Brennstoffverbrauch. **4.** *econ.* Konˈsum *m*, Verbrauch *m*. **5.** Verzehr *m*: **(un)fit for human ~** für den menschlichen Verzehr (un)geeignet; **for public ~** *fig.* für die Öffentlichkeit bestimmt. **6.** *med. obs.* Schwindsucht *f*: **pulmonary ~** Lungenschwindsucht.

conˈsump·tive I *adj* (*adv* **~ly**) **1.** *fig.* verzehrend: **~ hatred. 2.** zerstörend, verheerend: **~ fire. 3.** verschwendend: **~ of time** zeitraubend. **4.** *econ.* Verbrauchs... **5.** *med. obs.* schwindsüchtig. **II** *s* **6.** *med. obs.* Schwindsüchtige(r *m*) *f*.

con·tact [ˈkɒntækt; *Am.* ˈkɑn-] **I** *s* **1.** a) Konˈtakt *m*, Berührung *f* (*a. math.*), b) *mil.* Feindberührung *f*: **to bring in(to) ~ with** in Berührung bringen mit. **2.** *fig.* Verbindung *f*, Fühlung *f*, Konˈtakt *m*: **to be in close ~ with s.o.** enge Fühlung mit j-m haben; **to make ~s** Verbindungen anknüpfen *od.* herstellen; **business ~s** Geschäftsverbindungen. **3.** *electr.* Konˈtakt *m*: a) Anschluß *m*, b) Konˈtakt-, Schaltstück *n*: **to make (break) ~** Kontakt herstellen, einschalten (unterbrechen, ausschalten). **4.** *med.* Konˈtaktperˌson *f*, ansteckungsverdächtige Perˈson. **5.** Verbindungs-, Konˈtaktmann *m* (*a. Geheimagent*), Gewährsmann *m*. **6.** *aer.* Bodensicht *f*. **II** *v/t* [*a.* kənˈtækt] **7.** in Berührung bringen (**with** mit). **8.** sich in Verbindung setzen mit, Konˈtakt aufnehmen mit, sich wenden an (*acc*): **to ~ s.o. by mail. 9.** Konˈtakt haben mit, berühren. **III** *v/i* [*a.* kənˈtækt] **10.** *bes. electr.* einˈander berühren, Konˈtakt haben.

con·tact| ac·id *s chem.* Konˈtaktsäure *f*. **~ break·er** *s electr.* (ˈStrom)Unterˌbrecher *m*, Ausschalter *m*. **~ brush** *s electr.* Konˈtaktbürste *f*. **~ e·lec·tric·i·ty** *s electr.* Konˈtakt-, Beˈrührungselektriziˌtät *f*. **~ flight** *s aer.* Flug *m* mit (ständiger) Boden- *od.* Seesicht, Sichtflug *m*. **~ fuse** *s mil.* Konˈtaktzünder *m*. **~ lens** *s* Haftglas *n*, -linse *f*, -schale *f*, Konˈtaktglas *n*, -linse *f*, -schale *f*. **~ mag·a·zine** *s* Zeitschrift *f* für Konˈtaktanzeigen. **~ mak·er** *s electr.* Konˈtaktgeber *m*, Einschalter *m*, Schaltstück *n*. **~ man** *s irr* → **contact** 5. **~ mine** *s mil.* Konˈtakt-, Tretmine *f*.

con·tac·tor [ˈkɒntæktə(r); *Am.* ˈkɑn-; *Br. u. Am. a.* kənˈt-] *s electr.* (Schalt)Schütz *n*: **~ control** Schützensteuerung *f*; **~ controller** Schalt-, Steuerwalze *f*.

con·tact| pa·per *s phot.* ˈGaslichtpaˌpier *n*. **~ print** *s phot.* Konˈtaktabzug *m*. **~ rail** *s electr.* Konˈtaktschiene *f*.

con·ta·gi·a [kənˈteɪdʒɪə; -dʒə] *pl von* **contagium**.

con·ta·gion [kənˈteɪdʒən] *s* **1.** *med.* a) Ansteckung *f* (*durch Berührung*), b) ansteckende Krankheit, c) Ansteckungsstoff *m*. **2.** *fig.* Verseuchung *f*, Vergiftung *f*, verderblicher Einfluß: **a ~ of fear swept through the crowd** unter der Menge machte sich Furcht breit. **3.** *fig.* a) Überˈtragung *f* (*e-r Idee etc*), b) (*das*) Ansteckende: **the ~ of enthusiasm. 4.** *poet.* Gift *n*.

con·ta·gious [kənˈteɪdʒəs] *adj* (*adv* **~ly**) **1.** *med.* diˈrekt überˈtragbar, ansteckend: **~ disease. 2.** infiˈziert: **~ matter** Krankheitsstoff *m*. **3.** *fig.* ansteckend: **laughing is ~** Lachen steckt an. **4.** *obs.* verderblich, schädlich. **conˈta·gi·um** [-dʒɪəm; -dʒəm] *pl* **-gi·a** [-ə] *s med.* Konˈtagium *n*, Ansteckungsstoff *m*.

con·tain [kənˈteɪn] *v/t* **1.** enthalten: **to be ~ed in** enthalten sein in (*dat*). **2.** aufnehmen, fassen: **each bottle ~s the same quantity. 3.** umˈfassen, einschließen. **4.** *fig. Gefühle etc* zügeln, im Zaume halten, zuˈrückhalten: **to ~ one's rage** s-n Zorn bändigen; **he could hardly ~ his laughter** er konnte das Lachen kaum unterdrücken. **5. ~ o.s.** (an) sich halten, sich beherrschen. **6.** *math.* enthalten, teilbar sein durch: **twenty ~s five four times** 5 ist in 20 viermal enthalten. **7.** enthalten, messen: **one yard ~s three feet. 8.** *mil. Feindkräfte* binden, fesseln: **~ing action** Fesselungsangriff *m*. **9.** *pol.* in Schach halten, eindämmen.

conˈtain·er *s* **1.** Behälter *m*, (Benˈzin- *etc*)Kaˌnister *m*. **2.** *econ.* Conˈtainer *m*, (genormter) Großbehälter. **conˈtain·er·ize** *v/t* **1.** auf Conˈtainerbetrieb ˈumstellen. **2.** in Conˈtainern transporˈtieren.

con·tain·er| port *s* Conˈtainerhafen *m*. **~ ship** *s* Conˈtainerschiff *n*.

conˈtain·ment *s pol.* Eindämmung *f*, In-ˈSchach-Halten *n*: **policy of ~** Eindämmungspolitik *f*.

con·tam·i·nant [kənˈtæmɪnənt] *s Atomphysik*: Verseuchungsstoff *m*.

con·tam·i·nate [kənˈtæmɪneɪt] *v/t* **1.** verunreinigen. **2.** infiˈzieren, vergiften (*beide a. fig.*), (*a.* radioakˈtiv) verseuchen. **conˌtam·iˈna·tion** *s* **1.** Verunreinigung *f*. **2.** *mil.* a) Vergiftung *f* (*mit Kampfstoff*), b) Verseuchung *f* (*mit biologischen Kampfmitteln*). **3.** (radioakˈtive) Verseuchung: **~ meter** Geigerzähler *m*. **4.** *ling.* Kontaminatiˈon *f* (*von Wörtern, Texten etc*).

con·tan·go [kənˈtæŋgəʊ] *econ.* (*Londoner Börse*) **I** *pl* **-gos, -goes** *s* Reˈport *m* (*Kurszuschlag beim Prolongationsgeschäft*). **II** *v/i* Reˈportgeschäfte abschließen.

con·temn [kənˈtem] *v/t poet.* verachten. **conˈtem·nor** [-ə(r); -nə(r)] *s jur.* wegen ˈMißachtung des Gerichts verurteilte Perˈson.

con·tem·plate [ˈkɒntempleɪt; -təm-; *Am.* ˈkɑn-] **I** *v/t* **1.** (nachdenklich) betrachten. **2.** nachdenken *od.* (nach)sinnen über (*acc*). **3.** erwägen, ins Auge fassen, vorhaben, beabsichtigen (**doing** zu tun): **to ~ suicide** sich mit Selbstmordgedanken tragen. **4.** erwarten, rechnen mit. **5.** (*geistig*) betrachten, sich befassen mit. **II** *v/i* **6.** nachdenken, (nach)sinnen.

con·tem·pla·tion [ˌkɒntemˈpleɪʃn; -təm-; *Am.* ˌkɑn-] *s* **1.** (nachdenkliche) Betrachtung. **2.** Nachdenken *n*, -sinnen *n*. **3.** *bes. relig.* Kontemplatiˈon *f*, Versunkenheit *f*. **4.** Erwägung *f* (*e-s Vorhabens*): **to be in ~** erwogen *od.* geplant werden; **to have in ~** → **contemplate** 3. **5.** Absicht *f*.

con·tem·pla·tive [ˈkɒntempleɪtɪv; -təm-; *Am.* ˈkɑn-; *Br. u. Am. a.* kənˈtempla-] **I** *adj* (*adv* **~ly**) **1.** nachdenklich. **2.** *bes. relig.* kontemplaˈtiv, beschaulich. **II** *s* **3.** *bes. relig.* kontemplaˈtiver Mensch. **con·tem·pla·tive·ness** *s* Nachdenklichkeit *f*. **ˈcon·tem·pla·tor** [-tə(r)] *s* **1.** nachdenklicher Mensch. **2.** Betrachter *m*.

con·tem·po·ra·ne·i·ty [kənˌtempərəˈniːətɪ; -ˈneɪ-; -prəˈn-] *s* Gleichzeitigkeit *f*. **conˌtem·poˈra·ne·ous** [-pəˈreɪnjəs; -nɪəs] *adj* (*adv* **~ly**) gleichzeitig: **to be ~ with** zeitlich zs.-fallen mit; **~ performance** *jur.* Erfüllung *f* Zug um Zug. **conˌtem·poˈra·ne·ous·ness** *s* Gleichzeitigkeit *f*.

con·tem·po·rar·y [kənˈtempərərɪ; -prərɪ; *Am.* -pəˌreriː] **I** *adj* **1.** zeitgenössisch: a) heutig, unserer Zeit, b) der damaligen Zeit. **2.** → **contemporaneous. 3.** gleichalt(e)rig. **II** *s* **4.** Zeitgenosse *m*, -genossin *f*. **5.** Altersgenosse *m*, -genossin *f*. **6.** gleichzeitig erscheinende Zeitung, Konkur'renzblatt *n.* **con'tem·po·rize** *v/i u. v/t* zeitlich zs.-fallen (lassen) (with mit).

con·tempt [kən'tempt; -'temt] *s* **1.** Verachtung *f*, Geringschätzung *f*: **~ of death** Todesverachtung; **to feel ~ for s.o., to hold s.o. in ~** j-n verachten (→ 4); **to bring into ~** verächtlich machen, der Verachtung preisgeben; **beneath ~** unter aller Kritik; **his accusations were beneath ~** s-e Anschuldigungen waren absolut lächerlich. **2.** Schande *f*, Schmach *f*: **to fall into ~** in Schande geraten. **3.** 'Mißachtung *f* (*e-r Vorschrift etc*). **4.** *jur. a.* **~ of court** 'Mißachtung *f* des Gerichts (*Nichtbefolgung von Gerichtsbefehlen, vorsätzliches Nichterscheinen od. Ungebühr vor Gericht, unberechtigte Aussageverweigerung als Zeuge, Eingriff in ein schwebendes Verfahren durch die Presse etc*): **to hold s.o. in ~** j-n wegen Mißachtung des Gerichts verurteilen. **con,tempt·i'bil·i·ty** *s* **1.** Verächtlichkeit *f*, Nichtswürdigkeit *f*. **2.** Gemeinheit *f*. **con'tempt·i·ble** *adj* (*adv* **contemptibly**) **1.** verächtlich, verachtenswert, nichtswürdig. **2.** gemein, niederträchtig. **con'temp·tu·ous** [-tjʊəs; *Am.* -tʃəwəs; -tʃəs] *adj* (*adv* **~ly**) verächtlich, verachtungsvoll, geringschätzig: **to be ~ of s.th.** etwas verachten. **con'temp·tu·ous·ness** *s* Verächtlichkeit *f*, Geringschätzigkeit *f*.

con·tend [kən'tend] **I** *v/i* **1.** kämpfen, ringen (**with** mit; **for** um): **to ~ with many difficulties** mit vielen Schwierigkeiten (zu) kämpfen (haben). **2.** a) (*mit Worten*) streiten, dispu'tieren (**about** über *acc*), b) sich einsetzen (**for** für). **3.** wetteifern, sich bewerben (**for** um). **II** *v/t* **4.** *a. jur.* behaupten, die Behauptung aufstellen (**that** daß). **con'tend·er** *s* **1.** Kämpfer(in). **2.** Bewerber(in) (**for** um), Konkur'rent(in). **con'tend·ing** *adj* **1.** streitend, kämpfend. **2.** konkur'rierend. **3.** wider'streitend: **~ claims.**

con·tent[1] ['kɒntent; *Am.* 'kɑn-] *s* **1.** (Raum)Inhalt *m*, Fassungsvermögen *n*, Vo'lumen *n*. **2.** *meist pl* (*stofflicher*) Inhalt: **the ~s of my pockets.** **3.** *pl* Inhalt *m* (*e-s Buches etc*): **table of ~s** Inhaltsverzeichnis *n*. **4.** *chem. etc* Gehalt *m* (**of an** *dat*): **~ of moisture** Feuchtigkeitsgehalt; **gold ~** Goldgehalt. **5.** *fig.* (*geistiger*) Gehalt, Inhalt *m*, Sub'stanz *f*. **6.** Wesen *n*. **7.** *fig.* Ma'terie *f*, Stoff *m*.

con·tent[2] [kən'tent] **I** *pred adj* **1.** zu'frieden (**with** mit). **2.** bereit, willens (**to do s.th.** etwas zu tun). **3.** *parl.* (*im brit. Oberhaus*) einverstanden: **to declare o.s. (not) ~** mit Ja (Nein) stimmen. **II** *v/t* **4.** befriedigen, zu'friedenstellen. **5. ~ o.s.** zu'frieden sein, sich zufrieden geben *od.* begnügen (**with** mit): **to ~ o.s. with doing s.th.** sich damit zufrieden geben, etwas zu tun. **III** *s* **6.** Zu'friedenheit *f*, Befriedigung *f*: → **heart** *Bes. Redew.* **7.** *parl.* (*im brit. Oberhaus*) Ja-Stimme *f*. **con'tent·ed** *adj* (*adv* **~ly**) zu'frieden (**with** mit). **con'tent·ed·ness** *s* Zu'friedenheit *f*.

con·ten·tion [kən'tenʃn] *s* **1.** Streit *m*, Zank *m*, Hader *m*: **bone of ~** *fig.* Zankapfel *m*. **2.** Wettstreit *m*. **3.** (Wort-, Meinungs)Streit *m*, Kontro'verse *f*, Dis'put *m*. **4.** Argu'ment *n*, Behauptung *f*: **my ~ is that** ich behaupte, daß. **5.** Streitpunkt *m*. **con'ten·tious** *adj* (*adv* **~ly**) **1.** streitsüchtig, zänkisch. **2.** um'stritten, *a. jur.* streitig, strittig: **~ point** Streitpunkt *m*; **~ jurisdiction** streitige (*Ggs. freiwillige*) Gerichtsbarkeit. **con'ten·tious·ness** *s* Streitsucht *f*.

con·tent·ment [kən'tentmənt] *s* Zu'friedenheit *f*.

con·ter·mi·nal [kən'tɜːmɪnl; *Am.* kən'tɜrmnəl; -mənl], **con·'ter·mi·nous** *adj* **1.** (an)grenzend, anstoßend (**with, to** an *acc*): **to be ~** e-e gemeinsame Grenze haben. **2.** zeitlich zs.-fallend. **3.** sich deckend.

con·test I *s* ['kɒntest; *Am.* 'kɑn-] **1.** (*Br. a.* Wahl)Kampf *m*, Streit *m*. **2.** Wettstreit *m*, *a. sport etc* Wettkampf *m*, -bewerb *m* (**for** um). **3.** Wortwechsel *m*, -streit *m*. **4.** Dis'put *m*, Kontro'verse *f*, Ausein'andersetzung *f*. **II** *v/t* [kən'test; *Am. a.* 'kɑn-] **5.** kämpfen um, streiten um. **6.** wetteifern um, sich bewerben um, kandi'dieren für: **to ~ a seat in Parliament; to ~ an election** *pol.* für e-e Wahl kandidieren. **7.** bestreiten, *a. jur. e-e Aussage, ein Testament etc* anfechten: **to ~ an election** *pol.* ein Wahlergebnis *od.* e-e Wahl anfechten. **III** *v/i* **8.** wetteifern (**with, against** mit). **con'test·a·ble** *adj* (*adv* **contestably**) anfechtbar. **con'test·ant** *s* **1.** Wettkämpfer(in), (Wettkampf)Teilnehmer(in). **2.** *jur.* a) streitende Par'tei, b) Anfechter(in) (*a. pol. e-r Wahl*). **3.** (Wett-, Mit)Bewerber(in), Kandi'dat(in). **con·tes·ta·tion** [ˌkɒntəs'teɪʃn; *Am.* ˌkɑn-] *s* **1.** → **contest** I, 4: **in ~** umstritten, strittig. **2.** Streitpunkt *m*. **con'test·ed** *adj* **1.** um'stritten: **a ~ decision.** **2.** Streit...: **~ case; ~ point** strittiger Punkt, Streitfrage *f*.

con·text ['kɒntekst; *Am.* 'kɑn-] *s* **1.** Zs.-hang *m*, Kontext *m* (*e-r Schriftstelle etc*): **to take words from their ~** Worte aus ihrem Zs.-hang reißen; **in this ~** in diesem Zs.-hang; **out of ~** aus dem Zs.-hang gerissen. **2.** Um'gebung *f*, Mili'eu *n*.

con·tex·tu·al [kɒn'tekstjʊəl; -tʃʊəl; *Am.* kən'tekstʃəwəl; -tʃəl] *adj* (*adv* **~ly**) **1.** dem Zs.-hang entsprechend. **2.** aus dem Zs.-hang *od.* Kontext ersichtlich. **con'tex·ture** [-tʃə(r)] *s* **1.** Verwebung *f*, -knüpfung *f*. **2.** Gewebe *n*. **3.** Struk'tur *f*.

con·ti·gu·i·ty [ˌkɒntɪ'gjuːətɪ; *Am.* ˌkɑn-] *s* **1.** Anein'andergrenzen *n*. **2.** (**to**) Angrenzen *n* (an *acc*), Berührung *f* (mit). **3.** Nähe *f*, Nachbarschaft *f*. **4.** (zs.-hängende) Masse, Reihe *f*. **con·tig·u·ous** [kən'tɪgjʊəs; *Am.* -jəwəs] *adj* (*adv* **~ly**) **1.** (**to**) angrenzend, anstoßend (an *acc*), berührend (*acc*). **2.** (**to**) nahe (*dat od.* an *dat*), benachbart (*dat*). **3.** *math.* anliegend: **~ angles.**

con·ti·nence ['kɒntɪnəns; *Am.* 'kɑntnəns], **'con·ti·nen·cy** *s* **1.** (*bes. sexuelle*) Enthaltsamkeit, Mäßigkeit *f*. **2.** *med.* Konti'nenz *f* (*Fähigkeit, Harn od. Stuhl zurückzuhalten*): **~ of the f(a)eces, f(a)ecal** (*od.* **rectal**) **~** Stuhlkontinenz; **urinary ~** Blasen-, Harnkontinenz.

con·ti·nent ['kɒntɪnənt; *Am.* 'kɑntnənt] **I** *s* **1.** Kontinent *m*, Erdteil *m*: **on the ~ of Australia** auf dem australischen Kontinent. **2.** Festland *n*: **the C~** a) *Br.* das (europäische) Festland, b) *hist.* der Kontinent (*die nordamer. Kolonien während des Unabhängigkeitskrieges*). **II** *adj* (*adv* **~ly**) **3.** (*bes. sexuell*) enthaltsam, mäßig. **4.** *obs.* einschränkend.

con·ti·nen·tal [ˌkɒntɪ'nentl; *Am.* ˌkɑntn'entl] **I** *adj* **1.** *geogr.* kontinen'tal, Kontinental..., Festland...: **~ climate.** **2.** *meist* **C~** *Br.* kontinen'tal(-euroˌpäisch), *weitS.* ausländisch: **~ breakfast** kleines Frühstück; **~ quilt** Federbett *n*; **~ tour** Europareise *f*; **C~ system** *hist.* Kontinentalsystem *n*, -sperre *f* (*Napoleons I.*). **3. C~** *hist.* (*während des Unabhängigkeitskrieges*) kontinen'tal (*die nordamer. Kolonien betreffend*): **C~ Congress** Kontinentalkongreß *m* (*1774–83*). **II** *s* **4.** Festländer(in), Bewohner(in) e-s Kontinents. **5. C~** *Br.* Bewohner(in) des euro'päischen Festlands. **6.** *hist.* a) **C~** Sol'dat *m* der nordamer. Kontinen'talarˌmee (*1776 bis 1783*), b) *Banknote während des Unabhängigkeitskriegs*: **not worth a ~** *Am. sl.* keinen Pfifferling wert.

ˌcon·ti'nen·tal·ism *s* Kontinenta'lismus *m*, charakte'ristischer Zug der Festlandbewohner. **ˌcon·ti'nen·tal·ize** *v/t* kontinen'tal machen, (*dat*) kontinentalen Cha'rakter geben: **~d,** *meist* **C~d** *Br.* ‚europäisiert'.

con·tin·gence [kən'tɪndʒəns] *s* **1.** Berührung *f*, Kon'takt *m*: **angle of ~** *math.* Berührungswinkel *m*. **2.** *selten für* **contingency.** **con'tin·gen·cy** *s* **1.** Zufälligkeit *f*, Abhängigkeit *f* vom Zufall. **2.** Möglichkeit *f*, Eventuali'tät *f*, mögliches *od.* zufälliges *od.* 'unvorˌhergesehenes Ereignis. **3.** *jur.* Bedingung *f* (*als Rechtskraft auslösendes Ereignis*): **(not) happening of the ~** (Ausfall *m*) Eintritt *m* der Bedingung. **4.** *pl econ.* 'unvorˌhergesehene Ausgaben *pl*: **~ reserve** Delkredererückstellung *f*. **5.** Neben-, Folgeerscheinung *f*. **con'tin·gent I** *adj* (*adv* **~ly**) **1.** (**on, upon**) abhängig (von), bedingt (durch): **to be ~ (up)on** abhängen von; **~ claim** (*od.* **right**) *jur.* bedingter Anspruch. **2.** möglich, eventu'ell, Eventual..., ungewiß: **~ fee** *Am.* Erfolgshonorar *n*; **~ liability** *econ.* Eventualverbindlichkeit *f*. **3.** zufallsbedingt, zufällig. **4.** *philos.* kontin'gent (*nicht notwendig, unwesentlich*). **II** *s* **5.** Kontin'gent *n*, Anteil *m*, Beitrag *m*, (Beteiligungs)Quote *f*. **6.** *mil.* ('Truppen)Kontinˌgent *n*. **7.** Zufall *m*, zufälliges Ereignis.

con·tin·u·a [kən'tɪnjʊə; *Am.* -jəwə] *pl von* **continuum.**

con·tin·u·a·ble [kən'tɪnjʊəbl; *Am.* -jəwəbəl] *adj* fortsetzbar. **con'tin·u·al** *adj* **1.** fortwährend, 'ununterˌbrochen, (an)dauernd, unaufhörlich, anhaltend, (be)ständig. **2.** immer 'wiederkehrend, sich wieder'holend: **a ~ knocking** ein wiederholtes Klopfen. **3.** *math.* kontinu'ierlich, stetig: **~ proportion.** **con'tin·u·al·ly** *adv* **1.** fortwährend (*etc*; → **continual** 1). **2.** immer wieder.

con·tin·u·ance [kən'tɪnjʊəns; *Am.* -jəwəns] *s* **1.** → **continuation** 1, 2. **2.** Beständigkeit *f*. **3.** stetige Folge *od.* Wieder'holung. **4.** (Ver)Bleiben *n*: **~ in office.** **5.** *jur. Am.* Vertagung *f*. **con'tin·u·ant** *s* **1.** *ling.* Dauerlaut *m*. **2.** *math.* Kontinu'ante *f*.

con·tin·u·a·tion [kənˌtɪnjʊ'eɪʃn; *Am.* -jə'w-] *s* **1.** Fortsetzung *f* (*a. e-s Romans etc*), Weiterführung *f*. **2** Fortbestand *m*, -dauer *f*. **3.** Verlängerung(sstück *n*) *f*. **4.** Erweiterung *f*. **5.** *Br. für* **contango** I: **~ bill** Prolongationswechsel *m*. **~ school** *s* Fortbildungsschule *f*. **~ train·ing** *s* berufliche Fortbildung.

con·tin·ue [kən'tɪnjuː] **I** *v/i* **1.** fortfahren, weitermachen: **~!** *mil.* Weitermachen!; **to ~** (*Redew.*) sodann, um fortzufahren. **2.** an-, fortdauern, weitergehen, anhalten: **the rain ~d** der Regen hielt an. **3.** (fort-)dauern, (fort)bestehen, von Dauer *od.* Bestand sein. **4.** (ver)bleiben: **to ~ in a place** an e-m Ort bleiben; **to ~ in office** im Amt bleiben. **5.** be-, verharren (**in** in *dat*, bei). **6.** a) **~ to do, ~ doing** (auch) weiterhin tun: **to ~ to sing** weitersingen; **to ~ to be manufactured** weiterhin hergestellt werden; **the boat ~d downstream** das Boot fuhr weiter den Fluß hinab, b) **~ to be, ~ being** weiterhin *od.* immer noch ... sein, bleiben: **to ~ (to be) unconscious** weiterhin *od.* immer noch bewußtlos sein. **II** *v/t* **7.** fortsetzen, -führen, fortfahren mit: **to ~ a story; to ~ talking** weitersprechen; **to be ~d** Fortsetzung folgt. **8.** *econ.* (*Londoner Börse*) in Re'port nehmen. **9.** beibehalten, erhalten, (*in e-m Zustand etc*) belassen: **to ~ judges in their posts** Richter auf ihrem Posten belassen. **10.** *Beziehungen etc* aufrechterhalten. **11.** *jur. Am.* vertagen.

conˈtin·ued *adj* **1.** anhaltend, fortgesetzt, -laufend, stetig, unaufhörlich, kontinuˈierlich: **~ existence** Fortbestand *m*; **~ use** Weiterbenutzung *f*; **~ validity** Fortdauer *f* der Gültigkeit. **2.** in Fortsetzungen erscheinend (*Roman etc*). **~ bass** [beɪs] *s mus.* Geneˈralbaß *m.* **~ frac·tion** *s math.* kontinuˈierlicher Bruch, Kettenbruch *m.* **~ pro·por·tion** *s math.* fortlaufende, stetige Proportiˈon. **~ quan·ti·ty** *s math.* stetige Größe.

con·ti·nu·i·ty [ˌkɒntɪˈnjuːətɪ; *Am.* ˌkɑntnˈuːətɪ; -ˈjuː-] *s* **1.** Kontinuiˈtät *f*, Stetigkeit *f*, ˈununterˌbrochenes Fortdauern *od.* -bestehen. **2.** ˈununterˌbrochener Zs.-hang. **3.** zs.-hängendes Ganzes, kontinuˈierliche Reihe *od.* Folge, *a.* roter Faden (*e-r Erzählung etc*). **4.** (*Film-*) Drehbuch *n*, (*Rundfunk-, Fernseh*)Manuˈskript *n*: **~ writer** a) Drehbuchautor *m*, b) Textschreiber *m*; **~ girl** Scriptgirl *n.* **5.** *Rundfunk*: Zwischenansage *f*, verbindender Text. **6.** → **continuum** 2.

con·tin·u·o [kənˈtɪnjʊəʊ; -nʊəʊ; *Am.* -nəwəʊ; -njəwəʊ] *pl* **-os** *s mus.* Geneˈralbaß *m.*

con·tin·u·ous [kənˈtɪnjʊəs; *Am.* -jəwəs] *adj* (*adv* **~ly**) **1.** ˈununterˌbrochen, (fort-, an)dauernd, (fort)laufend, fortwährend, (be)ständig, stetig, unaufhörlich. **2.** *a. math. phys. tech.* kontinuˈierlich: **~ motion, ~ operation** Dauerbetrieb *m*, kontinuierliche Arbeitsweise. **3.** zs.-hängend, ˈununterˌbrochen: **a ~ line. 4.** *ling.* progresˈsiv: **~ form** Verlaufsform *f.* **~ cre·a·tion** *s* fortdauernde Schöpfung. **~ cur·rent** *s electr.* Gleichstrom *m.* **~ dash** *s tel.* Dauerstrich *m.* **~ fire** *s mil.* Dauerfeuer *n.*

conˈtin·u·ous-flow pro·duc·tion *s tech.* ˈHerstellung *f* nach dem ˈFließprinˌzip.

con·tin·u·ous| func·tion *s math.* kontinuˈierliche Funktiˈon. **~ in·dus·try** *s econ.* Induˈstrie, die sämtliche Arbeitsphasen (*vom Rohprodukt bis zur Fertigware*) ˈdurchführt. **~ mill** *s metall.* kontinuˈierliches Walzwerk. **~ per·form·ance** *s Kino, Varieté etc*: ˈdurchgehende Vorstellung. **~ spec·trum** *s irr phys.* kontinuˈierliches Spektrum. **~ wave** *s phys.* ungedämpfte Welle.

con·tin·u·um [kənˈtɪnjʊəm; *Am.* -jəwəm] *pl* **-u·a** [-jʊə; *Am.* -jəwə], **-u·ums** *s* **1.** → **continuity** 3. **2.** *math.* Konˈtinuum *n*, kontinuˈierliche Größe. **3.** ˈununterˌbrochener Zs.-hang.

con·to [ˈkɒntəʊ; *Am*; ˈkɑn-] *pl* **-tos** *s* Conto de ˈReis *n* (*Rechnungsmünze*): a) *in Brasilien*: *1000 Cruzeiros*, b) *in Portugal*: *1000 Escudos*.

con·tort [kənˈtɔː(r)t] **I** *v/t* **1.** *Glieder* verdrehen, verrenken. **2.** *das Gesicht* verzerren, verziehen. **3.** *fig. Tatsachen etc* verdrehen. **II** *v/i* **4.** sich verzerren *od.* verziehen (**with** vor *dat*; **in a grimace** zu e-r Griˈmasse). **conˈtort·ed** *adj* **1.** verdreht, verrenkt. **2.** verzerrt: **~ with pain** schmerzverzerrt. **3.** *bot.* gedreht: **~ leaves in the bud. 4.** *fig.* verdreht. **conˈtor·tion** *s* **1.** Verrenkung *f*: **mental ~s** geistige Verrenkungen. **2.** Verzerrung *f.* **3.** *fig.* Verdrehung *f.* **conˈtor·tion·ist** *s* **1.** Schlangenmensch *m.* **2.** *a.* **verbal ~** *fig.* Wortverdreher(in).

con·tour [ˈkɒnˌtʊə(r); *Am.* ˈkɑn-] **I** *s* **1.** Konˈtur *f*, ˈUmriß *m.* **2.** ˈUmrißlinie *f.* **3.** *math.* geschlossene Kurve. **4.** → **contour line. II** *v/t* **5.** kontuˈrieren, die Konˈturen zeichnen *od.* andeuten von (*a. fig.*). **6.** *e-e Straße etc* der Landschaft anpassen. **~ chair** *s* körpergerecht geformter Stuhl *od.* Sessel. **~ chas·ing** *s aer. mil.* Terˈrainfolge-, Konˈturenflug *m.* **~ farm·ing** *s agr.* Anbau *m* längs der Höhenlinien (*zur Verhütung der Bodenerosion*). **~ feath·er** *s orn.* Konˈturfeder *f.* **~ line** *s Kartographie*: Höhenlinie *f.* **~ map** *s geogr.* Höhenlinienkarte *f.* **~ plough·ing,** *bes. Am.* **~ plow·ing** *s agr.* Konˈturpflügen *n*, Pflügen *n* längs der Höhenlinien.

con·tra [ˈkɒntrə; *Am.* ˈkɑn-] **I** *prep* **1.** gegen, wider, kontra (*acc*): **~ bonos mores** *jur.* sittenwidrig, unsittlich (*Vertrag etc*). **II** *adv* **2.** daˈgegen, kontra. **III** *s* **3.** Gegen *n*, Wider *n.* **4.** *econ.* Kreditseite *f*: **(as) per ~** als Gegenleistung *od.* -rechnung; **~ account** Gegenrechnung *f*, -konto *n.*

con·tra·band [ˈkɒntrəbænd; *Am.* ˈkɑn-] **I** *s* **1.** *econ.* unter Ein- *od.* Ausfuhrverbot stehende Ware. **2.** Konterbande *f*: a) Schmuggel-, Bannware *f*, b) *a.* **~ of war** Kriegskonterbande *f.* **3.** Schmuggel *m*, Schleichhandel *m.* **II** *adj* **4.** *econ.* unter Ein- *od.* Ausfuhrverbot stehend: **~ goods. 5.** Schmuggel..., ˈilleˌgal: **~ trade** → 3. **ˈcon·tra·band·ist** *s* Schmuggler(in).

con·tra·bass [ˌkɒntrəˈbeɪs; ˈ-beɪs; *Am.* ˈkɑntrəˌbeɪs] *mus.* **I** *s* Kontrabaß *m*, Baßgeige *f.* **II** *adj* Kontrabaß..., sehr tief. **con·tra·bass·ist** *s mus.* ˈKontrabasˌsist *m*, Baßgeiger *m.*

con·tra·bas·soon [ˌkɒntrəbəˈsuːn; *Am.* ˌkɑn-] *s mus.* ˈKontrafaˌgott *n.*

con·tra·cep·tion [ˌkɒntrəˈsepʃn; *Am.* ˌkɑn-] *s med.* Empfängnisverhütung *f.* **ˌcon·traˈcep·tive** *adj u. s med.* empfängnisverhütend(es Mittel).

ˌcon·traˈclock·wise *Am.* → **anticlockwise.**

con·tract I *s* [ˈkɒntrækt; *Am.* ˈkɑn-] **1.** a) *jur.* Vertrag *m*, Konˈtrakt *m*: **~ of employment** Arbeitsvertrag; **~ of sale** Kaufvertrag; **to enter into** (*od.* **make**) **a ~** e-n Vertrag schließen; **by ~** vertraglich; **to be under ~** unter Vertrag stehen (**with, to** bei); **to be under ~ to s.o.** j-m vertraglich verpflichtet sein, b) *a.* **~ to kill** Mordauftrag *m*: **~ killer** professioneller Killer. **2.** *jur.* Vertragsurkunde *f.* **3.** a) Ehevertrag *m*, b) Verlöbnis *n.* **4.** *econ.* a) (Liefer-, Werk)Vertrag *m*, (fester) Auftrag: **~ for services** Dienstvertrag; **under ~** in Auftrag gegeben, b) *Am.* Akˈkord *m*: **to give out work by the ~** Arbeit im Akkord vergeben. **5.** *Kartenspiel*: a) *a.* **~ bridge** Konˈtrakt-Bridge *n*, b) höchstes Gebot.

II *v/t* [kənˈtrækt] **6.** zs.-ziehen: **to ~ a muscle; to ~ one's eyebrows; to ~ one's forehead** die Stirn runzeln. **7.** *ling.* zs.-ziehen, verkürzen. **8.** einschränken, verringern, verkleinern. **9.** *e-e Gewohnheit* annehmen: **to ~ a habit. 10.** sich (*e-e Krankheit*) zuziehen: **to ~ a disease. 11.** *Schulden* machen: **to ~ debts. 12.** *e-e Verpflichtung* eingehen: **to ~ a liability. 13.** [*Am.* ˈkɑnˌtrækt] *e-n Vertrag, e-e Ehe etc* schließen. **14.** *Freundschaft* schließen, *e-e Bekanntschaft* machen.

III *v/i* **15.** sich zs.-ziehen, (ein)schrumpfen. **16.** sich verkleinern, kleiner werden. **17.** [*Am.* ˈkɑnˌtrækt] *jur.* kontraˈhieren, e-n Vertrag schließen *od.* eingehen: **capable to ~** geschäftsfähig. **18.** a) sich vertraglich verpflichten (**to do s.th.** etwas zu tun; **for s.th.** zu etwas), b) (**for s.th.**) sich (etwas) ausbedingen: **the fee ~ed for** das vertraglich festgesetzte Honorar.

Verbindungen mit Adverbien:

con·tract| in *v/i pol. Br.* sich (*schriftlich*) zur Bezahlung des Parˈteibeitrages für die Labour Party verpflichten. **~ out I** *v/i* **1.** sich (*vertraglich*) befreien (**of** von). **2.** *colloq.* ‚aussteigen' (**of** aus). **II** *v/t* **3.** *Arbeit* im Akˈkord vergeben.

con·tract·ed [kənˈtræktɪd] *adj* **1.** zs.-gezogen, (ein)geschrumpft. **2.** verkürzt. **3.** gerunzelt (*Stirn etc*). **4.** *fig.* engherzig, beschränkt. **conˌtract·iˈbil·i·ty** *s* Zs.-ziehbarkeit *f.* **conˈtract·i·ble** *adj* zs.-ziehbar. **conˈtrac·tile** [-taɪl; *Am. bes.* -tl] *adj bes. biol.* zs.-ziehbar, kontrakˈtil. **con·trac·til·i·ty** [ˌkɒntrækˈtɪlətɪ; *Am.* ˌkɑn-] *s bes. biol.* Zs.-ziehungsvermögen *n*, Kontraktiliˈtät *f.* **con·tract·ing** [kənˈtræktɪŋ] *adj* **1.** (sich) zs.-ziehend. **2.** [*Am.* ˈkɑnˌtr-] vertragschließend, Vertrags...: **the ~ parties; ~-out clause** (*Völkerrecht*) Freizeichnungsklausel *f.*

con·trac·tion [kənˈtrækʃn] *s* **1.** Kontraktiˈon *f*, Zs.-ziehung *f.* **2.** *ling.* Zs.-ziehung *f*, Verkürzung *f* (*Wort*), Kurzwort *n.* **3.** *med.* a) Zuziehung *f*: **~ of a disease,** b) Kontrakˈtur *f* (*dauernde Verkürzung*), c) Wehe *f.* **4.** *econ.* Kontraktiˈon *f* (*Einschränkung des Notenumlaufs*). **conˈtrac·tive** [-tɪv] *adj* zs.-ziehend.

con·tract note *s econ. Br.* (*Börse*) (*von e-m* **broker** *ausgestellter*) Schlußschein.

con·trac·tor [kənˈtræktə(r)] *s* **1.** [*Am.* ˈkɑnˌtræktər] *econ.* a) Kontraˈhent(in), Vertragschließende(r *m*) *f*, b) Unterˈnehmer *m* (*gemäß e-m Werk- od. Dienstvertrag*): (**building**) **~** Bauunternehmer, c) (Verˈtrags)Lieferant *m.* **2.** *anat.* Schließmuskel *m.*

con·trac·tu·al [kənˈtræktʃʊəl; -tjʊəl; *Am.* -tʃəwəl; -tʃəl] *adj* (*adv* **~ly**) vertraglich, vertragsmäßig, Vertrags...: **~ agreement** (*od.* **arrangement**) vertragliche Vereinbarung; **~ capacity** Geschäftsfähigkeit *f*; **to have ~ capacity** geschäftsfähig sein.

con·trac·ture [kənˈtræktʃə(r)] *s med.* Kontrakˈtur *f* (*dauernde Verkürzung*).

con·tra·dict [ˌkɒntrəˈdɪkt; *Am.* ˌkɑn-] **I** *v/t* **1.** *j-m, e-r Sache* widerˈsprechen, *etwas* bestreiten. **2.** widerˈsprechen (*dat*), im ˈWiderspruch stehen zu, unvereinbar sein mit: **his actions ~ his principles. II** *v/i* **3.** widerˈsprechen. **ˌcon·traˈdic·tion** *s* **1.** ˈWiderspruch *m*, -rede *f*: **spirit of ~** Widerspruchsgeist *m.* **2.** Bestreitung *f* (*e-r Behauptung etc*). **3.** ˈWiderspruch *m*, Unvereinbarkeit *f*: **to be in ~ to** im Widerspruch stehen zu; **~ in terms** Widerspruch in sich (selbst). **ˌcon·traˈdic·tious** *adj* (*adv* **~ly**) zum ˈWiderspruch geneigt, streitsüchtig. **ˌcon·traˈdic·tious·ness** *s* ˈWiderspruchsgeist *m.*

con·tra·dic·to·ri·ness [ˌkɒntrəˈdɪktərɪnɪs; -trɪ-; *Am.* ˌkɑn-] *s* (**to**) ˈWiderspruch *m* (zu), Unvereinbarkeit *f* (mit). **ˌcon·traˈdic·to·ry I** *adj* (*adv* **contradictorily**) **1.** (**to**) widerˈsprechend (*dat*), im ˈWiderspruch stehend (zu), unvereinbar (mit). **2.** einˈander *od.* sich widerˈsprechend, unvereinbar. **3.** *philos.* kontradikˈtorisch, widerˈsprechend. **4.** rechthaberisch, streitsüchtig. **II** *s* **5.** *philos.* kontradikˈtorischer Begriff. **6.** ˈWiderspruch *m.*

con·tra·dis·tinc·tion [ˌkɒntrədɪˈstɪŋkʃn; *Am.* ˌkɑn-] *s* (Unterˈscheidung *f* durch) Gegensatz *m*: **in ~ to** im Gegensatz *od.* Unterschied zu. **ˌcon·tra·disˈtinc·tive** *adj* **1.** gegensätzlich. **2.** unterˈscheidend, Unterscheidungs... **ˌcon·tra·disˈtin·guish** [-ˈstɪŋgwɪʃ] *v/t* (*durch Gegensätze*) unterˈscheiden (**from** von).

con·trail [ˈkɒntreɪl; *Am.* ˈkɑn-] *s aer.* Konˈdensstreifen *m.*

con·tra·in·di·cat·ed [ˌkɒntrəˈɪndɪkeɪtɪd; *Am.* ˌkɑn-] *adj med.* ˈkontraindiˌziert, nicht anwendbar. ˈ**con·traˌin·diˈca·tion** *s med.* ˈKontra-, ˈGegenindikatiˌon *f*, Gegenanzeige *f*.

con·tral·to [kənˈtræltəʊ] *pl* **-tos** *s mus.* Alt *m*: a) Altstimme *f*, b) Alˈtist(in), c) ˈAltparˌtie *f*.

con·tra·plex [ˈkɒntrəpleks; *Am.* ˈkɑn-] *adj tel.* Gegensprech..., Duplex...

con·tra·prop [ˈkɒntrəprɒp; *Am.* ˈkɑntrəˌprɑp] *s aer.* zwei einachsige gegenläufige Proˈpeller *pl*.

con·trap·tion [kənˈtræpʃn] *s colloq.* (neumodischer *od.* kompliˈzierter *od.* ‚komischer') Appaˈrat.

con·tra·pun·tal [ˌkɒntrəˈpʌntl; *Am.* ˌkɑn-] *adj mus.* kontraˈpunktisch. ˌ**con·traˈpun·tist** *s mus.* Kontraˈpunktiker *m*.

con·tra·ri·e·ty [ˌkɒntrəˈraɪətɪ; *Am.* ˌkɑn-] *s* **1.** → **contrariness** 1 *u.* 2. **2.** ˈWiderspruch *m*, Gegensatz *m* (to zu).

con·tra·ri·ly [ˈkɒntrərəlɪ; *Am.* ˈkɑnˌtrer-; kənˈtrer-] *adv* **1.** entgegen (to *dat*). **2.** andererseits. ˈ**con·tra·ri·ness** *s* **1.** Gegensätzlichkeit *f*, ˈWiderspruch *m*, Unvereinbarkeit *f*. **2.** Widrigkeit *f*, Ungunst *f*. **3.** [*a.* kənˈtreərɪnɪs] ˈWiderspenstigkeit *f*, Aufsässigkeit *f*.

con·trar·i·ous [kənˈtreərɪəs] *adj* (*adv* **~ly**) widrig, ˈwiderwärtig.

con·tra·ri·wise [ˈkɒntrərɪwaɪz; *Am.* ˈkɑnˌtreriːˌwaɪz; kənˈtr-] *adv* **1.** im Gegenteil. **2.** ˈumgekehrt. **3.** andererseits.

con·tra·ro·tat·ing [ˌkɒntrərəʊˈteɪtɪŋ] *adj tech.* gegenläufig.

con·tra·ry [ˈkɒntrərɪ; *Am.* ˈkɑnˌtreriː] **I** *adj* (*adv* → **contrarily**) **1.** entgegengesetzt, widerˈsprechend (to s.th. e-r Sache): **~ policy**; **~ motion** *mus.* Gegenbewegung *f*. **2.** einˈander entgegengesetzt, gegensätzlich: **~ opinions**. **3.** ander(er, e, es): **the ~ sex**. **4.** widrig, ungünstig (*Wind*, *Wetter*). **5.** (to) verstoßend (gegen), im ˈWiderspruch (zu): **~ to orders** befehlswidrig; **his conduct is ~ to rules** sein Benehmen verstößt gegen die Regeln; → 8. **6.** [*a.* kənˈtreərɪ] ˈwiderspenstig, -borstig, eigensinnig, aufsässig. **7.** *philos.* konˈträr. **II** *adv* **8.** im Gegensatz, im ˈWiderspruch (to zu): **~ to expectations** wider Erwarten; **to act ~ to nature** wider die Natur handeln; **to act ~ to one's principles** s-n Grundsätzen zuwiderhandeln; → 5, **law**[1] 1. **III** *s* **9.** Gegenteil *n* (*a. philos.*): **on the ~** im Gegenteil; **to be the ~ to** das Gegenteil sein von; **to the ~** a) gegenteilig, b) *Am.* ungeachtet (*gen*); **proof to the ~** Gegenbeweis *m*; **unless I hear to the ~** falls ich nichts Gegenteiliges höre.

con·trast I *s* [ˈkɒntrɑːst; *Am.* ˈkɑnˌtræst] **1.** Konˈtrast *m* (*a. TV etc*), Gegensatz *m* (**between** zwischen; **to** zu): **to form a ~** e-n Kontrast bilden (to zu); **by ~ with** im Vergleich mit, verglichen mit; **in ~ to** (*od.* **with**) im Gegensatz zu; **to be in ~ to s.th.** zu etwas im Gegensatz stehen; **he is a great ~ to his brother** er ist völlig anders als sein Bruder; **~ bath** *med.* Wechselbad *n*; **~ control** *TV* Kontrastregler *m*; **~ medium** *med.* (*Röntgen*) Kontrastmittel *n*. **II** *v/t* [kənˈtrɑːst; *Am.* -ˈtræst; *a.* ˈkɑnˌtræst] **2.** (**with**) kontraˈstieren, vergleichen (mit), entgegensetzen, gegenˈüberstellen (*dat*). **III** *v/i* **3.** (**with**) kontraˈstieren (mit), sich abheben, abstechen (von, gegen): **~ing colo(u)rs** kontrastierende Farben, Kontrastfarben. **4.** e-n Gegensatz bilden, im Gegensatz stehen (**with** zu).

con·tra·stim·u·lant [ˌkɒntrəˈstɪmjʊlənt; *Am.* ˌkɑn-] *med.* **I** *adj* **1.** reizentgegengesetzt wirkend. **2.** beruhigend. **II** *s* **3.** Beruhigungsmittel *n*.

con·trast·y [kənˈtrɑːstɪ; *Am.* ˈkɑnˌtræstiː] *adj phot. TV* konˈtrastreich.

con·tra·ten·or [ˌkɒntrəˈtenə(r); *Am.* ˌkɑn-] → **countertenor**.

con·tra·vene [ˌkɒntrəˈviːn; *Am.* ˌkɑn-] *v/t* **1.** zuˈwiderhandeln (*dat*), *Gesetz* überˈtreten, verstoßen gegen, verletzen: **to ~ a law**. **2.** im ˈWiderspruch stehen zu. **3.** bestreiten. ˌ**con·traˈven·tion** [-ˈvenʃn] *s* (**of**) Überˈtretung *f* (von *od. gen*), Zuˈwiderhandlung *f* (gegen): **in ~ of** entgegen (*dat*).

con·tre·temps [ˈkɔ̃ːntrətɑ̃ːŋ] *pl* **-temps** [-z] *s* unglücklicher Zufall, ‚Panne' *f*.

con·trib·ute [kənˈtrɪbjuːt; *Am.* -bjət] **I** *v/t* **1.** beitragen, beisteuern (to zu). **2.** *Artikel etc* beitragen (to zu *e-r Zeitung etc*): **~d work** *Am.* Sammelband *m*, -werk *n* (*mit Beiträgen verschiedener Autoren*). **3.** spenden (to für). **4.** *econ.* a) *Kapital* (*in e-e Firma*) einbringen, b) *Br. Geld* nachschießen (*bei Liquidation*): **to ~ cash** e-e Bareinlage leisten; **liable to ~** beitrags-, *Br.* nachschußpflichtig. **II** *v/i* **5.** (to) beitragen, e-n Beitrag leisten, beisteuern (zu), mitwirken (an *dat*): **to ~ to** (*od.* **toward[s]**) **the expenses** sich an den Unkosten beteiligen; **to ~ to a newspaper** für e-e Zeitung schreiben. **6.** spenden (to für).

con·tri·bu·tion [ˌkɒntrɪˈbjuːʃn; *Am.* ˌkɑn-] *s* **1.** Beitragung *f*, Beisteuerung *f* (to zu). **2.** Beitrag *m* (*a. für Zeitschriften etc*), Beisteuer *f* (to zu): **~ to** (*od.* **toward[s]**) **the expenses** Unkostenbeitrag. **3.** Spende *f* (to für): **a small ~, please**. **4.** *econ.* a) Einlage *f*: **~ in cash** (**kind**) Bareinlage (Sacheinlage), b) Nachschuß *m*. **5.** *econ.* Soziˈalversicherungsbeitrag *m*: **employer's ~** Arbeitgeberanteil *m*. **6.** *econ.* anteilmäßiger Beitrag bei Versicherungsschäden. **7.** *mil. bes. hist.* Kontributiˈon *f*.

con·trib·u·tive [kənˈtrɪbjʊtɪv] *adj* beisteuernd, mitwirkend. **conˈtrib·u·tor** [-tə(r)] *s* **1.** Beisteuernde(r *m*) *f*, Beitragsleistende(r *m*) *f*, Beitragende(r *m*) *f*. **2.** Mitwirkende(r *m*) *f*, Mitarbeiter(in) (**to a newspaper** bei *od.* an e-r Zeitung). **conˈtrib·u·to·ry** [-tərɪ; -trɪ; *Am.* -ˌtəʊriː; -ˌtɔː-] **I** *adj* **1.** beitragend (to zu). **2.** a) beitragspflichtig: **~ members**, b) vom Arbeitˈgeber u. -ˈnehmer zu gleichen Teilen getragen: **~ insurance**, c) *econ. Br.* nachschußpflichtig: **~ shareholders**. **3.** mitwirkend, mitarbeitend (to an *dat*). **4.** *fig.* mitwirkend, fördernd: **~ causes** *bes. jur.* mitverursachende Umstände; **~ negligence** *jur.* mitwirkendes Verschulden, Mitverschulden *n* (*seitens des Geschädigten*). **5.** *obs.* triˈbutpflichtig. **II** *s* **6.** → **contributor** 1. **7.** fördernder ˈUmstand. **8.** Beitrags- *od.* (*econ. Br.*) Nachschußpflichtige(r *m*) *f*.

con·trite [ˈkɒntraɪt; *Am.* ˈkɑn-; *a.* kənˈtraɪt] *adj* (*adv* **~ly**) zerknirscht, reuig, reumütig. **con·trite·ness, con·tri·tion** [kənˈtrɪʃn] *s* Zerknirschung *f*, Reue *f*.

con·triv·a·ble [kənˈtraɪvəbl] *adj* **1.** erfind-, erdenkbar. **2.** ˈdurchführ-, ˈherstellbar. **conˈtriv·ance** *s* **1.** *tech.* a) Ein-, Vorrichtung *f*: **adjusting ~** Stellvorrichtung, b) Gerät *n*, Appaˈrat *m*. **2.** Erfindung *f*. **3.** Erfindungsgabe *f*, Findigkeit *f*. **4.** Bewerkstelligung *f*. **5.** Plan *m*. **6.** Kunstgriff *m*, List *f*, Kniff *m*.

con·trive [kənˈtraɪv] **I** *v/t* **1.** erfinden, ersinnen, (sich) ausdenken, entwerfen: **to ~ ways and means** Mittel u. Wege finden. **2.** *etwas Böses* aushecken, *Pläne* schmieden. **3.** zuˈstande bringen, bewerkstelligen. **4.** es fertigbringen, es verstehen, es einrichten: **he ~d to make himself popular** er verstand es *od.* es gelang ihm, sich beliebt zu machen. **II** *v/i* **5.** Pläne schmieden. **6.** Ränke schmieden. **7.** haushalten. **conˈtrived** *adj* gekünstelt (*Freundlichkeit*, *Stil etc*).

con·trol [kənˈtrəʊl] **I** *v/t* **1.** beherrschen, die Herrschaft *od.* Konˈtrolle haben über (*acc*), *etwas* in der Hand haben, gebieten über (*acc*): **the company ~s the entire industry** die Gesellschaft beherrscht die gesamte Industrie; **~ling interest** *econ.* maßgebliche Beteiligung, ausschlaggebender Kapitalanteil; **~ling shareholder** (*bes. Am.* **stockholder**) *econ.* Besitzer *m* der Aktienmajorität, maßgeblicher Aktionär. **2.** in Schranken halten, *e-r Sache* Herr werden, Einhalt gebieten (*dat*), (erfolgreich) bekämpfen, eindämmen: **to ~ a fire** (**insect pests, an epidemic disease**, *etc*); **to ~ o.s.** (*od.* **one's temper**) sich beherrschen. **3.** kontrolˈlieren: a) überˈwachen, beaufsichtigen, b) (nach)prüfen: **to ~ an experiment** ein Experiment durch Gegenversuche kontrollieren. **4.** regeln: **vitamin D ~s bone growth**. **5.** leiten, lenken, führen, verwalten. **6.** *econ.* (staatlich) bewirtschaften, planen, diriˈgieren, *Absatz*, *Konsum*, *Kaufkraft etc* lenken, *Preise* binden: **~led economy** gelenkte Wirtschaft, Planwirtschaft *f*; **~led prices** gebundene Preise. **7.** *electr. tech.* steuern, regeln, reguˈlieren: **~led by compressed air** druckluftgesteuert; **~led rocket** gesteuerte Rakete; **~led ventilation** regulierbare Lüftung.

II *s* **8.** (**of, over**) Beherrschung *f* (*gen*) (*a. fig.*), Macht *f*, Gewalt *f*, Konˈtrolle *f*, Herrschaft *f* (über *acc*): **to bring** (*od.* **get**) **under ~** Herr werden (*gen*), unter Kontrolle bringen; **to get ~ over** in s-e Gewalt *od.* in die Hand bekommen; **to get beyond s.o.'s ~** j-m über den Kopf wachsen; **to get out of ~** außer Kontrolle geraten; **circumstances beyond our ~** unvorhersehbare Umstände, Fälle höherer Gewalt; **to have ~ over** a) → 1, b) Gewalt über *j-n* haben; **to have the situation under ~** Herr der Lage sein, die Lage beherrschen; **to keep under ~** im Zaum halten, fest in der Hand haben; **to lose ~** (**over, of**) die Herrschaft *od.* Gewalt *od.* Kontrolle verlieren (über *e-e Partei*, *ein Auto etc*); **to lose ~ of o.s.** die (Selbst)Beherrschung verlieren. **9.** Selbstbeherrschung *f*. **10.** Körperbeherrschung *f*. **11.** (**of, over**) Aufsicht *f*, Konˈtrolle *f* (über *acc*), Überˈwachung *f* (*gen*): **government** (*od.* **state**) **~** staatliche Aufsicht; **board of ~** Aufsichtsbehörde *f*, -amt *n*; **to be in ~ of s.th.** etwas leiten *od.* unter sich haben; **to be under s.o.'s ~** j-m unterstehen *od.* unterstellt sein. **12.** Leitung *f*, Verwaltung *f*: **~ of an enterprise**; **traffic ~** Verkehrsregelung *f*. **13.** *econ.* a) (*Kapital-*, *Konsum-*, *Kaufkraft- etc*)Lenkung *f*, b) (*Devisen- etc*)Bewirtschaftung *f*. **14.** *jur.* a) Gewahrsam *m*, b) Verfügungsgewalt *f* (**of, over** über *acc*): **~ of s.o.'s property**, c) *a.* **parental ~** (**of, over**) elterliche Gewalt (über *acc*), Perˈsonensorge *f* (für): **to have the ~ of a child**; **to place s.o. under ~** j-n unter Vormundschaft stellen. **15.** Bekämpfung *f*, Eindämmung *f*: **~ of** (**the spread of**) **a disease**. **16.** *tech.* Steuerung *f*, Bedienung *f*, Führung *f*: **~ of a vehicle**. **17.** *meist pl tech.* a) Steuerung *f*, ˈSteuervorrichtung *f*, -orˌgan *n*, Beˈdienungseleˌmente *pl*, b) Konˈtroll-, Reguˈliervorrichtung *f*, Konˈtroll-, Betätigungshebel *m*: **to be at the ~s** *fig.* das Sagen haben, an den (Schalt)Hebeln der Macht sitzen. **18.** *electr. tech.* a) Regelung *f*, Reguˈlierung *f*, b) Regler *m*. **19.** *pl aer.* Steuerung *f*, Leitwerk *n*, Steuerzüge *pl*. **20.** a) Konˈtrolle *f*, Anhaltspunkt *m*, b)

Vergleichswert *m*, c) → **control experiment.**

con·trol| and re·port·ing *s mil.* Fliegerleit- u. Flugmeldedienst *m.* ~ **center,** *bes. Br.* ~ **cen·tre** *s* Kon'trollzentrum *n.* ~ **chart** *s* **1.** sta'tistische Darstellung der Bevölkerungsdichte. **2.** *tech.* 'Steuerungsdia,gramm *n.* ~ **cir·cuit** *s electr.* Regler-, Steuerkreis *m.* ~ **col·umn** *s aer.* Steuersäule *f.* ~ **desk** *s* **1.** *electr.* Steuer-, Schaltpult *n.* **2.** *Rundfunk, TV*: Re'giepult *n.* ~ **en·gi·neer·ing** *s* Steuerungs-, Regeltechnik *f.* ~ **ex·per·i·ment** *s* Kon'troll-, Gegenversuch *m.* ~ **gear** *s* **1.** *tech.* Steuergestänge *n*, Schaltgetriebe *n.* **2.** *electr.* Steuergerät *n.* ~ **grid** *s electr.* Steuergitter *n.* ~ **group** *s bes. med.* Kon'trollgruppe *f.* ~ **knob** *s tech.* Bedienungsknopf *m*, -griff *m.*

con·trol·la·ble [kən'trəʊləbl] *adj* **1.** kontrol'lierbar. **2.** der Aufsicht *od.* Gewalt unter'worfen, zu beaufsichtigen(d) (**by** von). **3.** *electr. tech.* steuer-, regel-, regu'lierbar.

con·trol·ler [kən'trəʊlə(r)] *s* **1.** a) Kontrol'leur *m*, Aufseher *m*, b) Aufsichts-, Kon'troll-, Prüfbeamte(r) *m*, c) (staatlicher) Rechnungsprüfer (*Beamter*), d) *Am.* Leiter *m* des Rechnungswesens. **2.** *aer.* a) Kon'trollbeamte(r) *m*, b) *mil.* 'Leitoffi,zier *m.* **3.** *electr. tech.* Regler *m*, *mot.* Fahrschalter *m*: **automatic** ~ (Schalt)Wächter *m.* **4.** *sport* Kon'trollposten *m.*

con·trol| le·ver *s* **1.** *mot. tech.* Schalthebel *m.* **2.** *aer.* → **control stick.** ~ **pan·el** *s electr.* Bedienungsfeld *n.* ~ **rod** *s Kerntechnik*: Steuerstab *m.* ~ **room** *s electr. tech.* **1.** Kon'trollraum *m*, (*mil.* Be'fehls)Zen,trale *f.* **2.** *Rundfunk, TV*: Re'gieraum *m.* ~ **stick** *s aer.* Steuerknüppel *m.* ~ **sur·face** *s aer.* Leit-, Steuerfläche *f*, Steuerruder *n.* ~ **switch** *s electr.* Steuerschalter *m*, -wähler *m.* ~ **tow·er** *s aer.* Kon'trollturm *m*, Tower *m.*

con·tro·ver·sial [,kɒntrə'vɜːʃl; *Am.* ,kɑntrə'vɜrʃəl; -sɪəl] *adj* (*adv* ~**ly**) **1.** strittig, um'stritten, kontro'vers: **a** ~ **book** ein umstrittenes Buch; **a** ~ **subject** e-e Streitfrage. **2.** po'lemisch. **3.** streitsüchtig. ,**con·tro'ver·sial·ist** [-ʃəlɪst] *s* Po'lemiker *m.* '**con·tro·ver·sy** [-sɪ] *s* **1.** Kontro'verse *f*: a) (Meinungs)Streit *m*, Ausein'andersetzung *f*, b) Dis'put *m*, Diskussi'on *f*, De'batte *f*: **beyond** ~, **without** ~ fraglos, unstreitig. **2.** *jur.* Rechtsstreit *m*, (Zi'vil)Pro,zeß *m*: → **matter** 3. **3.** *a.* **point in** ~ Streitfrage *f*, -punkt *m.*

con·tro·vert ['kɒntrəvɜːt; *Am.* 'kɑntrə,vɜrt] *v/t etwas* bestreiten, anfechten, *a. j-m* wider'sprechen: **a** ~**ed doctrine** e-e umstrittene *od.* angefochtene Doktrin. ,**con·tro'vert·i·ble** *adj* (*adv* **controvertibly**) **1.** streitig, strittig. **2.** anfechtbar.

con·tu·ma·cious [,kɒntjuː'meɪʃəs; *Am.* ,kɑntjə'm-; -tə'm-] *adj* **1.** aufsässig, 'widerspenstig. **2.** *jur.* (*trotz Vorladung*) nicht erschienen. ,**con·tu'ma·cious·ness, con·tu·ma·cy** ['kɒntjʊməsɪ; *Am.* kən'tjuː-; *a.* -'tuː-] *s* **1.** Aufsässigkeit *f*, 'Widerspenstigkeit *f.* **2.** *jur.* (absichtliches) Nichterscheinen vor Gericht: **to condemn for** ~ gegen *j-n* ein Versäumnisurteil fällen.

con·tu·me·li·ous [,kɒntjuː'miːljəs; *Am.* ,kɑntjə-; *a.* -tə-] *adj* (*adv* ~**ly**) **1.** anmaßend, unverschämt, beleidigend. **2.** schändlich. ,**con·tu'me·li·ous·ness, con·tu·me·ly** ['kɒntjuːmlɪ; *Am.* kən'tjuːməliː; *a.* -'tuː-] *s* **1.** Anmaßung *f*, Unverschämtheit *f.* **2.** Beleidigung *f*, Schmähung *f.*

con·tuse [kən'tjuːz; *Am. a.* -'tuːz] *v/t med.* quetschen: ~**d wound** Quetschwunde *f.* **con'tu·sion** [-'tjuːʒn; *Am. a.* -'tuːʒən] *s med.* Kontusi'on *f*, Quetschung *f.*

co·nun·drum [kə'nʌndrəm] *s* **1.** Scherzfrage *f*, (Scherz)Rätsel *n*: **to set** ~**s** Rätsel aufgeben. **2.** *fig.* Rätsel *n.*

con·ur·ba·tion [,kɒnɜː'beɪʃn; *Am.* ,kɑn,ɜr'b-] *s* Ballungsraum *m*, -zentrum *n*, Stadtgroßraum *m.*

con·va·lesce [,kɒnvə'les; *Am.* ,kɑn-] *v/i* gesund werden, genesen. ,**con·va'les·cence** *s* Rekonvales'zenz *f*, Genesung *f.* ,**con·va'les·cent I** *adj* **1.** rekonvales'zent, genesend. **2.** Genesungs...: ~ **home** Genesungsheim *n.* **II** *s* **3.** Rekonvales'zent(in), Genesende(r *m*) *f.*

con·vec·tion [kən'vekʃn] *s* Konvekti'on *f*: a) *phys. Mitführung von Energie od. elektrischer Ladung durch die kleinsten Teilchen e-r Strömung*: ~ **current** Konvektionsstrom *m*; ~ **heater** → **convector** 2, b) *meteor. Zufuhr von Luftmassen in senkrechter Richtung.* **con'vec·tion·al** [-ʃənl] *adj* Konvektions... **con'vec·tive** [-tɪv] *adj* konvek'tiv, Konvektions... **con'vec·tor** [-tə(r)] *s* **1.** *phys.* Konvekti'ons(strom)leiter *m.* **2.** Heizlüfter *m.*

con·ve·nance ['kɔ̃ːnvənɑ̃ːns; *Am.* 'kəʊn-] *s* **1.** Schicklichkeit *f.* **2.** *pl* Anstandsformen *pl*, Eti'kette *f.*

con·vene [kən'viːn] **I** *v/i* **1.** a) zs.-kommen, sich versammeln, b) (*formell*) zs.-treten (*Parlament etc*). **2.** *fig.* zs.-treffen, -kommen (*Ereignisse*). **II** *v/t* **3.** versammeln, zs.-rufen, *Versammlung* einberufen. **4.** *jur.* vorladen (**before** vor *acc*). **con'ven·er** *s bes. Br. j-d, der Versammlungen einberuft, bes.* Vorsitzende(r *m*) *f.*

con·ven·ience [kən'viːnjəns] *s* **1.** Angemessenheit *f.* **2.** Annehmlichkeit *f*, Bequemlichkeit *f*: **at your** ~ nach Belieben, gelegentlich, wenn es Ihnen gerade paßt; **at your earliest** ~ so bald wie möglich; **suit your own** ~ handeln Sie ganz nach Ihrem Belieben; ~ **of operation** *tech.* leichte Handhabung; ~ **outlet** *electr.* Netzsteckdose *f* (*an e-m Gerät*); → **sake**[1]. **3.** Vorteil *m*: **it is a great** ~ es ist sehr vorteilhaft; **to make a** ~ **of s.o.** j-n ausnutzen. **4.** Bequemlichkeit *f*, Kom'fort *m*, (der Bequemlichkeit dienende) Einrichtung: **all (modern)** ~**s** alle Bequemlichkeiten *od.* aller Komfort (der Neuzeit); ~ **food** Fertignahrung *f*; ~ **goods** *econ. Am.* Waren des täglichen Bedarfs (*die der Verbraucher in s-r Nachbarschaft erhält*). **5.** *bes. Br.* Klo'sett *n*, Toi'lette *f.* **con'ven·ien·cy** → **convenience. con'ven·ient** *adj* **1.** bequem, praktisch, gut geeignet (**for** zu). **2.** bequem, günstig, passend, gelegen: **it is not** ~ **for me** es paßt mir schlecht; **when will it be** ~ **for me to call?** wann paßt Ihnen mein Anruf? **3.** bequem gelegen, leicht zu erreichen(d) (*Ort*): ~ **to** in der Nähe von, nahe bei. **4.** handlich: **a** ~ **tool. 5.** *obs.* geziemend, angemessen (**to, for** für). **con'ven·ient·ly** *adv* **1.** bequem (*etc*; → **convenient**). **2.** bequemerweise *etc.*

con·vent ['kɒnvənt; -vent; *Am.* 'kɑn-] *s* (*bes.* Nonnen)Kloster *n*: ~ **(school)** Klosterschule *f.*

con·ven·ti·cle [kən'ventɪkl] *s* **1.** Konven'tikel *n*, (heimliche) Zs.-kunft (*bes. der englischen Dissenters zur Zeit ihrer Unterdrückung*). **2.** Versammlungshaus *n*, *bes.* Andachtsstätte *f* (*der englischen Nonkonformisten od. Dissenters*). **con'ven·ti·cler** *s* Besucher(in) von Konven'tikeln, Sek'tierer(in), *bes.* Dis'senter *m.*

con·ven·tion [kən'venʃn] *s* **1.** Zs.-kunft *f*, Tagung *f*, Versammlung *f*, Treffen *n.* **2.** a) *pol. Am.* Par'teiversammlung *f*, -tag *m*: → **national convention,** b) *parl.* verfassunggebende *od.* -ändernde Versammlung, c) Kon'greß *m*, Tagung *f*: ~ **center** (*bes. Br.* **centre**) Kongreßzentrum *n.* **3.** *parl. Br. hist.* aus eigenem Recht erfolgte Versammlung: **C~ Parliament** Freiparlament (*das ohne den König zs.-trat; 1660 u. 1668*). **4.** a) (*bilaterales*) Abkommen, b) (*multilaterales*) Über'einkommen, Konventi'on *f.* **5.** (gesellschaftliche) Konventi'on, Sitte *f*, Gewohnheits- *od.* Anstandsregel *f*, (stillschweigende) Gepflogenheit *od.* Über'einkunft. **6.** *oft pl* Traditi'on *f.*

con·ven·tion·al [kən'venʃənl; -ʃnəl] *adj* (*adv* ~**ly**) **1.** konventio'nell, traditio'nell, 'herkömmlich (*alle a. mil., Ggs. atomar*), üblich: ~ **methods**; ~ **weapons**; ~ **sign** Symbol *n*, (*bes.* Karten)Zeichen *n*; ~ **society** bürgerliche Gesellschaft; **the** ~ **wisdom is that** die allgemeine Meinung geht dahin, daß. **2.** *contp.* scha'blonenhaft, 'unorigi,nell, abgedroschen. **3.** konventio'nell, förmlich. **4.** *jur.* a) vertraglich vereinbart, vertragsgemäß, Vertrags..., b) gewohnheitsrechtlich. **con'ven·tion·al·ism** [-ʃnəlɪzəm] *s* Konventiona'lismus *m*, Festhalten *n* an Konventi'onen *od.* am 'Hergebrachten. **con'ven·tion·al·ist** *s* Konventiona'list *m.* **con,ven·tion'al·i·ty** [-ʃə'nælətɪ] *s* **1.** Konventionali'tät *f*, 'Herkömmlichkeit *f*, Üblichkeit *f.* **2.** *contp.* Scha'blonenhaftigkeit *f.* **3.** → **conventionalism. con'ven·tion·al·ize** *v/t* konventio'nell machen *od.* (*a. art*) darstellen, den Konventi'onen unter'werfen.

con·ven·tion·eer [kən,ventʃə'nɪər] *s Am.* Kon'greßteilnehmer(in).

con·ven·tu·al [kən'ventjʊəl; -tʃʊəl; *Am.* -tʃəwəl] **I** *adj* klösterlich, Kloster... **II** *s* Nonne *f.*

con·verge [kən'vɜːdʒ; *Am.* -'vɜrdʒ] **I** *v/i* **1.** zs.-laufen (*Straßen, Flüsse*), *math.* konver'gieren (*a. fig.*), konver'gent verlaufen, *fig.* sich (ein'ander) annähern: **to** ~ **on** von überallher strömen nach. **2.** *math. phys.* sich nähern (**to, toward[s]** *dat*). **3.** *biol.* ein'ander ähnlich sein *od.* werden. **II** *v/t* **4.** *math.* konver'gieren lassen, *fig.* ein'ander annähern. **con'ver·gence, con'ver·gen·cy** *s* **1.** Zs.-laufen *n.* **2.** *math., a. fig.* Konver'genz *f* (*a. biol. phys.*), b) Annäherung *f* (**to, toward[s]** an *acc*). **con'ver·gent** *adj math.* konver'gent, *fig. a.* sich (ein'ander) annähernd. **con'verg·ing** *adj* zs.-laufend, *math.* konver'gierend (*a. fig.*), *fig.* sich (ein'ander) annähernd.

con·vers·a·ble [kən'vɜːsəbl; *Am.* -'vɜr-] *adj* (*adv* **conversably**) unter'haltsam, gesprächig, 'umgänglich, gesellig.

con·ver·sance [kən'vɜːsəns; *Am.* -'vɜr-], **con'ver·san·cy** [-sɪ] *s* Vertrautheit *f* (**with** mit). **con'ver·sant** *adj* **1.** bekannt, vertraut (**with** mit). **2.** (**with**) geübt, bewandert, erfahren (in *dat*), kundig (*gen*).

con·ver·sa·tion [,kɒnvə(r)'seɪʃn; *Am.* ,kɑn-] *s* **1.** Konversati'on *f*, Unter'haltung *f*, Gespräch *n*: **by way of** ~ gesprächsweise; **in** ~ **with** im Gespräch mit; **to get into** ~ **with s.o.** ein Gespräch mit j-m anknüpfen, mit j-m ins Gespräch kommen; **to make** ~ Konversation machen; → **subject** 1. **2.** 'Umgang *m*, Verkehr *m.* **3.** *jur.* Geschlechtsverkehr *m*: → **criminal** 1. **4.** *a.* ~ **piece** a) *paint.* Genrebild *n*, b) *thea.* Konversati'onsstück *n.* **5.** ('inoffizi,elles) diplo'matisches Gespräch. ,**con·ver'sa·tion·al** [-ʃənl] *adj* (*adv* → **conversationally**) **1.** gesprächig. **2.** Unterhaltungs..., Konversations..., Gesprächs...: ~ **English** Umgangsenglisch *n*; ~ **grammar** Konversationsgrammatik *f*; ~ **style** Gesprächsstil *m*; ~ **tone** Plauderton *m.* ,**con·ver'sa·tion·al·ist** *s* gewandter Unter'halter, guter Gesellschafter. **ˌcon·verˈsa·tion·al·ly** *adv* **1.** gesprächsweise, in der Unterˈhaltung. **2.** im Plauderton. **ˌcon·verˈsa·tion·ist** → **conversationalist**.

con·ver·sa·zi·o·ne [ˌkɒnvəsætsɪˈəʊnɪ; *Am.* ˌkɑnvərˌsɑːt-] *pl* **-ni** [-niː], **-nes** [-nɪz] *s* **1.** ˈAbendunterˌhaltung *f.* **2.** liteˈrarischer Gesellschaftsabend.

con·verse¹ I *v/i* [kənˈvɜːs; *Am.* -ˈvɜrs] **1.** sich unterˈhalten, sprechen, ein Gespräch führen (**with** mit). **2.** *obs.* verkehren (**with** mit). **II** *s* [ˈkɒnvɜːs; *Am.* ˈkɑnˌvɜrs] **3.** Gespräch *n.* **4.** *obs.* ˈUmgang *m,* Verkehr *m.*

con·verse² [ˈkɒnvɜːs; *Am.* ˈkɑnˌvɜrs] **I** *adj* [*Am. a.* kənˈvɜrs] gegenteilig, ˈumgekehrt. **II** *s* ˈUmkehrung *f,* Gegenteil *n* (**of** von).

con·verse·ly *adv* ˈumgekehrt.

con·ver·sion [kənˈvɜːʃn; *Am.* -ˈvɜrʃən; -ʒən] *s* **1.** *allg.* ˈUmwandlung *f,* Verwandlung *f* (**into** in *acc*). **2.** *arch. tech.* ˈUmbau *m* (**into** in *acc*). **3.** *tech., a. econ.* ˈUmstellung *f* (**to** auf *acc*): **~ of a plant to war production**; **~ of gas to coke firing** Umstellung von Gas- auf Koksfeuerung. **4.** *chem. phys.* ˈUmsetzung *f*: **~ of energy**. **5.** *electr.* ˈUmformung *f*: **~ of current**. **6.** *math.* a) ˈUmrechnung *f* (**into** in *acc*): **~ table** Umrechnungstabelle *f,* b) ˈUmwandlung *f,* c) ˈUmkehrung *f*: **~ of proportions**, d) Redukti'on *f*: **~ of equations**. **7.** *Computer*: ˈUmsetzung *f,* ˈUmwandlung *f.* **8.** *philos.* ˈUmkehrung *f*: **~ of proposition**. **9.** *econ.* a) Konverˈtierung *f,* Konversiˈon *f,* ˈUmwandlung *f*: **~ of securities (of debts)**; **~ loan** Konvertierungs-, Konversionsanleihe *f,* b) Zs.-legung *f*: **~ of shares**, c) ˈUmstellung *f*: **~ of currency**, d) ˈUmrechnung *f,* ˈUmwechslung *f,* e) ˈUmwandlung *f,* ˈUmgründung *f* (**into** in *acc*): **~ of a partnership**. **10.** *jur.* a) **~ to one's own use** Veruntreuung *f,* Unterˈschlagung *f, a.* ˈwiderrechtliche Aneignung, Besitzentziehung *f,* b) (Verˈmögens)ˌUmwandlung *f*: **~ of real property into personal**. **11.** (**to**) Bekehrung *f* (zu): a) *relig.* Konversiˈon *f, a. pol. etc* ˈÜbertritt *m* (zu): **his ~ to Communism**, b) Meinungsänderung *f* (bezüglich *gen*): **his ~ to Shakespeare**. **12.** *psych.* Konversiˈon *f* (*Umwandlung unbewältigter starker Erlebnisse in körperliche Symptome*). **13.** *sport* Verwandlung *f* (*e-s Strafstoßes etc in ein Tor*).

con·vert I *v/t* [kənˈvɜːt; *Am.* -ˈvɜrt] **1.** *allg., a. chem.* ˈumwandeln, verwandeln (**into** in *acc*), *a. electr.* ˈumformen (**into** zu): **to ~ into power** *phys.* in Energie umsetzen; **to ~ into cash** flüssig *od.* zu Geld machen. **2.** *arch. tech.* ˈumbauen (**into** zu). **3.** *econ. tech. e-n Betrieb, e-e Maschine, die Produktion* ˈumstellen (**to** auf *acc*). **4.** *tech.* a) verwandeln: **to ~ into coal** verkohlen; **to ~ into steel** stählen, in Stahl verwandeln, b) *metall.* frischen, bessemern, c) *Tiegelgußstahl* zemenˈtieren. **5.** *econ.* a) *Wertpapiere, Schulden etc* konverˈtieren, ˈumwandeln: **to ~ debts**, b) *Geld* ˈum-, einwechseln: **to ~ money**, c) *Aktien* zs.-legen: **to ~ shares**, d) *Währung* ˈumstellen (**to** auf *acc*): **to ~ currency**. **6.** *math.* a) ˈumrechnen (**into** in *acc*), b) auflösen, reduˈzieren: **to ~ equations**, c) ˈumkehren: **to ~ the proportions**. **7.** *Computer*: ˈumsetzen, ˈumwandeln. **8.** *a.* **~ to one's own use** *jur.* a) unterˈschlagen, veruntreuen, b) sich ˈwiderrechtlich aneignen, unrechtmäßig für sich verwenden. **9.** *relig.* bekehren (**to** zu). **10.** (**to**) (*zu e-r anderen Ansicht*) bekehren, zum ˈÜbertritt (*in e-e andere Partei etc*) veranlassen. **11.** *sport* verwandeln: **to ~ a free kick**. **II** *v/i* **12.** ˈumgewandelt (*etc*; → I) werden. **13.** sich verwandeln *od.* ˈumwandeln (**into** in *acc*). **14.** sich verwandeln (*etc*) lassen (**into** in *acc*): **the sofa ~s into a bed**. **15.** sich bekehren, *relig. a.* konverˈtieren (**to** zu). **16.** *sport* verwandeln, einschießen. **III** *s* [ˈkɒnvɜːt; *Am.* ˈkɑnˌvɜrt] **17.** Bekehrte(r *m*) *f, relig. a.* Konverˈtit(in): **to become a ~ (to)** → 15. **conˈvert·ed** *adj* ˈumgewandelt, verwandelt (*etc*; → **convert** I): **~ cruiser** *mar.* Hilfskreuzer *m*; **~ apartment** (*bes. Br.* **flat**) in Teilwohnungen umgebaute große Wohnung; **~ steel** Zementstahl *m.* **conˈvert·er** *s* **1.** Bekehrer *m.* **2.** *metall.* Konˈverter *m,* (Bessemer)Birne *f*: **~ process** Thomasverfahren *n.* **3.** *electr.* ˈUmformer *m.* **4.** *tech.* Bleicher *m,* Appreˈteur *m* (*von Textilien*). **5.** *TV* Wandler *m.* **6.** *mil.* ˈSchlüssel-, Chifˈfriermaˌschine *f.* **7.** *a.* **~ reactor** (*Kerntechnik*) Konˈverter *m.* **conˌvert·iˈbil·i·ty** *s* **1.** ˈUmwandelbarkeit *f.* **2.** *econ.* a) Konverˈtierbarkeit *f,* ˈUmwandelbarkeit *f,* b) ˈUmwechselbarkeit *f,* c) ˈUmstellbarkeit *f.* **3.** *math.* ˈUmrechenbarkeit *f.* **conˈvert·i·ble I** *adj* (*adv* **convertibly**) **1.** ˈumwandelbar, verwandelbar: **~ aircraft** → **convertiplane**; **~ husbandry** *agr.* Fruchtwechselwirtschaft *f.* **2.** *econ.* a) konverˈtierbar, ˈumwandelbar: **~ bond** Wandelschuldverschreibung *f,* b) ˈum-, einwechselbar, c) ˈumstellbar. **3.** gleichbedeutend: **~ terms**. **4.** *math.* ˈumrechenbar. **5.** *mot.* mit Klappverdeck *od.* Faltdach: **~ coupé** → 8; **~ sedan** *Am.* Cabriolimousine *f.* **6.** bekehrbar (**to** zu). **II** *s* **7.** ˈumwandelbare Sache. **8.** *mot.* Kabrioˈlett *n.* **conˈvert·i·ble·ness** → **convertibility**.

con·vert·i·plane [kənˈvɜːtəpleɪn; *Am.* -ˈvɜr-] *s aer.* Verwandlungsflugzeug *n.*

con·ver·tor → **converter** 3.

con·vex I *adj* [kɒnˈveks; *Am.* kɑn-] **1.** konˈvex, erhaben, nach außen gewölbt: **~ lens** Konvex-, Sammellinse *f*; **~ mirror** Konvex-, Wölbspiegel *m.* **2.** *math.* ausspringend: **~ angle**. **II** *s* [ˈkɒnveks; *Am.* ˈkɑn-] **3.** a) konˈvexer Körper, b) konˈvexe Fläche. **conˈvex·i·ty** *s* konˈvexe Form *od.* Eigenschaft, Wölbung *f.*

conˌvex·o-ˈcon·cave *adj phys.* konˈvex-konˌkav. **conˌvex·o-ˈplane** *adj phys.* ˈplankonˌvex.

con·vey [kənˈveɪ] *v/t* **1.** *Waren etc* befördern, transporˈtieren (*beide a. tech.*), (ver)senden, bringen. **2.** *tech.* zuführen, fördern: **~ing capacity** Förderleistung *f.* **3.** überˈbringen, -ˈmitteln, -ˈsenden: **to ~ greetings**. **4.** *jur. Grundstück* überˈtragen, abtreten (**to** an *acc*): **to ~ real estate**. **5.** *phys. Schall etc* fortpflanzen, überˈtragen, *a. Elektrizität* leiten. **6.** *Krankheit etc* überˈtragen: **to ~ an infection**. **7.** *fig. Ideen etc* mitteilen, vermitteln, *Meinung, Sinn* ausdrücken: **to ~ a certain meaning** e-n gewissen Sinn haben; **this word ~s nothing to me** dieses Wort sagt mir nichts.

con·vey·ance [kənˈveɪəns] *s* **1.** (*a.* ˈAb-) Transˌport *m,* Überˈsendung *f,* Beförderung *f*: **~ by rail** Eisenbahntransport; **means of ~** → 2. **2.** Transˈport-, Verkehrsmittel *n,* Fahrzeug *n.* **3.** Überˈbringung *f,* -ˈsendung *f.* **4.** *fig.* Vermittlung *f,* Mitteilung *f*: **~ of ideas**. **5.** *jur.* a) Überˈtragung *f,* Abtretung *f,* Auflassung *f*: **~ of (title to) land**, b) *a.* **deed of ~** Abtretungs-, Auflassungsurkunde *f.* **6.** *electr.* Leitung *f*: **open-air ~** Freileitung. **7.** *phys.* Überˈtragung *f,* Fortpflanzung *f*: **~ of sound**. **8.** *tech.* a) Zuführung *f,* Förderung *f,* b) → **conveyer** 3. **conˈvey·anc·er** *s jur.* Noˈtar *m* für ˈEigentumsüberˌtragungen.

con·vey·er [kənˈveɪə(r)] *s* **1.** Beförderer *m,* (Über)ˈBringer(in). **2.** Vermittler(in): **~ of new ideas**. **3.** *tech.* a) Förderer *m,* Fördergerät *n,* -anlage *f,* Transˈporteinrichtung *f,* b) Förderband *n.* **~ belt** → **conveyer** 3 b. **~ buck·et** *s tech.* Förderkübel *m.* **~ chain** *s tech.* Becher-, Förderkette *f.* **~ chute** *s tech.* Förderrutsche *f.* **conˈvey·er-line pro·duc·tion** *s tech.* Fließbandfertigung *f.*

con·vey·or → **conveyer**.

con·vey·or·ize [kənˈveɪəraɪz] *v/t* **1.** mit Fördereinrichtung(en) versehen, für Fließbandarbeit einrichten. **2.** am Fließband ˈherstellen.

con·vict I *v/t* [kənˈvɪkt] **1.** *jur.* a) überˈführen, für schuldig erklären (**s.o. of murder** j-n des Mordes), b) verurteilen (**of** wegen). **2.** überˈzeugen (**of** von *e-m Unrecht etc*): **to ~ s.o. of an error** j-m e-n Irrtum zum Bewußtsein bringen. **II** *s* [ˈkɒnvɪkt; *Am.* ˈkɑn-] **3.** Verurteilte(r *m*) *f.* **4.** Strafgefangene(r *m*) *f,* Sträfling *m*: **~ colony** Sträflingskolonie *f*; **~ labo(u)r** Gefangenenarbeit *f.*

con·vic·tion [kənˈvɪkʃn] *s* **1.** *jur.* a) Schuldigsprechung *f,* Schuldspruch *m,* b) Überˈführung *f,* c) Verurteilung *f*: **summary ~** Verurteilung im Schnellverfahren; → **previous** 1. **2.** (innere) Überˈzeugung: **by ~, from ~** aus Überzeugung; **it is my ~ that** ich bin der Überzeugung, daß; **to be open to ~** sich gern überzeugen lassen; → **carry** 9. **3.** (*Schuld- etc*)Bewußtsein *n,* (innere) Gewißheit.

con·vince [kənˈvɪns] *v/t* **1.** (*a.* **o.s.** sich) überˈzeugen (**of** von; **that** daß). **2.** zum Bewußtsein bringen (**s.o. of s.th.** j-m etwas). **3.** *obs.* a) überˈführen, b) widerˈlegen, c) überˈwinden. **conˈvinc·ing** *adj* **1.** überˈzeugend: **~ proof** schlagender Beweis; **~ performance** *fig.* überzeugende (*ausgezeichnete*) Darstellung *od.* Leistung; **to be ~** überzeugen; **he is at his most ~ when** er ist am überzeugendsten, wenn. **2.** Überzeugungs... **conˈvinc·ing·ly** *adv* überˈzeugend, in überzeugender Weise *od.* Maˈnier. **conˈvinc·ing·ness** *s* Überˈzeugungskraft *f.*

con·viv·i·al [kənˈvɪvɪəl; -vjəl] *adj* (*adv* **~ly**) gesellig, lustig, heiter. **conˈviv·i·al·ist** *s* lustiger Gesellschafter. **conˌviv·iˈal·i·ty** [-vɪˈælətɪ] *s* Geselligkeit *f,* unbeschwerte Heiterkeit.

con·vo·ca·tion [ˌkɒnvəʊˈkeɪʃn; -vəˈk-; *Am.* ˌkɑnvəˈk-] *s* **1.** Ein-, Zs.-berufung *f.* **2.** Versammlung *f.* **3.** *relig.* a) Provinziˈalsynˌode *f* (*der anglikanischen Kirche, bes. von Canterbury u. York*), b) Episkoˈpalsynˌode *f,* Kirchspielversammlung *f* (*der protestantischen Kirche*). **4.** *univ.* a) gesetzgebende Versammlung (*Oxford u. Durham*), b) außerordentliche Seˈnatssitzung (*Cambridge*), c) *Am.* Promotiˈons- *od.* Eröffnungsfeier *f.*

con·voke [kənˈvəʊk] *v/t* (*bes. amtlich*) einberufen, zs.-rufen.

con·vo·lute [ˈkɒnvəluːt; *Am.* ˈkɑn-] *adj bes. bot.* (zs.-, übereinˈander)gerollt, gewickelt, ringelförmig. **ˈcon·vo·lut·ed** *adj* **1.** *bes. bot.* zs.-gerollt, gewunden, spiˈralig. **2.** *med.* knäuelförmig. **ˌcon·voˈlu·tion** *s* **1.** Ein-, Zs.-rollung *f,* (Zs.-)Wick(e)lung *f.* **2.** *tech.* Windung *f,* ˈSchrauben(ˌum)gang *m.* **3.** *anat.* (*bes.* Gehirn)Windung *f.*

con·vol·vu·lus [kənˈvɒlvjʊləs; *Am. a.* -ˈvɑlv-] *pl* **-lus·es** *od.* **-li** [-laɪ] *s bot.* Winde *f.*

con·voy [ˈkɒnvɔɪ; *Am.* ˈkɑn-] **I** *s* **1.** Geleit *n,* Begleitung *f,* Schutz *m.* **2.** *mil.* a) Esˈkorte *f,* Bedeckung *f,* b) *a. allg.* (ˈWagen)Koˌlonne *f,* Konˈvoi *m,* c) (bewachter) Transˈport. **3.** *mar.* Geleitzug *m,* Konˈvoi *m*: **to sail under ~** im Geleitzug fahren. **II** *v/t* [*a.* kənˈvɔɪ] **4.** Geleitschutz geben (*dat*), eskorˈtieren.

con·vulse [kənˈvʌls] **I** *v/t* **1.** erschüttern (*a. fig. pol. etc*), in Zuckungen versetzen: **to be ~d with** → 4. **2.** *Muskeln etc* krampfhaft zs.-ziehen: **~d features** verzerrte Züge. **3.** in Lachkrämpfe versetzen. **II** *v/i* **4.** ~ **with** sich krümmen vor (*Lachen, Schmerzen etc*). **conˈvul·sion** *s* **1.** *bes. med.* Krampf *m*, Zuckung *f*, Konvulsiˈon *f*: **nervous ~s** nervöse Zuckungen; **to go into ~s, to be seized with ~s** Krämpfe bekommen. **2.** *pl* Lachkrampf *m*: **they were all in ~s** sie krümmten sich alle vor Lachen. **3.** *pol.* Erschütterung *f*. **4.** *geol.* Erdstoß *m*, (Boden)Erschütterung *f*. **conˈvul·sion·ar·y** [-ʃnərɪ; *Am.* -ʃəˌneri:] **I** *s* **1.** an Zuckungen *od.* Krämpfen Leidende(r *m*) *f*. **2. C~** *relig. hist.* Janseˈnist *m*. **II** *adj* **3.** → **convulsive** 1. **4. C~** *relig. hist.* janseˈnistisch.

con·vul·sive [kənˈvʌlsɪv] *adj* (*adv* **~ly**) **1.** krampfhaft, -artig, konvulˈsiv. **2.** von Krämpfen befallen. **3.** *fig.* erschütternd.

co·ny [ˈkəʊnɪ] *s* **1.** *zo.* (*bes.* ˈWild)Kaˌninchen *n*: ~ **burrow** Kaninchenbau *m*. **2.** Kaˈninchenfell *n*, *bes.* ˈSealkaˌnin *n* (*Imitation von Sealskin*).

coo [ku:] **I** *v/i orn.* gurren (*a. fig.*). **II** *v/t fig. etwas* gurren, säuseln, ‚flöten'. **III** *s* Gurren *n*. **IV** *interj Br. sl.* Mensch!, Mann!

coo·ee, coo·ey [ˈku:ɪ; ˈku:i:] **I** *s* Huhu *n* (*Signalruf*): **within ~** in Rufweite. **II** *v/i* huhu rufen. **III** *interj* huhu!

cook [kʊk] **I** *s* **1.** Koch *m*, Köchin *f*: **too many ~s spoil the broth** viele Köche verderben den Brei. **II** *v/t* **2.** *Speisen* kochen, zubereiten, braten, backen; → **goose** 1. **3.** *bes. tech.* der Hitze aussetzen, rösten. **4.** *a.* ~ **up** *colloq.* zs.-brauen, sich ausdenken, erfinden, erdichten: **to ~ up a story**. **5.** *colloq.* ‚friˈsieren', (ver)fälschen: **~ed accounts** *econ.* frisierte *od.* gefälschte Abrechnungen. **6.** (*durch Einführen in e-n Reaktor*) radioakˈtiv machen. **7. ~ed** *colloq.* a) ‚erledigt', ‚fertig' (*erschöpft od. ruiniert*), b) *Am.* ‚blau' (*betrunken*). **III** *v/i* **8.** kochen: **to ~ out** *Am.* abkochen; **now you are ~ing with gas!** *sl.* ‚jetzt bist du auf dem richtigen Dampfer!' **9.** kochen, gekocht werden (*Speisen*): **what's ~ing?** *colloq.* was ist los?, was tut sich? **10.** sich *gut etc* kochen lassen.

ˈcook·book *s bes. Am.* Kochbuch *n*.

cook·er [ˈkʊkə(r)] *s* **1.** a) Kocher *m*, Kochgerät *n*, b) *Br.* Herd *m*. **2.** Kochgefäß *n*. **3.** Kochfrucht *f*, zum Kochen geeignete Frucht, *z.B.* Kochapfel *m*. ~ **hood** *s Br.* Abzugshaube *f*.

cook·er·y [ˈkʊkərɪ] *s* **1.** Kochen *n*. **2.** Kochen *n*, Kochkunst *f*. **3.** *Am.* Kochstelle *f*. ~ **book** *s bes. Br.* Kochbuch *n*. ~ **dem·on·stra·tion** *s* Kochvorführung *f*.

ˌcook|-ˈgen·er·al *pl* **ˌcooks-ˈgen·er·al** *s Br.* Mädchen *n* für alles. **ˈ~·house** *s* **1.** *bes. mil.* Feldküche *f*. **2.** *mar.* Komˈbüse *f*, Schiffsküche *f*.

cook·ie [ˈkʊkɪ] *s* **1.** *Am.* (süßer) Keks, Plätzchen *n*: ~ **cutter** Ausstech(back)form *f*; ~ **pusher** *colloq.* a) ‚zahmer Salonlöwe', b) ‚Waschlappen' *m*, c) Karrieremacher *m*; **that's the way the ~ crumbles** *colloq.* so geht's nun mal im Leben, so ist's nun mal; **to toss one's ~s** *sl.* ‚Bröckchen husten *od.* lachen' (*sich übergeben*). **2.** *Scot.* Brötchen *n*, Semmel *f*. **3.** *bes. Am. colloq.* a) Kerl *m*, Bursche *m*: **a smart ~; he's a tough ~** mit ihm ist nicht gut Kirschen essen, b) ‚Süße' *f*, Schätzchen *n*.

cook·ing [ˈkʊkɪŋ] **I** *s* **1.** Kochen *n*. **2.** Küche *f*, Art *f* zu kochen: **Italian ~** die italienische Küche. **II** *adj* **3.** Koch... ~ **ap·ple** *s* Kochapfel *m*. ~ **plate** *s electr.* Kochplatte *f*. ~ **range** *s* Kochherd *m*. ~ **so·da** *s colloq.* Natron *n*.

ˈcook|ˌout *s Am.* Abkochen *n*. **ˈ~ˌroom** *s Am.* **1.** Küche *f*. **2.** → **cookhouse** 2. **ˈ~·shop** *s* Speisehaus *n*. **ˈ~ˌstove** *s Am.* Herd *m*.

cook·y → **cookie**.

cool [ku:l] **I** *adj* (*adv* **~ly**) **1.** kühl, frisch: **to get ~** sich abkühlen; **to keep ~** kühl *od.* frisch bleiben. **2.** kühl(end), Kühle ausstrahlend: **a ~ dress** ein leichtes Kleid. **3.** kühl(end), erfrischend. **4.** fieberfrei. **5.** kühl, ruhig, beherrscht, gelassen, kalt (-blütig): **to keep ~** e-n kühlen Kopf behalten; **keep ~!** reg dich nicht auf!; → **cucumber** 1. **6.** kühl, gleichgültig, lau. **7.** kühl, kalt, abweisend: **a ~ reception** ein kühler Empfang. **8.** unverschämt, unverfroren, frech: **~ cheek** *fig.* Frechheit *f*. **9.** *fig. colloq.* glatt, rund: **a ~ thousand dollars** glatte *od.* die Kleinigkeit von tausend Dollar. **10.** kühl, kalt: ~ **colo(u)r**. **11.** *colloq.* ‚kühl', leidenschaftslos, intellektuˈell unterˈkühlt. **12.** *bes. Am. colloq.* ‚klasse', ‚prima'. **II** *s* **13.** Kühle *f*, Frische *f* (*der Luft*): **in the ~ of the evening** in der Abendkühle. **14.** kühler Ort. **15.** kühle Tageszeit. **16.** *colloq.* (Selbst)Beherrschung *f*: **to blow** (*od.* **lose**) **one's ~** ‚hochgehen', die Beherrschung verlieren; **to keep one's ~** ruhig bleiben, die Nerven behalten. **III** *v/t* **17.** (ab)kühlen, kalt werden lassen: **to ~ a bearing** *tech.* ein (*heißgelaufenes*) Lager abkühlen; **to ~ a liquid** e-e Flüssigkeit abkühlen lassen; **to ~ it** *colloq.* a) ruhig bleiben, die Nerven behalten, b) ‚sich raushalten'; **~ it!** *colloq.* immer mit der Ruhe!; reg dich ab!; → **heel**[1] *Bes. Redew.* **18.** *fig. Leidenschaften etc* abkühlen, beruhigen. **19.** (ab)kühlen, erfrischen. **IV** *v/i* **20.** kühl werden, sich (ab-) kühlen: **to let one's soup ~** s-e Suppe abkühlen lassen. **21.** ~ **down** (*od.* **off**) *fig.* sich abkühlen, sich legen, nachlassen, sich beruhigen. **22.** ~ **down** *colloq.* a) besonnener werden, b) sich abregen.

cool·ant [ˈku:lənt] *s tech.* Kühlmittel *n*, *bes. mot.* Kühlwasser *n*.

cool| bag *s* Kühltasche *f*. ~ **box** *s* [Kühlbox *f*.]

ˈcool·er *s* **1.** (*Wein- etc*)Kühler *m*. **2.** a) Kühlraum *m*, b) Kühlbehälter *m*. **3.** kühlendes Getränk *od.* Mittel. **4.** *fig.* Dämpfer *m*, ‚kalte Dusche': **to put a ~ on s.th.** e-r Sache e-n Dämpfer aufsetzen. **5.** *sl.* ‚Kittchen' *n* (*Gefängnis*).

ˈcool|-ˌham·mer *v/t tech.* kalthämmern, -schmieden. **ˌ~ˈhead·ed** *adj* **1.** besonnen, kaltblütig. **2.** leidenschaftslos. **ˈ~·house** *s* Kühlhaus *n*.

coo·lie [ˈku:lɪ] *s* Kuli *m*, Tagelöhner *m*.

cool·ing [ˈku:lɪŋ] **I** *adj* **1.** (ab)kühlend. **2.** kühlend, erfrischend. **3.** *tech.* Kühl...: ~ **air**; ~ **liquid**; ~ **tower**; ~ **coil** Kühlschlange *f*; ~ **fin** Kühlrippe *f*; ~ **plant** Kühlanlage *f*. **II** *s* **4.** (Ab)Kühlung *f*. **ˌ~-ˈoff I** *s bes. fig.* Abkühlung *f*. **II** *adj fig.* zur Beruhigung (der Gemüter): ~ **period** *econ. Am.* Abkühlungsfrist *f*.

cool·ish [ˈku:lɪʃ] *adj* etwas kühl.

cool·ness [ˈku:lnɪs] *s* **1.** Kühle *f*. **2.** *fig.* Kühle *f*, Gelassenheit *f*, Kaltblütigkeit *f*. **3.** Gleichgültigkeit *f*, Lauheit *f*. **4.** Kälte *f*, kalte Förmlichkeit. **5.** Unverfrorenheit *f*.

coo·ly → **coolie**.

coom [ku:m] *s Br. dial.* **1.** Kohlenstaub *m*, Ruß *m*. **2.** a) Schlacke *f*, b) Asche *f*.

coomb(e) [ku:m] *s Br.* enge Talmulde.

coon [ku:n] *s* **1.** *zo. colloq.* Waschbär *m*: **he is a gone ~** mit ihm ist's aus; **for a ~'s age** *Am.* seit e-r Ewigkeit. **2.** *Am. sl.* a) *contp.* Neger(in): ~ **song** Negerlied *n*, b) ‚schlauer Fuchs'.

coon·can [ˈku:nˌkæn] *s Am.* (*Art*) Rommé *n* (*Kartenspiel*).

coop [ku:p] **I** *s* **1.** Hühnerstall *m*. **2.** Fischkorb *m* (*zum Fischfang*). **3.** *colloq.* ‚Kaˈbuff' *n*, enger Raum. **4.** *colloq.* Gefängnis *n*, ‚Kittchen' *n*: **to fly the ~** sich aus dem Staub machen. **II** *v/t* **5.** *oft* ~ **up**, ~ **in** einsperren, einpferchen.

co-op [ˈkəʊɒp; *Am.* ˈkəʊˌɑp; kəʊˈɑp] *s colloq.* Co-op *m* (*Genossenschaft u. Laden*).

coop·er[1] [ˈku:pə(r)] **I** *s* **1.** Faßbinder *m*, Küfer *m*, Böttcher *m*: **dry ~** Trockenfaßbinder; **white ~** Feinböttcher. **2.** Mischbier *n* (*aus Stout u. Porter*). **II** *v/t* **3.** *Fässer* machen, binden, ausbessern. **4.** *oft* ~ **out**, ~ **up** anfertigen. **5.** *Am. colloq.* ‚vermasseln'.

coo·per[2] → **coper**[1].

coop·er·age [ˈku:pərɪdʒ] *s* **1.** Böttcheˈrei *f*. **2.** Böttcher-, Küferlohn *m*.

co·op·er·ate [kəʊˈɒpəreɪt; *Am.* -ˈɑp-] *v/i* **1.** koopeˈrieren, zs.-arbeiten (**with** mit *j-m*; **in** bei *e-r Sache*; **to, toward[s]** zu *e-m Zweck*). **2.** (**in**) mitwirken (an *dat*), helfen *od.* behilflich sein (bei). **coˌop·erˈa·tion** *s* **1.** Kooperatiˈon *f*, Zs.-arbeit *f*. **2.** Mitarbeit *f*, Mitwirkung *f*, Hilfe *f*. **3.** a) genossenschaftlicher Zs.-schluß, b) auf Gegenseitigkeit begründete Zs.-arbeit e-r Genossenschaft. **coˌop·erˈa·tion·ist** → **cooperator** 2. **coˈop·er·a·tive** [-rətɪv; *Am. a.* -ˌreɪtɪv] **I** *adj* (*adv* **~ly**) **1.** koopeˈrierend, zs.-arbeitend. **2.** mitarbeitend, -wirkend. **3.** kooperaˈtiv, zur Mitarbeit bereit, hilfsbereit. **4.** *econ.* a) Gemeinschafts..., b) genossenschaftlich, Genossenschafts...: ~ **advertising** Gemeinschaftswerbung *f*; ~ **bank** Genossenschaftsbank *f*; ~ **building society** *Br.* Bau(spar)genossenschaft *f*; ~ **buying (marketing, selling) association** Einkaufs-(Absatz-, Verkaufs)genossenschaft *f*; ~ **society** → 5; ~ **store** → 6. **II** *s* **5.** Co-op *m*: a) Genossenschaft *f*, b) Konˈsumverein *m*. **6.** Co-op *m*, Konˈsumladen *m*. **coˈop·er·a·tive·ness** *s* **1.** Bereitschaft *f* zur Zs.-arbeit. **2.** Hilfsbereitschaft *f*. **coˈop·er·a·tor** [-reɪtə(r)] *s* **1.** Mitarbeiter(in), Mitwirkende(r *m*) *f*. **2.** Genossenschaftsmitglied *n*, Mitglied *n* e-s Konˈsumvereins.

Coo·per pair [ˈku:pə(r)] *s phys.* Cooper-Paar *n*.

co-opt [kəʊˈɒpt; *Am.* -ˈɑpt] *v/t* hinˈzuwählen. **ˌco-opˈta·tion** *s* Zuwahl *f*.

co·or·di·nate [kəʊˈɔ:(r)dɪneɪt; -dneɪt] **I** *v/t* **1.** koordiˈnieren, bei-, gleichordnen, gleichschalten, einheitlich gestalten, (miteinˈander) in Einklang bringen, aufeinˈander abstimmen. **2.** ausrichten, richtig anordnen. **II** *v/i* **3.** sich aufeinˈander abstimmen, harˈmonisch zs.-wirken. **III** *adj* [-dnət; *Am. a.* -dnˌeɪt] (*adv* **~ly**) **4.** koordiˈniert, bei-, gleichgeordnet, gleichrangig, -wertig, -artig: ~ **clause** beigeordneter Satz; ~ **court** *jur.* gleichgeordnetes Gericht. **5.** *math.* Koordinaten...: ~ **system**; ~ **geometry** analytische Geometrie. **6.** *ped. univ. Am.* nach Geschlechtern getrennt: ~ **university**. **IV** *s* [-dnət; *Am. a.* -dnˌeɪt] **7.** Beigeordnetes *n*, Gleichwertiges *n*, -rangiges *n*. **8.** *math.* Koordiˈnate *f*. **9.** *pl* Coˈordinates *pl* (*in Farbe, Material etc aufeinander abgestimmte Kleidungsstücke*).

co·or·di·na·tion [kəʊˌɔ:(r)dɪˈneɪʃn; -dnˈeɪʃn] *s* **1.** Koordinatiˈon *f*, Koordiˈnierung *f*, Gleich-, Beiordnung *f*, Gleichstellung *f*, -schaltung *f*, Abstimmung *f* (aufeinˈander). **2.** Ausrichtung *f*. **3.** harˈmonisches Zs.-spiel, Zs.-arbeit *f*, Überˈeinstimmung *f*. **4.** *physiol.* Koordinatiˈon *f* (*harmonisches Zs.-wirken der Muskeln*). ~ **al·low·ance** *s econ. Am. sich* *über mehrere Monate erstreckende Ausgleichszahlung bei Entlassung.* **~ compound** *s chem.* Koordinatiˈonsverbindung *f.*

co·or·di·na·tive [kəʊˈɔː(r)dɪnətɪv; -dnətɪv; *Am. a.* -dnˌeɪtɪv] *adj* bei-, gleichordnend. **coˈor·di·na·tor** [-dɪneɪtə(r); -dn-] *s* Koordiˈnator *m.*

coot [kuːt] *s* **1.** *orn.* Wasser-, *bes.* Bläßhuhn *n*: **(as) bald as a ~** *colloq.* völlig kahl. **2.** *colloq.* Trottel *m.*

coot·er [ˈkuːtə(r)] *s zo.* **1.** *(e-e)* Dosenschildkröte. **2.** *(e-e)* Schmuckschildkröte. **3.** Alliˈgatorschildkröte *f.*

coot·ie [ˈkuːtiː] *s Am. sl.* Kleiderlaus *f.*

cop¹ [kɒp; *Am.* kɑp] *s* **1.** *Spinnerei*: a) (Garn)Kötzer *m*, (Garn)Winde *f*, b) Garnwickel *m*, -spule *f*, -knäuel *m.* **2.** a) Haufen *m*, b) (kleiner) Hügel.

cop² [kɒp; *Am.* kɑp] *sl.* **I** *v/t* **1.** erwischen (at bei): **to ~ s.o. doing s.th.** j-n (dabei) erwischen, wie er etwas tut; **to ~ it** ‚sein Fett (ab)kriegen'; → **packet** 5. **2.** ‚klauen', stehlen. **3. ~ a plea** *bes. Am.* sich wegen e-r kleinen Straftat schuldig bekennen *(um nicht wegen e-r größeren vor Gericht gestellt zu werden).* **II** *v/i* **4. ~ out** a) e-n Rückzieher machen, ‚aussteigen' (of, on aus): **to ~ out on society** aussteigen, b) sich drücken (**of, on** vor *dat*). **III** *s* **5.** *Br.* Erwischen *n*: **it's a fair ~** jetzt hat's mich erwischt. **6. no great ~, not much ~** *Br.* ‚nicht so toll'. **7.** ‚Bulle' *m* *(Polizist)*: **to be on the ~s** bei der Polizei sein.

co·pa·cet·ic [ˌkəʊpəˈsetɪk; -ˈsiː-] *adj Am. sl.* ‚klasse', ‚prima'.

co·pal [ˈkəʊpəl; -pl; kəʊˈpæl] *s tech.* Koˈpal(harz *n*) *m.*

co·par·ce·nar·y [ˌkəʊˈpɑːsənərɪ; *Am.* -ˈpɑːrsnˌeriː] *s jur.* gemeinschaftliches Eigentum (gleichberechtigter gesetzlicher Erben an Grundbesitz). **coˈpar·ce·ner** *s* Miterbe *m*, -erbin *f*, Miteigentümer(in).

co·part·ner [ˌkəʊˈpɑː(r)tnə(r)] *s* Teilhaber *m*, Mitinhaber *m.* **coˈpart·ner·ship, coˈpart·ner·y** *s econ.* **1.** Teilhaberschaft *f.* **2.** *Br.* Gewinn- *od.* Mitbeteiligung *f* (**of labo[u]r** der Arbeitnehmer).

cope¹ [kəʊp] **I** *v/i* **1.** kämpfen, sich messen, es aufnehmen (**with** mit). **2.** (**with**) gewachsen sein *(dat)*, fertig werden (mit), bewältigen, meistern *(acc)*: **to ~ with the situation.** **3.** zu Rande kommen, die Lage meistern. **II** *v/t* **4.** *Br. obs.* a) kämpfen mit, b) *j-m* begegnen.

cope² [kəʊp] **I** *s* **1.** *relig.* Chor-, Vespermantel *m*, Chorrock *m.* **2.** *fig.* Mantel *m.* **3.** *fig.* Gewölbe *n*, Zelt *n*, Dach *n*: **the ~ of heaven** das Himmelszelt. **4.** → **coping.** **5.** *Gießerei*: obere Formhälfte. **II** *v/t* **6.** mit e-m Chorrock bekleiden. **7.** *arch.* (be)decken.

co·peck → **kope(c)k.**

cope·mate [ˈkəʊpmeɪt] *s obs.* **1.** Gegner *m.* **2.** Genosse *m.*

co·pen·ha·gen (blue) [ˌkəʊpnˈheɪgən] *s* Graublau *n.*

co·pe·pod [ˈkəʊpɪpɒd; *Am.* -pəˌpɑd] *s zo.* Ruderfüßer *m*, Ruderfußkrebs *m.*

cop·er¹ [ˈkəʊpə(r)] *s mar.* Branntweinschiff *n*, Küper *m.*

cop·er² [ˈkəʊpə(r)] *s Br.* Pferdehändler *m.*

Co·per·ni·can [kəʊˈpɜːnɪkən; *Am.* -ˈpɜr-] **I** *adj* koperniˈkanisch: **~ system** *astr.* kopernikanisches (Welt)System. **II** *s* Koperniˈkaner *m.*

co·pe·set·ic → **copacetic.**

copes·mate [ˈkəʊpsmeɪt] → **copemate.**

ˈcope·stone *s* **1.** *arch.* Deck-, Kappenstein *m.* **2.** *fig.* Krönung *f*, Schlußstein *m.*

co·phas·al [ˌkəʊˈfeɪzl] *adj electr.* gleichphasig.

cop·i·er [ˈkɒpɪə(r); *Am.* ˈkɑ-] *s* **1.** *tech.* Koˈpiergerät *n*, Koˈpierer *m.* **2.** → **copyist.**

co·pi·lot [ˈkəʊˌpaɪlət] *s aer.* ˈKopiˌlot *m.*

cop·ing [ˈkəʊpɪŋ] *s arch.* Mauerkappe *f*, -krönung *f.* **~ saw** *s* Laubsäge *f.* **~ stone** → **copestone.**

co·pi·ous [ˈkəʊpjəs; -pɪəs] *adj* (*adv* **~ly**) **1.** reich(lich), ausgiebig: **a ~ supply** ein reichlicher Vorrat; **~ footnotes** e-e Fülle von Fußnoten. **2.** gedankenreich. **3.** wortreich, weitschweifig, ˈüberschwenglich: **~ style.** **4.** produkˈtiv, fruchtbar: **~ writer.** **ˈco·pi·ous·ness** *s* **1.** Reichlichkeit *f*, Fülle *f*, ˈÜberfluß *m.* **2.** Weitschweifigkeit *f*, Wortreichtum *m.*

co·plain·tiff [ˌkəʊˈpleɪntɪf] *s jur.* Mitkläger(in).

co·pla·nar [ˌkəʊˈpleɪnə(r)] *adj math.* koplaˈnar.

co·pol·y·mer [ˌkəʊˈpɒlɪmə(r); *Am.* -ˈpɑ-] *s chem.* Copolyˈmer *n.* **co·pol·y·mer·i·za·tion** [kəʊˌpɒlɪməraɪˈzeɪʃn; *Am.* -ˌpɑləməraˈz-] *s* Copolymerisatiˈon *f.* **co·pol·y·mer·ize** [ˌkəʊˈpɒlɪməraɪz; *Am.* -ˈpɑ-] *v/t* gleichzeitig polymeriˈsieren.

ˈcop-out *s sl.* **1.** Vorwand *m.* **2.** Rückzieher *m.* **3.** ‚Aussteiger(in)'.

copped [kɒpt; *Am.* kɑpt] *adj* zugespitzt, spitz.

cop·per¹ [ˈkɒpə; *Am.* ˈkɑpər] **I** *s* **1.** *min.* Kupfer *n*: **~ in rolls** Rollenkupfer; **~ in sheets** Kupferblech *n.* **2.** Kupfermünze *f*: **~s** Kupfergeld *n.* **3.** Kupferbehälter *m*, -gefäß *n.* **4.** (Kupfer-, *Br. bes.* Wasch-) Kessel *m.* **5.** *pl econ. colloq.* Kupferaktien *pl*, -werte *pl.* **6.** Kupferrot *n.* **II** *v/t* **7.** *tech.* a) verkupfern, b) mit Kupfer(blech) überˈziehen. **III** *adj* **8.** kupfern, aus Kupfer, Kupfer... **9.** kupferrot.

cop·per² [ˈkɒpə; *Am.* ˈkɑpər] *s sl.* ‚Bulle' *m* *(Polizist)*: **~'s nark** *Br.* Polizeispitzel *m.*

cop·per·as [ˈkɒpərəs; *Am.* ˈkɑ-] *s chem.* ˈEisenvitriˌol *n*, ˈFerrosulˌfat *n.*

cop·per| beech *s bot.* Blutbuche *f.* **~ blue** *s* Kupferblau *n.* **ˌ~-ˈbot·tomed** *adj* **1.** mit Kupferboden. **2.** *mar.* mit Kupferbeschlag *od.* Kupferhaut. **3.** *fig.* a) kerngesund, b) kapiˈtalkräftig. **~ chlo·ride** *s chem.* ˈKupferchloˌrid *n*, Chlorkupfer *n.* **~ en·grav·ing** *s* Kupferstich *m* *(Bild u. Technik).* **~ glance** *s min.* Kupferglanz *m.* **ˈ~head** *s zo.* Mokassinschlange *f.* **C~ In·di·an** *s* Ahteˈna-Indiˌaner *m.*

cop·per·ize [ˈkɒpəraɪz; *Am.* ˈkɑ-] *v/t tech.* verkupfern, mit Kupfer überˈziehen.

cop·per| loss *s electr.* Kupferverlust *m.* **ˈ~nose** *s* **1.** *sl.* ‚Lötkolben' *m*, Säufernase *f.* **2.** *orn.* Trauerente *f.* **~ ore** *s min.* Kupfererz *n*: **azure ~** Kupferlasur *f*; **green ~** Malachit *m*; **yellow ~** Kupferkies *m.* **ˈ~plate I** *s tech.* **1.** Kupferplatte *f.* **2.** Kupferstichplatte *f.* **3.** Kupferstich *m*: **like ~** → 6. **4.** gestochene Handschrift. **II** *adj* **5.** Kupferstich... **6.** (wie) gestochen: **~ writing.** **ˈ~ˌplat·ed** *adj tech.* ˈkupferplatˌtiert, verkupfert. **ˈ~ˌplat·ing** *s tech.* *(galvanische)* Verkupferung, ˈKupferˌüberzug *m.* **~ py·ri·tes** *s min.* Kupferkies *m.* **~ red** *s* Kupferrot *n.* **~ rust** *s* Grünspan *m.* **ˈ~smith** *s* Kupferschmied *m.*

cop·per·y [ˈkɒpərɪ; *Am.* ˈkɑ-] *adj* kupferig: a) kupferhaltig, b) kupferartig *od.* -farbig.

cop·pice [ˈkɒpɪs; *Am.* ˈkɑpəs] *s* **1.** Niederwald *m*, ˈUnterholz *n*, Gestrüpp *n*, Dickicht *n.* **2.** geschlagenes Holz. **3.** niedriges Wäldchen, Gehölz *n.* **~ shoot** *s bot.* Wasser-, Nebenreis *n.*

cop·ra [ˈkɒprə; *Am.* ˈkəʊ-; ˈkɑ-] *s* Kopra *f.*

cop·ro·la·li·a [ˌkɒprəʊˈleɪlɪə; *Am.* ˌkɑprəˈl-] *s psych.* Koprolaˈlie *f* *(krankhafte Neigung zum Aussprechen obszöner Wörter, meist aus dem Analbereich).*

cop·ro·lite [ˈkɒprəlaɪt; *Am.* ˈkɑ-] *s geol.* Koproˈlith *m*, Kotstein *m.* **ˈcop·ro·lith** [-lɪθ] *s med.* Koproˈlith *m*, Darm-, Kotstein *m.*

cop·roph·a·gan [kɒˈprɒfəgən; *Am.* kɑˈprɑ-] *s zo.* Koproˈphage *m*, Kotfresser *m*, *bes.* Mistkäfer *m.* **copˈroph·a·gist** [-dʒɪst] *s med. psych.* Koproˈphage(r *m*) *f.* **copˈroph·a·gous** [-gəs] *adj zo.* koproˈphag, kot-, mistfressend. **copˈroph·a·gy** [-dʒɪ] *s* **1.** *zo.* Kot-, Mistfressen *n.* **2.** *med. psych.* Koprophaˈgie *f*, Kotessen *n.* **cop·ro·phil·i·a** [ˌkɒprəʊˈfɪlɪə; *Am.* ˌkɑprəˈf-] *s med. psych.* Koprophiˈlie *f* *(krankhaftes Interesse am Kot).* **copˈroph·i·lous** [-fɪləs] *adj* **1.** *bot.* koproˈphil, auf Mist gedeihend *(Pilze etc).* **2.** *zo.* koproˈphil, in Mist *od.* Kot lebend. **3.** *med. psych.* koproˈphil.

copse [kɒps; *Am.* kɑps], **ˈ~wood** → **coppice.**

ˈcop·shop *s sl.* (Poliˈzei)ReˌVier *n.*

ˈcops·y *adj* buschig.

Copt [kɒpt; *Am.* kɑpt] *s* Kopte *m*, Koptin *f.*

cop·ter [ˈkɒptə(r); *Am.* ˈkɑp-] *s colloq.* Hubschrauber *m.*

Cop·tic [ˈkɒptɪk; *Am.* ˈkɑ-] **I** *s ling.* Koptisch *n*, das Koptische. **II** *adj* koptisch.

cop·u·la [ˈkɒpjʊlə; *Am.* ˈkɑ-] *pl* **-las,** *a.* **-lae** [-liː] *s* **1.** Bindeglied *n.* **2.** Kopula *f*: a) *ling.* Bindewort *n*, Satzband *n*, b) *philos. drittes Glied e-s Urteils.* **3.** *med.* a) seroˈlogisches Bindeglied, b) Amboˈzeptor *m*, Imˈmunkörper *m.*

cop·u·late [ˈkɒpjʊleɪt; *Am.* ˈkɑ-] *v/i* kopuˈlieren: a) koiˈtieren, b) *zo.* sich paaren. **ˌcop·uˈla·tion** *s* **1.** Verbindung *f.* **2.** *ling.* Verbindung *f (von Subjekt u. Prädikat)* durch e-e Kopula. **3.** Kopulatiˈon *f*: a) Koitus *m*, b) *zo.* Paarung *f.* **ˈcop·u·la·tive** [-lətɪv; *bes. Am.* -leɪtɪv] **I** *adj* **1.** verbindend, Binde... **2.** *ling.* verbindend, kopulaˈtiv *(Wort).* **3.** → **copulatory.** **II** *s* **4.** *ling.* Kopula *f.* **ˈcop·u·la·to·ry** [-lətərɪ; *Am.* -ləˌtəʊriː; -ˌtɔː-] *adj biol.* Kopulations...

cop·y [ˈkɒpɪ; *Am.* ˈkɑpiː] **I** *s* **1.** Koˈpie *f*, Abschrift *f*: **certified** (*od.* **exemplified**) **~** beglaubigte Abschrift; **fair** (*od.* **clean**) **~** Reinschrift; **rough** (*od.* **foul**) **~** erster Entwurf, Konzept *n*, Kladde *f*; **true ~** (wort)getreue Abschrift. **2.** ˈDurchschlag *m* *(Schreibmaschinentext).* **3.** Pause *f*, *(a. phot.)* Abzug *m.* **4.** *jur.* a) Ausfertigung *f* *(e-r Urkunde)*, b) *Br. hist.* Abschrift *f* des Zinsbuchs e-s Lehnsherrn, c) → **copyhold.** **5.** Nachahmung *f*, -bildung *f*, Reproduktiˈon *f*, Koˈpie *f*: **~ of a painting**; **~ of a machine.** **6.** Muster *n*, Moˈdell *n*, Vorlage *f.* **7.** *print.* a) (Satz)Vorlage *f*, druckfertiges Manuˈskript, b) Kliˈscheevorlage *f*, c) ˈUmdruck *m*, d) Abklatsch *m.* **8.** Exemˈplar *n*: **~ of a book.** **9.** (Werbe-, Zeitungs- *etc*)Text *m.* **10.** (literarisches) Materiˈal, Stoff *m*: **it makes good ~** das gibt e-n guten Stoff ab; **he is good ~** er ‚gibt etwas her' *(für die Presse).* **II** *v/t* **11.** abschreiben, e-e Koˈpie anfertigen von, *(Computer) Daten* überˈtragen: **to ~ down from the blackboard** von der Tafel abschreiben; **to ~ out** ins reine schreiben, abschreiben. **12.** (ˈdurch-, ab-) pausen. **13.** *phot.* koˈpieren, e-n Abzug machen von. **14.** nachbilden, reproduˈzieren. **15.** nachahmen, -machen, imiˈtieren, koˈpieren: **to ~ from life** nach dem Leben *od.* der Natur malen *etc.* **16.** *j-n, etwas* nachahmen, -machen, -äffen. **III** *v/i* **17.** koˈpieren, abschreiben (**from** von). **18.** *ped.* (vom Nachbarn) abschreiben. **19.** nachahmen.

ˈcop·y|·book I *s* **1.** *bes. hist.* (Schön-)

Schreibheft *n* (*mit Vorlagen*): **to blot one's ~** *bes. Br. colloq.* sich *od.* s-m Ruf schaden. **2.** *jur. Am.* Kopi'albuch *n.* **II** *adj* **3.** all'täglich, abgedroschen. **'~cat** *colloq.* **I** *s* (*bes.* sklavischer *od.* gedankenloser) Nachahmer *od.* -macher: **~ criminal** Nachahmungstäter *m.* **II** *v/t* (*bes.* sklavisch *od.* gedankenlos) nachahmen *od.* -machen. **~ desk** *s* Redakti'onstisch *m.* **~ ed·i·tor** *s* a) 'Zeitungsredak,teur(in), b) Lektor *m,* Lek'torin *f.* **'~hold** *s jur. Br. hist.* Zinslehen *n,* -gut *n.* **'~hold·er** *s* **1.** *jur. Br. hist.* Zinslehensbesitzer *m.* **2.** *print.* a) Manu'skripthalter *m,* b) Kor'rektorgehilfe *m.*

'cop·y·ing| ink *s* Ko'piertinte *f.* **~ lathe** *s tech.* Ko'pier,drehma,schine *f.* **~ ma·chine** *s tech.* Ko'piergerät *n.* **~ pa·per** *s* Ko'pierpa,pier *n.* **~ pen·cil** *s* Tintenstift *m.* **~ press** *s tech. hist.* Ko'pierpresse *f.*

cop·y·ist ['kɒpɪɪst; *Am.* 'kɑ-] *s* **1.** Abschreiber *m,* Ko'pist *m.* **2.** Nachahmer *m,* Imi'tator *m.*

'cop·y|,read·er *Am.* → **copy editor.** **'~right** *jur.* **I** *s* Urheberrecht *n,* Copyright *n* (in für *od.* von): **~ in designs** *econ. Br.* Urheberrecht an Mustern, Musterschutz *m.* **II** *v/t* a) das Urheberrecht erwerben für *od.* von, b) urheberrechtlich schützen: **to ~ a book.** **III** *adj* urheberrechtlich geschützt. **~ test** *s* Copy-test *m* (*nach dem Copy-testing durchgeführte Untersuchung*). **~ test·ing** *s* Copy-testing *n* (*werbepsychologische Untersuchungsmethode, die die Qualität e-s Werbemittels durch die Reaktion e-r Personengruppe darauf feststellt*). **~ typ·ist** *s* Schreibkraft *f.* **'~,writ·er** *s* Werbetexter *m.*

co·quet [kɒ'ket; *bes. Am.* kəʊ'ket] *v/i* **1.** koket'tieren (**with** mit). **2.** *fig.* tändeln, spielen, liebäugeln (**with** mit). **co·quet·ry** ['kɒkɪtrɪ; *bes. Am.* 'kəʊ-] *s* **1.** Kokette'rie *f.* **2.** Tände'lei *f.*

co·quette [kɒ'ket; *bes. Am.* kəʊ'ket] *s* ko'kettes Mädchen, kokette Frau. **co'quet·tish** *adj* (*adv* **~ly**) ko'kett.

co·quille [kɒ'kɪl; *bes. Am.* kəʊ'kɪl; *a.* -'kiːl] *s* **1.** Co'quille *f:* a) Muschelschale *f,* b) *darin angerichtete Speise:* **~ of turbot** Steinbutt *m* in Muschelschalen. **2.** Stichblatt *n:* **~ of a sword.** **3.** Rüsche *f.*

co·qui·to [kɒ'kiːtəʊ; *bes. Am.* kəʊ'k-] *pl* **-tos,** *a.* **~ palm** *s bot.* Ko'quito-, Honigpalme *f.*

cor [kɔː] *interj Br. sl.* Mensch!, Mann!

cor·a·cle ['kɒrəkl; *Am. a.* 'kɑ-] *s Boot aus mit Häuten überzogenem Weidengeflecht.*

cor·a·coid ['kɒrəkɔɪd; *Am. a.* 'kɑ-] *anat. zo.* **I** *adj* **1.** rabenschnabelförmig. **II** *s* **2.** *a.* **~ bone** Rabenschnabelbein *n.* **3.** *a.* **~ process** Rabenschnabelfortsatz *m.*

cor·al ['kɒrəl; *Am. a.* 'kɑ-] **I** *s* **1.** *zo.* Ko'ralle *f:* a) (*einzelner*) Ko'rallenpo,lyp, b) Ko'rallenske,lett *n,* c) Ko'rallenstock *m.* **2.** Ko'rallenstück *n* (*zu Schmuck verarbeitet*). **3.** Beißring *m od.* Spielzeug *n* (*für Babys*) aus Ko'ralle. **4.** Ko'rallenrot *n.* **5.** unbefruchteter Hummerrogen. **II** *adj* **6.** Korallen... **7.** ko'rallenrot. **~ bead** *s* **1.** Ko'rallenperle *f.* **2.** *pl* Ko'rallenkette *f.* **'~,ber·ry** *s bot.* Peterstrauch *m* (*nordamer. rote Schneebeere*). **~ fish** *s ichth.* Ko'rallenfisch *m.* **~ is·land** *s* Ko'ralleninsel *f.*

cor·al·lif·er·ous [,kɒrə'lɪfərəs; *Am. a.* ,kɑ-] *adj zo.* koralli'gen, ko'rallenbildend.

cor·al·lin ['kɒrəlɪn; *Am. a.* 'kɑ-] → **coralline** 5.

cor·al·line ['kɒrəlaɪn; *Am. a.* 'kɑ-] **I** *adj* **1.** *geol.* Korallen... **2.** ko'rallenähnlich. **3.** ko'rallenrot. **II** *s* **4.** *bot.* Ko'rallenalge *f.* **5.** [-liːn; -lɪn] *chem.* Coral'lin *n.*

cor·al·lite ['kɒrəlaɪt; *Am.* 'kɑ-] *s* **1.** *zo.* Ko'rallenske,lett *n.* **2.** *geol.* a) versteinerte Ko'ralle, b) Ko'rallenmarmor *m.* **'cor·al·loid** *adj* ko'rallenförmig.

cor·al| rag *s geol.* Ko'rallenkalk(stein) *m.* **~ reef** *s* Ko'rallenriff *n.* **'~root** *s bot.* Ko'rallenwurz *f.* **~ snake** *s zo.* Ko'rallenschlange *f.* **~ tree** *s bot.* Ko'rallenbaum *m.* **'~wort** *s bot.* **1.** Zahnwurz *f.* **2.** → **coralroot.**

cor an·glais [,kɔːr'ɑ̃ːŋgleɪ; *Am.* -ɔːn'gleɪ] *s mus.* Englischhorn *n.*

cor·beil ['kɔː(r)bəl; kɔː(r)'beɪ] *s arch.* Blumen-, Fruchtkorb *m* (*als Zierat*).

cor·bel ['kɔː(r)bəl] *arch.* **I** *s* Kragstück *n,* -stein *m,* Kon'sole *f:* **~ table** auf Kragsteinen ruhender Mauervorsprung, Bogenfries *m;* **pointed-arched ~ table** Spitzbogenfries *m.* **II** *v/t pret u. pp* **-beled,** *bes. Br.* **-belled** durch Kragsteine stützen. **'cor·bel·(l)ing** *s arch.* Vorkragung *f.*

cor·bie ['kɔː(r)bɪ] *s Scot.* **1.** Rabe *m.* **2.** Krähe *f.* **~ ga·ble** *s arch.* Staffelgiebel *m.* **'~step** *s arch.* Giebelstufe *f.*

cor bli·mey → **cor.**

cord [kɔː(r)d] **I** *s* **1.** Leine *f,* Schnur *f,* Kordel *f,* Strick *m,* Strang *m,* Seil *n:* **~ fuse** Leitfeuer *n* (*Zündschnur*). **2.** *electr.* (Leitungs-, Anschluß)Schnur *f,* Litze *f.* **3.** Strang *m* (*des Henkers*). **4.** *anat.* Band *n,* Schnur *f,* Strang *m.* **5.** a) Rippe *f* (*e-s Tuches*), b) gerippter Stoff, Rips *m, bes.* → **corduroy** 1, c) *pl* → **corduroy** 2. **6.** → **cord tire.** **7.** Klafter *n, f* (*Raummaß für Holz etc* = 3,6 m³). **8.** *tech.* Meßschnur *f.* **9.** Rippe *f,* Schnur *f,* Bund *m* (*am Buchrücken*). **II** *v/t* **10.** (*mit Schnüren*) befestigen, festbinden. **11.** ver-, zuschnüren. **12.** mit Schnüren verzieren. **13.** *Holz* zu Klaftern aufschichten. **14.** *Buchrücken* rippen. **'cord·age** *s mar.* Tauwerk *n.*

cor·date ['kɔː(r)deɪt] *adj bot. zo.* herzförmig (*Muschel, Blatt etc*).

cord·ed ['kɔː(r)dɪd] *adj* **1.** ge-, verschnürt. **2.** gerippt, gestreift (*Stoff*). **3.** aus Stricken gemacht: **~ ladder** Strickleiter *f.* **4.** in Klaftern aufgestapelt (*Holz*).

Cor·de·lier [,kɔː(r)dɪ'lɪə(r)] *s relig.* Franzis'kaner(mönch) *m.*

cord grass *s bot.* (*ein*) Spartgras *n.*

cor·dial ['kɔːdjəl; *Am.* 'kɔːrdʒəl] **I** *adj* (*adv* **~ly**) **1.** herzlich, freundlich, warm: **a ~ reception.** **2.** herzlich, aufrichtig: **~ thanks; to take a ~ dislike to s.o.** e-e heftige Abneigung gegen j-n fassen. **3.** *med.* belebend, stärkend. **II** *s* **4.** *med. pharm.* belebendes Mittel, Stärkungsmittel *n.* **5.** Li'kör *m.* **6.** *fig.* Wohltat *f,* Labsal *n* (**to** für). **cor·dial·i·ty** [,kɔːdɪ'ælətɪ; *Am.* ,kɔːrdʒɪ'æləti:; kɔːr'dʒæl-], **'cor·dial·ness** *s* Herzlichkeit *f,* Wärme *f.*

cor·di·er·ite ['kɔː(r)dɪəraɪt] *s min.* Cordie'rit *m.*

cor·di·form ['kɔː(r)dɪfɔː(r)m] → **cordate.**

cor·dil·le·ra [,kɔːdɪ'ljeərə; *Am.* ,kɔːrdl'jerə; kɔːr'dɪlərə] *s* Kettengebirge *n,* Kordil'lere *f.*

cord·ite ['kɔː(r)daɪt] *s mil.* Kor'dit *n.*

cor·di·tis [kɔː(r)'daɪtɪs] *s med.* Samenstrangentzündung *f.*

cor·do·ba ['kɔː(r)dəbə] *s* Cordoba *m* (*Münze u. Münzeinheit in Nicaragua*).

cor·don ['kɔː(r)dn] **I** *s* **1.** Litze *f,* Kordel *f.* **2.** Ordensband *n.* **3.** Kor'don *m:* a) *mil.* Postenkette *f:* **~ of sentries,** b) *allg.* Absperrkette *f:* **~ of police.** **4.** Kette *f,* Spa'lier *n* (*Personen*). **5.** *mil.* Mauerkranz *m:* **~ of forts** Festungsgürtel *m.* **6.** *arch.* Kranz(gesims *n*) *m.* **7.** *agr.* Kor'don *m,* 'Schnurspa,lierbaum *m.* **8.** *her.* (Knoten-) Strick *m.* **II** *v/t* **9.** *a.* **~ off** (mit Posten *od.* Seilen) absperren *od.* abriegeln.

cor·don bleu [,kɔː(r)dɔ̃ːm'blɜː] *pl* **-don(s) bleus** [-dɔ̃ː(z)'blɜː] *s* **1.** *hist.* Cordon bleu *m:* a) *blaues Band des französischen Ordens vom Heiligen Geist,* b) Ritter *m* des Ordens vom Heiligen Geist. **2.** *fig.* höchste Auszeichnung. **3.** hochgestellte Per'sönlichkeit. **4.** *humor.* erstklassiger Koch. **5.** *gastr.* Cordon bleu *n.*

cor·do·van ['kɔː(r)dəvən] *s* Korduan(leder) *n.*

cord| stitch *s tech.* Kettenstich *m.* **~ tire,** *bes. Br.* **~ tyre** *s mot.* Kordreifen *m.*

cor·du·roy ['kɔː(r)dərɔɪ] **I** *s* **1.** Kordsamt *m,* Rippsamt *m.* **2.** *pl, a.* **pair of ~s** Kord(samt)hose *f.* **3.** *a.* **~ road** Knüppeldamm *m.* **II** *adj* **4.** Kordsamt...

cord·wain ['kɔː(r)dweɪn] *s obs.* Korduan(leder) *n.* **'cord·wain·er** *s* **1.** the **C~s** die Gilde der Schuhmacher (*der Londoner City*). **2.** *obs.* Schuhmacher *m.*

'cord·wood *s* Klafterholz *n.*

core [kɔː(r)] **I** *s* **1.** *bot.* a) Kerngehäuse *n,* b) Kern *m* (*e-r Frucht*), c) Kernholz *n* (*vom Baum*). **2.** *fig.* (*das*) Innerste (*e-r Sache*), Seele *f,* Herz *n,* Mark *n,* Kern *m:* **the ~ of the problem** der Kern des Problems; **to the ~** bis ins Innerste, zutiefst; **English to the ~** ein Engländer durch u. durch; → **rotten** 1. **3.** *electr.* a) Kern *m* (*Elektromagnet, Spule etc*), b) Ankerkern *m* (*Dynamo*), c) Kabelkern *m,* Seele *f* (*a. e-s Seils*). **4.** *tech.* a) *Furnierarbeit:* Blindholz *n,* b) *Bergbau etc:* Bohrkern *m:* **~ drill** Kernbohrer *m;* **~ drilling** Bohrprobe *f,* c) *Formerei:* (Form)Kern *m.* **5.** *arch.* Kern *m,* Füllung *f:* **~ of a column.** **6.** *phys.* a) 'Rumpfa,tom *n,* b) Re'aktorkern *m.* **7.** *med.* (Eiter-) Pfropf *m* (*e-s Geschwürs*). **II** *v/t* **8.** *Obst* entkernen, das Kerngehäuse entfernen von (*Äpfeln etc*).

Co·re·an → **Korean.**

cored [kɔː(r)d] *adj* **1.** *a. tech.* mit Kern (versehen): **~ electrode** *electr.* Seelenelektrode *f.* **2.** entkernt, ohne Kerngehäuse. **3.** *tech.* hohl: **~ hole** Kernloch *n.*

co·re·late [,kəʊrɪ'leɪt], **,co·re'la·tion** *bes. Br.* → **correlate, correlation.**

co·re·li·gion·ist [,kəʊrɪ'lɪdʒənɪst] *s* Glaubensgenosse *m,* -genossin *f.*

core mem·o·ry *s Computer:* (Ma'gnet-) Kernspeicher *m.*

co·re·op·sis [,kɒrɪ'ɒpsɪs; *Am.* ,kəʊrɪ'ɑp-] *s bot.* Mädchenauge *n.*

cor·er ['kɔːrə(r)] *s* Fruchtentkerner *m.*

co·re·spond·ent [,kəʊrɪ'spɒndənt; *Am.* -'spɑn-] *s jur.* Mitbeklagte(r *m*) *f* (*bes. im Ehescheidungsverfahren*).

core time *s* Kernzeit *f* (*Ggs. Gleitzeit*).

corf [kɔːf] *pl* **corves** [kɔːvz] *s Br.* **1.** *Bergbau:* Förderkorb *m,* Schlepptrog *m.* **2.** Fischkorb *m* (*im Wasser*).

cor·gi ['kɔː(r)gɪ] → **Welsh corgi.**

co·ri·a ['kɔːrɪə; *Am. a.* 'kəʊ-] *pl von* **corium.**

co·ri·a·ceous [,kɒrɪ'eɪʃəs; *Am. a.* ,kəʊ-] *adj* ledern: a) aus Leder, Leder..., b) zäh.

co·ri·an·der [,kɒrɪ'ændə(r); *Am. a.* ,kəʊ-] *s bot.* Kori'ander *m.*

co·rinne [kə'rɪn] *s zo.* Ga'zelle *f.*

co·rinth ['kɒrɪnθ; *Am. a.* 'kɑr-] *s* (*ein*) roter Farbstoff: **Congo ~** Kongo(rot) *n.*

Co·rin·thi·an [kə'rɪnθɪən] **I** *adj* **1.** ko'rinthisch. **2.** *fig.* a) reichverziert, b) prezi'ös: **~ style.** **3.** *fig.* ausschweifend. **II** *s* **4.** Ko'rinther(in). **5.** *pl* (*als sg konstruiert*) *Bibl.* (Brief *m* des Paulus an die) Ko'rinther *pl.* **6.** Mann *m* von Welt.

Cor·i·o·lis force [,kɒrɪ'əʊlɪs; *Am. a.* ,kəʊ-] *s phys.* Cori'olis-Kraft *f.*

co·ri·um ['kɔːrɪəm; *Am. a.* 'kəʊ-] *pl* **co·ri·a** [-rɪə] *s anat. u. zo.* Lederhaut *f.*

cork [kɔː(r)k] **I** *s* **1.** Kork(rinde *f*) *m,* Rinde *f* der Korkeiche. **2.** → **cork oak.** **3.** Korken *m,* Kork(stöpsel) *m,* Pfropfen *m.* **4.** *Gegenstand aus Kork, bes.* Angelkork *m*, Schwimmer *m*. **5.** *bot.* Kork *m*, Peri'derm *n*. **II** *v/t* **6.** *oft* ~ **up** zu-, verkorken. **7.** mit gebranntem Kork schwärzen.

corked [kɔ:(r)kt] *adj* **1.** verkorkt, zugekorkt, verstöpselt. **2.** korkig, nach Kork schmeckend (*Wein*). **3.** *Br. sl.* ‚blau' (*betrunken*). '**cork·er** *s* **1.** Verkorker(in). **2.** *sl.* entscheidendes Argu'ment. **3.** *sl.* a) ‚Knüller' *m*, ‚Schlager' *m*, ‚tolles Ding', b) ‚Mordskerl' *m*. '**cork·ing** *adj sl.* ‚prima', ‚phan'tastisch'.

cork| jack·et *s* Kork-, Schwimmweste *f*. ~ **leg** *s colloq.* Holzbein *n*. ~ **oak** *s bot.* Korkeiche *f*.

cork·screw ['kɔ:(r)kskru:] **I** *s* **1.** Korkenzieher *m*. **II** *v/t colloq.* **2.** ('durch)winden, (-)schlängeln, spi'ralig bewegen. **3.** mühsam (her'aus)ziehen (**out of** aus): **to ~ the truth out of s.o.** *fig.* die Wahrheit aus j-m herausziehen. **III** *v/i* **4.** sich winden, sich schlängeln. **IV** *adj* **5.** spi'ralig gewunden, korkenzieherförmig: ~ **curl** Korkenzieherlocke *f*; ~ **staircase** Wendeltreppe *f*.

cork| sole *s* Kork-Einlegesohle *f*. '~**-tipped** *adj* mit Korkfilter (*Zigarette*). ~ **tree** → **cork oak**. '~**wood** *s bot.* **1.** a) Korkholzbaum *m*, b) Korkholz *n*. **2.** → **balsa** 1.

cork·y ['kɔ:(r)kɪ] *adj* **1.** korkartig, Kork... **2.** *obs.* schrump(e)lig. **3.** → **corked** 2. **4.** *colloq.* lebhaft, ‚kreuzfi'del', ‚aufgedreht'.

corm [kɔ:(r)m] *s bot.* Kormus *m*, beblätterter Sproß.

cor·mi ['kɔ:(r)maɪ] *pl von* **cormus**.

cor·mo·phyte ['kɔ:(r)məfaɪt] *s bot.* Kormus-, Sproßpflanze *f*.

cor·mo·rant ['kɔ:(r)mərənt] *s* **1.** *orn.* Kormo'ran *m*, Scharbe *f*. **2.** *fig.* a) Vielfraß *m*, b) raffgierige Per'son.

cor·mus ['kɔ:(r)məs] *pl* **-mi** [-maɪ] *s* **1.** *zo.* Tierstock *m*, Kormus *m*. **2.** *bot.* → **corm**.

corn[1] [kɔ:(r)n] **I** *s* **1.** (Samen-, Getreide-) Korn *n*: **to acknowledge the ~** *Am. colloq.* sich geschlagen geben. **2.** *collect.* Korn(frucht *f*) *n*, Getreide *n*, *bes.* a) *Br.* Weizen *m*, b) *Scot. u. Ir.* Hafer *m*: ~ **in the ear** Korn in Ähren. **3.** *a.* **Indian ~** *Am.* Mais *m*. **4.** *Am.* Maisgemüse *n*: ~ **on the cob** Maiskörner *pl* am Kolben (*als Gemüse serviert*). **5.** → **corn whisky**. **6.** *sl.* (sentimen'taler) Kitsch, ‚Schnulze' *f*. **II** *v/t* **7.** mit Getreide *od. Am.* Mais füttern. **8.** pökeln, einsalzen: → **corned** 1. **9.** ~ **up** *sl.* verkitschen. **III** *v/i* **10.** Korn ansetzen (*Getreide*).

corn[2] [kɔ:(r)n] *s med:* Hühnerauge *n*: **to step** (*od.* **tread**) **on s.o.'s ~s** *fig.* j-m ‚auf die Hühneraugen treten'.

corn|belt *s* Maisgürtel *m* (*Gebiet in USA, bes. Indiana, Illinois, Iowa, Kansas*). '~**bind** [-baɪnd], *Am.* ~ **bind·weed** *s bot.* Ackerwinde *f*. '~**brash** *s geol.* Rogenstein *m*. ~ **bread** *s Am.* Maisbrot *n*. '~ˌ**cake** *s Am.* (Pfann)Kuchen *m* aus Maismehl. ~ **chan·dler** *s Br.* Korn-, Saathändler *m*. '~ˌ**cob** *s Am.* **1.** Maiskolben *m*. **2.** *a.* ~ **pipe** aus dem Strunk e-s Maiskolbens gefertigte Tabakspfeife. ~ **cock·le** *s bot.* Kornrade *f*. ~**col·o(u)r** *s* Maisgelb *n*. '~ˌ**crack·er** *s Am.* **1.** Maisschrotmühle *f*. **2.** *colloq.* Einwohner(in) von Ken'tucky. ~ **crake** *s orn.* Wiesenknarre *f*. '~ˌ**crib** *s Am.* luftiger Maisspeicher. ~ **dodg·er** *s Am. dial.* a) hartgebackener Maiskuchen, b) Maiskloß *m*.

cor·ne·a ['kɔ:(r)nɪə] *pl* **-as, -ae** [-i:] *s anat.* Kornea *f*, Hornhaut *f* (*des Auges*). '**cor·ne·al** *adj* Hornhaut...

corned [kɔ:(r)nd] *adj* **1.** gepökelt, eingesalzen: ~ **beef** Corned beef *n*, gepökeltes Rindfleisch. **2.** gekörnt, genarbt (*Leder*). **3.** körnig.

cor·nel ['kɔ:(r)nl] *s bot.* Kor'nelkirsche *f*.

cor·nel·ian[1] [kɔ:(r)'ni:ljən] *adj*: ~ **cherry** → **cornel**.

cor·nel·ian[2] [kɔ:(r)'ni:ljən] *s min.* Karne'ol *m*.

cor·ne·ous ['kɔ:(r)nɪəs] *adj* hornig.

cor·ner ['kɔ:(r)nə(r)] **I** *s* **1.** (Straßen-, Häuser)Ecke *f*, *bes. mot.* Kurve *f*: **at the ~** an der Ecke; **just (a)round the ~** gleich um die Ecke; **to take a ~** *mot.* e-e Kurve nehmen; **to turn the ~** um die (Straßen)Ecke biegen; **he's turned the ~** *fig.* er ist über den Berg; **to cut ~s** a) *mot.* die Kurven schneiden, b) *fig.* die Sache abkürzen; **to cut off a ~** *bes. Br.* e-e Ecke (*durch e-n Abkürzungsweg*) abschneiden. **2.** Winkel *m*, Ecke *f*: ~ **of the mouth** Mundwinkel; **to look at s.o. from the ~ of one's eye** j-n aus den Augenwinkeln (heraus) ansehen; **to put a child in the ~** ein Kind in die Ecke stellen. **3.** *fig.* schwierige Lage, ‚Klemme' *f*: **to drive** (*od.* **force, put**) **s.o. into a ~** j-n in die Enge treiben; **to be in a tight ~** in der Klemme sein *od.* sitzen *od.* stecken. **4.** entlegene Gegend: **from the four ~s of the earth** aus der ganzen Welt. **5.** *fig.* Ecke *f*, Ende *n*, Seite *f*: **they came from all ~s** sie kamen von allen Ecken u. Enden. **6.** (verstärkte) Ecke, Eckenverstärkung *f*: **book ~**. **7.** *sport* a) *Fußball etc*: Eckball *m*, Ecke *f*, b) *Boxen*: (Ring-) Ecke *f*. **8.** *econ.* Schwänze *f*, Corner *m*, Korner *m*: a) Aufkäufergruppe *f*, (Spekulati'ons)Ring *m*, b) (Aufkauf *m* zwecks) Mono'polbildung *f*: ~ **in cotton** Baumwollkorner. **9.** *fig.* Mono'pol *n* (**on** auf *acc*): **a ~ on virtue**.

II *v/t* **10.** mit Ecken versehen. **11.** in e-e Ecke stellen *od.* legen. **12.** *j-n* in die Enge treiben. **13.** a) *econ. Ware* (spekula'tiv) aufkaufen, cornern: **to ~ the market** den Markt aufkaufen, b) *fig.* mit Beschlag belegen.

III *v/i* **14.** *Am.* e-e Ecke *od.* e-n Winkel bilden. **15.** *Am.* an e-r Ecke gelegen sein. **16.** *mot.* e-e Kurve nehmen: **to ~ well** gut in der Kurve liegen, e-e gute Kurvenlage haben. **17.** *econ.* e-n Corner bilden. ~**boy** *s bes. Br.* Eckensteher *m*. ~**chis·el** *s tech.* Kantbeitel *m*. ~ **cup·board** *s* Eckschrank *m*.

cor·nered ['kɔ:(r)nə(r)d] *adj* **1.** eckig. **2.** *fig.* in die Enge getrieben: **(as) savage as a ~ rat**. **3.** *in Zssgn* ...eckig.

cor·ner| flag *s sport* Eckfahne *f*. ~ **hit** *s Hockey*: Eckschlag *m*. ~ **house** *s* Eckhaus *n*.

cor·ner·ing ['kɔ:(r)nərɪŋ] *s mot.* Kurvenfahren *n*: ~ **stability** Kurvenstabilität *f*.

cor·ner| joint *s tech.* Winkelstoß *m*. ~ **kick** *s Fußball*: Eckstoß *m*. ~ **seat** *s rail. etc* Eckplatz *m*. ~ **shop** *s* Tante-Emma-Laden *m*. '~**stone** *s* **1.** *arch.* a) Eckstein *m*, b) Grundstein *m*: **to lay the ~** den Grundstein legen. **2.** *fig.* Grundstein *m*, Eckpfeiler *m*. ~ **tooth** *s irr zo.* Eck-, Hakenzahn *m* (*des Pferdes*). '~**wise** *adv* **1.** mit der Ecke nach vorn. **2.** diago'nal.

cor·net ['kɔ:nɪt; *Am.* kɔ:r'net] *s* **1.** *mus.* a) (Ven'til-, Pi'ston)Korˌnett *n*, b) *hist.* Zink *m* (*Holzblasinstrument*), c) Kor'nett *n* (*Orgelstimme*), d) Kornet'tist *m*. **2.** (spitze) Tüte. **3.** a) *Br.* Eistüte *f*, b) Cremerolle *f*, -törtchen *n*. **4.** Schwesternhaube *f*. **5.** *hist.* (*e-e*) reichverzierte Frauenhaube. **6.** *mil. hist.* a) Fähnlein *n*, Reitertrupp *m*, b) Kor'nett *m*, Fähnrich *m* (*der Kavallerie*). ~**-à-pis·tons** [ˌkɔ:nɪtə'pɪstənz; *Am.* kɔ:rˌnetə'p-] *pl* **cor·nets-à-pis·tons** [ˌkɔ:nɪtsə'pɪstənz; *Am.* kɔ:rˌnetsə-] → **cornet** 1 a.

cor·net·cy ['kɔ:(r)nɪtsɪ] *s mil. hist.* Fähnrichs-, Kor'nettstelle *f*.

cor·net·ist ['kɔ:nɪtɪst; *Am.* kɔ:r'net-], **cor'net·tist** [-'netɪst] *s mus.* Kornet'tist *m*.

corn| ex·change *s econ. Br.* Getreidebörse *f*. ~ **fac·tor** *s* Kornhändler *m*. '~**-fed** *adj* **1.** mit Getreide *od. Am.* Mais gefüttert. **2.** *fig.* gesund u. wohlgenährt. '~**field** *s* **1.** *Br.* Korn-, Getreidefeld *n*. **2.** *Am.* Maisfeld *n*. ~ **flag** *s bot.* **1.** → **gladiolus**. **2.** Gelbe Schwertlilie. '~**flakes** *s pl* Corn-flakes *pl*. ~ **flour** *s Br.* Stärkemehl *n*. '~ˌ**flow·er** *s* **1.** *bot.* Kornblume *f*. **2.** *bot.* Kornrade *f*. **3.** Kornblumenblau *n*.

cor·nice ['kɔ:(r)nɪs] **I** *s* **1.** *arch.* (*Dach- od. Säulen*)Gesims *n*, Sims *m*, Kar'nies *n*. **2.** Kranz-, Randleiste *f* (*an Möbelstücken etc*). **3.** Bilderleiste *f* (*zum Bilderaufhängen*). **4.** (Schnee)Wächte *f*. **II** *v/t* **5.** mit e-m Sims *etc* versehen.

cor·nif·er·ous [kɔ:(r)'nɪfərəs] *adj geol.* hornsteinhaltig. **cor'nif·ic** *adj* hornbildend. **cor'nig·er·ous** [-'nɪdʒərəs] *adj* gehörnt: ~ **animals** Hornvieh *n*.

Cor·nish ['kɔ:(r)nɪʃ] **I** *adj* kornisch, aus Cornwall. **II** *s* Kornisch *n*: a) kornische Sprache, b) *in Cornwall gesprochener englischer Dialekt*. '~**man** [-mən] *s irr* Einwohner *m* von Cornwall.

Corn| Laws *s pl hist.* Korngesetze *pl* (*in England zwischen 1476 u. 1846*). '**c~loft** *s Br.* Getreidespeicher *m*. **c~ mar·i·gold** *s bot.* Gelbe Wucherblume. **c~ meal** *s Am.* Maismehl *n*. **c~ mill** *s* **1.** *Br.* Getreidemühle *f*. **2.** *Am.* 'Maisquetschmaˌschine *f*.

cor·no·pe·an [kə'nəʊpjən; kɔ:'n-; *Am.* ˌkɔ:rnə'pi:ən; kɔ:r'nəʊpɪən] → **cornet** 1 a.

corn| oys·ter *s Am.* (*Art*) Maispfannkuchen *m*. ~ **pick·er** *s agr. Am.* Maiskolbenpflücker *m* (*Maschine*). '~**pipe** *s* Halmflöte *f*. ~ **plas·ter** *s* Hühneraugenpflaster *n*. ~ **pone** *s Am. dial.* Maisbrot *n* (*oft ohne Milch u. Eier*). ~ **pop·per** *s Am.* Maisröster *m* (*Gerät*). ~ **pop·py** *s bot.* Klatsch-, Feldmohn *m*. ~ **rose** *s* **1.** *obs.* → **corn poppy**. **2.** → **corn cockle**. ~ **sal·ad** *s bot.* (*ein*) 'Feldsaˌlat *m*. ~ **snow** *s* Firn *m*. '~**stalk** *s* **1.** *Br.* Getreidehalm *m*. **2.** *Am.* Maisstengel *m*. **3.** *Austral. colloq.* a) ‚Bohnenstange' *f* (*lange, dünne Person*), b) *Australier aus Neusüdwales*. '~**starch** *s Am.* Stärkemehl *n*.

cor·nu ['kɔ:(r)nju:; *Am. a.* -nu:] *pl* **-nu·a** [-njʊə; *Am.* -njəwə; -nəwə] *s anat.* **1.** Horn *n*. **2.** Dornfortsatz *m*.

cor·nu·co·pi·a [ˌkɔ:(r)njʊ'kəʊpjə; -pɪə; *Am.* -nə-] *s* **1.** Füllhorn *n* (*a. fig.*). **2.** *fig.* (**of**) Fülle *f* (von), Reichtum *m* (**an** *dat*), 'Überfluß *m* (**an** *dat*). ˌ**cor·nu'co·pi·an** *adj* 'überreichlich.

cor·nute [kɔ:(r)'nju:t; *Am. a.* -'nu:t] **I** *adj biol.* **1.** gehörnt. **2.** hornförmig, -artig. **II** *v/t* **3.** *obs.* zum Hahnrei machen. **cor'nut·ed** → **cornute** I.

corn| wee·vil *s zo.* **1.** Kornkäfer *m*. **2.** *Am.* (*ein*) Getreiderüsselkäfer *m*. ~ **whis·key** *s Am.* Maiswhiskey *m*.

corn·y ['kɔ:(r)nɪ] *adj* **1.** a) *Br.* Korn..., Getreide..., b) *Am.* aus Mais ('hergestellt), Mais... **2.** a) *Br.* korn-, getreidereich, b) *Am.* maisreich (*Gegend*). **3.** körnig. **4.** *sl.* a) sentimen'tal, ‚schmalzig', b) kitschig, c) abgedroschen: **a ~ joke** ein Witz ‚mit Bart'.

co·rol·la [kə'rɒlə; *Am.* -'rɑ-] *s bot.* Blumenkrone *f*.

cor·ol·lar·y [kə'rɒlərɪ; *Am.* 'kɔ:rəˌleri:; 'kɑ-] **I** *s* **1.** *philos.* Korol'lar(ium) *n* (*Satz, der selbstverständlich aus e-m bewiesenen Satz folgt*). **2.** logische *od.* na'türliche Folge, Ergebnis *n* (**of, to** von): **as a ~ to this** als e-e Folge hiervon. **II** *adj* **3.** *philos.* sich als

Korol'lar(ium) ergebend. **4.** na'türlich folgend, sich logischerweise ergebend.
cor·ol·late ['kɒrələt; -leɪt; *Am.* kə'rɑleɪt; 'kɔːrə-], **,cor·ol·lat·ed** [-leɪtɪd], **,cor·ol'lif·er·ous** [-'lɪfərəs] *adj bot.* e-e Blumenkrone tragend.
co·ro·na [kə'rəʊnə] *pl* **-nas** *od.* **-nae** [-niː] *s* **1.** *astr.* a) Hof *m*, Kranz *m* (*um Sonne u. Mond*), b) Ko'rona *f* (*Strahlenkranz der Sonne*). **2.** *arch.* Kranzleiste *f*, -gesims *n*. **3.** *anat.* Kranz *m*. **4.** *med.* (Zahn)Krone *f*. **5.** *bot.* Nebenkrone *f*. **6.** *a.* ~ **discharge** *electr.* Ko'rona *f*, Glimm-, Sprühentladung *f*. **7.** *Phonetik*: a) Zungenspitze *f*, b) oberer Zahnrand. **8.** ringförmiger Kronleuchter (*in Kirchen*). **9.** *e-e lange Zigarre.* **C~ Aus·tra·lis** [ɒ'streɪlɪs] *gen* **Co·ro·nae Aus·tra·lis** *s astr.* Südliche Krone (*Sternbild*). **C~ Bo·re·a·lis** [,bɔːrɪ'eɪlɪs; *Am.* -'æləs] *gen* **Co·ro·nae Bo·re·a·lis** *s astr.* Nördliche Krone (*Sternbild*).
cor·o·nach ['kɒrənək] *s Scot. u. Ir.* Totenklage *f*.
co·ro·nae [kə'rəʊniː] *pl von* **corona**.
cor·o·nal ['kɒrənl; *Am. a.* 'kɑ-] **I** *s* **1.** *poet.* Stirnreif *m*, Dia'dem *n*. **2.** (Blumen-)Kranz *m*. **3.** *a.* ~ **suture** *med.* Kranznaht *f*. **II** *adj* [*a.* kə'rəʊnl] **4.** *bes. anat.* Kron(en)..., Kranz...: ~ **artery** → **coronary artery**. **5.** *Phonetik*: a) koro'nal, b) alveo'lar (*Laut*).
cor·o·nar·y ['kɒrənərɪ; *Am.* -,neriː; *a.* 'kɑ-] **I** *adj* **1.** Kronen..., Kranz... **2.** *anat.* a) kranzartig angeordnet, b) koro'nar, die Koro'nar- *od.* 'Kranzar,terie betreffend. **II** *s* → **coronary thrombosis.** ~ **ar·ter·y** *s anat.* Koro'nar-, 'Kranzar,terie *f*. ~ **scle·ro·sis** *s irr med.* Koro'narsklе,rose *f*. ~ **throm·bo·sis** *s irr med.* Koro'narthrom,bose *f*. ~ **ves·sel** *s anat.* (Herz)Kranz-, Koro'nargefäß *n*.
cor·o·nate ['kɒrəneɪt; *Am. a.* 'kɑ-] *v/t selten* krönen (*a. fig.*). **,cor·o'na·tion** *s* **1.** a) Krönung *f* (*a. fig.*), b) Krönungsfeier *f*: ~ **oath** Krönungseid *m*; **C~ Stone** Krönungsstein *m* (*im Krönungsssessel der englischen Könige*). **2.** *Damespiel*: Aufein'andersetzen *n* zweier Steine (*zur Dame*).
cor·o·ner ['kɒrənə(r); *Am. a.* 'kɑ-] *s jur.* **1.** Coroner *m* (*richterlicher Beamter zur Untersuchung der Todesursache in Fällen gewaltsamen od. unnatürlichen Todes*): **~'s inquest** *gerichtliches Verfahren zur Untersuchung der Todesursache.* **2.** *Br. hist. Beamter für die Verwaltung des Privatvermögens der Krone in e-r Grafschaft.*
cor·o·net ['kɒrənɪt; *Am. bes.* ,kɔːrə'net; ,kɑ-] *s* **1.** kleine Krone, Krönchen *n*. **2.** Adelskrone *f*. **3.** Dia'dem *n*, Kopfputz *m* (*für Frauen*). **4.** Hufkrone *f* (*des Pferdes*). **cor·o·net·ed,** *bes. Br.* **cor·o·net·ted** ['kɒrənetɪd; ,-'netɪd; *Am. a.* 'kɑ-; ,kɑ-] *adj* **1.** e-e Krone *od.* ein Dia'dem tragend. **2.** ad(e)lig. **3.** mit e-r Adelskrone (versehen) (*Briefpapier etc*).
co·ro·zo [kə'rəʊsəʊ] *pl* **-zos,** *a.* **~ palm** *s bot.* **1.** Elfenbeinpalme *f*. **2.** Acro'comie *f*. **3.** → **cohune.**
cor·po·ra ['kɔː(r)pərə] *pl von* **corpus.**
cor·po·ral¹ ['kɔː(r)pərəl; -prəl] **I** *adj* (*adv* **~ly**) **1.** körperlich, leiblich: ~ **punishment** a) körperliche Züchtigung, Prügelstrafe *f*, b) *jur.* Körperstrafe *f*. **2.** per'sönlich: ~ **possession**; ~ **oath** *jur.* körperlicher Eid. **II** *s* **3.** *R.C.* Korpo'rale *n* (*Unterlage für Hostienteller u. Kelch*).
cor·po·ral² ['kɔː(r)pərəl; -prəl] *s* **1.** *mil.* 'Unteroffi,zier *m*, *mar. a.* Maat *m*. **2.** Obergefreite(r) *m* (*der US-Marine-Infanterie*).
cor·po·ral·i·ty [,kɔː(r)pə'rælətɪ] *s* Körperlichkeit *f*.
cor·po·rate ['kɔː(r)pərət; -prət] *adj* **1.** a) *jur.* (*zur Körperschaft*) vereinigt, korpora'tiv, körperschaftlich, b) *jur.* Körperschafts..., c) *jur.* zu e-r Körperschaft gehörig, inkorpo'riert, d) *econ. Am.* e-r (Kapi'tal- *od.* Aktien)Gesellschaft, Gesellschafts..., Firmen...: ~ **body** → **corporation** 1; ~ **counsel** *Am.* Syndikus *m* (*e-r Aktiengesellschaft*); ~ **member** Vollmitglied *n* e-r Körperschaft *od.* (*Am.*) e-r (Aktien)Gesellschaft; ~ **name** a) *Br.* Name *m* e-r juristischen Person, b) *Am.* Firmenname *m*; ~ **planning** *Am.* Unternehmensplanung *f*; ~ **seal** a) *Br.* Siegel *n* e-r juristischen Person, b) *Am.* Firmensiegel *n*; ~ **stock** *Am.* Aktien (*e-r Gesellschaft*); ~ **tax** *Am.* Körperschaftssteuer *f*; ~ **town** Stadt *f* mit eigenem Recht. **2.** → **corporative** 2. **3.** gemeinsam, kollek'tiv: **to take ~ action** gemeinsam handeln. **'cor·po·rate·ly** *adv* **1.** als Körperschaft, korpora'tiv. **2.** als Ganzes, gemeinsam.
cor·po·ra·tion [,kɔː(r)pə'reɪʃn] *s* **1.** *jur.* Korporati'on *f*, Körperschaft *f*, ju'ristische Per'son: ~ **aggregate** *juristische Person, die aus e-r Vereinigung mehrerer natürlicher Personen besteht*; ~ **sole** *einzelne Person mit Rechtspersönlichkeit*; ~ **tax** Körperschaftssteuer *f*; → **public corporation.** **2.** Vereinigung *f*, Gesellschaft *f*. **3.** *a.* **stock** ~ *econ. Am.* a) Kapi'talgesellschaft *f*, b) Aktiengesellschaft *f*: ~ **counsel** Syndikus *m*; ~ **law** Aktienrecht *n od.* -gesetz *n*; → **close corporation** 1, **private** 2. **4.** *Br.* Gilde *f*, Zunft *f*, Innung *f*: ~ **of merchants** (*od.* **traders**) Handelsinnung. **5.** *Br.* Stadtbehörde *f*, -verwaltung *f*. **6.** *colloq.* Schmerbauch *m*.
cor·po·ra·tive ['kɔː(r)pərətɪv; *Am. a.* -pə,reɪtɪv] *adj* **1.** a) *jur.* korpora'tiv, körperschaftlich, b) *econ. Am.* Gesellschafts...: ~ **investor** investierende Kapitalgesellschaft. **2.** *pol.* korpora'tiv, Korporativ... (*Staat, System*). **'cor·po·ra·tor** [-reɪtə(r)] *s* Mitglied *n* e-r **corporation.**
cor·po·re·al [kɔː(r)'pɔːrɪəl; *Am. a.* -'pəʊ-] *adj* (*adv* **~ly**) **1.** körperlich, leiblich. **2.** materi'ell, dinglich, greifbar: ~ **hereditament** *jur.* a) *Br.* Grundbesitz *m*, b) *Am.* verebliche Gegenstände. **cor,po·re'al·i·ty** [-'ælətɪ] → **corporality.** **cor'po·re·al·ize** *v/t* verkörperlichen.
cor·po·re·i·ty [,kɔː(r)pə'riːətɪ; *Am. a.* -'reɪətɪ] *s* Körperlichkeit *f*, körperliche Sub'stanz.
cor·po·sant ['kɔː(r)pəzænt; -zənt; *Am. bes.* -,sænt] *s* Elmsfeuer *n*.
corps [kɔː(r)] *pl* **corps** [-z] *s* **1.** *mil.* a) *a.* **army** ~ (Ar'mee)Korps *n*, b) Korps *n*, Truppe *f*: ~ **of engineers** Pioniertruppe; **volunteer** ~ Freiwilligenkorps, -truppe. **2.** Körperschaft *f*, Corps *n*: → **diplomatic** 1. **3.** Corps *n*, Korporati'on *f*, stu'dentische Verbindung (*in Deutschland*). ~ **de bal·let** [,kɔː(r)də'bæleɪ; *Am.* -dəbæ'leɪ] *s* Corps *n* de bal'let, Bal'lettgruppe *f*. ~ **d'é·lite** [,kɔː(r)deɪ'liːt] *s* **1.** *mil.* E'litetruppe *f*. **2.** *fig.* E'lite *f*. ~ **di·plo·ma·tique** ['kɔː(r),dɪpləmæ'tiːk] *s pol.* diplo'matisches Korps.
corpse [kɔː(r)ps] *s* Leichnam *m*, Leiche *f*.
cor·pu·lence ['kɔː(r)pjʊləns], *a.* **'cor·pu·len·cy** *s* Korpu'lenz *f*, Beleibtheit *f*. **'cor·pu·lent** *adj* (*adv* **~ly**) korpu'lent, beleibt.
cor·pus ['kɔː(r)pəs] *pl* **'cor·po·ra** [-pərə] *s* **1.** Korpus *n*, Sammlung *f*: **literary ~**; **the ~ of English law.** **2.** Groß-, Hauptteil *m*, *bes. econ.* 'Stammkapi,tal *n* (*Ggs. Zinsen u. Ertrag*). **3.** *obs.* a) → **corpse**, b) *zo.* Ka'daver *m*. **C~ Chris·ti** ['krɪstɪ] *s relig.* Fron'leichnam(sfest *n*) *m*.
cor·pus·cle ['kɔː(r)pʌsl] *s* **1.** *biol.* (Blut-)Körperchen *n*. **2.** *chem. phys.* Kor'puskel *n*, *f*, Elemen'tarteilchen *n*. **cor'pus·cu·lar** [-'pʌskjʊlə(r)] *adj chem. phys.* korpusku'lar: ~ **theory (of light)** Korpuskulartheorie *f* (des Lichtes). **cor'pus·cule** [-kjuːl] → **corpuscle.**
cor·pus| de·lic·ti [dɪ'lɪktaɪ] *s jur.* Corpus *n* de'licti: a) Tatbestand *m*, b) Tatbestandsverwirklichung *f*, c) (*nicht jur.*) Beweisstück *n*, *bes.* Leiche *f* (des Ermordeten). ~ **ju·ris** ['dʒʊərɪs] *s jur.* Corpus *n* juris, Gesetzessammlung *f*.
cor·ral [kɔː'rɑːl; kə-; *Am.* kə'ræl] *bes. Am.* **I** *s* **1.** Kor'ral *m*, Hürde *f*, Pferch *m*. **2.** *hist.* Wagenburg *f* (*von Siedlern*). **II** *v/t* **3.** *Vieh* in e-n Pferch treiben. **4.** *fig.* einpferchen, -sperren. **5.** *hist. Wagen* zu e-r Wagenburg zs.-stellen. **6.** *colloq.* mit Beschlag belegen, sich (*etwas*) aneignen *od.* ‚schnappen'.
cor·rect [kə'rekt] **I** *v/t* **1.** (**o.s.** sich) korri'gieren, verbessern, berichtigen: **I must ~ this statement** ich muß das richtigstellen. **2.** zu'rechtweisen, tadeln: **I stand ~ed** ich gebe m-n Fehler zu, *a.* ich nehme alles zurück. **3.** *j-n od. etwas* (be)strafen (**for** wegen). **4.** a) *Fehler etc* abstellen, abschaffen: **to ~ abuses**, b) *mil. Ladehemmung* beheben. **5.** *chem. med. phys.* ausgleichen, neutrali'sieren. **6.** *electr. phot. TV* entzerren. **7.** *math. phys.* regu'lieren, ju'stieren. **II** *adj* (*adv* **~ly**) **8.** kor'rekt, richtig: a) fehlerfrei, b) wahr, zutreffend: **that is ~** das stimmt; **you are ~ (in saying)** Sie haben recht(, wenn Sie sagen). **9.** genau: ~ **time.** **10.** kor'rekt, einwandfrei: ~ **behavio(u)r; it is the ~ thing (to do)** es gehört sich so; **it is the ~ thing to get up** es gehört sich aufzustehen.
cor·rec·tion [kə'rekʃn] *s* **1.** Korrek'tur *f*, Korrekti'on *f*, Berichtigung *f*, Verbesserung *f*, Richtigstellung *f*: **I speak under ~** ich kann mich natürlich irren; ~ **of a river** Flußregulierung *f*; ~ **of visual defects** Korrektur von Sehfehlern. **2.** Korrek'tur *f*, Fehlerverbesserung *f*: **mark of ~** Korrekturzeichen *n*. **3.** a) Zu'rechtweisung *f*, Tadel *m*, b) Bestrafung *f*, Strafe *f*, c) *jur.* Besserung *f*: **house of ~** *Am.* (Jugend)Strafanstalt *f*, (-)Gefängnis *n*. **4.** *mil.* Beseitigung *f* (*e-r Ladehemmung*). **5.** *Radar*: Beschickung *f*. **6.** *math. phys.* Korrekti'onskoeffizi,ent *m*. **7.** *electr. phot. TV* Entzerrung *f*. **8.** *Navigation*: Vorhalt *m*. **9.** *chem. med. phys.* Ausgleich *m*, Neutrali'sierung *f*. **10.** *fig.* Abstellung *f*: ~ **of abuses.** **cor'rec·tion·al** [-ʃənl] → **corrective** I.
cor·rect·i·tude [kə'rektɪtjuːd; *Am. a.* -,tuːd] *s* Richtigkeit *f*, Kor'rektheit *f* (*bes. des Benehmens*). **cor'rec·tive** **I** *adj* (*adv* **~ly**) **1.** korri'gierend, verbessernd, berichtigend, Verbesserungs..., Berichtigungs..., Korrektur...: ~ **action** (*od.* **measure**) Abhilfemaßnahme *f*. **2.** *med.* korrek'tiv, lindernd. **3.** *chem. med.* ausgleichend, neutrali'sierend. **4.** *jur.* Besserungs..., Straf...: ~ **training** *Am.* Unterbringung *f* in e-m (Jugend)Gefängnis. **II** *s* **5.** (**of, to**) Abhilfe *f* (für), Heil-, Gegenmittel *n* (gegen): **as a ~ of abuses.** **6.** a) *med.* Korrek'tiv *n*, Gegenmittel *n* (**of** für), b) *pharm.* (Ge'schmacks),Korrigens *n*. **cor'rect·ness** *s* Kor'rektheit *f*, Richtigkeit *f*. **cor'rec·tor** [-tə(r)] *s* **1.** Berichtiger *m*, Verbesserer *m*. **2.** Kritiker(in), Tadler(in). **3.** *meist* ~ **of the press** *bes. Br.* Kor'rektor *m*.
cor·re·late ['kɒrəleɪt; *Am. a.* 'kɑ-] **I** *v/t* **1.** in Wechselbeziehung bringen (**with** mit), aufein'ander beziehen. **2.** in Über'einstimmung bringen (**with** mit), aufein'ander abstimmen, ein'ander angleichen. **II** *v/i* **3.** in Wechselbeziehung

stehen (**with** mit), sich aufein'ander beziehen. **4.** (**with**) über'einstimmen (mit), entsprechen (*dat*). **III** *adj* [*a.* -lət] **5.** aufein'ander bezüglich, korrela'tiv. **6.** (ein'ander) entsprechend, über'einstimmend: **to be ~ (to)** entsprechen (*dat*). **IV** *s* [*a.* -lət] **7.** Korre'lat *n*, Ergänzung *f*, Wechselbegriff *m*. **8.** Gegenstück *n* (**of** zu). **'cor·re·lat·ed** → **correlate** III.

cor·re·la·tion [ˌkɒrə'leɪʃn; *Am. a.* ˌkɑ-] *s* **1.** Korrelati'on *f*, Wechselbeziehung *f*, -wirkung *f*, gegenseitige Abhängigkeit, Zs.-hang *m*: **~ computer** *tech.* Korrelationsrechner *m*; **~ function** *math.* Korrelationsfunktion *f*; **~ ratio** (*Statistik*) Korrelationsverhältnis *n*. **2.** Über'einstimmung *f* (**with** mit), Entsprechung *f*.

cor·rel·a·tive [kɒ'relətɪv; *bes. Am.* kə'r-] **I** *adj* **1.** korrela'tiv, in Wechselbeziehung stehend, wechselseitig bedingt, vonein'ander abhängig, sich gegenseitig ergänzend, aufein'ander abgestimmt. **2.** entsprechend. **II** *s* → **correlate** 7.

cor·re·spond [ˌkɒrɪ'spɒnd; *Am.* ˌkɔːrə'spɑnd; *a.* ˌkɑrə-] *v/i* **1.** (**to, with**) entsprechen (*dat*), passen (zu), über'einstimmen (mit). **2.** mitein'ander über'einstimmen, zuein'ander passen. **3.** (**to**) entsprechen (*dat*), das Gegenstück sein (von), ana'log sein (zu). **4.** korrespon'dieren, in Briefwechsel stehen (**with** mit). **5.** *econ. obs.* in Geschäftsbeziehungen stehen (**with** mit). **6.** *math.* korrespon'dieren.

cor·re·spond·ence [ˌkɒrɪ'spɒndəns; *Am.* ˌkɔːrə'spɑn-; *a.* ˌkɑrə-] *s* **1.** Über'einstimmung *f* (**to, with** mit; **between** zwischen *dat*). **2.** Angemessenheit *f*, Entsprechung *f*, Analo'gie *f*: **to bear ~ to s.th.** e-r Sache angemessen *od.* gemäß sein *od.* entsprechen. **3.** Korrespon'denz *f*: a) Brief-, Schriftwechsel *m*: **to be in ~ (with)** → **correspond** 4, b) Briefe *pl*. **4.** *obs.* (*bes. econ.* Geschäfts)Verbindung *f*: **to break off ~ with** die Verbindung abbrechen mit *od.* zu. **5.** *Zeitungswesen*: Beiträge *pl* (*e-s Korrespondenten*). **6.** *math.* Zuordnung *f*. **~ chess** *s* Fernschach *n*. **~ col·umn** *s* Leserbriefspalte *f*. **~ course** *s* Fernkurs *m*. **~ school** *s* 'Fernlehrinstiˌtut *n*.

cor·re·spond·en·cy [ˌkɒrɪ'spɒndənsɪ; *Am.* ˌkɔːrə'spɑn-; *a.* ˌkɑrə-] → **correspondence** 1. **ˌcor·re'spond·ent I** *s* **1.** Briefpartner(in): **to be a good (bad) ~** fleißig schreiben (schreibfaul sein). **2.** *econ.* (auswärtiger) Geschäftsfreund: **~ bank** Korrespondenzbank *f*. **3.** Korrespon'dent(in), Berichterstatter(in) (*e-r Zeitung etc*): **foreign ~** Auslandskorrespondent(in). **4.** Gegenstück *n* (**of** zu). **II** *adj* (*adv* **~ly**) **5.** entsprechend, gemäß (**to** *dat*), über'einstimmend (**with** mit). **ˌcor·re'spond·ing** *adj* **1.** entsprechend, gemäß (**to** *dat*). **2.** korrespon'dierend, in Briefwechsel stehend (**with** mit): **~ member** korrespondierendes Mitglied (*e-r Gesellschaft etc*). **3.** *math.* (ein'ander) zugeordnet. **ˌcor·re'spond·ing·ly** *adv* entsprechend, demgemäß.

cor·ri·dor ['kɒrɪdɔː; *Am.* 'kɔːrədər; 'kɑ-] *s* **1.** Korridor *m*, Gang *m*, Flur *m*. **2.** Gale'rie *f*. **3.** *rail.* Korridor *m*, (Seiten-) Gang *m*: **~ train** D-Zug *m*, Durchgangszug *m*. **4.** *geogr. pol.* Korridor *m*. **5.** *aer.* Luftkorridor *m*.

cor·rie ['kɒrɪ] *s Scot.* kleiner Talkessel.

cor·ri·gen·dum [ˌkɒrɪ'dʒendəm; *Am. a.* ˌkɑrə-] *pl* **-da** [-də] *s* **1.** a) Druckfehler *m*, b) Berichtigung *f*. **2.** *pl* Korri'genda *pl*, Druckfehlerverzeichnis *n*.

cor·ri·gi·bil·i·ty [ˌkɒrɪdʒə'bɪlətɪ; *Am. a.* ˌkɑ-] *s* **1.** Korri'gierbarkeit *f*. **2.** Besserungsfähigkeit *f*. **3.** Lenksamkeit *f*. **'cor·ri·gi·ble** *adj* **1.** korri'gierbar, zu verbessern(d). **2.** besserungsfähig. **3.** fügsam, lenksam: **a ~ child**.

cor·rob·o·rant [kə'rɒbərənt; *Am.* -'rɑ-] *obs.* **I** *adj* **1.** bekräftigend. **2.** stärkend, kräftigend (*a. med.*). **II** *s* **3.** Bekräftigung *f*. **4.** Stärkungs-, Kräftigungsmittel *n* (*a. med.*). **cor'rob·o·rate** [-reɪt] *v/t* bekräftigen, bestätigen, erhärten. **corˌrob·o'ra·tion** *s* Bekräftigung *f*, Bestätigung *f*, Erhärtung *f*: **in ~ of** zur Bestätigung von (*od. gen*). **cor'rob·o·ra·tive** [-bərətɪv; -brə-; -bəreɪtɪv], **cor'rob·o·ra·to·ry** [-bərətərɪ; -brətrɪ; *Am.* -bərəˌtəʊriː; -ˌtɔː-] *adj* bestätigend, bekräftigend, erhärtend.

cor·rob·o·ree, *a.* **cor·rob·o·ri** [kə'rɒbərɪ; *Am.* -'rɑ-] *s Austral.* **1.** Kor'robori *m* (*nächtliches Fest der Eingeborenen*). **2.** *fig.* lärmende Festlichkeit.

cor·rode [kə'rəʊd] **I** *v/t* **1.** *chem. tech.* korro'dieren, an-, zerfressen, angreifen, ätzen. **2.** *tech.* (weg)beizen. **3.** *fig.* zerfressen, -stören, unter'graben: **corroding care** nagende Sorge. **II** *v/i* **4.** *tech.* korro'dieren. **5.** *tech.* rosten: **~d** rostig. **6.** *tech.* korro'dierend wirken, ätzen, fressen (**into** an *dat*). **7.** sich einfressen (**into** in *acc*). **8.** zerstört werden, verfallen. **cor'rod·ent** → **corrosive**. **cor'rod·i·ble** *adj* korro'dierbar.

cor·ro·sion [kə'rəʊʒn] *s* **1.** *chem. tech.* Korrosi'on *f*. **2.** *fig.* Unter'grabung *f*. **3.** *tech.* Rostfraß *m*, -bildung *f*. **4.** *tech.* Beizen *n*. **5.** Korrosi'onsproˌdukt *n*, Rost *m*. **~ fa·tigue** *s tech.* Korrosi'onsermüdung *f*. **~ pit** *s tech.* Rost-, Korrosi'onsnarbe *f*.

cor'ro·sion-reˌsist·ant *adj tech.* korrosi'onsbeständig, -fest.

cor·ro·sive [kə'rəʊsɪv] **I** *adj* (*adv* **~ly**) **1.** *chem. tech.* korro'dierend, zerfressend, angreifend, ätzend, Korrosions...: **~ sublimate** *chem.* Ätz-, Quecksilbersublimat *n*. **2.** *tech.* beizend: **~ power** Beizkraft *f*. **3.** *fig.* nagend, quälend. **4.** *fig.* ätzend. **II** *s* **5.** *chem. tech.* Korrosi'ons-, Ätzmittel *n*. **6.** *tech.* Beizmittel *n*, Beize *f*. **cor'ro·sive·ness** *s fig.* ätzende Schärfe.

cor·ru·gate ['kɒrʊgeɪt; *Am.* 'kɔːrə-; 'kɑrə-] **I** *v/t* **1.** runzeln, furchen. **2.** wellen, riefen. **II** *v/i* **3.** sich runzeln *od.* furchen, runz(e)lig werden. **4.** sich wellen. **III** *adj* [-gət; -geɪt] → **corrugated**. **'cor·ru·gat·ed** *adj* **1.** gerunzelt, runz(e)lig, gefurcht. **2.** gewellt, gerippt, geriffelt, Well...: **~ brick** Wellstein *m*; **~ cardboard** Wellpappe *f*; **~ iron** (*od.* **sheet**) Wellblech *n*; **~ lens** *opt.* Riffellinse *f*. **ˌcor·ru'ga·tion** *s* **1.** Runzeln *n*, Furchen *n*. **2.** Runz(e)ligkeit *f*, Furchung *f*. **3.** Wellen *n*, Riffeln *n*. **4.** Welligkeit *f*, Gewelltheit *f*. **5.** Runzel *f*, Falte *f*, Furche *f* (*auf der Stirn*). **6.** (*einzelne*) Welle, Rippe *f*.

cor·rupt [kə'rʌpt] **I** *adj* (*adv* **~ly**) **1.** (*moralisch*) verdorben, verderbt, schlecht, verworfen. **2.** unredlich, unlauter. **3.** kor'rupt: a) bestechlich, käuflich: **~ judges**, b) Bestechungs...: **~ practices** Bestechungsmethoden, Korruption *f*; **C~ Practices Act** *pol. Am.* Bundesgesetz *n* zur Regulierung des Parteifinanzwesens. **4.** *obs.* faul, verdorben, schlecht: **~ food**. **5.** verfälscht: a) unecht, unrein, b) verderbt, korrum'piert: **~ text**. **II** *v/t* **6.** verderben, (*zu Schlechtem*) verleiten, -führen. **7.** korrum'pieren, bestechen. **8.** zersetzen, unter'graben, zu'grunde richten. **9.** *bes. fig.* anstecken. **10.** *e-n Text* verderben, korrum'pieren. **III** *v/i* **11.** (*moralisch*) verderben, -kommen. **12.** (ver)faulen, verderben (*Speisen*). **cor'rupt·ed** → **corrupt** I. **cor'rupt·er** *s* **1.** Verderber(in), Verführer(in). **2.** Bestecher(in). **cor'rupt·i·ble I** *adj* (*adv* **corruptibly**) **1.** verführbar. **2.** kor'rupt, bestechlich, käuflich. **3.** verderblich (*Speisen*). **II** *s* **4. the ~** *Bibl.* das Vergängliche.

cor·rup·tion [kə'rʌpʃn] *s* **1.** Verführung *f*. **2.** Verderbtheit *f*, Verdorbenheit *f*, Verworfenheit *f*: **~ of the blood** *jur. hist.* Entrechtung *f* (als Folge e-s **attainder**). **3.** Unredlichkeit *f*, Unlauterkeit *f*. **4.** verderblicher Einfluß. **5.** Korrupti'on *f*: a) Kor'ruptheit *f*, Bestechlichkeit *f*, Käuflichkeit *f*, b) kor'rupte Me'thoden *pl*, Be'stechung(spoliˌtik) *f*: **~ of witnesses** Zeugenbestechung *f*. **6.** Verfälschung *f*, Korrum'pierung *f*: **~ of a text**. **7.** Fäulnis *f*.

cor·rup·tive [kə'rʌptɪv] *adj* **1.** verderblich: **~ influence**. **2.** *fig.* ansteckend. **cor'rupt·ness** → **corruption** 2 *u.* 4.

cor·sage [kɔː(r)'sɑːʒ] *s* **1.** Mieder *n*. **2.** 'Ansteckbuˌkett *n*.

cor·sair ['kɔː(r)seə(r)] *s* **1.** *hist.* Kor'sar *m*, Seeräuber *m*. **2.** Kaperschiff *n*.

corse [kɔː(r)s] *s obs. od. poet.* Leichnam *m*.

corse·let ['kɔː(r)slɪt] *s* **1.** [*Am. bes.* ˌkɔːrsə'let] Korse'lett *n*. **2.** *hist.* Harnisch *m*. **3.** *zo.* Brustabschnitt *m* (*von Insekten*). **cor·set** ['kɔː(r)sɪt] **I** *s* **1.** *a. pl* Kor'sett *n*. **II** *v/t* **2.** mit e-m Kor'sett einschnüren. **3.** *fig.* in ein Kor'sett zwängen. **'cor·set·ed** *adj* (ein)geschnürt. **'cor·set·ry** [-trɪ] *s* Miederwaren *pl*.

Cor·si·can ['kɔː(r)sɪkən] **I** *adj* **1.** korsisch. **II** *s* **2.** Korse *m*, Korsin *f*. **3.** *ling.* Korsisch *n*, das Korsische.

cors·let → **corselet**.

cor·tege, *a.* **cor·tège** [kɔː(r)'teɪʒ] *s* **1.** Gefolge *n*, Kor'tege *n* (*e-s Fürsten*). **2.** Zug *m*, Prozessi'on *f*.

cor·tex ['kɔː(r)teks] *pl* **-ti·ces** [-tɪsiːz] *s anat.* Kortex *m*, (*a. bot.*) Rinde *f*: **cerebral ~** Großhirnrinde. **'cor·ti·cal** *adj anat. med.* korti'kal, Rinden...: **~ blindness** Rindenblindheit *f*. **'cor·ti·cate** [-tɪkət; -keɪt], **'cor·ti·cat·ed** [-keɪtɪd] *adj bes. bot.* berindet. **ˌcor·ti'ca·tion** *s bot.* Rindenbildung *f*.

cor·ti·cos·ter·one [ˌkɔː(r)tɪ'kɒstərəʊn; *Am.* -'kɑs-] *s med.* Kortikoste'ron *n* (*Hormon der Nebennierenrinde*).

cor·ti·sone ['kɔː(r)tɪzəʊn; -s-] *s med.* Korti'son *n* ([*Präparat aus dem*] *Hormon der Nebennierenrinde*).

co·run·dum [kə'rʌndəm] *s min.* Ko'rund *m*.

co·rus·cant [kə'rʌskənt] *adj* **1.** aufblitzend. **2.** funkelnd.

cor·us·cate ['kɒrəskeɪt; *Am. a.* 'kɑ-] *v/i* **1.** aufblitzen. **2.** funkeln, glänzen. **3.** *fig.* glänzen, bril'lieren. **ˌcor·us'ca·tion** *s* **1.** (Auf)Blitzen *n*. **2.** Funkeln *n*. **3.** *fig.* (Geistes)Blitz(e *pl*) *m*.

cor·vée ['kɔː(r)veɪ] *s* **1.** *hist. u. fig.* Frondienst *m*. **2.** *econ.* (*ganz od. teilweise*) unbezahlte Arbeit für öffentliche Stellen (*Straßenbau etc*).

corves [kɔː(r)vz] *pl von* **corf**.

cor·vette [kɔː(r)'vet], *a.* **cor·vet** ['kɔː(r)vet] *s mar.* Kor'vette *f*.

cor·vine ['kɔː(r)vaɪn] *adj* **1.** rabenartig. **2.** zu den Rabenvögeln gehörend. **'Cor·vus** [-vəs] *gen* **-vi** [-vaɪ] *s astr.* Rabe *m* (*Sternbild*).

cor·y·ban·tic [ˌkɒrɪ'bæntɪk; *Am. a.* ˌkɑ-] *adj* kory'bantisch, ausgelassen, wild, toll.

co·ryd·a·lis [kə'rɪdəlɪs] *s bot.* Lerchensporn *m*.

Cor·y·don ['kɒrɪdən; -dɒn; *Am.* 'kɑrɪˌdɑn] *s poet.* Korydon *m* (*Schäfer in Idyllen*).

cor·ymb ['kɒrɪmb; -rɪm; *Am. a.* 'kɑ-] *s bot.* Co'rymbus *m*, Ebenstrauß *m*.

cor·y·phae·us [ˌkɒrɪ'fiːəs; *Am. a.* ˌkɑrə-] *pl* **-phae·i** [-'fiːaɪ] *s* **1.** *antiq.* Kory'phäe *m*, Chorführer *m* (*im Drama*). **2.** *obs. od. poet.* Führer *m*, führender Geist, Hauptvertreter *m* (*e-r philosophischen Richtung etc*). **co·ry·phee** [ˈkɒrɪfeɪ; ˌkɔːrɪˈfeɪ] *s* Primaballeˈrina *f*.

co·ry·za [kəˈraɪzə] *s med.* Schnupfen *m*.

cos[1] [kɒs; *Am.* kɑs] *s bot.* Römischer Lattich *od.* Saˈlat.

cos[2] [kɔːz; kəz; *Am. a.* kɑz] *conj colloq.* weil, da.

Co·sa Nos·tra [ˌkəʊzəˈnɒstrə; *Am. a.* -ˈnɑs-] *s* Cosa *f* Nostra (*kriminelle Organisation in den USA, die vor allem aus Italienern u. Italoamerikanern besteht*).

co·se·cant [ˌkəʊˈsiːkənt] *s math.* Kosekans *m*.

co·seis·mal [ˌkəʊˈsaɪzməl] *adj phys.* koseisˈmal: ~ **line** Koseismale *f*.

cosh[1] [kɒʃ] *Br. colloq.* **I** *s* **1.** Totschläger *m* (*Waffe*). **2.** Angriff *m* mit e-m Totschläger. **II** *v/t* **3.** *j-n* mit e-m Totschläger angreifen. **4.** *j-m* eins über den Schädel hauen.

cosh[2] [kɒʃ; *Am.* kɑʃ] *s math.* hyperˈbolischer Kosinus.

cosh·er [ˈkɒʃə(r); *Am.* ˈkɑ-] *v/t* verhätscheln, -päppeln, -wöhnen.

co·sig·na·to·ry [ˌkəʊˈsɪgnətərɪ; -trɪ; *Am.* -ˌtəʊriː; -ˌtɔː-] **I** *s* ˈMitunterˌzeichner(in). **II** *adj* ˈmitunterˌzeichnend.

co·sine [ˈkəʊsaɪn] *s math.* Kosinus *m*: ~ **law** Kosinussatz *m*.

co·si·ness [ˈkəʊzɪnɪs] *s* Behaglichkeit *f*, Gemütlichkeit *f*.

cosm- [kɒzm; *Am.* kɑzm] → **cosmo-**.

cos·met·ic [kɒzˈmetɪk; *Am.* kɑz-] **I** *adj* (*adv* ~**ally**) **1.** kosˈmetisch, Schönheits...: ~ **surgery** Schönheitschirurgie *f*. **2.** *fig.* kosˈmetisch, (nur) oberflächlich. **II** *s* **3.** Kosˈmetikum *n*, kosˈmetisches Mittel, Schönheitsmittel *n*. **4.** *oft pl obs.* Kosˈmetik *f*, Schönheitspflege *f*. **5.** *fig.* Tünche *f*. ˌ**cos·meˈti·cian** [-məˈtɪʃn] *s* Kosˈmetiker(in). **cosˈmet·i·cize** [-saɪz] *v/t* **1.** kosˈmetisch behandeln (*a. fig.*). **2.** *fig.* überˈtünchen.

cos·me·tol·o·gist [ˌkɒzmɪˈtɒlədʒɪst; *Am.* ˌkɑzməˈtɑ-] *s* **1.** Kosmetoˈloge *m*, -ˈlogin *f*. **2.** Kosˈmetiker(in). ˌ**cos·meˈtol·o·gy** *s* **1.** Kosmetoloˈgie *f* (*Wissenschaft u. Lehre von der Kosmetik*). **2.** Kosˈmetik *f*, Schönheitspflege *f*.

cos·mic [ˈkɒzmɪk; *Am.* ˈkɑz-] *adj* (*adv* ~**ally**) kosmisch: a) das Weltall betreffend, zum Weltall gehörend: ~ **dust** Weltraumnebel *m*; ~ **rays** kosmische Strahlen, Höhenstrahlen, b) ganzheitlich geordnet, harˈmonisch, c) ˈweltumˌspannend, d) unermeßlich, gewaltig. ˈ**cos·mi·cal** *adj* (*adv* ~**ly**) kosmisch, das Weltall betreffend: ~ **constant** *phys.* kosmische Konstante.

cosmo- [kɒzməʊ; -mə; *Am.* kɑz-] *Wortelement mit der Bedeutung* (Welt)Raum...

cos·mo·drome [ˈkɒzmədrəʊm; *Am.* ˈkɑz-] *s* Kosmoˈdrom *n* ([*sowjetischer*] *Startplatz für Weltraumraketen*).

cos·mo·gen·ic [ˌkɒzməʊˈdʒenɪk; *Am.* ˌkɑzmə-] *adj* durch kosmische Strahlen herˈvorgerufen.

cos·mog·o·ny [kɒzˈmɒgənɪ; *Am.* kɑzˈmɑ-] *s* Kosmogoˈnie *f* (*wissenschaftliche Theorie über die Entstehung des Weltalls*).

cos·mog·ra·pher [kɒzˈmɒgrəfə(r); *Am.* kɑzˈmɑ-] *s obs.* Kosmoˈgraph *m*. ˌ**cos·moˈgraph·ic** [-məʊˈgræfɪk; -məˈgr-], ˌ**cos·moˈgraph·i·cal** *adj* (*adv* ~**ly**) *obs.* kosmoˈgraphisch. **cosˈmog·ra·phy** *s obs.* Kosmograˈphie *f* (*Beschreibung der Entstehung u. Entwicklung des Kosmos*).

cos·mo·log·ic [ˌkɒzməʊˈlɒdʒɪk; *Am.* ˌkɑzməˈlɑ-], ˌ**cos·moˈlog·i·cal** *adj* (*adv* ~**ly**) kosmoˈlogisch. **cosˈmol·o·gy** [-ˈmɒlədʒɪ; *Am.* -ˈmɑ-] *s* Kosmoloˈgie *f* (*Lehre von der Entstehung u. Entwicklung des Weltalls*).

cos·mo·naut [ˈkɒzmənɔːt; *Am.* ˈkɑz-; *a.* -ˌnɑt] *s* Kosmoˈnaut *m*, (soˈwjetischer) (Welt)Raumfahrer. ˌ**cos·moˈnau·tic** **I** *adj* (*adv* ~**ally**) kosmoˈnautisch. **II** *s pl* (*meist als sg konstruiert*) Kosmoˈnautik *f*, (Wissenschaft *f* von der) Raumfahrt *f* (*in der UdSSR*). ˌ**cos·moˈnau·ti·cal** *adj* (*adv* ~**ly**) → **cosmonautic** I.

ˌ**cos·moˈplas·tic** *adj* kosmoˈplastisch, weltbildend.

cos·mop·o·lis [kɒzˈmɒpəlɪs; *Am.* kɑzˈmɑ-] *s* Weltstadt *f*. ˌ**cos·moˈpol·i·tan** [-məˈpɒlɪtən; *Am.* -ˈpɑlətn] **I** *adj* kosmopoˈlitisch (*a. biol.*), weltbürgerlich, *weitS.* weltoffen: ~ **city** Weltstadt *f*. **II** *s* → **cosmopolite**. ˌ**cos·moˈpol·i·tan·ism** → **cosmopolitism**. **cosˈmop·o·lite** [-ˈmɒpəlaɪt; *Am.* -ˈmɑ-] *s* **1.** Kosmopoˈlit(in), Weltbürger(in). **2.** *biol.* Kosmopoˈlit *m*. **cosˈmop·o·lit·ism** [-laɪtɪzəm; -lət-] *s* **1.** Kosmopoliˈtismus *m*, Weltbürgertum *n*. **2.** Weltoffenheit *f*.

cos·mo·ra·ma [ˌkɒzməˈrɑːmə; *Am.* ˌkɑzməˈræmə] *s* Kosmoˈrama *n* (*perspektivisch naturgetreue Darstellung von Landschaften, Städtebildern etc*).

cos·mos [ˈkɒzmɒs; *Am.* ˈkɑzməs] *s* **1.** Kosmos *m*: a) Weltall *n*, b) (Welt-)Ordnung *f*. **2.** in sich geschlossenes Syˈstem, Welt *f* für sich. **3.** *bot.* Schmuckkörbchen *n*.

ˌ**cos·moˈthe·ism** *s philos.* Kosmotheˈismus *m* (*Anschauung, die Gott u. Welt als Einheit begreift*).

Cos·mo·tron [ˈkɒzmətrɒn; *Am.* ˈkɑzməˌtrɑn] *s Kernphysik*: Kosmotron *n* (*Gerät zur Erzeugung äußerst energiereicher Partikelstrahlungen*).

co·spe·cif·ic [ˌkəʊspɪˈsɪfɪk] *adj biol.* artgleich.

coss [kɒs; kəʊs] *s indisches Längenmaß* (*2,5–5 km*).

Cos·sack [ˈkɒsæk; *Am.* ˈkɑ-] *s* Koˈsak *m*.

cos·set [ˈkɒsɪt; *Am.* ˈkɑsət] **I** *s* **1.** von Hand aufgezogenes Lamm. **2.** *fig.* Liebling *m* (*Kosename*). **II** *v/t* **3.** *a.* ~ **up** verhätscheln, -wöhnen, ‚verpäppeln'.

cost [kɒst; *Am.* kɔːst] **I** *s* **1.** Kosten *pl*, Aufwand *m*, Preis *m*: ~ **of living** Lebenshaltungskosten; → **count**[1] 12. **2.** Kosten *pl*, Schaden *m*, Nachteil *m*: **to my** ~ auf m-e Kosten, zu m-m Schaden; **I know to my** ~ ich weiß (es) aus eigener (bitterer) Erfahrung; **at s.o.'s** ~ auf j-s Kosten; **at the** ~ **of his health** auf Kosten s-r Gesundheit. **3.** Opfer *n*, Preis *m*: **at all** ~**s**, **at any** ~ um jeden Preis; **at a heavy** ~ unter schweren Opfern. **4.** *econ.* (Selbst-, Gestehungs)Kosten *pl*, Einkaufs-, Einstands-, Anschaffungspreis *m*: ~ **abatement** Kostendämpfung *f*; ~ **accounting** → **costing**; ~ **accountant** (Betriebs)Kalkulator *m*; ~ **book** a) Kalkulationsbuch *n*, b) *Br.* Kuxbuch *n*; ~ **control** Kostenlenkung *f*; ~ **increase** Kostensteigerung *f*; ~ **inflation** Kosteninflation *f*; ~ **plus** *bes. Am.* Gestehungskosten plus Unternehmergewinn; ~ **price** Selbstkostenpreis *m*, (Netto)Einkaufspreis *m*; **at** ~ zum Selbstkostenpreis; ~, **insurance, freight** → **C.I.F.**; ~ **of construction** Baukosten; ~ **of production** Produktions-, Herstellungskosten. **5.** *pl* (Un-)Kosten *pl*, Auslagen *pl*, Spesen *pl*. **6.** *pl jur.* (Gerichts-, Proˈzeß)Kosten *pl*, Gebühren *pl*: **with** ~**s** a) kostenpflichtig, b) nebst Tragung der Kosten; **to condemn s.o. in the** ~**s** j-n zu den Kosten verurteilen; → **dismiss** 8.

II *v/t pret u. pp* **cost** **7.** *e-n Preis* kosten: **what does it** ~? was kostet es?; **it** ~ **me one pound** es kostete mich ein Pfund. **8.** kosten, bringen um: **it almost** ~ **him his life** es kostete ihn *od.* ihm fast das Leben. **9.** *etwas Unangenehmes* verursachen, kosten: **it** ~ **me a lot of trouble** es verursachte mir *od.* kostete mich große Mühe. **10.** *pret u. pp* ˈ**cost·ed** *econ.* den Preis *od.* die Kosten kalkuˈlieren von (*od. gen*): ~**ed at** mit e-m Kostenanschlag von.

III *v/i* **11.** zu stehen kommen: **it** ~ **him dearly** *bes. fig.* es kam ihm teuer zu stehen; **it'll** ~ **you** *bes. Br. colloq.* es wird dich ein ‚Heidengeld' kosten.

cos·ta [ˈkɒstə; *Am.* ˈkɑ-] *pl* **-tae** [-tiː] *s* **1.** *anat.* Costa *f*, Rippe *f*. **2.** *bot.* Mittelrippe *f* (*vom Blatt*). **3.** *zo.* Ader *f* (*des Insektenflügels*). ˈ**cos·tal** [-tl] *adj* **1.** *anat.* coˈstal, Rippen... **2.** *bot.* (Blatt)Rippen... **3.** *zo.* (Flügel)Ader...

co-star [ˈkəʊstɑː(r)] **I** *s* e-r der Hauptdarsteller: **X and Y were** ~**s** X u. Y spielten die Hauptrollen. **II** *v/t*: **the film** ~**red X** X spielte in dem Film e-e der Hauptrollen. **III** *v/i* (*mit andern*) zuˈsammen (als Hauptdarsteller) auftreten: **to** ~ **with** die Hauptrolle spielen neben (*dat*).

cos·tard [ˈkʌstəd; *Am.* ˈkɑstərd] *s* **1.** *e-e englische Apfelsorte*. **2.** *obs. humor.* ‚Birne' *f* (*Kopf*).

cos·tate [ˈkɒsteɪt; *Am.* ˈkɑ-], *a.* ˈ**cos·tat·ed** *adj* **1.** *anat.* mit Rippen (versehen). **2.** *bot.* gerippt. **3.** *zo.* geädert.

ˌ**cost|-ˈben·e·fit a·nal·y·sis** *s econ.* ˈKosten-ˈNutzen-Anaˌlyse *f*. ˈ**~-ˌcon·scious** *adj econ.* kostenbewußt. ˈ**~-ˌcov·er·ing** *adj* kostendeckend. ˈ**~-ˌcut·ting** *adj* kostensenkend, -dämpfend. ˈ**~-efˌfec·tive** *adj econ.* ˈkosteneffekˌtiv. ˈ**~-efˌfi·cient** *adj econ.* ˈkosteneffiziˌent, wirtschaftlich.

cos·ter·mon·ger [ˈkɒstəˌmʌŋgə], *a.* ˈ**cos·ter** *s Br.* Straßenhändler(in) für Obst, Gemüse *etc.*

cost·ing [ˈkɒstɪŋ] *s econ. Br.* Kosten(be)rechnung *f*, Kalkulatiˈon *f*.

cos·tive [ˈkɒstɪv; *Am.* ˈkɑ-] *adj* (*adv* ~**ly**) **1.** *med.* a) verstopft, b) an Verstopfung leidend, hartleibig. **2.** *fig.* geizig, knauserig. ˈ**cos·tive·ness** *s* **1.** *med.* Verstopfung *f*. **2.** *fig.* Geiz *m*.

cost·li·ness [ˈkɒstlɪnɪs; *Am.* ˈkɔːst-] *s* **1.** Kostspieligkeit *f*. **2.** Pracht *f*. ˈ**cost·ly** *adj* **1.** kostspielig, teuer. **2.** teuer erkauft: **a** ~ **victory**. **3.** prächtig.

cost·mar·y [ˈkɒstmeərɪ; *Am. a.* ˈkɑst-] *s bot.* Maˈrien-, Frauenblatt *n*.

ˌ**cost-of-ˈliv·ing| al·low·ance,** ~ **bo·nus** *s econ.* Teuerungszulage *f*. ~ **fig·ure** *s*, ~ **in·dex** *s a. irr econ.* Lebenshaltungs(kosten)index *m*.

cos·tume [ˈkɒstjuːm; *Am.* ˈkɑ-; *a.* -ˌtuːm] **I** *s* **1.** Koˈstüm *n*, Kleidung *f*, Tracht *f*. **2.** (ˈMasken-, ˈBühnen)Koˌstüm *n*. **3.** *obs.* Koˈstüm(kleid) *n* (*für Damen*). **4.** Badeanzug *m*. **II** *adj* **5.** Kostüm...: ~ **ball** Kostümball *m*; ~ **designer** *thea. etc* Kostümbildner(in); ~ **jewel(le)ry** Modeschmuck *m*; ~ **piece** *thea.* Kostümstück *n*. **III** *v/t* [*Am.* kɑsˈtuːm; -ˈtjuːm] **6.** kostüˈmieren. **7.** *thea. etc* die Koˈstüme entwerfen für: **to** ~ **a play**. **cos·tum·er** [kɒˈstjuːmə; *Am.* ˈkɑsˌtuːmər; -ˌtjuː-] → **costumier**. **cosˈtum·ey** *adj Am.* auffällig, ausgefallen (*Kleidung*). **cosˈtum·i·er** [-mɪə(r); *Am. a.* -mɪˌeɪ] *s* **1.** Koˈstümverleiher(in). **2.** Kostümiˈer *m*, Theˈaterschneider(in).

co·sure·ty [ˌkəʊˈʃʊərətɪ] *s jur.* **1.** Mitbürge *m*. **2.** Mitbürgschaft *f*.

co·sy [ˈkəʊzɪ] **I** *adj* (*adv* **cosily**) behaglich, gemütlich. **II** *s* Wärmer *m*: → **egg cosy**, **tea cosy**. **III** *v/t* ~ **along** *j-n* in Sicherheit wiegen.

cot[1] [kɒt; *Am.* kɑt] *s* **1.** Feldbett *n*. **2.** *Br.* Kinderbett(chen) *n*. **3.** leichte Bettstelle. **4.** *mar.* Schwingbett *n*.

cot[2] [kɒt; *Am.* kɑt] **I** *s* **1.** *obs. od. poet.* Häus-chen *n*, Hütte *f*, Kate *f*. **2.** Stall *m*, Häus-chen *n*. **3.** (*schützendes*) Gehäuse.

4. ˈÜberzug *m*, Futteˈral *n*. **5.** Fingerling *m*. **II** *v/t* **6.** in den Stall bringen.

co·tan·gent [ˌkəʊˈtændʒənt] *s math.* Kotangens *m*, ˈKotanˌgente *f*. ˌ**co·tanˈgen·tial** [-ˈdʒenʃl] *adj math.* kotangentiˈal.

cot death *s med. Br.* plötzlicher Kindstod.

cote[1] [kəʊt] → **cot**[2].

cote[2] [kəʊt] *v/t obs.* überˈholen, -ˈtreffen.

co·tem·po·ra·ne·ous [kəʊˌtempəˈreɪnjəs; -ɪəs], **coˈtem·po·rar·y** [-pərərɪ; *Am.* -pəˌreriː] → **contemporaneous, contemporary.**

co·ten·an·cy [ˌkəʊˈtenənsɪ] *s jur.* Mitpacht *f*. ˌ**coˈten·ant** *s* Mitpächter *m*, -mieter *m*.

co·te·rie [ˈkəʊtərɪ] *s* **1.** exkluˈsiver (*literarischer etc*) Zirkel, erlesener Kreis. **2.** Koteˈrie *f*, Klüngel *m*, Clique *f*.

co·ter·mi·nous [ˌkəʊˈtɜːmɪnəs; *Am.* -ˈtɜr-] → **conterminous.**

co·thurn [ˈkəʊθɜːn; kəʊˈθɜːn; *Am.* -ɜrn] → **cothurnus. coˈthur·nus** [-nəs] *pl* **-ni** [-naɪ] *s* Koˈthurn *m*: a) *antiq. thea.* hochsohliger Bühnenschuh, b) erhabener, paˈthetischer Stil.

co·tid·al [ˌkəʊˈtaɪdl] *adj*: ~ **lines** *mar.* Isorrhachien.

co·til·lion, *a.* **co·til·lon** [kəˈtɪljən; *Am.* kəʊ-] *s hist.* Kotilˈlon *m* (*Tanz*).

cot·ta [ˈkɒtə; *Am.* ˈkɑtə] *s relig.* Chorhemd *n*.

cot·tage [ˈkɒtɪdʒ; *Am.* ˈkɑ-] *s* **1.** Cottage *n*, (kleines) Landhaus. **2.** *Am.* Ferienhaus *n*, -häus-chen *n*. **3.** *Am.* Wohngebäude *n*, (*e-s Krankenhauses etc*) Einzelgebäude *n*, (*e-s Hotels*) Depenˈdance *f*. **4.** *Am.* Wohneinheit *f* (*in e-m Heim mit Familiensystem für verwahrloste od. straffällig gewordene Kinder*). ~ **cheese** *s* Hüttenkäse *m*. ~ **hos·pi·tal** *s* **1.** *Br.* kleines Krankenhaus (*bes. auf dem Land*). **2.** *Am. aus Einzelgebäuden bestehendes Krankenhaus.* ~ **in·dus·try** *s* ˈHeimgewerbe *n*, -induˌstrie *f*. ~ **loaf** *s irr Br. rundes, zweischichtiges Weißbrot.* ~ **pi·an·o** *s* Piaˈnino *n*. ~ **pie** *s gastr. Auflauf aus Hackfleisch u. Kartoffelbrei.* ~ **pud·ding** *s mit e-r heißen, süßen Soße übergossener Kuchen.*

cot·tag·er [ˈkɒtɪdʒə(r); *Am.* ˈkɑ-] *s* **1.** Cottagebewohner(in). **2.** *Am.* Urlauber(in) in e-m Ferienhaus.

cot·tar → **cotter**[2].

cot·ter[1] [ˈkɒtə; *Am.* ˈkɑtər] *tech.* **I** *s* a) (Quer-, Schließ)Keil *m*, b) → **cotter pin. II** *v/t* versplinten.

cot·ter[2] [ˈkɒtə; *Am.* ˈkɑtər] *s bes. Scot.* a) Kleinbauer *m*, b) Pachthäusler *m*.

cot·ter| bolt *s tech.* a) Bolzen *m* mit Splint, b) Vorsteckkeil *m*. ~ **pin** *s tech.* Splint *m*, Vorsteckstift *m*. ~ **slot** *s* Keilnut *f*.

cot·ti·er [ˈkɒtɪə(r); *Am.* ˈkɑ-] *s* **1.** → **cotter**[2]. **2.** Pachthäusler *m* (*in Irland*).

cot·ton [ˈkɒtn; *Am.* ˈkɑtn] **I** *s* **1.** Baumwolle *f*: **carded** ~ Kammbaumwolle; → **absorbent** 3. **2.** *bot.* (*e-e*) Baumwollpflanze. **3.** a) Baumwollstoff *m*, -gewebe *n*, b) *pl* Baumwollwaren *pl*, -kleidung *f*. **4.** (Baumwoll)Garn *n*, (-)Zwirn *m*: **knitting** ~ Strickgarn. **5.** *bot.* Wolle *f* (*Pflanzensubstanz*). **II** *adj* **6.** baumwollen, aus Baumwolle, Baumwoll... **III** *v/i* **7.** *Am. colloq.* (**with**) a) gut auskommen (mit), b) Freundschaft schließen, sich anfreunden (mit). **8.** *colloq.* ~ **to** *fig. Am.* sich anfreunden mit (*e-r Idee etc*); **to** ~ **on to** *etwas* ‚kapieren', ‚schnallen', verstehen.

cot·ton| belt *s* Baumwollzone *f* (*im Süden der USA*). ~ **cake** *s* Baumwollkuchen *m* (*Tierfutter*). ~ **can·dy** *s Am.* Zuckerwatte *f*. ˈ**~-ˌcov·ered** *adj tech.* ˈbaumwollumˌsponnen. ~ **gin** *s tech.* Entˈkörnungsmaˌschine *f* (*für Baumwolle*). ~ **grass** *s bot.* Wollgras *n*. ~ **grow·er** *s* Baumwollpflanzer *m*.

cot·ton·ize [ˈkɒtnaɪz; *Am.* ˈkɑ-] *v/t tech.* *Flachs, Hanf* cottoniˈsieren.

cot·ton| mill *s* Baumwollspinneˈrei *f*. ~ **pad** *s* Wattestäbchen *n*. ~ **pick·er** *s* Baumwollpflücker *m*. ˈ**~-ˌpick·ing** *adj Am. sl.* verdammt, verflucht. ~ **plant** *s* Baumwollstaude *f*. ~ **press** *s* Baumwollballenpresse *f* (*Gebäude od. Maschine*). ~ **print** *s* bedruckter Katˈtun. ˈ**~seed** *s bot.* Baumwollsame *m*: ~ **cake** → **cotton cake**; ~ **oil** Baumwollsamen-, Cottonöl *n*. **C~ State** *s* Baumwollstaat *m* (*Spitzname für Alabama*). ˈ**~tail** *s zo.* (*ein*) amer. ˈWildkaˌninchen *n*. ~ **tree** *s bot.* **1.** (*ein*) Kapok-, Baumwollbaum *m*. **2.** a) (*e-e*) nordamer. Pappel, b) Schwarzpappel *f*. **3.** Maˈjagua *m* (*Australien*). ~ **waste** *s* **1.** Baumwollabfall *m*. **2.** *tech.* Putzwolle *f*. ˈ**~wood** *s* **1.** *bot.* (*e-e*) amer. Pappel, *bes.* Dreieckblättrige Pappel. **2.** Pappelholz *n* (*von* 1). ~ **wool** *s* **1.** Rohbaumwolle *f*. **2.** *Br.* (Verband-) Watte *f*: **to wrap s.o. in** ~ *colloq.* j-n in Watte packen.

cot·ton·y [ˈkɒtnɪ; *Am.* ˈkɑ-] *adj* **1.** baumwollartig. **2.** weich, wollig, flaumig.

cot·y·le·don [ˌkɒtɪˈliːdən; *Am.* ˌkɑtlˈiːdn] *s* **1.** *bot.* Keimblatt *n*. **2.** *bot.* Nabelkraut *n*. **3.** *zo.* Plaˈzentazotte *f*.

cot·y·loid [ˈkɒtɪlɔɪd; *Am.* ˈkɑtlˌɔɪd] *adj anat. zo.* **1.** schalenförmig. **2.** Hüftpfannen...: ~ **cavity** Hüftpfanne *f*.

co·type [ˈkəʊtaɪp] *s bot. zo.* Cotypus *m*.

couch[1] [kaʊtʃ] **I** *s* **1.** Couch *f* (*a. des Psychiaters*), Liege(sofa *n*) *f*. **2.** *poet.* Bett *n*. **3.** Lager(stätte *f*) *n*. **4.** *hunt. obs.* Lager *n*, Versteck *n* (*von Wild*). **5.** *tech.* Grund(-schicht *f*) *m*, Grunˈdierung *f*, erster Anstrich (*von Farbe, Leim etc*). **II** *v/t* **6.** a) *etwas* (ab)fassen, formuˈlieren, b) *Gedanken etc* in Worte fassen *od.* kleiden, ausdrücken. **7.** *Lanze* senken, einlegen. **8.** ~ **o.s.** sich niederlegen: **to be** ~**ed** liegen. **9.** besticken (**with, of** mit): → **couching. 10.** *tech. Papier* gautschen. **11.** *med.* a) *den Star* stechen: **to** ~ **a cataract**, b) *j-m* den Star stechen. **12.** *obs.* a) einbetten, b) verbergen. **III** *v/i* **13.** ruhen, liegen. **14.** sich (zur Ruhe) ˈhinlegen. **15.** *obs.* sich ducken, kauern. **16.** *obs.* lauern.

couch[2] [kuːtʃ; kaʊtʃ] → **couch grass.**

couch·ant [ˈkaʊtʃənt] *adj her.* mit erhobenem Kopf liegend.

cou·chette [kuːˈʃet] *s rail.* Platz *m* (im Liegewagen).

couch grass *s bot.* Gemeine Quecke.

couch·ing [ˈkaʊtʃɪŋ] *s* Plattsticke ˈrei *f*.

Cou·é·ism [ˈkuːeɪɪzəm; *Am. bes.* kuːˈeɪ-] *s med. psych.* Couéˈismus *m*, Couˈésches Heilverfahren.

cou·gar [ˈkuːgə(r)] *s zo.* Kuguar *m*, Puma *m*, Silberlöwe *m*.

cough [kɒf; *Am.* kɔːf] **I** *s* **1.** *med.* Husten *m*: **churchyard** ~ *colloq.* ‚Friedhofsjodler' *m* (*schlimmer Husten*); **to have a** ~ Husten haben; **to give a (slight)** ~ hüsteln, sich räuspern. **2.** Husten *n*. **3.** *mot.* Stottern *n*. **4.** Bellen *n*. **II** *v/i* **5.** husten. **6.** *mot.* stottern, husten (*Motor*). **7.** bellen, husten (*Geschütz etc*). **III** *v/t* **8.** *meist* ~ **out**, ~ **up** aushusten: **to** ~ **up blood** Blut husten. **9.** ~ **down** *e-n Redner* niederhusten, durch (absichtliches) Husten zum Schweigen bringen. **10.** ~ **up** *sl.* a) herˈausrücken mit (*der Wahrheit etc*), b) *Geld* herausrücken. ~ **drop** *s* ˈHustenbonˌbon *m, n*.

cough·ing bout [ˈkɒfɪŋ; *Am.* ˈkɔː-] *s* Hustenanfall *m*.

cough| loz·enge *s* ˈHustenbonˌbon *m, n*. ~ **syr·up** *s* Hustensaft *m*, -sirup *m*.

could [kʊd; *unbetont* kəd] *v/aux* (*von* **can**[1]) **1.** *pret ich, er, sie, es* konnte, *du* konntest, *wir, Sie, sie* konnten, *ihr* konntet: **he** ~ **not come. 2.** (*konditional, vermutend od. fragend*) *ich, er, sie, es* könnte, *du* könntest, *wir, Sie, sie* könnten, *ihr* könntet: **I** ~ **have killed him** ich hätte ihn umbringen können; **that** ~ **be right** das könnte stimmen.

couldst [kʊdst] *obs. od. poet. 2. sg von* **could.**

cou·lee [ˈkuːlɪ], *a.* **cou·lée** [ˈkuːleɪ] *s* **1.** *Am.* a) (Felsen)Schlucht *f*, b) *oft ausgetrockneter Bach.* **2.** *geol.* (erstarrter) Lavastrom.

cou·lisse [kuːˈliːs] *s* **1.** *tech.* a) Falz *m*, Schnurrinne *f*, b) Kuˈlisse *f*, Gleitbahn *f*. **2.** *thea.* Kuˈlisse *f*.

cou·loir [ˈkuːlwɑː; *Am.* kuːlˈwɑːr] *s* **1.** Bergschlucht *f*. **2.** *tech.* ˈBaggermaˌschine *f*.

cou·lomb [ˈkuːlɒm; *Am.* -ˌlɑm; kuːˈlɑm] *s electr.* Couˈlomb *n*, Amˈpereseˌkunde *f*: **C~'s law** Coulombsches Gesetz. ˈ**couˌlombˌme·ter, cou·lom·e·ter** [kuːˈlɒmɪtə(r); *Am.* -ˈlɑ-] *s electr.* Couˈlombmeter *n*, Voltmeter *n*.

coul·ter *bes. Br. für* **colter.**

coun·cil [ˈkaʊnsl; -sɪl] *s* **1.** Ratsversammlung *f*, -sitzung *f*: **to be in** ~ zu Rate sitzen; **to meet in** ~ e-e (Rats)Sitzung abhalten. **2.** Rat *m*, beratende Versammlung: **to be on the** ~ im Rat sitzen, Ratsmitglied sein; **family** ~ Familienrat; ~ **of physicians** Ärztekollegium *n*. **3.** Rat *m* (*als Körperschaft*): ~ **of elders** Ältestenrat; **C~ of Europe** Europarat; **C~ of National Defense** *Am.* Nationaler Verteidigungsrat; **C~ of State** Staatsrat; ~ **of war** Kriegsrat (*a. fig.*). **4. C~** *Br.* Geheimer Kronrat: **the King (Queen, Crown) in C~** der König (die Königin, die Krone) u. der Kronrat. **5.** Gemeinderat *m*: **municipal** ~ Stadtrat. **6.** ˈVorstand(skomiˌtee *n*) *m* (*e-r Gesellschaft*). **7.** Gewerkschaftsrat *m*. **8.** *relig.* Konˈzil *n*, Synˈode *f*, Kirchenversammlung *f*: → **ecumenical. 9.** *Bibl.* Hoher Rat (*der Juden*). ~ **board** *s* **1.** Sitzungstisch *m*. **2.** Ratsversammlung *f*. ~ **es·tate** *s Br.* soziˈale Wohnsiedlung (*e-r Gemeinde*). ~ **house** *s Br.* gemeindeeigenes Wohnhaus (*mit niedrigen Mieten*).

coun·cil·lor(·ship) *bes. Br. für* **councilor(ship).**

ˈ**coun·cil·man** [-mən] *s irr bes. Am.* Stadtrat *m*, -verordnete(r) *m*.

coun·cil·or [ˈkaʊnsələr; -slər] *s Am.* Ratsmitglied *n*, -herr *m*, (Stadt)Rat *m*, (-)Rätin *f*. ˈ**coun·cil·orˌship** *s Am.* Ratsherrnwürde *f*.

coun·cil school *s Br. bes. hist.* staatliche Schule.

coun·sel [ˈkaʊnsl; -səl] **I** *s* **1.** Rat(schlag) *m*: **to ask** ~ **of s.o.** j-n um Rat fragen; **to take** ~ **of s.o.** von j-m (e-n) Rat annehmen. **2.** (gemeinsame) Beratung, Beratschlagung *f*: **to hold** (*od.* **take**) ~ **with s.o.** a) sich beraten mit j-m, b) sich Rat holen bei j-m; **to take** ~ **together** zusammen beratschlagen, sich gemeinsam beraten. **3.** Ratschluß *m*, Entschluß *m*, Absicht *f*, Plan *m*: **to be of** ~ **with** die gleichen Pläne haben wie. **4.** *obs.* perˈsönliche Meinung *od.* Absicht: **to keep one's (own)** ~ s-e Meinung *od.* Absicht für sich behalten; **divided** ~**s** geteilte Meinungen. **5.** *jur.* a) *Br.* (Rechts)Anwalt *m* (**barrister**), b) *Am.* Rechtsberater *m*, -beistand *m*: ~ **for the plaintiff** *Br.* Anwalt des Klägers; ~ **for the prosecution** Anklagevertreter *m*; **C~ for the Crown** *Br.* öffentlicher Ankläger; ~ **for the defence** (*Am.* **defense**) (*Zivilprozeß*) Anwalt *od.* Prozeßbevollmächtigte(r) *m* des Beklagten, (*Strafprozeß*) Verteidiger *m*; ~**'s opinion** Rechtsgutachten *n*; ~'s **speech** *Br.* Anwaltsplädoyer *n*; **leading** ~ → **leader** 4 a. **6.** (*als pl konstruiert*) *jur. Am. collect.* juˈristische Berater *pl* im Proˈzeß. **7.** Berater *m*, Ratgeber *m*. **II** *v/t pret u. pp* **-seled,** *bes. Br.* **-selled 8.** *j-m* raten, *j-m* e-n Rat geben *od.* erteilen. **9.** zu etwas raten: **to** ~ **s.th. to s.o.** j-m etwas raten *od.* empfehlen; **to** ~ **delay** e-n Aufschub empfehlen. **10.** ~ **and procure** *jur.* Beihilfe leisten zu *e-r Straftat*.

coun·sel·or [ˈkaʊnslə(r); -sələ(r)], *bes. Br.* ˈ**coun·sel·lor** *s* **1.** Berater *m*, Ratgeber *m*. **2.** Rat(smitglied *n*) *m*. **3.** *a.* ~**-at-law** *jur. Am.* (Rechts)Anwalt *m*. **4.** Rechtsberater *m* (*e-r diplomatischen Vertretung*): ~ **of embassy** Botschaftsrat *m* 1. Klasse. **5.** (Studien-, Berufs)Berater *m*.

count[1] [kaʊnt] **I** *s* **1.** Zählen *n*, (Be)Rechnung *f*, (Auf-, Aus-, Ab)Zählung *f*: ~ **of the ballots** Stimmenzählung; **to keep** ~ **of s.th.** a) etwas genau zählen, b) *fig.* die Übersicht über etwas behalten; **to lose** ~ a) sich verzählen, b) *fig.* die Übersicht verlieren (**of** über *acc*); **he has lost** ~ **of his books** er kann s-e Bücher schon nicht mehr zählen; **by this** ~ nach dieser Zählung *od.* Berechnung; **to take** ~ **of s.th.** etwas zählen. **2.** *Boxen*: a) Auszählen *n*, b) Anzählen *n*: **to take the** ~, **to be out for the** ~ ausgezählt werden; **to take a** ~ **of nine** bis neun am Boden bleiben *od.* angezählt werden; **to take** (*od.* **be given**) **a standing** ~ stehend angezählt werden. **3.** (Volks)Zählung *f*. **4.** An-, Endzahl *f*, Ergebnis *n*. **5.** *jur.* (An)Klagepunkt *m*: **the accused was found guilty on all** ~**s** der Angeklagte wurde in allen Anklagepunkten für schuldig befunden; **on this** ~ *fig.* in dieser Hinsicht, in diesem Punkt. **6.** Berücksichtigung *f*: **to leave out of** ~ unberücksichtigt *od.* außer acht lassen; **to take no** ~ **of s.th.** etwas nicht berücksichtigen *od.* zählen. **7.** *sport etc* Punktzahl *f*, (erzielte) Punkte *pl*. **8.** *tech.* Zähleranzeige *f*, -stand *m*. **9.** *tech.* (Feinheits-) Nummer *f* (*von Garn*). **10.** → **count-out.** **II** *v/t* **11.** (ab-, auf-, aus-, zs.-)zählen: **to** ~ **one's change** sein Wechselgeld nachzählen. **12.** aus-, berechnen: **to** ~ **the cost** a) die Kosten berechnen, b) *fig.* die Folgen bedenken. **13.** zählen bis: **to** ~ **ten.** **14.** (mit)zählen, mit einrechnen, einschließen, berücksichtigen: **without** (*od.* **not**) ~**ing** ohne mitzurechnen, abgesehen von; (**not**) ~**ing the persons present** die Anwesenden (nicht) mitgerechnet. **15.** halten für, betrachten als, zählen (**among** zu), schätzen: **to** ~ **s.o. one's enemy** j-n für s-n Feind halten; **to** ~ **s.o. among one's best friends** j-n zu s-n besten Freunden zählen; **to** ~ **o.s. lucky** sich glücklich schätzen; **to** ~ **s.th. for** (*od.* **as**) **lost** etwas als verloren betrachten *od.* abschreiben; **to** ~ **of no importance** für unwichtig halten; **to** ~ **it a great hono(u)r** es als große Ehre betrachten. **III** *v/i* **16.** zählen: **to** ~ **up to ten** bis 10 zählen; **he** ~**s among my friends** *fig.* er zählt zu m-n Freunden. **17.** rechnen: ~**ing from today** von heute an (gerechnet). **18.** (**on, upon**) zählen, sich verlassen (auf *acc*), sicher rechnen (mit): **I** ~ **on you; I** ~ **on your being in time** ich verlasse mich darauf, daß Sie pünktlich sind. **19.** zählen: a) von Wert *od.* Gewicht sein, ins Gewicht fallen, b) gelten: **this does not** ~ das zählt *od.* gilt nicht, das ist ohne Belang, das fällt nicht ins Gewicht; **he simply doesn't** ~ er zählt überhaupt nicht; **to** ~ **for much** viel gelten *od.* wert sein, große Bedeutung haben; **to** ~ **against** sprechen gegen; sich nachteilig auswirken auf (*acc*). **20.** zählen, sich belaufen auf (*acc*): **they** ~**ed ten** sie waren zehn an der Zahl.

Verbindungen mit Adverbien:

count| down *v/t* **1.** *Geld* ˈhinzählen. **2.** (*a. v/i*) den Countdown ˈdurchführen für (*e-e Rakete etc*), *a. weitS.* letzte (Start)Vorbereitungen treffen für. ~ **in** *v/t* → **count**[1] 14: **count me in!** ich bin dabei!, da mache ich mit! ~ **off** *v/t u. v/i bes. mil.* abzählen. ~ **out** *v/t* **1.** *Münzen etc* (langsam) abzählen. **2.** ausschließen, außer acht *od.* unberücksichtigt lassen: **count me out!** ohne mich!, da mache ich nicht mit! **3.** *parl. Br.* a) *e-e Gesetzesvorlage* durch Vertagung zu Fall bringen, b) **to count the House out** e-e Sitzung des Unterhauses wegen Beschlußunfähigkeit vertagen. **4.** *pol. Am. sl. j-n* durch Manipulatiˈon bei der Stimmenzählung um s-n Wahlsieg betrügen. **5.** *j-n* (*beim Boxen od. Kinderspiel*) auszählen: **to be counted out on one's feet** stehend ausgezählt werden. ~ **o·ver** *v/t* nachzählen. ~ **up** *v/t* zs.-zählen.

count[2] [kaʊnt] *s* Graf *m* (*nicht brit. außer in*): → **count palatine.**

count·a·ble [ˈkaʊntəbl] *adj* (ab)zählbar, berechenbar.

ˈ**count·down** *s* **1.** Countdown *m, n* (*beim Abschuß e-r Rakete etc*), *a. weitS.* letzte (Start)Vorbereitungen *pl*. **2.** *Radar*: Antwortbakenausbeute *f*.

coun·te·nance [ˈkaʊntənəns; *Am. a.* -ntnəns] **I** *s* **1.** Gesichtsausdruck *m*, Miene *f*: **to change one's** ~ s-n Gesichtsausdruck ändern, die Farbe wechseln; **to keep one's** ~ e-e ernste Miene *od.* die Fassung bewahren. **2.** Fassung *f*, Haltung *f*, Gemütsruhe *f*: **in** ~ gefaßt; **to put s.o. out of** ~ j-n aus der Fassung bringen; **out of** ~ fassungslos. **3.** *obs.* Gesicht *n*, Antlitz *n*. **4.** Ermunterung *f*, (moˈralische) Unterˈstützung: **to give** (*od.* **lend**) ~ **to s.o.** j-n ermutigen, j-n unterstützen. **5.** Bekräftigung *f*: **to lend** ~ **to s.th.** e-r Sache Glaubwürdigkeit verleihen, etwas bekräftigen. **6.** *obs.* Benehmen *n*. **II** *v/t* **7.** *j-n* ermutigen, ermuntern, *a. etwas* unterˈstützen. **8.** *etwas* gutheißen.

count·er[1] [ˈkaʊntə(r)] *s* **1.** Ladentisch *m*: **to sell over the** ~ a) im Laden verkaufen, b) *Börse*: *Am.* im freien Verkehr *od.* freihändig verkaufen; **under the** ~ a) unter dem Ladentisch, im Schleichhandel, b) unter der Hand, heimlich; → **nail** 5. **2.** Theke *f* (*im Wirtshaus etc*). **3.** Schalter *m* (*in Bank, Post*). **4.** *econ.* Schranke *f* (*an der Börse*). **5.** *hist. od. obs.* (Schuld)Gefängnis *n*.

count·er[2] [ˈkaʊntə(r)] *s* **1.** Zähler *m*. **2.** *tech.* Zähler *m*, Zählgerät *n*, -vorrichtung *f*, -werk *n*: ~ **balance** Zählersaldo *m*; ~ **punch exit** Zählerablochung *f*; ~ **total exit** Summenwerk-Ausgang *m*. **3.** → **scaler** 2. **4.** Spielmarke *f*, Jeˈton *m*. **5.** Zählperle *f*, -kugel *f* (*e-r Kinder-Rechenmaschine*).

coun·ter[3] [ˈkaʊntə(r)] **I** *adv* **1.** in entgegengesetzter Richtung, verkehrt. **2.** *fig.* im ˈWiderspruch, im Gegensatz (**to** zu): ~ **to** wider (*acc*), zuwider (*dat*), entgegen (*dat*); **to run** ~ **to s.th.** e-r Sache zuwiderlaufen; **to run** ~ **to a plan** e-n Plan durchkreuzen; ~ **to all rules** entgegen allen *od.* wider alle Regeln. **II** *adj* **3.** Gegen..., entgegengesetzt. **III** *s* **4.** Gegenteil *n*. **5.** *Boxen*: a) Kontern *n*, b) Konter *m*. **6.** *fenc.* ˈKonterpaˌrade *f*. **7.** *Eis-, Rollkunstlauf*: Gegenwende *f*. **8.** *mar.* Gilling *f*, Gillung *f*. **9.** *print.* Bunze *f*. **10.** *vet. zo.* Brustgrube *f* (*des Pferdes*). **11.** → **countershaft.** **12.** → **countertenor.** **13.** → **counterbalance** 1. **IV** *v/t* **14.** entgegenwirken (*dat*), *e-n Plan* durchˈkreuzen. **15.** zuˈwiderhandeln (*dat*). **16.** entgegentreten (*dat*), widerˈsprechen (*dat*), entgegnen (*dat*), bekämpfen. **17.** *mil.* abwehren. **18.** *bes. sport e-n Schlag, Zug etc* mit e-m Gegenschlag *od.* -zug beantworten, kontern. **19.** → **counterbalance** 4. **V** *v/i* **20.** *bes. sport* kontern.

coun·ter[4] [ˈkaʊntə(r)] *obs. für* **encounter.**

counter- [kaʊntə(r)] *Wortelement mit der Bedeutung* a) Gegen..., (ent)gegen..., b) gegenseitig, c) Vergeltungs...

ˌ**coun·terˈact** *v/t* **1.** entgegenwirken (*dat*): ~**ing forces** Gegenkräfte. **2.** *e-e Wirkung* kompenˈsieren, neutraliˈsieren. **3.** entgegenarbeiten (*dat*), ˈWiderstand leisten (*dat*), bekämpfen. **4.** durchˈkreuzen, vereiteln. ˌ**coun·terˈac·tion** *s* **1.** Gegenwirkung *f*. **2.** Oppositiˈon *f*, ˈWiderstand *m*. **3.** Gegenmaßnahme *f*. **4.** Durchˈkreuzung *f*, Vereit(e)lung *f*. ˌ**coun·terˈac·tive** *adj* (*adv* ~**ly**) entgegenwirkend, Gegen...

ˈ**coun·terˌar·gu·ment** *s* ˈGegenarguˌment *n*.

coun·ter·at·tack I *s* [ˈkaʊntərəˌtæk] Gegenangriff *m* (*a. fig.*). **II** *v/t* [*a.* ˌ-ˈtæk] e-n Gegenangriff richten gegen. **III** *v/i* e-n Gegenangriff ˈdurchführen.

ˈ**coun·ter·atˌtrac·tion** *s* **1.** *phys.* entgegengesetzte Anziehungskraft. **2.** *fig.* ˈGegenattraktiˌon *f* (**to** zu).

coun·ter·bal·ance I *s* [ˈkaʊntə(r)-ˌbæləns] **1.** *fig.* Gegengewicht *n* (**to** zu). **2.** *tech.* Ausgleich-, Gegengewicht *n*. **3.** *econ.* Gegensaldo *m*. **II** *v/t* [ˌ-ˈbæləns] **4.** *fig.* ein Gegengewicht bilden zu, ausgleichen, aufwiegen, (*dat*) die Waage halten. **5.** *tech.* ausgleichen, *Räder etc* auswuchten. **6.** *econ.* (durch Gegenrechnung) ausgleichen.

ˈ**coun·ter·blast** *s fig.* heftige Reaktiˈon.

ˈ**coun·ter·blow** *s* Gegenschlag *m* (*a. fig.*).

coun·ter·bore *tech.* **I** *s* [ˈkaʊntə(r)bɔː(r)] **1.** a) (Kopf-, Hals)Senker *m*, b) Zapfenfräser *m*. **II** *v/t* [*a.* ˌ-ˈbɔː(r)] **2.** ansenken, ausfräsen. **3.** versenken.

coun·ter·charge I *s* [ˈkaʊntə(r)tʃɑː(r)dʒ] **1.** *jur.* ˈWider-, Gegenklage *f*. **2.** *mil.* Gegenstoß *m*, -angriff *m*. **II** *v/t* [*Am. a.* ˌ-ˈtʃɑːrdʒ] **3.** *jur.* (e-e) ˈWiderklage erheben gegen (**with** wegen). **4.** *mil.* e-n Gegenstoß führen gegen.

coun·ter·check I *s* [ˈkaʊntə(r)tʃek] **1.** Gegenwirkung *f*. **2.** *fig.* Hindernis *n*: **to be a** ~ **to s.th.** e-r Sache im Wege stehen. **3.** Gegen-, Nachprüfung *f*. **II** *v/t* [*Am. a.* ˌ-ˈtʃek] **4.** aufhalten, verhindern. **5.** (*e-r hemmenden Kraft*) entgegenwirken. **6.** gegen-, nachprüfen.

count·er check *s econ. Am.* Blankobank-, Kassenscheck *m*.

coun·ter·claim I *s* [ˈkaʊntə(r)kleɪm] **1.** *econ. jur.* Gegenanspruch *m*. **2.** → **countercharge** 1. **II** *v/t* [*Am. a.* ˌ-ˈkleɪm] **3.** *e-e Summe* als Gegenforderung beanspruchen. **III** *v/i* **4.** Gegenforderungen stellen. **5.** *jur.* (e-e) ˈWiderklage erheben.

ˌ**coun·terˈclock·wise** *Am.* → **anticlockwise.**

ˌ**coun·terˈcrit·i·cism** *s* ˈGegenkriˌtik *f*.

ˈ**coun·terˌcul·ture** *s* ˈGegenkulˌtur *f*.

ˈ**coun·terˌcur·rent** *s bes. electr.* Gegenstrom *m*.

ˈ**coun·terˌcy·cli·cal** *adj econ.* konjunkˈturdämpfend.

ˌ**coun·terˈdem·on·strate** *v/i* **1.** an e-r ˈGegendemonstratiˌon teilnehmen, sich an e-r Gegendemonstration beteiligen. **2.** e-e ˈGegendemonstratiˌon veranstalten. ˈ**coun·terˌdem·onˈstra·tion** *s* ˈGegendemonstratiˌon *f*. ˌ**coun·ter-**

ˈ**dem·on·stra·tor** *s* ˈGegendemonˌstrant(in).
ˈ**coun·ter·efˌfect** *s* Gegenwirkung *f*.
ˈ**coun·ter·eˌlec·troˈmo·tive force** *s* *phys.* ˈgegeneˌlektromoˌtorische Kraft, Gegen-EMK *f*.
ˌ**coun·terˈes·pi·o·nage** *s* ˈGegenspioˌnage *f*, Spioˈnageabwehr *f*.
ˌ**coun·terˈev·i·dence** *s* *jur.* Gegenbeweis *m*.
ˈ**coun·ter·exˌam·ple** *s* Gegenbeispiel *n*.
coun·ter·feit [ˈkaʊntə(r)fɪt; *Br. a.* -fiːt] **I** *adj* **1.** nachgemacht, gefälscht, unecht, falsch: ~ **bank notes**; ~ **coin** (*od.* **money**) Falschgeld *n*. **2.** *fig.* vorgetäuscht, falsch. **II** *s* **3.** Fälschung *f*. **4.** gefälschte Banknote *od.* Münze, Falschgeld *n*. **5.** *obs.* a) Nachbildung *f*, b) Betrüger *m*. **III** *v/t* **6.** *Geld, Unterschrift etc* fälschen. **7.** heucheln, vorgeben, vortäuschen, simuˈlieren. **IV** *v/i* **8.** fälschen, Fälschungen (*bes.* Falschgeld) ˈherstellen. ˈ**coun·ter·feit·er** *s* **1.** (Banknoten)Fälscher *m*, Falschmünzer *m*. **2.** Heuchler(in). ˈ**coun·ter·feit·ing** *s* **1.** Banknotenfälschung *f*, Falschmünzeˈrei *f*. **2.** Heucheˈlei *f*.
ˈ**coun·ter·flow en·gine** *s* *tech.* ˈGegenstrommaˌschine *f*, -strommotor *m*.
ˈ**coun·ter·foil** *s* *bes. Br.* **1.** (Konˈtroll-)Abschnitt *m*, (-)Zettel *m*, Kuˈpon *m* (*an Scheckheften etc*). **2.** a) Kuˈpon *m*, Zins- *od.* Diviˈdendenschein *m* (*bei Aktien etc*), b) Taˈlon *m* (*Erneuerungsschein*).
ˈ**coun·ter·fort** *s* *arch.* Strebe-, Verstärkungspfeiler *m*.
ˈ**coun·ter·fugue** *s* *mus.* Gegenfuge *f*.
ˈ**coun·ter·glow** *s* *astr.* Gegenschein *m*.
ˈ**coun·terˌgov·ern·ment** *s* *pol.* ˈGegenreˌgierung *f*.
ˈ**coun·ter·inˌsur·ance** *s* Gegen-, Rückversicherung *f*.
ˈ**coun·ter·inˌtel·li·gence** *s* Spioˈnageabwehr(dienst *m*) *f*.
ˌ**coun·terˈir·ri·tant** *med.* **I** *s* **1.** Gegenreizmittel *n*. **2.** Gegenmittel *n* (*gegen Reizgifte*). **II** *adj* **3.** e-n Gegenreiz herˈvorrufend.
ˈ**count·erˌjump·er** *s* *colloq.* ‚Ladenschwengel' *m* (*Verkäufer*).
coun·ter·mand [ˌkaʊntə(r)ˈmɑːnd; *Am.* ˈ-ˌmænd] **I** *v/t* **1.** *e-n Befehl etc* widerˈrufen, rückgängig machen, ˈumstoßen, *econ. e-n Auftrag* zuˈrückziehen, storˈnieren: **payment** ~**ed** Zahlung gesperrt (*bei Schecks*; *Anweisung an die Bank*); **until** ~**ed** bis auf Widerruf. **2.** *Ware* abbestellen. **II** *s* **3.** Gegenbefehl *m*. **4.** Widerˈrufung *f*, Aufhebung *f* (*e-r Anordnung*), Storˈnierung *f* (*e-s Auftrags*).
ˈ**coun·ter·march I** *s* **1.** *bes. mil.* Rückmarsch *m*. **2.** *fig.* völlige ˈUmkehr, Kehrtwendung *f*. **II** *v/i u. v/t* **3.** *bes. mil.* zuˈrückmarˌschieren (lassen).
ˈ**coun·ter·mark I** *s* Gegen-, Konˈtrollzeichen *n* (*für die Echtheit etc*). **II** *v/t* mit e-m Gegen- *od.* Konˈtrollzeichen versehen.
ˈ**coun·terˌmeas·ure** *s* Gegenmaßnahme *f*.
ˈ**coun·ter·mine I** *s* **1.** *mil.* Gegenmine *f*. **2.** *fig.* Gegenanschlag *m*. **II** *v/t* **3.** *mil.* kontermiˈnieren. **4.** *fig.* durch e-n Gegenschlag vereiteln.
ˈ**coun·terˌmo·tion** *s* **1.** Gegenbewegung *f*. **2.** *pol.* Gegenantrag *m*.
ˈ**coun·ter·move** *s* Gegenzug *m*.
ˈ**coun·terˌmove·ment** *s* *bes. fig.* Gegenbewegung *f*.
ˈ**coun·ter·nut** *s* *tech.* Kontermutter *f*.
ˈ**coun·ter·ofˌfen·sive** *s* *mil.* ˈGegenoffenˌsive *f*.
ˈ**coun·terˌof·fer** *s* Gegenangebot *n*.
ˈ**coun·terˌor·der** *s* **1.** *bes. mil.* Gegenbefehl *m*. **2.** *econ.* a) Gegenauftrag *m*, b) (ˈAuftrags)Storˌnierung *f*, c) Abbestellung *f*.
ˈ**coun·ter·pane** *s* Tagesdecke *f*.
ˈ**coun·ter·part** *s* **1.** Gegen-, Seitenstück *n* (to zu). **2.** Penˈdant *n*, genaue Entsprechung. **3.** Ebenbild *n* (*Person*). **4.** *jur.* Koˈpie *f*, Dupliˈkat *n*, zweite Ausfertigung. **5.** *mus.* Gegenstimme *f*, -part *m*. **6.** *econ.* Gegenwert *m*.
ˈ**coun·terˌplea** *s* *jur. Am.* Gegeneinwand *m*.
ˈ**coun·ter·plot I** *s* Gegenanschlag *m*. **II** *v/t* entgegenarbeiten (*dat*). **III** *v/i* e-n Gegenanschlag planen *od.* ausführen.
ˈ**coun·ter·point I** *s* **1.** Kontrapunkt *m*. **II** *adj* **2.** kontraˈpunktisch. **III** *v/t* **3.** kontrapunkˈtieren. **4.** *etwas* daˈgegenstellen.
ˈ**coun·ter·poise I** *s* **1.** *a. fig.* Gegengewicht *n* (to zu). **2.** Gleichgewicht(szustand *m*) *n*. **3.** *Reiten*: fester Sitz im Sattel. **4.** *electr.* künstliche Erde, Gegengewicht *n*. **II** *v/t* **5.** als Gegengewicht wirken zu, ausgleichen (*beide a. fig.*). **6.** *fig.* im Gleichgewicht halten, aufwiegen, kompenˈsieren. **7.** ins Gleichgewicht bringen.
ˌ**coun·ter·proˈduc·tive** *adj* ˈkontraprodukˌtiv: **to be** ~ nicht zum gewünschten Ziel führen, das Gegenteil bewirken; **tactically** ~ taktisch unklug.
ˈ**coun·ter·proof** *s* **1.** *tech.* Gegenprobe *f*. **2.** *print.* Konterabdruck *m*.
ˈ**coun·terˌprop·a·ˈgan·da** *s* ˈGegenpropaˌganda *f*.
ˈ**coun·ter·proˌpos·al** *s* Gegenvorschlag *m*.
ˈ**coun·ter·punch** *s* **1.** *print. tech.* Gegenpunzen *m*. **2.** *Boxen*: Konter *m*. ˈ**coun·terˌpunch·er** *s* Konterboxer *m*.
ˈ**coun·ter·quote** *v/i* ˈGegenziˌtate bringen.
ˌ**coun·terˈre·coil** *s* *mil. tech.* (Rohr)Vorlauf *m*: ~ **cylinder** Vorholzylinder *m*.
ˈ**coun·ter·reˌcon·nais·sance** *s* *mil.* Gegenaufklärung *f*.
ˈ**Coun·ter-Ref·orˌma·tion** *s* *relig. hist.* ˈGegenreformatiˌon *f*.
ˈ**coun·ter·rev·oˌlu·tion** *s* *pol.* ˈGegen-, ˈKonterrevolutiˌon *f*.
ˌ**coun·ter·seˈcu·ri·ty** *s* *econ.* **1.** Rückbürgschaft *f*. **2.** Rückbürge *m*.
ˈ**coun·ter·shaft** *s* *tech.* Vorgelegewelle *f*. ~ **gear** *s* *tech.* Vorgelege(getriebe) *n*.
ˈ**coun·ter·sign I** *s* **1.** *bes. mil.* Paˈrole *f*, Losungswort *n*. **2.** Gegenzeichen *n*. **3.** → **countersignature**. **II** *v/t* **4.** gegenzeichnen, mit unterˈschreiben. **5.** *fig.* bestätigen.
ˌ**coun·terˈsig·na·ture** *s* Gegenzeichnung *f*, ˈMitˌunterschrift *f*.
ˈ**coun·ter·sink** *tech.* **I** *s* **1.** Spitzsenker *m*, Versenkbohrer *m*, Krauskopf *m*. **2.** An-, Versenkung *f* (*für Schraubenköpfe etc*). **3.** Senkschraube *f*. **II** *v/t irr* **4.** *ein Loch* ansenken, (aus)fräsen. **5.** *den Schraubenkopf* versenken.
ˈ**coun·terˌstate·ment** *s* Gegenerklärung *f*.
ˈ**coun·ter·strike** *s* *fig.* Gegenschlag *m*.
ˈ**coun·ter·stroke** *s* Gegenschlag *m*.
ˈ**coun·ter·sunk** *adj* *tech.* **1.** versenkt, Senk...: ~ **screw**. **2.** angesenkt (*Loch*).
ˌ**coun·terˈten·or** *s* *mus.* a) sehr hoher Teˈnor, b) *hist.* männlicher Alt.
coun·ter·vail [ˈkaʊntə(r)veɪl; ˌ-ˈveɪl] **I** *v/t* **1.** aufwiegen, ausgleichen. **2.** entgegenwirken (*dat*). **II** *v/i* **3.** (**against**) das Gleichgewicht ˈherstellen (zu), stark genug sein, ausreichen (gegen): ~**ing duty** *econ.* Ausgleichszoll *m*; ~**ing powers** ausgleichende Gegenkräfte.
ˈ**coun·terˌvi·o·lence** *s* Gegengewalt *f*.
ˈ**coun·terˌvolt·age** *s* *electr.* Gegenspannung *f*.
ˌ**coun·terˈweigh** → counterbalance 4.
ˈ**coun·ter·weight** *s* Gegengewicht *n* (*a. fig.* to zu).
ˈ**coun·ter·word** *s* Allerˈweltswort *n*.
ˈ**coun·ter·work I** *s* **1.** Gegenanstrengung *f*. **2.** *mil.* Gegenbefestigung *f*. **II** *v/t* **3.** entgegenarbeiten, -wirken (*dat*). **4.** vereiteln. **III** *v/i* **5.** Gegenanstrengungen machen, daˈgegenarbeiten.
count·ess [ˈkaʊntɪs] *s* **1.** *Br.* Gräfin *f* (*aus eigenem Recht od. als Gemahlin e-s Earls*). **2.** a) (*nicht brit.*) Gräfin *f*, b) Komˈteß *f*, Komˈtesse *f* (*unverheiratete Tochter e-s nichtbrit. Grafen*).
count·ing [ˈkaʊntɪŋ] **I** *s* **1.** Zählen *n*, Rechnen *n*. **2.** (Ab)Zählung *f*. **II** *adj* **3.** Zähl..., Rechen... ~ **cir·cuit** *s* *electr.* (Imˈpuls)Zählschaltung *f*, Zählkreis *m*. ~ **glass** *s* *tech.* Zählglas *n*, -lupe *f*. ˈ~**house** *s* *bes. Br. obs.* Konˈtor *n*, Büˈro *n*, ˈBuchhaltung(sabˌteilung) *f*. ~ **tube** *s* *tech.* Zählrohr *n*.
count·less [ˈkaʊntlɪs] *adj* zahllos, unzählig.
ˈ**count-out** *s* *parl. Br.* Vertagung *f* e-r ˈUnterhaussitzung wegen Beschlußunfähigkeit.
count pal·a·tine *s* *Br. hist.* Pfalzgraf *m*.
coun·tri·fied [ˈkʌntrɪfaɪd] *adj* **1.** ländlich, bäuerlich. **2.** *contp.* verbauert, bäurisch.
coun·try [ˈkʌntrɪ] **I** *s* **1.** Gegend *f*, Landstrich *m*, Landschaft *f*, Gebiet *n*: **flat** ~ Flachland; **wooded** ~ waldige Gegend; **unknown** ~ unbekanntes Gebiet (*a. fig.*); **this is unknown** ~ **to me** in dieser Gegend bin ich noch nie gewesen; **that's quite new** ~ **to me** *fig.* das ist ein ganz neues Gebiet *od.* völliges Neuland für mich. **2.** Land *n*, Staat *m*: **from all over the** ~ aus dem ganzen Land; **in this** ~ hierzulande; ~ **of birth** Geburtsland; ~ **of destination** *econ.* Bestimmungsland; → **origin** 1. **3.** Heimat(land *n*) *f*, Vaterland *n*: ~ **of adoption** Wahlheimat. **4.** Bevölkerung *f* (*e-s Staates*), (*die*) Öffentlichkeit, Volk *n*, Natiˈon *f*: **trial by the** ~ *jur. Am.* Geschworenenverhandlung *f*; → **appeal** 3, 10. **5.** (*das*) Land, (*die*) Proˈvinz (*Ggs. Stadt*): **in the** ~ auf dem Lande; **to go (down) (in)to the** ~ (*bes. von London*) aufs Land gehen. **6.** Gelände *n*, Terˈrain *n*: **rough** ~; **hilly** ~ Hügelland *n*. **7.** *Bergbau*: a) Feld *n*, Reˈvier *n*, b) Nebengestein *n*, Gebirge *n*. **8.** *Kricket*: *die weit von den Toren entfernten Teile des Spielfelds*. **II** *adj* **9.** ländlich, vom Lande, Land..., Provinz... **10.** *contp.* bäurisch, ungehobelt.
coun·try|bank *s* Land-, Proˈvinzbank *f*. ~ **beam** *s* *mot. Am.* Fernlicht *n*. ˈ~-**bred** *adj* auf dem Land erzogen *od.* aufgewachsen. ~ **bump·kin** *s* Bauerntölpel *m*, ‚Bauer' *m*. ~ **club** *s* Sport- u. Gesellschaftsklub *m* auf dem Land (*für Städter*). ~ **cous·in** *s* **1.** Vetter *m od.* Base *f* vom Lande. **2.** ‚Unschuld *f* vom Lande'. ˈ~**folk** *s* Landbevölkerung *f*, Leute *pl* vom Land. ~ **gen·tle·man** *s irr* **1.** *Br. hist.* Landedelmann *m*. **2.** Gutsbesitzer *m*. ~ **home,** ~ **house** *s* **1.** Landhaus *n*. **2.** Landsitz *m*. ~ **jake** *Am. für* **country bumpkin**. ~ **life** *s* Landleben *n*. ˈ~**man** [-mən] *s irr* **1.** *a.* **fellow** ~ Landsmann *m*. **2.** a) Landbewohner *m*, b) Bauer *m*. ~ **mu·sic** *s* Country-music *f* (*Volksmusik [der Südstaaten in den USA]*). ~ **par·ty** *s* *pol.* **1.** Aˈgrarierparˌtei *f*. **2.** C~ P~ *Br. hist. um 1673 gegründete, gegen den Hof gerichtete Partei.* ~ **peo·ple** → **countryfolk**. ~ **road** *s* Landstraße *f*. ~ **rock** *s* **1.** → **country** 7 b. **2.** *mus.* Country-Rock *m* (*mit Rockelementen durchsetzte Country-music*). ~ **seat** *s* Landsitz *m*. ˈ~**side** *s* **1.** Landstrich *m*, (ländliche) Gegend. **2.**

Landschaft *f.* **3.** Bevölkerung *f* e-s Landstrichs. **~ squire** *s* Landjunker *m*, -edelmann *m*. **ˌ~-ˈwide** *adj* landesweit, im ganzen Land. **ˈ~ˌwom·an** *s irr* **1.** *a.* fellow ~ Landsmännin *f.* **2.** a) Landbewohnerin *f*, b) Bäuerin *f.*

count·ship [ˈkaʊntʃɪp] *s* Grafenwürde *f.*

coun·ty¹ [ˈkaʊntɪ] *s* **1.** *Br.* County *f*: a) Grafschaft *f* (*Verwaltungsbezirk*), b) (*die*) (Bewohner *pl* e-r) Grafschaft. **2.** *Br. obs.* (*die*) Aristokraˈtie e-r Grafschaft. **3.** *Am.* County *f*: a) (Land)Kreis *m* (*einzelstaatlicher Verwaltungsbezirk*), b) Kreis(bevölkerung *f*) *m*.

count·y² [ˈkaʊntɪ] *s obs.* Graf *m*.

coun·ty| at·tor·ney *s jur. Am.* Staatsanwalt *m*. **~ bor·ough** *s Br. hist.* Grafschaftsstadt *f* (*Stadt mit über 50 000 Einwohnern, die e-e eigene Grafschaft bildet*). **~ coun·cil** *s Br.* Grafschaftsrat *m* (*Verwaltungsbehörde*). **~ court** *s jur.* **1.** *Br.* Grafschaftsgericht *n* (*erstinstanzliches Zivilgericht*). **2.** *Am.* Kreisgericht *n* (*für Zivil- u. Strafsachen geringerer Bedeutung*). **~ fam·i·ly** *s Br.* Adelsfamilie *f* (*mit dem Ahnensitz in e-r Grafschaft*). **~ man·ag·er** *s Am. oberster Verwaltungsbeamter e-s* (*Land*)*Kreises*. **~ pal·a·tine** *s Br. hist.* Pfalzgrafschaft *f.* **~ seat** *s Am.* Kreis(haupt)stadt *f.* **~ town** *s Br.* Grafschaftshauptstadt *f.*

coup [kuː] *s* **1.** Coup *m*, gelungenes Unterˈnehmen: **to make** (*od.* **pull off**) **a ~** e-n Coup landen *od.* machen. **2.** *a.* **~ d'état** Staatsstreich *m*, Putsch *m*. **3.** Braˈvourstück *n*. **4.** *Billard*: diˈrektes Einlochen des Balles. **5.** einmalige Umˈdrehung des Rouˈlettrades. **~ de grâce** [ˌkuːdəˈgrɑːs] *pl* **coups de grâce** [ˌkuːz-] *s* Gnadenstoß *m* (*a. fig.*). **~ de main** [ˌkuːdəˈmɑ̃ːŋ; *Am.* -ˈmæŋ] *pl* **coups de main** [ˌkuːz-] *s bes. mil.* Gewalt-, Handstreich *m*. **~ de maî·tre** [ˌkuːdəˈmeɪtə(r)] *pl* **coups de maî·tre** [ˌkuːz-] *s* Meisterstück *n*. **~ d'é·tat** [ˌkuːderˈtɑː; -dəˈtɑː] *pl* **coups d'é·tat** [ˌkuːz] → coup 2. **~ de thé·â·tre** [ˌkuːdəteɪˈɑːtr] *pl* **coups de thé·â·tre** [ˌkuːz-] *s thea. u. fig.* überˈraschende Wendung.

cou·pé [ˈkuːpeɪ; *Am.* kuːˈpeɪ] *s* Couˈpé *n*: a) [*Am. a.* kuːp] *mot. zweitürige u. meist zweisitzige Limousine*, b) *geschlossene vierrädrige Kutsche*, c) *rail. Br.* ˈHalbabˌteil *n*.

cou·ple [ˈkʌpl] **I** *s* **1.** Paar *n*: **a ~ of** a) zwei, b) *colloq.* ein paar, zwei oder drei, einige; **in ~s** paarweise. **2.** (*bes.* Ehe-, Braut-, Liebes)Paar *n*, Pärchen *n*. **3.** Verbindungs-, Bindeglied *n*. **4.** Koppel *n*, Riemen *m*: **to go** (*od.* **run**) **in ~s** *fig.* aneinandergebunden sein; **to hunt** (*od.* **go**) **in ~s** *fig.* stets gemeinsam handeln. **5.** (*pl collect. oft* **couple**) Paar *n*, *bes.* Koppel *f* (*Jagdhunde*). **6.** *phys. tech.* (*Kräfte*)Paar *n*: **~ of forces**. **7.** *electr.* Elekˈtrodenpaar *n*. **8.** *arch.* Dachbund *m*: **main ~** Hauptgebinde *n*. **II** *v/t* **9.** (zs.-)koppeln, verbinden. **10.** *zo.* paaren. **11.** *colloq. ein Paar* verheiraten. **12.** *tech.* (an-, ver)kuppeln: **to ~ in** einkuppeln. **13.** *electr. Kreise* koppeln: **to ~ back** rückkoppeln; **to ~ out** auskoppeln. **14.** *mus. Oktaven etc* koppeln. **15.** *in Gedanken* verbinden, zs.-bringen (**with** mit). **III** *v/i* **16.** *zo.* sich paaren. **17.** *colloq.* heiraten.

cou·pled [ˈkʌpld] *adj* **1.** *a. fig.* gepaart, verbunden (**with** mit). **2.** *tech.* gekuppelt. **3.** *electr. phys.* verkoppelt: **~ circuit**. **~ col·umn** *s arch.* gekoppelte Säule.

cou·pler [ˈkʌplə(r)] *s* **1.** j-d, der *od.* etwas, was (zu e-m Paar) verbindet. **2.** *mus.* Koppel *f* (*der Orgel*). **3.** *tech.* Kupplung *f.* **4.** *electr.* a) Koppel(glied *n*) *f*, Kopplungsspule *f*, b) (Leitungs)Muffe *f.* **~ plug** *s electr.* Kupplungs-, Gerätestecker *m*. **~ sock·et** *s electr.* Gerätesteckdose *f.*

cou·ple skat·ing *s Eis-, Rollkunstlauf*: Paarlaufen *n*, -lauf *m*.

cou·plet [ˈkʌplɪt] *s* **1.** Vers-, *bes.* Reimpaar *n*. **2.** *mus.* Duˈole *f.*

cou·pling [ˈkʌplɪŋ] *s* **1.** Verbindung *f*, -einigung *f.* **2.** *zo.* Paarung *f.* **3.** *tech.* a) Verbindungs-, Kupplungsstück *n*, Rohrmuffe *f*, b) Kupplung *f*: **direct ~** kraftschlüssige Kupplung; **disk ~** Scheibenkupplung. **4.** *electr.* a) Kopplung *f* (*von Kreisen*), b) *a.* **~ attenuation** Kopplungsdämpfung *f.* **5.** *zo.* Mittelhand *f* (*des Pferdes*). **~ box** *s tech.* Kupplungsmuffe *f.* **~ coil** *s electr.* Kopplungsspule *f.* **~ disk** *s tech.* Kupplungsscheibe *f.* **~ gear** *s tech.* Einrückvorrichtung *f.* **~ grab** *s tech.* Klauenkette *f.* **~ nut** *s tech.* Spannmutter *f.* **~ pin** *s tech.* Kupplungsbolzen *m*, Mitnehmerstift *m*. **~ rod** *s tech.* Kupplungsstange *f.*

cou·pon [ˈkuːpɒn; *Am.* -ˌpɑn] *s* **1.** *econ.* Couˈpon *m*, Kuˈpon *m*, Zinsschein *m*: (**dividend**) **~** Dividendenschein *m*; **~ bond** *Am.* Inhaberschuldverschreibung *f* mit Zinsschein; **~ sheet** Couponbogen *m*. **2.** a) Gutschein *m*, Bon *m*, b) Berechtigungs-, Bezugsschein *m*. **3.** Kuˈpon *m*, Gutschein *m*, Bestellzettel *m* (*in Zeitungsinseraten etc*). **4.** *Br.* Abschnitt *m* (*der Lebensmittelkarte etc*): **to spend** (*od.* **surrender**) **~s** Marken abgeben; **~ goods** markenpflichtige Waren. **5.** Konˈtrollabschnitt *m*. **6.** *Br.* Tippzettel *m* (*Fußballtoto*).

cour·age [ˈkʌrɪdʒ; *Am.* ˈkɜr-] *s* Mut *m*, Beherztheit *f*, Kühnheit *f*, Tapferkeit *f*: **to have the ~ of one's convictions** (stets) s-r Überzeugung gemäß handeln, Zivilcourage haben; **to lose ~** den Mut verlieren; **to muster up** (*od.* **pluck up, take**) **~** Mut fassen; **to screw up** (*od.* **summon up**) **all one's ~, to take one's ~ in both hands** s-n ganzen Mut zs.-nehmen, sein Herz in beide Hände nehmen. **cou·ra·geous** [kəˈreɪdʒəs] *adj* (*adv* **~ly**) mutig, beherzt, tapfer.

cour·gette [ˌkʊəˈʒet] *s bot. Br.* Zucˈchini *f.*

cour·i·er [ˈkʊrɪə; ˈkʌ-; *Am.* ˈkʊrɪər; ˈkɜr-] *s* **1.** Eilbote *m*, (*a. diplomatischer*) Kuˈrier. **2.** Reiseleiter *m*. **3.** *Canad.* Postbote *m*, Briefträger *m*. **4.** *Am.* Verbindungsmann *m* (*Agent*). **5.** *Am.* Kuˈrierflugzeug *n*.

cour·lan [ˈkʊə(r)lən] *s orn.* Riesenralle *f.*

course [kɔː(r)s] **I** *s* **1.** a) Fahrt *f*, Reise *f*, b) Lauf *m*, Weg *m*, (eingeschlagene) Richtung: **to take one's ~** s-n Weg verfolgen *od.* gehen (*a. fig.*); **to keep to one's ~** beharrlich s-n Weg verfolgen (*a. fig.*). **2.** *aer. mar.* Kurs *m*: **direct** (**magnetic, true**) **~** gerader (mißweisender, rechtweisender) Kurs; **~ made good** *aer.* richtiger Kurs; **on** (**off**) **~** (nicht) auf Kurs; **to change one's ~** s-n Kurs ändern (*a. fig.*); **to stand upon the ~** den Kurs halten; **to steer a ~** e-n Kurs steuern (*a. fig.*); **~ computer** *aer.* Kursrechner *m*; **~ correction** Kurskorrektur *f*; **~ recorder** Kursschreiber *m*; **~-setting device** Kursgeber *m*. **3.** *fig.* Kurs *m*, Weg *m*, Meˈthode *f*, Verfahren *n*: **to adopt a new ~** e-n neuen Kurs *od.* Weg einschlagen; **to take one's own ~** s-n eigenen Weg gehen; → **action** 1. **4.** Verhaltens-, Lebensweise *f*: (**evil**) **~s** üble Gewohnheiten. **5.** (zuˈrückgelegter) Weg, Strecke *f.* **6.** *sport* (Renn)Bahn *f*, (-)Strecke *f*, (*Golf*)Platz *m*. **7.** (Ver)Lauf *m* (*zeitlich*): **in the ~ of** im (Ver)Lauf (*gen*), während (*gen*); **in** (**the**) **~ of time** im Laufe der Zeit. **8.** Lebenslauf *m*, -bahn *f*, Karriˈere *f.* **9.** (naˈtürlicher) Lauf, Ab-, Verlauf *m*, (Fort)Gang *m*: **of ~** (*colloq. a. einfach* **~**) natürlich, selbstverständlich; **the ~ of events** der Gang der Ereignisse, der Lauf der Dinge; **in the ordinary ~ of things** normalerweise; **~ of nature** natürlicher Verlauf der Dinge; **the ~ of a disease** der Verlauf e-r Krankheit; **the sickness will take its ~** die Krankheit wird ihren Lauf nehmen; **to let things run** (*od.* **take**) **their ~** den Dingen ihren Lauf lassen; **in ~ of construction** im Bau (befindlich); → **matter** 3. **10.** üblicher Gang *od.* Verlauf: **~ of business** *econ.* (regelmäßiger *od.* normaler) Geschäftsgang; **~ of law** Rechtsgang, -weg *m*; → **due** 9. **11.** (Reihen-, Aufeinˈander)Folge *f.* **12.** Turnus *m*, regelmäßiger Wechsel (*der Dienstzeiten etc*). **13.** Gang *m*, Gericht *n* (*Speisen*): **a four-~ meal** e-e Mahlzeit mit vier Gängen; **last ~** Nachtisch *m*. **14.** Zyklus *m*, Reihe *f*, Folge *f*: **a ~ of lectures** e-e Vortragsreihe. **15.** *a.* **~ of instruction** Kurs *m*, Lehrgang *m*: **German ~** Deutschkurs; **~ of study** *univ.* a) Kurs, b) Lehrplan *m*; **training ~** Übungskurs. **16.** *med.* Kur *f*: **to undergo a ~ of** (**medical**) **treatment** sich e-r Kur *od.* e-r längeren Behandlung unterziehen. **17.** *econ. obs.* (Geld-, Wechsel)Kurs *m*. **18.** *econ.* Marktlage *f*, Tenˈdenz *f.* **19.** *mar.* unteres großes Segel. **20.** *arch.* Lage *f*, Schicht *f* (*Ziegel etc*): **~ of archstones** Wölbschicht. **21.** *Stricken*: Maschenreihe *f.* **22.** *pl physiol.* Menstruatiˈon *f*, Periˈode *f*, Regel *f.* **23.** *hist.* Gang *m* (*im Turnier etc*). **24.** *geol.* Streichen *n* (*Lagerstätte*). **25.** *Bergbau*: Ader *f*, Gang *m*, stehendes Flöz: **~ of ore** Erzgang. **26.** *tech.* Bahn *f*, Strich *m*, Schlag *m*.

II *v/t* **27.** durchˈeilen, jagen durch *od.* über (*acc*). **28.** *Wild, bes. Hasen* (mit Hunden) hetzen.

III *v/i* **29.** rennen, eilen, jagen, stürmen: **to ~ through s.th.** *fig.* etwas durcheilen. **30.** strömen (*Tränen etc*).

cours·er¹ [ˈkɔː(r)sə(r)] *s poet.* Renner *m* (*schnelles Pferd*).

cours·er² [ˈkɔː(r)sə(r)] *s hunt.* **1.** Jäger *m* (*bei der Hetzjagd*). **2.** Jagdhund *m*.

cours·er³ [ˈkɔː(r)sə(r)] *s orn.* Rennvogel *m*.

cours·ing [ˈkɔː(r)sɪŋ] *s* Hetzjagd *f.*

court [kɔː(r)t] **I** *s* **1.** (Innen-, Vor)Hof *m*. **2.** *bes. Br.* stattliches Wohngebäude. **3.** a) kurze Straße *od.* Sackgasse, b) kleiner Platz. **4.** *sport* a) Platz *m*: **tennis ~**, b) (Spiel)Feld *n*. **5.** (*fürstlicher etc*) Hof, Resiˈdenz *f*: **to be presented at ~** bei Hofe vorgestellt *od.* eingeführt werden; **to have a friend at ~** *fig.* e-n einflußreichen Fürsprecher haben. **6.** a) fürstlicher Hof *od.* Haushalt, b) fürstliche Faˈmilie, c) Hofstaat *m*: **to hold ~** Hof halten; **to keep ~** herrschen. **7.** königliche *od.* fürstliche Reˈgierung. **8.** (Empfang *m* bei) Hof *m*. **9.** *fig.* Hof *m*, Aufwartung *f*: **to pay** (**one's**) **~ to s.o.** a) j-m (*bes. e-r Dame*) den Hof machen, b) j-m s-e Aufwartung machen. **10.** *jur.* Gericht *n*: a) Gerichtshof *m*, b) (*die*) Richter *pl*, c) Gerichtssaal *m*: **~ of law, ~ of justice** Gerichtshof; **~ of hono(u)r** Ehrengericht; **to appear in ~** vor Gericht erscheinen; **the ~ will not sit tomorrow** morgen findet keine Gerichtssitzung statt; **to bring into ~** vor Gericht bringen, verklagen; **to come to ~** vor Gericht *od.* zur Verhandlung kommen (*Klage*); **to go to ~** vor Gericht gehen, klagen; **in and out of ~** gerichtlich u. außergerichtlich; **out of ~** *fig.* a) nicht zur Sache gehörig, b) indiskutabel; **to put o.s. out of ~** sich disqualifizieren; **to settle a matter out of ~** e-e Sache außergerichtlich *od.* auf gütlichem Wege beilegen; **to laugh out of** ~ verlachen; → **appeal** 7, **arbitration** 2, **assize** 4 a, **equity** 3 a, *etc.* **11.** *jur.* (Gerichts)Sitzung *f*: → **open** 10. **12.** *parl.* (gesetzgebende) Versammlung: → **High Court of Parliament. 13.** Rat *m*, Versammlung *f*, Kuraˈtorium *n*: ~ **of assistance** Kirchenrat (*e-r Pfarrei*); ~ **of directors** Direktion *f*, Vorstand *m*. **14.** Ortsgruppe *f*, *a.* (Freimaurer)Loge *f*.

II *v/t* **15.** *j-m* (*bes. e-r Dame*) den Hof machen, umˈwerben (*a. zo. u. fig.*), werben um. **16.** *fig.* buhlen *od.* werben um: **to** ~ **s.o.'s favo(u)r. 17.** *fig.* sich bemühen um, suchen: **to** ~ **death** mit s-m Leben spielen; **to** ~ **disaster** das Schicksal herausfordern, mit dem Feuer spielen; **to** ~ **sleep** Schlaf suchen.

III *v/i* **18. to go** ~**ing** auf Freiersfüßen gehen; ~**ing couple** Liebespaar *n*. **19.** *orn.* balzen.

court| ball *s* Hofball *m*. ~ **bar·on** *pl* **courts bar·on, court bar·ons** *s jur. Br. hist.* Guts-, Patrimoniˈalgericht *n*. ~ **card** *s Kartenspiel*: Bild(karte *f*) *n*. **C~ Cir·cu·lar** *s Br.* (*tägliche*) Hofnachrichten *pl*. ~ **cup·board** *s hist.* Kreˈdenztisch *m*. ~ **day** *s* Gerichtstag *m*. ~ **dress** *s* (vorschriftsmäßige) Hofkleidung, Hoftracht *f*.

cour·te·ous [ˈkɜːtjəs; *a.* ˈkɔː-; *Am.* ˈkɜrtɪəs] *adj* (*adv* ~**ly**) höflich, verbindlich, liebenswürdig. ˈ**cour·te·ous·ness** → **courtesy** 1.

cour·te·san [ˌkɔːtɪˈzæn; *Am.* ˈkɔːrtəzən; ˈkəʊr-] *s bes. hist.* Kurtiˈsane *f*.

cour·te·sy [ˈkɜːtɪsɪ; *a.* ˈkɔː-; *Am.* ˈkɜr-] **I** *s* **1.** Höflichkeit *f*, Liebenswürdigkeit *f*, Artigkeit *f* (*alle a. als Handlung*) (**to, toward[s]** gegen): **by** ~ aus Höflichkeit (→ 2); **to be in** ~ **bound to do s.th.** anstandshalber verpflichtet sein, etwas zu tun; ~ **on the road** Höflichkeit im Straßenverkehr; ~ **of the port** *Am.* Recht *n* auf sofortige Zollabfertigung; ~ **light** *mot.* Innenbeleuchtung *f*; ~ **visit** Höflichkeits-, Anstandsbesuch *m*. **2.** Gefälligkeit *f*: **by** ~ aus Gefälligkeit (→ 1); **title by** ~, ~ **title** Höflichkeits-, Ehrentitel *m*; **by** ~ **of** a) mit freundlicher Genehmigung von (*od. gen*), b) durch, mittels; *the picture was lent to us* **by** ~ **of** *the National Art Collection* freundlicherweise von. **3.** → **curts(e)y** I. **II** *v/i* → **curts(e)y** II.

cour·te·zan → **courtesan**.

court| fees *s pl jur.* Gerichtsgebühren *pl*, -kosten *pl*. ~ **guide** *s* ˈHof-, ˈAdelskaˌlender *m* (*Verzeichnis der hoffähigen Personen*). ~ **hand** *s hist.* gotische Kanzˈleischrift. ˈ~**house** *s* **1.** Gerichtsgebäude *n*. **2.** *Am.* Kreis(haupt)stadt *f*.

cour·ti·er [ˈkɔː(r)tjə(r); -tɪə(r); *Am. a.* -tʃər] *s* Höfling *m*.

ˈ**court·like** *adj* **1.** höfisch. **2.** höflich.

court·li·ness [ˈkɔː(r)tlɪnɪs] *s* Vornehmheit *f*. ˈ**court·ly I** *adj* **1.** höfisch: ~ **love** *hist.* ritterliche Minne. **2.** vornehm, gepflegt, eleˈgant. **3.** höflich. **4.** schmeichlerisch, salbungsvoll. **II** *adv* **5.** höflich.

court| mar·tial *pl* **court mar·tials, courts mar·tial** *s* Kriegsgericht *n*: **shot by sentence of** ~ standrechtlich erschossen. ˌ~-ˈ**mar·tial** *pp* -ˈ**mar·tialed,** *bes. Br.* -ˈ**mar·tialled** *v/t* vor ein Kriegsgericht stellen. ~ **mourn·ing** *s* Hoftrauer *f*. ~ **or·der** *s jur.* Gerichtsbeschluß *m*, richterliche Verfügung. ~ **paint·er** *s* Hofmaler *m*. ~ **plas·ter** *s hist. ein Heftpflaster aus Fischleim u. Seide.* ~ **re·por·ter** *s* Geˈrichtsstenoˌgraph *m*. ˈ~**room** *s* Gerichtssaal *m*.

court·ship [ˈkɔː(r)tʃɪp] *s* **1.** Hofmachen *n*, Freien *n*, Werben *n*: **days of** ~ Zeit *f* der jungen Liebe. **2.** *fig.* (**of**) Werben *n* (um), Umˈwerben *n* (*gen*). **3.** *zo.* Werben *n*, *orn.* Balz *f*.

court shoe *s* Pumps *m*.

ˈ**court·yard** *s* Hof *m*.

cous·in [ˈkʌzn] *s* **1.** a) Couˈsin *m*, Vetter *m*, b) Couˈsine *f*, Kuˈsine *f*, Base *f*: **first** (*od.* **full**) ~ → **cousin-german**; **to be (look) first** ~ **to** *fig.* sehr ähnlich sein (sehen) (*dat*); **second** ~**s** Cousins *od.* Cousinen zweiten Grades; → **removed** 2. **2.** *weitS.* Verwandte(r *m*) *f*: **to call** ~**s** sich auf die Verwandtschaft berufen (**with** mit); **forty-second** ~ entfernter Verwandter. ˌ**cous·in-ˈger·man** *pl* ˌ**cous·ins-ˈger·man** *s* leiblicher Couˈsin *od.* leibliche Couˈsine.

cous·in·ly [ˈkʌznlɪ] *adj* couˈsin-, couˈsinenhaft.

cou·ture [kuːˈtjʊə; *Am.* -ˈtʊər] *s* (Haute) Couˈture *f*. **cou·tu·ri·er** [kuːˈtjʊərɪeɪ; *Am.* -ˈtʊriːər] *s* (Haute) Couturiˈer *m*, Modeschöpfer *m*. **cou·tu·ri·ère** [kuːˈtjʊərɪeə; *Am.* kuːˈtʊriːər] *s* Modeschöpferin *f*.

cou·vade [kuːˈvɑːd] *s* Couˈvade *f*, Männerkindbett *n*.

co·va·lence [ˌkəʊˈveɪləns], ˌ**coˈva·len·cy** *s chem.* Kovaˈlenz *f*.

cove[1] [kəʊv] **I** *s* **1.** kleine Bucht. **2.** Schlupfwinkel *m*. **3.** *Scot.* Höhle *f*. **4.** *arch.* a) Wölbung *f*, b) Gewölbebogen *m*. **II** *v/t* **5.** *arch.* (über)ˈwölben.

cove[2] [kəʊv] *s Br. sl. obs.* Bursche *m*.

cov·en [ˈkʌvn; *Am. a.* ˈkəʊvən] *s* Hexensabbat *m*.

cov·e·nant [ˈkʌvənənt] **I** *s* **1.** feierliches Abkommen *od.* (*relig.*) Bündnis. **2.** *jur.* a) (*in e-r Urkunde niedergelegte*) Vertragsabrede, b) bindendes Versprechen, c) Vertragsbestimmung *f*, d) (*vertragliche*) Zusicherung (*bes. bei Grundstücksgeschäften*): **full** ~ **deed** *Am.* Grundstücksübertragungsurkunde *f* mit bestimmten Zusicherungen; **negative** ~ (*vertragliches*) Unterlassungsversprechen. **3. C~** *hist.* Covenant *m* (*Name mehrerer Bündnisse der schottischen Presbyterianer zur Verteidigung ihres Glaubens, bes.*): **The National C~** (*1638*); **The Solemn League and C~** (*1643*). **4.** *Bibl.* a) Bund *m* (*Gottes mit den Menschen*): **the Old (New) C~** der Alte (Neue) Bund; → **ark** 3, b) (göttliche) Verheißung: **the land of the** ~ das Gelobte Land. **5.** *jur. pol.* Satzung *f*, Staˈtut *n*: **C~ of the League of Nations** Völkerbundspakt *m* (*1919*). **II** *v/i* **6.** e-n Vertrag schließen, überˈeinkommen (**with** mit; **for** über *acc*). **7.** sich (vertraglich) verpflichten (**to do** zu tun). **III** *v/t* **8.** (vertraglich) vereinbaren *od.* zusichern. **9.** bindend versprechen. **10.** feierlich geloben. ˈ**cov·e·nant·ed** *adj* **1.** vertraglich festgelegt, vertragsmäßig. **2.** vertraglich gebunden. ˌ**cov·e·nanˈtee** [-nənˈtiː; *Am. a.* -ˌnænˈtiː] *s jur.* (*der*) (aus e-m Vertrag) Berechtigte. ˈ**cov·e·nant·er** [-nəntə; *Am.* -ˌnæntər] *s* **1.** (*der*) (aus e-m Vertrag) Verpflichtete. **2. C~** [*Scot.* ˌkʌvəˈnæntə] *hist.* Covenanter *m* (*Anhänger des* **National Covenant**). ˈ**cov·e·nan·tor** [-tə(r)] → **covenanter** 1.

Cov·en·try [ˈkɒvəntrɪ; *Am.* ˈkʌv-] *npr* Coventry *n* (*englische Stadt*): **to send s.o. to** ~ *fig.* a) j-n gesellschaftlich ächten, b) j-n ‚schneiden'.

cov·er [ˈkʌvə(r)] **I** *s* **1.** Decke *f*. **2.** *weitS.* (Pflanzen-, Schnee-, Wolken- *etc*)Decke *f*. **3.** Deckel *m*. **4.** a) (Buch)Decke(l *m*) *f*, Einband *m*: **from** ~ **to** ~ von der ersten bis zur letzten Seite, b) ˈUmschlag- *od.* Titelseite *f*, c) (ˈSchutz)ˌUmschlag *m*. **5.** Umˈhüllung *f*, Hülle *f*, Futteˈral *n*, Kappe *f*. **6.** ˈÜberzug *m*, Bezug *m*. **7.** a) *tech.* Schutzhaube *f od.* -platte *f*, b) Abdeckhaube *f* (*e-s Plattenspielers etc*), c) Schutzmantel *m* (*von elektrischen Röhren*), d) *mot.* (Reifen)Decke *f*, Mantel *m*. **8.** ˈBriefˌumschlag *m*, Kuˈvert *n*: **under same** ~ mit gleichem Schreiben, beiliegend; **under separate** ~ mit getrennter Post; **under plain** ~ in neutralem Umschlag. **9. under** ~ **of** unter der (Deck)Adresse von (→ 16). **10.** Faltbrief *m*. **11.** *Philatelie*: Ganzsache *f*. **12.** Schutz *m*, Obdach *n*, Dach *n*: **to get under** ~ sich unterstellen. **13.** Schutz *m* (**from** gegen): **under (the)** ~ **of night** im Schutze der Nacht. **14.** *mil.* a) Deckung *f* (**from** vor *dat*): **to take** ~ in Deckung gehen, Deckung nehmen, b) Sicherung *f*, Abschirmung *f*. **15.** *hunt.* a) Lager *n* (*von Wild*), b) (schützendes) Dickicht: **to break** ~ ins Freie treten. **16.** *fig.* Tarnung *f*, Deckmantel *m*, Vorwand *m*: **under** ~ **of** unter dem Deckmantel (*gen*), getarnt als (→ 9); **to blow one's** ~ ‚auffliegen' (*Agent etc*). **17.** Gedeck *n* (*bei Tisch*). **18.** *econ.* Deckung *f*, Sicherheit *f*: ~ **funds** Deckungsmittel; ~ **ratio** Deckungsverhältnis *n* (*Währung*). **19.** *Versicherungsrecht*: (Schadens)Deckung *f*, Versicherungsschutz *m*: ~ **note** → **covering note**.

II *v/t* **20.** be-, zudecken (**with** mit): ~**ed with** voll von; **to remain** ~**ed** den Hut aufbehalten; **to** ~ **o.s. with glory (shame)** *fig.* sich mit Ruhm (Schande) bedecken; **to** ~ **a roof** ein Dach decken. **21.** *e-e Fläche* bedecken, einnehmen, sich über *e-e Fläche*, *a. e-e Zeitspanne* erstrecken. **22.** *Papier, Seiten* vollschreiben. **23.** überˈziehen, umˈwickeln, umˈhüllen, umˈspinnen: ~**ed buttons** überzogene Knöpfe. **24.** einhüllen, -wickeln, -schlagen (**in, with** in *acc*). **25.** a) verdecken, -bergen (*a. fig.*), b) *oft* ~ **up** *fig.* verhüllen, -hehlen, bemänteln: **to** ~ **(up) one's mistakes; to** ~ **up a scandal** e-n Skandal vertuschen. **26.** (**o.s.** sich) decken, schützen (**from, against** vor *dat*, gegen) (*beide a. fig.*): **to** ~ **o.s.** *fig.* sich absichern. **27.** *mil.* a) decken, schützen, abschirmen, sichern: **to** ~ **the retreat**, b) (*als Hintermann etc*) decken: **to be** ~**ed** auf Vordermann stehen, c) *ein Gebiet* beherrschen, im Schußfeld haben, d) *Gelände* bestreichen, (mit Feuer) belegen. **28.** zielen auf (*acc*), in Schach halten: **to** ~ **s.o. with a pistol. 29.** *econ.* decken, bestreiten: **to** ~ **expenses; to** ~ **a loss** e-n Verlust decken; **to** ~ **debts** Schulden (ab)decken. **30.** *econ.* versichern, decken. **31.** decken, genügen *od.* ausreichen für: **to** ~ **a requirement. 32.** umˈfassen, umˈschließen, einschließen, beˈinhalten, enthalten, behandeln: **the book does not** ~ **that period. 33.** *statistisch, mit Radar, Werbung etc* erfassen. **34.** *ein Thema* erschöpfend behandeln. **35.** *Presse, Rundfunk etc*: berichten über (*acc*): **to** ~ **the elections. 36.** *e-e Strecke* zuˈrücklegen: **to** ~ **three miles; to** ~ **the ground** *fig.* alles (gründlich) durchnehmen *od.* bearbeiten *od.* behandeln; **to** ~ **much ground** a) e-e große Strecke zurücklegen, b) *fig.* viel umfassen, weit gehen *od.* reichen. **37.** *e-n Bezirk* bereisen, bearbeiten: **this salesman** ~**s Utah. 38.** *ein Gebiet* versorgen, opeˈrieren in (*dat*): **the bus line** ~**s this area. 39.** *sport e-n Gegenspieler* decken. **40.** *j-n* beschatten, beobachten. **41.** *zo. ein Weibchen* decken, bespringen, *e-e Stute* beschälen. **42.** *Bibl. e-e Sünde* vergeben, auslöschen.

III *v/i* **43.** *tech.* decken: **this paint does not** ~. **44.** *sport* decken. **45.** ~ **for** einspringen für, vertreten.

Verbindungen mit Adverbien u. Präpositionen:

cov·er| in *v/t* **1.** *Grab etc* zuschütten,

auffüllen. **2.** a) *Haus* decken, bedachen, b) *Terrasse etc* über'dachen. **~ in·to** *v/t* **1.** transfe'rieren auf (*acc*), über'tragen (*dat*). **2.** unter'stellen (*dat*), einbeziehen in (*acc*). **~ o·ver** *v/t* **1.** über'ziehen, -'dekken. **2.** → cover up 1. **~ up I** *v/t* **1.** (ganz) zudecken *od.* verdecken. **2.** verbergen, -heimlichen, -tuschen. **II** *v/i* **3.** to ~ for s.o. j-n decken. **4.** *Boxen*: die Deckung hochnehmen.

cov·er ad·dress *s* 'Decka,dresse *f.*

cov·er·age ['kʌvərɪdʒ] *s* **1.** (*statistische etc*) Erfassung. **2.** erschöpfende Behandlung (*e-s Themas*). **3.** a) erfaßtes Gebiet, erfaßte Menge, b) Streuungsdichte *f*, c) Geltungsbereich *m*, Verbreitung *f*, d) erfaßter Per'sonenkreis (*e-r Werbung*). **4.** Ausstrahlung *f*, Reichweite *f* (*e-s Senders, e-r Werbung etc*). **5.** *Radar*: Auffaßbereich *m.* **6.** *econ.* 'Umfang *m* (*e-r Versicherung*), Versicherungsschutz *m*, (Schadens)Deckung *f.* **7.** *econ.* Deckung *f* (*Währung*): a twenty-per-cent gold ~. **8.** *Presse, Rundfunk etc*: Berichterstattung *f* (of über *acc*). **9.** *mil.* 'Luftunter,stützung *f.* **10.** *tech.* Ergiebigkeit *f* (*e-s Lacks etc*). **11.** Pflanzendecke *f.*

'cov·er|-,all *adj Am.* um'fassend. **'~,all** *s meist pl Am.* Overall *m.* **~ charge** *s* pro Gedeck berechneter Betrag, Gedeck *n.* **~ crop** *s agr.* Deck-, Schutzfrucht *f.* **~ de·sign** *s* Titelbild *n.*

cov·ered ['kʌvə(r)d] *adj* be-, gedeckt: ~ bridge gedeckte Brücke; ~ cable *tech.* umhülltes Kabel; ~ court *sport* Hallenplatz *m*; ~ electrode *tech.* Mantelelektrode *f*; ~ job *Am.* pflichtversicherte Tätigkeit; ~ market Markthalle *f*; ~ storage space überdachter Lagerraum; ~ wag(g)on a) *Am. hist.* Planwagen *m*, b) *rail. Br.* geschlossener Güterwagen; ~ wire *tech.* umsponnener Draht.

cov·er| girl *s* Covergirl *n*, Titelblattmädchen *n.* **~ glass** *s* **1.** *Diaskop*: Deckglas *n.* **2.** Deckgläs-chen *n* (*am Mikroskop*).

cov·er·ing ['kʌvərɪŋ; -vrɪŋ] **I** *s* **1.** → cover 5. **2.** (Be)Kleidung *f.* **3.** Um'hüllung *f.* **4.** *aer.* Bespannung *f.* **5.** (Fußboden)Belag *m.* **6.** *econ.* Deckungskauf *m.* **7.** *mil.* Abschirmung *f*, Sicherung *f.* **II** *adj* **8.** (be)deckend, Deck... **9.** Schutz... **10.** *mil.* Deckungs..., Sicherungs... **~ a·gree·ment** *s* Mantelvertrag *m.* **~ fire** *s mil.* Deckungsfeuer *n*, Feuerschutz *m.* **~ force** *s mil.* Sicherungs-, Deckungstruppen *pl.* **~ let·ter** *s* Begleitbrief *m*, -schreiben *n.* **~ note** *s econ. Br.* Deckungszusage *f* (*für e-e Versicherung*). **~ pow·er** *s* **1.** *tech.* Deckkraft *f* (*von Farbe*). **2.** *phot.* Bildwinkel *m.*

cov·er·let ['kʌvə(r)lɪt] *s* Tagesdecke *f.*

cov·er| note → covering note. **~ plate** *s tech.* **1.** Abdeckplatte *f.* **2.** Lasche *f*, Verstärkungsplatte *f.* **~ shot** *s phot.* To'tale *f.* **'~·slut** *s* 'Umhang *m*, 'Überwurf *m.* **~ sto·ry** *s* Titelgeschichte *f.*

cov·ert I *adj* ['kʌvə(r)t; *Am. a.* 'kəʊ-] (*adv* ~ly) **1.** *obs.* geschützt. **2.** heimlich, verborgen, -steckt, -schleiert. **3.** *jur.* verheiratet (*Frau*): → feme covert. **II** *s* [*a.* 'kʌvə(r)] **4.** Deckung *f*, Schutz *m*, Obdach *n.* **5.** Versteck *n*, Schlupfwinkel *m.* **6.** *hunt.* a) Lager *n* (*von Wild*), b) Dickicht *n.* **7.** ['kʌvə(r)t] *orn.* Deckfeder *f.* **~ coat** *s Br.* Covercoat *m* (*Sportmantel*).

cov·er·ture ['kʌvə(r),tjʊə(r); *bes. Am.* -,tʃʊə(r); -tʃə(r)] *s* **1.** Decke *f*, Hülle *f.* **2.** Obdach *n*, Schutz *m.* **3.** *fig.* Deckmantel *m.* **4.** *jur.* Ehestand *m* (der Frau).

'cov·er-up *s* Vertuschung *f* (for *gen*).

cov·et ['kʌvɪt] *v/t* begehren: he ~s s.th. es gelüstet ihn nach etwas. **'cov·et·a·ble** *adj* begehrenswert. **'cov·et·ing** *adj* (*adv* ~ly) (be)gierig, lüstern. **'cov·et·ous** *adj* (*adv* ~ly) **1.** begehrlich, (be)gierig, lüstern (of nach): to be ~ of s.th. etwas begehren. **2.** habsüchtig. **'cov·et·ous·ness** *s* **1.** heftiges Verlangen, Gier *f*, Begierde *f.* **2.** Habsucht *f.*

cov·ey ['kʌvɪ] *s* **1.** *orn.* Brut *f* (*Vogelmutter mit Jungen*). **2.** *hunt.* Volk *n*, Kette *f* (*Rebhühner*). **3.** *fig.* Schwarm *m*, Schar *f.*

cov·in ['kʌvɪn] *s* geheimes Einverständnis, betrügerische Absprache.

cov·ing ['kəʊvɪŋ] *s arch.* **1.** Wölbung *f.* **2.** 'überhangendes Obergeschoß. **3.** schräge Seitenwände *pl* (*Kamin*).

cow¹ [kaʊ] *pl* **cows,** *obs.* **kine** [kaɪn] *s zo.* **1.** Kuh *f* (*a. fig. contp.*): till the ~s come home *colloq.* bis in alle Ewigkeit; to have a ~ *Am. colloq.* ‚Zustände kriegen'. **2.** Kuh *f*, Weibchen *n* (*bes. des Elefanten, Wals*).

cow² [kaʊ] *v/t* einschüchtern, ducken: to ~ s.o. into j-n (durch Einschüchterung) zwingen *od.* treiben zu.

cow·age ['kaʊɪdʒ] *s bot.* Afri'kanische Juckbohne.

cow·ard ['kaʊə(r)d] **I** *s* Feigling *m*, ‚Hasenfuß' *m*, Memme *f.* **II** *adj* feig(e), ängstlich. **'cow·ard·ice** [-dɪs] *s* Feigheit *f.* **'cow·ard·li·ness** *s* Feigheit *f*: a) Ängstlichkeit *f*, b) 'Hinterhältigkeit *f*, Gemeinheit *f.* **'cow·ard·ly I** *adj* feig(e): a) ängstlich, b) 'hinterhältig, gemein. **II** *adv* feig(e).

'cow|·bane *s bot.* Wasserschierling *m.* **'~·bell** *s* **1.** Kuhglocke *f.* **2.** *bot. Am.* Gemeines Leimkraut. **'~,ber·ry** *s bot.* **1.** Preiselbeere *f.* **2.** *Am.* (*e-e*) Rebhuhnbeere. **'~·boy** *s* **1.** Cowboy *m.* **2.** Kuhjunge *m*, Kuhhirt *m.* **3.** *colloq.* Pfuscher *m.* **'~,catch·er** *s Am.* **1.** Schienenräumer *m.* **2.** *Rundfunk, TV*: *colloq. Werbespot vor Beginn e-r Sendung, der für ein Nebenprodukt des Sponsors wirbt.*

cow·die ['kaʊdɪ] → kauri.

cow·er ['kaʊə(r)] *v/i* **1.** kauern, (zs.-gekauert) hocken. **2.** *a.* ~ down sich ducken (*aus Angst etc*). **3.** sich verkriechen.

'cow|·fish *s* **1.** *ein kleiner Wal.* **2.** (*ein*) Kofferfisch *m.* **3.** (*e-e*) Rundschwanz-Seekuh, (*ein*) Laman'tin *m.* **'~·girl** *s* Cowgirl *n.* **~·hand** → cowboy. **'~·heel** *s gastr.* Kuhfuß-, Kalbsfußsülze *f.* **'~·herb** *s bot.* Kuhnelke *f.* **'~·herd** *s* Kuhhirt *m.* **'~·hide** *s* **1.** Kuhhaut *f.* **2.** Rind(s)leder *n.* **3.** *Am.* Ochsenziemer *m* (*Peitsche*). **4.** *pl Am.* (schwere) Rind(s)lederschuhe *pl od.* -stiefel *pl.* **'~·house** *s* Kuhstall *m.*

cowl [kaʊl] *s* **1.** Mönchskutte *f* (*mit Kapuze*). **2.** Ka'puze *f.* **3.** *tech.* (drehbare) Schornsteinkappe. **4.** *rail.* Rauchhaube *f.* **5.** *tech.* Funkenrost *m*, Sieb *n.* **6.** *tech.* a) *mot.* Haube *f*, Windlauf *n*: ~ panel Hauben-, Verkleidungsblech *n*, b) → cowling, c) Verkleidung *f.*

cowled [kaʊld] *adj* **1.** mit e-r Mönchskutte *od.* Ka'puze bekleidet. **2.** *bot. zo.* ka'puzenförmig.

cowl·ing ['kaʊlɪŋ] *s aer.* (*stromlinienförmige, abnehmbare*) Motorhaube.

'cow·man [-mən; *Am. a.* -,mæn] *s irr* **1.** *Am.* Rinderzüchter *m.* **2.** Kuh-, Stallknecht *m.*

'co-,work·er ['kəʊ-] *s* Mitarbeiter(in).

cow| pars·nip *s bot.* Bärenklau *m, f.* **'~·pat** *s* Kuhfladen *m.* **'~·pea** *s bot.* Langbohne *f.* **'~·pen** *s* Kuhhürde *f.* **~·po·ny** *s Am. von Cowboys gerittenes Pony.* **'~·pox** *s med.* Kuh-, Impfpocken *pl.* **'~,punch·er** *s Am. colloq.* Cowboy *m.*

cow·rie, cow·ry ['kaʊrɪ; 'kaʊərɪ] *s* **1.** *zo.* (*e-e*) Porzel'lanschnecke, *bes.* Kaurischnecke *f.* **2.** Kauri(muschel) *f*, Muschelgeld *n.*

cow| shark *s ichth.* Kuhhaifisch *m.* **'~·shed** *s* Kuhstall *m.* **'~·skin** → cowhide 1–3. **'~·slip** *s bot.* **1.** *Br.* Schlüsselblume *f*, Himmelsschlüssel *m.* **2.** *Am.* Sumpfdotterblume *f.*

cox [kɒks; *Am.* kɑks] → coxswain.

cox·a ['kɒksə; *Am.* 'kɑ-] *pl* **-ae** [-iː] *s* **1.** *anat.* a) Hüfte *f*, Hüftbein *n*, b) Hüftgelenk *n.* **2.** *zo.* Hüftglied *n* (*von Spinnen etc*). **'cox·al** *adj anat.* Hüft...

cox·comb ['kɒkskəʊm; *Am.* 'kɑ-] *s* **1.** *obs.* Geck *m*, Stutzer *m.* **2.** → cockscomb. **3.** *obs.* (Hahnenkamm *m* der) Narrenkappe *f.*

coxed| four [kɒkst; *Am.* kɑkst] *s Rudern*: Vierer *m* mit (Steuermann). **~ pair** *s Rudern*: Zweier *m* mit (Steuermann).

cox·swain ['kɒksn; 'kɒksweɪn; *Am.* 'kɑ-] **I** *s* **1.** *Rudern*: Steuermann *m.* **2.** Boot(s)führer *m.* **II** *v/t u. v/i* **3.** steuern. **'cox·swain·less** *adj Rudern*: ohne Steuermann: ~ four (pair) Vierer *m* (Zweier *m*) ohne (Steuermann).

cox·y ['kɒksɪ; *Am.* 'kɑ-] → cocky.

coy [kɔɪ] *adj* (*adv* ~ly) **1.** schüchtern, bescheiden, scheu: ~ of speech wortkarg. **2.** geziert, affek'tiert, spröde, zimperlich (*Mädchen*). **'coy·ness** *s* **1.** Schüchternheit *f*, Scheu *f.* **2.** Sprödigkeit *f*, Zimperlichkeit *f.*

coy·ote ['kɔɪəʊt; *Am.* 'kaɪ-] *s zo.* Ko'jote *m*, Prä'rie-, Steppenwolf *m.* **C~ State** *s* (*Spitzname für*) 'Südda,kota *n* (*USA*).

coy·pu ['kɔɪpuː] *pl* **-pus,** *bes. collect.* **-pu** *s* **1.** *zo.* Koipu *m*, Nutria *f.* **2.** Nutriapelz *m.*

coz [kʌz] *s obs.* **1.** Vetter *m.* **2.** Base *f.*

coz·en ['kʌzn] *v/t u. v/i* **1.** betrügen, prellen (of, out of um). **2.** betören, ködern: to ~ into doing s.th. *j-n* dazu verleiten, etwas zu tun; to ~ s.th. out of s.o. j-m etwas abschmeicheln. **'coz·en·er** *s* Betrüger *m.*

co·zi·ness, *etc Am. für* cosiness, *etc.*

C plus *s electr.* Pluspol *m* (*e-r Gitterbatterie*).

crab¹ [kræb] **I** *s* **1.** *zo.* a) Krabbe *f*, b) Taschenkrebs *m*: to catch a ~ (*Rudern*) ‚e-n Krebs fangen' (*mit dem Ruder im Wasser hängenbleiben*). **2.** **C~** *astr.* Krebs *m.* **3.** *aer.* Schieben *n* (*durch Seitenwind*). **4.** *tech.* a) Hebezeug *n*, Winde *f*, b) Laufkatze *f*, c) Befestigungsklammer *f* (*für transportable Maschinen*). **5.** *pl* (*manchmal als sg konstruiert*) niedrigster Wurf (*beim Würfelspiel*): to turn out ~s *colloq.* schiefgehen. **6.** → crab louse. **II** *v/i* **7.** Krabben fangen. **8.** *mar.* dwars abtreiben. **III** *v/t* **9.** *ein Flugzeug* schieben, im Seitenwind gegensteuern. **10.** *Textilwesen*: krabben, einbrennen.

crab² [kræb] *s* **1.** → crab apple. **2.** Knotenstock *m.*

crab³ [kræb] *colloq.* **I** *s* **1.** a) Nörgler(in), b) Nörge'lei *f.* **II** *v/i* **2.** nörgeln. **III** *v/t* **3.** (her'um)nörgeln an (*dat*). **4.** *Am.* verderben, -patzen: to ~ one's act sich alles verderben.

crab⁴ [kræb] **I** *v/t* kratzen, krallen (*Falke*). **II** *v/i* raufen (*Falken*).

crab| an·gle *s aer.* Vorhaltewinkel *m.* **~ ap·ple** *s* **1.** *bot.* (*ein*) Holzapfelbaum *m.* **2.** Holzapfel *m.*

crab·bed ['kræbɪd] *adj* (*adv* ~ly) **1.** griesgrämig, mürrisch, verdrießlich. **2.** bitter, boshaft: ~ wit. **3.** halsstarrig. **4.** verworren, unklar, kraus: ~ style. **5.** kritz(e)lig, unleserlich (*Handschrift*). **'crab·bed·ness** *s* **1.** Griesgrämigkeit *f.* **2.** Boshaftigkeit *f.* **3.** Halsstarrigkeit *f.* **4.** Verworrenheit *f.* **5.** Unleserlichkeit *f.* **'crab·ber** *s Am. colloq.* → crab³ 1 a. **'crab·bing** *s Textilwesen*: Krabben *n*, Einbrennen *n*: ~ machine Krabb-, Einbrennmaschine *f.* **'crab·by** → crabbed 1 *u.* 2.

crab| claw *s tech.* Klaue *f*, Greifer *m.* **~ louse** *s irr zo.* Filzlaus *f.*

crack [kræk] **I** *s* **1.** Krach *m*, Knall *m* (*e-r Peitsche, e-s Gewehrs etc*), (Donner-)

Schlag *m*, Knacks *m*, Knacken *n*: **the ~ of doom** die Posaunen des Jüngsten Gerichts; **at the ~ of dawn** im Morgengrauen, in aller Frühe; **in a ~** *colloq.* im Nu; **to give s.o. a fair ~ of the whip** *colloq.* j-m e-e faire Chance geben. **2.** *colloq.* (heftiger) Schlag: **to give s.o. a ~ on the head** j-m eins auf den Kopf geben. **3.** Sprung *m*, Riß *m*. **4.** Spalte *f*, Spalt *m*, Schlitz *m* (*alle a. sl. Vagina*), Ritz *m*, Ritze *f*: **the door was open a ~** die Tür stand e-n Spalt (breit) offen. **5.** *colloq.* a) ‚Knacks' *m*, geistiger De'fekt, b) → **crackpot** I. **6.** Stimmbruch *m*. **7.** *sl.* Versuch *m*: **to have a ~ at s.th.**, **to give s.th. a ~** es (einmal) mit etwas versuchen. **8.** *sl.* a) Witz *m*: **to make ~s about** Witze machen über (*acc*), b) Seitenhieb *m*, Stiche'lei *f*. **9.** *Br. colloq.* Crack *m*, ‚Ka'none' *f*, ‚As' *n* (*bes. Sportler*). **10.** *sl. obs.* a) Einbruch *m*, b) Einbrecher *m*.

II *adj* **11.** *colloq.* erstklassig, Elite..., Meister..., großartig: **a ~ player** ein Meisterspieler; **a ~ shot** ein Meisterschütze; **a ~ team** *sport* e-e erstklassige Mannschaft; **~ regiment** Eliteregiment *n*.

III *interj* **12.** krach!, knacks!

IV *v/i* **13.** krachen, knallen, knacken. **14.** (zer)springen, (-)platzen, (-)bersten, (-)brechen, rissig werden, (auf)reißen, e-n Sprung *od.* Sprünge bekommen. **15.** 'überschnappen (*Stimme*): **his voice is ~ing** er ist im Stimmbruch. **16.** *fig.* zs.-brechen: **he ~ed under the strain**. **17.** *sl.* ka'puttgehen, in die Brüche gehen. **18.** *sl.* nachlassen, erlahmen. **19. to get ~ing** *colloq.* loslegen: **~ing speed** *colloq.* tolles Tempo. **20.** *bes. Scot.* plaudern. **21.** *chem.* sich (durch Hitze) zersetzen.

V *v/t* **22.** knallen mit, knacken *od.* krachen lassen: **to ~ one's fingers** mit den Fingern knacken; **to ~ the whip** a) mit der Peitsche knallen, b) *fig.* zeigen, wer der Herr ist; **to ~ a smile** *colloq.* lächeln; → **joke** 1. **23.** zerbrechen, (zer-)spalten, (zer)sprengen: **to ~ an egg** ein Ei aufschlagen; → **bottle**¹ 1. **24.** a) e-n Sprung machen in (*dat*), b) sich *etwas* anbrechen: **to ~ a rib**. **25.** *colloq.* a) schlagen, hauen: **to ~ s.o. over the head** j-m eins auf den Kopf geben, b) ein-, zerschlagen: **to ~ a windowpane**. **26.** *e-e Nuß* (auf)knacken. **27.** *colloq.* (auf)knacken: **to ~ a safe** e-n Geldschrank knacken; **to ~ a code** e-n Kode ‚knacken' *od.* entziffern; **to ~ a crib** *sl.* in ein Haus einbrechen; **to ~ a gang** e-e Verbrecherbande auffliegen lassen; **to ~ a problem** ein Problem lösen; **to ~ a society** in e-e Gesellschaft eindringen *od.* einbrechen. **28.** *colloq.* ka'puttmachen, rui'nieren (*a. fig.*). **29.** *colloq.* erschüttern, ‚anknacksen': **to ~ s.o.'s pride**. **30.** *tech.* *Erdöl* kracken.

Verbindungen mit Adverbien:

crack| down *v/i colloq.* (**on**) scharf vorgehen (gegen), 'durchgreifen (bei). **~ on I** *v/t* **1.** *mar. mehr Segel* setzen. **II** *v/i* **2.** *mar.* unter vollem Zeug laufen (*Segelschiff*). **3.** *Br. colloq.* weitermachen. **~ up** *colloq.* **I** *v/i* **1.** (*körperlich od. seelisch*) zs.-brechen. **2.** ausein'anderbrechen, -fallen (*Maschine, a. fig. Organisation etc*). **3.** *Am.* sich vor Lachen krümmen. **II** *v/t* **4.** *ein Fahrzeug* zu Schrott fahren. **5.** ‚hochjubeln': **he's not as good as he's cracked up to be** so gut ist er auch wieder nicht.

crack·a·jack ['krækə͵dʒæk] *Am.* → **crackerjack**.

'crack|·brained *adj colloq.* verrückt. **'~·down** *s colloq.* (**on**) scharfes Vorgehen (gegen), 'Durchgreifen *n* (bei).

cracked [krækt] *adj* **1.** gesprungen, rissig, geborsten: **the cup is ~** die Tasse hat e-n Sprung. **2.** zersprungen, -brochen. **3.** *colloq.* ‚angeknackst': **~ reputation**. **4.** *colloq.* verrückt, ‚'übergeschnappt'.

crack·er ['krækə(r)] *s* **1.** Cracker *m*, Kräcker *m*: a) *ungesüßtes, keksartiges Kleingebäck*, b) Schwärmer *m*, Frosch *m* (*Feuerwerkskörper*), c) 'Knallbon͵bon *m, n*. **2.** *pl* Nußknacker *m*. **3.** *tech.* Brecher *m*, Brechwalze *f*. **4.** *Am.* (*Spitzname für*) Bewohner *m* von Georgia *od.* Florida. **5.** *Br. sl.* ‚tolle' Frau.

'crack·er·jack *sl.* **I** *s* **1.** ‚prima *od.* toller Kerl', ‚Mordskerl' *m*, ‚Ka'none' *f*. **2.** ‚prima *od.* tolle Sache', ‚Mordsding' *n*, ‚Knüller' *m*. **II** *adj* **3.** ‚prima', ‚toll', ‚bombig'.

crack·ers ['krækəz] *adj Br. sl.* ‚'übergeschnappt', verrückt: **to drive s.o. ~** j-n verrückt machen; **to go ~** überschnappen.

crack·ing ['krækɪŋ] **I** *s* **1.** *tech.* Kracken *n*, Krackverfahren *n* (*für Öl*). **2.** *tech.* Haarrißbildung *f*. **II** *adj u. adv sl.* **3.** ‚prima', fabelhaft: **~ good** ‚phantastisch'.

'crack·jaw I *adj* zungenbrecherisch. **II** *s* Zungenbrecher *m*.

crack·le ['krækl] **I** *v/i* **1.** knistern, krachen, prasseln (*alle a. Radio etc*), knattern: **to ~ with** *fig.* knistern vor *Spannung etc*, sprühen vor *Witz etc*, pulsieren von *Aktivität etc*. **2.** Risse bilden. **II** *v/t* **3.** knistern *od.* krachen lassen. **4.** *tech. Glas od. Glasur* krake'lieren. **III** *s* **5.** Krachen *n*, Knistern *n*, Prasseln *n*, Knattern *n*. **6.** Krake'lee *f, n*: **~ china** Krakeleeporzellan *n*. **7.** *tech.* a) Haarrißbildung *f*, b) Rissigkeit *f*.

crack·led ['krækld] *adj* **1.** krake'liert. **2.** rissig. **3.** mit knuspriger Kruste (*Braten*).

crack·le| fin·ish *s tech.* 'Eisblumenlac͵kierung *f*. **~ glass** *s* Krake'leeglas *n*.

crack·ling ['kræklɪŋ] *s* **1.** → **crackle** 5. **2.** a) knusprige Kruste (*des Schweinebratens*), b) *meist pl Am.* Schweinegrieben *pl*. **3.** *Am.* (*Art*) Hundekuchen *m* (*aus Talggrieben*). **'crack·ly** *adj* knusprig.

crack·nel ['kræknl] *s* **1.** Knusperkeks *m, n*. **2.** *pl* → **crackling** 2 a.

'crack·pot *colloq.* **I** *s* (*harmloser*) Verrückter, ‚Spinner' *m*. **II** *adj* verrückt.

cracks·man ['kræksmən] *s irr sl.* **1.** Einbrecher *m*. **2.** ‚Schränker' *m*, Geldschrankknacker *m*.

'crack-up *s colloq.* **1.** (*körperlicher od. seelischer*) Zs.-bruch. **2.** Ausein'anderbrechen *n*, -fallen *n* (*e-r Maschine, a. fig. e-r Organisation etc*).

crack·y ['krækɪ] → **cracked** 1 *u.* 4.

-cracy [krəsɪ] *Wortelement mit der Bedeutung* Herrschaft.

cra·dle ['kreɪdl] **I** *s* **1.** Wiege *f* (*a. fig.*): **the ~ of civilization**; **from the ~ to the grave** von der Wiege bis zur Bahre. **2.** *fig.* Wiege *f*, Kindheit *f*, Anfang(sstadium *n*) *m*: **from the ~** von Kindheit *od.* Kindesbeinen an; **in the ~** in den ersten Anfängen. **3.** *wiegenartiges Gerät, bes. tech.* a) Hängegerüst *n*, Schwebebühne *f* (*für Bauarbeiter*), b) Gründungseisen *n* (*des Graveurs*), c) Räderschlitten *m* (*für Arbeiten unter Autos*), d) Schwingtrog *m* (*der Goldwäscher*), e) (Tele'fon)Gabel *f*. **4.** *agr.* (Sensen)Korb *m*. **5.** *mar.* (Stapel-)Schlitten *m*. **6.** *mil.* Rohrwiege *f*: **~ carriage** Wiegenlafette *f*. **7.** *med.* a) (Draht)Schiene *f*, b) Schutzgestell *n* (*zum Abhalten des Bettzeuges von Wunden*), c) *vet.* Halsgestell *n* (*für Tiere*). **II** *v/t* **8.** wiegen, schaukeln. **9.** in die Wiege legen. **10.** in den Schlaf wiegen. **11.** betten: **to ~ one's head on one's arms**. **12.** a) hegen, b) pflegen, c) auf-, großziehen. **13.** *agr.* mit der Gerüstsense mähen. **14.** *ein Schiff* durch e-n Stapelschlitten stützen *od.* befördern. **15.** *goldhaltige Erde* im Schwingtrog waschen. **16.** *teleph. den Hörer* auflegen. **~ cap** *s med.* Kopfschorf *m* (*bei Kindern*). **~ snatch·er** → **baby snatcher** 2. **'~-song** *s* Wiegenlied *n*. **~ vault** *s arch.* Tonnengewölbe *n*.

craft [krɑːft; *Am.* kræft] **I** *s* **1.** (Hand- *od.* Kunst)Fertigkeit *f*, Geschicklichkeit *f*, Kunst *f*: → **art**¹ 4, **gentle art**, **stagecraft**. **2.** Gewerbe *n*, Beruf *m*, Handwerk *n*: **~ union** Fachgewerkschaft *f*. **3. the C~** die Königliche Kunst, die Freimaurerei. **4.** Innung *f*, Gilde *f*, Zunft *f*: **to be one of the ~** ein Mann vom Fach sein. **5.** → **craftiness**. **6.** *mar.* a) Boot *n*, Schiff *n*, b) (*als pl konstruiert*) Boote *pl*, Schiffe *pl*. **7.** *aer.* a) Flugzeug *n*, b) (*als pl konstruiert*) Flugzeuge *pl*. **8.** a) (Welt)Raumfahrzeug *n*, b) (*als pl konstruiert*) (Welt)Raumfahrzeuge *pl*. **II** *v/t* **9.** (*bes.* mit der Hand) fertigen.

craft·i·ness ['krɑːftɪnɪs; *Am.* 'kræf-] *s* Schlauheit *f*, Verschlagenheit *f*, List *f*.

crafts·man ['krɑːftsmən; *Am.* 'kræfts-] *s irr* **1.** (gelernter) Handwerker. **2.** Kunsthandwerker *m*. **3.** *fig.* Könner *m*, Künstler *m*. **'crafts·man·ship** *s* Kunstfertigkeit *f*, (handwerkliches) Können *od.* Geschick.

craft·y ['krɑːftɪ; *Am.* 'kræf-] *adj* (*adv* **craftily**) **1.** listig, schlau, ‚gerieben', verschlagen. **2.** *obs.* geschickt.

crag [kræg] *s* **1.** Felsenspitze *f*, Klippe *f*. **2. C~** *geol.* Crag *m*. **crag·ged** ['krægɪd] *Am.* → **craggy**. **'crag·ged·ness** *Am.* → **cragginess**. **'crag·gi·ness** *s* **1.** Felsigkeit *f*, Schroffheit *f*. **2.** Rauheit *f*. **'crag·gy** *adj* **1.** felsig, schroff. **2.** a) runz(e)lig, zerfurcht (*Gesicht*), b) knorrig, rauh (*Person*).

crags·man ['krægzmən] *s irr* Kletterer *m*, geübter Bergsteiger.

crake [kreɪk] **I** *s* **1.** *orn.* (*e-e*) Ralle, *bes.* → **corn crake**. **2.** Krächzen *n*. **II** *v/i* **3.** krächzen.

cram [kræm] **I** *v/t* **1.** vollstopfen, anfüllen, über'füllen, *a. fig.* vollpacken, -pfropfen (**with** mit): **a book ~med with facts**; **a ~med schedule** ein übervoller Terminkalender. **2.** (*mit Speisen*) über'füttern, vollstopfen. **3.** *Geflügel* stopfen, mästen. **4.** (hin'ein)stopfen, (-)zwängen (**into** in *acc*): **to ~ one's food** das Essen hinunterschlingen *od.* in sich hineinstopfen; **to ~ down** hineinstopfen, -zwängen. **5.** *colloq.* a) mit *j-m* ‚pauken' *od.* ‚büffeln', b) *meist* **~ up** *ein Fach* ‚pauken' *od.* ‚büffeln'. **II** *v/i* **6.** sich (gierig) vollessen, sich vollstopfen. **7.** *colloq.* (*für e-e Prüfung*) ‚pauken', ‚büffeln', ‚ochsen': **to ~ up on** → 5 b. **III** *s* **8.** *colloq.* Gedränge *n*. **9.** *colloq.* ‚Pauken' *n*, ‚Büffeln' *n*: **~ course** ‚Paukkurs' *m*.

cram·bo ['kræmbəʊ] *pl* **-boes** *s* **1.** Reimspiel *n*: **dumb ~** Scharade *f*. **2.** *contp.* Reim(wort *n*) *m*: **nothing but ~** ‚Reim-dich-oder-ich-freß-dich'.

͵cram-'full *adj* vollgestopft (**of** mit), zum Bersten voll.

cram·mer ['kræmə(r)] *s colloq.* **1.** ‚Paukstudio' *n*. **2.** ‚Einpauker' *m*. **3.** ‚Paukbuch' *n*. **4.** *j-d, der für e-e Prüfung ‚paukt'*.

cram·oi·sy, *a.* cram·oi·sie ['kræmɔɪzɪ] *s obs.* Purpurtuch *n*.

cramp¹ [kræmp] *med.* **I** *s* Krampf *m*: **~ in the calf** Wadenkrampf; **to be seized with ~** e-n Krampf bekommen; **~s** *Am.* (Unterleibs)Krämpfe. **II** *v/t* Krämpfe verursachen *od.* auslösen in (*dat*).

cramp² [kræmp] **I** *s* **1.** *tech.* Krampe *f*, Klammer *f*, Schraubzwinge *f*. **2.** Gießzange *f.* **3.** *Schuh- u. Lederfabrikation*: Formholz *n.* **4.** *fig.* Zwang *m*, Einengung *f*, Fessel *f.* **II** *v/t* **5.** *tech.* mit Klammern *etc* befestigen, anklammern, ankrampen. **6.** *Leder* auf dem Formholz zurichten. **7.** *a.* ~ **up** einzwängen, -engen, hemmen: **to be ~ed for space** (*od.* **room**) (zu) wenig Platz haben, räumlich beschränkt sein; **that ~s my style** *fig.* da(bei) kann ich mich nicht recht entfalten. **III** *adj* **8.** verwickelt, -worren. **9.** eng, beengt.

cramped [kræmpt] *adj* **1.** verkrampft. **2.** → **cramp**² 8 *u.* 9.

cramp·et(te) [ˈkræmpɪt] *s mil.* Ortband *n* (*der Säbelscheide*).

ˈcramp|·fish *s* (*ein*) Zitterrochen *m.* **~ i·ron** *s* **1.** Haspe *f*, eiserne Klammer, Krampe *f.* **2.** *arch.* Steinanker *m.*

cram·pon [ˈkræmpən], **cramˈpoon** [-ˈpuːn] *s* **1.** *tech.* a) Lastengreiferzange *f*, b) Maueranker *m.* **2.** *mount.* Steigeisen *n.*

cran·ber·ry [ˈkrænbərɪ; -brɪ; *Am. bes.* -ˌberiː] *s bot.* Vacˈcinium *n*: *bes.* a) *a.* **small ~, European ~** Moosbeere *f*, b) *a.* **large ~, American ~** Kranbeere *f*, c) Preiselbeere *f*, d) *a.* **~ tree** (*od.* **bush**) Gewöhnlicher Schneeball.

crane [kreɪn] **I** *s* **1.** *orn.* Kranich *m.* **2. C~** *astr.* Kranich *m* (*Sternbild*). **3.** *tech.* Kran *m*: **~ truck** Kranwagen *m.* **4.** *tech.* a) Aufzug *m*, b) Winde *f.* **5.** *tech.* Arm *m*, Ausleger *m.* **II** *v/t* **6.** mit e-m Kran heben *od.* hochwinden. **7. to ~ one's neck** e-n langen Hals machen, sich den Hals verrenken (**for** nach), den Hals recken. **III** *v/i* **8.** *a.* **~ forward** den Hals recken. **9.** *hunt.* ein Hindernis vor dem Überˈspringen abschätzen. **10.** zögern, zaudern. **~ driv·er** *s tech.* Kranführer *m.* **~ fly** *s zo.* (*e-e*) (Erd)Schnake.

cranes·bill [ˈkreɪnzbɪl] *s bot.* Storchschnabel *m.*

cra·ni·a [ˈkreɪnjə; -nɪə] *pl von* **cranium.**

ˈcra·ni·al *adj anat.* kraniˈal, Schädel...: **~ index** Schädelindex *m.*

cra·ni·ol·o·gy [ˌkreɪnɪˈɒlədʒɪ; *Am.* -ˈɑl-] *s* Kranioloˈgie *f*, Schädellehre *f.* **ˌcra·niˈom·e·ter** [-ˈɒmɪtə; *Am.* -ˈɑmətər] *s* Kranioˈmeter *n*, Schädelmesser *m.* **ˌcra·ni·oˈmet·ric** [-nɪəʊˈmetrɪk; -nɪəˈm-] *adj*; **ˌcra·ni·oˈmet·ri·cal** *adj* (*adv* **~ly**) kranioˈmetrisch. **ˌcra·niˈom·e·try** [-ˈɒmɪtrɪ; *Am.* -ˈɑmə-] *s* Kranioméˈtrie *f*, Schädelmessung *f.*

cra·ni·um [ˈkreɪnjəm; -nɪəm] *pl* **-ni·a** [-ə], **-ni·ums** *s anat.* **1.** Cranium *n*, (*vollständiger*) Schädel. **2.** Hirnschale *f.*

crank [kræŋk] **I** *s* **1.** *tech.* a) Kurbel *f*, b) Kurbelkröpfung *f* (*e-r Welle*), c) Schwengel *m.* **2.** *hist.* Tretmühle *f* (*Strafinstrument*). **3.** *colloq.* a) wunderlicher Kauz, ‚Spinner' *m*, (harmloser) Verrückter, b) *Am.* ‚Miesepeter' *m.* **4.** *colloq.* fixe Iˈdee, Maˈrotte *f*, Grille *f.* **5.** *colloq.* Verrücktheit *f*, Verschrobenheit *f.* **6.** Wortspiel *n*, -verdrehung *f.* **II** *v/t* **7.** *tech.* kröpfen. **8.** a) *oft* **~ up** ankurbeln, *den Motor* anwerfen, anlassen: **~ing speed** Anlaßdrehzahl *f*, b) *den Motor, e-e Maschine* ˈdurchdrehen. **III** *v/i* **9.** kurbeln. **10. ~ up** *Am. colloq.* sich fertigmachen. **IV** *adj* **11.** → **cranky** 1. **12.** *mar.* rank, leicht kenterbar. **~ ax·le** *s tech.* Kurbelachse *f*, -welle *f.* **~ brace** *s tech.* Bohrkurbel *f.* **ˈ~case** *s mot. tech.* Kurbelgehäuse *n.*

cranked [kræŋkt] *adj tech.* **1.** gekröpft: **~ shaft.** **2.** mit e-r Kurbel (versehen *od.* betrieben), Kurbel...

crank·i·ness [ˈkræŋkɪnɪs] *s* **1.** Verschrobenheit *f*, Wunderlichkeit *f.* **2.** Reizbarkeit *f.* **3.** Wack(e)ligkeit *f*, Unsicherheit *f.* **4.** *mar.* Rankheit *f.*

ˈcrank|·pin, ~ pin *s tech.* Kurbelzapfen *m.* **~ plane** *s* **1.** *tech.* ˈKurbelhobel(maˌschine *f*) *m.* **2.** *phys.* Kurbelebene *f.* **ˈ~shaft** *s tech.* Kurbelwelle *f.* **~ web** *s tech.* Kurbelarm *m.*

crank·y [ˈkræŋkɪ] *adj* (*adv* **crankily**) **1.** *colloq.* verschroben, wunderlich, grillenhaft, kauzig. **2.** *Am. colloq.* reizbar, schlechtgelaunt. **3.** *colloq.* wack(e)lig, unsicher, baufällig. **4.** *mar.* → **crank** 12.

cran·nied [ˈkrænɪd] *adj* rissig.

cran·nog [ˈkrænəg], **ˈcran·noge** [-nədʒ] *s hist. Scot. u. Ir.* Pfahlbau *m.*

cran·ny [ˈkrænɪ] *s* Ritze *f*, Spalt(e *f*) *m*, Riß *m*: → **nook** 1.

crap¹ [kræp] **I** *s* **1.** *vulg.* ‚Scheiße' *f* (*a. fig.*): **~!** Scheiße!; **a load of ~** große Scheiße. **2.** *vulg.* ‚Scheißen' *n*: **to have** (**go for**) **a ~** ‚scheißen' (gehen). **3.** *fig. vulg.* ‚Scheiß' *m*: **to talk ~.** **II** *v/i* **4.** *vulg.* ‚scheißen'. **5.** *fig. vulg.* ‚Scheiß' machen *od.* reden. **6. ~ out** *Am. sl.* a) ‚umkippen' (*ohnmächtig werden*), b) (*vor Erschöpfung etc*) einschlafen. **7. ~ out** *Am. sl.* sich drücken, ‚kneifen' (**of** vor *dat*). **III** *v/t* **8.** *fig. vulg.* ‚bescheißen'.

crap² [kræp] *Am.* **I** *s* a) Fehlwurf *m* beim **craps**, b) → **craps.** **II** *v/i* e-n Fehlwurf machen.

crape [kreɪp] **I** *s* **1.** Krepp *m.* **2.** Trauerflor *m.* **II** *v/t* **3.** mit e-m Trauerflor versehen. **4.** *obs. Haar* kräuseln. **~cloth** *s* Wollkrepp *m.* **ˈ~ˌhang·er** *s Am. sl.* ‚Miesepeter' *m.*

crap·per [ˈkræpə(r)] *s vulg.* ‚Scheißhaus' *n.* **ˈcrap·py** *adj vulg.* ‚beschissen', ‚Scheiß...'

craps [kræps] *s pl* (*meist als sg konstruiert*) *Am. ein Spiel mit 2 Würfeln*: **to shoot ~ craps** spielen.

crap·u·lence [ˈkræpjʊləns], **ˈcrap·u·len·cy** *s* Unmäßigkeit *f*, *bes.* unmäßiger Alkoholgenuß. **ˈcrap·u·lent, ˈcrap·u·lous** *adj* unmäßig (*bes. im Alkoholgenuß*).

cra·ses [ˈkreɪsiːz] *pl von* **crasis.**

crash¹ [kræʃ] **I** *v/t* **1.** zertrümmern, -schmettern. **2.** sich krachend *e-n Weg* bahnen. **3.** *aer.* → **crash-land** I. **4.** a) e-n Unfall haben mit, b) *aer.* abstürzen mit. **5.** *colloq.* uneingeladen kommen zu, hinˈeinplatzen in (*acc*): **to ~ a party; to ~ the gate** → **gate-crash** I. **6.** *fig. colloq.* e-n Einbruch erzielen in (*acc*), *etwas* ‚schaffen': **to ~ a market; to ~ the headlines** Schlagzeilen machen. **II** *v/i* **7.** (krachend) zerbersten, zerbrechen, zerschmettert werden. **8.** krachend einstürzen, zs.-krachen. **9.** *bes. econ.* zs.-brechen. **10.** krachen (**against, into** gegen): **to ~ down** herunterkrachen; **to ~ open** krachend auffliegen (*Tür*). **11.** stürmen, platzen, krachen: **to ~ in(to the room)** hereinplatzen; **to ~ in on a party** in e-e Party hineinplatzen. **12.** *mot.* zs.-stoßen, verunglücken. **13.** *aer.* a) abstürzen, b) → **crash-land** II. **14.** *sl.* (*vorübergehend*) schlafen *od.* überˈnachten: **he ~ed at friends'.** **III** *s* **15.** Krach(en *n*) *m.* **16.** Unfall *m*, Zs.-stoß *m.* **17.** *bes. econ.* Zs.-bruch *m*, (Börsen)Krach *m.* **18.** *aer.* a) Absturz *m*, b) Bruchlandung *f.* **19.** *pl Radio*: Krachgeräusche *pl*, atmoˈsphärische Störungen *pl.* **IV** *adj* **20.** Schnell..., Sofort...: **~ course** Schnell-, Intensivkurs *m*; **~ program(me)** Sofortprogramm *n.* **V** *interj* **21.** krach!

crash² [kræʃ] *s* grober Leinendrell.

crash| bar·ri·er *s Br.* Leitplanke *f.* **~ boat** *s mar. Spezialboot zur Rettung der Passagiere e-s ins Meer gestürzten Flugzeugs.* **~ di·et** *s* radiˈkale Schlankheitskur. **~ dive** *s mar.* Schnelltauchen *n* (*U-Boot*). **ˈ~-dive** *v/i* schnelltauchen (*U-Boot*). **~ halt** *s mot.* Vollbremsung *f.* **~ hel·met** *s* Sturzhelm *m.*

ˈcrash·ing *adj colloq.* ‚fürchterlich': **a ~ hangover.**

crash|job *s* brandeilige Arbeit. **ˈ~-land** *aer.* **I** *v/t* e-e Bruchlandung machen mit *e-m Flugzeug.* **II** *v/i* Bruch machen, e-e Bruchlandung machen, bruchlanden. **~ land·ing** *s aer.* Bruchlandung *f.* **~ pad** *s* **1.** *mot.* Aufprallkissen *n.* **2.** *sl. Ort, an dem man* (*vorübergehend*) *schlafen od. wohnen kann.* **~ test** *s mot.* Crashtest *m.*

cra·sis [ˈkreɪsɪs] *pl* **-ses** [-siːz] *s ling.* Krasis *f* (*Zs.-ziehung von Vokalen*).

crass [kræs] *adj* (*adv* **~ly**) **1.** grob, kraß: **a ~ mistake; a ~ materialist** ein krasser Materialist. **2.** derb, unfein: **~ behavio(u)r.** **ˈcras·si·tude** [-ɪtjuːd; *Am. a.* -ˌtuːd], **ˈcrass·ness** *s* **1.** Kraßheit *f.* **2.** Derbheit *f.*

cratch [krætʃ] *s* Futterkrippe *f.*

crate [kreɪt] **I** *s* **1.** (Latten)Kiste *f.* **2.** (*Bier- etc*)Kasten *m.* **3.** großer Weidenkorb. **4.** *sl.* ‚Kiste' *f* (*Auto od. Flugzeug*). **II** *v/t* **5.** in e-e (Latten)Kiste (ver)packen.

crat·er¹ [ˈkreɪtə(r)] *s* Packer *m.*

cra·ter² [ˈkreɪtə(r)] *s* **1.** *geol.* Krater *m*: **~ lake** Kratersee *m.* **2.** Krater *m* (*a. med.*), (Bomben-, Graˈnat)Trichter *m.* **3.** *electr.* Krater *m* (*der positiven Kohle*).

cra·ter·i·form [ˈkreɪtərɪfɔː(r)m; krəˈter-] *adj* krater-, trichterförmig.

cra·tur [ˈkreɪtə] *Scot. u. Ir. für* **creature.**

craunch [krɔːntʃ; krɑːntʃ] *dial. für* **crunch.**

cra·vat [krəˈvæt] *s* **1.** Halstuch *n.* **2.** *med.* Dreiecktuch *n.*

crave [kreɪv] **I** *v/t* **1.** *etwas* ersehnen. **2.** (inständig) bitten *od.* flehen um: **may I ~ your attention?** darf ich Sie um Ihre (werte) Aufmerksamkeit bitten? **3.** (dringend) benötigen, verlangen: **the stomach ~s food.** **II** *v/i* **4.** sich sehnen (**for, after** nach). **5. ~ for** → 2.

cra·ven [ˈkreɪvən] **I** *adj* (*adv* **~ly**) **1.** feig(e), ängstlich. **2. to cry ~** sich ergeben. **II** *s* **3.** Feigling *m*, Memme *f.*

crav·ing [ˈkreɪvɪŋ] *s* heftiges Verlangen, Sehnsucht *f* (**for** nach).

craw [krɔː] *s* **1.** *orn.* Kropf *m.* **2.** *zo.* Magen *m.*

craw·fish [ˈkrɔːfɪʃ] **I** *s bes. Am. für* **crayfish.** **II** *v/i meist* **~ (of)** *Am. colloq.* sich drücken (vor *dat*), ‚kneifen' (vor *dat*), e-n Rückzieher machen.

crawl¹ [krɔːl] **I** *v/i* **1.** kriechen: a) krabbeln, b) *fig.* sich daˈhinschleppen, schleichen (*Arbeit, Zeit etc*): **the hours ~ed by** die Stunden schlichen dahin, c) im Schneckentempo gehen *od.* fahren, d) *colloq.* unterˈwürfig sein: **to ~ to s.o.** vor j-m kriechen. **2.** wimmeln (**with** von): **the town is ~ing with tourists** in der Stadt wimmelt es von Touristen. **3.** kribbeln: **his flesh was ~ing** er bekam e-e Gänsehaut, es überlief ihn kalt; **the sight made her flesh ~** bei dem Anblick bekam sie e-e Gänsehaut. **4.** (zer)fließen (*Farbe*). **5.** *Schwimmen*: kraulen. **II** *v/t* **6.** *Schwimmen*: *e-e Strecke* kraulen. **III** *s* **7.** Kriechen *n*, Schleichen *n*: **to go at a ~** → 1 c. **8.** *Schwimmen*: Kraul(en) *n*, Kraulstil *m*: **to swim (the)** (*od.* **do the**) **~** kraulen.

crawl² [krɔːl] *s* ˈSchildkröten-, ˈFisch-, ˈKrebsreserˌvoir *n* (*am Ufer*).

crawl·er [ˈkrɔːlə(r)] *s* **1.** Kriecher(in), Schleicher(in). **2.** Kriechtier *n.* **3.** *Br. colloq.* Kriecher(in). **4.** *Br. colloq.* (leeres) Taxi auf Fahrgastsuche. **5.** *tech.* a) *a.* **~ crane** Gleiskettenkran *m*, b) *a.* **~ tractor** Raupen-, Gleiskettenfahrzeug *n.* **6.** *Schwimmen*: Krauler(in). **7.** *pl* (einteiliger) Spielanzug (*für Kleinkinder*).

ˈcrawl·way *s* niedriger ˈDurchgang.

ˈcrawl·y *adj colloq.* grus(e)lig, unheimlich.

cray·fish [ˈkreɪfɪʃ] *s zo.* **1.** (*ein*) Fluß-, Panzerkrebs *m.* **2.** Lanˈguste *f.*

cray·on [ˈkreɪən; *Br. a.* -ɒn; *Am. a.* -ˌɑn; kræn] **I** *s* **1.** Zeichenkreide *f.* **2.** Zeichen-, Bunt-, Paˈstellstift *m*: **blue ~** Blaustift; **in ~** in Pastell. **3.** Kreide- *od.* Paˈstellzeichnung *f*: **~ board** Zeichenkarton *m.* **II** *v/t* **4.** mit Kreide *etc* zeichnen.

craze [kreɪz] **I** *v/t* **1.** verrückt *od.* toll machen. **2.** *Töpferei*: krakeˈlieren. **3.** *obs.* zerschmettern. **II** *s* **4.** Maˈnie *f*, Verrücktheit *f*, ‚Fimmel' *m*, ‚Spleen' *m*, fixe Iˈdee: **it is the ~ now** es ist gerade große Mode; **the latest ~** der letzte (Mode-)Schrei. **5.** Wahn(sinn) *m.* **crazed** *adj* **1.** → **crazy** 1 *u.* 2. **2.** krakeˈliert (*Glasur*). **ˈcra·zi·ness** [-nɪs] *s* Verrücktheit *f*, Tollheit *f.* **ˈcraz·ing** *s Töpferei*: Krakeˈlierung *f.*

cra·zy [ˈkreɪzɪ] *adj* (*adv* **crazily**) **1.** *a. fig.* verrückt, toll, wahnsinnig (**with pain** vor Schmerzen): **to drive s.o. ~** j-n wahnsinnig machen. **2.** *colloq.* (**about**) a) (wild) begeistert (von), besessen *od.* ˈhingerissen (von), vernarrt (in *acc*), b) versessen *od.* ‚scharf' (auf *acc*), wild *od.* verrückt (nach): **~ to do s.th.** versessen darauf, etwas zu tun; **to be ~ about** (*od.* **over, for**) **s.o.** ganz verrückt nach j-m sein. **3.** *sl.* ‚phanˈtastisch', ‚toll'. **4.** *obs.* a) rissig, voller Risse, b) baufällig, wack(e)lig. **5.** schief. **6.** krumm, gewunden. **7.** wirr: **a ~ pile of equipment.** **8.** Flicken..., zs.-gesetzt, zs.-gestückelt (*Decke etc*). **~bone** *Am. für* **funny bone.** **~ pave·ment, ~ pav·ing** *s* Mosaˈikpflaster *n.* **~ quilt** *s* Flickendecke *f.*

creak [kriːk] **I** *v/i* **1.** knarren (*Treppe etc*), quietschen (*Bremsen etc*). **2. ~ along** sich daˈhinschleppen (*Handlung etc*). **II** *s* **3.** Knarren *n*, Quietschen *n.* **ˈcreak·y** *adj* (*adv* **creakily**) knarrend, quietschend.

cream [kriːm] **I** *s* **1.** Rahm *m*, Sahne *f* (*der Milch*). **2.** a) Creme(speise) *f*, b) Cremesuppe *f*, c) Rahmsoße *f.* **3.** (*Haut-, Schuh- etc*)Creme *f.* **4.** *meist pl* ˈSahnebonˌbon *m*, *n*: **chocolate ~s** Pralinen. **5.** Cremefarbe *f.* **6.** *fig.* Creme *f*, Auslese *f*, Eˈlite *f*: **the ~ of society.** **7.** Kern *m*, Poˈinte *f*: **the ~ of the joke.** **II** *v/i* **8.** Sahne ansetzen *od.* bilden. **9.** schäumen. **10.** *vulg.* ‚spritzen' (*ejakulieren*). **III** *v/t* **11.** *a.* **~ off** abrahmen, absahnen, den Rahm abschöpfen von (*a. fig.*). **12.** *Milch* Sahne ansetzen lassen. **13.** a) zu Schaum schlagen, b) schaumig rühren. **14.** *e-e Speise* mit Sahne *od.* Rahmsoße zubereiten. **15.** *dem Kaffee od. Tee* Sahne zugießen. **16.** sich *das Gesicht etc* eincremen: **to ~ one's face.** **17.** *sport bes. Am. sl.* ‚vernaschen', ‚überˈfahren' (*hoch schlagen*). **IV** *adj* **18.** Sahne..., Rahm... **19.** creme(farben). **~ cake** *s* Creme- *od.* Sahnetorte *f.* **~ cheese** *s* Rahm-, Vollfettkäse *m.* **ˈ~-col·o(u)red** → **cream** 19.

cream·er [ˈkriːmə(r)] *s* **1.** *bes. Am.* Sahnekännchen *n*, -gießer *m.* **2.** ˈMilchschleuder *f*, -zentriˌfuge *f.* **ˈcream·er·y** *s* **1.** Molkeˈrei *f.* **2.** Milchgeschäft *n.*

ˌcream|-ˈfaced *adj* blaß, bleich. **ˌ~-ˈlaid** *adj bes. Br.* cremefarben u. gerippt (*Papier*). **~ nut** *s bot.* Paranuß *f.* **~ of tar·tar** *s chem.* Weinstein *m.* **ˌ~-of-ˈtar·tar tree** *s bot.* Auˈstralische Adanˈsonie. **~ puff** *s* **1.** Windbeutel *m* (*Sahnegebäck*). **2.** *colloq.* ‚Waschlappen' *m.* **~ sauce** *s* Rahmsoße *f.* **~ so·da** *s bes. Am. ein kohlensäurehaltiges Vanillegetränk.* **ˌ~-ˈwove** → **cream-laid.**

cream·y [ˈkriːmɪ] *adj* **1.** sahnig. **2.** weich. **3.** creme(farben).

crease [kriːs] **I** *s* **1.** (*a.* Haut)Falte *f.* **2.** Bügelfalte *f*, Kniff *m.* **3.** Falz *m*, Knick *m*, *a.* Eselsohr *n* (*in Papier*). **4.** *Kricket*: Aufstellungslinie *f*: → **popping crease.** **5.** *Eishockey*: Torraum *m.* **II** *v/t* **6.** falten, knicken, kniffen, ˈumbiegen. **7.** zerknittern. **8.** a) *hunt. Am. ein Tier* krellen (*durch Streifschuß zeitweilig lähmen*), b) *allg.* streifen, anschießen. **III** *v/i* **9.** Falten bekommen, knittern. **10.** sich falten lassen. **11. to ~ up (with laughter)** *sl.* sich vor Lachen krümmen.

creased [kriːst] *adj* **1.** in Falten gelegt, gefaltet. **2.** mit e-r Bügelfalte, gebügelt. **3.** zerknittert.

ˈcrease|-proof, ˈ~-reˌsist·ant *adj* knitterfrei, -fest (*Stoff*).

creas·y [ˈkriːsɪ] *adj* zerknittert.

cre·ate [kriːˈeɪt; krɪ-] *v/t* **1.** (er)schaffen: **God ~d man.** **2.** schaffen, ins Leben rufen, herˈvorbringen, erzeugen: **to ~ jobs** Arbeitsplätze schaffen. **3.** herˈvorrufen, verursachen: **to ~ a disturbance (a scandal, a sensation,** *etc*); **to ~ a demand** e-n Bedarf wecken; **to ~ an impression** e-n Eindruck machen; **to ~ an opportunity (a situation)** e-e Gelegenheit (e-e Lage) schaffen. **4.** *econ. jur.* a) gründen, errichten, ins Leben rufen: **to ~ a corporation,** b) *e-e Haftung etc* begründen: **to ~ a liability,** c) *e-e Hypothek* bestellen: **to ~ a mortgage,** d) *Geld, Kredit* schöpfen. **5.** *thea. etc, Mode*: kreˈieren. **6.** *j-n* ernennen: **to ~ a peer.** **7.** *j-n* erheben zu, machen zu: **to ~ s.o. a peer.**

cre·a·tine [ˈkriːətiːn; -tɪn] *s chem. physiol.* Kreaˈtin *n.*

cre·a·tion [kriːˈeɪʃn; krɪ-] *s* **1.** (Er)Schaffung *f.* **2.** Erzeugung *f*, Herˈvorbringung *f.* **3. the C~** *relig.* die Schöpfung, die Erschaffung (*der Welt*). **4.** a) Schöpfung *f*, Welt *f*: **the whole ~** alle Geschöpfe, die ganze Schöpfung *od.* Welt, b) Geschöpf *n*, Kreaˈtur *f.* **5.** Verursachung *f.* **6.** *econ. jur.* a) Gründung *f*, Errichtung *f*, b) Begründung *f*, c) Bestellung *f*, d) Schöpfung *f*: **~ of credit** Kreditschöpfung. **7.** *thea. etc, Mode*: Kreˈierung *f.* **8.** (Kunst-, Mode)Schöpfung *f*, (*art a.*) Werk *n*, (*Mode a.*) Kreatiˈon *f.* **9.** Ernennung *f*: **an earl of recent ~** ein neuernannter Graf. **creˈa·tion·al** *adj* Schöpfungs... **creˈa·tion·ism** *s relig.* **1.** Lehre *f* von der Weltschöpfung durch e-n allˈmächtigen Schöpfer. **2.** Kreatiaˈnismus *m* (*Lehre von der Neuerschaffung jeder Einzelseele*).

cre·a·tive [kriːˈeɪtɪv; krɪ-] **I** *adj* (*adv* **~ly**) **1.** (er)schaffend, Schöpfungs... **2.** schöpferisch, kreaˈtiv. **3.** (**of s.th.** etwas) herˈvorrufend, verursachend, erzeugend. **II** *s* **4.** *Am.* kreaˈtiver Mensch. **creˈa·tive·ness, ˌcre·aˈtiv·i·ty** *s* schöpferische Kraft, Kreativiˈtät *f.* **creˈa·tor** [-tə(r)] *s* **1.** (Er)Schöpfer *m.* **2.** Erzeuger *m.* **3.** Urheber *m*, Verursacher *m.* **4. the C~** der Schöpfer (*Gott*).

crea·ture [ˈkriːtʃə(r)] *s* **1.** Geschöpf *n*, (Lebe)Wesen *n*, Kreaˈtur *f*: **~ of habit** *fig.* Gewohnheitstier *n.* **2.** Kreaˈtur *f*, Tier *n* (*Ggs. Mensch*): **dumb ~** stumme Kreatur. **3.** *Am.* Haustier *n.* **4.** Geschöpf *n*, Ding *n*: **lovely ~** süßes Geschöpf (*Frau*); **poor (silly) ~** armes (dummes) Ding. **5.** *j-s* Kreaˈtur *f*: a) Günstling *m*, b) Handlanger *m*, Werkzeug *n.* **6.** Proˈdukt *n*: **a ~ of the imagination** ein Phantasieprodukt. **~ com·forts** *s pl* (*die*) leiblichen Genüsse *pl*, (*das*) leibliche Wohl.

crea·ture·ly [ˈkriːtʃə(r)lɪ] *adj* kreaˈtürlich, menschlich.

crèche [kreɪʃ; kreʃ] *s* **1.** (Kinder)Krippe *f.* **2.** *Am.* (Weihnachts)Krippe *f.*

cre·dence [ˈkriːdəns; -dns] *s* **1.** Glaube *m* (**of an** *acc*): **to give** (*od.* **attach**) **~ to s.th.** e-r Sache Glauben schenken; **letters of ~** *pol.* Beglaubigungsschreiben *n.* **2.** *a.* **~ table** Kreˈdenz *f* (*a. relig.*).

cre·den·dum [krɪˈdendəm] *pl* **-da** [-də] *s relig.* ˈGlaubensarˌtikel *m.*

cre·den·tials [krɪˈdenʃlz] *s pl* **1.** Beglaubigungsschreiben *n.* **2.** Empfehlungsschreiben *n*, Refeˈrenzen *pl.* **3.** (Leumunds)Zeugnis *n*, Zeugnisse *pl.* **4.** ˈAusweis(paˌpiere *pl*) *m.*

cred·i·bil·i·ty [ˌkredɪˈbɪlətɪ] *s* Glaubwürdigkeit *f*: **~ gap** Mangel *m od.* Verlust *m* an Glaubwürdigkeit. **ˈcred·i·ble** *adj* (*adv* **credibly**) glaubwürdig: **~ information; a ~ witness; to show credibly** *jur.* glaubhaft machen.

cred·it [ˈkredɪt] **I** *s* **1.** Glaube(n) *m*: **to give ~ to s.th.** e-r Sache Glauben schenken; → **worthy** 2. **2.** Ansehen *n*, Achtung *f*, guter Ruf: **to be in high ~ with** in hohem Ansehen stehen bei. **3.** Glaubwürdigkeit *f*: **to gain ~** an Ansehen gewinnen. **4.** Einfluß *m.* **5.** Ehre *f*: **to be a ~ to s.o., to be to s.o.'s ~, to do s.o. ~, to reflect ~ on s.o.** j-m Ehre machen *od.* einbringen, j-m zur Ehre gereichen; **he has not done you ~** mit ihm haben Sie keine Ehre eingelegt; **with ~** ehrenvoll; **~ where ~ is due** Ehre, wem Ehre gebührt. **6.** Anerkennung *f*, Lob *n*: **to get ~ for s.th.** Anerkennung finden für etwas; **that's very much to his ~** das ist sehr anerkennenswert *od.* verdienstvoll von ihm. **7.** Verdienst *n*: **to give s.o. (the) ~ for s.th.** a) j-m etwas hoch *od.* als Verdienst anrechnen, b) j-m etwas zutrauen, c) sich j-m für etwas (dankbar) verpflichtet fühlen; **to take ~ to o.s. for s.th., to take (the) ~ for s.th.** sich etwas als Verdienst anrechnen, den Ruhm *od.* das Verdienst für etwas in Anspruch nehmen. **8.** *econ.* a) Kreˈdit *m*, b) Zeit *f*, Ziel *n*, c) (*a.* **letter of ~**) Akkrediˈtiv *n*: **on ~** auf Kredit *od.* Ziel; **at one month's ~** auf e-n Monat Ziel; **~ on goods** Warenkredit; **~ on real estate** Realkredit; **to give s.o. ~ for £1,000** j-m e-n Kredit von 1000 Pfund geben; **to open a ~** e-n Kredit *od.* ein Akkreditiv eröffnen. **9.** *econ.* Kreˈdit(würdigkeit *f*, -fähigkeit *f*) *m*: **~ agency** Auskunftei *f* (*über Kreditwürdigkeit*); **~ rating** (Einschätzung *f* der) Kreditfähigkeit *od.* -würdigkeit; **~ report** Kreditauskunft *f.* **10.** *econ.* a) Guthaben *n*, ˈKreditposten *m*, b) ˈKredit(seite *f*) *n*, Haben *n*: **your ~** Saldo zu Ihren Gunsten; **to enter** (*od.* **place, put**) **a sum to s.o.'s ~** j-m e-n Betrag gutschreiben. **11.** *econ. parl. Br.* Vorgriff *m* auf das Budˈget. **12.** *a.* **tax ~** *Am.* (Steuer-)Freibetrag *m*, abzugsfähiger Betrag. **13.** *univ. Am.* a) Anrechnungspunkt *m* (*auf ein für den Erwerb e-s akademischen Grades zu erfüllendes Pensum*), b) → **credit hour.** **14.** *Film, TV*: Vorspann *m od.* Ab-, Nachspann *m.*

II *v/t* **15.** a) Glauben schenken (*dat*), *j-m od. e-e Sache* glauben. **16.** *j-m* (ver-)trauen. **17. to ~ s.o. with s.th.** a) j-m etwas zutrauen, b) j-m etwas zuschreiben. **18.** *econ.* a) *e-n Betrag* gutschreiben, krediˈtieren (**to s.o.** j-m), b) *j-n* erkennen (**with, for** für): **to ~ s.o. with a sum.** **19. to ~ s.o. with three hours in history** *univ. Am.* j-m für e-n Geschichtskurs 3 Punkte (aufs Pensum) anrechnen.

cred·it·a·ble [ˈkredɪtəbl] *adj* (*adv* **creditably**) (**to**) rühmlich, ehrenvoll (für), lobens-, anerkennenswert (von), achtbar: **to be ~ to s.o.** j-m Ehre machen.

cred·it| ac·count *s econ.* **1.** Konto *n* mit ˈKreditsaldo. **2.** *Br.* ˈKundenkreˌditkonto *n.* **3.** *Br.* Abzahlungskonto *n* (*bei Teilzahlungen*). **~ bal·ance** *s econ.* ˈKreditsaldo *m*, Guthaben *n.* **~ bank** *s econ.* Kreˈditbank *f*, -anstalt *f.* **~ card** *s* Kreˈditkarte *f.* **~ cur·ren·cy** → **credit money** 1. **~ en·try** *s econ.* Gutschrift *f.* **~ hour** *s univ. Am.* anrechenbare (Vorlesungs)Stunde. **~ in·stru·ment** *s econ.*

Kreˈditinstruˌment *n* (*Wechsel etc*). ~ **in·sur·ance** *s econ.* Kreˈditversicherung *f.* ~ **in·ter·est** *s econ.* Habenzinsen *pl.* ~ **line** *s* **1.** *econ. Am.* Kreˈditgrenze *f.* **2.** ˈHerkunfts-, Quellenangabe *f.* ~ **man** *s irr econ. Am.* Kreˈditfestsetzer *m.* ~ **mem·o·ran·dum** *Am.* → **credit slip** 2. ~ **mon·ey** *s econ.* **1.** nicht voll gedeckte Währung. **2.** Kreˈditgeld *n.* ~ **note** *s econ.* Gutschriftsanzeige *f.*

cred·i·tor [ˈkredɪtə(r)] *s econ.* **1.** Gläubiger *m*: ~ **of a bankrupt's estate** Massegläubiger; ~**s' committee** Gläubigerausschuß *m*; ~**s' petition** Konkurseröffnungsantrag *m* der Gläubiger. **2.** a) ˈKredit(seite *f*) *m*, Haben *n*, b) *pl Bilanz*: *Br.* Krediˈtoren *pl*, Verbindlichkeiten *pl.*

cred·it | **sale** *s econ.* Kreˈdit(ver)kauf *m*, Abzahlungskauf *m.* ~ **side** *s econ.* ˈKredit-, Habenseite *f.* ~ **slip** *s* **1.** *Br.* Einzahlungsschein *m.* **2.** *econ.* Gutschriftsanzeige *f.* ~ **squeeze** *s econ.* Kreˈditzange *f.* ~ **ti·tles** → **credit** 14. ˈ~ˌ**wor·thi·ness** *s econ.* Kreˈditwürdigkeit *f.* ˈ~ˌ**wor·thy** *adj econ.* kreˈditwürdig.

cre·do [ˈkriːdəʊ; ˈkreɪ-] *pl* **-dos** *s* **1.** *relig.* Kredo *n.* **2.** → **creed** 2.

cre·du·li·ty [krɪˈdjuːlətɪ; *Am. a.* -ˈduː-] *s* Leichtgläubigkeit *f.*

cred·u·lous [ˈkredjʊləs; *Am.* -dʒələs] *adj* (*adv* ~**ly**) leichtgläubig, vertrauensselig (of gegenˈüber). ˈ**cred·u·lous·ness** → **credulity**.

creed [kriːd] *s* **1.** *relig.* a) Glaubensbekenntnis *n*, b) Glaube *m*, Bekenntnis *n*, Konfessiˈon *f*: **the (Apostles') C~** das Apostolische Glaubensbekenntnis. **2.** *fig.* Überˈzeugung, Kredo *n*, Weltanschauung *f.*

creek [kriːk; *Am. a.* krɪk] *s* **1.** *Am.* Bach *m.* **2.** *bes. Br.* kleine Bucht. **3. to be up the ~** *colloq.* a) ‚in der Klemme' sein *od.* sitzen *od.* stecken, b) falsch sein, c) miserabel sein; **his driving is up the ~** er ist ein miserabler Autofahrer.

creel [kriːl] *s* Weiden-, Fischkorb *m* (*des Anglers*).

creep [kriːp] **I** *v/i pret u. pp* **crept** [krept] **1.** kriechen: a) krabbeln, b) *fig.* sich daˈhinschleppen, schleichen (*Arbeit, Zeit etc*): **the hours crept by** die Stunden schlichen dahin, c) im Schneckentempo gehen *od.* fahren: **to ~ up** langsam steigen (*Preise etc*), d) unterˈwürfig sein: **to ~ back** (*demütig*) wieder angekrochen kommen; **to ~ into s.o.'s favo(u)r** sich bei j-m einschmeicheln. **2.** schleichen: **to ~ in** a) (sich) hinein- *od.* hereinschleichen, b) sich einschleichen (*Fehler etc*); **to ~ over s.o.** j-n beschleichen *od.* überkommen (*Gefühl*); **to ~ up** (sich) heranschleichen (**on an** *acc*); **old age ~s upon us** wir werden alt, ohne es zu merken. **3.** kribbeln: **his flesh was ~ing** er bekam e-e Gänsehaut, es überlief ihn kalt; **the sight made her flesh ~** bei dem Anblick bekam sie e-e Gänsehaut. **4.** *bot.* a) kriechen, b) klettern, sich ranken. **5.** *tech.* a) kriechen, (ver)rutschen, wandern, b) sich dehnen *od.* verziehen. **6.** *electr.* nacheilen. **II** *v/t* **7.** *obs.* kriechen über (*acc*). **III** *s* **8.** Kriechen *n*, Schleichen *n*: **to go at a ~** → 1 c. **9.** *pl colloq.* Gänsehaut *f*: **the sight gave me the ~s** bei dem Anblick überlief es mich kalt *od.* bekam ich e-e Gänsehaut. **10.** *geol.* Rutsch *m*, Bodenkriechen *n.* **11.** *tech.* a) Kriechdehnung *f*, b) Kriechen *n*, Wandern *n.* **12.** *electr.* Nacheilen *n.* **13.** *colloq.* Kriecher(in). **14.** *sl.* widerlicher Kerl. **15.** *Am. sl.* a) (*bes.* Hoˈtel)Dieb *m*, b) ‚Schnüffler' *m.*

creep·age [ˈkriːpɪdʒ] *s* **1.** *electr.* Kriechen *n*: ~ **path** Kriechweg *m*, -strecke *f.* **2.** → **creep** 11.

creep·er [ˈkriːpə(r)] *s* **1.** Kriechtier *n.* **2.** *obs. colloq.* Kriecher(in). **3.** *pl Am.* (einteiliger) Spielanzug (*für Kleinkinder*). **4.** *bot.* a) Kriechpflanze *f*, b) Kletterpflanze *f.* **5.** *orn.* (*ein*) Baumläufer *m.* **6.** *mar.* Dragganker *m*, Dragge *f.* **7.** *mount.* Steigeisen *n.* **8.** *tech.* a) Förderband *n*, b) Transˈportschnecke *f.* **9.** *colloq.* ‚Leisetreter' *m* (*Schuh mit weicher Sohle*). ~ **lane** *s mot. Am.* Kriechspur *f.* ~ **ti·tle** → **creeping title**.

ˈ**creep·hole** *s* Schlupfloch *n* (*a. fig.*).

creep·ie-peep·ie [ˌkriːpɪˈpiːpɪ] *s colloq.* tragbare Fernsehkamera.

creep·ing [ˈkriːpɪŋ] **I** *adj* (*adv* ~**ly**) **1.** kriechend: ~ **inflation** *econ.* schleichende Inflation. **2.** *bot.* a) kriechend, b) kletternd. **3.** kribbelnd: ~ **sensation** gruseliges Gefühl, Gänsehaut *f.* **II** *s* **4.** Kriechen *n.* **5.** → **creep** 11. ~ **bar·rage** *s mil.* Feuerwalze *f.* ~ **cur·rent** *s electr.* Kriechstrom *m.* ~ **disk** *s zo.* Kriechsohle *f* (*der Schnecken etc*). ~ **tit·le** *s Film*: Fahrtitel *m.*

creep·y [ˈkriːpɪ] *adj* **1.** kriechend: a) krabbelnd, b) schleichend, sehr langsam. **2.** grus(e)lig, unheimlich. ˌ~**-**ˈ**crawl·y** *Br. colloq.* **I** *s* **1.** Krabbeltier *n.* **II** *adj* **2.** krabbelnd. **3.** → **creeping** 3.

creese [kriːs] *s* Kris *m* (*malaiischer Dolch*).

cre·mains [krɪˈmeɪnz] *s pl* Asche *f* (*e-r eingeäscherten Leiche*).

cre·mate [krɪˈmeɪt; *Am. bes.* ˈkriːˌm-] *v/t bes. Leichen* verbrennen, einäschern. **cre·ma·tion** [krɪˈmeɪʃn] *s* (*bes. Leichen*)Verbrennung *f*, Einäscherung *f*, Feuerbestattung *f.* **cre·ma·tor** [krɪˈmeɪtə(r); *Am. bes.* ˈkriːˌm-] *s* **1.** Leichenverbrenner *m.* **2.** *bes. Br.* Leichenverbrennungsofen *m.* **3.** *Am.* Kremaˈtorium *n.*

crem·a·to·ri·um [ˌkreməˈtɔːrɪəm; *Am.* ˌkriːməˈtəʊ-] *pl* **-ri·ums, -ri·a** [-ə] *s* Kremaˈtorium *n.* **cre·ma·to·ry** [ˈkremətərɪ; *Am.* ˈkriːməˌtəʊriː] *bes. Am.* **I** *s* **1.** Kremaˈtorium *n.* **2.** Leichenverbrennungsofen *m.* **II** *adj* **3.** Feuerbestattungs...

crème [kreɪm; *bes. Am.* krem; kriːm] *s* **1.** Creme *f.* **2.** Creme(speise) *f.* **3.** ˈCremeliˌkör *m.* ~ **de la crème** *s fig.* a) (*das*) Beste vom Besten, Auslese *f*, b) Crème *f* de la Crème, Eˈlite *f* (der Gesellschaft). ~ **de menthe** [-dəˈmɑːnt; *Am. bes.* -ˈmɪnt; -ˈmentθ] *s* ˈPfefferminzliˌkör *m.*

crem·o·carp [ˈkreməʊkɑː(r)p; -mək-; *Am. a.* ˈkriː-] *s bot.* Hängefrucht *f.*

cre·nate [ˈkriːneɪt], ˈ**cre·nat·ed** *adj anat. bot.* gekerbt, gefurcht. **cre·na·tion** [krɪˈneɪʃn], **cren·a·ture** [ˈkrenəˌtjʊə; ˈkriː-; *Am.* -tʃər] *s* Furchung *f*, Kerbung *f.*

cren·el [ˈkrenl] **I** *s mil.* Schießscharte *f.* **II** *v/t* → **crenellate** I.

cren·el·ate, *etc Am.* → **crenellate,** *etc.*

cren·el·la·te [ˈkrenəleɪt] **I** *v/t* **1.** kreneˈlieren, mit Zinnen versehen. **2.** *arch.* mit e-m zinnenartigen Ornaˈment versehen. **II** *adj* [*a.* -nlət] → **crenellated**. ˈ**cren·el·lat·ed** *adj* **1.** kreneˈliert, mit Zinnen (versehen). **2.** *arch.* mit e-m zinnenartigen Ornaˈment (versehen). **3.** → **crenulate**. ˌ**cren·elˈla·tion** *s* **1.** Kreneˈlierung *f.* **2.** Zinne *f.* **3.** Auskerbung *f*, Kerbe *f.* **4.** → **crenulation**.

cren·u·late [ˈkrenjʊlət; -leɪt], ˈ**cren·u·lat·ed** [-leɪtɪd] *adj bot.* feingekerbt. ˌ**cren·uˈla·tion** *s bot.* feine Kerbung.

cre·ole [ˈkriːəʊl] **I** *s* **1.** Kreˈole *m*, Kreˈolin *f.* **2.** *ling.* Kreˈolisch *n*, das Kreolische. **II** *adj* **3.** kreˈolisch, Kreolen...

cre·o·sol [ˈkriːəsɒl; -səʊl] *s chem.* Kreoˈsol *n.*

cre·o·sote [ˈkrɪəsəʊt] *s* **1.** *pharm.* Kreoˈsot *n.* **2.** *chem.* ˈSteinkohlenteerkreoˌsot *n.*

crepe, crêpe [kreɪp] **I** *s* **1.** Krepp *m.* **2.** Trauerflor *m.* **3.** → **crepe paper**. **4.** → **crepe rubber**. **II** *v/t* **5.** kreppen, kräuseln. ~ **de Chine** [-dəˈʃiːn] *s* Crêpe *m* de Chine (*feinnarbiges Gewebe aus Natur- od. Kunstseide*). ˈ~ˌ**hang·er** *s Am. sl.* ‚Miesepeter' *m.* ~ **pa·per** *s* ˈKreppaˌpier *n.* ~ **rub·ber** *s* Kreppgummi *m, n.* ~ **su·zette** [suːˈzet] *pl* **crepes su·zette** [kreɪps], **crepe su·zettes** [suːˈzets] *s* Crêpe *f* Suˈzette (*dünner Eierkuchen, mit Weinbrand od. Likör flambiert*).

crep·i·tant [ˈkrepɪtənt] *adj* knisternd, knackend, Knack... ˈ**crep·i·tate** [-teɪt] *v/i* **1.** knarren, knistern, knacken, rasseln. **2.** *zo.* Ätzflüssigkeit ausspritzen (*Käfer*). ˌ**crep·iˈta·tion** *s* Knarren *n*, Knistern *n.*

crept [krept] *pret u. pp von* **creep**.

cre·pus·cle [krɪˈpʌsl; *Br. a.* ˈkrepəsl] → **crepuscule**. **creˈpus·cu·lar** [-kjʊlə(r)] *adj* **1.** Dämmerungs... **2.** dämmerig, Dämmer... **3.** *zo.* im Zwielicht erscheinend. **cre·pus·cule** [ˈkrepəskjuːl; *Am. bes.* krɪˈpʌskjuːl] *s* Zwielicht *n*, (Morgen- *od.* Abend)Dämmerung *f.*

cre·scen·do [krɪˈʃendəʊ; krə-] **I** *pl* **-dos** *s* **1.** *mus.* Creˈscendo *n* (*a. weitS.*). **II** *adj* **2.** anschwellend, stärker werdend. **III** *adv* **3.** *mus.* creˈscendo. **4.** anschwellend, mit zunehmender Lautstärke. **IV** *v/i* **5.** anschwellen, stärker werden.

cres·cent [ˈkresnt] **I** *s* **1.** Halbmond *m*, Mondsichel *f.* **2.** *pol.* Halbmond *m* (*Symbol der Türkei od. des Islams*). **3.** *etwas Halbmondförmiges, bes. Br. halbmondförmiger Straßenzug*: **Pelham C~**. **4.** *mus.* Schellenbaum *m.* **5.** Hörnchen *n* (*Gebäck*). **II** *adj* **6.** halbmond-, sichelförmig. **7.** zunehmend, wachsend.

cress [kres] *s bot.* Kresse *f.*

cres·set [ˈkresɪt] *s* Stocklaterne *f*, Kohlen-, Pechpfanne *f.*

crest [krest] **I** *s* **1.** *orn.* a) (Feder-, Haar-)Büschel *n*, Haube *f*, b) (Hahnen)Kamm *m.* **2.** *zo.* Kamm *m* (*des Pferdes etc*). **3.** *zo.* (Pferde- *etc*)Mähne *f.* **4.** Helmbusch *m*, -schmuck *m* (*a. her.*). **5.** *her.* a) Verzierung *f* über dem (Faˈmilien)Wappen, b) Wappen *n*: **family ~**. **6.** Helm *m.* **7.** Gipfel *m* (*e-s Berges etc*). **8.** (Berg-)Kamm *m*, Bergrücken *m*, Grat *m.* **9.** (Wellen)Kamm *m*: **he's riding (along) on the ~ of a wave** *fig.* er schwimmt im Augenblick ganz oben. **10.** *fig.* Krone *f*, Gipfel *m*, Scheitelpunkt *m*: **at the ~ of his fame** auf dem Gipfel s-s Ruhms. **11.** *fig.* Höchst-, Scheitelwert *m*, Gipfel *m*, Spitze *f*: ~ **factor** *phys.* Scheitelfaktor *m*; ~ **voltage** *electr.* Spitzenspannung *f.* **12.** a) Stolz *m*, b) Mut *m*, c) Hochgefühl *n.* **13.** *anat.* (Knochen-)Leiste *f*, Kamm *m.* **14.** *arch.* Krone *f*, Firstkamm *m*: ~ **tile** Kamm-, Firstziegel *m.* **II** *v/t* **15.** mit e-m Kamm *etc* versehen. **16.** *fig.* krönen. **17.** erklimmen. **III** *v/i* **18.** hoch aufwogen (*Welle*). ~ **clear·ance** *s tech.* Kopf-, Spitzenspiel *n.*

crest·ed [ˈkrestɪd] *adj* mit e-m Kamm *etc* (versehen), Schopf...: ~ **lark** *orn.* Haubenlerche *f.*

crest·fall·en [ˈkrestˌfɔːlən] *adj* **1.** *fig.* niedergeschlagen, geknickt. **2.** mit seitwärts hängendem Hals (*Pferd*).

cre·syl·ic [krɪˈsɪlɪk] *adj chem.* Kresol...: ~ **acid**; ~ **resin** Kresolharz *n.*

cre·ta·ceous [krɪˈteɪʃəs] **I** *adj* **1.** kreidig, kreideartig *od.* -haltig, Kreide... **2. C~** *geol.* Kreide...: **C~ formation** → 3 a; **C~ period** → 3 b. **II** *s* **3. C~** *geol.* a) ˈKreide(formatiˌon) *f*, b) Kreidezeit *f.*

Cre·tan [ˈkriːtn] **I** *adj* kretisch, aus Kreta. **II** *s* Kreter(in). ˈ**cre·tic I** *s metr.* Kretikus *m.* **II** *adj* **C~** → **Cretan** I.

cre·tin [ˈkretɪn; *bes. Am.* ˈkriː-] *s med.*

Kreˈtin *m* (*a. fig. contp.*). **ˈcre·tin·ism** *s med.* Kretiˈnismus *m.* **ˈcre·tin·ous** *adj* kreˈtinhaft.

cre·tonne [ˈkretɒn; kreˈtɒn; *Am.* ˈkriːˌtɑn; krɪˈtɑn] *s* Kreˈtonne *f* (*Baumwollgewebe in Leinenbindung*).

cre·vasse [krɪˈvæs] **I** *s* **1.** tiefer Spalt *od.* Riß. **2.** Gletscherspalte *f.* **3.** *Am.* Bruch *m* im Deich *od.* Schutzdamm. **II** *v/t* **4.** tiefe Risse verursachen in (*dat*).

crev·ice [ˈkrevɪs] *s* Riß *m*, Spalt *m*, (Fels)Spalte *f.*

crew[1] [kruː] *s* **1.** (*Arbeits*)Gruppe *f*, (*Bau-etc*)Trupp *m*, (*Arbeiter*)Koˈlonne *f.* **2.** *allg. tech.* (*Bedienungs*)Mannschaft *f.* **3.** a) *aer. mar.* Besatzung *f*, b) *mar. engS.* Mannschaft *f* (*Ggs. Offiziere*). **4.** *sport* a) (*Boots*)Mannschaft *f*, b) *Am. colloq.* (*das*) Rudern. **5.** *Am.* Pfadfindergruppe *f.* **6.** Belegschaft *f*, (ˈDienst)Persoˌnal *n*: ~ **of a train** Zugpersonal. **7.** (*obs.* bewaffneter) Haufe, Schar *f.* **8.** *bes. contp.* Bande *f.*

crew[2] [kruː] *pret von* **crow**[2].

crew cut *s* Bürstenschnitt *m* (*Frisur*).

crew·el [ˈkruːəl] *s* Crewelgarn *n.*

crew neck *s* runder Ausschnitt.

crib [krɪb] **I** *s* **1.** Kinderbettchen *n.* **2.** a) Hürde *f*, Pferch *m*, Stall *m*, b) Stand *m*, Box *f* (*in Ställen*), c) (Futter)Krippe *f.* **3.** *bes. Br.* (Weihnachts)Krippe *f.* **4.** Hütte *f*, Kate *f.* **5.** kleiner, enger Raum. **6.** Geräteraum *m.* **7.** *colloq.* ‚Bude' *f*, ‚Laden' *m* (*Haus*): → **crack** 27. **8.** *colloq.* ‚Puff' *m*, *n* (*Bordell*). **9.** *obs.* Weidenkorb *m* (*Fischfalle*). **10.** *tech.* a) Senkkiste *f*, b) Latten-, Holzgerüst *n*, c) Kranz *m* (*zum Schachtausbau*), d) Holzfütterung *f* (*Schacht*), e) Bühne *f.* **11.** *colloq.* a) kleiner Diebstahl, b) Anleihe *f*, Plagiˈat *n.* **12.** *ped. colloq.* a) ‚Eselsbrücke' *f*, ‚Klatsche' *f* (*Übersetzungshilfe*), b) Spickzettel *m.* **13.** a) *Cribbage*: für den Geber abgelegte Karten *pl*, b) *colloq.* → **cribbage.** **II** *v/t* **14.** ein-, zs.-pferchen. **15.** *tech.* a) mit e-m Holzgerüst stützen, b) *e-n Schacht* auszimmern. **16.** *colloq.* ‚klauen' (*a. fig. plagiieren*). **17.** *ped. colloq.* abschreiben, spicken. **III** *v/i* **18.** *colloq.* ‚klauen' (*a. fig. plagiieren*). **19.** *ped. colloq.* abschreiben, spicken.

crib·bage [ˈkrɪbɪdʒ] *s* Cribbage *n* (*Kartenspiel*): ~ **board** Markierbrett *n.*

ˈcrib|-ˌbit·er *s* Krippensetzer *m* (*Pferd*). ~ **bit·ing** *s* Krippensetzen *n.* ~ **death** *s med.* plötzlicher Kindstod.

crib·rate [ˈkrɪbrət; -reɪt] *adj bot. zo.* siebartig durchˈlöchert. **ˈcrib·ri·form** [-rɪfɔː(r)m] *adj anat. zo.* siebförmig.

ˈcrib·work *s tech.* **1.** (ˈBau- *od.* ˈStapel-) Konstruktiˌon *f* mit längs u. quer übereinˈanderliegenden Träger(balken)lagen. **2.** *Bergbau*: Ring- *od.* Kranzausbau *m.*

crick [krɪk] *med.* **I** *s*: **a** ~ **in one's back (neck)** ein steifer Rücken (Hals). **II** *v/t*: **to** ~ **one's back (neck)** sich (*dat*) e-n steifen Rücken (Hals) holen.

crick·et[1] [ˈkrɪkɪt] *s zo.* (*bes.* Haus)Grille *f*, Heimchen *n*: → **merry** 1.

crick·et[2] [ˈkrɪkɪt] *sport* **I** *s* Kricket *n*: ~ **bat** Kricketschläger *m*; ~ **field,** ~ **ground** Kricket(spiel)platz *m*; ~ **pitch** Teil *m* des Kricketplatzes zwischen den beiden Dreistäben; **not** ~ *colloq.* nicht fair *od.* anständig. **II** *v/i* Kricket spielen.

crick·et[3] [ˈkrɪkɪt] *s* Schemel *m.*

crick·et·er [ˈkrɪkɪtə(r)] *s sport* Kricketspieler *m.*

cri·coid [ˈkraɪkɔɪd] *anat.* **I** *adj* ringförmig: ~ **cartilage** → II. **II** *s* Ringknorpel *m.*

cri·er [ˈkraɪə(r)] *s* **1.** Schreier *m.* **2.** *hist.* (öffentlicher) Ausrufer. **3.** Marktschreier *m.*

cri·key [ˈkraɪkɪ] *interj sl.* Mensch!, Mann!

crime [kraɪm] *s* **1.** *jur.* a) Verbrechen *n*, Straftat *f*: ~ **against humanity** Verbrechen gegen die Menschlichkeit; ~ **novel** Kriminalroman *m*; ~ **rate** Zahl *f* der Verbrechen; ~ **sheet** *mil.* Vorstrafenregister *n*; ~ **syndicate** Verbrechersyndikat *n*; ~ **wave** Welle *f* von Verbrechen, b) *collect.* Verbrechen *pl*: ~ **doesn't pay** Verbrechen zahlen sich nicht aus. **2.** → **criminality** 1. **3.** Frevel *m*: a) Übel-, Untat *f*: **"C~ and Punishment"** „Schuld und Sühne" (*Dostojewski*), b) schwere Sünde. **4.** *colloq.* a) ‚Verbrechen' *n*: **it would be a** ~ **to waste such an opportunity,** b) ‚Jammer' *m*, Zumutung *f*: **it is a** ~ **to have to listen to that.**

Cri·me·an [kraɪˈmɪən; krɪˈm-] *adj* Krim..., die Krim betreffend: ~ **War** Krimkrieg *m* (*1853–56*).

crim·i·nal [ˈkrɪmɪnl] **I** *adj* (*adv* → **criminally**) **1.** *jur. u. allg.* (*a. fig.*) krimiˈnell, verbrecherisch: **that is not** ~ das ist kein Verbrechen; ~ **act** Straftat *f*, strafbare Handlung; ~ **association** kriminelle Vereinigung; ~ **conversation** Ehebruch *m* (*als Schadenersatzgrund*); ~ **intent** verbrecherische Absicht; ~ **negligence** grobe Fahrlässigkeit. **2.** *jur.* strafrechtlich, Straf..., Kriminal...: ~ **action** Strafprozeß *m*, -verfahren *n*; ~ **appeal** Berufung *f od.* Revision *f* in Strafsachen; ~ **code** (*Am.* Bundes)Strafgesetzbuch *n*; ~ **discretion** Strafmündigkeit *f*; **C~ Investigation Department** oberste Kriminalpolizeibehörde (*im Scotland Yard*); ~ **jurisdiction** Strafgerichtsbarkeit *f*, Zuständigkeit *f* in Strafsachen; ~ **justice** Strafrechtspflege *f*; ~ **law** Strafrecht *n*; ~ **lawyer** Strafrechtler *m*; ~ **liability** strafrechtliche Verantwortlichkeit; **to incur** ~ **liability** sich strafbar machen; ~ **proceedings** Strafprozeß *m*, -verfahren *n.* **II** *s* **3.** Verbrecher(in), Kriminelle(r *m*) *f.*

crim·i·nal·ism [ˈkrɪmɪnlɪzəm] *s* krimiˈnelle Veranlagung. **ˈcrim·i·nal·ist** *s* **1.** Kriminaˈlist *m*, Strafrechtler *m.* **2.** Kriminoˈloge *m.* **ˌcrim·i·nalˈis·tics** *s pl* (*als sg konstruiert*) Kriminaˈlistik *f.* **ˌcrim·iˈnal·i·ty** [-ˈnælətɪ] *s* **1.** Kriminaliˈtät *f*, Verbrechertum *n.* **2.** Strafbarkeit *f.* **ˈcrim·i·nal·ize** *v/t* **1.** *etwas* unter Strafe stellen. **2.** *j-n, etwas* kriminaliˈsieren.

crim·i·nal·ly [ˈkrɪmɪnəlɪ] *adv* **1.** → **criminal** 1. **2.** in verbrecherischer Weise *od.* Absicht. **3.** strafrechtlich.

crim·i·nate [ˈkrɪmɪneɪt] *v/t* **1.** anklagen, e-s Verbrechens beschuldigen. **2.** *etwas* scharf tadeln, verurteilen. **3.** in ein Verbrechen verwickeln. **4.** für schuldig erklären. **ˌcrim·iˈna·tion** *s jur.* Anklage *f*, An-, Beschuldigung *f.* **ˈcrim·i·na·tive** [-nətɪv; *Am.* -ˌneɪ-], **ˈcrim·i·na·to·ry** [-nətərɪ; *Am.* -nəˌtəʊriː; -ˌtɔː-] *adj* anklagend, beschuldigend.

crim·i·nol·o·gist [ˌkrɪmɪˈnɒlədʒɪst; *Am.* -ˈnɑl-] *s* Kriminoˈloge *m.* **ˌcrim·iˈnol·o·gy** *s* Kriminoloˈgie *f.*

crimp[1] [krɪmp] **I** *v/t* **1.** kräuseln, kreppen, knittern, wellen. **2.** falten, fälteln. **3.** *das Haar* (*bes.* mit der Brennschere) wellen *od.* locken. **4.** *Leder* zuˈrechtbiegen. **5.** *tech.* bördeln, randkehlen, sicken: **to** ~ **over** umfalzen; ~**ed joint** Sickenverbindung *f.* **6.** *den Rand der Patronenhülse* (*nach Einbringen der Ladung*) anwürgen. **7.** *gastr. Fisch, Fleisch* (aufschlitzen (*um das Fleisch fester zu machen*). **8.** *Am. colloq.* behindern, stören. **II** *s* **9.** Kräuselung *f*, Welligkeit *f.* **10.** Krause *f*, Falte *f.* **11.** Welle *f*, Locke *f* (*im Haar*). **12.** *tech.* Falz *m.* **13.** *Am. colloq.* Hindernis *n*, Behinderung *f*: **to put a** ~ **in** → 8.

crimp[2] [krɪmp] *v/t Matrosen etc* gewaltsam anwerben, (zum Dienst) pressen.

crimp·er [ˈkrɪmpə(r)] *s tech.* **1.** ˈBördel-, ˈRändel-, ˈSickenmaˌschine *f.* **2.** Lederpresse *f.* **3.** Arbeiter, der kräuselt *etc.* ~ **i·ron** *s tech.* a) Stellschere *f*, b) Rillenstempel *m.* ~ **press** *s tech.* Bördelpresse *f.*

crimp·y [ˈkrɪmpɪ] *adj* lockig, wellig.

crim·son [ˈkrɪmzn] **I** *s* **1.** Karmeˈsin-, Karˈmin-, Hochrot *n.* **II** *adj* **2.** karmeˈsin-, karˈmin-, hochrot. **3.** puterrot (**from** vor *Scham, Zorn etc*). **4.** *fig.* blutig, blutdürstig. **III** *v/t* **5.** hochrot färben. **IV** *v/i* **6.** puterrot werden (*im Gesicht*) (**from** vor *dat*). ~ **lake** *s* Karˈminlack *m.* ~ **ram·bler** *s bot.* Crimson Rambler *f* (*blutrote Kletterrose*).

cringe [krɪndʒ] **I** *v/i* **1.** sich (*bes. furchtsam od. unterwürfig*) ducken, sich (zs.-) krümmen: **to** ~ **at** zurückschrecken vor (*dat*). **2.** *fig.* kriechen, ‚katzbuckeln' (**to** vor *dat*). **II** *s* **3.** kriecherische Höflichkeit *od.* Verbeugung. **ˈcring·ing I** *adj* (*adv* ~**ly**) kriecherisch, unterˈwürfig. **II** *s* Kriechen *n*: ~ **and fawning** kriecherische Schmeichelei.

cri·nite [ˈkraɪnaɪt] *adj* behaart.

crin·kle [ˈkrɪŋkl] **I** *v/i* **1.** sich kräuseln. **2.** Falten werfen. **3.** knittern. **4.** rascheln, knistern. **II** *v/t* **5.** krümmen, (wellenförmig) biegen. **6.** faltig machen. **7.** zerknittern. **8.** kräuseln. **III** *s* **9.** Falte *f*, (*im Gesicht*) Fältchen *n.* **ˈ~-ˌcran·kle** [-ˌkræŋkl] *s* **1.** Wellenlinie *f.* **2.** Zickzack *m.*

crin·kly [ˈkrɪŋklɪ] *adj* **1.** gekräuselt, kraus. **2.** faltig. **3.** zerknittert. **4.** raschelnd, knisternd.

crin·kum-cran·kum [ˌkrɪŋkəmˈkræŋkəm] *s colloq.* verzwickte *od.* kompliˈzierte Sache.

cri·noid [ˈkraɪnɔɪd; ˈkrɪn-] **I** *adj* **1.** lilienartig. **2.** *zo.* Seelilien... **II** *s* **3.** *zo.* Seelilie *f*, Haarstern *m.*

crin·o·line [ˈkrɪnəliːn; -lɪn; *Am.* ˈkrɪnlən] *s* **1.** leichtes Steifleinen. **2.** *hist.* Krinoˈline *f*, Reifrock *m.* **3.** *mar.* Torˈpedoabwehrnetz *n.*

cripes [kraɪps] *interj sl.* Mensch!, Mann!

crip·ple [ˈkrɪpl] **I** *s* **1.** Krüppel *m* (*a. fig.*): **a mental** ~. **2.** *fig. Am.* kaˈputte *od.* verpfuschte Sache. **3.** Gerüst *n* (*zum Fensterputzen etc*). **II** *v/t* **4.** a) zum Krüppel machen, b) lähmen. **5.** *fig.* lähmen, lahmlegen. **6.** *tech.* außer Funktiˈon setzen. **7.** *aer. mar. mil.* kampf- *od.* aktiˈonsunfähig machen. **III** *v/i* **8.** humpeln. **ˈcrip·pled** [-pld] *adj* **1.** a) verkrüppelt, b) gelähmt. **2.** *fig.* gelähmt, lahmgelegt. **ˈcrip·ple·dom** *s* a) Krüppelhaftigkeit *f*, b) Gelähmtsein *n.* **ˈcrip·pling I** *adj* **1.** lähmend (*a. fig.*). **II** *s* **2.** *fig.* Lähmung *f*, Lahmlegung *f.* **3.** *arch.* Stützbalken *pl.*

cri·sis [ˈkraɪsɪs] *pl* **-ses** [-siːz] *s* **1.** Krise *f*, Krisis *f* (*beide a. med.*): **economic** ~ Wirtschaftskrise; ~ **of confidence** Vertrauenskrise; ~ **of conscience** Identitätskrise; ~ **center** (*bes. Br.* **centre**) Krisenherd *m*; ~ **management** Krisenmanagement *n*; ~ **staff** Krisenstab *m.* **2.** *a. thea.* Krise *f*, Krisis *f*, Wende-, Höhepunkt *m.* **ˈ~-ˌbat·tered** *adj* krisengeschüttelt.

crisp [krɪsp] **I** *adj* (*adv* ~**ly**) **1.** knusp(e)rig, mürbe (*Gebäck etc*). **2.** bröck(e)lig, spröde. **3.** a) drahtig, b) kraus: ~ **hair.** **4.** neu, steif: ~ **paper.** **5.** frisch, knackig, fest: ~ **vegetables.** **6.** forsch, schneidig: ~ **manner.** **7.** flott, lebhaft. **8.** knapp, treffend: **a** ~ **answer.** **9.** a) leˈbendig, flott: ~ **dialogue,** b) klar: ~ **style.** **10.** scharf, frisch: ~ **air;** ~ **breeze.** **II** *s*

11. (*etwas*) Knusp(e)riges. **12.** *pl bes. Br.* (Kar'toffel)Chips *pl.* **13.** Knusp(e)rigkeit *f*: **done to a ~** a) knusp(e)rig gebacken *od.* gebraten, b) verbrannt (*Toast etc*). **III** *v/t* **14.** knusp(e)rig backen *od.* braten, braun rösten. **15.** *Haar etc* kräuseln. **IV** *v/i* **16.** knusp(e)rig werden. **17.** sich kräuseln.

cris·pate ['krɪspeɪt], **'cris·pat·ed** *adj* gekräuselt, kraus. **cris'pa·tion** *s* **1.** Kräuselung *f.* **2.** *med.* leichtes Muskelzucken.

'crisp·bread *s* Knäckebrot *n.*

crisp·en ['krɪspn] → **crisp** III *u.* IV. **'crisp·er** *s* Gemüsefach *n* (*im Kühlschrank*).

crisp·ness ['krɪspnɪs] *s* **1.** Knusp(e)rigkeit *f.* **2.** Frische *f*, Festigkeit *f.* **3.** Forschheit *f*, Schneidigkeit *f.* **4.** Knappheit *f.* **5.** Le'bendigkeit *f.* **6.** Schärfe *f.* **'crisp·y** → **crisp** 1–4.

criss·cross ['krɪskrɒs] **I** *adj* **1.** gekreuzt, kreuzweise, kreuz u. quer (laufend), Kreuz... **II** *s* **2.** Netz *n* sich schneidender Linien, Gewirr *n.* **III** *adv* **3.** (kreuz u.) quer, kreuzweise, in die Quere, durchein'ander. **4.** *fig.* verkehrt, quer: **to go ~** schiefgehen. **IV** *v/t* **5.** (wieder'holt 'durch)kreuzen, kreuz u. quer 'durchstreichen. **6.** kreuz u. quer ziehen durch: **to ~ the world.** **V** *v/i* **7.** sich kreuzen, sich über'schneiden. **8.** kreuz u. quer (ver)laufen.

cris·to·bal·ite [krɪs'təʊbəlaɪt] *s min.* Cristoba'lit *m.*

cri·te·ri·on [kraɪ'tɪərɪən] *pl* **-ri·a** [-ə], **-ri·ons** *s* Kri'terium *n*, Prüfstein *m*, Maßstab *m*, Richtschnur *f*, (Unter'scheidungs)Merkmal *n*: **that is no ~** das ist nicht maßgebend (**for** für); **what criteria do you use when ...?** welche Maßstäbe legen Sie an, wenn ...?, nach welchen Kriterien ...?

crit·ic ['krɪtɪk] *s* Kritiker(in): a) Beurteiler(in): **he is his own severest ~** er ist selbst sein strengster Kritiker, b) Rezen'sent(in), c) Krittler(in).

crit·i·cal ['krɪtɪkl] *adj* (*adv* **~ly**) kritisch: a) (streng) prüfend, sorgfältig (prüfend), anspruchsvoll, b) 'mißbilligend, tadelnd (**of** *acc*): **to be ~ of s.th.** an e-r Sache etwas auszusetzen haben, e-r Sache kritisch gegenüberstehen, etwas kritisieren, c) wissenschaftlich erläuternd: **~ edition** kritische Ausgabe, d) kunstverständig (urteilend), e) entscheidend: **the ~ moment**, f) gefährlich, bedenklich, ernst, brenzlig: **~ situation**; **~ altitude** *aer.* kritische Höhe; **~ angle** *phys.* kritischer Winkel, *aer. a.* **~ angle of attack** kritischer Anstellwinkel; **he is in (a) ~ condition** *med.* sein Zustand ist kritisch, er schwebt in Lebensgefahr; **~ constants** *phys.* kritische Konstanten; **~ load** Grenzbelastung *f*; **~ mass** *phys.* kritische Masse; **~ speed** *aer.* kritische Geschwindigkeit, *tech.* kritische Drehzahl, g) schwierig: **~ supplies** Mangelgüter. **'crit·i·cal·ness** *s* (*das*) Kritische.

crit·ic·as·ter [ˌkrɪtɪ'kæstə(r); 'krɪtɪk-] *s* Kriti'kaster *m.*

crit·i·cism ['krɪtɪsɪzəm] *s* **1.** Kri'tik *f*: a) kritische Beurteilung, b) Tadel *m*, Vorwurf *m*: **open to ~** anfechtbar; **above ~** über jede Kritik *od.* jeden Tadel erhaben, c) → **critique** 1, d) kritische Unter'suchung (*der Bibel etc*). **2.** *philos.* Kriti'zismus *m.*

crit·i·ciz·a·ble ['krɪtɪsaɪzəbl] *adj* kriti'sierbar. **'crit·i·cize I** *v/i* kriti'sieren: a) Kri'tik üben, b) kritteln. **II** *v/t* kriti'sieren: a) kritisch beurteilen, b) Kri'tik üben an (*dat*), bekritteln, tadeln, rügen: **to ~ s.o. for doing s.th.** j-n kritisieren, weil er etwas getan hat, c) besprechen, rezen'sieren.

cri·tique [krɪ'ti:k] *s* **1.** Kri'tik *f*, Rezensi'on *f*, kritische Abhandlung *od.* Besprechung. **2.** kritische Unter'suchung, Kri'tik *f*: **"C~ of Pure Reason"** „Kritik der reinen Vernunft" (*Kant*).

crit·ter ['krɪtər] *Am. dial. für* **creature.**

croak [krəʊk] **I** *v/i* **1.** quaken (*Frosch*). **2.** krächzen (*Rabe etc, a. fig. Mensch*). **3.** *fig.* ‚unken', Unglück prophe'zeien. **4.** *sl.* ‚abkratzen', ‚verrecken' (*sterben*). **II** *v/t* **5.** *etwas* krächzen(d sagen). **6.** *sl.* ‚abmurksen' (*töten*). **III** *s* **7.** Quaken *n*, Gequake *n.* **8.** Krächzen *n*, Gekrächze *n.* **9.** *fig.* Schwarzseher *m*, ‚Unke' *f.* **'croak·er** *s* **1.** → **croak** 9. **2.** *Am. sl.* ‚Quacksalber' *m* (*Arzt*). **'croak·y** *adj* (*adv* **croakily**) krächzend.

Cro·at ['krəʊæt; *Am. a.* krəʊt] *s* Kro'ate *m*, Kro'atin *f.* **Cro'a·tian** [-'eɪʃjən; *bes. Am.* -'eɪʃn] **I** *adj* **1.** kro'atisch. **II** *s* **2.** → **Croat.** **3.** *ling.* Kro'atisch *n*, das Kroatische.

cro·chet ['krəʊʃeɪ; -ʃɪ; *Am.* krəʊ'ʃeɪ] **I** *s a.* **~ work** Häkelarbeit *f*, Häke'lei *f*: **~ hook** Häkelnadel *f.* **II** *v/t u. v/i* häkeln.

crock[1] [krɒk; *Am.* krɑk] *s* **1.** irdener Topf *od.* Krug: **~s** → **crockery.** **2.** Topfscherbe *f.*

crock[2] [krɒk; *Am.* krɑk] *sl.* **I** *s* **1.** Klepper *m*, alter Gaul. **2.** a) Wrack *n* (*Person od. Sache*), b) ‚Klapperkasten' *m* (*Auto*). **3.** *Am.* a) ‚altes Ekel', b) ‚alte Ziege' (*Frau*), c) Säufer *m.* **II** *v/i* **4.** *oft* **~ up** zs.-brechen. **III** *v/t* **5.** ka'puttmachen.

crock[3] [krɒk; *Am.* krɑk] **I** *s* **1.** *bes. Br. dial.* a) Ruß *m*, b) Schmutz *m.* **2.** abgehende Farbe. **II** *v/t* **3.** *bes. Br. dial.* beschmutzen.

crocked [krɑkt] *adj Am. sl.* ‚blau' (*betrunken*).

crock·er·y ['krɒkərɪ; *Am.* 'krɑ-] *s collect.* irdenes Geschirr, Steingut *n*, Töpferware *f.*

crock·et ['krɒkɪt; *Am.* 'krɑ-] *s arch.* Kriechblume *f*, Krabbe *f* (*Ornament*).

croc·o·dile ['krɒkədaɪl; *Am.* 'krɑ-] *s* **1.** *zo.* Kroko'dil *n.* **2.** *Br. colloq.* Zweierreihe *f* (*bes. von Schulmädchen*). **3.** Kroko'dilleder *n.* **4.** *philos.* Kroko'dilschluß *m.* **~ clip** *s tech.* Kroko'dilklemme *f.* **~ tears** *s pl* Kroko'dilstränen *pl.*

croc·o·dil·i·an [ˌkrɒkə'dɪljən; -ɪən; *Am.* ˌkrɑ-] *zo.* **I** *s* Kroko'dil *n.* **II** *adj* zu den Kroko'dilen gehörig, kroko'dilartig.

cro·cus ['krəʊkəs] *s* **1.** *bot.* Krokus *m.* **2.** *tech.* Po'lierrot *n.*

Croe·sus ['kri:səs] *s* Krösus *m.*

croft [krɒft] *s Br.* **1.** kleines Stück Land (*beim Haus*). **2.** kleiner Bauernhof. **'croft·er** *s Br.* Kleinbauer *m.*

Crohn's dis·ease [krəʊnz] *s med.* Crohn-Krankheit *f.*

crois·sant ['krwɑ:sɑ̃:ŋ; *Am.* krəˌwɑ:'sɑ̃:ŋ] *s* Crois'sant *n*, Hörnchen *n.*

Cro-Ma·gnon [krəʊ'mænjɔ̃:ŋ; -jɒn; *bes. Am.* -'mægnən; -'mænjən] **I** *adj* Cro-Magnon... **II** *s* Cro-Ma'gnon-Mensch *m.*

crom·lech ['krɒmlek; *Am.* 'krɑm-] *s* **1.** Kromlech *m*, dru'idischer Steinkreis. **2.** → **dolmen.**

Crom·wel·li·an [krɒm'welɪən; *Am.* krɑm-] **I** *adj* Cromwell betreffend, aus *od.* zu Cromwells Zeit. **II** *s* Anhänger(in) Cromwells.

crone [krəʊn] *s* altes Weib.

cro·ny ['krəʊnɪ] *s* alter Freund, alte Freundin, Kum'pan *m*: **old ~** Busenfreund(in), Intimus *m*, ‚Spezi' *m.* **'cro·ny·ism** *s* Vetternwirtschaft *f.*

crook [krʊk] **I** *s* **1.** Häkchen *n*, Haken *m.* **2.** (Schirm)Krücke *f.* **3.** Hirtenstab *m.* **4.** *relig.* Bischofs-, Krummstab *m.* **5.** Kniestück *n.* **6.** Krümmung *f*, Biegung *f.* **7.** *colloq.* a) Gauner *m*, Betrüger *m*, Schwindler *m*, b) Gaune'rei *f*, Betrug *m*, Schwindel *m*: **on the ~** auf betrügerische Weise, unehrlich, hintenherum. **8.** *mus.* (Stimm)Bogen *m* (*bei Blechblasinstrumenten*). **II** *v/t* **9.** krümmen, biegen. **10.** *Am. colloq.* a) *j-n* betrügen, b) *etwas* ergaunern. **III** *v/i* **11.** sich krümmen, sich biegen. **IV** *adj* **12.** *Austral. colloq.* a) krank, b) mise'rabel, c) ‚ka'putt'. **13.** *Austral. colloq.* **to go (off) ~** ‚hochgehen' (*wütend werden*); **to go ~ at** (*od.* **on**) **s.o.** a) j-m Vorwürfe machen, b) j-n ‚anfahren'. **'~·backed** *adj* buck(e)lig.

crook·ed ['krʊkɪd] *adj* (*adv* **~ly**) **1.** gekrümmt, gebogen, gewunden, krumm. **2.** (vom Alter) gebeugt. **3.** buck(e)lig. **4.** *colloq.* unehrlich, betrügerisch: **~ ways** krumme Wege. **5.** *colloq.* unehrlich erworben, ergaunert. **'crook·ed·ness** *s* **1.** Gekrümmtheit *f.* **2.** Krümmung *f.* **3.** Buck(e)ligkeit *f.* **4.** *colloq.* Unehrlichkeit *f*, (*das*) Betrügerische.

Crookes| glass [krʊks] *s tech.* Crookesglas *n* (*ein Filterglas*). **~ space** *s phys.* Crookesscher Dunkelraum.

croon [kru:n] **I** *v/t u. v/i* **1.** schmachtend singen. **2.** leise singen *od.* summen. **II** *s* **3.** leises Singen *od.* Summen. **4.** *a.* **~ song** ‚Schnulze' *f*, sentimen'taler Schlager. **'croon·er** *s* Schnulzensänger(in).

crop [krɒp; *Am.* krɑp] **I** *s* **1.** (Feld)Frucht *f*, *bes.* Getreide *n* auf dem Halm. **2.** Ernte(ertrag *m*) *f*: **the ~s** die (Gesamt-)Ernte; **a heavy ~** e-e reiche Ernte; **tobacco ~** Tabakernte, -ertrag. **3.** *fig.* a) Ertrag *m*, Ernte *f*, Ausbeute *f* (**of** an *dat*), b) große Menge, Masse *f*, Haufen *m*, Schwung *m*: **a ~ of questions** e-e ganze Reihe von Fragen. **4.** Bebauung *f*: **a field in ~** ein bebautes Feld. **5.** (Peitschen-)Stock *m.* **6.** kurze Reitpeitsche mit Schlaufe. **7.** *a.* **~ hide** (*ganzes*) gegerbtes (Rinder)Fell. **8.** Stutzen *n*, Abschneiden *n.* **9.** Erkennungszeichen *n* am Ohr (*von Tieren*; *durch Stutzen entstanden*). **10.** a) kurzer Haarschnitt, b) kurzgeschnittenes Haar. **11.** abgeschnittenes Stück. **12.** *Bergbau*: a) (*das*) Anstehende, b) Scheideerz *n.* **13.** *zo.* a) Kropf *m* (*der Vögel od. Insekten*), b) Vormagen *m.* **II** *v/t* **14.** abschneiden. **15.** ernten. **16.** (ab)mähen. **17.** *e-e Wiese etc* abfressen, abweiden. **18.** stutzen, beschneiden. **19.** *das Haar* kurz scheren. **20.** *j-n* kahlscheren. **21.** die Ohren stutzen (*dat*). **22.** *fig.* zu'rechtstutzen. **23.** *ein Feld* bebauen. **III** *v/i* **24.** Ernte tragen: **to ~ heavily** reichen Ertrag bringen, gut tragen. **25.** *meist* **~ up**, **~ out** *geol.* zu'tage ausgehen, anstehen. **26.** *meist* **~ up**, **~ out** *fig.* plötzlich auftauchen *od.* zu'tage treten, sich zeigen, sich ergeben. **27.** grasen, weiden. **~ dust·ing** *s* Schädlingsbekämpfung *f* (*bes. unter Einsatz von Flugzeugen*). **ˌ~-'eared** *adj* **1.** mit gestutzten Ohren. **2.** mit kurzgeschorenem Haar. **~ fail·ure** *s* 'Mißernte *f.*

crop·per ['krɒpə; *Am.* 'krɑpər] *s* **1.** Be-, Abschneider(in). **2.** Schnitter(in). **3.** a) Bebauer *m* (*von Ackerland*), b) *Am.* → **sharecropper.** **4.** Ertrag liefernde Pflanze, Träger *m*: **a good ~** e-e gut tragende Pflanze. **5.** *colloq.* schwerer Sturz: **to come a ~** schwer stürzen (→ 6). **6.** *colloq.* 'Mißerfolg *m*, Fehlschlag *m*: **to come a ~** Schiffbruch erleiden (→ 5). **7.** *tech.* 'Scherma,schine *f.* **8.** *orn.* Kropftaube *f.* **'crop·py** *s Br. hist.* Geschorene(r) *m* (*irischer Aufständischer 1798*).

crop ro·ta·tion *s agr.* Fruchtwechsel *m.*

cro·quet ['krəʊkeɪ; -kɪ; *Am.* krəʊ'keɪ] *sport* **I** *s* **1.** Krocket *n.* **2.** Kroc'kieren *n.* **II** *v/t u. v/i* **3.** kroc'kieren.

cro·quette [krɒˈket; *bes. Am.* krəʊ-] *s gastr.* Kroˈkette *f.*

cro·quis [krəʊˈkiː] *s* **1.** Skizze *f.* **2.** *mil.* Kroˈki *n.*

crore [krɔː(r)] *s Br. Ind.* Kaˈror *m* (*10 Millionen, bes. Rupien*).

cro·sier [ˈkrəʊʒə(r)] *s relig.* Bischofs-, Krummstab *m.*

cross [krɒs; *Am. bes.* krɔːs] **I** *s* **1.** Kreuz *n*: **to be nailed on** (*od.* **to**) **the ~** ans Kreuz geschlagen *od.* gekreuzigt werden. **2. the C~** das Kreuz (Christi): a) das Christentum, b) das Kruziˈfix: **~ and crescent** Kreuz u. Halbmond, Christentum u. Islam. **3.** Kruziˈfix *n* (*als Bildwerk*). **4.** Kreuzestod *m* (*Christi*). **5.** *fig.* Kreuz *n*, Leiden *n*: **to bear one's ~** sein Kreuz tragen; **to take up one's ~** sein Kreuz auf sich nehmen. **6.** (Gedenk)Kreuz *n* (*Denkmal etc*). **7.** Kreuz(zeichen) *n*: **to make the sign of the ~** sich bekreuzigen. **8.** Kreuz(zeichen) *n* (*als Unterschrift*). **9.** Kreuz *n*, Merkzeichen *n*: **to mark with a ~, to put a ~ against** ankreuzen, mit e-m Kreuz bezeichnen. **10.** *her. etc* Kreuz *n*: **~ potent** Krückenkreuz. **11.** (Ordens-, Ehren)Kreuz *n*: **Grand C~** Großkreuz. **12.** Kreuz *n*, kreuzförmiger Gegenstand. **13.** *tech.* Kreuzstück *n*, kreuzförmiges Röhrenstück. **14.** *tech.* Fadenkreuz *n.* **15.** *electr.* Querschuß *m.* **16.** a) Kreuzung *f*, b) Kreuzungspunkt *m.* **17.** ˈWiderwärtigkeit *f*, Unannehmlichkeit *f*, Schwierigkeit *f.* **18.** *biol.* a) Kreuzung *f*, b) ˈKreuzung(sproˌdukt *n*) *f* (**between** zwischen *dat*). **19.** *fig.* Mittel-, Zwischending *n.* **20.** Querstrich *m.* **21.** *sport* Cross *m*: a) (*Fußball etc*) Schrägpaß *m*, b) (*Tennis*) *diagonal über den Platz geschlagener Ball*, c) (*Boxen*) *Schlag, der über den abwehrenden Arm des Gegners auf dessen entgegengesetzte Körperhälfte führt.* **22.** *sl.* Gauneˈrei *f*, Schwindel *m*: **on the ~** auf betrügerische Weise, unehrlich, hintenherum. **23.** *bes. sport sl.* Schiebung *f.* **24. C~** *astr.* → a) **southern** 1, b) **northern** 1.

II *v/t* **25.** bekreuz(ig)en, das Kreuzzeichen machen auf (*acc*) *od.* über (*dat*): **to ~ o.s.** sich bekreuzigen; **to ~ s.o.'s hand** (*od.* **palm**) a) j-m (Trink)Geld geben, b) j-n ‚schmieren' *od.* bestechen. **26.** kreuzen, übers Kreuz legen: **to ~ one's arms** a) die Arme kreuzen *od.* verschränken, b) *fig.* die Hände in den Schoß legen; **to ~ one's legs** die Beine kreuzen *od.* über(einander)schlagen; → **finger** 1, **sword** 1. **27.** *e-e Grenze, ein Meer, die Straße etc* überˈqueren, *ein Land etc* durchˈqueren, (hinˈüber)gehen *od.* (-)fahren über (*acc*): **to ~ the floor (of the House)** *parl. Br.* zur Gegenpartei übergehen; **to ~ s.o.'s path** *fig.* j-m in die Quere kommen; **to ~ the street** die Straße überqueren, über die Straße gehen; **it ~ed me** (*od.* **my mind**) es fiel mir ein, es kam mir in den Sinn; → **bridge**[1] 1. **28.** *fig.* überˈschreiten. **29.** sich erstrecken über (*acc*). **30.** hinˈüberschaffen, -transporˌtieren. **31.** kreuzen, schneiden: **to ~ each other** sich kreuzen *od.* schneiden *od.* treffen. **32.** sich kreuzen mit: **your letter ~ed mine.** **33.** ankreuzen. **34.** a) *oft* **~ off, ~ out** aus-, ˈdurchstreichen, b) **~ off** *fig.* ‚abschreiben' (**as** als). **35.** e-n Querstrich ziehen durch: **to ~ a cheque** *Br.* e-n Scheck ‚kreuzen' (*als Verrechnungsscheck kennzeichnen*); **to ~ a 't'** im (Buchstaben) ‚t' den Querstrich ziehen. **36.** *mar. die Rahen* kaien. **37.** a) *e-n Plan etc* durchˈkreuzen, vereiteln, b) *j-m* entgegentreten, *j-m* in die Quere kommen: **to be ~ed** auf Widerstand stoßen; **to be ~ed in love** Unglück in der Liebe haben. **38. ~ up** *Am. colloq. j-n* ‚reinlegen'. **39. ~ up** *Am. colloq. etwas* ‚platzen lassen', ‚vermasseln'. **40.** *biol.* kreuzen. **41.** *ein Pferd* besteigen.

III *v/i* **42.** quer liegen *od.* verlaufen. **43.** sich kreuzen, sich schneiden. **44.** *oft* **~ over (to)** a) hinˈübergehen, -fahren (zu), ˈübersetzen (nach), b) hinˈüberreichen (bis). **45.** sich kreuzen (*Briefe*). **46.** *biol.* sich kreuzen (lassen). **47. ~ over** a) *biol.* Gene austauschen, b) *thea.* die Bühne überˈqueren.

IV *adj* **48.** sich kreuzend, sich (über-)ˈschneidend, kreuzweise angelegt *od.* liegend, quer (liegend *od.* laufend), Quer... **49.** schräg, Schräg... **50.** wechsel-, gegenseitig: **~ payments.** **51.** (**to**) entgegengesetzt (*dat*), im ˈWiderspruch (zu). **52.** Gegen..., Wider... **53.** ˈwiderwärtig, unangenehm, ungünstig. **54.** *colloq.* (**with**) ärgerlich (mit), mürrisch (gegen), böse (auf *acc*, mit), brummig: **(as) ~ as two sticks** bitterböse, in e-r Stinklaune. **55.** *biol.* Kreuzungs... **56.** *Statistik etc*: Querschnitts..., vergleichend. **57.** *Br. sl.* unehrlich.

V *adv* **58.** quer. **59.** überˈkreuz, kreuzweise. **60.** falsch, verkehrt.

cross·a·ble [ˈkrɒsəbl] *adj* **1.** überˈschreitbar, über-, durchˈquerbar. **2.** *biol.* kreuzungsfähig.

cross|ac·cept·ance *s econ.* Wechselreiteˈrei *f.* **~ ac·tion** *s jur.* Gegen-, ˈWiderklage *f.* **~ ap·peal** *s jur.* Anschlußberufung *f.* **~ ax·le** *s tech.* Querhebelachse *f*, ˈdurchlaufende Achse. **ˈ~·bar** *s* **1.** Querholz *n*, -riegel *m*, -schiene *f*, -stange *f*: **~ transducer** *electr.* Jochwandler *m.* **2.** *tech.* a) Traˈverse *f*, Querträger *m*, -strebe *f*, b) *Weberei*: Querstock *m.* **3.** a) Querlatte *f*, b) Sprosse *f.* **4.** Riegel *m* (*e-r Fachwand*). **5.** *tech.* oberes Rahmenrohr (*am Fahrrad*). **6.** Querstreifen *m*, -linie *f.* **7.** *sport* a) Tor-, Querlatte *f*, b) Latte *f* (*beim* [*Stab*]*Hochsprung*). **ˈ~·beam** *s* **1.** *tech.* Querträger *m*, -balken *m.* **2.** *mar.* Dwarsbalken *m.* **~ bear·ing** *s electr. mar.* Kreuzpeilung *f.* **ˈ~ˌbed·ded** *adj geol.* kreuzweise geschichtet. **ˈ~·belt** *s* quer über die Brust laufender Gürtel, *bes. mil.* ˈKreuzbandeˌlier *n.* **ˈ~·bench** *parl. Br.* **I** *s* Querbank *f* der Parˈteilosen (*im Oberhaus*). **II** *adj* parˈteilos, unabhängig. **~-bench·er** [ˌ-ˈbentʃə(r); ˈ-ˌb-] *s parl. Br.* Parˈteilose(r *m*) *f*, Unabhängige(r *m*) *f.* **ˈ~·bill** *s orn.* (ein) Kreuzschnabel *m.* **~ bill** *s* **1.** *jur.* Klagebeantwortung *f.* **2.** *econ.* Gegenwechsel *m.* **ˈ~·bones** *s pl* gekreuzte Knochen *pl* (*unter e-m Totenkopf*): → **skull** 2. **ˈ~·bow** *s* Armbrust *f.* **~ brace** *s tech.* Kreuz-, Querverstrebung *f.* **ˈ~·bred** *biol.* **I** *adj* durch Kreuzung erzeugt, gekreuzt, hyˈbrid. **II** *s* Hyˈbride *f*, *m*, Mischling *m*, Kreuzung *f.* **ˈ~·breed** *biol.* **I** *s* **1.** → **crossbred** II. **2.** Mischrasse *f.* **II** *v/t irr* **3.** kreuzen: → **crossbred** I. **ˈ~·buck** *s mot. Am.* Warnkreuz *n* (*an Bahnübergängen*). **~ bun** *bes. Br. für* **hot cross bun.** **ˈ~ˌbut·tock** *s Ringen*: Hüftschwung *m* mit Kopfgriff. **ˈ~ˌChan·nel** *adj* (*bes.* den ˈÄrmel)Kaˌnal überˈquerend: **~ steamer** Kanaldampfer *m.* **ˈ~·check I** *v/t* **1.** von verschiedenen Gesichtspunkten aus überˈprüfen. **2.** *Eishockey*: crosschecken. **II** *s* **3.** Überˈprüfung *f* von verschiedenen Gesichtspunkten aus. **4.** *Eishockey*: Crosscheck *m.* **~ claim** *s jur.* Gegenanspruch *m.* **~ com·plaint** *Am.* → **cross action.** **ˈ~-conˌnec·tion** *s* **1.** *tech.* Querverbindung *f.* **2.** *electr.* Querschaltung *f.* **~-coun·try** [ˌ-ˈkʌntrɪ; ˈ-ˌk-] **I** *adj* Querfeldein..., Gelände..., *mot. a.* geländegängig: **~ mobility** Geländegängigkeit *f*; **~ skiing** Skilanglauf *m*; **~ tire** (*bes. Br.* **tyre**) Geländereifen *m*; **~ vehicle** Geländefahrzeug *n*, -wagen *m*; **~ race** → II. **II** *s* a) *Radsport*: Querfeldˈeinrennen *n*, b) *Leichtathletik*: Querfeldein-, Gelände-, Crosslauf *m.* **~ cou·pling** *s electr.* ˈÜbersprechkopplung *f.* **ˈ~ˌcur·rent** *s* Gegenströmung *f* (*a. fig.*).

ˈcross·cut I *adj* **1.** *tech.* a) querschneidend, Quer..., b) quergeschnitten. **2.** ˈquerdurchˌschnitten. **II** *s* **3.** Abkürzungsweg *m.* **4.** quer verlaufender Einschnitt, Querweg *m.* **5.** *Bergbau*: Querschlag *m.* **6.** *Holzbearbeitung*: Hirnschnitt *m.* **7.** → a) **crosscut chisel**, b) **crosscut file**, c) **crosscut saw.** **III** *v/t u. v/i irr* **8.** *tech.* quer ˈdurchschneiden, quersägen. **~ chis·el** *s tech.* Kreuzmeißel *m.* **~ end** *s tech.* Hirn-, Stirnfläche *f* (*bes. von Holz*). **~ file** *s tech.* Doppel-, Kreuzhiebfeile *f.* **~ saw** *s tech.* Ablängsäge *f.* **~ wood** *s tech.* Hirn-, Stirnholz *n.*

ˈcross-ˌdress·ing *s* Transveˈstismus *m*, Transvestiˈtismus *m.*

crosse [krɒs] *s Lacrosse*: Schläger *m.*

crossed *adj* gekreuzt: **~ cheque** *econ. Br.* gekreuzter Scheck, Verrechnungsscheck *m*; **~ generally (specially)** *Br.* ohne (mit) Angabe e-r bestimmten Bank u. an e-e beliebige (nur an diese) Bank zahlbar (*Verrechnungsscheck*).

cross| en·try *s econ.* Gegen-, ˈUmbuchung *f.* **ˈ~-exˌam·i·ˈna·tion** *s jur.* Kreuzverhör *n.* **ˌ~-exˈam·ine** *jur.* **I** *v/t* ins Kreuzverhör nehmen. **II** *v/i* ein Kreuzverhör vornehmen. **ˈ~-eye** *s med.* Innenschielen *n.* **ˈ~-eyed** *adj* **1.** (nach innen) schielend: **to be ~** schielen. **2.** *Am. colloq.* ‚blöd', verrückt. **ˈ~-fade** (*Film, TV etc*) **I** *v/t* überˈblenden. **II** *s* Überˈblendung *f.* **ˈ~-ˌfer·ti·liˈza·tion** *s* **1.** *bot. zo.* Kreuzbefruchtung *f.* **2.** *fig.* gegenseitige Befruchtung, Wechselspiel *n.* **ˌ~-ˈfer·ti·lize** *v/i* sich kreuzweise befruchten. **ˈ~-fire** *s* **1.** *mil.* Kreuzfeuer *n* (*a. fig.*). **2.** *teleph.* (Induktiˈons)Störung *f.* **ˈ~ˌfoot·ing** *s math.* Querrechnen *n.* **~ grain** *s* Querfaserung *f.* **ˈ~-grained** *adj* **1.** a) quergefasert, b) unregelmäßig gefasert. **2.** *fig.* a) ˈwiderspenstig (*a. Sache*), b) eigensinnig, c) kratzbürstig. **~ hairs** *s pl opt.* Fadenkreuz *n.* **ˈ~·hatch** *v/t u. v/i* mit Kreuzlagen schrafˈfieren. **ˈ~ˌhatch·ing** *s* ˈKreuzschrafˌfierung *f.* **ˈ~·head** *s* **1.** *tech.* Kreuzkopf *m.* **2.** *tech.* Preßholm *m.* **3.** → **cross heading** 1. **~ head·ing** *s* **1.** ˈZwischenˌüberschrift *f.* **2.** *Bergbau*: Wettertür *f.* **ˌ~-imˈmu·ni·ty** *s med.* ˈKreuzimmuniˌtät *f.* **ˌ~-ˈin·dex** → a) **cross reference**, b) **cross-refer.**

ˈcross·ing *s* **1.** Kreuzen *n*, Kreuzung *f.* **2.** Durchˈquerung *f.* **3.** Überˈquerung *f* (*e-r Straße etc*): **~ the line** a) Überquerung des Äquators, b) Äquatortaufe *f.* **4.** *mar.* ˈÜberfahrt *f*: **rough ~** stürmische Überfahrt. **5.** (*Straßen- etc*)Kreuzung *f.* **6.** a) ˈStraßenˌübergang *m*, b) *Br.* ˈFußgängerˌüberweg *m*: → **grade** 7, **level** 11. **7.** ˈÜbergangs-, ˈÜberfahrtstelle *f* (*über e-n Fluß etc*). **8.** *rail. tech.* Kreuzungs-, Herzstück *n.* **9.** *arch.* Vierung *f.* **10.** *biol.* Kreuzung *f.* **ˌ~-ˈo·ver** *s biol.* Crossingˈover *n*, ˈGenˌaustausch *m* zwischen Chromoˈsomenpaaren. **~ point** *s* ˈGrenzˌübergang *m.*

cross| kick *s Rugby*: Flanke *f.* **ˈ~-legged** *adj u. adv* mit ˈüber- *od.* übereinˈandergeschlagenen *od.* gekreuzten Beinen, (*am Boden a.*) im Schneidersitz. **~ li·a·bil·i·ty** *s jur.* beiderseitige Haftpflicht. **~ li·cense** *s Am.* Liˈzenz, die (*von e-m Patentinhaber*) im Austausch gegen e-e andere erteilt wird. **ˈ~·light** *s* schräg einfallen-

des Licht: **to throw a ~ on** *etwas* indirekt erhellen. **'~-link, '~-ˌlink·age** *s chem.* Vernetzung *f.* **'~-ˌlots** *adv Am. colloq.* querfeldein, über Stock u. Stein. **~ mo·tion** *s jur.* Gegenantrag *m.*
'cross·ness *s colloq.* Mürrischkeit *f,* Brummigkeit *f,* schlechte Laune.
'crossˌo·ver *s* **1.** → **crossing** 3, 6, 7. **2.** *rail.* Kreuzungsweiche *f.* **3.** *biol.* a) → **crossing-over**, b) ausgetauschtes Gen. **4.** *electr.* a) Über'kreuzung *f* (*von Leitungen*), b) *a. opt. TV* Bündelknoten *m.* **~ net·work** *s electr.* Fre'quenzweiche *f.*
'cross|·patch *s colloq.* Brummbär *m.* **'~·piece** *s* **1.** *tech.* Querstück *n,* -balken *m.* **2.** *mar.* a) Dwarsbalken *m,* b) Netzbaum *m,* c) Nagelbank *f.* **'~·ply tire,** *bes. Br.* **'~·ply tyre** *s mot.* Diago'nalreifen *m.* **ˌ~-'pol·li·nate** *v/t bot.* durch Fremdbestäubung befruchten. **'~-ˌpol·li'na·tion** *s bot.* Fremdbestäubung *f.* **ˌ~-'pur·pos·es** *s pl* **1.** Gegenein'ander *n*: **to be at ~** einander (unabsichtlich) entgegenarbeiten, sich (gegenseitig) mißverstehen; **to talk at ~** aneinander vorbeireden. **2.** (*als sg konstruiert*) (*ein*) Frage-und-Antwort-Spiel *n.* **~ quar·ters** *s pl arch.* Vierblatt *n.* **ˌ~-'ques·tion I** *s* Frage *f* im Kreuzverhör. **II** *v/t* → **cross-examine** I. **~ rate** *s econ.* 'Kreuznoˌtierung *f,* Kreuzkurs *m.* **ˌ~-re'fer** *v/t* (durch e-n Querverweis) verweisen (**to** auf *acc*). **~ ref·er·ence** *s* Kreuz-, Querverweis *m.* **'~·road** *s* **1.** *Am.* Querstraße *f.* **2.** *Am.* Seitenstraße *f.* **3.** *pl* (*meist als sg konstruiert*) a) Straßenkreuzung *f*: **at a ~s** an e-r Kreuzung, b) *Am. fig.* Treffpunkt *m,* c) *fig.* Scheideweg *m*: **at the ~s** am Scheidewege. **'~·ruff** *s Bridge, Whist*: Zwickmühle *f.* **~ sec·tion** *s* **1.** *math. tech.* a) Querschnitt *m,* b) Querschnittzeichnung *f,* Querriß *m.* **2.** *fig.* Querschnitt *m* (**of** durch). **3.** *Atomphysik*: Reakti'onswahrˌscheinlichkeit *f.* **ˌ~-'sec·tion I** *v/t* **1.** e-n Querschnitt machen durch. **2.** im Querschnitt darstellen. **3.** quer durch'schneiden. **II** *adj* **4.** Querschnitts...: **~ paper** kariertes Papier, Millimeterpapier *n.* **ˌ~-'sec·tion·al** *adj* Querschnitts...: **~ view** → **cross section** 1 b. **~ spi·der** *s zo.* Kreuzspinne *f.* **'~-stitch I** *s* Kreuzstich *m.* **II** *v/t u. v/i* im Kreuzstich sticken. **~ street** *s* Querstraße *f.* **~ suit** *s jur. Am.* 'Widerklage *f.* **~ sum** *s math.* Quersumme *f.* **~ talk** *s* **1.** *teleph. etc* 'Über-, Nebensprechen *n.* **2.** Ko'pieref ˌfekt *m* (*auf Tonbändern*). **3.** *Br.* Wortgefecht *n.* **'~·tie** *s tech.* **1.** Tra'verse *f,* Querschwelle *f.* **2.** Eisenbahnschwelle *f.* **'~ˌtown** *adj u. adv Am.* **1.** quer durch die Stadt (gehend *od.* fahrend *od.* reichend). **2.** am jeweils anderen Ende der Stadt (wohnend). **'~·tree** *s mar.* Dwarssaling *f.* **~ vault, ~ vault·ing** *s arch.* Kreuzgewölbe *n.* **~ vein** *s* **1.** *geol.* Kreuzflöz *n,* Quergang *m.* **2.** *zo.* Querader *f.* **'~-ˌvot·ing** *s pol.* Abstimmung *f* über Kreuz (*wobei einzelne Abgeordnete mit der Gegenpartei stimmen*). **'~ˌwalk** *s Am.* 'Fußgängerˌüberweg *m.* **'~·way** → **crossroad** 1, 2. **'~·ways** → **crosswise**. **~ wind** *s aer.* Seitenwind *m.* **~ wires** → **cross hairs**. **'~·wise** *adj* **1.** quer, kreuzweise. **2.** kreuzförmig. **3.** *fig.* schief, verkehrt: **to go ~** schiefgehen. **'~·word (puz·zle)** *s* Kreuzworträtsel *n.*
crotch [krɒtʃ; *Am.* krɑtʃ] *s* **1.** gegabelte Stange. **2.** Gabelung *f.* **3.** a) Schritt *m* (*der Hose od. des Körpers*), b) Zwickel *m.*
crotch·et ['krɒtʃɪt; *Am.* 'krɑ-] *s* **1.** Haken *m,* Häkchen *n.* **2.** *zo.* Hakenfortsatz *m.* **3.** *fig.* Grille *f,* Ma'rotte *f.* **4.** *Am.* Trick *m.* **5.** *mus. bes. Br.* Viertelnote *f.* **'crotch·et·i·ness** *s* Grillenhaftigkeit *f.* **'crotch·et·y** *adj* **1.** grillenhaft. **2.** *colloq.* mürrisch, brummig.
cro·ton ['krəʊtən] *s bot.* Kroton *m*: **~ oil** Krotonöl *n* (*Abführmittel*). **C~ bug** *s zo. Am.* Küchenschabe *f.*
crouch [kraʊtʃ] **I** *v/i* **1.** *a.* **~ down** sich bücken, sich (nieder)ducken. **2.** a) hokken, b) (sich zs.-)kauern: **to be ~ed** kauern. **3.** *fig.* kriechen, sich ducken (**to** vor *dat*). **II** *v/t* **4.** ducken. **III** *s* **5.** Bücken *n,* Ducken *n.* **6.** a) kauernde Stellung, b) Hockstellung *f,* Hocke *f.* **7.** geduckte Haltung.
croup[1] [kru:p] *s* Kruppe *f,* Kreuz *n,* 'Hinterteil *n* (*bes. von Pferden*).
croup[2] [kru:p] *s med.* **1.** *a.* **true ~** Krupp *m,* 'Kehlkopfdiphtheˌrie *f.* **2.** *a.* **false ~** Pseudokrupp *m.*
crou·pade [kru:'peɪd] *s Hohe Schule*: Krup'pade *f.*
croupe → **croup**[1].
crou·pi·er ['kru:pɪə(r); -pɪeɪ] *s* Croupi'er *m.*
crou·ton ['kru:tɒn; *Am.* -ˌtɑn] *s* Crou'ton *m* (*geröstetes Weißbrotscheibchen*).
crow[1] [krəʊ] *s* **1.** *orn.* (*e-e*) Krähe: **as the ~ flies** a) (in der) Luftlinie, b) schnurgerade; **to eat ~** *bes. Am. colloq.* zu Kreuze kriechen, ‚klein u. häßlich' sein *od.* werden; **to have a ~ to pluck** (*od.* **pull, pick**) **with s.o.** *colloq.* mit j-m ein Hühnchen zu rupfen haben; **stone the ~s!** *Br. sl.* Mensch!, Mann! **2.** *orn.* (*ein*) Rabenvogel *m od.* rabenähnlicher Vogel, *bes.* **Cornish ~** Steinkrähe *f.* **3.** → **crowbar**. **4.** *Am. contp.* Neger *m.*
crow[2] [krəʊ] **I** *v/i pret* **crowed** *u.* (*für* 1) **crew** [kru:], *pp* **crowed,** *obs.* **crown** [krəʊn] **1.** krähen (*Hahn*). **2.** (*fröhlich*) krähen. **3.** jubeln, froh'locken, trium'phieren (**over** über *acc*). **4.** protzen, prahlen (**over, about** mit). **II** *v/t* **5.** *etwas* krähen. **III** *s* **6.** Krähen *n.* **7.** Jubel (-schrei) *m.*
crow[3] [krəʊ] *s zo.* Gekröse *n.*
Crow[4] [krəʊ] *pl* **Crows,** *bes. collect.* **Crow** *s* **1.** 'Krähenindiˌaner(in): **the ~** die Crow. **2.** *ling.* Crow *n* (*e-e Sioux-Sprache*).
'crow|ˌbait *s Am. colloq.* ‚Klepper' *m,* alter Gaul. **'~·bar** *s tech.* Brecheisen *n,* -stange *f.* **'~·ber·ry** [-bərɪ; -brɪ; *Am.* -ˌberi:] *s bot.* Schwarze Krähenbeere. **'~·bill** *s med.* Kugelzange *f.*
crowd[1] [kraʊd] **I** *s* **1.** dichte (Menschen-) Menge, Masse *f,* Gedränge *n*: **~s of people** Menschenmassen; **he would pass in a ~** er ist nicht schlechter als andere. **2. the ~** die Masse, das (gemeine) Volk: **one of the ~** ein Mann aus dem Volk; **to follow** (*od.* **move with**) **the ~** mit der Masse gehen. **3.** *colloq.* Gesellschaft *f,* ‚Haufen' *m,* ‚Verein' *m,* ‚Bande' *f,* Clique *f.* **4.** Ansammlung *f,* Haufen *m*: **a ~ of books.** **II** *v/i* **5.** (zs.-)strömen, sich drängen (**into s.th.** in etwas; **round s.o.** um j-n). **6.** *Am.* vorwärtsdrängen. **III** *v/t* **7.** *Straßen etc* bevölkern. **8.** zs.-drängen, -pressen: **to ~ (on) sail** *mar.* prangen, alle Segel beisetzen; **to ~ on speed** Tempo zulegen. **9.** hin'einpressen, -stopfen, -pferchen (**into** in *acc*). **10.** vollstopfen (**with** mit). **11.** a) *Am.* (vorwärts)schieben, stoßen, b) antreiben, hetzen, c) *Am. Auto etc* abdrängen, d) *j-m* im Nacken sitzen *od.* dicht auf den Fersen folgen, e) *Am.* fast erreichen: **~ing thirty** an die Dreißig (*Alter*). **12.** *Am. fig.* a) erdrücken, über'häufen (**with** mit), b) *j-s Geduld, sein Glück etc* strapa'zieren: **to ~ one's luck.** **13.** *colloq. j-n* drängen.
Verbindungen mit Adverbien:
crowd| in *v/i* hin'ein-, her'einströmen, sich hin'eindrängen: **to ~ (up)on s.o.** auf j-n eindrängen *od.* einstürmen (*Erinnerungen etc*). **~ out I** *v/i* **1.** hin'aus-, her'ausdrängen, sich hin'ausdrängen. **II** *v/t* **2.** a) hin'ausdrängen, b) *fig.* verdrängen. **3.** (wegen Platzmangels) aussperren. **~ up I** *v/i* hin'auf-, her'aufströmen, sich hin'aufdrängen. **II** *v/t Am. Preise* in die Höhe treiben.
crowd[2] [kraʊd] *s mus. hist.* Crwth *f,* Crewth *f,* Crotta *f* (*altkeltisches lyraähnliches Saiteninstrument*).
crowd·ed ['kraʊdɪd] *adj* **1.** (**with**) über'füllt, vollgestopft (mit), voll, wimmelnd (von): **~ to overflowing** zum Bersten voll; **~ profession** überlaufener Beruf; **~ program(me)** übervolles Programm; **~ street** stark befahrene *od.* verkehrsreiche Straße. **2.** über'völkert. **3.** zs.-gepfercht. **4.** (zs.-)gedrängt, beengt. **5.** *fig.* voll ausgefüllt, arbeits-, ereignisreich: **~ hours.**
crowd| pull·er *s* 'Zuschauermaˌgnet *m.* **~ scene** *s Film*: Massenszene *f.*
'crow|·foot *pl* **-feet,** *für* 1 **-foots** *s* **1.** *bot.* a) Hahnenfuß *m,* b) (*ein*) Storchschnabel *m.* **2.** *mar.* Hahnepot *f.* **3.** *tech.* Halterung *f.* **4.** *tech.* Merkzeichen *n* (*in Zeichnungen*). **5.** → **crow's foot.** **C~ Jim** *s Am. sl.* Vorurteile *pl* der Schwarzen gegen'über den Weißen.
crown[1] [kraʊn] **I** *s* **1.** *antiq.* Sieger-, Lorbeerkranz *m* (*a. fig.*), Ehrenkrone *f*: **the ~ of glory** *fig.* die Ruhmeskrone. **2.** Krone *f,* Kranz *m*: **martyr's ~** Märtyrerkrone. **3.** *fig.* Krone *f,* Palme *f,* ehrenvolle Auszeichnung, *sport a.* (Meister)Titel *m.* **4.** a) (*Königs- etc*)Krone *f,* b) Herrschermacht *f,* -würde *f*: **to succeed to the ~** den Thron besteigen, die Thronfolge antreten. **5. the C~** a) die Krone, der Souve'rän, der König, die Königin, b) der Staat, der Fiskus: **~ cases** *jur. Br.* Strafsachen; **~ property** *Br.* fiskalisches Eigentum. **6.** Krone *f*: a) *hist.* Crown *f* (*englisches Fünfschillingstück*): **half a ~** e-e halbe Krone, 2 Schilling 6 Pence, b) *Währungseinheit in Schweden, der Tschechoslowakei etc.* **7.** *bot.* a) (Baum)Krone *f,* b) Haarkrone *f,* c) Wurzelhals *m,* d) Nebenkrone *f* (*bei Narzissen etc*). **8.** Scheitel *m,* Wirbel *m* (*des Kopfes*). **9.** Kopf *m,* Schädel *m*: **to break one's ~** sich den Schädel einschlagen. **10.** *orn.* Kamm *m,* Schopf *m,* Krönchen *n.* **11.** a) *anat.* (Zahn)Krone *f,* b) *Zahnmedizin*: Krone *f.* **12.** höchster Punkt, Scheitel(punkt) *m,* Gipfel *m.* **13.** *fig.* Krönung *f,* Krone *f,* Höhepunkt *m,* Gipfel(punkt) *m,* Schlußstein *m*: **the ~ of his life** die Krönung s-s Lebens. **14.** *arch.* a) Scheitelpunkt *m* (*e-s Bogens*), b) Bekrönung *f.* **15.** *mar.* a) (Anker)Kreuz *n,* b) Kreuzknoten *m.* **16.** *tech.* a) Haube *f* (*e-r Glocke*), b) Gichtmantel *m,* Ofengewölbe *n,* c) Kuppel *f* (*Glasofen*), d) Schleusenhaupt *n,* e) (Aufzugs)Krone *f* (*der Uhr*), f) (Hut)Krone *f,* g) → **crown cap (glass, lens, saw).** **17.** Krone *f* (*oberer Teil des Brillanten*). **18.** 'Kronenpaˌpier *n* (*Format*; *USA*: *15 × 19 Zoll, England*: *15 × 20 Zoll*).
II *v/t* **19.** (be)krönen, bekränzen: **to be ~ed king** zum König gekrönt werden. **20.** *fig. allg.* krönen: a) ehren, auszeichnen: **to ~ s.o. athlete of the year** j-n zum Sportler des Jahres krönen *od.* küren, b) schmücken, zieren, c) den Gipfel *od.* den Höhepunkt bilden von (*od. gen*): **to ~ all** alles überbieten, allem die Krone aufsetzen (*a. iro.*), *iro.* (*als Redew.*) zu allem Überfluß *od.* Unglück, d) erfolgreich *od.* glorreich abschließen: **~ed with success** von Erfolg gekrönt; *to open a bottle of champagne* **to ~ the feast** zur Krönung *od.* zum krönenden Abschluß des Festes. **21.** *Damespiel*: zur

Dame machen. **22.** *med.* überˈkronen: **to ~ a tooth. 23.** mit e-m Kronenverschluß versehen. **24.** *sl. j-m* ,eins aufs Dach geben': **to ~ s.o. with a beer bottle** j-m e-e Bierflasche über den Schädel schlagen.

crown² [krəʊn] *obs. pp von* **crow²**.

crown|ant·ler *s zo.* oberste Sprosse (e-s Hirschgeweihs). **~ bit** *s tech.* Kronenbohrer *m.* **~ cap** *s* Kronenverschluß *m.* **~ col·o·ny** *s Br.* ˈKronkoloˌnie *f.* **~ cork** *s* Kronenkorken *m.* **~ court** *s jur. Br. Gericht für Strafsachen höherer Ordnung u. einige Zivilsachen.*

crowned [kraʊnd] *adj* **1.** gekrönt: **~ heads** gekrönte Häupter. **2.** mit e-m Kamm, Schopf *etc* (versehen): **~ heron** Schopfreiher *m.* **3.** *in Zssgn*: **a high-~ hat** ein Hut mit hohem Kopf.

crown| es·cape·ment *s tech.* Spindelhemmung *f* (*der Uhr*). **~ glass** *s* **1.** *tech.* Mondglas *n*, Butzenscheibe *f.* **2.** *opt.* Kronglas *n.* **~ head** *s Damespiel*: Damenreihe *f.*

crown·ing [ˈkraʊnɪŋ] **I** *adj* krönend, alles überˈbietend, höchst, glorreich, Glanz... **II** *s* Krönung *f* (*a. fig.*).

crown| jew·els *s pl* ˈKronjuˌwelen *pl*, ˈReichskleinˌodien *pl.* **~ land** *s* **1.** Krongut *n*, königliche *od.* kaiserliche Doˈmäne. **2.** ˈStaatsländeˌreien *pl.* **C~ law** *s jur. Br.* Strafrecht *n.* **~ lens** *s* Kronglaslinse *f.* **~ prince** *s* Kronprinz *m* (*a. fig.*). **~ prin·cess** *s* ˈKronprinˌzessin *f.* **~ rust** *s bot.* Kronenrost *m.* **~ saw** *s tech.* Zyˈlinder-, Trommelsäge *f.* **~ wheel** *s tech.* **1.** Kronrad *n* (*der Uhr etc*). **2.** Kammrad *n.* **3.** *mot.* Antriebskegelrad *n.* **~ wit·ness** *s jur. Br.* Belastungszeuge *m.*

crow quill *s* **1.** (Raben)Kielfeder *f.* **2.** feine Stahlfeder.

ˈcrow's|-foot *s irr* **1.** *pl* Krähenfüße *pl*, Fältchen *pl* (*an den Augen*). **2.** *aer. tech.* Gänsefuß *m* (*e-e Seilverspannung*). **3.** *Schneiderei*: Fliege *f.* **4.** *mil.* Fußangel *f.* **5.** → **crowfoot** 1–4. **~ nest** *s mar.* Ausguck *m*, Krähennest *n.*

cro·zier → **crosier**.

cru [kruː] *pl* **crus** *s Weinbau*: Cru *n*, Lage *f.*

cru·ces [ˈkruːsiːz] *pl von* **crux**.

cru·cial [ˈkruːʃl] *adj* (*adv* **~ly**) **1.** kritisch, entscheidend (**to, for** für): **a ~ moment; ~ point** springender Punkt; **~ test** Feuerprobe *f.* **2.** schwierig: **~ problem. 3.** kreuzförmig, Kreuz...

cru·ci·ate [ˈkruːʃɪət; *bes. Am.* -ʃɪeɪt] *adj* kreuzförmig.

cru·ci·ble [ˈkruːsɪbl] *s* **1.** *tech.* (Schmelz-)Tiegel *m.* **2.** *tech.* Herd *m* (*e-s Gebläseofens*). **3.** *fig.* Feuerprobe *f.* **~ fur·nace** *s tech.* Tiegelofen *m.* **~ steel** *s tech.* Tiegel(guß)stahl *m.*

cru·cif·er·ous [kruːˈsɪfərəs] *adj bot.* zu den Kreuzblütlern gehörend: **~ plant** Kreuzblütler *m.*

cru·ci·fix [ˈkruːsɪfɪks] *s* Kruziˈfix *n.*

ˌcru·ciˈfix·ion [-ˈfɪkʃn] *s* **1.** Kreuzigung *f.* **2. C~** Kreuzigung *f* Christi. **3.** Kreuzestod *m.* **4.** *fig.* Marˈtyrium *n.*

ˈcru·ci·form [-fɔː(r)m] *adj* kreuzförmig. **ˈcru·ci·fy** [-faɪ] *v/t* **1.** kreuzigen, ans Kreuz schlagen. **2.** *fig. Begierden* abtöten. **3.** martern, quälen. **4.** *colloq. j-n, ein Stück etc* verreißen.

crud [krʌd] *s bes. Am. sl.* **1.** Dreck *m.* **2.** ,Scheißkerl' *m.* **ˈcrud·dy** *adj bes. Am. sl.* dreckig.

crude [kruːd] **I** *adj* (*adv* **~ly**) **1.** roh, ungekocht. **2.** roh, unverarbeitet, unbearbeitet, Roh...: **~ metal (oil, ore, rubber, steel, sugar)** Rohmetall *n* (-öl *n*, -erz *n*, -gummi *m, n*, -stahl *m*, -zucker *m*); **~ lead** Werkblei *n.* **3.** unfertig, grob, nicht ausgearbeitet, ˈundurchˌdacht. **4.** *fig.* roh, unreif. **5.** *fig.* roh, grob, ungehobelt, unfein. **6.** primiˈtiv: a) grob, plump, ˈuneleˌgant, b) barˈbarisch, c) simpel: **~ construction; a ~ sketch** e-e rohe Skizze. **7.** *fig.* nackt, ungeschminkt: **~ facts. 8.** grell, geschmacklos. **9.** *Statistik*: roh, Roh..., nicht aufgeschlüsselt: **~ death rates. II** *s* **10.** ˈRohproˌdukt *n.* **11.** *tech.* a) Rohöl *n*, b) ˈRohdestilˌlat *n* des Steinkohlenteers (*Benzol etc*).

ˈcrude·ness → **crudity**.

cru·di·ty [ˈkruːdɪtɪ] *s* **1.** Roheit *f* (*a. fig.*). **2.** Unfertigkeit *f.* **3.** *fig.* Unreife *f.* **4.** Grobheit *f*, Plumpheit *f.* **5.** *fig.* Ungeschminktheit *f.* **6.** (*etwas*) Unfertiges.

cru·el [ˈkrʊəl] *adj* **1.** grausam (**to** zu, gegen). **2.** unmenschlich, hart, unbarmherzig, roh, gefühllos. **3.** schrecklich, mörderisch: **~ heat; ~ struggle. ˈcru·el·ly** *adv* **1.** grausam. **2.** *colloq.* ,grausam', schrecklich, scheußlich: **~ hot.**

cru·el·ty [ˈkrʊəltɪ] *s* **1.** (**to**) Grausamkeit *f* (zu, gegen): a) Unmenschlichkeit *f* (**to** gegen[ˈüber]), b) Mißˈhandlung *f*, Quäleˈrei *f* (*gen*): **~ to animals** Tierquälerei; **Society for the Prevention of C~ to Animals** Tierschutzverein *m*; **~ to children** Kindesmißhandlung. **2.** *jur.* → **mental cruelty**.

cru·et [ˈkruːɪt] *s* **1.** a) Essig-, Ölfläschchen *n*, b) *a.* **~ stand** Meˈnage *f*, Gewürzständer *m.* **2.** *R.C.* Meßkännchen *n.*

cruise [kruːz] **I** *v/i* **1.** *mar.* kreuzen, e-e Kreuzfahrt *od.* Seereise machen. **2.** *aer. mot.* mit Reisegeschwindigkeit fliegen *od.* fahren: **to ~ at ...** mit e-r Reisegeschwindigkeit von ... fliegen. **3.** herˈumfahren, -reisen: **cruising taxi** → **cruiser** 3 a. **II** *v/t* **4.** kreuzen in (*dat*), herˈumfahren in (*dat*). **III** *s* **5.** Kreuzen *n.* **6.** Kreuz-, Vergnügungsfahrt *f*, Seereise *f.* **7.** Herˈumfahren *n.* **~ con·trol** *s mot.* Temporegler *m*, Tempoˈstat *m.* **~ mis·sile** *s aer. mil.* Marschflugkörper *m.*

ˈcruis·er *s* **1.** herˈumfahrendes Fahrzeug, *bes.* kreuzendes Schiff. **2.** *mar.* a) *mil.* Kreuzer *m* (*a. allg.*), b) Kreuzfahrtschiff *n.* **3.** *Am.* a) herˈumfahrendes Taxi auf Fahrgastsuche, b) (Funk)Streifenwagen *m.* **4.** → **timber cruiser. 5.** *Am. sl.* ,Strichmädchen' *n.* **6.** *a.* **~weight** (*Boxen*) *bes. Br.* Halbschwergewicht(ler *m*) *n.* **ˈcruis·ing** *adj aer. mar. mot.* Reise...: **~ altitude** *bes. Br.* Reiseflughöhe *f*; **~ gear** *mot.* Schongang *m*; **~ radius** (*od.* **range**) *aer. mar.* Aktionsradius *m*; **~ speed** a) *aer. mot.* Dauer-, Reisegeschwindigkeit *f*, b) *mar.* Marschfahrt *f.*

cru̇l·ler [ˈkrʌlər] *s Am.* (*Art*) Krapfen *m.*

crumb [krʌm] **I** *s* **1.** Krume *f*: a) Krümel *m*, Brösel *m*, b) *weicher Teil des Brotes.* **2.** *pl gastr.* Streusel *m, n.* **3.** *fig.* Brocken *m*: **a few ~s of information** ein paar Informationsbrocken. **4.** *bes. Am. sl.* ,Scheißkerl' *m.* **II** *v/t* **5.** *gastr.* paˈnieren. **6.** zerkrümeln.

crum·ble [ˈkrʌmbl] **I** *v/t* **1.** zerkrümeln, -bröckeln. **II** *v/i* **2.** *a.* **~ away** zerbröckeln, -fallen. **3.** *fig.* zerfallen, zuˈgrunde gehen: **to ~ to dust** (*od.* **nothing**) sich in nichts auflösen. **4.** *econ.* abbröckeln (*Kurse*). **ˈcrum·bling, ˈcrum·bly** *adj* **1.** krüm(e)lig, bröck(e)lig. **2.** zerbröckelnd, -fallend.

crumbs [krʌmz] *interj Br. sl.* Mensch!, Mann!

crumb·y [ˈkrʌmɪ] *adj* **1.** voller Krumen. **2.** weich, krüm(e)lig. **3.** → **crummy**.

crum·horn [ˈkrʌmhɔː(r)n] *s mus. hist.* Krummhorn *n.*

crum·my [ˈkrʌmɪ] *adj sl.* ,lausig', miseˈrabel.

crump [krʌmp] *s* **1.** Knirschen *n.* **2.** *mil. Br. sl.* a) heftiges Krachen, b) ,dicker Brocken' (*Granate etc*).

crum·pet [ˈkrʌmpɪt] *s bes. Br.* **1.** (*ein*) Sauerteigfladen *m.* **2.** *sl.* a) **the ~** *collect.* die ,Miezen' *pl*, b) **a bit** (*od.* **piece**) **of ~** e-e ,Mieze'.

crum·ple [ˈkrʌmpl] **I** *v/t* **1.** *a.* **~ up** zerknittern, -knüllen. **2.** zerdrücken. **3.** *fig. j-n* ˈumwerfen. **II** *v/i* **4.** faltig *od.* zerdrückt werden, knittern, zs.-schrumpeln. **5.** *a.* **~ up** zs.-brechen (*a. fig.*). **III** *s* **6.** (Knitter)Falte *f.* **~ zone** *s mot.* Knautschzone *f.*

crunch [krʌntʃ] **I** *v/t* **1.** knirschend (zer-)kauen. **2.** zermalmen. **II** *v/i* **3.** knirschend kauen. **4.** knirschen. **5.** sich knirschend bewegen. **III** *s* **6.** Knirschen *n.* **7.** *colloq.* ,Klemme' *f*: **to be caught in a ~** in der Klemme sein *od.* sitzen *od.* stecken. **8.** *colloq.* kritischer Moˈment: **when it comes to the ~** wenn es zur Entscheidung kommt, wenn es hart auf hart geht.

crup·per [ˈkrʌpə(r); *Am. a.* ˈkrʊ-] *s* **1.** Schwanzriemen *m* (*des Pferdegeschirrs*). **2.** Kruppe *f* (*des Pferdes*).

cru·ral [ˈkrʊərəl] *adj anat.* Schenkel..., Bein...

cru·sade [kruːˈseɪd] **I** *s hist.* Kreuzzug *m* (*a. fig.*). **II** *v/i* a) *hist.* e-n Kreuzzug unterˈnehmen (*a. fig.*), b) *fig.* zu Felde ziehen, kämpfen (**against** gegen). **cruˈsad·er** *s* **1.** *hist.* Kreuzfahrer *m*, -ritter *m.* **2.** *fig.* Kämpfer *m.*

cruse [kruːz] *s Bibl.* (irdener) Krug.

crush [krʌʃ] **I** *s* **1.** (Zer)Quetschen *n*: **~ syndrome** *med.* Quetschsyndrom *n.* **2.** (zermalmender) Druck. **3.** Gedränge *n*, Gewühl *n.* **4.** *colloq. Party etc, auf der es eng zugeht.* **5.** *bes. Br. Getränk aus ausgepreßten Früchten*: **orange ~. 6.** *colloq.* a) Schwarm *m*, b) Schwärmeˈrei *f*: **to have a ~ on s.o.** in j-n ,verknallt' *od.* verliebt sein. **II** *v/t* **7.** zerquetschen, -malmen, -drücken. **8.** zerdrücken, -knittern. **9.** quetschen, heftig drücken. **10.** *tech.* zerkleinern, -mahlen, -stoßen, schroten, *Erz etc* brechen: **~ed coke** Brechkoks *m*; **~ed stone** Schotter *m.* **11.** (hinˈein)quetschen, (-)pressen (**into** in *acc*). **12.** auspressen, -drücken, -quetschen (**from** aus): **to ~ the juice from a lemon** e-e Zitrone auspressen. **13.** *fig.* a) nieder-, zerschmettern, überˈwältigen, vernichten: → **crushing** 3, b) niederwerfen, unterˈdrücken: **to ~ a rebellion. III** *v/i* **14.** zerquetscht *od.* zerdrückt werden. **15.** zerbrechen. **16.** sich drängen (**into** in *acc*). **17.** (zer)knittern.

Verbindungen mit Adverbien:

crush| down → **crush** 7 *u.* 13. **~ out** *v/t* **1.** *e-e Zigarette etc* ausdrücken, auspressen. **2.** *fig.* zertreten. **~ up** *v/t* **1.** → **crush** 7 *u.* 10. **2.** zerknüllen.

crush·a·ble [ˈkrʌʃəbl] *adj* **1.** knitterfest, -frei (*Stoff*). **2. ~ zone** *mot.* Knautschzone *f.* **~ bar·ri·er** *s Br.* Barriˈere *f*, Absperrung *f.*

crush·er [ˈkrʌʃə(r)] *s* **1.** *tech.* a) Zerˈkleinerungsmaˌschine *f*, Brecher *m*, Brechwerk *n*, b) Presse *f*, Quetsche *f.* **2.** *colloq.* a) vernichtender Schlag, b) (*etwas*) ˈUmwerfendes, ,dicker Hund'.

crush hat *s* **1.** ˈKlapphut *m*, -zyˌlinder *m.* **2.** weicher (Filz)Hut.

crush·ing [ˈkrʌʃɪŋ] *adj* (*adv* **~ly**) **1.** zermalmend. **2.** *tech.* Brech..., Mahl...: **~ cylinder** Brech-, Quetschwalze *f*; **~ mill** Brech(walz)-, Quetschwerk *n*; **~ strength** Druckfestigkeit *f.* **3.** *fig.* niederschmetternd, vernichtend: **a ~ blow** ein vernichtender Schlag; **a ~ burden of debts** e-e erdrückende Schuldenlast; **a ~ majority** e-e erdrückende Mehrheit.

ˈcrush|-reˌsist·ant → **crushable** 1.

~ **room** *s thea. etc bes. Br.* Foˈyer *n.* ~ **sec·tion** *s mot.* Knautschzone *f.*

crust [krʌst] **I** *s* **1.** Kruste *f.* **2.** (Brot-) Kruste *f,* (-)Rinde *f.* **3.** Knust *m,* hartes *od.* trockenes Stück Brot: **to earn one's** ~ *colloq.* s-n Lebensunterhalt verdienen. **4.** Kruste *f,* Teig *m* (*e-r Pastete*). **5.** *bot. zo.* Schale *f.* **6.** *geol.* (Erd)Kruste *f,* (Erd-) Rinde *f.* **7.** *med.* Kruste *f,* Schorf *m.* **8.** Niederschlag *m* (*in Weinflaschen*). **9.** *fig.* Kruste *f,* (harte) Schale. **10.** *sl.* Unverschämtheit *f.* **11. to be off one's** ~ *sl.* ‚übergeschnappt' sein. **II** *v/t* **12.** *a.* ~ **over** mit e-r Kruste überˈziehen. **13.** verkrusten. **III** *v/i* **14.** verkrusten, e-e Kruste bilden: → **crusted. 15.** verharschen (*Schnee*).

crus·ta·cea [krʌˈsteɪʃjə; -ʃɪə; -ʃə] *s pl zo.* Krebs-, Krustentiere *pl.* **crusˈta·cean** *zo.* **I** *adj* zu den Krebstieren gehörig, Krebs... **II** *s* Krebs-, Krustentier *n.* **crusˈta·ceous** [-ʃjəs; -ʃɪəs; -ʃəs] *adj* **1.** krustenartig. **2.** → **crustacean** I.

crust·ed [ˈkrʌstɪd] *adj* **1.** mit e-r Kruste überˈzogen, verkrustet, krustig: ~ **snow** Harsch(schnee) *m.* **2.** abgelagert (*Wein*). **3.** *fig.* alt: a) altˈhergebracht, b) eingefleischt: **a** ~ **Conservative.**

crust·i·ness [ˈkrʌstɪnɪs] *s* **1.** Krustigkeit *f.* **2.** *fig.* Barschheit *f.* ˈ**crust·y** *adj* (*adv* **crustily**) **1.** → **crusted** 1 *u.* 2. **2.** *fig.* barsch. **3.** *Am. colloq.* unanständig, schmutzig: ~ **jokes.**

crutch [krʌtʃ] **I** *s* **1.** Krücke *f*: **to go on** ~**es** → 8. **2.** krückenartige *od.* gabelförmige Stütze. **3.** *tech.* a) Gabel *f,* b) Krücke *f* (*beim Puddeln*). **4.** Gabelung *f.* **5.** → **crotch** 3. **6.** *fig.* Stütze *f,* Hilfe *f.* **II** *v/t* **7.** stützen. **III** *v/i* **8.** auf *od.* an Krücken gehen.

crutched [krʌtʃt] *adj* **1.** auf Krücken gestützt. **2.** eingeklemmt.

Crutch·ed Fri·ar [ˈkrʌtʃɪd; krʌtʃt] *s relig. hist.* (*ein*) Kreuzbruder *m.*

crux [krʌks] *pl* ˈ**crux·es, cru·ces** [ˈkru:si:z] *s* **1.** Kern *m,* springender Punkt. **2.** a) Schwierigkeit *f,* ‚Haken' *m,* b) schwieriges Proˈblem, ‚harte Nuß'. **3.** *bes. her.* Kreuz *n.* **4.** **C**~ *astr.* Kreuz *n* des Südens.

cry [kraɪ] **I** *s* **1.** Schrei *m,* Ruf *m* (**for** nach): **a** ~ **for help** ein Hilferuf; **within** ~ **(of)** in Rufweite (von); **a far** ~ **from** *fig.* a) (himmel)weit entfernt von, b) etwas ganz anderes als; **that's still a far** ~ das ist noch in weiter Ferne. **2.** Geschrei *n*: **much** ~ **and little wool** viel Geschrei u. wenig Wolle; **the popular** ~ die Stimme des Volkes. **3.** Weinen *n*: **to have a good** ~ sich richtig ausweinen. **4.** Bitten *n,* Flehen *n.* **5.** Ausrufen *n,* Geschrei *n* (*der Straßenhändler*): **(all) the** ~ *Am. fig.* der letzte Schrei. **6.** (Schlacht)Ruf *m,* Schlag-, Losungswort *n.* **7.** Gerücht *n.* **8.** *hunt.* Anschlagen *n,* Gebell *n* (*Meute*): **in full** ~ in wilder Jagd *od.* Verfolgung. **9.** *hunt.* Meute *f,* Koppel *f.* **10.** *fig.* Meute *f,* Herde *f* (*Menschen*): **to follow in the** ~ mit der Masse gehen. **11.** *tech.* (*Zinn-*) Geschrei *n.*

II *v/i* **12.** schreien (*a. Tiere*). **13.** schreien, (laut) rufen, dringend verlangen (**for** nach): **to** ~ **for help** um Hilfe rufen; → **moon** 1. **14.** ~ **for** *fig.* schreien nach, dringend erfordern (*Sache*): **the situation cries for swift action; to** ~ **for vengeance** nach Rache schreien. **15.** a) weinen (**for joy** vor Freude), b) heulen, jammern (**over** wegen, über *acc*; **for** um): → **milk** 1. **16.** (**against**) murren (gegen), schimpfen (auf *acc*), sich beklagen (über *acc*). **17.** *hunt.* anschlagen, bellen.

III *v/t* **18.** *etwas* schreien, (aus)rufen: **to** ~ **halves** halbpart verlangen; → **quits, shame** 2, **wolf** 1. **19.** *Waren etc* ausrufen, -bieten, -schreien: **to** ~ **one's wares. 20.** flehen um, erflehen. **21.** weinen: **to** ~ **o.s. to sleep** sich in den Schlaf weinen; → **eye** 1, **head** *Bes. Redew.*, **heart** *Bes. Redew.*

Verbindungen mit Adverbien:

cry| back *v/i biol.* (ataˈvistisch) rückschlagen. ~ **down** *v/t* **1.** herˈuntersetzen, -machen. **2.** niederschreien. ~ **off I** *v/t* rückgängig machen, zuˈrücktreten von, (plötzlich) absagen. **II** *v/i bes. Br.* zuˈrücktreten, absagen. ~ **out I** *v/t* ausrufen. **II** *v/i* aufschreien: **to** ~ **against** heftig protestieren gegen; **to** ~ **(for)** → **cry** 13 *u.* 14; **for crying out loud!** a) es ist zum Aus-der-Haut-Fahren, b) verdammt nochmal! ~ **up** *v/t* rühmen: **he's not all he's cried up to be** so gut ist er auch wieder nicht.

ˈ**cryˌba·by** *s* **1.** kleiner Schreihals. **2.** *contp.* Heulsuse *f.*

cry·ing [ˈkraɪɪŋ] *adj* **1.** weinend (*etc*; → **cry** II). **2.** *fig.* a) (himmel)schreiend: ~ **shame,** b) dringend: ~ **need.**

cryo- [kraɪəʊ; kraɪə] *Wortelement mit der Bedeutung* Tieftemperatur..., Kälte...

ˌ**cry·o·biˈol·o·gy** *s* Kryobioloˈgie *f* (*Teilgebiet der Biologie, das sich mit der Einwirkung sehr tiefer Temperaturen auf Organismen, Organe etc befaßt*).

cry·o·gen [ˈkraɪədʒən] *s tech.* Kältemischung *f,* -mittel *n.* ˌ**cry·oˈgen·ic** [-ˈdʒenɪk] **I** *adj* **1.** *tech.* kälteerzeugend. **2.** *Computer*: kryoˈgenisch: ~ **memory. II** *s pl* (*meist als sg konstruiert*) **3.** *phys.* Kryoˈgenik *f,* ˈTieftemperaˌturtechnik *f* (*Wissenschaft vom Verhalten der Stoffe bei extrem niedrigen Temperaturen*).

cry·o·lite [ˈkraɪəlaɪt] *s min.* Kryoˈlith *m.*

cry·om·e·ter [kraɪˈɒmɪtə; *Am.* -ˈɑmətər] *s phys.* Kryoˈmeter *n* (*Thermometer für tiefe Temperaturen*).

cry·os·co·py [kraɪˈɒskəpɪ; *Am.* -ˈɑs-] *s chem.* Kryoskoˈpie *f* (*Analyseverfahren, bei dem durch Messung des Erstarrungsverhaltens von chemischen Verbindungen deren Reinheit bestimmt wird*).

cry·o·stat [ˈkraɪəstæt] *s phys.* Kryoˈstat *m* (*Thermostat für tiefe Temperaturen*).

ˌ**cry·oˈsur·ger·y** *s med.* Kryo-, Kältechirurˈgie *f.*

ˌ**cry·oˈther·a·py** *s med.* Kryotheraˈpie *f* (*Anwendung von Kälte zur Zerstörung von krankem Gewebe*).

cry·o·tron [ˈkraɪətrɒn; *Am.* -ˌtrɑn] *s Computer*: Kryotron *n* (*Tieftemperatur-Schaltelement aus zwei verschiedenen Supraleitern*).

crypt¹ [krɪpt] *s* **1.** *arch.* Krypta *f,* Gruft *f.* **2.** *anat. zo.* a) Krypta *f,* Grube *f,* b) einfache Drüse.

crypt² [krɪpt] *Am. sl. für* a) **cryptanalysis,** b) **cryptogram,** c) **cryptography.**

crypt·a·nal·y·sis [ˌkrɪptəˈnæləsɪs] *s* Entzifferung *f* von Geheimschriften. **cryptˈan·a·lyze** *v/t* entziffern.

cryp·tic [ˈkrɪptɪk], *a.* ˈ**cryp·ti·cal** *adj* (*adv* ~**ly**) **1.** geheim, verborgen. **2.** mysteriˈös, rätselhaft, dunkel: ~ **remarks. 3.** *zo.* Schutz...: ~ **colo(u)ring.**

crypto- [krɪptəʊ] *Wortelement mit der Bedeutung* krypto..., geheim.

cryp·to [ˈkrɪptəʊ] *sl.* **I** *pl* **-tos** *s* verkappter Anhänger, heimliches Mitglied. **II** *adj* verschlüsselt: ~ **text.**

ˌ**cryp·to-ˈcom·mu·nist** *s* verkappter Kommuˈnist.

cryp·to·gam [ˈkrɪptəʊgæm; -ptəgæm] *s bot.* Kryptoˈgame *f,* Sporenpflanze *f.* ˌ**cryp·toˈgam·ic** [-ˈgæmɪk], **crypˈtog·a·mous** [-ˈtɒgəməs; *Am.* -ˈtɑg-] *adj bot.* kryptoˈgam(isch). **crypˈtog·a·my** *s bot.* Kryptogaˈmie *f.*

ˌ**cryp·toˈgen·ic** [-ˈdʒenɪk] *adj biol. med.* kryptoˈgen, kryptogeˈnetisch (*unbekannten Ursprungs*).

ˈ**cryp·to·gram** [-græm] *s* Text *m* in Geheimschrift, verschlüsselter Text.

cryp·to·graph [ˈkrɪptəʊgrɑ:f; -tə-; *bes. Am.* -græf] *s* **1.** → **cryptogram. 2.** Geheimschriftgerät *n.* **crypˈtog·ra·pher** [-ˈtɒgrəfə(r); *Am.* -ˈtɑg-] *s* (Ver-, Ent-) Schlüsseler *m.* ˌ**cryp·toˈgraph·ic** [-ˈgræfɪk] *adj* (*adv* ~**ally**) **1.** Verschlüsselungs... **2.** verschlüsselt: ~ **text. crypˈtog·ra·phy** *s* **1.** Schlüsselwesen *n.* **2.** Geheimschrift *f.* **3.** → **cryptanalysis. 4.** *psych.* Kryptograˈphie *f* (*absichtslos entstandene Kritzelzeichnung*). **crypˈtol·o·gist** [-ˈtɒlədʒɪst; *Am.* -ˈtɑl-] → **cryptographer.**

cryp·to·nym [ˈkrɪptəʊnɪm; -tə-] *s* Kryptoˈnym *n,* Deckname *m.*

crys·tal [ˈkrɪstl] **I** *s* **1.** Kriˈstall *m* (*a. chem. min. phys.*): **(as) clear as** ~ kristallklar, b) *fig.* sonnenklar. **2.** ˈBergkriˌstall *m.* **3.** *a.* ~ **glass** *tech.* a) Kriˈstall(glas) *n,* b) *collect.* Kriˈstall *n,* Glaswaren *pl* aus Kriˈstallglas. **4.** Uhrglas *n.* **5.** *electr.* a) (*Detektor*)Kriˈstall *m,* b) → **crystal detector,** c) (Steuer-, Schwing)Quarz *m.* **II** *adj* **6.** kriˈstallen: a) Kristall..., b) kriˈstallklar, -hell. **7.** *electr.* Kristall..., piezoeˈlektrisch: ~ **microphone.** ~ **ball** *s* Kriˈstallkugel *f* (*des Hellsehers*). ˈ~**-conˌtrolled** *adj electr.* quarzgesteuert, Quarz... ~ **de·tec·tor** *s Radio*: (KriˈStall)Deˌtektor *m.* ˈ~**-ˌgaz·er** *s* Hellseher *m* (*der in e-r Kristallkugel die Zukunft sieht*). ~ **gaz·ing** *s* Hellsehen *n.*

crys·tal·line [ˈkrɪstəlaɪn; *Am. bes.* -lən] *adj* **1.** kristalˈlinisch (*a. geol.*), kriˈstallen, kriˈstallartig, Kristall...: ~ **lens** *anat.* (Augen)Linse *f.* **2.** *fig.* kriˈstallklar. ˈ**crys·tal·lite** [-laɪt] *s min.* Kristalˈlit *m.*

crys·tal·liz·a·ble [ˈkrɪstəlaɪzəbl] *adj* kristalliˈsierbar. ˌ**crys·tal·liˈza·tion** [-laɪˈzeɪʃn; *Am.* -ləˈz-] *s* Kristallisatiˈon *f,* Kristalliˈsierung *f,* Kriˈstallbildung *f.* ˈ**crys·tal·lize I** *v/t* **1.** kristalliˈsieren. **2.** *fig.* konˈkrete *od.* feste Form geben (*dat*). **3.** *Früchte* kanˈdieren. **II** *v/i* **4.** kristalliˈsieren. **5.** *fig.* konˈkrete *od.* feste Form annehmen, sich kristalliˈsieren (**into** zu): **to** ~ **out** sich herauskristallisieren.

crys·tal·log·ra·pher [ˌkrɪstəˈlɒgrəfə(r); *Am.* -ˈlɑ-] *s* Kristalloˈgraph *m.* ˌ**crys·talˈlog·ra·phy** *s* Kristallograˈphie *f.*

crys·tal·loid [ˈkrɪstəlɔɪd] **I** *adj* kriˈstallähnlich. **II** *s bot. chem.* Kristalloˈid *n.*

crys·tal| set *s Radio*: *hist.* (Kriˈstall-) Deˌtektorempfänger *m.* ˈ~**-tuned** *adj Radio*: quarzgesteuert.

C sup·ply *s electr.* Gitterstromversorgung *f.*

cte·noid [ˈti:nɔɪd; ˈte-] *adj* **1.** kammartig. **2.** *ichth.* ktenoˈid, kammschuppig: ~ **fish** Kammschupper *m.*

cte·noph·o·ran [tɪˈnɒfərən; *Am.* -ˈnɑ-] *zo.* **I** *adj* Rippenquallen... **II** *s* Rippenqualle *f.*

cub [kʌb] **I** *s* **1.** Junge *n* (*des Fuchses, Bären etc*). **2.** *a.* **unlicked** ~ ‚grüner' Junge. **3.** Flegel *m,* Bengel *m.* **4.** Anfänger *m*: ~ **reporter** (unerfahrener) junger Reporter. **5.** *a.* ~ **scout** Wölfling *m* (*Jungpfadfinder*). **II** *v/t* **6.** *Junge* werfen. **III** *v/i* **7.** (Junge) werfen. **8.** junge Füchse jagen.

cub·age [ˈkju:bɪdʒ] → **cubature** 2.

Cu·ban [ˈkju:bən] **I** *adj* **1.** kuˈbanisch: ~ **tobacco** → 3. **II** *s* **2.** Kuˈbaner(in). **3.** Kubatabak *m.*

cu·ba·ture [ˈkju:bəˌtjʊə(r); -ˌtʃʊə(r); -tʃə(r)] *s math.* **1.** Kubaˈtur *f,* Raum(inhalts)berechnung *f.* **2.** Kuˈbik-, Rauminhalt *m.*

cub·by(·hole) [ˈkʌbɪ(həʊl)] *s* **1.** behagliches Plätzchen; kleiner, gemütlicher Raum. **2.** ‚Kaˈbuff' *n*, Kämmerchen *n*, winziger Raum.

cube [kjuːb] **I** *s* **1.** Würfel *m*: ~ **ore** *min.* Würfelerz *n*; ~ **sugar** Würfelzucker *m*. **2.** *math.* a) Würfel *m*, Kubus *m*: ~ **root** Kubikwurzel *f*, dritte Wurzel, b) Kuˈbikzahl *f*, dritte Poˈtenz. **3.** *tech.* Pflasterwürfel *m*, -stein *m*. **4.** *phot.* Blitzwürfel *m*. **II** *v/t* **5.** *math.* kuˈbieren: a) zur dritten Poˈtenz erheben: **two ~d** zwei hoch drei (2^3), b) den Rauminhalt messen von (*od. gen*). **6.** würfeln, in Würfel schneiden *od.* pressen. **7.** *tech.* (mit Würfeln) pflastern.

cu·beb [ˈkjuːbeb] *s pharm.* **1.** Kuˈbebe *f* (*Frucht des Kubebenpfeffers*). **2.** Kuˈbebenzigaˌrette *f*.

cu·bic [ˈkjuːbɪk] **I** *adj* (*adv* **~ally**) **1.** Kubik..., Raum...: ~ **capacity**; ~ **content** → **cubature** 2; ~ **foot** Kubikfuß *m*; ~ **meter** (*bes. Br.* **metre**) Kubik-, Raum-, Festmeter *m, n*; ~ **number** → **cube** 2b. **2.** kubisch, würfelförmig, Würfel...: ~ **niter** (*bes. Br.* **nitre**) *chem.* Würfel-, Natronsalpeter *m*. **3.** *math.* kubisch: ~ **equation** kubische Gleichung, Gleichung *f* dritten Grades. **4.** *min.* isoˈmetrisch (*Kristall*). **II** *s* **5.** *math.* kubische Größe *od.* Gleichung *od.* Kurve. ˈ**cu·bi·cal** *adj* (*adv* **~ly**) → **cubic** I.

cu·bi·cle [ˈkjuːbɪkl] *s* **1.** kleiner abgeteilter (Schlaf)Raum. **2.** Kaˈbine *f*. **3.** *electr.* Schaltzelle *f*.

cu·bi·form [ˈkjuːbɪfɔː(r)m] *adj* würfelförmig.

cub·ism [ˈkjuːbɪzəm] *s art* Kuˈbismus *m*. ˈ**cub·ist I** *s* Kuˈbist *m*. **II** *adj* kuˈbistisch.

cu·bit [ˈkjuːbɪt] *s* Elle *f* (*altes Längenmaß*). ˈ**cu·bi·tal** *adj* **1.** e-e Elle lang. **2.** *anat.* kubiˈtal: a) Ell(en)bogen..., b) Unterarm... ˈ**cu·bi·tus** [-təs] *pl* **-ti** [-taɪ] *s anat.* a) Ell(en)bogen *m*, b) ˈUnterarm *m*.

cu·boid [ˈkjuːbɔɪd] *adj* **1.** annähernd würfelförmig. **2.** *anat.* Würfel...: ~ **bone** Würfelbein *n*.

cuck·ing stool [ˈkʌkɪŋ] *s hist.* Schandstuhl *m* (*Art Pranger*).

cuck·old [ˈkʌkəʊld; *bes. Am.* -əld] **I** *s* Hahnrei *m*, betrogener Ehemann. **II** *v/t* zum Hahnrei machen, *j-m* Hörner aufsetzen. ˈ**cuck·old·ry** [-rɪ] *s* **1.** Hörneraufsetzen *n*. **2.** Hörnertragen *n*.

cuck·oo [ˈkʊkuː] **I** *s* **1.** *orn.* Kuckuck *m*: **a ~ in the nest** *fig.* ein ‚Kuckucksei'. **2.** Kuckucksruf *m*. **3.** *colloq.* ‚Heini' *m*, ‚Spinner' *m*. **II** *v/i* **4.** ‚kuckuck' rufen. **III** *adj* **5.** *colloq.* ‚bekloppt', ‚plemˈplem'. **~ clock** *s* Kuckucksuhr *f*. ˈ**~flow·er** *s bot.* **1.** Wiesenschaumkraut *n*. **2.** Kukkucksnelke *f*. **~ fly** *s zo.* Goldwespe *f*. ˈ**~pint** [-pɪnt] *s bot.* Gefleckter Aronstab. **~spit, ~spit·tle** *s zo.* **1.** Kuckucksspeichel *m*. **2.** ˈSchaumziˌkade *f*.

cu·cum·ber [ˈkjuːkʌmbə(r)] *s* **1.** Gurke *f* (*Frucht von* 2): (**as**) **cool as a ~** *colloq.* ‚eiskalt', kühl u. gelassen. **2.** *bot.* Gartengurke *f*, Echte Gurke. **3.** → **cucumber tree**. **~ slic·er** *s* Gurkenhobel *m*. **~ tree** *s bot.* (*e-e*) amer. Maˈgnolie.

cu·cur·bit [kjuːˈkɜːbɪt; *Am.* -ˈkɜr-] *s* **1.** *bot.* Kürbisgewächs *n*. **2.** *chem.* Destillatiˈonsflasche *f*.

cud [kʌd] *s* **1.** Klumpen *m* ˈwiedergekäuten Futters: **to chew the ~** a) wiederkäuen, b) *fig.* überlegen, nachdenken. **2.** *colloq.* a) Priem *m* (*Kautabak*), b) Streifen *m* (*Kaugummi*).

cud·bear [ˈkʌdbeə(r)] *s* Orˈseille *f* (*roter Pflanzenfarbstoff*).

cud·dle [ˈkʌdl] **I** *v/t* **1.** an sich drücken, hätscheln, ‚knuddeln'. **2.** schmusen mit. **II** *v/i* **3. ~ up** sich kuscheln *od.* schmiegen (**to** an *acc*): **to ~ up together** sich aneinanderkuscheln. **4.** schmusen. **III** *s* **5.** enge Umˈarmung, Liebˈkosung *f*. ˈ**cud·dle·some** [-səm], ˈ**cud·dly** *adj* kusch(e)lig, ‚knudd(e)lig'.

cud·dy[1] [ˈkʌdɪ] *s* **1.** *mar.* a) kleine Kaˈjüte, b) Komˈbüse *f* (*e-s kleinen Boots*). **2.** kleiner Raum *od.* Schrank.

cud·dy[2] [ˈkʌdɪ] *s bes. Scot.* Esel *m* (*a. fig.*).

cudg·el [ˈkʌdʒəl] **I** *s* **1.** Knüppel *m*: **to take up the ~s** *fig.* vom Leder ziehen; **to take up the ~s for s.o.** *fig.* für j-n eintreten *od.* e-e Lanze brechen *od.* auf die Barrikaden gehen. **2.** *pl, a.* ~ **play** Stockfechten *n*. **II** *v/t pret u. pp* **-eled,** *bes. Br.* **-elled 3.** prügeln: → **brain** 2.

cue[1] [kjuː] **I** *s* **1.** *thea. etc, a. fig.* Stichwort *n*, *mus.* Einsatz *m*: ~ **card** *TV* ‚Neger' *m*; ~ **light** *TV* Kontrollicht *n*, Signallampe *f*; ~ **sheet** *TV* Mischplan *m*; **to give s.o. his ~** j-m sein Stichwort *od.* (*mus.*) den Einsatz geben; **to miss one's ~** sein Stichwort *od.* (*mus.*) den Einsatz verpassen; (**dead**) **on ~** a) genau aufs Stichwort, b) *fig.* genau zum rechten Zeitpunkt, wie gerufen. **2.** Wink *m*, Fingerzeig *m*: **to give s.o. his ~** j-m die Worte in den Mund legen; **to take up the ~** den Wink verstehen; **to take the ~ from s.o.** sich nach j-m richten. **3.** Anhaltspunkt *m*. **4.** Rolle *f*, Aufgabe *f*. **5.** *obs.* Stimmung *f*, Laune *f*. **6.** *mus.* Kustos *m* (*kleine Orientierungsnote*). **II** *v/t* **7.** *thea. etc, a. fig. j-m* das Stichwort geben, *mus. j-m* den Einsatz geben. **8.** *a.* ~ **in** *Film, TV*: *e-e Szene* abfahren lassen.

cue[2] [kjuː] **I** *s* **1.** Queue *n*, Billardstock *m*: ~ **ball** Spiel-, Stoßball *m*. **2.** → **queue** 1. **3.** *Am.* → **queue** 2. **II** *v/t* **4.** → **queue** III. **III** *v/i* **5.** *Am.* → **queue** II.

cue·ist [ˈkjuːɪst] *s* Billardspieler *m*.

cues·ta [ˈkwestə] *s geol.* Schicht-, Landstufe *f*.

cuff[1] [kʌf] *s* **1.** (Ärmel-, *Am. a.* Hosen-) Aufschlag *m*, Stulpe *f* (*a. vom Handschuh*), Manˈschette *f* (*a. tech.*): ~ **link** Manschettenknopf *m*; **off the ~** *colloq.* aus dem Handgelenk *od.* Stegreif; **on the ~** *Am. colloq.* a) auf Pump, b) gratis. **2.** *pl colloq.* Handschellen *pl*.

cuff[2] [kʌf] **I** *v/t* a) *j-n* (mit der flachen Hand) schlagen: **to ~ s.o.'s ears** j-n ohrfeigen, b) *j-m* e-n Klaps geben. **II** *s* a) Schlag *m* (mit der offenen Hand), b) Klaps *m*.

cui·rass [kwɪˈræs] **I** *s* **1.** *mil. hist.* Küraß *m*, (Brust)Harnisch *m*, Panzer *m*. **2.** Panzerplatte *f*. **3.** *zo.* Panzer *m*. **4.** *med.* a) Gipsverband *m* um Rumpf u. Hals, b) (*ein*) ˈSauerstoffappaˌrat *m*. **II** *v/t* **5.** *mil. hist.* mit e-m Küraß bekleiden. **6.** panzern. **cui·ras·sier** [ˌkwɪrəˈsɪə(r)] *s mil. hist.* Kürasˈsier *m*.

cuish [kwɪʃ] → **cuisse**.

cui·sine [kwiːˈziːn] *s* Küche *f* (*Kochkunst*): **French ~** die französische Küche.

cuisse [kwɪs] *s mil. hist.* **1.** Beinschiene *f*. **2.** *pl* Beinharnisch *m*.

culch → **cultch**.

cul-de-sac [ˌkʊldəˈsæk; ˈkʌldəsæk; *Am. a.* ˌkʌldɪˈsæk] *pl* **cul-de-sacs** *od.* **culs-de-sac** *s* **1.** Sackgasse *f* (*a. fig.*). **2.** *anat.* Blindsack *m*.

cu·let [ˈkjuːlɪt] *s* **1.** Küˈlasse *f* (*Unterteil des Brillanten*). **2.** *mil. hist.* Gesäßharnisch *m*.

cu·lex [ˈkjuːleks] *pl* ˈ**cu·li·ces** [-lɪsiːz] *s zo.* Stechmücke *f*.

cu·li·nar·y [ˈkʌlɪnərɪ; *Am.* -ˌneriː; *a.* ˈkjuː-] *adj* kuliˈnarisch, Koch..., Küchen...: ~ **art** Kochkunst *f*; ~ **herbs** Küchenkräuter.

cull [kʌl] **I** *v/t* **1.** pflücken. **2.** auslesen, -suchen. **3.** *Minderwertiges* ˈaussorˌtieren. **4.** das Merzvieh aussondern aus (*e-r Herde*). **II** *s* **5.** (*etwas*) (als minderwertig) Ausgesondertes. **6.** *pl* a) Ausschuß *m*, b) Merzvieh *n*. **7.** *Am.* Ausschußholz *n*.

cul·len·der [ˈkʌlɪndə(r); -lən-] → **colander**.

cul·let [ˈkʌlɪt] *s* Bruchglas *n*.

cul·lis [ˈkʌlɪs] *s arch.* Dachrinne *f*.

cul·ly [ˈkʌlɪ] *s sl.* ‚Kumpel' *m*.

culm[1] [kʌlm] *s* **1.** Kohlenstaub *m*, -klein *n*, Grus *m*: ~ **coke** Fein-, Perlkoks *m*. **2.** *a.* ~ **measures** *geol.* Kulm *n*, unterer Kohlenkalk.

culm[2] [kʌlm] *s bot.* **1.** (*bes.* Gras)Halm *m*, Stengel *m*. **2.** *pl Br.* Malzkeime *pl*.

cul·mi·nant [ˈkʌlmɪnənt] *adj* **1.** *astr.* kulmiˈnierend. **2.** *fig.* auf dem Gipfelpunkt.

cul·mi·nate [ˈkʌlmɪneɪt] **I** *v/i* **1.** *astr.* kulmiˈnieren. **2.** den Höhepunkt erreichen (*a. fig.*): **culminating point** Kulminations-, Höhepunkt *m*. **3.** *fig.* gipfeln (**in** in *dat*). **II** *v/t* **4.** krönen, den Höhepunkt bilden von (*od. gen*). **5.** auf den Höhepunkt bringen. ˌ**cul·miˈna·tion** *s* **1.** *astr.* Kulminatiˈon *f*. **2.** *bes. fig.* Gipfel *m*, Höhepunkt *m*, höchster Stand: **to reach the ~ of one's career** den Höhepunkt s-r Laufbahn erreichen.

cu·lottes [kjuːˈlɒts; *Am.* ˈkuːˌlɑts; ˈkjuː-] *s pl* Hosenrock *m*.

cul·pa·bil·i·ty [ˌkʌlpəˈbɪlətɪ] *s* **1.** Sträflichkeit *f*. **2.** *jur.* Schuldhaftigkeit *f*. ˈ**cul·pa·ble** *adj* (*adv* **culpably**) **1.** tadelnswert, sträflich. **2.** *jur.* strafbar, schuldhaft: ~ **negligence** grobe Fahrlässigkeit.

cul·prit [ˈkʌlprɪt] *s* **1.** *jur.* a) Angeklagte(r *m*) *f*, Angeschuldigte(r *m*) *f*, b) Täter(in), Schuldige(r *m*) *f*. **2.** *allg.* Missetäter(in).

cult [kʌlt] *s* **1.** *relig.* Kult(us) *m*: **the Mithras ~, the ~ of Mithras** der Mithra(s)kult. **2.** *fig.* Kult *m*: a) (*unmäßige*) *Verehrung od. Hingabe*, b) *dumme Mode*. **3.** Kultgemeinschaft *f*. **4.** *relig.* Sekte *f*.

cultch [kʌltʃ] *s* Steine *pl od.* Schalen *pl etc* als Austernbett.

cult fig·ure *s* a) Iˈdol *n*, b) Kultbild *n*.

cult·ic [ˈkʌltɪk] *adj* kultisch, Kult...

cult·ism [ˈkʌltɪzəm] *s* Kultbegeisterung *f*. ˈ**cult·ist** *s* Anhänger(in) e-s Kults, Kultbegeisterte(r *m*) *f*.

cul·ti·va·ble [ˈkʌltɪvəbl] *adj* **1.** kultiˈvierbar: a) bebaubar, bestellbar: ~ **soil**, b) anbaufähig, züchtbar: ~ **plants**, c) ziviliˈsierbar. **2.** entwicklungsfähig. ˈ**cul·ti·var** [-vɑː(r)] *s biol.* Kulˈturrasse *f*, Kulˈturvarieˌtät *f*. ˈ**cul·ti·vat·a·ble** [-veɪtəbl] → **cultivable**.

cul·ti·vate [ˈkʌltɪveɪt] *v/t* **1.** *agr.* a) *den Boden* kultiˈvieren, bebauen, bestellen, bearbeiten, urbar machen, b) *engS.* mit dem Kultiˈvator bearbeiten, c) *Pflanzen* züchten, ziehen, (an)bauen. **2.** ziviliˈsieren. **3.** veredeln, -feinern, entwickeln, fort-, ausbilden, *e-e Kunst etc* fördern. **4.** *e-e Kunst etc* pflegen, betreiben, sich widmen (*dat*). **5.** sich befleißigen (*gen*), Wert legen auf (*acc*): **to ~ good manners**. **6.** a) *e-e Freundschaft, Beziehungen etc* pflegen, b) freundschaftlichen Verkehr suchen *od.* pflegen mit, sich *j-m* widmen, sich *j-n* ‚warmhalten': **to ~ s.o.** ˈ**cul·ti·vat·ed** *adj* **1.** bebaut, bestellt, kultiˈviert, Kultur... **2.** gezüchtet, Kultur...: ~ **plant** Kulturpflanze *f*. **3.** ziviliˈsiert, verfeinert. **4.** kultiˈviert, gebildet.

cul·ti·va·tion [ˌkʌltɪˈveɪʃn] *s* **1.** Kultiˈvierung *f*, Bearbeitung *f*, Bestellung *f*, Bebauung *f*, Urbarmachung *f*: ~ **of the soil**; **area under ~** Anbau-, Kulturfläche *f*. **2.** Ackerbau *m*, Anbau *m*. **3.** Züchtung *f*. **4.** *fig.* Pflege *f*. **5.** → **culture** 7. ˈ**cul·ti·va·tor** [-tə(r)] *s* **1.** Landwirt *m*, Bauer *m*. **2.** Pflanzer *m*,

Züchter *m*. **3.** *agr*. Kultiˈvator *m* (*Gerät*). **4.** *fig*. Pfleger *m*.

cul·tu·ral [ˈkʌltʃərəl; ˈkʌltʃrəl] *adj* **1.** a) kultuˈrell: ~ **activities**, b) Kultur...: ~ **agreement (anthropology, exchange, heritage, life, pessimism, revolution, scene,** *etc*); ~ **lag** → **culture lag. 2.** *biol*. gezüchtet, Kultur...: ~ **variety** Kulturrasse *f*, -varietät *f*. ˈ**cul·tur·al·ly** *adv* in kultuˈreller ˈHinsicht, kultuˈrell.

cul·ture [ˈkʌltʃə(r)] **I** *s* **1.** → **cultivation** 1 *u*. 2. **2.** Anbau *m*, (*Pflanzen*)Zucht *f*: **fruit** ~ Obstbau *m*. **3.** Züchtung *f*, (*Tier-*)Zucht *f*: ~ **of bees** Bienenzucht. **4.** Kulˈtur *f* (*angebaute Pflanzen*). **5.** *biol*. a) Züchtung *f* (*von Bakterien, Gewebe etc*), b) Kulˈtur *f*: **bacterial** ~ Bakterienkultur; ~ **of mo(u)lds** Pilzkultur. **6.** → **cultivation** 4. **7.** (*geistige*) Kulˈtur: a) (Geistes)Bildung *f*, b) Kultiˈviertheit *f*, verfeinerte Lebensweise: **he is a man of** ~ er hat Kultur, er ist kultiviert. **8.** Kulˈtur *f*: a) Kulˈturkreis *m*, b) Kulˈturform *f*, -stufe *f*. **II** *v/t* **9.** *biol*. a) *Bakterien etc* züchten, b) e-e Kulˈtur züchten in (*dat*). ~ **a·re·a** *s* Kulˈturraum *m*. ~ **cen·ter,** *bes. Br*. ~ **cen·tre** *s* Kulˈturzentrum *n*. ~ **com·plex** *s* Komˈplex *m* mehrerer gleichgerichteter Kulˈturerscheinungen u. -tenˌdenzen.

cul·tured [ˈkʌltʃə(r)d] *adj* **1.** kultiˈviert: a) *agr*. bebaut: ~ **fields**, b) *fig*. gebildet. **2.** gezüchtet, Zucht...: ~ **pearl**.

cul·ture| fac·tor *s sociol*. Kulˈturfaktor *m*. ~ **lag** *s sociol*. partiˈelle Kulˈturˌrückständigkeit. ~ **me·di·um** *s a. irr biol*. Kulˈtursubˌstrat *n*, (künstlicher) Nährboden. ~ **pearl** *s* Zuchtperle *f*. ~ **shock** *s sociol*. Kulˈturschock *m*. ~ **vul·ture** *s colloq*. ‚Kulˈturhyˌäne' *f*.

cul·tur·ist [ˈkʌltʃərɪst] *s* **1.** Züchter *m*. **2.** Kulˈturbeflissene(r *m*) *f*. **3.** Anhänger(in) e-r bestimmten Kulˈtur.

cul·ver [ˈkʌlvə(r)] *s orn*. (*bes*. Ringel-)Taube *f*.

cul·ver·in [ˈkʌlvərɪn] *s mil. hist*. Feldschlange *f*.

cul·vert [ˈkʌlvə(r)t] *s tech*. **1.** (ˈBach-)ˌDurchlaß *m*. **2.** überˈwölbter ˈAbzugskaˌnal. **3.** ˈunterirdische (Wasser)Leiˌtung.

cum[1] [kʌm; kʊm] (*Lat*.) *prep* **1.** (zuˈsammen) mit, samt: ~ **dividend** *econ*. mit Dividende; ~ **rights** *econ*. mit Bezugsrecht (*auf neue Aktien*). **2.** gleichzeitig, in e-m: **kitchen-cum-dining room** Eßküche *f*.

cum[2] [kʌm] *s vulg*. ‚Soße' *f* (*Sperma*).

cu·ma·cean [kjuːˈmeɪʃn] *zo*. **I** *adj* Cumaceen... **II** *s* Cumaˈcee *f* (*Krebs*). **cuˈma·ceous** [-ʃəs] → **cumacean** I.

cu·ma·ra [ˈkuːmərə], ˈ**cu·ma·ru** [-ruː] *s bot*. Tonkabaum *m*.

cum·ber [ˈkʌmbə(r)] **I** *v/t* **1.** *obs*. zur Last fallen (*dat*). **2.** hemmen, (be)hindern, belasten. **II** *s* **3.** Behinderung *f*. **4.** Last *f*, Hindernis *n*, Bürde *f*. ˈ**cum·ber·some** [-səm] *adj* (*adv* ~**ly**) **1.** lästig, hinderlich, beschwerlich. **2.** plump, klobig, schwerfällig: **a** ~ **parcel** ein unhandliches Paket. ˈ**cum·ber·some·ness** *s* **1.** Lästigkeit *f*. **2.** Schwerfälligkeit *f*, Plumpheit *f*.

cum·brance [ˈkʌmbrəns] *s* **1.** Last *f*, Bürde *f*. **2.** Schwierigkeit *f*.

Cum·bri·an [ˈkʌmbrɪən] **I** *adj* kumbrisch. **II** *s* Bewohner(in) von Cumbria.

cum·brous [ˈkʌmbrəs] *adj* (*adv* ~**ly**) → **cumbersome**.

cum·in [ˈkʌmɪn] *s bot*. Kreuzkümmel *m*.

cum·mer·bund [ˈkʌmə(r)bʌnd] *s* **1.** *Br. Ind*. Schärpe *f*, Leibgurt *m*. **2.** *Mode*: Kummerbund *m*.

cum·min → **cumin**.

cu·mu·lant [ˈkjuːmjʊlənt] *s math*. Kumuˈlant *m*.

cu·mu·late [ˈkjuːmjʊleɪt] **I** *v/t* **1.** (an-, auf)häufen. **2.** *bes. jur. mehrere Klagen* vereinigen. **II** *v/i* **3.** sich (an-, auf)häufen. **III** *adj* [*Br*. -lət] **4.** (an-, auf)gehäuft. ˌ**cu·muˈla·tion** *s* (An)Häufung *f*.

cu·mu·la·tive [ˈkjuːmjʊlətɪv; *Am*. -ˌleɪtɪv] *adj* **1.** kumulaˈtiv, Sammel..., Gesamt...: ~ **effect** Gesamtwirkung *f*. **2.** sich (an)häufend *od*. sumˈmierend, anwachsend, sich steigernd. **3.** zusätzlich, (noch) hinˈzukommend, verstärkend, Zusatz... **4.** *econ*. kumulaˈtiv: ~ **dividend** Dividende *f* auf kumulative Vorzugsaktien; ~ **preferred stock,** *Br*. ~ **preference shares** kumulative Vorzugsaktien. ~ **ev·i·dence** *s jur*. verstärkender Beweis. ~ **fre·quen·cy** *s Statistik etc*: Summenhäufigkeit *f*: ~ **curve** Summenkurve *f*. ~ **leg·a·cy** *s jur*. Zusatzvermächtnis *n*. ~ **sen·tence** *s jur*. *Am*. zusätzliche Strafzumessung. ~ **vot·ing** *s* Kumuˈlierungssyˌstem *n* (*bei Wahlen*).

cu·mu·li [ˈkjuːmjʊlaɪ] *pl von* **cumulus**.

ˌ**cu·mu·lo|ˈnim·bus** [ˌkjuːmjʊləʊ-] *s a. irr meteor*. Kumuloˈnimbus *m*, Cumuloˈnimbus *m* (*massige, dichte Wolke in Form e-s hohen Berges od. mächtigen Turmes*). ˌ~ˈ**stra·tus** *s irr meteor*. Stratoˈkumulus *m* (*tiefhängendes, aus ein- od. mehrschichtigen Wolken bestehendes Wolkenfeld*).

cu·mu·lus [ˈkjuːmjʊləs] *pl* **-li** [-laɪ] *s* **1.** Haufen *m*. **2.** *meteor*. Kumulus *m*, Haufenwolke *f*.

cu·ne·i·form [ˈkjuːnɪɪfɔː(r)m; -nɪf-; *Am. a*. kjʊˈniːə-] **I** *adj* **1.** keilförmig, Keil... **2.** Keilschrift...: ~ **characters** Keilschrift(zeichen *pl*) *f*. **II** *s* **3.** Keilschrift *f*. **4.** *anat*. a) Keilbein *n*, b) Dreiecksbein *n* (*an Fuß u. Hand*).

cu·ni·form [ˈkjuːnɪfɔː(r)m] → **cuneiform**.

cun·ni·lin·gus [ˌkʌnɪˈlɪŋɡəs] *s* Cunniˈlingus *m* (*orale Befriedigung e-r Frau*).

cun·ning [ˈkʌnɪŋ] **I** *adj* (*adv* ~**ly**) **1.** klug, geschickt. **2.** schlau, listig, gerissen: (**as**) ~ **as a fox** schlau wie ein Fuchs. **3.** *Am. colloq*. a) niedlich, süß: **a** ~ **baby**, b) drollig: **a** ~ **frown**. **II** *s* **4.** Klugheit *f*, Geschicklichkeit *f*. **5.** Schlauheit *f*, List(igkeit) *f*, Gerissenheit *f*. **6.** *sport* Spielwitz *m*.

cunt [kʌnt] *s vulg*. **1.** ‚Fotze' *f*, ‚Möse' *f* (*Vagina*). **2.** ‚Nummer' *f* (*Koitus*): **to have a** ~ e-e Nummer machen *od*. schieben. **3.** Frau *f* fürs Bett. **4.** ‚Arschloch' *n*, ‚Scheißkerl' *m*.

cup [kʌp] **I** *s* **1.** Schale *f* (*a. des Weinglases etc*), Napf *m*. **2.** (*Wein- etc*)Becher *m*, Kelch *m*: **to be fond of the** ~ gern ‚bechern' *od*. trinken; **to be in one's** ~**s** betrunken sein; → **dreg** 1. **3.** a) Tasse *f*, b) (*e-e*) Tasse(voll): **a** ~ **of tea** e-e Tasse Tee; **that's not my** ~ **of tea** *Br. colloq*. das ist nicht mein Fall. **4.** *sport* Cup *m*, Poˈkal *m*: ~ **final** Pokalendspiel *n*; ~ **tie** Pokalspiel *n*, -paarung *f*; ~ **winner** Pokalsieger *m*. **5.** Bowle *f*. **6.** *relig*. a) Abendmahlskelch *m*, b) Abendmahlswein *m*. **7.** Schicksal *n*, Kelch *m*: **the** ~ **of happiness** der Kelch *od*. Becher der Freude; **the** ~ **of bitterness** (*od*. **sorrow**) der Kelch des Leidens; **his** ~ **is full** das Maß s-r Leiden *od*. Freuden ist voll. **8.** *pl obs*. a) Zechen *n*, Trinken *n*, b) Zechgelage *n*, c) (Be)Trunkenheit *f*: **to be in one's** ~**s** betrunken sein, zu tief ins Glas geschaut haben. **9.** schalen- *od*. becher- *od*. kelchförmiger Gegenstand. **10.** *bot*. Blüten-, Fruchtbecher *m*, (Blumen)Kelch *m*. **11.** *zo*. Kelch *m*. **12.** *Golf*: a) Meˈtallfütterung *f* des Loches, b) Loch *n*. **13.** *med*. → **cupping glass**. **14.** *anat*. (Gelenk)Pfanne *f*. **15.** *sport* ˈUnterleibsschutz *m*, (*Boxen*) Tiefschutz *m*. **16.** Körbchen *n*, Schale *f* (*des Büstenhalters*). **17.** Mulde *f*. **18.** → **cupful** 2. **II** *v/t* **19.** in e-e Schale *etc* legen *od*. gießen. **20.** (mit e-m Becher) schöpfen. **21.** a) *die Hand* ‚hohl' machen, wölben, b) *das Kinn etc* in die (hohle) Hand legen *od*. schmiegen, c) *die Hand* wölben über (*acc*). **22.** *med*. schröpfen.

cup| and ball *s* Fangbecher(spiel *n*) *m*. ˌ~**-and-ˈball joint** *s tech*. Kugelgelenk *n*. ˌ~**-and-ˈcone bear·ing** *s tech*. Kegelkugellager *n*. ~ **ba·rom·e·ter** *s* Geˈfäßbaroˌmeter *n*. ˈ~ˌ**bear·er** *s* Mundschenk *m*.

cup·board [ˈkʌbə(r)d] *s* (Geschirr-, Speise-, *bes. Br. a*. Wäsche-, Kleider-) Schrank *m*. ~ **bed** *s* Schrankbett *n*. ~ **love** *s colloq*. berechnende Liebe.

ˈ**cup·cake** *s* (*Art*) Napfkuchen *m*.

cu·pel [ˈkjuːpl; kjuːˈpel] *chem. tech*. **I** *s* **1.** (ˈScheide-, ˈTreib)Kaˌpelle *f*, Kuˈpelle *f*. **2.** Treibherd *m*. **II** *v/t pret u. pp* **-peled,** *bes. Br*. **-pelled 3.** kupelˈlieren, abtreiben.

cup·ful [ˈkʌpfʊl] *pl* **-fuls** *s* **1.** (*e-e*) Schale(voll), (*ein*) Becher(voll) *m*, (*e-e*) Tasse(voll). **2.** *gastr. Am*. $^1/_2$ Pint *n* (*0,235 l*).

cup grease *s tech*. Staufferfett *n*.

Cu·pid [ˈkjuːpɪd] *s* **1.** *antiq*. Kupido *m*, Amor *m* (*a. fig. Liebe*). **2.** **c**~ Amoˈrette *f*.

cu·pid·i·ty [kjuːˈpɪdətɪ] *s* **1.** Habgier *f*. **2.** Gier *f*, Begierde *f*, Gelüst(e) *n*.

Cu·pid's bow [ˈkjuːpɪdz] *s* **1.** Amorsbogen *m* (*die klassische Bogenform*). **2.** e-m klassischen Bogen ähnliche Linienführung (*bes. der Lippen*).

cup in·su·la·tor *s electr*. ˈGlockenisoˌlator *m*.

cu·po·la [ˈkjuːpələ] *s* **1.** *arch*. Kuppel (-dach *n*, -gewölbe *n*) *f*. **2.** *a*. ~ **furnace** *tech*. Kuˈpol-, Kuppelofen *m*. **3.** *mar. mil*. Panzerturm *m*.

cup·ping [ˈkʌpɪŋ] *s med*. Schröpfen *n*. ~ **glass** *s med*. Schröpfglas *n*, -kopf *m*.

cu·pre·ous [ˈkjuːprɪəs; *Am. a*. ˈkuː-] *adj* **1.** kupfern. **2.** kupferhaltig. **3.** kupferartig.

cu·pric [ˈkjuːprɪk; *Am. a*. ˈkuː-] *adj chem*. Kupfer..., Cupri... (*zweiwertiges Kupfer enthaltend*): ~ **oxide** Kupferoxyd *n*. **cuˈprif·er·ous** [-ˈprɪfərəs] *adj min*. kupferhaltig, Kupfer... ˈ**cu·prite** [-praɪt] *s min*. Cuˈprit *m*, Rotkupfer(erz) *n*.

cu·pro·nick·el [ˌkjuːprəʊˈnɪkl; *Am. a*. ˌkuː-] *s tech*. Kupfernickel *n*, Nickelkupfer *n*.

cu·prous [ˈkjuːprəs; *Am. a*. ˈkuː-] *adj chem*. Kupfer..., Cupro... (*einwertiges Kupfer enthaltend*).

cu·pu·late [ˈkjuːpjʊlət; -leɪt], ˈ**cu·pu·lar** [-lə(r)] *adj* **1.** becherförmig, -artig. **2.** *bot*. bechertragend.

cu·pule [ˈkjuːpjuːl] *s* **1.** *bot*. Blütenbecher *m*. **2.** *zo*. Saugnäpfchen *n*.

cu·pu·lif·er·ous [ˌkjuːpjʊˈlɪfərəs] *adj bot*. **1.** zu den Becherfrüchtlern gehörend. **2.** bechertragend.

cur [kɜː; *Am*. kɜr] *s* **1.** Köter *m*. **2.** *fig. contp*. (‚Schweine)Hund' *m*, ‚Schwein' *n*.

cur·a·bil·i·ty [ˌkjʊərəˈbɪlətɪ] *s med*. Heilbarkeit *f*. ˈ**cur·a·ble** *adj* heilbar.

cu·ra·cy [ˈkjʊərəsɪ] *s relig*. Amt *n* e-s Hilfspfarrers *od*. Kuˈraten.

cu·ra·re, cu·ra·ri [kjʊˈrɑːrɪ; *Am. a*. kʊ-], **cuˈra·ra** [-rə] *s* Kuˈrare *n* (*Pfeilgift*).

cu·rate [ˈkjʊərət] *s relig*. a) Hilfspfarrer *m*, -geistliche(r) *m*, b) *a*. ~**-in-charge** Kuˈrat *m*: **it's like the** ~**'s egg** *fig. Br*. es ist teilweise gar nicht so übel.

cur·a·tive [ˈkjʊərətɪv] **I** *adj* heilend, Heil... **II** *s* Heilmittel *n*.

cu·ra·tor [ˌkjʊəˈreɪtə(r); *Am. a.* ˈkjʊrətər] *s* **1.** Muˈseums-, Galeˈriediˌrektor *m.* **2.** *univ. Br.* Mitglied *n* des Kuraˈtoriums. **3.** *jur. bes. Scot.* Vormund *m*, Pfleger *m.* **4.** *jur.* Verwalter *m*, Pfleger *m.* **cu·ra·tor·ship** *s* Amt *n* e-s Muˈseumsdiˌrektors *etc.*

curb [kɜːb; *Am.* kɜrb] **I** *s* **1.** a) Kanˈdare *f*, b) Kinnkette *f* (*Pferdezaum*). **2.** *fig.* Zaum *m*, Zügel(ung *f*) *m*: **to put a ~ (up)on** → 10. **3.** *bes. Am.* Bordschwelle *f*, Rand-, Bordstein *m*, Straßenkante *f.* **4.** *Am.* (steinerne) Einfassung. **5.** *Br.* (schwellenartiger) Kaˈminvorsatz. **6.** *arch.* a) Auskleidung *f*, b) Kranz *m* (*am Kuppeldach*). **7.** *tech.* a) Beˈtonkasten *m*, b) Kranz *m* (*der Turbine od. e-r Gußform*), c) (*oberer*) Mühlenkranz. **8.** *econ. Am.* a) Straßenmarkt *m*, b) Freiverkehrsbörse *f*: **~ broker** Freiverkehrsmakler *m.* **9.** *vet.* Spat *m*, Hasenfuß *m.* **II** *v/t* **10.** Zügel anlegen (*dat*), zügeln, im Zaum halten, bändigen: **to ~ one's imagination; to ~ smuggling** dem Schmuggelunwesen Einhalt gebieten; **to ~ a boom** e-e Konjunktur dämpfen *od.* drosseln; **to ~ production** die Produktion einschränken *od.* drosseln. **11.** *ein Pferd* an die Kanˈdare nehmen. **12.** a) *bes. Am. e-n Gehweg* mit Randsteinen einfassen, b) *Am. e-n Brunnen etc* einfassen. **13.** *bes. Am. e-n Hund* zum Geschäftmachen in den Rinnstein führen. **~ bit** *s* Kanˈdarenstange *f.* **~ mar·ket** → **curb** 8. **~ pin** *s* Rückerstift *m* (*Uhr*). **~ pric·es** *s pl econ. Am.* Freiverkehrskurse *pl.* **~ roof** *s arch.* Manˈsard(en)dach *n.* **~ ser·vice** *s econ. Am.* Bedienung *f* im Auto. **~ stocks** *s pl econ. Am.* an der Freiverkehrsbörse noˈtierte Aktien *pl.* **ˈ~·stone I** *s* **1.** → **curb** 3. **II** *adj* **2.** *econ. Am.* Straßen..., Winkel...: **~ broker** Straßenmakler *m.* **3.** *Am. colloq.* ‚Schmalspur...': **~ engineer; ~ opinion** unmaßgebliche Ansicht(en).

cur·cu·ma [ˈkɜːkjəmə; *Am.* ˈkɜrkjəmə] *s bot.* Kurˈkume *f*, Gelbwurz *f.*

curd [kɜːd; *Am.* kɜrd] *s* **1.** *oft pl* geronnene *od.* dicke Milch, Quark *m*: **~ cheese** Weiß-, Quarkkäse *m.* **2.** Gerinnsel *n*: **~ soap** Kernseife *f.*

cur·dle [ˈkɜːdl; *Am.* ˈkɜrdl] **I** *v/t* **1.** *Milch* gerinnen lassen. **2.** *fig.* erstarren lassen: **to ~ s.o.'s blood** j-m das Blut in den Adern erstarren lassen. **II** *v/i* **3.** gerinnen, dick werden (*Milch*). **4.** *fig.* erstarren: **the sight made my blood ~** bei dem Anblick erstarrte mir das Blut in den Adern.

ˈcurd·y *adj* **1.** geronnen, dick. **2.** klumpig. **3.** *chem.* (flockig)käsig.

cure [kjʊə(r)] **I** *s* **1.** *med.* Kur *f*, Heilverfahren *n*, Behandlung *f* (**for** gegen): **to take a milk ~** e-e Milchkur machen; **under ~** in Behandlung. **2.** *med.* Heilung *f*: **past ~** a) unheilbar krank (*Person*), b) unheilbar (*Krankheit*), c) *fig.* hoffnungslos (*Lage etc*). **3.** *med.* (Heil)Mittel *n* (**for** gegen). **4.** *fig.* Mittel *n*, Abhilfe *f*, Reˈzept *n* (**for** gegen). **5.** Haltbarmachung *f*: a) Räuchern *n*, b) Einpökeln *n*, -salzen *n*, c) Trocknen *n*, d) Beizen *n*, e) (Aus)Härtung *f* (*von Kunststoffen*). **6.** *tech.* Vulkaniˈsieren *n.* **7.** *relig.* a) *a.* **~ of souls** Seelsorge *f*, b) Pfarˈrei *f* (*Amt u. Bezirk*). **II** *v/t* **8.** a) *med. j-n* heilen, kuˈrieren (**of** von) (*a. fig.*): **to ~ s.o. of lying** j-m das Lügen abgewöhnen; **to ~ s.o. of an idea** j-n von e-r Idee abbringen, b) *med. e-e Krankheit* heilen: **to ~ a disease**, c) *fig. Mißstände etc* abstellen. **9.** haltbar machen: a) räuchern, b) trocknen, c) beizen, d) einpökeln, -salzen, e) *tech.* aushärten. **10.** *tech.* vulkaniˈsieren. **III** *v/i* **11.** Heilung bringen, heilen. **12.** e-e Kur machen.

ˈcure-all *s* Allˈheilmittel *n.*

cure·less [ˈkjʊə(r)lɪs] *adj* unheilbar.

cu·ret·tage [kjʊəˈretɪdʒ; ˌkjʊərɪˈtɑːʒ; *Am.* ˌkjʊrəˈtɑːʒ] *s med.* Auskratzung *f*, Ausschabung *f.* **cuˈrette** [-ˈret] *med.* **I** *s* Küˈrette *f.* **II** *v/t* auskratzen, ausschaben. **cuˈrette·ment** → **curettage**.

cur·few [ˈkɜːfjuː; *Am.* ˈkɜr-] *s* **1.** *hist.* a) Abendläuten *n*, b) Zeit *f* des Abendläutens, c) *a.* **~ bell** Abendglocke *f.* **2.** *mil.* Ausgangsverbot *n*, -sperre *f.* **3.** Sperrstunde *f.*

cu·ri·a [ˈkjʊərɪə; *Am. a.* ˈkʊ-] *pl* **-ae** [-iː] (*Lat.*) *s* **1.** *antiq. hist. od. R.C.* Kurie *f.* **2.** *hist.* königlicher Gerichts- *od.* Verwaltungshof (*in England*).

cu·rie [ˈkjʊərɪ; *Am. a.* kjʊˈriː] *s chem. phys.* Cuˈrie *f* (*Strahlungseinheit*). **C~ con·stant** *s phys.* Cuˈriesche Konˈstante.

Cu·rie's law *s phys.* Cuˈriesches Gesetz.

cu·ri·o [ˈkjʊərɪəʊ] *pl* **-os** → **curiosity** 2 a *u.* c.

cu·ri·os·i·ty [ˌkjʊərɪˈɒsətɪ; *Am.* -ˈɑs-] *s* **1.** Neugier *f*, Wißbegierde *f*: **out of ~** aus Neugier; **~ killed the cat** sei nicht so neugierig! **2.** Kuriosiˈtät *f*: a) Rariˈtät *f*, b) Sehenswürdigkeit *f*, c) Kuriˈosum *n*, komische Sache *od.* Perˈson. **3.** *obs.* peinliche Genauigkeit. **~ shop** *s* Antiquiˈtäten-, Rariˈtätenladen *m.*

cu·ri·ous [ˈkjʊərɪəs] *adj* (*adv* **~ly**) **1.** neugierig, wißbegierig, gespannt: **I am ~ to know if** ich möchte gern wissen, ob; **to be ~ about s.th.** auf etwas neugierig sein. **2.** neugierig, schnüffelnd. **3.** kuriˈos, seltsam, merkwürdig: **~ly enough** merkwürdigerweise. **4.** *colloq.* komisch, wunderlich. **5.** *obs.* genau, sorgfältig, peinlich, streng.

curl [kɜːl; *Am.* kɜrl] **I** *v/t* **1.** *Haar etc* a) locken, b) kräuseln: **it's enough to ~ your hair** *colloq.* da stehen e-m ja die Haare zu Berge. **2.** (*spiralförmig*) winden, zs.-rollen: **to ~ o.s. up** → 10; **with legs ~ed** mit übergeschlagenen Beinen. **3.** *Wasser* kräuseln. **4.** *die Nase* krausziehen, *die Lippen* (verächtlich) schürzen. **5.** *tech.* bördeln. **II** *v/i* **6.** sich locken *od.* kräuseln (*Haar*): **it's enough to make your hair ~** *colloq.* da stehen e-m ja die Haare zu Berge. **7.** sich wellen: **to ~ up** in Ringen hochsteigen (*Rauch*). **8.** sich (*spiralförmig*) winden. **9.** sich kräuseln, kleine Wellen schlagen (*Wasser*). **10.** *a.* **~ up** sich ein- *od.* zs.-rollen: **to ~ up on the sofa** es sich auf dem Sofa gemütlich machen. **11.** *sport* Curling spielen. **III** *s* **12.** Locke *f*: **in ~s** gelockt. **13.** (Rauch-)Ring *m*, Kringel *m.* **14.** Windung *f.* **15.** *a. math. phys.* Wirbel *m.* **16.** Kräuseln *n*, Krausziehen *n.* **17.** *bot.* Kräuselkrankheit *f.*

curl cloud *s meteor.* Cirrus-, Federwolke *f.*

curled [kɜːld; *Am.* kɜrld] *adj* a) gelockt, lockig, b) gekräuselt, kraus.

curl·er [ˈkɜːlə; *Am.* ˈkɜrlər] *s* **1.** *sport* Curlingspieler(in). **2.** Lockenwickel *m*, -wickler *m.*

cur·lew [ˈkɜːljuː; -luː; *Am.* ˈkɜr-] *s orn.* (*ein*) Brachvogel *m*, *bes.* a) *a.* **common ~** Großer Brachvogel, Brachhuhn *n*, b) *a.* **~ jack** Kleiner Brachvogel.

curl·i·cue [ˈkɜːlɪkjuː; *Am.* ˈkɜr-] *s* Schnörkel *m.*

curl·ing [ˈkɜːlɪŋ; *Am.* ˈkɜr-] *s* **1.** a) Locken *n*, b) Kräuseln *n.* **2.** Winden *n.* **3.** *sport* Curling(spiel) *n*: **~ stone** Curlingstein *m.* **4.** *tech.* Bördeln *n.* **~ i·ron** *s a. pl* (Locken)Brennschere *f.* **~ ma·chine** *s tech.* ˈBördelmaˌschine *f.* **~ tongs** *s pl* → **curling iron**.

ˈcurlˌpa·per *s* Paˈpierhaarwickel *m*, -wickler *m.*

curl·y [ˈkɜːlɪ; *Am.* ˈkɜr-] *adj* **1.** → **curled**. **2.** wellig gemasert (*Holz*). **3.** Locken tragend. **ˈ~-head** *s* Locken- *od.* Krauskopf *m* (*Person*). **ˌ~-ˈhead·ed** *adj* a) lockenköpfig, b) krausköpfig. **ˈ~-pate** *colloq. für* **curly-head**.

cur·mudg·eon [kɜːˈmʌdʒən; *Am.* kɜr-] *s* Brummbär *m.* **curˈmudg·eon·ly** *adj* brummig, bärbeißig, mürrisch.

cur·rach, cur·ragh [ˈkʌrəx; ˈkʌrə] *Scot. od. Ir. für* **coracle**.

cur·rant [ˈkʌrənt; *Am.* ˈkɜr-] *s* **1.** Koˈrinthe *f* (*kleine Rosine*). **2. red (white, black) ~** *bot.* rote (weiße, schwarze) Joˈhannisbeere.

cur·ren·cy [ˈkʌrənsɪ; *Am.* ˈkɜr-] *s* **1.** ˈUmlauf *m*, Zirkulatiˈon *f*: **to give ~ to a rumo(u)r** ein Gerücht in Umlauf setzen *od.* verbreiten. **2.** a) (Allgeˈmein)Gültigkeit *f*, allgemeine Geltung, b) Gebräuchlichkeit *f*, Geläufigkeit *f*: **~ of a word**, c) Verbreitung *f*: **~ of news**. **3.** *econ.* a) ˈGeldˌumlauf *m*, b) ˈumlaufendes Geld, c) Zahlungsmittel *pl*, d) **foreign ~** Deˈvisen *pl*, e) Währung *f*: **gold ~** Goldwährung. **4.** *econ.* Laufzeit *f* (*e-s Wechsels, a. e-s Vertrags etc*), Gültigkeitsdauer *f.* **~ ac·count** *s econ.* Währungs-, Deˈvisenkonto *n.* **~ bill** *s econ. Br.* Deˈvisenwechsel *m*, Wechsel *m* in ausländischer Währung. **~ bond** *s econ.* Fremdwährungsschuldverschreibung *f.* **~ con·trol** *s econ.* **1.** ˈWährungskonˌtrolle *f.* **2.** *Am.* Deˈvisenkonˌtrolle *f od.* -bewirtschaftung *f.* **~ doc·trine** *s econ. Br. Doktrin, nach der volle Deckung durch Edelmetall vorhanden sein muß.* **~ note** *s econ. Br.* Schatzanweisung *f* (*1914–28*). **~ re·form** *s econ.* ˈWährungsreˌform *f.* **~ snake** *s econ.* Währungsschlange *f.*

cur·rent [ˈkʌrənt; *Am.* ˈkɜr-] **I** *adj* (*adv* → **currently**) **1.** laufend (*Jahr, Monat, Konto etc*): **~ business** laufende Geschäfte *pl.* **2.** gegenwärtig, jetzig, augenblicklich, aktuˈell: **~ events** Tagesereignisse, -politik *f*; **~ price** *econ.* Tagespreis *m*; **~ value** *econ.* gegenwärtiger Marktwert. **3.** ˈumlaufend, kurˈsierend (*Geld, Gerücht etc*): **to be ~** kursieren. **4.** allgemein bekannt *od.* verbreitet. **5.** üblich, geläufig, gebräuchlich: **not in ~ use** nicht allgemein üblich. **6.** (**to pass**) **~** allgemein gültig *od.* anerkannt (sein). **7.** *econ.* a) (markt)gängig (*Ware*), b) gültig (*Geld*), c) kurs-, verkehrsfähig, d) → 3. **8.** *obs.* fließend, flüssig, leicht. **II** *s* **9.** Strömung *f*, Strom *m* (*beide a. fig.*): **against the ~** gegen den Strom; **~ of air** Luftstrom *m od.* -zug *m.* **10.** *fig.* a) Trend *m*, Tenˈdenz *f*, b) (Ver)Lauf *m*, Gang *m.* **11.** *electr.* Strom *m.* **~ ac·count** *s econ.* **1.** laufendes Konto, Kontokorˈrent-, Girokonto *n.* **2.** *Zahlungsbilanz*: ˈLeistungsbiˌlanz *f.* **~ as·sets** *s pl econ.* laufende Akˈtiva *pl*, ˈUmlaufvermögen *n.* **ˈ~-ˌcar·ry·ing** *adj electr.* stromführend. **~ coin** *s econ.* gängige Münze. **~ col·lec·tor** *s electr.* Stromabnehmer *m*, (Strom)Sammelschiene *f.* **~ den·si·ty** *s electr.* Stromdichte *f.* **~ ex·change** *s econ.* Tageskurs *m*: **at the ~** zum Tageskurs. **~ ex·pens·es** *s pl econ.* laufende Ausgaben *pl od.* Unkosten *pl.* **~ li·a·bil·i·ties** *s pl econ.* laufende Verpflichtungen *pl.* **~ lim·it·er** *s electr.* Strombegrenzer *m.* **ˈ~-ˌlim·it·ing** *adj electr.* strombegrenzend: **~ fuse**.

cur·rent·ly [ˈkʌrəntlɪ; *Am.* ˈkɜr-] *adv* **1.** gegenwärtig, zur Zeit, jetzt, im Augenblick. **2.** *fig.* fließend, flüssig: **to read s.th. ~**.

cur·rent| me·ter *s electr.* Stromzähler *m.* **~ mon·ey** *s econ.* ˈumlaufendes Geld. **~ price** *s econ.* Tages-, Marktpreis *m*,

(*Börse*) Tageskurs *m*. **~ re·ceiv·a·bles** *s pl econ. Am.* ˈUmlaufvermögen *n*.
cur·ri·cle [*Br.* ˈkʌrɪkl; *Am.* ˈkɜrəkl] *s* Karriˈol(e *f*) *n*, zweirädrige Kutsche (*mit 2 Pferden*).
cur·ric·u·la [kəˈrɪkjʊlə] *pl von* **curriculum**.
cur·ric·u·lar [kəˈrɪkjʊlə(r)] *adj* Lehrplan...
cur·ric·u·lum [kəˈrɪkjʊləm] *pl* **-la** [-lə], **-lums** *s* Studien-, Lehrplan *m*. **~ vi·tae** [ˈviːtaɪ; ˈvaɪtiː] (*Lat.*) *pl* **-la - s** Lebenslauf *m*.
cur·ri·er [ˈkʌrɪə; *Am.* ˈkɜrɪər] *s* **1.** (Pferde)Striegler *m*. **2.** Lederzurichter *m*.
cur·ry¹ [ˈkʌrɪ; *Am.* ˈkɜriː] *v/t* **1.** *ein Pferd* striegeln, abreiben. **2.** *tech. Leder* zurichten, gerben. **3.** *colloq.* verdreschen, verprügeln. **4. to ~ favo(u)r with s.o.** sich bei j-m einschmeicheln *od.* lieb Kind machen (wollen).
cur·ry² [ˈkʌrɪ; *Am.* ˈkɜriː] **I** *s* **1.** Curry *m*, *n* (*Gewürz*). **2.** Curry *n* (*Gericht*). **II** *v/t* **3.** mit Curry(soße) zubereiten: **curried chicken** Curryhuhn *n*.
ˈcur·ry·comb I *s* Striegel *m*. **II** *v/t* striegeln.
cur·ry pow·der *s* Currypulver *n*.
curse [kɜːs; *Am.* kɜrs] **I** *s* **1.** Fluch *m*: **to lay a ~ upon** → 6 a; **there is a ~ (up)on the house, the house is under a ~** auf dem Haus lastet *od.* liegt ein Fluch. **2.** *relig.* a) Verdammung *f*, b) Bann(fluch) *m*. **3.** Fluch(wort *n*) *m*, Verwünschung *f*. **4.** Fluch *m*, Unglück *n* (**to** für), Geißel *f*. **5. she has the ~** *colloq.* sie hat ihre ‚Tage' (*Periode*). **II** *v/t pret u. pp* **cursed,** *obs.* **curst** [kɜːst; *Am.* kɜrst] **6.** verfluchen: a) mit e-m Fluch belegen, b) verwünschen, fluchen auf (*acc*) *od.* über (*acc*): **~ it!** hol's der Teufel!; **~ him!** der Teufel soll ihn holen! **7.** (*meist pass*) strafen, quälen: **to be ~d with s.th.** mit etwas bestraft *od.* geplagt sein. **8.** *relig.* mit dem Bannfluch belegen. **III** *v/i* **9.** fluchen, Flüche ausstoßen.
curs·ed [ˈkɜːsɪd; *Am.* ˈkɜr-] *adj* (*adv* **~ly**) verflucht, -wünscht, -dammt (*alle a. colloq.*).
cur·sive [ˈkɜːsɪv; *Am.* ˈkɜr-] **I** *adj* **1.** kurˈsiv, Kursiv... (*Handschrift*): **in ~ characters** *print.* in Schreibschrift (gedruckt). **2.** *fig.* saˈlopp, lässig (*Stil etc*). **II** *s* **3.** kurˈsiv geschriebenes Manuˈskript. **4.** *print.* Schreibschrift *f*.
cur·sor [ˈkɜːsə; *Am.* ˈkɜrsər] *s* **1.** *math. tech.* Läufer *m*, Schieber *m* (*am Rechenstab etc*). **2.** Zeiger *m* (*am Meßgerät*). **3.** *Radar*: Peilzeiger *m*. **4.** *Computer*: Positiˈonsanzeiger *m* (*auf dem Bildschirm*).
curˈso·ri·al [-ˈsɔːrɪəl; *Am. a.* -ˈsəʊ-] *adj zo.* Lauf...: **~ bird**.
cur·so·ri·ness [ˈkɜːsərɪnɪs; -srɪ-; *Am.* ˈkɜr-] *s* Flüchtigkeit *f*, Oberflächlichkeit *f*. **ˈcur·so·ry** *adj* (*adv* **cursorily**) flüchtig, oberflächlich.
curst [kɜːst; *Am.* kɜrst] *obs. pret u. pp von* **curse**.
curt [kɜːt; *Am.* kɜrt] *adj* (*adv* **~ly**) **1.** kurz(gefaßt), knapp: **a ~ report**. **2.** (**with**) barsch, schroff (gegen), kurz angebunden (zu).
cur·tail [kɜːˈteɪl; *Am.* kɜr-] *v/t* **1.** (ab-, ver)kürzen: **~ed word** Kurzwort *n*. **2.** beschneiden, stutzen. **3.** *fig. Ausgaben etc* kürzen, *Preise etc* herˈabsetzen, *a. j-s Rechte etc* beschneiden, be-, einschränken: **to ~ s.o.'s rights; to ~ wages** (die) Löhne kürzen *od.* herabsetzen. **curˈtail·ment** *s* **1.** (Ab-, Ver)Kürzung *f*. **2.** *fig.* Kürzung *f*, Beschneidung *f*. **3.** *fig.* Be-, Einschränkung *f*, Herˈabsetzung *f* (**in** *gen*).
cur·tain [ˈkɜːtn; *Am.* ˈkɜrtn] **I** *s* **1.** Vorhang *m*, Garˈdine *f*: **to draw the ~s** die Vorhänge *od.* die Gardine auf- *od.* zuziehen (→ 3). **2.** *fig.* Vorhang *m*, (*a. Regen-, Wolken- etc*)Wand *f*: **a ~ of rain; ~ of fire** → **curtain fire**. **3.** *fig.* Vorhang *m*, Schleier *m*, Hülle *f*: **security ~** *pol.* (ausgeklügeltes) System von Sicherheitsmaßnahmen; **behind the ~** hinter den Kulissen; **to draw the ~ over s.th.** über etwas den Schleier des Vergessens breiten; **to lift the ~** den Schleier lüften. **4.** *thea.* a) Vorhang *m*: **the ~ rises** der Vorhang geht auf *od.* hoch; **the ~ falls** der Vorhang fällt (*a. fig.*) *od.* senkt sich, b) Auf- *od.* Hochgehen *n* des Vorhangs, Aktbeginn *m*, c) Fallen *n* des Vorhangs, Aktschluß *m*, d) Taˈbleau *n* (*effektvolle Schlußszene*), e) Herˈvorruf *m*: **to get** (*od.* **take**) **ten ~s** zehn Vorhänge haben. **5.** ˈSchlußmuˌsik *f* (*e-r Radiosendung etc*). **6.** *pl colloq.* das Ende: **it was ~s for him** da war es ‚Sense' *od.* aus mit ihm. **II** *v/t* **7.** mit Vorhängen versehen: **to ~ off** mit Vorhängen abteilen *od.* abschließen. **8.** *fig.* verhüllen, -schleiern. **~ call** → **curtain** 4 e. **~ fall** → **curtain** 4 c. **~ fire** *s mil.* Sperrfeuer *n*, Feuervorhang *m*. **~ lec·ture** *s* Garˈdinenpredigt *f*. **~ rais·er** *s* **1.** *thea.* kurzes Vorspiel. **2.** *fig.* Vorspiel *n*, Ouverˈtüre *f* (**to** zu). **~ wall** *s arch.* **1.** Zwischenwand *f*, -mauer *f*. **2.** Blendwand *f*.
cur·ta·na [kɜːˈtɑːnə; -ˈteɪnə; *Am.* kɜr-] *s* Curˈtane *f* (*Schwert ohne Spitze, das dem englischen König bei der Krönung vorangetragen wird*).
cur·te·sy [ˈkɜrtəsiː] *s jur. Am.* Nießbrauch *m* des Witwers am Grundbesitz der verstorbenen Ehefrau.
cur·ti·lage [ˈkɜːtɪlɪdʒ; *Am.* ˈkɜrtl-] *s* zum Haus gehöriger (umˈfriedeter) Hof *etc*.
curt·ness [ˈkɜːtnɪs; *Am.* ˈkɜrt-] *s* **1.** Kürze *f*, Knappheit *f*. **2.** Barschheit *f*, Schroffheit *f*.
curt·s(e)y [ˈkɜːtsɪ; *Am.* ˈkɜrt-] **I** *s* Knicks *m*: **to drop a ~ (to)** → II. **II** *v/i* e-n Knicks machen, knicksen (**to** vor *dat*).
cur·va·ceous [kɜːˈveɪʃəs; *Am.* kɜr-] *adj colloq.* ‚kurvenreich' (*Frau*).
cur·vate [ˈkɜːveɪt; -vət; *Am.* ˈkɜr-], **ˈcur·vat·ed** [-veɪtɪd] *adj* geschweift, geschwungen.
cur·va·ture [ˈkɜːvətjə; -ˌtʃʊə; -ˌtjʊə; *Am.* ˈkɜrvəˌtʃʊr; -tʃər] *s* Krümmung *f* (*a. math.*): **~ of the earth** Erdkrümmung; **~ of field** *TV* Bildfeldwölbung *f*; **~ of the spine** *med.* Rückgratverkrümmung *f*.
curve [kɜːv; *Am.* kɜrv] **I** *s* **1.** Kurve *f* (*a. math.*): a) Krümmung *f*, Biegung *f*, b) (Straßen)Kurve *f*, (-)Biegung *f*, c) Rundung *f* (*pl colloq. a. e-r Frau*), d) *Statistik etc*: Schaulinie *f*, e) *fig.* Tenˈdenz *f*: **~ of pursuit** *math.* Verfolgungskurve; **~ fitting** *math.* Angleichung *f* e-r Kurve. **2.** *tech.* ˈKurvenlineˌal *n*. **3.** *pl Am.* runde Klammern *pl*. **4.** *a.* **~ ball** a) (*Baseball*) Efˈfetball *m*, b) *Am. colloq.* Trick *m*, List *f*. **II** *v/t* **5.** biegen, krümmen. **6.** schweifen, runden, wölben. **III** *v/i* **7.** sich biegen *od.* krümmen *od.* wölben. **8.** kurven, e-e Kurve beschreiben. **curved** [kɜːvd; *Am.* kɜrvd] *adj* **1.** gekrümmt, gebogen, krumm: **~ space** *math.* gekrümmter Raum. **2.** *arch.* gewölbt, Bogen... **3.** geschweift, geschwungen. **4.** *mil.* Steil...: **~ fire**.
curve·some [ˈkɜːvsəm; *Am.* ˈkɜrv-] → **curvaceous**.
cur·vet [kɜːˈvet; *Am.* kɜr-] (*Hohe Schule*) **I** *s* Kurˈbette *f*, Bogensprung *m*. **II** *v/i pret u. pp* **-ˈvet·ted, -ˈvet·ed** kurbetˈtieren.
cur·vi·form [ˈkɜːvɪfɔːm; *Am.* ˈkɜrvəˌfɔːrm] *adj* bogen-, kurvenförmig.
cur·vi·lin·e·ar [ˌkɜːvɪˈlɪnɪə(r); *Am.* ˌkɜrvə-], *a.* ˌ**cur·viˈlin·e·al** [-əl] *adj* krummlinig.
curv·om·e·ter [kɜːˈvɒmɪtə; *Am.* kɜrˈvɑmətər] *s tech.* Kurvenmesser *m*.
curv·y [ˈkɜːvɪ; *Am.* ˈkɜr-] → **curvaceous**.
cu·sec [ˈkjuːsek] *s* Kuˈbikfuß *m* pro Seˈkunde.
cush·at [ˈkʌʃət] *s orn.* Ringeltaube *f*.
cush·ion [ˈkʊʃn] **I** *s* **1.** Kissen *n*, Polster *n*: **~ of moss** Mooskissen, -polster. **2.** *fig.* Polster *n*: **a ~ against unemployment; to sit on one's two-goal ~** *sport* sich auf s-m Zweitorevorsprung ausruhen. **3.** Wulst *m* (*für die Frisur*). **4.** Bande *f* (*Billardtisch*). **5.** *tech.* a) Puffer *m*, Dämpfer *m*, b) Vergolder-, Blattkissen *n*, c) Zwischenlage *f*, Polsterschicht *f od.* -streifen *m* (*bei Luftreifen*), d) Felgenring *m*, e) (*Gas-, Dampf- etc*)Polster *n*, (*Luft-*)Kissen *n*. **6.** *arch.* a) Kämpferschicht *f*, b) Kissen *n*, Ruhestein *m*. **7.** *zo.* a) Fettpolster *n* (*des Pferdehufes*), b) wulstige Oberlippe (*bestimmter Hunde*). **8.** *Rundfunk, TV*: *Am.* (Proˈgramm)Füllsel *n*. **II** *v/t* **9.** mit Kissen versehen. **10.** durch Kissen schützen. **11.** weich betten. **12.** polstern (*a. fig.*). **13.** *e-n Stoß, e-n Fall etc* dämpfen, auffangen. **14.** *fig.* vertuschen. **15.** *tech.* abfedern, dämpfen. **~ cap·i·tal** *s arch.* **1.** ˈWulstkapiˌtell *n*. **2.** ˈWürfelkapiˌtell *n*. **ˈ~craft** *s* a) Luftkissenfahrzeug *n*, b) (*als pl konstruiert*) Luftkissenfahrzeuge *pl*.
cush·ioned [ˈkʊʃnd] *adj* **1.** gepolstert, Polster... **2.** *fig.* bequem, behaglich. **3.** kissen-, polsterförmig. **4.** *tech.* federnd, stoßgedämpft.
cush·ion| plant *s bot.* Polsterpflanze *f*. **~ tire,** *bes. Br.* **~ tyre** *s tech.* ˈHocheˌlastik-, Halbluftreifen *m*.
cush·y [ˈkʊʃɪ] *adj colloq.* gemütlich, ruhig: **a ~ job**.
cusp [kʌsp] *s* **1.** Spitze *f*, spitzes Ende. **2.** *anat. zo.* (Zahn)Höcker *m*. **3.** *anat.* Zipfel *m* (*der Herzklappe*). **4.** *math.* Scheitelpunkt *m* (*e-r Kurve*). **5.** *arch.* Nase *f* (*am gotischen Maßwerk*). **6.** *astr.* Spitze *f*, Horn *n* (*des Halbmonds*).
cus·pate [ˈkʌspət; -peɪt], **ˈcus·pat·ed** [-peɪtɪd], **cusped** [kʌspt] *adj* spitz (zulaufend).
cus·pid [ˈkʌspɪd] *s anat.* Eckzahn *m*.
cus·pi·dal [ˈkʌspɪdl] *adj math.* Spitzen...: **~ curve**. **ˈcus·pi·date** [-deɪt] *adj* **1.** spitz (zulaufend). **2.** *bot.* (stachel)spitzig.
cus·pi·dor [ˈkʌspɪdɔː(r)] *s bes.* Spucknapf *m*.
cuss [kʌs] *colloq.* **I** *s* **1.** Fluch *m*, Verwünschung *f*: **~ word** Fluchwort *n*; → **tinker** 1. **2.** *oft humor.* Bursche *m*, ‚Nummer' *f*: **a queer ~** ein komischer Kauz. **II** *v/t* **3.** *a.* **~ out** verfluchen, fluchen auf (*acc*) *od.* über (*acc*). **III** *v/i* **4.** fluchen. **ˈcuss·ed** [-ɪd] *adj colloq.* **1.** verflucht, -flixt. **2.** gemein, boshaft. **3.** stur, bockbeinig. **ˈcuss·ed·ness** *s colloq.* **1.** Bosheit *f*. **2.** Sturheit *f*.
cus·tard [ˈkʌstə(r)d] *s* Eiercreme *f*. **~ ap·ple** *s bot.* (*e-e*) Anˈnone. **~ pie** *s* Sahnetorte *f* (*bes. in Slapstickkomödien*).
cus·to·di·al [kʌˈstəʊdjəl; -dɪəl] **I** *adj* **1.** Aufsichts...: **~ care** Obhut *f*; **~ sentence** *jur.* Freiheitsstrafe *f*. **2.** *jur. Am.* vormundschaftlich. **II** *s* **3.** *R.C.* a) Cuˈstodia *f*, b) Reˈliquienkästchen *n*.
cusˈto·di·an *s* **1.** Aufseher *m*, Wächter *m*. **2.** (*Haus- etc*)Verwalter *m*. **3.** Hüter *m* (*der Moral etc*). **4.** Verwahrer *m* (*a. jur.*). **5.** *jur.* (Vermögens)Verwalter *m*. **6.** *jur. Am.* Vormund *m*. **cusˈto·di·an·ship** *s* **1.** Amt *n* e-s Verwalters *etc*. **2.** Verwaltung *f*. **3.** *jur. Am.* Vormundschaft *f*.
cus·to·dy [ˈkʌstədɪ] *s* **1.** Obhut *f*, Schutz *m*, Bewachung *f*: **in s.o.'s ~** in j-s Obhut. **2.** Aufsicht *f* (**of** über *acc*). **3.** (*Vermögens-*

etc)Verwaltung *f.* **4.** *jur.* Gewahrsam *m*: a) tatsächlicher Besitz, b) (*a.* Unterˈsuchungs)Haft *f*: **to take into ~** verhaften, in Gewahrsam nehmen. **5.** *jur.* elterliche Sorge *od.* Gewalt, Sorgerecht *n.* **6.** *econ. Am.* Deˈpot *n*: **~ receipt** Depotschein *m.*

cus·tom [ˈkʌstəm] **I** *s* **1.** Brauch *m*, Gewohnheit *f*, Sitte *f*: **this is not the ~ here** das ist hier nicht üblich; **~ of** (*od.* **in**) **trade** *econ.* Handelssitte, -brauch, Usance *f*; **~ of the port** *econ.* Hafenbrauch, -usance *f*; **~ of the Realm** *Br.* Landesbrauch. **2.** *collect.* Sitten *pl* u. Gebräuche *pl.* **3.** *jur.* a) fester Brauch, b) Gewohnheitsrecht *n*: **~ of war** Kriegsbrauch *m.* **4.** *pl* Brauchtum *n.* **5.** *hist.* (*durch Gewohnheitsrecht festgelegte*) Abgabe *od.* Dienstleistung. **6.** *econ.* Kundschaft *f*: a) Kunden(kreis *m*) *pl*, b) Kundesein *n*: **to draw** (*od.* **get**) **a lot of ~ from** ein gutes Geschäft machen mit; **to take one's ~ elsewhere** woanders hingehen, anderswo Kunde werden; **to have withdrawn one's ~ from** nicht mehr Kunde sein bei. **7.** *pl* Zoll *m*: **~s authorities** → 8. **8.** *pl* Zollbehörde *f*, -amt *n.* **II** *adj* **9.** *bes. Am.* a) → **custom-made**: **~ shoes** Maßschuhe; **~ work** Maßarbeit *f*, b) auf Bestellung *od.* für Kunden arbeitend: **~ tailor** Maßschneider *m.*

cus·tom·ar·i·ly [ˈkʌstəmərəlɪ; *Am.* ˌ-ˈmerəli:] *adv* üblicherweise, ˈherkömmlicherweise. **ˈcus·tom·ar·y I** *adj* **1.** gebräuchlich, gewöhnlich, ˈherkömmlich, üblich: **as is ~** wie es üblich ist, wie üblich. **2.** gewohnt, Gewohnheits... **3.** *jur.* gewohnheitsrechtlich: **~ law** Gewohnheitsrecht *n.* **II** *s* **4.** (Sammlung *f* der) Gewohnheitsrechte *pl.*

ˌcus·tom-ˈbuilt *adj* nach Kundenangaben gefertigt, einzeln angefertigt (*Auto etc*).

cus·tom·er [ˈkʌstəmə(r)] *s* **1.** Kunde *m*, Kundin *f*, Abnehmer(in), Käufer(in): **~'s check** *Am.* Barscheck *m*; **~ country** Abnehmerland *n*; **~'s loan** Kundenkredit *m*; **~ service** Kundendienst *m.* **2.** *colloq.* Bursche *m*, Kerl *m*, ‚Kunde' *m*, ‚Zeitgenosse' *m.* **3.** Freier *m* (*e-r Prostituierten*). **~ a·gent** *s econ.* Kundenvertreter *m* (*im Exportgeschäft*). **~ own·er·ship** *s econ. Am.* Aktienbesitz *m* der Kundschaft von Versorgungsbetrieben.

ˈcus·tom|·house *s* Zollamt *n*: **~ agent** (*od.* **broker**) Zollagent *m.* **~ in·voice** *s econ.* ˈZollfakˌtura *f.*

ˈcus·tom·ize *v/t* **1.** *Versicherungsprogramm etc* auf den Kundenbedarf zuschneiden. **2.** *bes. sein Auto* individuˈell ˈherrichten.

ˌcus·tom-ˈmade *adj* nach Maß *od.* auf Bestellung *od.* speziˈell angefertigt, maßgefertigt, Maß...: **~ suit.**

cus·toms| clear·ance, *a.* **~ clear·ing** *s* Zollabfertigung *f.* **~ dec·la·ra·tion** *s* ˈZolldeklaratiˌon *f*, -erklärung *f.* **~ ex·am·i·na·tion, in·spec·tion** *s* ˈZollkonˌtrolle *f.* **~ of·fi·cer, ~ of·fi·cial** *s* Zollbeamte(r) *m.* **~ un·ion** *s* ˈZolluniˌon *f*, -verein *m.* **~ ware·house** *s* Zollager *n.* **~ war·rant** *s econ.* Zollauslieferungsschein *m.*

cut [kʌt] **I** *s* **1.** Schnitt *m.* **2.** Hieb *m*: **~ and thrust** a) *fenc.* Hieb u. Stoß *m*, b) *fig.* (*feindseliges*) Hin u. Her, Widerstreit *m*; **rhetorical ~ and thrust** Wortgefecht *n.* **3.** *fig.* Stich *m*, (Seiten)Hieb *m*, Bosheit *f.* **4.** *colloq.* Schneiden *n*: **to give s.o. the ~ direct** j-n ostentativ schneiden. **5.** (Spaten)Stich *m.* **6.** Haarschnitt *m.* **7.** *tech.* Ein-, Anschnitt *m*, Kerbe *f.* **8.** *tech.* Schnittfläche *f.* **9.** *tech.* Schrot *m*, *n.* **10.** a) Einschnitt *m*, ˈDurchstich *m* (*im Gelände*), b) Graben *m.* **11.** Schnitte *f*, Stück *n* (*bes. Fleisch*): **cold ~s** Aufschnitt *m.* **12.** *Am. colloq.* Imbiß *m.* **13.** *colloq.* Anteil *m* (**of, in an** *dat*): **my ~ is 20%.** **14.** *bes. Am.* a) Mahd *f* (*Gras*), b) Schlag *m* (*Holz*), c) Schur *f* (*Wolle*). **15.** *Film*: Schnitt *m.* **16.** *Film, Rundfunk, TV*: scharfe Überˈblendung, Schnitt *m.* **17.** Abkürzung(sweg *m*) *f*, diˈrekter Weg. **18.** *Tennis etc*: Schnitt *m.* **19.** Stück *n*, Länge *f* (*von Stoff, Tuch*). **20.** (Zu)Schnitt *m*, Fasˈson *f* (*bes. von Kleidung*). **21.** Schnitt *m*, Schliff *m* (*von Edelsteinen*). **22.** *fig.* Art *f*, Schlag *m*: **of quite a different ~** aus ganz anderem Holz geschnitzt. **23.** Gesichtsschnitt *m.* **24.** *colloq.* (*soziale etc*) Stufe: **a ~ above** e-e Stufe höher als. **25.** *print.* a) (Kupfer)Stich *m*, b) Druckstock *m*, c) Kliˈschee *n.* **26.** Holzschnitt *m.* **27.** (*modischer*) Schlitz (*im Kleid*). **28.** Streichung *f*, Auslassung *f*, Kürzung *f* (*in e-m Buch etc*). **29.** *econ.* Kürzung *f*, Senkung *f*: **~ in prices** Preissenkung *od.* -herabsetzung *f*; **~ in salary** Gehaltskürzung. **30.** *ped. univ. colloq.* ‚Schwänzen' *n.* **31.** *Kartenspiel*: a) Abheben *n*, b) abgehobene Karte(n *pl*). **32.** *colloq.* Strohhalm *m* (*zum Losen*): **to draw ~s** Strohhalme ziehen, losen.

II *adj* **33.** beschnitten, (zu)geschnitten, gestutzt, gespalten, zersägt: **~ flowers** Schnittblumen; **~ glass** geschliffenes Glas. **34.** *bot.* (ein)gekerbt. **35.** gemeißelt, geschnitzt, behauen. **36.** verschnitten, kaˈstriert: **a ~ horse** ein Wallach. **37.** *econ.* herˈabgesetzt, ermäßigt: **~ prices.** **38.** *sl.* ‚blau', ‚besoffen'.

III *v/t pret u. pp* **cut** **39.** (be-, zer-) schneiden, ab-, ˈdurchschneiden, e-n Schnitt machen in (*acc*): **to ~ one's finger** sich in den Finger schneiden; **to ~ to pieces** zerstückeln; **to ~ one's teeth** Zähne bekommen, zahnen; → **eyetooth.** **40.** abhacken, abschneiden, absägen, *mar.* kappen: **to ~ a book** ein Buch aufschneiden; **to ~ coal** Kohle(n) hauen; **to ~ grass** Gras mähen; **to ~ trees** Bäume fällen; **to ~ turf** Rasen stechen; **to ~ wood** Holz hacken. **41.** *e-e Hecke etc* (be)schneiden, stutzen: **to ~ s.o.'s hair** j-m die Haare schneiden. **42.** e-e Schnittwunde beibringen (*dat*), verletzen. **43.** schlagen: **to ~ a horse with a whip.** **44.** *Tiere* kaˈstrieren, verschneiden. **45.** *ein Kleid etc* zuschneiden, *etwas* zuˈrechtschneiden, *e-n Schlüssel* anfertigen, *e-n Braten* vorschneiden *od.* zerlegen. **46.** *e-n Stein* behauen, *Glas, Edelsteine* schleifen. **47.** (ein)schnitzen, einschneiden, -ritzen. **48.** *e-n Weg* ausgraben, -hauen, *e-n Graben* stechen, *e-n Tunnel* bohren: **to ~ one's way** sich e-n Weg bahnen. **49.** *agr. Land* ˈumackern, pflügen. **50.** *math. etc* durchˈschneiden, kreuzen. **51.** *mot.* a) *e-e Kurve* schneiden: → **corner** 1, b) *ein Verkehrszeichen etc* überˈfahren. **52.** *e-n Text etc, a. e-n Betrag etc* kürzen, beschneiden, zs.-streichen (**to** auf *acc*): **to ~ an article**; **to ~ film** e-n Film schneiden; **to ~ the wages** die Löhne kürzen; **to ~ production** die Produktion einschränken *od.* drosseln. **53.** *econ. Preise* herˈabsetzen, senken. **54.** *die Geschwindigkeit* herˈabsetzen, verringern. **55.** *econ. e-n Verlust* abschreiben: **I have ~ my losses** a) ich habe m-e Verluste abgeschrieben, b) *fig.* ich habe diese Sache aufgegeben. **56.** a) *chem. tech.* verdünnen, auflösen, b) *colloq.* verwässern. **57.** *tech.* abstoßen, *Metall, a. Gewinde* schneiden, beschroten, fräsen, scheren, schleifen. **58.** *electr. teleph. e-e Verbindung* trennen. **59.** *electr. mot. tech.* a) *den Motor etc* ab-, ausschalten, b) *den Motor* drosseln. **60.** *Film, Rundfunk, TV*: abbrechen. **61.** (*auf Tonband*) mitschneiden. **62.** *fig. e-e Verbindung* abbrechen, aufgeben. **63.** *fig.* a) betrüben: **it ~ him to the heart** es tat ihm in der Seele weh, es schnitt ihm ins Herz, b) *j-m* weh tun, *j-n* kränken. **64.** *colloq. j-n* schneiden: **to ~ s.o. dead** j-n völlig ignorieren. **65.** *ped. univ. colloq. e-e Stunde etc* ‚schwänzen'. **66.** *Karten* abheben. **67.** *Tennis etc*: *den Ball* (an-) schneiden. **68.** *colloq. Gewinne* teilen. **69.** *sport e-n Rekord* brechen. **70.** → **cut out** 9.

IV *v/i* **71.** schneiden, hauen (**in, into** in *acc*), bohren, hauen, sägen, stechen: **it ~s both ways** *fig.* a) es ist ein zweischneidiges Schwert, b) das gilt für beide Teile (gleichermaßen). **72.** einschneiden, drücken (*Kragen etc*). **73.** sich (gut) schneiden lassen. **74.** ˈdurchbrechen (*Zähne*). **75.** (auf dem kürzesten Wege) hinˈdurchgehen, den kürzesten Weg einschlagen. **76.** *colloq.* a) rasen, flitzen, b) ‚abhauen': **to ~ and run** Reißaus nehmen. **77.** weh tun, kränken. **78.** *Kartenspiel*: abheben. **79.** *sport* den Ball (an-) schneiden. **80.** *Film etc*: a) schneiden, überˈblenden: **to ~ to** um- *od.* hinüberblenden zu, b) abbrechen. **81.** *ped. univ. colloq.* (die Stunde *etc*) ‚schwänzen'. **82.** *paint.* stark herˈvortreten (*Farbe*). **83.** *colloq.* die Gewinne teilen.

Verbindungen mit Präpositionen:

cut| a·cross *v/i* **1.** quer durch ... gehen (*um abzukürzen*). **2.** *fig.* hinˈausgehen über (*acc*). **3.** *fig.* widerˈsprechen (*dat*). **4.** *fig. Am.* einbeziehen, einschließen. **~ in·to** *v/i* **1.** *Kuchen etc* anschneiden. **2.** einschneiden in (*acc*) (*a. fig.*): **it ~ his time** es kostete ihn Zeit; **to ~ a market** *econ.* e-n Einbruch in e-n Markt erzielen; **it ~ the value of his house** es verringerte den Wert s-s Hauses; *the new car* **~ his savings** riß ein Loch in s-e Ersparnisse. **3.** sich einmischen in (*ein Gespräch*). **~ through** *v/t* durchˈschneiden, -ˈhauen, -ˈstechen, -ˈgraben.

Verbindungen mit Adverbien:

cut| a·long *v/i Br. colloq.* sich auf die Beine machen. **~ back I** *v/t* **1.** → **cut** 41, 52, 54. **II** *v/i* **2.** *bes. Am.* (zu)ˈrückblenden (**to** auf *acc*) (*Film, Roman etc*). **3.** **~ on** *etwas* einschränken: **to ~ on smoking.** **~ down I** *v/t* **1.** abhacken, abhauen, *Bäume* fällen, *e-n Wald* abholzen. **2.** zuˈrechtschneiden, -stutzen (*a. fig.*): → **size**[1] 3. **3.** a) niederschlagen, b) erschlagen. **4.** *fig.* daˈhin-, wegraffen. **5.** *Kleidungsstück* kleiner machen, kürzen (*bes. für ein jüngeres Familienmitglied*). **6.** a) *Ausgaben* verringern, einschränken, b) → **cut** 52, 53. **7.** *j-n* herˈunterhandeln (**by** um; **to** auf *acc*). **8.** *electr. die Spannung* reduˈzieren. **9.** *tech.* abdrehen. **II** *v/i* **10.** **~ on** *etwas* einschränken: **to ~ on smoking.** **~ in I** *v/t* **1.** *tech. den Motor* einschalten. **2.** *electr.* in e-n Stromkreis einschalten. **3.** *Film etc*: *Szene etc* einschalten, -fügen. **4.** *colloq. j-n* beteiligen (**on** an *dat*). **II** *v/i* **5.** sich einmischen. **6.** *mot.* sich diˈrekt vor ein anderes Auto setzen: **to ~ on s.o.** j-n schneiden. **7.** *colloq.* (*beim Tanz*) abklatschen. **8.** *Kartenspiel*: (als Partner) einspringen. **9.** *tech. teleph.* sich einschalten. **~ loose** *v/i* **1.** sich lossagen *od.* freimachen (**from** von). **2.** sich gehen lassen. **3.** a) loslegen (**with** mit), b) ‚auf den Putz hauen'. **~ off** *v/t* **1.** abschneiden, abhauen, absägen: **to ~ s.o.'s head** j-n köpfen. **2.** *den Strom etc* absperren, abdrehen, *e-e Verbindung, die Versorgung, den Weg etc* abschneiden: **to ~ the enemy's retreat** dem Feind den Rückzug abschneiden; **he had his electricity ~** ihm wurde der Strom gesperrt. **3.** *teleph. Teilnehmer* trennen. **4.** *electr. tech.* ab-, ausschalten.

5. *fig.* a) abschneiden, trennen, b) abbrechen, (ab'rupt) beenden. **6.** *j-n* enterben. **7.** *j-n* da'hinraffen. ~ **o·pen** *v/t* aufschneiden. ~ **out I** *v/t* **1.** (her)'ausschneiden. **2.** *ein Kleid* zuschneiden. **3.** *nur pass* planen, vorbereiten, ausersehen: **to be ~ for a job** für e-e Aufgabe wie geschaffen sein; → **work** 1. **4.** *e-n Rivalen* ausstechen, verdrängen. **5.** *tech.* a) her'ausnehmen, abkuppeln, b) *a. electr.* ab-, ausschalten. **6.** *mar. ein Schiff* durch Abschneiden von der Küste kapern. **7.** *Am. ein Weidetier* von der Herde absondern. **8.** *colloq. etwas* abstellen, ausschalten, entfernen. **9.** *colloq. etwas* unter'lassen, aufhören mit: **cut it out!** hör auf (damit)!, laß den Quatsch! **10.** *colloq. j-n* betrügen (**of** um *s-n Anteil*). **II** *v/i* **11.** *mot.* ausscheren. **12.** *Kartenspiel*: ausscheiden. **13.** *tech.* a) sich ausschalten, b) aussetzen, -fallen (*Motor*). ~ **o·ver** *v/t Wald* ausforsten, abholzen. ~ **un·der** *econ.* **I** *v/t* unter'bieten. **II** *v/i* unter dem Marktpreis verkaufen. ~ **up I** *v/t* **1.** zerschneiden, -hauen, -sägen. **2.** zerlegen. **3.** zerreißen, aufschlitzen, *den Boden* zerwühlen. **4.** unter'brechen. **5.** vernichten, dezi'mieren. **6.** *colloq.* ‚verreißen', scharf kriti'sieren. **7.** *meist pass* a) tief betrüben: **to be ~ tief** betrübt sein, b) kränken. **II** *v/i* **8.** *Br. colloq.* sich benehmen: **to ~ rough** ‚massiv' *od.* grob werden. **9.** *Am. colloq.* a) ‚angeben', b) Unsinn treiben.

ˌ**cut|-and-'come-a·gain** *s bot.* 'Sommerlevˌkoje *f.* ˌ**~-and-'dried,** ˌ**~-and--'dry** *adj* **1.** planmäßig, festgelegt. **2.** rou'tinemäßig. ˌ**~-and-'try** *adj* em'pirisch.

cu·ta·ne·ous [kjuː'teɪnjəs; -nɪəs] *adj anat.* ku'tan, Haut...

'**cut·a·way I** *adj* **1.** schneidend. **2.** beschnitten. **3.** weggeschnitten. **4.** mit steigendem Revers (*Jacke*). **5.** Schnitt..., im Ausschnitt: ~ **model** Schnittmodell *n*; ~ **view** Ausschnitt(darstellung *f*) *m*. **II** *s* **6.** *a.* ~ **coat** 'Cut(aˌway) *m*.

'**cut·back** *s* **1.** *Film etc*: *bes. Am.* Rückblende *f.* **2.** Kürzung *f*, Beschneidung *f*, Zs.-streichung *f.* **3.** Her'absetzung *f*, Verringerung *f.*

cute [kjuːt] *adj* (*adv* **~ly**) *colloq.* **1.** schlau, clever. **2.** niedlich, ‚süß'. '**cute·ness** *s colloq.* **1.** Schlauheit *f*, Cleverness *f.* **2.** Niedlichkeit *f.*

cu·ti·cle ['kjuːtɪkl] *s* **1.** Ku'tikula *f*: a) *anat.* (Ober)Häutchen *n*, Epi'dermis *f*, b) *zellfreie Abscheidung der Oberhaut*, c) *bot. äußerste Schicht der Oberhaut.* **2.** Deck-, Oberhaut *f*, *bes.* Nagelhaut *f*: ~ **scissors** Nagelschere *f.* **3.** Häutchen *n* (*auf Flüssigkeiten*).

cut·ie ['kjuːtɪ], *a.* '**cut·ey** *s colloq.* **1.** *bes. Am.* ‚süße Biene'. **2.** *sport Am.* ‚Stra'tege' *m*, ‚alter Hase'.

'**cut-in I** *adj* **1.** eingeschaltet. **II** *s* **2.** *Film etc*: a) Einschnitt(szene *f*) *m*, b) zwischengeschaltete 'Durchsage. **3.** *Film, Zeitung*: Zwischentitel *m*.

cu·tis ['kjuːtɪs] *s anat.* Kutis *f*, Lederhaut *f.*

cut·las(s) ['kʌtləs] *s* **1.** *mar. hist.* Entermesser *n*. **2.** Ma'chete *f.*

cut·ler ['kʌtlə(r)] *s* Messerschmied *m*. '**cut·ler·y** *s* **1.** Messerschmiedehandwerk *n*. **2.** *collect.* Messerwaren *pl.* **3.** (Tisch-, Eß)Besteck *n*.

cut·let ['kʌtlɪt] *s* **1.** Schnitzel *n*. **2.** Hacksteak *n*.

'**cut·off** *s* **1.** *bes. Am.* Abkürzung(sweg *m*) *f.* **2.** *geol.* a) Mä'anderabschnürung *f* (*e-s Flusses*), b) na'türlich abgeschnürte Flußschlinge. **3.** *Wasserbau*: 'Stichkaˌnal *m*. **4.** *electr. tech.* a) (Ab)Sperrung *f*, Ab-, Ausschaltung *f*, b) Ausschalt(zeit)punkt *m*, c) 'Sperr-, 'Abschaltperiˌode *f*, -zeit *f*, d) Ausschalt-, Sperrvorrichtung *f*, e) *a.* ~ **point** Sperrpunkt *m*, -stelle *f* (*in e-m Stromkreis*). **5.** Brennschluß *m* (*bei Raketen*). **6.** *fig.* a) (ab'rupte) Beendigung, b) letzter Ter'min, Stichtag *m*. ~ **current** *s electr.* Ausschaltspitzenstrom *m*. ~ **key** *s electr.* Trenntaste *f.* ~ **valve** *s tech.* 'Absperrvenˌtil *n*.

'**cut|-out** *s* **1.** Ausschnitt *m*. **2.** 'Ausschneidefiˌgur *f* (*bes. für Kinder*). **3.** *electr. tech.* a) *a.* ~ **switch** Ausschalter *m*, Unter'brecher *m*, b) 'Sicherung(sautoˌmat *m*) *f*: ~ **box** Schalt-, Sicherungskasten *m*. '**~ˌo·ver I** *adj* abgeholzt (*Forstland*). **II** *s* Kahlschlag *m*. ˌ**~-'price** *Br. für* **cut-rate**. '**~·purse** *s* Taschendieb(in). ˌ**~-'rate** *adj Am.* **1.** *econ.* a) ermäßigt, her'abgesetzt: ~ **articles**; ~ **prices**; ~ **offer** Billigangebot *n*, b) zu her'abgesetzten Preisen verkaufend: ~ **shop** (*bes. Am.* **store**) Discountgeschäft *n*, -laden *m*, c) (Fahrpreis- *etc*)Ermäßigung(en) genießend: ~ **passengers**. **2.** *fig. colloq.* ‚billig', ‚nachgemacht'.

cut·ter ['kʌtə(r)] *s* **1.** (Blech-, Holz-) Schneider *m*, Zuschneider *m* (*a. von Tuch*), (Stein)Hauer *m*, (Glas-, Dia'mant)Schleifer *m*. **2.** *tech.* a) 'Schneidemaˌschine *f*, -werkzeug *n*, b) Fräser *m*, c) Stichel *m*, Meißel *m*, Stahl *m*, d) Bohrer *m*, e) Paral'lelschere *f.* **3.** a) Schneiddose *f*, b) Schneidstichel *m* (*für Schallplatten*). **4.** *Bergbau*: a) 'Schrämmaˌschine *f*, b) Hauer *m* (*Person*). **5.** *gastr.* Ausstechform *f.* **6.** *tech.* (*Art*) weicher Backstein. **7.** *Film*: Cutter(in). **8.** *Am.* leichter (Pferde)Schlitten. **9.** *mar.* a) Kutter *m*, b) (Bei)Boot *n* (*von Kriegsschiffen*), c) *a.* **coast guard** ~ *Am.* Küstenwachfahrzeug *n*. ~ **bar** *s tech.* **1.** Bohrspindel *f*, -welle *f.* **2.** Schneidebalken *m*, -stange *f* (*e-r Mähmaschine*). '**~·head** *s tech.* **1.** Bohr-, Messerkopf *m*. **2.** Fräs(spindel)kopf *m*. **3.** Hobelmesser *n*.

'**cut·throat I** *s* **1.** a) Mörder *m*, b) (professio'neller) Killer. **2.** *orn.* Bandfink *m*. **3.** *zu dritt gespieltes Kartenspiel.* **4.** *a.* ~ **razor** Ra'siermesser *n*. **II** *adj* **5.** mörderisch, grausam, Mörder... **6.** *fig.* halsabschneiderisch, mörderisch: ~ **competition** mörderischer *od.* unbarmherziger Konkurrenzkampf; ~ **price** Wucherpreis *m*. **7.** zu dritt gespielt: ~ **bridge**.

cut·ting ['kʌtɪŋ] **I** *s* **1.** (Ab-, Aus-, Be-, Zu)Schneiden *n* (*etc*; → **cut** III). **2.** → **cut** 7, 15, 16. **3.** *bes. Br.* (Zeitungs)Ausschnitt *m*. **4.** *tech., bes. rail. bes. Br.* Einschnitt *m*, 'Durchstich *m*. **5.** *tech.* a) Fräsen *n*, Schneiden *n*, spanabhebende Bearbeitung, Zerspanung *f*, b) Kerbe *f*, Schlitz *m*, c) *pl* (Dreh-, Hobel)Späne *pl*, d) *pl* Abfälle *pl*, Schnitzel *pl.* **6.** *bot.* Ableger *m*, Steckling *m*, Setzling *m*. **II** *adj* (*adv* **~ly**) **7.** Schneid(e)..., Schnitt..., schneidend (*a. fig. Schmerz, Wind*). **8.** *fig.* schneidend, beißend, scharf: **a ~ remark**. ~ **an·gle** *s tech.* Schneide-, Schnittwinkel *m*. ~ **blow·pipe** *s tech.* Schneidbrenner *m*. ~ **die** *s tech.* Schneideisen *n*, 'Stanzschaˌblone *f.* ~ **edge** *s* Schneide *f*, Schnittkante *f.* ~ **ma·chine** *s tech.* 'Fräsmaˌschine *f.* ~ **nip·pers** *s pl*, *a.* **pair of** ~ Kneifzange *f.* ~ **oil** *s tech.* Kühlöl *n*. ~ **press** *s tech.* Schnittpresse *f.* ~ **punch** *s tech.* Locheisen *n*, Schnittstempel *m*. ~ **sty·lus** *s a. irr* → **cutter** 3 b. ~ **torch** → **cutting blowpipe**.

cut·tle ['kʌtl] → **cuttlefish**. '**~·bone** *s ichth.* Blackfischbein *n*, Kalkschulp *m*. '**~·fish** *s* (*ein*) Kopffüßer *m*, *bes.* Gemeiner Tintenfisch, Kuttelfisch *m*.

cut·ty ['kʌtɪ] *bes. Scot.* **I** *adj* **1.** kurz(geschnitten). **II** *s* **2.** Stummelpfeife *f.* **3.** a) kleines, unter'setztes Mädchen, b) ‚Flittchen' *n*. ~ **stool** *s bes. Scot. hist.* Arme'sünderstuhl *m*.

'**cutˌup** *s Am. colloq.* **1.** ‚Angeber' *m*. **2.** ‚Kasper' *m*, Witzbold *m*.

cut| vel·vet *s* Voile- *od.* Chif'fonstoff *m* mit Samtmuster. '**~ˌwa·ter** *s* **1.** *mar.* Schegg *m* (*e-r Brücke*). **2.** Pfeilerkopf *m*, Gali'on *n*. '**~·work** *s Stickerei*: 'Durchbrucharbeit *f.*

cy·an·am·ide [saɪ'ænəmaɪd; -mɪd] *s chem.* **1.** Zyana'mid *n*. **2.** Kalkstickstoff *m*. '**cy·a·nate** [-əneɪt] *s chem.* Zya'nat *n*.

cy·an·ic [saɪ'ænɪk] *adj* **1.** zy'anblau. **2.** *chem.* Zyan...: ~ **acid**.

cy·a·nide ['saɪənaɪd] **I** *s chem.* Zya'nid *n*: ~ **of copper** Zyankupfer *n*; ~ **of potash** Zyankali *n*. **II** *v/t metall.* a) zemen'tieren, b) im Zya'nidverfahren bearbeiten.

cy·a·nin ['saɪənɪn] *s chem.* Zya'nin *n*. '**cy·a·nite** [-naɪt] *s min.* Zya'nit *m*, Kya'nit *m*.

cy·an·o·gen [saɪ'ænədʒɪn; -dʒen] *s chem.* **1.** Zy'an *n* (*Radikal*). **2.** 'Dizyˌan *n*.

cy·a·no·sis [ˌsaɪə'nəʊsɪs] *s med.* Zya'nose *f*, Blausucht *f.*

cy·ber·net·ic [ˌsaɪbə(r)'netɪk] **I** *adj* (*adv* **~ally**) kyber'netisch. **II** *s pl* (*als sg konstruiert*) *biol. sociol. tech.* Kyber'netik *f* (*Wissenschaft von den Steuerungs- u. Regelungsvorgängen*). ˌ**cy·ber'net·i·cist** [-ɪsɪst], *a.* ˌ**cy·ber·ne'ti·cian** [-nɪ'tɪʃn] *s* Kyber'netiker *m*. ˌ**cy·ber'net·ist** *s* Kyber'netiker *m*.

cy·borg ['saɪbɔː(r)g] *s* Cyborg *m* (*menschlicher Körper, in den technische Geräte als Ersatz od. zur Unterstützung nicht ausreichend leistungsfähiger Organe integriert sind*).

cy·cla·mate ['saɪkləmeɪt; 'sɪk-] *s chem.* [Suca'ryl *n*.]

cy·cla·men ['sɪkləmən; *Am. bes.* 'saɪk-] *s bot.* Alpenveilchen *n*.

cyc·la·mine ['saɪkləmiːn; -mɪn; 'sɪk-] *s chem.* zyklisches A'min.

cy·cle ['saɪkl] **I** *s* **1.** Zyklus *m*, Kreis(lauf) *m*, 'Umlauf *m*. **2.** Peri'ode *f*: **in ~s** periodisch (wiederkehrend). **3.** *astr.* Himmelskreis *m*. **4.** Zeitalter *n*, Ära *f.* **5.** Zyklus *m*: a) (Gedicht-, Lieder-, Sagen)Kreis *m*, b) Folge *f*, Reihe *f*, Serie *f* (*von Schriften*). **6.** a) Fahrrad *n*: ~ **lane** (*od.* **path**) Rad(fahr)weg *m*; ~ **race** *sport* Radrennen *n*, b) Dreirad *n*, c) Motorrad *n*. **7.** *electr. phys.* ('Schwingungs)Periˌode *f*: **~s per second** Hertz. **8.** *tech.* a) (Arbeits)Spiel *n*, Arbeitsgang *m*, b) (Motor-) Takt *m*: **four-stroke** ~ Viertakt; **four-~ engine** Viertaktmotor *m*. **9.** *Thermodynamik*: 'Kreisproˌzeß *m*. **10.** *chem.* Ring *m*. **11.** *math.* a) Kreis *m*, b) → **cyclic permutation**. **12.** *bot.* Quirl *m*, Wirtel *m*. **13.** *zo.* Zyklus *m*, Entwicklungsgang *m*. **II** *v/i* **14.** e-n Kreislauf 'durchmachen. **15.** peri'odisch 'wiederkehren. **16.** radfahren, radeln. **III** *v/t* **17.** e-n Kreislauf 'durchmachen lassen. **18.** *a. tech.* peri'odisch wieder'holen. '**~ˌcar** *s Am.* (*oft dreirädriges*) Kleinstauto, -wagen *m*.

cy·cler ['saɪklər; 'sɪk-] *Am. für* **cyclist**.

'**cy·cle·way** *s* Rad(fahr)weg *m*.

cy·clic ['saɪklɪk; 'sɪk-] *adj*; '**cy·cli·cal** [-kl] *adj* (*adv* **~ly**) **1.** zyklisch: a) Kreislauf..., kreisläufig, b) peri'odisch, c) *chem.* Zyklo..., Ring..., d) *bot.* wirtelig (*Blüte*). **2.** *econ.* konjunk'turpoˌlitisch, -bedingt, konjunktu'rell, Konjunktur...: ~ **policy**. **3.** *Literatur*: zyklisch: ~ **poet** zyklischer Dichter, Zykliker *m*. **4.** *psych.* zyklisch: ~ **insanity** zyklisches (manisch-depressives) Irresein.

cy·clic| per·mu·ta·tion *s math.* zyklische Permutati'on. ~ **rate** *s mil.* Feuergeschwindigkeit *f.*

cy·cling ['saɪklɪŋ; *Am. a.* 'sɪk-] *s* **1.** Radfahren *n*: ~ **tour** Radtour *f.* **2.** *sport*

Radrennsport *m.* ˈ**cy·clist** *s* a) Radfahrer(in), b) Motorradfahrer(in).
cy·clo-cross [ˈsaɪkləʊkrɒs; *Am.* -ˌkrɔːs] *s Radsport*: Querfeldˈeinfahren *n*: ~ **rider** Querfeldeinfahrer *m.*
cy·cloid [ˈsaɪklɔɪd] **I** *s* **1.** *math.* Zykloˈide *f*, Radlinie *f*, -kurve *f*. **2.** *psych.* zykloˈider Mensch. **II** *adj* **3.** kreisähnlich. **4.** *ichth.* a) zykloˈid-, rundschuppig (*Fisch*), b) zykloˈid, rund. **5.** *psych.* zykloˈid. **cyˈcloi·dal** *adj* **1.** *phys.* Zykloiden...: ~ **pendulum.** **2.** → **cycloid** II.
cy·clom·e·ter [saɪˈklɒmɪtə; *Am.* -ˈklɑmətər] *s* **1.** *math.* Zykloˈmeter *n*, Kreisberechner *m* (*Instrument*). **2.** *tech.* Wegmesser *m*, Umˈdrehungszähler *m.*
cy·clone [ˈsaɪkləʊn] *s* **1.** *meteor.* a) Zyˈklon *m*, Wirbelsturm *m*, b) Zyˈklone *f*, Tief(druckgebiet) *n*, c) *fig.* Orˈkan *m*: **a ~ of laughter** orkanartiges Gelächter. **2.** *tech.* a) Zentriˈfuge *f*, Schleuder *f*, b) Zyˈklon(entstauber) *m* (*für Luft od. Gas*).
cy·clo·pae·di·a, *etc* → **cyclopedia,** *etc.*
Cy·clo·pe·an [saɪˈkləʊpjən; -pɪən; ˌsaɪkləʊˈpiːən] *adj* **1.** Zyklopen... **2.** *a.* **c~** zyˈklopisch, giˈgantisch. **3.** **c~** *arch.* megaˈlithisch.
cy·clo·pe·di·a [ˌsaɪkləʊˈpiːdjə; -dɪə] *s* **1.** Enzyklopäˈdie *f*. **2.** allgemeines Lehrbuch (*e-r Wissenschaft*). ˌ**cy·cloˈpe·dic,** ˌ**cy·cloˈpe·di·cal** *adj* enzykloˈpädisch, univerˈsal, umˈfassend: ~ **knowledge.**
Cy·clo·pes [saɪˈkləʊpiːz] *pl von* **Cyclops.**
Cy·clop·ic [saɪˈklɒpɪk; *Am.* -ˈklɑ-] → **Cyclopean.**
cy·clo-pousse [ˈsaɪkləʊpuːs] *s* a) Fahrradrikscha *f*, b) Motorradrikscha *f.*
Cy·clops [ˈsaɪklɒps; *Am.* -ˌklɑps] *pl* **-clo·pes** [saɪˈkləʊpiːz] *s myth.* Zyˈklop *m.*
cy·clo·ra·ma [ˌsaɪkləˈrɑːmə; *Am. a.* -ˈræmə] *s* **1.** Rundgemälde *n.* **2.** ˈRundhoriˌzont *m.*
cy·clo·style [ˈsaɪkləʊstaɪl] **I** *s* Zykloˈstyl *m.* **II** *v/t* durch Zykloˈstyl vervielfältigen.
cy·clo·thyme [ˈsaɪkləʊθaɪm] *s psych.* zykloˈthymer Mensch.
cy·clo·tron [ˈsaɪklətrɒn; *Am.* -ˌtrɑn] *s phys.* Zyklotron *n*, (Teilchen)Beschleuniger *m.*
cy·der *bes. Br. für* **cider.**
cyg·net [ˈsɪɡnɪt] *s orn.* junger Schwan.
cyl·in·der [ˈsɪlɪndə(r)] *s* **1.** *print. tech.* Zyˈlinder *m*, Walze *f* (*beide a. math.*), Rolle *f*, Trommel *f*: **six-~ car** Sechszylinderwagen *m.* **2.** *tech.* a) (Reˈvolver-)Trommel *f*, b) Bohrung *f*, Seele *f*, c) Gas-, Stahlflasche *f*, d) ˈMeßzyˌlinder *m*, e) Stiefel *m* (*e-r Pumpe*). **3.** *bot.* Zenˈtralzyˌlinder *m.* **4.** *Archäologie*: ˈSiegelzyˌlinder *m*, Rollsiegel *n.* ~ **bar·rel** *s tech.* Zyˈlindermantel *m.* ~ **block** *s tech.* Zyˈlinderblock *m.* ~ **bore** *s tech.* Zyˈlinderbohrung *f.*
cyl·in·dered [ˈsɪlɪndə(r)d] *adj tech.* ...zylindrig: **four-~ engine** Vierzylindermotor *m.*
cyl·in·der| es·cape·ment *s tech.* Zyˈlinderhemmung *f* (*Uhr*). ~ **glass** *s tech. Am.* geblasenes Flachglas. ~ **head** *s tech.* Zyˈlinderkopf *m.* ~ **press** *s tech.* (ˈDruck)Zyˌlinder(schnell)presse *f.* ~ **saw** *s tech.* Trommelsäge *f.*
cy·lin·dri·cal [sɪˈlɪndrɪkl], *a.* **cyˈlindric** *adj* (*adv* ~**ally**) *math.* zyˈlindrisch, Zylinder..., *tech. a.* walzenförmig.
cy·lin·dri·cal| co·or·di·nates *s pl math.* Zyˈlinderkoordiˌnaten *pl.* ~ **func·tions,** ~ **har·mon·ics** *s pl math.* Zyˈlinderfunktiˌonen *pl*, Besselsche Funktiˈonen *pl.*
cy·lin·dri·form [sɪˈlɪndrɪfɔː(r)m] *adj* zyˈlinderförmig.
cyl·in·droid [ˈsɪlɪndrɔɪd] **I** *s math.* Zylindroˈid *n.* **II** *adj* zylindroˈid.
cy·ma [ˈsaɪmə] *pl* **-mae** [-miː], **-mas** *s* **1.** *arch.* Kyma *n* (*Schmuckleiste*). **2.** *bot.* → **cyme.**
cy·mar → **simar.**
cym·bal [ˈsɪmbl] *s mus.* **1.** *meist pl* Becken *n* (*Schlaginstrument*). **2.** Zimbel *f* (*Orgelregister*). ˈ**cym·bal·ist** [-bəlɪst] *s mus.* Beckenschläger *m.* ˈ**cym·ba·lo** [-bələʊ] *pl* **-los** *s mus.* Hackbrett *n.*
cyme [saɪm] *s bot.* a) Zyma *f*, Gabel-Blütenstand *m*, b) Trugdolde *f.*
Cym·ric [ˈkɪmrɪk] **I** *adj* kymrisch, *bes.* waˈlisisch. **II** *s ling.* Kymrisch *n*, das Kymrische. ˈ**Cym·ry** *s collect.* Kymren *pl*, *bes.* Waˈliser *pl.*
cyn·ic [ˈsɪnɪk] **I** *s* **1.** Zyniker *m.* **2.** **C~** *antiq. philos.* Kyniker *m.* **II** *adj* (*adv* ~**ally**) **3.** → **cynical.** **4.** **C~** *antiq. philos.* kynisch. ˈ**cyn·i·cal** *adj* (*adv* ~**ly**) zynisch. ˈ**cyn·i·cism** [-sɪzəm] *s* **1.** Zyˈnismus *m.* **2.** Zyˈnismus *m*, zynische Bemerkung. **3.** **C~** *antiq. philos.* Kyˈnismus *m.* ˈ**cyn·i·cist** → **cynic** 1.
cy·no·sure [ˈsɪnəˌzjʊə; -ˌʒʊə; ˈsaɪnə-; *Am.* ˈsaɪnəˌʃʊr; ˈsɪnə-] *s* **1.** *fig.* Anziehungspunkt *m*, Gegenstand *m* der Bewunderung. **2.** **C~** *astr.* a) Kleiner Bär (*Sternbild*), b) Poˈlarstern *m.*
cy·pher → **cipher.**
cy pres [ˌsiːˈpreɪ; *Am. a.* ˌsaɪ-] *adj u. adv jur.* den Absichten des Erb-lassers soˈweit wie möglich entsprechend.
cy·press[1] [ˈsaɪprəs; -prɪs] *s bot.* **1.** Zyˈpresse *f.* **2.** (*ein*) zyˈpressenartiger Baum, *bes.* (*e-e*) ˈLebensbaum-, ˈScheinzyˌpresse, b) Virˈginische ˈSumpfzyˌpresse, c) Yaccabaum *m* (*Mittelamerika*). **3.** Zyˈpressenholz *n.*
cy·press[2] [ˈsaɪprəs; -prɪs] *s* feiner Baˈtist (*bes. für Trauerkleidung*).
Cyp·ri·an [ˈsɪprɪən] **I** *adj* **1.** zyprisch. **2.** *obs.* lasterhaft. **II** *s* **3.** → **Cypriote** I. **4.** *obs.* lasterhafte Perˈson, *bes.* Hure *f.*
cy·pri·nid [sɪˈpraɪnɪd; ˈsɪprɪ-] *ichth.* **I** *s* Karpfen *m.* **II** *adj* karpfenartig.
Cyp·ri·ote [ˈsɪprɪəʊt], *a.* ˈ**Cyp·ri·ot** [-ət] **I** *s* **1.** Zyprer(in). **2.** *ling.* Zyprisch *n*, zyprischer Diaˈlekt. **II** *adj* **3.** zyprisch.
cy·prus [ˈsaɪprəs] → **cypress**[2].
Cy·ril·lic [sɪˈrɪlɪk] *adj* kyˈrillisch.
cyst [sɪst] *s* **1.** Zyste *f*: a) *med.* Sackgeschwulst *f*, b) *biol.* Ruhezelle *f*, c) Blase *f.* **2.** Kapsel *f*, Hülle *f.*
cyst·ic [ˈsɪstɪk] *adj* **1.** *bes. med.* zystisch: ~ **kidney** Zystenniere *f.* **2.** *anat.* (Gallen-, Harn)Blasen...
cys·ti·tis [sɪsˈtaɪtɪs] *s med.* Zyˈstitis *f*, ˈBlasenentzündung *f*, -kaˌtarrh *m.*
cys·to·cele [ˈsɪstəʊsiːl] *s med.* Zystoˈzele *f*, Blasenvorfall *m.*
cys·to·scope [ˈsɪstəskəʊp] *s med.* Zystoˈskop *n*, Blasenspiegel *m.* **cysˈtos·co·py** [-ˈstɒskəpɪ; *Am.* -ˈstɑ-] *s med.* Zystokoˈpie *f.* **cysˈtot·o·my** [-ˈstɒtəmɪ; *Am.* -ˈstɑ-] *s med.* Zystotoˈmie *f*, Blaseneinschnitt *m.*
cy·to·blast [ˈsaɪtəʊblæst] *s biol.* Zytoˈblast *m*, Zellkern *m.* ˈ**cy·to·chrome** [-krəʊm] *s biol.* Zytoˈchrom *n*, Zellfarbstoff *m.*
cy·tode [ˈsaɪtəʊd] *s biol.* Zyˈtode *f.*
cy·to·ge·net·ics [ˌsaɪtəʊdʒɪˈnetɪks] *s pl* (*als sg konstruiert*) *biol.* Zytogeˈnetik *f* (*Erforschung der zellphysiologischen Grundlagen der Vererbung*). **cyˈtog·e·nous** [-ˈtɒdʒɪnəs; *Am.* -ˈtɑ-] *adj biol.* zytoˈgen, zellbildend.
cy·tol·o·gy [saɪˈtɒlədʒɪ; *Am.* -ˈtɑ-] *s biol.* Zytoloˈgie *f*, Zellenlehre *f.*
cy·tol·y·sis [saɪˈtɒlɪsɪs; *Am.* -ˈtɑ-] *s med.* Zytoˈlyse *f*, Zellauflösung *f*, -zerfall *m.*
cy·to·plasm [ˈsaɪtəʊplæzəm] *s biol.* Zytoˈplasma *n*, Protoˈplasma *n.* ˈ**cy·to·plast** [-plɑːst; *bes. Am.* -plæst] *s biol.* Zytoˈplasma *n*, Zellkörper *m* (*ohne Kern*).
czar [zɑː(r)] *s* **1.** *meist* **C~** *hist.* Zar *m.* **2.** *fig.* Herrscher *m*, Dikˈtator *m.*
czar·das [ˈtʃɑː(r)dæʃ] *s mus.* Csárdás *m.*
czar·dom [ˈzɑː(r)dəm] *s* **1.** Zarenreich *n.* **2.** Zarenwürde *f.* **3.** *fig.* (autoˈkratische) Herrschaft.
czar·e·vitch [ˈzɑːrəvɪtʃ] *s* Zaˈrewitsch *m.*
czaˈri·na [-ˈriːnə] *s* Zarin *f.* ˈ**czar·ism** *s* Zarentum *n.* **czarˈis·tic** *adj* zaˈristisch, Zaren... **czaˈrit·za** [-ˈrɪtsə] → **czarina.**
Czech [tʃek] **I** *s* **1.** Tscheche *m*, Tschechin *f.* **2.** *ling.* Tschechisch *n*, das Tschechische. **II** *adj* **3.** tschechisch. ˈ**Czech·ic** → **Czech** II.
Czech·o·slo·vak [ˌtʃekəʊˈsləʊvæk], *a.* ˌ**Czech·o·sloˈvak·i·an** [-sləʊˈvækɪən; -ˈvɑː-] **I** *s* Tschechosloˈwake *m*, -sloˈwakin *f.* **II** *adj* tschechosloˈwakisch.

D

D, d [di:] **I** *pl* **D's, Ds, d's, ds** [di:z] *s* **1.** D, d *n* (*Buchstabe*). **2.** *mus.* D, d *n* (*Note*): **D flat** Des, des *n*; **D sharp** Dis, dis *n*; **D double flat** Deses, deses *n*; **D double sharp** Disis, disis *n*. **3. d** *math.* d (*4. bekannte Größe*). **4. D** *ped.* Vier *f*, Ausreichend *n* (*Note*). **5. D** D *n*, D-förmiger Gegenstand. **II** *adj* **6.** viert(er, e, es): **Company** D. **7.** D-..., D-förmig.
'd [d] *colloq. für* **had, should, would**: **you'd**.
dab[1] [dæb] **I** *v/t* **1.** leicht schlagen *od.* klopfen, antippen. **2.** be-, abtupfen. **3.** *Fläche* bestreichen. **4.** *a.* ~ **on** *Farbe etc* auftragen. **5.** *print.* kli'schieren, abklatschen. **6.** *bes. Br. sl.* Fingerabdrücke machen von. **II** *v/i* **7.** ~ **at** → 1 *u.* 2. **III** *s* **8.** Klaps *m*, leichter Schlag. **9.** Klecks *m*, Spritzer *m*. **10.** → **dabber**. **11.** *bes. Br. sl.* Fingerabdruck *m*.
dab[2] [dæb] *s ichth.* **1.** Dab *m*, Kliesche *f*. **2.** Scholle *f*.
dab[3] [dæb] *s bes. Br. colloq.* Könner *m*, Ex'perte *m*, ‚Künstler' *m*: **to be a ~ at s.th.** etwas aus dem Effeff können; **a ~ at tennis** ein Tennis-As.
dab·ber ['dæbə(r)] *s* a) *print.* Farbballen *m*, b) *Stereotypie*: Klopfbürste *f*.
dab·ble ['dæbl] **I** *v/t* **1.** besprengen, bespritzen. **2.** betupfen. **II** *v/i* **3.** (*im Wasser*) plan(t)schen, plätschern. **4.** *fig.* sich oberflächlich *od.* aus Liebhabe'rei *od.* *contp.* in dilet'tantischer Weise befassen *od.* beschäftigen (at, in mit): **to ~ in writing** (so) nebenbei ein bißchen schriftstellern. **'dab·bler** *s* Ama'teur *m*, *contp.* Dilet'tant *m*: **a ~ at** (*od.* **in**) **writing** ein literarischer Dilettant.
dab hand → dab[3].
dab·ster ['dæbstə(r)] *s* **1.** *Br. dial. für* dab[3]. **2.** *Am. colloq.* Pfuscher *m*, Stümper *m*.
da ca·po [dɑ:'kɑ:pəʊ] *adv mus.* da capo, noch einmal.
dace [deɪs] *pl* **dac·es**, *bes. collect.* **dace** *s ichth.* **1.** Häsling *m*, Hasel *m* (*europäischer Karpfenfisch*). **2.** *ein nordamer. Süßwasser-Karpfenfisch*.
da·cha ['dætʃə; *Am.* 'dɑ:-] *s* Datscha *f* (*russisches Sommerhaus*).
dachs·hund ['dækshʊnd; *Am.* 'dɑ:ks-ˌhʊnt] *s zo.* Dackel *m*.
da·coit [də'kɔɪt] *s* Ban'dit *m* (*in Indien u. Birma*).
dac·ry·o·cyst ['dækrɪəʊsɪst] *s med.* Tränensack *m*.
dac·tyl ['dæktɪl; *Am.* -tl] *s* **1.** *metr.* Daktylus *m* (*Versfuß aus e-r langen, betonten u. zwei kurzen, unbetonten Silben*). **2.** *zo.* a) Finger *m*, b) Zehe *f*.
dac·tyl·ic [dæk'tɪlɪk] *adj u. s metr.* dak'tylisch(er Vers).
dac·tyl·o·gram [dæk'tɪləʊgræm] *s bes. Am.* Fingerabdruck *m*. **ˌdac·ty'log·ra·phy** [-'lɒgrəfɪ; *Am.* -'lɑ-] *s bes. Am.* Daktylogra'phie *f*. **ˌdac·ty'lol·o·gy** [-'lɒlədʒɪ; *Am.* -'lɑ-] *s* Daktylolo'gie *f* (*Finger- u. Gebärdensprache der Taubstummen u. Gehörlosen*).
dad [dæd] *s colloq.* Vati *m*, Pa'pa *m*.
Da·da·ism ['dɑ:dəɪzəm; -dɑ:-] *s art* Dada'ismus *m*. **'Da·da·ist I** *s* Dada'ist *m*. **II** *adj* dada'istisch.
dad·dy ['dædɪ] *s* **1.** → **dad**: **he's the ~ of them all** *bes. Am. sl.* er ist der Größte. **2.** → **sugar daddy**. **~ long·legs** *pl* **-dy -legs** *s zo. colloq.* **1.** Schnake *f*. **2.** *Am.* Kanker *m*, Weberknecht *m*.
da·do ['deɪdəʊ] **I** *pl* **-does** *od.* **-dos** *s* **1.** *arch.* Posta'mentwürfel *m*. **2.** a) untere Wand, b) untere Wandverkleidung. **II** *v/t* **3.** *tech.* auskehlen, langlochen.
dae·dal ['di:dl], **Dae·da·le·an, Dae·da·li·an** [dɪ'deɪljən; -lɪən] *adj* **1.** dä'dalisch: a) geschickt, b) kunstvoll (gearbeitet), c) reichgestaltet. **2.** ingeni'ös, sinnreich. **3.** kompli'ziert.
dae·mon ['di:mən] **I** *s* **1.** *antiq.* Dämon *m* (*niedere Gottheit*). **2.** *fig.* Geist *m*, Genius *m*, höhere Macht. **3.** Dai'monion *n*, innere Stimme. **4.** (*das*) Dä'monische (*im Menschen*). **5.** → **demon** 2, 3. **II** *adj* → **demon** 4, 5.
daff [dæf] *colloq. für* **daffodil**.
daf·fo·dil ['dæfədɪl] *s* **1.** *bot.* Gelbe Nar'zisse, Osterblume *f*, -glocke *f*. **2.** Kadmiumgelb *n*.
daff·y ['dæfɪ] → daft 1, 2.
daft [dɑ:ft; *Am.* dæft] *adj* (*adv* **~ly**) *colloq.* **1.** ‚doof', trottelhaft, dämlich. **2.** ‚bekloppt', verrückt. **3. to be ~ about** verrückt sein nach. **'daft·ness** *s colloq.* **1.** Dämlichkeit *f*. **2.** Verrücktheit *f*.
dag [dæg] *s* **1.** Zotte(l) *f*, Zipfel *m*, Fetzen *m*. **2.** *Br. für* **daglock**.
dag·ger ['dægə(r)] *s* **1.** Dolch *m*: **to be at ~s drawn** *fig.* auf Kriegsfuß stehen (**with** mit); **to look ~s at s.o.** j-n mit Blicken durchbohren; **to speak ~s** scharfe u. verletzende Worte sprechen. **2.** *print.* Kreuz(zeichen) *n* (†).
dag·lock ['dæglɒk; *Am.* -ˌlɑk] *s* Wollklunker *f*.
da·go ['deɪgəʊ] *pl* **-gos** *od.* **-goes** *s Schimpfwort für Italiener, Spanier u. Portugiesen*.
da·guerre·o·type [də'gerəʊtaɪp; -rə-; *Am. a.* -rɪ:ə-] *phot. hist.* **I** *s* **1.** Daguerreo'typ *n* (*Lichtbild auf Silberplatte*). **2.** Daguerreoty'pie *f*. **II** *v/t* **3.** daguerreoty'pieren. **da'guerre·oˌtyp·y** → **daguerreotype** 2.
dah·lia ['deɪljə; *Am.* 'dæljə; 'dɑ:ljə] *s* **1.** *bot.* Dahlie *f*, Geor'gine *f*. **2.** Dahlia *n*, Me'thylvioˌlett *n* (*Farbstoff*).
Dail Eir·eann [ˌdaɪl'eərən; ˌdɔɪl-], *a.* **Dail** *s* Abgeordnetenhaus *n* (*von Eire*).
dai·ly ['deɪlɪ] **I** *adj* **1.** täglich, Tage(s)...: **our ~ bread** unser täglich(es) Brot; **~ experience** alltägliche Erfahrung; **~ help** → 6; **~ newspaper** → 5; **~ press** Tagespresse *f*; **~ wages** Tag(e)lohn *m*; → **dozen** 2. **2.** *fig.* all'täglich, ständig: **to be a ~ occurrence** an der Tagesordnung sein. **II** *adv* **3.** täglich. **4.** immer, ständig. **III** *s* **5.** Tageszeitung *f*. **6.** *Br.* Putzfrau *f* (*die jeden Tag kommt*).
dain·ti·fy ['deɪntɪfaɪ] *v/t* verfeinern, zierlich (*etc*, → **dainty**) machen. **'dain·ti·ness** *s* **1.** Zierlichkeit *f*. **2.** wählerisches Wesen, Verwöhntheit *f*. **3.** Zimperlichkeit *f*, Geziertheit *f*. **4.** Schmackhaftigkeit *f*.
dain·ty ['deɪntɪ] **I** *adj* (*adv* **daintily**) **1.** zierlich, niedlich, fein, nett, reizend. **2.** exqui'sit, köstlich, erlesen. **3.** wählerisch, verwöhnt (*bes. im Essen*). **4.** zart (-fühlend). **5.** zart, sanft: **none too daintily** ziemlich unsanft, in wenig zarter Weise. **6.** geziert, zimperlich. **7.** deli'kat, schmackhaft, lecker. **II** *s* **8.** Leckerbissen *m*: a) Delika'tesse *f*, b) *fig.* Genuß *m*, Köstlichkeit *f*.
dai·qui·ri ['daɪkɪrɪ] *s bes. Am. Cocktail aus Rum, Limonen- od. Zitronensaft u. Zucker*.
dair·y ['deərɪ] *s* **1.** Molke'rei *f*. **2.** Molke'reibetrieb *m*, Milchwirtschaft *f*. **3.** Milchgeschäft *n*. **4.** *a.* **~ cattle** *collect.* Milchvieh *n*. **~ bar** *s Am.* Milchbar *f*. **~ farm** *s* auf Milchwirtschaft speziali'sierter Bauernhof. **~ hus·band·ry** *s* Milchwirtschaft *f*.
'dair·y·ing I *s* Milchwirtschaft *f*, Molke'reiwesen *n*. **II** *adj* Molkerei...
dair·y| lunch *s Am.* Milchbar *f*. **'~maid** *s* **1.** Melkerin *f*. **2.** Molke'reiangestellte *f*. **'~man** [-mən] *s irr* **1.** Milchmann *m*. **2.** Melker *m*, Schweizer *m*. **3.** Molke'reiangestellte(r) *m*. **~ produce** *s* Molke'reiproˌdukte *pl*.
da·is ['deɪɪs] *s* **1.** Podium *n*. **2.** Baldachin *m*.
dai·sied ['deɪzɪd] *adj* voller Gänseblümchen.
dai·sy ['deɪzɪ] **I** *s* **1.** *bot.* Gänseblümchen *n*, Maßliebchen *n*, Tausendschön(chen) *n*: **to be (as) fresh as a ~** sich quicklebendig fühlen; **to push up the daisies** *sl.* ‚sich die Radies-chen von unten ansehen *od.* betrachten' (*tot sein*). **2.** *a.* **oxeye ~** *bot.* Marge'rite *f*. **3.** *sl.* a) 'Prachtexemˌplar *n*, b) Prachtkerl *m*. **II** *adj* **4.** *sl.* erstklassig, ‚prima'. **~ chain** *s* **1.** Gänseblumenkränzchen *n*, -kette *f*. **2.** *fig.* Reigen *m*, Kette *f*: **~ of events**. **~ cut·ter** *s sl.* **1.** Pferd *n* mit schleppendem Gang. **2.** *sport* Flachschuß *m*. **3.** *mil. Am.* Splitterbombe *f*. **~ wheel** *s tech.* Typenrad *n* (*e-r Schreibmaschine*).
dak [dɔ:k; dɑ:k] *s Br. Ind.* **1.** Post *f*: **~ boat** Postboot *n*. **2.** Re'laistransˌport *m*: **~ bungalow** Herberge *f*.
da·koit → **dacoit**.
Da·lai La·ma [ˌdælaɪ'lɑ:mə; ˌdɑ:-] *s relig.* Dalai-Lama *m*.

dale [deɪl] *s bes. dial. od. poet.* Tal *n.*

dales·man [ˈdeɪlzmən] *s irr* Talbewohner *m* (*bes. der nordenglischen Flußtäler*).

da·li [ˈdɑːlɪ] *s bot.* Talg-, Musˈkatnuß (-baum *m*) *f.*

dal·li·ance [ˈdælɪəns] *s* **1.** Trödeˈlei *f,* Bummeˈlei *f.* **2.** Verzögerung *f.* **3.** Tändeˈlei *f:* a) Spieleˈrei *f,* b) Liebeˈlei *f,* Geschäker *n.* ˈ**dal·li·er** *s* **1.** Bummler *m.* **2.** Tändler *m,* Schäker *m.*

dal·ly [ˈdælɪ] **I** *v/i* **1.** (**with** mit) a) scherzen, schäkern, b) spielen: **to ~ with s.o.'s affections. 2.** spielen, liebäugeln (**with** mit): **to ~ with an idea; to ~ with danger** mit der Gefahr spielen. **3.** herˈumtrödeln, bummeln, die Zeit vertändeln. **II** *v/t* **4. ~ away** a) *die Zeit* vertändeln *od.* vertrödeln, b) *Gelegenheit* verpassen, verspielen. ˈ**dal·ly·ing** *adj* **1.** scherzend, schäkernd. **2.** tändelnd.

Dal·ma·tian [dælˈmeɪʃjən; *bes. Am.* -ʃən] **I** *adj* **1.** dalmaˈtinisch, dalˈmatisch. **II** *s* **2.** Dalmaˈtiner(in). **3.** *a.* **~ dog** Dalmaˈtiner *m* (*Hunderasse*).

dal·mat·ic [dælˈmætɪk] *s relig.* Dalˈmatik(a) *f* (*liturgisches Obergewand*).

dal se·gno [dælˈsenjəʊ; dɑːlˈseɪnjəʊ] *adv mus.* dal segno, vom Zeichen an wiederˈholen.

dal·ton [ˈdɔːltən] *s chem. phys.* Dalton *n* (*Atommasseeinheit*).

dal·ton·ism [ˈdɔːltənɪzəm] *s med.* Daltoˈnismus *m,* Farbenblindheit *f.*

dam[1] [dæm] **I** *s* **1.** (Stau)Damm *m,* Deich *m,* Wehr *n,* Talsperre *f.* **2.** Stausee *m,* -gewässer *n.* **3.** *fig.* Damm *m.* **II** *v/t* **4.** *a.* **~ up** a) mit e-m Damm versehen, b) stauen, (ab-, ein)dämmen (*a. fig.*), c) (ab)sperren, hemmen, blocˈkieren (*a. fig.*): **to ~ back one's tears** die Tränen zurückhalten.

dam[2] [dæm] *s zo.* Mutter(tier *n*) *f.*

dam·age [ˈdæmɪdʒ] **I** *s* **1.** Schade(n) *m,* (Be)Schädigung *f* (**to** an *dat*): **to do ~** Schaden anrichten; **to do ~ to** → 5; **the ~ is done now** jetzt ist es schon passiert; **~ by sea** *mar.* Seeschaden, Havarie *f;* **to suffer** (*od.* **sustain**) **~ at sea** *mar.* havarieren; **~ caused by fire** Brandschaden; → **personal** 1, **property** 1. **2.** Verlust *m,* Einbuße *f.* **3.** *pl jur.* a) Schadensbetrag *m,* b) Schadenersatz *m:* **to pay ~s** Schadenersatz leisten; **to seek ~s** auf Schadenersatz klagen; **to sue s.o. for ~s, to seek ~s against s.o.** j-n auf Schadenersatz verklagen; → **action** 12, **award** 1, **exemplary** 2, **punitive. 4.** *colloq.* Preis *m,* Rechnung *f,* ‚Zeche' *f:* **what's the ~?** was macht's?, was kostet's? **II** *v/t* **5.** beschädigen: **men ~d by war** Kriegsbeschädigte. **6.** *j-m, j-s Ruf etc* schaden, Schaden zufügen, *j-n* schädigen. **III** *v/i* **7.** Schaden nehmen, beschädigt werden. ˈ**dam·age·a·ble** [-əbl] *adj* empfindlich, leicht zu beschädigen(d). ˈ**damaged** *adj* beschädigt, schadhaft, deˈfekt: **in a ~ condition** in beschädigtem Zustand. ˈ**dam·ag·ing** *adj* (*adv* **~ly**) schädlich, nachteilig (**to** für).

Dam·a·scene [ˈdæməsiːn] **I** *adj* **1.** damasˈzenisch, Damasˈzener. **2. d~** *tech.* Damaszener..., damasˈziert. **II** *s* **3.** Damasˈzener(in). **4. d~** Damasˈzenerarbeit *f,* Damasˈzierung *f.* **5. d~** → **damson. III** *v/t* **6. d~** *Metall* damasˈzieren. ˈ**dam·a·scened** *adj* damasˈziert.

Da·mas·cus| blade [dəˈmɑːskəs; *bes. Am.* -ˈmæs-] *s* Damasˈzener Klinge *f.* **~ steel** → **damask steel. ~ sword** *s* Damasˈzener Schwert *n.*

dam·ask [ˈdæməsk] **I** *s* **1.** Daˈmast *m* (*Stoff*). **2.** Daˈmast *m,* Damasˈzierung *f* (*Stahl*). **3.** → **damask steel. 4.** *a.* **~ rose** *bot.* Damasˈzener-, Portlandrose *f.* **5.** (*ein*) Rosa *n* (*Farbe*). **II** *adj* **6.** → **Damascene** 1. **7.** daˈmasten. **8.** aus Daˈmaststahl. **9.** mit Daˈmast(muster), damasˈziert. **10.** rosarot. **III** *v/t* **11.** *Metall* damasˈzieren. **12.** *Stoff* damasˈzieren, mustern. **13.** (bunt) verzieren. **dam·a·skeen** [ˌdæməˈskiːn] → **damask** 11.

dam·ask steel *s* Daˈmaststahl *m.*

dame [deɪm] *s* **1. D~** *Br.* a) Freifrau *f* (*Titel der Ehefrau e-s* **knight** *od.* **baronet**), b) *der dem* **knight** *entsprechende Titel der weiblichen Mitglieder des* **Order of the British Empire** (*vor dem Vornamen*): **D~ Diana X. 2.** *obs.* Maˈtrone *f,* alte Dame: **D~ Nature** Mutter Natur. **3.** *ped.* a) Schulleiterin *f,* b) (*in Eton*) Heimleiterin *f.* **4.** *Am. sl.* Weibsbild *n.* **5.** *obs. od. poet.* gnädige Frau (*Anrede*). **6.** *hist.* Lady *f* (*Ehefrau od. Tochter e-s Lord*). **~school** *s hist.* priˈvate Elemenˈtarschule unter Leitung e-r Direkˈtorin.

dame's| gil·li·flow·er, ~ rock·et, ~ vi·o·let → **damewort.**

ˈ**dame·wort** *s bot.* ˈFrauenviˌole *f.*

dam·mit [ˈdæmɪt] *interj colloq.* verflucht!, verdammt!: **as near ~** *Br.* fast, beinahe.

damn [dæm] **I** *v/t* **1.** *relig. u. weitS.* verdammen. **2.** verurteilen, tadeln. **3.** verwerfen, ablehnen: **to ~ a book;** → **praise** 3. **4.** vernichten, verderben, ruiˈnieren. **5.** *colloq.* **~ it!, ~ me!** verflucht!, verdammt!; **~ you!** der Teufel soll dich holen!; **well, I'll be ~ed!** nicht zu glauben!, das ist die Höhe!; **I'll be ~ed if** a) ich freß 'nen Besen, wenn ..., b) es fällt mir nicht im Traum ein (*das zu tun*); **~ the rain!** verdammter Regen! **II** *v/i* **6.** fluchen. **III** *s* **7.** Fluch *m.* **8.** *colloq.* ‚Pfifferling' *m,* ‚Dreck' *m:* **it's not worth a ~** es ist keinen Pfifferling wert; → **care** 8. **IV** *interj* **9.** *colloq.* verflucht!, verdammt! **V** *adj u. adv* → **damned** 2 *u.* 4.

ˌ**dam·naˈbil·i·ty** [-nəˈbɪlətɪ] *s* Verdammungswürdigkeit *f,* Verwerflichkeit *f.* ˈ**dam·na·ble** *adj* (*adv* **damnably**) **1.** verdammungswürdig, verwerflich. **2.** abˈscheulich.

dam·na·tion [dæmˈneɪʃn] **I** *s* **1.** Verdammung *f.* **2.** Verurteilung *f.* **3.** Verwerfung *f,* Ablehnung *f.* **4.** *relig.* Verdammnis *f.* **II** *interj* → **damn** 9. ˈ**dam·na·to·ry** [-nətərɪ; *Am.* -ˌtəʊriː; -ˌtɔː-] *adj* verdammend, Verdammungs...

damned [dæmd] **I** *adj* **1.** *bes. relig.* verdammt: **the ~** die Verdammten. **2.** *colloq.* verdammt, verwünscht, verflucht: **a ~ fool** ein Vollidiot; **~ nonsense** kompletter Unsinn. **3.** *colloq. als bekräftigendes Füllwort:* **a ~ sight better** viel besser; **every ~ one of them** jeder (einzelne) (von ihnen). **II** *adv* **4.** *colloq.* verdammt, schrecklich, furchtbar: **~ cold; ~ funny** schrecklich komisch. **5.** *colloq. als bekräftigendes Füllwort:* **he ~ well ought to know it** das müßte er wahrhaftig wissen. ˈ**damned·ist** [-ɪst] *s:* **to do** (*od.* **try**) **one's ~** *colloq.* sich alle Mühe geben (to do zu tun).

dam·ni·fi·ca·tion [ˌdæmnɪfɪˈkeɪʃn] *s bes. jur.* Schädigung *f.* ˈ**dam·ni·fy** [-faɪ] *v/t j-n* schädigen.

ˈ**damn·ing** *adj fig.* erdrückend (*Beweismaterial etc*).

Dam·o·cles [ˈdæməkliːz] *npr* Damokles *m:* **sword of ~** *fig.* Damoklesschwert *n.*

dam·o·sel, dam·o·zel [ˈdæməʊzel] → **damsel.**

damp [dæmp] **I** *adj* (*adv* **~ly**) **1.** feucht, (*Raum etc a.*) klamm: → **squib** 1. **2.** *fig. obs.* niedergeschlagen. **II** *s* **3.** Feuchtigkeit *f:* **~ in the air** Luftfeuchtigkeit *f.* **4.** *Bergbau:* a) Schwaden *m,* b) *pl* Schlag-, Grubenwetter *n.* **5.** *fig. obs.* Niedergeschlagenheit *f.* **6.** *fig.* Dämpfer *m,* Entmutigung *f:* **to cast** (*od.* **strike**) **a ~ on** (*od.* **over**) **s.th.** etwas dämpfen *od.* lähmen, auf etwas lähmend wirken, etwas überschatten. **III** *v/t* **7.** a) an-, befeuchten, b) → **damp down** 3. **8.** a) *Begeisterung etc* dämpfen: **to ~ s.o.'s enthusiasm,** b) *j-n* entmutigen, depriˈmieren. **9.** *Feuer* ersticken, (aus)löschen. **10.** *electr. mus. phys.* dämpfen. **IV** *v/i* **11.** feucht werden. **12.** → **damp out.**

Verbindungen mit Adverbien:

damp| down *v/t* **1.** *Feuer* dämpfen. **2.** *tech.* drosseln. **3.** *Wäsche* (zum Bügeln) einsprengen. **4.** → **damp** 8. **~ off** *v/i bot.* an der ˈUmfallkrankheit leiden (*Keimling*). **~ out** *v/i electr.* abklingen.

damp course *s tech.* Dichtungsbahn *f,* ˈFeuchtigkeitsisoˌlierschicht *f.*

damped [dæmpt] *adj bes. electr. mus. phys.* gedämpft: **~ oscillation.**

damp·en [ˈdæmpən] → **damp** 7, 8, 11.

ˈ**damp·er** *s* **1.** *bes. fig.* Dämpfer *m:* **to cast** (*od.* **put, strike**) **a ~ on s.th.** etwas dämpfen *od.* lähmen, auf etwas lähmend wirken, etwas überschatten. **2.** *tech.* Luft-, Ofen-, Zugklappe *f,* Schieber *m.* **3.** *mus.* Dämpfer *m:* **~ pedal** Fortepedal *n,* rechtes Pedal. **4.** *tech.* (Schwingungs-) Dämpfer *m.* **5.** *tech. Br.* Stoßdämpfer *m.* **6.** *Am. sl.* Regiˈstrierkasse *f.* **7.** *Austral.* flaches, ungesäuertes Brot (*in glühender Asche gebacken*).

ˈ**damp·ing** *s electr. phys.* Dämpfung *f:* **~ resistor** *electr.* Dämpfungswiderstand *m.*

ˈ**damp·ish** *adj* etwas feucht, (*Raum etc a.*) klamm.

ˈ**damp·ness** *s* Feuchtigkeit *f.* ˈ**damp-proof** *adj* feuchtigkeitsbeständig, -fest.

dam·sel [ˈdæmzl] *s obs. od. poet.* Maid *f.*

dam·son [ˈdæmzən] *s bot.* Hafer-, Damasˈzenerpflaume *f.* **~ cheese** *s* steifes Pflaumenmus.

Dan[1] [dæn] *s obs. Ehrentitel vor Götter- u. Dichternamen:* **~ Cupid** Gott *m* Amor.

dan[2] [dæn] *s Judo:* Dan *m.*

Dan·a·id·e·an [ˌdæneɪˈɪdɪən; -nɪˈɪ-] *adj* danaˈidisch, Danaiden... (*frucht- u. endlos*): **~ job** Danaidenarbeit *f.*

dance [dɑːns; *Am.* dæns] **I** *v/i* **1.** tanzen: **to ~ to** (*od.* **after**) **s.o.'s pipe** (*od.* **tune, whistle**) *fig.* nach j-s Pfeife tanzen; **to ~ on air** (*od.* **nothing**) *colloq.* ‚baumeln', gehängt werden. **2.** tanzen, hüpfen, herˈumspringen (**with, for** vor *dat*): **to ~ for joy** Freudentänze aufführen. **3.** *fig.* tanzen, sich wiegen: **leaves ~d in the air. II** *v/t* **4.** *e-n Tanz* tanzen: **to ~ a waltz; to ~ attendance on s.o.** *fig.* um j-n scharwenzeln *od.* herumtanzen. **5.** *e-n Bären etc* tanzen lassen. **6.** tanzen *od.* hüpfen lassen, *ein Kind* schaukeln. **7. to ~ o.s.** (*od.* **one's way**) **into the hearts of the audience** sich in die Herzen der Zuschauer tanzen. **III** *s* **8.** Tanz *m* (*a. mus.*): **to have a ~ with s.o.** mit j-m tanzen; **may I have the next ~?** darf ich um den nächsten Tanz bitten?; **to lead the ~** den Reigen eröffnen (*a. fig.*); **to lead s.o. a ~** *Br.* a) j-n zum Narren halten, b) j-m das Leben schwermachen; **to join the ~** *fig.* den Tanz mitmachen; **D~ of Death** Totentanz. **9.** Tanz(veranstaltung *f*) *m:* **at a ~** auf e-m Tanz. **IV** *adj* **10.** Tanz...: **~ band (music, studio,** *etc*); **~ hall** Tanzsaal *m.*

ˈ**danc·er** *s* Tänzer(in).

ˈ**danc·ing** *s* Tanzen *n.* **~ dis·ease** *s med.* Choreomaˈnie *f,* Tanzwut *f.* **~ girl** *s* (Tempel)Tänzerin *f* (*in Asien*). **~ les·son** *s* Tanzstunde *f, pl* ˈTanzˌunterricht *m.* **~ mas·ter** *s* Tanzlehrer *m.* **~ part·ner** *s* Tanzpartner(in). **~ school** *s* Tanzschule *f.*

dan·de·li·on [ˈdændɪlaɪən; *Am.* ˈdændl-] *s bot.* Löwenzahn *m.*

dan·der[1] [ˈdændə(r)] *s colloq.* Wut *f:* to

get s.o.'s ~ up j-n ‚auf die Palme bringen'; **to get one's ~ up** ‚auf die Palme gehen'.

dan·der² [ˈdændə(r)] *bes. Scot.* **I** *v/i* bummeln, spaˈzieren. **II** *s* Bummel *m*.

dan·di·a·cal [dænˈdaɪəkl] → **dandy** 5.

dan·di·fied [ˈdændɪfaɪd] → **dandy** 5.

dan·dle [ˈdændl] *v/t* **1.** *ein Kind* (*in den Armen od. auf den Knien*) wiegen, schaukeln. **2.** hätscheln, (lieb)kosen. **3.** verhätscheln, verwöhnen.

dan·druff [ˈdændrʌf], *a.* ˈ**dan·driff** [-drɪf] *s* (Kopf-, Haar)Schuppen *pl.*

dan·dy [ˈdændɪ] **I** *s* **1.** Dandy *m*, Geck *m*, Stutzer *m*. **2.** *colloq.* (*etwas*) Großartiges: **that's the ~** das ist genau das Richtige. **3.** *mar.* a) Heckmaster *m*, b) Besansegel *n*. **4.** → **dandy roll**. **II** *adj* **5.** stutzer-, geckenhaft, geschniegelt, Dandy... **6.** *colloq.* erstklassig, ‚prima', (*nur pred*) ‚bestens'. **~ brush** *s* Striegel *m* (*harte Bürste zur Pferdepflege*). **~ horse** *s hist.* Draiˈsine *f*, Laufrad *n*.

ˈ**dan·dy·ish** → **dandy** 5. ˈ**dan·dy·ism** *s* Gecken-, Stutzerhaftigkeit *f*, Dandytum *n*.

dan·dy| roll, ~ roll·er *s Papierfabrikation*: Dandyroller *m*, -walze *f* (*zur Einpressung des Wasserzeichens*).

Dane [deɪn] *s* **1.** Däne *m*, Dänin *f*. **2.** *a.* **Great D~** *zo.* dänische Dogge. ˈ**~geld** [-geld] *s Br. hist.* Danegeld *n* (*altenglische Grundsteuer*).

ˈ**Dane·law,** *a.* (*fälschlich*) **Da·ne·la·ga** [ˌdɑːnəˈlɑːgə], **Dane·lagh** [ˈdeɪnlɔː] *s hist.* **1.** dänisches Recht (*in den ehemals von den Dänen besetzten Gebieten Englands*). **2.** Gebiet *n* unter dänischem Recht.

ˈ**Dane·wort** *s bot.* ˈZwerghoˌlunder *m*.

dan·ger [ˈdeɪndʒə(r)] **I** *s* **1.** Gefahr *f* (**to** für): **to be in ~ of falling** Gefahr laufen zu fallen; **to be in ~ of one's life** in Lebensgefahr sein *od.* schweben; **~ of fire** Feuer(s)gefahr; **~ of infection** *med.* Infektionsgefahr; **to be out of ~** *med.* über den Berg sein. **2.** (**to**) Bedrohung *f*, Gefährdung *f* (*gen*), Gefahr *f* (für): **a ~ to peace**. **3.** *a.* **~ signal** *rail.* Not-, Haltezeichen *n*: **the signal is at ~** das Signal zeigt Gefahr an. **II** *adj* **4.** Gefahren...: **~ area, ~ zone** Gefahrenzone *f*, -bereich *m*; **~ list** *med.* Liste *f* der kritischen Fälle; **to be on (off) the ~ list** *med.* in Lebensgefahr schweben (über den Berg sein); **~ money** (*od.* **pay**) Gefahrenzulage *f*; **~ point, ~ spot** Gefahrenpunkt *m*, -stelle *f*.

ˈ**dan·ger·ous** *adj* (*adv* **~ly**) **1.** gefährlich (**to, for** für *od. dat*), gefahrvoll. **2.** risˈkant, bedenklich. **3.** gefährlich: **he looks ~; a ~ animal**. ˈ**dan·ger·ous·ness** *s* Gefährlichkeit *f*, Gefahr *f*.

dan·gle [ˈdæŋgl] **I** *v/i* **1.** baumeln, (herˈab)hängen, schlenkern. **2.** *fig.* (**about, round**) herˈumhängen (um *j-n*), (*j-m*) nicht vom Leibe gehen: **to ~ after s.o.** j-m nachlaufen, sich an j-n anhängen. **II** *v/t* **3.** schlenkern, baumeln lassen: **to ~ s.th. before s.o.** *fig.* j-m etwas verlockend in Aussicht stellen; → **carrot** 1. ˈ**dan·gler** *s fig.* Schürzenjäger *m*. ˈ**dan·gling** *adj* **1.** baumelnd, schlenkernd. **2.** *ling.* unverbunden: **~ adverb**.

Dan·iel [ˈdænjəl] *npr u. s Bibl.* (das Buch) Daniel *m*.

Dan·ish [ˈdeɪnɪʃ] **I** *adj* **1.** dänisch. **II** *s* **2.** *ling.* Dänisch *n*, das Dänische. **3. the ~** *collect.* die Dänen *pl.* **~ blue** *s* (*ein*) Edelpilzkäse *m*. **~ pas·try** *s* (*ein*) Blätterteiggebäck *n*.

dank [dæŋk] *adj* (*unangenehm*) feucht, naß(kalt), dumpfig.

Da·no-Nor·we·gian [ˌdeɪnəʊnɔː(r)ˈwiːdʒən] *s ling.* Dänisch-Norwegisch *n* (*auf Dänisch beruhende norwegische Schriftsprache*).

danse ma·ca·bre *pl* **danses ma·ca·bres** [ˌdɑːnsməˈkɑːbrə] *s* Danse *m* maˈcabre, Totentanz *m*.

dan·seur [dɑːnˈsɜː; *Am.* -ˈsɜr] *s* Balˈlettänzer *m*. **danˈseuse** [-ˈsɜːz] *s* Balˈlettänzerin *f*.

Dan·te·an [ˈdæntɪən] **I** *adj* **1.** dantisch, Dantesch(er, e, es) (*Dante betreffend*). **2.** → **Dantesque**. **II** *s* **3.** a) Danteforscher(in), b) Danteliebhaber(in). **Dan·ˈtesque** [-ˈtesk] *adj* danˈtesk, in Dantes Art.

Da·nu·bi·an [dæˈnjuːbjən; -bɪən] *adj* Donau...

dap [dæp] *v/i* **1.** *Angeln*: den Köder sanft ins Wasser fallen lassen. **2.** flink ˈuntertauchen (*Ente etc*). **3.** hüpfen.

daph·ne [ˈdæfnɪ] *s bot.* **1.** Seidelbast *m*. **2.** Edler Lorbeer.

dap·per [ˈdæpə(r)] *adj* **1.** aˈdrett, eleˈgant. **2.** flink, (*a. Benehmen*) gewandt. **3.** lebhaft.

dap·ple [ˈdæpl] **I** *v/t* **1.** tüpfeln, sprenkeln, scheckig machen. **II** *v/i* **2.** scheckig *od.* bunt werden. **III** *s* **3.** Scheckigkeit *f*. **4.** Fleck *m*, Tupfen *m*. **5.** (*das*) Gescheckte *od.* Bunte. **6.** *zo.* Scheck(e) *m*: **~ bay** Spiegelbraune(r) *m*. **IV** *adj* → **dappled**.

ˈ**dap·pled** *adj* **1.** gesprenkelt, gefleckt, scheckig: **~ shade** Halbschatten *m*. **2.** bunt.

ˌ**dap·ple|-ˈgray,** *bes. Br.* ˌ**~-ˈgrey I** *adj*: **~ horse** → II. **II** *s* Apfelschimmel *m*.

dar·bies [ˈdɑːbɪz] *s pl Br. sl.* Handschellen *pl.*

Dar·by and Joan [ˌdɑː(r)bɪənˈdʒəʊn] *s* glückliches älteres Ehepaar. **~ club** *s* Seniˈorenclub *m*.

Dar·by·ite [ˈdɑː(r)bɪaɪt] *s relig.* Darˈbyst *m*, Plymouthbruder *m*.

dare [deə(r)] **I** *v/i pret* **dared,** *a.* **durst** [dɜːst; *Am.* dɜrst] *pp* **dared 1.** es wagen, sich (ge)trauen, sich erdreisten, sich erkühnen, sich unterˈstehen: **who ~s wins** wer wagt, gewinnt; **how ~ you say that?** wie können Sie das sagen?; **how ~ you!** a) untersteh dich!, b) was fällt dir ein!; **he ~d not ask, he did not ~ to ask** er traute sich nicht zu fragen; **I ~ say** (*od.* **~say**) a) ich darf wohl behaupten, ich glaube wohl, b) allerdings, jawohl; **I ~ swear** ich bin ganz sicher, aber gewiß doch. **II** *v/t* **2.** *etwas* wagen, risˈkieren, sich herˈanwagen an (*acc*). **3.** *j-n* herˈausfordern: **I ~ you!** du traust dich ja nicht!; **I ~ you to deny it** wage nicht, es abzustreiten. **4.** *fig. etwas* herˈausfordern, trotzen (*dat*), trotzig *od.* mutig begegnen (*dat*). **III** *s* **5.** Herˈausforderung *f*: **to give the ~ to s.o.** j-n herausfordern; **to accept** (*od.* **take**) **the ~** die Herausforderung annehmen; **to do s.th. for a ~** etwas tun, weil man dazu herausgefordert wurde. **6.** *obs.* a) Kühnheit *f*, b) Wagestück *n*.

ˈ**dare|ˌdev·il I** *s* Draufgänger *m*, Teufelskerl *m*. **II** *adj* tollkühn, waghalsig, verwegen. ˈ**~ˌdev·il·(t)ry** *s* Tollkühnheit *f*, Waghalsigkeit *f*, Verwegenheit *f*.

dar·ing [ˈdeərɪŋ] **I** *adj* (*adv* **~ly**) **1.** wagemutig, tapfer, kühn. **2.** *a. fig.* gewagt, verwegen: **a ~ neckline** ein gewagtes Dekolleté. **3.** unverschämt, dreist. **II** *s* **4.** (Wage)Mut *m*, Kühnheit *f*. ˈ**dar·ing·ness** *s* Wagemut *m*.

dark [dɑː(r)k] **I** *adj* (*adv* → **darkly**) **1.** a) dunkel, finster: **it is getting ~** es wird dunkel, b) geschlossen (*Theater*). **2.** dunkel (*Farbe*): **a ~ green**. **3.** brüˈnett, dunkel: **~ hair**. **4.** *fig.* düster, finster, freudlos, trostlos, trüb(e): **a ~ future; the ~ side of things** *fig.* die Schattenseite der Dinge. **5.** düster, finster: **a ~ look**. **6.** finster, unwissend, unaufgeklärt: **a ~ age**. **7.** böse, verbrecherisch, schwarz: **~ thoughts; a ~ crime** ein finsteres Verbrechen. **8.** geheim(nisvoll), verborgen, dunkel, unerforschlich: **to keep s.th. ~** etwas geheimhalten; **keep it ~!** kein Wort darüber!; → **dark horse**. **9.** *fig.* dunkel, unklar, mysteriˈös: **~ words**. **10.** *ling.* dunkel: **~ vowel**. **II** *s* **11.** Dunkel(heit *f*) *n*, Finsternis *f*: **in the ~** im Dunkel(n), in der Dunkelheit; **after ~** nach Einbruch der Dunkelheit; **at ~** bei Einbruch der Dunkelheit. **12.** *paint.* dunkle Farbe, Schatten *m*. **13.** *fig.* (*das*) Dunkle *od.* Verborgene *od.* Geheime: **in the ~** insgeheim. **14.** *fig.* (*das*) Ungewisse *od.* Dunkle: **to keep s.o. in the ~ about s.th.** j-n über etwas im ungewissen lassen; **a leap in the ~** ein Sprung ins Dunkle *od.* Ungewisse; **I am in the ~** ich tappe im dunkeln. **~ ad·ap·ta·tion** *s med.* ˈDunkeladaptatiˌon *f* (*des Auges*). **D~ Ag·es** *s pl* (frühes *od.* finsteres) Mittelalter. **D~ Con·ti·nent** *s* (*der*) dunkle Erdteil, Afrika *n*.

dark·en [ˈdɑː(r)kən] **I** *v/t* **1.** verdunkeln (*a. fig.*), dunkel *od.* finster machen, verfinstern: **never ~ my door again!** komm mir nie wieder ins Haus!, laß dich hier nie wieder blicken! **2.** dunkel *od.* dunkler färben, schwärzen. **3.** *fig.* verdüstern, trüben: **to ~ s.o.'s name** j-s Ruf beeinträchtigen. **4.** *Sinn* verdunkeln, unklar machen. **5.** die Sehkraft *der Augen* vermindern, blind machen. **II** *v/i* **6.** dunkel werden, sich verdunkeln, sich verfinstern. **7.** sich dunkel *od.* dunkler färben. **8.** *fig.* sich verdüstern *od.* trüben.

dark·ey → **darky**.

dark horse *s* **1.** a) *sport* (*auf der Rennbahn noch*) unbekanntes Rennpferd, b) unbekannte Größe (*Person*). **2.** *pol. Am.* (*in der Öffentlichkeit*) wenig bekannter Kandiˈdat, ‚unbeschriebenes Blatt'.

ˈ**dark·ish** *adj* **1.** etwas dunkel. **2.** schwärzlich. **3.** dämmerig.

dark lan·tern *s* ˈBlendlaˌterne *f*.

dark·ling [ˈdɑː(r)klɪŋ] *poet.* **I** *adj* **1.** sich verdunkelnd. **2.** dunkel. **II** *adv* **3.** im Dunkeln.

ˈ**dark·ly** *adv* **1.** dunkel. **2.** *fig.* dunkel, geheimnisvoll, auf geheimnisvolle Weise. **3.** undeutlich. **4.** *fig.* finster, böse.

ˈ**dark·ness** *s* **1.** Dunkelheit *f*, Finsternis *f*: **the room was in complete ~** der Raum war völlig dunkel. **2.** Heimlichkeit *f*, Verborgenheit *f*. **3.** dunkle Färbung. **4.** (*das*) Böse: **the powers of ~** die Mächte der Finsternis. **5.** *fig.* (das Reich der) Finsternis *f*: **the Prince of ~** der Fürst der Finsternis (*der Teufel*). **6.** Blindheit *f*. **7.** *fig.* (geistige) Blindheit, Unwissenheit *f*. **8.** *fig.* Unklarheit *f*, Unverständlichkeit *f*.

dark| re·ac·tion *s bot.* ˈDunkelreaktiˌon *f*. ˈ**~room** *s phot.* Dunkelkammer *f*. **~ seg·ment** *s astr.* Erdschatten *m*. ˈ**~skinned** *adj* dunkelhäutig. **~ slide** *s phot.* **1.** Kasˈsette *f*. **2.** Plattenhalter *m*.

dark·some [ˈdɑː(r)ksəm] *adj bes. poet.* **1.** dunkel. **2.** finster, böse.

ˈ**dark·y** *s contp.* **1.** Neger(in). **2.** *Austral.* Eingeborene(r *m*) *f*.

dar·ling [ˈdɑː(r)lɪŋ] **I** *s* **1.** Liebling *m*, *fig. a.* Lieblingskind *n*: **~ of fortune** Glückskind *n*; **aren't you a ~** du bist doch ein Engel *od.* ein lieber Kerl. **II** *adj* **2.** lieb, geliebt, Herzens... **3.** reizend, entzükkend, goldig, süß: **a ~ little hat**.

darn¹ [dɑː(r)n] **I** *v/t Loch, Strümpfe etc* stopfen, ausbessern. **II** *s* gestopfte Stelle, (*das*) Gestopfte.

darn² [dɑː(r)n] → **damn** 5, 8, 9.

darned [dɑː(r)nd] → **damned** 2, 3, 4.

dar·nel [ˈdɑː(r)nl] *s bot.* Lolch *m*.

ˈdarn·er *s* **1.** Stopfer(in). **2.** Stopfnadel *f.* **3.** Stopfei *n*, -pilz *m.*

ˈdarn·ing *s* Stopfen *n.* **~ ball** *s* Stopfkugel *f.* **~ egg** *s* Stopfei *n.* **~ nee·dle** *s* **1.** Stopfnadel *f.* **2.** *zo. Am.* Liˈbelle *f.* **~ yarn** *s* Stopfgarn *n.*

dart [dɑː(r)t] **I** *s* **1.** *obs.* Wurfspeer *m*, -spieß *m.* **2.** (Wurf)Pfeil *m*: **(as) straight as a ~** pfeilgerade; **the ~ of sarcasm** *fig.* der Stachel des Spotts. **3.** *zo.* Stachel *m* (*von Insekten*). **4.** Satz *m*, Sprung *m*: **to make a ~ for** losstürzen auf (*acc*). **5.** *pl* (*als sg konstruiert*) Darts *n* (*Wurfpfeilspiel*). **6.** *Schneiderei*: Abnäher *m.* **II** *v/t* **7.** *Speer* werfen, schleudern, *Pfeil* schießen: **to ~ a look at s.o.** j-m e-n Blick zuwerfen. **8.** blitzschnell bewegen: **to ~ one's head.** **9.** *Schneiderei*: e-n Abnäher machen in (*acc*). **III** *v/i* **10.** sausen, flitzen, schießen, stürzen: **to ~ at s.o.** auf j-n losstürzen; **he ~ed off** er schoß davon. **11.** sich blitzschnell bewegen, zucken, schnellen (*Schlange, Zunge etc*), huschen (*Augen, Blick*). **ˈdart·ing** *adj* (*adv* **~ly**) blitzschnell.

Dart·moor [ˈdɑː(r)tˌmʊə(r); -mɔː(r)], *a.* **~ pris·on** *s englische Strafanstalt bei Princetown, Devon.*

Dar·win·i·an [dɑː(r)ˈwɪnɪən] **I** *adj* darˈwinisch, darwiˈnistisch: **~ theory** → **Darwinism.** **II** *s* Darwiˈnist(in). **ˈDar·win·ism** *s* Darwiˈnismus *m.* **ˈDar·win·ist** → **Darwinian.**

dash [dæʃ] **I** *v/t* **1.** schlagen, heftig stoßen, schmettern: **to ~ to pieces** in Stücke schlagen, zerschlagen, zerschmettern; **to ~ out s.o.'s brain** j-m den Schädel einschlagen. **2.** schleudern, schmeißen, schmettern, knallen: **to ~ to the ground** a) zu Boden schmettern *od.* schleudern, b) *fig. Hoffnungen etc* zunichte machen. **3.** überˈschütten, begießen, an-, bespritzen. **4.** spritzen, klatschen, gießen, schütten: **to ~ water in s.o.'s face; to ~ down** (*od.* **off**) *Getränk* hinunterstürzen. **5.** (ver)mischen (*a. fig.*): **happiness ~ed with bitterness.** **6.** *fig.* zerschlagen, zerstören, zuˈnichte machen: **to ~ s.o.'s hopes.** **7.** niederdrücken, depriˈmieren. **8.** verwirren, aus der Fassung bringen. **9. ~ off** (*od.* **down**) *Aufsatz, Zeichnung etc* schnell ˈhinhauen *od.* -werfen: **to ~ off an essay.** **10.** *etwas Ausgelassenes* durch Gedankenstriche ersetzen *od.* kennzeichnen. **11.** → **damn** 5. **II** *v/i* **12.** stürmen, (sich) stürzen: **to ~ off** davonjagen, -stürzen. **13.** (daˈhin-)stürmen, (-)jagen, (-)rasen. **14.** (heftig) aufschlagen, klatschen, prallen. **III** *s* **15.** Schlag *m*: **at one ~** mit ˈeinem Schlag (*a. fig.*). **16.** Klatschen *n*, Prall(en *n*) *m*, Aufschlag *m.* **17.** Schuß *m*, Zusatz *m*, Spritzer *m*: **wine with a ~ of water** Wein mit e-m Schuß Wasser; **a ~ of salt** e-e Prise Salz; **to add a ~ of colo(u)r to** *fig.* e-n Farbtupfer aufsetzen (*dat*). **18.** Anflug *m*: **a ~ of sadness.** **19.** Stich *m* (**of green** ins Grüne). **20.** a) (Feder)Strich *m*, b) (Gedanken)Strich *m*, Strich *m* für etwas Ausgelassenes, c) *tel.* (Morse-)Strich *m.* **21.** *mus.* a) Stacˈcatokeil *m*, b) *Generalbaß*: Erhöhungsstrich *m*, c) Plicastrich *m* (*Ligatur*). **22.** (An)Sturm *m*, Vorstoß *m*, Sprung *m*, stürmischer Anlauf: **to make a ~ (at, for)** (los)stürmen, sich stürzen (auf *acc*). **23.** Schwung *m*, Schmiß *m*, Eˈlan *m.* **24.** Eleˈganz *f*, glänzendes Auftreten: **to cut a ~** e-e gute Figur abgeben, Aufsehen erregen. **25.** → **dashboard.** **26.** *Leichtathletik*: Sprint *m*, Kurzstreckenlauf *m.* **IV** *interj* **27.** *bes. Br. für* **damn** 9.

ˈdash·board *s* **1.** *mot.* Armaˈturenbrett *n*, -tafel *f*, *aer. a.* Instruˈmentenbrett *n*, -tafel *f.* **2.** Spritzbrett *n* (*e-r Kutsche*).

dashed [dæʃt] → **damned** 2, 3, 4.

ˈdash·er *s* **1.** *colloq.* eleˈgante *od.* flotte Erscheinung, flotter Kerl. **2.** Butterstößel *m.* **3.** *Am. für* **dashboard** 2. **ˈdash·ing** *adj* (*adv* **~ly**) **1.** schneidig, forsch, verwegen. **2.** flott, eleˈgant, fesch. **3.** klatschend, schlagend.

dash| light *s mot.* Armaˈturenbrettbeleuchtung *f.* **ˈ~·pot** *s tech.* Stoßdämpfer *m*, Puffer *m.*

das·tard [ˈdæstə(r)d] **I** *s* (gemeiner) Feigling, Memme *f.* **II** *adj* → **dastardly.** **ˈdas·tard·li·ness** *s obs.* **1.** Feigheit *f.* **2.** Heimtücke *f.* **ˈdas·tard·ly** *adj u. adv obs.* **1.** feig(e). **2.** heimtückisch, gemein.

da·ta [ˈdeɪtə; ˈdɑːtə; *Am. a.* ˈdætə] *s pl* **1.** *pl von* **datum.** **2.** (*oft als sg konstruiert*) (*a. technische*) Daten *pl od.* Einzelheiten *pl od.* Angaben *pl*, ˈUnterlagen *pl.* **3.** *tech.* Daten *pl*, (Meß- u. Versuchs)Werte *pl.* **4.** *Computer*: Daten *pl.* **~ bank** *s Computer*: Datenbank *f.* **ˈ~-bank** *v/t* in e-r Datenbank speichern. **~ base** → **data bank.** **~ col·lec·tion** *s Computer*: Datenerfassung *f.* **~ com·mu·ni·ca·tion** *s Computer*: ˈDatenüberˌtragung *f.* **~ ex·change** *s Computer*: Datenaustausch *m.* **~ in·put** *s Computer*: Dateneingabe *f.* **~ out·put** *s Computer*: Datenausgabe *f.* **~ pro·cess·ing** *s* Datenverarbeitung *f.* **~ pro·tec·tion** *s* Datenschutz *m.* **~ trans·mis·sion** → **data communication.** **~ typ·ist** *s* ˈDatentyˌpist(in).

da·tcha → **dacha.**

date¹ [deɪt] *s bot.* **1.** Dattel *f.* **2.** Dattelpalme *f.*

date² [deɪt] **I** *s* **1.** Datum *n*, Tag *m*: **what is the ~ today?** der Wievielte ist heute?, welches Datum haben wir heute?; **the "Times" of today's ~** die heutige „Times". **2.** Datum *n*, Zeit(punkt *m*) *f*: **of recent ~** neu(eren Datums), modern; **at an early ~** (möglichst) bald. **3.** Zeit(raum *m*) *f*, Eˈpoche *f*: **of Roman ~** aus der Römerzeit. **4.** Datum *n*, Datums-(u. Orts)angabe *f* (*auf Briefen etc*): **~ as per postmark** Datum des Poststempels; **~ of invoice** Rechnungsdatum. **5.** *econ. jur.* Tag *m*, Terˈmin *m*: **~ of delivery** Liefertermin; **~ of maturity** Fälligkeits-, Verfallstag; **to fix a ~** e-n Termin festsetzen. **6.** *econ.* a) Ausstellungstag *m* (*e-s Wechsels*), b) Frist *f*, Sicht *f*, Ziel *n*: **at a long ~** auf lange Sicht. **7.** Verabredung *f*, Rendezˈvous *n*: **to have a ~ with s.o.** mit j-m verabredet sein; **to have a dinner ~** zum Essen verabredet sein; **to make a ~** sich verabreden. **8.** (Verabredungs)Partner(in): **who is your ~?** mit wem bist du (denn) verabredet? **9.** heutiges Datum, heutiger Tag: **four weeks after ~** heute in vier Wochen; **to ~** bis heute, bis auf den heutigen Tag. **10.** neuester Stand: **out of ~** veraltet, überholt, unmodern; **to go out of ~** veralten; **(up) to ~** zeitgemäß, modern, auf dem laufenden, auf der Höhe (*der Zeit*); **to bring up to ~** auf den neuesten Stand bringen, modernisieren; → **up-to-date.** **II** *v/t* **11.** daˈtieren: **to ~ ahead** (*od.* **forward**) voraus-, vordatieren; **to ~ back** zurückdatieren. **12.** ein Datum *od.* e-e Zeit *od.* e-e Frist festsetzen *od.* angeben für. **13.** ˈherleiten (**from** aus *od.* von). **14.** als überˈholt *od.* veraltet kennzeichnen. **15.** e-r bestimmten Zeit *od.* Eˈpoche zuordnen. **16.** a) sich verabreden mit, b) ausgehen mit, (*regelmäßig*) ‚gehen' mit. **III** *v/i* **17.** daˈtieren, daˈtiert sein (**from** von). **18. ~ from** (*od.* **back to**) stammen *od.* sich ˈherleiten aus, s-n Ursprung haben *od.* entstanden sein in (*dat*). **19. ~ back to** bis in *e-e Zeit* zuˈrückreichen, auf *e-e Zeit* zuˈrückgehen. **20.** veralten, sich überˈleben.

ˈdate·block *s* (ˈAbreiß-, Terˈmin)Kaˌlender *m.*

dat·ed [ˈdeɪtɪd] *adj* **1.** daˈtiert. **2.** befristet. **3.** veraltet, überˈholt. **4. ~ up** *bes. Am. colloq.* ausgebucht (*Person*), voll besetzt (*Tag*). **ˈdate·less** *adj* **1.** ˈundaˌtiert. **2.** endlos. **3.** zeitlos: a) nicht veraltend (*Mode*), b) unˈsterblich (*Kunstwerk*). **4.** frei, ohne Verabredung(en): **~ evening.**

ˈdate·line *s* **1.** Datumszeile *f* (*der Zeitung etc*). **2.** *geogr.* Datumsgrenze *f.*

date| palm → **date¹** 2. **~ plum** *s bot.* Götterpflaume *f.*

dat·er [ˈdeɪtə(r)] *s* **1.** Daˈtierappaˌrat *m.* **2.** Datumsstempel *m.*

date| shell *s zo.* Seedattel *f.* **~ stamp** *s* **1.** Datumsstempel *m.* **2.** Datums-, Poststempel *m.* **~ sug·ar** *s* Palmzucker *m.*

dat·ing [ˈdeɪtɪŋ] *s* Daˈtierung *f.* **~ bar** *s Am. Lokal, in dem sich Singles zur Kontaktaufnahme treffen.*

da·ti·val [dəˈtaɪvl; deɪˈt-] → **dative** 1.

da·tive [ˈdeɪtɪv] **I** *adj* **1.** *ling.* daˈtivisch, Dativ...: **~ case** → 3; **~ termination** Dativendung *f.* **2.** *jur.* a) vergebbar, verfügbar, b) widerˈruflich (*nicht erblich*): **decree ~** Ernennungserlaß *m* (*e-s Testamentsvollstreckers*); **~ tutelage** übertragene Vormundschaft. **II** *s* **3.** *ling.* Dativ *m*, dritter Fall.

da·to·lite [ˈdeɪtəlaɪt] *s min.* Datoˈlith *m.*

da·tum [ˈdeɪtəm; ˈdɑːtəm; *Am. a.* ˈdætəm] *pl* **-ta** [-tə] *s* **1.** (*das*) Gegebene *od.* Festgesetzte. **2.** gegebene Tatsache, Präˈmisse *f*, Vorˈaussetzung *f*, Gegebenheit *f*, Grundlage *f.* **3.** *math.* gegebene Größe. **4.** → **data.** **~ lev·el** → **datum plane.** **~ line** *s* **1.** *surv.* Bezugslinie *f.* **2.** *mil.* Standlinie *f* (*Artillerie*). **~ plane** *s math. phys.* Bezugsebene *f.* **~ point** *s* **1.** *math. phys.* Bezugspunkt *m.* **2.** *surv.* Norˈmalfixpunkt *m.*

da·tu·ra [dəˈtjʊərə; *Am. a.* dəˈtʊrə] *s bot.* Stechapfel *m.*

daub [dɔːb] **I** *v/t* **1.** be-, verschmieren, be-, überˈstreichen. **2.** (**on**) verstreichen, verschmieren (auf *dat*), streichen, schmieren (auf *acc*). **3.** *tech.* bewerfen, verputzen: **to ~ a wall.** **4.** *a. fig.* besudeln, beschmutzen. **5.** *contp. Bild* zs.-klecksen, -schmieren. **II** *v/i* **6.** *paint.* klecksen, schmieren. **III** *s* **7.** *tech.* grober Putz, Rauhputz *m.* **8.** Geschmiere *n*, Gekleckse *n.* **9.** *paint. contp.* schlechtes Gemälde, Geschmiere *n*, (Farb)Kleckseˈrei *f.* **ˈdaub·er** *s* **1.** Schmierfink *m*, Kleckser(in). **2.** *paint. contp.* Farbenkleckser (-in). **3.** *tech.* Gipser *m.* **4.** *bes. tech.* a) Tupfer *m*, Bausch *m*, b) Schmierbürste *f.* **5.** *Am. sl.* Mut *m*: **keep your ~ up!** halt die Ohren steif! **ˈdaub·er·y** [-ərɪ] → **daub** 8 *u.* 9. **ˈdaub·ster** [-stə(r)] → **dauber** 2. **ˈdaub·y** *adj* **1.** schmierig. **2. ~ painting** → **daub** 9.

daugh·ter [ˈdɔːtə(r)] *s* Tochter *f* (*a. fig.*): **D~s of the American Revolution** *patriotische Frauenvereinigung in USA*; **~ cell** *biol.* Tochterzelle *f*; **~ (company)** *econ.* Tochter(gesellschaft *f*); **~ language** Tochtersprache *f.* **ˈ~-in-law** *pl* **ˈdaugh·ters-in-law** *s* Schwiegertochter *f.*

daugh·ter·ly [ˈdɔːtə(r)lɪ] *adj* töchterlich.

daunt [dɔːnt; *Am. a.* dɑːnt] *v/t* **1.** einschüchtern, erschrecken: **nothing ~ed** unverzagt; **a ~ing task** e-e beängstigende Aufgabe. **2.** entmutigen. **ˈdaunt·less** *adj* (*adv* **~ly**) unerschrocken, furchtlos. **ˈdaunt·less·ness** *s* Unerschrockenheit *f.*

dav·en·port [ˈdævnpɔː(r)t] *s* **1.** kleiner Sekreˈtär (*Schreibtisch*). **2.** *Am.* (*bes.* Bett)Couch *f.*

Da·vis Cup [ˈdeɪvɪs] *s Tennis*: ˈDavis-Cup *m*, -Poˌkal *m*.

da·vy [ˈdævɪ; ˈdeɪvɪ] *sl. für* **affidavit**.

Da·vy Jones's lock·er [ˌdeɪvɪˈdʒəʊnzɪs] *s mar.* Seemannsgrab *n*, Meeresgrund *m*: **to go to ~** ertrinken.

Da·vy lamp *s Bergbau*: Davysche Sicherheitslampe.

daw [dɔː] *s orn. obs. od. poet.* Dohle *f*.

daw·dle [ˈdɔːdl] **I** *v/i* **1.** (herˈum)trödeln, (-)bummeln: **to ~ over one's work** bei der Arbeit trödeln. **II** *v/t* **2.** *oft* **~ away** *Zeit* vertrödeln. **III** *s* **3.** → **dawdler. 4.** Trödeˈlei *f*, Bummeˈlei *f*. **ˈdaw·dler** *s* Trödler(in), Bummler(in). **ˈdaw·dling** *adj* (*adv* **~ly**) träge, bummelig: **~ race** *sport* verbummeltes Rennen, Bummelrennen *n*.

dawn [dɔːn] **I** *v/i* **1.** tagen, dämmern, grauen, anbrechen (*Morgen, Tag*). **2.** *fig.* (herˈauf)dämmern, aufgehen, erwachen, anfangen. **3.** *fig.* **~ (up)on** *j-m* dämmern, aufgehen, klarwerden, zum Bewußtsein kommen: **the truth ~ed (up)on him** ihm ging ein Licht auf. **4.** *fig.* sich zu entwickeln *od.* entfalten beginnen, erwachen (*Talent etc*). **II** *s* **5.** (Morgen-) Dämmerung *f*, Tagesanbruch *m*, Morgengrauen *n*: **at ~** beim Morgengrauen, bei Tagesanbruch; **the ~ chorus** das Vogelkonzert bei Tagesanbruch. **6.** *fig.* Morgen *m*, Erwachen *n*, Anbruch *m*, Beginn *m*, Anfang *m*: **~ of a new era**; **~ of hope** erster Hoffnungsschimmer. **ˈdawn·ing** → **dawn** II.

day [deɪ] *s* **1.** Tag *m* (*Ggs. Nacht*): **it is broad ~** es ist heller Tag; **before ~** vor Tagesanbruch; **(as) plain as ~** sonnenklar; **good ~!** guten Tag! **2.** Tag *m* (*Zeitraum*): **civil ~** bürgerlicher Tag (*von Mitternacht bis Mitternacht*); **three ~s from London** drei Tage(reisen) von London entfernt; **eight-hour ~** Achtstundentag; **open 7 ~s per week** täglich geöffnet; **I haven't got all ~** *colloq.* ich hab' nicht den ganzen Tag Zeit. **3.** (*bestimmter*) Tag: **since the ~ dot** *colloq.* seit e-r Ewigkeit; → **New Year's Day**, *etc.* **4.** Empfangs-, Besuchstag *m*. **5.** (*festgesetzter*) Tag, Terˈmin *m*: **~ of delivery** Liefertermin, -tag; **to keep one's ~** pünktlich sein. **6.** *oft pl* (Lebens)Zeit *f*, Zeiten *pl*, Tage *pl*: **in my young ~s** in m-n Jugendtagen; **in those ~s** in jenen Tagen, damals; **in the ~s of old** vorzeiten, in alten Zeiten, einst; **to end one's ~s** s-e Tage beschließen, sterben; **my dancing ~s are done** (*od.* **over**) a) das Tanzen habe ich aufgegeben, b) mit dem Tanzen geht es bei mir nicht mehr. **7.** *oft pl* (*beste*) Zeit (*des Lebens*), Glanzzeit *f*: **in our ~** zu unserer Zeit; **every dog has his ~** jedem lacht einmal das Glück; **to have had one's ~** sich überlebt haben, am Ende sein; **he has had his ~** s-e beste Zeit ist vorüber; **those were the ~s!** das waren noch Zeiten! **8.** *arch.* Öffnung *f*, (*die*) Lichte: **~ of a window**. **9.** *Bergbau*: Tag *m*.

Besondere Redewendungen:

~ after ~ Tag für Tag; **the ~ after** a) tags darauf, am nächsten Tag, b) der nächste Tag; **the ~ after tomorrow**, *Am.* **~ after tomorrow** übermorgen; **all the ~s of my life** mein ganzes Leben lang; **(~ and) ~ about** e-n um den andern Tag, jeden zweiten Tag; **any ~** jederzeit, jeden Tag, täglich; **the ~ before** a) tags zuvor, b) der vorhergehende Tag; **the ~ before yesterday**, *Am.* **~ before yesterday** vorgestern; **it was ~s before he came** es vergingen *od.* es dauerte Tage, ehe er kam; **by ~** bei Tag(e); **by the ~** a) tageweise, b) im Tagelohn (*arbeiten*); **~ by ~** (tag)täglich, Tag für Tag, jeden Tag wieder; **to call it a ~** *colloq.* (für heute) Schluß machen; **let's call it a ~!** Feierabend!; **to carry** (*od.* **win**) **the ~** den Sieg davontragen; **to lose the ~** den Kampf verlieren; **to fall on evil ~s** ins Unglück geraten; **from ~ to ~** a) von Tag zu Tag, zusehends, b) von e-m Tag zum anderen; **~ in, ~ out** tagaus, tagein; immerfort; **to ask s.o. the time of ~** j-n nach der Uhrzeit fragen; **to give s.o. the time of ~** j-m guten Tag sagen; **to know the time of ~** wissen, was die Glocke geschlagen hat; Bescheid wissen; **that made my ~** *colloq.* damit war der Tag für mich gerettet; **to save the ~** die Lage retten; **(in) these ~s, in this ~ and age** heutzutage; **one of these (fine) ~s** demnächst, nächstens (einmal), e-s schönen Tages; **this ~ week** *bes. Br.* a) heute in e-r Woche, b) heute vor e-r Woche; **to this ~** bis auf den heutigen Tag; **to a ~** auf den Tag genau.

day| bed *s* Bettcouch *f*. **~ blind·ness** *s med.* Tagblindheit *f*. **ˈ~·book** *s* **1.** Tagebuch *n*. **2.** *econ.* a) Jourˈnal *n*, b) Verkaufsbuch *n*, c) Kassenbuch *n*. **ˈ~·boy** *s bes. Br.* Exˈterne(r) *m* (*e-s Internats*). **ˈ~·break** *s* Tagesanbruch *m*: **at ~** bei Tagesanbruch. **ˌ~-by-ˈ~** *adj* (tag)ˈtäglich. **ˈ~-ˌcare cen·ter** *s Am.* Tagesheim *n*, -stätte *f*. **~ coach** *s rail. Am.* (*normaler*) Perˈsonenwagen. **ˈ~·dream I** *s* **1.** Tag-, Wachtraum *m*, Träumeˈrei *f*. **2.** Luftschloß *n*. **II** *v/i a. irr* **3.** (mit offenen Augen) träumen. **4.** Luftschlösser bauen. **ˈ~ˌdream·er** *s* Träumer(in). **~ ex·cur·sion** *s* Tagesausflug *m*. **~ fight·er** *s aer. mil.* Tagjäger *m*. **ˈ~ˌflow·er** *s bot.* **1.** Commeˈline *f*. **2.** Tradesˈcantie *f*. **3.** Harzige Zistrose. **ˈ~·fly** *s zo.* Eintagsfliege *f*. **ˈ~·girl** *s bes. Br.* Exˈterne *f* (*e-s Internats*). **~ la·bo(u)r·er** *s* Tagelöhner *m*. **~ let·ter** *s Am.* ˈBriefteleˌgramm *n*.

ˈday·light *s* **1.** Tageslicht *n*: **by** (*od.* **in**) **~** bei Tag(eslicht); **in broad ~** am hellichten Tag; **to beat** (*od.* **knock**) **the (living) ~s out of s.o.** *colloq.* j-n ‚fürchterlich verdreschen'; **to let ~ into s.o.** *sl.* j-n ‚durchlöchern' (*erstechen od. erschießen*); **to let ~ into s.th.** *fig.* a) etwas der Öffentlichkeit zugänglich machen, b) etwas aufhellen *od.* klären; **to scare the (living) ~s out of s.o.** *colloq.* j-m e-n fürchterlichen Schrecken einjagen; **to throw ~ on s.th.** *fig.* Licht in e-e Sache bringen; **he sees ~ at last** *fig.* a) endlich geht ihm ein Licht auf, b) endlich sieht er Land. **2.** Tagesanbruch *m*: **at ~** bei Tagesanbruch. **3.** Zwischenraum *m*. **~ blue** *s* Tageslichtblau *n*. **~ lamp** *s* Tageslichtlampe *f*. **~ rob·ber·y** *s colloq.* Halsabschneideˈrei *f*. **~ sav·ing time** *s* Sommerzeit *f*.

day| nurs·er·y *s* **1.** Tagesheim *n*, -stätte *f*. **2.** Spielzimmer *n*. **~ per·son** *s* Tagmensch *m*. **~ rate** *s econ.* Tageslohn *m*. **~ re·lease** *s Br. bezahlte Freistellung von der Arbeit zur beruflichen Fortbildung*. **~ re·turn (tick·et)** *s Br.* Tagesrückfahrkarte *f*. **ˈ~·room** *s* Tagesraum *m* (*in Internaten etc*). **~ school** *s* **1.** Exterˈnat *n*, Schule *f* ohne Interˈnat. **2.** Tagesschule *f* (*Ggs. Abendschule*). **~ shift** *s* Tagschicht *f*: **to be** (*od.* **work**) **on ~** Tagschicht haben.

days·man [ˈdeɪzmən] *s irr obs.* **1.** Tagelöhner *m*. **2.** Schiedsrichter *m*.

ˈday|·spring *s* **1.** *poet.* Tagesanbruch *m*. **2.** *fig.* Beginn *m*. **ˈ~·star** *s* **1.** *astr.* Morgenstern *m*. **2.** *poet.* Sonne *f*. **~ stu·dent** *s* Exˈterne(r *m*) *f* (*e-s Internats*).

day's work *s* **1.** Tagewerk *n*: **that's all in the** (*od.* **a**) **~** *fig.* das ist nichts Besonderes, das gehört alles mit dazu. **2.** *econ.* Arbeitstag *m*. **3.** *mar.* Etmal *n* (*nautischer Tag von Mittag bis Mittag*).

day| tick·et *s Br.* Tagesrückfahrkarte *f*. **ˈ~·time** *s* Tageszeit *f*, (*heller*) Tag: **in the ~** am Tag, bei Tage. **ˈ~ˌtimes** *adv Am.* am Tag, bei Tage. **ˌ~-to-ˈ~** *adj* (tag)ˈtäglich: **~ money** *econ.* tägliches Geld, Tagesgeld *n*; **~ necessities** Artikel des täglichen Bedarfs. **~ trip** *s* Tagesausflug *m*. **~ trip·per** *s* Tagesausflügler(in).

daze [deɪz] **I** *v/t* **1.** *a. fig.* betäuben, lähmen. **2.** blenden, verwirren. **II** *s* **3.** *a. fig.* Betäubung *f*, Lähmung *f*, Benommenheit *f*: **in a ~** benommen, betäubt. **4.** *min.* Glimmer *m*. **dazed** *adj* **1.** betäubt, benommen. **2.** geblendet, verwirrt. **daz·ed·ly** [ˈdeɪzɪdlɪ] *adv* → **dazed**.

daz·zle [ˈdæzl] **I** *v/t* **1.** blenden (*a. fig.*). **2.** *fig.* verwirren, verblüffen. **3.** *mil.* (*durch Anstrich*) tarnen. **II** *s* **4.** Blenden *n*: **~ lamps, ~ lights** Blendlampen. **5.** Leuchten *n*, blendender Glanz. **6.** *meist* **~ paint, ~ system** *mar.* Tarnanstrich *m*. **ˈdaz·zler** *s sl.* **1.** ‚Blender' *m*, ‚Angeber' *m*. **2.** ‚tolle Frau'. **3.** ‚tolle Sache'. **ˈdaz·zling** *adj* (*adv* **~ly**) **1.** blendend, glänzend (*a. fig.*). **2.** strahlend (schön): **a ~ beauty**. **3.** verwirrend.

D-day [ˈdiːdeɪ] *s mil. hist. der Tag der alliierten Landung in der Normandie, 6. Juni 1944*.

dea·con [ˈdiːkən] **I** *s* **1.** *relig.* Diaˈkon *m*. **2.** *anglikanische Kirche*: Geistliche(r) *m* dritten (*niedersten*) Weihegrades. **3.** *Freimaurerei*: Logenbeamte(r) *m*. **II** *v/t Am.* **4.** *obs.* jede Verszeile (*e-s Chorals, Psalms etc*) vor dem Singen vorsprechen. **5.** *colloq. Obst etc* so verpacken, daß das Beste obenˈauf liegt. **ˈdea·con·ess** *s relig.* **1.** Diaˈkonin *f*. **2.** Diakoˈnissin *f*, Diakoˈnisse *f*. **ˈdea·con·ry** [-rɪ] *s relig.* Diakoˈnat *n*.

de·ac·ti·vate [ˌdiːˈæktɪveɪt] *v/t* **1.** *mil. e-e Einheit* auflösen. **2.** *mil. Munition* entschärfen. **3.** *tech. e-e Maschine* außer Betrieb stellen, stillegen.

dead [ded] **I** *adj* (*adv* → **deadly**) **1.** tot, gestorben: **(as) ~ as mutton** (*od.* **a doornail**) *colloq.* mausetot; **~ and gone** tot u. begraben (*a. fig.*); **to be ~ to the world** *colloq.* ‚hinübersein': a) eingeschlafen sein, b) das Bewußtsein verloren haben, c) sinnlos betrunken sein; **to play ~** sich totstellen; **to be ~ from the neck up** *colloq.* a) dumm sein, b) an nichts Interesse haben; **to shoot s.o. ~** j-n erschießen; **~ man's handle** *rail.* Sicherheitsfahrschaltungstaster *m*, SIFA-Taster *m*; **to wait for a ~ man's shoes** a) auf e-e Erbschaft warten, b) warten, bis j-d stirbt, damit man in s-e Position nachrücken kann; **he is ~ of pneumonia** er ist an Lungenentzündung gestorben; **he is a ~ man** *fig.* er ist ein Kind des Todes; **~ men tell no tales** Tote reden nicht. **2.** tot, leblos: **~ matter** tote Materie (→ 23). **3.** totenähnlich, tief: **a ~ sleep**; **to be in a ~ faint** in tiefer Ohnmacht liegen. **4.** *colloq.* ‚restlos fertig', todmüde, zu Tode erschöpft: **I'm ~**. **5.** unzugänglich, unempfänglich (**to** für). **6.** taub (**to advice** gegen Ratschläge). **7.** gefühllos, abgestorben, erstarrt: **~ fingers**. **8.** *fig.* gefühllos, gleichgültig, abgestumpft (**to** gegen). **9.** tot, ausgestorben: **~ language** tote Sprache. **10.** überˈlebt, tot, veraltet: **~ customs**. **11.** erloschen: **~ fire**; **~ volcano**; **~ passions**. **12.** tot, geistlos. **13.** unfruchtbar, tot, leer, öde: **~ wastes**. **14.** tot, still, stehend: → **dead water**. **15.** *jur.* a) ungültig: **~ agreement**, b) bürgerlich tot. **16.** langweilig, öd(e): **a ~ party**. **17.** tot, nichtssagend, farb-, ausdruckslos. **18.** *bes. econ.* still, ruhig, flau:

~ **season**; ~ **market** flauer Markt. **19.** *econ.* tot, gewinn-, ˈumsatzlos: ~ **assets** unproduktive (Kapital)Anlage; ~ **capital (stock)** totes Kapital (Inventar). **20.** *tech.* a) außer Betrieb, tot: ~ **track** totes Gleis, b) deˈfekt: ~ **valve**; ~ **engine** ausgefallener *od.* abgestorbener Motor, c) leer, erschöpft: ~ **battery**. **21.** *tech.* tot, starr, fest: ~ **axle**. **22.** *electr.* strom-, spannungslos, tot. **23.** *print.* abgelegt: ~ **matter** Ablegesatz *m* (→ 2). **24.** *bes. arch.* blind, Blend...: ~ **floor** Blend-, Blindboden *m*; ~ **window** totes Fenster. **25.** Sack... (*ohne Ausgang*): ~ **street** Sackgasse *f*. **26.** dumpf, klanglos, tot (*Ton*). **27.** matt, glanzlos, stumpf, tot: ~ **colo(u)rs**; ~ **eyes**; ~ **gilding** matte Vergoldung. **28.** schal, abgestanden: ~ **drinks**. **29.** verwelkt, dürr, abgestorben: ~ **flowers**. **30.** (aˈkustisch) tot: ~ **room** toter *od.* schalldichter Raum. **31.** völlig, absoˈlut, restlos, toˈtal: ~ **certainty** absolute Gewißheit; ~ **silence** Totenstille *f*; ~ **stop** völliger Stillstand; **to come to a** ~ **stop** schlagartig stehenbleiben *od.* aufhören; → **calm** 2, **cert**, **earnest**[1] 4, **loss** 1. **32.** todsicher, unfehlbar: **he is a** ~ **shot.** **33.** äußerst(er, e, es): **a** ~ **strain**; **a** ~ **push** ein verzweifelter, aber vergeblicher Stoß. **34.** *sport* tot, nicht im Spiel (*Ball*).

II *s* **35.** stillste Zeit: **at** ~ **of night** mitten in der Nacht; **the** ~ **of winter** der tiefste Winter. **36. the** ~ a) der, die, das Tote, b) *collect.* die Toten *pl*: **several** ~ mehrere Tote; **to rise from the** ~ von den Toten auferstehen.

III *adv* **37.** restlos, absoˈlut, völlig, gänzlich, toˈtal: **the facts are** ~ **against him** alles spricht gegen ihn; ~ **asleep** im tiefsten Schlaf; ~ **black** tiefschwarz; ~ **drunk** sinnlos betrunken; ~ **slow!** *mot.* Schritt fahren!; ~ **straight** schnurgerade; ~ **tired** todmüde. **38.** plötzlich, abˈrupt: **to stop** ~ **(in one's tracks)** abrupt stehenbleiben *od.* aufhören. **39.** genau, diˈrekt: ~ **against** genau gegenüber von (*od. dat*); ~ **(set) against** ganz u. gar gegen (*etwas*) (eingestellt); ~ **set on** ganz scharf auf (*acc*).

dead|ac·count *s econ.* ˈumsatzloses *od.* unbewegtes Konto. ˌ**~(and-)aˈlive** *adj* langweilig (*Party, Person etc*). **~ a·re·a** *s mil.* toter Schußwinkel(bereich). ˈ**~-ball line** *s Rugby*: Malfeldauslinie *f*. ˈ**~-beat I** *adj* **1.** *electr. phys.* aperiˈodisch (gedämpft). **II** *s* **2.** *colloq.* Faulenzer *m*. **3.** *bes. Am. colloq.* ‚Nassauer' *m*, Schmaˈrotzer *m*. **4.** *Austral. colloq.* Habenichts *m*. ˌ**~-ˈbeat** *adj colloq.* todmüde, völlig ‚kaˈputt' *od.* erschöpft. **~ cen·ter,** *bes. Br.* **~ cen·tre** *s* **1.** genaue Mitte. **2.** *tech.* toter Punkt, Totlage *f*, -punkt *m*. **3.** *tech.* tote Spitze, Reitstockspitze *f* (*der Drehbank etc*). **4.** *tech.* Körnerspitze *f*. **~ col·o(u)r·ing** *s paint.* Grunˈdierung *f*. **~ drop** *s Spionage*: toter Briefkasten. **~ duck** *s*: **to be a** ~ *colloq.* passé sein, keine Chance mehr haben. **~ earth** → **dead ground** 1.

dead·en [ˈdedn] *v/t* **1.** dämpfen, (ab-)schwächen: **to** ~ **a sound**; **to** ~ **a blow** e-n Schlag mildern. **2.** schalldicht machen: **to** ~ **a wall.** **3.** *Gefühl* abtöten, abstumpfen (**to** gegen). **4.** *Metall* matˈtieren, glanzlos machen. **5.** *Geschwindigkeit* vermindern.

dead| end *s* **1.** Sackgasse *f* (*a. fig.*): **to come to a** ~ in e-e Sackgasse geraten. **2.** *bes. tech.* blindes Ende. ˈ**~-end** *adj* **1.** ohne Ausgang, Sack...: ~ **street** Sackgasse *f*; ~ **station** *rail.* Kopfbahnhof *m*. **2.** *fig.* ausweglos. **3.** ohne Aufstiegschancen: **a** ~ **job.** **4.** verwahrlost, Slum...: ~ **kid** verwahrlostes Kind. ˈ**~eye** *s* **1.** *mar.* Jungfer(nblock *m*) *f*. **2.** *bes. Am. colloq.* todsicherer *od.* unfehlbarer Schütze. ˈ**~fall** *s hunt.* Prügel-, Baumfalle *f*. **~ file** *s* abgelegte Akte. **~ fire** *s* Elmsfeuer *n*. **~ freight** *s mar.* Fehl-, Fautfracht *f*. **~ ground** *s* **1.** *electr.* Erdung *f* mit sehr geringem ˈÜbergangsˌwiderstand. **2.** *mil.* → **dead space.** **~ hand** → **mortmain.** ˈ**~head** *s* **1.** *Am. colloq.* Freikarteninhaber(in). **2.** *Am. colloq.* Mitläufer *m*. **3.** *Am. colloq.* a) Perˈson *f* ohne jeden (*beruflichen*) Ehrgeiz, b) ‚Blindgänger' *m*. **4.** *tech.* verlorener (*Gieß*)Kopf. **~ heat** *s sport* totes Rennen. ˈ**~house** *s* **1.** Leichenschauhaus *n*. **2.** Leichenhalle *f*. **~ lat·i·tude** *s mar.* gegißte geoˈgraphische Breite. **~ let·ter** *s* **1.** toter Buchstabe (*noch bestehendes, aber nicht angewandtes Gesetz*). **2.** unzustellbarer Brief. ˌ**~-ˈlet·ter of·fice** *s* Abˈteilung *f* für unzustellbare Briefe. **~ lift** *s* Lastheben *n* ohne meˈchanische Hilfsmittel. ˈ**~light** *s* **1.** *mar.* Fensterblende *f*. **2.** feste Dachluke. ˈ**~line** *s* **1.** *Am.* Sperrlinie *f*, Todesstreifen *m* (*im Gefängnis*). **2.** Deadline *f*: a) letzter (ˈAblieferungs)Terˌmin, Anzeigen-, Redaktiˈonsschluß *m*: ~ **pressure** Termindruck *m*; **to have difficulty** (*od.* **trouble) meeting the** ~ Terminschwierigkeiten haben, b) Stichtag *m*, c) äußerste Grenze.

dead·li·ness [ˈdedlɪnɪs] *s* tödliche Wirkung, (*das*) Tödliche.

dead|load *s tech.* totes Gewicht, tote *od.* ruhende Last, Eigengewicht *n*. ˈ**~lock I** *s* **1.** *tech.* Einˈriegelschloß *n*. **2.** *fig.* völliger Stillstand, Sackgasse *f*, toter Punkt: **to break the** ~ den toten Punkt (*in Verhandlungen etc*) überwinden; **to come to a** ~ → III. **II** *v/t* **3.** zum völligen Stillstand bringen. **III** *v/i* **4.** sich festfahren, an e-m toten Punkt anlangen. ˈ**~locked** *adj* festgefahren: ~ **talks.**

ˈ**dead·ly I** *adj* **1.** tödlich, todbringend: ~ **poison.** **2.** *fig.* unversöhnlich, tödlich: ~ **enemy** Todfeind *m*; ~ **fight** mörderischer Kampf. **3.** *fig.* tödlich, vernichtend, verderblich (**to** für): → **sin** 1. **4.** tödlich, unfehlbar: ~ **precision.** **5.** totenähnlich, Todes...: ~ **pallor** Leichen-, Todesblässe *f*. **6.** *colloq.* schrecklich, groß, äußerst(er, e, es): **in** ~ **haste.** **7.** *colloq.* sterbenslangweilig. **II** *adv* **8.** totenähnlich, leichenhaft: ~ **pale** toten-, leichenblaß. **9.** *colloq.* tod..., sehr, äußerst, schrecklich: **to be** ~ **afraid of** e-e Sterbensangst haben vor (*dat*); ~ **dull** sterbenslangweilig; ~ **tired** todmüde. **~ a·gar·ic** *s bot.* Giftpilz *m*, *bes.* Fliegenpilz *m*. **~ night·shade** *s bot.* **1.** Tollkirsche *f*. **2.** Schwarzer Nachtschatten.

ˈ**dead|ˌman** [-ˌmæn] *s irr Am.* ˈumgestürzter Baum. ˈ**~man's but·ton** *s tech.* Totmannsknopf *m*, -einrichtung *f*. **~ march** *s mus.* Trauermarsch *m*. **~ ma·rine** *s sl.* leere ‚Pulle'.

ˈ**dead·ness** *s* **1.** Leblosigkeit. **2.** Gefühllosigkeit *f*, Abgestumpftheit *f*, Gleichgültigkeit *f* (**to** gegen). **3.** Leere *f*, Öde *f*. **4.** *bes. econ.* Flauheit *f*, Flaute *f*. **5.** Mattheit *f*, Glanzlosigkeit *f*.

dead| net·tle *s bot.* Taubnessel *f*. **~ oil** *s chem.* Schweröl *n*, Kreoˈsot *n*. **~ pan** *s colloq.* ausdrucksloses *od.* ˈundurchˌdringliches Gesicht. ˌ**~ˈpan** *adj colloq.* **1.** unbewegt, ausdruckslos: ~ **face.** **2.** mit ausdruckslosem Gesicht (*Person*). **3.** trocken (*Humor*). **~ point** → **dead center** 2–4. **~ reck·on·ing** *s mar.* gegißtes Besteck, Koppeln *n*. **~ rope** *s mar.* **1.** Holetau *n* ohne Block. **2.** *pl* stehendes Gut, festes Tauwerk. **~ set** *s* **1.** *hunt.* Stehen *n* (*des Hundes*). **2.** verbissene Feindschaft. **3.** hartnäckiges Bemühen, *bes.* beharrliches Werben (**at** um): **to make a** ~ **at** sich hartnäckig bemühen um. **~ space** *s mil.* toter Winkel. ˈ**~-stick land·ing** *s aer.* Landung *f* mit abgestelltem Motor. **~ time** *s* **1.** *mil.* Befehls-, Komˈmandoverzug *m* (*Artillerie*). **2.** *phys. tech.* Totzeit *f*. **~ wa·ter** *s* **1.** stehendes *od.* stilles Wasser. **2.** *mar.* Kielwasser *n*, Sog *m*. **~ weight** *s* **1.** ganze Last, volles Gewicht (*e-s ruhenden Körpers*). **2.** *fig.* schwere Bürde *od.* Last. **3.** Leer-, Eigengewicht *n*, totes Gewicht. ˈ**~-weight ca·pac·i·ty** *s mar.* Tragfähigkeit *f*, Ladevermögen *n*. ˈ**~wood** *s* **1.** totes Holz (*abgestorbene Äste od. Bäume*). **2.** *fig.* (nutzloser) Balˈlast, nutzlose (Mit)Glieder *pl* (*e-r Gesellschaft*). **3.** (*etwas*) Veraltetes *od.* Überˈholtes. **4.** Plunder *m*, *bes. econ.* Ladenhüter *pl*. **5.** *pl mar.* Totholz *n*. **~ work** *s* vorbereitende Arbeit.

de·aer·ate [diːˈeɪəreɪt; -ˈeər-] *v/t u. v/i* entlüften. **deˈaer·a·tor** [-tə(r)] *s* Entlüfter *m*, Entlüftungsanlage *f*.

deaf [def] **I** *adj* (*adv* **~ly**) **1.** taub: ~ **and dumb** taubstumm; ~ **in one ear** auf ˈeinem Ohr taub; **(as)** ~ **as an adder** (*od.* **a post)** stocktaub. **2.** schwerhörig. **3.** *fig.* **(to)** taub (gegen), unzugänglich (für): **none so** ~ **as those that won't hear** (*etwa*) wem nicht zu raten ist, dem ist auch nicht zu helfen; → **ear** *Bes. Redew.* **II** *s* **4. the** ~ *collect. pl* die Tauben *pl*. **~ aid** *s* Hörgerät *n*. ˌ**~-and-ˈdumb** *adj* **1.** taubstumm. **2.** Taubstummen..., Finger...: ~ **alphabet**; ~ **language.**

deaf·en [ˈdefn] *v/t* **1.** taub machen. **2.** betäuben (**with** durch). **3.** *Schall* dämpfen. **4.** *arch. Wände etc* schalldicht machen. ˈ**deaf·en·ing** *adj* (*adv* **~ly**) ohrenbetäubend: ~ **noise.**

ˌ**deaf|-ˈmute I** *adj* taubstumm. **II** *s* Taubstumme(r *m*) *f*. ˌ**~-ˈmute·ness,** ˌ**~-ˈmut·ism** *s* Taubstummheit *f*.

ˈ**deaf·ness** *s* **1.** Taubheit *f* (*a. fig.* **to** gegen): **psychic** ~ Seelentaubheit *f*. **2.** Schwerhörigkeit *f*.

deal[1] [diːl] **I** *v/i pret u. pp* **dealt** [delt] **1.** ~ **with** (*od.* **in**) sich befassen *od.* beschäftigen *od.* abgeben mit *etwas*. **2.** ~ **with** (*od.* **in**) handeln von, sich befassen mit, *etwas* behandeln *od.* zum Thema haben: **botany ~s with plants.** **3.** ~ **with** sich mit *e-m Problem etc* befassen *od.* beschäftigen *od.* auseinˈandersetzen, *etwas* in Angriff nehmen. **4.** ~ **with** *etwas* erledigen, mit *etwas od. j-m* fertig werden: **I cannot** ~ **with it.** **5.** ~ **with** (*od.* **by**) behandeln (*acc*), ˈumgehen mit: **to** ~ **fairly with s.o.** sich fair gegen j-n verhalten, fair an j-m handeln. **6.** ~ **with** mit *j-m* verkehren *od.* zu tun haben. **7.** ~ **with** *econ.* Handel treiben *od.* Geschäfte machen *od.* in Geschäftsverkehr stehen mit. **8.** handeln, Handel treiben (**in** mit): **to** ~ **in paper** Papier führen. **9.** *sl.* dealen (*mit Rauschgift handeln*). **10.** *Kartenspiel*: geben.

II *v/t* **11.** *oft* ~ **out** *etwas* ver-, austeilen: **to** ~ **out rations**; **to** ~ **blows** Schläge austeilen; **to** ~ **s.o. (s.th.) a blow, to** ~ **a blow at s.o. (s.th.)** j-m (e-r Sache) e-n Schlag versetzen. **12.** *j-m etwas* zuteilen. **13.** a) *Karten* geben, austeilen, b) *j-m e-e Karte* geben.

III *s* **14.** *colloq.* a) Handlungsweise *f*, Verfahren *n*, Poliˈtik *f*: → **New Deal,** b) Behandlung *f*. **15.** *colloq.* Geschäft *n*, Handel *m*, Transaktiˈon *f*: **it's a ~!** abgemacht!; **(a) good ~!** ein gutes Geschäft!; **square** ~ a) anständige Behandlung, b) reeller Handel; **big** ~ ‚große Sache'; **what's the big ~?** was ist denn das?, was soll das (alles)?; **big ~!** *iro.* was ist denn das schon?; → **raw** 14. **16.** Abkommen *n*, Überˈeinkunft *f*: **to make a** ~ ein Abkommen treffen. **17.** *Karten-*

spiel: a) Blatt *n*, b) Geben *n*: **it is my ~** ich muß geben.

deal[2] [di:l] *s* **1.** Menge *f*, Teil *m*: **a great ~** sehr viel; **not by a great ~** bei weitem nicht; **a good ~** e-e ganze Menge, ziemlich viel. **2.** *colloq.* e-e ganze Menge, ziemlich *od.* sehr viel: **a ~ worse** weit (-aus) *od.* viel schlechter.

deal[3] [di:l] *s* **1.** *Br.* a) Brett *n*, Planke *f* (*aus Tannen- od. Kiefernholz*), b) Bohle *f*, Diele *f.* **2.** rohes Kiefernbrett (*mit bestimmten Abmessungen*). **3.** Kiefern- *od.* Tannenholz *n.*

'deal·er *s* **1.** *econ.* a) Händler(in), Kaufmann *m*: **~ in antiques** Antiquitätenhändler, b) *Börse*: *Br.* Dealer *m* (*der auf eigene Rechnung Geschäfte tätigt*). **2.** *sl.* Dealer *m* (*Rauschgifthändler*). **3.** *Kartenspiel*: Geber(in). **4.** *Person von bestimmtem Verhalten*: **plain ~** aufrichtiger Mensch.

'deal·ing *s* **1.** *meist pl* 'Umgang *m*, Verkehr *m*, Beziehungen *pl*: **to have ~s with s.o.** mit j-m verkehren *od.* zu tun haben; **there is no ~ with her** mit ihr ist nicht auszukommen. **2.** *econ.* a) Geschäftsverkehr *m*, b) Handel *m*, Geschäft *n* (**in** in *dat*, mit): **~ in real estate** Immobilienhandel. **3.** a) Verfahren *n*, Verhalten *n*, Handlungsweise *f*, b) *econ.* Geschäftsgebaren *n.* **4.** Austeilen *n*, Geben *n* (*von Karten*).

dealt [delt] *pret u. pp von* **deal**[1].

dean[1] [di:n] *s* **1.** *univ.* a) De'kan *m* (*Vorstand e-r Fakultät od. e-s College*), b) (*Oxford u. Cambridge*) Fellow *m* mit besonderen Aufgaben. **2.** *univ. Am.* a) Vorstand *m* e-r Fakul'tät, b) Hauptberater(in), Vorsteher(in) (*der Studenten*). **3.** *relig.* De'chant *m*, De'kan *m*, 'Superinten,dent *m.* **4. D~ of Arches** Laienrichter *m* des kirchlichen Appellati'onsgerichts (*Canterbury u. York*). **5.** Vorsitzende(r *m*) *f*, Präsi'dent(in): **D~ of Faculty** *Scot.* Präsident der Anwaltskammer; **the ~ of the diplomatic corps** der Doyen des diplomatischen Korps.

dean[2] → **dene**[2].

dean·er·y ['di:nərɪ] *s* Deka'nat *n.*

dear[1] [dɪə(r)] **I** *adj* (*adv* → **dearly**) **1.** teuer, lieb (**to s.o.** j-m): **~ mother** liebe Mutter; **D~ Sir,** (*in Briefen*) sehr geehrter Herr (*Name*)!; **D~ Mrs. B.,** (*in Briefen*) sehr geehrte Frau B.!; **those near and ~ to you** die dir lieb u. teuer sind; **to run (work) for ~ life** um sein Leben rennen (arbeiten, als ob es ums Leben ginge). **2.** teuer, kostspielig. **3.** hoch (*Preis*). **4.** innig: **~ love; my ~est wish** mein sehnlichster Wunsch. **II** *s* **5.** Liebste(r *m*) *f*, Schatz *m*: **isn't she a ~?** ist sie nicht ein Engel?; **there's a ~** sei (so) lieb. **6.** (*Anrede*) mein Lieber, m-e Liebe: **my ~s** m-e Lieben. **III** *adv* **7.** teuer: **it will cost you ~** das wird dir *od.* dich teuer zu stehen kommen. **8.** → **dearly** 1. **IV** *interj* **9.** (**oh**) **~!, ~ ~!, ~ me!** du liebe Zeit!, du meine Güte!, ach je!

dear[2] [dɪə(r)] *adj obs.* schwer, hart.

'dear-bought *adj* **1.** teuer gekauft. **2.** *fig.* teuer erkauft.

dear·ie → **deary.**

Dear John let·ter *s colloq. Brief, mit dem ein Mädchen ein Verhältnis beendet.*

'dear·ly *adv* **1.** innig, herzlich, von ganzem Herzen: **to love s.o. ~; to wish s.th. ~** etwas heiß ersehnen. **2.** teuer (*im Preis*): → **buy** 6. **'dear·ness** *s* **1.** hoher Wert: **her ~ to me** was sie mir bedeutet. **2.** (*das*) Liebe(nswerte). **3.** Innigkeit *f.* **4.** hoher Preis, Kostspieligkeit *f.*

dearth [dɜ:θ; *Am.* dɜrθ] *s* **1.** Mangel *m* (**of** an *dat*). **2.** (Hungers)Not *f.* **3.** *obs.* Kostspieligkeit *f.*

'dear·y *s colloq.* Liebling *m*, Schatz *m.*

death [deθ] *s* **1.** Tod *m*: **to ~** zu Tode; **to (the) ~** bis zum äußersten; **fight to the ~** Kampf *m* bis aufs Messer; **the house was (as) still as ~** im Haus herrschte e-e Totenstille; **(as) sure as ~** bomben-, todsicher; **to catch one's ~** sich den Tod holen (*engS. durch Erkältung*); **to hold** (*od.* **hang**) **on to s.th. like grim ~** sich verbissen an etwas festklammern, *fig. a.* verbissen an etwas festhalten; **to put to ~** töten, *bes.* hinrichten; **to send s.o. to his ~** j-n in den Tod schicken; **~ in life** lebendiger Tod (*unheilbare Krankheit etc*); **to be in at the ~** a) *hunt.* bei der Tötung des Fuchses (*durch die Hunde*) dabeisein, b) *fig.* das Ende miterleben; **it is ~ to do this** darauf steht der Tod (*Todesstrafe*); **it is ~ to think of it** *fig.* der bloße Gedanke ist entsetzlich. **2.** *a.* **D~** der Tod: **at D~'s door** an der Schwelle des Todes. **3.** Ende *n*, 'Untergang *m*, Vernichtung *f.* **4.** Tod *m* (*Todesart*): **~ by hanging** Tod durch Erhängen *od.* den Strang; **to die an easy ~** e-n leichten Tod haben. **5.** Todesfall *m.* **6.** Tod *m* (*Todesursache*): **he will be the ~ of me** a) er bringt mich noch ins Grab, b) ich lache mich noch tot über ihn; **to be ~ on s.th.** *colloq.* a) etwas aus dem Effeff verstehen, b) etwas nicht ‚riechen' können. **7.** (Ab-) Sterben *n.*

death| ag·o·ny *s* Todeskampf *m.* **'~bed** *s* Sterbebett *n*: **to be on one's ~** im Sterben liegen; **~ repentance** Reue *f* auf dem Sterbebett. **~ bell** *s* Toten-, Sterbeglocke *f.* **~ ben·e·fit** *s* **1.** Sterbegeld *n.* **2.** bei Todesfall fällige Versicherungsleistung. **'~blow** *s* **1.** Todesstreich *m.* **2.** *fig.* Todesstoß *m* (**to** für): **to deal a ~ to s.th.** e-r Sache den Todesstoß versetzen. **~ cell** *s* Todeszelle *f.* **~ cer·tif·i·cate** *s* Totenschein *m*, Sterbeurkunde *f.* **~ cham·ber** *s* **1.** Sterbezimmer *n.* **2.** 'Hinrichtungsraum *m.* **~ cup** *s bot.* Grüner Knollenblätterpilz. **~ du·ty** *s jur. Br. hist.* Erbschaftssteuer *f.* **~ grant** *s Br.* Sterbegeld *n.* **~ house** *s Am.* Todestrakt *m* (*e-s Gefängnisses*). **~ in·stinct** *s psych.* Todestrieb *m.* **~ knell** → **knell** 1.

'death·less *adj* unsterblich: **~ fame.**

'death·like *adj* totenähnlich, leichenartig: **~ pallor** Toten-, Leichenblässe *f.*

'death·ly → **deadly**: **~ silence** eisiges Schweigen; **~ stillness** Totenstille *f.*

death| march *s* Todesmarsch *m* (*von Kriegsgefangenen etc*). **~ mask** *s* Totenmaske *f.* **~ pen·al·ty** *s* Todesstrafe *f.* **'~place** *s* Sterbeort *m.* **~ rate** *s* Sterblichkeitsziffer *f.* **~ rat·tle** *s* Todesröcheln *n.* **~ roll** *s* **1.** *mil.* Gefallenen-, Verlustliste *f.* **2.** Zahl *f* der Todesopfer. **~ row** → **death house.**

'death's-head *s* **1.** Totenkopf *m* (*bes. als Symbol*). **2.** *a.* **~ moth** *zo.* Totenkopf (-schwärmer) *m.*

death| squad *s* 'Todesschwa,dron *f.* **~ threat** *s* Morddrohung *f.* **~ toll** *s* (Zahl *f* der) Opfer *pl*, (*die*) Toten *pl.* **'~trap** *s* Todesfalle *f*, Mausefalle *f.* **~ war·rant** *s* **1.** *jur.* 'Hinrichtungsbefehl *m.* **2.** *fig.* Todesurteil *n* (**of** für): **to sign one's (own) ~** sein (eigenes) Todesurteil unterschreiben. **'~watch** *s* **1.** Totenwache *f.* **2.** *a.* **~ beetle** *zo.* Totenuhr *f* (*verschiedene Klopfkäfer*). **~ wish** *s* Todeswunsch *m*, -sehnsucht *f.*

deb [deb] *colloq. für* **debutante.**

de·ba·cle [deɪ'bɑ:kl], *a.* (*Fr.*) **dé·bâ·cle** [debɑkl] *s* **1.** De'bakel *n*, Zs.-bruch *m*, Kata'strophe *f.* **2.** plötzliche Massenflucht, wildes Durchein'ander. **3.** *geol.* a) Eisaufbruch *m*, b) Eisgang *m*, c) Murgang *m.* **4.** Wassersturz *m.*

de·bag [,di:'bæg] *v/t Br. colloq. j-m* die Hose ausziehen.

de·bar [dɪ'bɑ:(r)] *v/t* **1.** *j-n* ausschließen (**from** von *etwas*, aus *e-m Verein*). **2.** *j-n* hindern (**from doing** zu tun). **3.** *j-m etwas* versagen: **to ~ s.o. the crown** j-n von der Thronfolge ausschließen. **4.** *etwas* verhindern, verbieten.

de·bark [dɪ'bɑ:(r)k], *etc* → **disembark,** *etc.*

de'bar·ment *s* Ausschließung *f*, Ausschluß *m* (**from** von).

de·base [dɪ'beɪs] *v/t* **1.** (cha'rakterlich) verderben. **2.** (**o.s.** sich) entwürdigen, erniedrigen. **3.** im Wert mindern, *Münzen* verschlechtern. **4.** *Wert* (her'ab)mindern. **5.** verfälschen. **de'based** *adj* **1.** verderbt (*etc*). **2.** minderwertig. **3.** abgegriffen (*Wort*). **de'base·ment** *s* **1.** Verderbtheit *f.* **2.** Entwürdigung *f*, Erniedrigung *f.* **3.** Wertminderung *f*, Verschlechterung *f.* **4.** (Her'ab)Minderung *f* (*des Wertes*). **5.** Verfälschung *f.*

de·bat·a·ble [dɪ'beɪtəbl] *adj* **1.** disku'tabel. **2.** fraglich, strittig, um'stritten. **3.** *jur.* anfechtbar, streitig. **~ ground** *s* **1.** *pol.* um'strittenes Land. **2.** *fig.* Zankapfel *m*: **that is ~** darüber läßt sich streiten. **~land** → **debatable ground** 1.

de·bate [dɪ'beɪt] **I** *v/i* **1.** debat'tieren, disku'tieren, Erörterungen anstellen (**on, upon, about** über *acc*). **2. to ~ with o.s.** hin u. her überlegen. **3.** *obs.* kämpfen. **II** *v/t* **4.** *etwas* debat'tieren, disku'tieren, erörtern. **5.** *etwas* erwägen, sich *etwas* über'legen, mit sich zu Rate gehen über (*acc*). **6.** *obs.* kämpfen um. **III** *s* **7.** De'batte *f* (*a. parl.*), Diskussi'on *f*, Erörterung *f*: **after much ~** nach langen Diskussionen; **beyond ~** unbestreitbar; **to be under ~** zur Debatte stehen; **to be still under ~** noch umstritten sein; **~ on request** *parl.* aktuelle Stunde. **de'bat·er** *s* **1.** Debat'tierende(r *m*) *f.* **2.** *parl.* Redner(in). **de'bat·ing** *adj*: **~ club, ~ society** Debattierclub *m.*

de·bauch [dɪ'bɔ:tʃ] **I** *v/t* **1.** (*sittlich*) verderben. **2.** verführen, verleiten (**to** zu). **II** *v/i* **3.** (*sittlich*) her'unterkommen, verkommen. **4.** schwelgen, schlemmen, prassen. **III** *s* **5.** Ausschweifung *f*, Orgie *f.* **6.** Schwelge'rei *f.* **de'bauched** *adj* verderbt (*Person*), ausschweifend, zügellos (*Leben*). **de·bauch·ee** [,debɔ:'tʃi:; *Am.* dɪ-] *s* Wüstling *m*, Wollüstling *m.* **de'bauch·er** *s* **1.** Verderber *m.* **2.** Verführer *m.* **de'bauch·er·y** *s* **1.** Ausschweifung *f*, Schwelge'rei *f.* **2.** *pl* Ausschweifungen *pl*, Orgien *pl.* **de'bauch·ment** *s* **1.** Ausschweifung *f*, Orgie *f.* **2.** Schwelge'rei *f.* **3.** Verderbtheit *f*, Zügellosigkeit *f.* **4.** Verführung *f.*

de·ben·ture [dɪ'bentʃə(r)] *s* **1.** Schuldschein *m.* **2.** *econ.* a) Obligati'on *f*, Schuldverschreibung *f*, b) *Br.* Pfandbrief *m.* **3.** *econ.* Rückzollschein *m.* **~ bond** *s econ.* **1.** *Br.* Obligati'on *f*, Schuldverschreibung *f.* **2.** *Am.* (*ungesicherte*) Obligati'on. **~ cer·tif·i·cate** → **debenture bond** 1.

de'ben·tured *adj econ.* rückzollberechtigt: **~ goods** Rückzollgüter.

de·ben·ture| debt *s econ.* **1.** Obligati'onsschuld *f.* **2.** *Br.* Pfandbriefschuld *f.* **~ hold·er** *s econ.* **1.** Obligatio'när *m.* **2.** *Br.* Pfandbriefinhaber *m.* **~ stock** *s econ.* **1.** *Br.* Anleiheschuld *f.* **2.** *Am.* Aktien *pl* mit Vorrang vor den Vorzugsaktien.

de·bil·i·tate [dɪ'bɪlɪteɪt] *v/t* schwächen, entkräften. **de,bil·i'ta·tion** *s* Schwächung *f*, Entkräftung *f.* **de'bil·i·ty** [-lətɪ] *s* **1.** Schwäche *f*, Kraftlosigkeit *f.* **2.** *med.* Schwäche-, Erschöpfungszustand *m*: **nervous ~** Nervenschwäche *f.*

deb·it ['debɪt] *econ.* **I** *s* **1.** Debet *n*, Soll (-wert *m*) *n*, Schuldposten *m.* **2.** (Konto-)

Belastung *f*: **to the ~ of** zu Lasten von. **3.** *a.* **~ side** Debetseite *f* (*im Hauptbuch*): **to charge** (*od.* **place**) **a sum to s.o.'s ~** j-s Konto mit e-r Summe belasten. **II** *v/t* **4.** *j-n, ein Konto* debi'tieren, belasten (**with** mit). **5.** *etwas* debi'tieren, zur Last schreiben. **III** *adj* **6.** Debet..., Schuld...: **~ account**; **~ balance** Debet-, Sollsaldo *m*; **your ~ balance** Saldo *m* zu Ihren Lasten; **~ entry** Lastschrift *f*, Debetbuchung *f*; **~ note** Lastschriftanzeige *f*. **~ and cred·it** *s econ.* Soll *n* u. Haben *n*.

de·block [ˌdiːˈblɒk; *Am.* -ˈblɑk] *v/t econ. eingefrorene Konten* freigeben, entsperren.

deb·o·nair(e) [ˌdebəˈneə(r)] *adj* **1.** liebenswürdig, höflich, char'mant. **2.** heiter, unbefangen. **3.** 'lässig(-ele'gant).

de·bone [ˌdiːˈbəʊn] *v/t Fleisch* entknochen, entbeinen.

de·boost [ˌdiːˈbuːst] *s* Abbremsung *f* (*e-s Raumschiffs etc*).

de·bouch [dɪˈbaʊtʃ; dɪˈbuːʃ] *v/i* **1.** *mil.* her'vorbrechen. **2.** sich ergießen, (ein-) münden (**into** in *acc*) (*Fluß*). **de'bouch·ment** *s* **1.** *mil.* Her'vorbrechen *n*, Ausfall *m*. **2.** Mündung *f*.

de·brief [ˌdiːˈbriːf] *v/t* sich infor'mieren *od.* berichten lassen von (*e-m Piloten, Diplomaten etc*). **de'brief·ing** *s mil.* Einsatzbesprechung *f* (nach dem Flug *etc*).

de·bris, dé·bris [ˈdeɪbriː; *Br. a.* ˈdebriː; *Am. a.* dəˈbriː] *s* **1.** Trümmer *pl*, Schutt *m* (*beide a. geol.*). **2.** *Bergbau*: Hau(f)werk *n*.

debt [det] *s* **1.** Schuld *f*, *bes. econ. jur.* Forderung *f*: **~ collector** *jur.* Inkassobeauftragte(r) *m*; **~ of hono(u)r** Ehren-, *bes.* Spielschuld; **~ of gratitude** Dankesschuld; **to owe s.o. a ~ of gratitude, to be in s.o.'s ~** j-m Dank schulden, in j-s Schuld stehen; **to pay one's ~ to nature** den Weg alles Irdischen gehen, sterben; **to be in ~** Schulden haben, verschuldet sein; **to be in ~ to s.o. for £100** j-m 100 Pfund schulden; **to be out of ~** schuldenfrei sein. **2.** *meist* **action of ~** *jur.* Schuldklage *f*. **3.** *Bibl.* Schuld *f*, Sünde *f*: **forgive us our ~s. debt·or** [ˈdetə(r)] *s* **1.** *jur.* Schuldner(in). **2.** *econ.* Debitor *m*: **~ nation** Schuldnerland *n*.

de·bug [ˌdiːˈbʌg] *v/t* **1.** a) entwanzen, b) *bes. Am. Pflanzen* von Schädlingen befreien. **2.** *tech. colloq.* a) Fehler *od.* ‚Mucken' *e-r Maschine* beseitigen *od.* beheben, b) (*Computer*) *Programm* austesten. **3.** *colloq. e-n Raum* ‚entwanzen' (*von Minispionen befreien*).

de·bunk [ˌdiːˈbʌŋk] *v/t colloq.* entlarven, den Nimbus nehmen (*dat*). **ˌde'bunk·er** *s colloq.* Entlarver *m*.

de·bu·reauc·ra·tize [ˌdiːbjʊəˈrɒkrətaɪz; *Am.* -ˈrɑk-] *v/t* entbürokrati'sieren.

de·bus [ˌdiːˈbʌs] *v/i* aus dem *od.* e-m Bus aussteigen.

de·but, *Br. a.* **dé·but** [ˈdeɪbuː; -bjuː] *s* De'büt *n*: a) *thea. etc* erstes Auftreten, b) Einführung *f* (*e-r jungen Dame*) in die Gesellschaft: **to make one's ~** sein Debüt geben. **deb·u·tant,** *Br. a.* **déb·u·tant** [ˈdebjuːtɑ̃ːŋ; *Am.* ˈdebjʊˌtɑːnt] *s* Debü'tant *m*. **deb·u·tante,** *Br. a.* **déb·u·tante** [ˈdebjuːtɑːnt] *s* Debü'tantin *f*.

dec·a·dal [ˈdekədl] *adj* de'kadisch.

dec·ade [ˈdekeɪd] *s* **1.** De'kade *f*: a) *Anzahl von 10 Stück, Zehnergruppe*, b) Jahr'zehnt *n*. **2.** *electr. tech.* De'kade *f*: **~ connection** Dekadenschaltung *f*.

dec·a·dence [ˈdekədəns] *s* **1.** Deka'denz *f*, Entartung *f*, Verfall *m*, Niedergang *m*. **2.** Deka'denz(literaˌtur) *f*. **'dec·a·dent I** *adj* **1.** deka'dent. **2.** Dekadenz... **II** *s* **3.** deka'denter Mensch. **4.** Deka'denzdichter *m*, *bes.* Symbo'list *m*.

de·cad·ic [dɪˈkædɪk] *adj math.* de'kadisch, Dezimal..., Zehner...

de·caf·fein·ate [ˌdiːˈkæfɪneɪt] *v/t Kaffee* koffe'infrei machen: **~d** koffeinfrei.

dec·a·gon [ˈdekəgən; *Am.* -ˌgɑn] *s math.* Deka'gon *n*, Zehneck *n*. **de·cag·o·nal** [dɪˈkægənl] *adj* dekago'nal.

dec·a·gram(me) [ˈdekəgræm] *s* Deka'gramm *n* (*10 Gramm*).

dec·a·he·dron [ˌdekəˈhedrən; *bes. Am.* -ˈhiː-] *pl* **-drons, -dra** [-drə] *s math.* Deka'eder *n*, Zehnflächner *m*.

de·cal·ci·fi·ca·tion [ˈdiːˌkælsɪfɪˈkeɪʃn] *s* Entkalkung *f*. **ˌde'cal·ci·fy** [-faɪ] *v/t* entkalken.

de·cal·co·ma·ni·a [dɪˌkælkəʊˈmeɪnɪə] *s* Abziehbild(verfahren) *n*.

Dec·a·logue, *Am. a.* **Dec·a·log** [ˈdekəlɒg; *Am. a.* -ˌlɑg] *s Bibl.* Deka'log *m*, (*die*) Zehn Gebote *pl*.

De·cam·er·on·ic [dɪˌkæməˈrɒnɪk; *Am.* -ˈrɑ-] *adj* dekame'ronisch.

de·cam·e·ter[1] [dɪˈkæmɪtə(r)] *s* De'kameter *m* (*zehnfüßiger Vers*).

dec·a·me·ter[2], *bes. Br.* **dec·a·me·tre** [ˈdekəˌmiːtə(r)] *s* Deka'meter *m*, *n* (*10 Meter*).

de·camp [dɪˈkæmp] *v/i* **1.** *bes. mil.* das Lager abbrechen. **2.** *colloq.* sich aus dem Staub machen, verschwinden. **de'camp·ment** *s* **1.** *bes. mil.* Abbruch *m* des Lagers. **2.** (plötzliches) Verschwinden.

de·ca·nal [dɪˈkeɪnl; *Am. a.* ˈdekənl] *adj* **1.** Dekans... **2.** → **decani**.

dec·ane [ˈdekeɪn] *s chem.* De'kan *n*.

de·ca·ni [dɪˈkeɪnaɪ] *adj* südseitig, auf der Südseite (*des Kirchenchors*).

de·cant [dɪˈkænt] *v/t* **1.** dekan'tieren, vorsichtig abgießen. **2.** ab-, 'umfüllen. **de·can·ta·tion** [ˌdiːkænˈteɪʃn] *s* **1.** Dekantati'on *f*. **2.** 'Umfüllung *f*. **de'cant·er** *s* **1.** Dekan'tiergefäß *n*, Klärflasche *f*. **2.** Ka'raffe *f*.

de·cap·i·tate [dɪˈkæpɪteɪt] *v/t* **1.** enthaupten, köpfen. **2.** *Am. colloq.* (*aus politischen Gründen*) entlassen. **deˌcap·i'ta·tion** *s* **1.** Enthauptung *f*. **2.** *Am. colloq.* Entlassung *f*.

de·car·bon·ate [ˌdiːˈkɑː(r)bəneɪt] *v/t chem.* Kohlensäure *od.* Kohlen'dioˌxyd entziehen (*dat*). **ˌde'car·bon·a·tor** [-tə(r)] *s tech.* Entrußungsmittel *n od.* -gerät *n*. **ˌde'car·bon·ize** *v/t u. v/i* dekarboni'sieren, entkohlen.

de·car·tel·i·za·tion [ˈdiːˌkɑː(r)təlaɪˈzeɪʃn; *Am.* -ləˈz-] *s econ.* Entkartelli'sierung *f*, (Kon'zern)Entflechtung *f*. **de'car·tel·ize** [-laɪz] *v/t* entkartelli'sieren, entflechten.

dec·a·stich [ˈdekəstɪk] *s metr.* De'kastichon *n*, Zehnzeiler *m*.

de·cas·u·al·i·za·tion [diːˌkæʒjʊəlaɪˈzeɪʃn; *Am.* -ʒəwələˈz-; -ʒələˈz-] *s econ.* Über'führung *f* von Gelegenheitsarbeit in Dauerarbeit.

dec·a·syl·lab·ic [ˌdekəsɪˈlæbɪk], **ˌdec·a'syl·la·ble** [-ˈsɪləbl] **I** *adj* zehnsilbig. **II** *s* zehnsilbiger Vers, Zehnsilber *m*.

de·cath·lete [dɪˈkæθliːt] *s Leichtathletik*: Zehnkämpfer *m*. **de'cath·lon** [-lɒn; *Am.* -lən; -ˌlɑn] *s* Zehnkampf *m*.

dec·a·tize [ˈdekətaɪz] *v/t Seide etc* deka'tieren.

de·cay [dɪˈkeɪ] **I** *v/i* **1.** verfallen, in Verfall geraten, zu'grunde gehen. **2.** schwach *od.* kraftlos werden. **3.** abnehmen, schwinden. **4.** verwelken, absterben. **5.** zerfallen, vermodern. **6.** verfaulen, verwesen. **7.** *med.* faulen, kari'ös *od.* schlecht werden (*Zahn*). **8.** *geol.* verwittern. **9.** *phys.* zerfallen (*Radium etc*). **II** *s* **10.** Verfall *m*: **to fall** (*od.* **go**) **(in)to ~** → 1. **11.** Verfall *m*, (Alters)Schwäche *f*. **12.** Nieder-, 'Untergang *m*, Ru'in *m*. **13.** (ständiger) Rückgang. **14.** Verwelken *n*. **15.** Zerfall *m*, Vermodern *n*. **16.** Verfaulen *n*, Verwesung *f*. **17.** *med.* Faulen *n*, Schlechtwerden *n* (*der Zähne*). **18.** *geol.* Verwitterung *f*. **19.** *phys.* Zerfall *m* (*von Radium etc*). **de'cayed** *adj* **1.** verfallen: **~ circumstances** zerrüttete (Vermögens-) Verhältnisse; **~ with age** altersschwach. **2.** her'untergekommen. **3.** verwelkt. **4.** vermodert, morsch. **5.** verfault. **6.** *med.* faul, kari'ös, schlecht (*Zahn*). **7.** *geol.* verwittert.

de·cease [dɪˈsiːs] **I** *v/i* sterben, 'hinscheiden, verscheiden. **II** *s* Tod *m*, Ableben *n*.

de'ceased I *adj* ver-, gestorben. **II** *s* **the ~** a) der *od.* die Verstorbene, b) *collect. pl* die Verstorbenen *pl*.

de·ce·dent [dɪˈsiːdnt] *s jur. bes. Am.* Verstorbene(r *m*) *f*, Erb-lasser(in): **~ estate** Nachlaß *m*.

de·ceit [dɪˈsiːt] *s* **1.** Betrug *m*, Betrüge'rei *f*, (bewußte) Täuschung: **to practice ~ on s.o.** j-n betrügen. **2.** Falschheit *f*, Tücke *f*, 'Hinterlist *f*. **3.** List *f*, Ränke *pl*. **de'ceit·ful** *adj* (*adv* **~ly**) **1.** betrügerisch. **2.** falsch, 'hinterlistig. **3.** ränkevoll. **de'ceit·ful·ness** → **deceit** 2.

de·ceiv·a·ble [dɪˈsiːvəbl] *adj* (*adv* **deceivably**) leicht zu täuschen(d).

de·ceive [dɪˈsiːv] **I** *v/t* **1.** täuschen (*Person, Sache*), trügen (*Sache*): **to be ~d** sich täuschen (lassen); **to be ~d in s.o.** sich in j-m täuschen; **to ~ o.s.** sich etwas vormachen; **we were ~d into the belief** (*od.* **into believing**) **that** wir wurden zu der Annahme verleitet, daß; **do my eyes ~ me or ...?** täuschen mich m-e Augen oder ...? **2.** *obs.* (*meist pass*) *Hoffnung etc* enttäuschen, zu'nichte machen: **his hopes were ~d. II** *v/i* **3.** täuschen, trügen (*Sache*). **de'ceiv·er** *s* Betrüger(in).

de·cel·er·ate [ˌdiːˈseləreɪt] **I** *v/t* **1.** verzögern, verlangsamen. **2.** die Geschwindigkeit her'absetzen von (*od. gen*). **II** *v/i* **3.** sich verlangsamen. **4.** s-e Geschwindigkeit verringern. **'deˌcel·er'a·tion** *s* Verlangsamung *f*, Verzögerung *f*, Geschwindigkeitsabnahme *f*, Langsamerwerden *n*.

de·cel·er·on [ˌdiːˈselərɒn; *Am.* -ˌrɑn] *s aer. Kombination von Luftbremsen u. Landeklappen bei Düsenflugzeugen.*

De·cem·ber [dɪˈsembə(r)] *s* De'zember *m*: **in ~** im Dezember.

de·cem·vi·rate [dɪˈsemvɪrət] *s* Dezemvi'rat *n*.

de·cen·a·ry [dɪˈsenərɪ] *s Br. hist.* Zehntbezirk *m*.

de·cen·cy [ˈdiːsnsɪ] *s* **1.** Anstand *m*, Schicklichkeit *f*: **for ~'s sake** anstandshalber. **2.** Anständigkeit *f*: **he had the ~ to go** er war so anständig zu gehen. **3.** *pl* a) geziemende Form, b) Anstand *m*. **4.** *pl* Annehmlichkeiten *pl* (*des Lebens*).

de·cen·na·ry [dɪˈsenərɪ] → **decennium**.

de·cen·ni·al [dɪˈsenjəl; -nɪəl] **I** *adj* **1.** zehnjährig, zehn Jahre dauernd. **2.** alle zehn Jahre 'wiederkehrend. **II** *s* **3.** a) zehnter Jahrestag, b) Zehn'jahr(es)feier *f*. **de'cen·ni·al·ly** *adv* alle zehn Jahre.

de'cen·ni·um [-jəm; -nɪəm] *pl* **-ni·ums, -ni·a** [-njə; -nɪə] *s* De'zennium *n*, Jahr'zehnt *n*.

de·cent [ˈdiːsnt] *adj* **1.** anständig: a) schicklich, b) sittsam, c) ehrbar, ordentlich. **2.** de'zent, unaufdringlich. **3.** (ganz) ‚anständig', pas'sabel, annehmbar: **a ~ breakfast. 4.** *Br. colloq.* nett, anständig: **it was very ~ of him. 5.** *colloq.* sa'lonfähig (angezogen). **'de·cent·ly** *adv* **1.** anständig (*etc*, → **decent**). **2.** anständigerweise.

de·cen·tral·i·za·tion [diːˌsentrəlaɪ-

ˈzeɪʃn; *Am.* -lǝˈz-] *s* Dezentraliˈsierung *f.* ˌ**deˈcen·tral·ize** *v/t* dezentraliˈsieren.
de·cep·tion [dɪˈsepʃn] *s* **1.** Täuschung *f*, Irreführung *f.* **2.** Betrug *m.* **3.** Irrtum *m*, (Selbst)Täuschung *f.* **4.** List *f*, Kniff *m.* **5.** Sinnestäuschung *f*, Trugbild *n.* **deˈcep·tive** *adj* (*adv* ~ly) **1.** täuschend, irreführend: **to be** ~ täuschen, trügen (*Sache*); ~ **package** Mogelpackung *f*; → **appearance** *Bes. Redew.* **2.** trügerisch, Trug... **deˈcep·tive·ness** *s* (*das*) Trügerische.
dec·i·bel [ˈdesɪbel] *s phys.* Dezibel *n.*
de·cid·a·ble [dɪˈsaɪdǝbl] *adj* entscheidbar, zu entscheiden(d).
de·cide [dɪˈsaɪd] **I** *v/t* **1.** *etwas* entscheiden: **to** ~ **a battle. 2.** *j-n* bestimmen *od.* veranlassen (**to do** zu tun): **that** ~**d me** das gab für mich den Ausschlag, damit war die Sache für mich entschieden; **that** ~**d me against it** auf Grund dieser Tatsache entschied ich mich dagegen; **the weather** ~**d me against going** aufgrund des Wetters entschloß ich mich, nicht zu gehen. **3.** *etwas* bestimmen, festsetzen: **to** ~ **the right moment. 4.** entscheiden, bestimmen (**that** daß). **5.** feststellen, zu dem Schluß *od.* zu der Überˈzeugung kommen, finden (**that** daß). **II** *v/i* **6.** entscheiden, die Entscheidung treffen. **7.** sich entscheiden, sich entschließen, beschließen (**to go** *od.* **on going** zu gehen; **against going** nicht zu gehen): **to** ~ **in favo(u)r of** sich entscheiden für; **to** ~ **on s.th.** e-e Entscheidung treffen hinsichtlich e-r Sache. **8.** (die Sache) entscheiden, den Ausschlag geben. **deˈcid·ed** *adj* **1.** entschieden, eindeutig, unzweifelhaft, deutlich. **2.** entschieden, entschlossen, fest, bestimmt: **a** ~ **attitude; a** ~ **opponent** ein entschiedener Gegner (**of** von *od. gen*). **deˈcid·ed·ly** *adv* **1.** entschieden, zweifellos, fraglos. **2.** sicher, bestimmt. **deˈcid·er** *s* **1.** j-d, der e-e Entscheidung trifft. **2. the** ~ a) das Entscheidende, b) die Entscheidung: **the** ~ **came in the last minute** *sport* die Entscheidung fiel in der letzten Minute. **3.** *sport* Stechen *n*, Entscheidungskampf *m.* **deˈcid·ing** *adj* (*sport a.* spiel)entscheidend, ausschlaggebend.
de·cid·u·ous [dɪˈsɪdjʊǝs; *Am.* -dʒǝwǝs] *adj* **1.** *bot.* laubwechselnd: ~ **trees** Laubbäume. **2.** *bot.* (jedes Jahr) abfallend: ~ **leaves. 3.** *zo.* abfallend: ~ **horns;** ~ **tooth** *anat.* Milchzahn *m.* **4.** *fig.* vergänglich.
dec·i·gram(me) [ˈdesɪgræm] *s* Zehntelgramm *n*, Deziˈgramm *n.*
dec·ile [ˈdesɪl; -aɪl] *s Statistik*: Deˈzile *f*, Zehntelwert *m.*
dec·i·li·ter, *bes. Br.* **dec·i·li·tre** [ˈdesɪli:tǝ(r)] *s* Deziˈliter *m, n.*
de·cil·lion [dɪˈsɪljǝn] *s math.* **1.** *Br.* Dezilliˈon *f* (10^{60}). **2.** *Am.* Quintilliˈarde *f* (10^{33}).
dec·i·mal [ˈdesɪml] **I** *adj* (*adv* → **decimally**) **1.** deziˈmal, Dezimal...: **to go** ~ das Dezimalsystem einführen. **II** *s* **2.** *a.* ~ **fraction** Deziˈmalbruch *m.* **3.** Deziˈmalzahl *f*: **circulating (recurring)** ~ periodische (unendliche) Dezimalzahl. **4.** Deziˈmale *f*, Deziˈmalstelle *f.* ~ **a·rith·me·tic** *s math.* **1.** auf dem Deziˈmalsyˌstem aufgebaute Arithˈmetik. **2.** Deziˈmalrechnung *f.* ~ **clas·si·fi·ca·tion** *s* Deziˈmalklassifikatiˌon *f.* ~ **cur·ren·cy** *s* Deziˈmalwährung *f.*
dec·i·mal·ize [ˈdesɪmǝlaɪz] *v/t* auf das Deziˈmalsyˌstem ˈumstellen. ˈ**dec·i·mal·ly** *adv* **1.** nach dem Deziˈmalsyˌstem. **2.** in Deziˈmalzahlen (ausgedrückt).
dec·i·mal| no·ta·tion *s* **1.** Deziˈmalzahlensyˌstem *n.* **2.** deˈkadisches ˈZahlensyˌstem. ~ **place** *s* Deziˈmalstelle *f.* ~ **point** *s* Komma *n* (*in Großbritannien u. den USA ein Punkt*) vor der ersten Deziˈmalstelle: **floating** ~ Fließkomma *n* (*Taschenrechner etc*). ~ **re·sist·ance** *s electr.* Deˈkadenˌwiderstand *m.* ~ **sys·tem** *s* Deziˈmalsyˌstem *n.*
dec·i·mate [ˈdesɪmeɪt] *v/t* **1.** *mil. bes. hist.* deziˈmieren. **2.** *fig.* deziˈmieren, stark schwächen *od.* vermindern. ˌ**dec·iˈma·tion** *s* Deziˈmierung *f* (*a. fig.*).
dec·i·me·ter, *bes. Br.* **dec·i·me·tre** [ˈdesɪˌmi:tǝ(r)] *s* Deziˈmeter *m, n.*
de·ci·pher [dɪˈsaɪfǝ(r)] *v/t* **1.** entziffern. **2.** *Geheimschrift* dechifˈfrieren. **3.** *fig.* enträtseln. **deˈci·pher·a·ble** *adj* (*adv* **decipherably**) **1.** entzifferbar. **2.** dechifˈfrierbar. **3.** *fig.* enträtselbar. **deˈci·pher·ment** *s* **1.** Entzifferung *f.* **2.** Dechifˈfrierung *f.* **3.** *fig.* Enträtselung *f.*
de·ci·sion [dɪˈsɪʒn] *s* **1.** Entscheidung *f* (*e-r Streitfrage etc*): **to make** (*od.* **take**) **a** ~ e-e Entscheidung treffen (**on, over** über *acc*); **to get the** ~ *sport* den Sieg zugesprochen erhalten. **2.** *jur.* (gerichtliche) Entscheidung, Urteil *n.* **3.** Entschluß *m*: **to arrive at a** ~, **to come to a** ~, **to take a** ~ zu e-m Entschluß kommen. **4.** Entschlußkraft *f*, Entschlossenheit *f*: ~ **of character** Charakterstärke *f.* **deˈci·sion-ˌmak·er** *s* Entscheidungsträger *m.* **deˈci·sion-ˌmak·ing** *adj* a) entscheidungstragend, b) Entscheidungs...: ~ **process.**
de·ci·sive [dɪˈsaɪsɪv] *adj* **1.** entscheidend, Entscheidungs...: ~ **battle** Entscheidungsschlacht *f*; **to be** ~ **of** *etwas* entscheiden. **2.** bestimmend, ausschlaggebend, maßgebend (**to** für): **to be** ~ (**in**) maßgebend sein (in *dat od.* bei), maßgebend mitwirken (bei). **3.** endgültig. **4.** entschlossen, entschieden. **deˈci·sive·ly** *adv* entscheidend, in entscheidender Weise. **deˈci·sive·ness** *s* **1.** entscheidende Kraft. **2.** Maßgeblichkeit *f.* **3.** Endgültigkeit *f.* **4.** Entschlossenheit *f*, Entschiedenheit *f.*
de·civ·i·lize [ˌdi:ˈsɪvɪlaɪz] *v/t* entziviliˈsieren, der Zivilisatiˈon berauben.
deck [dek] **I** *s* **1.** *mar.* (Ver)Deck *n*: **on** ~ a) auf Deck, b) *bes. Am. colloq.* auf dem Posten; **all hands on** ~! alle Mann an Deck!; **below** ~ unter Deck; → **clear** 35. **2.** *aer.* Tragdeck *n*, -fläche *f.* **3.** *rail. Am.* (Wagˈgon)Deck *n.* **4.** Stock(werk *n*) *m*, (*e-s Busses a.*) Deck *n.* **5.** *bes. Am.* Spiel *n*, Pack *m* (Spiel)Karten. **6.** a) Laufwerk *n* (*e-s Plattenspielers*), b) → **tape deck. 7.** *sl.* Briefchen *n* (*Rauschgift*). **II** *v/t* **8.** *oft* ~ **out** a) *j-n* herˈausputzen, b) schmücken. ~ **beam** *s mar.* Deck(s)balken *m.* ~ **car·go** *s mar.* Deckladung *f.* ~ **chair** *s* Liege-, Klappstuhl *m.*
deck·er [ˈdekǝ(r)] *s in Zssgn* ...decker *m*: → **three-decker.**
deck| feath·er *s orn.* Deckfeder *f.* ~ **game** *s* Bordspiel *n.* ~ **hand** *s mar.* (gemeiner) Maˈtrose. ˈ~**house** *s mar.* Deckhaus *n* (*Ruder- u. Kartenhaus*).
deck·le [ˈdekl] *s* (*Papierherstellung*) **1.** nutzbare Siebbreite. **2.** → **deckle edge.** ~ **edge** *s* Büttenrand *m.* ˌ~-ˈ**edged** *adj* **1.** rauhkantig, Büttenrand...: ~ **paper. 2.** unbeschnitten: ~ **book.**
deck| log *s mar.* Logbuch *n.* ~ **of·fi·cer** *s mar.* Offiˈzier *m* an Deck. ~ **roof** *s arch.* flaches Dach ohne Brüstung. ~ **ten·nis** *s mar.* Decktennis *n.* ~ **watch** *s mar.* Deckswache *f.*
de·claim [dɪˈkleɪm] **I** *v/i* **1.** (bomˈbastisch *od.* theaˈtralisch) reden, e-e Rede halten (**on** über *acc*). **2.** losziehen, eifern, wettern (**against** gegen). **3.** deklaˈmieren. **II** *v/t* **4.** deklaˈmieren, vortragen: **to** ~ **poems. 5.** in bomˈbastischer *od.* theaˈtralischer Weise vortragen.
dec·la·ma·tion [ˌdeklǝˈmeɪʃn] *s* **1.** (bomˈbastische *od.* theaˈtralische) Rede. **2.** Deklamatiˈon *f* (*a. mus.*). **3.** Tiˈrade *f* (**against** gegen). **4.** Vortragsübung *f.*
de·clam·a·to·ry [dɪˈklæmǝtǝrɪ; *Am.* -ˌtǝʊri:; -ˌtɔ:-] *adj* (*adv* **declamatorily**) **1.** Rede..., Vortrags... **2.** deklamaˈtorisch. **3.** bomˈbastisch, theaˈtralisch.
de·clar·a·ble [dɪˈkleǝrǝbl] *adj* zollpflichtig.
de·clar·ant [dɪˈkleǝrǝnt] *s* **1.** Erklärende(r *m*) *f.* **2.** *Am.* Einbürgerungsanwärter *m.*
dec·la·ra·tion [ˌdeklǝˈreɪʃn] *s* **1.** Erklärung *f*, Aussage *f*: **to make a** ~ e-e Erklärung abgeben; ~ **of intent** Absichtserklärung. **2.** (offiziˈelle) Erklärung, Verkündung *f*: ~ **of independence** Unabhängigkeitserklärung; ~ **of war** Kriegserklärung. **3.** Maniˈfest *n*, Proklamatiˈon *f.* **4.** *jur.* a) *Am.* Klageschrift *f*, b) *Am.* (*feierliche*) Zeugenaussage an Stelle des Eides, c) *Br.* Versicherung *f* an Eides Statt. **5.** *econ.* (ˈZoll)Deklaratiˌon *f*, Zollerklärung *f*: **to make a** ~ die Waren deklarieren. **6.** *econ.* (offiziˈelle) Erklärung: ~ **of bankruptcy** Konkurserklärung; ~ **of value** Wertangabe *f.* **7.** *Bridge*: Ansage *f.*
de·clar·a·tive [dɪˈklærǝtɪv] *adj* **1.** → **declaratory** 1 *u.* 2. **2.** *ling.* Aussage...: ~ **sentence. deˈclar·a·to·ry** [-tǝrɪ; *Am.* -ˌtǝʊri:; -ˌtɔ:-] *adj* (*adv* **declaratorily**) **1.** (klar) feststellend, erklärend: **to be** ~ **of** feststellen, darlegen. **2.** *jur.* interpreˈtierend, das gültige Recht feststellend: → **statute** 1. **3.** *jur.* (*die Rechte der Parteien*) feststellend, Feststellungs...: ~ **judg(e)ment** (*od.* **decree**) Feststellungsurteil *n.*
de·clare [dɪˈkleǝ(r)] **I** *v/t* **1.** erklären, verkünden, (forˈmell) bekanntgeben: **to** ~ **one's bankruptcy, to** ~ **o.s. bankrupt** Konkurs anmelden; **to** ~ **open** für eröffnet erklären. **2.** (offiziˈell) erklären, proklaˈmieren, verkünden: → **war** 1. **3.** (*oft mit doppeltem acc*) erklären: **to** ~ **s.o. the winner** j-n zum Sieger erklären; **to** ~ **s.o. (to be) one's friend** j-n für s-n Freund erklären. **4.** bekanntgeben, -machen: **to** ~ **s.th. for sale** etwas zum Kauf anbieten. **5.** eindeutig feststellen, erklären. **6.** erklären, aussagen (**that** daß). **7.** a) behaupten, versichern (**s.th. to be false** daß etwas falsch ist), b) *jur. Br.* an Eides Statt versichern. **8.** ~ **o.s.** a) sich erklären (*a. durch Heiratsantrag*), sich offenˈbaren (*a. Sache*), s-e Meinung kundtun, b) s-n wahren Chaˈrakter zeigen, sich im wahren Licht zeigen; **to** ~ **o.s. for s.th.** sich zu e-r Sache bekennen. **9.** deklaˈrieren, verzollen: **have you anything to** ~**?** haben Sie etwas zu verzollen? **10.** a) *Vermögen etc* anmelden, b) *Wert* angeben, deklaˈrieren. **11.** *Dividende* festsetzen, beschließen. **12.** *Kartenspiel*: a) *Punkte* ansagen, b) *Farbe* als Trumpf ansagen. **13.** *Kricket*: *Spiel* vorzeitig für beendet erklären. **14.** *Pferdesport*: die Nennung (*e-s Pferdes*) zuˈrückziehen. **II** *v/i* **15.** e-e Erklärung abgeben: **well, I** ~! ich muß schon sagen!, nanu! **16.** sich erklären *od.* entscheiden (**for** für; **against** gegen). **17.** *Kartenspiel*: (Trumpf) ansagen. **18.** *Kricket*: ein Spiel vorzeitig abbrechen. **19.** ~ **off** a) absagen, b) zuˈrücktreten, sich zuˈrückziehen, sich lossagen (**from** von). **deˈclared** *adj* (offen) erklärt, zugegeben: **a** ~ **enemy** ein erklärter Feind. **deˈclar·ed·ly** [-rɪdlɪ] *adv* erklärtermaßen, offen, ausgesprochen.
de·class [ˌdi:ˈklɑ:s; *Am.* -ˈklæs] *v/t* de-

klasˈsieren, in e-e niedrigere (soziˈale *od.* ökoˈnomische) Klasse verweisen. **dé·clas·sé,** (*f*) **dé·clas·sée** [deɪˈklæseɪ; *bes. Am.* ˌdeɪklæˈseɪ; deklɑse] (*Fr.*) *adj* herˈuntergekommen, soziˈal abgesunken.

de·clas·si·fy [ˌdiːˈklæsɪfaɪ] *v/t* die Geheimhaltung aufheben für (*od. gen*), *Dokumente etc* freigeben.

de·clen·sion [dɪˈklenʃn] *s* **1.** Neigung *f*, Abfall *m*, Abhang *m*. **2.** *ling.* Deklinatiˈon *f*. **3.** → **declination** 2. **4.** → **declination** 3. **5.** → **declination** 5. **6.** → **declination** 6. **deˈclen·sion·al** [-ʃənl] *adj* **1.** Neigungs... **2.** Abweichungs... **3.** *ling.* Deklinations...

de·cler·i·cal·ize [ˌdiːˈklerɪkəlaɪz] *v/t* entklerikaliˈsieren, dem Einfluß des Klerus entziehen.

de·clin·a·ble [dɪˈklaɪnəbl] *adj* (*adv* **declinably**) *ling.* dekliˈnierbar.

dec·li·na·tion [ˌdeklɪˈneɪʃn] *s* **1.** Neigung *f*, Schräglage *f*, Abschüssigkeit *f*. **2.** Abweichung *f* (*a. fig.*) (**from** von). **3.** (höfliche) Ablehnung (**of** *gen*). **4.** *astr.* Deklinatiˈon *f*. **5.** *phys.* Deklinatiˈon *f*, ˈMißweisung *f*: ~ **compass** *mar.* Deklinationsbussole *f*. **6.** *fig.* Niedergang *m*, Verfall *m*.

de·clin·a·to·ry [dɪˈklaɪnətərɪ; *Am.* -ˌtəʊriː; -ˌtɔː-] *adj* abweichend: **a** ~ **motion**.

de·cline [dɪˈklaɪn] **I** *v/i* **1.** sich neigen, sich senken, abschüssig sein, abfallen. **2.** sich neigen, zur Neige gehen, dem Ende zugehen: **declining age** vorgerücktes Alter; **declining years** Lebensabend *m*; **he is in his declining years** sein Leben neigt sich dem Ende zu. **3.** verfallen, in Verfall geraten. **4.** sich verschlechtern, abnehmen, zuˈrückgehen: **business** ~**s**. **5.** sinken, fallen (*Preise*). **6.** (*körperlich*) abnehmen, verfallen. **7.** sich herˈbeilassen (**to** zu). **8.** abweichen. **9.** (höflich) ablehnen. **10.** *ling.* dekliˈniert werden.

II *v/t* **11.** neigen, senken. **12.** ausschlagen, (höflich) ablehnen, nicht annehmen: **to** ~ **with thanks** *oft iro.* dankend ablehnen. **13.** es ablehnen (**to go** *od.* **going** zu gehen). **14.** *ling.* dekliˈnieren.

III *s* **15.** Neigung *f*, Senkung *f*. **16.** Abhang *m*. **17.** Neige *f*, Ende *n*: ~ **of life** vorgerücktes Alter, Lebensabend *m*. **18.** Sinken *n*, ˈUntergang *m*: ~ **of the sun**. **19.** Niedergang *m*, Verfall *m*: **to be on the** ~ a) zur Neige gehen, b) im Niedergang begriffen sein, sinken. **20.** Verschlechterung *f*, Abnahme *f*, Rückgang *m*: ~ **of** (*od.* **in**) **strength** Kräfteverfall *m*; ~ **in value** Wertminderung *f*. **21.** (Preis-)Rückgang *m*: ~ **of** (*od.* **in**) **prices**. **22.** *med.* a) (körperlicher u. geistiger) Verfall, b) Siechtum *n*, *bes.* ˈLungentuberkuˌlose *f*.

dec·li·nom·e·ter [ˌdeklɪˈnɒmɪtə; *Am.* -ˈnɑmətər] *s phys.* Deklinoˈmeter *n*, Deklinatiˈonsmesser *m*.

de·cliv·i·tous [dɪˈklɪvɪtəs] *adj* abschüssig. **deˈcliv·i·ty** [-vətɪ] *s* **1.** Abschüssigkeit *f*. **2.** (Ab)Hang *m*. **de·cli·vous** [dɪˈklaɪvəs] *adj* abschüssig.

de·clutch [ˌdiːˈklʌtʃ] *v/i tech.* auskuppeln.

de·coct [dɪˈkɒkt; *Am.* dɪˈkɑkt] *v/t* abkochen, absieden. **deˈcoc·tion** [-kʃn] *s* **1.** Abkochen *n*, Absieden *n*. **2.** *pharm.* Deˈkokt *n*, Absud *m*.

de·code [ˌdiːˈkəʊd] *v/t* decoˈdieren (*a. Computer, ling.*), dechifˈfrieren, entschlüsseln. ˌ**deˈcod·er** [-də(r)] *s* Deˈcoder *m* (*a. Computer, Radio*).

de·co·here [ˌdiːkəʊˈhɪə(r)] *v/t u. v/i electr.* entfritten. ˌ**de·coˈher·er** [-rə(r)] *s* Entfritter *m*.

de·col·late [dɪˈkɒleɪt; *Am.* -ˈkɑ-] *v/t obs. j-n* enthaupten, köpfen. **de·col·la·tion** [ˌdiːkɒˈleɪʃn; *Am.* -ˈkɑ-] *s obs.* Enthauptung *f*.

dé·colle·tage, *Am. a.* **de·colle·tage** [ˌdeɪkɒlˈtɑːʒ; *Am.* deɪˌkɑləˈtɑːʒ] *s* Dekolleˈté *n*. **dé·colle·té,** *Am. a.* **de·colle·te** [deɪˈkɒlteɪ; *Am.* deɪˌkɑləˈteɪ] **I** *adj* **1.** dekolleˈtiert, tief ausgeschnitten (*Kleid*). **2.** dekolleˈtiert (*Frau*). **II** *s* → **décolletage**.

de·col·o·ni·za·tion [diːˌkɒlənaɪˈzeɪʃn; *Am.* -ˌkɑlənəˈz-] *s* Dekolonisatiˈon *f*, Dekoloniˈsierung *f*. **deˈcol·o·nize** [-naɪz] *v/t* dekoloniˈsieren, in die Unabhängigkeit entlassen.

de·col·or, *bes. Br.* **de·col·our** [diːˈkʌlə(r)] → **decolorize**. **deˈcol·or·ant** **I** *adj* entfärbend, bleichend. **II** *s* Bleichmittel *n*. **deˈcol·or·ate, de**ˌ**col·orˈa·tion** → **decolorize, decolorization**. **de**ˌ**col·or·iˈza·tion** [-raɪˈzeɪʃn; *Am.* -rəˈz-] *s* Entfärbung *f*, Bleichung *f*. **deˈcol·or·ize** *v/t* entfärben, bleichen. **deˈcol·our** *bes. Br. für* **decolorize**.

de·com·pen·sa·tion [diːˌkɒmpenˈseɪʃn; *Am.* -ˌkɑm-] *s med.* Kompensatiˈonsstörung *f* (*des Herzens*).

de·com·pose [ˌdiːkəmˈpəʊz] **I** *v/t* **1.** *chem. phys.* zerlegen, spalten, scheiden. **2.** zersetzen. **II** *v/i* **3.** sich auflösen, zerfallen (**into** in *acc*). **4.** sich zersetzen, verwesen, verfaulen. ˌ**de·comˈposed** *adj* **1.** verfault, verwest, faul. **2.** verdorben: ~ **food**.

de·com·pos·ite [diːˈkɒmpəzɪt; *Am.* ˌdiːkɑmˈpɑzət] **I** *adj* doppelt *od.* mehrfach zs.-gesetzt. **II** *s ling.* mit e-m Komˈpositum zs.-gesetztes Wort.

de·com·po·si·tion [ˌdiːkɒmpəˈzɪʃn; *Am.* -ˌkɑm-] *s* **1.** *chem. phys.* Zerlegung *f*, Spaltung *f*: ~ **of forces (light)** Zerlegung der Kräfte (des Lichtes); ~ **potential** (*od.* **voltage**) Zerlegungspotential *n*. **2.** Zersetzung *f*, Zerfall *m* (*a. geol.*). **3.** Verwesung *f*, Fäulnis *f*.

de·com·pound [ˌdiːkəmˈpaʊnd; *Am. a.* -ˌkɑm-] **I** *v/t* **1.** doppelt *od.* mehrfach zs.-setzen. **2.** zerlegen. **II** *adj u. s* → **decomposite**.

de·com·press [ˌdiːkəmˈpres] *v/t* **1.** *tech.* dekompriˈmieren, den Druck herˈabmindern in (*dat*). **2.** vom Druck befreien (*a. med.*). ˌ**de·comˈpres·sion** [-ˈpreʃn] *s* **1.** *tech.* Dekompressiˈon *f*, (allˈmähliche) Druckverminderung: ~ **chamber** Dekompressionskammer *f*; ~ **sickness** (*od.* **illness**) *med.* Dekompressions-, Caissonkrankheit *f*. **2.** Druckentlastung *f* (*a. med.*).

de·con·cen·trate [ˌdiːˈkɒnsənˌtreɪt] *v/t Am.* **1.** *econ.* entflechten. **2.** *pol.* dezentraliˈsieren.

de·con·se·crate [ˌdiːˈkɒnsɪkreɪt; *Am.* -ˈkɑn-] *v/t* säkulariˈsieren, verweltlichen.

de·con·tam·i·nate [ˌdiːkənˈtæmɪneɪt] *v/t* entgiften, *bes.* entgasen, entseuchen, entstrahlen. ˈ**de·con**ˌ**tam·iˈna·tion** *s* Entgiftung *f*, *bes.* Entgasung *f*, Entseuchung *f*, Entstrahlung *f*: ~ **squad** (*Luftschutz*) Entgiftungstrupp *m*.

de·con·trol [ˌdiːkənˈtrəʊl] **I** *v/t* **1.** von der Konˈtrolle befreien. **2.** *econ.* freigeben, die Zwangsbewirtschaftung aufheben von (*od. gen*). **II** *s* **3.** Aufhebung *f* der Konˈtrolle, *bes.* der Zwangsbewirtschaftung, Freigabe *f*.

dé·cor, de·cor [ˈdeɪkɔː(r); *Am. bes.* deɪˈkɔːr] *s* **1.** Ausstattung *f* (*e-s Raums*). **2.** *thea.* Deˈkor *m, n*, Ausstattung *f*, Dekoratiˈon *f*.

dec·o·rate [ˈdekəreɪt] *v/t* **1.** schmücken, verzieren. **2.** ausschmücken, dekoˈrieren. **3.** a) tapeˈzieren, b) (an)streichen. **4.** dekoˈrieren, (*mit Orden etc*) auszeichnen (**for** wegen). ˈ**Dec·o·rat·ed style** *s* dekoˈrierter Stil (*englische Hochgotik, 14. Jh.*). ˌ**dec·oˈra·tion** *s* **1.** (Aus)Schmückung *f*, Dekoˈrierung *f*. **2.** Schmuck *m*, Dekoratiˈon *f*, Verzierung *f*. **3.** Orden *m*, Ehrenzeichen *n*: **D**~ **Day** → **Memorial Day**. ˈ**dec·o·ra·tive** [-kərətɪv; *Am. a.* -kəˌreɪtɪv] *adj* dekoraˈtiv: a) schmückend, Schmuck..., Zier...: ~ **plant** Zierpflanze *f*, b) ornamenˈtal: ~ **art**. ˈ**dec·o·ra·tive·ness** *s* dekoraˈtiver Chaˈrakter, dekorative Wirkung. ˈ**dec·o·ra·tor** [-reɪtə(r)] *s* **1.** Dekoraˈteur *m*: **window** ~ Schaufensterdekorateur. **2.** → **interior decorator** a, b (**interior** 1). **3.** Maler *m* u. Tapeˈzierer *m*.

dec·o·rous [ˈdekərəs] *adj* (*adv* ~**ly**) schicklich, anständig. ˈ**dec·o·rous·ness** *s* Schicklichkeit *f*, Anstand *m*.

de·cor·ti·cate [ˌdiːˈkɔː(r)tɪkeɪt] *v/t* **1.** ab-, entrinden. **2.** (ab)schälen. **3.** *Getreide etc* enthülsen. **4.** *med.* ausschälen, entkapseln. **de**ˌ**cor·tiˈca·tion** *s* **1.** Entrindung *f*. **2.** (Ab)Schälung *f*. **3.** Enthülsung *f*. **4.** *med.* Entkaps(e)lung *f*.

de·co·rum [dɪˈkɔːrəm] *s* **1.** Deˈkorum *n*, Anstand *m*, Schicklichkeit *f*: **to maintain one's** ~ das Dekorum wahren. **2.** Etiˈkette *f*, Anstandsformen *pl*.

de·cou·ple [ˌdiːˈkʌpl] *v/t electr.* entkoppeln.

de·coy I *s* [ˈdiːkɔɪ] **1.** Köder *m* (*a. fig.*). **2.** *a.* ~ **duck** *hunt. u. fig.* Lockvogel *m*. **3.** *hunt.* Vogel-, *bes.* Entenfalle *f*. **4.** *mil.* a) Scheinanlage *f*: ~ **airfield** Scheinflugplatz *m*, b) *a.* ~ **ship** *mar.* U-Boot-Falle *f*. **II** *v/t* [dɪˈkɔɪ] **5.** ködern. **6.** locken (**into** in *acc*). **7.** verlocken, verleiten (**into** zu).

de·crease [diːˈkriːs] **I** *v/i* (allˈmählich) abnehmen, sich vermindern, sich verringern: **the days** ~ **in length** die Tage werden kürzer; **decreasing series** *math.* fallende Reihe. **II** *v/t* vermindern, -ringern, -kleinern, -kürzen, herˈabsetzen, reduˈzieren. **III** *s* [*a.* ˈdiːkriːs] Abnahme *f*, Verminderung *f*, Verringerung *f*, Verkleinerung *f*, Verkürzung *f*, Reduˈzierung *f*, Rückgang *m*: **to be on the** ~ → I; ~ **in prices** Preisrückgang; ~ **in value** Wertminderung *f*. **deˈcreas·ing·ly** *adv* in ständig abnehmendem Maße, immer weniger.

de·cree [dɪˈkriː] **I** *s* **1.** Deˈkret *n*, Erlaß *m*, Verfügung *f*, Verordnung *f*: ~ **law** Verordnung mit Gesetzeskraft; **by** ~ auf dem Verordnungsweg. **2.** *jur.* Entscheid *m*, Urteil *n*: ~ **absolute** *Br.* rechtskräftiges Scheidungsurteil; → **nisi, nullity** 2. **3.** *oft* **D**~ *relig.* Deˈcretum *n*. **4.** Ratschluß *m* (*Gottes*), Fügung *f* (*des Schicksals*): ~ **of fate**. **II** *v/t* **5.** dekreˈtieren, verfügen, verordnen. **6.** bestimmen (*Schicksal*). **7.** *jur.* entscheiden, verfügen. **III** *v/i* **8.** Deˈkrete erlassen, Verordnungen herˈausgeben. **9.** bestimmen, entscheiden.

dec·re·ment [ˈdekrɪmənt] *s* **1.** Abnahme *f*, Verringerung *f*. **2.** *electr. math.* Dekreˈment *n*.

de·crem·e·ter [dɪˈkremɪtə(r)] *s electr.* Dämpfungsmesser *m*.

de·crep·it [dɪˈkrepɪt] *adj* **1.** altersschwach, klapprig (*beide a. fig.*): **a** ~ **old man**; **a** ~ **car**. **2.** verfallen, baufällig: **a** ~ **hotel**.

de·crep·i·tate [dɪˈkrepɪteɪt] *chem.* **I** *v/t Salz* verknistern. **II** *v/i* dekrepiˈtieren. **de**ˌ**crep·iˈta·tion** *s* **1.** Verknistern *n*. **2.** Dekrepitatiˈon *f*. **deˈcrep·i·tude** [-tjuːd; *Am. a.* -ˌtuːd] *s* Altersschwäche *f*, ˈHinfälligkeit *f*.

de·cre·scen·do [ˌdiːkrɪˈʃendəʊ; *Am.* ˌdeɪkrə-] **I** *pl* **-dos** *s* **1.** *mus.* Decreˈscendo *n* (*a. weitS.*). **II** *adj* **2.** abnehmend, schwächer werdend. **III** *adv* **3.** *mus.* decreˈscendo. **4.** mit abnehmender Lautstärke.

de·cres·cent [dɪˈkresnt] *adj* abnehmend: ~ **moon**.

de·cre·tal [dɪˈkriːtl] **I** *adj* **1.** Dekretal..., ein Deˈkret enthaltend: ~ **epistle** Dekretalbrief *m.* **II** *s relig.* **2.** Dekreˈtale *n* (*Entscheid, bes. des Papstes*). **3.** *pl* Dekreˈtalien *pl* (*als Teil des Kirchenrechts*). **deˈcre·tive** *adj* **1.** → **decretory** 1. **2.** → decretal 1. **de·cre·to·ry** [dɪˈkriːtərɪ; *Am. a.* ˈdekrəˌtəʊriː; -ˌtɔː-] *adj* **1.** dekreˈtorisch, gesetzgebend. **2.** *obs.* endgültig (entscheidend).

de·cri·er [dɪˈkraɪə(r)] *s* Schlechtmacher *m.*

de·crim·i·nal·ize [ˌdiːˈkrɪmɪnlaɪz] *v/t* **1.** *etwas* außer Strafe stellen. **2.** *j-n, etwas* entkriminaliˈsieren.

de·cry [dɪˈkraɪ] *v/t* schlechtmachen, herˈuntermachen, herˈabsetzen.

de·crypt [dɪˈkrɪpt] *v/t* dechifˈfrieren, entschlüsseln.

de·cu·bi·tal [dɪˈkjuːbɪtl] *adj med.* dekubiˈtal: ~ **ulcer** → **decubitus**. **deˈcu·bi·tus** [-təs] *pl* **-ti** [-taɪ] *s med.* Dekubiˈtal-, Druckgeschwür *n.*

dec·u·man [ˈdekjʊmən] *adj* riesig (*Welle*).

dec·u·ple [ˈdekjʊpl] **I** *adj* zehnfach. **II** (*das*) Zehnfache. **III** *v/t* verzehnfachen.

de·cus·sate I *v/t u. v/i* [dɪˈkʌseɪt; *Am. a.* ˈdekəˌ-] **1.** (sich) kreuzweise schneiden. **II** *adj* [*a.* dɪˈkʌsət] **2.** sich kreuzend *od.* schneidend. **3.** *bot.* kreuzgegenständig. **de·cus·sa·tion** [ˌdiːkʌˈseɪʃn; *Am. a.* ˌdekə-] *s* Kreuzung *f* (*a. anat.*).

ded·i·cate [ˈdedɪkeɪt] *v/t* **1.** weihen, widmen (**to** *dat*): **to** ~ **s.th. to God.** **2.** *Zeit, sein Leben etc* widmen (**to** *dat*): **to** ~ **o.s.** sich widmen *od.* hingeben; **to be** ~**d to a cause** sich e-r Sache verschrieben haben. **3.** *Buch etc* widmen, zueignen (**to s.o.** j-m). **4.** *Am.* feierlich eröffnen *od.* einweihen. **5.** a) der Öffentlichkeit zugänglich machen, b) dem öffentlichen Verkehr überˈgeben. **6.** überˈgeben (**to** *dat*): **to** ~ **a paper to the flames; to** ~ **a body to the grave** e-n Leichnam der Erde übergeben. **ˈded·i·cat·ed** *adj* treusorgend (*Vater etc*), einsatzfreudig (*Angestellter etc*), engaˈgiert (*Verfechter etc*). **ˌded·i·caˈtee** [-kəˈtiː] *s* j-d, dem etwas gewidmet ist *od.* wird. **ˌded·iˈca·tion** *s* **1.** Weihung *f*, Widmung *f.* **2.** (**to**) (Sich-)ˈWidmen *n* (*dat*), ˈHingabe *f* (an *acc*). **3.** Widmung *f*, Zueignung *f.* **4.** *Am.* feierliche Eröffnung *od.* Einweihung. **5.** ˈÜbergabe *f* an den öffentlichen Verkehr. **ˈded·i·ca·tive** [-kətɪv; -keɪ-] → **dedicatory**. **ˈded·i·ca·tor** [-tə(r)] *s* Widmende(r *m*) *f*, Zueigner(in). **ˌded·i·caˈto·ri·al** [-kəˈtɔːrɪəl], **ˈded·i·ca·to·ry** [-kətərɪ; *Am.* -kəˌtəʊriː; -ˌtɔː-] *adj* Widmungs..., Zueignungs...

de·duce [dɪˈdjuːs; *Am. a.* dɪˈduːs] *v/t* **1.** folgern, schließen (**from** aus). **2.** deduˈzieren, ab-, ˈherleiten (**from** von). **deˈduc·i·ble** *adj* **1.** zu folgern(d). **2.** ˈherzuleiten(d), ab-, ˈherleitbar.

de·duct [dɪˈdʌkt] *v/t* (**from**) *e-n Betrag* a) abziehen, abrechnen (von): **charges** ~**ed, after** ~**ing charges** nach Abzug der Kosten; ~**ing (our) expenses** abzüglich (unserer) Unkosten, b) einbehalten (von), c) (von *der Steuer*) absetzen. **deˈduct·i·ble** *adj* a) abzugsfähig, b) (*von der Steuer*) absetzbar.

de·duc·tion [dɪˈdʌkʃn] *s* **1.** (**from**) a) Abzug *m*, Abziehen *n*, Abrechnung *f* (von): **all** ~**s made** unter Berücksichtigung aller Abzüge, b) Einbehaltung *f* (von), c) Absetzung *f* (von *der Steuer*). **2.** *econ.* Abzug *m*, Raˈbatt *m*, (Preis-) Nachlaß *m.* **3.** *math.* Subtraktiˈon *f.* **4.** a) Folgern *n*, Schließen *n*, b) *philos.* Deduktiˈon *f*, c) (Schluß)Folgerung *f*, Schluß *m*: **to draw a** ~ e-n Schluß ziehen. **deˈduc·tive** *adj* (*adv* ~**ly**) **1.** dedukˈtiv, Deduktions... **2.** folgernd, schließend. **3.** ab-, ˈherleitbar.

dee [diː] *s* **1.** D, d *n* (*Buchstabe*). **2.** D *n*, D-förmiger Gegenstand.

deed [diːd] **I** *s* **1.** Tat *f*, Handlung *f*: **to do a good** ~ e-e gute Tat vollbringen; **I've done my good** ~ **for the day** *oft humor.* ich habe heute schon m-e gute Tat vollbracht; → **will**² 3, **word** *Bes. Redew.* **2.** Helden-, Großtat *f.* **3.** *jur.* (Vertrags-, *bes.* Überˈtragungs)Urkunde *f*, Dokuˈment *n*: ~ **of gift** (*od.* **donation**) Schenkungsurkunde; → **conveyance** 5 b, **partnership** 2. **II** *v/t* **4.** *jur. Am.* urkundlich überˈtragen (**to** *dat od.* auf *acc*). ~ **poll** *pl* **deed polls, deeds poll** *s jur.* einseitige (*gesiegelte*) Erklärung (*e-r Vertragspartei*).

dee·jay [ˈdiːdʒeɪ] *s colloq.* Diskjockey *m.*

deem [diːm] **I** *v/i* denken: **to** ~ **well of s.th.** von etwas e-e gute Meinung haben. **II** *v/t* halten für, erachten für, betrachten als: **to** ~ **s.th. a duty; to** ~ **it right to do s.th.** es für richtig halten, etwas zu tun.

de-e·mo·tion·al·ize [ˌdiːɪˈməʊʃənlaɪz; -ʃnəl-] *v/t Diskussion etc* versachlichen.

de-em·pha·size [ˌdiːˈemfəsaɪz] *v/t* **1.** weniger Wert *od.* Gewicht legen auf (*acc*). **2.** bagatelliˈsieren, ‚herˈunterspielen'.

deem·ster [ˈdiːmstə(r)] *s* Richter *m* (*auf der Insel Man*).

de-en·er·gize [ˌdiːˈenə(r)dʒaɪz] *v/t electr.* stromlos machen, ausschalten.

deep [diːp] **I** *adj* (*adv* → **deeply**) **1.** tief (*in vertikaler Richtung*): **ten feet** ~ zehn Fuß tief; **a** ~ **plunge** ein Sprung in große Tiefe; **in** ~ **water(s)** *fig.* in Schwierigkeiten. **2.** tief (*in horizontaler Richtung*): **a** ~ **wardrobe;** ~ **forests;** ~ **border** breiter Rand; ~ **kiss** Zungenkuß *m*; **they marched four** ~ sie marschierten in Viererreihen; **three men** ~ drei Mann hoch, zu dritt; ~ **in the woods** tief (drinnen) im Wald. **3.** niedrig gelegen. **4.** tief: **a** ~ **breath.** **5.** tief (versunken), versunken, vertieft: ~ **in thought** tief in Gedanken (versunken). **6.** tief (steckend *od.* verwickelt): **to be** ~ **in debt** tief in Schulden stecken; ~ **in love** schwer verliebt. **7.** dunkel, unergründlich, schwerverständlich, tief(sinnig): **a** ~ **problem** ein schwieriges Problem; **that is too** ~ **for me** das ist mir zu hoch, da komme ich nicht mit. **8.** gründlich, eingehend: ~ **study;** ~ **learning** fundiertes Wissen. **9.** verborgen, versteckt, geheim, dunkel: ~ **designs;** ~ **motives.** **10.** tief(gehend), mächtig, stark, groß: **to make a** ~ **impression;** ~ **disappointment** schwere *od.* bittere Enttäuschung; ~ **gratitude** tiefe *od.* aufrichtige *od.* innige Dankbarkeit; ~ **mourning** tiefe Trauer; ~ **prayer** inbrünstiges Gebet. **11.** tief, schwer(wiegend): ~ **wrongs** schweres Unrecht. **12.** tief, vollkommen: ~ **night** tiefe Nacht; ~ **silence** tiefes *od.* völliges Schweigen; ~ **sleep** tiefer Schlaf, Tiefschlaf *m.* **13.** stark, intenˈsiv: ~ **interest** starkes Interesse; ~ **love** leidenschaftliche Liebe. **14.** tiefst(er, e, es), äußerst(er, e, es): ~ **poverty.** **15.** tief, gründlich, scharfsinnig: **a** ~ **thinker;** ~ **intellect** scharfer Verstand. **16.** durchˈtrieben, schlau: **he is a** ~ **one** *colloq.* er ist ein ganz durchtriebener Bursche, er hat es faustdick hinter den Ohren. **17.** tief, satt, dunkel: ~ **colo(u)rs.** **18.** tief, dunkel: ~ **voice.** **19.** *med.* subkuˈtan, unter der Haut. **20.** *psych.* unbewußt.

II *adv* **21.** tief: → **water** *Bes. Redew.* **22.** tief, spät: ~ **into the night** (bis) tief in die Nacht (hinein); ~ **in winter** im tiefen Winter. **23.** stark, gründlich, heftig: **to drink** ~ mächtig *od.* unmäßig trinken.

III *s* **24.** Tiefe *f*, tiefer Teil (*Gewässer*). **25.** Tiefe *f*, Abgrund *m.* **26.** tiefgelegene Stelle. **27.** *Kricket*: *Stellung der Feldspieler hinter dem Werfer am Außenrand des Spielfeldes.* **28. the** ~ *poet.* a) das Meer, b) das Firmaˈment, c) die ˈUnterwelt, d) der unendliche Raum, e) die unendliche Zeit. **29.** Mitte *f*: **in the** ~ **of night** in tiefer Nacht, mitten in der Nacht; **in the** ~ **of winter** im tiefen Winter.

ˌdeep|-ˈdraw *v/t irr tech.* tiefziehen. **ˌ~-ˈdraw·ing** *adj mar.* tiefgehend (*Schiff*). **ˌ~-ˈdrawn** *adj* **1.** *tech.* tiefgezogen, Tiefzieh... **2.** tief: ~ **sigh.** **ˈ~-dyed** *adj fig.* eingefleischt, unverbesserlich, Erz...: **a** ~ **villain.**

deep·en [ˈdiːpən] **I** *v/t* **1.** tief(er) machen. **2.** vertiefen. **3.** verbreitern. **4.** *fig.* vertiefen, verstärken, steigern. **5.** *Farben* dunkler machen, vertiefen. **6.** *Töne* tiefer stimmen. **7.** *Stimme* senken. **II** *v/i* **8.** tiefer werden, sich vertiefen. **9.** *fig.* sich vertiefen, sich steigern, stärker werden. **10.** dunkler werden, (nach)dunkeln (*Farbe*).

ˈdeep|-felt *adj* tiefempfunden. **ˌ~-ˈfreeze I** *s* Tiefkühlgerät *n*, Gefriergerät *n.* **II** *adj* Tiefkühl..., Gefrier...: ~ **cabinet** Tiefkühl-, Gefriertruhe *f.* **III** *v/t pret* **-ˈfroze, -ˈfreezed,** *pp* **-ˈfro·zen, -ˈfreezed** tiefkühlen, einfrieren. ~ **freez·er** → **deep-freeze** I. **ˌ~-ˈfro·zen I** *pp von* **deep-freeze** III. **II** *adj*: ~ **food** Tiefkühlkost *f.* **ˈ~-fry** *v/t* friˈtieren, in schwimmendem Fett braten. ~ **fry·er, ˈ~-ˌfry·ing pan** *s* Friˈteuse *f.*

ˌdeep-ˈlaid *adj* **1.** schlau (angelegt): ~ **plots.** **2.** verborgen, geheim.

ˈdeep·ly *adv* tief (*etc*, → **deep** I): ~ **devised** reiflich überlegt; ~ **hurt** schwer gekränkt; ~ **indebted** äußerst dankbar; ~ **offended** tief beleidigt; ~ **religious** tief religiös; ~ **versed** gründlich bewandert; **to drink** ~ unmäßig trinken.

ˌdeepˈmouthed *adj* **1.** tieftönend. **2.** mit tiefer Stimme (bellend): ~ **dogs.**

ˈdeep·ness *s* **1.** Tiefe *f* (*a. fig.*). **2.** Schwerverständlichkeit *f.* **3.** Gründlichkeit *f.* **4.** Verstecktheit *f.* **5.** Stärke *f.* **6.** Scharfsinn *m.* **7.** Durchˈtriebenheit *f.*

ˌdeep|-ˈread [-ˈred] *adj* sehr belesen. **ˌ~-ˈroot·ed** *adj* **1.** tief eingewurzelt *od.* verwurzelt (*a. fig.*). **2.** *fig.* eingefleischt. ~ **scab** *s bot.* Tiefschorf *m* (*der Kartoffeln*). **ˌ~-ˈsea** *adj* Tiefsee..., Hochsee...: ~ **fish** Tiefseefisch *m*; ~ **fishing** Hochseefischerei *f.* **ˌ~-ˈseat·ed** *adj fig.* tiefsitzend, festverwurzelt. **ˈ~-set** *adj* tiefliegend: ~ **eyes.** **ˈ~-ˌsix** *v/t Am. sl. Dokumente etc* vernichten. **D~ South** *s Am.* (*der*) tiefe Süden (*bes. Georgia, Alabama, Mississippi u. Louisiana*). ~ **ther·a·py** *s med.* Tiefenbehandlung *f*, -bestrahlung *f.* **ˌ~-ˈthroat·ed** *adj* kehlig.

deer [dɪə(r)] *pl* **deers,** *bes. collect.* **deer** *s* **1.** *zo.* a) Hirsch *m*, b) (*volkssprachlich*) Reh *n*, c) *collect.* Hoch-, Rotwild *n*: → **red deer, small deer.** ~ **for·est** *s hunt.* Hochwildgehege *n*, Jagdschutzgebiet *n.* **ˈ~hound** *s* schottischer Hirschhund, Deerhound *m* (*Windhundrasse*). ~ **hunt** *s* Rotwildjagd *f.* ~ **lau·rel** *s bot.* Große Alpenrose. ~ **lick** *s* Salzlecke *f* für Rotwild. ~ **park** *s* Wildpark *m.* ~ **shot** *s* Rehposten *m* (*Schrotsorte*). **ˈ~skin** *s* **1.** Hirsch-, Rehhaut *f*, -fell *n.* **2.** (Kleidungsstück *n* aus) Hirsch- *od.* Rehleder *n.* **ˈ~ˌstalk·er** *s* **1.** *hunt.* Pirschjäger *m.* **2.** *vorne u. hinten spitz zulaufende Mütze mit aufgestellten Ohrenschützern.* **ˈ~-**

ˌ**stalk·ing** *s* Rotwild-, Rehpirsch *f.* ˈ**~stand** *s hunt.* Hochsitz *m.*

de·es·ca·late [ˌdiːˈeskəleɪt] **I** *v/t* **1.** *Krieg etc* deeskaˈlieren. **2.** *Erwartungen etc* herˈunterschrauben. **II** *v/i* **3.** deeskaˈlieren. ˌ**de·es·caˈla·tion** *s* Deeskalatiˈon *f.*

de·face [dɪˈfeɪs] *v/t* **1.** entstellen, verunstalten. **2.** aus-, ˈdurchstreichen, unleserlich machen. **3.** *Briefmarken* entwerten. **4.** *fig.* beeinträchtigen. **deˈface·ment** *s* **1.** Entstellung *f*, Verunstaltung *f.* **2.** Ausstreichung *f.* **3.** Entwertung *f.*

de fac·to [diːˈfæktəʊ] (*Lat.*) **I** *adv* de ˈfacto, tatsächlich. **II** *adj* De-facto-...: **~ government.**

de·fal·cate [ˈdiːfælkeɪt; *bes. Am.* dɪˈfæl-] *v/i* Veruntreuungen *od.* Unterˈschlagungen begehen. ˌ**de·falˈca·tion** *s* **1.** Veruntreuung *f*, Unterˈschlagung *f.* **2.** veruntreuter Betrag, Unterˈschlagungssumme *f.* **de·fal·ca·tor** [-tə(r)] *s* Veruntreuer *m.*

def·a·ma·tion [ˌdefəˈmeɪʃn] *s* a) Verleumdung *f* (*a. jur.*), b) *jur.* (verleumderische) Beleidigung: **~ of character** Ehrabschneidung *f.* **de·fam·a·to·ry** [dɪˈfæmətərɪ; *Am.* -ˌtəʊriː; -ˌtɔː-] *adj* (*adv* **defamatorily**) verleumderisch, beleidigend, ehrenrührig, Schmäh...: **to be ~ of s.o.** j-n verleumden.

de·fame [dɪˈfeɪm] *v/t* verleumden, beleidigen. **deˈfam·er** *s* Verleumder(in). **deˈfam·ing → defamatory.**

de·fat·ted [ˌdiːˈfætɪd] *adj* entfettet, fettarm.

de·fault [dɪˈfɔːlt] **I** *s* **1.** Unterˈlassung *f*, (Pflicht)Versäumnis *n*, Nachlässigkeit *f.* **2.** *econ.* Nichterfüllung *f*, (Leistungs-, Zahlungs)Verzug *m*: **to be in ~** im Verzug sein (**on** mit); **~ of interest** Zinsverzug; **on ~ of payment** wegen Nichtzahlung. **3.** *jur.* Nichterscheinen *n* vor Gericht: **judg(e)ment by ~** Versäumnisurteil *n*; **to be sentenced by** (*od.* **in**) **~** in Abwesenheit verurteilt werden; **to make ~** nicht (vor Gericht) erscheinen. **4.** *sport* Nichtantreten *n.* **5.** Mangel *m*, Fehlen *n*: **in ~ of** in Ermangelung von (*od. gen*), mangels (*gen*); **in ~ whereof** widrigenfalls. **6.** *hunt.* Verlieren *n* der Fährte. **II** *v/i* **7.** s-n Verpflichtungen nicht nachkommen: **to ~ on s.th.** etwas vernachlässigen *od.* versäumen, mit etwas im Rückstand sein. **8.** *econ.* s-n (Zahlungs)Verpflichtungen nicht nachkommen, im Verzug sein: **to ~ on a debt** e-e Schuld nicht bezahlen. **9.** *jur.* a) nicht (vor Gericht) erscheinen, b) durch Nichterscheinen vor Gericht den Proˈzeß verlieren. **10.** *sport* a) nicht antreten, b) durch Nichtantreten den Kampf verlieren. **III** *v/t* **11.** *e-r Verpflichtung* nicht nachkommen, in Verzug geraten mit, *e-n Vertrag* brechen: **~ed bonds** *Am.* notleidende Obligationen; **~ed mortgage** in Verzug befindliche Hypothek. **12.** *jur.* das Nichterscheinen feststellen von, wegen Nichterscheinens (vor Gericht) verurteilen. **13.** *sport* nicht antreten zu (*e-m Kampf*). **deˈfault·er** *s* **1.** Säumige(r *m*) *f.* **2.** *econ.* a) säumiger Zahler *od.* Schuldner, b) Zahlungsunfähige(r *m*) *f.* **3.** *jur.* vor Gericht nicht Erscheinende(r *m*) *f.* **4.** *mil. Br.* Delinˈquent *m*: **~ book** Strafbuch *n.*

de·fea·sance [dɪˈfiːzns] *s jur.* **1.** Annulˈlierung *f*, Nichtigkeitserklärung *f*, Aufhebung *f.* **2.** (zusätzliche Urkunde mit e-r) Nichtigkeitsklausel *f.* **deˈfea·sanced → defeasible.**

de·fea·si·bil·i·ty [dɪˌfiːzəˈbɪlətɪ] *s jur.* Annulˈlierbarkeit *f.* **deˈfea·si·ble** *adj* annulˈlierbar. **deˈfea·si·ble·ness** *s* Annulˈlierbarkeit *f.*

de·feat [dɪˈfiːt] **I** *v/t* **1.** *Gegner* besiegen, schlagen: **he felt ~ed** *fig.* er war niedergeschlagen; **it ~s me to do so** das geht über m-e Kraft. **2.** *Angriff* nieder-, ab-, zuˈrückschlagen, abweisen. **3.** *parl. Antrag etc* zu Fall bringen: **to ~ by vote** niederstimmen. **4.** *Hoffnung, Plan etc* vereiteln, zuˈnichte machen, durchˈkreuzen. **5.** *jur.* null u. nichtig machen: **to ~ a claim.** **II** *s* **6.** Besiegung *f*, Niederwerfung *f.* **7.** Niederlage *f*: **to admit ~** sich geschlagen geben. **8.** *parl.* Ablehnung *f* (*e-s Antrags*). **9.** Vereitelung *f*, Durchˈkreuzung *f*: **~ of hopes.** **10.** ˈMißerfolg *m*, Fehlschlag *m.* **deˈfeat·er** *s* Besieger(in), Überˈwinder(in). **deˈfeat·ism** *s* Defäˈtismus *m*, Schwarzseheˈrei *f.* **deˈfeat·ist I** *s* Defäˈtist(in), Schwarzseher(in). **II** *adj* defäˈtistisch, schwarzseherisch.

def·e·cate [ˈdefɪkeɪt] **I** *v/t* **1.** *Flüssigkeit* reinigen, klären. **2.** *fig.* reinigen, läutern (**of** von). **II** *v/i* **3.** Stuhl(gang) haben, den Darm entleeren. ˌ**def·eˈca·tion** *s* **1.** Reinigung *f*, Klärung *f.* **2.** Darmentleerung *f*, Stuhl(gang) *m.*

de·fect I *s* [ˈdiːfekt] **1.** Deˈfekt *m*, Fehler *m*, schadhafte Stelle (**in** an *dat*, in *dat*): **a ~ in character** ein Charakterfehler; **~ of vision** Sehfehler. **2.** Mangel *m*, Unvollkommenheit *f*, Schwäche *f*: **~ of judg(e)ment** Mangel an Urteilskraft; **~ of memory** Gedächtnisschwäche; **~ in title** *jur.* Fehler *m* im Recht. **3.** (*geistiger od. psychischer*) Deˈfekt. **4.** *med.* Gebrechen *n.* **II** *v/i* [dɪˈfekt] **5.** (**from**) abfallen (von), abtrünnig werden (*dat*). **6.** (**to**) flüchten (zu, nach), (zum *Feind*) ˈübergehen *od.* -laufen. **deˈfec·tion** *s* **1.** Abfall *m.* **2.** ˈÜberlaufen *n*, -gehen *n.*

de·fec·tive [dɪˈfektɪv] **I** *adj* (*adv* **~ly**) **1.** mangelhaft, unzulänglich: **~ hearing** mangelhaftes Hörvermögen; **he is ~ in** es mangelt *od.* gebricht ihm an (*dat*). **2.** schadhaft, deˈfekt: **~ engine.** **3.** (*geistig od. psychisch*) deˈfekt: **mentally ~** schwachsinnig. **4.** *ling.* unvollständig, defekˈtiv: **a ~ verb.** **II** *s* **5.** Kranke(r *m*) *f*: **mental ~** Schwachsinnige(r *m*) *f.* **6.** Krüppel *m.* **deˈfec·tive·ness** *s* **1.** Mangelhaftigkeit *f*, Unzulänglichkeit *f.* **2.** Schadhaftigkeit *f.*

de·fec·tor [dɪˈfektə(r)] *s* **1.** Abtrünnige(r *m*) *f.* **2.** ˈÜberläufer *m.*

de·fence, *Am.* **de·fense** [dɪˈfens] *s* **1.** Verteidigung *f*, Schutz *m*: **in ~ of** zur Verteidigung *od.* zum Schutze von (*od. gen*); **~ in depth** *mil.* Verteidigung aus der Tiefe, Tiefengliederung *f*; **~ economy** Wehrwirtschaft *f*; **~ production** Rüstungsproduktion *f*; **~ spending** Verteidigungsausgaben *pl*; **~ technology** Wehrtechnik *f*; **to come to s.o.'s ~** j-m zu Hilfe kommen; **in ~ of life** in Notwehr. **2.** Verteidigung *f*, Gegenwehr *f*: **to make a good ~** sich tapfer zur Wehr setzen. **3.** *mil.* a) Verteidigung *f*, (*taktisch*) Abwehr *f*, b) *meist pl* Verteidigungsanlage *f*, Befestigung *f*, Abwehrstellung *f.* **4.** (*a.* stichhaltige *od.* gültige) Verteidigung, Rechtfertigung *f.* **5.** *jur.* a) Verteidigung *f*, b) Verteidigungsmittel *n*, *bes.* Einrede *f*, Verteidigungsschrift *f*, c) beklagte *od.* angeklagte Parˈtei (*bes. deren Verteidiger*): **to conduct s.o.'s ~** j-n als Verteidiger vertreten; **to conduct one's own ~** sich selbst verteidigen; **in his ~** zu s-r Verteidigung; **to put up a clever ~** sich geschickt verteidigen; **→ counsel** 5, **witness** 1. **6.** Verteidigungsmittel *n*, -waffe *f.* **7.** *sport* Verteidigung *f* (*Hintermannschaft od. deren Spielweise*): **in ~** in der Abwehr. **8.** *Am.* Verbot *n*: **to be in ~** verboten sein. **deˈfence·less,** *Am.* **deˈfense·less** *adj* (*adv* **~ly**) **1.** schutz-, wehr-, hilflos. **2.** *mil.* unverteidigt, unbefestigt, offen. **deˈfence·less·ness,** *Am.* **deˈfense·less·ness** *s* Schutz-, Wehrlosigkeit *f.*

de·fence| mech·a·nism, *Am.* **de·fense| mech·a·nism, ~ re·ac·tion** *s biol.* **1.** ˈAbwehrmechaˌnismus *m* (*e-s Organismus, a. psych.*). **2.** Abwehrmaßnahme *f* (*des Körpers*). **~ third** *s Eishockey*: Verteidigungsdrittel *n.*

de·fend [dɪˈfend] *v/t* **1.** (**from, against**) verteidigen (gegen), schützen (vor *dat*, gegen). **2.** *Meinung etc* verteidigen, rechtfertigen. **3.** *Interessen* schützen, wahren. **4.** *jur.* a) *j-n* verteidigen, b) sich auf *e-e Klage* einlassen: **to ~ the suit** (*od.* **claim**) den Klageanspruch bestreiten. **deˈfend·a·ble** *adj* verteidigungsfähig, zu verteidigen(d). **deˈfend·ant** *jur.* **I** *s* **1.** Beklagte(r *m*) *f* (*im Zivilprozeß*): **~ counterclaiming** Widerkläger(in). **2.** Angeklagte(r *m*) *f* (*im Strafprozeß*). **II** *adj* **3.** a) beklagt, b) angeklagt. **deˈfend·er** *s* **1.** Verteidiger *m*, (Be)Schützer *m*: **D~ of the Faith** Verteidiger des Glaubens (*ein Titel der engl. Könige seit 1521*). **2.** *sport* Abwehrspieler(in).

de·fen·es·tra·tion [diːˌfenɪˈstreɪʃn] *s* Fenstersturz *m.*

de·fense, *etc Am. für* **defence,** *etc.*

de·fen·si·ble [dɪˈfensəbl] *adj* (*adv* **defensibly**) **1.** zu verteidigen(d), verteidigungsfähig, zu halten(d), haltbar. **2.** vertretbar, zu rechtfertigen(d).

de·fen·sive [dɪˈfensɪv] **I** *adj* (*adv* **~ly**) **1.** defenˈsiv: a) verteidigend, schützend, abwehrend, Verteidigungs..., Schutz..., Abwehr... (*a. sport*): **~ mistake**, b) sich verteidigend, c) *sport* defensiv eingestellt. **2.** *fig.* abwehrend: **~ gesture.** **II** *s* **3.** Defenˈsive *f*, Verteidigung *f*, (*taktisch, a. biol.*) Abwehr *f* (*alle a. sport*): **to be (stand) on the ~** sich in der Defensive befinden (halten); **to throw s.o. on the ~** j-n in die Defensive drängen. **~ ac·tiv·i·ty** *s bes. biol.* Abwehrtätigkeit *f.* **~ glands** *s pl zo.* Schutzdrüsen *pl.* **~ post** *s mil.* ˈWiderstandsnest *n.* **~ pro·tein** *s chem. med.* ˈSchutzproteˌin *n*, Antikörper *m.* **~ strike** *s econ.* Abwehrstreik *m.*

de·fer[1] [dɪˈfɜː; *Am.* dɪˈfɜr] **I** *v/t* **1.** auf-, verschieben (**to** auf *acc*). **2.** hinˈausschieben, verzögern. **3.** zögern (**doing** *od.* **to do** zu tun). **4.** *mil. Am.* (vom Wehrdienst) zuˈrückstellen. **II** *v/i* **5.** zögern, abwarten.

de·fer[2] [dɪˈfɜː; *Am.* dɪˈfɜr] *v/i* (**to**) sich beugen (vor *dat*), sich fügen (*dat*), nachgeben (*dat*), sich dem Urteil *od.* Wunsch unterˈwerfen (von *od. gen*).

de·fer·a·ble → deferrable.

def·er·ence [ˈdefərəns] *s* **1.** Ehrerbietung *f*, (Hoch)Achtung *f* (**to** gegenˈüber, vor *dat*): **in ~ to, out of ~ to** aus Achtung vor (*dat*); **with all due ~ to** bei aller Hochachtung vor (*dat*); **to pay** (*od.* **show**) **~ to s.o.** j-m Achtung zollen. **2.** Rücksicht(nahme) *f* (**to** auf *acc*): **in ~ to, out of ~ to** mit *od.* aus Rücksicht auf (*acc*). **3.** (höfliche) Nachgiebigkeit (**to s.o.** j-m gegenˈüber), Unterˈwerfung *f* (**to** unter *acc*).

def·er·ent[1] [ˈdefərənt] **→ deferential.**

def·er·ent[2] [ˈdefərənt] *adj* **1.** ableitend, Ableitungs... **2.** *anat.* Samenleiter...

def·er·en·tial [ˌdefəˈrenʃl] *adj* (*adv* **~ly**) **1.** ehrerbietig, achtungs-, reˈspektvoll. **2.** rücksichtsvoll.

de·fer·ment [dɪˈfɜːmənt; *Am.* dɪˈfɜr-] *s* **1.** Aufschub *m*, Verschiebung *f.* **2.** *mil. Am.* Zuˈrückstellung *f* (vom Wehrdienst).

deˈfer·ra·ble [-rəbl] *adj* **1.** aufschiebbar. **2.** *mil. Am.* a) zuˈrückstellbar (*bei der Musterung*), b) e-e Zuˈrückstellung bewirkend.

de·ferred [dɪˈfɜːd; *Am.* dɪˈfɜrd] *adj* auf-, hinˈausgeschoben, ausgesetzt. **~ an·nu·i·ty** *s* hinˈausgeschobene Rente. **~ as·set** *s econ.* zeitweilig nicht einlösbarer Akˈtivposten. **~ bond** *s econ. Am.* Obligatiˈon *f* mit aufgeschobener Zinszahlung. **~ div·i·dend** *s econ.* Diviˈdende *f* mit aufgeschobener Fälligkeit. **~ pay·ment** *s econ.* **1.** Zahlungsaufschub *m.* **2.** *Am.* Ab-, Ratenzahlung *f.* **~ shares** *s pl econ. Br.* Nachzugsaktien *pl.* **~ terms** *s pl Am.* ˈAbzahlungssyˌstem *n*: **on ~** auf Abzahlung *od.* Raten.

de·fi·ance [dɪˈfaɪəns] *s* **1.** Trotz *m*, ˈWiderstand *m*: **to bid ~ to s.o., to set s.o. at ~** j-m Trotz bieten, j-m trotzen. **2.** Trotz *m*, Hohn *m*, offene Verachtung: **in ~ of** ungeachtet, trotz (*gen*), (*e-m Gebot etc*) zuwider; **in ~ of s.o.** j-m zum Trotz *od.* Hohn; **to bid ~ to common sense** dem gesunden Menschenverstand hohnsprechen. **3.** Herˈausforderung *f.* **deˈfi·ant** *adj* (*adv* **~ly**) **1.** trotzig. **2.** herˈausfordernd.

de·fib·ril·late [dɪˈfaɪbrɪleɪt; -ˈfɪb-] *v/t med.* defibrilˈlieren. **deˌfib·rilˈla·tion** *s* Defibrillatiˈon *f* (*Beseitigung von Herzrhythmusstörungen durch Medikamente od. Elektroschocks*). **deˈfib·ril·la·tor** [-tə(r)] *s* Defibrilˈlator *m* (*Gerät zur Defibrillation*).

de·fi·cien·cy [dɪˈfɪʃnsɪ] *s* **1.** Unzulänglichkeit *f*, Mangelhaftigkeit *f*, Unvollkommenheit *f*, Schwäche *f.* **2.** (**of**) Mangel *m* (an *dat*), Fehlen *n* (von): **from ~ of means** aus Mangel an Mitteln; **~ of blood** Blutarmut *f.* **3.** Deˈfekt *m*, Mangel *m.* **4.** Fehlbetrag *m*, Manko *n*, Defizit *n*: **~ in weight** Gewichtsmanko; **to make good a ~** das Fehlende ergänzen. **~ ac·count** *s econ.* Verlustkonto *n.* **~ dis·ease** *s med.* Mangelkrankheit *f*, *bes.* Avitamiˈnose *f.* **~ pay·ment** *s econ.* Ausgleichszahlung *f.* **~ re·port** *s mil.* Fehlmeldung *f.*

de·fi·cient [dɪˈfɪʃnt] *adj* (*adv* **~ly**) **1.** unzulänglich, unzureichend, mangelhaft, ungenügend. **2.** Mangel leidend (**in** an *dat*): **to be ~ in** es fehlen lassen an (*dat*), ermangeln (*gen*), arm sein an (*dat*); **the country is ~ in means** dem Land fehlt es an Mitteln; **to be ~ in vitamins** nicht genügend Vitamine haben. **3.** fehlend: **the amount ~** der Fehlbetrag.

def·i·cit [ˈdefɪsɪt] *s* **1.** *econ.* Defizit *n*, Fehlbetrag *m*, Verlust *m*, Ausfall *m*, ˈUnterbiˌlanz *f.* **2.** Mangel *m* (**in** an *dat*). **~ spend·ing** *s econ.* Deficit-spending *n*, ˈDefizitfinanˌzierung *f.*

de·fi·er [dɪˈfaɪə(r)] *s* **1.** Verhöhner(in), Verächter(in): **~ of the laws** Gesetzesverächter. **2.** Herˈausforderer *m.*

def·i·lade [ˌdefɪˈleɪd; *Am. bes.* ˈdefəˌl-] *mil.* **I** *v/t* **1.** gegen Feuer decken *od.* sichern. **2.** *Festungswerke* im Defileˈment anordnen. **II** *s* **3.** Deckung *f*, Tarnung *f*, Defileˈment *n*: **~ position** verdeckte (Feuer)Stellung.

de·file[1] [dɪˈfaɪl] *v/t* **1.** *a. fig.* beschmutzen, besudeln. **2.** (*moralisch*) verderben, beflecken. **3.** verunglimpfen, mit Schmutz bewerfen. **4.** *Heiligtum etc, a. e-e Frau* schänden.

de·file[2] **I** *s* [ˈdiːfaɪl] **1.** Engpaß *m*, Hohlweg *m.* **2.** *mil.* Vorˈbeimarsch *m.* **II** *v/i* [dɪˈfaɪl] **3.** *mil.* defiˈlieren, (paˈrademäßig) vorˈbeimarˌschieren.

deˈfile·ment *s* **1.** *a. fig.* Beschmutzung *f*, Besudelung *f.* **2.** Befleckung *f.* **3.** Schändung *f.* **deˈfil·er** *s* **1.** Beschmutzer(in), Besud(e)ler(in). **2.** Schänder(in).

de·fin·a·ble [dɪˈfaɪnəbl] *adj* (*adv* **definably**) **1.** defiˈnierbar, (genau) erklärbar, bestimmbar, festlegbar. **2.** genau umˈgrenzbar.

de·fine [dɪˈfaɪn] *v/t* **1.** defiˈnieren: a) *Wort etc* (genau) erklären, b) *Begriff etc* bestimmen, genau bezeichnen, c) *Recht etc* (klar) umˈreißen, festlegen. **2.** (genau) abgrenzen, be-, umˈgrenzen. **3.** scharf abzeichnen *od.* herˈvortreten lassen: **it ~s itself against the background** es hebt sich scharf *od.* deutlich vom *od.* gegen den Hintergrund ab. **4.** charakteriˈsieren, kennzeichnen.

def·i·nite [ˈdefɪnɪt] *adj* **1.** bestimmt, präˈzis, klar, eindeutig: **~ idea**. **2.** bestimmt, klar umˈrissen, ˈfestumˌrissen, eindeutig festgelegt: **~ plans** feste Pläne. **3.** (genau) festgesetzt *od.* -gelegt, bestimmt: **~ period**; **~ integral** *math.* bestimmtes Integral. **4.** endgültig, definiˈtiv: **~ answer**. **5.** *ling.* bestimmt: **~ article**. **ˈdef·i·nite·ly** *adv* **1.** bestimmt (*etc*, → **definite**). **2.** zweifellos, absoˈlut, entschieden, ausgesprochen. **ˈdef·i·nite·ness** *s* Bestimmtheit *f*, Eindeutigkeit *f.*

def·i·ni·tion [ˌdefɪˈnɪʃn] *s* **1.** Definitiˈon *f*: a) Defiˈnierung *f*, genaue Bestimmung, b) Begriffsbestimmung *f*, (genaue) Erklärung. **2.** Exˈaktheit *f*, Genauigkeit *f.* **3.** a) *Radio*: Trennschärfe *f*, b) *phot. TV* Bildschärfe *f.* **4.** *opt. etc* Präzisiˈon *f.*

de·fin·i·tive [dɪˈfɪnɪtɪv] **I** *adj* (*adv* **~ly**) **1.** definiˈtiv, endgültig. **2.** (genau) defiˈnierend *od.* unterˈscheidend. **3.** → **definite** 2. **4.** ausdrücklich, entschieden. **5.** tatsächlich, ausgesprochen. **6.** maßgeblich, Standard...: **a ~ book**. **7.** entschieden, fest (*in s-r Meinung*). **II** *s* **8.** *ling.* Bestimmungswort *n.*

def·la·grate [ˈdefləgreɪt] *v/i u. v/t chem.* rasch abbrennen (lassen). **ˌdef·laˈgra·tion** *s chem.* Verpuffung *f.*

de·flate [dɪˈfleɪt] **I** *v/t* **1.** (die) Luft *od.* (das) Gas ablassen aus, entleeren. **2.** *econ. Geldumlauf etc* deflatioˈnieren, herˈabsetzen. **3.** *fig.* a) ‚klein u. häßlich machen', b) ernüchtern, enttäuschen. **II** *v/i* **4.** Luft *od.* Gas ablassen. **5.** *econ.* deflatioˈnieren, e-e Deflatiˈon herˈbeiführen. **6.** einschrumpfen (*a. fig.*). **deˈfla·tion** *s* **1.** Ablassung *f od.* Entleerung *f* von Luft *od.* Gas. **2.** *econ.* Deflatiˈon *f.* **3.** *geol.* Deflatiˈon *f*, ˈWinderosiˌon *f.* **deˈfla·tion·ar·y** [-ʃnərɪ; *Am.* -ʃəˌneriː] *adj econ.* Deflations..., deflatioˈnistisch. **deˈfla·tion·ist** *econ.* **I** *s* Befürworter(in) e-r Deflatiˈonspoliˌtik. **II** *adj* deflatioˈnistisch.

de·flect [dɪˈflekt] **I** *v/t* **1.** a) ablenken, abwenden: **~ing electrode** *electr.* Ablenkelektrode *f*, b) *sport Schuß etc* abfälschen. **2.** *tech.* a) ˈumbiegen, b) ˈdurchbiegen. **II** *v/i* **3.** abweichen (**from** von) (*a. fig.*). **4. to ~ off s.o.** *sport* von j-m abgefälscht werden (*Schuß etc*).

de·flec·tion, *bes. Br.* **de·flex·ion** [dɪˈflekʃn] *s* **1.** Ablenkung *f.* **2.** Abweichung *f* (*a. fig.*). **3.** Biegung *f*, Krümmung *f.* **4.** *phys.* a) Ausschlag *m*, Ablenkung *f* (*e-s Zeigers*), b) *TV*, *Radar*: Ablenkung *f*, Steuerung *f* (*e-s Elektronenstrahls*). **5.** *phys.* Beugung *f* (*von Lichtstrahlen*). **6.** *tech.* ˈDurchbiegung *f.* **7.** *mar.* Abtrift *f.* **8.** *mil.* a) Seitenabweichung *f*, -streuung *f*, b) Seitenvorhalt *m.*

de·flec·tive [dɪˈflektɪv] *adj* ablenkend.

de·flec·tom·e·ter [ˌdiːflekˈtɒmɪtə; *Am.* -ˈtɑmətər] *s tech.* Biegungsmesser *m.*

de·flec·tor [dɪˈflektə(r)] *s* **1.** *tech.* Deˈflektor *m*, Ablenkvorrichtung *f*: **~ coil** *electr.* Ablenkspule *f.* **2.** *aer.* Ablenk-, Leitfläche *f.*

de·flex·ion *bes. Br. für* **deflection**.

de·floc·cu·late [dɪˈflɒkjʊleɪt; *Am.* -ˈflɑk-] *v/t u. v/i chem.* (sich) entflocken.

de·flo·rate [dɪˈflɔːreɪt; *Am. bes.* ˈdefləˌr-] → **deflower**. **de·flo·ra·tion** [ˌdiːflɔːˈreɪʃn; ˌdef-; *Am.* -fləˈr-] *s* Defloratiˈon *f*, Entjungferung *f.*

de·flow·er [ˌdiːˈflaʊə(r)] *v/t* **1.** defloˈrieren, entjungfern. **2.** *fig.* (*dat*) die Schönheit *od.* den Reiz nehmen.

de·fo·li·ant [ˌdiːˈfəʊlɪənt] *s chem. mil.* Entlaubungsmittel *n.* **ˌdeˈfo·li·ate** [-eɪt] **I** *v/t* entblättern, entlauben. **II** *v/i* sich entlauben, die Blätter verlieren. **ˌde·fo·liˈa·tion** *s* Entblätterung *f*, Entlaubung *f.*

de·force [dɪˈfɔː(r)s] *v/t jur.* **1.** gewaltsam *od.* ˈwiderrechtlich vorenthalten (**s.th. from s.o.** j-m etwas). **2.** *j-n* ˈwiderrechtlich s-s Besitzes berauben.

de·for·est [ˌdiːˈfɒrɪst; *Am. a.* -ˈfɑr-] *v/t* **1.** entwalden. **2.** abforsten, abholzen. **deˌfor·estˈa·tion** *s* **1.** Entwaldung *f.* **2.** Abforstung *f*, Abholzung *f.*

de·form [dɪˈfɔː(r)m] *v/t* **1.** *a. phys. tech.* deforˈmieren, verformen. **2.** verunstalten, entstellen, deforˈmieren: **a face ~ed by anger** ein wutverzerrtes Gesicht. **3.** ˈumformen, ˈumgestalten. **4.** *math. phys.* verzerren. **5.** *Charakter* verderben. **deˈform·a·ble** *adj tech.* verformbar.

de·for·ma·tion [ˌdiːfɔː(r)ˈmeɪʃn] *s* **1.** *a. phys. tech.* Deformatiˈon *f*, Verformung *f.* **2.** Entstellung *f*, Verunstaltung *f.* **3.** ˈUmgestaltung *f.* **4.** *math. phys.* Verzerrung *f.*

de·formed [dɪˈfɔː(r)md] *adj* **1.** *a. phys. tech.* deforˈmiert, verformt. **2.** verunstaltet, entstellt, häßlich. **3.** *math. phys.* verzerrt. **4.** verdorben (*Charakter*). **deˈform·ed·ly** [-ɪdlɪ] *adv* häßlich. **deˈform·ed·ness** → **deformity** 1. **deˈform·i·ty** *s* **1.** Entstelltheit *f*, Häßlichkeit *f.* **2.** ˈMißbildung *f*, Auswuchs *m.* **3.** ˈmißgestaltete Perˈson *od.* Sache. **4.** Verdorbenheit *f* (*des Charakters*).

de·fraud [dɪˈfrɔːd] *v/t* betrügen (**s.o. of s.th.** j-n um etwas): **to ~ the revenue** (**the customs**) Steuern (den Zoll) hinterziehen; **with intent to ~** *jur.* in betrügerischer Absicht, arglistig. **ˌde·frauˈda·tion** [ˌdiː-] *s* (*Steuer- etc*)Hinterˈziehung *f*, Betrug *m.* **deˈfraud·er** *s* Betrüger *m*, *bes.* ˈSteuerhinterˌzieher *m.*

de·fray [dɪˈfreɪ] *v/t Kosten* bestreiten, tragen, bezahlen. **deˈfray·al, deˈfray·ment** *s* Bestreitung *f* (*der Kosten*).

de·frock [ˌdiːˈfrɒk; *Am.* -ˈfrɑk] → **unfrock**.

de·frost [ˌdiːˈfrɒst] **I** *v/t* von Eis befreien, *Windschutzscheibe etc* entfrosten, *Kühlschrank etc* abtauen, *Tiefkühlkost etc* auftauen. **II** *v/i* ab-, auftauen. **ˌdeˈfrost·er** *s* Entfroster *m*, Enteisungsanlage *f.* **ˌdeˈfrost·ing** *adj*: **~ rear window** *mot.* heizbare Heckscheibe.

deft [deft] *adj* (*adv* **~ly**) flink, geschickt, gewandt. **ˈdeft·ness** *s* Geschickt-, Gewandtheit *f.*

de·funct [dɪˈfʌŋkt] **I** *adj* **1.** ver-, gestorben. **2.** *fig.* erloschen, nicht mehr exiˈstierend, ehemalig. **II** *s* **3. the ~** a) der *od.* die Verstorbene, b) *collect. pl* die Verstorbenen *pl.*

de·fuse [ˌdiːˈfjuːz] *v/t Bombe etc, fig. Krise etc* entschärfen.

de·fy [dɪˈfaɪ] *v/t* **1.** trotzen (*dat*), Trotz *od.* die Stirn bieten (*dat*). **2.** sich hinˈwegsetzen über (*acc*). **3.** sich widerˈsetzen (*dat*), Schwierigkeiten machen (*dat*): **to ~ description** unbeschreiblich sein, jeder Beschreibung spotten; **to ~ translation** (fast) unübersetzbar sein, sich nicht übersetzen lassen. **4.** herˈausfordern: **I ~ anyone to do it** ich möchte den sehen, der das tut; **I ~ him to do it** ich weiß genau, daß er es nicht (tun) kann. **5.** *obs.* (zum Kampf) herˈausfordern.

dé·ga·gé [ˌdeɪgɑːˈʒeɪ] *adj* ungezwungen, zwanglos.

de·gas [ˌdiːˈgæs] *v/t mil. tech.* entgasen.

deˌgas·i·fiˈca·tion *s mil. tech.* Entgasung *f.*

de·gauss [ˌdiːˈɡaʊs] *v/t Schiff* entmagnetiˈsieren.

de·gen·er·a·cy [dɪˈdʒenərəsɪ] *s* Degeneratiˈon *f*, Entartung *f.* **deˈgen·er·ate** I *v/i* [-reɪt] (**into**) entarten (zu): a) *biol. etc* degeneˈrieren (zu), b) *allg.* ausarten (zu, in *acc*), herˈabsinken (zu, auf die Stufe *gen*). II *adj* [-rət] degeneˈrierter Mensch. **deˈgen·er·ate·ness** *s* Degeneˈriertheit *f*, Entartung *f.* **deˌgen·erˈa·tion** *s* **1.** Degeneratiˈon *f*, Entartung *f* (*a. biol. med.*): ~ **of tissue** *med.* Gewebsentartung; **fatty ~ (of the heart)** (Herz)Verfettung *f.* **2.** Degeneˈriertheit *f.* **3.** Ausartung *f.* **deˈgen·er·a·tive** [-rətɪv; -reɪtɪv] *adj* **1.** Degenerations..., Entartungs... **2.** degeneˈrierend, entartend.

de·germ [ˌdiːˈdʒɜːm; *Am.* -ˈdʒɜrm], ˌ**deˈger·mi·nate** [-mɪneɪt] *v/t* entkeimen.

deg·ra·da·tion [ˌdeɡrəˈdeɪʃn] *s* **1.** (*a. mil.*) Degraˈdierung *f*, (*a. relig.*) Degradatiˈon *f*, Ab-, Entsetzung *f.* **2.** Absinken *n*, Verschlechterung *f*, Entartung *f.* **3.** *phys.* Degradatiˈon *f*: ~ **of energy. 4.** *biol.* Degeneratiˈon *f.* **5.** Entwürdigung *f*, Erniedrigung *f.* **6.** Verminderung *f*, Schwächung *f.* **7.** *geol.* Abtragung *f*, Erosiˈon *f.* **8.** *chem.* Zerlegung *f*, Abbau *m.*

de·grade [dɪˈɡreɪd] I *v/t* **1.** *a. mil.* degraˈdieren, (im Rang) herˈabsetzen. **2.** verderben, korrumˈpieren, entarten lassen. **3.** entwürdigen, erniedrigen (**into, to** zu), in Schande bringen. **4.** vermindern, herˈabsetzen, schwächen. **5.** verschlechtern. **6.** *geol.* abtragen, eroˈdieren. **7.** *chem.* zerlegen, abbauen. II *v/i* **8.** (ab)sinken. **9.** *biol.* degeneˈrieren, entarten. **10.** *univ. Br.* (*Cambridge*) das Exˈamen um ein Jahr hinˈausschieben. **deˈgrad·ing** *adj* **1.** erniedrigend, entwürdigend, menschenunwürdig, schändlich. **2.** herˈabsetzend, geringschätzig.

de·grease [ˌdiːˈɡriːs] *v/t* entfetten.

de·gree [dɪˈɡriː] *s* **1.** Grad *m*, Stufe *f*, Schritt *m*: ~ **of priority** Dringlichkeitsgrad, -stufe; **by ~s** stufenweise, allmählich, nach u. nach; **by many ~s** bei weitem; **by slow ~s** ganz allmählich; → **murder** 1. **2.** (Verwandtschafts)Grad *m.* **3.** Rang *m*, Stufe *f*, (*gesellschaftlicher*) Stand: **of high ~** von hohem Rang; **military ~ of rank** militärische Rangstufe; **freemason's ~** Grad *m* e-s Freimaurers. **4.** Grad *m*, Ausmaß *n*: ~ **of hardness** *tech.* Härtegrad; ~ **of saturation** *chem.* Sättigungsgrad. **5.** *fig.* Grad *m*, (Aus)Maß *n*: **to a ~** a) in hohem Maße, sehr, b) einigermaßen, in gewissem Grade; **to a certain ~** ziemlich, bis zu e-m gewissen Grade; **to a high ~** in hohem Maße; **in the highest ~, to the last ~** in höchstem Grade, aufs höchste; **not in the slightest ~** nicht im geringsten; **in no ~** keineswegs; **in no small ~** in nicht geringem Grade. **6.** *astr. geogr. math. phys.* Grad *m*: **an angle of ninety ~s** ein Winkel von 90 Grad; **an equation of the third ~** e-e Gleichung dritten Grades; **ten ~s Fahrenheit** 10 Grad Fahrenheit; ~ **of latitude** Breitengrad. **7.** Gehalt *m* (**of an** *dat*): **of high ~** hochgradig. **8.** (akaˈdemischer) Grad, Würde *f*: **the ~ of doctor** der Doktorgrad, die Doktorwürde; **to take one's ~** e-n akademischen Grad erwerben, promovieren; ~ **day** Promotionstag *m.* **9.** *a.* ~ **of comparison** *ling.* Steigerungsstufe *f.* **10.** *mus.* Tonstufe *f*, Interˈvall *n.* **11.** *obs.* Stufe *f* (*e-r Treppe etc*): **song of ~s** *Bibl.* Graduale *n*, Stufenpsalm *m.*

de·gres·sion [dɪˈɡreʃn] *s* **1.** *Steuerrecht*: Degressiˈon *f.* **2.** Absteigen *n*, Abstieg *m.* **deˈgres·sive** [-sɪv] *adj* (*adv* **~ly**) **1.** *econ.* degresˈsiv: ~ **taxation**; ~ **depreciation** degressive Abschreibung. **2.** absteigend.

de·gus·ta·tion [ˌdiːɡʌˈsteɪʃn] *s* (genußvolles) Kosten.

de·hire [ˌdiːˈhaɪər] *v/t Am.* *j-n* von s-n Funktiˈonen entbinden.

de·hisce [dɪˈhɪs] *v/i bot.* aufspringen. **deˈhis·cent** *adj* aufplatzend, -springend: ~ **fruit** *bot.* Springfrucht *f.*

de·hu·man·ize [ˌdiːˈhjuːmənaɪz; *Am. a.* -ˈjuː-] *v/t* entmenschlichen.

de·hu·mid·i·fy [ˌdiːhjuːˈmɪdəfaɪ; *Am. a.* -juːˈm-] *v/t der Luft etc* die Feuchtigkeit entziehen.

de·hy·drate [ˌdiːˈhaɪdreɪt] I *v/t* **1.** *chem.* dehyˈdrieren. **2.** (*dat*) das Wasser entziehen, (*acc*) vollständig trocknen: **~d vegetables** Trockengemüse *n.* **3.** entwässern. II *v/i* **4.** Wasser verlieren *od.* abgeben. ˌ**de·hyˈdra·tion** *s* **1.** *chem.* Dehyˈdrierung *f*, Wasserabspaltung *f.* **2.** Entwässerung *f.* **3.** Wasserentzug *m.*

de·hy·dro·gen·ize [ˌdiːˈhaɪdrədʒənaɪz] *v/t chem.* dehyˈdrieren, (*dat*) Wasserstoff entziehen.

de·hyp·no·tize [ˌdiːˈhɪpnətaɪz] *v/t* aus der Hypˈnose erwecken.

de·ice [ˌdiːˈaɪs] *v/t* enteisen. ˌ**deˈic·er** *s* Enteiser *m*, Enteisungsmittel *n*, -anlage *f*, -gerät *n.*

de·i·cide [ˈdiːɪsaɪd] *s* **1.** Gottesmord *m.* **2.** Gottesmörder *m.*

deic·tic [ˈdaɪktɪk] *adj* (*adv* **~ally**) deiktisch: a) *philos.* auf Beispiele begründet, b) *ling.* ˈhinweisend.

de·i·de·ol·o·gize [ˈdiːˌaɪdɪˈɒlədʒaɪz; *Am.* -ˈɑlə-] *v/t* entideologiˈsieren, von ideoˈlogischen Interˈessen freimachen.

de·if·ic [diːˈɪfɪk] *adj* **1.** vergöttlichend. **2.** gottähnlich, göttlich. ˌ**de·i·fiˈca·tion** *s* **1.** Vergötterung *f*, Apotheˈose *f.* **2.** (*etwas*) Vergöttlichtes. ˈ**de·i·form** [-fɔː(r)m] *adj* gottähnlich, göttlich. ˈ**de·i·fy** [-faɪ] *v/t* **1.** zum Gott erheben, vergöttlichen. **2.** als Gott verehren, anbeten (*a. fig.*).

deign [deɪn] I *v/i* sich herˈablassen, geruhen, belieben (**to do** zu tun). II *v/t* gnädig gewähren, sich herˈablassen zu: **he ~ed no answer** er ließ sich nicht einmal zu e-r Antwort herab.

deil [diːl] *s Scot.* Teufel *m* (*a. fig.*).

de·i·on·i·za·tion [diːˌaɪənaɪˈzeɪʃn; *Am.* -nəˈz-] *s electr.* Entioniˈsierung *f.*

de·ism [ˈdiːɪzəm] *s* Deˈismus *m.* ˈ**de·ist** *s* Deˈist(in). **deˈis·tic** *adj*; **deˈis·ti·cal** *adj* (*adv* **~ly**) deˈistisch.

de·i·ty [ˈdiːɪtɪ] *s* Gottheit *f*: **the D~** *relig.* die Gottheit, Gott *m.*

dé·jà vu [ˌdeɪʒɑːˈvuː] *s psych.* Déjà-ˈvu-Erlebnis *n.*

de·ject [dɪˈdʒekt] I *v/t* mutlos machen. II *adj obs. für* **dejected. deˈjec·ta** [-tə] *s pl* Exkreˈmente *pl.* **deˈject·ed** *adj* (*adv* **~ly**) niedergeschlagen, mutlos, depriˈmiert. **deˈject·ed·ness** → **dejection** 1.

de·jec·tion [dɪˈdʒekʃn] *s* **1.** Niedergeschlagenheit *f.* **2.** *med.* a) Kotentleerung *f*, Stuhlgang *m*, b) Stuhl *m*, Kot *m.* **deˈjec·to·ry** [-tərɪ] *adj med.* abführend.

de ju·re [ˌdiːˈdʒʊərɪ; ˌdeɪˈjʊərɪ] (*Lat.*) I *adv* de jure, von Rechts wegen. II *adj* De-jure-...

dek·ko [ˈdekəʊ] *pl* **-kos** *s Br. sl.* kurzer Blick: **let's have a ~!** zeig mal her!

de·lac·ta·tion [ˌdiːlækˈteɪʃn] *s med.* Entwöhnung *f*, Abstillen *n.*

de·laine [dəˈleɪn] *s* leichter Musseˈlin aus Wolle (u. Baumwolle).

de·lam·i·nate [diːˈlæmɪneɪt] *v/i* in Schichten abblättern.

de·late [dɪˈleɪt] *v/t Br. etwas* anzeigen. **deˈla·tion** *s* Anzeige *f.*

Del·a·war·e·an [ˌdeləˈweərɪən] I *adj* Delaware..., aus *od.* von Delaware. II *s* Bewohner(in) des Staates Delaware (*USA*).

de·lay [dɪˈleɪ] I *v/t* **1.** a) ver-, auf-, hinˈausschieben, b) verzögern, verschleppen: **he ~ed seeing his doctor** er schob s-n Arztbesuch hinaus; **to be ~ed** sich verzögern; **not to be ~ed** unaufschiebbar. **2.** aufhalten, hemmen, (be)hindern: **to be ~ed (for two hours)** *rail. etc* (zwei Stunden) Verspätung haben. II *v/i* **3.** Zeit zu gewinnen suchen, *sport* auf Zeit spielen, das Spiel verzögern. III *s* **4.** a) Verschiebung *f*, Aufschub *m*, b) Verzögerung *f*, Verschleppung *f*: ~ **in delivery** *econ.* Lieferverzug *m*; **without ~** unverzüglich; **the matter bears no ~** die Sache duldet keinen Aufschub. **5.** *rail. etc* Verspätung *f.* **6.** *econ.* Aufschub *m*, Stundung *f*: ~ **of payment** Zahlungsaufschub.

de·layed [dɪˈleɪd] *adj* **1.** a) ver-, auf-, hinˈausgeschoben, b) verzögert, verschleppt. **2.** *rail. etc* verspätet. **3.** Spät...: ~ **ignition** *tech.* Spätzündung *f.* **deˌlayed-ˈac·tion** *adj* Verzögerungs...: ~ **bomb** *mil.* Bombe *f* mit Verzögerungszünder; ~ **device** *phot.* Selbstauslöser *m*; ~ **fuse** a) *mil.* Verzögerungszünder *m*, b) *electr.* träge Sicherung.

deˈlay·er *s* **1.** *j-d, der Zeit zu gewinnen sucht.* **2.** Verzögerungsgrund *m.* **deˈlay·ing** *adj* **1.** a) aufschiebend, b) verzögernd. **2.** ˈhinhaltend: ~ **tactics** Hinhalte-, Verzögerungstaktik *f.*

del cred·er·e [ˌdelˈkredərɪ; -ˈkreɪ-] *econ.* I *s* Delˈkredere *n*, Bürgschaft *f*: **to stand ~** Bürgschaft leisten. II *adj* Delkredere...

de·le [ˈdiːliː] *print.* I *v/t* tilgen, streichen. II *s* Deleˈatur(zeichen) *n.*

de·lec·ta·ble [dɪˈlektəbl] *adj* (*adv* **delectably**) köstlich (*bes. Speise*).

de·lec·ta·tion [ˌdiːlekˈteɪʃn] *s* Ergötzen *n*, Vergnügen *n*, Genuß *m.*

del·e·ga·ble [ˈdelɪɡəbl] *adj* deleˈgierbar. ˈ**del·e·ga·cy** [-ɡəsɪ] *s* **1.** Deleˈgierung *f.* **2.** deleˈgierte Vollmacht. **3.** Delegatiˈon *f*, Abordnung *f.*

del·e·gate I *s* [ˈdelɪɡət; -ɡeɪt] **1.** Deleˈgierte(r *m*) *f*, Abgeordnete(r *m*) *f*, bevollmächtigter Vertreter, Beauftragte(r *m*) *f.* **2.** *parl. Am.* Konˈgreßabgeordnete(r *m*) *f* (*e-s Einzelstaats*). II *v/t* [-ɡeɪt] **3.** abordnen, deleˈgieren, als Deleˈgierten entsenden. **4.** *j-n* bevollmächtigen, *Vollmachten etc* überˈtragen, anvertrauen (**to s.o.** j-m): **to ~ authority to s.o.** j-m Vollmacht erteilen. III *adj* [-ɡət; -ɡeɪt] **5.** deleˈgiert, abgeordnet, beauftragt.

del·e·ga·tion [ˌdelɪˈɡeɪʃn] *s* **1.** Deleˈgierung *f*, Abordnung *f* (*e-r Person*). **2.** Bevollmächtigung *f*, Überˈtragung *f*: ~ **of powers** Vollmachtsübertragung. **3.** Delegatiˈon *f*, Abordnung *f.* **4.** *parl. Am.* Konˈgreßabgeordnete *pl* (*e-s Einzelstaats*). **5.** *econ.* a) Kreˈditbrief *m*, b) ˈSchuldüberˌweisung *f*, c) ˈVollmachtsüberˌtragung *f.* ˈ**del·e·ga·to·ry** [-ɡətərɪ; -ɡeɪ-; *Am.* -ɡəˌtəʊriː; -ˌtɔː-] *adj* **1.** → **delegate** 5. **2.** Vollmachts...

de·lete [dɪˈliːt] *v/t u. v/i* tilgen, (aus)streichen, (ˈaus)raˌdieren: ~ **where inapplicable** Nichtzutreffendes bitte streichen.

del·e·te·ri·ous [ˌdelɪˈtɪərɪəs] *adj* (*adv* **~ly**) **1.** gesundheitsschädlich, giftig. **2.** schädlich, verderblich.

de·le·tion [dɪˈliːʃn] *s* (Aus)Streichung *f*: a) Tilgung *f*, b) (*das*) Ausgestrichene.

delft [delft], *a.* **delf** [delf], ˈ**delft·ware** *s* **1.** Delfter Fayˈencen *pl od.* Zeug *n.* **2.** *allg.* glaˈsiertes Steingut.

del·i [ˈdeliː] *Am. colloq. für* **delicatessen** 2.

De·li·an [ˈdiːljən; -lɪən] *adj* delisch, aus Delos: ~ **problem** *math.* delisches Problem; **the ~ god** Apollo *m.*

de·lib·er·ate **I** *adj* [dɪˈlɪbərət] (*adv* **~ly**) **1.** überˈlegt. **2.** bewußt, absichtlich, vorsätzlich: **a ~ lie** e-e bewußte *od.* vorsätzliche Lüge; **a ~ misrepresentation** e-e bewußt falsche Darstellung. **3.** bedächtig, bedachtsam, vorsichtig, besonnen. **4.** bedächtig, gemächlich: **~ attack** *mil.* Angriff *m* nach Bereitstellung; **~ fire** *mil.* verlangsamte Salvenfolge. **II** *v/t* [-reɪt] **5.** überˈlegen, erwägen (**what to do** was man tun soll). **III** *v/i* **6.** nachdenken, überˈlegen. **7.** beratschlagen, sich beraten (**on, upon** über *acc*). **deˈlib·er·ate·ness** [-rət-] *s* **1.** Vorsätzlichkeit *f.* **2.** Bedächtigkeit *f*: a) Bedachtsamkeit *f*, Besonnenheit *f*, b) Gemächlichkeit *f.*

de·lib·er·a·tion [dɪˌlɪbəˈreɪʃn] *s* **1.** Überˈlegung *f*: **on careful ~** nach reiflicher Überlegung. **2.** Beratung *f*: **to come under ~** zur Beratung kommen, zur Sprache gebracht werden. **3.** Bedächtigkeit *f*, Vorsicht *f*, Bedachtsamkeit *f.* **deˈlib·er·a·tive** [-bərətɪv; *Am. bes.* -bəreɪtɪv] *adj* (*adv* **~ly**) **1.** beratend: **~ assembly** beratende Versammlung. **2.** überˈlegend. **3.** überˈlegt: **~ conclusion.**

del·i·ca·cy [ˈdelɪkəsɪ] *s* **1.** Zartheit *f*: a) Feinheit *f*, b) Zierlichkeit *f*, c) Zerbrechlich-, Schwächlich-, Empfindlich-, Anfälligkeit *f.* **2.** Fein-, Zartgefühl *n*, Takt *m.* **3.** Feinheit *f*, Empfindlichkeit *f* (*e-s Meßgeräts etc*). **4.** (*das*) Heikle, heikler Chaˈrakter: **negotiations of great ~** sehr heikle Besprechungen. **5.** wählerisches Wesen. **6.** Delikaˈtesse *f*, Leckerbissen *m.* **7.** Schmackhaftigkeit *f*, Köstlichkeit *f.*

del·i·cate [ˈdelɪkət] *adj* (*adv* **~ly**) **1.** zart: a) fein: **~ hands; ~ colo(u)r; ~ tissue**, b) zierlich, graˈzil: **a ~ girl; ~ figure**, c) zerbrechlich, empfindlich: **to be of ~ health** von zarter Gesundheit sein; **to be in a ~ condition** in anderen Umständen sein, d) sanft, leise: **a ~ hint** ein zarter Wink. **2.** kitzlig, deliˈkat, heikel: **a ~ subject.** **3.** feingesponnen, schlau: **a ~ plan.** **4.** fein, empfindlich: **a ~ instrument.** **5.** feinfühlig, zartfühlend, taktvoll. **6.** fein, vornehm: **~ manners.** **7.** feinfühlig, empfindsam: **a ~ soul.** **8.** schmackhaft, lecker, köstlich, wohlschmeckend: **a ~ dish.** **9.** verwöhnt: **~ tastes.**

del·i·ca·tes·sen [ˌdelɪkəˈtesn] *s pl* **1.** Delikaˈtessen *pl*, Feinkost *f.* **2.** (*als sg konstruiert*) Delikaˈtessen-, Feinkostgeschäft *n.*

de·li·cious [dɪˈlɪʃəs] **I** *adj* (*adv* **~ly**) köstlich: a) wohlschmeckend, b) herrlich, c) ergötzlich. **II** *s* **D~** Deˈlicious *m* (*e-e Apfelsorte*). **deˈli·cious·ness** *s* Köstlichkeit *f.*

de·lict [ˈdiːlɪkt; *bes. Am.* dɪˈl-] *s jur.* Deˈlikt *n.*

de·light [dɪˈlaɪt] **I** *s* **1.** Vergnügen *n*, Freude *f*, Wonne *f*, Lust *f*, Entzücken *n*: **to my ~** zu m-r Freude; **to the ~ of** zum Ergötzen (*gen*); **to take ~ in s.th.** an e-r Sache s-e Freude haben, an etwas Vergnügen finden; **to take a ~ in doing s.th.** sich ein Vergnügen daraus machen, etwas zu tun. **II** *v/t* **2.** ergötzen, erfreuen, entzücken: **to be ~ed** sich freuen, entzückt sein (**with, at** über *acc*, von); **I shall be ~ed to come** ich komme mit dem größten Vergnügen; **to be ~ed with s.o.** von j-m entzückt sein. **III** *v/i* **3.** sich (er)freuen, entzückt sein, schwelgen: **to ~ in** (große) Freude haben an (*dat*), Vergnügen finden an (*dat*), sich ein Vergnügen machen aus, schwelgen in (*dat*). **4.** Vergnügen bereiten. **deˈlight·ed** *adj* (*adv* **~ly**) entzückt, (hoch)erfreut, begeistert: **to be ~ with the result** vom Ergebnis begeistert sein; **to be ~ to do s.th.** etwas mit (dem größten) Vergnügen tun. **deˈlight·ed·ness** *s* Entzücktsein *n.* **deˈlight·ful** *adj* (*adv* **~ly**) entzückend, köstlich, herrlich, wunderbar, reizend. **deˈlight·ful·ness** *s* Köstlich-, Herrlich-, Ergötzlichkeit *f.* **deˈlight·some** [-səm] → **delightful.**

De·li·lah [dɪˈlaɪlə] *npr Bibl.* Deˈlila *f* (*a. fig. heimtückische Verführerin*).

de·lime [ˌdiːˈlaɪm] *v/t chem.* entkalken.

de·lim·it [diːˈlɪmɪt], **deˈlim·i·tate** [-teɪt] *v/t* abgrenzen. **deˌlim·iˈta·tion** [dɪ-] *s* Abgrenzung *f.* **deˈlim·i·ta·tive** [-tətɪv; -teɪ-] *adj* ab-, begrenzend.

de·lin·e·a·ble [dɪˈlɪnɪəbl] *adj* **1.** skizˈzierbar. **2.** zeichnerisch darstellbar. **3.** beschreibbar.

de·lin·e·ate [dɪˈlɪnɪeɪt] *v/t* **1.** skizˈzieren, entwerfen. **2.** zeichnen, (zeichnerisch *od. weitS.* genau) darstellen. **3.** (genau) beschreiben *od.* schildern. **deˌlin·eˈa·tion** *s* **1.** Skizˈzierung *f.* **2.** Zeichnung *f*, (zeichnerische *od. weitS.* genaue) Darstellung. **3.** (genaue) Beschreibung *od.* Schilderung: **~ of character** Charakterzeichnung *f*, -beschreibung. **4.** Skizze *f*, Entwurf *m.* **deˈlin·e·a·tor** [-tə(r)] *s* **1.** Skizˈzierer *m.* **2.** Zeichner *m.* **3.** Beschreiber *m.* **4.** *surv.* Vermessungsschreiber *m.* **5.** *pl Am.* ˈLichtreflekˌtoren *pl* (*an Straßenbiegungen etc*).

de·lin·quen·cy [dɪˈlɪŋkwənsɪ] *s* **1.** Pflichtvergessenheit *f.* **2.** Gesetzesverletzung *f*, Straftat *f.* **3.** Kriminaliˈtät *f*: → **juvenile** 2. **deˈlin·quent** **I** *adj* (*adv* **~ly**) **1.** pflichtvergessen. **2.** straffällig, verbrecherisch: **~ minor** jugendliche(r) Straffällige(r). **3.** *Am.* rückständig, nicht (rechtzeitig) bezahlt: **~ taxes.** **II** *s* **4.** Pflichtvergessene(r *m*) *f.* **5.** Delinˈquent(in), Straffällige(r *m*) *f*: → **juvenile** 2.

del·i·quesce [ˌdelɪˈkwes] *v/i* **1.** weg-, zerschmelzen. **2.** *chem.* zerfließen, zergehen. **ˌdel·iˈques·cence** *s* **1.** Weg-, Zerschmelzen *n.* **2.** *chem.* Zerfließen *n.* **3.** ˈSchmelzproˌdukt *n.* **ˌdel·iˈques·cent** *adj* **1.** zerschmelzend. **2.** *chem.* zerfließend.

de·lir·i·a [dɪˈlɪrɪə] *pl von* **delirium.**

de·lir·i·ous [dɪˈlɪrɪəs] *adj* (*adv* **~ly**) **1.** *med.* deliriˈös, an Deˈlirium leidend, irreredend, phantaˈsierend: **to be ~ with fever** Fieberphantasien haben. **2.** *fig.* rasend, wahnsinnig (**with** vor): **~ with joy** in e-m Freudentaumel.

de·lir·i·um [dɪˈlɪrɪəm] *pl* **-i·ums, -i·a** [-ɪə] *s* **1.** *med.* Deˈlirium *n*, (Fieber)Wahn *m*, Verwirrtheit *f.* **2.** *fig.* Raseˈrei *f*, Wahnsinn *m*, Taumel *m.* **~ tre·mens** [ˈtriːmenz] *s med.* Deˈlirium *n* tremens, Säuferwahnsinn *m.*

de·list [ˌdiːˈlɪst] *v/t* (von e-r Liste) streichen.

de·liv·er [dɪˈlɪvə(r)] **I** *v/t* **1.** *a.* **~ up, ~ over** überˈgeben, -ˈliefern, -ˈtragen, -ˈreichen, -ˈantworten, ausliefern, -händigen, abtreten, *jur. a.* herˈausgeben: **to ~ in trust** in Verwahrung geben; **to ~ o.s. up to s.o.** sich j-m stellen *od.* ergeben; **to ~ to posterity** der Nachwelt überliefern. **2.** *bes. econ.* liefern (**to** *dat od.* an *acc*): **to be ~ed in a month** in e-m Monat lieferbar; **to ~ the goods** → 16. **3.** *e-n Brief etc* befördern, zustellen (*a. jur.*), austragen. **4.** *e-e Nachricht etc* überˈbringen, bestellen, ausrichten: **to ~ a message.** **5.** *jur. das Urteil* verkünden, aussprechen. **6.** *e-e Meinung* äußern, von sich geben, *ein Urteil* abgeben: **to ~ o.s. of** *etwas* äußern; **to ~ o.s. on** sich äußern über (*acc*) *od.* zu. **7.** vortragen, zum Vortrag bringen, *e-e Rede, e-n Vortrag* halten (**to s.o.** vor j-m): **to ~ a speech.** **8.** *e-n Schlag etc* austeilen, versetzen: **to ~ a blow; to ~ one's blow** losschlagen. **9.** *mil.* abfeuern, *e-e Salve etc* abgeben. **10.** *Baseball, Kricket*: *den Ball* werfen. **11.** befreien (**from, out of** aus, von). **12.** erlösen, (er)retten: **~ us from evil** erlöse uns von dem Übel. **13.** (*meist im pass gebraucht*) a) *e-e Frau* entbinden, b) *ein Kind* gebären, c) *ein Kind* ‚holen' (*Arzt*): **to be ~ed of a boy** von e-m Knaben entbunden werden, e-n Knaben gebären. **14.** *pol. Am. colloq. die erwarteten od. erwünschten Stimmen* bringen. **II** *v/i* **15.** liefern. **16.** *colloq.* a) Wort halten, b) die Erwartungen erfüllen, c) ‚die Sache schaukeln', ‚es schaffen'.

de·liv·er·a·ble [dɪˈlɪvərəbl] *adj econ.* lieferbar, zu liefern(d). **deˈliv·er·ance** *s* **1.** Befreiung *f*, Erlösung *f*, (Er)Rettung *f* (**from** aus, von). **2.** Äußerung *f*: a) Verkündung *f*, b) (geäußerte) Meinung. **3.** *jur. Scot.* (Zwischen)Entscheid *m*, Beschluß *m.* **deˈliv·er·er** *s* **1.** Befreier *m*, (Er)Retter *m*, Erlöser *m.* **2.** Überˈbringer *m.* **3.** Austräger *m.*

de·liv·er·y [dɪˈlɪvərɪ] *s* **1.** *econ.* a) (Aus-)Lieferung *f*, Zusendung *f* (**to** an *acc*), b) Lieferung *f* (*das Gelieferte*): **contract for ~** Liefervertrag *m*; **on ~** bei Lieferung, bei Empfang; **cash** (*Am.* **collect**) **on ~** per Nachnahme; **to take ~ of** abnehmen (*acc*). **2.** Überˈbringung *f*, Beförderung *f*, Ablieferung *f.* **3.** *mail* Zustellung *f.* **4.** (*jur.* forˈmelle) Aushändigung, ˈÜbergabe *f.* **5.** *jur.* ˈÜbergabe *f*, Überˈtragung *f*: **~ of property.** **6.** *jur.* Auslieferung *f*: **~ of a criminal; ~ of hostages** Stellung *f* von Geiseln. **7.** a) Halten *n*: **~ of a speech**, b) Vortragsweise *f*, -art *f*, Vortrag *m.* **8.** *Baseball, Kricket*: Wurf(technik *f*) *m.* **9.** Befreiung *f*, Freilassung *f* (**from** aus). **10.** (Er)Rettung *f*, Erlösung *f* (**from** aus, von). **11.** Entbindung *f*, Niederkunft *f*: **early ~** Frühgeburt *f.* **12.** *tech.* a) Zuleitung *f*, Zuführung *f*: **~ of fuel** Brennstoffzufuhr *f*, b) Ausstoß *m*, Förderleistung *f*: **~ of a pump**, c) Ab-, Ausfluß *m*, Ableitung *f.* **~ charge** *s mail* Zustellgebühr *f.* **~ cock** *s tech.* Ablaßhahn *m.*

deˈliv·er·y|·man [-mən] *s irr* **1.** Ausfahrer *m.* **2.** Verkaufsfahrer *m.* **~ note** *s econ.* Lieferschein *m.* **~ or·der** *s econ.* Lieferauftrag *m.* **~ out·put** *s tech.* Förderleistung *f.* **~ pipe** *s tech.* Ausfluß-, Druckrohr *n*, Ableitungsröhre *f.* **~ room** *s med.* Kreißsaal *m.* **~ ser·vice** *s mail* Zustelldienst *m.* **~ tick·et** *s econ.* Schlußzettel *m* (*bei Börsengeschäften*). **~ valve** *s tech.* ˈAblaßvenˌtil *n.* **~ van** *s Br.* Lieferwagen *m.*

dell [del] *s* kleines, enges Tal.

del·ly [ˈdeliː] *Am. colloq. für* **delicatessen** 2.

de·louse [ˌdiːˈlaʊs; -z] *v/t* **1.** entlausen. **2.** *fig.* säubern.

Del·phi·an [ˈdelfɪən], **ˈDel·phic** *adj* **1.** delphisch: **the ~ oracle** das Delphische Orakel. **2.** *fig.* delphisch, dunkel, zweideutig.

del·phin·i·um [delˈfɪnɪəm] *pl* **-i·ums, -i·a** [-ɪə] *s bot.* Rittersporn *m.*

del·phi·noid [ˈdelfɪnɔɪd] *zo.* **I** *adj* zu den Delˈphinen gehörig. **II** *s* Delˈphin *m.*

del·ta [ˈdeltə] *s* **1.** Delta *n* (*griechischer Buchstabe*). **2.** Delta *n*, Dreieck *n*: **~ connection** *electr.* Dreieckschaltung *f*; **~ current** *electr.* Dreieckstrom *m*; **~ rays** *phys.* Deltastrahlen; **~ wing** *aer.* Deltaflügel *m.* **3.** *geogr.* (Fluß)Delta *n.* **delˈta·ic** [-ˈteɪɪk] *adj* **1.** Delta... **2.** deltaförmig.

del·ti·ol·o·gy [ˌdeltɪˈɒlədʒɪ; *Am.* -ˈɑl-] *s* Ansichtskartensammeln *n.*

del·toid [ˈdeltɔɪd] **I** *s* **1.** *anat.* Deltamuskel *m*, Armheber *m.* **2.** *math.* Deltoˈid

n. **II** *adj* **3.** *anat.* delto'id: ~ **muscle** → 1. **4.** deltaförmig.
de·lude [dɪ'lu:d; *Br. a.* -'lju:d] *v/t* **1.** täuschen, irreführen, (be)trügen: **to ~ o.s.** sich Illusionen hingeben, sich etwas vormachen; **to ~ o.s. with false hopes** sich falschen Hoffnungen hingeben. **2.** verleiten (**into** zu).
del·uge ['delju:dʒ] **I** *s* **1.** Über'schwemmung *f*: **the D~** *Bibl.* die Sintflut. **2.** starker (Regen-, Wasser)Guß. **3.** *fig.* Flut *f*, (Un)Menge *f*. **II** *v/t* **4.** über'schwemmen, -'fluten (*a. fig.*): **~d with letters** *fig.* mit Briefen überschüttet; **~d with water** von Wasser überflutet.
de·lu·sion [dɪ'lu:ʒn; *Br. a.* -'lju:ʒn] *s* **1.** Irreführung *f*, Täuschung *f*. **2.** Wahn *m*, Selbsttäuschung *f*, Verblendung *f*, Irrtum *m*, Irrglauben *m*: **to be** (*od.* **to labo[u]r**) **under the ~ that** in dem Wahn leben, daß. **3.** *psych.* Wahn *m*: **~s of grandeur** Größenwahn. **de'lu·sion·al** [-ʒənl] *adj* eingebildet, wahnhaft, Wahn...: ~ **idea** Wahnidee *f*. **de'lu·sive** [-sɪv] *adj* (*adv* **~ly**) **1.** täuschend, irreführend, trügerisch. **2.** → **delusional**. **de'lu·sive·ness** *s* (*das*) Trügerische. **de'lu·so·ry** [-sərɪ; -z-] → **delusive**.
de luxe [də'lʊks; -'lʌks; dɪ'l-] *adj* luxuri'ös (*bes. Am. a. adv*), Luxus..., De-Luxe-...: ~ **edition** Luxusausgabe *f*.
delve [delv] **I** *v/i* **1.** graben. **2.** *fig.* angestrengt suchen, forschen, graben (**for** nach): **to ~ among books** in Büchern stöbern; **to ~ into** → 5. **3.** plötzlich abfallen (*Gelände*). **II** *v/t* **4.** *obs.* (aus-, 'um)graben. **5.** erforschen, ergründen, sich vertiefen in (*acc*). **III** *s* **6.** *obs.* a) Grube *f*, b) Höhle *f*.
de·mag·net·ize [ˌdi:'mægnɪtaɪz] *v/t* entmagneti'sieren.
dem·a·gog *Am.* → **demagogue**.
dem·a·gog·ic [ˌdemə'gɒgɪk; -dʒɪk; *Am.* -'gɑ-] *adj*; ˌ**dem·a'gog·i·cal** *adj* (*adv* **~ly**) **1.** dema'gogisch, aufwieglerisch. **2.** Demagogen... '**dem·a·gog·ism** [-gɒgɪzəm; *Am.* -ˌgɑg-] *s* Demago'gie *f*.
dem·a·gogue ['deməgɒg; *Am.* -ˌgɑg] *s pol.* Dema'goge *m*: a) *contp.* Volksverführer *m*, b) *bes. antiq.* Volksführer *m*. '**dem·a·gogu·er·y** [-ərɪ], '**dem·a·gog·y** [-gɒgɪ; -gɒdʒɪ; *Am.* -ˌgɑ-] → **demagogism**.
de·mand [dɪ'mɑ:nd; *Am.* dɪ'mænd] **I** *v/t* **1.** fordern, verlangen (**of** *od.* **from s.o.** von j-m). **2.** (gebieterisch *od.* dringend) fragen nach. **3.** *fig.* erfordern, verlangen: **this task ~s great skill**. **4.** *jur.* beanspruchen. **II** *s* **5.** Forderung *f*, Verlangen *n* (**for** nach): **to make ~s on s.o.** Forderungen an j-n stellen; ~ **for payment** Zahlungsaufforderung; **(up)on ~** a) auf Verlangen *od.* Antrag, b) *econ.* bei Vorlage, auf Sicht. **6.** **(on)** Anforderung *f* (an *acc*), In'anspruchnahme *f*, Beanspruchung *f* (*gen*): **to make great ~s on** *j-s Zeit etc* stark in Anspruch nehmen, große Anforderungen stellen an (*acc*). **7.** Frage *f*. **8.** *jur.* a) (Rechts)Anspruch *m* (**against s.o.** gegen j-n), b) Forderung *f* (**on** an *acc*). **9.** *econ. u. allg.* **(for)** Nachfrage *f* (nach), Bedarf *m* (an *dat*): **to be in great** (*od.* **much in**) ~ sehr gefragt *od.* begehrt *od.* beliebt sein. **10.** *electr. Am.* (Strom)Verbrauch *m*. **de'mand·ant** *s jur.* Kläger(in).
de·mand| bill *s econ. Am.* Sichtwechsel *m*. **~ de·pos·it** *s econ. Am.* Sichteinlage *f*, kurzfristige Einlage. **~ draft** → **demand bill**.
de'mand·er *s* **1.** Fordernde(r *m*) *f*. **2.** (Nach)Frager(in). **3.** *econ.* Gläubiger(in). **4.** *econ.* Käufer(in).
de·mand in·fla·tion *s econ.* 'Nachfrageinflatiˌon *f*.
de'mand·ing *adj* (*adv* **~ly**) **1.** fordernd. **2.** anspruchsvoll (*a. fig.*): ~ **music**. **3.** schwierig: a ~ **task**; **to be ~** hohe Anforderungen stellen.
de·mand| loan *s econ. Am.* täglich kündbares Darlehen. **~ man·age·ment** *s econ.* Nachfragesteuerung *f*. **~ note** *s econ.* **1.** *Br.* Zahlungsaufforderung *f*. **2.** Sichtwechsel *m*. **~ pull** *s econ.* 'Nachfrageinflatiˌon *f*.
de·mar·cate ['di:mɑ:(r)keɪt] *v/t a. fig.* abgrenzen (**from** gegen, von). ˌ**de·mar'ca·tion** *s* Abgrenzung *f*, Grenzfestlegung *f*, Demarkati'on *f*: **line of ~**, ~ **line** a) Grenzlinie *f*, b) *pol.* Demarkationslinie *f*, c) *fig.* Trennungslinie *f*, -strich *m*.
dé·marche ['deɪmɑ:(r)ʃ] *s* De'marche *f*, diplo'matischer Schritt.
de·mar·ka·tion → **demarcation**.
de·ma·te·ri·al·ize [ˌdi:mə'tɪərɪəlaɪz] *v/t u. v/i* **1.** (sich) entmateriali'sieren. **2.** (sich) auflösen.
de·mean[1] [dɪ'mi:n] *v/t* (*meist* **o.s.** sich) erniedrigen *od.* her'abwürdigen (**by doing s.th.** dadurch, daß man etwas tut).
de·mean[2] [dɪ'mi:n] *v/t*: ~ **o.s.** sich benehmen, sich verhalten.
de·mean·or, *bes. Br.* **de·mean·our** [dɪ'mi:nə(r)] *s* Benehmen *n*, Verhalten *n*, Betragen *n*, Auftreten *n*.
de·ment [dɪ'ment] *v/t* wahnsinnig machen. **de'ment·ed** *adj* (*adv* **~ly**) wahnsinnig, verrückt.
dé·men·ti [deɪ'mɑ̃:ntɪ] *s pol.* De'menti *n*.
de·men·ti·a [dɪ'menʃɪə; *bes. Am.* -ʃə] *s med.* **1.** Schwachsinn *m*: **precocious ~** Jugendirresein *n*; **senile ~** Altersblödsinn *m*. **2.** Wahn-, Irrsinn *m*. **~ prae·cox** ['pri:kɒks; *Am.* -ˌkɑks] *s med.* De'mentia *f* praecox, Jugendirresein *n*.
dem·e·rar·a [ˌdemə'reərə] *s ein brauner Rohrzucker*.
de·mer·it [di:'merɪt] *s* **1.** Schuld *f*, Verschulden *n*, tadelnswertes Verhalten. **2.** Mangel *m*, Fehler *m*, Nachteil *m*, schlechte Seite. **3.** Unwürdigkeit *f*, Unwert *m*. **4.** *a.* ~ **mark** *ped. Am.* Tadel *m* (*bes. für schlechtes Betragen*). **5.** *obs.* Verdienst *n*. **de·mer·i·to·ri·ous** [di:ˌmerɪ'tɔ:rɪəs] *adj* tadelnswert.
de·mer·sal [dɪ'mɜ:sl; *Am.* -'mɜr-] *adj zo.* auf dem Meeresboden liegend *od.* wohnend.
de·mesne [dɪ'meɪn; -'mi:n] *s* **1.** *jur.* freier Grundbesitz, Eigenbesitz *m*: **to hold land in ~** Land als freies Grundeigentum besitzen. **2.** *jur.* Landsitz *m*, -gut *n*. **3.** *jur.* vom Besitzer selbst verwaltete Ländereien *pl*. **4.** *jur.* Do'mäne *f*: ~ **of the Crown, Royal ~** Krongut *n*; ~ **of the state** Staatsdomäne. **5.** *fig.* Do'mäne *f*, Gebiet *n*.
demi- [demɪ] *Wortelement mit der Bedeutung* Halb...
'**dem·i·god** *s* Halbgott *m* (*a. fig.*). '**dem·iˌgod·dess** *s* Halbgöttin *f*.
'**dem·i·john** *s* große Korbflasche, ('Glas-, 'Säure)Balˌlon *m*.
de·mil·i·ta·rize [ˌdi:'mɪlɪtəraɪz] *v/t* **1.** entmilitari'sieren. **2.** in Zi'vilverwaltung 'überführen.
'**dem·i·lune** *s* **1.** *physiol.* Halbmond *m*. **2.** *mil.* Lü'nette *f* (*Festungsschanze*).
dem·i·mon·daine [ˌdemɪmɔ̃:n'deɪn] *s* Halbweltdame *f*. **dem·i·monde** [ˌdemɪ'mɔ̃:nd; *Am.* '-ˌmɑ:nd] *s* Demi'monde *f*, Halbwelt *f*.
de·min·er·al·ize [ˌdi:'mɪnərəlaɪz] *v/t* demineraliˈsieren, entsalzen.
ˌ**de·mi-'pen·sion** [-'pɑ̃:ŋsɪɔ̃:ŋ] *s* 'Halbpensiˌon *f*.
ˌ**dem·i·re'lief** *s* 'Halbreliˌef *n*.
dem·i·rep ['demɪrep] *s* Frau *f* von zweifelhaftem Ruf.
de·mise [dɪ'maɪz] **I** *s* **1.** Ableben *n*, 'Hinscheiden *n*, Tod *m*. **2.** *jur.* 'Grundstücks-überˌtragung *f*, *bes.* Verpachtung *f*. **3.** ('Herrschafts)Überˌtragung *f*: ~ **of the Crown** Übertragung der Krone (*an den Nachfolger*). **II** *v/t* **4.** *jur.* *Grundstück* über'tragen, *bes.* verpachten (**to** *dat*). **5.** *Herrschaft, Krone etc* über'tragen, -'geben (**to** *dat*). **6.** (*testamentarisch*) vermachen (**to** *dat*).
dem·i·sem·i·qua·ver ['demɪsemɪˌkweɪvə(r); *Am.* ˌ-'semɪˌkw-] *s mus.* Zweiund'dreißigstel(note *f*) *n*.
de·mis·sion [dɪ'mɪʃn] *s* **1.** Niederlegung *f*: ~ **of an office**. **2.** Demissi'on *f*, Rücktritt *m*. **3.** Abdankung *f*.
de·mist [ˌdi:'mɪst] *v/t Windschutzscheibe* freimachen. ˌ**de'mist·er** *s mot.* Gebläse *n*.
dem·i·tasse ['demɪtæs] *s* **1.** Täßchen *n* Mokka. **2.** Mokkatasse *f*.
dem·i·urge ['di:mɪɜ:dʒ; *Am.* 'demɪˌɜrdʒ] *s* **1.** *philos.* Demi'urg *m*, Weltbaumeister *m*. **2.** *fig.* Weltenschöpfer *m*.
dem·i·volt(e) ['demɪvɒlt; *Am. bes.* -ˌvəʊlt] *s Pferdesport*: halbe Volte.
'**dem·i·world** *s* Halbwelt *f*.
dem·o ['deməʊ] *pl* **-os** *s colloq.* **1.** ‚Demo' *f* (*Demonstration*). **2.** a) Vorführband *n*, b) Vorführwagen *m*.
de·mob [ˌdi:'mɒb; *Am.* -'mɑb] *bes. Br. colloq.* **I** *s* **1.** → **demobilization**. **2.** entlassener Sol'dat. **II** *v/t* → **demobilize**.
de·mo·bi·li·za·tion ['di:ˌməʊbɪlaɪ'zeɪʃn; *Am.* -lə'z-] *s* **1.** Demobili'sierung *f*, Abrüstung *f*. **2.** Demo'bilmachung *f*. **3.** Entlassung *f* aus dem Mili'tärdienst. ˌ**de'mo·bi·lize** *v/t* **1.** demobili'sieren, abrüsten. **2.** *Soldaten* entlassen, *Heer* auflösen. **3.** *Kriegsschiff* außer Dienst stellen.
de·moc·ra·cy [dɪ'mɒkrəsɪ; *Am.* -'mɑ-] *s* **1.** Demokra'tie *f*. **2.** das Volk (*als Träger der Souveränität*). **3.** **D~** *pol. Am.* die Demo'kratische Par'tei (*od.* deren Grundsätze u. Poli'tik).
dem·o·crat ['deməkræt] *s* **1.** Demo'krat(in). **2.** **D~** *pol. Am.* Demo'krat(in), Mitglied *n* der Demo'kratischen Par'tei. **3.** *Am.* leichter, offener Wagen. ˌ**dem·o'crat·ic** *adj* (*adv* **~ally**) **1.** demo'kratisch. **2.** *meist* **D~** *pol. Am.* demo'kratisch (*die Demokratische Partei betreffend*).
de·moc·ra·ti·za·tion [dɪˌmɒkrətaɪ'zeɪʃn; *Am.* dɪˌmɑkrətə'z-] *s* Demokrati'sierung *f*. **de'moc·ra·tize** [-taɪz] **I** *v/t* demokrati'sieren. **II** *v/i* demo'kratisch werden.
dé·mo·dé [ˌdeɪməʊ'deɪ], **de·mod·ed** [ˌdi:'məʊdɪd] *adj* altmodisch, 'unmoˌdern, aus der Mode.
de·mod·u·late [ˌdi:'mɒdjʊleɪt; *Am.* -'mɑdʒə-] *v/t electr.* demodu'lieren. ˌ**de·mod·u'la·tion** *s electr.* Demodulati'on *f*, HF-Gleichrichtung *f*. **de'mod·u·la·tor** [-tə(r)] *s electr.* Demodu'lator *m*.
de·mog·ra·pher [di:'mɒgrəfə(r); *Am.* dɪ'mɑ-] *s* Demo'graph *m*. **de·mo·graph·ic** [ˌdi:mə'græfɪk; ˌdemə-] *adj* (*adv* **~ally**) demo'graphisch. **de'mog·ra·phy** *s* Demogra'phie *f*: a) *Beschreibung der wirtschafts- u. sozialpolitischen Bevölkerungsbewegungen*, b) Bevölkerungswissenschaft *f*.
de·mol·ish [dɪ'mɒlɪʃ; *Am.* -'mɑ-] *v/t* **1.** demo'lieren, ab-, ein-, niederreißen, abbrechen, *bes. mil.* sprengen. **2.** *e-e Festung* schleifen. **3.** *fig.* a) vernichten, zerstören, ka'puttmachen: **to ~ a legend** (**s.o.'s hopes**, *etc*), b) *a. j-n* rui'nieren. **4.** *colloq.* aufessen, ‚verdrücken'. **5.** *sport colloq.* ‚ausein'andernehmen' (*vernich-*

tend schlagen). **dem·o·li·tion** [ˌdeməˈlɪʃn; ˌdiː-] **I** *s* **1.** Demoˈlierung *f*, Niederreißen *n*, Abbruch *m*: ~ **contractor** Abbruchunternehmer *m*. **2.** Schleifen *n* (*e-r Festung*). **3.** *fig.* Vernichtung *f*, Zerstörung *f*. **4.** *pl bes. mil.* Sprengstoffe *pl*. **II** *adj* **5.** *bes. mil.* Spreng...: ~ **bomb** Sprengbombe *f*; ~ **charge** Sprengladung *f*, geballte Ladung; ~ **squad** (*od.* **team**) Sprengtrupp *m*.

de·mon [ˈdiːmən] **I** *s* **1.** → **daemon** 1–4. **2.** Dämon *m*: a) *a. fig.* böser Geist, Teufel *m*: → **envy** 1, b) *fig.* Unhold *m*, Bösewicht *m*. **3.** Teufelskerl *m*: **a** ~ **for work** ein Arbeitsfanatiker; **a** ~ **at tennis** ein leidenschaftlicher Tennisspieler. **II** *adj* **4.** däˈmonisch (*a. fig.*). **5.** *fig.* wild, besessen.

de·mon·ess [ˈdiːmənɪs] *s* Däˈmonin *f*, (weiblicher) Dämon, Teufelin *f*.

de·mon·e·ti·za·tion [diːˌmʌnɪtaɪˈzeɪʃn; *Am.* -təˈz-] *s* Außerˈkurssetzung *f*, Entwertung *f*. **ˌdeˈmon·e·tize** *v/t* außer Kurs setzen, entwerten.

de·mo·ni·ac [dɪˈməʊnɪæk] **I** *adj* (*adv* **~ally**) **1.** däˈmonisch, teuflisch. **2.** (vom Teufel) besessen. **3.** *fig.* besessen, wild, rasend. **II** *s* **4.** (vom Teufel) Besessene(r *m*) *f*. **de·mo·ni·a·cal** [ˌdiːməʊˈnaɪəkl] *adj* (*adv* **~ly**) → **demoniac** I.

de·mon·ic [diːˈmɒnɪk; *Am.* dɪˈmɑ-] *adj* däˈmonisch: a) teuflisch, b) ˈüberirdisch, ˈübernaˌtürlich. **de·mon·ism** [ˈdiːmənɪzəm] *s* **1.** Däˈmonenglaube *m*. **2.** → **demonology**. **ˈde·mon·ize** *v/t* **1.** dämoniˈsieren, däˈmonisch machen. **2.** zu e-m Dämon machen.

de·mon·ol·a·ter [ˌdiːməˈnɒlətə(r); *Am.* -ˈnɑ-] *s* Däˈmonen-, Teufelsanbeter(in). **ˌde·monˈol·a·try** [-trɪ] *s* Däˈmonen-, Teufelsverehrung *f*, Teufelsdienst *m*. **ˌde·monˈol·o·gist** [-ˈnɒlədʒɪst; *Am.* -ˈnɑ-] *s* Dämonoˈloge *m*. **ˌde·monˈol·o·gy** [-dʒɪ] *s* Dämonoloˈgie *f*, Däˈmonenlehre *f*.

de·mon·stra·bil·i·ty [ˌdemənstrəˈbɪlətɪ; *Br. a.* dɪˌmɒn-; *Am. a.* dɪˌmɑn-] *s* Demonˈstrierbar-, Beweisbar-, Nachweisbarkeit *f*. **de·mon·stra·ble** *adj* (*adv* **demonstrably**) **1.** demonˈstrierbar, beweisbar, nachweisbar. **2.** offensichtlich. **de·mon·stra·ble·ness** → **demonstrability**. **de·mon·strant** *s* Demonˈstrant(in).

dem·on·strate [ˈdemənstreɪt] **I** *v/t* **1.** demonˈstrieren: a) beweisen, b) dartun, -legen, zeigen, anschaulich machen, veranschaulichen. **2.** *Auto etc* vorführen. **3.** offen zeigen, an den Tag legen, bekunden: **to** ~ **one's aversion**. **II** *v/i* **4.** demonˈstrieren: a) e-e Demonstratiˈon veranstalten, b) an e-r Demonstration teilnehmen. **5.** *mil.* e-e Demonstratiˈon ˈdurchführen. **ˌdem·onˈstra·tion** *s* **1.** Demonˈstrierung *f*, (anschauliche) Darstellung, Veranschaulichung *f*, praktisches Beispiel: ~ **material** Anschauungsmaterial *n*. **2.** a) Demonstratiˈon *f*, (unzweifelhafter) Beweis (**of** für): **to** ~ überzeugend, b) Beweismittel *n*, c) Beweisführung *f*. **3.** (öffentliche) Vorführung, Demonstratiˈon *f* (**to** vor *j-m*): ~ **car** Vorführwagen *m*. **4.** Äußerung *f*, Bekundung *f*: ~ **of gratitude** Dankesbezeigung *f*. **5.** Demonstratiˈon *f*, Kundgebung *f*: **at a** ~ bei e-r Demonstration, auf e-r Kundgebung. **6.** (poˈlitische *od.* miliˈtärische) Demonstratiˈon. **7.** *mil.* ˈAblenkungs-, ˈScheinmaˌnöver *n*.

de·mon·stra·tive [dɪˈmɒnstrətɪv; *Am.* -ˈmɑn-] **I** *adj* (*adv* **~ly**) **1.** (eindeutig) beweisend, überˈzeugend, anschaulich *od.* deutlich (zeigend): **to be** ~ **of** *etwas* eindeutig beweisen *od.* anschaulich zeigen. **2. to be** ~ s-e Gefühle (offen) zeigen. **3.** demonstraˈtiv, auffällig, betont: ~ **cordiality**. **4.** *ling.* demonstraˈtiv, ˈhinweisend: ~ **pronoun** → 5. **II** *s* **5.** *ling.* Demonstraˈtivproˌnomen *n*, ˈhinweisendes Fürwort. **deˈmon·stra·tive·ness** *s* **1.** Beweiskraft *f*. **2.** ˈÜberschwenglichkeit *f*. **3.** Betontheit *f*, Auffälligkeit *f*.

dem·on·stra·tor [ˈdemənstreɪtə(r)] *s* **1.** Beweisführer *m*, Darleger *m*, Erklärer *m*. **2.** Beweis(mittel *n*) *m*. **3.** Demonˈstrant(in). **4.** *ped. univ.* Demonˈstrator *m*, Assiˈstent *m*. **5.** a) Vorführer(in), Propaganˈdist(in), b) ˈVorführmoˌdell *n*. **de·mon·stra·to·ry** [dɪˈmɒnstrətərɪ; *Am.* dɪˈmɑnstrəˌtəʊriː; -ˌtɔː-] → **demonstrative** 1.

de·mor·al·i·za·tion [dɪˌmɒrəlaɪˈzeɪʃn; *Am.* -ləˈz-; *a.* -ˌmɑr-] *s* Demoraliˈsierung *f*: → **affluence** 3. **deˈmor·al·ize** *v/t* demoraliˈsieren: a) (sittlich) verderben, b) zersetzen, c) zermürben, entmutigen, erschüttern, die (ˈKampf)Moˌral *od.* die Disziˈplin *e-r Truppe etc* unterˈgraben. **deˈmor·al·iz·ing** *adj* demoraliˈsierend.

de·mote [ˌdiːˈməʊt] *v/t* **1.** degraˈdieren (**to** zu). **2.** *ped. Am.* (in e-e niedrigere Klasse) zuˈrückversetzen.

de·moth·ball [ˌdiːˈmɒθbɔːl] *v/t Kriegsschiff etc* wieder in Dienst stellen.

de·mot·ic [diːˈmɒtɪk; *Am.* dɪˈmɑ-] *adj* deˈmotisch, volkstümlich: ~ **characters** demotische Schriftzeichen (*vereinfachte altägyptische Schrift*).

de·mo·tion [ˌdiːˈməʊʃn] *s* **1.** *mil.* Degraˈdierung *f*. **2.** *ped. Am.* Zuˈrückversetzung *f*.

de·mo·ti·vate [ˌdiːˈməʊtɪveɪt] *v/t* demotiˈvieren.

de·mount [ˌdiːˈmaʊnt] *v/t tech.* **1.** ˈabmonˌtieren, abnehmen. **2.** auseinˈandernehmen, zerlegen. **ˌdeˈmount·a·ble** *adj* **1.** ˈabmonˌtierbar. **2.** zerlegbar.

de·mur [dɪˈmɜː; *Am.* dɪˈmɜr] **I** *v/i* **1.** Einwendungen machen, Bedenken äußern (**to** gegen). **2.** zögern, zaudern. **3.** *jur.* e-n Rechtseinwand erheben (**to** gegen). **II** *s* **4.** Einwand *m*, ˈWiderspruch *m*, Bedenken *n*: **with no** (*od.* **without**) ~ anstandslos. **5.** Zögern *n*, Zaudern *n*, Unentschlossenheit *f*.

de·mure [dɪˈmjʊə(r)] *adj* (*adv* **~ly**) **1.** zimperlich, geziert, spröde. **2.** prüde, sittsam. **3.** gesetzt, ernst, zuˈrückhaltend. **deˈmure·ness** *s* **1.** Zimperlichkeit *f*. **2.** Gesetztheit *f*. **3.** Zuˈrückhaltung *f*.

de·mur·rage [dɪˈmʌrɪdʒ; *Am.* -ˈmɜr-] *s econ.* **1.** a) *mar.* ˈÜberliegezeit *f*, b) *rail.* zu langes Stehen (*bei Entladung*): **to be on** ~ die Liegezeit überschritten haben. **2.** a) *mar.* (ˈÜber)Liegegeld *n*, b) *rail.* Wagenstandgeld *n*. **3.** *colloq.* Lagergeld *n*. **4.** *Bankwesen*: *Br.* Spesen *pl* für Goldeinlösung.

de·mur·rer [dɪˈmʌrə; *Am.* dɪˈmɜrər] *s* **1.** *jur.* Einrede *f*, Einwendung *f*, Rechtseinwand *m* (**to** gegen): ~ **to action** prozeßhindernde Einrede. **2.** Einwand *m*. **3.** [*Br.* dɪˈmɜːrə] Einsprucherhebende(r *m*) *f*.

de·my [dɪˈmaɪ] *s* **1.** *univ.* Stipendiˈat *m* (*im Magdalen College, Oxford*). **2.** *ein Papierformat* (*16 × 21 Zoll in USA*; *in England 15½ × 20 Zoll für Schreibpapier, 17½ × 22½ Zoll für Druckpapier*).

den [den] **I** *s* **1.** Höhle *f*, Bau *m* (*e-s wilden Tieres*): → **lion** 1. **2.** Höhle *f*, Versteck *n*, Nest *n*: ~ **of robbers** Räuberhöhle; ~ **of thieves** *Bibl.* Mördergrube *f*; ~ **of vice** (*od.* **iniquity**) Lasterhöhle. **3.** *fig. contp.* Höhle *f*, ‚Loch' *n* (*unwirtliche Behausung*). **4.** a) (gemütliches) Zimmer, ‚Bude' *f*, b) Arbeitszimmer *n*. **II** *v/i* **5.** ~ **up** *zo. Am.* sich in s-e Höhle zuˈrückziehen (*bes. zum Winterschlaf*).

den·a·ry [ˈdiːnərɪ; *Am. a.* ˈden-] *adj* **1.** zehnfach, Zehn... **2.** Dezimal...

de·na·tion·al·i·za·tion [ˈdiːˌnæʃnəlaɪˈzeɪʃn; *Am.* -ləˈz-] *s* **1.** Entnationaliˈsierung *f*. **2.** *econ.* Entstaatlichung *f*, Reprivatiˈsierung *f*. **ˌdeˈna·tion·al·ize** *v/t* **1.** entnationaliˈsieren, (*dat*) den natioˈnalen Chaˈrakter nehmen. **2.** der Herrschaft e-r (einzelnen) Natiˈon entziehen. **3.** *j-m* die Staatsangehörigkeit aberkennen. **4.** *econ.* entstaatlichen, reprivatiˈsieren.

de·nat·u·ral·i·za·tion [ˈdiːˌnætʃrəlaɪˈzeɪʃn; *Am.* -ləˈz-] *s* **1.** Naˈturentfremdung *f*. **2.** Ausbürgerung *f*. **ˌdeˈnat·u·ral·ize** *v/t* **1.** ˈunnaˌtürlich machen. **2.** s-r wahren Naˈtur entfremden. **3.** denaturaliˈsieren, ausbürgern.

de·na·tur·ant [diːˈneɪtʃərənt] *s* Denatuˈrierungs-, Vergällungsmittel *n*. **ˌdeˈna·ture** *v/t chem.* denatuˈrieren: a) *Alkohol etc* vergällen, ungenießbar machen, b) *Eiweiß chemisch nicht definierbar verändern*.

de·na·zi·fi·ca·tion [diːˌnɑːtsɪfɪˈkeɪʃn; -ˌnæt-] *s pol. hist.* Entnazifiˈzierung *f*: ~ **tribunal** Spruchkammer *f*. **deˈna·zi·fy** [-faɪ] *v/t* entnazifiˈzieren.

den·dra [ˈdendrə] *pl von* **dendron**.

den·dri·form [ˈdendrɪfɔː(r)m] *adj* baumförmig, verzweigt.

den·drite [ˈdendraɪt] *s* **1.** *min.* Denˈdrit *m*. **2.** → **dendron**. **denˈdrit·ic** [-ˈdrɪtɪk] *adj*; **denˈdrit·i·cal** *adj* (*adv* **~ly**) **1.** *anat. min.* denˈdritisch. **2.** (baumähnlich) verästelt.

den·dro·chro·nol·o·gy [ˌdendrəʊkrəˈnɒlədʒɪ; *Am.* -ˈnɑ-] *s* ˈDendrochronoloˌgie *f*, ˈJahresringchronoloˌgie *f*.

den·dro·lite [ˈdendrəʊlaɪt] *s* Dendroˈlith *m*, Pflanzenversteinerung *f*.

den·drol·o·gy [denˈdrɒlədʒɪ; *Am.* -ˈdrɑ-] *s* Dendroloˈgie *f*, Baum-, Gehölzkunde *f*.

den·dron [ˈdendrən] *pl* **-drons, -dra** [-drə] *s anat.* Denˈdrit *m*, Dendron *n* (*Protoplasmafortsatz der Nervenzellen*).

dene[1] [diːn] *s Br. dial.* (Sand)Düne *f*.

dene[2] [diːn] *s Br.* (kleines) Tal.

den·e·ga·tion [ˌdenɪˈgeɪʃn] *s* **1.** (Ab-)Leugnung *f*. **2.** Ablehnung *f*.

dene·hole [ˈdiːnhəʊl] *s prähistorische Bodenhöhle* (*bes. in Essex u. Kent*).

den·gue [ˈdeŋgɪ; *Am. a.* -geɪ] *s med.* Denguefieber *n*.

de·ni·a·ble [dɪˈnaɪəbl] *adj* abzuleugnen(d), verneinbar.

de·ni·al [dɪˈnaɪəl] *s* **1.** Ablehnung *f*, Absage *f*, Verweigerung *f*: **to get a** ~, **to meet with a** ~ e-e abschlägige Antwort erhalten; **to take no** ~ sich nicht abweisen lassen. **2.** Verneinung *f*, (Ab-)Leugnung *f*: **official** ~ Dementi *n*. **3.** (Ver)Leugnung *f*: ~ **of God** Gottesleugnung. **4.** Selbstverleugnung *f*.

de·nic·o·tin·ize [ˌdiːˈnɪkətiːnaɪz], *a.* **de·nic·o·tine** [ˌdiːˈnɪkətiːn] *v/t* entnikotiniˈsieren: **~d** nikotinarm, -frei.

de·ni·er[1] [dɪˈnaɪə(r)] *s* **1.** Verweigerer *m*, Verweigerin *f*. **2.** Leugner(in).

de·nier[2] *s* **1.** [ˈdenɪə(r); -jə(r)] Deniˈer *m* (*0,05 g; Gewichtseinheit zur Bestimmung des Titers von Seidengarn etc*). **2.** [dɪˈnɪə(r)] *hist.* Deniˈer *m* (*alte französische Münze*).

den·i·grate [ˈdenɪgreɪt] *v/t* **1.** schwärzen. **2.** *fig.* anschwärzen, verunglimpfen. **ˌden·iˈgra·tion** *s* Verunglimpfung *f*, Anschwärzung *f*.

den·im [ˈdenɪm] *s* **1.** *Textilwesen*: Köper *m*. **2.** *pl* Overall *m od.* Jeans *pl* aus Köper.

de·ni·trate [ˌdiːˈnaɪtreɪt] *v/t chem.* deniˈtrieren. **ˌdeˈni·tri·fy** [-trɪfaɪ] *v/t chem.* denitrifiˈzieren.

den·i·zen [ˈdenɪzn] **I** *s* **1.** Bürger(in),

Bewohner(in), Einwohner(in) (*a. fig.*). **2.** (teilweise) eingebürgerter Ausländer. **3.** Stammgast *m.* **4.** (*etwas*) Eingebürgertes, *bes.* eingebürgertes Wort *od.* Tier. **II** *v/t* **5.** (teilweise) einbürgern *od.* naturaliˈsieren.

de·nom·i·nate I *v/t* [dɪˈnɒmɪneɪt; *Am.* -ˈnɑmə-] **1.** benennen, bezeichnen. **2.** nennen, bezeichnen als: **to ~ s.th. a crime. II** *adj* [-nɪt; -neɪt] **3.** *bes. math.* benannt: **~ quantity.**

de·nom·i·na·tion [dɪˌnɒmɪˈneɪʃn; *Am.* -ˌnɑmə-] *s* **1.** Benennung *f.* **2.** Bezeichnung *f*, Name *m.* **3.** Gruppe *f*, Klasse *f*, Kategoˈrie *f.* **4.** *relig.* a) Sekte *f*, b) Konfessiˈon *f*, Bekenntnis *n.* **5.** (Maß-, Gewichts-, Wert)Einheit *f.* **6.** *econ.* Nennwert *m* (*von Banknoten etc*): **shares** (*bes. Am.* **stocks) in small ~s** Aktien in kleiner Stückelung. **deˌnom·iˈna·tion·al** *adj* (*adv* **~ly**) *relig.* konfessioˈnell, Konfessions..., Bekenntnis...: **~ school. deˌnom·iˈna·tion·al·ism** *s* **1.** Sekˈtierertum *n.* **2.** Prinˈzip *n* des konfessioˈnellen ˈUnterrichts. **deˌnom·iˈna·tion·al·ize** *v/t* konfessionaliˈsieren.

de·nom·i·na·tive [dɪˈnɒmɪnətɪv; *Am.* -ˈnɑmə-] *adj* **1.** benennend, Nenn... **2.** a) benannt, b) benennbar. **3.** *ling.* von e-m Substantiv abgeleitet.

de·nom·i·na·tor [dɪˈnɒmɪneɪtə(r); *Am.* -ˈnɑmə-] *s* **1.** *math.* Nenner *m* (*e-s Bruchs*): **common ~** gemeinsamer Nenner (*a. fig.*); **to reduce to a common ~** auf e-n gemeinsamen Nenner bringen. **2.** Namengeber(in).

de·no·ta·tion [ˌdiːnəʊˈteɪʃn] *s* **1.** Bezeichnung *f.* **2.** Bedeutung *f*: **~ of a word. 3.** *Logik*: Beˈgriffsˌumfang *m.* **de·no·ta·tive** [dɪˈnəʊtətɪv; *Am. a.* ˈdiːnəʊˌteɪ-] *adj* (*adv* **~ly**) an-, bedeutend, bezeichnend: **to be ~ of s.th.** etwas bedeuten *od.* bezeichnen.

de·note [dɪˈnəʊt] *v/t* **1.** an-, bedeuten, anzeigen: **to ~ that** bedeuten *od.* anzeigen, daß. **2.** anzeigen, angeben. **3.** kennzeichnen, bezeichnen.

de·noue·ment, *Br. a.* **dé·noue·ment** [deɪˈnuːmɑ̃ːŋ] *s* **1.** Lösung *f* (des Knotens) (*im Drama etc*). **2.** *fig.* Ausgang *m*, Resulˈtat *n.*

de·nounce [dɪˈnaʊns] *v/t* **1.** (öffentlich) anprangern *od.* verurteilen, brandmarken. **2.** *j-n* anzeigen, *contp. j-n* denunˈzieren (**to** bei). **3.** *e-n Vertrag* kündigen. **4.** *obs.* verkünden, (drohend) ankündigen. **deˈnounce·ment** *s* **1.** (öffentliche) Anprangerung *od.* Verurteilung, Brandmarkung *f.* **2.** Anzeige *f*, *contp.* Denunziatiˈon *f.* **3.** Kündigung *f.*

dense [dens] *adj* (*adv* **~ly**) **1.** *allg.*, *a. phys.* dicht: **~ crowd; ~ fabric; ~ fog; ~ forest; ~ population; ~ print** enger Druck. **2.** *fig.* beschränkt, schwerfällig, begriffsstutzig, schwer von Begriff. **3.** *phot.* dicht, gutbelichtet (*Negativ*): **too ~** überbelichtet. **ˈdense·ness** *s* **1.** Dichtheit *f*, Dichte *f.* **2.** *fig.* Beschränktheit *f*, Begriffsstutzigkeit *f.* **ˈden·si·fy** [-səfaɪ] *v/t u. v/i* (sich) verdichten.

den·sim·e·ter [denˈsɪmɪtə(r)] *s chem. phys.* Densiˈmeter *n*, Dichtemesser *m.* **ˌden·siˈtom·e·ter** [-sɪˈtɒmɪtə(r); *Am.* -ˈtɑmə-] *s* **1.** → **densimeter. 2.** *phot.* Densitoˈmeter *n*, Schwärzungsmesser *m.*

den·si·ty [ˈdensətɪ] *s* **1.** Dichte *f*, Dichtheit *f*: **~ of population** Bevölkerungsdichte; **~ of traffic** Verkehrsdichte. **2.** *fig.* → **denseness** 2. **3.** *chem. electr. phys.* Dichte *f*: **~ of field** Feld(linien)dichte. **4.** *phot.* Dichte *f*, Schwärzung *f.*

dent¹ [dent] **I** *s* Beule *f*, Delle *f*, Einbeulung *f*: **to make a ~ in** *fig.* a) ein Loch reißen in (*Ersparnisse etc*), b) *j-s Ruf etc* schaden, c) *j-s Stolz etc* verletzen. **II** *v/t u. v/i* (sich) einbeulen.

dent² [dent] *s* **1.** Kerbe *f*, Einschnitt *m.* **2.** *tech.* Zahn *m.*

den·tal [ˈdentl] **I** *adj* **1.** *med.* denˈtal, Zahn...: **~ caries** Zahnkaries *f*; **~ clinic** Zahnklinik *f*; **~ floss** Zahnseide *f*; **~ formula** Zahnformel *f*; **~ hygiene** Zahnpflege *f*; **~ laboratory** Zahnlabor *n*; **~ plaque** Zahnbelag *m*; **~ plate** Zahnprothese *f*, Platte *f*; **~ surgeon** Zahnarzt *m*, *bes.* Zahnchirurg *m*; **~ surgery** Zahnchirurgie *f*; **~ technician** a) Zahntechniker *m*, b) Dentist *m*; **~ treatment** Zahnbehandlung *f.* **2.** *med.* zahnärztlich: **~ assistant** Zahnarzthelferin *f.* **3.** *ling.* a) Dental..., denˈtal, b) Alveolar..., alveoˈlar: **~ consonant** → 4. **II** *s* **4.** *ling.* a) Denˈtal(laut) *m*, b) Alveoˈlar(laut) *m.*

den·ta·ry [ˈdentərɪ] *zo.* **I** *adj* Zahn(bein)... **II** *s a.* **~ bone** Zahnbein *n.*

ˈden·tate [-teɪt] *adj bot. zo.* gezähnt. **denˈta·tion** *s* **1.** *zo.* Bezahnung *f.* **2.** *bot.* Zähnung *f.* **3.** zahnartiger Fortsatz.

den·ti·cle [ˈdentɪkl] *s* Zähnchen *n.* **denˈtic·u·late** [-ˈtɪkjʊlət; -leɪt], *a.* **denˈtic·u·lat·ed** [-leɪtɪd] *adj* **1.** *bot.* gezähnelt. **2.** gezackt. **denˌtic·uˈla·tion** *s* **1.** *bot.* Zähnelung *f.* **2.** Auszackung *f.* **3.** *arch.* Zahnschnitt *m.*

den·ti·form [ˈdentɪfɔː(r)m] *adj* zahnförmig. **ˈden·ti·frice** [-frɪs] *s* Zahnputzmittel *n.*

den·til [ˈdentɪl] *s arch.* Zahn *m* (*einzelner Vorsprung beim Zahnschnitt*).

den·ti·lin·gual [ˌdentɪˈlɪŋgwəl] *ling.* **I** *adj* dentilinguˈal. **II** *s* Dentilinguˈal(-laut) *m.*

den·tin [ˈdentɪn] → **dentine. den·ti·nal** [ˈdentɪnl; *Am.* denˈtiːnl] *adj anat.* Zahnbein... **ˈden·tine** [-tiːn] *s anat.* Denˈtin *n*, Zahnbein *n.*

den·tist [ˈdentɪst] *s* Zahnarzt *m*, -ärztin *f.* **ˈden·tist·ry** [-trɪ] *s* ˈZahnheilkunde *f*, -mediˌzin *f.*

den·ti·tion [denˈtɪʃn] *s* **1.** *anat. zo.* ˈZahnsyˌstem *n*, Gebiß *n.* **2.** *med.* Zahnen *n* (*der Kinder*).

den·toid [ˈdentɔɪd] *adj* zahnartig.

den·ture [ˈdentʃə(r)] *s* **1.** *anat.* Gebiß *n.* **2.** a) (künstliches) Gebiß, (ˈVoll)Proˌthese *f*, b) ˈTeilproˌthese *f.*

de·nu·cle·ar·ize [ˌdiːˈnjuːklɪəraɪz; *Am. a.* -ˈnuː-] *v/t* aˈtomwaffenfrei machen, e-e atomwaffenfreie Zone schaffen in (*dat*).

de·nu·da·tion [ˌdiːnjuːˈdeɪʃn; *Am. a.* -nuːˈd-; *a.* ˌdenjʊˈd-] *s* **1.** Entblößung *f.* **2.** *geol.* Abtragung *f.*

de·nude [dɪˈnjuːd; *Am. a.* dɪˈnuːd] *v/t* **1.** (**of**) entblößen (von *od. gen*), *fig. a.* berauben (*gen*). **2.** *geol.* (durch Abtragung) freilegen.

de·nun·ci·ate [dɪˈnʌnsɪeɪt] → **denounce. deˌnun·ciˈa·tion** → **denouncement. deˈnun·ci·a·tive** [-sɪətɪv; -sɪeɪtɪv] → **denunciatory. deˈnun·ci·a·tor** [-eɪtə(r)] *s* Denunziˈant(in). **deˈnun·ci·a·to·ry** [-sɪətərɪ; *Am.* -ˌtəʊriː; -ˌtɔː-] *adj* **1.** denunˈzierend. **2.** (öffentlich) anprangernd *od.* verurteilend, brandmarkend.

de·ny [dɪˈnaɪ] **I** *v/t* **1.** ab-, bestreiten, in Abrede stellen, dementˈieren, (ab)leugnen: **to ~ a charge** e-e Beschuldigung zurückweisen; **I ~ saying** (*od.* **that I said) so** ich bestreite, daß ich das gesagt habe; **it cannot be denied, there is no ~ing (the fact)** es läßt sich nicht bestreiten, es ist nicht zu leugnen (**that** daß). **2.** *etwas* verneinen, neˈgieren. **3.** (*als falsch od. irrig*) ablehnen, verwerfen: **to ~ a doctrine. 4.** *e-e Bitte etc* ablehnen, *j-m etwas* abschlagen, verweigern, versagen: **to ~ o.s. any pleasure** sich jedes Vergnügen versagen; **to ~ a plea** *jur.* e-n Antrag abweisen. **5.** *j-n* zuˈrück-, abweisen, *j-m* e-e Bitte abschlagen *od.* versagen: **she was hard to ~** es war schwer, sie zurückzuweisen; **to ~ o.s.** Selbstverleugnung üben. **6.** *e-r Neigung etc* widerˈstehen, entsagen. **7.** nichts zu tun haben wollen mit. **8.** *s-n Glauben, s-e Unterschrift etc* verleugnen, nicht anerkennen: **to ~ one's faith. 9.** *Besucher etc* abweisen, nicht zu- *od.* vorlassen. **10.** *j-n* verleugnen, *j-s Anwesenheit* leugnen. **II** *v/i* **11.** leugnen. **12.** verneinen.

de·o·dand [ˈdiːəʊdænd] *s jur. hist. Br.* Deoˈdand *n* (*Sache, die den Tod e-s Menschen verursacht hatte u. der Krone anheimfiel*).

de·o·dor·ant [diːˈəʊdərənt] **I** *s* de(s)odoˈrierendes *od.* de(s)odoriˈsierendes Mittel, Desoˈdorans *n*, Deodoˈrant *n.* **II** *adj* de(s)odoˈrierend, de(s)odoriˈsierend, geruchtilgend. **deˌo·dor·iˈza·tion** [-raɪˈzeɪʃn; *Am.* -rəˈz-] *s* De(s)odoˈrierung *f*, De(s)odoriˈsierung *f.* **deˈo·dor·ize** *v/t u. v/i* de(s)odoˈrieren, de(s)odoriˈsieren. **deˈo·dor·iz·er** → **deodorant** I.

de·on·tol·o·gy [ˌdiːɒnˈtɒlədʒɪ; *Am.* -ˌɑnˈtɑ-] *s* Deontoloˈgie *f* (*Ethik als Pflichtenlehre*).

de·ox·i·date [diːˈɒksɪdeɪt; *Am.* -ˈɑk-] → **deoxidize. deˌox·iˈda·tion** → **deoxidization. deˌox·i·diˈza·tion** [-daɪˈzeɪʃn; *Am.* -dəˈz-] *s chem.* Desoxydatiˈon *f.* **deˈox·i·dize** *v/t chem.* desoxyˈdieren.

de·ox·y·gen·ate [ˌdiːɒkˈsɪdʒəneɪt; *Am.* -ɑkˈs-] *v/t chem.* (*dat*) den Sauerstoff entziehen. **deˌox·y·genˈa·tion, deˌox·y·gen·iˈza·tion** *s* Sauerstoffentzug *m.*

de·ox·y·ri·bo·nu·cle·ic ac·id [diːˈɒksɪˌraɪbəʊnjuːˈkliːɪk, *Am.* -ˈɑk-; *a.* -nʊˈk-] *s Biochemie*: Desoxyribonukleˈinsäure *f.*

de·part [dɪˈpɑː(r)t] **I** *v/i* **1.** weg-, fortgehen, *bes.* abreisen, abfahren (**for** nach). **2.** *rail. etc* abgehen, abfahren, *aer.* abfliegen. **3.** (**from**) abweichen (von *e-r Regel, der Wahrheit etc*), (*s-n Plan etc*) ändern: **to ~ from a rule; to ~ from one's word** sein Wort brechen. **4.** ˈhinscheiden, verscheiden: **to ~ from life** aus dem Leben scheiden. **5.** *jur.* vom Gegenstand der Klage abweichen. **II** *v/t* **6.** verlassen (*obs. außer in*): **to ~ this life** sterben. **deˈpart·ed** *adj* **1.** tot, verstorben: **the ~** a) der *od.* die Verstorbene, b) die Verstorbenen *pl.* **2.** vergangen.

deˈpart·ment *s* **1.** Fach *n*, Gebiet *n*, Resˈsort *n*, Geschäftsbereich *m*: **that's your ~** *bes. Br. colloq.* das ist dein Ressort. **2.** *econ.* Branche *f*, Geschäftszweig *m.* **3.** Abˈteilung *f*: **~ of German** *univ.* germanistische Abteilung, germanistischer Fachbereich; **export ~** *econ.* Exportabteilung; **furniture ~** Möbelabteilung (*im Warenhaus*). **4.** Departeˈment *n*, (Verwaltungs)Bezirk *m* (*in Frankreich*). **5.** Dienst-, Geschäftsstelle *f.* **6.** Amt *n*: **health ~** Gesundheitsamt. **7.** *pol.* Miniˈsterium *n*: **D~ of Defense** *Am.*, **D~ of National Defense** *Canad.* Verteidigungsministerium; **D~ of the Environment** *Br.* Umweltschutzministerium; **D~ of the Interior** *Am.* Innenministerium; **D~ of State** *Am.* Außenministerium. **8.** *mil.* Bereich *m*, Zone *f.*

de·part·men·tal [ˌdiːpɑː(r)tˈmentl] *adj* (*adv* **~ly**) **1.** Abteilungs... **2.** Fach..., Branchen... **3.** Bezirks... **4.** *pol.* ministeriˈell, Ministerial... **ˌde·partˈmen·tal·ize** *v/t* in (unzählige) Abˈteilungen gliedern.

de·part·ment store *s* Kauf-, Warenhaus *n.*

de·par·ture [dɪˈpɑː(r)tʃə(r)] *s* **1.** a) Weggang *m*, *bes. mil.* Abzug *m*, b) Abreise *f*: **to take one's ~** sich verabschieden, weg-, fortgehen, c) Ausscheiden *n* (**from** aus *Regierung etc*). **2.** *rail. etc* Abfahrt *f*, *aer.* Abflug *m* (**for** nach): (**time of**) ~ Abfahrts-, Abflugzeit *f*. **3.** *fig.* Anfang *m*, Beginn *m*, Start *m*: **a new** ~ a) ein neuer Anfang, b) ein neuer Weg, ein neues Verfahren; **point of** ~ Ausgangspunkt *m* (**for** für). **4.** Abweichen *n*, Abweichung *f* (**from** von): **a** ~ **from official procedure; a** ~ **from one's principles. 5.** *mar.* a) ˈLängenˌunterschied *m* (*bei der gegißten Besteckrechnung*), b) Abfahrtspunkt *m* (*Beginn der Besteckrechnung*). **6.** *jur.* Abweichung *f* (*vom Gegenstand der Klage*), Klageänderung *f*. **7.** Tod *m*, ˈHinscheiden *n*. ~ **gate** *s aer.* Flugsteig *m*. ~ **lounge** *s aer.* Abflughalle *f*.

de·pas·ture [diːˈpɑːstʃə(r); *Am.* -ˈpæs-] **I** *v/t* **1.** abweiden. **2.** *Vieh* weiden. **II** *v/i* **3.** weiden (*Vieh*).

de·pend [dɪˈpend] *v/i* **1.** sich verlassen (**on, upon** auf *acc*): **you may** ~ **on it** (**on him**) Sie können sich darauf (auf ihn) verlassen. **2.** (**on, upon**) abhängen, abhängig sein (von): a) angewiesen sein (auf *acc*): **children** ~ **on their parents; he** ~**s on my help**, b) ankommen auf (*acc*): **it** ~**s on you; it** ~**s on his permission** es hängt von s-r Erlaubnis ab; **it** ~**s on the circumstances** es kommt auf die Umstände an, es hängt von den Umständen ab; **that** ~**s** das kommt darauf an, je nachdem; ~**ing on the quantity used** je nach (der verwendeten) Menge; ~**ing on whether** je nachdem, ob. **3.** ˈuntergeordnet sein (**on, upon** *dat*). **4.** *bes. jur.* schweben, in der Schwebe *od.* noch unentschieden *od.* anhängig sein. **5.** herˈabhängen (**from** von). **deˌpend·aˈbil·i·ty** *s* Verläßlichkeit *f*, Zuverlässigkeit *f*. **deˈpend·a·ble** *adj* (*adv* **dependably**) verläßlich, zuverlässig. **deˈpend·a·ble·ness** → **dependability**.

de·pen·dance, de·pen·dan·cy *Am.* → **dependence, dependency. deˈpen·dant I** *s* Abhängige(r *m*) *f*, *bes.* (Faˈmilien)Angehörige(r *m*) *f*. **II** *adj Am.* → **dependent** I.

de·pen·dence [dɪˈpendəns] *s* **1.** (**on, upon**) Abhängigkeit *f* (von), Angewiesensein *n* (auf *acc*): **to bring under the** ~ **of** abhängig machen von. **2.** ˈUntergeordnetsein *n*. **3.** Vertrauen *n* (**on, upon** auf *od.* in *acc*): **to put** (*od.* **place**) ~ **on s.o.** sich auf j-n verlassen, Vertrauen in j-n setzen. **4.** *fig.* Stütze *f*: **he was her sole** ~. **5.** *bes. jur.* Schweben *n*, Anhängigsein *n*: **in** ~ in der Schwebe. **deˈpen·den·cy** *s* **1.** → **dependence** 1, 2. **2.** (*etwas*) ˈUntergeordnetes. **3.** *pol.* abhängiges Gebiet, Schutzgebiet *n*, Koloˈnie *f*. **4.** *arch.* Nebengebäude *n*, Dependˈdance *f*. **deˈpen·dent I** *adj* **1.** (**on, upon**) abhängig, abhängend (von): a) angewiesen (auf *acc*): ~ **on s.o.'s support**, b) bedingt (durch): ~ **on weather conditions** wetter-, witterungsbedingt. **2.** vertrauend, sich verlassend (**on, upon** auf *acc*). **3.** (**on**) ˈuntergeordnet (*dat*), abhängig (von): ~ **clause** *ling.* Nebensatz *m*. **4.** herˈabhängend (**from** von). **II** *s bes. Am.* → **dependant** I.

de·peo·ple [ˌdiːˈpiːpl] *v/t* entvölkern.

de·per·son·al·i·za·tion [diːˌpɜːsnəlaɪˈzeɪʃn; *Am.* -ˌpɜrsnələˈz-] *s psych.* Entperˈsönlichung *f*. **ˌdeˈper·son·al·ize** *v/t* **1.** *psych.* entperˈsönlichen. **2.** ˈunperˌsönlich machen.

de·phlo·gis·ti·cate [ˌdiːflɒˈdʒɪstɪkeɪt; *Am.* -fləʊˈdʒ-] *v/t chem.* dephlogiˈstieren, oxyˈdieren.

de·pict [dɪˈpɪkt] *v/t* **1.** (ab)malen, zeichnen, (bildlich) darstellen. **2.** schildern, beschreiben, veranschaulichen, anschaulich darstellen. **deˈpic·tion** *s* **1.** Malen *n*, Zeichnen *n*. **2.** bildliche Darstellung, Zeichnung *f*, Bild *n*. **3.** Schilderung *f*, Beschreibung *f*, anschauliche Darstellung. **deˈpic·tive** *adj* schildernd, veranschaulichend.

dep·i·late [ˈdepɪleɪt] *v/t* enthaaren, depiˈlieren. **ˌdep·iˈla·tion** *s* Depilatiˈon *f*, Enthaarung *f*. **de·pil·a·to·ry** [dɪˈpɪlətərɪ; *Am.* -ˌtəʊriː; -ˌtɔː-] **I** *adj* enthaarend. **II** *s* Enthaarungsmittel *n*.

de·plane [ˌdiːˈpleɪn] *bes. Am.* **I** *v/t* aus dem Flugzeug ausladen. **II** *v/i* aus dem Flugzeug (aus)steigen, von Bord gehen.

de·plen·ish [dɪˈplenɪʃ] *v/t* entleeren.

de·plete [dɪˈpliːt] *v/t* **1.** leeren, leer machen (**of** von). **2.** *med. e-m Organ etc* Flüssigkeit entziehen. **3.** *fig.* Raubbau treiben mit, *Kräfte, Vorräte etc* erschöpfen, *Bestand etc* deziˈmieren: **to** ~ **a lake of fish** e-n See abfischen. **deˈple·tion** [-ʃn] *s* **1.** Entleerung *f*. **2.** *fig.* Raubbau *m*, Erschöpfung *f*: ~ **of capital** *econ.* Kapitalentblößung *f*. **3.** *med.* a) Flüssigkeitsentzug *m*, b) Flüssigkeitsarmut *f*, c) Erschöpfungszustand *m*. **de·ple·tive** [dɪˈpliːtɪv] **I** *adj* **1.** (ent)leerend. **2.** erschöpfend. **3.** *med.* flüssigkeitentziehend. **II** *s* **4.** *med.* flüssigkeitentziehendes Mittel. **deˈple·to·ry** → **depletive** I.

de·plor·a·ble [dɪˈplɔːrəbl] *adj* **1.** bedauerlich, bedauerns-, beklagenswert. **2.** erbärmlich, jämmerlich, kläglich. **deˈplor·a·bly** *adv* **1.** bedauerlich (*etc*, → **deplorable**). **2.** bedauerlicherweise.

de·plore [dɪˈplɔː(r)] *v/t* **1.** beklagen: a) bedauern, b) betrauern, beweinen. **2.** mißˈbilligen.

de·ploy [dɪˈplɔɪ] **I** *v/t* **1.** *mil.* (*taktisch*) Geˈfechtsformatiˌon annehmen lassen: a) entwickeln, b) entfalten. **2.** *mil. u. allg.* verteilen, einsetzen. **3.** *mil. Truppen* statioˈnieren, *Raketen etc a.* aufstellen. **4.** *fig.* a) *Argumente* vorbringen, geltend machen, b) *Geschick etc* anwenden. **II** *v/i* **5.** *mil.* sich entwickeln, sich entfalten, ausschwärmen, (die) Geˈfechtsformatiˌon annehmen. **6.** *mar.* in die Gefechtslinie ˈübergehen. **7.** sich ausbreiten. **III** *s* → **deployment. deˈploy·ment** *s* **1.** *mil.* Aufmarsch *m*, Entfaltung *f*, Entwicklung *f*: ~ **in depth** Tiefengliederung *f*; ~ **in width** Seitenstaffelung *f*. **2.** *mil. u. allg.* Verteilung *f*, Einsatz *m*. **3.** *mil.* StatioˈNierung *f*, Aufstellung *f*.

de·plume [ˌdiːˈpluːm] *v/t* rupfen.

de·pod [ˌdiːˈpɒd; *Am.* -ˈpɑd] *v/t Erbsen etc* enthülsen.

de·poi·son [ˌdiːˈpɔɪzn] *v/t Luft etc* entgiften.

de·po·lar·i·za·tion [ˈdiːˌpəʊləraɪˈzeɪʃn; *Am.* -rəˈz-] *s electr. phys.* Depolariˈsierung *f*. **ˌdeˈpo·lar·ize** *v/t* depolariˈsieren.

de·po·lit·i·cize [ˌdiːpəˈlɪtɪsaɪz] *v/t* entpolitiˈsieren.

de·pol·lute [ˌdiːpəˈluːt] *v/t Gewässer* reinigen.

de·pol·y·mer·ize [ˌdiːˈpɒlɪməraɪz; *Am.* -ˈpɑl-] *v/t u. v/i chem.* depolymeriˈsieren.

de·pone [dɪˈpəʊn] → **depose** 3 *u.* 4.

de·po·nent [dɪˈpəʊnənt] **I** *adj* **1.** *ling.* mit passiver Form u. aktiver Bedeutung: ~ **verb** → 2. **II** *s* **2.** *ling.* Deˈponens *n*. **3.** *jur.* a) unter Eid aussagender Zeuge, b) (*in Urkunden*) *der od. die* Erschienene.

de·pop·u·late [ˌdiːˈpɒpjʊleɪt; *Am.* -ˈpɑpjə-] *v/t u. v/i* (sich) entvölkern. **deˌpop·uˈla·tion** *s* Entvölkerung *f*.

de·port [dɪˈpɔː(r)t] *v/t* **1.** (zwangsweise) fortschaffen. **2.** deporˈtieren. **3.** des Landes verweisen, ausweisen, *Ausländer a.* abschieben, *hist.* verbannen. **4.** ~ **o.s.** sich *gut etc* benehmen *od.* betragen. **ˌde·porˈta·tion** [ˌdiː-] *s* **1.** Deportatiˈon *f*. **2.** Ausweisung *f*, Landesverweisung *f*, Abschiebung *f*, *hist.* Verbannung *f*. **ˌde·porˈtee** [-ˈtiː] *s* Deporˈtierte(r *m*) *f*. **deˈport·ment** *s* **1.** Benehmen *n*, Betragen *n*, (*a. phys. tech.*) Verhalten *n*. **2.** (Körper-)Haltung *f*.

de·pos·a·ble [dɪˈpəʊzəbl] *adj* absetzbar.

deˈpos·al → **deposition** 1.

de·pose [dɪˈpəʊz] **I** *v/t* **1.** *j-n* absetzen: **to** ~ **s.o. from office** j-n s-s Amtes entheben. **2.** entthronen. **3.** *jur.* unter Eid aussagen *od.* zu Protoˈkoll geben, eidlich bezeugen *od.* erklären. **II** *v/i* **4.** *jur.* (*bes.* in Form e-r schriftlichen, beeideten Erklärung) aussagen, e-e beeidete Erklärung abgeben: **to** ~ **to s.th.** → 3.

de·pos·it [dɪˈpɒzɪt; *Am.* -ˈpɑ-] **I** *v/t* **1.** ab-, niedersetzen, -stellen, -legen, *weitS. etwas od. j-n* (sicher) ˈunterbringen. **2.** *chem. geol. tech.* ablagern, absetzen, sedimenˈtieren. **3.** *Eier* (ab)legen. **4.** depoˈnieren: a) *Sache* hinterˈlegen, b) *Geld* hinterˈlegen, einzahlen. **5.** *econ. e-n Betrag* anzahlen. **II** *v/i* **6.** *chem.* sich absetzen *od.* ablagern *od.* niederschlagen. **7.** e-e Einzahlung machen. **III** *s* **8.** *bes. geol.* Ablagerung *f*, *bes. Bergbau*: Lager (-stätte *f*) *n*: ~ **of ore** Erzlager. **9.** *chem. tech.* Ablagerung *f*, (Boden)Satz *m*, Niederschlag *m*, Sediˈment *n*. **10.** *electr.* (galˈvanischer) (Meˈtall)ˌÜberzug. **11.** *econ.* Depoˈnierung *f*, Hinterˈlegung *f*. **12.** Deˈpot *n* (*hinterlegter Wertgegenstand*): (**up**)**on** (*od.* **in**) ~ in Depot, deponiert; **to place on** ~ → 4. **13.** *Bankwesen*: a) Einzahlung *f*, b) (Geld)Einlage *f* (*meist pl*): ~**s** Depositen(gelder, -einlagen); ~ **account** *Br.* Termineinlagekonto *n*; ~ **receipt** (*od.* **slip**) Einzahlungsbeleg *m*. **14.** *jur.* Pfand *n*, Hinterˈlegung *f*, Sicherheit *f*. **15.** *econ.* Anzahlung *f*: **to make a** ~ e-e Anzahlung leisten (**on** für). **16.** → **depository** 1.

de·pos·i·tar·y [dɪˈpɒzɪtərɪ; *Am.* dɪˈpɑzəˌteriː] *s econ.* **1.** Deposiˈtar(in), Verwahrer(in): ~ **bank** Depotbank *f*; ~ **state** *pol.* Verwahrerstaat *m*. **2.** → **depository** 1.

de·pos·it|bank *s econ.* Depoˈsitenbank *f*. ~**bank·ing** *s econ.* Depoˈsitengeschäft *n*. ~ **bill** *s econ.* Deˈpotwechsel *m*. ~ **cop·y** *s* Beˈlegexemˌplar *n* (*für öffentliche Bibliotheken*). ~**cur·ren·cy** *s econ. Am.* Buch-, Giˈralgeld *n*.

dep·o·si·tion [ˌdepəˈzɪʃn; ˌdiː-] *s* **1.** Absetzung *f*: a) Amtsenthebung *f*, b) Entthronung *f*: ~ **of a monarch**, c) *relig.* Depositiˈon *f*: ~ **of a clergyman. 2.** *chem. geol. tech.* a) Ablagerungs-, Sediˈmentbildung *f*, b) → **deposit** 8 *u.* 9. **3.** → **deposit** 11-13. **4.** *jur.* (zu Protoˈkoll gegebene) eidliche Aussage. **5.** *paint.* Kreuzabnahme *f*.

de·pos·i·tor [dɪˈpɒzɪtə; *Am.* dɪˈpɑzətər] *s* **1.** *econ.* a) Hinterˈleger(in), Depoˈnent(in), Depoˈsiteninhaber(in), b) Einzahler(in), (Spar)Einleger(in), c) Kontoinhaber(in), Bankkunde *m*. **2.** *tech.* Galvaniˈseur *m*. **deˈpos·i·to·ry** [-tərɪ; *Am.* -ˌtəʊriː; -ˌtɔː-] *s* **1.** Verwahrungsort *m*, Hinterˈlegungsstelle *f*. **2.** → **depot** 1. **3.** → **depositary** 1.

de·pot [ˈdepəʊ] *s* **1.** Deˈpot *n* (*bes. Br. a. für Busse, Züge*), Lagerhaus *n*, Niederlage *f*, Magaˈzin *n*. **2.** [ˈdiːpəʊ] *Am.* Bahnhof *m*. **3.** *mil.* Deˈpot *n*: a) Gerätepark *m*, b) Sammelplatz *m*, c) Ersatztruppenteil *m*. **4.** *med.* Deˈpot *n*: ~ **effect** Depotwirkung *f*.

dep·ra·va·tion [ˌdeprəˈveɪʃn] *s* **1.** → **depravity. 2.** Verderben *n*.

de·prave [dɪˈpreɪv] *v/t* **1.** (*moralisch*) verderben. **2.** *obs.* diffaˈmieren. **deˈpraved** *adj* verderbt, verdorben, verworfen, entartet, (sittlich) schlecht, la-

sterhaft. **deˈprav·ed·ly** [-vɪdlɪ] *adv.*
deˈprav·i·ty [-ˈprævətɪ] *s* **1.** Verderbtheit *f*, Verdorbenheit *f*, Verworfenheit *f*, Entartung *f*, Lasterhaftigkeit *f*. **2.** *relig.* (*das*) Böse im Menschen, Erbsünde *f*. **3.** schlimme Tat, Schlechtigkeit *f*.
dep·re·cate [ˈdeprɪkeɪt] *v/t* **1.** mißˈbilligen, verurteilen, tadeln. **2.** → **depreciate** 2. **3.** *obs. etwas* durch Gebete abzuwenden suchen. **ˈdep·re·cat·ing** *adj* (*adv* **~ly**) **1.** mißˈbilligend. **2.** entschuldigend. **ˌdep·reˈca·tion** *s* ˈMißbilligung *f*. **ˈdep·re·ca·tive** [-kətɪv; -keɪ-] → **deprecating**. **ˈdep·re·ca·tor** [-keɪtə(r)] *s* Gegner(in). **ˈdep·re·ca·to·ry** [-kətərɪ; -keɪ-; *Am.* -kəˌtəʊriː; -ˌtɔː-] → **deprecating**.
de·pre·ci·a·ble [dɪˈpriːʃəbl; -ʃɪəbl] *adj econ.* abschreibbar.
de·pre·ci·ate [dɪˈpriːʃɪeɪt] **I** *v/t* **1.** geringschätzen, unterˈschätzen, verachten. **2.** herˈabsetzen, -würdigen, herˈuntermachen. **3.** *econ.* a) (*im Wert od. Preis*) herˈabsetzen, b) abschreiben: **to ~ a machine by 10 per cent** 10% des Maschinenwerts abschreiben. **4.** *econ. Währung* abwerten. **II** *v/i* **5.** an Achtung *od.* Wert verlieren. **6.** *econ.* a) (*im Wert od. Preis*) sinken, b) abgeschrieben werden. **7.** schlechter werden, sich verschlechtern. **deˈpre·ci·at·ing** *adj* (*adv* **~ly**) geringschätzig, verächtlich.
de·pre·ci·a·tion [dɪˌpriːʃɪˈeɪʃn] *s* **1.** Unterˈschätzung *f*, Geringschätzung *f*, Verachtung *f*. **2.** Herˈabsetzung *f*, -würdigung *f*. **3.** Verschlechterung *f*. **4.** *econ.* a) Wertminderung *f*, -verlust *m*, b) Abschreibung *f*, c) Abwertung *f* (*der Währung*): **~ charge** Abschreibungssatz *m*, -betrag *m*; **~ fund** Abschreibungsfonds *m*.
de·pre·ci·a·to·ry [dɪˈpriːʃjətərɪ; *Am.* -ʃəˌtəʊriː; -ˌtɔː-], *a.* **deˈpre·ci·a·tive** [-ʃjətɪv; -ʃɪeɪtɪv] *adj* geringschätzig, verächtlich.
dep·re·date [ˈdeprɪdeɪt] *v/t* **1.** plündern. **2.** verwüsten. **ˌdep·reˈda·tion** *s* **1.** Plünderung *f*. **2.** Verwüstung *f*. **3.** *fig.* Raubzug *m*. **ˈdep·re·da·tor** [-tə(r)] *s* Plünderer *m*. **dep·re·da·to·ry** [dɪˈpredətərɪ; *Am.* -ˌtəʊriː; -ˌtɔː-] *adj* **1.** plündernd. **2.** verwüstend.
de·press [dɪˈpres] *v/t* **1.** a) *j-n* depriˈmieren, niederdrücken, bedrücken, b) *die Stimmung* drücken. **2.** *e-e Tätigkeit, bes. den Handel* niederdrücken, abflauen lassen. **3.** *die Leistung etc* herˈabsetzen, schwächen. **4.** *den Preis, Wert* (herˈab-)drücken, senken: **to ~ the market** *econ.* die Kurse drücken. **5.** *Pedal, Taste etc* (nieder)drücken: **to ~ a key**. **6.** senken: **to ~ a gun**. **7.** *math. Gleichung* reduˈzieren. **deˈpres·sant** *med. pharm.* **I** *adj* **1.** hemmend, dämpfend (*Medikament etc*). **2.** beruhigend. **II** *s* **3.** Beruhigungsmittel *n*.
de·pressed [dɪˈprest] *adj* **1.** depriˈmiert, niedergeschlagen, -gedrückt, bedrückt (*Person*). **2.** gedrückt (*Stimmung*; *a. econ. Börse*). **3.** eingedrückt, vertieft. **4.** flau, matt, schwach: **~ industry** notleidende *od.* darniederliegende *od.* von e-r Krise betroffene Industrie. **5.** gedrückt (*Preis*), verringert, vermindert (*Wert*). **6.** unterˈdrückt: **~ proletariat**. **7.** *bot. zo.* abgeflacht, abgeplattet. **~ ar·e·a** *s* Notstandsgebiet *n*.
de·press·i·ble [dɪˈpresəbl] *adj* niederzudrücken(d). **deˈpress·ing** *adj* (*adv* **~ly**) **1.** depriˈmierend, niederdrückend, bedrückend. **2.** kläglich.
de·pres·sion [dɪˈpreʃn] *s* **1.** Depressiˈon *f*, Niedergeschlagenheit *f*, Ge-, Bedrücktheit *f*. **2.** *psych.* (echte *od.* endoˈgene) Melanchoˈlie. **3.** (Ein)Senkung *f*, Vertiefung *f*: **~ of the ground** Bodensenke *f*; **precordial ~** *anat.* Herzgrube *f*. **4.** *geol.* Depressiˈon *f*, Landsenke *f*. **5.** *econ.* a) Depressiˈon *f*, Flaute *f*, Tiefstand *m*, Wirtschaftskrise *f*, b) *Börse*: Baisse *f*, c) Fallen *n* (*der Preise*): **~ of the market** Preisdruck *m*, Baissestimmung *f*. **6.** (Nieder)Drücken *n*. **7.** Herˈabsetzung *f*, Schwächung *f*. **8.** *med.* Entkräftung *f*, Schwäche *f*. **9.** *astr.* Depressiˈon *f*, negative Höhe. **10.** *surv.* Depressiˈon *f*. **11.** *meteor.* Tief(druckgebiet) *n*. **12.** *math.* Redukti'on *f*.
de·pres·sive [dɪˈpresɪv] *adj* **1.** depriˈmierend. **2.** *psych.* depresˈsiv.
de·pres·sor [dɪˈpresə(r)] *s* **1.** *anat.* a) Senker *m*, Niederzieher *m* (*Muskel*), b) *a.* **~ nerve** Nervus *m* deˈpressor, Verlangsamer *m*. **2.** *med.* a) blutdrucksenkendes Mittel, b) *Instrument zum Niederdrücken, bes.* Zungenspatel *m*. **3.** *chem.* Inˈhibitor *m*.
dep·ri·va·tion [ˌdeprɪˈveɪʃn; *a.* ˌdiːpraɪˈv-], *a.* **de·priv·al** [dɪˈpraɪvl] *s* **1.** Beraubung *f*, Entzug *m*, Entziehung *f*: **~ of freedom** Freiheitsentzug. **2.** (empfindlicher) Verlust. **3.** a) Mangel *m*, Entbehrung *f*, b) *psych.* Deprivatiˈon *f* (*fehlende Zuneigung der Mutter, Liebesentzug etc*). **4.** Absetzung *f*, *relig.* Deprivatiˈon *f*.
de·prive [dɪˈpraɪv] *v/t* **1.** (**of s.th.**) *j-n od. etwas* (e-r Sache) berauben, *j-m* (etwas) entziehen *od.* nehmen: **to ~ s.o. of a right**; **to be ~d of s.th.** etwas entbehren (müssen). **2.** (**of s.th.**) *j-m* (etwas) vorenthalten. **3.** ausschließen, fernhalten (**of s.th.** von etwas). **4.** absetzen. **deˈprived** *adj* **1.** benachteiligt, ˈunterprivileˌgiert. **2.** *psych.* unter Deprivatiˈon leidend.
depth [depθ] *s* **1.** Tiefe *f*: **eight feet in ~** 8 Fuß tief; **it is beyond** (*od.* **out of**) **his ~** das geht über s-n Horizont; **to get out of one's ~** *a. fig.* den Boden unter den Füßen verlieren; **to be out of one's ~** a) nicht mehr stehen können, b) *fig.* ratlos *od.* unsicher sein, ‚schwimmen'; **to swim out of one's ~** so weit hinausschwimmen, bis man nicht mehr stehen kann. **2.** Tiefe *f* (*als dritte Dimension*): **~ of column** *mil.* Marschtiefe. **3.** *phys.* a) *a.* **~ of field**, **~ of focus** Schärfentiefe *f*, b) *bes. phot.* Tiefenschärfe *f*. **4.** *oft pl* Tiefe *f*, Mitte *f*, (*das*) Innerste (*a. fig.*): **in the ~s of the slums** mitten in den Slums; **in the ~ of night** in tiefer Nacht, mitten in der Nacht; **in the ~ of winter** im tiefsten Winter. **5.** *oft pl* Tiefe *f*, Abgrund *m* (*a. fig.*): **from the ~s of misery** aus tiefstem Elend. **6.** *fig.* a) Tiefe *f*: **~ of meaning**, b) tiefer Sinn, tiefe Bedeutung, c) Tiefe *f*, Intensiˈtät *f*: **~ of grief**; **in ~** bis in alle Einzelheiten, eingehend, d) Tiefe *f*, Ausmaß *n*: **~ of knowledge**; **~ of guilt**, e) (Gedanken)Tiefe *f*, Tiefgründigkeit *f*, f) Scharfsinn *m*, g) Dunkelheit *f*, Unklarheit *f*, Unergründlichkeit *f*. **7.** Tiefe *f*: **~ of a sound**. **8.** Stärke *f*, Tiefe *f*: **~ of colo(u)rs**. **9.** *Bergbau*: Teufe *f*. **10.** *psych.* ˈUnterbewußtsein *n*: **~ analysis** tiefenpsychologische Analyse; **~ interview** Tiefeninterview *n*; **~ psychology** Tiefenpsychologie *f*. **~ bomb**, **~ charge** *s mil.* Wasserbombe *f*. **~ ga(u)ge** *s tech.* Tiefenmesser *m*, -lehre *f*.
ˈdepth·less *adj fig.* unermeßlich tief, unendlich.
dep·u·rate [ˈdepjʊreɪt] *v/t bes. chem.* reinigen. **ˈdep·u·ra·tive** [-rətɪv; *bes. Am.* -reɪ-] *med.* **I** *adj* reinigend. **II** *s* Reinigungsmittel *n*.
de·purge [ˌdiːˈpɜːdʒ; *Am.* -ˈpɜrdʒ] *v/t* (poˈlitisch) rehabiliˈtieren.
dep·u·ta·tion [ˌdepjʊˈteɪʃn] *s* Abordnung *f*: a) Absendung *f*, b) *collect.* Deputatiˈon *f*, Depuˈtierte *pl*.
de·pute [dɪˈpjuːt] *v/t* **1.** depuˈtieren, deleˈgieren, abordnen, bevollmächtigen. **2.** *e-e Aufgabe etc* überˈtragen (**to** *dat*).
dep·u·tize [ˈdepjʊtaɪz] **I** *v/t* abordnen, (als Vertreter) ernennen. **II** *v/i* als Abgeordneter *od.* Vertreter funˈgieren: **to ~ for s.o.** j-n vertreten.
dep·u·ty [ˈdepjʊtɪ] **I** *s* **1.** (Stell)Vertreter(in), Beauftragte(r *m*) *f*, Bevollmächtigte(r *m*) *f*: **by ~** durch Stellvertreter. **2.** *parl.* Abgeordnete(r *m*) *f*. **3.** *Bergbau*: *Br.* Steiger *m*. **4.** *a.* **~ sheriff** *Am.* Hilfssheriff *m*. **II** *adj* **5.** stellvertretend, Vize... **~ chair·man** *s irr* ˈVizepräsiˌdent *m*, stellvertretender *od.* zweiter Vorsitzender.
de·rac·i·nate [dɪˈræsɪneɪt] *v/t* **1.** (mit der Wurzel) ausrotten, vernichten. **2.** entwurzeln (*a. fig.*).
dé·ra·ci·né [deɪˈræsɪneɪ] *adj fig.* entwurzelt.
de·rail [dɪˈreɪl] **I** *v/t* entgleisen lassen, zum Entgleisen bringen. **II** *v/i* entgleisen. **deˈrail·ment** *s* Entgleisung *f*.
de·range [dɪˈreɪndʒ] *v/t* **1.** in Unordnung bringen, durcheinˈanderbringen. **2.** die Funktiˈon (*e-s Organs etc*) *od.* den Betrieb (*e-r technischen Anlage etc*) stören. **3.** verrückt *od.* wahnsinnig machen. **4.** unterˈbrechen, stören. **deˈranged** *adj* **1.** in Unordnung, durcheinˈander. **2.** gestört. **3.** geistesgestört. **deˈrange·ment** *s* **1.** Unordnung *f*, Durcheinˈander *n*. **2.** Störung *f*. **3.** Geistesgestörtheit *f*, -störung *f*.
de·rate [ˌdiːˈreɪt] *v/t Br.* die Kommuˈnalsteuern senken für.
de·ra·tion [ˌdiːˈræʃn] → **decontrol** 2.
Der·by [ˈdɑːbɪ; *Am.* ˈdɜrbiː] *s* **1.** Derby *n*: a) *englisches Zuchtrennen der Dreijährigen in Epsom*, b) *allg. Pferderennen*: **the Kentucky ~**. **2.** **d~** *sport* Derby *n* (*herausragendes Spiel, bes. zweier engbenachbarter Vereine*): → **local** 1. **3.** **d~**, *a.* **d~ hat** *Am.* Bowler *m*, ‚Meˈlone' *f*. **~ blue** *s* Rötlichblau *n*.
de·reg·u·late [ˌdiːˈregjʊleɪt] → **decontrol** 2. **ˈdeˌreg·uˈla·tion** → **decontrol** 3.
der·e·lict [ˈderɪlɪkt] **I** *adj* **1.** *meist jur.* herrenlos, aufgegeben, verlassen. **2.** nachlässig: **~ in duty** pflichtvergessen. **3.** herˈuntergekommen, baufällig, zerfallen. **II** *s* **4.** *jur.* herrenloses Gut. **5.** *mar.* a) aufgegebenes Schiff, b) treibendes Wrack. **6.** *jur.* verlandete Strecke. **7.** a) menschliches Wrack, herˈuntergekommener Mensch, Strandgut *n* des Lebens: **~ of society** (von der Gesellschaft) Ausgestoßene(r *m*) *f*, b) Obdachlose(r *m*) *f*. **8.** Pflichtvergessene(r *m*) *f*. **ˌder·eˈlic·tion** [-kʃn] *s* **1.** schuldhafte Vernachlässigung, schuldhaftes Versäumnis: **~ of duty** Pflichtversäumnis, Pflichtvergessenheit *f*. **2.** *jur.* Besitzaufgabe *f*, Preisgabe *f*. **3.** Verlassen *n*, Aufgeben *n*. **4.** *jur.* Verlandung *f*, Landgewinn *m* inˈfolge Rückgangs des Wasserspiegels.
de·req·ui·si·tion [ˈdiːˌrekwɪˈzɪʃn] *v/t beschlagnahmtes Gut* freigeben, *bes.* wieder der Ziˈvilverwaltung zuführen.
de·re·strict [ˌdiːrɪˈstrɪkt] *v/t* die Einschränkungsmaßnahmen aufheben für, *bes.* die Geschwindigkeitsbegrenzung aufheben für. **ˌde·reˈstric·tion** [-ʃn] *s* Aufhebung *f* der Einschränkungsmaßnahmen, *bes.* der Geschwindigkeitsbegrenzung.
de·ride [dɪˈraɪd] *v/t* verlachen, verhöhnen, verspotten. **deˈrid·er** *s* Spötter(in), Verspotter(in). **deˈrid·ing·ly** *adv* spöttisch, höhnisch.
de ri·gueur [dərɪˈgɜː; *Am.* -ˈgɜr] *adj* streng nach der Etiˈkette: **that's ~!** das ist unerläßlich *od.* ein Muß!
de·ri·sion [dɪˈrɪʒn] *s* **1.** Hohn *m*, Spott *m*:

to hold in ~ verspotten; to be in ~ verspottet werden; to bring into ~ zum Gespött machen. **2.** *a.* object of ~ Gespött *n*, Zielscheibe *f* des Spottes: to be a ~ to s.o. j-m zum Gespött dienen. **de·ri·sive** [dɪˈraɪsɪv] *adj* (*adv* ~ly), **deˈri·so·ry** [-sərɪ] *adj* **1.** spöttisch, höhnisch, Hohn...: ~ laughter Hohngelächter *n*. **2.** lächerlich.

de·riv·a·ble [dɪˈraɪvəbl] *adj* (*adv* derivably) **1.** zu gewinnen(d), erreichbar (from aus). **2.** ab-, ˈherleitbar: to be ~ from sich herleiten lassen von. **der·i·vate** [ˈderɪveɪt] → derivative 1 *u.* 6.

der·i·va·tion [ˌderɪˈveɪʃn] *s* **1.** Ab-, ˈHerleitung *f* (from von). **2.** ˈHerkunft *f*, Ursprung *m*, Abstammung *f*. **3.** *ling. u. math.* Derivatiˈon *f*, Ableitung *f*. **4.** *ling.* etymoˈlogische Ableitung, Etymoloˈgie *f*.

de·riv·a·tive [dɪˈrɪvətɪv] **I** *adj* (*adv* ~ly) **1.** abgeleitet (from von): ~ language Tochtersprache *f*. **2.** sekunˈdär. **II** *s* **3.** (*etwas*) Ab- *od.* ˈHergeleitetes, Ab-, ˈHerleitung *f*. **4.** *ling.* Ableitung *f*, abgeleitete Form. **5.** *chem.* Deriˈvat *n*. **6.** *math.* Deriˈvierte *f*, abgeleitete Funktiˈon.

de·rive [dɪˈraɪv] **I** *v/t* **1.** ˈherleiten, überˈnehmen (from von): to be ~d from, to ~ itself from → 8; to ~ one's name from s-n Namen herleiten von; ~d income *econ.* abgeleitetes Einkommen. **2.** *Nutzen* ziehen, *Gewinn* schöpfen (from aus): to ~ profit from s.th. **3.** *etwas* gewinnen, erhalten (from aus): to ~ pleasure from s.th. Freude an e-r Sache finden *od.* haben. **4.** (from) a) *etwas* ˈherleiten *od.* schließen (aus), b) *e-n Schluß* ziehen (aus). **5.** *ling.* ab-, ˈherleiten: ~d meaning abgeleitete Bedeutung. **6.** *chem. math.* ableiten: ~d function → derivative 6. **7.** *electr.* abzweigen, ableiten: ~d circuit Abzweigkreis *m*. **II** *v/i* **8.** (from) a) ab-, ˈherstammen, ˈherkommen, -rühren (von, aus), ausgehen (von), s-n Ursprung haben (in *dat*), sich ˈherschreiben (von), b) sich ˈher-, ableiten (von).

derm [dɜːm; *Am.* dɜrm], **ˈder·ma** [-mə] *s anat.* **1.** Lederhaut *f*, Corium *n*. **2.** Haut *f*. **ˈder·mal** [-ml] *adj anat.* **1.** Lederhaut... **2.** derˈmal, Dermal..., Haut...

der·mat·ic [dɜːˈmætɪk; *Am.* dɜr-] *adj* derˈmatisch, Haut... **ˌder·maˈti·tis** [-məˈtaɪtɪs] *s med.* Dermaˈtitis *f*, Hautentzündung *f*.

der·mat·o·gen [də(r)ˈmætədʒən] *s bot.* Dermatoˈgen *n* (*Bildungsgewebe der Pflanzenoberhaut*).

der·ma·to·log·ic [ˌdɜːmətəˈlɒdʒɪk; *Am.* ˌdɜrmətlˈɑdʒɪk] *adj*; **ˌder·ma·toˈlog·i·cal** [-kl] *adj* (*adv* ~ly) dermatoˈlogisch. **ˌder·maˈtol·o·gist** [-ˈtɒlədʒɪst; *Am.* -ˈtɑ-] *s* Dermatoˈloge *m*, Hautarzt *m*. **ˌder·maˈtol·o·gy** *s med.* Dermatoloˈgie *f*.

der·ma·to·phyte [ˈdɜːmətəʊfaɪt; *Am.* ˈdɜrmətəˌf-] *s med.* Dermatoˈphyt *m*, Hautpilz *m*. **ˌder·ma·to·phyˈto·sis** [-ˈtəʊsɪs] *s med.* Dermatophyˈtose *f* (*Pilzerkrankung der Haut*). **ˈder·ma·toˌplas·ty** [-ˌplæstɪ] *s med.* Dermatoˈplastik *f* (*operativer Ersatz von kranker od. verletzter Haut durch gesunde*).

der·ma·to·sis [ˌdɜːməˈtəʊsɪs; *Am.* ˌdɜr-] *pl* **-ses** [-siːz] *s med.* Dermaˈtose *f*, Hautkrankheit *f*.

der·mic [ˈdɜːmɪk; *Am.* ˈdɜr-] *adj* Haut... **ˈder·mis** [-ɪs] → derm.

der·o·gate [ˈderəʊgeɪt] **I** *v/i* **1.** (from) Abbruch tun, abträglich sein, schaden (*dat*), beeinträchtigen, schmälern (*acc*). **2.** abweichen (from von *e-r Norm etc*): to ~ from o.s. sich zu s-m Nachteil verändern. **II** *v/t* **3.** herˈabsetzen, verächtlich machen. **ˌder·oˈga·tion** *s* **1.** Beeinträchtigung *f*, Schmälerung *f*: to be a ~ from (*od.* of, to) → derogate 1. **2.** Herˈabsetzung *f* (to *gen*). **3.** *jur.* teilweise Aufhebung (of, to *gen*).

de·rog·a·to·ry [dɪˈrɒgətərɪ; *Am.* dɪˈrɑgəˌtəʊriː; -ˌtɔː-] *adj* (*adv* derogatorily) **1.** (from, to) nachteilig (für), abträglich (*dat*), schädlich (*dat od.* für): to be ~ from (*od.* to) s.th. e-r Sache abträglich sein, etwas beeinträchtigen. **2.** abfällig, geringschätzig, abschätzig: ~ remarks. **3.** herˈabsetzend: ~ to him seiner unwürdig.

der·rick [ˈderɪk] *s* **1.** *tech.* a) *a.* ~ crane Derrickkran *m*, Mastenkran *m*, b) Dreibockgestell *n* (*e-s Hebekrans*), c) (fester *od.* beweglicher) Ausleger. **2.** *tech.* Bohrturm *m*. **3.** *mar.* Ladebaum *m*.

der·riere, *bes. Br.* **der·rière** [ˌderɪˈeə(r)] *s* Gesäß *n*, ˈHinterteil *n*.

der·ring-do [ˌderɪŋˈduː] *pl* **der·rings-do** *s obs.* **1.** Verwegenheit *f*, Tollkühnheit *f*. **2.** verwegene *od.* tollkühne Tat.

der·rin·ger [ˈderɪndʒə(r)] *s* Derringer *m, f* (*kurze Pistole mit großem Kaliber*).

der·ry¹ [ˈderɪ] *s*: to have a ~ on *Austral.* a) *j-n*, *etwas* nicht mögen, b) voreingenommen sein gegen.

der·ry² [ˈderɪ] *s Br. sl.* abbruchreifes Haus (*bes. eins, in dem Obdachlose, Drogensüchtige etc hausen*).

derv [dɜːv] *s Br.* Diesel(kraftstoff) *m*.

der·vish [ˈdɜːvɪʃ; *Am.* ˈdɜr-] *s* Derwisch *m*: dancing ~, whirling ~ tanzender Derwisch; howling ~ heulender Derwisch.

de·sal·i·nate [ˌdiːˈsælɪneɪt] *v/t bes. Meerwasser* entsalzen. **ˌde·sal·iˈna·tion** *s* Entsalzung *f*: ~ plant Entsalzungsanlage *f*. **ˌdeˈsal·i·na·tor** [-tə(r)] *s* Entsalzungsanlage *f*.

de·sal·i·ni·za·tion [diːˌsælɪnaɪˈzeɪʃn; *Am.* -nəˈz-] → desalination. **ˌdeˈsal·i·nize** → desalinate.

de·salt [ˌdiːˈsɔːlt] → desalinate.

de·scale [ˌdiːˈskeɪl] *v/t tech. Boiler etc* entkalken.

des·cant I *s* [ˈdeskænt] **1.** *mus.* Disˈkant *m*: a) Gegenstimme *f* (*über e-m Choral etc*), b) Oberstimme *f*, Soˈpran *m*: ~ clef Diskantschlüssel *m*. **2.** *mus.* a) Variˈierung *f*, b) variˈierte Meloˈdie. **3.** *poet.* Meloˈdie *f*, Weise *f*. **II** *v/i* [dɪˈskænt; de-] **4.** *mus.* diskanˈtieren. **5.** sich ˈauslassen *od.* verbreiten (on, upon über *acc*).

de·scend [dɪˈsend] **I** *v/i* **1.** herˈab-, hinˈab-, herˈunter-, hinˈunter-, niedergehen, -kommen, -steigen, -fahren, -fließen, -sinken: to ~ to hell zur Hölle niederfahren; to ~ into a mine (*Bergbau*) einfahren. **2.** *aer.* a) niedergehen, b) (mit dem Fallschirm) abspringen. **3.** abfallen: the road ~ed. **4.** eingehen, zu sprechen kommen (to auf *acc*): to ~ to details. **5.** ˈherkommen, ab-, ˈherstammen (from von *j-m*, aus *e-r Familie*): to ~ from a noble family. **6.** (to) ˈübergehen, sich vererben (auf *acc*), zufallen (*dat*). **7.** (on, upon) a) ˈherfallen (über *acc*), sich stürzen (auf *acc*), überˈfallen (*acc*), einfallen (in *acc*), b) *fig.* herˈeinbrechen, kommen (über *acc*), ‚überˈfallen' (*acc*). **8.** *fig.* sich herˈabwürdigen, sich erniedrigen, sich ˈhergeben (to zu). **9.** (*moralisch*) sinken. **10.** *astr.* a) absteigen, sich dem Süden nähern, b) sinken: the sun ~s. **11.** *mus.* tiefer werden, absteigen. **II** *v/t* **12.** *e-e Treppe etc* hinˈab-, hinˈunter-, herˈab-, herˈuntersteigen, -gehen. **13.** *e-n Fluß etc* hinˈunter-, herˈunterfahren. **14.** to be ~ed (from) → 5.

de·scend·a·ble → descendible.

de·scend·ant [dɪˈsendənt] *s* **1.** Nachkomme *m*, Abkömmling *m*, Deszenˈdent *m*. **2.** *astr.* Deszenˈdent *m*, ˈUntergangspunkt *m* (*e-r Gestirnbahn*): his star is in the ~ *fig.* sein Stern ist im Sinken (begriffen). **deˈscend·i·ble** *adj* (to) vererbbar (*dat*), überˈtragbar (*dat od.* auf *acc*).

deˈscend·ing| a·or·ta *s med.* absteigende Aˈorta. **~ diph·thong** *s ling.* fallender Diˈphthong. **~ let·ter** *s print.* Buchstabe *m* mit ˈUnterlänge. **~ line** *s* Deszenˈdenz *f*, absteigende Linie (*Verwandtschaft*). **~ rhythm** *s metr.* fallender Rhythmus.

de·scent [dɪˈsent] *s* **1.** Herˈab-, Herˈunter-, Hinˈunter-, Hinˈabsteigen *n*, Abstieg *m*, Tal-, Abfahrt *f*, *Bergbau*: Einfahrt *f*: ~ of the Holy Ghost *Bibl.* Ausgießung *f* des Heiligen Geistes; ~ from the cross *paint.* Kreuzabnahme *f*. **2.** *aer.* a) Höhenaufgabe *f*, Sinkflug *m*, Niedergehen *n* (*des Flugzeugs vor der Landung*), b) (Fallschirm)Absprung *m*. **3.** Abhang *m*, Abfall *m*, Senkung *f*, Gefälle *n*. **4.** (*der*) Weg hinˈunter *od.* herˈunter. **5.** *fig.* a) Sinken *n*, b) Niedergang *m*, Abstieg *m*. **6.** Deszenˈdenz *f*: a) Abstammung *f*, Geburt *f*, Ab-, ˈHerkunft *f*: of French ~ französischer Herkunft, b) Nachkommenschaft *f*, c) absteigende Linie. **7.** *jur.* Vererbung *f*, Überˈtragung *f*, ˈÜbergang *m* (to auf *acc*). **8.** (on, upon) Einfall *m* (in *acc*), feindliche Landung (in *dat od.* auf *dat*), Angriff *m* (auf *acc*), (*a. iro.*) ˈÜberfall *m* (auf *acc*).

de·scrib·a·ble [dɪˈskraɪbəbl] *adj* zu beschreiben(d), beschreibbar.

de·scribe [dɪˈskraɪb] *v/t* **1.** beschreiben, schildern (s.th. to s.o. j-m etwas). **2.** (as) bezeichnen (als), nennen (*acc*): to ~ s.o. as a fool. **3.** *bes. math. e-n Kreis, e-e Kurve* beschreiben. **deˈscrib·er** *s* Beschreiber(in), Schilderer *m*.

de·scrip·tion [dɪˈskrɪpʃn] *s* **1.** (*a. technische*) Beschreibung, Schilderung *f*: beautiful beyond all ~ unbeschreiblich schön; to know s.o. by ~ j-n der Beschreibung nach kennen; to take s.o.'s ~ j-s Signalement aufnehmen; → beggar 6, defy 3. **2.** Bezeichnung *f*, Beschreibung *f*: goods by ~ *econ.* Gattungsware(n *pl*) *f*; purchase by ~ Gattungskauf *m*. **3.** Art *f*, Sorte *f*: of every ~ jeder Art u. Beschreibung; of the worst ~ von der schlimmsten Art, übelster Sorte. **4.** *bes. math.* Beschreibung *f* (*e-s Kreises, e-r Kurve*).

de·scrip·tive [dɪˈskrɪptɪv] *adj* (*adv* ~ly) **1.** beschreibend, schildernd, darstellend, erläuternd, deskripˈtiv (*a. ling.*): ~ grammar; ~ geometry *math.* darstellende Geometrie; ~ science deskriptive *od.* beschreibende Wissenschaft; to be ~ of s.th. etwas beschreiben *od.* bezeichnen. **2.** anschaulich (geschrieben *od.* schreibend): a ~ account; a ~ writer. **deˈscrip·tive·ness** *s* Anschaulichkeit *f*.

de·scry [dɪˈskraɪ] *v/t* **1.** gewahren, wahrnehmen. **2.** erspähen, entdecken.

des·e·crate [ˈdesɪkreɪt] *v/t* entheiligen, entweihen, profaˈnieren, schänden. **ˌdes·eˈcra·tion** *s* Entweihung *f*, Entheiligung *f*, Schändung *f*.

de·seg·re·gate [ˌdiːˈsegrɪgeɪt] *v/t pol.* die Rassentrennung aufheben in (*e-r Schule etc*). **ˌde·seg·reˈga·tion** *s pol.* Aufhebung *f* der Rassentrennung.

de·se·lect [ˌdiːsɪˈlekt] *v/t j-n* während der Ausbildung entlassen.

de·sen·si·tize [ˌdiːˈsensɪtaɪz] *v/t* **1.** *med.* desensibiliˈsieren, unempfindlich *od.* imˈmun machen (to gegen). **2.** a) *psych. j-n* von neuˈrotischen Spannungen befreien, b) *j-n* abstumpfen. **3.** *phot.* desensibiliˈsieren, lichtunempfindlich machen. **deˈsen·si·tiz·er** *s phot.* Desensibiliˈsator *m*.

de·sert¹ [dɪˈzɜːt; *Am.* dɪˈzɜrt] **I** *v/t* **1.** verlassen, im Stich lassen: his courage

~ed him. **2.** *jur. Ehegatten* (böswillig) verlassen. **3.** abtrünnig *od.* untreu werden (*dat*), abfallen von: **to ~ the colo(u)rs** *mil.* fahnenflüchtig werden. **II** *v/i* **4.** *mil.* fahnenflüchtig werden, deser'tieren (**from** aus *der Armee etc*). **5.** 'überlaufen, -gehen (**to** zu).

de·sert² [dɪ'zɜːt; *Am.* dɪ'zɜrt] *s* **1.** Verdienst *n.* **2.** Wert *m,* Verdienst *n*: **to be judged according to one's ~** nach s-m Verdienst eingeschätzt werden. **3.** verdienter Lohn (*a. iro. Strafe*): **to get one's ~s** s-n wohlverdienten Lohn empfangen.

des·ert³ ['dezə(r)t] **I** *s* **1.** Wüste *f.* **2.** Ödland *n,* Öde *f*: **our town is a cultural ~** in unserer Stadt tut sich kulturell überhaupt nichts. **II** *adj* **3.** Wüsten...: **~ fox**; **~ (bob)cat** *zo.* amer. Rotluchs *m*; **~ lynx** *zo.* Wüstenluchs *m.* **4.** öde, wüst, verödet, verlassen.

de·sert·ed [dɪ'zɜːtɪd; *Am.* -'zɜr-] *adj* **1.** verlassen, unbewohnt (*Insel etc*), (wie) ausgestorben, menschenleer (*Straßen etc*). **2.** verlassen, einsam (*Person*). **de'sert·er** *s* **1.** *mil.* a) Deser'teur *m,* Fahnenflüchtige(r) *m,* b) 'Überläufer *m* (*a. allg.*). **2.** Abtrünnige(r *m*) *f.*

de·ser·ti·fi·ca·tion [ˌdezə(r)tɪfɪ'keɪʃn] *s* Desertifikati'on *f* (*allmähliche Ausbreitung der Wüste auf zuvor fruchtbares Land*).

de·ser·tion [dɪ'zɜːʃn; *Am.* -'zɜr-] *s* **1.** Verlassen *n,* Im'stichlassen *n.* **2.** Verlassenheit *f.* **3.** *jur.* (böswilliges) Verlassen. **4.** Abtrünnigwerden *n,* Abfall *m* (**from a party** von e-r Par'tei). **5.** *mil.* Deserti'on *f,* Fahnenflucht *f.*

de·serve [dɪ'zɜːv; *Am.* -'zɜrv] **I** *v/t* **1.** verdienen (*acc*), würdig sein (*gen*), Anspruch haben auf (*acc*): **to ~ praise** Lob verdienen; **he ~s a special mention** er verdient es, besonders erwähnt zu werden. **2.** verdienen, verdient haben: **to ~ punishment**. **II** *v/i* **3. to ~ well of s.o. (s.th.)** sich um j-n (etwas) verdient gemacht haben; **to ~ ill of s.o.** j-m e-n schlechten Dienst erwiesen haben. **de'served** *adj* (wohl)verdient. **de'serv·ed·ly** [-ɪdlɪ] *adv* verdientermaßen, mit Recht. **de'serv·ing** *adj* **1.** verdienstvoll, verdient (*Person*). **2.** verdienstlich, -voll (*Tat*). **3. to be ~ of s.th.** etwas verdienen, e-r Sache wert *od.* würdig sein.

des·ha·bille ['dezæbiːl; *Am.* ˌdesə'biːl] → **dishabille.**

des·ic·cant ['desɪkənt] *adj u. s* (aus-)trocknend(es Mittel).

des·ic·cate ['desɪkeɪt] *v/t u. v/i* (aus-)trocknen, (aus)dörren: **~d fruit** Dörrobst *n*; **~d milk** Trockenmilch *f.* **des·ic·ca·tive** [de'sɪkətɪv; *Am.* 'desɪˌkeɪ-] *adj u. s* (aus)trocknend(es Mittel). **'des·ic·ca·tor** [-keɪtə(r)] *s* **1.** *chem.* Exsik'kator *m,* Entfeuchter *m.* **2.** *tech.* 'Trockenappaˌrat *m.* **des·ic·ca·to·ry** [de'sɪkətərɪ; *Am.* 'desɪkəˌtəuriː; -ˌtɔː-] *adj* (aus-)trocknend.

de·sid·er·ate [dɪ'zɪdəreɪt; -'sɪd-] *v/t* **1.** bedürfen (*gen*), nötig haben. **2.** ersehnen. **deˌsid·er'a·tion** *s* Bedürfnis *n.* **de'sid·er·a·tive** [-rətɪv; *Am. a.* -ˌreɪtɪv] *ling.* **I** *adj* desidera'tiv, ein Verlangen *od.* Bedürfnis ausdrückend: **~ verb** → II. **II** *s* Desidera'tivum *n.* **deˌsid·er'a·tum** [-'reɪtəm; -'rɑː-] *pl* **-ta** [-tə] *s* Deside'rat *n,* (*etwas*) Erwünschtes, Bedürfnis *n,* Erfordernis *n.*

de·sign [dɪ'zaɪn] **I** *v/t* **1.** entwerfen, aufzeichnen, skiz'zieren, *tech.* konstru'ieren: **to ~ a dress** ein Kleid entwerfen. **2.** gestalten, ausführen, anlegen: **beautifully ~ed.** **3.** *fig.* entwerfen, ausdenken, ersinnen. **4.** im Sinne haben, vorhaben, planen (**doing** *od.* **to do** zu tun). **5.** bestimmen, vorsehen (**for** für *j-n od. etwas*; **as** als): **~ed to do s.th.** dafür bestimmt *od.* darauf angelegt, etwas zu tun (*Sache*). **6.** (**for**) *j-n* bestimmen (zu), ausersehen, vorsehen (zu, für): **he was ~ed for service in the navy**; **to ~ s.o. to be a priest**.

II *v/i* **7.** Pläne entwerfen, Entwürfe machen (**for** für).

III *s* **8.** Entwurf *m,* Zeichnung *f,* Plan *m,* Skizze *f.* **9.** Muster(zeichnung *f*) *n,* De'sign *n*: → **copyright** I, **protection** II, **registered** II. **10.** *tech.* a) Baumuster *n,* Konstrukti'onszeichnung *f,* b) Bauart *f,* Bau(weise *f*) *m,* Konstrukti'on *f,* Ausführung *f*: **~ engineer** Konstrukteur *m*; → **industrial design.** **11.** (dekora'tives) Muster: **floral ~** Blumenmuster. **12.** (künstlerische *od.* äußere) Gestaltung, Formgebung *f.* **13.** Plan *m,* Anlage *f,* Anordnung *f.* **14.** Plan *m,* Vorhaben *n,* Absicht *f*: **by ~** mit Absicht; **with the ~ of doing** mit der Absicht *od.* dem Vorsatz zu tun. **15.** Ziel *n,* (End)Zweck *m.* **16.** Anschlag *m* (**upon s.o.'s life** auf j-s Leben), böse Absicht: **to have ~s (up)on** (*od.* **against**) etwas (Böses) im Schilde führen gegen, *a. humor.* e-n Anschlag vorhaben auf (*acc*). **17.** Zweckmäßigkeit *f*: **argument from ~** *relig.* Beweis *m* aus der Zweckmäßigkeit, teleologischer Gottesbeweis.

des·ig·nate I *v/t* ['dezɪgneɪt] **1.** *etwas* bezeichnen, kennzeichnen. **2.** *a.* **~ as** *etwas od. j-n* bezeichnen als, (be)nennen. **3.** *etwas* bestimmen, festlegen: **to ~ a task.** **4.** *j-n* (*im voraus*) desi'gnieren, bestimmen, ausersehen (**to, for** für *ein Amt etc*; zu *e-m Amtsträger etc*). **5.** *etwas* bestimmen, vorsehen (**for** für). **6.** *mil. Schußziel* ansprechen. **II** *adj* [-neɪt; -nət] **7.** (*nachgestellt*) desi'gniert, vorgesehen, ausersehen: **president ~** designierter Präsident. **ˌdes·ig'na·tion** *s* **1.** Bezeichnung *f*: a) Kennzeichnung *f,* b) Name *m,* Benennung *f.* **2.** Bestimmung *f,* Festlegung *f,* -setzung *f* (*e-r Sache*). **3.** (**to, for**) Designati'on *f,* Bestimmung *f od.* Ernennung *f* (*im voraus*) (für *ein Amt etc*; zu *e-m Amtsträger etc*), Berufung *f* (auf *e-n Posten*; in *ein Amt*; zu *e-m Amtsträger*). **4.** Bedeutung *f,* Sinn *m.*

de·signed [dɪ'zaɪnd] *adj* **1.** bestimmt (*etc,* → **design** I). **2.** absichtlich, vorsätzlich. **de'sign·ed·ly** [-ɪdlɪ] *adv* → **designed** 2. **de'sign·er** *s* **1.** Entwerfer(in): a) (Muster)Zeichner(in), b) De'signer(in), (Form)Gestalter(in), c) *tech.* Konstruk'teur *m,* d) Erfinder(in), e) (Mode)Schöpfer(in). **2.** *fig.* Ränkeschmied (-in), Intri'gant(in). **de'sign·ing** *adj* (*adv* **~ly**) ränkevoll, intri'gant.

de·si·lic·i·fy [ˌdiːsɪ'lɪsɪfaɪ] *v/t chem.* entkieseln.

des·i·nence ['desɪnəns] *s* **1.** Ausgang *m,* Ende *n,* Schluß *m.* **2.** *ling.* a) Endung *f,* b) Suf'fix *n,* Nachsilbe *f.*

de·sip·i·ence [dɪ'sɪpɪəns] *s* Albernheit *f,* Torheit *f,* Unsinn *m.*

de·sir·a·bil·i·ty [dɪˌzaɪərə'bɪlətɪ] *s* Erwünschtheit *f.* **de'sir·a·ble** *adj* (*adv* **desirably**) **1.** wünschenswert, erwünscht. **2.** angenehm. **3.** begehrenswert, reizvoll. **de'sir·a·ble·ness** → **desirability.**

de·sire [dɪ'zaɪə(r)] **I** *v/t* **1.** wünschen, begehren, verlangen, wollen (**s.th. of s.o.** etwas von j-m): **to ~ s.th. (to be) done** wünschen, daß etwas getan wird *od.* geschieht; **to leave much (nothing) to be ~d** viel (nichts) zu wünschen übriglassen; **as ~d** wie gewünscht; **if ~d** auf Wunsch, wenn gewünscht. **2.** *etwas* ersehnen, (sehnlich) begehren. **3.** *j-n* begehren: **to ~ a woman.** **4.** *j-n* bitten, ersuchen: **to ~ s.o. to go.** **II** *v/i* **5.** den Wunsch hegen. **III** *s* **6.** Wunsch *m,* Verlangen *n,* Begehren *n* (**for** nach): **~ for knowledge** Wissensdurst *m*; **to feel a ~ for doing** (*od.* **to do**) den Wunsch verspüren zu tun. **7.** Wunsch *m,* Bitte *f*: **at his ~** auf s-e Bitte *od.* s-n Wunsch. **8.** Sehnsucht *f,* Verlangen *n* (**for** nach). **9.** (*sinnliche*) Begierde. **10.** (*das*) Gewünschte *od.* Ersehnte, Wunsch *m.* **de'sired** *adj* **1.** er-, gewünscht: **~ value** *tech.* Sollwert *m.* **2.** ersehnt. **de'sir·ous** [-'zaɪərəs] *adj* (*adv* **~ly**) **1.** begierig, verlangend (**of** nach). **2.** wünschend, begehrend: **to be ~ of s.th.** etwas wünschen *od.* begehren; **to be ~ of doing** danach trachten *od.* verlangen zu tun; **to be ~ to learn** (*od.* **to know**) **s.th.** etwas (sehr) gern wissen wollen; **the parties are ~** (*in Verträgen*) die Vertragsparteien beabsichtigen.

de·sist [dɪ'zɪst; -'sɪst] *v/i* ablassen, Abstand nehmen (**from** von). **de'sist·ance, de'sist·ence** *s* Ablassen *n.*

desk [desk] **I** *s* **1.** Schreibtisch *m.* **2.** (Lese-, Schreib-, Noten-, *tech.* Schalt-)Pult *n.* **3.** Kasse *f* (*im Restaurant etc*): **pay at the ~.** **4.** a) ('Zeitungs)Redaktiˌon *f,* b) Redak'teur *m.* **5.** Empfang *m,* Anmeldung *f,* Rezepti'on *f* (*im Hotel*): **~ clerk** *Am.* Empfangschef *m,* -dame *f.* **6.** Auskunft(sschalter *m*) *f.* **II** *adj* **7.** (Schreib)Tisch...: **~ book** Handbuch *n*; **~ calendar** Tischkalender *m*; **~ knife** Radiermesser *n*; **~ set** Schreibzeug *n*; **~ strategist** *iro.* Schreibtischstratege *m*; **~ sergeant** diensthabender Polizist. **8.** Schreib(tisch)..., Büro...: **~ work**; **~ research** (*Markt- u. Meinungsforschung*) Sekundär-, Schreibtischforschung *f.*

de·skill [ˌdiː'skɪl] *v/t econ. Arbeitsvorgänge etc* so vereinfachen, daß ihre Ausführung nur noch geringe oder gar keine Fachkenntnisse erfordert.

des·o·late I *adj* ['desələt] (*adv* **~ly**) **1.** wüst, verwüstet. **2.** einsam, verlassen: a) unbewohnt: **~ country**, b) al'lein (*nur pred*), vereinsamt: **a ~ old woman.** **3.** trostlos: a) traurig: **~ thoughts**, b) öde: **~ hours**; **a ~ landscape.** **II** *v/t* [-leɪt] **4.** verwüsten. **5.** entvölkern. **6.** verlassen, einsam zu'rücklassen. **7.** trostlos *od.* elend machen. **'des·o·late·ness** [-lət-] → **desolation.** **ˌdes·o'la·tion** *s* **1.** Verwüstung *f.* **2.** Entvölkerung *f.* **3.** Einsamkeit *f,* Verlassenheit *f.* **4.** Trostlosigkeit *f*: a) Elend *n,* Traurigkeit *f,* b) Öde *f.*

des·ox·al·ic [ˌdesɒk'sælɪk; *Am.* -ɑk's-] *adj chem.* Desoxal...: **~ acid.**

de·spair [dɪ'speə(r)] **I** *v/i* **1.** (**of**) verzweifeln (an *dat*), ohne Hoffnung sein, alle Hoffnung aufgeben *od.* verlieren (für *od.* auf *acc*): **to ~ of mankind** an der Menschheit verzweifeln. **II** *s* **2.** Verzweiflung *f* (**at** über *acc*), Hoffnungslosigkeit *f*: **to drive s.o. to ~** j-n zur Verzweiflung bringen; **a look of ~** ein verzweifelter Blick. **3.** Ursache *f od.* Gegenstand *m* der Verzweiflung: **to be the ~ of s.o.** j-n zur Verzweiflung bringen. **de'spair·ing** *adj* (*adv* **~ly**) verzweifelt, voll Verzweiflung.

des·patch, *etc* → **dispatch,** *etc.*

des·per·a·do [ˌdespə'rɑːdəʊ; -'reɪ-] *pl* **-does, -dos** *s* Despe'rado *m.*

des·per·ate ['despərət] **I** *adj* (*adv* **~ly**) **1.** verzweifelt: **a ~ deed** e-e Verzweiflungstat; **a ~ effort** e-e verzweifelte Anstrengung; **to be ~ for s.th.** etwas verzweifelt *od.* dringend nötig haben. **2.** verzweifelt, hoffnungs-, ausweglos, despe'rat: **a ~ situation**; → **strait** 2. **3.** heftig, äußerst: **a ~ dislike.** **4.** *colloq.* ungeheuer, schrecklich: **~ nonsense**; **a ~ fool** ein hoffnungsloser Narr. **II** *adv* **5.** *colloq.* schrecklich, äußerst, sehr.

ˈ**des·per·ate·ness** → **desperation** 2.
ˌ**des·perˈa·tion** *s* **1.** Verzweiflung *f*: **to drive to ~** zur Verzweiflung bringen. **2.** Hoffnungs-, Ausweglosigkeit *f*.
des·pi·ca·ble [ˈdespɪkəbl; dɪˈspɪk-] *adj* (*adv* **despicably**) verächtlich, verachtenswert, verabscheuungswürdig.
de·spise [dɪˈspaɪz] *v/t* verachten, *Speise etc a.* verschmähen: **that is not to be ~d** das ist nicht zu verachten. **deˈspis·er** *s* Verächter(in).
de·spite [dɪˈspaɪt] **I** *prep* **1.** *a.* **~ of** trotz (*gen od. dat*), ungeachtet (*gen*). **II** *s* **2.** *obs.* Schimpf *m*, (angetane) Schmach. **3. in ~ of** → 1; **in ~ of him** ihm zum Trotz; **in my** (**his**, *etc*) **~** *obs.* mir (ihm *etc*) zum Trotz; **in ~ of o.s.** unwillkürlich. **4.** *obs.* Boshaftigkeit *f*, Bosheit *f*, Gehässigkeit *f*. **deˈspite·ful** *adj* (*adv* **~ly**) *obs.* boshaft, gehässig.
de·spoil [dɪˈspɔɪl] *v/t* plündern, *j-n* berauben (**of s.th.** e-r Sache).
de·spo·li·a·tion [dɪˌspəʊlɪˈeɪʃn], *a.* **deˈspoil·ment** *s* Plünderung *f*, Beraubung *f*.
de·spond [dɪˈspɒnd; *Am.* -ˈspɑnd] **I** *v/i* verzagen, verzweifeln, den Mut verlieren. **II** *s obs.* → **despondence**. **deˈspond·ence, deˈspond·en·cy** *s* Verzagtheit *f*, Mutlosigkeit *f*, Verzweiflung *f*. **deˈspond·ent** *adj* (*adv* **~ly**) mutlos, verzagt, verzweifelt: **to become ~** → **despond** I.
des·pot [ˈdespɒt; *Am.* -ˌpɑt] *s* Desˈpot *m*, Tyˈrann *m*. **des·pot·ic** [deˈspɒtɪk; *Am.* -ˈpɑ-] *adj*; **desˈpot·i·cal** *adj* (*adv* **~ly**) desˈpotisch, tyˈrannisch, *fig. a.* herrisch. ˈ**des·pot·ism** [-pə-] *s* a) Despoˈtismus *m* (*System*), b) Despoˈtie *f*, Tyranˈnei *f*.
de·spu·mate [dɪˈspjuːmeɪt; ˈdespjʊ-] *tech.* **I** *v/t* abschöpfen. **II** *v/i* sich abschäumen.
des·qua·mate [ˈdeskwəmeɪt] *v/i med.* **1.** sich abschuppen (*Haut etc*). **2.** sich häuten, sich schuppen (*Person*). ˌ**des·quaˈma·tion** *s med.* Abschuppung *f*.
des·sert [dɪˈzɜːt; *Am.* dɪˈzɜrt] **I** *s* Desˈsert *n*, Nachtisch *m*. **II** *adj* Dessert..., Nachtisch...: **~ wine** Dessertwein *m*. **desˈsert·spoon** *s* Desˈsertlöffel *m*.
de-Sta·lin·i·za·tion, *bes. Am.* **de·sta·lin·i·za·tion** [diːˌstɑːlɪnaɪˈzeɪʃn; -ˌstæ-; *Am.* -nəˈz-] *s pol. hist.* Entstaliniˈsierung *f*.
des·ti·na·tion [ˌdestɪˈneɪʃn] *s* **1.** (*econ. a.* **place of ~**) Bestimmungsort *m*. **2.** Aˈdresse *f*, Reiseziel *n*. **3.** Bestimmung *f*, (End)Zweck *m*, Ziel *n*.
des·tine [ˈdestɪn] *v/t* **1.** *etwas* bestimmen, vorsehen (**for** für *e-n Zweck*): **to be ~d to** (*inf*) dazu bestimmt *od.* dafür vorgesehen sein zu (*inf*). **2.** *j-n* bestimmen, prädestiˈnieren, aussersehen (*bes. durch Umstände od. Schicksal*): **he was ~d to** (*inf*) er sollte (*früh sterben etc*), es war ihm beschieden zu (*inf*). ˈ**des·tined** *adj* bestimmt, unterˈwegs (**for** nach): **a ship ~ for London.**
des·ti·ny [ˈdestɪnɪ] *s* **1.** Schicksal *n*: a) Geschick *n*, Los *n*, b) Verhängnis *n*: **he met his ~** sein Schicksal ereilte ihn; **the destinies of Europe** die Geschicke Europas. **2.** (*unvermeidliches*) Ende, Schicksal *n*. **3. D~** das Schicksal (*personifiziert*): **the Destinies** die Schicksalsgöttinnen, die Parzen.
des·ti·tute [ˈdestɪtjuːt; *Am. a.* -ˌtuːt] **I** *adj* **1.** mittellos, (völlig) verarmt, notleidend. **2.** (**of**) bar (*gen*), ohne (*acc*): **~ of all power** völlig machtlos, ohne jede Macht; **I am ~ of words** mir fehlen die Worte; **~ of children** kinderlos. **3.** *fig.* entblößt, beraubt (**of** *gen*): **~ of all authority.** **II** *s* **4. the ~** die Mittellosen *pl*, die Armen *pl*. ˌ**des·tiˈtu·tion** *s* **1.** (äußerste) Armut, (bittere) Not, Elend *n*. **2.** (völliger) Mangel (**of** an *dat*).
des·tri·er [ˈdestrɪə(r)] *s obs.* Streitroß *n*.
de·stroy [dɪˈstrɔɪ] *v/t* **1.** zerstören, vernichten. **2.** zertrümmern, *Gebäude etc* ab-, niederreißen. **3.** *etwas* ruiˈnieren, unbrauchbar machen. **4.** *j-n*, *e-e Armee*, *Insekten etc* vernichten. **5.** töten, ˈumbringen, *Tier a.* einschläfern. **6.** *fig. j-n*, *j-s Ruf*, *Gesundheit etc* ruiˈnieren, zuˈgrunde richten, *Hoffnungen etc* zuˈnichte machen, zerstören. **7.** *colloq. j-n* ‚kaˈputtmachen': **I was absolutely ~ed** ich war ‚fix u. fertig'. **deˈstroy·a·ble** *adj* zerstörbar. **deˈstroy·er** *s* **1.** Zerstörer(in), Vernichter(in). **2.** *mar. mil.* Zerstörer *m*: **~ escort** Geleitzerstörer.
de·struct [dɪˈstrʌkt] **I** *v/t* **1.** *eigene Weltraumrakete*, *eigenes Kriegsmaterial etc* aus Sicherheitsgründen zerstören. **II** *v/i* **2.** aus Sicherheitsgründen zerstört werden. **3.** sich selbst zerstören. **III** *s* **4.** Zerstörung *f* aus Sicherheitsgründen. **5.** Selbstzerstörung *f*.
de·struct·i·bil·i·ty [dɪˌstrʌktɪˈbɪlətɪ] *s* Zerstörbarkeit *f*. **deˈstruct·i·ble** *adj* (*adv* **destructibly**) zerstörbar.
de·struc·tion [dɪˈstrʌkʃn] *s* **1.** Zerstörung *f*, Vernichtung *f*. **2.** Zertrümmerung *f*, Ab-, Niederriß *m* (*e-s Gebäudes etc*). **3.** Tötung *f*, (*e-s Tiers a.*) Einschläferung *f*. **deˈstruc·tion·ist** *s* **1.** Zerstörungswütige(r *m*) *f*. **2.** *bes. pol.* ˈUmstürzler(in).
de·struc·tive [dɪˈstrʌktɪv] *adj* (*adv* **~ly**) **1.** zerstörend, vernichtend: → **distillation** 1. **2.** *fig.* destrukˈtiv, zerstörerisch, zerrüttend, verderblich, schädlich: **~ to health** gesundheitsschädlich; **to be ~ of s.th.** etwas zerstören *od.* untergraben. **3.** destrukˈtiv, (rein) negativ: **~ criticism.** **deˈstruc·tive·ness, de·struc·tiv·i·ty** [ˌdiːstrʌkˈtɪvətɪ] *s* **1.** zerstörende *od.* vernichtende Wirkung. **2.** (*das*) Destrukˈtive, destrukˈtive Eigenschaft. **deˈstruc·tor** [-tə(r)] *s tech.* Müllverbrennungsofen *m*.
des·ue·tude [dɪˈsjuːɪtjuːd; *Am.* -ˈsuːə-; *a.* -ˌtuːd; ˈdeswɪtjuːd; *Am. a.* -ˌtuːd] *s* Ungebräuchlichkeit *f*: **to fall** (*od.* **pass**) **into ~** außer Gebrauch kommen.
de·sul·fur [ˌdiːˈsʌlfə(r)], ˌ**deˈsul·fu·rate** [-fjʊreɪt; -fə-], ˌ**deˈsul·fu·rize** [-fjʊraɪz; -fə-] *v/t chem.* entschwefeln. **de·sul·phur,** *etc bes. Br. für* **desulfur,** *etc.*
des·ul·to·ri·ness [ˈdesəltərɪnɪs; *Am.* -ˌtəʊriː-; -ˌtɔː-] *s* **1.** Zs.-hanglosigkeit *f*, Plan-, Ziellosigkeit *f*. **2.** Flüchtigkeit *f*, Oberflächlichkeit *f*, Sprunghaftigkeit *f*. **3.** Unstetigkeit *f*. ˈ**des·ul·to·ry** *adj* (*adv* **desultorily**) **1.** ˈunzuˌsammenhängend, planlos, ziellos: **~ talk** wirres Gerede. **2.** abschweifend: **~ remarks.** **3.** oberflächlich, flüchtig, sprunghaft. **4.** unruhig, unstet. **5.** vereinzelt.
de·tach [dɪˈtætʃ] **I** *v/t* **1.** (ab-, los)trennen, (los)lösen, losmachen, *a. tech.* abnehmen, *rail. Waggon* abhängen (**from** von): **to ~ o.s.** sich befreien. **2.** absondern, freimachen. **3.** *mar. mil.* ˈabkommanˌdieren. **II** *v/i* **4.** sich (los)lösen, sich absondern (**from** von). **deˈtach·a·ble** *adj* (*adv* **detachably**) abnehmbar (*a. tech.*), loslösbar, (ab)trennbar. **deˈtached** *adj* **1.** (ab)getrennt, (ab-, los)gelöst: **to become ~** sich (los)lösen. **2.** einzeln, frei-, alˈleinstehend: **~ house** Einzelhaus *n*. **3.** sepaˈrat, gesondert. **4.** *mar. mil.* ˈabkommanˌdiert. **5.** *fig.* a) objekˈtiv, unvoreingenommen, b) (**about**) ˈuninteresˌsiert (an *dat*), gleichgültig (gegen), c) distanˈziert: **a ~ attitude.** **deˈtach·ed·ly** [-ɪdlɪ] *adv.* **deˈtached·ness** → **detachment** 2, 3, 4.
deˈtach·ment *s* **1.** (Ab)Trennung *f*, (Los)Lösung *f* (**from** von). **2.** *fig.* (innerer) Abstand, Diˈstanz *f*, Losgelöstsein *n*, (innere) Freiheit. **3.** *fig.* Objektiviˈtät *f*, Unvoreingenommenheit *f*. **4.** Gleichgültigkeit *f* (**from** gegen). **5.** *mil.* → **detail** 7 a *u.* b.
de·tail [ˈdiːteɪl; dɪˈteɪl] **I** *s* **1.** Deˈtail *n*: a) Einzelheit *f*, einzelner Punkt, b) *a. pl collect.* (nähere) Einzelheiten *pl*, Näheres *n*: **a wealth of ~** e-e Fülle von Einzelheiten; **to go into ~** ins einzelne gehen, auf Einzelheiten eingehen; **in ~** ausführlich, in allen Einzelheiten, Punkt für Punkt, im einzelnen. **2.** Einzelteil *n*, *m*: **~ drawing** *tech.* Stück-, Teilzeichnung *f*. **3.** Deˈtailbehandlung *f*, ausführliche Behandlung (*e-s Themas etc*). **4.** ausführliche Darstellung. **5.** *art* Deˈtail *n*: a) Deˈtailarbeit *f*, b) Ausschnitt *m*. **6.** ˈNebensache *f*, -ˌumstand *m*. **7.** *mil.* a) (ˈSonder)Komˌmando *n*, Abˈteilung *f*, Trupp *m*, b) ˈAbkommanˌdierung *f*, c) Sonderauftrag *m*, d) Tagesbefehl *m*. **II** *v/t* **8.** detailˈlieren, ausführlich behandeln *od.* berichten, genau beschreiben. **9.** *Tatsachen etc* einzeln aufzählen *od.* aufführen, einzeln eingehen auf (*acc*). **10.** *mil.* ˈabkommanˌdieren, (zum Dienst) einteilen. **deˈtailed** *adj* detailˈliert, ausführlich, eingehend, genau.
de·tain [dɪˈteɪn] *v/t* **1.** *j-n* aufhalten. **2.** *j-n* warten lassen. **3.** *a.* **~ in custody** *jur.* *j-n* in (Unterˈsuchungs)Haft (be)halten. **4.** *obs. etwas* (ˈwiderrechtlich) zuˈrückhalten. **5.** *ped.* nachsitzen lassen. **6.** *fig.* *j-n* fesseln (*Buch etc*). **de·tain·ee** [ˌdiːteɪˈniː] *s* Inhafˈtierte(r *m*) *f*. **deˈtain·er** *s jur.* **1.** *a.* **wrongful ~** ˈwiderrechtliche Vorenthaltung. **2.** Anordnung *f* der Haftfortdauer.
de·tect [dɪˈtekt] *v/t* **1.** entdecken, (herˈaus)finden, ermitteln, feststellen. **2.** erspähen, wahrnehmen. **3.** *Geheimnis* enthüllen: **to ~ a secret.** **4.** *Verbrechen etc* aufdecken, aufklären: **to ~ a crime.** **5.** *j-n* entlarven: **to ~ a hypocrite.** **6.** *j-n* ertappen (**in** bei). **7.** *mil. Gas*, *Minen* spüren, *Ziel* erfassen. **8.** *Radio*: gleichrichten, demoduˈlieren. **deˈtect·a·ble** *adj* feststellbar, entdeckbar. **deˈtec·ta·phone** [-təfəʊn] *s teleph.* Abhörgerät *n*. **de·tect·i·ble** → **detectable**.
de·tec·tion [dɪˈtekʃn] *s* **1.** Entdeckung *f*, Entdecken *n*, Feststellung *f*, Ermittlung *f*. **2.** Enthüllung *f*. **3.** Aufdeckung *f*, Aufklärung *f*. **4.** Entlarvung *f*. **5.** *Radio*: Gleichrichtung *f*, Demodulatiˈon *f*. **6.** *mil.* Zielerfassung *f*. **deˈtec·tive** **I** *adj* Detektiv..., Kriminal...: **~ fiction** Kriminalromane *pl*; **~ novel** (*od.* **story**) Kriminalroman *m*; **to do ~ work** *bes. fig.* Detektivarbeit leisten. **II** *s* Detekˈtiv(in), Krimiˈnalbeamte(r) *m*.
de·tec·tor [dɪˈtektə(r)] *s* **1.** Auf-, Entdecker *m*, Enthüller *m*. **2.** *tech.* a) Anzeigevorrichtung *f*, b) Angeber *m* (*an Geldschränken*). **3.** *electr.* Deˈtektor *m*, HF-Gleichrichter *m*, Demoduˈlator *m*. **4.** *mil.* a) Spürgerät *n* (*für radioaktive Stoffe etc*), b) *mar.* Ortungsgerät *n* (*gegen U-Boote*), c) *mar.* Torˈpedosuchgerät *n*.
de·tent [dɪˈtent] *s tech.* Sperrklinke *f*, -kegel *m*, -haken *m*, Sperre *f*, Arreˈtierung *f*.
dé·tente [deɪˈtɑ̃ːnt] *s bes. pol.* Entspannung *f*.
de·ten·tion [dɪˈtenʃn] *s* **1.** Inhafˈtierung *f*, Festnahme *f*. **2.** Haft *f*, Gewahrsam *m*: **~ (pending trial)** Untersuchungshaft; **~ barracks** *mil. Br.* Militärstrafanstalt *f*; **~ centre** *Br.*, **~ home** *Am.* Jugendstrafanstalt *f*. **3.** Aufhaltung *f*. **4.** Vorenthaltung *f*, Einbehaltung *f*: **~ of wages.** **5.** *ped.* Arˈrest *m*, Nachsitzen *n*.

de·ter [dɪˈtɜː; *Am.* dɪˈtɜr] *v/t* abschrecken, zuˈrück-, abhalten (**from** von). **de·terge** [dɪˈtɜːdʒ; *Am.* -ˈtɜrdʒ] *v/t bes. e-e Wunde* reinigen. **deˈter·gent I** *adj* **1.** reinigend. **II** *s* **2.** *a. med.* Reinigungsmittel *n.* **3.** Waschmittel *n.* **4.** Geschirrspülmittel *n.*

de·te·ri·o·rate [dɪˈtɪərɪəreɪt] **I** *v/i* **1.** sich verschlechtern, schlechter werden, (*Material*) verderben, (*Tierrasse etc*) entarten. **2.** verfallen, herˈunterkommen. **3.** *econ.* an Wert verlieren. **II** *v/t* **4.** verschlechtern, verschlimmern, beeinträchtigen. **5.** *den Wert* (ver)mindern. **6.** im Wert (ver)mindern, herˈabsetzen. **deˌte·ri·oˈra·tion** *s* **1.** Verschlechterung *f*, Verschlimmerung *f*, Verderb *m*, Entartung *f*: **the ~ of his health** die Verschlechterung s-s Gesundheitszustandes. **2.** Wertminderung *f.* **deˈte·ri·o·ra·tive** [-rətɪv; *Am. bes.* -ˌreɪ-] *adj* verschlechternd.

deˈter·ment *s* **1.** Abschreckung *f* (**from** von). **2.** Abschreckungsmittel *n.*

de·ter·mi·na·ble [dɪˈtɜːmɪnəbl; *Am.* -ˈtɜr-] *adj* (*adv* **determinably**) **1.** bestimmbar, entscheidbar, festsetzbar. **2.** *jur.* befristet: **~ contract** kündbarer Vertrag. **deˈter·mi·nant I** *adj* **1.** bestimmend, entscheidend. **II** *s* **2.** (*das*) Bestimmende *od.* Entscheidende, entscheidender Faktor. **3.** *biol. math.* Determiˈnante *f.*

de·ter·mi·nate [dɪˈtɜːmɪnət; *Am.* -ˈtɜr-] *adj* (*adv* **~ly**) **1.** bestimmt, festgelegt. **2.** entschieden, beschlossen. **3.** endgültig. **4.** entschlossen, entschieden, bestimmt. **5.** *bot.* cyˈmös. **deˈter·mi·nate·ness** *s* **1.** Bestimmtheit *f.* **2.** Entschlossenheit *f*, Entschiedenheit *f.*

de·ter·mi·na·tion [dɪˌtɜːmɪˈneɪʃn; *Am.* -ˌtɜr-] *s* **1.** Entschluß *m*, Entscheidung *f.* **2.** Beschluß *m.* **3.** Bestimmung *f*, Festsetzung *f.* **4.** Feststellung *f*, Ermittlung *f*, Bestimmung *f*: **~ of calorific value** Heizwertbestimmung. **5.** Bestimmt-, Entschlossen-, Entschiedenheit *f*, Zielstrebigkeit *f*: **a man of ~** ein entschlossener *od.* zielstrebiger Mensch. **6.** Ziel *n*, Zweck *m*, feste Absicht. **7.** Tenˈdenz *f*, Neigung *f*: **~ of blood** *med.* Blutandrang *m.* **8.** Abgrenzung *f.* **9.** *bes. jur.* Ablauf *m*, Ende *n* (*e-s Vertrags etc*). **10.** *Logik*: Determinatiˈon *f*, Bestimmung *f.* **deˈter·mi·na·tive** [-nətɪv; *Am. bes.* -ˌneɪ-] **I** *adj* **1.** (näher) bestimmend, einschränkend, Bestimmungs... **2.** bestimmend, entscheidend. **II** *s* **3.** (*etwas*) Bestimmendes *od.* Charakteˈristisches. **4.** entscheidender *od.* maßgebender Faktor. **5.** *ling.* a) Determinaˈtiv *n*, b) Bestimmungswort *n*: **~ compound** Determinativkompositum *n.*

de·ter·mine [dɪˈtɜːmɪn; *Am.* -ˈtɜr-] **I** *v/t* **1.** *e-e Streitfrage etc* entscheiden. **2.** *etwas* beschließen (*a.* **to do** zu tun), *e-n Zeitpunkt etc* bestimmen, festsetzen. **3.** feststellen, ermitteln, bestimmen: **to ~ the salt content**. **4.** bedingen, bestimmen, maßgebend sein für: **demand ~s the price**. **5.** *j-n* bestimmen, veranlassen (**to do** zu tun). **6.** *bes. jur. e-n Vertrag etc* beend(ig)en, aufheben, ablaufen lassen. **7.** *Logik*: determiˈnieren, bestimmen. **II** *v/i* **8.** (**on**) sich entscheiden (für), sich entschließen (zu): **to ~ on doing s.th.** sich dazu entschließen, etwas zu tun. **9.** *bes. jur.* enden, ablaufen (*Vertrag etc*). **deˈter·mined** *adj* (*adv* **~ly**) **1.** (fest) entschlossen: **he was ~ to know** er wollte unbedingt wissen. **2.** entschieden. **3.** bestimmt, festgelegt. **deˈter·min·er** *s ling.* Bestimmungswort *n.*

de·ter·min·ism [dɪˈtɜːmɪnɪzəm; *Am.* -ˈtɜr-] *s philos.* Determiˈnismus *m*: a) *Lehre von der kausalen (Vor)Bestimmtheit alles Geschehens*, b) *die der Willensfreiheit widersprechende Lehre von der Bestimmung des Willens durch innere u. äußere Ursachen.* **deˈter·min·ist I** *s* Determiˈnist(in). **II** *adj* determiˈnistisch.

de·ter·rence [dɪˈterəns; *Am. bes.* -ˈtɜr-] *s* Abschreckung *f*: **nuclear ~**. **deˈter·rent I** *adj* abschreckend, Abschreckungs... **II** *s* Abschreckungsmittel *n.*

de·test [dɪˈtest] *v/t* verabscheuen, hassen: **to ~ having to do s.th.** es hassen, etwas tun zu müssen. **deˈtest·a·ble** *adj* (*adv* **detestably**) abˈscheulich, verabscheuenswert. **ˌde·tesˈta·tion** [ˌdiː-] *s* **1.** (**of**) Verabscheuung *f* (*gen*), Abscheu *m* (vor *dat*, gegen). **2. to be the ~ of** *j-s* Abscheu erregen, verabscheut werden von.

de·throne [dɪˈθrəʊn] *v/t* entthronen (*a. fig.*). **deˈthrone·ment** *s* Entthronung *f* (*a. fig.*).

det·i·nue [ˈdetɪnjuː; *Am. bes.* ˈdetnˌuː] *s jur.* Vorenthaltung *f*: **action of ~** Vindikationsklage *f.*

det·o·nate [ˈdetəneɪt] **I** *v/t* **1.** detoˈnieren *od.* exploˈdieren lassen, zur Detonatiˈon bringen, zünden. **2.** *fig. etwas* auslösen. **II** *v/i* **3.** detoˈnieren, exploˈdieren. **4.** *mot.* klopfen. **ˈdet·o·nat·ing** *adj tech.* Detonations..., Spreng..., Zünd..., Knall...: **~ explosive** (*od.* **powder**) Brisanzsprengstoff *m*; **~ fuse** Knallzündschnur *f*; **~ gas** *chem.* Knallgas *n*; **~ tube** *chem.* Verpuffungsröhre *f.* **ˌdet·oˈna·tion** *s* **1.** a) Detonatiˈon *f*, Exploˈsion *f*, b) Zündung *f.* **2.** *mot.* Klopfen *n.* **ˈdet·o·na·tor** [-tə(r)] *s tech.* **1.** Zünd-, Sprengkapsel *f*, Sprengzünder *m.* **2.** (Siˈgnal)Knallkapsel *f.*

de·tour [ˈdiːˌtʊə(r)] **I** *s* **1.** ˈUmweg *m*: **to make a ~**. **2.** (Verˈkehrs)ˌUmleitung *f.* **3.** *fig.* ˈUmschweif *m.* **II** *v/i* **4.** e-n ˈUmweg machen. **III** *v/t* **5.** *Verkehr etc* ˈumleiten. **6.** e-n ˈUmweg machen um.

de·tox·i·cate [ˌdiːˈtɒksɪkeɪt; *Am.* -ˈtɑ-] *v/t* entgiften. **deˌtox·iˈca·tion** *s* Entgiftung *f.*

de·tox·i·fi·ca·tion [diːˌtɒksɪfɪˈkeɪʃn; *Am.* -ˌtɑ-] → **detoxication**. **deˈtox·i·fy** [-faɪ] → **detoxicate**.

de·tract [dɪˈtrækt] **I** *v/t* **1.** *Aufmerksamkeit etc* ablenken (**from** von). **2.** *obs.* verunglimpfen. **II** *v/i* **3.** (**from**) (*e-r Sache*) Abbruch tun, herˈabsetzen, schmälern (*acc*): **to ~ from s.o.'s reputation** j-s Ruf schaden. **deˈtrac·tion** *s* **1.** Herˈabsetzung *f*, Schmälerung *f* (**from** *gen*). **2.** Verunglimpfung *f.* **deˈtrac·tive** *adj* **1.** beeinträchtigend. **2.** verunglimpfend. **deˈtrac·tor** [-tə(r)] *s* **1.** Kritiker *m*, Herˈabsetzer *m.* **2.** Verunglimpfer *m.* **deˈtrac·to·ry** → **detractive**.

de·train [ˌdiːˈtreɪn] *rail.* **I** *v/t* **1.** *Personen* aussteigen lassen. **2.** *Güter, a. Truppen* ausladen. **II** *v/i* **3.** aussteigen. **deˈtrain·ment** *s* **1.** Aussteigen *n.* **2.** Ausladen *n.*

de·trib·al·ize [ˌdiːˈtraɪbəlaɪz] *v/t* a) *Eingeborenen* ihre ˈStammeskulˌtur nehmen, b) *Eingeborene* ziviliˈsieren.

det·ri·ment [ˈdetrɪmənt] *s* Nachteil *m*, Schaden *m* (**to** für): **to the ~ of s.o.** zu j-s Nachteil *od.* Schaden; **without ~ to** ohne Schaden für; **to be a ~ to health** gesundheitsschädlich sein. **ˌdet·riˈmen·tal** [-ˈmentl] *adj* (**to**) nachteilig, schädlich (für), abträglich (*dat*): **to be ~ to s.th.** e-r Sache schaden.

de·tri·tal [dɪˈtraɪtl] *adj geol.* Geröll..., Schutt... **deˈtrit·ed** *adj* **1.** abgenützt, abgegriffen: **~ coin**. **2.** *geol.* verwittert, Geröll... **deˈtri·tion** [-ˈtrɪʃn] *s* Abreibung *f*, Abnützung *f.* **deˈtri·tus** [-ˈtraɪtəs] *s geol.* Geröll *n*, Schutt *m.*

de trop [dəˈtrəʊ] *adj* ˈüberflüssig, zuˈviel des Guten.

de·trun·cate [ˌdiːˈtrʌŋkeɪt] *v/t* stutzen, beschneiden (*a. fig.*).

de·tu·mes·cence [ˌdiːtjuːˈmesns; *Am.* ˌdetjuːˈm-; ˌdetuːˈm-] *s med. physiol.* Detumesˈzenz *f*, Abschwellen *n.*

deuce [djuːs; *Am. a.* duːs] *s* **1.** *Kartenspiel, Würfeln*: Zwei *f.* **2.** *Tennis*: Einstand *m.* **3.** *colloq.* (*als Ausruf od. intens*) Teufel *m*: **how (who,** *etc*) **the ~** wie (wer *etc*) zum Teufel; **~ take it!** der Teufel soll es holen!; **~ knows** weiß der Teufel; **the ~ he can!** nicht zu glauben, daß er es kann!; **~ a bit** nicht im geringsten; **a ~ of a row** ein Mordskrach (*Lärm od. Streit*); **to play the ~ with** Schindluder treiben mit; **there will be the ~ to pay** das dicke Ende kommt noch (nach). **ˈdeuc·ed** [-sɪd; -st] *adj*, **ˈdeuc·ed·ly** [-sɪdlɪ] *adv colloq.* verteufelt, verflixt, verwünscht.

de·us ex mach·i·na [ˈdeɪʊsˌeksˈmækɪnə; -ˈmɑː-] (*Lat.*) *s* Deus *m* ex machina.

deu·te·ri·um [djuːˈtɪərɪəm; *Am. a.* duː-] *s chem.* Deuˈterium *n*, schwerer Wasserstoff. **~ ox·ide** *s chem.* Deuˈteriumoˌxyd *n*, schweres Wasser.

deutero- [djuːtərəʊ; -rə; *Am. a.* duː-] *Wortelement mit der Bedeutung* zweit(er, e, es).

deu·ter·on [ˈdjuːtərɒn; *Am.* -ˌrɑn; *a.* ˈduː-] *s phys.* Deuteron *n.*

Deu·ter·on·o·mist [ˌdjuːtəˈrɒnəmɪst; *Am.* -ˈrɑ-; *a.* ˌduː-] *s* Verfasser *m* des 5. Buches Mose. **ˌDeu·terˈon·o·my** *s* Deuteroˈnomium *n*, Fünftes Buch Mose.

deu·ter·op·a·thy [ˌdjuːtəˈrɒpəθɪ; *Am.* -ˈrɑ-; *a.* ˌduː-] *s med.* Deuteropaˈthie *f*, Sekunˈdärkrankheit *f.*

deu·to·plasm [ˈdjuːtəʊplæzəm; *Am. a.* ˈduː-] *s biol.* Deutoˈplasma *n* (*Nährplasma im Ei*).

de·val·u·ate [ˌdiːˈvæljʊeɪt; *Am.* -jəˌweɪt] *v/t econ.* abwerten. **ˌde·val·uˈa·tion** *s econ.* Abwertung *f.* **ˌdeˈval·ue** [-juː] → **devaluate**.

dev·as·tate [ˈdevəsteɪt] *v/t* **1.** verwüsten, vernichten. **2.** *fig.* überˈwältigen, -ˈmannen. **ˈdev·as·tat·ing** *adj* (*adv* **~ly**) **1.** verheerend, vernichtend (*beide a. fig.*): **~ criticism**. **2.** *colloq.* ‚toll', eˈnorm, phanˈtastisch. **3.** *colloq.* ˈumwerfend: **~ humo(u)r**. **ˌdev·asˈta·tion** *s* Verwüstung *f.* **ˈdev·as·ta·tor** [-tə(r)] *s* Verwüster(in).

de·vel·op [dɪˈveləp] **I** *v/t* **1.** entwickeln: **to ~ a theory**; **to ~ faculties** Fähigkeiten entwickeln *od.* entfalten; **to ~ muscles** Muskeln entwickeln *od.* bilden. **2.** entwickeln, zeigen, an den Tag legen: **to ~ an interest for s.th.** **3.** werden lassen, gestalten (**into** zu). **4.** sich *e-e Krankheit* zuziehen: **to ~ a cold**; **to ~ a fever** Fieber bekommen. **5.** *e-e Geschwindigkeit, Stärke etc* entwickeln, erreichen: **to ~ a high speed**. **6.** fördern, entwickeln, ausbauen: **to ~ an industry**. **7.** *Naturschätze, a. Bauland* erschließen, nutzbar machen, *Altstadt etc* saˈnieren. **8.** *e-n Gedanken, Plan etc, a. ein Verfahren* entwickeln, ausarbeiten: **to ~ a method**. **9.** *math.* a) *e-e Gleichung etc* entwickeln: **to ~ an equation**, b) *e-e Fläche* abwickeln: **to ~ a surface**. **10.** *mus. ein Thema* entwickeln, ˈdurchführen. **11.** *phot.* entwickeln. **12.** *mil. e-n Angriff* eröffnen. **II** *v/i* **13.** sich entwickeln (**from** aus): **to ~ into** sich entwickeln *od.* gestalten zu, zu *etwas* werden. **14.** (langsam) werden, entstehen, sich entfalten. **15.** zuˈtage treten, sich zeigen. **deˈvel·op·a·ble** *adj* **1.** *allg.* entwicklungsfähig. **2.** *fig.* ausbaufähig: **a ~ position**. **3.** erschließbar. **4.** *phot.* entwickelbar.

5. *math.* abwickelbar: ~ **surface**. **de·ˈvel·op·er** *s* **1.** *phot.* Entwickler(in). **2.** *phot.* Entwickler(flüssigkeit *f*) *m.* **3.** **late** ~ *bes. ped.* Spätentwickler(in). **4.** (Stadt)Planer *m.* **deˈvel·op·ing** *adj* Entwicklungs...: ~ **bath** *phot.* Entwicklungsbad *n*; ~ **company** Bauträger *m*; ~ **country** *econ.* Entwicklungsland *n.*

deˈvel·op·ment *s* **1.** *a. biol. math.* Entwicklung *f*: **a new ~ in electronics** e-e Neuentwicklung auf dem Gebiet der Elektronik; **stage of ~** Entwicklungsstufe *f*; ~ **engineer** *tech.* Entwicklungsingenieur *m.* **2.** Entfaltung *f*, (Aus)Bildung *f*, Wachstum *n*, Werden *n*, Entstehen *n*: ~ **aid** *econ.* Entwicklungshilfe *f*; ~ **country** *econ.* Entwicklungsland *n.* **3.** Ausbau *m*, Förderung *f*: ~ **of business contacts**. **4.** Erschließung *f*, Nutzbarmachung *f*: ~ **of land**; ~ **area** a) Entwicklungsgebiet *n*, b) Erschließungsgebiet *n*, c) Sanierungsgebiet *n*; ~ **company** Bauträger *m*; → **ripe** 8. **5.** *Bergbau*: Aufschließung *f.* **6.** Entwicklung *f*: a) Darlegung *f*: ~ **of an argument**, b) Ausarbeitung *f*: ~ **of new methods**. **7.** *mus.* a) Entwicklung *f*, ˈDurchführung *f*, b) ˈDurchführung(steil *m*) *f.* **de͵vel·opˈment·al** [-ˈmentl] *adj* Entwicklungs...: ~ **aid**; ~ **disease** *med.* Entwicklungsstörung *f*; ~ **program(me)** Aufbauprogramm *n.*

de·vi·ant [ˈdiːvjənt; -vɪənt] → **deviate** III.

de·vi·ate [ˈdiːvɪeɪt] **I** *v/i* abweichen, abgehen (**from** von) (*beide a. fig.*). **II** *v/t* ablenken. **III** *adj u. s* [-ət; -eɪt] *psych.* vom ˈDurchschnitt abweichend(es Indiˈviduum). **͵de·viˈa·tion** *s* **1.** Abweichung *f*, Abweichen *n* (**from** von) (*beide a. fig.*). **2.** *a. opt. phys.* Ablenkung *f.* **3.** *phys. tech.* Abweichung *f*: ~ **from linearity**. **4.** *aer. mar.* Deviatiˈon *f*, Abweichung *f*, Ablenkung *f*, Fehlweisung *f* (*der Kompaßnadel*). **5.** a) *aer.* (Kurs)Versetzung *f*, b) *mar.* Kursabweichung *f*, c) *Seeversicherung*: unerlaubte Deviatiˈon *od.* Kursabweichung. **6.** *pol.* → **deviationism**. **͵de·viˈa·tion·ism** *s* *pol.* Abweichlertum *n.* **͵de·viˈa·tion·ist** *pol.* **I** *s* Abweichler(in). **II** *adj* abweichlerisch. **ˈde·vi·a·tor** [-tə(r)] *s* Abweichende(r *m*) *f.*

de·vice [dɪˈvaɪs] *s* **1.** Vor-, Einrichtung *f*, Gerät *n.* **2.** Erfindung *f.* **3.** (*etwas*) kunstvoll Erdachtes, Einfall *m.* **4.** Plan *m*, Proˈjekt *n*, Vorhaben *n.* **5.** Kunstgriff *m*, Kniff *m*, Trick *m.* **6.** Anschlag *m*, böse Absicht. **7.** *pl* Neigung *f*, Wille *m*: **left to one's own ~s** sich selbst überlassen. **8.** Deˈvise *f*, Motto *n*, Sinn-, Wahlspruch *m.* **9.** *her.* Sinnbild *n.* **10.** Zeichnung *f*, Plan *m*, Entwurf *m*, Muster *n.*

dev·il [ˈdevl] **I** *s* **1.** Teufel *m*: a) **the ~**, *a.* **the D~** der Satan, b) Höllengeist *m*, c) Dämon *m*, d) *fig.* Unhold *m*: **a ~ in petticoats** *colloq.* ein Weibsteufel; **little ~** *colloq.* kleiner Racker; **(poor) ~** armer Teufel *od.* Schlucker; **to be between the ~ and the deep blue sea** *fig.* sich zwischen zwei Feuern befinden, in e-r bösen Zwickmühle sein *od.* sitzen; **talk** (*od.* **speak**) **of the ~ (and he will appear)** *colloq.* wenn man vom Teufel spricht, dann kommt er; **like the ~** *colloq.* wie der Teufel, wie verrückt; **to go to the ~** *colloq.* zum Teufel *od.* vor die Hunde gehen; **go to the ~!** scher dich zum Teufel!; **the ~ take the hindmost** den letzten beißen die Hunde; **the ~ and all** *colloq.* a) alles denkbar Schlechte, b) alles Mögliche; **there will be the ~ to pay** *colloq.* das dicke Ende kommt noch (nach); **to play the ~ with** *colloq.* Schindluder treiben mit; **the ~ is in it if** *colloq.* es geht mit dem Teufel zu, wenn; **the ~!** *colloq.* a) (*verärgert*) zum Teufel!, zum Kuckuck!, b) (*erstaunt*) Donnerwetter!, da hört doch alles auf!; **the ~ take it (him,** *etc*) *colloq.* der Teufel soll es (ihn *etc*) holen; **what (where, how,** *etc*) **the ~** *colloq.* was (wo, wie *etc*) zum Teufel; **~s on horseback** *gastr. gegrillte, in Speck gewickelte Backpflaumen*; **to give the ~ his due** jedem das Seine lassen; **to raise ~** ‚e-n Mordskrach schlagen'. **2.** *a.* ~ **of a fellow** *colloq.* Teufelskerl *m*, toller Bursche. **3.** *colloq.* Draufgängertum *n*, Schneid *m.* **4.** *fig.* Laster *n*, Übel *n*: **the ~ of drink**. **5.** **a** (*od.* **the**) ~ *colloq. intens* a) e-e verteufelte Sache, b) ein Mordsding, e-e Mordssache: **a** (*od.* **the**) **~ of a mess** ein Mordsdurcheinander; **the ~ of a job** e-e Mords- *od.* Heidenarbeit; **isn't it the ~** das ist doch e-e verflixte Sache; **the ~ of it** das Vertrackte an der Sache; **the ~ of a good joke** ein verdammt guter Witz. **6.** *colloq. intens* (*als Verneinung*) nicht der (die, das) geringste: ~ **a bit** überhaupt nicht, nicht die Spur; ~ **a one** nicht ein einziger. **7.** Handlanger *m*: → **printer** 1. **8.** *jur. Br.* Asˈsessor *m* (*bei e-m* **barrister**). **9.** scharf gewürztes Pfannen- *od.* Grillgericht. **10.** Sprühteufel *m* (*Feuerwerk*). **11.** *tech.* a) Zerˈkleinerungsma͵schine *f*, *bes.* Reißwolf *m*, Holländer *m*, b) Holzgewindedrehbank *f.*

II *v/t pret u. pp* **ˈdev·iled,** *bes. Br.* **ˈdev·illed 12.** *colloq. j-n* plagen, schikaˈnieren, ‚piesacken'. **13.** *tech. Lumpen etc* zerfasern, wolfen. **14.** *Speisen* scharf gewürzt grillen *od.* braten: → **deviled**.

III *v/i* **15.** Handlangerdienste tun (**for** für). **16.** *jur. Br.* als Asˈsessor (*bei e-m* **barrister**) arbeiten.

ˈdev·il-͵dodg·er *s colloq.* Prediger *m*, *bes.* Miliˈtärgeistliche(r) *m.*

dev·il·dom [ˈdevldəm] *s* Hölle *f.*

dev·iled, *bes. Br.* **dev·illed** [ˈdevld] *adj gastr.* feinzerhackt u. scharf gewürzt: ~ **ham**; ~ **eggs** gefüllte Eier.

ˈdev·il·fish *s ichth.* **1.** (*bes.* Flügel)Rochen *m*, Teufelsfisch *m.* **2.** Krake *m.* **3.** Seeteufel *m.*

ˈdev·il·ish I *adj* (*adv* ~**ly**) **1.** teuflisch: **his ~ grin** sein diabolisches Grinsen. **2.** *colloq.* verteufelt, verdammt, höllisch, schrecklich. **II** *adv* → 2. **ˈdev·il·ish·ness** *s* **1.** (*das*) Teuflische. **2.** → **devilry** 1.

dev·illed *bes. Br. für* **deviled**.

͵dev·il-may-ˈcare *adj* **1.** leichtsinnig. **2.** rücksichtslos. **3.** verwegen.

ˈdev·il·ment *s* **1.** Unfug *m*, Schelmeˈrei *f.* **2.** böser Streich, Schurkenstreich *m.*

ˈdev·il·ry [-rɪ] *s* **1.** Teufeˈlei *f*, Untat *f.* **2.** Schlechtigkeit *f.* **3.** wilde Ausgelassenheit *f*, ˈÜbermut *m.* **4.** Teufelsbande *f.* **5.** Teufelskunst *f*, Schwarze Maˈgie.

dev·il's|ad·vo·cate *s R.C. u. fig.* Advoˈcatus *m* Diˈaboli. **ˈ~-bones** *s pl sl.* Würfel(spiel *n*) *pl.* **~ book** *s* (des Teufels) ‚Gebet- *od.* Gesangbuch' *n* (*Spielkarten*). **~ darn·ing nee·dle** *s* **1.** *zo.* Liˈbelle *f.* **2.** *bot.* a) Nadelkerbel *m*, b) → **devil's-hair**. **~ food (cake)** *s bes. Am.* schwere Schokoˈladentorte. **ˈ~-hair** *s bot.* Virˈginische Waldrebe. **ˈ~-milk** *s bot.* **1.** Gartenwolfsmilch *f.* **2.** Sonnenwolfsmilch *f.*

dev·il·try [ˈdevltrɪ] → **devilry**.

dev·il wor·ship *s* Teufelsanbetung *f.*

de·vi·ous [ˈdiːvjəs; -vɪəs] *adj* (*adv* ~**ly**) **1.** abwegig, irrig, falsch: ~ **arguments**; ~ **step** Fehltritt *m.* **2.** gewunden (*a. fig.*): **to take a ~ route** e-n Umweg machen. **3.** umˈherirrend. **4.** verschlagen, unaufrichtig, falsch: **by ~ means** auf krummen Wegen, ‚hintenherum'. **5.** abgelegen: ~ **coasts**. **ˈde·vi·ous·ness** *s* **1.** Abwegigkeit *f.* **2.** Gewundenheit *f.* **3.** Verschlagenheit *f*, Unaufrichtigkeit *f.*

de·vis·a·ble [dɪˈvaɪzəbl] *adj* **1.** erfindbar, erdenkbar, erdenklich. **2.** *jur.* vermachbar.

de·vise [dɪˈvaɪz] **I** *v/t* **1.** erdenken, ausdenken, ersinnen, erfinden: **to ~ ways and means** Mittel u. Wege ersinnen. **2.** *jur. bes. Grundbesitz* (letztwillig) vermachen, hinterˈlassen (**to s.o.** j-m). **3.** *obs.* trachten nach. **4.** *obs.* a) sich vorstellen, begreifen, b) ahnen. **II** *s* **5.** *jur.* a) Hinterˈlassung *f*, b) Vermächtnis *n*, c) Testaˈment *n.* **de·vi·see** [͵devɪˈziː; dɪvaɪˈziː] *s jur.* Vermächtnisnehmer(in), Testaˈmentserbe *m*, -erbin *f* (*von Grundbesitz*). **deˈvis·er** *s* **1.** Erfinder(in). **2.** → **devisor**. **de·vi·sor** [͵devɪˈzɔː(r); dɪvaɪˈzɔː(r)] *s jur.* Erb-lasser(in) (*von Grundbesitz*).

de·vi·tal·i·za·tion [diː͵vaɪtəlaɪˈzeɪʃn; *Am.* -tləˈz-] *s bes. fig.* Schwächung *f.*

͵deˈvi·tal·ize *v/t bes. fig.* schwächen.

de·vit·ri·fy [͵diːˈvɪtrɪfaɪ] *v/t* entglasen.

de·vo·cal·i·za·tion [diː͵vəʊkəlaɪˈzeɪʃn; *Am.* -ləˈz-] *s ling.* Stimmlosmachen *n.*

͵deˈvo·cal·ize *v/t ling. e-n Laut* stimmlos machen.

de·voice [͵diːˈvɔɪs] → **devocalize**.

de·void [dɪˈvɔɪd] *adj*: ~ **of** ohne (*acc*), bar (*gen*), frei von: ~ **of feeling** gefühllos.

de·voir [dəˈvwɑː(r); *Am. a.* ˈdev-] *s* **1.** Pflicht *f*: **to do one's ~**. **2.** *pl* Höflichkeitsbezeigungen *pl*: **to pay one's ~s to s.o.** j-m s-e Aufwartung machen.

dev·o·lu·tion [͵diːvəˈluːʃn; ͵dev-] *s* **1.** Ab-, Verlauf *m*: ~ **of events, time,** *etc.* **2.** *jur.* a) Erbfolge *f*, b) Überˈtragung *f*, ˈÜbergang *m* (**on, upon** auf *acc*): ~ **of property, rights,** *etc*, c) Heimfall *m* (**on, upon** an *acc*). **3.** a) Überˈtragung *f*: ~ **of duties, functions, powers,** *etc*, b) *parl.* Überˈweisung *f* (**upon a committee** an e-n Ausschuß), c) *pol.* Dezentraliˈsierung *f.* **4.** *biol.* Degeneratiˈon *f*, Entartung *f.*

de·volve [dɪˈvɒlv; *Am. a.* -ˈvɑlv] **I** *v/t* (**on, upon**) *Rechte, Pflichten etc* überˈtragen (*dat od.* auf *acc*), *contp.* abwälzen (auf *acc*): **to ~ a duty**. **II** *v/i* (**on, upon, to**) ˈübergehen (auf *acc*), überˈtragen werden (*dat od.* auf *acc*), zufallen (*dat*) (*Rechte, Pflichten, Besitz etc*): **it ~d (up)on him to do** es wurde ihm übertragen *od.* fiel ihm zu *od.* oblag ihm zu tun.

Dev·on [ˈdevn] *s zo.* Devon(vieh) *n.*

De·vo·ni·an [deˈvəʊnjən; -nɪən; dɪˈv-] **I** *adj* **1.** deˈvonisch (*Devonshire betreffend*). **2.** *geol.* deˈvonisch. **II** *s* **3.** Bewohner(in) von Devonshire. **4.** *geol.* Deˈvon *n.*

de·vote [dɪˈvəʊt] *v/t* **1.** *s-e Zeit, Gedanken, Anstrengungen etc* widmen, *etwas* ˈhingeben, opfern (**to** *dat*): **to ~ o.s. to a cause** sich e-r Sache widmen *od.* verschreiben; **to ~ o.s. to s.o.** sich j-m widmen. **2.** weihen, überˈgeben (**to** *dat*). **deˈvot·ed** *adj* (*adv* ~**ly**) **1.** ˈhingebungsvoll: a) aufopfernd, treu, b) anhänglich, zärtlich, c) eifrig, begeistert. **2.** dem ˈUntergang geweiht, todgeweiht.

dev·o·tee [͵devəʊˈtiː] *s* **1.** eifriger *od.* begeisterter Anhänger: **jazz ~**. **2.** glühender Verehrer *od.* Verfechter. **3.** (*bes. religiöser*) Eiferer, Faˈnatiker *m.* **4.** *contp.* Betbruder *m*, -schwester *f.*

de·vo·tion [dɪˈvəʊʃn] *s* **1.** Widmung *f.* **2.** ˈHingabe *f*: a) Ergebenheit *f*, Treue *f*, b) Aufopferung *f*, c) Eifer *m*, ˈHingebung *f*, d) Liebe *f*, Verehrung *f*, (innige) Zuneigung. **3.** *relig.* a) Andacht *f*, ˈHingebung *f*, Frömmigkeit *f*, b) *pl* Gebet *n*, Andacht(sübung) *f.* **deˈvo·tion·al** [-ʃənl] **I** *adj* (*adv* ~**ly**) **1.** andächtig, fromm. **2.** Andachts..., Erbauungs...: ~ **book**. **II** *s* **3.** Andacht *f*, kurzer Gebetsgottesdienst. **deˈvo·tion·al·ist** *s* **1.** Andächtige(r *m*) *f.* **2.** Frömmler(in).

de·vour [dɪˈvaʊə(r)] *v/t* **1.** (gierig) verschlingen. **2.** vernichten (*Flammen etc*). **3.** *fig. ein Buch* verschlingen. **4.** *fig.* (mit Blicken) verschlingen. **5.** *fig. j-n* verzehren, verschlingen: **~ed by passion** von Leidenschaft verzehrt. **deˈvour·ing** *adj* (*adv* **~ly**) **1.** gierig. **2.** *fig.* verzehrend.
de·vout [dɪˈvaʊt] *adj* (*adv* **~ly**) **1.** fromm. **2.** andächtig. **3.** innig, inbrünstig. **4.** herzlich. **5.** eifrig. **deˈvout·ness** *s* **1.** Frömmigkeit *f*. **2.** Andacht *f*, ˈHingabe *f*. **3.** Innigkeit *f*, Inbrunst *f*. **4.** Herzlichkeit *f*. **5.** Eifer *m*.
dew [djuː; *Am. a.* duː] **I** *s* **1.** Tau *m*: **wet with ~** taunaß. **2.** *fig.* Frische *f*: **the ~ of youth.** **3.** a) Tränen *pl*, b) Schweiß(perlen *pl*, -tropfen *pl*) *m*. **II** *v/i* **4.** betauen, benetzen.
de·wan [dɪˈwɑːn] *s pol. Br. Ind.* a) Premiˈermiˌnister *m* (*e-s indischen Staates*), b) *hist.* Fiˈnanzmiˌnister *m*.
de·wa·ter [ˌdiːˈwɔːtə(r)] *v/t* entwässern.
ˈdew|·ber·ry [-berɪ] *s bot.* (*e-e*) Brombeere. **ˈ~claw** *s zo.* Afterklaue *f*. **ˈ~drop** *s* **1.** Tautropfen *m*. **2.** *Br. humor.* Nasentropfen *m*. **ˈ~fall** *s* Taufall *m*.
dew·i·ness [ˈdjuːɪnɪs; *Am. a.* ˈduː-] *s* (Tau)Feuchtigkeit *f*.
ˈdew|·lap *s* **1.** a) *zo.* Wamme *f*, b) *orn.* Hautlappen *m*. **2.** (*altersbedingte*) Halsfalte. **~ point** *s phys.* Taupunkt *m*. **~ pond** *s Br. kleiner, flacher Teich aus Tau.* **ˈ~ret, ˈ~rot** *v/t Flachs* ausrösten. **~ worm** *s Angeln*: Tauwurm *m*.
ˈdew·y *adj* **1.** taufeucht, *a. fig.* taufrisch. **2.** feucht, benetzt. **3.** *poet.* erfrischend: **~ sleep.** **ˈ~-eyed** *adj* ‚blauäugig', naˈiv.
dex·ter [ˈdekstə(r)] *adj* **1.** *obs.* recht(er, e, es), rechts(seitig). **2.** *her.* rechts (*vom Beschauer aus links*). **dexˈter·i·ty** [-ˈsterətɪ] *s* **1.** Gewandtheit *f*, Geschicklichkeit *f*. **2.** Rechtshändigkeit *f*. **ˈdex·ter·ous** *adj* (*adv* **~ly**) **1.** gewandt, geschickt. **2.** rechtshändig.
dex·tral [ˈdekstrəl] *adj* (*adv* **~ly**) **1.** rechts (-seitig), recht(er, e, es). **2.** rechtshändig.
dex·tran [ˈdekstræn; -trən], **ˈdex·trane** [-treɪn] *s chem.* Dexˈtran *n*. **ˈdex·trin** [-trɪn], **ˈdex·trine** [-triːn] *s chem.* Dexˈtrin *n*, Stärkegummi *m*, *n*.
dex·tro [ˈdekstrəʊ] → **dextrorotatory.**
dextro- [dekstrəʊ; -trə] *Wortelement mit der Bedeutung* rechts.
ˌdex·tro·gyˈra·tion, ˌdex·tro·roˈta·tion *s chem. phys.* Rechtsdrehung *f*. **ˌdex·troˈro·ta·to·ry** *adj chem. phys.* rechtsdrehend.
dex·trose [ˈdekstrəʊs] *s chem.* Dexˈtrose *f*, Traubenzucker *m*.
dex·trous [ˈdekstrəs] → **dexterous.** **ˈdex·trous·ness** → **dexterity.**
dhar·ma [ˈdɑːmə; *Am.* ˈdɜrmə] *s* Dharma *n*: a) (*Hinduismus*) *die jeweils in der Kaste gegebene Pflicht*, b) (*Buddhismus*) *die das Dasein bestimmenden Kräfte, aus denen e-e Persönlichkeit u. die von ihr erlebte Welt zustande kommt.*
dhoo·ti [ˈduːtɪ], **dho·ti** [ˈdəʊtɪ] *s* (*in Indien*) Lendentuch *n* (*der Männer*).
dhow [daʊ] *s mar.* D(h)au *f* (*arabisches Zweimastschiff mit Trapezsegeln*).
di [diː] *s mus.* di *n* (*Solmisationssilbe*).
di-[1] [daɪ] *Vorsilbe mit der Bedeutung* zwei, doppelt.
di-[2] [dɪ] → **dis-**[1].
di-[3] [daɪ] → **dia-**.
dia- [daɪə] *Vorsilbe mit den Bedeutungen* a) durch, b) vollständig, c) sich trennend, d) entgegengesetzt.
di·a·base [ˈdaɪəbeɪs] *s min.* **1.** *Am.* Diaˈbas *m*. **2.** *Br.* (*Art*) Baˈsalt *m*.
di·a·be·tes [ˌdaɪəˈbiːtiːz] *s med.* Diaˈbetes *m*, Zuckerkrankheit *f*, ‚Zucker' *m*: **he's suffering from ~** er hat Zucker.
ˌdi·aˈbet·ic [-ˈbetɪk] *med.* **I** *adj* diaˈbetisch: a) zuckerkrank, b) Diabetes...: **~ diet** Diabeteskost *f*; **~ chocolate** Diabetikerschokolade *f*. **II** *s* Diaˈbetiker(in), Zuckerkranke(r *m*) *f*.
di·a·ble·rie [dɪˈɑːblərɪ], *a.* **diˈab·ler·y** [-ˈæb-] *s* **1.** Teufelskunst *f*, Schwarze Maˈgie. **2.** Dämonoloˈgie *f*. **3.** Teufeˈlei *f*, Untat *f*.
di·a·bol·ic [ˌdaɪəˈbɒlɪk; *Am.* -ˈbɑ-] *adj*; **ˌdi·aˈbol·i·cal** [-kl] *adj* (*adv* **~ly**) diaˈbolisch, teuflisch, böse.
di·ab·o·lism [daɪˈæbəlɪzəm] *s* **1.** Teufelswerk *n*, Teufeˈlei *f*. **2.** teuflische Besessenheit. **3.** Teufelslehre *f*. **4.** Teufelskult *m*. **diˈab·o·lize** *v/t* **1.** teuflisch machen. **2.** als Teufel darstellen.
di·a·bo·lo [dɪˈɑːbələʊ; *bes. Am.* -ˈæbə-; *a.* daɪ-] *s* Diˈabolo(spiel) *n*.
di·ac·e·tate [daɪˈæsɪteɪt] *s chem.* ˈDiaceˌtat *n*.
di·a·chron·ic [ˌdaɪəˈkrɒnɪk; *Am.* -ˈkrɑ-] *adj ling.* diaˈchronisch: **~ dictionary (linguistics).**
di·ac·id [daɪˈæsɪd] *chem.* **I** *adj* zweisäurig (*Basen*). **II** *s* Disäure *f*.
di·ac·o·nal [daɪˈækənl] *adj relig.* Diakons... **diˈac·o·nate** [-neɪt; -nət] *s relig.* Diakoˈnat *n*.
di·a·crit·ic [ˌdaɪəˈkrɪtɪk] **I** *adj* (*adv* **~ally**) → **diacritical.** **II** *s ling.* diaˈkritisches Zeichen. **ˌdi·aˈcrit·i·cal** [-kl] *adj* (*adv* **~ly**) diaˈkritisch, unterˈscheidend: **~ mark** → **diacritic** II.
di·ac·tin·ic [ˌdaɪækˈtɪnɪk] *adj phys.* die akˈtinischen Strahlen ˈdurchlassend.
di·a·del·phous [ˌdaɪəˈdelfəs] *adj bot.* diaˈdelphisch, zweibrüderig.
di·a·dem [ˈdaɪədem] *s* **1.** Diaˈdem *n*. **2.** *fig.* Hoheit *f*, Herrscherwürde *f*.
di·aer·e·sis [daɪˈɪərɪsɪs; *bes. Am.* -ˈer-] *s* **1.** *ling.* a) Diäˈrese *f*, Diˈäresis *f* (*getrennte Aussprache zweier Vokale*), b) Trema *n*. **2.** *metr.* Diäˈrese *f*, Diˈäresis *f* (*Verseinschnitt*).
di·a·ge·o·trop·ic [ˌdaɪəˌdʒiːəˈtrɒpɪk; *Am.* -ˈtrəʊ-; -ˈtrɑ-] *adj bot.* transverˈsal-geoˌtropisch.
di·ag·nose [ˈdaɪəgnəʊz; *Am. bes.* -ˌnəʊs] **I** *v/t* **1.** *med.* diagnostiˈzieren (**as** als) (*a. fig.*). **2.** *fig.* beurteilen. **II** *v/i* **3.** *med.* e-e Diaˈgnose stellen (*a. fig.*). **ˌdi·agˈno·sis** [-ˈnəʊsɪs] *pl* **-ses** [-siːz] *s* **1.** *med.* Diaˈgnose *f* (*a. fig.*): **to make a ~** → **diagnose** 3. **2.** *fig.* Beurteilung *f*. **ˌdi·agˈnos·tic** [-ˈnɒstɪk; *Am.* -ˈnɑs-] *med.* **I** *adj* (*adv* **~ally**) **1.** diaˈgnostisch (*a. fig.*): **to be ~ of** symptomatisch sein für. **II** *s* **2.** Symˈptom *n*, charakteˈristisches Merkmal (*a. fig.*). **3.** *meist pl* (*als sg konstruiert*) Diaˈgnostik *f*. **4.** → **diagnosis** 1. **ˌdi·agˈnos·ti·cate** [-keɪt] → **diagnose.** **ˌdi·ag·nosˈti·cian** [-nɒsˈtɪʃn; *Am.* -ˌnɑs-] *s med.* Diaˈgnostiker(in).
di·ag·o·nal [daɪˈægənl] **I** *adj* (*adv* **~ly**) **1.** *math. tech.* diagoˈnal: **~ surface** Diagonalfläche *f*; **~ cloth** → 4; **~ line** → 3. **2.** schräg(laufend), über Kreuz, Kreuz... **II** *s* **3.** *math.* Diagoˈnale *f*. **4.** schräggeripptes Gewebe, Diagoˈnalgewebe *n*.
di·a·gram [ˈdaɪəgræm] **I** *s* **1.** Diaˈgramm *n*, graphische Darstellung, Schema *n*, *tech. a.* Schau-, Kurvenbild *n*. **2.** *bot.* ˈBlütendiaˌgramm *n*. **II** *v/t pret u. pp* **-gramed,** *bes. Br.* **-grammed 3.** graphisch darstellen. **ˌdi·a·gramˈmat·ic** [-grəˈmætɪk] *adj*; **ˌdi·a·gramˈmat·i·cal** [-kl] *adj* (*adv* **~ly**) graphisch, scheˈmatisch.
di·a·graph [ˈdaɪəgrɑːf; *bes. Am.* -græf] *s tech.* Diaˈgraph *m* (*Zeichengerät*).
di·a·ki·ne·sis [ˌdaɪəkɪˈniːsɪz; -kaɪ-] *s biol.* Diakiˈnese *f*.
di·al [ˈdaɪəl] **I** *s* **1.** *a.* **~ plate** Zifferblatt *n* (*der Uhr*). **2.** *a.* **~ plate** *tech.* Skala *f*, Skalenblatt *n*, -scheibe *f*: **~ ga(u)ge** Meßuhr *f*; **~ light** (*Radio etc*) Skalenbeleuchtung *f*. **3.** *teleph.* Wähl-, Nummernscheibe *f*. **4.** *Bergbau*: Markscheide(r)kompaß *m*. **5.** *Br. sl.* ‚Viˈsage' *f* (*Gesicht*). **II** *v/t pret u. pp* **-aled,** *bes. Br.* **-alled 6.** *teleph.* wählen: **to ~ a number; to ~ a wrong number** sich verwählen; **to ~ London** London anwählen. **7.** *e-n Sender etc* einstellen. **8.** mit e-r Skala bestimmen *od.* messen. **III** *v/i* **9.** *teleph.* wählen: **to ~ direct** durchwählen (**to** nach).
di·al·co·hol [daɪˈælkəhɒl] *s chem.* Dialkohol *m*.
di·al·de·hyde [daɪˈældɪhaɪd] *s chem.* ˈDialdeˌhyd *n*.
di·a·lect [ˈdaɪəlekt] *s* **1.** Diaˈlekt *m*: a) Mundart *f*, b) Sprachzweig *m*: **~ atlas** Sprachatlas *m*; **~ geography** Sprachgeographie *f*. **2.** Jarˈgon *m*. **ˌdi·aˈlec·tal** [-tl] *adj* (*adv* **~ly**) diaˈlektisch, mundartlich, Dialekt...
di·a·lec·tic [ˌdaɪəˈlektɪk] **I** *adj* (*adv* **~ally**) **1.** *philos.* diaˈlektisch. **2.** spitzfindig. **3.** *ling.* → **dialectal.** **II** *s philos.* **4.** *meist pl* (*oft als sg konstruiert*) Diaˈlektik *f*. **5.** diaˈlektische Auseinˈandersetzung. **6.** Spitzfindigkeit *f*. **7.** Diaˈlektiker *m*.
di·a·lec·ti·cal [ˌdaɪəˈlektɪkl] *adj* (*adv* **~ly**) → **dialectic** I. **~ma·te·ri·al·ism** *s philos.* diaˈlektischer Materiaˈlismus.
di·a·lec·ti·cian [ˌdaɪəlekˈtɪʃn] *s* **1.** *philos.* Diaˈlektiker *m*. **2.** *ling.* Mundartforscher *m*. **ˌdi·aˈlec·ti·cism** [-tɪsɪzəm] *s* **1.** *philos.* (*praktische*) Diaˈlektik. **2.** *ling.* a) Mundartlichkeit *f*, b) Diaˈlektausdruck *m*. **ˌdi·a·lecˈtol·o·gy** [-ˈtɒlədʒɪ; *Am.* -ˈtɑ-] *s ling.* Dialektoloˈgie *f*, Mundartforschung *f*.
ˈdi·al·ling| code *s teleph. Br.* Vorwählnummer *f*, Vorwahl(nummer) *f*. **~ tone** *s teleph. Br.* Wählton *m*, -zeichen *n*.
di·a·log *Am. für* **dialogue.**
di·a·log·ic [ˌdaɪəˈlɒdʒɪk; *Am.* -ˈlɑ-] *adj* (*adv* **~ally**) diaˈlogisch, in Diaˈlogform.
di·al·o·gism [daɪˈælədʒɪzəm] *s rhet.* Dialoˈgismus *m* (*Fragen, die ein Redner an sich selbst richtet u. auch selbst beantwortet*). **diˈal·o·gist** *s* **1.** Diaˈlogpartner(in). **2.** Verfasser(in) e-s Diaˈlogs. **diˈal·o·gize** *v/i* e-n Diaˈlog führen.
di·a·logue, *Am. a.* **di·a·log** [ˈdaɪəlɒg; *Am. a.* -ˌlɑg] *s* **1.** Diaˈlog *m*, (Zwie)Gespräch *n*. **2.** Diaˈlog-, Gesprächsform *f*: **written in ~.** **3.** Werk *n* in Diaˈlogform.
dial tone *s teleph. Am.* Wählton *m*, -zeichen *n*.
di·a·lyse [ˈdaɪəlaɪz], **ˈdi·a·lys·er** *bes. Br. für* **dialyze, dialyzer.**
di·al·y·sis [daɪˈælɪsɪs] *pl* **-ses** [-siːz] *s* **1.** *chem.* Diaˈlyse *f*. **2.** *med.* Diaˈlyse *f*, Blutwäsche *f*.
di·al·yze [ˈdaɪəˌlaɪz] *v/t chem. Am.* dialyˈsieren. **ˈdi·alˌyz·er** *s Am.* **1.** *chem.* Dialyˈsator *m*. **2.** *med.* Diaˈlyseappaˌrat *m*, künstliche Niere.
di·a·mag·net·ic [ˌdaɪəmægˈnetɪk] *adj* (*adv* **~ally**) *phys.* diamaˈgnetisch.
di·am·e·ter [daɪˈæmɪtə(r)] *s* **1.** *math.* Diaˈmeter *m*, ˈDurchmesser *m*: **in ~** im Durchmesser. **2.** ˈDurchmesser *m*, Dicke *f*, Stärke *f*. **diˈam·e·tral** [-trəl] → **diametrical.**
di·a·met·ric [ˌdaɪəˈmetrɪk] → **diametrical** 1.
di·a·met·ri·cal [ˌdaɪəˈmetrɪkl] *adj* (*adv* **~ly**) **1.** diaˈmetrisch. **2.** *fig.* diameˈtral, genau entgegengesetzt: **~ opposites** diametrale Gegensätze.
di·a·mine [ˈdaɪəmiːn; daɪˈæmɪn] *s chem.* Diaˈmin(overbindung *f*) *n*.
di·a·mond [ˈdaɪəmənd] **I** *s* **1.** *min.* Diaˈmant *m*: **it was ~ cut ~** die beiden standen sich in nichts nach; **~ in the**

rough → **rough diamond. 2.** *tech.* Diaˈmant *m*, Glasschneider *m*. **3.** *math.* Raute *f*, Rhombus *m*. **4.** *Kartenspiel*: a) *pl* Karo *n*, b) Karokarte *f*. **5.** *Baseball*: a) Spielfeld *n*, b) Innenfeld *n*. **6.** *print. hist.* Diaˈmant *f* (*Schriftgrad*). **II** *v/t* **7.** (wie) mit Diaˈmanten schmücken. **III** *adj* **8.** diaˈmanten. **9.** Diamant... **10.** rhombisch, rautenförmig. **~ cut·ter** *s* Diaˈmantschleifer *m*. **~ drill** *s tech.* Diaˈmantbohrer *m*: a) *Bohrer für Diamanten*, b) *Bohrer mit Diamantspitze*. **~ field** *s* Diaˈmantenfeld *n*. **~ mine** *s* Diaˈmantmine *f*. **~ pane** *s* rautenförmige Fensterscheibe. **~ pen·cil** *s tech.* ˈGlaserdiaˌmant *m*. **~ saw** *s tech.* Diaˈmantsäge *f*. **~ wed·ding** *s* diaˈmantene Hochzeit.

di·an·drous [daɪˈændrəs] *adj bot.* diˈandrisch, zweimännig.

di·a·nod·al [ˌdaɪəˈnəʊdl] *adj math.* durch (e-n) Knoten gehend (*Kurven*), Knoten...

di·an·thus [daɪˈænθəs] *s bot.* Nelke *f*.

di·a·pa·son [ˌdaɪəˈpeɪsn; -zn] *s* **1.** *antiq. mus.* Diapaˈson *m, n*, Okˈtave *f*. **2.** *mus.* a) gesamter Tonbereich, b) ˈTonˌumfang *m*. **3.** *mus.* Menˈsur *f* (*e-s Instruments*). **4.** *mus.* a) 8-Fuß-Ton *m*, b) *a.* **open ~** Prinziˈpal *n* (*der Orgel*). **5.** *a.* **~ normal** *mus.* Norˈmalstimmung *f*, Kammerton *m*. **6.** *mus.* Stimmgabel *f*. **7.** Zs.-Klang *m*, Harmoˈnie *f*. **8.** *fig.* ˈUmfang *m*, Bereich *m*.

di·a·pause [ˈdaɪəpɔːz] *s zo.* Diaˈpause *f* (*klimatisch od. erblich bedingter Ruhezustand während der Entwicklung*).

di·a·pe·de·sis [ˌdaɪəpəˈdiːsɪs] *s med.* Diapeˈdese *f* (*Durchtritt von Blutkörperchen durch e-e unverletzte Gefäßwand*).

di·a·per [ˈdaɪəpə(r)] **I** *s* **1.** Diˈaper *m*, Gänseaugenstoff *m* (*Jacquardgewebe aus Leinen od. Baumwolle*). **2.** *a.* **~ pattern** Diˈaper-, Kantenmuster *n*. **3.** *Am.* Windel *f*: **~ rash** *med.* Wundsein *n* (*beim Säugling*). **II** *v/t* **4.** mit (e-m) Diˈapermuster verzieren.

di·a·phane [ˈdaɪəfeɪn] *s* ˈdurchsichtige Subˈstanz.

di·aph·a·nom·e·ter [daɪˌæfəˈnɒmɪtə; *Am.* -ˈnamətər] *s* Diaphanoˈmeter *n*, Transpaˈrenzmesser *m*. **diˈaph·a·nous** *adj* (*adv* **~ly**) ˈdurchsichtig, transpaˈrent (*a. fig.*).

di·a·pho·ret·ic [ˌdaɪəfəˈretɪk] *adj u. s med.* schweißtreibend(es Mittel).

di·a·phragm [ˈdaɪəfræm] *s* **1.** *anat.* Diaˈphragma *n*: a) Scheidewand *f*, b) Zwerchfell *n*. **2.** *phys.* ˈhalbˌdurchlässige Schicht *od.* Scheidewand *od.* Memˈbran(e). **3.** *teleph. etc* Memˈbran(e) *f*. **4.** *opt. phot.* Blende *f*. **5.** *bot.* Diaˈphragma *n*. **6.** *med.* Diaˈphragma *n* (*mechanisches Empfängnisverhütungsmittel*). **~ pump** *s tech.* Memˈbranpumpe *f*. **~ shut·ter** *s phot.* Blendenverschluß *m*. **~ valve** *s tech.* Memˈbranvenˌtil *n*.

di·a·pos·i·tive [ˌdaɪəˈpɒzɪtɪv; *Am.* -ˈpa-] *s phot.* Diapositiv *n*.

di·ar·chy [ˈdaɪɑː(r)kɪ] *s* Diarˈchie *f*, Doppelherrschaft *f*.

di·ar·i·al [daɪˈeərɪəl], **diˈar·i·an** *adj* Tagebuch...

di·a·rist [ˈdaɪərɪst] *s* Tagebuchschreiber(in). **ˈdi·a·rize I** *v/t* ins Tagebuch eintragen. **II** *v/i* (ein) Tagebuch führen.

di·ar·rh(o)e·a [ˌdaɪəˈrɪə] *s med.* Diarˈrhö(e) *f*, ˈDurchfall *m*. **ˌdi·arˈrh(o)e·al, ˌdi·arˈrh(o)e·ic** *adj med.* diarˈrhöisch, Durchfall...

di·ar·thro·sis [ˌdaɪɑː(r)ˈθrəʊsɪs] *pl* **-ses** [-siːz] *s anat.* Diarˈthrose *f*, Kugelgelenk *n*.

di·a·ry [ˈdaɪərɪ] *s* **1.** Tagebuch *n*. **2.** Noˈtizbuch *n*, ˈTaschenkaˌlender *m*. **3.** Terˈminkaˌlender *m*.

Di·as·po·ra [daɪˈæspərə] *s* Diˈaspora *f*: a) *hist. die seit dem babylonischen Exil außerhalb Palästinas lebenden Juden*, b) *Gebiet, in dem die Anhänger e-r Konfession* (*a. Nation*) *gegenüber e-r anderen in der Minderheit sind*, c) *e-e konfessionelle* (*a. nationale*) *Minderheit*.

di·a·stase [ˈdaɪəsteɪs] *s biol. chem.* Diaˈstase *f*.

di·as·to·le [daɪˈæstəlɪ] *s* Diˈastole *f*: a) *med. die mit der Zs.-ziehung rhythmisch abwechselnde Erweiterung des Herzens*, b) *metr. Dehnung e-s kurzen Vokals*.

di·as·tro·phism [daɪˈæstrəfɪzəm] *s geol.* Veränderung *f* der Erdoberfläche.

di·a·ther·mic [ˌdaɪəˈθɜːmɪk; *Am.* -ˈθɜr-] *adj* **1.** *phys.* diaˈtherm, diatherˈman, ˈultrarot-, ˈwärmeˌdurchlässig. **2.** *med.* diaˈthermisch. **ˌdi·aˈther·mize** *v/t med.* diaˈthermisch behandeln. **ˌdi·aˈther·mous** → **diathermic**. **ˈdi·aˌther·my** *s med.* Diatherˈmie *f* (*Heilverfahren mit Hochfrequenzströmen*).

di·ath·e·sis [daɪˈæθɪsɪs] *pl* **-ses** [-siːz] *s med.* Diaˈthese *f*, Krankheitsneigung *f*.

di·a·tom [ˈdaɪətəm; -tɒm; *Am.* -ˌtam] *s bot.* Diatoˈmee *f*, Kieselalge *f*. **ˌdi·a·toˈma·ceous** [-təˈmeɪʃəs] *adj* Diatomeen...: **~ earth** *geol.* Diatomeenerde *f*, Kieselgur *f*.

di·a·tom·ic [ˌdaɪəˈtɒmɪk; *Am.* -ˈta-] *adj chem.* **1.** ˈzweiaˌtomig. **2.** zweiwertig.

di·a·ton·ic [ˌdaɪəˈtɒnɪk; *Am.* -ˈta-] *adj* (*adv* **~ally**) *mus.* diaˈtonisch: **~ semitone**; **~ scale** diatonische Tonleiter.

di·a·tribe [ˈdaɪətraɪb] *s* Ausfall *m*, gehässiger Angriff, Hetz- *od.* Schmähschrift *f od.* -rede *f*.

di·az·o·a·min(e) [daɪˌæzəʊˈæmɪn; -ˌeɪ-] *s chem.* Diazoaˈminoverbindung *f*.

dib [dɪb] *v/i Angeln*: den Köder (*im Wasser*) auf u. ab hüpfen lassen.

di·bas·ic [daɪˈbeɪsɪk] *adj chem.* zweibasisch.

dib·ber [ˈdɪbə(r)] *s* **1.** → **dibble**[1] 1. **2.** *mil.* Minenlegestab *m*.

dib·ble[1] [ˈdɪbl] *agr.* **I** *s* **1.** Dibbelstock *m*, Pflanz-, Setzholz *n*. **II** *v/t* **2.** mit e-m Setzholz pflanzen. **3.** (*mit dem Setzholz*) Löcher machen in (*acc*). **III** *v/i* **4.** dibbeln.

dib·ble[2] [ˈdɪbl] → **dib**.

di·ben·zyl [daɪˈbenzɪl] *adj chem.* zwei Benˈzylgruppen enthaltend.

di·bran·chi·ate [daɪˈbræŋkɪeɪt; -kɪət] *adj ichth.* zweikiemig.

dibs [dɪbz] *s pl* **1.** (*als sg konstruiert*) *Br. Kinderspiel mit Steinchen od. Metallstückchen*. **2.** *colloq.* Recht *n*, Anspruch *m* (**on** auf *acc*): **I have ~ on that piece of cake** das Stück Kuchen steht mir zu. **3.** *Am. sl.* ‚Zaster' *m* (*Geld*), (*ein*) paar ‚Kröten' *pl*.

di·car·bon·ate [daɪˈkɑː(r)bənɪt; -neɪt] *s chem.* **1.** Dikarboˈnat *n*. **2.** → **dicarboxylate**. **ˌdi·carˈbox·yl·ate** [-ˈbɒksɪlɪt; -leɪt; *Am.* -ˈbak-] *s chem.* Dicarboxyˈlat *n*.

dice [daɪs] **I** *s* **1.** *pl von* **die**[2] 1–3. **2.** *pl* **dice** → **die**[2] 1, 2. **II** *v/t* **3.** *gastr.* in Würfel schneiden. **4.** mit *j-m* würfeln *od.* knobeln (**for** um): **to ~ s.o. for s.th.**; **to ~ away** beim Würfeln verlieren. **5.** würfeln, mit e-m Würfel- *od.* Karomuster verzieren. **6.** *mil. Am.* Luftaufnahmen machen von. **III** *v/i* **7.** würfeln, knobeln (**for** um): **to ~ with death** mit s-m Leben spielen. **~ cup** *s* Würfel-, Knobelbecher *m*.

di·cen·tra [daɪˈsentrə] *s bot.* Tränendes Herz.

di·ceph·a·lous [daɪˈsefələs] *adj* doppel-, zweiköpfig.

ˈdic·er *s* **1.** Würfelspieler(in). **2.** ˈWürfelˌschneidmaˌschine *f*. **3.** *Am. sl.* ‚Meˈlone' *f*, Bowler *m*.

dic·ey [ˈdaɪsɪ] *adj colloq.* preˈkär, heikel (*Situation etc*).

dich- [daɪk] → **dicho-**.

di·chlo·ride [daɪˈklɔːraɪd], *a.* **diˈchlo·rid** [-rɪd] *s chem.* Dichloˈrid *n*.

dicho- [daɪkəʊ] *Wortelement mit der Bedeutung* in zwei Teilen, paarig.

di·chog·a·my [daɪˈkɒgəmɪ; *Am.* -ˈka-] *s bot.* Dichogaˈmie *f* (*zeitlich getrenntes Reifwerden der weiblichen u. männlichen Geschlechtsorgane innerhalb e-r Zwitterblüte, wodurch e-e Selbstbefruchtung verhindert wird*).

di·chot·o·mize [daɪˈkɒtəmaɪz; *Am.* -ˈka-] *v/t* **1.** aufspalten. **2.** *bot. zo.*, *a. Logik*: dichoˈtomisch anordnen. **3.** *Systematik*: auf e-n zweigabeligen Bestimmungsschlüssel verteilen. **4.** *astr. bes. den Mond* halb beleuchten. **diˈchot·o·my** [-mɪ] *s* Dichotoˈmie *f*: a) (Zwei)Teilung *f*, (Auf)Spaltung *f*, b) *Logik*: Diäˈrese *f*, Zweiteilung *f* (*Begriffsanordnung*), c) *bot. zo.* (wiederˈholte) Gabelung, d) *astr.* Halbsicht *f*.

di·chro·ic [daɪˈkrəʊɪk] *adj* **1.** *min.* dichroˈitisch (*Kristall*). **2.** → **dichromatic**. **ˈdi·chro·ism** *s* **1.** *min.* Dichroˈismus *m* (*Eigenschaft vieler Kristalle, Licht nach 2 Richtungen in verschiedenen Farben zu zerlegen*). **2.** → **dichromatism**. **ˌdi·chroˈit·ic** → **dichroic**.

di·chro·mate [daɪˈkrəʊmeɪt] *s chem.* Dichroˈmat *n*, doppelchromsaures Salz.

ˌdi·chroˈmat·ic [-ˈmætɪk] *adj* **1.** dichroˈmatisch, zweifarbig. **2.** *med.* a) dichroˈmat, b) die Dichromaˈsie *od.* Dichromatoˈpsie betreffend. **diˈchro·ma·tism** [-mətɪzəm] *s* **1.** Zweifarbigkeit *f*. **2.** *med.* Dichromaˈsie *f*, Dichromatoˈpsie *f* (*Farbenblindheit, bei der nur 2 der 3 Grundfarben erkannt werden.*)

di·chro·mic[1] [daɪˈkrəʊmɪk] *adj* **1.** → **dichroic** 1. **2.** → **dichromatic** 2 b.

di·chro·mic[2] [daɪˈkrəʊmɪk] *adj chem.* zwei Radiˈkale der Chromsäure enthaltend.

di·chro·mic| ac·id *s chem.* Diˈchromsäure *f*. **~ vi·sion** → **dichromatism** 2.

dick [dɪk] *s* **1.** *bes. Br. sl.* Kerl *m*: → **clever** 1. **2.** *bes. Am. sl.* ‚Schnüffler' *m* (*Detektiv*): **private ~** Privatdetektiv *m*. **3.** *vulg.* ‚Schwanz' *m* (*Penis*).

dick·ens [ˈdɪkɪnz] *s colloq.* Teufel *m*: **what (how, etc) the ~** was (wie *etc*) zum Teufel.

Dick·en·si·an [dɪˈkenzɪən] **I** *s* Bewunderer *m od.* Kenner *m* der Werke Dickens'. **II** *adj* dickenssch(er, e, es).

dick·er[1] [ˈdɪkə(r)] **I** *s* **1.** Schacher *m*, ‚Kuhhandel' *m*. **2.** Tauschhandel *m*. **II** *v/i* **3.** feilschen, schachern (**with** mit; **for** um). **4.** tauschen, Tauschgeschäfte machen.

dick·er[2] [ˈdɪkə(r)] *s econ. Am.* zehn Stück (*Zählmaß bes. für Felle*).

dick·ey[1] [ˈdɪkɪ] *s* **1.** Hemdbrust *f*. **2.** (Blusen)Einsatz *m*. **3.** *a.* **~ bow** *Br.* (Frack)Schleife *f*, Fliege *f*. **4.** *Br. colloq.* Esel *m*. **5.** → **dickeybird**. **6.** *mot.* Not-, Klappsitz *m*.

dick·ey[2] [ˈdɪkɪ] *adj colloq.* schwach (*Herz*), wack(e)lig (*Leiter etc*): **I feel a bit ~ today** ich fühl' mich heute nicht wohl.

ˈdick·ey·bird *s Kindersprache*: Piepmatz *m*, Vögelchen *n*: **I didn't see a ~** *colloq.* ich hab' keinen Menschen gesehen.

dick·y[1] [ˈdɪkɪ] → **dickey**[1].

dick·y[2] [ˈdɪkɪ] → **dickey**[2].

ˈdick·y·bird → **dickeybird**.

di·cli·nism [ˈdaɪklɪnɪzəm; *Am.* daɪˈklaɪ-] *s bot.* Getrenntgeschlechtigkeit *f*.

di·cot·y·le·don [ˌdaɪkɒtɪˈliːdən; *Am.* -ˌkatlˈiːdn] *s bot.* Dikoˈtyle *f*, zweikeimblättrige Pflanze. ˌ**di·cot·yˈle·don·ous** [-dənəs] *adj bot.* dikoˈtyl, zweikeimblättrig.

di·crot·ic [daɪˈkrɒtɪk; *Am.* -ˈkrɑ-] *adj med.* diˈkrot(isch), doppelschlägig (*Puls*).

dic·ta [ˈdɪktə] *pl von* **dictum.**

dic·tate [dɪkˈteɪt; *Am. bes.* ˈdɪkteɪt] **I** *v/t* (to *dat*) **1.** *e-n Brief etc* dikˈtieren: **to ~ a letter to s.o. 2.** dikˈtieren: a) vorschreiben, gebieten: **necessity ~s it** die Not gebietet es, b) auferlegen, aufzwingen: **to ~ terms to s.o. 3.** *fig.* eingeben, -flößen. **II** *v/i* **4.** dikˈtieren, ein Dikˈtat geben: **dictating machine** Diktiergerät *n.* **5.** dikˈtieren, befehlen, herrschen: **to ~ to s.o.** j-n beherrschen, j-m Befehle geben; **he will not be ~d to** er läßt sich keine Vorschriften machen; **as the situation ~s** wie es die Lage gebietet *od.* erfordert. **III** *s* [ˈdɪkteɪt] **6.** Gebot *n*, Befehl *m*, Dikˈtat *n*: **the ~s of conscience (reason)** das Gebot des Gewissens (der Vernunft). **dicˈta·tion** *s* **1.** Dikˈtat *n*: a) Dikˈtieren *n*, b) Dikˈtatschreiben *n*, c) dikˈtierter Text. **2.** Befehl(e *pl*) *m.*

dic·ta·tor [dɪkˈteɪtə(r); *Am. bes.* ˈdɪkˌt-] *s* **1.** Dikˈtator *m* (*a. fig.*). **2.** Dikˈtierende(r) *m.* ˌ**dic·taˈto·ri·al** [-təˈtɔːrɪəl] *adj* (*adv* **~ly**) diktaˈtorisch: a) gebieterisch, autoriˈtär, b) absoˈlut, ˈunumˌschränkt: **~ power. dic·ta·tor·ship** *s* Diktaˈtur *f* (*a. fig.*): **the ~ of the proletariat** *pol.* die Diktatur des Proletariats. **dic·ta·tress** [-trɪs] *s* Diktaˈtorin *f* (*a. fig.*).

dic·tion [ˈdɪkʃn] *s* **1.** Diktiˈon *f*, Ausdrucks-, Redeweise *f*, Sprache *f*, Stil *m.* **2.** (deutliche) Aussprache.

dic·tion·ar·y [ˈdɪkʃənrɪ; *Am.* -ʃəˌneriː] *s* **1.** Wörterbuch *n*: **a French-English ~; pronouncing ~** Aussprachewörterbuch. **2.** (*bes.* einsprachiges) enzykloˈpädisches Wörterbuch. **3.** Lexikon *n*, Enzyklopäˈdie *f*: **a walking** (*od.* **living**) **~** *fig.* ein wandelndes Lexikon. **4.** *fig.* Vokabuˈlar *n*, Terminoloˈgie *f.* **~ cat·a·log(ue)** *s* ˈKreuzkataˌlog *m* (*in dem Verfasser- u. Schlagwortkatalog in* ˈ*einem Alphabet zs.-gefaßt sind*).

dic·to·graph [ˈdɪktəgrɑːf; *bes. Am.* -græf] *s teleph.* Abhörgerät *n.*

dic·tum [ˈdɪktəm] *pl* **-ta** [-tə], **-tums** *s* **1.** autoritaˈtiver Ausspruch *od.* Entscheid. **2.** *jur.* richterlicher Ausspruch. **3.** Diktum *n*, Ausspruch *m*, Maˈxime *f*, geflügeltes Wort.

did [dɪd] *pret von* **do**[1].

di·dac·tic [dɪˈdæktɪk; daɪˈd-] **I** *adj* (*adv* **~ally**) **1.** diˈdaktisch, lehrhaft, belehrend: **~ play** Lehrstück *n*; **~ poem** Lehrgedicht *n.* **2.** belehrend, schulmeisterhaft. **II** *s* **3.** *pl* (*a. als sg konstruiert*) Diˈdaktik *f*, ˈUnterrichtslehre *f.* **diˈdac·ti·cal** [-kl] *adj* (*adv* **~ly**) → **didactic I. diˈdac·ti·cism** [-tɪsɪzəm] *s* **1.** diˈdaktische Meˈthode. **2.** (*das*) Diˈdaktische, Lehrhaftigkeit *f.*

did·dle[1] [ˈdɪdl] *v/t colloq.* beschwindeln, betrügen, übers Ohr hauen: **to ~ s.o. out of s.th.** j-n um etwas betrügen.

did·dle[2] [ˈdɪdl] *dial.* **I** *v/i* wippen, hüpfen. **II** *v/t* hüpfen lassen.

di·do [ˈdaɪdəʊ] *pl* **-dos, -does** *s colloq.* a) Streich *m*, b) Kapriˈole *f*: **to cut ~(e)s** Kapriolen vollführen.

didst [dɪdst] *obs. 2. sg pret von* **do**[1].

did·y·mous [ˈdɪdɪməs] *adj bot. zo.* doppelt, gepaart, Zwillings...

did·y·na·mi·an [ˌdɪdɪˈneɪmɪən; *Am.* ˌdaɪdə-], **di·dyn·a·mous** [daɪˈdɪnəməs] *adj bot.* didyˈnamisch, zweimächtig.

die[1] [daɪ] *v/i pres p* **dy·ing** [ˈdaɪɪŋ] **1.** sterben: **to ~ by one's own hand** von eigener Hand sterben; **to ~ of old age** an Altersschwäche sterben; **to ~ of hunger (thirst)** verhungern (verdursten); **to ~ for one's country** für sein (Vater)Land sterben; **to ~ from a wound** an e-r Verwundung sterben, e-r Verwundung erliegen; **to ~ of boredom** *fig.* vor Langeweile (fast) umkommen; **to ~ of** (*od.* **with**) **laughter** *fig.* sich totlachen; **to ~ a martyr** als Märtyrer *od.* den Märtyrertod sterben; **to ~ game** kämpfend sterben (*a. fig.*); **to ~ hard** a) zählebig sein (*a. Sache*), ‚nicht tot zu kriegen sein', b) *fig.* nicht nachgeben wollen; **to ~ in one's boots** (*od.* **shoes**), **to ~ with one's boots** (*od.* **shoes**) **on** a) e-s plötzlichen *od.* gewaltsamen Todes sterben, b) in den Sielen sterben; **never say ~!** nur nicht nach- *od.* aufgeben!; **to ~ like flies** wie die Fliegen sterben; **his secret ~d with him** er nahm sein Geheimnis mit ins Grab; → **ditch** 1, **harness** 1, **martyr** 2. **2.** eingehen (*Pflanze, Tier*), verenden (*Tier*). **3.** *bes. fig.* vergehen, erlöschen, ausgelöscht werden, aufhören. **4.** *oft* **~ out, ~ down, ~ away** ersterben, vergehen, schwinden, sich verlieren: **the sound ~d** der Ton erstarb *od.* verhallte *od.* verklang. **5.** *oft* **~ out, ~ down** ausgehen, erlöschen. **6.** vergessen werden, in Vergessenheit geraten. **7.** nachlassen, schwächer werden, abflauen (*Wind etc*). **8.** absterben (*Motor*). **9.** (**to, unto**) sich lossagen (von), den Rücken kehren (*dat*): **to ~ to the world; to ~ unto sin** sich von der Sünde lossagen. **10.** (daˈhin-) schmachten. **11.** *meist* **to be dying** (**for; to do**) schmachten, sich sehnen (nach; danach, zu tun), brennen (auf *acc*; darauf, zu tun): **he was dying for a drink** er brauchte unbedingt etwas zu trinken; **I am dying to see it** ich möchte es schrecklich gern sehen; **I am not exactly dying to do it** ich reiße mich nicht darum, es zu tun.

Verbindungen mit Adverbien:

die| a·way *v/i* **1.** sich legen (*Wind*), verhallen, verklingen (*Ton*). **2.** sich verlieren: **to ~ into the darkness** sich im Dunkel verlieren. **3.** *Am.* ohnmächtig werden. **~ back** → **die down** 2. **~ down** *v/i* **1.** → **die away** 1. **2.** sich legen (*Aufregung etc*). **3.** *bot.* (von oben) absterben. **~ off** *v/i* ˈhin-, wegsterben. **~ out** *v/i* **1.** (allˈmählich) aufhören, vergehen. **2.** erlöschen (*Feuer*). **3.** aussterben (*a. fig.*).

die[2] [daɪ] *pl* (1–3) **dice** [daɪs] *od.* (4 *u.* 5) **dies** *s* **1.** Würfel *m*: **the ~ is cast** *fig.* die Würfel sind gefallen; **to play (at) dice** würfeln, knobeln; **(as) straight as a ~** a) pfeilgerade, b) *fig.* grundehrlich, -anständig; **to venture on the cast of a ~** auf e-n Wurf setzen; **no ~!** *bes. Am. colloq.* nichts zu machen!, ‚da läuft nichts!'; → **load** 15, **loaded** 2. **2.** *bes. gastr.* Würfel *m*, würfelförmiges Stück. **3.** Würfelspiel *n.* **4.** *arch.* Würfel *m* (*e-s Sockels*). **5.** *tech.* a) *print.* Prägestock *m*, -stempel *m*, b) Schneideisen *n*, -kluppe *f*, c) (Draht)Zieheisen *n*, d) Gesenk *n*, Gußform *f*, Koˈkille *f*: **(female** *od.* **lower) ~** Matrize *f*; **upper ~** Patrize *f.*

ˈ**die|-aˌway** *adj* schmachtend: **a ~ glance.** ˈ**~-cast** *v/t irr tech.* spritzgießen, spritzen. **~ cast·ing** *s tech.* Spritzguß (-stück *n*) *m.* **~ chuck** → **die head.** ˈ**~-cut** *v/t irr tech.* stempelschneiden. ˈ**~-hard I** *s* **1.** Dickschädel *m*, zäher u. unnachgiebiger Mensch. **2.** zählebige Sache. **3.** *pol.* hartnäckiger Reaktioˈnär, *bes.* exˈtremer Konservaˈtiver. **II** *adj* **4.** hartnäckig, zäh u. unnachgiebig. **~ head, ~ hold·er** *s tech.* **1.** Schneidkopf *m.* **2.** Setzkopf *m* (*e-s Niets*).

di·e·lec·tric [ˌdaɪɪˈlektrɪk] *electr.* **I** *s* Dieˈlektrikum *n.* **II** *adj* (*adv* **~ally**) dieˈlektrisch, nichtleitend: **~ constant** Dielektrizitätskonstante *f*; **~ strength** Durchschlagsfestigkeit *f.*

di·en·ceph·a·lon [ˌdaɪenˈsefəlɒn; *Am.* -ˌlɑn] *s anat.* Zwischenhirn *n.*

di·er·e·sis → **diaeresis.**

die·sel [ˈdiːzl] **I** *s* Diesel *m*: a) Dieselmotor *m*, b) Fahrzeug *n* mit Dieselmotor, c) Dieselkraftstoff *m.* **II** *adj* Diesel...: **~ engine; ~ oil; ~ cycle** Dieselkreisprozeß *m*; **~ fuel** Dieselkraftstoff *m.* **III** *v/i Am.* nachdieseln (*Motor*). ˌ**~-eˈlec·tric** *adj* ˈdieseˌlektrisch.

die·sel·i·za·tion [ˌdiːzlaɪˈzeɪʃn; *Am.* -ləˈz-] *s* ˈUmstellung *f* auf Dieselbetrieb. ˈ**die·sel·ize** *v/t* auf Dieselbetrieb ˈumstellen.

di·e·ses [ˈdaɪɪsiːz] *pl von* **diesis.**

ˈ**dieˌsink·er** *s tech.* Werkzeugmacher *m* (*bes. für spanabhebende Werkzeuge u. Stanzwerkzeuge*).

di·e·sis [ˈdaɪɪsɪs] *pl* **-ses** [-siːz] *s* **1.** *print.* Doppelkreuz *n.* **2.** *mus.* Kreuz *n*, Erhöhungszeichen *n.*

di·es non [ˌdaɪiːzˈnɒn; *Am.* -ˈnɑn] *s jur.* gerichtsfreier Tag.

die stock *s tech.* Schneidkluppe *f.*

di·et[1] [ˈdaɪət] **I** *s* **1.** Nahrung *f*, Ernährung *f*, Speise *f*, (*a. fig. geistige*) Kost: **full (low) ~** reichliche (magere) Kost; **vegetable ~** vegetarische Kost. **2.** *med.* Diˈät *f*, Schon-, Krankenkost *f*: **~ kitchen** Diätküche *f*; **to be (put) (up)on a ~** auf Diät gesetzt sein, diät leben (müssen); **to take a ~** → 4. **II** *v/t* **3.** *j-n* auf Diˈät setzen: **to ~ o.s.** → 4. **III** *v/i* **4.** Diˈät halten, diät leben.

di·et[2] [ˈdaɪət] *s* **1.** *pol.* a) ˈUnterhaus *n* (*in Japan etc*), b) *hist.* Reichstag *m*: **the D~ of Worms** der Reichstag zu Worms. **2.** *jur. Scot.* a) Geˈrichtsterˌmin *m*, b) Gerichtssitzung *f.*

di·e·tar·y [ˈdaɪətərɪ; *Am.* -ˌteriː] **I** *s* **1.** *med.* Diˈätzettel *m*, -vorschrift *f.* **2.** Speisezettel *m.* **3.** (ˈEssen)Ratiˌon *f* (*in Gefängnissen etc*). **II** *adj* **4.** Diät..., diäˈtetisch. ˌ**di·eˈtet·ic** [-ˈtetɪk] *adj*; ˌ**di·eˈtet·i·cal** [-kl] *adj* (*adv* **~ly**) *med.* diäˈtetisch, Diät... ˌ**di·eˈtet·ics** *s pl* (*meist als sg konstruiert*) *med.* Diäˈtetik *f*, Diˈätlehre *f*, -kunde *f.*

di·eth·yl [daɪˈeθɪl] *adj chem.* Diäthyl...

di·e·ti·tian, *a.* **di·e·ti·cian** [ˌdaɪəˈtɪʃn] *s med.* Diäˈtetiker(in).

di·et pill *s med. pharm. Am.* Schlankheitspille *f.*

dif·fer [ˈdɪfə(r)] *v/i* **1.** sich unterˈscheiden, verschieden sein, abweichen (**from** von): **we ~ very much in that** wir sind darin sehr verschieden; **it ~s in being smaller** es unterscheidet sich dadurch, daß es kleiner ist. **2.** auseinˈandergehen (*Meinungen*). **3.** (**from, with**) nicht überˈeinstimmen (mit), anderer Meinung sein (als): → **agree** 3, **beg** 8. **4.** diffeˈrieren, sich nicht einig sein (**on** über *acc*).

dif·fer·ence [ˈdɪfrəns] **I** *s* **1.** ˈUnterschied *m*, Unterˈscheidung *f*: **to make no ~ between** keinen Unterschied machen zwischen (*dat*); **that makes a great** (*od.* **big**) **~** a) das macht viel aus, b) das ändert die Sach(lag)e, c) das ist von großer Bedeutung (**to** für); **it makes no ~ (to me)** es ist (mir) gleich(gültig), es macht (mir) nichts aus; **it made all the ~** es änderte die Sache vollkommen, es gab der Sache ein ganz anderes Gesicht; **what's the ~?** was macht das schon aus? **2.** ˈUnterschied *m*, Verschiedenheit *f*: **~ of opinion** Meinungsverschiedenheit. **3.** Diffeˈrenz *f* (*a. Börse*), ˈUnterschied *m* (*in Menge, Grad etc*): **~ in price, price ~** Preisunterschied; → **split** 3. **4.** *math.* Diffeˈrenz *f*: a) Rest *m*, b) Änderungsbetrag *m* (*e-s Funktionsgliedes*): **~ equation** Differenzgleichung *f.* **5.** Uneinigkeit *f*, Diffeˈrenz *f*, Streit *m*, Meinungsverschiedenheit *f.* **6.** Streitpunkt *m.* **7.** Unterˈscheidungsmerkmal *n.* **8.** Besonderheit *f*: **a film with a ~** ein Film (von) ganz besonderer Art; **a car with a ~** ein Wagen, der einmal etwas anderes ist; **holidays** (*bes. Am.* **vacation**) **with a ~** Urlaub *m* mal ganz anders; **salads with a ~** Salate ,mit Pfiff'. **9.** → **differentia.** **II** *v/t* **10.** unter'scheiden (**from** von; **between** zwischen *dat*). **11.** e-n 'Unterschied machen zwischen (*dat*).

dif·fer·ent ['dɪfrənt] *adj* (*adv* → **differently**) **1.** verschieden(artig): **in three ~ places** an drei verschiedenen Orten. **2.** (**from**, *a.* **than**, **to**) verschieden (von), anders (als): **that's ~!** das ist etwas and(e)res!; **it looks ~** es sieht anders aus. **3.** ander(er, e, es): **that's a ~ matter** das ist etwas and(e)res. **4.** besonder(er, e, es), individu'ell.

dif·fer·en·ti·a [ˌdɪfə'renʃɪə] *pl* **-ae** [-ʃiiː] *s Logik*: spe'zifischer 'Unterschied.

dif·fer·en·tial [ˌdɪfə'renʃl] **I** *adj* (*adv* **~ly**) **1.** unter'scheidend, Unterscheidungs..., besonder(er, e, es), charakte'ristisch. **2.** 'unterschiedlich, verschieden. **3.** *electr. math. phys. tech.* Differential...: **~ equation**; **~ geometry**; **~ screw.** **4.** *econ.* gestaffelt, Differential...: **~ tariff** Differential-, Staffeltarif *m*. **5.** *geol.* selek'tiv. **II** *s* **6.** Unter'scheidungsmerkmal *n*. **7.** *math.* Differenti'al *n*. **8.** → **differential gear.** **9.** *econ.* a) 'Fahrpreisdiffeˌrenz *f*, b) → **differential rate,** c) 'Lohn- *od.* Ge'haltsdiffeˌrenz *f*, -gefälle *n*. **~ brake** *s tech.* Differenti'albremse *f*. **~ cal·cu·lus** *s math.* Differenti'alrechnung *f*. **~ com·pound wind·ing** *s electr.* Gegenverbundwicklung *f*. **~ duties** *s pl econ.* Differenti'alzölle *pl*. **~ gear, ~ gear·ing** *s tech.* Differenti'al-, Ausgleichs-, Wechselgetriebe *n*. **~ piston** *s tech.* Stufen-, Differenti'alkolben *m*. **~ rate** *s rail. etc* 'Ausnahmetaˌrif *m*.

dif·fer·en·ti·ate [ˌdɪfə'renʃɪeɪt] **I** *v/t* **1.** unter'scheiden (**from** von). **2.** unter'scheiden, e-n 'Unterschied machen zwischen (*dat*). **3.** vonein'ander abgrenzen. **4.** *a. biol.* differen'zieren, speziali'sieren: **to be ~d** → 6. **5.** *math.* differen'zieren, *e-e Funktion* ableiten. **II** *v/i* **6.** sich differen'zieren, sich unter'scheiden, sich verschieden entwickeln (**from** von). **7.** differen'zieren, e-n 'Unterschied machen, unter'scheiden (**between** zwischen *dat*).

ˌdif·fer·en·ti'a·tion *s* Differen'zierung *f*: a) Unter'scheidung *f*, b) Speziali'sierung *f*: **~ of labo(u)r** Arbeitsteilung *f*, c) *math.* Differentiati'on *f*, Ableitung *f*.

'dif·fer·ent·ly *adv* (**from**) anders (als), verschieden (von), 'unterschiedlich.

dif·fi·cult ['dɪfɪkəlt; *Am. a.* -ˌkʌlt] *adj* **1.** schwierig, schwer (**for** für): **~ problem**; **~ text**; **~ times**; **a ~ climb** ein schwieriger *od.* mühsamer *od.* beschwerlicher Aufstieg; **it was quite ~ for me to ignore his rudeness** es fiel mir schwer, s-e Unverschämtheit zu ignorieren. **2.** schwierig (*Person*). **'dif·fi·cul·ty** [-tɪ] *s* **1.** Schwierigkeit *f*: a) Mühe *f*: **with ~** mühsam, (nur) schwer; **to have** (*od.* **find**) **~ in doing s.th.** Mühe haben, etwas zu tun; etwas schwierig finden, b) schwierige Sache, Pro'blem *n*, c) Hindernis *n*, 'Widerstand *m*: **to make difficulties** Schwierigkeiten bereiten (*Sache*) *od.* machen (*Person*). **2.** *oft pl* schwierige Lage, (*a.* Geld)Schwierigkeiten *pl*, Verlegenheit *f*.

dif·fi·dence ['dɪfɪdəns] *s* Schüchternheit *f*, mangelndes Selbstvertrauen. **'dif·fi·dent** *adj* (*adv* **~ly**) schüchtern, ohne Selbstvertrauen: **to be ~ about doing s.th.** etwas nur zögernd *od.* zaghaft tun.

dif·fract [dɪ'frækt] *v/t phys.* beugen. **dif'frac·tion** [-kʃn] *s phys.* Beugung *f*, Diffrakti'on *f*. **dif'frac·tive** *adj phys.* beugend.

dif·fuse [dɪ'fjuːz] **I** *v/t* **1.** ausgießen, -schütten. **2.** *bes. fig.* verbreiten: **to ~ heat** (**geniality, knowledge, rumo[u]rs,** *etc*); **a widely ~d opinion** e-e weitverbreitete Meinung. **3.** *fig.* verzetteln: **to ~ one's forces.** **4.** *chem. phys.* diffun'dieren: a) zerstreuen, b) vermischen, c) durch'dringen: **to be ~d** sich vermischen. **II** *v/i* **5.** *bes. fig.* sich verbreiten. **6.** *chem. phys.* diffun'dieren: a) sich zerstreuen, b) sich vermischen, c) (ein)dringen (**into** in *acc*). **III** *adj* [-'fjuːs] (*adv* **~ly**) **7.** dif'fus: a) weitschweifig, langatmig (*Stil, Autor*), b) unklar, ungeordnet (*Gedanken etc*), c) *chem. phys.* zerstreut, ohne genaue Abgrenzung: **~ light** diffuses Licht, Streulicht *n*. **8.** *bes. fig.* verbreitet.

dif·fus·i·bil·i·ty [dɪˌfjuːzə'bɪlətɪ] *s chem. phys.* Diffusi'onsvermögen *n*. **dif'fus·i·ble** *adj* diffusi'onsfähig.

dif·fu·sion [dɪ'fjuːʒn] *s* **1.** Ausgießen *n*, -schütten *n*. **2.** *bes. fig.* Verbreitung *f*. **3.** Weitschweifigkeit *f*. **4.** *chem. phys.* Diffusi'on *f*. **5.** *sociol.* Diffusi'on *f* (*Ausbreitung von Kulturerscheinungen*). **dif'fu·sive** [-sɪv] *adj* (*adv* **~ly**) **1.** *bes. fig.* sich verbreitend. **2.** weitschweifig. **3.** *chem. phys.* Diffusions... **dif'fu·sive·ness** *s* **1.** Weitschweifigkeit *f*. **2.** *chem. phys.* Diffusi'onsfähigkeit *f*. **ˌdif·fu'siv·i·ty** [-'sɪvətɪ] *s chem. phys.* Diffusi'onsvermögen *n*.

dig [dɪg] **I** *s* **1.** Graben *n*, Grabung *f*. **2.** *colloq.* a) (archäo'logische) Ausgrabung, b) Ausgrabungsstätte *f*. **3.** Puff *m*, Stoß *m*: **~ in the ribs** Rippenstoß *m*. **4.** (**at**) sar'kastische Bemerkung (über *acc*), (Seiten)Hieb (auf *j-n*). **5.** *ped. Am. colloq.* ,Büffler' *m*. **6.** *pl Br. colloq.* ,Bude' *f*, (Stu'denten)Zimmer *n*. **II** *v/t pret u. pp* **dug** [dʌg], *obs.* **digged** **7.** graben in (*dat*): **to ~ the ground.** **8.** *oft* **~ up** *den Boden* 'umgraben. **9.** *oft* **~ up, ~ out** a) ausgraben, b) *fig. etwas* ausgraben, aufdecken, ans Tageslicht bringen, c) auftreiben, finden. **10.** *ein Loch etc* graben: **to ~ a pit** a) e-e (Fall)Grube ausheben, b) *fig.* e-e Falle stellen (**for** *dat*); **to ~ one's way through s.th.** sich e-n Weg durch etwas graben *od.* bahnen (*a. fig.*); → **grave**[1] 1. **11.** eingraben, bohren: **to ~ one's teeth into s.th.** die Zähne in etwas graben *od.* schlagen. **12.** e-n Stoß geben (*dat*), stoßen, puffen: **to ~ (one's spurs into) a horse** e-m Pferd die Sporen geben; **to ~ s.o. in the ribs** j-m e-n Rippenstoß geben. **13.** *colloq.* a) ,ka'pieren', verstehen, b) etwas übrig haben für, ,stehen *od.* abfahren auf' (*acc*), c) *Am.* sich anschauen *od.* anhören. **III** *v/i* **14.** graben, schürfen (**for** nach). **15.** *fig.* a) forschen (**for** nach), b) sich gründlich beschäftigen (**into** mit). **16. ~ into** *colloq.* a) ,reinhauen' in (*e-n Kuchen etc*), b) sich einarbeiten in (*acc*). **17.** *ped. Am. colloq.* a) ,büffeln', ,ochsen', b) schwitzen (**at** über *dat*). **18.** *bes. Br. colloq.* s-e ,Bude' haben, wohnen.

Verbindungen mit Adverbien:

dig | in I *v/t* **1.** eingraben: **to dig o.s. in** a) → 2, b) *fig.* sich verschanzen, feste Stellung beziehen; **to dig one's heels in** *colloq.* ,sich auf die Hinterbeine stellen *od.* setzen'. **2. to dig o.s. in** *colloq.* sich einarbeiten. **II** *v/i* **3.** *mil.* sich eingraben, sich verschanzen. **4.** *colloq.* ,reinhauen' (*in e-n Kuchen etc*). **~ out** → dig 9. **~ up** → dig 8 *u.* 9.

di·gal·lic [daɪ'gælɪk] *adj chem.* tan'ninsauer: **~ acid** Tanninsäure *f*.

di·gest [dɪ'dʒest; daɪ-] **I** *v/t* **1.** *Speisen* verdauen. **2.** *med. etwas* verdauen helfen (*Medikament etc*). **3.** *fig.* verdauen, (innerlich) verarbeiten. **4.** *fig.* über'legen, durch'denken. **5.** *fig.* ordnen, in ein Sy'stem bringen, klassifi'zieren. **6.** *chem.* dige'rieren, aufschließen, -lösen. **II** *v/i* **7.** (s-e Nahrung) verdauen. **8.** sich verdauen lassen, verdaulich sein: **to ~ well** leicht verdaulich sein. **III** *s* ['daɪdʒest] **9.** Digest *m, n*, Auslese *f* (*a. Zeitschrift*), Auswahl *f* (**of** aus *Veröffentlichungen*). **10.** (**of**) a) Abriß *m* (*gen*), 'Überblick *m* (über *acc*), b) Auszug *m* (aus). **11.** *jur.* a) syste'matische Sammlung von Gerichtsentscheidungen, b) **the D~** die Di'gesten *pl*, die Pan'dekten *pl* (*Hauptbestandteil des Corpus juris civilis*). **di'gest·ant** *s med. pharm.* verdauungsförderndes Mittel. **di'gest·er** *s* **1.** → digestant. **2.** *chem. tech.* Auto'klav *m*. **diˌgest·i'bil·i·ty** *s* Verdaulichkeit *f*. **di'gest·i·ble** *adj* verdaulich.

di·ges·tion [dɪ'dʒestʃən; daɪ-] *s* **1.** *physiol.* Verdauung *f*: a) Verdauungstätigkeit *f*, b) *collect.* Ver'dauungsorˌgane *pl*: **hard** (**easy**) **of ~** schwer-(leicht)verdaulich. **2.** *fig.* Verdauung *f*, (innerliche) Verarbeitung. **3.** *fig.* Klassifi'zierung *f*, Ordnen *n*. **di'ges·tive** [-tɪv] **I** *adj* (*adv* **~ly**) **1.** *med. pharm.* verdauungsfördernd, dige'stiv. **2.** *anat. physiol.* Verdauungs...: **~ apparatus** (*od.* **system**) Verdauungsapparat *m*; **~ canal** (*od.* **tract**) Verdauungstrakt *m*; **~ juice** Verdauungssaft *m*. **II** *s* **3.** *med. pharm.* verdauungsförderndes Mittel.

dig·ger ['dɪgə(r)] **I** *s* **1.** *j-d, der gräbt, z. B.* Erdarbeiter *m*. **2.** *in Zssgn* ...gräber: → **gold digger** 1. **3.** Grabgerät *n*. **4.** *tech.* a) 'Grabmaˌschine *f* (*bes. Löffelbagger, Rodemaschine etc*), b) Ven'tilnadel *f*. **5.** *agr.* Kar'toffelroder *m*. **6.** *a.* **~ wasp** *zo.* Grabwespe *f*. **7.** *oft* **D~** *sl.* Au'stralier *m*, Neu'seeländer *m*, au'stralischer *od.* neu'seeländischer Sol'dat. **II** *adj* **8.** *oft* **D~** *sl.* au'stralisch, neu'seeländisch: **~ accent.**

dig·gings ['dɪgɪŋz] *s pl* **1.** Schurf *m*, Schürfung *f*. **2.** (*a. als sg konstruiert*) Goldbergwerk *n*. **3.** Aushub *m*, ausgeworfene Erde. **4.** *bes. Br. colloq.* ,Bude' *f*, (Stu'denten)Zimmer *n*.

dight [daɪt] *pret u. pp* **dight** *od.* **'dight·ed** *v/t obs.* zurichten, schmücken.

dig·it ['dɪdʒɪt] *s* **1.** *anat. zo.* Finger *m od.* Zehe *f*. **2.** Fingerbreite *f* ($^{3}/_{4}$ *Zoll* = *1,9 cm*). **3.** *astr.* astro'nomischer Zoll ($^{1}/_{12}$ *des Sonnen- od. Monddurchmessers*). **4.** *math.* a) e-e der Ziffern von 0–9, Einer *m*, b) Stelle *f*: → **three-digit,** *etc.* **'dig·i·tal I** *adj* **1.** digi'tal, Finger...: **~ telephone** Tastentelefon *n*. **2.** digi'tal, Digital...: **~ clock** (**watch**); **~ computer** *tech.* Digitalrechner *m*; **~ signal** *tech.* digitales *od.* numerisches Signal. **II** *s* **3.** *humor.* Finger *m*. **4.** *mus.* Taste *f*.

dig·i·ta·lin [ˌdɪdʒɪ'teɪlɪn; *Am. bes.* -'tæ-] *s med. pharm.* Digita'lin *n*.

dig·i·ta·lis [ˌdɪdʒɪ'teɪlɪs; *Am. bes.* -'tæ-] *s* **1.** *bot.* Digi'talis *f*, Fingerhut *m*. **2.** *med. pharm.* Digi'talis *n*. **'dig·i·tal·ism** [-təlɪzəm] *s med.* Digita'lismus *m*, Digi'talisvergiftung *f*. **'dig·i·tal·ize** *v/t* **1.** *med.* mit Digi'talis behandeln. **2.** → **digitize.**

dig·i·tate ['dɪdʒɪteɪt], *a.* **'dig·i·tat·ed** [-ɪd] *adj* **1.** *bot.* gefingert (*Blatt*). **2.** *zo.* mit Fingern *od.* fingerförmigen Fortsätzen. **3.** fingerförmig.

dig·i·ti·grade ['dɪdʒɪtɪgreɪd] *zo.* **I** *adj* auf den Zehen gehend. **II** *s* Zehengänger *m*.

dig·i·tize ['dɪdʒɪtaɪz] *v/t Computer*: *Daten etc* digitali'sieren, in Ziffern darstellen.

di·glos·si·a [daɪ'glɒsɪə; *Am.* -'glɑ-] *s ling.* Diglos'sie *f* (*Vorkommen von 2 Sprachen in e-m bestimmten Gebiet*).

di·glot [ˈdaɪglɒt; *Am.* -ˌglɑt] *adj u. s* zweisprachig(e Ausgabe). [Zweischlitz *m.*]
di·glyph [ˈdaɪglɪf] *s arch.* Diˈglyph *m,*
dig·ni·fied [ˈdɪgnɪfaɪd] *adj* würdevoll, würdig. **ˈdig·ni·fy** [-faɪ] *v/t* **1.** ehren, auszeichnen. **2.** zieren, schmücken. **3.** Würde verleihen (*dat*). **4.** *contp.* hochtrabend benennen.
dig·ni·tar·y [ˈdɪgnɪtərɪ; *Am.* -ˌteri:] *s* **1.** Würdenträger(in). **2.** *relig.* Präˈlat *m.*
dig·ni·ty [ˈdɪgnətɪ] *s* **1.** Würde *f,* würdevolles Auftreten. **2.** Würde *f,* Rang *m,* (hohe) Stellung. **3.** Größe *f,* Würde *f*: ~ **of soul** Seelengröße, -adel *m.* **4.** Würde *f,* Ansehen *n*: **to stand (up)on one's** ~ sich nichts vergeben (wollen); → **beneath** 3.
di·go·neu·tic [ˌdɪgəˈnju:tɪk; *Am.* ˌdaɪgə-; *a.* -ˈnu:-] *adj zo.* zweimal im Jahr brütend.
di·graph [ˈdaɪgrɑ:f; *bes. Am.* -græf] *s ling.* Diˈgraph *m* (*Verbindung von 2 Buchstaben zu einem Laut*).
di·gress [daɪˈgres; dɪ-] *v/i* abschweifen (**from** von; **into** in *acc*). **diˈgres·sion** [-ʃn] *s* Abschweifung *f*: **to make a** ~ abschweifen. **diˈgres·sion·al** [-ʃənl] *adj,* **diˈgres·sive** [-sɪv] *adj* (*adv* ~**ly**) abschweifend.
di·he·dral [daɪˈhedrl; *bes. Am.* -ˈhi:-] **I** *adj* **1.** *math.* diˈedrisch, zweiflächig: ~ **angle** a) Flächenwinkel *m,* b) → 4. **2.** *aer.* V-förmig (*Tragflächen*). **II** *s* **3.** *math.* Diˈeder *m,* Zweiflach *n,* -flächner *m.* **4.** *aer.* Neigungswinkel *m,* V-Form *f,* V-Stellung *f* (*der Tragflächen*). **diˈhe·dron** [-drən] → **dihedral** 3.
di·hex·a·he·dron [daɪˌheksəˈhedrən; *bes. Am.* -ˈhi:-] *s math.* Dihexaˈeder *m.*
dike[1] [daɪk] **I** *s* **1.** Deich *m,* Damm *m.* **2.** a) Graben *m,* Kaˈnal *m,* b) (*natürlicher*) Wasserlauf. **3.** Erdwall *m.* **4.** erhöhter Fahrdamm. **5.** *Scot.* Grenz-, Schutzmauer *f.* **6.** a) Schutzwall *m* (*a. fig.*), b) *fig.* Bollwerk *n.* **7.** *a.* ~ **rock** *geol.* Gangstock *m* (*erstarrten Eruptivgesteins*). **8.** *Austral. colloq.* ‚Klo' *n* (*Toilette*). **II** *v/t* **9.** eindämmen, eindeichen.
dike[2] [daɪk] *v/t Am. colloq.* aufputzen, schmücken: **(all)** ~**d out** (*od.* **up**) aufgeputzt, ‚aufgedonnert'.
dike[3] [daɪk] *s sl.* ‚Lesbe' *f* (*Lesbierin*).
dik·er [ˈdaɪkə(r)] *s* Deich-, Dammarbeiter *m.*
dik·ey [ˈdaɪkɪ] *adj sl.* lesbisch.
dik·tat [ˈdɪktɑ:t; *Am.* dɪkˈtɑ:t] *s bes. pol.* Dikˈtat *n.*
di·lap·i·date [dɪˈlæpɪdeɪt] **I** *v/t* **1.** *ein Haus etc* verfallen lassen. **2.** *obs.* vergeuden, verschleudern: **to** ~ **a fortune**. **II** *v/i* **3.** verfallen, baufällig werden. **diˈlap·i·dat·ed** *adj* verfallen, baufällig (*Haus etc*), klapp(e)rig (*Auto etc*). **diˌlap·iˈda·tion** *s* **1.** Baufälligkeit *f,* Verfall *m.* **2.** *geol.* Verwitterung *f.* **3.** *pl Br.* a) notwendige Reparaˈturen *pl* (*die ein Mieter ausführen lassen muß*), b) *die dabei anfallenden Kosten.*
di·lat·a·bil·i·ty [daɪˌleɪtəˈbɪlətɪ; dɪ-] *s phys.* Dehnbarkeit *f,* (Aus)Dehnungsvermögen *n.* **diˈlat·a·ble** *adj phys.* dilaˈtabel, (aus)dehnbar. **diˈlat·ant** *adj phys.* dilaˈtant.
di·la·ta·tion [ˌdaɪleɪˈteɪʃn; ˌdɪlə-] *s* **1.** *phys.* Dilatatiˈon *f,* Ausdehnung *f.* **2.** *med.* a) (*Herz- etc*)Erweiterung *f,* b) (künstliche) Erweiterung.
di·late [daɪˈleɪt; dɪ-] **I** *v/t* **1.** (aus)dehnen, (aus)weiten, erweitern: **with** ~**d eyes** mit aufgerissenen Augen. **II** *v/i* **2.** sich (aus-)dehnen *od.* (aus)weiten, sich erweitern: **his eyes** ~**d with terror** s-e Augen weiteten sich vor Entsetzen. **3.** *fig.* sich (ausführlich) verbreiten *od.* auslassen (**on, upon** über *acc*). **diˈla·tion** → **dilatation**.
di·la·tom·e·ter [ˌdaɪləˈtɒmɪtə(r); ˌdɪ-; *Am.* -ˈtɑ-] *s phys.* Dilatoˈmeter *n,* (Aus-)Dehnungsmesser *m.*
di·la·tor [daɪˈleɪtə(r); dɪ-] *s* Diˈlator *m*: a) *anat.* Dehnmuskel *m,* b) *med.* Dehnsonde *f.*
dil·a·to·ri·ness [ˈdɪlətərɪnɪs; *Am.* -ˌtəʊri:-; -ˌtɔ:-] *s* Langsamkeit *f.* **ˈdil·a·to·ry** *adj* (*adv* **dilatorily**) **1.** verzögernd, ˈhinhaltend: ~ **policy** (*od.* **tactics** *pl*) Verzögerungs-, Verschleppungs-, Hinhaltetaktik *f.* **2.** langsam: **to be** ~ **in doing s.th.** sich mit etwas Zeit lassen. **3.** *jur.* dilaˈtorisch, aufschiebend: ~ **defence** (*Am.* **defense**), *Am.* ~ **plea** dilatorische *od.* prozeßhindernde Einrede.
dil·do [ˈdɪldəʊ] *pl* **-dos** *s* Godemiˈché *m* (*Nachbildung e-s erigierten Penis*).
di·lem·ma [dɪˈlemə; daɪ-] *s* **1.** Diˈlemma *n,* Zwangslage *f,* ‚Klemme' *f*: **to be on the horns of a** ~ in e-r Zwickmühle sein *od.* sitzen. **2.** *Logik*: Diˈlemma *n,* Wechselschluß *m.*
dil·et·tante [ˌdɪlɪˈtæntɪ; *Am. a.* -ˈtɑ:n-] **I** *pl* **-ti** [-ti:], **-tes** *s* **1.** Diletˈtant(in): a) Amaˈteur(in) (*bes. in der Kunst*), Nichtfachmann *m,* b) *contp.* Stümper(in). **2.** Kunstliebhaber(in). **II** *adj* **3.** diletˈtantisch: a) amaˈteurhaft, b) *contp.* stümperhaft. **ˌdil·etˈtant·ish** → **dilettante** 3. **ˌdil·etˈtant·ism,** *a.* **ˌdil·etˈtan·te·ism** *s* Dilettanˈtismus *m.*
dil·i·gence[1] [ˈdɪlɪdʒəns] *s* **1.** Fleiß *m,* Eifer *m,* Emsigkeit *f.* **2.** Sorgfalt *f*: **due** ~ *jur.* (im Verkehr) erforderliche Sorgfalt.
dil·i·gence[2] [ˈdɪlɪdʒəns] *s hist.* Postkutsche *f.*
dil·i·gent [ˈdɪlɪdʒənt] *adj* (*adv* ~**ly**) **1.** fleißig, eifrig, emsig. **2.** sorgfältig, gewissenhaft.
dill [dɪl] *s* **1.** *bot.* Dill *m,* Gurkenkraut *n.* **2.** *bes. Austral. sl.* Idiˈot *m.* ~ **pick·le** *s* mit Dill eingelegte Gurke.
dil·ly·dal·ly [ˈdɪlɪdælɪ] *v/i colloq.* **1.** die Zeit vertrödeln, (herˈum)trödeln. **2.** zaudern, schwanken.
dil·u·ent [ˈdɪljʊənt; *Am.* -jəw-] *chem.* **I** *adj* verdünnend. **II** *s* Verdünnungsmittel *n.*
di·lute [daɪˈlju:t; dɪ-; *bes. Am.* -ˈlu:t] **I** *v/t* **1.** verdünnen, verwässern, strecken. **2.** *fig.* verwässern, abschwächen, mildern: **to** ~ **a statement**; **to** ~ **labo(u)r** *Facharbeit in Arbeitsgänge zerlegen, deren Ausführung nur geringe Fachkenntnisse erfordert.* **II** *adj* **3.** verdünnt. **4.** blaß, wässerig: ~ **colo(u)rs**. **5.** *fig.* verwässert, abgeschwächt. **diˈlut·ed** → **dilute** II. **di·luˈtee** [-ˈti:] *s zwischen dem angelernten u. dem Facharbeiter stehender Beschäftigter.* **diˈlute·ness** → **dilution** 3. **diˈlu·tion** *s* **1.** Verdünnung *f.* **2.** *fig.* Verwässerung *f*: ~ **of labo(u)r** Zerlegung *f* von Facharbeit in Arbeitsgänge, deren Ausführung nur geringe Fachkenntnisse erfordert. **3.** Wässerigkeit *f.* **4.** (verdünnte) Lösung.
di·lu·vi·al [daɪˈlu:vjəl; -vɪəl; dɪ-], **diˈlu·vi·an** *adj* **1.** *geol.* diluviˈal, Eiszeit... **2.** Überschwemmungs... **3.** (Sint)Flut..., sintflutlich. **diˈlu·vi·an·ism** *s geol.* Diluviaˈnismus *m* (*Erdbildungstheorie*). **diˈlu·vi·um** [-əm] *pl* **-vi·a** [-ə] *s geol.* fluvioglaziˈaler Schotter.
dim [dɪm] **I** *adj* (*adv* ~**ly**) **1.** (halb)dunkel, düster: ~ **prospects** *fig.* trübe Aussichten; → **view** 12. **2.** undeutlich, verschwommen, schwach. **3.** trüb(e), blaß, matt: ~ **colo(u)r**. **4.** schwach, trüb: ~ **light**; ~**ly lit** schwach erleuchtet. **5.** getrübt, trübe. **6.** *fig.* schwer von Begriff. **7.** *Am. colloq.* fad, langweilig. **II** *v/t* **8.** verdunkeln, verdüstern. **9.** trüben (*a. fig.*): **to** ~ **s.o.'s love**. **10.** *tech.* matˈtieren. **11.** *a.* ~ **out** *Licht* abblenden, dämpfen: **to** ~ **the headlights** *mot. Am.* abblenden. **12.** ~ **out** *mil.* teilweise verdunkeln. **III** *v/i* **13.** sich verdunkeln *od.* verdüstern. **14.** sich trüben (*a. fig.*), matt *od.* trüb(e) werden. **15.** undeutlich werden. **16.** verblassen (*a. fig.*).
dime [daɪm] *s* a) (*silbernes*) Zehnˈcentstück (*in den USA u. Kanada*), b) *fig.* Groschen *m*: ~ **store** billiges Warenhaus; **they are a** ~ **a dozen** *Am. colloq.* a) sie sind spottbillig, man bekommt sie nachgeworfen, b) es gibt sie wie Sand am Meer. ~ **mu·se·um** *s Am.* Kuriosiˈtätenmuˌseum *n.* ~ **nov·el** *s Am.* ‚ˈGroschenroˌman' *m.*
di·men·sion [dɪˈmenʃn; daɪ-] **I** *s* **1.** Dimensiˈon *f* (*a. math.*): a) Ausdehnung *f,* Aus-, Abmessung *f,* Maß *n,* b) *pl oft fig.* Ausmaß *n,* Größe *f,* Grad *m*: **of vast** ~**s** riesengroß, von riesenhaftem Ausmaß *od.* Umfang. **2.** *pl phys.* Dimensiˈon *f* (*Maß physikalischer Größen*). **II** *v/t* **3.** dimensioˈnieren, bemessen. **4.** *tech.* mit Maßangaben versehen: ~**ed sketch** Maßskizze *f.* **diˈmen·sion·al** [-ʃənl] *adj* dimensioˈnal: → **three-dimensional**. **diˈmen·sion·less** *adj* winzig klein.
di·mer·ic [daɪˈmerɪk] *adj* **1.** → **dimerous**. **2.** *chem.* diˈmer, zweiglied(e)rig.
dim·er·ous [ˈdɪmərəs] *adj* **1.** *zo.* zweiteilig. **2.** *bot.* zweiglied(e)rig.
dim·e·ter [ˈdɪmɪtə(r)] *s metr.* Dimeter *m.*
di·meth·yl [daɪˈmeθɪl; *Br. chem.* -ˈmi:θaɪl] *s chem.* Äˈthan *n.* **di·meth·yl·a·mine** [daɪˌmeθɪləˈmi:n; *Br. a.* ˌdaɪmi:ˈθaɪləmi:n] *s chem.* Dimeˈthylaˌmin *n.*
di·mid·i·ate [dɪˈmɪdɪeɪt] **I** *v/t* **1.** halˈbieren. **2.** *her.* halb darstellen. **II** *adj* **3.** *bot. zo.* halˈbiert, halb ausgebildet. **4.** *bot.* an e-r Seite gespalten.
di·min·ish [dɪˈmɪnɪʃ] **I** *v/t* **1.** verringern, (ver)mindern: ~**ed responsibility** *jur.* verminderte Zurechnungsfähigkeit. **2.** verkleinern. **3.** reduˈzieren, herˈabsetzen. **4.** (ab)schwächen. **5.** *fig.* herˈabwürdigen, -setzen. **6.** *arch.* verjüngen: ~**ed column**. **7.** *mus.* a) *Notenwerte, Thema* verkleinern, b) *Intervall, Akkord* vermindern. **II** *v/i* **8.** sich vermindern, sich verringern: **to** ~ **in numbers** weniger werden; **to** ~ **in value** an Wert verlieren. **9.** abnehmen. **diˈmin·ish·a·ble** *adj* reduˈzierbar.
di·min·u·en·do [dɪˌmɪnjʊˈendəʊ; *Am.* -jəˈw-; -nəˈw-] **I** *pl* **-dos** *s* **1.** *mus.* Diminuˈendo *n.* **II** *adj* **2.** abnehmend, schwächer werdend. **III** *adv* **3.** *mus.* diminuˈendo. **4.** mit abnehmender Lautstärke.
dim·i·nu·tion [ˌdɪmɪˈnju:ʃn; *Am. a.* -ˈnu:-] *s* **1.** (Ver)Minderung *f,* Verringerung *f.* **2.** Verkleinerung *f* (*a. mus.*). **3.** Herˈabsetzung *f* (*a. fig.*). **4.** Abnahme *f.* **5.** *arch.* Verjüngung *f.*
di·min·u·ti·val [dɪˌmɪnjʊˈtaɪvl] → **diminutive** 2.
di·min·u·tive [dɪˈmɪnjʊtɪv] **I** *adj* (*adv* ~**ly**) **1.** klein, winzig. **2.** *ling.* diminuˈtiv, Diminutiv..., Verkleinerungs... **II** *s* **3.** *ling.* Diminuˈtiv *n,* Verkleinerungsform *f od.* -silbe *f.* **diˈmin·u·tive·ness** *s* Winzigkeit *f.*
dim·i·ty [ˈdɪmɪtɪ] *s Textilwesen*: Dimity *m,* Barchentköper *m.*
dim·mer [ˈdɪmə(r)] *s* **1.** *tech.* Dimmer *m* (*stufenloser Helligkeitseinsteller*). **2.** *pl mot. Am.* a) Abblendlicht *n*: ~ **switch** Abblendschalter *m,* b) Stand-, Parklicht *n.*
ˈdim·ness *s* **1.** Düsterkeit *f,* Dunkelheit *f.* **2.** Undeutlichkeit *f.* **3.** Trübheit *f,* Mattheit *f.*
di·mor·phic [daɪˈmɔ:(r)fɪk] *adj* diˈmorph, zweigestaltig. **diˈmor·phism** *s biol. min.* Dimorˈphismus *m,* Zwei-

gestaltigkeit *f.* **diˈmor·phous** → dimorphic.
ˈdim-out *s mil.* Teilverdunk(e)lung *f.*
dim·ple [ˈdɪmpl] **I** *s* **1.** Grübchen *n* (*in der Wange etc*). **2.** Delle *f*, Vertiefung *f.* **3.** Kräuselung *f* (*im Wasser*). **II** *v/t* **4.** Grübchen machen in (*acc*): **a smile ~d her cheeks** als sie lächelte, bekam sie Grübchen in den Wangen. **5.** Wasser kräuseln. **III** *v/i* **6.** Grübchen bekommen. **7.** sich kräuseln (*Wasser*). **ˈdim·pled** *adj* **1.** mit Grübchen: **to be ~** Grübchen haben. **2.** gekräuselt (*Wasser*).
ˈdim·ply [-plɪ] *adj* **1.** voll(er) Grübchen. **2.** → dimpled 2.
ˈdim·wit *s colloq.* ‚Blödmann' *m.* **ˌdim-ˈwit·ted** *adj* ‚dämlich', ‚blöd'.
din [dɪn] **I** *s* **1.** Lärm *m*, Getöse *n*: **to kick up** (*od.* **make**) **a ~** Krach machen. **II** *v/t* **2.** (*durch Lärm*) betäuben. **3.** dauernd (vor)predigen, (immer wieder) einhämmern (s.th. into s.o. j-m etwas). **III** *v/i* **4.** lärmen, (*Motoren etc*) dröhnen: **to ~ in s.o.'s ears** j-m in den Ohren dröhnen.
di·nar [ˈdiːnɑː(r)] *s econ.* Diˈnar *m* (*Währungseinheit*).
Di·nar·ic [dɪˈnærɪk] *adj* diˈnarisch: **~ race; ~ Alps** Dinarische Alpen.
dinch [dɪntʃ] *v/t Am. Zigarette etc* ausdrücken.
dine [daɪn] **I** *v/i* **1.** speisen, essen (off s.th., on s.th. etwas): **to ~ in (out)** zu Hause (auswärts) essen; **he has been dining out on his adventure for weeks** sein Abenteuer bringt ihm schon seit Wochen Einladungen zum Essen ein; → **wine** 6. **II** *v/t* **2.** *j-n* bewirten, (bei sich) zu Gast haben: → **wine** 5. **3.** *e-e bestimmte Anzahl Personen* fassen (*Speisezimmer*): **this room ~s 20** in diesem Zimmer kann für 20 Personen gedeckt werden. **ˈdin·er** *s* **1.** Speisende(r *m*) *f.* **2.** Gast *m* (*im Restaurant*). **3.** *rail.* Speisewagen *m.* **4.** *Am.* ˈEß-, ˈSpeiseloˌkal *n* (*früher meist in Form e-s Speisewagens*).
di·ner·gate [daɪˈnɜːgət; *Am.* -ˈnɜr-] *s zo.* Solˈdat *m* (*der Ameisen*).
ˌdin·er-ˈout *s* **1.** j-d, der häufig zum Essen eingeladen ist: **a popular ~** ein gerngesehener Tischgast. **2.** j-d, der oft auswärts ißt.
di·nette [daɪˈnet] *s* Eßecke *f.*
ding [dɪŋ] **I** *v/t* **1.** *Glocke* läuten. **2.** → din 3. **II** *v/i* **3.** läuten.
ding·bats [ˈdɪŋbæts] *s pl Austral. sl.* **1.** Säuferwahn *m.* **2. to give s.o. the ~** j-n nervös machen.
ding·dong [ˌdɪŋˈdɒŋ; *Am.* ˈdɪŋˌ-; -ˌdɑŋ] **I** *s* Bimbam *n.* **II** *adj*: **a ~ fight** ein hin u. her wogender Kampf.
dinge [dɪndʒ] *s Am. sl.* Nigger *m.*
din·ghy, *a.* **din·gey** [ˈdɪŋgɪ] *s* **1.** *mar.* a) Ding(h)i *n*, b) Beiboot *n.* **2.** Schlauchboot *n.*
din·gi·ness [ˈdɪndʒɪnɪs] *s* **1.** Schmutzigkeit *f*, Schmuddeligkeit *f.* **2.** trübe *od.* schmutzige Farbe. **3.** Schäbigkeit *f* (*a. fig.*). **4.** *fig.* Anrüchigkeit *f.*
din·gle [ˈdɪŋgl] *s* enges, waldiges Tal.
ˈdin·gleˌber·ry *s bot.* Nordamer. Moosbeere *f.*
din·go [ˈdɪŋgəʊ] *pl* **-goes** *s* **1.** *zo.* Dingo *m* (*australischer Windhund*). **2.** *Austral. sl.* a) Gauner *m*, b) Feigling *m.*
ding·us [ˈdɪŋgəs] *s Am. sl.* **1.** Dingsda *n.* **2.** ‚Ding' *n* (*Penis*).
din·gy[1] [ˈdɪndʒɪ] *adj* (*adv* **dingily**) **1.** schmutzig, schmudd(e)lig. **2.** trüb, schmutzigfarben. **3.** schäbig (*a. fig.*). **4.** zweifelhaft, dunkel, anrüchig.
din·gy[2] → dinghy.
di·nic·o·tin·ic ac·id [ˌdaɪnɪkəˈtiːnɪk] *s chem.* Dinikoˈtinsäure *f.*
ˈdin·ing| car *s rail.* Speisewagen *m.* **~ hall** *s* Speisesaal *m.* **~ room** *s* Speise-, Eßzimmer *n.* **~ ta·ble** *s* Eßtisch *m.*
dinitro- [daɪnaɪtrəʊ] *chem. Wortelement mit der Bedeutung* mit 2 Nitrogruppen.
di·ni·tro·cel·lu·lose [daɪˌnaɪtrəʊˈseljʊləʊs] *s chem.* Diˌnitrozelluˈlose *f.* **di·ˌni·troˈtol·u·ene** [-ˈtɒljʊiːn; *Am.* -ˈtɑljəˌwiːn] *s chem.* Diˌnitrotoluˈol *n.*
dink·ey [ˈdɪŋkiː] *s rail. Am.* kleine Verˈschiebelokomoˌtive.
din·kum [ˈdɪŋkəm] *adj Austral. colloq.* **1.** *meist* **fair and ~** (*a. adv*) reˈell: **a ~ offer. 2. ~ oil** die (volle) Wahrheit.
dink·y[1] [ˈdɪŋkɪ] *adj colloq.* **1.** *Br.* zierlich, niedlich, nett. **2.** *Am.* klein, unbedeutend.
dink·y[2] → dinkey.
dink·y-di [ˌdɪŋkɪˈdaɪ] *adj Austral. colloq.* typisch.
din·ner [ˈdɪnə(r)] *s* **1.** (Mittag-, Abend-) Essen *n* (*Hauptmahlzeit*): **after ~** nach dem Essen, nach Tisch; **at ~** bei Tisch; **what are we having for ~?** was gibt es zum Essen?; **to ask s.o. to ~** j-n zum Essen einladen; → **stay**[1] 1. **2.** Diˈner *n*, Festessen *n*: **at a ~** auf *od.* bei e-m Diner. **~ bell** *s* Gong *m*, Essensglocke *f.* **~ buck·et** → dinner pail. **~ card** *s* Tischkarte *f.* **~ coat** *bes. Am.* → **dinner jacket. ~ dance** *s* Abendgesellschaft *f* mit Tanz. **~ dress** *s* kleines Abendkleid. **~ jack·et** *s* Smoking(jacke *f*) *m.* **~ pail** *s Am.* Eßgefäß *n* (*für Schulkinder etc*). **~ par·ty** *s* Diˈner *n*, Abendgesellschaft *f.* **~ ser·vice, ~ set** *s* ˈSpeiseserˌvice *n*, Tafelgeschirr *n.* **~ ta·ble** *s* Eßtisch *m.* **ˈ~·time** *s* Essens-, Tischzeit *f.* **~ wag·(g)on** *s* Serˈvierwagen *m.*
di·no·saur [ˈdaɪnəʊsɔː(r)] *s zo.* Dinoˈsaurier *m.*
dint [dɪnt] **I** *s* **1.** *obs.* a) Schlag *m*, b) Kraft *f* (*bes. in*): **by ~ of** kraft, mittels, vermöge (*alle gen*). **2.** a) Delle *f*, Beule *f*, Vertiefung *f*, b) Strieme *f.* **II** *v/t* **3.** einbeulen.
di·oc·e·san [daɪˈɒsɪsn; *Am.* daɪˈɑsəsən] *relig.* **I** *adj* Diözesan... **II** *s* (Diözeˈsan-) Bischof *m.* **di·o·cese** [ˈdaɪəsɪs; -siːs; -siːz] *s relig.* Diöˈzese *f.*
di·ode [ˈdaɪəʊd] *s electr.* **1.** Diˈode *f*, Zweipolröhre *f.* **2.** Kriˈstalldiˌode *f*, -gleichrichter *m*: **~ detector** Diodengleichrichter.
di·oe·cious [daɪˈiːʃəs] *adj* diˈözisch: a) *biol.* getrenntgeschlechtlich, b) *bot.* zweihäusig.
Di·o·ny·si·a [ˌdaɪəˈnɪzɪə; -ʒɪə; -sɪə] *s pl antiq.* Dioˈnysien *pl*, Diˈonysosfest *n.* **ˌDi·oˈnys·i·ac** [-æk] *adj*; **ˌDi·o·nyˈsi·a·cal** [-ˈsaɪəkl] *adj* (*adv* **~ly**) dioˈnysisch. **ˌDi·oˈny·si·an** *adj* **1.** → **Dionysiac. 2. d~** *fig.* dioˈnysisch, orgiˈastisch.
Di·o·phan·tine [ˌdaɪəʊˈfæntaɪn] *adj math.* dioˈphantisch: **~ equation.**
di·op·side [daɪˈɒpsaɪd; *Am.* -ˈɑp-] *s min.* Diopˈsid *m.* **diˈop·tase** [-teɪs] *s min.* Diopˈtas *m.*
di·op·ter, *bes. Br.* **di·op·tre** [daɪˈɒptə; *Am.* -ˈɑptər] *s phys.* Diopˈtrie *f* (*Maßeinheit für die Brechkraft von Linsen*). **diˈop·tric** [-trɪk] **I** *adj* (*adv* **~ally**) **1.** *phys.* diˈoptrisch, lichtbrechend. **2.** ˈdurchsichtig. **II** *s* **3.** → **diopter. 4.** *pl* (*als sg konstruiert*) *phys. obs.* Diˈoptrik *f*, Brechungslehre *f.* **diˈop·tri·cal** [-kl] → **dioptric** I.
di·o·ra·ma [ˌdaɪəˈrɑːmə; *Am. a.* -ˈræmə] *s* Dioˈrama *n* (*plastisch wirkendes Schaubild, bei dem räumliche Gegenstände vor e-m gemalten od. fotografierten Hintergrund aufgestellt sind*). **ˌdi·oˈram·ic** [-ˈræmɪk] *adj* dioˈramisch.
di·o·rite [ˈdaɪəraɪt] *s geol.* Dioˈrit *m.*
Di·os·cu·ri [ˌdaɪɒsˈkjʊəraɪ; *Am.* -əsˈkj-; daɪˈɑskjəˌraɪ] *s pl* Diosˈkuren *pl* (*Castor u. Pollux*).
di·ose [ˈdaɪəʊs] *s chem.* Biˈose *f* (*einfachster Zucker*).
di·ox·ide [daɪˈɒksaɪd; *Am.* -ˈɑk-] *s chem.* **1.** ˈDioˌxyd *n.* **2.** → **peroxide** 1.
dip [dɪp] **I** *v/t pret u. pp* **dipped,** *obs.* **dipt 1.** (ein)tauchen, (ein)tunken (in, into in *acc*): **to ~ one's hand into one's pocket** in die Tasche greifen. **2.** *oft* **~ up** schöpfen (**from, out of** aus). **3.** rasch senken: **to ~ one's head; to ~ the flag** *mar.* die Flagge (zum Gruß) dippen; **to ~ the headlights** *mot. bes. Br.* abblenden. **4.** *relig. obs.* (durch ˈUntertauchen) taufen. **5.** färben, in e-e Farblösung tauchen. **6.** *Schafe etc* dippen, in desinfiˈzierender Lösung baden. **7.** *Kerzen* ziehen.
II *v/i* **8.** ˈunter-, eintauchen. **9.** hinˈeinfahren, -langen, -greifen: **to ~ into one's pocket** (*od.* **purse**) *fig.* tief in die Tasche greifen. **10.** sinken (**below the horizon** unter den Horiˈzont). **11.** a) sich neigen, sich senken (*Gelände, Waage, Magnetnadel etc*), b) *geol.* einfallen (*Schichten*). **12.** *econ.* (leicht) fallen, sinken: **prices ~ped. 13.** sich flüchtig befassen (**in, into** mit): **to ~ into a book** e-n Blick in ein Buch werfen; **to ~ into politics** e-n ‚Ausflug' in die Politik machen. **14. ~ into** erforschen: **to ~ into the past. 15. ~ into** *Reserven, Vorrat etc* angreifen. **16.** a) nieder- u. wieder auffliegen, b) *aer.* vor dem Steigen plötzlich tiefer gehen.
III *s* **17.** (ˈUnter-, Ein)Tauchen *n.* **18.** kurzes Bad: **to have a ~** mal schnell ins Wasser springen. **19.** geschöpfte Flüssigkeit, Schöpfprobe *f.* **20.** *bes. tech.* (Tauch)Bad *n*, Lösung *f.* **21.** Sinken *n* (*a. econ.*). **22.** Neigung *f*, Senkung *f*, Gefälle *n.* **23.** Fallwinkel *m.* **24.** *mar.* Depressiˈon *f*, Kimmtiefe *f*: **~ of the horizon. 25.** Inklinatiˈon *f* (*der Magnetnadel*). **26.** *geol.* Einfallen *n.* **27.** Vertiefung *f*, Bodensenke *f.* **28.** Tiefgang *m* (*e-s Schiffes*), Tiefe *f* des Eintauchens. **29.** *a.* **~ candle** gezogene Kerze. **30.** a) schnelles Hinˈab(- u. Hinˈauf)fliegen, b) *aer.* plötzliches Tiefergehen vor dem Steigen. **31.** *mar.* Dippen *n* (*e-r Flagge*). **32.** *Turnen*: Streck-, Beugestütz *m* (*am Barren*). **33.** *gastr.* Dip *m* (*Soße zum Eintauchen von Chips etc*). **34.** Angreifen *n* (**into** *e-r Reserve, e-s Vorrats etc*). **35.** *sl.* Langfinger *m*, Taschendieb *m.* **36.** *fig.* flüchtiger Blick: **a ~ into poetry; a ~ into politics** ein ‚Ausflug' in die Politik.
dip| braz·ing *s tech.* Tauchlöten *n.* **~ cir·cle** *s tech.* Neigungskreis *m.* **ˈ~-dye** *v/t tech.* im Stück färben.
di·pet·al·ous [daɪˈpetələs] *adj bot.* mit 2 Kronblättern.
di·phase [ˈdaɪfeɪz] *adj electr.* **1.** zweiphasig. **2.** Zweiphasen...
ˈdip·head *s Bergbau*: Hauptstrecke *f.*
di·phen·yl [daɪˈfenɪl] *s chem.* Dipheˈnyl *n.*
di·phos·gene [daɪˈfɒzdʒiːn; *Am.* -ˈfɑz-] *s chem.* Diphosˈgen *n* (*Grünkreuzkampfstoff*).
diph·the·ri·a [dɪfˈθɪərɪə; dɪpˈθ-] *s med.* Diphtheˈrie *f.* **diphˈthe·ri·al, diphˈther·ic** [-ˈθerɪk], **ˌdiph·theˈrit·ic** [-θəˈrɪtɪk] *adj med.* diphˈtherisch. **ˈdiph·the·roid** [-θərɔɪd] *adj med.* diphtheroˈid, diphtheˈrieartig.
diph·thong [ˈdɪfθɒŋ; ˈdɪp-] *s ling.* **1.** Diˈphthong *m*, ˈDoppelvoˌkal *m.* **2.** *die Ligatur* æ *od.* œ. **diphˈthon·gal** [-ŋgl] *adj* (*adv* **~ly**) *ling.* diˈphthongisch. **diphˈthong·ic** → **diphthongal. ˌdiph·thong·iˈza·tion** [-gaɪˈzeɪʃn; *Am.* -gəˈz-] *s ling.* Diphthonˈgierung *f.* **ˈdiph·thong·ize** *ling.* **I** *v/t* diphthonˈgieren. **II** *v/i* diphthonˈgiert werden.

di·ple·gi·a [daɪˈpliːdʒɪə; -dʒə] *s med.* Dipleˈgie *f*, doppelseitige Lähmung.

di·plex [ˈdaɪpleks] *adj electr.* Diplex..., doppelt: ~ **operation** Diplexbetrieb *m*; ~ **telegraphy** Diplexsystem *n.*

dip·loid [ˈdɪplɔɪd] *biol.* **I** *adj* diploˈid (*mit doppelter Chromosomenzahl*). **II** *s* diploˈide Zelle, diploˈider Orgaˈnismus.

di·plo·ma [dɪˈpləʊmə] *s* **1.** (*bes.* akaˈdemisches) Diˈplom, (Ernennungs)Urkunde *f.* **2.** Ehrenurkunde *f.* **3.** Verfassungs-, Staatsurkunde *f*, Charta *f.*

di·plo·ma·cy [dɪˈpləʊməsɪ] *s* **1.** *pol.* Diplomaˈtie *f.* **2.** *fig.* Diplomaˈtie *f*, diploˈmatisches Vorgehen.

di·plo·maed [dɪˈpləʊməd] *adj* diploˈmiert, Diplom...

dip·lo·mat [ˈdɪpləmæt] *s pol. u. fig.* Diploˈmat *m.* ˌ**dip·loˈmat·ic I** *adj* (*adv* ~**ally**) **1.** *pol.* diploˈmatisch: ~ **agent** diplomatischer Vertreter, Diplomat *m*; ~ **corps**, *a.* ~ **body** diplomatisches Korps; ~ **service** diplomatischer Dienst. **2.** *fig.* diploˈmatisch, klug, gewandt. **3.** diploˈmatisch, urkundlich. **II** *s* **4.** *pol. obs.* Diploˈmat *m.* ˌ**dip·loˈmat·ics** *s pl* (*als sg konstruiert*) **1.** Diploˈmatik *f*, Urkundenlehre *f.* **2.** *pol. obs.* Diplomaˈtie *f.*

di·plo·ma·tist [dɪˈpləʊmətɪst] → **diplomat.** **diˈplo·ma·tize I** *v/i* diploˈmatisch handeln *od.* vorgehen. **II** *v/t* diploˈmatisch behandeln.

di·plo·pi·a [dɪˈpləʊpjə; -pɪə] *s med.* Diploˈpie *f* (*gleichzeitiges Sehen zweier Bilder von e-m einzigen Gegenstand*).

dip|nee·dle → **dipping needle.** ~**net** *s Fischerei*: Streichnetz *n.*

dip·no·an [dɪpˈnəʊən; *Am.* ˈdɪpnəwən] *zo.* **I** *adj* zu den Lungenfischen gehörig, Lungenfisch... **II** *s* Lungenfisch *m.*

dip·o·dy [ˈdɪpədɪ] *s metr.* Dipoˈdie *f* (*Gruppe aus 2 gleichen Versfüßen*).

di·po·lar [daɪˈpəʊlə(r)] *adj phys.* zweipolig. ˈ**di·pole** [-pəʊl] *s electr. phys.* Dipol *m.*

dip·per [ˈdɪpə(r)] *s* **1.** *tech.* a) Färber *m*, b) Kerzenzieher *m.* **2.** Schöpfer *m*, Schöpflöffel *m.* **3.** *tech.* a) Baggereimer *m*, b) Bagger *m.* **4.** D~ *astr. Am.* a) **Big D~** → **bear**[2] 4 a, b) *a.* **Little D~** → **bear**[2] 4 b. **5.** *orn.* Taucher *m.* **6.** *relig. obs.* → **immersionist.** ~**dredge,** ~**dredg·er** *s tech.* Löffelbagger *m.* ~ **gourd** *s bot.* Flaschenkürbis *m.*

dip·ping [ˈdɪpɪŋ] *s* **1.** Eintauchen *n.* **2.** *tech.* a) Färben *n*, b) Kerzenziehen *n.* **3.** Dippen *n*, Baden *n* in desinfiˈzierender Lösung. **4.** *tech.* (Tauch)Bad *n.* ~ **bat·ter·y** *s electr.* ˈTauchbatteˌrie *f.* ~**com·pass** *s phys.* Inklinatiˈons-, Neigungskompaß *m.* ~ **e·lec·trode** *s electr.* ˈTauchelekˌtrode *f.* ~ **nee·dle** *s mar.* Inklinatiˈonsnadel *f.* ~ **rod** *s* Wünschelrute *f.* ~ **var·nish** *s tech.* Tauchlack *m.*

dip·py [ˈdɪpɪ] *adj colloq.* **1.** ‚ˈübergeschnappt', verrückt. **2.** dumm, unklug.

dip·so [ˈdɪpsəʊ] *pl* **-sos** *colloq. für* **dipsomaniac.**

dip·so·ma·ni·a [ˌdɪpsəʊˈmeɪnjə; -nɪə] *s med.* Dipsomaˈnie *f* (*periodisch auftretende Trunksucht*). ˌ**dip·soˈma·ni·ac** [-æk] *s med.* Dipsoˈmane *m*, Dipsoˈmanin *f.*

ˈ**dip|·stick** *s tech.* (Öl- *etc*)Meßstab *m.* ~ **switch** *s mot. Br.* Abblendschalter *m.*

dipt [dɪpt] *obs. pret u. pp von* **dip.**

dip·ter·al [ˈdɪptərəl] *adj* **1.** → **dipterous** 2. **2.** *arch.* mit doppeltem ˈSäulenˌumgang. ˈ**dip·ter·an** *zo.* **I** *adj* → **dipterous** 2. **II** *s* → **dipteron.**

dip·ter·on [ˈdɪptərɒn; *Am.* -ˌrɑn] *s zo.* Diˈptere *m*, Zweiflügler *m.* ˈ**dip·ter·ous** *adj* **1.** *bot. zo.* zweiflügelig. **2.** *zo.* zu den Zweiflüglern gehörend.

dip trap *s tech.* Schwanenhals *m*, U-Rohrkrümmer *m.*

dip·tych [ˈdɪptɪk] *s* Diptychon *n*: a) *antiq. zs.-klappbare Schreibtafel*, b) *paint. zweiflügeliges Altarbild.*

dire [ˈdaɪə(r)] *adj* **1.** gräßlich, entsetzlich, schrecklich: ~ **sisters** Furien. **2.** a) tödlich, unheilbringend, b) unheilverkündend. **3.** äußerst(er, e, es), höchst(er, e, es): **to be in** ~ **need of s.th.** etwas ganz dringend brauchen; → **strait** 2.

di·rect [dɪˈrekt; daɪ-] **I** *v/t* **1.** *s-e Aufmerksamkeit etc* richten, lenken (**to, toward[s]** auf *acc*): **to** ~ **one's attention (efforts,** *etc*) **to s.th.**; **a method** ~**ed to doing s.th.** ein Verfahren, das darauf abzielt, etwas zu tun; **to** ~ **away** *j-n, etwas* ablenken (**from** von). **2.** *ein Fahrzeug* lenken. **3.** *e-n Betrieb etc* führen, leiten, lenken. **4.** *Worte* richten (**to** an *acc*). **5.** *e-n Brief etc* adresˈsieren, richten (**to** an *acc*). **6.** anweisen, beauftragen, *j-m* Anweisung geben (**to do** zu tun): **to** ~ **the jury as to the law** *jur.* den Geschworenen Rechtsbelehrung erteilen. **7.** anordnen, verfügen, bestimmen: **to** ~ **s.th. to be done** etwas anordnen; anordnen, daß etwas geschieht; **as** ~**ed** laut Verfügung, nach Vorschrift. **8.** a) *j-m* den Weg zeigen (**to** zu, nach), b) *fig. j-n* verweisen (**to** an *acc*). **9.** a) *ein Orchester* diriˈgieren, b) Reˈgie führen bei (*e-m Film od. Stück*): ~**ed by** unter der Regie von. **II** *v/i* **10.** befehlen, bestimmen. **11.** a) *mus.* diriˈgieren, b) *thea. etc* Reˈgie führen. **III** *adj* (*adv* → **directly** I) **12.** diˈrekt, gerade. **13.** diˈrekt, unmittelbar: ~ **taxes**; ~ **labo(u)r** produktive Arbeitskräfte; ~ **mail** *Am.* Postwurfsendung *f*; ~ **primary** *pol. Am.* Vorwahl *f* durch direkte Wahl; ~ **selling** *econ.* Direktverkauf *m*; ~ **train** *rail.* durchgehender Zug; ~ **voting** *pol.* direkte Wahl; → **direct method.** **14.** unmittelbar, perˈsönlich: ~ **responsibility.** **15.** *econ.* speˈzifisch, diˈrekt: ~ **costs** direkte Kosten, Einzelkosten. **16.** a) klar, unzwei-, eindeutig, b) offen, ehrlich: **a** ~ **answer.** **17.** diˈrekt, genau: **the** ~ **contrary** das genaue Gegenteil. **18.** *ling.* diˈrekt: ~ **speech** (*bes. Am.* **discourse**) direkte Rede; ~ **object** direktes Objekt, Akkusativobjekt *n.* **19.** *astr.* rechtläufig. **20.** *electr.* a) Gleichstrom..., b) Gleich... **IV** *adv* **21.** diˈrekt, unmittelbar: **I wrote to him** ~; → **dial** 9.

di·rect| ac·cess *s Computer*: diˈrekter Zugriff, Diˈrektzugriff *m.* ~ **ac·tion** *s pol.* diˈrekte Aktiˈon (*bes. Kampfmaßnahmen der Arbeiterschaft*). ~ **ad·ver·tis·ing** *s econ.* Werbung *f* beim Konsuˈmenten. ~ **carv·ing** *s Bildhauerei*: Behauen *n* ohne Verwendung e-s ˈLeitmoˌdells. ~ **cost·ing** *s econ.* Grenz(plan)rechnung *f.* ~ **cur·rent** *s electr.* Gleichstrom *m.* ~ **di·al·(l)ing** *s teleph.* ˈDurchwahl *f.* ~ **dis·tance di·al·ing** *s teleph. Am.* Selbstwählfernverkehr *m.* ~ **drive** *s tech.* diˈrekter Antrieb. ~ **ev·i·dence** *s jur.* unmittelbarer Beweis, Beweis *m* aus eigener Wahrnehmung (*Ggs. Indizienbeweis*). ~ **fire** *s mil.* diˈrekter Beschuß. ~ **hit** *s mil.* Volltreffer *m.* ~ **in·i·ti·a·tive** *s pol. Am. von Wählern ausgehender Gesetzesantrag, über den ein Volksentscheid herbeigeführt wird.*

di·rec·tion [dɪˈrekʃn; daɪ-] *s* **1.** Richtung *f*: **to take a** ~ e-e Richtung einschlagen; **in the** ~ **of** in (der) Richtung auf (*acc*) *od.* nach; **from (in) all** ~**s** aus (nach) allen Richtungen, von (nach) allen Seiten; **sense of** ~ Ortssinn *m*; ~ **of rotation** *phys. tech.* Drehrichtung, -sinn *m.* **2.** *fig.* Richtung *f*, Tenˈdenz *f*, Strömung *f*: **new** ~**s in drama**; **to give another** ~ **to** in e-e neue Richtung *od.* in andere Bahnen lenken; **in many** ~**s** in vieler(lei) Hinsicht. **3.** Leitung *f*, Lenkung *f*, Führung *f* (*e-s Betriebs etc*): **under his** ~ unter s-r Leitung. **4.** Anweisung *f*, Anleitung *f*: ~**s for use** Gebrauchsanweisung. **5.** *oft pl* (An)Weisung *f*, Anordnung *f*, Befehl *m*: **by** (*od.* **at**) ~ **of** auf Anweisung von (*od. gen*). **6.** Vorschrift *f*, Richtlinie *f.* **7.** Aˈdresse *f*, Aufschrift *f* (*e-s Briefes etc*). **8.** *econ.* Direkˈtorium *n*, Direktiˈon *f*, Leitung *f.* **9.** *Film etc*: Reˈgie *f.* **10.** *mus.* a) Spielanweisung *f* (*über Tempo etc*), b) Stabführung *f*, Leitung *f.*

di·rec·tion·al [dɪˈrekʃənl; daɪ-] *adj* **1.** Richtungs...: ~ **sense** *math.* Richtungssinn *m.* **2.** *electr.* a) Richt..., gerichtet, b) Peil... ~ **aer·i·al,** *bes. Am.* ~ **an·ten·na** *s electr.* ˈRichtanˌtenne *f*, -strahler *m.* ~ **cal·cu·lus** *s a. irr math.* Rechnung *f* mit gerichteten Größen. ~ **co·ef·fi·cient** *s math.* Richtungsfaktor *m.* ~ **fil·ter** *s electr.* Bandfilter *n*, *m.* ~ **gy·ro** *s aer.* Kurs-, Richtkreisel *m.* ~ **mi·cro·phone** *s* ˈRichtmikroˌphon *n.* ~ **ra·di·o** *s electr.* **1.** Richtfunk *m.* **2.** Peilfunk *m.* ~ **trans·mit·ter** *s electr.* **1.** Richtfunksender *m.* **2.** Peilsender *m.*

di·rec·tion| find·er *s electr.* (Funk)Peiler *m*, Peilempfänger *m.* ~ **find·ing** *s electr.* **1.** (Funk)Peilung *f*, Richtungsbestimmung *f.* **2.** Peilwesen *n.* ~ **in·di·ca·tor** *s* **1.** *mot.* (Fahrt)Richtungsanzeiger *m*: a) *hist.* Winker *m*, b) Blinker *m.* **2.** *aer.* Kursweiser *m.*

di·rec·tive [dɪˈrektɪv; daɪ-] **I** *adj* lenkend, leitend, richtunggebend, -weisend: ~ **rule** → II. **II** *s* Direkˈtive *f*, Verhaltungsmaßregel *f*, (An)Weisung *f*, Vorschrift *f.* ~ **aer·i·al,** *bes. Am.* ~ **an·ten·na** *s electr.* ˈRichtanˌtenne *f.* ~ **pow·er** *s electr.* Richtvermögen *n.*

diˈrect·ly I *adv* **1.** diˈrekt, gerade, in gerader Richtung. **2.** unmittelbar, diˈrekt (*a. tech.*): ~ **proportional** direkt proportional; ~ **in the middle** direkt *od.* genau in der Mitte; ~ **opposed** genau entgegengesetzt. **3.** *bes. Br.* [*colloq. a.* ˈdreklɪ] a) soˈfort, soˈgleich, b) gleich, bald: **I am coming** ~. **4.** unzweideutig, klar. **5.** offen, ehrlich. **II** *conj* [*Br. a.* ˈdreklɪ] **6.** soˈbald, soˈwie: ~ **he entered.**

di·rect meth·od *s* diˈrekte Meˈthode (*Fremdsprachenunterricht ohne Verwendung der Muttersprache u. ohne theoretische Grammatik*).

diˈrect·ness *s* **1.** Geradheit *f*, Geradlinigkeit *f*, gerade Richtung. **2.** Unmittelbarkeit *f.* **3.** Unzweideutigkeit *f*, Klarheit *f.* **4.** Offenheit *f.*

di·rec·tor [dɪˈrektə(r); daɪ-] *s* **1.** Diˈrektor *m*, Leiter *m*, Vorsteher *m*: **D~ of Public Prosecutions** *jur. Br.* Leiter der Anklagebehörde; ~ **of program(me)s** (*Rundfunk, TV*) Programmdirektor; ~**'s secretary** Chefsekretärin *f.* **2.** *econ.* a) Diˈrektor *m*, b) Mitglied *n* des Verwaltungsrats (*e-r Aktiengesellschaft*). **3.** *Film etc*: Regisˈseur *m.* **4.** *mus.* Diriˈgent *m.* **5.** *mil.* Komˈmandogerät *n.* **6.** *med.* Leitungssonde *f.* **diˈrec·to·ral** → **directorial.** **diˈrec·to·rate** [-rət] *s* **1.** Direktoˈrat *n*, Diˈrektor-, Direkˈtorenposten *m*, -stelle *f.* **2.** Direkˈtorium *n.* **3.** *econ.* a) Direkˈtorium *n*, b) Verwaltungsrat *m.*

diˌrec·tor-ˈgen·er·al *pl* **diˌrec·tors-ˈgen·er·al,** *a.* **diˌrec·tor-ˈgen·er·als** *s* Geneˈraldiˌrektor *m.*

di·rec·to·ri·al [dɪˌrekˈtɔːrɪəl; daɪ-] *adj* **1.** Direktor(en)...: ~ **position.** **2.** → **directive** I.

diˈrec·tor·ship → **directorate** I.

di·rec·to·ry [dɪˈrektərɪ; daɪ-] **I** *s* **1.** a) Aˈdreßbuch *n*, b) Teleˈfonbuch *n*, c) Branchenverzeichnis *n*: → **trade directory.** **2.** *bes. relig.* Gottesdienstordnung *f.* **3.** Leitfaden *m*, Richtschnur *f.*

4. Direk'torium *n.* 5. D~ *hist.* Direc'toire *n*, Direk'torium *n* (*französische Revolution*). **II** *adj* → **directive** I.
di,rect|-'pro·cess steel *s tech.* Rennstahl *m.* ~ **prod·uct** *s math.* Ska'larpro,dukt *n.*
di·rec·tress [dɪ'rektrɪs; daɪ-] *s* Direk'torin *f*, Vorsteherin *f*, Leiterin *f.*
di·rec·trice [dɪrek'tri:s] → **directress.**
di·rec·trix [dɪ'rektrɪks; daɪ-] *pl* **-trix·es, -tri·ces** [-trɪsi:z] *s* **1.** → **directress. 2.** *math.* Di'rektrix *f*, Leitlinie *f.* **3.** *mil.* Nullstrahl *m.*
di,rect-'writ·ing com·pa·ny *s econ.* Rückversicherungsgesellschaft *f.*
'dire·ful → dire 1.
dirge [dɜ:dʒ; *Am.* dɜrdʒ] *s* Klage-, Trauerlied *n.*
dir·i·gi·bil·i·ty [,dɪrɪdʒə'bɪlətɪ] *s* Lenkbarkeit *f.* **'dir·i·gi·ble** *adj u. s* lenkbar(es Luftschiff).
di·ri·gisme [,di:ri:'ʒi:zm] *s econ. pol.* Diri'gismus *m.*
dir·i·ment ['dɪrɪmənt] *adj* unwirksam machend, aufhebend: ~ **impediment** *jur.* trennendes Ehehindernis.
dirk [dɜ:k; *Am.* dɜrk] **I** *s* Dolch *m.* **II** *v/t* erdolchen.
dirl [dɜ:l; *Am.* dɜrl] *v/i Scot.* **1.** beben. **2.** dröhnen.
dirn·dl ['dɜ:ndl; *Am.* 'dɜrndl] *s* Dirndl(-kleid) *n.*
dirt [dɜ:t; *Am.* dɜrt] *s* **1.** Schmutz *m*, Kot *m*, Dreck *m.* **2.** (lockere) Erde. **3.** *fig.* Plunder *m*, Schund *m.* **4.** *fig.* (*moralischer*) Schmutz. **5.** *fig.* Schmutz *m*: a) unflätiges Reden, b) üble Verleumdungen *pl*, Gemeinheit(en *pl*) *f.*
Besondere Redewendungen:
hard ~ Schutt *m*; **soft** ~ Müll *m*, Kehricht *m, n*; **to eat** ~ sich widerspruchslos demütigen lassen; **to make s.o. eat** ~ j-n demütigen; **to fling** (*od.* **throw**) ~ **at s.o.** j-n mit Dreck bewerfen, j-n in den Schmutz ziehen; **to treat s.o. like** ~ j-n wie (den letzten) Dreck behandeln; **to do s.o.** ~ *sl.* j-n in gemeiner Weise hereinlegen.
,dirt|-'cheap *adj u. adv colloq.* spottbillig. ~ **farm·er** *s Am.* Farmer, der sein Land selbst bestellt. ~ **farm·ing** *s* Ackerbau *m.*
dirt·i·ness ['dɜ:tɪnɪs; *Am.* 'dɜr-] *s* **1.** Schmutz(igkeit *f*) *m.* **2.** Gemeinheit *f*, Niedertracht *f.* **3.** (*moralische*) Schmutzigkeit. **4.** Unfreundlichkeit *f* (*des Wetters*).
dirt| road *s Am.* unbefestigte Straße. ~ **track** *s Motorradsport*: Aschenbahn *f.*
'dirt·y I *adj* (*adv* **dirtily**) **1.** schmutzig, dreckig, Schmutz...: ~**-brown** schmutzigbraun; ~ **water** schmutziges Wasser, Schmutzwasser *n*; ~ **work** Dreck(s)arbeit *f*: a) *Schmutz verursachende Arbeit*, b) *niedere Arbeit, für die sich andere zu schade sind*; ~**-work allowance**, ~ **money** *econ.* Schmutzzulage *f*; **to give s.o. a** ~ **look** j-m e-n bösen Blick zuwerfen. **2.** *fig.* gemein, niederträchtig: **a** ~ **lot** ein Lumpenpack. **3.** *fig.* (*moralisch*) schmutzig, unflätig, unanständig: **a** ~ **mind** a) schmutzige Gedanken *pl*, b) e-e schmutzige Phantasie. **4.** schlecht, unfreundlich, *bes. mar.* stürmisch: ~ **weather. 5.** schmutzig(grau) (*Farbe*). **6.** *sl.* ‚dirty' (*drogenabhängig*). **II** *s* **7. to do the** ~ **on s.o.** *Br. colloq.* j-n gemein *od.* unfreundlich behandeln. **III** *v/t* **8.** beschmutzen, besudeln (*a. fig.*): **to** ~ **one's hands** sich die Hände schmutzig machen (*a. fig.*). **IV** *v/i* **9.** schmutzig werden, schmutzen.
Dis [dɪs] *s poet.* 'Unterwelt *f.*
dis-[1] [dɪs] *Vorsilbe* **1.** auseinander-, ab-, dis-, ent-, un-, weg-, ver-, zer-. **2.** *Verneinung*: → **disaccord**, *etc.*
dis-[2] [dɪs] → di-[1].
dis·a·bil·i·ty [,dɪsə'bɪlətɪ] *s* **1.** Unvermögen *n*, Unfähigkeit *f.* **2.** *jur.* Geschäfts-, Rechtsunfähigkeit *f*: **to lie under a** ~ rechtsunfähig sein. **3.** Arbeits-, Erwerbsunfähigkeit *f*, Invalidi'tät *f.* **4.** *mil.* a) Dienstuntauglichkeit *f*, b) Kampfunfähigkeit *f.* **5.** *med.* Gebrechen *n.* ~ **ben·e·fit** *s* Invalidi'tätsrente *f.* ~ **clause** *s econ.* Erwerbsunfähigkeitsklausel *f.* ~ **in·sur·ance** *s econ.* Invalidi'tätsversicherung *f.*
dis·a·ble [dɪs'eɪbl] *v/t* **1.** unfähig machen, außerstand setzen (**from doing** *od.* **to do s.th.** etwas zu tun). **2.** unbrauchbar *od.* untauglich machen (**for** für, zu). **3.** *jur.* geschäfts- *od.* rechtsunfähig machen. **4.** arbeits- *od.* erwerbsunfähig machen. **5.** *mil.* a) dienstuntauglich machen, b) kampfunfähig machen. **6.** verkrüppeln. **dis'a·bled I** *adj* **1.** *jur.* geschäfts-, rechtsunfähig. **2.** arbeits-, erwerbsunfähig, inva'lid(e). **3.** *mil.* a) dienstuntauglich, b) kriegsversehrt: **a** ~ **ex-soldier** ein Kriegsversehrter, c) kampfunfähig. **4.** (*körperlich od. geistig*) behindert. **5.** unbrauchbar, untauglich. **6.** a) *mar.* manö'vrierunfähig, seeuntüchtig, b) *mot.* fahruntüchtig, nicht mehr verkehrssicher. **II** *s* **7. the** ~ die Behinderten *pl.* **dis'a·ble·ment** *s* **1.** Arbeits-, Erwerbsunfähigkeit *f*, Invalidi'tät *f*: ~ **annuity** *Br.* → **disability benefit**; ~ **insurance** → **disability insurance. 2.** → **disability** 4. **3.** (*körperliche od. geistige*) Behinderung.
dis·a·buse [,dɪsə'bju:z] *v/t* **1.** aus dem Irrtum befreien, e-s Besseren belehren, aufklären (**of** über *acc*). **2.** befreien, erleichtern (**of** von): **to** ~ **o.s.** (*od.* **one's mind**) **of s.th.** sich von etwas (*Irrtümlichem*) befreien, etwas ablegen.
dis·ac·cord [,dɪsə'kɔ:(r)d] **I** *v/i* **1.** nicht über'einstimmen. **II** *s* **2.** Uneinigkeit *f*, Nichtüber'einstimmung *f.* **3.** 'Widerspruch *m.* **,dis·ac'cord·ant** *adj* nicht über'einstimmend.
dis·ac·cus·tom [,dɪsə'kʌstəm] *v/t*: **to** ~ **s.o. to s.th.** j-n e-r Sache entwöhnen, j-m etwas abgewöhnen; ~**ed to** nicht gewöhnt an (*acc*).
dis·ad·van·tage [,dɪsəd'vɑ:ntɪdʒ; *Am.* -'væn-] **I** *s* **1.** Nachteil *m* (**to** für): **to be at a** ~, **to labo(u)r under a** ~ im Nachteil *od.* benachteiligt sein; **to put s.o. at a** ~ j-n benachteiligen; **to put o.s. at a** ~ **with s.o.** sich j-m gegenüber in den Nachteil setzen; **to s.o.'s** ~ zu j-s Nachteil *od.* Schaden. **2.** ungünstige Lage: **to take s.o. at a** ~ j-s ungünstige Lage ausnutzen. **3.** Schade(n) *m*, Verlust *m* (**to** für): **to sell to** (*od.* **at a**) ~ mit Verlust verkaufen. **II** *v/t* **4.** benachteiligen. **,dis·ad·van'ta·geous** [-ædvɑ:n'teɪdʒəs; *Am.* -,væn-; -vən-] *adj* (*adv* ~**ly**) nachteilig, ungünstig, unvorteilhaft, schädlich (**to** für).
dis·af·fect [,dɪsə'fekt] *v/t* unzufrieden machen, verstimmen, verärgern, verdrießen. **,dis·af'fect·ed** *adj* (*adv* ~**ly**) (**to, toward[s]**) unzufrieden (mit), abgeneigt (*dat*), 'mißvergnügt (über *acc*), verdrossen. **,dis·af'fect·ed·ness, ,dis·af'fec·tion** *s* (**for**) Unzufriedenheit *f* (mit), Abgeneigtheit *f* (gegen), (*pol. a.* Staats)Verdrossenheit *f.*
dis·af·firm [,dɪsə'fɜ:m; *Am.* -'fɜrm] *v/t* **1.** (ab)leugnen. **2.** *jur.* a) *Gerichtsentscheidung* aufheben, 'umstoßen, b) *von e-m Vertrag* zu'rücktreten.
dis·af·for·est [,dɪsə'fɒrɪst; *Am. a.* -'fɑr-] *v/t* **1.** *jur. Br. e-m Wald* den Schutz durch das Forstrecht nehmen. **2.** abforsten, abholzen. **'dis·af,for·es'ta·tion, ,dis·af'for·est·ment** *s* **1.** *jur. Br.* Erklärung *f* zu gewöhnlichem Land (*das nicht dem Forstrecht untersteht*). **2.** Abforstung *f*, Abholzung *f.*
dis·ag·i·o [dɪs'ædʒɪəʊ] *s econ.* Dis'agio *n*, Abschlag *m.*
dis·a·gree [,dɪsə'gri:] *v/i* **1.** (**with**) nicht über'einstimmen (mit), im 'Widerspruch stehen (zu, mit): **the witnesses** ~ die Zeugen widersprechen einander. **2.** (**with s.o.**) anderer Meinung sein (als j-d), uneinig sein (mit j-m), (j-m) nicht zustimmen. **3.** sich streiten (**on, about** über *acc*). **4.** (**with s.th.**) nicht einverstanden sein (mit etwas), gegen (e-e Sache) sein, (etwas) ablehnen. **5.** schlecht *od.* nicht bekommen, nicht zuträglich sein (**with** *dat*): **this fruit** ~**s with me. ,dis·a'gree·a·ble** *adj* (*adv* **disagreeably**) unangenehm: a) widerlich, b) unliebenswürdig, eklig, c) lästig. **,dis·a'gree·a·ble·ness** *s* **1.** Widerlichkeit *f.* **2.** Unliebenswürdigkeit *f.* **3.** Lästigkeit *f.* **,dis·a'gree·ment** *s* **1.** Verschiedenheit *f*, 'Unterschied *m*, Unstimmigkeit *f*: **in** ~ **from** a) zum Unterschied von, b) abweichend von. **2.** 'Widerspruch *m* (**between** zwischen *dat*). **3.** Meinungsverschiedenheit *f.* **4.** Streitigkeit *f*, 'Mißhelligkeit *f.*
dis·al·low [,dɪsə'laʊ] *v/t* **1.** nicht gestatten *od.* zugeben *od.* erlauben, miß'billigen, verbieten, verweigern. **2.** nicht anerkennen, nicht gelten lassen, *sport a.* annul'lieren, nicht geben. **,dis·al'low·a·ble** *adj* nicht zu billigen(d). **,dis·al'low·ance** *s* **1.** 'Mißbilligung *f.* **2.** Nichtanerkennung *f*, *sport a.* Annul'lierung *f.*
dis·am·big·u·ate [,dɪsæm'bɪgjʊeɪt] *v/t sprachliche Äußerung* disambigu'ieren, eindeutig machen.
dis·ap·pear [,dɪsə'pɪə(r)] *v/i* **1.** verschwinden (**from** von, aus; **to** nach). **2.** verlorengehen (*Gebräuche etc*). **,dis·ap'pear·ance** [-'pɪərəns] *s* **1.** Verschwinden *n.* **2.** *tech.* Schwund *m.* **,dis·ap'pear·ing** *adj* **1.** verschwindend. **2.** versenkbar, Versenk...: ~ **bed** Klappbett *n.*
dis·ap·point [,dɪsə'pɔɪnt] *v/t* **1.** *j-n* enttäuschen: **to be** ~**ed** enttäuscht sein (**in, at s.th.** von, über etwas; **in, with s.o.** von j-m); **to be** ~**ed of s.th.** um etwas betrogen *od.* gebracht werden. **2.** *j-s Hoffnungen etc* enttäuschen, zu'nichte machen. **,dis·ap'point·ed** *adj* (*adv* ~**ly**) enttäuscht. **,dis·ap'point·ing** *adj* (*adv* ~**ly**) enttäuschend. **,dis·ap'point·ment** *s* **1.** Enttäuschung *f*: **in great** ~ tief enttäuscht; **to s.o.'s** ~ zu j-s Enttäuschung; **to suffer a** ~ e-e Enttäuschung erleben, enttäuscht werden. **2.** Enttäuschung *f* (*von Hoffnungen etc*). **3.** Enttäuschung *f* (*Person od. Sache, die enttäuscht*): **to be a** ~ **to s.o.** j-n enttäuschen.
dis·ap·pro·ba·tion [,dɪsæprəʊ'beɪʃn] → disapproval. **dis'ap·pro·ba·tive, dis'ap·pro·ba·to·ry** [-beɪtərɪ; *Am.* -bə,təʊri:; -,tɔ:-] → **disapproving.**
dis·ap·prov·al [,dɪsə'pru:vl] *s* (**of**) 'Mißbilligung *f* (*gen*), 'Mißfallen *n* (über *acc*). **,dis·ap'prove** [-'pru:v] **I** *v/t* **1.** miß'billigen, sein gegen. **2.** ablehnen. **II** *v/i* **3.** da'gegen sein: **to** ~ **of** → I. **,dis·ap'prov·ing** *adj* (*adv* ~**ly**) miß'billigend.
dis·arm [dɪs'ɑ:(r)m] **I** *v/t* **1.** entwaffnen (*a. fig. freundlich stimmen*). **2.** unschädlich machen. **3.** *Bomben etc* entschärfen. **4.** *fig.* besänftigen: **to** ~ **s.o.'s rage. II** *v/i* **5.** *mil. pol.* abrüsten. **dis'ar·ma·ment** *s* **1.** Entwaffnung *f.* **2.** *mil. pol.* Abrüstung *f.* **dis'arm·er** *s* Abrüstungsbefürworter(in). **dis'arm·ing** *adj* (*adv* ~**ly**) *fig.* entwaffnend: **a** ~ **smile.**
dis·ar·range [,dɪsə'reɪndʒ] *v/t* in Unordnung bringen, durchein'anderbringen (*beide a. fig.*). **,dis·ar'range·ment** *s* Unordnung *f* (*a. fig.*).

dis·ar·ray [ˌdɪsəˈreɪ] I *v/t* 1. in Unordnung bringen (*a. fig.*). 2. *obs.* entkleiden (**of** *gen*) (*a. fig.*). II *s* 3. Unordnung *f* (*a. fig.*): **to be in ~** a) in Unordnung sein, b) *mil.* in Auflösung begriffen sein, c) in unordentlichem Zustand sein (*Kleidung*); **to throw into ~** → 1.

dis·ar·tic·u·late [ˌdɪsɑː(r)ˈtɪkjʊleɪt] I *v/t* 1. zergliedern, trennen. 2. *med.* exartikuˈlieren. II *v/i* 3. aus den Fugen gehen. **ˈdis·arˌtic·uˈla·tion** *s* 1. Zergliederung *f*. 2. *med.* Exartikulatiˈon *f*.

dis·as·sem·ble [ˌdɪsəˈsembl] *v/t* auseinˈandernehmen, zerlegen, demonˈtieren. **ˌdis·asˈsem·bly** *s* 1. Zerlegung *f*, Demonˈtage *f*. 2. zerlegter Zustand.

dis·as·sim·i·late [ˌdɪsəˈsɪmɪleɪt] *v/t physiol.* abbauen. **ˈdis·asˌsim·iˈla·tion** *s physiol.* Abbau *m*.

dis·as·so·ci·ate [ˌdɪsəˈsəʊʃɪeɪt; -sɪeɪt] → **dissociate** I. **ˈdis·asˌso·ciˈa·tion** → **dissociation**.

dis·as·ter [dɪˈzɑːstə; *Am.* dɪzˈæstər] I *s* 1. Unglück *n* (**to** für), Unheil *n*, Verderben *n*: **to bring to ~** ins Unglück bringen. 2. Unglück *n*, Kataˈstrophe *f*. II *adj* 3. Katastrophen...: **~ area**; **~ control** Katastrophenbekämpfung *f*; **~ unit** (Katastrophen)Einsatzgruppe *f*. **disˈas·trous** [-trəs] *adj* (*adv* **~ly**) 1. unglücklich, unglückselig, unheilvoll, verhängnisvoll, schrecklich (**to** für). 2. katastroˈphal, verheerend.

dis·a·vow [ˌdɪsəˈvaʊ] *v/t* 1. nicht anerkennen, desavouˈieren. 2. a) nichts zu tun haben wollen mit, b) abrücken von. 3. in Abrede stellen, ableugnen, desavouˈieren. **ˌdis·aˈvow·al** *s* 1. Nichtanerkennung *f*. 2. Ableugnen *n*.

dis·band [dɪsˈbænd] I *v/t mil.* a) *obs. Truppen* entlassen, b) *Einheit* auflösen. II *v/i bes. mil.* sich auflösen. **disˈband·ment** *s bes. mil.* Auflösung *f*.

dis·bar [dɪsˈbɑː(r)] *v/t jur.* aus der Anwaltschaft ausschließen, von der Anwaltsliste streichen. **disˈbar·ment** *s* Ausschluß *m* aus der Anwaltschaft, Streichung *f* von der Anwaltsliste.

dis·be·lief [ˌdɪsbɪˈliːf] *s* 1. Unglaube *m*. 2. Zweifel *m* (**in** an *dat*). **ˌdis·beˈlieve** [-ˈliːv] I *v/t* keinen Glauben schenken (*dat*): a) *etwas* bezweifeln, nicht glauben, b) *j-m* nicht glauben. II *v/i* nicht glauben (**in** an *acc*). **ˌdis·beˈliev·er** *s* Ungläubige(r *m*) *f* (*a. relig.*), Zweifler(in).

dis·branch [dɪsˈbrɑːntʃ; *Am.* -ˈbræntʃ] *v/t* entasten, entästen.

dis·bud [dɪsˈbʌd] *v/t* von (ˈüberschüssigen) Knospen *od.* Schößlingen befreien.

dis·bur·den [dɪsˈbɜːdn; *Am.* -ˈbɜrdn] I *v/t* 1. (von e-r Bürde) befreien, entlasten (**of, from** von): **to ~ one's mind** sein Herz ausschütten *od.* erleichtern. 2. *Last, Sorgen etc* loswerden, abladen (**on, upon** auf *acc*). II *v/i* 3. (e-e Last) ab- *od.* ausladen.

dis·burs·a·ble [dɪsˈbɜːsəbl; *Am.* -ˈbɜrsəbl] *adj* auszahlbar. **disˈburs·al** → **disbursement**. **disˈburse** [-ˈbɜːs; *Am.* -ˈbɜrs] *v/t* 1. *Geld* aus(be)zahlen. 2. *Geld* auslegen, verauslagen. **disˈburse·ment** *s* 1. Auszahlung *f*. 2. Auslage *f*, Verauslagung *f*.

disˈburs·ing of·fi·cer *s mil.* Zahlmeister *m*.

disc, *etc* → **disk**, *etc.*

dis·cal·ce·ate [dɪsˈkælsɪət] I *adj* → **discalced**. II *s relig.* Barfüßer(in) (*Mönch, Nonne*). **disˈcalced** [-ˈkælst] *adj* 1. barfuß. 2. *relig.* Barfüßer...

dis·cant [ˈdɪskænt; dɪˈskænt] → **descant**.

dis·card [dɪˈskɑː(r)d] I *v/t* 1. *Karten* a) ablegen, b) abwerfen. 2. *etwas* ablegen, ˈausranˌgieren: **to ~ old clothes**. 3. ad acta legen. 4. *e-e Gewohnheit* ablegen, aufgeben: **to ~ a habit (prejudice, etc)**; **to ~ a method** ein Verfahren aufgeben. 5. *Freund etc* fallenlassen. II *v/i* 6. a) (Karten) ablegen, b) (Karten) abwerfen. III *s* [ˈdɪskɑː(r)d] 7. *Kartenspiel*: a) Ablegen *n*, Abwerfen *n*, b) abgeworfene *od.* abgelegte Karte(n *pl*). 8. *etwas* Abgelegtes, abgelegte Sache. 9. **to go into the ~** *Am.* a) in Vergessenheit geraten, b) außer Gebrauch kommen.

dis·cern [dɪˈsɜːn; -ˈz-; *Am.* -ˈsɜrn] *v/t* 1. (*sinnlich od. geistig*) wahrnehmen, erkennen, feststellen, bemerken. 2. *obs.* unterˈscheiden (können): **to ~ good and** (*od.* **from**) **evil** zwischen Gut u. Böse unterscheiden (können). **disˈcern·i·ble** *adj* (*adv* **discernibly**) wahrnehmbar, erkennbar, sichtbar. **disˈcern·ing** *adj* urteilsfähig, scharfsichtig, kritisch (urteilend), klug. **disˈcern·ment** *s* 1. Scharfblick *m*, Urteil(skraft *f*) *n*. 2. Einsicht *f* (**of** in *acc*). 3. Wahrnehmen *n*, Erkennen *n*. 4. Wahrnehmungsvermögen *n*.

dis·cerp·ti·ble [dɪˈsɜːptəbl; *Am.* -ˈsɜr-] *adj* (zer)trennbar.

dis·charge [dɪsˈtʃɑː(r)dʒ] I *v/t* 1. *allg.* entlasten (*a. arch.*), entladen (*a. electr.*). 2. ausladen: a) *ein Schiff etc* entladen, b) *e-e Ladung* löschen, c) *Passagiere* ausschiffen. 3. *ein Gewehr, Geschoß etc* abfeuern, abschießen. 4. *Wasser etc* ablassen, ablaufen *od.* abströmen lassen: **the river ~s itself into a lake** der Fluß ergießt sich *od.* mündet in e-n See. 5. *tech. Produkte etc* abführen, ausstoßen (*Maschine*). 6. von sich geben, ausströmen, -stoßen: **to ~ fumes**. 7. *med. physiol.* absondern: **to ~ saliva**; **the ulcer ~s matter** das Geschwür eitert. 8. *s-n Gefühlen* Luft machen, *s-n Zorn* auslassen (**on** an *dat*). 9. *j-n* befreien, entbinden (**of, from** von *Verpflichtungen etc*; **from doing s.th.** davon, etwas zu tun). 10. *jur. j-n* freisprechen *od.* entlasten (**of** von). 11. *j-n* entlassen (**from** aus *dat*): **to ~ an employee (a patient, a prisoner, a soldier,** *etc*). 12. *s-e Verpflichtungen* erfüllen, nachkommen (*dat*), *Schulden* bezahlen, begleichen, tilgen. 13. *e-n Wechsel* einlösen. 14. *jur.* a) *e-n Schuldner* entlasten: **to ~ a bankrupt** e-n Gemeinschuldner entlasten, b) *obs. e-n Gläubiger* befriedigen. 15. *ein Amt* verwalten, ausüben. 16. *s-e Pflicht* erfüllen, sich *e-r Aufgabe* entledigen: **to ~ one's duty** *a.* s-r Pflicht nachkommen. 17. *obs. thea. e-e Rolle* spielen. 18. *jur. ein Urteil etc* aufheben. 19. *Färberei*: (aus)bleichen. 20. *obs. od. Scot.* verbieten. II *v/i* 21. sich e-r Last entledigen. 22. herˈvorströmen. 23. abfließen. 24. sich ergießen, münden (*Fluß*). 25. Flüssigkeit ausströmen lassen. 26. *med.* eitern. 27. losgehen, sich entladen (*Gewehr etc*). 28. *electr.* sich entladen. 29. ver-, auslaufen (*Farbe*). III *s* [*a.* ˈdɪstʃɑː(r)dʒ] 30. Entladung *f* (*e-s Schiffes etc*). 31. Löschung *f* (*e-r Ladung*). 32. Abfeuern *n* (*e-s Gewehrs etc*). 33. Aus-, Abfluß *m*. 34. *tech.* a) Ab-, Auslaß *m*: **~ cock** Ablaßhahn *m*, b) Auslauf *m* (*e-r Verpackungsmaschine etc*): **~ chute** Auslaufrutsche *f*. 35. Abflußmenge *f*. 36. *med. physiol.* a) Absonderung *f*: **~ of saliva**, b) (*Augen- etc*) Ausfluß *m*: **a ~ from the eyes**. 37. a) Ausstoßen *n*: **the ~ of smoke**, b) *electr.* Entladung *f*. 38. Befreiung *f*, Entbindung *f* (**of, from** von *Verpflichtungen etc*). 39. *jur.* Freisprechung *f* (**from** von). 40. Entlassung *f*: **~ of a patient (prisoner, soldier,** *etc*). 41. *jur.* Aufhebung *f* (*e-s Urteils etc*). 42. *jur.* Entlastung *f* (*e-s Schuldners*): **~ of a bankrupt** Entlastung e-s Gemeinschuldners. 43. a) Erfüllung *f* (*e-r Verpflichtung etc*), b) Bezahlung *f*, Tilgung *f* (*e-r Schuld*): **in ~ of** zur Begleichung von (*od. gen*), c) Einlösung *f* (*e-s Wechsels*). 44. Erfüllung *f* (*e-r Pflicht etc*). 45. Verwaltung *f*, Ausübung *f* (*e-s Amtes*). 46. Quittung *f*: **~ in full** vollständige Quittung. 47. *Färberei*: (Aus)Bleichung *f*. 48. *arch.* Entlastung *f*, Stütze *f*.

dis·charge| pipe *s tech.* Abflußrohr *n*. **~ po·ten·tial** *s electr.* Entˈladungspotentiˌal *n*, -spannung *f*. **~ print** *s print.* Ätzdruck *m*.

disˈcharg·er *s* 1. Entlader *m*. 2. Entladevorrichtung *f*. 3. *electr.* a) Entlader *m*, b) Funkenstrecke *f*. 4. *aer.* Abwurfbehälter *m*.

disˈcharg·ing| arch *s arch.* Entlastungsbogen *m*, Ablastbogen *m*. **~ current** *s electr.* Entladestrom *m*. **~ pipe** *s tech.* (Aus)Blasrohr *n*. **~ vault** *s arch.* Leibungsbogen *m*.

dis·ci [ˈdɪskaɪ; ˈdɪsaɪ] *pl von* **discus**.

dis·ci·ple [dɪˈsaɪpl] *s* 1. *Bibl.* Jünger *m*. 2. *relig.* Aˈpostel *m*. 3. Schüler *m*, Jünger *m*.

Dis·ci·ples of Christ *s pl relig.* Campbelˈliten *pl*, Jünger *pl* Christi (*kongregationalistische Sekte*).

dis·ci·plin·a·ble [ˈdɪsɪplɪnəbl] *adj* 1. folg-, fügsam, erziehbar. 2. strafbar.

dis·ci·plin·al [ˈdɪsɪplɪnl] *adj* 1. Disziplin... 2. erzieherisch. **ˈdis·ci·plin·ant** [-plɪnənt] *s* 1. j-d, der sich e-r (strengen) Disziˈplin unterˈwirft. 2. *relig. hist.* Flagelˈlant *m*, Geißler *m*.

dis·ci·pli·nar·i·an [ˌdɪsɪplɪˈneərɪən] I *s* 1. Zuchtmeister *m* (*a. fig.*). 2. strenger Lehrer *od.* Vorgesetzter. 3. D~ *hist.* kalviˈnistischer Puriˈtaner (*in England*). II *adj* → **disciplinary**. **ˈdis·ci·pli·nar·y** [-nərɪ; *Am.* -ˌneriː] *adj* 1. erzieherisch, die Disziˈplin fördernd. 2. diszipliˈnarisch, Disziplinar...: **~ measures**; **~ punishment**; **~ action** Disziplinarmaßnahme *f*, -verfahren *n*. 3. Straf...: **~ barracks** *mil.* Militärstrafanstalt *f*; **~ transfer** Strafversetzung *f*.

dis·ci·pline [ˈdɪsɪplɪn] I *s* 1. Schulung *f*, Ausbildung *f*. 2. *mil.* Drill *m*. 3. Bestrafung *f*, Züchtigung *f*. 4. Kaˈsteiung *f*. 5. Disziˈplin *f*. 6. ˈSelbstdisziˌplin *f*. 7. Vorschriften *pl*, Regeln *pl*, Kodex *m* von Vorschriften. 8. *relig.* Disziˈplin *f* (*Regeln der kirchlichen Verwaltung, Liturgie etc*). 9. Disziˈplin *f*, Wissenschaftszweig *m*. II *v/t* 10. schulen, (aus)bilden, erziehen, unterˈrichten. 11. *mil.* drillen. 12. an ˈSelbstdisziˌplin gewöhnen. 13. diszipliˈnieren, an Disziˈplin gewöhnen: **well ~d** diszipliniert; **badly ~d** disziplinlos, undiszipliniert. 14. bestrafen.

dis·claim [dɪsˈkleɪm] I *v/t* 1. *etwas* in Abrede stellen, ab-, bestreiten. 2. a) jede Verantwortung ablehnen für, b) *e-e Verantwortung* ablehnen, c) *etwas* nicht anerkennen. 3. widerˈrufen, demenˈtieren. 4. *jur.* Verzicht leisten auf (*acc*), keinen Anspruch erheben auf (*acc*), *Erbschaft* ausschlagen. II *v/i* 5. *jur.* Verzicht leisten, verzichten. **disˈclaim·er** *s* 1. *jur.* (**of**) Verzicht(leistung *f*) *m* (auf *acc*), Ausschlagung *f* (*gen*). 2. ˈWiderruf *m*, Deˈmenti *n*.

dis·close [dɪsˈkləʊz] I *v/t* 1. bekanntgeben, -machen. 2. *Pläne etc* enthüllen, aufdecken. 3. zeigen, verraten: **his books ~ great learning**. 4. *Patentrecht*: *Erfindung* offenˈbaren. II *s obs. für* **disclosure**. **disˈclo·sure** [-ʒə(r)] *s* 1. Enthüllung *f*: a) Aufdeckung *f*, b) (*das*) Enthüllte. 2. *Patentrecht*: Offenˈbarung *f*.

dis·co [ˈdɪskəʊ] *colloq.* I *pl* **-cos** *s* ‚Disko'

f (*Diskothek*). **II** *adj* Disko...: ~ **music**; ~ **sound** Diskosound *m*.
dis·cog·ra·phy [dɪsˈkɒɡrəfɪ; *Am.* -ˈkɑ-] *s* Diskograˈphie *f*, Schallplattenverzeichnis *n*.
dis·coid [ˈdɪskɔɪd] **I** *adj* scheibenförmig, Scheiben... **II** *s* scheibenförmiger Gegenstand. **disˈcoi·dal** *adj* **1.** → **discoid** I. **2.** *med.* diskoiˈdal.
dis·col·or [dɪsˈkʌlə(r)] **I** *v/t* **1.** verfärben. **2.** bleichen, entfärben. **3.** *fig.* entstellen. **II** *v/i* **4.** sich verfärben. **5.** die Farbe verlieren, verblassen. **disˌcol·orˈa·tion** *s* **1.** Verfärbung *f*. **2.** Bleichung *f*, Entfärbung *f*, Farbverlust *m*. **3.** Fleck *m*, *bes.* entfärbte *od.* verschossene Stelle. **disˈcol·ored** *adj* **1.** verfärbt. **2.** fleckig. **3.** blaß, entfärbt, verschossen, ausgebleicht.
dis·col·our, dis·col·oured *bes. Br. für* **discolor, discolored.**
dis·com·fit [dɪsˈkʌmfɪt] *v/t* **1.** *mil. obs.* schlagen, besiegen. **2.** *j-s* Pläne durchˈkreuzen: **to ~ s.o. 3.** a) aus der Fassung bringen, verwirren, b) in Verlegenheit bringen. **disˈcom·fi·ture** [-tʃə(r)] *s* **1.** *mil. obs.* a) Besiegung *f*, b) Niederlage *f*. **2.** Durchˈkreuzung *f*. **3.** a) Verwirrung *f*, b) Verlegenheit *f*.
dis·com·fort [dɪsˈkʌmfə(r)t] **I** *s* **1.** Unannehmlichkeit *f*, Verdruß *m*. **2.** Unbehagen *n*. **3.** (*körperliche*) Beschwerde. **4.** Sorge *f*, Qual *f*. **II** *v/t* **5.** *j-m* Unbehagen verursachen, unbehaglich sein. **6.** beunruhigen, quälen. **disˈcom·fort·ed** *adj* **1.** ˈmißvergnügt. **2.** beunruhigt.
dis·com·mode [ˌdɪskəˈməʊd] *v/t* **1.** *j-m* Unannehmlichkeiten verursachen. **2.** belästigen, *j-m* zur Last fallen.
dis·com·mon [dɪsˈkɒmən; *Am.* -ˈkɑ-] *v/t* **1.** *univ.* (*Oxford u. Cambridge*) *e-m Geschäftsmann* den Verkauf an Stuˈdenten unterˈsagen. **2.** *jur. Gemeindeland* der gemeinsamen Nutzung entziehen, einfried(ig)en. **disˈcom·mons** *v/t univ. Br. Studenten* vom gemeinsamen Mahl ausschließen.
dis·com·pose [ˌdɪskəmˈpəʊz] *v/t* **1.** in Unordnung bringen, (*a. fig. j-n*) durcheinˈanderbringen. **2.** *j-n* (völlig) aus der Fassung bringen, verwirren. **ˌdis·comˈpos·ed·ly** [-zɪdlɪ] *adv* verwirrt. **ˌdis·comˈpo·sure** [-ʒə(r)] *s* Fassungslosigkeit *f*, Verwirrung *f*.
dis·con·cert [ˌdɪskənˈsɜːt; *Am.* -ˈsɜrt] *v/t* **1.** aus der Fassung bringen, verwirren. **2.** beunruhigen. **3.** durcheinˈanderbringen. **4.** *e-n Plan etc* zuˈnichte machen, vereiteln. **ˌdis·conˈcert·ed** *adj* **1.** aus der Fassung gebracht, verwirrt. **2.** beunruhigt.
dis·con·form·i·ty [ˌdɪskənˈfɔː(r)mətɪ] *s* **1.** ˈNichtüberˌeinstimmung *f* (**to, with** mit). **2.** *geol.* diskorˈdante Lagerung.
dis·con·nect [ˌdɪskəˈnekt] *v/t* **1.** trennen, loslösen (**with, from** von). **2.** *tech.* a) ent-, auskuppeln, b) *die Kupplung* ausrücken. **3.** *electr.* trennen, abschalten: **~ing switch** Trennschalter *m*. **4.** *Gas, Strom, Telefon* abstellen: **we have been ~ed** uns ist das Gas *etc* abgestellt worden (→ 5). **5.** *teleph. Gespräch* unterˈbrechen: **we have been ~ed** unser Gespräch ist unterbrochen worden, wir sind getrennt worden (→ 4). **ˌdis·conˈnect·ed** *adj* (*adv* **~ly**) **1.** (ab)getrennt, losgelöst. **2.** ˈunzuˌsammenhängend, zuˈsammenhang(s)los. **ˌdis·conˈnec·tion** [-kʃn] *s* **1.** Abgetrenntheit *f*, Losgelöstheit *f*. **2.** Zs.-hang(s)losigkeit *f*. **3.** Trennung *f*. **4.** *electr.* Trennung *f*, Ausschalten *n*. **5.** Abstellung *f*. **6.** *teleph.* Unterˈbrechung *f*. **ˌdis·conˈnec·tor** [-tə(r)] *s electr.* Trennschalter *m*.

dis·con·nex·ion *bes. Br. für* **disconnection.**
dis·con·so·late [dɪsˈkɒnsələt; *Am.* -ˈkɑn-] *adj* (*adv* **~ly**) trostlos: a) unˈtröstlich, verzweifelt, tieftraurig (**about, at** über *acc*), b) depriˈmierend (*Wetter etc*), c) öd(e), häßlich (*Landschaft etc*). **disˈcon·so·late·ness, disˌcon·soˈla·tion** [-səˈleɪʃn] *s* Trostlosigkeit *f*: a) Unˈtröstlichkeit *f*, b) Öde *f*, Ödheit *f*.
dis·con·tent [ˌdɪskənˈtent] **I** *adj* **1.** unzufrieden (**with** mit). **II** *s* **2.** Unzufriedenheit *f*. **3.** Unzufriedene(r *m*) *f*. **ˌdis·conˈtent·ed** *adj* (*adv* **~ly**) unzufrieden (**with** mit). **ˌdis·conˈtent·ed·ness, ˌdis·conˈtent·ment** → **discontent** 2.
dis·con·tin·u·ance [ˌdɪskənˈtɪnjʊəns; *Am.* -jəwəns], **ˈdis·conˌtin·uˈa·tion** [-jʊˈeɪʃn; *Am.* -jəˈweɪʃən] *s* **1.** Unterˈbrechung *f*. **2.** Einstellung *f*. **3.** Aufgeben *n*: **~ of a habit. 4.** Abbruch *m*: **~ of business relations. 5.** Aufhören *n*. **6.** *jur.* a) Einstellung *f* (*e-s Verfahrens*), b) Absetzung *f* (*e-s Prozesses*), c) Zuˈrückziehung *f* (*e-r Klage*). **ˌdis·conˈtin·ue** [-ˈtɪnjuː] **I** *v/t* **1.** aussetzen, unterˈbrechen. **2.** einstellen, nicht weiterführen: **to ~ a contract** ein Vertragsverhältnis auflösen. **3.** *e-e Gewohnheit etc* aufgeben. **4.** *Beziehungen* abbrechen. **5.** *e-e Zeitung* abbestellen. **6.** aufhören (**doing** zu tun). **7.** *jur.* a) *ein Verfahren* einstellen, b) *e-n Prozeß* absetzen, c) *e-e Klage* zuˈrückziehen. **II** *v/i* **8.** aufhören.
dis·con·ti·nu·i·ty [ˌdɪskɒntɪˈnjuːətɪ; *Am.* -ˌkɑntnˈuːətiː] *s* **1.** Unterˈbrochensein *n*. **2.** Zs.-hang(s)losigkeit *f*. **3.** Unterˈbrechung *f*. **4.** *math. phys.* Diskontinuiˈtät *f*.
dis·con·tin·u·ous [ˌdɪskənˈtɪnjʊəs; *Am.* -jəwəs] *adj* (*adv* **~ly**) **1.** unterˈbrochen, mit Unterˈbrechungen. **2.** ˈunzuˌsammenhängend, zuˈsammenhang(s)los. **3.** *math. phys.* diskontinuˈierlich, unstetig. **4.** sprunghaft: **~ development.**
dis·co·phile [ˈdɪskəʊfaɪl] *s* Schallplattensammler(in).
dis·co·plasm [ˈdɪskəʊplæzəm] *s med.* Discoˈplasma *n* (*Zellplasma der roten Blutkörperchen*).
dis·cord I *s* [ˈdɪskɔː(r)d] **1.** ˈNichtüberˌeinstimmung *f*: **to be at ~ with** im Widerspruch stehen mit *od.* zu. **2.** Uneinigkeit *f*. **3.** Zwietracht *f*, Zwist *m*, Streit *m*, Zank *m*: **apple of ~** Zankapfel *m*. **4.** *mus.* ˈMißklang *m*, Dissoˈnanz *f*. **5.** *fig.* ˈMißklang *m*, -ton *m*. **6.** (*bes.* Streit-) Lärm *m*. **II** *v/i* [dɪˈskɔː(r)d] **7.** uneins sein. **8.** nicht überˈeinstimmen (**with, from** mit). **disˈcord·ance, disˈcord·an·cy** *s* **1.** → **discord** 1–5. **2.** *geol.* Diskorˈdanz *f*. **disˈcord·ant** *adj* (*adv* **~ly**) **1.** (**with**) nicht überˈeinstimmend (mit), widerˈsprechend (*dat*). **2.** sich widerˈsprechend, entgegengesetzt: **~ views. 3.** *mus.* a) ˈunharˌmonisch, ˈmißtönend (*beide a. weitS. u. fig.*), dissoˈnant, b) verstimmt.
dis·co·theque [ˈdɪskəʊtek] *s* Diskoˈthek *f*.
dis·count [ˈdɪskaʊnt] **I** *s* **1.** *econ.* Preisnachlaß *m*, Raˈbatt *m*, Skonto *m*, *n*. **2.** *econ.* a) Disˈkont *m*, Wechselzins *m*, b) → **discount rate. 3.** *econ.* Abzug *m* (*vom Nominalwert*): **at a ~** a) unter Pari, b) *fig.* unbeliebt, nicht geschätzt, c) *fig.* nicht gefragt; **to sell at a ~** mit Verlust verkaufen. **4.** *econ.* Disˈkont *m*, Zinszahlung *f* im voraus. **5.** Vorbehalt *m* (*wegen Übertreibung*). **II** *v/t* [*a.* dɪˈskaʊnt] **6.** *econ.* abziehen, abrechnen. **7.** *econ.* e-n Abzug gewähren auf (*e-e Rechnung etc*). **8.** *econ. e-n Wechsel etc* diskonˈtieren. **9.** *fig.* unberücksichtigt lassen, nicht mitrechnen. **10.** im Wert vermindern, beeinträchtigen. **11.** nur teilweise glauben, mit Vorsicht *od.* Vorbehalt aufnehmen: **to ~ s.o.'s story. III** *v/i* **12.** *econ.* diskonˈtieren, Disˈkontdarlehen gewähren. **disˈcount·a·ble** *adj econ.* disˈkontfähig, diskonˈtierbar.
dis·count| bank *s econ.* Disˈkontbank *f*. **~ bill** *s econ.* Disˈkontwechsel *m*. **~ bro·ker** *s econ.* Wechselmakler *m*. **~ com·pa·ny** *s econ.* Disˈkontgesellschaft *f*. **~ day** *s econ.* Disˈkonttag *m*.
dis·coun·te·nance [dɪˈskaʊntɪnəns] *v/t* **1.** aus der Fassung bringen. **2.** (offen) mißˈbilligen, ablehnen.
dis·count·er [ˈdɪskaʊntə(r); dɪˈsk-] *s econ.* **1.** Disˈkontgeber *m*, Diskonˈtierer *m*. **2.** *bes. Am.* Disˈcounter *m*, Inhaber(in) e-s **discount house** 2.
dis·count| house *s econ.* **1.** *Br.* Disˈkontbank *f*. **2.** *bes. Am.* Disˈcount-, Disˈkontgeschäft *n* (*mit preisvergünstigter Ware*). **~man** → **discounter** 2. **~mar·ket** *s econ.* Disˈkontmarkt *m*. **~ rate** *s econ.* Disˈkontsatz *m*. **~ store** → **discount house** 2.
dis·cour·age [dɪˈskʌrɪdʒ; *Am.* dɪsˈkɜr-] *v/t* **1.** entmutigen. **2.** abschrecken, abhalten, *j-m* abraten (**from** von; **from doing** [davon,] *etwas* zu tun). **3.** abschrecken von. **4.** hemmen, beeinträchtigen. **5.** mißˈbilligen, verurteilen. **disˈcour·age·ment** *s* **1.** Entmutigung *f*. **2.** Abschreckung *f*. **3.** Abschreckung(smittel *n*) *f*. **4.** Hemmung *f*, Beeinträchtigung *f*. **5.** Hindernis *n*, Schwierigkeit *f* (**to** für). **disˈcour·ag·ing** *adj* (*adv* **~ly**) entmutigend.
dis·course I *s* [ˈdɪskɔː(r)s; dɪˈskɔː(r)s] **1.** Unterˈhaltung *f*, Gespräch *n*. **2.** a) Darlegung *f*, b) (mündliche *od.* schriftliche) Abhandlung, *bes.* Vortrag *m*, Predigt *f*. **3.** a) logisches Denken, b) Fähigkeit *f* zu logischem Denken. **II** *v/i* [dɪˈskɔː(r)s] **4.** sich unterˈhalten (**on** über *acc*). **5.** s-e Ansichten darlegen. **6.** e-n Vortrag halten (**on** über *acc*). **7.** *meist fig.* doˈzieren *od.* predigen (**on** über *acc*). **III** *v/t* **8.** *poet. Musik* vortragen, spielen.
dis·cour·te·ous [dɪsˈkɜːtjəs; *Am.* -ˈkɜrtɪəs] *adj* (*adv* **~ly**) unhöflich, ˈunzuˌvorkommend. **disˈcour·te·ous·ness, disˈcour·te·sy** *s* Unhöflichkeit *f*.
dis·cov·er [dɪˈskʌvə(r)] *v/t* **1.** *Land* entdecken. **2.** wahrnehmen, erspähen, entdecken. **3.** *fig.* entdecken, (herˈaus)finden, (plötzlich) erkennen, feststellen. **4.** *fig.* enthüllen, aufdecken. **disˈcov·er·a·ble** *adj* **1.** entdeckbar. **2.** wahrnehmbar. **3.** feststellbar. **disˈcov·er·er** *s* Entdecker(in).
dis·cov·ert [dɪsˈkʌvə(r)t] *adj jur.* (*Frau*) a) unverheiratet, b) verwitwet, c) geschieden.
dis·cov·er·y [dɪˈskʌvərɪ] *s* **1.** Entdeckung *f*: **voyage of ~** Entdeckungsfahrt *f*, Forschungsreise *f*. **2.** Entdeckung *f*, Fund *m*: **this is my ~** das ist m-e Entdeckung. **3.** *fig.* Feststellung *f*. **4.** *fig.* Enthüllung *f*, Aufdeckung *f*. **5. ~ of documents** *jur.* Offenlegung *f* prozeßwichtiger Urkunden vor dem Prozeß.
dis·cred·it [dɪsˈkredɪt] **I** *v/t* **1.** diskrediˈtieren, in Verruf *od.* ˈMißkreˌdit bringen (**with** bei), ein schlechtes Licht werfen auf (*acc*). **2.** anzweifeln, keinen Glauben schenken (*dat*). **II** *s* **3.** Zweifel *m*: **to cast** (*od.* **throw**) **~ on s.th.** etwas zweifelhaft erscheinen lassen. **4.** ˈMißkreˌdit *m*, schlechter Ruf, Schande *f*: **to bring into ~, to bring ~ on** → 1. **5.** Schande *f*. **disˈcred·it·a·ble** *adj* (*adv* **discreditably**) schändlich. **disˈcred·it·ed** *adj* **1.** verrufen, diskrediˈtiert. **2.** unglaubwürdig.
dis·creet [dɪˈskriːt] *adj* (*adv* **~ly**) **1.** ˈum-,

vorsichtig, besonnen. **2.** dis'kret: a) taktvoll, b) verschwiegen, c) de'zent, unaufdringlich. **dis'creet·ness** *s* **1.** Besonnenheit *f*. **2.** Dis'kretheit *f*: a) Verschwiegenheit *f*, b) de'zente Art, Unaufdringlichkeit *f*.

dis·crep·an·cy [dɪ'skrepənsɪ], *a.* **dis'crep·ance** *s* **1.** Diskre'panz *f*, 'Widerspruch *m*, Unstimmigkeit *f*. **2.** Zwiespalt *m*. **dis'crep·ant** *adj* (*adv* **~ly**) **1.** diskre'pant, sich wider'sprechend. **2.** abweichend.

dis·crete [dɪ'skri:t] *adj* (*adv* **~ly**) **1.** getrennt (*a. bot.*), einzeln. **2.** aus einzelnen Teilen bestehend. **3.** *math.* dis'kret, unstetig. **4.** *philos.* ab'strakt.

dis·cre·tion [dɪ'skreʃn] *s* **1.** Verfügungsfreiheit *f*, Machtbefugnis *f*. **2.** (*a. jur.* freies) Ermessen, Gutdünken *n*, Belieben *n*: **at (your) ~** nach (Ihrem) Belieben; **it is at** (*od.* **within**) **your ~** es steht Ihnen frei; **use your own ~** handle nach eigenem Gutdünken *od.* Ermessen; **to surrender at ~** bedingungslos kapitulieren. **3.** Klugheit *f*, Besonnenheit *f*, 'Um-, Vorsicht *f*: **years** (*od.* **age**) **of ~** *jur.* Alter *n* der freien Willensbestimmung, Strafmündigkeit *f* (*14 Jahre*); **~ is the better part of valo(u)r** Vorsicht ist der bessere Teil der Tapferkeit. **4.** Diskreti'on *f*: a) Verschwiegenheit *f*, Takt *m*, b) Zu'rückhaltung *f*. **dis'cre·tion·ar·y** [-ʃnərɪ; *Am.* -ʃəˌneri:] *adj* (*adv* **discretionarily**) dem eigenen Gutdünken über'lassen, ins freie Ermessen gestellt, beliebig, wahlfrei: **~ income** frei verfügbares Einkommen; **~ powers** unumschränkte Vollmacht, Handlungsfreiheit *f*.

dis·cre·tive [dɪ'skri:tɪv] *adj* **1.** → **disjunctive** I. **2.** unter'scheidend.

dis·crim·i·nant [dɪ'skrɪmɪnənt] *s math.* Diskrimi'nante *f*.

dis·crim·i·nate [dɪ'skrɪmɪneɪt] **I** *v/i* **1.** (scharf) unter'scheiden, e-n 'Unterschied machen (**between** zwischen *dat*): **to ~ between** *Personen* unterschiedlich behandeln; **to ~ against s.o.** j-n benachteiligen *od.* diskriminieren; **to ~ in favo(u)r of s.o.** j-n begünstigen *od.* bevorzugen. **II** *v/t* **2.** (vonein'ander) unter'scheiden, ausein'anderhalten (**from** von). **3.** absondern, abtrennen (**from** von). **4.** unter'scheiden, abheben (**from** von). **III** *adj* [-nət] **5.** scharf unter'scheidend, feine 'Unterschiede machend. **dis'crim·i·nat·ing** [-neɪtɪŋ] *adj* (*adv* **~ly**) **1.** unter'scheidend, ausein'anderhaltend. **2.** scharfsinnig, urteilsfähig, kritisch. **3.** anspruchsvoll: **~ buyers**. **4.** *econ.* Differential...: **~ duty**. **5.** *electr.* Selektiv...: **~ relay** Rückstromrelais *n*.

dis·crim·i·na·tion [dɪˌskrɪmɪ'neɪʃn] *s* **1.** Unter'scheidung *f*. **2.** 'Unterschied *m*. **3.** 'unterschiedliche Behandlung: **~ against (in favo[u]r of) s.o.** Benachteiligung *f* (Begünstigung *f*) e-r Person. **4.** Diskrimi'nierung *f*, Benachteiligung *f*, Schlechterstellung *f*. **5.** Scharfblick *m*, Urteilskraft *f*, -fähigkeit *f*, Unter'scheidungsvermögen *n*. **6.** Unter'scheidungsmerkmal *n*. **dis'crim·i·na·tive** [-nətɪv; -neɪ-] *adj* **1.** charakte'ristisch, unter'scheidend: **~ features** Unterscheidungsmerkmale. **2.** 'Unterschiede machend, 'unterschiedlich behandelnd, *bes.* diskrimi'nierend. **3.** → **discriminating** 4. **dis'crim·i·na·tor** [-tə(r)] *s* **1.** Unter'scheidende(r *m*) *f*. **2.** *electr.* a) Fre'quenzgleichrichter *m*, b) *TV* Diskrimi'nator *m*. **dis'crim·i·na·to·ry** [-nətərɪ; -nəˌtəʊri:; -ˌtɔ:-] → **discriminative**.

dis·cur·sive [dɪ'skɜ:sɪv; *Am.* dɪs'kɜr-] *adj* (*adv* **~ly**) **1.** weitschweifig (*Stil, Person*), sprunghaft (*Gedanken, Person*). **2.** *philos.* diskur'siv, folgernd.

dis·cus ['dɪskəs] *pl* **-cus·es, dis·ci** ['dɪskaɪ; 'dɪsaɪ] *s Leichtathletik*: a) Diskus *m*: **~ throw** Diskuswerfen *n*; **~ thrower** Diskuswerfer(in), b) Diskuswerfen *n*.

dis·cuss [dɪ'skʌs] *v/t* **1.** disku'tieren, besprechen, erörtern. **2.** sprechen über (*acc*), sich unter'halten über (*acc*): **to ~ s.th.** über etwas reden. **3.** *ein Thema* behandeln. **4.** *colloq.* ‚sich (*e-e Flasche Wein etc*) zu Gemüte führen'. **dis'cus·sant** *s Am.* Diskussi'onsteilnehmer(in). **dis'cuss·i·ble** *adj* disku'tabel.

dis·cus·sion [dɪ'skʌʃn] *s* **1.** Diskussi'on *f*, Besprechung *f*, Erörterung *f*: **to be under** (*od.* **up for**) **~** zur Diskussion stehen, erörtert werden; **to enter into** (*od.* **upon**) **a ~** in e-e Diskussion eintreten; **a matter for ~** ein Diskussionsgegenstand. **2.** Behandlung *f* (*e-s Themas*). **3.** *colloq.* Genuß *m* (*e-r Flasche Wein etc*). **~ group** *s* Diskussi'onsgruppe *f*.

dis·dain [dɪs'deɪn] **I** *v/t* **1.** verachten, geringschätzen. **2.** *a. e-e Speise etc* verschmähen, es für unter s-r Würde halten (**doing** *od.* **to do** zu tun). **II** *s* **3.** Verachtung *f*, Geringschätzung *f*: **in ~** geringschätzig. **4.** Hochmut *m*. **dis'dain·ful** *adj* (*adv* **~ly**) **1.** verächtlich, verachtungsvoll, geringschätzig: **to be ~ of s.th.** etwas verachten. **2.** hochmütig.

dis·ease [dɪ'zi:z] **I** *s biol. bot. med.* Krankheit *f* (*a. fig.*). **II** *v/t* krank machen. **dis'eased** *adj* **1.** krank, erkrankt: **~ in body and mind** krank an Leib u. Seele. **2.** krankhaft: **~ imagination**.

dis·em·bark [ˌdɪsɪm'bɑ:(r)k] **I** *v/t aer. mar. Passagiere* von Bord gehen lassen, *mar. a.* ausschiffen, *Waren* ausladen. **II** *v/i aer. mar.* von Bord gehen, *mar. a.* sich ausschiffen. **ˌdis·em·bar'ka·tion** [-em-], **ˌdis·em'bark·ment** *s mar.* Ausschiffung *f* (*von Passagieren, Waren*), (*von Waren a.*) Ausladung *f* (*a. aer.*), *aer.* Aussteigen *n* (*von Passagieren*).

dis·em·bar·rass [ˌdɪsɪm'bærəs] *v/t* **1.** *j-m* aus e-r Verlegenheit helfen. **2.** (**o.s.** sich) befreien, erlösen (**of** von). **ˌdis·em'bar·rass·ment** *s* **1.** Befreiung *f* aus e-r Verlegenheit. **2.** Befreiung *f*, Erlösung *f*.

dis·em·bod·ied [ˌdɪsɪm'bɒdɪd; *Am.* -'bɑ-] *adj* entkörpert, körperlos: **~ voice** geisterhafte Stimme. **ˌdis·em'bod·i·ment** *s* **1.** Entkörperlichung *f*. **2.** Befreiung *f* von der körperlichen Hülle. **ˌdis·em'bod·y** *v/t* **1.** entkörperlichen. **2.** *Seele etc* von der körperlichen Hülle befreien.

dis·em·bogue [ˌdɪsɪm'bəʊg] **I** *v/i* sich ergießen, münden, fließen (**into** in *acc*). **II** *v/t* fließen lassen: **the river ~s itself** (*od.* **its waters**) **into the sea** der Fluß ergießt sich ins Meer.

dis·em·bos·om [ˌdɪsɪm'bʊzəm] → **unbosom**.

dis·em·bow·el [ˌdɪsɪm'baʊəl] *v/t pret u. pp* **-eled**, *Br.* **-elled** **1.** ausnehmen, *erlegtes Tier a.* ausweiden. **2.** a) *den Bauch* aufschlitzen, b) *j-m* den Bauch aufschlitzen.

dis·em·plane [ˌdɪsɪm'pleɪn] *v/i aer.* (aus dem Flugzeug) aussteigen.

dis·en·chant [ˌdɪsɪn'tʃɑ:nt; *Am.* ˌdɪsn-'tʃænt] *v/t* ernüchtern, desillusio'nieren: **to be ~ed with** sich keinen Illusionen mehr hingeben über (*acc*). **ˌdis·en'chant·ment** *s* Ernüchterung *f*, Desillusio'nierung *f*.

dis·en·cum·ber [ˌdɪsɪn'kʌmbə(r); *Am.* ˌdɪsn-] *v/t* **1.** befreien (**of, from** von *e-r Last etc*) (*a. fig.*). **2.** *jur.* entschulden, *Grundstück etc* hypo'thekenfrei machen.

dis·en·fran·chise [ˌdɪsɪn'fræntʃaɪz; *Am.* ˌdɪsn-] → **disfranchise**.

dis·en·gage [ˌdɪsɪn'geɪdʒ; *Am.* ˌdɪsn-] **I** *v/t* **1.** los-, freimachen, befreien (**from** von). **2.** befreien, entbinden (**from** von *Verbindlichkeiten etc*). **3.** *mil.* sich absetzen von (*dem Feind*). **4.** *tech.* los-, entkuppeln, ausrücken: **to ~ the clutch** auskuppeln. **II** *v/i* **5.** sich freimachen, loskommen (**from** von). **6.** *fenc.* e-e Cavazi'on ausführen. **III** *s* **7.** *fenc.* Cavazi'on *f*. **ˌdis·en'gaged** *adj* **1.** frei, unbeschäftigt. **2.** frei, nicht besetzt (*Leitung etc*). **3.** ungebunden. **ˌdis·en'gage·ment** *s* **1.** Befreiung *f* (**from** von). **2.** Entbindung *f* (**from** von *Verbindlichkeiten etc*). **3.** Freisein *n*. **4.** Entlobung *f*. **5.** Ungebundenheit *f*. **6.** Muße *f*. **7.** *chem.* Entbindung *f*, Freiwerden *n*. **8.** *mil.* Absetzen *n* (vom Feind). **9.** *pol.* Disen'gagement *n* (*Auseinanderrücken der Machtblöcke*).

ˌdis·en'gag·ing| gear *s tech.* Ausrück-, Auskupp(e)lungsvorrichtung *f*. **~ le·ver** *s tech.* Ausrückhebel *m*.

dis·en·tail [ˌdɪsɪn'teɪl; *Am.* ˌdɪsn-] *v/t jur.* die Erbfolge *e-s Grundbesitzes* aufheben.

dis·en·tan·gle [ˌdɪsɪn'tæŋgl; *Am.* ˌdɪsn-] **I** *v/t* **1.** her'auslösen (**from** aus). **2.** entwirren, entflechten (*beide a. fig.*). **3.** befreien (**from** von, aus). **II** *v/i* **4.** sich freimachen, sich loslösen. **5.** sich befreien. **ˌdis·en'tan·gle·ment** *s* **1.** Her'auslösung *f*. **2.** Entwirrung *f* (*a. fig.*). **3.** Befreiung *f*.

dis·en·thral(l) [ˌdɪsɪn'θrɔ:l; *Am.* ˌdɪsn-] *v/t* (aus der Knechtschaft) befreien. **ˌdis·en'thral(l)·ment** *s* Befreiung *f* (aus der Knechtschaft).

dis·en·ti·tle [ˌdɪsɪn'taɪtl; *Am.* ˌdɪsn-] *v/t j-m* e-n Rechtsanspruch nehmen: **to be ~d to** keinen Anspruch haben auf (*acc*).

dis·en·tomb [ˌdɪsɪn'tu:m; *Am.* ˌdɪsn-] *v/t* **1.** *e-e Leiche* exhu'mieren. **2.** *fig.* ausgraben.

dis·en·train [ˌdɪsɪn'treɪn; *Am.* ˌdɪsn-] → **detrain**.

dis·e·qui·lib·ri·um [ˌdɪsekwɪ'lɪbrɪəm; -i:kwɪ-] *s bes. econ.* gestörtes Gleichgewicht, Ungleichgewicht *n*.

dis·es·tab·lish [ˌdɪsɪ'stæblɪʃ] *v/t* **1.** abschaffen. **2.** *e-e Kirche* vom Staat trennen. **ˌdis·es'tab·lish·ment** *s* **1.** Abschaffung *f*. **2.** **~ of the Church** Trennung *f* von Kirche u. Staat.

dis·es·teem [ˌdɪsɪ'sti:m] **I** *v/t* geringschätzen, miß'achten. **II** *s* Geringschätzung *f*, 'Mißachtung *f*.

dis·fa·vo(u)r [ˌdɪs'feɪvə(r)] **I** *s* **1.** 'Mißbilligung *f*, -fallen *n*: **to look upon s.th. with ~** etwas mit Mißfallen betrachten. **2.** Ungnade *f*: **to be in (fall into) ~** in Ungnade stehen (fallen) (**with** bei). **3.** Schaden *m*: **in my ~** zu m-n Ungunsten. **II** *v/t* **4.** ungnädig behandeln. **5.** miß'billigen.

dis·fea·ture [dɪs'fi:tʃə(r)] *v/t* entstellen.

dis·fig·u·ra·tion [dɪsˌfɪgjʊə'reɪʃn; *Am.* -ˌfɪgjə'r-] → **disfigurement**. **dis·fig·ure** [dɪs'fɪgə; *Am.* -'fɪgjər] *v/t* **1.** entstellen, verunstalten (**with** durch). **2.** beeinträchtigen, Abbruch tun (*dat*). **dis'fig·ure·ment** *s* Entstellung *f*, Verunstaltung *f*.

dis·for·est [dɪs'fɒrɪst; *Am. a.* -'fɑr-] → **disafforest**.

dis·fran·chise [ˌdɪs'fræntʃaɪz] *v/t* entrechten, *j-m* die Bürgerrechte *od.* das Wahlrecht entziehen. **dis'fran·chise·ment** [-tʃɪzmənt; *Am. a.* -tʃaɪz-] *s* Entrechtung *f*, *bes.* Entzug *m* der Bürgerrechte *od.* des Wahlrechts.

dis·frock [dɪs'frɒk; *Am.* -'frɑk] → **unfrock**.

dis·gorge [dɪs'gɔ:(r)dʒ] **I** *v/t* **1.** *Essen*

ausspeien, *Lava* speien. **2.** fließen lassen: **the river ~s its waters into the sea** der Fluß ergießt sich ins Meer. **3.** (ˈwiderwillig) wieder herˈausgeben *od.* ‚herˈausrücken'. **II** *v/i* **4.** sich ergießen, fließen (**into** in *acc*).

dis·grace [dɪsˈɡreɪs] **I** *s* **1.** Schande *f*: **to bring ~ on** → 4. **2.** Schande *f*, Schandfleck *m* (**to** für): **he is a ~ to the party.** **3.** Ungnade *f*: **to be in (fall into) ~ with** in Ungnade stehen (fallen) bei. **II** *v/t* **4.** Schande bringen über (*acc*), *j-m* Schande bereiten. **5.** *j-m* s-e Gunst entziehen: **to be ~d** in Ungnade fallen. **disˈgrace·ful** *adj* (*adv* **~ly**) schändlich, schimpflich. **disˈgrace·ful·ness** *s* Schändlichkeit *f*, Schande *f*.

dis·grun·tle [dɪsˈɡrʌntl] *v/t* verärgern, verstimmen. **disˈgrun·tled** *adj* verärgert, verstimmt (**at** über *acc*).

dis·guise [dɪsˈɡaɪz] **I** *v/t* **1.** verkleiden, masˈkieren (**as** als): **to ~ o.s. as a woman.** **2.** verstellen: **to ~ one's handwriting (voice).** **3.** *Absichten, Fakten etc* verschleiern, *Gefühle etc* verbergen. **II** *s* **4.** Verkleidung *f*: **in ~** a) maskiert, verkleidet, b) *fig.* verkappt; **in the ~ of** verkleidet als (→ 5); → **blessing.** **5.** *thea. u. fig.* Maske *f*: **in the ~ of** unter der Maske *od.* dem Deckmantel (*gen*) (→ 4). **6.** Verstellung *f.* **7.** Verschleierung *f*: **to make no ~ of** kein Hehl machen aus. **disˈguis·ed·ly** [-ɪdlɪ] *adv* **1.** verkleidet, masˈkiert. **2.** verschleiert.

dis·gust [dɪsˈɡʌst] **I** *v/t* **1.** (an)ekeln, anwidern, mit Ekel *od.* Abscheu erfüllen: **to be ~ed with** (*od.* **at, by**) Ekel empfinden über (*acc*) (→ 2). **2.** empören, entrüsten: **to be ~ed with s.o.** empört *od.* entrüstet sein über j-n, sich sehr über j-n ärgern (→ 1). **II** *s* **3.** (**at, for**) Ekel *m*, Abscheu *m* (vor *dat*), ˈWiderwille *m* (gegen): **in ~** mit Abscheu. **disˈgust·ed** *adj* (*adv* **~ly**) (**at, with**) **1.** angeekelt, angewidert (von): **~ with life** lebensüberdrüssig. **2.** empört, entrüstet (über *acc*). **disˈgust·ful** *adj* **1.** → **disgusting.** **2.** von Ekel erfüllt. **disˈgust·ing** *adj* ekelhaft, widerlich, abˈscheulich. **disˈgust·ing·ly** *adv* **1.** ekelhaft. **2.** *colloq.* schrecklich: **~ rich.**

dish [dɪʃ] **I** *s* **1.** a) flache Schüssel, b) (Serˈvier)Platte *f*, c) *pl* Geschirr *n.* **2.** Schüssel(voll) *f.* **3.** Gericht *n*, Speise *f*: **standing ~** a) täglich wiederkehrendes Gericht, b) *fig.* alte Leier; **that's not my ~** *colloq.* das ist nichts für mich; → **made** 1. **4.** schüsselartige Vertiefung. **5.** Konkaviˈtät *f*: **the ~ of the wheel** *tech.* der Radsturz. **6.** *tech. colloq.* Paraˈbolanˌtenne *f.* **7.** *sl.* a) ‚dufte Puppe', b) ‚toller Typ'. **II** *v/t* **8.** *oft* **~ up** a) *Speisen* anrichten, b) auftragen, auftischen. **9.** *oft* **~ up** *colloq. Geschichte etc* ‚auftischen'. **10. ~ out** *colloq.* austeilen. **11.** *a. tech.* konˈkav machen, schüsselartig vertiefen, (nach innen) wölben. **12.** *tech. Rad* stürzen. **13.** *colloq. Hoffnungen, Pläne etc* zuˈnichte machen: **to ~ one's chances** sich s-e Chancen ‚vermasseln'. **III** *v/i* **14.** sich konˈkav austiefen.

dis·ha·bille [ˌdɪsæˈbiːl] *s*: **in ~** im [Negligé.]

dis·har·mo·ni·ous [ˌdɪshɑː(r)ˈməʊnjəs; -nɪəs] *adj* disharˈmonisch. **disˈhar·mo·nize I** *v/t* disharˈmonisch machen. **II** *v/i* disharmoˈnieren. **disˈhar·mo·ny** *s* Disharmoˈnie *f.*

ˈdish|·cloth *s* **1.** Spültuch *n*, -lappen *m.* **2.** *Br.* Geschirrtuch *n.* **ˈ~cloth gourd** *s bot.* Schwammkürbis *m*, Schwamm-, Netzgurke *f.* **~ drain·er** *s* Abtropfständer *m.*

dis·heart·en [dɪsˈhɑː(r)tn] *v/t* entmutigen, mutlos machen. **disˈheart·en·ing** *adj* (*adv* **~ly**) entmutigend. **disˈheart·en·ment** *s* Entmutigung *f.*

dished [dɪʃt] *adj* **1.** konˈkav gewölbt. **2.** *tech.* gestürzt (*Räder*). **3.** *colloq.* ‚fertig', ‚erledigt': **I'm ~** ich bin erledigt (*erschöpft od. ruiniert*).

dis·her·i·son [dɪsˈherəsən] *Am.* **I** *v/t* enterben. **II** *s* Enterbung *f.*

di·shev·el [dɪˈʃevl] *v/t pret u. pp* **-eled,** *bes. Br.* **-elled** *das Haar* a) unordentlich herˈabhängen lassen, b) zerzausen. **diˈshev·el(l)ed** *adj* **1.** zerzaust, aufgelöst, wirr (*Haar*). **2.** mit zerzaustem Haar. **3.** schlampig, unordentlich, ungepflegt.

dis·hon·est [dɪsˈɒnɪst; *Am.* -ˈɑnəst] *adj* (*adv* **~ly**) unehrlich, unredlich: **by ~ means** auf unehrliche Weise. **disˈhon·es·ty** *s* Unredlichkeit *f*: a) Unehrlichkeit *f*, b) unredliche Handlung.

dis·hon·or [dɪsˈɒnə; *Am.* -ˈɑnər] **I** *s* **1.** Unehre *f*, Schande *f*: **to bring ~ on** → 4. **2.** Schandfleck *m*, Schande *f* (**to** für): **he is a ~ to the nation.** **3.** *econ.* ˈNichthonoˌrierung *f*, Nichteinlösung *f*: **~ of a bill.** **II** *v/t* **4.** entehren: a) in Unehre bringen, b) *e-e Frau* schänden. **5.** beleidigen(d behandeln). **6.** *econ. e-n Wechsel etc* nicht honoˈrieren *od.* einlösen. **7.** *ein Versprechen etc* nicht einlösen. **disˈhon·or·a·ble** *adj* (*adv* **dishonorably**) **1.** schändlich, schimpflich, entehrend, unehrenhaft: **~ discharge** *mil.* unehrenhafte Entlassung. **2.** gemein, niederträchtig. **3.** ehrlos. **disˈhon·or·a·ble·ness** *s* **1.** Schändlichkeit *f.* **2.** Gemeinheit *f.* **3.** Ehrlosigkeit *f.*

dis·hon·our, dis·hon·our·a·ble, dis·hon·our·a·ble·ness *bes. Br. für* **dishonor,** *etc.*

ˈdish|·pan *s bes. Am.* Abwaschschüssel *f.* **~ rack** *s* **1.** Geschirrständer *m.* **2.** Geschirrwagen *m* (*e-r Geschirrspülmaschine*). **ˈ~rag** → **dishcloth.** **~ tow·el** *s bes. Am.* Geschirrtuch *n.* **ˈ~ˌwash·er** *s* **1.** Tellerwäscher(in), Spüler(in). **2.** Geˈschirrˌspülmaˌschine *f*, Geschirrspüler *m.* **ˈ~ˌwa·ter** *s* Abwasch-, Spülwasser *n*: **this tea tastes like ~.**

dish·y [ˈdɪʃɪ] *adj bes. Br. colloq.* ‚dufte', ‚toll' (*Person*).

dis·il·lu·sion [ˌdɪsɪˈluːʒn] **I** *s* Ernüchterung *f*, Desillusiˈon *f.* **II** *v/t* ernüchtern, desillusioˈnieren, von Illusiˈonen befreien: **to be ~ed with** sich keinen Illusionen mehr hingeben über (*acc*). **ˌdis·ilˈlu·sion·ize** → **disillusion** II. **ˌdis·ilˈlu·sion·ment** → **disillusion** I. **ˌdis·ilˈlu·sive** [-sɪv] *adj* ernüchternd, desillusioˈnierend.

dis·in·cen·tive [ˌdɪsɪnˈsentɪv; *Am.* ˌdɪsn-] **I** *s* **1.** Abschreckungsmittel *n*: **to be a ~ to** abschreckend wirken auf (*acc*). **2.** *econ.* leistungshemmender Faktor. **II** *adj* **3.** abschreckend. **4.** *econ.* leistungshemmend.

dis·in·cli·na·tion [ˌdɪsɪnklɪˈneɪʃn] *s* Abneigung *f*, Abgeneigtheit *f* (**for, to** gegen; **to do** zu tun): **~ to buy** Kaufunlust *f.* **ˌdis·inˈcline** [-ˈklaɪn] **I** *v/t* abgeneigt machen (**from** gegen). **II** *v/i* abgeneigt sein. **ˌdis·inˈclined** *adj* abgeneigt.

dis·in·fect [ˌdɪsɪnˈfekt; *Am.* ˌdɪsn-] *v/t* desinfiˈzieren, keimfrei machen. **ˌdis·inˈfect·ant I** *s* Desinfektiˈonsmittel *n.* **II** *adj* desinfiˈzierend, keimtötend. **ˌdis·inˈfec·tion** *s* Desinfektiˈon *f*, Desinfiˈzierung *f.* **ˌdis·inˈfec·tor** [-tə(r)] *s* Desinˈfektor *m*, Desinfektiˈonsappaˌrat *m.*

dis·in·fest [ˌdɪsɪnˈfest; *Am.* ˌdɪsn-] *v/t* von Ungeziefer befreien, entwesen.

dis·in·fla·tion [ˌdɪsɪnˈfleɪʃn; *Am.* ˌdɪsn-] → **deflation.** **ˌdis·inˈfla·tion·ar·y** [-ʃnərɪ; *Am.* -ʃəˌneriː] → **deflationary.**

dis·in·for·ma·tion [ˌdɪsɪnfə(r)ˈmeɪʃn] *s* ˈDesinformatiˌon *f.*

dis·in·gen·u·ous [ˌdɪsɪnˈdʒenjʊəs; *Am.* ˌdɪsnˈdʒenjəwəs] *adj* (*adv* **~ly**) **1.** unaufrichtig, unehrlich. **2.** ˈhinterhältig, arglistig. **ˌdis·inˈgen·u·ous·ness** *s* **1.** Unaufrichtigkeit *f*, Unehrlichkeit *f.* **2.** ˈHinterhältigkeit *f*, Arglistigkeit *f.*

dis·in·her·it [ˌdɪsɪnˈherɪt; *Am.* ˌdɪsn-] *v/t* enterben. **ˌdis·inˈher·it·ance** *s* Enterbung *f.*

dis·in·hi·bi·tion [ˌdɪsɪnhɪˈbɪʃn] *s psych.* Enthemmung *f.*

dis·in·te·grate [ˌdɪsˈɪntəɡreɪt] **I** *v/t* **1.** *a. phys.* (*in s-e Bestandteile*) auflösen, aufspalten. **2.** zerkleinern. **3.** zertrümmern, zerstören. **4.** *fig.* auflösen, zersetzen. **II** *v/i* **5.** sich aufspalten *od.* auflösen. **6.** ver-, zerfallen (*a. fig.*). **7.** *geol.* verwittern. **disˌin·teˈgra·tion** *s* **1.** Auflösung *f*, Aufspaltung *f.* **2.** Zerkleinerung *f.* **3.** Zertrümmerung *f*, Zerstörung *f.* **4.** Zerfall *m* (*a. fig.*): **~ of the nucleus** *phys.* Kernzerfall; **~ of personality** *psych.* Desintegration *f*, Persönlichkeitszerfall. **5.** *geol.* Verwitterung *f.* **disˈin·te·gra·tor** [-tə(r)] *s tech.* Desinteˈgrator *m*, Zerkleinerer *m.*

dis·in·ter [ˌdɪsɪnˈtɜː; *Am.* ˌdɪsnˈtɜr] *v/t* **1.** *e-e Leiche* exhuˈmieren. **2.** *fig.* ausgraben.

dis·in·ter·est [dɪsˈɪntrɪst] **I** *s* **1.** Uneigennützigkeit *f.* **2.** Interˈesselosigkeit *f*, ˈDesinterˌesse *n.* **3.** Nachteil *m*: **to the ~ of** zum Nachteil von (*od. gen*). **II** *v/t* **4.** *j-m* das Interˈesse nehmen. **disˈin·ter·est·ed** [-trəstɪd] *adj* (*adv* **~ly**) **1.** uneigennützig, selbstlos. **2.** objekˈtiv, unvoreingenommen. **3.** ˈun-, ˈdesinteresˌsiert (**in** an *dat*). **disˈin·ter·est·ed·ness** *s* **1.** Uneigennützigkeit *f.* **2.** Objektiviˈtät *f.* **3.** ˈUninteresˌsiertheit *f*, ˈDesinterˌesse *n.*

ˌdis·inˈter·ment *s* **1.** Exhuˈmierung *f.* **2.** *fig.* Ausgrabung *f.*

dis·in·vest·ment [ˌdɪsnˈvestmənt] *s econ. Am.* Zuˈrückziehung *f* von ˈAnlagekapiˌtal.

dis·join [dɪsˈdʒɔɪn] *v/t* trennen.

dis·joint [dɪsˈdʒɔɪnt] *v/t* **1.** auseinˈandernehmen, zerlegen, zerstückeln, zergliedern. **2.** ver-, ausrenken. **3.** *Geflügel etc* zerlegen. **4.** (ab)trennen (**from** von). **5.** *fig.* in Unordnung *od.* aus den Fugen bringen. **6.** den Zs.-hang zerstören von (*od. gen*). **disˈjoint·ed** *adj* (*adv* **~ly**) **1.** zerstückelt. **2.** (ab)getrennt. **3.** *fig.* aus den Fugen geraten. **4.** zs.-hang(s)los, wirr: **~ talk.** **disˈjoint·ed·ness** *s* Zs.-hang(s)losigkeit *f.*

dis·junc·tion [dɪsˈdʒʌŋkʃn] *s* **1.** Trennung *f*, Absonderung *f.* **2.** *Logik*: Disjunktiˈon *f.* **disˈjunc·tive I** *adj* **1.** (ab-)trennend. **2.** *ling., a. Logik*: disjunkˈtiv: **~ conjunction** → 3; **~ proposition** → 4. **II** *s* **3.** *ling.* disjunkˈtive Konjunktiˈon, ausschließendes Bindewort. **4.** *Logik*: Disjunkˈtivsatz *m.*

dis·june [dɪsˈdʒuːn] *s Scot.* Frühstück *n.*

disk [dɪsk] *s* **1.** *allg.* Scheibe *f.* **2.** *tech.* a) Scheibe *f*, b) Laˈmelle *f*, c) Kurbelblatt *n*, d) Drehscheibe *f*, Teller *m*, e) Siˈgnalscheibe *f.* **3.** *teleph.* Nummern-, Wählscheibe *f.* **4.** (Schall)Platte *f.* **5.** Scheibe *f* (*der Sonne etc*). **6.** Parkscheibe *f.* **7.** *anat. zo.* Scheibe *f*: **articular ~** Gelenkscheibe, Diskus *m*; **optic ~** Papille *f.* **8.** *bot.* a) Scheibe *f* (*Mittelteil des Blütenköpfchens der Kompositen*), b) Blattspreite *f*, c) Fruchtscheibe *f* (*Wucherung der Blütenachse*), d) Haftscheibe *f.* **9.** *Eishockey*: Scheibe *f* (*Puck*). **10.** Teller *m* (*am Skistock*). **11.** *Computer*: Platte *f.* **~ brake** *s tech.* Scheibenbremse *f.* **~ clutch** *s tech.* Scheibenkupplung *f.*

disk·ette [ˈdɪsket; dɪˈsket] *s Computer*: Disˈkette *f.*

disk| flow·er *s bot.* Scheibenblüte *f.* **~ har·row** *s agr.* Scheibenegge *f.* **~**

jock·ey *s* Disk-, Discjockey *m.* **~pack** *s* *Computer*: Plattenstapel *m.* **~saw** *s tech.* Kreissäge *f.* **~valve** *s tech.* ˈTellervenˌtil *n.* **~wheel** *s tech.* (Voll)Scheibenrad *n.* **~wind·ing** *s electr.* Scheibenwicklung *f.*

dis·like [dɪsˈlaɪk] **I** *v/t* nicht leiden können, nicht mögen: I ~ **having to go** ich mag nicht (gern) gehen, ich gehe (nur) ungern; **to make o.s. ~d** sich unbeliebt machen. **II** *s* Abneigung *f,* ˈWiderwille *m* (**of, for** gegen): **to take a ~ to s.o.** gegen j-n e-e Abneigung fassen.

dis·limn [dɪsˈlɪm] *v/t poet.* auslöschen (*a. fig.*).

dis·lo·cate [ˈdɪsləʊkeɪt] *v/t* **1.** verrücken, verschieben. **2.** *Industrie, mil. Truppen* verlagern. **3.** *med.* ver-, ausrenken, luˈxieren: **to ~ one's arm** sich den Arm verrenken. **4.** *fig.* erschüttern. **5.** *geol.* verwerfen. ˌ**dis·loˈca·tion** *s* **1.** Verrükkung *f,* Verschiebung *f.* **2.** Verlagerung *f.* **3.** *med.* a) Verrenkung *f,* Luxatiˈon *f,* b) Dislokatiˈon *f.* **4.** *fig.* Erschütterung *f.* **5.** *geol.* Verwerfung *f.*

dis·lodge [dɪsˈlɒdʒ; *Am.* -ˈlɑdʒ] **I** *v/t* **1.** aufjagen, -stöbern. **2.** a) entfernen, b) vertreiben, verjagen. **3.** *mil. den Feind* aus der Stellung werfen. **4.** ˈausquarˌtieren. **II** *v/i* **5.** aus-, wegziehen. **disˈlodg(e)·ment** *s* **1.** Vertreibung *f,* Verjagung *f.* **2.** ˈAusquarˌtierung *f.*

dis·loy·al [ˌdɪsˈlɔɪəl] *adj* (*adv* **~ly**) (**to**) untreu (*dat*), treulos, illoyˈal (gegen). **disˈloy·al·ty** [-tɪ] *s* Untreue *f,* Treulosigkeit *f.*

dis·mal [ˈdɪzməl] **I** *adj* **1.** düster, trüb(e), trostlos, bedrückend: **the ~ science** *humor.* die Volkswirtschaft. **2.** furchtbar, schrecklich, gräßlich. **3.** *obs.* unheilvoll. **II** *s* **4. the ~s** *pl colloq.* der Trübsinn: **to be in the ~s** Trübsal blasen. **5.** *Am.* (Küsten)Sumpf *m.* ˈ**dis·mal·ly** *adv* **1.** düster (*etc,* → **dismal**). **2.** schmählich. ˈ**dis·mal·ness** *s* **1.** Düsterkeit *f,* Trostlosigkeit *f.* **2.** Schrecklichkeit *f.*

dis·man·tle [dɪsˈmæntl] *v/t* **1.** demonˈtieren, abbauen. **2.** *Gebäude* abbrechen, niederreißen. **3.** entkleiden (**of** *gen*) (*a. fig.*). **4.** (vollständig) ausräumen. **5.** *mar.* a) abtakeln, b) abwracken. **6.** *e-e Festung* schleifen. **7.** zerlegen, auseinˈandernehmen. **8.** unbrauchbar machen. **disˈman·tle·ment** *s* **1.** Demonˈtage *f,* Abbruch *m.* **2.** *mar.* Abtakelung *f.* **3.** Schleifung *f* (*e-r Festung*). **4.** Zerlegung *f.*

dis·mast [ˌdɪsˈmɑːst; *Am.* -ˈmæst] *v/t ein Schiff* entmasten.

dis·may [dɪsˈmeɪ; dɪz-] **I** *v/t* erschrecken, entsetzen, in Schrecken versetzen, bestürzen: **not ~ed** unbeirrt. **II** *s* Schreck(en) *m,* Entsetzen *n,* Bestürzung *f* (**at** über *acc*): **in** (*od.* **with**) **~** bestürzt; **to one's ~** zu s-m Entsetzen.

dis·mem·ber [dɪsˈmembə(r)] *v/t* **1.** a) *Leiche etc* zerstückeln, b) *bes. med.* zergliedern. **2.** *ein Land etc* zersplittern, aufteilen. **disˈmem·ber·ment** *s* Zerstückelung *f.*

dis·miss [dɪsˈmɪs] **I** *v/t* **1.** entlassen, gehen lassen. **2.** fortschicken, verabschieden. **3.** *mil.* wegtreten lassen. **4.** entlassen (**from** aus *e-m Amt etc*), abbauen. **5.** *ein Thema etc* als erledigt betrachten, fallenlassen, aufgeben. **6.** *a.* **to ~ from one's mind** (aus s-n Gedanken) verbannen, aufgeben. **7.** abtun, hinˈweggehen über (*acc*): **to ~ a question as irrelevant** e-e Frage als unwesentlich abtun. **8.** *a. jur.* abweisen: **to ~ an action with costs** e-e Klage kostenpflichtig abweisen. **9.** *Krikket*: a) *den Ball* abschlagen, b) *den Schläger* ‚aus' machen. **II** *v/i* **10.** *mil.* wegtreten: **~!** weg(ge)treten! **disˈmiss·al** [-sl] *s* **1.** Entlassung *f.* **2.** Aufgabe *f.* **3.** Abtun *n.* **4.** *a. jur.* Abweisung *f.* **disˈmiss·i·ble** *adj* **1.** entlaßbar. **2.** abweisbar. **3.** unbedeutend, nebensächlich: **a ~ question.**

dis·mount [ˌdɪsˈmaʊnt] **I** *v/i* **1.** absteigen, absitzen (**from** von *Pferd, Fahrrad etc*): **~!** *mil.* absitzen! **2.** *poet.* herˈabsteigen, -sinken. **II** *v/t* **3.** a) aus dem Sattel heben, vom Pferd schleudern, b) *den Reiter* abwerfen (*Pferd*). **4.** *obs.* absteigen *od.* absitzen von: **to ~ a horse. 5.** *e-e Reitertruppe* a) der Pferde berauben, b) absitzen lassen. **6.** demonˈtieren, ˈabmonˌtieren, ausbauen. **7.** zerlegen, auseinˈandernehmen.

dis·mu·ta·tion [ˌdɪsmjuːˈteɪʃn] *s biol. chem.* Dismutatiˈon *f.*

dis·o·be·di·ence [ˌdɪsəˈbiːdjəns; -dɪəns] *s* **1.** Ungehorsam *m,* Unfolgsamkeit *f.* **2.** *bes. mil.* Gehorsamsverweigerung *f.* **3.** Nichtbefolgung *f* (*e-s Gesetzes*), *bes. mil.* Verweigerung *f* (*e-s Befehls*). ˌ**dis·oˈbe·di·ent** *adj* (*adv* **~ly**) ungehorsam (**to** gegen[ˈüber]). ˌ**dis·oˈbey** [-ˈbeɪ] **I** *v/t* **1.** *j-m* nicht gehorchen, ungehorsam sein gegen *j-n.* **2.** *bes. mil. j-m* den Gehorsam verweigern. **3.** *ein Gesetz etc* nicht befolgen, überˈtreten, mißˈachten, *bes. mil. e-n Befehl* verweigern: **I will not be ~ed** ich dulde keinen Ungehorsam. **II** *v/i* **4.** nicht gehorchen, ungehorsam sein.

dis·o·blige [ˌdɪsəˈblaɪdʒ] *v/t* **1.** ungefällig sein gegen *j-n.* **2.** *j-n* kränken, verletzen. ˌ**dis·oˈblig·ing** *adj* (*adv* **~ly**) ungefällig, ˈunzuˌvorkommend, unfreundlich. ˌ**dis·oˈblig·ing·ness** *s* Ungefälligkeit *f,* Unfreundlichkeit *f.*

dis·or·der [dɪsˈɔː(r)də(r)] **I** *s* **1.** Unordnung *f,* Durcheinˈander *n* (*beide a. fig.*): **to throw into ~** → 6. **2.** Syˈstemlosigkeit *f.* **3.** (öffentliche) Ruhestörung, Aufruhr *m,* Unruhen *pl.* **4.** ungebührliches Benehmen. **5.** *med.* Störung *f,* Erkrankung *f*: **mental ~** Geistesstörung. **II** *v/t* **6.** in Unordnung bringen, durcheinˈanderbringen (*beide a. fig.*). **7.** *med.* Störungen herˈvorrufen in (*dat*), *bes. den Magen* verderben. **disˈor·dered** *adj* **1.** in Unordnung, durcheinˈander (*beide a. fig.*). **2.** *med.* gestört, (*a.* geistes)krank: **my stomach is ~** ich habe mir den Magen verdorben. **disˈor·der·li·ness** [-lɪnɪs] *s* **1.** Unordentlichkeit *f.* **2.** Schlampigkeit *f,* Liederlichkeit *f.* **3.** unbotmäßiges Verhalten. **disˈor·der·ly I** *adj* **1.** unordentlich. **2.** schlampig, (*a. Leben etc*) liederlich. **3.** gesetzwidrig, aufrührerisch, unbotmäßig. **4.** *jur.* Ärgernis erregend, ordnungswidrig: **~ conduct** ordnungswidriges Verhalten; **~ house** a) Bordell *n,* b) Spielhölle *f.* **II** *s* **5.** *a.* **~ person** *jur.* a) Ruhestörer *m,* Störer *m* der öffentlichen Ordnung, b) Erreger *m* öffentlichen Ärgernisses. **III** *adv* **6.** unordentlich (*etc,* → I). **7.** in unordentlicher (gesetzeswidriger *etc*) Weise.

dis·or·gan·i·za·tion [dɪsˌɔː(r)gənaɪˈzeɪʃn; *Am.* -nəˈz-] *s* **1.** Desorganisatiˈon *f,* Auflösung *f,* Zerrüttung *f.* **2.** → **disorder** 1. **disˈor·gan·ize** [-naɪz] *v/t* **1.** desorganiˈsieren, auflösen, zerrütten. **2.** → **disorder** 6.

dis·o·ri·ent [dɪsˈɔːrɪent] *v/t* **1.** *a. psych. j-n* desorienˈtieren, verwirren. **2.** in die Irre führen. **disˈo·ri·en·tate** [-teɪt] → **disorient. disˌo·ri·enˈta·tion** *s a. psych.* Desorienˈtiertheit *f,* Verwirrtheit *f.*

dis·own [dɪsˈəʊn] *v/t* **1.** nichts zu tun haben wollen mit, ablehnen. **2.** ableugnen. **3.** *Kind* verstoßen. **4.** nicht (als gültig) anerkennen.

dis·par·age [dɪˈspærɪdʒ] *v/t* **1.** in Verruf bringen. **2.** herˈabsetzen, verächtlich machen *od.* behandeln. **3.** verachten, geringschätzen. **disˈpar·age·ment** *s* **1.** Herˈabsetzung *f,* Verächtlichmachung *f*: **no ~, without ~ to you** ohne Ihnen zu nahe treten zu wollen. **2.** Verruf *m.* **3.** Verachtung *f,* Geringschätzung *f.* **disˈpar·ag·ing** *adj* (*adv* **~ly**) verächtlich, geringschätzig, herˈabsetzend.

dis·par·ate [ˈdɪspərət; *Am. a.* dɪsˈpærət] **I** *adj* (*adv* **~ly**) ungleich(artig), (grund-) verschieden, unvereinbar, dispaˈrat. **II** *s* (*etwas*) (Grund)Verschiedenes: **~s** unvereinbare Dinge. **dis·par·ate·ness, dis·par·i·ty** [dɪˈspærətɪ] *s* Verschiedenheit *f,* Unvereinbarkeit *f,* Dispariˈtät *f*: **~ in age** (zu großer) Altersunterschied.

dis·pas·sion [dɪˈspæʃn] *s* Leidenschaftslosigkeit *f,* Gemütsruhe *f.* **disˈpas·sion·ate** [-nət] *adj* (*adv* **~ly**) leidenschaftslos, kühl, sachlich, ruhig, nüchtern, objekˈtiv.

dis·patch [dɪˈspætʃ] **I** *v/t* **1.** *j-n* (ab)senden, (ab)schicken, *mil. Truppen* in Marsch setzen. **2.** *etwas* absenden, versenden, abschicken, befördern, speˈdieren, abfertigen (*a. rail.*), *Telegramm* aufgeben. **3.** ins Jenseits befördern, töten. **4.** rasch *od.* prompt erledigen *od.* ausführen. **5.** *colloq.* ‚wegputzen', schnell aufessen. **II** *v/i* **6.** *obs.* sich beeilen. **III** *s* **7.** (Ab)Sendung *f.* **8.** Absendung *f,* Versand *m,* Abfertigung *f,* Beförderung *f*: **~ by rail** Bahnversand; **~ of mail** Postabfertigung. **9.** Tötung *f.* **10.** rasche Erledigung. **11.** Eile *f,* Schnelligkeit *f*: **with ~** eilends, eiligst. **12.** (*oft* verschlüsselte) (Eil)Botschaft. **13.** Bericht *m* (*e-s Korrespondenten*). **14.** *pl Br.* Kriegsberichte *pl*: **to be mentioned in ~es** in den Kriegsberichten erwähnt werden. **15.** *econ.* Speditiˈon *f.* **~boat** *s* Kuˈrierboot *n.* **~box, ~case** *s* **1.** Kuˈriertasche *f.* **2.** *bes. Br.* Aktenkoffer *m.*

disˈpatch·er *s* **1.** *rail.* Fahrdienstleiter *m.* **2.** *econ. Am.* Abˈteilungsleiter *m* für Produktiˈonsplanung u. -konˌtrolle.

dis·patch| goods *s pl Am.* Eilgut *n.* **~mon·ey** *s econ.* Eilgeld *n* (*beim Unterschreiten der vereinbarten Hafenliegezeit*). **~note** *f* Paˈketkarte *f* (*für Auslandspakete*). **~rid·er** *s mil.* **1.** Meldereiter *m.* **2.** Meldefahrer *m.*

dis·pel [dɪˈspel] *v/t Menge etc, a. fig. Befürchtungen etc* zerstreuen, *Nebel* zerteilen.

dis·pen·sa·bil·i·ty [dɪˌspensəˈbɪlətɪ] *s* **1.** Entbehrlichkeit *f.* **2.** Verteilbarkeit *f.* **3.** *relig.* Dispenˈsierbarkeit *f.* **4.** Erläßlichkeit *f.* **disˈpen·sa·ble** *adj* (*adv* **dispensably**) **1.** entbehrlich. **2.** verteilbar. **3.** *relig.* dispenˈsierbar. **4.** erläßlich. **disˈpen·sa·ry** [-sərɪ] *s* ˈWerks-, ˈKrankenhaus-, *mil.* Lazaˈrettapoˌtheke *f.*

dis·pen·sa·tion [ˌdɪspenˈseɪʃn] *s* **1.** Aus-, Verteilung *f.* **2.** Zuteilung *f,* Gabe *f.* **3.** Lenkung *f,* Regelung *f.* **4.** Ordnung *f,* Syˈstem *n.* **5.** Einrichtung *f,* Vorkehrung *f.* **6.** *relig.* a) göttliche Lenkung (der Welt), b) *a.* **divine** (*od.* **heavenly**) **~** (göttliche) Fügung: **the ~ of Providence** das Walten der Vorsehung. **7.** (religiˈöses) Syˈstem. **8.** (**with, from**) Disˈpens *m*: a) *relig.* Dispensatiˈon *f* (von), Erlaß *m* (*gen*), b) *jur.* Befreiung *f* (von), Ausnahmebewilligung *f* (für): **marriage ~** Ehedispens. **9.** Verzicht *m* (**with** auf *acc*). ˈ**dis·pen·sa·tor** [-seɪtə(r)] *s* **1.** Verteiler *m,* Spender *m.* **2.** *selten* Verwalter *m,* Lenker *m.* **disˈpen·sa·to·ry** [-sətərɪ; *Am.* -ˌtəʊriː; -ˌtɔː-] **I** *s pharm.* Dispensaˈtorium *n,* Arzˈneibuch *n.* **II** *adj* → **dispensing** 4.

dis·pense [dɪˈspens] **I** *v/t* **1.** aus-, verteilen. **2.** *das Sakrament* spenden. **3.** *Recht* sprechen: **to ~ justice. 4.** *pharm. Arzneien* dispenˈsieren, (nach Reˈzept) zubereiten u. abgeben. **5.** dispenˈsieren, *j-m* Dis'pens gewähren. **6.** entheben, befreien, entbinden (**from** von). **II** *v/i* **7.** Dis'pens erteilen. **8.** ~ **with** a) verzichten auf (*acc*), b) entbehren (*acc*), auskommen ohne, c) 'überflüssig machen (*acc*), d) *Gesetz* nicht anwenden, e) auf die Einhaltung *e-s Versprechens etc* verzichten: **it may be ~d with** man kann darauf verzichten, es ist entbehrlich. **dis'pens·er** *s* **1.** Aus-, Verteiler *m*. **2.** Spender *m*. **3.** ~ **of justice** Rechtsprecher *m*. **4.** *tech.* Spender *m*, (*für Klebestreifen etc a.*) Abroller *m*, (*Briefmarken- etc*)Auto'mat *m*. **5.** Apo'theker *m*. **dis'pens·ing** *adj* **1.** austeilend. **2.** spendend. **3.** *pharm.* dispen'sierend: ~ **chemist** *Br.* Apotheker *m*. **4.** Dis'pens gewährend, befreiend: ~ **power** *jur.* richterliche Befugnis, e-e Gesetzesvorschrift außer acht zu lassen.

dis·per·gate ['dɪspə(r)geɪt] *v/t chem. phys.* disper'gieren, verteilen.

di·sper·mous [dɪ'spɜːməs; *Am.* -'spɜr-] *adj bot.* zweisamig.

dis·per·sal [dɪ'spɜːsl; *Am.* dɪs'pɜrsəl] *s* **1.** Zerstreuung *f* (*a. fig.*), Zerteilung *f* (*von Nebel*). **2.** Verbreitung *f*. **3.** Zersplitterung *f*. **4.** *a. mil.* Auflockerung *f*: ~ **of industry** Verteilung *f* der Industrie, industrielle Auflockerung; ~ **of ownership** Eigentumsstreuung *f*. **~ a·pron** *s aer.* (ausein'andergezogener) Abstellplatz. **~ ar·e·a** *s* **1.** *aer.* → **dispersal apron**. **2.** *mil.* Auflockerungsgebiet *n*.

dis·perse [dɪ'spɜːs; *Am.* dɪs'pɜrs] **I** *v/t* **1.** verstreuen: **to be ~d over** verstreut sein über (*acc*). **2.** → **dispel**. **3.** *Nachrichten etc* verbreiten. **4.** *chem. phys.* disper'gieren, zerstreuen, fein(st) verteilen: **~d phase** Dispersionsphase *f*. **5.** *mil.* a) *Formation* auflockern, b) *Truppen* versprengen. **II** *v/i* **6.** sich zerstreuen, ausein'andergehen: **the crowd ~d**. **7.** sich auflösen, verschwinden. **8.** sich verteilen *od.* zersplittern. **dis'pers·ed·ly** [-ɪdlɪ] *adv* verstreut, vereinzelt.

dis·per·sion [dɪ'spɜːʃn; *Am.* dɪs'pɜrʒən; -ʃən] *s* **1.** Zerstreuung *f* (*a. fig.*), Verteilung *f* (*von Nebel*). **2.** Verbreitung *f*. **3.** D~ → **Diaspora** a. **4.** *chem. phys.* a) Dispersi'onsphase *f*, b) Dispersi'on *f*, (Zer-)Streuung *f*: ~ **medium** (*od.* **agent**) Dispersionsmittel *n*, Dispergens *n*. **5.** *math. mil.* Streuung *f*: ~ **error** *mil.* Streu(ungs)fehler *m*; ~ **pattern** *mil.* Trefferbild *n*. **6.** → **dispersal** 4. **dis'per·sive** [-sɪv] *adj* **1.** zerstreuend. **2.** *chem. phys.* Dispersions..., (Zer)Streuungs..., disper'gierend.

dis·pir·it [dɪ'spɪrɪt] *v/t* entmutigen, mutlos machen. **dis'pir·it·ed** *adj* entmutigt, mutlos, niedergeschlagen.

dis·place [dɪs'pleɪs] *v/t* **1.** versetzen, -rücken, -lagern, -schieben. **2.** verdrängen (*a. mar. phys. sport*): **to ~ s.o. from first place**. **3.** *j-n* ablösen, entlassen. **4.** ersetzen (*a. chem.*). **5.** verschleppen, -treiben, depor'tieren: **~d person** Verschleppte(r *m*) *f*, Zwangsumsiedler(in). **dis'place·ment** *s* **1.** Verlagerung *f*, -schiebung *f*, -rückung *f*: ~ **of funds** *econ.* anderweitige Kapitalverwendung. **2.** Verdrängung *f* (*a. mar. phys.*). **3.** Ablösung *f*, Entlassung *f*. **4.** Ersetzung *f* (*a. chem.*), Ersatz *m*. **5.** Verschleppung *f*. **6.** *tech.* Kolbenverdrängung *f*. **7.** *geol.* Dislokati'on *f*, Versetzung *f*. **8.** *psych.* Af'fektverlagerung *f*: ~ **activity** *zo.* Übersprunghandlung *f*.

dis·play [dɪ'spleɪ] **I** *v/t* **1.** entfalten, ausbreiten: **to ~ the flag**. **2.** ('her)zeigen. **3.** *fig.* zeigen, entfalten, offen'baren, an den Tag legen: **to ~ activity** Aktivität zeigen *od.* entfalten. **4.** *econ. Waren* auslegen, ausstellen. **5.** (protzig) zur Schau stellen, protzen mit, her'vorkehren. **6.** *print.* her'vorheben. **II** *s* **7.** Entfaltung *f*. **8.** ('Her)Zeigen *n*. **9.** *fig.* Entfaltung *f*: ~ **of energy** Entfaltung von Tatkraft; ~ **of power** Machtentfaltung. **10.** *econ.* Dis'play *n*, Ausstellung *f*, Auslage *f*: **to be on ~** ausgestellt sein. **11.** (protzige) Zur'schaustellung: **to make a great ~ of** → 5. **12.** Aufwand *m*, Pomp *m*, Prunk *m*: **to make a great ~** großen Prunk entfalten. **13.** *print.* Her'vorhebung *f* (*a. Textstelle*). **14.** Dis'play *n*: a) (Sichtbild)Anzeige *f*, b) *a.* ~ **unit** Sichtbildgerät *n*. **III** *adj* **15.** *econ.* Ausstellungs..., Auslage...: ~ **advertising** Displaywerbung *f*; ~ **artist**, **~man** (Werbe)Dekorateur *m*; ~ **box** Schaupackung *f*; ~ **cabinet**, ~ **case** Schaukasten *m*, Vitrine *f*; ~ **window** Auslage(n)-, Schaufenster *n*. **16.** ~ **behavio(u)r** (*Verhaltensforschung*) Imponiergehabe *n* (*a. fig.*).

dis·please [dɪs'pliːz] **I** *v/t* **1.** *j-m* miß'fallen: **to be ~d at** (*od.* **with**) **s.th.** unzufrieden sein mit etwas, ungehalten sein über etwas. **2.** *j-n* ärgern, verstimmen. **3.** *das Auge etc* beleidigen, *den Geschmack* verletzen. **II** *v/i* **4.** miß'fallen, 'Mißfallen erregen. **dis'pleas·ing** *adj* (*adv* **~ly**) unangenehm: **to be ~ to** → **displease** I.

dis·pleas·ure [dɪs'pleʒə(r)] *s* 'Mißfallen *n* (**at** über *acc*).

dis·plume [dɪs'pluːm] *v/t* rupfen.

dis·port [dɪ'spɔː(r)t] *v/i od. v/t* (~ **o.s.**) **1.** sich vergnügen, sich amü'sieren. **2.** her'umtollen, sich (ausgelassen) tummeln.

dis·pos·a·bil·i·ty [dɪˌspəʊzə'bɪlətɪ] *s* (freie) Verfügbarkeit. **dis'pos·a·ble** **I** *adj* **1.** dispo'nibel, (frei) verfügbar: ~ **income** verfügbares Einkommen. **2.** a) Einweg...: ~ **lighter** (**package**, **syringe**, *etc*), b) Wegwerf...: ~ **lighter** (**package**, *etc*); ~ **diaper** (*bes. Br.* **napkin**) Wegwerfwindel *f*; ~ **panties** *pl* Wegwerfschlüpfer *m*, c) Einmal...: ~ **package** (**razor**, **towel**, *etc*). **II** *s* **3.** Einweg-, Wegwerfgegenstand *m*.

dis·pos·al [dɪ'spəʊzl] *s* **1.** Erledigung *f* (**of s.th.** e-r Sache). **2.** Beseitigung *f*, (*von Müll a.*) Entsorgung *f*: **after the ~ of it** nachdem man es losgeworden war. **3.** Erledigung *f*, Vernichtung *f*: **the ~ of all enemy aircraft**. **4.** a) 'Übergabe *f*, Über'tragung *f*, b) *a.* ~ **by sale** Veräußerung *f*, Verkauf *m*: **for ~** zum Verkauf. **5.** Verfügung(srecht *n*) *f* (**of** über *acc*): **to be at s.o.'s ~** j-m zur Verfügung stehen; **to place** (*od.* **put**) **s.th. at s.o.'s ~** j-m etwas zur Verfügung stellen; **to have the ~ of s.th.** über etwas verfügen (können). **6.** Leitung *f*, Regelung *f*. **7.** Anordnung *f*, Aufstellung *f* (*a. mil.*).

dis·pose [dɪ'spəʊz] **I** *v/t* **1.** anordnen, ein-, verteilen, einrichten, aufstellen: **to ~ in depth** *mil.* nach der Tiefe gliedern. **2.** zu'rechtlegen. **3.** *j-n* geneigt machen, bewegen, veranlassen (**to** zu; **to do** zu tun). **4.** *etwas* regeln, bestimmen. **II** *v/i* **5.** Verfügungen treffen: → **propose** 6. **6.** ~ **of** a) (frei) verfügen *od.* dispo'nieren über (*acc*), b) lenken, c) (endgültig) erledigen: **to ~ of an affair**, d) *j-n od. etwas* abtun, abfertigen, e) loswerden, sich entledigen (*gen*), f) wegschaffen, beseitigen: **to ~ of rubbish**, g) *e-n Gegner etc* erledigen, unschädlich machen, vernichten: **to ~ of an enemy**, h) *mil. Bomben etc* entschärfen, i) trinken, (auf)essen: **to ~ of a meal**, j) über'geben, über'tragen: **to ~ of by will** testamentarisch vermachen, letztwillig verfügen über (*acc*); **disposing mind** *jur.* Testierfähigkeit *f*, k) verkaufen, veräußern, *econ. a.* absetzen, abstoßen.

dis·posed [dɪ'spəʊzd] *adj* **1.** gesinnt: **to be well ~ to(ward[s])** a) *j-m* wohlgesinnt sein, *j-m* wohlwollen, b) *e-m Plan etc* wohlwollend gegenüberstehen; → **ill-disposed** 1. **2.** geneigt, bereit (**to do** zu tun): **to feel ~ to do s.th.** etwas tun wollen. **3. easily ~ of** a) leicht zu beseitigen(d), b) leicht verkäuflich. **4.** *med.* anfällig (**to** für). **dis'pos·ed·ly** [-zɪdlɪ] *adv* würdevoll.

dis·po·si·tion [ˌdɪspə'zɪʃn] *s* **1.** a) Dispositi'on *f*, Veranlagung *f*, b) Art *f*: **her cheerful ~**. **2.** a) Neigung *f*, Hang *m* (**to** zu): **he has a ~ to jealousy** er neigt zur Eifersucht, b) *med.* Anfälligkeit *f* (**to** für). **3.** Stimmung *f*, Laune *f*. **4.** Anordnung *f*, Aufstellung *f* (*a. mil.*). **5.** (**of**) a) Erledigung *f* (*gen*), b) *bes. jur.* Entscheidung *f* (über *acc*). **6.** (*bes.* göttliche) Lenkung. **7.** 'Übergabe *f*, Über'tragung *f*: → **testamentary**. **8.** → **disposal** 5. **9.** *pl* Dispositi'onen *pl*, Vorkehrungen *pl*, Vorbereitungen *pl*: **to make (one's) ~s** (s-e) Vorkehrungen treffen, disponieren.

dis·pos·sess [ˌdɪspə'zes] *v/t* **1.** a) enteignen, aus dem Besitz (**of** *gen*) setzen, b) *Mieter, Pächter* zur Räumung zwingen. **2.** berauben (**of** *gen*). **3.** vertreiben. **4.** *sport j-m* den Ball abnehmen. **ˌdis·pos'ses·sion** *s* **1.** Enteignung *f*. **2.** Beraubung *f*. **3.** Vertreibung *f*. **ˌdis·pos'ses·so·ry** [-sərɪ] *adj* Enteignung...

dis·praise [dɪs'preɪz] **I** *v/t* **1.** tadeln. **2.** her'absetzen. **II** *s* **3.** Tadel *m*. **4.** Her'absetzung *f*: **in ~** geringschätzig.

dis·proof [ˌdɪs'pruːf] *s* Wider'legung *f*.

dis·pro·por·tion [ˌdɪsprə'pɔː(r)ʃn] **I** *s* 'Mißverhältnis *n*: ~ **of supply to demand** Mißverhältnis zwischen Angebot u. Nachfrage; ~ **in age** (zu großer) Altersunterschied. **II** *v/t* in ein 'Mißverhältnis setzen *od.* bringen.

dis·pro·por·tion·ate [ˌdɪsprə'pɔː(r)ʃnət] *adj* (*adv* **~ly**) **1.** unverhältnismäßig (groß *od.* klein), in keinem Verhältnis stehend. **2.** unangemessen. **3.** über'trieben: ~ **expectations**. **4.** 'unproportioniert.

dis·prov·al [dɪs'pruːvl] → **disproof**.

ˌdis'prove *v/t* wider'legen.

dis·put·a·ble [dɪ'spjuːtəbl] *adj* (*adv* **disputably**) dispu'tabel, strittig. **dis'pu·tant** [-tənt] **I** *adj* dispu'tierend. **II** *s* Dispu'tant *m*, Gegner *m*.

dis·pu·ta·tion [ˌdɪspjuː'teɪʃn] *s* **1.** Dis'put *m*, Wortwechsel *m*, Streitgespräch *n*. **2.** Disputati'on *f*, wissenschaftliches Streitgespräch. **3.** *obs.* Unter'haltung *f*. **ˌdis·pu'ta·tious** *adj* (*adv* **~ly**) streitsüchtig. **dis·pu·ta·tive** [dɪ'spjuːtətɪv] → **disputatious**.

dis·pute [dɪ'spjuːt] **I** *v/i* **1.** streiten, (*Wissenschaftler a.*) dispu'tieren (**on**, **about** über *acc*): **there is no disputing about tastes** über den Geschmack läßt sich nicht streiten. **2.** (sich) streiten, zanken. **II** *v/t* **3.** streiten über (*acc*), (*Wissenschaftler a.*) dispu'tieren über (*acc*). **4.** in Zweifel ziehen, bezweifeln: **a ~d decision** *sport* e-e umstrittene Entscheidung. **5.** kämpfen um, sich bemühen um: **to ~ the victory to s.o.** j-m den Sieg streitig machen; **to ~ the victory** um den Sieg kämpfen. **6.** (an)kämpfen gegen. **III** *s* [*a.* 'dɪspjuːt] **7.** Dis'put *m*, Kontro'verse *f*: **in** (*od.* **under**) ~ umstritten; **beyond** (*od.* **past**, **without**) ~ unzweifelhaft, fraglos, unbestritten; **a matter of ~** e-e strittige Sache. **8.** (heftiger) Streit.

dis·qual·i·fi·ca·tion [dɪsˌkwɒlɪfɪ'keɪʃn; *Am.* -ˌkwɑ-] *s* **1.** Disqualifikati'on *f*, Disqualifi'zierung *f*, Untauglichkeitserklärung *f*. **2.** Untauglichkeit *f*, Ungeeignetheit *f*, mangelnde Eignung *od.* Befähigung (**for** für). **3.** *sport* Disqualifikati'on *f*, Ausschluß *m*. **4.** disqualifi'zierender 'Umstand, *sport a.* Grund *m* zum Ausschluß. **dis'qual·i·fy** [-faɪ] *v/t* **1.** ungeeignet *od.* unfähig *od.* untauglich machen (**for** für): **to be disqualified for** ungeeignet (*etc*) sein für. **2.** für unfähig *od.* untauglich *od.* nicht berechtigt erklären (**for** zu): **to ~ s.o. from (holding) public office** j-m die Fähigkeit zur Ausübung e-s öffentlichen Amtes absprechen *od.* nehmen; **to ~ s.o. from driving** j-m die Fahrerlaubnis entziehen. **3.** *sport* disqualifi'zieren, ausschließen.

dis·qui·et [dɪs'kwaɪət] **I** *v/t* beunruhigen, mit Besorgnis erfüllen. **II** *s* Unruhe *f*, Besorgnis *f*. **dis'qui·et·ing** *adj* (*adv* **~ly**) beunruhigend, besorgniserregend. **dis'qui·e·tude** [-tjuːd; *Am. a.* -ˌtuːd] → **disquiet** II.

dis·qui·si·tion [ˌdɪskwɪ'zɪʃn] *s* ausführliche Abhandlung *od.* Rede (**on** über *acc*). **ˌdis·qui'si·tion·al** [-ʃənl] *adj* ausführlich, eingehend.

dis·rate [dɪs'reɪt] *v/t mar.* degra'dieren.

dis·re·gard [ˌdɪsrɪ'gɑː(r)d] **I** *v/t* **1.** nicht beachten, keine Beachtung schenken (*dat*), igno'rieren, sich hin'wegsetzen über (*acc*), nicht achten auf (*acc*). **2.** *etwas* außer acht lassen, ausklammern, absehen von. **3.** *Gefahr etc* miß'achten. **II** *s* **4.** Nichtbeachtung *f*, Igno'rierung *f* (**of, for** *gen*). **5.** 'Mißachtung *f* (**of, for** *gen*). **6.** Gleichgültigkeit *f* (**of, for** gegen-'über). **ˌdis·re'gard·ful** *adj* (*adv* **~ly**) a) nicht achtend (**of** auf *acc*), unachtsam, b) nachlässig, c) miß'achtend: **to be ~ of** → **disregard** 1 *u.* 3.

dis·rel·ish [dɪs'relɪʃ] **I** *s* Abneigung *f*, 'Widerwille *m* (**for** gegen). **II** *v/t* e-n 'Widerwillen haben gegen.

dis·re·mem·ber [ˌdɪsrɪ'membə(r)] *v/t bes. Am. colloq.* a) nicht mehr wissen, sich nicht erinnern können an (*acc*), b) vergessen.

dis·re·pair [ˌdɪsrɪ'peə(r)] *s* Baufälligkeit *f*, schlechter baulicher Zustand: **to be in (a state of) ~** baufällig sein; **to fall into ~** baufällig werden.

dis·rep·u·ta·bil·i·ty [dɪsˌrepjʊtə'bɪlətɪ] *s* schlechter Ruf, Verrufenheit *f*. **dis'rep·u·ta·ble** *adj* (*adv* **disreputably**) verrufen, übel beleumundet, (*a. Geschäft etc*) anrüchig. **dis·re·pute** [ˌdɪsrɪ'pjuːt] *s* Verruf *m*, schlechter Ruf, Verrufenheit *f*: **to be in ~** verrufen sein; **to bring (fall, sink) into ~** in Verruf bringen (kommen).

dis·re·spect [ˌdɪsrɪ'spekt] **I** *s* **1.** Re'spektlosigkeit *f* (**to, for** gegen'über). **2.** Unhöflichkeit *f* (**to, for** gegen'über). **II** *v/t* **3.** sich re'spektlos benehmen gegen'über. **4.** unhöflich behandeln. **ˌdis·re'spect·ful** *adj* (*adv* **~ly**) **1.** re'spektlos (to gegen'über). **2.** unhöflich (to zu, gegen'über). **ˌdis·re'spect·ful·ness** → **disrespect** I.

dis·robe [dɪs'rəʊb] **I** *v/t* **1.** entkleiden (*a. fig.* **of** *gen*). **II** *v/i* **2.** sich entkleiden. **3.** s-e Robe *od.* Amtstracht ablegen.

dis·root [dɪs'ruːt] *v/t* **1.** entwurzeln. **2.** (*aus der Heimat etc*) vertreiben.

dis·rupt [dɪs'rʌpt] **I** *v/t* **1.** ausein'ander-, zerbrechen, sprengen, zertrümmern. **2.** ausein'ander-, zerreißen, (zer)spalten. **3.** *Gespräch, Verkehr etc* unter'brechen. **4.** a) *Land etc* zerrütten, b) *Koalition etc* sprengen. **II** *v/i* **5.** ausein'anderbrechen. **6.** zerreißen. **7.** *electr.* 'durchschlagen. **dis'rup·tion** [-'rʌpʃn] *s* **1.** Zerbrechung *f*. **2.** Zerreißung *f*. **3.** Zerrissenheit *f*, Spaltung *f*. **4.** Bruch *m*. **5.** Riß *m*. **6.** Unter'brechung *f*. **7.** a) Zerrüttung *f*, b) Sprengung *f*. **8. the D~** *relig.* die Spaltung (*der Kirche von Schottland 1843*).

dis·rup·tive [dɪs'rʌptɪv] *adj* **1.** zerbrechend, zertrümmernd. **2.** zerreißend. **3.** zerrüttend. **4.** *electr.* disrup'tiv: **~ discharge** Durch-, Überschlag *m*; **~ strength** Durchschlagfestigkeit *f*; **~ voltage** Durchschlagspannung *f*. **5.** *mil.* bri'sant, 'hochexploˌsiv.

dis·sat·is·fac·tion ['dɪsˌsætɪs'fækʃn] *s* Unzufriedenheit *f*. **'disˌsat·is'fac·to·ry** [-tərɪ] *adj* unbefriedigend (**to** für), nicht zu'friedenstellend. **ˌdis'sat·is·fied** [-faɪd] *adj* unzufrieden (**at, with** mit). **ˌdis'sat·is·fy** *v/t* **1.** unzufrieden machen, nicht befriedigen, verdrießen. **2.** *j-m* miß'fallen.

dis·sect [dɪ'sekt] *v/t* **1.** zergliedern, zerlegen. **2.** a) *med.* se'zieren, b) *bot. med. zo.* präpa'rieren. **3.** *fig.* zergliedern, (genau) analy'sieren. **4.** *geogr.* zerschneiden, zertalen. **5.** *econ. Konten etc* aufgliedern. **dis'sect·ing** *adj* **1.** zergliedernd. **2.** *med.* Sezier...: **~ instruments** Sezierbesteck *n*. **3.** *bot. med. zo.* Präparier... **dis'sec·tion** [-kʃn] *s* **1.** Zergliederung *f*: a) Zerlegung *f*, b) *fig.* (genaue) Ana'lyse. **2.** *med.* Se'zieren *n*. **3.** *bot. med. zo.* a) Präpa'rierung *f*, b) Präpa'rat *n*. **4.** *econ.* Aufgliederung *f*: **~ of accounts**. **dis'sec·tor** [-tə(r)] *s* **1.** Zergliederer *m*, Zerleger *m*: **~ tube** *TV* Bildzerlegerröhre *f*. **2.** *med.* Se'zierer *m*. **3.** *bot. med. zo.* Präpa'rator *m*.

dis·seise, *etc* → **disseize**, *etc*.

dis·seize [ˌdɪs'siːz] *v/t jur. j-m* 'widerrechtlich den (Immobili'ar)Besitz entziehen. **dis'sei·zin** [-zɪn] *s jur.* 'widerrechtliche Entziehung des (Immobili'ar-)Besitzes.

dis·sem·blance[1] [dɪ'sembləns] *s* Unähnlichkeit *f*, Verschiedenheit *f*.

dis·sem·blance[2] [dɪ'sembləns] *s* **1.** Verstellung *f*. **2.** Vortäuschung *f*.

dis·sem·ble [dɪ'sembl] **I** *v/t* **1.** verhehlen, verbergen, sich (*etwas*) nicht anmerken lassen. **2.** vortäuschen, simu'lieren. **3.** *obs.* unbeachtet lassen, nicht beachten. **II** *v/i* **4.** heucheln, sich verstellen. **5.** simu'lieren. **dis'sem·bler** *s* **1.** Heuchler(in). **2.** Simu'lant(in). **dis'sem·bling I** *adj* heuchlerisch. **II** *s* Heuche'lei *f*, Verstellung *f*.

dis·sem·i·nate [dɪ'semɪneɪt] *v/t* **1.** *Saat* ausstreuen (*a. fig.*). **2.** *e-e Lehre etc* verbreiten: **to ~ ideas; to ~ books. dis'sem·i·nat·ed** *adj* **1.** *min.* eingesprengt (**through** in *acc*). **2. ~ sclerosis** *med.* multiple Sklerose. **disˌsem·i'na·tion** *s* **1.** Ausstreuung *f* (*a. fig.*). **2.** *fig.* Verbreitung *f*. **3.** *geol.* Einsprengung *f*. **dis'sem·i·na·tor** [-tə(r)] *s* **1.** Ausstreuer *m* (*a. fig.*). **2.** *fig.* Verbreiter *m*.

dis·sen·sion [dɪ'senʃn] *s* **1.** Meinungsverschiedenheit(en *pl*) *f*, Diffe'renz(en *pl*) *f*. **2.** Uneinigkeit *f*.

dis·sent [dɪ'sent] **I** *v/i* **1.** (**from**) anderer Meinung sein (als), nicht über'einstimmen (mit), nicht zustimmen (*dat*). **2.** *relig.* von der Staatskirche abweichen. **II** *s* **3.** Meinungsverschiedenheit *f*. **4.** *relig.* a) Abweichung *f* von der Staatskirche, b) *collect.* (*die*) Dis'senters *pl*. **dis'sent·er** *s* **1.** Andersdenkende(r *m*) *f*. **2.** *relig.* a) Dissi'dent *m*; j-d, der die Autori'tät e-r Staatskirche nicht anerkennt, b) *oft* **D~** Dis'senter *m*, Nonkonfor'mist *m* (*der sich nicht zur anglikanischen Kirche bekennt*).

dis'sen·tient [-ʃɪənt; -ʃənt] **I** *adj* **1.** andersdenkend, nicht (mit der Mehrheit) über'einstimmend, abweichend: **without a ~ vote** ohne Gegenstimme, einstimmig. **II** *s* **2.** Andersdenkende(r *m*) *f*. **3.** Gegenstimme *f*: **with no ~** ohne Gegenstimme. **dis'sent·ing** *adj* **1.** → **dissentient** I. **2.** *relig.* a) von der Staatskirche abweichend, dissi'dierend, Dissidenten..., b) *Br.* nonkonfor'mistisch.

dis·sert [dɪ'sɜːt; *Am.* dɪs'ɜrt], **dis·ser·tate** ['dɪsə(r)teɪt] *v/i* e-n Vortrag halten *od.* e-e Abhandlung schreiben (**on** über *acc*). **ˌdis·ser'ta·tion** *s* **1.** (wissenschaftliche) Abhandlung. **2.** Dissertati'on *f*. **3.** (wissenschaftlicher) Vortrag.

dis·serve [ˌdɪs'sɜːv; *Am.* -'sɜrv] *v/t obs. j-m* e-n schlechten Dienst erweisen. **ˌdis'ser·vice** [-vɪs] *s* schlechter Dienst: **to do s.o. a ~** j-m e-n schlechten Dienst erweisen; **to be of ~ to s.o.** j-m zum Nachteil gereichen, sich nachteilig für j-n auswirken.

dis·sev·er [dɪs'sevə(r)] *v/t* **1.** trennen, spalten, absondern (**from** von). **2.** (zer-)teilen, (zer)trennen (**into** in *acc*). **dis'sev·er·ance, dis'sev·er·ment** *s* Trennung *f*, Spaltung *f*.

dis·si·dence ['dɪsɪdəns] *s* **1.** Meinungsverschiedenheit *f*. **2.** *pol. relig.* Dissi'dententum *n*. **'dis·si·dent I** *adj* **1.** (**from**) andersdenkend (als), nicht über'einstimmend (mit), abweichend (von). **II** *s* **2.** Andersdenkende(r *m*) *f*. **3.** → **dissenter** 2 a. **4.** *pol.* Dissi'dent(in), Re'gime-, Sy'stemkritiker(in).

dis·sim·i·lar [dɪ'sɪmɪlə(r)] *adj* (*adv* **~ly**) verschieden (**to, from** von), unähnlich (**to** *dat*), ungleich(artig). **ˌdis·sim·i'lar·i·ty** [-'lærətɪ] *s* **1.** Verschiedenheit *f*, Unähnlichkeit *f*, Ungleichheit *f*, Ungleichartigkeit *f*. **2.** 'Unterschied *m*.

dis·sim·i·late [dɪ'sɪmɪleɪt] *v/t* **1.** unähnlich machen. **2.** *ling.* dissimi'lieren. **3.** *biol.* dissimi'lieren, abbauen. **ˌdis·sim·i'la·tion** *s* **1.** *ling.* Dissimilati'on *f*. **2.** *biol.* Dissimilati'on *f*, Katabo'lismus *m*. **ˌdis·si'mil·i·tude** [-'mɪlɪtjuːd; *Am. a.* -ˌtuːd] → **dissimilarity**.

dis·sim·u·late [dɪ'sɪmjʊleɪt] **I** *v/t* sich (*etwas*) nicht anmerken lassen, verbergen, verhehlen, *e-e Krankheit* dissimu'lieren. **II** *v/i* sich verstellen, heucheln. **disˌsim·u'la·tion** *s* **1.** Verheimlichung *f*. **2.** Verstellung *f*. **3.** *med.* Dissimulati'on *f*. **dis'sim·u·la·tor** [-tə(r)] *s* Heuchler(in).

dis·si·pate ['dɪsɪpeɪt] **I** *v/t* **1.** zerstreuen (*a. phys.*): **to ~ the enemy forces**. **2.** *Nebel* zerteilen. **3.** *Sorgen etc* zerstreuen, verscheuchen, vertreiben. **4.** *Kräfte* verzetteln, vergeuden: **to ~ one's energies** s-e Kräfte *od.* sich verzetteln. **5.** *ein Vermögen etc* 'durchbringen, verprassen, verschwenden. **6.** *phys.* a) *Hitze* ableiten, b) *mechanische Energie etc* dissi'pieren, in 'Wärmenerˌgie 'umwandeln. **II** *v/i* **7.** sich zerstreuen (*a. fig.*). **8.** sich zerteilen (*Nebel*). **9.** ein ausschweifendes *od.* zügelloses Leben führen. **'dis·si·pat·ed** *adj* ausschweifend: a) zügellos (*Leben*), b) leichtlebig (*Mensch*). **'dis·si·pat·er** *s* **1.** Verschwender *m*, Prasser *m*. **2.** ausschweifender *od.* leichtlebiger Mensch.

dis·si·pa·tion [ˌdɪsɪ'peɪʃn] *s* **1.** Zerstreuung *f* (*a. phys. u. fig.*). **2.** Zerteilung *f* (*von Nebel*). **3.** Verzettelung *f*, Vergeudung *f*. **4.** 'Durchbringen *n*, Verprassen *n*. **5.** Ausschweifung *f*: **a life of ~** ein ausschweifendes *od.* zügelloses Leben. **6.** *phys.* a) Ableitung *f*, b) Dissipati'on *f*. **'dis·si·pa·tive** *adj phys.* a) ableitend, b) dissipa'tiv.

dis·so·ci·a·ble [dɪ'səʊʃjəbl; -ʃɪəbl] *adj* **1.** (ab)trennbar. **2.** unvereinbar. **3.** [-ʃəbl] ungesellig, nicht 'umgänglich. **4.** *chem.* dissozi'ierbar.

dis·so·cial [dɪ'səʊʃl] *adj* 'asoziˌal, gesellschaftsfeindlich.

dis·so·ci·ate [dɪ'səʊʃɪeɪt; -sɪ-] **I** *v/t* **1.** (ab)trennen, loslösen, absondern (**from** von). **2. ~ o.s.** sich trennen, sich lossagen, sich distan'zieren, abrücken (**from** von). **3.** *chem.* dissozi'ieren, in I'onen *od.* A'tome aufspalten. **II** *v/i* **4.** sich (ab)trennen, sich loslösen. **5.** *chem.* dissozi'ieren, in I'onen zerfallen.

dis·so·ci·a·tion [dɪˌsəʊsɪ'eɪʃn; -ʃɪ-] *s* **1.** (Ab)Trennung *f*, Loslösung *f*. **2.** Abrücken *n*. **3.** *chem.* Dissoziati'on *f*. **4.** *psych.* Dissoziati'on *f* (*Zerfall von zs.-gehörigen Denk-, Handlungs- od. Verhaltensabläufen in Einzelheiten*).

dis·sol·u·bil·i·ty [dɪˌsɒljʊ'bɪlətɪ; *Am.* dɪsˌɑljə-] *s* **1.** Löslichkeit *f*. **2.** *fig.* Auflösbarkeit *f*, Trennbarkeit *f*. **dis'sol·u·ble** *adj* **1.** löslich. **2.** *jur.* auflösbar, aufhebbar: ~ **marriage**. **dis'sol·u·ble·ness** → **dissolubility**.

dis·so·lute ['dɪsəluːt] *adj* (*adv* ~**ly**) ausschweifend: a) zügellos (*Leben*), b) leichtlebig (*Person*). '**dis·so·lute·ness** *s* Zügellosigkeit *f*, Ausschweifung *f*, Leichtlebigkeit *f*.

dis·so·lu·tion [ˌdɪsə'luːʃn] *s* **1.** Auflösung *f* (*a. fig.*). **2.** *jur.* Annul'lierung *f*, Aufhebung *f*. **3.** Zersetzung *f*. **4.** Zerstörung *f*, Vernichtung *f*. **5.** *chem.* Lösung *f*.

dis·solv·a·ble [dɪ'zɒlvəbl; *Am. a.* dɪz'ɑl-] → **dissoluble**.

dis·solve [dɪ'zɒlv; *Am. a.* dɪz'ɑlv] **I** *v/t* **1.** auflösen (*a. fig.*): **to ~ sugar; to ~ Parliament; to ~ an assembly; to ~ a partnership; to ~ a marriage** e-e Ehe (auf)lösen *od.* scheiden; **to ~ in the mouth** *Tablette etc* im Mund zergehen lassen; **~d in tears** in Tränen aufgelöst. **2.** schmelzen, verflüssigen. **3.** *jur.* annul'lieren, aufheben. **4.** auflösen, zersetzen. **5.** zerstören, vernichten. **6.** *ein Geheimnis, e-n Zauber* lösen. **7.** *Film*: über'blenden, inein'ander 'übergehen lassen. **II** *v/i* **8.** sich auflösen (*a. fig.*): **to ~ in the mouth** im Mund zergehen; **to ~ in(to) tears** in Tränen zerfließen. **9.** zerfallen. **10.** sich (in nichts) auflösen. **11.** *Film*: über'blenden, all'mählich inein'ander 'übergehen. **III** *s* **12.** *Film*: Über'blendung *f*. **dis'sol·vent I** *adj* **1.** (auf)lösend. **2.** zersetzend. **II** *s* **3.** *chem. tech.* Lösungsmittel *n*: **to act as a ~ (up)on** (*od.* **to**) **s.th.** *fig.* auflösend auf etwas wirken.

dis'solv·ing *adj* **1.** (auf)lösend. **2.** sich auflösend. **3.** löslich. **~ shut·ter** *s phot.* Über'blendverschluß *m*, Über'blendungsblende *f*.

dis·so·nance ['dɪsənəns], *a.* '**dis·so·nan·cy** *s* Disso'nanz *f*: a) *mus.* 'Mißklang *m* (*a. fig.*), b) *fig.* Unstimmigkeit *f*. '**dis·so·nant** *adj* (*adv* ~**ly**) **1.** *mus.* disso'nant (*a. fig.*), disso'nierend. **2.** 'mißtönend. **3.** *fig.* unstimmig.

dis·suade [dɪ'sweɪd] *v/t* **1.** *j-m* abraten (**from** von): **to ~ s.o. from doing s.th.** j-m (davon) abraten, etwas zu tun. **2.** *j-n* abbringen (**from** von). **3.** abraten von: **to ~ a course of action. dis'suad·er** *s* Abratende(r *m*) *f*, Warner(in). **dis'sua·sion** [-ʒn] *s* **1.** Abraten *n*. **2.** Abbringen *n*. **3.** andere Rat. **dis'sua·sive** [-sɪv] *adj* (*adv* ~**ly**) abratend.

dis·syl·lab·ic, dis·syl·la·ble → **disyllabic, disyllable**.

dis·sym·met·ric [ˌdɪsɪ'metrɪk] *adj*; ˌ**dis·sym'met·ri·cal** *adj* (*adv* ~**ly**) **1.** asym'metrisch, 'unsymˌmetrisch. **2.** enantio'morph (*Kristall*). ˌ**dis'sym·me·try** [-'sɪmɪtrɪ] *s* Asymme'trie *f*.

dis·taff ['dɪstɑːf; *Am.* -ˌtæf] *s* **1.** (Spinn-)Rocken *m*, Kunkel *f*. **2.** *fig.* Frauenarbeit *f*. **~ side** *s* weibliche Linie (*e-r Familie*).

dis·tal ['dɪstl] *adj anat.* di'stal (*weiter von der Körpermitte entfernt liegend als andere Körperteile*).

dis·tance ['dɪstəns] **I** *s* **1.** Entfernung *f* (**from** von): **at a ~** a) in einiger Entfernung, b) von weitem, von fern; **a good ~ off** ziemlich weit entfernt; **at an equal ~** gleich weit (entfernt); **from a ~** aus einiger Entfernung. **2.** Ferne *f*: **from (in) the ~** aus (in) der Ferne. **3.** Zwischenraum *m*, Abstand *m* (**between** zwischen *dat*). **4.** Entfernung *f*, Strecke *f*: **the ~ covered** die zurückgelegte Strecke; **~ of vision** Sehweite *f*; **to go the ~** *fig.* durchhalten, über die Runden kommen. **5.** (*zeitlicher*) Abstand, Zeitraum *m*. **6.** *fig.* Abstand *m*, Entfernung *f*, Entferntheit *f*. **7.** *fig.* Di'stanz *f*, Abstand *m*, Zu'rückhaltung *f*: **to keep s.o. at a ~** j-m gegenüber reserviert sein, sich j-n vom Leib halten; **to keep one's ~** zurückhaltend sein, (die gebührende) Distanz wahren; **to know one's ~** wissen, wie weit man gehen darf. **8.** *paint. etc* a) Perspek'tive *f*, b) *a. pl* 'Hintergrund *m*, c) Ferne *f*. **9.** *mus.* Inter'vall *n*. **10.** *sport* a) Di'stanz *f*, Strecke *f*, b) *fenc., Boxen*: Di'stanz *f* (*zwischen den Gegnern*), c) *Leichtathletik*: Langstrecke *f*: **~ race** Langstreckenlauf *m*; **~ runner** Langstreckenläufer(in), Langstreckler(in). **II** *v/t* **11.** über'holen, (weit) hinter sich lassen, *sport a.* distan'zieren. **12.** *fig.* über'flügeln, -'treffen. **13. to ~ o.s. from** sich distanzieren von. '**dis·tanced** *adj fig.* distan'ziert: **~ attitude**.

dis·tance| scale *s tech.* Entfernungsskala *f* (*an Meßgeräten*). **~ shot** *s phot.* Fernaufnahme *f*.

dis·tant ['dɪstənt] *adj* (*adv* ~**ly**) **1.** entfernt, weit (**from** von): **some miles ~; ~ relation** entfernte(r) *od.* weitläufige(r) Verwandte(r); **~ resemblance** entfernte *od.* schwache Ähnlichkeit; **a ~ dream** ein vager Traum, e-e schwache Aussicht. **2.** fern (*a. zeitlich*): **~ countries; ~ times**. **3.** (weit) vonein'ander entfernt. **4.** (**from**) abweichend (von), ander(er, e, es) (als). **5.** kühl, abweisend, zu'rückhaltend, distan'ziert: **~ politeness**. **6.** weit, in gro-ße(r) Ferne: **~ voyage** Reise *f* in die Ferne. **7.** Fern...: **~ action** Fernwirkung *f*; **~ (block) signal** *rail.* Vorsignal *n*; **~ control** Fernsteuerung *f*; **~ heating** Fernheizung *f*; **~ reading** Fernablesung *f*; **~ reconnaissance** *mil.* strategische Aufklärung, Fernaufklärung *f*.

dis·taste [ˌdɪs'teɪst] *s* **1.** Ekel *m* (**for** vor). **2.** *fig.* 'Widerwille *m*, Abneigung *f* (**for** gegen). **dis'taste·ful** *adj* (*adv* ~**ly**) **1.** ekelerregend. **2.** *fig.* unangenehm: **to be ~ to s.o.** j-m zuwider sein.

dis·tem·per[1] [dɪ'stempə(r)] **I** *s* **1.** *obs.* üble Laune. **2.** *vet.* a) Staupe *f* (*bei Hunden*), b) Druse *f* (*bei Pferden*). **3.** *obs.* Krankheit *f*, Unpäßlichkeit *f*. **4.** *obs.* (po'litische) Unruhe(n *pl*). **II** *v/t* **5.** *obs. körperliche Funktionen* stören, *den Geist* zerrütten, *j-n* krank machen. **6.** *obs. j-n* verstimmen.

dis·tem·per[2] [dɪ'stempə(r)] **I** *s* **1.** 'Temperamaleˌrei *f* (*Technik od. Gemälde*). **2.** a) Temperafarbe *f*, b) Leimfarbe *f*: **to paint in ~** → 3. **II** *v/t* **3.** mit Tempera- *od.* Leimfarbe malen.

dis·tend [dɪ'stend] **I** *v/t* **1.** (aus)dehnen. **2.** *Bauch etc* aufblähen. **3.** *fig.* über'treiben, über'trieben darstellen. **II** *v/i* **4.** sich (aus)dehnen. **5.** sich aufblähen. **6.** sich weiten (**with** vor *dat*) (*Augen*).

dis·ten·si·bil·i·ty [dɪˌstensə'bɪlətɪ] *s* (Aus)Dehnbarkeit *f*. **dis'ten·si·ble** *adj* (aus)dehnbar. **dis'ten·sion, dis'ten·tion** [-ʃn] *s* **1.** (Aus)Dehnung *f*. **2.** Aufblähung *f*.

dis·tich ['dɪstɪk] *s metr.* **1.** Distichon *n* (*Verspaar*). **2.** gereimtes Verspaar. '**dis·tich·ous** *adj bot.* di'stich, zweireihig.

dis·til, *Am.* **dis·till** [dɪ'stɪl] **I** *v/t* **1.** *chem. tech.* a) ('um)destilˌlieren, abziehen, b) entgasen, schwelen, c) 'ab-, her'ausdestilˌlieren (**from** aus), d) **~ off, ~ out** 'ausdestilˌlieren, abtreiben. **2.** *Branntwein* brennen (**from** aus). **3.** *fig. das Wesentliche etc* her'ausdestilˌlieren, -arbeiten (**from** aus). **4.** her'abtropfen *od.* -tröpfeln lassen: **to be distilled** sich niederschlagen (**on** auf *dat*). **II** *v/i* **5.** *chem. tech.* destil'lieren. **6.** sich (all'mählich) konden'sieren. **7.** her'abtröpfeln, -tropfen. **8.** sich in Tropfen ausscheiden. **9.** *fig.* sich her'auskristalliˌsieren. **dis'till·a·ble** *adj chem. tech.* destil'lierbar.

dis·til·late ['dɪstɪlət; -leɪt] *s chem. tech.* Destil'lat *n* (**from** aus) (*a. fig.*). ˌ**dis·til'la·tion** [-'leɪʃn] *s* **1.** *chem. tech.* Destillati'on *f*: **destructive ~** Zersetzungsdestillation; **dry ~** Trockendestillation; **vacuum ~** Vakuumdestillation. **2.** *chem. tech.* Destil'lat *n*. **3.** Brennen *n* (*von Branntwein*). **4.** Ex'trakt *m*, Auszug *m*. **5.** *fig.* 'Quintesˌsenz *f*, Wesen *n*, Kern *m*.

dis'till·er *s* **1.** *chem. tech.* Destil'lierappaˌrat *m*. **2.** Destilla'teur *m*, Branntweinbrenner *m*. **dis'till·er·y** [-ərɪ] *s* **1.** ('Branntwein)Brenneˌrei *f*. **2.** Destil'lieranlage *f*.

dis'till·ing flask *s chem. tech.* Destil'lierkolben *m*.

dis·tinct [dɪ'stɪŋkt] *adj* (*adv* → **distinctly**) **1.** ver-, unter'schieden (**from** von): **as ~ from** im Unterschied zu, zum Unterschied von. **2.** einzeln, (vonein'ander) getrennt, (ab)gesondert. **3.** verschiedenartig. **4.** ausgeprägt, charakte'ristisch. **5.** klar, deutlich, eindeutig, bestimmt, entschieden, ausgesprochen: **to have the ~ feeling that** das bestimmte Gefühl haben, daß; **to have a ~ preference for** e-e ausgesprochene Vorliebe haben für; **a ~ pronunciation** e-e deutliche Aussprache. **6.** scharf: **~ vision**.

dis·tinc·tion [dɪ'stɪŋkʃn] *s* **1.** Unter'scheidung *f*: **a ~ without a difference** e-e spitzfindige Unterscheidung, ein nur nomineller Unterschied. **2.** 'Unterschied *m*: **in ~ from** im Unterschied zu, zum Unterschied von; **to draw** (*od.* **make**) **a ~ between** e-n Unterschied machen *od.* unterscheiden zwischen (*dat*); **without ~ of person(s)** ohne Unterschied der Person. **3.** Unter'scheidungsmerkmal *n*, Kennzeichen *n*. **4.** Auszeichnung *f*: a) Ehrung *f*, b) Ehrenzeichen *n*. **5.** Ruf *m*, Ruhm *m*, Ehre *f*. **6.** her'vorragende Eigenschaft. **7.** (hoher) Rang. **8.** Vornehmheit *f*, Würde *f*. **9.** → **distinctiveness**.

dis·tinc·tive [dɪ'stɪŋktɪv] *adj* (*adv* ~**ly**) **1.** unter'scheidend, Unterscheidungs..., Erkennungs...: → **feature** 3. **2.** kennzeichnend, bezeichnend, charakte'ristisch (**of** für), besonder(er, e, es), ausgeprägt, spe'zifisch, unverwechselbar: **to be ~ of s.th.** etwas kennzeichnen. **dis'tinc·tive·ness** *s* **1.** charakte'ristische Eigenart, Besonderheit *f*. **2.** Deutlichkeit *f*, Klarheit *f*. **dis'tinct·ly** *adv* deutlich, eindeutig, ausgesprochen. **dis'tinct·ness** *s* **1.** Deutlichkeit *f*, Klarheit *f*, Bestimmtheit *f*. **2.** Verschiedenheit *f* (**from** von). **3.** Getrenntheit *f*. **4.** Verschiedenartigkeit *f*.

dis·tin·gué [dɪ'stæŋgeɪ] *adj* distingu'iert, vornehm.

dis·tin·guish [dɪ'stɪŋgwɪʃ] **I** *v/t* **1.** unter'scheiden (**from** von): **as ~ed from** im Unterschied zu, zum Unterschied von; **only their clothes ~ them** sie unterscheiden sich nur durch ihre Kleidung. **2.** unter'scheiden, ausein'anderhalten: **he can't ~ right from** (*od.* **and**) **wrong** er kann Recht nicht von Unrecht unterscheiden, er kann Recht u. Unrecht nicht auseinanderhalten. **3.** (deutlich) wahrnehmen, erkennen, ausmachen. **4.** einteilen (**into** in *acc*). **5.** kennzeichnen, charakteri'sieren: → **distinguishing**. **6.** auszeichnen: **to ~ o.s.** sich auszeichnen (*a. iro.*); **to be ~ed by s.th.** sich durch etwas auszeichnen. **II** *v/i* **7.** unterˈscheiden, ˈUnterschiede *od.* e-n Unterschied machen (**between** zwischen *dat*). **8. he can't ~ between right and wrong** er kann Recht nicht von Unrecht unterscheiden, er kann Recht u. Unrecht nicht auseinanderhalten. **disˈtin·guish·a·ble** *adj* (*adv* **distinguishably**) **1.** unterˈscheidbar (**from** von). **2.** wahrnehmbar, erkennbar, auszumachen(d). **3.** kenntlich (**by** an *dat*, durch). **4.** einteilbar (**into** in *acc*). **disˈtin·guished** [-gwɪʃt] *adj* **1.** sich unterˈscheidend (**by** durch). **2.** kenntlich (**by** an *dat*, durch). **3.** bemerkenswert (**for** wegen; **by** durch). **4.** herˈvorragend, ausgezeichnet. **5.** berühmt (**for** wegen). **6.** distinguˈiert, vornehm. **disˈtin·guish·ing** *adj* charakteˈristisch, kennzeichnend, Unterscheidungs...: **~ mark** Kennzeichen *n*.

di·stom·a·tous [daɪˈstəʊmətəs] *adj zo.* zweimäulig. **dis·tome** [ˈdɪstəʊm; ˈdaɪ-] *s zo.* (*ein*) Saugwurm *m*, *bes.* Leberegel *m*.

dis·tort [dɪˈstɔː(r)t] *v/t* **1.** verdrehen, verbiegen, verrenken. **2.** *das Gesicht etc* verzerren: **~ed with** (*od.* **by**) **pain** schmerzverzerrt; **~ing mirror** Vexier-, Zerrspiegel *m*. **3.** *tech.* verdrehen, verwinden, verspannen, verzerren. **4.** *Tatsachen etc* verdrehen, entstellen, verzerren. **disˈtort·ed·ly** *adv* entstellt, verdreht.

dis·tor·tion [dɪˈstɔː(r)ʃn] *s* **1.** Verdrehung *f*. **2.** Verzerrung *f* (*a. electr.*): **~ corrector** *electr.* Entzerrer *m*; **~ factor** *electr.* Klirrfaktor *m*; **~ of competition** *econ.* Wettbewerbsverzerrung. **3.** *tech.* Formänderung *f*, Verwindung *f*. **4.** *opt.* Verzeichnung *f*. **5.** *fig.* Verdrehung *f*, Entstellung *f*.

dis·tract [dɪˈstrækt] *v/t* **1.** *j-s Aufmerksamkeit*, *e-e Person etc* ablenken (**from** von). **2.** *j-n* zerstreuen. **3.** verwirren. **4.** aufwühlen, erregen. **5.** beunruhigen, quälen. **6.** *meist pp* rasend machen, zur Raseˈrei treiben: → **distracted** 3. **disˈtract·ed** *adj* (*adv* **~ly**) **1.** verwirrt. **2.** beunruhigt, besorgt. **3.** (**with**, **by**) a) außer sich (vor *dat*), b) wahnsinnig (vor *Schmerzen etc*). **disˈtrac·tion** [-kʃn] *s* **1.** Ablenkung *f*. **2.** *oft pl* Zerstreuung *f*, Ablenkung *f*, Unterˈhaltung *f*. **3.** Zerstreutheit *f*. **4.** Verwirrung *f*. **5.** (heftige) Erregung. **6.** Verzweiflung *f*. **7.** Wahnsinn *m*, Raseˈrei *f*: **to ~** bis zur Raserei; **to drive s.o. to ~** j-n zur Raserei *od.* zum Wahnsinn treiben; **to love to ~** rasend *od.* bis zum Wahnsinn lieben.

dis·train [dɪˈstreɪn] *v/t u. v/i* (**~ on, upon**) *jur. bewegliche Sachen* a) (*als Sicherheit für die Bezahlung e-r Schuld*) in Besitz nehmen, b) (*im Wege der Selbsthilfe*) mit Beschlag belegen. **disˈtrain·a·ble** *adj jur.* mit Beschlag belegbar. **ˌdis·trainˈee** [-ˈniː] *s jur. j-d, dessen bewegliche Sachen mit Beschlag belegt werden.* **disˈtrain·er** [-nə(r)], **dis·trai·nor** [ˌdɪstreɪˈnɔː(r)] *s jur. j-d, der bewegliche Sachen mit Beschlag belegt.* **dis·traint** [dɪˈstreɪnt] *s jur.* a) Inbeˈsitznahme *f*, b) Beschlagnahme *f*.

dis·trait [dɪˈstreɪ] *adj* zerstreut.

dis·traught [dɪˈstrɔːt] → **distracted**.

dis·tress [dɪˈstres] **I** *s* **1.** Qual *f*, Pein *f*, Schmerz *m*. **2.** Leid *n*, Kummer *m*, Sorge *f*. **3.** Not *f*, Elend *n*: → **brother** 3. **4.** Notlage *f*, Notstand *m*: **~ merchandise** *Am.* im Notverkauf abgesetzte Ware; **~ sale** *Am.* Notverkauf *m*. **5.** *mar.* Seenot *f*: **in ~** in Seenot; **~ call** Notruf *m*, SOS-Ruf *m*; **~ flag** Notflagge *f*; **~ rocket** Notrakete *f*; **~ signal** Notsignal *n*, -zeichen *n*. **6.** *jur.* a) → **distraint**, b) mit Beschlag belegte bewegliche Sache. **II** *v/t* **7.** quälen, peinigen. **8.** bedrücken, mit Sorge erfüllen, beunruhigen: **to ~ o.s. about** sich sorgen um. **9.** betrüben. **10.** ins Elend bringen. **11.** *j-n* erschöpfen. **12.** → **distrain**. **disˈtressed** [-ˈstrest] *adj* **1.** (**about**) beunruhigt (über *acc*, wegen), besorgt (um). **2.** betrübt. **3.** notleidend, in Not: **~ area** *Br.* Notstandsgebiet *n*; **~ ships** Schiffe in Seenot. **4.** erschöpft. **disˈtress·ful** *adj* (*adv* **~ly**) → **distressing**. **disˈtress·ing** *adj* (*adv* **~ly**) **1.** quälend. **2.** bedrückend.

dis·trib·ut·a·ble [dɪˈstrɪbjʊtəbl] *adj* **1.** verteilbar, austeilbar. **2.** zu verteilen(d). **disˈtrib·u·tar·y** [-tərɪ; *Am.* -ˌteriː] *s geogr.* abzweigender Flußarm, *bes.* Deltaarm *m*. **disˈtrib·ute** [-bjuːt; *Am.* -jət] *v/t* **1.** ver-, austeilen (**among** unter *dat od. acc*; **to** an *acc*): **~d charge** *mil.* gestreckte Ladung. **2.** zuteilen (**to** *dat*): **to ~ justice** *fig.* Recht sprechen. **3.** *econ.* a) *Waren* vertreiben, absetzen, b) *Filme* verleihen, c) *e-e Dividende, Gewinne* ausschütten. **4.** *Post* zustellen. **5.** ver-, ausbreiten, *Samen etc* ausstreuen, *Farbe etc* verteilen. **6.** ab-, einteilen (**into** in *acc*), *mil. Truppen* gliedern. **7.** *print.* a) *den Satz* ablegen, b) *Farbe* auftragen. **8.** *philos. e-n Ausdruck* in s-r vollen logischen Ausdehnung anwenden. **disˌtrib·uˈtee** [-jʊˈtiː] *s* **1.** *j-d, dem etwas zugeteilt wird.* **2.** *jur. bes. Am.* Erbe *m*, Erbin *f*. **disˈtrib·ut·er** → **distributor**.

disˈtrib·ut·ing| a·gent *s econ.* (Großhandels)Vertreter *m*. **~ box** *s electr.* Verteilerkasten *m*, Abzweigkasten *m*, -dose *f*. **~ le·ver** *s tech.* Steuerhebel *m*. **~ pipe** *s tech.* Verteilungsrohr *n*. **~ ta·ble** *s print.* Farb(e)tisch *m*.

dis·tri·bu·tion [ˌdɪstrɪˈbjuːʃn] *s* **1.** Ver-, Austeilung *f*. **2.** *electr. phys. tech.* a) Verteilung *f*, b) Verzweigung *f*: **~ of current** Stromverteilung. **3.** Ver-, Ausbreitung *f* (*a. biol.*). **4.** Einteilung *f*, *a. mil.* Gliederung *f*. **5.** a) Zuteilung *f*, b) Gabe *f*, Spende *f*: **charitable ~s** milde Gaben. **6.** *econ.* a) Vertrieb *m*, Absatz *m*, b) Verleih *m* (*von Filmen*), c) Ausschüttung *f* (*von Dividenden, Gewinn*). **7.** Ausstreuen *n* (*von Samen etc*), Verteilen *n*, Verteilung *f* (*von Farben etc*). **8.** *philos.* Anwendung *f* (*e-s Begriffes*) in s-r vollen logischen Ausdehnung. **9.** *print.* a) Ablegen *n* (*des Satzes*), b) Auftragen *n* (*von Farbe*). **~ curve** *s* Verteilungskurve *f*. **~ func·tion** *s math.* Verˈteilungsfunktiˌon *f*.

dis·trib·u·tive [dɪˈstrɪbjʊtɪv] **I** *adj* **1.** aus-, zu-, verteilend, Verteilungs...: **~ agency** *econ.* Vertriebsagentur *f*, Vertretung *f*; **~ share** *jur. Am.* gesetzliches Erbteil; **~ justice** ausgleichende Gerechtigkeit. **2.** jeden einzelnen betreffend. **3.** *ling. math.* distribuˈtiv, Distributiv... **4.** *philos.* in s-r vollen logischen Ausdehnung angewendet (*Begriff*). **II** *s* **5.** *ling.* Distribuˈtivum *n*, Verteilungszahlwort *n*. **disˈtrib·u·tive·ly** *adv* im einzelnen, auf jeden bezüglich. **disˈtrib·u·tor** [-tə(r)] *s* **1.** Verteiler *m*. **2.** *econ.* a) Großhändler *m*, b) Geneˈralvertreter *m*, c) *pl* (Film)Verleih *m*. **3.** *tech.* Verteiler *m* (*Gerät*): **manure ~** Düngerstreumaschine *f*. **4.** *electr. tech.* (Zünd-) Verteiler *m*: **~ cable** Zündkabel *n*; **~ shaft** Verteilerwelle *f*. **5.** *tech.* Verteilerdüse *f*.

dis·trict [ˈdɪstrɪkt] *s* **1.** Diˈstrikt *m*, (Verwaltungs)Bezirk *m*, Kreis *m*. **2.** (Stadt-) Bezirk *m*, (-)Viertel *n*. **3.** Gegend *f*, Gebiet *n*, Landstrich *m*. **~ at·tor·ney** *s jur. Am.* Staatsanwalt *m*. **~ coun·cil** *s Br. od. Austral.* Bezirksrat *m*. **~ court** *s jur. Am.* (Bundes)Bezirksgericht *n*. **~ heat·ing** *s* Fernheizung *f*. **~ judge** *s jur. Am.* Richter *m* an e-m (Bundes)Bezirksgericht. **~ man·ag·er** *s econ.* Beˈzirksdiˌrektor *m*. **~ nurse** *s* Gemeindeschwester *f*.

dis·trust [dɪsˈtrʌst] **I** *s* ˈMißtrauen *n*, Argwohn *m* (**of** gegen): **to have a ~ of s.o.** j-m mißtrauen; **with ~** mißtrauisch, argwöhnisch. **II** *v/t* mißˈtrauen (*dat*), ˈmißtrauisch *od.* argwöhnisch sein gegenˈüber. **disˈtrust·ful** *adj* (*adv* **~ly**) ˈmißtrauisch, argwöhnisch (**of** gegenˈüber): **to be ~ of** → **distrust** II; **to be ~ of o.s.** gehemmt sein, kein Selbstvertrauen haben. **disˈtrust·ful·ness** → **distrust** I.

dis·turb [dɪˈstɜːb; *Am.* dɪsˈtɜrb] **I** *v/t allg.* stören (*a. electr. math. meteor. tech.*): a) behindern: **to ~ the traffic**, b) belästigen, c) beunruhigen: **~ed at** beunruhigt über (*acc*), d) aufschrecken, aufscheuchen, e) durcheinˈanderbringen, in Unordnung bringen: **to ~ the peace** *jur.* die öffentliche Sicherheit u. Ordnung stören. **II** *v/i* stören: **"please do not ~"** „bitte nicht stören". **disˈturb·ance** *s* **1.** Störung *f* (*a. electr. tech. etc*): a) Behinderung *f*: **~ of circulation** *med.* Kreislaufstörung; **sleep ~** (Ein-, Durch-) Schlafstörung, b) Belästigung *f*, c) Beunruhigung *f*, d) *psych.* (seelische) Erregung, Aufregung *f*, e) Aufscheuchen *n*. **2.** a) (*politische etc*) Unruhe, b) Ruhestörung *f*: **to cause** (*od.* **create**) **a ~** für Unruhe sorgen; ruhestörenden Lärm machen. **3. ~ of the peace** *jur.* Störung *f* der öffentlichen Sicherheit u. Ordnung. **4.** Durcheinˈander *n*, Unordnung *f*. **5.** *geol.* Faltung *f*. **6. ~ of possession** *jur.* Besitzstörung *f*. **disˈturb·er** *s* **1.** Störer(in), Störenfried *m*. **2.** Unruhestifter(in). **disˈturb·ing** *adj* (*adv* **~ly**) **1.** störend. **2.** beunruhigend (**to** für): **~ news**.

di·sul·fate [daɪˈsʌlfeɪt] *s chem.* **1.** ˈPyrosulˌfat *n*. **2.** Bisulˈfat *n*. **diˈsul·fide** [-faɪd] *s chem.* Bisulˈfid *n*. **diˈsul·phate**, *etc bes. Br. für* **disulfate**, *etc.*

dis·un·ion [ˌdɪsˈjuːnjən; *Am. a.* dɪʃ-] *s* **1.** Trennung *f*, Spaltung *f*. **2.** Uneinigkeit *f*, Zwietracht *f*. **ˌdisˈun·ion·ism** *s pol.* Spaltungsbewegung *f*. **ˌdisˈun·ion·ist** *s pol.* **1.** Befürworter *m* e-r Spaltung. **2.** *hist. Am.* Sezessioˈnist *m*.

dis·u·nite [ˌdɪsjuːˈnaɪt; *Am. a.* ˌdɪʃ-] **I** *v/t* trennen, spalten, entzweien: **~d** entzweit, verfeindet, in Unfrieden lebend. **II** *v/i* sich trennen, sich entzweien. **ˌdisˈu·ni·ty** [-nətɪ] *s* Uneinigkeit *f*, Zwietracht *f*.

dis·use I *s* [ˌdɪsˈjuːs; *Am. a.* ˌdɪʃ-] a) Nichtgebrauch *m*, -verwendung *f*, -benutzung *f*, b) Aufhören *n* (*e-s Brauchs*): **to fall into ~** außer Gebrauch kommen, ungebräuchlich werden. **II** *v/t* [-z] nicht mehr gebrauchen *od.* benutzen. **ˌdisˈused** [-zd] *adj* nicht mehr benutzt (*Maschine etc*), stillgelegt (*Bergwerk etc*), leerstehend (*Haus*).

dis·syl·lab·ic [ˌdɪsɪˈlæbɪk; ˌdaɪ-] *adj* zweisilbig.

di·syl·la·ble [dɪˈsɪləbl; daɪ-] *s* zweisilbiges Wort.

ditch [dɪtʃ] **I** *s* **1.** Graben *m*: **to die in the last ~** bis zum letzten Atemzug kämpfen (*a. fig.*). **2.** Abzugs-, Dräˈniergraben *m*. **3.** Straßengraben *m*. **4.** Bewässerungs-, Wassergraben *m*. **5.** *aer. sl.* ‚Bach' *m* (*Meer, Gewässer*). **II** *v/t* **6.** mit e-m Graben umˈgeben *od.* versehen. **7.** Gräben ziehen durch *od.* in (*dat*). **8.** durch Abzugsgräben entwässern. **9.** *Fahrzeug* in den Straßengraben fahren: **to be ~ed** a) im Straßengraben landen, b) *bes. Am.* entgleisen (*Zug*). **10.** *sl.* a) *Wagen etc* stehenlassen, b) *j-m* entwischen, c) *dem Freund etc* den ‚Laufpaß' geben, d) *etwas* ‚wegschmeißen', e) *Am. die Schule* schwänzen: **to ~ school**. **11.** *aer. sl. die*

Maschine im ‚Bach' landen. **III** *v/i* **12.** e-n Graben *od.* Gräben ziehen. **13.** *aer. sl.* im ‚Bach' landen.
ˈditch·er *s* **1.** Grabenbauer *m.* **2.** *tech.* ˈGrabmaˌschine *f*, Tieflöffelbagger *m.*
ditch|moss *s bot.* Wasserpest *f.* **ˈ~ˌwa·ter** *s* abgestandenes (fauliges) Wasser: **(as) dull as** ~ *colloq.* ‚stinklangweilig'.
dith·er [ˈdɪðə(r)] **I** *v/i* **1.** (*bes.* vor Kälte) zittern. **2.** schwanken, sich nicht entscheiden können (**between** zwischen *dat*). **3.** aufgeregt sein. **II** *s* **4.** Schwanken *n.* **5.** Aufregung *f*: **to throw into a** ~ in Aufregung versetzen; **to be all of a** ~, **to be in a** ~, *bes. Br. colloq.* **to have the** ~**s** aufgeregt sein.
dith·y·ramb [ˈdɪθɪræmb; -ræm] *s* **1.** *antiq.* Dithyˈrambe *f*, Dithyˈrambus *m* (*kultisches Weihelied auf Dionysos*). **2.** Lobeshymne *f*: **to go into** ~**s over** Lobeshymnen anstimmen auf (*acc*). **ˌdith·yˈram·bic** [-bɪk] *adj* (*adv* ~**ally**) **1.** *antiq.* dithyˈrambisch. **2.** enthusiˈastisch, ˈüberschwenglich.
dit·o·kous [ˈdɪtəkəs] *adj zo.* **1.** a) Zwillinge werfend, b) zwei Eier legend. **2.** zwei Arten Junge werfend.
dit·ta·ny [ˈdɪtənɪ] *s bot.* Kretischer Diptam, Diptamdost *m.*
dit·to [ˈdɪtəʊ] **I** *pl* **-tos** *s* **1.** Dito *n*, (*das*) Besagte *od.* Erwähnte *od.* Gleiche, dasˈselbe: ~ **marks** Dito-, Wiederholungszeichen *pl*; **to say** ~ **to s.o.** *colloq.* j-m beipflichten. **2.** *colloq.* Dupliˈkat *n*, Koˈpie *f*: **he's the** ~ **of his father** er ist ganz der Vater. **II** *adv* **3.** dito, desˈgleichen. **4.** ebenso, ebenfalls. **III** *v/t colloq.* **5.** vervielfältigen. **6.** wiederˈholen. **IV** *v/i* **7.** *colloq.* dasˈselbe tun *od.* sagen.
dit·tog·ra·phy [dɪˈtɒgrəfɪ; *Am.* -ˈtɑ-] *s* Dittograˈphie *f* (*fehlerhafte Wiederholung von Buchstaben od. Buchstabengruppen in Texten*).
dit·ty [ˈdɪtɪ] *s* Liedchen *n.*
dit·ty|bag *s mar.* Utenˈsilienbeutel *m.* ~ **box** *s mar.* Utenˈsilienkasten *m.*
di·u·re·sis [ˌdaɪjʊˈriːsɪz; *Am. a.* ˌdaɪə-] *s med.* Diuˈrese *f*, (ˈübermäßige) Harnausscheidung. **ˌdi·uˈret·ic** [-ˈretɪk] *med.* **I** *adj* (*adv* ~**ally**) diuˈretisch, harntreibend: ~ **tea** Blasentee *m.* **II** *s* Diuˈretikum *n*, harntreibendes Mittel.
di·ur·nal [daɪˈɜːnl; *Am.* -ˈɜrnl] **I** *adj* (*adv* ~**ly**) **1.** täglich (ˈwiederkehrend), Tag(es)... **2.** *bot.* sich nur bei Tag entfaltend. **3.** *zo.* ˈtagakˌtiv. **II** *s* **4.** *R.C.* Diurˈnale *n* (*Brevier für die Tageszeiten*). **5.** *obs.* Tagebuch *n.* ~ **arc** *s astr.* Tagbogen *m.* ~ **cir·cle** *s* **1.** *astr.* Tagkreis *m.* **2.** *mar.* ˈAbweichungsparaˌlel *m.*
di·va [ˈdiːvə] *pl* **-vas, -ve** [-vɪ; *Am.* -ˌveɪ] *s* Diva *f*, Primaˈdonna *f.*
di·va·gate [ˈdaɪvəgeɪt] *v/i* **1.** herˈumwandern. **2.** abschweifen (**from** von), nicht bei der Sache bleiben. **3.** sich abkehren (**from** von). **ˌdi·vaˈga·tion** *s* **1.** Abschweifung *f*, Exˈkurs *m.* **2.** Abkehr *f* (**from** von).
di·va·lent [ˈdaɪˌveɪlənt] → **bivalent.**
di·van [dɪˈvæn; ˈdaɪvæn] *s* **1.** a) Diwan *m*, b) *a.* ~ **bed** Bettcouch *f.* **2.** (*im Orient*) Diwan *m*: a) *Staatsrat*, b) *Ratszimmer*, c) *Regierungskanzlei*, d) *Gerichtssaal*, e) *Empfangshalle*, f) *großes öffentliches Gebäude.* **3.** Diwan *m*, orienˈtalische Gedichtsammlung.
dive[1] [daɪv] **I** *v/i pret* **dived,** *Am. a.* **dove** [dəʊv], *pp* **dived 1.** tauchen (**for** nach; **into** in *acc*): **to** ~ **into a book** *colloq.* sich in ein Buch vertiefen; **to** ~ **into the crowd** *colloq.* in der Menge untertauchen *od.* verschwinden; **to** ~ **into one's pocket** *colloq.* (mit der Hand) in die Tasche fahren; **to** ~ **into a new profession** *colloq.* sich in e-n neuen Beruf stürzen. **2.** (ˈunter)tauchen (*a. U-Boot*). **3.** a) e-n Hecht- *od.* Kopfsprung machen, b) *Wasserspringen*: springen, c) *bes. sport* sich werfen, hechten (**for the ball** nach dem Ball): **to** ~ **for cover** sich in Deckung werfen. **4.** *aer.* e-n Sturzflug machen. **5.** *colloq.* fallen, ‚absacken' (**to** auf *acc*) (*Thermometer etc*). **6.** ~ **in** *colloq.* (*beim Essen*) ‚reinhauen'. **II** *v/t* **7. to** ~ **one's hand into one's pocket** *colloq.* mit der Hand in die Tasche fahren. **III** *s* **8.** (ˈUnter)Tauchen *n*, *mar. a.* ˈUnterwasser-, Tauchfahrt *f*: **to take a** ~ *sl.* a) (*Boxen*) e-n K.O. *od.* Niederschlag vortäuschen, b) (*Fußball*), ‚e-e Schwalbe bauen' (*sich spektakulär fallen lassen*). **9.** a) Kopfsprung *m*, Hechtsprung *m* (*a. des Torwarts etc*): **to make a** ~ **for the ball** nach dem Ball hechten; **to make a** ~ **for cover** sich in Deckung werfen, b) *Wasserspringen*: Sprung *m.* **10.** *aer.* Sturzflug *m.* **11.** *colloq.* ‚Speˈlunke' *f.*
di·ve[2] [ˈdiːvɪ; *Am.* -ˌveɪ] *pl von* **diva.**
ˈdive|-bomb *v/t u. v/i* im Sturzflug mit Bomben angreifen. ~**bomb·er** *s* Sturzkampfflugzeug *n*, Sturzbomber *m*, Stuka *m.*
ˈdiv·er *s* **1.** Taucher(in). **2.** *sport* Wasserspringer(in). **3.** *zo.* a) (*ein*) Seetaucher *m*, b) (*ein*) Tauchvogel *m*, *bes.* Steißfuß *m*, Alk *m*, Pinguin *m.*
di·verge [daɪˈvɜːdʒ; dɪ-; *Am.* -ˈvɜrdʒ] **I** *v/i* **1.** diverˈgieren (*a. math. phys.*), auseinˈandergehen, -laufen, sich (voneinˈander) trennen: **diverging lens** *opt.* Zerstreuungslinse *f.* **2.** abzweigen (**from** von). **3.** (von der Norm) abweichen. **4.** verschiedener Meinung sein. **II** *v/t* **5.** diverˈgieren lassen. **6.** ablenken. **diˈver·gence, diˈver·gen·cy** *s* **1.** *bot. math. opt. phys.* Diverˈgenz *f.* **2.** Auseinˈandergehen *n*, -laufen *n.* **3.** Abzweigung *f.* **4.** Abweichung *f* (von der Norm). **5.** Meinungsverschiedenheit *f.* **diˈver·gent** *adj* (*adv* ~**ly**) **1.** diverˈgierend (*a. math. phys.*). **2.** *opt.* Zerstreuungs... **3.** auseinˈandergehend, -laufend. **4.** (von der Norm) abweichend.
di·vers [ˈdaɪvɜːs; *Am.* -vərz] *adj obs.* **1.** diˈverse, etliche, mehrere. **2.** → **diverse** 1.
di·verse [daɪˈvɜːs; *Am.* -ˈvɜrs] *adj* (*adv* ~**ly**) **1.** verschieden, ungleich, andersartig. **2.** mannigfaltig.
di·ver·si·fi·ca·tion [daɪˌvɜːsɪfɪˈkeɪʃn; dɪ-; *Am.* -ˌvɜr-] *s* **1.** Verschiedenartigkeit *f.* **2.** abwechslungsreiche Gestaltung: ~ **of products** *econ.* Verbreiterung *f* des Produktionsprogramms. **3.** *a.* ~ **of risk** Risikoverteilung *f.* **4.** ~ **of capital** *econ.* verteilte Kapitalanlage, Anlagenstreuung *f.* **5.** *econ.* Diversifikatiˈon *f*, Diversifiˈzierung *f.* **diˈver·si·fied** [-faɪd] *adj* **1.** verschieden(artig). **2.** verteilt (*Risiko*). **3.** ~ **company** *econ.* Gesellschaft *f* mit breitem Produktionsprogramm. **4.** *econ.* verteilt angelegt: ~ **capital.**
di·ver·si·flo·rous [daɪˌvɜːsɪˈflɔːrəs; dɪ-; *Am.* -ˌvɜr-] *adj bot.* verschiedenblütig. **diˈver·si·form** [-fɔː(r)m] *adj* vielgestaltig. **diˈver·si·fy** [-faɪ] *v/t* **1.** verschieden(artig) gestalten. **2.** abwechslungsreich gestalten: **to** ~ **products** *econ.* das Produktionsprogramm erweitern. **3.** *Risiko* verteilen. **4.** *econ. Kapital* verteilt anlegen. **5.** *econ. Unternehmen* diversifiˈzieren, auf neue Produktiˈons- *od.* Proˈduktbereiche ˈumstellen.
di·ver·sion [daɪˈvɜːʃn; dɪ-; *Am.* -ˈvɜrʒən] *s* **1.** Ablenkung *f* (**from** von). **2.** Abzweigung *f*: ~ **of funds.** **3.** Zerstreuung *f*, Zeitvertreib *m*, Unterˈhaltung *f.* **4.** *mil.* ˈAblenkungsmaˌnöver *n*, -angriff *m.* **5.** *Br.* (Verˈkehrs)ˌUmleitung *f.* **diˈver·sion·al** *adj* **1.** Ablenkungs... **2.** Unterhaltungs... **diˈver·sion·ar·y** [-nərɪ; *Am.* -ˌneriː] *adj bes. mil.* Ablenkungs... **diˈver·sion·ism** *s pol.* Diversiˈon *f* (*Sabotage gegen den Staat in sozialistischen Ländern*). **diˈver·sion·ist** *pol.* **I** *s* Diverˈsant(in). **II** *adj* diversioˈnistisch.
di·ver·si·ty [daɪˈvɜːsətɪ; dɪ-; *Am.* -ˈvɜr-] *s* **1.** Verschiedenheit *f*, Ungleichheit *f*: ~ **of opinion** Meinungsverschiedenheit. **2.** Mannigfaltigkeit *f.*
di·vert [daɪˈvɜːt; dɪ-; *Am.* -ˈvɜrt] *v/t* **1.** ablenken, ableiten, abwenden (**from** von; **to** nach), lenken (**to** auf *acc*). **2.** abbringen (**from** von). **3.** *Geld etc* abzweigen (**to** für). **4.** *Br. den Verkehr* ˈumleiten. **5.** zerstreuen, unterˈhalten (**with** mit, durch). **6.** von sich ablenken.
di·ver·ti·men·to [dɪˌvɜːtɪˈmentəʊ; *Am.* -ˌvɜrtə-] *pl* **-ti** [-tɪ] *s mus.* Divertiˈmento *n* (→ **divertissement**).
diˈvert·ing *adj* (*adv* ~**ly**) **1.** ablenkend: ~ **attack** *mil.* Ablenkungs-, Entlastungsangriff *m.* **2.** unterˈhaltsam, amüˈsant.
di·ver·tisse·ment [ˌdiːveəˈtiːsmɑ̃ːŋ; *Am.* dɪˈvɜrtəsmənt] *s mus.* Divertiˈmento *n*, Divertisseˈment *n*: a) *suitenähnliche Zs.-stellung kurzer Tonstücke in unverbindlicher Satzfolge*, b) *Tanzeinlage in Opern*, c) *Potpourri*, d) *musikalisches Zwischenspiel.*
Di·ves [ˈdaɪviːz] *s* **1.** *Bibl.* der reiche Mann. **2.** Reiche(r) *m.*
di·vest [daɪˈvest; dɪˈv-] *v/t* **1.** entkleiden (**of** *gen*) (*a. fig.*). **2.** *fig.* entblößen, berauben (**of** *gen*): **to** ~ **s.o. of** j-m *ein Recht etc* entziehen *od.* nehmen; **to** ~ **o.s. of** *etwas* ablegen, *etwas* ab- *od.* aufgeben, sich *e-s Rechtes etc* begeben *od.* entäußern. **diˈvest·i·ble** *adj jur.* einziehbar (*Vermögen*), aufhebbar (*Recht*). **diˈvest·i·ture** [-tʃə(r)], **diˈvest·ment** *s* Entkleidung *f*, *fig. a.* Entblößung *f*, Beraubung *f.*
di·vi → **divvy.**
di·vid·a·ble [dɪˈvaɪdəbl] *adj* teilbar.
di·vide [dɪˈvaɪd] **I** *v/t* **1.** teilen: **to** ~ **in halves** halbieren; **to** ~ **s.th. with s.o.** etwas mit j-m teilen. **2.** (zer)teilen, spalten, *fig. a.* entˈzweien, auseinˈanderbringen: **to** ~ **opinion** unterschiedlich beurteilt werden; → **divided** 1. **3.** (ab)trennen, scheiden (**from** von). **4.** ver-, aus-, aufteilen (**among, between** unter *dat od. acc*). **5.** *econ. e-e Dividende* ausschütten. **6.** gliedern, einteilen (**into, in** in *acc*). **7.** *math.* a) diviˈdieren, teilen (**by** durch): **30** ~**d by 5 is 6** 30 (geteilt) durch 5 ist 6; **to** ~ **5 into 30** 30 durch 5 teilen, b) ohne Rest teilen, aufgehen in (*dat*). **8.** *math. tech.* graduˈieren, mit e-r Gradeinteilung versehen. **9.** *pol. Br. das Parlament etc* im Hammelsprung abstimmen lassen (**on** über *acc*). **II** *v/i* **10.** sich teilen. **11.** sich aufteilen, zerfallen (**into** in *acc*). **12.** sich auflösen (**into** in *acc*). **13.** sich trennen (**from** von). **14.** *math.* a) diviˈdieren, teilen, b) sich diviˈdieren *od.* teilen lassen (**by** durch), c) aufgehen (**into** in *dat*). **15.** *parl. Br.* im Hammelsprung abstimmen. **16.** verschiedener Meinung sein (**upon** über *acc*). **III** *s* **17.** *geogr.* Wasserscheide *f*: → **great divide.**
di·vid·ed [dɪˈvaɪdɪd] *adj* **1.** geteilt (*a. fig.*): **opinion is** ~ die Meinungen sind geteilt (**on** über *acc*); ~ **counsel** Uneinigkeit *f*; ~ **highway** *Am.* Schnellstraße *f*; **his mind** (*od.* **he**) **was** ~ er war unentschlossen, er schwankte, er war mit sich selbst uneins; ~ **skirt** Hosenrock *m*; **they were** ~ **against themselves** sie waren untereinander uneinig. **2.** Teil...: ~ **circle** *tech.* Teil-, Einstellkreis *m.*
div·i·dend [ˈdɪvɪdend] *s* **1.** *math.* Diviˈdend *m* (*zu teilende Zahl*). **2.** *econ.* Diviˈdende *f*, Gewinnanteil *m*: **cum** ~, *Am.* ~

on einschließlich Dividende; ex ~, *Am.* ~ off ausschließlich Dividende; ~ on account Abschlagsdividende; to pay ~s *fig.* sich bezahlt machen. **3.** *jur.* Quote *f* (*e-r Konkursmasse*). **4.** Anteil *m.* ~ **cou·pon,** ~ **war·rant** *s econ.* Gewinnanteil-, Divi'dendenschein *m.*

di'vid·er *s* **1.** Teiler(in). **2.** Verteiler(in). **3.** *pl, a.* pair of ~s Stech-, Teilzirkel *m.* **4.** Trennwand *f.*

di'vid·ing I *s* (Ver)Teilung *f.* **II** *adj* Trennungs...: ~ line Scheide-, Trennungslinie *f.* ~ **plate** *s tech.* Teilscheibe *f.*

di·vid·u·al [dɪ'vɪdjʊəl; -dʒʊəl; *Am.* -dʒəwəl] *adj* **1.** (ab)getrennt, einzeln. **2.** trenn-, teilbar. **3.** verteilt.

div·i·na·tion [ˌdɪvɪ'neɪʃn] *s* **1.** Wahrsage'rei *f.* **2.** Weissagung *f*, Prophe'zeiung *f.* **3.** (Vor)Ahnung *f.* **di'vin·a·to·ry** [-nətərɪ; *Am.* -ˌtəʊriː; -ˌtɔː-] *adj* seherisch.

di·vine [dɪ'vaɪn] **I** *adj* (*adv* ~ly) **1.** göttlich, Gottes...: ~ judg(e)ment; ~ right of kings *hist.* Königstum *n* von Gottes Gnaden, Gottesgnadentum *n*; D~ Will der göttliche Wille. **2.** geweiht, geistlich, heilig: ~ service Gottesdienst *m*; ~ worship Anbetung *f* Gottes. **3.** *colloq.* göttlich, himmlisch: a ~ hat. **4.** theo'logisch. **II** *s* **5.** Geistliche(r) *m.* **6.** Theo'loge *m.* **III** *v/t* **7.** (er)ahnen, (intui'tiv) erkennen. **8.** (vor'aus)ahnen. **9.** weissagen, prophe'zeien. **IV** *v/i* **10.** wahrsagen. **11.** (Vor)Ahnungen haben. **di'vin·er** *s* **1.** Wahrsager *m.* **2.** (Wünschel)Rutengänger *m.*

div·ing ['daɪvɪŋ] **I** *s* **1.** Tauchen *n.* **2.** *sport* Wasserspringen *n.* **II** *adj* **3.** tauchend. **4.** Tauch..., Taucher... **5.** *aer.* Sturzflug...: ~ brake; ~ attack Sturzangriff *m.* ~ **bell** *s tech.* Taucherglocke *f.* ~ **board** *s sport* Sprungbrett *n.* ~ **dress** → diving suit. ~ **duck** *s orn.* Tauchente *f.* ~ **hel·met** *s mar.* Taucherhelm *m.* ~ **suit** *s* Taucheranzug *m.* ~ **tow·er** *s sport* Sprungturm *m.*

di'vin·ing rod *s* Wünschelrute *f.*

di·vin·i·ty [dɪ'vɪnətɪ] *s* **1.** Göttlichkeit *f*, göttliches Wesen: the ~ of Jesus. **2.** Gottheit *f*: the D~ die Gottheit, Gott *m.* **3.** göttliches Wesen. **4.** Theolo'gie *f*: a lesson in ~ e-e Religionsstunde; → doctor 2. **5.** *a.* ~ fudge *Am. ein Schaumgebäck.*

div·i·nize ['dɪvɪnaɪz] *v/t* vergöttlichen.

di·vis·i·bil·i·ty [dɪˌvɪzɪ'bɪlətɪ] *s* Teilbarkeit *f.* **di'vis·i·ble** [-zəbl] *adj* (*adv* divisibly) teilbar: ~ surplus *econ.* verteilbarer Überschuß. **di'vis·i·ble·ness** *s* Teilbarkeit *f.*

di·vi·sion [dɪ'vɪʒn] *s* **1.** Teilung *f.* **2.** Zerteilung *f*, Spaltung *f*, *fig. a.* Entzweiung *f.* **3.** (Ab)Trennung *f* (from von). **4.** (Ver)Teilung *f*: ~ of labo(u)r Arbeitsteilung. **5.** Verteilung *f*, Aus-, Aufteilung *f.* **6.** *econ.* Ausschüttung *f* (*e-r Dividende*). **7.** Gliederung *f*, Einteilung *f* (into in *acc*). **8.** *math.* a) Divisi'on *f*: long ~ ungekürzte Division; ~ sign Teilungszeichen *n*, b) Schnitt *m.* **9.** Trenn-, Scheidelinie *f*: ~ wall Trennwand *f.* **10.** Grenze *f*, Grenzlinie *f.* **11.** Abschnitt *m*, Teil *m.* **12.** Spaltung *f*, Kluft *f*, Uneinigkeit *f.* **13.** *parl. Br.* (Abstimmung *f* durch) Hammelsprung *m*: to go into ~ zur Abstimmung schreiten; to take a ~ e-e Abstimmung vornehmen; upon a ~ nach Abstimmung; ~ bell *Glocke, die die Abgeordneten zur Abstimmung ruft.* **14.** Ab'teilung *f* (*a. univ. u. e-s Ministeriums*). **15.** *jur. Br.* Kammer *f* (des High Court). **16.** (Verwaltungs-, Gerichts-, *Br. a.* Wahl)Bezirk *m.* **17.** *mil.* Divisi'on *f* (*a. mar.*). **18.** Gruppe *f*, Klasse *f*, Katego'rie *f.* **19.** *biol.* ('Unter)Gruppe *f*, ('Unter)Ab'teilung *f.* **20.** *sport* a) *Fußball etc*: Liga *f*, Spielklasse *f*, b) *Boxen etc*: (Gewichts-)Klasse *f.* **21.** a) Fachgruppe *f* (*der Industrie*), b) Indu'striezweig *m.* **di'vi·sion·al** [-ʒənl] *adj* **1.** Trenn..., Scheide...: ~ line. **2.** *mil.* Divisions...: ~ headquarters. **3.** Abteilungs...: ~ head Abteilungsleiter *m*; ~ court → division 15. **4.** Bezirks... **5.** Scheide...: ~ coin *econ.* Scheidemünze *f.* **di'vi·sion·ism** *s paint.* Divisio'nismus *m.*

di·vi·sive [dɪ'vaɪsɪv] *adj* **1.** teilend. **2.** *fig.* ent'zweiend: to be ~ Uneinigkeit stiften.

di·vi·sor [dɪ'vaɪzə(r)] *s math.* Di'visor *m*, Teiler *m*: ~ chain Teilerkette *f.*

di·vorce [dɪ'vɔː(r)s] **I** *s* **1.** *jur.* a) (Ehe-)Scheidung *f*: ~ action Scheidungsklage *f*; ~ case (*od.* suit) Scheidungsprozeß *m*; ~ court Scheidungsgericht *n*; ~ lawyer Scheidungsanwalt *m*; cause of (*od.* ground for) ~ Scheidungsgrund *m*; to get (*od.* obtain) a ~ geschieden werden, sich scheiden lassen (from von); → seek 5, b) limited ~ *Am.* gestattetes Getrenntleben. **2.** *fig.* (völlige) Trennung (from von; between zwischen *dat*). **II** *v/t* **3.** *jur.* a) *j-n* scheiden (from von): to ~ s.o. j-s Ehe scheiden; he has ~d his wife er hat sich (von s-r Frau) scheiden lassen; they have been ~d sie haben sich scheiden lassen, b) *e-e Ehe* scheiden. **4.** *fig.* (völlig) trennen, (los)lösen (from von): to ~ a word from its context ein Wort aus dem Zs.-hang reißen. **III** *v/i* **5.** *jur.* sich scheiden lassen. **di̦vor'cee** [-'siː] *s* Geschiedene(r *m*) *f.* **di'vorce·ment** → divorce I.

div·ot ['dɪvət] *s* **1.** *Scot.* Sode *f*, Rasen-, Torfstück *n.* **2.** *Golf*: Divot *n*, Kote'lett *n.*

di·vul·ga·tion [ˌdɪvʌl'geɪʃn; ˌdaɪ-] *s* Enthüllung *f*, Preisgabe *f.*

di·vulge [daɪ'vʌldʒ; dɪ'v-] *v/t ein Geheimnis etc* enthüllen, preisgeben. **di'vulgence,** *a.* **di'vulge·ment** → divulgation.

di·vul·sion [daɪ'vʌlʃn; dɪ'v-] *s* Losreißung *f*, gewaltsame Trennung.

div·vy ['dɪvɪ] *colloq.* **I** *v/t* **1.** *oft* ~ up *Am.* aufteilen. **II** *s* **2.** *Am.* (Auf)Teilung *f.* **3.** *econ. Br.* Divi'dende *f* (*bes. e-r Verbrauchergenossenschaft*).

dix·ie[1] ['dɪksɪ] *s* **1.** *bes. mil. Br. sl.* ‚Gulaschkaˌnone' *f*, Feldkessel *m.* **2.** Eßgeschirr *n.*

Dix·ie[2] ['dɪksɪ] **I** *s* **1.** *Bezeichnung für den Süden der USA.* **2.** *mus.* ‚Dixie' *m* (*Dixieland*). **II** *adj* **3.** aus den Südstaaten: a ~ lullaby.

Dix·ie|·crat ['dɪksɪkræt] *s pol. Mitglied e-r Splittergruppe der Demokratischen Partei im Süden der USA.* **'~land** *s* **1.** → Dixie[2] I. **2.** *a.* ~ jazz *mus.* Dixieland (-Jazz) *m.*

di·zy·got·ic [ˌdaɪzaɪ'gɒtɪk; *Am.* -'gɑ-] *adj biol.* zweieiig: ~ twins.

diz·zi·ness ['dɪzɪnɪs] *s* **1.** Schwindel *m*, Schwind(e)ligkeit *f.* **2.** Schwindelanfall *m.* **3.** Benommenheit *f.*

diz·zy ['dɪzɪ] **I** *adj* (*adv* dizzily) **1.** schwind(e)lig. **2.** verwirrt, benommen. **3.** schwindelnd, schwindelerregend: ~ height. **4.** schwindelnd hoch: a ~ building. **5.** wirr, kon'fus. **6.** *colloq.* verrückt. **II** *v/t* **7.** schwind(e)lig machen. **8.** verwirren.

djinn [dʒɪn] *s* **1.** *pl von* djinni, djinny. **2.** → jinnee. **djin·ni, djin·ny** [dʒɪ'niː; 'dʒɪnɪ] *pl* **djinn** [dʒɪn] → jinnee.

D ma·jor *s mus.* D-Dur *n.* **D mi·nor** *s mus.* d-Moll *n.*

do[1] [duː; *unbetont* dʊ; də] *pret* **did** [dɪd] *pp* **done** [dʌn] *3. sg pres* **does** [dʌz; *unbetont* dəz] **I** *v/t* **1.** tun, machen: what can I ~ (for you)? was kann ich (für Sie) tun?, womit kann ich (Ihnen) dienen?; to ~ right (wrong) (un)recht tun; ~ what he would er konnte anfangen, was er wollte; what is to be done (*od.* to do)? was ist zu tun?, was soll geschehen?; if it were to ~ again wenn es noch einmal getan werden müßte; what have you done to my suit? was haben Sie mit m-m Anzug gemacht?; she did no more than look at him sie hat ihn nur angesehen; he does not know what to ~ with his time er weiß nicht, was er mit s-r Zeit anfangen soll; → do with. **2.** tun, ausführen, voll'bringen, *Arbeiten* verrichten, *Verbrechen* begehen: to ~ odd jobs; to ~ murder; to ~ one's lessons *ped.* s-e (Haus)Aufgaben machen; he did all the writing er hat alles allein geschrieben; he did (all) the talking er führte (allein) das große Wort; let me ~ the talking laß mich sprechen; it can't be done es geht nicht, es ist undurchführbar; → done 1, 2. **3.** tätigen, machen: → business 3, 13. **4.** tun, leisten, voll'bringen: to ~ one's best sein Bestes tun, sich alle Mühe geben; to ~ better a) Besseres leisten, b) sich verbessern. **5.** anfertigen, 'herstellen, *Kunstwerk etc a.* schaffen: to ~ a portrait ein Porträt malen; to ~ a translation e-e Übersetzung machen *od.* anfertigen. **6.** *j-m etwas* tun, zufügen, erweisen: → favor 10, good 1, 2, harm 1, honor 7, *etc.* **7.** einbringen: → credit 4. **8.** erzielen, erreichen: I did it! ich habe es geschafft!; now you have done it! *iro.* nun hast du es glücklich geschafft! **9.** sich beschäftigen mit, arbeiten an (*dat*). **10.** *Speisen* zubereiten, *bes.* kochen *od.* braten. **11.** in Ordnung bringen, *z.B.* a) *Geschirr* abwaschen, b) *das Zimmer* aufräumen, ‚machen'. **12.** 'herrichten, deko'rieren, schmücken. **13.** ('her)richten: she is having her nails done sie läßt sich maniküren; → face 1, hair *Bes. Redew.* **14.** a) *e-e Fremdsprache etc* lernen, b) *e-n Autor etc* 'durchnehmen, behandeln. **15.** *e-e Aufgabe* lösen. **16.** *obs.* über'setzen, -'tragen (into German ins Deutsche). **17.** a) *e-e Rolle etc* spielen, *e-n Charakter* darstellen: to ~ Othello den Othello spielen; to ~ the polite den höflichen Mann spielen *od.* markieren; to ~ the host den Gastgeber spielen, b) nachahmen: he can ~ all his friends. **18.** zu'rücklegen, ‚schaffen', machen: they did 20 miles sie legten 32 km zurück; the car does 100 m.p.h. der Wagen fährt 160 km/h. **19.** *colloq.* besichtigen, die Sehenswürdigkeiten besichtigen von (*od. gen*): to ~ Rome in three days Rom in drei Tagen besichtigen *od.* ‚machen'. **20.** *colloq.* genügen (*dat*): it will ~ us for the moment. **21.** *colloq.* erschöpfen, ‚erledigen': they were pretty well done sie waren am Ende (ihrer Kräfte). **22.** *colloq.* a) *j-n* ‚erledigen', ‚fertigmachen': I'll ~ him in three rounds, b) drannehmen (*Friseur etc*): I'll ~ you next, sir. **23.** *sl.* ‚reinlegen', ‚übers Ohr hauen', ‚anschmieren', ‚bescheißen': to ~ s.o. out of s.th. j-n um etwas ‚erleichtern' *od.* betrügen *od.* bringen; → brown 1. **24.** *sl. e-e Strafe* ‚abbrummen': he did two years in prison er hat zwei Jahre ‚abgerissen'; he did three months for theft er war wegen Diebstahls drei Monate ‚eingebuchtet'. **25.** *colloq.* a) bewirten, b) 'unterbringen: they ~ you very well here hier werden Sie gut bewirtet; hier sind Sie gut untergebracht. **26.** behandeln: → well[1] 1. **27.** bringen (*obs. außer in*): to ~ to death töten, umbringen. **28.** *sl.* e-n ‚Bruch' machen in (*dat*), einbrechen in (*acc od. dat*). **29.** *sl.* ‚bumsen' (*schlafen mit*).

II *v/i* **30.** handeln, vorgehen, tun, sich verhalten: the premier would ~ wisely

to resign der Premier würde klug handeln *od.* wäre gut beraten, wenn er zurückträte; → **well**[1] 2. **31.** (*tätig*) handeln, wirken: ~ **or die** kämpfen oder untergehen; **it's ~ or die now!** jetzt geht's ums Ganze! **32.** weiter-, vorˈankommen: **to ~ well** a) vorwärtskommen, Erfolge haben (**with** bei, mit), gut abschneiden (**in** bei, in *dat*), b) gut gedeihen (*Getreide etc*) (→ 33, 34). **33.** Leistungen vollˈbringen: **to ~ well** a) s-e Sache gut machen, b) viel Geld verdienen (→ 32, 34). **34.** sich befinden: **to ~ well** a) gesund sein, b) in guten Verhältnissen leben, c) sich gut erholen (→ 32, 33); **how ~ you ~?** guten Tag! (*bei der Vorstellung*). **35.** auskommen, zu Rande kommen. **36.** genügen, (aus)reichen, passen, dem Zweck entsprechen *od.* dienen: **that will (not) ~** das genügt *od.* reicht (nicht); **it will ~ tomorrow** es hat Zeit bis morgen; **we'll make it ~** wir werden schon damit auskommen. **37.** angehen, recht sein, sich schicken, passen: **that won't ~!** a) das geht nicht (an)!, b) das wird nicht gehen!; **it won't ~ to be rude** mit Grobheit kommt man nicht weit(er), man darf nicht unhöflich sein. **38.** (*im pres perfect*) aufhören: **have done!** hör auf!, genug (davon)!; **let us have done with it!** hören wir auf damit!; → **done** 5.

III *Ersatzverb zur Vermeidung von Wiederholungen* **39.** *v/t u. v/i* tun (*bleibt meist unübersetzt*): **he treats his children as I ~ my dogs** er behandelt s-e Kinder wie ich m-e Hunde; **you know it as well as I ~** du weißt es so gut wie ich; **he sang better than he had ever done before** er sang besser, als (er) je zuvor (gesungen hatte); **I take a bath. So ~ I** Ich nehme ein Bad. Ich auch; **he does not work hard, does he?** er arbeitet nicht viel, nicht wahr?; **he works hard, doesn't he?** er arbeitet viel, nicht wahr?; **Did he buy it? He did.** Kaufte er es? Ja(wohl)!; **Do you understand? I don't.** Verstehen Sie? Nein!; **He sold his car. Did he?** Er hat sein Auto verkauft. Wirklich?, So?; **I wanted to go there, and I did so** ich wollte hingehen u. tat es auch.

IV *Hilfsverb* **40.** *zur Umschreibung in Fragesätzen*: ~ **you know him?** kennen Sie ihn? **41.** *zur Umschreibung in mit* **not** *verneinten Sätzen*: **I ~ not believe it** ich glaube es nicht; ~ **not go there!** gehen Sie nicht hin!; **don't!** tun Sie es nicht!, lassen Sie das! **42.** *zur Verstärkung*: **I ~ like it!** mir gefällt es wirklich; **but I ~ see it!** aber ich sehe es doch!; **I did see it, but** ich sah es wohl *od.* zwar, aber; **be quiet, ~!** sei doch still! **43.** *bei Umkehrung der normalen Wortstellung nach voranstehendem* **hardly, little, rarely,** *etc*: **rarely does one see such things** solche Dinge sieht man (nur) selten.

Verbindungen mit Präpositionen:

do|by *v/i* handeln an (*dat*), sich verhalten gegen, behandeln: **to do well by s.o.** j-n gut *od.* anständig behandeln; **do ([un]to others) as you would be done by** was du nicht willst, daß man dir tu', das füg auch keinem andern zu! **~ for** *v/i colloq.* **1.** ‚erledigen', zuˈgrunde richten, ruiˈnieren: **he is done for** er ist erledigt. **2.** töten, ˈumbringen. **3.** a) *j-m* den Haushalt führen, b) putzen bei *od.* für. **4.** sorgen für, Vorsorge treffen für. **5.** ausreichen für. **6.** passen *od.* sich eignen für. **~ to, ~ un·to** → **do by. ~ with** *v/t u. v/i* **1.** *etwas* tun *od.* anfangen mit: **I can't do anything with it (him)** ich kann nichts damit (mit ihm) anfangen; **I won't have anything to ~ it (you)** ich will nichts damit (mit dir) zu tun *od.* zu schaffen haben; **it has nothing to ~ you** es hat nichts mit dir zu tun; → **done** 5. **2.** auskommen mit, sich begnügen mit: **we can ~ it** wir können damit auskommen. **3. could ~** *colloq.* (sehr gut) brauchen können: **he could ~ the money; I could ~ a glass of beer** ich könnte ein Glas Bier vertragen; **he could ~ a haircut** er müßte sich mal (wieder) die Haare schneiden lassen. **~ with·out** *v/i* **1.** auskommen *od.* sich behelfen ohne. **2.** verzichten auf (*acc*): **to ~ breakfast** nicht frühstücken.

Verbindungen mit Adverbien:

do|a·way *v/t obs.* beseitigen. **~a·way with** *v/t* **1.** beseitigen: a) wegschaffen, b) abschaffen. **2.** loswerden, *Geld* ˈdurchbringen. **3.** ˈumbringen, töten: **to ~ o.s.** sich umbringen. **~ down** *v/t Br. colloq.* **1.** ‚herˈuntermachen', schlechtmachen. **2.** ‚reinlegen', ‚übers Ohr hauen', ‚anschmieren'. **~ in** *v/t sl.* **1.** ‚erledigen': a) erschöpfen, ermüden: **I'm done in** ich bin ‚geschafft', b) zuˈgrunde richten, ruiˈnieren, c) ‚um die Ecke bringen', ˈumbringen. **2.** → do 23. **~ out** *v/t bes. Br. colloq. Zimmer etc* saubermachen, *Schrank etc* aufräumen. **~ up I** *v/t* **1.** a) zs.-schnüren, b) *ein Päckchen* zuˈrechtmachen *od.* verschnüren, c) einpacken, d) *Kleid, Reißverschluß etc* zumachen: **to do s.o. up** j-m das Kleid *etc* zumachen. **2.** *das Haar* hochstecken. **3.** ˈherrichten, inˈstand setzen, wieder in Ordnung bringen. **4. to do o.s. up** sich zurechtmachen; → **face** 1. **5.** *colloq.* ‚erledigen': a) erschöpfen, ermüden: **I'm done up** ich bin ‚geschafft', b) *Am.* zuˈgrunde richten, ruiˈnieren. **II** *v/i* **6.** zugemacht werden (*Kleid etc*).

do[2] [duː] *pl* **dos, do's** [duːz] *s* **1.** *sl.* Schwindel *m*, Gauneˈrei *f*, ‚Beschiß' *m*. **2.** *bes. Br. colloq.* Fest *n*, Festiviˈtät *f*, (große) ‚Sache'. **3. fair do's!** sei nicht unfair! **4.** *pl colloq.* Gebote *pl*: **do's and don'ts** Gebote u. Verbote, Regeln.

do[3] [dəʊ] *s mus.* do *n* (*Solmisationssilbe*).

do·a·ble [ˈduːəbl] *adj* ausführbar, machbar.

ˈdo-all *s obs.* Fakˈtotum *n*.

doat → dote.

dob·bin [ˈdɒbɪn; *Am.* ˈdabən] *s* (frommes) Arbeits- *od.* Zugpferd.

Do·ber·man (pin·scher) [ˈdəʊbə(r)mən] *s* Dobermann(pinscher) *m* (*Hund*).

doc [dɒk; *Am.* dak] *colloq. für* doctor 1.

do·cent [ˈdəʊsnt; dəʊˈsent] *s Am.* **1.** *univ.* (Priˈvat)Doˌzent *m*. **2.** Führer *m* (*durch Museen etc*). **ˈdo·centˌship** *s Am.* Dozenˈtur *f*.

doch-an|-dor·rach [ˌdɒxənˈdɒrəx], **ˌ~-ˈdor·ris** [-rɪs] *s Scot. u. Ir.* Abschiedstrunk *m*.

doc·ile [ˈdəʊsaɪl; *Am.* ˈdasəl] *adj* (*adv* ~ly) **1.** fügsam, gefügig. **2.** gelehrig. **3.** fromm (*Pferd*). **do·cil·i·ty** [dəʊˈsɪlətɪ; *Am. a.* daˈs-] *s* **1.** Fügsamkeit *f*. **2.** Gelehrigkeit *f*.

dock[1] [dɒk; *Am.* dak] **I** *s* **1.** Dock *n*: a) *Hafenbecken*, b) *Anlage zum Trockensetzen von Schiffen*: **to put a ship in ~** → 8; **to be in ~** *Br. colloq.* a) im Krankenhaus liegen, b) in der Werkstatt sein (*Wagen etc*); → **dry dock**, *etc.* **2.** Hafenbecken *n*, Anlegeplatz *m* (*zwischen 2 Kais etc*): ~ **authorities** *pl* Hafenbehörde *f*. **3.** Kai *m*, Pier *m*. **4.** *pl* Docks *pl*, Hafenanlagen *pl*: ~ **crane** Werftkran *m*; ~ **strike** Dockarbeiterstreik *m*. **5.** *rail. bes. Am.* Laderampe *f*. **6.** → **hangar**. **7.** *thea.* Kuˈlissenraum *m*. **II** *v/t* **8.** *ein Schiff* (ein)docken, ins Dock bringen. **9.** *rail. bes. Am. e-n Zug* zur Laderampe bringen. **10.** *Raumschiffe* koppeln. **III** *v/i* **11.** ins Dock gehen, docken, im Dock liegen. **12.** im Hafen *od.* am Kai anlegen. **13.** andocken (*Raumschiff*).

dock[2] [dɒk; *Am.* dak] **I** *s* **1.** *zo.* (Schwanz-) Rübe *f*, fleischiger Teil des Schwanzes. **2.** *zo.* (Schwanz)Stummel *m*. **3.** Schwanzriemen *m*. **4.** (*Lohn- etc*)Kürzung *f*. **II** *v/t* **5.** *den Schwanz* stutzen, kuˈpieren. **6.** den Schwanz stutzen *od.* kuˈpieren (*dat*). **7.** a) *j-s Lohn etc* kürzen, b) **to ~ £5 off** (*od.* **from**) **s.o.'s wages** j-s Lohn um 5 Pfund kürzen. **8.** berauben (**of** *gen*): **to ~ the entail** *jur. Am.* die Erbfolge aufheben.

dock[3] [dɒk; *Am.* dak] *s jur.* Anklagebank *f*: **to be in the ~** auf der Anklagebank sitzen; **to put in the ~** *bes. fig.* auf die Anklagebank setzen (**for** wegen).

dock[4] [dɒk; *Am.* dak] *s bot.* Ampfer *m*.

dock·age[1] [ˈdɒkɪdʒ; *Am.* ˈda-] *s mar.* **1.** Dock-, Hafengebühren *pl*, Kaigebühr *f*. **2.** Docken *n*, ˈUnterbringung *f* im Dock. **3.** Dockanlagen *pl*.

dock·age[2] [ˈdɒkɪdʒ; *Am.* ˈda-] *s* (*Lohn- etc*)Kürzung *f*.

dock|brief *s jur. Br. Beauftragung e-s im Gericht anwesenden Barristers mit der Verteidigung* (*durch den Angeklagten, gegen e-e sehr niedrige Gebühr*). **~ dues** *s pl* → **dockage**[1] 1.

ˈdock·er *s* Dock-, Hafenarbeiter *m*, Schauermann *m*.

dock·et [ˈdɒkɪt; *Am.* ˈdakət] **I** *s* **1.** *jur.* a) *Am.* Proˈzeßliste *f*, Terˈminkaˌlender *m*: **to clear the ~** die anhängigen Fälle erledigen, b) *bes. Br.* ˈUrteilsreˌgister *n*. **2.** *Am.* Tagesordnung *f*: **to be on the ~** auf der Tagesordnung stehen. **3.** Inhaltsangabe *f*, -vermerk *m* (*auf Akten etc*). **4.** *econ.* a) ˈWarenaˌdreßzettel *m*, b) Etiˈkett *n*, c) *Br.* Zollquittung *f*, d) *Br.* Bestell-, Lieferschein *m*. **II** *v/t* **5.** *jur.* a) *Am.* in die Proˈzeßliste eintragen, b) *bes. Br.* in das ˈUrteilsreˌgister eintragen. **6.** *Am.* auf die Tagesordnung setzen. **7.** *Akten etc* mit e-m Inhaltsvermerk versehen. **8.** *econ. Waren* a) mit e-m Aˈdreßzettel versehen, b) etiketˈtieren, beschriften.

dock gate *s mar.* Docktor *n*.

ˈdock·ing *s* Kopp(e)lung *f* (*von Raumschiffen*).

ˈdock|·land *s* Hafenviertel *n*. **ˈ~ˌmas·ter** *s mar.* ˈHafenkapiˌtän *m*, Dockmeister *m*. **~ re·ceipt** *s econ. mar. Am.* Kaiempfangs-, ˈÜbernahmeschein *m*. **~ sor·rel** *s bot.* Sauerampfer *m*. **~ war·rant** *s econ. mar. Br.* Docklagerschein *m*. **~ work·er** → **docker**. **ˈ~yard** *s mar.* **1.** Werft *f*. **2.** *bes. Br.* Maˈrinewerft *f*.

doc·tor [ˈdɒktə; *Am.* ˈdaktər] **I** *s* **1.** Doktor *m*, Arzt *m*, (*als Anrede*) Herr Doktor: **~'s stuff** *colloq.* Medizin *f*; **to be under the ~** *colloq.* in Behandlung sein (**for** wegen); **that's just what the ~ ordered** *colloq.* das ist genau das richtige; **you are the ~** *colloq.* Sie müssen es ja schließlich wissen. **2.** *Am.* a) Zahnarzt *m*, b) Tierarzt *m*. **3.** *univ.* Doktor *m*: **D~ of Divinity (Laws, Medicine)** Doktor der Theologie (Rechte, Medizin); **to take one's ~'s degree** (zum Doktor) promovieren; **Dear D~** Sehr geehrter Herr Doktor; **Dr. and Mrs. B.** Herr Dr. B. u. Frau. **4.** Gelehrte(r) *m* (*obs. außer in*): **D~ of the Church** Kirchenvater *m*. **5.** *colloq. j-d, der etwas* (*berufsmäßig*) *repariert*: **doll ~** ‚Puppendoktor' *m*; **radio ~** Rundfunkmechaniker *m*. **6.** *mar. sl.* ‚Smutje' *m*, Schiffskoch *m*. **7.** *tech. ein Hilfsmittel, bes.* a) Schaber *m*, Abstreichmesser *n*, b) Lötkolben *m*, c) → **donkey engine**, d) *a.* **~ blade** Rakelmesser *n* (*e-r Druckwalze*). **8.** *Angeln*: (*e-e*) künstliche Fliege. **9.** *colloq.* kühle Brise. **II** *v/t* **10.** (ärztlich) behandeln, ‚verarzten'. **11.** *colloq. Tier* kaˈstrieren. **12.** a) ‚herˈumdoktern' an (*dat*), b) ‚zs.-flicken', (notdürftig) ausbessern. **13.** *j-m* die

Doktorwürde verleihen. **14.** *j-n* mit Doktor anreden. **15.** *a.* ~ **up** *colloq.* a) *Wein etc* (ver)panschen, b) *Abrechnungen etc* ‚fri'sieren', (ver)fälschen. **III** *v/i* **16.** *colloq.* als Arzt prakti'zieren.

doc·tor·al ['dɒktərəl; *Am.* 'dɑk-] *adj* Doktor(s)...: ~ **candidate** Doktorand (-in); ~ **cap** Doktorhut *m*; ~ **degree** Doktorgrad *m*; → **thesis** 3 a. **'doc·to·rand** [-rænd] *s* Dokto'rand(in). **'doc·tor·ate** [-rɪt] *s* Dokto'rat *n*, Doktorwürde *f*, -titel *m*. **doc'to·ri·al** [-'tɔːrɪəl] → **doctoral**. **'doc·tor·ship** → **doctorate**.

doc·tri·naire [ˌdɒktrɪ'neə(r); *Am.* ˌdɑk-] **I** *s* Doktri'när *m*, engstirniger Prin'zipienreiter. **II** *adj* doktri'när.

doc·tri·nal [dɒk'traɪnl; *Am.* 'dɑktrənl] *adj* **1.** doktri'nell, lehrmäßig, Lehr...: ~ **proposition** Lehrsatz *m*. **2.** dog'matisch: ~ **theology** Dogmatik *f*.

doc·tri·nar·i·an [ˌdɒktrɪ'neərɪən; *Am.* ˌdɑk-] → **doctrinaire** I.

doc·trine ['dɒktrɪn; *Am.* 'dɑk-] *s* **1.** Dok'trin *f*, Lehre *f*, Lehrmeinung *f*: ~ **of descent** Abstammungslehre *f*. **2.** *bes. pol.* Dok'trin *f*, Grundsatz *m*: **party** ~ Parteiprogramm *n*.

doc·u·dra·ma ['dɒkjʊˌdrɑːmə; *Am.* 'dɑkjə-] *s TV* Dokumen'tarspiel *n*.

doc·u·ment ['dɒkjʊmənt; *Am.* 'dɑkjə-] **I** *s* **1.** Doku'ment *n*, Urkunde *f*, Belegstück *n*, 'Unterlage *f*: ~ **of title** *jur.* Urkunde über e-n Rechtsanspruch (*bes. über [Grund]Eigentum*); **supported by** ~**s** urkundlich belegt. **2.** Doku'ment *n*, amtliches Schriftstück, *pl* Akten *pl*, *parl.* Drucksache *f*: **secret** ~ Geheimdokument. **3.** *pl econ.* a) Ver'ladepaˌpiere *pl*, b) 'Schiffspaˌpiere *pl*: ~**s against acceptance (payment)** Dokumente gegen Akzept (Bezahlung). **II** *v/t* [-ment] **4.** *econ.* mit den notwendigen Pa'pieren versehen. **5.** dokumen'tieren, dokumen'tarisch *od.* urkundlich belegen. **6.** genaue 'Hinweise auf Belege geben in (*e-m Buch etc*). ˌ**doc·u'men·tal** [-'mentl] *adj* (*adv* ~**ly**) → **documentary** 1.

doc·u·men·ta·ry [ˌdɒkjʊ'mentərɪ; *Am.* ˌdɑkjə-] **I** *adj* (*adv* **documentarily**) **1.** dokumen'tarisch, urkundlich: ~ **bill** (*od.* **draft**) *econ.* Dokumententratte *f*; ~ **evidence** Urkundenbeweis *m*. **2.** auf Belegen *od.* Urkunden *od.* (hi'storischen) Doku'menten aufbauend. **3.** *Film, Literatur etc*: dokumen'tarisch, Dokumentar...: ~ **film** → 4; ~ **play** Dokumentarstück *n*; ~ **novel** Tatsachenroman *m*; ~ **theater** (*bes. Br.* **theatre**) Dokumentartheater *n*. **II** *s* **4.** Dokumen'tar-, Tatsachenfilm *m*.

doc·u·men·ta·tion [ˌdɒkjʊmen'teɪʃn; *Am.* ˌdɑkjə-] *s* Dokumentati'on *f*: a) Her'anziehung *f* von Doku'menten *od.* Urkunden, Urkunden-, Quellenbenutzung *f*, b) dokumen'tarischer Nachweis *od.* Beleg.

dod·der[1] ['dɒdə; *Am.* 'dɑdər] *v/i colloq.* **1.** (*bes. vor Altersschwäche*) zittern. **2.** wack(e)lig gehen, wackeln.

dod·der[2] ['dɒdə; *Am.* 'dɑdər] *s bot.* Teufelszwirn *m*, Seide *f*.

'dod·dered *adj colloq.* **1.** astlos: **a** ~ **tree**. **2.** altersschwach, ‚tatterig'. **'dod·der·er** *s colloq.* ‚Tattergreis' *m*. **'dod·der·ing, 'dod·der·y** *adj colloq.* ‚tatterig', (*a. geistig*) se'nil.

do·dec·a·gon [dəʊ'dekəgən; *Am.* -ˌgɑn] *s math.* Dodeka'gon *n*, Zwölfeck *n*. ˌ**do·dec·a'he·dral** [-'hedrl; *bes. Am.* -'hiːdrəl] *adj math.* dodeka'edrisch, zwölfflächig. ˌ**do·dec·a'he·dron** [-drən] *s math.* Dodeka'eder *n*, Zwölfflach *n*, -flächner *m*.

do·dec·a·phon·ic [ˌdəʊdekə'fɒnɪk; *Am.* -'fɑ-] *adj mus.* zwölftönig, Zwölfton...: ~ **composer**; ~ **music**. ˌ**do·dec·a·'phon·ist** [-'fɒnɪst; *Am. a.* dəʊ'dekəfənɪst] *s mus.* Zwölftöner *m*, 'Zwölftonkompoˌnist *m*. ˌ**do·dec·a'pho·ny** *s mus.* **1.** Zwölftontechnik *f*. **2.** 'Zwölftonkompositiˌon *f*.

do·dec·a·syl·la·ble [ˌdəʊdekə'sɪləbl] *s* zwölfsilbiger Vers.

dodge [dɒdʒ; *Am.* dɑdʒ] **I** *v/i* **1.** (rasch) zur Seite springen, ausweichen. **2.** a) schlüpfen (**about** um ... herum; **behind** hinter *acc*), b) sich verstecken (**behind** hinter *dat*). **3.** a) sich rasch hin und her bewegen, b) sausen, flitzen. **4.** Ausflüchte gebrauchen. **5.** sich drücken (*vor e-r Pflicht etc*). **6.** Winkelzüge machen. **II** *v/t* **7.** *e-m Schlag, e-m Verfolger etc* ausweichen. **8.** *colloq.* sich drücken vor (*dat*), um'gehen (*acc*), aus dem Weg gehen (*dat*): **to** ~ **doing** vermeiden zu tun; **to** ~ **a question** (e-r Frage) ausweichen. **III** *s* **9.** Sprung *m* zur Seite, rasches Ausweichen. **10.** *colloq.* Kniff *m*, Trick *m*: **to be up to all the** ~**s** ‚mit allen Wassern gewaschen sein'.

dodg·em (car) ['dɒdʒəm; *Am.* 'dɑ-] *s* (Auto)Skooter *m*.

'dodg·er *s* **1.** ‚geriebener' Bursche, verschlagener Mensch. **2.** Schwindler *m*, Gauner *m*. **3.** Drückeberger *m*. **4.** *Am.* Re'klame-, Handzettel *m*, Flugblatt *n*. **5.** *mar.* Brückenkleid *n*. **6.** → **corn dodger**. **'dodg·er·y** [-ərɪ] *s* **1.** Schwinde'lei *f*. **2.** Kniff *m*, Trick *m*. **'dodg·y** *adj* verschlagen, ‚gerieben'.

do·do ['dəʊdəʊ] *pl* **-does, -dos** *s* **1.** *orn.* Do'do *m*, Dronte *f* (*ausgestorbene Riesentaube*): **(as) dead as a** (*od.* **the**) ~ a) schon lange tot, b) schon lange nicht mehr modern *od.* aktuell. **2.** *colloq.* verbohrter Rückschrittler.

doe [dəʊ] *s zo.* **1.** Damhirschkuh *f*. **2.** *Weibchen der Ziegen, Kaninchen u. anderer Säugetiere, deren Männchen allg. als* **buck** *bezeichnet werden, bes.* (Reh-) Geiß *f*.

do·er ['duːə(r)] *s* **1.** Handelnde(r *m*) *f*: **a** ~ **of good** j-d, der Gutes tut. **2.** Tatmensch *m*, Mann *m* der Tat, ‚Macher' *m*. **3.** (gut *od.* schlecht) gedeihendes Tier: **those steers are good (poor)** ~**s**.

does [dʌz; *unbetont* dəz] *3. sg pres von* **do**[1].

'doe·skin *s* **1.** a) Rehfell *n*, b) Rehleder *n*. **2.** Doeskin *n* (*ein Wollstoff*).

do·est ['duːɪst] *obs. od. poet. 2. sg pres von* **do**[1]: **thou** ~ du tust.

do·eth ['duːɪθ] *obs. od. poet. 3. sg pres von* **do**[1]: **he** ~ er tut.

doff [dɒf; *Am. a.* dɑf] *v/t* **1.** *Kleider etc* ablegen, ausziehen, *bes. den Hut* lüften, ziehen. **2.** *Ware etc* abstoßen.

dog [dɒg] **I** *s* **1.** *zo.* Hund *m*. **2.** *zo.* Rüde *m* (*männlicher Hund, Wolf, Fuchs etc*). **3.** *contp.* ‚Hund' *m*, Schuft *m*: **dirty** ~ gemeiner Schuft, ‚Mistkerl' *m*. **4.** *colloq.* Bursche *m*, Kerl *m*: **lazy** ~ ‚fauler Hund'; **lucky** ~ Glückspilz *m*; **sly** ~ schlauer Fuchs. **5. Greater (Lesser) D**~ *astr.* Großer (Kleiner) Hund. **6. D**~ → **Dog Star**. **7.** *Bergbau*: Hund *m*, Förderwagen *m*. **8.** *tech. e-e Befestigungsvorrichtung, bes.* a) (Bau-, Gerüst)Klammer *f*, b) Klaue *f*, Knagge *f*, c) Anschlag *m*, d) Mitnehmer *m*, Nase *f*. **9.** → **firedog**. **10.** → **fogdog, sundog**. **11.** *colloq. für* **hot dog** I. **12. the** ~**s** *Br. colloq.* das Windhundrennen. **13** *pl sl.* ‚Quanten' *pl* (*Füße*). **14.** *thea. etc Am. sl.* ‚Flop' *m*, ‚Durchfall' *m*.

Besondere Redewendungen:

~ **in the manger** *j-d, der anderen etwas mißgönnt, womit er selbst gar nichts anfangen kann*; **the** ~**s of war** die Kriegsfurien; **not a** ~**'s chance** nicht die geringste Chance *od.* Aussicht; **not in a** ~**'s age** *colloq.* seit e-r Ewigkeit nicht; **to go to the** ~**s** vor die Hunde *od.* zugrunde gehen; **to give** (*od.* **throw**) **to the** ~**s** a) den Hunden vorwerfen, b) *fig.* opfern, c) wegwerfen; ~**'s dinner** (*od.* **breakfast**) *colloq.* a) Pfusch(arbeit *f*) *m*, b) heilloses Durcheinander; **to make a** ~**'s dinner** (*od.* **breakfast**) **of** *colloq.* a) *etwas* verpfuschen, b) für ein heilloses Durcheinander sorgen in (*dat*); **to be dressed** (*od.* **done**) **up like a** ~**'s dinner** (*od.* **breakfast**) *colloq.* ‚aufgetakelt sein wie e-e Fregatte'; **to lead a** ~**'s life** ein Hundeleben führen; **to lead s.o. a** ~**'s life** j-m das Leben zur Hölle machen; **to help a lame** ~ **over a stile** j-m in der Not beistehen; **to put on the** ~ *bes. Am. colloq.* ‚angeben', vornehm tun; **let sleeping** ~**s lie** *fig.* a) schlafende Hunde soll man nicht wecken, laß die Finger davon, b) laß den Hund begraben sein, rühr nicht alte Geschichten auf; **it was (a case of)** ~ **eat** ~ a) es war ein Kampf jeder gegen jeden, b) jeder dachte nur an sich selbst; ~ **does not eat** ~ e-e Krähe hackt der anderen kein Auge aus; **love me, love my** ~ wer mich liebt, muß auch m-e Freunde lieben; **he was (as) sick as a** ~ a) er ‚kotzte wie ein Reiher', b) er war völlig ‚down'; → **day** 7, **hair** *Bes. Redew.*, **name** *Bes. Redew.*, **teach** 4, **word** *Bes. Redew.*

II *v/t* **15.** *j-n* beharrlich verfolgen, *j-m* nachspüren: **to** ~ **s.o.'s (foot)steps** a) j-m auf den Fersen bleiben, b) *fig.* j-n verfolgen (*Pech etc*), j-m treu bleiben (*Glück etc*). **16.** *fig.* verfolgen: **to be** ~**ged by bad luck** von *od.* vom Pech verfolgt sein. **17.** (wie) mit Hunden hetzen. **18.** *tech.* mit e-r Klammer befestigen.

'dog·bane *s bot.* Hundstod *m*, -gift *n*.

'dog·ber·ry[1] *s bot.* Hundsbeere *f*.

'Dog·ber·ry[2] *s* dummer u. geschwätziger kleiner Beamter (*nach der Gestalt in „Viel Lärm um nichts"*).

dog|bis·cuit *s* Hundekuchen *m*. **'~cart** *s* Dogcart *m* (*leichter zweirädriger Einspänner*). **'~catch·er** *s bes. Am.* (offizi'eller) Hundefänger. ˌ**~'cheap** *adj u. adv colloq.* spottbillig. **~ clutch** *s tech.* Klauenkupplung *f*. **~col·lar** *s* **1.** Hundehalsband *n*. **2.** *colloq.* steifer, hoher Kragen (*e-s Geistlichen*). **~ days** *s pl* Hundstage *pl*.

doge [dəʊdʒ] *s hist.* Doge *m* (*Oberhaupt der Republiken Venedig od. Genua*).

'dog|·ear → **dog's-ear**. ˌ**~-eat-'~** *adj*: **a** ~ **business** ein Gewerbe, in dem jeder gegen jeden kämpft; **a** ~ **world** e-e Welt, in der jeder nur an sich selbst denkt. **~ end** *s Br. colloq.* (Ziga'retten)Kippe *f*. **'~face** *s mil. Am. sl.* a) Landser *m*, b) Re'krut *m*. **'~fight** *s* **1.** Handgemenge *n*. **2.** *mil.* a) (Panzer- *etc*)Nah-, Einzelkampf *m*, b) *aer.* Kurvenkampf *m*. **'~fish** *s ichth.* (*ein*) kleiner Hai, *bes.* a) **spiny** ~ Gemeiner Dornhai, b) **smooth** ~ Hundshai *m*. **~ fox** *s zo.* Fuchsrüde *m*.

dog·ged ['dɒgɪd] *adj* (*adv* ~**ly**) verbissen, hartnäckig, zäh. **'dog·ged·ness** *s* Verbissenheit *f*, Hartnäckigkeit *f*, Zähigkeit *f*.

dog·ger[1] ['dɒgə(r)] *s mar.* Dogger *m* (*zweimastiges Fischerboot*).

Dog·ger[2] ['dɒgə(r)] *s geol.* Dogger *m* (*mittlere Juraformation*).

dog·ger·el ['dɒgərəl; *Am. a.* 'dɑ-] **I** *adj* holp(e)rig, Knittel...: ~ **verse**. **II** *s* holp(e)riger Vers, *bes.* Knittelvers *m*.

dog·gie → **doggy**.

dog·gish ['dɒgɪʃ] *adj* (*adv* ~**ly**) **1.** hundeartig, Hunde... **2.** a) bissig, b) mürrisch.

dog·go ['dɒgəʊ] *adj*: **to lie** ~ *sl.* a) sich

nicht rühren, sich mäus-chenstill verhalten, b) sich versteckt halten.
dog·gone [ˈdɑgˈgɑn] *Am. colloq.* → damn 5, 8, 9, **damned** 2–4.
dog grass *s bot.* Hundsquecke *f.*
dog·grel [ˈdɒgrəl] → **doggerel.**
dog·gy [ˈdɒgɪ] **I** *s* **1.** Hündchen *n*, (*Kindersprache*) Wauwau *m*: **~ bag** *Beutel für Essensreste, die aus e-m Restaurant mit nach Haus genommen werden.* **II** *adj* **2.** hundeartig, Hunde... **3.** hundeliebend: **a ~ person** ein Hundenarr. **4.** *Am. colloq.* ‚todschick', ‚supervornehm'.
ˈ**dog·house** *s bes. Am.* Hundehütte *f*: **he is in the ~** *colloq.* a) er ist in Ungnade (**with** bei), b) bei ihm hängt der Haussegen schief.
do·gie [ˈdəʊgiː] *s Am.* mutterloses Kalb.
dog| Lat·in *s* ˈKüchenlaˌtein *n.* **~ lead** [liːd] *s* Hundeleine *f.* ˈ**~leg I** *s Golf*: Dogleg *n* (*Loch, dessen Fairway nach links od. rechts abbiegt*). **II** *adj* → **doglegged.** ˈ**~legged** *adj* gekrümmt, gebogen: **~ stairs** Treppe *f* mit Absätzen.
dog·ma [ˈdɒgmə; *Am. a.* ˈdɑgmə] *pl* **-mas, -ma·ta** [-mətə] *s* **1.** *relig.* Dogma *n*: a) Glaubenssatz *m*, b) ˈLehrsyˌstem *n.* **2.** Dogma *n*, Grundsatz *m.* **3.** *oft contp.* (starrer) Lehrsatz. **dog·ˈmat·ic** [-ˈmætɪk] **I** *adj* (*adv* **~ally**) **1.** *relig.* dogˈmatisch: **~ theology** Dogmatik *f.* **2.** *contp.* dogˈmatisch: a) *starr an e-r Ideologie od. Lehrmeinung festhaltend*, b) *hartnäckig u. unduldsam e-n bestimmten Standpunkt vertretend.* **II** *s pl* (*meist als sg konstruiert*) **3.** *relig.* Dogˈmatik *f.*
dog·ma·tism [ˈdɒgmətɪzəm; *Am. a.* ˈdɑg-] *s contp.* Dogmaˈtismus *m.* ˈ**dog·ma·tist** *s relig.* Dogˈmatiker *m* (*a. contp.*). ˈ**dog·ma·tize I** *v/i bes. contp.* dogmatiˈsieren, dogˈmatische Behauptungen aufstellen (**on** über *acc*). **II** *v/t* dogmatiˈsieren, zum Dogma erheben.
do-good·er [ˌduːˈgʊdə(r); *Am.* ˈduːˌ-] *s colloq.* Weltverbesserer *m*, Humaniˈtätsaˌpostel *m.*
dog| pad·dle *s Schwimmen*: Paddeln *n.* ˈ**~ˌpad·dle** *v/i* (wie ein Hund) paddeln. ˌ**~-ˈpoor** *adj colloq.* bettelarm. **~ rac·ing** *s* Hunderennen *n od. pl.* **~ rose** *s bot.* Wilde Rose, Hecken-, Hundsrose *f.* **~ sal·mon** *s ichth.* Ketalachs *m.*
ˈ**dogsˌbod·y** *s bes. Br. colloq. j-d, der die Dreck(s)arbeit machen muß.*
ˈ**dog's|-ear I** *s* Eselsohr *n* (*im Buch etc*). **II** *v/t* Eselsohren machen in (*acc*). ˈ**~-eared** *adj* mit Eselsohren.
dog|show *s* Hundeausstellung *f.* ˈ**~skin** *s* Hundsleder *n.* **~ sled, ~ sledge, ~ sleigh** *s* Hundeschlitten *m.*
dog's| let·ter *s* (*der*) Buchstabe r, (*das*) (gerollte) R. ˈ**~-ˌnose** *s Am. sl. ein Getränk aus Bier u. Gin od. Rum.*
Dog Star *s astr.* Sirius *m*, Hundsstern *m.*
dog|tag *s* **1.** Hundemarke *f.* **2.** *mil. Am. sl.* ‚Hundemarke' *f* (*Erkennungsmarke*). **~ tax** *s* Hundesteuer *f.* **~ tent** *s mil. Am. sl.* Feldzelt *n.* ˌ**~-ˈtired** *adj colloq.* hundemüde. ˈ**~·tooth** *s irr arch.* ˈHundszahnornaˌment *n.* ˈ**~·tooth vi·o·let** *s bot.* Gemeiner Hundszahn. ˈ**~·trot** *s* leichter Trab. ˈ**~·watch** *s mar.* Plattfuß *m*: **first ~** 1. Plattfuß (*16–18 Uhr*); **second ~** 2. Plattfuß (*18–20 Uhr*). **~ whelk** *s zo. e-e dickschalige Meermuschel.* **~ whip** *s* Hundepeitsche *f.* ˈ**~·wood** *s bot.* Hartriegel *m.*
do·gy → **dogie.**
doi·ly [ˈdɔɪlɪ] *s* (Zier)Deckchen *n.*
do·ing [ˈduːɪŋ] *s* **1.** Tun *n*, Tat *f*: **it was your ~** a) Sie haben es getan, das war Ihr Werk, b) es war Ihre Schuld (**that** daß); **this will want some ~** das will erst getan sein. **2.** *pl* a) Handlungen *pl*, Taten *pl*, Tätigkeit *f*: **tell me about your ~s in London** erzähl mir, was du in London gemacht hast, b) Begebenheiten *pl*, Vorfälle *pl*, c) Treiben *n*, Betragen *n*: **fine ~s these!** das sind mir schöne Geschichten! **3.** *pl* (*als sg konstruiert*) *Br. colloq.* ‚Dingsbums' *n.*
doit [dɔɪt] *s fig.* Deut *m*: **I don't care a ~** ich kümmere mich keinen Deut darum; **not worth a ~** keinen Pfifferling wert.
ˌ**do-it-yourˈself I** *s* Heimwerken *n.* **II** *adj* Heimwerker...: **~ kit** a) Heimwerkerausrüstung *f*, b) Bausatz *m* (*für Radiogerät etc*); **~ movement** Do-it--yourself-Bewegung *f.* ˌ**do-it-your-ˈself·er** *s* Heimwerker *m.*
dol [dɒl; *Am.* dəʊl] *s med.* Dol *n* (*Meßeinheit für die Intensität e-r Schmerzempfindung*).
dol·ce vi·ta [ˌdɒltʃɪˈviːtə; *Am.* ˌdəʊl-] *s* Dolce vita *n, f.*
dol·drums [ˈdɒldrəmz; *Am. a.* ˈdəʊl-; ˈdɑl-] *s pl* **1.** *geogr.* a) Kalmengürtel *m*, -zone *f*, b) Kalmen *pl*, äquatoriˈale Windstillen *pl.* **2.** *fig.* Niedergeschlagenheit *f*, Depressiˈon *f*, Trübsinn *m*, *econ.* Flaute *f*: **to be in the ~** a) deprimiert *od.* niedergeschlagen sein, ‚Trübsal blasen', b) e-e Flaute durchmachen.
dole[1] [dəʊl] **I** *s* **1.** milde Gabe, Almosen *n.* **2.** Almosenverteilung *f.* **3.** *Br. colloq.* ‚Stempelgeld' *n*: **to be** (*od.* **go**) **on the ~** ‚stempeln gehen'. **4.** *obs.* Schicksal *n*, Geschick *n.* **II** *v/t* **5.** *oft* **~ out** als Almosen verteilen (**to** an *acc*). **6. ~ out** sparsam ver- *od.* austeilen.
dole[2] [dəʊl] *s obs.* **1.** Kummer *m.* **2.** Trauer *f.*
ˈ**dole·ful** *adj* (*adv* **~ly**) **1.** traurig, (*Gesicht etc a.*) trübselig. **2.** klagend (*Lied etc*). ˈ**dole·ful·ness** *s* Traurigkeit *f*, Trübseligkeit *f.*
dol·i·cho·ce·phal·ic [ˌdɒlɪkəʊseˈfælɪk; *Am.* ˌdɑ-] **I** *adj* dolichozeˈphal, langköpfig, -schädelig. **II** *s* Dolichozeˈphale(r *m*) *f.* ˌ**dol·i·choˈceph·a·lism** [-ˈsefəlɪzəm] *s* Dolichozephaˈlie *f*, Langköpfigkeit *f.* ˌ**dol·i·choˈceph·a·lous** → **dolichocephalic** I. ˌ**dol·i·choˈceph·a·ly** → **dolichocephalism.**
ˈ**doˌlit·tle** *s colloq.* Nichtstuer(in), Faulenzer(in), Faulpelz *m.*
doll [dɒl; *Am. a.* dɑl] **I** *s* **1.** Puppe *f*: **~'s house** *Br.* Puppenhaus *n* (*a. humor. kleines Haus*); **~'s face** *fig.* Puppengesicht *n*; **~'s pram** *bes. Br. colloq.* Puppenwagen *m.* **2.** *colloq.* Puppe *f* (*hübsches, aber dummes Mädchen*). **3.** *bes. Am. sl.* a) *allg.* Mädchen *n*, Frau *f*, b) ‚prima Kerl' (*Mann od. Frau*). **II** *v/t* **4. ~ up** *colloq. j-n* feinmachen, herˈausputzen: **to ~ o.s. up** → 5. **III** *v/i* **5. ~ up** *colloq.* sich feinmachen, ‚sich in Schale werfen'.
dol·lar [ˈdɒlə; *Am.* ˈdɑlər] *s* **1.** Dollar *m* (*Währungseinheit der USA, Kanadas etc*): **the almighty ~** das Geld, der Mammon; **~ diplomacy** *bes. Am.* Dollardiplomatie *f*; **~ gap** *econ.* Dollarlücke *f.* **2.** *hist.* Taler *m* (*alte deutsche Münze*). **3.** (mexiˈkanischer) Peso. **4.** Juan *m* (*chinesischer Silberdollar*). **5.** *hist. Br. colloq.* Krone *f* (*Fünfschillingstück*).
doll| bug·gy *s Am. colloq.*, **~ car·riage** *s Am.* Puppenwagen *m.* ˈ**~house** *s Am.* Puppenhaus *n* (*a. humor. kleines Haus*).
ˈ**doll·ish** *adj* puppenhaft.
dol·lop [ˈdɒləp; *Am.* ˈdɑ-] *s colloq.* **1.** Klumpen *m.* **2.** a) ‚Schlag' *m* (*Essensportion*), b) *Am.* ‚Schuß' *m*: **a ~ of brandy.**
ˈ**dol·ly I** *s* **1.** *Kindersprache*: Püppchen *n.* **2.** *tech.* a) niedriger Transˈportwagen, b) fahrbares Monˈtagegestell, c) ˈSchmalspurlokomoˌtive *f* (*bes. an Baustellen*), d) *Film, TV*: Kamerawagen *m.* **3.** *mil.* Munitiˈonskarren *m.* **4.** *tech.* a) Niethammer *m*, b) Gegen-, Vorhalter *m.* **5.** Rammschutz *m* (*e-r Pfahlramme*). **6.** *Bergbau*: Rührer *m.* **7.** (Wäsche)Stamper *m*, Stößel *m.* **8.** *Am.* Anhängerblock *m* (*des Sattelschleppers*). **9.** a. **~ bird** *bes. Br. colloq.* Püppchen *n* (*hübsches, aber dummes Mädchen*). **II** *adj* **10.** puppenhaft. **III** *v/t* **11. ~ in** (**out**) (*Film, TV*) *die Kamera* vorfahren (zuˈrückfahren). **IV** *v/i* **12. ~ in** (**out**) (*Film, TV*) vorfahren (zuˈrückfahren). **~shot** *s Film, TV*: Fahraufnahme *f.* **~ tub** *s* Waschfaß *n.* **D~ Var·den** [ˈvɑː(r)dn] *s* **1.** *hist.* breitrandiger, blumengeschmückter Damenhut. **2.** *hist.* buntgeblümtes Damenkleid. **3.** *a.* **~ trout** *ichth. e-e große nordamer. Forelle.*
dol·man [ˈdɒlmən; *Am. a.* ˈdəʊl-; ˈdɑl-] *pl* **-mans** *s* **1.** Damenmantel *m* mit capeartigen Ärmeln: **~ sleeve** capeartiger Ärmel. **2.** Dolman *m* (*Husarenjacke*).
dol·men [ˈdɒlmen; *Am.* ˈdəʊlmən; ˈdɔːl-; ˈdɑl-] *s* Dolmen *m* (*vorgeschichtliches Steingrabmal*).
dol·o·mite [ˈdɒləmaɪt; *Am.* ˈdəʊl-; ˈdɑl-] *s* **1.** *min.* Doloˈmit *m.* **2.** *geol.* Doloˈmit(gestein *n*) *m.*
dol·or, *bes. Br.* **dol·our** [ˈdɒlə; *Am.* ˈdəʊlər; ˈdɑl-] *s poet.* Leid *n*, Pein *f*, Qual *f*, Schmerz *m*: **the D~s of Mary** *relig.* die Schmerzen Mariä.
dol·or·im·e·try [ˌdɒləˈrɪmətrɪ; *Am.* ˌdəʊlə-; ˌdɑlə-] *s med. Methode zur Messung der Intensität e-r Schmerzempfindung.*
dol·or·ous [ˈdɒlərəs; *Am.* ˈdəʊl-; ˈdɑl-] *adj* (*adv* **~ly**) schmerzlich: a) qualvoll, b) traurig.
dol·our *bes. Br. für* **dolor.**
dol·phin [ˈdɒlfɪn; *Am. a.* ˈdɑl-] *s* **1.** *zo.* Delˈphin *m*: **bottle-nosed ~** Großer Tümmler. **2.** *ichth.* ˈGoldmaˌkrele *f.* **3.** *mar.* a) Ankerboje *f*, b) Dalbe *f*, (Anlege)Pfahl *m.* **~ fly** *s zo.* Schwarze Bohnen(blatt)laus.
dolt [dəʊlt] *s* Dummkopf *m*, Tölpel *m.* ˈ**dolt·ish** *adj* (*adv* **~ly**) tölpelhaft, dumm.
dom [dɒm; *Am.* dɑm] *s* Dom *m*: a) *hist. Titel für Vornehme in Portugal u. Brasilien*, b) *Anrede für Angehörige mancher geistlicher Orden, bes. Benediktiner.*
do·main [dəʊˈmeɪn] *s* **1.** *jur.* Verfügungsrecht *n*, -gewalt *f* (*über Landbesitz etc*): (**right** [*od.* **power**] **of**) **eminent ~** *Am.* Enteignungsrecht *n* (*des Staates*). **2.** a) Landbesitz *m*, Ländeˈreien *pl*, b) Land-, Herrengut *n.* **3.** Herrschaftsgebiet *n.* **4.** Doˈmäne *f*, Staats-, Krongut *n.* **5.** *fig.* Doˈmäne *f*, Bereich *m*, Sphäre *f*, (Arbeits-, Wissens)Gebiet *n*, Reich *n.*
dome [dəʊm] **I** *s* **1.** *arch.* Kuppel(dach *n*) *f*, (Kuppel)Gewölbe *n.* **2.** Wölbung *f.* **3.** Dom *m*: a) *obs.* Katheˈdrale *f*, b) *poet.* (stolzer) Bau. **4.** Kuppel *f*, kuppelförmige Bildung: **~ of pleura** *med.* Pleurakuppel. **5.** *tech.* a) Dampfdom *m*, b) Staubdeckel *m.* **6.** *geol.* Dom *m.* **7.** Doma *n* (*Kristallform*). **8.** *sl.* ‚Birne' *f* (*Kopf*). **II** *v/t* **9.** mit e-r Kuppel versehen. **10.** kuppelartig formen: **~d** → **dome-shaped.** **III** *v/i* **11.** sich (kuppelförmig) wölben. **~ car** *s rail.* Aussichtswagen *m.*
domes·day [ˈduːmzdeɪ] → **doomsday.** **D~ Book** *s Reichsgrundbuch Englands* (*1085–86*).
ˈ**dome-shaped** *adj* kuppelförmig, gewölbt.
do·mes·tic [dəʊˈmestɪk] **I** *adj* (*adv* **~ally**) **1.** häuslich, Haus..., Haushalts..., Familien..., Privat...: **~ affairs** häusliche Angelegenheiten (→ 5); **~ appliance** Haushaltsgerät *n*; **~ architecture** Häuser-, Wohnungsbau *m*; **~ bliss** häusliches Glück; **~ coal** Hausbrandkohle *f*; **~ drama** *thea.* bürgerliches Drama; **~**

economy Hauswirtschaft *f*, Haushaltskunde *f*; ~ life Familienleben *n*; ~ relations *Am.* Familienbeziehungen; law of ~ relations *jur. Am.* Familienrecht *n*; ~ science *ped.* Hauswirtschaftslehre *f*; ~ servant (*od.* help) → 6; ~ system Heimindustrie-System *n*; ~ virtues häusliche Tugenden. **2.** häuslich (veranlagt): a ~ man. **3.** Haus..., zahm: ~ animals Haustiere; ~ fowl *zo.* Haushuhn *n.* **4.** inländisch, im Inland erzeugt, einheimisch, Inlands..., Landes..., Innen..., Binnen...: ~ bill *econ.* Inlandswechsel *m*; ~ flight *aer.* Inlandsflug *m*; ~ goods Inlandswaren, einheimische Waren; ~ mail *Am.* Inlandspost *f*; ~ market inländischer Markt, Binnenmarkt *m*; ~ products → 7; ~ trade Binnenhandel *m.* **5.** inner(er, e, es), Innen...: ~ affairs innere *od.* innenpolitische Angelegenheiten (→ 1); in the ~ field innenpolitisch; a ~ political issue e-e innenpolitische Frage; ~ policy Innenpolitik *f.* **II** *s* **6.** Hausangestellte(r *m*) *f*, Dienstbote *m*, *pl a.* (ˈDienst)Persoˌnal *n.* **7.** *pl econ.* ˈLandesproˌdukte *pl*, inländische Erzeugnisse *pl.*

do'mes·ti·ca·ble *adj* zähmbar. **do'mes·ti·cate** [-tɪkeɪt] *v/t* **1.** domestiˈzieren: a) zu Haustieren machen, zähmen, b) *bot.* zu Kulˈturpflanzen machen, kultiˈvieren. **2.** an häusliches Leben gewöhnen, *iro.* ‚zähmen': to ~ one's husband; not ~d a) *Br.* nichts vom Haushalt verstehend, b) nicht am Familienleben hängend, unhäuslich, nicht ‚gezähmt'. **3.** *Wilde* ziviliˈsieren. **4.** *Bräuche etc* einbürgern, heimisch machen. **doˌmes·tiˈca·tion** *s* **1.** Domestikatiˈon *f*, Domestiˈzierung *f*: a) Zähmung *f*, b) *bot.* Kultiˈvierung *f.* **2.** Gewöhnung *f* an häusliches Leben. **3.** Einbürgerung *f.*

do·mes·tic·i·ty [ˌdəʊmeˈstɪsətɪ] *s* **1.** (Neigung *f* zur) Häuslichkeit *f.* **2.** häusliches Leben. **3.** *pl* häusliche Angelegenheiten *pl.* **do·mes·ti·cize** [dəʊˈmestɪsaɪz] → domesticate.

dom·i·cil [ˈdɒmɪsɪl; *Am.* ˈdɑmə-] → domicile I.

dom·i·cile [ˈdɒmɪsaɪl; -sɪl; *Am.* ˈdɑmə-] **I** *s* **1.** Domiˈzil *n*, Wohnsitz *m*, -ort *m.* **2.** Wohnung *f*: breach of ~ Hausfriedensbruch *m.* **3.** *jur.* (ständiger *od.* bürgerlich-rechtlicher) Wohnsitz: ~ of choice Wahlwohnsitz; ~ of origin Geburtswohnsitz. **4.** *econ.* Sitz *m* (*e-r Gesellschaft*). **5.** *econ.* Zahlungsort *m* (*für e-n Wechsel*). **II** *v/t* **6.** ansässig *od.* wohnhaft machen, ansiedeln. **7.** *econ. e-n Wechsel* domiziˈlieren, (*auf e-n bestimmten Ort*) zahlbar stellen: ~d bill Domizilwechsel *m.* **ˈdom·i·ciled** *adj* ansässig, wohnhaft. **ˌdom·iˈcil·i·ar·y** [-ˈsɪljərɪ; *Am.* -lɪˌeriː] *adj* Haus..., Wohnungs...: ~ right Hausrecht *n*; ~ visit (*polizeiliche etc*) Haussuchung. **ˌdom·iˈcil·i·ate** [-ˈsɪlɪeɪt] → domicile II. **ˌdom·i·cil·iˈa·tion** *s econ.* Domiziˈlierung *f* (*e-s Wechsels*).

dom·i·nance [ˈdɒmɪnəns; *Am.* ˈdɑmə-] *s* **1.** (Vor)Herrschaft *f*, (Vor)Herrschen *n.* **2.** Macht *f*, Einfluß *m.* **3.** *biol.* Domiˈnanz *f.* **ˈdom·i·nant I** *adj* (*adv* ~ly) **1.** domiˈnierend, (vor)herrschend: ~ tenement herrschendes Grundstück. **2.** beherrschend: a) bestimmend, tonangebend: the ~ factor der entscheidende Faktor, b) emˈporragend, weithin sichtbar: ~ hill. **3.** *biol.* domiˈnant, überˈlagernd. **4.** *mus.* Dominant...: ~ seventh chord Dominantseptakkord *m.* **II** *s* **5.** *biol.* domiˈnante Erbanlage, vorherrschendes Merkmal. **6.** *mus.* (ˈOber)Domiˌnante *f.* **7.** *bot.* Domiˈnante *f.* **8.** *fig.* beherrschendes Eleˈment.

dom·i·nate [ˈdɒmɪneɪt; *Am.* ˈdɑmə-] **I** *v/t* beherrschen (*a. fig.*): a) herrschen über (*acc*), b) emˈporragen über (*acc*). **II** *v/i* domiˈnieren, (vor)herrschen: to ~ over herrschen über (*acc*). **ˌdom·iˈna·tion** *s* (Vor)Herrschaft *f.*

dom·i·neer [ˌdɒmɪˈnɪə(r); *Am.* ˌdɑmə-] *v/i* **1.** (over) desˈpotisch herrschen (über *acc*), tyranniˈsieren (*acc*). **2.** den Herrn spielen, anmaßend auftreten. **ˌdom·iˈneer·ing** *adj* (*adv* ~ly) **1.** tyˈrannisch, desˈpotisch. **2.** herrisch, gebieterisch. **3.** anmaßend.

do·min·i·cal [dəˈmɪnɪkl] *adj* **1.** *relig.* des Herrn (Jesu): ~ day Tag *m* des Herrn (*Sonntag*); ~ letter Sonntagsbuchstabe *m* (*im Kirchenkalender*); ~ prayer Gebet *n* des Herrn (*das Vaterunser*). **2.** sonntäglich.

Do·min·i·can [dəˈmɪnɪkən] **I** *adj* **1.** *relig.* dominiˈkanisch, Dominikaner...: ~ friar → 3. **2.** *pol.* dominiˈkanisch. **II** *s* **3.** *relig.* Dominiˈkaner(mönch) *m.* **4.** [ˌdɒmɪˈniːkən; *Am.* ˌdɑmə-] Dominiˈkaner(in) (*Einwohner der Dominikanischen Republik*).

dom·i·nie [ˈdɒmɪnɪ; *Am.* ˈdɑməniː] *s* **1.** *Scot.* Schulmeister *m.* **2.** [*Am. bes.* ˈdəʊ-] Pfarrer *m*, Pastor *m*, (*als Anrede*) Herr Pfarrer *od.* Pastor.

do·min·ion [dəˈmɪnjən] *s* **1.** a) (Ober-) Herrschaft *f*, b) Reˈgierungsgewalt *f*, c) *fig.* Herrschaft *f*, Einfluß *m* (*alle* over über *acc*). **2.** (Herrschafts)Gebiet *n.* **3.** Ländeˈreien *pl* (*e-s Feudalherrn etc*). **4.** *oft* D~ Doˈminion *n* (*sich selbst regierendes Land des Brit. Staatenbundes; seit 1947* Country of the Commonwealth *genannt*): the D~ of Canada das Dominion Kanada. **5.** the D~ *Am.* Kanada *n.* **6.** *jur.* a) unbeschränktes Eigentum(srecht), b) (tatsächliche) Gewalt (over über *eine Sache*). **D~ Day** *s nationaler Feiertag in Kanada* (*der 1. Juli*) *u. Neuseeland* (*der 4. Montag im September*).

dom·i·no [ˈdɒmɪnəʊ; *Am.* ˈdɑ-] **I** *pl* **-noes, -nos** *s* **1.** Domino *m* (*Maskenkostüm u. Person*). **2.** Halbmaske *f.* **3.** a) *pl* (*meist als sg konstruiert*) Domino(spiel) *n*, b) Dominostein *m.* **II** *interj* **4.** Domino! (*beim Spiel*). **5.** *fig.* fertig!, Schluß!, aus! **~ the·o·ry** *s pol.* ˈDominotheoˌrie *f.*

do·mite [ˈdəʊmaɪt] *s geol.* Doˈmit *m.*

don[1] [dɒn; *Am.* dɑn] *s* **1.** D~ Don *m* (*spanischer Höflichkeitstitel*). **2.** Grande *m*, spanischer Edelmann. **3.** Spanier *m.* **4.** a) *obs.* Mann *m* von Stand, b) *Austral. colloq.* Fachmann *m* (at für, auf dem Gebiet *gen*). **5.** *univ. Br.* Universiˈtätslehrer *m* (*bes. in Oxford u. Cambridge*).

don[2] [dɒn; *Am.* dɑn] *v/t etwas* anziehen, *den Hut* aufsetzen.

do·nate [dəʊˈneɪt; *Am. bes.* ˈdəʊˌ-] *v/t* schenken (*a. jur.*), als Schenkung überˈlassen, stiften, *a. Blut etc* spenden (to s.o. j-m). **doˈna·tion** *s* Schenkung *f* (*a. jur.*), Gabe *f*, Geschenk *n*, Stiftung *f*, Spende *f*: to make a ~ of s.th. to s.o. j-m etwas zum Geschenk machen.

do·na·tive [ˈdəʊnətɪv] **I** *s* **1.** Schenkung *f.* **2.** *relig.* durch Schenkung überˈtragene Pfründe. **II** *adj* **3.** Schenkungs... **4.** geschenkt. **5.** *relig.* durch bloße Schenkung überˈtragen (*Pfründe*). **do·na·tor** [dəʊˈneɪtə(r); *Am. bes.* ˈdəʊˌ-] → donor 1.

done [dʌn] **I** *pp von* do[1]. **II** *adj* **1.** getan: it isn't ~, it isn't the ~ thing so etwas tut man nicht, das gehört sich nicht; it is ~, it is the ~ thing es gehört zum guten Ton; → well[1] 2. **2.** erledigt: to get s.th. ~ etwas erledigen (lassen); he gets things ~ er bringt etwas zuwege. **3.** *econ.* bezahlt. **4.** *gastr.* gar: well ~ durchgebraten. **5.** *colloq.* fertig: I am ~ with it ich bin fertig damit; to have ~ with a) fertig sein mit (*a. fig. mit j-m*), b) nichts mehr zu tun haben wollen mit, c) nicht mehr brauchen; → do for 1. **6.** → do[1] 21, do in 1 a, do up 5 a. **7.** *in Urkunden*: gegeben, ausgefertigt: ~ at New York. **8.** ~! abgemacht!, topp!

do·nee [dəʊˈniː] *s jur.* Schenkungsempfänger(in), Beschenkte(r *m*) *f.*

dong [dɔːŋ; dɑŋ] *s Am. vulg.* ‚Schwanz' *m* (*Penis*).

don·jon [ˈdɒndʒən; *Am.* ˈdɑn-] *s* Donˈjon *m*, Hauptturm *m* (*der normannischen Burg*).

don·key [ˈdɒŋkɪ; *Am. a.* ˈdɑŋ-] **I** *s* **1.** Esel *m* (*a. fig. contp. Dummkopf*): ~'s years *Br. colloq.* e-e ‚Ewigkeit', lange Zeit. **2.** *colloq. für* donkey engine. **3.** *Am.* Esel *m*: a) *Symbol der Demokratischen Partei der USA*, b) *fig. Bezeichnung dieser Partei.* **II** *adj* **4.** Hilfs...: ~ boiler Donkey *m*, Hilfskessel *m.* **~ en·gine** *s tech.* ˈHilfsmaˌschine *f.* **~ jack·et** *s Br.* dicke (Arbeits)Jacke. **ˈ~man** [-mən] *s irr* Bedienungsmann *m* e-r ˈHilfsmaˌschine. **ˈ~work** *s colloq.* Dreck(s)arbeit *f.*

don·nish [ˈdɒnɪʃ; *Am.* ˈdɑ-] *adj* (*adv* ~ly) **1.** gelehrt, wissenschaftlich. **2.** belehrend (*Ton etc*).

don·ny·brook [ˈdɒnɪbrʊk; *Am.* ˈdɑ-] *s* **1.** wüste Raufeˈrei. **2.** heftige Auseinˈandersetzung (*in der Presse etc*).

do·nor [ˈdəʊnə(r)] *s* **1.** Schenker(in) (*a. jur.*), Spender(in), Stifter(in). **2.** *med.* (*bes.* Blut-, Orˈgan)Spender(in). **~ card** *s* Orˈganspenderausweis *m.*

ˈdo-ˌnoth·ing I *s* Faulenzer(in), Nichtstuer(in). **II** *adj* nichtstuerisch, faul.

Don Quix·ote [ˌdɒnˈkwɪksət; ˌdɒnkɪˈhəʊtɪ; *Am.* ˌdɑn-] *s* Don Quiˈchotte *m* (*weltfremder Idealist*).

don't [dəʊnt] **I 1.** *colloq. für* do not. **2.** *sl. für* does not. **II** *s* **3.** *pl colloq.* Verbote *pl*: → do[2] 4. **~ know** *s* a) *j-d, der* (*bei e-r Umfrage*) *keine Meinung hat*, b) Unentschiedene(r *m*) *f*, *bes.* unentschiedener Wähler.

doo·dah [ˈduːdɑː] *s Br. colloq.* ‚Dingsbums' *n.*

doo·dle [ˈduːdl] **I** *s* Gekritzel *n*, gedankenlos ˈhingekritzelte Fiˈgur(en *pl*). **II** *v/i* etwas gedankenlos ˈhinkritzeln, ‚Männchen malen'.

doo·dle·bug [ˈduːdlbʌg] *s* **1.** Wünschelrute *f.* **2.** *Br. colloq.* V 1 *f* (*im 2. Weltkrieg*). **3.** *zo. Am.* Ameisenlöwe *m* (*Larve der Ameisenjungfern*).

doo·hick·ey [ˈduːˌhɪkiː] *s Am. colloq.* ‚Dingsbums' *n.*

doom [duːm] **I** *s* **1.** Schicksal *n*, Los *n*, (*bes.* böses) Geschick, Verhängnis *n*: he met his ~ sein Schicksal ereilte ihn. **2.** a) Verderben *n*, ˈUntergang *m*: to send s.o. to his ~ j-n ins Verderben stürzen, b) Tod *m.* **3.** a) *hist.* Gesetz *n*, Erlaß *m*, b) *obs.* Urteilsspruch *m*, (*bes.* Verdammungs)Urteil *n*, c) *fig.* Todesurteil *n.* **4.** the day of ~ *relig.* der Tag des Gerichts, das Jüngste Gericht; → crack 1. **II** *v/t* **5.** *a. fig.* verurteilen, verdammen (to zu; to do zu tun): to ~ to death.

doomed *adj* **1.** verloren, dem ˈUntergang geweiht: the ~ train der Unglückszug. **2.** *fig.* verurteilt, verdammt (to zu; to do zu tun): ~ to wait; ~ to failure (*od.* to fail) zum Scheitern verurteilt.

dooms·day [ˈduːmzdeɪ] *s* Jüngstes Gericht, Weltgericht *n*: till ~ *colloq.* bis zum Jüngsten Tag. **D~ Book** → Domesday Book.

doom·ster [ˈduːmstə(r)] *s* ˈWeltˌuntergangsproˌphet *m.*

door [dɔː(r)] *s* **1.** Tür *f.* **2.** Tor *n*, Pforte *f* (*beide a. fig.*): the ~ to success. **3.** a) Ein-, Zugang *m*, b) Ausgang *m.* **4.** Wagentür *f*, (Wagen)Schlag *m.* **5.** *mar.* Luke *f.*

Besondere Redewendungen:

from ~ to ~ von Haus zu Haus; out of (*od.* without) ~s a) ins Freie, hinaus,

b) im Freien, draußen; **within ~s** a) im Haus, drinnen, b) ins Haus, hinein; **the enemy is at our ~** der Feind steht vor den Toren; **he lives two ~s down the street** er wohnt zwei Türen *od.* Häuser weiter; **next ~** nebenan, im nächsten Haus *od.* Raum; **next ~ to** *fig.* beinahe, fast, so gut wie; **this is next ~ to a miracle** das ist beinahe ein Wunder, das grenzt an ein Wunder; **to lay s.th. at s.o.'s ~** j-m etwas zur Last legen; **to lay the blame at s.o.'s ~** j-m die Schuld zuschieben; **the fault lies at his ~** er trägt die Schuld; **to bang** (*od.* **close, shut**) **the ~ on** a) *j-n* abweisen, b) *etwas* unmöglich machen; **to show s.o. the ~, to turn s.o. out of ~s** j-m die Tür weisen, j-n hinauswerfen; **to open the ~ to s.o.** j-n hereinlassen, j-m (die Tür) öffnen; **to open a ~ to** (*od.* **for**) **s.th.** etwas ermöglichen *od.* möglich machen, *contp. a. e-m Mißbrauch etc* Tür u. Tor öffnen; **to throw the ~ open to** *fig.* alle Türen öffnen (*dat*); **packed to the ~s** voll (besetzt); → **darken** 1, **death** 2.

ˈdoor|·bell *s* Türklingel *f*, -glocke *f*. **ˈ~·case** *s tech.* Türeinfassung *f*, -futter *n*, -zarge *f*. **~ chain** *s* Sicherheitskette *f*. **~ clos·er** *s* Türschließer *m*: **automatic ~** Selbstschließer *m*.

ˌdo-or-ˈdie *adj*: **~ spirit** Entschlossenheit *f* bis zum äußersten.

ˈdoor|·frame *s* Türrahmen *m*. **~ han·dle** *s* Türgriff *m*, -klinke *f*. **ˈ~ˌkeep·er** *s* Pförtner *m*. **ˈ~-key child** *s* Schlüsselkind *n*. **ˈ~·knob** *s* Türknopf *m*, -griff *m*. **ˈ~ˌknock·er** *s* Türklopfer *m*. **ˈ~·man** [-mæn; -mən] *s irr* (liˈvrierter) Portiˈer. **~ mat** *s* **1.** Türmatte *f*, (Fuß)Abtreter *m*. **2.** *colloq.* ‚Fußabtreter' *m*. **~ mon·ey** *s* Eintrittsgeld *n*. **ˈ~·nail** *s* Türnagel *m*: → **dead** 1. **~ o·pen·er** *s* **1.** Türöffner *m* (*Vorrichtung*). **2.** *econ. Am.* Werbegeschenk *n* (*e-s Hausierers*). **ˈ~·plate** *s* Türschild *n*. **ˈ~·post** *s* Türpfosten *m*. **~ scrap·er** *s* Fußabstreifer *m* (*aus Metall*). **ˈ~·step** *s* Stufe *f* vor der Haustür, Türstufe *f*: **at** (*od.* **on**) **s.o.'s ~** vor j-s Tür (*a. fig.*). **ˈ~·stop** *s* Anschlag *m* (*e-r Tür*). **ˌ~-to-ˈ~** *adj* von Haus zu Haus: **~ collection** Haussammlung *f*; **~ salesman** a) Hausierer *m*, b) Vertreter *m*; **~ selling** Verkauf *m* an der Haustür. **ˈ~·way** *s* **1.** Torweg *m*. **2.** Türöffnung *f*, (Tür)Eingang *m*. **3.** *fig.* Weg *m*: **to be a ~ to** führen zu. **ˈ~ˌyard** *s Am.* Vorgarten *m*.

dop[1] [dɒp; *Am.* dɑp] *s tech.* Diaˈmantenschleifer *m* (*beim Schleifen*).

dop[2] [dɒp; *Am.* dɑp] *s* Kapbranntwein *m*.

dope [dəʊp] **I** *s* **1.** dicke Flüssigkeit, Schmiere *f*. **2.** a) *tech.* Wirkstoff *m*, Addiˈtiv *n*, Zusatzmittel *n*, b) *electr.* Doˈtiermittel *n*. **3.** *Textil.* Spannlack *m*. **4.** *colloq.* a) ‚Stoff' *m*, Rauschgift *n*, b) *Am.* Rauschgiftsüchtige(r *m*) *f*. **5.** a) *sport* Dopingmittel *n*, b) *sport* leistungshemmendes Präpaˈrat, c) Betäubungsmittel *n*. **6.** *sl.* Idiˈot *m*, Trottel *m*. **7.** *sl.* a) *oft* **inside ~** (vertrauliche) Informatiˈonen *pl*, Geheimtip(s *pl*) *m*, b) *allg.* Information(en *pl*) *f*, Materiˈal *n*: **to get the ~ on** alles in Erfahrung bringen über (*acc*). **II** *v/t* **8.** *electr.* doˈtieren. **9.** e-n Wirkstoff zusetzen (*dat*), *dem Benzin* ein Zusatzmittel beigeben. **10.** *colloq. j-m* ‚Stoff' geben. **11.** a) *sport* dopen, b) *bes. e-m Pferd* ein leistungshemmendes Präpaˈrat geben, c) *ein Getränk etc* präpaˈrieren, (*dat*) ein Betäubungsmittel ˈuntermischen, d) *fig.* einschläfern, -lullen. **12.** *meist* **~ out** *Am. sl.* a) herˈausfinden, ausfindig machen, b) ausknobeln, c) ausarbeiten: **to ~ out a plan.** **~ ad·dict, ~ fiend** *s colloq.* Rauschgiftsüchtige(r *m*) *f*. **~ ring** *s colloq.* Ring *m* von Rauschgifthändlern. **ˈ~·sheet** *s sport sl.* Bericht *m* (*über Rennpferde*). **~ test** *s Sportmedizin*: ˈDopingkonˌtrolle *f*.

dope·y [ˈdəʊpɪ] *adj colloq.* **1.** benommen, benebelt. **2.** blöd, ‚dämlich', ‚doof'.

ˈdop·ing *s sport* Doping *n*.

dop·pel·gäng·er [ˈdɒplˌgæŋə(r)] *s* Doppelgänger *m*: a) *psych. halluzinatorisch od. visionär wahrgenommene eigene Person in der Außenwelt*, b) (*Okkultismus*) *Erscheinung der eigenen Person, die als Teil der vom Körper zeitweilig losgetrennten verstofflichten Seele aufgefaßt wird.*

Dop·pler ef·fect [ˈdɒplə; *Am.* ˈdɑplər] *s phys.* ˈDoppleref̦ˌfekt *m*.

dop·y → **dopey**.

dor [dɔː(r)] → **dorbeetle**.

do·ra·do [dəˈrɑːdəʊ] *pl* **-dos** *s* **1.** *ichth.* ˈGoldmaˌkrele *f*. **2.** **D~** *astr.* Schwertfisch *m* (*südliches Sternbild*).

dor·bee·tle [ˈdɔː(r)ˌbiːtl] *s zo.* **1.** Mist-, Roßkäfer *m*. **2.** ‚Brummer' *m*, Brummkäfer *m*, *bes.* Maikäfer *m*.

Do·ri·an [ˈdɔːrɪən] **I** *adj* dorisch: **~ mode** *mus.* dorischer Kirchenton, dorische Tonart. **II** *s hist.* Dorier(in).

Dor·ic [ˈdɒrɪk; *Am. a.* ˈdɑrɪk] **I** *adj* **1.** dorisch: **~ order** *arch.* dorische (Säulen)Ordnung. **2.** breit, derb (*Dialekt*). **II** *s* **3.** *hist.* Dorisch *n*, dorischer Diaˈlekt. **4.** breiter *od.* derber Diaˈlekt.

Dor·king [ˈdɔː(r)kɪŋ] *s zo.* Dorkinghuhn *n*.

dorm [dɔː(r)m] *colloq. für* **dormitory**.

dor·man·cy [ˈdɔː(r)mənsɪ] *s* Schlaf(zustand) *m*, (*a. bot.* Knospen- *od.* Samen-) Ruhe *f*. **ˈdor·mant** *adj* **1.** schlafend (*a. her.*). **2.** *fig.* ruhend (*a. bot.*), untätig: **~ volcano** untätiger Vulkan; **to lie ~** ruhen (→ 5, 7). **3.** *zo.* Winterschlaf haltend. **4.** träge, schläfrig. **5.** *fig.* schlummernd, verborgen, laˈtent: **~ talent** schlummerndes Talent; **to lie ~** schlummern, verborgen liegen (→ 2, 7). **6.** *jur.* ruhend, nicht ausgenutzt *od.* beansprucht: **~ title.** **7.** *a. econ.* ungenutzt, brach(liegend): **~ faculties**; **~ account** umsatzloses Konto; **~ capital** totes Kapital; **to lie ~** a) brachliegen, b) *econ.* sich nicht verzinsen (→ 2, 5); → **partner** 2, **partnership** 1.

dor·mer [ˈdɔː(r)mə(r)] *s arch.* a) (Dach-) Gaupe *f*, (-)Gaube *f*, b) *a.* **~ window** stehendes Dachfenster.

dor·mie → **dormy**.

dor·mi·to·ry [ˈdɔːmɪtrɪ; *Am.* ˈdɔːrməˌtəʊriː; -ˌtɔː-] *s* **1.** Schlafsaal *m*. **2.** (*bes.* Stuˈdenten)Wohnheim *n*. **~ sub·urb, ~ town** *s* Schlafstadt *f*.

dor·mouse [ˈdɔː(r)maʊs] *s irr zo.* Schlafmaus *f*: **common ~** Haselmaus *f*; → **sleep** 1.

dor·my [ˈdɔː(r)mɪ] *adj Golf*: dormy, dormie (*mit so viel Löchern führend, wie noch zu spielen sind*): **to stay ~ 5** dormy 5 stehen.

dorp [dɔːp] *s S. Afr.* a) Kleinstadt *f*, b) Dorf *n*.

dors- [dɔː(r)s] → **dorsi-**.

dor·sa [ˈdɔː(r)sə] *pl von* **dorsum**.

dor·sal [ˈdɔː(r)sl] **I** *adj* **1.** *anat. zo.* dorˈsal, Rücken..., Dorsal...: **~ fin** a) → 5, b) *aer.* Seitenflosse *f*; **~ vertebra** → 4 a. **2.** *bot.* dorˈsal, rückenständig. **3.** *Phonetik*: dorˈsal, Dorsal...: **~ sound.** **II** *s* **4.** *anat.* a) Rückenwirbel *m*, b) Rückennerv *m*. **5.** *zo.* Rückenflosse *f*. **6.** *Phonetik*: Dorˈsal *m*. **ˈdor·sal·ly** [-səlɪ] *adv med. zo.* dorˈsal (*a. Phonetik*), am Rücken, dem Rücken zu.

dorsi- [dɔː(r)sɪ] *Wortelement mit der Bedeutung* Rücken...

dor·sif·er·ous [dɔː(r)ˈsɪfərəs] *adj* **1.** *bot.* die Sporen auf der ˈBlattˌunterseite tragend. **2.** *zo.* die Eier *od.* Jungen auf dem Rücken tragend. **ˌdor·siˈven·tral** [-ˈventrəl] *adj* (*adv* **~ly**) **1.** *bot. zo.* dorsiˈvenˈtral, einachsig symˈmetrisch. **2.** → **dorsoventral** 1.

dorso- [dɔː(r)səʊ] → **dorsi-**.

dor·so·ven·tral [ˌdɔː(r)səʊˈventrəl] *adj* (*adv* **~ly**) **1.** *anat. biol.* dorsovenˈtral, vom Rücken zum Bauch hin gelegen. **2.** → **dorsiventral** 1.

dor·sum [ˈdɔː(r)səm] *pl* **-sa** [-sə] *s anat. zo.* Rücken *m*: **~ of the foot (hand, nose)** Fuß-(Hand-, Nasen)rücken.

do·ry[1] [ˈdɔːrɪ] *s mar.* Dory *n* (*kleines Boot*).

do·ry[2] [ˈdɔːrɪ] → **John Dory**.

dos·age [ˈdəʊsɪdʒ] *s* **1.** Doˈsierung *f*, Verabreichung *f* (*von Arznei*) in Dosen. **2.** → **dose** 1 *u.* 2.

dose [dəʊs] **I** *s* **1.** *med.* Dosis *f*, (Arzˈnei)Gabe *f*: **~ of radiation** Strahlen-, Bestrahlungsdosis. **2.** *fig.* Dosis *f*, Portiˈon *f*: **a heavy ~ of sarcasm** e-e kräftige Dosis Sarkasmus; **to give s.o. a ~ of flattery** j-m ganz schön schmeicheln. **3.** Zuckerzusatz *m* (*in Sekt etc*). **4.** *a.* **~ of clap** *med. sl.* Tripper *m*. **II** *v/t* **5.** *Arznei etc* doˈsieren, in Dosen verabreichen: **dosing machine** Dosiermaschine *f*. **6.** *j-m* Dosen verabreichen, Arzˈnei geben: **to ~ s.o. with** a) j-n behandeln *od.* kurieren mit, b) j-m *e-e Strafe etc* ‚verpassen'. **7.** *dem Sekt etc* Zucker zusetzen.

do·sim·e·ter [dəʊˈsɪmɪtə(r)] *s med.* Dosiˈmeter *n* (*zur Bestimmung der Bestrahlungsdosis*). **doˈsim·e·try** [-trɪ] *s med.* Dosimeˈtrie *f* (*Bestimmung der Bestrahlungsdosis*).

doss [dɒs; *Am.* dɑs] *Br. sl.* **I** *s* **1.** Schlafplatz *m*. **2.** Schlaf *m*. **3.** → **dosshouse**. **II** *v/i* **4.** *oft* **~ down** ‚pennen' (*schlafen*).

dos·ser[1] [ˈdɒsə; *Am.* ˈdɑsər] *s* Rücken(trag)korb *m*.

doss·er[2] [ˈdɒsə; *Am.* ˈdɑsər] *s bes. Br. sl.* **1.** ‚Pennbruder' *m*. **2.** → **dosshouse**.

ˈdoss·house *s bes. Br. sl.* ‚Penne' *f* (*billige Pension*).

dos·si·er [ˈdɒsɪeɪ; *Am.* ˈdɑ-] *s* Dossiˈer *n*, Akten *pl*: **to keep a ~ on** ein Dossier angelegt haben über (*acc*).

dost [dʌst] *obs. od. poet. 2. sg pres von* **do[1]**: **thou ~.**

dot[1] [dɒt; *Am.* dɑt] *s jur.* Dos *f*, Mitgift *f*.

dot[2] [dɒt; *Am.* dɑt] **I** *s* **1.** Punkt *m* (*a. mus. u. Morsen*), Pünktchen *n*, Tüpfelchen *n*: *the car moved away* **until it became only a ~ in the distance** bis es nur noch als Punkt zu sehen war; **correct to a ~** *colloq.* aufs Haar *od.* bis aufs i-Tüpfelchen (genau); **to come on the ~** *colloq.* auf die Sekunde pünktlich kommen; **at eight o'clock on the ~** *colloq.* Punkt 8 Uhr; → **day** 3, **year** 1. **2.** Tupfen *m*, kleiner Fleck. **3.** → **decimal point.** **II** *v/t* **4.** punkˈtieren, pünkteln: **~ted line** punktierte Linie (*für Unterschrift*); **to sign on the ~ted line** a) unterschreiben, b) (formell *od.* bedingungslos) zustimmen. **5.** *i u. j* mit dem i-Punkt versehen, den i-Punkt machen auf (*acc*): **to ~ the** (*od.* **one's**) **i's (and cross the** [*od.* **one's**] **t's)** *fig.* penibel *od.* peinlich genau sein. **6.** tüfteln. **7.** *fig.* sprenkeln, überˈsäen: **a meadow ~ted with flowers.** **8.** verstreuen. **9.** *Br. sl.* schlagen: **he ~ted him one** ‚er langte *od.* knallte ihm eine'.

dot·age [ˈdəʊtɪdʒ] *s* **1.** (*geistige*) Altersschwäche, Seniliˈtät *f*: **to be in one's ~** senil *od.* kindisch sein, in s-r ‚zweiten Kindheit' sein. **2.** Vernarrtheit *f* (**on, upon** in *acc*).

ˌdot-and-ˈdash *adj* **1.** Morse... **2.** aus Strichen u. Punkten: **~ line.**

do·tard [ˈdəʊtə(r)d] *s* seˈniler Mensch.

ˌdot-ˈdash → **dot-and-dash**.

dote [dəʊt] *v/i* **1.** (**on, upon**) vernarrt sein (in *acc*): a) abgöttisch lieben (*acc*), b) schwärmen (für). **2.** kindisch *od.* seˈnil sein. **3.** (ver)faulen (*Baum etc*).

doth [dʌθ] *obs. od. poet. 3. sg pres von* **do**[1].

dot·ing [ˈdəʊtɪŋ] *adj* (*adv* **~ly**) **1.** vernarrt (**on** in *acc*): **he is a ~ husband** er liebt s-e Frau abgöttisch. **2.** kindisch, seˈnil. **3.** altersschwach (*Baum etc*).

dot·ter·el [ˈdɒtrəl; *Am.* ˈdɑtərəl] *s* **1.** *orn.* Moriˈnell(regenpfeifer) *m.* **2.** *Br. dial.* a) Gimpel *m*, b) Trottel *m.*

dot·tle [ˈdɒtl; *Am.* ˈdɑtl] *s* Tabakrest *m* (*im Pfeifenkopf*).

dot·trel [ˈdɒtrəl; *Am.* ˈdɑ-] → **dotterel.**

dot·ty [ˈdɒtɪ; *Am.* ˈdɑ-] *adj* **1.** punkˈtiert. **2.** gepünktelt, getüpfelt. **3.** *colloq.* unsicher, wack(e)lig (**on one's legs** auf den Beinen). **4.** *colloq.* a) ‚bekloppt', verrückt, b) (**about**) verrückt (nach), vernarrt (in *acc*).

dou·ble [ˈdʌbl] **I** *adj* (*adv* → **doubly**) **1.** a) doppelt, Doppel..., zweifach: **~ function**; **~ bottom** doppelter Boden, *mar.* Doppelboden *m*; **~ the value** der zweifache *od.* doppelte Wert; **to give a ~ knock** zweimal klopfen, b) doppelt so groß wie: **produced in quantities ~ the prewar output**, c) *med.* doppelseitig: **~ pneumonia.** **2.** Doppelt..., verdoppelt, verstärkt: **~ beer** Starkbier *n.* **3.** Doppel..., für zwei bestimmt: **~ bed** Doppelbett *n*; **~ room** Doppel-, Zweibettzimmer *n.* **4.** gepaart, Doppel...: **~ door** a) Doppeltür *f*, b) Flügeltür *f*; **~ nozzle** *tech.* Doppel-, Zweifachdüse *f.* **5.** *bot.* gefüllt, doppelt. **6.** *mus.* e-e Okˈtave tiefer (klingend), Kontra... **7.** zweideutig. **8.** unaufrichtig, falsch. **9.** gekrümmt.

II *adv* **10.** doppelt, noch einmal: **~ as long.** **11.** doppelt, zweifach: **to play (at) ~ or quit(s)** alles riskieren *od.* aufs Spiel setzen; **to see ~** doppelt sehen. **12.** paarweise, zu zweit: **to sleep ~.** **13.** unaufrichtig, falsch.

III *s* **14.** (*das*) Doppelte *od.* Zweifache. **15.** Gegenstück *n*: a) Ebenbild *n*, b) Doppel *n*, Dupliˈkat *n* (*a. Abschrift*). **16.** a) Double *n*, Doppelgänger(in), b) → **doppelgänger.** **17.** a) Falte *f*, b) Windung *f.* **18.** a) plötzliche Kehrtwendung, b) Haken *m*: **to give s.o. the ~** j-m ‚durch die Lappen gehen'. **19.** *mil.* Schnellschritt *m*: **at the ~** im Schnellschritt. **20.** Trick *m*, Winkelzug *m.* **21.** a) *thea.* zweite Besetzung, b) *Film*, *TV*: Double *n*, c) *thea. etc* Schauspieler, der e-e Doppelrolle spielt. **22.** *meist pl Tennis etc*: Doppel *n*: **a ~s match** ein Doppel; **~s court** Doppelfeld *n*; **~s partner** Doppelpartner(in); **men's ~s** Herrendoppel. **23.** *sport* a) Doppelsieg *m*, b) Doppelniederlage *f.* **24.** *Bridge etc*: a) Doppeln *n*, b) Karte, die Doppeln gestattet. **25.** Doppelwette *f.* **26.** *astr.* Doppelstern *m.*

IV *v/t* **27.** verdoppeln (*a. mus.*), verzweifachen. **28.** um das Doppelte überˈtreffen. **29.** *oft* **~ up** a) *Papier etc* kniffen, falten, *Bettdecke etc* ˈum-, zuˈrückschlagen, b) zs.-falten, -legen, c) *die Faust* ballen: → **double up** 2. **30.** umˈsegeln, umˈschiffen. **31.** *Bridge etc*: *das Gebot* doppeln. **32.** a) *Film*, *TV*: als Double einspringen für, *j-n* doubeln, b) **to ~ the parts of ... and ...** *thea. etc* ... und ... in e-r Doppelrolle spielen. **33.** *Spinnerei*: douˈblieren.

V *v/i* **34.** sich verdoppeln. **35.** sich (zs.-)falten (lassen). **36.** a) plötzlich kehrtmachen, b) e-n Haken schlagen. **37.** Winkelzüge machen. **38.** doppelt verwendbar sein. **39.** a) **~ for** → 32 a, b) *thea. etc* e-e Doppelrolle spielen: **to ~ as ... and ...** → 32 b. **40.** *mus.* zwei Instruˈmente spielen: **he ~s on ... and ...** er spielt ... und ... **41.** *Bridge*: doppeln. **42.** den Einsatz verdoppeln. **43.** a) *mil.* im Schnellschritt marˈschieren, b) *colloq.* sich beeilen.

Verbindungen mit Adverbien:

dou·ble|back I *v/t* → **double** 29 a, b. **II** *v/i* kehrtmachen. **~ up I** *v/t* **1.** → **double** 29. **2.** zs.-krümmen: **the pain doubled him up** er krümmte sich vor Schmerzen. **II** *v/i* **3.** → **double** 35. **4.** sich krümmen (**with** vor *dat*): **to ~ with pain**; **to ~ with laughter** sich vor Lachen biegen *od.* krümmen. **5.** das Zimmer *etc* gemeinsam benutzen, in ˈeinem Bett schlafen: **to ~ on s.th.** sich etwas teilen.

ˈdou·ble|-ˌact·ing *adj tech.* doppeltwirkend: **~ door** Schwingtür *f*; **~ fuse** *mil.* Doppelzünder *m.* **~ ac·tion** *s tech.* Doppelwirkung *f.* **ˈ~-ˌac·tion** → **double-acting.** **~ al·bum** *s mus.* Doppelalbum *n.* **~ bar** *s mus.* Doppel-, Schlußstrich *m.* **ˈ~-ˌbar·rel(l)ed** *adj* **1.** doppelläufig: **~ gun** Doppelflinte *f*, Zwilling *m.* **2.** zweifach: **a ~ desire**; **~ name** *Br.* Doppelname *m.* **3.** zweideutig: **a ~ remark.** **~ bass** [beɪs] → **contrabass.** **~ bas·soon** *s mus.* ˈKontrafaˌgott *n.* **ˈ~-ˌbed·ded room** *s* Zweibettzimmer *n.* **~ bend** *s* **1.** S-Kurve *f.* **2.** *tech.* Doppelkrümmer *m.* **~ bill** *s* Doppelveranstaltung *f.* **~ bind** *s* ausweglose (Konˈflikt)Situatiˌon. **ˈ~-blind ex·per·i·ment** (*od.* **test**) *s pharm. psych.* Doppelblindversuch *m.* **~ boil·er** *s Am.* Turmtopf *m.* **~ bond** *s chem.* Äthyˈlenbindung *f.* **ˌ~ˈbreast·ed** *adj* zweireihig: **~ suit.** **~ check** *s* genaue Nachprüfung. **ˌ~-ˈcheck** *v/t u. v/i* genau nachprüfen. **~ chin** *s* Doppelkinn *n.* **ˌ~ˈchinned** *adj* mit Doppelkinn. **~ cloth** *s* Doppelgewebe *n.* **ˌ~-ˈclutch** *v/i mot. Am.* mit Zwischengas schalten. **~ col·umn** *s* Doppelspalte *f* (*in der Zeitung*): **in ~s** zweispaltig. **ˌ~ˈcon·cave** *adj* bikonˈkav. **~ con·scious·ness** *s psych.* Doppelbewußtsein *n.* **ˌ~ˈcon·vex** *adj* bikonˈvex. **~ cross** *s* **1.** *colloq.* doppeltes *od.* falsches Spiel. **2.** *biol.* Doppelkreuzung *f.* **ˌ~-ˈcross** *v/t colloq.* ein doppeltes *od.* falsches Spiel treiben mit. **ˌ~-ˈcross·er** *s colloq.* falscher Kerl. **ˈ~-cut file** *s tech.* Doppelhiebfeile *f.* **~ dag·ger** *s print.* Doppelkreuz *n.* **~ date** *s* ˈDoppelrendezˌvous *n* (*zweier Paare*). **ˌ~-ˈdeal·er** *s* Betrüger *m.* **ˌ~-ˈdeal·ing I** *adj* betrügerisch. **II** *s* Betrug *m.* **ˌ~-ˈdeck·er** *s* **1.** Doppeldecker *m* (*Schiff, Flugzeug, Autobus etc*). **2.** *colloq.* a) Eˈtagenbett *n*, b) zweistöckiges Haus, c) Roˈman *m* in zwei Bänden, d) Doppelsandwich *n.* **ˌ~-deˈclutch** *Br.* → **double-clutch.** **ˈ~-ˌdot·ted** *adj mus.* doppelt punkˈtiert (*Note*). **~ Dutch** *s colloq.* Kauderwelsch *n*: **to talk ~**; **it was ~ to me** das waren für mich böhmische Dörfer. **ˌ~-ˈdyed** *adj* **1.** zweimal gefärbt. **2.** *fig.* eingefleischt, Erz...: **~ villain** Erzgauner *m.* **~ ea·gle** *s* **1.** *her.* Doppeladler *m.* **2.** *Am. hist.* goldenes *20-Dollar-Stück.* **ˌ~-ˈedged** *adj* **1.** zweischneidig (*a. fig.*): **a ~ sword.** **2.** *fig.* zweideutig. **~ en·ten·dre** [ˌduːblɑ̃ːnˈtɑ̃ːndrə] *s* Doppel-, Zweideutigkeit *f*, *bes.* Anzüglichkeit *f*: a) doppel- *od.* zweideutiger, *bes.* anzüglicher Sinn, b) doppel- *od.* zweideutige, *bes.* anzügliche Äußerung *etc.* **~ en·try** *s econ.* **1.** doppelte Buchung. **2.** doppelte Buchführung. **~ ex·po·sure** *s phot.* **1.** Doppelbelichtung *f.* **2.** doppelt belichtetes Foto. **ˈ~-faced** *adj* **1.** heuchlerisch, unaufrichtig, falsch. **2.** doppelgesichtig. **3.** doppelseitig, wendbar: **~ cloth.** **~ fault** *s Tennis*: Doppelfehler *m.* **ˌ~-ˈfault** *v/i Tennis*: e-n Doppelfehler machen: **he ~ed** ihm unterlief ein Doppelfehler. **~ fea·ture** *s Film*: ˈDoppelproˌgramm *n* (*2 Spielfilme in jeder Vorstellung*). **~ first** *s univ. Br. mit Auszeichnung od. „sehr gut" erworbener* **honours degree** *in zwei Fächern.* **~ foul** *s Basketball*: Doppelfoul *n.* **~ fugue** *s mus.* Doppelfuge *f.* **ˈ~ˌgang·er** → **doppelgänger.** **~ har·ness** *s* Doppelgespann *n*: **to be in ~** *colloq.* verheiratet sein. **ˈ~ˌhead·er** *s* **1.** von zwei Lokomoˈtiven gezogener Zug. **2.** *sport Am.* Doppelveranstaltung *f.* **~ he·lix** *s chem.* Doppelhelix *f.* **~ in·dem·ni·ty** *s Am.* Verdoppelung *f* der Versicherungssumme (*bei Unfalltod*). **ˌ~-ˈjoint·ed** *adj* mit Gummigelenken (*Artist etc*). **ˌ~-ˈlead·ed** [-ˈledɪd] *adj print.* doppelt durchˈschossen. **~ life** *s irr* Doppelleben *n.* **ˌ~-ˈlock** *v/t* a) doppelt verschließen, b) zweimal abschließen. **~ mag·num** *s* große Weinflasche, (*etwa*) Vierˈliterflasche *f.* **~ mean·ing** → **double entendre.** **ˌ~-ˈmind·ed** *adj* **1.** wankelmütig, unentschlossen. **2.** unaufrichtig. **~ mur·der** *s* Doppelmord *m.* **~ neg·a·tive** *s ling.* doppelte Verneinung. **~ nel·son** *s Ringen*: Doppelnelson *m.*

ˈdou·ble·ness *s* **1.** (*das*) Doppelte, Dupliziˈtät *f.* **2.** Falschheit *f*, Doppelzüngigkeit *f*, Unaufrichtigkeit *f*, Heucheˈlei *f.* **3.** Unentschiedenheit *f.*

ˌdou·ble|-ˈpark *v/t u. v/i mot.* in zweiter Reihe parken. **~ play** *s Baseball*: Doppelaus *n.* **~ point** *s math.* Doppelpunkt *m* (*e-r Kurve*). **ˌ~-ˈquick I** *s* → **double time.** **II** *adj*: **in ~ time** → III. **III** *adv colloq.* im Eiltempo, fix.

ˈdou·bler *s* **1.** Verdoppler(in). **2.** *electr.* (Freˈquenz)Verdoppler *m.* **3.** *Spinnerei*: a) Duˈblierer *m*, b) Duˈbliermaˌschine *f*, c) Drucktuch *n.*

dou·ble| reed *s mus.* doppeltes Rohrblatt. **~ salt** *s chem.* Doppelsalz *n.* **~ sauce·pan** *s Br.* Turmtopf *m.* **ˈ~-ˌseat·er** *bes. aer.* **I** *s* Zweisitzer *m.* **II** *adj* Zweisitzer..., zweisitzig. **~ sharp** *s mus.* Doppelkreuz *n.* **ˌ~-ˈspace** *v/t u. v/i* mit zweizeiligem Abstand schreiben *od.* tippen: **~d** mit doppeltem Zeilenabstand, zweizeilig. **~ stand·ard** *s* doppelter Moˈralkodex: **to apply ~s** mit zweierlei Maß messen; **there is a ~ in our firm** in unserer Firma wird mit zweierlei Maß gemessen. **~ star** *s astr.* Doppelstern *m.* **ˌ~-ˈstop** *mus.* **I** *s* Doppelgriff *m* (*auf der Geige etc*). **II** *v/t* Doppelgriffe spielen auf (*dat*).

dou·blet [ˈdʌblɪt] *s* **1.** *hist.* (*Art*) Wams *n.* **2.** Paar *n* (*Dinge*). **3.** Duˈblette *f*: a) Dupliˈkat *n*, Doppelstück *n*, b) *print.* Doppelsatz *m*, c) *Edelstein aus 2 verkitteten Teilen.* **4.** Doppelform *f* (*e-s zweifach entlehnten Wortes*). **5.** *pl* Pasch *m* (*beim Würfeln*). **6.** *phys. tech.* Doppellinie *f.* **7.** *Optik*: Doppellinse *f.* **8.** *electr. Am.* ˈDipol(anˌtenne *f*) *m.*

dou·ble| take *s thea. etc* verzögerte Reaktiˈon (*in e-r unwahrscheinlichen od. überraschenden Situation*): **we did a ~ when** wir mußten zweimal hinschauen, als; wir konnten es zuerst gar nicht glauben, als. **~ talk** *s* a) ˈhinhaltendes *od.* nichtssagendes Gerede, b) doppelzüngiges Gerede, c) ‚Augen(aus)wischeˈrei' *f.* **~ tax·a·tion** *s econ.* Doppelbesteuerung *f.* **ˈ~think** *s die Fähigkeit, zwei einander widersprechende Gesinnungen zu haben.* **~ thread** *s tech.* Doppelgewinde *n.* **ˌ~-ˈthread·ed** *adj tech.* **1.** gezwirnt. **2.** doppelgängig: **~ screw.** **~ time** *s* **1.** *mil. Am.* a) Schnellschritt *m*, b) langsamer Laufschritt: **in ~** *colloq.* im Eiltempo, fix. **2.** doppelter Lohn (*für Feiertagsarbeit etc*). **ˌ~-ˈtongued** *adj* doppelzüngig, falsch. **ˌ~-ˈtracked** *adj rail.* zweigleisig.

ˈdou·bling *s* **1.** Verdoppelung *f.* **2.** (Zs.-)Faltung *f.* **3.** a) Hakenschlagen *n*, b) Haken *m.* **4.** Winkelzug *m*, Kniff *m.*

dou·bloon [dʌbˈluːn] *s hist.* Duˈblone *f* (*spanische Goldmünze*).
dou·bly [ˈdʌblɪ] *adv* doppelt, zweifach.
doubt [daʊt] **I** *v/i* **1.** zweifeln (**of s.th.** an e-r Sache). **2.** zögern, schwanken, Bedenken haben.
II *v/t* **3.** (es) bezweifeln, (darˈan) zweifeln, nicht sicher sein (**whether, if** ob; **that** daß; *in verneinten u. fragenden Sätzen*: **that, but, but that** daß): **I ~ whether he will come** ich zweifle, ob er kommen wird; **I ~ that he can come** ich bezweifle es, daß er kommen kann; **I don't ~ that he will come** ich zweifle nicht daran, daß er kommen wird. **4.** bezweifeln, anzweifeln, zweifeln an (*dat*): **I almost ~ it** ich möchte es fast bezweifeln; **to ~ s.o.'s abilities** j-s Fähigkeiten bezweifeln. **5.** mißˈtrauen (*dat*), keinen Glauben schenken (*dat*): **to ~ s.o.'s words**. **6.** *obs. od. dial.* fürchten.
III *s* **7.** Zweifel *m* (**of** an *dat*; **about** ˈhinsichtlich; **that** daß): **no ~, without ~, beyond ~** zweifellos, ohne Zweifel, fraglos, sicher(lich); **in ~** im *od.* in Zweifel, im ungewissen (→ 9); **to be in ~ about** Zweifel haben an (*dat*); **to leave s.o. in no ~ about** j-n nicht im ungewissen *od.* Zweifel lassen über (*acc*); **there is no (not the smallest, little) ~ (that)** es besteht kein (nicht der geringste, kaum ein) Zweifel darüber(, daß); **to have no ~** (*od.* **not a ~**) **of** nicht zweifeln an (*dat*); **to have no ~ that** nicht bezweifeln, daß; **to make no ~** sicher sein, keinen Zweifel hegen; **it is not in any ~** darüber besteht kein Zweifel. **8.** a) Bedenken *n*, Besorgnis *f* (**about** wegen), b) Argwohn *m*: **to have some ~s left** noch einige Bedenken hegen; **to put in ~** fraglich *od.* fragwürdig erscheinen lassen; **to raise ~s** Zweifel aufkommen lassen. **9.** Ungewißheit *f*: **in ~** a) ungewiß, b) unschlüssig (→ 7); **if** (*od.* **when**) **in ~** im Zweifelsfall, wenn Sie sich nicht sicher sind; → **benefit** 4. **10.** *obs.* Schwierigkeit *f*, Proˈblem *n*.
ˈdoubt·er *s* Zweifler(in).
ˈdoubt·ful *adj* (*adv* **~ly**) **1.** zweifelhaft: a) unsicher, unklar, b) bedenklich, fragwürdig, c) ungewiß, unentschieden, unsicher, d) verdächtig, dubiˈos: **a ~ fellow**. **2.** zweifelnd, unsicher, unschlüssig: **to be ~ of** (*od.* **about**) zweifeln an (*dat*), im Zweifel sein über (*acc*); **to be ~ that** bezweifeln, daß. **ˈdoubt·ful·ness** *s* **1.** Zweifelhaftigkeit *f*: a) Unsicherheit *f*, b) Fragwürdigkeit *f*, c) Ungewißheit *f*. **2.** Unschlüssigkeit *f*. **ˈdoubt·ing** *adj* (*adv* **~ly**) **1.** zweifelnd, ˈmißtrauisch, argwöhnisch: → **Thomas** II. **2.** schwankend, unschlüssig. **ˈdoubt·less** *adv* **1.** zweifellos, ohne Zweifel, sicherlich. **2.** (ˈhöchst-) wahrˌscheinlich.
dou·ceur [duːˈsɜː; *Am.* -ˈsɜr] *s* **1.** a) (Geld)Geschenk *n*, b) Trinkgeld *n*. **2.** Bestechung(sgeld *n*) *f*. **3.** *obs.* Freundlichkeit *f*.
douche [duːʃ] **I** *s* **1.** Dusche *f*, Brause *f*: **cold ~** kalte Dusche (*a. fig.*). **2.** Dusch-, Brausebad *n*. **3.** *med.* a) (*bes.* Scheiden-) Spülung *f*, b) ˈSpülappaˌrat *m*, Irriˈgator *m*. **II** *v/t* **4.** (ab)duschen. **5.** *med.* (aus-) spülen. **III** *v/i* **6.** (sich) duschen. **7.** *med.* e-e Spülung machen.
dough [dəʊ] *s* **1.** Teig *m*. **2.** *weitS.* Teig *m*, teigartige Masse. **3.** *bes. Am. sl.* ‚Zaster' *m*, ‚Moˈneten' *pl* (*Geld*). **ˈ~·boy** *s colloq.* **1.** *bes. Br.* (gekochter) Mehlkloß. **2.** *mil. Am.* ‚Landser' *m* (*Infanterist*). **ˈ~·foot** *pl* **-feet, -foots** → **doughboy** 2. **ˈ~·nut** *s* Krapfen *m*, Berˈliner (Pfannkuchen) *m*. **ˈ~ˌnut tire** *s mot. Am.* großer Balˈlonreifen.
dought [daʊt] *pret von* **dow**.
dough·ti·ness [ˈdaʊtɪnɪs] *s obs. od. poet.* Mannhaftigkeit *f*. **ˈdough·ty** *adj* (*adv* **doughtily**) *obs. od. poet.* mannhaft, kühn, tapfer.
dough·y [ˈdəʊɪ] *adj* **1.** teigig, teigartig, weich. **2.** klitschig, nicht ˈdurchgebacken: **~ bread**. **3.** *fig.* teigig, wächsern: **~ face**.
Doug·las| fir [ˈdʌgləs], *a.* **~ hem·lock, ~ pine, ~ spruce** *s bot.* Douglastanne *f*, -fichte *f*.
dou·ma → **duma**.
dour [dʊə; *Am.* ˈdʊər; ˈdaʊər] *adj* (*adv* **~ly**) **1.** mürrisch. **2.** hart, streng. **3.** hartnäckig, halsstarrig, eigensinnig.
douse [daʊs] **I** *v/t* **1.** a) ins Wasser tauchen, eintauchen, *Wäsche etc* einweichen, b) Wasser schütten über (*acc*). **2.** *colloq. das Licht* auslöschen, ausmachen. **3.** *mar.* a) *das Segel* laufen lassen, b) *das Tauende* loswerfen, c) *e-e Luke* schließen.
douze·pers [ˈduːzpeə(r)z] *s pl* **1.** (*die*) zwölf Palaˈdine (*Karls des Großen*). **2.** *hist.* (*die*) zwölf Pairs Frankreichs.
dove[1] [dʌv] *s* **1.** *orn.* Taube *f*: **~ of peace** *fig.* Friedenstaube. **2.** *relig.* a) Taube *f* (*Symbol des Heiligen Geistes*), b) **D~** Heiliger Geist. **3.** Täubchen *n*, Liebling *m* (*Kosewort*). **4.** *pol.* ‚Taube' *f* (*gemäßigter Politiker*).
dove[2] [dəʊv] *Am. pret von* **dive**[1].
dove| col·o(u)r [dʌv] *s* Taubengrau *n*. **ˈ~-ˌcol·o(u)red** *adj* taubengrau. **ˈ~-cot(e)** *s* Taubenschlag *m*: **to flutter the ~s, to cause a flutter in the ~s** *fig.* a) sich als Bürgerschreck betätigen, b) die Pferde scheu machen, für einigen Wirbel sorgen. **ˈ~-eyed** *adj* sanftäugig. **ˈ~-like** *adj* sanft (wie e-e Taube).
ˈdove's-foot *s irr bot.* (*ein*) Storchschnabel *m*.
dove·tail [ˈdʌvteɪl] **I** *s* **1.** *tech.* Schwalbenschwanz *m*, Zinken *m*. **II** *v/t* **2.** *tech.* verschwalben, vernuten, verzinken. **3.** einfügen, -passen (**into** in *acc*). **4.** *fig.* abstimmen (**to** auf *acc*). **III** *v/i* **5.** (**into**) genau passen (in *acc*), genau angepaßt sein (*dat*). **6.** genau ineinˈanderpassen *od.* -greifen. **ˈdove·tailed** *adj tech.* a) durch Schwalbenschwanz verbunden, b) mit Zinken versehen, c) schwalbenschwanzförmig.
dove·tail| mo(u)ld·ing *s arch.* Schwalbenschwanzverzierung *f*. **~ plane** *s tech.* Grathobel *m*. **~ saw** *s tech.* Zinkensäge *f*.
dow [daʊ; dəʊ] *pret u. pp* **dowed** *od.* **dought** [daʊt] *Scot. od. Br. dial.* **I** *v/aux* können. **II** *v/i* blühen, gedeihen.
dow·a·ger [ˈdaʊədʒə(r)] *s* **1.** Witwe *f* (*bes.* von vornehmem Stand): **queen ~** Königinwitwe; **~ duchess** Herzoginwitwe. **2.** Maˈtrone *f*, würdevolle ältere Dame.
dow·di·ness [ˈdaʊdɪnɪs] *s* a) ˈUneleˌganz *f*, b) Schäbigkeit *f*, c) Schlampigkeit *f*. **ˈdow·dy I** *adj* (*adv* **dowdily**) **1.** a) schlecht- *od.* nachlässig gekleidet, schlampig, b) ˈuneleˌgant, c) ˈunmoˌdern, d) schäbig. **II** *s* **2.** nachlässig gekleidete Frau. **3.** *Am.* (*ein*) Apfelauflauf *m*. **ˈdow·dy·ish** *adj* ziemlich schlampig *od.* schäbig.
dow·el [ˈdaʊəl] *tech.* **I** *s* **1.** (Holz)Dübel *m*, Holzpflock *m*. **2.** (Wand)Dübel *m*. **II** *v/t* **3.** (ver)dübeln. **~ pin** → **dowel** 1.
dow·er [ˈdaʊə(r)] **I** *s* **1.** *jur.* Wittum *n*, Witwenleibgedinge *n*. **2.** *obs.* Mitgift *f*. **3.** Gabe *f*, Begabung *f*. **II** *v/t* **4.** ausstatten (*a. fig.*). **5.** *jur. j-m* ein Wittum geben.
dow·ie [ˈdaʊɪ; ˈdəʊɪ] *adj Br. dial.* schwermütig, melanˈcholisch.
Dow-Jones| av·er·age, ~ in·dex [ˌdaʊˈdʒəʊnz] *s econ.* Dow-Jones-Index *m* (*Aktienindex der New Yorker Börse*).
down[1] [daʊn] **I** *adv* **1.** nach unten, her-, hinˈunter, her-, hinˈab, ab-, niederwärts, zum Boden, zum Grund, (*in Kreuzworträtseln*) senkrecht: **three ~**; **~ from** fort von, von ... herab; **paralysed from the waist ~** von der Hüfte abwärts gelähmt; **~ to** bis hinunter *od.* hinab zu; **~ to our times** bis in unsere Zeit; **~ to the last detail** bis ins letzte Detail; **~ to the last man** bis zum letzten Mann; **from ... ~ to** von ... bis hinunter zu; **~ to the ground** *colloq.* vollständig, absolut, ganz u. gar; **to suit s.o. ~ to the ground** *colloq.* genau das richtige für j-n sein; **to be ~ on s.o.** *colloq.* a) über j-n herfallen, b) j-n ‚auf dem Kieker' haben. **2.** nieder...: → **burn down**, *etc.* **3.** (in) bar, soˈfort: **ten dollars ~** 10 Dollar (in) bar; → **pay down**. **4.** zu Paˈpier, nieder...: → **take down** 9, *etc.* **5.** vorgemerkt, angesetzt: **the Bill is ~ for the third reading today** heute steht die dritte Lesung der Gesetzesvorlage auf der Tagesordnung; **to be ~ for Friday** für Freitag angesetzt sein. **6.** von e-r großen Stadt (*in England*: von London) weg: **to go ~ to the country** aufs Land fahren; → **go down** 12. **7.** *bes. Am.* a) zu e-r großen Stadt hin, b) zur ˈEndstatiˌon hin, c) ins Geschäftsviertel. **8.** (nach Süden) hinˈunter. **9.** a) mit dem Strom, flußˈabwärts, b) mit dem Wind. **10.** *Br.* von der Universiˈtät: → **go down** 10, **send down** 2. **11.** nieder!: **~ with the capitalists!** nieder mit den Kapitalisten!; **~ on your knees!** auf die Knie (mit dir)! **12.** (dr)unten: **~ there** dort unten; **~ under** *colloq.* in *od.* nach Australien *od.* Neuseeland. **13.** unten (im Hause), aufgestanden: **he is not ~ yet** er ist noch oben *od.* im Schlafzimmer. **14.** ˈuntergegangen: **the sun is ~**. **15.** a) herˈuntergegangen, gefallen (*Preise*), b) billiger (*Waren*). **16.** gefallen (*Thermometer etc*): **~ by 10 degrees** um 10 Grad gefallen. **17.** *Br.* a) nicht in London, b) nicht an der Universiˈtät. **18.** a) nieder-, ˈhingestreckt, am Boden (liegend), b) *Boxen*: am Boden, ‚unten': **~ and out** k.o., *fig.* (*a. physisch od. psychisch*) ‚erledigt', ruiniert, c) erschöpft, ‚kaˈputt', ‚fix u. fertig', d) depriˈmiert, niedergeschlagen: → **mouth** 1, e) herˈuntergekommen, in elenden Verhältnissen (lebend): → **come down** 2, **heel**[1] *Bes. Redew.* **19.** bettlägerig: **to be ~ with influenza** mit Grippe im Bett liegen. **20.** *sport* (*um Punkte etc*) zuˈrück: **he was two points ~** er war *od.* lag 2 Punkte zurück.
II *adj* **21.** nach unten *od.* abwärts gerichtet, Abwärts...: **a ~ jump** ein Sprung nach unten. **22.** unten befindlich. **23.** depriˈmiert, niedergeschlagen. **24.** *Br.* von London abfahrend *od.* kommend: **~ train**; **~ platform** Abfahrtsbahnsteig *m* (*in London*). **25.** *bes. Am.* a) in Richtung nach e-r großen Stadt, b) zum Geschäftsviertel (hin), in die Stadtmitte. **26.** *colloq.* Bar...: → **down payment**.
III *prep* **27.** her-, hinˈunter, her-, hinˈab, entlang: **~ the hill** den Hügel hinunter; **~ the river** den Fluß hinunter, flußabwärts; **~ the middle** durch die Mitte; **~ the street** die Straße entlang *od.* hinunter. **28.** (in derˈselben Richtung) mit: **~ the wind** mit dem Wind. **29.** a) hinˈunter in (*acc*), b) hinˈein in (*acc*). **30.** unten an (*dat*): **further ~ the Rhine** weiter unten am Rhein. **31.** *zeitlich*: durch ... (hinˈdurch): → **age** 4.
IV *s* **32.** *fig.* a) Abstieg *m*, b) Nieder-, Rückgang *m*. **33.** Tiefpunkt *m*, -stand *m*. **34.** Depressiˈon *f*, (seelischer) Tiefpunkt. **35.** *colloq.* Groll *m*: **to have a ~ on s.o.** j-n ‚auf dem Kieker' haben. **36.** *American Football*: a) ˈAngriffsunterˌbrechung *f*

(*durch den Schiedsrichter*), b) ˈAngriffsaktiˌon *f*. **37.** → **downer** 1.
V *v/t* **38.** zu Fall bringen (*a. sport u. fig.*). **39.** niederschlagen. **40.** niederlegen: **to ~ tools** die Arbeit niederlegen, in den Streik treten. **41.** *ein Flugzeug* abschießen, ‚runterholen'. **42.** *e-n Reiter* abwerfen. **43.** *colloq. ein Getränk* ‚runterkippen'.
VI *v/i* **44.** *colloq.* a) hinˈunterrutschen (*Speise*), b) (gut) schmecken.

down² [daʊn] *s* **1.** *orn.* a) Daunen *pl*, flaumiges Gefieder: **dead ~** Raufdaunen; **live ~** Nestdaunen; **~ quilt** Daunendecke *f*, b) Daune *f*, Flaumfeder *f*: **in the ~** noch nicht flügge. **2.** (*a.* Bart)Flaum *m*, feine Härchen *pl*. **3.** *bot.* a) feiner Flaum, b) haarige Samenkrone, Pappus *m*. **4.** weiche, flaumige Masse.

down³ [daʊn] *s* **1.** *obs.* a) Hügel *m*, b) Sandhügel *m*, *bes.* Düne *f*. **2.** *pl* waldloses, *bes.* grasbedecktes Hügelland: **the D~s** a) *Hügelland entlang der Süd- u. Südostküste Englands*, b) *Reede an der Südostküste Englands, vor der Stadt Deal.*

ˌdown|-and-ˈout I *adj* (*a. physisch u. psychisch*) ‚erledigt', ruiˈniert. **II** *s* ‚erledigter' Mensch, ‚Wrack' *n*. **ˌ~-and-ˈout·er** → down-and-out II. **ˈ~-at(-the)-heel(s)** *adj* herˈuntergekommen (*Person, Hotel etc*).

ˈdown|·beat I *s* **1.** *mus.* Niederschlag *m* (*beim Dirigieren*). **2.** *mus.* erster Schlag (*e-s Taktes*). **3.** *fig.* Rückgang *m*: **on the ~** im Rückgang (begriffen). **II** *adj* **4.** *colloq.* pessiˈmistisch. **ˈ~·bow** [-bəʊ] *s mus.* Abstrich *m*. **ˈ~·cast I** *adj* niedergeschlagen: a) gesenkt (*Blick*), b) depriˈmiert. **II** *s a.* **~ shaft** (*Bergbau*) Wetterschacht *m*, einziehender Schacht. **ˈ~ˌdraft,** *bes. Br.* **ˈ~·draught** *s* **1.** *tech.* Fallstrom *m*: **~ carburet(t)or** Fallstromvergaser *m*. **2.** Abwind *m*.

ˈdown·er *s sl.* **1.** Beruhigungsmittel *n*. **2.** depriˈmierendes Erlebnis *etc.*

ˈdown|·fall *s* **1.** *fig.* Sturz *m*. **2.** starker Regenguß, Platzregen *m*, *a.* starker Schneefall. **3.** *hunt.* Schlagfalle *f*. **ˈ~ˌfall·en** *adj fig.* gestürzt. **~·grade** [ˈ-greɪd] **I** *s* **1.** *bes. Am.* Gefälle *n*. **2.** *fig.* Niedergang *m*: **on the ~** im Niedergang (begriffen). **II** *adj* [*a.* ˌ-ˈgreɪd] **3.** *bes. Am.* abschüssig. **III** *adv* [ˌ-ˈgreɪd] **4.** *bes. Am.* bergab. **IV** *v/t* [*a.* ˌ-ˈgreɪd] **5.** niedriger einstufen. **6.** (im Rang) herˈabsetzen, degraˈdieren. **7.** *econ.* (die Qualiˈtät *gen*) verschlechtern. **8.** *mil.* die Geheimhaltungsstufe (*gen*) herˈuntersetzen. **ˌ~ˈheart·ed** *adj* niedergeschlagen, entmutigt. **ˌ~ˈheart·ed·ness** *s* Niedergeschlagenheit *f*. **~·hill** [ˌ-ˈhɪl] **I** *adv* **1.** abwärts, bergˈab (*beide a. fig.*), den Berg hinˈunter: **he is going ~** *fig.* es geht bergab mit ihm; **the rest was ~ (all the way)** *fig.* alles andere ging wie von selbst. **II** *adj* [*a.* ˈ-hɪl] **2.** abschüssig. **3.** *Skisport*: Abfahrts...: **~ course, ~ run** Abfahrtsstrecke *f*; **~ race** Abfahrtslauf *m*; **~ racer** Abfahrtsläufer(in). **III** *s* [ˈ-hɪl] **4.** Abhang *m*: **the ~ of life** *fig.* die absteigende Hälfte des Lebens. **5.** *Skisport*: Abfahrt *f*. **ˈ~ˌhill·er** *s Skisport*: Abfahrer(in).

Down·ing Street [ˈdaʊnɪŋ] *s* Downing Street *f*: a) *Londoner Straße mit dem Amtssitz des Premierministers*, b) *fig. die Regierung von Großbritannien*: **~ disapproves.**

ˌdown|-in-the-ˈmouth *adj colloq.* depriˈmiert. **ˈ~-lead** [-liːd] *s electr.* Niederführung *f* (*e-r Hochantenne*). **ˈ~·most** [-məʊst; -məst] **I** *adj* unterst(er, e, es), niedrigst(er, e, es) (*beide a. fig.*): **to be ~** an letzter Stelle stehen. **II** *adv* ganz unten, zuˈunterst. **~ pay·ment** *s econ.* **1.** Bar-, Soˈfortzahlung *f*. **2.** Anzahlung *f* (*bei Ratenkäufen*). **ˈ~·pipe** *s Br.* Fallrohr *n* (*der Dachrinne*). **ˈ~·play** *v/t* bagatelliˈsieren, ‚herˈunterspielen'. **ˈ~·pour** *s* Platzregen *m*, Regenguß *m*. **ˈ~·right I** *adj* **1.** völlig, absoˈlut, ausgesprochen, ˈhundertproˌzentig: **a ~ lie** e-e glatte Lüge; **a ~ moralist** ein ausgesprochener Moralist; **~ nonsense** völliger *od.* kompletter Unsinn. **2.** gerade, offen(herzig), ehrlich, unzweideutig, unverblümt: **a ~ answer.** **II** *adv* **3.** völlig, ganz u. gar, durch u. durch, toˈtal, gänzlich, ausgesprochen: **~ lovely** ausgesprochen hübsch; **to refuse ~** glatt ablehnen. **4.** offen, geradeherˈaus. **ˈ~·shift** *v/i mot.* herˈunterschalten (**into second gear** in den 2. Gang). **ˈ~ˌspout** *s Am.* Fallrohr *n* (*der Dachrinne*).

Down's syn·drome *s med.* ˈDown-Synˌdrom *n*, Mongoˈlismus *m*.

down|·stage [ˌ-ˈsteɪdʒ] *thea.* **I** *adv* zum *od.* im Vordergrund der Bühne. **II** *adj* [*a.* ˈ-steɪdʒ] zum Bühnenvordergrund gehörig. **III** *s* [ˈ-steɪdʒ] Bühnenvordergrund *m*. **ˌ~ˈstairs I** *adv* **1.** die Treppe herˈunter *od.* hinˈunter, nach unten. **2.** e-e Treppe tiefer. **3.** unten, in e-m unteren Stockwerk. **4.** *aer. sl.* in niedriger Höhe, in Bodennähe. **II** *adj* [*bes.* ˈ-steə(r)z] **5.** im unteren Stockwerk (gelegen), unter(er, e, es). **III** *s* [*a.* ˈ-steə(r)z] **6.** *pl* (*als sg konstruiert*) unteres Stockwerk, ˈUntergeschoß *n*. **ˈ~ˌstate** *Am.* **I** *adj u. adv* in der *od.* in die (*bes.* südliche) Proˈvinz (*e-s Bundesstaates*). **II** *s* (*bes.* südliche) Proˈvinz (*e-s Bundesstaates*). **ˌ~ˈstream I** *adv* **1.** stromˈab(wärts). **2.** mit dem Strom. **II** *adj* [*a.* ˈ-striːm] **3.** stromˈabwärts gerichtet. **4.** (weiter) stromˈabwärts ˈvorkommend *od.* gelegen. **ˈ~-stroke** *s* **1.** Grund-, Abstrich *m* (*beim Schreiben*). **2.** *tech.* Abwärts-, Leerhub *m* (*des Kolbens etc*). **ˈ~·swing** *s* (*econ.* Konjunkˈtur)Rückgang *m*. **ˌ~-the-ˈline** *adj u. adv* auf der ganzen Linie, durch die Bank, vorbehaltlos. **ˈ~·throw** *s* **1.** *fig.* Sturz *m*. **2.** *geol.* Schichtensenkung *f*. **ˈ~·time** *s econ. tech. bes. Am.* Ausfallzeit *f*. **ˌ~-to-ˈearth** *adj* reaˈlistisch (*a. Preise etc*). **~·town** *Am.* **I** *adv* [ˌ-ˈtaʊn] **1.** im *od.* ins Geschäftsviertel. **II** *adj* [ˈ-ˌtaʊn] **2.** im Geschäftsviertel (gelegen *od.* tätig): **a ~ store; a ~ broker; in ~ Los Angeles** in der Innenstadt von Los Angeles. **3.** ins *od.* durchs Geschäftsviertel (fahrend *etc*). **III** *s* [ˈ-ˌtaʊn] **4.** Geschäftsviertel *n*, Stadtmitte *f*, Innenstadt *f*, City *f*. **ˈ~·trend** *s* Abwärtstrend *m*, sinkende Tenˈdenz. **ˈ~ˌtrod·den** *adj* **1.** zertreten, zertrampelt. **2.** *fig.* unterˈdrückt, (mit Füßen) getreten. **ˈ~·turn** *s* (*econ.* Konjunkˈtur)Rückgang *m*. **~ un·der** *s colloq.* a) Auˈstralien *n*, b) Neuˈseeland *n*.

down·ward [ˈdaʊnwə(r)d] **I** *adv* **1.** hinˈab, abwärts, nach unten, hinˈunter: **face ~** mit dem Gesicht nach unten. **2.** stromˈabwärts. **3.** *fig.* abwärts, bergˈab: **he went ~ in life** es ging bergab mit ihm. **4.** (*zeitlich*) herˈab, abwärts: **~ from Shakespeare to the twentieth century** von Shakespeare (herab) bis zum 20. Jahrhundert. **II** *adj* **5.** Abwärts..., sich neigend, nach unten gerichtet *od.* führend: **~ acceleration** *phys.* Fallbeschleunigung *f*; **~ current** *aer. phys.* Abwind *m*; **~ prices** sinkende Preise; **~ stroke** *tech.* Abwärtshub *m*. **6.** *fig.* bergˈab *od.* zum Abgrund führend. **7.** absteigend (*Linie e-s Stammbaums etc*). **8.** bedrückt, pessiˈmistisch. **ˈdown·wards** [-wə(r)dz] → **downward** I.

ˈdown·wind I *s* **1.** Rückenwind *m*. **2.** Fallwind *m*. **II** *adj* **3.** dem Wind abgekehrt: **~ side.** **III** *adv* **4.** mit dem Wind.

down·y¹ [ˈdaʊnɪ] *adj* **1.** *orn.* mit Daunen bedeckt. **2.** *bot.* feinstflaumig. **3.** mit Flaum *od.* feinen Härchen bedeckt, flaumig: **~ skin.** **4.** Daunen...: **~ pillow.** **5.** *fig.* sanft, weich. **6.** *sl.* ‚gerieben', ‚gerissen'.

down·y² [ˈdaʊnɪ] *adj* sanft gewellt u. mit Gras bewachsen: **~ country.**

dow·ry [ˈdaʊərɪ] *s* **1.** Mitgift *f*, Ausstattung *f*, -steuer *f*. **2.** *obs.* Morgengabe *f*. **3.** *fig.* Gabe *f*, Begabung *f*.

dowse¹ → **douse.**

dowse² [daʊz] *v/i* mit der Wünschelrute (Wasser *etc*) suchen.

dows·er [ˈdaʊzə(r)] *s* **1.** Wünschelrute *f*. **2.** (Wünschel)Rutengänger *m*.

ˈdows·ing rod *s* Wünschelrute *f*.

dox·ol·o·gy [dɒkˈsɒlədʒɪ; *Am.* dɑkˈsɑl-] *s relig.* Doxoloˈgie *f*, Lobpreisung *f* Gottes *od.* der Dreiˈfaltigkeit, Lobgesang *m*: **Greater (Lesser) D~** großes (kleines) Gloria.

dox·y¹ [ˈdɒksɪ; *Am.* ˈdɑksiː] *s colloq.* Meinung *f* (*bes. in religiösen Dingen*).

dox·y² [ˈdɒksɪ; *Am.* ˈdɑksiː] *s obs. sl.* **1.** Mäˈtresse *f*, Geliebte *f*. **2.** Dirne *f*.

doy·en [ˈdɔɪən] *s* **1.** Rangälteste(r) *m*. **2.** Doyˈen *m* (*des diplomatischen Korps*). **3.** Nestor *m*.

doy·ley, doy·ly → **doily.**

doze [dəʊz] **I** *v/i* dösen, ein Nickerchen machen *od.* halten: **to ~ off** einnicken, eindösen. **II** *v/t oft* **~ away** *die Zeit etc* verträumen *od.* verdösen. **III** *s* a) Dösen *n*, b) Nickerchen *n*: **to have a ~** → I.

doz·en [ˈdʌzn] *s* **1.** *sg u. pl* (*vor Haupt- u. nach Zahlwörtern od. ähnlichen Wörtern außer nach* **some**) Dutzend *n*: **three ~ apples** drei Dutzend Äpfel; **several ~ eggs** mehrere Dutzend Eier; **a ~ bottles of beer** ein Dutzend Flaschen Bier. **2.** Dutzend *n* (*a. weitS.*): **~s of birds** Dutzende von Vögeln; **some ~s of children** einige Dutzend Kinder; **~s of people** *colloq.* e-e Menge Leute; **~s of times** *colloq.* x-mal, hundertmal; **in ~s, by the ~** zu Dutzenden, dutzendweise; **cheaper by the ~** im Dutzend billiger; **a baker's ~** 13 Stück; **fifty pence a ~** 50 Pence das Dutzend; **to talk nineteen to the ~** *Br.* wie ein Wasserfall reden; **to do one's daily ~** Früh- *od.* Morgengymnastik machen.

doz·enth [ˈdʌznθ] *adj* zwölft(er, e, es): **for the ~ time** *colloq.* zum hundertsten Mal.

doz·er [ˈdəʊzə(r)] *s* **1.** Dösende(r *m*) *f*. **2.** → **bulldozer** 1.

doz·i·ness [ˈdəʊzɪnɪs] *s* Schläfrigkeit *f*, Verschlafenheit *f*. **ˈdoz·y** *adj* **1.** schläfrig, verschlafen, dösig. **2.** angefault (*Holz, Obst etc*). **3.** *Br. colloq.* ‚schwer von Begriff'.

drab¹ [dræb] **I** *s* **1.** Beige *n*, Graubraun *n*. **2.** dicker, graubrauner Wollstoff. **3.** *fig.* (graue) Eintönigkeit. **II** *adj* **4.** beige, graubraun, sandfarben. **5.** *fig.* trist: a) grau (*Stadt etc*), b) düster (*Farben etc*), c) langweilig (*Abend etc*), d) freudlos (*Dasein etc*).

drab² [dræb] *s obs.* **1.** Schlampe *f*. **2.** Dirne *f*, Hure *f*.

drab·bet [ˈdræbɪt] *s Br.* grober, graubrauner Leinenstoff.

drab·ble [ˈdræbl] **I** *v/t* → **draggle** I. **II** *v/i* im Schmutz waten.

drab·ness [ˈdræbnɪs] *s* Langweiligkeit *f*, Freudlosigkeit *f*.

drachm [dræm] *s* **1.** → **drachma** 1. **2.** → **dram.**

drach·ma [ˈdrækmə] *pl* **-mas, -mae** [-miː], **-mai** [-maɪ] *s* **1.** Drachme *f*: a) *altgriechische Gewichts- u. Rechnungseinheit*, b) *Währungseinheit im heutigen Griechenland.* **2.** → **dram.**

Dra·co [ˈdreɪkəʊ] *gen* **Draˈco·nis** [-ˈkəʊnɪs] *s astr.* Drache *m* (*Sternbild*).

Dra·co·ni·an [drəˈkəʊnjən; dreɪˈk-; -nɪən], **Draˈcon·ic** [-ˈkɒnɪk; *Am.* -ˈkɑ-] *adj* draˈkonisch, hart, sehr streng: ~ **laws**.

draff [dræf] *s* **1.** Bodensatz *m.* **2.** Abfall *m.* **3.** Vieh-, Schweinetrank *m.* **4.** *Brauerei*: Trester *pl.*

draft, *bes. Br.* (*für* 3, 5, 14, 21, 22) **draught** [drɑːft; *Am.* dræft] **I** *s* **1.** Skizze *f*, Zeichnung *f.* **2.** Entwurf *m*: a) Skizze *f* (*für e-e künstlerische Arbeit*), b) Riß *m* (*für Bauten, Maschinen etc*), c) Konˈzept *n* (*für ein Schriftstück etc*): **preliminary** ~ Vorentwurf; ~ **agreement** Vertragsentwurf; ~ **law** Gesetzentwurf. **3.** (Luft-, Kessel-, Ofen)Zug *m*: **forced** ~ *tech.* künstlicher Zug, Druckluftstrom *m*; **there is an awful** ~ es zieht fürchterlich; **to feel the draught** *Br. colloq.* ‚den Wind im Gesicht spüren', in finanziellen Nöten sein. **4.** *tech.* ˈZugreguˌliervorrichtung *f* (*an e-m Ofen etc*). **5.** a) Ziehen *n*, b) gezogene Menge *od.* Last. **6.** *fig.* Herˈanziehen *n*, Inˈanspruchnahme *f*, starke Beanspruchung (**on, upon** *gen*): **to make a** ~ **on** *Hilfsmittel etc* heranziehen, in Anspruch nehmen; **to make a** ~ **on s.o.'s friendship** j-s Freundschaft in Anspruch nehmen. **7.** Abhebung *f* (*von Geld*): **to make a** ~ **on one's account** von s-m Konto (*Geld*) abheben. **8.** *econ.* a) schriftliche Zahlungsanweisung, b) Scheck *m*, c) Tratte *f*, (trasˈsierter) Wechsel, d) Ziehung *f*, Trasˈsierung *f*: ~ **(payable) at sight** Sichttratte, -wechsel; **to make out a** ~ **on s.o.** auf j-n e-n Wechsel ziehen. **9.** Abordnung *f*, Auswahl *f* (*von Personen*). **10.** *mil. Am.* a) Einberufung *f*, Einziehung *f*, b) Aufgebot *n*, Wehrdienstpflichtige *pl.* **11.** *mil.* a) (ˈSonder)Komˌmando *n*, (ˈabkommanˌdierte) Abˈteilung, b) Ersatz (-truppe *f*) *m.* **12.** *econ.* a) ˈÜberschlag *m* (*der Waage*), b) Gutgewicht *n* (*für Verluste beim Auswiegen etc*). **13.** *Gießerei*: Verjüngung *f*, Koniziˈtät *f* (*des Modells*). **14.** *mar.* Tiefgang *m.* **15.** → **draught** I.
II *v/t* **16.** entwerfen, skizˈzieren, *Schriftstück* aufsetzen, abfassen: **to** ~ **an agreement**. **17.** (fort-, ab-, weg)ziehen. **18.** *Personen* (zu e-m bestimmten Zweck) auswählen. **19.** *mil.* a) *Am.* (zum Wehrdienst) einberufen, einziehen (**into** zu), b) *Truppen* ˈabkommanˌdieren. **20.** *Austral. Schafe etc* ˈaussorˌtieren.
III *v/i* **21.** *bes. Automobilsport*: im Windschatten fahren.
IV *adj* **22.** Zug...: ~ **animal** Zugtier *n.* **23.** *mil.* a) *Am.* Einberufungs...: ~ **act** Rekrutierungsgesetz *n*; ~ **board** Musterungskommission *f*, b) *Am.* einberufen, c) ˈabkommanˌdiert.

draft·ee [dræfˈtiː] *s Am.* **1.** (zu e-r bestimmten Aufgabe) Ausgewählte(r *m*) *f.* **2.** *mil.* zum Wehrdienst Eingezogene(r) *m*, Einberufene(r) *m*, Wehrdienstpflichtige(r) *m.*

ˈdraft·er *s* **1.** → **draftsman**. **2.** Zugpferd *n.*

draft| e·vad·er *s mil. Am.* Drückeberger *m.* **ˈ~-exˌempt** *adj mil. Am.* vom Wehrdienst befreit. ~ **ga(u)ge** *s tech.* Zugmesser *m.* ~ **horse** *s* Zugpferd *n.*

draft·i·ness [ˈdrɑːftɪnɪs; *Am.* ˈdræf-] *s* Zugigkeit *f.*

ˈdraft·ing| board *s* Zeichenbrett *n.* ~ **pa·per** *s* ˈZeichenpaˌpier *n.* ~ **room** *s tech. Am.* ˈZeichensaal *m*, -büˌro *n.*

ˈdrafts·man [-mən] *s irr* **1.** *tech.* (Konstruktiˈons-, Muster)Zeichner *m.* **2.** *j-d, der etwas entwirft od. abfaßt.*

ˈdraft·y *adj* zugig.

drag [dræg] **I** *s* **1.** Schleppen *n*, Zerren *n.* **2.** *mar.* a) Dragge *f*, Such-, Dregganker *m*, b) Schleppnetz *n.* **3.** *agr.* a) schwere Egge, b) Mistrechen *m.* **4.** *tech.* a) starker Roll- *od.* Blockwagen, b) Last-, Transˈportschlitten *m.* **5.** schwere (vierspännige) Kutsche. **6.** Schlepp-, Zugseil *n.* **7.** Schleife *f* (*zum Steintransport etc*). **8.** *tech.* Baggerschaufel *f*, Erdräumer *m.* **9.** Hemmschuh *m*, Schleife *f*: **to put on the** ~ den Hemmschuh ansetzen. **10.** *tech.* Hemmzeug *n*, -vorrichtung *f.* **11.** *fig.* Hemmschuh *m*, Hemmnis *n*, Belastung *f* (**on** für). **12.** *aer. phys.* ˈLuft-, ˈStrömungsˌwiderstand *m.* **13.** *tech.* (Faden-) Zug *m* (*bei Wickelmaschinen etc*). **14.** *colloq.* (*etwas*) Mühsames: **what a** ~ **up these stairs!** diese Treppen sind vielleicht ein ‚Schlauch'! **15.** schleppendes Verfahren, Verschleppung *f.* **16.** *colloq.* a) (*etwas*) Langweiliges *od.* Fades: **to be a** ~ langweilig sein, b) (*etwas*) Unangenehmes *od.* Lästiges: **what a** ~! so ein Mist! **17.** *colloq.* a) Langweiler *m*, fader Kerl, b) lästiger Kerl. **18.** *hunt.* Streichnetz *n* (*zum Vogelfang*). **19.** *hunt.* a) Fährte *f*, Witterung *f*, b) Schleppe *f* (*künstliche Witterung*), c) Schleppjagd *f.* **20.** *Angeln*: a) Spulenbremse *f*, b) seitlicher Zug (an der Angelschnur). **21.** *Am. colloq.* Einfluß *m*, Beziehungen *pl*: **to use one's** ~ s-e Beziehungen spielen lassen. **22.** *colloq.* Zug *m* (**at, on** an *e-r Zigarette etc*): **give me a** ~ laß mich mal ziehen. **23.** *colloq.* (*von Männern, bes. von Transvestiten, getragene*) Frauenkleidung: **in** ~ in Frauenkleidung. **24.** *bes. Am. colloq.* Straße *f.* **25.** *colloq. für* **drag race**.
II *v/t* **26.** schleppen, zerren, schleifen, ziehen: **to** ~ **the anchor** *mar.* vor Anker treiben; → **dust** 1, **mud** 2. **27.** nachschleifen: **to** ~ **one's feet** a) (mit den Füßen) schlurfen, b) *a.* **to** ~ **one's heels** *fig.* sich Zeit lassen (**over, in, about** mit, bei). **28.** a) mit e-m Schleppnetz absuchen (**for** nach), b) mit e-m Schleppnetz finden *od.* fangen. **29.** *fig.* absuchen (**for** nach). **30.** *e-n Teich etc* ausbaggern. **31.** eggen. **32.** *fig.* hinˈeinziehen (**into** in *acc*): **he was** ~**ged into the affair**; **he must** ~ **sex into every conversation** er muß in jedes Gespräch (unbedingt) Sex hineinbringen. **33.** *colloq.* a) *j-n* langweilen, b) *j-m* unangenehm *od.* lästig sein.
III *v/i* **34.** geschleppt *od.* geschleift werden. **35.** (am Boden) schleppen *od.* schleifen: **the anchor** ~**s** *mar.* der Anker findet keinen Halt. **36.** sich schleppen. **37.** schlurfen (*Füße*). **38.** *fig.* a) sich daˈhinschleppen: **time** ~**s on his hands** die Zeit wird ihm lang, b) → **drag on** II. **39.** *econ.* schleppend *od.* flau gehen. **40.** *a.* ~ **behind** zuˈrückbleiben, nachhinken. **41.** *mus.* zu langsam spielen *od.* gespielt werden, schleppen. **42.** dreggen, mit e-m Schleppnetz suchen *od.* fischen (**for** nach). **43.** zerren, heftig ziehen (**at** an *dat*). **44.** *colloq.* ziehen (**at, on** an *e-r Zigarette etc*).
Verbindungen mit Adverbien:
drag|a·long I *v/t* wegschleppen, wegzerren. **II** *v/i* sich daˈhinschleppen. ~ **a·way** *v/t* wegschleppen, wegzerren: **he could not drag himself away from the television** er konnte sich nicht vom Fernsehen losreißen. ~ **be·hind** → **drag** 40. ~ **down** *v/t* **1.** herˈunterziehen. **2.** *fig.* a) *j-n* zermürben (*Krankheit etc*), b) *j-n* entmutigen. ~ **in** *v/t* **1.** hinˈeinziehen. **2.** *fig.* (mit) hinˈeinziehen: **I don't want to be dragged in** ich möchte da nicht mit hineingezogen werden. ~ **off** *v/t* wegschleppen, wegzerren: **to drag s.o. off to a party** *colloq.* j-n auf e-e Party schleppen. ~ **on I** *v/t* weiterschleppen. **II** *v/i fig.* a) sich daˈhinschleppen, b) sich in die Länge ziehen: **the speech dragged on for two hours** die Rede zog sich über zwei Stunden hin. ~ **out** *v/t* **1.** herˈausziehen. **2.** *fig.* hinˈausziehen, in die Länge ziehen. **3. to drag s.th. out of s.o.** *fig.* aus j-m etwas herausholen. ~ **up** *v/t* **1.** hochziehen. **2.** *colloq. ein Kind* lieblos aufziehen. **3.** *colloq. e-n Skandal etc* ausgraben.

drag| an·chor *s mar.* Treib-, Schleppanker *m.* **ˈ~·bar** *s rail.* Kupp(e)lungsstange *f.* ~ **chain** *s tech.* Hemm-, Sperrkette *f.*

dra·gée [dræˈʒeɪ] *s* Draˈgée *n* (*a. pharm.*).

drag·ging [ˈdrægɪŋ] *adj* schleppend (*a. fig. langsam*).

drag·gle [ˈdrægl] **I** *v/t* **1.** beschmutzen, besudeln. **2.** im Schmutz schleifen lassen. **II** *v/i* **3.** (nach)schleifen. **4.** beschmutzt werden. **5.** zuˈrückbleiben, nachhinken. **ˈ~·tail** *s contp. obs.* Schlampe *f.* **ˈ~·tailed** *adj obs.* schlampig.

ˈdrag|·hound *s hunt.* Jagdhund *m* für Schleppjagden. ~ **hunt** *s* Schleppjagd *f.* **ˈ~·lift** *s* Schlepplift *m.* **ˈ~·line** *s* **1.** *tech.* Schleppleine *f.* **2.** *aer.* Schleppseil *n.* **3.** *a.* ~ **dredge**, ~ **excavator** *tech.* Schürfkübelbagger *m.* ~ **link** *s tech.* Kupp(e)lungsglied *n.* **ˈ~·net** *s* **1.** *Fischerei*: Schleppnetz *n.* **2.** *hunt.* Streichnetz *n.* **3.** *fig.* Netz *n* (*der Polizei etc*): **he was caught in the police** ~ er ging der Polizei ins Netz; ~ **operation** Großfahndung *f.*

drag·o·man [ˈdrægəʊmən] *pl* **-mans** *od.* **-men** [-mən] *s hist.* Dragoman *m* (*Dolmetscher im Nahen Osten*).

drag·on [ˈdrægən] *s* **1.** *myth.* Drache *m*, Lindwurm *m.* **2.** *Bibl.* Drache *m*, Untier *n*, *a.* Wal-, Haifisch *m*, Schlange *f*: **the old D**~ der Satan. **3.** *colloq.* Drachen *m* (*zänkische Frau*). **4.** *a.* **flying** ~ *zo.* Fliegender Drache. **5.** (*e-e*) Brieftaube. **6.** *bot.* (*ein*) Aronstabgewächs *n.* **7.** *mil.* ˈZugmaˌschine *f*, (gepanzerter) Raupenschlepper. **8.** *mil. hist.* a) kurze (mit e-m Drachenkopf verzierte) Musˈkete, b) Draˈgoner *m.* **9. D**~ → **Draco**.

drag·on·et [ˈdrægənɪt] *s* **1.** *myth.* kleiner Drache. **2.** *ichth.* Spinnenfisch *m.*

ˈdrag·on|·fly *s zo.* Liˈbelle *f*, Wasserjungfer *f.* **ˈ~·head** *s bot.* (*bes.* Kleinblütiger) Drachenkopf.

drag·on's| blood *s bot.* Drachenblut *n* (*mehrere rote Harze*). ~ **head**, *a.* **ˈ~-head** → **dragonhead**. ~ **teeth** *s pl* **1.** *mil.* Höckerhindernis *n*, Panzerhöcker *pl.* **2.** *fig.* Drachensaat *f*: **to sow** ~ Zwietracht säen.

drag·on tree *s bot.* Echter Drachenbaum.

dra·goon [drəˈguːn] **I** *s* **1.** *mil.* a) Draˈgoner *m*, b) → **dragon** 8 a. **2.** → **dragon** 5. **II** *v/t* **3.** (durch Truppen) unterˈdrücken *od.* verfolgen. **4.** *fig.* zwingen (**into doing** zu tun).

drag| queen *s colloq.* Homosexuˈelle(r) *m* in Frauenkleidung. ~ **race** *s Automobilsport*: Dragsterrennen *n.* **ˈ~·rope** *s* **1.** Schlepp-, Zugseil *n.* **2.** *aer.* a) Balˈlastleine *f*, b) Leitseil *n*, c) Vertäuungsleine *f.* ~ **show** *s colloq.* Transveˈstitenshow *f.*

drag·ster [ˈdrægstə(r)] *s Automobilsport*: Dragster *m* (*hochgezüchteter, formelfreier Spezialrennwagen*).

drail [dreɪl] *s Angeln*: Grundangel *f.*

drain [dreɪn] **I** *v/t* **1.** *a.* ~ **off** (*od.* **away**) *e-e Flüssigkeit* abfließen lassen: **to** ~ **off** a) *Gemüse* abgießen, b) abtropfen lassen. **2.** *med. Eiter etc* draiˈnieren, abziehen. **3.** austrinken, leeren: → **dreg** 1 a. **4.** *Land* entwässern, dräˈnieren, trockenlegen. **5.** das Wasser ableiten von (*Straßen etc*). **6.** *Gebäude etc* kanaliˈsieren, mit Kanalisatiˈon versehen. **7.** ab-*od.* austrocknen lassen. **8.** *fig.* erschöpfen: a) *Vorräte etc* aufbrauchen, -zehren, b) *j-n* ermüden, *j-s* Kräfte aufzehren. **9.** (**of**) arm machen (an *dat*), berauben (*gen*). **10.** *ein Land etc* völlig ausplündern, ausbluten lassen. **11.** filˈtrieren. **II** *v/i* **12.** ~ **off,** ~ **away** abfließen, ablaufen. **13.** sickern. **14.** leerlaufen, allˈmählich leer werden (*Gefäße etc*). **15.** abtropfen. **16.** austrocknen. **17.** sich entwässern (**into** in *acc*), entwässert *od.* trocken werden. **18.** *a.* ~ **away** *fig.* daˈhinschwinden. **III** *s* **19.** → **drainage** 1, 2, 3, 7. **20.** a) ˈAbzugskaˌnal *m*, Entwässerungsgraben *m*, Drän *m*, b) (Abzugs)Rinne *f*, c) Straßenrinne *f*, Gosse *f*, d) Sickerrohr *n*, e) Kanalisatiˈonsrohr *n*, f) Senkgrube *f*: **to pour down the** ~ *colloq. Geld* zum Fenster hinauswerfen; **to go down the** ~ *colloq.* a) vor die Hunde gehen, b) verpuffen. **21.** *pl* Kanalisatiˈon *f*. **22.** *med.* Drain *m*. **23.** *fig.* Abfluß *m*, Aderlaß *m*: **foreign** ~ Kapitalabwanderung *f*, Abfluß von Geld ins Ausland. **24.** (ständige) Inˈanspruchnahme, Beanspruchung *f*, Belastung *f* (**on** *gen*), Aderlaß *m*: **a great** ~ **on the purse** e-e schwere finanzielle Belastung. **25.** *colloq. obs.* Schlückchen *n*.

drain·age [ˈdreɪnɪdʒ] *s* **1.** Ableitung *f*: ~ **of water. 2.** Abfließen *n*, Ablaufen *n*. **3.** Entwässerung *f*, Dräˈnage *f*, Trockenlegung *f*. **4.** Entˈwässerungssyˌstem *n*. **5.** Kanalisatiˈon *f*. **6.** Entwässerungsanlage *f*, -graben *m*, -röhre *f*. **7.** abgeleitete Flüssigkeit, *bes.* Abwasser *n*. **8.** *med.* Draiˈnage *f*. ~ **ba·sin,** *a.* ~ **a·re·a** *s geogr.* Strom-, Einzugsgebiet *n*. ~ **tube** *s med.* Drain *m*, ˈAbflußkaˌnüle *f*.

ˈdrain|ˌboard *s Am.* Abtropfbrett *n*. ~ **cock** *s tech.* Ablaß-, Entleerungshahn *m*.

ˈdrain·er *s* **1.** a) Dräˈnierer *m*, Dräˈnagearbeiter *m*, b) Kanalisatiˈonsarbeiter *m*. **2.** a) Abtropfgefäß *n*, b) Abtropfbrett *n*, -ständer *m*, c) Schöpfkelle *f*.

ˈdrain·ing|board *Br. für* **drainboard.** ~ **en·gine** *s* Dräˈniermaˌschine *f*. ~ **stand** *s* Abtropfständer *m*.

ˈdrain·less *adj* **1.** *poet.* unerschöpflich. **2.** ohne Kanalisatiˈon. **3.** nicht trockenlegbar.

ˈdrain·pipe *s* **1.** *tech.* Abflußrohr *n*, Abzugsröhre *f*: ~ **trousers** → 3. **2.** Fallrohr *n* (*der Dachrinne*). **3.** *pl*, *a.* **pair of** ~**s** *colloq.* Röhrenhose(n *pl*) *f*.

drake[1] [dreɪk] *s orn.* Enterich *m*, Erpel *m*.

drake[2] [dreɪk] *s* **1.** *myth. obs.* Drache *m*. **2.** *hist.* a) *mil.* Feldschlange *f*, b) *mar.* Drache *m* (*Wikingerschiff*). **3.** *Angeln*: (Eintags)Fliege *f* (*als Köder*).

dram [dræm] *s* **1.** Dram *n*, Drachme *f* (*Apothekergewicht = 3,888 g, Handelsgewicht = 1,772 g*). **2.** → **fluid dram. 3.** *colloq.* Schluck *m*, Schlückchen *n*: **he's fond of a** ~ er trinkt gern einen. **4.** Quentchen *n*.

dra·ma [ˈdrɑːmə; *Am. a.* ˈdræmə] *s* **1.** Drama *n*, Schauspiel *n*: ~ **critic** Theaterkritiker(in); ~ **school** Schauspielschule *f*; ~ **student** Schauspielschüler(in). **2.** Drama *n*, draˈmatische Dichtung *od.* Literaˈtur, Draˈmatik *f*. **3.** Schauspielkunst *f*. **4.** *fig.* Drama *n*, erschütterndes *od.* trauriges Geschehen.

dra·mat·ic [drəˈmætɪk] **I** *adj* (*adv* ~**ally**) **1.** draˈmatisch, Schauspiel... **2.** Schauspiel(er)..., Theater...: ~ **critic** Theaterkritiker(in); ~ **rights** Aufführungs-, Bühnenrechte. **3.** bühnengerecht. **4.** *mus.* draˈmatisch: ~ **soprano**; ~ **tenor** Heldentenor *m*. **5.** *fig.* draˈmatisch, spannend, auf-, erregend. **6.** *fig.* a) drastisch, einschneidend (*Veränderungen etc*), b) aufsehenerregend (*Rede, Schrift etc*), c) drastisch, besonders anschaulich (*Beispiel*). **II** *s pl* **7.** (*als sg od. pl konstruiert*) Dramaturˈgie *f*. **8.** Theˈater-, *bes.* Liebhaberaufführungen *pl*. **9.** (*als pl konstruiert*) *fig.* theaˈtralisches Benehmen *od.* Getue.

dram·a·tis per·so·nae [ˌdrɑːmətɪspɜːˈsəʊnaɪ; ˌdræmətɪspɜːˈsəʊniː; *Am.* -pərˈs-] (*Lat.*) *s pl* **1.** Perˈsonen *pl* der Handlung. **2.** Rollenverzeichnis *n*.

dram·a·tist [ˈdræmətɪst] *s* Draˈmatiker *m*, Bühnenautor *m*, -dichter *m*, -schriftsteller *m*. **ˌdram·a·tiˈza·tion** [-taɪˈzeɪʃn; *Am.* -təˈz-] *s* Dramatiˈsierung *f* (*a. fig.*): ~ **of a novel** Bühnenbearbeitung *f* e-s Romans. **ˈdram·a·tize I** *v/t* **1.** dramatiˈsieren: a) für die Bühne bearbeiten, b) *fig.* aufbauschen. **2.** *fig.* anschaulich zeigen, nachdrücklich veranschaulichen. **II** *v/i* **3.** sich dramatiˈsieren *od.* für die Bühne bearbeiten lassen. **4.** *fig.* überˈtreiben.

dram·a·turge [ˈdræmətɜːdʒ; *Am.* -ˌtɜrdʒ] → **dramaturgist. ˌdram·aˈtur·gic** *adj* (*adv* ~**ally**) **1.** dramaˈturgisch. **2.** → **dramatic** 1, 2. **ˈdram·a·tur·gist** *s* **1.** Dramaˈturg *m*. **2.** → **dramatist. ˈdram·a·tur·gy** *s* Dramaturˈgie *f*.

drame|à clef *pl* **drames à clef** [ˌdrɑːmɑːˈklef] *s thea.* Schlüsseldrama *n*. ~ **à thèse** *pl* **drames à thèse** [ˌdrɑːmɑːˈteɪs] *s thea.* Tenˈdenzstück *n*.

drank [dræŋk] *pret u. obs. pp von* **drink.**

drape [dreɪp] **I** *v/t* **1.** draˈpieren, (mit Stoff) behängen *od.* (aus)schmücken. **2.** draˈpieren, in (dekoraˈtive) Falten legen. **3.** *Mantel, Pelz etc* hängen (**over** über *acc*). **4.** (ein)hüllen (**in** in *acc*). **II** *v/i* **5.** in (dekoraˈtiven) Falten herˈabfallen, schön fallen. **III** *s* **6.** Drapeˈrie *f*, Behang *m*, *meist pl* Vorhang *m*. **ˈdrap·er** *s* Texˈtilkaufmann *m*, Tuch-, Stoffhändler *m*: ~**'s (shop)** Textilgeschäft *n*. **ˈdrap·er·ied** [-rɪd] *adj* draˈpiert. **ˈdrap·er·y** *s* **1.** Drapeˈrie *f*: a) dekoraˈtiver Behang, Draˈpierung *f*, b) Faltenwurf *m*. **2.** *collect.* Texˈtilien *pl*, Webwaren *pl*, (*bes.* Woll-) Stoffe *pl*, Tuch(e *pl*) *n*. **3.** *bes. Br.* Texˈtil-, Tuch-, Stoffhandel *m*. **4.** *bes. Am.* Vorhänge *pl*, Vorhangstoffe *pl*.

dras·tic [ˈdræstɪk] **I** *adj* (*adv* ~**ally**) **1.** *med.* drastisch, stark (*bes. Abführmittel*). **2.** drastisch, ˈdurchgreifend, gründlich, rigoˈros. **II** *s* **3.** *med.* Drastikum *n*, starkes Abführmittel.

drat [dræt] *colloq.* **I** *interj* verflucht!, verdammt! **II** *v/t* der Teufel soll (*es, ihn etc*) holen!: ~ **it (him)! ˈdrat·ted** *adj colloq.* verflucht, verdammt.

draught [drɑːft; *Am.* dræft] **I** *s* **1.** Fischzug *m*: a) Fischen *n* mit dem Netz, b) (Fisch)Fang *m*. **2.** Zug *m*, Schluck *m*: **at a** ~ in ˈeinem Zug, ohne abzusetzen; **a** ~ **of beer** ein Schluck Bier. **3.** *med.* Arzˈneitrank *m*. **4.** Abziehen *n* (aus dem Faß *etc*): **beer on** ~, ~ **beer** Bier *n* vom Faß, Faßbier. **5.** *Br.* a) *pl* (*als sg konstruiert*) Damespiel *n*, b) → **draughtsman** 1. **6.** a) *bes. Br. für* **draft** 3, 5, 14, b) *selten bes. Br. für* **draft** 2, 8, 11. **II** *v/t* **7.** *selten bes. Br. für* **draft** 16.

ˈdraught·board *s Br.* Damebrett *n*.

draught·i·ness [ˈdrɑːftɪnɪs; *Am.* ˈdræf-] *bes. Br. für* **draftiness.**

draught net *s Fischerei*: Zugnetz *n*.

ˈdraughts·man [-mən] *s irr* **1.** *Br.* Damestein *m*. **2.** → **draftsman.**

ˈdraught·y *bes. Br. für* **drafty.**

drave [dreɪv] *obs. pret von* **drive.**

Dra·vid·i·an [drəˈvɪdɪən] **I** *s* **1.** Drawida *m* (*Angehöriger von* 2). **2.** Drawida *n* (*große, nichtindogermanische indische Sprachfamilie*). **II** *adj* **3.** draˈwidisch.

draw [drɔː] **I** *s* **1.** Ziehen *n*: **quick on the** ~ a) schnell (mit der Pistole), b) *fig.* schlagfertig, ‚fix'. **2.** Zug *m* (*a. an der Pfeife etc*). **3.** *fig.* Zug-, Anziehungskraft *f*. **4.** *fig.* Attraktiˈon *f* (*a. Person*), *bes.* Zugstück *n*, Schlager *m*. **5.** Ziehen *n* (*e-s Loses etc*). **6.** a) Auslosen *n*, Verlosen *n*, b) Verlosung *f*, Ziehung *f*. **7.** gezogene Spielkarte(n *pl*). **8.** abgehobener Betrag. **9.** *Am.* Aufzug *m* (*e-r Zugbrücke*). **10.** *sport* Unentschieden *n*: **to end in a** ~ unentschieden ausgehen *od.* enden. **11.** *colloq.* Vorteil *m*: **to have the** ~ **over** im Vorteil sein gegenüber. **12.** → **draw poker. 13.** *tech.* a) (*Draht*)Ziehen *n*, b) Walzen *n*, c) Verjüngung *f*.

II *v/t pret* **drew** [druː] *pp* **drawn** [drɔːn] **14.** ziehen, zerren: **to** ~ **s.o. into** *fig.* j-n hineinziehen in (*acc*). **15.** ab-, an-, auf-, fort-, herˈab-, wegziehen: **to** ~ **a drawbridge** e-e Zugbrücke aufziehen; **to** ~ **the curtains** die Vorhänge auf- *od.* zuziehen; **to** ~ **the nets** die Netze einziehen *od.* -holen; **to** ~ **rein** die Zügel anziehen (*a. fig.*). **16.** *e-n Bogen* spannen: → **bow**[2] 1 a. **17.** ziehen: **to** ~ **s.o. into talk** j-n ins Gespräch ziehen. **18.** nach sich ziehen, bewirken, zur Folge haben. **19.** bringen (**on, upon** über *acc*): **to** ~ **s.o.'s anger on o.s.** sich j-s Zorn zuziehen; **to** ~ **ruin upon o.s.** sich ins Unglück stürzen. **20.** *Atem* holen: **to** ~ **a sigh** aufseufzen; → **breath** 1. **21.** (herˈaus)ziehen: **to** ~ **a tooth** e-n Zahn ziehen; → **tooth** 1. **22.** *Karten* a) (vom Geber) erhalten, b) abheben, ziehen, c) herˈausholen: **to** ~ **the opponent's trumps** dem Gegner die Trümpfe herausholen. **23.** *Waffe* ziehen: **to** ~ **one's pistol. 24.** a) *Lose* ziehen, b) (durch Los) gewinnen, *e-n Preis* erhalten, c) auslosen: **to** ~ **bonds** *econ.* Obligationen auslosen. **25.** *Wasser* herˈaufpumpen, -holen, schöpfen. **26.** *Bier etc* abziehen, abzapfen (**from** von, aus). **27.** *med. Blut* entnehmen (**from** *dat*). **28.** *Tränen* a) herˈvorlocken, b) entlocken (**from s.o.** j-m). **29.** *Tee* ziehen lassen. **30.** *fig.* anziehen, an sich ziehen, fesseln: **to feel** ~**n to s.o.** sich zu j-m hingezogen fühlen. **31.** *Kunden etc* anziehen, anlocken: **to** ~ **a full house** *thea.* das Haus füllen. **32.** *j-s Aufmerksamkeit* lenken (**to** auf *acc*): **to** ~ **s.o.'s attention to s.th. 33.** *j-n* (dazu) bewegen (**to do s.th.** etwas zu tun). **34.** *Linie, Grenze etc* ziehen. **35.** *Finger, Feder etc* gleiten lassen: **to** ~ **the pen across the paper. 36.** zeichnen, malen, entwerfen (**from** nach). **37.** (in Worten) schildern, beschreiben, zeichnen: **to** ~ **it fine** *colloq.* es ganz genau nehmen; ~ **it mild!** mach mal halblang!, du übertreibst! **38.** *Schriftstück* ab-, verfassen, aufsetzen: **to** ~ **(up) a deed. 39.** *e-n Vergleich* anstellen, *a. e-e Parallele etc* ziehen: **to** ~ **a comparison. 40.** *e-n Schluß, e-e Lehre* ziehen: **to** ~ **one's own conclusions** s-e eigenen Schlüsse ziehen. **41.** *Zinsen etc* einbringen, abwerfen: **to** ~ **interest; to** ~ **a good price** e-n guten Preis erzielen. **42.** *econ. Geld* abheben (**from** von *e-m Konto*). **43.** *econ. e-n Wechsel etc* ziehen, trasˈsieren, ausstellen: **to** ~ **a bill of exchange on s.o.** e-n Wechsel ziehen auf j-n; **to** ~ **a check** (*Br.* **cheque**) e-n Scheck ausstellen. **44.** *ein Gehalt etc, a. Nachrichten etc* beziehen, bekommen. **45.** *fig.* entlocken (**from** *dat*): **to** ~ **applause** Beifall hervorrufen; **to** ~ **applause from an audience** e-m Publikum Beifall abringen; **to** ~ **(information from) s.o.** j-n ausholen, -fragen, -horchen; **to** ~ **no reply from s.o.** aus j-m keine Antwort herausbringen. **46.** *colloq. j-n* aus s-r Reˈserve herˈauslocken. **47.** entnehmen (**from** *dat*): **to** ~ **consolation from** Trost schöpfen aus;

to ~ **inspiration from** sich Anregung holen von *od.* bei *od.* durch; → **advantage** 2. **48.** *geschlachtetes Tier* ausnehmen, *erlegtes Tier a.* ausweiden. **49.** *Gewässer* a) trockenlegen, b) (mit dem Netz) abfischen. **50.** a) *hunt. ein Dickicht* (nach Wild) durchˈstöbern *od.* -ˈsuchen, b) *Wild* aufstöbern. **51.** *tech.* a) *Draht, Röhren, Kerzen* ziehen, b) auswalzen, (st)recken, ziehen: **to ~ iron**. **52.** *das Gesicht* verziehen: **his face was ~n with pain** sein Gesicht war schmerzverzerrt. **53.** e-m *den Mund* zs.-ziehen: **lemons ~ the mouth**. **54.** *med. ein Geschwür etc* ausziehen, -trocknen. **55.** *mar.* e-n Tiefgang haben von: **the ship ~s eight feet**. **56. to ~ the match** *sport* unentschieden spielen, sich unentschieden trennen. **57.** *Golf: den Ball* nach links verziehen.

III *v/i* **58.** ziehen. **59.** *fig.* ziehen (*Theaterstück etc*). **60.** (sein Schwert *etc*) ziehen (**on** gegen). **61.** sich (*leicht etc*) ziehen lassen, laufen: **the wag(g)on ~s easily**. **62.** fahren, sich bewegen: **to ~ into the station** *rail.* (in den Bahnhof) einfahren. **63.** (**to**) sich nähern (*dat*), herˈankommen (an *acc*): → **end** *Bes. Redew.* **64.** sich versammeln (**round, about** um). **65.** sich zs.-ziehen, (ein)schrumpfen (**into** zu). **66.** sich (aus)dehnen. **67.** *mar.* schwellen (*Segel*). **68.** ziehen (*Tee, a. med. Pflaster, Salbe etc*). **69.** ziehen, Zug haben (*Kamin etc*). **70.** zeichnen, malen. **71.** (**on, upon**) in Anspruch nehmen (*acc*), Gebrauch machen (von), herˈanziehen (*acc*), (*Kapital, Vorräte etc*) angreifen: **to ~ on one's reserves**; **to ~ on s.o.** a) *econ.* j-m e-e Zahlungsaufforderung zukommen lassen, b) *econ.* auf j-n (e-n Wechsel) ziehen, c) *fig.* j-n *od.* j-s Kräfte in Anspruch nehmen; **to ~ on s.o.'s generosity** j-s Großzügigkeit ausnützen; **to ~ on one's imagination** sich etwas einfallen lassen *od.* ausdenken. **72.** *sport* unentschieden kämpfen *od.* spielen (**with** gegen), sich unentschieden trennen. **73.** losen (**for** um).

Verbindungen mit Adverbien:

draw| a·long·side *v/i* herˈanfahren, -kommen. **~ a·part I** *v/t* **1.** auseinˈanderziehen. **II** *v/i* **2.** a) sich entfernen (**from** von), b) sich voneinˈander entfernen (*beide a. fig.*). **3.** *fig.* sich auseinˈanderleben. **~ a·side I** *v/t j-n* beiˈseite nehmen, (*a. etwas*) zur Seite ziehen. **II** *v/i* zur Seite gehen *od.* treten. **~ a·way I** *v/t* **1.** weg-, zuˈrückziehen. **2.** *j-s Aufmerksamkeit* ablenken. **II** *v/i* **3.** sich entfernen: **to ~ from s.o.** von j-m abrücken. **4.** *bes. sport* (**from**) e-n Vorsprung gewinnen (vor), sich lösen (von). **~ back I** *v/t* **1.** *a. Truppen* zuˈrückziehen. **2.** *econ.* e-e Zollrückvergütung erhalten für (*bei Wiederausfuhr*). **II** *v/i* **3.** sich zuˈrückziehen. **4.** zuˈrückweichen: **to ~ from s.o** von j-m abrücken. **~ down** *v/t* **1.** herˈabziehen, *Jalousien* herˈunterlassen. **2.** → **draw** 19. **~ in I** *v/t* **1.** *Luft* einziehen, *a. Atem* holen. **2.** *fig. j-n* (mit) hinˈeinziehen. **3.** *Ausgaben* einschränken. **II** *v/i* **4.** einfahren (*Zug*). **5.** (an)halten (*Wagen etc*). **6.** a) zu Ende gehen (*Tag*), b) abnehmen, kürzer werden (*Tage*). **7.** sich einschränken. **8.** *fig.* ‚e-n Rückzieher' machen. **~ near** *v/i* (**to**) sich nähern (*dat*), herˈanrücken (*a. fig.*), näher herˈankommen (an *acc*). **~ off I** *v/t* **1.** *Handschuhe etc* ausziehen. **2.** *Truppen* ab-, zuˈrückziehen. **3.** → **draw away** 2. **4.** *chem.* ausziehen, ˈausdestilˌlieren. **5.** abzapfen. **II** *v/i* **6.** sich zuˈrückziehen (*Truppen etc*). **7.** sich abwenden (**from** von). **~ on I** *v/t* **1.** *Handschuhe etc* anziehen. **2.** *fig.* anziehen, anlocken. **3.** verursachen, herˈbeiführen: **to ~ disaster**. **II** *v/i* **4.** → **draw near**. **~ out I** *v/t* **1.** herˈausziehen, -holen (**from** aus). **2.** *fig.* a) *e-e Aussage, die Wahrheit* herˈausholen, -locken, -bringen (**of, from** aus), b) *j-n* ausfragen, -holen, -horchen. **3.** *fig. j-n* aus s-r Reˈserve locken. **4.** *Truppen* a) ˈabkommanˌdieren, b) aufstellen. **5.** verlängern, ausziehen. **6.** *fig.* ausdehnen, hinˈausziehen, in die Länge ziehen. **7.** → **draw** 38. **II** *v/i* **8.** länger werden (*Tage*). **~ to·geth·er I** *v/t* **1.** zs.-ziehen. **II** *v/i* **2.** sich zs.-ziehen. **3.** zs.-kommen, sich (ver)sammeln. **~ up I** *v/t* **1.** hinˈaufziehen, aufrichten: **to draw o.s. up** sich (stolz, entrüstet *etc*) aufrichten. **2.** *e-n Stuhl etc* herˈanziehen. **3.** *Truppen etc* aufstellen, ˈaufmarˌschieren lassen. **4.** → **draw** 38. **5.** *e-e Bilanz etc* aufstellen. **6.** *Vorschläge, e-n Plan etc* entwerfen, ausarbeiten. **7.** *sein Pferd etc* zum Stehen bringen. **II** *v/i* **8.** (an)halten (*Wagen etc*). **9.** vorfahren (**to** vor *dat*). **10.** ˈaufmarˌschieren (*Truppen etc*). **11.** herˈankommen (**with, to** an *acc*). **12.** aufholen: **to ~ with s.o.** j-n einholen *od.* überholen.

ˈdraw|·back *s* **1.** (**to**) Nachteil *m* (für), Beeinträchtigung *f* (*gen*), Hindernis *n* (für). **2.** Nachteil *m*, Schattenseite *f*, (*der*) ‚Haken' (an der Sache). **3.** Abzug *m* (**from** von). **4.** *econ.* Zollrückvergütung *f* (*bei Wiederausfuhr*). **ˈ~·bar** *s* **1.** *rail.* Zugstange *f*. **2.** *Am.* Zuglatte *f* (*im Zaun*). **ˈ~·bench** *s tech.* (Draht)Ziehbank *f*. **ˈ~·bridge** *s* Zugbrücke *f*. **ˈ~ˌcard** → **drawing card**.

draw·ee [drɔːˈiː] *s econ.* Bezogene(r *m*) *f*, Trasˈsat *m* (*e-s Wechsels*).

draw·er [*für 1-3:* drɔː(r); *für 4-6:* ˈdrɔːə(r)] *s* **1.** Schublade *f*, -fach *n*. **2.** *pl* Komˈmode *f*. **3.** *pl*, *a.* **pair of ~s** ˈUnterhose *f*, (Damen)Schlüpfer *m*. **4.** Zieher *m*. **5.** Zeichner *m*. **6.** *econ.* Aussteller *m*, Zieher *m*, Trasˈsant *m* (*e-s Wechsels*).

ˈdraw|·file *v/t tech.* mit der Feile glätten. **ˈ~·gear** *s rail. Br.* Kupplungsvorrichtung *f*.

draw·ing [ˈdrɔːɪŋ] *s* **1.** Ziehen *n*. **2.** Zeichnen *n*: **in ~** a) richtig gezeichnet, b) *fig.* zs.-stimmend; **out of ~** a) unperspektivisch, verzeichnet, b) *fig.* nicht zs.-stimmend. **3.** Zeichenkunst *f*. **4.** a) Zeichnung *f* (*a. tech.*), b) (Zeichen)Skizze *f*, Entwurf *m*. **5.** Verlosung *f*, Ziehung *f*. **6.** Abhebung *f* (*von Geld*). **7.** *pl* a) Bezüge *pl*, b) *econ. Br.* Einnahmen *pl*. **~ ac·count** *s econ.* a) Girokonto *n*, b) Konto *n* für Priˈvatentnahmen (*e-s Gesellschafters*), c) Spesen- *od.* Vorschußkonto *n*. **~ block** *s* Zeichenblock *m*. **~ board** *s* Reiß-, Zeichenbrett *n*: **to go back to the ~** *fig.* noch einmal von vorne anfangen. **~ card** *s Am.* Zugnummer *f*: a) zugkräftiges Stück, b) zugkräftiger Schauspieler. **~ com·pass·es** *s pl*, *a.* **pair of ~** Reiß-, Zeichenzirkel *m*. **~ ink** *s* Zeichentinte *f*, Ausziehtusche *f*. **~ knife** → **drawknife**. **~ mas·ter** *s* Zeichenlehrer *m*. **~ of·fice** *s Br.* ˈZeichenbüˌro *n*. **~ pa·per** *s* ˈZeichenpaˌpier *n*. **~ pen** *s* Zeichen-, Reißfeder *f*. **~ pen·cil** *s* Zeichenstift *m*. **~ pin** *s Br.* Reißzwecke *f*, -nagel *m*, Heftzwecke *f*. **~ pow·er** *s fig.* Zugkraft *f*. **~ room** *s* **1.** Gesellschafts-, Empfangszimmer *n*, Saˈlon *m*: **not fit for the ~** nicht salonfähig (*Witz etc*). **2.** *obs.* Empfang *m* (*bes. Br.* bei Hofe), Gesellschaftsabend *m*: **to hold a ~** e-n Empfang geben. **3.** *rail. Am.* Saˈlon *m*, Priˈvatabˌteil *n*. **ˈ~-room** *adj* **1.** Salon..., vornehm, gepflegt: **~ manners** feines Benehmen; **~ car** *rail. Am.* Salonwagen *m*. **2.** Gesellschafts..., Salon...: **~ music**. **~ set** *s* Reißzeug *n*.

ˈdraw·knife *s irr tech.* (Ab)Ziehmesser *n*.

drawl [drɔːl] **I** *v/t u. v/i* gedehnt *od.* schleppend sprechen. **II** *s* gedehntes Sprechen. **ˈdrawl·ing** *adj* (*adv* **~ly**) gedehnt, schleppend.

drawn [drɔːn] **I** *pp von* **draw**. **II** *adj* **1.** gezogen. **2.** *tech.* gezogen: **~ wire**. **3.** abgespannt: **to look ~**. **4.** *sport* unentschieden: **~ match** Unentschieden *n*. **~ but·ter (sauce)** *s gastr.* Buttersoße *f*. **~ work** *s* Hohlsaumarbeit *f*.

ˈdraw|·plate *s tech.* (Draht)Zieheisen *n*, Lochplatte *f*. **ˈ~·point** *s* **1.** Raˈdier-, Reißnadel *f* (*des Graveurs*). **2.** Spitzbohrer *m*. **~ po·ker** *s* Draw Poker *n* (*Form des Pokers, bei der nach e-m ersten Einsatz Karten abgelegt u. durch andere ersetzt werden dürfen*). **ˈ~ˌshave** *Am.* → **drawknife**. **ˈ~·string** *s* **1.** Zugband *n*, -schnur *f*. **2.** Vorhangschnur *f*. **~ well** *s* Ziehbrunnen *m*.

dray[1] [dreɪ] *s* **1.** Roll-, Tafelwagen *m*. **2.** Lastschlitten *m*.

dray[2] [dreɪ] *s* Eichhörnchennest *n*.

dray| horse *s* Zugpferd *n*. **ˈ~·man** [-mən] *s irr* Rollkutscher *m*.

dread [dred] **I** *v/t* **1.** *etwas, j-n* sehr fürchten, sich fürchten (**to do, doing** zu tun), (große) Angst haben vor (*dat*), ein Grauen empfinden vor (*dat*), sich fürchten vor (*dat*). **2.** *obs.* Ehrfurcht haben vor (*dat*). **II** *s* **3.** (große) Angst, Furcht *f* (**of** vor *dat*; **of doing** zu tun), Grauen *n* (**of** vor *dat*). **4.** *obs.* Ehrfurcht *f*. **5.** *j-d od. etwas, vor dem man* (*große*) *Angst hat*: **illness is the great ~ of his life** am meisten fürchtet er sich vor Krankheiten. **III** *adj* **6.** *poet.* → **dreadful** 1 *u.* 2.

ˈdread·ful I *adj* (*adv* **~ly**) **1.** fürchterlich, furchtbar, schrecklich (*alle a. fig. colloq.*). **2.** *obs.* ehrwürdig, erhaben, hehr. **3.** *colloq.* a) gräßlich, scheußlich, b) furchtbar groß, kolosˈsal, entsetzlich lang. **II** *s* → **penny dreadful**. **ˈdread·less** *adj* (*adv* **~ly**) furchtlos.

ˈdread·locks *s pl* zs.-gedrehte (*nicht gekämmte u. nicht geflochtene*) Haarsträhnen *pl* (*als Kennzeichen der Rastafari-Sekte*).

ˈdread·nought, *a.* **ˈdread·naught** [-nɔːt] *s* **1.** *mar. mil.* Dreadnought *m* (*Schlachtschiff mit Geschützen einheitlichen Kalibers*). **2.** dicker, wetterfester Stoff *od.* Mantel.

dream [driːm] **I** *s* **1.** Traum *m*: **to have a ~ about** träumen von. **2.** Traum(zustand) *m*: **as in a ~** wie im Traum. **3.** Traumbild *n*. **4.** (Tag)Traum *m*, Träumeˈrei *f*. **5.** (Wunsch)Traum *m*: **that's beyond my wildest ~s** das übertrifft m-e kühnsten Träume. **6.** *fig.* Traum *m*, Ideˈal *n*: **a ~ of a hat** ein Gedicht von e-m Hut, ein traumhaft schöner Hut; **it is a perfect ~** es ist wunderschön. **II** *v/i pret u. pp* **dreamed** *od.* **dreamt** [dremt] **7.** träumen (**of** von) (*a. fig.*): **to ~ of doing s.th.** davon träumen, etwas zu tun (→ 9). **8.** träumen, verträumt *od.* träumerisch sein. **9. ~ of** *meist neg* a) ahnen (*acc*), b) daran denken (**doing** zu tun): **I never ~ed of it** ich habe es mir nie träumen lassen; **we did not ~ of going there** wir dachten nicht im Traum daran hinzugehen; **more things than we ~ of** mehr Dinge, als wir uns denken können. **III** *v/t* **10.** träumen (*a. fig.*): **to ~ a dream** e-n Traum träumen *od.* haben; **I ~ed that** mir träumte, daß. **11.** erträumen, ersehnen. **12.** sich träumen lassen, ahnen: **without ~ing that** ohne zu ahnen, daß. **13. ~ away** verträumen. **14. ~ up** *colloq.* a) zuˈsammenträumen, -phantaˌsieren, b) sich ausdenken, sich einfallen lassen.

dream| a·nal·y·sis *s irr psych.* ˈTraumanaˌlyse *f*. **ˈ~·boat** *s sl.* **1.** Schwarm *m*.

2. ,Schatz' m. 3. Ide'al n (*Person u. Sache*). **~ book** s Traumbuch n.
dream·er ['dri:mə(r)] s 1. Träumer(in) (*a. fig.*), Träumende(r m) f. 2. Phan'tast(in). **'dream·i·ness** [-mɪs] s 1. Verträumtheit f, träumerisches Wesen. 2. Traumhaftigkeit f, Verschwommenheit f. **'dream·ing** adj (adv **~ly**) verträumt.
'dream·land s Traumland n.
'dream·less adj traumlos.
'dream|·like adj traumhaft, -ähnlich. **~ psy·chol·o·gy** s 'Traumpsycholo,gie f. **~ read·er** s Traumdeuter(in).
dreamt [dremt] pret u. pp von **dream**.
dream world s Traumwelt f.
dream·y ['dri:mɪ] adj (adv **dreamily**) 1. verträumt (*a. Augen*), träumerisch. 2. traumhaft, dunkel, verschwommen: **a ~ recollection**. 3. zum Träumen: **~ music**. 4. *colloq.* traumhaft (schön).
drear [drɪə(r)] *poet. für* **dreary**.
drear·ie ['drɪərɪ] s *colloq.* ,langweiliger Typ'.
drear·i·ness ['drɪərɪnɪs] s 1. Trübseligkeit f. 2. Langweiligkeit f. **'drear·y** adj (adv **drearily**) 1. trübselig (*Ort etc*). 2. trüb (*Tag etc*). 3. langweilig (*Person, Arbeit etc*).
dredge[1] [dredʒ] I s 1. *tech.* a) 'Bagger(ma,schine f) m, b) Naß-, Schwimmbagger m. 2. *mar.* a) Schleppnetz n, b) Dregganker m. II v/t 3. *tech.* ausbaggern: **~d material** Baggergut n; **to ~ away (up)** mit dem Bagger wegräumen (heraufholen). 4. mit dem Schleppnetz fangen *od.* her'aufholen. 5. *fig.* durch'forschen, -'forsten. III v/i 6. *tech.* baggern. 7. mit dem Schleppnetz suchen *od.* fischen (**for** nach): **he ~d into himself for words** er suchte nach Worten.
dredge[2] [dredʒ] v/t (mit Mehl *etc*) bestreuen.
dredg·er[1] ['dredʒə(r)] s 1. *tech.* a) Baggerarbeiter m, b) Bagger m: **~ bucket** Baggereimer m. 2. Dregger m, Schleppnetzfischer m.
dredg·er[2] ['dredʒə(r)] s (Mehl- *etc*) Streubüchse f, (-)Streuer m.
dredg·ing|box ['dredʒɪŋ] → **dredger**[2]. **~ ma·chine** s 'Bagger(ma,schine f) m.
dree [dri:] v/t *Scot. poet.* erdulden: **to ~ one's weird** sich in sein Schicksal fügen.
dreg [dreg] s 1. *meist pl* a) (Boden)Satz m: **to drain a cup to the ~s** e-n Becher bis auf den letzten Tropfen *od.* bis zur Neige leeren, b) Verunreinigungen *pl.* 2. *meist pl fig.* Abschaum m, Hefe f: **the ~s of mankind** der Abschaum der Menschheit. 3. *meist pl* Unrat m, Abfall m. 4. a) (kleiner) Rest, b) kleine Menge: **not a ~** gar nichts. **'dreg·gy** adj hefig, trüb, schlammig.
drench [drentʃ] I v/t 1. durch'nässen, (durch)'tränken: **~ed in blood** blutgetränkt, -triefend; **~ed with rain** vom Regen durchnäßt; **~ed in tears** in Tränen aufgelöst; → **skin** 1. 2. *vet. e-m Tier* Arz'nei einflößen. II s 3. → **drencher** 1. 4. *vet.* Arz'neitrank m. **'drench·er** s 1. (Regen)Guß m, (-)Schauer m. 2. *vet.* Gerät n zum Einflößen von Arz'neien. **'drench·ing** I adj strömend: **~ rain**. II s: **to get a (good) ~** bis auf die Haut naß werden.
Dres·den ['drezdən] s a. **~ china**, **~ ware** Meiß(e)ner Porzel'lan n. **~ point lace** s sächsische Spitzen *pl.*
dress [dres] I s 1. Kleidung f: a) Anzug m (*a. mil.*), b) (Damen)Kleid n: **summer ~** Sommerkleid; **birds in winter ~** *fig.* Vögel im Winterkleid. 2. a) Toi'lette f (*e-r Dame*), b) Abend-, Gesellschaftskleidung f. 3. *fig.* Gewand n, Kleid n, Gestalt f, Form f.
II v/t 4. an-, bekleiden, anziehen: **to ~ o.s.** sich anziehen; **to ~ the part** sich entsprechend anziehen *od.* kleiden; **to be ~ed for the part** entsprechend angezogen *od.* gekleidet sein. 5. einkleiden. 6. *j-n* (fein) her'ausputzen. 7. *thea.* mit Ko'stümen ausstatten, kostü'mieren: **to ~ it** Kostümprobe abhalten. 8. schmücken, deko'rieren: **to ~ a shopwindow** ein Schaufenster dekorieren; **to ~ ship** *mar.* über die Toppen flaggen. 9. zu'rechtmachen, ('her)richten, *bes.* a) *Speisen* zubereiten, b) *Salat* anmachen, c) *Hühner etc* brat- *od.* kochfertig machen, d) *das Haar* fri'sieren, e) *ein Zimmer* säubern, putzen. 10. *ein Pferd* striegeln. 11. *tech.* zurichten, nach(be)arbeiten, behandeln, aufbereiten, *bes.* a) *Balken etc* hobeln *od.* abputzen, b) *Häute* gerben, zurichten, c) *Tuch* appre'tieren, glätten, d) *Weberei*: schlichten, e) *Erz* aufbereiten, f) *Stein* behauen, g) be-, zuschneiden, h) glätten, *a. Edelsteine* po'lieren, schleifen, i) *Flachs* hecheln. 12. *Land, Garten etc* a) bebauen, b) düngen. 13. *Pflanzen* zu'rechtstutzen, beschneiden. 14. *Saatgut* beizen. 15. *med. Wunden etc* behandeln, verbinden. 16. gerade ausrichten, ordnen. 17. *mil.* (aus-) richten: **to ~ the ranks**.
III v/i 18. sich ankleiden, sich anziehen: **to ~ for supper** sich zum Abendessen umkleiden *od.* umziehen; **to ~ well (badly)** *weitS.* sich geschmackvoll (geschmacklos) anziehen. 19. Abendkleidung anziehen, sich festlich kleiden, ,sich in Gala werfen'. 20. *mil.* sich (aus)richten: **~!** richt't euch!
Verbindungen mit Adverbien:
dress| down v/t 1. *Pferd* striegeln. 2. *colloq. j-m* ,e-e Standpauke halten', *j-m* ,aufs Dach steigen', *j-m* ,eins auf den Deckel geben'. **~ up** I v/t 1. feinmachen. 2. her'ausputzen, ,auftakeln'. 3. *Fakten etc* a) ,verpacken' (**in** in *acc*), b) beschönigen, c) ausschmücken (**with** mit). II v/i 4. sich feinmachen, ,sich in Gala werfen'. 5. sich her'ausputzen *od.* ,auftakeln'. 6. sich kostü'mieren *od.* verkleiden (**as** als) (*bes. Kinder*): **she dressed up in her mother's clothes** sie zog sich die Kleider ihrer Mutter an.
dres·sage ['dresɑ:ʒ; *Am.* drə'sɑ:ʒ] s (*Pferdesport*) I s Dres'sur(reiten n) f. II *adj* Dressur...: **~ horse**; **~ rider**; **~ test** Dressurprüfung f.
dress| cir·cle s *thea. etc* erster Rang. **~ clothes** s *pl* Gesellschaftskleidung f. **~ coat** s 1. Frack m. 2. *mar. mil.* Pa'raderock m. **~ de·sign·er** s Modezeichner(in).
'dress·er[1] s 1. *thea.* Gardero'bier m, Gardero'biere f. 2. j-d, der sich (*sorgfältig etc*) kleidet: **a careful ~**; **she's a fashionable ~** sie ist immer modisch gekleidet. 3. *med.* Operati'onsassi,stent (-in). 4. *Br.* 'Schaufensterdekora,teur (-in). 5. *tech.* a) Zurichter m, Aufbereiter m, b) Appre'tierer m, c) Schlichter m, d) Pocharbeiter m. 6. *tech.* Gerät n zum Zurichten, Nachbearbeiten *etc.*
'dress·er[2] s 1. a) *obs.* (Küchen)Anrichte f, b) Küchen-, Geschirrschrank m. 2. → **dressing table**.
dress goods s *pl* (*a. als sg konstruiert*) (Damen)Kleiderstoffe *pl.*
dress·i·ness ['dresɪnɪs] s *colloq.* 1. Ele'ganz f. 2. ,aufgetakelte' Erscheinung.
'dress·ing s 1. Ankleiden n. 2. (Be)Kleidung f. 3. *tech.* Aufbereitung f, Nachbearbeitung f, Zurichtung f. 4. *tech.* a) Appre'tur f, b) Schlichte f. 5. *tech.* a) Verkleidung f, Verputz m, b) Schotterbelag m (*Straße*). 6. Zubereitung f (*von Speisen*). 7. Dressing n (*Salatsoße*). 8. *Am.* Füllung f (*von Geflügel etc*). 9. *med.* a) Verbinden n (*e-r Wunde*), b) Verband m. 10. *agr.* a) Düngung f, b) Dünger m. **~ case** s Kul'turbeutel m, -tasche f, 'Reisenecess,saire n. **,~-'down** s *colloq.* ,Standpauke' f: **to give s.o. a ~** → **dress down** 2; **to get a ~** ,eins aufs Dach *od.* auf den Deckel bekommen *od.* kriegen'. **~ gown** s 1. Morgenmantel m, (*für Damen a.*) Morgenrock m. 2. *sport etc* Bademantel m. **~ ma·chine** s *tech.* 'Zurichtema,schine f. **~ room** s 1. 'Um-, Ankleidezimmer n. 2. ('Künstler)Garde,robe f. 3. *sport* ('Umkleide)Ka,bine f. **~ sta·tion** s *med. mil.* (Feld)Verbandsplatz m. **~ ta·ble** s Toi'lettentisch m, Fri'sierkom,mode f.
'dress|,mak·er s (*bes.* Damen)Schneider(in). **'~,mak·ing** s Schneidern n. **~ pa·rade** s *mil.* Pa'rade f in 'Galauni,form. **~ pat·tern** s Schnittmuster n. **~ re·hears·al** s *thea.* a) Gene'ralprobe f (*a. fig.*), b) Ko'stümprobe f. **~ shield** s Arm-, Schweißblatt n (*im Kleid etc*). **~ shirt** s Frackhemd n. **~ suit** s Abend-, Gesellschafts-, Frackanzug m. **~ u·ni·form** s *mil.* großer Dienstanzug.
dress·y ['dresɪ] adj *colloq.* 1. (auffällig) ele'gant gekleidet. 2. geschniegelt, ,aufgetakelt'. 3. modebewußt. 4. ele'gant, schick, modisch, fesch: **a ~ blouse**.
drew [dru:] pret von **draw**.
drey [dreɪ] s Eichhörnchennest n.
drib·ble ['drɪbl] I v/i 1. tröpfeln (*a. fig.*): **to ~ away** *fig.* allmählich zu Ende gehen (*Geld etc*). 2. sabbern, geifern. 3. *sport* dribbeln: **to ~ past s.o.** j-n aus- *od.* umdribbeln. II v/t 4. (her'ab)tröpfeln lassen, träufeln: **to ~ away** *fig.* nach u. nach vertun. 5. **to ~ the ball** *sport* dribbeln. III s 6. Getröpfel n. 7. Tropfen m. 8. *fig.* → **drib(b)let**. 9. *colloq.* feiner Regen, Nieseln n. 10. *sport* Dribbling n.
drib·(b)let ['drɪblɪt] s kleine Menge *od.* Summe: **in** (*od.* **by**) **~s** in kleinen Mengen *od.* Raten.
dribs and drabs [drɪbz] s *pl*: **in ~** *colloq.* kleckerweise: **he's paying me back in ~**.
dried [draɪd] adj Dörr..., getrocknet: **~ cod** Stockfisch m; **~ fruit** Dörrobst n; **~ milk** Trockenmilch f.
dri·er[1] ['draɪə(r)] s 1. Trockenmittel n. 2. 'Trockenappa,rat m, Trockner m.
dri·er[2] ['draɪə(r)] *comp von* **dry**.
dri·est ['draɪɪst] *sup von* **dry**.
drift [drɪft] I s 1. Treiben n. 2. *aer. mar.* Abtrift f, Abtrieb m, (Kurs)Versetzung f. 3. *Ballistik*: Seitenabweichung f. 4. *geogr.* Drift(strömung) f (*im Meer*). 5. (Strömungs)Richtung f. 6. *fig.* a) Strömung f, Ten'denz f, Lauf m, Richtung f: **~ away from** allmähliches Abgehen von, b) Absicht f, c) Gedankengang m: **if I get your ~** wenn ich Sie richtig verstehe, d) Sinn m, Bedeutung f. 7. *etwas Dahingetriebenes, bes.* a) Treibholz n, b) Treibeis n, c) Wolkenfetzen *pl*, d) (Schnee)Gestöber n. 8. (Schnee)Verwehung f, (Schnee-, Sand-) Wehe f. 9. → **driftage** 2. 10. *geol.* Geschiebe n. 11. Abwanderung f: **industrial ~**; **~ from the land** Landflucht f. 12. *fig.* a) treibende Kraft, b) (bestimmender) Einfluß. 13. *fig.* (Sich)'Treibenlassen n, Ziellosigkeit f. 14. *tech.* a) Lochräumer m, -hammer m, b) Austreiber m, Dorn m, c) Punzen m, 'Durchschlag m. 15. *Bergbau*: Strecke f, Stollen m.
II v/i 16. *a. fig.* getrieben werden, treiben (**into** in *e-n Krieg etc*): **to ~ apart** sich auseinanderleben; **to ~ away** a) abwandern, b) sich entfernen (**from** von); **to let things ~** den Dingen ihren Lauf lassen. 17. (*bes.* ziellos) (her'um)wandern. 18. *fig.* sich (willenlos) treiben lassen.

19. gezogen werden, geraten (**into** in *acc*): **he ~ed into a marriage** er schlitterte in e-e Ehe. **20.** sich häufen, Verwehungen bilden: **~ing sand** Treib-, Flugsand *m.*
III *v/t* **21.** (daˈhin)treiben, (-)tragen. **22.** wehen. **23.** aufhäufen, zs.-treiben. **24.** *tech. ein Loch* ausdornen.
drift·age [ˈdrɪftɪdʒ] *s* **1.** Abtrift *f*, Abtrieb *m* (*durch Strömung od. Wind*). **2.** a) Treibgut *n*, b) Strandgut *n.*
drift| an·chor *s mar.* Treibanker *m.* **~ an·gle** *s* **1.** *aer.* Abtriftwinkel *m.* **2.** *mar.* Derivatiˈonswinkel *m.* **~ av·a·lanche** *s* ˈStaublaˌwine *f.*
ˈdrift·er *s* **1.** ziellos herˈumwandernder Mensch. **2.** *mar.* a) Drifter *m*, Treibnetzfischdampfer *m*, b) Treibnetzfischer *m.* **3.** *Bergbau*: Gesteinshauer *m.*
drift| ice *s* Treibeis *n.* **~ me·ter** *s aer.* Abtriftmesser *m.* **~ net** *s* Treibnetz *n.* **D~ pe·ri·od** *s geol.* Diˈluvium *n*, Eiszeit *f.* **ˈ~·wood** *s* Treibholz *n.*
drill[1] [drɪl] **I** *s* **1.** *tech.* ˈBohrgerät *n*, -maˌschine *f*, (Drill-, Meˈtall-, Stein-) Bohrer *m.* **2.** *mil.* a) forˈmale Ausbildung, Drill *m*, b) Exerˈzieren *n.* **3.** *fig.* Drill(en *n*) *m*, strenge Schulung. **4.** Drill *m*, ˈAusbildungsmeˌthode *f.* **II** *v/t* **5.** *ein Loch* bohren. **6.** durchˈbohren: **to ~ a tooth** *med.* e-n Zahn an- *od.* ausbohren. **7.** *mil. u. fig.* drillen, ˈeinexerˌzieren. **8.** *fig.* drillen, (gründlich) ausbilden. **9.** eindrillen, ‚einpauken' (**into s.o.** j-m): **to ~ French grammar into s.o.** **10.** *colloq. j-m* e-e Kugel ‚verpassen'. **III** *v/i* **11.** (*tech. engS.* ins Volle) bohren: **to ~ for oil** nach Öl bohren. **12.** *mil.* a) exerˈzieren, b) gedrillt *od.* ausgebildet werden (*a. fig.*).
drill[2] [drɪl] *agr.* **I** *s* **1.** (Saat)Rille *f*, Furche *f.* **2.** ˈReihenˌsämaˌschine *f*, ˈDrillmaˌschine *f.* **3.** Drillsaat *f.* **II** *v/t* **4.** *Saat* in Reihen säen *od.* pflanzen. **5.** *Land* in Reihen besäen *od.* bepflanzen.
drill[3] [drɪl] *s* Drill(ich) *m*, Drell *m.*
drill[4] [drɪl] *s zo.* Drill *m* (*Pavian*).
drill| bit *s tech.* **1.** Bohrspitze *f*, -eisen *n.* **2.** Einsatzbohrer *m.* **~ book** *s mil.* Exerˈzierregleˌment *n.* **~ car·tridge** *s mil.* Exerˈzierpaˌtrone *f.* **~ chuck** *s tech.* Bohr-, Spannfutter *n.* **~ ga(u)ge** *s tech.* Bohr(er)lehre *f.* **~ ground** *s mil.* Exerˈzierplatz *m.*
ˈdrill·ing[1] *s* **1.** *tech.* Bohren *n*, Bohrung *f.* **2.** *pl tech.* Bohrspäne *pl.* **3.** → **drill**[1] 2, 3.
ˈdrill·ing[2] *s agr.* Drillen *n*, Säen *n* mit der ˈDrillmaˌschine.
drill·ing| bit *s tech.* **1.** Bohrspitze *f*, -eisen *n.* **2.** (Gesteins)Bohrer *m.* **~ ca·pac·i·ty** *s tech.* **1.** Bohrleistung *f.* **2.** ˈBohrˌdurchmesser *m* (*e-r Maschine*). **~ ham·mer** *s tech.* Bohr-, Drillhammer *m.* **~ jig** *s tech.* Bohrvorrichtung *f*, -futter *n.* **~ ma·chine** *s tech.* ˈBohrmaˌschine *f.* **~ rig** *s* Bohrinsel *f.*
dril·lion [ˈdrɪljən] *s Am. sl.* Unmenge *f*: **a ~ dollars.**
ˈdrill|ˌmas·ter *s* **1.** *mil.* Ausbilder *m.* **2.** *fig.* ‚Einpauker' *m.* **~ plough,** *bes. Am.* **~ plow** → **drill**[2] 2. **~ press** *s* (ˈSäulen-) ˌBohrmaˌschine *f.* **~ ser·geant** *s mil.* ˈAusbildungsˌunteroffiˌzier *m.* **~ ship** *s mar.* **1.** Schulschiff *n.* **2.** Bohrschiff *n.*
dri·ly → **dryly.**
drink [drɪŋk] **I** *s* **1.** Getränk *n.* **2.** Drink *m*, alkoˈholisches Getränk: **to have a ~ with s.o.** mit j-m ein Glas trinken; **to be fond of ~** gern trinken; **to be fond of a ~** gern mal ‚einen' trinken; **in ~** a) angetrunken, b) betrunken. **3.** *collect.* Getränke *pl.* **4.** *fig.* das Trinken, der Alkohol: **to take to ~** sich das Trinken angewöhnen; **to drive s.o. to ~** j-n zum Trinker machen; **to be on the ~** *colloq.* (ein) Trinker sein; *I didn't believe him.* **I thought it was the ~ talking** ich hielt es für das Gerede e-s Betrunkenen. **5.** Schluck *m*, Zug *m*: **a ~ of water** ein Schluck Wasser; **to take** (*od.* **have**) **a ~** etwas trinken; **to give s.o. a ~** j-m etwas zu trinken geben. **6.** *sl.* (*das*) ‚große Wasser', (*der*) ‚Teich' (*Ozean*).
II *v/t pret* **drank** [dræŋk], *obs.* **drunk** [drʌŋk], *pp* **drunk,** *obs.* **drank, drunk·en** [ˈdrʌŋkən] **7.** trinken: **to ~ tea; to ~ one's soup** s-e Suppe essen; → **table** 2. **8.** trinken, saufen (*Tier*). **9.** → **drink in** 1. **10.** → **drink in** 2, 3. **11.** → **drink off.** **12.** trinken *od.* anstoßen auf (*acc*): → **health** 3.
III *v/i* **13.** trinken (**out of** aus; *poet.* **of** von): → **hard** 24. **14.** trinken, saufen (*Tier*). **15.** trinken, *weitS. a.* (ein) Trinker sein. **16.** trinken, anstoßen (**to** auf *acc*): **to ~ to s.o.** j-m zuprosten *od.* zutrinken; → **health** 3.
Verbindungen mit Adverbien:
drink| a·way *v/t* **1.** *sein Geld etc* vertrinken. **2.** *s-e Sorgen etc* im Alkohol ertränken. **~ down** *v/t* **1.** hinˈuntertrinken. **2.** *j-n* ‚unter den Tisch trinken'. **~ in** *v/t* **1.** aufsaugen. **2.** *fig.* (gierig) in sich aufnehmen, verschlingen: **to ~ s.o.'s words.** **3.** *Luft etc* einsaugen, einatmen. **~ off, ~ up** *v/t* austrinken (*a. v/i*), leeren.
ˈdrink·a·ble I *adj* trinkbar, Trink... **II** *s* Getränk *n.*
ˈdrink·er *s* **1.** Trinkende(r *m*) *f.* **2.** Trinker(in).
ˈdrink·ing I *s* **1.** Trinken *n.* **2.** (*gewohnheitsmäßiges*) Trinken. **3.** → **drinking bout.** **II** *adj* **4.** trinkend: **a ~ man** ein Trinker. **5.** Trink... **~ bout** *s* Trinkgelage *n.* **~ cup** *s* Trinkbecher *m.* **~ foun·tain** *s* Trinkbrunnen *m.* **~ glass** *s* Trinkglas *n.* **~ song** *s* Trinklied *n.* **~ straw** *s* Trinkhalm *m.* **~ wa·ter** *s* Trinkwasser *n.*
drink of·fer·ing *s relig.* Trankopfer *n.*
drip [drɪp] **I** *v/t pret u. pp* **dripped,** *Am. a.* **dript** [drɪpt] **1.** (herˈab)tröpfeln *od.* (-)tropfen lassen: **his hand was ~ping blood** von s-r Hand tropfte (das) Blut. **2. he was ~ping sweat** er triefte vor Schweiß. **II** *v/i* **3.** triefen (**with** von, vor *dat*) (*a. fig.*): **the play ~s with sentimentality.** **4.** (herˈab)tröpfeln, (-)tropfen (**from** von): **the tap is ~ping** der Hahn tropft. **III** *s* **5.** → **dripping** 1, 2. **6.** *arch.* Trauf-, Kranzleiste *f.* **7.** *tech.* a) Tropfrohr *n*, b) Tropfenfänger *m.* **8.** *med.* a) Tropf *m*: **to be on the ~** am Tropf hängen; **to put s.o. on a ~** j-m e-n Tropf anlegen, b) ˈTropfinfusiˌon *f.* **9.** *colloq.* a) ‚Nulpe' *f*, b) ‚Flasche' *f.* **~ cock** *s tech.* Entwässerungshahn *m.* **~ cof·fee** *s Am.* Filterkaffee *m.* **ˈ~-drip** *s* ständiges Tropfen. **ˌ~ˈdry I** *adj* bügelfrei: **~ shirts.** **II** *v/t* tropfnaß aufhängen. **III** *v/i* bügelfrei sein. **ˈ~-feed** *v/t med.* parente(ˈ)ral *od.* künstlich ernähren. **~ feed(·ing)** *s* **1.** *tech.* Tropfölschmierung *f.* **2.** *med.* parenteˈrale *od.* künstliche Ernährung. **~ oil·er** *s tech.* Tropföler *m.* **~ pan** *s* **1.** *bes. tech.* Abtropfblech *n*, -schale *f.* **2.** → **dripping pan.**
ˈdrip·ping I *s* **1.** (Herˈab)Tröpfeln *n*, (-)Tropfen *n*, (*Geräusch*) Tropfen *n.* **2.** *oft pl* (herˈab)tröpfelnde Flüssigkeit. **3.** (abtropfendes) Bratenfett. **II** *adj* **4.** (herˈab-) tröpfelnd, (-)tropfend, (*Hahn etc*) tropfend. **5.** triefend (**with** von, vor *dat*) (*a. fig.*). **6.** triefend(naß), tropf-, triefˈnaß. **III** *adv* **7.** **~ wet** → 6. **~ pan** *s gastr.* Fettpfanne *f.*
ˈdrip·proof *adj tech.* tropfwassergeschützt.
drip·py [ˈdrɪpɪ] *adj* **1.** *Am.* regnerisch. **2.** *colloq.* rührselig, süßlich, kitschig.
ˈdrip·stone *s* **1.** *arch.* Trauf-, Kranzleiste *f.* **2.** *min.* Tropfstein *m.*
dript [drɪpt] *Am. pret u. pp von* **drip.**
drive [draɪv] **I** *s* **1.** Fahrt *f*, *bes.* Ausfahrt *f*, Spaˈzierfahrt *f*, Ausflug *m*: **to take a ~, to go for a ~** → **drive out** 2; **the ~ back** die Rückfahrt; **an hour's ~ away** e-e Autostunde entfernt. **2.** a) Treiben *n* (*von Vieh, Holz etc*), b) Zs.-Treiben *n* (*von Vieh*), c) zs.-getriebene Tiere *pl.* **3.** *hunt.* Treibjagd *f.* **4.** *bes. Tennis, Golf*: Drive *m*, Treibschlag *m.* **5.** *mil.* Vorstoß *m* (*a. fig.*). **6.** *fig.* Kamˈpagne *f*, (*bes.* Werbe)Feldzug *m*, (*bes.* ˈSammel)Aktiˌon *f.* **7.** *fig.* Schwung *m*, Eˈlan *m*, Dyˈnamik *f.* **8.** *fig.* Druck *m*: **I'm in such a ~ that** ich stehe so sehr unter Druck, daß. **9.** a) Tenˈdenz *f*, Neigung *f* (*a. psych.*), b) *psych.* Trieb *m*: → **sexual.** **10.** a) Fahrstraße *f*, -weg *m*, b) (priˈvate) Auffahrt (*zu e-r Villa etc*), c) Zufahrtsstraße *f*, -weg *m.* **11.** *tech.* Antrieb *m.* **12.** *mot.* (*Links- etc*)Steuerung *f*: **left-hand ~.**
II *v/t pret* **drove** [drəʊv], *obs.* **drave** [dreɪv], *pp* **driv·en** [ˈdrɪvn] **13.** (vorwärts-, an)treiben: **to ~ all before one** *fig.* jeden Widerstand überwinden, unaufhaltsam sein. **14.** *fig.* treiben: **to ~ s.o. to death** j-n in den Tod treiben; → **bend** 1, **corner** 3, **desperation** 1, **mad** 1, **wall** *Bes. Redew.*, **wild** 9. **15.** *e-n Nagel etc* (ein)treiben, (ein)schlagen, *e-n Pfahl* (ein)rammen: **to ~ s.th. into s.o.** *fig.* j-m etwas einbleuen; → **home** 17, **wedge** 1. **16.** (zur Arbeit) antreiben, hetzen: **to ~ s.o. hard** a) j-n schinden, b) j-n in die Enge treiben. **17.** *j-n* veranlassen (**to, into** zu; **to do** zu tun), bringen (**to, into** zu), dazu bringen *od.* treiben (**to do** zu tun): **driven by hunger** vom Hunger getrieben. **18.** *j-n* nötigen, zwingen (**to, into** zu; **to do** zu tun). **19.** zs.-treiben. **20.** vertreiben, verjagen (**from** von). **21.** *hunt.* treiben, hetzen, jagen. **22.** *Auto etc* lenken, steuern, fahren: **to ~ one's own car** s-n eigenen Wagen fahren. **23.** (im Auto *etc*) fahren, befördern, bringen (**to** nach). **24.** *tech.* (an)treiben: **driven by steam** mit Dampf betrieben, mit Dampfantrieb. **25.** zielbewußt ˈdurchführen: **to ~ a good bargain** ein Geschäft zu e-m vorteilhaften Abschluß bringen; **to ~ a hard bargain** a) hart verhandeln, b) überzogene Forderungen stellen; **he ~s a hard bargain** ‚mit ihm ist nicht gut Kirschen essen'. **26.** *ein Gewerbe* (zielbewußt) (be-) treiben. **27.** *e-n Tunnel etc* bohren, vortreiben. **28.** *colloq.* hinˈausschieben: **to ~ s.th. to the last minute.** **29.** *bes. Tennis, Golf*: *den Ball* driven.
III *v/i* **30.** (daˈhin)treiben, (daˈhin)getrieben werden: **to ~ before the wind** vor dem Wind treiben. **31.** rasen, brausen, jagen, stürmen. **32.** a) (Auto) fahren, chaufˈfieren, e-n *od.* den Wagen steuern, b) kutˈschieren: **can you ~?** können Sie (Auto) fahren?; **he drove into a wall** er fuhr gegen e-e Mauer. **33.** (spaˈzieren-) fahren. **34.** *bes. Tennis, Golf*: driven, e-n Treibschlag spielen. **35.** zielen (**at** auf *acc*): → **let**[1] *Bes. Redew.* **36.** ab-, ˈhinzielen (**at** auf *acc*): **what is he driving at?** worauf will er hinaus?, was meint *od.* will er eigentlich? **37.** schwer arbeiten (**at** an *dat*).
Verbindungen mit Adverbien:
drive| a·way I *v/t* **1.** *a. fig. Sorgen etc* vertreiben, verjagen. **2.** *fig. Bedenken etc* zerstreuen. **II** *v/i* **3.** fort-, wegfahren. **~ back I** *v/t* **1.** zuˈrücktreiben. **2.** zuˈrückfahren, -bringen. **3. to drive s.o. back on s.th.** j-n veranlassen *od.* zwingen, auf etwas zurückzugreifen. **II** *v/i* **4.** zuˈrückfahren. **~ in I** *v/t* **1.** → **drive** 15. **2.** hinˈeintreiben. **II** *v/i* **3.** hinˈeinfahren. **~ off I** *v/t* **1.** vertreiben, verjagen. **II** *v/i* **2.** wegfahren. **3.** *Golf*: abschlagen. **~ on I** *v/t* **1.** an-, vorwärtstreiben. **2.** *fig.* vor-

ˈantreiben: **to ~ a project. II** *v/i* **3.** weiterfahren. **~ out I** *v/t* **1.** aus-, vertreiben, verjagen. **2.** (*a. v/i*) aus-, spaˈzierenfahren. **II** *v/i* **3.** herˈausfahren. **~ up I** *v/t Preise etc* in die Höhe treiben. **II** *v/i* vorfahren (**to** vor *dat*).

ˈdrive-in I *adj* Auto...: **~ cinema** (*Am.* **motion-picture theater**) → II a; **~ restaurant** → II b; **~ window** → II c. **II** *s* a) Autokino *n*, Drive-ˈin-Kino *n*, b) Drive-ˈin-Restauˌrant *n*, -Loˌkal *n*, c) Autoschalter *m*, Drive-ˈin-Schalter *m* (*e-r Bank*).

driv·el [ˈdrɪvl] **I** *v/i pret u. pp* **-eled,** *bes. Br.* **-elled 1.** sabbern, geifern. **2.** (dummes Zeug) schwatzen, plappern, faseln. **II** *v/t* **3.** daˈherschwatzen. **4.** *a.* **~ away** vertändeln, vertrödeln. **III** *s* **5.** Geschwätz *n*, Gefasel *n*. **ˈdriv·el·(l)er** *s* Schwätzer(in), Faselhans *m*.

drive mech·a·nism *s tech.* Transˈportwerk *n* (*e-s Tonbandgeräts*).

driv·en [ˈdrɪvn] **I** *pp von* **drive. II** *adj* **1.** (an-, vorwärts-, zs.-)getrieben: **(as) white as ~ snow** weiß wie frischgefallener Schnee. **2.** (*in die Erde etc*) (hinˈein)getrieben, hinˈeingebohrt. **3.** *tech.* angetrieben, betrieben: → **drive** 25.

driv·er [ˈdraɪvə(r)] *s* **1.** (An)Treiber *m*. **2.** a) (Auto)Fahrer *m*, Kraftfahrer *m*, Chaufˈfeur *m*, b) (*Kran-, Fahrzeug- etc, Br. Lokomotiv*)Führer *m*, c) Kutscher *m*. **3.** (Vieh)Treiber *m*. **4.** *colloq.* Antreiber *m*, (Leute)Schinder *m*. **5.** *tech.* a) Treib-, Triebrad *n*, Ritzel *n*, b) Mitnehmer *m*. **6.** *Golf*: Driver *m* (*Holzschläger Nr. 1*). **~ ant** *s zo.* Treiber-, Wanderameise *f*.

driv·er's| cab *s* **1.** Führerhaus *n* (*e-s Lastwagens od. Krans*). **2.** *rail. Br.* Führerstand *m*. **~ li·cense** *s Am.* Führerschein *m*. **~ seat** *s* Fahrer-, Führersitz *m*: **to be** (*od.* **sit**) **in the ~** *fig.* am Ruder *od.* an der Macht sein.

drive| screw *s tech.* Schlagschraube *f*. **~ shaft** *s tech.* Antriebswelle *f*. **ˈ~·way** *s* **1.** → **drive** 10 b, c. **2.** (Vieh)Trift *f*. **ˈ~-yourˌself** *adj Am.* Selbstfahrer...: **~ car** Mietwagen *m*.

ˈdriv·ing I *adj* **1.** (an)treibend: **~ force** treibende Kraft. **2.** *tech.* Antriebs..., Treib..., Trieb... **3.** *mot.* Fahr... **4.** ungestüm, stürmisch. **II** *s* **5.** Treiben *n*. **6.** Autofahren *n*. **7.** *mot.* Fahrweise *f*, -stil *m*. **~ ax·le** *s tech.* Antriebsachse *f*. **~ belt** *s tech.* Treibriemen *m*. **~ char·ac·ter·is·tics** *s pl mot.* Fahreigenschaften *pl*. **~ com·fort** *s mot.* ˈFahrkomˌfort *m*. **~ gear** *s tech.* Antrieb *m*, Triebwerk *n*. **~ in·struc·tor** *s* Fahrlehrer(in). **~ i·ron** *s* **1.** *tech.* Bohreisen *n* (*für Erdbohrungen*). **2.** *Golf*: Driving-Iron *m* (*Eisenschläger Nr. 1*). **~ les·son** *s* Fahrstunde *f*: **to take ~s** Fahrunterricht nehmen, den Führerschein machen. **~ li·cence** *s Br.* Führerschein *m*. **~ mash·ie** *s Golf*: Driving-Mashie *m* (*Eisenschläger Nr. 4*). **~ mir·ror** *s mot.* Rückspiegel *m*. **~ pow·er** *s tech.* Antriebskraft *f*, -leistung *f*. **~ range** *s Golf*: Drivingrange *n* (*Übungsfläche zum Schlagen*). **~ school** *s* Fahrschule *f*. **~ shaft** → **drive shaft**. **~ spring** *s* Trieb-, Gangfeder *f* (*der Uhr*). **~ test** *s* Fahrprüfung *f*: **to take one's ~** die Fahrprüfung *od.* den Führerschein machen. **~ wheel** *s tech.* Trieb-, Antriebsrad *n*.

driz·zle [ˈdrɪzl] **I** *v/impers* **1.** nieseln. **II** *v/t* **2.** in winzigen Tröpfchen versprühen. **3.** mit winzigen Tröpfchen benetzen. **III** *s* **4.** Sprüh-, Nieselregen *m*. **ˈdriz·zly** *adj* **1.** Sprüh..., Niesel...: **~ rain. 2. it was a ~ day** es nieselte den ganzen Tag.

drogue [drəʊg] *s* **1.** *aer.* Wasseranker *m*. **2.** *aer.* a) Fangtrichter *m*, b) Bremsfallschirm *m*. **3.** *aer. phys.* Luftsack *m*.

droit [drɔɪt] *s jur.* Recht(sanspruch *m*) *n*. **~ de suite** [ˌ-dəˈswiːt] *s Urheberrecht*: Folgerecht *n*.

droll [drəʊl] **I** *adj* (*adv* **drolly**) drollig, spaßig, komisch, posˈsierlich. **II** *s* Possenreißer *m*. **ˈdroll·er·y** [-ərɪ] *s* **1.** drollige Sache. **2.** Schwank *m*, Spaß *m*. **3.** Posse *f*. **4.** Spaßigkeit *f*, Komik *f*.

-drome [drəʊm] *Wortelement mit der Bedeutung* (Renn)Bahn: → **motordrome,** *etc.*

drome [drəʊm] *colloq. für* **airdrome,** [**aerodrome.**]

drom·e·dar·y [ˈdrɒmədərɪ; *Am.* ˈdrɑməˌderiː] *s zo.* Dromeˈdar *n*.

drone[1] [drəʊn] **I** *s* **1.** *a.* **~ bee** *zo.* Drohn(e *f*) *m* (*Bienenmännchen*). **2.** *fig.* Drohne *f*, Schmaˈrotzer *m*. **3.** *mil.* (*durch Funk*) ferngesteuertes Flugzeug. **II** *v/i* **4.** ein Drohnendasein führen. **III** *v/t* **5.** *a.* **~ away** vertändeln, vertrödeln.

drone[2] [drəʊn] **I** *v/i* **1.** brummen, summen. **2.** murmeln. **3.** *fig.* leiern, eintönig sprechen *od.* lesen. **II** *v/t* **4.** ˈher-, herˈunterleiern. **III** *s* **5.** *mus.* a) Borˈdun *m*, b) Baßpfeife *f* (*des Dudelsacks*). **6.** Brummen *n*, Summen *n*. **7.** *fig.* Geleier *n*. **8.** *fig.* leiernder Redner.

dron·ish [ˈdrəʊnɪʃ] *adj* (*adv* **~ly**) drohnenhaft. **ˈdron·y** *adj* **1.** → **dronish. 2.** brummend, summend.

drool [druːl] **I** *v/i* **1.** → **drivel** I. **2. ~ over** sich begeistern für. **II** *v/t* **3.** *etwas* salbungsvoll von sich geben *od.* versprechen. **III** *s* → **drivel** 5.

droop [druːp] **I** *v/i* **1.** (schlaff) herˈabhängen *od.* -sinken. **2.** ermatten, erschlaffen (**from, with** vor *dat*, inˈfolge *gen*). **3.** sinken (*Mut etc*), erlahmen (*Interesse etc*). **4.** den Kopf hängenlassen (*a. Blume*). **5.** *econ.* abbröckeln, fallen (*Preise*). **6.** *poet.* sich neigen (*Sonne etc*). **II** *v/t* **7.** (schlaff) herˈabhängen lassen. **8.** *den Kopf* hängenlassen. **III** *s* **9.** (Herˈab-)Hängen *n*. **10.** Erschlaffen *n*. **ˈdroop·y** *adj* **1.** erschlafft, ermattet, schlaff, matt. **2.** niedergeschlagen, mutlos.

drop [drɒp; *Am.* drɑp] **I** *s* **1.** Tropfen *m*: **a ~ of blood** ein Blutstropfen; **to empty the glass to the last ~** das Glas bis auf den letzten Tropfen leeren; **a ~ in the bucket** (*od.* **ocean**) *fig.* ein Tropfen auf den heißen Stein. **2.** *pl med.* Tropfen *pl*. **3.** *fig.* Tropfen *m*, Tröpfchen *n*: **~ by ~, in ~s** tropfen-, tröpfchenweise. **4.** *fig.* Glas *n*, Gläs-chen *n*: **he has had a ~ too much** er hat ein Glas *od.* eins *od.* einen über den Durst getrunken; **he likes a ~** er trinkt gern einen. **5.** tropfenähnliches Gebilde, *bes.* a) Ohrgehänge *n*, b) (herˈabhängendes) Prisma (*am Glaslüster*). **6.** Bonˈbon *m, n*: **fruit ~s** Drops. **7.** a) Fallen *n*, Fall *m* (**from** aus): **at the ~ of a hat** *colloq.* beim geringsten Anlaß; **to get** (*od.* **have**) **the ~ on s.o.** *colloq.* j-m (*beim Ziehen der Waffe*) zuvorkommen, *fig.* j-m überlegen sein, j-m (weit) voraus sein, b) → **airdrop** I. **8.** *fig.* Fall *m*, Sturz *m*: **~ in prices** *econ.* Preissturz *m*; **~ in the temperature** Temperatursturz, -abfall; **~ in the voltage** *electr.* Spannungsabfall. **9.** Fall (-tiefe *f*) *m*: **a ~ of ten feet** ein Fall aus 3 Meter Höhe. **10.** (plötzliche) Senkung, (steiler) Abfall, Gefälle *n*. **11.** a) Fallvorrichtung *f*, b) Vorrichtung *f* zum Herˈablassen (*von Lasten etc*). **12.** Falltür *f*. **13.** a) Fallbrett *n* (*am Galgen*), b) Galgen *m*. **14.** (Fall)Klappe *f* (*am Schlüsselloch etc*). **15.** *bes. Am.* (Brief- *etc*)Einwurf *m*: **letter ~. 16.** → **drop curtain.**

II *v/i pret u. pp* **dropped,** *obs.* **dropt** [drɒpt; *Am.* drɑpt] **17.** (herˈab)tropfen, herˈabtröpfeln. **18.** triefen (**with** von *od.* vor *dat*). **19.** (herˈab-, herˈunter)fallen (**from** von; **out of** aus): **to let s.th. ~** etwas fallen lassen; **these words ~ped from his lips** *fig.* diese Worte kamen von s-n Lippen. **20.** (nieder)sinken, fallen: **to ~ on one's knees** auf die Knie sinken *od.* fallen; **to ~ into a chair** in e-n Sessel sinken, sich in e-n Sessel fallen lassen. **21.** a) (ohnmächtig) zu Boden sinken, ˈumfallen: **to be fit** (*od.* **ready**) **to ~** (**with fatigue**) zum Umfallen müde sein, sich vor Müdigkeit kaum mehr auf den Beinen halten können, b) *a.* **~ dead** tot ˈumfallen: **~ dead!** *sl.* geh zum Teufel! **22.** *fig.* aufhören, im Sande verlaufen, einschlafen: **our correspondence ~ped. 23.** (ver)fallen: **to ~ into a habit** in e-e Gewohnheit verfallen, sich etwas angewöhnen; → **asleep** 1. **24.** (ab)sinken, sich senken. **25.** sinken, fallen, herˈuntergehen (*Preise, Thermometer etc*). **26.** leiser werden (*Stimme*). **27.** sich legen (*Wind*). **28.** zufällig *od.* unerwartet kommen *od.* gehen: **to ~ into the room** unerwartet ins Zimmer kommen, ins Zimmer ‚schneien'; **to ~ across s.o.** (**s.th.**) zufällig auf j-n (etwas) stoßen. **29.** *colloq.* ˈherfallen (**on, across, into s.o.** über j-n). **30.** → **drop back**: **to ~ behind** a) zurückfallen hinter (*acc*), b) sich zurückfallen lassen hinter (*acc*); **to ~ to the rear** zurückbleiben, ins Hintertreffen geraten. **31.** *zo.* Junge werfen, *bes.* a) lammen, b) kalben, c) fohlen. **32.** abfallen (*Gelände etc*).

III *v/t* **33.** (herˈab)tropfen *od.* (-)tröpfeln lassen. **34.** tropfenweise eingießen. **35.** *e-e Träne* vergießen, fallen lassen. **36.** senken, herˈablassen. **37.** fallen lassen, *Taschentuch etc* verlieren: **to ~ everything** alles liegen- u. stehenlassen. **38.** (hinˈein)werfen (**into** in *acc*). **39.** a) *Bomben etc* (ab)werfen, b) → **airdrop** II. **40.** *mar. den Anker* auswerfen. **41.** *e-e Bemerkung* fallenlassen: **to ~ s.o. a line** (*od.* **note**) j-m ein paar Zeilen schreiben; **to ~ names** → **name-drop. 42.** *ein Thema, e-e Absicht etc* fallenlassen: **let's ~ the matter!** sprechen wir von etwas anderem! **43.** *e-e Tätigkeit* aufgeben, aufhören mit: **to ~ writing** aufhören zu schreiben; **to ~ the correspondence** die Korrespondenz einschlafen lassen; **~ it!** hör auf damit!, laß das! **44.** a) *j-n* fallenlassen, b) *sport e-n Spieler* aus der Mannschaft nehmen. **45.** *bes. Am. j-n* entlassen. **46.** *zo. Junge, bes. Lämmer* werfen. **47.** *e-e Last, a. Passagiere* absetzen. **48.** *bes. Am. colloq. Geld* verlieren, *bes.* verspielen. **49.** *Buchstaben etc* auslassen: → **aitch,** H 1. **50.** a) zu Fall bringen, b) zu Boden schlagen, (*Boxen a.*) auf die Bretter schicken. **51.** a) *e-n Vogel* abschießen, b) *colloq. j-n* ‚abknallen'. **52.** *die Augen od. die Stimme* senken: **to ~ one's voice to a whisper. 53.** *sport e-n Punkt etc* abgeben (**to** gegen).

Verbindungen mit Adverbien:

drop| a·way *v/i* immer weniger werden: **the onlookers dropped away** die Zuschauer gingen einer nach dem anderen weg; **his supporters were dropping away** s-e Anhänger wurden immer weniger. **~ back, ~ behind** *v/i* **1.** zuˈrückfallen. **2.** sich zuˈrückfallen lassen. **~ down I** *v/i* **1.** herˈabtröpfeln. **2.** herˈunterfallen. **II** *v/t* **3.** fallen lassen. **~ in** *v/i* **1.** herˈeinkommen (*a. fig. Aufträge etc*). **2.** einlaufen, eingehen (*Aufträge*). **3.** (kurz) herˈeinschauen (**on** bei), ‚herˈeinschneien'. **~ off I** *v/i* **1.** abfallen (*a. electr.*). **2.** zuˈrückgehen (*Umsatz etc*), nachlassen (*Interesse etc*). **3.** a) einschlafen, b) einnicken. **4.** aussteigen. **II** *v/t* **5.** → **drop** 47. **~ out** *v/i* **1.** herˈausfallen (**of** aus). **2.** a) ‚aussteigen' (**of** aus): **to ~ of politics; he dropped out in the third lap,** b) *a.* **~ of**

(conventional) society ‚aussteigen', aus der (bürgerlichen) Gesellschaft ausbrechen, c) *a.* ~ **of school (university)** die Schule (das Studium) abbrechen.
drop| arch *s arch.* flacher *od.* gedrückter Spitzbogen. ~ **ball** *s Fußball*: Schiedsrichterball *m.* ~ **bot·tom** *s* Bodenklappe *f.* ~ **ceil·ing** *s arch.* Zwischen-, ˈUnterdecke *f.* ~ **cur·tain** *s thea.* Vorhang *m.* ˈ~**forge** *v/t tech.* im Gesenk schmieden. ~ **forg·ing** *s tech.* **1.** Gesenkschmieden *n.* **2.** Gesenkschmiedestück *n.* ~ **ham·mer** *s tech.* Fall-, Gesenkhammer *m.* ~ **han·dle** *s tech.* Klappgriff *m.* ˈ~**head** *s* **1.** *tech.* Versenkvorrichtung *f* (*für e-e Nähmaschine etc*). **2.** *a.* ~ **coupé** *mot. Br.* Kabrioˈlett *n.* ~**kick** *s Fußball*: Dropkick *m*, *Rugby*: *a.* Sprungtritt *m.* ~ **leaf** *s irr* herˈunterklappbares Seitenteil. ˈ~**leaf ta·ble** *s* Tisch *m* mit herˈunterklappbaren Seitenteilen.
drop·let [ˈdrɒplɪt; *Am.* ˈdrɑplət] *s* Tröpfchen *n.*
drop| let·ter *s* **1.** *Am.* postlagernder Brief. **2.** *Canad.* Ortsbrief *m.* ˈ~**out I** *s* **1.** Dropout *m*, ‚Aussteiger' *m* (*aus der Gesellschaft*). **2.** (Schul-, Studien)Abbrecher *m.* **3.** *Rugby*: Dropout *m*, Lagertritt *m.* **4.** *Computer*: Dropout *m*, Siˈgnalausfall *m.* **5.** *tech.* Dropout *m* (*durch unbeschichtete Stellen im Band od. durch Schmutz zwischen Band u. Tonkopf verursachtes Aussetzen in der Schallaufzeichnung*). **II** *adj* **6.** ‚Aussteiger...': **the** ~ **rate** die Zahl der ‚Aussteiger'. **7.** Abbrecher... **8.** ~ **current** *electr.* Auslöse-, Abschaltstrom *m.*
drop·per [ˈdrɒpə; *Am.* ˈdrɑpər] *s med. etc* Tropfglas *n*, Tropfenzähler *m*: **eye** ~ Augentropfer *m.*
drop·ping [ˈdrɒpɪŋ; *Am.* ˈdrɑ-] *s* **1.** Tropfen *n*, Tröpfeln *n.* **2.** Abwurf *m*, Abwerfen *n* (*von Bomben etc*). **3.** (Herˈab)Fallen *n.* **4.** *pl* Dung *m*, ˈTierexkreˌmente *pl.* **5.** *pl* (Ab)Fallwolle *f.* ~ **ground** → **drop zone.**
drop| pit *s tech.* Arbeitsgrube *f.* ~ **scene** *s thea.* **1.** (Zwischen)Vorhang *m.* **2.** Schlußszene *f*, Fiˈnale *n.* ~ **seat** *s* Klappsitz *m.* ~ **ship·ment** *s econ.* Streckengeschäft *n.* ~ **shot** *s Tennis etc*: Stoppball *m.* ~ **shut·ter** *s phot. hist.* Fallverschluß *m.*
drop·si·cal [ˈdrɒpsɪkl; *Am.* ˈdrɑp-] *adj* (*adv* ~**ly**), ˈ**drop·sied** [-sɪd] *adj med.* **1.** wassersüchtig. **2.** ödemaˈtös.
drop stitch *s* Fallmasche *f.*
drop·sy [ˈdrɒpsɪ; *Am.* ˈdrɑpsi:] *s med.* **1.** Wassersucht *f.* **2.** Öˈdem *n.*
dropt [drɒpt; *Am.* drɑpt] *obs. pret u. pp von* **drop.**
drop| ta·ble *s* Klapptisch *m.* ~ **tank** *s aer.* Abwurfbehälter *m.* ~ **test** *s tech.* Schlagprobe *f.* ˈ~**wise** *adv* tropfenweise. ˈ~**wort** *s bot.* **1.** Mädesüß *n.* **2.** Rebendolde *f.* ~ **zone** *s aer. mil.* **1.** Absprunggebiet *n.* **2.** Abwurfgelände *n.*
dross [drɒs; *Am. a.* drɑs] *s* **1.** *metall.* a) (Ab)Schaum *m*, b) Schlacke *f*, Gekrätz *n.* **2.** Abfall *m*, Unrat *m.* **3.** *fig.* wertloses Zeug: **to be mere** ~ Schall u. Rauch sein. ˈ**dross·y** *adj* **1.** unrein. **2.** schlackig. **3.** *fig.* wertlos, vergänglich.
drought [draʊt] *s* **1.** Trockenheit *f*, Dürre *f.* **2.** ˈDürre(periˌode) *f.* **3.** *fig.* Mangel *m*: **a** ~ **of intellect** mangelnder Verstand; ~ **of thought** Gedankenarmut *f.* **4.** *obs.* Durst *m.* ˈ**drought·y** *adj* **1.** trocken, dürr. **2.** regenlos. **3.** *obs.* durstig.
drouth [draʊθ], ˈ**drouth·y** *obs.* → **drought, droughty.**
drove[1] [drəʊv] *pret von* **drive.**
drove[2] [drəʊv] *s* **1.** (getriebene) Herde (*Vieh*). **2.** Schar *f* (*Menschen*): **in** ~**s** in großen *od.* hellen Scharen, scharenweise.
dro·ver [ˈdrəʊvə(r)] *s* Viehtreiber *m* (*bes. zum Markt*).
drown [draʊn] **I** *v/i* **1.** ertrinken: **a** ~**ing man will catch at a straw** ein Ertrinkender greift nach e-m Strohhalm; **death by** ~**ing** Tod *m* durch Ertrinken. **II** *v/t* **2.** (o.s. sich) ertränken: **to be** ~**ed** ertrinken; **to** ~ **one's sorrows in drink** s-e Sorgen im Alkohol ertränken. **3.** überˈschwemmen, -ˈfluten: **to be** ~**ed in tears** in Tränen schwimmen *od.* zerfließen; **a face** ~**ed in tears** ein tränenüberströmtes Gesicht; **like a** ~**ed rat** wie e-e gebadete Maus. **4.** *a.* ~ **out** *bes. Stimme* überˈtönen.
drowse [draʊz] **I** *v/i* **1.** dösen: **to** ~ **off** eindösen. **II** *v/t* **2.** schläfrig machen. **3.** *meist* ~ **away** *Zeit etc* verdösen. **III** *s* **4.** Dösen *n*, Halbschlaf *m.* ˈ**drows·i·ness** *s* Schläfrigkeit *f.* ˈ**drows·y** *adj* (*adv* **drowsily**) **1.** a) schläfrig, b) verschlafen. **2.** einschläfernd. **3.** *fig.* verschlafen, verträumt: **a** ~ **village.**
drub [drʌb] *v/t colloq.* **1.** (ver)prügeln: **to** ~ **s.th. into (out of) s.o.** j-m etwas einbleuen (austreiben). **2.** *sport* ‚überˈfahren', ‚vernaschen' (*hoch besiegen*). ˈ**drub·bing** *s colloq.* (Tracht *f*) Prügel *pl*: **to give** *s.o.* **a good** ~ a) *j-m* e-e Tracht Prügel ‚verpassen', b) → **drub** 2.
drudge [drʌdʒ] **I** *s* **1.** *fig.* a) Kuli *m*, Last-, Packesel *m*, b) Arbeitstier *n.* **2.** → **drudgery. II** *v/i* **3.** sich (ab)placken, schuften, sich (ab)schinden. ˈ**drudg·er·y** [-ərɪ] *s* (stumpfsinnige) Schindeˈrei *od.* Plackeˈrei. ˈ**drudg·ing** *adj* (*adv* ~**ly**) **1.** mühsam. **2.** stumpfsinnig.
drug [drʌg] **I** *s* **1.** Arzˈneimittel *n*, Medikaˈment *n.* **2.** Droge *f*, Rauschgift *n*: **to be on (off)** ~**s** rauschgift- *od.* drogensüchtig (‚clean') sein; → **addicted** 1, **addiction** 2. **3.** Betäubungsmittel *n* (*a. fig.*). **4.** *fig.* Droge *f*, (*etwas*) Berauschendes: **music is a** ~. **5.** ~ **on** (*Am. a.* **in**) **the market** *econ.* schwerverkäufliche Ware, (*im Laden a.*) Ladenhüter *m.* **II** *v/t* **6.** *j-m* Medikaˈmente geben. **7.** *j-n* unter Drogen setzen. **8.** ein Betäubungsmittel beimischen (*dat*). **9.** betäuben (*a. fig.*): ~**ged with sleep** schlaftrunken. **III** *v/i* **10.** Drogen *od.* Rauschgift nehmen. ~ **a·buse** *s* **1.** ˈDrogenˌmißbrauch *m.* **2.** Arzˈneimittel-, Medikaˈmentenˌmißbrauch *m.* ~ **ad·dict** *s* **1.** Drogen-, Rauschgiftsüchtige(r *m*) *f.* **2.** Arzˈneimittel-, Medikaˈmentensüchtige(r *m*) *f.* ˈ~**-adˌdict·ed** *adj* **1.** drogen-, rauschgiftsüchtig. **2.** arzˈneimittel-, medikaˈmentensüchtig. ~ **ad·dic·tion** *s* **1.** Drogen-, Rauschgiftsucht *f.* **2.** Arzˈneimittel-, Medikaˈmentensucht *f.* ~**clin·ic** *s* Drogenklinik *f.* ˈ~**-ˌcoun·sel·(l)ing ser·vice** *s* Drogenberatungsdienst *m.* ~ **deal·er** *s* Drogen-, Rauschgifthändler *m.* ~ **de·pend·ence** *s* **1.** Drogenabhängigkeit *f.* **2.** Arzˈneimittel-, Medikaˈmentenabhängigkeit *f.* ˈ~**fast** *adj med.* arzˈneifest, imˈmun gegen Arzˈneimittel *od.* Medikaˈmente.
drug·get [ˈdrʌgɪt] *s* Droˈgett *m* (*ein grober Wollstoff*).
drug·gist [ˈdrʌgɪst] *s Am.* a) Apoˈtheker(in), b) Inhaber(in) e-s Drugstores.
drug·gy [ˈdrʌgi:] *s Am. colloq.* Rauschgiftsüchtige(r *m*) *f.*
drug| ped·dler, *bes. Br.* ~ **ped·lar** *s* Drogen-, Rauschgifthändler *m.* ˈ~**ˌpush·er** *s colloq.* Pusher *m* (*Rauschgifthändler*). ~ **scene** *s* Drogenszene *f.*
drug·ster [ˈdrʌgstə(r)] *s* Drogen-, Rauschgiftsüchtige(r *m*) *f.*
ˈ**drugˌstore** *s Am.* a) Apoˈtheke *f*, b) Drugstore *m* (*oft mit e-r Schnellgaststätte kombiniertes Geschäft für Medikamente sowie für alle Artikel des täglichen Bedarfs*).
Dru·id [ˈdru:ɪd] *s* Druˈide *m.* ˈ**Dru·id·ess** *s* Druˈidin *f.* **druˈid·ic, druˈid·i·cal** *adj* druˈidisch, Druiden...
drum[1] [drʌm] **I** *s* **1.** *mus.* Trommel *f*: → **beat**[1] 17. **2.** *pl mus.* Schlagzeug *n.* **3.** Trommeln *n* (*a. weitS.*): **the** ~ **of hooves; the** ~ **of the rain against the window. 4.** *obs.* Trommler *m.* **5.** *tech.* (*a.* Förder-, Misch-, Seil)Trommel *f*, Walze *f*, Zyˈlinder *m.* **6.** *tech.* Scheibe *f.* **7.** *mil.* Trommel *f* (*automatischer Feuerwaffen*). **8.** *electr.* Trommel *f*, (Eisen)Kern *m* (*e-s Ankers*). **9.** Trommel *f*, trommelförmiger Behälter. **10.** *anat.* a) Mittelohr *n*, b) Trommelfell *n.* **11.** *arch.* (Säulen-)Trommel *f.* **12.** *Austral. sl.* ‚Puff' *m*, *a. n* (*Bordell*). **II** *v/t* **13.** *e-n Rhythmus* trommeln: **to** ~ **s.th. into s.o.** *fig.* j-m etwas einhämmern. **14.** a) trommeln auf (*acc*): **to** ~ **the table,** b) trommeln mit (**on** auf *acc*): **to** ~ **one's fingers on the table. 15.** ~ **up** *fig.* a) zs.-trommeln, (an)werben, ‚auf die Beine stellen', b) *Aufträge etc* herˈeinholen, c) sich einfallen lassen, sich ausdenken: **to** ~ **up some good ideas. 16.** ~ **out** *j-n* ausstoßen (**of** aus). **III** *v/i* **17.** *a. weitS.* trommeln (**at** an *acc*; **on** auf *acc*): **to** ~ **on the table with one's fingers** mit den Fingern auf den Tisch trommeln. **18.** (rhythmisch) dröhnen. **19.** burren, mit den Flügeln trommeln (*Federwild*). **20.** *Am.* die Trommel rühren (**for** für).
drum[2] [drʌm] *s Scot. od. Ir.* langer, schmaler Hügel.
drum| ar·ma·ture *s electr.* Trommelanker *m.* ˈ~**beat** *s* Trommelschlag *m.* ˈ~**ˌbeat·er** *s fig.* j-d, *der die Trommel rührt* (**for** für). ~**brake** *s tech.* Trommelbremse *f.* ~ **con·trol·ler** *s electr. tech.* Steuerwalze *f.* ˈ~**fire** *s mil.* Trommelfeuer *n.* ˈ~**fish** *s ichth.* Trommelfisch *m.*
ˈ**drum·head** *s mus., a. anat.* Trommelfell *n.* ~ **court mar·tial** *s mil.* Standgericht *n.* ~ **ser·vice** *s mil. relig.* Feldgottesdienst *m.*
drum·lin [ˈdrʌmlɪn] *s geol.* langgestreckter Moˈränenhügel.
drum| ma·jor *s* ˈTambourmaˌjor *m.* ~ **ma·jor·ette** *s bes. Am.* ˈTambourmaˌjorin *f.*
drum·mer [ˈdrʌmə(r)] *s* **1.** *mus.* a) Trommler *m*, b) Schlagzeuger *m.* **2.** *econ. Am. colloq.* Vertreter *m*, Handlungsreisende(r) *m.*
Drum·mond light [ˈdrʌmənd] *s phys.* Drummondsches Licht.
drum| saw *s tech.* Zyˈlindersäge *f.* ~ **sieve** *s tech.* Trommelsieb *n.* ˈ~**stick** *s* **1.** Trommelstock *m*, -schlegel *m.* **2.** ˈUnterschenkel *m* (*von zubereitetem Geflügel*). ~ **wind·ing** *s electr.* Trommelwick(e)lung *f.*
drunk [drʌŋk] **I** *adj* (*meist pred*) **1.** betrunken: **to get** ~ sich betrinken; **he got** ~ **on only two drinks** er war schon nach 2 Drinks betrunken; **to get** ~ **on words** sich an Worten berauschen; **(as)** ~ **as a lord** (*od.* **fiddler**) *colloq.* total betrunken *od.* ‚blau'; **to be** ~ **in charge** *jur.* betrunken ein Fahrzeug lenken. **2.** *fig.* berauscht (**with** von): ~ **with joy** freudetrunken; **he was** ~ **with power** er befand sich in e-m Machtrausch. **3.** *obs.* durchˈtränkt (**with** von). **II** *s* **4.** a) Betrunkene(r *m*) *f*, b) → **drunkard. 5.** *colloq.* Saufeˈrei *f.* **III** *pp u. obs. pret von* **drink.** ˈ**drunk·ard** [-ə(r)d] *s* (Gewohnheits)Trinker(in), Säufer(in). ˈ**drunk·en I** *adj* (*meist attr*) (*adv* ~**ly**) **1.** betrunken: **a** ~ **man** ein Betrunkener. **2.** trunksüchtig. **3.** Sauf...: **a** ~ **party. 4.** rausch-

bedingt, im Rausch: ~ **driving** Trunkenheit *f* am Steuer; a ~ **quarrel** ein im Rausch angefangener Streit. **II** *obs. pp von* **drink**. ˈ**drunk·en·ness** *s* **1.** (Be-)Trunkenheit *f*. **2.** Trunksucht *f*.

dru·pa·ceous [druːˈpeɪʃəs] *adj bot.* Steinfrucht... **drupe** [druːp] *s bot.* Steinfrucht *f*. ˈ**drupe·let** [-lɪt], *a.* ˈ**drup·el** [-pl] *s bot.* Steinfrüchtchen *n*.

Druse[1] [druːz] *s* Druse *m*, Drusin *f* (*Mitglied e-r kleinasiatisch-syrischen Sekte*).

druse[2] [druːz] *s geol. min.* (Kriˈstall)Druse *f*.

dry [draɪ] **I** *adj comp* ˈ**dri·er,** *a.* ˈ**dry·er,** *sup* ˈ**dri·est,** *a.* ˈ**dry·est** (*adv* → **dryly, drily**) **1.** trocken: **(as)** ~ **as a bone** knochen-, staub-, strohtrocken; **I'm (as)** ~ **as dust** *colloq.* m-e Kehle ist vollkommen ausgedörrt (→ 15); **to rub s.th.** ~ etwas trockenreiben; **not yet** ~ **behind the ears** *colloq.* noch nicht trocken hinter den Ohren; **a** ~ **cough** ein trockener Husten; → **run** 74. **2.** Trokken...: ~ **fruit** Dörrobst *n*; ~ **process** *tech.* Trockenverfahren *n*. **3.** trocken, niederschlagsarm *od.* -frei: ~ **land; a** ~ **summer. 4.** dürr, ausgedörrt. **5.** ausgetrocknet, versiegt: **a** ~ **fountain pen** ein leerer Füllhalter. **6.** trockenstehend (*Kuh etc*): **the cow is** ~ die Kuh steht trocken *od.* gibt keine Milch. **7.** tränenlos (*Auge*): **with** ~ **eyes** *fig.* trockenen Auges, ungerührt. **8.** *colloq.* durstig. **9.** durstig machend: ~ **work. 10.** trocken, ohne Aufstrich: ~ **bread. 11.** *obs.* unblutig, ohne Blutvergießen: ~ **war. 12.** *paint. etc* streng, nüchtern. **13.** ˈunprodukˌtiv (*Künstler etc*). **14.** nüchtern, nackt, ungeschminkt: ~ **facts. 15.** trocken, langweilig: **(as)** ~ **as dust** *colloq.* ,stinklangweilig', furchtbar trocken (→ 1). **16.** trocken: ~ **humo(u)r. 17.** trocken, huˈmorlos. **18.** kühl, gleichgültig, gelassen. **19.** trocken, herb: ~ **wine. 20.** *colloq.* a) ˈantialkoˌholisch: ~ **law** Prohibitionsgesetz *n*, b) ,trocken', mit Alkoholverbot: **a** ~ **state; to go** ~ das Alkoholverbot einführen, c) ,trocken', ohne Alkohol: **a** ~ **party,** d) ,trocken', weg vom Alkohol. **21.** *mil. Am.* Übungs..., ohne scharfe Munitiˈon: ~ **firing** Ziel- u. Anschlagübungen *pl*.

II *v/t* **22.** trocknen: **to** ~ **one's tears. 23.** (*o.s.* sich, **one's hands** sich die Hände) abtrocknen (**on** an *dat*). **24.** *oft* ~ **up** a) *Geschirr* abtrocknen, b) austrocknen, c) *fig.* erschöpfen. **25.** *Obst etc* dörren.

III *v/i* **26.** trocknen, trocken werden. **27.** verdorren. **28.** ~ **up** a) ein-, aus-, vertrocknen, b) versiegen, c) keine Milch mehr geben (*Kuh etc*), d) (das Geschirr) abtrocknen, e) *colloq.* versiegen, aufhören, f) *colloq.* den Mund halten: ~ **up!** halt die Klappe!, g) *colloq.* steckenbleiben (*Schauspieler etc*).

IV *pl* **dries** [draɪz] *s* **29.** Trockenheit *f*. **30.** Trockenzeit *f*. **31.** *pl* **drys** *Am. colloq.* Prohibitioˈnist *m*.

dry·ad [ˈdraɪəd; -æd] *pl* **-ads, -a·des** [-ədiːz] *s myth.* Dryˈade *f*.

dry·as·dust [ˈdraɪəzdʌst] *colloq.* **I** *s a.* D~ trockener Stubengelehrter. **II** *adj* [*a.* ˌdraɪəzˈdʌst] ,stinklangweilig', furchtbar trocken.

dry| bat·ter·y *s electr.* ˈTrockenbatteˌrie *f*. ~ **cap·i·tal** *s econ. colloq.* unverwässertes Geˈsellschaftskapiˌtal. ~ **cell** *s electr.* ˈTrockeneleˌment *n*. ˌ~-ˈ**clean** *v/t* chemisch reinigen. ~ **clean·er('s)** *s* chemische Reinigung(sanstalt). ~ **clean·ing** *s* chemische Reinigung. ~ **clutch** *s tech.* Trockenkupplung *f*. ˈ~-**cure** *v/t Fleisch etc* dörren, (trocken) einsalzen. ~ **dock** *s mar.* Trockendock *n*. ˌ~-ˈ**dock** *v/t mar.* ins Trockendock bringen.

dry·er → **drier**[1].

dry| farm·ing *s agr.* Dryfarming *n*, ˈTrockenfarmsyˌstem *n*. ~ **fly** *s Angeln*: Trockenfliege *f*. ~ **goods** *s pl econ.* Texˈtilien *pl*. ˈ~-ˌ**gulch** *v/t Am. colloq. j-n* aus dem ˈHinterhalt überˈfallen u. ,abmurksen'. ~ **ice** *s chem.* Trockeneis *n*.

dry·ing| a·gent [ˈdraɪɪŋ] *s tech.* Trokkenmittel *n*. ~ **ov·en** *s tech.* Trockenschrank *m*, -ofen *m*. ~ **rack** *s* Trockengestell *n*.

dry·ly [ˈdraɪlɪ] *adv* trocken (*etc*, → **dry** I).

dry meas·ure *s* Trockenmaß *n*.

dry·ness [ˈdraɪnɪs] *s* Trockenheit *f*: a) trockener Zustand, b) Dürre *f*, c) Huˈmorlosigkeit *f*, d) Langweiligkeit *f*.

dry| nurse *s* **1.** Säuglingsschwester *f*. **2.** *Am. colloq.* ,Kindermädchen' *n*. ~-**nurse** [ˌ-ˈnɜːs; *Am.* ˈ-ˌnɜrs] *v/t* **1.** *Säuglinge* pflegen. **2.** *colloq.* bemuttern. ~ **pile** *s electr.* Zamˈbonische (Trocken)Säule. ~ **plate** *s phot.* Trockenplatte *f*. ˈ~-**plate pro·cess** *s phot.* trockenes Kolˈlodiumverfahren. ~ **point** *s* **1.** Kaltnadel *f*. **2.** ˈKaltnadelraˌdierung *f*. **3.** Kaltnadelverfahren *n*. ~ **rot** *s* **1.** *bot.* Trockenfäule *f*. **2.** *bot.* (*ein*) Trockenfäule erregender Pilz. **3.** *fig.* (Krebs)Geschwür *n*. ~ **run** *s* **1.** *mil.* Übungsschießen *n* ohne scharfe Munitiˈon. **2.** *colloq.* Probe *f*: **a** ~ **for marriage** e-e Ehe auf Probe. ˈ~-**salt** *v/t* dörren u. einsalzen. ~ **sham·poo** *s* ˈTrockenshamˌpoo *n*. ˈ~-ˌ**shave** *v/t Am. sl.* ,einseifen', betrügen. ˌ~-ˈ**shod** *adj* mit trockenen Füßen: **to cross** ~ trockenen Fußes überqueren. ~ **steam** *s tech.* trockener *od.* überˈhitzter Dampf. ~ **stor·age** *s* Lagerung *f* mit Kaltluftkühlung. ~ **wall** *s arch.* Trockenmauer *f*. ~ **wash** *s* Trockenwäsche *f*. ~ **weight** *s* Trockengewicht *n*.

du·al [ˈdjuːəl; *Am. a.* ˈduːəl] **I** *adj* zweifach, doppelt, Doppelt..., Zwei..., *tech. a.* Zwillings...: ~ **nature** Doppelnatur *f*; ~ **carriageway** *mot. Br.* Schnellstraße *f*; ~ **theorems** *math.* duale Sätze. **II** *s ling.* Dual *m*, Duˈalis *m*. **D~ Al·li·ance** *s pol. hist.* **1.** Zweibund *m* (*Deutschland u. Österreich-Ungarn 1879–1918*). **2.** ˈDoppelenˌtente *f* (*Frankreich u. Rußland 1891–1917*). ~ **con·trol** *s aer. tech.* Doppelsteuerung *f*. ~ **ig·ni·tion** *s tech.* Doppelzündung *f*. ˌ~-ˈ**in·come fam·i·ly** *s* Doppelverdiener *pl*.

du·al·ism [ˈdjuːəlɪzəm; *Am. a.* ˈduː-] *s* **1.** *bes. philos. pol. relig.* Duaˈlismus *m*. **2.** → duality. ˌ**du·alˈis·tic** *adj* (*adv* ~**ally**) duaˈlistisch. **duˈal·i·ty** [-ˈælətɪ] *s* Dualiˈtät *f*, Zweiheit *f*.

Du·al Mon·arch·y *s pol. hist.* ˈDoppelmonarˌchie *f* (*Österreich-Ungarn 1867–1918*).

du·al| na·tion·al·i·ty *s* doppelte Staatsangehörigkeit. ˌ~-ˈ**pur·pose** *adj* Doppel..., Mehrzweck... ~ **tires,** *bes. Br.* ~ **tyres** *s pl tech.* Zwillingsbereifung *f*.

dub[1] [dʌb] *v/t* **1. to** ~ **s.o. a knight** j-n zum Ritter schlagen. **2.** *oft humor.* nennen: **they** ~**bed him Fatty. 3.** *tech.* a) zurichten, b) *Leder* einfetten, schmieren. **4.** *Br. künstliche Angelfliege* ˈherrichten. **5.** *Golf*: *den Ball* schlecht treffen. **6.** verpfuschen, ,verpatzen'.

dub[2] [dʌb] *s Am. colloq.* ,Flasche' *f*, ,Niete' *f*.

dub[3] [dʌb] *v/t* **1.** *e-n Film* a) (*in e-r anderen Sprache*) synchroniˈsieren, b) (ˈnach)synchroniˌsieren, mit (zusätzlichen) ˈTonefˌfekten *etc* unterˈmalen. **2.** *meist* ~ **in** *Toneffekte etc* (in e-n Film) ˈeinsynchroniˌsieren.

dub·bin [ˈdʌbɪn] → **dubbing**[1] 2.

dub·bing[1] [ˈdʌbɪŋ] *s* **1.** Ritterschlag *m*. **2.** *tech.* (Leder)Schmiere *f*, Lederfett *n*.

dub·bing[2] [ˈdʌbɪŋ] *s Film*: (ˈNach)Synchronisatiˌon *f*.

du·bi·e·ty [djuːˈbaɪətɪ; *Am. a.* dʊ-], **du·bi·os·i·ty** [ˌdjuːbɪˈɒsətɪ; *Am.* -ˈɑ-; *a.* ˌduː-] *s* **1.** Zweifelhaftigkeit *f*. **2.** Ungewißheit *f*. **3.** Fragwürdigkeit *f*. ˈ**du·bi·ous** [-bjəs; -bɪəs] *adj* (*adv* ~**ly**) **1.** zweifelhaft: a) unklar, zweideutig, b) ungewiß, unbestimmt, c) fragwürdig, dubiˈos: **a** ~ **pleasure** ein zweifelhaftes Vergnügen, d) unzuverlässig. **2.** a) unschlüssig, schwankend, b) unsicher, im Zweifel (**of, about** über *acc*). ˈ**du·bi·ous·ness** → **dubiety**.

du·bi·ta·tive [ˈdjuːbɪtətɪv; *Am.* -ˌteɪtɪv; *a.* ˈduː-] *adj* (*adv* ~**ly**) **1.** → **dubious** 1 a. **2.** → **dubious** 2 a.

du·cal [ˈdjuːkl; *Am. a.* ˈduːkəl] *adj* (*adv* ~**ly**) herzoglich, Herzogs...

duc·at [ˈdʌkət] *s* **1.** *hist.* Duˈkaten *m*. **2.** *pl obs. sl.* ,Moˈneten' *pl*. **3.** *Am. sl. für* ticket 1.

Du·chenne dys·tro·phy [duːˈʃen] *s med.* Duˈchenne-Aˈransche ˈMuskelatroˌphie *f*.

duch·ess [ˈdʌtʃɪs] *s* Herzogin *f*.

duch·y [ˈdʌtʃɪ] *s* Herzogtum *n*.

duck[1] [dʌk] *s* **1.** *pl* **ducks,** *bes. collect.* **duck** *orn.* Ente *f*: **to look like a dying** ~ **(in a thunderstorm)** *colloq.* ,dumm aus der Wäsche schauen'; **it ran off him** (*od.* **it was) like water off a** ~**'s back** *colloq.* es lief an ihm ab, es ließ ihn völlig gleichgültig; **to take to s.th. like a** ~ **(takes) to water** *colloq.* sich bei etwas sofort in s-m Element *od.* wie zu Hause fühlen; **a fine day for (young)** ~**s** *colloq.* ein regnerischer Tag; ~**'s disease** *humor.* kurze Beine; → **ducks and drakes. 2.** (weibliche) Ente. **3.** Ente(nfleisch *n*) *f*: **roast** ~ gebratene Ente, Entenbraten *m*. **4.** *a. pl* (*als sg konstruiert*) *Br. colloq.* (*bes. von Frauen gebraucht*) a) (*Anrede, oft unübersetzt*) ,Schatz' *m*: **hello,** ~**!** hallo, Süßer! (*Prostituierte*), b) ,Schatz' *m*: **he's a nice old** ~ er ist ein richtiger Schatz; **a** ~ **of a car** ein ,süßer' Wagen. **5.** *colloq.* ,Vogel' *m*: **an odd** ~. **6.** *Kricket*: Null *f*: **out for a** ~ aus dem Spiel, ohne e-n Punkt erzielt zu haben.

duck[2] [dʌk] **I** *v/i* **1.** (rasch) (ˈunter)tauchen. **2.** *a. fig.* sich ducken (**to s.o.** vor j-m), (*Boxen*) abducken. **3.** sich verbeugen (**to s.o.** vor j-m). **4.** ~ **out** *colloq.* a) ,verduften', b) *fig.* sich ,drücken' (**of** vor *dat*). **II** *v/t* **5.** (ˈunter)tauchen. **6.** ducken: **to** ~ **one's head** den Kopf ducken *od.* einziehen. **7.** a) *e-n Schlag* abducken, b) *colloq.* sich ,drücken' vor (*dat*). **III** *s* **8.** rasches (ˈUnter)Tauchen. **9.** Ducken *n*. **10.** (kurze) Verbeugung.

duck[3] [dʌk] *s* **1.** Segeltuch *n*, Sackleinwand *f*. **2.** *pl* Segeltuchkleider *pl*, *bes.* (*a.* **pair of** ~**s**) Segeltuchhose *f*.

duck[4] [dʌk] *s mil.* Amˈphibien-Lastkraftwagen *m*.

ˈ**duck|·bill** *s* **1.** *zo.* Schnabeltier *n*. **2.** *bot. Br.* Roter Weizen. ˈ~-**billed plat·y·pus** → **duckbill** 1. ˈ~-**board** *s* Laufbrett *n*. ~ **call** *s hunt.* Entenpfeife *f*.

ˈ**duck·er**[1] *s orn.* Tauchvogel *m*.

ˈ**duck·er**[2] *s* **1.** Entenzüchter *m*. **2.** *Am.* Entenjäger *m*.

duck hawk *s orn.* **1.** Amer. Wanderfalke *m*. **2.** *Br.* Rohrweihe *f*.

duck·ie [ˈdʌkɪ] → **duck**[1] 4.

ˈ**duck·ing**[1] *s* Entenjagd *f*.

ˈ**duck·ing**[2] *s* rasches (ˈUnter)Tauchen *n*: **to give s.o. a** ~ j-n untertauchen; **to get a** ~ *fig.* bis auf die Haut durchnäßt werden.

duck·ling [ˈdʌklɪŋ] *s* Entchen *n*: **ugly** ~ *fig.* häßliches Entlein.

duck pond *s* Ententeich *m.*
ducks and drakes *s*: **to play (at)** ~ Steine (über das Wasser) hüpfen lassen; **to play (at)** ~ **with s.th., to make** ~ **of s.th.** *fig.* a) etwas zum Fenster hinauswerfen, ‚aasen' mit etwas, b) Schindluder treiben mit etwas.
duck| shot *s hunt.* Entenschrot *m, n.* ~ **soup** *s Am. sl.* **1.** einträgliches Geschäft. **2.** ‚Kinderspiel' *n.* **'~-walk** *v/i* watscheln. **'~weed** *s bot.* Wasserlinse *f.*
duck·y ['dʌkɪ] *colloq.* **I** *s* → **duck[1]** 4. **II** *adj* ‚goldig', ‚süß'.
duct [dʌkt] *s* **1.** *tech.* a) Röhre *f*, Rohr *n*, Leitung *f*, b) (*a. electr.* 'Kabel)Ka,nal *m.* **2.** *anat. bot.* Gang *m*, Ka'nal *m.*
duc·tile ['dʌktaɪl; *Am. a.* -tl] *adj* **1.** *phys. tech.* a) duk'til, dehn-, streck-, hämmerbar, b) (aus)ziehbar, c) biegsam, geschmeidig. **2.** *fig.* lenksam, fügsam. **duc'til·i·ty** [-'tɪlətɪ] *s* **1.** *phys. tech.* a) Duktili'tät *f*, Dehn-, Streckbarkeit *f*, b) (Aus)Ziehbarkeit *f.*
'duct·less *adj* ohne (Ausführungs)Gang *od.* ('Abfluß)Ka,nal: ~ **gland** *anat. zo.* endokrine Drüse.
dud [dʌd] *s colloq.* **1.** *pl* ‚Kla'motten' *pl* (*Kleider*). **2.** *pl* ‚Krempel' *m*, Siebensachen *pl.* **3.** *mil.* Blindgänger *m* (*a. fig. Person*). **4.** ‚Niete' *f*, Versager *m* (*Person*). **5.** *a.* ~ **check** (*Br.* **cheque**) ungedeckter Scheck.
dude [du:d; dju:d] *s Am. colloq.* **1.** Dandy *m.* **2.** Stadtmensch *m.* **3.** Urlauber(in) auf e-r Ferienranch. ~ **ranch** *s Am. colloq.* Ferienranch *f* (*für Städter*).
dudg·eon[1] ['dʌdʒən] *s* Unwille *m*, Groll *m*, Wut *f* (*obs. außer in*): **in high** ~ sehr aufgebracht.
dudg·eon[2] ['dʌdʒən] *s obs.* (Dolch *m* mit) Holzgriff *m.*
due [dju:; *Am. a.* du:] **I** *adj* (*adv* → **duly**) **1.** *econ.* fällig, so'fort zahlbar: **to fall** (*od.* **become**) ~ fällig werden; **when** ~ bei Verfall *od.* Fälligkeit; ~ **date** Verfallstag *m*, Fälligkeitstermin *m*; **debts** ~ **and owing** Aktiva u. Passiva; ~ **from** fällig seitens (*gen*); → **interest** 11. **2.** *econ.* geschuldet, zustehend (**to** *dat*): **to be** ~ **to s.o.** j-m geschuldet werden. **3.** *zeitlich* fällig, erwartet: **the train is** ~ **at six** der Zug soll um 6 (Uhr) ankommen (abfahren); **I am** ~ **for dinner at eight** ich werde um 8 Uhr zum Abendessen erwartet; **he is** ~ **to return today** er soll heute zurückkommen, er wird heute zurückerwartet. **4.** verpflichtet: **to be** ~ **to do s.th.** etwas tun müssen *od.* sollen; **to be** ~ **to go** gehen müssen. **5.** (**to**) zuzuschreiben(d) (*dat*), veranlaßt (durch): **his poverty is** ~ **to his laziness** s-e Armut ist auf s-e Faulheit zurückzuführen; **death was** ~ **to cancer** Krebs war die Todesursache; **it is** ~ **to him** es ist ihm zu verdanken. **6.** ~ **to** (*inkorrekt statt* **owing to**) wegen (*gen*), in'folge *od.* auf Grund (*gen od.* von): ~ **to our ignorance. 7.** gebührend, geziemend: **with** ~ **respect** mit gebührender Hochachtung; **to be** ~ **to s.o.** j-m gebühren *od.* zukommen; **it is** ~ **to him to say that** man muß ihm einräumen *od.* zugestehen, daß; → **credit** 5, **honor** 9. **8.** gehörig, gebührend, angemessen: **after** ~ **consideration** nach reiflicher Überlegung; **to take all** ~ **measures** alle erforderlichen Maßnahmen ergreifen; ~ **care** *jur.* ordentliche Sorgfalt. **9.** passend, richtig, recht: **in** ~ **course** zur rechten *od.* gegebenen Zeit; **in** ~ **time** rechtzeitig, termingerecht. **10.** vorschriftsmäßig: **in** ~ **form** ordnungsgemäß, vorschriftsmäßig, formgerecht. **11.** *Am. colloq.* im Begriff sein (**to do** zu tun): **they were about** ~ **to find out.** **II** *adv* **12.** di'rekt, genau: ~ **west** genau nach Westen. **III** *s* **13.** (*das*) Zustehende, (rechtmäßiger) Anteil *od.* Anspruch, Recht *n*: **it is his** ~ es steht *od.* kommt ihm (von Rechts wegen) zu, es gebührt ihm; **to give everyone his** ~ jedem das Seine geben; **to give s.o. his** ~ j-m Gerechtigkeit widerfahren lassen; → **devil** 1. **14.** gebührender Lohn. **15.** Schuld *f*: **to pay one's** ~**s** s-e Schulden bezahlen. **16.** *pl* Gebühren *pl*, (öffentliche) Abgaben *pl.* **17.** (Mitglieds)Beitrag *m*, Gebühr *f.*
du·el ['dju:əl; *Am. a.* 'du:əl] **I** *s* Du'ell *n* (*a. fig.*): **to fight a** ~ sich duellieren; **students'** ~ Mensur *f.* **II** *v/i pret u. pp* **-eled,** *bes. Br.* **-elled** sich duel'lieren. **'du·el·(l)er** → **duel(l)ist.** **'du·el·(l)ing I** *s* Duel'lieren *n.* **II** *adj* Duell...: ~ **pistols. 'du·el·(l)ist** *s* Duel'lant *m.*
du·en·na [dju:'enə; *Am. a.* du:-] *s* Anstandsdame *f.*
du·et [dju:'et; *Am. a.* du:'et] **I** *s* **1.** *mus.* Du'ett *n.* **2.** *mus.* Duo *n*: **to play a** ~ a) ein Duo spielen, b) (*am Klavier*) vierhändig spielen. **3.** Duo *n*, Paar *n*: **they make a good** ~ sie geben ein gutes Paar ab. **II** *v/i* **4.** *mus.* a) ein *od.* im Du'ett singen, b) ein Duo spielen, c) vierhändig spielen.
duff[1] [dʌf] *s gastr.* Mehlpudding *m*: **to be up the** ~ *bes. Austral. sl.* ein Kind ‚kriegen'.
duff[2] [dʌf] *v/t sl.* **1.** ‚'aufpo,lieren', ‚fri'sieren'. **2.** *Austral. Vieh* stehlen u. mit neuen Brandzeichen versehen. **3.** ~ **up** *Br. j-n* zs.-schlagen.
duff[3] [dʌf] *s sl.* ‚'Hinterteil' *n*, ‚Hintern' *m.*
duf·fel ['dʌfl] *s* **1.** Düffel *m* (*ein schweres Baumwollgewebe*). **2.** *bes. Am.* Ausrüstung *f.* ~ **bag** *s* Matchbeutel *m*, -sack *m.* ~ **coat** *s* Dufflecoat *m.*
'duff·er *s colloq.* **1.** Hau'sierer *m.* **2.** a) Schund *m*, Ramsch(ware *f*) *m*, b) Fälschung *f.* **3.** a) Stümper *m* (**at** in *dat*), b) (alter) Trottel.
duf·fle → **duffel.**
dug[1] [dʌg] *pret u. pp von* **dig.**
dug[2] [dʌg] *s* **1.** Zitze *f.* **2.** Euter *n.*
du·gong ['du:gɒŋ; *Am. a.* -,gɑŋ] *s zo.* Dugong *m* (*Seekuh im Indischen Ozean*).
'dug·out *s* **1.** *bes. mil.* 'Unterstand *m.* **2.** Erd-, Höhlenwohnung *f.* **3.** Einbaum *m.* **4.** *Br. sl.* wieder ‚ausgegrabener' (*reaktivierter*) Be'amter, Offi'zier *etc.*
du·i ['dju:i:; *Am. a.* 'du:i:] *pl von* **duo.**
duke [dju:k; *Am. a.* du:k] *s* **1.** Herzog *m.* **2.** *pl sl.* Fäuste *pl*: **to put up one's** ~**s** die Fäuste hochnehmen. **'duke·dom** *s* **1.** Herzogtum *n.* **2.** Herzogswürde *f.*
dul·cet ['dʌlsɪt] **I** *adj* **1.** wohlklingend, me'lodisch, einschmeichelnd. **2.** *obs.* köstlich (*Speise etc*). **II** *s* **3.** *mus.* Dulcet *n* (*Orgelregister*).
dul·ci·an·a [,dʌlsɪ'ɑ:nə; *Am. bes.* -'ænə] *s mus.* Dulzi'an *m* (*Orgelregister*).
dul·ci·fy ['dʌlsɪfaɪ] *v/t* **1.** (ver)süßen. **2.** *fig.* besänftigen.
dul·ci·mer ['dʌlsɪmə(r)] *s mus.* a) Hackbrett *n*, b) Zimbal *n.*
dul·ci·ne·a [,dʌlsɪ'nɪə] *s humor. contp.* Dulzi'nea *f*: a) Freundin *f*, b) Geliebte *f.*
dull [dʌl] **I** *adj* (*adv* **dully**) **1.** schwer von Begriff, dumm. **2.** abgestumpft, teilnahmslos, gleichgültig. **3.** träge, schwerfällig, langsam. **4.** gelangweilt: **to feel** ~ sich langweilen. **5.** langweilig, fad(e). **6.** *econ.* flau, lustlos, schleppend: ~ **season** tote Jahreszeit, stille Saison. **7.** stumpf: ~ **blade. 8.** blind: **a** ~ **mirror. 9.** matt, stumpf, glanzlos: ~ **colo(u)rs;** ~ **eyes. 10.** dumpf: **a** ~ **pain; a** ~ **sound. 11.** trüb(e): **a** ~ **day;** ~ **weather. 12.** schwach: **a** ~ **light.** **II** *v/t* **13.** *e-e Klinge etc* stumpf machen. **14.** *fig.* abstumpfen. **15.** mat'tieren. **16.** *e-n Spiegel etc* blind machen, *a. den Blick* trüben. **17.** (ab)schwächen. **18.** mildern, dämpfen. **19.** *Schmerz* betäuben. **III** *v/i* **20.** stumpf werden, abstumpfen (*a. fig.*). **21.** träge werden. **22.** matt *od.* glanzlos werden. **23.** sich abschwächen.
dull·ard ['dʌlə(r)d] *s* Dummkopf *m.* **'dull·ish** *adj* ziemlich dumm *od.* langweilig (*etc*, → **dull** I). **'dull·ness** *s* **1.** Dummheit *f.* **2.** Abgestumpftheit *f.* **3.** Trägheit *f.* **4.** Langweiligkeit *f.* **5.** *econ.* Flaute *f.* **6.** Stumpfheit *f.* **7.** Blindheit *f.* **8.** Mattheit *f.* **9.** Dumpfheit *f.* **10.** Trübheit *f.* **'dull,wit·ted** → **dull** 1. **dul·ness** → **dullness.**
dulse [dʌls] *s bot.* Speiserotalge *f.*
du·ly ['dju:lɪ; *Am. a.* 'du:li:] *adv* **1.** ordnungsgemäß, vorschriftsmäßig, gehörig, richtig, wie es sich gehört: ~ **authorized representative** ordnungsgemäß ausgewiesener Vertreter. **2.** gebührend. **3.** rechtzeitig, pünktlich.
du·ma ['du:mə] *s hist.* Duma *f* (*russischer Reichstag*).
dumb [dʌm] **I** *adj* (*adv* ~**ly**) **1.** stumm. **2.** stumm, ohne Sprache: ~ **animals** stumme Geschöpfe. **3.** sprachlos, stumm: **to strike s.o.** ~ j-m die Sprache verschlagen *od.* rauben; **struck** ~ **with amazement** sprachlos vor Erstaunen. **4.** schweigsam. **5.** stumm: **a** ~ **gesture. 6.** stumm: **the** ~ **masses** die stumme *od.* kritiklose Masse. **7.** *ohne das übliche Merkmal*: ~ **vessel** *mar.* Fahrzeug *n* ohne Eigenantrieb; ~ **note** *mus.* nicht klingende Note. **8.** *bes. Am. colloq.* ‚doof', dumm, blöd. **II** *s* **9. the** ~ die Stummen *pl.* **'~·bell** *s* **1.** *sport* Hantel *f.* **2.** *bes. Am. sl.* ‚doofe Nuß', Dummkopf *m.*
dumb'found *v/t* verblüffen. **dumb'found·ed** *adj* verblüfft, sprachlos. **dumb'found·er** → **dumbfound.**
'dumb·ness *s* **1.** Stummheit *f.* **2.** Sprachlosigkeit *f.* **3.** Schweigsamkeit *f.*
dumb| pi·an·o *s mus.* stummes ('Übungs)Kla,vier. ~ **show** *s* **1.** Gebärdenspiel *n*, stummes Spiel. **2.** Panto'mime *f.* **,~'wait·er** *s* **1.** stummer Diener, Ser'viertisch *m.* **2.** Speisenaufzug *m.*
dum·dum ['dʌmdʌm] *s* **1.** *a.* ~ **bullet** Dum'dum(geschoß) *n.* **2.** *bes. Am. colloq.* ‚Blödmann' *m*, Dummkopf *m.*
dum·found, *etc* → **dumbfound,** *etc.*
dum·my ['dʌmɪ] **I** *s* **1.** At'trappe *f*, *econ. a.* Leer-, Schaupackung *f* (*in Schaufenstern etc*): **to sell s.o. a** ~ *sport* j-n austricksen. **2.** a) Kleider-, Schaufensterpuppe *f*, b) Dummy *m*, Puppe *f* (*bei Crashtests*). **3.** *econ. jur.* Strohmann *m.* **4.** *Kartenspiel*: a) Strohmann *m*, b) Whistspiel *n* mit Strohmann: **double** ~ Whistspiel mit zwei Strohmännern. **5.** *Br.* Schnuller *m.* **6.** Puppe *f*, Fi'gur *f* (*als Zielscheibe*). **7.** *colloq.* Dummkopf *m*, ‚Blödmann' *m.* **8.** *colloq. j-d, der den Mund nicht aufmacht.* **9.** *Am.* vierseitige Verkehrsampel. **10.** *print.* Blindband *m* (*Buch*). **11.** *tech.* (*e-e*) Ran'gierlokomo,tive. **II** *adj* **12.** fik'tiv, vorgeschoben, Schein...: ~ **candidates;** ~ **cartridge** *mil.* Exerzierpatrone *f*; ~ **concern** *econ.* Scheinunternehmen *n*; ~ **grenade** *mil.* Übungshandgranate *f*; ~ **gun** Gewehrattrappe *f*; ~ **warhead** *mil.* blinder Gefechtskopf. **13.** unecht, nachgemacht. ~ **whist** → **dummy** 4 b.
dump [dʌmp] **I** *v/t* **1.** ('hin)plumpsen *od.* ('hin)fallen lassen, 'hinwerfen. **2.** (heftig) absetzen *od.* abstellen. **3.** a) auskippen, abladen, schütten: **to** ~ **into the ocean** verklappen; **to** ~ **s.th. on s.o.** *colloq.* j-m etwas ‚unterjubeln', b) *e-n Karren etc* ('um)kippen, entladen. **4.** *mil.* lagern, stapeln. **5.** *econ. Waren* zu Dumping-

preisen verkaufen. **6.** *colloq.* loswerden. **II** *v/i* **7.** plumpsen. **8.** (s-n) Schutt abladen. **9.** ~ **on** *Am. colloq.* schlechtmachen. **III** *s* **10.** Plumps *m*, dumpfer Fall *od.* Schlag. **11.** a) Schutt-, Abfallhaufen *m*, b) (Schutt-, Müll)Abladeplatz *m*, Müllkippe *f*, -halde *f*. **12.** *Bergbau*: (Abraum)Halde *f*. **13.** abgeladene Masse *od.* Last. **14.** *mil.* De'pot *n*, Lager(platz *m*) *n*, Stapelplatz *m*: **ammunition** ~ Munitionslager, -depot. **15.** *sl.* a) verwahrlostes Nest (*Ortschaft*), b) ‚Dreckloch' *n* (*Wohnung, Zimmer*), c) ‚Bruchbude' *f* (*Wohnung, Haus*). **16.** → **dumps.** '**~cart** *s* Kippwagen *m*, -karren *m*.

'**dump·er (truck)** *s mot. tech.* Dumper *m*, Kipper *m*.

'**dump·ing** *s* **1.** *econ.* Dumping *n*, Ausfuhr *f* zu Schleuderpreisen. **2.** (Schutt-) Abladen *n*. ~ **ground** → **dump** 11 b.

dump·ling ['dʌmplɪŋ] *s* **1.** Knödel *m*, Kloß *m*: **apple** ~ Apfelknödel. **2.** *colloq.* ‚Dickerchen' *n*, (kleiner) Mops (*Person*).

dumps [dʌmps] *s pl*: **to be (down) in the** ~ *colloq.* ‚down' *od.* niedergeschlagen sein.

dump truck → **dumper (truck).**

'**dump·y** *adj* **1.** unter'setzt, plump. **2.** unförmig.

dun[1] [dʌn] **I** *v/t* **1.** *bes. Schuldner* mahnen, drängen: ~**ning letter** → 5. **2.** belästigen, bedrängen. **II** *s* **3.** Plagegeist *m*, *bes.* drängender Gläubiger. **4.** Schuldeneintreiber *m*. **5.** (*schriftliche*) Mahnung, Zahlungsaufforderung *f*.

dun[2] [dʌn] **I** *adj* **1.** graubraun, mausgrau. **2.** dunkel (*a. fig.*). **II** *s* **3.** Braune(r) *m* (*Pferd*). **4.** (*e-e*) (künstliche) Angelfliege.

'**dun·bird** *s orn.* **1.** Tafelente *f*. **2.** Bergente *f*.

dunce [dʌns] *s* Dummkopf *m*: ~**('s) cap** *hist.* Narrenkappe *f* (*für e-n dummen Schüler*).

dun·der·head [dʌndə(r)hed] *s* Dummkopf *m*. '**dun·der,head·ed** *adj* dumm.

dune [dju:n; *Am. a.* du:n] *s* Düne *f*. ~ **bug·gy** *s mot.* Strandbuggy *m*.

dung [dʌŋ] **I** *s* **1.** Mist *m*, Dung *m*, Dünger *m*. **2.** Tierkot *m*. **3.** *fig.* Schmutz *m*. **II** *v/t u. v/i* **4.** düngen.

dun·ga·ree [ˌdʌŋgə'ri:] *s* **1.** grober Baumwollstoff. **2.** *pl* a) Arbeitsanzug *m*, b) *a.* **pair of** ~**s** Arbeitshose *f*.

dung| bee·tle *s zo.* Mistkäfer *m*. ~**cart** *s* Mistkarren *m*.

dun·geon ['dʌndʒən] **I** *s* **1.** → **donjon.** **2.** (Burg)Verlies *n*, Kerker *m*. **II** *v/t* **3.** einkerkern.

dung| fly *s zo.* Dung-, Mistfliege *f*. ~ **fork** *s* Mistgabel *f*.

'**dung·hill** *s* **1.** Mist-, Düngerhaufen *m*: **a cock on his** ~ *fig.* ein Haustyrann. **2.** *fig.* Klo'ake *f*. ~ **fowl** *s* Hausgeflügel *n*.

dun·ie·was·sal ['du:nɪˌwæsl], *a.* '**dun·nie,was·sal** ['dʌnɪ-] *s Scot.* niederer Adliger.

dun·ite ['dʌnaɪt] *s geol.* Du'nit *m*.

dunk [dʌŋk] *v/t* **1.** *Brot etc* eintunken, stippen. **2.** eintauchen.

Dunk·er ['dʌŋkə(r)] *s relig.* Dunker *m* (*Mitglied e-r Sekte*).

'**dunk·ing** *s Basketball*: Dunking *n* (*Korbwurf, bei dem ein Spieler im Sprung den Ball von oben in den Korb wirft*).

dun·nage ['dʌnɪdʒ] **I** *s* **1.** *mar.* Stau-, Gar'nierholz *n*. **2.** Gepäck *n*. **II** *v/t* **3.** *mar.* mit Stauholz füllen, gar'nieren.

dun·no [də'nəʊ] *sl. für* **do not know.**

dunt [dʌnt; dʊnt] *Scot.* **I** *s* a) Schlag *m*, b) Platzwunde *f*. **II** *v/t* schlagen, stoßen.

du·o ['dju:əʊ; *Am. a.* 'du:əʊ] *pl* **-os,** '**du·i** [-i:] → **duet** I.

duo- [dju:əʊ; -ə; *Am. a.* du:-] *Wortelement mit der Bedeutung* zwei.

ˌ**du·o·de'cil·lion** *s math.* **1.** *Am.* Sextilli'arde *f* (10^{39}). **2.** *Br.* Duodezilli'on *f* (10^{72}).

ˌ**du·o'dec·i·mal** *math.* **I** *adj* **1.** duodezi'mal, dode'kadisch. **II** *s* **2.** zwölfter Teil, Zwölftel *n*. **3.** *pl* a) Duodezi'malsyˌstem *n*, b) Duodezi'malmultiplikatiˌon *f*.

ˌ**du·o'dec·i·mo I** *pl* **-mos** *s* **1.** *print.* a) Duo'dez(forˌmat) *n*, b) Duo'dezband *m*. **2.** *mus.* Duo'dezime *f*. **II** *adj* **3.** *print.* Duodez...: ~ **volume.**

du·o·de·na [ˌdju:əʊ'di:nə; *Am. a.* ˌdu:-] *pl von* **duodenum.** ˌ**du·o'de·nal** [-'di:nl] *adj med.* duode'nal, Zwölffingerdarm...: ~ **ulcer.** ˌ**du·o'de·na·ry** *adj math.* **1.** zwölffach, zwölf enthaltend. **2.** die n-te Wurzel 12 habend. ˌ**du·o'de·num** [-nəm] *pl* **-na** [-nə], **-nums** *s anat.* Zwölf'fingerdarm *m*.

du·o·logue ['dju:əlɒg; *Am. a.* -ˌlɑg; *a.* 'du:-] *s* **1.** Dia'log *m*, Zwiegespräch *n*. **2.** *thea.* Duo'drama *n*, Zweiper'sonenstück *n*.

du·op·o·ly [djʊ'ɒpəlɪ; *Am.* -'ɑ-; *a.* dʊ-] *s econ.* 'Marktkonˌtrolle *f* durch zwei Firmen.

'**du·o·tone** *adj* zweifarbig.

dup·a·ble ['dju:pəbl] *adj* vertrauensselig, leicht zu täuschen(d).

dupe [dju:p; *Am. a.* du:p] **I** *s* **1.** ‚Angeführte(r' *m*) *f*, ‚Lac'kierte(r' *m*) *f*, Betrogene(r *m*) *f*: **to be the** ~ **of s.o.** auf j-n hereinfallen. **2.** Leichtgläubige(r *m*) *f*, ‚Gimpel' *m*. **II** *v/t* **3.** *j-n* ‚anführen', ‚lac'kieren', betrügen. '**dup·er·y** [-ərɪ] *s* Betrug *m*.

du·ple ['dju:pl; *Am. a.* 'du:-] *adj* doppelt, zweifach. ~ **ra·tio** *s math.* doppeltes Verhältnis. ~ **time** *s mus.* Zweiertakt *m*.

du·plex ['dju:pleks; *Am. a.* 'du:-] **I** *adj* **1.** doppelt, Doppel..., zweifach. **2.** *electr. tech.* Duplex... **II** *s* **3.** a) → **duplex apartment,** b) → **duplex house.** ~ **a·part·ment** *s Am.* Maiso(n)'nette *f*. ~ **gas burn·er** *s tech.* Zweidüsen(gas)brenner *m*. ~ **house** *s Am.* Doppel-, 'Zweifaˌmilienhaus *n*. ~ **lathe** *s tech.* Doppeldrehbank *f*. ~ **re·peat·er** *s electr.* Duplex-, Zweidraht-, Gegensprechverstärker *m*. ~ **te·leg·ra·phy** *s tech.* 'Gegensprech-, 'Duplextelegraˌfie *f*. ~ **te·leph·o·ny** *s electr.* 'Duplextelefoˌnie *f*, Gegensprechverkehr *m*.

du·pli·cate ['dju:plɪkət; *Am. a.* 'du:-] **I** *adj* **1.** Doppel..., zweifach, doppelt: ~ **proportion,** ~ **ratio** → **duple ratio;** ~ **socket** *electr.* Doppelbuchse *f*, -steckdose *f*. **2.** genau gleich *od.* entsprechend: ~ **key** → 5; ~ **part** Ersatzteil *n*, Austauschstück *n*; ~ **production** Reihen-, Serienfertigung *f*. **II** *s* **3.** Dupli'kat *n*, Ab-, Zweitschrift *f*, Ko'pie *f*: **in** ~ in zweifacher Ausfertigung *od.* Ausführung, in 2 Exemplaren, doppelt. **4.** (genau gleiches) Seitenstück, Ko'pie *f*. **5.** a) Zweitschlüssel *m*, b) Nachschlüssel *m*. **6.** *econ.* a) Se'kunda-, Dupli'katwechsel *m*, b) Pfandschein *m*. **III** *v/t* [-keɪt] **7.** im Dupli'kat 'herstellen. **8.** ein Dupli'kat anfertigen von, ko'pieren, e-e Abschrift machen von *e-m Brief etc*, ver'vielfältigen. **9.** zs.-falten. **10.** *ein Experiment etc* (beliebig) wieder'holen. ˌ**du·pli'ca·tion** [-'keɪʃn] *s* **1.** → **duplicate** 3. **2.** Ver'vielfältigung *f*. **3.** Wieder'holung *f*. '**du·pli·ca·tor** [-keɪtə(r)] *s* Ver'vielfältigungsappaˌrat *m*.

du·plic·i·ty [dju:'plɪsətɪ; *Am. a.* dʊ-] *s* **1.** *fig.* Doppelzüngigkeit *f*, Falschheit *f*. **2.** Duplizi'tät *f*, doppeltes Vor'handensein *od.* Vorkommen.

du·ra·bil·i·ty [ˌdjʊərə'bɪlətɪ; *Am. a.* ˌdʊ-] *s* a) Haltbarkeit *f*, b) Dauerhaftigkeit *f*. '**du·ra·ble I** *adj* (*adv* **durably**) a) haltbar, strapa'zierfähig, *econ.* langlebig: ~ **goods** → II, b) dauerhaft. **II** *s pl econ.* Gebrauchsgüter *pl*. '**du·ra·ble·ness** → **durability.**

du·ral·u·min [djʊə'ræljʊmɪn; *Am. a.* dʊ'r-] *s tech.* Du'ral *n*, 'Duraluˌmin(ium) *n*.

du·ra·men [djʊə'reɪmen; *Am. a.* dʊ'r-] *s bot.* Kern-, Herzholz *n*.

dur·ance ['djʊərəns; *Am. a.* 'dʊr-] *s* Haft *f* (*meist in*): **in** ~ **vile** hinter Schloß u. Riegel.

du·ra·tion [djʊə'reɪʃn; *Am. a.* dʊ'r-] *s* (Fort-, Zeit)Dauer *f*: **of short** ~ von kurzer Dauer; ~ **of life** Lebensdauer, -zeit *f*; **for the** ~ *colloq.* a) für die Dauer des Krieges, b) bis zum Ende. '**dur·a·tive** [-rətɪv] **I** *adj* **1.** dauernd. **2.** *ling.* dura'tiv, Dauer... **II** *s ling.* **3.** dura'tiver Konso'nant. **4.** Dauerform *f*, Dura'tiv *m*.

dur·bar ['dɜ:bɑ:] *s Br. Ind.* **1.** Hof *m* (*e-s indischen Fürsten*). **2.** Galaempfang *m*.

du·ress(e) [djʊə'res; *Am. a.* dʊ'r-] *s* **1.** Druck *m*, Zwang *m*. **2.** *jur.* Freiheitsberaubung *f*: **to be under** ~ in Haft sein. **3.** *jur.* Zwang *m*, Nötigung *f*: **to act under** ~ unter Zwang handeln.

Dur·ham ['dʌrəm; *Am.* 'dɜrəm] *s zo.* Durhamrind *n*.

dur·ing ['djʊərɪŋ; *Am. a.* 'dʊrɪŋ] *prep* während (*gen*), im Laufe von (*od. gen*), in (*e-m Zeitraum*): ~ **the night.**

dur·mast (oak) ['dɜ:mɑ:st; *Am.* 'dɜrˌmæst] *s bot.* Steineiche *f*.

du·ro ['djʊərəʊ] *pl* **-ros** *s* Duro *m* (*spanische u. südamer. Silbermünze*).

durst [dɜ:st; *Am.* dɜrst] *pret von* **dare.**

du·rum (wheat) ['djʊərəm; *Am. a.* 'dʊrəm] *s bot.* Hartweizen *m*.

dusk [dʌsk] **I** *s* (Abend)Dämmerung *f*: **at** ~ bei Einbruch der Dunkelheit. **II** *adj poet.* dunkel, düster, dämmerig. **III** *v/t poet.* verdunkeln. **IV** *v/i poet.* dunkel werden. '**dusk·y** *adj* (*adv* **duskily**) **1.** dämmerig, düster (*a. fig.*). **2.** schwärzlich, dunkel. **3.** dunkelhäutig.

dust [dʌst] **I** *s* **1.** Staub *m*: **in** ~ **and ashes** *fig.* in Sack u. Asche; **to blow the** ~ **off** *fig. e-n Plan etc* wieder aus der Schublade holen; **to be humbled in(to) the** ~ *fig.* gedemütigt werden; **to drag in the** ~ *fig. j-n, etwas* in den Staub ziehen *od.* zerren; **to lick the** ~ *colloq.* ‚ins Gras beißen' (*umkommen*); **to shake the** ~ **off one's feet** a) den Staub von den Füßen schütteln, b) *fig.* verärgert *od.* entrüstet weggehen; **to throw** (*od.* **cast**) ~ **in s.o.'s eyes** *fig.* j-m Sand in die Augen streuen; → **bite** 1, **kiss** 4. **2.** Staubwolke *f*: **to raise a** ~ a) e-e Staubwolke aufwirbeln, b) *a.* **to kick up a** ~ *fig.* viel Staub aufwirbeln; **the** ~ **has settled** *fig.* die Aufregung hat sich gelegt, die Wogen haben sich geglättet. **3.** *fig.* a) Staub *m*, Erde *f*, b) sterbliche 'Überreste *pl*, c) menschlicher Körper, Mensch *m*: **to turn to** ~ **and ashes** zu Staub u. Asche werden, zerfallen. **4.** *Br.* a) Müll *m*, Abfall *m*, b) Kehricht *m*, *a. n.* **5.** *bot.* Blütenstaub *m*. **6.** (Gold- *etc*)Staub *m*. **7.** Bestäubungsmittel *n*, (In'sekten- *etc*)Pulver *n*. **8.** → **dustup.** **II** *v/t* **9.** abstauben, Staub wischen in (*dat*). **10.** *a.* ~ **down** ausstauben, ausbürsten, ausklopfen: **to** ~ **s.o.'s jacket** *colloq.* ‚j-m die Jacke voll hauen'. **11.** bestreuen, bestäuben: **to** ~ **s.o.'s eyes** *fig.* j-m Sand in die Augen streuen. **12.** *Pulver etc* stäuben, streuen. **13.** staubig machen, einstauben. **14.** zu Staub zerreiben. **III** *v/i* **15.** abstauben, Staub wischen. **16.** staubig werden, ein-, verstauben. **17.** im Staub baden (*bes. Vogel*). **18.** *Am. sl.* sich aus dem Staub machen, ‚abhauen'.

dust| bag *s* Staubbeutel *m* (*e-s Staubsaugers*). ~ **bath** *s* Staubbad *n*. '**~bin** *s Br.* **1.** Abfall-, Mülleimer *m*: ~ **liner** Müllbeutel *m*. **2.** Abfall-, Mülltonne *f*. ~

bowl *s geogr. Trockengebiet mit Bodenerosionserscheinungen u. Staubstürmen.* **ˈ~·box** *s* **1.** → **dustbin. 2.** Streusandbüchse *f.* **ˈ~·cart** *s Br.* Müllwagen *m.* **~ cham·ber** *s tech.* (Flug)Staubkammer *f.* **ˈ~ˌcloth** *s Am.* **1.** Staubtuch *n,* -lappen *m.* **2.** → **dust cover** 2. **~ coat** *s bes. Br.* **1.** *mot. hist.* Staubmantel *m.* **2.** Hauskittel *m.* **~ cov·er** *s* **1.** ˈSchutzˌumschlag *m (um Bücher).* **2.** Staubdecke *f,* Schutzbezug *m (für Möbel).*

ˈdust·er *s* **1.** a) Staubtuch *n,* -lappen *m,* b) Staubwedel *m.* **2.** *Am.* → **dust coat. 3.** Streudose *f.*

dust| ex·haust *s tech.* Staubabsaugung *f.* **~ heap** *s Br.* Müll-, Abfallhaufen *m.*

ˈdust·ing *s* **1.** Abstauben *n,* Staubwischen *n.* **2.** Bestäuben *n.*

dust| jack·et → **dust cover** 1. **ˈ~·man** [-mən] *s irr Br.* Müllmann *m.* **ˈ~ˌoff** *s mil. Am. sl.* Saniˈtätshubschrauber *m.* **ˈ~-proof** *adj* staubdicht. **~ sheet** → **dust cover** 2. **~ shot** *s hunt.* Vogeldunst *m (feinste Schrotsorte).* **~ storm** *s* Staubsturm *m.* **~ trap** *s* Staubfänger *m.* **ˈ~·up** *s colloq.* **1.** ‚Krach' *m.* **2.** handgreifliche Auseinˈandersetzung.

ˈdust·y *adj* **1.** staubig, voll Staub. **2.** staubförmig, -artig. **3.** sandfarben. **4.** *fig.* fad(e), trocken. **5.** *fig.* vag(e), unklar, nichtssagend: **a ~ answer. 6. not so ~** *Br. colloq.* gar nicht so übel.

Dutch[1] [dʌtʃ] **I** *adj* **1.** holländisch, niederländisch: **to talk to s.o. like a ~ uncle** *colloq.* j-m ‚e-e Standpauke halten'. **2.** *Am. sl.* deutsch. **II** *adv* **3. to go ~** *colloq.* getrennte Kasse machen. **III** *s* **4.** *ling.* Holländisch *n,* das Holländische, Niederländisch *n,* das Niederländische: **that is all ~ to me** das sind für mich böhmische Dörfer. **5.** *Am. sl.* Deutsch *n,* das Deutsche. **6. the ~** *collect. pl* a) die Holländer *pl,* die Niederländer *pl,* b) *Am. sl.* die Deutschen *pl;* **that beats the ~!** *colloq.* das ist ja die Höhe! **7.** *colloq.* **to be in ~** in ‚Schwulitäten' sein; **to be in ~ with s.o.** bei j-m ‚unten durch' sein; **to put s.o. in ~** j-n in ‚Schwulitäten' bringen.

Dutch[2], **d~** [dʌtʃ] *s Br. sl.* ‚Alte' *f (Ehefrau).*

Dutch| auc·tion *s Auktion, bei der der Preis so lange erniedrigt wird, bis sich ein Käufer findet.* **~ bar·gain** *s colloq. mit e-m Drink besiegeltes Geschäft.* **~ cap** *s* **1.** Holländerhaube *f.* **2.** *med.* Pesˈsar *n.* **~ clo·ver** *s bot.* Weißer Klee. **~ cour·age** *s colloq.* angetrunkener Mut. **~ foil, ~ gold** *s* unechtes Blattgold, Rauschgold *n.* **~ leaf** *s irr* → **Dutch foil.** **ˈ~·man** [-mən] *s irr* **1.** Holländer *m,* Niederländer *m:* **or I'm a ~** *colloq.* oder ich will Hans heißen; **I'm a ~ if** ich laß mich hängen, wenn. **2.** *Am. sl.* Deutsche(r) *m.* **3.** *mar.* Holländer *m (Schiff).* **~ met·al** *s* **1.** Tombak *m.* **2.** → **Dutch foil. ~ ov·en** *s* **1.** *(ein)* flacher Bratentopf. **2.** Backsteinofen *m.* **3.** Röstblech *n (vor offenem Feuer).* **~ tile** *s* glaˈsierte Ofenkachel. **~ treat** *s colloq.* Essen *etc,* bei dem jeder für sich bezahlt. **~ wife** *s irr* Rohrgestell *n,* Kissen *n (zum Auflegen der Arme u. Beine im Bett).* **ˈ~ˌwom·an** *s irr* Holländerin *f,* Niederländerin *f.*

du·te·ous [ˈdju:tjəs; -ɪəs; *Am. a.* ˈdu:-] *adj (adv* **~ly)** → **dutiful.**

du·ti·a·ble [ˈdju:tjəbl; -ɪəbl; *Am. a.* ˈdu:-] *adj* a) abgabenpflichtig, b) zollpflichtig.

ˈdu·ti·ful *adj (adv* **~ly) 1.** pflichtgetreu, -bewußt. **2.** gehorsam. **3.** pflichtgemäß.

ˈdu·ti·ful·ness *s* **1.** Pflichttreue *f.* **2.** Gehorsam *m.*

du·ty [ˈdju:tɪ; *Am. a.* ˈdu:-] **I** *s* **1.** Pflicht *f:* a) Schuldigkeit *f* (**to, toward[s]** gegen [-ˈüber]), b) Aufgabe *f,* Amt *n:* **~ to report** Anzeigepflicht; **to do one's ~** s-e Pflicht tun (**by s.o.** an j-m); **to be under a ~ to do s.th.** verpflichtet sein, etwas zu tun; **breach of ~** Pflichtverletzung *f;* **(as) in ~ bound** pflichtgemäß, -schuldig(st); **to be in ~ bound to do s.th.** etwas pflichtgemäß tun müssen. **2.** Dienst *m:* **on ~** a) diensttuend, diensthabend, im Dienst, b) dienstbereit *(Apotheke etc);* **to be on ~** Dienst haben, im Dienst sein; **to be off ~** nicht im Dienst sein, dienstfrei haben; **to do ~ for** a) *fig.* benutzt werden *od.* dienen als *(etwas),* b) *j-n* vertreten. **3.** Ehrerbietung *f,* Reˈspekt *m:* **in ~ to** aus Ehrerbietung gegen; **~ call** Höflichkeits-, Pflichtbesuch *m.* **4.** *econ.* a) Abgabe *f,* b) Gebühr *f,* c) Zoll *m:* **~ on increment value** Wertzuwachssteuer; **~ on exports** Ausfuhrzoll; **liable to ~** zollpflichtig; **to pay ~ on s.th.** etwas verzollen *od.* versteuern. **5.** *tech.* a) (Nutz-, Wirk)Leistung *f,* b) Arbeitsweise *f,* c) Funktiˈon *f.* **6.** *meist* **~ of water** nötige Bewässerungsmenge. **II** *adj* **7.** Bereitschafts...: **~ doctor; ~ chemist** *Br.* dienstbereite Apotheke; **~ officer** *mil.* Offizier *m* vom Dienst. **ˈ~-bound** *adj:* **to be ~ to do s.th.** etwas pflichtgemäß tun müssen. **ˌ~-ˈfree I** *adj u. adv* abgaben-, zollfrei: **~ shop** Duty-free-Shop *m.* **II** *s pl colloq.* zollfreie Ware(n *pl).* **ˌ~-ˈpaid** *adj* verzollt, nach Verzollung: **~ entry** Zollerklärung *f.*

du·um·vir [dju:ˈʌmvə(r); *Am. a.* du-] *pl* **-vi·ri** [-vɪraɪ], **-virs** *s antiq.* Duˈumvir *m.* **duˈum·vi·rate** [-vɪrət] *s* Duumviˈrat *n.*

du·vet [ˈdju:veɪ] *s Br.* Federbett *n.*

dux [dʌks] *pl* **ˈdux·es, du·ces** [ˈdju:si:z] *s bes. Scot.* Erste(r) *m,* Primus *m (e-r Klasse).*

dwale [dweɪl] → **belladonna** a.

dwarf [dwɔ:(r)f] **I** *pl* **dwarfs, dwarves** [-vz] *s* **1.** Zwerg(in) *(a. fig.).* **2.** a) *zo.* Zwergtier *n,* b) *bot.* Zwergpflanze *f.* **3.** → **dwarf star. II** *adj* **4.** zwergenhaft, *bes. bot. zo.* Zwerg...: **~ maple; ~ snake. III** *v/t* **5.** *bes. fig.* verkümmern lassen, im Wachstum *od.* an der Entfaltung hindern. **6.** verkleinern. **7.** klein erscheinen lassen, zs.-schrumpfen lassen. **8.** *fig.* in den Schatten stellen: **to be ~ed by** verblassen neben *(dat).* **IV** *v/i* **9.** *bes. fig.* verkümmern. **10.** zs.-schrumpfen. **ˈdwarf·ish** *adj (adv* **~ly) 1.** zwergenhaft, winzig. **2.** *med.* ˈunter-, unentwickelt.

dwarf| palm *s bot.* Zwergpalme *f.* **~ star** *s astr.* Zwergstern *m.* **~ wall** *s arch.* Quer-, Zwergmauer *f.*

dwarves [dwɔ:(r)vz] *pl von* **dwarf.**

dwell [dwel] **I** *v/i pret u. pp* **dwelt** [dwelt], *a.* **dwelled 1.** wohnen, leben. **2.** *fig.* bleiben, (ver)weilen: **to ~ (up)on** a) (im Geiste) bei *etwas* verweilen, über *etwas* nachdenken, b) auf *etwas* Nachdruck legen; **to ~ (up)on a subject** bei e-m Thema verweilen, auf ein Thema näher eingehen; **to ~ on a note** *mus.* e-n Ton aushalten. **3.** *fig.* begründet sein (**in** in *dat*). **II** *s* **4.** *tech.* Haltezeit *f,* ˈStillstandsperiˌode *f:* **~ angle** *mot.* Schließwinkel *m.* **ˈdwell·er** *s (meist in Zssgn)* Bewohner(in). **ˈdwell·ing** *s* **1.** Wohnung *f.* **2.** Wohnen *n:* **~ house** Wohnhaus *n;* **~ unit** Wohneinheit *f.* **3.** Wohnsitz *m:* **~ place** Aufenthalts-, Wohnort *m.*

dwin·dle [ˈdwɪndl] **I** *v/i* abnehmen, schwinden, (zs.-)schrumpfen: **to ~ away** dahinschwinden. **II** *v/t* vermindern.

dy·ad [ˈdaɪæd] *s* **1.** *sociol.* Dyˈade *f,* Paarverhältnis *n.* **2.** *biol. chem. math.* Dyˈade *f.* **3.** *mus.* Zweiklang *m.* **dyˈad·ic** *adj* dyˈadisch.

Dy·ak [ˈdaɪæk] *s* **1.** Dajak *m (Eingeborener Borneos).* **2.** *ling.* Dajak *n.*

dy·ar·chy → **diarchy.**

Dy·as [ˈdaɪæs] *s geol.* Perm *n.*

dye [daɪ] **I** *s* **1.** Farbstoff *m.* **2.** *tech.* Färbe(flüssigkeit) *f:* **~ bath** Färbebad *n,* Flotte *f.* **3.** Färbung *f,* Farbe *f,* Tönung *f:* **of the deepest ~** *fig.* von der übelsten Sorte. **II** *v/t* **4.** *bes. tech.* färben: **to ~ in the wool** *tech.* in der Wolle *od.* waschecht färben; **to ~ in the grain** *tech. Fasern* im Rohzustand färben, waschecht färben. **III** *v/i* **5.** sich färben (lassen).

ˌdyed-in-the-ˈwool *adj tech.* in der Wolle gefärbt, *fig. a.* eingefleischt, *(nachgestellt a.)* durch u. durch.

ˈdye·ing *s* **1.** Färben *n.* **2.** Färbeˈreigewerbe *n.*

dy·er [ˈdaɪə(r)] *s* **1.** Färber(in). **2.** Farbstoff *m.*

dy·er's|-broom [ˈdaɪə(r)zbru:m] *s bot.* Färberginster *m.* **~ oak** *s bot.* Färbereiche *f.* **~ weed** *s bot.* Gelbkraut *n,* Färber-Wau *m.* **~ woad** *s bot.* (Färber-) Waid *m.*

ˈdye|·stuff *s* Farbstoff *m.* **ˈ~·wood** *s tech.* Färbe-, Farbholz *n.* **ˈ~·works** *s pl (oft als sg konstruiert)* Färbeˈrei *f.*

dy·ing [ˈdaɪɪŋ] *adj* **1.** sterbend: **a ~ man** ein Sterbender; **to be ~** im Sterben liegen; **a ~ tradition** e-e aussterbende Tradition. **2.** Sterbe...: **~ confession** Beichte *f* auf dem Sterbebett; **~ hour** Todesstunde *f;* **~ wish** letzter Wunsch; **~ words** letzte Worte; **to one's ~ day** bis zu s-m Tod, bis an sein Lebensende. **3.** zu Ende gehend: **the ~ year. 4.** *fig.* a) ersterbend: **~ voice,** b) verhallend: **~ sounds. 5.** schmachtend: **~ look.**

dyke → **dike**[1], **dike**[2] *u.* **dike**[3].

dy·nam·e·ter [daɪˈnæmɪtə(r)] *s phys.* Dynaˈmeter *n.*

dy·nam·ic [daɪˈnæmɪk] **I** *adj (adv* **~ally) 1.** *allg. u. fig.* dyˈnamisch: **~ force (geology, personality, policy, psychology,** *etc);* **~ pressure** *phys.* dynamischer Druck, Staudruck *m.* **II** *s pl (als sg konstruiert)* **2.** Dyˈnamik *f:* a) *phys. Lehre von den bewegenden Kräften,* b) *mus. Lehre von den Abstufungen der Tonstärke,* c) *fig.* Schwung *m.* **3.** *fig.* Triebkraft *f,* treibende Kraft. **dyˈnam·i·cal** *adj (adv* **~ly)** → **dynamic** I.

dy·na·mism [ˈdaɪnəmɪzəm] *s* **1.** *philos.* Dynaˈmismus *m.* **2.** *fig.* Dyˈnamik *f,* Schwung *m.*

dy·na·mite [ˈdaɪnəmaɪt] **I** *s* **1.** Dynaˈmit *n.* **2.** *colloq.* a) Zündstoff *m,* b) gefährliche *od.* ˈumwerfende Sache *od.* Perˈson: **to be ~** e-e ‚Wucht' sein *(Schauspieler etc),* hoch brisant sein *(Buchthema etc),* wie e-e Bombe einschlagen *(Nachricht etc).* **II** *v/t* **3.** *(mit Dynamit)* (in die Luft) sprengen. **ˈdy·na·mit·er** *s* Sprengstoffattentäter *m.* **ˈdy·na·mit·ing** *s* **1.** Dynaˈmitsprengung *f.* **2.** Zerstörung *f* durch Dynaˈmit. **3.** Sprengstoffattentat *n.*

dy·na·mo [ˈdaɪnəməʊ] *pl* **-mos** *s electr.* Dyˈnamo(maˌschine *f) m.*

dy·na·mo·e·lec·tric [ˌdaɪnəməʊɪˈlektrɪk], **ˌdy·na·mo·eˈlec·tri·cal** *adj phys.* dyˈnamoeˌlektrisch, eˈlektrodyˌnamisch.

dy·na·mom·e·ter [ˌdaɪnəˈmɒmɪtə(r); *Am.* -ˈmɑ-] *s tech.* Dynamoˈmeter *n,* Kraftmesser *m.*

dy·na·mo·tor [ˈdaɪnəˌməʊtə(r)] *s electr.* ˈUmformer *m,* ˈMotorgeneˌrator *m.*

dy·nast [ˈdɪnəst; *bes. Am.* ˈdaɪnæst] *s* Dyˈnast *m,* Herrscher *m.* **dyˈnas·tic** [-ˈnæstɪk] *adj (adv* **~ally)** dyˈnastisch. **ˈdy·nas·ty** [-nəstɪ] *s* Dynaˈstie *f,* Herrschergeschlecht *n,* -haus *n.*

dy·na·tron [ˈdaɪnətrɒn; *Am.* -ˌtrɑn] *s electr.* Dynatron *n,* Mesotron *n (Sekundärelektronenröhre).*

dyne [daɪn] *s phys.* Dyn *n*, Dyne *f* (*Einheit der Kraft im CGS-System*).

dy·node [ˈdaɪnəʊd] *s electr.* Dyˈnode *f* (*zusätzliche Elektrode e-r Elektronenröhre zur Beeinflussung des Stroms*).

dys- [dɪs] *Vorsilbe mit den Bedeutungen*: a) schwierig, b) *biol.* ungleich(artig), c) mangelhaft, d) krankhaft.

dys·au·to·no·mi·a [ˌdɪsɔːtəˈnəʊmɪə] *s med.* Dysautonoˈmie *f* (*angeborene Entwicklungsstörung des vegetativen Nervensystems*).

ˌdys·enˈter·ic *adj med.* **1.** Ruhr..., ruhrartig. **2.** ruhrkrank.

dys·en·ter·y [ˈdɪsntrɪ] *s med.* Dysenteˈrie *f*, Ruhr *f*.

dysˈfunc·tion *s med.* Dysfunktiˈon *f*, Funktiˈonsstörung *f*.

dys·gen·ics [dɪsˈdʒenɪks] *s pl* (*als sg konstruiert*) Dysˈgenik *f* (*Erforschung von Erbschädigungen*).

dys·graph·i·a [dɪsˈgræfɪə] *s med.* Schreibstörung *f*.

dys·la·li·a [dɪsˈleɪlɪə] *s med.* Dyslaˈlie *f*, Stammeln *n*.

dys·lex·i·a [dɪsˈleksɪə] *s med.* Dysleˈxie *f*, Lesestörung *f*.

ˌdys·loˈgis·tic *adj* (*adv* **~ally**) abfällig, herˈabsetzend.

dys·men·or·rh(o)e·a [ˌdɪsmenəˈrɪə] *s med.* Dysmenorˈrhö(e) *f* (*gestörte, schmerzhafte Monatsblutung*).

dys·pep·si·a [dɪsˈpepsɪə; *Am. a.* -ʃə], **dysˈpep·sy** [-sɪ] *s med.* Dyspepˈsie *f*, Verdauungsstörung *f*. **dysˈpep·tic** [-tɪk] **I** *adj* **1.** *med.* dysˈpeptisch. **2.** *fig.* schlechtgelaunt, mürrisch. **II** *s* **3.** Dysˈpeptiker(in).

dys·pha·gi·a [dɪsˈfeɪdʒɪə] *s med.* Dysphaˈgie *f*, Schluckstörung *f*.

dys·pha·si·a [dɪsˈfeɪzɪə; *bes. Am.* -ʒɪə; -ʒə] *s med.* Dysphaˈsie *f* (*Erschwerung des Sprechens*).

dys·pho·ni·a [dɪsˈfəʊnjə; -nɪə] *s med.* Dysphoˈnie *f*, Stimmstörung *f* (*z. B. bei Heiserkeit*).

dys·pho·ri·a [dɪsˈfɔːrɪə] *s med. psych.* Dysphoˈrie *f*, Übellaunigkeit *f*, Gereiztheit *f*.

dys·pla·si·a [dɪsˈpleɪzɪə; *bes. Am.* -ˈpleɪʒɪə; -ʒə] *s med.* Dysplaˈsie *f*, Fehl-, ˈUnterentwicklung *f*.

dysp·n(o)e·a [dɪsˈpniːə; *Am.* ˈdɪsp-] *s med.* Dysˈpnoe *f*, Atemnot *f*, Kurzatmigkeit *f*.

dys·tel·e·ol·o·gy [ˌdɪsteliˈɒlədʒɪ; *Am.* -ˈɑ-] *s philos.* Dysteleoloˈgie *f* (*Lehre von der Unzweckmäßigkeit u. Ziellosigkeit biologischer Bildungskräfte in der Natur*).

dys·to·pi·a [dɪsˈtəʊpɪə] *s med.* Dystoˈpie *f*, Fehllagerung *f*.

dys·tro·phi·a [dɪsˈtrəʊfɪə] → **dystrophy**. **dysˈtroph·ic** [-ˈtrɒfɪk; *Am.* -ˈtrəʊ-] *adj biol.* dysˈtroph (*durch Humusstoffe u. Torfschlamm braun gefärbt*) (*Seen*). **ˈdys·tro·phy** [-trəfɪ] *s physiol.* Dystroˈphie *f*: a) Ernährungsstörung *f*, b) *mangelhafte Versorgung e-s Organs mit Nährstoffen*.

E

E, e [i:] **I** *pl* **E's, Es, e's, es** [i:z] *s* **1.** E, e *n* (*Buchstabe*). **2.** *mus.* E, e *n* (*Note*): **E flat** Es, es *n*; **E sharp** Eis, eis *n*; **E double flat** Eses, eses *n*; **E double sharp** Eisis, eisis *n*. **3. e** *phys.* a) e (*Elementarladung*), b) → **erg. 4.** E *ped.* Fünf *f*, Mangelhaft *n* (*Note*). **5.** E *Am.* Auszeichnung *f* für her'vorragende Leistung(en) (= **excellence**). **6.** E E *n*, E-förmiger Gegenstand. **II** *adj* **7.** fünft(er, e, es): **Company E. 8.** E E-..., E-förmig.

e- [ɪ] *für* **ex-** *vor Konsonanten* (*außer c, f, p, q, s, t*).

each [i:tʃ] **I** *adj* jeder, jede, jedes (einzelne) (*aus e-r bestimmten Zahl od. Gruppe*): ~ **man** jeder (Mann); ~ **one** jede(r) einzelne; ~ **and every one** alle u. jeder. **II** *pron* (ein) jeder, (e-e) jede, (ein) jedes: ~ **of us** jede(r) von uns; **we help** ~ **other** wir helfen einander *od.* uns (gegenseitig); **they think of** ~ **other** sie denken aneinander. **III** *adv* je, pro Per'son *od.* Stück: **they cost fifty pence** ~ sie kosten 50 Pence (das Stück); **we had one room** ~ wir hatten jeder ein Zimmer.

ea·ger[1] ['i:gə(r)] *adj* (*adv* ~**ly**) **1.** eifrig: ~ **beaver** *colloq.* Übereifrige(r) *m*. **2.** (**for**) begierig (nach), erpicht (auf *acc*): ~ **for knowledge** wißbegierig; **to be** ~ **to swim** erpicht darauf sein zu schwimmen. **3.** begierig, ungeduldig, gespannt: **to be** ~ **for news** ungeduldig auf Nachricht warten; **an** ~ **look** ein gespannter *od.* erwartungsvoller Ausdruck.

ea·ger[2] → **eagre.**

ea·ger·ness ['i:gə(r)nɪs] *s* **1.** Eifer *m*. **2.** Begierde *f*.

ea·gle ['i:gl] **I** *s* **1.** *orn., a. her.* Adler *m*. **2.** *Am. hist.* goldenes Zehn'dollarstück. **3.** *pl mil.* Adler *pl* (*Rangabzeichen e-s Obersten in der US-Armee*). **4. E**~ *astr.* Adler *m* (*Sternbild*). **5.** *Golf*: Eagle *n* (*zwei Schläge unter Par*). **II** *v/t* **6. to** ~ **the 12th hole** (*Golf*) am 12. Loch ein Eagle spielen. '~**-eyed** *adj* adleräugig, scharfsichtig. ~ **owl** *s orn.* Uhu *m*, Adlereule *f*.

ea·glet ['i:glɪt] *s orn.* junger Adler.

ea·gle vul·ture *s orn.* Geierseeadler *m*.

ea·gre ['eɪgə(r); 'i:gə(r)] *s* Flutwelle *f*.

ear[1] [ɪə(r)] *s* **1.** *anat.* Ohr *n*. **2.** *fig.* Gehör *n*, Ohr *n*: **a good** ~ ein feines Gehör, gute Ohren; **an** ~ **for music** a) musikalisches Gehör, b) Sinn *m* für Musik; **by** ~ nach dem Gehör (*spielen*); → *Bes. Redew.* **3.** *fig.* Gehör *n*, Aufmerksamkeit *f*: **to give** (*od.* **lend**) **s.o. an** ~ (*od.* **one's** ~**[s]**) j-m Gehör schenken, j-n anhören; **she has his** ~ er hört auf sie; **it came to** (*od.* **reached**) **my** ~**s** es kam mir zu Ohren. **4.** Henkel *m*, Griff *m*. **5.** Öhr *n*, Öse *f*. **6.** *tech.* Tragöse *f*. **7.** Titelbox *f* (*in Zeitungen*).

Besondere Redewendungen:

to be all ~**s** ganz Ohr sein; **to be out on one's** ~**s** *colloq.* ‚auf der Straße sitzen' (*entlassen worden sein*); **to be up to the** (*od.* **one's**) ~**s in debt (work)** bis über die Ohren in Schulden (Arbeit) sitzen *od.* stecken; **not to believe** (*od.* **trust**) **one's** ~**s** s-n Ohren nicht trauen; **his** ~**s were burning** ihm klangen die Ohren; **to fall on deaf** ~**s** auf taube Ohren stoßen; **it goes in (at) one** ~ **and out (at) the other** das geht zum e-n Ohr herein u. zum andern wieder hinaus; **to have** (*od.* **keep**) **an** (*od.* **one's**) ~ **to the ground** die Ohren offenhalten; **to have a word in s.o.'s** ~ j-m etwas im Vertrauen sagen; **to play by** ~ improvisieren; **I'll play it by** ~ ich werde von Fall zu Fall entscheiden; **he set them by the** ~**s** er brachte sie gegeneinander auf; **to smile from** ~ **to** ~ von e-m Ohr zum andern strahlen; **to turn a deaf** ~ **to** die Ohren verschließen vor (*dat*); → **flea** 1, **music** 1, **prick** 14, **thick** 4, **wall** *Bes. Redew.*, **wet** 1.

ear[2] [ɪə(r)] *s* (Getreide)Ähre *f*: → **corn**[1] 2.

'ear|·ache *s* Ohrenschmerzen *pl*. '~**-,catch·er** *s* eingängige *od.* einschmeichelnde Melo'die. ~ **conch** *s anat.* Ohrmuschel *f*. '~**·drop** *s* **1.** Ohrgehänge *n*. **2.** *pl med.* Ohrentropfen *pl*. '~**·drum** *s anat.* Trommelfell *n*.

eared[1] [ɪə(r)d] *adj* **1.** mit (...) Ohren, ...ohrig. **2.** mit Henkel *od.* Öse (versehen).

eared[2] [ɪə(r)d] *adj* mit (...) Ähren.

'ear|·flap *s* Ohrenschützer *m*. '~**·ful** [-fʊl] *s*: **to get an** ~ *colloq.* ‚etwas zu hören bekommen'; **get an** ~ **of this!** hör dir das mal an!

ear·ing ['ɪərɪŋ] *s mar.* Nockhorn *n*.

earl [ɜ:l; *Am.* ɜrl] *s* Graf *m* (*dritthöchste brit. Adelsstufe zwischen* **marquis** *u.* **viscount**): **E**~ **Marshal** Großzeremonienmeister *m*. **'earl·dom** *s* **1.** *hist.* Grafschaft *f*. **2.** Grafenwürde *f*.

ear·less ['ɪə(r)lɪs] *adj* **1.** ohrlos, ohne Ohren. **2.** henkellos. **3. to be** ~ kein (musikalisches) Gehör haben.

ear·li·er ['ɜ:lɪə; *Am.* 'ɜrlɪər] **I** *comp von* **early**. **II** *adv* früher, zu'vor, vorher. **III** *adj* früher, vergangen: **in** ~ **times**.

ear·li·est ['ɜ:lɪɪst; *Am.* 'ɜr-] **I** *sup von* **early**. **II** *adv* **1.** am frühesten. **2.** frühestens. **III** *adj* **3.** frühest(er, e, es): **at the** ~ *ellipt.* frühestens.

ear·li·ness ['ɜ:lɪnɪs; *Am.* 'ɜr-] *s* **1.** Frühe *f*, Frühzeitigkeit *f*. **2.** Frühaufstehen *n*.

'ear·lobe *s anat.* Ohrläppchen *n*.

ear·ly ['ɜ:lɪ; *Am.* 'ɜrli:] **I** *adv* **1.** früh, (früh)zeitig: ~ **in the day (year)** früh am Tag (im Jahr); ~ **in life** früh im Leben; ~ **May** Anfang Mai; **as** ~ **as May** schon im Mai; **as** ~ **as the times of Chaucer** schon zu Chaucers Zeiten; ~ **to bed and** ~ **to rise makes a man healthy, wealthy, and wise** Morgenstunde hat Gold im Munde. **2.** bald: **as** ~ **as possible** so bald wie möglich. **3.** am Anfang: ~ **on** *Br.* a) schon früh(zeitig), b) bald. **4.** a) zu früh: **he arrived an hour** ~, b) früher: **he left a few minutes** ~. **II** *adj* **5.** früh, (früh)zeitig: ~ **riser**, *humor.* ~ **bird** Frühaufsteher(in); **the** ~ **bird catches** (*od.* **gets**) **the worm** Morgenstunde hat Gold im Munde; **to keep** ~ **hours** früh aufstehen u. früh zu Bett gehen; ~ **shift** *econ.* Frühschicht *f*; **the** ~ **summer** der Frühsommer; **at an** ~ **hour** zu früher Stunde; **it is still** ~ **days** *fig.* es ist noch zu früh am Tage. **6.** vorzeitig, früh: ~ **death**. **7.** zu früh: **you are** ~ **today** du bist heute (etwas) zu früh (daran). **8.** früh, Jugend...: **in his** ~ **days** in seiner Jugend. **9.** früh(reifend): ~ **peaches** frühe Pfirsiche. **10.** anfänglich, Früh..., früh, erst(er, e, es): ~ **Christian** frühchristlich; **the** ~ **Christians** die ersten Christen, die Frühchristen; ~ **history** Frühgeschichte *f*, frühe Geschichte. **11.** baldig: **an** ~ **reply**.

ear·ly| clos·ing *s econ.* früher Geschäftsschluß: **Thursday is** ~ am Donnerstag schließen die Geschäfte früher. **E**~ **Eng·lish (style)** *s arch.* frühgotischer Stil (*in England, etwa 1180–1270*). ~ **warn·ing sys·tem** *s mil.* 'Frühwarnsy,stem *n*.

'ear|·mark I *s* **1.** Ohrmarke *f* (*der Haustiere*). **2.** Kennzeichen *n*: **under** ~ gekennzeichnet. **3.** *fig.* Merkmal *n*, Kennzeichen *n*, Stempel *m*. **II** *v/t* **4.** kennzeichnen. **5.** *bes. econ.* bestimmen, vorsehen, zu'rückstellen, -legen (**for** für): ~**ed funds** zweckbestimmte *od.* gebundene Mittel. '~**-,mind·ed** *adj psych.* audi'tiv. '~**·muff** *s* Ohrenschützer *m*.

earn [ɜ:n; *Am.* ɜrn] *v/t* **1.** *Geld etc* verdienen: ~**ed income** Arbeitseinkommen *n*; ~**ed surplus** Geschäftsgewinn *m*; → **bread** 2, **honest** 2, **living** 9. **2.** *Zinsen etc* einbringen: **these shares** ~ **£500 a year**; → **interest** 11. **3.** *fig. j-m etwas* einbringen, -tragen: **it** ~**ed him a promotion (a warning)**. **4.** *fig. Lob, Tadel etc* a) verdienen, b) ernten, erhalten. **'earn·er** *s* Verdiener(in): → **salary earner, wage earner.**

ear·nest[1] ['ɜ:nɪst; *Am.* 'ɜr-] **I** *adj* (*adv* ~**ly**) **1.** ernst. **2.** ernst-, gewissenhaft. **3.** ernstlich: a) ernst(gemeint), b) dringend, c) ehrlich, aufrichtig. **II** *s* **4.** Ernst *m*: **in** ~ a) im Ernst, ernst, b) ernst-, gewissenhaft; **in good** (*od.* **dead, perfect**) ~ in vollem Ernst; **you are not in** ~ das ist doch nicht Ihr Ernst!; **to be in** ~ **about s.th.** es mit etwas ernst meinen; **it was snowing in real** ~ es schneite ‚ganz schön'.

ear·nest[2] ['ɜ:nɪst; *Am.* 'ɜr-] *s* **1.** *jur.* An-, Auf-, Drauf-, Handgeld *n*, Anzahlung *f* (**of** auf *acc*): **in** ~ als Anzahlung. **2.** *fig.* Zeichen *n*: **as an** ~ **of my good**

intentions als Zeichen m-s guten Willens. **3.** *fig.* Vorgeschmack *m* (**of** auf *acc*).

ear·nest mon·ey → **earnest**² 1.

ear·nest·ness [ˈɜːnɪstnɪs; *Am.* ˈɜr-] *s* Ernst(haftigkeit *f*) *m.*

earn·ing [ˈɜːnɪŋ; *Am.* ˈɜr-] *s econ.* **1.** (Geld)Verdienen *n.* **2.** *pl* Verdienst *m*: a) Einkommen *n*, Lohn *m*, Gehalt *n*, b) Gewinn *m*, Einnahmen *pl*, Ertrag *m.* ~ **pow·er** *s econ.* **1.** Erwerbskraft *f*, -vermögen *n*, -fähigkeit *f.* **2.** Ertragswert *m*, -fähigkeit *f*, Rentabiliˈtät *f.* ~ **val·ue** *s econ.* Ertragswert *m.*

ˈ**ear|·phone** *s* **1.** a) Ohrmuschel *f*, b) Ohrhörer *m*, c) *pl*, *a.* **pair of ~s** Kopfhörer *m*: ~ **socket** Kopfhöreranschluß *m.* **2.** a) Haarschnecke *f*, b) *pl* ˈSchneckenfriˌsur *f.* ˈ**~·pick** *s med.* Ohrlöffel *m.* ˈ**~·piece** *s* **1.** Ohrenklappe *f.* **2.** a) *teleph.* Hörmuschel *f*, b) → **earphone** 1. **3.** (Brillen)Bügel *m.* ˈ**~-ˌpierc·ing** → **earsplitting.** ˈ**~·plug** *s* Wattepfropf *m.* ˈ**~·ring** *s* Ohrring *m.* ˈ**~·shot** *s*: **within (out of)** ~ in (außer) Hörweite. ˈ**~ˌsplit·ting** *adj* ohrenbetäubend.

earth [ɜːθ; *Am.* ɜrθ] **I** *s* **1.** Erde *f*: a) *a.* **E~** Erdball *m*, b) Welt *f*: **on** ~ auf Erden; **how (what, why) on ~?** wie (was, warum) in aller Welt?; **there is no reason on** ~ es gibt nicht den geringsten Grund. **2.** Erde *f*, (Erd)Boden *m*: **down to** ~ *fig.* realistisch; **to come back** (*od.* **down**) **to** ~ *fig.* auf den Boden der Wirklichkeit zurückkehren. **3.** (Fest)Land *n* (*Ggs. Meer*). **4.** *fig.* irdische Dinge *pl*, irdisches Dasein. **5.** *fig.* Erde *f*, Staub *m*: **of the** ~ erdgebunden, naturhaft. **6.** (Fuchs- *etc*) Bau *m*: → **run** 85. **7.** *chem.* Erde *f*: **rare ~s** seltene Erden. **8.** *electr. bes. Br.* Erde *f*, Erdung *f*, Masse *f*: ~ **cable** Massekabel *n*; ~ **fault** Erdschluß *m*; ~ **potential** Erdpotential *n*; ~ **wire** Blitzerdung *f.* **II** *v/t* **9.** *meist* ~ **up** *agr.* (an)häufeln, mit Erde bedecken. **10.** *e-n Fuchs etc* in den Bau treiben. **11.** *electr. bes. Br.* erden, an Masse legen: **~ed conductor** Schutzleiter *m*; **~ing contact** Schutzkontakt *m.* **III** *v/i* **12.** sich (in s-n Bau) verkriechen (*Fuchs etc*). ~ **art** → **land art.** ˈ**~·born** *adj poet.* staubgeboren, irdisch, sterblich. ˈ**~·bound** *adj* **1.** erdgebunden. **2.** *fig.* proˈsaisch, trocken, langweilig. **3.** auf dem Weg *od.* Rückflug zur Erde: **an ~ spacecraft.** ~ **clos·et** *s bes. Br.* ˈTrokkenkloˌsett *m.* ~ **con·nec·tion** *s electr.* Erdleitung *f*, Erder *m.* ~ **cur·rent** *s electr. bes. Br.* Erdstrom *m.*

earth·en [ˈɜːθn; *Am.* ˈɜrθən; ˈɜrðən] *adj* irden, tönern, Ton... ˈ**~·ware I** *s* **1.** (grobes) Steingut(geschirr), Töpferware *f*, irdenes Geschirr. **2.** grobes Steingut, Ton *m.* **II** *adj* **3.** irden, Steingut...

earth·i·ness [ˈɜːθɪnɪs; *Am.* ˈɜr-] *s* **1.** Erdigkeit *f.* **2.** weltliche *od.* materiˈelle Einstellung. **3.** *fig.* a) Grobheit *f*, b) Derbheit *f.*

ˈ**earth·light** → **earthshine.**

earth·li·ness [ˈɜːθlɪnɪs; *Am.* ˈɜrθ-] *s* (*das*) Irdische, Weltlichkeit *f.* ˈ**earth·ling** [-lɪŋ] *s* **1.** a) Erdenbürger(in), b) *bes. Science-fiction*: Erdbewohner(in). **2.** Weltkind *n.*

earth·ly [ˈɜːθlɪ; *Am.* ˈɜrθliː] *adj* **1.** irdisch, weltlich. **2.** *colloq.* denkbar: **there is no ~ reason** es gibt nicht den geringsten Grund; **of no ~ use** völlig unnütz; **not to have an ~ (chance)** nicht die geringste Chance haben.

ˈ**earth|·man** [-mæn] *s irr bes. Science-fiction*: Erdbewohner *m.* ˈ**~-ˌmov·ing ma·chine** *s tech.* ˈErdbewegungsmaˌschine *f.* ˈ**~·nut** *s bot.* **1.** *e-e Knolle(npflanze)*, *bes.* a) Franˈzösische ˈErdkaˌstanie, b) Erdeichel *f*, c) Erdnuß *f*, d) Erdmandel *f.* **2.** Echte Trüffel. ˈ**~·quake** *s* Erdbeben *n.* ˈ**~·quake-proof** *adj* erdbebensicher. ~ **sci·ence** *s* Geowissenschaft *f.* ˈ**~ˌshak·ing** *adj fig.* welterschütternd. ˈ**~·shine** *s astr.* Erdlicht *n.* ~ **sta·tion** *s Raumfahrt*: ˈBodenstatiˌon *f*, Erdfunkstelle *f.* ~ **trem·or** *s* leichtes Erdbeben.

ˈ**earth·ward(s)** *adv* erdwärts.

earth| wave *s* **1.** Bodenwelle *f.* **2.** *geol.* Erdbebenwelle *f.* ~ **wax** *s min.* Ozokeˈrit *m*, Erdwachs *n.* ˈ**~ˌwom·an** *s irr bes. Science-fiction*: Erdbewohnerin *f.* ˈ**~-work** *s* **1.** *tech.* a) Erdarbeiten *pl*, b) Erdwall *m*, c) *Bahn- u. Straßenbau*: ˈUnterbau *m.* **2.** *mil.* Feldschanze *f.* ˈ**~·worm** *s zo.* Regenwurm *m.*

earth·y [ˈɜːθɪ; *Am.* ˈɜrθiː] *adj* **1.** erdig, Erd... **2.** erdfarben. **3.** weltlich *od.* materiˈell (eingestellt). **4.** *fig.* a) grob, b) derb: ~ **humo(u)r.**

ear| trum·pet *s med.* Hörrohr *n.* ˈ**~·wax** *s physiol.* Ohrenschmalz *n.* ˈ**~·wig** *s zo.* Ohrwurm *m.* ˌ**~ˈwit·ness** *s* Ohrenzeuge *m.*

ease [iːz] **I** *s* **1.** Bequemlichkeit *f*, Behaglichkeit *f*, Behagen *n*, Wohlgefühl *n*: **to take one's** ~ es sich gemütlich machen; **at** ~ bequem, behaglich (→ 2, 3, 4, 5). **2.** *a.* ~ **of mind** (Gemüts)Ruhe *f*, Ausgeglichenheit *f*, (Seelen)Friede *m*: **at (one's)** ~ a) ruhig, entspannt, gelöst, b) unbefangen; **to be** (*od.* **feel**) **at** ~ sich wohl *od.* wie zu Hause fühlen; **to put** (*od.* **set**) **s.o. at (his)** ~, **to put** (*od.* **set**) **s.o.'s mind at** ~ a) j-n beruhigen, b) j-m die Befangenheit nehmen; **ill at** ~ a) unruhig, b) befangen; **to be ill at** ~ *a.* sich in s-r Haut nicht wohl fühlen. **3.** Sorglosigkeit *f*: **to live at** ~ in guten Verhältnissen leben. **4.** *a. paint. etc* Leichtigkeit *f*, Mühelosigkeit *f*: **with** ~ mühelos, leicht; ~ **of operation** leichte Bedienungsweise, einfache Bedienung. **5.** *a.* ~ **of manner** Ungezwungenheit *f*, Naˈtürlichkeit *f*, ˈUngeˌniertheit *f*: **at (one's)** ~ ungezwungen, ungeniert; **to be at** ~ **with s.o.** ungezwungen mit j-m verkehren; **(stand) at** ~! *mil.* rührt euch!; **at** ~, **march!** *mil.* ohne Tritt, Marsch! **6.** Erleichterung *f*, Befreiung *f* (**from** von): **to give s.o.** ~ j-m Erleichterung verschaffen. **7.** *econ.* a) Nachgeben *n* (*der Preise*), (Kurs)Abschwächung *f*, b) Flüssigkeit *f* (*des Kapitals*).

II *v/t* **8.** erleichtern, beruhigen: **to** ~ **one's mind** sich befreien *od.* erleichtern. **9.** bequem(er) *od.* leichter machen, *Arbeit etc* erleichtern. **10.** *Schmerzen* lindern: **to** ~ **o.s.** (*od.* **nature**) *obs.* sich erleichtern, s-e Notdurft verrichten. **11.** *e-r Sache* abhelfen. **12.** befreien, entlasten, erlösen (**of** von). **13.** *humor. j-n* erleichtern (**of** um): **she ~d him of quite a nice sum.** **14.** lockern, entspannen (*beide a. fig.*): **to** ~ **off** *fig.* abschwächen; **to** ~ **taxes** die Steuern senken. **15.** sacht *od.* vorsichtig bewegen *od.* manöˈvrieren: **to** ~ **o.s. into a chair** sich vorsichtig in e-m Sessel niederlassen; **to** ~ **one's foot into the shoe** vorsichtig in den Schuh fahren. **16.** *meist* ~ **down** a) *die Fahrt etc* vermindern, -langsamen, b) die Fahrt *od.* Geschwindigkeit (*gen*) vermindern.

III *v/i* **17.** Erleichterung *od.* Entspannung verschaffen. **18.** *meist* ~ **off**, ~ **up** a) nachlassen, sich abschwächen, b) sich entspannen (*Lage*), c) (bei der Arbeit) kürzertreten, d) weniger streng sein (**on** zu). **19.** *econ.* fallen, abbröckeln (*Kurse, Preise*). **20.** *meist* ~ **down** langsamer fahren.

ˈ**ease·ful** *adj* **1.** behaglich, wohlig. **2.** gemächlich. **3.** ruhig, friedlich. **4.** erleichternd.

ea·sel [ˈiːzl] *s* **1.** *paint.* Staffeˈlei *f.* **2.** Tafelständer *m.*

ˈ**ease·ment** *s* **1.** *obs.* Erleichterung *f.* **2.** *jur.* Grunddienstbarkeit *f.*

eas·i·ly [ˈiːzɪlɪ] *adv* **1.** leicht, mühelos, mit Leichtigkeit, bequem, glatt. **2.** a) ohne Zweifel: **that may** ~ **be the case** das kann durchaus passieren, b) mit Abstand, bei weitem.

ˈ**eas·i·ness** *s* **1.** Leichtigkeit *f*, Mühelosigkeit *f.* **2.** Ungezwungenheit *f*, ˈUngeˌniertheit *f.* **3.** Leichtfertigkeit *f.*

east [iːst] **I** *s* **1.** Osten *m*: **in the** ~ **of** im Osten von (*od. gen*); **to the** ~ **of** → 7; **from the** ~ aus dem Osten. **2.** *a.* **E~** Osten *m*, östlicher Landesteil: **the E~** a) *Br.* Ostengland *n*, b) *Am.* der Osten, die Oststaaten *pl*, c) *pol.* der Osten, d) der Orient, e) *hist.* das Oströmische Reich. **3.** *poet.* Ost(wind) *m.* **II** *adj* **4.** Ost..., östlich. **III** *adv* **5.** ostwärts, nach Osten. **6.** aus dem Osten (*bes. Wind*). **7.** ~ **of** östlich von (*od. gen*). **IV** *v/i* **8.** nach Osten gehen *od.* fahren. ˈ**~·bound** *adj* nach Osten gehend *od.* fahrend. ~ **by north** *s mar.* Ost *m* zu Nord. **E~ End** *s* Eastend *n* (*ärmlicher Stadtteil Londons*). **E~ End·er** *s* Bewohner(in) des Eastends.

East·er¹ [ˈiːstə(r)] **I** *s* Ostern *n od. pl*, Osterfest *n*: **at** ~ zu Ostern; **happy ~!** Frohe Ostern! **II** *adj* Oster...: ~ **egg**; ~ **week**; ~ **Sunday** (*od.* **Day**) Ostersonntag *m.*

east·er² [ˈiːstə(r)] *s* Ostwind *m.*

ˈ**east·er·ly I** *adj* östlich, Ost... **II** *adv* von *od.* nach Osten.

east·ern [ˈiːstə(r)n] **I** *adj* **1.** östlich, Ost...: **the E~ Church** die griechisch-orthodoxe Kirche; **the E~ Empire** *hist.* das Oströmische Reich; **the E~ world** die östliche Welt, der Orient. **2.** ostwärts, Ost...: ~ **course** Ostkurs *m.* **II** *s* **3.** **E~** *relig.* Angehörige(r *m*) *f* der griechisch-orthoˈdoxen Kirche.

east·ern·er [ˈiːstə(r)nə(r)] *s* **1.** Bewohner(in) des Ostens (*e-s Landes*). **2.** **E~** *Am.* Oststaatler(in).

east·ern·ism [ˈiːstə(r)nɪzəm] *s* **1.** *bes. Am.* östliche (Sprach)Eigentümlichkeit. **2.** östliche *od.* orienˈtalische Institutiˈon *od.* Denkweise *od.* Traditiˈon.

east·ern·ize [ˈiːstə(r)naɪz] *v/t* veröstlichen.

ˈ**east·ern·ly** → **easterly.**

ˈ**east·ern·most** *adj* östlichst(er, e, es).

ˈ**East·er|·tide,** ~ **time** *s* Osterzeit *f.*

East| In·di·a Com·pa·ny *s hist.* Ostindische Gesellschaft (*1600–1858*). ~ **In·di·a·man** *s irr mar. hist.* Ostindienfahrer *m* (*Schiff*).

east·ing [ˈiːstɪŋ] *s* **1.** *mar.* Weg *m od.* Diˈstanz *f* nach Osten. **2.** *astr.* östliche Deklinatiˈon (*e-s Planeten*).

ˌ**east-northˈeast I** *adj* ostnordˈöstlich, Ostnordost... **II** *adv* nach *od.* aus Ostnordˈosten. **III** *s* Ostnordˈost(en) *m.*

East Side *s Ostteil von Manhattan.*

ˈ**east·ward** *adj u. adv* östlich, ostwärts, nach Osten: **in an ~ direction** in östlicher Richtung, Richtung Osten. ˈ**east·wards** *adv* → **eastward.**

eas·y [ˈiːzɪ] **I** *adj* (*adv* → **easily**) **1.** leicht, mühelos: **an ~ victory**; **an ~ victim** (*od.* **mark**) a) e-e leichte Beute, b) ein leichtgläubiger Mensch; **to be ~ meat** *Br. colloq.* a) e-e leichte Beute sein, b) ein leichtgläubiger Mensch sein, c) ein Kinderspiel sein, d) leicht ins Bett zu ‚kriegen' sein (*Frau*); ~ **of access** leicht zugänglich *od.* erreichbar; **it is ~ for him to talk** er hat gut reden; **an ~ 200 pounds** glatt *od.* gut 200 Pfund. **2.** leicht, einfach (**for** für): **an ~ language**; **an ~ task**; ~ **money** leichtverdientes Geld (→ 12 c); **it was not ~ for me to ignore his rudeness** es fiel mir schwer, s-e Unverschämtheit zu ignorieren. **3.** *a.* ~ **in one's**

mind ruhig, unbesorgt (**about** um), unbeschwert, sorglos. **4.** bequem, leicht, behaglich, angenehm: **an ~ life; an ~ fit** ein loser *od.* bequemer Sitz (*der Kleidung*); **to live in ~ circumstances,** *colloq.* **to be on ~ street** in guten Verhältnissen leben, wohlhabend sein; **to be ~ on the ear (eye)** *colloq.* nett anzuhören (anzusehen) sein. **5.** beschwerdefrei, schmerzfrei: **to feel easier** sich besser fühlen. **6.** gemächlich, gemütlich: **an ~ pace; an ~ walk;** → **stage** 7. **7.** nachsichtig (**on** mit). **8.** günstig, erträglich, leicht, mäßig: **an ~ penalty** e-e leichte Strafe; **on ~ terms** zu günstigen Bedingungen; **to be ~ on the pocket** den Geldbeutel nicht belasten. **9.** nachgiebig, gefügig: **I'm ~** *bes. Br. colloq.* ich bin mit allem einverstanden, mir ist alles recht. **10.** a) leichtfertig, b) locker, frei (*Moral etc*): → **virtue** 1. **11.** ungezwungen, naˈtürlich, frei, unbefangen: **~ manners; free and ~** (ganz) zwanglos, ohne Formalitäten; **he is free and ~** er benimmt sich ganz ungezwungen; **an ~ style** ein leichter *od.* flüssiger Stil. **12.** *econ.* a) flau, lustlos (*Markt*), b) wenig gefragt (*Ware*), c) billig (*Geld*).

II *adv* **13.** leicht, bequem: **~ to dispose of** leicht verkäuflich; **~ to follow** leicht verständlich; **~ to use** leicht zu handhaben(d), pflegeleicht; **to go ~, to take it ~** a) sich Zeit lassen, langsam tun, b) sich nicht aufregen; **take it ~!** a) immer mit der Ruhe!, b) keine Bange!; **to go ~ on** a) *j-n od. etwas* sachte anfassen, b) schonend *od.* sparsam umgehen mit; **to go ~ on the pocket** den Geldbeutel nicht belasten; **~!**, *colloq.* **~ does it!** sachte!, langsam!; **~ all!** (*Rudern*) halt!; **stand ~!** *mil.* rührt euch!; **easier said than done** leichter gesagt als getan; **~ come, ~ go** wie gewonnen, so zerronnen; → **care** 6.

ˈeas·y|-care *adj* pflegeleicht. **~ chair** *s* Sessel *m.* **ˈ~ˌgo·ing** *adj* **1.** gelassen. **2.** unbeschwert.

eat [iːt] **I** *s* **1.** *pl colloq.* ‚Fresˈsalien' *pl*: **there were plenty of ~s** es gab reichlich zu ‚futtern'.

II *v/t pret* **ate** [et; *bes. Am.* eɪt], *pp* **eat·en** [ˈiːtn] **2.** essen (*Mensch*), fressen (*Tier*): **to ~ o.s. sick on** a) sich überessen (*acc*), b) so viel (*acc*) essen, daß e-m schlecht wird; **to ~ one's words** alles(, was man gesagt hat,) zurücknehmen; **to ~ s.o. out of house and home** *colloq.* ‚j-m die Haare vom Kopf fressen', j-n arm essen; **don't ~ me** *colloq.* friß mich nur nicht (gleich) auf; **what's ~ing him?** was (für e-e Laus) ist ihm über die Leber gelaufen?, was hat er denn?; → **boot**[1] 1, **cake** 1, **crow**[1] 1, **dirt** *Bes. Redew.*, **dog** *Bes. Redew.*, **hat** *Bes. Redew.*, **humble** I, **salt**[1] 1. **3.** zerfressen, -nagen, zehren *od.* nagen an (*dat*): **~en by acid** von Säure zerfressen; **~en by worms** wurmstichig. **4.** fressen, nagen: **to ~ holes into s.th. 5.** → **eat up. 6.** *vulg.* a) *j-n* ‚lecken', b) *j-m* e-n ‚blasen'.

III *v/i* **7.** essen: **to ~ well** gut essen, e-n guten Appetit haben; **to ~ out of s.o.'s hand** *bes. fig.* j-m aus der Hand fressen. **8.** fressen, nagen (*a. fig.*): **to ~ into** a) sich (hin)einfressen in (*acc*), b) *fig. Reserven etc* angreifen, ein Loch reißen in (*acc*); **to ~ through s.th.** sich durch etwas hindurchfressen. **9.** sich essen (lassen).

Verbindungen mit Adverbien:

eat| a·way I *v/t* **1.** *geol.* a) eroˈdieren, auswaschen, b) abtragen. **II** *v/i* **2.** (tüchtig) zugreifen *od.* zulangen. **3. ~ at** → 1. **~ out I** *v/i* auswärts essen, essen gehen. **II** *v/t Am. colloq. j-n* ‚zs.-stauchen'. **~ up** *v/t* **1.** aufessen (*Mensch*), auffressen (*Tier*) (*beide a. v/i*). **2.** *Reserven etc* verschlingen, völlig aufbrauchen. **3.** *Schritte* schlucken: **the thick carpet ate up her footsteps. 4.** *j-n* verzehren (*Gefühl*): **to be eaten up with curiosity (envy)** vor Neugierde (Neid) ‚platzen'. **5.** *j-n* ‚auffressen' (*Arbeit*). **6.** *colloq.* ‚fressen', ‚schlucken' (*kritiklos glauben*). **7.** *colloq.* a) *j-s Worte* verschlingen, b) *etwas* mit den Augen verschlingen, c) sich ‚aufgeilen' an (*dat*).

eat·a·ble [ˈiːtəbl] **I** *adj* eßbar, genießbar. **II** *s pl* Eßwaren *pl.*

eat art *s* Eat-art *f* (*Kunstrichtung, die Kunstobjekte als Gegenstände zum Verzehr produziert*).

ˈeat·en *pp von* eat. **ˈeat·er** *s* **1.** Esser(in) (*Mensch*), Fresser (*Tier*). **2.** a) Eß-, Speiseapfel *m*: **these apples are excellent ~s** das sind ausgezeichnete Speiseäpfel, b) *pl* Tafelobst *n.* **ˈeat·er·y** [-əriː] *s Am. colloq.* ˈEß-, ˈSpeiseloˌkal *n.*

eat·ing [ˈiːtɪŋ] **I** *s* **1.** Essen *n.* **2.** Speise *f*: **to make excellent ~** a) ausgezeichnet schmecken, b) sich hervorragend zum Essen eignen; **there is no better ~ than** es gibt nichts Besseres als. **II** *adj* **3.** essend. **4.** Eß...: **~ apple** Eß-, Speiseapfel *m*; **~ pear** Tafelbirne *f*; **~ room** Eßzimmer *n.* **5.** *fig.* nagend: **~ cares. ~ house, ~ place** *s* (*oft* billiges) ˈEß- *od.* ˈSpeiseloˌkal.

eau| de Co·logne [ˌəʊdəkəˈləʊn] *s* Kölnischwasser *n*, Eau *n, f* de Coˈlogne. **~ de Ja·velle** [ˌəʊdəʒæˈvel] *s* Jaˈvellewasser *n*, Eau *n, f* de Jaˈvel (*ein Bleich- u. Desinfektionsmittel*). **~ de Nil(e)** [ˌəʊdəˈniːl] *s* Nilgrün *n* (*Farbe*). **~ de toi·lette** [ˌəʊdətwɑːˈlet] *s* Eau *n, f* de toiˈlette. **~ de vie** [ˌəʊdəˈviː] *s* Branntwein *m*, Weinbrand *m*, Eau *n, f* de vie.

eaves [iːvz] *s pl* **1.** Haupt-, Dachgesims *n.* **2.** Traufe *f*, Dachfuß *m.* **ˈ~drop** *v/i* (heimlich) lauschen *od.* horchen: **to ~ on s.o.** a) j-n belauschen, b) j-n *od.* j-s Telefon abhören. **ˈ~ˌdrop·per** *s* Horcher(in), Lauscher(in): **~s hear what they deserve** der Lauscher an der Wand hört s-e eigne Schand. **ˈ~ˌdrop·ping** *s* (heimliches) Lauschen *od.* Horchen: **electronic ~ (on)** *bes. pol.* Lauschangriff *m* (auf *acc*), Lauschoperation *f* (gegen).

ebb [eb] **I** *s* **1.** Ebbe *f*: **on the ~** mit der Ebbe, bei Ebbe; **~ and flow** Ebbe u. Flut; **the ~ and flow of the battle** das Hin u. Her der Schlacht; **the ~s and flows of business** das Auf u. Ab der Wirtschaft. **2.** *fig.* a) Ebbe *f*, Tiefstand *m*: **to be at a low ~** auf e-m Tiefpunkt angelangt sein, b) Abnahme *f.* **II** *v/i* **3.** zuˈrückgehen (*a. fig.*): **to ~ and flow** steigen u. fallen (*a. fig.*). **4.** *a.* **~ away** *fig.* abnehmen, verebben: **to ~ back** (allmählich) wieder steigen *od.* zunehmen. **~ tide** → **ebb** 1, 2.

ˈE-boat *s mar. Br. hist.* feindliches (*bes.* deutsches) Torˈpedoboot.

eb·on [ˈebən] *poet. für* **ebony. ˈeb·on·ite** *s* Eboˈnit *n* (*Hartkautschuk*). **ˈeb·on·ize** *v/t* schwarz beizen. **ˈeb·on·y I** *s* **1.** *bot.* Ebenholzbaum *m.* **2.** Ebenholz *n.* **II** *adj* **3.** aus Ebenholz, Ebenholz... **4.** schwarz.

e·bri·e·ty [iːˈbraɪətɪ] → **inebriety.**

e·bul·li·ence [ɪˈbʌljəns; ɪˈbʊl-], *a.* **eˈbul·li·en·cy** *s* **1.** Aufwallen *n* (*a. fig.*). **2.** *fig.* a) ˈÜberschäumen *n* (*der Leidenschaft etc*), (Gefühls)Ausbruch *m*, b) ˈÜberschwenglichkeit *f.* **eˈbul·li·ent** *adj* (*adv* **~ly**) **1.** siedend, aufwallend. **2.** ˈüberfließend, -kochend. **3.** *fig.* a) sprudelnd, ˈüberschäumend (**with** von), b) ˈüberschwenglich.

eb·ul·lism [ˈebəlɪzəm] *s med.* Ebulˈlismus *m* (*durch den Druck frei werdender Gasblasen im Gewebe entstehende Krankheitserscheinungen bei Druckabfall*).

eb·ul·li·tion [ˌebəˈlɪʃn] → **ebullience** 1, 2 a.

ec·bol·ic [ekˈbɒlɪk; *Am.* -ˈbɑ-] *med. pharm.* **I** *adj* **1.** wehenfördernd. **2.** aborˈtiv, abtreibend. **II** *s* **3.** Wehenmittel *n.* **4.** Aborˈtivum *n.*

ec·cen·tric [ɪkˈsentrɪk; ek-] **I** *adj* (*adv* **~ally**) **1.** exˈzentrisch: a) überˈspannt, verschroben, b) ausgefallen, ungewöhnlich. **2.** *math. tech.* exˈzentrisch: a) ohne gemeinsamen Mittelpunkt, b) nicht zenˈtral, c) die Achse nicht im Mittelpunkt habend, d) nicht durch den Mittelpunkt gehend (*Achse*): **~ chuck** exzentrisches Spannfutter. **3.** *tech.* Exzenter...: **~ gear; ~ wheel** Exzenterscheibe *f.* **4.** *astr.* nicht rund. **II** *s* **5.** Exˈzentriker(in), exˈzentrischer Mensch. **6.** *tech.* Exˈzenter *m.* **7.** *math.* exˈzentrische Fiˈgur, *bes.* exzentrischer Kreis. **ecˈcen·tri·cal** [-kl] *adj* (*adv* **~ly**) → **eccentric** I.

ec·cen·tric·i·ty [ˌeksenˈtrɪsətɪ] *s* **1.** Verschrobenheit *f*, Überˈspanntheit *f*, Exzentriziˈtät *f.* **2.** verschrobener Einfall. **3.** *math. tech.* Exzentriziˈtät *f.*

ec·chy·mo·sis [ˌekɪˈməʊsɪs] *s med.* Ekchyˈmose *f*, flächenhafter Bluterguß.

ec·cle·si·ast [ɪˈkliːzɪæst] *s relig.* **1.** → **ecclesiastic** II. **2. E~** *Bibl.* Verfasser *m* des Predigers Salomo. **Ecˌcle·siˈas·tes** [-tiːz] *s Bibl.* Ekklesiˈastes *m*, der Prediger Salomo. **ecˌcle·siˈas·tic I** *adj* (*adv* **~ally**) → **ecclesiastical. II** *s* Ekklesiˈast *m*, Geistliche(r) *m.* **ecˌcle·siˈas·ti·cal** [-kl] *adj* (*adv* **~ly**) ekklesiˈastisch, kirchlich, Kirchen..., geistlich: **~ court** geistliches Gericht; **~ law** Kirchenrecht *n.*

ec·cle·si·as·ti·cism [ɪˌkliːzɪˈæstɪsɪzəm] *s* Kirchentum *n*, Kirchlichkeit *f.*

ech·e·lon [ˈeʃəlɒn; *Am.* -ˌlɑn] **I** *s* **1.** *mar. mil.* Staffelung *f*: **in ~** staffelförmig (aufgestellt). **2.** *aer.* ˈStaffelflug *m*, -formatiˌon *f.* **3.** *mil.* a) Staffel *f* (*Voraus-, Sicherungs- od. Nachschubabteilung*), b) Stabsteil *m*, c) (Befehls)Ebene *f*, d) (Inˈstandhaltungs)Stufe *f*, e) (Angriffs)Welle *f.* **4.** Rang *m*, Stufe *f*: **the upper ~s** die höheren Ränge. **II** *adj* **5.** *mar. mil.* gestaffelt, Staffel... **III** *v/t* **6.** *mar. mil.* staffeln, staffelförmig gliedern. **IV** *v/i* **7.** *mar. mil.* sich staffeln, sich staffelförmig aufstellen.

e·chi·ni [eˈkaɪnaɪ; ɪˈk-] *pl von* **echinus.**

e·chi·no·derm [eˈkaɪnəʊdɜːm; ɪˈk-; *Am.* -ˌdɜrm] *s zo.* Stachelhäuter *m.*

e·chi·nus [eˈkaɪnəs; ɪˈk-] *pl* **-ni** [-naɪ] *s* **1.** *zo.* Seeigel *m.* **2.** *arch.* Eˈchinus *m.*

ech·o [ˈekəʊ] **I** *pl* **-oes** *s* **1.** Echo *n*, ˈWiderhall *m* (*beide a. fig.*): **he was applauded to the ~** er erhielt stürmischen Beifall; **to find a sympathetic ~** *fig.* Anklang finden. **2.** *fig.* Echo *n*, Nachbeter(in), -ahmer(in). **3.** genaue Nachahmung. **4.** *mus.* a) Echo *n*, leise Wiederˈholung, b) → **echo organ,** c) → **echo stop. 5.** → **echo verse. 6.** *electr.* Echo *n* (*Reflektierung e-r Radiowelle*): a) *TV* Geisterbild *n*, b) *Radar*: Schattenbild *n.* **II** *v/i* **7.** echoen, ˈwiderhallen (**with** von). **8.** nach-, ˈwiderhallen, zuˈrückgeworfen werden (*Ton*). **9.** tönen, hallen (*Ton*). **III** *v/t* **10.** *a.* **~ back** *e-n Ton* zuˈrückwerfen, ˈwiderhallen lassen. **11.** a) *Worte* echoen, nachbeten, b) *j-m* alles nachbeten. **12.** nachahmen. **~ cham·ber** *s* **1.** (Nach)Hallraum *m.* **2.** Nachhallerzeuger *m.* **~ ef·fect** *s* **1.** ˈEcho-, ˈHallefˌfekt *m.* **2.** *TV* ˈDoppelkonˌtur *f.* **~ en·ceph·a·log·ra·phy** *s med.* ˈEchoenzephalograˌphie *f.*

ˈech·o·er *s fig.* Echo *n*, Nachbeter(in).

ech·o·gram [ˈekəʊgræm] *s mar.* Echoˈgramm *n.*

e·cho·ic [eˈkəʊɪk; ɪˈk-] *adj* **1.** echoartig, Echo... **2.** *ling.* lautmalend, schallnachahmend.

ˈech·o·ism *s ling.* Lautmaleˈrei *f.*

ech·o·ki·ne·sia [ˌekəʊkɪˈniːzɪə; -kaɪˈn-; *Am.* -ʒɪə] → **echopraxia.**

ech·o·la·li·a [ˌekəʊˈleɪlɪə] *s psych.* Echolaˈlie *f:* a) *sinnlos-mechanisches Nachsprechen gehörter Wörter od. Sätze bei Geisteskranken,* b) *Wiederholung e-s Wortes od. Wortteils bei Kindern vom 9. bis 12. Lebensmonat.*

ech·o or·gan *s mus.* Echo-, Fernwerk *n* (*bei großen Orgeln*).

ech·o·prax·i·a [ˌekəʊˈpræksɪə], **ˌech·o-ˈprax·is** *s psych.* Echopraˈxie *f,* Echokiˈnese *f* (*Trieb gewisser Geisteskranker, gesehene Bewegungen mechanisch nachzuahmen*).

ech·o| sound·er *s mar.* Echolot *n.* ~ **sound·ing** *s mar.* Echolotung *f.* ~ **stop** *s mus.* ˈEchoreˌgister *n,* -zug *m* (*der Orgel*). ~ **verse** *s metr.* Echovers *m.*

ˈech·oˌvi·rus, ECH·O vi·rus [ˈekəʊ] *s med.* ECHO-Virus *n, m.*

ech·o word *s ling.* lautnachahmendes Wort.

e·cize [ˈiːsaɪz] *v/i Ökologie:* sich der neuen Umˈgebung anpassen.

é·clair [eɪˈkleə(r)] *s* Eˈclair *n* (*Gebäck*).

ec·lamp·si·a [ɪˈklæmpsɪə] *s med.* Eklampˈsie *f* (*plötzlich auftretende, lebensbedrohende Krämpfe während der Schwangerschaft, Geburt od. im Wochenbett*).

é·clat [ˈeɪklɑː; eɪˈklɑː] *s* **1.** ˈdurchschlagender Erfolg. **2.** (allgemeiner) Beifall. **3.** *fig.* Auszeichnung *f,* Geltung *f.* **4.** brilˈlanter Efˈfekt. **5.** Glanz *m,* Pomp *m.*

ec·lec·tic [eˈklektɪk; ɪˈk-] **I** *adj* (*adv* **~ally**) ekˈlektisch: a) *philos. in der Art des Eklektikers verfahrend,* b) auswählend, prüfend, c) *contp. in unschöpferischer Weise nur Ideen anderer verwendend.* **II** *s* Ekˈlektiker *m:* a) *philos. j-d, der weder ein eigenes System aufstellt noch ein anderes übernimmt, sondern aus verschiedenen Systemen das ihm Passende auswählt,* b) *contp. j-d, der fremde Ideen nebeneinanderstellt, ohne eigene Gedanken dazu zu entwickeln.* **ecˈlec·ti·cism** [-sɪzəm] *s* Eklektiˈzismus *m:* a) (*art, Literatur*) *Rückgriff auf die Stilmittel verschiedener Künstler früherer Epochen mangels eigenschöpferischer Leistung,* b) *contp. unoriginelle, unschöpferische Arbeitsweise, bei der Ideen anderer übernommen od. zu e-m System zs.-getragen werden.*

e·clipse [ɪˈklɪps] **I** *s* **1.** *astr.* Ekˈlipse *f,* Finsternis *f,* Verfinsterung *f:* ~ **of the moon (sun)** Mond-(Sonnen)finsternis. **2.** Verdunkelung *f,* Dunkelheit *f.* **3.** *fig.* Sinken *n,* Niedergang *m:* **to be in** ~ a) im Schwinden *od.* Sinken sein, b) in der Versenkung verschwunden sein. **II** *v/t* **4.** *astr.* verfinstern. **5.** *fig.* in den Schatten stellen, überˈragen: **to be ~d by** verblassen neben (*dat*). **eˈclip·tic** [-tɪk] *astr.* **I** *s* Ekˈliptik *f* (*scheinbare Sonnenbahn*). **II** *adj* (*adv* **~ally**) ekˈliptisch.

ec·lo·gite [ˈekləʤaɪt] *s geol.* Ekloˈgit *m.*

ec·logue [ˈeklɒg; *Am. a.* -ˌlɑg] *s* Ekˈloge *f,* Hirtengedicht *n.*

eco- [iːkəʊ; ekəʊ] *Wortelement mit der Bedeutung* ökoˈlogisch, Öko..., Umwelt.

ˌe·co·caˈtas·tro·phe *s* ˈUmweltkataˌstrophe *f.*

e·co·cide [ˈiːkəsaɪd; ˈekə-] *s* ˈUmweltzerstörung *f.*

ˈe·coˌcri·sis *s irr* ˈUmweltkrise *f.*

ˈe·co·freak *s sl.* ‚Öko-Freak' *m,* ˈUmweltfaˌnatiker(in).

e·co·log·i·cal [ˌiːkəˈlɒʤɪkl; ˌekə-; *Am.* -ˈlɑ-] *adj* (*adv* **~ly**) ökoˈlogisch: **~ art** Öko-Kunst *f;* ~ **artist** Öko-Künstler(in); ~ **awareness** Umweltbewußtsein *n,* Öko-Bewußtsein *n;* ~ **balance** ökologisches Gleichgewicht; ~ **menace** Umweltgefahr *f,* Gefahr für die Umwelt; ~ **relief** Umweltentlastung *f;* ~ **system** Ökosystem *n* (→ **ecosystem**); **~ly beneficial** umweltfreundlich; **~ly harmful** (*od.* **noxious**) umweltfeindlich. **e·col·o·gist** [iːˈkɒləʤɪst; *Am.* ɪˈkɑl-] *s* Ökoˈloge *m.* **eˈcol·o·gy** [-ʤɪ] *s biol.* Ökoloˈgie *f:* a) *Wissenschaft von den Wechselbeziehungen zwischen den Lebewesen u. ihrer Umwelt, Lehre vom Haushalt der Natur,* b) *die Wechselbeziehungen zwischen den Lebewesen u. ihrer Umwelt, der ungestörte Haushalt der Natur.*

e·con·o·met·rics [ɪˌkɒnəˈmetrɪks; *Am.* ɪˌkɑ-] *s pl* (*als sg konstruiert*) *econ.* Ökonomeˈtrie *f* (*Teilgebiet der Wirtschaftswissenschaft, auf dem mit mathematisch--statistischen Methoden wirtschaftstheoretische Hypothesen auf ihren Realitätsgehalt untersucht werden*).

e·co·nom·ic [ˌiːkəˈnɒmɪk; ˌekə-; *Am.* -ˈnɑ-] **I** *adj* (*adv* **~ally**) **1.** (staats-, volks-) wirtschaftlich, (natioˈnal)ökoˌnomisch, Wirtschafts...: **~ aid** Wirtschaftshilfe *f;* ~ **conditions** a) Wirtschaftslage *f,* b) Erwerbsverhältnisse; ~ **development** wirtschaftliche Entwicklung; ~ **geography** Wirtschaftsgeographie *f;* ~ **growth** Wirtschaftswachstum *n;* ~ **policy** Wirtschaftspolitik *f;* ~ **science** → 5 a; → **miracle** 1. **2.** wirtschaftswissenschaftlich. **3.** praktisch, angewandt: ~ **botany.** **4.** a) renˈtabel, wirtschaftlich, gewinnbringend: **~ pack** Sparpackung *f,* b) *selten für* **economical** 1. **II** *s pl* (*als sg konstruiert*) **5.** a) Volkswirtschaft(slehre) *f,* Natioˈnalökonoˌmie *f,* b) → **economy** 4. **ˌe·coˈnom·i·cal** *adj* (*adv* **~ly**) **1.** wirtschaftlich, sparsam, (*Person a.*) haushälterisch: **to be ~ with s.th.** mit etwas haushalten *od.* sparsam umgehen. **2.** Spar... **3.** → **economic** I.

e·con·o·mism [ɪˈkɒnəmɪzəm; *Am.* ɪˈkɑ-] *s* Ökonoˈmismus *m* (*Betrachtung der Gesellschaft allein unter ökonomischen Gesichtspunkten*). **eˈcon·o·mist** *s* **1.** Volkswirt(schaftler) *m,* Natioˈnalökoˌnom *m.* **2.** guter Haushälter, sparsamer Wirtschafter. **eˈcon·o·mize** [-maɪz] **I** *v/t* **1.** sparsam anwenden, sparsam ˈumgehen *od.* wirtschaften mit, haushalten mit, sparen. **2.** (wirtschaftlich) nutzbar machen. **II** *v/i* **3.** sparen, sparsam wirtschaften, sich einschränken (**in** in *dat*): **to ~ on** → 1. **4.** Einsparungen machen. **eˈcon·o·miz·er** *s* **1.** sparsamer *od.* haushälterischer Mensch. **2.** *tech.* Eˈkonomiser *m, bes.* Wasser-, Rauchgas-, Luftvorwärmer *m.*

e·con·o·my [ɪˈkɒnəmɪ; *Am.* ɪˈkɑ-] **I** *s* **1.** Sparsamkeit *f,* Wirtschaftlichkeit *f.* **2.** *fig.* a) sparsame Anwendung (**of** *gen*), b) Sparsamkeit *f* in den (künstlerischen) Mitteln: **dramatic ~** dramatische Knappheit. **3.** a) Sparmaßnahme *f,* b) Einsparung *f,* c) Ersparnis *f.* **4.** *econ.* a) ˈWirtschaft(ssyˌstem *n*) *f,* b) Wirtschaftslehre *f.* **5.** orˈganisches Syˈstem, Anordnung *f,* Aufbau *m.* **6.** *relig.* a) göttliche Weltordnung, b) verständige Handhabung (*e-r Doktrin*). **7. to go ~** *aer.* in der Economyklasse fliegen. **II** *adj* **8.** Spar...: ~ **bottle;** ~ **car** Wagen *m* mit geringen Betriebskosten; ~ **class** *aer.* Economyklasse *f;* ~ **drive** Sparmaßnahmen *pl;* ~ **price** günstiger *od.* niedriger Preis; **~-priced** billig, preisgünstig.

ˈe·coˌpol·i·cy *s* ˈUmweltpoliˌtik *f.*

ˈe·coˌsys·tem *s biol.* ˈÖkosyˌstem *n* (*aus Organismen u. unbelebter Umwelt bestehende natürliche Einheit, die durch deren Wechselwirkung ein gleichbleibendes System bildet*).

ˈe·co·type *s biol.* Ökoˈtypus *m* (*an die Bedingungen e-s bestimmten Lebensraums angepaßte Sippe e-r Pflanzen- od. Tierart*).

ec·ru, *a.* **é·cru** [ˈeɪkruː; *Am. a.* ˈekruː] **I** *adj* eˈkrü, naˈturfarben, ungebleicht (*Stoff*): ~ **silk** Ekrüseide *f.* **II** *s* Eˈkrü *n,* Naˈturfarbe *f.*

ec·sta·size [ˈekstəsaɪz] **I** *v/t* in Ekˈstase versetzen. **II** *v/i* in Ekˈstase geraten.

ec·sta·sy [ˈekstəsɪ] *s* **1.** Ekˈstase *f:* a) (Gefühls-, Sinnen)Taumel *m,* Raseˈrei *f:* **to be in an ~** außer sich sein (**of** vor *dat*), b) (*a.* dichterische *od.* religiˈöse) Verzückung, Rausch *m,* (Taumel *m* der) Begeisterung *f:* **to go into ecstasies over s.th.** über etwas in Verzückung geraten, von etwas hingerissen sein, c) *med.* krankhafte Erregung. **2.** Aufregung *f.*

ec·stat·ic [ɪkˈstætɪk; ek-] *adj* (*adv* **~ally**) **1.** ekˈstatisch (*a. fig.*). **2.** *fig.* a) schwärmerisch, ˈüberschwenglich, b) ent-, verzückt, begeistert, ˈhingerissen. **3.** *fig.* entzückend, ˈhinreißend.

ec·ta·sis [ˈektəsɪs] *s* **1.** *ling.* Dehnung *f* (*Silbe*). **2.** *med.* Ektaˈsie *f,* Erweiterung *f.*

ec·thy·ma [ˈekθɪmə; ekˈθaɪmə] *s med.* Ekˈthym *n* (*Hauteiterung mit nachfolgender Geschwürbildung*).

ec·to·blast [ˈektəʊblæst], **ˈec·to·derm** [-dɜːm; *Am.* -ˌdɜrm] *s biol. med.* Ektoˈblast *n,* Ektoˈderm *n* (*äußeres Keimblatt des menschlichen u. tierischen Embryos*).

ec·to·gen·ic [ˌektəʊˈʤenɪk], **ec·tog·e·nous** [ekˈtɒʤɪnəs; *Am.* -ˈtɑ-] *adj biol.* außerhalb des Orgaˈnismus entstanden (*Parasit etc*).

ec·to·mor·phic [ˌektəʊˈmɔː(r)fɪk] *adj med.* ektoˈmorph. **ˈec·toˌmorph·y** *s med.* Ektomorˈphie *f* (*Konstitution e-s Menschentypus von hagerer, hoch aufgeschossener Gestalt*).

ec·to·par·a·site [ˌektəʊˈpærəsaɪt] *s biol. med.* Ektoparaˈsit *m* (*auf der Körperoberfläche s-s Wirts schmarotzender Parasit*).

ec·to·pi·a [ekˈtəʊpɪə] *s med.* Ektoˈpie *f* (*meist angeborene Lageveränderung e-s Organs*).

ec·to·plasm [ˈektəʊplæzəm] *s* Ektoˈplasma *n:* a) *biol.* äußere Protoˈplasmaschicht, b) (*Spiritismus*) *Substanz, die aus dem Körper des Mediums austritt u. die Materialisation bildet.*

ec·to·zo·on [ˌektəʊˈzəʊɒn; *Am.* ˌektəˈzəʊˌɑn] *pl* **-zo·a** [-ə] *s zo.* Ektoˈzoon *n* (*Parasit, der auf der Körperoberfläche lebt*).

ec·type [ˈektaɪp] *s* **1.** Nachbildung *f,* Reproduktiˈon *f,* Koˈpie *f.* **2.** Abdruck *m* (*e-s Stempels etc*). **ˌec·tyˈpog·ra·phy** [-tɪˈpɒgrəfɪ; *Am.* -ˈpɑ-] *s tech.* Reliˈefätzung *f.*

ec·u·men·i·cal [ˌiːkjuːˈmenɪkl; *Am.* ˌekjə-], *a.* **ˌec·uˈmen·ic** *adj* ökuˈmenisch, allgemein, ˈweltumˌfassend: **ecumenical council** a) *R. C.* ökumenisches Konzil, b) *relig.* Weltkirchenrat *m.* **ˌec·uˈmen·i·cal·ism, ˌec·uˈmen·i·cism** [-sɪzəm] *s R. C.* Ökumeˈnismus *m* (*Bestrebungen der katholischen Kirche, alle christlichen Konfessionen zu einigen*).

ec·ze·ma [ˈeksɪmə; *Am. a.* ɪgˈziːmə] *s med.* Ekˈzem *n.* **ec·zem·a·tous** [ekˈsemətəs; *Am.* ɪgˈzem-] *adj med.* ekzemaˈtös.

e·da·cious [ɪˈdeɪʃəs] *adj* (*adv* **~ly**) *bes. humor.* gefräßig, gierig.

E·dam (cheese) [ˈiːdæm] *s* Edamer (Käse) *m.*

Ed·da [ˈedə] *s* Edda *f:* **Elder (Poetic) ~** ältere (poetische) Edda; **Younger (Prose) ~** jüngere (Prosa-)Edda.

ed·dy [ˈedɪ] **I** *s* **1.** (Wasser)Wirbel *m*, Strudel *m*: **the eddies and flurries** *fig.* das wildbewegte Durcheinander. **2.** (Luft-, Staub)Wirbel *m.* **3.** *fig.* a) (unbedeutende) Gegenströmung, b) Nebenströmung *f.* **II** *v/t u. v/i* **4.** (herˈum)wirbeln. **~cur·rent** *s electr.* Wirbelstrom *m.*

e·del·weiss [ˈeɪdlvaɪs] *s bot.* Edelweiß *n.*

e·de·ma [iːˈdiːmə] *pl* **-ma·ta** [-mətə] *s med.* Öˈdem *n*, Wassersucht *f*: **~ of the lungs** Lungenödem. **e·dem·a·tous** [iːˈdemətəs], *a.* **eˈdem·a·tose** [-təʊs] *adj* ödemaˈtös, Ödem...

E·den [ˈiːdn] *s Bibl.* (der Garten) Eden *n*, das Paraˈdies (*a. fig.*).

e·den·tate [iːˈdenteɪt] **I** *adj* **1.** *zo.* zahnarm. **2.** *bot. zo.* zahnlos. **II** *s* **3.** *zo.* zahnarmes Tier.

edge [edʒ] **I** *s* **1.** a) Schneide *f*, b) Schärfe *f*: **the knife has no ~** das Messer ist stumpf *od.* schneidet nicht; **to take the ~ off** *e-e Klinge* stumpf machen, *fig. e-r Sache* die Spitze *od.* Schärfe *od.* Wirkung nehmen; **to put an ~ on s.th.** etwas schärfen *od.* schleifen; **on ~** nervös, gereizt; **he had an ~ to his voice, his voice had an ~ to it** s-e Stimme klang nervös *od.* gereizt; **to set s.o.'s teeth on ~** a) j-n kribbelig *od.* nervös machen, b) j-m durch Mark u. Bein gehen; **to give s.o. the (sharp) ~ of one's tongue** *colloq.* j-n ‚zs.-stauchen'. **2.** *fig.* Schärfe *f*, Spitze *f*: **to give an ~ to s.th.** a) etwas verschärfen, b) etwas in Schwung bringen; **not to put too fine an ~ (up)on it** kein Blatt vor den Mund nehmen. **3.** Ecke *f*, scharfe Kante, (Berg)Grat *m.* **4.** (äußerster) Rand, Saum *m*: **~ of the woods** Waldrand; **on the ~ of** *fig.* kurz vor; **to be on the ~ of despair** *fig.* am Rande der Verzweiflung sein; **to be on the ~ of doing s.th.** kurz davor stehen *od.* im Begriff sein, etwas zu tun. **5.** Grenze *f*, Grenzlinie *f.* **6.** Kante *f*, Schmalseite *f*: **the ~ of a table** die Tischkante; **to set (up) on ~** hochkant stellen; **to catch an ~** (*Skilauf*) verkanten. **7.** Schnitt *m* (*Buch*): → **gilt-edge(d)** 1. **8.** *colloq.* Vorteil *m*: **to have the ~ on s.o.** e-n Vorteil gegenüber j-m haben, j-m ‚über' sein. **9.** *Eiskunstlauf*: (Einwärts-, Auswärts)Bogen *m.*

II *v/t* **10.** schärfen, schleifen. **11.** umˈsäumen, umˈranden, begrenzen, einfassen. **12.** *tech.* a) beschneiden, abkanten, b) *Blech* bördeln. **13.** (*langsam*) schieben, rücken, drängen (**through** durch): **to ~ o.s.** (*od.* **one's way**) **into s.th.** sich in etwas (hin)eindrängen. **14.** *Ski* kanten. **15.** *sport* knapp besiegen *od.* schlagen: **to ~ s.o. into second place** j-n knapp auf den zweiten Platz verweisen.

III *v/i* **16.** sich schieben *od.* drängen.

Verbindungen mit Adverbien:

edge| a·way *v/i* wegschleichen, sich daˈvonstehlen. **~ down** *v/i mar.* zuhalten (**on** auf *acc*). **~ in I** *v/t* einschieben, -werfen: **to ~ a word. II** *v/i* sich hinˈeindrängen *od.* -schieben. **~ off** → **edge away. ~ on** *v/t* antreiben, drängen. **~ out I** *v/t* **1.** hinˈausdrängen (*a. fig.*). **2.** *fig.* verdrängen. **II** *v/i* **3.** sich hinˈausdrängen. **4.** → **edge away.**

edged [edʒd] *adj* **1.** mit e-r Schneide, schneidend, scharf. **2.** *in Zssgn* a) ...schneidig: **double-~**, b) ...kantig: **sharp-~. 3.** eingefaßt, gesäumt. **4.** *in Zssgn* ...randig, ...gerändert: **black-~. ~ tool** *s* **1.** → **edge tool. 2. to play with edge(d) tools** *fig.* mit dem Feuer spielen.

edge| mill *s tech.* Kollergang *m.* **~ plane** *s tech.* Bestoßhobel *m.* **~ tool** *s tech.* Schneidwerkzeug *n.*

ˈedge|·ways, ˈ~wise *adv* hochkant, auf der *od.* die Schmalseite: **I could hardly get a word in ~** *fig.* ich bin kaum zu Wort gekommen.

edg·ing [ˈedʒɪŋ] *s* Rand *m*, Besatz *m*, Einfassung *f*, Borte *f*: **~ shears** Rasenschere *f.* **ˈedg·y** *adj* **1.** a) scharfkantig, b) *paint. etc* scharflinig. **2.** a) nerˈvös, b) gereizt: **tempers became ~** die Stimmung wurde gereizt.

edh [eð] *s ling.* durchˈstrichenes D (*altenglischer Buchstabe zur Bezeichnung des interdentalen Spiranten*).

ed·i·bil·i·ty [ˌedɪˈbɪlətɪ] *s* Eß-, Genießbarkeit *f.* **ˈed·i·ble I** *adj* eß-, genießbar: **~ oil** Speiseöl *n.* **II** *s pl* Eßwaren *pl.* **ˈed·i·ble·ness** → **edibility.**

e·dict [ˈiːdɪkt] *s* Erlaß *m*, *hist.* Eˈdikt *n.*

ed·i·fi·ca·tion [ˌedɪfɪˈkeɪʃn] *s fig.* Erbauung *f.*

ed·i·fice [ˈedɪfɪs] *s* **1.** Gebäude *n*, Bau *m* (*a. fig.*). **2.** *fig.* Gefüge *n.* **ˈed·i·fy** [-faɪ] *v/t fig.* a) erbauen, b) aufrichten, c) (geistig *od.* moˈralisch) bessern. **ˈed·i·fy·ing** *adj* (*adv* **~ly**) erbaulich, erquicklich.

ed·it [ˈedɪt] *v/t* **1.** *Texte, Schriften* a) herˈausgeben, b) rediˈgieren, druckfertig machen, c) zur Veröffentlichung fertigmachen, d) zur Herˈausgabe sammeln, ordnen u. korriˈgieren. **2.** *ein Buch etc* bearbeiten, *bes.* kürzen, *e-n Film* schneiden: **to ~ out** a) herausstreichen, b) herausschneiden. **3.** *e-e Zeitung etc* als Herˈausgeber leiten. **4.** *Computer*: *Daten* aufbereiten. **5.** *fig.* zuˈrechtstutzen.

ed·it·ing| room [ˈedɪtɪŋ] *s Film, TV*: Schneideraum *m.* **~ ta·ble** *s Film, TV*: Schneidetisch *m.* **~ ter·mi·nal** *s Computer*: Redaktiˈonsterminal *n.*

e·di·tion [ɪˈdɪʃn] *s* **1.** Ausgabe *f* (*e-s Buches etc*): **first ~** Erstausgabe; **a one-volume ~** e-e einbändige Ausgabe; **the morning ~** die Morgenausgabe (*Zeitung*). **2.** *fig.* (*kleinere etc*) Ausgabe: **he is a miniature ~ of his father** *humor.* er ist ganz der Papa. **3.** Auflage *f*: **to run into 20 ~s** 20 Auflagen erleben. **eˈdi·tion·al·ize** *v/i* mehrere Ausgaben drucken.

ed·i·tor [ˈedɪtə(r)] *s* **1.** *a.* **~ in chief** Herˈausgeber(in) (*e-s Buchs etc*). **2.** *Zeitung*: a) *a.* **~ in chief** ˈChefredakˌteur(in), b) Redakˈteur(in): **the ~s** die Redaktion. **3.** *Film, TV*: Cutter(in). **ˌed·iˈto·ri·al** [-ˈtɔːrɪəl; *Am. a.* -ˈtəʊ-] **I** *adj* (*adv* → **editorially**) **1.** Herausgeber... **2.** redaktioˈnell, Redaktions...: **~ department** (*od.* **office**) Redaktion *f*; → **staff**[1] 8. **II** *s* **3.** ˈLeitarˌtikel *m.* **ˌed·iˈto·ri·al·ize** *v/i* **1.** sich in e-m ˈLeitarˌtikel äußern (**on, about** über *acc*, zu). **2.** s-e perˈsönliche Meinung einbringen. **3.** sich äußern (**on, about** über *acc*, zu). **ˌed·iˈto·ri·al·ly** *adv* **1.** redaktioˈnell. **2.** in Form e-s ˈLeitarˌtikels. **ˈed·i·tor·ship** *s* Positiˈon *f* e-s Herˈausgebers *od.* (ˈChef)Redakˌteurs: **to have the ~ of** herausgeben, als Herausgeber leiten; **under his ~** unter ihm als Chefredakteur. **ˈed·i·tress** [-trɪs] *s* **1.** Herˈausgeberin *f.* **2.** (ˈChef)Redakˌteurin *f.*

ed·u·cate [ˈedjuːkeɪt; *Am.* ˈedʒə-] *v/t* **1.** erziehen, unterˈrichten, (aus)bilden: **he was ~d at X** er besuchte die (Hoch-)Schule in X; **she ~d her children at the best schools** sie schickte ihre Kinder auf die besten Schulen. **2.** *weitS.* (**to**) a) erziehen (zu), b) gewöhnen (an *acc*). **3.** verbessern. **4.** *Tiere* abrichten, dresˈsieren. **ˈed·u·cat·ed** *adj* **1.** gebildet. **2. an ~ guess** mehr als e-e bloße Vermutung, e-e auf gewisse (Sach)Kenntnisse gestützte Vermutung.

ed·u·ca·tion [ˌedjuːˈkeɪʃn; *Am.* ˌedʒə-] *s* **1.** Erziehung *f* (*a. weitS.* **to** zu), (Aus)Bildung *f*: → **university** II. **2.** (*erworbene*) Bildung, Bildungsstand *m*: → **general** 3. **3.** Bildungs-, Schulwesen *n*: → **higher education**, *etc.* **4.** (Aus)Bildungsgang *m.* **5.** Pädaˈgogik *f*, Erziehungswissenschaft *f*: **department of ~** *univ.* pädagogisches Seminar. **6.** Dresˈsur *f*, Abrichtung *f* (*von Tieren*). **ˌed·uˈca·tion·al** [-ʃənl] *adj* (*adv* **~ly**) **1.** a) erzieherisch, Erziehungs..., pädaˈgogisch, Unterrichts...: **~ film** Lehrfilm *m*; **~ psychology** Schulpsychologie *f*; **~ tariff** *econ.* Erziehungszoll *m*; **~ television** Schulfernsehen *n*, b) pädaˈgogisch wertvoll: **~ toys. 2.** Bildungs...: **~ level** (*od.* **standard**) Bildungsniveau *n*; **~ misery** Bildungsmisere *f*, -notstand *m*; **~ opportunities** Bildungschancen. **ˌed·uˈca·tion·al·ist,** *a.* **ˌed·uˈca·tion·ist** *s* Pädaˈgoge *m*, Pädaˈgogin *f*, Erziehungswissenschaftler(in).

ed·u·ca·tive [ˈedjuːkətɪv; *Am.* ˈedʒəˌkeɪ-] *adj* **1.** erzieherisch, Erziehungs... **2.** bildend, Bildungs... **3.** lehrreich: **an ~ experience. ˈed·u·ca·tor** [-keɪtə(r)] *s* Pädaˈgoge *m*, Pädaˈgogin *f*: a) Erzieher(in), Lehrer(in), b) Erziehungswissenschaftler(in).

e·duce [iːˈdjuːs; *Am. a.* ɪˈduːs] *v/t* **1.** *fig.* herˈausholen, entwickeln: **to ~ s.th. from s.o.** j-m etwas entlocken. **2.** *Logik*: *e-n Begriff* ableiten, *e-n Schluß* ziehen (**from** aus). **3.** *chem.* ausziehen, extraˈhieren. **eˈduc·i·ble** *adj* **1.** ableitbar. **2.** zu entwickeln(d). **e·duct** [ˈiːdʌkt] *s* **1.** *chem.* Eˈdukt *n*, Auszug *m.* **2.** → **eduction** 2.

e·duc·tion [iːˈdʌkʃn] *s* **1.** *fig.* Herˈausholen *n*, Entwicklung *f.* **2.** *Logik*: a) Ableitung *f* (*e-s Begriffs*), b) (Schluß-)Folgerung *f.* **3.** *chem.* a) Ausziehen *n*, b) → **educt** 1. **~ pipe** *s tech.* Abzugsrohr *n.*

Ed·war·di·an [edˈwɔː(r)djən; -dɪən] *adj* aus der Reˈgierungszeit *od.* charakteˈristisch für das Zeitalter König Eduards (*bes.* Eduards VII.).

eel [iːl] *s* **1.** *ichth.* a) Aal *m*: **(as) slippery as an ~** *fig.* aalglatt, b) aalähnlicher Fisch: **nine-eyed ~** Flußneunauge *n.* **2.** *zo.* (*ein*) Fadenwurm *m*, *bes.* Essigälchen *n.* **~ buck, ˈ~pot** *s* Aalreuse *f.* **ˈ~pout** *s ichth.* **1.** Hammelfleischfisch *m.* **2.** Quappe *f.* **ˈ~spear** *s* Aalspeer *m*, -gabel *f.* **ˈ~worm** → **eel** 2.

e'en [iːn] *adv poet. für* **even**[1] *u.*[3].

e'er [eə(r)] *adv poet. für* **ever.**

ee·rie [ˈɪərɪ] *adj* (*adv* **eerily**) unheimlich, (*Schrei etc*) schaurig. **ˈee·ri·ness** *s* Unheimlichkeit *f*, Schaurigkeit *f.*

ee·ry → **eerie.**

eff [ef] *v/i vulg. euphem.* **1. ~ off** (*meist als imp*) ‚sich verpissen' (*verschwinden*). **2. to ~ and blind** (herum)fluchen.

ef·face [ɪˈfeɪs] *v/t* **1.** wegwischen, wegreiben, *a. fig.* (aus)löschen: **to ~ unpleasant memories** unangenehme Erinnerungen auslöschen. **2. to ~ o.s.** sich (*bescheiden*) zurückhalten, sich im Hintergrund halten. **efˈface·a·ble** *adj* (aus)löschbar (*a. fig.*). **efˈface·ment** *s* (Aus)Löschung *f* (*a. fig.*).

ef·fect [ɪˈfekt] **I** *s* **1.** Wirkung *f* (**on** auf *acc*). **2.** Wirkung *f*, Erfolg *m*, Folge *f*, Konseˈquenz *f*, Ergebnis *n*, Resulˈtat *n*: **of no ~, without ~** ohne Erfolg *od.* Wirkung, erfolglos, wirkungslos, vergeblich; **to take ~** wirken (→ 8). **3.** Auswirkung(en *pl*) *f* (**on, upon** auf *acc*), Folge(n *pl*) *f.* **4.** Einwirkung *f*, -fluß *m* (**on, upon** auf *acc*). **5.** Efˈfekt *m*, Wirkung *f*, Eindruck *m* (**on, upon** auf *acc*): **it was calculated** (*od.* **meant**) **for ~** es sollte Eindruck machen; **to have an ~ on** wirken auf (*acc*), e-n Eindruck hinterlassen bei; → **strain**[1] 10. **6.** Inhalt *m*, Sinn *m*: **a letter to the ~ that** ein Brief des Inhalts, daß; **to the same ~** desselben Inhalts; **to this ~** diesbezüglich, in diesem Sinn; **to inform s.o. to that** ~ j-n entsprechend informieren. **7.** Wirklichkeit *f*: **to carry into** (*od.* **bring to**) ~, **to give** ~ **to** verwirklichen, ausführen; **in** ~ in Wirklichkeit, tatsächlich, praktisch. **8.** (Rechts)Wirksamkeit *f*, (-)Kraft *f*, Gültigkeit *f*: **to be in** ~ in Kraft sein, gültig *od.* wirksam sein; **to take** ~, **to go** (*od.* **come**) **into** ~ in Kraft treten, gültig *od.* wirksam werden; **with** ~ **from** mit Wirkung vom. **9.** *tech.* (Nutz)Leistung *f* (*e-r Maschine*). **10.** *electr. phys.* induˈzierte Leistung, Sekunˈdärleistung *f*. **11.** *pl econ.* a) Efˈfekten *pl*, b) bewegliches Eigentum, Vermögen(swerte *pl*) *n*, c) perˈsönliche Habe, d) Barbestand *m*, e) Akˈtiva *pl*, (Bank)Guthaben *n od. pl*: **no** ~**s** ohne Guthaben *od.* Deckung (*Scheckvermerk*). **II** *v/t* **12.** be-, erwirken, bewerkstelligen, verursachen, veranlassen. **13.** ausführen, tätigen, vornehmen, besorgen, erledigen, vollˈbringen, -ˈziehen: **to** ~ **payment** *econ.* Zahlung leisten. **14.** *econ.* a) *ein Geschäft, e-e Versicherung* abschließen, b) *e-e Police* ausfertigen.

ef·fec·tive [ɪˈfektɪv] **I** *adj* (*adv* ~**ly**) **1.** effekˈtiv, wirksam, erfolgreich, wirkungsvoll: **to be** ~ wirken, Erfolg haben (→ 3); ~ **range** *mil.* wirksame Schußweite. **2.** eindrucks-, efˈfektvoll. **3.** *jur.* (rechts)wirksam, (-)gültig, rechtskräftig, in Kraft: **to be** ~ in Kraft sein, gültig *od.* wirksam sein (→ 1); **to become** ~ in Kraft treten, gültig *od.* wirksam werden; ~ **date** Tag *m* des Inkrafttretens; ~ **from** (*od.* **as of**) mit Wirkung vom. **4.** tatsächlich, wirklich, effekˈtiv: ~ **money** Bargeld *n*; ~ **salary** Effektivgehalt *n*; ~ **strength** *mil.* Ist-Stärke *f*. **5.** *mil.* diensttauglich, kampffähig, einsatzbereit. **6.** *tech.* effekˈtiv, tatsächlich, wirklich, Nutz...: ~ **output** tatsächliche Leistung; ~ **resistance** *electr.* Wirkwiderstand *m*. **II** *s* **7.** *mil.* a) einsatzfähiger Solˈdat, b) Ist-Stärke *f*. **efˈfec·tive·ness** *s* Effektiviˈtät *f*, Wirksamkeit *f*. **efˈfec·tor** [-tə(r)] *s* **1.** *anat.* ˈNervenˌendorˌgan *n*. **2.** Ausführer(in), Vollˈbringer(in).

ef·fec·tu·al [ɪˈfektʃʊəl; *Am.* -tʃəwəl] *adj* (*adv* ~**ly**) **1.** effekˈtiv, wirksam: **to be** ~ wirken. **2.** wirklich, tatsächlich, eigentlich. **3.** → **effective** 3. **4.** *econ.* vorˈhanden: ~ **demand** durch vorhandenes Bargeld gedeckte Nachfrage. **efˌfec·tu·ˈal·i·ty** [-tjʊˈælətɪ; *Am.* -tʃəˈwælətiː], **efˈfec·tu·al·ness** *s* Effektiviˈtät *f*, Wirksamkeit *f*. **efˈfec·tu·ate** [-eɪt] *v/t* **1.** verwirklichen, ausführen. **2.** bewerkstelligen, bewirken. **efˌfec·tuˈa·tion** *s* **1.** Verwirklichung *f*, Ausführung *f*. **2.** Bewerkstelligung *f*, Bewirkung *f*.

ef·fem·i·na·cy [ɪˈfemɪnəsɪ] *s* **1.** Weichlichkeit *f*, Verweichlichung *f*. **2.** unmännliches *od.* weibisches Wesen.

ef·fem·i·nate I *adj* [ɪˈfemɪnət] (*adv* ~**ly**) **1.** weibisch, unmännlich. **2.** verweichlicht, weichlich. **II** *v/t u. v/i* [-neɪt] **3.** weibisch machen (werden). **4.** verweichlichen. **III** *s* [-nət] **5.** Weichling *m*, weibischer Mensch. **efˈfem·i·nate·ness** → **effeminacy**.

ef·fer·vesce [ˌefə(r)ˈves] *v/i* **1.** (auf-)brausen, sprudeln, schäumen, mousˈsieren (*Sekt etc*). **2.** *fig.* (ˈüber)sprudeln, ˈüberschäumen (**with** vor *dat*). **ˌef·ferˈves·cence, ˌef·ferˈves·cen·cy** *s* **1.** (Auf)Brausen *n*, Schäumen *n*, Mousˈsieren *n*. **2.** *fig.* (ˈÜber)Sprudeln *n*, ˈÜberschäumen *n*. **ˌef·ferˈves·cent** *adj* **1.** sprudelnd, schäumend, mousˈsierend: ~ **powder** Brausepulver *n*. **2.** *fig.* (ˈüber-)sprudelnd, ˈüberschäumend.

ef·fete [ɪˈfiːt; eˈfiːt] *adj* erschöpft, entkräftet.

ef·fi·ca·cious [ˌefɪˈkeɪʃəs] *adj* (*adv* ~**ly**) effekˈtiv, wirksam, wirkungsvoll. **ˌef·fiˈca·cious·ness, ˈef·fi·ca·cy** [-kəsɪ] *s* Effektiviˈtät *f*, Wirksamkeit *f*.

ef·fi·cien·cy [ɪˈfɪʃənsɪ] *s* **1.** Effiziˈenz *f*, Tüchtigkeit *f*, (Leistungs)Fähigkeit *f*: ~ **report** Leistungsbericht *m*; ~ **wages** leistungsbezogener Lohn. **2.** Effiziˈenz *f*, Wirksamkeit *f*. **3.** Effiziˈenz *f*, Tauglichkeit *f*, Brauchbarkeit *f*. **4.** Effiziˈenz *f*, ratioˈnelle Arbeitsweise, Wirtschaftlichkeit *f*: ~ **engineer** (*od.* **expert**) *econ.* Rationalisierungsfachmann *m*; ~ **apartment** *Am.* (Einzimmer)Appartement *n*. **5.** Effiziˈenz *f*, *phys. tech.* Leistung(sfähigkeit) *f*, Wirkungsgrad *m*, Nutzleistung *f*, Ausbeute *f*. **6.** wirkende Ursächlichkeit. **7.** *Am.* Hoˈtelzimmer *n* mit Bad *u.* Kochnische. **efˈfi·cient** *adj* (*adv* ~**ly**) **1.** effiziˈent, tüchtig, (leistungs)fähig. **2.** effiziˈent, wirksam. **3.** zügig, rasch u. sicher, gewandt. **4.** gründlich. **5.** effiziˈent, ratioˈnell, wirtschaftlich: ~ **methods**. **6.** effiziˈent, brauchbar, tauglich, gut funktioˈnierend, *tech. a.* leistungsstark. **7.** (be)wirkend: ~ **cause** wirkende Ursache.

ef·fi·gy [ˈefɪdʒɪ] *s* **1.** a) Steinplastik *f*, b) Bildnis *n* (*auf e-r Münze*). **2.** *Puppe od. bildhafte Darstellung e-r verhaßten Person*: **to burn (hang) s.o. in** ~ j-n symbolisch verbrennen (hängen).

eff·ing [ˈefɪŋ] *adj vulg. euphem.* verdammt, verflucht.

ef·flo·resce [ˌeflɔːˈres; *bes. Am.* ˌeflə-] *v/i* **1.** *bes. fig.* aufblühen, sich entfalten. **2.** *chem.* ausblühen, ˈauskristalliˌsieren, auswittern. **ˌef·floˈres·cence** *s* **1.** *bes. fig.* (Auf)Blühen *n*, Blüte(zeit) *f*. **2.** *med.* Effloresˈzenz *f* (*Hautausschlag*). **3.** *chem.* Effloresˈzenz *f*: a) Ausblühen *n*, b) Beschlag *m*, Ausblühung *f*. **ˌef·floˈres·cent** *adj* **1.** *bes. fig.* (auf)blühend. **2.** *chem.* effloresˈzierend, ausblühend.

ef·flu·ence [ˈefluəns] *s* **1.** Ausfließen *n*, -strömen *n*. **2.** Aus-, Abfluß *m*. **ˈef·flu·ent I** *adj* **1.** ausfließend, -strömend. **II** *s* **2.** Aus-, Abfluß *m*. **3.** Abwasser *n*, Abwässer *pl*: ~ **disposal** Abwasserbeseitigung *f*.

ef·flu·vi·um [ɪˈfluːvjəm; *Am.* eˈfluːvɪəm] *pl* **-vi·a** [-ə], **-vi·ums** *s* **1.** Ausdünstung *f*. **2.** *phys.* Ausfluß *m* (*kleinster Partikel*).

ef·flux [ˈeflʌks] *s* **1.** a) Abfließen *n*, Ausströmen *n*, b) Ausströmung *f*, -fluß *m*: ~ **of gold** *econ.* Goldabfluß. **2.** *fig.* Ablauf *m* (*der Zeit*).

ef·fort [ˈefə(r)t] *s* **1.** Anstrengung *f*: a) Bemühung *f*, (angestrengter) Versuch, b) Mühe *f*, harte Arbeit: **rescue** ~ Rettungsversuch *m*, -bemühungen; **to make an** ~ sich bemühen, sich anstrengen; **to make every** ~ sich alle Mühe geben; **to put a lot of** ~ **into it** sich gewaltige Mühe dabei geben; **to spare no** ~ keine Mühe scheuen; **with an** ~ mühsam; **without** ~ mühelos, ohne Anstrengung; ~ **of will** Willenskraft *f*; **a good** ~! immerhin!, nicht schlecht (für den Anfang)! **2.** Leistung *f*. **3.** *phys.* Sekunˈdärkraft *f*, Potentiˈalabfall *m*. **ˈef·fort·less** *adj* (*adv* ~**ly**) **1.** mühelos, ohne Anstrengung. **2.** müßig, untätig.

ef·fron·ter·y [ɪˈfrʌntərɪ; eˈf-] *s* Unverschämtheit *f*: **to have the** ~ *to do s.th.* die Unverschämtheit haben *od.* besitzen.

ef·fulge [ɪˈfʌldʒ; eˈf-] *v/i selten* strahlen, glänzen. **efˈful·gence** *s* Glanz *m*. **efˈful·gent** *adj* (*adv* ~**ly**) strahlend, glänzend.

ef·fuse [ɪˈfjuːz; eˈf-] **I** *v/t* **1.** a) *Flüssigkeit* aus-, vergießen, b) *Gas etc* ausströmen lassen. **2.** *fig.* ausstrahlen, verbreiten: **to** ~ **an atmosphere of happiness**. **II** *v/i* **3.** a) ausfließen, b) ausströmen. **III** *adj* [-s] **4.** *bot.* ausgebreitet (*Blütenstand*).

ef·fu·sion [ɪˈfjuːʒn; eˈf-] *s* **1.** Aus-, Vergießen *n*. **2.** Ausströmen *n*. **3.** *fig.* a) Erguß *m*, b) → **effusiveness**. **4.** *med.* Erguß *m*: ~ **of blood** Bluterguß. **5.** *phys.* Effusiˈon *f*: ~ **rock** Effusivgestein *n*. **efˈfu·sive** [-sɪv] *adj* (*adv* ~**ly**) ˈüberschwenglich. **efˈfu·sive·ness** *s* ˈÜberschwenglichkeit *f*.

eft¹ [eft] *s zo.* Wassermolch *m*.

eft² [eft] *adv obs.* **1.** ˈwiederum, nochmals. **2.** nachher.

eft·soon(s) [eftˈsuːn(z)] *adv obs.* **1.** bald darˈauf. **2.** wiederˈholt.

e·gad [iːˈgæd] *interj obs. colloq.* o Gott!

e·gal·i·tar·i·an [ɪˌgælɪˈteərɪən] **I** *s* Verfechter(in) des Egalitaˈrismus. **II** *adj* egaliˈtär. **eˌgal·iˈtar·i·an·ism** *s* Egalitaˈrismus *m* (*Sozialtheorie von der* [*möglichst*] *vollkommenen Gleichheit in der menschlichen Gesellschaft bzw. von ihrer Verwirklichung*).

e·gest [iːˈdʒest] *v/t physiol.* ausscheiden. **eˈges·ta** [-tə] *s pl* Ausscheidungen *pl*.

egg¹ [eg] **I** *s* **1.** Ei *n*: **in the** ~ *fig.* im Anfangsstadium, im Entstehen; **(as) sure as** ~**s is** (*od.* **are**) ~**s** *colloq.* so sicher wie das Amen in der Kirche, todsicher; **to have** (*od.* **put**) **all one's** ~**s in one basket** *colloq.* alles auf ˈeine Karte setzen; **to have** ~ **on** (*od.* **all over**) **one's face** *colloq.* ‚dumm aus der Wäsche schauen'; **to lay an** ~ *bes. Am. colloq.* nicht ‚ankommen' (*Witz etc*), (*Theaterstück etc a.*) ‚durchfallen'; **he's teaching his grandmother to suck** ~**s!** *colloq.* das Ei will klüger sein als die Henne! **2.** *biol.* Eizelle *f*. **3.** Ei *n* (*eiförmiger Gegenstand*): ~ **and dart** (*od.* **anchor, tongue**) *arch.* Eierstab(ornament *n*) *m*. **4.** *mil. sl.* ‚Ei' *n* (*Fliegerbombe*): **to drop an** ~ ein Ei legen. **5.** *obs. colloq.* a) **a bad (good)** ~ ein übler (feiner) Kerl, b) **good** ~! prima! **II** *v/t* **6.** *gastr.* in geschlagenem Ei wenden: **to** ~ **and crumb** panieren. **7.** *bes. Am. colloq.* mit (faulen) Eiern bewerfen.

egg² [eg] *v/t meist* ~ **on** anstacheln, antreiben.

ˌegg|-and-ˈspoon race *s* Eierlauf *m*. **ˈ~beat·er** *s* **1.** Schneebesen *m*. **2.** *bes. Am. colloq.* Hubschrauber *m*. **~ bird** *s orn.* Rußseeschwalbe *f*. **~ case** *s* **1.** *zo.* Eiertasche *f*, -beutel *m*. **2.** Eierkiste *f*. **~ cell** → **egg¹** 2. **~ coal** *s* Nußkohle *f*. **~ co·sy,** *Am.* **~ co·zy** *s* Eierwärmer *m*. **ˈ~cup** *s* Eierbecher *m*. **~ dance** *s* Eiertanz *m*.

egg·er [ˈegə(r)] *s zo.* (*e-e*) Glucke (*Nachtschmetterling*).

egg| flip *s* Eierflip *m*. **ˈ~head** *s colloq.* ‚Eierkopf' *m* (*Intellektueller*). **~ mem·brane** *s zo.* **1.** ˈEimemˌbran *f*. **2.** Eihaut *f*. **ˈ~nog** *s* Eierflip *m*. **ˈ~plant** *s bot.* Eierfrucht *f*, Auberˈgine *f*. **~ roll** *s gastr.* Frühlingsrolle *f*. **~ sham·poo** *s* ˈEiershamˌpoo *n*. **ˈ~-shaped** *adj* eiförmig: ~ **hand grenade** Eierhandgranate *f*. **ˈ~shell I** *s* **1.** Eierschale *f*. **2.** *a.* ~ **china**, ~ **porcelain** ˈEierschalenporzelˌlan *n*. **3.** Eierschalenfarbe *f*. **II** *adj* **4.** eierschalenfarben. **5.** dünn u. zerbrechlich. **6.** ~ **landing** *aer.* Eierlandung *f*. **~ slice** *s* Heber *m*, Wender *m* (*für Omeletts etc*). **~ spoon** *s* Eierlöffel *m*. **~ tim·er** *s* Eieruhr *f*. **~ tooth** *s irr zo.* Eizahn *m*. **~ whisk** → eggbeater 1. **~ white** *s* Eiweiß *n*.

e·gis → **aegis**.

e·glan·du·lar [iːˈglændjʊlə; *Am.* -dʒələr], **eˈglan·du·lose** [-ləʊs] *adj biol.* drüsenlos.

eg·lan·tine [ˈegləntaɪn] *s bot.* Schottische Zaunrose.

e·go [ˈegəʊ; ˈiːgəʊ] *pl* **-gos** *s* **1.** *philos. psych.* Ich *n*, Selbst *n*, Ego *n*. **2.** Selbstgefühl *n*: **it feeds his** ~ er braucht das, um sich stark zu fühlen; **his ~ was low** s-e Moral war auf Null; **to be an ~-rouser** das Selbstgefühl heben. **3.** *colloq.* Selbstsucht *f*, -gefälligkeit *f*. **ˌe·goˈcen·tric** [-ˈsentrɪk] **I** *adj* (*adv* **~ally**) egoˈzentrisch. **II** *s* egoˈzentrischer Mensch. **ˌe·goˈcen·trism** *s* Egoˈzentrik *f*, (überˈtriebene) Ich- *od.* Selbstbezogenheit.

e·go i·de·al *s psych.* ˈEgo-, ˈIch-Ideˌal *n*.

e·go·ism [ˈegəʊɪzəm; *Am.* ˈiːgəˌwɪzəm; ˈegə-] *s* Egoˈismus *m* (*a. philos.*), Selbstsucht *f*. **ˈe·go·ist** *s* **1.** Egoˈist(in) (*a. philos.*), selbstsüchtiger Mensch. **2.** → **egotist** 1. **ˌe·goˈis·tic** *adj*, **ˌe·goˈis·ti·cal** *adj* (*adv* **~ly**) egoˈistisch (*a. philos.*), selbstsüchtig. **ˌe·goˈma·ni·a** *s* krankhafte Selbstsucht *od.* -gefälligkeit *f*.

e·go·tism [ˈegəʊtɪzəm; ˈiːg-] *s* **1.** (*bes. übertriebener*) Gebrauch des Wortes „Ich" (*in Rede u. Schrift*). **2.** Egoˈtismus *m*: a) ˈSelbstüberˌhebung *f*, Eigenlob *n*, b) Geltungsbedürfnis *n*, Selbstgefälligkeit *f*. **3.** → **egoism**. **ˈe·go·tist** *s* **1.** geltungsbedürftiger *od.* selbstgefälliger Mensch, Egoˈtist(in). **2.** → **egoist** 1. **ˌe·goˈtis·tic** *adj*, **ˌe·goˈtis·ti·cal** *adj* (*adv* **~ly**) **1.** egoˈtistisch, geltungsbedürftig, selbstgefällig. **2.** → **egoistic**. **ˈe·go·tize** *v/i* zu viel von sich selbst sprechen *od.* schreiben.

e·go| trip *s colloq.* ‚Egotrip' *m* (*geistige Selbstbefriedigung, Angeberei etc*). **ˈ~-trip** *v/i colloq.* auf e-n ‚Egotrip' gehen.

e·gre·gious [ɪˈgriːdʒəs; -dʒɪəs] *adj* (*adv* **~ly**) **1.** unerhört, ungeheuerlich: **an ~ lie**. **2.** *obs.* herˈvorragend.

e·gress [ˈiːgres] *s* **1.** Hinˈausgehen *n*, Herˈauskommen *n*. **2.** Ausgang *m*. **3.** Ausgangsrecht *n*. **4.** *astr.* Austritt *m*. **e·gres·sion** [iːˈgreʃn] → **egress** 1.

e·gret [ˈiːgret] *s* **1.** *orn.* Silberreiher *m*. **2.** Reiherfeder *f*. **3.** *bot.* Federkrone *f*, Pappus *m*.

E·gyp·tian [ɪˈdʒɪpʃn] **I** *adj* **1.** äˈgyptisch: **~ darkness** *Bibl. u. fig.* ägyptische Finsternis. **II** *s* **2.** Äˈgypter(in). **3.** *ling. hist.* Äˈgyptisch *n*, das Ägyptische. **4.** *obs.* Ziˈgeuner(in). **~ print·ing type** *s* Egyptiˈenne *f* (*Druckschrift*).

E·gyp·to·log·i·cal [ɪˌdʒɪptəˈlɒdʒɪkl; *Am.* -ˈlɑ-] *adj* ägyptoˈlogisch. **E·gyp·tol·o·gist** [ˌiːdʒɪpˈtɒlədʒɪst; *Am.* -ˈtɑ-] *s* Ägyptoˈloge *m*. **ˌE·gypˈtol·o·gy** *s* Ägyptoloˈgie *f*.

eh [eɪ; e] *interj* **1.** (*fragend*) a) wie?, was?, b) nicht wahr?, wie?, oder? **2.** (*überrascht*) ei!, sieh da!

ei·der [ˈaɪdə(r)] *s* **1.** → **eider duck**. **2.** → **eiderdown** 1. **ˈ~·down** *s* **1.** *collect.* Eiderdaunen *pl*. **2.** Daunendecke *f*. **~ duck** *s orn.* Eiderente *f*.

ei·det·ic [aɪˈdetɪk] *psych.* **I** *s* **1.** *pl* (*als sg konstruiert*) Eiˈdetik *f* (*Fähigkeit, sich Objekte od. Situationen so vorzustellen, als ob sie real seien*). **2.** Eiˈdetiker(in). **II** *adj* (*adv* **~ally**) **3.** eiˈdetisch.

ˈei·genˌfunc·tion [ˈaɪgən-] *s math.* ˈEigenfunktiˌon *f*.

ˈei·genˌval·ue *s math.* Eigenwert *m*.

eight [eɪt] **I** *adj* **1.** acht: **~-hour day** Achtstundentag *m*. **II** *s* **2.** Acht *f* (*Zahl, Spielkarte etc*): **the ~ of hearts** die Herzacht; **to have had** (*od.* **to be**) **one over the ~** *colloq.* e-n über den Durst getrunken haben. **3.** *Rudern*: Achter *m*: a) *Boot*, b) *Mannschaft*. **~ ball** *s Am.* **1. to be behind the ~** in e-r bösen ‚Klemme' sein *od.* sitzen *od.* stecken. **2.** *sl. contp.* ‚Nigger' *m*.

eight·een [ˌeɪˈtiːn] **I** *adj* achtzehn. **II** *s* Achtzehn *f*. **ˌeightˈeenth** [-nθ] **I** *adj* **1.** achtzehnt(er, e, es). **2.** achtzehntel. **II** *s* **3.** (*der, die, das*) Achtzehnte. **4.** Achtzehntel *n*.

eight·fold **I** *adj u. adv* achtfach. **II** *s* (*das*) Achtfache.

eighth [eɪtθ] **I** *adj* **1.** acht(er, e, es): **~ note** *mus. Am.* Achtelnote *f*; **in the ~ place** achtens, an achter Stelle; **~ rest** *mus.* Achtelpause *f*; **~ wonder** achtes Weltwunder. **2.** achtel. **II** *s* **3.** (*der, die, das*) Achte: **the ~ of May** der 8. Mai. **4.** Achtel *n* (*a. mus.*). **ˈeighth·ly** *adv* achtens.

eight·i·eth [ˈeɪtɪɪθ] **I** *adj* **1.** achtzigst(er, e, es). **2.** achtzigstel. **II** *s* **3.** (*der, die, das*) Achtzigste. **4.** Achtzigstel *n*.

eight·some [ˈeɪtsəm] *s meist* **~ reel** *ein schottischer Tanz für 8 Tänzer*.

eight·y [ˈeɪtɪ] **I** *adj* achtzig. **II** *s* Achtzig *f*: **he is in his eighties** er ist in den Achtzigern; **in the eighties** in den achtziger Jahren (*e-s Jahrhunderts*).

Ein·stein [ˈaɪnstaɪn] *s fig.* matheˈmatisches Geˈnie. **~ e·qua·tion** *s math. phys.* Einsteinsche Gleichung.

Ein·stein·i·an [aɪnˈstaɪnɪən] *adj math. phys.* Einsteinsch(er, e, es).

ein·stein·i·um [aɪnˈstaɪnɪəm] *s* Einˈsteinium *n* (*ein chemisches Element*).

ei·ren·ic → **irenic** I.

eis·tedd·fod [aɪsˈteðvɒd; eɪs-] *pl* **-fods, -fod·au** [-daɪ] *s* Eisˈteddfod *n* (*walisisches Sänger- u. Dichterfest*).

ei·ther [*bes. Br.* ˈaɪðə(r); *bes. Am.* ˈiːðə(r)] **I** *adj* **1.** jeder, jede, jedes (*von zweien*), beide: **on ~ side** auf beiden Seiten; **in ~ case** in jedem der beiden Fälle, in beiden Fällen; **there is nothing in ~ bottle** beide Flaschen sind leer. **2.** irgendein(er, e, es) (*von zweien*): **~ way** auf die e-e *od.* die andere Art; **you may sit at ~ end of the table** Sie können am oberen *od.* unteren Ende des Tisches sitzen. **II** *pron* **3.** irgendein(er, e, es) (*von zweien*): **~ of you can come** (irgend)einer von euch (beiden) kann kommen; **I haven't seen ~** ich habe beide nicht gesehen, ich habe keinen (von beiden) gesehen. **4.** beides: **~ is possible**. **III** *conj* **5.** entweder: **~ ... or** entweder ... oder; **~ be quiet or go** entweder sei still oder gehe; **~ you are right or I am** entweder hast du recht oder ich. **6. ~ ... or** weder ... noch (*im verneinenden Satz*): **it is not enough ~ for you or for me** es reicht weder für dich noch für mich. **IV** *adj* **7. not ~** auch nicht; **nor ... ~** (und) auch nicht, noch; **she could not hear nor speak ~** sie konnte weder hören noch sprechen; **if he does not dance she will not ~** wenn er nicht tanzt, wird sie es auch nicht tun; **she sings, and not badly ~** sie singt, u. gar nicht schlecht. **8.** *unübersetzt*: **without ~ good or bad intentions** ohne gute oder schlechte Absichten.

e·jac·u·late [ɪˈdʒækjʊleɪt] **I** *v/t* **1.** *physiol. Samen* ausstoßen. **2.** *Worte etc* aus-, herˈvorstoßen. **II** *v/i* **3.** *physiol.* ejakuˈlieren, e-n Samenerguß haben. **III** *s* [-lɪt] **4.** *physiol.* Ejakuˈlat *n*. **eˌjac·uˈla·tion** *s* **1.** a) Ausruf *m*, b) Stoßseufzer *m*, -gebet *n*. **2.** Aus-, Herˈvorstoßen *n* (*von Worten etc*). **3.** *physiol.* Ejakulatiˈon *f*, Samenerguß *m*. **eˈjac·u·la·to·ry** [-lətərɪ; *Am.* -ləˌtəʊriː; -ˌtɔː-] *adj* **1.** hastig (ausgestoßen), Stoß...: **~ prayer** Stoßgebet *n*. **2.** *physiol.* Ejakulations...

e·ject [ɪˈdʒekt] **I** *v/t* **1.** (**from**) a) *j-n* hinˈauswerfen (aus), b) vertreiben (aus, von), c) *jur. Mieter, Pächter* zur Räumung (*gen*) zwingen. **2.** entlassen, entfernen (**from** aus): **to ~ s.o. from an office**. **3.** *bes. tech.* ausstoßen, -werfen. **II** *v/i* **4.** *aer.* a) den Schleudersitz betätigen, b) sich mit dem Schleudersitz retten. **eˈjec·ta** [-tə] *s pl* Auswurf *m* (*e-s Vulkans etc*). **eˈjec·tion** [-kʃn] *s* **1.** Vertreibung *f* (**from** aus, von). **2.** Entlassung *f*, Entfernung *f* (**from an office** aus e-m Amt). **3.** *bes. tech.* Ausstoßen *n*, -werfen *n*: **~ seat** *aer.* Schleudersitz *m*. **4.** → **ejecta**. **eˈjec·tive** [-tɪv] **I** *adj* **1.** *bes. tech.* Ausstoß(ungs)... **2.** *ling.* emˈphatisch. **II** *s* **3.** *ling.* emˈphatischer *od.* als Preßlaut gesprochener Verschluß- *od.* Reibelaut. **eˈject·ment** *s* **1.** → **ejection** 1. **2.** *a.* **action of ~** *jur. Am.* a) Räumungsklage *f*, b) Herˈausgabeklage *f*. **eˈjec·tor** [-tə(r)] *s* **1.** Vertreiber(in). **2.** *tech.* a) Ausstoßvorrichtung *f*, Auswerfer *m*, b) Saugstrahlpumpe *f*.

eke[1] [iːk] *v/t*: **~ out** a) *Flüssigkeiten, Vorräte etc* strecken, b) *Einkommen* aufbessern (**with** mit), c) **to ~ out a living** sich (mühsam) durchschlagen.

eke[2] [iːk] *adv u. conj obs.* auch.

e·kis·tics [ɪˈkɪstɪks] *s pl* (*als sg konstruiert*) Eˈkistik *f* (*die Wissenschaft von den menschlichen Siedlungen*).

el [el] *s* **1.** L, l *n* (*Buchstabe*). **2.** *rail. colloq.* Hochbahn *f*. **3.** → **ell**[1].

e·lab·o·rate **I** *adj* [ɪˈlæbərɪt] **1.** sorgfältig *od.* kunstvoll gearbeitet *od.* ausgeführt, (in allen Einzelheiten) vollˈendet: **an ~ ornament**. **2.** (ˈwohl)durchˌdacht, (sorgfältig) ausgearbeitet: **an ~ report**. **3.** a) kunstvoll, kompliˈziert, b) ˈumständlich: **an ~ description**. **II** *v/t* [-reɪt] **4.** sorgfältig *od.* bis ins einzelne ausarbeiten, vervollkommnen. **5.** *e-e Theorie etc* entwickeln. **6.** (mühsam) herˈausarbeiten. **7.** *biol.* a) ˈumbilden, b) entwickeln: **to ~ organic compounds**. **III** *v/i* [-reɪt] **8.** nähere Angaben machen: **to ~ (up)on** sich verbreiten über (*acc*), ausführlich behandeln (*acc*), näher eingehen auf (*acc*). **eˈlab·o·rate·ly** *adv* **1.** sorgfältig, mit Genauigkeit, bis ins einzelne. **2.** ausführlich. **eˈlab·o·rate·ness** *s* **1.** sorgfältige *od.* kunstvolle Ausführung. **2.** a) Sorgfalt *f*, b) sorgfältige Ausarbeitung. **3.** Kompliˈziertheit *f*. **eˌlab·oˈra·tion** *s* **1.** → **elaborateness** 1, 2. **2.** Entwicklung *f* (*e-r Theorie etc*). **eˈlab·o·ra·tive** [-rətɪv; *Am.* -ˌreɪtɪv] *adj* entwickelnd: **to be ~ of s.th.** etwas entwickeln.

el·ae·o·mar·gar·ic ac·id [ˌelɪəʊmɑː(r)ˈgærɪk] *s chem.* Oleomargaˈrinsäure *f*. **ˌel·aeˈom·e·ter** [-ˈɒmɪtə; *Am.* -ˈɑmətər] *s tech.* ˈÖlaräoˌmeter *n*, Ölwaage *f*.

e·la·i·date [ɪˈleɪɪdeɪt] *s chem.* elaiˈdinsaures Salz. **el·a·id·ic** [ˌeleɪˈɪdɪk; -lɪˈɪd-] *adj chem.* Elaidin...: **~ acid** Elaidinsäure *f*. **e·la·i·din** [ɪˈleɪɪdɪn] *s chem.* Elaiˈdin *n*.

é·lan [eɪˈlɑ̃ːŋ] *s* Eˈlan *m*, Schwung *m*.

e·land [ˈiːlənd] *s zo.* ˈElantiˌlope *f*.

el·a·phine [ˈeləfaɪn] *adj zo.* hirschartig, Hirsch...

e·lapse [ɪˈlæps] *v/i* vergehen, -streichen (*Zeit*), ablaufen (*Frist*).

e·las·tic [ɪˈlæstɪk] **I** *adj* (*adv* **~ally**) **1.** eˈlastisch: a) federnd, spannkräftig (*beide a. fig.*), b) dehnbar, biegsam, geschmeidig (*a. fig.*): **~ conscience** weites Gewissen; **~ currency** *econ.* elastische Währung; **an ~ word** ein dehnbarer Begriff, c) *fig.* anpassungsfähig. **2.** *phys.* a) eˈlastisch (verformbar), b) (unbegrenzt) expansiˈonsfähig (*Gase*), c) inkompresˈsibel (*Flüssigkeiten*): **~ deformation** elastische Verformung; **~ force** → **elasticity** 1; **~ scattering** elastische Streuung. **3.** Gummi...: **~ band** Gummiring *m*, -band *n*, (Dichtungs)Gummi *m*; **~ stocking** Gummistrumpf *m*. **II** *s* **4.** *bes. Am.* Gummiring *m*, -band *n*, (Dichtungs)Gummi *m*. **5.** *bes. Am.* Gummistoff *m*, -gewebe *n*.

e·las·tic·i·ty [ˌelæˈstɪsətɪ; *Am.* ɪˌlæ-] *s* Elastiziˈtät *f*: a) Spannkraft *f* (*a. fig.*), b) Dehnbarkeit *f*, Biegsamkeit *f*, Geschmeidigkeit *f* (*a. fig.*), c) *fig.* Anpassungsfähigkeit *f*.

e·las·to·mer [ɪˈlæstəmə(r)] *s chem.* eˈlastische (*gummiartige*) Masse.

e·late [ɪˈleɪt] **I** *v/t* **1.** mit Hochstimmung erfüllen, begeistern. **2.** *j-m* Mut machen, *j-n* optiˈmistisch stimmen. **3.** stolz machen. **II** *adj* → **elated**. **eˈlat·ed** *adj* (*adv* **~ly**) **1.** in Hochstimmung, begeistert (**at** von). **2.** stolz (**at** auf *acc*). **eˈlat·ed·ness** → **elation**.

el·a·ter [ˈelətə(r)] *s* **1.** *bot.* Elaˈtere *f*, (Sporen)Schleuderer *m*. **2.** → **elaterid**.

e·lat·er·id [ɪˈlætərɪd] *s zo.* Schnellkäfer *m*, Schmied *m*.

e·la·tion [ɪˈleɪʃn] *s* **1.** Hochstimmung *f*, Begeisterung *f*. **2.** Stolz *m*.

E lay·er *s phys.* E-Schicht *f* (*der Ionosphäre*).

el·bow [ˈelbəʊ] **I** *s* **1.** Ell(en)bogen *m*: **at one's ~** a) in Reichweite, bei der Hand, b) *bes. fig.* an s-r Seite; **out at ~(s)** a) schäbig, abgetragen (*Kleidung*), b) schäbig gekleidet, c) *Am.* knapp bei Kasse; **to be up to the** (*od.* **one's**) **~s in work** bis über die Ohren in Arbeit sitzen *od.* stecken; **to bend** (*od.* **crook, lift, raise, tip**) **an** (*od.* **one's, the**) **~** *colloq.* ‚e-n heben' (*trinken*). **2.** (scharfe) Biegung *od.* Krümmung, Ecke *f*, Knie *n*, Knick *m* (*der Straße etc*). **3.** *tech.* a) (Rohr)Knie *n*, (-)Krümmer *m*, Kniestück *n*, Winkel (-stück *n*) *m*, b) Seitenlehne *f* (*e-s Stuhls etc*). **II** *v/t* **4.** (*mit dem Ellbogen*) stoßen, drängen (*a. fig.*): **to ~ s.o. out** j-n hinausdrängen *od.* -stoßen; **to ~ o.s. through** sich durchdränge(l)n; **to ~ one's way** → 6. **III** *v/i* **5.** (*rücksichtslos*) die Ellbogen gebrauchen (*a. fig.*). **6.** sich (*mit den Ellbogen*) e-n Weg bahnen: **to ~ through a crowd**. **~ chair** *s* Arm-, Lehnstuhl *m*, (Lehn)Sessel *m*. **~ grease** *s humor.* **1.** ‚Armschmalz' *n* (*Kraft*). **2.** schwere Arbeit, ‚Schufteˈrei' *f*. **~ joint** *s* **1.** Ell(en)bogengelenk *n*. **2.** *tech.* Kniegelenk *n*, -stück *n*. **~ pipe** *s tech.* Knierohr *n*. **ˈ~room** *s* **1.** Ellbogenfreiheit *f*. **2.** *fig.* Bewegungsfreiheit *f*, Spielraum *m*. **~ tel·e·scope** *s* Winkelfernrohr *n*.

eld [eld] *s obs.* **1.** (Greisen)Alter *n*. **2.** alte Zeiten *pl*.

eld·er[1] [ˈeldə(r)] **I** *adj* **1.** älter(er, e, es) (*bes. unter den Angehörigen e-r Familie*): **my ~ brother**; **Brown the ~** Brown senior; **Holbein the E~** Holbein der Ältere. **2.** *obs.* älter (*an Rang etc*): **~ officer** *mil.* rangältester Offizier; **~ title** *jur.* älterer Anspruch; → **elder statesman**. **3.** *poet.* früher: **in ~ times**. **II** *s* **4.** (der, die) Ältere, Senior *m*: **my ~s** Leute, die älter sind als ich; **he is my ~ by two years** er ist zwei Jahre älter als ich. **5.** (Stammes-, Gemeinde)Älteste(r) *m*. **6.** *relig.* (Kirchen)Älteste(r) *m*, Presbyter *m*. **7.** Vorfahr *m*, Ahn(e *f*) *m*.

el·der[2] [ˈeldə(r)] *s bot.* Hoˈlunder *m*.

ˈel·derˌber·ry *s bot.* **1.** Hoˈlunderbeere *f*. **2.** → **elder**[2].

eld·er·ly [ˈeldə(r)lɪ] *adj* ältlich, älter(er, e, es): **an ~ lady**.

eld·er states·man *s irr* **1.** *Staatsmann im Ruhestand, der die politischen Führer inoffiziell berät.* **2.** *weitS.* ‚großer alter Mann' (*e-r Berufsgruppe etc*).

eld·est [ˈeldɪst] *adj* ältest(er, e, es) (*bes. unter den Angehörigen e-r Familie*): **my ~ brother**. **~ hand** *s Kartenspiel*: Vorhand *f*.

El Do·ra·do, *a.* **El·do·ra·do** [ˌeldəˈrɑː-dəʊ] *pl* **-dos** *s* (El)Doˈrado *n*, Traum-, Wunschland *n*, Paraˈdies *n*.

el·dritch [ˈeldrɪtʃ] *adj poet.* unheimlich, (*Schrei etc*) schauerlich.

El·e·at·ic [ˌelɪˈætɪk] *philos.* **I** *adj* eleˈatisch. **II** *s* Eleˈat(in), Anhänger(in) der eleˈatischen Schule. **ˌEl·eˈat·i·cism** [-sɪzəm] *s philos.* Eleaˈtismus *m*.

e·lect [ɪˈlekt] **I** *v/t* **1.** *j-n* wählen: **to ~ s.o. to an office** j-n in ein Amt wählen; **they ~ed him (to be) their president** sie wählten ihn zum Präsidenten. **2.** *etwas* wählen, sich entscheiden für: **to ~ to do s.th.** sich (dazu) entschließen *od.* es vorziehen, etwas zu tun. **3.** *relig.* auserwählen. **II** *adj* **4.** (*meist nach Substantiv*) desiˈgniert, zukünftig: **the bride ~** die Verlobte *od.* ‚Zukünftige'; **the president ~** der designierte Präsident. **5.** erlesen. **6.** *relig.* (*von Gott*) auserwählt. **III** *s* **7. the ~** die Auserwählten *pl*.

e·lec·tion [ɪˈlekʃn] **I** *s* **1.** Wahl *f*: **at the ~** bei der Wahl. **2.** *relig.* (Aus)Erwählung *f*, Gnadenwahl *f*. **II** *adj* **3.** *pol.* Wahl...: **~ day (speech, year,** *etc*); **~ campaign** Wahlkampf *m*, -kampagne *f*; **~ district** Wahlbezirk *m*; **~ meeting** Wahlversammlung *f*; **~ platform** Wahlplattform *f*; **~ pledge** Wahlversprechen *n*; **~ returns** Wahlergebnisse.

e·lec·tion·eer [ɪˌlekʃəˈnɪə(r)] *v/i pol.* Wahlkampf betreiben: **to ~ for s.o.** für j-n als Wahlhelfer arbeiten, für j-n Wahlpropaganda treiben. **eˌlec·tionˈeer·er** *s pol.* Wahlhelfer(in). **eˌlec·tionˈeer·ing** *pol.* **I** *s* a) ˈWahlkampf *m*, -kamˌpagne *f*, b) ˈWahlpropaˌganda *f*. **II** *adj* Wahl...: **~ campaign** → I a.

e·lec·tive [ɪˈlektɪv] **I** *adj* **1.** gewählt, durch Wahl, Wahl... (*Beamter etc*). **2.** Wahl..., durch Wahl zu vergeben(d) (*Amt*). **3.** wahlberechtigt. **4.** *ped. bes. Am.* fakultaˈtiv: **~ subject** Wahlfach *n*. **5.** *chem.* Wahl...: **~ affinity** Wahlverwandtschaft *f* (*a. fig.*). **II** *s* **6.** *ped. bes. Am.* Wahlfach *n*. **eˈlec·tor** [-tə(r)] *s* **1.** Wähler(in). **2. E~** *hist.* Kurfürst *m*. **3.** *pol.* Wahlmann *m* (*bei der Präsidentenwahl in den USA*). **eˈlec·tor·al** [-ərəl] *adj* **1.** Wahl..., Wähler...: **~ college** *pol. Am.* Wahlmänner *pl* (*e-s Staates*); **~ district** *pol.* Wahlbezirk *m*; **~ register** Wahl-, Wählerliste *f*. **2.** *hist.* kurfürstlich, Kurfürsten...: **~ crown** Kur(fürsten)hut *m*. **eˈlec·tor·ate** [-ərɪt] *s* **1.** *pol.* Wähler (-schaft *f*) *pl*. **2.** *hist.* Elektoˈrat *n*: a) Kurfürstenwürde *f*, b) Kurfürstentum *n*.

E·lec·tra com·plex [ɪˈlektrə] *s psych.* Eˈlektrakomˌplex *m*.

e·lec·tress [ɪˈlektrɪs] *s* **1.** Wählerin *f*. **2.** *hist.* Kurfürstin *f*.

e·lec·tric [ɪˈlektrɪk] **I** *adj* (*adv* **~ally**) **1.** a) eˈlektrisch: **~ cable (charge, current, light, locomotive,** *etc*); **~ bill** Stromrechnung *f*, b) Elektro...: **~ fence** (Elektrozaun *m*, *etc*)...

e·lec·tric [ɪˈlektrɪk] **I** *adj* (*adv* **~ally**) **1.** a) eˈlektrisch: **~ cable (charge, current, light, locomotive,** *etc*); **~ bill** Stromrechnung *f*, b) Elektro...: **~ fence (motor,** *etc*), c) Elektrizitäts...: **~ works**, d) eˌlektroˈtechnisch. **2.** *fig.* a) elektriˈsierend (*Wirkung etc*), b) spannungsgeladen (*Atmosphäre*). **II** *s* **3.** *phys.* eˌlektroˈstatischer Körper, Nichtleiter *m*. **4.** *colloq.* a) ‚Eˈlektrische' *f* (*Straßenbahn*), b) O(berleitungs)bus *m*.

e·lec·tri·cal [ɪˈlektrɪkl] *adj* (*adv* **~ly**) → **electric** I. **~ en·gi·neer** *s* a) Eˈlektroingeniˌeur *m*, b) Eˌlektroˈtechniker *m*. **~ en·gi·neer·ing** *s* Eˌlektroˈtechnik *f*.

e·lec·tric| arc *s* Lichtbogen *m*. **~ art** *s* Lichtkunst *f*. **~ blan·ket** *s* Heizdecke *f*. **~ blue** *s* Stahlblau *n*. **~ chair** *s* eˈlektrischer Stuhl: **to get the ~** auf dem elektrischen Stuhl hingerichtet werden. **~ cush·ion** *s* Heizkissen *n*. **~ eel** *s ichth.* Zitteraal *m*. **~ eye** *s electr.* **1.** Photozelle *f*, photoeˈlektrische Zelle. **2.** magisches Auge.

e·lec·tri·cian [ˌɪlekˈtrɪʃn; *Am.* ɪˌlek-] *s* Eˌlektroˈtechniker *m*, -meˈchaniker *m*, Eˈlektriker *m*. **e·lecˈtric·i·ty** [-sətɪ] *s phys.* **1.** a) Elektriziˈtät *f*, b) Strom *m*: **~ generator** Stromerzeuger *m*; **~ meter** Stromzähler *m*. **2.** Elektriziˈtätslehre *f*.

e·lec·tric| me·ter *s electr.* eˈlektrisches Meßgerät, *bes.* Stromzähler *m*. **~ ray** *s ichth.* (*ein*) Zitterrochen *m*. **~ shock** *s* **1.** eˈlektrischer Schlag, Stromschlag *m*. **2.** *med.* Eˈlektroschock *m*. **~ stor·age stove** *s* Eˈlektrospeicherofen *m*. **~ storm** *s* Gewittersturm *m*. **~ torch** *s bes. Br.* Taschenlampe *f*.

e·lec·tri·fi·ca·tion [ɪˌlektrɪfɪˈkeɪʃn] *s* **1.** a) Elektriˈsierung *f* (*a. fig.*), b) *fig.* Begeisterung *f*. **2.** Elektrifiˈzierung *f*. **eˈlec·tri·fied** [-faɪd] *adj* **1.** elektriˈsiert: a) eˈlektrisch geladen: **~ obstacle** *mil.* Starkstromsperre *f*, b) *fig.* ˈhingerissen. **2.** elektrifiˈziert. **eˈlec·tri·fy** [-faɪ] *v/t* **1.** elektriˈsieren: a) eˈlektrisch (auf-)laden, b) *j-m* e-n eˈlektrischen Schlag versetzen, c) *fig.* erregen, begeistern, ˈhinreißen. **2.** *e-e Bahnlinie etc* elektrifiˈzieren. **eˌlec·triˈza·tion, eˈlec·trize** → **electrification, electrify**.

e·lec·tro [ɪˈlektrəʊ] *pl* **-tros** *s* **1.** → **electroplate** II. **2.** → **electrotype** I.

electro- [ɪlektrəʊ] *Wortelement mit den Bedeutungen* a) Elektro..., elektro..., eˈlektrisch, b) elekˈtronisch, c) eˌlektroˈlytisch, d) eˌlektromaˈgnetisch, e) Galvano...

eˌlec·tro·aˈcous·tics *s pl* (*als sg konstruiert*) *phys. tech.* Eˌlektroaˈkustik *f*.

eˌlec·tro·aˈnal·y·sis *s chem.* Eˈlektroanaˌlyse *f*. **eˌlec·tro·biˈol·o·gy** *s* Eˌlektrobioloˈgie *f*. **eˌlec·troˈcar·di·o·gram** *s med.* Eˌlektrokardioˈgramm *n*. **eˌlec·troˈcar·di·o·graph** *s med.* Eˌlektrokardioˈgraph *m*. **eˌlec·troˈchem·is·try** *s* Eˌlektrocheˈmie *f*. **eˌlec·tro·conˈduc·tive** *adj* stromleitend. **eˌlec·tro·conˈvul·sive ther·a·py** → **electroshock** 2.

e·lec·tro·cute [ɪˈlektrəkjuːt] *v/t* **1.** auf dem eˈlektrischen Stuhl ˈhinrichten. **2.** durch eˈlektrischen Strom töten: **he was ~d** er erhielt e-n tödlichen Stromschlag. **eˌlec·troˈcu·tion** [-ʃn] *s* ˈHinrichtung *f od.* Tod *m* durch eˈlektrischen Strom.

e·lec·trode [ɪˈlektrəʊd] *s electr.* Elekˈtrode *f*: **~ potential** Elektrodenspannung *f*.

eˌlec·tro·dyˈnam·ics *s pl* (*meist als sg konstruiert*) *phys.* Eˌlektrodyˈnamik *f*.

eˌlec·tro·enˈceph·a·lo·gram *s med.* Eˌlektroenˌzephaloˈgramm *n*. **eˌlec·tro·enˈceph·a·lo·graph** *s med.* Eˌlektroenˌzephaloˈgraph *m*. **eˌlec·tro·en·giˈneer·ing** *s* Eˌlektroˈtechnik *f*.

e·lec·tro·graph [ɪˈlektrəʊgrɑːf; *bes. Am.* -græf] *s* **1.** a) regiˈstrierendes Eˌlektroˈmeter, b) Eˌlektroˈmeter-Diaˈgramm *n*. **2.** eˈlektrischer Graˈvierappaˌrat. **3.** Appaˈrat *m* zur eˈlektrischen ˈBildüberˌtragung. **4.** *med.* Röntgenbild *n*.

eˌlec·tro·hyˈdrau·lics *s pl* (*als sg konstruiert*) *phys.* Eˌlektrohyˈdraulik *f*.

eˌlec·tro·kiˈnet·ics *s pl* (*als sg konstruiert*) *phys.* Eˌlektrokiˈnetik *f*.

e·lec·trol·y·sis [ˌɪlekˈtrɒlɪsɪs; *Am.* ɪˌlek-ˈtrɑ-] *s* **1.** *chem. phys.* Elektroˈlyse *f*. **2.** *med.* Beseitigung *f* von Tuˈmoren *etc* durch eˈlektrischen Strom.

e·lec·tro·lyte [ɪˈlektrəʊlaɪt] *s chem. phys.* **1.** Elektroˈlyt *m*. **2.** Elektroˈlyt *m*, Füll-, Akkusäure *f* (*für Batterien*).

e·lec·tro·lyze [ɪˈlektrəʊlaɪz] *v/t* elektrolyˈsieren.

eˌlec·troˈmag·net *s* Eˈlektromaˌgnet *m*. **eˌlec·tro·magˈnet·ic** **I** *adj* eˌlektromaˈgnetisch: **~ field (pump,** *etc*). **II** *s pl* (*als sg konstruiert*) → **electromagnetism**. **eˌlec·troˈmag·net·ism** *s phys.* Eˌlektromagneˈtismus *m*. **eˌlec·tro·meˈchan·ics** *s pl* (*als sg konstruiert*) Eˌlektromeˈchanik *f*. **eˌlec·tro·metˈal·lur·gy** *s* Eˌlektrometallurˈgie *f*.

e·lec·trom·e·ter [ˌɪlekˈtrɒmɪtə; *Am.* ɪˌlekˈtrɑmətər] *s* Eˌlektroˈmeter *n*. **e·lec·ˈtrom·e·try** [-trɪ] *s* Eˌlektromeˈtrie *f*.

eˌlec·troˈmo·tion *s* Elektriziˈtätsbewegung *f*. **eˌlec·troˈmo·tive** *adj* eˌlektromoˈtorisch: ~ **force** *phys*. elektromotorische Kraft. **eˌlec·troˈmu·sic** *s* elekˈtronische Muˈsik.

e·lec·tron [ɪˈlektrɒn; *Am.* -ˌtrɑn] **I** *s chem. phys.* Elektron *n*. **II** *adj* Elektronen...: ~ **avalanche (camera, cloud, gas, microscope, ray)**; ~ **emission** Elektronenaustritt *m*, -emission *f*; ~ **gun** Elektronenkanone *f*.

eˌlec·troˈneg·a·tive *adj chem. phys.* eˌlektroˈnegativ, negativ eˈlektrisch *od.* geladen.

e·lec·tron·ic [ˌɪlekˈtrɒnɪk; *Am.* ɪˌlekˈtrɑ-] **I** *adj* (*adv* **~ally**) elekˈtronisch, Elektronen...: ~ **art** Elektronic art *f*; ~ **brain** ‚Elektronengehirn' *n* (*elektronisches Rechengerät*); ~ **data processing** elektronische Datenverarbeitung; ~ **flash** *phot.* Elektronenblitz *m*; ~ **music** elektronische Musik. **II** *s pl* a) (*als sg konstruiert*) Elekˈtronik *f* (*Zweig der Elektrotechnik*), b) Elekˈtronik *f* (*e-s Geräts*).

eˌlec·troˈop·tics *s pl* (*als sg konstruiert*) *phys.* Eˈlektrooptik *f*.

e·lec·tro·phone [ɪˈlektrəfəʊn] *s mus.* Eˌlektroˈphon *n*, elekˈtronisches Instruˈment.

e·lec·tro·pho·re·sis [ɪˌlektrəʊfəˈriːsɪs] *s chem. phys.* Eˌlektrophoˈrese *f*.

e·lec·troph·o·rus [ˌɪlekˈtrɒfərəs; *Am.* ɪˌlekˈtrɑ-] *pl* **-ri** [-raɪ] *s phys.* Eˌlektroˈphor *m*.

eˈlec·tro·plate I *v/t* eˌlektroplatˈtieren, galvaniˈsieren. **II** *s* eˌlektroplatˈtierte Ware.

eˌlec·troˈpos·i·tive *adj chem. phys.* eˌlektoˈpositiv, positiv eˈlektrisch *od.* geladen.

e·lec·tro·scope [ɪˈlektrəskəʊp] *s phys.* Eˌlektroˈskop *n*. **eˌlec·troˈscop·ic** [-ˈskɒpɪk; *Am.* -ˈskɑ-] *adj* (*adv* **~ally**) eˌlektroˈskopisch.

eˈlec·tro·shock *s med.* **1.** Eˈlektroschock *m*. **2.** *a.* ~ **therapy** (Eˈlektro-) Schocktheraˌpie *f*.

eˌlec·troˈstat·ic I *adj* (*adv* **~ally**) *phys.* eˌlektroˈstatisch: ~ **field**; ~ **flux** dielektrischer Fluß; ~ **induction** Influenz *f*. **II** *s pl* (*als sg konstruiert*) Eˌlektroˈstatik *f*.

eˈlec·tro·steel *s* Eˈlektrostahl *m*. **eˈlec·troˌstim·uˈla·tion** *s med.* eˈlektrische Reizung. **eˌlec·troˈstric·tion** [-ˈstrɪkʃn] *s phys.* Eˌlektrostriktiˈon *f*. **eˌlec·tro-ˈsur·ger·y** *s med.* Eˌlektrochirurˈgie *f*.

eˌlec·troˈtech·nic I *adj* (*adv* **~ally**) eˌlektroˈtechnisch. **II** *s pl* (*als sg konstruiert*) Eˌlektroˈtechnik *f*. **eˌlec·tro-ˈtech·ni·cal** → **electrotechnic** I. **eˌlec·tro·techˈnol·o·gy** → **electrotechnic** II. **eˌlec·tro·ther·aˈpeu·tics** *s pl* (*meist als sg konstruiert*) *med.* Eˌlektrotheraˈpeutik *f*. **eˌlec·troˈther·a·py** *s med.* Eˌlektrotheraˈpie *f*. **eˌlec·troˈther·mics** *s pl* (*als sg konstruiert*) *tech.* Eˌlektroˈthermik *f*.

e·lec·tro·type [ɪˈlektrəʊtaɪp] *print.* **I** *s* **1.** Galˈvano *n*, Eˌlektroˈtype *f* (*Kopie e-r Druckplatte*). **2.** mit Galˈvano ˈhergestellter Druckbogen. **3.** → **electrotypy**. **II** *adj* **4.** → **electrotypic**. **III** *v/t* **5.** galˌvanoˈplastisch vervielfältigen, (galˈvanisch) kliˈschieren. **eˌlec·troˈtyp·ic** [-ˈtɪpɪk] *adj* galˌvanoˈplastisch, Galvano... **eˈlec·troˌtyp·ist** [-ˌtaɪpɪst] *s* Galˌvanoˈplastiker *m*. **eˈlec·troˌtyp·y** *s* Galˌvanoˈplastik *f*, Eˌlektrotyˈpie *f*.

e·lec·trum [ɪˈlektrəm] *s* Eˈlektrum *n*, Goldsilber *n* (*Legierung*).

e·lec·tu·ar·y [ɪˈlektjʊərɪ; *Am.* -tʃəˌweriː] *s med. pharm.* Latˈwerge *f*.

el·e·e·mos·y·nar·y [ˌeliːˈmɒsɪnərɪ; *Am.* ˌelɪˈmɑsnˌeriː] *adj* wohltätig, mild(tätig).

el·e·gance [ˈelɪgəns], **ˈel·e·gan·cy** *s* **1.** Eleˈganz *f*. **2.** a) (*etwas*) Eleˈgantes, eleˈgante Form *od.* Erscheinung, b) eleˈgante *od.* luxuriˈöse Ausstattung. **3.** feine Sitte. **ˈel·e·gant** [-gənt] *adj* (*adv* **~ly**) **1.** eleˈgant: a) fein, geschmackvoll, vornehm u. schön, b) gewählt, gepflegt: ~ **manners**; ~ **style**, c) anmutig, d) geschickt, gekonnt. **2.** feinen Geschmack besitzend, von (feinem) Geschmack. **3.** *colloq.* ‚prima', erstklassig.

el·e·gi·ac [ˌelɪˈdʒaɪæk; *Am. a.* ɪˈliːdʒɪˌæk] **I** *adj* **1.** eˈlegisch: ~ **distich**, ~ **couplet** elegisches Distichon. **2.** eˈlegisch, schwermütig, klagend, Klage... **II** *s* **3.** eˈlegischer Vers, *bes.* Penˈtameter *m*. **4.** *meist pl* eˈlegisches Gedicht. **el·e·gist** [ˈelɪdʒɪst] *s* Eleˈgiendichter *m*. **el·e·gize** [ˈelɪdʒaɪz] **I** *v/i* e-e Eleˈgie schreiben (**upon** auf *acc*). **II** *v/t* e-e Eleˈgie schreiben auf (*acc*). **el·e·gy** [ˈelɪdʒɪ] *s* Eleˈgie *f*, Klagegedicht *n*, -lied *n*.

el·e·ment [ˈelɪmənt] *s* **1.** Eleˈment *n*: a) *philos.* Urstoff *m*: **the four ~s** die vier Elemente, b) Grundbestandteil *m*, wesentlicher Bestandteil, c) *chem.* Grundstoff *m*, d) *tech.* Bauteil *n*, e) Ursprung *m*, Grundlage *f*. **2.** *pl* Anfangsgründe *pl*, Anfänge *pl*, Grundlage(n *pl*) *f*: **~s of geometry**. **3.** Grundtatsache *f*, grundlegender ˈUmstand, wesentlicher Faktor: ~ **of uncertainty** Unsicherheitsfaktor; ~ **of surprise** Überraschungsmoment *n*. **4.** *jur.* Tatbestandsmerkmal *n*. **5.** *fig.* Körnchen *n*, Fünkchen *n*: **an ~ of truth**; **there is an ~ of risk in it** es ist ein gewisses Risiko damit verbunden; **there is an ~ of luck in research** bei der Forschung spielt ein gewisses Maß an Glück mit. **6.** (Bevölkerungs)Teil *m*, (*kriminelle etc*) Eleˈmente *pl*: **the criminal ~ in a city**. **7.** (ˈLebens)Eleˌment *n*, Sphäre *f*, gewohnte Umˈgebung: **to be in one's ~** in s-m Element sein; **to be out of one's ~** nicht in s-m Element sein, sich unbehaglich *od.* fehl am Platz fühlen. **8.** *pl* Eleˈmente *pl*, Naˈturkräfte *pl*: → **war** 2. **9.** *math.* a) Eleˈment *n* (*e-r Menge etc*), b) Erzeugende *f* (*e-r Kurve etc*). **10.** *astr.* Eleˈment *n*, Bestimmungsstück *n*. **11.** *electr.* a) Eleˈment *n*, Zelle *f*, b) Elekˈtrode *f* (*e-r Elektronenröhre*). **12.** *phys.* Eleˈment *n* (*e-s Elementenpaars*). **13.** *mil.* Eleˈment *n*, Truppenkörper *m*, (Teil)Einheit *f*. **14.** *aer.* Rotte *f*. **15.** *pl relig.* Brot *n* u. Wein *m* (*beim Abendmahl*).

el·e·men·tal [ˌelɪˈmentl] **I** *adj* (*adv* **~ly**) **1.** elemenˈtar: a) ursprünglich, naˈtürlich, b) urgewaltig, c) wesentlich, grundlegend. **2.** Elementar..., Ur...: ~ **force**; ~ **cell** Urzelle *f*; ~ **spirit** → 4. **3.** → **elementary** 2-6. **II** *s* **4.** Elemenˈtargeist *m*.

el·e·men·ta·ry [ˌelɪˈmentərɪ] *adj* (*adv* **elementarily**) **1.** → **elemental** 1 *u*. 2. **2.** elemenˈtar, Elementar..., Einführungs..., Anfangs..., einführend, grundlegend. **3.** elemenˈtar, einfach. **4.** *chem.* elemenˈtar, unvermischt, nicht zerlegbar. **5.** *chem. math. phys.* Elementar...: ~ **particle** Elementarteilchen *n*. **6.** unentwickelt, rudimenˈtär. ~ **ed·u·ca·tion** *s* a) *Am.* Grundschul-, *Br. obs.* Volksschul(aus)bildung *f*, b) *Am.* Grundschul-, *Br. obs.* Volksschulwesen *n*. ~ **school** *s* a) *Am.* Grundschule *f*, b) *Br. obs.* Volksschule *f*.

el·e·mi [ˈelɪmɪ] *s tech.* Eˈlemi(harz) *n*.

el·e·phant [ˈelɪfənt] *s* **1.** *zo.* Eleˈfant *m*: ~ **iron** *mil.* halbtonnenförmiges Wellblech (*für Baracken etc*). **2.** *Am.* Eleˈfant *m*: a) *Symbol der Republikanischen Partei der USA*, b) *fig. Bezeichnung dieser Partei*. **3.** *ein Papierformat* (28 × 23 *Zoll*).

el·e·phan·ti·a·sis [ˌelɪfənˈtaɪəsɪs; -fæn-] *s med.* Elefanˈtiasis *f*.

el·e·phan·tine [ˌelɪˈfæntaɪn; *Am. a.* -ˌtiːn] *adj* **1.** eleˈfantenartig. **2.** Elefanten...: **an ~ memory** ein Gedächtnis wie ein Elefant. **3.** riesenhaft. **4.** plump, schwerfällig. **ˌel·eˈphan·toid** *adj* eleˈfantenartig, Elefanten...

el·e·phant seal *s zo.* (*ein*) ˈSee-Eleˌfant *m*.

ˈel·e·phant's-ear *s bot.* Beˈgonie *f*.

El·eu·sin·i·an [ˌeljuːˈsɪnɪən] *adj antiq.* eleuˈsinisch. ~ **mys·ter·ies** *s pl antiq. relig.* Eleuˈsinische Myˈsterien *pl*.

el·e·vate [ˈelɪveɪt] **I** *v/t* **1.** *e-e Last etc* (hoch-, emˈpor-, auf)heben. **2.** erhöhen. **3.** a) *den Blick etc* erheben, b) *die Stimme* (er)heben. **4.** *mil.* a) *das Geschützrohr* erhöhen, b) *das Geschütz* der Höhe nach richten. **5.** a) *e-n Mast etc* aufrichten, b) *ein Gebäude* errichten. **6.** *im Rang* erheben, befördern (**to** zu): **to ~ s.o. to the nobility (throne)** j-n in den Adelsstand (auf den Thron) erheben. **7.** *j-n* (*seelisch*) erheben, erbauen. **8.** *Niveau etc* heben, steigern, verbessern. **9.** erheitern. **II** *adj obs. für* **elevated** I. **ˈel·e·vat·ed I** *adj* **1.** erhöht. **2.** gehoben (*Position, Stil etc*), erhaben (*Gedanken*). **3.** überˈsteigert: **to have an ~ opinion of o.s.** **4.** a) erheitert, b) *colloq.* angeheitert, beschwipst. **5.** hoch, Hoch...: ~ **aerial** (*bes. Am.* **antenna**) *electr.* Hochantenne *f*; ~ **railway** (*Am.* **railroad**) Hochbahn *f*; ~ **road** Hochstraße *f*. **II** *s* **6.** *rail. Am. colloq.* Hochbahn *f*. **ˈel·e·vat·ing** *adj* **1.** *bes. tech.* hebend, Hebe..., Aufzugs..., Höhen...: ~ **gear** *mil.* Höhenrichtmaschine *f*; ~ **screw** Richtschraube *f*. **2.** erhebend, erbaulich. **3.** erheiternd.

el·e·va·tion [ˌelɪˈveɪʃn] *s* **1.** (Hoch-, Emˈpor-, Auf)Heben *n*. **2.** Erhöhung *f*. **3.** Höhe *f*, (Grad *m* der) Erhöhung *f*. **4.** (Boden)Erhebung *f*, (An)Höhe *f*. **5.** *geogr.* Meereshöhe *f*. **6.** *mil. tech.* Richthöhe *f*: ~ **quadrant** Libellenquadrant *m*; ~ **range** Höhenrichtbereich *m*; ~ **setter** Höhenrichtkanonier *m*. **7.** *relig.* Elevatiˈon *f*, Erhebung *f* (*von Hostie u. Kelch*). **8.** *astr.* Elevatiˈon *f*, Höhe *f*. **9.** a) Aufstellen *n* (*e-s Mastes etc*), b) Errichtung *f* (*von Gebäuden*). **10.** (**to**) Erhebung *f* (*auf den Thron*, in *den Adelsstand*), Beförderung *f* (zu). **11.** gehobene Positiˈon. **12.** (*seelische*) Erhebung, Erbauung *f*. **13.** Hebung *f*, Steigerung *f*, Verbesserung *f*. **14.** Gehobenheit *f*, Erhabenheit *f*. **15.** *arch. math.* Aufriß *m*, Vertiˈkalprojektiˌon *f*: **front** ~ Vorderansicht *f*, Längsriß *m*.

el·e·va·tor [ˈelɪveɪtə(r)] *s* **1.** *tech.* a) Eleˈvator *m*, Förderwerk *n*, b) *Am.* Lift *m*, Fahrstuhl *m*, Aufzug *m*, c) Hebewerk *n*: ~ **dredge** Eimerbagger *m*. **2.** *agr.* Getreidesilo *m*, *a. n*. **3.** *aer.* Höhensteuer *n*, -ruder *n*. **4.** *med.* a) Hebel *m*, b) *Zahnmedizin*: Wurzelheber *m*. **5.** *anat.* Hebemuskel *m*.

e·lev·en [ɪˈlevn] **I** *adj* **1.** elf. **II** *s* **2.** Elf *f*. **3.** *Fußball, Hockey*: Elf *f*. **eˌlev·en-ˈplus** *s ped. Br. hist. im Alter von ungefähr 11 Jahren abgelegte Prüfung, die über die schulische Weiterbildung entschied.*

e·lev·en·ses [ɪˈlevnzɪz] *s pl Br. colloq.* zweites Frühstück.

e·lev·enth [ɪˈlevnθ] **I** *adj* **1.** elft(er, e, es): **at the ~ hour** *fig.* in letzter Minute, fünf Minuten vor zwölf. **2.** elftel. **II** *s* **3.** (*der, die, das*) Elfte. **4.** Elftel *n*.

el·e·von [ˈelɪvɒn; *Am.* -ˌvɑn] *s aer.* kombiˈniertes Höhen- u. Querruder.

elf [elf] *pl* **elves** [elvz] *s* **1.** Elf *m*, Elfe *f*. **2.** Kobold *m*. **3.** *fig.* a) Zwerg *m*, Knirps

m, b) (kleiner) Racker *od.* Kobold. ~ **child** *s irr* Wechselbalg *m.*
elf·in [ˈelfɪn] **I** *adj* **1.** Elfen... **2.** → elfish. **II** *s* → elf.
elf·ish [ˈelfɪʃ] *adj* **1.** elfisch, elfenhaft, Elfen... **2.** koboldhaft, schelmisch.
ˈelf·lock *s* verfilztes Haar, Weichselzopf *m.*
e·lic·it [ɪˈlɪsɪt] *v/t* **1.** *etwas* entlocken (**from** *dat*): **to ~ a reply from s.o.; to ~ harmonious sounds from an instrument. 2.** *e-e Aussage, die Wahrheit* herˈausholen, -locken, -bringen (**from** aus). **3.** *Applaus, Gelächter etc* herˈvorrufen. **4.** *etwas* ans (Tages)Licht bringen.
e·lide [ɪˈlaɪd] *v/t ling. e-n Vokal od. e-e Silbe* eliˈdieren, auslassen.
el·i·gi·bil·i·ty [ˌelɪdʒəˈbɪlətɪ] *s* **1.** Eignung *f*: **his eligibilities** s-e Vorzüge. **2.** Berechtigung *f.* **3.** Wählbarkeit *f.* **ˈel·i·gi·ble I** *adj* (*adv* **eligibly**) **1.** (**for**) in Frage kommend (für): a) geeignet, annehmbar, akzepˈtabel (für), b) berechtigt, befähigt (zu), qualifiˈziert (für): **to be ~ for** Anspruch haben auf (*acc*); **~ for a pension** pensions-, rentenberechtigt; **~ to vote** wahlberechtigt, c) teilnahmeberechtigt (an *dat*), *sport a.* startberechtigt (für), d) wählbar (für). **2.** wünschenswert, vorteilhaft. **3.** *econ.* bank-, disˈkontfähig. **II** *s* **4.** *colloq.* in Frage kommende Perˈson *od.* Sache.
e·lim·i·na·ble [ɪˈlɪmɪnəbl] *adj* elimiˈnierbar, auszuscheiden(d). **eˈlim·i·nate** [-neɪt] *v/t* **1.** beseitigen, entfernen, ausmerzen, (*a. math.*) elimiˈnieren (**from** aus). **2.** ausscheiden (*a. chem. physiol.*), ausschließen, *a. e-n Gegner* ausschalten: **to be ~d** *sport* ausscheiden. **3.** *etwas* ignoˈrieren, nicht beachten.
e·lim·i·na·tion [ɪˌlɪmɪˈneɪʃn] *s* **1.** Beseitigung *f*, Entfernung *f*, Ausmerzung *f*, Elimiˈnierung *f.* **2.** *math.* Eliminatiˈon *f.* **3.** *chem. physiol., a. sport* Ausscheidung *f*: **~ contest** *sport* Ausscheidungs-, Qualifikationswettbewerb *m.* **4.** Ausschaltung *f.* **5.** Ignoˈrierung *f.* **eˈlim·i·na·tor** [-tə(r)] *s electr.* Sieb-, Sperrkreis *m.*
el·in·var [ˈelɪnvɑː(r)] *s tech.* ˈElinvar-Leˌgierung *f* (*Nickelstahllegierung*).
e·li·sion [ɪˈlɪʒn] *s ling.* Elisiˈon *f*, Auslassung *f* (*e-s Vokals od. e-r Silbe*).
e·lite, *Br. a.* **é·lite** [eɪˈliːt; ɪˈliːt] *s* **1.** Eˈlite *f*: a) Auslese *f*, (*das*) Beste, (*die*) Besten *pl*, b) Führungs-, Oberschicht *f*, c) *mil.* Eˈlite-, Kerntruppe *f.* **2.** *e-e Typengröße auf der Schreibmaschine* (*10 Punkt*). **eˈlit·ism** *s* Eˈlitedenken *n*, eliˈtäres Denken. **eˈlit·ist** *adj* eliˈtär: **~ thinking** → elitism.
e·lix·ir [ɪˈlɪksə(r)] *s* **1.** Eliˈxier *n*, Zaubertrank *m*: **~ of life** Lebenselixier. **2.** Allˈheilmittel *n.* **3.** ˈQuintesˌsenz *f*, Kern *m.* **4.** *Alchimie*: Auflösungsmittel *n* (*zur Verwandlung unedler Metalle in Gold*).
E·liz·a·be·than [ɪˌlɪzəˈbiːθn] **I** *adj* Elisabeˈthanisch. **II** *s* Elisabeˈthaner(in), Zeitgenosse *m od.* -genossin *f* Eˈlisabeths I. von England.
elk [elk] *pl* **elks,** *bes. collect.* **elk** *s zo.* a) (euroˈpäischer) Elch, Elen(tier) *n*, b) Elk *m*, Waˈpiti *m* (*Nordamerika*), c) Pferdehirsch *m*, Sambar *m* (*Südasien*). **ˈ~·hound** *s* schwedischer Elchhund.
ell[1] [el] *s* (*meist rechtwinklig angebauter*) Flügel (*e-s Gebäudes*).
ell[2] [el] *s* Elle *f* (*früheres Längenmaß*).
ˈell·fish → menhaden.
el·lipse [ɪˈlɪps] *s* **1.** *math.* Elˈlipse *f.* **2.** *selten für* ellipsis 1. **elˈlip·sis** [-sɪs] *pl* **-ses** [-siːz] *s* **1.** *ling.* Elˈlipse *f*, Auslassung *f* (*e-s Worts*). **2.** *print.* (*durch Punkte etc angedeutete*) Auslassung. **elˈlip·soid** *s math. phys.* Ellipsoˈid *n.* **el·lip·soi·dal** [ˌelɪpˈsɔɪdl; *Am.* ɪˌlɪpˈs-] *adj math.* ellipsoˈidisch, elˈliptisch: **~ coordinates** elliptische Koordinaten.
el·lip·tic [ɪˈlɪptɪk] *adj*; **elˈlip·ti·cal** [-kl] *adj* (*adv* **~ly**) **1.** *math.* elˈliptisch: **~ function; ~ geometry. 2.** *ling.* elˈliptisch, unvollständig (*Satz*).
el·lip·tic·i·ty [ˌelɪpˈtɪsətɪ; *Am.* ɪˌlɪpˈt-] *s bes. astr.* Elliptiziˈtät *f*, Abplattung *f.*
elm [elm] *s bot.* Ulme *f*, Rüster *f.* **ˈelm·y** *adj* **1.** ulmenreich. **2.** Ulmen...
el·o·cu·tion [ˌeləˈkjuːʃn] *s* **1.** Vortrag(sweise *f*) *m*, Diktiˈon *f.* **2.** Vortrags-, Redekunst *f.* **3.** Sprechtechnik *f.* **ˌel·oˈcu·tion·ar·y** [-ʃnərɪ; *Am.* -ʃəˌneriː] *adj* rednerisch, Vortrags... **ˌel·oˈcu·tion·ist** *s* **1.** Vortrags-, Redekünstler(in). **2.** Sprecherzieher(in).
e·lon·gate [ˈiːlɒŋgeɪt; *Am.* ɪˈlɔːŋ-] **I** *v/t* **1.** verlängern. **2.** *bes. tech.* strecken, dehnen. **II** *v/i* **3.** sich verlängern. **4.** *bot.* a) in die Länge wachsen, b) spitz zulaufen. **III** *adj* → elongated. **e·lon·gat·ed** *adj* **1.** verlängert: **~ charge** *mil.* gestreckte Ladung. **2.** lang u. dünn, in die Länge gezogen. **e·lon·ga·tion** [ˌiːlɒŋˈgeɪʃn; *Am.* ɪˌlɔːŋ-] *s* **1.** Verlängerung *f*, (Längen)Ausdehnung *f.* **2.** *tech.* Dehnung *f*, Streckung *f.* **3.** *astr. phys.* Elongatiˈon *f.*
e·lope [ɪˈləʊp] *v/i* **1.** (mit s-m *od.* s-r Geliebten) ‚ausreißen' *od.* ‚ˈdurchbrennen': **she ~d with her lover** sie ließ sich von ihrem Geliebten entführen. **2.** ‚sich daˈvonmachen'. **eˈlope·ment** *s* ‚ˈDurchbrennen' *n*, ‚Ausreißen' *n.* **eˈlop·er** *s* ‚Ausreißer(in').
el·o·quence [ˈeləkwəns] *s* **1.** Beredsamkeit *f*, Redegewandtheit *f.* **2.** Rheˈtorik *f*, Redekunst *f.* **ˈel·o·quent** *adj* (*adv* **~ly**) **1.** beredt, redegewandt. **2.** *fig.* a) ausdrucksvoll, b) vielsagend, beredt: **an ~ look; ~ silence.**
else [els] *adv* **1.** (*in Fragen u. Verneinungen*) sonst, weiter, außerdem: **anything ~?** sonst noch etwas?; **what ~ can we do?** was können wir sonst noch tun?; **no one ~, nobody ~** niemand sonst, weiter niemand; **nothing ~** sonst nichts; **it is nobody ~'s business** es geht sonst niemanden etwas an; **where ~?** wo anders?, wo sonst (noch)?; **nowhere ~** sonst nirgends. **2.** ander(er, e, es): **that's something ~** das ist etwas anderes; **everybody ~** alle anderen *od.* übrigen; **somebody** (*od.* **s.o.**) **~** j-d anderes; **somebody ~'s seat** der (Sitz)Platz e-s anderen. **3.** *meist* **or ~** oder, sonst, andernfalls: **hurry, (or) ~ you will be late** beeile dich, oder du kommst zu spät *od.* sonst kommst du zu spät; **or ~!** (*drohend*) oder (es passiert was)!, sonst (passiert was)! **ˌ~ˈwhere** *adv* **1.** sonstwo, anderswo, anderwärts. **2.** ˈanderswoˌhin, woˈanders hin.
e·lu·ci·date [ɪˈluːsɪdeɪt; *Br. a.* ɪˈljuː-] *v/t Text, Gründe etc* erklären, *Geheimnis etc* aufklären, aufhellen. **eˌlu·ciˈda·tion** *s* **1.** Erklärung *f*, Aufhellung *f*, Aufklärung *f.* **2.** Aufschluß *m* (**of** über *acc*). **eˈlu·ci·da·tive** *adj* erklärend, aufhellend, aufklärend. **eˈlu·ci·da·tor** [-tə(r)] *s* Erklärer(in). **eˈlu·ci·da·to·ry** [-deɪtərɪ; *Am.* -dəˌtəʊriː; -ˌtɔː-] → elucidative.
e·lude [ɪˈluːd; *Br. a.* ɪˈljuːd] *v/t* **1.** (geschickt) entgehen *od.* ausweichen (*dat*), sich entziehen (*dat*): **to ~ an obligation** sich e-r Verpflichtung entziehen. **2.** *das Gesetz etc* umˈgehen. **3.** *j-m* entgehen, *j-s* Aufmerksamkeit entgehen: **this fact ~d him; to ~ observation** nicht bemerkt werden. **4.** sich nicht (er)fassen lassen von, sich entziehen (*dat*): **a sense that ~s definition** ein Sinn, der sich nicht definieren läßt; **to ~ s.o.'s understanding** sich j-s Verständnis entziehen. **5.** nicht einfallen: **his name ~s me for the moment.**
e·lu·sion [ɪˈluːʒn; *Br. a.* ɪˈljuːʒn] *s* **1.** (geschicktes) Ausweichen *od.* Entkommen (**of** vor *dat*). **2.** Umˈgehung *f* (*e-s Gesetzes etc*). **3.** Ausflucht *f*, List *f.* **eˈlu·sive** [-sɪv] *adj* (*adv* **~ly**) **1.** schwerfaßbar (*Dieb etc*), ausweichend (*Antwort*). **2.** ˈschwer(er)faßbar *od.* -bestimmbar *od.* -defiˌnierbar. **3.** unzuverlässig, schlecht (*Gedächtnis*). **eˈlu·sive·ness** *s* **1.** Ausweichen *n* (**of** vor *dat*), ausweichendes Verhalten. **2.** Unbestimmbarkeit *f*, Undefiˈnierbarkeit *f.* **eˈlu·so·ry** [-sərɪ] *adj* **1.** täuschend, trügerisch. **2.** → elusive.
e·lu·tri·ate [ɪˈluːtrɪeɪt; *Br. a.* ɪˈljuː-] *v/t* (aus)schlämmen.
e·lu·vi·al [ɪˈluːvjəl; -vɪəl; *Br. a.* ɪˈljuː-] *adj geol.* eluviˈal, Eluvial... **eˌlu·viˈa·tion** [-vɪ-] *s geol.* Auslaugung *f* (*des Bodens*). **eˈlu·vi·um** [-əm] *s geol.* Eˈluvium *n.*
el·van [ˈelvən] *s geol.* Elvangang *m.*
el·ver [ˈelvə(r)] *s ichth.* junger Aal.
elves [elvz] *pl von* elf. **ˈelv·ish** → elfish.
E·ly·si·an [ɪˈlɪzɪən; *Am.* -ʒən] *adj* **1.** *myth.* eˈlysisch (*a. fig.*). **2.** *fig.* paraˈdiesisch, himmlisch. **Eˈly·si·um** [-zɪəm] *pl* **-si·ums, -si·a** [-ə] *s* **1.** Eˈlysium *n* (*a. fig.*). **2.** *fig.* Paraˈdies *n*, Himmel *m* (auf Erden).
el·y·tron [ˈelɪtrɒn; *Am.* -ˌtrɑn], **ˈel·y·trum** [-trəm] *pl* **-tra** [-trə] *s zo.* Deckflügel *m.*
El·ze·vir [ˈelzɪˌvɪə(r)] *print.* **I** *s* **1.** Elzevir(schrift) *f.* **2.** Elzevirdruck *m*, -ausgabe *f.* **II** *adj* **3.** Elzevir...
em [em] **I** *s* **1.** M, m *n* (*Buchstabe*). **2.** M *n*, M-förmiger Gegenstand. **3.** *print.* Geviert *n.* **II** *adj* **4.** M-..., M-förmig. **5.** *print.* Geviert...
'em [əm] *colloq. für* **them**: **let 'em go.**
e·ma·ci·ate [ɪˈmeɪʃɪeɪt] **I** *v/t* **1.** ab-, auszehren, ausmergeln. **2.** *den Boden* auslaugen. **II** *adj* [-ɪt] → emaciated. **eˈma·ci·at·ed** *adj* **1.** abgemagert, ab-, ausgezehrt, ausgemergelt. **2.** ausgelaugt (*Boden*). **eˌma·ciˈa·tion** [-sɪˈeɪʃn; -ʃɪ-] *s* **1.** Auszehrung *f*, Abmagerung *f.* **2.** Auslaugung *f.*
em·a·nate [ˈeməneɪt] **I** *v/i* **1.** ausströmen (*Gas etc*), ausstrahlen (*Licht*) (**from** von). **2.** stammen, ausgehen (**from** von). **II** *v/t* **3.** ausströmen, ausstrahlen (*beide a. fig.*). **ˌem·aˈna·tion** *s* **1.** Ausströmen *n.* **2.** Ausströmung *f*, Ausstrahlung *f* (*beide a. fig.*). **3.** Auswirkung *f.* **4.** *philos. psych. relig.* Emanatiˈon *f.*
e·man·ci·pate [ɪˈmænsɪpeɪt] *v/t* **1.** emanziˈpieren, selbständig *od.* unabhängig machen (**from** von): **to ~ o.s.** sich emanzipieren. **2.** *Sklaven* freilassen. **3.** befreien (**from** von): **the new machine has ~d us from a lot of hard work. 4.** *jur. Am.* aus der elterlichen Gewalt entlassen. **eˈman·ci·pat·ed** *adj* **1.** emanziˈpiert: **an ~ woman;** a **politically ~ mass society; an ~ citizen** ein mündiger Bürger. **2.** freigelassen (*Sklave*). **eˌman·ciˈpa·tion** *s* **1.** Emanzipatiˈon *f.* **2.** Freilassung *f* (*von Sklaven*). **3.** Befreiung *f* (**from** von). **4.** *jur. Am.* Entlassung *f* aus der elterlichen Gewalt. **eˌman·ciˈpa·tion·ist** *s* Verteidiger (-in) *od.* Befürworter(in) der Emanzipatiˈon *od.* der Sklavenfreilassung.
e·man·ci·pa·to·ry [ɪˈmænsɪpətərɪ; -peɪ-; *Am.* -pəˌtəʊriː; -ˌtɔː-] *adj* emanzipaˈtorisch.
e·mas·cu·late I *v/t* [ɪˈmæskjʊleɪt] **1.** entmannen, kaˈstrieren. **2.** verweichlichen. **3.** a) entkräften, schwächen, b) *ein Gesetz* abschwächen, verwässern. **4.** *Sprache* kraft- *od.* farblos machen. **II** *adj* [-lɪt] → emasculated. **eˈmas·cu·lat·ed** *adj*

1. entmannt, kaˈstriert. **2.** unmännlich, weibisch, verweichlicht. **3.** a) entkräftet, geschwächt, b) abgeschwächt, verwässert. **4.** kraft-, farblos. **eˌmas·cuˈla·tion** *s* **1.** Entmannung *f*, Kaˈstrierung *f*. **2.** Verweichlichung *f*. **3.** a) Entkräftung *f*, Schwächung *f*, b) Abschwächung *f*, Verwässerung *f*. **4.** Unmännlichkeit *f*. **5.** Kraft-, Farblosigkeit *f*. **eˈmas·cu·la·to·ry** [-lətərɪ; *Am.* -ləˌtəʊriː; -ˌtɔː-], *a.* **eˈmas·cu·la·tive** [-lətɪv; *Am.* -ˌleɪtɪv] *adj* verweichlichend.

em·balm [ɪmˈbɑːm] *v/t* **1.** *e-n Leichnam* (ˈein)balsaˌmieren, salben. **2.** *meist contp. Lebensmittel* mit Konserˈvierungsstoffen behandeln. **3.** *poet.* durchˈduften. **4.** *etwas* vor der Vergessenheit bewahren, *j-s Andenken* (sorgsam) bewahren *od.* pflegen: **to be ~ed in** fortleben in (*dat*). **emˈbalm·er** *s* Balsaˈmierer(in). **emˈbalm·ment** *s* (ˈEin)Balsaˌmierung *f*.

em·bank [ɪmˈbæŋk] *v/t* eindämmen, -deichen. **emˈbank·ment** *s* **1.** Eindämmung *f*, -deichung *f*. **2.** (Erd)Damm *m*. **3.** (Bahn-, Straßen)Damm *m*.

em·bar·ca·tion → **embarkation**.

em·bar·go [emˈbɑː(r)gəʊ; ɪm-] **I** *pl* **-goes** *s* **1.** *mar.* Emˈbargo *n*: a) (Schiffs-)Beschlagnahme *f* (*durch den Staat*), b) Hafensperre *f*: **civil (hostile) ~** staatsrechtliches (völkerrechtliches) Embargo; **to be under an ~** unter Beschlagnahme stehen; **to lay** (*od.* **place, put**) **an ~ on** → 3. **2.** *econ.* a) Handelssperre *f*, -verbot *n*, b) *a. allg.* Sperre *f*, Verbot *n* (**on** auf *dat od. acc*): **~ on imports** Einfuhrsperre. **II** *v/t* **3.** a) *Handel, Hafen* sperren, ein Emˈbargo verhängen über (*acc*), b) (*bes. staatsrechtlich*) beschlagnahmen, mit Beschlag belegen.

em·bark [ɪmˈbɑː(r)k; em-] **I** *v/t* **1.** *aer. mar. Passagiere* an Bord nehmen, *mar. a.* einschiffen, *Waren a.* verladen (**for** nach). **2.** *Geld* anlegen, inveˈstieren (**in** in *acc*). **II** *v/i* **3.** *aer. mar.* an Bord gehen, *mar. a.* sich einschiffen (**for** nach). **4.** (**on, upon**) sich einlassen (in *acc od.* auf *acc*), (*etwas*) anfangen *od.* unterˈnehmen. **em·bar·ka·tion** [ˌembɑː(r)ˈkeɪʃn], **emˈbark·ment** *s mar.* Einschiffung *f* (*von Passagieren, Waren*), (*von Waren a.*) Verladung *f* (*a. aer.*), *aer.* Einsteigen *n* (*von Passagieren*).

em·bar·ras de rich·esse(s) [ɑ̃baradəriʃɛs] (*Fr.*) *s* Qual *f* der Wahl.

em·bar·rass [ɪmˈbærəs] *v/t* **1.** in Verlegenheit bringen, verlegen machen, in e-e peinliche Lage versetzen. **2.** *obs. j-n* behindern, *j-m* lästig sein. **3.** in Geldverlegenheit *od.* Zahlungsschwierigkeiten bringen. **4.** *obs. etwas* (be)hindern, erschweren, kompliˈzieren. **emˈbar·rassed** *adj* **1.** verlegen, peinlich berührt, in Verlegenheit. **2.** in Geldverlegenheit, in Zahlungsschwierigkeiten. **emˈbar·rass·ing** *adj* (*adv* **~ly**) unangenehm, peinlich (**to** *dat*). **emˈbar·rass·ment** *s* **1.** Verlegenheit *f*: **to be an ~ to s.o.** a) j-n in Verlegenheit bringen, b) j-m peinlich sein. **2.** Geldverlegenheit *f*, Zahlungsschwierigkeiten *pl*. **3.** *med.* (Funktiˈons-)Störung *f*: **respiratory ~** Atemstörung.

em·bas·sy [ˈembəsɪ] *s* **1.** Botschaft *f*: a) ˈBotschaftspersoˌnal *n*, b) Botschaftsgebäude *n*. **2.** Botschafteramt *n*, -würde *f*. **3.** diploˈmatische Missiˈon: **on an ~** in diplomatischer Mission.

em·bat·tle [ɪmˈbætl] *v/t mil.* **1.** in Schlachtordnung aufstellen. **2.** *e-e Stadt etc* befestigen, zur Festung ausbauen. **emˈbat·tled** *adj* **1.** kampfbereit (*a. fig.*). **2.** mit Zinnen (versehen).

em·bed [ɪmˈbed] *v/t* **1.** (ein)betten, (ein)lagern, ver-, eingraben: **~ded in concrete** einbetoniert. **2.** (*a. fig. im Gedächtnis etc*) verankern, fest einmauern (**in** in *acc od. dat*): **firmly ~ded** fest verankert; **this day will be for ever ~ded in my memory** an diesen Tag werde ich mein ganzes Leben lang denken. **3.** (fest) umˈschließen.

em·bel·lish [ɪmˈbelɪʃ] *v/t* **1.** verschöne(r)n, (aus)schmücken, verzieren. **2.** *fig. e-e Erzählung etc* ausschmücken, *die Wahrheit* beschönigen. **emˈbel·lish·ment** *s* **1.** Verschönerung *f*, Schmuck *m*. **2.** *fig.* a) Ausschmückung *f*, Beschönigung *f*, b) *mus.* Verzierung *f*.

em·ber[1] [ˈembə(r)] *s* **1.** glühende Kohle. **2.** *pl* Glut(asche) *f*. **3.** *pl fig.* letzte Funken *pl*: **the ~s of his love; to revive the ~s of** die verblassende Erinnerung an (*acc*) neu beleben.

em·ber[2] [ˈembə(r)] *adj relig.* Quatember...: **E~ days** Quatember(fasten) *pl*.

em·ber[3] [ˈembə(r)], **ˈ~·goose** *s irr orn.* Eistaucher *m*.

em·bez·zle [ɪmˈbezl] *v/t* **1.** veruntreuen, unterˈschlagen. **2.** *obs.* vergeuden. **emˈbez·zle·ment** *s* Veruntreuung *f*, Unterˈschlagung *f*. **emˈbez·zler** *s* Veruntreuer(in).

em·bit·ter [ɪmˈbɪtə(r)] *v/t* **1.** bitter(er) machen. **2.** *fig.* a) *j-n* verbittern, b) *Lage etc* (noch) verschlimmern. **emˈbit·ter·ment** *s fig.* a) Verbitterung *f*, b) Verschlimmerung *f*.

em·bla·zon [ɪmˈbleɪzn] *v/t* **1.** *her.* heˈraldisch schmücken *od.* darstellen. **2.** schmücken, verzieren. **3.** *fig.* feiern, verherrlichen: **his feat was ~ed on the front page** s-e Leistung wurde auf der Titelseite groß herausgestellt. **4.** ˈauspoˌsaunen. **emˈbla·zon·ment** *s* heˈraldische Bemalung, Wappenschmuck *m*. **emˈbla·zon·ry** [-rɪ] *s* **1.** Wappenmaleˈrei *f*. **2.** Wappenschmuck *m*.

em·blem [ˈembləm] **I** *s* **1.** Emˈblem *n*, Symˈbol *n*, Sinnbild *n*: **national ~** Hoheitszeichen *n*. **2.** Kennzeichen *n*. **3.** Verkörperung *f* (*e-r Idee etc*). **4.** *obs.* Emˈblem *n* (*Mosaik- od. Einlegearbeit*). **II** *v/t* **5.** → **emblematize**. **ˌem·blemˈat·ic** [-blɪˈmætɪk] *adj*; **ˌem·blemˈat·i·cal** *adj* (*adv* **~ly**) embleˈmatisch, symˈbolisch, sinnbildlich: **to be ~ of** → **emblematize**. **emˈblem·a·tize** [-ˈbleməˌtaɪz] *v/t etwas* versinnbildlichen, symboliˈsieren, sinnbildlich darstellen.

em·ble·ments [ˈemblmənts] *s pl jur.* **1.** Ernteertrag *m*. **2.** Ernte-, Feldfrüchte *pl*, Ernte *f*.

em·bod·i·ment [ɪmˈbɒdɪmənt; *Am.* -ˈbɑ-] *s* **1.** Verkörperung *f*. **2.** Darstellung *f*, Verkörpern *n*. **3.** *tech.* Anwendungsform *f*. **4.** Aufnahme *f*, Einverleibung *f* (**in** in *acc*).

em·bod·y [ɪmˈbɒdɪ; *Am.* -ˈbɑ-] *v/t* **1.** körperliche Gestalt geben (*dat*). **2.** verkörpern: a) darstellen, konˈkrete Form geben (*dat*), b) personifiˈzieren: **virtue embodied** verkörperte Tugend. **3.** einfügen, aufnehmen (**in** in *acc*). **4.** umˈfassen, in sich schließen.

em·bog [ɪmˈbɒg; *Am. a.* ɪmˈbɑg] *v/t* **1.** in e-n Sumpf stürzen. **2. to become ~ged** *in fig.* sich verstricken in (*dat*).

em·bold·en [ɪmˈbəʊldən] *v/t* ermutigen, *j-m* Mut machen.

em·bo·lec·to·my [ˌembəˈlektəmɪ] *s med.* Embolektoˈmie *f* (*operative Entfernung e-s Embolus*). **emˈbol·ic** [-ˈbɒlɪk; *Am.* -ˈbɑ-] *adj biol. med.* emˈbolisch. **ˈem·bo·lism** [-bəlɪzəm] *s med.* Emboˈlie *f*. **ˈem·bo·lus** [-ləs] *pl* **-li** [-laɪ] *s med.* Embolus *m*, Gefäßpfropf *m*.

em·bon·point [ˌɔ̃ːmbɔ̃ːmˈpwæ̃ːŋ] *s* Emboˈpoint *m, n*, (Wohl)Beleibtheit *f*, Körperfülle *f*.

em·bos·om [ɪmˈbʊzəm] *v/t obs.* **1.** umˈarmen, ans Herz drücken. **2.** *fig.* ins Herz schließen. **3.** hegen u. pflegen. **4.** *fig.* umˈschließen, einhüllen, umˈgeben: **~ed in** (*od.* **with**) umgeben von, eingeschlossen *od.* eingehüllt in (*acc*).

em·boss [ɪmˈbɒs; *Am. a.* ɪmˈbɑs] *v/t tech.* **1.** a) bosseln, bosˈsieren, erhaben *od.* in Reliˈef ausarbeiten, (hohl)prägen, b) *erhabene Arbeit* (mit dem Hammer) treiben, hämmern. **2.** mit erhabener Arbeit schmücken. **3.** *Stoffe* gauˈfrieren. **4.** reich verzieren. **emˈbossed** *adj* **1.** *tech.* a) erhaben gearbeitet, getrieben, bosˈsiert, b) gepreßt, geprägt, c) gauˈfriert (*Stoffe*): **~ stamp** Prägestempel *m*. **2.** *bot.* mit e-m Buckel auf der Mitte des Hutes (*Pilz*). **3.** hoch-, herˈvorstehend. **emˈboss·ment** *s* **1.** erhabene Arbeit, Reliˈefarbeit *f*. **2.** Erhebung *f*, Wulst *m*.

em·bou·chure [ɒmbʊˈʃʊə(r); ˌɑːm-] *s* **1.** (Fluß)Mündung *f*. **2.** *mus.* a) Mundstück *n* (*e-s Blasinstruments*), b) Ansatz *m* (*des Bläsers*).

em·bowed [ɪmˈbəʊd] *adj* **1.** *arch.* gewölbt. **2.** konˈvex, gebogen.

em·bow·el [ɪmˈbaʊəl] *v/t obs.* **1.** → **disembowel**. **2.** einbetten.

em·brace[1] [ɪmˈbreɪs] **I** *v/t* **1.** a) umˈarmen, in die Arme schließen, b) umˈfassen, umˈklammern. **2.** *a. fig.* einschließen, umˈschließen, umˈfassen, in sich schließen. **3.** *fig.* a) bereitwillig annehmen, sich zu eigen machen, b) *e-e Gelegenheit* ergreifen, c) *ein Angebot, a. e-e Religion etc* annehmen, d) *e-n Beruf* ergreifen, *e-e Laufbahn* einschlagen, e) *e-e Hoffnung* hegen. **4.** in sich aufnehmen, erfassen. **II** *v/i* **5.** sich umˈarmen. **III** *s* **6.** Umˈarmung *f*.

em·brace[2] [ɪmˈbreɪs] *v/t jur. Geschworene etc* a) bestechen, b) zu bestechen versuchen.

em·brac·er, *a.* **em·brace·or** [ɪmˈbreɪsə(r)] *s jur.* j-d, der Geschworene *etc* besticht *od.* zu bestechen versucht. **emˈbrac·er·y** [-sərɪ] *s jur.* Bestechung(sversuch *m*) *f*.

em·branch·ment [ɪmˈbrɑːntʃmənt; *Am.* -ˈbræntʃ-] *s* Gabelung *f*, Verzweigung *f*.

em·bra·sure [ɪmˈbreɪʒə(r)] *s* **1.** *arch.* Laibung *f*. **2.** *mil.* (Schieß)Scharte *f*.

em·bro·cate [ˈembrəʊkeɪt] *v/t med.* einreiben. **ˌem·broˈca·tion** *s* **1.** Einreibung *f*. **2.** Einreibemittel *n*.

em·broi·der [ɪmˈbrɔɪdə(r)] **I** *v/t* **1.** *Muster* sticken. **2.** *Stoff* besticken, mit Stikkeˈrei verzieren. **3.** *fig. e-n Bericht etc* ausschmücken. **II** *v/i* **4.** sticken. **5. ~ (up)on** → 3. **emˈbroi·der·er** *s* Sticker(in). **emˈbroi·der·y** *s* **1.** Sticken *n*: **~ cotton** Stickgarn *n*; **~ frame** Stickrahmen *m*; **~ needle** Sticknadel *f*. **2.** Stickeˈrei(arbeit) *f*: **to do ~** sticken. **3.** *fig.* Ausschmückung *f*.

em·broil [ɪmˈbrɔɪl] *v/t* **1.** *j-n* verwickeln, hinˈeinziehen: **~ed in a war** in e-n Krieg verwickelt. **2.** *j-n* in Konˈflikt bringen (**with** mit). **3.** verwirren, durcheinˈanderbringen. **emˈbroil·ment** *s* **1.** Verwicklung *f*. **2.** Verwirrung *f*.

em·bry·o [ˈembrɪəʊ] **I** *pl* **-os** *s* **1.** *biol.* a) Embryo *m*, b) (Frucht)Keim *m*: **~ sac** *bot.* Embryosack *m*. **2.** *fig.* Keim *m*: **in ~** im Keim, im Entstehen, im Werden. **II** *adj* → **embryonic**.

em·bry·o·gen·e·sis [ˌembrɪəʊˈdʒenɪsɪs], **ˌem·bryˈog·e·ny** [-ˈɒdʒɪnɪ; *Am.* -ˈɑdʒə-] *s biol.* Embryogeˈnese *f*, Embryogeˈnie *f*: a) *Entstehung u. Entwicklung des Embryos*, b) *Keimesentwicklung*. **ˌem·bryˈol·o·gy** [-ˈɒlədʒɪ; *Am.* -ˈɑl-] *s med.* Embryoloˈgie *f*.

em·bry·o·nal [ˈembrɪənl; emˈbraɪənl] → **embryonic**. **ˈem·bry·o·nate** [-brɪəneɪt], ˈ**em·bry·o·nat·ed** *adj biol.* Embryˈonen *od.* e-n Embryo enthaltend. ˌ**em·bryˈon·ic** [-brɪˈɒnɪk; *Am.* -ˈɑn-] *adj* **1.** *biol.* embryoˈnal, *biol.* Embryo... **2.** *fig.* (noch) unentwickelt, rudimenˈtär, keimend.

em·bus [ɪmˈbʌs] *mil.* **I** *v/t* auf Kraftfahrzeuge verladen. **II** *v/i* auf Kraftfahrzeuge verladen werden, aufsitzen.

em·bus·qué [ˌɑːmbuːˈskeɪ] *pl* **-qués** *s mil.* Drückeberger *m.*

em·cee [ˌemˈsiː] *colloq.* **I** *s* a) Zereˈmonienmeister *m,* b) *thea. etc bes. Am.* Conférenciˈer *m.* **II** *v/t u. v/i* als Zereˈmonienmeister *od.* Conférenciˈer leiten (funˈgieren).

e·mend [iːˈmend] *v/t bes. Texte* verbessern, korriˈgieren.

e·men·da·tion [ˌiːmenˈdeɪʃn] *s* Verbesserung *f,* Korrekˈtur *f.* ˈ**e·men·da·tor** [-tə(r)] *s* (Text)Verbesserer *m.* **e·men·da·to·ry** [iːˈmendətərɪ; *Am.* -ˌtəʊriː; -ˌtɔː-] *adj* (text)verbessernd, Verbesserungs...

em·er·ald [ˈemərəld; ˈemrəld] **I** *s* **1.** *min.* Smaˈragd *m.* **2.** *a.* ~ **green** Smaˈragdgrün *n.* **3.** *hist.* Inˈsertie *f* (*Schriftgrad von etwa $6^1/_2$ Punkt*). **II** *adj* **4.** smaˈragdgrün: **the E~ Isle** die grüne Insel (*Irland*). ~ **feath·er** *s bot.* Spargelkraut *n,* Gärtnergrün *n.*

e·merge [ɪˈmɜːdʒ; *Am.* ɪˈmɜrdʒ] *v/i* **1.** auftauchen: a) an die (Wasser)Oberfläche kommen, b) *a. fig.* zum Vorschein kommen, sich zeigen, c) *fig.* sich erheben (*Frage, Problem*), d) *fig.* auftreten, in Erscheinung treten. **2.** herˈvor-, herˈauskommen. **3.** sich herˈausstellen *od.* ergeben (*Tatsache*). **4.** (*als Sieger etc*) herˈvorgehen (**from** aus). **5.** *fig.* aufstreben. eˈ**mer·gence** [iːˈm-; ɪˈm-] *s* **1.** Auftauchen *n* (*a. fig.*). **2.** *bot.* Emerˈgenz *f,* Auswuchs *m.* **3.** → **emergent evolution.**

e·mer·gen·cy [ɪˈmɜːdʒənsɪ; *Am.* -ˈmɜr-] **I** *s* (*plötzlich eintretende*) Not(lage), (*a. nationaler*) Notstand, ˈunvorˌhergesehenes Ereignis, kritische Lage: **in an** ~, **in case of** ~ im Ernst- *od.* Notfall; **state of** ~ Notstand, *pol. a.* Ausnahmezustand *m.* **II** *adj* Not(stands)..., (Aus)Hilfs..., Behelfs...: ~ **aid (program[me])** Soforthilfe(programm *n*) *f.* ~ **brake** *s* **1.** *tech.* Notbremse *f.* **2.** *mot.* Feststellbremse *f.* ~ **ca·ble** *s electr.* Hilfskabel *n.* ~ **call** *s teleph.* Notruf *m.* ~ **clause** *s* Dringlichkeits-, Notklausel *f.* ~ **de·cree** *s* Notverordnung *f.* ~ **door,** ~ **ex·it** *s* Notausgang *m.* ~ **hos·pi·tal** *s* Aˈkutkrankenhaus *n.* ~ **land·ing** *s aer.* Notlandung *f.* ~ **land·ing field** *s aer.* Notlande-, Hilfslandeplatz *m.* ~ **light(·ing)** *s* Notbeleuchtung *f.* ~ **meas·ure** *s* Not(stands)maßnahme *f.* ~ **meet·ing** *s* Dringlichkeitssitzung *f.* ~ **pow·ers** *s pl pol.* Vollmachten *pl* auf Grund e-s Notstandsgesetzes. ~ **ra·tion** *s mil.* eiserne Ratiˈon. ~ **ward** *s med.* Notaufnahme *f.*

e·mer·gent [iːˈmɜːdʒənt; *Am.* ɪˈmɜr-] *adj* (*adv* ~**ly**) **1.** auftauchend (*a. fig.*). **2.** *fig.* (jung u.) aufstrebend: **the** ~ **countries of Africa** die Schwellenländer Afrikas. **3.** aˈkut: ~ **danger.** ~ **ev·o·lu·tion** *s philos.* Emerˈgenz *f* (*Theorie, wonach höhere Seinsstufen durch neu auftauchende Qualitäten aus niederen entstehen*).

e·mer·i·tus [iːˈmerɪtəs] **I** *pl* **-ti** [-taɪ] *s* Eˈmeritus *m.* **II** *adj* emeriˈtiert: ~ **professor.**

e·mersed [iːˈmɜːst; *Am.* iːˈmɜrst] *adj bot.* eˈmers, (*aus dem Wasser*) herˈausragend. eˈ**mer·sion** [-ʃn; *Am. a.* -ʒən] *s* **1.** *obs. für* **emergence** 1. **2.** *astr.* Emersiˈon *f,* Austritt *m* (*e-s Gestirns aus dem Schatten e-s anderen*).

em·er·y [ˈemərɪ] **I** *s* **1.** *min.* körniger Koˈrund, Schmirgel *m*: **to rub with** ~ → 3. **II** *v/t* **2.** mit Schmirgel bedecken. **3.** (ab)schmirgeln. **III** *adj* **4.** Schmirgel...: ~ **paper;** ~ **powder;** ~ **stone.** ~ **board** *s* Paˈpier(nagel)feile *f.* ~ **cake** *s tech.* Schmirgelkuchen *m.* ~ **cloth** *s* Schmirgelleinen *n.*

em·e·sis [ˈemɪsɪs] *s med.* Emesis *f,* Erbrechen *n.*

e·met·ic [ɪˈmetɪk] *med. pharm.* **I** *adj* (*adv* ~**ally**) eˈmetisch, Brechreiz erregend. **II** *s* Eˈmetikum *n,* Brechmittel *n.*

em·i·grant [ˈemɪgrənt] **I** *s* **1.** Auswanderer *m, bes. pol.* Emiˈgrant(in). **II** *adj* **2.** auswandernd, *bes. pol.* emiˈgrierend. **3.** Auswanderungs..., Auswanderer..., *bes. pol.* Emigranten...

em·i·grate [ˈemɪgreɪt] **I** *v/i* auswandern, *bes. pol.* emiˈgrieren (**from** aus, von; **to** nach). **II** *v/t* zur Auswanderung *od.* Emigratiˈon veranlassen. ˌ**em·iˈgra·tion** *s* **1.** Auswanderung *f, bes. pol.* Emigratiˈon *f.* **2.** *collect.* Auswanderer *pl.* **3.** → **diapedesis.**

é·mi·gré [ˈemɪgreɪ] *s pol.* Emiˈgrant(in).

em·i·nence [ˈemɪnəns] *s* **1.** Erhöhung *f,* (An)Höhe *f.* **2.** a) hohe Stellung, Würde *f,* hoher Rang, b) Ruhm *m,* Berühmtheit *f,* Bedeutung *f*: **to reach** (*od.* **win**) ~ Bedeutung erlangen (**as** als). **3.** *R.C.* Emiˈnenz *f* (*Titel der Kardinäle*).

é·mi·nence grise, *pl* **-nences grises** [eminɑ̃sgriz] (*Fr.*) *s* graue Emiˈnenz.

em·i·nent [ˈemɪnənt] *adj* **1.** herˈvorragend, ausgezeichnet, berühmt. **2.** a) emiˈnent, bedeutend, herˈvorragend, b) vornehm, erhaben. **3.** überˈragend, außergewöhnlich: **an** ~ **success.** **4.** hoch (-ragend): **an** ~ **promontory.** **5.** → **domain** 1. ˈ**em·i·nent·ly** *adv* in hohem Maße, ˈüberaus, äußerst, herˈvorragend.

e·mir [eˈmɪə(r); ɪˈm-] *s* Emir *m.* **e·mir·ate** [eˈmɪərət; *Am.* ɪˈmɪrət] *s* Emiˈrat *n* (*Würde od. Herrschaftsgebiet e-s Emirs*).

em·is·sar·y [ˈemɪsərɪ; *Am.* -ˌseriː] **1.** Emisˈsär *m,* Abgesandte(r) *m.* **2.** Geˈheimaˌgent *m,* Spiˈon *m.* **3.** Bote *m.*

e·mis·sion [ɪˈmɪʃn] *s* **1.** Ausstoß *m* (*von Rauch etc*), Ausstrahlung *f* (*von Licht etc*), Aus-, Verströmen *n* (*von Gas etc*), *phys.* Emissiˈon *f,* Aussendung *f* (*von Elektronen etc*): **Newton's theory of** ~ *phys.* Newtonsche Emissionstheorie; ~ **spectrum** *phys.* Emissionsspektrum *n.* **2.** *physiol.* Ausfluß *m, bes.* (nächtlicher) Samenerguß. **3.** *econ.* Ausgabe *f* (*von Banknoten*), (*von Wertpapieren a.*) Emissiˈon *f.* **4.** Ausdünstung *f.* **5.** *obs.* Veröffentlichung *f.* **em·is·siv·i·ty** [ˌemɪˈsɪvətɪ; ˌɪmɪ-] *s phys.* Emissiˈonsvermögen *n.*

e·mit [ɪˈmɪt] *v/t* **1.** *Lava, Rauch* ausstoßen, *Licht, Wärme* ausstrahlen, *Gas, Wärme* aus-, verströmen, *phys. Elektronen etc* emitˈtieren, aussenden. **2.** *e-e Verfügung* ergehen lassen. **3.** a) *e-n Ton, a. e-e Meinung* von sich geben, äußern, b) *e-n Schrei, Fluch etc* ausstoßen. **4.** *Banknoten* ausgeben, *Wertpapiere a.* emitˈtieren. **5.** *obs.* veröffentlichen.

em·men·a·gogue [ɪˈmenəgɒg; *Am.* -ˌgɑg] *s med. pharm.* Emmenaˈgogum *n* (*den Eintritt der Menstruation förderndes Mittel*).

Em·men·t(h)al [ˈeməntɑːl], ˈ**Em·men·t(h)al·er** [-lə(r)] *s* Emmentaler *m* (*Käse*).

em·met [ˈemɪt] *s zo. obs. od. dial* [Ameise *f.*]

em·me·tro·pi·a [ˌemɪˈtrəʊpɪə] *s* Emmetroˈpie *f,* Norˈmalsichtigkeit *f.*

Em·my [ˈemɪ] *pl* **-mys, -mies** *s TV* Emmy *f* (*jährlich in den USA verliehene Statuette für die beste schauspielerische Leistung od. die beste Produktion*).

e·mol·li·ent [ɪˈmɒlɪənt; *Am.* ɪˈmɑljənt] **I** *adj* **1.** *Kosmetik*: beruhigend, lindernd: ~ **cream.** **2.** *fig.* beruhigend, sanft. **II** *s* **3.** *Kosmetik*: beruhigendes *od.* linderndes Mittel.

e·mol·u·ment [ɪˈmɒljʊmənt; *Am.* ɪˈmɑljə-] *s meist pl* Einkünfte *pl.*

e·mote [ɪˈməʊt] *v/i colloq.* e-n Gefühlsausbruch erleiden *od.* mimen.

e·mo·tion [ɪˈməʊʃn] *s* **1.** Emotiˈon *f,* Gefühl *n,* Gemütsbewegung *f,* (Gefühls-)Regung *f.* **2.** Gefühlswallung *f,* Erregung *f,* Leidenschaft *f.* **3.** Rührung *f,* Ergriffenheit *f.* **eˈmo·tion·a·ble** *adj* erregbar. **eˈmo·tion·al** [-ʃənl] *adj* (*adv* → **emotionally**) **1.** emotioˈnal, emotioˈnell: a) gefühlsmäßig, -bedingt, b) gefühlsbetont, leichterregbar, empfindsam, c) Gemüts..., Gefühls..., seelisch: ~ **balance** inneres *od.* seelisches Gleichgewicht; ~ **development** seelische Entwicklung. **2.** gefühlvoll, rührselig. **eˈmo·tion·al·ism** *s* **1.** Gefühlsbetontheit *f,* Empfindsamkeit *f.* **2.** Geˌfühlsduseˈlei *f.* **3.** Gefühlsäußerung *f.* **4.** Emotionaˈlismus *m* (*Auffassung, nach der alles Psychische durch Emotionen bestimmt ist*). **eˈmo·tion·al·ist** *s* Gefühlsmensch *m.* **eˌmo·tionˈal·i·ty** [-ʃnˈælətɪ] *s* Emotionaˈlität *f,* emotioˈnale Verhaltensweise *od.* Äußerungsform. **eˈmo·tion·al·ize** [-ʃənlaɪz] **I** *v/t j-n, e-e Rede etc* emotionaliˈsieren. **II** *v/i* in Gefühlen schwelgen. **eˈmo·tion·al·ly** [-ʃnəlɪ] *adv* emotioˈnal, emotioˈnell, gefühlsmäßig, seelisch: **to behave** ~ s-n Gefühlen freien Lauf lassen; ~ **disturbed** seelisch gestört; ~ **ill** gemütskrank. **eˈmo·tion·less** *adj* **1.** unbewegt, ungerührt. **2.** gefühllos.

e·mo·tive [ɪˈməʊtɪv] *adj* **1.** emoˈtiv, gefühlsbedingt. **2.** gefühlvoll: **an** ~ **speech.** **3.** gefühlsbetont: ~ **language;** ~ **term** (*od.* **word**) a) emotionsgeladenes Wort, b) Reizwort *n.* **e·mo·tiv·i·ty** [ˌiːməʊˈtɪvətɪ] *s* Emotiviˈtät *f,* Gefühlsbedingtheit *f.*

em·pale [ɪmˈpeɪl] → **impale.**

em·pan·el [ɪmˈpænl] → **impanel.**

em·path·ic [emˈpæθɪk] *adj* (*adv* ~**ally**) emˈpathisch, einfühlend. **em·pa·thize** [ˈempəθaɪz] **I** *v/i* Einfühlungsvermögen haben *od.* zeigen. **II** *v/t* sich einfühlen in (*acc*). **em·pa·thy** [ˈempəθɪ] *s* Empaˈthie *f,* Einfühlung(svermögen *n*) *f*: **to feel** ~ **for** sich hineinversetzen in (*acc*).

em·pen·nage [emˈpenɪdʒ; *Am.* ˌɑːmpəˈnɑːʒ] *s aer.* Leitwerk *n.*

em·per·or [ˈempərə(r)] *s* **1.** Kaiser *m.* **2.** → **purple emperor.** ~ **bo·a** *s zo.* Kaiserboa *f.* ~ **fish** *s* Kaiserfisch *m.* ~ **moth** *s zo.* Kleines Nachtpfauenauge. ~ **pen·guin** *s zo.* Kaiserpinguin *m.*

em·per·y [ˈempərɪ] *s poet.* **1.** Kaiserreich *n.* **2.** absoˈlute Herrschaft.

em·pha·sis [ˈemfəsɪs] *pl* **-ses** [-siːz] *s* **1.** Betonung *f*: a) *ling.* Ton *m,* Akˈzent *m* (**on** auf *dat*), b) *Rhetorik*: Emˈphase *f,* Herˈvorhebung *f.* **2.** *fig.* Betonung *f*: a) Gewicht *n,* Schwerpunkt *m,* b) Nachdruck *m*: **to lay** (*od.* **place**) ~ **on** → **emphasize; to give** ~ **to s.th.** e-r Sache Nachdruck verleihen; **the** ~ **of the reform was on discipline** der Nachdruck *od.* Schwerpunkt der Reform lag auf Disziplin; **with** ~ nachdrücklich, mit Nachdruck; **he spoke with special** ~ **on** er legte in s-r Rede besonderen Nachdruck auf (*acc*). **3.** *paint. etc* Deutlichkeit *f,* Schärfe *f*: **the sunlight gave** ~ **to the shape of the mountain** das Sonnenlicht hob die Konturen des Berges hervor. ˈ**em·pha·size** [-saɪz] *v/t* **1.** (nachdrücklich) betonen, Nachdruck legen auf (*acc*), herˈvorheben, unterˈstreichen. **2.** besonderen Wert legen auf (*acc*).

em·phat·ic [ɪmˈfætɪk; em-] *adj* (*adv*

~ally) **1.** nachdrücklich: a) em'phatisch, betont, ausdrücklich, deutlich, b) bestimmt, (ganz) entschieden. **2.** em'phatisch, eindringlich.

em·phy·se·ma [ˌemfɪ'si:mə] *s med.* Emphy'sem *n*: a) *Luftansammlung im Gewebe*, b) *Aufblähung von Organen od. Körperteilen, bes. bei e-m vermehrten Luftgehalt in den Lungen.*

em·pire ['empaɪə(r)] **I** *s* **1.** Reich *n*, Im'perium *n* (*beide a. econ. u. fig.*): **the (British) E~** das Brit. (Welt)Reich. **2.** Kaiserreich *n*. **3.** (Ober)Herrschaft *f*, Gewalt *f* (**over** über *acc*). **II** *adj* **4.** **E~** Empire..., im Em'pirestil: ~ **furniture**; ~ **gown**. **5.** Reichs...: ~ **building** a) Schaffung *f* e-s Weltreichs, b) *fig.* Bildung *f* e-r Hausmacht, Schaffung *f* e-s eigenen (kleinen) Imperiums. **E~ Cit·y** *s Am. Beiname der Stadt New York.* **E~ Day** *s brit. Staatsfeiertag am 24. Mai, dem Geburtstag der Königin Victoria.* **E~ State** *s Am. Beiname des Staates New York.*

em·pir·ic [em'pɪrɪk] **I** *s* **1.** *scient.* Em'piriker(in). **2.** *obs.* Kurpfuscher(in). **II** *adj* (*adv* ~**ally**) → **empirical.** **em'pir·i·cal** *adj* (*adv* ~**ly**) **1.** *scient.* em'pirisch, erfahrungsmäßig, Erfahrungs...: ~ **formula** *chem.* empirische Formel, Summen-, Bruttoformel *f*. **2.** *obs.* kurpfuscherhaft.

em·pir·i·cism [em'pɪrɪsɪzəm] *s* **1.** *philos.* Empi'rismus *m*. **2.** *scient.* Empi'rie *f*, Er'fahrungsmeˌthode *f*. **3.** *obs.* Kurpfusche'rei *f*. **em'pir·i·cist I** *s* **1.** *philos.* Empi'rist(in). **2.** → **empiric** I. **II** *adj* **3.** *philos.* empi'ristisch. **4.** → **empirical.**

em·place [ɪm'pleɪs] *v/t* **1.** aufstellen. **2.** *mil. Geschütze* in Stellung bringen. **em'place·ment** *s* **1.** Aufstellung *f*. **2.** *mil.* a) Geschütz-, Feuerstellung *f*, b) Bettung *f*.

em·plane [ɪm'pleɪn] *aer.* **I** *v/t Passagiere* an Bord nehmen, *Waren a.* verladen (**for** nach). **II** *v/i* an Bord gehen.

em·ploy [ɪm'plɔɪ] **I** *v/t* **1.** *j-n* beschäftigen: **the firm ~s 50 men.** **2.** *j-n* an-, einstellen. **3.** an-, verwenden, gebrauchen: **to ~ force** Gewalt anwenden. **4.** (**in**) *Energie etc* widmen (*dat*), *Zeit* verbringen (mit): **to ~ all one's energies in s.th.** e-r Sache s-e ganze Kraft widmen; **to be ~ed in doing s.th.** damit beschäftigt sein, etwas zu tun. **5. to ~ a lot of time** viel Zeit kosten. **II** *s* **6.** Dienst(e *pl*) *m*, Beschäftigung(sverhältnis *n*) *f*: **in ~** beschäftigt; **out of ~** ohne Beschäftigung, stellen-, arbeitslos; **to be in s.o.'s ~** in j-s Dienst(en) stehen, bei j-m beschäftigt *od.* angestellt sein. **em'ploy·a·ble** *adj* **1.** arbeitsfähig. **2.** an-, einstellbar, zu beschäftigen(d). **3.** an-, verwendbar, verwendungsfähig. **em·ploy·e** [ɪmˌplɔɪ'i:] *Am. für* **employee.**

em·ploy·ee [ˌemplɔɪ'i:; *Am. bes.* ɪmˌplɔɪ'i:] *s* Arbeitnehmer(in), Angestellte(r *m*) *f*, Arbeiter(in): **the ~s** a) die Arbeitnehmer(schaft), b) die Belegschaft (*e-s Betriebes*); **~'s contribution** Arbeitnehmeranteil *m* (*zur Sozialversicherung*).

em'ploy·er *s* a) Arbeitgeber(in), b) Unter'nehmer(in): **~s' association** Arbeitgeberverband *m*; **~'s contribution** Arbeitgeberanteil *m* (*zur Sozialversicherung*); **~'s liability** Unternehmerhaftpflicht *f*; **~'s insurance** Betriebshaftpflichtversicherung *f*.

em'ploy·ment *s* **1.** Beschäftigung *f* (*a. allg.*), Arbeit *f*, (An)Stellung *f*: **full ~** Vollbeschäftigung *f*; **in ~** beschäftigt; **out of ~** ohne Beschäftigung, stellen-, arbeitslos; **to give ~ to s.o.** j-n beschäftigen (→ 2). **2.** Ein-, Anstellung *f*: **to give ~ to s.o.** j-n ein- *od.* anstellen (→ 1). **3.** Beruf *m*, Tätigkeit *f*. **4.** An-, Verwendung *f*. **~ a·gen·cy, ~ bu·reau** *s* 'Stellenvermittlung(sbüˌro *n*) *f*. **~ con·tract** *s* Arbeitsvertrag *m*. **~ ex·change** *s Br. obs.* Arbeitsamt *n*. **~ mar·ket** *s* Arbeits-, Stellenmarkt *m*. **~ pro·tec·tion** *s* Arbeitsschutz *m*. **~ pro·tec·tion act** *s* Arbeitsschutzgesetz *n*. **~ ser·vice a·gen·cy** *s Br.* Arbeitsamt *n*.

em·poi·son [ɪm'pɔɪzn] *v/t* **1.** *obs.* vergiften (*a. fig.*). **2.** → **embitter** 2.

em·po·ri·um [em'pɔ:rɪəm; *Am. a.* ɪm'pəʊ-] *pl* **-ri·ums** *od.* **-ri·a** [-rɪə] *s* **1.** a) Handelszentrum *n*, b) Markt *m* (*Stadt*). **2.** Warenhaus *n*.

em·pow·er [ɪm'paʊə(r)] *v/t* **1.** bevollmächtigen, ermächtigen (**to do** zu tun). **2.** befähigen (**to do** zu tun).

em·press ['emprɪs] *s* **1.** Kaiserin *f*. **2.** *fig.* Beherrscherin *f* (*Land*): **~ of the seas.**

em·prise [em'praɪz] *s obs.* Unter'nehmen *n*, Wagnis *n*.

emp·ti·ness ['emptɪnɪs] *s* **1.** Leerheit *f*, Leere *f*. **2.** *fig.* Hohlheit *f*, (innerliche *od.* inhaltliche) Leere. **3.** Mangel *m* (**of** an *dat*).

emp·ty ['emptɪ] **I** *adj* (*adv* **emptily**) **1.** leer: **to feel ~** *colloq.* ‚Kohldampf schieben' (*Hunger haben*); → **stomach** 1. **2.** leer(stehend), unbewohnt. **3.** leer, unbeladen: **~ weight** Eigen-, Leergewicht *n*. **4.** **~ of** ohne (*acc*): **~ of joy** freudlos; **~ of meaning** nichtssagend; **~ of traffic** leer. **5.** *fig.* leer, nichtssagend, inhaltslos, hohl: **~ promises** leere Versprechungen; **~ talk** leeres *od.* hohles Gerede. **II** *v/t* **6.** (aus)leeren, entleeren, leer machen, *Fach etc* ausräumen, *e-n Lastwagen etc* abladen, *e-e Pfeife* ausklopfen. **7.** *ein Glas etc* leeren, austrinken. **8.** *ein Haus etc* räumen. **9.** schütten, leeren, gießen (**into** in *acc*). **10. to ~ itself** → 13. **11.** berauben (**of** *gen*): **to ~ s.th. of its importance** e-r Sache ihre Bedeutung nehmen. **III** *v/i* **12.** leer werden, sich leeren. **13.** sich ergießen, münden (**into the sea** ins Meer). **14.** s-e Notdurft verrichten. **IV** *s* **15.** *pl* Leergut *n*. **ˌ~-'hand·ed** *adj* mit leeren Händen, 'unverrichteter'dinge. **ˌ~-'head·ed** *adj* hohlköpfig, geistlos.

e·mu ['i:mju:] *s orn.* Emu *m*.

em·u·late ['emjʊleɪt] *v/t* **1.** wetteifern mit. **2.** nacheifern (*dat*), es gleichtun wollen (*dat*). **ˌem·u'la·tion** *s* **1.** Wetteifer *m*. **2.** Nacheifern *n*: **in ~ of s.o.** in dem Bestreben, es j-m gleichzutun. **'em·u·la·tive** [-lətɪv; *Am.* -ˌleɪ-] *adj*: **to be ~ of s.o.** a) mit j-m wetteifern, b) j-m nacheifern, es j-m gleichtun wollen. **'em·u·la·tor** [-tə(r)] *s* **1.** Wetteiferer *m*. **2.** Nacheiferer *m*.

e·mul·si·fi·a·ble [ɪ'mʌlsɪfaɪəbl] *adj chem.* emul'gierbar. **eˌmul·si·fi'ca·tion** [-fɪ'keɪʃn] *s* Emul'gierung *f*. **e'mul·si·fi·er** [-faɪə(r)] *s* E'mulgens *n*, Emulsi'onsmittel *n*. **e'mul·si·fy** [-faɪ] *v/t u. v/i* emul'gieren.

e·mul·sion [ɪ'mʌlʃn] *s chem. med. phot.* Emulsi'on *f*: **~ (paint)** Emulsionsfarbe *f*. **e'mul·sion·ize** → **emulsify.** **e'mul·sive** [-sɪv] *adj* emulsi'onsartig, Emulsions...

en [en] **I** *s* **1.** N, n *n* (*Buchstabe*). **2.** N *n*, N-förmiger Gegenstand. **3.** *print.* Halbgeviert *n*. **II** *adj* **4.** N-förmig, N-... **5.** *print.* Halbgeviert...

en·a·ble [ɪ'neɪbl] *v/t* **1.** *j-n* berechtigen, ermächtigen: **to ~ s.o. to do s.th.** j-n dazu ermächtigen, etwas zu tun; **enabling act** *pol.* Ermächtigungsgesetz *n*. **2.** *j-n* befähigen, j-n in den Stand setzen, es j-m möglich machen *od.* ermöglichen: **this ~d me to come** dies machte es mir möglich zu kommen. **3.** *etwas* möglich machen, ermöglichen: **to ~ s.th. to be done** es ermöglichen, daß etwas geschieht; **this ~s the housing to be detached** dadurch kann das Gehäuse abgenommen werden.

en·act [ɪ'nækt] *v/t* **1.** *jur.* a) *ein Gesetz* erlassen, b) (gesetzlich) verfügen, verordnen, c) *e-m Parlamentsbeschluß* Gesetzeskraft verleihen, *etwas* zum Gesetz erheben: **~ing clause** Einführungsklausel *f*. **2.** *thea.* a) *ein Stück* aufführen, insze'nieren, b) *e-e Person od. Rolle* darstellen, spielen, c) *fig.* in Szene setzen: **to be ~ed** über die Bühne gehen, sich abspielen. **en'act·ment** *s* **1.** *jur.* a) Erlassen *n* (*e-s Gesetzes*), b) Erhebung *f* zum Gesetz, c) (gesetzliche) Verfügung *od.* Verordnung, Gesetz *n*, Erlaß *m*. **2.** Spiel *n*, Darstellung *f* (*e-r Rolle*).

en·am·el [ɪ'næml] **I** *s* **1.** E'mail(le *f*) *n*, Schmelzglas *n* (*auf Metall*). **2.** Gla'sur *f* (*auf Töpferwaren*). **3.** E'mail- *od.* Gla'surmasse *f*. **4.** E'mailgeschirr *n*. **5.** *paint.* E'mailmaleˌrei *f*. **6.** *tech.* Lack *m*, ('Schmelz)Glaˌsur *f*, Schmelz *m*. **7.** *anat.* (Zahn)Schmelz *m*: **~ cell** innere Schmelzzelle. **8.** Nagellack *m*. **II** *v/t pret u. pp* **-eled,** *bes. Br.* **-elled 9.** email'lieren. **10.** gla'sieren. **11.** lac'kieren: **to ~ one's nails** sich die Nägel lackieren. **12.** in E'mail malen. **13.** in leuchtenden Farben schmücken. **III** *v/i* **14.** in E'mail arbeiten *od.* malen. **IV** *adj* **15.** a) Email...: **~ painting** → 5; **~ ware** → 4, b) Emaillier...: **~ kiln** Emaillierofen *m*. **16.** *anat.* (Zahn)Schmelz... **en'am·el·er,** *bes. Br.* **en'am·el·ler** *s* Email'leur *m*, Schmelzarbeiter *m*.

en·am·or, *bes. Br.* **en·am·our** [ɪ'næmə(r)] *v/t*: **to be ~ed of** a) verliebt sein in (*acc*), b) *fig.* gefesselt *od.* bezaubert *od.* angetan sein von.

en·ar·thro·sis [ˌenɑ:(r)'θrəʊsɪs] *pl* **-ses** [-si:z] *s anat.* Enar'throse *f*, Nußgelenk *n*.

e·na·tion [ɪ'neɪʃn] *s bot.* Auswuchs *m*.

en bloc [ɑ̃blɔk] (*Fr.*) *adv* im ganzen, als Ganzes, en bloc.

en·cae·ni·a [en'si:njə] *s* Gründungs-, Stiftungsfest *n*.

en·cage [ɪn'keɪdʒ] *v/t* (in e-n Käfig) einsperren, einschließen.

en·camp [ɪn'kæmp] **I** *v/i* **1.** sein Lager aufschlagen. **2.** *mil.* lagern. **II** *v/t* **3.** *mil.* lagern lassen: **to be ~ed** lagern. **en'camp·ment** *s mil.* **1.** (Feld)lager *n*. **2.** Lagern *n*.

en·cap·su·late [ɪn'kæpsjʊleɪt; *Am.* -psəˌleɪt] *v/t* **1.** ein-, verkapseln. **2.** *Fakten etc* zs.-fassen.

en·car·pus [en'kɑ:(r)pəs] *pl* **-pi** [-paɪ] *s arch.* 'Fruchtgirˌlande *f*.

en·case [ɪn'keɪs] *v/t* **1.** einschließen. **2.** um'schließen, (um)'hüllen: **~d in** gehüllt in (*acc*). **en'case·ment** *s* **1.** Einschließung *f*. **2.** Um'schließung *f*, -'hüllung *f*, Hülle *f*.

en·cash [ɪn'kæʃ] *v/t Br. Scheck etc* einlösen. **en'cash·a·ble** *adj Br.* einlösbar. **en'cash·ment** *s Br.* Einlösung *f*.

en·caus·tic [en'kɔ:stɪk; ɪn-] *paint.* **I** *adj* (*adv* **~ally**) en'kaustisch: a) eingebrannt, b) *die Enkaustik betreffend*: **~ tile** buntglasierte Kachel. **II** *s a.* **~ painting** En'kaustik *f*, en'kaustische Male'rei.

en·ceinte[1] [ɑ̃:ŋ'sæ:nt] *adj* schwanger: **to be five months ~** im 5. Monat schwanger sein.

en·ceinte[2] [ɑ̃:ŋ'sæ:nt] *s* **1.** *mil.* En'ceinte *f*, Um'wallung *f*. **2.** um'mauerter Stadtteil.

en·ceph·a·la [en'kefələ; *Am.* ɪn'sefələ] *pl von* **encephalon.**

en·ce·phal·ic [ˌenkə'fælɪk; ˌensɪ'f-] *adj med.* Gehirn..., das Gehirn betreffend.

en·ceph·a·lit·ic [ˌenkefə'lɪtɪk; *Am.* ɪnˌsefə'l-] *adj* enzepha'litisch.

en·ceph·a·li·tis [ˌenkefə'laɪtɪs; *Am.* ɪnˌsefə'l-] *s med.* Enzepha'litis *f*, Gehirnentzündung *f.* ~**le·thar·gi·ca** [leˈθɑː(r)dʒɪkə; lɪ-] (*Lat.*) *s* epiˈdemische Enzephaˈlitis, Kopfgrippe *f.*

en·ceph·a·lo·cele [enˈsefələʊsiːl; ɪn-] *s med.* Enzephaloˈzele *f*, Hirnbruch *m.* **enˈceph·a·lo·gram** [-ləʊgræm], **en-ˈceph·a·lo·graph** [-ləʊgrɑːf; *bes. Am.* -græf] *s med.* Enzephaloˈgramm *n*, Röntgenaufnahme *f* des Gehirns. **enˌceph-aˈlog·ra·phy** [-ˈlɒgrəfɪ; *Am.* -ˈlɑ-] *s med.* Enzephalograˈphie *f.* **en·ceph·a-lo·ma** [ˌenkefəˈləʊmə; *Am.* ɪnˌsefəˈl-] *pl* **-mas, -ma·ta** [-tə] *s med.* (Ge)Hirntumor *m.* **enˈceph·a·loˌmy·eˈli·tis** [-ləʊˌmaɪəˈlaɪtɪs] *s med. vet.* Enzephalomyeˈlitis *f*, Hirn- u. Rückenmarksentzündung *f.* **en·ceph·a·lon** [enˈkefəlɒn; *Am.* ɪnˈsefəˌlɑn] *pl* **-la** [-lə] *s anat.* Enˈzephalon *n*, Gehirn *n.*

en·chain [ɪnˈtʃeɪn] *v/t* **1.** in Ketten legen. **2.** to be ~ed in *fig.* gefangen sein in (*dat*). **3.** *fig. die Aufmerksamkeit* fesseln.

en·chant [ɪnˈtʃɑːnt; *Am.* ɪnˈtʃænt] *v/t* **1.** verzaubern: ~**ed wood** Zauberwald *m.* **2.** *fig.* bezaubern, entzücken: **to be ~ed** entzückt sein (**by, with** von). **en-ˈchant·er** *s* Zauberer *m.* **enˈchant-ing** *adj* (*adv* ~**ly**) bezaubernd, entzückend, ˈhinreißend. **enˈchant·ment** *s* **1.** Verzauberung *f.* **2.** Zauber(bann) *m.* **3.** Zaubeˈrei *f.* **4.** *fig.* a) Zauber *m*, b) Bezauberung *f*, Entzücken *n.* **en-ˈchant·ress** [-trɪs] *s* **1.** Zauberin *f.* **2.** *fig.* bezaubernde Frau.

en·chase [ɪnˈtʃeɪs] *v/t* **1.** *e-n Edelstein* fassen. **2.** ziseˈlieren, ausmeißeln: ~**d work** getriebene Arbeit. **3.** *Muster* (ˈein-)graˌvieren (**on** in *acc*). **enˈchas·er** *s* **1.** Ziseˈleur *m.* **2.** Graˈveur *m.*

en·chi·rid·i·on [ˌenkaɪəˈrɪdɪən] *pl* **-i·ons, -i·a** [-ə] *s* Handbuch *n*, Leitfaden *m.*

en·chon·dro·ma [ˌenkənˈdrəʊmə] *pl* **-mas, -ma·ta** [-mətə] *s med.* Enchonˈdrom *n*, Knorpelgeschwulst *f.*

en·cho·ri·al [enˈkɔːrɪəl; *Am. a.* -ˈkəʊ-], **en·chor·ic** [enˈkɒrɪk; *Am. a.* -ˈkəʊ-] *adj* (ein)heimisch.

en·ci·pher [ɪnˈsaɪfə(r)] → **encode.**

en·cir·cle [ɪnˈsɜːkl; *Am.* ɪnˈsɜrkəl] *v/t* **1.** umˈgeben: ~**d by** (*od.* **with**) **trees** von Bäumen umgeben *od.* umstanden. **2.** umˈfassen, umˈschlingen, umˈschließen: **he ~d her in his arms** er legte *od.* schlang s-e Arme um sie. **3.** einkreisen (*a. pol.*), umˈzingeln, *mil. a.* einkesseln. **enˈcir-cle·ment** *s* Einkreisung *f* (*a. pol.*), Umˈzing(e)lung *f*, *mil. a.* Einkesselung *f*: **policy of** ~ Einkreisungspolitik *f.*

en·clasp [ɪnˈklɑːsp; *Am.* ɪnˈklæsp] *v/t* umˈfassen, umˈschließen.

en·clave [ˈenkleɪv] **I** *v/t ein Gebiet* einschließen, umˈgeben. **II** *s* Enˈklave *f.*

en·cli·sis [ˈeŋklɪsɪs] *pl* **-ses** [-siːz] *s ling.* Enˈklisis *f*, Enˈklise *f.* **en·clit·ic** [ɪnˈklɪtɪk; *bes. Am.* en-] *ling.* **I** *adj* (*adv* ~**ally**) enˈklitisch. **II** *s* Enˈklitikon *n*, enˈklitisches Wort.

en·close [ɪnˈkləʊz] *v/t* **1.** (**in**) einschließen, *tech. a.* einkapseln (in *dat od. acc*), umˈgeben (mit): ~**d motor** geschlossener Motor. **2.** *Land* einfried(ig)en, umˈzäunen. **3.** umˈringen. **4.** (*mit der Hand etc*) umˈfassen. **5.** beilegen, -fügen (**in** *dat*): **I ~d a cheque in my last letter. en-ˈclosed** [-zd] *adj* anˈbei, beiliegend, in der Anlage: ~ **please find** in der Anlage erhalten Sie.

en·clo·sure [ɪnˈkləʊʒə(r)] *s* **1.** Einschließung *f.* **2.** a) Einfried(ig)ung *f*, Umˈzäunung *f*, b) Einfassung *f*, Zaun *m*, Mauer *f.* **3.** Anlage *f* (*zu e-m Brief etc*).

en·clothe [ɪnˈkləʊð] → **clothe.**

en·code [enˈkəʊd; ɪn-] *v/t e-n Text* verschlüsseln, chifˈfrieren. **enˈcode·ment** *s* Verschlüsselung *f*, Verschlüßlung *f*, Chifˈfrierung *f.*

en·co·mi·um [enˈkəʊmɪəm] *pl* **-mi-ums, -mi·a** [-ə] *s* (**of**) Lobrede *f* (auf *acc*), Loblied *n* (auf *acc*), Lobpreisung *f* (*gen*).

en·com·pass [ɪnˈkʌmpəs] *v/t* **1.** umˈgeben (**with** mit). **2.** *fig.* umˈfassen. **3.** *fig. j-s Ruin etc* herˈbeiführen.

en·core [ɒŋˈkɔː; *Am.* ˈɑːnˌkəʊr; -ˌkɔːr] **I** *interj* **1.** a) da capo!, b) Zugabe! **II** *s* **2.** Daˈkapo(ruf *m*) *n.* **3.** a) Wiederˈholung *f* (*e-r Arie etc*), b) Zugabe *f*: **he gave several ~s; he got an** ~ er mußte e-e Zugabe geben. **III** *v/t* **4.** a) die Wiederˈholung (*gen*) verlangen *od.* erzwingen: **to ~ an aria**, b) von (*j-m*) e-e Zugabe verlangen *od.* erzwingen: **to ~ a singer.**

en·coun·ter [ɪnˈkaʊntə(r)] **I** *v/t* **1.** *j-m od. e-r Sache* begegnen, *j-n* treffen, auf *j-n*, *a. Widerstand, Schwierigkeiten etc* stoßen, in *Gefahr* geraten. **2.** mit *j-m* (*feindlich*) zs.-stoßen *od.* aneinˈandergeraten. **3.** *j-m* entgegentreten. **II** *v/i* **4.** sich begegnen, sich treffen. **III** *s* **5.** (*feindliche*) Begegnung, Zs.-stoß *m.* **6.** Begegnung *f*, zufälliges Zs.-treffen (**of, with** mit). **7.** *Sensitivitätstraining*: Trainingsgruppensitzung *f*: ~ **group** Trainingsgruppe *f*, T-Gruppe *f.*

en·cour·age [ɪnˈkʌrɪdʒ; *Am. bes.* ɪnˈkɜr-] *v/t* **1.** ermutigen, ermuntern (**to** zu), *j-m* Mut machen. **2.** *e-e Mannschaft etc* anfeuern. **3.** *j-n* unterˈstützen, bestärken (**in** in *dat*). **4.** *etwas* fördern, unterˈstützen. **5.** *etwas* fördern, begünstigen. **enˈcour-age·ment** *s* **1.** Ermutigung *f*, Ermunterung *f*: **I gave him no ~ to do so** ich habe ihn nicht dazu ermutigt. **2.** Anfeuerung *f*: **cries of** ~ Anfeuerungsrufe. **3.** Unterˈstützung *f*, Bestärkung *f.* **4.** Förderung *f.* **5.** Begünstigung *f.* **en-ˈcour·ag·ing** *adj* (*adv* ~**ly**) **1.** ermutigend. **2.** hoffnungsvoll, vielversprechend.

en·croach [ɪnˈkrəʊtʃ] **I** *v/i* **1.** (**on, upon**) eingreifen (in *j-s Besitz od. Recht*), unberechtigt eindringen (in *acc*), sich ˈÜbergriffe leisten (in, auf *acc*), (*j-s Recht*) verletzen. **2.** über Gebühr in Anspruch nehmen, mißˈbrauchen (**on, upon** *acc*): **to ~ (up)on s.o.'s kindness. 3.** schmälern, beeinträchtigen (**on, upon** *acc*): **to ~ (up)on s.o.'s rights. II** *s obs. für* **encroachment. enˈcroach·ment** *s* **1.** (**on, upon**) Eingriff *m* (in *acc*), ˈÜbergriff *m* (in, auf *acc*): ~ **(up)on his rights** Verletzung *f* s-r Rechte. **2.** Schmälerung *f*, Beeinträchtigung *f* (**on, upon** *gen*). **3.** ˈÜbergreifen *n*, Vordringen *n*: ~ **of swamps** *geogr.* Versumpfung *f.*

en·crust [ɪnˈkrʌst] → **incrust.**

en·crypt [ɪnˈkrɪpt] *v/t e-n Text* verschlüsseln, chifˈfrieren. **enˈcryp·tion** *s* Verschlüsselung *f*, Verschlüßlung *f*, Chifˈfrierung *f.*

en·cul·tur·a·tion [enˌkʌltʃəˈreɪʃn; ɪn-] *s* Enkulturatiˈon *f* (*das Hineinwachsen des einzelnen in die Kultur der ihn umgebenden Gesellschaft*).

en·cum·ber [ɪnˈkʌmbə(r)] *v/t* **1.** (be-)hindern. **2.** beladen, belasten (**with** mit). **3.** (dinglich) belasten: ~**ed estate** belastetes Grundstück; ~**ed with debts** (völlig) verschuldet; ~**ed with mortgages** hypothekarisch belastet. **4.** *Räume* vollstopfen, überˈladen. **enˈcum-ber·ment** *s* **1.** Behinderung *f.* **2.** Belastung *f.* **enˈcum·brance** *s* **1.** Last *f*, Belastung *f*, Hindernis *n*, Behinderung *f*, Beschwerde *f*: ~ **in walking** Behinderung beim Gehen; **to be an ~ to s.o.** j-n behindern, e-e Belastung für j-n sein. **2.** (Faˈmilien)Anhang *m*, *bes.* Kinder *pl.* **3.** *econ. jur.* (Grundstücks)Belastung *f*, Hypoˈtheken-, Schuldenlast *f.* **enˈcum-branc·er** *s jur.* Hypoˈthekengläubiger(in).

en·cyc·li·cal [enˈsɪklɪkl; ɪn-], *a.* **enˈcyc-lic I** *adj* enˈzyklisch, Rund...: **encyclical letter** → II. **II** *s relig.* (päpstliche) Enˈzyklika.

en·cy·clo·p(a)e·di·a [enˌsaɪkləʊˈpiːdjə; -dɪə; ɪn-] *s* **1.** Enzyklopäˈdie *f.* **2.** allgemeines Lehrbuch (*e-r Wissenschaft*). **enˌcy·cloˈp(a)e·dic, enˌcy·clo-ˈp(a)e·di·cal** [-kl] *adj* (*adv* ~**ly**) enzykloˈpädisch, universˈsal, umˈfassend: ~ **knowledge. enˌcy·cloˈp(a)e·dism** *s* **1.** enzykloˈpädischer Chaˈrakter. **2.** enzykloˈpädisches Wissen. **3.** Lehren *pl* der (franˈzösischen) Enzyklopäˈdisten. **en-ˌcy·cloˈp(a)e·dist** *s* **1.** Enzykloˈpädiker *m.* **2. E~** (franˈzösischer) Enzyklopäˈdist. **enˌcy·cloˈp(a)e·dize** *v/t* enzykloˈpädisch darstellen *od.* ordnen.

en·cyst [enˈsɪst; ɪn-] *v/t med. zo.* ab-, einkapseln (*a. fig.*). **enˈcyst·ed** *adj* abgekapselt, verkapselt: ~ **tumo(u)r** *med.* abgekapselter Tumor. **enˈcyst·ment** *s med. zo.* Ein-, Verkapselung *f.*

end [end] **I** *v/t* **1.** *a.* ~ **off** beenden, zu Ende bringen *od.* führen, *e-r Sache* ein Ende machen: **to ~ it all** *colloq.* ‚Schluß machen' (*sich umbringen*). **2.** töten, ˈumbringen. **3.** a) *a.* ~ **up** *etwas* ab-, beschließen (**with** mit), b) *den Rest s-r Tage* zu-, verbringen, *s-e Tage* beschließen. **4.** überˈtreffen: **the dictionary to ~ all dictionaries** das beste Wörterbuch aller Zeiten.

II *v/i* **5.** enden, aufhören, zu Ende kommen, schließen: **all's well that ~s well** Ende gut, alles gut. **6.** *a.* ~ **up** enden, ausgehen (**by, in, with** damit, daß): **the story ~s happily** die Geschichte geht gut aus; **to ~ in disaster** (*od.* **a fiasco**) mit e-m Fiasko enden; **it ~ed with** (*od.* **in**) **s.o. getting hurt** schließlich führte es dazu, daß j-d verletzt wurde; **he will ~ by marrying her** er wird sie schließlich heiraten. **7.** sterben. **8.** ~ **up** a) enden, ‚landen' (**in prison** im Gefängnis), b) enden (**as** als): **he ~ed up as an actor** er wurde schließlich Schauspieler.

III *s* **9.** (*örtlich*) Ende *n*: **to begin at the wrong ~** am falschen Ende anfangen; **from one ~ to another, from ~ to ~** von e-m Ende zum anderen, vom Anfang bis zum Ende. **10.** Ende *n*, (entfernte) Gegend: **to the ~ of the world** bis ans Ende der Welt; **the other ~ of the street** das andere Ende der Straße. **11.** Ende *n*, Endchen *n*, Rest *m*, Stück(chen) *n*, Stummel *m*, Stumpf *m.* **12.** Ende *n*, Spitze *f*: **the ~ of a pencil. 13.** *mar.* (Kabel-, Tau)Ende *n.* **14.** *a. tech.* Stirnseite *f*, -fläche *f*, Ende *n*: **the two trains hit each other ~ on** die beiden Züge stießen frontal zusammen; **to put two tables ~ to ~** zwei Tische mit den Schmalseiten *od.* Enden aneinanderstellen. **15.** (*zeitlich*) Ende *n*, Schluß *m*: **in the ~** am Ende, schließlich; **at the ~ of May** Ende Mai; **to the ~ of time** bis in alle Ewigkeit; **without ~** unaufhörlich, endlos, immer u. ewig; **there is no ~ in sight** es ist kein Ende abzusehen. **16.** Tod *m*, Ende *n*, ˈUntergang *m*: **to be near one's ~** dem Tod nahe sein; **you will be the ~ of me!** du bringst mich noch ins Grab! **17.** Resulˈtat *n*, Ergebnis *n*, Folge *f*: **the ~ of the matter was that** die Folge (davon) war, daß. **18.** *oft pl* Absicht *f*, (End-)Zweck *m*, Ziel *n*: ~ **in itself** Selbstzweck; **the ~ justifies** (*od.* **sanctifies**) **the means** der Zweck heiligt die Mittel; **to this ~** zu diesem Zweck; **to gain one's ~s** sein Ziel erreichen; **for one's own ~** zum

eigenen Nutzen; **private ~s** Privatinteressen; **to no ~** vergebens.
Besondere Redewendungen:
no ~ of applause *colloq.* nicht enden wollender Beifall; **no ~ of trouble** *colloq.* endlose Scherereien; **he is no ~ of a fool** *colloq.* er ist ein Vollidiot; **we had no ~ of fun** *colloq.* wir hatten e-n Mordsspaß; **no ~ disappointed** *colloq.* maßlos enttäuscht; **on ~** a) ununterbrochen, hintereinander, b) aufrecht stehend, hochkant; **for hours on ~** stundenlang; **to place** (*od.* **put**) **s.th. on (its) ~** etwas aufrecht *od.* hochkant stellen; **my hair stood on ~** mir standen die Haare zu Berge; **~ to ~** der Länge nach, hintereinander; **at our** (*od.* **this**) **~** *colloq.* hier bei uns; **at your ~** *colloq.* bei Ihnen, dort, in Ihrer Stadt; **to be at an ~** a) zu Ende sein, aussein, b) mit s-n Mitteln *od.* Kräften am Ende sein; **you are the (absolute) ~** *colloq.* a) du bist (doch) das ‚Letzte', b) du bist (‚echt) zum Brüllen'; **that's the (absolute) ~** *colloq.* a) das ist (doch) das ‚Letzte', b) das ist (einfach) ‚sagenhaft'; **to come** (*od.* **draw**) **to an ~** ein Ende nehmen *od.* finden, zu Ende gehen; **to come to a bad ~** ein schlimmes Ende nehmen; **you'll come to a bad ~** mit dir wird es (noch einmal) ein schlimmes Ende nehmen; **to get one's ~ away** *Br. sl.* ‚bumsen' (*koitieren*); **to go off (at) the deep ~** *colloq.* ‚hochgehen', wütend werden; **to have an ~** ein Ende haben *od.* nehmen; **to have s.th. at one's finger's ~** etwas aus dem Effeff beherrschen, etwas (*Kenntnisse*) ‚parat' haben; **to keep one's ~ up** a) s-n Mann stehen, b) sich nicht ‚unterkriegen' lassen; **to make both ~s meet** mit s-n Einkünften auskommen, sich nach der Decke strecken; **to make an ~ of** (*od.* **to put an ~ to**) **s.th.** Schluß machen mit etwas, e-r Sache ein Ende setzen; **to put an ~ to o.s.** s-m Leben ein Ende machen *od.* setzen.

end| a·but·ment *s tech.* Landpfeiler *m* (*e-r Brücke*). **'~-all** → be-all.

en·dam·age [ɪnˈdæmɪdʒ] *v/t j-m, e-r Sache* schaden, *j-s Ruf* schädigen.

en·dan·ger [ɪnˈdeɪndʒə(r)] *v/t* gefährden, in Gefahr bringen: **to ~ a country** die Sicherheit e-s Landes gefährden. **enˈdan·gered** *adj* gefährdet: a) in Gefahr, b) *bot. zo.* vom Aussterben bedroht.

ˈend|·brain *s anat.* Endhirn. **ˈ~-cleared zone** *s aer.* hindernisfreie Zone. **~ con·sum·er** *s econ.* End-, Letztverbraucher *m*.

en·dear [ɪnˈdɪə(r)] *v/t* beliebt machen (**to s.o.** bei j-m): **to ~ o.s. to s.o.** a) j-s Zuneigung gewinnen, b) sich bei j-m lieb Kind machen. **enˈdear·ing** *adj* (*adv* **~ly**) **1.** gewinnend: **an ~ smile**. **2.** liebenswert: **~ qualities**. **enˈdear·ment** *s*: (**term of**) **~** Kosename *m*, -wort *n*; **words of ~**, **~s** liebe *od.* zärtliche Worte.

en·deav·or, *bes. Br.* **en·deav·our** [ɪnˈdevə(r)] **I** *v/i* (**after**) sich bemühen (um), streben, trachten (nach). **II** *v/t* (ver)suchen, bemüht *od.* bestrebt sein (**to do s.th.** etwas zu tun). **III** *s* (eifrige) Bemühung, Anstrengung *f*, Bestreben *n*: **in the ~ to do s.th.** in dem Bestreben, etwas zu tun; **to make every ~** sich nach Kräften bemühen, alles Erdenkliche versuchen; **to do one's best ~s** sich alle Mühe geben.

en·dem·ic [enˈdemɪk] **I** *adj* (*adv* **~ally**) **1.** enˈdemisch: a) (ein)heimisch, b) *med. örtlich begrenzt auftretend* (*Infektionskrankheit*), c) *bot. zo. in e-m bestimmten Gebiet verbreitet*. **II** *s* **2.** *med.* enˈdemische (Infektiˈons)Krankheit. **3.** *bot. zo.* enˈdemische Pflanze, enˈdemisches Tier: **~s** Endemiten. **enˈdem·i·cal** → endemic I. **en·de·mic·i·ty** [ˌendəˈmɪsətɪ], **en·de·mism** [ˈendəmɪzəm] *s* **1.** *med.* Endeˈmie *f* (*örtlich begrenztes Auftreten e-r Infektionskrankheit*). **2.** *bot. zo.* Endeˈmismus *m* (*Verbreitung in e-m bestimmten Gebiet*).

en·den·i·zen [enˈdenɪzn; ɪn-] *v/t* einbürgern.

en·der·mic [enˈdɜːmɪk; *Am.* -ˈdɜr-] *adj* (*adv* **~ally**) *med.* enderˈmal: a) in der Haut (befindlich), b) in die Haut (eingeführt).

end| game *s* Schlußphase *f* (*e-s Spiels*), Endspiel *n* (*Schach*). **ˈ~ˌgate** *s mot. etc Am.* Ladeklappe *f*. **ˈ~-grain** *adj tech.* Hirnholz...

end·ing [ˈendɪŋ] *s* **1.** Beendigung *f*, Abschluß *m*. **2.** Ende *n*, Schluß *m*: **happy ~** Happy-End *n*; **the play has a happy** (**tragic**) **~** das Stück geht gut aus (endet tragisch). **3.** Tod *m*, Ende *n*. **4.** *ling.* Endung *f*.

en·dive [ˈendɪv; -daɪv] *s bot.* ˈWinterenˌdivie *f*.

end·less [ˈendlɪs] *adj* (*adv* **~ly**) **1.** *bes. math.* endlos, ohne Ende, unˈendlich. **2.** endlos, unˈendlich lang: **an ~ speech**. **3.** ˈununterˌbrochen, unaufhörlich, ‚ewig', ständig: **~ quarrels**. **4.** *tech.* endlos, Endlos...: **~ belt** endloses Band, Transmissionsband *n*; **~ chain** geschlossene *od.* endlose Kette; **~ form** *print.* Endlosformular *n*; **~ paper** Endlos-, Rollenpapier *n*; **~ saw** Bandsäge(maschine) *f*; **~ screw** Schnecke *f*. **ˈend·less·ness** *s* Unˈendlichkeit *f*, Endlosigkeit *f*.

end| line *s sport* Endlinie *f*. **~ mat·ter** *s print.* Endbogen *m*. **~ mill** *s tech.* Schaft-, Fingerfräser *m*. **ˈ~·most** [-məʊst] *adj* entferntest(er, e, es), hinterst(er, e, es).

endo- [endəʊ; -də] *Wortelement mit den Bedeutungen* a) innen, innerhalb, das Innere betreffend, b) aufnehmend, absorbierend.

en·do·blast [ˈendəʊblæst] → **entoblast**.

ˌen·doˈcan·ni·bal·ism *s* Endokanniba'lismus *m* (*Verzehren von Angehörigen des eigenen Stammes*).

ˌen·doˈcar·di·al, *a.* **ˌen·doˈcar·di·ac** *adj anat.* endokardiˈal, das innere Herz betreffend. **ˌen·do·carˈdi·tis** *s med.* Endokarˈditis *f*, Herzinnenhautentzündung *f*. **ˌen·doˈcar·di·um** [-ˈkɑː(r)dɪəm] *pl* **-di·a** [-dɪə] *s anat.* Endoˈkard *n*, Herzinnenhaut *f*.

en·do·carp [ˈendəʊkɑː(r)p] *s bot.* Endoˈkarp *n*, innere Fruchthaut.

en·do·cra·ni·um [ˌendəʊˈkreɪnjəm; -nɪəm] *pl* **-ni·a** [-ə] *s anat.* Endoˈkranium *n* (*harte [äußere] Hirnhaut*).

en·do·crine [ˈendəʊkraɪn; -krɪn] *physiol.* **I** *adj* **1.** mit innerer Sekretiˈon, endoˈkrin: **~ glands**. **II** *s* **2.** innere Sekretiˈon. **3.** endoˈkrine Drüse. **ˌen·do·criˈnol·o·gy** [-kraɪˈnɒlədʒɪ; -krɪˈn-; *Am.* -ˈnɑ-] *s med.* Endokrinoloˈgie *f* (*Lehre von den endokrinen Drüsen*).

en·do·derm [ˈendəʊdɜːm; *Am.* -ˌdɜrm] → **entoblast**. **ˌen·doˈder·mis** [-mɪs] *s bot.* Endoˈdermis *f* (*innerste Zellschicht der Pflanzenrinde*).

en·dog·a·my [enˈdɒgəmɪ; *Am.* -ˈdɑ-] *s* Endogaˈmie *f* (*Heiratsordnung, nach der nur innerhalb e-r bestimmten sozialen Gruppe geheiratet werden darf*).

ˌen·doˈgas·tric *adj biol. med.* das Mageninnere betreffend.

en·dog·e·nous [enˈdɒdʒɪnəs; *Am.* -ˈdɑ-] *adj* endoˈgen: a) *med. im Körperinnern entstehend, von innen kommend* (*Stoffe, Krankheitserreger*), b) *bot. innen entstehend* (*Pflanzenteile*), c) *geol. von Kräften im Erdinnern erzeugt*.

en·do·lymph [ˈendəʊlɪmf] *s anat.* Endoˈlymphe *f* (*Flüssigkeit im Labyrinth des Innenohrs*).

en·do·me·tri·tis [ˌendəʊmɪˈtraɪtɪs] *s med.* Endomeˈtritis *f* (*Entzündung der Gebärmutterschleimhaut*). **ˌen·doˈme·tri·um** [-ˈmiːtrɪəm] *pl* **-tri·a** [-ə] *s anat.* Endoˈmetrium *n*, Gebärmutterschleimhaut *f*.

ˌen·do·miˈto·sis *s biol.* Endomiˈtose *f*.

en·do·mor·phic [ˌendəʊˈmɔː(r)fɪk] *adj med.* endoˈmorph. **ˈen·doˌmor·phy** *s med.* Endomorˈphie *f* (*Konstitution e-s Menschentyps von untersetzter Gestalt und starker Neigung zum Fettansatz*).

ˌen·doˈpar·a·site *s biol. med.* Endo-, Entoparaˈsit *m* (*Parasit, der in den Geweben s-s Wirtes siedelt*).

en·do·plasm [ˈendəʊplæzəm] *s biol.* Endo-, Entoˈplasma *n*, innere Protoˈplasmaschicht.

ˌen·doˈpleu·ra *s bot.* Endoˈpleura *f*, innere Samenhaut.

en·dors·a·ble [ɪnˈdɔː(r)səbl] *adj econ.* indosˈsierbar, giˈrierbar.

en·dorse [ɪnˈdɔː(r)s] *v/t* **1.** a) *ein Dokument etc* auf der Rückseite beschreiben, b) *e-e Erklärung etc* vermerken (**on** auf *dat*), c) *bes. Br.* e-e Strafe vermerken auf (*e-m Führerschein*). **2.** *econ.* a) *e-n Scheck etc* indosˈsieren, giˈrieren, b) *a.* **~ over** (durch Indossaˈment) überˈtragen *od.* -ˈweisen (**to** *j-m*), c) *e-e Zahlung* auf der Rückseite des Wechsels *od.* Schecks bestätigen, d) Zinszahlung(en) vermerken auf (*e-m Wechsel etc*): **to ~ in blank** in blanko indossieren. **3.** a) *e-n Plan etc* billigen, b) sich *e-r Ansicht etc* anschließen: **to ~ s.o.'s opinion** j-m beipflichten.

en·dor·see [ˌendɔː(r)ˈsiː; ɪnˌdɔː(r)ˈsiː] *s econ.* Indosˈsat *m*, Indossaˈtar *m*, Giˈrat *m*. **enˈdorse·ment** *s* **1.** Aufschrift *f*, Vermerk *m*, Zusatz *m* (*auf der Rückseite von Dokumenten*). **2.** *econ.* a) Giro *n*, Indossaˈment *n*, b) Überˈtragung *f*: **~ in blank** Blankogiro; **~ in full** Vollgiro; **~ without recourse** Giro ohne Verbindlichkeit. **3.** *fig.* Billigung *f*. **4.** *econ.* Nachtrag *m* (*zu e-r Versicherungspolice*). **enˈdors·er** *s econ.* Indosˈsant *m*, Giˈrant *m*: **preceding ~** Vormann *m*; **subsequent ~** Nachmann *m*.

en·do·sarc [ˈendəʊsɑː(r)k] → **endoplasm**.

en·do·scope [ˈendəʊskəʊp] *s med.* Endoˈskop *n* (*Instrument zur Untersuchung von Körperhöhlen u. Hohlorganen*). **en·dos·co·py** [enˈdɒskəpɪ; *Am.* -ˈdɑ-] *s* Endoskoˈpie *f*.

ˌen·doˈskel·e·ton *s biol.* Endoskeˈlett *n* (*aus Knorpel od. Knochen bestehendes Innenskelett der Wirbeltiere*).

en·dos·mo·sis [ˌendɒsˈməʊsɪs; *Am.* -ɑs-] *s phys.* Endosˈmose *f* (*Bewegung positiv elektrisch geladener Teilchen auf Trägermaterial in Richtung der Kathode*).

en·do·sperm [ˈendəʊspɜːm; *Am.* -ˌspɜrm] *s bot.* Endoˈsperm *n*, Nährgewebe *n* (*des Samens*).

en·dow [ɪnˈdaʊ] *v/t* **1.** e-e Stiftung machen (*dat*). **2.** *etwas* stiften: **to ~ s.o. with s.th.** j-m etwas stiften. **3.** *fig.* ausstatten (**with** mit); **nature ~ed him with good eyesight**. **enˈdowed** *adj* **1.** gestiftet: **~ school** mit Stiftungsgeldern finanzierte Schule. **2. to be ~ with** *fig.* ausgestattet sein mit: **to be ~ by nature with many talents** viele natürliche Begabungen haben; **she is ~ with both beauty and brains** sie ist nicht nur schön, sondern auch intelligent. **enˈdow·ment** *s* **1.** a) Stiftung *f*, b) *meist pl* Stiftungsgeld *n*. **2.** *fig.* Begabung *f*, Taˈlent *n*. **3. ~ insurance** (*Br.* **assurance**, **policy**) Versicherung *f* auf den Todes- u. Erlebensfall.

end| pa·per *s Buchbinderei*: Vorsatzblatt *n*. **~ plate** *s* **1.** *anat.* Nervenendplatte *f.* **2.** *tech.* Endplatte *f.* **~ play** *s tech.* Längsspiel *n.* **~ prod·uct** *s* **1.** *econ. tech.* ˈEndproˌdukt *n.* **2.** *fig.* (ˈEnd)Proˌdukt *n.* **~ rhyme** *s* Endreim *m.* **~ stone** *s tech.* Deckstein *m.* **~ ta·ble** *s Am.* (kleiner) Tisch (*am Sofaende etc*). **~ ter·race** *s Br.* Reiheneckhaus *n.* **~ thrust** *s tech.* Längs-, Axiˈaldruck *m.*

en·due [ɪnˈdjuː; *Am. a.* ɪnˈduː] *v/t* **1.** *Kleider etc* anlegen. **2.** bekleiden (**with** mit), kleiden (**in** in *acc*). **3.** → **endow** 3. **4.** ausstatten, versehen (**with** mit). **enˈdued** → **endowed** 2.

en·dur·a·ble [ɪnˈdjʊərəbl; *Am. a.* -ˈdʊ-] *adj* (*adv* **endurably**) erträglich, leidlich.

en·dur·ance [ɪnˈdjʊərəns; *Am. a.* -ˈdʊ-] **I** *s* **1.** Dauer *f.* **2.** Dauerhaftigkeit *f.* **3.** a) Ertragen *n*, Erdulden *n*, Aushalten *n*, b) Ausdauer *f*, Geduld *f*, Standhaftigkeit *f*: **beyond** (*od.* **past**) **~** unerträglich, nicht auszuhalten(d). **4.** Straˈpaze *f.* **5.** *tech.* Dauerleistung *f*, *bes. aer.* Maxiˈmalflugzeit *f.* **II** *adj* **6.** Dauer… **~ fir·ing test** *s mil.* Dauerschußbelastung *f.* **~ flight** *s aer.* Dauerflug *m.* **~ lim·it** *s tech.* Belastungsgrenze *f.* **~ ra·ti·o** *s tech.* Belastungsverhältnis *n.* **~ run** *s* Dauerlauf *m.* **~ strength** *s tech.* ˈWiderstandsfähigkeit *f* (*bei Belastung*). **~ test** *s tech.* Belastungsprobe *f*, Ermüdungsversuch *m.*

en·dure [ɪnˈdjʊə(r); *Am. a.* ɪnˈdʊr] **I** *v/i* **1.** an-, fortdauern, Bestand haben. **2.** ˈdurchhalten: **to ~ to the bitter end** bis zum bitteren Ende ausharren. **II** *v/t* **3.** aushalten, ertragen, erdulden, ˈdurchmachen: **not to be ~d** unerträglich; **I can't ~ seeing** (*od.* **to see**) **animals cruelly treated** ich kann es nicht mit ansehen, wenn Tiere grausam behandelt werden. **4.** *fig.* (*nur neg*) ausstehen, leiden: **I cannot ~ him. enˈdur·ing** *adj* (*adv* **~ly**) **1.** an-, fortdauernd, (*Erinnerungen etc*) bleibend. **2.** geduldig.

end us·er *s econ.* End-, Letztverbraucher *m.*

ˈend·ways, *bes. Am.* **ˈend·wise** *adv* **1.** mit dem Ende nach vorn *od.* nach oben. **2.** aufrecht, gerade. **3.** hintereinˈander. **4.** der Länge nach. **5.** auf das Ende *od.* die Enden zu.

en·e·ma [ˈenɪmə; ɪˈniːmə] *pl* **-mas, -ma·ta** [-mətə] *s med.* **1.** Kliˈstier *n*, Einlauf *m*: **to give s.o. an ~** j-m e-n Einlauf machen. **2.** Kliˈstierspritze *f.*

en·e·my [ˈenəmɪ] **I** *s* **1.** *mil.* Feind *m* (*a. weitS. feindliches Heer etc*): **the ~ was** (*od.* **were**) **driven back. 2.** Gegner *m*, Feind *m* (**of, to** *gen*): **to be one's own ~** sich selbst schaden *od.* im Wege stehen; **to make an ~ of s.o.** sich j-n zum Feind machen; **the article made him many enemies** mit dem Artikel machte er sich viele Feinde; **an ~ to reform** ein Reformgegner. **3.** *Bibl.* a) **the E~, the old ~** der böse Feind, der Teufel, b) **the ~** der Tod. **II** *adj* **4.** feindlich, Feindes…, Feind…: **~ action** Feind-, Kriegseinwirkung *f*; **~ country** Feindesland *n*; **~ property** Feindvermögen *n*; → **alien** 7.

en·er·get·ic [ˌenə(r)ˈdʒetɪk] **I** *adj* (*adv* **~ally**) **1.** eˈnergisch: a) tatkräftig, b) nachdrücklich. **2.** (sehr) wirksam. **3.** *phys.* enerˈgetisch. **II** *s pl* (*als sg konstruiert*) **4.** *phys.* Enerˈgetik *f* (*Lehre von der Umwandlung u. industriellen Nutzung der Energie*). **ˌen·erˈget·i·cal** → **energetic** I.

en·er·gic [ɪˈnɜːdʒɪk; e-; *Am.* -ˈnɜr-] *adj phys.* Energie… **en·er·gid** [ˈenə(r)dʒɪd] *s biol.* Enerˈgide *f* (*Funktionseinheit e-s einzelnen Zellkerns mit dem ihn umgebenden Zellplasma*).

en·er·gize [ˈenə(r)dʒaɪz] **I** *v/i* **1.** enˈergisch wirken *od.* handeln. **II** *v/t* **2.** *etwas* kräftigen *od.* kraftvoll machen, *e-r Sache* Enerˈgie verleihen, *j-n* anspornen, mit Tatkraft erfüllen, *die Wirtschaft* beleben. **3.** *electr. phys. tech.* erregen: **~d** *electr.* unter Spannung (stehend). **ˈen·er·giz·er** *s* Enerˈgiespender *m.*

en·er·gu·men [ˌenɜːˈgjuːmen; *Am.* ˌenərˈgjuːmən] *s* **1.** *relig.* Besessene(r *m*) *f.* **2.** *fig.* Enthusiˈast(in), Faˈnatiker(in).

en·er·gy [ˈenə(r)dʒɪ] *s* **1.** Enerˈgie *f*: a) Kraft *f*, Nachdruck *m*: **to apply** (*od.* **devote**) **all one's energies to s.th.** s-e ganze Kraft für etwas einsetzen, b) Tatkraft *f.* **2.** Wirksamkeit *f*, ˈDurchschlagskraft *f*: **the ~ of an argument. 3.** *chem. phys.* Enerˈgie *f*, (innewohnende) Kraft, Arbeitsfähigkeit *f*, Leistung *f*: **~ budget** Energiehaushalt *m* (*der Erde etc*); **~ crisis** Energiekrise *f*; **~ gap** Energielücke *f*; **~ theorem** *math.* Energiesatz *m.* **4.** Kraftaufwand *m.*

en·er·vate I *v/t* [ˈenɜːveɪt; *Am.* ˈenər-] a) entkräften, schwächen (*a. fig.*), b) entnerven. **II** *adj* [ɪˈnɜːvət; *Am.* ɪˈnɜr-] → **enervated. ˈen·er·vat·ed** *adj* a) entkräftet, geschwächt (*a. fig.*), b) entnervt. **ˌen·erˈva·tion** *s* **1.** a) Entkräftung *f*, Schwächung *f* (*a. fig.*), b) Entnervung *f.* **2.** Schwäche *f*, Entkräftung *f.*

en·face [ɪnˈfeɪs] *v/t* **1.** *etwas* auf die Vorderseite (*e-s Wechsels etc*) schreiben *od.* drucken. **2.** *ein Schriftstück* auf der Vorderseite beschreiben *od.* bedrucken (**with** mit). **enˈface·ment** *s* Aufschrift *f*, -druck *m.*

en fa·mille [ɑ̃famij] (*Fr.*) *adv* en faˈmille, in engem Kreis.

en·fant|ché·ri *pl* **-fants -ris** [ɑ̃fɑ̃ʃeri] (*Fr.*) *s fig.* Lieblingskind *n.* **~ ter·ri·ble** *pl* **-fants -bles** [-tɛribl] (*Fr.*) *s* Enˈfant *n* terˈrible.

en·fee·ble [ɪnˈfiːbl] *v/t* entkräften, schwächen (*a. fig.*). **enˈfee·ble·ment** *s* **1.** Entkräftung *f*, Schwächung *f* (*a. fig.*). **2.** Schwäche *f*, Entkräftung *f.*

en·feoff [ɪnˈfef; ɪnˈfiːf] *v/t jur.* belehnen (**with** mit). **enˈfeoff·ment** *s jur.* **1.** Belehnung *f.* **2.** Lehnsbrief *m.* **3.** Lehen *n.*

en·fet·ter [ɪnˈfetə(r)] *v/t* fesseln.

en·fi·lade [ˌenfɪˈleɪd] **I** *s* **1.** *mil.* Flankenfeuer *n*, Längsbestreichung *f.* **2.** Zimmerflucht *f.* **II** *v/t* **3.** *mil.* (mit Flankenfeuer) bestreichen.

en·fold [ɪnˈfəʊld] *v/t* **1.** einhüllen (**in** in *acc*), umˈhüllen (**with** mit) (*beide a. fig.*): **he was ~ed in a thick coat** er war in e-n dicken Mantel gehüllt. **2.** umˈfassen: **to ~ s.o. in one's arms** j-n in die Arme schließen. **3.** falten.

en·force [ɪnˈfɔː(r)s; *Am. a.* ɪnˈfəʊərs] *v/t* **1.** a) (mit Nachdruck) geltend machen: **to ~ an argument**, b) zur Geltung bringen, *e-r Sache* Geltung verschaffen, *ein Gesetz etc* ˈdurchführen, c) *econ. jur. Forderungen* (gerichtlich) geltend machen: **to ~ a contract** Rechte aus e-m Vertrag geltend machen, aus e-m Vertrag klagen; **to ~ payment of a debt** e-e Schuld beitreiben; **to ~ one's rights** s-e Rechte einklagen, d) *jur. ein Urteil* vollˈstrecken: **to ~ a judg(e)ment. 2.** ˈdurchsetzen, erzwingen: **to ~ obedience (up)on s.o.** von j-m Gehorsam erzwingen, sich bei j-m Gehorsam verschaffen. **3.** auferlegen, aufzwingen: **to ~ one's will (up)on s.o.** j-m s-n Willen aufzwingen. **enˈforce·a·ble** *adj* a) *econ. jur.* (gerichtlich) geltend zu machen(d), einklagbar, b) *jur.* vollˈstreckbar, ˈdurchsetzbar, erzwingbar. **enˈforced** *adj* erzwungen, aufgezwungen: **~ sale** Zwangsverkauf *m.* **enˈfor·ced·ly** [-sɪdlɪ] *adv* **1.** notgedrungen. **2.** zwangsweise, gezwungenermaßen. **enˈforce·ment** *s* **1.** a) *econ. jur.* (gerichtliche) Geltendmachung, b) *jur.* Vollˈstreckung *f*: **~ officer** Vollzugsbeamte(r) *m.* **2.** ˈDurchsetzung *f*, Erzwingung *f.*

en·frame [ɪnˈfreɪm] *v/t ein Bild etc* (ein-)rahmen.

en·fran·chise [ɪnˈfræntʃaɪz] *v/t* **1.** *Sklaven* befreien, freilassen. **2.** befreien (**from** aus *dem Gefängnis*, von *e-r Verpflichtung*). **3.** a) *j-m* die Bürgerrechte verleihen, b) *j-m* das Wahlrecht verleihen: **to be ~d** das Wahlrecht erhalten; wahlberechtigt sein. **4.** *e-r Stadt* poˈlitische Rechte gewähren. **5.** *Br. e-m Ort* Vertretung im ˈUnterhaus verleihen. **enˈfran·chise·ment** [-tʃɪzmənt] *s* **1.** Freilassung *f*, Befreiung *f.* **2.** Verleihung *f* der Bürgerrechte *od.* des Wahlrechts: **before the ~ of women** bevor die Frauen wahlberechtigt waren. **3.** Gewährung *f* poˈlitischer Rechte.

en·gage [ɪnˈgeɪdʒ] **I** *v/t* **1.** (**o.s.** sich) (*vertraglich etc*) verpflichten *od.* binden (**to do s.th.** etwas zu tun). **2. to become** (*od.* **get**) **~d** sich verloben (**to** mit). **3.** *j-n* ein-, anstellen, *Künstler etc* engaˈgieren (**as** als). **4.** a) *e-n Platz etc* (vor)bestellen, b) *etwas* mieten, *Zimmer* belegen. **5.** *fig. j-n* fesseln, *j-n*, *j-s Kräfte etc* in Anspruch nehmen: **to ~ s.o.'s attention** j-s Aufmerksamkeit in Anspruch nehmen *od.* auf sich lenken; **to ~ s.o. in conversation** j-n ins Gespräch ziehen. **6.** *mil.* a) *Truppen* einsetzen, b) *den Feind* angreifen, *Feindkräfte* binden: **to ~ the enemy. 7.** *fenc. die Klingen* binden. **8.** *tech.* einrasten lassen, *die Kupplung etc* einrücken, *e-n Gang* einlegen, -schalten: → **clutch**[1] 8. **9.** *j-n* für sich einnehmen, (für sich) gewinnen. **10.** *arch.* a) festmachen, einlassen, b) verbinden. **II** *v/i* **11.** Gewähr leisten, einstehen, garanˈtieren, sich verbürgen (**for** für). **12.** sich verpflichten, es überˈnehmen (**to do s.th.** etwas zu tun). **13. ~ in** sich einlassen auf (*acc*) *od.* in (*acc*), sich beteiligen an (*dat*). **14. ~ in** sich abgeben *od.* beschäftigen mit: **to ~ in politics** sich politisch betätigen. **15.** *mil.* den Kampf eröffnen, angreifen (**with** *acc*): **to ~ with the enemy. 16.** *fenc.* die Klingen binden. **17.** *tech.* einrasten, ineinˈander-, eingreifen.

en·ga·gé [ɑ̃gaʒe] (*Fr.*) *adj* engaˈgiert (*Schriftsteller etc*).

enˈgaged *adj* **1.** verpflichtet, gebunden. **2.** *a.* **~ to be married** verlobt: **to be ~ to** verlobt sein mit; **the ~ couple** das Brautpaar, die Verlobten. **3.** beschäftigt, nicht abkömmlich, ‚besetzt': **are you ~?** sind Sie frei?; **to be ~ in** (*od.* **on**) beschäftigt sein mit, arbeiten an (*dat*). **4.** in Anspruch genommen: **to be deeply ~ in conversation** in ein Gespräch vertieft sein; **my time is fully ~** ich bin zeitlich völlig ausgelastet. **5.** *teleph. Br.* besetzt: **~ tone** Besetztton *m*, -zeichen *n.* **6.** *tech.* eingerückt, im Eingriff (stehend).

enˈgage·ment *s* **1.** Verpflichtung *f*: **to be under an ~ to s.o.** j-m (gegenüber) verpflichtet *od.* gebunden sein; **~s** *econ.* Zahlungsverpflichtungen; **without ~** unverbindlich, *econ. a.* freibleibend. **2.** Verabredung *f*: **to have an ~ for the evening** abends verabredet sein *od.* etwas vorhaben; **~ diary** Terminkalender *m.* **3.** Verlobung *f*, Verlöbnis *n* (**to** mit): **~ ring** Verlobungsring *m.* **4.** Beschäftigung *f*, Stelle *f*, Posten *m*, (An)Stellung *f.* **5.** *thea. etc* Engageˈment *n.* **6.** Beschäftigung *f*, Tätigkeit *f.* **7.** *mil.* Gefecht *n*, Kampf(handlung *f*) *m.* **8.** *fenc.* Klingenbindung *f.* **9.** *tech.* Eingriff *m.*

enˈgag·ing *adj* (*adv* **~ly**) **1.** einnehmend (*Wesen etc*), gewinnend (*Lächeln etc*).

2. *tech.* Ein- *od.* Ausrück...: ~ **gear**, ~ **mechanism** Ein- u. Ausrückvorrichtung *f.* **en'gag·ing·ness** *s* einnehmendes Wesen.

en·gen·der [ɪnˈdʒendə(r)] **I** *v/t* **1.** *fig. Neid etc* erzeugen, herˈvorrufen (**in** bei). **2.** *obs.* zeugen. **II** *v/i* **3.** entstehen, (*Gewitter etc*) sich zs.-brauen.

en·gine [ˈendʒɪn] **I** *s* **1.** a) Maˈschine *f*, meˈchanisches Werkzeug, b) *a.* ~ **of torture** *hist.* Folterwerkzeug *n.* **2.** *tech.* (ˈAntriebs-, ˈKraft-, ˈDampf)Maˌschine *f*, (*bes.* Verbrennungs)Motor *m*: **aircraft** ~ Flug(zeug)motor. **3.** *rail.* Lokomoˈtive *f.* **4.** *tech.* Holländer *m*, Stoffmühle *f.* **II** *v/t* **5.** mit e-m Motor versehen. ~ **beam** *s tech.* Balanciˈer *m* (*Dampfmaschine*). ~ **break·down** *s tech.* Motorpanne *f*, -schaden *m.* ~ **build·er** *s* Maˈschinenbauer *m.* ~ **ca·pac·i·ty** *s tech.* Moˈtoren-, Maˈschinenleistung *f.* ~ **com·pa·ny** *s Am.* Löschzug *m* (*der Feuerwehr*). ~ **con·trol** *s tech.* **1.** Maˈschinen-, Motorsteuerung *f.* **2.** Bedienungshebel *m.* ~ **driv·er** *s rail. Br.* Lokomoˈtivführer *m.*

en·gi·neer [ˌendʒɪˈnɪə(r)] **I** *s* **1.** a) Ingeniˈeur *m*, b) Techniker *m*, c) Meˈchaniker *m*: ~**s** *teleph.* Stördienst *m.* **2.** *a. mar.* Maschiˈnist *m.* **3.** *rail. Am.* Lokomoˈtivführer *m.* **4.** *mil.* Pioˈnier *m*: ~ **combat battalion** leichtes Pionierbataillon; ~ **construction battalion** schweres Pionierbataillon; ~ **group** Pionierregiment *n.* **5.** *Bergbau*: Kunststeiger *m.* **II** *v/t* **6.** *Straßen, Brücken etc* (er)bauen, anlegen, konstruˈieren, errichten. **7.** *fig.* (geschickt) in die Wege leiten, organiˈsieren, ‚deichseln', ‚einfädeln'. **III** *v/i* **8.** als Ingeniˈeur *etc* tätig sein. **ˌen·giˈneer·ing** *s* **1.** *allg.* Technik *f*, *engS.* Ingeniˈeurwesen *n*, (*a.* **mechanical** ~) Maˈschinen- u. Gerätebau *m*: ~ **department** technische Abteilung, Konstruktionsbüro *n*; ~ **facilities** technische Einrichtungen; ~ **sciences** technische Wissenschaften; ~ **specialist** Fachingenieur *m*; ~ **standards committee** Fachnormenausschuß *m.* **2.** *mil.* Pioˈnierwesen *n.*

en·gine| fit·ter *s* Maˈschinenschlosser *m*, Monˈteur *m.* **ˈ~house** *s* **1.** Maˈschinenhaus *n.* **2.** *rail.* Lokomoˈtivschuppen *m.* **3.** *Feuerwehr*: Spritzenhaus *n.* ~ **lathe** *s tech.* Leitspindel-, Spitzendrehbank *f.* **ˈ~man** [-mən; -mæn] *s irr* **1.** Maschiˈnist *m.* **2.** *rail.* Lokomoˈtivführer *m.* ~ **room** *s* Maˈschinenraum *m*: ~ **of the attack** *sport* Angriffsmotor *m.*

en·gine·ry [ˈendʒɪnərɪ; *Am.* -nriː] *s* **1.** *fig.* Maschiˈrie *f.* **2.** *collect.* (*bes.* ˈKriegs-) Maˌschinen *pl.*

en·gine| shaft *s tech.* **1.** Motorwelle *f.* **2.** Pumpenschacht *m.* ~ **speed** *s tech.* Motordrehzahl *f.* ~ **trou·ble** *s tech.* Motorpanne *f*, -schaden *m.*

en·gird [ɪnˈgɜːd; *Am.* ɪnˈgɜrd] → **gird**[1]. **en·gir·dle** [-dl] → **girdle**[1] II.

Eng·land·er [ˈɪŋgləndə(r)] *s* Engländer *m*: → **Little Englander.**

Eng·lish [ˈɪŋglɪʃ] **I** *adj* **1.** englisch: ~ **breakfast.** **II** *s* **2. the** ~ die Engländer. **3.** *ling.* Englisch *n*, das Englische: **in** ~ a) auf englisch, b) im Englischen; **into** ~ ins Englische; **from (the)** ~ aus dem Englischen; **the King's** (*od.* **Queen's**) ~ korrektes, reines Englisch; **in plain** ~ unverblümt, ‚auf gut deutsch'. **4.** *print.* a) *hist.* Mittel *f* (*Schriftgrad; 14 Punkt*), b) *e-e gotische Schrift.* **III** *v/t* **5.** *selten* ins Englische überˈsetzen. **6.** *ein Wort etc* angliˈsieren. ~ **base·ment** *s Am.* Souterˈrain *n.* ~ **bond** *s arch.* Blockverband *m.* ~ **dis·ease** *s econ.* englische Krankheit. ~ **elm** *s bot.* Feldulme *f.* ~ **Eng·lish** *s ling.* britisches Englisch. ~ **flute** *s mus.* Blockflöte *f.* ~ **horn** *s mus.* Englischhorn *n.*

Eng·lish·ism [ˈɪŋglɪʃɪzəm] *s bes. Am.* **1.** *ling.* Britiˈzismus *m.* **2.** englische Eigenart, (*etwas*) typisch Englisches. **3.** Anglophiˈlie *f.*

Eng·lish·man [ˈɪŋglɪʃmən] *pl* **-men** [-mən; -men] *s* Engländer *m.*

Eng·lish·ry [ˈɪŋglɪʃrɪ] *s* **1.** englische Abkunft. **2.** Leute *pl* englischer Abkunft (*bes. in Irland*).

Eng·lish| set·ter *s zo.* Englischer Setter. ~ **sick·ness** *s econ.* englische Krankheit. ~ **son·net** *s* englisches Soˈnett (*im Stil Shakespeares od. der Elisabethanischen Periode*). ~ **spar·row** *s orn. Am.* Hausspatz *m*, -sperling *m.* ~ **stud·ies** *s pl* Anˈglistik *f.* **ˈ~wom·an** *s irr* Engländerin *f.*

en·glut [ɪnˈglʌt] *v/t* gierig verschlingen.

en·gobe [enˈgəʊb; ɪn-] *s* Enˈgobe *f* (*keramische Überzugsmasse*).

en·gorge [ɪnˈgɔː(r)dʒ] *v/t* **1.** gierig verschlingen. **2.** *med. Gefäß etc* anschoppen: ~**d** prall, gefüllt, geschwollen; ~**d kidney** Stauungsniere *f.* **enˈgorge·ment** *s med.* **1.** Anschoppung *f.* **2.** Schwellung *f.*

en·graft [ɪnˈgrɑːft; *Am.* -ˈgræft] *v/t* **1.** *bot.* aufpfropfen (**into, on, upon** auf *acc*). **2.** *fig. Prinzipien etc* verankern (**into** in *dat*).

en·grail [ɪnˈgreɪl] *v/t ein Wappen* auszacken, *e-e Münze* rändeln.

en·grain [ɪnˈgreɪn] *v/t tech. obs.* im Garn *od.* in der Faser färben. **enˈgrained** *adj fig.* **1.** eingewurzelt: **his fear is deeply** ~ s-e Furcht sitzt tief; **it is deeply** ~ **in him** es ist ihm in Fleisch u. Blut übergegangen. **2.** eingefleischt, (*nachgestellt*) durch u. durch.

en·gram [ˈengræm] *s psych.* Enˈgramm *n*, Erinnerungsbild *n.*

en·grave [ɪnˈgreɪv] *pp* **-ˈgraved,** *obs.* **-ˈgrav·en** *v/t* **1.** (*in Metall, Stein etc*) (ˈein)graˌvieren, (ein)meißeln, (*in Holz*) (ein)schnitzen (**on, upon** in *acc*, auf *acc*). **2. to** ~ **a tombstone with a name** e-n Namen in e-n Grabstein (ein)meißeln. **3. it is** ~**d (up)on** (*od.* **in**) **his memory** (*od.* **mind**) es hat sich ihm tief (*od.* unauslöschlich) eingeprägt. **enˈgrav·er** *s* Graˈveur *m*: ~ **of music** Notenstecher *m*; ~ **on copper** Kupferstecher *m*; ~ **on steel** Stahlstecher *m*; ~ **on wood** Holzschneider *m*, Xylograph *m.* **enˈgrav·ing** *s* **1.** Graˈvieren *n*, Graˈvierkunst *f*: ~ **cylinder** Bildwalze *f*; ~ **establishment** Gravieranstalt *f*; ~ **machine** *tech.* Graviermaschine *f*; ~ **needle** Graviernadel *f.* **2.** Druckplatte *f*: **photographic** ~ Photogravüre *f.* **3.** Graˈvierung *f*, (Kupfer-, Stahl)Stich *m*, Holzschnitt *m.*

en·gross [ɪnˈgrəʊs] *v/t* **1.** *jur.* a) *e-e Urkunde* ausfertigen, b) e-e Reinschrift anfertigen von, c) in gesetzlicher *od.* rechtsgültiger Form ausdrücken, d) *parl. e-m Gesetzentwurf* die endgültige Fassung (zur dritten Lesung) geben. **2.** *econ.* a) *Ware* spekulaˈtiv aufkaufen, b) *den Markt* monopoliˈsieren. **3.** *fig. j-s Aufmerksamkeit etc* in Anspruch nehmen, *die Macht etc* an sich reißen: **to** ~ **the conversation** das große Wort führen, die Unterhaltung an sich reißen. **enˈgrossed** *adj* (**in**) (voll) in Anspruch genommen (von), vertieft, versunken (in *acc*). **enˈgross·er** *s* **1.** a) Ausfertiger *m* e-r Urkunde, b) Anfertiger *m* e-r Reinschrift. **2.** *econ.* spekulaˈtiver Aufkäufer. **enˈgross·ing** *adj* **1.** fesselnd, spannend. **2.** voll(auf) in Anspruch nehmend. **enˈgross·ment** *s* **1.** a) Ausfertigung *f* (*e-r Urkunde*): **two** ~**s of this contract have been prepared** dieser Vertrag ist in zwei Urkunden ausgefertigt, b) Reinschrift *f.* **2.** *econ.* a) spekulaˈtiver Aufkauf (*von Ware*), b) Monopoliˈsierung *f* (*des Markts*). **3.** Inˈanspruchnahme *f* (**with** durch).

en·gulf [ɪnˈgʌlf] *v/t* **1.** überˈfluten. **2.** verschlingen (*a. fig.*): **snakes** ~ **their food whole; the boat was** ~**ed by the stormy sea; he was** ~**ed by his debts** er wurde von s-n Schulden ‚aufgefressen'.

en·hance [ɪnˈhɑːns; *bes. Am.* ɪnˈhæns] *v/t* **1.** *den Wert etc* erhöhen, vergrößern, steigern, heben. **2.** *etwas* (vorteilhaft) zur Geltung bringen. **3.** *econ. den Preis* erhöhen, in die Höhe treiben: **to** ~ **the price of s.th.** etwas verteuern. **enˈhance·ment** *s* Steigerung *f*, Erhöhung *f*, Vergrößerung *f.* **enˈhan·cive** [-sɪv] *adj* erhöhend, steigernd, vergrößernd.

en·har·mon·ic [ˌenhɑː(r)ˈmɒnɪk; *Am.* -ˈmɑ-] *mus.* **I** *adj* (*adv* ~**ally**) enharˈmonisch: ~ **change** enharmonische Verwechslung; ~ **modulation** enharmonische Modulation. **II** *s* enharˈmonischer Ton *od.* Akˈkord.

en·i·ac [ˈenɪæk] *s* ENIAC *m* (*ein elektronischer Rechenautomat; aus* **electronic numerical integrator and computer**).

e·nig·ma [ɪˈnɪgmə] *pl* **-mas** *s* Rätsel *n*, rätselhafte Sache *od.* Perˈson. **en·igˈmat·ic** [ˌenɪgˈmætɪk] *adj*; **ˌen·igˈmat·i·cal** *adj* (*adv* ~**ly**) rätselhaft, dunkel, geheimnisvoll. **eˈnig·ma·tize** **I** *v/i* in Rätseln sprechen, oˈrakeln. **II** *v/t etwas* in Dunkel hüllen, verschleiern.

en·jamb(e)·ment [ɪnˈdʒæmmənt] *s metr.* Enjambeˈment *n* (*Übergreifen des Satzes in den nächsten Vers*).

en·join [ɪnˈdʒɔɪn] *v/t* **1.** auferlegen, zur Pflicht machen, vorschreiben (**on s.o.** j-m). **2.** *j-m* auftragen, befehlen, einschärfen (**to do** zu tun). **3.** bestimmen, Anweisung(en) erteilen (**that** daß). **4.** *jur.* (durch gerichtliche Verfügung *etc*) unterˈsagen (**s.th. on s.o.** j-m etwas; **s.o. from doing s.th.** j-m, etwas zu tun).

en·joy [ɪnˈdʒɔɪ] *v/t* **1.** Vergnügen *od.* Gefallen finden *od.* Freude haben an (*dat*), sich erfreuen an (*dat*): **to** ~ **doing s.th.** daran Vergnügen finden (*etc*), etwas zu tun; **I** ~ **dancing** ich tanze gern, Tanzen macht mir Spaß; **did you** ~ **the play?** hat dir das (Theater)Stück gefallen?; **to** ~ **o.s.** sich amüsieren, sich gut unterhalten; ~ **yourself!** viel Spaß!; **did you** ~ **yourself in London?** hat es dir in London gefallen? **2.** genießen, sich *etwas* schmekken lassen: **I** ~ **my food** das Essen schmeckt mir. **3.** sich (*e-s Besitzes*) erfreuen, *etwas* haben, besitzen: **to** ~ **(good) credit** (guten) Kredit genießen; **to** ~ **good health** sich e-r guten Gesundheit erfreuen; **to** ~ **a right** ein Recht genießen *od.* haben. **enˈjoy·a·ble** *adj* (*adv* **enjoyably**) **1.** brauch-, genießbar. **2.** angenehm, erfreulich, schön. **enˈjoy·ment** *s* **1.** Genuß *m*, Vergnügen *n*, Gefallen *n*, Freude *f* (**of** an *dat*; **to** für): **he found great** ~ **in** er fand großen Gefallen an (*dat*). **2.** Genuß *m* (*e-s Besitzes od. Rechts*), Besitz *m*: **quiet** ~ *jur.* ruhiger Besitz. **3.** *jur.* Ausübung *f* (*e-s Rechts*).

en·kin·dle [ɪnˈkɪndl] *v/t meist fig.* entflammen, -zünden, -fachen.

en·lace [ɪnˈleɪs] *v/t* **1.** ein-, zs.-schnüren. **2.** → **entangle** 3.

en·large [ɪnˈlɑː(r)dʒ] **I** *v/t* **1.** vergrößern, *Kenntnisse etc a.* erweitern, *Einfluß etc a.* ausdehnen: **reading** ~**s the mind** Lesen erweitert den Gesichtskreis. **2.** *phot.* vergrößern. **3.** *obs.* freilassen. **II** *v/i* **4.** sich vergrößern, sich erweitern, sich ausdehnen, zunehmen. **5.** sich verbreiten *od.* (weitläufig) auslassen (**on, upon** über *acc*). **6.** *phot.* sich vergrößern lassen. **enˈlarged** *adj* erweitert: ~ **and revised**

edition erweiterte u. verbesserte Auflage. **enˈlarge·ment** *s* **1.** Vergrößerung *f*, Erweiterung *f*, Ausdehnung *f*: **~ of the heart (tonsils)** *med.* Herzerweiterung (Mandelschwellung *f*). **2.** Erweiterungsbau *m*, Anbau *m*. **3.** *phot.* Vergrößerung *f*. **4.** *obs.* Freilassung *f* (**from** aus). **enˈlarg·er** *s phot.* Vergrößerungsgerät *n*. **enˈlarg·ing** *adj phot.* Vergrößerungs...

en·light·en [ɪnˈlaɪtn] *v/t* **1.** (*geistig*) erleuchten, aufklären, belehren (**on, as to** über *acc*). **2.** *obs. od. poet.* erhellen. **enˈlight·ened** *adj* **1.** *fig.* erleuchtet, aufgeklärt (**on** über *acc*). **2.** verständig: **an ~ judg(e)ment. enˈlight·en·ment** *s* Aufklärung *f*, Erleuchtung *f*: **the Age of E~** *philos.* das Zeitalter der Aufklärung.

en·link [ɪnˈlɪŋk] *v/t* verketten, fest verbinden (**to, with** mit) (*beide a. fig.*).

en·list [ɪnˈlɪst] **I** *v/t* **1.** *Soldaten* anwerben, *Rekruten* einstellen: **~ed grade** *Am.* Unteroffiziers- *od.* Mannschaftsdienstgrad *m*; **~ed men** *Am.* Unteroffiziere u. Mannschaften. **2.** *fig.* herˈanziehen, engaˈgieren, zur Mitarbeit (*an e-r Sache*) gewinnen: **to ~ s.o.'s services** j-s Dienste in Anspruch nehmen; **to ~ s.o. in a cause** j-n für e-e Sache gewinnen. **II** *v/i* **3.** *mil.* sich anwerben lassen, Solˈdat werden, sich freiwillig melden (**to** zu). **4.** (**in**) mitwirken (bei), sich beteiligen (an *dat*). **enˈlist·ment** *s* **1.** *mil.* (An)Werbung *f*, Einstellung *f*: **~ allowance** *Am.* Treueprämie *f*. **2.** *bes. Am.* Eintritt *m* in die Arˈmee. **3.** *Am.* (Dauer *f* der) (Wehr)Dienstverpflichtung *f*. **4.** Gewinnung *f* (*zur Mitarbeit*), Herˈan-, Hinˈzuziehung *f* (*von Helfern*).

en·liv·en [ɪnˈlaɪvn] *v/t* beleben, in Schwung bringen, ‚ankurbeln': **to ~ a party** Stimmung in e-e Party bringen.

en masse [ɑ̃:ŋˈmæs] *adv* **1.** in der Masse, in Massen. **2.** im großen. **3.** zuˈsammen. **4.** als Ganzes.

en·mesh [ɪnˈmeʃ] *v/t* **1.** in e-m Netz fangen. **2.** *fig.* verstricken: **he was ~ed in his own lies** er hatte sich in s-n eigenen Lügen verstrickt *od.* verfangen. **enˈmesh·ment** *s* Verstrickung *f*.

en·mi·ty [ˈenmətɪ] *s* Feindschaft *f*, Feindseligkeit *f*: **to be at ~ with** verfeindet sein *od.* in Feindschaft leben mit; **to bear s.o. no ~** j-m nichts nachtragen.

en·ne·ad [ˈenɪæd] *s* Gruppe *f od.* Satz *m od.* Serie *f* von 9 Perˈsonen *od.* Dingen.

en·no·ble [ɪˈnəʊbl] *v/t* adeln: a) in den Adelsstand erheben, b) *fig.* veredeln, erhöhen. **enˈno·ble·ment** *s* Ad(e)lung *f*: a) Erhebung *f* in den Adelsstand, b) *fig.* Veredelung *f*.

en·nui [ɑ̃:ˈnwi:] *s* Langeweile *f*.

e·nol [ˈi:nɒl; *Am. a.* -ˌnəʊl] *s chem.* Eˈnol *n*. **eˈnol·ic** [-ˈnɒlɪk; *Am.* -ˈnəʊ-; -ˈnɑ-] *adj* Enol...

e·nor·mi·ty [ɪˈnɔ:(r)mətɪ] *s* Ungeheuerlichkeit *f*: a) Enormiˈtät *f*, b) Frevel *m*, Greuel *m*, Untat *f*. **eˈnor·mous** *adj* (*adv* **~ly**) **1.** eˈnorm, ungeheuer(lich), gewaltig, riesig. **2.** *obs.* abˈscheulich. **eˈnor·mous·ness** *s* ungeheure Größe, Monumentaliˈtät *f*.

e·nough [ɪˈnʌf] **I** *adj* ausreichend, ˈhinlänglich, genug: **~ bread, bread ~** genug Brot, Brot genug; **five are ~** fünf reichen *od.* langen *od.* sind genug; **this is ~ (for us)** das genügt (uns); **it is ~ for me to know** es genügt mir zu wissen; **it is ~ to weep (throw up)** es ist zum Heulen (‚Kotzen'); **he was not man ~** (*od.* **~ of a man**) er war nicht Manns genug (**to do** zu tun); **I was fool ~** (*od.* **~ of a fool**) **to believe her** ich war so dumm u. glaubte ihr. **II** *s* Genüge *f*, genügende Menge: **to have (quite) ~** (völlig) genug haben; **I have had ~, thank you!** danke, ich bin satt!; **I have had (more than) ~ of it** ich bin *od.* habe es (mehr als) satt, ‚ich bin (restlos) bedient'; **~ of that!** genug davon!, Schluß damit!; **to cry ~** sich geschlagen geben, aufhören; **~ and to spare** mehr als genug, übergenug; **~ is as good as a feast** allzuviel ist ungesund. **III** *adv* genug, genügend, ˈhinlänglich: **it's a good ~ story** die Geschichte ist nicht übel; **he does not sleep ~** er schläft nicht genug; **be kind** (*od.* **good**) **~ to do this for me** sei so gut *od.* freundlich u. erledige das für mich, erledige das doch bitte für mich; **be good ~ to hold your tongue** halt gefälligst d-n Mund; **safe ~** durchaus sicher; **true ~** nur zu wahr; **he writes well ~** a) er schreibt recht gut, b) er schreibt (zwar) ganz leidlich *od.* schön(, aber ...); **you know well ~ that this is untrue** Sie wissen sehr wohl *od.* ganz gut, daß das unwahr ist; **you know well ~!** du weißt es ganz genau!; **that's not good ~** das lasse ich nicht gelten, das genügt nicht; **curiously** (*od.* **strangely**) **~** merkwürdigerweise; → **fool**[1] 1. **IV** *interj* genug!, aufhören!

e·nounce [i:ˈnaʊns; ɪˈn-] *v/t* **1.** verkünden. **2.** aussprechen, äußern. **eˈnounce·ment** *s* **1.** Verkündung *f*. **2.** Äußerung *f*.

e·now [ɪˈnaʊ] *adj u. adv obs.* genug.

en pas·sant [ɑ̃:mˈpæsɑ̃:ŋ; *Am.*ˌɑ̃:ˌpɑ:ˈsɑ̃:] *adv* en pasˈsant: a) im Vorˈbeigehen, b) beiläufig, nebenˈher.

en·plane [ɪnˈpleɪn] *v/i aer.* an Bord gehen.

en prise [ɑ̃priz] (*Fr.*) *adj Schach*: bedroht.

en·quire [ɪnˈkwaɪə(r)], **enˈquir·y** → **inquire, inquiry**.

en·rage [ɪnˈreɪdʒ] *v/t* wütend machen. **enˈraged** *adj* wütend, aufgebracht (**at, by** über *acc*).

en rap·port [ɑ̃rapɔr] (*Fr.*) *adj* in (enger) Verbindung.

en·rapt [ɪnˈræpt] → **enraptured. enˈrap·ture** [-tʃə(r)] *v/t* ˈhinreißen, entzücken. **enˈrap·tured** *adj* ˈhingerissen, entzückt (**at, by** von).

en·reg·is·ter [ɪnˈredʒɪstə(r)] *v/t* eintragen, regiˈstrieren, aufzeichnen.

en·rich [ɪnˈrɪtʃ] *v/t* **1.** (**o.s.** sich) bereichern (*a. fig.*). **2.** reich *od.* wertvoll machen. **3.** anreichern: a) *agr.* ertragreich(er) machen: **to ~ the soil**, b) *chem. tech.* veredeln, c) *chem.* den Nährwert erhöhen von (*od. gen*). **4.** (aus)schmükken, reich verzieren. **5.** *fig.* a) *den Geist* bereichern, befruchten, b) *den Wert etc* erhöhen, steigern. **enˈrich·ment** *s* **1.** Bereicherung *f*: **unjust ~** ungerechtfertigte Bereicherung. **2.** Anreicherung *f*. **3.** Verzierung *f*, Ausschmückung *f*. **4.** *fig.* Befruchtung *f*.

en·robe [ɪnˈrəʊb] *v/t* bekleiden (**with, in** mit).

en·rol(l) [ɪnˈrəʊl] **I** *v/t* **1.** *j-n, j-s Namen* einschreiben, -tragen (**in** in *dat od. acc*), *univ. j-n* immatrikuˈlieren: **to ~ o.s.** → 5. **2.** a) *mil.* (an)werben, b) *mar.* anmustern, anheuern, c) *Arbeiter* einstellen: **to be enrolled** eingestellt werden, *in e-e Firma* eintreten. **3.** (als Mitglied) aufnehmen: **to ~ o.s. in a society** e-r Gesellschaft beitreten. **4.** *jur.* amtlich aufzeichnen, regiˈstrieren, (gerichtlich) protokolˈlieren. **5.** sich einschreiben (lassen), *univ.* sich immatrikuˈlieren: **to ~ for a course** e-n Kurs belegen. **enˈrol(l)·ment** *s* **1.** a) Eintragung *f*, -schreibung *f*, *univ.* Immatrikulatiˈon *f*, b) (Gesamt)Zahl *f* der Eingetragenen *od. univ.* Immatrikuˈlierten. **2.** a) *mil.* Anwerbung *f*, b) *mar.* Anheuerung *f*, c) Einstellung *f*. **3.** Aufnahme *f*. **4.** Beitrittserklärung *f*. **5.** *jur.* Reˈgister *n*, Verzeichnis *n*.

en route [ɑ̃:nˈru:t] *adv* unterˈwegs, en route (**for** nach), auf der Reise (**from ... to** von ... nach).

ens [enz] *pl* **en·ti·a** [ˈenʃɪə] (*Lat.*) *s philos.* Ens *n*, Sein *n*, (*das*) Seiende, Wesen *n*.

en·san·guine [ɪnˈsæŋgwɪn] *v/t poet.* **1.** mit Blut beflecken. **2.** blutrot färben: **the setting sun ~d the sky. enˈsan·guined** *adj* **1.** blutbefleckt. **2.** blutrot.

en·sconce [ɪnˈskɒns; *Am.* ɪnˈskɑns] *v/t* **1.** (*meist* **o.s.** sich) verbergen, verstecken. **2. ~ o.s.** es sich bequem machen: **to ~ o.s. in a chair.**

en·sem·ble [ɑ̃:nˈsɑ̃:mbl] *s* **1.** (*das*) Ganze, Gesamteindruck *m*. **2.** *mus. thea.* Enˈsemble(spiel) *n*. **3.** *Kleider*: Enˈsemble *n*, Komˈplet *n*.

en·shrine [ɪnˈʃraɪn] *v/t* **1.** (*in e-n Schrein etc*) einschließen. **2.** (als Heiligtum) bewahren. **3.** als Schrein dienen für: **her heart ~s his memory** sie bewahrt die Erinnerung an ihn in ihrem Herzen.

en·shroud [ɪnˈʃraʊd] *v/t* einhüllen, (ver-)hüllen (*beide a. fig.*): **~ed in mist** in Nebel gehüllt.

en·si·form [ˈensɪfɔ:(r)m] *adj anat. bot.* schwertförmig.

en·sign [ˈensaɪn; *bes. mar. u. mil.* ˈensn] *s* **1.** Fahne *f*, Stanˈdarte *f*. **2.** *mar.* (Schiffs-)Flagge *f*, *bes.* Natioˈnalflagge *f*. **3.** [ˈensaɪn] *Br. hist.* Fähnrich *m*. **4.** *mar. Am.* Leutnant *m* zur See. **5.** Abzeichen *n* (*e-s Amts od. e-r Würde*), Sinnbild *n*.

en·si·lage [ˈensɪlɪdʒ] *agr.* **I** *s* **1.** Siˈlierung *f*. **2.** Silofutter *n*. **II** *v/t* → **ensile. en·sile** [enˈsaɪl; ˈensaɪl] *v/t agr. Futterpflanzen* siˈlieren.

en·slave [ɪnˈsleɪv] *v/t* zum Sklaven machen (*a. fig.*), versklaven: **drugs that ~ the will** Drogen, die den Willen lähmen *od.* zerstören; **his alcoholism has completely ~d him** er ist vollständig dem Alkohol verfallen. **enˈslave·ment** *s* **1.** Sklaveˈrei *f*, Versklavung *f*. **2.** *fig.* (**to**) sklavische Abhängigkeit (von) *od.* Bindung (an *acc*).

en·snare [ɪnˈsneə(r)] *v/t* **1.** (*in e-r Schlinge etc*) fangen: **he became ~d in his own lies** er verfing *od.* verstrickte sich in s-n eigenen Lügen. **2.** *fig.* bestricken, umˈgarnen.

en·sor·cell, *Am. a.* **en·sor·cel** [ɪnˈsɔ:(r)sl] *v/t* bezaubern.

en·sue [ɪnˈsju:; *bes. Am.* ɪnˈsu:] **I** *v/t* **1.** *obs. ein Ziel* verfolgen, *e-m Vorbild* nachstreben. **II** *v/i* **2.** (darauf, nach)folgen, daˈnach kommen: **the ensuing years** die (darauf)folgenden *od.* nächsten Jahre. **3.** folgen, sich ergeben (**from** aus).

en·sure [ɪnˈʃʊə(r)] *v/t* **1.** (**against, from**) sichern (vor *dat*, gegen), schützen (vor *dat*). **2.** sicherstellen, garanˈtieren (**s.th.** etwas; **that** daß; **s.o. being** daß j-d ist), Gewähr bieten für: **to ~ s.th. to** (*od.* **for**) **s.o., to ~ s.o. s.th.** j-m etwas sichern. **3.** sorgen für (*etwas*): **to ~ that** dafür sorgen, daß. **4.** *obs. etwas* versichern.

en·tab·la·ture [enˈtæblətʃə; *Am.* ɪnˈtæbləˌtʃʊər] *s arch.* (Säulen)Gebälk *n*.

en·ta·ble·ment [ɪnˈteɪblmənt] *s arch.* **1.** → **entablature. 2.** horizonˈtale Plattform (*über dem Sockel e-r Statue*).

en·tail [ɪnˈteɪl] **I** *v/t* **1.** *jur.* a) in ein Erbgut ˈumwandeln, b) als Erbgut vererben, c) die Erbfolge für (*ein Gut*) bestimmen: **~ed estate** Erb-, Familiengut *n*; **~ed interest** *Br.* beschränktes Eigentumsrecht. **2.** *fig. Schande etc* bringen (**on, upon** über *acc*): **to ~ ridicule (up)on s.o.** j-n der Lächerlichkeit preisgeben. **3.** *fig. etwas* mit sich bringen, zur Folge haben, nach sich ziehen, *Kosten etc* verursachen, erfordern. **II** *s* **4.** *jur.* a) ˈUmwandlung *f* in ein Erbgut, b) Vererbung *f* als Erbgut, c) Erb-, Fa'miliengut *n*, d) festgelegte Erbfolge: **to bar** (*od.* **cut off**) **the ~** die Erbfolge aufheben. **5.** *fig.* Folge *f*, Konse'quenz *f*. **en'tail·ment** → entail 4 a–c.

en·tan·gle [ɪn'tæŋgl] *v/t* **1.** *Haare, Garn etc* verwirren, ‚verfitzen'. **2.** (**o.s.** sich) verwickeln, -heddern (**in** in *acc*): **his legs got ~d in** (*od.* **with**) **the ropes** er verhedderte sich mit den Beinen in den Seilen. **3.** *fig.* verwickeln, verstricken: **to ~ o.s. in s.th., to become ~d in s.th.** in e-e Sache verwickelt werden; **to become ~d with** sich einlassen mit *j-m*. **4.** *etwas* verwirren, verwickelt *od.* verworren machen: **~d** verwickelt, kompliziert. **en'tan·gle·ment** *s* **1.** *a. fig.* Verwick(e)lung *f*, -wirrung *f*: **to unravel an ~** e-e Verwirrung lösen. **2.** *fig.* Kompli'ziertheit *f*. **3.** *fig.* Hindernis *n*. **4.** Liebschaft *f*, Liai'son *f*. **5.** *mil.* Drahtverhau *m*.

en·ta·sis ['entəsɪs] *pl* **-ses** [-si:z] *s arch.* En'tase *f* (*Ausbauchung des Säulenschafts*).

en·tel·e·chy [en'telɪkɪ] *s philos.* Entele'chie *f*: a) *etwas, was sein Ziel in sich selbst hat; die sich im Stoff verwirklichende Form*, b) *die im Organismus liegende Kraft, die s-e Entwicklung u. Vollendung bewirkt*.

en·tente [ɑ̃:n'tɑ̃:nt] *s* Bündnis *n*, En'tente *f*: **E~ Cordiale** *pol. hist.* Entente *f* cordiale.

en·ter ['entə(r)] **I** *v/t* **1.** (hin'ein-, her'ein)gehen, (-)kommen, (-)treten, (-)fließen in (*acc*), eintreten, -steigen in (*acc*), betreten: **to ~ a country** in ein Land einreisen. **2.** a) *mar. rail.* einlaufen, -fahren in (*acc*), b) *aer.* einfliegen in (*acc*). **3.** sich begeben in (*acc*), *etwas* aufsuchen: **to ~ a hospital**. **4.** eindringen *od.* einbrechen in (*acc*). **5.** eindringen in (*acc*): **the bullet ~ed the skull; the thought ~ed my head** *fig.* mir kam der Gedanke; **it ~ed his mind** es kam ihm in den Sinn. **6.** *fig.* eintreten in (*acc*), beitreten (*dat*): **to ~ a club; to ~ the army** Soldat werden; **to ~ s.o.'s service** in j-s Dienst treten; **to ~ the university** zu studieren beginnen; **to ~ the war** in den Krieg eintreten; → **church** 5. **7.** *fig. etwas* antreten, beginnen, *e-n Zeitabschnitt, ein Werk* anfangen. **8.** *e-n Namen etc* eintragen, -schreiben, *j-n* aufnehmen, zulassen: **to ~ one's name** sich eintragen *od.* einschreiben *od.* anmelden; **to be ~ed** *univ.* immatrikuliert werden; **to ~ s.o. at a school** j-n zur Schule anmelden; **to ~ s.th. into the minutes** etwas protokollieren *od.* ins Protokoll aufnehmen. **9.** *sport* melden, nennen (**for** für): **to ~ o.s.** → 19. **10.** *econ.* (ver)buchen, eintragen: **to ~ s.th. to the debit of s.o.** j-m etwas in Rechnung stellen, j-n mit etwas belasten; **to ~ s.th. on the invoice** etwas auf die Rechnung setzen. **11.** *econ. mar. Waren* dekla'rieren, *Schiffe* 'einkla,rieren: **to ~ inwards (outwards)** die Fracht e-s Schiffes bei der Einfahrt (Ausfahrt) anmelden. **12.** *jur. ein Recht* durch amtliche Eintragung wahren: **to ~ an action** e-e Klage anhängig machen. **13.** *jur. bes. Am.* Rechtsansprüche geltend machen auf (*acc*). **14.** *e-n Vorschlag etc* einreichen, ein-, vorbringen: **to ~ a protest** Protest erheben *od.* einlegen; **to ~ a motion** *parl.* e-n Antrag einbringen. **15.** *hunt. ein Tier* abrichten. **16.** *tech.* einfügen, -führen. **17.** **~ up** a) *econ. e-n Posten* regelrecht buchen, b) *jur. ein Urteil* protokol'lieren (lassen).

II *v/i* **18.** eintreten, her'ein-, hin'einkommen, -gehen, (*in ein Land*) einreisen: **I don't ~ in it** *fig.* ich habe damit nichts zu tun. **19.** *sport* melden, nennen (**for** für). **20.** *thea.* auftreten: **E~ a servant** ein Diener tritt auf (*Bühnenanweisung*).

Verbindungen mit Präpositionen:

en·ter| in·to *v/i* **1.** → **enter** 1, 4, 5, 6. **2.** anfangen, beginnen, sich einlassen auf (*acc*), teilnehmen *od.* sich beteiligen an (*dat*), eingehen auf (*acc*): **to ~ a plan** (**an arrangement**) auf e-n Plan (Vergleich) eingehen; **to ~ the conversation** sich an der Unterhaltung beteiligen; **to ~ correspondence** in Briefwechsel treten (**with** mit); **to ~ details** ins einzelne *od.* ins Detail gehen. **3.** *e-n Vertrag etc* eingehen, abschließen: **to ~ an obligation** e-e Verpflichtung eingehen. **4.** sich hin'eindenken in (*acc*): **to ~ s.o.'s feelings** sich in j-n hineinversetzen, j-m etwas nachempfinden; **to ~ the spirit of Christmas** in e-e weihnachtliche Stimmung versetzt werden; **to ~ the spirit of the game** mitmachen. **5.** e-e Rolle spielen bei: **his accident did not ~ our plans** sein Unfall war nicht eingeplant. **~ on, ~ up·on** *v/t* **1.** *jur.* Besitz ergreifen von: **to ~ an inheritance** e-e Erbschaft antreten. **2.** a) *ein Thema* anschneiden, b) eintreten *od.* sich einlassen in (*ein Gespräch etc*). **3.** a) *ein Amt* antreten, b) beginnen: **to ~ a career** e-e Laufbahn einschlagen; **to ~ a new phase** in ein neues Stadium treten.

en·ter·a ['entərə] *pl von* **enteron**.

en·ter·al ['entərəl] *adj anat.* ente'ral, Darm...

en·ter·ic [en'terɪk] *adj* **1.** *med.* en'terisch, Darm...: **~ fever** (Unterleibs)Typhus *m*. **2.** *med. pharm.* darmlöslich, 'magensaftresi,stent: **an ~ pill**.

en·ter·i·tis [,entə'raɪtɪs] *s med.* Ente'ritis *f*, 'Darmka,tarrh *m*.

en·ter·o·cele ['entərəʊsi:l] *s med.* Entero'zele *f*, Darmbruch *m*. **,en·ter·o·gas'tri·tis** [-gæ'straɪtɪs] *s med.* Gastroente'ritis *f*, 'Magen-'Darm-Ka,tarrh *m*. **'en·ter·o·lith** [-rəʊlɪθ] *s med.* Entero'lith *m*, Kotstein *m*. **'en·ter·on** [-rɒn; *Am.* -,rɑn] *pl* **-ter·a** [-rə] *s anat.* Enteron *n*, (*bes.* Dünn)Darm *m*.

en·ter·prise ['entə(r)praɪz] *s* **1.** Unter'nehmen *n*, -'nehmung *f*. **2.** *econ.* a) Unter'nehmen *n*, Betrieb *m*, b) Unter'nehmertum *n*: **free ~**. **3.** Wagnis *n*. **4.** Unter'nehmungsgeist *m*, -lust *f*, Initia'tive *f*: **a man of ~** ein Mann mit Unternehmungsgeist. **'en·ter·pris·ing** *adj* (*adv* **~ly**) **1.** unter'nehmend, -'nehmungslustig, mit Unter'nehmungsgeist. **2.** wagemutig, kühn.

en·ter·tain [,entə(r)'teɪn] **I** *v/t* **1.** *j-n* (*od.* **o.s.** sich) (angenehm) unter'halten, belustigen, amü'sieren. **2.** *j-n* gastlich aufnehmen, bewirten: **to be ~ed at** (*Br. a.* **to**) **dinner by s.o.** bei j-m zum Abendessen eingeladen sein; **to ~ angels unawares** außerordentliche Gäste haben, ohne es zu wissen. **3.** *Furcht, Hoffnung etc* hegen. **4.** *e-n Vorschlag etc* in Betracht *od.* Erwägung ziehen, *e-r Sache* Raum geben, eingehen auf (*acc*): **to ~ an idea** sich mit e-m Gedanken tragen. **II** *v/i* **5.** Gäste empfangen, ein gastliches Haus führen: **they ~ a great deal** sie haben oft Gäste. **,en·ter'tain·er** *s* **1.** Gastgeber(in). **2.** Unter'halter(in), *engS.* Enter'tainer(in), Unter'haltungskünstler(in). **,en·ter'tain·ing I** *adj* (*adv* **~ly**) unter'haltend, amü'sant, unter'haltsam. **II** *s*: **they do a great deal of ~** sie haben oft Gäste. **,en·ter'tain·ment** *s* **1.** Unter'haltung *f*, Belustigung *f*: **for s.o.'s ~** zu j-s Unterhaltung; **much to his ~** sehr zu s-r Belustigung. **2.** (*öffentliche*) Unter'haltung, (*professionell dargeboten a.*) Enter'tainment *n*: **a place of ~** e-e Vergnügungsstätte; **~ electronics** Unterhaltungselektronik *f*; **~ industry** Unterhaltungsindustrie *f*; **~ tax** Vergnügungssteuer *f*; **~ value** Unterhaltungswert *m*. **3.** gastliche Aufnahme, Gastfreundschaft *f*, Bewirtung *f*: **~ allowance** *econ.* Aufwandsentschädigung *f*. **4.** Fest *n*, Gesellschaft *f*. **5.** Erwägung *f*.

en·thral(l) [ɪn'θrɔ:l] *v/t* **1.** *fig.* bezaubern, fesseln, in s-n Bann schlagen. **2.** *obs.* unter'jochen. **en'thrall·ing** *adj fig.* fesselnd, bezaubernd. **en'thral(l)·ment** *s* **1.** Bezauberung *f*. **2.** *obs.* Unter'jochung *f*.

en·throne [ɪn'θrəʊn] *v/t* **1.** *e-n Monarchen, Bischof etc* inthroni'sieren: **to be ~d** *fig.* thronen. **2.** *fig.* erheben (**as** zu). **en'throne·ment, en,thron·i'za·tion** [-naɪ'zeɪʃn; *Am.* -nə'z-] *s* Inthronisati'on *f*, Inthroni'sierung *f*. **en'thron·ize** [-aɪz] → **enthrone**.

en·thuse [ɪn'θju:z; *Am. a.* -'θu:z] *colloq.* **I** *v/t* begeistern. **II** *v/i* (**about, over**) begeistert sein (von), schwärmen (von, für). **en'thu·si·asm** [-zɪæzəm] *s* **1.** Enthusi'asmus *m*, Begeisterung *f* (**for** für; **about** über *acc*). **2.** Schwärme'rei *f* (**for** für). **3.** Leidenschaft *f*, Passi'on *f*: **his ~ is tennis**. **4.** *relig. obs.* Verzückung *f*. **en'thu·si·ast** [-zɪæst] *s* **1.** Enthusi'ast(in): **tennis ~** Tennisbegeisterte(r *m*) *f*, leidenschaftlicher Tennisspieler. **2.** Schwärmer(in). **en,thu·si'as·tic** *adj* (*adv* **~ally**) **1.** enthusi'astisch, begeistert (**about, over** über *acc*): **he was ~ about it** er war davon begeistert; **to become** (*od.* **get**) **~** in Begeisterung geraten. **2.** schwärmerisch.

en·ti·a ['enʃɪə] *pl von* **ens**.

en·tice [ɪn'taɪs] *v/t* **1.** locken: **to ~ s.o. away** a) j-n weglocken (**from** von), b) *econ.* j-n abwerben; **my friend has ~d my wife away** mein Freund hat mir m-e Frau abspenstig gemacht. **2.** verlocken, -leiten, -führen (**into s.th.** zu etwas): **to ~ s.o. to do** (*od.* **into doing**) **s.th.** j-n dazu verleiten, etwas zu tun. **en'tice·ment** *s* **1.** (Ver)Lockung *f*, (An)Reiz *m*. **2.** Verführung *f*, -leitung *f*. **en'tic·er** *s* Verführer(in). **en'tic·ing** *adj* (*adv* **~ly**) verlockend, verführerisch.

en·tire [ɪn'taɪə(r); *Am. a.* 'en,taɪr] **I** *adj* **1.** ganz, völlig, vollkommen, -zählig, -ständig, kom'plett. **2.** ganz, unvermindert, Gesamt...: **~ proceeds** Gesamtertrag *m*. **3.** ganz, unversehrt, unbeschädigt. **4.** *fig.* nicht ka'striert: **~ horse** Hengst *m*. **5.** *fig.* uneingeschränkt, ungeteilt, voll, ungeschmälert: **he enjoys our ~ confidence** er genießt unser volles *od.* uneingeschränktes Vertrauen; **I am in ~ agreement with you** ich stimme voll u. ganz *od.* völlig mit Ihnen überein. **6.** aus 'einem Stück, zs.-hängend. **7.** *jur.* ungeteilt: **~ tenancy** Pachtung *f* in 'einer Hand. **II** *s* **8.** (*das*) Ganze. **9.** nicht ka'striertes Pferd, Hengst *m*. **10.** *mail* Ganzsache *f*. **en'tire·ly** *adv* **1.** völlig, gänzlich, durch'aus, ganz u. gar: **I am ~ of your opinion; it is ~ possible** es ist durchaus *od.* ohne weiteres möglich. **2.** ausschließlich: **it is ~ his fault**. **en'tire·ness** → **entirety** 1. **en'tire·ty** *s* **1.** (*das*) Ganze, Ganzheit *f*, Vollständigkeit *f*, Gesamtheit *f*: **in its ~** in s-r Gesamtheit, als (ein) Ganzes. **2.** *jur.* ungeteilter Besitz.

en·ti·tle [ɪn'taɪtl] *v/t* **1.** *ein Buch etc* betiteln: **a book ~d ...** ein Buch mit dem Titel ... **2.** *j-n* betiteln, anreden, ansprechen: **how does one ~ a queen?** **3.** (**to**) *j-n* berechtigen (zu), *j-m* ein Anrecht geben (auf *acc*): **to be ~d to** e-n (Rechts-) Anspruch haben auf (*acc*), berechtigt sein zu; **to be ~d to do s.th.** dazu berechtigt sein *od.* das Recht haben, etwas zu tun; **~d to vote** wahl-, stimmberechtigt; **she is ~d to maintenance** sie ist unterhaltsberechtigt, ihr steht Unterhalt zu; **party ~d** Berechtigte(r *m*) *f*.

en'ti·tle·ment *s* **1.** Betitelung *f*. **2.** a) (berechtigter) Anspruch: **~ to benefits** (*Versicherung*) Leistungsanspruch, b) zustehender Betrag.

en·ti·ty ['entətɪ] *s* **1.** *philos.* a) Dasein *n*, Wesen *n*, b) (re'ales) Ding, Gebilde *n*, c) Wesenheit *f*. **2.** *jur.* 'Rechtsper,sönlichkeit *f*: **legal ~** juristische Person.

en·to·blast ['entəʊblæst], **'en·to·derm** [-dɜːm; *Am.* -ˌdɜrm] *s biol. med.* Ento'blast *n*, Ento'derm *n* (*inneres Keimblatt des menschlichen u. tierischen Embryos*).

en·tomb [ɪn'tuːm] *v/t* **1.** begraben, beerdigen, bestatten, beisetzen. **2.** verschütten, le'bendig begraben. **3.** als Grab(stätte) dienen für: **this church ~s many great men** in dieser Kirche sind viele große Männer beigesetzt. **en'tomb·ment** *s* Begräbnis *n*, Beerdigung *f*, Bestattung *f*, Beisetzung *f*.

en·tom·ic [en'tɒmɪk; *Am.* -'tɑ-] *adj zo.* Insekten...

en·to·mo·log·i·cal [ˌentəmə'lɒdʒɪkl; *Am.* -'lɑ-] *adj* (*adv* **~ly**) entomo'logisch. **ˌen·to'mol·o·gist** [-'mɒlədʒɪst; *Am.* -'mɑ-] *s* Entomo'loge *m*. **ˌen·to'mol·o·gize** *v/i* **1.** Entomolo'gie stu'dieren. **2.** In'sekten sammeln. **ˌen·to'mol·o·gy** *s* Entomolo'gie *f*, In'sektenkunde *f*.

en·to·moph·a·gous [ˌentə'mɒfəgəs; *Am.* -'mɑ-] *adj* in'sektenfressend. **ˌen·to'moph·i·lous** [-fɪləs] *adj bot.* entomo'phil. **ˌen·to'moph·i·ly** *s bot.* Entomophi'lie *f*, Bestäubung *f* durch In'sekten.

en·to·par·a·site [ˌentəʊ'pærəsaɪt] → **endoparasite**.

en·to·plasm ['entəʊplæzəm] → **endoplasm**.

ent·op·tic [en'tɒptɪk; *Am.* ˌent'ɑp-] *adj med. zo.* ent'optisch, das Augeninnere betreffend.

ent·o·tic [en'təʊtɪk] *adj med.* ent'otisch, das Innenohr betreffend.

en·tou·rage [ˌɒntʊ'rɑːʒ; *Am.* ˌɑn-] *s* Entou'rage *f*: a) Um'gebung *f*, b) Gefolge *n*.

en·to·zo·on [ˌentəʊ'zəʊɒn; *Am.* -ˌɑn] *pl* **-zo·a** [-ə] *s zo.* Ento'zoon *n* (*Parasit, der im Körperinnern lebt*).

en·tr'acte ['ɒntrækt; *Am.* 'ɑn-] *s* Entre'akt *m*, 'Zwischen,akt(mu,sik *f*, -tanz *m*) *m*.

en·trails ['entreɪlz; *Am. a.* -trəlz] *s pl* **1.** *anat.* Eingeweide *pl*. **2.** *fig.* (*das*) Innere: **the ~ of the earth** das Erdinnere.

en·train[1] [ɪn'treɪn] *rail.* **I** *v/i* einsteigen. **II** *v/t* verladen (**for** nach).

en·train[2] [ɪn'treɪn] *v/t* **1.** mit sich fortziehen. **2.** *fig.* nach sich ziehen, zur Folge haben.

en'train·ment *s rail.* **1.** Einsteigen *n*. **2.** Verladung *f*.

en·trance[1] ['entrəns] *s* **1.** a) Eintreten *n*, Eintritt *m*: *we could not talk about the matter* **because of Peter's ~s and exits** weil Peter ständig hereinkam, b) *mar. rail.* Einlaufen *n*, Einfahrt *f*, c) *aer.* Einflug *m*: **~ duty** *econ.* Eingangszoll *m*; **~ zone** *aer.* Einflugzone *f*; **to make one's ~** eintreten, erscheinen (→ 6). **2.** a) Ein-, Zugang *m* (**to** zu), b) Zufahrt *f*: **~ hall** (Eingangs-, Vor)Halle *f*, (Haus)Flur *m*; **at the ~** am Eingang, an der Tür. **3.** *mar.* (Hafen)Einfahrt *f*. **4.** *fig.* Antritt *m*: **~ (up)on an office** Amtsantritt; **~ (up)on an inheritance** Antritt e-r Erbschaft. **5.** Eintritt(serlaubnis *f*) *m*, Zutritt *m*, Einlaß *m*: **~ fee** a) Eintritt(sgeld *n*) *m*, b) Aufnahmegebühr *f*; **to have free ~** freien Zutritt haben; **no ~!** Zutritt verboten! **6.** *thea.* Auftritt *m*: **to make one's ~** auftreten (→ 1). **7.** Beginn *m* (**to** *gen*).

en·trance[2] [ɪn'trɑːns; *Am.* ɪn'træns] *v/t* **1.** *j-n* in Verzückung versetzen, entzükken, 'hinreißen: **~d** entzückt, hingerissen (**at, by** von). **2.** über'wältigen: **~d** außer sich (**with** vor *dat*); **~d with joy** freudetrunken. **3.** in Trance versetzen.

en'trance·ment *s* Verzückung *f*. **en'tranc·ing** *adj* (*adv* **~ly**) bezaubernd, 'hinreißend.

en·trant ['entrənt] *s* **1.** Eintretende(r *m*) *f*. **2.** Berufsanfänger(in) (**to** in *dat*). **3.** neu(eintretend)es Mitglied. **4.** *sport* Teilnehmer(in) (*a. allg. an e-m Wettbewerb*), Konkur'rent(in).

en·trap [ɪn'træp] *v/t* **1.** (in e-r Falle) fangen. **2.** verführen, -leiten (**to s.th.** zu etwas; **into doing** zu tun). **3.** in 'Widersprüche verwickeln.

en·treat [ɪn'triːt] **I** *v/t* **1.** *j-n* inständig bitten, dringend ersuchen, anflehen. **2.** *etwas* erflehen. **3.** *Bibl. od. obs. j-n* behandeln. **II** *v/i* **4.** bitten, flehen: **to ~ of s.o. to do s.th.** j-n inständig bitten, etwas zu tun. **en'treat·ing** *adj* (*adv* **~ly**) flehentlich. **en'treat·y** *s* dringende *od.* inständige Bitte, Flehen *n*: **at s.o.'s ~** auf j-s Bitte (hin); **she gave him a look of ~** sie warf ihm e-n flehenden Blick zu.

en·tre·chat ['ɒntrəʃɑː; *Am.* 'ɑn-] *pl* **-chats** *s Ballett*: Entre'chat *m* (*Kreuzsprung, bei dem die Füße schnell über- u. auseinandergeschlagen werden*).

en·tre·cote, *bes. Br.* **en·tre·côte** ['ɒntrəkəʊt; *Am.* 'ɑn-] *pl* **-cotes** *s gastr.* Entre'cote *n*, Rippenstück *n* (*vom Rind*).

en·trée, *Am. a.* **en·tree** ['ɒntreɪ; *Am.* 'ɑn-] *s* **1.** *bes. fig.* Zutritt *m* (**into** zu): **she has ~ into the best society**; *his wealth* **gave him ~** *into the best society* verschaffte ihm Zutritt. **2.** *gastr.* a) En'tree *n*, Zwischengericht *n*, b) *Am.* Hauptgericht *n*. **3.** *mus.* En'tree *n*, Er'öffnungsmu,sik *f* (*e-s Balletts*).

en·tre·mets ['ɒntrəmeɪ; *Am.* ɑntrə'meɪ] *pl* **-mets** [-eɪz] *s gastr.* Entre'mets *n*: a) Zwischengericht *n*, b) Süßspeise *f*.

en·trench [ɪn'trentʃ] **I** *v/i* **1.** 'übergreifen (**on, upon** auf *acc*). **II** *v/t* **2.** *mil.* mit Schützengräben versehen, befestigen, verschanzen: **to ~ o.s.** sich verschanzen, sich festsetzen (*beide a. fig.*); **to ~ o.s. behind a newspaper (a principle)** sich hinter e-r Zeitung (e-m Prinzip) verschanzen; **~ed** *fig.* eingewurzelt, verwurzelt. **3.** *fig. Rechte etc* festschreiben: **~ed provisions** *Bestimmungen* (*e-r Verfassung*)*, die nur in e-m besonderen Verfahren geändert werden können*. **en'trench·ment** *s mil.* **1.** Verschanzung *f*. **2.** *pl* Schützengräben *pl*.

en·tre·pôt ['ɒntrəpəʊ; *Am.* 'ɑn-] *s* Entre'pot *n*: a) Lager-, Stapelplatz *m*, b) *econ.* (Waren-, Zoll)Niederlage *f*.

en·tre·pre·neur [ˌɒntrəprə'nɜː; *Am.* ˌɑntrəprə'nɜr] *s* **1.** *econ.* Unter'nehmer *m*. **2.** *Am.* Organi'sator *m*, Veranstalter *m*. **3.** Vermittler *m*, Mittelsmann *m*. **ˌen·tre·pre'neur·i·al** *adj* Unternehmer...: **~ income** Einkommen *n* aus Unternehmertätigkeit; **~ risk** unternehmerisches Risiko. **ˌen·tre·pre'neur·ship** *s* Unter'nehmensleitung *f*, -führung *f*.

en·tre·sol ['ɒntrəsɒl; *Am.* 'ɑntrəˌsɑl; -ˌsɔːl] *s arch.* Entre'sol *n*, Zwischen-, Halbgeschoß *n*.

en·tro·py ['entrəpɪ] *s* Entro'pie *f*: a) *phys. Größe, die die Verlaufsrichtung e-s Wärmeprozesses kennzeichnet*, b) *Größe des Nachrichtengehalts e-r nach statistischen Gesetzen gesteuerten Nachrichtenquelle*, c) *Maß für den Grad der Ungewißheit über den Ausgang e-s Versuchs*.

en·truck [ɪn'trʌk] *v/t u. v/i mil. bes. Am.* (auf Lastkraftwagen) verladen (aufsitzen).

en·trust [ɪn'trʌst] *v/t* **1.** *etwas* anvertrauen (**to s.o.** j-m): **to ~ a child to s.o.'s care** ein Kind j-s Obhut anvertrauen. **2.** *j-n* betrauen (**with a task** mit e-r Aufgabe).

en·try ['entrɪ] *s* **1.** → **entrance**[1] 1. **2.** Einreise *f*, Zuzug *m*: **~ permit** Einreiseerlaubnis *f*; **~ and residence permit** Zuzugsgenehmigung *f*; **~ visa** Einreisevisum *n*. **3.** → **entrance**[1] 6. **4.** Einfall(en *n*) *m* (*in ein Land*), Eindringen *n*, *jur.* Einbruch *m*. **5.** **~ (up)on office** Amtsantritt *m*. **6.** Beitritt *m* (**into** zu): **Britain's ~ into the Common Market**. **7.** Einlaß *m*, Zutritt *m*: **to gain** (*od.* **obtain**) **~** Einlaß finden; **to force an ~ into, to make a forcible ~ into** gewaltsam eindringen in (*acc*), sich gewaltsam Zugang *od.* Zutritt verschaffen zu; **no ~!** Zutritt verboten!, *mot.* Keine Einfahrt! **8.** a) Zu-, Eingang(stür *f*) *m*, Einfahrt(stor *n*) *f*, b) Flur *m*, (Eingangs-, Vor)Halle *f*. **9.** a) Eintrag(ung *f*) *m*, Vormerkung *f*: **~ in a diary** Tagebucheintrag(ung), b) Stichwort *n* (*im Lexikon*). **10.** *econ.* a) Eintragung *f*, Buchung *f*: **to make an ~ of s.th.** etwas (ver)buchen *od.* eintragen, b) (gebuchter) Posten. **11.** *econ.* Eingang *m* (*von Geldern etc*): **(up)on ~** nach Eingang. **12.** *econ. mar.* 'Einkla,rierung *f*, 'Zolldeklarati,on *f*: **~ inwards (outwards)** Einfuhr-(Ausfuhr)deklaration. **13.** *Bergbau*: Fahr-, Hauptförderstrecke *f*. **14.** *jur.* Besitzantritt *m*, -ergreifung *f* (**upon** *gen*). **15.** *geogr.* (Fluß)Mündung *f*. **16.** *sport* a) Nennung *f*, Meldung *f*: **~ fee** Startgeld *n*, b) → **entrant** 4, c) *collect.* Teilnehmer(zahl *f*) *pl* (*a. allg. e-s Wettbewerbs*): **a good** (*od.* **large**) **~** viele Nennungen *od.* Meldungen.

ent·wick·lungs·ro·man [ent'vɪklʊŋzroˌmaːn] *pl* **-ma·ne** [-ˌmaːnə] (*Ger.*) *s* Ent'wicklungsro,man *m*.

en·twine [ɪn'twaɪn] **I** *v/t* **1.** flechten. **2.** winden, flechten, schlingen (**[a]round** um), um'winden (**with** mit). **3.** inein'anderschlingen: **with their fingers ~d** mit ineinandergeschlungenen Händen. **II** *v/i* **4.** sich inein'anderschlingen.

en·twist [ɪn'twɪst] → **entwine** 2, 3.

e·nu·cle·ate [iː'njuːklɪeɪt; *Am. a.* -'nuː-] *v/t* **1.** *obs.* deutlich machen, aufklären, erläutern. **2.** *med. e-n Tumor* ausschälen.

e·nu·mer·ate [ɪ'njuːməreɪt; *Am. a.* -'nuː-] *v/t* **1.** aufzählen. **2.** spezifi'zieren: **~d powers** *jur. Am.* speziell in Gesetzen erwähnte Machtbefugnisse. **eˌnu·mer'a·tion** *s* **1.** Aufzählung *f*. **2.** Liste *f*, Verzeichnis *n*. **e'nu·mer·a·tive** [-rətɪv; *Am. bes.* -ˌreɪtɪv] *adj* aufzählend. **e'nu·mer·a·tor** [-tə(r)] *s* Zähler *m* (*bei Volkszählungen*).

e·nun·ci·ate [ɪ'nʌnsɪeɪt] **I** *v/t* **1.** ausdrücken, -sprechen, (*a.* öffentlich) erklären. **2.** formu'lieren. **3.** behaupten, *e-n Grundsatz etc* aufstellen. **4.** (*bes.* deutlich) aussprechen. **II** *v/i* **5.** **to ~ clearly** e-e deutliche Aussprache haben, deutlich sprechen. **eˌnun·ci'a·tion** *s* **1.** (*a.* öffentliche) Erklärung. **2.** Formu'lierung *f*. **3.** Behauptung *f*, Aufstellung *f*. **4.** (*bes.* deutliche) Aussprache. **e'nun·ci·a·tive** [-ʃɪətɪv; *Am.* -sɪˌeɪtɪv] *adj* **1.** **to be ~ of s.th.** etwas ausdrücken. **2.** Ausdrucks...

en·ure → **inure**.

en·u·re·sis [ˌenjʊə'riːsɪs] *s med.* Enu'rese *f*, unwillkürliches Harnlassen, *bes.* Bettnässen *n*.

en·vel·op [ɪn'veləp] **I** *v/t* **1.** einschlagen, -wickeln, (ein)hüllen (**in** in *acc*): **to ~ o.s. in a thick coat** sich in e-n dicken Mantel hüllen; **~ed in flames (mist)** in Flammen (Nebel) gehüllt. **2.** *fig.* ver-, einhüllen, umˈhüllen, umˈgeben: **~ed in mystery** geheimnisumhüllt. **3.** *mil. den Feind* umˈfassen, umˈklammern. **II** *s Am.* → **envelope**.

en·ve·lope [ˈenvələʊp] *s* **1.** Hülle *f*, ˈUmschlag *m*, Umˈhüllung *f*. **2.** ˈBriefˌumschlag *m*, Kuˈvert *n*. **3.** *aer.* Hülle *f* (*e-s Ballons*), Außenhaut *f* (*e-s Luftschiffs*). **4.** *mil.* Vorwall *m*. **5.** *astr.* Nebelhülle *f*. **6.** *bot.* Kelch *m*. **7.** *anat.* Hülle *f*, Schale *f*. **8.** *math.* Umˈhüllungskurve *f*, Einhüllende *f*.

enˈvel·op·ment *s* **1.** Einhüllung *f*, Umˈhüllung *f*, Hülle *f*. **2.** *mil.* Umˈfassung(sangriff *m*) *f*, Umˈklammerung *f*.

en·ven·om [ɪnˈvenəm] *v/t* **1.** vergiften (*a. fig.*). **2.** *fig.* mit Haß erfüllen: **~ed** giftig, haßerfüllt.

en·vi·a·ble [ˈenvɪəbl] *adj* (*adv* **enviably**) beneidenswert, zu beneiden(d). **ˈen·vi·a·ble·ness** *s* (*das*) Beneidenswerte. **ˈen·vi·er** *s* Neider(in). **ˈen·vi·ous** *adj* (*adv* **~ly**) neidisch (**of** auf *acc*): **to be ~ of s.o. because of s.th.** j-n um etwas beneiden; **an ~ look** ein scheeler Blick. **ˈen·vi·ous·ness** *s* Neid *m*.

en·vi·ron [ɪnˈvaɪərən] *v/t* umˈgeben (*a. fig.*): **~ed by** (*od.* **with**) **trees** von Bäumen umstanden. **enˈvi·ron·ment** *s* **1.** Umˈgebung *f*, *sociol. a.* Miliˈeu *n*: **a happy home ~** ein glückliches Zuhause. **2.** ˈUmwelt *f* (*a. sociol.*). **3.** *art* Enˈvironment *n* (*illusionistisches Kunstobjekt, das Gegenstände alltäglicher Lebens- u. Arbeitsbereiche in neue Beziehungen zueinander setzt*). **enˌvi·ronˈmen·tal** [-ˈmentl] *adj* **1.** *sociol.* Milieu... **2.** Umwelt...: **~ crisis (pollution, preservation, protection, psychology, quality, research,** *etc*); **~ collapse** ökologischer Zs.-bruch; **~ disaster** Umweltkatastrophe *f*; **~ law** Umweltschutzgesetz *n*; **~ science → ecology** a. **3.** *art* environmenˈtal. **enˌvi·ronˈmen·tal·ism** *s* **1.** ˈUmweltschutz(bewegung *f*) *m*. **2.** *sociol.* Environmentaˈlismus *m* (*geographisch orientierte soziologische Richtung, nach der der spezifische geographische u. soziale Lebensraum des Menschen dessen Handeln u. Erleben bestimmt*). **enˌvi·ronˈmen·tal·ist** *s* ˈUmweltschützer(in). **enˌvi·ronˈmen·tal·ly** *adv* **1.** in bezug auf *od.* durch die ˈUmwelt: **~ beneficial (harmful** *od.* **noxious)** umweltfreundlich (umweltfeindlich). **2.** *art* environmenˈtal. **en·vi·rons** [ɪnˈvaɪərənz; ˈenvɪrənz] *s pl* Umˈgebung *f* (*e-s Ortes etc*).

en·vis·age [ɪnˈvɪzɪdʒ] *v/t* **1.** in Aussicht nehmen, ins Auge fassen, gedenken (**doing** zu tun). **2.** sich (*etwas*) vorstellen, für möglich halten. **3.** *j-n, etwas* begreifen, verstehen (**as** als). **4.** *obs. e-r Gefahr etc* (mutig) ins Auge sehen.

en·vi·sion [ɪnˈvɪʒn] → **envisage** 2.

en·voi [ˈenvɔɪ] *s* Zueignungs-, Schlußstrophe *f* (*e-s Gedichts*).

en·voy[1] [ˈenvɔɪ] → **envoi**.

en·voy[2] [ˈenvɔɪ] *s* **1.** *a.* **~ extraordinary and minister plenipotentiary** *pol.* Gesandte(r) *m* (*Missionschef der 2. Rangklasse*). **2.** Abgesandte(r) *m*, Bevollmächtigte(r) *m*.

en·vy [ˈenvɪ] **I** *s* **1.** Neid *m* (**of** auf *acc*): **demon of ~** Neidteufel *m*; → **green** 6. **2.** Gegenstand *m* des Neides: **his garden is the ~ of all** alle beneiden ihn um s-n Garten. **II** *v/t* **3.** *j-n* beneiden: **to ~ s.o. s.th.** j-n um etwas beneiden; **we ~ (you) your nice house** wir beneiden Sie um Ihr schönes Haus.

en·wind [ɪnˈwaɪnd] *v/t irr* umˈwinden (**with** mit).

en·wrap [ɪnˈræp] → **wrap** I.

en·zo·ot·ic (dis·ease) [ˌenzəʊˈɒtɪk; *Am.* ˌenzəˈwɑtɪk] *s vet.* Enzooˈtie *f* (*Tierseuche mit beschränkter Ausbreitung*).

en·zyme [ˈenzaɪm] *s chem.* Enˈzym *n*, Ferˈment *n*. **en·zy·mol·o·gy** [ˌenzaɪˈmɒlədʒɪ; *Am.* ˌenzəˈmɑ-] *s* Enzymoloˈgie *f*.

e·o·bi·ont [ˌiːəʊˈbaɪənt] *s biol.* Eobiˈont *m* (*Urzelle als erstes Lebewesen mit Zellstruktur*).

E·o·cene [ˈiːəʊsiːn] *geol.* **I** *adj* eoˈzän. **II** *s* Eoˈzän *n* (*zweitälteste Stufe des Tertiärs*).

e·o·li·an, *etc* → **aeolian**, *etc.*

e·o·lith [ˈiːəʊlɪθ] *s* Eoˈlith *m* (*aus dem Tertiär od. Pleistozän stammender Feuerstein, dessen Kanten wie bearbeitet wirken, so daß man ihn irrtümlich für ein vorgeschichtliches Werkzeug hielt*). **ˌE·oˈlith·ic** *adj geol.* eoˈlithisch: **~ period** Eolithikum *n* (*aufgrund der Eolithen angenommene früheste Stufe der Kulturgeschichte*).

e·on → **aeon**.

E·o·zo·ic [ˌiːəʊˈzəʊɪk] *geol.* **I** *adj* eoˈzoisch. **II** *s* Eoˈzoikum *n* (*erdgeschichtliche Frühzeit*).

EP I *s* Maxisingle *f*. **II** *adj*: **~ record** → I.

e·pact [ˈiːpækt] *s astr.* Epˈakte *f* (*Anzahl der Tage, die vom letzten Neumond des alten Jahres bis zum Beginn des neuen Jahres vergangen sind*).

ep·arch [ˈepɑː(r)k] *s* **1.** *antiq.* Epˈarch *m*, Statthalter *m*. **2.** *relig. Bischof e-r Eparchie.* **3.** *oberster Verwaltungsbeamter e-r Eparchie.* **ˈep·arch·y** *s* Eparˈchie *f*: a) *antiq. oströmische Provinz*, b) *relig. Amtsbezirk e-s Bischofs in der orthodoxen Kirche*, c) *kommunalpolitische Verwaltungseinheit im heutigen Griechenland.*

e·paule·ment [eˈpɔːlmənt; ɪˈp-] *s mil.* Schulterwehr *f*.

ep·au·let(te) [ˈepəʊlet; ˌepəˈlet] *s mil.* Epauˈlett *n*, Epauˈlette *f*, Schulterstück *n*: **to win one's ~s** zum Offizier befördert werden.

é·pée [ˈepeɪ] *s fenc.* Degen *m*. **ˈé·pée·ist** *s* Degenfechter *m*.

ep·en·ceph·a·lon [ˌepenˈsefəlɒn; *Am.* ˌepɪnˈsefəˌlɑn] *pl* **-la** [-lə] *s anat.* Nachhirn *n*.

ep·en·the·sis [eˈpenθɪsɪs; ɪˈp-] *pl* **-ses** [-siːz] *s ling.* Epenˈthese *f*, Laut-, Silben-, Buchstabeneinfügung *f*.

e·pergne [ɪˈpɜːn; *Am.* ɪˈpɜrn] *s* Tafelaufsatz *m*.

ep·ex·e·ge·sis [eˌpeksɪˈdʒiːsɪs] *pl* **-ses** [-siːz] *s ling.* Epexeˈgese *f*, erklärender Zusatz.

e·phem·er·a[1] [ɪˈfemərə] *pl* **-as, -ae** [-iː] *s* **1.** *zo.* Eintagsfliege *f*. **2.** *fig.* Eintagsfliege *f*, kurzlebige Erscheinung.

e·phem·er·a[2] [ɪˈfemərə] *pl von* **ephemeron**.

e·phem·er·al [ɪˈfemərəl] **I** *adj* **1.** epheˈmer: a) *med. zo.* eintägig, Eintags..., b) *fig.* flüchtig, kurzlebig, (sehr) vergänglich. **II** *s* **2.** → **ephemera**[1]. **3.** *bot.* kurzlebige Pflanze.

e·phem·er·is [ɪˈfemərɪs] *pl* **eph·e·mer·i·des** [ˌefɪˈmerɪdiːz] *s* **1.** *astr.* Ephemeˈride *f* (*Tabelle über die tägliche Stellung der Himmelskörper*). **2.** *obs.* Tagebuch *n*.

e·phem·er·on [ɪˈfemərɒn; *Am.* -ˌrɑn] *pl* **-a** [-ə], **-ons** → **ephemera**[1].

E·phe·sian [ɪˈfiːʒjən; *Am.* -ʒən] **I** *adj* **1.** eˈphesisch. **II** *s* **2.** Epheser(in). **3.** *pl Bibl.* Brief *m* (des Paulus) an die Epheser.

ep·i·blast [ˈepɪblæst] *s biol. med.* Epiˈblast *n* (*äußeres Keimblatt des menschlichen und tierischen Embryos*).

ep·ic [ˈepɪk] **I** *adj* (*adv* **~ally**) **1.** episch, erzählend: **~ drama** episches Drama; **~ poem** Epos *n*. **2.** heldenhaft, heldisch, heˈroisch: **~ achievements** Heldentaten; **~ laughter** homerisches Gelächter. **II** *s* **3.** Epos *n*, Heldengedicht *n*: **national ~** Nationalepos. **4.** *allg.* episches Werk. **ˈep·i·cal** [-kl] → **epic** I.

ep·i·ca·lyx [ˌepɪˈkeɪlɪks; -ˈkæ-] *s a. irr bot.* Außenkelch *m*. **ˈep·i·carp** [-kɑː(r)p] *s bot.* Epiˈkarp *n*, äußere Fruchthaut.

ep·i·cene [ˈepɪsiːn] **I** *adj* **1.** *ling. u. fig.* beiderlei Geschlechts. **2.** *fig.* a) für beide Geschlechter, b) geschlechtslos, zwitterhaft. **II** *s* **3.** *ling.* Epiˈcönum *n* (*Substantiv, das ein Wesen mit natürlichem Geschlecht bezeichnet, aber mit ˈeinem Genus sowohl vom männlichen als vom weiblichen Wesen gebraucht wird*).

ep·iˈcen·ter, *bes. Br.* **ep·i·cen·tre** [ˈepɪsentə(r)], **ˌep·iˈcen·trum** [-ˈsentrəm] *s* **1.** Epiˈzentrum *n* (*senkrecht über e-m Erdbebenherd liegendes Gebiet der Erdoberfläche*). **2.** *fig.* Mittelpunkt *m*.

ep·i·cist [ˈepɪsɪst] *s* Epiker *m*.

ep·i·cot·yl [ˌepɪˈkɒtɪl; *Am.* ˈepɪˌkɑtl] *s bot.* Epikoˈtyl *n* (*erster, blattloser Sproßabschnitt der Keimpflanze*).

ep·i·cure [ˈepɪˌkjʊə(r)] *s* Epikuˈreer *m*: a) *allg.* Genußmensch *m*, b) Feinschmekker *m*. **ˌep·i·cuˈre·an** [-kjʊəˈriːən] **I** *adj* **1.** **E~** *philos.* epikuˈreisch. **2.** epikuˈreisch: a) *allg.* genußsüchtig, b) feinschmeckerisch. **II** *s* **3.** **E~** *philos.* Epikuˈreer *m* (*Anhänger der Lehre Epikurs*). **4.** → **epicure**. **ˌEp·i·cuˈre·an·ism, ˈEp·i·cur·ism** *s* **1.** *philos.* Epikureˈismus *m*, Lehre *f* Epiˈkurs. **2.** **e~** Epikureˈismus *m*: a) *allg.* Genußsucht *f*, b) Feinschmeckertum *n*.

ep·i·cy·cle [ˈepɪsaɪkl] *s astr. math.* Epiˈzykel *m* (*Kreis, dessen Mittelpunkt e-n Kreis um e-n anderen Punkt beschreibt od. der auf dem Umfang e-s anderen Kreises abrollt*). **ˌep·iˈcy·clic** [-ˈsaɪklɪk; -ˈsɪk-] *adj* epiˈzyklisch: **~ gear** *tech.* Planeten-, Umlaufgetriebe *n*.

ep·i·cy·cloid [ˌepɪˈsaɪklɔɪd] *s math.* Epizykloˈide *f* (*Kurve, die von e-m auf e-m Kreis befindlichen Punkt beschrieben wird, wenn dieser Kreis auf e-m festen Kreis abrollt*): **interior ~** Hypozykloide *f*.

ep·i·dem·ic [ˌepɪˈdemɪk] *med.* **I** *adj* (*adv* **~ally**) epiˈdemisch, seuchenartig (*beide a. fig.*). **II** *s* Epideˈmie *f*, Seuche *f* (*beide a. fig.*). **ˌep·iˈdem·i·cal** *adj* (*adv* **~ly**) → **epidemic** I. **ˌep·i·de·miˈol·o·gy** [-diːmɪˈɒlədʒɪ; *Am.* -ˈɑl-] *s med.* Epidemioloˈgie *f*, Lehre *f* von den Epideˈmien.

ep·i·der·mal [ˌepɪˈdɜːml; *Am.* -ˈdɜrməl], **ˌep·iˈder·mic, ˌep·iˈder·mi·cal** [-kl] *adj* epiderˈmal, Epidermis... **ˌep·iˈder·mis** [-mɪs] *s anat. zo.* Epiˈdermis *f*, Oberhaut *f*.

ep·i·di·a·scope [ˌepɪˈdaɪəskəʊp] *s* Epidiaˈskop *n* (*Projektor zum Abbilden durchsichtiger u. undurchsichtiger Bilder auf e-r Wand*).

ep·i·did·y·mis [ˌepɪˈdɪdɪmɪs] *pl* **-dym·i·des** [-dɪˈdɪmɪdiːz] *s anat.* Epidiˈdymis *f*, Nebenhoden *m*.

ep·i·dote [ˈepɪdəʊt] *s min.* Epiˈdot *m*.

ep·i·dur·al [ˌepɪˈdjʊərəl; *Am. a.* -ˈdʊ-] **I** *adj anat.* epiduˈral (*auf od. außerhalb der harten Hirnhaut gelegen*): **~ an(a)esthesia** → II. **II** *s med.* Epiduˈralanästheˌsie *f* (*Betäubung durch Einspritzen von Mitteln in den Raum zwischen harter Hirnhaut u. Wirbelkanal*).

ep·i·gas·tri·um [ˌepɪˈgæstrɪəm] *pl* **-a** [-ə] *s anat.* Epiˈgastrium *n*, Oberbauchgegend *f*, Magengrube *f*.

ep·i·gene [ˈepɪdʒiːn] *adj* **1.** pseudoˈmorph (*Kristalle*). **2.** *geol.* auf der Erdoberfläche gebildet: **~ agents** Oberkräfte.

ep·i·gen·e·sis [ˌepɪˈdʒenəsɪs] *s* **1.** *biol.* Epigeˈnese *f* (*Entwicklung e-s jeden Organismus durch aufeinanderfolgende Neubildungen*). **2.** *geol.* Epigeˈnese *f* (*nach-*

trägliche Entstehung e-s Flußlaufs in früher abgelagerten Schichten).
ep·i·glot·tis [ˌepɪˈglɒtɪs; *Am.* -ˈglɑ-] *pl* **-tis·es, -ti·des** [-tɪdiːz] *s anat.* Epiˈglottis *f*, Kehldeckel *m*.
ep·i·gone [ˈepɪgəʊn] *s* Epiˈgone *m*: a) *unbedeutender Nachfolger bedeutender Vorgänger*, b) *Nachahmer ohne eigene Ideen*.
ep·i·gram [ˈepɪgræm] *s* **1.** Epiˈgramm *n*, kurzes Sinn- *od.* Spottgedicht. **2.** epigramˈmatischer (Aus)Spruch. **ˌep·i·gramˈmat·ic** [-grəˈmætɪk] *adj* (*adv* **~ally**) epigramˈmatisch, kurz u. treffend, scharf poinˈtiert. **ˌep·iˈgram·ma·tist** *s* Epigramˈmatiker *m*. **ˌep·iˈgram·ma·tize I** *v/t* **1.** kurz u. treffend ausdrücken. **2.** ein Epiˈgramm verfassen über *od.* auf (*acc*). **II** *v/i* **3.** Epiˈgramme verfassen.
ep·i·graph [ˈepɪgrɑːf; *bes. Am.* -græf] *s* **1.** Epiˈgraph *n*, (*bes.* anˈtike) Inschrift. **2.** Sinnspruch *m*, Motto *n*. **ep·i·graph·ic** [ˌepɪˈgræfɪk] *adj* (*adv* **~ally**) epiˈgraphisch. **e·pig·ra·phist** [eˈpɪgrəfɪst; ɪˈp-] *s* Epiˈgraphiker(in), Inschriftenforscher(in). **eˈpig·ra·phy** *s* Epiˈgraphik *f*, Inschriftenkunde *f*.
ep·i·lep·sy [ˈepɪlepsɪ] *s med.* Epilepˈsie *f*. **ˌep·iˈlep·tic** [-tɪk] **I** *adj* (*adv* **~ally**) epiˈleptisch: **~ fit** epileptischer Anfall. **II** *s* Epiˈleptiker(in).
e·pil·o·gist [eˈpɪlədʒɪst] *s* Verfasser(in) *od.* Sprecher(in) e-s Epiˈlogs. **eˈpil·o·gize I** *v/i* e-n Epiˈlog schreiben *od.* sprechen. **II** *v/t* e-n Epiˈlog schreiben zu.
ep·i·logue, *Am. a.* **ep·i·log** [ˈepɪlɒg; *Am. a.* -ˌlɑg] *s* **1.** Epiˈlog *m*: a) Nachwort *n* (*e-s Buchs etc*), b) *fig.* Nachspiel *n*, Ausklang *m*. **2.** *thea.* a) Epiˈlog *m*, Schlußrede *f*, b) Epiˈlogsprecher(in). **3.** *Rundfunk, TV*: *Br.* Proˈgramm *n* vor Sendeschluß (*meist religiösen Inhalts*).
E·piph·a·ny [ɪˈpɪfənɪ] *s* **1.** *relig.* Epiˈphanias *n*, Epiˈphanienfest *n*, Dreiˈkönigstag *m*. **2. e~** Epiphaˈnie *f* (*Erscheinung e-r Gottheit, bes. Christi, unter den Menschen*).
ep·i·phe·nom·e·non [ˌepɪfəˈnɒmɪnən; *Am.* -ˈnɑ-] *s irr* **1.** Begleiterscheinung *f*, *philos. a.* Epiphänoˈmen *n*. **2.** *med.* aˈtypisches *od.* plötzlich auftretendes Symˈptom.
e·piph·y·sis [ɪˈpɪfɪsɪs] *pl* **-ses** [-siːz] *s anat. zo.* Epiˈphyse *f*: a) *Zirbeldrüse der Wirbeltiere*, b) *Gelenkstück der Röhrenknochen von Wirbeltieren u. vom Menschen*.
ep·i·phyte [ˈepɪfaɪt] *s bot.* Epiˈphyt *m* (*Pflanze, die auf anderen Pflanzen wächst, sich aber selbständig ernährt*).
e·pis·co·pa·cy [ɪˈpɪskəpəsɪ] *s relig.* Episkoˈpat *m, n*: a) bischöfliche Verfassung, b) Gesamtheit *f* der Bischöfe, c) Amtstätigkeit *f* e-s Bischofs, d) Bischofsamt *n*, -würde *f*. **eˈpis·co·pal** [-kəpl] *adj* (*adv* **~ly**) *relig.* episkoˈpal, bischöflich, Bischofs...: **E~ Church** Episkopalkirche *f*. **eˌpis·coˈpa·li·an** [-kəʊˈpeɪljən] **I** *adj* **1.** bischöflich. **2.** *meist* **E~** zu e-r (*bes. der englischen*) Episkoˈpalkirche gehörig. **II** *s* **3.** Episkoˈpale *m*, Anhänger *m* der Episkoˈpalverfassung. **4.** *meist* **E~** Mitglied *n* e-r Episkoˈpalkirche.
e·pis·co·pate [ɪˈpɪskəʊpət; -peɪt] *s relig.* Episkoˈpat *m, n*: a) Bischofsamt *n*, -würde *f*, b) Bistum *n*, Bischofssitz *m*, c) Gesamtheit *f* der Bischöfe.
ep·i·scope [ˈepɪskəʊp] *s* Epiˈskop *n* (*Projektor für undurchsichtige Bilder*).
ep·i·sode [ˈepɪsəʊd] *s* Epiˈsode *f*: a) Neben-, Zwischenhandlung *f* (*im Drama etc*), b) eingeflochtene Erzählung, c) Abschnitt *m* von Ereignissen (*aus e-m größeren Ganzen*), d) (Neben)Ereignis *n*, e) *mus.* Zwischenspiel *n* (*in der Fuge*), Zwischensatz *m* (*im Rondo*). **ˌep·iˈsod·ic** [-ˈsɒdɪk; *Am.* -ˈsɑ-] *adj*; **ˌep·iˈsod·i·cal** *adj* (*adv* **~ly**) epiˈsodisch.
ep·i·stax·is [ˌepɪˈstæksɪs] *s med.* Epiˈstaxis *f*, Nasenbluten *n*.
e·pis·te·mol·o·gy [eˌpɪstiːˈmɒlədʒɪ; *Am.* ɪˌpɪstəˈmɑ-] *s philos.* Epistemoloˈgie *f*, Erˈkenntnistheoˌrie *f*.
e·pis·tle [ɪˈpɪsl] *s* **1.** Eˈpistel *f*, (*bes.* langer) Brief. **2. E~** *Bibl.* Eˈpistel *f*, Sendschreiben *n*: **E~ to the Romans** Römerbrief *m*. **3.** *relig.* Eˈpistel *f* (*Lesung aus den Episteln*). **eˈpis·tler** [-lə(r)] *s* **1.** Brief-, Eˈpistelschreiber *m*. **2.** *relig.* Eˈpistelverleser *m*. **eˈpis·to·la·ry** [-tələrɪ; *Am.* -təˌleriː] *adj* **1.** Briefe *od.* das Briefschreiben betreffend. **2.** brieflich, Brief... **eˈpis·to·ler** [-tələ(r)] → **epistler**. **eˌpis·toˈlog·ra·phy** [-təˈlɒgrəfɪ; *Am.* -ˈlɑ-] *s* Epistolograˈphie *f*, Kunst *f* des Briefeschreibens.
e·pis·tro·phe [ɪˈpɪstrəfɪ] *s Rhetorik*: Eˈpiphora *f* (*Wiederholung e-s od. mehrerer Wörter am Ende aufeinanderfolgender Sätze od. Satzteile*).
ep·i·style [ˈepɪstaɪl] *s arch.* Epiˈstyl *n*, Quer-, Tragbalken *m*.
ep·i·taph [ˈepɪtɑːf; *bes. Am.* -tæf] **I** *s* **1.** Epiˈtaph *n*, Grabschrift *f*. **2.** Totengedicht *n*. **II** *v/t* **3.** e-e Grabschrift schreiben für (*j-n*).
e·pit·a·sis [ɪˈpɪtəsɪs] *pl* **-ses** [-siːz] *s* Eˈpitasis *f* (*Steigerung der Handlung zur dramatischen Verwicklung in e-m Drama*).
ep·i·tha·la·mi·um [ˌepɪθəˈleɪmjəm; -mɪəm], *a.* **ˌep·i·thaˈla·mi·on** [-ən] *pl* **-a** [-ə] *od.* **-ums** *s antiq.* Epithaˈlamium *n*, Epithaˈlamion *n*, Hochzeitsgedicht *n*.
ep·i·the·li·al [ˌepɪˈθiːljəl; -lɪəl] *adj* Epithel... **ˌep·i·the·liˈo·ma** [-θiːlɪˈəʊmə] *pl* **-mas, -ma·ta** [-mətə] *s med.* Epitheliˈom *n* (*Hautgeschwulst aus Epithelzellen*). **ˌep·iˈthe·li·um** [-jəm; -lɪəm] *s* **1.** *anat.* Epiˈthel *n* (*oberste Zellschicht des Hautgewebes*). **2.** *bot.* Deckgewebe *n*.
ep·i·thet [ˈepɪθet] *s* **1.** Eˈpitheton *n*, Eigenschafts-, Beiwort *n*, Attriˈbut *n*, Bezeichnung *f*: **strong ~s** Kraftausdrücke. **2.** Beiname *m*. **3.** *biol.* Eˈpitheton *n* (*zweiter Teil des Namens, der die Unterabteilung der Gattung bezeichnet*). **ˌep·iˈthet·ic, ˌep·iˈthet·i·cal** [-kl] *adj* epiˈthetisch, Beiwort...
e·pit·o·me [ɪˈpɪtəmɪ] *s* **1.** Eˈpitome *f*: a) Auszug *m*, Abriß *m*, b) kurze Darstellung *od.* Inhaltsangabe: **in ~** a) auszugsweise, b) in gedrängter Form. **2.** *fig.* Verkörperung *f*, Inbegriff *m*: **he is the ~ of sloth** er ist die Faulheit in Person. **eˈpit·o·mize I** *v/t* **1.** e-n Auszug machen aus *od.* von. **2.** e-e gedrängte Darstellung *od.* e-n Abriß geben von. **3.** *fig.* verkörpern. **II** *v/i* **4.** Auszüge machen. **eˈpit·o·miz·er** *s* Epitoˈmator *m*, Verfasser(in) von Epiˈtomen.
ep·i·zo·on [ˌepɪˈzəʊɒn; *Am.* -ˌɑn] *pl* **-a** [-ə] *s zo.* Epiˈzoon *n* (*Tier, das auf anderen Lebewesen siedelt, ohne an ihnen zu schmarotzen*).
ep·i·zo·ot·ic (dis·ease) [ˌepɪzəʊˈɒtɪk; *Am.* -zəˈwɑ-] *s vet.* Epizooˈtie *f* (*Tierseuche mit größerer Ausbreitung*).
ep·och [ˈiːpɒk; *Am.* ˈepək; ˈepˌɑk] *s* Eˈpoche *f*: a) Zeitalter *n* (*a. geol.*), Zeitabschnitt *m*: **to make an ~** Epoche machen, epochemachend sein; **this makes** (*od.* **marks**) **an ~ in the history (of)** dies ist ein Markstein *od.* Wendepunkt in der Geschichte (*gen*), b) *astr. Zeitpunkt des Standortes e-s Gestirns*. **ep·och·al** [ˈepɒkl; *Am.* ˈepəkəl] *adj* epoˈchal: a) Epochen..., b) eˈpochemachend.
ˈe·poch|-ˌmak·ing, ˈ~-ˌmark·ing *adj* eˈpochemachend.
ep·ode [ˈepəʊd] *s* Epˈode *f*: a) *Gedichtform, bei der auf e-n längeren Vers ein kürzerer folgt*, b) Abgesang *m* (*in antiken Gedichten, bes. in den Chorliedern der altgriechischen Tragödie*). **ep·od·ic** [eˈpɒdɪk; *bes. Am.* əˈpəʊ-] *adj* epˈodisch.
ep·o·nym [ˈepəʊnɪm] *s* Epoˈnym *n* (*Gattungsbezeichnung, die auf e-n Personennamen zurückgeht*).
ep·o·pee, *bes. Br.* **é·po·pée** [ˈepəʊpiː] *s* **1.** → **epos. 2.** epische Dichtung.
ep·os [ˈepɒs; *Am.* -ˌɑs] *s* **1.** Epos *n*, Heldengedicht *n*. **2.** (*mündlich überlieferte*) epische Dichtung.
ep·si·lon [epˈsaɪlən; *Am.* ˈepsəˌlɑn] *s* Epsilon *n* (*griechischer Buchstabe*).
Ep·som salts [ˈepsəm] *s pl* (*meist als sg konstruiert*) *pharm.* Epsomer Bittersalz *n*.
Ep·stein-Barr vi·rus [ˌepstaɪnˈbɑː(r)] *s med.* Epstein-Barr-Virus *n, m*.
eq·ua·bil·i·ty [ˌekwəˈbɪlətɪ] *s* **1.** Gleichmut *m*. **2.** Gleichförmigkeit *f*. **ˈeq·ua·ble** *adj* (*adv* **equably**) **1.** gleich(förmig). **2.** ausgeglichen (*a. Klima*).
e·qual [ˈiːkwəl] **I** *adj* (*adv* → **equally**) **1.** (*an Größe, Rang etc*) gleich (**to** *dat*): **to be ~ to** gleichen, gleich sein (→ 3, 4, 5); **twice three is ~ to six** zweimal drei ist gleich sechs; **~ to new** wie neu; **not ~ to** geringer als; **~ opportunities** Chancengleichheit *f*; **~ in all respects** *math.* kongruent (*Dreieck*); **~ rights for women** Gleichberechtigung *f* der Frau; **~ in size, of ~ size** (von) gleicher Größe; **~ time** *Am.* a) (*Rundfunk, TV*) gleich lange Sendezeit (*für e-e gegnerische politische Partei etc*), b) *fig.* gleiche Chance (*zur Entgegnung auf e-e Beschuldigung etc*). **2.** *obs.* gleichmütig, gelassen: **~ mind** Gleichmut *m*. **3.** angemessen, entsprechend, gemäß (**to** *dat*): **~ to your merit** Ihrem Verdienst entsprechend; **to be ~ to s.th.** e-r Sache entsprechen *od.* gleichkommen. **4.** imˈstande, fähig: **(not) to be ~ to a task** e-r Aufgabe (nicht) gewachsen sein; **to be ~ to anything** zu allem fähig *od.* imstande sein. **5. (to)** aufgelegt (zu), geneigt (*dat*): **to be ~ to a glass of wine** e-m Glas Wein nicht abgeneigt sein. **6.** eben, plan: **~ surface. 7.** ausgeglichen (*a. sport*). **8.** *bot.* symˈmetrisch, auf beiden Seiten gleich. **9.** gleichmäßig, -förmig. **10.** ebenbürtig (**to** *dat*), gleichwertig, -berechtigt: **~ in strength** gleich stark; **on ~ terms** unter gleichen Bedingungen; **to be on ~ terms** auf gleicher Stufe stehen (**with** mit).
II *s* **11.** Gleichgestellte(r *m*) *f*, -berechtigte(r *m*) *f*: **among ~s** unter Gleichgestellten; **your ~s** deinesgleichen; **~s in age** Altersgenossen; **he has no ~, he is without ~** er hat nicht *od.* er sucht seinesgleichen; **to be the ~ of s.o.** j-m ebenbürtig sein; → **first** 8.
III *v/t pret u. pp* **-qualed,** *bes. Br.* **-qualled 12.** *j-m, e-r Sache* gleichen, entsprechen, gleich sein, gleichkommen, es aufnehmen mit (**in** an *dat*): **not to be ~(l)ed** nicht seinesgleichen haben, seinesgleichen suchen.
e·qual·i·tar·i·an [ɪˌkwɒlɪˈteərɪən; *Am.* ɪˌkwɑlə-] → **egalitarian**, *etc*.
e·qual·i·ty [iːˈkwɒlətɪ; *Am.* ɪˈkwɑ-] *s* **1.** Gleichheit *f*: **~ (of rights)** Gleichberechtigung *f*; **~ of opportunity** (*od.* **opportunities**) Chancengleichheit; **political ~** politische Gleichberechtigung; **~ of votes** Stimmengleichheit; **to be on an ~ with** a) auf gleicher Stufe stehen mit (*j-m*), b) gleich(bedeutend) sein mit (*etwas*); **perfect ~** *math.* Kongruenz *f*; **sign of ~, ~ sign** *math.* Gleichheitszeichen *n*; **to treat s.o. on a footing of ~** mit j-m wie mit seinesgleichen verkehren; → **status** 1. **2.** *math.* Gleichförmigkeit *f*.

e·qual·i·za·tion [ˌiːkwəlaɪˈzeɪʃn; *Am.* -ləˈz-] *s* **1.** Gleichstellung *f*, -machung *f*. **2.** *bes. econ.* Ausgleich(ung *f*) *m*: ~ **fund** Ausgleichsfonds *m*; ~ **payment** Ausgleichszahlung *f*. **3.** a) *tech.* Abgleich *m*, b) *electr. phot.* Entzerrung *f*. ˈ**e·qual·ize I** *v/t* **1.** gleichmachen, -stellen, -setzen, angleichen. **2.** ausgleichen, kompenˈsieren. **3.** a) *tech.* abgleichen, b) *electr. phot.* entzerren. **II** *v/i* **4.** *sport* ausgleichen, den Ausgleich erzielen *od.* schaffen. ˈ**e·qual·iz·er** *s* **1.** *tech.* Stabiliˈsator *m*. **2.** *electr. phot.* Entzerrer *m*. **3.** *sport* Ausgleich *m*, Ausgleichstor *n*, -punkt *m*. **4.** *Am. sl.* ‚Kaˈnone' *f* (*Pistole*). ˈ**e·qual·iz·ing** *adj electr. sport tech.* Ausgleichs...: ~ **goal**; ~ **coil** Ausgleichspule *f*.

ˈ**e·qual·ly** *adv* **1.** ebenso, in gleicher Weise, gleich: ~ **distant** gleichweit entfernt. **2.** zu gleichen Teilen, in gleichem Maße, gleichermaßen: **we** ~ **with them** wir ebenso wie sie. **3.** gleichmäßig. ˈ**e·qual·ness** → **equality**.

e·qual(s) sign *s math.* Gleichheitszeichen *n*.

e·qua·nim·i·ty [ˌekwəˈnɪmətɪ; ˌiːk-] *s* Gleichmut *m*: **with** ~ mit Gleichmut, gleichmütig.

e·quate [ɪˈkweɪt] **I** *v/t* **1.** gleichmachen. **2.** ausgleichen: **to** ~ **exports and imports**. **3.** (**with, to**) *j-n, etwas* gleichstellen, -setzen (*dat*), auf die gleiche Stufe stellen (mit). **4.** in die Form e-r Gleichung bringen. **5.** als gleich(wertig) ansehen *od.* behandeln. **II** *v/i* **6.** gleichen, entsprechen (**with** *dat*). **e**ˈ**quat·ed** *adj econ.* Staffel...: ~ **calculation of interest** Staffelzinsrechnung *f*.

e·qua·tion [ɪˈkweɪʒn; -ʃn] *s* **1.** Angleichung *f*, Ausgleich *m*: ~ **of exchange** *econ.* Währungsausgleich. **2.** Gleichheit *f*: ~ **of supply and demand** *econ.* Gleichgewicht *n* von Angebot u. Nachfrage. **3.** *astr. chem. math.* Gleichung *f*: ~ **formula** Gleichungsformel *f*; ~ **of state** *phys.* Zustandsgleichung; **to solve (form) an** ~ e-e Gleichung auflösen (ansetzen). **4.** Faktor *m*. **5.** *sociol.* Geˈsamtkomˌplex *m* der Fakˈtoren u. Moˈtive menschlichen Verhaltens. **e**ˈ**qua·tion·al** [-ʒənl; -ʃənl] *adj* **1.** Gleichungs... **2.** *electr. tech.* Ausgleichs...

e·qua·tor [ɪˈkweɪtə(r)] *s* **1.** *astr. geogr.* Äˈquator *m*. **2.** Teilungskreis *m*.

e·qua·to·ri·al [ˌekwəˈtɔːrɪəl; ˌiː-; *Am. a.* -ˈtəʊ-] **I** *adj astr. geogr.* äquatoriˈal, Äquator... **II** *s astr.* Reˈfraktor *m*, Äquatoriˈal(instruˌment) *n*. ~ **cir·cle** *s astr.* Stundenkreis *m* am Äquatoriˈal. ~ **cur·rent** *s mar.* Äquatoriˈalströmung *f*.

eq·uer·ry [ˈekwərɪ; ɪˈkwerɪ] *s* **1.** königlicher Stallmeister. **2.** perˈsönlicher Diener (*e-s Mitglieds der königlichen Familie*).

e·ques·tri·an [ɪˈkwestrɪən] **I** *adj* **1.** Reiter..., Reit...: ~ **sports** Reitsport *m*; ~ **statue** Reiterstatue *f*, -standbild *n*. **2.** beritten. **II** *s* **3.** (*a.* Kunst)Reiter(in). **e**ˈ**ques·tri·an·ism** *s* (*a.* Kunst)Reiten *n*. **e**ˌ**ques·tri**ˈ**enne** [-ˈen] *s* (*a.* Kunst-) Reiterin *f*.

e·qui·an·gu·lar [ˌiːkwɪˈæŋgjʊlə(r)] *adj math.* gleichwink(e)lig. ˈ**e·qui·axed** [-ækst] *adj* gleichachsig. ˌ**e·qui**ˈ**dis·tant** [-ˈdɪstənt] *adj* (*adv* ~**ly**) **1.** gleichweit entfernt, in gleichem Abstand (**from** von), paralˈlel (*Linie*). **2.** *geogr. math.* abstandstreu. ˌ**e·qui**ˈ**lat·er·al** [-ˈlætərəl] *bes. math.* **I** *adj* (*adv* ~**ly**) gleichseitig: ~ **triangle**. **II** *s* gleichseitige Fiˈgur.

e·quil·i·brant [iːˈkwɪlɪbrənt] *s phys.* gleich große, entgegengesetzte Kraft.

e·qui·li·brate [ˌiːkwɪˈlaɪbreɪt; iːˈkwɪlɪ-] **I** *v/t* **1.** ins Gleichgewicht bringen (*a. fig.*). **2.** im Gleichgewicht halten (*a. fig.*). **3.** *tech.* auswuchten. **4.** *electr.* abgleichen. **II** *v/i* **5.** sich das Gleichgewicht halten (**with** mit) (*a. fig.*). **e·qui·li·bra·tion** [ˌiːkwɪlaɪˈbreɪʃn; *bes. Am.* ɪˌkwɪlə-] *s* **1.** Gleichgewicht *n* (**with** mit; **to** zu) (*a. fig.*). **2.** ˈHerstellung *f od.* Aufrechterhaltung *f* des Gleichgewichts (*a. fig.*).

e·quil·i·brist [iːˈkwɪlɪbrɪst; ˌiːkwɪˈlɪ-] *s* Äquiliˈbrist(in), Equiliˈbrist(in), *bes.* Seiltänzer(in). **e**ˌ**quil·i**ˈ**bris·tic** *adj* äquiliˈbristisch, equiliˈbristisch.

e·qui·lib·ri·um [ˌiːkwɪˈlɪbrɪəm; ˌek-] *s* Gleichgewicht *n* (*a. fig.*): **political** ~; **to be in** ~ im Gleichgewicht sein; **state of** ~ Gleichgewichtszustand *m*; **to maintain one's** ~ das Gleichgewicht halten; **to lose one's** ~ das Gleichgewicht verlieren, aus dem Gleichgewicht kommen.

e·qui·mo·lec·u·lar [ˌiːkwɪməʊˈlekjʊlə(r)] *adj chem.* äquimolekuˈlar.

e·quine [ˈekwaɪn; ˈiː-] *adj* pferdeartig, Pferde...: ~ **antelope** Blaubock *m*; ~ **distemper** *vet.* Druse *f*.

e·qui·noc·tial [ˌiːkwɪˈnɒkʃl; ˌe-; *Am.* -ˈnɑkʃəl] **I** *adj* **1.** Äquinoktial..., die Tagundˈnachtgleiche betreffend: ~ **point** → **equinox** 2. **II** *s* **2.** *a.* ~ **circle** (*od.* **line**) ˈHimmels-, ˈErdäˌquator *m*. **3.** *pl*, *a.* ~ **gale** Äquinoktiˈalsturm *m*.

e·qui·nox [ˈiːkwɪnɒks; ˈe-; *Am.* -ˌnɑks] *s astr.* **1.** Äquiˈnoktium *n*, Tagundˈnachtgleiche *f*: **autumnal (vernal)** ~ Herbst- (Frühlings)äquinoktium. **2.** Äquinoktiˈalpunkt *m*.

e·quip [ɪˈkwɪp] *v/t* **1.** (**o.s.** sich) ausrüsten, -statten (*a. mar. mil. tech.*) (**with** mit), *ein Krankenhaus etc* einrichten. **2.** *fig.* ausrüsten (**with** mit), *j-m* das (geistige) Rüstzeug vermitteln *od.* geben (**for** für).

eq·ui·page [ˈekwɪpɪdʒ] *s* **1.** → **equipment** 1, 2 a *u.* b. **2.** *obs.* a) Geschirr *n*, Serˈvice *n*, b) Gebrauchsgegenstände *pl*. **3.** Equiˈpage *f*, eleˈgante Kutsche (*a. mit Pferden u. Dienern*).

eˈ**quip·ment** *s* **1.** *mar. mil.* Ausrüstung *f*, (Kriegs)Gerät *n*: ~ **depot** Zeugamt *n*. **2.** a) *a. tech.* Ausrüstung *f*, -stattung *f*, b) *meist pl* Ausrüstung(sgegenstände *pl*) *f*, Materiˈal *n*, c) *tech.* Einrichtung *f*, (Betriebs)Anlage(n *pl*) *f*, Maˈschine(n *pl*) *f*, Apparaˈtur *f*, Gerät *n*, d) *rail. Am.* rollendes Materiˈal. **3.** *fig.* (geistiges) Rüstzeug (**for** für).

eq·ui·poise [ˈekwɪpɔɪz; ˈiː-] **I** *s* **1.** Gleichgewicht *n* (*a. fig.*). **2.** *meist fig.* Gegengewicht *n* (**to** zu). **II** *v/t* **3.** im Gleichgewicht halten (*a. fig.*). **4.** *meist fig.* ein Gegengewicht bilden zu.

e·qui·pol·lent [ˌiːkwɪˈpɒlənt; *Am.* -ˈpɑ-] **I** *adj* **1.** gleich. **2.** äquivaˈlent, gleichbedeutend, -wertig (**with** mit). **3.** *philos.* gleichbedeutend (*Sätze*). **II** *s* **4.** Äquivaˈlent *n*, (*etwas*) Gleichwertiges.

e·qui·pon·der·ant [ˌiːkwɪˈpɒndərənt; *Am.* -ˈpɑn-] *adj* **1.** gleich schwer. **2.** *fig.* von gleichem Gewicht, von gleicher Kraft. ˌ**e·qui**ˈ**pon·der·ate** [-reɪt] **I** *v/i* **1.** gleich schwer sein (**to, with** wie). **2.** *fig.* das gleiche Gewicht *od.* die gleiche Kraft haben (**to, with** wie). **II** *v/t* **3.** im Gleichgewicht halten (*a. fig.*).

e·qui·po·ten·tial [ˌiːkwɪpəʊˈtenʃl] *adj* **1.** → **equiponderant** 2. **2.** *chem. phys.* äquipotentiˈal: ~ **line** a) *math.* Niveaulinie *f*, b) *phys.* Äquipotentiallinie *f*. **3.** *electr.* auf gleichem Potentiˈal (befindlich), Spannungsausgleich(s)...

eq·ui·ta·ble [ˈekwɪtəbl] *adj* (*adv* → **equitably**) **1.** gerecht, (recht u.) billig. **2.** ˈunparˌteiisch, ˈunparˌteilich. **3.** *jur.* a) das Billigkeitsrecht betreffend *od.* auf ihm beruhend, b) billigkeitsgerichtlich: ~ **estate** *Am. durch Billigkeitsrecht geschütztes dingliches Recht an Immobilien*; ~ **mortgage** *econ.* Hypothek *f* nach dem Billigkeitsrecht. ˈ**eq·ui·ta·ble·ness** → **equity** 1. ˈ**eq·ui·ta·bly** *adv* **1.** gerecht (*etc*; → **equitable**). **2.** gerechter-, billigerweise. **3.** *jur.* nach dem Billigkeitsrecht.

eq·ui·ta·tion [ˌekwɪˈteɪʃn] *s* Reiten *n*.

eq·ui·ty [ˈekwətɪ] *s* **1.** Billigkeit *f*, Gerechtigkeit *f*. **2.** ˈUnparˌteilichkeit *f*. **3.** *jur.* a) *a.* ~ **law** (*ungeschriebenes*) Billigkeitsrecht (*Ggs.* **common law**): **in** ~ → **equitably** 3; ~ **court** Billigkeitsgericht *n*, b) Billigkeitsgerichtsbarkeit *f*, c) *a.* **claim in** ~ Anspruch *m* nach dem Billigkeitsrecht. **3.** *econ. jur.* Wert *m* nach Abzug aller Belastungen, reiner Wert (*e-s Hauses etc*). **4.** *econ.* a) *a.* ~ **capital** ˈEigenkapiˌtal *n* (*e-r Gesellschaft*), b) *a.* ~ **security** Diviˈdendenpaˌpier *n*: ~ **investment** Investitionen *pl* in (*nicht festverzinslichen*) Anteilspapieren. **5.** E~ *Br.* Gewerkschaft *f* der Schauspieler. ~ **of re·demp·tion** *s jur.* **1.** Ablösungsrecht *n* des Hypoˈthekenschuldners (*a. nach Ablauf der Ablösungsfrist*). **2.** Wert *m* e-s Grundstücksanteils nach Abzug aller Belastungen.

e·quiv·a·lence [ɪˈkwɪvələns], *a.* **e**ˈ**quiv·a·len·cy** *s* **1.** Gleichwertigkeit *f*. **2.** gleichwertiger Betrag, Gegenwert *m*. **3.** *chem.* a) Äquivaˈlenz *f*, Gleichwertigkeit *f* (*a. math. phys.*), b) Wertigkeit *f*. **e**ˈ**quiv·a·lent I** *adj* (*adv* ~**ly**) **1.** gleichbedeutend (**to** mit). **2.** gleichwertig, entsprechend, äquivaˈlent (*a. math.*) (**to** *dat*): **to be** ~ **to** gleichkommen, entsprechen (*dat*); ~ **amount** → 6. **3.** *chem.* äquivaˈlent (*a. math. phys.*), von gleicher Wertigkeit: ~ **number** Valenzzahl *f*. **4.** *geol.* (*im Ursprung*) gleichzeitig. **II** *s* **5.** (**of**) Äquivaˈlent *n* (für), (genaue) Entsprechung, Gegen-, Seitenstück *n* (zu). **6.** gleicher Betrag, Gegenwert *m*.

e·quiv·o·cal [ɪˈkwɪvəkl] *adj* (*adv* ~**ly**) **1.** zweideutig, doppelsinnig. **2.** unbestimmt, ungewiß, zweifelhaft, fraglich: ~ **success** zweifelhafter Erfolg. **3.** fragwürdig, verdächtig. **e**ˌ**quiv·o**ˈ**cal·i·ty** [-ˈkælətɪ], **e**ˈ**quiv·o·cal·ness** *s* Zweideutigkeit *f*. **e**ˈ**quiv·o·cate** [-keɪt] *v/i* **1.** zweideutig *od.* doppelzüngig reden *od.* handeln, Worte verdrehen. **2.** Ausflüchte gebrauchen. **e**ˌ**quiv·o**ˈ**ca·tion** *s* **1.** Zweideutigkeit *f*. **2.** Wortverdrehung *f*. **e**ˈ**quiv·o·ca·tor** [-tə(r)] *s* Wortverdreher(in).

eq·ui·voque, *a.* **eq·ui·voke** [ˈekwɪvəʊk] *s* **1.** Zweideutigkeit *f*. **2.** Wortspiel *n*.

e·ra [ˈɪərə] *s* **1.** Ära *f*: a) Zeitrechnung *f*, b) Zeitalter *n*, Zeitabschnitt *m*, Eˈpoche *f*: **to mark an** ~ e-e Epoche einleiten. **2.** denkwürdiger Tag (*an dem ein neuer Zeitabschnitt beginnt*).

e·ra·di·ate [ɪˈreɪdɪeɪt] → **radiate** I, II. **e**ˌ**ra·di**ˈ**a·tion** → **radiation**.

e·rad·i·ca·ble [ɪˈrædɪkəbl] *adj* (*adv* **eradicably**) ausrottbar, auszurotten(d) (*beide a. fig.*). **e**ˈ**rad·i·cate** [-keɪt] *v/t* **1.** (mit den Wurzeln) ausreißen, *e-n Baum etc* entwurzeln. **2.** ausrotten (*a. fig.*). **e**ˌ**rad·i**ˈ**ca·tion** *s* **1.** Entwurz(e)lung *f*. **2.** Ausrottung *f* (*a. fig.*). **e**ˈ**rad·i·ca·tive** [-kətɪv; *Am.* -dəˌkeɪtɪv] *adj* ausrottend (*a. fig.*).

e·ras·a·ble [ɪˈreɪzəbl; *Am.* -s-] *adj* (*adv* **erasably**) (aus)löschbar.

e·rase [ɪˈreɪz; *Am.* -s] *v/t* **1.** a) *Farbe etc* ab-, auskratzen, b) *Schrift etc* ausstreichen, ˈausraˌdieren, löschen (**from** von). **2.** *Tonband(aufnahme) etc, ped. Am. a. Tafel* löschen. **3.** *fig.* auslöschen, (aus-) tilgen (**from** aus): **to** ~ **s.th. from one's memory** etwas aus dem Gedächtnis löschen. **4.** *Am. sl. j-n* ‚kaltmachen' (*umbringen*). **e**ˈ**ras·er** *s* a) Raˈdiermesser *n*, b) Raˈdiergummi *m*: **pencil (ink)** ~ Radiergummi für Bleistift (Tinte), c) *ped. Am.* Tafelwischer *m.* **eˈras·ing** *adj* Radier...: ~ **shield** Radierschablone *f*; ~ **head** (Tonband)Löschkopf *m.* **eˈra·sion** [-ʒn] *s* **1.** → **erasure. 2.** *med.* Auskratzung *f.* **eˈra·sure** [-ʒə(r)] *s* **1.** a) Ab-, Auskratzen *n*, b) Ausstreichen *n*, ˈAusraˌdieren *n.* **2.** Löschen *n.* **3.** ˈausraˌdierte Stelle. **4.** gelöschte Stelle.

ere [eə(r)] **I** *prep* (*zeitlich*) vor (*dat*): ~ **this** zuvor, schon vorher. **II** *conj* ehe, bevor.

e·rect [ɪˈrekt] **I** *v/t* **1.** aufrichten, in die Höhe richten, aufstellen: **to ~ o.s.** sich aufrichten. **2.** a) *Gebäude etc* errichten, bauen: **to ~ a bridge,** b) *tech. Maschinen* aufstellen, monˈtieren. **3.** *fig. e-e Theorie etc* aufstellen, *ein Horoskop* stellen. **4.** *math. das Lot, e-e Senkrechte* fällen, errichten. **5.** *jur.* einrichten, gründen. **6.** ~ **into** *fig. j-n od. etwas* machen *od.* erheben zu. **II** *adj* (*adv* ~**ly**) **7.** aufgerichtet, aufrecht: **with head** ~ erhobenen Hauptes. **8.** gerade: **to stand** ~ a) gerade stehen, b) *fig.* standhaft bleiben *od.* sein, standhalten. **9.** *physiol.* eriˈgiert, steif (*Penis etc*). **eˈrec·tile** [-taɪl; *Am. bes.* -tl] *adj* **1.** aufrichtbar. **2.** aufgerichtet. **3.** *physiol.* erekˈtil, schwellfähig: ~ **tissue** Schwellgewebe *n.* **eˈrect·ing** *s* **1.** *tech.* Monˈtage *f*: ~ **crane** Montagekran *m*; ~ **shop** Montagehalle *f.* **2.** *opt.* ˈBildˌumkehrung *f*: ~ **glass** *Linse zum Umdrehen der seitenverkehrten Bilder e-s Mikroskops.* **eˈrec·tion** *s* **1.** Errichtung *f.* **2.** Bau *m*, Gebäude *n.* **3.** *tech.* Monˈtage *f*: ~ **pit** Montagegrube *f.* **4.** *physiol.* Erektiˈon *f.* **5.** *jur.* Gründung *f.* **eˈrect·ness** *s* **1.** aufrechte Haltung. **2.** Geradheit *f.* **eˈrec·tor** [-tə(r)] *s* **1.** Errichter *m*, Erbauer *m.* **2.** *anat.* Aufrichtmuskel *m.*

ereˈlong *adv poet.* bald.

er·e·mite [ˈerɪmaɪt] *s* Ereˈmit *m*, Einsiedler *m.* **ˌer·eˈmit·ic** [-ˈmɪtɪk], **ˌer·eˈmit·i·cal** [-kl] *adj* ereˈmitisch, Einsiedler...

e·rep·sin [ɪˈrepsɪn] *s physiol.* Erepˈsin *n* (*eiweißspaltendes Enzymgemisch des Darm- u. Bauchspeicheldrüsensekrets*).

er·e·thism [ˈerɪθɪzəm] *s med.* Ereˈthismus *m*, ˈÜbererregbarkeit *f.*

ereˈwhile(s) *adv poet.* vor kurzem.

erg [ɜːg; *Am.* ɜrg] *s phys.* Erg *n*, Enerˈgieeinheit *f.*

er·ga·toc·ra·cy [ˌɜːgəˈtɒkrəsɪ; *Am.* ˌɜrgəˈtɑ-] *s* Arbeiterherrschaft *f.*

er·go [ˈɜːgəʊ; *Am.* ˈergəʊ; ˈɜr-] *conj* ergo, also, folglich.

er·go·graph [ˈɜːgəgrɑːf; *Am.* ˈɜrgəˌgræf] *s* Ergoˈgraph *m* (*Gerät zur Aufzeichnung der Muskelarbeit*).

er·gom·e·ter [ɜːˈgɒmɪtə; *Am.* ɜrˈgɑmətər] *s* Ergoˈmeter *n* (*Gerät zur Messung der Arbeitsleistung von Muskeln*).

er·go·nom·ics [ˌɜːgəʊˈnɒmɪks; *Am.* ˌɜrgəˈnɑ-] *s pl* (*als sg od. pl konstruiert*) Ergonoˈmie *f*, Ergoˈnomik *f* (*Wissenschaft von den Leistungsmöglichkeiten u. -grenzen des arbeitenden Menschen sowie von der optimalen Koordinierung von Mensch, Maschine u. Umwelt im Arbeitsprozeß*).

er·got [ˈɜːgət; *Am.* ˈɜr-] *s bot.* Mutterkorn *n.* **ˈer·got·ism** *s* Ergoˈtismus *m*: a) *bot.* Mutterkornbefall *m*, b) *med.* Kornstaupe *f*, Mutterkornvergiftung *f.*

er·i·ca [ˈerɪkə] *s bot.* Erika *f*, Heidekraut *n.*

Er·in [ˈɪərɪn; ˈerɪn] *npr poet.* Erin *n*, Irland *n.*

e·rin·go → **eryngo.**

E·rin·ys [ɪˈrɪnɪs; -ˈraɪ-] *pl* **E·rin·y·es** [ɪˈrɪnɪiːz] *s myth.* Eˈrinnye *f*, Rachegöttin *f.*

er·is·tic [eˈrɪstɪk; *Am. a.* ɪˈr-] **I** *adj* **1.** eˈristisch. **II** *s* **2.** Eˈristiker *m.* **3.** Eˈristik *f* (*Kunst des* [*wissenschaftlichen*] *Streitgesprächs*). **erˈis·ti·cal** → **eristic** I.

erk [ɜːk] *s aer. Br. sl.* **1.** Flieger *m*, ˈLuftwaffenreˌkrut *m.* **2.** ˈFlugzeugmeˌchaniker *m.*

erl·king [ˈɜːlkɪŋ; *Am.* ˈɜrl-] *s myth.* Erlkönig *m.*

er·mine [ˈɜːmɪn; *Am.* ˈɜr-] *s* **1.** *zo.* Hermeˈlin *n.* **2.** Hermeˈlin(pelz) *m.*

erne, a. ern [ɜːn; *Am.* ɜrn] *s orn.* (*bes.* See)Adler *m.*

e·rode [ɪˈrəʊd] *v/t* **1.** an-, zer-, wegfressen, ätzen. **2.** *geol.* auswaschen, eroˈdieren, abtragen. **3.** *tech.* verschleißen (*a. fig.*). **4.** *fig.* (allˈmählich) aushöhlen, unterˈgraben. **5.** *Geschützrohr* ausbrennen. **eˈrod·ed I** *pp von* **erode. II** *adj* → **erose. eˈrod·ent** *adj u. s* ätzend(es Mittel).

e·ro·gen·ic [ˌerəʊˈdʒenɪk] → **erogenous.**

e·rog·e·nous [ɪˈrɒdʒɪnəs; *Am.* ɪˈrɑ-] *adj physiol.* eroˈgen (*erotisch reizbar*): ~ **zones.**

e·rose [ɪˈrəʊs] *adj bot.* ausgezackt. **eˈro·sion** [-ʒn] *s* **1.** Zerfressen *n*, -fressung *f.* **2.** *geol.* Erosiˈon *f*, Auswaschung *f*, Abtragung *f.* **3.** angefressene Stelle. **4.** *tech.* Verschleiß *m* (*a. fig.*). **5.** *mil.* Ausbrennung *f* (*e-s Geschützrohrs*). **6.** *fig.* Aushöhlung *f*, Unterˈgrabung *f.* **eˈro·sion·al** [-ʒənl] *adj geol.* Erosions...: ~ **debris** Abtragungsschutt *m*; ~ **surface** Verebnungsfläche *f.* **eˈro·sive** [-sɪv] *adj* ätzend, zerfressend.

e·rot·ic [ɪˈrɒtɪk; *Am.* ɪˈrɑ-] **I** *adj* (*adv* ~**ally**) eˈrotisch. **II** *s* Eˈrotiker(in). **eˈrot·i·ca** [-kə] *s pl* Eˈrotika *pl* (*Bücher erotischen Inhalts*). **eˈrot·i·cal** → **erotic** I. **eˈrot·i·cism** [-sɪzəm], *bes. Am.* **er·o·tism** [ˈerətɪzəm] *s* **1.** Eˈrotik *f.* **2.** Eroˈtismus *m*, Erotiˈzismus *m* (*Überbetonung des Erotischen*).

e·ro·to·gen·ic [ɪˌrɒtəˈdʒenɪk; *Am.* ɪˌrəʊ-; ɪˌrɑ-] → **erogenous. er·o·tol·o·gy** [ˌerəˈtɒlədʒɪ; *Am.* -ˈtɑ-] *s* Erotoloˈgie *f*: a) *wissenschaftliche Beschäftigung mit den verschiedenen Erscheinungsformen der Erotik*, b) Liebeslehre *f.* **eˌro·toˈma·ni·a** [-ˈmeɪnɪə] *s med. psych.* Erotomaˈnie *f* (*krankhaft übersteigertes sexuelles Verlangen*).

err [ɜː; *Am.* er; ɜr] *v/i* **1.** (sich) irren: **to ~ is human** Irren ist menschlich; **to ~ on the side of caution** übervorsichtig sein. **2.** falsch *od.* unrichtig sein, fehlgehen (*Urteil etc*). **3.** (*moralisch*) auf Abwege geraten.

er·ran·cy [ˈerənsɪ] *s* Fehlbarkeit *f.*

er·rand [ˈerənd] *s* (Boten)Gang *m*, Besorgung *f*, Auftrag *m*: **to go on** (*od.* **run**) **an ~** e-n Auftrag ausführen, e-n (Boten-)Gang *od.* e-e Besorgung machen; → **fool's errand.** ~ **boy** *s* Laufbursche *m.*

er·rant [ˈerənt] **I** *adj* (*adv* ~**ly**) **1.** (umˈher)ziehend, (-)wandernd: ~ **knight** → 4. **2.** *fig.* fehlbar. **3.** (*moralisch*) auf Abwege geraten, *a.* ehebrecherisch. **II** *s* **4.** *hist.* fahrender Ritter. **ˈer·rant·ry** [-rɪ] *s* **1.** Umˈherziehen *n*, Wandern *n.* **2.** *hist.* fahrendes Rittertum.

er·ra·ta [eˈrɑːtə; -ˈreɪ-] *pl von* **erratum.**

er·rat·ic [ɪˈrætɪk] **I** *adj* (*adv* ~**ally**) **1.** (umˈher)ziehend, (-)wandernd. **2.** *med.* erˈratisch, (*im Körper*) umˈherwandernd (*bes. Schmerzen*). **3.** *geol.* erˈratisch: ~ **block,** ~ **boulder** → 6. **4.** ungleich-, unregelmäßig, regel-, ziellos (*Bewegung*). **5.** unstet, sprunghaft, launenhaft, unberechenbar. **II** *s* **6.** *geol.* erˈratischer Block, Findling *m.*

er·ra·tum [eˈrɑːtəm; -ˈreɪ-] *pl* **-ta** [-tə] *s* **1.** Erˈratum *n*, Fehler *m.* **2.** *pl* Druckfehlerverzeichnis *n*, Erˈrata *pl.*

ˈerr·ing *adj* (*adv* ~**ly**) → **errant** 3.

er·ro·ne·ous [ɪˈrəʊnjəs; -ɪəs; eˈr-] *adj* irrig, irrtümlich, unrichtig, falsch. **erˈro·ne·ous·ly** *adv* irrtümlicher-, fälschlicherweise, fälschlich, aus Versehen. **erˈro·ne·ous·ness** *s* Unrichtigkeit *f.*

er·ror [ˈerə(r)] *s* **1.** Irrtum *m*, Fehler *m*, Versehen *n*: **in ~** aus Versehen, irrtümlicherweise; **to be in ~** sich irren, sich im Irrtum befinden; **margin of ~** Fehlergrenze *f*; ~ **of judg(e)ment** Trugschluß *m*, irrige Ansicht, falsche Beurteilung; ~**s (and omissions) excepted** *econ.* Irrtümer (u. Auslassungen) vorbehalten; **and no ~** *colloq.* daran besteht kein Zweifel; **I was scared and no ~ when** ... *colloq.* ich hatte vielleicht Angst, als ... **2.** *astr. math.* Fehler *m*, Abweichung *f*: ~ **in range** *a. mil.* Längenabweichung; ~ **integral** Fehlerintegral *n*; ~ **law** Gaußsches Fehlergesetz. **3.** *jur.* Formfehler *m*, Verfahrensmangel *m*: **plaintiff in ~** Kläger *m* im Revisionsverfahren; **writ of ~** Revisionsbefehl *m.* **4.** (*moralischer*) Fehltritt, Vergehen *n.* **5.** *Christian Science*: Irrglaube *m.* **6.** Fehldruck *m* (*Briefmarke*). **7.** *mar.* ˈMißweisung *f*, Fehler *m.* ~ **in com·po·si·tion** *s print.* Satzfehler *m.* ~ **in fact** *s jur.* Tatsachenirrtum *m.* ~ **in form** *s jur.* Formfehler *m.* ~ **in law** *s jur.* Rechtsirrtum *m.*

ˈer·ror·less *adj* fehlerlos, -frei.

er·satz [ˈeə(r)zæts; *Am.* -ˌzɑːts] **I** *s* Ersatz *m* (*a. fig.*). **II** *adj* Ersatz...: ~ **religion**; ~ **coffee** Kaffee-Ersatz *m.*

Erse [ɜːs; *Am.* ɜrs] **I** *adj* **1.** ersisch, gälisch. **2.** (*fälschlich*) irisch. **II** *s ling.* **3.** Ersisch *n*, Gälisch *n* (*Sprache des schottischen Hochlandes*). **4.** (*fälschlich*) Irisch *n.*

erst [ɜːst; *Am.* ɜrst] *adv obs.* **1.** → **erstwhile** I. **2.** zuˈerst. **ˈerst·while** *obs.* **I** *adv* ehedem, vormals. **II** *adj* ehemalig, früher.

e·ruct [ɪˈrʌkt], *a.* **eˈruc·tate** [-teɪt] **I** *v/i* aufstoßen, rülpsen. **II** *v/t Feuer etc* speien (*Vulkan*). **ˌe·rucˈta·tion** [ˌiːrʌk-] *s* **1.** Aufstoßen *n*, Rülpsen *n.* **2.** Speien *n.*

er·u·dite [ˈeruːdaɪt; *Am.* ˈerə-] **I** *adj* (*adv* ~**ly**) gelehrt (*a. Abhandlung etc*), belesen. **II** *s* Gelehrte(r) *m.* **ˈer·u·dite·ness, ˌer·uˈdi·tion** *s* Gelehrsamkeit *f*, Belesenheit *f.*

e·rupt [ɪˈrʌpt] **I** *v/t* **1.** ausbrechen (*Ausschlag, Streit, Vulkan etc*). **2.** *geol.* erupˈtieren, herˈvorbrechen (**from** aus) (*Lava, Dampf etc*). **3. to ~ in** (*od.* **with**) **anger** e-n Wutanfall bekommen. **4.** *fig.* plötzlich auftauchen: **to ~ into the room** ins Zimmer platzen *od.* stürzen. **5.** ˈdurchbrechen, -kommen (*Zähne*). **II** *v/t* **6.** *Lava* auswerfen. **eˈrup·tion** *s* **1.** Ausbruch *m* (*e-s Streits, Vulkans etc*). **2.** *geol.* Eruptiˈon *f*, Herˈvorbrechen *n.* **3.** *fig.* Ausbruch *m*: **angry** ~ Wutausbruch. **4.** *med.* Eruptiˈon *f*: a) *Ausbruch e-s Ausschlags*, b) Ausschlag *m.* **5.** ˈDurchbruch *m* (*der Zähne*). **eˈrup·tive I** *adj* (*adv* ~**ly**) **1.** ausbrechend. **2.** *geol.* erupˈtiv, Eruptiv...: ~ **rock** → 4. **3.** *med.* von Ausschlag begleitet. **II** *s* **4.** *geol.* Erupˈtivgestein *n.*

e·ryn·go [ɪˈrɪŋgəʊ] *s bot.* Mannstreu *n.*

er·y·sip·e·las [ˌerɪˈsɪpɪləs] *s med.* Eryˈsipelas *n*, (Wund)Rose *f.*

er·y·sip·e·loid [ˌerɪˈsɪpɪlɔɪd] *s med.* Erysipeloˈid *n*, (Schweine)Rotlauf *m.*

er·y·the·ma [ˌerɪˈθiːmə] *s med.* Eryˈthem *n*, Rötung *f* der Haut.

e·ryth·rism [ɪˈrɪθrɪzəm; *Am.* ˈerəˌθrɪ-] *s* Eryˈthrismus *m*: a) *Rotfärbung bei Tieren*, b) *Rothaarigkeit bei Menschen.*

e·ryth·ro·cyte [ɪˈrɪθrəʊsaɪt] *s physiol.* Erythroˈzyt *m*, rotes Blutkörperchen.

eˌryth·ro·cyˈtom·e·ter [-saɪˈtɒmɪtə(r); *Am.* -ˈtɑ-] *s med.* Zählkammer *f* (*zur Zählung der roten Blutkörperchen*).

es·ca·drille [ˌeskəˈdrɪl] *s* **1.** *mar.* Geschwader *n* (*meist 8 Schiffe*). **2.** *aer.* Staffel *f* (*meist 6 Flugzeuge*).

es·ca·lade [ˌeskəˈleɪd] **I** *s mil. hist.* (**of**) Eskaˈlade *f* (*gen*), (Mauer)Ersteigung *f* (mit Leitern) (*gen*), Erstürmung *f* (*gen*), Sturm *m* (auf *acc*). **II** *v/t* mit Sturmleitern ersteigen, erstürmen.

es·ca·late [ˈeskəleɪt] **I** *v/t* **1.** *Krieg etc* eskaˈlieren. **2.** *Erwartungen etc* höherschrauben. **II** *v/i* **3.** eskaˈlieren. **4.** steigen, in die Höhe gehen (*Preise etc*). ˌ**es·caˈla·tion** *s* **1.** Eskalatiˈon *f.* **2.** *econ. Am. Anpassung der Preise od. Löhne an gestiegene (Lebenshaltungs)Kosten.* ˈ**es·ca·la·tor** [-tə(r)] *s* **1.** Rolltreppe *f.* **2.** *a.* ~ **clause** *econ.* (Preis-, Lohn)Gleitklausel *f.*

es·cal·lop [ɪˈskɒləp; eˈsk-; *Am.* ɪsˈkɑləp; -ˈkæ-] *s zo.* Kammuschel *f.*

es·ca·lope [ˈeskəlɒp; *Am.* -ˌləʊp] *s gastr.* (*bes.* Wiener) Schnitzel *n.*

es·cap·a·ble [ɪˈskeɪpəbl] *adj* vermeidbar.

es·ca·pade [ˌeskəˈpeɪd; ˈeskəpeɪd] *s* Eskaˈpade *f*: a) mutwilliger Streich, b) Seitensprung *m.*

es·cape [ɪˈskeɪp] **I** *v/t* **1.** *j-m* entfliehen, -kommen, -rinnen, -wischen. **2.** *e-r Sache* entgehen: **to ~ destruction** der Zerstörung entgehen; **to ~ being laughed at** der Gefahr entgehen, ausgelacht zu werden; **he just ~d being killed** er entging knapp dem Tode; **I cannot ~ the impression** ich kann mich des Eindrucks nicht erwehren. **3.** *fig. j-m* entgehen, überˈsehen *od.* nicht verstanden werden von *j-m*: **that mistake ~d me** dieser Fehler entging mir; **the sense ~s me** der Sinn leuchtet mir nicht ein. **4.** *dem Gedächtnis* entfallen: **his name ~s me** sein Name ist mir entfallen; → **notice** 1. **5.** *j-m* entschlüpfen, -fahren: **an oath ~d him** ein Fluch entfuhr ihm.
II *v/i* **6.** (ent)fliehen, entrinnen, entwischen, -laufen, -weichen, -kommen (**from** aus, *dat*). **7.** sich retten (**from** vor *dat*), (ungestraft *od.* mit dem Leben) daˈvonkommen: **he ~d with a fright** er kam mit dem Schrecken davon; → **scot-free** 2. **8.** a) ausfließen (*Flüssigkeit etc*), b) entweichen, ausströmen (**from** aus) (*Gas etc*). **9.** verwildern (*Pflanzen*).
III *s* **10.** Entrinnen *n*, -weichen *n*, -kommen *n*, Flucht *f* (**from** aus, vor *dat*): **to have a narrow** (*od.* **near**) (**hairbreadth**) ~ mit knapper Not (um Haaresbreite) davonkommen *od.* entkommen; **that was a narrow ~** das ist gerade noch einmal gutgegangen!, das hätte ins Auge gehen können!; **to make one's ~** entweichen, sich aus dem Staube machen. **11.** Rettung *f*, Bewahrtwerden *n* (**from** vor *dat*): (**way of**) ~ Ausweg *m.* **12.** Fluchtmittel *n*, Rettungsgerät *n*: ~ **apparatus** *mar.* Tauchretter *m.* **13.** Entweichen *n*, Ausströmen *n* (**from** aus). **14.** *biol.* verwilderte Gartenpflanze, Kulˈturflüchtling *m.* **15.** *fig.* Unterˈhaltung *f*, (Mittel *n* der) Entspannung *f od.* Zerstreuung *f od.* Ablenkung *f*: ~ **reading**, ~ **literature** Unterhaltungsliteratur *f.*

es·cape| art·ist *s* **1.** Entfesselungs-, Entfeßlungskünstler *m.* **2.** Ausbrecherkönig *m.* ~ **car** *s* Fluchtwagen *m.* ~ **chute** *s aer.* Notrutsche *f.* ~ **clause** *s jur.* Befreiungs-, Rücktrittsklausel *f.* ~ **de·tec·tor** *s tech.* Lecksucher *m.*

es·ca·pee [ɪˌskeɪˈpiː] *s* entwichener Strafgefangener, Ausbrecher *m*, Flüchtige(r) *m.*

es·cape| gear *s mar.* Tauchretter *m.* ~ **hatch** *s* **1.** *mar.* Notluke *f.* **2.** *aer.* Notausstieg *m.* **3.** *fig.* ‚Schlupfloch' *n*, Ausweg *m.* ~ **mech·a·nism** *s psych.* ˈAbwehrmechaˌnismus *m.*

es·cape·ment [ɪˈskeɪpmənt] *s tech.* **1.** Hemmung *f* (*der Uhr*). **2.** ˈAuslösemechaˌnismus *m*, Vorschub *m* (*der Schreibmaschine*). ~ **spin·dle** *s tech.* Hemmungswelle *f* (*der Uhr*). ~ **wheel** *s tech.* **1.** Hemmungsrad *n* (*der Uhr*). **2.** Schaltrad *n* (*der Schreibmaschine*).

es·cape pipe *s tech.* **1.** Abflußrohr *n.* **2.** Abzugsrohr *n* (*für Gase etc*).

esˈcape-proof *adj* ausbruchsicher.

es·cape| route *s* Fluchtweg *m.* ~ **shaft** *s Bergbau*: Rettungsschacht *m.* ~ **valve** *s tech.* ˈSicherheitsvenˌtil *n.* ~ **ve·loc·i·ty** *s astr., Raumfahrt*: Fluchtgeschwindigkeit *f.*

es·cap·ism [ɪˈskeɪpɪzəm] *s psych.* Eskaˈpismus *m*, Wirklichkeitsflucht *f*, Flucht *f* in e-e Phantaˈsiewelt. **esˈcap·ist I** *s j-d, der vor der Wirklichkeit zu fliehen sucht.* **II** *adj* eskaˈpistisch, *weitS.* Zerstreuungs..., Unterhaltungs...: ~ **literature.**

es·ca·pol·o·gist [ˌeskeɪˈpɒlədʒɪst; *Am.* -ˈpɑ-] *s* **1.** Entfesselungs-, Entfeßlungskünstler *m.* **2.** *j-d, der sich geschickt aus schwierigen Situationen herauswindet.*

es·carp [ɪˈskɑː(r)p] *mil.* **I** *s* **1.** Böschung *f*, Abdachung *f.* **2.** vordere Grabenwand, innere Grabenböschung (*e-s Wallgrabens*). **II** *v/t* **3.** mit e-r Böschung versehen, abdachen. **esˈcarp·ment** *s* **1.** → **escarp** 1. **2.** *geol.* Steilabbruch *m.*

esch·a·lot [ˈeʃəlɒt; *Am.* -ˌlɑt] → **shallot.**

es·char [ˈeskɑː(r)] *s med.* (Brand-, Ätz-) Schorf *m.*

es·cha·to·log·i·cal [ˌeskətəˈlɒdʒɪkl; *Am.* -ˈlɑ-] *adj* eschatoˈlogisch. **es·cha·tol·o·gist** [-ˈtɒlədʒɪst; *Am.* -ˈtɑ-] *s* Eschatoˈloge *m.* ˌ**es·chaˈtol·o·gy** *s relig.* Eschatoloˈgie *f* (*Lehre vom Endschicksal des einzelnen Menschen u. der Welt*).

es·cheat [ɪsˈtʃiːt] *jur.* **I** *s* **1.** Heimfall *m* (*e-s Guts, in England früher an die Krone od. den Lehnsherrn, in Amerika an den Staat nach dem Tode aller Erben*). **2.** Heimfallsgut *n.* **3.** → **escheatage.** **II** *v/i* **4.** anˈheimfallen. **III** *v/t* **5.** (als Heimfallsgut) einziehen. **esˈcheat·age** *s* Heimfallsrecht *n.*

es·chew [ɪsˈtʃuː] *v/t etwas* (ver)meiden, scheuen.

es·cort I *s* [ˈeskɔː(r)t] **1.** *mil.* Esˈkorte *f*, Bedeckung *f*, Begleitmannschaft *f.* **2.** a) *aer. mar.* Geleit(schutz *m*) *n*, b) *mar.* Geleitschiff *n.* **3.** *fig.* a) Geleit *n*, Schutz *m*, b) Gefolge *n*, Begleitung *f*, c) Begleiter(in), d) (Reise- *etc*)Führer(in). **II** *v/t* [ɪˈskɔː(r)t] **4.** *mil.* eskorˈtieren. **5.** *aer. mar. j-m* Geleit(schutz) geben. **6.** *fig.* a) geleiten, b) begleiten. ~ **a·gen·cy** *s* Beˈgleitagenˌtur *f*, -service *m.* ~ **car·ri·er** *s mar.* Geleitflugzeugträger *m.* ~ **fight·er** *s aer.* Begleitjäger *m.*

es·cribe [ɪˈskraɪb] *v/t math. e-n Kreis etc* anschreiben.

es·cri·toire [ˌeskriːˈtwɑː; *Am.* ˈeskrəˌtwɑːr] *s* Schreibpult *n.*

es·crow [ˈeskrəʊ; eˈskrəʊ] *s jur. bei e-m Dritten (als Treuhänder) hinterlegte Vertragsurkunde, die erst bei Erfüllung e-r Bedingung in Kraft tritt*: **to give** (*od.* **place**) **in ~** bei e-m Dritten (*bis zur Erfüllung e-r Vertragsbedingung*) hinterlegen.

es·cu·do [eˈskuːdəʊ; ɪˈsk-] *pl* **-dos** *s* Esˈkudo *m* (*portugiesische u. chilenische Währungseinheit*).

es·cu·lent [ˈeskjʊlənt] **I** *adj* eßbar, genießbar. **II** *s* Nahrungsmittel *n.*

es·cutch·eon [ɪˈskʌtʃən] *s* **1.** *her.* (Wappen)Schild *m, n*, Wappen *n*: ~ **of pretence** (*Am.* **pretense**) Beiwappen; **a blot on his ~** *fig.* ein Fleck auf s-r (weißen) Weste. **2.** *mar.* a) Namensbrett *n*, b) Spiegel *m* (*der Plattgattschiffe*). **3.** *tech.* Schlüssel(loch)-, Namensschild *n.* **4.** *bot.* (Pfropf)Schild *n.* **5.** *zo.* Schild *m*, Spiegel *m* (*Dam- u. Rotwild*).

es·kar [ˈeskɑː(r)], ˈ**es·ker** [-kə(r)] *s geol.* Esker *m*, Wallberg *m.*

Es·ki·mo [ˈeskɪməʊ] *pl* **-mos, -mo I** *s* **1.** Eskimo *m.* **2.** Eskimosprache *f.* **II** *adj* **3.** Eskimo...: ~ **dog** Eskimohund *m* (*Schlittenhund*).

e·soph·a·ge·al, e·soph·a·gus *Am. für* **oesophageal, oesophagus.**

es·o·ter·ic [ˌesəʊˈterɪk] *adj* (*adv* **~ally**) **1.** esoˈterisch (*nur für Eingeweihte zugänglich od. begreiflich*). **2.** priˈvat, vertraulich. ˌ**es·oˈter·i·cism** [-sɪzəm], **es·o·ter·ism** [ˌesəʊˈterɪsəm], **es·o·ter·y** [ˈesətərɪ; *Am.* -ˌteriː] *s* **1.** Esoˈterik *f*: a) Geheimlehre *f*, b) esoˈterischer Chaˈrakter. **2.** priˈvater *od.* vertraulicher Chaˈrakter.

es·pal·ier [ɪˈspæljə(r)] **I** *s* **1.** Spaˈlier *n.* **2.** Spaˈlierbaum *m.* **II** *v/t* **3.** spaˈlieren.

es·par·to (grass) [eˈspɑː(r)təʊ; ɪˈsp-] *s bot.* Esˈparto-, Spartgras *n.*

es·pe·cial [ɪˈspeʃl] *adj* besonder(er, e, es): a) herˈvorragend, vorˈzüglich, b) Haupt..., hauptsächlich, speziˈell. **esˈpe·cial·ly** [-ʃəlɪ] *adv* besonders, hauptsächlich, vornehmlich: **more ~** ganz besonders.

Es·pe·ran·tism [ˌespəˈræntɪzəm] *s* Espeˈrantobewegung *f.* ˌ**Es·peˈran·tist** *s* Esperanˈtist(in). ˌ**Es·peˈran·to** [-təʊ] *s* Espeˈranto *n* (*Welthilfssprache*).

es·pi·al [ɪˈspaɪəl] *s obs.* Erspähen *n.*

es·pi·o·nage [ˌespɪəˈnɑːʒ; *bes. Am.* ˈes-] *s* Spioˈnage *f.*

es·pla·nade [ˌespləˈneɪd; *Am.* ˈespləˌnɑːd; -ˌneɪd] *s* **1.** (*bes.* ˈStrand)Promeˌnade *f.* **2.** Esplaˈnade *f* (*a. mil. hist.*), großer freier Platz.

es·pous·al [ɪˈspaʊzl] *s* **1.** (**of**) Annahme *f* (von), Eintreten *n*, Parˈteinahme *f* (für). **2.** *meist pl obs.* a) Vermählung *f*, b) Verlobung *f.* **esˈpouse** [-z] *v/t* **1.** Parˈtei ergreifen für, eintreten *od.* sich einsetzen für, sich *e-r Sache* verschreiben, *e-n Glauben* annehmen. **2.** *obs.* a) zur Frau nehmen, sich vermählen mit, b) (**to**) zur Frau geben (*dat*), vermählen (mit), c) (**o.s.** sich) verloben (**to** mit).

es·pres·so [eˈspresəʊ] *pl* **-sos** *s* **1.** Esˈpresso *m.* **2.** Esˈpressomaˌschine *f.* ~ **bar,** ~ **ca·fé** *s* Esˈpresso(bar *f*) *n.*

es·prit [ˈespriː; *Am.* ɪsˈpriː] *s* Esˈprit *m*, Geist *m*, Witz *m.* ~ **de corps** [-dəˈkɔː(r)] *s* Korpsgeist *m.*

es·py [ɪˈspaɪ] *v/t* erspähen, entdecken.

Es·qui·mau [ˈeskɪməʊ] *pl* **-maux** [-məʊz], **-mau** *obs. für* **Eskimo.**

Es·quire [ɪˈskwaɪə(r); *Am. a.* ˈesˌkw-] *s bes. Br. auf Briefen dem Namen nachgestellter Titel, ohne Mr, Dr. etc, abbr.* **Esq.**: **C. A. Brown, Esq.** Herrn C. A. Brown.

ess [es] *s* **1.** S, s *n* (*Buchstabe*). **2.** S *n*, S-förmiger Gegenstand.

es·say I *v/t* [eˈseɪ] **1.** versuchen, (ˈaus)proˌbieren, es versuchen *od.* e-n Versuch machen mit. **II** *v/i* **2.** versuchen, e-n Versuch machen. **III** *s* [ˈeseɪ] **3.** Versuch *m* (**at s.th.** [**mit**] e-r Sache; **at doing** zu tun). **4.** Essay *m, n*, (*kurze literarische etc*) Abhandlung, *a. ped.* Aufsatz *m* (**on, in** über *acc*). ˈ**es·say·ist** *s* Essayˈist(in), Verfasser(in) von Essays. ˌ**es·sayˈis·tic** *adj* essayˈistisch.

es·sence [ˈesns] *s* **1.** *philos.* a) Esˈsenz *f*, Wesen *n*, innere Naˈtur, b) Subˈstanz *f*, absoˈlutes Sein. **2.** elemenˈtarer Bestandteil: **fifth ~** Quintessenz *f.* **3.** *fig.* Esˈsenz *f*, (*das*) Wesen(tliche), Kern *m* (*der Sache*): **in ~** im wesentlichen; **of the ~** von entscheidender Bedeutung, ausschlaggebend. **4.** Esˈsenz *f*, Auszug *m*, Exˈtrakt *m*, ätherisches Öl. **5.** a) Parˈfüm *n*, b) Wohlgeruch *m.*

Es·sene [ˈesiːn; eˈs-] *s relig. hist.* Esˈsener *m.*
es·sen·tial [ɪˈsenʃl] **I** *adj* (*adv* → **essentially**) **1.** wesentlich: a) grundlegend, fundamenˈtal, b) inner(er, e, es), eigentlich, (lebens)wichtig, unentbehrlich, unbedingt erforderlich (**to** für): **it is ~ for both of them to come** es ist unbedingt erforderlich, daß sie beide kommen; **~ condition of life** *biol.* Lebensbedingung *f*; **~ goods** lebenswichtige Güter; **~ vows** *relig.* die drei wesentlichen Mönchsgelübde (*Keuschheit, Armut, Gehorsam*). **2.** *chem.* rein, destilˈliert: **~ oil** ätherisches Öl. **3.** *mus.* Haupt..., Grund...: **~ chord** Grundakkord *m.* **II** *s meist pl* **4.** (*das*) Wesentliche *od.* Wichtigste, Hauptsache *f*, wesentliche ˈUmstände *pl od.* Punkte *pl od.* Bestandteile *pl.* **5.** (wesentliche) Vorˈaussetzung (**to** für): **an ~ to success.** **6.** unentbehrliche Perˈson *od.* Sache. **esˌsen·tiˈal·i·ty** [-ʃɪˈælətɪ] *s* **1.** (*das*) Wesentliche. **2.** → **essential** 4. **esˈsen·tial·ly** [-ʃəlɪ] *adv* **1.** im wesentlichen, in der Hauptsache. **2.** in hohem Maße, ganz besonders.
es·tab·lish [ɪˈstæblɪʃ] *v/t* **1.** festsetzen, einrichten, errichten, etaˈblieren: **to ~ an account** ein Konto eröffnen; **to ~ a law** ein Gesetz einführen *od.* erlassen; **to ~ a republic** e-e Republik gründen; **to ~ a theory** e-e Theorie aufstellen. **2.** a) *j-n* einsetzen, ernennen, b) *e-n Ausschuß etc* bilden, einsetzen, schaffen, c) *ein Geschäft* etaˈblieren, (be)gründen, errichten, d) *s-n Wohnsitz* begründen. **3. to ~ o.s.** *econ.* sich etablieren, sich niederlassen (*beide a. beruflich*). **4.** *fig. Ruhm, Rechte etc* begründen: **to ~ one's reputation as a surgeon** sich als Chirurg e-n Namen machen. **5.** *e-e Ansicht, Forderung etc* ˈdurchsetzen, Geltung verschaffen (*dat*). **6.** *Ordnung* schaffen, *e-e Verbindung etc* ˈherstellen, *diplomatische Beziehungen etc* aufnehmen: **to ~ contact with s.o.** mit j-m Fühlung aufnehmen. **7.** *e-n Rekord* aufstellen. **8.** be-, erweisen, (einwandfrei) nachweisen: **to ~ one's identity** sich ausweisen; **to ~ the fact that** die Tatsache beweisen, daß. **9.** *Kirche* verstaatlichen: → **established** 5. **esˈtab·lished** *adj* **1.** bestehend: **the ~ laws.** **2.** fest begründet, eingeführt: **a well-~ firm.** **3.** feststehend, unzweifelhaft: **an ~ fact.** **4.** zum festen Persoˈnal gehörend: **~ official** planmäßiger Beamter; **~ staff** Stammpersonal *n.* **5. E~ Church** Staatskirche *f.*
esˈtab·lish·ment *s* **1.** Einrichtung *f*, Errichtung *f.* **2.** a) Einsetzung *f*, b) Bildung *f*, c) Etaˈblierung *f*, (Be)Gründung *f.* **3.** ˈDurchsetzung *f.* **4.** ˈHerstellung *f*, Aufnahme *f.* **5.** Aufstellung *f.* **6.** Versorgung *f*, Einkommen *n.* **7.** *relig.* staatskirchliche Verfassung. **8.** organiˈsierte Körperschaft *od.* Staatseinrichtung: **civil ~** Beamtenschaft *f*; **military ~** (*das*) Militär; **naval ~** (*die*) Flotte. **9. the E~** das Establishment: a) *die Oberschicht der politisch, wirtschaftlich od. gesellschaftlich einflußreichen Personen*, b) *die etablierte bürgerliche Gesellschaft, die auf Erhaltung des Status quo bedacht ist.* **10.** *mar. mil.* Persoˈnal-, Mannschaftsbestand *m*, (Soll)Stärke *f*: **peace (war) ~** Friedens-(Kriegs)stärke. **11.** Anstalt *f*, (öffentliches) Instiˈtut: **research ~** Forschungsinstitut. **12.** *econ.* Firma *f*, Geschäft *n*, Unterˈnehmen *n.* **13.** Haushalt *m*: **to keep up a large ~** ein großes Haus führen. **14.** Nachweis *m*, Feststellung *f*: **~ of paternity** *jur.* Vaterschaftsnachweis.
es·tab·lish·men·tar·i·an [ɪˌstæblɪʃmənˈteərɪən] **I** *adj* **1.** staatskirchlich. **2. E~** zum Eˈstablishment gehörend. **II** *s* **3.** Anhänger(in) des Staatskirchentums. **4. E~** *j-d, der zum Establishment gehört.*
es·tate [ɪˈsteɪt] *s* **1.** Stand *m*, Klasse *f*: **the (Three) E~s of the Realm** *Br.* die drei gesetzgebenden Stände (**Lords Spiritual, Lords Temporal, Commons**); → **first estate**, *etc.* **2.** *jur.* a) Besitz(tum *n*) *m*, Vermögen *n*, (Erb-, Konˈkurs)Masse *f*, Nachlaß *m*: → **personal** 6, **real**[1] 4, b) Besitzrecht *n.* **3.** (großes) Grundstück, Besitzung *f*, Landsitz *m*, Gut *n.* **4.** *obs.* (Zu)Stand *m*: **man's ~** Mannesalter *n.* **5.** *Br.* a) (Wohn)Siedlung *f*, b) Induˈstriegebiet *n.* **~ a·gent** *s Br.* **1.** Grundstücksverwalter *m.* **2.** Grundstücksmakler *m.* **esˈtate-ˌbot·tled** *adj* vom Erzeuger abgefüllt (*Wein*): "~" „Erzeugerabfüllung". **es·tate car** *s Br.* Kombiwagen *m.* **~ du·ty** *s jur. Br. hist.* Erbschaftssteuer *f.* **~ (in) fee sim·ple** *s jur.* unbeschränkt vererbliches *od.* veräußerliches Grundeigentum. **~ (in) fee tail** *s jur.* beschränkt vererbliches Grundeigentum. **~ in joint ten·an·cy** *s jur.* gemeinschaftlicher Besitz. **~ tax** *s jur. Am.* Erbschaftssteuer *f.*
es·teem [ɪˈstiːm] **I** *v/t* **1.** achten, (hoch-)schätzen: **to ~ highly (little)** hoch-(gering)schätzen. **2.** erachten *od.* ansehen als, *etwas* halten für: **to ~ it an hono(u)r.** **II** *s* **3.** (**for, of**) Wertschätzung *f* (*gen*), Achtung *f* (vor *dat*): **to hold in (high) ~** → 1; **to hold in little** (*od.* **light**) **~** geringschätzen.
es·ter [ˈestə(r)] *s chem.* Ester *m.* **es·ter·i·fy** [eˈsterəfaɪ] *chem.* **I** *v/t* in Ester verwandeln, zu Ester machen. **II** *v/i* sich in Ester verwandeln. **ˌes·ter·i·ˈza·tion** [-raɪˈzeɪʃn; *Am.* -rəˈz-] *s chem.* Verwandlung *f* in Ester.
Es·ther [ˈestə(r)] *npr u. s Bibl.* (das Buch) Esther *f.*
es·thete, *etc Am.* → **aesthete**, *etc.*
Es·tho·ni·an → **Estonian.**
es·ti·ma·ble [ˈestɪməbl] *adj* (*adv* **estimably**) **1.** achtens-, schätzenswert. **2.** (ab)schätzbar.
es·ti·mate [ˈestɪmeɪt] **I** *v/t* **1.** (ab-, ein-)schätzen, taˈxieren, veranschlagen (**at** auf *acc*, zu): **~d income** geschätztes Einkommen; **~d time of arrival** *aer.* voraussichtliche Ankunftszeit; **~d value** Schätzwert *m*; **an ~d 200 buyers** schätzungsweise 200 Käufer. **2.** *etwas* beurteilen, bewerten, sich e-e Meinung bilden über (*acc*). **II** *v/i* **3.** schätzen. **4.** e-n Kosten(vor)anschlag machen (**for** für). **III** *s* [-mət] **5.** Schätzung *f*, Veranschlagung *f*, (Kosten[vor])Anschlag *m*: **to form an ~ of s.th.** sich ein Bild von etwas machen, etwas einschätzen; **fair (rough) ~** reiner (grober) Überschlag; **at a rough ~** grob geschätzt, ‚über den Daumen gepeilt'; **building ~** Baukostenvoranschlag; **the E~s** *pol.* (Staats)Haushaltsvoranschlag. **6.** Bewertung *f*, Beurteilung *f*: **to form an ~ of** → 2.
es·ti·ma·tion [ˌestɪˈmeɪʃn] *s* **1.** → **estimate** 5. **2.** Meinung *f*, Ansicht *f*, Urteil *n*: **in my ~** nach m-r Ansicht. **3.** (Wert-)Schätzung *f*, (Hoch)Achtung *f*, guter Ruf: **to hold in ~** hochschätzen; **he has lowered himself in my ~** er ist in m-r Achtung gesunken.
es·ti·val [ˈestəvəl] *adj Am.* sommerlich, Sommer... **ˈes·tiˌvate** [-ˌveɪt] *v/i zo. Am.* überˈsommern, e-n Sommerschlaf halten. **ˌes·tiˈva·tion** *s Am.* **1.** *zo.* Sommerschlaf *m.* **2.** *bot.* Knospendeckung *f.*
Es·to·ni·an [eˈstəʊnjən; -nɪən] **I** *s* **1.** Este *m*, Estin *f*, Estländer(in). **2.** *ling.* Estnisch *n*, das Estnische. **II** *adj* **3.** estnisch.
es·top [ɪˈstɒp; *Am.* eˈstɑp] *v/t jur.* Rechtsverwirkung geltend machen gegen, rechtshemmenden Einwand erheben gegen: **to be ~ped** (*durch sein früheres Verhalten*) gehindert sein (*e-e Tatsache zu behaupten od. zu verneinen od. ein Recht geltend zu machen*). **esˈtop·pel** [-pl] *s jur.* **1.** Rechtsverwirkung *f.* **2.** rechtshemmender Einwand.
es·trade [eˈstrɑːd] *s* Podium *n.*
es·tra·gon [ˈestrəgɒn; *Am.* -ˌgɑn] *s bot.* Estragon *m.*
es·trange [ɪˈstreɪndʒ] *v/t* **1.** fernhalten (**from** von). **2.** *j-n* entfremden (**from** *dat*): **his behavio(u)r ~d his friends** sein Verhalten entfremdete ihn s-n Freunden; **to become ~d** a) sich entfremden (**from** *dat*), b) sich auseinanderleben. **esˈtranged** *adj* **1.** an **~ couple** ein Paar, das sich entfremdet *od.* auseinandergelebt hat. **2.** getrennt lebend: **his ~ wife** s-e von ihm getrennt lebende Frau; **she is ~ from her husband** sie lebt von ihrem Mann getrennt. **esˈtrange·ment** *s* Entfremdung *f* (**from** von).
es·tray [ɪˈstreɪ] *s* verirrtes *od.* entlaufenes Haustier.
es·treat [ɪˈstriːt] *jur.* **I** *s* **1.** beglaubigte Abschrift aus e-m Geˈrichtsprotoˌkoll (*bes. im Zs.-hang mit Geldstrafen*). **II** *v/t* **2.** Protoˈkollauszüge (*e-s Urteils etc*) machen (*u. dem Vollstreckungsbeamten übermitteln*). **3.** a) *j-m* e-e Geldstrafe auferlegen, b) *etwas* eintreiben.
es·tri·ol *Am. für* **oestriol.**
es·tro·gen *Am. für* **oestrogen.**
es·trone *Am. für* **oestrone.**
es·trous *Am. für* **oestrous.**
es·tu·ar·y [ˈestjʊərɪ; *Am.* ˈestʃəˌweriː] *s* **1.** (*den Gezeiten ausgesetzte*) Flußmündung. **2.** Meeresbucht *f*, -arm *m.*
e·ta [ˈiːtə] *s* Eta *n* (*griechischer Buchstabe*).
et·a·min [ˈetəmɪn; *Am.* ˈeɪ-], **ˈet·a·mine** [-miːn] *s* Etaˈmin(e *f*) *n* (*gitterartiges, durchsichtiges Gewebe*).
et cet·er·a [ɪtˈsetərə; etˈs-] (*Lat.*) et cetera, und so weiter. **etˈcet·er·a** *s* **1.** Reihe *f*: **a long ~ of illustrious names.** **2.** *pl* allerlei Dinge *pl.*
etch [etʃ] **I** *v/t* **1.** *tech. Metall, Glas etc* ätzen. **2.** a) kupferstechen, b) raˈdieren. **3.** kratzen (**on** in *acc*): **he ~ed his name on the table.** **4.** *fig.* a) schneiden: **sharply ~ed features** scharf geschnittene Gesichtszüge, b) herˈausarbeiten: **a sharply ~ed character in a book** e-e gut herausgearbeitete Figur in e-m Buch. **5. the event was ~ed on** (*od.* **in**) **her memory** das Ereignis hatte sich ihrem Gedächtnis eingeprägt. **ˈetch·er** *s* a) Kupferstecher *m*, b) Raˈdierer *m.* **ˈetch·ing** *s* **1.** Ätzen *n*: **~ bath** Ätzbad *n.* **2.** a) Raˈdieren *n*: **~ needle** Radiernadel *f*, b) Kupferstechen *n.* **3.** a) Raˈdierkunst *f*, b) Kupferstecheˈrei *f.* **4.** a) Raˈdierung *f*, b) Kupferstich *m*: **come up and see my ~s** *humor.* wollen Sie sich m-e Briefmarken(sammlung) ansehen?
e·ter·nal [iːˈtɜːnl; *Am.* ɪˈtɜrnl] **I** *adj* (*adv* **~ly**) **1.** ewig: a) zeitlos: → **triangle** 6, b) immerwährend: **~ life**; **the E~ City** die Ewige Stadt (*Rom*); **to be ~ly grateful to s.o.** j-m ewig dankbar sein, c) ˈunabˌänderlich: **~ truth.** **2.** unveränderlich, bleibend. **3.** *colloq.* ‚ewig', unaufhörlich: **her ~ chatter.** **II** *s* **4. the E~** der Ewige (*Gott*). **5.** *pl* ewige Dinge *pl.* **eˈter·nal·ize** [-nəlaɪz] *v/t* verewigen: a) unsterblich *od.* unvergeßlich machen, b) ewig fortdauern lassen.
e·ter·ni·ty [iːˈtɜːnətɪ; *Am.* ɪˈtɜr-] *s* **1.** Ewigkeit *f*, Unˈsterblichkeit *f*: **to all ~** bis in alle Ewigkeit; **~ ring** Memoire-Ring *m*; → **here** 1. **2.** *fig.* Ewigkeit *f*, sehr lange Zeit: **it seemed an ~ before ...** es schien e-e Ewigkeit zu dauern, bis ...; **after an ~ of waiting** nach endlos langem Warten. **3.** *relig.* a) Ewigkeit *f*, Jenseits *n*: **to send s.o. to ~** j-n ins Jenseits

befördern, b) *pl* ewige Wahrheit(en *pl*).
eˈter·nize → **eternalize.**
E·te·sian [ɪˈtiːʒjən; *Am.* -ʒən] **I** *adj*: ~ **winds** → II. **II** *s pl* Eˈtesien *pl* (*von April bis Oktober gleichmäßig wehende, trockene Nordwestwinde im östlichen Mittelmeer*).
eth·ane [ˈeθeɪn; *Br. a.* ˈiː-] *s chem.* Äˈthan *n*. **ˈeth·a·nol** [-ənɒl; *Am. a.* -ˌnəʊl] *s chem.* Äthaˈnol *n*, Äˈthylalkohol *m*. **eth·ene** [ˈeθiːn] *s chem.* Äˈthen *n*, Äthyˈlen *n*. **eth·e·nol** [ˈeθənɒl; *Am. a.* -ˌnəʊl] *s chem.* Viˈnylalkohol *m*. **eth·e·nyl** [ˈeθənɪl] *s chem.* Äthyliˈden *n*.
e·ther [ˈiːθə(r)] *s* **1.** *poet.* Äther *m*, Himmel *m*. **2.** *chem.* a) Äther *m*, b) Ätherverbindung *f*: **butyric** ~ Buttersäureäther. **3.** *phys. hist.* (Licht)Äther *m* (*bis um 1900 angenommener Stoff im freien Raum*). **e·the·re·al** [iːˈθɪərɪəl] *adj* (*adv* ~**ly**) äˈtherisch: a) *poet.* himmlisch, b) erdentrückt, vergeistigt, c) *chem.* ätherartig, flüchtig. **eˌthe·re·ˈal·i·ty** [-ˈælətɪ] → **etherealness.** **eˈthe·re·al·ize** *v/t* **1.** *fig.* äˈtherisch machen, vergeistigen, der Erde entrücken. **2.** *chem.* ätheriˈsieren, mit Äther behandeln. **eˈthe·re·al·ness** *s* äˈtherisches Wesen. **eˈthe·re·ous, e·ther·ic** [iːˈθerɪk] *adj* äˈtherisch, Äther... **eˈther·i·fy** [-faɪ] *v/t* in Äther verwandeln. **ˈe·ther·ism** *s med.* Äthervergiftung *f*. **ˌe·ther·iˈza·tion** [-raɪˈzeɪʃn; *Am.* -rəˈz-] *s med.* ˈÄtherbetäubung *f*, -narˌkose *f*. **ˈe·ther·ize** *v/t* **1.** → **etherify. 2.** *med.* mit Äther betäuben *od.* narkotiˈsieren.
eth·ic [ˈeθɪk] **I** *adj* (*adv* ~**ally**) **1.** *selten für* **ethical. II** *s pl* **2.** (*als sg konstruiert*) Moˈralphilosoˌphie *f*, Sittenlehre *f*, Ethik *f* (*als Wissenschaft*). **3.** (*als pl konstruiert*) a) Sittlichkeit *f*, Moˈral *f*, sittliche Haltung, b) (Berufs- *etc*)Ethos *n*, ethische Grundsätze *pl*: **professional** ~**s**. **ˈeth·i·cal** [-kl] *adj* (*adv* ~**ly**) **1.** ethisch: a) die Ethik betreffend: ~ **literature**, b) moˈralisch, sittlich: ~ **practices. 2.** moˈralisch einwandfrei, von ethischen Grundsätzen (geleitet). **3.** dem Berufsethos entsprechend: **not** ~ **for physicians** dem Berufsethos der Ärzte widersprechend. **4.** *pharm.* reˈzeptpflichtig: ~ **drugs. 5.** *ling.* ethisch: ~ **dative. eth·i·cist** [ˈeθɪsɪst] *s* Ethiker *m*, Moraˈlist *m*.
eth·ine [ˈeθaɪn] → **acetylene.**
E·thi·o·pi·an [ˌiːθɪˈəʊpjən; -pɪən] **I** *adj* **1.** äthiˈopisch. **II** *s* **2.** Äthiˈopier(in). **3.** Angehörige(r *m*) *f* der äthiˈopischen Rasse. **4.** *obs.* Neger(in). **ˌE·thiˈop·ic** [-ˈɒpɪk; *Am.* -ˈɑ-; -ˈəʊ-] **I** *adj* äthiˈopisch. **II** *s ling.* Äthiˈopisch *n*, das Äthiopische.
eth·moid [ˈeθmɔɪd] *anat.* **I** *adj* zum Siebbein gehörig: ~ **bone** → II. **II** *s* Siebbein *n*.
eth·nic [ˈeθnɪk] **I** *adj* (*adv* ~**ally**) **1.** ethnisch: a) *e-r sprachlich u. kulturell einheitlichen Volksgruppe angehörend*: ~ **group** Volksgruppe *f*; ~ **German** Volksdeutsche(r *m*) *f*, b) *die Kultur u. Lebensgemeinschaft e-r Volksgruppe betreffend*: ~ **joke** *Witz auf Kosten e-r bestimmten Volksgruppe.* **II** *s* **2.** *Angehörige(r) e-r sprachlich u. kulturell einheitlichen Volksgruppe.* **3.** *pl* sprachliche *od.* kultuˈrelle Zugehörigkeit. **ˈeth·ni·cal** [-kl] → **ethnic** I.
eth·nog·e·ny [eθˈnɒdʒɪnɪ; *Am.* -ˈnɑ-] *s* Lehre *f* von der Völkerentstehung.
eth·nog·ra·pher [eθˈnɒgrəfə(r); *Am.* -ˈnɑ-] *s* Ethnoˈgraph *m*. **eth·no·graph·ic** [ˌeθnəʊˈgræfɪk] *adj*; **ˌeth·noˈgraph·i·cal** [-kl] *adj* (*adv* ~**ly**) ethnoˈgraphisch. **ethˈnog·ra·phy** *s* Ethnograˈphie *f*, beschreibende Völkerkunde.
eth·no·log·ic [ˌeθnəʊˈlɒdʒɪk; *Am.* -nəˈlɑ-] *adj*; **ˌeth·noˈlog·i·cal** [-kl] *adj* (*adv* ~**ly**) ethnoˈlogisch. **ethˈnol·o·gist** [-ˈnɒlədʒɪst; *Am.* -ˈnɑ-] *s* Ethnoˈloge *m*. **ethˈnol·o·gy** *s* Ethnoloˈgie *f*: a) Völkerkunde *f*, b) *Wissenschaft, die sich mit Sozialstruktur u. Kultur der primitiven Gesellschaften beschäftigt*, c) *in den USA betriebene Wissenschaft, die sich mit Sozialstruktur u. Kultur aller Gesellschaften beschäftigt*.
eth·o·log·ic [ˌiːθəʊˈlɒdʒɪk; *Am.* -ˈlɑ-] *adj*; **ˌeth·oˈlog·i·cal** [-kl] *adj* (*adv* ~**ly**) ethoˈlogisch. **e·thol·o·gist** [iːˈθɒlədʒɪst; *Am.* -ˈθɑ-] *s* Ethoˈloge *m*. **eˈthol·o·gy** *s* **1.** *zo.* Etholoˈgie *f*, Verhaltensforschung *f*, -lehre *f*. **2.** Wissenschaft *f* von der Chaˈrakterbildung, Perˈsönlichkeitsforschung *f*.
e·thos [ˈiːθɒs; *Am.* ˈiːˌθɑs] *s* **1.** Ethos *n*, Chaˈrakter *m*, Geist *m*, Wesensart *f*, sittlicher Gehalt (*e-r Kultur*). **2.** Ethos *n*, sittliche Lebensgrundsätze *pl*. **3.** ethischer Wert (*e-s Kunstwerks*).
eth·yl [ˈeθɪl; ˈiːθaɪl] *s chem.* Äˈthyl *n*. ~ **ac·e·tate** *s chem.* Äˈthylaceˌtat *n*. ~ **al·co·hol** *s chem.* Äˈthylalkohol *m*.
eth·yl·a·mine [ˌeθɪləˈmiːn; -ˈæmɪn] *s chem.* Äthylaˈmin *n*. **ˈeth·yl·ate** [-leɪt] *chem.* **I** *s* Äthyˈlist *n*, Äˈthylverbindung *f*. **II** *v/t* mit Äˈthyl verbinden, äthyˈlieren.
eth·yl·ene [ˈeθɪliːn] *s chem.* Äthyˈlen *n*. ~ **chlo·ride** *s chem.* Äthyˈlenchloˌrid *n*.
e·ti·o·late [ˈiːtɪəʊleɪt] *v/t* **1.** *agr.* etioˈlieren, vergeilen. **2.** bleichsüchtig machen. **3.** *fig.* verkümmern lassen. **ˌe·ti·oˈla·tion** *s* **1.** *agr.* Etioleˈment *n*, Vergeilung *f*. **2.** Bleichsucht *f*. **3.** *fig.* Verkümmern *n*.
e·ti·ol·o·gy [ˌiːtɪˈɑlədʒiː] *s Am.* Ätioloˈgie *f*: a) *Lehre von den Ursachen* (*bes. der Krankheiten*), b) *zugrundeliegender ursächlicher Zs.-hang* (*bes. von Krankheiten*).
et·i·quette [ˈetɪket] *s* Etiˈkette *f*: a) Zeremoniˈell *n*, b) Anstandsregeln *pl*, (gute) ˈUmgangsformen *pl*: **legal** ~ das Berufsethos der Anwälte.
E·ton col·lar [ˈiːtn] *s* breiter, steifer ˈUmlegekragen. ~ **Col·lege** *s berühmte englische Public School.* ~ **crop** *s hist.* Herrenschnitt *m*.
E·to·ni·an [iːˈtəʊnjən; -nɪən] **I** *adj* Eton... **II** *s* Schüler *m* des **Eton College**.
E·ton jack·et *s hist.* schwarze, kurze Jacke (*der Etonschüler*).
E·trus·can [ɪˈtrʌskən], *a.* **E·tru·ri·an** [ɪˈtrʊərɪən] *hist.* **I** *adj* **1.** eˈtruskisch. **II** *s* **2.** Eˈtrusker(in). **3.** *ling.* Eˈtruskisch *n*, das Etruskische.
é·tude [eɪˈtjuːd; ˈeɪtjuːd; *Am. a.* -ˌtuːd] *s mus.* Eˈtüde *f*, Übungsstück *n*.
e·tui, *bes. Br.* **é·tui** [eˈtwiː; *Am.* eɪ-], *Am. a.* **e·twee** [eˈtwiː] *s* Eˈtui *n*.
et·y·ma [ˈetɪmə] *pl von* **etymon.**
e·tym·ic [eˈtɪmɪk] *adj ling.* Wurzel..., Stamm(wort)...
et·y·mo·log·ic [ˌetɪməˈlɒdʒɪk; *Am.* -ˈlɑ-] *adj*; **ˌet·y·moˈlog·i·cal** [-kl] *adj* (*adv* ~**ly**) etymoˈlogisch.
et·y·mol·o·gist [ˌetɪˈmɒlədʒɪst; *Am.* -ˈmɑ-] *s* Etymoˈloge *m*. **ˌet·yˈmol·o·gize I** *v/t* etymoˈlogisch erklären, *Wörter* etymologiˈsieren, auf ihren Ursprung unterˈsuchen. **II** *v/i* Etymoloˈgie treiben. **ˌet·yˈmol·o·gy** *s ling.* Etymoloˈgie *f*: a) *Wissenschaft von der Herkunft, Geschichte u. Grundbedeutung der Wörter*, b) *Herkunft, Geschichte u. Grundbedeutung e-s Wortes.*
et·y·mon [ˈetɪmɒn; *Am.* -ˌmɑn] *pl* **-mons, -ma** [-mə] *s ling.* Etymon *n*, Grund-, Stammwort *n*.
eu·ca·lyp·tus [ˌjuːkəˈlɪptəs] *pl* **-ti** [-taɪ], **-tus·es** *s bot.* Eukaˈlyptus *m*: ~ **oil** *chem.* Eukalyptusöl *n*.
eu·cha·ris [ˈjuːkərɪs] *s bot.* Eucharis *f*.
Eu·cha·rist [ˈjuːkərɪst] *s relig.* **1.** Euchariˈstie *f*: a) *die Feier des heiligen Abendmahls*, b) *die eucharistische Gabe* (*Brot u. Wein*). **2.** *Christian Science*: Verbindung *f* zu Gott. **ˌEu·chaˈris·tic** *adj* (*adv* ~**ally**) euchaˈristisch: ~ **Congress** *R.C.* Eucharistischer Kongreß.
eu·chre, *a.* **eu·cher** [ˈjuːkər] *v/t Am. colloq.* betrügen, prellen (**out of** um).
Eu·clid [ˈjuːklɪd] *s* **1.** Euˈklids Werke *pl*. **2.** (Euˈklidische) Geomeˈtrie: **to know one's** ~ in Geometrie gut beschlagen sein. **Euˈclid·e·an** [-dɪən] *adj* euˈklidisch.
eu·dae·mon·ic [ˌjuːdɪˈmɒnɪk; *Am.* -ˈmɑ-], *a.* **ˌeu·daeˈmon·i·cal** [-kl] *adj* glückbringend. **ˌeu·daeˈmon·ics** *s pl* **1.** Mittel *pl* zum Glück. **2.** (*als sg konstruiert*) → **eudaemonism. eu·dae·mon·ism** [juːˈdiːmənɪzəm] *s philos.* Eudämoˈnismus *m* (*Lehre, die im Glück des einzelnen od. der Gemeinschaft die Sinnerfüllung menschlichen Daseins sieht*). **euˈdae·mon·ist** *s philos.* Eudämoˈnist *m*.
eu·de·mon·ic, *etc* → **eudaemonic,** *etc.*
eu·gen·ic [juːˈdʒenɪk] *adj* (*adv* ~**ally**) euˈgenisch. **euˈgen·i·cist** [-sɪst] *s* Euˈgeniker *m*. **euˈgen·ics** *s pl* (*als sg konstruiert*) Euˈgenik *f* (*Erbhygiene mit dem Ziel, erbschädigende Einflüsse u. die Verbreitung von Erbkrankheiten zu verhüten*). **eu·ge·nist** [ˈjuːdʒɪnɪst; *Am. a.* jʊˈdʒen-] *s* Euˈgeniker *m*.
eu·he·mer·ism [juːˈhiːmərɪzəm] *s* Euhemeˈrismus *m* ([*rationalistische*] *Deutung von Mythen u. Religionen*). **euˈhe·mer·ist** *s* Euhemeˈrist *m*. **euˌhe·merˈis·tic** *adj* (*adv* ~**ally**) euhemeˈristisch.
eu·lo·gi·a¹ [juːˈləʊdʒjə; -ɪə] *s relig.* Euloˈgie *f* (*in der orthodoxen Kirche das nicht zur Eucharistie benötigte Brot, das als ‚Segensbrot' nach dem Gottesdienst verteilt wird*).
eu·lo·gi·a² [juːˈləʊdʒjə; -ɪə] *pl von* **eulogium.**
eu·lo·gist [ˈjuːlədʒɪst] *s* Lobredner(in). **ˌeu·loˈgis·tic** *adj* (*adv* ~**ally**) (lob-)preisend, lobend, rühmend: **to be** ~ **of** → **eulogize. eu·lo·gi·um** [juːˈləʊdʒjəm; -ɪəm] *pl* **-gi·ums, -gi·a** [-dʒjə; -dʒɪə] *obs. für* **eulogy. ˈeu·lo·gize** *v/t* loben, preisen, rühmen. **ˈeu·lo·gy** *s* **1.** Lob(preisung *f*) *n*. **2.** Lobrede *f*, Lob-, Nachschrift *f* (**on** auf *acc*).
Eu·men·i·des [juːˈmenɪdiːz] *s pl antiq.* Eumeˈniden *pl* (*Rachegöttinnen*).
eu·nuch [ˈjuːnək] *s* **1.** Euˈnuch *m*: a) Haremswächter *m*, b) Kaˈstrat *m*. **2.** *fig.* Niemand *m*: **a political** ~.
eu·pep·si·a [juːˈpepsɪə; *Am. a.* -ʃə] *s physiol.* Eupepˈsie *f*, gute *od.* norˈmale Verdauung. **euˈpep·tic** [-tɪk] *adj med.* **1.** gut verdauend. **2.** *fig.* gutgelaunt.
eu·phe·mism [ˈjuːfɪmɪzəm] *s* Eupheˈmismus *m*: a) (sprachliche) Beschönigung *od.* Verhüllung, b) beschönigender *od.* verhüllender Ausdruck. **ˌeu·pheˈmis·tic** *adj* (*adv* ~**ally**) eupheˈmistisch, beschönigend, verhüllend. **ˈeu·phe·mize I** *v/t etwas* eupheˈmistisch *od.* beschönigend *od.* verhüllend ausdrükken. **II** *v/i* Eupheˈmismen verwenden.
eu·phon·ic [juːˈfɒnɪk; *Am.* jʊˈfɑ-] *adj* (*adv* ~**ally**), **euˈpho·ni·ous** [-ˈfəʊnjəs; -nɪəs] *adj* (*adv* ~**ly**) euˈphonisch: a) wohllautend, -klingend, b) *ling. des Wohlklangs od. der Sprecherleichterung wegen eingeschoben* (*Laut*). **euˈpho·ni·um** [-njəm; -nɪəm] *s mus.* Euˈphonium *n*, Baritonhorn *n*. **eu·pho·ny** [ˈjuːfənɪ] *s* Euphoˈnie *f*, Wohlklang *m*, -laut *m*.
eu·phor·bi·a [juːˈfɔː(r)bjə; -bɪə] *s bot.* Wolfsmilch *f*.
eu·pho·ri·a [juːˈfɔːrɪə; *Am. a.* jʊˈfəʊ-] *s*

Eupho'rie *f*: a) Hochgefühl *n*, -stimmung *f*, b) subjek'tives Wohlbefinden (*Schwerkranker*). **eu'pho·ri·ant** [-rɪənt] **I** *adj* euphori'sierend: ~ **drug** → II. **II** *s* Eu'phorikum *n*. **eu'phor·ic** [-'fɒrɪk; *Am. a.* -'fɑ-] *adj* (*adv* ~**ally**) eu'phorisch. **eu·ˌpho·ri'gen·ic** [-rɪ'dʒenɪk] *adj* euphori'sierend. **eu·pho·ry** ['juːfərɪ] → **euphoria**.

eu·phra·sy ['juːfrəsɪ] *s bot*. Augentrost *m*.

eu·phroe ['juːfrəʊ] *s mar*. Jungfernblock *m*.

eu·phu·ism ['juːfjuːɪzəm; *Am.* -fjəˌwɪzəm] *s* Euphu'ismus *m*: a) schwülstiger Stil, b) schwülstiges 'Stileleˌment. **'eu·phu·ist** *s* Euphu'ist *m*. ˌ**eu·phu'is·tic** *adj* (*adv* ~**ally**) euphu'istisch, schwülstig.

eup·n(o)e·a [juː'pnɪə; 'juːpnɪə] *s physiol*. Eu'pnoe *f* (*regelmäßiges, ruhiges Atmen*).

Eu·rail·pass ['jʊəreɪlpɑːs; *Am.* -ˌpæs] *s* Eu'railpaß *m* (*Dauerfahrkarte, die außerhalb Europas lebende Personen zur Benutzung aller westeuropäischen Eisenbahnen berechtigt*).

Eur·a·sian [jʊə'reɪʒjən; *bes. Am.* -ʒən] **I** *adj* eu'rasisch. **II** *s* Eu'rasier(in).

eu·re·ka [jʊə'riːkə] *interj* heureka!, ich hab's (gefunden)!

eu·rhyth·mic, *etc bes. Br. für* **eurythmic**, *etc*.

Euro- [jʊərəʊ] *Wortelement mit der Bedeutung* euro'päisch, Euro...

'Eu·ro·cheque *s econ. Br.* Eurocheque *m*, Euroscheck *m*: ~ **card** Eurocheque-Karte *f*.

ˌ**Eu·ro'com·mu·nism** *s* 'Eurokommuˌnismus *m*. ˌ**Eu·ro'com·mu·nist I** *s* 'Eurokommuˌnist(in). **II** *adj* 'eurokommuˌnistisch.

Eu·ro·crat ['jʊərəkræt] *s* Euro'krat *m* (*[leitender] Beamter der Europäischen Gemeinschaften*).

'Eu·roˌdol·lar *s meist pl econ*. Eurodollar *m*.

Eu·ro·pe·an [ˌjʊərə'piːən] **I** *adj* euro'päisch: ~ **Atomic Energy Community** Europäische Atomgemeinschaft; ~ **Coal and Steel Community** Europäische Gemeinschaft für Kohle u. Stahl; ~ **(Economic) Community** Europäische (Wirtschafts)Gemeinschaft; ~ **championship** *sport* Europameisterschaft *f*; ~ **cup** *sport* Europacup *m*, -pokal *m*; ~ **Parliament** Europäisches Parlament, Europaparlament *n*; ~ **plan** *Am.* Hotelzimmer-Vermietung *f* ohne Verpflegung. **II** *s* Euro'päer(in). ˌ**Eu·ro'pe·an·ism** *s* Euro'päertum *n*. ˌ**Eu·ro'pe·an·ize** *v/t* europäi'sieren.

'Eu·roˌvi·sion *TV* **I** *s* Eurovisi'on *f*. **II** *adj* Eurovisions...: ~ **transmission**.

eu·ryth·mic [juː'rɪðmɪk], **eu'ryth·mi·cal** [-kl] *adj bes. Am.* eu'rhythmisch: a) die Harmo'nie (der Teile) betreffend, b) *arch*. proportio'niert, har'monisch ([an]geordnet). **eu'ryth·mics** *s pl* (*als sg konstruiert*) *bes. Am.* rhythmische, har'monische Bewegung, *bes.* Ausdruckstanz *m*. **eu'ryth·my** *s bes. Am.* Eurhyth'mie *f*: a) *arch*. Ebenmaß *n*, Harmo'nie *f*, b) *med*. Regelmäßigkeit *f* des Pulses, c) *Anthroposophie*: Euryth'mie *f* (*Bewegungskunst u. -therapie, bei der Gesprochenes sowie Vokal- u. Instrumentalmusik in Ausdrucksbewegungen umgesetzt werden*).

Eu·sta·chi·an tube [juː'steɪʃjən; -ʃɪən] *s anat*. Eu'stachische Röhre, 'Ohrtromˌpete *f*.

eu·tec·tic [juː'tektɪk] *tech*. **I** *adj* **1.** eu'tektisch: ~ **point** eutektischer Punkt (*niedrigster Schmelz- bzw. Erstarrungspunkt bei Gemischen*). **2.** Legierungs... **II** *s* **3.** Eu'tektikum *n* (*feines kristallines Gemisch zweier od. mehrerer Kristallarten, das aus e-r erstarrten, einheitlichen Schmelze entstanden ist u. den niedrigsten möglichen eutektischen Punkt zeigt*).

eu·tha·na·si·a [ˌjuːθə'neɪzjə; *bes. Am.* -ʒə] *s* Euthana'sie *f*: a) sanfter Tod, b) *schmerzlose Tötung von unheilbar Kranken*, c) *med*. Sterbehilfe *f*: **active (passive)** ~.

eu·then·ics [juː'θenɪks] *s pl* (*als sg konstruiert*) *Lehre von der Steigerung der Lebenskraft durch Verbesserung der Umweltbedingungen*.

eu·troph·ic [juː'trɒfɪk; *Am.* jʊ'trəʊ-] *adj biol*. eu'troph: a) nährstoffreich (*Böden, Gewässer*), b) an nährstoffreiche Um'gebung gebunden (*Pflanzen*), c) über'düngt (*Gewässer*). **eu'troph·i·cate** [-keɪt] *v/i biol*. eutro'phieren. **eu·ˌtroph·i'ca·tion** *s biol*. Eutro'phierung *f* (*unerwünschte Zunahme der Nährstoffe in e-m Gewässer u. damit verbundenes nutzloses u. schädliches Pflanzenwachstum*). **eu·tro·phy** ['juːtrəfɪ] *s med. physiol*. Eutro'phie *f*: a) *guter Ernährungszustand, bes. von Säuglingen*, b) *regelmäßige u. ausreichende Versorgung e-s Organs mit Nährstoffen*.

e·vac·u·ant [ɪ'vækjʊənt; *Am.* -jəwənt] *med. pharm*. **I** *adj* abführend. **II** *s* Abführmittel *n*.

e·vac·u·ate [ɪ'vækjʊeɪt; *Am.* -jəˌweɪt] **I** *v/t* **1.** aus-, entleeren: **to ~ the bowels** a) → 6, b) abführen. **2.** a) *die Luft etc* her'auspumpen, b) *Gefäß* luftleer pumpen. **3.** a) *Personen* evaku'ieren, b) *mil. Truppen* verlegen, *Verwundete etc* 'abtransporˌtieren, c) *Dinge* verlagern, d) *ein Gebiet etc* evaku'ieren, *a. ein Haus* räumen. **4.** *fig*. berauben (**of** *gen*). **II** *v/i* **5.** das Gebiet *etc* evaku'ieren, das Haus räumen, *bes. mil*. sich zu'rückziehen. **6.** den Darm entleeren, Stuhl(gang) haben. **eˌvac·u'a·tion** *s* **1.** Aus-, Entleerung *f*. **2.** a) Evaku'ierung *f*, b) *mil*. Verlegung *f*, 'Abtransˌport *m*: ~ **hospital** *Am.* Feldlazarett *n*, c) Räumung *f*. **3.** a) Darmentleerung *f*, Stuhl(gang) *m*, b) Stuhl *m*.

e·vac·u·ee [ɪˌvækjuː'iː; *Am.* -jə'wiː] *s* Evaku'ierte(r *m*) *f*.

e·vade [ɪ'veɪd] *v/t* **1.** *e-m Schlag etc* ausweichen, *j-m* entkommen. **2.** sich *e-r Sache* entziehen, *e-r Sache* entgehen, *etwas* um'gehen, vermeiden, *jur. Steuern* hinter'ziehen: **to ~ (answering) a question** e-r Frage ausweichen; **to ~ detection** der Entdeckung entgehen; **to ~ a duty** sich e-r Pflicht entziehen; **to ~ definition** sich nicht definieren lassen. **e'vad·er** *s j-d, der sich e-r Sache entzieht od. der etwas umgeht*: → **tax evader**.

e·val·u·ate [ɪ'væljʊeɪt; *Am.* -jəˌweɪt] *v/t* **1.** *den Wert etc* schätzen, *den Schaden etc* festsetzen (**at** auf *acc*). **2.** abschätzen, bewerten, beurteilen. **3.** berechnen, (zahlenmäßig) bestimmen. **4.** auswerten. **eˌval·u'a·tion** *s* **1.** Schätzung *f*, Festsetzung *f*. **2.** Bewertung *f*, Beurteilung *f*. **3.** Berechnung *f*, (zahlenmäßige) Bestimmung. **4.** Auswertung *f*.

ev·a·nesce [ˌiːvə'nes; *bes. Am.* ˌevə-] *v/i* sich auflösen, sich verflüchtigen (*Nebel etc*). ˌ**ev·a'nes·cence** [-nesns] *s* **1.** Auflösung *f*, Verflüchtigung *f*. **2.** Vergänglichkeit *f*. ˌ**ev·a'nes·cent** [-'nesnt] *adj* (*adv* ~**ly**) **1.** sich auflösend, sich verflüchtigend. **2.** vergänglich.

e·van·gel [ɪ'vændʒel] *s relig*. Evan'gelium *n* (*a. fig.*).

e·van·gel·ic [ˌiːvæn'dʒelɪk; ˌevən-] *adj* (*adv* ~**ally**) **1.** die vier Evan'gelien betreffend, Evangelien... **2.** evan'gelisch. ˌ**e·van'gel·i·cal** [-kl] **I** *adj* (*adv* ~**ly**) → **evangelic**. **II** *s* Anhänger(in) *od.* Mitglied *n* e-r evan'gelischen Kirche, Evan'gelische(r *m*) *f*. ˌ**e·van'gel·i·cal·ism** [-kəlɪzəm] *s* **1.** Evan'geliumsgläubigkeit *f* (*Ggs. Werkgläubigkeit*). **2.** evan'gelischer Glaube. **e·van·ge·lism** [ɪ'vændʒəlɪzəm] *s* Verkündigung *f* des Evan'geliums. **e'van·ge·list** *s* **1.** *Bibl.* Evange'list *m*. **2.** Evange'list *m*, Erwekkungs-, Wanderprediger *m*. **3.** Patri'arch *m* (*der Mormonenkirche*). **e'van·ge·lize I** *v/i* das Evan'gelium predigen, evangeli'sieren. **II** *v/t* für das Evan'gelium gewinnen, (zum Christentum) bekehren.

e·van·ish [ɪ'vænɪʃ] *v/i meist poet*. (da'hin)schwinden.

e·vap·o·ra·ble [ɪ'væpərəbl] *adj* verdunstbar. **e'vap·o·rate** [-reɪt] **I** *v/t* **1.** zur Verdampfung bringen, verdampfen *od.* verdunsten lassen, evapo'rieren. **2.** ab-, eindampfen, evapo'rieren: ~**d milk** Kondensmilch *f*. **3.** *fig*. schwinden lassen. **II** *v/i* **4.** verdampfen, -dunsten, evapo'rieren. **5.** *fig*. verschwinden (*a. colloq. abhauen*), sich verflüchtigen, verfliegen. **eˌvap·o'ra·tion** *s* **1.** Verdampfung *f*, -dunstung *f*, Evaporati'on *f*. **2.** Ab-, Eindampfen *n*. **3.** *fig*. Verflüchtigung *f*, Verfliegen *n*. **e'vap·o·ra·tive** [-rətɪv; *Am.* -ˌreɪtɪv] *adj* Verdunstungs..., Verdampfungs... **e'vap·o·ra·tor** [-reɪtə(r)] *s tech*. Abdampfvorrichtung *f*, Verdampfer *m*. **eˌvap·o'rim·e·ter** [-'rɪmɪtə(r)], **eˌvap·o'rom·e·ter** [-'rɒmɪtə(r); *Am.* -'rɑ-] *s phys*. Evapori'meter *n*, Verdunstungsmesser *m*.

e·va·sion [ɪ'veɪʒn] *s* **1.** Entkommen *n*. **2.** Um'gehung *f*, Vermeidung *f*: → **tax evasion**. **3.** Ausflucht *f*, Ausrede *f*, ausweichende Antwort. **e'va·sive** [-sɪv] *adj* (*adv* ~**ly**) **1.** ausweichend: ~ **answer**; ~ **maneuver** (*bes. Br.* **manœuvre**) *mot. etc* Ausweichmanöver *n* (*a. fig.*); **to be ~** ausweichen. **2.** aalglatt, gerissen. **3.** schwer feststell- *od.* faßbar. **e'va·sive·ness** *s* ausweichendes Verhalten.

Eve[1] [iːv] *npr Bibl.* Eva *f*: **a daughter of ~** e-e Evastochter.

eve[2] [iːv] *s* **1.** *poet*. Abend *m*. **2.** *meist* **E~** Vorabend *m*, -tag *m* (*e-s Festes*). **3.** *fig*. Vorabend *m*, Tag *m* (*vor e-m Ereignis*): **on the ~ of** am Vorabend von (*od. gen*); **to be on** (*od.* **upon**) **the ~ of** unmittelbar vor (*dat*) stehen.

e·vec·tion [ɪ'vekʃn] *s astr*. Evekti'on *f*, (*Größe der*) Ungleichheit *f* der Mondbahn (*um die Erde*).

e·ven[1] ['iːvn] *adv* **1.** so'gar, selbst, auch (*verstärkend*): ~ **the king**; ~ **in winter**; **not ~ he** nicht einmal er; **I never ~ read it** ich habe es nicht einmal gelesen; ~ **then** selbst dann; ~ **though**, ~ **if** selbst wenn, wenn auch; **without ~ looking** ohne auch nur hinzusehen. **2.** noch (*vor comp*): ~ **better** (sogar) noch besser; ~ **more** noch mehr. **3.** gerade (*zeitlich*): ~ **now** a) eben *od.* gerade jetzt, b) selbst jetzt *od.* heutzutage; **not ~ now** nicht einmal jetzt, selbst *od.* auch jetzt noch nicht. **4.** eben, ganz, gerade (*verstärkend*): ~ **as I expected** gerade *od.* genau, wie ich (es) erwartete; ~ **as he spoke** gerade als er sprach; ~ **so** immerhin, dennoch, trotzdem, selbst dann. **5.** nämlich, das heißt: **God, ~ our own God**. **6. or ~** oder auch (nur), oder gar.

e·ven[2] ['iːvn] **I** *adj* **1.** eben, flach, glatt, gerade: ~ **with the ground** dem Boden gleich. **2.** in gleicher Höhe (**with** mit). **3.** *fig*. ausgeglichen, ruhig, gelassen: **of an ~ temper** ausgeglichen; **an ~ voice** e-e ruhige Stimme. **4.** gleichmäßig: ~ **breathing (rhythm**, *etc*); ~ **features** regelmäßige (Gesichts)Züge. **5.** waag(e)recht, horizon'tal: → **keel**[1] 1. **6.** *econ*. a) ausgeglichen (*a. sport Runde etc*), schuldenfrei, b) ohne (Gewinn od.) Verlust: **to be ~ with s.o.** mit j-m quitt sein (*a. fig.*) (→ 10); **to get ~ with s.o.** mit j-m abrechnen *od.* quitt werden (*a. fig.*); → **break even. 7.** im Gleichgewicht (*a. fig.*). **8.** gerecht, ˈunparˌteiisch: ~ **law. 9.** gleich, iˈdentisch: ~ **portions**; ~ **bet** Wette *f* mit gleichem Einsatz; ~ **chances** gleiche Chancen; **he stands an ~ chance of winning** er hat e-e echte Chance zu gewinnen; **to meet on ~ ground** mit gleichen Chancen kämpfen; ~ **money** gleicher (Wett)Einsatz; **your letter of ~ date** Ihr Schreiben gleichen Datums. **10.** gleich (*im Rang etc*): **to be ~ with s.o.** mit j-m gleichstehen (→ 6). **11.** gerade (*Zahl*; *Ggs.* **odd**): ~ **number**; ~ **page** Buchseite *f* mit gerader Zahl; **to end ~** *print.* mit voller Zeile abschließen. **12.** rund, voll: ~ **sum. 13.** präˈzise, genau: **an ~ dozen** genau ein Dutzend.

II *v/t* **14.** *a.* ~ **out** (ein)ebnen, glätten. **15.** *a.* ~ **out** ausgleichen. **16.** ~ **up** *e-e Rechnung* aus-, begleichen: **to ~ up accounts** Konten abstimmen; **to ~ matters** (*od.* **things**) **up** sich revanchieren.

III *v/i* **17.** *meist* ~ **out** eben werden (*Gelände*). **18.** *a.* ~ **out** sich ausgleichen. **19. to ~ up on s.o.** mit j-m quitt werden.

e·ven³ [ˈiːvn] *s poet.* Abend *m.*

ˈe·ven|·fall *s poet.* Herˈeinbrechen *n* des Abends. **ˌ~ˈhand·ed** *adj* ˈunparˌteiisch.

eve·ning [ˈiːvnɪŋ] **I** *s* **1.** Abend *m*: **in the ~** abends, am Abend; **last (this, tomorrow) ~** gestern (heute, morgen) abend; **on the ~ of the same day** am Abend desselben Tages; **good ~!** guten Abend! **2.** *dial.* Nachmittag *m.* **3.** *fig.* Ende *n*, *bes.* (*a.* ~ **of life**) Lebensabend *m.* **4.** ˈAbend(unterˌhaltung *f*) *m*, Gesellschaftsabend *m*: **musical ~** musikalischer Abend. **II** *adj* **5.** abendlich, Abend...: ~ **class·es** *s pl ped.* ˈAbendˌunterricht *m.* **~ dress** *s* **1.** Abendkleid *n.* **2.** Abend-, Gesellschaftsanzug *m*, *bes.* a) Frack *m*, b) Smoking *m.* **~ prim·rose** *s bot.* Nachtkerze *f.*

eve·nings [ˈiːvnɪŋz] *adv Am.* abends.

eve·ning| school → **night school. ~ shirt** *s* Frackhemd *n.* **~ star** *s astr.* Abendstern *m.*

ˈe·ven·ness *s* **1.** Ebenheit *f*, Geradheit *f.* **2.** *fig.* Ausgeglichenheit *f.* **3.** Gleichmäßigkeit *f.* **4.** ˈUnparˌteilichkeit *f.* **5.** Gleichheit *f.*

ˈe·ven·song *s relig.* Abendandacht *f*, -gottesdienst *m.*

e·vent [ɪˈvent] *s* **1.** Fall *m*: **at all ~s** auf alle Fälle, jedenfalls; **in the ~ of death** im Todesfalle; **in the ~ of his death** im Falle s-s Todes, falls er sterben sollte; **in any ~** auf jeden Fall. **2.** Ereignis *n*, Vorfall *m*, -kommnis *n*: **before the ~** vorher, im voraus; **after the ~** hinterher, im nachhinein; **in the course of ~s** im (Ver)Lauf der Ereignisse; **this was (quite) an ~ in her life** das war ein großes Ereignis in ihrem Leben. **3.** *sport* a) Disziˈplin *f*, b) Wettbewerb *m.* **4.** Ausgang *m*, Ergebnis *n*: **in the ~** schließlich.

ˌe·ven-ˈtem·pered *adj* ausgeglichen, gelassen, ruhig.

eˈvent·ful *adj* **1.** ereignisreich, (*Zeiten, Leben a.*) bewegt. **2.** wichtig, bedeutend.

ˈe·ven·tide *s poet.* Abend(zeit *f*) *m*: **at ~** zur Abendzeit.

e·ven·tu·al [ɪˈventʃʊəl; *Am.* -tʃəwəl] *adj* (*adv* → **eventually**) **1. the ~ success of his efforts made him happy** es machte ihn glücklich, daß s-e Bemühungen schließlich Erfolg hatten; **this led to his ~ dismissal** das führte schließlich *od.* letzten Endes zu s-r Entlassung. **2.** *obs.* möglich, eventuˈell.

eˌven·tuˈal·i·ty [-tʃʊˈælətɪ; *Am.* -tʃəˈwæl-] *s* Möglichkeit *f*, Eventualiˈtät *f.* **eˈven·tu·al·ly** *adv* schließlich, endlich.

e·ven·tu·ate [ɪˈventʃʊeɪt; *Am.* -tʃəˌweɪt] *v/i* **1.** ausgehen, enden: **to ~ well** gut ausgehen; **to ~ in s.th.** in etwas enden, zu etwas führen. **2.** die Folge sein (**from** *gen*).

ev·er [ˈevə(r)] *adv* **1.** immer (wieder), fortwährend, ständig, unaufhörlich: ~ **after(wards)**, ~ **since** von der Zeit an, seit der Zeit, seitdem; ~ **and again** (*od. obs.* **anon**) dann u. wann, hin u. wieder; **Yours ~, ...** Viele Grüße, Dein(e) *od.* Ihr(e) ... (*Briefschluß*); ~ **recurrent** immer *od.* ständig wiederkehrend; → **forever. 2.** immer (*vor comp*): ~ **larger** immer größer (werdend). **3.** je, jemals (*bes. in fragenden, verneinenden u. bedingenden Sätzen*): **no hope ~ to return; did you ~ see him?; scarcely ~, hardly ~, seldom if ~** fast nie; **the best I ~ saw** das Beste, was ich je gesehen habe; **did you ~?** *colloq.* hast du Töne?; na, sowas! **4.** *colloq.* bei weitem, das es je gegeben hat: **the nicest thing ~. 5.** irgend, überˈhaupt, nur: **as soon as I ~ can** sobald ich nur kann, sobald es mir irgend möglich ist; **how ~ did he manage?** wie hat er das nur fertiggebracht? **6.** ~ **so** sehr, noch so: ~ **so long** e-e Ewigkeit, ewig lange; ~ **so much** noch so sehr, so viel wie nur irgend möglich, sehr viel; **thank you ~ so much!** tausend Dank!; ~ **so many** unendlich viele; ~ **so simple** ganz einfach; **let him be ~ so rich** mag er auch noch so reich sein. **7.** *colloq.* denn, überˈhaupt (*zur Verstärkung der Frage*): **what ~ does he want?** was will er denn überhaupt?; **what ~ do you mean?** was (in aller Welt) meinst du denn eigentlich?

ˈev·er|ˌglade *s Am.* sumpfiges Flußgebiet. **ˈ~·green I** *adj* **1.** immergrün. **2.** unverwüstlich, nie veraltend, *bes.* immer wieder gern gehört: ~ **song** Evergreen *m, n.* **II** *s* **3.** *bot.* a) immergrüne Pflanze, b) Immergrün *n.* **4.** (Tannen-) Reisig *n*, (-)Grün *n* (*zur Dekoration*). **5.** *fig.* Evergreen *m, n* (*Schlager*).

ev·er·last·ing [ˌevə(r)ˈlɑːstɪŋ; *Am.* -ˈlæstɪŋ] **I** *adj* **1.** immerwährend, ewig: **the ~ God** der ewige Gott; ~ **snow** ewiger Schnee; ~ **flower** → 5. **2.** *fig.* unaufhörlich, endlos, ständig: **her ~ complaints. 3.** dauerhaft, unverwüstlich, unbegrenzt haltbar. **II** *s* **4.** Ewigkeit *f*: **for ~** auf ewig, für alle Zukunft; **from ~** seit Urzeiten. **5.** *bot.* (*e-e*) Immorˈtelle, (*e-e*) Strohblume. **6.** Lasting *m* (*starker Wollstoff*). **ˌev·erˈlast·ing·ness** *s* **1.** Ewigkeit *f.* **2.** *fig.* Endlosigkeit *f.*

ˌev·erˈmore *adv* **1.** a) immer(fort), ewig, allezeit, b) *meist* **for ~** in (alle) Ewigkeit, für immer. **2.** je(mals) wieder.

ev·er·y [ˈevrɪ] *adj* **1.** jeder, jede, jedes: ~ **minute. 2.** jeder (jede, jedes) (einzelne *od.* erdenkliche), aller, alle, alles: **her ~ wish** jeder ihrer Wünsche, alle ihre Wünsche. **3.** vollständig: **to have ~ confidence in s.o.** volles Vertrauen zu j-m haben; **their ~ liberty** ihre ganze Freiheit.

Besondere Redewendungen:

~ **two days** jeden zweiten Tag, alle zwei Tage; ~ **bit (of it)** *colloq.* völlig, ganz u. gar; ~ **bit as much** ganz genau so viel *od.* sehr; ~ **day** jeden Tag, alle Tage, täglich; ~ **once in a while**, ~ **so often** *colloq.* gelegentlich, hin u. wieder; **to have ~ reason** allen Grund haben (**to do** zu tun); ~ **time** a) jederzeit, b) jedesmal, c) völlig, ganz; ~ **which way** *Am. colloq.* a) in alle (Himmels)Richtungen, b) unordentlich; → **now** *Bes. Redew.*, **other** 6, **second¹** 1.

ˈev·er·y|ˌbod·y → **everyone. ˈ~day** *adj* **1.** (all)ˈtäglich: ~ **routine. 2.** Alltags...: ~ **clothes**; ~ **language. 3.** gewöhnlich, Durchschnitts...: ~ **people.** **ˈ~ˌhow** *adv Am. colloq.* in jeder Weise. **ˈE~man** [-mən; *Am.* -ˌmæn] *s* **1.** Jedermann *m*, der Mensch. **2. e~** jedermann. **ˈ~·one** *pron* jeder(mann): **in ~'s mouth** in aller Munde; *in this village* ~ **knows ~ else** kennt jeder jeden. **~one I** → **everyone. II** *adj* jeder einzelne: **we ~** jeder von uns. **ˈ~ˌplace** *Am. colloq. für* **everywhere. ˈ~·thing** *pron* **1.** alles (**that** was): ~ **good** alles Gute. **2.** *colloq.* alles, das Allerˈwichtigste, die Hauptsache: **speed is ~ to them** Geschwindigkeit bedeutet für sie alles. **3.** *colloq.* sehr viel, alles: **to think ~ of s.o.** sehr viel von j-m halten; **art is his ~** Kunst ist sein ein u. alles. **4. and ~** *colloq.* und so. **ˈ~·where** *adv* a) ˈüberall: ~ **looks so dirty** es sieht überall so schmutzig aus, b) ˈüberallhin: ~ **he goes** wo er auch hingeht.

e·vict [ɪˈvɪkt] *v/t* **1.** *jur.* a) *e-n Mieter od. Pächter* (*im Wege der Zwangsvollstrekkung*) zur Räumung zwingen, herˈaussetzen, b) (*auf Grund e-s Räumungsurteils*) *von s-m Grundeigentum* wieder Besitz ergreifen. **2.** *j-n* gewaltsam vertreiben.

eˈvic·tion *s jur.* **1.** Zwangsräumung *f*, Herˈaussetzung *f*: **action for ~** Räumungsklage *f*; ~ **order** Räumungsurteil *n.* **2.** Wiederinbeˈsitznahme *f.*

ev·i·dence [ˈevɪdəns] **I** *s* **1.** Augenscheinlichkeit *f*, Klarheit *f*, Offenkundigkeit *f*: **to be (much) in ~** (deutlich) sichtbar *od.* feststellbar sein, (stark) in Erscheinung treten. **2.** *jur.* a) Beˈweis(mittel *n*, -stück *n*, -materiˌal *n*) *m*, Beweise *pl*: **a piece of ~** ein Beweisstück; ~ **for the prosecution** Belastungsmaterial; ~ **of ownership** Eigentumsnachweis *m*; **law of ~** Beweisrecht *n*; **for lack of ~** mangels Beweises *od.* Beweisen; **in ~ of** zum Beweis (*gen*); **on the ~** auf Grund des Beweismaterials; **to admit in ~** als Beweis zulassen; **to furnish ~ of** Beweise liefern *od.* erbringen für; **have you any ~ for this statement?** können Sie diese Behauptung beweisen?; **to offer in ~** als Beweis vorlegen; **offer in ~** Beweisantritt *m*, b) (Zeugen)Aussage *f*, Zeugnis *n*, Bekundung *f*: (**testimonial**) ~ Zeugenbeweis *m*; **medical ~** Aussage *f od.* Gutachten *n* des medizinischen Sachverständigen; **to give ~** (als Zeuge) aussagen; **to give** (*od.* **bear**) **~ of** aussagen über (*acc*), *fig.* zeugen von; **to refuse to give ~** die Aussage verweigern; **to hear ~** Zeugen vernehmen; **to take s.o.'s ~** j-n (als Zeugen) vernehmen; **hearing** (*od.* **taking**) **of ~** Beweisaufnahme *f*; ~ **(taken** *od.* **heard)** Ergebnis *n* der Beweisaufnahme, c) Zeuge *m*, Zeugin *f*: **to call s.o. in ~** j-n als Zeugen benennen; **to turn King's** (*od.* **Queen's**, *Am.* **State's**) **~** Kronzeuge werden. **3.** (An)Zeichen *n*, Spur *f* (**of** von *od. gen*): **there is no ~** es ist nicht ersichtlich *od.* feststellbar, nichts deutet darauf hin. **II** *v/t* **4.** dartun, be-, nachweisen, zeigen, zeugen von.

ev·i·dent [ˈevɪdənt] *adj* (*adv* → **evidently**) eviˈdent, augenscheinlich, offensichtlich, -kundig, klar (ersichtlich). **ˌev·iˈden·tial** [-ˈdenʃl], **ˌev·iˈden·tia·ry** [-ʃərɪ] *adj* **1. to be ~ of** (klar) beweisen (*acc*). **2.** *jur.* beweiserheblich, Beweis...: ~ **value** Beweiswert *m.* **ˈev·i·dent·ly** *adv* augenscheinlich, offensichtlich.

e·vil [ˈiːvl] **I** *adj* (*adv* **~ly**) **1.** übel, böse, schlecht, schlimm: ~ **eye** a) böser Blick, b) j-d, der den bösen Blick hat; **the E~ One** der Böse (*Teufel*); **of ~ repute** übel beleumdet, berüchtigt; ~ **smell** übler Geruch; ~ **spirit** böser Geist. **2.** böse, gottlos, boshaft, übel, schlecht: ~ **tongue** böse Zunge, Lästerzunge *f.* **3.** unglücklich: ~ **day** Unglückstag *m*; **to fall on** ~ **days** ins Unglück geraten. **II** *adv* **4.** (*heute meist* **ill**) in böser *od.* schlechter Weise: **to speak** ~ **of s.o.** schlecht über j-n reden. **III** *s* **5.** Übel *n*, Unheil *n*, Unglück *n*: **to choose the lesser of two** ~**s** von zwei Übeln das kleinere wählen. **6.** (*das*) Böse, Sünde *f*: **the powers of** ~ die Mächte der Finsternis; **to do** ~ Böses tun, sündigen. **7.** Unglück *n*: **to wish s.o.** ~; → **good** 2. **8.** Krankheit *f*, *bes.* Skrofuˈlose *f*, ˈLymphknotentuberkuˌlose *f*. **ˌ~ˈdo·er** *s* Übeltäter(in). **ˌ~ˈmind·ed** *adj* bösartig. **ˌ~ˈmind·ed·ness** *s* Bösartigkeit *f*. **ˌ~ˈspeak·ing** *adj* verleumderisch.

e·vince [ɪˈvɪns] *v/t* dartun, be-, erweisen, bekunden, an den Tag legen, zeigen. **eˈvin·cive** *adj* beweisend, bezeichnend (**of** für): **to be** ~ **of s.th.** etwas beweisen *od.* zeigen.

e·vis·cer·ate [ɪˈvɪsəreɪt] *v/t* **1.** ausnehmen, *erlegtes Tier a.* ausweiden. **2.** *fig.* inhalts- *od.* bedeutungslos machen, des Kerns *od.* Wesens berauben. **eˌvis·cerˈa·tion** *s* Ausnehmen *n*, Ausweidung *f*.

ev·o·ca·tion [ˌevəʊˈkeɪʃn; ˌiː-] *s* **1.** (Geister)Beschwörung *f*. **2.** *fig.* Wachrufen *n*. **3.** a) plastische Schilderung, b) lebensechte Darstellung. **4.** *jur.* Ansichziehen *n*.

e·voc·a·tive [ɪˈvɒkətɪv; *Am.* ɪˈvɑ-] *adj* **1. to be** ~ **of s.th.** an etwas erinnern. **2.** sinnträchtig, beziehungsreich.

e·voke [ɪˈvəʊk] *v/t* **1.** *Geister* beschwören, herˈbeirufen. **2.** a) *Bewunderung etc* herˈvorrufen, b) *Erinnerungen* wachrufen, wecken. **3.** a) plastisch schildern, e-e plastische Schilderung geben von, b) lebensecht darstellen (*Maler*, *Bildhauer etc*). **4. to** ~ **a case** *jur.* e-e (*noch nicht erledigte*) Rechtssache an sich ziehen (*übergeordnetes Recht*).

ev·o·lute [ˈiːvəluːt; *bes. Am.* ˈevə-] **I** *v/t u. v/i Am.* (sich) entwickeln (**into** zu). **II** *s math.* Evoˈlute *f*.

ev·o·lu·tion [ˌiːvəˈluːʃn; *bes. Am.* ˌevə-] *s* **1.** Entfaltung *f*, -wicklung *f*: **the** ~ **of events** die Entwicklung (der Dinge). **2.** *math.* Wurzelziehen *n*, Radiˈzieren *n*. **3.** *biol.* Evolutiˈon *f*: **doctrine** (*od.* **theory**) **of** ~ Entwicklungslehre *f*, Evolutionstheorie *f*. **4.** *mil.* Maˈnöver *n*, (*a. von Tänzern etc*) Bewegung *f*. **5.** *phys.* Entwicklung *f* (*von Gas, Hitze etc*). **6.** *tech.* Umˈdrehung *f*, Bewegung *f*. **ˌev·oˈlu·tion·al** [-ʃənl] *adj* Entwicklungs... **ˌev·oˈlu·tion·ar·y** [-ʃnərɪ; *Am.* -ʃəˌneriː] *adj* **1.** Entwicklungs... **2.** *biol.* Evolutions... **3.** *mil.* Manövrier..., Bewegungs... **ˌev·oˈlu·tion·ist** [-ʃənɪst] *s* **I** *s* Anhänger (-in) der (*biologischen*) Entwicklungslehre. **II** *adj* die Entwicklungslehre betreffend.

e·volve [ɪˈvɒlv; *Am. a.* ɪˈvɑlv] **I** *v/t* **1.** entwickeln, -falten. **2.** *Gas, Wärme etc* verströmen. **II** *v/i* **3.** sich entwickeln *od.* -falten (**into** zu). **4.** entstehen (**from** aus). **eˈvolve·ment** *s* Entwicklung *f*, -faltung *f*.

e·vul·sion [ɪˈvʌlʃn] *s* (*gewaltsames*) Ausreißen *od.* Ausziehen.

ewe [juː] *s zo.* Mutterschaf *n*. **~ lamb** *s zo.* Schaflamm *n*. **ˈ~-neck** *s* Hirschhals *m* (*bei Pferden u. Hunden*).

ew·er [ˈjuːə(r)] *s* Wasserkrug *m*.

ex[1] [eks] *prep* **1.** *econ.* aus, ab, von: ~ **factory** ab Fabrik; ~ **works** ab Werk. **2.** (*bes. von Börsenpapieren*) ohne, exkluˈsive: ~ **all** ausschließlich aller Rechte; → **dividend** 2. **3.** → **ex cathedra**, *etc.*

ex[2] [eks] *s* X, x *n* (*Buchstabe*).

ex[3] [eks] *s colloq.* ‚Verflossene(r‘ *m*) *f*.

ex- [eks] *Vorsilbe mit den Bedeutungen* a) aus..., heraus..., b) Ex..., ehemalig.

ex·ac·er·bate [ekˈsæsə(r)beɪt; ɪɡˈzæs-] *v/t* **1.** *j-n* verärgern. **2.** *Krankheit, Schmerzen* verschlimmern, *Situation* verschärfen. **exˌac·erˈba·tion** *s* **1.** Verärgerung *f*. **2.** Verschlimmerung *f*, Verschärfung *f*.

ex·act [ɪɡˈzækt] **I** *adj* (*adv* → **exactly**) **1.** exˈakt, genau, (genau) richtig: **the** ~ **time** die genaue Zeit; **the** ~ **sciences** die exakten Wissenschaften. **2.** streng (umˈrissen), genau: ~ **rules**. **3.** genau, tatsächlich: **his** ~ **words**. **4.** meˈthodisch, gewissenhaft, sorgfältig (*Person*). **II** *v/t* **5.** *Gehorsam, Geld etc* fordern, verlangen (**from** von). **6.** *Zahlung* eintreiben, einfordern (**from** von). **7.** *Geschick etc* erfordern. **exˈact·a·ble** *adj* eintreibbar. **exˈact·er** *s* Eintreiber *m*, Einforderer *m*. **exˈact·ing** *adj* **1.** streng, genau. **2.** aufreibend, mühevoll, anstrengend, hart: **an** ~ **task**. **3.** anspruchsvoll: **an** ~ **customer**; **to be** ~ hohe Anforderungen stellen. **exˈac·tion** *s* **1.** Fordern *n*. **2.** Eintreiben *n*. **3.** (unmäßige) Forderung.

ex·act·i·tude [ɪɡˈzæktɪtjuːd; *Am. a.* -ˌtuːd] → **exactness**. **exˈact·ly** *adv* **1.** exˈakt, genau. **2.** sorgfältig. **3.** *als Antwort*: ganz recht, genau(, wie Sie sagen), eben: **not** ~ a) nicht ganz, b) nicht direkt *od.* gerade *od.* eben. **4.** *wo, wann etc* eigentlich. **exˈact·ness** *s* **1.** Genauigkeit *f*, Exˈaktheit *f*, Richtigkeit *f*. **2.** Sorgfalt *f*. **exˈac·tor** [-tə(r)] → **exacter**.

ex·ag·ger·ate [ɪɡˈzædʒəreɪt] **I** *v/t* **1.** überˈtreiben, überˈtrieben darstellen. **2.** ˈüberbetonen. **II** *v/i* **3.** überˈtreiben. **exˈagger·at·ed** *adj* (*adv* ~**ly**) **1.** überˈtrieben: **to have an** ~ **opinion of o.s.** e-e übertrieben hohe Meinung von sich haben. **2.** ˈüberbetont. **3.** *med.* stark vergrößert: **an** ~ **spleen**. **exˌag·gerˈa·tion** *s* **1.** Überˈtreibung *f*. **2.** ˈÜberbetonung *f*. **exˈag·ger·a·tive** [-rətɪv; -reɪtɪv] *adj* (*adv* ~**ly**) **1.** überˈtreibend. **2.** überˈtrieben.

ex·alt [ɪɡˈzɔːlt] *v/t* **1.** *obs.* erheben. **2.** (*im Rang etc*) erheben, erhöhen (**to** zu). **3.** *Farben etc* verstärken. **4.** beleben, anregen: **to** ~ **the imagination**. **5.** (lob-)preisen: **to** ~ **to the skies** in den Himmel heben. **ex·al·ta·tion** [ˌeɡzɔːlˈteɪʃn; ˌeks-] *s* **1.** Erhebung *f*, Erhöhung *f*: **E**~ **of the Cross** *relig.* Kreuzeserhöhung. **2.** Begeisterung *f*, Hochstimmung *f*. **exˈalt·ed** [ɪɡˈzɔːltɪd] *adj* **1.** hoch: ~ **rank**; ~ **ideal**. **2.** gehoben: ~ **style**. **3.** begeistert. **4.** *colloq.* überˈtrieben hoch: **to have an** ~ **opinion of o.s.**

ex·am [ɪɡˈzæm] *colloq. für* **examination** 2.

ex·am·i·na·tion [ɪɡˌzæmɪˈneɪʃn] *s* **1.** Unterˈsuchung *f* (*a. med.*), Prüfung *f* (**of, into s.th.** e-r Sache): ~ **board** *mil.* Musterungskommission *f*; **not to bear** (*od.* **stand**) **close** ~ e-r näheren Prüfung nicht standhalten; **to hold an** ~ **into a matter** e-e eingehende Untersuchung e-r Sache anstellen; **to be under** ~ geprüft *od.* untersucht werden (→ 3); (**up**)**on** ~ bei näherer Prüfung; ~ **of the books** *econ.* Prüfung *od.* Revision *f* der Bücher. **2.** *ped. etc* Prüfung *f*, *bes. univ.* Exˈamen *n*: ~ **paper** a) schriftliche Prüfung, b) Prüfungsarbeit *f*. **3.** *jur.* a) *Zivilprozeß*: (*meist eidliche*) Vernehmung: **to be under** ~ vernommen werden (→ 1), b) *Strafprozeß*: Verhör *n*. **exˌam·iˈna·tion·al** [-ʃənl] *adj* Prüfungs...

ex·am·ine [ɪɡˈzæmɪn] **I** *v/t* **1.** prüfen, unterˈsuchen (*a. med.*) (**for** auf *acc*): **to** ~ **the books** *econ.* die Bücher durchsehen *od.* prüfen; **to** ~ **one's conscience** sein Gewissen prüfen *od.* erforschen. **2.** wissenschaftlich unterˈsuchen, erforschen. **3.** *jur.* a) *Zivilprozeß*: (*meist eidlich*) vernehmen, b) *Strafprozeß*: verhören. **4.** *ped. etc* prüfen (**in** in *dat*, **on** über *acc*): **examining board** Prüfungsausschuß *m*. **II** *v/i* **5. to** ~ **into s.th.** etwas prüfen *od.* unterˈsuchen. **exˌam·iˈnee** [-ˈniː] *s ped. etc* Prüfling *m*, (ˈPrüfungs-, *bes. univ.* Exˈamens)Kandiˌdat(in). **exˈam·in·er** *s* **1.** *ped. etc* Prüfer(in). **2.** *jur. bes. Br.* beauftragter Richter (*für Zeugenvernehmungen*). **3.** *Patentrecht*: (Vor)Prüfer *m*: ~ **in chief** *Am.* Hauptprüfer.

ex·am·ple [ɪɡˈzɑːmpl; *Am.* ɪɡˈzæmpəl] *s* **1.** Muster *n*, Probe *f*. **2.** Beispiel *n* (**of** für): **for** ~ zum Beispiel; **beyond** ~, **without** ~ beispiellos; **by way of** ~ um ein Beispiel zu geben. **3.** Vorbild *n*, vorbildliches Verhalten, (gutes *etc*) Beispiel (**to** für): **to set a good** (**bad**) ~ ein gutes (schlechtes) Beispiel geben, mit gutem (schlechtem) Beispiel vorangehen; **to take** ~ **by, to take as an** ~ sich ein Beispiel nehmen an (*dat*); → **hold up** 5. **4.** (warnendes) Beispiel: **to make an** ~ (**of s.o.**) (an j-m) ein Exempel statuieren; **let this be an** ~ **to you** laß dir das e-e Warnung sein. **5.** *math.* Exˈempel *n*, Aufgabe *f*.

ex·an·i·mate [ɪɡˈzænɪmət; eɡˈz-] *adj* **1.** entseelt, leblos. **2.** *fig.* mutlos.

ex·an·the·ma [ˌeksænˈθiːmə; *bes. Am.* ˌeɡzæn-] *pl* **-ma·ta** [-ˈθiːmətə; *Am. bes.* -ˈθemətə], **-mas** *s med.* Exanˈthem *n*, (Haut)Ausschlag *m*.

ex·as·per·ate [ɪɡˈzæspəreɪt] *v/t* wütend machen, aufbringen (**against** gegen). **exˈas·per·at·ed** *adj* wütend, aufgebracht (**at, by** über *acc*). **exˈas·per·at·ing** *adj* (*adv* ~**ly**) ärgerlich, zum Verzweifeln. **exˌas·perˈa·tion** *s* Wut *f*: **in** ~ wütend.

ex ca·the·dra [ˌekskəˈθiːdrə] **I** *adv* exˈcathedra, autoritaˈtiv. **II** *adj* autoritaˈtiv, maßgeblich.

ex·ca·vate [ˈekskəveɪt] **I** *v/t* **1.** aushöhlen. **2.** *tech.* ausgraben (*a. Archäologie*), ausschachten, -baggern, *Erde* abtragen, *e-n Tunnel* graben. **3.** *Zahnmedizin*: *kariöses Zahnbein* exkaˈvieren (*mit dem Exkavator entfernen*). **II** *v/i* **4.** *tech.* ausgraben, (*Archäologie a.*) Ausgrabungen machen. **ˌex·caˈva·tion** *s* **1.** Aushöhlung *f*. **2.** Höhle *f*, Vertiefung *f*. **3.** *tech.* Ausgrabung *f* (*a. Archäologie*), Ausschachtung *f*, Aushub *m*. **4.** *rail.* ˈDurchstich *m*. **5.** *geol.* Auskolkung *f*. **6.** *Zahnmedizin*: Exkavatiˈon *f*. **ˈex·ca·va·tor** [-tə(r)] *s* **1.** *Archäologie*: Ausgräber *m*. **2.** Erdarbeiter *m*. **3.** *tech.* (Trocken)Bagger *m*. **4.** *Zahnmedizin*: Exkaˈvator *m* (*Instrument*).

ex·ceed [ɪkˈsiːd] **I** *v/t* **1.** überˈschreiten: **to** ~ **one's instructions**; **to** ~ **the speed limit**. **2.** *fig.* hinˈausgehen über (*acc*): **to** ~ **the limit** den Rahmen sprengen. **3.** *etwas, j-n* überˈtreffen (**in** an *dat*), überˈsteigen: **to** ~ **all expectations**. **II** *v/i* **4.** herˈausragen. **exˈceed·ing** **I** *adj* **1.** überˈsteigend, mehr als, über: **not** ~ (von) höchstens. **2.** ˈübermäßig, außerˈordentlich, äußerst. **II** *adv obs. für* **exceedingly**. **exˈceed·ing·ly** *adv* außerˈordentlich, ˈüberaus, äußerst.

ex·cel [ɪkˈsel] **I** *v/t* überˈtreffen, -ˈragen: **not to be** ~**led** nicht zu übertreffen sein; **to** ~ **o.s.** sich selbst übertreffen. **II** *v/i* herˈausragen, sich herˈvortun, sich auszeichnen (**in, at** in *dat*; **as** als). **ex·cellence** [ˈeksələns] *s* **1.** Vorˈtrefflichkeit *f*, Vorˈzüglichkeit *f*. **2.** vorˈzügliche Leistung. **ˈex·cel·len·cy** *s* **1. E**~ Exzelˈlenz *f* (*Titel für* **governors, ambassadors** *etc u. deren Gemahlinnen*): **Your** (**His, Her**) **E**~ Eure (Seine, Ihre) Exzellenz. **2.** *selten* *für* excellence 1. **ˈex·cel·lent** *adj* (*adv* ~ly) ausgezeichnet, herˈvorragend, vorˈzüglich.

ex·cel·si·or [ekˈselsɪɔː; *bes. Am.* ɪkˈselsɪə(r)] *s* **1.** *Am.* Holzwolle *f.* **2.** *print.* Brilˈlant *f* (*Schriftgrad; 3 Punkt*).

ex·cept [ɪkˈsept] **I** *v/t* **1.** ausnehmen, -schließen (**from** von): **present company ~ed** Anwesende ausgenommen; **nobody ~ed** ohne Ausnahme. **2.** sich *etwas* vorbehalten: → **error** 1. **II** *v/i* **3.** proteˈstieren, Einwendungen machen (**to** gegen). **4.** *jur. Am.* Einspruch *od.* Beschwerde (*als Rechtsmittelvorbehalt*) einlegen (**to** gegen). **III** *prep* **5.** ausgenommen, außer (*dat*), mit Ausnahme von (*od. gen*): **~ for** bis auf (*acc*), abgesehen von. **IV** *conj* **6.** es sei denn, daß; außer, wenn: **~ that** außer, daß. **exˈcept·ing** *prep* (*fast nur nach* **always, not, nothing, without**) ausgenommen, außer (*dat*), mit Ausnahme von (*od. gen*): **not ~ my brother** mein Bruder nicht ausgenommen.

ex·cep·tion [ɪkˈsepʃn] *s* **1.** Ausnahme *f*, -schließung *f*: **by way of ~** ausnahmsweise; **with the ~ of** mit Ausnahme von (*od. gen*), außer (*dat*), ausgenommen, bis auf (*acc*); **to admit of no ~(s)** keine Ausnahme zulassen; **to make an ~ (in s.o.'s case)** (bei j-m *od.* in j-s Fall) e-e Ausnahme machen; **an ~ to the rule** e-e Ausnahme von der Regel; **the ~ proves the rule** die Ausnahme bestätigt die Regel; **without ~** ohne Ausnahme, ausnahmslos. **2.** Einwendung *f*, Einwand *m* (**to** gegen): **to take ~ to s.th.** a) gegen etwas protestieren *od.* Einwendungen machen, b) an etwas Anstoß nehmen. **3.** *jur. Am.* Einspruch *m*, Beschwerde *f* (*als Rechtsmittelvorbehalt*). **exˈcep·tion·a·ble** *adj* **1.** anfechtbar, bestreitbar. **2.** anstößig. **exˈcep·tion·al** [-ʃənl] *adj* **1.** Ausnahme..., Sonder...: **~ case; ~ tariff; ~ offer** *econ.* Vorzugsangebot *n.* **2.** außer-, ungewöhnlich: **~ circumstances. exˈcep·tion·al·ly** [-ʃnəlɪ] *adv* **1.** außergewöhnlich. **2.** ausnahmsweise.

ex·cep·tive [ɪkˈseptɪv] *adj* **1.** e-e Ausnahme machend: **~ law** Ausnahmegesetz *n.* **2.** ˈüberkritisch, spitzfindig.

ex·cerpt I *v/t* [ekˈsɜːpt; *Am.* ekˈsɜrpt] **1.** exzerˈpieren, ausziehen (**from** aus). **II** *s* [ˈeksɜːpt; *Am.* -ˌsɜrpt] **2.** Exˈzerpt *n*, Auszug *m* (**from** aus). **3.** Sepaˈrat-, Sonder(ab)druck *m.* **exˈcerp·tion** [-pʃn] *s* **1.** Exzerˈpieren *n*, Ausziehen *n.* **2.** Auszug *m.*

ex·cess [ɪkˈses] **I** *s* **1.** ˈÜbermaß *n*, -fluß *m* (**of an** *dat*): **in ~** im Übermaß; **in ~ of** mehr als, über (... hinaus); **to be in ~ of s.th.** etwas übersteigen *od.* überschreiten, über etwas hinausgehen; **to ~** bis zum Übermaß, übermäßig; **~ in birth rate** Geburtenüberschuß *m*; → **carry** 13. **2.** *meist pl* Exˈzeß *m*: a) Ausschreitung(en *pl*) *f*, b) Unmäßigkeit *f*, Ausschweifung(en *pl*) *f.* **3.** ˈÜberschuß *m* (*a. chem. math.*), Mehrbetrag *m*: **to be in ~** *econ.* überschießen; **~ of age** Überalterung *f*; **~ of export** Ausfuhrüberschuß; **~ of purchasing power** Kaufkraftüberhang *m.* **II** *adj* [*a.* ˈekses] **4.** ˈüberschüssig, Über...: **~ amount** Mehrbetrag *m.* **III** *v/t* **5.** *Br.* e-n Zuschlag bezahlen für (*etwas*) *od.* erheben von (*j-m*). **~ bag·gage** *s aer. bes. Am.* ˈÜbergepäck *n.* **~ fare** *s* (Fahrpreis)Zuschlag *m.* **~ freight** *s* ˈÜberfracht *f.*

ex·ces·sive [ɪkˈsesɪv] *adj* (*adv* ~ly) **1.** ˈübermäßig, überˈtrieben, unangemessen hoch: **~ penalty; ~ demand** a) Überforderung *f*, b) *econ.* Überbedarf *m*, Nachfrageüberschuß *m*; **~ drinking** Alkoholmißbrauch *m*; **~ indebtedness** *econ.* Überschuldung *f*; **~ supply** *econ.* Überangebot *n*, Angebotsüberschuß *m.* **2.** *math.* überˈhöht. **exˈces·sive·ness** *s* ˈÜbermäßigkeit *f.*

ex·cess| lug·gage *s aer. bes. Br.* ˈÜbergepäck *n.* **~ post·age** *s* Nachporto *n*, Nachgebühr *f.* **~ pres·sure** *s tech.* ˈÜberdruck *m.* **~ prof·its du·ty** *s Br.*, **~ prof·its tax** *s Am.* Mehrgewinnsteuer *f.* **~ switch** *s electr.* ˈÜberstromschalter *m.* **~ volt·age** *s electr.* ˈÜberspannung *f.* **~ weight** *s econ.* Mehrgewicht *n.*

ex·change [ɪksˈtʃeɪndʒ] **I** *v/t* **1.** (**for**) *etwas* aus-, ˈumtauschen (gegen), (ver-) tauschen (mit). **2.** eintauschen, *Geld a.* (ˈum)wechseln (**for** gegen). **3.** *Blicke, Küsse, die Plätze etc* tauschen, *Blicke* wechseln, *Briefe, Grüße, Gedanken, Gefangene* austauschen: **Bob ~d seats with Tom** Bob tauschte mit Tom den Platz. **4.** *tech.* auswechseln, aus-, vertauschen. **5.** *Schachspiel*: *Figuren* austauschen. **6.** ersetzen (**for s.th.** durch etwas).
II *v/i* **7.** tauschen. **8.** (**for**) als Gegenwert bezahlt werden (für), (*etwas*) wert sein: **one mark ~s for less than one Swiss franc** für e-e Mark bekommt man weniger als e-n Schweizer Franken. **9.** *mil.* sich versetzen lassen (**into** in *acc*).
III *s* **10.** (Aus-, ˈUm)Tausch *m*, Auswechs(e)lung *f*, Tauschhandel *m*: **in ~** als Ersatz, anstatt (*gen*), dafür; **in ~ for** (im Austausch) gegen, (als Entgelt) für; **~ of blows** (*Boxen*) Schlagabtausch *m*; **~ of letters** Schriftwechsel *m*; **~ of prisoners** Gefangenenaustausch; **~ of shots** Schuß-, Kugelwechsel *m*; **~ of views** Gedanken-, Meinungsaustausch; **to give (take) in ~** in Tausch geben (nehmen). **11.** eingetauschter Gegenstand. **12.** *econ.* a) (ˈUm)Wechseln *n*, Wechselverkehr *m*, b) ˈGeld-, ˈWertˌumsatz *m*, c) *meist* **bill of ~** Tratte *f*, Wechsel *m*, d) *a.* **rate of ~** → **exchange rate**, e) *a.* **foreign ~** Deˈvisen *pl*: **at the ~ of** zum Kurs von; **with a high (low) ~** valutastark (-schwach); **~ restrictions** devisenrechtliche Beschränkungen. **13.** *econ.* Börse *f*: **at the ~** auf der Börse; **quoted at the ~** börsengängig. **14.** Wechselstube *f.* **15.** (Fernsprech)Amt *n*, Vermittlung *f.*

ex·change·a·bil·i·ty [ɪksˌtʃeɪndʒəˈbɪlətɪ] *s* Aus-, ˈUmtauschbarkeit *f.* **exˈchange·a·ble** *adj* **1.** aus-, ˈumtauschbar (**for** gegen). **2.** Tausch...: **~ value.**

ex·change| bro·ker *s econ.* **1.** a) Wechselmakler *m*, b) Deˈvisenmakler *m.* **2.** Börsenmakler *m.* **~ con·trol** *s econ.* Deˈvisenbewirtschaftung *f*, -konˌtrolle *f.* **~ deal·er** *s econ. Br.* Deˈvisenhändler *m.* **~ em·bar·go** *s econ.* Deˈvisensperre *f.* **~ line** *s teleph.* Amtsleitung *f.* **~ list** *s econ.* (Deˈvisen)Kurszettel *m.* **~ of·fice** *s* Wechselstube *f.* **~ rate** *s econ.* ˈUmrechnungs-, Wechselkurs *m.* **~ stu·dent** *s* ˈAustauschstuˌdent(in). **~ teach·er** *s* Austauschlehrer(in). **~ trans·fu·sion** *s med.* Blutaustausch *m.*

ex·cheq·uer [ɪksˈtʃekə(r); *Am. a.* ˈeksˌ-] *s* **1.** *Br.* Staatskasse *f*, Fiskus *m*: **the E~** das Finanzministerium. **2.** (**Court of**) **E~** *hist.* Fiˈnanzgericht *n.* **3.** *econ. Br.* Geldmittel *pl*, Fiˈnanzen *pl*, Kasse *f* (*e-r Firma*). **~ bill** *s econ. Br. obs.* (*kurzfristiger*) Schatzwechsel. **~ bond** *s econ. Br.* (*langfristige*) Schatzanweisung.

ex·cis·a·ble [ekˈsaɪzəbl; ɪk-; *bes. Am.* ˈekˌ-] *adj econ.* (be)steuerbar, verbrauchssteuerpflichtig.

ex·cise[1] [ekˈsaɪz; ɪk-] *v/t* **1.** *med.* herˈausschneiden, entfernen. **2.** *fig.* ausmerzen.

ex·cise[2] **I** *v/t* [ekˈsaɪz; ɪk-] *j-n* besteuern. **II** *s* [ˈeksaɪz] *a.* **~ duty** Verbrauchssteuer *f* (*auf inländischen Waren*).

ex·cise| li·cence *s Br.* ˈSchankkonzessiˌon *f.* **ˈ~man** [-mæn] *s irr Br. hist.* Steuereinnehmer *m.* **~ tax** *s Am.* **1.** → excise[2] II. **2.** Gewerbesteuer *f.*

ex·ci·sion [ekˈsɪʒn; ɪk-] *s* **1.** *med.* Exziˈsiˌon *f*, Herˈausschneiden *n*, Entfernung *f.* **2.** *fig.* Ausmerzung *f.*

ex·cit·a·bil·i·ty [ɪkˌsaɪtəˈbɪlətɪ] *s* Reiz-, Erregbarkeit *f*, Nervosiˈtät *f.* **exˈcit·a·ble** *adj* reizbar, (leicht) erregbar, nerˈvös. **exˈcit·a·ble·ness** → **excitability. ex·cit·ant** [ˈeksɪtənt; ɪkˈsaɪt-] **I** *adj* erregend: **~ drug** → II. **II** *s med. pharm.* Reizmittel *n*, Stimulans *n.* **ex·ci·ta·tion** [ˌeksɪˈteɪʃn; *Am. a.* ˌekˌsaɪ-] *s* **1.** *a. chem. electr.* An-, Erregung *f*: **~ energy** *phys.* Anregungsenergie *f*; **~ voltage** *electr.* Erregerspannung *f.* **2.** *med.* Reiz *m*, Stimulus *m.*

ex·cite [ɪkˈsaɪt] *v/t* **1.** er-, aufregen: **to ~ o.s., to get ~d** sich aufregen, sich ereifern (**over** über *acc*). **2.** *j-n* (an-, auf-) reizen, aufstacheln. **3.** *Interesse etc* erregen, (er)wecken, herˈvorrufen, *Appetit, Phantasie* anregen. **4.** *med. e-n Nerv* reizen. **5.** (*sexuell*) erregen. **6.** *phot.* lichtempfindlich machen, präpaˈrieren. **7.** *electr.* erregen. **8.** *Atomphysik*: *den Kern* anregen. **exˈcit·ed** *adj* (*adv* ~ly) erregt, aufgeregt. **exˈcite·ment** *s* **1.** Er-, Aufregung *f* (**over** über *acc*). **2.** *med.* Reizung *f.* **3.** Aufgeregtheit *f.* **exˈcit·er** *s* **1.** *med. pharm.* Reizmittel *n*, Stimulans *n.* **2.** *electr.* Erˈreger(maˌschine *f*) *m*: **~ circuit** Erreger(strom)kreis *m*; **~ lamp** Erregerlampe *f.* **exˈcit·ing** *adj* (*adv* ~ly) **1.** anregend. **2.** erregend, aufregend, spannend, nervenaufpeitschend. **3.** *electr.* Erreger...: **~ current. exˈci·tor** [-tə(r)] *s anat.* Reiznerv *m.*

ex·claim [ɪkˈskleɪm] **I** *v/i* **1.** (auf-) schreien. **2.** eifern, wettern (**against** gegen). **II** *v/t* **3.** *etwas* (aus)rufen, ausherˈvorstoßen.

ex·cla·ma·tion [ˌekskləˈmeɪʃn] *s* **1.** Ausruf *m*, (Auf)Schrei *m*: **~ of pain** Schmerzensschrei; **~s of delight** Freudengeschrei *n.* **2.** (heftiger) Proˈtest. **3.** *ling.* a) Interjektiˈon *f*, b) Ausrufesatz *m.* **~ mark,** *Am. a.* **~ point** *s* Ausrufe-, Ausrufungszeichen *n.*

ex·clam·a·to·ry [ekˈsklæmətərɪ; *Am.* ɪksˈklæməˌtəʊriː; -ˌtɔː-] *adj* **1.** exklamaˈtorisch: **~ style. 2.** Ausrufe...: **~ sentence.**

ex·clave [ˈekskleɪv] *s* Exˈklave *f.*

ex·clo·sure [ekˈskləʊʒə(r)] *s* eingezäuntes (Wald)Gebiet.

ex·clude [ɪkˈskluːd] *v/t* ausschließen (**from** von): **not excluding myself** ich selbst nicht ausgenommen.

ex·clu·sion [ɪkˈskluːʒn] *s* **1.** Ausschließung *f*, Ausschluß *m* (**from** von): **to the ~ of** unter Ausschluß von (*od. gen*); **he studied history, to the ~ of all other subjects** er studierte ausschließlich Geschichte; **~ principle** a) *phys.* Äquivalenzprinzip *n*, b) *math.* Prinzip *n* der Ausschließung. **2.** Ausnahme *f.* **3.** *tech.* (Ab)Sperrung *f.* **exˈclu·sion·ism** [-ʒənɪzəm] *s* exkluˈsive Grundsätze *pl.*

ex·clu·sive [ɪkˈskluːsɪv] **I** *adj* **1.** ausschließend: **~ of** ausschließlich (*gen*), abgesehen von, ohne; **to be ~ of s.th.** etwas ausschließen; **to be mutually ~** einander ausschließen. **2.** a) ausschließlich, alˈleinig, Allein...: **~ agent** Alleinvertreter *m*; **~ jurisdiction** *jur.* ausschließliche Zuständigkeit; **to be ~ to** beschränkt sein auf (*acc*), allein vorkommen in (*dat*) *od.* bei, b) Exklusiv...: **~ contract (interview, report, rights,** *etc*). **3.** exkluˈsiv: a) vornehm, b) anspruchsvoll. **4.** unnahbar. **II** *s* **5.** Ekluˈsivbericht *m.* **exˈclu·sive·ly** *adv* nur, ausschließlich. **ex-**

ˈ**clu·sive·ness** *s* **1.** Ausschließlichkeit *f.* **2.** Exklusiviˈtät *f.*

ex·cog·i·tate [eksˈkɒdʒɪteɪt; *Am.* ekˈskɑdʒə-] *v/t* (sich) *etwas* ausdenken, erdenken, ersinnen. **exˌcog·iˈta·tion** *s* **1.** Ersinnen *n.* **2.** Plan *m.*

ex·com·mu·ni·cate *R.C.* **I** *v/t* [ˌekskəˈmjuːnɪkeɪt] exkommuniˈzieren, aus der Kirche ausschließen. **II** *adj* [-kət] exkommuniˈziert. **III** *s* [-kət] Exkommuniˈzierte(r *m*) *f.* ˈ**ex·comˌmu·niˈca·tion** *s R.C.* Exkommunikatiˈon *f.* ˌ**ex·comˈmu·ni·ca·tive** [-kətɪv; *Am. bes.* -ˌkeɪtɪv], ˌ**ex·comˈmu·ni·ca·to·ry** [-kətərɪ; *Am.* -ˌtəʊriː; -ˌtɔː-] *adj R.C.* exkommuniˈzierend, Exkommunikations...

ex·co·ri·ate [eksˈkɔːrɪeɪt; *Am. a.* ekˈskəʊ-] *v/t* **1.** *die Haut* ritzen, wund reiben, abschürfen. **2.** die Haut abziehen von. **3.** *fig.* heftig angreifen, vernichtend kritiˈsieren (**for** wegen). **exˌco·riˈa·tion** *s* **1.** (Haut)Abschürfung *f.* **2.** Wundreiben *n.*

ex·cor·ti·cate [eksˈkɔː(r)tɪkeɪt] *v/t* ab-, entrinden.

ex·cre·ment [ˈekskrɪmənt] *s* Kot *m*, Exkreˈmente *pl.* ˌ**ex·creˈmen·tal** [-ˈmentl] *adj* (*adv* **~ly**), ˌ**ex·cre·menˈti·tious** [-menˈtɪʃəs] *adj* (*adv* **~ly**) kotartig, Kot...

ex·cres·cence [ɪkˈskresns] *s* **1.** (*normaler*) (Aus)Wuchs. **2.** (*anomaler*) Auswuchs (*a. fig.*), Wucherung *f.* **exˈcres·cent** *adj* **1.** e-n Auswuchs darstellend. **2.** auswachsend. **3.** *fig.* ˈüberflüssig. **4.** *ling.* eingeschoben (*Konsonant*).

ex·cre·ta [ɪkˈskriːtə] *s pl* Exˈkrete *pl.* **ex·crete** [ekˈskriːt; ɪk-] *v/t* absondern, ausscheiden. **exˈcre·tion** *s* **1.** Exkretiˈon *f*, Absonderung *f*, Ausscheidung *f.* **2.** Exˈkret *n.* **exˈcre·tive** *adj* absondernd, ausscheidend. **ex·cre·to·ry** [ekˈskriːtərɪ; *Am.* ˈekskrəˌtəʊriː; -ˌtɔː-] *biol. med.* **I** *adj* **1.** Exkretions..., Ausscheidungs... **2.** exkreˈtorisch, absondernd, abführend. **II** *s* **3.** ˈAusscheidungsorˌgan *n.*

ex·cru·ci·ate [ɪkˈskruːʃɪeɪt] *v/t* **1.** *obs.* martern, foltern. **2.** *fig.* quälen. **exˈcru·ci·at·ing** *adj* (*adv* **~ly**) **1.** qualvoll, peinigend (**to** für). **2.** *colloq.* schauderhaft, unerträglich. **exˌcru·ciˈa·tion** *s* **1.** *obs.* Marter *f.* **2.** *fig.* Qual *f.*

ex·cul·pa·ble [eksˈkʌlpəbl] *adj* entschuldbar, zu rechtfertigen(d).

ex·cul·pate [ˈekskʌlpeɪt] *v/t* **1.** reinwaschen, rechtfertigen, entlasten, freisprechen (**from** von). **2.** *j-m* als Entschuldigung dienen. ˌ**ex·culˈpa·tion** *s* Entschuldigung *f*, Entlastung *f*, Rechtfertigung *f.* **exˈcul·pa·to·ry** [-pətərɪ; *Am.* -ˌtəʊriː; -ˌtɔː-] *adj* rechtfertigend, entlastend, Rechtfertigungs...

ex·cur·sion [ɪkˈskɜːʃn; *Am.* ɪkˈskɜrʒən] *s* **1.** *fig.* Abschweifung *f*, Exˈkurs *m.* **2.** Ausflug *m*: **scientific ~** wissenschaftliche Exkursion; **~ ticket** *rail.* (Sonntags-) Ausflugskarte *f*; **~ train** Sonder-, Ausflugszug *m.* **3.** Streifzug *m.* **4.** *astr.* Abweichung *f.* **5.** *phys.* Ausschlag *m* (*des Pendels etc*). **6.** *tech.* Weg *m* (*e-s Maschinenteils*), *z. B.* (Kolben)Hub *m.* **exˈcur·sion·ist** *s* Ausflügler(in).

ex·cur·sive [ekˈskɜːsɪv; *Am.* ɪkˈskɜr-] *adj* (*adv* **~ly**) **1.** umˈherschweifend. **2.** *fig.* a) abschweifend, b) sprunghaft, c) weitschweifig. **exˈcur·sus** [-səs] *pl* **-sus·es, -sus** *s* Exˈkurs *m*: a) *Erörterung e-s Sonderproblems in e-r wissenschaftlichen Abhandlung*, b) Abschweifung *f.*

ex·cus·a·ble [ɪkˈskjuːzəbl] *adj* (*adv* **excusably**) entschuldbar, verzeihlich. **exˈcus·a·to·ry** [-tərɪ; *Am.* -ˌtəʊriː; -ˌtɔː-] *adj* entschuldigend, Rechtfertigungs...

ex·cuse I *v/t* [ɪkˈskjuːz] **1.** *j-n od. etwas* entschuldigen, rechtfertigen, *j-m od. etwas* verzeihen: **~ me!** a) entschuldigen Sie!, Verzeihung!, b) (*als Widerspruch*) keineswegs!, aber erlauben Sie mal!; **~ me for being late, ~ my being late** verzeih, daß ich zu spät komme; **~ my interrupting you** entschuldigen Sie die Unterbrechung; **please ~ my mistake** bitte entschuldigen Sie m-n Irrtum; **to ~ o.s.** sich entschuldigen *od.* rechtfertigen; **may I be ~d?** *bes. ped.* darf ich mal verschwinden? **2.** Nachsicht haben mit (*j-m*). **3.** *neg* für (*etwas*) e-e Entschuldigung finden: **I cannot ~ his conduct** ich kann sein Verhalten nicht gutheißen. **4.** *meist pass* (**from**) *j-n* befreien (von), entheben (*gen*), *j-m* erlassen (*acc*): **to be ~d from attendance** von der Teilnahme befreit sein *od.* werden; **to be ~d from duty** dienstfrei bekommen; **I must be ~d from doing this** ich muß es leider ablehnen, dies zu tun; **I beg to be ~d** ich bitte, mich zu entschuldigen; **he begs to be ~d** er läßt sich entschuldigen. **5.** *j-m etwas* erlassen.
II *s* [ɪkˈskjuːs] **6.** Entschuldigung *f*: **to offer** (*od.* **make**) **an ~** e-e Entschuldigung vorbringen, sich entschuldigen; **in ~ of** als *od.* zur Entschuldigung für; **make my ~s to her** entschuldige mich bei ihr. **7.** Entschuldigungs-, Milderungsgrund *m*, Rechtfertigung *f*: **there is no ~ for his conduct** für sein Verhalten gibt es keine Entschuldigung *od.* Rechtfertigung; **without (good) ~** unentschuldigt. **8.** Ausrede *f*, -flucht *f*, Vorwand *m*: **a mere ~**; **to make ~s** Ausflüchte machen. **9.** *fig.* dürftiger Ersatz: **a poor ~ for a car** ‚e-e armselige Kutsche'.

exˈcuse·me *s* Tanz *m* mit Abklatschen.

ˌ**ex·diˈrec·to·ry** *adj*: **~ number** *teleph. Br.* Geheimnummer *f.*

ex·e·at [ˈeksɪæt] (*Lat.*) *s Br.* Urlaub *m* (*für Schüler od. Studenten*).

ex·e·cra·ble [ˈeksɪkrəbl] *adj* (*adv* **execrably**) abˈscheulich, scheußlich: **~ crime**; **~ taste.** ˈ**ex·e·crate** [-kreɪt] **I** *v/t* **1.** verwünschen, verfluchen. **2.** verabscheuen. **II** *v/i* **3.** fluchen. ˌ**ex·eˈcra·tion** *s* **1.** Verwünschung *f*, Fluch *m.* **2.** Abscheu *m*: **to hold in ~** verabscheuen. ˈ**ex·e·cra·tive** [-kreɪtɪv], ˈ**ex·e·cra·to·ry** [-kreɪtərɪ; *Am. a.* -krəˌtəʊriː] *adj* verwünschend, Verwünschungs...

ex·e·cut·a·ble [ˈeksɪkjuːtəbl] *adj* **1.** ˈdurch-, ausführbar. **2.** vollˈziehbar.

ex·ec·u·tant [ɪgˈzekjʊtənt; *Am. a.* -kətənt] *s* Ausführende(r *m*) *f*, *bes. mus.* Vortragende(r *m*) *f.*

ex·e·cute [ˈeksɪkjuːt] *v/t* **1.** *e-n Auftrag, Plan etc* aus-, ˈdurchführen, *e-n Vertrag* erfüllen: **to ~ a dance step** e-n Tanzschritt machen; **a statue ~d in bronze** e-e in Bronze ausgeführte Statue. **2.** ausüben: **to ~ an office.** **3.** *mus.* vortragen, spielen. **4.** *jur.* a) *e-e Urkunde etc* (rechtsgültig) ausfertigen, durch ˈUnterschrift, Siegel *etc* vollˈziehen, b) *e-e Vollmacht* ausstellen, c) *ein Testament* (rechtsgültig) errichten, d) *ein Urteil* vollˈziehen, vollˈstrecken, e) *j-n* ˈhinrichten. ˈ**ex·e·cut·er** → **executor.**

ex·e·cu·tion [ˌeksɪˈkjuːʃn] *s* **1.** Aus-, ˈDurchführung *f*: **to carry** (*od.* **put**) **s.th. into ~** etwas ausführen; **in the ~ of one's duty** in Ausübung s-r Pflicht. **2.** (*Art u. Weise der*) Ausführung: a) *mus.* Vortrag *m*, Spiel *n*, Technik *f*, b) Darstellung *f*, Stil *m* (*art u. Literatur*). **3.** *jur.* a) (rechtsgültige) Ausfertigung (*e-r Urkunde*), b) Ausstellung *f* (*e-r Vollmacht*), c) (rechtsgültige) Errichtung (*e-s Testaments*), d) Vollˈziehung *f*, -ˈstreckung *f* (*e-s Urteils*), e) ˈHinrichtung *f*: **place of ~** Richtplatz *m*, f) ˈZwangsvollˌstreckung *f*, Pfändung *f*: **to levy ~ against a company** die Zwangsvollstreckung in das Vermögen e-r Gesellschaft betreiben; **sale under ~** Zwangsversteigerung *f*; **to take in ~** *etwas* pfänden; **writ of ~** Vollstreckungsbefehl *m.* **4. to do ~** Verheerungen anrichten (*Waffen*). ˌ**ex·eˈcu·tion·er** *s* **1.** Henker *m*, Scharfrichter *m.* **2.** *sport* Vollˈstrecker *m.*

ex·ec·u·tive [ɪgˈzekjʊtɪv; *Am. a.* -kətɪv] **I** *adj* (*adv* **~ly**) **1.** ausübend, vollˈziehend, *pol.* Exekutiv...: **~ power, ~ authority** → 3; **~ officer** *Br.* Verwaltungsbeamte(r) *m* (→ 2); **~ order** *Am.* (*vom Präsidenten erlassene*) Durchführungsverordnung; **~ session** *parl. Am.* Geheimsitzung *f.* **2.** *econ.* geschäftsführend, leitend: **~ board** Vorstand *m* (*e-r Gesellschaft*); **~ committee** Exekutivausschuß *m*; **~ floor** Chefetage *f*; **~ officers** Geschäfts-, Unternehmensleitung *f* (→ 1); **~ post** (*od.* **position**) leitende Stellung; **~ secretary** *Am.* Geschäftsführer *m* (*e-s Vereins, e-r Gesellschaft*); **~ staff** leitende Angestellte *pl.* **II** *s* **3.** *pol.* Exekuˈtive *f*, vollˈziehende Gewalt (*im Staat*). **4.** *a.* **senior ~** *econ.* leitender Angestellter. **5.** *mil. Am.* stellvertretender Kommanˈdeur.

ex·ec·u·tor [ɪgˈzekjʊtə(r); *Am. a.* -kətər] *s jur.* (*durch Testament eingesetzter*) Erbschaftsverwalter *od.* (*ungenau:*) TestaˈmentsvollˌStrecker: **~ de son tort** unrechtmäßiger Erbschaftsverwalter; **literary ~** Nachlaßverwalter *m* e-s Autors. **exˌec·uˈto·ri·al** [-ˈtɔːrɪəl; *Am. a.* -ˈtəʊ-] *adj* Verwaltungs... **exˈec·u·tor·ship** *s* Amt *n* e-s Erbschaftsverwalters *od.* (*ungenau:*) TestaˈmentsvollˌStreckers. **exˈec·u·to·ry** [-tərɪ; *Am.* -ˌtəʊriː; -ˌtɔː-] *adj* **1.** *econ. jur.* erfüllungsbedürftig, (aufschiebend) bedingt: **~ contract**; **~ purchase** Bedingungskauf *m.* **2.** Ausführungs..., Vollziehungs... **exˈec·u·trix** [-trɪks] *pl* **-tri·ces** [ɪgˌzekjʊˈtraɪsiːz; *Am.* -kə-], **-trix·es** *s jur.* (*durch Testament eingesetzte*) Erbschaftsverwalterin *od.* (*ungenau:*) TestaˈmentsvollˌStreckerin.

ex·e·ge·sis [ˌeksɪˈdʒiːsɪs] *pl* **-ses** [-siːz] *s* Exeˈgese *f*, (*bes.* Bibel)Auslegung *f.*

ex·e·gete [ˈeksɪdʒiːt] *s* Exeˈget *m.* ˌ**ex·eˈget·ic** [-ˈdʒetɪk] **I** *adj* (*adv* **~ally**) exeˈgetisch, erklärend, auslegend. **II** *s pl* (*meist als sg konstruiert*) Exeˈgetik *f* (*Wissenschaft der Exegese*). ˌ**ex·eˈget·i·cal** [-kl] → **exegetic** I. ˌ**ex·eˈget·ist** → **exegete.**

ex·em·plar [ɪgˈzemplə(r); -lɑː(r)] *s* **1.** Muster(beispiel) *n*, Vorbild *n.* **2.** typisches Beispiel (**of** für). **3.** *print.* (Druck-) Vorlage *f.* **exˈem·pla·ri·ness** [-plərɪnɪs] *s* Musterhaftigkeit *f*, -gültigkeit *f.* **exˈem·pla·ry** (*adv* **exemplarily**) **1.** exemˈplarisch: a) beispiel-, musterhaft, b) warnend, abschreckend (*Strafe etc*): **~ damages** *jur.* verschärfter Schadenersatz. **2.** typisch, Muster...

ex·em·pli·fi·ca·tion [ɪgˌzemplɪfɪˈkeɪʃn] *s* **1.** Erläuterung *f od.* Belegung *f* durch Beispiele, Veranschaulichung *f*: **in ~ of** zur Erläuterung (*gen*). **2.** Beleg *m*, Beispiel *n*, Muster *n.* **3.** *jur.* beglaubigte Abschrift. **exˈem·pli·fy** [-faɪ] *v/t* **1.** veranschaulichen: a) durch Beispiele erläutern, an Beispielen illuˈstrieren, b) als Beispiel dienen für. **2.** *jur.* a) e-e (beglaubigte) Abschrift machen von, b) durch beglaubigte Abschrift nachweisen.

ex·em·pli gra·ti·a [ɪgˌzemplaɪˈgreɪʃɪə; -plɪˈgrɑːtɪɑː] (*Lat.*) zum Beispiel.

ex·empt [ɪgˈzempt] **I** *v/t* **1.** *j-n* befreien (**from** von *Steuern, Verpflichtungen etc*): **to be ~ed from s.th.** von etwas ausgenommen werden *od.* sein; **to ~ s.o. from liability** j-s Haftung ausschließen;

~**ed amount** *econ.* (Steuer)Freibetrag *m.* **2.** *mil.* (*vom Wehrdienst*) freistellen. **II** *adj* **3.** befreit, ausgenommen, frei (**from** von): ~ **from taxation** steuerfrei. **III** *s* **4.** (*von Steuern etc*) Befreite(r *m*). **ex'emp·tion** [-pʃn] *s* **1.** Befreiung *f*, Freisein *n* (**from** von): ~ **from liability** *jur.* Haftungsausschluß *m*; ~ **from taxes** Steuerfreiheit *f.* **2.** *mil.* Freistellung *f* (*vom Wehrdienst*). **3.** Sonderstellung *f*, Vorrechte *pl.* **4.** *pl jur.* unpfändbare Gegenstände *pl.* **5.** *econ. Am.* (Steuer)Freibetrag *m.*

ex·en·ter·ate [ɪgˈzentəreɪt] *v/t* ausnehmen, *erlegtes Tier a.* ausweiden.

ex·e·qua·tur [ˌeksɪˈkweɪtə(r)] *s* Exeˈquatur *n*: a) *amtliche Anerkennung e-s Konsuls durch den Empfangsstaat*, b) *staatliche Erlaubnis zur Publikation kirchlicher Akte.*

ex·e·quies [ˈeksɪkwɪz] *s pl* Exˈequien *pl*, Begräbnisfeier *f*, Totenmesse *f.*

ex·er·cis·a·ble [ˈeksə(r)saɪzəbl] *adj* ausübbar, anwendbar.

ex·er·cise [ˈeksə(r)saɪz] **I** *s* **1.** Ausübung *f* (*e-r Kunst, der Macht, e-r Pflicht, e-s Rechts etc*), Geltendmachung *f* (*von Einfluß, Rechten etc*), Anwendung *f*, Gebrauch *m*: ~ **of an office** Ausübung e-s Amtes; **in the** ~ **of their powers** in Ausübung ihrer Machtbefugnisse. **2.** (*körperliche od. geistige*) Übung, (körperliche) Bewegung: **to do one's** ~**s** Gymnastik machen; **he doesn't get enough bodily** (*od.* **physical**) ~ er bewegt sich nicht genug; **to take** ~ sich Bewegung machen (*im Freien*); ~ **on the horizontal bar** (*Turnen*) Recküبung; ~ **therapy** *med.* Bewegungstherapie *f.* **3.** *mil.* a) Exerˈzieren *n*, b) Übung *f*, (ˈÜbungs-)Maˌnöver *n.* **4.** Übung(sarbeit) *f*, Schulaufgabe *f*: ~ **book** Schul-, Schreibheft *n.* **5.** *mus.* Übung(sstück *n*) *f.* **6.** Andacht(sübung) *f*, Gottesdienst *m.* **7.** *meist pl Am.* Feierlichkeiten *pl.* **II** *v/t* **8.** *ein Amt, ein Recht, Macht, e-n Einfluß* ausüben, *ein Recht, Einfluß, Macht* geltend machen, *etwas* anwenden: **to** ~ **care** Sorgfalt walten lassen; **to** ~ **functions** Tätigkeiten ausüben, Aufgaben wahrnehmen. **9.** *den Körper, Geist* üben, traiˈnieren. **10.** *j-n* üben, drillen, ausbilden, *s-e Glieder, Pferde* bewegen. **11. to** ~ **s.o.** (*od.* **s.o.'s mind**) j-n stark beschäftigen *od.* plagen *od.* beunruhigen: **to be** ~**d by** (*od.* **about**) **s.th.** über etwas beunruhigt sein. **12.** *fig. Geduld etc* üben, an den Tag legen. **III** *v/i* **13.** sich Bewegung machen: **he doesn't** ~ **enough** er bewegt sich nicht genug. **14.** *sport etc* üben, traiˈnieren. **15.** *mil.* exerˈzieren. **ˈex·er·cis·er** *s* Trainingsgerät *n.*

ex·er·ci·ta·tion [egˌzɜːsɪˈteɪʃn; *Am.* ɪgˌzɜrsəˈt-] *obs. für* **exercise** I.

ex·er·gue [ekˈsɜːg; *Am.* ˈekˌsɜrg] *s* (*auf Münzen*) Exˈergue *f*, Abschnitt *m.*

ex·ert [ɪgˈzɜːt; *Am.* ɪgˈzɜrt] *v/t* **1.** (ge-) brauchen, anwenden, *Einfluß, phys. e-e Kraft* ausüben: **to** ~ **one's authority** s-e Autorität geltend machen; **to** ~ **pressure on s.o.** auf j-n Druck ausüben, j-n unter Druck setzen. **2.** ~ **o.s.** sich anstrengen, sich bemühen (**for** um). **exˈer·tion** *s* **1.** Ausübung *f*, Anwendung *f.* **2.** Anstrengung *f*: a) Straˈpaze *f*, b) Bemühung *f.*

ex·e·unt [ˈeksɪʌnt] (*Lat.*) *thea. Bühnenanweisung*: (sie gehen) ab: ~ **omnes** alle ab.

ex·fo·li·ate [eksˈfəʊlɪeɪt] **I** *v/t* **1.** (in Schuppen) abwerfen. **2.** *med. die Haut* (in Schuppen) ablegen, *die Knochenoberfläche* abschälen. **3.** *fig.* entfalten, entwickeln. **II** *v/i* **4.** abblättern, sich abschälen. **5.** *geol.* sich abschiefern. **6.** *fig.* sich entfalten *od.* entwickeln. **exˌfo·liˈa·tion** *s* Abblätterung *f.*

ex·ha·la·tion [ˌekshəˈleɪʃn] *s* **1.** Ausatmen *n.* **2.** Verströmen *n.* **3.** a) Gas *n*, b) Geruch *m*, c) Rauch *m.*

ex·hale [eksˈheɪl; ɪgˈzeɪl] **I** *v/t* **1.** ausatmen. **2.** *Gas, Geruch etc* verströmen, *Rauch* ausstoßen. **II** *v/i* **3.** ausströmen (**from** aus). **4.** ausatmen.

ex·haust [ɪgˈzɔːst] **I** *v/t* **1.** *bes. tech.* a) (ent)leeren, *a.* luftleer pumpen, b) *Luft, Wasser etc* herˈauspumpen, *Gas* auspuffen, c) absaugen. **2.** *allg.* erschöpfen: a) *agr. den Boden* ausmergeln, b) *Bergbau*: *ein Lager* völlig abbauen, c) *Vorräte* ver-, aufbrauchen, d) *j-n* ermüden, entkräften, e) *j-s Kräfte* strapaˈzieren: **to** ~ **s.o.'s patience** j-s Geduld erschöpfen, f) *ein Thema* erschöpfend ab- *od.* behandeln: **to** ~ **all possibilities** alle Möglichkeiten ausschöpfen. **II** *v/i* **3.** sich entleeren. **4.** ausströmen (*Dampf etc*). **III** *s* **5.** *tech.* a) Dampfaustritt *m*, b) Abgas *n*, Auspuffgase *pl*, c) Auspuff *m*, d) → **exhauster**. ~ **brake** *s* Motorbremse *f.*

exˈhaust·ed *adj* **1.** verbraucht, erschöpft, aufgebraucht (*Vorräte*), vergriffen (*Auflage*). **2.** erschöpft, ermattet. **3.** *econ.* abgelaufen (*Versicherung*). **exˈhaust·er** *s tech.* (Ent)Lüfter *m*, Absaugevorrichtung *f*, Exˈhaustor *m.* **exˈhaust·i·ble** *adj* erschöpfbar. **exˈhaust·ing** *adj* erschöpfend, ermüdend, anstrengend, strapaziˈös.

ex·haus·tion [ɪgˈzɔːstʃən] *s* **1.** *bes. tech.* (Ent)Leerung *f.* **2.** *tech.* a) Herˈauspumpen *n* (*von Luft, Wasser etc*), Auspuffen *n* (*von Gas*), b) Absaugung *f.* **3.** Ausströmen *n* (*von Dampf etc*). **4.** *allg.* Erschöpfung *f*: a) *agr.* Ausmergelung *f* (*des Bodens*), b) *Bergbau*: völliger Abbau (*e-s Lagers*), c) völliger Verbrauch (*von Vorräten*), d) Ermüdung *f*, Entkräftung *f*, *med. a.* nerˈvöser Erschöpfungszustand. **5.** *math.* Approximatiˈon *f*, Exhaustiˈon *f*: **method of** ~ Approximationsmethode *f.*

exˈhaus·tive [-tɪv] *adj* (*adv* ~**ly**) **1.** *obs.* → **exhausting**. **2.** *fig.* erschöpfend: ~ **investigation**; **to cover in** ~ **detail** *ein Thema* erschöpfend ab- *od.* behandeln.

exˈhaust·less *adj* unerschöpflich.

ex·haust| noz·zle *s tech.* Schubdüse *f.* ~ **pipe** *s tech.* Auspuffrohr *n.* ~ **pol·lu·tion** *s* Luftverschmutzung *f* durch Abgase. ~ **steam** *s tech.* Abdampf *m.* ~ **stroke** *s tech.* Auspuffhub *m.* ~ **valve** *s tech.* ˈAuslaßvenˌtil *n.*

ex·hib·it [ɪgˈzɪbɪt] **I** *v/t* **1.** ausstellen, zeigen: **to** ~ **goods**; **to** ~ **paintings**. **2.** *fig.* zeigen, an den Tag legen, zur Schau stellen. **3.** *jur. e-e Urkunde* vorlegen, vorzeigen, *Beweise* beibringen. **II** *v/i* **4.** ausstellen (**at a fair** auf e-r Messe). **III** *s* **5.** Ausstellungsstück *n*, Expoˈnat *n.* **6.** *jur.* a) Beweisstück *n*, b) als Beweis vorgelegte Urkunde.

ex·hi·bi·tion [ˌeksɪˈbɪʃn] *s* **1.** a) Ausstellung *f*, b) Vorführung *f*: ~ **contest** *sport* Schaukampf *m*; **to be on** ~ ausgestellt sein, zu sehen sein; **to make an** ~ **of o.s.** sich lächerlich *od.* zum Gespött machen. **2.** Zurˈschaustellung *f*: **what an** ~ **of bad manners!** der *etc* hat vielleicht ein Benehmen!; **an opportunity for the** ~ **of one's knowledge** e-e Möglichkeit, sein Wissen zu zeigen. **3.** *jur.* Vorlage *f* (*e-r Urkunde*), Beibringung *f* (*von Beweisen*). **4.** *univ. Br.* Stiˈpendium *n.* ˌ**ex·hiˈbi·tion·er** *s univ.* Stipendiˈat *m.* ˌ**ex·hiˈbi·tion·ism** *s psych. u. fig.* Exhibitioˈnismus *m.* ˌ**ex·hiˈbi·tion·ist** *psych. u. fig.* **I** *s* Exhibitioˈnist *m.* **II** *adj* exhibitioˈnistisch. ˈ**ex·hiˌbi·tionˈis·tic** → **exhibitionist** II. **ex·hib·i·tor** [ɪgˈzɪbɪtə(r)] *s* **1.** Aussteller *m.* **2.** Kinobesitzer *m.*

ex·hil·a·rant [ɪgˈzɪlərənt] *adj* **1.** auf-, erheiternd. **2.** belebend, erfrischend. **exˈhil·a·rate** [-reɪt] *v/t* **1.** auf-, erheitern. **2.** beleben, erfrischen. **exˈhil·a·rat·ing** → **exhilarant**. **exˌhil·aˈra·tion** *s* **1.** Erheiterung *f.* **2.** Heiterkeit *f.* **exˈhil·a·ra·tive** [-rətɪv; *Am.* -ˌreɪtɪv] → **exhilarant**.

ex·hort [ɪgˈzɔː(r)t] *v/t j-n* ermahnen (**to** zu; **to do** zu tun). **ex·hor·ta·tion** [ˌegzɔː(r)ˈteɪʃn; ˌeks-] *s* Ermahnung *f.* **exˈhor·ta·tive** [ɪgˈzɔː(r)tətɪv] *adj* (*adv* ~**ly**), **exˈhor·ta·to·ry** [-tərɪ; *Am.* -ˌtəʊriː; -ˌtɔː-] *adj* (*adv* **exhortatorily**) (er)mahnend.

ex·hu·ma·tion [ˌekshjuːˈmeɪʃn] *s* Exhuˈmierung *f.* **ex·hume** [eksˈhjuːm; *Am.* ɪgzˈuːm; -ˈjuːm] *v/t* **1.** *e-e Leiche* exhuˈmieren. **2.** *fig.* ausgraben.

ex·i·gen·cy [ˈeksɪdʒənsɪ; ɪgˈzɪdʒənsɪ], *a.* ˈ**ex·i·gence** *s* **1.** Dringlichkeit *f.* **2.** Not(-lage) *f.* **3.** *meist pl* (An)Forderung *f.* ˈ**ex·i·gent** *adj* **1.** dringend, dringlich, kritisch. **2.** anspruchsvoll: **to be** ~ hohe Anforderungen stellen.

ex·i·gi·ble [ˈeksɪdʒəbl] *adj* eintreibbar, einzutreiben(d).

ex·i·gu·i·ty [ˌeksɪˈgjuːətɪ; *Am.* ˌegzɪ-] *s* Dürftigkeit *f.* **ex·ig·u·ous** [egˈzɪgjʊəs; *Am.* ɪgˈzɪgjəwəs] *adj* dürftig (*Einkommen, Mahlzeit etc*).

ex·ile [ˈeksaɪl; ˈegzaɪl] **I** *s* **1.** a) Exˈil *n*, b) Verbannung *f*: **to go into** ~ ins Exil gehen; **to live in** ~ im Exil *od.* in der Verbannung leben; **to send into** ~ → 4; **government in** ~ Exilregierung *f*; **place of** ~ Exil, Verbannungsort *m.* **2.** a) Verbannte(r *m*) *f*, b) im Exˈil Lebende(r *m*) *f.* **3. the E**~ *Bibl.* die Babyˈlonische Gefangenschaft. **II** *v/t* **4.** a) exiˈlieren, ins Exˈil schicken, b) verbannen (**from** aus), in die Verbannung schicken. **ex·il·i·an** [egˈzɪlɪən], **ex·il·ic** [egˈzɪlɪk] *adj* **1.** *Bibl.* die Babyˈlonische Gefangenschaft betreffend. **2.** Exil..., exˈilisch.

ex·ist [ɪgˈzɪst] *v/i* **1.** exiˈstieren, vorˈhanden sein, sich finden, vorkommen (**in** in *dat*): **to** ~ **as** existieren in Form von; **do such things** ~? gibt es so etwas?; **the right to** ~ Existenzberechtigung *f*; **if he did not** ~, **it would be necessary to invent him** wenn es ihn nicht schon gäbe, müßte man ihn erfinden. **2.** exiˈstieren, leben (**on** von). **3.** exiˈstieren, bestehen. **exˈist·ence** *s* **1.** Exiˈstenz *f*, Vorˈhandensein *n*, Vorkommen *n*: **to call into** ~ ins Leben rufen; **to come into** ~ entstehen; **to be in** ~ bestehen, existieren; **to remain in** ~ weiterbestehen. **2.** Exiˈstenz *f*, Leben *n*, Dasein *n*: **a wretched** (*od.* **miserable**) ~ ein kümmerliches Dasein. **3.** Exiˈstenz *f*, (Fort-)Bestand *m.* **exˈist·ent** *adj* **1.** exiˈstierend, bestehend, vorˈhanden. **2.** gegenwärtig, augenblicklich (bestehend *od.* lebend).

ex·is·ten·tial [ˌegzɪˈstenʃl] *adj* (*adv* ~**ly**) **1.** Existenz... **2.** *philos.* existentiˈell, Existential... ˌ**ex·isˈten·tial·ism** [-ʃəlɪzəm] *s philos.* Existentiaˈlismus *m*, Exiˈstenzphilosoˌphie *f.* ˌ**ex·isˈten·tial·ist** *s philos.* Existentiaˈlist(in).

ex·it [ˈeksɪt; ˈegzɪt] **I** *s* **1.** Abgang *m*: a) Abtreten *n* (*von der Bühne*): → **entrance**[1] 1, b) *fig.* Tod *m*: **to make one's** ~ → 6 a *u.* 7. **2.** (*a.* Not)Ausgang *m* (*im Kino etc*): ~ **polling** Nachfrage *f* (*bei Wahlen*). **3.** (Autobahn)Ausfahrt *f.* **4.** *tech.* Austritt *m*: **port of** ~ Ausström-, Ausflußöffnung *f*; ~ **gas** Abgas *n*; ~ **heat** Abzugswärme *f.* **5.** Ausreise *f*: ~ **permit** Ausreiseerlaubnis *f*; ~ **visa** Ausreisevisum *n.* **II** *v/i* **6.** *thea.* a) abgehen, abtreten, b) *Bühnenanweisung*: (er, sie, es geht) ab: ~ **Macbeth** Macbeth ab. **7.** *fig.* sterben.

ex·i·tus [ˈeksɪtəs] *s med.* Exitus *m*, Tod *m.*

ex li·bris [eksˈlaɪbrɪs; *Am.* ekˈsliːbrəs] (*Lat.*) *pl* **-bris** *s* Exˈlibris *n*, Bücherzeichen *n.*

exo- [eksəʊ] *Vorsilbe mit der Bedeutung* außerhalb, äußerlich, außen.

ˌex·o·biˈol·o·gy *s* Exo-, Ektobioloˈgie *f* (*Wissenschaft vom außerirdischen [biologischen] Leben*).

ˌex·oˈcan·ni·bal·ism *s* Exokannibaˈlismus *m* (*Verzehren von Angehörigen fremder Stämme*).

ex·o·carp [ˈeksəʊkɑː(r)p] *s bot.* Exoˈkarp *n*, äußere Fruchthaut.

ex·o·crine [ˈeksəʊkraɪn; -krɪn] *physiol.* **I** *adj* **1.** mit äußerer Sekretiˈon, exoˈkrin: ~ **glands**. **II** *s* **2.** äußere Sekretiˈon. **3.** exoˈkrine Drüse.

ex·o·derm [ˈeksəʊdɜːm; *Am.* -ˌdɜrm] → **ectoderm**.

ˌex·oˈder·mis *s bot.* Exoˈdermis *f* (*äußeres Abschlußgewebe der Pflanzenwurzel*).

ex·o·don·ti·a [ˌeksəʊˈdɒnʃɪə; -ʃə; *Am.* -ˈdɑn-] *s*, **ˌex·oˈdon·tics** [-tɪks] *s pl* (*als sg konstruiert*) *med.* ˈZahnchirurˌgie *f.* **ˌex·oˈdon·tist** [-tɪst] *s* ˈZahnchirˌurg *m.*

ex·o·dus [ˈeksədəs] *s* **1.** Auszug *m* (*bes. der Juden aus Ägypten*). **2.** *fig.* Ab-, Auswanderung *f*: **general** ~ allgemeiner Aufbruch; ~ **of capital** *econ.* Kapitalabwanderung; **rural** ~ Landflucht *f.* **3.** **E**~ *Bibl.* Exodus *m*, Zweites Buch Mose.

ex of·fi·ci·o [ˌeksəˈfɪʃɪəʊ] (*Lat.*) *adv u. adj* ex ofˈficio, von Amts wegen: **the president is an** ~ **member of the committee** der Präsident gehört von Amts wegen dem Ausschuß an.

ex·og·a·my [ekˈsɒgəmɪ; *Am.* -ˈsɑ-] *s* Exogaˈmie *f* (*Heiratsordnung, nach der nur außerhalb e-r bestimmten sozialen Gruppe geheiratet werden darf*).

ex·og·e·nous [ekˈsɒdʒɪnəs; *Am.* -ˈsɑ-] *adj* exoˈgen: a) *med. außerhalb des Körpers entstehend, von außen kommend* (*Stoffe, Krankheitserreger*), b) *bot. außen entstehend* (*Pflanzenteile*), c) *geol. von Kräften erzeugt, die auf die Erdoberfläche einwirken.*

ex·on [ˈeksɒn; *Am.* ˈekˌsɑn] *s e-r der 4 Offiziere der* **Yeomen of the Guard**.

ex·on·er·ate [ɪgˈzɒnəreɪt; *Am.* -ˈzɑn-] *v/t* **1.** *e-n Angeklagten, a. e-n Schuldner* entlasten (**from** von). **2.** befreien, entbinden (**from** von): **to** ~ **s.o. from a duty**. **3.** reinigen, freisprechen (**from** von): **to** ~ **s.o. from a suspicion**. **exˌon·erˈa·tion** *s* **1.** Entlastung *f.* **2.** Befreiung *f.* **exˈon·er·a·tive** [-rətɪv; *Am.* -ˌreɪtɪv] *adj* **1.** entlastend. **2.** befreiend.

ex·oph·thal·mi·a [ˌeksɒfˈθælmɪə; *Am.* -ɑf-] *s med.* Exophthalˈmie *f* (*krankhaftes Hervortreten des Augapfels*).

ˈex·o·plasm → **ectoplasm**.

ex·or·bi·tance [ɪgˈzɔː(r)bɪtəns], *a.* **exˈor·bi·tan·cy** [-sɪ] *s* Unverschämtheit *f*, Maßlosigkeit *f.* **exˈor·bi·tant** *adj* (*adv* ~**ly**) unverschämt: a) astroˈnomisch: ~ **price** Phantasiepreis *m*, b) überˈtrieben, maßlos: ~ **demand**.

ex·or·cise [ˈeksɔː(r)saɪz] *v/t* **1.** *böse Geister* austreiben, bannen, beschwören, exorˈzieren. **2.** *j-n, e-n Ort* (durch Beschwörung) von bösen Geistern befreien. **ˈex·or·cism** *s* Exorˈzismus *m*, Geisterbeschwörung *f*, Teufelsaustreibung *f.* **ˈex·or·cist** *s* Exorˈzist *m*, Geisterbeschwörer *m*, Teufelsaustreiber *m.* **ˈex·or·cize** → **exorcise**.

ex·or·di·al [ekˈsɔːdjəl; *Am.* egˈzɔːrdɪəl] *adj* einleitend. **exˈor·di·um** [-əm] *pl* **-ums** *od.* **-a** [-ə] *s* Einleitung *f* (*e-r Rede, Abhandlung etc*).

ˌex·oˈskel·e·ton *s biol.* Ekto-, Exoskeˈlett *n*, ˈAußen-, ˈHautskeˌlett *n.*

ex·os·mo·sis [ˌeksɒzˈməʊsɪs; *Am.* ˌeksɑsˈm-] *s biol. chem.* Exosˈmose *f* (*Wasseraustritt aus e-r lebenden Pflanzenzelle, der durch e-e sie umgebende Lösung mit hoher Konzentration verursacht wird*).

ˈex·oˌsphere *s* Exoˈsphäre *f* (*an die Ionosphäre angrenzende höchste Schicht der Atmosphäre*).

ˈex·o·spore *s bot.* Exoˈsporium *n*, äußere Sporenhaut.

ex·os·to·sis [ˌeksɒˈstəʊsɪs; *Am.* -ɑsˈ-] *s med.* Exoˈstose *f*, Knochenauswuchs *m.*

ex·o·ter·ic [ˌeksəʊˈterɪk] *adj* (*adv* ~**ally**) exoˈterisch: a) für Außenstehende *od.* die Öffentlichkeit bestimmt, b) allgeˈmeinverständlich.

ex·ot·ic [ɪgˈzɒtɪk; *Am.* -ˈzɑ-] **I** *adj* (*adv* ~**ally**) eˈxotisch: a) ausländisch, fremd (-ländisch), b) *fig.* fremdartig, biˈzarr. **II** *s* Eˈxot *m*, fremdländischer *od.* -artiger Mensch *od.* Gegenstand (*Pflanze, Sitte, Wort etc*). **exˈot·i·ca** [-kə] *s pl* Eˈxotika *pl* (*fremdländische Kunstwerke*). **exˈot·i·cism** [-sɪzəm] *s* **1.** ausländische Art. **2.** (*das*) Eˈxotische. **3.** ausländisches Idiˈom. **4.** Vorliebe *f* für das Eˈxotische.

ex·pand [ɪkˈspænd] **I** *v/t* **1.** ausbreiten, -spannen, entfalten. **2.** *econ. phys. etc, a. fig.* ausdehnen, -weiten, erweitern: ~**ed program(me)** erweitertes Programm. **3.** *e-e Abkürzung* (voll) ausschreiben. **4.** *math. e-e Gleichung* entwickeln. **II** *v/i* **5.** *econ. phys. etc, a. fig.* sich ausdehnen *od.* erweitern: **his heart** ~**ed with joy** sein Herz schwoll vor Freude. **6.** sich entwickeln, aufblühen (**into** zu). **7.** *fig.* a) (*vor Stolz, Freude etc*) ‚aufblühen', b) aus sich herˈausgehen. **8.** ~ (**up**)**on** → **expatiate** 1. **exˈpand·ed** *adj* **1.** erweitert *etc* (→ **expand** I). **2.** ~ **metal** Streckmetall *n*; ~ **plastics** Schaumkunststoffe *pl.* **exˈpand·er** *s sport* Exˈpander *m.* **exˈpand·ing** *adj econ. phys. etc, a. fig.* sich ausdehnend *od.* erweiternd: ~ **brake** *tech.* Innenbackenbremse *f*; ~ **mandrel** *tech.* Aufnahme-, Spanndorn *m*; ~ **universe** expandierender Kosmos.

ex·panse [ɪkˈspæns] *s* **1.** ausgedehnter Raum, weite Fläche, Ausdehnung *f*, Weite *f.* **2.** *orn.* Spannweite *f*, Spanne *f.* **exˌpan·siˈbil·i·ty** *s* (Aus)Dehnbarkeit *f.* **exˈpan·si·ble** *adj* (aus)dehnbar. **exˈpan·sile** [-saɪl; *Am. bes.* -sl] *adj* (aus-)dehnbar, Ausdehnungs...

ex·pan·sion [ɪkˈspænʃn] *s* **1.** Ausbreitung *f.* **2.** *phys.* Ausdehnen *n*, -dehnung *f*, Aufweitung *f*: ~ **due to heat** Wärmeausdehnung. **3.** *fig.* a) (*a. econ.* Geschäfts)Erweiterung *f*, (*a. econ. Export-, Kapital-, Industrie-, Produktions- etc*) Ausweitung *f*, b) *econ.* Konjunkˈturaufschwung *m*, c) *pol.* Expansiˈon *f*: ~ **of the ego** *psych.* gesteigertes Selbstgefühl. **4.** (weiter) ˈUmfang, Raum *m*, Weite *f.* **5.** *math.* Entwicklung *f* (*e-r Gleichung etc*). ~ **cir·cuit break·er** *s electr.* Expansiˈonsschalter *m.* ~ **en·gine** *s tech.* Expansiˈonsmaˌschine *f.*

ex·pan·sion·ism [ɪkˈspænʃənɪzəm] *s pol.* Expansioˈnismus *m*, Expansiˈonspoliˌtik *f.* **exˈpan·sion·ist** **I** *s* Anhänger(in) der Expansiˈonspoliˌtik. **II** *adj* expansioˈnistisch. **exˌpan·sionˈis·tic** → **expansionist** II.

ex·pan·sion| joint *s tech.* Dehn(ungs)-fuge *f.* ~ **ring** *s tech.* Spannring *m.* ~ **screw** *s tech.* Spreizschraube *f.* ~ **stroke** *s tech.* Arbeitshub *m*, -takt *m.*

ex·pan·sive [ɪkˈspænsɪv] *adj* (*adv* ~**ly**) **1.** ausdehnend, Ausdehnungs..., expanˈsiv: ~ **force** *tech.* Expansions-, (Aus-) Dehnungskraft *f.* **2.** ausdehnungsfähig. **3.** weit, umˈfassend, ausgedehnt, breit. **4.** *fig.* mitteilsam, aufgeschlossen, freundlich. **5.** *fig.* ˈüberschwenglich. **6.** *psych.* größenwahnsinnig. **exˈpan·sive·ness** *s* **1.** Ausdehnung *f.* **2.** Ausdehnungsvermögen *n.* **3.** *fig.* Mitteilsamkeit *f*, Aufgeschlossenheit *f*, Freundlichkeit *f.* **4.** *fig.* ˈÜberschwenglichkeit *f.* **5.** *psych.* Größenwahn *m.*

ex par·te [ˌeksˈpɑː(r)tɪ] (*Lat.*) *adj u. adv jur.* einseitig, (seitens) ˈeiner Parˈtei.

ex·pa·ti·ate [ekˈspeɪʃɪeɪt] *v/i* **1.** sich auslassen, sich verbreiten (**on, upon** über *acc*). **2.** (*ziellos*) herˈumwandern (*a. fig.*). **exˌpa·tiˈa·tion** *s* langatmige Auslassung, weitläufige Ausführung *od.* Erörterung. **exˈpa·ti·a·to·ry** [-ʃjətərɪ; *Am.* -ʃɪəˌtəʊriː; -ˌtɔː-] *adj* weitläufig.

ex·pa·tri·ate [eksˈpætrɪeɪt; *Am.* ekˈspeɪ-] **I** *v/t* **1.** *j-n* ausbürgern, expatriˈieren, *j-m* die Staatsangehörigkeit aberkennen: **to** ~ **o.s.** → 2, 3. **II** *v/i* **2.** s-e Staatsangehörigkeit aufgeben. **3.** auswandern. **III** *adj* [-ət; -eɪt] **4.** a) ausgebürgert, b) (ständig) im Ausland lebend. **IV** *s* [-ət; -eɪt] **5.** a) Ausgebürgerte(r *m*) *f*, b) freiwillig im Exˈil *od.* (ständig) im Ausland Lebende(r *m*) *f.* **exˌpa·triˈa·tion** *s* **1.** Ausbürgerung *f*, Aberkennung *f* der Staatsangehörigkeit. **2.** Auswanderung *f.* **3.** Aufgabe *f* s-r Staatsangehörigkeit.

ex·pect [ɪkˈspekt] **I** *v/t* **1.** *j-n* erwarten (**to dinner** zum Essen). **2.** *etwas* erwarten: a) hoffen: **I** ~ **to see you soon**; **I** ~ **you to come** ich erwarte, daß du kommst, b) *etwas* gewärtigen: **this is just what I** ~**ed of** (*od.* **from**) **him** genau das habe ich von ihm erwartet, c) vorˈhersehen, *e-r Sache* entgegensehen, d) rechnen auf (*acc*), verlangen: **that is not** ~**ed of you** das wird nicht von dir erwartet *od.* verlangt, e) *oft neg* gefaßt sein auf (*acc*): **I had not** ~**ed such a reply**. **3.** *colloq.* vermuten, denken, annehmen, glauben: **I** ~ **so** ich nehme es an. **II** *v/i* **4. to be** ~**ing** *colloq.* in anderen ˈUmständen sein. **exˈpec·tance** → **expectancy**.

ex·pec·tan·cy [ɪkˈspektənsɪ] *s* **1.** (**of**) Erwartung *f* (*gen*), Hoffnung *f*, Aussicht *f* (auf *acc*): **a look of** ~ ein erwartungsvoller Blick. **2.** Gegenstand *m* der Erwartung. **3.** *econ. jur.* Anwartschaft *f*: **estate in** ~ dingliches Anwartschaftsrecht auf Liegenschaften; **tables of** ~ (*Versicherungswesen*) Lebenserwartungstafeln. **exˈpec·tant** **I** *adj* (*adv* ~**ly**) **1.** erwartend: **to be** ~ **of s.th.** etwas erwarten; ~ **heir** a) *jur.* Erb(schafts)anwärter *m*, b) Thronanwärter *m.* **2.** erwartungsvoll. **3.** zu erwarten(d). **4.** *med.* abwartend: ~ **method**. **5.** schwanger, in anderen ˈUmständen: ~ **mother** werdende Mutter; ~ **father** *humor.* Vater *m* in spe. **II** *s* **6.** Anwärter(in).

ex·pec·ta·tion [ˌekspekˈteɪʃn] *s* **1.** Erwartung *f*, Erwarten *n*: **in** ~ **of** in Erwartung (*gen*); **beyond** ~ über Erwarten; **on tiptoes with** ~ gespannt vor Erwartung; **against** (*od.* **contrary to**) ~(**s**) wider Erwarten; **according to** ~(**s**) erwartungsgemäß; **to come up to** ~ den Erwartungen entsprechen; **to fall short of s.o.'s** ~**s** hinter j-s Erwartungen zurückbleiben. **2.** Gegenstand *m* der Erwartung: **to have great** ~**s** einmal viel (*durch Erbschaft etc*) zu erwarten haben. **3.** *oft pl* Hoffnung *f*, Aussicht *f* (**of** auf *acc*): ~ **of life** Lebenserwartung *f*; **in** ~ zu erwarten(d). **4.** *math.* Erwartungswert *m.* **E**~ **Week** *s relig. die 10 Tage zwischen Himmelfahrt u. Pfingsten.*

ex·pec·ta·tive [ɪkˈspektətɪv] *adj* **1.** ab-, erwartend. **2.** Anwartschafts... **exˈpect·ed·ly** [-ɪdlɪ] *adv* erwartungsgemäß.

ex·pec·to·rant [ekˈspektərənt; *bes. Am.*

ɪk-] *med. pharm.* **I** *adj* schleimlösend. **II** *s* Exˈpektorans *n*, schleimlösendes Mittel.
exˈpec·to·rate [-reɪt] **I** *v/t* a) *Schleim* auswerfen, aushusten, *Blut* spucken, b) ausspucken. **II** *v/i* a) Schleim auswerfen *od.* aushusten, Blut spucken, b) (aus-) spucken. **exˌpec·toˈra·tion** *s* **1.** Auswerfen *n*, Aushusten *n*. **2.** (Aus)Spucken *n*. **3.** Auswurf *m*.
ex·pe·di·ence [ɪkˈspiːdjəns; -dɪəns], **exˈpe·di·en·cy** [-sɪ] *s* **1.** Ratsamkeit *f*. **2.** Zweckdienlichkeit *f*, Nützlichkeit *f*. **3.** Eigennutz *m*, -nützigkeit *f*. **exˈpe·di·ent I** *adj* (*adv* → **expediently**) **1.** ratsam, angebracht. **2.** zweckdienlich, -mäßig, nützlich, praktisch, vorteilhaft. **3.** eigennützig. **II** *s* **4.** (Hilfs)Mittel *n*, (Not)Behelf *m*: **by way of ~** behelfsmäßig. **5.** Ausweg *m*. **exˌpe·diˈen·tial** [-dɪˈenʃl] *adj* Zweckmäßigkeits..., Nützlichkeits... **exˈpe·di·ent·ly** *adv* zweckmäßigerweise.
ex·pe·dite [ˈekspɪdaɪt] *v/t* **1.** beschleunigen, vorˈantreiben: **to ~ matters** die Dinge beschleunigen, der Sache nachhelfen; **~d service** *rail.* Expreßdienst *m*. **2.** schnell ausführen *od.* vornehmen. **3.** expeˈdieren, absenden, befördern. **ˌex·peˈdi·tion** [-ˈdɪʃn] *s* **1.** Eile *f*, Schnelligkeit *f*. **2.** (Forschungs)Reise *f*, Expeditiˈon *f*: **on an ~** auf e-r Expedition. **3.** (Mitglieder *pl* e-r) Expeditiˈon *f*. **4.** *mil.* Feldzug *m*. **ˌex·peˈdi·tion·ar·y** [-ˈdɪʃənərɪ; *Am.* -ˌneriː] *adj* Expeditions...: **~ force** Expeditionsstreitkräfte *pl*.
ex·pe·di·tious [ˌekspɪˈdɪʃəs] *adj* (*adv* **~ly**) schnell, rasch, zügig, prompt.
ex·pel [ɪkˈspel] *v/t* (**from**) **1.** vertreiben, wegjagen (von, aus). **2.** ausweisen (aus), verweisen (*des Landes*), verbannen (von, aus). **3.** hinˈauswerfen, ausstoßen (aus), ausschließen (aus, von): **to ~ from the school**. **4.** *Rauch etc* ausstoßen. **5.** *med.* austreiben. **exˈpel·lant** *adj u. s med. pharm.* austreibend(es Mittel). **ex·pel·lee** [ˌekspeˈliː] *s* (Heimat)Vertriebene(r *m*) *f*. **exˈpel·lent** → **expellant**.
ex·pend [ɪkˈspend] *v/t* **1.** *Zeit, Mühe etc* auf-, verwenden, *Geld* ausgeben (**on** für). **2.** verbrauchen: **to ~ o.s.** *fig.* sich verausgaben. **exˈpend·a·ble I** *adj* **1.** verbrauchbar, Verbrauchs... **2.** *mil.* entbehrlich, (dem Feind) (*im Notfall*) zu opfern(d). **II** *s* **3.** (*etwas*) Entbehrliches. **4.** *mil.* verlorener Haufe(n). **exˈpen·di·ture** [-dɪtʃə(r)] *s* **1.** Aufwand *m*, Verbrauch *m* (**of** an *dat*). **2.** Ausgabe *f*. **3.** (Geld)Ausgabe(n *pl*) *f*, (Kosten)Aufwand *m*, Aufwendung(en *pl*) *f*, Auslage(n *pl*) *f*, Kosten *pl*: **cash ~** *econ.* Barausgaben, -auslagen.
ex·pense [ɪkˈspens] *s* **1.** → **expenditure** 3. **2.** *pl* (Un)Kosten *pl*, Spesen *pl*: **travel(l)ing ~s** Reisespesen; **~ account** a) Spesenkonto *n*, b) Spesen(ab)rechnung *f*; **~ allowance** Aufwandsentschädigung *f*. **3.** Aufwand *m* (**of** an *dat*).
Besondere Redewendungen:
~s covered kostenfrei; **~s deducted** nach Abzug der Kosten; **fixed** (*od.* **ordinary** *od.* **running**) **~s** laufende Ausgaben; **general ~** Gemeinkosten *pl*; **living ~** Lebenshaltungskosten *pl*; **to spare no ~** keine Kosten scheuen, es sich etwas kosten lassen; **at any ~** um jeden Preis; **at an ~ of** mit e-m Aufwand von; **at the ~ of** a) auf Kosten von (*a. fig.*), b) *fig.* zum Schaden *od.* Nachteil von; **at my ~** auf m-e Kosten, für m-e Rechnung; **they laughed at my ~** *fig.* sie lachten auf m-e Kosten; **at the ~ of his health** *fig.* auf Kosten s-r Gesundheit; **at great ~** mit großen Kosten; **to go to great ~** sich in große Unkosten stürzen; **to go to the ~ of buying s.th.** soweit gehen, etwas zu kaufen; **to put s.o. to great ~** j-m große Kosten verursachen; → **working expenses**.
ex·pen·sive [ɪkˈspensɪv] *adj* (*adv* **~ly**) teuer, kostspielig: **it is too ~ for me** (**to buy**) es ist mir zu teuer; **it will come ~** es wird teuer sein *od.* kommen. **exˈpen·sive·ness** *s* Kostspieligkeit *f*.
ex·pe·ri·ence [ɪkˈspɪərɪəns] **I** *s* **1.** Erfahrung *f*, (Lebens)Praxis *f*: **by** (*od.* **from**) **my own ~** aus eigener Erfahrung; **to speak from ~** aus Erfahrung sprechen; **based on ~** auf Erfahrung begründet; **I know (it) by ~** ich weiß (es) aus Erfahrung; **in my ~** nach m-n Erfahrungen, m-s Wissens. **2.** Erlebnis *n*: **I had a strange ~** ich hatte ein seltsames Erlebnis, ich habe etwas Seltsames erlebt. **3.** Erfahrenheit *f*, (praktische) Erfahrung, Fach-, Sachkenntnis *f*, Kenntnisse *pl*: **business ~**, **~ in trade** Geschäftserfahrung; **driving ~** Fahrpraxis *f*; **many years' ~** langjährige Erfahrung(en); **he lacks ~** ihm fehlt (die) Erfahrung. **4.** *relig.* a) Erˈfahrungsreligiˌon *f*, b) *Am.* religiˈöse Erweckung: **~ meeting** Erweckungsversammlung *f*. **II** *v/t* **5.** erfahren: a) kennenlernen, b) erleben: **to ~ s.th. personally** etwas am eigenen Leibe erfahren; **to ~ difficulties** auf Schwierigkeiten stoßen, c) *Schmerzen, Verluste etc* erleiden, *etwas* ˈdurchmachen, *Vergnügen etc* empfinden: **to ~ an advance** *econ.* e-e Kurssteigerung erfahren; **to ~ religion** *Am. colloq.* erweckt *od.* bekehrt werden. **exˈpe·ri·enced** *adj* erfahren, bewandert, (fach-, sach)kundig, bewährt, erprobt, routiˈniert.
ex·pe·ri·en·tial [ɪkˌspɪərɪˈenʃl] *adj* (*adv* **~ly**) auf Erfahrung beruhend, Erfahrungs...: **~ philosophy** → **experientialism**. **exˌpe·riˈen·tial·ism** [-ʃəlɪzəm] *s philos.* Empiˈrismus *m*. **exˌpe·riˈen·tial·ist** *s philos.* Emˈpiriker *m*.
ex·per·i·ment I *s* [ɪkˈsperɪmənt] Versuch *m*, Experiˈment *n*: **~ on animals** Tierversuch; **to prove s.th. by ~** etwas experimentell nachweisen. **II** *v/i* [-ment] experimenˈtieren, Versuche anstellen (**on** an *dat*; **with** mit): **to ~ with s.th.** etwas erproben *od.* versuchen.
ex·per·i·men·tal [ekˌsperɪˈmentl; ɪk-] *adj* (*adv* → **experimentally**) **1.** Versuchs..., experimenˈtell, Experimental...: **~ animal** Versuchstier *n*; **~ engineer** *tech.* Versuchsingenieur *m*; **~ farm** landwirtschaftliche Experimentierstation; **~ physics** *pl* Experimentalphysik *f*; **~ psychology** Experimentalpsychologie *f*; **~ station** Versuchs-, Experimentierstation *f*; **~ theater** (*bes. Br.* **theatre**) experimentelles Theater; → **stage** 8. **2.** experimenˈtierfreudig. **3.** → **experiential**. **exˌper·iˈmen·tal·ist** [-təlɪst] → **experimenter**. **exˌper·iˈmen·tal·ize** *v/i* experimenˈtieren (**on** an *dat*; **with** mit). **exˌper·iˈmen·tal·ly** *adv* a) experimenˈtell, auf experimentellem Wege, b) versuchsweise. **exˌper·i·menˈta·tion** *s* Experimenˈtieren *n*. **exˈper·i·ment·er, exˈper·i·men·tor** [-tə(r)] *s* Experimenˈtator *m*.
ex·pert [ˈekspɜːt; *Am.* -ɜrt] **I** *adj* [*pred a.* ɪkˈsp-] (*adv* **~ly**) **1.** erfahren: **to be ~ in** (*od.* **at**) Erfahrung haben in (*dat*). **2.** fachmännisch, fach-, sachkundig, sachverständig: **~ work** fachmännische Arbeit; **~ engineer** Fachingenieur *m*; **~ knowledge** Sach-, Fachkenntnis *f*; **under ~ supervision** unter fachmännischer Aufsicht. **3.** Sachverständigen...: **~ evidence**, **~ opinion** (Sachverständigen)Gutachten *n*; **~ witness** *jur.* sachverständiger Zeuge, Sachverständige(r *m*) *f*. **4.** geschickt, gewandt (**at, in** in *dat*). **II** *s* **5.** a) Fachmann *m*, Exˈperte *m*, b) Sachverständige(r *m*) *f*, Gutachter(in) (**at, in** in *dat*; **on** [auf dem Gebiet] *gen*).
ex·per·tise [ˌekspɜːˈtiːz; *Am.* -pɜr-] *s* **1.** Experˈtise *f*, (Sachverständigen)Gutachten *n*. **2.** Fach-, Sachkenntnis *f*. **3.** fachmännisches Können.
ex·per·tize [ˈekspərˌtaɪz] *Am.* **I** *v/i* ein Gutachten abgeben (**on** über *acc*). **II** *v/t* begutachten.
exˈpert·ness *s* **1.** Erfahrenheit *f*. **2.** Geschicklichkeit *f*.
ex·pi·a·ble [ˈekspɪəbl] *adj* sühnbar. **ˈex·pi·ate** [-eɪt] *v/t* sühnen, wiederˈgutmachen, (ab)büßen. **ˌex·piˈa·tion** *s* Sühne *f*, (Ab)Büßung *f*, Buße *f*: **to make ~ for s.th.** etwas sühnen; **in ~ of s.th.** um etwas zu sühnen, als Sühne für etwas; **Feast of E~** *relig.* (jüdisches) Versöhnungsfest. **ˈex·pi·a·to·ry** [-tərɪ; *Am.* -ˌtəʊriː; -ˌtɔː-] *adj* sühnend, Sühn..., Buß...: **~ sacrifice** Sühnopfer *n*; **to be ~ of s.th.** etwas sühnen.
ex·pi·ra·tion [ˌekspɪˈreɪʃn] *s* **1.** Ausatmen *n*, -atmung *f*. **2.** *obs.* letzter Atemzug, Tod *m*. **3.** *fig.* Ablauf *m* (*e-r Frist, e-s Vertrags etc*), Ende *n*: **at the ~ of the year** nach Ablauf des Jahres. **4.** Verfall *m*: **at the time of ~** zur Verfallszeit; **~ date** Verfallstag *m*, -datum *n*. **5.** *econ.* Fälligwerden *n*. **ex·pi·ra·to·ry** [ɪkˈspaɪərətərɪ; *Am.* -ˌtəʊriː; -ˌtɔː-] *adj* Ausatmungs...
ex·pire [ɪkˈspaɪə(r); ek-] **I** *v/t* **1.** *Luft* ausatmen. **II** *v/i* **2.** ausatmen. **3.** sein Leben *od.* s-n Geist aushauchen. **4.** ablaufen (*Frist, Vertrag etc*), erlöschen (*Konzession, Patent, Recht, Titel etc*), enden. **5.** ungültig werden, verfallen, s-e Gültigkeit verlieren. **6.** *econ.* fällig werden. **exˈpi·ry** → **expiration** 3.
ex·plain [ɪkˈspleɪn] *v/t* **1.** erklären, erläutern, verständlich machen, auseinˈandersetzen (**s.th. to s.o.** j-m etwas): **to ~ s.th. away** a) e-e einleuchtende Erklärung für etwas finden, b) sich etwas herausreden. **2.** erklären, begründen, rechtfertigen: **to ~ o.s.** a) sich erklären, b) sich rechtfertigen. **exˈplain·a·ble** *adj* erklärbar, erklärlich.
ex·pla·na·tion [ˌekspləˈneɪʃn] *s* **1.** Erklärung *f*, Erläuterung *f* (**for, of** für): **to give an ~ of s.th.** etwas erklären; **in ~ of** zur Erklärung von, als Erklärung für, um zu erklären; **to make some ~** e-e Erklärung abgeben. **2.** Er-, Aufklärung *f*, Aufhellung *f*: **to find an ~ of** (*od.* **for**) **a mystery** ein Geheimnis aufklären. **3.** Verständigung *f*: **to come to an ~ with s.o.** sich mit j-m verständigen. **ex·plan·a·to·ry** [ɪkˈsplænətərɪ; *Am.* -ˌtəʊriː; -ˌtɔː-] *adj* (*adv* **explanatorily**) erklärend, erläuternd.
ex·ple·tive [ekˈspliːtɪv; ɪk-; *Am.* ˈeksplətɪv] **I** *adj* **1.** ausfüllend, (Aus)Füll...: **~ word** → 3. **II** *s* **2.** Füllsel *n*, ‚Lückenbüßer' *m*. **3.** *ling.* Füllwort *n*. **4.** *euphem.* a) Fluch *m*, b) Kraftausdruck *m*. **ex·ple·to·ry** [ekˈspliːtərɪ; ɪk-; *Am.* ˈeksplə-ˌtəʊriː; -ˌtɔː-] → **expletive** I.
ex·pli·ca·ble [ɪkˈsplɪkəbl; *Am.* ek-] *adj* erklärbar, erklärlich. **ˈex·pli·cate** [-keɪt] *v/t* **1.** expliˈzieren, erklären, erläutern. **2.** *e-e Theorie etc* entwickeln, *s-e Gedanken etc* entfalten. **ˌex·pliˈca·tion** *s* **1.** Erklärung *f*, Erläuterung *f*. **2.** Entfaltung *f*, Entwicklung *f*. **ex·pli·ca·tive** [ekˈsplɪkətɪv; ˈeksplɪkeɪtɪv], **ex·pli·ca·to·ry** [ekˈsplɪkətərɪ; *Am.* -ˌtəʊriː; -ˌtɔː-] *adj* erklärend, erläuternd.
ex·plic·it [ɪkˈsplɪsɪt] *adj* (*adv* **~ly**) **1.** ausdrücklich, deutlich, bestimmt, klar. **2.** ausführlich. **3.** a) offen, deutlich (**about**,

on in bezug auf *acc*) (*Person*), b) *a.* **sexually** ~ freizügig (*Film etc*). **4.** *math.* expliˈzit: ~ **function.** **exˈplic·it·ness** *s* Deutlichkeit *f*, Bestimmtheit *f*.

ex·plode [ɪkˈspləʊd] **I** *v/t* **1.** a) zur Exploˈsiˈon bringen, exploˈdieren lassen, b) in die Luft sprengen. **2.** beweisen, daß (*etwas*) falsch *od.* unhaltbar *od.* widersinnig ist: **to ~ a myth** e-n Mythos zerstören; **to ~ rumo(u)rs** Gerüchten den Boden entziehen; **to ~ a theory** e-e Theorie widerlegen. **3.** *ling.* als Exploˈsivlaut aussprechen. **II** *v/i* **4.** a) exploˈdieren, (*Granate etc*) kreˈpieren, b) in die Luft fliegen. **5.** *fig.* ausbrechen (**into, with** in *acc*), ‚platzen' (**with** vor *dat*): **to ~ with fury** vor Wut platzen, ‚explodieren'; **to ~ with laughter** in schallendes Gelächter ausbrechen, ‚losplatzen'. **6.** *fig.* sprunghaft ansteigen, sich exploˈsiˈonsartig vermehren (*bes. Bevölkerung*).

exˈplod·ed view *s tech.* in Einzelteile aufgelöste Darstellung.

exˈplod·er *s tech.* ˈZündmaˌschine *f*.

ex·ploit I *s* [ˈeksplɔɪt] **1.** (Helden)Tat *f*. **2.** Großtat *f*, große Leistung. **II** *v/t* [ɪkˈsplɔɪt] **3.** *etwas* auswerten, *ein Patent etc* (*kommerziell*) verwerten, *Erzvorkommen etc* ausbeuten, abbauen, *Land* kultiˈvieren. **4.** *fig. contp. j-n od. etwas* ausnutzen, ausbeuten, *etwas* ausschlachten, Kapiˈtal schlagen aus. **ˌex·ploiˈta·tion** [ˌeks-] *s* **1.** Auswertung *f*, Verwertung *f*, Ausbeutung *f*, Abbau *m*: **right of ~** Verwertungsrecht *n*; **wasteful ~** Raubbau *m*. **2.** *fig. contp.* Ausnutzung *f*, Ausschlachtung *f*. **ex·ploit·a·tive** [ɪkˈsplɔɪtətɪv] *adj contp.* ausnutzend, Ausbeutungs... **exˈploit·er** *s* Ausbeuter *m* (*a. fig. contp.*).

ex·plo·ra·tion [ˌekspləˈreɪʃn] *s* **1.** Erforschung *f* (*e-s Landes*). **2.** Unterˈsuchung *f*, *med. a.* Exploratiˈon *f*.

ex·plor·a·tive [ekˈsplɒrətɪv; *Am.* ɪkˈspləʊrətɪv; -ˈsplɔː-] → **exploratory.** **exˈplor·a·to·ry** [-rətərɪ; *Am.* -ˌtəʊriː; -ˌtɔː-] *adj* **1.** (er)forschend, Forschungs... **2.** Erkundungs..., unterˈsuchend: **~ drilling** Versuchs-, Probebohrungen *pl*; **~ incision** *med.* Probeinzision *f*. **3.** Sondierungs..., sonˈdierend: **~ talks** Sondierungsgespräche.

ex·plore [ɪkˈsplɔː(r); *Am. a.* -ˈspləʊr] **I** *v/t* **1.** *ein Land* erforschen. **2.** erforschen, erkunden, unterˈsuchen (*a. med. e-n Patienten explorieren*), sonˈdieren: **exploring(ly)** forschend, *a.* tastend. **II** *v/i* **3.** eingehende Unterˈsuchungen anstellen, forschen. **exˈplor·er** *s* Forscher(in), Forschungsreisende(r *m*) *f*: **polar ~** Polarforscher.

ex·plo·sion [ɪkˈspləʊʒn] *s* **1.** a) Exploˈsiˈon *f*, Entladung *f*, b) Knall *m*, Erschütterung *f*, Detonatiˈon *f*. **2.** *fig.* Zerstörung *f*, Widerˈlegung *f*. **3.** *fig.* Ausbruch *m*. **4.** *fig.* sprunghafter Anstieg, exploˈsiˈonsartige Vermehrung: **~ of population** Bevölkerungsexplosion *f*. **5.** *ling.* Exploˈsiˈon *f* (*Verschlußsprengung bei Verschlußlauten*). **exˈplo·sion-proof** *adj* exploˈsiˈonsgeschützt.

ex·plo·sive [ɪkˈspləʊsɪv] **I** *adj* (*adv* **~ly**) **1.** exploˈsiv (*a. fig. Atmosphäre etc*), Spreng...: **~ effect**; **~ combustion engine** Explosions-, Verpuffungsmotor *m*; **~ problem** *fig.* brisantes Problem. **2.** Explosions... **3.** *fig.* aufbrausend: **to have an ~ temper.** **4.** *fig.* sprunghaft ansteigend, sich exploˈsiˈonsartig vermehrend. **II** *s* **5.** a) Exploˈsiv-, Sprengstoff *m*, b) *pl mil.* Munitiˈon *f* u. Sprengstoffe *pl*. **6.** *ling.* Exploˈsiv-, Verschlußlaut *m*. **~ bomb** *s mil.* Sprengbombe *f*. **~ charge** *s mil. tech.* Sprengladung *f*. **~ cot·ton** *s tech.* Schießbaumwolle *f*. **~ flame** *s tech.* Stichflamme *f*. **~ force** *s mil. tech.* Briˈsanz-, Sprengkraft *f*. **~ riv·et** *s tech.* Sprengniet *m*. **~ thrust** *s* Verbrennungsdruck *m* (*e-r Rakete*). **~ train** *s* Zündsatz *m*.

ex·po·nent [ekˈspəʊnənt; ɪk-] *s* **1.** *math.* Expoˈnent *m*, Hochzahl *f*. **2.** *fig.* Expoˈnent(in): a) Repräsenˈtant(in), Vertreter(in), b) Verfechter(in): **the ~ of a doctrine.** **3.** *fig.* Interˈpret(in). **ex·po·nen·tial** [ˌekspəʊˈnenʃl] *math.* **I** *adj* Exponential...: **~ equation (function,** *etc*); **~ series** Exponentialreihe *f*. **II** *s* Expoˈnentiˈalgröße *f*.

ex·port [ekˈspɔː(r)t; ɪk-; *Am. a.* -ˈspəʊrt] *econ.* **I** *v/t u. v/i* **1.** exporˈtieren, ausführen: **~ing country** Ausfuhrland *n*; **~ing firm** Exportfirma *f*; **~ed articles** (*od.* **commodities**) → 4 b. **II** *s* [ˈek-] **2.** Exˈport *m*, Ausfuhr(handel *m*) *f*. **3.** Exˈport-, ˈAusfuhrarˌtikel *m*. **4.** *pl* a) (Geˈsamt)Exˌport *m*, (-)Ausfuhr *f*, b) Exˈportgüter *pl*, Ausfuhrware *f*. **III** *adj* [ˈek-] **5.** Ausfuhr..., Export... **exˈport·a·ble** *adj* exˈportfähig, ausführbar, Ausfuhr... **ˌex·porˈta·tion** → **export** 2, 3.

ex·port|bar [ˈekspɔː(r)t; *Am. a.* -ˌspəʊrt] *s econ.* Goldbarren *m* (*für internationalen Goldexport*). **~ boun·ty** *s* Exˈport-, Ausfuhrprämie *f*. **~ dec·la·ra·tion** *s* Exˈportdeklaratiˌon *f*, Ausfuhrerklärung *f* (*bei Seetransport*). **~ du·ty** *s* Ausfuhrzoll *m*.

exˈport·er *s econ.* Exporˈteur *m*.

ex·port|li·cence, *bes. Am.* **~ li·cense** *s econ.* Ausfuhrbewilligung *f*, Exˈportliˌzenz *f*. **~ per·mit** *s* Ausfuhrbewilligung *f*. **~ trade** *s* Exˈportgeschäft *n*, Ausfuhrhandel *m*.

ex·pos·al [ɪkˈspəʊzl] → **exposure.**

ex·pose [ɪkˈspəʊz] *v/t* **1.** *ein Kind* aussetzen. **2.** aussetzen, preisgeben (**to** *dat*): **to ~ o.s.** sich exponieren, sich e-e Blöße geben (→ 3 a); **to ~ o.s. to ridicule** sich lächerlich machen, sich dem Gespött (der Leute) aussetzen; → **exposed.** **3.** *fig.* a) (**o.s.** sich) bloßstellen, b) *j-n* entlarven, *e-n Spion a.* enttarnen, c) *etwas* aufdecken, entlarven, enthüllen: **to ~ an election fraud.** **4.** a) entblößen (*a. mil.*), enthüllen, zeigen, b) *med.* bloß-, freilegen. **5.** *Waren* ausstellen (**for sale** zum Verkauf): **to ~ for inspection** zur Ansicht auslegen. **6.** a) *phys. tech. e-r Einwirkung* aussetzen, b) *phot.* belichten. **7.** *fig.* darlegen, erklären, auseinˈandersetzen (**s.th. to s.o.** j-m etwas).

ex·po·sé [ekˈspəʊzeɪ; *Am.* ˌekspəʊˈzeɪ] *s* **1.** Expoˈsé *n*, Darlegung *f*. **2.** Enthüllung *f*, Entlarvung *f*.

ex·posed [ɪkˈspəʊzd] *adj* **1.** *pred* ausgesetzt (**to** *dat*). **2.** a) offen liegend, unverdeckt, b) frei verlegt, auf Putz (*Leitung*). **3.** ungeschützt (*Haus, Lage etc*), (*a. fig. Stellung etc*) expoˈniert. **exˈpos·ed·ness** [-zɪdnɪs] *s* Ausgesetztsein *n*.

ex·po·si·tion [ˌekspəʊˈzɪʃn] *s* **1.** Ausstellung *f*. **2.** Darlegung(en *pl*) *f*, Erklärung(en *pl*) *f*, Ausführung(en *pl*) *f*. **3.** Expositiˈon *f* (*einführender, vorbereitender Teil im Drama*). **4.** *mus.* Expositiˈon *f*: a) Themenaufstellung *f* (*in e-r Sonate*), b) erste ˈDurchführung (*in e-r Fuge*). **5.** → **exposure** 1.

ex·pos·i·tive [ekˈspɒzɪtɪv; *Am.* ɪkˈspɑzə-] *adj* erklärend: **to be ~ of s.th.** etwas erklären. **exˈpos·i·tor** [-tə(r)] *s* Erklärer *m*. **exˈpos·i·to·ry** [-tərɪ; *Am.* -ˌtəʊriː; -ˌtɔː-] → **expositive.**

ex post fac·to [ˌekspəʊstˈfæktəʊ] (*Lat.*) *adj u. adv* rückwirkend: **~ law.**

ex·pos·tu·late [ɪkˈspɒstjʊleɪt; *Am.* ɪkˈspɑstʃəˌleɪt] *v/i*: **~ with** *j-m* (ernste) Vorhaltungen machen, *j-n* zur Rede stellen, *j-n* zuˈrechtweisen (**about, on** wegen). **exˌpos·tuˈla·tion** *s* (ernste) Vorhaltung. **exˈpos·tu·la·tive** [-lətɪv; *Am.* -ˌleɪtɪv], **exˈpos·tu·la·to·ry** [-lətərɪ; *Am.* -ləˌtəʊriː; -ˌtɔː-] *adj* zuˈrechtweisend.

ex·po·sure [ɪkˈspəʊʒə(r)] *s* **1.** (Kindes-)Aussetzung *f*. **2.** Aussetzen *n*, Preisgabe *f*: **~ to light** Belichtung *f*; **~ to rays** Bestrahlung *f*. **3.** (**to**) Ausgesetztsein *n*, Preisgegebensein *n* (*dat*), Gefährdung *f* (durch): **~ to infection**; **death by ~** Tod *m* durch Erfrieren; **to die of ~** an Unterkühlung sterben, erfrieren. **4.** *fig.* a) Bloßstellung *f*, b) Entlarvung *f*, c) Aufdeckung *f*, Enthüllung *f*. **5.** a) Entblößung *f* (*a. mil.*): **indecent ~** *jur.* (Erregung *f* öffentlichen Ärgernisses durch) unsittliches Entblößen, b) *med.* Frei-, Bloßlegung *f*. **6.** ungeschützte *od.* expoˈnierte Lage. **7.** *phot.* a) Belichtung(szeit) *f*: **automatic ~** Belichtungsautomatik; **~ control** Belichtungsaussteuerung *f*; **~ meter** Belichtungsmesser *m*; **~ value** Lichtwert *m*, b) Aufnahme *f*: **~ against the sun** Gegenlichtaufnahme. **8.** Ausstellung *f* (*von Waren*). **9.** Lage *f* (*e-s Gebäudes*): **southern ~** Südlage.

ex·pound [ɪkˈspaʊnd] **I** *v/t* **1.** erklären, erläutern, *e-e Theorie etc* entwickeln. **2.** auslegen: **to ~ a text.** **II** *v/i* **3.** Erläuterungen geben (**on, upon** über *acc*, zu).

ex·press [ɪkˈspres] **I** *v/t* **1.** *Saft etc* auspressen (**from, out of** aus). **2.** *e-e Ansicht etc* ausdrücken, äußern, zum Ausdruck bringen: **to ~ the hope that** der Hoffnung Ausdruck geben, daß; **to ~ o.s.** sich äußern, sich erklären; **to be ~ed** zum Ausdruck kommen; **not to be ~ed** unaussprechlich. **3.** bezeichnen, bedeuten, vor-, darstellen. **4.** *Gefühle etc* zeigen, offenˈbaren, an den Tag legen, bekunden. **5.** a) *Br.* durch Eilboten *od.* als Eilgut schicken, b) *bes. Am.* durch ein (ˈSchnell)Transˌportunterˌnehmen befördern lassen. **II** *adj* (*adv* → **expressly**) **6.** ausdrücklich, bestimmt, deutlich. **7.** Expreß..., Schnell..., Eil...: **~ messenger (letter)** *Br.* Eilbote *m* (-brief *m*); **~ delivery** a) *Br.* Eilzustellung *f*, b) *bes. Am.* Beförderung *f* durch ein (Schnell-)Transportunternehmen. **8.** genau, gleich. **9.** besonder(er, e, es): **for this ~ purpose** eigens zu diesem Zweck. **III** *adv* **10.** exˈpreß. **11.** eigens. **12.** a) *Br.* durch Eilboten, per Exˈpreß, als Eilgut: **to send s.th. ~,** b) *bes. Am.* durch ein (ˈSchnell)Transˌportunterˌnehmen. **IV** *s* **13.** *Br.* Eilbote *m*. **14.** a) *Br.* Eilbeförderung *f*, b) *bes. Am.* Beförderung *f* durch ein (ˈSchnell)Transˌportunterˌnehmen. **15.** a) Eil-, Exˈpreßbrief *m*, -gut *n*, b) → **express goods** 2. **16.** *rail.* D-Zug *m*, Schnellzug *m*, *Am. a.* Eilgüterzug *m*. **17.** → **express rifle.** **exˈpress·age** *s bes. Am.* **1.** Sendung *f* durch ein (ˈSchnell-)Transˌportunterˌnehmen. **2.** Eilfrachtgebühr *f*.

ex·press|car *s rail. Am.* Paˈketwagen *m*. **~ com·pa·ny** *s bes. Am.* (ˈSchnell-)Transˌportunterˌnehmen *n*. **~ goods** *s pl econ.* **1.** *Br.* Eilfracht *f*, -gut *n*. **2.** *bes. Am.* durch ein (ˈSchnell)Transˌportunterˌnehmen beförderte Fracht.

ex·press·i·ble [ɪkˈspresəbl] *adj* ausdrückbar.

ex·pres·sion [ɪkˈspreʃn] *s* **1.** Auspressen *n*. **2.** *fig.* Ausdruck *m*, Äußerung *f*: **to find ~ in** sich äußern in (*dat*); **to give ~ to s.th.** e-r Sache Ausdruck verleihen; **beyond** (*od.* **past**) **~** unsagbar. **3.** Redensart *f*, Ausdruck *m*: **technical ~** Fachausdruck. **4.** Ausdrucksweise *f*, Diktiˈon *f*. **5.** Ausdruck(skraft *f*) *m*: **with ~** mit Gefühl, ausdrucksvoll. **6.** (Gesichts)Ausdruck *m*. **7.** Tonfall *m*. **8.** *math.* Ausdruck *m*, Formel *f*. **exˈpres·sion·al** [-ʃənl] *adj* Ausdrucks... **exˈpres-**

sion·ism *s art* Expressioˈnismus *m*. **exˈpres·sion·ist** *art* **I** *s* Expressioˈnist (-in). **II** *adj* expressioˈnistisch. **exˌpres·sionˈis·tic** [-ʃəˈn-] *adj* (*adv* ~ally) *art* expressioˈnistisch. **exˈpres·sion·less** *adj* ausdruckslos.

ex·pres·sive [ɪkˈspresɪv] *adj* (*adv* ~ly) **1. to be ~ of s.th.** etwas ausdrücken *od.* zum Ausdruck bringen. **2.** ausdrucksvoll. **3.** Ausdrucks... **exˈpres·sive·ness** *s* **1.** Ausdruckskraft *f.* **2.** (*das*) Ausdrucksvolle. **exˈpress·ly** *adv* **1.** ausdrücklich, klar. **2.** besonders, eigens.

exˈpressˌman [-ˌmæn] *s irr Am.* Angestellte(r) *m* e-s (ˈSchnell)TransˌportunterˌnehMens. **~ ri·fle** *s Am.* Jagdgewehr *n* (*für Patronen mit hoher Brisanz*). **~ train** → **express** 16.

exˈpress·way *s bes. Am.* Schnellstraße *f.*

ex·pro·pri·ate [eksˈprəʊprɪeɪt] *v/t jur. j-n od. etwas* enteignen: **to ~ the owner of his land** j-s Grundstück *od.* Grundbesitz enteignen. **exˌpro·priˈa·tion** *s jur.* Enteignung *f.*

ex·pul·sion [ɪkˈspʌlʃn] *s* **1.** Vertreibung *f* (**from** von, aus). **2.** (**from**) Ausweisung *f* (aus), Verbannung *f* (von, aus): **~ of enemy nationals** Ausweisung *f* von feindlichen Ausländern; **~ order** Ausweisungsbefehl *m*. **3.** (**from**) Ausstoßung *f* (aus), Ausschließung *f* (aus, von): **~ from school** Verweisung *f* von der Schule. **4.** *med.* Expulsiˈon *f,* Austreibung *f.* **exˈpul·sive** [-sɪv] *adj* **1.** Ausweisungs... **2.** *med.* expulˈsiv, austreibend.

ex·punc·tion [ekˈspʌŋkʃn; ɪk-] *s* Ausstreichung *f.* **ex·punge** [ekˈspʌndʒ; ɪk-] *v/t* **1.** aus-, ˈdurchstreichen, (aus-) löschen: **to ~ from a list** aus e-r Liste streichen; **to ~ memories from one's mind** Erinnerungen aus s-m Gedächtnis löschen. **2.** *etwas* aufgeben. **3.** vernichten.

ex·pur·gate [ˈekspɜːgeɪt; *Am.* -pərˌgeɪt] *v/t ein Buch etc* (von anstößigen Stellen) reinigen: **~d version** gereinigte Version. **ˌex·purˈga·tion** *s* Reinigung *f.*

ex·qui·site [ˈekskwɪzɪt; ekˈskwɪzɪt] **I** *adj* (*adv* ~ly) **1.** köstlich, vorˈzüglich, ausgezeichnet, (aus)erlesen, exquiˈsit: **his ~ taste** sein erlesener Geschmack; **~ sense of humo(u)r** köstlicher Humor. **2.** fein, gepflegt, erlesen: **~ wine**. **3.** äußerst empfindlich: **he has an ~ ear** er hat ein äußerst feines Ohr *od.* Gehör. **4.** heftig, intenˈsiv: **~ pain**; **~ pleasure** großes Vergnügen. **5.** äußerst(er, e, es), höchst(er, e, es). **II** *s* **6.** *obs.* Stutzer *m*. **ex·qui·site·ness** *s* **1.** Vorˈzüglichkeit *f,* Köstlichkeit *f,* Erlesenheit *f.* **2.** Feinheit *f.* **3.** Heftigkeit *f.*

ex·scind [ekˈsɪnd] *v/t med.* exziˈdieren, herˈausschneiden, entfernen.

ex·sect [ekˈsekt] → **exscind**.

ex·sert [ekˈsɜːt; *Am.* ekˈsɜrt] **I** *v/t bot. med.* vortreiben: **to be ~ed** vorstehen. **II** *adj* herˈvorgestreckt.

ex-ser·vice·man [ˌeksˈsɜːvɪsmən; *Am.* -ˈsɜr-] *s irr bes. Br.* ehemaliger Solˈdat, Veteˈran *m*: **ex-servicemen's association** Veteranenbund *m*.

ex·sic·cate [ˈeksɪkeɪt] *v/t u. v/i* austrocknen. **ex·sic·ca·tive** [ˈeksɪkətɪv; *bes. Am.* ekˈsɪkətɪv] *adj u. s* austrocknend(es Mittel). **ˈex·sic·ca·tor** [-keɪtə(r)] *s* ˈTrockenappaˌrat *m*.

ex·tant [ekˈstænt; ˈekstənt] *adj* (noch) vorˈhanden *od.* bestehend *od.* exiˈstierend, erhalten geblieben.

ex·tem·po·ra·ne·ous [ekˌstempəˈreɪnjəs; -nɪəs] *adj* (*adv* ~ly), **ex·tem·po·rar·y** [ɪkˈstempərərɪ; *Am.* -ˌreriː] *adj* (*adv* **extemporarily**) improviˈsiert, extempoˈriert, aus dem Stegreif: **~ translation** Stegreifübersetzung *f,* Vom-Blatt-Übersetzung *f.* **exˈtem·po·re** [-pərɪ] **I** *adv* unvorbereitet, aus dem Stegreif, exˈtempore. **II** *adj* → **extemporaneous**. **III** *s* unvorbereitete Rede, Stegreifrede *f,* -gedicht *n,* Improvisatiˈon *f,* Exˈtempore *n*. **exˌtem·po·riˈza·tion** *s* ExtempoˈRieren *n,* Improvisatiˈon *f.*

ex·tem·po·rize [ɪkˈstempəraɪz] **I** *v/t* extempoˈrieren, aus dem Stegreif *od.* unvorbereitet darbieten *od.* vortragen *od.* dichten *od.* spielen, improviˈsieren. **II** *v/i* extempoˈrieren, improviˈsieren. **exˈtem·po·riz·er** *s* Improviˈsator *m,* Stegreifdichter *m*.

ex·tend [ɪkˈstend] **I** *v/t* **1.** (aus)dehnen, ausbreiten. **2.** verlängern. **3.** vergrößern, erweitern, ausbauen: **to ~ a production plant**. **4.** ziehen, führen, spannen: **to ~ a rope around s.th.** **5.** ausstrecken (**one's hand** die Hand). **6.** *Nahrungsmittel etc* strecken: **to ~ ground meat with cereal**. **7.** *fig.* fort-, weiterführen, *e-n Besuch, s-e Macht, sport s-n Vorsprung* ausdehnen (**to** auf *acc*), *e-e Frist, e-n Paß, e-n Vertrag etc* verlängern, *econ. a.* prolonˈgieren, *ein Angebot etc* aufrechterhalten: **to have one's passport ~ed** s-n Paß verlängern lassen. **8.** (**to, toward[s]** *dat*) a) *e-e Gunst, Hilfe* gewähren, *Gutes* erweisen, b) *s-n Dank, Glückwunsch etc* aussprechen: **to ~ an invitation to(wards) s.o.** j-m e-e Einladung schicken, j-n einladen, c) *e-n Gruß* entbieten. **9.** *jur. verschuldeten Besitz* a) gerichtlich abschätzen, b) pfänden. **10.** *Abkürzungen* (voll) ausschreiben, *Kurzschrift* (in Langschrift) überˈtragen. **11.** *sport* das Letzte herˈausholen aus (*e-m Pferd*), voll ausreiten: **to ~ o.s.** sich völlig ausgeben, sich total verausgaben. **12.** *aer. Fahrgestell* ausfahren. **13.** *mil.* ausschwärmen lassen. **14.** *Buchhaltung*: überˈtragen. **II** *v/i* **15.** sich ausdehnen, sich erstrecken, reichen (**over** über *acc*; **to** bis zu). **16.** sich (*zeitlich*) erstrecken *od.* ˈhinziehen. **17.** a) hinˈausgehen (**beyond** über *acc*), b) (herˈaus)ragen. **18.** *mil.* ausschwärmen. **exˈtend·ed** *adj* **1.** ausgedehnt (*a. fig. Zeitraum etc*). **2.** ausgestreckt: **~ hands**. **3.** erweitert (*a. math.*). **4.** verlängert: **~-play record** Maxisingle *f.* **5.** groß, umˈfassend: **~ family** *sociol.* Großfamilie *f.* **6.** ausgebreitet: **~ formation** *mil.* auseinandergezogene Formation; **~ order** *mil.* geöffnete Ordnung. **7.** *print.* breit.

ex·ten·si·bil·i·ty [ɪkˌstensəˈbɪlətɪ] *s* (Aus)Dehnbarkeit *f.* **exˈten·si·ble** *adj* **1.** (aus)dehnbar. **2.** ausziehbar: **~ table** Ausziehtisch *m*. **3.** *anat.* aus-, vorstreckbar.

ex·ten·sim·e·ter [ˌekstenˈsɪmɪtə(r)] [→ **extensometer**.]

ex·ten·sion [ɪkˈstenʃn] *s* **1.** Ausdehnung *f* (*a. fig.*; **to** auf *acc*). **2.** Erweiterung *f,* Vergrößerung *f.* **3.** *med.* a) Strecken *n* (*e-s gebrochenen Gliedes*), b) Vorstrecken *n* (*der Zunge etc*). **4.** (Frist)Verlängerung *f,* *econ. a.* Prolongatiˈon *f*: **~ of credit** Kreditverlängerung; **~ of leave** Nachurlaub *m*. **5.** *arch.* Erweiterung *f,* Anbau *m* (*Gebäude*). **6.** *philos.* Extensiˈon *f,* ˈUmfang *m* (*e-s Begriffs*). **7.** *biol.* Streckungswachstum *n*. **8.** *electr. tech.* Nebenanschluß *m,* *teleph. a.* Appaˈrat *m*. **9.** *phot.* Kameraauszug(slänge *f*) *m*. **~ band·age** *s med.* Streckverband *m*. **~ board** *s teleph.* ˈHauszenˌtrale *f.* **~ cord** *s electr.* Verlängerungsschnur *f.* **~ lad·der** *s* Ausziehleiter *f.* **~ piece** *s* Verlängerungsstück *n*. **~ spring** *s tech.* Zugfeder *f.* **~ ta·ble** *s Am.* Ausziehtisch *m*.

ex·ten·sive [ɪkˈstensɪv] *adj* (*adv* ~ly) **1.** ausgedehnt (*a. math. u. fig.*), (*Blick*) weit: **~ farms**; **~ travels**. **2.** geräumig, weitläufig. **3.** *fig.* a) umˈfassend: **~ knowledge**, b) eingehend: **an ~ report**, c) zahlreich: **~ examples**, d) beträchtlich: **~ damage**; **~ efforts**, e) weitreichend: **~ influence**; **~ reforms**, f) ˈumfangreich: **~ works**. **4.** *philos.* räumlich, Raum... **5.** *agr.* extenˈsiv. **exˈten·sive·ness** *s* Ausdehnung *f,* Weite *f,* Größe *f,* ˈUmfang *m*.

ex·ten·som·e·ter [ˌekstenˈsɒmɪtə; *Am.* -ˈsɑmətər] *s phys.* Dehnungsmesser *m*.

ex·ten·sor [ɪkˈstensə(r)] *s anat.* Exˈtensor *m,* Streckmuskel *m*.

ex·tent [ɪkˈstent] *s* **1.** Ausdehnung *f,* Länge *f,* Weite *f,* Höhe *f,* Größe *f.* **2.** *math. u. fig.* Bereich *m*. **3.** *fig.* ˈUmfang *m,* (Aus-) Maß *n,* Grad *m*: **~ of damage** Ausmaß des Schadens, Schadenshöhe *f*; **to the ~ of** bis zum Betrag *od.* zur Höhe von; **to a large ~** in hohem Grade, weitgehend; **to some** (*od.* **a certain**) **~** bis zu e-m gewissen Grade, einigermaßen; **to the full ~** in vollem Umfang, völlig. **4.** Raum *m,* Strecke *f*: **a vast ~ of marsh** ein ausgedehntes Sumpfgebiet.

ex·ten·u·ate [ekˈstenjʊeɪt; *Am.* ɪkˈstenjəˌweɪt] *v/t* **1.** abschwächen, mildern. **2.** beschönigen, bemänteln: **extenuating circumstances** *jur.* mildernde Umstände. **3.** *obs.* a) schwächen, b) verdünnen, c) herˈabsetzen. **exˌten·uˈa·tion** *s* **1.** Abschwächung *f,* Milderung *f*: **in ~ of s.th.** zur Milderung e-r Sache, um etwas zu mildern. **2.** Beschönigung *f.* **exˈten·u·a·tive** [-jʊətɪv; *Am.* -jəˌweɪtɪv], **exˈten·u·a·to·ry** [-jʊətərɪ; *Am.* -jəwəˌtəʊriː; -ˌtɔː-] *adj* **1.** mildernd, abschwächend. **2.** beschönigend.

ex·te·ri·or [ekˈstɪərɪə(r)] **I** *adj* (*adv* ~ly) **1.** äußerlich, äußer(er, e, es), Außen...: **~ aerial** (*bes. Am.* **antenna**) Außenantenne *f*; **~ angle** *math.* Außenwinkel *m*; **~ ballistics** äußere Ballistik; **~ view** Außenansicht *f*; **~ to** abseits von (*od. gen*), außerhalb (*gen*). **2.** von außen (ein)wirkend *od.* kommend. **3.** *pol.* auswärtig: **~ policy**; **~ possessions**. **II** *s* **4.** (*das*) Äußere: a) Außenseite *f,* b) äußere Erscheinung (*e-r Person*). **5.** *pol.* auswärtige Angelegenheiten *pl.* **6.** *Film, TV*: Außenaufnahme *f.* **exˌte·riˈor·i·ty** [-ˈɒrətɪ; *Am. a.* -ˈɑr-] *s* **1.** (*das*) Äußere. **2.** Äußerlichkeit *f.* **exˈte·ri·or·ize** → **externalize**.

ex·ter·mi·nant [ɪkˈstɜːmɪnənt; *Am.* -ˈstɜr-] *s* Vertilgungsmittel *n*.

ex·ter·mi·nate [ɪkˈstɜːmɪneɪt; *Am.* -ˈstɜr-] *v/t* ausrotten (*a. fig.*), vernichten, *Ungeziefer, Unkraut etc a.* vertilgen. **exˌter·miˈna·tion** *s* Ausrottung *f* (*a. fig.*), Vernichtung *f,* Vertilgung *f*: **~ camp** Vernichtungslager *n*. **exˈter·mi·na·tive** [-nətɪv; *Am.* -ˌneɪtɪv] → **exterminatory**. **exˈter·mi·na·tor** [-neɪtə(r)] *s* **1.** Kammerjäger *m*. **2.** → **exterminant**. **exˈter·mi·na·to·ry** [-nətərɪ; *Am.* -nəˌtəʊriː; -ˌtɔː-] *adj* Ausrottungs..., Vernichtungs..., Vertilgungs...

ex·tern I *adj* [ekˈstɜːn; *Am.* ekˈstɜrn; ˈek-] **1.** *obs. für* **external**. **II** *s* [ekˈstɜːn; *Am.* ˈekˌstɜrn] **2.** *Am.* Exˈterne(r *m*) *f* (*e-s Internats*). **3.** *bes. Am. Krankenhausarzt od. Medizinalassistent, der nicht im Krankenhaus wohnt.*

ex·ter·nal [ekˈstɜːnl; *Am.* ekˈstɜrnl] **I** *adj* (*adv* → **externally**) **1.** äußer(er, e, es), äußerlich, Außen...: **~ angle** *math.* Außenwinkel *m*; **~ ballistics** äußere Ballistik; **~ ear** *anat.* äußeres Ohr; **~ evidence** *jur.* Beweis, der nicht aus der Urkunde selbst hervorgeht; **~ remedy** äußerliches (Heil)Mittel; **for ~ use** *med.* zum äußerlichen Gebrauch, äußerlich; **~ to** außerhalb (*gen*). **2.** von außen (ein-) wirkend *od.* kommend. **3.** a) (*äußerlich*) wahrnehmbar, sichtbar, b) *philos.* Erscheinungs...: **~ world**. **4.** (rein) äußerlich, (nur) oberflächlich. **5.** *econ. pol.* ausländisch, Außen...: **~ affairs** *pol.* auswärtige Angelegenheiten; ~ **assets** Auslandsvermögen *n*; ~ **debt** auswärtige Schuld; ~ **loan** Auslandskredit *m*; ~ **trade** Außenhandel *m*. **6.** *econ.* außerbetrieblich, Fremd... **7.** ~ **student** *univ.* Fernstudent(in). **II** *s* **8.** *oft pl (das)* Äußere. **9.** *pl* Äußerlichkeiten *pl*.

ex·ter·nal·ism [ekˈstɜːnəlɪzəm; *Am.* -ˈstɜr-] *s* **1.** *philos.* Phänomenaˈlismus *m (Anschauung, nach der die Gegenstände nur so erkannt werden können, wie sie uns erscheinen, nicht, wie sie an sich sind)*. **2.** Hang *m* zu Äußerlichkeiten. **ex·ter·nal·i·ty** [ˌekstɜːˈnælətɪ; *Am.* -stɜr-] *s* **1.** Äußerlichkeit *f*. **2.** *philos.* Exiˈstenz *f* außerhalb des Wahrnehmenden. **3.** a) äußere Eigenschaft, b) *pl* äußere Dinge *pl*. **ex,ter·nal·i·za·tion** [-nəlaɪˈzeɪʃn; *Am.* -ləˈz-] *s* **1.** Objektiˈvierung *f*. **2.** *psych.* Externaliˈsierung *f*. **exˈter·nal·ize** *v/t* **1.** *Wahrnehmungsprozesse etc* objektiˈvieren. **2.** *psych. Konflikte etc* externaliˈsieren, nach außen verlagern. **exˈter·nal·ly** *adv* äußerlich, von außen.

ex·ter·ri·to·ri·al [ˈeksˌterɪˈtɔːrɪəl; *Am. a.* -ˈtəʊ-] → **extraterritorial**.

ex·tinct [ɪkˈstɪŋkt] *adj* **1.** erloschen (*a. fig. Titel etc, geol. Vulkan*): **to become** ~ erlöschen (→ 2). **2.** ausgestorben (*Pflanze, Tier etc*), ˈuntergegangen (*Reich etc*): **to become** ~ aussterben (→ 1). **3.** abgeschafft, aufgehoben: ~ **laws**. **exˈtinc·tion** [-kʃn] *s* **1.** Erlöschen *n*. **2.** Aussterben *n*, ˈUntergang *m*. **3.** (Aus)Löschen *n*. **4.** Erstickung *f*, Zuˈnichtemachung *f*. **5.** Vernichtung *f*, Zerstörung *f*. **6.** Abschaffung *f*, Aufhebung *f*. **7.** Tilgung *f*. **8.** *electr. phys.* (Aus)Löschung *f*: ~ **voltage** Löschspannung *f*.

ex·tin·guish [ɪkˈstɪŋgwɪʃ] *v/t* **1.** *Feuer, Lichter* (aus)löschen. **2.** *fig. obs.* in den Schatten stellen. **3.** *Leben, Gefühl etc* auslöschen, ersticken, töten, *Hoffnungen, Pläne etc* zuˈnichte machen. **4.** *j-n* zum Schweigen bringen. **5.** auslöschen, vernichten, zerstören. **6.** *ein Gesetz etc* abschaffen, aufheben. **7.** *e-e Schuld* tilgen. **exˈtin·guish·a·ble** *adj* **1.** (aus-) löschbar. **2.** tilgbar. **exˈtin·guish·er** *s* **1.** (Feuer)Löschgerät *n*, (-)Löscher *m*. **2.** Lösch-, Lichthütchen *n*. **3.** Glut-, Zigaˈrettentöter *m*. **exˈtin·guish·ment** → **extinction** 1–7.

ex·tir·pate [ˈekstɜːpeɪt; *Am.* -tərˌpeɪt] *v/t* **1.** (mit den Wurzeln) ausreißen. **2.** *fig.* ausmerzen, ausrotten. **3.** *med.* exstirˈpieren, entfernen. **ˌex·tirˈpa·tion** *s* **1.** Ausrottung *f*. **2.** *med.* Exstirpatiˈon *f*, Entfernung *f*. **ˈex·tir·pa·tor** [-tə(r)] *s* Ausrotter *m*.

ex·tol, *Am. a.* **ex·toll** [ɪkˈstəʊl] *v/t* (lob-) preisen, rühmen: → **sky** 2.

ex·tort [ɪkˈstɔː(r)t] *v/t* **1.** (**from**) *etwas* erpressen, erzwingen (von), *a. Bewunderung etc* abringen, abnötigen (*dat*): **to** ~ **money (a confession)** Geld (ein Geständnis) erpressen. **2.** *fig. den Sinn* gewaltsam herˈausholen (**from** aus *Worten*). **exˈtor·tion** *s* **1.** Erpressung *f*: **to obtain s.th. by** ~ etwas erpressen *od.* erzwingen. **2.** Wucher *m*. **exˈtor·tion·ate** [-ʃnət] *adj* (*adv* ~**ly**) **1.** erpresserisch. **2.** unmäßig, überˈhöht, Wucher...: ~ **price**. **exˈtor·tion·er, exˈtor·tion·ist** *s* **1.** Erpresser *m*. **2.** Wucherer *m*.

ex·tra [ˈekstrə] **I** *adj* **1.** zusätzlich, Extra..., Sonder..., Neben...: ~ **charge** a) Zuschlag *m*, b) *mil.* Zusatzladung *f*; ~ **charges** Nebenkosten; ~ **discount** Sonderrabatt *m*; ~ **dividend** Extra-, Zusatzdividende *f*; ~ **pay** Zulage *f*; **if you pay an** ~ **two pounds** wenn Sie noch zwei Pfund dazulegen; ~ **work** Extraarbeit *f*, zusätzliche Arbeit, *ped.* Strafarbeit *f*. **2.** besonder(er, e, es), außergewöhnlich, besonders gut: **it is nothing** ~ es ist nichts Besonderes. **II** *adv* **3.** extra, besonders: **to arrive** ~ **late**; **an** ~ **high price** ein besonders hoher Preis; **to be** ~, **to be charged for** ~ gesondert berechnet werden. **III** *s* **4.** (*etwas*) Außergewöhnliches *od.* Zusätzliches, *bes.* a) Sonderarbeit *f*, -leistung *f*, b) *bes. mot.* Extra *n*, c) Sonderberechnung *f*, Zuschlag *m*: **to be an** ~ gesondert berechnet werden. **5.** (besonderer) Zusatz. **6.** *pl* Sonder-, Nebenausgaben *pl od.* -einnahmen *pl*. **7.** Extrablatt *n*, -ausgabe *f* (*Zeitung*). **8.** Aushilfskraft *f* (*Arbeiter etc*). **9.** *Film:* Komˈparse *m*, Komˈparsin *f*, Staˈtist(in).

ex·tract I *v/t* [ɪkˈstrækt] **1.** herˈausziehen, -holen (**from** aus). **2.** extraˈhieren: a) *med. e-n Zahn* ziehen, b) *chem.* ausziehen, -scheiden, c) *math. die Wurzel* ziehen. **3.** *Honig etc* schleudern. **4.** *metall. etc* gewinnen (**from** aus): ~**ing plant** Gewinnungsanlage *f*. **5.** *Beispiele etc* ausziehen, exzerˈpieren (**from a text** aus e-m Text). **6.** *fig.* (**from**) *Informationen, Geld etc* herˈausholen (aus), entlocken, abringen (*dat*). **7.** *fig. e-e Lehre etc* ab-, ˈherleiten (**from** von). **II** *s* [ˈekstrækt] **8.** *a. chem.* Auszug *m*, Exˈtrakt *m* (**from** aus): ~ **of beef** Fleischextrakt; ~ **of account** Kontoauszug. **exˈtract·a·ble, exˈtract·i·ble** *adj* (herˈaus)ziehbar.

ex·trac·tion [ɪkˈstrækʃn] *s* **1.** Herˈausziehen *n*. **2.** Extraktiˈon *f*: a) *med.* Ziehen *n* (*e-s Zahns*), b) *chem.* Ausziehen *n*, -scheidung *f*, c) *math.* Ziehen *n* (*e-r Wurzel*). **3.** *metall. etc* Gewinnung *f*. **4.** *tech.* (Dampf)Entnahme *f*. **5.** → **extract** 8. **6.** *fig.* Entlockung *f*. **7.** Ab-, ˈHerkunft *f*, Abstammung *f*. **exˈtrac·tive** [-tɪv] **I** *adj* **1.** (her)ˈausziehend: ~ **industry** Industrie *f* zur Gewinnung von Naturprodukten. **2.** *chem.* extrakˈtiv, Extraktiv...: ~ **distillation**. **II** *s* **3.** *chem.* Exˈtrakt *m*. **exˈtrac·tor** [-tə(r)] *s* **1.** *tech.* (*a. mil.* Paˈtronen-, Hülsen)Auszieher *m*, Auswerfer *m*: ~ **hook** Ausziehkralle *f*. **2.** *med.* (Geburts-, Zahn)Zange *f*. **3.** Trockenschleuder *f*. **4.** *a.* ~ **fan** *tech.* Abzugsgebläse *n*.

ˌex·tra·curˈric·u·lar *adj* **1.** *ped. univ.* außerhalb des Stunden- *od.* Lehrplans. **2.** außerplanmäßig.

ex·tra·dit·a·ble [ˈekstrədaɪtəbl] *adj* (*Völkerrecht*) **1.** Auslieferung nach sich ziehend, auslieferungsfähig: ~ **offence**. **2.** auszuliefern(d): ~ **criminal**. **ˈex·tra·dite** *v/t* (*Völkerrecht*) **1.** ausliefern. **2.** *j-s* Auslieferung erwirken. **ˌex·traˈdi·tion** [-ˈdɪʃn] *s Völkerrecht:* Auslieferung *f*: → **request** 1.

ex·tra·dos [eksˈtreɪdɒs; *Am.* ˈekstrəˌdɑs; -ˌdəʊs] *pl* **-dos** [-dəʊz], **-dos·es** *s arch.* Gewölbe-, Bogenrücken *m*.

ˌex·tra|·juˈdi·cial *adj jur.* außergerichtlich. **ˌ~ˈmar·i·tal** *adj* außerehelich. **ˌ~·munˈdane** *adj philos.* extramunˈdan, außerweltlich. **ˌ~ˈmu·ral** *adj* **1.** außerhalb der Mauern (*e-r Stadt etc od. Universität*): ~ **courses** (*od.* **classes**) Hochschulkurse außerhalb der Universität. **2.** *anat.* extramuˈral (*außerhalb der Wand e-s Hohlraums gelegen*).

ex·tra·ne·ous [ekˈstreɪnjəs; -nɪəs] *adj* (*adv* ~**ly**) **1.** äußer(er, e, es), Außen... **2.** fremd (**to** *dat*): ~ **to reality** realitätsfremd. **3.** a) unwesentlich, b) nicht gehörig (**to** zu): **to be** ~ **to s.th.** nicht zu etwas gehören.

ex·traor·di·nar·i·ly [ɪkˈstrɔːdnrəlɪ; *Am.* ɪkˌstrɔːrdnˈerəliː] *adv* außerordentlich, besonders: ~ **cheap**. **exˈtraor·di·nar·i·ness** [-rɪnɪs; *Am.* -ˌeriːnɪs] *s* Außerordentlichkeit *f*, (*das*) Außerordentliche. **exˈtraor·di·nar·y** [-rɪ; *Am.* -ˌeriː] *adj* **1.** außerordentlich, -gewöhnlich. **2.** ungewöhnlich, seltsam, merkwürdig. **3.** besonder(er, e, es). **4.** *econ. pol. etc* außerordentlich, Sonder... (*a. von Beamten*): ~ **powers**; ~ **meeting**; → **ambassador** 1.

ex·trap·o·late [ekˈstræpəʊleɪt; *bes. Am.* ɪk-] *v/t u. v/i math.* extrapoˈlieren (*Funktionswerte außerhalb e-s Intervalls auf Grund der innerhalb dieses Intervalls bekannten Funktionswerte näherungsweise bestimmen*). **exˌtrap·oˈla·tion** *s* Extrapolatiˈon *f*.

ˌex·tra|·proˈfes·sion·al *adj* außerberuflich, nicht zum Beruf gehörig. **ˌ~ˈsen·so·ry** *adj* außersinnlich: ~ **perception** außersinnliche Wahrnehmung. **ˌ~·terˈres·tri·al I** *adj* extraterˈrestrisch, außerirdisch. **II** *s* außerirdisches Wesen. **ˈ~ˌter·riˈto·ri·al** *adj* exterritoriˈal, den Landesgesetzen nicht unterˈworfen. **ˈ~ˌter·ri·to·riˈal·i·ty** *s* Exterritorialiˈtät *f*. ~ **time** *s sport* (Spiel)Verlängerung *f*: **the game went into** ~ das Spiel ging in die Verlängerung.

ex·trav·a·gance [ɪkˈstrævəgəns; -vɪ-], *a.* **exˈtrav·a·gan·cy** [-sɪ] *s* **1.** Verschwendung(ssucht) *f*. **2.** ˈÜbermaß *n*, Überˈtriebenheit *f*, Extravaˈganz *f*. **3.** Ausschweifung *f*, Zügellosigkeit *f*. **exˈtrav·a·gant** *adj* (*adv* ~**ly**) **1.** verschwenderisch. **2.** ˈübermäßig, überˈtrieben, -ˈspannt, verstiegen, extravaˈgant. **3.** ausschweifend, zügellos. **ex·trav·a·gan·za** [ekˌstrævəˈgænzə; *bes. Am.* ɪk-] *s* **1.** phanˈtastische *od.* überˈspannte Dichtung *od.* Kompositiˈon. **2.** ˈAusstattungsstück *n*, -film *m*, -reˌvue *f*.

ex·trav·a·gate [ɪkˈstrævəgeɪt] *v/i obs.* **1.** umˈher-, abschweifen. **2.** zu weit gehen, das Maß überˈschreiten.

ex·trav·a·sate [ekˈstrævəseɪt; *bes. Am.* ɪk-] *med.* **I** *v/t Blut etc* (aus e-m Gefäß) austreten lassen. **II** *v/i* (aus e-m Gefäß) austreten. **exˌtrav·aˈsa·tion** *s* **1.** Extravasatiˈon *f*. **2.** Extravaˈsat *n* (*aus e-m Gefäß ausgetretenes Blut etc*).

ex·tra·ver·sion [ˌekstrəˈvɜːʃn; *Am.* -ˈvɜrʒən; -ʃən], *etc* → **extroversion**, *etc*.

ex·treme [ɪkˈstriːm] **I** *adj* (*adv* → **extremely**) **1.** äußerst(er, es, es), weitest(er, e, es), End..., *a. tech.* exˈtrem: ~ **border** äußerster Rand; ~ **value** Extremwert *m*. **2.** letzt(er, e, es): → **unction** 3c. **3.** äußerst(er, e, es), höchst(er, e, es): ~ **danger**; ~ **penalty** a) Höchststrafe *f*, b) Todesstrafe *f*; ~ **old age** hohes Greisenalter. **4.** außergewöhnlich, hochgradig, überˈtrieben, Not...: ~ **case** a) äußerster Notfall, b) besonders schwerwiegender Fall. **5.** *a. pol.* exˈtrem, radiˈkal: ~ **measure** drastische *od.* radikale Maßnahme; ~ **Left** *pol.* äußerste Linke. **6.** dringend(st): ~ **necessity** zwingende Notwendigkeit. **7.** *mus.* ˈübermäßig (*Intervall*). **II** *s* **8.** äußerstes Ende, äußerste Grenze. **9.** (*das*) Äußerste, höchster Grad, Exˈtrem *n*. **10.** ˈÜbermaß *n*, Überˈtreibung *f*. **11.** Gegensatz *m*. **12.** *math.* a) die größte *od.* kleinste Größe, b) Augenglied *n* (*e-r Gleichung etc*): **the** ~**s and the means** die äußeren u. inneren Glieder e-r Proportion. **13.** *philos.* äußerstes Glied (*e-s logischen Schlusses*).

Besondere Redewendungen:

at the other ~ am entgegengesetzten Ende; **in the** ~, **to an** ~ übermäßig, äußerst, aufs äußerste, höchst, extrem; **difficult in the** ~ äußerst schwierig; **to carry s.th. to an** ~ etwas zu weit treiben; **to fly to the opposite** ~ in das entgegengesetzte Extrem verfallen; **to go to** ~**s** vor nichts zurückschrecken; **to go from one** ~ **to the other** aus *od.* von e-m Extrem ins andere fallen; ~**s meet** die Extreme berühren sich; → **rush**[1] 1.

ex'treme·ly *adv* äußerst, höchst, ungemein, hochgradig. **ex'treme·ness** *s* Maßlosigkeit *f.* **ex'trem·ism** *s bes. pol.* Extre'mismus *m.* **ex'trem·ist** *bes. pol.* **I** *s* Extre'mist(in). **II** *adj* extre'mistisch.

ex·trem·i·ty [ɪk'stremətɪ] *s* **1.** (*das*) Äußerste, äußerstes Ende, äußerste Grenze, Spitze *f*: **to the last ~** bis zum Äußersten; **to drive s.o. to extremities** j-n zum Äußersten treiben. **2.** *fig.* höchster Grad: **~ of joy** Übermaß *n* der Freude. **3.** *fig.* äußerste Not, verzweifelte Situati'on: **to be reduced to extremities** in größter Not sein. **4.** *oft pl obs.* äußerste Maßnahme: **to go to extremities against s.o.** drastische Maßnahmen gegen j-n ergreifen. **5.** *fig.* verzweifelter Entschluß *od.* Gedanke. **6.** *meist pl* Gliedmaße *f*, Extremi'tät *f.* **7.** *math.* Ende *n.*

ex·tri·ca·ble ['ekstrɪkəbl; *Am. bes.* ɪk'strɪk-] *adj* (**from**) her'ausziehbar (aus), zu befreien(d) (aus, von). **'ex·tri·cate** [-keɪt] *v/t* **1.** (**from**) *etwas od. j-n* (**o.s.** sich) her'auswinden, -ziehen (aus), freimachen (von), befreien (aus, von). **2.** *chem. Gas* frei machen. **ˌex·tri'ca·tion** *s* **1.** Befreiung *f.* **2.** *chem.* Freimachen *n.*

ex·trin·sic [ek'strɪnsɪk; *Am. a.* -zɪk] *adj* (*adv* **~ally**) **1.** äußer(er, e, es): a) außen gelegen, b) von außen (wirkend *etc*), *bes. ped. psych.* ex'trinsisch: **~ motivation. 2.** a) nicht zur Sache gehörig: **to be ~ to s.th.** nicht zu etwas gehören, b) unwesentlich. **~ ev·i·dence** *s jur.* Beweis, der nicht aus der Urkunde selbst her'vorgeht.

ex·trorse [ek'strɔː(r)s; *Am.* 'ekˌst-] *adj bot.* ex'trors, auswärts gewendet (*Staubbeutel*).

ex·tro·ver·sion [ˌekstrəʊ'vɜːʃn; *Am.* -'vɜrʒən; -ʃən] *s psych.* Extraversi'on *f*, Extraver'tiertheit *f*, Weltoffenheit *f.* **'ex·tro·vert** [-vɜːt; *Am.* -ˌvɜrt-] *psych.* **I** *s* extraver'tierter Mensch. **II** *adj* extra-, extrover'tiert, weltoffen.

ex·trude [ek'struːd; *bes. Am.* ɪk-] **I** *v/t* **1.** ausstoßen (*a. fig.*), (her)'auspressen. **2.** *tech.* strangpressen, *Schläuche* spritzen. **II** *v/i* **3.** vorstehen. **ex'trud·er** *s tech.* Strangpresse *f.* **ex'tru·sion** [-ʒn] *s* **1.** Ausstoßung *f* (*a. fig.*). **2.** *tech.* a) Strangpressen *n*, b) Spritzen *n*, c) Strangpreßling *m*: **~ die** Strangpreßform *f*, (Schlauch)Spritzform *f.* **3.** *geol.* Extrusi'on *f* (*Herausquellen des Magmas aus Vulkanen*). **ex'tru·sive** [-sɪv] *adj* **1.** ausstoßend. **2.** *geol.* extru'siv, an der Erdoberfläche erstarrt: **~ rocks** Extrusivgestein *n.*

ex·u·ber·ance [ɪg'zjuːbərəns; *bes. Am.* -'zuː-] *s* **1.** (**of**) Fülle *f* (von *od. gen*), Reichtum *m* (an *dat*). **2.** 'Überschwang *m*, Ausgelassenheit *f.* **3.** (Rede)Schwall *m.* **ex'u·ber·ant** *adj* (*adv* **~ly**) **1.** üppig, ('über)reichlich. **2.** *fig.* a) 'überschwenglich, b) ('über)sprudelnd, ausgelassen: **~ spirits** sprudelnde Laune. **3.** *fig.* fruchtbar, (sehr) produk'tiv. **ex'u·ber·ate** [-reɪt] *v/i* **1.** strotzen (**with** von). **2.** schwelgen (**in** in *dat*).

ex·u·date ['eksjuːdeɪt; *Am. a.* -sʊ-] *s med.* Exsu'dat *n*, Ausschwitzung *f.* **ˌex·u'da·tion** *s* **1.** Exsudati'on *f* (*Absonderung e-s Exsudats*). **2.** → **exudate**.

ex·ude [ɪg'zjuːd; *Am.* ɪg'zuːd] **I** *v/t* **1.** *Schweiß etc* ausschwitzen, absondern. **2.** *Duft, fig. Charme etc* verströmen. **II** *v/i* **3.** her'vorkommen, austreten (**from** aus). **4.** ausströmen (**from** aus, von) (*a. fig.*).

ex·ult [ɪg'zʌlt] *v/i* froh'locken, jubeln (**at, over, in** über *acc*). **ex'ult·ant** *adj* (*adv* **~ly**) froh'lockend, jubelnd. **ex·ul·ta·tion** [ˌegzʌl'teɪʃn; ˌeks-] *s* Jubel *m*, Froh'locken *n*: **a cry of ~** ein Jubelschrei. **ex'ult·ing** *adj* (*adv* **~ly**) → **exultant**.

ex·urb ['ekˌsɜrb; 'egˌz-] *s Am.* (vornehmes) Einzugsgebiet (*e-r Großstadt*). **ex'ur·banˌite** [-bəˌnaɪt] *s Am.* Bewohner(in) e-s (vornehmen) Einzugsgebiets. **ex'ur·bi·a** [-bɪə] *s* die (vornehmen) Einzugsgebiete *pl.*

ex·u·vi·ae [ɪg'zjuːviː; *bes. Am.* -'zuː-] (*Lat.*) *s pl zo.* Ex'uvien *pl* (*tierische Körperhüllen, die beim Wachstumsprozeß abgestreift werden*). **ex'u·vi·ate** [-eɪt] *zo.* **I** *v/t Haut etc* abstreifen, abwerfen. **II** *v/i* sich häuten. **exˌu·vi'a·tion** *s zo.* Abstreifen *n*, Abwerfen *n.*

ey·as ['aɪəs] *s orn.* Nestling *m*, Nestfalke *m.*

eye [aɪ] **I** *s* **1.** Auge *n*: **the ~s of the law** *humor.* das Auge des Gesetzes (→ 4); **(an) ~ for (an) ~** *Bibl.* Auge um Auge; **~s right (front, left)!** *mil.* Augen rechts (geradeaus, die Augen links)!; **all my ~s (and Betty Martin)!** *sl.* so ein Blödsinn!; **my ~(s)!** *colloq.* a) ach, du Schreck!, b) von wegen!, daß ich nicht lache!; **everybody's ~s were on her** aller Augen ruhten auf ihr; **to be up to the ~s in work** bis über die Ohren in Arbeit sitzen *od.* stecken; **not to believe** (*od.* **trust**) **one's ~s** s-n Augen nicht trauen; **to close** (*od.* **shut**) **one's ~s to s.th.** die Augen vor etwas verschließen; **to cry one's ~s out** sich die Augen ausweinen; **to do s.o. in the ~** *sl.* j-n ‚reinlegen', j-n ‚übers Ohr hauen'; **with one's ~s shut** mit geschlossenen Augen (*a. fig.*); → **cast** 5, **meet** 10, **mind** 2, **open** 4, **peel**[1] 1, **skin** 8. **2.** *fig.* Gesichtssinn *m*, Blick *m*, Auge(nmerk) *n*: **before** (*od.* **under**) **my ~s** vor m-n Augen; **with an ~ to s.th.** im Hinblick auf etwas; **to be all ~s** ganz Auge sein; **to wait all ~s** gespannt warten; **to cast an ~ over s.th.** e-n Blick auf etwas werfen; **to give an ~ to s.th.** ein Auge auf etwas werfen, etwas anblicken; **he had ~s only for her** er hatte nur Augen für sie; **to have an ~ to s.th.** a) ein Auge auf etwas haben, es auf etwas abgesehen haben, b) auf etwas achten; **if he had half an ~** wenn er nicht völlig blind wäre; **to keep an ~ on s.th.** ein (wachsames) Auge auf etwas haben; **to see s.th. with half an ~** etwas mit 'einem Blick sehen; **you can see that with half an ~!** das sieht doch ein Blinder!; **to set** (*od.* **lay**) **~s on s.th.** etwas erblicken *od.* zu Gesicht bekommen; → **catch** 15, **clap**[1] 7, **strike** 21. **3.** *fig.* Sinn *m*, Auge *n* (**for** für): **to have an ~ for s.th.** Sinn *od.* ein (offenes) Auge *od.* e-n Blick für etwas haben. **4.** Ansicht *f*: **in my ~s** in m-n Augen, m-r Ansicht nach, (so) wie ich es sehe; **in the ~s of the law** vom Standpunkt des Gesetzes aus (→ 1); **to see ~ to ~ with s.o. (on s.th.)** mit j-m völlig (in e-r Sache) übereinstimmen. **5.** *fig.* (einladender) Blick: **to make ~s at s.o.** j-m Augen machen, mit j-m kokettieren; **to give s.o. the (glad) ~** j-m e-n einladenden Blick zuwerfen. **6.** *fig.* Brennpunkt *m*: **~ of day** *poet.* die Sonne; **~ of a hurricane** Auge *n od.* windstilles Zentrum e-s Wirbelsturms. **7.** *zo.* Krebsauge *n* (*Kalkkörper im Krebsmagen*). **8.** a) Öhr *n*: **~ of a needle** Nadelöhr, b) Auge *n*, Öhr *n*, Stielloch *n* (*e-s Hammers etc*), c) Öse *f* (*am Kleid*), d) *bot.* Auge *n*, Knospe *f*, e) *zo.* Auge *n* (*Fleck auf e-m Schmetterling, Pfauenschweif etc*), f) *zo.* Kennung *f* (*Fleck am Pferdezahn*), g) Loch *n* (*im Käse, Brot*), h) Hahnentritt *m*, Narbe *f* (*im Ei*), i) *arch.* rundes Fenster, j) *mar.* Auge *n*: **~ of an anchor** Ankerauge; **the ~s of a ship** die Klüsen (*am Bug*), k) Zentrum *n* (*der Zielscheibe*). **II** *v/t pres p* **'eye·ing** *od.* **'ey·ing 9.** anschauen, betrachten, (scharf) beobachten, ins Auge fassen, beäugen: **to ~ s.o. up and down** j-n von oben bis unten mustern. **III** *v/i* **10.** *obs.* erscheinen.

eye| ap·peal *s* attrak'tive Gestaltung, optische Wirkung. **'~·ball** *s anat.* Augapfel *m*: **they were ~ to ~** sie standen sich Auge in Auge gegenüber; **they were sitting ~ to ~** sie saßen sich direkt gegenüber. **~ bank** *s med.* Augenbank *f.* **'~·bath** *s med.* Augenschälchen *n.* **'~·black** *s* Wimperntusche *f.* **'~·bolt** *s tech.* Aug-, Ringbolzen *m.* **'~·bright** *s bot.* Augentrost *m.* **'~·brow** *s* (Augen-)Braue *f*: **~ pencil** Augenbrauenstift *m*; **to raise one's ~s** (*od.* **an ~**) a) die Stirn runzeln (**at** über *acc*), b) hochnäsig dreinschauen; **to cause raised ~s** Mißfallen *od.* Aufsehen erregen. **'~-ˌcatch·er** *s econ.* Blickfang *m.* **'~-ˌcatch·ing** *adj* ins Auge fallend, auffallend. **~ clin·ic** *s med.* Augenklinik *f.* **~ con·tact** *s* 'Blickkonˌtakt *m.* **'~ˌcup** *s med. Am.* Augenschälchen *n.*

eyed [aɪd] *adj* **1.** mit Ösen *etc* (versehen). **2.** *in Zssgn* ...äugig: **black-~.**

eye|·ful ['aɪfʊl] *s colloq.* **1.** ‚toller Anblick': **to get an ~** ‚was zu sehen bekommen'; **get an ~ of this!** sieh dir das mal an! **2.** ‚tolle Frau': **she's quite an ~** sie hat e-e Menge zu bieten. **'~·glass** *s* **1.** Mon'okel *n.* **2.** *pl*, *a.* **pair of ~es** *bes. Am.* Brille *f.* **3.** *opt.* Oku'lar *n.* **'~·ground** *s med.* 'Augenˌhintergrund *m.* **'~·hole** *s* **1.** Guckloch *n.* **2.** *tech.* kleine, runde Öffnung. **3.** *anat.* Augenhöhle *f.* **'~·lash** *s* Augenwimper *f.* **~ lens** *s opt.* Oku'larlinse *f.*

eye·less ['aɪlɪs] *adj* **1.** augenlos. **2.** blind.

eye·let ['aɪlɪt] *s* **1.** Öse *f.* **2.** a) kleine, runde Öffnung, b) Guckloch *n.*

eye| lev·el *s* Augenhöhe *f*: **on ~** in Augenhöhe. **'~·lid** *s anat.* Augenlid *n*, -deckel *m*: → **bat**[3]. **~ lin·er** *s* Eyeliner *m* (*flüssiges Kosmetikum zum Ziehen e-s Lidstrichs*). **~ o·pen·er** *s colloq.* **1.** aufklärender 'Umstand: **it was an ~ to me** es hat mir die Augen geöffnet. **2.** *Am.* (*bes.* alko'holischer) ‚Muntermacher'. **'~·piece** *s opt.* Oku'lar *n.* **'~·shade** *s* Schild *m* (*e-r Mütze*). **~ shad·ow** *s* Lidschatten *m.* **'~·shot** *s* Sicht-, Sehweite *f*: **(with)in** (**beyond** *od.* **out of**) **~** in (außer) Sichtweite. **'~·sight** *s* Sehkraft *f*, Augen(licht *n*) *pl*: **to have good (poor) ~** gute (schwache) Augen haben; **~ test** Sehprüfung *f*, -test *m.* **~ sock·et** *s anat.* Augenhöhle *f.* **'~·sore** *s* (*etwas*) Unschönes, Schandfleck *m*: **it is an ~** es ist häßlich, es beleidigt das Auge. **'~·strain** *s* Ermüdung *f od.* Über'anstrengung *f* der Augen. **'~·tooth** *s irr anat.* Augen-, Eckzahn *m*: **he'd give his eyeteeth for it** er würde alles darum geben; **to cut one's eyeteeth** *fig.* flügge werden, den Kinderschuhen entwachsen. **'~·wash** *s* **1.** *pharm.* Augenwasser *n.* **2.** *colloq.* a) leeres Geschwätz, ‚Quatsch' *m*, ‚Gewäsch' *n*, b) Augen(aus)wische'rei *f.* **'~·wa·ter** *s* **1.** *med. pharm.* Augenwasser *n.* **2.** *physiol.* Augenflüssigkeit *f.* **'~'wit·ness I** *s* Augenzeuge *m*: **~ account** Augenzeugenbericht *m.* **II** *v/t* Augenzeuge sein *od.* werden von (*od. gen*), mit eigenen Augen sehen.

eyot [eɪt] *s Br.* Flußinselchen *n.*

ey·rie, ey·ry ['aɪərɪ; 'ɪərɪ; 'eərɪ] *s* Horst *m* (*Raubvogelnest*).

E·ze·ki·el, E·ze·chi·el [ɪ'ziːkjəl] *npr u. s Bibl.* (das Buch) He'sekiel *m od.* E'zechiel *m.*

Ez·ra ['ezrə] *npr u. s Bibl.* (das Buch) Esra *m od.* Esdras *m.*

F

F, f [ef] **I** *pl* **F's, Fs, f's, fs** [efs] *s* **1.** F, f *n* (*Buchstabe*). **2.** *mus.* F, f *n* (*Note*): **F flat** Fes, fes *n*; **F sharp** Fis, fis *n*; **F double flat** Feses, feses *n*; **F double sharp** Fisis, fisis *n*. **3. F** *math.* f (*Funktion von*). **4. F** *ped.* Sechs *f*, Ungenügend *n* (*Note*). **5. F** F *n*, F-förmiger Gegenstand. **II** *adj* **6.** sechst(er, e, es): **Company F. 7. F** F-..., F-förmig.

fa [fɑː] *s mus.* fa *n* (*Solmisationssilbe*).

fab [fæb] *bes. Br. colloq. für* **fabulous** 2.

Fa·bi·an [ˈfeɪbjən; -bɪən] **I** *adj* **1.** Hinhalte..., Verzögerungs...: ~ **tactics. 2.** die Fabian Society betreffend. **II** *s* → Fabianist. **ˈFa·bi·an·ism** *s* Fabiaˈnismus *m*, Poliˈtik *f* der **Fabian Society**. **ˈFa·bi·an·ist** *s* Fabier(in), Mitglied *n* der **Fabian Society**.

Fa·bi·an So·ci·e·ty *s* (*sozialistische*) Gesellschaft der Fabier (*1884 in England gegründet*).

fa·ble [ˈfeɪbl] **I** *s* **1.** a) (Tier)Fabel *f*, b) Sage *f*. **2.** *collect.* a) Fabeln *pl*, b) Sagen *pl*. **3.** *fig.* ‚Märchen' *n*, erfundene Geschichte, Lüge *f*. **4.** Geschwätz *n*: **old wives'** ~**s** Altweibergewäsch *n*. **5.** *obs.* Fabel *f*, Handlung *f* (*e-s Dramas*). **II** *v/t* **6. it is** ~**d that** ... der Sage zufolge ... **ˈfa·bled** [-bld] *adj* **1.** sagenhaft, der Sage angehörend. **2.** (frei) erfunden. **3.** sagenhaft: **his** ~ **luck**. **ˈfa·bler** [-blə(r)] → **fabulist**.

fab·ric [ˈfæbrɪk] *s* **1.** Zs.-setzung *f*, Bau *m*. **2.** Gebilde *n*. **3.** *arch.* Gebäude *n*, Bau *m* (*a. fig.*). **4.** Bauerhaltung *f* (*bes. von Kirchen*). **5.** *fig.* Bau *m*, Gefüge *n*, Strukˈtur *f*: **the** ~ **of society** die soziale Struktur. **6.** *fig.* Syˈstem *n*. **7.** Stoff *m*, Gewebe *n*: **silk** ~**s** Seidenstoffe; ~ **conditioner** Weichspüler *m*; ~ **gloves** Stoffhandschuhe. **8.** *tech.* Leinwand *f*, Reifengewebe *n*. **9.** *geol.* Texˈtur *f*. **10.** *obs.* Fabriˈkat *n*.

fab·ri·cate [ˈfæbrɪkeɪt] *v/t* **1.** fabriˈzieren, (an)fertigen, ˈherstellen. **2.** (er-) bauen, errichten, *engS.* (*aus vorgefertigten Teilen*) zs.-bauen. **3.** *fig.* ‚fabriˈzieren': a) erfinden, b) fälschen: **to** ~ **evidence**. **4.** *fig. Dokument* fälschen. **ˌfab·riˈca·tion** *s* **1.** Fabrikatiˈon *f*, ˈHerstellung *f*, (An)Fertigung *f*. **2.** (Zs.-)Bau *m*, Errichtung *f*. **3.** *fig.* Erfindung *f*, ‚Märchen' *n*, Lüge *f*. **4.** Fälschung *f*. **ˈfab·ri·ca·tor** [-tə(r)] *s* **1.** ˈHersteller *m*. **2.** *fig.* Erfinder *m*, Urheber *m* (*von Lügen etc*), Schwindler *m*. **3.** Fälscher *m*.

fab·u·list [ˈfæbjʊlɪst] *s* **1.** Fabeldichter (-in). **2.** Schwindler(in). **ˌfab·uˈlos·i·ty** [-ˈlɒsətɪ; *Am.* -ˈlɑ-] → **fabulousness**. **ˈfab·u·lous** *adj* (*adv* ~**ly**) **1.** sagenhaft, der Sage angehörend: ~ **beast** Fabel-, Sagentier *n*. **2.** *colloq.* sagen-, fabelhaft, ungeheuer, ‚toll': ~ **wealth** sagen- *od.* märchenhafter Reichtum. **ˈfab·u·lous·ness** *s colloq.* Fabelhaftigkeit *f*.

fa·çade, fa·cade [fəˈsɑːd; fæ-] *s arch.* Fasˈsade *f* (*a. fig.*), Vorderseite *f*.

face [feɪs] **I** *s* **1.** Gesicht *n*, *rhet.* Angesicht *n*, Antlitz *n* (*a. fig.*): **for your fair** ~ um deiner schönen Augen willen; ~ **to** ~ von Angesicht zu Angesicht, direkt; ~ **to** ~ **with** Auge in Auge mit, gegenüber, vor (*dat*); **to bring persons** ~ **to** ~ Personen (einander) gegenüberstellen; **to do (up) one's** ~, *colloq.* **to put one's** ~ **on** sich schminken; **to fly in the** ~ **of** a) *j-m* ins Gesicht springen, b) sich (offen) widersetzen (*dat*), (*a. der Gefahr*) trotzen; **to laugh in s.o.'s** ~ j-m ins Gesicht lachen; **to look s.o. in the** ~ j-m ins Gesicht sehen; **to say s.th. to s.o.'s** ~ j-m etwas ins Gesicht sagen; **to shut the door in s.o.'s** ~ j-m die Tür vor der Nase zuschlagen. **2.** Gesicht(sausdruck *m*) *n*, Aussehen *n*, Miene *f*: **to have a** ~ **as long as a fiddle** *colloq.* ein Gesicht machen wie drei Tage Regenwetter; **to put a good** ~ **on the matter** gute Miene zum bösen Spiel machen; **to make** (*od.* **pull**) **a** ~ ein Gesicht (*od.* e-e Grimasse *od.* Fratze) machen *od.* schneiden (**at s.o.** j-m); **to pull a long** ~ ein langes Gesicht machen; **to put a bold** ~ **on s.th.** sich etwas (*Unangenehmes etc*) nicht anmerken lassen, e-r Sache gelassen entgegensehen; → **set against** 1. **3.** *colloq.* Stirn *f*, Dreistigkeit *f*, Unverschämtheit *f*: **to have the** ~ **to do s.th.** die Stirn haben *od.* so unverfroren sein, etwas zu tun. **4.** *fig.* Gegenwart *f*, Anblick *m*, Angesicht *n*: **before his** ~ vor s-n Augen, in s-r Gegenwart; **in (the)** ~ **of** a) angesichts (*gen*), gegenüber (*dat*), b) trotz (*gen od. dat*); **in the** ~ **of danger** angesichts der Gefahr; **in the very** ~ **of day** am hellichten Tage. **5.** *fig.* (*das*) Äußere, (äußere) Gestalt *od.* Erscheinung, Anschein *m*: **the** ~ **of affairs** die Sachlage; **on the** ~ **of it** auf den ersten Blick, oberflächlich (betrachtet); **to put a new** ~ **on s.th.** etwas in neuem *od.* anderem Licht erscheinen lassen. **6.** *fig.* Gesicht *n*, Ansehen *n*: **to save one's** ~ das Gesicht wahren; **to lose** ~ das Gesicht verlieren; **loss of** ~ Prestigeverlust *m*. **7.** *econ. jur.* Nenn-, Nomiˈnalwert *m* (*e-s Wertpapiers etc*), Wortlaut *m* (*e-s Dokuments*). **8.** Ober-, Außenfläche *f*, Vorderseite *f*: ~ (**of a clock**) Zifferblatt *n*; **half** ~ Profil *n*; **lying on its** ~ nach unten gekehrt *od.* auf dem Gesicht liegend; **to wipe off the** ~ **of the earth** *e-e Stadt etc* ‚ausradieren', dem Erdboden gleichmachen. **9.** → **façade**. **10.** rechte Seite (*Stoff, Leder etc*). **11.** Bildseite *f* (*e-r Spielkarte*), Aˈvers *m* (*e-r Münze*). **12.** *math.* (*geometrische*) Fläche: ~ **of a crystal** Kristallfläche. **13.** *tech.* a) Stirnseite *f*, -fläche *f*, b) Amboß-, Hammerbahn *f*, c) Breite *f* (*e-s Zahnrades etc*), d) Brust *f* (*e-s Bohrers, Zahns etc*), e) Schneide *f*. **14.** *print.* Bild *n* (*der Type*). **15.** *Bergbau*: Streb *m*, Ort *n*, Wand *f*: ~ **of a gangway** Ort e-r Strecke, Ortsstoß *m*; ~ **of a shaft** Schachtstoß *m*; **at the** ~ vor Ort.

II *v/t* **16.** *j-m* das Gesicht zuwenden, *j-n* ansehen, *j-m* ins Gesicht sehen. **17.** a) gegenˈüberstehen, -liegen, -sitzen, -treten (*dat*): **the man facing me** der Mann mir gegenüber, b) nach *Osten etc* blicken *od.* liegen (*Raum*): **the house** ~**s the sea** das Haus liegt (nach) dem Meer zu; **the windows** ~ **the street** die Fenster gehen auf die Straße (hinaus). **18.** *etwas* ˈumkehren, ˈumwenden: **to** ~ **a card** e-e Spielkarte aufdecken. **19.** *j-m, e-r Sache* mutig entgegentreten *od.* begegnen, ins Auge sehen, die Stirn *od.* Spitze bieten, trotzen: **to** ~ **the enemy**; **to** ~ **death** dem Tod ins Auge blicken; **to** ~ **it out** die Sache durchstehen; **to** ~ **s.o. off** *Am.* es auf e-e Kraft- *od.* Machtprobe mit j-m ankommen lassen; → **music** 1. **20.** *oft* **to be** ~**d with** *fig.* sich (*j-m od. e-r Sache*) gegenˈübersehen, gegenˈüberstehen, entgegenblicken, ins Auge sehen (*dat*): **he was** ~**d with ruin** er stand vor dem Nichts; **he is facing imprisonment** er muß mit e-r Gefängnisstrafe rechnen. **21.** *etwas* ˈhinnehmen: **to** ~ **the facts** sich mit den Tatsachen abfinden; **let's** ~ **it** seien wir ehrlich. **22.** *tech.* a) *Oberfläche* verkleiden, verblenden, b) plandrehen, fräsen, *Stirnflächen* bearbeiten, c) *Schneiderei*: besetzen, einfassen, unterˈlegen: ~**d with red** mit roten Aufschlägen. **23.** *arch.* a) (mit Platten *etc*) verblenden, b) verputzen, c) *Steine* glätten. **24.** *econ. e-e Ware* verschönen, attrakˈtiver machen: **to** ~ **tea** Tee färben. **25.** *mil.* e-e Wendung machen lassen.

III *v/i* **26.** das Gesicht wenden, sich drehen, e-e Wendung machen (to, toward[s] nach): **to** ~ **about** sich umwenden, kehrtmachen (*a. fig.*); **about** ~**!** *mil. Am.* ganze Abteilung kehrt!; **left** ~**!** *mil. Am.* linksum!; **right about** ~**!** *mil. Am.* rechtsum kehrt!; **to** ~ **away** sich abwenden. **27.** sehen, blicken, liegen (to, toward[s] nach): **to** ~ **full to the South** direkt nach Süden liegen. **28.** ~ **up to** → 19. **29.** ~ **up to** → 21. **30.** ~ **off** (*Eishockey*) das Bully ausführen.

ˈface|-aˌbout → about-face I. **ˈ~-ache** *s* **1.** *med.* Gesichtsschmerz *m*, Triˈgeminusneuralˌgie *f*. **2.** *colloq.* a) ‚Vogelscheuche' *f* (*häßliche Person*), b) *contp.* Jammergestalt *f*. ~ **a·mount** *s econ.* Nenn-, Nomiˈnalwert *m*. ~ **brick** *s arch.* Verblendstein *m*. ~ **card** *s Kartenspiel*: Bild (-karte *f*) *n*. **ˈ~-ˌcen·tered,** *bes. Br.* **ˈ~-ˌcen·tred** *adj chem. min. phys.* ˈflächenzenˌtriert. **ˈ~cloth** *s* Waschlappen *m*.

faced [feɪst] *adj in Zssgn* mit (e-m) ... Gesicht: **black-**~.

ˈ**face|ˌdown** *s Am.* Kraft-, Machtprobe *f.* **~ flan·nel** *s Br.* Waschlappen *m.* **~ fun·gus** *s a. irr humor.* Bart *m.* **~ guard** *s* Schutzmaske *f.* **~ ham·mer** *s tech.* Bahnschlägel *m.* ˈ**~-ˌhard·en** *v/t tech.* die Oberfläche härten von (*od. gen*). ˈ**~-ˌhard·en·ing** *s tech.* Oberflächenhärtung *f.* **~ lathe** *s tech.* Plandreh-, Scheibendrehbank *f.*

ˈ**face·less** *adj* **1.** gesichtslos. **2.** *fig.* anonym.

ˈ**face|-lift I** *s* → **face-lifting. II** *v/t* verschönern, *e-m Wagen etc* ein neues Aussehen geben, *ein Gebäude etc* renoˈvieren. ˈ**~-ˌlift·ing** *s* **1.** Facelifting *n*, Gesichtsstraffung *f*: **to have a ~** sich das Gesicht liften lassen. **2.** *fig.* Renoˈvierung *f*, Verschönerung *f*: **to give a car a ~** e-m Wagen ein neues Aussehen geben. **~ mill** *s tech.* Stirnfräser *m.* ˈ**~-off** *s* **1.** *Eishockey*: Bully *n*: **~ circle** Anspielkreis *m*; **~ spot** Anspielpunkt *m.* **2.** *Am.* Kraft-, Machtprobe *f.* **~ pack** *s Kosmetik*: Gesichtsmaske *f*, -packung *f.* ˈ**~-plate** *s tech.* **1.** Planscheibe *f* (*der Drehbank*). **2.** Schutzplatte *f.*

ˈ**fac·er** *s* **1.** Schlag *m* ins Gesicht (*a. fig.*). **2.** *fig.* Schlag *m* (ins Konˈtor). **3.** *Br. colloq.* ‚harte Nuß'. **4.** *tech.* Plandreher *m.*

ˈ**face|ˌsav·er** *s* Ausrede *f etc*, um das Gesicht zu wahren. ˈ**~-ˌsav·ing** *adj*: **~ excuse** → **facesaver.**

fac·et [ˈfæsɪt] **I** *s* **1.** Faˈcette *f* (*am Edelstein*). **2.** *min. tech.* Rauten-, Schliff-, Kriˈstallfläche *f.* **3.** *zo.* Faˈcette *f* (*e-s Facettenauges*). **4.** *arch.* Grat *m*, Steg *m* (*an e-r Säule*). **5.** *anat.* Gelenkfläche *f* (*e-s Knochens*). **6.** *fig.* Seite *f*, Aˈspekt *m.* **II** *v/t pret u. pp* **-et·ed, -et·ted 7.** facetˈtieren. ˈ**fac·et·(t)ed** [-tɪd] *adj* facetˈtiert, Facetten...: **~ eye** *zo.* Facettenauge *n.*

fa·ce·ti·ae [fəˈsiːʃiː] *s pl* Faˈzetien *pl*: a) witzige Aussprüche *pl*, b) derbkomische Werke *pl* (*Bücher*). **fa·ce·tious** [fəˈsiːʃəs] *adj* (*adv* **~ly**) witzig, spaßig, spaßhaft. **faˈce·tious·ness** *s* Witzigkeit *f.*

ˌ**face|-to-ˈface** *adj* **1.** perˈsönlich: **a ~ meeting. 2.** diˈrekt: **a ~ confrontation. ~ tow·el** *s* (Gesichts)Handtuch *n.* **~ val·ue** *s* **1.** *econ.* Nenn-, Nomiˈnalwert *m.* **2.** *fig.* scheinbarer Wert, (*das*) Äußere: **to take s.th. at its ~** etwas unbesehen glauben; **I took his words at their ~** ich nahm s-e Worte für bare Münze. **~ wall** *s arch.* Stirnmauer *f.* **~ work·er** *s Bergbau*: Hauer *m.*

fa·cia [ˈfeɪʃə] *s Br.* **1.** Firmen-, Ladenschild *n.* **2.** *a.* **~ board, ~ panel** Armaˈturenbrett *n.*

fa·cial [ˈfeɪʃl] **I** *adj* (*adv* **~ly**) a) Gesichts...: **~ massage; ~ nerve,** b) des Gesichts, im Gesicht: **~ disfigurement. II** *s Kosmetik*: Gesichtsbehandlung *f.* **~ in·dex** *s a. irr Schädelmessung*: Gesichtsindex *m.* **~ pack** *s Kosmetik*: Gesichtsmaske *f*, -packung *f.*

-facient [feɪʃnt] *Endsilbe mit der Bedeutung* machend, verursachend.

fa·ci·es [ˈfeɪʃiiːz; -ʃiːz] *s* **1.** *med. zo.* Gesicht(sausdruck *m*) *n.* **2.** (*das*) Äußere, äußere Erscheinung. **3.** *med. zo.* allgemeiner Typus. **4.** *geol.* Fazies *f* (*die verschiedene Ausbildung von Sedimentgesteinen gleichen Alters*).

fac·ile [ˈfæsaɪl; *Am.* -səl] *adj* (*adv* **~ly**) **1.** leicht (zu tun *od.* zu meistern *od.* zu erringen): **a ~ victory** ein leichter Sieg. **2.** oberflächlich, (*Gefühle, Roman etc a.*) ohne Tiefgang. **3.** flüssig (*Stil*). **4.** gelassen.

fa·cil·i·tate [fəˈsɪlɪteɪt] *v/t etwas* erleichtern, fördern. **faˌcil·iˈta·tion** *s* Erleichterung *f*, Förderung *f.*

fa·cil·i·ty [fəˈsɪlətɪ] *s* **1.** Leichtigkeit *f* (*der Ausführung etc*). **2.** Oberflächlichkeit *f.* **3.** Flüssigkeit *f* (*des Stils*). **4.** Gelassenheit *f.* **5.** (günstige) Gelegenheit, Möglichkeit *f* (**for** für). **6.** *meist pl* Einrichtung(en *pl*) *f*, (*Produktions- etc*)Anlage(n *pl*) *f*: **port facilities** Hafenanlagen; **transport facilities** Transportmöglichkeiten, -mittel *pl.* **7.** *meist pl* Erleichterung(en *pl*) *f*, Vorteil(e *pl*) *m*, Vergünstigung(en *pl*) *f*, Annehmlichkeit(en *pl*) *f*: **facilities of payment** Zahlungserleichterungen.

fac·ing [ˈfeɪsɪŋ] *s* **1.** *mil.* Wendung *f*, Schwenkung *f*: **to go through one's ~s** *fig.* zeigen (müssen), was man kann; **to put s.o. through his ~s** *fig.* j-n auf Herz u. Nieren prüfen. **2.** *tech.* Verkleidung *f.* **3.** *tech.* a) Plandrehen *n*, b) Planflächenschliff *m*: **~ lathe** Plandrehbank *f.* **4.** *a.* **~ sand** (*Gießerei*) feingesiebter Formsand. **5.** *tech.* Futter *n*, (*Brems-, Kupplungs-*) Belag *m*: **brake ~. 6.** *arch.* a) Verblendung *f*: **~ brick** Blendstein *m*, b) Bewurf *m*, Verputz *m*: **cement ~,** c) Stirnmauer *f.* **7.** *Zahntechnik*: Verblendung *f* (*e-r Krone etc*). **8.** *Schneiderei*: a) Aufschlag *m*, b) Einfassung *f*, Besatz *m*: **~s** *mil.* (Uniform)Aufschläge.

fac·sim·i·le [fækˈsɪmɪlɪ] **I** *s* **1.** Fakˈsimile *n*, genaue Nachbildung, Reproduktiˈon *f*: **~ signature** Faksimileunterschrift *f.* **2.** *a.* **~ transmission** (*od.* **broadcasting**) Bildfunk *m*: **~ apparatus** Bildfunkgerät *n*; **~ telegraphy** Bildtelegrafie *f.* **II** *v/t* **3.** faksimiˈlieren.

fact [fækt] *s* **1.** Tatsache *f*, Faktum *n*, Wirklichkeit *f*, Wahrheit *f*: **naked ~s** nackte Tatsachen; **~ and fancy** Dichtung u. Wahrheit; **in (point of) ~** in der Tat, tatsächlich, faktisch, in Wirklichkeit, genaugenommen; **it is a ~** es ist e-e Tatsache, es ist tatsächlich so, es stimmt; **the ~ (of the matter) is** Tatsache ist *od.* die Sache ist die (**that** daß); **and that's a ~!** glaube mir!; *however many gallons you say you put in this morning*, **the tank is empty now, and that's a ~!** jetzt ist der Tank auf jeden Fall *od.* jedenfalls leer!; **to be founded on ~** auf Tatsachen beruhen; **to know s.th. for a ~** etwas (ganz) sicher wissen; **the ~s of life** das Geheimnis des Lebens, die Tatsachen über die Entstehung des Lebens; **to tell s.o. the ~s of life** j-n (*sexuell*) aufklären; → **matter** 3. **2.** *jur.* a) Tatsache *f*: **in ~ and law** in tatsächlicher u. rechtlicher Hinsicht; **the ~s (of the case)** der Tatbestand, die Tatumstände, der Sachverhalt; **(statement of) ~s** Tatbestand *m*, -bericht *m*, Darstellung *f* des Tatbestandes, b) Tat *f*: **before (after) the ~** vor (nach) begangener Tat; → **accessory** 11. ˈ**~-ˌfind·ing** *adj* Untersuchungs...: **~ commission** Untersuchungsausschuß *m.*

fac·tion [ˈfækʃn] *s bes. pol.* **1.** Faktiˈon *f*, Splittergruppe *f*: **the party split into ~s** die Partei spaltete sich in Splittergruppen. **2.** Zwietracht *f* (*innerhalb e-r Partei*). ˈ**fac·tion·al** [-ʃənl] *adj* **1.** eigennützig. **2.** Faktions... ˈ**fac·tion·al·ism** *s* Parˈteigeist *m.* ˈ**fac·tion·ar·y** [-ʃnərɪ; *Am.* -ʃəˌneriː], ˈ**fac·tion·ist** *s* Parˈteigänger *m.*

fac·tious [ˈfækʃəs] *adj* (*adv* **~ly**) **1.** faktiˈös, von Parˈteigeist beseelt. **2.** aufrührerisch, aufwiegelnd.

fac·ti·tious [fækˈtɪʃəs] *adj* (*adv* **~ly**) künstlich, (*Freundlichkeit etc a.*) gekünstelt. **facˈti·tious·ness** *s* Künstlichkeit *f.*

fac·ti·tive [ˈfæktɪtɪv] *adj ling.* faktiˈtiv, bewirkend: **~ verb.**

fac·tor [ˈfæktə(r)] **I** *s* **1.** *econ.* Kommissiˈonär *m.* **2.** *fig.* Faktor *m* (*a. math.*), (mitwirkender) ˈUmstand, Moˈment *n*: **the determining ~ of** (*od.* **in**) **s.th.** der bestimmende Umstand e-r Sache; **~ of merit** *tech.* Gütefaktor; **~s of production** *econ.* Produktionsfaktoren. **3.** *biol.* Erbfaktor *m.* **4.** *phot.* Multiplikatiˈonsfaktor *m.* **5.** *Scot.* (Guts)Verwalter *m.* **II** *v/t* → **factorize** 1.

ˈ**fac·tor·a·ble** *adj math.* zerlegbar.

ˈ**fac·tor·age** *s* Provisiˈon *f* (*e-s Kommissionärs*).

fac·tor a·nal·y·sis *s psych.* ˈFaktoranaˌlyse *f.*

fac·to·ri·al [fækˈtɔːrɪəl; *Am. a.* -ˈtəʊ-] *math.* **I** *adj* faktoriˈell, nach Fakˈtoren aufgeschlüsselt, in Fakˈtoren zerlegt. **II** *s* Fakulˈtät *f.*

fac·tor in·come *s econ.* Leistungseinkommen *n.*

ˈ**fac·tor·ing** *s econ.* Factoring *n* (*Methode der Absatzfinanzierung, bei der die Lieferfirma ihre Forderungen aus Warenlieferungen e-m Finanzierungsinstitut verkauft, das meist auch das volle Kreditrisiko übernimmt*). ˈ**fac·tor·ize** *v/t* **1.** *math.* in Fakˈtoren zerlegen, nach Fakˈtoren aufschlüsseln. **2.** *jur. Am. Drittschuldner* pfänden.

fac·to·ry [ˈfæktərɪ] **I** *s econ.* **1.** Faˈbrik (-gebäude *n*, -anlage *f*) *f.* **2.** Faktoˈrei *f*, Handelsniederlassung *f* (*in Übersee*). **II** *adj* **3.** Fabrik...: **Factories Acts** *Br.* Arbeiterschutzgesetze; **~ cost** Herstellungskosten *pl*; **~ farm** Massentierhaltungsbetrieb *m*; **~ hand** Fabrikarbeiter (-in); **~-made** fabrikmäßig hergestellt; **~-made goods** Fabrikware *f*; **~ ship** Fabrikschiff *n.*

fac·to·tum [fækˈtəʊtəm] *s* Fakˈtotum *n*, ‚Mädchen *n* für alles'.

fac·tu·al [ˈfæktʃʊəl; *Am.* -tʃəwəl] *adj* (*adv* **~ly**) **1.** tatsächlich, auf Tatsachen beruhend, Tatsachen...: **~ error** Sachfehler *m*; **~ report** Tatsachenbericht *m*; **~ situation** Sachlage *f*, -verhalt *m.* **2.** sich an die Tatsachen haltend, genau. **3.** sachlich.

fac·ul·ta·tive [ˈfækltətɪv; *Am.* ˈfækəlˌteɪ-] *adj* **1.** berechtigend. **2.** fakultaˈtiv, freigestellt: **~ subject** *ped.* Wahlfach *n.* **3.** *biol.* fakultaˈtiv (*a. ohne Wirtsorganismus auskommend*): **~ parasites.**

fac·ul·ty [ˈfækltɪ] *s* **1.** Fähigkeit *f*, Vermögen *n*: **~ of hearing** Hörvermögen. **2.** Kraft *f*, Geschicklichkeit *f*, Gewandtheit *f.* **3.** (naˈtürliche) Gabe, Anlage *f*, Taˈlent *n*, Fähigkeit *f*: **(mental) faculties** Geisteskräfte. **4.** *univ.* a) Fakulˈtät *f*, Wissenszweig *m*: **the medical ~** die medizinische Fakultät, *weitS.* die Mediziner, b) (Mitglieder *pl* e-r) Fakultät, Lehrkörper *m*, c) *bes. Am.* ˈLehr-, Verˈwaltungspersoˌnal *n* (*a. e-r Schule*). **5.** *jur.* a) Ermächtigung *f*, Befugnis *f* (**for** zu, für), b) *meist pl* Vermögen *n*, Eigentum *n.* **6.** *relig.* Befugnis *f*, Disˈpens *m, f.*

fad [fæd] *s* a) Mode(erscheinung, -torheit) *f*, b) (vorˈübergehende) Laune. ˈ**fad·dish,** ˈ**fad·dy** *adj* a) Mode..., vorˈübergehend, b) **a ~ woman** e-e Frau, die jede Mode(torheit) mitmacht.

fade[1] [feɪd] **I** *v/i* **1.** (ver)welken. **2.** verschießen, verblassen, ver-, ausbleichen (*Farbe etc*). **3.** *a.* **~ away** sich auflösen (*Menge*), immer weniger werden (*Personen*), *med.* immer schwächer werden (*Person*), verklingen (*Lied etc*), verblassen (*Erinnerung*), verrauchen (*Zorn etc*), zerrinnen (*Hoffnungen*). **4.** *Radio*: schwinden (*Ton, Sender*). **5.** nachlassen (*Bremsen*), (*Sportler a.*) abbauen **6.** *a.* **~ out** (*Film, Rundfunk, TV*) aus- *od.* abgeblendet werden (*Ton, Bild*): **to ~ in** (*od.* **up**) auf- *od.* eingeblendet werden. **II** *v/t* **7.** (ver)welken lassen. **8.** *Farbe etc* ausbleichen. **9.** *a.* **~ out** *Ton, Bild* aus- *od.*

abblenden: **to ~ in** (*od.* **up**) auf- *od.* einblenden.

fade² [fɑːd] *adj* geschmacklos, fad(e): **a ~ sauce.**

fad·ed [ˈfeɪdɪd] *adj* (*adv* **~ly**) **1.** welk. **2.** ausgeblichen, ausgebleicht (*Farbe etc*). **ˈfade-in** *s Film, Rundfunk, TV*: Auf-, Einblendung *f*. **ˈfade·less** *adj* (*adv* **~ly**) **1.** licht-, farbecht. **2.** *fig.* unvergänglich. **ˈfade-out** *s* **1.** *Film, Rundfunk, TV*: Aus-, Abblendung *f*. **2.** *phys.* Ausschwingen *n*: **~ time** Ausschwingzeit *f*. **ˈfad·er** *s Radio, TV*: Aufblend-, Abblendregler *m*. **ˈfad·ing I** *adj* **1.** (ver-)welkend. **2.** ausbleichend (*Farbe etc*). **3.** *fig.* vergänglich. **II** *s* **4.** (Ver)Welken *n*. **5.** Ausbleichen *n*. **6.** *Radio*: Fading *n*, Schwund *m*: **~ control** Schwundregelung *f*. **7.** *tech.* Fading *n* (*Nachlassen der Bremswirkung*).

fae·cal, *bes. Am.* **fe·cal** [ˈfiːkl] *adj* fäˈkal, Kot...: **~ matter** Kot *m*. **fae·ces,** *bes. Am.* **fe·ces** [ˈfiːsiːz] *s pl* **1.** Fäˈkalien *pl*, Kot *m*. **2.** Rückstände *pl*, (Boden)Satz *m*.

fa·er·ie, fa·er·y [ˈfeɪərɪ; ˈfeərɪ] *obs. od. poet.* **I** *s* **1.** → **fairy** 1. **2.** Feen-, Märchenland *n*. **II** *adj* **3.** Feen..., Märchen...

fag¹ [fæg] *s colloq.* ‚Glimmstengel' *m* (*Zigarette*).

fag² [fæg] **I** *v/i* **1.** *colloq.* sich abarbeiten, sich placken, sich (ab)schinden. **2.** *ped. Br. bes. hist.* den älteren Schülern Dienste leisten. **II** *v/t* **3.** *a.* **~ out** *colloq.* ‚schaffen', ‚fertigmachen': **to be completely ~ged out** vollkommen ‚ausgepumpt' *od.* ‚fertig' *od.* ‚geschafft' sein. **4.** *ped. Br. bes. hist.* sich von (*e-m jüngeren Schüler*) bedienen lassen. **III** *s* **5.** *ped. Br. bes. hist.* Schüler, der für e-n älteren Dienste verrichtet. **6.** *bes. Br. colloq.* Plackeˈrei *f*, Schindeˈrei *f*.

fag³ [fæg] → **faggot²**.

fag end *s* **1.** Salband *n*, -leiste *f* (*am Tuch*). **2.** *mar.* aufgedrehtes Tauende. **3.** *fig.* Ende *n*, Schluß *m*. **4.** letzter *od.* schäbiger Rest: **the ~ of the term** die letzten paar Tage des Semesters. **5.** *Br. colloq.* ‚Kippe' *f* (*Zigarettenstummel*).

fag·got¹, *bes. Am.* **fag·ot** [ˈfægət] **I** *s* **1.** Holz-, Reisigbündel *n*. **2.** *hist.* Scheiterhaufen *m*. **3.** *tech.* a) Bündel *n* Stahlstangen (*von 54,43 kg*), b) ˈSchweißpaˌket *n*, Paˈket *n* Eisenstäbe. **4.** *gastr.* Frikaˈdelle *f* (*bes. aus Schweineleber*). **II** *v/t* **5.** bündeln, zu e-m Bündel zs.-binden.

fag·got² [ˈfægət] *s bes. Am. sl.* ‚Schwule(r)' *m* (*Homosexueller*). **ˈfag·got·ry** *s bes. Am. sl.* ‚Schwulheit' *f*. **ˈfag·got·y** *adj bes. Am. sl.* ‚schwul'.

fag·gy [ˈfægɪ] → **faggoty**.

fa·got·tist [fəˈgɒtɪst; *Am.* -ˈgɑ-] *s* Fagotˈtist *m*. **faˈgot·to** [-təʊ] *pl* **-ti** [-tiː] *s mus.* Faˈgott *n*.

fahl·band [ˈfɑːlbænd] *s geol. min.* Fahlband *n*.

Fah·ren·heit [ˈfærənhaɪt] *s in GB u. USA gebräuchliches Thermometersystem*: 10° ~ zehn Grad Fahrenheit; **~ thermometer** Fahrenheitthermometer *n*.

fa·ience [faɪˈɑːns; feɪˈɑːns] *s* Fayˈence *f*.

fail [feɪl] **I** *v/i* **1.** ermangeln (**of, in** *gen*): **he ~s in perseverance** es fehlt *od.* mangelt ihm an Ausdauer. **2.** nachlassen, schwinden (*Kräfte etc*), ausbleiben, versiegen (*Quellen etc*): **our supplies ~ed** unsere Vorräte gingen aus *od.* zu Ende. **3.** mißˈraten (*Ernte*), nicht aufgehen (*Saat*). **4.** abnehmen, schwächer werden: **his eyesight ~ed** s-e Sehkraft ließ nach. **5.** versagen: **the engine ~ed; he ~ed in front of the goal.** **6.** fehlschlagen, scheitern, mißˈlingen, s-n Zweck verfehlen, ˈMißerfolg haben, Schiffbruch erleiden, es nicht fertigbringen (**to do** zu tun): **he** (**the plan**) **~ed** er (der Plan) scheiterte; **if everything else ~s** ‚wenn alle Stricke reißen'; **he ~ed in all his attempts** alle s-e Versuche schlugen fehl; **the prophecy ~ed** die Prophezeiung traf nicht ein; **I ~ to see** ich sehe nicht ein. **7.** verfehlen, versäumen, unterˈlassen: **he ~ed to come** er kam nicht; **he never ~s to come** er kommt immer; **don't ~ to come** komme ja *od.* ganz bestimmt; **he cannot ~ to win** er muß einfach gewinnen; **he ~s in his duty** er vernachlässigt s-e Pflicht. **8.** fehlgehen, irren: **to ~ in one's hopes** sich in s-n Hoffnungen täuschen. **9.** *econ.* bankˈrott machen *od.* gehen, in Konˈkurs geraten *od.* gehen. **10.** *ped.* ˈdurchfallen (**in an examination** in e-r Prüfung).

II *v/t* **11.** *j-m* fehlen, versagen: **his courage ~ed him** ihn verließ der Mut; **words ~ me** mir fehlen die Worte (**to** *inf* um zu *inf*). **12.** *j-n* im Stich lassen, enttäuschen: **I will never ~ you.** **13.** *ped.* a) *j-n in e-r Prüfung* ˈdurchfallen lassen: **he ~ed them all**, b) durchfallen in (*e-r Prüfung etc*): **he ~ed chemistry.**

III *s* **14. he got a ~ in biology** *ped.* er ist in Biologie durchgefallen. **15. without ~** mit Sicherheit, ganz bestimmt.

ˈfail·ing I *adj* **1.** nachlassend (*Kräfte etc*). **II** *prep* **2.** in Ermang(e)lung (*gen*): **~ a purchaser.** **3.** im Falle des Ausbleibens *od.* Mißˈlingens *od.* Versagens (*gen*): **~ this** wenn nicht, andernfalls; **~ which** widrigenfalls. **III** *s* **4.** Fehler *m*, Schwäche *f*.

faille [feɪl; *Am.* faɪl] *s* Faille *f*, Ripsseide *f*.

ˈfail-safe *adj* störungssicher, *a. fig.* pannensicher, (*Kerntechnik*) folgeschadensicher.

fail·ure [ˈfeɪljə(r)] *s* **1.** Fehlen *n*, Nichtvorˈhandensein *n*: **~ of hairs.** **2.** Ausbleiben *n*, Versagen *n*, Versiegen *n*. **3.** Unterˈlassung *f*, Versäumnis *n*: **~ to comply with instructions** Nichtbefolgung *f* von Vorschriften; **~ to pay** Nichtzahlung *f*; **his ~ to report** die Tatsache, daß er keinen Bericht erstattete *od.* daß er es unterließ, Bericht zu erstatten. **4.** Ausbleiben *n*, Nichtˈeintreten *n* (*e-s Ereignisses*). **5.** Fehlschlag(en *n*) *m*, Mißˈlingen *n*, ˈMißerfolg *m*, Scheitern *n*: **~ of crops** Mißernte *f*. **6.** Nachlassen *n* (*der Kräfte etc*). **7.** *med.* Versagen *n*, Störung *f* (*der Herztätigkeit etc*). **8.** *tech.* Versagen *n*, Störung *f*, Deˈfekt *m*. **9.** *fig.* Schiffbruch *m*, Zs.-bruch *m*: **to meet with ~** → **fail** 6. **10.** *econ.* Bankˈrott *m*, Konˈkurs *m*. **11.** Versager *m* (*Person od. Sache*), verkrachte Exiˈstenz (*Person*), Reinfall *m* (*Sache*), *sport* Ausfall *m*: **he was a complete ~** er war ein Totalausfall. **12.** *ped.* ˈDurchfallen *n* (**in** in *e-r Prüfung*).

fain [feɪn] *obs.* **I** *adj pred* **1.** froh. **2.** bereit. **3.** genötigt (**to do** zu tun). **II** *adv* **4.** gern: **I would ~ do it** ich würde *od.* möchte es gern tun.

fai·ne·ance [ˈfeɪnɪəns], **ˈfai·ne·an·cy** [-sɪ] *s* Nichtstun *n*, Müßiggang *m*. **ˈfai·né·ant I** *adj* müßig, faul. **II** *s* Müßiggänger(in), Faulenzer(in).

faint [feɪnt] **I** *adj* (*adv* **~ly**) **1.** schwach, matt, kraftlos (**with** vor *dat*): **to feel ~** sich matt *od.* e-r Ohnmacht nahe fühlen. **2.** schwach, matt (*Ton, Farbe etc, a. fig.*): **a ~ effort; I have not the ~est idea** ich habe nicht die leiseste Ahnung; **~ hope** schwache Hoffnung; **to have a ~ recollection of s.th.** sich (nur) schwach *od.* undeutlich an etwas erinnern (können). **3.** (drückend) schwül, drückend. **4.** zaghaft, furchtsam, kleinmütig, feig(e): **~ heart never won fair lady** wer nicht wagt, der nicht gewinnt. **II** *s* **5.** Ohnmacht *f*: **in a ~** ohnmächtig; → **dead** 3. **III** *v/i* **6.** ohnmächtig werden, in Ohnmacht fallen (**with, from** vor *dat*): **~ing fit** Ohnmachtsanfall *m*. **7.** *obs.* verzagen.

ˈfaint·heart *s* Feigling *m*. **ˌfaint-ˈheart·ed** *adj* (*adv* **~ly**) feig(e), zaghaft, furchtsam, kleinmütig. **ˌfaintˈheart·ed·ness** *s* Feigheit *f*, Furchtsamkeit *f*.

ˈfaint·ish *adj* schwächlich. **ˈfaint·ness** *s* **1.** Schwäche(gefühl *n*, -zustand *m*) *f*, Mattigkeit *f*. **2.** *fig.* Schwäche *f* (*e-s Tons etc*). **3. ~ of heart** *fig.* Feigheit *f*, Furchtsamkeit *f*.

faints → **feints**.

fair¹ [feə(r)] **I** *adj* (*adv* → **fairly**) **1.** schön, hübsch, nett: **the ~ sex** das schöne *od.* zarte Geschlecht. **2.** a) hell (*Haut, Haar, Teint*), blond (*Haar*), zart (*Teint, Haut*), b) hellhäutig. **3.** rein, sauber, makellos, unbescholten: **~ name** guter Ruf. **4.** schön, gefällig: **to give s.o. ~ words** j-n mit schönen Worten abspeisen. **5.** klar, heiter (*Himmel*), schön, trocken (*Wetter, Tag*): **set ~** beständig. **6.** rein, klar (*Wasser, Luft*). **7.** sauber, deutlich, leserlich: → **copy** 1. **8.** frei, offen, ungehindert (*Aussicht etc*): **~ game** a) jagdbares Wild, b) *fig.* Freiwild *n*; *his speech was* **~ game** *for his opponents* ein gefundenes Fressen. **9.** günstig, aussichtsreich, vielversprechend: **~ chance** reelle Chance; → **way¹** *Bes. Redew.*, **wind¹** 1. **10.** (ganz) schön, ansehnlich, nett: **a ~ sum.** **11.** anständig: a) *bes. sport* fair, b) ehrlich, offen, aufrichtig (**with** gegen), c) ˈunparˌteiisch, gerecht: **~ and square** offen u. ehrlich, anständig; **by ~ means** auf ehrliche Weise; **by ~ means or foul** so oder so; **that's only ~** das ist nur recht u. billig; **~ is ~** Gerechtigkeit muß sein; **~ competition** *econ.* redlicher Wettbewerb; **all's ~ in love and war** im Krieg u. in der Liebe ist alles erlaubt; → **comment** 1, **play** 3, **warning** 1. **12.** leidlich, ziemlich *od.* einigermaßen gut: **to be a ~ judge of s.th.** ein ziemlich gutes Urteil über etwas abgeben können; **~ business** leidlich gute Geschäfte; **pretty ~** nicht übel, recht *od.* ziemlich gut; → **middling** 1. **13.** angemessen: **~ price; ~ wages.** **14.** typisch: **a ~ example.** **15.** berechtigt: **a ~ complaint.**

II *adv* **16.** schön, gut, freundlich, höflich: **to speak s.o. ~** j-m schöne *od.* freundliche Worte sagen. **17.** rein, sauber, leserlich: **to write** (*od.* **copy**) **out ~** ins reine schreiben. **18.** günstig (*nur noch in*): **to bid** (*od.* **promise**) **~** a) sich gut anlassen, zu Hoffnungen berechtigen, b) (gute) Aussicht haben, versprechen (**to be** zu sein); **the wind sits ~** *mar.* der Wind ist günstig. **19.** anständig, fair: **to play ~** fair spielen, *a. fig.* sich an die Spielregeln halten. **20.** ˈunparˌteiisch, gerecht. **21.** aufrichtig, offen, ehrlich: **~ and square** offen u. ehrlich. **22.** auf gutem Fuß (**with** mit): **to keep** (*od.* **stand**) **~ with s.o.** gut mit j-m stehen. **23.** diˈrekt, genau: **~ in the face** mitten ins Gesicht. **24.** völlig: **the question caught him ~ off his guard** die Frage traf ihn völlig unvorbereitet. **25.** *Austral.* ganz schön: **~ tired.**

III *s* **26.** *obs.* Schönheit *f* (*a. Frau*).

IV *v/t* **27.** *tech.* glätten, zurichten: **to ~ into** einpassen in (*acc*). **28.** *Flugzeug etc* verkleiden.

V *v/i* **29.** *a.* **~ off, ~ up** *dial.* sich aufheitern (*Wetter*).

fair² [feə(r)] *s* **1.** a) Jahrmarkt *m*, b) Volksfest *n*: **at the ~** auf dem Jahrmarkt; (**a day**) **after the ~** *fig.* (e-n Tag) zu spät. **2.** Ausstellung *f*, Messe *f*: **at the industrial ~** auf der Industriemesse. **3.** Baˈsar *m*.

fair| catch *s Rugby*: Freifang *m*. **ˌ~-ˈfaced** *adj* **1.** hellhäutig. **2.** schön. **ˈ~-**

ground *s* **1.** Ausstellungs-, Messegelände *n*. **2.** Rummel-, Vergnügungsplatz *m*. **ˌ~-ˈhaired** *adj* **1.** blond, hellhaarig. **2.** ~ **boy** *Am. colloq.* Liebling *m* (*des Chefs etc*).

fair·ing[1] [ˈfeərɪŋ] *s aer.* Verkleidung *f*.

fair·ing[2] [ˈfeərɪŋ] *s obs.* Jahrmarktsgeschenk *n*.

ˈfair·ish *adj* ziemlich (gut *od.* groß), leidlich, pasˈsabel.

ˈfair·ly *adv* **1.** ehrlich. **2.** anständig(erweise). **3.** gerecht(erweise). **4.** ziemlich. **5.** leidlich. **6.** gänzlich, völlig. **7.** geradezu, sozusagen. **8.** klar, deutlich. **9.** genau. **10.** günstig.

ˌfair-ˈmind·ed *adj* aufrichtig, gerecht (-denkend). **ˌfair-ˈmind·ed·ness** *s* Aufrichtigkeit *f*.

ˈfair·ness *s* **1.** Schönheit *f*. **2.** a) Blondheit *f*, b) Hellhäutigkeit *f*. **3.** Klarheit *f* (*des Himmels*). **4.** Anständigkeit *f*: a) *bes. sport* Fairneß *f*, b) Ehrlichkeit *f*, Aufrichtigkeit *f*, c) Gerechtigkeit *f*: **in** ~ gerechterweise; **in ~ to him** um ihm Gerechtigkeit widerfahren zu lassen.

ˌfair|-ˈspo·ken *adj* freundlich, höflich. ~ **trade** *s econ. Am.* Preisbindung *f*. **ˌ~-ˈtrade** *econ. Am.* **I** *adj* Preisbindungs...: ~ **agreement**. **II** *v/t Ware* in Überˈeinstimmung mit e-m Preisbindungsvertrag verkaufen. **ˈ~way** *s* **1.** *mar.* Fahrwasser *n*, -rinne *f*: ~ **buoy** Ansegelungsboje *f*. **2.** *Golf*: Fairway *n* (*kurzgemähte Spielbahn zwischen Abschlag u. Grün*). **ˈ~-ˌweath·er** *adj* Schönwetter...: ~ **friends** *fig.* Freunde nur in guten Zeiten, unzuverlässige Freunde.

fair·y [ˈfeərɪ] **I** *s* **1.** Fee *f*, Elf *m*, Elfe *f*. **2.** *sl.* ‚Schwule(r)' *m* (*Homosexueller*). **II** *adj* **3.** Feen... **4.** feenhaft: a) märchenhaft, zauberhaft, b) anmutig-zart. ~**cy·cle** *s* Kinder(fahr)rad *n*. ~ **god·moth·er** *s* gute Fee (*a. fig.*). **ˈ~land** [-lænd] *s* **1.** Feen-, Märchenland *n*. **2.** Phantaˈsiewelt *f*. ~ **lights** *s pl* bunte Lichter (*bes. am Weihnachtsbaum*). ~ **ring** *s bot.* Feenreigen *m*, -kreis *m*. ~ **sto·ry,** ~ **tale** *s* Märchen *n* (*a. fig.*).

fait ac·com·pli *pl* **faits ac·com·plis** [ˌfeɪtəˈkɒmpliː] *s* vollˈendete Tatsache: **to present s.o. with a** ~ j-n vor vollendete Tatsachen stellen.

faith [feɪθ] *s* **1.** (in) Glaube(n) *m* (an *acc*), Vertrauen *n* (auf *acc*, zu): **to have** (*od.* **put**) ~ **in** a) *e-r Sache* Glauben schenken, an etwas glauben, b) zu *j-m* Vertrauen haben; **to pin one's** ~ **on** (*od.* **to**) sein (ganzes) Vertrauen setzen auf (*acc*); **to have full** ~ **and credit** *jur.* als Beweis gelten (*Urkunde*); **to break** ~ **with s.o.** j-s Vertrauen enttäuschen *od.* mißbrauchen; **on the** ~ **of** im Vertrauen auf (*acc*). **2.** *relig.* a) (überˈzeugter) Glaube(n), b) Glaube(nsbekenntnis *n*) *m*: **the Christian** ~. **3.** (Pflicht)Treue *f*, Redlichkeit *f*: **in good** ~ in gutem Glauben, gutgläubig (*a. jur.*); **third party acting in good** ~ *jur.* gutgläubiger Dritter; **in bad** ~ in böser Absicht, arglistig (*a. jur.*); **in** ~!, **upon my** ~! *obs.* auf Ehre!, m-r Treu!, fürwahr! **4.** Versprechen *n*: **to give (pledge) one's** ~ sein Wort geben (verpfänden); **to keep one's** ~ sein Wort halten; **to break** (*od.* **violate**) **one's** ~ sein Versprechen *od.* Wort brechen. ~ **cure** *s* Heilung *f* durch Gesundbeten.

ˈfaith·ful I *adj* **1.** treu (to *dat*): **a** ~ **friend**; ~ **to one's promise** s-m Versprechen getreu. **2.** ehrlich, aufrichtig. **3.** gewissenhaft. **4.** genau: a) wahrheitsgetreu: **a** ~ **description**, b) origiˈnal, wortgetreu: **a** ~ **translation**. **5.** glaubwürdig, zuverlässig: **a** ~ **statement**. **6.** *relig.* gläubig. **II** *s* **7. the** ~ *pl relig.* die Gläubigen *pl*: **Father of the F~** (*Islam*) Beherrscher *m* der Gläubigen (*der Kalif*). **8.** *pl* treue Anhänger *pl*. **ˈfaith·ful·ly** *adv* **1.** treu, ergeben: **Yours** ~ Mit freundlichen Grüßen (*als Briefschluß*). **2.** → **faithful** 2–5. **3.** *colloq.* nach-, ausdrücklich: **to promise** ~ hoch u. heilig versprechen. **ˈfaith·ful·ness** *s* **1.** Treue *f*. **2.** Ehrlichkeit *f*. **3.** Gewissenhaftigkeit *f*. **4.** Genauigkeit *f*. **5.** Glaubwürdigkeit *f*.

faith| heal·er *s* Gesundbeter(in). ~ **heal·ing** *s* Gesundbeten *n*.

ˈfaith·less *adj* (*adv* ~**ly**) **1.** treulos. **2.** unehrlich, unaufrichtig. **3.** *relig.* ungläubig. **ˈfaith·less·ness** *s* **1.** Treulosigkeit *f*. **2.** Unehrlichkeit *f*. **3.** *relig.* Ungläubigkeit *f*.

fake[1] [feɪk] *mar.* **I** *s* Bucht *f* (*Tauwindung*). **II** *v/t meist* ~ **down** *Tau* winden.

fake[2] [feɪk] **I** *v/t* **1.** *a.* ~ **up** *Bilanz* ‚friˈsieren'. **2.** *Gemälde*, *Paß etc* fälschen, *Schmuck* imiˈtieren, nachmachen. **3.** *Interesse etc* vortäuschen, *Krankheit a.* simuˈlieren, *Einbruch etc a.* finˈgieren. **4.** *sport* a) *Gegenspieler* täuschen, b) *Schuß etc* antäuschen. **5.** *mus. thea.* improviˈsieren. **II** *v/i* **6.** sich verstellen, so tun als ob, simuˈlieren. **III** *s* **7.** Fälschung *f*, Nachahmung *f*, Imitatiˈon *f*. **8.** Schwindel *m*, Betrug *m*. **9.** a) Schwindler *m*, Betrüger *m*, Hochstapler *m*, b) Simuˈlant *m*, ‚Schauspieler' *m*. **IV** *adj* **10.** gefälscht, imiˈtiert, nachgemacht. **11.** falsch: **a** ~ **colonel**. **12.** vorgetäuscht.

ˈfake·ment *colloq. für* **fake**[2] 7. **ˈfak·er** *s* **1.** Fälscher *m*. **2.** → **fake**[2] 9. **3.** *Am. colloq.* (*bes.* betrügerischer) Straßenhändler *od.* Jahrmarktsschreier.

fa·kir [ˈfeɪˌkɪə; *bes. Am.* fəˈkɪə(r)] *s* **1.** *relig.* Fakir *m*. **2.** [ˈfeɪkər] *Am. colloq.* → **fake**[2] 9, **faker** 3.

fal·ba·la [ˈfælbələ] *s* Falbel *f*, Rüsche *f*.

fal·cate [ˈfælkeɪt; *Am. a.* ˈfɔːl-] → **falciform**.

fal·chion [ˈfɔːltʃən] *s* **1.** *hist.* Krummschwert *n*. **2.** *obs. od. poet.* Schwert *n*.

fal·ci·form [ˈfælsɪfɔː(r)m; *Am. a.* ˈfɔːl-] *adj anat. bot. zo.* sichelförmig, Sichel...

fal·con [ˈfɔːlkən; ˈfɔːkən; *Am. bes.* ˈfæl-] *s* **1.** *orn.* Falke *m*. **2.** *hunt.* Jagdfalke *m*. **3.** *mil. hist.* Falˈkaune *f* (*Geschütz*). **ˈfal·con·er** *s hunt.* Falkner *m*: a) Abrichter *m* von Jagdfalken, b) Falken-, Beizjäger *m*.

fal·co·net [ˈfɔːlkənet; *Am.* ˌfælkəˈnet] *s mil. hist.* Falkoˈnett *n* (*kleines Geschütz*).

ˌfal·con-ˈgen·tle *s orn.* (Wander)Falkenweibchen *n*.

fal·con·ry [ˈfɔːlkənrɪ; ˈfɔːk-; *Am. bes.* ˈfæl-] *s hunt.* **1.** Falkneˈrei *f*, Falkenzucht *f*. **2.** Falkenbeize *f*, -jagd *f*.

fal·de·ral [ˌfældəˈræl; *Am.* ˈfɑːldəˌrɑːl] *s* **1.** *mus.* (Valleˈri)Valleˈra *n* (*Kehrreim*). **2.** *contp.* Firlefanz *m*.

fald·stool [ˈfɔːldstuːl] *s* a) Bischofsstuhl *m*, b) Bet-, Krönungsschemel *m*, c) *anglikanische Kirche*: Litaˈneipult *n*.

fall [fɔːl] **I** *s* **1.** Fall *m*, Sturz *m*, Fallen *n*: ~ **from** (*od.* **out of**) **the window** Sturz aus dem Fenster; **to have a bad** ~ schwer stürzen; **to ride for a** ~ a) verwegen reiten, b) *a.* **to head for a** ~ *fig.* das Schicksal *od.* Unheil herausfordern, ins Unglück rennen; **to take the** ~ **for s.o.** *colloq.* für j-n den Kopf hinhalten. **2.** a) (Ab)Fallen *n* (*der Blätter etc*), b) *bes. Am.* Herbst *m*: **in** ~ im Herbst; ~ **weather** Herbstwetter *n*. **3.** Fall *m*, Herˈabfallen *n*, Faltenwurf *m* (*Stoff*). **4.** Fallen *n* (*des Vorhangs*). **5.** *tech.* Niedergang *m* (*des Kolbens etc*). **6.** Zs.-fallen *n*, Einsturz *m* (*e-s Gebäudes*). **7.** *phys.* a) *a.* **free** ~ freier Fall, b) Fallhöhe *f*, -strecke *f*. **8.** a) (Regen-, Schnee)Fall *m*, b) Regen-, Schnee-, Niederschlagsmenge *f*. **9.** Fallen *n* (*der Flut, Temperatur etc*), Sinken *n*, Abnehmen *n*: (**heavy** *od.* **sudden**) ~ **in prices** Preis-, Kurssturz *m*; **to speculate on the** ~ auf Baisse spekulieren. **10.** Abfall(en *n*) *m*, Gefälle *n*, Neigung *f* (*des Geländes*): **a sharp** ~ ein starkes Gefälle. **11.** *meist pl* (Wasser)Fall *m*: **the Niagara F~s**. **12.** Anbruch *m*, Herˈeinbrechen *n* (*der Nacht etc*). **13.** Fall *m*, Sturz *m*, Nieder-, ˈUntergang *m*, Verfall *m*, Ende *n*: **the** ~ **of Troy** der Fall von Troja; ~ **of life** *fig.* Herbst *m* des Lebens. **14.** a) (*moralischer*) Verfall, b) Fall *m*, Fehltritt *m*: **the F~, the** ~ **of man** *Bibl.* der (*erste*) Sündenfall. **15.** *hunt.* a) Fall *m*, Tod *m* (*von Wild*), b) Falle *f*. **16.** *agr. zo.* Wurf *m* (*Lämmer etc*). **17.** *Ringen*: Niederwurf *m*: **win by** ~ Schultersieg *m*; **to try a** ~ **with s.o.** *fig.* sich mit j-m messen. **II** *v/i pret* **fell** [fel] *pp* **fall·en** [ˈfɔːlən] **18.** fallen: **the curtain** ~**s** der Vorhang fällt. **19.** (ab)fallen (*Blätter etc*). **20.** (herˈunter)fallen, abstürzen: **he fell to his death** er stürzte tödlich ab. **21.** (ˈum-, ˈhin-, nieder)fallen, stürzen, zu Fall kommen, zu Boden fallen (*Person*): **he fell badly** er stürzte schwer. **22.** ˈumfallen, -stürzen (*Baum etc*). **23.** (*in Locken od. Falten etc*) (herˈab)fallen. **24.** *fig.* fallen: a) (*im Kampf*) ˈumkommen, b) erobert werden (*Stadt*), c) gestürzt werden (*Regierung*), d) (*moralisch*) sinken, e) die Unschuld verlieren, e-n Fehltritt begehen (*Frau*). **25.** *fig.* fallen (*Flut, Preis, Temperatur etc*), abnehmen, sinken: **the wind** ~**s** der Wind legt sich *od.* läßt nach; **his courage fell** sein Mut sank; **his voice (eyes) fell** er senkte die Stimme (den Blick); **his face fell** er machte ein langes Gesicht. **26.** abfallen (**toward[s]** zu ... hin) (*Gelände etc*). **27.** (*in Stücke*) zerfallen: **to** ~ **asunder** (*od.* **in two**) auseinanderfallen, entzweigehen. **28.** (*zeitlich*) eintreten, fallen: **Easter** ~**s late this year** Ostern ist *od.* fällt *od.* liegt dieses Jahr spät. **29.** sich ereignen. **30.** herˈeinbrechen (*Nacht*). **31.** *fig.* fallen (*Worte etc*): **the remark fell from him** er ließ die Bemerkung fallen. **32.** *krank, fällig etc* werden: **to** ~ **ill**; **to** ~ **due**; **to** ~ **heir to s.th.** etwas erben.

Verbindungen mit Präpositionen:

fall| a·mong *v/i* fallen *od.* geraten unter (*acc*): **to** ~ **thieves** *Bibl.* unter die Räuber fallen (*a. fig.*). ~ **be·hind** *v/i* zuˈrückbleiben hinter (*dat*), zuˈrückfallen hinter (*acc*) (*beide a. fig.*). ~ **down** *v/i die Treppe etc* hinˈunterfallen. ~ **for** *v/i* **1.** herˈeinfallen auf (*j-n od. etwas*). **2.** *colloq.* sich in (*j-n*) ‚verknallen'. ~ **from** *v/i* abfallen von, (*j-m od. e-r Sache*) abtrünnig *od.* untreu werden: **to** ~ **grace** a) sündigen, b) *a.* **to** ~ **favo(u)r** in Ungnade fallen. ~ **in·to** *v/i* **1.** kommen *od.* geraten in (*acc*): **to** ~ **difficulties**; **to** ~ **conversation** ins Gespräch kommen; → **line**[1] 15. **2.** a) verfallen (*dat*), verfallen in (*acc*): **to** ~ **error** e-m Irrtum verfallen, b) sich *etwas* angewöhnen: **to** ~ **a habit** e-e Gewohnheit annehmen; **to** ~ **the habit of doing s.th.** (es) sich angewöhnen, etwas zu tun; **to** ~ **the habit of smoking** sich das Rauchen angewöhnen. **3.** zerfallen *od.* sich aufteilen in (*acc*): **to** ~ **ruin** zerfallen, in Trümmer gehen. **4.** münden in (*acc*). **5.** fallen in (*ein Gebiet od. Fach*), gehören zu (*e-m Bereich*). ~ **on** *v/i* **1.** fallen auf (*acc*): **his glance fell on me**; → **ear** *Bes. Redew.*, **foot** 1. **2.** ˈherfallen über (*acc*). **3.** geraten in (*acc*): **to** ~ **evil times** e-e schlimme Zeit mit- *od.* durchmachen müssen. **4.** → **fall to** 3. ~ **out of** *v/i* sich *etwas* abgewöhnen: **to** ~ **a habit** e-e Gewohnheit ablegen; **to** ~ **the habit of doing s.th.** (es) sich abgewöhnen, etwas zu tun; **to** ~ **the**

habit of smoking sich das Rauchen abgewöhnen. **~ o·ver** *v/i* fallen über (*acc*): **to ~ one's own feet** über die eigenen Füße stolpern; **to ~ o.s. to do s.th.** *colloq.* ‚sich fast umbringen', etwas zu tun. **~ to** *v/i* **1.** fallen auf (*acc*): → **ground**[1] 1, **knee** 1. **2.** beginnen mit: **to ~ work**; **to ~ doing s.th.** sich daranmachen, etwas zu tun. **3.** *j-m* obˈliegen, *j-m* zufallen (**to do** zu tun). **~ un·der** *v/i* **1.** unter (*ein Gesetz etc*) fallen, zu (*e-r Kategorie etc*) gehören. **2.** *der Kritik etc* unterˈliegen. **~ up·on** → **fall on**. **~ with·in** → **fall into** 5.

Verbindungen mit Adverbien:

fall| a·bout *v/i*: **to ~ (laughing** *od.* **with laughter)** *colloq.* ‚sich (vor Lachen) kugeln'. **~ a·stern** *v/i mar.* zuˈrückbleiben. **~ a·way** *v/i* **1.** → **fall** 26. **2.** → **fall off** 2 *u.* 3. **~ back** *v/i* zuˈrückweichen: **they forced the enemy to ~** *mil.* sie zwangen den Feind zum Rückzug; **to ~ (up)on** *fig.* zurückgreifen auf (*acc*). **~ be·hind** *v/i* zuˈrückbleiben, -fallen (*beide a. fig.*): **to ~ with** in Rückstand *od.* Verzug geraten mit. **~ down** *v/i* **1.** ˈhin-, hinˈunter-, herˈunterfallen. **2.** ˈumfallen, einstürzen. **3.** (*ehrfürchtig*) niederfallen, auf die Knie sinken. **4.** *colloq.* (**on**) a) enttäuschen, versagen (bei), b) Pech haben (mit). **~ in** *v/i* **1.** einfallen, -stürzen. **2.** *mil.* antreten, ins Glied treten. **3.** *fig.* sich anschließen (*Person*), sich einfügen (*Sache*). **4.** fällig werden (*Wechsel etc*), ablaufen (*Pacht etc*). **5. ~ with** zufällig treffen (*acc*), stoßen auf (*acc*). **6. ~ with** a) beipflichten, zustimmen (*dat*), b) sich anpassen (*dat*), c) passen zu, entsprechen (*dat*). **7. ~ for** sich zuziehen, ‚abbekommen'. **~ off** *v/i* **1.** abfallen (*Blätter etc*). **2.** zuˈrückgehen (*Geschäfte, Zuschauerzahlen etc*), nachlassen (*Begeisterung etc*). **3.** *fig.* (**from**) abfallen (von), abtrünnig werden (*dat*), verlassen (*acc*). **4.** *mar.* vom Strich abfallen. **5.** *aer.* abrutschen. **~ out** *v/i* **1.** herˈausfallen. **2.** *fig.* ausfallen, -gehen, sich erweisen als: **to ~ well**. **3.** sich ereignen, geschehen. **4.** *mil.* a) wegtreten, b) e-n Ausfall machen. **5.** (sich) streiten (**with** mit; **over** über *acc*). **~ o·ver** *v/i* ˈhinfallen, stürzen (*Person*), ˈumfallen, ˈumkippen (*Vase etc*): **to ~ backwards to do s.th.** *colloq.* ‚sich fast umbringen', etwas zu tun. **~ short** *v/i* **1.** knapp werden, ausgehen. **2.** *mil.* zu kurz gehen (*Geschoß*). **3.** es fehlen lassen (**in** an *dat*): → **expectation** 1. **~ through** *v/i* **1.** ˈdurchfallen (*a. fig.*). **2.** *fig.* mißˈglücken, ins Wasser fallen. **~ to** *v/i* **1.** zufallen (*Tür*). **2.** ‚reinhauen', (tüchtig) zugreifen (*beim Essen*). **3.** handgemein werden.

fal·la·cious [fəˈleɪʃəs] *adj* (*adv* **~ly**) trügerisch: a) irreführend, b) falsch, irrig. **falˈla·cious·ness** *s* Irrigkeit *f.*

fal·la·cy [ˈfæləsɪ] *s* **1.** Trugschluß *m*, Irrtum *m*: **a popular ~** ein weitverbreiteter Irrtum. **2.** Unlogik *f.* **3.** Täuschung *f*, Irreführung *f.*

fal·lal [ˌfæˈlæl] *s* protziges Schmuck- *od.* Kleidungsstück.

fall·en [ˈfɔːlən] **I** *pp von* **fall**. **II** *adj* gefallen: a) gestürzt (*a. fig.*), b) entehrt (*Frau*), c) (im Kriege) getötet, d) erobert (*Stadt*). **III** *s* **the ~** *collect.* die Gefallenen *pl.* **~ arch·es** *s pl med.* Senkfüße *pl.*

fall guy *s bes. Am. colloq.* **1.** a) Opfer *n* (*e-s Betrügers*), b) ‚Gimpel' *m* (*leichtgläubiger Mensch*). **2.** Sündenbock *m.*

fal·li·bil·i·ty [ˌfæləˈbɪlətɪ] *s* Fehlbarkeit *f.* **ˈfal·li·ble** *adj* (*adv* **fallibly**) fehlbar.

ˈfall·ing| sick·ness *s med. obs.* Fallsucht *f* (*Epilepsie*). **~ star** *s astr.* Sternschnuppe *f.*

fall line *s Skisport*: Fallinie *f.*

Fal·lo·pi·an tube [fəˈləʊpɪən] *s oft pl anat.* Eileiter *m.*

ˈfall·out *s* **1.** *phys.* Fallˈout *m*, radioakˈtiver Niederschlag. **2.** *fig.* ˈNeben-, ˈAbfallproˌdukt *n.* **3.** *fig.* (negative) Auswirkungen *pl*: *if there's trouble on the executive floor* **we get the ~ down here** dann bekommen wir es hier unten zu spüren.

fal·low[1] [ˈfæləʊ] *agr.* **I** *adj* brach(liegend): **to be** (*od.* **lie**) **~** brachliegen (*a. fig.*). **II** *s* Brache *f*: a) Brachfeld *n*, b) Brachliegen *n*: **~ crop** Brachernte *f*; **~ pasture** Brachwiese *f.* **III** *v/t* brachen, stürzen.

fal·low[2] [ˈfæləʊ] *adj* falb, fahl, braungelb: **~ buck, ~ deer** *zo.* Damhirsch *m*, -wild *n.*

ˈfall|-ˌplow *v/t agr. Am.* im Herbst pflügen. **~ trap** *s* (Klappen-, Gruben)Falle *f.* **~ wind** *s meteor.* Fallwind *m.*

false [fɔːls] **I** *adj* (*adv* **~ly**) falsch: a) unwahr: **~ evidence** *jur.* falsche (Zeugen)Aussage; **~ name** Falschname *m*; **~ oath, ~ swearing** *jur.* Falsch-, Meineid *m*, b) unrichtig, fehlerhaft, irrig, c) unaufrichtig, ˈhinterhältig: **~ to s.o.** falsch gegen j-n *od.* gegenüber j-m, d) irreführend, vorgetäuscht: **to give a ~ impression** e-n falschen Eindruck vermitteln, ein falsches Bild geben, e) gefälscht, unecht: **~ coin** gefälschte Münze, Falschgeld *n*; **~ hair (teeth)** falsche *od.* künstliche Haare (Zähne), f) *biol. med.* (*in Namen*) *fälschlich so genannt*: **~ acacia** falsche Akazie, Robinie *f*; **~ fruit** Scheinfrucht *f*, g) *arch. tech.* Schein..., zusätzlich, verstärkend: **~ bottom** falscher *od.* doppelter Boden; **~ door** blinde Tür, h) unbegründet: **~ shame** falsche Scham, i) *jur.* ˈwiderrechtlich: **~ accusation** falsche Anschuldigung; **~ claim** unberechtigter Anspruch; **~ imprisonment** Freiheitsberaubung *f.* **II** *adv* falsch, unaufrichtig: **to play s.o. ~** ein falsches Spiel mit j-m treiben.

false| a·larm *s* falscher *od.* blinder Aˈlarm (*a. fig.*). **~ card** *s bes. Bridge*: irreführende Karte. **~ ceil·ing** *s arch.* Zwischen-, ˈUnterdecke *f.* **~ coin·er** *s* Falschmünzer *m.* **~ col·o(u)rs** *s pl* falsche Flagge: → **color** 12. **~ face** *s* Maske *f.* **~ floor** *s tech.* Zwischenboden *m*, Einschub *m.* **~ front** *s Am.* **1.** *arch.* falsche Fasˈsade (*a. fig.*). **2.** *fig.* bloße Fasˈsade, ‚Mache' *f.* **~ ga·le·na** *s min.* Zinkblende *f.* **ˌ~ˈheart·ed** *adj* treulos. **ˌ~ˈheart·ed·ness** *s* Treulosigkeit *f.*

ˈfalse·hood *s* **1.** Unwahrheit *f*, Lüge *f*: → **injurious** 2. **2.** Falschheit *f*, Unehrlichkeit *f.*

false| ho·ri·zon *s phys.* künstlicher HoWar **riˈzont.** **~ keel** *s mar.* Vor-, Loskiel *m.* **~ key** *s tech.* Dietrich *m*, Nachschlüssel *m.*

ˈfalse·ness *s* Falschheit *f*: a) Unwahrheit *f*, b) Unrichtigkeit *f*, c) Unehrlichkeit *f*, d) Unechtheit *f.*

false| preg·nan·cy *s med.* Scheinschwangerschaft *f.* **~ pre·tenc·es**, *Am.* **~ pre·tens·es** *s pl jur.* Vorspiegelung *f* falscher Tatsachen: **under ~**; → **obtain** 1. **~ quan·ti·ty** *s ling. metr.* falsche Voˈkal- *od.* Silbenlänge. **~ rib** *s anat.* falsche *od.* kurze Rippe. **~ start** *s sport* Fehl-, Frühstart *m.* **~ step** *s* Fehltritt *m* (*a. fig.*). **~ take-off** *s aer.* Fehlstart *m.*

fal·set·to [fɔːlˈsetəʊ] **I** *pl* **-tos** *s* **1.** Fistelstimme *f*, *mus. a.* Falˈsett(stimme *f*) *n.* **2.** *mus.* Falsetˈtist(in). **II** *adj* **3.** Fistel..., *mus. a.* Falsett... **III** *adv* **4. to sing ~** falsettieren, mit Fistelstimme *od.* (im) Falsett singen.

false| um·bel *s bot.* Schein-, Trugdolde *f.* **~ ver·dict** *s jur.* Fehlurteil *n.*

fals·ies [ˈfɔːlsɪz] *s pl colloq.* Schaumgummieinlagen *pl* (*im Büstenhalter*).

fal·si·fi·ca·tion [ˌfɔːlsɪfɪˈkeɪʃn] *s* (Ver-)Fälschung *f*: **~ of accounts** Bücherfälschung.

fal·si·fy [ˈfɔːlsɪfaɪ] *v/t* **1.** fälschen. **2.** verfälschen, falsch *od.* irreführend darstellen. **3.** *Hoffnungen* enttäuschen, vereiteln, zuˈnichte machen. **4.** widerˈlegen.

ˈfal·si·ty [-ətɪ] *s* **1.** Falschheit *f*, Unrichtigkeit *f.* **2.** Lüge *f*, Unwahrheit *f.*

Fal·staff·ian [fɔːlˈstɑːfjən; *Am.* -ˈstæfɪən] *adj* falˈstaffisch.

falt·boat [ˈfæltbəʊt; *Am.* ˈfɔːltˌbəʊt; *a.* ˈfɔːlt-] *s* Faltboot *n.*

fal·ter [ˈfɔːltə(r)] **I** *v/i* **1.** schwanken: a) taumeln, b) zögern, zaudern, c) stokken (*a. Stimme*). **2.** versagen: **his courage ~ed** der Mut verließ ihn; **his memory ~ed** sein Gedächtnis ließ ihn im Stich. **II** *v/t* **3.** *etwas* stammeln. **ˈfal·ter·ing** *adj* (*adv* **~ly**) **1.** schwankend: a) taumelnd, b) zögernd. **2.** stammelnd, stockend.

fame [feɪm] *s* **1.** Ruhm *m*, (guter) Ruf, Berühmtheit *f*: **to find ~** berühmt werden; **literary ~** literarischer Ruhm; **of ill** (*od.* **evil**) **~** von schlechtem Ruf, übelbeleumdet, berüchtigt; **house of ill ~** Freudenhaus *n.* **2.** *obs.* Gerücht *n.*

famed *adj* berühmt, bekannt (**for** für, wegen *gen*).

fa·mil·ial [fəˈmɪljəl] *adj* Familien...

fa·mil·iar [fəˈmɪljə(r)] **I** *adj* (*adv* **~ly**) **1.** vertraut: a) gewohnt: **a ~ sight**, b) bekannt: **a ~ face**, c) geläufig: **a ~ expression**; **~ quotations** geflügelte Worte. **2.** vertraut, bekannt (**with** mit): **to make o.s. ~ with** a) sich mit *j-m* bekannt machen, b) sich mit *e-r Sache* vertraut machen; **the name is quite ~ to me** der Name ist mir völlig vertraut *od.* geläufig. **3.** familiˈär, vertraulich, ungezwungen, frei: **to be on ~ terms with s.o.** mit j-m gut bekannt sein, mit j-m auf vertrautem Fuße stehen. **4.** inˈtim, vertraut: **a ~ friend**. **5.** *a.* **too ~** *contp.* (all)zu inˈtim *od.* familiˈär *od.* frei, plump-vertraulich. **6.** zutraulich (*Tier*). **7.** *obs.* leutselig. **II** *s* **8.** Vertraute(r *m*) *f.* **9.** *a.* **~ spirit** Schutzgeist *m.* **10.** *R.C.* Familiˈaris *m*: a) *hist. Inquisitionsbeamter*, b) *Hausgenosse e-s Prälaten.* **faˌmil·iˈar·i·ty** [-lɪˈærətɪ] *s* **1.** Vertrautheit *f*, Bekanntschaft *f* (**with** mit). **2.** a) familiˈärer Ton, Ungezwungenheit *f*, Vertraulichkeit *f*, b) *contp.* plumpe Vertraulichkeit, Aufdringlichkeit *f*, Freiheit *f*, Intimiˈtät *f.* **faˌmil·iar·iˈza·tion** [-jəraɪˈzeɪʃn; *Am.* -rəˈz-] *s* (**with**) Bekanntmachen *n* (mit), Gewöhnen *n* (an *acc*). **faˈmil·iar·ize** *v/t* (**with**) vertraut *od.* bekannt machen (mit), gewöhnen (an *acc*).

fam·i·ly [ˈfæməlɪ] **I** *s* **1.** Faˈmilie *f* (*a. der Cosa Nostra u. der Mafia*): **a teacher's ~** e-e Lehrer(s)familie; **have you any ~?** haben Sie Familie?; **she was living as one of the ~** sie hatte Familienanschluß, sie gehörte zur Familie; **~ of nations** Völkerfamilie; **that can** (*od.* **will**) **happen in the best-regulated families** das kommt in den besten Familien vor. **2.** Faˈmilie *f*: a) Geschlecht *n*, Sippe *f*, b) *fig.* ˈHer-, Abkunft *f*: **of (good) ~** aus guter *od.* vornehmer Familie, aus gutem Haus. **3.** *biol.* Faˈmilie *f.* **4.** *ling.* (ˈSprach)Faˌmilie *f.* **5.** *math.* Schar *f*: **~ of characteristics** Kennlinienfeld *n.* **II** *adj* **6.** Familien...: **~ album (Bible, business, hotel, tradition,** *etc*); **~ doctor** Hausarzt *m*; **~ environment** häusliches Milieu; **~ pack** Familien-, Haushaltspackung *f*; **~ tensions** familiäre Spannungen; **~ warmth** Nestwärme *f*; **in a ~ way** zwanglos; **to be in the ~ way** *colloq.* in anderen Umständen sein. ~ **al·low·ance** *s* Kindergeld *n*. ~ **cir·cle** *s* **1.** Faˈmilienkreis *m*: **in the close** ~ im engsten Familienkreis. **2.** *thea. Am.* oberer Rang. ~ **court** *s jur.* Faˈmiliengericht *n*. **F~ Di·vi·sion** *s jur. Br.* Abteilung des **High Court of Justice** *für Ehesachen, Adoptionen etc.* ~ **man** *s irr* **1.** Mann *m* mit Faˈmilie, Faˈmilienvater *m*. **2.** häuslicher Mensch. ~ **meet·ing** *s Am.* Faˈmilienrat *m*. ~ **name** *s* Faˈmilien-, Zuname *m*. ~ **plan·ning** *s* Faˈmilienplanung *f*. ˈ**~-run ho·tel** *s* Faˈmilienhotel *n*. ~ **skel·e·ton** *s* streng gehütetes Faˈmiliengeheimnis. ~ **tree** *s* Stammbaum *m*.

fam·ine [ˈfæmɪn] *s* **1.** Hungersnot *f*. **2.** Knappheit *f* (**of** an *dat*). **3.** *obs.* Hunger *m* (*a. fig.* **for** nach): **to die of** ~ verhungern.

fam·ish [ˈfæmɪʃ] **I** *v/i* **1.** verhungern (*obs. außer in*): **to be ~ing** *colloq.* am Verhungern sein. **2.** *obs.* darben, große Not leiden. **3.** *fig. obs.* hungern (**for** nach). **II** *v/t* **4.** verhungern lassen (*obs. außer in Wendungen wie*): **he ate as if ~ed** *colloq.* er aß, als ob er am Verhungern wäre. **5.** *obs. e-e Stadt etc* aushungern.

fa·mous [ˈfeɪməs] *adj* (*adv* **~ly**) **1.** berühmt (**for** wegen, für). **2.** *colloq.* ausgezeichnet, faˈmos, prima: **a ~ dinner** ein großartiges Essen. ˈ**fa·mous·ness** *s* Berühmtheit *f*.

fam·u·lus [ˈfæmjʊləs] *pl* **-li** [-laɪ] (*Lat.*) *s obs.* a) Famulus *m*, Assiˈstent *m* (*e-s Hochschullehrers*), b) Gehilfe *m* (*e-s Zauberers*).

fan[1] [fæn] **I** *s* **1.** Fächer *m*: ~ **dance** Fächertanz *m*. **2.** *tech.* Ventiˈlator *m*, Lüfter *m*: ~ **blade** Ventilatorflügel *m*. **3.** *tech.* Gebläse *n*: a) → **fan blower**, b) Zyˈklon *m*, Windfang *m*. **4.** *tech.* Flügel *m*: a) *e-r Windmühle*, b) *mar.* Schraubenblatt *n*. **5.** *agr.* a) *hist.* Wurfschaufel *f*, b) (Worfel)Schwinge *f*. **6.** *etwas Fächerartiges*: a) *a. poet.* Schwanz *m*, Schweif *m*, Schwinge *f* (*e-s Vogels*), b) *geol.* Schwemmkegel *m*: ~ **delta** Schwemmdelta *n*, c) ~ **aerial** (*bes. Am.* **antenna**) *electr.* ˈFächerantenne *f*. **II** *v/t* **7.** *Luft* fächeln. **8.** umˈfächeln, (an)wedeln, *j-m* Luft zuwedeln *od.* zufächeln. **9.** *Feuer* anfachen: **to ~ the flame** *fig.* Öl ins Feuer gießen. **10.** *fig.* entfachen, -flammen: **to ~ s.o.'s passion** j-s Leidenschaft anfachen. **11.** fächerförmig ausbreiten. **12.** *agr.* worfeln, schwingen. **13.** *Am. sl.* a) ‚vermöbeln', b) ‚filzen', durchˈsuchen. **III** *v/i* **14.** *oft* ~ **out** a) sich fächerförmig ausbreiten, b) *mil.* (fächerförmig) ausschwärmen.

fan[2] [fæn] *s* (*Sport- etc*)Fan *m*: ~ **club** Fanklub *m*; ~ **mail** Verehrerpost *f*.

fa·nat·ic [fəˈnætɪk] **I** *s* Faˈnatiker(in). **II** *adj* (*adv* **~ally**) faˈnatisch. **faˈnat·i·cal** [-kl] *adj* (*adv* **~ly**) faˈnatisch. **faˈnat·i·cism** [-sɪzəm] *s* Fanaˈtismus *m*. **faˈnat·i·cize** [-saɪz] **I** *v/t* fanatiˈsieren, aufhetzen. **II** *v/i* faˈnatisch werden.

fan| belt *s tech.* Keilriemen *m*. ~ **blow·er** *s tech.* Flügel(rad)gebläse *n*. ~ **brake** *s tech.* Luftbremse *f*.

fan·ci·er [ˈfænsɪə(r)] *s* **1.** (*Tier-, Blumen- etc*)Liebhaber(in) *od.* (-)Züchter(in): **a dog** ~. **2.** Phanˈtast(in).

ˈ**fan·ci·ful** *adj* (*adv* **~ly**) **1.** (allzu) phantaˈsiereich, voller Phantaˈsien, schrullig, wunderlich (*Person*). **2.** biˈzarr, kuriˈos, ausgefallen (*Sache*). **3.** eingebildet, unwirklich. **4.** phanˈtastisch, wirklichkeitsfremd. ˈ**fan·ci·ful·ness** *s* **1.** Phantasteˈrei *f*. **2.** Wunderlichkeit *f*.

fan·cy [ˈfænsɪ] **I** *s* **1.** Phantaˈsie *f*: **that's mere** ~ das ist reine Phantasie. **2.** Iˈdee *f*, plötzlicher Einfall: **I have a ~ that** ich habe so e-e Idee, daß. **3.** Laune *f*, Grille *f*. **4.** (bloße) Einbildung. **5.** (individuˈeller) Geschmack. **6.** *Ästhetik*: Einbildungskraft *f*. **7.** (**for**) Neigung *f* (zu), Vorliebe *f* (für), (plötzliches) Gefallen (an *dat*), (lebhaftes) Interˈesse (an *dat od.* für): **to take a ~ to** (*od.* **for**) Gefallen finden an (*dat*), sympathisch finden (*acc*); **to catch s.o.'s** ~ j-s Interesse erwecken, j-m gefallen. **8.** Tierzucht *f* (aus Liebhabeˈrei). **9. the** ~ *collect. obs.* die (*Sport- etc*)Liebhaber *pl*, *bes.* die Boxsportanhänger *pl*.
II *adj* **10.** Phantasie..., phanˈtastisch, ausgefallen, überˈtrieben: ~ **name** Phantasiename *m*; ~ **price** Phantasie-, Liebhaberpreis *m*. **11.** Mode...: ~ **article**. **12.** Phantasie..., phantaˈsievoll, ausgefallen, reichverziert, kunstvoll, bunt. **13.** *Am.* Delikateß..., extrafein: ~ **fruits**; ~ **cakes** feines Gebäck, Konditoreiware *f*. **14.** aus e-r Liebhaberzucht: **a ~ dog**.
III *v/t* **15.** sich *j-n od. etwas* vorstellen: ~ **him to be here** stell dir vor, er wäre hier; ~ **that!** a) stell dir vor!, denk nur!, b) sieh mal einer an!, nanu! **16.** annehmen, glauben. **17.** ~ **o.s.** sich einbilden (**to be** zu sein): **to ~ o.s.** (**very important**) sich sehr wichtig vorkommen; **to ~ o.s.** (**as**) **a great scientist** sich für e-n großen Wissenschaftler halten. **18.** gern haben *od.* mögen, angetan sein von: **I don't ~ this picture** dieses Bild gefällt mir nicht. **19.** Lust haben (auf *acc*; **doing** zu tun): **I ~ going for a walk** ich habe Lust, e-n Spaziergang zu machen; **I'd ~ an ice cream** ich hätte Lust auf ein Eis. **20.** *Tiere, Pflanzen* (aus Liebhabeˈrei) züchten. **21.** ~ **up** *Am. colloq.* aufputzen, ‚Pfiff geben' (*dat*).

fan·cy| ball *s* Koˈstümfest *n*, Maskenball *m*. ~ **dress** *s* (ˈMasken)Koˌstüm *n*. ˈ**~-dress** *adj* (Masken)Kostüm...: ~ **ball** → **fancy ball**. ˌ**~-ˈfree** *adj* frei u. ungebunden. ~ **goods** *s pl* **1.** ˈModearˌtikel *pl*, -waren *pl*. **2.** a) kleine Geˈschenkarˌtikel *pl*, b) Nippes *pl*. ~ **man** *s irr* **1.** Liebhaber *m*. **2.** Zuhälter *m*. ~ **pants** *s pl* (*als sg konstruiert*) *Am. sl.* **1.** Weichling *m*. **2.** ‚feiner Pinkel'. ~ **stocks** *s pl econ. Am.* unsichere Spekulatiˈonspaˌpiere *pl*. ~ **wom·an** *s irr* **1.** Geliebte *f*. **2.** Prostituˈierte *f*. ˈ**~-work** *s* feine Handarbeit.

fan·dan·gle [fænˈdæŋgl] *s colloq.* **1.** phanˈtastische Verzierung. **2.** *fig.* ‚Firlefanz' *m*, ‚Quatsch' *m*.

fan·dan·go [fænˈdæŋgəʊ] *pl* **-gos** *s* **1.** Fanˈdango *m* (*Tanz*). **2.** *Am. colloq.* Ball *m*, Tanz(veranstaltung *f*) *m*. **3.** *Am. colloq.* Albernheit *f*.

fane [feɪn] *s obs. od. poet.* Tempel *m*.

fan·fare [ˈfænfeə(r)] *s* **1.** *mus.* Fanˈfare *f*, Tusch *m*. **2.** *fig. contp.* Traˈra *n*, Tamˈtam *n*.

fan·fa·ron·ade [ˌfænfærəˈnɑːd; -ˈneɪd] *s* Aufschneideˈrei *f*, Prahleˈrei *f*.

fang [fæŋ] **I** *s* **1.** a) Reiß-, Fangzahn *m*, Fang *m* (*des Raubtiers etc*), Hauer *m* (*des Ebers*), Giftzahn *m* (*der Schlange*), b) *meist pl Br. colloq.* ‚Beißer' *m* (*Zahn*). **2.** *anat.* Zahnwurzel *f*. **3.** spitz zulaufender Teil, *bes. tech.* a) Dorn *m* (*der Gürtelschnalle*), b) Heftzapfen *m*, c) Klaue *f* (*am Schloß*), d) Bolzen *m*. **II** *v/t* **4.** (mit den Fangzähnen) packen. **5.** *e-e Pumpe* anlassen. **fanged** *adj zo.* mit Reißzähnen *etc* (versehen).

fan·gle [ˈfæŋgl] *s meist* **new ~** *contp.* alberne Neuheit *od.* Mode, neumodisches Zeug.

fan·go [ˈfæŋgəʊ] *s* Fango *m* (*vulkanischer Mineralschlamm, der zu Heilzwecken verwendet wird*).

fan| heat·er *s* Heizlüfter *m*. ˈ**~-jet** *s aer.* Mantel-, Zweistromtriebwerk *n*. ˈ**~-light** *s arch.* (fächerförmiges) (Tür-) Fenster, Lüˈnette *f*, Oberlicht *n*.

fan·ner [ˈfænə(r)] → **fan blower**.

fan·ny [ˈfænɪ] *s* **1.** *bes. Am. sl.* ‚Arsch' *m*, ‚Hintern' *m*. **2.** *Br. vulg.* ‚Fotze' *f*, ‚Möse' *f* (*Vulva*). ~ **ad·ams** *s meist* **sweet ~** *Br. sl.* überˈhaupt nichts.

fan·on [ˈfænən] *s R.C.* **1.** Maˈnipel *m*, *f* (*am linken Unterarm getragenes gesticktes Band des Meßgewandes*). **2.** Faˈnon *m* (*liturgischer Schulterkragen des Papstes*).

fan| palm *s bot.* (*e-e*) Fächerpalme. ˈ**~-shape(d)** *adj* fächerförmig. ˈ**~-tail** *s* **1.** *orn.* Pfau(en)taube *f*. **2.** *ichth.* Schleierschwanzgoldfisch *m*.

fan-tan [ˈfæntæn] *s* **1.** *ein chinesisches Glücksspiel*. **2.** *ein Kartenspiel*.

fan·ta·si·a [fænˈteɪzjə; *Am. a.* -ʒə] *s mus.* Fantaˈsie *f*, Fantaˈsia *f*: a) *Musikstück in freier Form*, b) (*Opern- etc*)Potpourri *n*.

fan·ta·size [ˈfæntəsaɪz] **I** *v/t* **1.** sich *j-n od. etwas* vorstellen. **II** *v/i* **2.** phantaˈsieren, Phantaˈsievorstellungen haben (**about** von). **3.** (mit offenen Augen) träumen.

fan·tast [ˈfæntæst] *s* Phanˈtast *m*.

fan·tas·tic [fænˈtæstɪk] *adj* (*adv* **~ally**) phanˈtastisch: a) auf Phantaˈsie beruhend, unwirklich, b) abˈsurd, aus der Luft gegriffen, c) verstiegen, überˈspannt, d) *colloq.* ‚toll', großartig. **fanˌtas·tiˈcal·i·ty** [-ˈkælətɪ] *s* (*das*) Phanˈtastische. **fanˈtas·ti·cal·ness** [-klnɪs] *s* **1.** Phantasteˈrei *f*. **2.** → **fantasticality**.

fan·ta·sy [ˈfæntəsɪ; -zɪ] **I** *s* **1.** Phantaˈsie *f*: a) Einbildungskraft *f*, b) Phantaˈsiegebilde *n*, -vorstellung *f*, c) Tag-, Wachtraum *m*, Hirngespinst *n*. **2.** (*das*) Phantaˈsiere. **3.** → **fantasia**. **II** *v/t u. v/i* → **fantasize**.

fan·tom → **phantom**.

fan| trac·er·y *s arch.* Fächermaßwerk *n*. ~ **train·ing** *s Obstbau*: Spaˈlierziehen *n* in Fächerform. ~ **vault·ing** *s arch.* Fächergewölbe *n*. ~ **ven·ti·la·tor** *s tech.* Flügelgebläse *n*. ~ **wheel** *s tech.* Flügelrad *n* (*des Ventilators*), Windrad *n* (*des Anemographen*). ~ **win·dow** *s arch.* Fächerfenster *n*.

far [fɑː(r)] *comp* **far·ther** [ˈfɑː(r)ðə(r)], **fur·ther** [ˈfɜːðə; *Am.* ˈfɜrðər], *sup* **far·thest** [ˈfɑː(r)ðɪst], **fur·thest** [ˈfɜːðɪst; *Am.* ˈfɜr-] **I** *adj* **1.** fern, (weit)entfernt, weit, entlegen. **2.** (*vom Sprecher aus*) entfernter, abliegend: **at the ~ end** am anderen Ende; **the ~ side** die andere Seite. **3.** weit vorgerückt, fortgeschritten (**in** in *dat*). **II** *adv* **4.** fern, weit: ~ **away**, ~ **off** weit weg *od.* entfernt. **5.** *fig.* weit entfernt (**from** von): ~ **from rich** alles andere als reich; ~ **from completed** noch lange *od.* längst nicht fertig; **I am ~ from believing it** ich bin weit davon entfernt, es zu glauben; ~ **be it from me** (**to deny it**) es liegt mir fern(, es zu leugnen), ich möchte (es) keineswegs (abstreiten); ~ **from it!** ganz u. gar nicht!, keineswegs! **6.** weit(hin), fern(-hin): ~ **into** weit *od.* hoch *od.* tief in (*acc*); ~ **into the night** bis spät *od.* tief in die Nacht (hinein); **it went ~ to convince him** das hat ihn beinahe überzeugt. **7.** *a.* ~ **and away**, **by** ~ weit(aus), bei weitem, um vieles, wesentlich (*bes. mit comp u. sup*): ~ **better**; (**by**) ~ **the best** a) weitaus *od.* mit Abstand der (die, das) beste, b) bei weitem am besten.

Besondere Redewendungen:

as ~ as a) soweit *od.* soviel (wie), insofern als, b) bis (nach *od.* zu *od.* an [*acc*]), nicht weiter als; ~ **and near** fern u. nah; ~ **and wide** weit u. breit; ~ **back as 1800** schon (im Jahre) 1800; **from ~** von weitem; **to go ~** a) weit gehen *od.* reichen, b) *fig.* weit kommen, es weit bringen; **ten pounds don't go ~** mit 10 Pfund kommt man nicht weit; **as ~ as that goes** was das (an)betrifft; **I'll go so ~ as to say** ich möchte *od.* würde sogar behaupten; **in so ~ (as)** insofern, -weit (als); **so ~** bis hierher, bisher, bis jetzt; **so ~ so good** so weit, so gut; **~ out** a) weit draußen, b) weit hinaus, c) → **far-out**; **to be ~ out** weit daneben liegen (*mit e-r Vermutung etc*); **~ up** hoch oben; → **between** 3.

far·ad [ˈfærəd] *s phys.* Faˈrad *n* (*Maßeinheit für Kapazität*).

Far·a·day's cage *s phys.* Faradaykäfig *m*.

fa·rad·ic [fəˈrædɪk] *adj phys.* faˈradisch: **~ current**.

far·a·dize [ˈfærədaɪz] *v/t med.* faradiˈsieren, mit faˈradischem Strom behandeln.

ˈ**far·a·way** *adj* **1.** → far 1. **2.** *fig.* (geistes-) abwesend, verträumt.

farce [fɑː(r)s] **I** *s* **1.** *thea.* Posse *f*, Schwank *m*, Farce *f*. **2.** *fig.* Farce *f*, Possenspiel *n*, ‚Theˈater' *n*. **3.** → **forcemeat**. **II** *v/t* **4.** *gastr.* farˈcieren, füllen. **5.** *e-e Rede etc* würzen (**with** mit). ˈ**~meat** → **forcemeat**.

far·ceur [fɑː(r)ˈsɜː; *Am.* -ˈsɜr] *s* **1.** Farcendichter *m od.* -spieler *m*. **2.** Possenreißer *m*, Spaßvogel *m*.

far·ci·cal [ˈfɑː(r)sɪkl] *adj* (*adv* **~ly**) **1.** Farcen..., farcen-, possenhaft. **2.** *fig.* abˈsurd, lächerlich. ˌ**far·ciˈcal·i·ty** [-ˈkæləti], ˈ**far·ci·cal·ness** *s* **1.** Possenhaftigkeit *f*. **2.** *fig.* Absurdiˈtät *f*.

far·cy [ˈfɑː(r)sɪ] *s vet.* Rotz *m*.

far·del [ˈfɑː(r)dl] *s obs.* **1.** Bündel *n*. **2.** Bürde *f*, Last *f*.

fare [feə(r)] **I** *s* **1.** a) Fahrpreis *m*, -geld *n*, b) Flugpreis *m*: **what's the ~?** was kostet die Fahrt *od.* der Flug?; **any more ~s, please?** noch j-d zugestiegen?; **~ dodger** (*od.* **evader**) Schwarzfahrer(in); **~ stage** *Br.* Fahrpreiszone *f*, Teilstrecke *f*. **2.** Fahrgast *m* (*bes. e-s Taxis*). **3.** Kost *f* (*a. fig.*), Nahrung *f*, Verpflegung *f*: **ordinary ~** Hausmannskost; **slender ~** magere (*od.* schmale) Kost; **literary ~** *fig.* literarische Kost; → **bill**[2] 5. **4.** *Am.* Fang *m* (*e-s Fischerboots*). **II** *v/i* **5.** sich befinden, (er)gehen: **we ~d well** es ging uns gut; **how did you ~ in London?** wie ist es dir in London ergangen?; **he ~d ill, it ~d ill with him** es ist ihm schlecht ergangen, er war schlecht d(a)ran; **to ~ alike** in der gleichen Lage sein, Gleiches erleben. **6.** *obs.* reisen: **to ~ forth** sich aufmachen; **~ thee well!** leb wohl!, viel Glück! **7.** *obs.* essen, speisen.

Far East *s* (*der*) Ferne Osten.

ˌ**fare-thee-ˈwell** *s*: **to a ~** *colloq.* a) ausgezeichnet (*kochen etc*), b) wie verrückt (*arbeiten etc*).

fare·well [ˌfeə(r)ˈwel] **I** *interj* **1.** lebe(n Sie) wohl!, lebt wohl! **II** *s* **2.** Lebeˈwohl *n*, Abschiedsgruß *m*: **to bid s.o. ~** j-m Lebewohl sagen; **to make one's ~s** sich verabschieden. **3.** Abschied *m*: **to take one's ~ of** Abschied nehmen von (*a. fig.*); **~ to ...!** *fig.* genug von ...!, nie wieder ...! **III** *adj* **4.** Abschieds...: **~ party** (**performance**, *etc*).

ˌ**fare-you-ˈwell** → **fare-thee-well**.

ˌ**far|-ˈfamed** *adj* weithin berühmt. ˌ**~-ˈfetched** *adj fig.* ˈweitˌhergeholt, an den Haaren herˈbeigezogen. ˌ**~-ˈflung** *adj* **1.** ausgedehnt (*a. fig.*). **2.** weitentfernt. ˌ**~-ˈgo·ing** → **far-reaching**. ˌ**~-ˈgone** *adj* a) weit fortgeschritten (*Nacht etc*), b) erschöpft, schwach (*Person*), c) abgenutzt, (*Kleidung a.*) abgetragen, (*Schuhe a.*) abgetreten.

fa·ri·na [fəˈraɪnə; *bes. Am.* fəˈriːnə] *s* **1.** (feines) Mehl. **2.** *bes. Br.* (*bes.* Karˈtoffel)Stärke *f*. **3.** *bot. Br.* Blütenstaub *m*. **far·i·na·ceous** [ˌfærɪˈneɪʃəs] *adj* **1.** Mehl...: **~ food** (*od.* **products**) Teigwaren. **2.** stärkehaltig. **3.** mehlig. **far·i·nose** [ˈfærɪnəʊs] *adj* **1.** stärkehaltig. **2.** *bot. zo.* mehlig bestäubt.

farl(e) [fɑːl] *s Scot. od. Ir.* kleiner (Hafermehl)Fladen.

farm [fɑː(r)m] **I** *s* **1.** Farm *f*, (Land)Gut *n*, Bauernhof *m*, landwirtschaftlicher Betrieb. **2.** (*Geflügel- etc*)Farm *f*. **3.** *obs.* Bauernhaus *n*. **4.** ˈLandpacht(syˌstem *n*) *f*. **5.** verpachteter Bezirk zur Einziehung des Pachtzinses. **6.** *a.* **~ team** (*Baseball*) Fohlenmannschaft *f*. **7.** → **baby farm**. **8.** *Am.* a) Heil- u. Pflegeanstalt *f*, b) Entziehungsanstalt *f*. **II** *v/t* **9.** *Land* bebauen, *a. e-n Hof* bewirtschaften. **10.** *Geflügel etc* züchten. **11.** *Land etc* gegen Pachtzins überˈnehmen. **12.** *oft* **~ out** verpachten, in Pacht geben (**to s.o.** j-m *od.* an j-n). **13.** *meist contp. Kinder* gewerbsmäßig in Pflege nehmen. **14.** *meist* **~ out** a) *meist contp. Kinder* in Pflege geben (**to**, **with** *dat od.* bei), b) *econ. Arbeit* vergeben (**to** an *acc*). **III** *v/i* **15.** (e-e) Landwirtschaft betreiben, Landwirt sein.

farm| an·i·mals *s pl* Tiere *pl* auf dem Bauernhof. **~ belt** *s* Gebiet *n* mit intenˈsiver Landwirtschaft. **~ build·ing** *s* landwirtschaftliches Gebäude. **~ e·quip·ment** *s* landwirtschaftliches Gerät.

ˈ**farm·er** *s* **1.** Bauer *m*, Landwirt *m*, Farmer *m*. **2.** (*Geflügel- etc*)Züchter *m*. **3.** Pächter *m*. **4.** → **baby farmer**.

farm·er·ette [ˌfɑː(r)məˈret] *s Am. colloq.* a) Landarbeiterin *f*, b) Erntehelferin *f*.

farm| hand *s* Landarbeiter(in). ˈ**~house** *s* Bauernhaus *n*: **~ bread** Land-, Bauernbrot *n*; **~ butter** Landbutter *f*; **~ holidays** (*bes. Am.* **vacation**) Ferien *pl od.* Urlaub *m* auf dem Bauernhof.

ˈ**farm·ing I** *s* **1.** Landwirtschaft *f*, Acker-, Landbau *m*. **2.** (*Geflügel- etc*) Zucht *f*. **3.** Verpachtung *f*. **II** *adj* **4.** landwirtschaftlich, Acker(bau)..., Land...

farm| la·bo(u)r·er → **farm hand**. ˈ**~land** *s* Ackerland *n*, landwirtschaftlich genutzte Fläche. **~ loan** *s econ. Am.* Aˈgrarkreˌdit *m*. ˈ**~stead** *s* Bauernhof *m*, Gehöft *n*. **~ work·er** → **farm hand**. ˈ**~yard** *s* (Innen)Hof *m* e-s Bauernhofs, Wirtschaftshof *m*.

far·o [ˈfeərəʊ] *s* Phar(a)o *n* (*Kartenglücksspiel*).

ˌ**far-ˈoff** *adj* **1.** → far 1. **2.** *fig.* (geistes-) abwesend, verträumt.

fa·rouche [fəˈruːʃ] *adj* **1.** mürrisch. **2.** scheu.

ˌ**far-ˈout** *adj sl.* **1.** ‚toll', ‚super'. **2.** exˈzentrisch.

far·rag·i·nous [fəˈrædʒɪnəs] *adj* (bunt-) gemischt, kunterbunt. **far·ra·go** [fəˈrɑːgəʊ; -ˈreɪ-] *pl* **-goes** *s* (buntes) Gemisch, Kunterbunt *n* (**of** aus, von).

ˌ**far-ˈreach·ing** *adj* **1.** weitreichend (*a. fig.*). **2.** *fig.* folgenschwer, schwerwiegend, tiefgreifend.

far·ri·er [ˈfærɪə(r)] *s bes. Br.* **1.** Hufschmied *m*. **2.** *mil.* Beschlagmeister *m* (*Unteroffizier*). ˈ**far·ri·er·y** [-ərɪ] *s bes. Br.* **1.** Hufschmiedehandwerk *n*. **2.** Hufschmiede *f*.

far·row[1] [ˈfærəʊ] **I** *s agr.* Wurf *m* Ferkel: **ten at one ~** zehn (Ferkel) mit ˈeinem Wurf; **with ~** trächtig (*Sau*). **II** *v/i* ferkeln (*Sau*), frischen (*Wildsau*). **III** *v/t Ferkel* werfen.

far·row[2] [ˈfærəʊ] *adj* gelt, nicht tragend (*Kuh*).

ˌ**far|ˈsee·ing** *adj fig.* weitblickend, ˈumsichtig. ˌ**~ˈsight·ed** *adj* **1.** → **farseeing**. **2.** *med.* weitsichtig. ˌ**~ˈsight·ed·ness** *s* **1.** *fig.* Weitblick *m*, ˈUmsicht *f*. **2.** *med.* Weitsichtigkeit *f*.

fart [fɑː(r)t] *vulg.* **I** *s* **1.** ‚Furz' *m*. **2.** *fig.* ‚Arschloch' *n*. **II** *v/i* **3.** ‚furzen': **to ~ about** (*od.* **around**) *fig.* herumalbern, -blödeln.

fart·lek [ˈfɑː(r)tlek] *s sport* Interˈvalltraining *n*.

far·ther [ˈfɑː(r)ðə(r)] **I** *adj* **1.** *comp von* far. **2.** weiter weg liegend, (*vom Sprecher*) abgewendet, entfernter: **the ~ shore** das gegenüberliegende Ufer. **3.** → **further** 5. **II** *adv* **4.** weiter: **so far and no ~** bis hierher u. nicht weiter. **5.** → **further** 2, 3.

ˈ**far·ther·most** *adj* **1.** weitest(er, e, es), entferntest(er, e, es). **2.** → **furthermost** 1.

far·thest [ˈfɑː(r)ðɪst] **I** *adj* **1.** *sup von* far. **2.** weitest(er, e, es), entferntest(er, e, es). **3.** → **furthest** 2. **II** *adv* **4.** am weitesten, am entferntesten. **5.** → **furthest** 4.

far·thing [ˈfɑːðɪŋ] *s Br. hist.* Farthing *m* ($^1/_4$ *Penny*): **not worth a (brass) ~** *fig.* keinen (roten) Heller wert; **it doesn't matter a ~** es macht gar nichts.

far·thin·gale [ˈfɑː(r)ðɪŋgeɪl] *s hist.* Reifrock *m*, Krinoˈline *f*.

Far West *s Am. Gebiet der Rocky Mountains u. der pazifischen Küste.*

fas·ces [ˈfæsiːz] *s pl antiq.* Likˈtorenbündel *n*.

fas·cia [ˈfeɪʃə; -ʃɪə] *pl* **-ci·ae** [-ʃɪiː] *s* **1.** Binde *f*, (Quer)Band *n*. **2.** *zo.* Farbstreifen *m*. **3.** [ˈfæʃɪə] *anat.* Faszie *f*, Muskelhaut *f*, -hülle *f*: **band of ~** Faszienband *n*. **4.** *arch.* a) Gurtsims *m* (*an Tragbalken*), b) Bund *m* (*von Säulenschäften*). **5.** [ˈfæʃɪə] *med.* (Bauch- *etc*)Binde *f*: **abdominal ~**. **6.** → **facia**.

fas·ci·ate [ˈfæʃɪeɪt], *a.* ˈ**fas·ci·at·ed** [-tɪd] *adj* **1.** *bot.* verbändert, zs.-gewachsen. **2.** *zo.* bandförmig gestreift.

fas·ci·cle [ˈfæsɪkl] *s* **1.** Bündel *n*. **2.** Fasˈzikel *m*: a) (Teil)Lieferung *f*, (Einzel-) Heft *n* (*e-s Buches*), b) Aktenbündel *n*. **3.** → **fasciculus** 1. **4.** *bot.* a) (dichtes) Büschel, b) Leitbündel *n*. ˈ**fas·ci·cled** *adj bot.* in Bündeln *od.* Büscheln gewachsen, gebündelt, gebüschelt. **fas·cic·u·lar** [fəˈsɪkjʊlə(r)] *adj* büschelförmig. **fasˈcic·u·late** [-lət; -leɪt], **fasˈcic·u·lat·ed** [-leɪtɪd] → **fascicled**. ˈ**fas·ci·cule** [-kjuːl] → **fascicle**. **fasˈcic·u·lus** [-ləs] *pl* **-li** [-laɪ] *s* **1.** *anat.* kleines (Nerven-, Muskelfaser)Bündel, Faserstrang *m*. **2.** → **fascicle** 2.

fas·ci·nate [ˈfæsɪneɪt] *v/t* **1.** fasziˈnieren: a) bezaubern, bestricken, b) fesseln, packen, gefangennehmen, in s-n Bann ziehen: **~d** fasziniert, (wie) gebannt. **2.** hypnotiˈsieren (*Schlange etc*). ˈ**fas·ci·nat·ing** *adj* (*adv* **~ly**) fasziˈnierend: a) bezaubernd, ˈhinreißend, b) fesselnd, spannend. ˌ**fas·ciˈna·tion** *s* **1.** Faszinatiˈon *f*, Anziehungskraft *f*. **2.** Zauber *m*, Reiz *m*. ˈ**fas·ci·na·tor** [-tə(r)] *s* **1.** fasziˈnierende Perˈson *od.* Sache. **2.** (Häkel-, Spitzen)Kopftuch *n*, Theˈaterschal *m*.

fas·cine [fæˈsiːn] *s arch. mil.* Faˈschine *f* (*Reisiggeflecht für Befestigungsbauten*).

fas·cism, *oft* **F~** [ˈfæʃɪzəm] *s pol.* Faˈschismus *m*. ˈ**fas·cist,** *a.* **F~ I** *s* Faˈschist *m*. **II** *adj* faˈschistisch.

fash[1] [fæʃ] *Scot.* **I** *v/i* sich ärgern *od.* aufregen. **II** *v/t* (**o.s.** sich) ärgern, aufregen.

fash[2] [fæʃ] *s tech.* Gußnaht *f*, Bart *m*.

fash[3] [fæʃ] *sl. für* **fashionable** I.

fash·ion [ˈfæʃn] *s* **1.** Mode *f*: **the latest ~** die neueste Mode; **it became the ~** es wurde (große) Mode; **to bring (come) into ~** in Mode bringen (kommen); **to set the ~** a) die Mode vorschreiben, b) *fig.* den Ton angeben; **it is (all) the ~** es ist (große) Mode, es ist (hoch)modern; **out of ~** aus der Mode, unmodern; **to dress in the English ~** sich nach englischer

Mode kleiden; ~ **designer** Modezeichner(in); ~ **house** Modegeschäft *n*, Mode(n)haus *n*; ~ **journal** Modejournal *n*; ~ **parade** Mode(n)schau *f*; ~ **plate** a) Modebild *n*, b) *fig.* Modepuppe *f*, (Mode-)Geck *m*; ~ **show** Mode(n)schau *f*. **2.** (feine) Lebensart, (gepflegter) Lebensstil, Vornehmheit *f*: **a man of** ~ ein Mann von Lebensart. **3.** Art *f* u. Weise *f*, Meˈthode *f*, Maˈnier *f*, Stil *m*: **after their** ~ auf ihre Weise; **after** (*od.* **in**) **a** ~ schlecht u. recht, einigermaßen, ‚soso lala'; **an artist after a** ~ so etwas wie ein Künstler; **after the** ~ **of** im Stil *od.* nach Art von (*od. gen*); **in summary** ~ summarisch. **4.** Fasˈson *f*, (Zu)Schnitt *m*, Form *f*, Moˈdell *n*, Machart *f*. **5.** Sorte *f*, Art *f*: **men of all** ~**s. II** *v/t* **6.** ˈherstellen, machen. **7.** formen, bilden, gestalten, machen, arbeiten (**according to, after** nach; **out of, from** aus; **to, into** zu). **8.** (**to**) anpassen (*dat*, an *acc*), zuˈrechtmachen (für). **III** *adv* **9.** wie, nach Art von (*od. gen*): **horse-**~ nach Pferdeart, wie ein Pferd.

ˈfash·ion·a·ble I *adj* (*adv* **fashionably**) **1.** modisch, eleˈgant, fein. **2.** vornehm, eleˈgant. **3.** a) in Mode: **to be very** ~ große Mode sein (**with** bei; **to** *inf* zu *inf*), b) Mode...: ~ **complaint** Modekrankheit *f*; ~ **writer** Modeschriftsteller(in). **II** *s* **4.** eleˈganter Herr, elegante Dame: **the**~**s** die Schickeria. **ˈfash·ion·a·ble·ness** *s* (*das*) Modische, Eleˈganz *f*.

ˈfash·ion|-ˌcon·scious *adj* modebewußt. **ˈ~ˌmon·ger** *s* (Mode)Geck *m*. **ˈ~·wear** *s* ˈModearˌtikel *pl*.

fast¹ [fɑːst; *Am.* fæst] **I** *adj* **1.** schnell, geschwind, rasch: ~ **train** Schnell-, D-Zug *m*; **to pull a** ~ **one on s.o.** *colloq.* j-n ‚reinlegen' *od.* ‚übers Ohr hauen'; **my watch is (ten minutes)** ~ m-e Uhr geht (10 Minuten) vor; ~ **worker** *colloq.* Draufgänger *m* (*bei Frauen*); **he's a** ~ **worker** a) er arbeitet schnell, b) *colloq.* ‚er geht scharf ran' (*bei Frauen*). **2.** → **fast-moving**. **3.** ‚schnell' (*hohe Geschwindigkeit gestattend*): ~ **road**; ~ **tenniscourt**; ~ **lane** *mot.* Überholspur *f*. **4.** *fig.* flott, leichtlebig: → **liver²**. **5.** *phot.* a) hochempfindlich (*Film*), b) lichtstark (*Objektiv*). **II** *adv* **6.** schnell, geschwind, rasch. **7.** zu schnell: **to run** ~ vorgehen (*Uhr*). **8. to live** ~ ein flottes Leben führen. **9.** *obs. od. poet.* nahe: ~ **by** (*od.* **beside**) (ganz) nahe bei; **to follow** ~ **upon** dicht folgen auf (*acc*).

fast² [fɑːst; *Am.* fæst] **I** *adj* **1.** fest, befestigt, sicher, festgemacht, unbeweglich: **to make** ~ festmachen, befestigen, *e-e Tür* verschließen. **2.** fest: **a** ~ **grip**; **a** ~ **knot**; ~ **sleep** fester *od.* tiefer Schlaf; **to take** ~ **hold of** fest packen. **3.** *fig.* fest: ~ **friendship**; ~ **friends** unzertrennliche *od.* treue Freunde. **4.** (**to**) ˈwiderstandsfähig (gegen), beständig (gegen[ˈüber]): ~ **colo(u)r** echte Farbe; ~ **to light** lichtecht. **II** *adv* **5.** fest: **to hold** ~ festhalten; **to hold** ~ **to** *fig.* festhalten an (*dat*); **to be** ~ **asleep** fest *od.* tief schlafen; **to play** ~ **and loose** *fig.* Schindluder treiben (**with** mit); **stuck** ~ a) fest eingeklemmt, b) festgefahren. **6.** stark: **it's raining** ~.

fast³ [fɑːst; *Am.* fæst] *bes. relig.* **I** *v/i* **1.** fasten. **II** *s* **2.** Fasten *n*: **to break one's** ~ das Fasten brechen. **3.** a) Fastenzeit *f*, b) *a.* ~ **day** Fast(en)tag *m*.

ˈfast|·back *s mot.* (Wagen *m* mit) Fließheck *n*. ~ **breed·er, ˌ~ˈbreed·er re·ac·tor** *s phys.* schneller Brüter.

fas·ten [ˈfɑːsn; *Am.* ˈfæsn] **I** *v/t* **1.** befestigen, festmachen, fest-, anbinden (**to, on** an *acc*): → **seat belt**. **2.** *a.* ~ **up** *e-e Tür etc* (fest) zumachen, (ab-, ver)schließen, verriegeln, *e-e Jacke etc* zuknöpfen, *ein Paket etc* zu-, verschnüren: **to** ~ **with nails** zunageln; **to** ~ **with plaster** zugipsen; **to** ~ **down** a) befestigen, fest zumachen, b) *colloq. j-n* ‚festnageln' (**to** auf *acc*). **3.** ~ **(up)on** *fig.* a) *j-m e-n Spitznamen etc* geben, ‚anhängen': **to** ~ **a nickname upon s.o.**, b) *j-m e-e Straftat etc* zuschieben, ‚in die Schuhe schieben', ‚anhängen': **they** ~**ed the crime upon him**. **4.** *fig. den Blick, s-e Gedanken* heften, *a. s-e Aufmerksamkeit* richten, *Erwartungen* setzen (**on** auf *acc*). **II** *v/i* **5.** ~ **(up)on** a) sich heften *od.* klammern an (*acc*) (*a. fig.*), b) *fig.* sich stürzen auf (*acc*), herˈausgreifen (*acc*), aufs Korn nehmen (*acc*). **6.** sich fest- *od.* zumachen *od.* schließen lassen. **ˈfas·ten·er** *s* **1.** Befestigungsmittel *n*. **2.** Schließer *m*, Halter *m*, Verschluß *m*. **3.** *Färberei*: Fiˈxiermittel *n*. **ˈfas·ten·ing I** *s* **1.** Festmachen *n*, Befestigung *f*. **2.** *tech.* Befestigung(svorrichtung) *f*, Sicherung *f*, Halterung *f*, Verankerung *f*. **3.** → **fastener** 2. **II** *adj* **4.** *tech.* Befestigungs..., Schließ..., Verschluß...

ˈfast-food res·tau·rant *s* Schnellimbiß *m*, -gaststätte *f*.

fas·tid·i·ous [fəˈstɪdɪəs; fæ-] *adj* (*adv* ~**ly**) anspruchsvoll, wählerisch, heikel (**about in** *dat*). **fasˈtid·i·ous·ness** *s* anspruchsvolles Wesen.

ˈfast·ing *bes. relig.* **I** *adj* fastend, Fasten...: ~ **cure** Hunger-, Fastenkur *f*; ~ **day** Fast(en)tag *m*. **II** *s* Fasten *n*.

ˈfast-ˌmov·ing *adj* **1.** schnell. **2.** *fig.* tempogeladen, spannend: **a** ~ **drama**.

ˈfast·ness¹ *s* **1.** *obs.* Schnelligkeit *f*. **2.** *fig.* Leichtlebigkeit *f*.

ˈfast·ness² *s* **1.** a) Feste *f*, Festung *f*, b) Schlupfwinkel *m*, stiller Ort, Zufluchtsort *m*. **2.** (**to**) ˈWiderstandsfähigkeit *f* (gegen), Beständigkeit *f* (gegen [-ˈüber]), Echtheit *f* (*von Farben*): ~ **to light** Lichtechtheit.

ˈfast|-paced → **fast-moving** 2. **ˈ~-talk** *v/t sl.* **1.** *j-n* beschwatzen (**into doing s.th.** etwas zu tun). **2. to** ~ **s.o. out of s.th.** j-m etwas abschwatzen.

fas·tu·ous [ˈfæstjʊəs; *Am.* -tʃəwəs] *adj* (*adv* ~**ly**) **1.** arroˈgant. **2.** prunkvoll, protzig.

fat [fæt] **I** *adj* (*adv* → **fatly**) **1.** dick, beleibt, korpuˈlent, *contp.* fett, feist: ~ **stock** Mast-, Schlachtvieh *n*. **2.** fett, fettig, fett-, ölhaltig: ~ **coal** Fettkohle *f*, bituminöse Kohle. **3.** *fig.* dick: ~ **letter**; ~ **purse**; ~ **type** *print.* Fettdruck *m*. **4.** *fig.* fett, einträglich, ergiebig, reich(lich): **a** ~ **bank account** ein dickes Bankkonto; **a** ~ **job** ein lukrativer Posten; ~ **soil** fetter *od.* fruchtbarer Boden; ~ **wood** harzreiches Holz; **the** ~ **years and the lean (years)** die fetten u. die mageren Jahre; **a** ~ **chance** *colloq.* herzlich wenig Aussicht; **a** ~ **lot of good that is!** *colloq. iro.* das ist aber e-e große Hilfe!; → **lot** 11. **5.** *colloq.* a) dumm, b) leer: **get that into your** ~ **head!** kapier das doch endlich mal! **II** *s* **6.** *a. biol. chem.* Fett *n*: ~**s** *chem.* einfache Fette; **the** ~ **is in the fire** der Teufel ist los; **to chew the** ~ *colloq.* ‚quatschen', plaudern. **7.** Fett(ansatz *m*) *n*: **to run to** ~ Fett ansetzen. **8. the** ~ das Beste: **to live on** (*od.* **off**) **the** ~ **of the land** in Saus u. Braus leben. **9.** *thea. etc* dankbar(st)e Rolle. **III** *v/t* **10.** *a.* ~ **up** mästen: **to kill the** ~**ted calf** *fig.* ein Willkommensfest geben.

fa·tal [ˈfeɪtl] **I** *adj* (*adv* ~**ly**) **1.** tödlich, mit tödlichem Ausgang: **a** ~ **accident** ein tödlicher Unfall. **2.** faˈtal, unheilvoll, verhängnisvoll (**to** für): **to be** ~ **to s.o.'s plans** j-s Pläne zunichte machen. **3.** (über Wohl u. Wehe) entscheidend, schicksalhaft. **4.** unvermeidlich. **5.** Schicksal(s)...: **the** ~ **thread** der Schicksals-, Lebensfaden *m*; → **sister** 1. **II** *s* **6.** tödlicher (Verkehrs)Unfall. **ˈfa·tal·ism** [-təl-] *s* Fataˈlismus *m*, Schicksalsgläubigkeit *f*. **ˈfa·tal·ist** [-təl-] *s* Fataˈlist(in). **ˌfa·talˈis·tic** [-təˈl-] *adj* (*adv* ~**ally**) fataˈlistisch.

fa·tal·i·ty [fəˈtælətɪ; *Am. a.* feɪ-] *s* **1.** Verhängnis *n*: a) Geschick *n*, b) Schicksalsschlag *m*, Unglück *n*. **2.** Schicksalhaftigkeit *f*. **3.** tödlicher Verlauf (*e-r Krankheit*). **4.** a) tödlicher Unfall: **bathing** ~ tödlicher Badeunfall, b) (Todes-)Opfer *n*.

fa·ta mor·ga·na [ˌfɑːtəmɔː(r)ˈgɑːnə] *pl* **-ta -nas** *s* Fata Morˈgana *f* (*a. fig.*).

ˈfat|·back *s gastr.* Rückenspeck *m*. ~**cat** *s bes. Am. sl.* a) Krösus *m*, b) ‚großes *od.* hohes Tier'.

fate [feɪt] *s* **1.** Schicksal(smacht *f*) *n*. **2.** Geschick *n*, Los *n*, Schicksal *n*: **he met his** ~ das Schicksal ereilte ihn; **he met his** ~ **calmly** er sah s-m Schicksal ruhig entgegen; **(as) sure as** ~ garantiert, mit Sicherheit; **she suffered** (*od.* **met with**) **a** ~ **worse than death** a) *humor.* sie wurde verführt, b) sie wurde vergewaltigt. **3.** Verhängnis *n*, Verderben *n*, ˈUntergang *m*: **to go to one's** ~ a) untergehen, b) den Tod finden. **4.** F~ *meist pl myth.* Schicksalsgöttin *f*: **the (three) Fates** die Parzen. **ˈfat·ed** *adj* **1.** (vom Schicksal) dazu bestimmt (**to do** zu tun): **they were** ~ **to meet, it was** ~ **that they should meet** es war ihnen bestimmt, sich zu begegnen. **2.** dem ˈUntergang geweiht. **3.** → **fateful** 3. **ˈfate·ful** *adj* (*adv* ~**ly**) **1.** verhängnisvoll. **2.** schicksalsschwer. **3.** schicksalhaft, Schicksals... **ˈfate·ful·ness** *s* (*das*) Schicksalhafte *od.* Verhängnisvolle.

ˈfat|·head *s colloq.* Dummkopf *m*, ‚Schafskopf' *m*. **ˌ~ˈhead·ed** *adj colloq.* dumm, ‚dämlich', ‚doof'.

fa·ther [ˈfɑːðə(r)] **I** *s* **1.** Vater *m*: **like** ~ **like son** der Apfel fällt nicht weit vom Stamm; **F~'s Day** Vatertag *m*; **to play the heavy** ~ sich als strenger Vater aufspielen. **2.** *meist* F~ *relig.* Gott(vater) *m*: → **our**. **3.** *meist pl* Ahn *m*, Vorfahr *m*: **to be gathered to one's** ~**s** zu s-n Vätern versammelt werden; **to rest with one's** ~**s** bei s-n Vätern ruhen. **4.** *colloq.* Schwieger-, Stief-, Adopˈtivvater *m*. **5.** *fig.* Vater *m*, Urheber *m*: **the** ~ **of chemistry**; **the F~ of lies** der Satan; **the wish was** ~ **to the thought** der Wunsch war der Vater des Gedankens. **6.** *pl* Stadt-, Landesväter *pl*: **the F~s of the Constitution** die Gründer der USA. **7.** väterlicher Beschützer *od.* Freund (**to** *gen*). **8.** *oft* F~, *a.* F~ **of the Church** *relig. hist.* Kirchenvater *m*. **9.** *relig.* a) Vater *m* (*Bischofs- od. Abttitel*): **The Holy F~** der Heilige Vater, b) → **father confessor**, c) Pater *m*. **10.** F~ *poet.* Vater *m*: **F~ Time** Chronos *m*. **11.** *Br.* (Dienst)Älteste(r) *m*. **II** *v/t* **12.** *ein Kind* zeugen. **13.** *etwas* ins Leben rufen, herˈvorbringen. **14.** wie ein Vater sein zu *j-m*. **15.** die Vaterschaft (*gen*) anerkennen. **16.** *fig.* a) die Urheberschaft (*gen*) anerkennen, b) die Urheberschaft (*gen*) zuschreiben (**on, upon s.o.** j-m): **to** ~ **a novel on s.o.** j-m e-n Roman zuschreiben. **17.** die Schuld für *etwas* zuschreiben (**on, upon** *dat*).

Fa·ther Christ·mas *s bes. Br.* der Weihnachtsmann, der Nikolaus.

fa·ther| con·fes·sor *s* **1.** *relig.* Beichtvater *m*. **2.** Vertraute(r *m*) *f*. ~ **fig·ure** *s psych.* ˈVaterfiˌgur *f*. ~ **fix·a·tion** *s psych.* ˈVaterbindung *f*, -fiˌxierung *f*.

ˈfa·ther·hood *s* **1.** Vaterschaft *f*. **2.** *collect.* (*die*) Väter *pl*.

ˈfa·ther|-in-law *pl* **ˈfa·thers-in-**

-law *s* Schwiegervater *m.* **ˈ~land** *s* Vaterland *n.*
ˈfa·ther·less *adj* vaterlos. **ˈfa·ther·li·ness** [-lɪnɪs] *s* Väterlichkeit *f.* **ˈfa·ther·ly I** *adj* **1.** väterlich. **2.** Vater... **II** *adv* **3.** *obs.* väterlich, in väterlicher Weise. **ˈfa·ther·ship** *s* Vaterschaft *f.*
fa·ther tie *s psych.* Vaterbindung *f.*
fath·om [ˈfæðəm] **I** *s* (*pl nach Maßzahl oft* ~) Fathom *n*: a) *mar.* Faden *m* (*Tiefenmaß; 6 Fuß = 1,83 m*), b) (*Bergbau*) *Raummaß; 6 Kubikfuß = 0,17 Kubikmeter.* **II** *v/t* **2.** *mar.* ausloten (*a. fig.*), loten. **3.** *fig.* ergründen: **to ~ out** *colloq. e-e Antwort etc* finden; **I can't ~ out** ... *colloq.* ich kann mir auch beim besten Willen nicht erklären, ... **ˈfath·om·a·ble** *adj* **1.** *mar.* auslotbar (*a. fig.*), lotbar. **2.** *fig.* ergründbar. **fa·thom·e·ter** [fəˈðɒmɪtə; *Am.* fæˈðɑmətər] *s mar.* Echo-, Behmlot *n.* **ˈfath·om·less** *adj* (*adv* **~ly**) unergründlich (*a. fig.*).
fath·om line *s mar.* Lotleine *f.*
fa·tigue [fəˈtiːg] **I** *s* **1.** Ermüdung *f*, Ermattung *f*, Erschöpfung *f.* **2.** *bes. pl* mühselige Arbeit, Straˈpaze *f.* **3.** Überˈmüdung *f*, -ˈanstrengung *f*: **~ products** *med.* Ermüdungsstoffe. **4.** *agr.* Erschöpfung *f* (*des Bodens*). **5.** *tech.* (Werkstoff)Ermüdung *f*: **~ behavio(u)r** Ermüdungsverhalten *n*; **~ crack** Ermüdungs-, Dauerriß *m*; **~ failure** Ermüdungs-, Dauerbruch *m*; **~ limit** Ermüdungsgrenze *f*; **~ strength** Dauerfestigkeit *f*; **~ test** Ermüdungsprobe *f*, Dauerprüfung *f.* **6.** *mil.* a) *a.* **~ duty** Arbeitsdienst *m*: **~ detail, ~ party** Arbeitskommando *n*, b) *pl*, *a.* **~ clothes, ~ dress, ~ uniform** Drillich-, Arbeitsanzug *m.* **II** *v/t* **7.** ermüden (*a. tech.*), erschöpfen. **III** *v/i* **8.** ermüden (*a. tech.*). **9.** *mil.* Arbeitsdienst machen. **faˈtigued** *adj* ermüdet (*a. tech.*), erschöpft. **faˈtigu·ing** *adj* (*adv* **~ly**) ermüdend, anstrengend, strapaziˈös.
fat·less [ˈfætlɪs] *adj* ohne Fett, mager.
ˈfat·ling [-lɪŋ] *s* junges Masttier.
ˈfat·ly *adv* reichlich, ausgiebig. **ˈfat·ness** *s* **1.** Dicke *f*, Beleibtheit *f*, Korpuˈlenz *f*, *contp.* Fettheit *f*, Feistheit *f.* **2.** Fettigkeit *f*, Fett-, Ölhaltigkeit *f.* **3.** Fruchtbarkeit *f* (*des Bodens*).
fat·so [ˈfætsəʊ] *pl* **-sos, -soes** *s sl. contp.* ‚Fettsack' *m.*
ˈfat-ˌsol·u·ble *adj chem.* fettlöslich.
fat·ten [ˈfætn] **I** *v/t* **1.** *a.* **~ up** a) dick *od. contp.* fett machen, b) ‚auf-, herˈausfüttern' (**with** mit). **2.** *Tiere, colloq. a. Personen* mästen. **3.** *Land* fruchtbar machen, düngen. **II** *v/i* **4.** dick *od. contp.* fett werden. **5.** sich mästen (**on** an *dat*). **ˈfat·tish** *adj* ziemlich fett *od.* dick. **ˈfat·ty I** *adj* **1.** *a. chem.* fettig, fetthaltig, Fett...: **~ acid** Fettsäure *f.* **2.** *med.* fett(bildend), Fett...: **~ degeneration** Verfettung *f*; **~ heart** Herzverfettung *f*, Fettherz *n*; **~ tissue** Fettgewebe *n*; **~ tumo(u)r** Fettgeschwulst *f* (*unter der Haut*). **II** *s* **3.** *colloq.* Dicke(r *m*) *f*, Dickerchen *n.*
fa·tu·i·tous [fəˈtjuːɪtəs; *Am. a.* -ˈtuː-] → **fatuous. faˈtu·i·ty** [-ətɪ] *s* Torheit *f*, Albernheit *f* (*a. törichte Bemerkung, Tat etc*).
fat·u·ous [ˈfætjʊəs; *Am.* ˈfætʃəwəs] *adj* (*adv* **~ly**) töricht, albern. **ˈfat·u·ous·ness** *s* Torheit *f*, Albernheit *f.*
ˌfat-ˈwit·ted → **fatheaded.**
fau·bourg [ˈfəʊˌbʊəg; *Am.* fəʊˈbʊr] *s* Vorort *m.*
fau·cal [ˈfɔːkl] **I** *adj anat.* Kehl..., Rachen... **II** *s ling.* Kehllaut *m.* **ˈfau·ces** [-siːz] *pl* **-ces** *s* Rachen *m*, Schlund *m.*
fau·cet [ˈfɔːsət] *s tech. Am.* **1.** a) (Wasser)Hahn *m*, b) (Faß)Zapfen *m.* **2.** Muffe *f* (*e-r Röhrenleitung*).
faugh [fɔː] *interj* pfui.
fault [fɔːlt] **I** *s* **1.** Schuld *f*, Verschulden *n*: **it's not her ~, the ~ is not hers, it's no ~ of hers** sie hat *od.* trägt *od.* trifft keine Schuld, es ist nicht ihre Schuld, es liegt nicht an ihr; **to be at ~** schuld sein, die Schuld tragen (→ 4 a, 8). **2.** Fehler *m*, (*jur. a.* Sach)Mangel *m*: **sold with all ~s** ohne Mängelgewähr (verkauft); **to find ~** nörgeln, kritteln; **to find ~ with** etwas auszusetzen haben an (*dat*), herumnörgeln an (*dat*); **to a ~** allzu, übertrieben. **3.** (Chaˈrakter)Fehler *m*, (-)Mangel *m*: **in spite of all his ~s. 4.** a) Fehler *m*, Irrtum *m*: **to be at ~** sich irren (→ 1, 8); **to commit a ~** e-n Fehler machen, b) Vergehen *n*, Fehltritt *m.* **5.** *geol.* (Schichten)Bruch *m*, Verwerfung *f.* **6.** *tech.* Deˈfekt *m*: a) Fehler *m*, Störung *f*, b) *electr.* Erd-, Leitungsfehler *m*, fehlerhafte Isoˈlierung. **7.** *Tennis, Springreiten etc*: Fehler *m.* **8.** *hunt.* a) Verlieren *n* der Spur, b) verlorene Fährte: **to be at ~** auf der falschen Fährte sein (*a. fig.*) (→ 1, 4 a). **II** *v/t* **9.** etwas auszusetzen haben an (*dat*). **10.** verpfuschen, ‚verpatzen'. **11.** *geol. Schichten* verwerfen. **III** *v/i* **12.** e-n Fehler machen. **13.** *geol.* sich verwerfen. **ˈ~ˌfind·er** *s* Nörgler(in), Kritt(e)ler(in). **ˈ~ˌfind·ing I** *s* Kritteˈlei *f*, Nörgeˈlei *f.* **II** *adj* kritt(e)lig, nörglerisch.
fault·i·ness [ˈfɔːltɪnɪs] *s* Fehlerhaftigkeit *f.* **ˈfault·ing** *s geol.* Verwerfung *f.* **ˈfault·less** *adj* (*adv* **~ly**) fehlerfrei, -los, einwandfrei, untadelig. **ˈfault·less·ness** *s* Fehler-, Tadellosigkeit *f.*
fault re·pair ser·vice *s teleph.* Störungsstelle *f.*
fault·y [ˈfɔːltɪ] *adj* (*adv* **faultily**) fehlerhaft, *tech. a.* deˈfekt, (*Argumentation etc a.*) falsch: **~ design** Fehlkonstruktion *f.*
faun [fɔːn] *s myth.* Faun *m.*
fau·na [ˈfɔːnə] *pl* **-nas, -nae** [-niː] *s zo.* Fauna *f*: a) Tierwelt *f* (*e-s bestimmten Gebiets*), b) *Bestimmungsbuch für die Tiere e-s bestimmten Gebiets.* **ˈfau·nal** *adj* Fauna...
fau·teuil [ˈfəʊtɜːɪ] *s* Fauˈteuil *m*, Armstuhl *m*, Lehnsessel *m.*
faux pas [ˌfəʊˈpɑː] *pl* **faux pas** [-ˈpɑːz] *s* Fauxˈpas *m*, Taktlosigkeit *f.*
fa·ve·o·late [fəˈviːələt; -leɪt] *adj* bienenzellenförmig, wabenförmig.
fa·vor, *bes. Br.* **fa·vour** [ˈfeɪvə(r)] **I** *v/t* **1.** *j-m, e-r Sache* günstig gesinnt sein, *j-m* gewogen sein, wohlwollen. **2.** begünstigen: a) favoriˈsieren, bevorzugen, vorziehen, b) günstig sein für, fördern, c) eintreten *od.* sprechen für, unterˈstützen, für *etwas* sein. **3.** *sport* favoriˈsieren, zum Favoˈriten erklären. **4.** einverstanden sein mit. **5.** bestätigen. **6.** *j-n* beehren (**with** mit): **to ~ s.o. with s.th.** j-m etwas schenken *od.* verehren, j-n mit etwas erfreuen. **7.** *colloq. j-m* ähnlich sehen: **to ~ one's father. 8.** schonen: **to ~ one's leg. II** *s* **9.** Gunst *f*, Wohlwollen *n*: **to be** (*od.* **stand**) **high in s.o.'s ~** bei j-m in besonderer Gunst stehen, bei j-m gut angeschrieben sein; **to find ~** Gefallen *od.* Anklang finden; **to find ~ with s.o.** (*od.* **in s.o.'s eyes**) Gnade vor j-s Augen finden, j-m gefallen; **to grant s.o. a ~** j-m e-e Gunst gewähren; **to look with ~ on s.o.** j-n mit Wohlwollen betrachten; **to win s.o.'s ~** j-n für sich gewinnen; **by ~ of** a) mit gütiger Erlaubnis von (*od. gen*), b) überreicht von (*Brief*); **in ~** beliebt, gefragt, begehrt (**with** bei); **in ~ of** für, *a. econ.* zugunsten von (*od. gen*); **in my ~** zu m-n Gunsten; **to speak in ~ of** für etwas sprechen *od.* eintreten; **who is in ~ (of it)?** wer ist dafür *od.* (damit) einverstanden?; **out of ~** a) in Ungnade (gefallen) (**with** bei), b) nicht mehr gefragt *od.* beliebt *od.* begehrt (**with** bei); → **fall from. 10.** Gefallen *m*, Gefälligkeit *f*: **to ask s.o. a ~** (*od.* **a ~ of s.o.**) j-n um e-n Gefallen bitten; **to do s.o. a ~, to do a ~ for s.o.** j-m e-n Gefallen tun; **we request the ~ of your company** wir laden Sie höflich ein. **11.** Bevorzugung *f*, Begünstigung *f*: **to show ~ to s.o.** j-n bevorzugen *od.* begünstigen; **he doesn't ask for ~s** er stellt keine besonderen Ansprüche; **without fear or ~** unparteiisch. **12. to grant s.o. one's ~s** (*od.* **one's ultimate ~**) j-m s-e Gunst geben *od.* gewähren (*Frau*). **13.** *obs.* Schutz *m*: **under ~ of night** im Schutze der Nacht. **14.** a) kleines (*auf e-r Party etc verteiltes*) Geschenk, b) (*auf e-r Party etc verteilter*) ˈScherzarˌtikel. **15.** (Parˈtei- *etc*)Abzeichen *n.* **16.** *econ. obs.* Schreiben *n*: **your ~ of the 3rd of the month** Ihr Geehrtes vom 3. des Monats. **17.** *obs.* a) Anmut *f*, b) Aussehen *n*, c) Gesicht *n.*
ˈfa·vor·a·ble, *bes. Br.* **ˈfa·vour·a·ble** *adj* (*adv* **favo[u]rably**) **1.** wohlgesinnt, gewogen, geneigt (**to** *dat*). **2.** *allg.* günstig: a) vorteilhaft (**to, for** für): **~ conditions; ~ trade balance** aktive Handelsbilanz, b) befriedigend, gut: **~ impression,** c) positiv, zustimmend: **~ answer; ~ attitude,** d) vielversprechend. **ˈfa·vor·a·ble·ness,** *bes. Br.* **ˈfa·vour·a·ble·ness** *s* günstige Bedingungen *pl*: **the ~ of the court's decision** das günstige Urteil.
fa·vored, *bes. Br.* **fa·voured** [ˈfeɪvə(r)d] *adj* **1.** begünstigt: **highly ~** sehr begünstigt; **most ~** meistbegünstigt; → **most-favo(u)red-nation clause. 2.** beliebt, gefragt, begehrt (**with** bei). **3.** *bes. sport* favoriˈsiert: **to be highly ~ (to win)** hoher Favorit sein. **4.** *in Zssgn* ...gestaltet, ...aussehend: **well-~** wohlgestaltet, schön; **ill-~** häßlich.
fa·vor·ite, *bes. Br.* **fa·vour·ite** [ˈfeɪvərɪt] **I** *s* **1.** Liebling *m* (*a. fig. Schriftsteller etc*), *contp.* Günstling *m*: **to play ~s** *Am.* parteiisch sein; **to be the ~ of** (*od.* **a ~ with** *od.* **of**) **s.o.** bei j-m beliebt *od.* gefragt *od.* begehrt sein; **this book is one of my ~s** dies ist eins m-r Lieblingsbücher. **2.** *bes. sport* Favoˈrit(in). **II** *adj* **3.** Lieblings...: **my ~ composer; ~ dish** Leibspeise *f.* **ˈfa·vor·it·ism,** *bes. Br.* **ˈfa·vour·it·ism** *s* **1.** Günstlings-, Vetternwirtschaft *f.* **2.** Bevorzugung *f*, Begünstigung *f*: **to show ~ to s.o.** j-n bevorzugen *od.* begünstigen.
fa·vour, fa·vour·a·ble, fa·vour·a·ble·ness, fa·voured, fa·vour·ite, fa·vour·it·ism *bes. Br. für* **favor** *etc.*
fa·vus [ˈfeɪvəs] *s med.* Favus *m* (*ansteckende, chronische Pilzerkrankung der Haut*).
fawn[1] [fɔːn] **I** *s* **1.** *zo.* (Dam)Kitz *n*, einjähriges Rehkalb: **in ~** trächtig. **2.** Rehbraun *n.* **II** *adj* **3.** *a.* **~-colo(u)red** rehfarben, -braun. **III** *v/t u. v/i* **4.** (ein Kitz) setzen (*Reh*).
fawn[2] [fɔːn] *v/i* **1.** schwänzeln, (mit dem Schwanz) wedeln (*als Zeichen der Zuneigung*) (*Hund*): **to ~ (up)on s.o.** a) sich an j-n anschmiegen, b) an j-m hochspringen, c) j-n ablecken. **2.** *fig.* (**on, upon**) katzbuckeln (vor *dat*), scharˈwenzeln (um). **ˈfawn·ing** *adj* (*adv* **~ly**) **1.** schwänzelnd, schwanzwedelnd. **2.** *fig.* schmeichlerisch, kriecherisch.
fay[1] [feɪ] *v/t u. v/i* (*Schiffbau*) (sich) zs.-fügen (**in, into, with** mit).
fay[2] [feɪ] *poet. für* **fairy** 1, 3, 4.
faze [feɪz] *v/t Am. colloq. j-n* durcheinˈanderbringen: **that won't ~ him** das läßt ihn kalt.

feal [fi:l] *adj obs.* treu.
fe·al·ty [ˈfi:əltɪ] *s* **1.** *hist.* Lehenstreue *f.* **2.** Treue *f*, Loyaliˈtät *f* (**to** zu).
fear [fɪə(r)] **I** *s* **1.** Furcht *f*, Angst *f* (**of** vor *dat*; **that** daß): **for ~** vor Angst; **for ~ that** aus Furcht, daß; **to be in ~ (of s.o.)** sich (vor j-m) fürchten, (vor j-m) Angst haben; **~ of death** Todesangst *f*; **to go in ~ of one's life** in ständiger Todesangst leben, Todesängste ausstehen; **to be without ~ (of s.o.)** sich (vor j-m) nicht fürchten, (vor j-m) keine Angst haben; **no ~!** sei(en Sie) unbesorgt!, keine Bange!; → **favor** 11, **green** 6. **2.** Befürchtung *f*, Besorgnis *f*, Sorge *f*, *pl a.* Bedenken *pl*: **for ~ of** a) in der Befürchtung, daß, b) um nicht, damit nicht; um zu verhüten, daß; **for ~ of hurting him** um ihn nicht zu verletzen. **3.** Scheu *f*, Ehrfurcht *f* (**of** vor *dat*): **~ of God** Gottesfurcht *f*; **to put the ~ of God into s.o.** j-m e-n heiligen Schrecken einjagen. **4.** Gefahr *f*, Risiko *n*: **there is not much ~ of that** das ist kaum zu befürchten. **II** *v/t* **5.** fürchten, sich fürchten *od.* Angst haben vor (*dat*). **6.** *Gott* fürchten, Ehrfurcht haben vor (*dat*). **7.** (be)fürchten: **to ~ the worst.** **8. ~ o.s.** *obs.* sich fürchten. **III** *v/i* **9.** sich fürchten, Furcht *od.* Angst haben: **never ~!** keine Angst! **10.** (**for**) fürchten (für *od.* um), bangen (um).
ˈ**fear·ful** *adj* (*adv* **~ly**) **1.** furchtbar, fürchterlich, schrecklich (*alle a. fig. colloq.*). **2. to be ~** in (großer) Sorge sein, sich ängstigen (**of** um; **that** daß). **3.** furchtsam, angsterfüllt: **to be ~ of** sich fürchten *od.* Angst haben vor (*dat*). **4.** ehrfürchtig. ˈ**fear·ful·ness** *s* **1.** Furchtbarkeit *f.* **2.** Furchtsamkeit *f.*
ˈ**fear·less** *adj* (*adv* **~ly**) furchtlos, unerschrocken: **to be ~ of** sich nicht fürchten *od.* keine Angst haben vor (*dat*). ˈ**fear·less·ness** *s* Furchtlosigkeit *f.*
ˈ**fear·naught,** ˈ**fear·nought** [-nɔ:t] *s* Flausch *m*: a) *dicker, weicher Wollstoff mit gerauhter Oberfläche*, b) Flauschmantel *m.* ˈ**fear·some** [-səm] *adj* (*adv* **~ly**) **1.** *meist humor.* schrecklich, gräßlich (anzusehen[d]). **2.** furchteinflößend. **3.** ängstlich.
fea·si·bil·i·ty [ˌfi:zəˈbɪlətɪ] *s* Machbarkeit *f*, ˈDurchführbarkeit *f.* ˈ**fea·si·ble** *adj* (*adv* **feasibly**) **1.** machbar, (*Plan etc*) ˈdurchführbar. **2.** passend, geeignet (**to** für). **3.** plauˈsibel, wahrˈscheinlich.
feast [fi:st] **I** *s* **1.** *relig.* Fest *n*, Fest-, Feiertag *m.* **2.** Festessen *n*, -mahl *n*: **to give a ~**; **to hold a ~** ein Festessen veranstalten. **3.** *fig.* Fest *n*, (Hoch)Genuß *m*: **a ~ for the eyes** e-e Augenweide. **II** *v/t* **4.** festlich bewirten (**on** mit). **5.** ergötzen: **to ~ one's eyes on** s-e Augen weiden an (*dat*); **to ~ one's mind on** sich weiden an (*dat*). **III** *v/i* **6.** a) ein Festessen veranstalten, b) sich gütlich tun (**on** an *dat*). **7.** sich weiden (**on** an *dat*).
feat[1] [fi:t] *s* **1.** Helden-, Großtat *f.* **2.** a) Kunst-, Meisterstück *n*, b) Kraftakt *m.* **3.** (*technische etc*) Großtat, große Leistung.
feat[2] [fi:t] *adj* (*adv* **~ly**) *obs.* geschickt.
feath·er [ˈfeðə(r)] **I** *s* **1.** Feder *f*, *pl* Gefieder *n*: **fur and ~** Wild u. Federvieh *n*; **fine ~s make fine birds** Kleider machen Leute; **birds of a ~** Leute vom gleichen Schlag; **birds of a ~ flock together** gleich u. gleich gesellt sich gern; **in fine** (*od.* **full, high**) **~** *colloq.* a) (bei) bester Laune, b) bei bester Gesundheit, c) in Hochform; **you could have knocked me down with a ~** ich war einfach ‚platt'; **to make the ~s fly** ‚Stunk machen' (*Person*), (*a. Sache*) für helle Aufregung sorgen; *when she got furious* **the ~s flew** flogen die Fetzen; → **singe** 1, **white feather.** **2.** Schmuck-, Hutfeder *f*: **a ~ in one's cap** e-e Ehre *od.* Auszeichnung; **that is a ~ in his cap** darauf kann er stolz sein. **3.** hoch- *od.* abstehendes Haarbüschel. **4.** Pfeilfeder *f.* **5.** *Rudern*: Flachdrehen *n* (*der Riemen*). **6.** *tech.* (Strebe)Band *n.* **7.** *tech.* Feder(Keil *m*) *f.* **8.** *mar.* Schaumkrone *f* (*U-Boot-Periskop*). **9.** (*etwas*) Federleichtes. **II** *v/t* **10.** mit Federn versehen *od.* schmücken, *e-n Pfeil* fiedern: **to ~ one's nest** sein(e) Schäfchen ins trockene bringen. **11.** *Rudern*: *die Riemen* flach drehen. **12.** *tech.* mit Nut u. Feder versehen. **13.** *aer. den Propeller* auf Segelstellung fahren. **III** *v/i* **14.** Federn bekommen, sich befiedern. **15.** federartig wachsen, sich federartig ausbreiten *od.* bewegen. **16.** *Rudern*: die Riemen flach drehen.
feath·er|bed *s* **1.** Maˈtratze *f* mit Feder- *od.* Daunenfüllung. **2.** *fig.* a) ‚gemütliche Sache', b) angenehmer Posten. ˈ**~bed I** *v/t* **1.** *j-n* verhätscheln, *die Landwirtschaft etc* ˈübersubventioˌnieren. **2.** *e-e Arbeitsstelle* ˈüberbesetzen. **II** *v/i* **3.** unnötige Arbeitskräfte einstellen. ˈ**~ˌbed·ding** *s* (*gewerkschaftlich geforderte*) ˈÜberbesetzung mit Arbeitskräften. ˈ**~brain** *s* **1.** Hohlkopf *m.* **2.** leichtsinniger Mensch. ˈ**~brained** *adj* **1.** hohlköpfig. **2.** leichtsinnig. **~ dust·er** *s* Staubwedel *m.*
feath·ered [ˈfeðə(r)d] *adj* be-, gefiedert: **~ tribe(s)** Vogelwelt *f.*
ˈ**feath·er|·edge** *tech.* **I** *s* dünne *od.* scharfe Kante. **II** *adj* mit dünner Kante (versehen). **~ grass** *s bot.* Federgras *n.* ˈ**~head** → **featherbrain.** ˈ**~ˌhead·ed** → **featherbrained.**
ˈ**feath·er·ing** *s* **1.** Gefieder *n*, *orn.* Befiederung *f.* **2.** *aer.* Segelstellung *f* (*des Propellers*).
feath·er| key *s tech.* Federkeil *m*, Paßfeder *f.* **~ moss** *s bot.* Ast-, Schlafmoos *n.* **~ ore** *s min.* Federerz *n.* **~ palm** *s bot.* Fiederpalme *f.* **~shot** *s tech.* Federkupfer *n.* ˈ**~stitch I** *s* Hexenstich *m.* **II** *v/t* mit Hexenstich verzieren. ˈ**~weight I** *s* **1.** *sport* Federgewicht(ler *m*) *n.* **2.** ‚Leichtgewicht' *n* (*Person*). **3.** *fig.* a) unbedeutende Perˈson, b) (*etwas*) Belangloses. **II** *adj* **4.** *sport* Federgewichts... **5.** leichtgewichtig. **6.** *fig.* a) unbedeutend, b) belanglos.
ˈ**feath·er·y** *adj* **1.** ge-, befiedert. **2.** a) feder(n)artig, b) federleicht.
fea·ture [ˈfi:tʃə(r)] **I** *s* **1.** (Gesichts)Zug *m*, *pl* Gesicht(szüge *pl*) *n*, Züge *pl*, Aussehen *n.* **2.** charakteˈristischer *od.* wichtiger (Bestand)Teil, Grundzug *m.* **3.** Merkmal *n* (*a. jur. e-r Erfindung*), Charakteˈristikum *n*, (Haupt)Eigenschaft *f*, Hauptpunkt *m*, Besonderheit *f*: **~ of construction** *tech.* Konstruktionsmerkmal; **distinctive ~** Unterscheidungsmerkmal; **to make a ~ of s.th.** etwas besonders hervorheben. **4.** (ˈHaupt)Attraktiˌon *f.* **5.** Feature *n*: a) *a.* **~ program(me)** (*Rundfunk, TV*) *Sendung in Form e-s aus Reportagen, Kommentaren u. Dialogen zs.-gesetzten* (*Dokumentar*)*Berichtes*, b) *a.* **~ article** (*od.* **story**) (*Zeitung*) *zu e-m aktuellen Anlaß herausgegebener, besonders aufgemachter Text- od. Bildbeitrag*, c) *a.* **~ film** Haupt-, Spielfilm *m.* **II** *v/t* **6.** charakteriˈsieren, in den Grundzügen schildern. **7.** als (ˈHaupt)Attraktiˌon zeigen *od.* bringen, groß herˈausbringen *od.* -stellen. **8.** in der Hauptrolle zeigen: **a film featuring X** ein Film mit X in der Hauptrolle. **9.** kennzeichnen, bezeichnend sein für. **10.** (als Besonderheit) haben *od.* aufweisen, sich auszeichnen durch. **11.** *Am. colloq.* sich *etwas* vorstellen. **12.** *colloq. j-m* ähnlich sehen. **III** *v/i* **13.** ‚bumsen' (*Geschlechtsverkehr haben*) (**with** mit). ˈ**fea·tured** *adj* **1.** mit ... (Gesichts)Zügen: **sharp-~.** **2.** herˈvorgehoben, herˈausgestellt. ˈ**fea·ture--length** *adj* mit Spielfilmlänge. ˈ**fea·ture·less** *adj* **1.** ohne bestimmte Merkmale. **2.** nichtssagend. **3.** *econ.* flau (*Börse*). ˌ**fea·turˈette** [-ˈret] *s Am.* Kurzfilm *m.*
feaze[1] [fi:z] *v/i* (sich aus)fasern.
feaze[2] [fi:z] → **faze.**
feb·ri·fa·cient [ˌfebrɪˈfeɪʃnt] *med.* **I** *adj* fiebererregend. **II** *s etwas Fiebererregendes.* **fe·brif·er·ous** [fɪˈbrɪfərəs], **fe·brif·ic** [fɪˈbrɪfɪk] *adj med.* **1.** fiebererregend. **2.** fieb(e)rig, fieberhaft, Fieber... **fe·brif·u·gal** [fɪˈbrɪfjʊgl; ˌfebrɪˈfju:gl] *adj med.* a) fiebermildernd, b) fiebervertreibend. **feb·ri·fuge** [ˈfebrɪfju:dʒ] *s med.* Fiebermittel *n.*
fe·brile [ˈfi:braɪl; *Am. a.* ˈfeb-] *adj med.* fieb(e)rig, fieberhaft, Fieber... **fe·bril·i·ty** [fɪˈbrɪlətɪ] *s* Fieberhaftigkeit *f.*
Feb·ru·ar·y [ˈfebrʊərɪ; *Am.* ˈfebjəˌweri:] *s* Februar *m*: **in ~** im Februar.
fe·cal, fe·ces *bes. Am. für* **faecal, faeces.**
feck·less [ˈfeklɪs] *adj* (*adv* **~ly**) **1.** schwach, kraftlos. **2.** hilflos. **3.** wertlos. **4.** wirkungs-, zwecklos. **5.** unzuverlässig.
fec·u·la [ˈfekjʊlə] *pl* **-lae** [-li:] *s chem.* Stärke(mehl *n*) *f*, Satz-, Bodenmehl *n.* ˈ**fec·u·lence** [-ləns] *s* **1.** Schlammigkeit *f*, Trübheit *f.* **2.** Bodensatz *m*, Hefe *f.* **3.** *med.* Kotartigkeit *f.* ˈ**fec·u·lent** *adj* **1.** schlammig, trübe. **2.** *med.* fäkuˈlent, kotartig, kotig.
fe·cund [ˈfi:kənd; ˈfek-] *adj* fruchtbar, produkˈtiv (*beide a. fig.* = *schöpferisch*). ˈ**fe·cun·date** [-deɪt] *v/t* fruchtbar machen, befruchten (*a. biol.*). ˌ**fe·cunˈda·tion** *s* Befruchtung *f* (*a. biol.*). **fe·cun·da·tive** [fɪˈkʌndətɪv] *adj* befruchtend (*a. biol.*). **feˈcun·di·ty** *s* Fruchtbarkeit *f*, Produktiviˈtät *f* (*beide a. fig.*).
fed[1] [fed] *pret u. pp von* **feed.**
fed[2] [fed] *s Am. colloq.* **1.** FBˈI-Aˌgent *m.* **2.** *meist* **F~** (*die*) ˈBundesreˌgierung. **3.** → **Federal Reserve Board.**
fe·da·yee [fɪˈdɑ:ji:; ˌfedəˈji:; *Am.* fɪˌdæˈji:] *pl* **-yeen** *s* Fedaˈjin *m*: a) *arabischer Freischärler*, b) *Angehöriger e-r arabischen politischen Untergrundorganisation.*
fed·er·a·cy [ˈfedərəsɪ] *s* Föderatiˈon *f*, (Staaten)Bund *m.*
fed·er·al [ˈfedərəl] **I** *adj* (*adv* **~ly**) **1.** föderaˈtiv, bundesmäßig. **2.** *meist* **F~** *pol.* Bundes...: a) bundesstaatlich, den (Gesamt)Bund *od.* die ˈBundesreˌgierung betreffend, b) (*Schweiz*) eidgenössisch, c) (*USA*) zentraˈlistisch, Zentral..., Unions..., National...: **~ case** *Am.* Fall *m* fürs FBI; **to make a ~ case out of s.th.** *Am. colloq.* e-e ‚Staatsaffäre' aus etwas machen; **~ government** Bundesregierung *f*; **~ jurisdiction** *jur. Am.* Zuständigkeit *f* der Bundesgerichte, Bundesgerichtsbarkeit *f.* **3. F~** *Am. hist.* die Uniˈonsgewalt *od.* die Zenˈtralreˌgierung *od.* die Nordstaaten unterˈstützend. **4.** *relig.* den (Alten u. Neuen) Bund Gottes mit dem Menschen betreffend: **~ theology.** **II** *s* **5.** Föderaˈlist *m*, Befürworter *m* der ˈBundes(ˌstaats)iˌdee. **6. F~** *Am. hist.* Föderaˈlist *m*: a) Unioˈnist *m* im Bürgerkrieg, b) Solˈdat *m* der ˈBundesarˌmee. **F~ Bu·reau of In·ves·ti·ga·tion** *s* amer. ˈBundeskrimiˌnalpoliˌzei *f.*
fed·er·al·ism, *meist* **F~** [ˈfedərəlɪzəm] *s pol.* Föderaˈlismus *m*: a) *außer USA*: Selbständigkeitsbestrebung *f* der Gliedstaaten, Partikulaˈrismus *m*, b) *USA*: Unitaˈrismus *m*, Zentraˈlismus *m.* ˈ**fed·er·al·ist I** *adj* **1.** föderaˈlistisch. **II** *s* **2.** *meist* **F~** Föderaˈlist *m.* **3. F~** *Am. hist.*

Mitglied *n* der zentra'listischen Par'tei (*etwa 1790 bis 1816*). **ˌfed·er·al·i'za·tion** [-laɪ'zeɪʃn; *Am.* -lə'z-] *s* Föderali'sierung *f.* **'fed·er·al·ize** → federate I.

Fed·er·al Re·serve Board *s* amer. Zen'tralbankrat *m.*

fed·er·ate ['fedəreɪt] *bes. pol.* **I** *v/t* föderali'sieren, zu e-m (Staaten)Bund vereinigen. **II** *v/i* sich föde'rieren, sich zu e-m (Staaten)Bund zs.-schließen. **III** *adj* [-rət] föde'riert, verbündet. **ˌfed·er'a·tion** *s* **1.** Föderati'on *f*, (po'litischer) Zs.-schluß, Vereinigung *f.* **2.** *econ.* Föderati'on *f*, (Zen'tral-, Dach)Verband *m.* **3.** *pol.* a) Bundesstaat *m*, b) Föderati'on *f*, Staatenbund *m.* **'fed·er·a·tive** [-rətɪv; -reɪtɪv] → **federal** 1.

fe·do·ra [fɪ'dəʊrə; fɪ'dɔːrə] *s Am.* Filzhut *m.*

fee [fiː] **I** *s* **1.** Gebühr *f*: a) (*Anwalts- etc*)Hono'rar *n*, Bezahlung *f*, Vergütung *f*: **a doctor's** ~ Arztrechnung *f*; **director's** ~ *econ.* Vergütung *od.* Tantieme *f* (*e-s Verwaltungsratsmitglieds*), b) amtliche Gebühr, Taxe *f*: **licence** (*Am.* **license**) ~**s** Lizenzgebühr; **school** ~**(s)** Schulgeld *n*, c) (Mitglieds)Beitrag *m*: **club** ~**s** Vereinsbeitrag, d) (**admission** *od.* **entrance**) ~ Eintrittsgeld *n*, e) (**admission** *od.* **entry**) ~ Aufnahmegebühr. **2.** *jur.* a) *hist.* Lehn(s)gut *n*, b) Eigentum(srecht) *n* (*an Grundbesitz*): **to hold land in** ~ Land zu eigen haben, c) *Art des Grundbesitzes*: ~ **simple** (unbeschränktes) Eigentumsrecht, Grundeigentum *n*; ~ **tail** erbrechtlich gebundenes Grundeigentum; → **estate (in) fee simple**, **estate (in) fee tail**. **II** *v/t* **3.** *j-m* e-e Gebühr *od.* ein Hono'rar bezahlen, an (*acc*) e-e Gebühr entrichten. **4.** **to** ~ **a lawyer** *bes. Scot.* e-n Anwalt engagieren, sich e-n Anwalt nehmen.

fee·ble ['fiːbl] *adj* (*adv* **feebly**) *allg.* schwach: ~ **attempts** schwache *od.* (lenden)lahme Versuche; ~ **excuse** lahme Ausrede; **a** ~ **smile** ein schwaches *od.* mattes Lächeln; ~ **moan** schwaches *od.* leises Ächzen. **ˌ~-'mind·ed** *adj* schwachsinnig, geistesschwach. **ˌ~-'mind·ed·ness** *s* Schwachsinn *m.* **'fee·ble·ness** *s* Schwäche *f.*

feed [fiːd] **I** *v/t pret u. pp* **fed** [fed] **1.** Nahrung zuführen (*dat*), *Tiere, a. Kinder, Kranke* füttern (**on**, **with** mit), *e-m Tier* zu fressen geben, *Kühe* weiden lassen: **to** ~ **at the breast** stillen; **to** ~ **by force** zwangsernähren; **he cannot** ~ **himself** er kann nicht ohne Hilfe essen; **to** ~ **a cold** tüchtig essen, wenn man erkältet ist; **to** ~ **up** a) *Vieh* mästen, b) *j-n* ‚auf-, hochpäppeln'; **to** ~ **the fish(es)** *colloq.* a) ‚die Fische füttern' (*sich infolge von Seekrankheit übergeben*), b) ertrinken; **to be fed up with s.th.** *colloq.* genug *od.* ‚die Nase voll' haben von etwas, etwas satt haben; **I'm fed up to the teeth** (*od.* **up to here**) **with him** *colloq.* er steht mir bis hierher. **2.** *e-e Familie etc* ernähren, unter'halten. **3.** *ein Feuer* unter'halten. **4.** *tech.* a) *e-e Maschine* speisen, beschicken, (laufend) versorgen (**with** mit), b) *Material* zuführen, transpor'tieren, *ein Werkzeug* vorschieben: **to** ~ **s.th. into a computer** etwas in e-n Computer eingeben *od.* einspeisen. **5.** ~ **back** a) *electr., Kybernetik*: rückkoppeln, b) *Informationen etc* zu'rückleiten (**to** an *acc*). **6.** *fig.* a) *ein Gefühl* nähren, Nahrung geben (*dat*), b) befriedigen: **to** ~ **one's vanity**; **to** ~ **one's eyes on** s-e Augen weiden an (*dat*). **7.** *fig. j-n* 'hinhalten, (ver)trösten (**with** mit). **8.** *a.* ~ **close**, ~ **down** *agr. e-e Wiese* abweiden lassen. **9.** a) *etwas* (ver)füttern, zu fressen geben (**to** *dat*), b) als Nahrung dienen für. **10.** *thea. colloq. e-m Komiker* Stichworte liefern. **11.** *sport e-n Spieler* mit Bällen ‚füttern'. **II** *v/i* **12.** a) Nahrung zu sich nehmen, fressen, weiden (*Tiere*), b) *colloq.* ‚futtern' (*Menschen*): **to** ~ **at the high table** tafeln; **to** ~ **out of s.o.'s hand** j-m aus der Hand fressen. **13.** sich (er)nähren, leben (**on**, **upon** von) (*a. fig.*). **III** *s* **14.** (Vieh)Futter *n*, Nahrung *f*: **out at** ~ auf der Weide. **15.** ('Futter)Ratiˌon *f.* **16.** Füttern *n*, Fütterung *f.* **17.** *colloq.* Mahlzeit *f*: **to be off one's** ~ keinen Appetit (mehr) haben. **18.** *tech.* a) Speisung *f*, Beschickung *f*, b) (Materi'al-)Aufgabe *f*, Zuführung *f*, Trans'port *m*, c) Beschickungsmenge *f*, d) (Werkzeug-)Vorschub *m.* **19.** a) Beschickungsgut *n*, b) Ladung *f*, c) → **feeder** 6 a. **20.** *thea. colloq.* a) Stichwort *n* (*für e-n Komiker*), b) Stichwortgeber(in).

'feed|·back *s* **1.** *electr., Kybernetik*: Feedback *n*, Rückkoppelung *f.* **2.** a) *Rundfunk, TV*: Feedback *n* (*mögliche Einflußnahme des Publikums auf den Verlauf e-r Sendung durch Reaktionen, die dem Veranstalter dieser Sendung rückgemeldet werden*), b) Zu'rückleitung *f* (*von Informationen etc*) (**to** an *acc*). ~ **bag** *s Am.* Freß-, Futterbeutel *m* (*für Pferde*): **to put on the** ~ *colloq.* ‚losfuttern' (*Mensch*). ~ **belt** *s mil.* (Ma'schinengewehr)Paˌtronengurt *m.* ~ **boil·er** *s tech.* Speisekessel (-anlage *f*) *m.* ~ **cock** *s tech.* Speisehahn *m.* ~ **cur·rent** *s electr.* **1.** Speisestrom *m.* **2.** (An'oden)Ruhe-, Gleichstrom *m.*

'feed·er *s* **1.** a) Fütterer *m*, b) *a.* **automatic** ~ 'Futterautoˌmat *m.* **2.** **to be a heavy** ~ a) ein starker Fresser sein (*Tier*), b) *colloq.* ein starker Esser sein (*Mensch*). **3.** a) Viehmäster *m*, b) *bes. Am.* Masttier *n.* **4.** *tech.* a) Beschicker *m*, b) Zuführer *m.* **5.** *print.* Anleger(in). **6.** *tech.* a) Aufgabe-, Beschickungsvorrichtung *f*, b) *electr.* Speiseleitung *f*, c) *print.* 'An-, 'Einlegeappaˌrat *m*, d) → **feed mechanism**. **7.** *Bergbau*: Kreuzkluft *f.* **8.** Zuflußgraben *m.* **9.** a) Zubringer *m* (*Straße*), b) → **feeder line** 1, c) → **feeder service**. **10.** → **feeding bottle**. **11.** *Br.* Lätzchen *n.* **12.** *geogr.* Nebenfluß *m.* **13.** *thea. Am. colloq.* Stichwortgeber(in) (*für e-n Komiker*). ~ **bus** *s* Zubringerbus *m.* ~ **line** *s* **1.** *aer. rail.* Zubringerlinie *f*, -strecke *f.* **2.** *electr.* Speiseleitung *f.* ~ **road** *s* Zubringerstraße *f.* ~ **ser·vice** *s* Zubringerdienst *m*, -verkehr *m.*

'feed|·head → riser 5. ~ **heat·er** *s tech.* Vorwärmer *m* (*der Dampfmaschine*). ~ **hop·per** *s* **1.** *tech.* Einlauf-, Fülltrichter *m.* **2.** *Computer* : Kartenvorratsbehälter *m.*

'feed·ing I *s* **1.** Füttern *n*, Fütterung *f.* **2.** *biol. med.* (Er)Nähren *n*: **mixed** ~ Zwiemilchernährung *f.* **3.** → **feed** 18. **4.** Weide(land *n*) *f.* **II** *adj* **5.** weidend. **6.** *tech.* speisend, versorgend, Zufuhr..., *mil.* Lade... ~ **bot·tle** *s* (Säuglings-, Saug)Flasche *f.* ~ **cup** *s* Schnabeltasse *f.*

feed| mech·a·nism *s* **1.** *tech.* 'Vorschubmechaˌnismus *m*, Nachschubvorrichtung *f.* **2.** *mil.* Muniti'onszuführung *f*, Zuführer *m* (*am Maschinengewehr*). ~ **pipe** *s tech.* Zuleitungsrohr *n.* ~ **pump** *s tech.* Speisepumpe *f* (*e-s Kessels*). ~ **ta·ble** *s tech.* Auflegetisch *m.* ~ **wa·ter** *s tech.* Speisewasser *n.*

feel [fiːl] **I** *v/t pret u. pp* **felt** [felt] **1.** anfassen, (be)fühlen, anfühlen: **to** ~ **one'way** a) sich tasten(d zurechtfinden), b) *fig.* vorsichtig vorgehen; → **pulse**[1] 1. **2.** a) fühlen, (ver)spüren, wahrnehmen, merken: **to** ~ **the cold**; **to** ~ **one's age** sein Alter spüren; **I felt myself blush** ich spürte, wie ich rot wurde; **to make itself felt** spürbar werden, sich bemerkbar machen, b) zu spüren *od.* zu fühlen bekommen: **to** ~ **the judge's wrath**. **3.** empfinden: **to** ~ **pleasure**; **he felt the loss deeply** der Verlust ging ihm sehr zu Herzen. **4.** a) ahnen, spüren, b) glauben, c) halten für: **I** ~ **it (to be) my duty** ich halte es für m-e Pflicht; **it was felt to be unwise** man erachtete es für unklug. **5.** *a.* ~ **out** *etwas* son'dieren, *j-m* ‚auf den Zahn fühlen'.

II *v/i* **6.** fühlen: **he has lost all ability to** ~ **in his left hand** er hat in s-r linken Hand keinerlei Gefühl mehr. **7.** fühlen, durch Fühlen *od.* Tasten festzustellen suchen *od.* feststellen (**whether**, **if** ob; **how** wie). **8.** ~ **for** a) tasten nach: **to** ~ **along the wall for** die Wand abtasten nach, b) vorsichtig Ausschau halten nach: **to** ~ **for the enemy**, c) suchen nach: **to** ~ **for an excuse**, d) her'ausfinden; versuchen, *etwas* her'auszufinden: **in the absence of a book of instructions we had to** ~ **for the best way to operate the machine**. **9.** gefühlsmäßig rea'gieren *od.* handeln. **10.** sich fühlen, sich befinden, sich vorkommen, sein: **to** ~ **cold** frieren; **to** ~ **ill** sich krank fühlen; **I** ~ **warm** mir ist warm; **I don't** ~ **quite myself** ich bin nicht ganz auf dem Posten; **to** ~ **up to s.th.** a) sich e-r Sache gewachsen fühlen, b) sich in der Lage fühlen zu etwas, c) in (der) Stimmung sein zu etwas; **to** ~ **like a new man (woman)** sich wie neugeboren fühlen; **to** ~ **like (doing) s.th.** Lust haben zu e-r Sache (etwas zu tun); **don't** ~ **compelled** fühlen Sie sich nicht gezwungen. **11.** Mitgefühl *od.* Mitleid haben (**for**, **with** mit): **we** ~ **with you** wir fühlen mit euch. **12.** das Gefühl *od.* den Eindruck haben, finden, glauben (**that** daß): **I** ~ **that** ... ich finde, daß ...; es scheint mir, daß ...; **to** ~ **strongly about** a) entschiedene Ansichten haben über (*acc*), b) sich erregen über (*acc*); **how do you** ~ **about it?** was meinst du dazu?; **it is felt in London** in London ist man der Ansicht. **13.** sich anfühlen: **velvet** ~**s soft**. **14.** *impers* sich fühlen: **they know how it** ~**s to be hungry** sie wissen, was es heißt, hungrig zu sein.

III *s* **15.** Gefühl *n* (*Art u. Weise, wie sich etwas anfühlt*): **a sticky** ~. **16.** (An-)Fühlen *n*: **it is soft to the** ~ es fühlt sich weich an; **let me have a** ~ laß mich mal fühlen. **17.** Gefühl *n*: a) Empfindung *f*, Eindruck *m*, b) Stimmung *f*, Atmo'sphäre *f*: **a hom(e)y** ~, c) Feingefühl *n*, (feiner) In'stinkt, ‚Riecher' *m* (**for** für): **clutch** ~ *mot.* Gefühl für richtiges Kuppeln.

'feel·er *s* **1.** *zo.* Fühler *m* (*a. fig.*): **to put** (*od.* **throw**) **out** ~**s** (*od.* **a** ~) s-e Fühler ausstrecken. **2.** *tech.* a) Dorn *m*, Fühler *m*: ~ **ga(u)ge** Fühlerlehre *f*, b) Taster *m*: ~ **pin** Tasterstift *m*, c) Tasthebel *m* (*am Webstuhl*). **'feel·ing I** *s* **1.** Gefühl *n*, Gefühlssinn *m.* **2.** Gefühlszustand *m*, Stimmung *f*: **bad** (*od.* **ill**) ~ Groll *m*, Feindseligkeit *f*, böses Blut, Ressentiment *n*; **good** ~ Wohlwollen *n*; **no hard** ~**s!** a) nicht böse sein!, b) (das) macht nichts! **3.** Rührung *f*, Auf-, Erregung *f*: **with** ~ a) mit Gefühl, gefühlvoll, b) mit Nachdruck, c) erbittert; → **high** 25. **4.** (Gefühls)Eindruck *m*: **I have a** ~ **that** ich habe das Gefühl, daß. **5.** Gefühl *n*, Gesinnung *f*, Ansicht *f*, Einstellung *f*, Empfindung *f*: **strong** ~**s** a) starke Überzeugung, b) Erregung *f.* **6.** Fein-, Mitgefühl *n*, Empfindsamkeit *f*: **to have a** ~ **for** Gefühl haben für. **7.** (Vor)Gefühl *n*, Ahnung *f.* **8.** *pl* Empfindlichkeit *f*, Gefühle *pl*: **to hurt s.o.'s** ~**s** j-s Gefühle *od.* j-n verletzen. **II** *adj* (*adv* ~**ly**) **9.** fühlend, empfindend, Gefühls... **10.** gefühlvoll, mitfühlend. **11.** lebhaft (empfunden), voll Gefühl.

feet [fiːt] *pl von* **foot.**

feign [feɪn] **I** *v/t* **1.** *Interesse etc* vortäuschen, *Krankheit a.* simuˈlieren: **to ~ death** (*od.* **to be dead**) sich totstellen. **2.** *e-e Ausrede etc* erfinden. **II** *v/i* **3.** sich verstellen, so tun als ob, simuˈlieren. **ˈfeign·ed·ly** [-ɪdlɪ] *adv* zum Schein. **ˈfeign·er** *s* Simuˈlant(in), ‚Schauspieler(in)'.

feint¹ [feɪnt] **I** *s* **1.** *sport* Finte *f* (*a. fig.*). **2.** *mil.* Ablenkungs-, Scheinangriff *m*, ˈTäuschungsmaˌnöver *n* (*a. fig.*). **II** *v/i* **3.** *sport* finˈtieren: **to ~ at** (*od.* **upon, against**) *j-n* (durch e-e Finte) täuschen. **III** *v/t* **4.** *sport ein Abspiel etc* antäuschen.

feint² [feɪnt] *adj print.* dünn, schwach: **~ lines.**

feints [feɪnts] *s pl Branntweinbrennerei*: unreiner Rückstand.

feis [feʃ] *pl* **feis·ean·na** [ˈfeʃənə] *s* **1.** *hist.* altirisches Parlaˈment. **2.** irischer Sängerwettstreit.

feist [faɪst] *s Am. dial.* kleiner Hund.

feist·y [ˈfaɪstiː] *adj Am. dial.* **1.** lebhaft, munter. **2.** reizbar.

feld·spar [ˈfeldspɑː(r)] *s min.* Feldspat *m*. **feldˈspath·ic** [-ˈspæθɪk] *adj* feldspathaltig, -artig, Feldspat...

fe·lic·i·tate [fəˈlɪsɪteɪt] *v/t* **1.** beglückwünschen, *j-m* gratuˈlieren (**on** zu). **2.** *obs.* beglücken. **feˌlic·iˈta·tion** *s meist pl* Glückwunsch *m*: **~s!** ich gratuliere!, herzlichen Glückwunsch! **feˈlic·i·tous** *adj* (*adv* **~ly**) **1.** glücklich. **2.** *fig.* glücklich (gewählt), treffend: **a ~ phrase. feˈlic·i·ty** *s* **1.** Glück(seligkeit *f*) *n*. **2.** Wohltat *f*, Segen *m*. **3.** a) glücklicher Einfall, b) glücklicher Griff, c) treffender Ausdruck.

fe·lid [ˈfiːlɪd] → **feline** 4. **ˈfe·line** [-laɪn] **I** *adj* **1.** *zo.* zur Faˈmilie der Katzen gehörig, Katzen... **2.** katzenartig, -haft: **~ grace. 3.** *fig.* a) falsch, tückisch, b) verstohlen. **II** *s* **4.** *zo.* Katze *f*, Katzentier *n*. **fe·lin·i·ty** [fɪˈlɪnətɪ] *s* ˈKatzennaˌtur *f*, Katzenhaftigkeit *f*.

fell¹ [fel] *pret von* **fall.**

fell² [fel] **I** *v/t* **1.** *e-n Baum* fällen. **2.** *e-n Gegner etc* fällen, niederstrecken. **3.** *e-e Kappnaht* (ein)säumen. **II** *s* **4.** a) *Am.* gefällte Holzmenge, b) (Holz)Fällen *n*. **5.** Kappnaht *f*, Saum *m*.

fell³ [fel] *adj* (*adv* **felly**) *poet.* **1.** grausam, wild, mörderisch, grimmig. **2.** tödlich.

fell⁴ [fel] *s* **1.** Balg *m*, (rohes Tier)Fell. **2.** a) *zo.* (ˈUnter-, Fett)Haut *f*, b) (Menschen)Haut *f*. **3.** Vlies *n*, dickes, zottiges Fell. **4.** struppiges Haar.

fell⁵ [fel] *s Br.* **1.** Hügel *m*, Berg *m*. **2.** Moorland *n*.

fel·lah [ˈfelə] *pl* **-lahs, -la·hin, -la·heen** [-hiːn] *s* Felˈlache *m*.

fel·late [ˈfeleɪt] *v/t* fellatioˈnieren, felˈlieren. **fel·la·tio** [fɪˈleɪʃɪəʊ; fe-], **felˈla·tion** *s* Felˈlatio *f* (*orale Befriedigung e-s Mannes*).

fel·ler [ˈfelə(r)] *colloq. od. humor. für* **fellow.**

fel·lic [ˈfelɪk] *adj chem.* Gallen...

fell·ing [ˈfelɪŋ] *s* **1.** (Holz)Fällen *n*. **2.** Schlagfläche *f*, (Kahl)Schlag *m*.

fel·loe [ˈfeləʊ] *s tech.* Felge *f*.

fel·low [ˈfeləʊ] **I** *s* **1.** Gefährte *m*, Gefährtin *f*, Genosse *m*, Genossin *f*, Kameˈrad(in): **~s in misery** Leidensgenossen. **2.** Mitmensch *m*, Zeitgenosse *m*. **3.** *colloq.* Kerl *m*, Bursche *m*, ‚Typ' *m*, ‚Mensch' *m*, ‚Junge' *m*: **good ~** guter Kerl, netter Mensch; **a jolly ~** ‚ein fideles Haus'; **my dear ~** mein lieber Freund!; **old ~** alter Knabe; **the ~** *contp.* der *od.* dieser Kerl; **a ~** man, einer. **4.** *colloq.* ‚Typ' *m*, Freund *m* (*e-s Mädchens*). **5.** Gegenstück *n*, (*der, die, das*) Daˈzugehörige, (*der, die, das*) andere (*e-s Paares*): **to be ~s** zs.-gehören; **where is the ~ to this glove?** wo ist der andere Handschuh? **6.** Gleichgestellte(r *m*) *f*, Ebenbürtige(r *m*) *f*: **he will never find his ~** er wird nie seinesgleichen finden. **7.** *univ.* Fellow *m*: a) *Br.* Mitglied *n* e-s College (*Dozent, der im College wohnt u. unterrichtet*), b) Inhaber(in) e-s ˈForschungsstiˌpendiums, c) *Am.* Stuˈdent(in) höheren Seˈmesters. **8.** Fellow *m*, Mitglied *n* (*e-r gelehrten etc Gesellschaft*): **a F~ of the British Academy. II** *adj* **9.** Mit...: **~ being** (*od.* **creature**) Mitmensch *m*; **~ Christian** Mitchrist *m*, Glaubensbruder *m*; **~ citizen** Mitbürger *m*; **~ countryman** Landsmann *m*; **~ feeling** a) Mitgefühl *n*, b) Zs.-gehörigkeitsgefühl *n*; **~ student** Studienkollege *m*, Kommilitone *m*; **~ sufferer** Leidensgefährte *m*; **~ travel(l)er** a) *a.* **~ passenger** Mitreisender *m*, Reisegefährte *m*, b) *pol.* Mitläufer *m*, c) *Anhänger u. Verfechter* (*kommunistischer*) *politischer Ideen, der nicht eingeschriebenes Parteimitglied ist*; **to consult one's ~ doctors** (**teachers,** *etc*) s-e Kollegen um Rat fragen.

ˈfel·low·ship *s* **1.** *oft* **good ~** a) Kameˈradschaft(lichkeit) *f*, b) Geselligkeit *f*. **2.** (*geistige etc*) Gemeinschaft, Zs.-gehörigkeit *f*, (gegenseitige) Verbundenheit. **3.** Religiˈons-, Glaubensgemeinschaft *f*. **4.** Gesellschaft *f*, Gruppe *f*. **5.** *univ.* a) die Fellows *pl*, b) *Br.* Stellung *f* e-s Fellows, c) Stiˈpendienfonds *m*, d) ˈForschungsstiˌpendium *n*.

fel·ly¹ [ˈfelɪ] → **felloe.**

fel·ly² [ˈfelɪ] *adv von* **fell³.**

fe·lo-de-se [ˌfiːləʊdiːˈsiː] *pl* **fe·lo·nes-de-se** [ˌfiːləʊniːz-], **ˌfe·los-de-ˈse** [-ləʊz-] (*Lat.*) *s jur.* **1.** Selbstmörder *m*. **2.** Selbstmord *m*.

fel·on¹ [ˈfelən] **I** *s* **1.** *jur.* a) *Am.* Verbrecher *m*, b) *Br. obs.* Schwerverbrecher *m*. **2.** *obs.* Schurke *m*. **II** *adj* → **fell³.**

fel·on² [ˈfelən] *s med.* ˈUmlauf *m*, Nagelgeschwür *n*.

fe·lo·ni·ous [fəˈləʊnɪəs] *adj jur. Am.* verbrecherisch: → **homicide** 1. **feˈlo·ni·ous·ly** *adv jur. Am.* in verbrecherischer Absicht, vorsätzlich.

fel·on·ry [ˈfelənrɪ] *s collect.* a) *Am.* Verbrecher *pl*, b) *obs.* Schwerverbrecher *pl*. **ˈfel·o·ny** *s* **1.** *jur.* a) *Am.* Verbrechen *n*, *Br. obs.* Schwerverbrechen *n*. **2.** *hist.* Feloˈnie *f* (*Bruch der Lehnstreue*).

fel·site [ˈfelsaɪt] *s min.* Felˈsit *m*. **ˈfel·spar** [-spɑː(r)] → **feldspar. ˈfel·stone** → **felsite.**

felt¹ [felt] *pret u. pp von* **feel.**

felt² [felt] **I** *s* **1.** Filz *m*. **2.** Filzhut *m*. **3.** *tech.* Paˈpiertransˌporttuch *n*. **4.** *tech.* Dachpappe *f*. **5.** *electr.* Isoˈlierpreßmasse *f*. **II** *adj* **6.** aus Filz, Filz...: **~ carpeting** Teppichfilz *m*. **III** *v/t* **7.** filzen, zu Filz machen. **8.** mit Filz überˈziehen. **9.** verfilzen. **IV** *v/i* **10.** filzen, (sich) verfilzen.

felt grain *s* Längsfaser *f* des Holzes.

ˈfelt·ing *s* **1.** Filzen *n*. **2.** Filzstoff *m*.

felt| tip, ˈ~-tip(ped) pen *s* Filzschreiber *m*, -stift *m*.

fem [fem] *adj Am. sl.* weibisch, unmännlich.

fe·male [ˈfiːmeɪl] **I** *s* **1.** a) Frau *f*, b) Mädchen *n*, c) *contp.* Weibsbild *n*, -stück *n*. **2.** *zo.* Weibchen *n*. **3.** *bot.* weibliche Pflanze. **II** *adj* **4.** *biol.* weiblich: **~ child** Mädchen *n*; **~ dog** Hündin *f*; **~ student** Studentin *f*. **5.** von *od.* für Frauen, Frauen..., weiblich: **~ dress** Frauenkleid *n*; **~ labo(u)r** a) Frauenarbeit *f*, b) weibliche Arbeitskräfte *pl*. **6.** schwächer, zarter: **~ sapphire. 7.** *tech.* Hohl..., Steck..., (Ein-)Schraub...: **~ key** Hohlschlüssel *m*; **~ mo(u)ld** Matrize *f*; **~ screw** Schraubenmutter *f*; **~ thread** Innen-, Muttergewinde *n*. **8.** *bot.* fruchttragend.

feme [fiːm; fem] *s jur.* (Ehe)Frau *f*. **~ cov·ert** *s jur.* verheiratete Frau. **~ sole** *s jur.* **1.** unverheiratete Frau: a) ledige Frau, b) verwitwete Frau, c) geschiedene Frau. **2.** vermögensrechtlich selbständige Ehefrau: **~-sole trader** (*od.* **merchant**) selbständige Geschäftsfrau.

fem·ic [ˈfemɪk] *adj min.* femisch.

fem·i·nal·i·ty [ˌfemɪˈnælətɪ], **ˌfem·iˈne·i·ty** [-ˈniːətɪ; -ˈneɪ-] → **femininity. ˈfem·i·nie** [-nɪ] *s poet.* → **femininity** 4.

fem·i·nine [ˈfemɪnɪn] **I** *adj* (*adv* **~ly**) **1.** weiblich, Frauen...: **~ voice. 2.** *ling. metr.* weiblich, femiˈnin: **~ noun. 3.** fraulich, sanft, zart. **4.** weibisch, femiˈnin. **II** *s* **5.** *ling.* Femininum *n*: a) weibliches Substantiv *od.* Proˈnomen, b) weibliches Geschlecht. **6.** a) Weib *n*, Frau *f*, b) → **femininity** 4.

fem·i·nin·i·ty [ˌfemɪˈnɪnətɪ] *s* **1.** Weiblichkeit *f*. **2.** Fraulichkeit *f*, Sanftheit *f*, Zartheit *f*. **3.** weibische *od.* femiˈnine Art. **4.** *collect.* (*die*) (holde) Weiblichkeit, (*die*) Frauen *pl*. **ˈfem·i·nism** *s* **1.** *med. zo.* Femiˈnismus *m*, Verweiblichung *f*. **2.** Femiˈnismus *m*, Frauenrechtsbewegung *f*. **ˈfem·i·nist I** *s* Femiˈnist(in), Frauenrechtler(in). **II** *adj* femiˈnistisch, frauenrechtlerisch. **fe·min·i·ty** [feˈmɪnətɪ] → **femininity.**

fem·i·nize [ˈfemɪnaɪz] **I** *v/t* **1.** weiblich machen. **2.** e-e frauliche Note verleihen (*dat*). **3.** *med. zo.* femiˈnieren, verweiblichen. **4.** zu e-m höheren Frauenanteil führen in (*dat*). **II** *v/i* **5.** weiblich werden. **6.** *med. zo.* femiˈnieren, verweiblichen.

Fem Lib [ˈfemlɪb], **ˈFem·lib** *s colloq.* ˈFrauenemanzipatiˌonsbewegung *f*.

femme fa·tale [ˌfemfəˈtæl; -ˈtɑːl] *pl* **femmes fa·tales** [ˌfemfəˈtælz; -ˈtɑːlz] *s* Femme *f* faˈtale.

fem·o·ra [ˈfemərə] *pl von* **femur.**

fem·o·ral [ˈfemərəl] *adj anat.* Oberschenkel(knochen)...

fe·mur [ˈfiːmə(r)] *pl* **-murs** *od.* **fem·o·ra** [ˈfemərə] *s* **1.** *anat.* Oberschenkel(-knochen) *m*. **2.** *zo.* drittes Beinglied (*von Insekten*).

fen [fen] *s* Fenn *n*: a) Sumpf-, Marschland *n*, b) (Nieder-, Flach)Moor *n*: **the ~s** *geogr.* die Niederungen in **East Anglia.**

ˈfenˌber·ry *s bot.* Moosbeere *f*.

fence [fens] **I** *s* **1.** Zaun *m*, Einzäunung *f*, Gehege *n*: **to come down on the right side of the ~** aufs richtige Pferd setzen; **to mend one's ~s** *bes. pol. bes. Am.* a) s-n Ruf wiederherstellen, b) s-e angeschlagene Position festigen; **to rush one's ~s** die Dinge überstürzen; **to sit on the ~** a) sich neutral verhalten, b) unentschlossen sein. **2.** *Pferdesport*: Hindernis *n*. **3.** *tech.* Reguˈliervorrichtung *f*, Zuhaltung *f* (*am Türschloß*), Führung *f* (*der Hobelmaschine etc*). **4.** *aer.* Grenzschichtzaun *m*. **5.** *sport* Fechten *n*. **6.** *sl.* a) Hehler *m*, b) Hehlernest *n*. **II** *v/t* **7.** *a.* **~ in** einzäunen, einfried(ig)en: **to ~ off** abzäunen. **8.** *oft* **~ in** (*od.* **about, round, up**) umˈgeben, umˈzäunen (**with** mit). **9.** **~ in** einsperren. **10.** verteidigen, schützen, sichern (*a. econ. jur.*) (**from, against** gegen). **11.** *a.* **~ off** *Fragen etc* abwehren, paˈrieren. **12.** *hunt. Br.* zum Schongebiet erklären. **13.** *sl. gestohlene Ware* an e-n Hehler verkaufen. **III** *v/i* **14.** *sport* fechten. **15.** *fig.* Ausflüchte machen, sich nicht festlegen (wollen): **to ~ (with a question)** (e-r Frage) ausweichen. **16.** *Pferdesport*: das Hindernis nehmen. **17.** *sl.* Hehleˈrei treiben.

ˈfence·less *adj* **1.** offen, uneingezäunt. **2.** *obs.* schutz-, wehrlos.

fence|liz·ard *s zo. e-e amer. Eidechse.* **~ month** *s hunt. Br.* Schonzeit *f.*

fenc·er [ˈfensə(r)] *s sport* **1.** Fechter *m.* **2.** Springpferd *n.*

fence|sea·son, ~time → **fence month.**

fen·ci·ble [ˈfensəbl] **I** *adj Scot. für* **defensible. II** *s hist.* ˈLandwehrsolˌdat *m.*

fenc·ing [ˈfensɪŋ] **I** *s* **1.** *sport* Fechten *n.* **2.** *fig.* ausweichendes Verhalten. **3.** a) Zaun *m*, b) Einzäunung *f*, Zäune *pl*, c) ˈZaunmateriˌal *n.* **4.** *sl.* Hehleˈrei *f.* **II** *adj* **5.** *sport* Fecht...: **~ master.**

fend [fend] **I** *v/t oft* **~ off** *Angreifer, Fragen etc* abwehren. **II** *v/i* sorgen (**for** für): **to ~ for o.s.** für sich selbst sorgen, sich ganz allein durchs Leben schlagen.

fend·er [ˈfendə(r)] *s* **1.** *tech.* Schutzvorrichtung *f.* **2.** *Am.* a) *mot.* Kotflügel *m*: **~ bender** *colloq.* Unfall *m* mit Blechschaden, b) Schutzblech *n* (*am Fahrrad etc*). **3.** *rail. etc* a) Rammbohle *f*, b) Puffer *m.* **4.** *mar.* Fender *m.* **5.** Kaˈminvorsetzer *m*, -gitter *n.*

fen·es·tel·la [ˌfenɪˈstelə] *pl* **-lae** [-liː] *s arch.* **1.** Fensterchen *n.* **2.** fensterartige Wandnische (*an der Südseite des Altars*).

fe·nes·tra [fɪˈnestrə] *pl* **-trae** [-triː] *s* **1.** *anat.* Fenster *n* (*im Mittelohr*). **2.** *med.* Fenster *n*, Fensterung *f* (*im Gipsverband*). **feˈnes·tral** *adj* fensterartig, Fenster... **feˈnes·trate** [-treɪt], **feˈnes·trat·ed** *adj* **1.** *arch.* mit Fenster(n) (versehen). **2.** a) gefenstert, b) netzartig. **fen·es·tra·tion** [ˌfenɪˈstreɪʃn] *s* **1.** *arch.* Fensteranordnung *f.* **2.** *med.* Fensterung *f*, ˈFensterungsoperatiˌon *f.*

fen fire *s* Irrlicht *n.*

Fe·ni·an [ˈfiːnjən; -nɪən] *hist.* **I** *s* Fenier *m*: a) *Mitglied e-s irischen Geheimbunds zum Sturz der englischen Herrschaft* (*1858–80*), b) *schottisch-irischer Freiheitskämpfer gegen die Römer.* **II** *adj* fenisch. **ˈFe·ni·an·ism** *s* Feniertum *n.*

fen·nel [ˈfenl] *s bot.* Fenchel *m.* **ˈ~ˌflow·er** *s bot.* Schwarzkümmel *m.*

fen·ny [ˈfenɪ] *adj* sumpfig, Moor...

feoff [fef; fiːf] *jur.* **I** *s* → **fief. II** *v/t* → **enfeoff. feoffˈee** [-ˈfiː] *s jur.* Belehnte(r) *m*: **~ in** (*od.* **of**) **trust** Treuhänder *m.* **ˈfeoff·er** → **feoffor. ˈfeoff·ment** *s jur.* Belehnung *f.* **feof·for** [feˈfɔː(r); ˈfefə(r)] *s jur.* Lehnsherr *m.*

fe·ral [ˈfɪərəl; ˈferəl] *adj* **1.** wild(lebend). **2.** *fig.* wild, barˈbarisch.

fere [fɪə(r)] *s obs.* **1.** Gefährte *m.* **2.** Ehegemahl(in).

fer·e·to·ry [ˈferɪtərɪ; *Am.* ˈferəˌtəʊriː; -ˌtɔː-] *s bes. R.C.* Heiligen-, Reˈliquienschrein *m.*

fe·ri·a [ˈfɪərɪə; ˈfe-] *pl* **-ae** [-rɪiː], **-as** *s R.C.* Feria *f*, Wochentag *m.* **ˈfe·ri·al** *adj* Wochentags...

fe·rine [ˈfɪəraɪn] → **feral.**

Fe·rin·ghee [fəˈrɪŋgɪ] *s Br. Ind.* **1.** Euroˈpäer(in). **2.** *contp.* Euˈrasier(in).

fer·ma·ta [fəˈmɑːtə; *Am.* fer-] *pl* **-tas, -te** [-tɪ] *s mus.* Ferˈmate *f*, Haltezeichen *n*, Ruhepunkt *m.*

Fer·mat's prin·ci·ple [fɜːˈmæts; *Am.* ferˈmɑːz] *s phys.* Ferˈmatsches Prinˈzip.

fer·ment [fə(r)ˈment] **I** *v/t* **1.** a) *chem.* in Gärung bringen (*a. fig.*), b) *fig.* in Wallung bringen, erregen. **II** *v/i* **2.** *chem.* gären, in Gärung sein (*beide a. fig.*). **III** *s* [ˈfɜːment; *Am.* ˈfɜr-] **3.** *chem.* Gärstoff *m*, Ferˈment *n.* **4.** a) *chem.* Gärung *f* (*a. fig.*), b) *fig.* innere Unruhe, Wallung *f*, Aufruhr *m*: **the whole country was in a state of ~** es gärte im ganzen Land. **ferˈment·a·ble** *adj* gär(ungs)fähig.

fer·men·ta·tion [ˌfɜːmenˈteɪʃn; *Am.* ˌfɜr-] *s* **1.** *chem.* Gärung *f* (*a. fig.*), ˈGärungsproˌzeß *m*, Fermentatiˈon *f.* **2.** → **ferment** 4 b. **fer·ment·a·tive** [fə(r)ˈmentətɪv] *adj* (*adv* **~ly**) *chem.* **1.** Gärung bewirkend. **2.** gärend, Gärungs... **ferˈment·ing** *adj chem.* **1.** gärend. **2.** Gärungs..., Gär...

fer·mi [ˈfɜːmɪ; *Am.* ˈfermiː; ˈfɜr-] *s* Fermi *n* (*in der Kernphysik verwendete Längeneinheit*).

Fer·mi-Di·rac sta·tis·tics [ˌfɜːmɪdɪˈræk; *Am.* ˌfermiː-; ˌfɜr-] *s pl* (*als sg konstruiert*) *phys.* ˈFermi-DiˈracStaˌtistik *f.*

fer·mi·on [ˈfɜːmɪɒn; *Am.* ˈfermɪˌɑn; ˈfɜr-] *s phys.* Fermion *n* (*Teilchen mit halbzahligem Spin*).

fer·mi·um [ˈfɜːmɪəm; *Am.* ˈfer-; ˈfɜr-] *s chem.* Fermium *n* (*ein Grundstoff*).

fern [fɜːn; *Am.* fɜrn] *s bot.* Farn(kraut *n*) *m.* **ˈfern·er·y** [-ərɪ] *s* Farn(kraut)pflanzung *f.* **ˈfern·y** *adj* Farn...: a) farnartig, b) voller Farnkraut.

fe·ro·cious [fəˈrəʊʃəs] *adj* (*adv* **~ly**) **1.** wild (*Tier etc*). **2.** *fig.* wild, grimmig, böse, grausam (*Strafe etc*), heftig, scharf (*Auseinandersetzung etc*). **3.** *Am. colloq.* a) ‚wild', ‚toll': **~ activity**, b) ‚furchtbar': **a ~ bore. feˈro·cious·ness, fe·roc·i·ty** [fəˈrɒsətɪ; *Am.* -ˈrɑ-] *s* Grausamkeit *f*, Wildheit *f*, Heftigkeit *f.*

-ferous [fərəs] *Wortelement mit der Bedeutung* ...tragend, ...haltig, ...erzeugend: → **coniferous**, *etc.*

fer·rate [ˈfereɪt] *s chem.* eisensaures Salz.

fer·re·ous [ˈferɪəs] *adj* eisenhaltig.

fer·ret[1] [ˈferɪt] **I** *s* **1.** *zo.* Frettchen *n.* **2.** *fig.* ‚Spürhund' *m* (*Person*). **II** *v/t* **3.** *hunt.* mit Frettchen jagen. **4.** *meist* **~ out** *etwas* aufspüren, -stöbern, *die Wahrheit* herˈausfinden, hinter *ein Geheimnis* kommen. **III** *v/i* **5.** *hunt.* mit Frettchen jagen, fretˈtieren. **6.** *meist* **~ about** (*od.* **around**) herˈumstöbern (**among** in *dat*; **for** nach).

fer·ret[2] [ˈferɪt] *s* schmales (Baum)Wollod. Seidenband.

fer·ri·age [ˈferɪɪdʒ] *s* **1.** Fährgeld *n.* **2.** ˈÜberfahrt *f* (*mit e-r Fähre*).

fer·ric [ˈferɪk] *adj chem.* Eisen..., Ferri...: **~ acid** Eisensäure *f.*

fer·ri·cy·a·nide [ˌferɪˈsaɪənaɪd] *s chem.* Cyˈaneisenverbindung *f*: **potassium ~** Ferrizyankalium *n.* **ferˈrif·er·ous** [-fərəs] *adj chem.* eisenhaltig.

Fer·ris wheel [ˈferɪs] *s* Riesenrad *n.*

fer·rite [ˈferaɪt] *s chem. min.* Ferˈrit *m.*

ˌfer·roˈcon·crete [ˌferəʊ-] *s* ˈEisenbeˌton *m.* **ˌfer·ro·cyˈan·ic** *adj chem.* eisenblausauer. **ˌfer·roˈman·ga·nese** *s chem.* ˈEisenmanˌgan *n.*

ˈfer·ro·type *phot.* **I** *s* **1.** Ferrotyˈpie *f.* **II** *v/t* **2.** (*auf Blech*) ˈschnellfotograˌfieren. **3.** *e-e Kopie* auf Hochglanz glänzen.

fer·rous [ˈferəs] *adj chem.* eisenhaltig, -artig, Eisen..., Ferro...: **~ chloride** Eisenchlorür *n.*

fer·ru·gi·nous [feˈruːdʒɪnəs; fə-] *adj* **1.** *chem. min.* eisenhaltig, Eisen... **2.** rostfarbig.

fer·rule [ˈferuːl; -rəl] *tech.* **I** *s* **1.** Stockzwinge *f*, Ringbeschlag *m.* **2.** a) Bundring *m* (*für Rohre*), b) Muffe *f.* **II** *v/t* **3.** mit e-r Stockzwinge *etc* versehen.

fer·ry [ˈferɪ] **I** *s* **1.** Fähre *f*, Fährschiff *n*, -boot *n.* **2.** Fährdienst *m*, -betrieb *m.* **3.** *jur.* Fährgerechtigkeit *f.* **4.** *aer.* Überˈführungsdienst *m* (*von der Fabrik zum Flugplatz*). **II** *v/t* **5.** (in e-r Fähre) ˈübersetzen. **6.** befördern. **7.** *ein Flugzeug* (*von der Fabrik zum Flugplatz*) überˈführen. **III** *v/i* **8.** Fähr(en)dienst versehen. **9.** (in e-r Fähre) ˈübersetzen *od.* fahren (**across** über *acc*). **ˈ~boat** → **ferry** 1. **~ bridge** *s* **1.** Traˈjekt *m, n*, Eisenbahnfähre *f.* **2.** Fähr-, Landungsbrücke *f.* **ˈ~man** [-mən] *s irr* Fährmann *m.* **~ ser·vice** → **ferry** 2.

fer·tile [ˈfɜːtaɪl; *Am.* ˈfɜrtl] *adj* (*adv* **~ly**) **1.** fruchtbar, ergiebig, reich (**in, of** an *dat*). **2.** *fig.* fruchtbar, produkˈtiv, schöpferisch: **a ~ imagination** e-e fruchtbare *od.* reiche Phantasie. **3.** *biol.* a) befruchtet, b) fortpflanzungsfähig: **~ shoot** *bot.* Blütensproß *m.* **4.** *Kernphysik*: brütbar (*Nuklide*). **fer·til·i·ty** [fə(r)ˈtɪlətɪ] *s* **1.** Fruchtbarkeit *f*, Ergiebigkeit *f*, Reichtum *m* (**of an** *dat*): **~ rate** (*Statistik*) Fruchtbarkeitsziffer *f.* **2.** *fig.* Produktiviˈtät *f.* **fer·ti·li·za·tion** [ˌfɜːtɪlaɪˈzeɪʃn; *Am.* ˌfɜrtləˈz-] *s* **1.** Fruchtbarmachen *n.* **2.** *biol. u. fig.* Befruchtung *f*: **~ tube** *bot.* Pollenschlauch *m.* **3.** *agr.* Düngen *n*, Düngung *f.* **ˈfer·ti·lize** *v/t* **1.** fruchtbar machen. **2.** *biol. u. fig.* befruchten. **3.** *agr.* düngen. **ˈfer·ti·liz·er** *s* **1.** Befruchter *m* (*a. fig.*). **2.** *agr.* Dünger *m*, Düngemittel *n*: (**artificial**) **~** Kunstdünger.

fer·u·la [ˈferʊlə; -jʊ-] *pl* **-las, -lae** [-liː] *s* **1.** *bot.* Steckenkraut *n.* **2.** → **ferule**[1] I.

fer·ule[1] [ˈferuːl; *Am.* -rəl] **I** *s* (flaches) Lineˈal (*zur Züchtigung*), Zuchtrute *f* (*a. fig.*). **II** *v/t* züchtigen.

fer·ule[2] → **ferrule.**

fer·ven·cy [ˈfɜːvənsɪ; *Am.* ˈfɜr-] → **fervor** 1. **ˈfer·vent** *adj* (*adv* **~ly**) **1.** *fig.* glühend, leidenschaftlich (*Haß, Verehrer etc*), inbrünstig (*Gebet, Verlangen etc*). **2.** (glühend)heiß.

fer·vid [ˈfɜːvɪd; *Am.* ˈfɜr-] *adj* (*adv* **~ly**) → **fervent. ˈfer·vor,** *bes. Br.* **ˈfer·vour** [-və(r)] *s* **1.** *fig.* Leidenschaft *f*, Inbrunst *f.* **2.** Glut(hitze) *f.*

Fes·cen·nine [ˈfesɪnaɪn; *Am.* ˈfesnaɪn] *adj* feszenˈninisch, schlüpfrig, zotig.

fes·cue [ˈfeskjuː] *s* **1.** a. **~ grass** *bot.* Schwingelgras *n.* **2.** *ped.* Zeigestab *m.*

fess(e) [fes] *s her.* (horizonˈtaler Quer-)Balken. **~ point** *s* Herzstelle *f* (*im Wappenschild*).

fes·tal [ˈfestl] *adj* (*adv* **~ly**) festlich, Fest...

fes·ter [ˈfestə(r)] **I** *v/i* **1.** eitern. **2.** verwesen, verfaulen. **3.** *fig.* gären: **to ~ in s.o.'s mind** in j-m gären, an j-m nagen *od.* fressen. **II** *v/t* **4.** zum Eitern bringen. **5.** *fig.* gären in (*dat*), nagen *od.* fressen an (*dat*). **III** *s* **6.** a) Geschwür *n*, b) eiternde Wunde.

fes·ti·val [ˈfestəvl] **I** *s* **1.** Fest(tag *m*) *n.* **2.** Festival *n*, Festspiele *pl*: **the Edinburgh ~. II** *adj* **3.** festlich, Fest... **4.** Festspiel... **ˈfes·tive** [-tɪv] *adj* (*adv* **~ly**) **1.** festlich, Fest...: **~ board** Festtafel *f*; **~ mood** Fest(tags)stimmung *f*, -freude *f*; **~ season** Fest-, *bes.* Weihnachtszeit *f.* **2.** gesellig, fröhlich. **ˈfes·tive·ness** *s* Festlichkeit *f*, Fröhlichkeit *f.* **fesˈtiv·i·ty** *s* **1.** *oft pl* festlicher Anlaß, Fest(lichkeit *f*) *n.* **2.** festliche Stimmung, Fest(tags)stimmung *f*, -freude *f.*

fes·toon [feˈstuːn] **I** *s* **1.** Girˈlande *f*, (Blumen-, Frucht)Gehänge *n*: **~ cloud** *meteor.* Mammatokumulus *m.* **2.** *arch. art* Feˈston *n.* **3.** *anat.* Schwellung *f* des Zahnfleischrandes. **II** *v/t* **4.** a) mit Girˈlanden schmücken, b) schmücken, behängen (**with** mit). **5.** *arch. art* festoˈnieren. **6.** zu Girˈlanden (ver)binden. **fesˈtoon·er·y** [-ərɪ] *s* Girˈlanden (-schmuck *m*) *pl.*

fest·schrift [ˈfestʃrɪft] *pl* **-ˌschrift·en** [-ˌʃrɪftən], **-schrifts** (*Ger.*) *s* Festschrift *f* (*bes. zu Ehren e-s Gelehrten*).

fe·tal [ˈfiːtl] *adj med.* föˈtal, feˈtal, Fötus..., Fetus... **feˈta·tion** *s med.* Schwangerschaft *f.*

fetch [fetʃ] **I** *v/t* **1.** (herˈbei)holen, (ˈher-)bringen: **to** (**go and**) **~ a doctor** e-n Arzt holen; **to ~ back** zurückbringen; **to ~ down** *hunt.* ‚runterholen', abschießen; **to ~ s.o. round** *colloq.* j-n ‚rumkriegen'.

2. abholen. 3. *Atem* holen: to ~ a breath. 4. *e-n Seufzer etc* ausstoßen: to ~ a sigh (auf)seufzen. 5. her'vorlocken (from von): to ~ a laugh Gelächter hervorrufen; to ~ tears (ein paar) Tränen hervorlocken. 6. *e-n Preis etc* erzielen, einbringen. 7. *colloq.* für sich einnehmen, fesseln, anziehen. 8. *colloq. j-m e-n Schlag od. Tritt* versetzen: to ~ s.o. one j-m ‚eine langen *od.* kleben *od.* runterhauen'. 9. *mar.* erreichen. 10. *bes. hunt.* appor'tieren (*Hund*). 11. ~ up *bes. dial. ein Kind, Tier* auf-, großziehen. 12. ~ up *Br. etwas* (er)brechen.

II *v/i* 13. to ~ and carry for s.o. j-s Handlanger sein, j-n bedienen. 14. *mar.* Kurs nehmen (to nach): to ~ about vieren. 15. *bes. hunt.* appor'tieren: ~! apport! 16. ~ up *colloq.* a) ankommen (at, in in *dat*), b) ‚landen' (at, in in *dat*; against an *dat*): the car ~ed up against a wall. 17. ~ away (*od.* way) *mar.* verrutschen, sich verlagern.

III *s* 18. (Her'bei)Holen *n*, ('Her)Bringen *n*. 19. *tech.* Strecke *f*, Weg *m*. 20. Trick *m*, Kniff *m*. 21. Geistererscheinung *f*. 22. (of) Gegenstück *n* (zu), (genaues) Abbild (von *od. gen*).

'fetch·ing *adj colloq.* bezaubernd: a) reizend, entzückend: a ~ dress, b) gewinnend, einnehmend: a ~ smile.

'fetch-up *s*: he was injured in the ~ of his car against a wall *colloq.* er wurde verletzt, als sein Wagen an e-r Mauer ‚landete'.

fête, fete [feɪt] I *s* 1. Fest(lichkeit *f*) *n*. II *v/t* 2. *j-n, ein Ereignis* feiern. 3. *j-n* festlich bewirten. **fête cham·pê·tre** *pl* **fêtes cham·pê·tres** [ˌfeɪtʃɑ̃ːm'peɪtr] *s* Gartenfest *n*, Fest *n* im Freien.

fet·ich, *etc* → fetish, *etc.*

fe·ti·cide ['fiːtɪsaɪd] *s jur. med.* Tötung *f* der Leibesfrucht, Abtreibung *f*.

fet·id ['fetɪd] *adj* (*adv* ~ly) stinkend. **'fet·id·ness** *s* Gestank *m*.

fet·ish ['fiːtɪʃ; *bes. Am.* 'fetɪʃ] *s* Fetisch *m* (*a. psych.*): to make a ~ of s.th. etwas zum Fetisch erheben, aus etwas e-n Fetisch machen. **'fet·ish·ism** *s* Feti'schismus *m* (*a. psych.*), Fetischkult *m*. **'fet·ish·ist** *s* Feti'schist *m* (*a. psych.*): leather ~. **ˌfet·ish'is·tic** *adj* (*adv* ~ally) feti'schistisch (*a. psych.*).

fet·lock ['fetlɒk; *Am.* -ˌlɑk] *s zo.* a) Behang *m*, Kötenhaar *n*, b) *a.* ~ joint Fessel (-gelenk *n*) *f* (*des Pferdes*).

fe·tor ['fiːtə(r); -tɔː(r)] *s* Gestank *m*.

fet·ter ['fetə(r)] I *s* 1. Fußfessel *f*. 2. *pl fig.* Fesseln *pl*: to escape from the ~s of marriage sich aus den Fesseln der Ehe befreien. II *v/t* 3. *j-m* Fußfesseln anlegen. 4. *fig.* behindern. **'fet·ter·less** *adj fig.* unbehindert, unbeschränkt, frei. **'fet·ter·lock** *s* 1. (D-förmige) Pferdefußfessel (*a. her.*). 2. → fetlock.

fet·tle ['fetl] *s* Verfassung *f*, Zustand *m*: in fine (*od.* good) ~ (gut) in Form.

fe·tus ['fiːtəs] *s med.* Fötus *m*, Leibesfrucht *f*.

feu [fjuː] *jur. Scot.* I *s* Lehen(sbesitz *m*) *n*. II *v/t* in Lehen geben *od.* nehmen. **'feu·ar** [-ə] *s jur. Scot.* Lehenspächter *m*.

feud[1] [fjuːd] I *s* Fehde *f* (*a. fig.*): to be at (deadly) ~ with s.o. mit j-m in (tödlicher) Fehde liegen. II *v/i* sich befehden, in Fehde liegen (with mit) (*beide a. fig.*).

feud[2] [fjuːd] *s jur.* Lehen *n*, Lehn(s)gut *n*.

feu·dal ['fjuːdl] *adj* (*adv* ~ly) feu'dal, Lehns...: ~ system → feudalism; ~ tenure Lehen *n*.

feu·dal·ism ['fjuːdəlɪzəm] *s* Feuda'lismus *m*, Feu'dal-, 'Lehnssyˌstem *n*. **'feu·dal·ist** *s* Anhänger(in) des Feu'dalsyˌstems. **feu'dal·i·ty** [-'dælətɪ] *s* 1. Lehnbarkeit *f*. 2. Lehnswesen *n*. **'feu·dal·ize** *v/t* lehnbar machen. **feu·da·to·ry** ['fjuːdətərɪ; *Am.* -ˌtəuriː; -ˌtɔː-] I *s* Lehnsmann *m*, Va'sall *m*. II *adj* lehnspflichtig, Lehns...

feud·ist ['fjuːdɪst] *s jur.* Feu'dalrechtsgelehrte(r) *m*.

feuil·le·ton ['fɜːɪtɔ̃ːŋ] *s* Feuille'ton *n*, kultu'reller Teil (*e-r Zeitung*).

fe·ver ['fiːvə(r)] I *s* 1. *med.* Fieber *n*: to have a ~ Fieber haben; ~ blister Fieberbläs-chen *n*; ~ heat a) Fieberhitze *f*, b) *fig.* fieberhafte Auf-, Erregung; ~ sore Lippen-, Gesichtsherpes *m*, Fieberbläs-chen *pl*. 2. *med.* Fieberzustand *m*, -krankheit *f*: nervous ~ Nervenfieber *n*. 3. *fig.* Fieber *n*: a) fieberhafte Auf- *od.* Erregung: in a ~ (of excitement) in fieberhafter Aufregung; the crowd was at ~ pitch die Menge fieberte vor Erregung; our excitement reached ~ pitch unsere Aufregung erreichte ihren Höhepunkt; to work at ~ pitch fieberhaft arbeiten, b) Sucht *f*, Rausch *m*: gold ~. II *v/i* 4. fiebern (*a. fig.* for nach). III *v/t* 5. Fieber her'vorrufen bei. 6. *fig.* in fieberhafte Auf- *od.* Erregung versetzen. **'fe·vered** *adj* 1. fiebernd, fieb(e)rig. 2. *fig.* fieberhaft, aufgeregt.

'fe·ver·few *s bot.* Mutterkraut *n*.

fe·ver·ish ['fiːvərɪʃ] *adj* (*adv* ~ly) 1. a) fieberkrank: to be ~ Fieber haben, b) fieb(e)rig, Fieber...: ~ cold fieberhafte *od.* fiebrige Erkältung; ~ dream Fiebertraum *m*. 2. Fieber her'vorrufend. 3. *fig.* fieberhaft, aufgeregt: to be ~ with excitement vor Aufregung fiebern. **'fe·ver·ish·ness** *s* Fieberhaftigkeit *f* (*a. fig.*).

few [fjuː] I *adj u. pron* 1. wenige: ~ persons; he is a man of ~ words er macht nicht viele Worte, er ist ein schweigsamer Mensch; some ~ einige wenige; his friends are ~ er hat (nur) wenige Freunde; the labo(u)rers are ~ *Bibl.* der Arbeiter sind wenige; ~ and far between sehr vereinzelt, dünn gesät; no ~er than nicht weniger als. 2. a ~ einige, ein paar: he told me a ~ things er hat mir einiges erzählt; a good ~, quite a ~ ziemlich viele, e-e ganze Menge; a faithful ~ ein paar Getreue; every ~ days alle paar Tage; not a ~ nicht wenige, viele; only a ~ nur wenige; a very ~ sehr wenige; to have a ~ *colloq.* ein paar (*Schnäpse etc*) ‚kippen'. II *s* 3. the ~ die wenigen *pl*, die Minderheit: the happy ~ die wenigen Glücklichen; the select ~ die Auserwählten. **'few·ness** *s* geringe (An)Zahl.

fey [feɪ] *adj* 1. *Scot.* todgeweiht. 2. *bes. Scot.* 'übermütig. 3. hellseherisch.

fez [fez] *pl* **'fez·zes** [-ɪz] *s* Fes *m*.

fi·a·cre [fɪ'ɑːkrə] *s* Fiaker *m*.

fi·an·cé [fɪ'ɑ̃ːŋseɪ; *Am.* ˌfiːˌɑːn'seɪ] *s* Verlobte(r) *m*. **fi·an·cée** [fɪ'ɑ̃ːŋseɪ; *Am.* ˌfiːɑːn'seɪ] *s* Verlobte *f*.

Fi·an·na Fail [ˌfiːənə'fɔɪl] (*Ir.*) *s pol.* Fianna Fail *f* (*Partei de Valeras*).

fi·as·co [fɪ'æskəʊ] *pl* **-cos,** *Am. a.* **-coes** *s* Fi'asko *n*.

fi·at ['faɪæt; -ət; *Am. a.* 'fiː-] *s* 1. Befehl *m*, Erlaß *m*. 2. *jur. Br.* richterliche Verfügung. 3. Ermächtigung *f*, Zulassung *f*: administrative ~ *Am.* Verwaltungsermächtigung. **~ mon·ey** *s bes. Am.* Pa'piergeld *n* ohne Deckung.

fib [fɪb] *colloq.* I *s* ‚Flunke'rei' *f*, Schwinde'lei *f*: to tell a ~ → II. II *v/i* ‚flunkern', schwindeln. **'fib·ber** *s colloq.* ‚Flunkerer' *m*, Schwindler *m*.

fi·ber, *bes. Br.* **fi·bre** ['faɪbə(r)] *s* 1. *biol. tech.* Faser *f*, Fiber *f*. 2. *collect.* Faserstoff *m*, -gefüge *n*, Tex'tur *f*. 3. *fig.* a) Struk'tur *f*, b) Schlag *m*, Cha'rakter *m*: of coarse ~ grobschlächtig, c) Kraft *f*: moral ~ Charakterstärke *f*, Rückgrat *n*; to give ~ to Kraft verleihen (*dat*). 4. Faserwurzel *f*. **'~·board** *s tech.* Faserstoff-, Holzfaserplatte *f*. **'~·glass** *s tech.* Fiberglas *n*. **'fi·ber·less,** *bes. Br.* **'fi·bre·less** *adj* 1. *biol. tech.* faserlos. 2. *fig.* kraftlos.

fi·ber op·tics, *bes. Br.* **fi·bre op·tics** *s pl* (*als sg konstruiert*) *phys.* Faser-, Fiberoptik *f*.

Fib·o·nac·ci| se·quence, ~ se·ries [ˌfɪbə'nɑːtʃɪ] *s math.* Fibo'nacci-Folge *f*, -Reihe *f*.

fi·bre, '~·board, '~·glass *bes. Br. für* fiber, fiberboard, fiberglass.

fi·bre·less *bes. Br. für* fiberless.

fi·bre op·tics *bes. Br. für* fiber optics.

fi·bri·form ['faɪbrɪfɔː(r)m] *adj* faserförmig, -artig, faserig.

fi·bril ['faɪbrɪl] *s* 1. *biol. tech.* Fi'brille *f*, Fäserchen *n*. 2. *bot.* Wurzelfaser *f*. **fi·bril·la** [faɪ'brɪlə] *pl* **-lae** [-liː] → fibril. **'fi·bril·lar, 'fi·bril·lar·y** [-lərɪ; *Am.* -brəˌleriː] *adj* feinfaserig. **fi·bril·late** ['faɪbrɪleɪt; faɪ'brɪlət] *adj* faserig. **ˌfi·bril'la·tion** *s* 1. Faserbildung *f*. 2. *med.* Kammerflattern *n*, -flimmern *n*. **fi'bril·li·form** [-lɪfɔː(r)m] *adj* faserförmig.

fi·brin ['faɪbrɪn] *s* 1. *chem.* Fi'brin *n*, Blutfaserstoff *m*. 2. *a.* plant ~ *bot.* Pflanzenfaserstoff *m*. **'fi·brin·ous** *adj* fibri'nös, Fibrin...

fi·broid ['faɪbrɔɪd] I *adj* faserartig, Faser... II *s* → fibroma.

fi·bro·ma [faɪ'brəʊmə] *pl* **-ma·ta** [-mətə], **-mas** *s med.* Fi'brom *n* (*gutartige Geschwulst aus Bindegewebe*). **fi'bro·sis** [-sɪs] *s med.* Fi'brose *f* (*Vermehrung des Bindegewebes*). **ˌfi·bro'si·tis** [-'saɪtɪs] *s med.* Fibro'sitis *f*, Bindegewebsentzündung *f*.

fi·brous ['faɪbrəs] *adj* 1. faserig, fi'brös: ~ glass → fiberglass. 2. *tech.* sehnig (*Metall*).

fib·u·la ['fɪbjʊlə] *pl* **-lae** [-liː], **-las** *s* 1. *anat.* Wadenbein *n*. 2. *antiq.* Fibel *f*, Spange *f*.

fice [faɪs] → feist.

fiche [fiːʃ] *s* Fiche *m*, Filmkarte *f*.

fich·u ['fiːʃuː] *s hist.* Fi'chu *n*, Hals-, Schultertuch *n*.

fick·le ['fɪkl] *adj* launenhaft, launisch, unbeständig (*Wetter*), (*Person a.*) wankelmütig. **'fick·le·ness** *s* Launenhaftigkeit *f*, Unbeständigkeit *f*, Wankelmut *m*.

fic·tile ['fɪktaɪl; *Am. a.* -tl] *adj* 1. formbar, plastisch. 2. tönern, irden, Ton..., Töpferei...: ~ art Töpferei *f*, Keramik *f*; ~ ware Steingut *n*.

fic·tion ['fɪkʃn] *s* 1. (freie) Erfindung, Dichtung *f*. 2. *collect.* 'Prosa-, Ro'manliteraˌtur *f*, Belle'tristik *f*: work of ~ Roman *m*. 3. *collect.* Ro'mane *pl*, Prosa *f* (*e-s Autors*). 4. *jur. philos.* Fikti'on *f*. 5. *contp.* ‚Märchen' *n*. **'fic·tion·al** [-ʃənl] *adj* 1. erdichtet, erfunden. 2. Roman..., Erzähl(ungs)... **ˌfic·tion'eer** [-ʃə'nɪə(r)], **'fic·tion·er, 'fic·tion·ist** [-ʃənɪst] *s* Ro'man-, Prosaschriftsteller(in).

fic·ti·tious [fɪk'tɪʃəs] *adj* (*adv* ~ly) 1. (frei) erfunden, fik'tiv. 2. unwirklich, Phantasie... 3. ro'manhaft, Roman... 4. *jur. etc* fik'tiv: a) *a. philos.* (bloß) angenommen, b) *oft contp.* fin'giert, falsch, unecht: ~ bill *econ.* Kellerwechsel *m*; ~ contract Scheinvertrag *m*; ~ name angenommener Name, Deckname *m*. **fic'ti·tious·ness** *s* 1. (*das*) Fik'tive. 2. Unechtheit *f*.

fic·tive ['fɪktɪv] *adj* 1. erdichtet, angenommen, fik'tiv, imagi'när. 2. schöpferisch begabt, Roman..., Erzähl(er)...

fid·dle ['fɪdl] I *s* 1. *mus. colloq.* Fiedel *f*, Geige *f*: to play (on) the ~ Geige spielen; to play first (second) ~ *bes. fig.* die erste (zweite) Geige spielen; **to hang up one's ~ when one comes home** s-e gute Laune an den Nagel hängen, wenn man heimkommt; **(as) fit as a ~** kerngesund; → **face** 2. **2.** *mar.* Schlingerbord *n.* **3.** *Br. colloq.* a) Schwindel *m*, Betrug *m*, b) Manipulati'on *f.* **II** *v/i* **4.** *a.* ~ **away** *colloq.* fiedeln, geigen. **5.** *oft* ~ **about** (*od.* **around**) *colloq.* her'umtrödeln. **6.** *a.* ~ **about** (*od.* **around**) **(with)** *colloq.* a) her'umfummeln (an *dat*), spielen (mit), b) her'umbasteln *od.* -pfuschen (an *dat*), sich zu schaffen machen (an *dat od.* mit). **III** *v/t* **7.** *colloq.* fiedeln: **to ~ a tune.** **8.** *meist* ~ **away** *colloq. Zeit* vertrödeln. **9.** *Br. colloq.* ‚fri'sieren', manipu'lieren: **to ~ accounts.** **IV** *interj* **10.** *colloq.* Unsinn!, dummes Zeug! **,~-de-'dee** [-dɪ'diː] → **fiddle** 10. **'~-,fad·dle** [-,fædl] *colloq.* **I** *s* **1.** Lap'palie *f.* **2.** Unsinn *m.* **II** *v/i* **3.** dummes Zeug schwatzen. **4.** die Zeit vertrödeln. **III** *adj* **5.** läppisch. **IV** *interj* → **fiddle** 10.

'fid·dler *s* **1.** *colloq.* Fiedler *m*, Geiger *m*: **to pay the ~** *bes. Am.* ‚blechen'. **2.** *a.* ~ **crab** *zo.* Winkerkrabbe *f.* **3.** *Br. colloq.* Schwindler *m*, Betrüger *m.*

'fid·dle·stick *colloq.* **I** *s* **1.** *mus.* Fiedel-, Geigenbogen *m.* **2.** *fig.* wertloses Zeug. **II** *interj* **3.** **~s!** Unsinn!, dummes Zeug!

'fid·dling *adj colloq.* läppisch, geringfügig.

fid·dly ['fɪdlɪ] *adj colloq.* kniff(e)lig.

Fi·de·i De·fen·sor [,faɪdɪaɪdɪ'fensɔː(r); fɪ,deɪiː-] (*Lat.*) *s* Verteidiger *m* des Glaubens (*Titel der englischen Könige*).

fi·de·ism ['fiːdeɪɪzəm; 'faɪdɪ-] *s* Fide'ismus *m*: a) *philos. Haltung , die den Glauben als einzige Erkenntnisgrundlage betrachtet u. ihn über die Vernunft stellt*, b) *relig. Lehre, nach der nicht der Glaubensinhalt, sondern nur der Glaube an sich entscheidend ist.*

fi·del·i·ty [fɪ'delətɪ; faɪ-] *s* **1.** (*a. eheliche*) Treue (**to** gegen'über, zu). **2.** Genauigkeit *f* (*a. e-r Übersetzung*), genaue Über'einstimmung (*mit den Tatsachen*): **with ~** wortgetreu. **3.** *electr.* 'Wiedergabe-, Klangtreue *f.* **~ in·sur·ance** *s econ.* Kauti'onsversicherung *f.*

fidg·et ['fɪdʒɪt] **I** *s* **1.** *oft pl* ner'vöse Unruhe, Zappe'lei *f*: **to give s.o. the ~s** j-n nervös *od.* zapp(e)lig machen; **to have the ~s** → 4. **2.** ‚Zappelphilipp' *m*, Zapp(e)ler *m.* **II** *v/t* **3.** ner'vös *od.* zapp(e)lig machen. **III** *v/i* **4.** (her'um)zappeln, unruhig *od.* ner'vös sein, nicht stillsitzen können. **5.** ~ **with** (her'um)spielen *od.* (-)fuchteln mit. **'fidg·et·i·ness** *s* Zapp(e)ligkeit *f*, Nervosi'tät *f.* **'fidg·et·y** *adj* zapp(e)lig, ner'vös.

fid·i·bus ['fɪdɪbəs] *pl* **-bus·es, -bus** *s* Fidibus *m* (*Holzspan od. gefalteter Papierstreifen zum Feuer- od. Pfeifeanzünden*).

Fi·do, FI·DO ['faɪdəʊ] *s aer.* Fido *f*, FIDO *f* (*Entnebelungsanlage auf Flughäfen*; *abbr. für* **Fog Investigation Dispersal Operations**).

fi·du·cial [fɪ'djuːʃjəl; *Am.* fə'duːʃəl] *adj* **1.** *astr. phys.* Vergleichs...: ~ **point.** **2.** vertrauensvoll. **3.** → **fiduciary** II. **fi'du·ci·ar·y** [-ʃjərɪ; *Am.* -ʃiː,eriː; -ʃəriː] **I** *s* **1.** *jur.* Treuhänder *m.* **II** *adj* **2.** *jur.* treuhänderisch, Treuhand..., Treuhänder... **3.** *econ.* ungedeckt (*Noten*).

fie [faɪ] *interj obs. od. humor. oft* ~ **upon you!** pfui!, schäm dich!

fief [fiːf] *s jur.* Lehen *n*, Lehn(s)gut *n.*

field [fiːld] **I** *s* **1.** *agr.* Feld *n*: **in the ~** auf dem Feld; ~ **of barley** Gerstenfeld. **2.** *min.* a) (*Gold- etc*)Feld *n*: **diamond ~**; **oil ~**, b) (Gruben)Feld *n*, Re'vier *n*, (Kohlen)Flöz *n*: **coal ~.** **3.** *fig.* Bereich *m*, (Sach-, Fach)Gebiet *n*: **in the ~ of art** auf dem Gebiet der Kunst; **in his ~** auf s-m Gebiet, in s-m Fach; ~ **of activity** Arbeitsgebiet, Tätigkeitsbereich; ~ **of application** Anwendungsbereich; ~ **of law** Rechtsgebiet. **4.** a) (weite) Fläche, b) *math. phys.* Feld *n*: ~ **of force** Kraftfeld; ~ **of vision** Blick- *od.* Gesichtsfeld, *fig.* Gesichtskreis *m*, Horizont *m*, c) (*elektrisches od. magnetisches*) Feld. **5.** *her.* Feld *n*, Grundfläche *f.* **6.** *sport* a) Sportplatz *m*, Spielfeld *n*, -fläche *f*: **to take the ~** einlaufen, auf den Platz kommen (→ 7), b) Feld *n* (*geschlossene Gruppe von Läufern etc*), c) Teilnehmer(feld *n*) *pl*, Besetzung *f*, *fig.* Wettbewerbsteilnehmer *pl*: **good ~** starke Besetzung; **fair ~ and no favo(u)r** gleiche Bedingungen für alle; **to play the ~** *colloq.* ‚nichts anbrennen lassen' (*sich keine Chance bei Jungen bzw. Mädchen entgehen lassen*), d) *Baseball, Kricket*: 'Fängerpar,tei *f.* **7.** *mil.* a) *meist poet.* Schlachtfeld *n*, (Feld)Schlacht *f*, b) Feld *n*, Front *f*: **a hard-fought ~** e-e heiße Schlacht; **in the ~** im Felde, an der Front; **to keep the ~** sich behaupten; **to take the ~** ins Feld rücken, den Kampf eröffnen (→ 6 a); **to hold the ~** das Feld behaupten; **to win the ~** den Sieg davontragen; **the ~ of hono(u)r** das Feld der Ehre. **8.** → **airfield.** **9.** *mil.* Feld *n* (*im Geschützrohr*). **10.** *med.* Operati'onsfeld *n.* **11.** *TV* Feld *n*, Rasterbild *n.* **12.** *bes. psych. sociol.* Praxis *f*, Wirklichkeit *f.* **13.** *econ.* Außendienst *m*, (praktischer) Einsatz: **agent in the ~** Vertreter *m* im Außendienst. **II** *v/t* **14.** *sport e-e Mannschaft* aufs Feld schicken, *e-n Spieler a.* bringen. **15.** *Baseball, Kricket*: a) *den Ball* auffangen u. zu'rückwerfen, b) *Spieler* (*der Schlägerpartei*) im Feld aufstellen. **16.** *e-e Frage etc* kontern. **III** *v/i* **17.** *Baseball, Kricket*: bei der 'Fängerpar,tei sein.

field| am·bu·lance *s mil.* Sanka *m*, Sani'tätswagen *m.* **~ ar·til·ler·y** *s mil.* 'Feldartille,rie *f.* **~ base** *s Baseball*: Laufmal *n.* **~ coil** *s electr.* Feldspule *f.* **~ corn** *s agr. Am.* Mais *m* (*als Viehfutter*). **~ cur·rent** *s electr.* Feldstrom *m.* **~ day** *s* **1.** *mil.* a) Felddienstübung *f*, b) 'Truppenschau *f*, -pa,rade *f.* **2.** *mar.* Rein'schifftag *m.* **3.** *bes. Am.* a) *ped.* Sportfest *n*, b) Exkursi'onstag *m*, c) Ausflugstag *m.* **4.** **to have a ~** *fig.* a) riesigen Spaß haben (**with** mit), b) s-n großen Tag haben. **'~-ef,fect tran·sis·tor** *s electr.* 'Feldef,fekttran,sistor *m.* **~ e·mis·sion** *s electr.* 'Feldemissi,on *f.* **~ e·quip·ment** *s mil.* feldmarschmäßige Ausrüstung.

'field·er *s* (*Kricket, Baseball*) **1.** a) Fänger *m*, b) Feldspieler *m.* **2.** *pl* 'Fängerpar,tei *f.*

field| e·vents *s pl Leichtathletik*: 'Sprung- u. 'Wurfdiszi,plinen *pl.* **~ ex·ec·u·tive** *s econ.* leitender Angestellter e-r Außenstelle. **~ ex·er·cise** *s mil.* Felddienstübung *f.* **~ glass** *s meist pl*, *a.* **pair of ~es** Feldstecher *m*, Fernglas *n.* **~ goal** *s* a) *Basketball*: Feldkorb *m*, b) *American Football*: Sprungtritt *m.* **~ gun** *s mil.* Feldgeschütz *n.* **~ hock·ey** *s sport bes. Am.* (Feld)Hockey *n.* **~ hos·pi·tal** *s mil.* 'Feldlaza,rett *n.* **~ in·ten·si·ty** *s math. phys.* Feldstärke *f.* **~ in·ves·ti·ga·tion** *s* **1.** Nachforschung *f* an Ort u. Stelle. **2.** → **field research.** **~ in·ves·ti·ga·tor** → **field worker** 2. **'~-,i·on mi·cro·scope** *s opt.* 'Feldi,onenmikro,skop *n.* **~ kitch·en** *s mil.* Feldküche *f.* **~ lark** *s orn.* Feldlerche *f.* **~ lock** *s TV* Bildfang *m.* **~ map** *s* Flurkarte *f.* **~ mar·shal** *s mil.* 'Feldmar,schall *m.* **~ mouse** *s irr zo.* Feldmaus *f.* **~ mu·sic** *s mar. mil.* **1.** Spielmannszug *m* aus (Si'gnal)Hor,nisten u. Trommlern. **2.** Ge'fechtssi,gnale *pl*, 'Marschmu,sik *f* (*von* 1). **~ of·fice** *s* Außenstelle *f.* **~ of·fi·cer** *s mil.* 'Stabsoffi,zier *m* (*Major bis Oberst*). **~ pack** *s mil.* Marschgepäck *n*, Tor'nister *m.* **~ pop·py** *s bot.* Klatschmohn *m.* **~ re·search** *s Markt-, Meinungsforschung*: Feldforschung *f*, Pri'märerhebung *f.* **~ ser·vice** *s econ.* Außendienst *m.*

fields·man ['fiːldzmən] *s irr* → **fielder** 1.

field| sports *s pl Sport od. Vergnügungen im Freien, z. B. Jagen, Fischen etc.* **~ staff** *s econ.* Außendienstmitarbeiter *pl.* **~ stud·y** *s* Feldstudie *f.* **~ test** *s* praktischer Versuch. **~ train·ing** *s mil.* Geländeausbildung *f.* **~ trip** *s* Exkursi'on *f.* **~ wind·ing** *s electr.* Erreger-, Feldwicklung *f.* **'~·work** *s* **1.** *mil.* Feldbefestigung *f*, -schanze *f.* **2.** praktische (wissenschaftliche) Arbeit, (*Archäologie etc a.*) Arbeit *f* im Gelände. **3.** *econ.* Außendienst *m.* **4.** *Markt-, Meinungsforschung*: Feldarbeit *f*, Pri'märerhebung *f.* **~ work·er** *s* **1.** *econ.* Außendienstmitarbeiter(in). **2.** *Markt-, Meinungsforschung*: Befrager(in), Inter'viewer(in).

fiend [fiːnd] *s* **1.** a) Satan *m*, Teufel *m* (*beide a. fig.*), b) Dämon *m*, *fig. a.* Unhold *m.* **2.** *colloq. bes. in Zssgn* a) Süchtige(r *m*) *f*: **an opium ~**, b) Fex *m*, Narr *m*, Fa'natiker *m*: **a golf ~, a ~ for golf** ein besessener *od.* leidenschaftlicher Golfspieler; → **fresh-air** 1, c) ‚Größe' *f*, ‚Ka'none' *f* (**at** in *dat*). **'fiend·ish** *adj* (*adv* **~ly**) **1.** teuflisch, unmenschlich. **2.** *colloq.* ‚verteufelt', ‚höllisch', ‚scheußlich', ‚mies': **a ~ job** e-e höllische Arbeit. **'fiend·ish·ness** *s* teuflische Bosheit.

fierce [fɪə(r)s] *adj* (*adv* **~ly**) **1.** wild (*Tier etc.*). **2.** böse, grimmig (*Gesicht etc*), wild (*Blick, Haß etc*). **3.** glühend (*Hitze*). **4.** a) scharf (*Rede, Wettbewerb etc*), b) heftig (*Angriff, Schmerz etc*), c) grell (*Licht etc*). **5.** *colloq.* ‚fies', widerlich. **'fierce·ness** *s* **1.** Wildheit *f.* **2.** Grimmigkeit *f*, Wildheit *f.* **3.** a) Schärfe *f*, b) Heftigkeit *f*, c) Grellheit *f.* **4.** *colloq.* Widerlichkeit *f.*

fi·e·ri fa·ci·as [,faɪəraɪ'feɪʃɪæs; *Am.* -riː'f-] (*Lat.*) *s jur.* Pfändungs-, Voll'streckungsbefehl *m.*

fi·er·i·ness ['faɪərɪnɪs] *s* Feurigkeit *f*, Hitzigkeit *f*, Leidenschaftlichkeit *f.* **'fi·er·y** *adj* (*adv* **fierily**) **1.** brennend, glühend: ~ **tongues were playing about the roof** Flammen umzüngelten das Dach. **2.** feuerrot, glutrot. **3.** feurig, hitzig (*Person, Temperament*). **4.** feurig, scharf (*Gewürz etc*). **5.** leidenschaftlich (*Rede, Affäre etc*). **6.** *med.* entzündet. **7.** *Bergbau*: schlagwetterführend.

fi·es·ta [fɪ'estə] *s* Fi'esta *f*, Feier-, Festtag *m.*

fife [faɪf] *mus.* **I** *s* Querpfeife *f.* **II** *v/t u. v/i* (*auf der Querpfeife*) pfeifen. **'fif·er** *s* (Quer)Pfeifer *m.*

fif·teen [,fɪf'tiːn] **I** *adj* **1.** fünfzehn. **II** *s* **2.** Fünfzehn *f.* **3.** *Rugby*: Fünfzehn *f.*

,fif'teenth [-'tiːnθ] **I** *adj* **1.** fünfzehnt(er, e, es). **2.** fünfzehntel. **II** *s* **3.** (*der, die, das*) Fünfzehnte. **4.** Fünfzehntel *n.*

fifth [fɪfθ] **I** *adj* **1.** fünft(er, e, es): **in the ~ place** fünftens, an fünfter Stelle; → **rib** 1. **2.** fünftel. **II** *s* **3.** (*der, die, das*) Fünfte: **the ~ of May** der 5. Mai. **4.** Fünftel *n.* **5.** *mus.* Quinte *f.* **~ col·umn** *s pol.* Fünfte Ko'lonne. **,~-'col·umn** *adj* die Fünfte Ko'lonne betreffend.

'fifth·ly *adv* fünftens.

fifth wheel *s* **1.** fünftes Rad, Ersatzrad *n.* **2.** *mot.* a) Dreh(schemel)ring *m* der Vorderachse, b) Drehschemel *m* (*beim Sattelschlepper*). **3.** *fig.* ‚fünftes Rad am Wagen'.

fif·ti·eth ['fɪftɪɪθ] **I** *adj* **1.** fünfzigst(er, e, es). **2.** fünfzigstel. **II** *s* **3.** (*der, die, das*) Fünfzigste. **4.** Fünfzigstel *n*.

fif·ty [ˈfɪftɪ] **I** *adj* fünfzig: **I have ~ things to tell you** ich habe dir hunderterlei zu erzählen. **II** *s* Fünfzig *f*: **he is in his fifties** er ist in den Fünfzigern; **in the fifties** in den fünfziger Jahren (*e-s Jahrhunderts*). **ˌ~-ˈfif·ty** *adj u. adv colloq.* ‚fifty-fifty', ‚halbe-halbe': **he has a ~ chance to live** s-e Überlebenschancen stehen fifty-fifty; **to go ~** halbe-halbe machen (**with** mit).

fig[1] [fɪg] *s* **1.** *bot.* a) Feige *f*, b) Feigenbaum *m*. **2.** *fig. e-e verächtliche Geste.* **3.** *fig.* Deut *m*: → **care** 8.

fig[2] [fɪg] *colloq.* **I** *s* **1.** Kleidung *f*, Aufmachung *f*: **in full ~** in Gala. **2.** Form *f*, Verfassung *f*: **in fine ~** gut in Form. **II** *v/t* **3.** *meist* **~ out, ~ up** herˈausputzen, ausstatten. **4.** *ein Pferd* aufputschen.

fight [faɪt] **I** *s* **1.** Kampf *m*: a) *mil.* Gefecht *n*, b) Konˈflikt *m*, Streit *m*, c) Ringen *n* (**for** um): **to have a ~** → 15; **to make (a) ~ (for s.th.)** (um etwas) kämpfen; **to put up a (good) ~** e-n (guten) Kampf liefern, sich tapfer schlagen. **2.** *Boxen*: Kampf *m*, Fight *m*. **3.** Schlägeˈrei *f*, Raufeˈrei *f*. **4.** Kampffähigkeit *f*, Kampf(es)lust *f*: **to show ~** a) sich zur Wehr setzen, b) kampflustig sein; **there was no ~ left in him** er war kampfmüde *od.* ‚fertig'; **he still had a lot of ~ in him** er war noch lange nicht geschlagen.

II *v/t pret u. pp* **fought** [fɔːt] **5.** *j-n, etwas* bekämpfen, bekriegen, kämpfen gegen. **6.** *e-n Krieg, e-n Prozeß* führen, *e-e Schlacht* schlagen *od.* austragen, *e-e Sache* ausfechten: **to ~ a boxing match** e-n Boxkampf austragen; **to ~ an election** kandidieren; **to ~ it out** es (untereinander) ausfechten; → **battle** *Bes. Redew.*, **duel** I. **7.** *etwas* verfechten, sich einsetzen für. **8.** kämpfen gegen *od.* mit, sich schlagen mit, *sport a.* boxen gegen *j-n*: **to ~ back** (*od.* **down**) *Enttäuschung, Tränen etc* unterdrücken; **to ~ off** *j-n, etwas* abwehren, *Vertreter etc* ‚abwimmeln'; **to ~ off a cold** a) gegen e-e Erkältung ankämpfen, b) e-e Erkältung bekämpfen; → **windmill** 1. **9.** raufen *od.* sich prügeln mit. **10.** erkämpfen: **to ~ one's way** s-n Weg machen, sich durchschlagen. **11.** *Hunde etc* kämpfen lassen, zum Kampf an- *od.* aufstacheln. **12.** *Truppen, Geschütze etc* kommanˈdieren, (im Kampf) führen.

III *v/i* **13.** kämpfen (**with** *od.* **against** mit *od.* gegen; **for** um): **to ~ against s.th.** gegen etwas ankämpfen; **to ~ back** sich zur Wehr setzen, zurückschlagen; → **shy**[1] 3, 5. **14.** *sport* boxen. **15.** sich raufen *od.* schlagen *od.* prügeln.

ˈfight·er *s* **1.** Kämpfer *m*, Streiter *m*. **2.** *sport* Boxer *m*. **3.** Schläger *m*, Raufbold *m*. **4.** *a.* **~ plane** *aer. mil.* Jagdflugzeug *n*, Jäger *m*: **~ cover** (*od.* **escort**) Jagdschutz *m*; **~ group** *Br.* Jagdgeschwader *n*, *Am.* Jagdtruppe *f*; **~ pilot** Jagdflieger *m*; **~ wing** *Br.* Jagdgruppe *f*, *Am.* Jagdgeschwader *n*. **ˌ~-ˈbomb·er** *s aer. mil.* Jagdbomber *m*. **ˈ~-ˌin·ter·ˈcep·tor** *s aer. mil.* Abfangjäger *m*.

ˈfight·ing I *s* **1.** Kampf *m*, Kämpfe *pl*, Kämpfen *n*. **II** *adj* **2.** Kampf... **3.** kampf-, streitlustig, kämpferisch. **~ chance** *s* reˈelle Chance (*wenn man sich anstrengt*). **~ cock** *s* Kampfhahn *m* (*a. fig.*): **to live like a ~** in Saus u. Braus leben. **~ forc·es** *s pl mil.* Kampftruppe *f*. **~ spir·it** *s* Kampfgeist *m*.

fig leaf *s irr* Feigenblatt *n* (*a. fig. Bemäntelung*).

fig·ment [ˈfɪgmənt] *s* **1.** *oft* **~ of the imagination** Phantaˈsieproˌdukt *n*, reine Einbildung. **2.** *contp.* ‚Märchen' *n*.

fig tree *s* Feigenbaum *m*.

fig·u·rant [ˈfɪgjʊrənt; *Am.* ˈfɪgjəˌrɑːnt] *s* Figuˈrant *m*: a) *Ballett*: Chortänzer *m*, b) *thea.* Staˈtist *m*. **fig·u·rante** [ˌfɪgjʊˈrɑ̃ːnt; *Am.* ˈfɪgjəˌrɑːnt] *s* Figuˈrantin *f*: a) *Ballett*: Chortänzerin *f*, b) *thea.* Staˈtistin *f*.

fig·u·rate [ˈfɪgjʊrɪt] *adj math. mus.* figuˈriert. **ˌfig·uˈra·tion** *s* **1.** Gestaltung *f*. **2.** Form *f*, Gestalt *f*. **3.** bildliche Darstellung. **4.** Verzierung *f* (*a. mus.*). **ˈfig·u·ra·tive** [-gjʊrətɪv; -gər-] *adj* (*adv* **~ly**) **1.** bildlich, überˈtragen, fiˈgürlich, metaˈphorisch. **2.** bilderreich (*Stil*). **3.** symˈbolisch. **ˈfig·u·ra·tive·ness** *s* **1.** Bildlichkeit *f*, Fiˈgürlichkeit *f*. **2.** Bilderreichtum *m*.

fig·ure [ˈfɪgə; *Am.* ˈfɪgjər] **I** *s* **1.** Zahl(zeichen *n*) *f*, Ziffer *f*: **he is good at ~s** er ist ein guter Rechner; **the cost runs into three ~s** die Kosten gehen in die Hunderte. **2.** Preis *m*, Betrag *m*, Summe *f*: **at a low (high) ~** billig (teuer). **3.** Fiˈgur *f*, Form *f*, Gestalt *f*, Aussehen *n*: **to keep one's ~** schlank bleiben. **4.** *fig.* Fiˈgur *f*, bemerkenswerte Erscheinung, wichtige Perˈson, Perˈsönlichkeit *f*: **~ of fun** komische Figur; **to cut** (*od.* **make**) **a poor ~** e-e traurige Figur abgeben; **to make a brilliant ~** e-e hervorragende Rolle spielen. **5.** Darstellung *f* (*des menschlichen Körpers*), Bild *n*, Statue *f*. **6.** Symˈbol *n*, Typus *m*. **7.** *a.* **~ of speech** a) (ˈRede-, ˈSprach)Fiˌgur *f*, Redewendung *f*, b) Meˈtapher *f*, Bild *n*. **8.** (Stoff)Muster *n*. **9.** *Tanz, Eiskunstlauf etc*: Fiˈgur *f*: **~ (of) eight** a) (*Kunstflug*) Acht *f*, b) (*Eis-, Rollkunstlauf*) Achter *m*. **10.** *mus.* a) Fiˈgur *f*, b) (Baß)Bezifferung *f*. **11.** Fiˈgur *f*, Diaˈgramm *n*, Zeichnung *f*. **12.** Illustratiˈon *f* (*im Buch*). **13.** *Logik*: ˈSchlußfiˌgur *f*. **14.** *phys.* Krümmung *f* e-r Linse, *bes.* Spiegel *m* e-s Teleˈskops.

II *v/t* **15.** formen, gestalten. **16.** abbilden, bildlich darstellen. **17.** *oft* **~ to o.s.** sich *etwas* vorstellen *od.* ausmalen. **18.** verzieren (*a. mus.*). **19.** *Stoff* mustern. **20.** *mus.* beziffern. **21. ~ out** *colloq.* a) ausrechnen, b) ‚ausknobeln', ‚rauskriegen', *Problem* lösen, c) ‚kaˈpieren', verstehen: **I can't ~ him out** ich werd' aus ihm nicht klug *od.* schlau. **22. ~ up** zs.-zählen. **23.** *Am. colloq.* meinen, glauben: **I ~ he'll do it; I ~ him (to be) honest** ich halte ihn für ehrlich.

III *v/i* **24.** rechnen: **to ~ out at** sich belaufen auf (*acc*). **25. ~ on** *bes. Am. colloq.* a) rechnen mit, b) sich verlassen auf (*acc*): **to ~ on s.o. to do s.th.** sich darauf verlassen, daß j-d etwas tut, c) beabsichtigen (**doing** *etwas* zu tun). **26.** erscheinen, auftauchen, vorkommen: **to ~ in a play** in e-m Stück auftreten; **to ~ large** e-e große Rolle spielen; **to ~ on a list** auf e-r Liste stehen. **27.** *colloq.* ‚hinhauen', (genau) passen: **that ~s!** a) das wundert mich gar nicht, b) völlig klar!; **it ~s that he didn't come** es ist typisch für ihn, daß er nicht kam.

ˈfig·ure-ˌcon·scious *adj* fiˈgurbewußt.

ˈfig·ured *adj* **1.** geformt, gestaltet. **2.** verziert, gemustert, geblümt. **3.** *mus.* a) figuˈriert, verziert, b) beziffert: **~ bass** Generalbaß *m*. **4.** bildhaft, bilderreich: **~ language**. **5.** Figuren...: **~ dance**.

fig·ure| dance *s* Fiˈgurentanz *m*. **ˈ~·head** *s mar.* Galiˈonsfiˌgur *f*, *fig. a.* ‚Aushängeschild' *n*. **~ skat·er** *s sport* Eiskunstläufer(in). **~ skat·ing** *s sport* Eiskunstlauf *m*.

fig·u·rine [ˈfɪgjʊriːn; *Am.* ˌfɪgjəˈriːn] *s* Statuˈette *f*, Figuˈrine *f*.

ˈfig·wort *s bot.* Braunwurz *f*.

fil·a·gree [ˈfɪləgriː], *etc* → **filigree**, *etc.*

fil·a·ment [ˈfɪləmənt] *s* **1.** a) Faden *m* (*a. anat.*), Fädchen *n*, b) Faser *f*. **2.** *bot.* Filaˈment *n*, Staubfaden *m*. **3.** *electr.* (Glüh-, Heiz)Faden *m*: **~ battery** Heizbatterie *f*; **~ circuit** Heizkreis *m*; **~ lamp** Glühlampe *f*. **4.** *tech.* feiner Draht.

fil·a·men·tous [ˌfɪləˈmentəs] *adj* **1.** faserig, faserartig. **2.** Fasern... **3.** *bot.* Staubfäden tragend, Faden...: **~ fungus** Fadenpilz *m*.

fi·lar·i·a [fɪˈleərɪə] *pl* **-i·ae** [-ɪiː] *s zo.* Fadenwurm *m*.

fil·a·ri·a·sis [ˌfɪləˈraɪəsɪs] *s med.* Filiaˈrose *f*, Fiˈlarienkrankheit *f* (*durch Fadenwürmer hervorgerufene Krankheit*).

fil·a·ture [ˈfɪlətʃə(r); -ˌtʃʊə(r)] *s tech.* **1.** (Faden)Spinnen *n*, Abhaspeln *n* der Seide. **2.** (Seiden)Haspel *f*. **3.** ˈSeidenspinneˌrei *f*.

fil·bert [ˈfɪlbə(r)t] *s bot.* **1.** Haselnußstrauch *m*. **2.** Haselnuß *f*.

filch [fɪltʃ] *v/t* ‚klauen', stiˈbitzen, stehlen. **ˈfilch·er** *s* Dieb(in).

file[1] [faɪl] **I** *s* **1.** (Akten-, Brief-, Dokuˈmenten)Ordner *m*, Karˈteikasten *m*: **to place on ~** → 9. **2.** a) Akte(nstück *n*) *f*: **to keep** (*od.* **have**) **a ~ on** e-e Akte führen über (*acc*); **~ number** Aktenzeichen *n*, b) Akten(bündel *n*, -stoß *m*) *pl*, c) Akten *pl*, Ablage *f*, abgelegte Briefe *pl od.* Dokuˈmente *pl*: **on ~** bei den Akten. **3.** *Computer*: Daˈtei *f*. **4.** Aufreihfaden *m*, -draht *m*. **5.** Reihe *f*: → **single file**. **6.** *mil.* Rotte *f*. **7.** Reihe *f* (*Personen od. Sachen hintereinander*). **8.** Liste *f*, Verzeichnis *n*. **II** *v/t* **9.** *a.* **~ away** *Briefe etc* ablegen, (ein)ordnen, ab-, einheften, zu den Akten nehmen: **to be ~d!** zu den Akten! **10. ~ off** (in e-r Reihe ˈab)marˌschieren lassen. **11.** *e-n Antrag etc* einreichen, *e-e Forderung* anmelden, *Berufung* einlegen: → **action** 12, **application** 8, **suit** 4. **III** *v/i* **12.** in e-r Reihe *od.* hintereinˈander (hinˈein-, hinˈaus- *etc*)marˌschieren: **to ~ in (out)**; **to ~ past** vorbeidefilieren.

file[2] [faɪl] **I** *s* **1.** *tech.* Feile *f*. **2.** *Br. sl.* ‚schlauer Fuchs', ‚geriebener Kerl'. **II** *v/t* **3.** *tech.* (zu-, be)feilen: **to ~ one's fingernails** sich die Fingernägel feilen; **to ~ away** (*od.* **down**) abfeilen. **4.** *fig. Stil etc* (zuˈrecht)feilen.

file| card *s* **1.** *tech.* Feilenbürste *f*. **2.** Karˈteikarte *f*. **~ clerk** *s Am.* Regiˈstrator *m*. **~ cop·y** *s* Ablage(stück *n*) *f*.

fi·let [ˈfɪlɪt; -leɪ; *Am. bes.* fɪˈleɪ] *s* **1.** *gastr.* Fiˈlet *n*. **2.** *a.* **~ lace** Fiˈlet *n*, Netz(arbeit *f*) *n*, ˈNetzstickeˌrei *f*. **~ mi·gnon** [ˌfileɪˈmiːnjɒn; *Am.* -miːnˈjəʊn] *s gastr.* Fiˈlet *n* miˈgnon (*kleines gebratenes od. gegrilltes Filet*).

fil·i·al [ˈfɪljəl; -ɪəl] *adj* (*adv* **~ly**) **1.** kindlich, Kindes..., Tochter..., Sohnes...: **~ duty** Kindespflicht *f*; **~ piety** kindliche Ergebenheit. **2.** *Genetik*: Filial...: **~ generation** Filialgeneration *f* (*die direkten Nachkommen e-s Elternpaares bzw. e-s sich durch Parthenogenese fortpflanzenden Lebewesens*).

fil·i·ate [ˈfɪlɪeɪt] *v/t* **1.** *jur. Am. od. Scot.* die (*bes.* außereheliche) Vaterschaft von (*od. gen*) feststellen. **2.** → **affiliate** I. **ˌfil·iˈa·tion** *s* **1.** Kindschaft(sverhältnis *n*) *f*. **2.** Abstammung *f*. **3.** *jur. Am. od. Scot.* Feststellung *f* der (*bes.* außerehelichen) Vaterschaft: **~ proceeding** Vaterschaftsprozeß *m*. **4.** Feststellung *f* der ˈHerkunft *od.* Quelle: **~ of manuscripts**. **5.** Verzweigung *f*.

fil·i·beg [ˈfɪlɪbeg] → **kilt** 1.

fil·i·bus·ter [ˈfɪlɪbʌstə(r)] **I** *s* **1.** *hist.* Freibeuter *m*. **2.** *parl. bes. Am.* a) Obstruktiˈon *f*, Verschleppungstaktik *f* (*bes. durch Dauerreden zur Verhinderung e-r Abstimmung*), b) Obstruktiˈonspoˌlitiker *m*, Verschleppungstaktiker *m*. **II** *v/i*

3. *parl. bes. Am.* Obstrukti'on treiben. **III** *v/t* **4.** *parl. bes. Am. Gesetzesvorlage etc* durch Obstrukti'on zu Fall bringen.
fil·i·cide ['fılısaıd] *s* **1.** Kindesmord *m.* **2.** Kindesmörder(in).
fil·i·form ['fılıfɔː(r)m; 'faı-] *adj* fadenförmig, fili'form: ~ **gill** *ichth.* Fadenkieme *f.*
fil·i·gree ['fılıgriː] *s* **1.** Fili'gran(arbeit *f*) *n.* **2.** (*etwas*) sehr Zartes *od.* Gekünsteltes. '**fil·i·greed** *adj* mit Fili'gran geschmückt, Filigran...
fil·ing¹ ['faılıŋ] *s* **1.** Ablegen *n* (*von Briefen etc*): ~ **cabinet** Aktenschrank *m*; ~ **card** → **file card** 2; ~ **clerk** *bes. Br.* Registrator *m*; ~ **department** Registratur *f.* **2.** Einreichung *f* (*e-s Antrags etc*), Anmeldung *f* (*e-r Forderung*).
fil·ing² ['faılıŋ] *s tech.* **1.** Feilen *n.* **2.** *pl* Feilspäne *pl.*
Fil·i·pi·no [ˌfılı'piːnəʊ] **I** *pl* **-nos** *s* Fili'pino *m.* **II** *adj* philip'pinisch.
fill [fıl] **I** *s* **1. to eat one's** ~ sich satt essen; **to have had one's** ~ **of** *fig.* von *etwas, j-m* genug haben, *etwas, j-n* satt haben; **to weep one's** ~ sich ausweinen. **2.** Füllung *f* (*Material od. Menge*): **a** ~ **of gasoline** (*Br.* **petrol**) e-e Tankfüllung. **3.** *Am.* Erd-, Steindamm *m.* **II** *v/t* **4.** (an-, aus-, voll)füllen, *die Segel* (auf)blähen. **5.** *Flüssigkeit etc* ab-, einfüllen: **to** ~ **wine into bottles. 6.** *die Pfeife* stopfen. **7.** (*mit Nahrung*) sättigen. **8.** *die Straßen etc* bevölkern, füllen. **9.** *a. fig.* erfüllen (**with** mit): **smoke** ~**ed the room; grief** ~**ed his heart;** ~**ed with fear (envy)** angsterfüllt (neiderfüllt). **10.** *e-n Posten, ein Amt* a) besetzen: **to** ~ **a vacancy,** b) ausfüllen, bekleiden: **to** ~ **s.o.'s place** j-s Stelle einnehmen, j-n ersetzen. **11.** *e-n Auftrag, e-e Bestellung* ausführen. **12. to** ~ **the bill** *colloq.* allen Ansprüchen genügen, genau das richtige sein. **13.** *med. e-n Zahn* füllen, plom'bieren. **III** *v/i* **14.** sich füllen, (*Segel*) sich (auf)blähen: **the sails** ~**ed with wind** die Segel blähten sich im Wind.
Verbindungen mit Adverbien:
fill| a·way *v/i mar.* vollbrassen. ~ **in I** *v/t* **1.** *ein Loch etc* auf-, ausfüllen. **2.** *Br. ein Formular etc* ausfüllen. **3.** *e-n Namen etc* einsetzen. **4.** *Fehlendes* ergänzen. **5.** *colloq. j-n* infor'mieren, ins Bild setzen (**on** über *acc*). **6.** *Br. sl. j-n* zs.-schlagen, krankenhausreif schlagen. **II** *v/i* **7.** einspringen (**for** für). ~ **out I** *v/t* **1.** *bes. Am. ein Formular etc* ausfüllen. **2.** *e-n Bericht etc* abrunden. **II** *v/i* **3.** fülliger werden (*Figur*), (*Person a.*) zunehmen, (*Gesicht etc*) runder *od.* voller werden. ~ **up I** *v/t* **1.** vollfüllen: **fill her up!** *colloq.* volltanken, bitte! **2.** → **fill in** 1. **3.** → **fill in** 2. **II** *v/i* **4.** sich füllen.
'**fill·er** *s* **1.** Füller *m.* **2.** *tech.* a) Füllvorrichtung *f*, b) 'Abfüllmaˌschine *f*, c) Trichter *m.* **3.** *arch.* Füllung *f.* **4.** Füllstoff *m*, Zusatz-, Füll-, Streckmittel *n.* **5.** Sprengladung *f.* **6.** *paint.* Spachtel (-masse *f*) *m*, Füller *m.* **7.** *Rundfunk, TV, Zeitungswesen*: Füller *m*, Füllsel *n.* **8.** *ling.* Füll-, Flickwort *n.* ~ **cap** *s mot.* Tankdeckel *m*, -verschluß *m.*
fil·let ['fılıt] **I** *s* **1.** Haar-, Stirnband *n.* **2.** Leiste *f*, Band *n*, Streifen *m.* **3.** a) Fi'let *n*, (Gold)Zierstreifen *m* (*am Buchrücken*), b) Fi'lete *f* (*Gerät zum Anbringen von* a). **4.** *arch.* Leiste *f*, Reif *m*, Rippe *f.* **5.** *gastr.* Fi'let *n*: ~ **steak** Filetsteak *n.* **6.** *her.* schmaler Saum des Wappenschildes. **II** *v/t* **7.** mit e-m Haarband *od.* e-r Leiste *etc* schmücken. **8.** *gastr.* a) file'tieren, Fi'lets her'auslösen aus, b) als Fi'let zubereiten. ~ **weld** *s tech.* Kehlnaht *m.*
'**fill-in I** *s* Aushilfe *f*, Aushilfskraft *f.* **II** *adj*: ~ **test** *psych.* Lückentest *m.*

'**fill·ing I** *s* **1.** Füllung *f*, Füllmasse *f*, Einlage *f*, Füllsel *n.* **2.** *tech.* 'Füllmateriˌal *n.* **3.** *med.* (Zahn)Plombe *f*, (-)Füllung *f.* **4.** Voll-, Aus-, Anfüllen *n*, Füllung *f*: ~ **machine** Abfüllmaschine *f.* **5.** *mil.* a) Füllung *f* (*bei chemischer Munition*), b) Filterfüllung *f* (*Gasmaske*). **II** *adj* **6.** sättigend. ~ **sta·tion** *s* Tankstelle *f.*
fil·lip ['fılıp] **I** *s* **1.** Schnalzer *m*, Schnipser *m* (*mit Finger u. Daumen*). **2.** Klaps *m.* **3.** *fig.* Ansporn *m*, Auftrieb *m*: **to give a** ~ **to** → 7. **4.** unbedeutender Zusatz. **II** *v/t* **5.** a) schnippen, schnipsen: **to** ~ **crumbs off the table,** b) **to** ~ **one's fingers** mit den Fingern schnalzen *od.* schnippen *od.* schnipsen. **6.** *j-m* e-n Klaps geben. **7.** *fig.* anspornen, in Schwung bringen.
fil·lis·ter ['fılıstə(r)] *s tech.* **1.** Falz *m.* **2.** *a.* ~ **plane** Falzhobel *m.*
fil·ly ['fılı] *s* **1.** Stutenfohlen *n.* **2.** *colloq.* ‚wilde Hummel' (*Mädchen*).
film [fılm] **I** *s* **1.** Mem'bran(e) *f*, dünnes Häutchen, Film *m.* **2.** *phot.* Film *m.* **3.** Film *m*: **the** ~**s** a) die Filmindustrie, b) der Film, c) das Kino; **to be in** ~**s** beim Film sein; **to get into** (*od.* **go on**) **the** ~**s** zum Film gehen. **4.** (hauch)dünne Schicht, 'Überzug *m*, (*Zellophan- etc*) Haut *f*, (-)Film *m.* **5.** a) (hauch)dünnes Gewebe, b) Faser *f.* **6.** *med.* Trübung *f* des Auges, Schleier *m.* **II** *v/t* **7.** (mit e-m Häutchen *etc*) über'ziehen. **8.** a) *e-n Roman etc* verfilmen, b) *e-e Szene etc* filmen. **III** *v/i* **9.** *a.* ~ **over** sich mit e-m Häutchen über'ziehen. **10.** a) sich verfilmen lassen, sich zum Verfilmen eignen: **this story** ~**s well,** b) e-n Film drehen, filmen.
'**film·a·ble** *adj* **1.** a) verfilmbar, b) filmbar. **2.** foto'gen.
film| base *s chem. phot.* Blankfilm *m*, Emulsi'onsträger *m.* ~ **card** *s* Filmkarte *f.* '~ˌ**go·er** *s* Kinogänger(in), -besucher (-in).
'**film·ic** *adj* (*adv* ~**ally**) filmisch, Film...
film·i·ness ['fılmınıs] *s* (hauch)dünne Beschaffenheit.
film|li·brar·y *s* 'Filmarˌchiv *n.* ~**mak·er** *s* Filmemacher *m*, Filmer *m*: **young** ~ Jungfilmer.
film·og·ra·phy [fıl'mɒgrəfı; *Am.* -'mɑ-] *s* Filmogra'phie *f* (*Verzeichnis aller Filme e-s Regisseurs od. Schauspielers*).
film| pack *s phot.* Filmpack *m.* ~ **reel** *s phot.* Filmspule *f.* ~ **scan·ning** *s TV* Filmabtastung *f.* '~**set** *s v/t irr print.* im Foto- *od.* Filmsatz 'herstellen. '~ˌ**set·ting** *s print.* Foto-, Filmsatz *m.* ~ **speed** *s phot.* **1.** Lichtempfindlichkeit *f* (*des Films*). **2.** Laufgeschwindigkeit *f* (*des Films in der Kamera*). ~ **star** *s* Filmstar *m.* '~**strip** *s* **1.** Filmstreifen *m.* **2.** Bildband *n.*
'**film·y** *adj* **1.** mit e-m Häutchen bedeckt. **2.** häutchenartig. **3.** trübe, verschleiert (*Auge*). **4.** zart, duftig, (hauch)dünn.
fil·ter ['fıltə(r)] **I** *s* **1.** Filter *m*, Seihtuch *n*, Seiher *m.* **2.** *chem. phot. phys. tech.* Filter *n, m.* **3.** *electr.* Filter *n, m*, Sieb *n.* **4.** *mot. Br.* grüner Pfeil (*für Abbieger*). **II** *v/t* **5.** filtern: a) ('durch)seihen, b) fil'trieren: **to** ~ **off** abfiltern; **to** ~ **s.th. out of s.th.** etwas aus etwas herausfiltern. **III** *v/i* **6.** a) 'durchsickern (**through** durch) (*Flüssigkeit*), b) 'durchscheinen, -sickern (**through** durch) (*Licht*). **7.** sich langsam bewegen: **to** ~ **out** grüppchenweise *od.* e-r nach dem andern herauskommen (**of** aus). **8.** ~ **into** sich einschleusen in (*acc*) (*Agent etc*). **9.** *fig.* a) ~ **out** (*od.* **through**) 'durchsickern (*Nachrichten etc*), b) ~ **into** einsickern *od.* langsam eindringen in (*acc*). **10.** *mot. Br.* a) die Spur wechseln, b) sich einordnen (**to the left** links), c) abbiegen (*wenn der grüne Pfeil auf-*

leuchtet). ˌ**fil·ter·a'bil·i·ty** *s* Fil'trierbarkeit *f.* '**fil·ter·a·ble** *adj* fil'trierbar.
fil·ter| bag *s* Filtertüte *f.* ~ **ba·sin** *s tech.* Sickerbecken *n.* ~ **bed** *s tech.* **1.** Fil'trierbett *n*, Kläranlage *f.* **2.** Filterschicht *f.* ~**char·coal** *s tech.* Filterkohle *f.* ~**choke** *s electr.* Filter-, Siebdrossel *f.* ~**cir·cuit** *s electr.* Siebkreis *m.*
'**fil·ter·ing I** *s* Filtern *n*: a) ('Durch)Seihen *n*, b) Fil'trieren *n.* **II** *adj* Filtrier..., Filter...: ~ **basin** *tech.* Filtrierbecken *n*; ~ **paper** Filterpapier *n.*
fil·ter| pa·per *s* 'Filterpaˌpier *n.* ~ **tip** *s* **1.** Filter *m.* **2.** 'Filterzigaˌrette *f.* '~**-tipped** *adj* Filter...: ~ **cigarette.**
filth [fılθ] *s* **1.** Schmutz *m*, Dreck *m.* **2.** *fig.* Schmutz *m*, Schweine'rei *f.* **3.** a) unflätige Sprache, b) unflätige Ausdrücke *pl.* '**filth·i·ness** *s* **1.** Schmutzigkeit *f* (*a. fig.*). **2.** Unflätigkeit *f.* '**filth·y I** *adj* (*adv* **filthily**) **1.** schmutzig, dreckig. **2.** *fig.* schmutzig, schweinisch. **3.** *fig.* unflätig. **4.** *bes. Br. colloq.* ekelhaft, scheußlich: ~ **weather** ‚Sauwetter' *n.* **II** *adv* **5.** *colloq.* ‚unheimlich', ‚furchtbar': ~ **rich** ‚stinkreich'.
fil·tra·ble ['fıltrəbl] → **filterable.**
fil·trate ['fıltreıt] **I** *v/t* → **filter** 5. **II** *s* Fil'trat *n.* **fil'tra·tion** *s* Filtrati'on *f.*
fim·bri·ate ['fımbrıt; -brıeıt], *a.* '**fim·bri·at·ed** [-brıeıtıd] *adj bot. zo.* befranst.
fin¹ [fın] *s* **1.** *zo.* Flosse *f*, Finne *f.* **2.** *mar.* Kiel-, Ruderflosse *f.* **3.** *aer.* a) (Seiten-) Flosse *f*, b) *mil.* Steuerschwanz *m* (*e-r Bombe*). **4.** *tech.* a) Grat *m*, (Guß)Naht *f*, b) *a.* **cooling** ~ (Kühl)Rippe *f.* **5.** Schwimmflosse *f.* **6.** *sl.* ‚Flosse' *f* (*Hand*).
fin² [fın] *s Am. sl.* Fünf'dollarschein *m.*
fin·a·ble ['faınəbl] *adj* e-r Geldstrafe unter'liegend: **this is** ~ darauf steht e-e Geldstrafe.
fi·na·gle [fı'neıgl] *colloq.* **I** *v/t* **1.** *etwas* her'ausschinden, -schlagen. **2.** (sich) *etwas* ergaunern. **3.** *j-n* begaunern: **to** ~ **s.o. out of s.th.** j-n um etwas betrügen. **II** *v/i* **4.** gaunern. **fi'na·gler** [-glə(r)] *s colloq.* Gauner *m.*
fi·nal ['faınl] **I** *adj* (*adv* → **finally**) **1.** letzt(er, e, es): **during his** ~ **illness. 2.** endgültig, End..., Schluß...: ~ **account** Schlußabrechnung *f*; ~ **assembly** *tech.* Endmontage *f*; ~ **date** Schlußtermin *m*, äußerster Termin; ~ **dividend** *econ.* Schlußdividende *f*; ~ **examination** Abschlußprüfung *f*; ~ **quotation** *econ.* Schlußkurs *m*; ~ **result** Endresultat *n*; ~ **run** *sport* Endlauf *m*; ~ **score** *sport* Schlußstand *m*; ~ **speech** *jur.* Schlußplädoyer *n*; ~ **storage** Endlagerung *f* (*von Atommüll etc*); ~ **velocity** Endgeschwindigkeit *f*; ~ **whistle** *sport* Schluß-, Abpfiff *m*; **to blow the** ~ **whistle** *sport* abpfeifen. **3.** endgültig: a) 'unwiderˌruflich, b) entscheidend, c) *jur.* rechtskräftig: ~ **judg(e)ment** Endurteil *n*; **after** ~ **judg(e)ment** nach Rechtskraft des Urteils; **to become** ~ rechtskräftig werden, Rechtskraft erlangen. **4.** per'fekt, voll'kommen. **5.** *ling.* a) auslautend, End...: ~ **s** Schluß-s *n*, b) Absichts..., Final...: ~ **clause. II** *s* **6.** *sport* Fi'nale *n*: a) Endkampf *m*, b) Endlauf *m*, c) Endrunde *f*, d) Endspiel *n.* **7.** *meist pl bes. univ.* 'Schlußexˌamen *n*, -prüfung *f.* **8.** *colloq.* Spätausgabe *f* (*e-r Zeitung*). ~ **cause** *s philos.* Zweck *m* (u. Endzweck *m*) aller Dinge.
fi·na·le [fı'nɑːlı; *Am. a.* fə'næ-] *s* Fi'nale *n*: a) *mus.* Schlußsatz *m*, b) *thea.* Schluß (-szene *f*) *m* (*bes. e-r Oper*), c) *fig.* (dra'matisches) Ende.
fi·nal·ism ['faınəlızəm] *s philos.* Fina'lismus *m* (*Lehre, nach der alles Geschehen von Zwecken bestimmt ist bzw. zielstrebig*

verläuft). ˈ**fi·nal·ist** *s* **1.** *sport* Finaˈlist (-in), Endkampfteilnehmer(in) *etc* (→ **final** 6). **2.** *bes. univ.* Exˈamenskandiˌdat(in). **fiˈnal·i·ty** [-ˈnælətɪ] *s* **1.** Endgültigkeit *f*. **2.** Entschiedenheit *f*. **3.** abschließende Handlung *od.* Äußerung. **4.** *philos.* Finaliˈtät *f* (*Bestimmung e-s Geschehens nicht durch s-e Ursachen, sondern durch s-e Zwecke*). ˈ**fi·nal·ize** *v/t* **1.** be-, vollˈenden, (endgültig) erledigen, abschließen. **2.** endgültige Form geben (*dat*). ˈ**fi·nal·ly** *adv* **1.** endlich, schließlich, zuˈletzt. **2.** zum (Ab)Schluß. **3.** endgültig.

fi·nance [faɪˈnæns; fɪˈn-; ˈfaɪnæns] **I** *s* **1.** Fiˈnanzwesen *n*, -wissenschaft *f*, -wirtschaft *f*, -welt *f*, Fiˈnanz *f*. **2.** *pl* Fiˈnanzen *pl*: a) Vermögenslage *f*, b) Einkünfte *pl*: **public ~s** Staatsfinanzen. **II** *v/t* **3.** finanˈzieren. **III** *v/i* **4.** Geldgeschäfte machen. **~ act** *s Br.* Fiˈnanzgesetz *n*. **~ bill** *s* **1.** *pol.* Fiˈnanzvorlage *f*. **2.** *econ.* Fiˈnanzwechsel *m*. **~com·pa·ny** *s econ.* Finanˈzierungsgesellschaft *f*. **~ house** *s econ. Br.* Teilzahlungs-, ˈKundenkreˌditbank *f*.

fi·nan·cial [faɪˈnænʃl; fɪ-] *adj* (*adv* **~ly**) finanziˈell, Finanz..., Geld..., Fiskal...: **~ backer** Geldgeber *m*; **~ circles** Finanzkreise; **~ columns** Handels-, Wirtschaftsteil *m*; **~ condition** (*od.* **situation**) Finanz-, Vermögenslage *f*; **~ institution** Geldinstitut *n*; **~ newspaper** Börsen-, Handelsblatt *n*; **~ plan** Finanzierungsplan *m*; **~ policy** Finanzpolitik *f*; **~ standing** Kreditwürdigkeit *f*; **~ year** *Br.* a) Geschäftsjahr *n*, b) *parl.* Haushalts-, Rechnungsjahr *n*.

fin·an·cier [ˌfɪnənˈsɪə(r); ˌfaɪ-] **I** *s* [*Br.* faɪˈnænsɪə; fɪ-] **1.** Finanziˈer *m*. **2.** Fiˈnanzfachmann *m*. **II** *v/t* **3.** finanˈzieren. **III** *v/i* **4.** (*bes.* skrupellose) Geldgeschäfte machen.

fiˈnanc·ing *s econ.* Finanˈzierung *f*, Kaˈpiˈtalbeschaffung *f*.

ˈ**fin·back (whale)** *s zo.* Finnwal *m*.

finch [fɪntʃ] *s orn.* Fink *m*. **~creep·er** *s orn.* (*ein*) amer. Baumläufer *m*.

find [faɪnd] **I** *s* **1.** Fund *m*, Entdeckung *f*: a) Finden *n*, Entdecken *n*, b) *etwas Gefundenes od. Entdecktes*. **II** *v/t pret u. pp* **found** [faʊnd] **2.** finden. **3.** finden, (an)treffen, stoßen auf (*acc*): **we found him in** wir trafen ihn zu Hause an; **to ~ a good reception** e-e gute Aufnahme finden. **4.** sehen, bemerken, feststellen, entdecken, (herˈaus)finden: **he found that ...** er stellte fest *od.* fand, daß ...; **I ~ it easy** ich finde es leicht; **to ~ one's way** den Weg finden (**to** nach, zu), sich zurechtfinden (**in** in *dat*); **I'll ~ out my way all right** ich finde schon allein hinaus; **to ~ o.s.** sich finden, zu sich selbst finden, s-e Fähigkeiten erkennen, sich voll entfalten (→ 8); **I found myself surrounded** ich sah *od.* fand mich umzingelt; **I found myself telling a lie** ich ertappte mich bei e-r Lüge. **5.** (ˈwieder-)erlangen: → **tongue** 1. **6.** finden: a) beschaffen, auftreiben, b) erlangen, sich verschaffen, c) *Zeit etc* aufbringen. **7.** *jur.* erklären *od.* befinden für: **to ~ a person guilty**. **8.** *j-n* versorgen, ausstatten (**in** mit), *j-m etwas* verschaffen, stellen, liefern: **well found in clothes** mit Kleidung gut ausgestattet; **all found** freie Station, freie Unterkunft u. Verpflegung; **to ~ o.s.** sich selbst versorgen (→ 4). **9.** **~ out** a) *etwas* entdecken, herˈausfinden, -bekommen, b) *j-n* ertappen, c) durchˈschauen. **III** *v/i* **10.** *jur.* **to ~ against the defendant** a) (*Zivilprozeß*) den Beklagten verurteilen, der Klage stattgeben, b) (*Strafprozeß*) den Angeklagten verurteilen; **to ~ for the defendant** a) (*Zivilprozeß*) zu Gunsten des Beklagten entscheiden, die Klage abweisen, b) (*Strafprozeß*) den Angeklagten freisprechen.

ˈ**find·er** *s* **1.** Finder(in), Entdecker(in): **~s keepers** *colloq.* wer etwas findet, darf es behalten; **~'s fee** Vermittlungsgebühr *f*; **~'s reward** Finderlohn *m*; "**~ will be rewarded**" „Finderlohn". **2.** *phot.* Sucher *m*. **3.** *electr. phys.* Peil(funk)gerät *n*.

fin de siè·cle [fɛ̃dəsjɛkl(ə)] (*Fr.*) *s* Fin *n* de siˈècle (*gesellschaftliche, künstlerische u. literarische Dekadenz am Ende des letzten Jahrhunderts*).

ˈ**find·ing** *s* **1.** → **find** 1: **~ the means** *econ.* Geldbeschaffung *f*; **~'s keeping** *colloq.* wer etwas findet, darf es behalten. **2.** *meist pl scient. etc* Befund *m* (*a. med.*), Feststellung(en *pl*) *f*, Erkenntnis(se *pl*) *f*. **3.** *jur.* Feststellung *f* (*des Gerichts od. der Geschworenen*), Spruch *m* (*der Geschworenen*): **~ of facts** Tatsachenfeststellung. **4.** *pl* Werkzeuge *pl od.* Materiˈal *n* (*e-s Handwerkers*).

find the la·dy *s Br.* Kümmelblättchen *n* (*Bauernfängerspiel*).

fine[1] [faɪn] **I** *adj* (*adv* **~ly**) **1.** *allg.* fein: a) dünn, zart, zierlich: **~ china**, b) scharf: **a ~ edge**, c) *aus kleinsten Teilchen bestehend*: **~ sand**, d) schön: **a ~ ship**; **one of these ~ days** e-s schönen Tages, e) vornehm, edel: **a ~ man**, f) geschmackvoll, gepflegt, eleˈgant, g) angenehm, lieblich: **a ~ scent**, h) feinsinnig, subˈtil: **~ distinction** feiner Unterschied. **2.** großartig, ausgezeichnet, glänzend: **a ~ musician**; **a ~ view** e-e herrliche *od.* prächtige Aussicht; **a ~ fellow** ein feiner *od.* prächtiger Kerl. **3.** rein, pur: **~ silver** Feinsilber *n*; **~ gold** Feingold *n*; **gold 24 carats ~** 24karätiges Gold. **4.** geziert, affekˈtiert: **~ sentences**. **5.** *colloq.*, *a. iro.* fein, schön: **that's ~!**; **that's all very ~ but ...** das ist ja alles gut u. schön, aber ...; **a ~ fellow you are!** *contp.* du bist mir ein schöner Genosse! **6.** *econ.* erstklassig: **~ bank bill**. **II** *adv* **7.** *colloq.* fein: a) vornehm (*a. contp.*): **to talk ~**, b) sehr gut, ‚bestens': **that will suit me ~** das paßt mir ausgezeichnet. **8.** knapp: **to cut** (*od.* **run**) **it ~** ins Gedränge (*bes.* in Zeitnot) kommen. **III** *v/t* **9.** **~ away**, **~ down** fein(er) machen, abschleifen, zuspitzen. **10.** *oft* **~ down** *Wein etc* läutern, klären. **11.** *metall.* frischen. **IV** *v/i* **12.** **~ away**, **~ down**, **~ off** fein(er) werden, abnehmen, sich abschleifen. **13.** sich klären.

fine[2] [faɪn] **I** *s* **1.** Geldstrafe *f*, Bußgeld *n*. **2.** *jur. hist.* Abstandssumme *f*. **3.** Ende *n* (*obs. außer in*): **in ~** a) schließlich, endlich, b) kurz(um). **II** *v/t* **4.** mit e-r Geldstrafe belegen, zu e-r Geldstrafe verurteilen: **he was ~d £50** er mußte 50 Pfund Strafe bezahlen, er wurde zu e-r Geldstrafe von 50 Pfund verurteilt.

fi·ne[3] [ˈfiːneɪ] *s mus.* Fine *n*, Ende *n*.

fine·a·ble → **finable**.

fine| ad·just·ment [faɪn] *s tech.* Feineinstellung *f*. **ˌ~-adˈjust·ment screw** *s tech.* Feinstellschraube *f*. **~ arts** *s pl* (*die*) schönen Künste *pl*. ˈ**~-bore** *v/t tech.* präzisiˈons-, feinbohren. **~ chem·i·cals** *s pl* ˈFeinchemiˌkalien *pl*. **~ cut** *s* Feinschnitt *m* (*Tabak*). **~ darn·ing** *s* Kunststopfen *n*. ˈ**~-draw** *v/t irr* **1.** fein zs.-nähen, kunststopfen. **2.** *tech. Draht* fein ausziehen. **ˌ~-ˈdrawn** → **fine-spun**. **ˌ~-ˈgrained** *adj tech.* feinkörnig, (*Leder*) feinnarbig. **~ grav·el** *s tech.* Feinkies *m*. **~ me·chan·ics** *s pl* (*als sg konstruiert*) ˈFeinmeˌchanik *f*.

ˈ**fine·ness** *s allg.* Feinheit *f*: a) Zartheit *f*, Zierlichkeit *f*, b) Schärfe *f*, c) Reinheit *f*, Feingehalt *m*, d) Schönheit *f*, e) Vornehmheit *f*, f) Gepflegtheit *f*, Eleˈganz *f*, g) Lieblichkeit *f*, h) Subtiliˈtät *f*, i) Genauigkeit *f*. ˈ**fin·er** → **refiner**. ˈ**fin·er·y** [-ərɪ] *s* **1.** Putz *m*, Staat *m*. **2.** Eleˈganz *f*.

fines [faɪnz] *s pl tech.* feingesiebtes Materiˈal, Abrieb *m*, Grus *m*.

fines herbes [finzɛrb] (*Fr.*) *s pl gastr.* Fines herbes *pl* (*feingehackte Kräuter*).

fine| sight *s mil.* Feinkorn *n* (*Visier*). **ˌ~-ˈspun** *adj* feingesponnen, *fig. a.* subˈtil.

fi·nesse [fɪˈnes] **I** *s* **1.** Fiˈnesse *f*: a) Spitzfindigkeit *f*, b) (*kleiner*) Kunstgriff, Kniff *m*. **2.** Raffiˈnesse *f*, Schlauheit *f*. **3.** *Kartenspiel*: Schneiden *n*. **II** *v/t* **4.** *Kartenspiel*: schneiden mit. **5.** *etwas* ‚deichseln', ‚drehen'. **III** *v/i* **6.** *Kartenspiel*: schneiden. **7.** Kniffe anwenden, ‚tricksen'.

fine| thread *s tech.* Feingewinde *n*. ˈ**~-tooth(ed)** *adj* fein(gezahnt): **~ comb** Staubkamm *m*; **to go over** (*od.* **through**) **s.th. with a ~ comb** a) etwas genau durchsuchen, b) etwas genau unter die Lupe nehmen. **~ tun·ing** *s Radio*: Feinabstimmung *f*.

ˈ**fin|·fish** → **finback**. ˈ**~-ˌfoot·ed** *adj zo.* mit Schwimmfüßen (versehen).

fin·ger [ˈfɪŋgə(r)] **I** *s* **1.** Finger *m*: **first** (**second, third**) **~** Zeige-(Mittel-, Ring-) finger; **fourth** (*od.* **little**) **~** kleiner Finger; **to get** (*od.* **pull**) **one's ~s out** *Br. colloq.* ‚Dampf dahintermachen', ‚sich ranhalten'; **to have a** (*od.* **one's**) **~ in the pie** die Hand im Spiel haben, ‚mitmischen'; **to keep one's ~s crossed for s.o.** j-m die Daumen drücken *od.* halten; **to lay** (*od.* **put**) **one's ~ on s.th.** den Finger auf etwas legen; **not to lay a ~ on s.o.** j-m kein Härchen krümmen, j-n nicht anrühren; **not to lift** (*od.* **raise, stir**) **a ~** keinen Finger rühren; **to put the ~ on s.o.** → 10; **to twist** (*od.* **wrap, wind**) **s.o.** (**a**)**round one's little ~** j-n um den (kleinen) Finger wickeln; **to work one's ~s to the bone** (**for s.o.**) sich (für j-n) die Finger abarbeiten; → **burn**[1] 1, **itch** 4, **point** 41, **slip**[1] 15, **snap** 12, **thumb** 1. **2.** Finger(ling) *m* (*e-s Handschuhs*). **3.** Fingerbreit *m*. **4.** schmaler Streifen, schmales Stück. **5.** (Uhr)Zeiger *m*. **6.** *tech.* Daumen *m*, Greifer *m*. **7.** → **finger man**. **II** *v/t* **8.** a) betasten, befühlen, (be)fingern, b) herˈumfingern an (*dat*), spielen mit. **9.** *mus.* a) *ein Stück od. Instrument* mit den Fingern spielen, b) *Noten* mit Fingersatz versehen. **10.** *bes. Am. colloq.* a) *j-n* ‚verpfeifen', b) *j-n* (*bei e-r Gegenüberstellung*) identifiˈzieren, c) *j-n* beschatten. **III** *v/i* **11.** herˈumfingern (**at** an *dat*), spielen (**with** mit).

fin·ger| al·pha·bet *s* ˈFingeralphaˌbet *n*. ˈ**~board** *s* **1.** *mus.* a) Griffbrett *n*, b) Klaviaˈtur *f*, c) Manuˈal *n* (*der Orgel*). **2.** *Am.* → **finger post**. **~ bowl** *s* Fingerschale *f*. ˈ**~breadth** *s* Fingerbreit *m*.

-fingered [fɪŋgə(r)d] *adj in Zssgn* mit ... Fingern, ...fing(e)rig.

ˈ**fin·ger|ˌflow·er** *s bot.* Roter Fingerhut. **~ food** *s* Nahrungsmittel, die mit den Fingern gegessen werden. **~ glass** *s* Fingerschale *f* (*bei Tisch*). **~ grass** *s bot.* Finger-, Bluthirse *f*. **~ hole** *s* **1.** *mus.* Griffloch *n* (*an e-r Flöte etc*). **2.** *teleph.* Fingerloch *n*.

fin·ger·ing[1] [ˈfɪŋgərɪŋ] *s* **1.** Betasten *n*, Befühlen *n*, (Be)Fingern *n*. **2.** *mus.* Fingersatz *m*: **~ chart** Grifftabelle *f* (*e-s Blasinstruments*).

fin·ger·ing[2] [ˈfɪŋgərɪŋ] *s a.* **~ yarn** Strumpfgarn *n*.

fin·ger·ling [ˈfɪŋgə(r)lɪŋ] *s* **1.** kleiner Fisch. **2.** (*etwas*) Winziges.

fin·ger| man *s irr bes. Am. colloq.* Spitzel *m* (*e-r Gangsterbande*). ˈ**~mark** *s* Fingerabdruck *m* (*Schmutzfleck*). ˈ**~nail** *s* Fingernagel *m*. **~ nut** *s tech.*

Flügelmutter *f.* ~ **paint** *s* Fingerfarbe *f.* ˈ~-**paint** *v/t u. v/i* mit Fingerfarben malen. ~ **post** *s* **1.** Wegweiser *m.* **2.** *fig.* Fingerzeig *m*, ˈHinweis *m* (**to** auf *acc*). ˈ~-**print I** *s* **1.** Fingerabdruck *m*: **to take s.o.'s ~s** → 3. **2.** *fig.* a) Handschrift *f*, b) (unverwechselbares) Kennzeichen. **II** *v/t* **3.** *j-m* Fingerabdrücke abnehmen, von *j-m* Fingerabdrücke machen. ˈ~**stall** *s* Fingerling *m.* ˈ~**tip** *s* **1.** Fingerspitze *f*: **to have at one's ~s** a) *Kenntnisse* parat haben, b) *etwas* aus dem Effeff beherrschen; **to one's ~s** bis in die Fingerspitzen, durch u. durch. **2.** Fingerling *m.*

fin·i·al [ˈfaɪnɪəl; *bes. Am.* ˈfɪn-] *s arch.* Kreuzblume *f*, Blätterknauf *m.*

fin·i·cal [ˈfɪnɪkl] *adj* (*adv* ~ly), ˈ**fin·icking** [-ɪkɪŋ], ˈ**fin·ick·y** *adj* **1.** peˈdantisch, überˈtrieben genau. **2.** wählerisch (**about** in *dat*). **3.** geziert, affekˈtiert.

fin·ish [ˈfɪnɪʃ] **I** *v/t* **1.** (be)enden, aufhören mit: **to ~ reading** aufhören zu lesen. **2.** *a.* ~ **off** vollˈenden, beendigen, fertigmachen, -stellen, zu Ende führen, erledigen: **to ~ a task**; **to ~ a book** ein Buch auslesen *od.* fertiglesen *od.* zu Ende lesen. **3.** *a.* ~ **off** (*od.* **up**) a) *Vorräte* ver-, aufbrauchen, erschöpfen, b) aufessen, austrinken. **4.** *a.* ~ **off** a) *j-n* ‚erledigen', ‚fertigmachen' (*erschöpfen od. ruinieren*), b) *bes. e-m Tier* den Gnadenschuß *od.* -stoß geben. **5.** a) *a.* ~ **off**, ~ **up** vervollkommnen, den letzten Schliff geben (*dat*), b) *j-m* feine Lebensart beibringen. **6.** *tech.* nach-, fertigbearbeiten, *Papier* glätten, *Zeug* zurichten, appreˈtieren, *Möbel etc* poˈlieren.

II *v/i* **7.** *a.* ~ **off** (*od.* **up**) enden, schließen, aufhören (**with** mit): **have you ~ed?** bist du fertig?; **he ~ed by saying** abschließend *od.* zum Abschluß sagte er. **8.** enden: **he ~ed in prison** er ‚landete' im Gefängnis. **9.** enden, zu Ende gehen: **my holiday will ~ next week.** **10.** a) ~ **with** mit *j-m*, *etwas* Schluß machen, *etwas* aufgeben: **I am ~ed with him** ‚ich bin mit ihm fertig', b) **to have ~ed with** *j-n*, *etwas* nicht mehr brauchen: **have you ~ed with the dictionary?** brauchst du das Wörterbuch noch?, c) **I haven't ~ed with you yet!** ich bin noch nicht fertig mit dir!, wir sprechen uns noch einmal! **11.** *sport* einlaufen, durchs Ziel gehen: **to ~ third** a) Dritter werden, den dritten Platz belegen, b) *allg.* als dritter fertig sein.

III *s* **12.** Ende *n*, Schluß *m.* **13.** *sport* a) Endspurt *m*, Finish *n*, b) Ziel *n*, c) Endkampf *m*, Entscheidung *f*: **to be in at the ~** in die Endrunde kommen, *fig.* das Ende miterleben; **to fight to the ~** bis zur Entscheidung kämpfen. **14.** Vollˈendung *f*, Eleˈganz *f*, letzter Schliff, Finish *n.* **15.** gute Ausführung, feine Qualiˈtät. **16.** *tech.* a) äußerliche Ausführung, Oberflächenbeschaffenheit *f*, -güte *f*, Bearbeitung(sgüte) *f*, b) (Deck)Anstrich *m*, (*Lack- etc*)ˈÜberzug *m*, c) Poliˈtur *f*, d) Appreˈtur *f* (*von Stoffen*). **17.** *arch.* a) Ausbau(en *n*) *m*, b) Verputz *m.*

ˈ**fin·ished** *adj* **1.** beendet, fertig, abgeschlossen: ~ **business** erledigte Tagesordnungspunkte; ~ **goods** (*od.* **products**) Fertigwaren, -erzeugnisse; ~ **part** Fertigteil *n.* **2.** *fig.* vollˈendet, vollˈkommen. ˈ**fin·ish·er** *s* **1.** *tech.* Fertigbearbeiter *m.* **2.** *tech.* a) Fertiggesenk *n*, b) Feinzeugholländer *m*, c) Poˈlierwalze *f.* **3.** **strong** ~ (*Leichtathletik*) Spurtläufer(in).

ˈ**fin·ish·ing I** *s* **1.** Vollˈenden *n*, Fertigmachen *n*, -stellen *n.* **2.** *arch.* Schlußzierat *m.* **3.** *tech.* a) Fertig-, Nachbearbeitung *f*, b) (abschließende) Oberflächenbehandlung, *z.B.* ˈHochglanzpoˌlieren *n*, c) Veredelung *f.* **4.** *Buchbinderei*: Verzieren *n* der Einbände. **5.** *Tuchfabrikation*: Appreˈtur *f*, Zurichtung *f.* **6.** *sport* Abschluß *m.* **II** *adj* **7.** abschließend. ~ **a·gent** *s chem.* Appreˈturmittel *n.* ~ **cut** *s tech.* Schlichtspan *m.* ~ **in·dus·try** *s econ. tech.* Veredelungswirtschaft *f*, verarbeitende Induˈstrie. ~ **lathe** *s tech.* Fertigdrehbank *f.* ~ **mill** *s tech.* **1.** Fertigstraße *f*, Feinwalzwerk *n.* **2.** Schlichtfräser *m.* ~ **line** *s sport* Ziellinie *f.* ~ **mor·tar** *s tech.* Putzmörtel *m.* ~ **post** *s sport* Zielpfosten *m.* ~ **pro·cess** *s econ. tech.* Veredelungsverfahren *n.* ~ **school** *s* (ˈMädchen)Pensioˌnat *n* (*zur Erlernung feiner Lebensart*). ~ **tool** *s tech.* Schlichtstahl *m.*

fi·nite [ˈfaɪnaɪt] *adj* **1.** begrenzt, endlich (*a. math.*). **2.** *ling.* fiˈnit: ~ **form** finite Form, Personalform *f*; ~ **verb** Verbum *n* finitum. ˈ**fi·nite·ness, fin·i·tude** [ˈfaɪnɪtjuːd; *Am. a.* -ˌtuːd] *s* Endlichkeit *f*, Begrenztheit *f.*

fink [fɪŋk] *bes. Am. sl.* **I** *s* **1.** Streikbrecher *m.* **2.** Spitzel *m.* **3.** ‚Fiesling' *m.* **II** *v/i* **4.** sich als Streikbrecher betätigen. **5.** ~ **on** *j-n* ‚verpfeifen'. **6.** ~ **out** ‚aussteigen'.

Fin·land·er [ˈfɪnləndə(r)], *a.* **Finn** *s* Finne *m*, Finnin *f.*

fin·let [ˈfɪnlɪt] *s zo.* flossenähnlicher Fortsatz, falsche Flosse.

fin·nan had·die [ˌfɪnənˈhædɪ], *a.* **finnan had·dock** *s* geräucherter Schellfisch.

finned [fɪnd] *adj* **1.** *ichth.* mit Flossen (versehen). **2.** *tech.* gerippt. ˈ**finn·er** *s zo.* Finnwal *m.*

Finn·ic [ˈfɪnɪk] → Finnish II. ˈ**Finnish I** *s ling.* Finnisch *n*, das Finnische. **II** *adj* finnisch. **Fin·no-U·gri·an** [ˌfɪnəʊˈjuːgrɪən; *Am. a.* -ˈuːg-], *a.* ˌ**Fin·no-ˈU·gric** [-grɪk] *ling.* **I** *adj* finno-ugrisch. **II** *s* Finno-Ugrisch *n*, das Finno-Ugrische.

fin·ny [ˈfɪnɪ] *adj* **1.** → **finned** 1. **2.** Flossen... **3.** Fisch...

fin ray *s biol.* Flossenstachel *m.*

fiord [fjɔːd; *Am.* fɪˈɔːrd] *s geogr.* Fjord *m.*

fi·o·rin [ˈfaɪərɪn] *s bot. Br.* (*ein*) Fioˈran-, Straußgras *n.*

fir [fɜː; *Am.* fɜr] *s bot.* **1.** Tanne *f.* **2.** (*fälschlich*) a) Kiefer *f*, b) Föhre *f.* **3.** Tannenholz *n.* ~ **cone** *s bot.* Tannenzapfen *m.*

fire [ˈfaɪə(r)] **I** *s* **1.** Feuer *n*, Flamme *f*: ~ **and brimstone** a) *Bibl.* Feuer u. Schwefel *m*, b) *relig.* Hölle *f* u. Verdammnis *f*, c) *fig.* Tod *m* u. Verderben *n*; **with ~ and sword** mit Feuer u. Schwert; **to be on ~** a) in Flammen stehen, brennen, b) *fig.* Feuer u. Flamme sein; **to catch** (*od.* **take**) ~ a) anbrennen, b) Feuer fangen, in Brand geraten, c) *fig.* in Hitze geraten, sich ereifern; **to go through ~ and water for s.o.** *fig.* für j-n durchs Feuer gehen; **to play with ~** *fig.* mit dem Feuer spielen; **to pull s.th. out of the ~** *fig.* etwas aus dem Feuer reißen; **to set on ~** a) *a.* **to set ~ to** anzünden, in Brand stecken, b) *fig.* Furore machen in (*dat*); **to strike ~** Funken schlagen; → **chestnut** 1, **Thames, world** *Bes. Redew.* **2.** Feuer *n* (*im Ofen etc*): **on a slow ~** bei langsamem Feuer (*kochen*). **3.** Brand *m*, (Groß)Feuer *n*, Feuersbrunst *f*: **to die in the ~** bei dem Brand ums Leben kommen; **where's the ~?** *colloq.* wo brennt's? **4.** *Br.* Heizgerät *n.* **5.** Feuersglut *f.* **6.** Feuer *n*, Glanz *m* (*e-s Edelsteins*). **7.** *fig.* Feuer *n*, Glut *f*, Leidenschaft *f*, Begeisterung *f.* **8.** *med.* Fieber *n*, Hitze *f.* **9.** *mil.* Feuer *n*, Beschuß *m*: **between two ~s** zwischen zwei Feuern (*a. fig.*); **to come under ~** unter Beschuß geraten (*a. fig.*); **to come under ~ from s.o.** in j-s Schußlinie geraten; **to hang ~** a) schwer losgehen (*Schußwaffe*), b) *fig.* auf sich warten lassen (*Sache*); **to hold one's ~** *fig.* sich zurückhalten; **to miss ~** a) versagen (*Schußwaffe*), b) *fig.* fehlschlagen.

II *v/t* **10.** anzünden, in Brand stecken. **11.** *e-n Kessel* heizen, *e-n Ofen* (be)feuern, beheizen. **12.** *Ziegel* brennen: **~d lime** gebrannter Kalk. **13.** *Tee* feuern. **14.** *j-n*, *j-s Gefühle* entflammen: **to ~ s.o. with enthusiasm** j-n in Begeisterung versetzen; **to ~ s.o.'s imagination** j-s Phantasie beflügeln; **to ~ up inflation** die Inflation ‚anheizen'. **15.** *a.* ~ **off** a) *e-e Schußwaffe* abfeuern, abschießen, b) *e-n Schuß* (ab)feuern, abgeben (**at, on** auf *acc*): → **shot**[1] 1, c) *Fragen* abschießen: **to ~ questions at s.o.** j-n mit Fragen bombardieren. **16.** a) *e-e Sprengladung*, *e-e Rakete* zünden, b) *e-n Motor* anlassen. **17.** *colloq.* ‚feuern', ‚rausschmeißen'. **18.** *colloq.* ‚feuern', ‚schmeißen'.

III *v/i* **19.** a) Feuer fangen, b) anbrennen. **20.** *oft* ~ **up** *fig.* wütend werden. **21.** feuern, schießen (**at** auf *acc*): ~ **away!** *colloq.* schieß los!, fang an! **22.** *agr.* brandig werden (*Getreide*). **23.** zünden (*Motor*).

IV *interj* **24.** Feuer!, es brennt! **25.** *mil.* Feuer!

fire| a·larm *s* **1.** ˈFeueraˌlarm *m.* **2.** Feuermelder *m* (*Gerät*). ˈ~**arm** *s meist pl* Feuer-, Schußwaffe *f*: **illegal possession of ~s** unerlaubter Waffenbesitz. ˈ~**back** *s orn.* ˈGlanzfaˌsan *m.* ˈ~**ball** *s* **1.** *mil. hist.* Feuer-, Brandkugel *f.* **2.** Feuerball *m* (*Sonne etc*; *a. e-r Atombombenexplosion*). **3.** *astr.* Feuerkugel *f.* **4.** Kugelblitz *m.* **5.** *colloq.* ‚Enerˈgiebündel' *n.* ~ **bal·loon** *s aer.* ˈHeißluftbalˌlon *m.* ˈ~**bird** *s orn.* (*ein*) Feuervogel *m.* ~ **blight** *s bot.* Feuerbrand *m.* ˈ~**board** *s* Kaˈminbrett *n.* ˈ~**boat** *s mar.* Feuerlöschboot *n.* ~ **bomb** *s* Brandbombe *f.* ˈ~**box** *s* **1.** *tech.* Feuerbuchse *f*, Feuerungsraum *m.* **2.** Feuermelder *m* (*Gerät*). ˈ~**brand** *s* **1.** brennendes Holzscheit. **2.** *fig.* Unruhestifter(in), Aufwiegler(in). ˈ~**break** *s* Feuerschneise *f.* ˈ~**brick** *s tech.* feuerfester Ziegel, Schaˈmottestein *m.* ~ **bridge** *s tech.* Feuerbrücke *f.* ~ **brigade** *s* **1.** *Br.* Feuerwehr *f.* **2.** *Am.* a) freiwillige Feuerwehr, b) Werksfeuerwehr *f.* ˈ~**bug** *s colloq.* ‚Feuerteufel' *m.* ~ **clay** *s tech.* feuerfester Ton, Schaˈmotte *f.* ~ **com·pa·ny** *s* **1.** *Am.* Feuerwehr *f.* **2.** Feuerversicherungsgesellschaft *f.* ~ **con·trol** *s* **1.** *mil.* Feuerleitung *f.* **2.** a) Brandschutz *m*, b) Brandbekämpfung *f.* ˈ~ˌ**crack·er** *s* Frosch *m* (*Feuerwerkskörper*). ˈ~-**cure** *v/t tech.* *Tabak* über offenem Feuer trocknen. ˈ~**damp** *s Bergbau*: schlagende Wetter *pl*, Grubengas *n.* ~ **de·part·ment** *s* **1.** *Am.* Feuerwehr *f.* **2.** *Br.* ˈFeuerversicherungsabˌteilung *f.* ~ **di·rec·tion** → **fire control** 1. ˈ~**dog** *s* Kaˈminbock *m.* ~ **door** *s* **1.** Ofen-, Heiztür *f.* **2.** *tech.* Schürloch *n.* **3.** Feuerschutztür *f.* ˈ~ˌ**drag·on,** ˈ~-**drake** *s* Feuerdrache *m*, feuerspeiender Drache. ~ **drill** *s* **1.** ˈFeueraˌlarmübung *f.* **2.** Feuerwehrübung *f.* **3.** *hist.* Reibholz *n* (*zum Feueranzünden*). ˈ~-ˌ**eat·er** *s* **1.** Feuerschlucker *m*, -fresser *m.* **2.** *fig.* aggresˈsiver Mensch. ˈ~-ˌ**eating** *adj fig.* aggresˈsiv. ~ **en·gine** *s* **1.** *tech.* Feuer-, Motorspritze *f.* **2.** Feuerwehrauto *n*, Löschfahrzeug *n.* ~ **es·cape** *s* **1.** Feuerleiter *f*, -treppe *f.* **2.** *Br.* Feuerwehrleiter *f.* ~ **ex·tin·guish·er** *s tech.* Feuerlöscher *m.* ~ **fight·er** *s* **1.** Feuerwehrmann *m.* **2.** Angehörige(r) *m* e-r Löschmannschaft *od.* e-s Löschtrupps (*bei Waldbränden*). ~ **fight·ing** *s* Brandbekämpfung *f.* ˈ~-ˌ**fight·ing** *adj* Lösch..., Feuerwehr... ˈ~**fly** *s zo.* (*ein*) Leuchtkäfer *m*, (*ein*) Glühwurm *m.* ˈ~-

guard *s* **1.** Kaˈmingitter *n.* **2.** Brand-, Feuerwache *f* (*Person*). **3.** Feuerschneise *f.* ~ **hose** *s* Feuerwehrschlauch *m.* ˈ~**-ˌhouse** *Am.* → **fire station.** ~ **hy·drant** *s Br.* Hyˈdrant *m.* ~ **in·sur·ance** *s* Feuerversicherung *f.* ˈ~**-inˌsur·ance com·pany** *s* Feuerversicherungsgesellschaft *f.* ~ **lane** *s Am.* Feuerschneise *f.*

ˈfire·less *adj* **1.** feuerlos, ohne Feuer: ~ **cooker** Kochkiste *f.* **2.** *fig.* ohne Feuer, leidenschaftslos.

ˈfire|·light *s* Schein *m* des Feuers: **in the** ~ beim Schein des Feuers. ˈ~ˌ**light·er** *s Br.* Feueranzünder *m.* ˈ~**lock** *s mil. hist.* **1.** Zündschloß *n.* **2.** Musˈkete *f.* ~ **main** *s* Wasserrohr *n.* ˈ~**man** [-mən] *s irr* **1.** Feuerwehrmann *m, pl* Löschtrupp *m.* **2.** Heizer *m.* **3.** *Bergbau*: Wetterwart *m.* ~ **mar·shal** *s Am.* ˈBranddiˌrektor *m.* ˌ~**-ˈnew** → **brand-new.** ~ **o·pal** *s min.* ˈFeueroˌpal *m.* ˈ~**place** *s* (offener) Kaˈmin. ˈ~ˌ**plug** *s Am.* Hyˈdrant *m.* ~ **point** *s phys.* Flammpunkt *m.* ~ **pol·i·cy** *s Br.* ˈFeuerversicherungspoˌlice *f.* ~ **pow·er** *s mil.* Feuerkraft *f.* ~ **pre·ven·tion** *s* Brandverhütung *f.* ˈ~**proof I** *adj* feuerfest, -sicher: ~ **curtain** *thea.* eiserner Vorhang. **II** *v/t* feuerfest machen. ˈ~ˌ**proof·ing** *s* **1.** Feuerfestmachen *n.* **2.** Feuerschutzmittel *n od. pl.*

fir·er [ˈfaɪərə(r)] *s* **1.** Schütze *m.* **2.** Heizer *m.* **3.** Feuer-, Schußwaffe *f.*

fire| rais·er *s Br.* Brandstifter(in). ~ **rais·ing** *s Br.* Brandstiftung *f.* ˈ~**-reˌsist·ing,** ˈ~**-reˌsis·tive** *adj* feuerbeständig. ˈ~**-reˌtard·ant** *adj* feuerhemmend. ~ **safe·ty reg·u·la·tions** *s pl* Feuerschutzbestimmungen *pl.* ~ **screen** *s* Ofenschirm *m.* ~ **ser·vice** *s Br.* Feuerwehr *f.* ~ **ship** *s mar.* Brander *m.* ˈ~**side** *s* **1.** (offener) Kaˈmin: ~ **chat** Plauderei *f* am Kamin. **2.** häuslicher Herd, Daˈheim *n.* ~ **sta·tion** *s* Feuerwache *f.* ˈ~**stone** *s* feuerfester Sandstein. ˈ~**storm** *s* Feuersturm *m.* ~ **sup·port** *s mil.* ˈFeuerschutz *m,* -unterˌstützung *f.* ˈ~**trap** *s* ‚Mausefalle' *f* (*Gebäude, aus dem es im Brandfall kaum ein Entrinnen gibt*). ~ **tube** *s tech.* **1.** ˈHeizkaˌnal *m.* **2.** Flammröhre *f.* **3.** Heiz-, Siederohr *n.* ~ **walk·ing** *s bes. relig.* Laufen *n* über glühende Kohlen. ~ **wall** *s* Brandmauer *f.* ˈ~ˌ**ward·en** *s Am.* **1.** Brandmeister *m.* **2.** Brand-, Feuerwache *f.* ~ **watch·er** *s bes. mil. Br.* Brandwart *m.* ˈ~ˌ**wa·ter** *s colloq.* ‚Feuerwasser' *n* (*Branntwein, Schnaps*). ˈ~**wood** *s* Brennholz *n.* ˈ~**work** *s* **1.** Feuerwerkskörper *m.* **2.** *pl* Feuerwerk *n* (*a. fig.*): **a** ~**s of wit** ein Feuerwerk geistreicher Einfälle. **3.** *pl fig. when his mother heard about it* **there were** ~**s** gab es e-n gehörigen ‚Krach'; *if these two get together* **there will be** ~**s** fliegen die Fetzen. ~ **wor·ship** *s* Feueranbetung *f.*

fir·ing [ˈfaɪərɪŋ] *s* **1.** Feuern *n.* **2.** Heizen *n.* **3.** Feuerung *f.* **4.** ˈBrennmateriˌal *n.* **5.** (Ab)Feuern *n,* (Ab)Schießen *n.* **6.** Zünden *n.* ~ **bolt** *s mil.* Schlagbolzen *m* (*e-r Mine*). ~ **da·ta** *s pl mil.* Schußwerte *pl.* ~ **line** *s mil.* Feuer-, Frontlinie *f*: **to be in** (*Am.* **on**) **the** ~ *fig.* a) an vorderster Front stehen, b) in der Schußlinie stehen. ~ **or·der** *s* **1.** *mot.* Zündfolge *f.* **2.** *mil.* Schießbefehl *m.* ~ **par·ty** *s mil.* **1.** ˈEhrensaˌlutkomˌmando *n.* **2.** Exekutiˈonskomˌmando *n.* ~ **pin** *s tech.* Schlagbolzen *m.* ~ **po·si·tion** *s mil.* **1.** Anschlag(sart *f*) *m.* **2.** *Artillerie*: Feuerstellung *f.* ~ **range** *s mil.* **1.** Schuß-, Reichweite *f.* **2.** Feuerbereich *m.* **3.** Schießplatz *m,* -stand *m,* -anlage *f.* ~ **squad** → **firing party.** ~ **stroke** *s mot.* Arbeitshub *m.* ~ **wire** *s electr.* Zünd-, Sprengkabel *n.*

fir·kin [ˈfɜːkɪn; *Am.* ˈfɜrkən] *s* **1.** (Holz-)Fäßchen *n.* **2.** *Br.* Viertelfaß *n* (*Hohlmaß = etwa 40 l*).

firm[1] [fɜːm; *Am.* fɜrm] **I** *adj* (*adv* ~**ly**) **1.** fest, hart, *gastr.* steif: ~ **ground** fester Boden; ~ **grip** fester Griff. **2.** *bes. tech.* (stand)fest, staˈbil, feststehend, sicher befestigt. **3.** ruhig, sicher: **a** ~ **hand.** **4.** *fig.* fest, beständig, standhaft: ~ **friends** enge Freunde. **5.** entschlossen, bestimmt, fest: **a** ~ **attitude.** **6.** *fig.* stark, fest: **she needs a** ~ **hand.** **7.** *fig.* fest, sicher: ~ **proof.** **8.** *bes. econ. jur.* fest: ~ **offer** festes *od.* bindendes Angebot; ~ **prices** feste *od.* stabile Preise; **to make a** ~ **booking** fest buchen. **II** *v/t* **9.** *a.* ~ **up** fest *od.* hart machen, *gastr.* steif schlagen. **10.** *obs.* bestätigen. **III** *v/i* **11.** *a.* ~ **up** fest *od.* hart werden, sich festigen, *gastr.* steif werden. **12.** *a.* ~ **up** *econ.* anziehen (*Preise*), sich erholen (*Markt*). **IV** *adv* **13.** fest: **to sell** ~; **to stand** ~ *fig.* festbleiben, e-e feste Haltung einnehmen (**on** bezüglich *gen*); **to hold** ~ **to one's beliefs** an s-n Überzeugungen festhalten.

firm[2] [fɜːm; *Am.* fɜrm] *s* Firma *f,* Betrieb *m,* Unterˈnehmen *n*: ~ **of auctioneers** Auktionshaus *n*; ~ **name** Firmenname *m.*

fir·ma·ment [ˈfɜːməmənt; *Am.* ˈfɜr-] *s* Firmaˈment *n,* Himmelsgewölbe *n.*

fir·man [fɜːˈmɑːn; *Am.* ˈfɜr-; fərˈ-] *pl* **-mans** *s hist.* Ferˈman *m* (*Erlaß e-s islamischen Herrschers*).

fir·mer (chis·el) [ˈfɜːmə; *Am.* ˈfɜrmər] *s tech.* Stechbeitel *m.*

ˈfirm·ness *s* **1.** Festigkeit *f,* Beständigkeit *f* (*beide a. tech.*), feste Haltung, Entschlossenheit *f.* **2.** *econ.* Festigkeit *f,* Stabiliˈtät *f.*

fir moss *s bot.* Tannenbärlapp *m.*

ˈfirm·ware *s Computer*: Firmware *f* (*festgespeicherte Standardprogramme*).

firn (snow) [ˈfɪə(r)n] *s* Firn(schnee) *m.*

first [fɜːst; *Am.* fɜrst] **I** *adj* (*adv* → **firstly**) **1.** erst(er, e, es), vorderst(er, e, es): **that's the** ~ **(one) I've heard of it** das ist das erste, was ich davon höre; **at** ~ **hand** a) aus erster Hand, b) direkt; ~ **thing (in the morning)** (morgens) als allererstes; **to put** ~ **things** ~ Dringendem den Vorrang geben; **he does not know the** ~ **thing about it** er hat keine blasse Ahnung davon; → **blush** 7, **place** 19, **sight** 2, **view** 5. **2.** *fig.* erst(er, e, es): a) best(er, e, es), bedeutendst(er, e, es), b) erstklassig, -rangig: ~ **cabin** Kabine *f* erster Klasse; **the** ~ **men in the country** die führenden Persönlichkeiten des Landes; ~ **officer** *mar.* Erster Offizier; → **fiddle** 1.

II *adv* **3.** zuˈerst, vorˈan: **to go** ~ vorangehen; → **foot** 1, **head** *Bes. Redew.*, **heel**[1] *Bes. Redew.* **4.** zum erstenmal. **5.** eher, lieber: → **hang** 9. **6.** *colloq. a.* ~ **off** (zu)ˈerst (einmal): **I must** ~ **do my homework**; ~ **off, let's see where** ... schauen wir doch erst einmal, wo ... **7.** zuˈerst, als erst(er, e, es), an erster Stelle: **to come in** (*od.* **finish**) ~ als erster durchs Ziel gehen, Erster werden; ~ **come,** ~ **served** wer zuerst kommt, mahlt zuerst; ~ **or last** früher oder später, über kurz oder lang; ~ **and last** a) vor allen Dingen, b) im großen ganzen; ~ **of all** vor allen Dingen, zu allererst; → **foremost** 3.

III *s* **8.** (*der, die, das*) Erste *od.* (*fig.*) Beste: **to be** ~ **among equals** Primus inter pares sein. **9.** Anfang *m*: **from the** ~ von Anfang an; **from** ~ **to last** durchweg, von A bis Z; **at** ~ im *od.* am Anfang, anfangs, (zu)erst, zunächst. **10.** *mus.* erste Stimme. **11.** *mot.* (*der*) erste Gang. **12.** (*der*) (Monats)Erste: **the** ~ **of June** der 1. Juni. **13.** ~ **of exchange** *econ.* Primawechsel *m.* **14.** *pl econ.* Ware(n *pl*) *f* erster Qualiˈtät *od.* Wahl, erste Wahl. **15.** *univ. Br.* → **first class** 3. **16.** *colloq. rail.* (*die*) erste Klasse.

first| aid *s* Erste Hilfe: **to render** (*od.* **give**) ~ Erste Hilfe leisten. ˌ~**-ˈaid** *adj* Erste-Hilfe-...: ~ **kit** Verband(s)kasten *m,* -zeug *n*; ~ **post** (*od.* **station**) Unfallstation *f,* Sanitätswache *f*; ~ **room** Sanitätsraum *m.* ˈ~**-born I** *adj* erstgeboren(er, e, es), ältest(er, e, es). **II** *s* (*der, die, das*) Erstgeborene. ~ **cause** *s philos.* Urgrund *m* aller Dinge, Gott *m.* ˌ~**-ˈchop** *adj colloq.* erstklassig, ‚prima'. ~ **class** *s* **1.** *rail. etc* erste Klasse. **2. the** ~ die höheren Gesellschaftsschichten *pl.* **3.** *univ. Br. akademischer Grad erster Klasse.* ˌ~**-ˈclass I** *adj* **1.** erstklassig, -rangig: ~ **honours degree** → **first class** 3; ~ **mail** a) *Am.* Briefpost *f,* b) *Br.* bevorzugt beförderte Inlandspost. **2.** *rail.* (*Wagen etc*) erster Klasse: ~ **carriage.** **II** *adv* **3.** erste(r) Klasse: **to travel** ~. ~ **coat** *s tech.* **1.** Rohputz *m.* **2.** Grundanstrich *m.* ~ **cost** *s* Selbstkosten(preis *m*) *pl,* Gestehungskosten *pl,* Einkaufspreis *m.* ~ **day** *s* Sonntag *m* (*bes. der Quäker*). ˈ~**-day cov·er** *s Philatelie*: Ersttagsbrief *m.* ˌ~**-deˈgree** *adj* ersten Grades: ~ **burns**; → **murder** 1. ~ **es·tate** *s hist.* erster Stand (*Klerus*). ~ **floor** *s* **1.** *Br.* erster Stock. **2.** *Am.* Erdgeschoß *n.* ˌ~**-ˈfloor** *adj* im ersten Stock (*Am.* im Erdgeschoß) (gelegen). ˈ~**-foot** *s irr Scot.* erster Besucher am Neujahrsmorgen. ~ **fruits** *s pl, a.* ~ **fruit** *s* **1.** *bot.* Erstlinge *pl.* **2.** *fig.* a) Erstling *m,* Erstlingswerk(e *pl*) *n,* b) erste Erfolge *pl.* ˈ~**-ˌgen·erˈa·tion** *adj* (*Computer etc*) der ersten Generatiˈon. ˌ~ˈ**hand I** *adj* **1.** (*Wissen etc*) aus erster Hand. **2.** diˈrekt. **II** *adv* **3.** aus erster Hand: **to know** ~. **4.** diˈrekt. ~ **la·dy** *s* First Lady *f*: a) *Gattin e-s Staatsoberhauptes, in den USA a. e-s Gouverneurs,* b) *auf e-m bestimmten Gebiet führende Frau*: **the** ~ **of jazz.** ~ **lieu·ten·ant** *s mil.* Oberleutnant *m.*

first·ling [ˈfɜːstlɪŋ; *Am.* ˈfɜrst-] *s* Erstling *m.*

First Lord| of the Ad·mi·ral·ty *s* Erster Seelord (*brit. Marineminister*). ~ **of the Treas·ur·y** *s* Erster Lord des Schatzamtes (*Ehrenamt des brit. Premiers*).

ˈfirst·ly *adv* erstens, zuˈerst (einmal).

first| me·rid·i·an *s geogr.* ˈNullmeridiˌan *m.* ~ **name** *s* Vorname *m.* ~ **night** *s* **1.** Premiˈere *f,* Uraufführung *f.* **2.** Premiˈerenabend *m.* ˈ~**-night** *adj* Premieren...: ~ **nerves** Premierenfieber *n.* ˌ~**-ˈnight·er** *s* (*bes.* regelmäßiger) Premiˈerenbesucher. ~ **pa·pers** *s pl Am.* (*erster*) *Antrag e-s Ausländers auf amer. Staatsangehörigkeit.* ~ **per·son** *s* **1.** *ling.* erste Perˈson. **2.** Ich-Form *f* (*in Romanen etc*). ~ **prin·ci·ple** *s meist pl* ˈGrundprinˌzip *n.* ˌ~**-ˈrate I** *adj* **1.** erstklassig, -rangig. **2.** *fig.* ausgezeichnet, großartig. **II** *adv* **3.** *colloq.* ausgezeichnet, großartig. ~ **school** *s ped. Br.* Grundschule *f.* **F~ Sea·lord** *s* Chef *m* des brit. Admiˈralstabs. ~ **ser·geant** *s mil. Am.* Haupt-, Kompaˈniefeldwebel *m.* ~ **strike** *s mil.* (atoˈmarer) Erstschlag. ˈ~**-strike** *adj mil.* Erstschlags...: ~ **weapons.** ˈ~**-time** *adj*: ~ **shot** (*Fußball*) Volleyschuß *m*; ~ **voter** Erstwähler(in). ~ **vis·it** *s* Antrittsbesuch *m.*

firth [fɜːθ; *Am.* fɜrθ] *s* Meeresarm *m,* Förde *f.*

fir tree *s* Tanne(nbaum *m*) *f.*

fis·cal [ˈfɪskl] **I** *adj* (*adv* ~**ly**) fisˈkalisch, steuerlich, Fiskal..., Finanz...: ~ **fraud** Steuerhinterziehung *f*; ~ **immunity** Steuerfreiheit *f*; ~ **officer** *Am.* Finanzbeamte(r) *m*; ~ **stamp** Banderole *f,* Steuermarke *f*; ~ **year** a) *Am.* Geschäftsjahr *n*, b) *parl. Am.* Haushalts-, Rechnungsjahr *n*, c) *Br.* Steuerjahr *n*. **II** *s jur. Scot.* Staatsanwalt *m*.

fish [fɪʃ] **I** *pl* ˈ**fish·es,** *bes. collect.* **fish** *s* **1.** Fisch *m*: **there are as good ~ in the sea as ever came out of it** es gibt noch mehr (davon) auf der Welt; **all's ~ that comes to his net** er nimmt (unbesehen) alles (mit); **he drinks like a ~** *colloq.* er säuft wie ein Loch; **he feels like a ~ out of water** *colloq.* er fühlt sich wie ein Fisch auf dem Trockenen; **I have other ~ to fry** *colloq.* ich habe Wichtigeres *od.* Besseres zu tun; **neither ~, nor flesh nor good red herring** *colloq.*, **neither ~ nor fowl** *colloq.* weder Fisch noch Fleisch, nichts Halbes u. nichts Ganzes; **there are plenty more ~ in the sea** *colloq.* es gibt noch mehr Jungen *od.* Mädchen auf der Welt; → **feed** 1, **kettle** 1. **2. F~es** *pl astr.* Fische *pl* (*Sternbild u. Tierkreiszeichen*): **to be (a) F~es** Fisch sein. **3.** *colloq.* Bursche *m*, Kerl *m*: **a loose ~** ein lockerer Vogel; **a queer ~** ein komischer Kauz. **4.** *rail. tech.* Lasche *f*.
II *v/t* **5.** fischen, (*mit der Angel*) angeln. **6.** a) fischen *od.* angeln in (*dat*): **to ~ a river,** b) *e-n Fluß etc* abfischen, absuchen: **to ~ out** (*od.* **dry**) abfischen, leer fischen (→ 7); **to ~ up** *j-n* auffischen, retten. **7.** *fig.* fischen, holen, ziehen (**from, out of** aus): **to ~ out** heraus-, hervorholen *od.* -ziehen (→ 6). **8.** *rail. tech.* verlaschen.
III *v/i* **9.** fischen, Fische fangen, angeln: **to ~ for** fischen *od.* angeln (auf *acc*); **~ or cut bait!** *Am. colloq.* entweder – oder!; → **muddy** 1, **trouble** 6. **10.** *a.* **~ about** (*od.* **around**) kramen (**for** nach): **he ~ed in his pocket. 11. ~ for** *fig.* a) fischen nach: **to ~ for compliments,** b) aussein auf (*acc*): **to ~ for information.**

ˈ**fish·a·ble** *adj* fischbar, zum Fischen geeignet.

fish| and chips *s Br.* Bratfisch *m* u. Pommes ˈfrites. **~ ball** *s gastr.* ˈFischklops *m*, -frikaˌdelle *f*. **~ bas·ket** *s* (Fisch)Reuse *f*. ˈ**~·bed** *s geol.* Schicht *f* mit fosˈsilen Fischen. ˈ**~·bone** *s* (Fisch-)Gräte *f*. **~ bowl** *s* Goldfischglas *n*. **~ cake** *s gastr.* ˈFischklops *m*, -frikaˌdelle *f*. **~ eat·ers** *s pl* Fischbesteck *n*.

fish·er [ˈfɪʃə(r)] *s* **1.** Fischer *m*, Angler *m*. **2.** *zo.* Fischfänger *m*. **3.** *zo.* Fischermarder *m*. ˈ**~·man** [-mən] *s irr* **1.** (*a.* Sport)Fischer *m*, (-)Angler *m*: **~'s story** (*od.* **tale**) a) *pl* Anglerlatein *n*, b) *weitS.* abenteuerliche *od.* erfundene *od.* (stark) übertriebene Geschichte; **to spin ~'s yarns** *colloq.* Seemannsgarn spinnen; **~'s bend** Fischerstek *m*, -knoten *m*. **2.** Fischdampfer *m*.

Fish·er's Seal *s R.C.* Fischerring *m* (*des Papstes*).

fish·er·y [ˈfɪʃərɪ] *s* **1.** Fischeˈrei *f*, Fischfang *m*. **2.** Fischwirtschaft *f*. **3.** Fischzuchtanlage *f*. **4.** Fischgründe *pl*, Fanggebiet *n*, -platz *m*. **5.** *a.* **common of ~** Fischeˈreiberechtigung *f* (*in fremden Gewässern*).

ˈ**fish|-eye (lens)** *s phot.* ˈFischauge(n-objekˌtiv) *n*. **~ farm** *s* Fischzuchtanlage *f*. **~ fin·ger** *s gastr. Br.* Fischstäbchen *n*. **~ flour** *s* Fischmehl *n*. ˈ**~·gig** *s* Fischspeer *m*. **~ glue** *s* Fischleim *m*. **~ gua·no** *s* ˈFischguˌano *m*, -dünger *m*. **~ hawk** *s orn. bes. Am.* Fischadler *m*. ˈ**~·hook** *s* **1.** Angelhaken *m*. **2.** *mar.* Penterhaken *m*.

fish·i·ness [ˈfɪʃɪnɪs] *s* **1.** (*das*) Fischartige. **2.** *colloq.* (*das*) ‚Faule' *od.* Verdächtige.

ˈ**fish·ing** *s* **1.** Fischen *n*, Angeln *n*: **to do some ~** fischen, angeln. **2.** → **fishery** 1, 2, 4. **3.** *rail. tech.* Laschenverbindung *f*. **~ boat** *s* Fischerboot *n*. **~ cut·ter** *s* Fischkutter *m*. **~ fleet** *s* Fischeˈreiflotte *f*. **~ grounds** *s pl* → **fishery** 4. **~ lim·it** *s* Fischeˈreigrenze *f*. **~ line** *s* Angelschnur *f*. **~ net** *s* Fisch(er)netz *n*. **~ pole** *s* Angelrute *f*. **~ port** *s* Fischeˈreihafen *m*. **~ rod** *s* Angelrute *f*. **~ tack·le** *s* Fischeˈrei-, Angelgerät(e *pl*) *n*. **~ vil·lage** *s* Fischerdorf *n*.

fish| joint *s rail. tech.* Laschen-, Stoßverbindung *f*. **~ knife** *s irr* Fischmesser *n*. **~ lad·der** *s* Fischleiter *f*, -paß *m*, -treppe *f*. ˈ**~·line** *s bes. Am.* Angelschnur *f*. **~ maw** *s ichth.* Schwimmblase *f*. **~ meal** *s* Fischmehl *n*. ˈ**~ˌmon·ger** *s bes. Br.* Fischhändler *m*. ˈ**~·net I** *s bes. Am.* Fisch(er)netz *n*. **II** *adj* Netz...: **~ shirt. ~ oil** *s* Fischtran *m*. ˈ**~·plate** *s rail. tech.* (Fuß-, Schienen)Lasche *f*. **~ poi·son·ing** *s* Fischvergiftung *f*. **~ pole** *s bes. Am.* Angelrute *f*. **~ pom·ace** *s* Fischdünger *m*. ˈ**~·pond** *s* Fischteich *m*. ˈ**~·pot** *s* Fischreuse *f*. ˈ**~·skin dis·ease** *s med.* Fischschuppenkrankheit *f*. **~ slice** *s* Fischheber *m*. **~ stick** *s gastr. Am.* Fischstäbchen *n*. **~ sto·ry** *s Am. colloq.* abenteuerliche *od.* erfundene *od.* (stark) überˈtriebene Geschichte. **~ tack·le** *s mar.* Ankertalje *f*. ˈ**~·tail I** *s* **1.** Fischschwanz *m*. **2.** *aer.* Abbremsen *n* (*durch wechselseitige Seitenruderbetätigung*). **II** *adj* **3.** fischschwanzartig: **~ bit** *tech.* Fischschwanzmeißel *m*; **~ burner** *tech.* Fischschwanzbrenner *m*. **III** *v/i* **4.** *aer.* abbremsen. **5.** schwänzeln (*Anhänger etc*). **~ tank** *s* Aˈquarium *n*. ˈ**~·wife** *s irr* Fischhändlerin *f*, -frau *f*: **to scold like a ~** keifen wie ein Fischweib. **~ wire** *s tech.* Rohrdrahtleitung *f*. ˈ**~·worm** *s* Angelwurm *m*.

ˈ**fish·y** *adj* (*adv* **fishily**) **1.** fischähnlich, -artig. **2.** Fisch...: **there's a ~ smell in here** hier riecht es nach Fisch. **3.** fischreich. **4.** *colloq.* ‚faul', verdächtig: **there's s.th. ~ about that** daran ist irgend etwas faul. **5.** ausdruckslos, kalt: **~ eyes** Fischaugen.

fis·sile [ˈfɪsaɪl; *Am. bes.* ˈfɪsəl] *adj* spaltbar: **~ material** *phys.* spaltbares Material, Spaltmaterial *n*.

fis·sion [ˈfɪʃn] **I** *s* **1.** Spaltung *f* (*a. fig.*): **~ bomb** *mil. phys.* Atombombe *f*; **~ capture** *phys.* Spaltungseinfang *m*; **~ product** *phys.* Spaltungsprodukt *n*; **~ of uranium** *phys.* Uranspaltung. **2.** *biol.* (Zell-)Teilung *f*. **II** *v/t u. v/i* **3.** (sich) spalten. **4.** *biol.* (sich) teilen. ˈ**fis·sion·a·ble** → **fissile.**

fis·sip·a·rous [fɪˈsɪpərəs] *adj* (*adv* **~ly**) *zo.* sich durch Teilung vermehrend, fissiˈpar.

fis·si·ped [ˈfɪsɪped] *zo.* **I** *adj* spaltfüßig. **II** *s* Spaltfüßer *m*.

fis·sure [ˈfɪʃə(r)] **I** *s* **1.** Spalt(e *f*) *m*, Riß *m* (*a. fig.*), Ritz(e *f*) *m*, Sprung *m*. **2.** *anat.* (*Bauch-, Lid- etc*)Spalte *f*, (*Gehirn*)Furche *f*. **3.** *med.* Fisˈsur *f*, (*Knochen- etc*)Riß *m*, (-)Spalte *f*: **~ of the lip** Hasenscharte *f*. **4.** *fig.* Spaltung *f*. **II** *v/t* **5.** spalten, sprengen. **III** *v/i* **6.** rissig werden, sich spalten. **7. ~ into** *fig.* sich aufteilen *od.* spalten in (*acc*). ˈ**fis·sured** *adj* **1.** gespalten, rissig (*a. tech.*). **2.** *med.* aufgesprungen, schrundig.

fist [fɪst] **I** *s* **1.** Faust *f*: **~ fight** Schlägerei *f*; **~ law** Faustrecht *n*; **to get one's ~ on s.th.** etwas packen. **2.** *humor.* a) ‚Pfote' *f* (*Hand*), b) ‚Klaue' *f* (*Handschrift*). **3.** *Am. colloq.* Versuch *m* (**at** mit). **II** *v/t* **4.** mit der Faust schlagen. **5. to ~ one's hand** die Hand zur Faust ballen, e-e Faust machen. **6.** packen.

ˈ**fist·ed** *adj* **1.** geballt: **~ hands** geballte Fäuste. **2.** *in Zssgn* mit (e-r) ... Faust *od.* Hand, mit ... Fäusten.

ˈ**fist·ful** *s* (*e-e*) Handvoll.

fist·ic [ˈfɪstɪk] *adj* Box... ˈ**fist·i·cuff** [-kʌf] *s* **1.** Faustschlag *m*. **2.** *pl* Handgreiflichkeiten *pl*: **by ~s** handgreiflich.

fis·tu·la [ˈfɪstjʊlə; *Am.* ˈfɪstʃələ] *pl* **-las, -lae** [-liː] *s* **1.** *med.* Fistel *f*. **2.** *mus.* Rohrflöte *f*. ˈ**fis·tu·lous,** *a.* ˈ**fis·tu·lar** *adj med.* fistelartig.

fit[1] [fɪt] **I** *adj* (*adv* **~ly**) **1.** passend, geeignet. **2.** geeignet, fähig, tauglich: **~ for service** *bes. mil.* dienstfähig, (-)tauglich; **~ for transport** transportfähig; **~ to drink** trinkbar; **~ to eat** eß-, genießbar; **~ to drive** fahrtüchtig; **to laugh (yell) ~ to burst** vor Lachen beinahe platzen (schreien wie am Spieß); **I was ~ to scream** ich hätte schreien können; **~ to kill** *colloq.* wie verrückt; **dressed ~ to kill** *colloq.* ‚mächtig aufgedonnert'; **he was ~ to be tied** *Am. colloq.* er hatte e-e Stinkwut (im Bauch); → **consumption** 5, **drop** 21 a. **3.** angemessen, angebracht: **to see** (*od.* **think**) **~** es für richtig *od.* angebracht halten (**to do** zu tun); **more than (is) ~** über Gebühr. **4.** schicklich, geziemend: **it is not ~ for us to do so** es gehört sich *od.* ziemt sich nicht, daß wir dies tun. **5.** würdig, wert: **a dinner ~ for a king** ein königliches Mahl; **not ~ to be seen** nicht vorzeigbar *od.* präsentabel. **6.** a) gesund, b) *sport etc* fit, (gut) in Form: **to keep ~** sich fit halten; → **fiddle** 1, **flea** 1.
II *s* **7.** a) Paßform *f*, Sitz *m*, b) passendes Kleidungsstück: **it is a perfect ~** es paßt genau, es sitzt tadellos; **it is a tight ~** es sitzt stramm, *fig.* es ist sehr knapp bemessen. **8.** *tech.* Passung *f*, Sitz *m*: **fine (coarse) ~** Fein-(Grob)passung; **sliding ~** Gleitsitz. **9.** Zs.-passen *n*, Überˈeinstimmung *f*.
III *v/t* **10.** passend *od.* geeignet machen (**for** für), anpassen (**to** an *acc*). **11.** *a. tech.* ausrüsten, -statten, einrichten, versehen (**with** mit). **12.** *j-m* passen, sitzen (*Kleid, etc*). **13.** passen für *od.* auf *j-n, e-r Sache* angemessen *od.* angepaßt sein: **the key ~s the lock** der Schlüssel paßt (ins Schloß); **the description ~s him** die Beschreibung trifft auf ihn zu; **the name ~s him** der Name paßt zu ihm; **to ~ the facts** (mit den Tatsachen überˈein)stimmen; **to ~ the occasion** (*Redew.*) dem Anlaß entsprechend. **14.** sich eignen für. **15.** *j-n* befähigen (**for** für; **to do** zu tun). **16.** *j-n* vorbereiten, ausbilden (**for** für). **17.** *tech.* a) einpassen, -bauen (**into** in *acc*), b) anbringen (**to** an *dat*), c) → **fit up** 2. **18.** a) an *j-m* Maß nehmen, b) *Kleid etc* ˈanproˌbieren (**on s.o.** j-m): **to ~ a coat on s.o.** j-m e-n Mantel anpassen.
IV *v/i* **19.** passen: a) die richtige Größe haben, sitzen (*Kleidungsstück*), b) angemessen sein, c) sich eignen: *I didn't say you were a fool,* **but if the cap** (*bes. Am.* **shoe**) **~s (wear it)** aber wenn du meinst *od.* dich angesprochen fühlst(, bitte). **20. ~ into** passen in (*acc*), sich anpassen (*dat*), sich einfügen in (*acc*).
Verbindungen mit Adverbien:
fit| in I *v/t* **1.** einfügen, -schieben, -passen. **2.** *j-m* e-n Terˈmin geben, *j-n, etwas* einschieben. **II** *v/i* **3.** (**with**) passen (in *acc*, zu), überˈeinstimmen (mit). **~ on** *v/t* **1.** *Kleid etc* ˈanproˌbieren. **2.** anbringen, (ˈan)monˌtieren (**to** an *acc*). **~ out** *v/t* → **fit**[1] 11. **~ to·geth·er** *v/t u. v/i* ineinˈanderpassen. **~ up** *v/t* **1.** → **fit**[1] 11. **2.** *tech.* aufstellen, monˈtieren.

fit[2] [fɪt] *s* **1.** *med.* Anfall *m*, Ausbruch *m*: **~ of coughing** Hustenanfall; **~ of anger** (*od.* **temper**) Wutanfall, Zornausbruch;

~ **of laughter** Lachkrampf *m*; ~ **of perspiration** Schweißausbruch; **to give s.o. a** ~ *colloq.* a) j-m e-n Schock ‚verpassen', b) j-n ‚auf die Palme bringen'; **my aunt had a** ~ *colloq.* m-e Tante ‚bekam Zustände'. **2.** *fig.* (plötzliche) Anwandlung *od.* Laune: ~ **of generosity** Anwandlung von Großzügigkeit, ‚Spendierlaune'; **by** (*od.* **in**) ~**s (and starts)** a) stoß-, ruckweise, b) dann u. wann, sporadisch.

fit[3] [fɪt] *s obs.* Fitte *f*, Liedabschnitt *m*.

fitch [fɪtʃ] *s* **1.** Iltishaar(bürste *f*) *n*. **2.** → **fitchew.** **ˈfitch·ew** [-uː], *a.* **ˈfitch·et** [-ɪt] *s zo.* Iltis *m*.

ˈfit·ful *adj* (*adv* ~**ly**) **1.** unruhig: ~ **sleep. 2.** unregelmäßig auftretend, veränderlich, spoˈradisch. **3.** unstet, sprunghaft, launenhaft. **ˈfit·ful·ness** *s* Sprung-, Launenhaftigkeit *f*.

fit·ment [ˈfɪtmənt] *s* **1.** Einrichtungsgegenstand *m*. **2.** *pl* Ausstattung *f*, Einrichtung *f*. **3.** *Am.* (Tropf- *etc*)Vorrichtung *f* (*an Arzneifläschchen etc*). **ˈfit·ness** *s* **1.** Eignung *f*, Fähigkeit *f*, Tauglichkeit *f*: ~ **to drive** Fahrtüchtigkeit *f*; ~ **test** Eignungsprüfung *f* (→ 4). **2.** Angemessenheit *f*. **3.** Schicklichkeit *f*. **4.** a) Gesundheit *f*, b) *sport etc* Fitneß *f*, (gute) Form: ~ **room** Fitneßraum *m*; ~ **test** Fitneßtest *m* (→ 1); ~ **trail** *Am.* Trimmpfad *m*. **ˈfit·ted** *adj* **1.** passend, geeignet. **2.** befähigt (**for** für). **3.** zugeschnitten, nach Maß (gearbeitet): ~ **carpet** Spannteppich *m*, Teppichboden *m*; ~ **coat** taillierter *od.* auf Taille gearbeiteter Mantel; ~ **sheet** Spannbettuch *n*. **4.** Einbau...: ~ **kitchen.** **ˈfit·ter** *s* **1.** Ausrüster *m*, Einrichter *m*. **2.** Schneider(in). **3.** *tech.* Monˈteur *m*, Meˈchaniker *m*, (Maˈschinen-) Schlosser *m*, Installaˈteur *m*. **ˈfit·ting I** *adj* (*adv* ~**ly**) **1.** passend, geeignet. **2.** angemessen. **3.** schicklich. **II** *s* **4.** *tech.* Einpassen *n*, -bauen *n*. **5.** Anprobe *f*: **to go for a** ~ zur Anprobe gehen. **6.** *tech.* Monˈtieren *n*, Monˈtage *f*, Instalˈlieren *n*, Installatiˈon *f*, Aufstellung *f*: ~ **shop** Montagehalle *f*. **7.** *pl* Beschläge *pl*, Zubehör *n*, Armaˈturen *pl*, Ausstattungs-, Ausrüstungsgegenstände *pl*. **8.** *tech.* a) Paßarbeit *f*, b) Paßteil *n*, -stück *n*, c) Bau-, Zubehörteil *n*, d) (Rohr)Verbindung *f*, (-)Muffe *f*, e) (Schmier)Nippel *m*. **9.** a) Zubehörteil *n*: **light** ~ Beleuchtungskörper *m*, b) *pl* Ausstattung *f*, Einrichtung *f*: **office** ~**s. 10.** *Br.* (Kleider-, Schuh)Größe *f*. **ˈfit·ting·ness** *s* **1.** Eignung *f*. **2.** Angemessenheit *f*. **3.** Schicklichkeit *f*.

ˈfit-up *s thea. Br. colloq.* **1.** a) proviˈsorische Bühne, b) proviˈsorische Requiˈsiten *pl*. **2.** *a.* ~ **company** (kleine) Wandertruppe.

five [faɪv] **I** *adj* **1.** fünf. **II** *s* **2.** Fünf *f* (*Zahl, Spielkarte etc*): **the** ~ **of hearts** die Herzfünf; **by** ~**s** immer fünf auf einmal. **3.** *Basketball:* Fünf *f*. **ˈ~-act play** *s thea.* Fünfakter *m*. **ˌ~-and-ˈten** *s Am.* billiger Laden, billiges Kaufhaus. **ˈ~-day week** *s* Fünfˈtagewoche *f*. **ˈ~-ˌdig·it** *adj math.* fünfstellig: ~ **number.** **ˈ~-door** *adj mot.* fünftürig. **ˈ~-ˌfin·ger** *adj*: ~ **bishop** *bot. Br.* Moschuskraut *n*; ~ **exercise** a) *mus.* Fünffingerübung *f*, b) *fig.* Kinderspiel *n*.

five·fold [ˈfaɪvfəʊld] **I** *adj u. adv* fünffach. **II** *s* (*das*) Fünffache.

ˈfive-oˌclock shad·ow *s erste Bartstoppeln am späten Nachmittag.*

fiv·er [ˈfaɪvə(r)] *s colloq.* a) *Br.* Fünfˈpfundschein *m*, b) *Am.* Fünfˈdollarschein *m*.

fives [faɪvz] *s pl* (*als sg konstruiert*) *sport ein dem Squash ähnliches Spiel.*

ˈfive|-ˌseat·er *s mot.* Fünfsitzer *m*. **ˈ~-speed gear** *s tech.* Fünfganggetriebe *n*. **ˈ~-ˌspot** *s Am. sl.* **1.** *Kartenspiel:* Fünf *f* (*Karte*). **2.** Fünfˈdollarschein *m*. **ˈ~-star** *adj* Fünf-Sterne-...: ~ **general**; ~ **hotel.** **ˈ~-year** *adj*: ~ **plan** *econ.* Fünfjahresplan *m*.

fix [fɪks] **I** *v/t* **1.** befestigen, festmachen, anheften, anbringen (**to** an *dat*): → **bayonet** I. **2.** *fig.* verankern: **to** ~ **s.th. in s.o.'s mind** j-m etwas einprägen. **3.** *e-n Preis etc* festsetzen, -legen (**at** auf *acc*), bestimmen, verabreden. **4.** *a.* ~ **up** *e-n Termin etc* festsetzen. **5.** *den Blick, s-e Aufmerksamkeit etc* richten, heften (**upon, on** auf *acc*): **to** ~ **one's gaze on s.o.** j-n anstarren. **6.** *j-s Aufmerksamkeit etc* fesseln. **7.** *j-n, etwas* fiˈxieren, anstarren: **to** ~ **s.o. with an angry stare** j-n wütend anstarren. **8.** *aer. mar.* die Positiˈon bestimmen von (*od. gen*). **9.** *chem. e-e Flüssigkeit* zum Erstarren bringen, fest werden lassen. **10.** *phot.* fiˈxieren. **11.** zur mikroˈskopischen Unterˈsuchung präpaˈrieren. **12.** *tech. Werkstücke* a) feststellen, b) norˈmieren. **13.** *die Schuld etc* zuschieben (**on, upon** *dat*). **14.** repaˈrieren, inˈstand setzen. **15.** *bes. Am. etwas* zuˈrechtmachen, *ein Essen* zubereiten: **to** ~ **s.o. a drink** j-m etwas zu trinken machen; **to** ~ **one's face** sich schminken; **to** ~ **one's hair** sich frisieren. **16.** *a.* ~ **up** arranˈgieren, regeln. **17.** *colloq.* a) *e-n Wettkampf etc* manipuˈlieren, b) *j-n* ‚schmieren' (*bestechen*). **18.** *colloq.* es *j-m* ‚besorgen' *od.* ‚geben', *a.* es *j-m* heimzahlen. **19.** *meist* ~ **up** *j-n* ˈunterbringen (**in** in *dat*): **to** ~ **s.o. up with s.th., to** ~ **s.th. up with s.o.** j-m etwas besorgen. **20.** *meist* ~ **up** a) *e-n Vertrag* abschließen, b) *etwas* in Ordnung bringen, *e-n Streit* beilegen.

II *v/i* **21.** *chem.* fest werden, erstarren. **22.** sich niederlassen *od.* festsetzen. **23.** ~ **(up)on** a) sich entscheiden *od.* entschließen für *od.* zu, wählen (*acc*), b) → 3. **24. we** ~**ed for the meeting to take place on Monday** wir setzten das Treffen auf Montag fest. **25.** *Am. colloq.* vorhaben, planen (**to do** zu tun): **it's** ~**ing to rain** es wird gleich regnen. **26.** *sl.* ‚fixen' (*sich e-e Droge injizieren*).

III *s* **27.** *colloq.* üble Lage, ‚Klemme' *f*, ‚Patsche' *f*: **to be in a** ~ in der Klemme *od.* Patsche sein *od.* sitzen *od.* stecken. **28.** *colloq.* a) abgekartete Sache, Schiebung *f*, b) Bestechung *f*. **29.** *aer. mar.* a) Standort *m*, Positiˈon *f*, b) Ortung *f*. **30.** *sl.* ‚Fix' *m* (*Drogeninjektion*): **to give o.s. a** ~ ‚sich e-n Schuß setzen'.

fix·ate [ˈfɪkseɪt] **I** *v/t* **1.** → **fix** 1. **2.** *bes. Am. j-n, etwas* fiˈxieren. **3.** *fig.* erstarren *od.* staˈgnieren lassen: **to become** ~**d with** verharren bei, hängenbleiben an (*dat*). **4. to be** ~**d on** *psych.* fixiert sein an *od.* auf (*acc*). **II** *v/i* **5.** ~ **(up)on** → 2. **6.** (*in e-m gewissen Stadium*) steckenbleiben, verharren, staˈgnieren. **fixˈa·tion** *s* **1.** Festsetzung *f*, -legung *f*. **2.** *psych.* a) → **fixed idea**, b) (*Mutter- etc*)Bindung *f*, (-)Fiˈxierung *f*: **to have a** ~ **on** → **fixate** 4.

fix·a·tive [ˈfɪksətɪv] *phot.* **I** *s* Fixaˈtiv *n*, Fiˈxiermittel *n*. **II** *adj* Fixier...

fixed [fɪkst] *adj* (*adv* → **fixedly**) **1.** befestigt, festangebracht. **2.** *tech.* fest(eingebaut), ortsfest, statioˈnär, Fest...: ~ **aerial** (*bes. Am.* **antenna**) Festantenne *f*; ~ **gun** *mil.* starres Geschütz; ~ **coupling** starre Kupplung; ~ **landing gear** *aer.* festes Fahrwerk. **3.** *chem.* gebunden, nicht flüchtig: ~ **oil. 4.** unverwandt, starr: ~ **gaze**; **with** ~ **attention** gebannt. **5.** fest, beständig: **of** ~ **purpose** zielstrebig. **6.** fest(gesetzt, -gelegt, -stehend), bestimmt, unveränderlich: ~ **assets** *econ.* feste Anlagen, Anlagevermögen *n*; ~ **capital** *econ.* Anlagekapital *n*; ~ **charges,** ~ **cost** feste Kosten, Fixkosten, gleichbleibende Belastungen; ~ **day** (festgesetzter) Termin; ~ **exchange** *econ.* direkte Notierung (*Devisenkurs*); ~ **income** *econ.* festes Einkommen, feste Einkünfte; ~ **liability** *econ.* feste (langfristige) Verbindlichkeit; ~ **price** fester Preis, Festpreis *m*, *econ. a.* gebundener Preis; ~ **sum** fest(gesetzt)er Betrag, Fixum *n*. **7.** *colloq.* manipuˈliert, abgekartet. **8.** *colloq.* (*gut etc*) versorgt *od.* versehen (**for** mit): **how are you** ~ **for money?** wie steht's bei dir mit Geld? ~ **fo·cus** *s phot.* Fixfokus *m*. ~ **i·de·a** *s psych.* fixe Iˈdee, Zwangsvorstellung *f*, Komˈplex *m*. **ˌ~-ˈin·ter·est(-ˌbear·ing)** *adj econ.* festverzinslich.

fix·ed·ly [ˈfɪksɪdlɪ] *adv* starr, unverwandt. **ˈfix·ed·ness** → **fixity.**

fixed |point *s math.* Fest-, Fixpunkt *m*. **ˈ~-price meal** *s* Meˈnü *n*. ~ **sight** *s mil.* ˈStandviˌsier *n*. ~ **star** *s astr.* Fixstern *m*. **ˈ~-wing air·craft** *s irr aer. mil.* Starrflügler *m*, -flügelflugzeug *n*.

ˈfix·er *s* **1.** *phot.* Fiˈxiermittel *n*. **2.** *colloq.* Manipuˈlator *m*. **3.** *sl.* ‚Dealer' *m* (*Drogenhändler*). **ˈfix·ing** *s* **1.** Befestigen *n*, Anbringen *n*: ~ **agent** Befestigungsmittel *n*; ~ **bolt** Haltebolzen *m*; ~ **screw** Stellschraube *f*. **2.** Reparaˈtur *f*, Inˈstandsetzung *f*. **3.** *phot.* Fiˈxieren *n*: ~ **bath** Fixierbad *n*. **4.** *pl bes. Am.* a) Geräte *pl*, b) Zubehör *n*, c) *gastr.* Beilagen *pl*. **ˈfix·i·ty** *s* Festigkeit *f*, Beständigkeit *f*: ~ **of purpose** Zielstrebigkeit *f*.

fix·ture [ˈfɪkstʃə(r)] *s* **1.** a) feste Anlage, Invenˈtarstück *n*, Installatiˈonsteil *n*: **lighting** ~ Beleuchtungskörper *m*; **to be a** ~ *humor.* zum (lebenden) Inventar gehören (*Person*), b) *jur.* festes Invenˈtar *od.* Zubehör: ~**s and fittings** bewegliche u. unbewegliche Einrichtungsgegenstände. **2.** *tech.* Spannvorrichtung *f*, -futter *n*: **milling** ~ Fräsvorrichtung. **3.** *bes. sport bes. Br.* (Terˈmin *m* für e-e) Veranstaltung *f*.

fiz·gig [ˈfɪzgɪg] *s* **1.** *obs.* flatterhaftes Mädchen, leichtfertiges ‚Ding'. **2.** Schwärmer *m* (*Feuerwerkskörper*). **3.** Fischspeer *m*.

fizz [fɪz] **I** *v/i* **1.** zischen. **2.** sprudeln, mousˈsieren (*Getränk*). **3.** *fig.* sprühen (**with** vor *dat*). **II** *s* **4.** Zischen *n*. **5.** Sprudeln *n*, Mousˈsieren *n*. **6.** a) Sprudel *m*, b) Fizz *m* (*alkoholisches Mischgetränk mit Früchten od. Fruchtsäften*). **7.** *colloq.* ‚Schampus' *m* (*Sekt*). **8.** *fig.* Schwung *m*, ‚Schmiß' *m*.

fiz·zle [ˈfɪzl] **I** *s* **1.** → **fizz** 4. **2.** *colloq.* ‚Pleite' *f*, ˈMißerfolg *m*. **II** *v/i* **3.** → **fizz** 1. **4.** *a.* ~ **out** *fig.* verpuffen, im Sand verlaufen.

fizz·y [ˈfɪzɪ] *adj* **1.** zischend. **2.** sprudelnd, mousˈsierend: ~ **drink** Brause *f*.

fjord → **fiord.**

flab·ber·gast [ˈflæbəgɑːst; *Am.* -bərˌgæst] *v/t colloq.* verblüffen: **I was** ~**ed** ich war platt, mir blieb die Spucke weg.

flab·bi·ness [ˈflæbɪnɪs] *s* **1.** Schlaffheit *f*. **2.** Schwammigkeit *f*. **3.** *fig.* Schwachheit *f*. **ˈflab·by** *adj* (*adv* **flabbily**) **1.** schlaff (*Muskeln etc*). **2.** schwammig (*Person etc*). **3.** *fig.* schwach: ~ **character**; ~ **will.**

fla·bel·late [fləˈbelɪt], **flaˈbel·li·form** [-lɪfɔː(r)m] *adj bot. zo.* fächerförmig, Fächer...

flac·cid [ˈflæksɪd] *adj* (*adv* ~**ly**) → **flabby** 1. **flacˈcid·i·ty, ˈflac·cid·ness** → **flabbiness** 1.

flack[1] [flæk] → **flak.**

flack[2] [flæk] *Am. sl.* **I** *s* ˈPresseaˌgent *m*. **II** *v/i* ~ **for** als ˈPresseaˌgent tätig sein für.

flack·er·y [ˈflækərɪ] *s Am. sl.* ‚Reˈklamerummel' *m*.

fla·con [flakõ] (*Fr.*) *s* Fla'kon *m, n,* Fläschchen *n.*

flag[1] [flæg] **I** *s* **1.** Fahne *f,* Flagge *f*: ~ **of convenience** *mar.* billige Flagge; **to strike** (*od.* **lower**) **one's** ~ die Flagge streichen (*a. fig.*); **to keep the** ~ **flying** *fig.* die Fahne hochhalten; **to show the** ~ *fig.* a) Flagge zeigen, b) sich zeigen, sich sehen lassen. **2.** *mar.* (Admi'rals)Flagge *f*: **to hoist (strike) one's** ~ das Kommando übernehmen (abgeben). **3.** → **flagship. 4.** *sport* (Mar'kierungs)Fähnchen *n.* **5.** a) (Kar'tei)Reiter *m,* b) *allg.* Mar'kierung(szeichen *n*) *f,* c) Lesezeichen *n.* **6.** *orn.* Kielfeder *f* (*des Vogelschwanzes*). **7.** *hunt.* Fahne *f* (*Schwanz e-s Vorstehhundes od. Rehs*). **8.** *print.* Druckvermerk *m,* Im'pressum *n* (*e-r Zeitung*). **9.** *mus.* Fähnchen *n* (*e-r Note*). **10.** *TV* (Licht)Blende *f.* **II** *v/t* **11.** beflaggen. **12.** *sport* Rennstrecke ausflaggen. **13.** *etwas* (mit Flaggen *od.* durch Winkzeichen) signali'sieren: **to** ~ **offside** (*Fußball*) Abseits winken. **14.** a) *oft* ~ **down** *Fahrzeug* anhalten: **to** ~ **down a taxi** ein Taxi herbeiwinken, b) ~ **down** *sport Rennen, Fahrer* abwinken. **15.** *Buchseite etc* mar'kieren.

flag[2] [flæg] *s bot.* a) Gelbe Schwertlilie, b) (*e-e*) blaue Schwertlilie, c) Breitblättriger Rohrkolben.

flag[3] [flæg] *v/i* **1.** schlaff her'abhängen. **2.** *fig.* nachlassen, ermatten, erlahmen (*Interesse etc*). **3.** langweilig werden.

flag[4] [flæg] **I** *s* **1.** (Stein)Platte *f,* (*Fußbodenbelag*) Fliese *f.* **2.** *pl* mit (Stein)Platten belegte Ter'rasse *etc,* mit Fliesen belegter *od.* gefliester Fußboden. **II** *v/t* **3.** mit (Stein)Platten *od.* Fliesen belegen, fliesen.

flag| cap·tain *s* Komman'dant *m* e-s Flaggschiffs. ~ **day** *s* **1.** *Br.* *Tag, an dem auf der Straße kleine Papierfähnchen für wohltätige Zwecke verkauft werden.* **2. Flag Day** *Am.* Jahrestag *m* der Natio'nalflagge (*14. Juni*).

fla·gel·la [flə'dʒelə] *pl von* **flagellum.**

flag·el·lant ['flædʒələnt; flə'dʒelənt] **I** *s relig. bes. hist.* Geißler *m,* Flagel'lant *m* (*a. psych.*). **II** *adj* geißelnd (*a. fig.*): **a** ~ **attack on the opposition party.**

flag·el·late ['flædʒəleɪt] **I** *v/t* **1.** geißeln (*a. fig.*): **to** ~ **the opposition party.** **II** *adj* [-lət] **2.** *zo.* geißelförmig, Geißel... **3.** *bot.* Schößlinge treibend, Schößlings... **III** *s* **4.** *zo.* Geißeltierchen *n.* **ˌflag·el'la·tion** *s* Geißelung *f* (*a. fig.*), *psych.* Flagellati'on *f.*

fla·gel·li·form [flə'dʒelɪfɔː(r)m] *adj bot. zo.* geißel-, peitschenförmig. **fla'gel·lum** [-ləm] *pl* **-la** [-lə], **-lums** *s* **1.** *zo.* Geißel *f,* Fla'gelle *f.* **2.** *bot.* Ausläufer *m,* Schößling *m.*

flag·eo·let[1] [ˌflædʒəʊ'let] *s mus.* Flageo'lett *n*: ~ **tone** *mus. phys.* Flageoletton *m.*

flag·eo·let[2] [ˌflædʒəʊ'let] *s bot. e-e französische grüne Bohne.*

flag·ging[1] ['flægɪŋ] *adj* nachlassend, ermattend, erlahmend (*Interesse etc*).

flag·ging[2] ['flægɪŋ] *s* **1.** *collect.* (Stein-)Platten *pl,* (*Fußbodenbelag*) Fliesen *pl.* **2.** → **flag**[4] 2.

fla·gi·tious [flə'dʒɪʃəs] *adj* (*adv* ~**ly**) **1.** verworfen, verderbt. **2.** ab'scheulich, schändlich.

flag| lieu·ten·ant *s mar.* Flaggleutnant *m.* ~ **of·fi·cer** *s mar.* 'Flaggoffiˌzier *m.*

flag·on ['flægən] *s* **1.** (*bauchige*) (Wein-)Flasche. **2.** (Deckel)Krug *m.*

'flag·pole → **flagstaff.**

fla·gran·cy ['fleɪgrənsɪ] *s* **1.** Schamlosigkeit *f,* Schändlichkeit *f,* Ungeheuerlichkeit *f.* **2.** Kraßheit *f.* **'fla·grant** *adj* (*adv* ~**ly**) **1.** schamlos, schändlich, ungeheuerlich. **2.** ekla'tant, kraß.

'flag|·ship *s* **1.** *mar.* Flaggschiff *n* (*a. fig.*). **2.** *fig.* Aushängeschild *n.* **'~·staff, '~·stick** *s* Fahnenstange *f,* -mast *m,* Flaggenmast *m, mar.* Flaggenstock *m.* ~ **sta·tion** *s rail. Am.* Bedarfshaltestelle *f.* **'~·stone** → **flag**[4]. ~ **stop** *s rail. etc Am.* Bedarfshaltestelle *f.* **'~-ˌwav·er** *s colloq.* Hur'rapatriˌot *m.* **'~-ˌwav·ing** *s colloq.* **I** *s* Hur'rapatrioˌtismus *m.* **II** *adj* hur'rapatriˌotisch.

flail [fleɪl] **I** *s* **1.** *agr.* Dreschflegel *m.* **2.** *mil. hist.* dreschflegelähnliche Waffe, *z. B.* Morgenstern *m.* **II** *v/t* **3.** dreschen. **4.** ‚eindreschen' *od.* wild einschlagen auf *j-n.* **5. to** ~ **one's arms** wild mit den Armen fuchteln. **III** *v/i* **6. to** ~ **away at** → 4.

flair [fleə(r)] *s* **1.** Veranlagung *f*: **to have a** ~ **for art** künstlerisch veranlagt sein; ~ **for languages** Sprachbegabung *f.* **2.** Hang *m,* Neigung *f* (**for** zu). **3.** (feines) Gespür (**for** für). **4.** *colloq.* Ele'ganz *f*: **to dress with** ~ sich modisch *od.* elegant kleiden. **5.** *hunt.* Witterung *f.*

flak [flæk] *s* **1.** *mil.* a) Flak *f,* 'Flugabwehr-, 'Flakartilleˌrie *f,* b) Flakfeuer *n.* **2.** *colloq.* scharfe Kri'tik: **to take** ~ **from** scharf kritisiert werden von. **3.** *colloq.* heftige Ausein'andersetzung: **to run into** ~ zu heftigen Auseinandersetzungen führen.

flake[1] [fleɪk] **I** *s* **1.** (*Schnee-, Seifen-, Hafer- etc*)Flocke *f.* **2.** dünne Schicht, Lage *f,* Blättchen *n*: ~ **white** *paint. tech.* Schieferweiß *n.* **3.** Steinsplitter *m*: ~ **tool** Steinwerkzeug *n.* **4.** (Feuer)Funke *m.* **5.** (*Sortenname für e-e*) gestreifte Gartennelke. **6.** *metall.* Flockenriß *m.* **7.** *Am. sl.* ‚Spinner' *m,* verrückter Kerl. **II** *v/t* **8.** abblättern. **9.** flockig machen. **10.** (wie) mit Flocken bedecken. **11.** *Fisch* zerlegen. **III** *v/i* **12.** *meist* ~ **off** abblättern, sich abschälen. **13.** in Flocken fallen. **14.** flocken. **15.** *metall.* verzundern. **16.** ~ **out** *colloq.* a) ‚einpennen' (*einschlafen*), b) ‚zs.-klappen' (*vor Erschöpfung etc*), c) ‚umkippen' (*ohnmächtig werden*), d) ‚sich dünnmachen' (*verschwinden*).

flake[2] [fleɪk] *s* **1.** *tech.* Trockengestell *n.* **2.** *mar.* Stel'lage *f,* Stelling *f.*

flaked [fleɪkt] *adj* flockig, Blättchen...: ~ **gunpowder** Blättchenpulver *n.*

flak·i·ness ['fleɪkɪnɪs] *s* flockige Beschaffenheit.

flak jack·et *s* kugelsichere Weste.

fla·ko ['fleɪkəʊ] *adj Am. sl.* ‚besoffen', ‚voll'.

flak·y ['fleɪkɪ] *adj* **1.** flockig. **2.** blätterig: ~ **pastry** *gastr.* Blätterteig *m.* **3.** *metall.* zunderig, flockenrissig. **4.** *Am. sl.* verrückt.

flam[1] [flæm] **I** *s* **1.** Schwindel *m,* Betrug *m.* **2.** Unsinn *m.* **II** *v/t u. v/i* **3.** betrügen.

flam[2] [flæm] *s mus.* Flam *m* (*Doppelschlag*).

flam·bé ['flɑːmbeɪ; flɑːm'beɪ] *adj gastr.* flam'biert.

flam·beau ['flæmbəʊ] *pl* **-beaux, -beaus** [-bəʊz] *s* **1.** Fackel *f.* **2.** Leuchter *m.*

flam·boy·ance [flæm'bɔɪəns], **flam'boy·an·cy** [-sɪ] *s* **1.** Extrava'ganz *f.* **2.** über'ladener Schmuck. **3.** Grellheit *f.*

flam'boy·ant I *adj* (*adv* ~**ly**) **1.** *arch.* wellenförmig, flammenähnlich, wellig: ~ **style** Flamboyant-, Flammenstil *m.* **2.** extrava'gant. **3.** grell, leuchtend. **4.** farbenprächtig. **5.** *fig.* flammend. **6.** auffallend. **7.** über'laden (*a. Stil*). **8.** pom'pös, bom'bastisch. **II** *s* **9.** *bot.* Flam'boyant *m.*

flame [fleɪm] **I** *s* **1.** Flamme *f*: **to be in** ~**s** in Flammen stehen. **2.** *fig.* Flamme *f,* Glut *f,* Leidenschaft *f,* Heftigkeit *f.* **3.** *colloq.* ‚Flamme' *f*: **an old** ~ **of mine.** **4.** Leuchten *n,* Glanz *m.* **5.** grelle Färbung. **II** *v/t* **6.** *tech.* flammen. **III** *v/i* **7.** lodern: **to** ~ **up** a) auflodern, b) in Flammen aufgehen. **8.** (rot) glühen, leuchten: **to** ~ **up** aufbrausen, in Wut geraten; **her eyes** ~**d with anger** ihre Augen flammten *od.* funkelten vor Wut; **her cheeks** ~**d red** ihre Wangen färbten sich rot. **'~-ˌcol·o(u)red** *adj* feuerfarben, -rot. ~ **cut·ting** *s tech.* Brennschneiden *n.* ~ **hard·en·ing** *s tech.* Brennhärten *n.*

flame·let ['fleɪmlɪt] *s* Flämmchen *n.*

fla·men·co [flə'meŋkəʊ] *pl* **-cos** *s mus.* Fla'menco *m.*

'flame|·out *s aer.* (*e-s Triebwerks*) a) Aussetzen *n,* b) Ausfall *m.* ~ **pro·jec·tor** → **flamethrower.** **'~·proof I** *adj* **1.** flammensicher, feuerfest, -sicher. **2.** explosi'onsgeschützt. **II** *v/t* **3.** flammensicher machen. **'~-reˌtard·ant** *adj* feuerhemmend. ~ **test** *s tech.* Flammprobe *f.* **'~ˌthrow·er** *s bes. mil.* Flammenwerfer *m.*

flam·ing ['fleɪmɪŋ] **I** *adj* **1.** lodernd, brennend (*a. Sonne*). **2.** a) feuerrot, b) farbenprächtig. **3.** *fig.* a) glühend: ~ **passion,** b) flammend, leidenschaftlich, feurig: **a** ~ **speech. 4.** über'trieben: **a** ~ **tale. 5.** *Br. colloq.* verdammt, verflucht: **you** ~ **idiot!** du Vollidiot! **II** *adv* **6.** ~ **red** flammend rot.

fla·min·go [flə'mɪŋgəʊ] *pl* **-goes, -gos** *s orn.* Fla'mingo *m.*

flam·ma·ble ['flæməbl] → **inflammable.**

flam·y ['fleɪmɪ] *adj* **1.** lodernd. **2.** feuerrot.

flan[1] [flæn] *s* Obst-, Käsekuchen *m.*

flan[2] [flæn] *s tech.* **1.** Münzplatte *f.* **2.** ('Münz)Meˌtall *n.*

Flan·ders pop·py ['flɑːndəz; *Am.* 'flændərz] *s bot.* Klatsch-, Feldmohn *m.*

flâ·ne·rie [flɑnri] (*Fr.*) *s* Fla'nieren *n,* Bummeln *n.* **flâ·neur** [flɑnœr] (*Fr.*) *s* Fla'neur *m,* Bummler *m.*

flange [flændʒ] *tech.* **I** *s* **1.** Flansch *m.* **2.** Spurkranz *m* (*des Rades*). **II** *v/t* **3.** a) *Rohrende etc* flanschen, b) anflanschen (**to** an *acc*): ~**d motor** Flanschmotor *m.* **4.** *Blech* ('um)bördeln. ~ **cou·pling** *s tech.* Flanschkupplung *f.*

flang·ing ['flændʒɪŋ] *s tech.* **1.** Flanschen *n.* **2.** Bördeln *n*: ~ **machine** Bördelmaschine *f.*

flank [flæŋk] **I** *s* **1.** Flanke *f,* Weiche *f* (*e-s Tieres*). **2.** Seite *f* (*e-r Person*). **3.** Seite *f* (*e-s Gebäudes etc*). **4.** *mil.* Flanke *f,* Flügel *m* (*beide a. sport*): **to turn the** ~ **(of)** die Flanke (*gen*) aufrollen. **5.** *tech.* Flanke *f,* Schenkel *m*: ~ **clearance** Flankenspiel *n.* **II** *v/t* **6.** flan'kieren, seitlich stehen von *od.* begrenzen, säumen, um'geben. **7.** *mil.* flan'kieren: a) die Flanke (*gen*) decken, b) *j-m* in die Flanke fallen. **8.** flan'kieren, (seitwärts) um'gehen. **III** *v/i* **9.** angrenzen, (an)stoßen (**on** an *acc*), seitlich liegen. **10.** *mil.* die Flanke *od.* den Flügel bilden.

'flank·ing *adj mil.* Flanken..., Flankierungs...: ~ **fire;** ~ **movement;** ~ **march** Flankenmarsch *m.*

flank| man *s irr mil.* Flügelmann *m.* ~ **vault** *s Turnen:* Flanke *f.*

flan·nel ['flænl] **I** *s* **1.** Fla'nell *m.* **2.** *pl* Kleidung *f* aus Fla'nell, *bes.* (*a.* **pair of** ~**s**) Fla'nellhose *f.* **3.** *pl* Fla'nellˌunterwäsche *f, bes.* (*a.* **pair of** ~**s**) lange Fla'nellˌunterhose. **4.** *Br.* Waschlappen *m.* **5.** *Br. colloq.* ‚Schmus' *m.* **II** *adj* **6.** fla'nellen, Flanell... **III** *v/t pret u. pp* **-neled,** *bes. Br.* **-nelled 7.** in Fla'nell kleiden. **8.** mit e-m Fla'nelltuch (ab)reiben *od.* po'lieren. **IV** *v/i* **9.** *Br. colloq.* ‚Schmus' reden.

flan·nel·ette [ˌflænlˈet] *s* ˈBaumwollflaˌnell *m*. ˈ**flan·nel·ly** *adj* **1.** flaˈnellartig. **2.** dumpf (*Stimme*).

ˈ**flan·nelˌmouthed** *adj Am.* glattzüngig, schmeichlerisch.

flap [flæp] **I** *s* **1.** Flattern *n* (*a. von Segeln etc*), (Flügel)Schlag *m*. **2.** Schlag *m*, Klaps *m*. **3.** a) Patte *f*, Klappe *f* (*an e-r Manteltasche etc*), b) (weiche) (Hut)Krempe. **4.** Klappe *f*, Falltür *f*. **5.** (Verschluß-)Klappe *f* (*e-r Handtasche, e-s Briefumschlags, e-s Ventils etc*), Lasche *f* (*e-s Kartons*): ~ **valve** *tech.* Klappventil *n*. **6.** *aer.* (Lande)Klappe *f*. **7.** Klappe *f* (*e-s Buchumschlags*). **8.** Lasche *f* (*am Schuh*). **9.** (*etwas*) lose Herˈabhängendes, *z.B.* a) Lappen *m*, b) (Tisch)Klappe *f*, c) *med.* (Haut)Lappen *m*: ~ **of the ear** Ohrläppchen *n*. **10.** *colloq.* helle Aufregung: **to be in a** ~ in heller Aufregung sein; **don't get into a** ~, **we'll find it** nur keine Panik, wir werden es schon finden. **II** *v/t* **11.** auf u. ab *od.* hin u. her bewegen, mit *den Flügeln etc* schlagen: **the bird** ~**ped its wings**; **she** ~**ped a newspaper at the fly** sie schlug mit e-r Zeitung nach der Fliege. **12.** *j-m* e-n Schlag *od.* Klaps geben. **13.** werfen: **to** ~ **down** hinwerfen; **to** ~ **the door** die Tür zuwerfen. **III** *v/i* **14.** flattern: **the sails** ~**ped in the wind**. **15.** mit den Flügeln schlagen, flattern: **to** ~ **off** davonflattern. **16.** klatschen, schlagen (**against** gegen). **17.** *colloq.* a) in heller Aufregung sein, b) in helle Aufregung geraten: **don't** ~, **we'll find it** nur keine Panik, wir werden es schon finden. **18.** *Am. colloq.* ‚quasseln'. ˈ~ˌ**doo·dle** *s colloq.* Unsinn *m*, ‚Quatsch' *m*, ‚Mumpitz' *m*. ˈ~-**eared** *adj* schlappohrig. ˈ~-**jack** *s bes. Am.* Pfannkuchen *m*.

flap·pa·ble [ˈflæpəbl] *adj*: **to be** ~ *colloq.* leicht aus der Fassung zu bringen sein.

flap·per [ˈflæpə(r)] *s* **1.** Fliegenklappe *f*, -klatsche *f*. **2.** Klappe *f*; breites, flaches, herˈabhängendes Stück. **3.** *zo.* (breite) Flosse. **4.** *sl.* ‚Flosse' *f* (*Hand*). **5.** (*in den 20er Jahren*) *Mädchen, das sich in Verhalten u. Kleidung über die Konventionen hinwegsetzte.*

flare [fleə(r)] **I** *s* **1.** aufflammendes Licht, plötzlicher Lichtschein. **2.** Flackern *n*, Lodern *n*, Leuchten *n*. **3.** a) Leuchtfeuer *n*, b) ˈLicht-, ˈFeuersiˌgnal *n*. **4.** a) Leuchtkugel *f*, b) *mil.* Leuchtbombe *f*. **5.** *fig.* → **flare-up** 2. **6.** *Mode*: a) Schlag *m*: **with a** ~ ausgestellt (*Rock*), (*Hose a.*) mit Schlag, b) *pl, a.* **pair of** ~**s** *colloq.* ausgestellte Hose, Hose *f* mit Schlag. **7.** *opt.* Streulicht *n*. **8.** *phot.* Reflexiˈonsfleck *m*. **II** *v/t* **9.** *e-e Kerze etc* flackern lassen. **10.** flattern lassen: **the wind** ~**d her skirt**. **11.** zur Schau stellen, protzen mit. **12.** aufflammen lassen. **13.** mit Licht *od.* Feuer signaliˈsieren. **14.** (*meist pp*) *Mode*: ausstellen: ~**d** ausgestellt (*Rock*), (*Hose a.*) mit Schlag. **III** *v/i* **15.** flackern (*Kerze etc*), (*Feuer etc a.*) lodern, (*Licht*) leuchten. **16.** *meist* ~ **up** aufflammen, -flackern, -lodern (*alle a. fig.*), aufleuchten. **17.** *meist* ~ **up**, ~ **out** *fig.* aufbrausen, auffahren: **to** ~ **up at s.o.** j-n anfahren. **18.** *Mode*: ausgestellt sein. **19.** flattern. ~ **an·gle** *s phys.* Erweiterungswinkel *m*. ˈ~**back** *s* **1.** *tech.* Flammenrückschlag *m*. **2.** *fig.* heftige Reaktiˈon, scharfe Antwort. ~ **path** *s aer.* Leuchtpfad *m*. ~ **pis·tol** *s mil.* ˈLeuchtpiˌstole *f*. ~-**up** [ˌ-ˈʌp; ˈ-ʌp] *s* **1.** Aufflackern *n*, -lodern *n*, -flammen *n* (*alle a. fig.*), Aufleuchten *n*. **2.** *fig.* Ausbruch *m*: ~ **of fury** Wutausbruch.

flar·ing [ˈfleərɪŋ] *adj* (*adv* ~**ly**) **1.** flackernd, lodernd, leuchtend. **2.** *fig.* protzig. **3.** *Mode*: ausgestellt (*Rock*), (*Hose a.*) mit Schlag.

fla·ser [ˈflɑːzə(r)] *s geol.* Flaser *f*.

flash [flæʃ] **I** *s* **1.** Aufblitzen *n*, -leuchten *n*, Blitz *m*: **like a** ~ wie der Blitz; ~ **of fire** Feuergarbe *f*; ~ **of hope**; Hoffnungsstrahl *m*; ~ **of lightning** Blitzstrahl *m*; ~ **of wit** Geistesblitz; **to give s.o. a** ~ *mot.* j-n anblinken. **2.** Stichflamme *f*: **a** ~ **in the pan** *fig.* a) e-e ‚Eintagsfliege', b) ein ‚Strohfeuer'. **3.** Augenblick *m*: **in a** ~ im Nu, sofort; **for a** ~ e-n Augenblick lang. **4.** kurzer Blick: **to catch a** ~ **of** e-n Blick erhaschen von. **5.** *Rundfunk etc*: Kurzmeldung *f*. **6.** *mar.* Schleusenwassersturz *m*. **7.** *mil. Br.* (Uniˈform)Abzeichen *n*. **8.** *phot. colloq.* ‚Blitz' *m* (*Blitzlicht*). **9.** *bes. Am. colloq.* Taschenlampe *f*. **10.** *sl.* ‚Flash' *m* (*Augenblick, in dem sich e-e gespritzte Droge mit dem Blut verbindet u. der Rauschzustand eintritt*).

II *v/t* **11.** *a.* ~ **on** aufleuchten *od.* (auf-)blitzen lassen: **he** ~**ed a light in my face** er leuchtete mir plötzlich ins Gesicht; **to** ~ **one's lights** *mot.* die Lichthupe betätigen; **to** ~ **one's lights at s.o.** j-n anblinken; **his eyes** ~**ed fire** *fig.* s-e Augen blitzten *od.* sprühten Feuer. **12.** (*bes.* mit Licht) signaliˈsieren. **13. to** ~ **s.o. a glance** j-m e-n Blick zuwerfen; **she** ~**ed him an angry glance** sie blitzte ihn wütend an. **14.** *colloq.* schnell herˈvorziehen, kurz sehen lassen: **to** ~ **a badge**; **to** ~ **s.th. at s.o.** j-m etwas kurz zeigen. **15.** *colloq.* zur Schau tragen, protzen mit. **16.** *e-e Nachricht* ˈdurchgeben: a) telegraˈphieren, b) funken. **17.** *tech. Glas* überˈfangen, platˈtieren.

III *v/i* **18.** aufflammen, (auf)blitzen. **19.** zucken (*Blitz*). **20.** blinken. **21.** sich blitzartig bewegen, rasen, ‚flitzen', schießen (*a. Wasser*): **to** ~ **by** a) vorbeirasen, b) *fig.* wie im Flug(e) vergehen; **to** ~ **up a tree** blitzschnell auf e-n Baum klettern; **to** ~ **into action** blitzschnell in Aktion treten *od.* handeln; **it** ~**ed into** (*od.* **across, through**) **his mind that** plötzlich schoß es ihm durch den Kopf, daß. **22.** *a.* ~ **out** *fig.* aufbrausen, -fahren: **to** ~ **out against** ‚wettern' auf (*acc*) *od.* über (*acc*) *od.* gegen. **23.** ~ **back** zuˈrückblenden (*in e-m Film, Roman etc*) (**to** auf *acc*). **24.** ~ **on** *Am. sl.* sofort ‚abfahren' auf (*acc*).

IV *adj* **25.** *colloq. für* **flashy**. **26.** *colloq.* a) geschniegelt, ‚aufgedonnert' (*Person*), b) protzig. **27.** falsch, gefälscht, unecht. **28.** *in Zssgn* Schnell... **29.** *colloq.* Unterwelts..., ˈunterweltlich.

ˈ**flash|·back** *s* **1.** Rückblende *f* (*in e-m Film, Roman etc*). **2.** *tech.* Rückschlag *m* der Flamme. **3.** *sl.* ‚Flashˈback' *m* (*einige Wochen nach dem eigentlichen Drogenrausch wiederkehrender Rauschzustand infolge verzögerter Reaktion des Gehirns auf die Droge*). ~ **bar** *s phot.* Blitzleiste *f*. ˈ~**board** *s tech.* Staubrett *n*. ~ **boil·er** *s tech.* Schnellverdampfer *m*. ~ **bomb** *s mil. phot.* Blitzlichtbombe *f*. ~ **bulb** *s phot.* Kolbenblitz *m*, Blitzbirnchen *n*, Blitz(licht)lampe *f*. ~ **burn** *s med.* Lichtblitzverbrennung *f*. ~ **card** *s* **1.** *ped.* Illustratiˈonstafel *f* (*die Schülern kurz gezeigt wird*). **2.** *sport* Wertungstafel *f* (*des Preisrichters*). ~ **cube** *s phot.* Blitzwürfel *m*.

ˈ**flash·er** *s* **1.** *mot.* a) Blinkanlage *f*, b) Blinker *m*. **2.** *Br. colloq.* Exhibitioˈnist *m*.

flash| flood *s* plötzliche Überˈschwemmung. ~ **gun** *s phot.* Blitzleuchte *f*.

flash·i·ness [ˈflæʃɪnɪs] *s* **1.** Prunk *m*, Protzigkeit *f*. **2.** Auffälligkeit *f*. **3.** aufbrausendes Temperaˈment. ˈ**flash·ing** *adj* **1.** aufflammend: ~ **point** *phys.* Flammpunkt *m*. **2.** blinkend: ~ **light** *mar.* Blinkfeuer *n*.

flash| lamp *s phot.* Blitz(licht)lampe *f*. ˈ~**light** *s* **1.** blinkendes Reˈklamelicht. **2.** *mar.* Leuchtfeuer *n*. **3.** *bes. Am.* Taschenlampe *f*. **4.** *phot.* Blitzlicht *n*: ~ **capsule** Kapselblitz *m*; ~ **photograph** Blitzlichtaufnahme *f*; ~ **photography** → **flash photography**. ˈ~ˌ**o·ver** *s electr.* ˈÜberschlag *m*: ~ **voltage** Überschlagspannung *f*. ~ **pho·tog·ra·phy** *s* ˈBlitzlichtfotograˌfie *f*. ~ **point** *s phys.* Flammpunkt *m*. ~ **rang·ing** *s mil.* Lichtmessen *n*. ~ **tube** *s phot.* (Elekˈtronen)Blitzröhre *f*. ~ **weld·ing** *s tech.* ˈWiderstandsabschmelzschweißen *n*.

ˈ**flash·y** *adj* (*adv* **flashily**) **1.** prunkvoll, protzig. **2.** auffallend, auffällig. **3.** aufbrausend: ~ **temper**.

flask [flɑːsk; *Am.* flæsk] *s* **1.** *hist.* Pulverhorn *n*. **2.** Taschenflasche *f*. **3.** Thermosflasche *f*. **4.** *tech.* Kolben *m*, Flasche *f*: **volumetric** ~ Meßkolben *m*. **5.** *tech.* Formkasten *m*.

flat[1] [flæt] **I** *s* **1.** Fläche *f*, Ebene *f*. **2.** flache Seite: ~ **of the hand** Handfläche *f*. **3.** Flachland *n*, Niederung *f*. **4.** Untiefe *f*, Flach *n*. **5.** *mus.* B *n*. **6.** *thea.* Kuˈlisse *f*. **7.** *mot. bes. Am.* Reifenpanne *f*, ‚Plattfuß' *m*. **8.** → **flatboat**. **9.** *tech.* Flacheisen *n*. **10.** → **flatcar**. **11.** *Am.* breitkrempiger Strohhut. **12. the** ~ (*Pferdesport*) *bes. Br.* a) *collect.* (die) Flachrennen *pl*, b) die Flachrennsaison. **13.** *Am.* flacher Fest- *od.* ˈUmzugswagen. **14.** flacher Korb. **15.** *pl* flache Schuhe *pl*, Schuhe mit flachen Absätzen.

II *adj* (*adv* → **flatly**) **16.** flach, eben: ~ **shore** Flachküste *f*; (**as**) ~ **as a pancake** *colloq.* a) völlig flach, b) flach wie ein Bügelbrett (*Mädchen*). **17.** *tech.* Flach...: ~ **anvil** (**chisel, coil, rail, roof, wire,** *etc*). **18.** *Ballistik*: raˈsant (*Flugbahn*). **19.** (aus-, ˈhin)gestreckt, flach am Boden liegend. **20.** ~ **on** eng an (*dat*). **21.** dem Erdboden gleich: **to lay a city** ~ e-e Stadt dem Erdboden gleichmachen. **22.** flach, offen: ~ **hand**. **23.** *mot.* platt (*Autoreifen*). **24.** stumpf, platt: ~ **nose**. **25.** entschieden, kateˈgorisch, glatt: **a** ~ **denial**; **and that's** ~! und damit basta! **26.** a) langweilig, fade, öd(e), b) flach, oberflächlich, baˈnal. **27.** schal, fad(e) (*Bier*), flach (*Wein*). **28.** *econ.* flau, lustlos: ~ **market**. **29.** *econ.* a) einheitlich, Einheits..., b) Pauschal...: ~ **fee** Pauschalgebühr *f*; ~ **sum** Pauschalbetrag *m*, Pauschale *f*; → **flat price, flat rate**. **30.** *paint. phot.* a) konˈtrastarm, b) matt, glanzlos. **31.** flach, dünn: *to say s.th.* **in a** ~ **voice** mit ausdrucksloser Stimme. **32.** *mus.* a) erniedrigt (*Note*), b) mit B-Vorzeichen (*Tonart*). **33.** leer (*Batterie*).

III *adv* **34.** eben, flach: **to fall** ~ a) der Länge nach hinfallen, b) *fig. colloq.* ‚danebengehen', mißglücken, c) *fig. colloq.* ‚durchfallen' (*Theaterstück etc*); → **back**[1] 1. **35.** genau: **in ten seconds** ~. **36.** eindeutig: a) entschieden: **he went** ~ **against the rules** er hat eindeutig gegen die Regeln verstoßen, b) kateˈgorisch: **he told me** ~ **that** ... **37.** *mus.* a) um e-n halben Ton niedriger, b) zu tief: **to sing** ~. **38.** ohne (Berechnung der aufgelaufenen) Zinsen. **39.** *colloq.* völlig: ~ **broke** ‚total pleite'. **40.** ~ **out** *colloq.* auf Hochtouren: **to work** ~ **out**; **my car does 100 miles** ~ **out** mein Auto ‚fährt *od.* macht 100 Meilen Spitze'. **41.** ~ **out** *colloq.* ‚fix u. fertig', ‚total erledigt'.

IV *v/t* **42.** *tech.* flach *od.* eben machen, glätten. **43.** *mus. Am. e-e Note* um e-n halben Ton erniedrigen.

flat[2] [flæt] **I** *s bes. Br.* (Eˈtagen)Wohnung *f*: → **block** 16. **II** *v/i Austral. colloq.* in Wohngemeinschaft leben (**with** mit).

flat| arch *s arch.* Flachbogen *m*. ˈ~-**base rim** *s tech.* Flachbettfelge *f*. ˈ~**boat** *s mar.* Prahm *m*, Flachboot *n*. ˈ~-ˌ**bot-**

tomed boat → flatboat. **'~-ˌbot·tom flask** *s chem.* Stehkolben *m.* **'~ˌcar** *s rail. Am.* Plattformwagen *m.* **'~-ˌchest·ed** *adj* flachbrüstig. **~ cost** *s* Selbstkosten (-preis *m*) *pl.* **'~·foot** *s irr* **1.** *meist pl med.* Plattfuß *m.* **2.** *pl a.* **-foots** *sl.* ‚Bulle' *m* (*Polizist*). **ˌ~'foot·ed** *adj* **1.** *med.* plattfüßig: **to be ~** Plattfüße haben; **to catch s.o. ~** *colloq.* j-n überrumpeln. **2.** *tech.* standfest. **3.** *colloq.* entschieden, kompro'mißlos, ‚eisern'. **4.** *Br. colloq.* ungeschickt, unbeholfen, linkisch. **'~ˌham·mer** *v/t tech.* glatt-, nachhämmern, richten. **'~-ˌhat** *v/i Am. colloq.* **1.** *aer.* gefährlich niedrig fliegen. **2.** ‚angeben'. **'~·head** *s* **1.** *tech.* a) Flachkopf *m* (*Niet*), b) Flachkopfbolzen *m*, c) *a.* **~ screw** Senkschraube *f.* **2.** *Am. sl.* ‚Schafskopf' *m.* **'~-hunt** *v/i bes. Br.* auf Wohnungssuche sein: **to go ~ing** auf Wohnungssuche gehen. **~ hunt·er** *s bes. Br.* Wohnungssuchende(r *m*) *f.* **~ hunt·ing** *s bes. Br.* Wohnungssuche *f.* **'~ˌi·ron** *s* **1.** *tech.* Flacheisen *n.* **2.** Bügel-, Plätteisen *n.*

flat·let ['flætlɪt] *s bes. Br.* Kleinwohnung *f.*

flat·ling ['flætlɪŋ] **I** *adj* **1.** *obs.* mit der flachen Seite (gegeben) (*Schlag etc*). **2.** *fig.* (er)drückend. **II** *adv* **3.** *obs.* flach, der Länge nach. **'flat·lings, 'flat·long** → flatling II. **'flat·ly** *adv* eindeutig, kate'gorisch.

'flat·mate *s bes. Br.* Mitbewohner(in).

'flat·ness *s* **1.** Flach-, Ebenheit *f.* **2.** Entschiedenheit *f.* **3.** Eintönigkeit *f.* **4.** *econ.* Matt-, Flauheit *f*, Lustlosigkeit *f.* **5.** *Ballistik*: Ra'sanz *f.*

'flat|-nosed [-nəʊzd] *adj* stumpf-, plattnasig: (*a.* **pair of**) **~ pliers** *tech.* Flachzange *f.* **~ paint** *s tech.* Grun'dierfarbe *f.* **'~·plate col·lec·tor** *s Sonnenenergie*: 'Flachkolˌlektor *m.* **~ price** *s econ.* Einheits-, Pau'schalpreis *m.* **~ race** *s Pferdesport*: Flachrennen *n.* **~ rate** *s econ.* Pau'schal-, Einheitssatz *m.* **~ search** *s jur.* Haussuchung *f.* **~ sea·son** *s Pferdesport*: 'Flachrennsaiˌson *f.* **~ spring** *s tech.* Blattfeder *f.*

flat·ten ['flætn] **I** *v/t* **1.** eben *od.* flach *od.* glatt machen, (ein)ebnen: **to ~ o.s. against a wall** sich an e-e Mauer drükken. **2.** dem Erdboden gleichmachen. **3. ~ out** *aer. ein Flugzeug* a) (*aus dem Gleitflug*) abfangen, b) (*vor der Landung*) aufrichten. **4.** *colloq.* a) *Boxen*: ‚flachlegen', auf die Bretter schicken, b) *Gegner* niederringen, bezwingen, c) (finanzi'ell) rui'nieren, d) niederdrücken, entmutigen, e) *j-m, e-r Sache* e-n ‚gehörigen' Dämpfer aufsetzen. **5.** *mus. Br. e-e Note* um e-n halben Ton erniedrigen. **6.** *paint. Farben* dämpfen. **7.** *paint. tech.* grun'dieren. **8.** a) *math. tech.* abflachen, abplatten, b) *tech.* ausbeulen. **9.** *tech.* nachhämmern, strekken. **II** *v/i* **10.** *a.* **~ out** flach *od.* eben werden. **11.** *fig.* a) fade werden, b) verflachen, geistlos werden. **12. ~ out** *aer.* ausschweben.

flat·tened ['flætnd] *adj math. tech.* abgeflacht, abgeplattet. **'flat·ten·er** *s tech.* **1.** Strecker *m.* **2.** *metall.* 'Blechrichtmaˌschine *f.* **'flat·ten·ing** *s* **1.** *math. tech.* Abflachung *f*, Abplattung *f.* **2.** *tech.* Strecken *n*: **~ furnace** Streckofen *m.*

flat·ter¹ ['flætə(r)] **I** *v/t* **1.** *j-m* schmeicheln: **to be ~ed** sich geschmeichelt fühlen (**at, by** durch); **they ~ed her on** (*od.* **about**) **her cooking** sie machten ihr Komplimente über ihre Kochkunst; **to ~ s.o. into doing s.th.** j-n so lange umschmeicheln, bis er etwas tut. **2.** *fig. j-m* schmeicheln: **the picture ~s him** das Bild ist geschmeichelt. **3.** wohltun (*dat*), schmeicheln (*dat*): **the breeze ~ed his skin** die Brise streichelte s-e Haut; **it ~ed his vanity** es schmeichelte s-r Eitelkeit. **4. ~ o.s.** sich schmeicheln *od.* einbilden (**that** daß): **I ~ myself that I am a good dancer** ich schmeichle mir, ein guter Tänzer zu sein. **5. ~ o.s.** sich beglückwünschen (**on** zu). **II** *v/i* **6.** schmeicheln, Schmeiche'leien sagen.

flat·ter² ['flætə(r)] *s tech.* **1.** Richt-, Streckhammer *m.* **2.** Plätt-, Streckwalze *f.*

flat·ter·er ['flætərə(r)] *s* Schmeichler(in). **'flat·ter·ing** *adj* (*adv* **~ly**) **1.** schmeichelhaft, schmeichlerisch. **2.** geschmeichelt, schmeichelhaft (**to** für): **~ portrait. 'flat·ter·y** *s* Schmeiche'lei(en *pl*) *f.*

flat·tie ['flæti:] *s Am.* **1.** *colloq.* → flatboat. **2.** → flatfoot 2.

flat tile *s arch.* Biberschwanz *m* (*flacher Dachziegel*).

flat·ting ['flætɪŋ] *s tech.* Strecken *n*: **~ mill** Streckwerk *n.*

flat·tish ['flætɪʃ] *adj* einigermaßen flach *od.* eben.

'flat|·top *s* **1.** *bot.* a) Wollknöterich *m*, b) *Am.* Ver'nonie *f.* **2.** *mar. Am. colloq.* Flugzeugträger *m.* **~ tun·ing** *s electr.* Grobabstimmung *f.*

flat·ty → flattie.

flat·u·lence ['flætjʊləns; *Am.* -tʃə-], *a.* **'flat·u·len·cy** [-sɪ] *s* **1.** *med.* a) Blähung(en *pl*) *f*: **to cause** (*od.* **produce**) **~** blähen, b) Blähsucht *f.* **2.** *fig.* a) Leerheit *f*, Hohlheit *f*, b) Schwülstigkeit *f.* **'flat·u·lent** *adj* (*adv* **~ly**) **1.** *med.* a) blähend, b) blähsüchtig, c) aufgebläht. **2.** *fig.* a) leer, hohl: **~ talk**, b) schwülstig, ‚geschwollen': **~ style.**

fla·tus ['fleɪtəs] *s med.* Blähung *f.*

'flat|ˌware *s Am.* **1.** (Tisch-, Eß)Besteck *n.* **2.** flaches (Eß)Geschirr (*Teller, Untertassen etc*) (*Ggs.* **hollow ware**). **'~·ways,** *Am. a.* **'~ˌwise** *adv* mit der flachen *od.* breiten Seite (nach) vorn *od.* oben, platt, der Länge nach. **'~·work** *s bes. Am.* Mangelwäsche *f.* **'~·worm** *s zo.* Plattwurm *m.*

flaunt [flɔ:nt] **I** *v/t* **1.** zur Schau stellen, protzen mit: **to ~ o.s.** → 3. **2.** *Am. e-n Befehl etc* miß'achten. **II** *v/i* **3.** (her'um)stolˌzieren, para'dieren. **4.** a) stolz wehen, b) prangen. **III** *s* **5.** Zur'schaustellung *f*, Protze'rei *f.* **'flaunt·y** *adj bes. Am.* protzig.

flau·tist ['flɔ:tɪst] *s mus.* Flö'tist(in).

fla·vone ['fleɪvəʊn] *s chem.* Fla'von *n.*

fla·vo·pro·tein [ˌfleɪvəʊ'prəʊti:n; -ti:ɪn] *s chem.* Flavoprote'in *n.*

fla·vor, *bes. Br.* **fla·vour** ['fleɪvə(r)] **I** *s* **1.** (Wohl)Geschmack *m*, A'roma *n*: **six different ~s** sechs verschiedene Geschmacksrichtungen *od.* -sorten; **~ enhancer** Aromazusatz *m*; **~-enhancing** geschmacksverbessernd. **2.** Würze *f*, A'roma *n* (*beide a. fig.*), aro'matischer Geschmacksstoff, ('Würz)Esˌsenz *f.* **3.** *fig.* a) (besondere) Art, b) Beigeschmack *m*, c) Anflug *m.* **II** *v/t* **4.** würzen, schmackhaft machen (*beide a. fig.*), *e-r Sache* Geschmack geben: **chocolate-~ed** mit Schokoladengeschmack. **III** *v/i* **5. ~ of** schmecken nach, *fig. a.* riechen nach. **'fla·vored,** *bes. Br.* **'fla·voured** *adj* schmackhaft, würzig. **'fla·vor·ing,** *bes. Br.* **'fla·vour·ing** → flavor 2. **'fla·vor·less,** *bes. Br.* **'fla·vour·less** *adj* fad(e), schal, ohne Geschmack. **'fla·vor·ous, 'fla·vor·some,** *bes. Br.* **'fla·vour·some** [-səm] → flavored.

flaw¹ [flɔ:] **I** *s* **1.** Fehler *m*: a) Mangel *m*, Makel *m*, b) *econ. tech.* fehlerhafte Stelle, De'fekt *m* (*a. fig.*), Fabrikati'onsfehler *m.* **2.** Sprung *m*, Riß *m*, Bruch *m.* **3.** Blase *f*, Wolke *f* (*im Edelstein*). **4.** *jur.* a) Formfehler *m*, b) Fehler *m* im Recht. **5.** *fig.* schwacher Punkt, Mangel *m.* **II** *v/t* **6.** brüchig *od.* rissig machen, brechen. **7.** Fehler aufzeigen in (*dat*): **his argumentation could not be ~ed** in s-r Argumentation war kein Fehler zu finden. **8.** verunstalten, entstellen: **the scar ~ed her face.** **III** *v/i* **9.** brüchig *od.* rissig werden, brechen.

flaw² [flɔ:] *s* Bö *f*, Windstoß *m.*

'flaw·less *adj* (*adv* **~ly**) fehlerlos, -frei, makellos, tadellos, einwandfrei, (*Edelstein*) lupenrein. **'flaw·less·ness** *s* Fehler-, Makellosigkeit *f.*

flax [flæks] **I** *s* **1.** *bot.* Flachs *m*, Lein (-pflanze *f*) *m.* **2.** Flachs(faser *f*) *m.* **II** *adj* **3.** Flachs... **~ brake, ~ break** *s tech.* Flachsbreche *f.* **~ comb** *s tech.* Flachshechel *f*, -kamm *m.* **~ cot·ton** *s* Flachs(baum)wolle *f*, Halbleinen *n.* **~ dod·der** *s bot.* Flachsseide *f.*

flax·en ['flæksən] *adj* **1.** Flachs... **2.** flachsartig. **3.** flachsen, flachsfarben. **'~-haired** *adj* flachs-, hellblond.

flax| mill *s tech.* Flachsspinne'rei *f.* **'~·seed** *s bot.* Flachs-, Leinsame(n) *m.* **'~·weed** *s bot.* Leinkraut *n.*

flax·y ['flæksɪ] → flaxen.

flay [fleɪ] *v/t* **1.** *ein Tier* abhäuten, *hunt.* abbalgen, *e-m Bock etc* die Decke abziehen: **to ~ s.o. alive** *colloq.* a) ‚kein gutes Haar an j-m lassen', b) j-m ‚gehörig' s-e Meinung sagen; **I'll ~ him alive!** *colloq.* der kriegt was von mir zu hören! **2.** *etwas* schälen. **3.** *j-n* auspeitschen. **4.** *colloq.* a) *j-n* ausplündern, -beuten, b) *j-n* ‚ausnehmen', ‚rupfen' (*beim Spiel etc*).

flea [fli:] **I** *s zo.* Floh *m*: **(as) fit as a ~** kerngesund; **to send s.o. away with a ~ in his ear** *colloq.* j-m ‚heimleuchten'; **I'll put a ~ in his ear, if he comes again!** *colloq.* dem werd' ich was erzählen, wenn er noch einmal kommt! **II** *v/t* flöhen, entflohen. **'~·bag** *s sl.* **1.** a) ‚Flohkiste' *f* (*Bett*), b) Schlafsack *m.* **2.** billiges, drekkiges Ho'tel. **3.** Schlampe *f.* **'~·bane** *s bot.* (*ein*) Flohkraut *n.* **~ bee·tle** *s zo.* (*ein*) Erdfloh *n.* **'~·bite** *s* **1.** Flohbiß *m.* **2.** *fig.* Kleinigkeit *f*, Baga'telle *f.* **'~-ˌbit·ten** *adj* **1.** von Flöhen zerbissen. **2.** rötlich gesprenkelt (*Pferd etc*). **~ cir·cus** *s* Flohzirkus *m.* **~ col·lar** *s* Flohhalsband *n.* **~ louse** *s irr zo.* (*ein*) Blattfloh *m.* **~ mar·ket** *s* Flohmarkt *m.* **'~·pit** *s Br. sl.* billiges, dreckiges Kino *od.* The'ater.

flèche [fleɪʃ] *s* **1.** *arch.* Spitzturm *m.* **2.** *Festungsbau*: Flesche *f*, Pfeilschanze *f.*

fleck [flek] **I** *s* **1.** Fleck(en) *m*, Tupfen *m*: **~ of colo(u)r** Farbtupfer *m.* **2.** a) (Haut-) Fleck *m*, b) Sommersprosse *f.* **3.** a) (*Staub- etc*)Teilchen *n*: **~ of dust**, b) (*Schmutz- etc*)Spritzer *m*: **~ of mud**, c) Flocke *f*: **~ of snow.** **II** *v/t* **4.** → flecker. **'fleck·er** *v/t* sprenkeln, tüpfeln.

flec·tion, *bes. Br.* **flex·ion** ['flekʃn] *s* **1.** Biegen *n*, Beugen *n.* **2.** Biegung *f*, Beugung *f.* **3.** Krümmung *f.* **4.** *ling.* Flexi'on *f*, Beugung *f.* **'flec·tion·al,** *bes. Br.* **'flex·ion·al** [-ʃənl] *adj ling.* Beugungs..., Flexions..., flek'tiert.

fled [fled] *pret u. pp von* flee.

fledge [fledʒ] **I** *v/t* **1.** *e-n Vogel* bis zum Flüggewerden aufziehen. **2.** *bes. e-n Pfeil* befiedern, mit Federn versehen. **II** *v/i* **3.** Federn bekommen, flügge werden (*Vogel*). **fledged** *adj* flügge. **'fledg(e)·ling** [-lɪŋ] *s* **1.** eben flügge gewordener Vogel. **2.** *fig.* Grünschnabel *m*, Anfänger *m.*

flee [fli:] *pret u. pp* **fled** [fled] **I** *v/i* **1.** die Flucht ergreifen, fliehen, flüchten (**before, from** vor *dat*; **from** von, aus; **to** zu, nach): **to ~ from justice** sich der Strafverfolgung entziehen. **2.** sich rasch verflüchtigen *od.* auflösen (*Nebel etc*).

3. eilen: to ~ past rasch vorbeiziehen (*Landschaft etc*). 4. ~ from → 5. **II** *v/t* 5. meiden, aus dem Weg gehen (*dat*). 6. a) fliehen aus: to ~ the town, b) fliehen vor (*dat*): to ~ the enemy (danger, *etc*).

fleece [fliːs] **I** *s* **1.** Vlies *n*, *bes.* Schaffell *n*: → Golden Fleece. **2.** Schur *f*, geschorene Wolle: ~ wool Schurwolle. **3.** dickes (Woll- *od.* Kunstfaser)Gewebe. **4.** (Haar)Pelz *m*. **5.** (*Schnee-, Wolken- etc*)Decke *f*: ~ of snow; cloud ~. **6.** *Am.* Rückenfleisch *n* e-s Büffels. **II** *v/t* **7.** *Schaf etc* scheren. **8.** *colloq.* ‚ausnehmen', ‚rupfen', ‚schröpfen' (of um). **9.** bedecken, überˈziehen. ˈ**fleec·y** *adj* **1.** wollig, weich. **2.** flockig: ~ clouds Schäfchenwolken.

fleet[1] [fliːt] *s* **1.** *mar.* (*bes.* Kriegs)Flotte *f*: ~ admiral *Am.* Großadmiral *m*; F~ Air Arm *Br. hist.* Marineluftwaffe *f*, Flottenfliegerverbände *pl.* **2.** *Gruppe von Fahrzeugen od. Flugzeugen*: ~ of cars Wagenpark *m*; ~ policy Kraftfahrzeugsammel-, Pauschalpolice *f*. **3.** *mar.* (Netz-)Fleet *n*.

fleet[2] [fliːt] **I** *adj* (*adv* ~ly) **1.** schnell, flink, geschwind: ~ of foot schnellfüßig. **2.** *poet.* flüchtig, vergänglich. **II** *v/i* **3.** eilen. **4.** *obs.* daˈhineilen, schnell vergehen. **III** *v/t* **5.** *obs.* sich *die Zeit* vertreiben. **6.** *mar.* verschieben, Positiˈon wechseln lassen.

fleet[3] [fliːt] *s Br. dial.* kleine Bucht.

ˈ**fleet-foot,** ˈ**fleet-ˌfoot·ed** *adj* schnellfüßig.

ˈ**fleet·ing** *adj* (*adv* ~ly) (schnell) daˈhineilend, flüchtig, vergänglich: ~ time; ~ glimpse flüchtiger (An)Blick *od.* Eindruck; ~ target *mil.* Augenblicksziel *n*.

ˈ**fleet·ness** *s* **1.** Schnelligkeit *f*: ~ of foot Schnellfüßigkeit *f*. **2.** Flüchtigkeit *f*, Vergänglichkeit *f*.

Fleet Street *s* Fleet Street *f*: a) *das Londoner Presseviertel*, b) *fig.* die (Londoner) Presse.

Flem·ing [ˈflemɪŋ] *s* Flame *m*.

Flem·ish [ˈflemɪʃ] **I** *s* **1.** *ling.* Flämisch *n*, das Flämische. **2.** the ~ *collect. pl* die Flamen *pl.* **II** *adj* **3.** flämisch.

flench [flentʃ] → flense.

flense [flens] *v/t* **1.** a) *e-n Wal* flensen, aufschneiden (u. den Speck abziehen), b) *den Walspeck* abziehen: flensing deck Flensdeck *n*. **2.** *e-n Seehund* abhäuten.

flesh [fleʃ] **I** *s* **1.** Fleisch *n*: to lose ~ abmagern, abnehmen; to put on ~ Fett ansetzen, zunehmen; in ~ korpulent, dick; there was a lot of ~ to be seen on the stage auf der Bühne gab es viel Fleisch zu sehen; to press (the) ~ *bes. Am. sl.* Hände schütteln; → creep 3. **2.** *obs.* Fleisch *n* (*Nahrungsmittel, Ggs. Fisch*): ~ diet Fleischkost *f*. **3.** Körper *m*, Leib *m*, Fleisch *n*: my own ~ and blood mein eigen Fleisch u. Blut; more than ~ and blood can bear einfach unerträglich; in the ~ a) leibhaftig, höchstpersönlich, b) in natura, in Wirklichkeit; to become one ~ ˈein Leib u. ˈeine Seele werden. **4.** *obs. od. poet.* a) (sündiges) Fleisch, b) Fleischeslust *f*. **5.** Menschengeschlecht *n*, menschliche Naˈtur: after the ~ *Bibl.* nach dem Fleisch, nach Menschenart; to go the way of all ~ den Weg allen Fleisches gehen. **6.** (Frucht-)Fleisch *n*. **II** *v/t* **7.** *e-e Waffe* ins Fleisch bohren. **8.** a) *hunt. e-n Jagdhund* Fleisch kosten lassen, b) *obs. od. poet. j-n* kampfgierig *od.* lüstern machen. **9.** *obs. od poet. j-s Verlangen* befriedigen. **10.** *Tierhaut* ausfleischen. **11.** *meist* ~ out *e-m Roman etc* Subˈstanz verleihen, *e-e Rede etc* anreichern (with mit), *e-e Romanfigur etc* mit Leben erfüllen. **III** *v/i* **12.** *meist* ~ out, ~ up zunehmen, Fett ansetzen.

flesh| col·o(u)r *s* Fleischfarbe *f*. ˈ~-**ˌcol·o(u)red** *adj* fleischfarben. ˈ~-**ˌeat·ing** *adj bot. zo.* fleischfressend.

ˈ**flesh·er** *s* **1.** *Scot.* Fleischer *m*, Metzger *m*. **2.** Ausfleischmesser *n*.

flesh| fly *s zo.* Fleischfliege *f*. ˈ~**hook** *s* **1.** Fleischerhaken *m*, Hängestock *m*. **2.** Fleischgabel *f*. ~ **hoop** *s* Spannreif *m* (*der Trommel*).

flesh·i·ness [ˈfleʃɪnɪs] *s* Fleischigkeit *f*.

ˈ**flesh·ings** [-ɪŋz] *s pl* fleischfarbene Strumpfhose, fleischfarbenes Triˈkot.

ˈ**flesh·li·ness** *s* Fleischlichkeit *f*, Sinnlichkeit *f*. ˈ**flesh·ly** *adj* **1.** fleischlich: a) leiblich, b) sinnlich. **2.** irdisch, menschlich.

ˈ**flesh|-meat** → flesh 2. ˈ~**pot** *s* **1.** Fleischtopf *m*: to long for the ~s of Egypt *fig.* sich nach den Fleischtöpfen Ägyptens zurücksehnen. **2.** *pl* luxuriˈöses u. ausschweifendes Leben. **3.** Amüˈsierbetrieb *m*. ~ **side** *s* Fleisch-, Aasseite *f* (*vom Fell*). ~ **tints** *s pl paint.* Fleischtöne *pl*. ~ **wound** *s med.* Fleischwunde *f*.

ˈ**flesh·y** *adj* **1.** fleischig, korpuˈlent, dick. **2.** fleischig (*a. Früchte etc*), fleischartig.

fletch [fletʃ] *v/t bes. e-n Pfeil* befiedern, mit Federn versehen.

Fletch·er·ism [ˈfletʃərɪzəm] *s* Fletschern *n* (*langsames u. gründliches Kauen, wodurch e-e bessere Ausnutzung der Nahrung erreicht werden soll*).

fleur-de-lis [ˌflɜːdəˈliː; *Am.* ˌflɜr-] *pl* ˌ**fleurs-de-ˈlis** [-ˈliːz] *s* **1.** *her.* Lilie *f*. **2.** *königliches Wappen Frankreichs*. **3.** *bot.* Schwertlilie *f*.

fleu·rette [flʊəˈret; flɜːˈret] *s* kleines ˈBlumenornaˌment.

fleu·ron [ˈflʊərɒn; ˈflɜː-; *Am.* ˈflɜrˌɑn] *s* **1.** *arch. print.* Fleuˈron *m*, ˈBlumenornaˌment *n*. **2.** *gastr.* Fleuˈron *m* (*zur Garnierung von Speisen verwendetes, ungesüßtes Blätterteigstückchen*).

flew [fluː] *pret von* fly[1].

flews [fluːz] *s pl zo.* Lefzen *pl*.

flex[1] [fleks] *bes. anat.* **I** *v/t* biegen, beugen: to ~ one's knees; to ~ one's muscles a) die Muskeln anspannen, b) s-e Muskeln spielen lassen (*a. fig.*). **II** *v/i* sich biegen (lassen). **III** *s* Biegen *n*, Beugen *n*: to give one's muscles a ~ die Muskeln anspannen.

flex[2] [fleks] *s electr. bes. Br.* (Anschluß-, Verlängerungs)Kabel *n*, (-)Schnur *f*.

flex·i·bil·i·ty [ˌfleksəˈbɪlətɪ] *s* **1.** Flexibiliˈtät *f*: a) Biegsamkeit *f*, Elastiziˈtät *f*, b) *fig.* Anpassungsfähigkeit *f*, Beweglichkeit *f*. **2.** *fig.* Lenkbar-, Folgsam-, Fügsamkeit *f*. ˈ**flex·i·ble** *adj* (*adv* flexibly) **1.** fleˈxibel: a) biegsam, eˈlastisch, b) *fig.* anpassungsfähig, beweglich: ~ cable *mot.* biegsame Welle, *electr.* biegsames Kabel; ~ coupling *tech.* Gelenkkupplung *f*; ~ drive shaft *tech.* Kardan(gelenk)welle *f*; ~ gun *mil.* schwenkbare Kanone; ~ metal tube Metallschlauch *m*; ~ policy flexible Politik; ~ response *mil.* abgestufte Verteidigung; ~ shaft *tech.* Gelenkwelle *f*, biegsame Welle; ~ working hours gleitende Arbeitszeit. **2.** *fig.* lenkbar, folgsam, fügsam. ˈ**flex·i·ble·ness** → flexibility. ˈ**flex·ile** [-aɪl; *Am. a.* -əl] → flexible. **flex·ion, flex·ion·al** *bes. Br. für* flection, flectional. ˈ**flex·or** [-sə(r)] *s anat.* Beugemuskel *m*, Beuger *m*: ~ tendon Beugesehne *f*.

flex·u·ose [ˈfleksjʊəʊs; *Am.* -ʃəˌwəʊs], ˈ**flex·u·ous** *adj* **1.** a) kurvenreich, b) sich schlängelnd, sich windend. **2.** *bot. zo.* geschlängelt.

flex·ur·al [ˈflekʃərəl] *adj tech.* Biege...: ~ stress Biegespannung *f*. ˈ**flex·ure** [-ʃə(r)] *s* **1.** Biegen *n*, Beugen *n*. **2.** Biegung *f*, Beugung *f*, Krümmung *f*.

flib·ber·ti·gib·bet [ˌflɪbə(r)tɪˈdʒɪbɪt] *s* dumme, geschwätzige Frau.

flick[1] [flɪk] **I** *s* **1.** leichter Schlag, Klaps *m*. **2.** Knall *m*, Schnalzer *m*. **3.** schnellende Bewegung, Ruck *m*. **4.** Schnipser *m*. **II** *v/t* **5.** leicht schlagen, e-n Klaps geben (*dat*). **6.** schnalzen mit (*Fingern*), (*mit Peitsche a.*) knallen mit. **7.** ruckartig bewegen, *e-n Schalter* an- *od.* ausknipsen: to ~ a knife open ein Messer aufschnappen lassen. **8.** schnippen, schnipsen: he ~ed the ashes from his cigar; to ~ away (*od.* off) wegschnippen. **III** *v/i* **9.** schnellen. **10.** ~ through *ein Buch etc* ˈdurchblättern, überˈfliegen.

flick[2] [flɪk] *s colloq.* a) Film *m*, b) *pl* ‚Kintopp' *m*, *a. n* (*Kino*): at the ~s im Kintopp.

flick·er[1] [ˈflɪkə(r)] **I** *s* **1.** flackerndes Licht. **2.** Flackern *n*: the final ~ of a dying fire das letzte Aufflackern e-s erlöschenden Feuers; a ~ of hope ein Hoffnungsfunke. **3.** Zucken *n*. **4.** *TV* Flimmern *n*. **5.** Flattern *n*. **6.** *bes. Am.* → flick[2]. **II** *v/i* **7.** flackern (*Kerze, Augen etc*): the candle ~ed out die Kerze flackerte noch einmal auf u. erlosch; the hope ~ed within her *that her husband was still alive* in ihr flackerte immer wieder die Hoffnung auf. **8.** zucken (*Schatten, Augenlider etc*): shadows ~ed on the wall. **9.** flimmern (*Fernsehbild*). **10.** flattern (*Vogel*). **11.** huschen (over über *acc*) (*Augen*). **III** *v/t* **12.** flackern lassen: the wind ~ed the candle. **13.** andeuten, signaliˈsieren: he ~ed a warning with a lifted brow.

flick·er[2] [ˈflɪkə(r)] *s orn.* (*ein*) nordamer. Goldspecht *m*.

flick knife *s irr Br.* Schnappmesser *n*.

fli·er [ˈflaɪə(r)] *s* **1.** *etwas, was fliegt, z.B. Vogel, Insekt etc.* **2.** *aer.* Flieger *m*: a) Piˈlot *m*, b) *colloq.* ‚Vogel' *m* (*Flugzeug*). **3.** Flieger *m* (*Trapezkünstler*). **4.** *etwas sehr Schnelles, bes.* a) *Am.* Exˈpreß(zug) *m*, b) *Am.* Schnell(auto)bus *m*. **5.** *tech.* Schwungrad *n*, Flügel *m*. **6.** *arch.* → flight[1] 9 a, b. **7.** Flüchtige(r *m*) *f*. **8.** *colloq.* a) Riesensatz *m*: to take a ~ e-n Riesensatz machen, b) *Am.* risˈkantes Unterˈfangen, *bes. econ.* gewagte Spekulatiˈon: to take a ~ gewagt spekulieren; to take a ~ in politics sich kopfüber in die Politik stürzen. **9.** *Am.* a) Flugblatt *n*, Reˈklamezettel *m*, b) ˈNachtragskataˌlog *m*. **10.** *colloq. für* flying start 2.

flight[1] [flaɪt] **I** *s* **1.** Flug *m*, Fliegen *n*: in ~ im Flug. **2.** *aer.* Flug *m*, Luftreise *f*. **3.** Flug(strecke *f*) *m*. **4.** Schwarm *m* (*Vögel od. Insekten*), Flug *m*, Schar *f* (*Vögel*): in the first ~ *fig.* in vorderster Front. **5.** *aer. mil.* a) Schwarm *m* (*4 Flugzeuge*), b) Kette *f* (*3 Flugzeuge*). **6.** Flug *m*, Daˈhinsausen *n* (*e-s Geschosses etc*). **7.** (*Geschoß-, Pfeil- etc*)Hagel *m*: a ~ of arrows. **8.** (*Gedanken- etc*)Flug *m*, Schwung *m*: soaring ~s of intellect geistige Höhenflüge. **9.** *arch.* a) Treppenlauf *m*, b) geradläufige Treppenflucht, c) Treppe *f*: she lives two ~s up sie wohnt zwei Treppen hoch. **10.** (*Zimmer*)Flucht *f*. **11.** *fig.* Flug *m*, Verfliegen *n*: the ~ of time. **12.** → flight feather. **13.** Steuerfeder *f* (*e-s* [*Wurf*]*Pfeils*). **14.** → flight arrow.

flight[2] [flaɪt] *s* Flucht *f*: in his ~ auf s-r Flucht; to put to ~ in die Flucht schlagen; to take (to) ~ die Flucht ergreifen; ~ of capital *econ.* Kapitalflucht.

flight| ar·row *s* Langbogenpfeil *m*. ~ **at·tend·ant** *s* Flugbegleiter(in). ~ **bag** *s* **1.** *aer.* Reisetasche *f* (*bes. e-e, die unter e-n Flugzeugsitz paßt*). **2.** (*Reise- etc*)

Tasche, auf der der Name e-r Fluggesellschaft aufgedruckt ist. **~cap·i·tal** *s econ.* ˈFluchtgeld *n*, -kapiˌtal *n*. **~ deck** *s* **1.** *mar.* Flugdeck *n (e-s Flugzeugträgers).* **2.** a) *aer.* Cockpit *n*, b) *Raumfahrt*: Besatzungsraum *m*. **~ desk** *s* Flugschalter *m*. **~ en·gi·neer** *s* ˈBordingeniˌeur *m*. **~ feath·er** *s zo.* Schwung-, Flugfeder *f*. **~ for·ma·tion** *s aer.* ˈFlugformatiˌon *f*, fliegender Verband.

flight·i·ness [ˈflaɪtɪnɪs] *s* **1.** Unbeständigkeit *f*, Flatterhaftigkeit *f*. **2.** Koketteˈrie *f*.

flight| in·struc·tor *s* Fluglehrer *m*. **~ in·stru·ment** *s* ˈBord-, ˈFluginstruˌment *n*. **~ lane** *s* Flugschneise *f*.

ˈflight·less *adj orn.* flugunfähig.

flight|lieu·ten·ant *s aer. mil. Br.* (Flieger)Hauptmann *m*. **~ me·chan·ic** *s* ˈBordmeˌchaniker *m*. **~ path** *s* **1.** *aer.* Flugroute *f*. **2.** *Ballistik*: Flugbahn *f*. **~ pay** *s aer. mil. Am.* Fliegerzulage *f*. **~ per·son·nel** *s aer.* fliegendes Persoˈnal. **~ re·cord·er** *s* Flug(daten)schreiber *m*. **~ ser·geant** *s aer. mil. Br.* Oberfeldwebel *m (der Luftwaffe).* **~ sim·u·la·tor** *s* ˈFlugsimuˌlator *m*. **~ strip** *s* behelfsmäßige Start- u. Landebahn, Start- u. Landestreifen *m*. **ˈ~-test** *v/t* im Flug erproben: **~ed** flugerprobt. **~ tick·et** *s* Flugticket *n*, -schein *m*. **ˈ~-ˌworth·y** *adj* **1.** flugtauglich (*Person*). **2.** fluggeeignet (*Gerät*).

ˈflight·y *adj* (*adv* **flightily**) **1.** unbeständig, launisch, flatterhaft. **2.** koˈkett.

flim·flam [ˈflɪmflæm] *colloq.* **I** *s* **1.** Unsinn *m*, ‚Mumpitz' *m*. **2.** Trick *m*, ‚fauler Zauber'. **II** *v/t* **3.** *j-n* ‚reinlegen'.

flim·si·ness [ˈflɪmzɪnɪs] *s* **1.** Dünnheit *f*. **2.** *fig.* Fadenscheinigkeit *f*. **3.** Oberflächlichkeit *f*. **ˈflim·sy I** *adj* (*adv* **flimsily**) **1.** dünn: a) zart, leicht: **~ dress** *contp.* ‚Fähnchen' *n*, b) leichtzerbrechlich, -gebaut: **~ house** ‚windiges' Haus. **2.** *fig.* schwach, dürftig, fadenscheinig: **a ~ excuse**. **3.** oberflächlich: **~ security**. **II** *s* **4.** *pl colloq.* ‚Reizwäsche' *f*, zarte ˈDamenˌunterwäsche. **5.** a) ˈDurchschlagpaˈpier *n*, b) ˈDurchschlag *m*, Koˈpie *f*.

flinch[1] [flɪntʃ] *v/i* **1.** zuˈrückschrecken (**from**, **at** vor *dat*). **2.** (zuˈrück)zucken, zs.-fahren (*vor Schmerz etc*): **without ~ing** ohne mit der Wimper zu zucken.

flinch[2] [flɪntʃ] → **flense**.

flin·ders [ˈflɪndə(r)z] *s pl* Splitter *pl*: **to fly into ~** zersplittern.

fling [flɪŋ] **I** *s* **1.** Wurf *m*: **to give s.th. a ~** etwas wegwerfen; **(at) full ~** mit voller Wucht. **2.** Ausschlagen *n (des Pferdes).* **3. to have one's** (*od.* **a**) **~** sich austoben: a) (*einmalig*) ‚auf den Putz hauen', über die Stränge schlagen, b) (*über e-n längeren Zeitraum*) ‚sich die Hörner abstoßen'. **4.** *colloq.* Versuch *m*: **to have** (*od.* **take**) **a ~ at s.th.** es mit etwas versuchen *od.* probieren. **5.** *fig.* Hieb *m*, Sticheˈlei *f*: **to have** (*od.* **take**) **a ~ at s.o.** gegen j-n sticheln. **6.** *ein lebhafter schottischer Tanz.* **II** *v/t pret u. pp* **flung** [flʌŋ] **7.** *etwas* werfen, schleudern (**at** nach): **to ~ open (to)** *e-e Tür etc* aufreißen (zuschlagen); **she flung him an angry look** sie warf ihm e-n wütenden Blick zu; **to ~ one's arms (a)round s.o.'s neck** j-m die Arme um den Hals werfen; **to ~ o.s. at s.o.** a) sich auf j-n werfen *od.* stürzen, b) *fig.* sich j-m an den Hals werfen; **to ~ o.s. into s.o.'s arms** sich j-m in die Arme werfen (*a. fig.*); **to ~ o.s. into a chair** sich in e-n Sessel werfen; **to ~ o.s. into s.th.** *fig.* sich in *od.* auf e-e Sache stürzen; **to ~ s.o. into prison** j-n ins Gefängnis werfen; → **tooth** 1, **wind**[1] 1. **8.** *poet.* aussenden, -strahlen, -strömen. **9.** a) *e-e Bemerkung etc* herˈaus-, herˈvorstoßen, b) → **fling off** 5. **III** *v/i* **10.** eilen, stürzen (**out of the room** aus dem Zimmer). **11.** *oft* **~ out** ausschlagen (**at** nach) (*Pferd*).

Verbindungen mit Adverbien:

fling| a·way *v/t* **1.** fort-, wegwerfen. **2.** *Zeit, Geld* verschwenden, vergeuden (**[up]on** an *j-n*, für *etwas*). **3.** *Skrupel etc* über Bord werfen. **~ back** *v/t* zuˈrückwerfen: **she flung back her head proudly**. **~ down** *v/t* auf den *od.* zu Boden werfen: **to ~ a challenge to s.o. (to do s.th.)** j-m den Fehdehandschuh hinwerfen (u. ihn auffordern, etwas zu tun); → **gauntlet**[1] 2. **~ off I** *v/t* **1.** *ein Kleidungsstück* abwerfen. **2.** a) *ein Joch etc* abwerfen, abschütteln: **to ~ a yoke; to ~ the chains of marriage** sich aus den Fesseln der Ehe befreien, b) *Skrupel etc* über Bord werfen. **3.** *e-n Verfolger* abschütteln, *e-n Jagdhund* von der Fährte abbringen. **4.** *ein Gedicht etc* schnell ‚ˈhinwerfen', ‚aus dem Ärmel schütteln'. **5.** *e-e Bemerkung* ˈhinwerfen, fallenlassen. **II** *v/i* **6.** daˈvonstürzen. **~ on** *v/t* (sich) *ein Kleidungsstück* ˈüberwerfen. **~ out I** *v/t* **1.** *a. j-n, e-n Beamten etc* hinˈauswerfen. **2.** *Abfall etc* wegwerfen. **3.** → **fling** 9 a. **II** *v/i* **4.** → **fling** 11. **~ up** *v/t* hochwerfen: **to ~ one's arms** (*od.* **hands**) **in horror** entsetzt die Hände über dem Kopf zs.-schlagen.

flint [flɪnt] *s* **1.** *min.* Flint *m*, Feuerstein *m*. **2.** Feuer-, Zündstein *m (e-s Feuerzeugs).* **3.** → **flint glass**. **~ glass** *s tech.* Flintglas *n*.

flint·i·ness [ˈflɪntɪnɪs] *s* Härte *f*, Hartherzigkeit *f*.

ˈflint|·lock *s mil. hist.* Steinschloß(gewehr) *n*. **~ mill** *s* Flintmühle *f*. **~ pa·per** *s tech.* ˈFlintpaˌpier *n*.

ˈflint·y *adj* **1.** aus Feuerstein, Feuerstein... **2.** feuersteinhaltig. **3.** kieselhart. **4.** hart(herzig).

flip[1] [flɪp] **I** *v/t* **1.** schnippen, schnipsen. **2.** schnellen, mit e-m Ruck bewegen: **to ~ (over)** *Pfannkuchen, Schallplatte etc* wenden, *a. Spion* ‚umdrehen'; **to ~ a coin** → 5. **3. to ~ one's lid** (*od.* **top**) *bes. Am. sl.* ‚ausflippen', ‚durchdrehen'. **II** *v/i* **4.** schnippen, schnipsen. **5.** *e-e Münze* hochwerfen (*zum Losen*). **6. ~ through** *ein Buch etc* ˈdurchblättern. **7.** *a.* **~ out** *bes. Am. sl.* ‚ausflippen', ‚ˈdurchdrehen' (**for, over** bei). **III** *s* **8.** Schnipser *m*: **to give s.th. a ~** etwas schnippen *od.* schnipsen. **9.** Ruck *m*. **10.** *sport* Salto *m*. **11.** *Br. colloq.* kurzer Rundflug. **IV** *adj* **12.** *colloq. für* **flippant**.

flip[2] [flɪp] *s* Flip *m (alkoholisches Mischgetränk mit Ei).*

flip-flap [ˈflɪpflæp] → **flip-flop**.

flip-flop [ˈflɪpflɒp; *Am.* -ˌflɑp] **I** *s* **1.** Klappern *n (von Fensterläden etc).* **2.** *Turnen*: Flic(k)flac(k) *m*, Handstandˈüberschlag *m*: **to do a ~** → 7. **3.** *a.* **~ circuit** *electr.* Flipflopschaltung *f*. **4.** ˈZehensanˌdale *f (aus Gummi od. Plastik).* **5.** *fig.* Drehung *f* um hundertˈachtzig Grad: **to do a ~** → 8. **II** *v/i* **6.** klappern, schlagen: **the shutters ~ped in the wind**. **7.** *Turnen*: e-n Flic(k)flac(k) machen. **8.** *fig.* sich um hundertˈachtzig Grad drehen.

flip·pan·cy [ˈflɪpənsɪ] *s* Reˈspektlosigkeit *f*, ‚Schnodd(e)rigkeit' *f*. **ˈflip·pant** *adj* (*adv* **~ly**) reˈspektlos, ‚schnodd(e)rig'.

flip·per [ˈflɪpə(r)] *s* **1.** *zo.* a) (Schwimm-)Flosse *f*, b) Paddel *n (von Seeschildkröten).* **2.** *sport* Schwimmflosse *f*. **3.** *sl.* ‚Flosse' *f (Hand).*

flip·ping [ˈflɪpɪŋ] *adj u. adv Br. sl.* verdammt, verflucht: **~ idiot** ‚Vollidiot' *m*; **~ cold** ‚saukalt'.

flip side *s* B-Seite *f (e-r Single).*

flip switch *s electr.* Kippschalter *m*.

flirt [flɜːt; *Am.* flɜrt] **I** *v/t* **1.** schnippen, schnipsen. **2.** schnell (hin u. her) bewegen, wedeln mit: **to ~ a fan**. **II** *v/i* **3.** herˈumsausen, (*Vögel etc*) herˈumflattern. **4.** flirten (**with** mit) (*a. fig.*): **he was ~ing with left-wing groups; to ~ with death** mit s-m Leben spielen. **5.** *fig.* spielen, liebäugeln (**with** mit): **to ~ with the idea of leaving**. **III** *s* **6.** Schnipser *m*. **7.** a) koˈkette Frau, b) Schäker *m*: **to be a ~** gern flirten. **flirˈta·tion** *s* **1.** Flirten *n*. **2.** Flirt *m*. **3.** *fig.* Spielen *n*, Liebäugeln *n*. **flirˈta·tious** *adj* (gern) flirtend, koˈkett. **flirˈta·tious·ness** *s* koˈkettes Wesen. **ˈflirt·y** → **flirtatious**.

flit [flɪt] **I** *v/i* **1.** flitzen, huschen: **an idea ~ted through his mind** ein Gedanke schoß ihm durch den Kopf. **2.** flattern. **3.** verfliegen (*Zeit*). **4.** *Scot. u. Br. dial.* ˈum-, wegziehen. **5.** *Br. colloq.* bei Nacht u. Nebel (*unter Hinterlassung von Mietschulden*) ausziehen. **II** *s* **6.** Flitzen *n*, Huschen *n*. **7.** Flattern *n*. **8.** *Scot. u. Br. dial.* ˈUmzug *m*. **9.** *a.* **moonlight ~** *Br. colloq.* Auszug *m* bei Nacht u. Nebel: **to do a ~** → 5. **10.** *bes. Am. sl.* ‚Strichjunge' *m*, ‚Stricher' *m*.

flitch [flɪtʃ] **I** *s* **1.** gesalzene *od.* geräucherte Speckseite: **the ~ of Dunmow** *Speckseite, die jedes Jahr in Dunmow, Essex, an Ehepaare verteilt wird, die ein Jahr lang nicht gestritten haben.* **2.** Heilbuttschnitte *f*. **3.** Walspeckstück *n*. **4.** *Zimmerei*: a) Beischale *f*, b) Schwarte *f*, c) Trumm *n*, d) Planke *f*. **II** *v/t* **5.** in Stücke schneiden.

flite [flaɪt] *Scot. u. Br. dial.* **I** *v/t j-n* auszanken (**for** wegen). **II** *s* Zank *m*.

flit·ter·mouse [ˈflɪtə(r)maʊs] *s irr zo. dial.* Fledermaus *f*.

fliv·ver [ˈflɪvər] *Am. sl.* **I** *s* **1.** kleines, billiges Auto. **2.** kleines Priˈvatflugzeug. **3.** *mar.* kleiner Zerstörer. **4.** ‚Pleite' *f (Mißerfolg).* **II** *v/i* **5.** ‚daˈnebengehen'.

float [fləʊt] **I** *v/i* **1.** (auf dem Wasser) schwimmen, (im Wasser) treiben. **2.** *mar.* flott sein *od.* werden. **3.** schweben, ziehen: **fog ~ed across the road** Nebelschwaden zogen über die Straße; **various thoughts ~ed before his mind** *fig.* ihm gingen verschiedene Gedanken durch den Kopf. **4.** ˈumgehen, in ˈUmlauf sein (*Gerücht etc*). **5.** *econ.* ˈumlaufen, in ˈUmlauf sein. **6.** *econ.* gegründet werden (*Gesellschaft*). **7.** in Gang gebracht *od.* gesetzt werden (*Verhandlungen etc*). **8.** *bes. pol.* nicht festgelegt sein. **9.** *Am. colloq.* häufig den Wohnsitz *od.* den Arbeitsplatz wechseln. **10.** (*bes.* ziellos) (herˈum)wandern. **11.** *Weberei*: flotten. **12.** *Leichtathletik*: *Am.* verhalten laufen. **II** *v/t* **13.** a) schwimmen *od.* treiben lassen, b) *Baumstämme* flößen. **14.** a) *mar.* flottmachen, b) *Boot* zu Wasser bringen. **15.** schwemmen, tragen (*Wasser*) (*a. fig.*): **to ~ s.o. into power** j-n an die Macht bringen. **16.** unter Wasser setzen, überˈfluten, -ˈschwemmen (*a. fig.*). **17.** bewässern. **18.** *econ.* a) *Wertpapiere etc* in ˈUmlauf bringen, b) *e-e Anleihe* auflegen, ausgeben, c) *e-e Gesellschaft* gründen. **19.** *econ. e-e Währung* floaten, den Wechselkurs (*gen*) freigeben. **20.** *Verhandlungen etc* in Gang bringen *od.* setzen. **21.** *ein Gerücht etc* in ˈUmlauf setzen.

III *s* **22.** *mar.* a) Floß *n*, b) Prahm *m*, c) schwimmende Landebrücke. **23.** Angel-, Netzkork *m*, Korkschwimmer *m*. **24.** *Am.* Schwimm-, Rettungsgürtel *m*. **25.** *tech.* Schwimmer *m*. **26.** *aer.* Schwimmer *m*. **27.** *ichth.* Schwimmblase *f*. **28.** a) *bes. Br.* niedriger Transˈportwagen (*für schwere Güter*), b) flacher Plattformwagen, *bes.* Festwagen *m* (*bei Umzügen etc*). **29.** → **floatboard. 30.** *meist pl thea.* Rampenlicht *n.* **31.** *tech.* a) einhiebige Feile, b) Reibebrett *n.* **32.** *Br.* Wechselgeld *n* (*bei Geschäftsbeginn*). **33.** *Br.* Schwimm-, Gleitbrett *n.*

ˈ**float·a·ble** *adj* **1.** schwimmfähig. **2.** flößbar (*Fluß etc*).

float·age, float·a·tion *bes. Br. für* **flotage, flotation.**

ˈ**float|·board** *s tech.* (Rad)Schaufel *f.* ~ **bridge** *s* Floßbrücke *f.* ~ **cham·ber** *s tech.* **1.** Schwimmergehäuse *n.* **2.** Flutkammer *f.*

ˈ**float·er** *s* **1.** *j-d, der od. etwas, was auf dem Wasser schwimmt od. im Wasser treibt.* **2.** *Am. colloq.* Wasserleiche *f.* **3.** *Am. colloq.* ‚Zugvogel' *m* (*j-d, der häufig den Wohnsitz od. den Arbeitsplatz wechselt*). **4.** Springer *m* (*in e-m Betrieb*). **5.** *pol.* a) Wechselwähler *m*, b) *Am. Wähler, der s-e Stimme illegal in mehreren Wahlbezirken abgibt.* **6.** *econ.* Gründer *m* (*e-r Gesellschaft*). **7.** *econ. Br.* erstklassiges ˈWertpaˌpier. **8.** *econ. Am.* PauˈschalpoˌIice *f.* **9.** *tech.* Schwimmer *m.* **10.** *Br. sl.* ‚Schnitzer' *m* (*Fehler*).

ˈ**float|-feed** *adj tech.* mit e-r ˈschwimmerreguˌlierten Zuleitung. ~ **glass** *s tech.* Floatglas *n.*

ˈ**float·ing I** *adj* (*adv* ~**ly**) **1.** schwimmend, treibend, Schwimm..., Treib...: ~ **hotel** schwimmendes Hotel. **2.** lose, beweglich. **3.** *econ.* a) ˈumlaufend (*Geld etc*), b) schwebend (*Schuld*), c) flüssig (*Kapital*), d) fleˈxibel (*Wechselkurs*), e) frei konverˈtierbar (*Währung*). **II** *s* **4.** *econ.* Floating *n.* ~ **an·chor** *s mar.* Treibanker *m.* ~ **as·sets** *s pl econ.* flüssige Anlagen *pl od.* Akˈtiva *pl.* ~ **ax·le** *s tech.* Schwingachse *f.* ~ **bat·ter·y** *s electr.* ˈPufferbatteˌrie *f*, ˈNotstrombatteˌrie *f.* ~ **bridge** *s* **1.** Schiffs-, Floß-, Tonnenbrücke *f.* **2.** Kettenfähre *f.* ~ **cap·i·tal** *s econ.* ˈUmlaufvermögen *n.* ~ **car·go** *s econ.* schwimmende Fracht. ~ **charge** *s econ. Br.* schwebende *od.* fließende Belastung am Geˈsamtunterˌnehmen. ~ **crane** *s tech.* Schwimmkran *m.* ~ **dec·i·mal point** → **floating point.** ~ **dock** *s mar.* Schwimmdock *n.* ~ **dredg·er** *s tech.* Schwimmbagger *m.* ~ **dry dock** → **floating dock.** ~ **ice** *s* Treibeis *n.* ~ **is·land** *s* **1.** schwimmende Insel. **2.** *Am. e-e Süßspeise aus Eiercreme u. Schlagsahne.* ~ **kid·ney** *s med.* Wanderniere *f.* ~ **light** *s mar.* **1.** Leuchtboje *f.* **2.** Leuchtschiff *n.* **3.** Warnungslicht *n.* ~ **mine** *s mar. mil.* Treibmine *f.* ~ **point** *s* Fließkomma *n* (*e-s Taschenrechners etc*). ~ **pol·i·cy** *s econ. mar.* PauˈschalpoˌIice *f.* ~ **rib** *s anat.* falsche *od.* kurze Rippe. ~ **trade** *s* Seefrachthandel *m.* ~ **vote** *s collect. pol.* Wechselwähler *pl.* ~ **vot·er** *s pol.* Wechselwähler *m.*

ˈ**float|·plane** *s aer.* Schwimmerflugzeug *n.* ˈ~**·stone** *s* **1.** *min.* Schwimmstein *m.* **2.** *tech.* Reibestein *m.* ~ **switch** *s electr.* Schwimmerschalter *m.* ~ **valve** *s tech.* ˈSchwimmervenˌtil *n.*

floc [flɒk; *Am.* flɑk] *s chem.* Flöckchen *n.*

floc·ci [ˈflɒksaɪ; *Am.* ˈflɑk-] *pl von* **floccus.** ˈ**floc·cose** [-kəʊs] *adj bot. zo.* flockig.

floc·cu·lar [ˈflɒkjʊlə; *Am.* ˈflɑkjələr] *adj* flockig. ˈ**floc·cu·late** [-leɪt] *v/t u. v/i bes. chem.* ausflocken. ˈ**floc·cule** [-juːl] *s* Flöckchen *n.*

floc·cu·lence [ˈflɒkjʊləns; *Am.* ˈflɑk-] *s* flockige *od.* wollige Beschaffenheit. ˈ**floc·cu·lent** *adj* **1.** flockig. **2.** wollig. ˈ**floc·cu·lus** [-ləs] *pl* **-li** [-laɪ] *s* **1.** Flöckchen *n.* **2.** Büschel *n.* **3.** *astr.* (Sonnen-)Flocke *f.* **4.** *anat.* Flocculus *m* (*kleiner Lappen des Kleinhirns*).

floc·cus [ˈflɒkəs; *Am.* ˈflɑ-] *pl* **floc·ci** [ˈflɒksaɪ; *Am.* ˈflɑk-] *s* **1.** Flocke *f.* **2.** *zo.* a) Haarbüschel *n*, b) *orn.* Flaum *m.*

flock[1] [flɒk; *Am.* flɑk] **I** *s* **1.** Herde *f* (*bes. Schafe od. Ziegen*). **2.** Schwarm *m*, *hunt.* Flug *m* (*Vögel*). **3.** Menge *f*, Schar *f*, Haufen *m*: **to come in ~s** in (hellen) Scharen herbeiströmen. **4.** Menge *f* (*Bücher etc*). **5.** *relig.* Herde *f*, Gemeinde *f.* **II** *v/t* **6.** *fig.* strömen: **to ~ to a place** zu e-m Ort (hin)strömen; **to ~ to s.o.** j-m zuströmen, in Scharen zu j-m kommen; **to ~ together** zs.-strömen, sich versammeln.

flock[2] [flɒk; *Am.* flɑk] *s* **1.** (Woll)Flocke *f.* **2.** (Haar)Büschel *n.* **3.** *a. pl* a) Wollabfall *m*, (zerkleinerte) Stoffreste *pl* (*als Polstermaterial*), b) Wollpulver *n* (*für Tapeten etc*). **4.** *a. pl chem.* flockiger Niederschlag.

flock print·ing *s Textilwesen*: Flockdruck *m*, -print *m.*

floe [fləʊ] *s* **1.** Treibeis *n.* **2.** Eisscholle *f.*

flog [flɒg; *Am.* flɑg] **I** *v/t* **1.** prügeln, schlagen: **to ~ a dead horse** *fig.* a) offene Türen einrennen, b) s-e Zeit verschwenden; **to ~ s.th. to death** *fig.* etwas zu Tode reiten. **2.** auspeitschen. **3.** antreiben: **to ~ along** vorwärtstreiben. **4.** *bes. Br.* **to ~ s.th. into s.o.** j-m etwas einbleuen; **to ~ s.th. out of s.o.** j-m etwas austreiben. **5.** *Br. colloq. bes. etwas Gebrauchtes, Diebesbeute* ‚verkloppen', ‚verscheuern'. **II** *v/i* **6.** (hin u. her) schlagen: **the awnings were ~ging in the wind.** ˈ**flog·ging** *s* **1.** Tracht *f* Prügel. **2.** Auspeitschen *n.* **3.** *jur.* Prügelstrafe *f.*

flong [flɒŋ; *Am.* flɑŋ] *s* **1.** *print.* MaˈtrizenpaˌPier *n.* **2.** *Journalismus*: *sl.* weniger wichtiges Materiˈal.

flood [flʌd] **I** *s* **1.** Flut *f*, strömende Wassermasse. **2.** Überˈschwemmung *f* (*a. fig.*), Hochwasser *n*: **the F~** *Bibl.* die Sintflut. **3.** Flut *f* (*Ggs. Ebbe*): **on the ~** mit der Flut, bei Flut. **4.** *poet.* Flut *f*, Fluten *pl* (*See, Strom etc*). **5.** *fig.* Flut *f*, Strom *m*, Schwall *m*: **~s of ink** Tintenströme; **a ~ of letters** e-e Flut von Briefen; **a ~ of tears** ein Tränenstrom; **a ~ of words** ein Wortschwall. **II** *v/t* **6.** überˈschwemmen, -ˈfluten (*beide a. fig.*): **to be ~ed under** unter Wasser stehen; **to ~ the market** *econ.* den Markt überschwemmen; **to be ~ed out with letters** mit Briefen überschwemmt werden. **7.** unter Wasser setzen. **8. to be ~ed out** durch e-e Überschwemmung obdachlos werden. **9.** *mar.* fluten. **10. to ~ the carburet(t)or** (*od.* **engine**) *mot.* den Motor ‚absaufen' lassen. **11.** *e-n Fluß etc* anschwellen *od.* über die Ufer treten lassen (*Regen etc*). **12.** mit Licht überˈfluten. **13.** *fig.* strömen in (*acc*), sich ergießen über (*acc*). **III** *v/i* **14.** *a. fig.* fluten, strömen, sich ergießen: **to ~ in** hereinströmen. **15.** (*Fluß etc*) a) anschwellen, b) über die Ufer treten. **16.** ˈüberfließen, -laufen (*Bad etc*). **17.** überˈschwemmt werden. **18.** *med.* an Gebärmutterblutung(en) *od.* ˈübermäßiger Monatsblutung leiden.

ˈ**flood|·cock** *s mar.* ˈFlutvenˌtil *n.* ~ **con·trol** *s* Hochwasserschutz *m.* ~ **dis·as·ter** *s* ˈHochwasser-, ˈFlutkataˌstrophe *f.* ˈ~**·gate** *s tech.* Schleusentor *n*: **to open the ~s to** (*od.* **for**) *fig.* Tür u. Tor öffnen (*dat*).

ˈ**flood·ing** *s* **1.** ˈÜberfließen *n*, -laufen *n.* **2.** Überˈschwemmung *f*, -ˈflutung *f.* **3.** *med.* a) Gebärmutterblutung(en *pl*) *f*, b) ˈübermäßige Monatsblutung.

ˈ**flood|·light I** *s* **1.** Scheinwerfer-, Flutlicht *n*: **by ~** unter Flutlicht. **2.** *a.* **~ projector** Scheinwerfer *m*: **under ~s** bei Flutlicht. **II** *v/t irr* **3.** (mit Scheinwerfern) beleuchten *od.* anstrahlen: **floodlit** in Flutlicht getaucht; **floodlit match** *sport* Flutlichtspiel *n.* ˈ~**·mark** *s* Hochwasserstandszeichen *n.* ~ **tide** *s* Flut (-zeit) *f.*

floo·ey [ˈfluːɪ] *adj*: **to go ~** *Am. sl.* ‚schief-, danebengehen'.

floor [flɔː(r); *Am. a.* ˈfləʊər] **I** *s* **1.** (Fuß-)Boden *m*: → **mop**[1] 6, **wipe** 5. **2.** Tanzfläche *f*: **to take the ~** auf die Tanzfläche gehen (→ 9 b). **3.** Grund *m*, (*Meeres-etc*)Boden *m*, (*Graben-, Fluß-, Tal- etc*) Sohle *f*: **~ of a valley**; **~ of the pelvis** *anat.* Beckenboden. **4.** *Bergbau*: (Strekken)Sohle *f.* **5.** *tech.* Plattform *f*: **~ of a bridge** Fahrbahn *f*, Brückenbelag *m.* **6.** *sport Am.* Spielfläche *f*, -feld *n* (*in der Halle*). **7.** (Scheunen-, Dresch)Tenne *f.* **8.** Stock(werk *n*) *m*, Geschoß *n*: → **first** (*etc*) **floor. 9.** *parl.* a) *Br. a.* **~ of the House** Sitzungs-, Pleˈnarsaal *m*: **to cross the ~** zur Gegenpartei übergehen, b) (*das*) Wort (*das Recht zu sprechen*): **to admit s.o. to the ~** j-m das Wort erteilen; **to claim the ~** sich zu Wort melden; **to get (have, hold** *od.* **occupy) the ~** das Wort erhalten (haben); **to order s.o. to relinquish the ~** j-m das Wort entziehen; **to take the ~** das Wort ergreifen (→ 1). **10.** *econ.* Börsensaal *m*: → **floor broker (trader). 11.** *econ.* Minimum *n*: **a price ~; a wage ~; cost ~** Mindestkosten *pl.* **II** *v/t* **12.** e-n (Fuß-)Boden legen in (*dat*). **13.** zu Boden schlagen, (*Boxen a.*) auf die Bretter schicken, (*Fußball*) ‚legen'. **14.** *colloq.* a) *j-n* ‚ˈumhauen', *j-m* die Sprache verschlagen: **~ed** ‚baff', ‚platt', sprachlos, b) *j-n* ‚schaffen': **that problem really ~ed me; to be ~ed by two examination questions** mit zwei Prüfungsfragen überhaupt nicht zurechtkommen. **15.** *sport Am. e-n Spieler* aufs Feld schicken. **16.** *Am. das Gaspedal etc* (bis zum Anschlag) ˈdurchtreten.

ˈ**floor·age** → **floor space.**

ˈ**floor|·board** *s* (Fußboden)Diele *f.* ~ **bro·ker** *s econ. Am. Börsenhändler, der im Kundenauftrag Geschäfte tätigt.* ˈ~**·cloth** *s* Scheuerlappen *m*, -tuch *n.* ~ **cov·er·ing** *s* Fußbodenbelag *m.*

ˈ**floor·er** *s* **1.** *tech.* Fußboden-, *bes.* Parˈkettleger *m.* **2.** Schlag, der j-n zu Boden streckt. **3.** *colloq. etwas, was j-n ‚umhaut' od. ‚schafft'*: **the news was a real ~** die Nachricht hat mich umgehauen.

floor ex·er·cis·es *s pl sport* Bodenturnen *n.*

ˈ**floor·ing** *s* **1.** (Fuß)Boden *m.* **2.** Fußbodenbelag *m.* ~ **tile** → **floor tile.**

floor| lamp *s* Stehlampe *f.* ~ **lead·er** *s parl. Am.* Fraktiˈonsführer *m.* ~ **man·ag·er** *s* **1.** Abˈteilungsleiter *m* (*in e-m Kaufhaus*). **2.** *pol. Am.* Geschäftsführer *m* (*e-r Partei*). **3.** *TV* Aufnahmeleiter *m.* ~ **plan** *s* **1.** *tech.* Grundriß *m* (*e-s Stockwerks*). **2.** Raumverteilungsplan *m* (*bei e-r Messe etc*). ~ **pol·ish** *s* Bohnerwachs *n.* ~ **pol·ish·er** *s* ˈBohnermaˌschine *f.* ~ **show** *s* Varieˈtévorstellung *f* (*in e-m Nachtklub etc*). ~ **space** *s* Bodenfläche *f.* ~**-ˈthrough** *s Am. Wohnung, die sich über ein ganzes Stockwerk erstreckt.* ~ **tile** *s* Fußbodenfliese *f*, -platte *f.* ~ **trad·er** *s Am. Börsenhändler, der auf eigene Rechnung Geschäfte tätigt.* ~ **wait·er** *s* Eˈtagenkellner *m.* ˈ~**,walk·er** *s* (aufsichtführender) Abˈteilungsleiter (*in e-m Kaufhaus*). ~ **vase** *s* Bodenvase *f.* ~ **wax** *s* Bohnerwachs *n.*

floo·zie [ˈfluːziː] *s Am. sl.* ‚Flittchen' *n.*

flop [flɒp; *Am.* flɑp] **I** *v/i* **1.** (ˈhin-, nieder)plumpsen. **2.** sich plumpsen(d fallen) lassen (**into** *in acc*). **3.** hin u. her *od.* auf u. nieder schlagen. **4.** lose hin u. her schwingen, flattern. **5.** (hilflos) zappeln.

6. *oft* ~ **over** *Am.* ˈumschwenken (**to** zu *e-r anderen Partei etc*). 7. *colloq.* a) ‚ˈdurchfallen' (*Prüfling, Theaterstück etc*), b) *allg.* ‚daˈnebengehen', e-e ‚Pleite' *od.* ein ‚Reinfall' sein. 8. *Am. sl.* ‚sich in die Falle hauen' (*schlafen gehen*). **II** *v/t* 9. (ˈhin-, nieder)plumpsen lassen, ˈhinwerfen. **III** *s* 10. (ˈHin-, Nieder)Plumpsen *n*. 11. Plumps *m*. 12. *Am.* ˈUmschwenken *n*. 13. *colloq.* a) *thea. etc* ‚Flop' *m*, ‚ˈDurchfall' *m*, ˈMißerfolg *m*, b) ‚Reinfall' *m*, ‚Pleite' *f*, c) ‚Versager' *m*, ‚Niete' *f* (*Person*). 14. *Am. sl.* a) Schlafplatz *m*, -stelle *f*, b) → **flophouse**. **IV** *adv* 15. plumpsend, mit e-m Plumps. **V** *interj* 16. plumps.

ˈflopˌhouse *s Am. sl.* ‚Penne' *f* (*billige Pension*).

flop·py [ˈflɒpɪ; *Am.* ˈflɑpiː] **I** *adj* (*adv* **floppily**) schlaff (herˈab)hängend, schlapp, schlotterig: ~ **ears** Schlappohren; ~ **hat** Schlapphut *m*. **II** *s Computer*: *colloq.* Floppy *f*, Disˈkette *f*. ~ **disk** *s Computer*: Disˈkette *f*.

flo·ra [ˈflɔːrə; *Am. a.* ˈfləʊrə] *pl* **-ras, -rae** [-riː] *s* 1. *bot.* Flora *f*: a) Pflanzenwelt *f* (*e-s bestimmten Gebiets*), b) *Bestimmungsbuch für die Pflanzen e-s bestimmten Gebiets*. 2. *med.* (*Darm- etc*)Flora *f*.

flo·ral [ˈflɔːrəl; *Am. a.* ˈfləʊrəl] *adj* (*adv* ~**ly**) 1. Blumen..., Blüten... 2. mit Blumenmuster, geblümt. ~ **clock** *s* Blumenuhr *f*. ~ **em·blem** *s* Wappenblume *f*. ~ **en·ve·lope** *s bot.* Blütenhülle *f*, Periˈanth *n*. ~ **leaf** *s irr bot.* Periˈanthblatt *n*.

flo·re·at·ed → **floriated**.

Flor·ence Night·in·gale [ˌflɒrənsˈnaɪtɪŋɡeɪl; *Am. a.* ˌflɑr-] *s* ˈhingebungsvolle Krankenschwester.

Flor·en·tine [ˈflɒrəntaɪn; *Am.* ˈflɔːrənˌtiːn] **I** *s* 1. Florenˈtiner(in). 2. Florenˈtiner Atlas *m* (*Seidenstoff*). **II** *adj* 3. florenˈtinisch, Florentiner...

flo·res·cence [flɔːˈresns] *s bot.* Blüte(-zeit) *f* (*a. fig.*). **floˈres·cent** *adj* (auf-)blühend (*a. fig.*).

flo·ret [ˈflɔːrɪt; *Am. a.* ˈfləʊrət] *s bot.* Blümchen *n*.

flo·ri·at·ed [ˈflɔːrɪeɪtɪd; *Am. a.* ˈfləʊ-] *adj* 1. mit blumenartigen Verzierungen (versehen). 2. Blumen...: ~ **pattern**.

flo·ri·cul·tur·al [ˌflɔːrɪˈkʌltʃərəl; *Am. a.* ˌfləʊrə-] *adj* (*adv* ~**ly**) Blumen(zucht)... **ˈflo·ri·cul·ture** *s* Blumenzucht *f*. **ˌflo·riˈcul·tur·ist** *s* Blumenzüchter(in).

flor·id [ˈflɒrɪd; *Am. a.* ˈflɑ-] *adj* (*adv* ~**ly**) 1. rot: ~ **complexion** blühende *od.* frische Gesichtsfarbe. 2. überˈladen: a) blumig (*Stil etc*), b) *arch. etc* ˈübermäßig verziert. 3. *mus.* figuˈriert. 4. blühend (*Gesundheit*): **he is of a** ~ **old age** er ist für sein (hohes) Alter noch sehr rüstig. 5. *med.* floˈrid, voll entwickelt, stark ausgeprägt (*Krankheit*).

Flor·i·dan [ˈflɒrɪdən; *Am. a.* ˈflɑrədn] → **Floridian**.

Flor·i·da wa·ter *s Am. Art Kölnischwasser*.

Flo·rid·i·an [fləˈrɪdɪən] **I** *adj* von Florida, Florida... **II** *s* Bewohner(in) von Florida.

flo·rid·i·ty [flɔːˈrɪdətɪ], **ˈflor·id·ness** *s* 1. rote *od.* blühende Gesichtsfarbe. 2. Blumigkeit *f*, Überˈladenheit *f* (*des Stils etc*).

flo·ri·gen [ˈflɒrɪdʒən; *Am. a.* ˈfləʊ-] *s bot.* Floriˈgen *n*, (*hypothetisches*) ˈBlühhormon.

flo·ri·le·gi·um [ˌflɔːrɪˈliːdʒɪəm; *Am. a.* ˌfləʊ-] *pl* **-gi·a** [-dʒɪə] *s* Anthologˈgie *f*, (*bes.* Gedicht)Sammlung *f*.

flor·in [ˈflɒrɪn; *Am. a.* ˈflɑrən] *s* 1. *Br. hist.* a) Zweiˈschillingstück *n*, b) *goldenes Sechsschillingstück aus der Zeit Eduards III*. 2. *obs.* (*bes. niederländischer*) Gulden.

flo·rist [ˈflɒrɪst; *Am. a.* ˈfləʊ-] *s* 1. Blumenhändler(in). 2. Blumenzüchter(in).

flo·ris·tic [flɒˈrɪstɪk] *bot.* **I** *adj* (*adv* ~**ally**) floˈristisch: a) *die Flora betreffend*, b) *die Floristik betreffend*. **II** *s pl* (*als sg konstruiert*) Floˈristik *f* (*Zweig der Botanik, der sich mit den verschiedenen Florengebieten der Erde befaßt*).

flo·ru·it [ˈflɔːrʊɪt; *Am.* -rəwət; *a.* ˈflɑ-] (*Lat.*) *s* ˈSchaffensperiˌode *f* (*e-s Künstlers etc*), Blütezeit *f* (*e-r Kunst etc*).

floss[1] [flɒs; *Am. a.* flɑs] **I** *s* 1. Koˈkon-, Seidenwolle *f*, Außenfäden *pl* des ˈSeidenkoˌkons. 2. Schappe-, Floˈrettseide *f*. 3. Floˈrettgarn *n*. 4. *bot.* Seidenbaumwolle *f*, Kapok *m*. 5. weiche, seidenartige Subˈstanz, Flaum *m*. 6. Zahnseide *f*. **II** *v/i* 7. sich die Zähne mit Zahnseide reinigen.

floss[2] [flɒs; *Am. a.* flɑs] *s tech.* 1. Glasschlacke *f*. 2. *a.* ~ **hole** Abstich-, Schlakkenloch *n*.

floss can·dy *s Am.* Zuckerwatte *f*.

floss silk → **floss**[1] 2 *u.* 3.

ˈfloss·y *adj* 1. floˈrettseiden. 2. seidenweich, seidig. 3. *Am. sl.* ‚todschick'.

flo·tage, *bes. Br.* **float·age** [ˈfləʊtɪdʒ] *s* 1. Schwimmen *n*, Treiben *n*. 2. Schwimmfähigkeit *f*. 3. (*etwas*) Schwimmendes *od.* Treibendes (*Holz, Wrack*), Treibgut *n*.

flo·ta·tion, *bes. Br.* **float·a·tion** [fləʊˈteɪʃn] *s* 1. → **flotage** 1. 2. Schweben *n*. 3. *econ.* a) Gründung *f* (*e-r Gesellschaft*), b) Inˈumlaufbringung *f* (*von Wertpapieren etc*), c) Auflegung *f* (*e-r Anleihe*). 4. *tech.* Flotatiˈon *f* (*Aufbereitungsverfahren zur Anreicherung von Mineralien, Gesteinen u. chemischen Stoffen*). ~ **gear** *s aer.* Schwimmergestell *n*.

flo·til·la [fləʊˈtɪlə] *s mar.* Floˈtille *f*.

flot·sam [ˈflɒtsəm; *Am.* ˈflɑt-] *s a.* ~ **and jetsam** *mar.* Treibgut *n*, treibendes Wrackgut: ~ **and jetsam** a) Strand-, Wrackgut, b) Überbleibsel *pl*, Reste *pl*, c) Krimskrams *m*, d) *fig.* Strandgut *n* (*der Gesellschaft*).

flounce[1] [flaʊns] **I** *v/i* 1. erregt stürmen *od.* stürzen: **to** ~ **off** davonstürzen. 2. stolˈzieren. 3. a) sich herˈumwerfen, b) (herˈum)springen, c) zappeln. **II** *s* 4. Ruck *m*: **with a** ~ ruckartig.

flounce[2] [flaʊns] **I** *s* Voˈlant *m*, Besatz *m*, Falbel *f*. **II** *v/t* mit Voˈlants besetzen. **ˈflounc·ing** *s* (Materiˈal *n* für) Voˈlants *pl*.

floun·der[1] [ˈflaʊndə(r)] *v/i* 1. a) zappeln, b) strampeln. 2. sich quälen (**through** durch) (*a. fig.*). 3. *fig.* sich verhaspeln, *a. sport etc* ‚ins Schwimmen kommen'.

floun·der[2] [ˈflaʊndə(r)] *pl* **-ders**, *bes. collect.* **-der** *s ichth.* Flunder *f*.

flour [ˈflaʊə(r)] **I** *s* 1. Mehl *n*. 2. feines Pulver, Staub *m*, Mehl *n*: ~ **of emery** Schmirgelpulver; ~ **gold** Flitter-, Staubgold *n*. **II** *v/t* 3. (zu Mehl) mahlen, mahlen u. beuteln. 4. mit Mehl bestreuen. **III** *v/i* 5. *tech.* sich in kleine Kügelchen auflösen (*Quecksilber*). ~ **box**, ~ **dredg·er** *s* ˈMehlstreumaˌschine *f*.

flour·ish [ˈflʌrɪʃ; *Am. bes.* ˈflɜrɪʃ] **I** *v/i* 1. gedeihen, *fig. a.* blühen, floˈrieren: **only few plants** ~ **without water**; *how are your family?* **They're** ~**ing!** Prächtig! 2. auf der Höhe s-r Macht *od.* s-s Ruhms stehen. 3. tätig *od.* erfolgreich sein, wirken (*Künstler etc*). 4. prahlen, aufschneiden. 5. sich auffällig benehmen. 6. sich geziert *od.* geschraubt ausdrücken. 7. Schnörkel *od.* Floskeln machen. 8. *mus.* a) phantaˈsieren, b) bravouˈrös spielen, c) e-n Tusch blasen *od.* spielen. 9. *obs.* blühen. **II** *v/t* 10. *e-e Fahne etc schwenken, ein Schwert, e-n Stock etc schwingen*. 11. zur Schau stellen, protzen mit. 12. mit Schnörkeln verzieren. 13. (aus-)schmücken, verzieren. 14. (*Waren im Schaufenster*) auslegen. **III** *s* 15. Schwenken *n*, Schwingen *n*. 16. schwungvolle Gebärde, Schwung *m*. 17. Schnörkel *m*. 18. Floskel *f*. 19. *mus.* a) bravouˈröse Pasˈsage, b) Tusch *m*: ~ **of trumpets** Trompetenstoß *m*, Fanfare *f*, *fig.* (großes) Trara. 20. *obs.* Blüte *f*, Blühen *n*. **ˈflour·ish·ing** *adj* (*adv* ~**ly**) blühend, gedeihend, floˈrierend: ~ **trade** schwunghafter Handel. **ˈflour·ish·y** *adj* auffällig, protzig.

flour|**mill** *s tech.* (*bes.* Getreide)Mühle *f*. ~ **mite** *s zo.* Mehlmilbe *f*.

flour·y [ˈflaʊərɪ] *adj* mehlig: a) mehlartig, b) mehlbestreut, -bedeckt.

flout [flaʊt] **I** *v/t* 1. verspotten, -höhnen. 2. *e-n Befehl etc* mißˈachten, *ein Angebot etc* ausschlagen. **II** *v/i* 3. spotten (**at** über *acc*), höhnen. **III** *s* 4. Spott *m*, Hohn *m*.

flow [fləʊ] **I** *v/i* 1. fließen, strömen (*beide a. fig.*), rinnen (**from** aus): **blood was** ~**ing from his wound; tears were** ~**ing down her cheeks** Tränen liefen ihr übers Gesicht; **to** ~ **in** herein-, hineinströmen; **the river** ~**ed over its banks** der Fluß trat über die Ufer; **to** ~ **freely** in Strömen fließen (*Sekt etc*); → **bridge**[1] 1. 2. *fig.* (**from**) ˈherrühren (von), entspringen (*dat*). 3. wallen (*Haar, Kleid etc*), lose herˈabhängen. 4. *fig.* a) ˈÜberfluß haben, reich sein (**with** an *dat*): **to** ~ **with fish** fischreich sein, b) ˈüberfließen (**with** vor *dat*): **her heart** ~**ed with gratitude**. 5. *physiol. colloq.* s-e Periˈode haben. 6. *mar.* steigen, herˈeinkommen (*Flut*). **II** *v/t* 7. überˈfluten, -ˈschwemmen. 8. unter Wasser setzen. 9. **the wound** ~**ed blood** aus der Wunde floß *od.* strömte *od.* rann Blut. **III** *s* 10. Fließen *n*, Strömen *n* (*beide a. fig.*), Rinnen *n*. 11. Fluß *m*, Strom *m* (*beide a. fig.*): ~ **of information** Informationsfluß; ~ **of tears** Tränenstrom; ~ **of traffic** Verkehrsfluß, -strom. 12. Zu-, Abfluß *m*. 13. *mar.* Flut *f*: **the tide is on the** ~ die Flut kommt herein *od.* steigt. 14. *fig.* (*Wort- etc*)Schwall *m*, (*Gefühls-*)Erguß *m*. 15. *physiol. colloq.* Periˈode *f*. 16. *tech.* a) Fluß *m*, Fließen *n*, Fließverhalten *n*, b) ˈDurchfluß *m*, c) *electr.* Stromfluß *m*, d) Flüssigkeit *f* (*e-r Farbe etc*). 17. *phys.* Fließen *n* (*Bewegungsart*). **ˈflow·age** *s* 1. (ˈÜber)Fließen *n*. 2. Überˈschwemmung *f*. 3. (ˈüber)fließende Flüssigkeit. 4. *geol. tech.* Fließbewegung *f*.

flow chart → **flow sheet**.

flow·er [ˈflaʊə(r)] **I** *s* 1. Blume *f*: **say it with** ~**s!** laßt Blumen sprechen! 2. *bot.* Blüte *f*. 3. Blütenpflanze *f*. 4. Blüte(zeit) *f* (*a. fig.*): **to be in** ~ in Blüte stehen, blühen; **in the** ~ **of his life** in der Blüte der Jahre. 5. (*das*) Beste *od.* Feinste, Auslese *f*, Eˈlite *f*. 6. Blüte *f*, Zierde *f*, Schmuck *m*. 7. (ˈBlumen)Ornaˌment *n*, (-)Verzierung *f*: ~**s of speech** *fig.* Floskeln. 8. *print.* Viˈgnette *f*. 9. *pl chem.* pulveriger Niederschlag, Blumen *pl*: ~**s of sulfur** (*bes. Br.* **sulphur**) Schwefelblumen, -blüte *f*. **II** *v/i* 10. blühen. 11. *fig.* blühen, in höchster Blüte stehen. 12. *oft* ~ **out** *fig.* sich entfalten, sich voll entwickeln (**into** zu). **III** *v/t* 13. mit Blumen(mustern) verzieren *od.* schmücken. 14. *bot.* zur Blüte bringen.

ˈflow·er·age *s* 1. Blüten(pracht *f*) *pl*, Blumen(meer *n*) *pl*. 2. (Auf)Blühen *n*, Blüte *f*.

flow·er| **ar·range·ment** *s* ˈBlumenarrangeˌment *n*. ~ **bed** *s* Blumenbeet *n*. ~ **child** *s irr hist.* Blumenkind *n* (*Hippie*). **ˌ**~**-de-ˈluce** [-dəˈluːs] *pl* **ˌflow·ers-de-ˈluce** *obs. für* fleur-de-lis 3.

ˈflow·ered *adj* 1. blühend. 2. mit Blumen geschmückt. 3. geblümt. 4. *in Zssgn* a) ...blütig, b) ...blühend. **ˈflow·er·er** *s* 1. *bot.* Blüher *m*: **late** ~ Spätblüher. 2.

ˈHersteller(in) von Blumenmustern. **ˈflow·er·et** [-rɪt] *s* Blümchen *n*.

flow·er| gar·den *s* Blumengarten *m*. **~ girl** *s* **1.** Blumenmädchen *n*, -verkäuferin *f*. **2.** *bes. Am.* blumenstreuendes Mädchen (*bei e-r Hochzeit*).

flow·er·i·ness [ˈflaʊərɪnɪs] *s* **1.** Blumen-, Blütenreichtum *m*. **2.** *fig.* (*das*) Blumenreiche, Blumigkeit *f* (*des Stils*).

ˈflow·er·ing *bot.* **I** *adj* **1.** blühend. **2.** Blüten tragend. **3.** Blumen..., Blüte... **II** *s* **4.** Blüte(zeit) *f*, (Auf)Blühen *n* (*beide a. fig.*).

ˈflow·er·less *adj bot.* blütenlos.

flow·er|peo·ple *s pl hist.* Blumenkinder *pl* (*Hippies*). **~ piece** *s paint.* Blumenstück *n*. **ˈ~pot** *s* Blumentopf *m*. **~ pow·er** *s hist.* Flower-power *f* (*Schlagwort der Hippies*). **~ show** *s* Blumenausstellung *f*, -schau *f*. **~ stalk** *s bot.* Blütenstiel *m*.

ˈflow·er·y *adj* **1.** blumen-, blütenreich. **2.** geblümt. **3.** *fig.* blumenreich, blumig (*Stil*).

ˈflow·ing *adj* (*adv* **~ly**) **1.** fließend, strömend. **2.** *fig.* flüssig (*Stil etc*). **3.** schwungvoll. **4.** wallend (*Bart, Kleid*), wehend, flatternd (*Haar etc*). **5.** *mar.* steigend, herˈeinkommend (*Flut*).

ˈflowˌme·ter *s tech.* ˈDurchflußmesser *m*.

flown[1] [fləʊn] *pp von* **fly[1]**.

flown[2] [fləʊn] *adj* **1.** *tech.* mit flüssiger Farbe behandelt (*Porzellan etc*). **2.** *obs.* voll: **~ with wine** voll des Weines; **~ with anger** zornerfüllt.

flow|pat·tern *s phys.* Stromlinienbild *n*. **~ pro·duc·tion** → **flow system**. **~ sheet** *s Computer, econ.* ˈAblaufdiaˌgramm *n*. **~ sys·tem** *s tech.* Fließbandfertigung *f*.

flu [fluː] *s med. colloq.* Grippe *f*: **he's got (the) ~** er hat Grippe.

flub [flʌb] *Am. sl.* **I** *s* **1.** (grober) Fehler, Schnitzer *m*. **II** *v/i* **2.** ‚e-n Bock schießen', e-n (groben) Fehler *od.* Schnitzer machen. **3.** (grobe) Fehler *od.* Schnitzer machen, pfuschen, stümpern. **III** *v/t* **4.** verpfuschen, ‚verpatzen'.

flub·dub [ˈflʌbˌdʌb] *s Am. sl.* Geschwafel *n*, ‚Blech' *n*, ‚Quatsch' *m*.

fluc·tu·ant [ˈflʌktjʊənt; -tʃʊ-; *Am.* -tʃəwənt] *adj* schwankend: a) fluktuˈierend (*a. econ.*), b) *fig.* unschlüssig. **ˈfluc·tu·ate** [-eɪt] *v/i* schwanken: a) fluktuˈieren (*a. econ.*), sich ständig (ver)ändern, b) *fig.* unschlüssig sein. **ˌfluc·tuˈa·tion** *s* **1.** Schwankung *f* (*a. phys.*), Fluktuatiˈon *f* (*a. biol. med.*): **~ in prices** *econ.* Preisschwankung; **~ of the market** *econ.* Markt-, Konjunkturschwankungen. **2.** *fig.* Schwanken *n*.

flue[1] [fluː] *s* **1.** *tech.* Rauchfang *m*, Esse *f*. **2.** *tech.* a) Fuchs *m*, ˈRauch-, ˈZugkaˌnal *m*: **~ ash** Flugasche *f*; **~ gas** Rauch-, Abgas *n*, b) (Feuerungs)Zug *m* (*als Heizkanal*), c) Flammrohr *n*: **~ boiler** Flammrohrkessel *m*. **3.** *mus.* a) → **flue pipe**, b) Kernspalt *m* (*e-r Orgelpfeife*).

flue[2] [fluː] *s* Flaum *m*, Staubflocken *pl*.

flue[3] [fluː] *s mar.* Schleppnetz *n*.

flue[4] [fluː] *Br.* **I** *v/t* aus-, abschrägen. **II** *v/i* sich abschrägen.

ˈflue-cure *v/t Tabak* mit Heißluft trocknen.

flu·en·cy [ˈfluːənsɪ] *s* **1.** Flüssigkeit *f* (*des Stils etc*). **2.** (Rede)Gewandtheit *f*. **ˈflu·ent** *adj* (*adv* **~ly**) **1.** fließend (*a. fig.*): **to speak ~ German, to be ~ in German** fließend Deutsch sprechen. **2.** flüssig (*Stil etc*). **3.** gewandt (*Redner etc*).

flue| pipe *s mus.* Lippenpfeife *f* (*der Orgel*). **~ stop** *s mus.* ˈLippenreˌgister *n* (*der Orgel*). **ˈ~work** *s mus.* Flötenwerk *n* (*der Orgel*).

fluff [flʌf] **I** *s* **1.** Staub-, Federflocke *f*, Fussel(n *pl*) *f*. **2.** Flaum *m* (*a. erster Bartwuchs*). **3.** *bes. mus. sport thea. colloq.* ‚Patzer' *m*. **4.** *gastr. Am.* Schaumspeise *f*, mit Eischnee gelockerte Speise. **5.** *bes. thea. Am. colloq.* ‚leichte Kost'. **6.** *oft* **bit of ~** *colloq.* ‚Mieze' *f*. **II** *v/t* **7.** flaumig *od.* flockig machen. **8.** **~ out, ~ up** a) *Federn* aufplustern, b) *Kissen etc* aufschütteln. **9.** *bes. mus. sport thea. colloq.* ‚verpatzen'. **III** *v/i* **10.** flaumig *od.* flockig werden. **11.** sanft daˈhinschweben. **12.** *bes. mus. sport thea. colloq.* ‚patzen'. **ˈfluff·i·ness** *s* Flaumigkeit *f*, Flockigkeit *f*. **ˈfluff·y** *adj* **1.** flaumig: a) flockig, locker, weich, b) mit Flaum bedeckt. **2.** *bes. thea. Am. colloq.* leicht, anspruchslos.

flu·gel·horn [ˈfluːglhɔː(r)n] *s mus.* Flügelhorn *n*.

flu·id [ˈfluːɪd] **I** *s* **1.** Flüssigkeit *f*, *chem. a.* Fluˈid *n*. **II** *adj* (*adv* **~ly**) **2.** flüssig (*a. Stil etc*), *chem. a.* fluˈid. **3.** nicht endgültig (*Meinung etc*). **ˈflu·id·al** *adj* (*adv* **~ly**) **1.** Flüssigkeits... **2.** *geol.* fluiˈdal, Fluidal...

flu·id| bed *s chem.* Fließbett *n*, Wirbelschicht *f*. **~ cou·pling, ~ clutch** *s tech.* Flüssigkeitskupplung *f*, hyˈdraulische Kupplung. **~ dram, ~ drachm** *s* $^1/_8$ **fluid ounce** (*Am.* = *3,69 ccm*; *Br.* = *3,55 ccm*). **~ drive** *s tech.* Flüssigkeitsgetriebe *n*. **~ ex·tract** *s* ˈFluidexˌtrakt *m* (*dünnflüssiger Extrakt aus pulverisierten Pflanzenteilen*).

flu·id·ic [fluːˈɪdɪk] *tech.* **I** *adj*: **~ device** Fluidic *n* (*nach den Gesetzen der Hydromechanik arbeitendes Steuerelement*). **II** *s pl* (*meist als sg konstruiert*) Fluˈidik *f*, Steuertechnik *f*.

flu·id·i·fy [fluːˈɪdɪfaɪ] *v/t u. v/i* (sich) verflüssigen. **fluˈid·i·ty** *s* Flüssigkeit *f* (*a. des Stils etc*), *chem. a.* Fluidiˈtät *f*. **ˌflu·id·iˈza·tion** [-daɪˈzeɪʃn; *Am.* -dəˈz-] *s* **1.** Verflüssigung *f*. **2.** *chem.* Fluidisatiˈon *f*. **3.** *geol.* Fluidisatiˈon *f* (*Bildung e-s Gas-Feststoff-Gemisches, das sich wie e-e Flüssigkeit verhält*). **ˈflu·id·ize** *v/t* **1.** verflüssigen. **2.** *chem.* fluidiˈsieren, in den Fließbettzustand überˈführen: **~d bed** → **fluid bed**.

flu·id| me·chan·ics *s pl* (*als sg konstruiert*) *tech.* ˈStrömungsmeˌchanik *f*. **~ ounce** *s Hohlmaß*: a) *Am.* $^1/_{16}$ **pint** (= *29,57 ccm*), b) *Br.* $^1/_{20}$ **imperial pint** (= *28,4 ccm*). **~ pres·sure** *s phys. tech.* hyˈdraulischer Druck.

fluke[1] [fluːk] *s* **1.** *mar.* Ankerhand *f*, -flügel *m*. **2.** *tech.* Bohrlöffel *m*. **3.** ˈWiderhaken *m*. **4.** *zo.* Schwanzflosse *f* (*des Wals*). **5.** *zo.* Saugwurm *m*, Leberegel *m*. **6.** *ichth.* Plattfisch *m*.

fluke[2] [fluːk] *s colloq.* **1.** ‚Dusel' *m*, ‚Schwein' *n*, glücklicher Zufall: **by a ~** durch *od.* mit Dusel; **~ hit** Zufallstreffer *m*. **2.** *Billard*: glücklicher Stoß.

fluk·(e)y [ˈfluːkɪ] *adj colloq.* **1.** glücklich, Glücks..., Zufalls... **2.** unsicher, wechselhaft: **~ weather**.

flume [fluːm] **I** *s* **1.** Klamm *f*, enge Bergwasserschlucht. **2.** künstlicher Wasserlauf, Kaˈnal *m*. **II** *v/t* **3.** durch e-n Kaˈnal flößen. **4.** *Wasser* durch e-n Kaˈnal (ab)leiten. **III** *v/i* **5.** e-n Kaˈnal anlegen *od.* benutzen.

flum·mer·y [ˈflʌmərɪ] *s* **1.** a) (Hafer-)Mehl *n*, b) Flammeri *m* (*kalte Süßspeise aus Milch, Zucker, Stärkeprodukten u. Früchten*). **2.** *colloq.* a) leere Schmeicheˈlei, b) ‚Quatsch' *m*.

flum·mox [ˈflʌməks] *v/t colloq.* verwirren, aus der Fassung bringen.

flump [flʌmp] *colloq.* **I** *s* **1.** Plumps *m*. **II** *v/t* **2.** *a.* **~ down** (ˈhin-, nieder-)plumpsen lassen. **III** *v/i* **3.** *a.* **~ down** (ˈhin-, nieder)plumpsen. **4.** sich plumpsen(d fallen) lassen (**into** in *acc*).

flung [flʌŋ] *pret u. pp von* **fling**.

flunk [flʌŋk] *bes. Am. colloq.* **I** *v/t ped.* **1.** *e-n Schüler* ‚ˈdurchrasseln' *od.* ‚ˈdurchrauschen' *od.* ˈdurchfallen lassen. **2.** *oft* **~ out** (*wegen ungenügender Leistungen*) von der Schule ‚werfen'. **3.** ‚ˈdurchrasseln' *od.* ‚ˈdurchrauschen' *od.* ˈdurchfallen in (*e-r Prüfung, e-m Fach*), ‚verhauen'. **II** *v/i* **4.** *ped.* ‚ˈdurchrasseln', ‚ˈdurchrauschen', ˈdurchfallen. **5.** sich drücken, ‚kneifen'. **III** *s* **6.** *ped.* ‚ˈDurchrasseln' *n*, ‚ˈDurchrauschen' *n*, ˈDurchfallen *n*.

flunk·(e)y [ˈflʌŋkɪ] *s* **1.** *oft contp.* Laˈkai *m*. **2.** *contp.* Kriecher *m*, Speichellecker *m*. **3.** *Am.* a) Handlanger *m*, b) ˈRandfiˌgur *f*. **ˈflunk·y·ism** *s* Speichelleckeˈrei *f*.

flu·o·bo·rate [ˌfluːəʊˈbɔːreɪt; *Am. a.* -ˈbəʊ-] *s chem.* fluorborsaures Salz. **ˌflu·oˈbo·ric** *adj chem.* Fluorbor...: **~ acid**.

flu·or [ˈfluːɔː(r); -ə(r)] → **fluorspar**.

flu·o·resce [ˌflʊəˈres] *v/i chem. phys.* fluoresˈzieren. **ˌflu·oˈres·cence** *s chem. phys.* Fluoresˈzenz *f*. **ˌflu·oˈres·cent** *adj chem. phys.* fluoresˈzierend: **~ lamp** Leuchtstofflampe *f*; **~ screen** Leuchtschirm *m*; **~ tube** Leucht(stoff)röhre *f*.

flu·or·hy·dric [ˌfluːə(r)ˈhaɪdrɪk] *adj chem.* fluorwasserstoffsauer: **~ acid** Fluorwasserstoffsäure *f*. **flu·or·ic** [fluːˈɒrɪk; *Am. a.* -ˈɑrɪk] *adj chem.* Fluor...: **~ acid** Flußsäure *f*.

flu·o·ri·date [ˈflʊərɪdeɪt] *v/t chem. Trinkwasser* fluoˈrieren, fluoriˈdieren, fluoriˈsieren, mit Fluor anreichern.

flu·o·ride [ˈflʊəraɪd] *s chem.* Fluoˈrid *n*. **ˈflu·o·ri·dize** [-rɪdaɪz] *v/t Zähne* mit e-m Fluoˈrid behandeln. **ˈflu·o·ri·nate** [-rɪneɪt] *v/t chem.* fluoˈrieren, fluoriˈdieren, fluoriˈsieren, mit Fluor verbinden. **ˈflu·o·rite** [-raɪt] *Am. für* **fluorspar**.

flu·o·rom·e·ter [ˌflʊəˈrɒmɪtə(r); *Am.* -ˈrɑ-], *a.* **ˌflu·oˈrim·e·ter** [-ˈrɪmɪtə(r)] *s chem. phys.* Fluoroˈmeter *n* (*Gerät zur Messung der Fluoreszenz*).

flu·or·o·scope [ˈflʊərəskəʊp] *s phys.* Fluoroˈskop *n*, Röntgenbildschirm *m*. **ˌflu·or·oˈscop·ic** [-ˈskɒpɪk; *Am.* -ˈskɑ-] *adj* Röntgen... **ˌflu·orˈos·co·py** [-ˈrɒskəpɪ; *Am.* -ˈrɑ-] *s* ˈRöntgendurchˌleuchtung *f*.

flu·o·ro·sis [ˌflʊəˈrəʊsɪs] *s med.* Fluoˈrose *f* (*Gesundheitsschädigung durch Fluor*).

flu·or·spar [ˈflʊə(r)spɑː(r)] *s min.* Fluoˈrit *m*, Flußspat *m*.

flu·o·sil·i·cate [ˌfluːəʊˈsɪlɪkɪt; -keɪt] *s chem. min.* ˈFluorsiliˌkat *n*, Fluˈat *n*: **to treat with ~** *tech.* fluatieren. **ˌflu·o·siˈlic·ic** [-ˈlɪsɪk] *adj chem.* fluorkieselsauer.

flur·ry [ˈflʌrɪ; *Am. bes.* ˈflɜriː] **I** *s* **1.** Windstoß *m*. **2.** (Regen-, Schnee-)Schauer *m*. **3.** *fig.* Hagel *m*, Wirbel *m*: **~ of blows** Schlaghagel. **4.** *fig.* Aufregung *f*, Unruhe *f*: **in a ~** aufgeregt; **to put s.o. in a ~** j-n in Unruhe versetzen. **5.** Hast *f*. **6.** *Börse*: plötzliche, kurze Belebung. **7.** Todeskampf *m* (*des Wals*). **II** *v/t* **8.** beunruhigen.

flush[1] [flʌʃ] **I** *s* **1.** a) Erröten *n*, b) Röte *f*. **2.** (Wasser)Schwall *m*, Strom *m*, gewaltiger Wassersturz *od.* -zufluß. **3.** a) (Aus-)Spülung *f*: **to give s.th. a ~** → 8, b) (Wasser)Spülung *f* (*in der Toilette*). **4.** (*Gefühls*)Aufwallung *f*, Erregung *f*, Hochgefühl *n*: **~ of anger** Wutanfall *m*; **~ of success** Triumphgefühl *n*; **~ of victory** Siegesrausch *m*; **in the first ~ of victory** im ersten Siegestaumel. **5.** Glanz *m*, Blüte *f* (*der Jugend etc*). **6.** *med.* Wallung *f*, Fieberhitze *f*: → **hot flushes**. **II** *v/t* **7.** erröten lassen: **the joke ~ed her** sie wurde rot bei dem Witz. **8.** *a.* **~**

out (aus)spülen, (-)waschen: **to ~ down** hinunterspülen; **to ~ the toilet** spülen. **9.** unter Wasser setzen. **10.** *Pflanzen* zum Sprießen bringen. **11.** erregen, erhitzen: **~ed with anger** zornentbrannt; **~ed with happiness** überglücklich; **~ed with joy** außer sich vor Freude. **III** *v/i* **12.** *a.* **~ up** erröten, rot werden: **to ~ with shame** schamrot werden. **13.** spülen (*Toilette od. Toilettenbenutzer*). **14.** erglühen. **15.** strömen, schießen (*a. Blut*). **16.** *bot.* sprießen.

flush[2] [flʌʃ] **I** *adj* **1.** eben, auf gleicher Ebene *od.* Höhe. **2.** *tech.* fluchtgerecht, glatt (anliegend), bündig (abschließend) (**with** mit): **~ joint** bündiger Stoß. **3.** *tech.* versenkt, Senk...: **~ screw. 4.** *electr.* Unterputz...: **~ socket. 5.** *mar.* mit Glattdeck. **6.** *print.* stumpf, ohne Einzug. **7.** voll, di'rekt (*Schlag*). **8.** ('über)voll (**with** von). **9.** *colloq.* a) (**of**) reich (an *dat*): **~ (of money)** ,gut bei Kasse'; **~ times** üppige Zeiten, b) verschwenderisch (**with** mit), c) reichlich (vor'handen) (*Geld*). **10.** frisch, blühend. **II** *adv* **11.** → 1 *u.* 2. **12.** genau, di'rekt: **~ on the chin. III** *v/t* **13.** ebnen. **14.** bündig machen. **15.** *tech. Fugen etc* ausfüllen, -streichen.

flush[3] [flʌʃ] **I** *v/t Vögel* aufscheuchen. **II** *v/i* plötzlich auffliegen.

flush[4] [flʌʃ] *s Poker*: Flush *m* (*fünf beliebige gleichfarbige Karten*): → **royal flush, straight flush.**

flush deck *s mar.* Glattdeck *n.*

'flush·er *s* Spreng-, Spritzwagen *m.*

'flush·ing *s* Spülung *f.*

flus·ter ['flʌstə(r)] **I** *v/t* **1.** a) ner'vös machen, verwirren, durchein'anderbringen, b) aufregen. **2.** ,benebeln': **~ed by drink** vom Alkohol erhitzt. **II** *v/i* **3.** a) ner'vös werden, durchein'anderkommen, b) sich aufregen. **4.** ner'vös *od.* aufgeregt (hin u. her) rennen. **III** *s* **5.** a) Nervosi'tät *f*, Verwirrung *f*: **all in a ~** ganz durcheinander, b) Aufregung *f*: **all in a ~** in heller Aufregung.

flute [flu:t] **I** *s* **1.** *mus.* a) Flöte *f*, b) *a.* **~ stop** 'Flötenre,gister *n* (*e-r Orgel*), c) → **flutist. 2.** *arch. tech.* Rille *f*, Riefe *f*, Hohlkehle *f*, Kanne'lierung *f.* **3.** *Tischlerei*: Rinnleiste *f.* **4.** *tech.* (Span)Nut *f.* **5.** Rüsche *f.* **6.** *a.* **~ glass** Flöte(nglas *n*) *f* (*Weinglas*). **7.** Ba'guette *f.* **II** *v/i* **8.** flöten (*a. fig.*), (auf der) Flöte spielen. **III** *v/t* **9.** *etwas* flöten (*a. fig.*), auf der Flöte spielen. **10.** *arch. tech.* auskehlen, riffeln, riefen, kanne'lieren. **11.** *Stoff* kräuseln.

'flut·ed *adj* **1.** flötenartig, (klar u.) sanft. **2.** *arch. tech.* ausgekehlt, geriffelt, gerieft, kanne'liert. **'flut·ing** *s* **1.** *arch. tech.* Kanne'lierung *f*, Riefe *f*, Riffelung *f.* **2.** Falten *pl*, Rüschen *pl.* **3.** Flöten *n* (*a. fig.*), Flötenspiel *n.* **'flut·ist** *s bes. Am.* Flö'tist(in).

flut·ter ['flʌtə(r)] **I** *v/i* **1.** flattern (*Fahne, Vogel etc, a. med. Herz, Puls*). **2.** → **fluster** 4. **3.** zittern. **4.** flackern (*Flamme*). **II** *v/t* **5.** wedeln mit, schwenken: **to ~ one's eyelids** mit den Augendeckeln ,klappern' *od.* ,klimpern'; **to ~ its wings** mit den Flügeln schlagen. **6.** → **fluster** 1. **7.** *Br. colloq. e-n kleinen Betrag* verwetten. **III** *s* **8.** Flattern *n* (*a. med.*). **9.** → **fluster** 5. **10.** *Br. colloq.* kleine Wette: **to have a ~ on the horses** beim Pferderennen ein paar Pfund riskieren. **11.** *a.* **~ kick** (*Schwimmen*) Kraul-Beinschlag *m.* **12.** *Radio, TV*: Ton-, Helligkeitsschwankung(en *pl*) *f.* **'~,board** *s Am.* Schwimm-, Gleitbrett *n.* **~ tongue** *s mus.* Flatterzunge *f.*

flut·y ['flu:tɪ] *adj* flötenartig.

flu·vi·al ['flu:vjəl; -ɪəl] *adj* **1.** Fluß..., *geol.* Fluvial... **2.** *bot. zo.* fluvi'al, in Flüssen vorkommend. **'flu·vi·a·tile** [-taɪl; -tɪl] *adj* fluvi'al, Fluß...

flu·vi·o·gla·cial [,flu:vɪəʊ'gleɪsjəl; *bes. Am.* -ʃl] *adj geol.* fluvioglazi'al.

flux [flʌks] **I** *s* **1.** Fließen *n*, Fluß *m* (*a. electr. phys.*): **electrical ~** elektrischer Induktionsfluß. **2.** Ausfluß *m* (*a. med.*): (**bloody**) **~** *med.* rote Ruhr. **3.** Strom *m* (*a. fig.*). **4.** Flut *f* (*a. fig.*): **~ and reflux** Ebbe u. Flut (*a. fig.*); **~ of words** Wortschwall *m.* **5.** *fig.* beständiger Wechsel, ständige Bewegung, Wandel *m*: **in (a state of) ~** im Fluß. **6.** *tech.* Fluß-, Schmelzmittel *n*, Zuschlag *m.* **II** *v/t* **7.** schmelzen, in Fluß bringen. **III** *v/i* **8.** (aus)fließen, (-)strömen. **9.** a) flüssig werden, b) (mitein'ander) verschmelzen. **~ den·si·ty** *s* **1.** *phys.* (ma'gnetische) Flußdichte. **2.** *electr.* Stromdichte *f.*

flux·ion ['flʌkʃn] *s* **1.** → **flux** 1, 5. **2.** *med. obs.* Fluxi'on *f*, Blutandrang *m.* **3.** *math. obs.* Fluxi'on *f*: **method of ~s** Fluxionen-, Fluxionsrechnung *f.* **'flux·ion·al** [-ʃənl], **'flux·ion·ar·y** [-ʃnərɪ; *Am.* -ʃə,neri:] *adj* **1.** unbeständig, veränderlich, fließend. **2.** *math.* Fluxionen..., Fluxions...

'flux,me·ter *s* **1.** *phys.* Flußmesser *m.* **2.** *electr.* Strommesser *m.*

fly[1] [flaɪ] **I** *s* **1.** Fliegen *n*, Flug *m*: **on the ~** a) im Fluge, b) ständig auf den Beinen. **2.** *tech.* a) Unruh(e) *f* (*der Uhr*), b) Schwungstück *n*, -rad *n.* **3.** *print.* (Bogen)Ausleger *m.* **4.** → **flyleaf. 5.** *Baseball, Kricket*: Flugball *m.* **6.** *Br. hist.* Einspänner *m*, Droschke *f.* **7.** *pl thea.* Sof'fitten *pl.* **8.** a) Klappe *f*, Patte *f* (*über e-r Knopfleiste etc*), b) Hosenschlitz *m*, c) Zeltklappe *f*, -tür *f.*

II *v/i pret* **flew** [flu:] *pp* **flown** [fləʊn] **9.** fliegen: **to ~ high** *fig.* hoch hinauswollen, ehrgeizige Ziele haben; **the bird has** (*od.* **is**) **flown** *fig.* der Vogel ist ausgeflogen; → **let**[1] *Bes. Redew.* **10.** *aer.* fliegen: **to ~ blind** (*od.* **on instruments**) blindfliegen; **to ~ contact** mit Bodensicht fliegen. **11.** fliegen, stieben (*Funken etc*): **to send things ~ing** Sachen herumwerfen; → **feather** 1, **fur** 1. **12.** (*nur pres, inf u. pres p*) → **flee** 1. **13.** stürmen, stürzen, (*a. Auto etc*) sausen: **to ~ to arms** zu den Waffen eilen; **to ~ at s.o.** auf j-n losgehen; **to ~ at s.o.'s throat** j-m an die Kehle gehen; **to send s.o. ~ing** a) j-n verjagen, b) j-n zu Boden schleudern; **I must ~** *colloq.* ich muß schleunigst weg. **14.** (ver)fliegen (*Zeit*). **15.** zerrinnen (*Geld*): **to make the money ~** das Geld mit vollen Händen ausgeben. **16.** flattern, wehen. **17.** *hunt.* mit e-m Falken jagen. **18.** *a.* **~ to pieces, ~ apart** zerspringen, bersten (*Glas etc*), reißen (*Saite, Segel etc*).

III *v/t* **19.** fliegen lassen: **to ~ hawks** *hunt.* mit Falken jagen; → **kite** 1. **20.** *e-e Fahne* a) führen, b) hissen, wehen lassen. **21.** *aer.* a) *ein Flugzeug* fliegen, führen, b) *j-n, etwas* im Flugzeug befördern, c) *e-e Strecke* (be)fliegen, d) *den Ozean etc* über'fliegen, e) mit *e-r Fluggesellschaft* fliegen. **22.** *e-n Zaun etc* im Sprung nehmen. **23.** (*nur pres, inf u. pres p*) a) fliehen aus: **to ~ the town**, b) fliehen vor (*dat*): **to ~ the enemy.**

Verbindungen mit Adverbien:

fly|a·bout *v/i* **1.** her'umfliegen. **2.** sich verbreiten (*Gerücht etc*). **~ in** *v/i u. v/t* einfliegen. **~ off** *v/i* **1.** fort-, wegfliegen. **2.** fortstürmen. **3.** abspringen (*Knopf*). **~ o·pen** *v/i* auffliegen (*Tür etc*). **~ out I** *v/i* **1.** ausfliegen. **2.** hin'ausstürzen. **3.** in Wut geraten: **to ~ at s.o.** auf j-n losgehen. **II** *v/t* **4.** ausfliegen.

fly[2] [flaɪ] *s* **1.** *zo.* Fliege *f*: **he would not hurt** (*od.* **harm**) **a ~** er tut keiner Fliege etwas zuleide; **a ~ in the ointment** *fig.* ein Haar in der Suppe; **a ~ on the wall** ein heimlicher Beobachter; **she likes to be a ~ on the wall** sie spielt gerne Mäus-chen; **there are no flies on him** *colloq.* ,den legt man nicht so schnell rein'; **they died like flies** sie starben wie die Fliegen; → **wheel** 6. **2.** *Angeln*: (künstliche) Fliege: **to cast a ~** e-e Angel auswerfen. **3.** *bot.* Fliege *f* (*Pflanzenkrankheit*).

fly[3] [flaɪ] *adj bes. Br. sl.* gerissen, raffi'niert.

'fly·a·ble *adj aer.* **1.** flugtüchtig: **~ aircraft. 2.** zum Fliegen geeignet: **~ weather** Flugwetter *n.*

fly| a·gar·ic, ~ am·a·ni·ta [,æmə'naɪtə] *s bot.* Fliegenschwamm *m*, -pilz *m.* **~ ash** *s* Flugasche *f.* **'~a·way I** *adj* **1.** lose fallend, flatternd (*Haar, Kleidung*). **2.** flatterhaft. **3.** *Am.* a) flugbereit, b) fertig zum 'Lufttrans,port. **II** *s* **4.** flatterhafter Mensch. **'~back** *s Radar, TV*: (Strahl-) Rücklauf *m.* **~ ball** → **fly**[1] 5. **'~,ball** *s tech. Am.* Pendelgewicht *n*: **~ governor** Zentrifugalregler *m.* **'~bane** *s bot.* Leimkraut *n.* **'~belt** *s* von Tsetsefliegen verseuchtes Gebiet. **'~blow I** *s* **1.** (Schmeiß)Fliegenei *n*, -larve *f.* **II** *v/t irr* **2.** Eier ablegen auf (*acc u. dat*) *od.* in (*acc u. dat*). **3.** *fig.* besudeln. **'~blown** *adj* **1.** von (Schmeiß)Fliegeneiern *od.* -larven verseucht. **2.** *fig.* besudelt. **'~boat** *s mar.* kleines, schnelles Boot. **~ book** *s Angeln*: Büchse *f* für künstliche Fliegen. **'~by** *pl* **-bys** *s* **1.** *aer.* Vor'beiflug *m.* **2.** *Raumfahrt*: Flyby *n* (*Technik, bei der die Freiflugbahn e-s Raumkörpers bei Annäherung an e-n Planeten durch dessen Gravitation u. Bewegung geändert wird*). **'~-by-night** *colloq.* **I** *adj* **1.** *econ.* zweifelhaft, anrüchig. **2.** vor'übergehend, kurzzeitig. **II** *s* **3.** a) *Schuldner, der sich heimlich od. bei Nacht aus dem Staub macht*, b) *econ.* zweifelhafter Kunde. **4.** Nachtschwärmer *m*, -falter *m.* **'~-by-,night·er** → **fly-by-night** 3. **~ cap** *s hist.* Flügelhaube *f.* **'~,catch·er** *s* **1.** Fliegenfänger *m.* **2.** *orn.* Fliegenschnäpper *m.*

fly·er → **flier.**

'fly|-fish *v/i sport* mit (künstlichen) Fliegen angeln. **'~flap** *s* a) Fliegenwedel *m*, b) Fliegenklappe *f*, -klatsche *f.* **~ frame** *s* **1.** *Spinnerei*: Spindelbank *f*, 'Vorspinnma,schine *f.* **2.** 'Schleif-, Po'lierma,schine *f* (*für Glas*). **~ front** *s Mode*: verdeckte Knopfleiste. **~ half** *s Rugby*: Flügelhalbstürmer *m.* **'~-,in** *s Am.* **1.** Einflug *m*, -fliegen *n.* **2.** Freilichtkino *n* für Flugzeugbesitzer.

'fly·ing I *adj* **1.** fliegend, Flug... **2.** flatternd, wehend: → **color** 11. **3.** schnell, Schnell...: **~ coach. 4.** *sport* a) fliegend: → **flying start** 1, b) mit Anlauf: **~ jump**, c) *Eis-, Rollkunstlauf*: eingesprungen (*Waagepirouette*). **5.** hastig, eilig. **6.** flüchtig, kurz: **~ impression**; **~ visit** Stippvisite *f*, Blitzbesuch *m.* **7.** fliehend, flüchtend. **II** *s* **8.** a) Fliegen *n*, b) Flug *m.* **9.** *aer.* Fliegen *n*, Fliege'rei *f*, Flugwesen *n.* **~ boat** *s aer.* Flugboot *n.* **~ bomb** *s mil.* fliegende Bombe, Ra'ketenbombe *f.* **~ boom** *s aer.* Einfüllrohr *n* (*zum Auftanken in der Luft*). **~ bridge** *s* **1.** *tech.* Rollfähre *f.* **2.** *mar.* Laufbrücke *f.* **~ but·tress** *s arch.* Strebebogen *m.* **~ cir·cus** *s aer.* **1.** ro'tierende 'Staffelformati,on (*im Kampfeinsatz*). **2.** Gruppe *f* von Schaufliegern. **~ col·umn** *s mil.* fliegende *od.* schnelle Ko'lonne. **~ doc·tor** *s* fliegender Arzt (*bes. in Australien*). **F~ Dutch·man** *s* **1.** *myth.* Fliegender Holländer. **2.** *Segeln*: Flying Dutchman *m* (*Zweimann-Einheitsjolle*). **~ ex·hi·bi·tion** *s* Wanderausstellung *f.* **~ field** *s* *aer.* (kleiner) Flugplatz. **~ fish** *s* Fliegender Fisch. **~ fox** *s* **1.** *zo.* Flughund *m.* **2.** Lastenseilschwebebahn *f.* **~ hour** *s* Flugstunde *f.* **~ in·stru·ment** *s* ˈBord-, ˈFluginstruˌment *n.* **~ jib** *s mar.* Flieger *m,* Außenklüver *m.* **~ lane** *s aer.* (Ein)Flugschneise *f.* **~ le·mur** *s zo.* Flattermaki *m.* **~ ma·chine** *s aer.* ˈFlugappaˌrat *m.* **~ mare** *s Ringen*: Armdrehschwung *m.* **~ of·fi·cer** *s aer. mil. Br.* Oberleutnant *m* (*der Luftwaffe*). **~ range** *s aer.* Aktiˈonsradius *m.* **~ sau·cer** *s* fliegende ˈUntertasse. **~ school** *s aer.* Flieger-, Flugschule *f.* **~ sparks** *s pl* Funkenflug *m.* **~ speed** *s* Fluggeschwindigkeit *f.* **~ squad** *s Br.* ˈÜberfallkomˌmando *n* (*der Polizei*). **~ squad·ron** *s* **1.** *aer.* (Flieger-) Staffel *f.* **2.** *Am.* a) fliegende Koˈlonne, b) ˈRollkomˌmando *n.* **~ squid** *s zo.* Seepfeil *m.* **~ squir·rel** *s zo.* Flughörnchen *n.* **~ start** *s* **1.** *sport* fliegender Start: **from a ~** mit fliegendem Start. **2. to get off to a ~** a) *sport* in den Schuß fallen, b) *sport* glänzend weg- *od.* abkommen, c) *fig.* e-n glänzenden Start *od.* Einstand haben. **3.** anfänglicher Vorteil: **to give s.o. a ~** j-m e-n anfänglichen Vorteil verschaffen. **~ u·nit** *s aer.* fliegender Verband. **~ weight** *s aer.* Fluggewicht *n.* **~ wing** *s aer.* Nurflügelflugzeug *n.*

ˈfly|·leaf *s irr Buchbinderei*: Vorsatz-, Deckblatt *n.* **~ line** *s* **1.** *orn.* Zuglinie *f.* **2.** Angelschnur *f* mit (künstlicher) Fliege. **~ loft** *s thea.* Sofˈfitten *pl.* **ˈ~·man** [-mən] *s irr* **1.** *thea.* Sofˈfittenarbeiter *m.* **2.** *Br. hist.* Droschkenkutscher *m.* **ˈ~ˌo·ver** *s* **1.** *bes. Am. für* **fly-past. 2.** *Br.* (ˈStraßen-, ˈEisenbahn)Überˌführung *f.* **ˈ~ˌpa·per** *s* Fliegenfänger *m.* **ˈ~-past** *s aer.* ˈLuftpaˌrade *f.* **~ press** *s tech.* Spindelpresse *f.* **~ rod** *s* Angelrute *f* (*für* [*künstliche*] *Fliegen*). **~ sheet** *s* **1.** Flugblatt *n,* Reˈklamezettel *m.* **2.** ˈÜberdach *n* (*e-s Zelts*). **~ spray** *s* Fliegen-, Inˈsektenspray *m, n.* **ˈ~ˌswat·ter** *s* Fliegenklappe *f,* -klatsche *f.*

flyte → flite.

ˈfly|·trap *s* **1.** Fliegenfalle *f.* **2.** *bot.* Fliegenfänger *m.* **ˈ~·way** → **fly line** 1. **ˈ~·weight** *sport* **I** *s* Fliegengewicht(ler *m*) *n.* **II** *adj* Fliegengewichts... **ˈ~·wheel** *s tech.* Schwungrad *n.* **ˈ~·whisk** *s* Fliegenwedel *m.*

ˈf-ˌnum·ber *s phot.* **1.** Blende *f* (*Einstellung*). **2.** Lichtstärke *f* (*vom Objektiv*).

foal [fəʊl] *zo.* **I** *s* Fohlen *n,* Füllen *n*: **in ~, with ~** trächtig. **II** *v/t Fohlen* werfen. **III** *v/i* fohlen, werfen. **ˈ~·foot** *pl* **-foots** *s bot.* Huflattich *m.*

foam [fəʊm] **I** *s* **1.** Schaum *m* (*a. tech.*): **he had ~ at the mouth** a) er hatte Schaum vor dem Mund, b) *fig.* er schäumte (vor Wut). **II** *v/i* **2.** schäumen (**with rage** *fig.* vor Wut): **he ~ed at the mouth** a) er hatte Schaum vor dem Mund, b) *fig.* er schäumte (vor Wut). **3.** schäumend fließen. **III** *v/t* **4.** schäumen: **~ed concrete** Schaumbeton *m*; **~ed plastic** Schaumstoff *m.* **5.** *mot. Karosseriehohlräume* ausschäumen. **~ ex·tin·guish·er** *s* Schaum(feuer)löscher *m.* **~ rub·ber** *s* Schaumgummi *m, n.*

ˈfoam·y *adj* **1.** schäumend, schaumig. **2.** Schaum...

fob[1] [fɒb; *Am.* fɑb] *s* **1.** Uhrtasche *f* (*in der Hose*). **2.** *a.* **~ chain** a) Uhrkette *f,* -band *n,* b) Uhrenanhänger *m.*

fob[2] [fɒb; *Am.* fɑb] *v/t* **1. to ~ s.th. off on s.o.** j-m etwas ,andrehen' *od.* ,aufhängen'. **2. to ~ s.o. off** j-n ,abspeisen', j-n ,abwimmeln' (**with** mit).

fob watch *s* Taschenuhr *f.*

fo·cal [ˈfəʊkl] *adj* (*adv* **~ly**) **1.** *math. phys.* im Brennpunkt stehend (*a. fig.*), foˈkal, Brenn(punkt)... **2.** *med.* foˈkal, Fokal..., Herd...: **~ infection.**

fo·cal| dis·tance *s phys.* Brennweite *f.* **~ dose** *s Nuklearmedizin*: Herddosis *f.*

fo·cal·i·za·tion [ˌfəʊkəlaɪˈzeɪʃn; *Am.* -ləˈz-] *s* **1.** Vereinigung *f* in e-m Brennpunkt. **2.** *opt. phot.* Scharfeinstellung *f.*

ˈfo·cal·ize I *v/t* **1.** → **focus** 4 *u.* 5. **2.** *med.* auf e-n bestimmten Teil des Körpers beschränken: **to ~ an infection. II** *v/i* **3.** → **focus** 7 *u.* 8. **4.** *med.* sich auf e-n bestimmten Teil des Körpers beschränken: **to ~ in** sich beschränken auf (*acc*).

fo·cal| length *s phys.* Brennweite *f.* **~ plane** *s phys.* Brennebene *f.* **ˈ~-plane shut·ter** *s phot.* Schlitzverschluß *m.* **~ point** *s* **1.** *phys.* Brennpunkt *m.* **2.** *fig.* → **focus** 2. **~ ra·ti·o** → **f-number. ~ spot** *s phys.* Brennpunkt *m.*

fo·ci [ˈfəʊsaɪ] *pl von* **focus.**

fo·cim·e·ter [fəʊˈsɪmɪtə(r)], **fo·com·e·ter** [fəʊˈkɒmɪtə(r); *Am.* -ˈkɑ-] *s phys.* Fokoˈmeter *n* (*Gerät zur Brennweitenmessung*).

fo'c's'le, fo'c'sle [ˈfəʊksl] → **forecastle.**

fo·cus [ˈfəʊkəs] *pl* **-cus·es, -ci** [-saɪ] **I** *s* **1.** a) *math. phys. tech.* Brennpunkt *m,* Fokus *m,* b) *TV* Lichtpunkt *m,* c) *phys.* Brennweite *f,* d) *opt. phot.* Scharfeinstellung *f*: **in ~** scharf *od.* richtig eingestellt, *fig.* klar u. richtig; **out of ~** unscharf, verschwommen (*a. fig.*); **to bring into ~** → 4 *u.* 5; **~ control** Scharfeinstellung *f* (*Vorrichtung*). **2.** *fig.* Brenn-, Mittelpunkt *m*: **to be the ~ of attention** im Mittelpunkt des Interesses stehen; **to bring (in)to ~** in den Brennpunkt rücken. **3.** Herd *m* (*e-s Erdbebens, e-s Aufruhrs etc*), *med. a.* Fokus *m.* **II** *v/t pret u. pp* **-cused, -cussed 4.** *opt. phot.* fokusˈsieren, scharf einstellen. **5.** *phys.* im Brennpunkt vereinigen, sammeln, *Strahlen* bündeln. **6.** *fig.* konzenˈtrieren, richten (**on** auf *acc*). **III** *v/i* **7.** *phys.* sich in e-m Brennpunkt vereinigen. **8.** *opt. phot.* sich scharf einstellen. **9. ~ on** *fig.* sich konzentrieren *od.* richten auf (*acc*). **10.** *colloq.* klar denken.

ˈfo·cus·(s)ing| cam·er·a *s phot.* Mattscheibenkamera *f.* **~ lens** *s* Sammellinse *f.* **~ scale** *s phot.* Entfernungsskala *f.* **~ screen** *s phot.* Mattscheibe *f.*

fod·der [ˈfɒdə; *Am.* ˈfɑdər] **I** *s agr.* (Trocken)Futter *n, humor.* Futter *n* (*Essen*): **that's ~ for the imagination** das regt die Phantasie an. **II** *v/t Vieh* füttern.

foe [fəʊ] *s poet.* Feind *m* (*a. mil. u. fig.*), ˈWidersacher *m* (**to, of** *gen*).

foehn [fɜːn; *Am. a.* feɪn] *s* Föhn *m* (*Wind*).

foe·tal, foe·ta·tion, foe·ti·cide → **fetal, fetation, feticide.**

foet·id, foet·id·ness, foe·tor → **fetid, fetidness, fetor.**

foe·tus → **fetus.**

fog[1] [fɒg; *Am. a.* fɑg] **I** *s* **1.** (dichter) Nebel. **2.** a) Trübheit *f,* Dunkelheit *f,* b) Dunst *m.* **3.** *fig.* a) Nebel *m,* Verschwommenheit *f,* b) Verwirrung *f,* Ratlosigkeit *f*: **to be in a ~** (völlig) ratlos sein *od.* im dunkeln tappen. **4.** *tech.* Nebel *m.* **5.** *phot.* Schleier *m.* **II** *v/t* **6.** in Nebel hüllen, umˈnebeln, einnebeln (*a. tech*). **7.** verdunkeln. **8.** *fig.* a) benommen machen, trüben, b) *e-e Sache* verworren *od.* unklar machen, c) *j-n* ratlos machen. **9.** *phot.* verschleiern. **10.** ein-, besprühen: **to ~ with insecticide. III** *v/i* **11.** neb(e)lig werden. **12.** undeutlich werden, verschwimmen. **13.** (sich) beschlagen (*Glas*). **14.** *phot.* schleiern.

fog[2] [fɒg; *Am. a.* fɑg] **I** *s* **1.** Spätheu *n,* Grum(me)t *n.* **2.** Wintergras *n.* **3.** *Scot.* Moos *n.* **II** *v/t* **4.** Wintergras stehen lassen auf (*dat*). **5.** mit Wintergras füttern.

fog| bank *s* Nebelbank *f.* **~ bell** *s* Nebelglocke *f.* **ˈ~·bound** *adj* **1.** in dichten Nebel gehüllt. **2. the planes (ships) were ~** die Flugzeuge (Schiffe) konnten wegen Nebels nicht starten (auslaufen); **the passengers were ~ at the airport** die Passagiere saßen wegen Nebels am Flughafen fest. **ˈ~·dog** *s* heller Fleck (*in e-r Nebelbank*).

fo·gey → **fogy.**

fog·gi·ness [ˈfɒgɪnɪs; *Am.* ˈfɑ-] *s* **1.** Nebligkeit *f.* **2.** *fig.* Verschwommenheit *f,* Unklarheit *f.* **ˈfog·gy** *adj* (*adv* **foggily**) **1.** neb(e)lig. **2.** trüb, dunstig. **3.** *fig.* a) nebelhaft, verschwommen, unklar: **I haven't got the foggiest (idea)** *colloq.* ,ich hab' keinen blassen Schimmer', b) benebelt, benommen (**with** vor *dat*). **4.** *phot.* verschleiert.

ˈfog|·horn *s* **1.** Nebelhorn *n.* **2.** *fig.* dröhnende (Baß)Stimme. **~ lamp, ~ light** *s mot.* Nebelscheinwerfer *m,* -lampe *f.*

fo·gram [ˈfəʊgræm; -grəm], **ˈfo·grum** [-grəm] → **fogy.**

fog sig·nal *s* ˈNebelsiˌgnal *n.*

fo·gy [ˈfəʊgɪ] *s meist* **old ~** verknöcherter (alter) Kerl. **ˈfo·gy·ish** *adj* verknöchert, rückständig, altmodisch.

föhn → **foehn.**

foi·ble [ˈfɔɪbl] *s* **1.** *fenc.* Schwäche *f* (*der Klinge*). **2.** *fig.* (kleine) Schwäche. **3.** *fig.* (vorˈübergehende) Laune.

foie gras → **pâté de foie gras.**

foil[1] [fɔɪl] **I** *v/t* **1.** *e-n Plan etc* vereiteln, durchˈkreuzen, zuˈnichte machen, *j-m* e-n Strich durch die Rechnung machen: **~ed again!** wieder alles umsonst! **2.** *hunt. e-e Spur* verwischen. **3.** *obs. e-n Angriff* zuˈrückschlagen, *e-n Angreifer a.* besiegen. **II** *s* **4.** *obs.* Niederlage *f.*

foil[2] [fɔɪl] **I** *s* **1.** *tech.* (Meˈtall- *od.* Kunststoff)Folie *f,* ˈBlattmeˌtall *n*: **alumin(i)um ~** Aluminiumfolie. **2.** *tech.* (Spiegel)Belag *m,* Folie *f.* **3.** Folie *f,* ˈUnterlage *f* (*für Edelsteine*). **4.** *fig.* Folie *f,* ˈHintergrund *m*: **to serve as a ~ to** → 8. **5.** *arch.* a) Nasenschwung *m,* b) Blattverzierung *f.* **II** *v/t* **6.** *tech.* mit Meˈtallfolie belegen. **7.** *arch.* mit Blätterwerk verzieren. **8.** *fig.* als Folie *od.* ˈHintergrund dienen (*dat*).

foil[3] [fɔɪl] *s fenc.* **1.** Floˈrett *n.* **2.** *pl* Floˈrettfechten *n.*

foils·man [ˈfɔɪlzmən] *s irr* Floˈrettfechter *m.*

foi·son [ˈfɔɪzn] *s obs. od. poet.* Fülle *f.*

foist [fɔɪst] *v/t* **1. to ~ s.th. (off) on s.o.** a) j-m etwas ,andrehen' *od.* ,aufhängen', b) j-m etwas ,aufhalsen', c) j-m etwas (*a. ein Kind*) ˈunterschieben; **to ~ o.s. on s.o., to ~ one's company on s.o.** sich j-m aufdrängen. **2.** *fig. etwas* einschmuggeln (**into** in *acc*).

fol·a·cin [ˈfɒləsɪn; *Am.* ˈfəʊ-] → **folic acid.**

fold[1] [fəʊld] **I** *v/t* **1.** falten: **to ~ a cloth; to ~ one's arms** die Arme verschränken *od.* kreuzen; **to ~ one's hands** die Hände falten; **to ~ back** *Bettdecke etc* zurückschlagen, *Stuhllehne etc* zurückklappen. **2.** *oft* **~ up** a) zs.-legen, -falten, b) zs.-klappen: **to ~ away** zs.-klappen (u. verstauen). **3.** *a.* **~ down** herˈunterklappen. **4.** ˈumbiegen, kniffen. **5.** *tech.* falzen, bördeln. **6.** a) *etwas* einhüllen, -wickeln, -schlagen (**in** in *acc*): **to ~ s.o. in one's arms** j-n in die Arme nehmen *od.* schließen, b) *ein Stück Papier etc* wickeln (**[a]round** um). **7.** *fig.* einschließen (**into** in *acc*). **8. ~ in** *gastr.* einrühren, ˈunterziehen: **to ~ an egg into** ein Ei einrühren in (*acc*) *od.* unterziehen unter (*acc*). **II** *v/i* **9.** sich (zs.-)falten *od.* zs.-legen *od.* zs.-

klappen (lassen): **to ~ back** sich zurückklappen lassen. **10.** *meist* **~ up** *colloq.* a) zs.-brechen (**with** vor *dat*) (*a. fig.*): **to ~ with laughter** vor Lachen beinahe ‚platzen' *od.* ‚sterben', b) *econ.* ‚eingehen', ‚den Laden zumachen (müssen)'. **III** *s* **11.** a) Falte *f*, b) Windung *f*, c) ˈUmschlag *m.* **12.** Falz *m*, Kniff *m*, Bruch *m.* **13.** *print.* Bogen *m.* **14.** Falz *m*, Bördel *m.* **15.** *anat.* (Haut)Falte *f.* **16.** *geol.* a) (Boden-) Falte *f*, b) Senkung *f.*

fold[2] [fəʊld] **I** *s* **1.** (Schaf)Hürde *f*, Pferch *m.* **2.** (eingepferchte) Schafherde. **3.** *relig.* a) (christliche) Gemeinde, Herde *f*, b) (Schoß *m* der) Kirche. **4.** *fig.* Schoß *m* der Faˈmilie *od.* Parˈtei: **to return to the ~.** **II** *v/t* **5.** *Schafe* einpferchen.

-fold [fəʊld] *Suffix mit der Bedeutung* ...fach, ...fältig.

ˈfold|·a·way *adj* zs.-klappbar, Klapp...: **~ bed.** **ˈ~·boat** *s* Faltboot *n.*

ˈfold·ed moun·tains *s pl geol.* Faltengebirge *n.*

ˈfold·er *s* **1.** zs.-faltbare Druckschrift, *bes.* ˈFaltproˌspekt *m*, -blatt *n*, Broˈschüre *f.* **2.** Aktendeckel *m*, Mappe *f.* **3.** Schnellhefter *m.* **4.** *tech.* ˈBördelmaˌschine *f.* **5.** *tech.* Falzbein *n*, (Paˈpier)ˌFalzmaˌschine *f.* **6.** Klapprad *n.*

fol·de·rol [ˈfɒldərɒl; *Am.* ˈfɑldəˌrɑl] → **falderal.**

ˈfold·ing *adj* **1.** a) zs.-legbar, -faltbar, Falt..., b) zs.-klappbar, Klapp... **2.** Falz... **~ bed** *s* Klappbett *n.* **~ bi·cy·cle** *s* Klapprad *n.* **~ boat** *s* Faltboot *n.* **~ box** → **folding carton.** **~ cam·er·a** *s* Klapp-, Faltkamera *f.* **~ car·ton** *s* ˈFaltschachtel *f*, -karˌton *m.* **~ chair** *s* Klappstuhl *m*, -sessel *m.* **~ door** *s a. pl* Falttür *f.* **~ hat** *s* Klapphut *m.* **~ lad·der** *s* Klappleiter *f.* **~ ma·chine** *s tech.* **1.** ˈBördelmaˌschine *f.* **2.** (Paˈpier)ˌFalz-, ˈFaltmaˌschine *f.* **~ mon·ey** *s Am. colloq.* Paˈpiergeld *n.* **~ press** *s tech.* ˈAbkantmaˌschine *f.* **~ rule** *s* (zs.-legbarer) Zollstock. **~ screen** *s* spanische Wand. **~ ta·ble** *s* Klapptisch *m.* **~ top** *s mot.* Rolldach *n.*

fold moun·tains *s pl geol.* Faltengebirge *n.*

ˈfold-up → **folding** 1.

fo·li·a·ceous [ˌfəʊlɪˈeɪʃəs] *adj* **1.** blattähnlich, -artig. **2.** blätt(e)rig, Blatt..., Blätter...

fo·li·age [ˈfəʊlɪɪdʒ] *s* **1.** Laub(werk) *n*, Blätter(werk *n*) *pl*: **~ plant** Blattpflanze *f.* **2.** *arch.* Blattverzierung *f.* **ˈfo·li·aged** *adj* **1.** *in Zssgn* ...blätt(e)rig. **2.** *arch.* mit Blätterwerk verziert. **ˈfo·li·ar** *adj* Blatt..., Blätter...

fo·li·ate [ˈfəʊlɪeɪt] **I** *v/t* **1.** *arch.* mit Blätterwerk verzieren: **~d capital** Blätterkapitell *n.* **2.** *tech.* a) (Meˈtall)Folie ˈherstellen aus, b) mit Folie *od.* ˈBlattmeˌtall belegen. **3.** *print.* *e-n (Druck)Bogen* foliˈieren. **II** *v/i* **4.** *bot.* Blätter treiben. **5.** sich in Blättchen spalten. **III** *adj* [ˈfəʊlɪət; -lɪeɪt] **6.** *bot.* belaubt. **7.** blattartig, blätt(e)rig. **ˌfo·liˈa·tion** *s* **1.** *bot.* a) Blattbildung *f*, Belaubung *f*, b) Blattstand *m*, -stellung *f.* **2.** *print.* Foliˈierung *f.* **3.** *geol.* Schieferung *f.* **4.** *arch.* Blattverzierung *f.* **5.** *tech.* a) ˈHerstellung *f* von (Meˈtall)Folien, b) Belegen *n* mit Folie.

fo·lic ac·id [ˈfəʊlɪk] *s Biochemie*: Folsäure *f.*

fo·li·o [ˈfəʊlɪəʊ] **I** *pl* **-os** *s* **1.** Blatt *n.* **2.** *print.* a) Folioblatt *n* (*einmal gefalteter Druckbogen*), b) *a.* **~ volume** Foliˈant *m*, c) *a.* **~ size** ˈFolio(forˌmat) *n*, d) nur auf der Vorderseite numeˈriertes Blatt, e) Seitenzahl *f* (*e-s Buchs*). **3.** *econ.* a) Kontobuchseite *f*, b) (*die*) zs.-gehörenden rechten u. linken Seiten des Kontobuchs. **4.** *jur.* Einheitswortzahl *f* (*für die Längenangabe von Dokumenten; in Großbritannien 72 od., bei Testament, 90, in USA 100 Wörter*). **II** *v/t* **5.** *ein Buch etc* (nach Blättern) pagiˈnieren, mit Seitenzahl(en) versehen.

fo·li·ole [ˈfəʊlɪəʊl] *s bot.* Blättchen *n* (*e-s zs.-gesetzten Blatts*).

folk [fəʊk] **I** *pl* **folk, folks** *s* **1.** *pl* Leute *pl*: **poor ~; some ~ are never satisfied; rural ~** Landvolk *n*, Leute vom Lande; **~s say** die Leute sagen, man sagt. **2.** *pl* (*nur* **folks**) *colloq.* a) *m-e etc* ‚Leute' *pl od.* Verwandten *pl od.* Angehörigen *pl*, b) (*bes. als Anrede*) ‚Leute' *pl*, ‚Herrschaften' *pl*: **well, ~s, shall we go tonight?** **3.** Volk *n* (*Träger des Volkstums*). **4.** *obs.* Volk *n*, Natiˈon *f.* **5.** *colloq.* ‚Folk' *m* (*Volksmusik*). **II** *adj* **6.** Volks...: **~ art (dance, etymology, hero, medicine, music,** *etc*).

ˈfolk·lore *s* Folkˈlore *f*: a) Volkskunde *f*, Folkloˈristik *f*, b) Volkstum *n* (*Gebräuche, Sagen etc*). **ˈfolkˌlor·ic** → **folkloristic.** **ˈfolk·lor·ism** → **folklore** a. **ˈfolkˌlor·ist** *s* Folkloˈrist *m*, Volkskundler *m.* **ˌfolk·lorˈis·tic** *adj* folkloˈristisch: a) volkskundlich, b) volkstümlich.

folk| mem·o·ry *s*: **he lives on in ~** er lebt in der Erinnerung *od.* im Gedächtnis des Volkes weiter. **ˈ~·moot** [-muːt] *s hist.* Volksversammlung *f* (*der Angelsachsen*). **ˈ~·rock** *s mus.* Folkrock *m* (*Stilrichtung der modernen Musik, bei der Elemente des Folksongs mit Elementen des Rock verknüpft sind*). **~ sing·er** *s* Folksänger(in). **~ so·ci·e·ty** *s sociol.* Folk-Society *f* (*typische Gesellschaftsform e-r ursprünglichen, ländlich-einfachen Bevölkerung, die nicht von hochentwickelter Technokratie beeinflußt ist*). **~ song** *s* **1.** Volkslied *n.* **2.** Folksong *m* (*Lied mit meist sozialkritischem Inhalt, das Elemente von englischen, irischen u. schottischen Volksliedern sowie von Gospels aufgreift*). **~ sto·ry** → **folk tale.**

folk·sy [ˈfəʊksɪ] *adj colloq.* **1.** gesellig, ˈumgänglich. **2.** *oft contp.* volkstümlich: **to act ~** volkstümeln, sich volkstümlich geben.

folk| tale *s* Volkserzählung *f*, -sage *f.* **ˈ~·ways** *s pl* traditioˈnelle Lebensart *od.* -form *od.* -weise.

fol·li·cle [ˈfɒlɪkl; *Am.* ˈfɑ-] *s* **1.** *bot.* Fruchtbalg *m.* **2.** *anat.* Folˈlikel *m*: a) Drüsenbalg *m*, b) Haarbalg *m.* **ˈ~-ˌstim·u·lat·ing hor·mone** *s biol.* folˈlikelstimuˌlierendes Horˈmon.

fol·lic·u·lar [fɒˈlɪkjʊlə(r); *Am.* fə-; fɑ-], **folˈlic·u·lat·ed** [-leɪtɪd] *adj* **1.** *bot.* balgfrüchtig. **2.** *anat.* follikuˈlar, Follikel...: **~ hormone.** **3.** *biol.* Balg... **folˈlic·u·lin** [-lɪn] *s biol. chem.* Ösˈtron *n*, Folˈlikelhorˌmon *n.*

fol·low [ˈfɒləʊ; *Am.* ˈfɑ-] **I** *s* **1.** *Billard*: Nachläufer *m.* **2.** → **follow-up** 5.

II *v/t* **3.** *allg.* folgen (*dat*): a) (*zeitlich od. räumlich*) nachfolgen (*dat*), folgen auf (*acc*), sich anschließen (*dat*) *od.* an (*acc*): **a dinner ~ed by a dance** ein Essen mit anschließendem Tanz; **this story is ~ed by another** auf diese Geschichte folgt noch eine (andere), b) nachfolgen, -laufen: **to ~ s.o. close** j-m auf dem Fuße folgen, c) *a. mil. j-n* verfolgen, d) sich *j-m* anschließen, *j-n* begleiten, e) *j-m im Amt etc* nachfolgen, *j-s* Nachfolger sein, f) *j-m* (als Führer *od.* Vorbild) (nach)folgen, sich *j-m, e-r Partei etc* anschließen, g) *j-m* gehorchen, h) sich anpassen (*dat*) (*a. Sache*), i) *e-e Mode etc* mitmachen, j) *e-n Rat, Befehl etc* befolgen, beachten: **to ~ s.o.'s advice,** k) sich *e-r Ansicht* anschließen, teilen (*acc*), l) *j-s Beispiel* folgen: **to ~ s.o.'s example** *a.* es j-m gleichtun, m) *e-n Weg* verfolgen, n) entlanggehen, -führen (*acc*): **the road ~s the river,** o) (*mit dem Auge od. geistig*) verfolgen, beobachten: **to ~ a game; to ~ events**, p) zuhören (*dat*). **4.** *ein Ziel, e-n Zweck* verfolgen, anstreben. **5.** *e-r Beschäftigung etc* nachgehen, sich widmen (*dat*), *ein Geschäft etc* betreiben, *e-n Beruf* ausüben: **to ~ one's pleasure** s-m Vergnügen nachgehen; **to ~ the law** Jurist sein; → **sea** 1. **6.** folgen (können) (*dat*), verstehen: **do you ~ me?** können Sie mir folgen? **7.** folgen aus, die Folge sein von (*od. gen*). **8. to ~ s.th. with s.th.** e-r Sache etwas folgen lassen.

III *v/i* **9.** (*zeitlich od. räumlich*) (nach)folgen, sich anschließen: **to ~ after s.o.** j-m nachfolgen; **to ~ (up)on** folgen auf (*acc*); **letter to ~** Brief folgt; **as ~s** wie folgt, folgendermaßen. **10.** *meist impers* folgen, sich ergeben (**from** aus): **it ~s from this** hieraus folgt (**that** daß); **it does not ~ that** dies besagt nicht, daß.

Verbindungen mit Adverbien:

fol·low| a·bout, ~ (a·)round *v/t* überall(ˈhin) folgen (*dat*). **~ on** *v/i* **1.** (*nach e-r Pause*) weitergehen. **2.** *Kricket*: soˈfort nochmals zum Schlagen antreten. **~ out** *v/t e-n Plan etc* bis zum Ende ˈdurchführen, ‚ˈdurchziehen'. **~ through I** *v/t* → **follow out.** **II** *v/i bes. Golf*: ˈdurchschwingen. **~ up I** *v/t* **1.** (beharrlich) verfolgen. **2.** a) *e-r Sache* nachgehen, b) *e-e Sache* weiterverfolgen. **3.** *e-n Vorteil etc* ausnutzen. **4. to ~ a letter with a visit** auf e-n Brief e-n Besuch folgen lassen. **II** *v/i* **5.** *mil.* nachstoßen, -drängen. **6.** *fig.* nachstoßen (**with** mit). **7.** *econ.* (*in der Werbung*) nachfassen.

fol·low·er [ˈfɒləʊə; *Am.* ˈfɑləwər] *s* **1.** *obs.* Verfolger(in). **2.** a) Anhänger *m* (*a. e-s Sportvereins, e-s Politikers etc*), Schüler *m*, Jünger *m*, b) *pl* → **following** 1. **3.** *hist.* Gefolgsmann *m.* **4.** Begleiter *m.* **5.** *Br. obs.* Verehrer *m* (*bes. e-s Dienstmädchens*). **6.** *pol.* Mitläufer *m.* **ˈfol·low·ing I** *s* **1.** a) Gefolge *n*, Anhang *m*, b) Anhänger-, Gefolgschaft *f*, Anhänger *pl.* **2. the ~** a) das Folgende, b) die Folgenden *pl.* **II** *adj* **3.** folgend(er, e, es). **III** *prep* **4.** im Anschluß an (*acc*).

ˌfol·low|-my-ˈlead·er [-mɪˈliːdə(r)] *s Kinderspiel, bei dem die Spieler alles nachmachen müssen, was der Anführer vormacht*: **he wants us to play ~** *fig.* er möchte, daß wir ihm alles nachmachen. **ˌ~-ˈon** *s Kricket*: soˈfortiges Wiederˈantreten zum Schlagen. **ˌ~-ˈthrough** *s* **1.** *bes. Golf*: ˈDurchschwung *m.* **2.** (endgültige) ˈDurchführung. **ˈ~-up I** *s* **1.** Weiterverfolgen *n* (*e-r Sache*). **2.** Ausnutzung *f* (*e-s Vorteils*). **3.** *mil.* Nachstoßen *n* (*a. fig.*), -drängen *n.* **4.** *econ.* (*in der Werbung*) Nachfassen *n.* **5.** *Journalismus, Rundfunk, TV*: Fortsetzung *f* (**to** *gen*). **6.** *med.* Nachbehandlung *f*, -sorge *f.* **II** *adj* **7.** weiter(er, e, es), Nach...: **~ advertising** *econ.* Nachfaßwerbung *f*; **~ conference** Nachfolgekonferenz *f*; **~ file** Wiedervorlagemappe *f*; **~ letter** Nachfaßschreiben *n*; **~ order** *econ.* Anschlußauftrag *m*; **~ question** Zusatzfrage *f.*

fol·ly [ˈfɒlɪ; *Am.* ˈfɑliː] *s* **1.** Narrheit *f*, Torheit *f*: a) Verrücktheit *f*, b) Narreˈtei *f*, törichte Handlung. **2.** sinnloser Prachtbau. **3.** *pl thea.* Reˈvue *f.*

fo·ment [fəʊˈment] *v/t* **1.** *med.* bähen, mit warmen ˈUmschlägen behandeln. **2.** *fig.* pflegen, fördern. **3.** *fig.* anfachen, schüren, aufhetzen zu: **to ~ riots.** **ˌfo·menˈta·tion** *s* **1.** *med.* Bähung *f.* **2.** *med.* Bähmittel *n.* **3.** *fig.* Anfachung *f*, Schürung *f.* **foˈment·er** *s* Aufhetzer *m*, Anstifter *m.*

fo·mes [ˈfəʊmiːz] *pl* **fo·mi·tes** [ˈfəʊmɪtiːz] *s med.* Ansteckungsträger *m*, infiˈzierter Gegenstand.

fond [fɒnd; *Am.* fɑnd] *adj* (*adv* → **fondly**) **1. to be ~ of s.o. (s.th.)** j-n (etwas) lieben *od.* mögen *od.* gern haben; **to be ~ of smoking** gern rauchen. **2.** zärtlich, liebevoll, innig. **3.** allzu nachsichtig (*Mutter etc*). **4.** überˈtrieben zuversichtlich, töricht, (allzu) kühn: **~ hope; it went beyond my ~est dreams** es übertraf m-e kühnsten Träume.

fon·dant [ˈfɒndənt; *Am.* ˈfɑn-] *s gastr.* Fonˈdant *m*.

fon·dle [ˈfɒndl; *Am.* ˈfɑndl] **I** *v/t* **1.** (liebevoll) streicheln, (-) spielen mit. **2.** *obs.* verhätscheln. **II** *v/i* **3.** zärtlich sein.

ˈ**fond·ly** *adv* **1.** liebevoll, herzlich. **2.** in törichtem Optiˈmismus, allzu kühn: **I ~ hoped (imagined) that** ich war so töricht zu hoffen (anzunehmen), daß.

ˈ**fond·ness** *s* **1.** Zärtlichkeit *f*, Innigkeit *f*. **2.** Liebe *f*, Zuneigung *f* (**of** zu). **3.** Vorliebe *f* (**for** für).

fon·due [ˈfɒndjuː; *Am.* fɑnˈduː; -ˈdjuː] *s gastr.* Fonˈdue *n*: **~ fork** Fonduegabel *f*.

font[1] [fɒnt; *Am.* fɑnt] *s* **1.** *relig.* Taufstein *m*, -becken *n*. **2.** Ölbehälter *m* (*e-r Lampe*). **3.** *poet.* a) Quelle *f*, b) Brunnen *m*.

font[2] [fɒnt; *Am.* fɑnt], *bes. Br.* **fount** [faʊnt] *s* **1.** *tech.* Gießen *n*, Guß *m*. **2.** *print.* Schrift(satz *m*, -guß *m*, -sorte *f*) *f*: → **wrong fo(u)nt**.

font·al [ˈfɒntl; *Am.* ˈfɑntl] *adj* **1.** ursprünglich, Ur... **2.** *relig.* Tauf(becken)...

fon·ta·nel(le) [ˌfɒntəˈnel; *Am.* ˌfɑn-] *s anat.* Fontaˈnelle *f*.

font name *s* Taufname *m*.

food [fuːd] *s* **1.** Essen *n*, Kost *f*, Nahrung *f*, Verpflegung *f*: **~ conditions** Ernährungslage *f*; **~ intake** Nahrungsaufnahme *f*; **~ plant** Nahrungspflanze *f*; **it was ~ and drink to him** *fig.* a) es war ein gefundenes Fressen für ihn, b) ‚es ging ihm runter wie Öl'. **2.** Nahrungs-, Lebensmittel *pl*: **F~ and Drug Act** Lebensmittelgesetz *n*; **~ chain** *biol.* Nahrungskette *f*; **~ poisoning** *med.* Lebensmittelvergiftung *f*. **3.** Futter *n*. **4.** *bot.* Nährstoff(e *pl*) *m*. **5.** *fig.* Nahrung *f*, Stoff *m*: **~ for thought** (*od.* **reflection**) Stoff zum Nachdenken. ˈ**~-ˌsen·si·tive** *adj* ernährungsbewußt. ˈ**~stuff** → **food** 2.

fool[1] [fuːl] **I** *s* **1.** Narr *m*, Närrin *f*, Dummkopf *m*: **to make a ~ of** → 8; **to make a ~ of o.s.** sich lächerlich machen; **there's no ~ like an old ~** a) die alten Narren sind die schlimmsten, b) Alter schützt vor Torheit nicht; **I am a ~ to him** ich bin ein Waisenknabe gegen ihn; **he is no ~** er ist nicht auf den Kopf gefallen; **I was ~ enough to believe her** ich war so dumm u. glaubte ihr. **2.** *hist.* Hofnarr *m*: **to play the ~** → 11. **3.** a) Betrogene(r *m*) *f*, b) Gimpel *m*, leichtgläubiger Mensch: **he is nobody's ~** er läßt sich nichts vormachen. **4.** *obs.* Schwachsinnige(r *m*) *f*, Idiˈot *m*: **village ~** Dorftrottel *m*. **5.** Närrchen *n*, dummes Ding. **6.** *Am. colloq.* a) Fex *m*: **to be a ~ for** verrückt sein auf (*acc*), b) ‚Kaˈnone' *f*, ‚toller Kerl': **a ~ for luck** ein Glückspilz *m*. **II** *adj* **7.** *bes. Am. colloq.* blöd, ‚doof'. **III** *v/t* **8.** zum Narren halten. **9.** betrügen (**out of** um), täuschen, ‚reinlegen', verleiten (**into doing** zu tun): **he ~ed her into believing that** er machte ihr weis, daß. **10. ~ away** *Zeit, Geld etc* vergeuden. **IV** *v/i* **11.** *a.* **~ about** (*od.* **around**) Unsinn *od.* Faxen machen, herˈumalbern. **12.** *oft* **~ about** (*od.* **around**) a) spielen (**with** mit): **to ~ about with a woman**, b) sich herˈumtreiben, c) herˈumtrödeln. **13.** *Am.* nur so tun, als ob: **he was only ~ing**.

fool[2] [fuːl] *s gastr. bes. Br. Süßspeise aus Obstpüree u. Sahne od. Eiercreme.*

fool·er·y [ˈfuːlərɪ] → **folly** 1.

ˈ**fool|·fish** *s ichth.* **1.** (*e-e*) Scholle. **2.** Langflossiger Hornfisch. ˈ**~ˌhar·di·ness** *s* Tollkühnheit *f*. ˈ**~ˌhar·dy** *adj* tollkühn, verwegen.

ˈ**fool·ing** *s* **1.** Albernheit *f*, Dummheit(en *pl*) *f*. **2.** Spieleˈrei *f*. ˈ**fool·ish** *adj* (*adv* **~ly**) **1.** dumm, töricht: a) albern, läppisch: **to feel ~** sich albern vorkommen, b) unklug: **a ~ thing to do** e-e Dummheit. **2.** lächerlich. ˈ**fool·ish·ness** *s* Dummheit *f*, Torheit *f*.

ˈ**fool·proof** *adj* **1.** *tech.* betriebssicher. **2.** todsicher (*Plan etc*). **3.** ‚narren-, idiˈotensicher' (*Gerät etc*).

fools·cap [ˈfuːlzkæp; *Am.* ˈfuːlˌskæp] *s* **1.** [*meist* ˈfuːlskæp] *bes. Br. Schreib- u. Druckpapierformat* (*34,2 × 43,1 cm*). **2.** Narrenkappe *f*.

fool's| cap [fuːlz] *s* Narrenkappe *f*. **~ er·rand** *s* vergeblicher Gang, ‚Metzgergang' *m*: **to go on a ~** e-n Metzgergang machen. **~ gold** *s min.* Eisenkies *m*. **~ par·a·dise** *s* Wolkenˈkuckucksheim *n*: **to live in a ~** im Wolkenkuckucksheim leben.

foot [fʊt] **I** *pl* **feet** [fiːt] *s* **1.** Fuß *m*: **feet first** mit den Füßen zuerst; **they took him out feet first** (*od.* **foremost**) sie schafften ihn mit den Füßen zuerst (*tot*) hinaus; **my ~!** *colloq.* (so ein) ‚Quatsch'!; **on ~** zu Fuß; **at s.o.'s feet** zu j-s Füßen; **to be at s.o.'s feet** *fig.* j-m zu Füßen liegen; **to be on ~** a) im Gange sein, b) in Vorbereitung sein; **to be on one's feet** a) auf den Beinen sein, b) sich erheben, aufspringen (*um zu sprechen*); **to be on one's feet again** wieder auf den Beinen sein (*nach e-r Krankheit*); **to catch s.o. on the wrong ~** a) *sport* j-n auf dem falschen Bein *od.* Fuß erwischen, b) *fig.* j-n überrumpeln; **to fall** (*od.* **land**) **on one's feet** Glück haben; **he always falls** (*od.* **lands**) **on his feet** er fällt immer wieder auf die Beine *od.* Füße; **to find one's feet** a) gehen *od.* laufen lernen (*Baby*), b) *fig.* sich freischwimmen; lernen, selbständig zu handeln, c) *fig.* sich eingewöhnen; **to get a ~ in the door (of), to get a ~ in** *fig.* sich Zugang verschaffen (zu), hineinkommen (in *acc*); *he joined the club in the hope* **of getting a ~ in one of the teams** in e-e der Mannschaften zu kommen; **to have a ~ in the door (of)** *fig.* sich Zugang verschafft haben (zu), drin sein (in *dat*); **to have feet of clay** auch s-e Schwächen haben, auch nur ein Mensch sein; **to jump** (*od.* **leap**) **to one's feet** aufspringen; **to keep one's feet** sich auf den Beinen halten; **to put one's ~ down** a) *mot.* (Voll)Gas geben, b) *fig.* energisch werden, ein Machtwort sprechen; **to put one's best ~ forward** a) die Beine unter den Arm nehmen, b) sich gewaltig anstrengen (*bes. um e-n guten Eindruck zu machen*); **to put one's ~ in it,** *Am. a.* **to put one's ~ in one's mouth** ins Fettnäpfchen treten; **to put one's feet up** die Beine hochlegen; **to put** (*od.* **set**) **a** (*od.* **one's**) **~ wrong** etwas Falsches sagen *od.* tun; **to rise** (*od.* **get**) **to one's feet** sich erheben, aufstehen; **to run** (*od.* **rush**) **s.o. off his feet** j-n in Trab halten; **to set ~ in** (*od.* **on**) betreten; **to set s.o. on his feet** j-n auf eigene Beine stellen; **to set s.th. on ~** etwas in die Wege leiten *od.* in Gang bringen; **to stand on one's own (two) feet** auf eigenen Beinen stehen; **to step** (*od.* **get**) **off on the right (wrong) ~** die Sache richtig (falsch) anpacken; → **cold** 2, **grave**[1] 1, **spring** 1, **sweep** 5, *etc.* **2.** (*pl a.* **foot**) Fuß *m* (= *0,3048 m*): **6 feet tall** 6 Fuß groß *od.* hoch; **a ten-~ pole** e-e 10 Fuß lange Stange. **3. foot** *pl mil. bes. Br.* a) Infanteˈrie *f*: **the 4th F~** das Infanterieregiment Nr. 4, b) *hist.* Fußvolk *n*: **500 ~** 500 Fußsoldaten. **4.** Gang *m*, Schritt *m*. **5.** Fuß *m*, Füßling *m* (*am Strumpf*). **6.** Fuß *m* (*e-s Berges, e-s Glases, e-r Säule, e-r Treppe etc*), Fußende *n* (*des Bettes, Tisches etc*), unteres Ende: **at the ~ of the page** unten an *od.* am Fuß der Seite. **7.** (*pl* **foots**) Bodensatz *m*, Hefe *f*. **8.** *metr.* (Vers)Fuß *m*. **9.** *mus.* Reˈfrain *m*. **10.** Stoffdrückerfuß *m* (*e-r Nähmaschine*).

II *v/i* **11. ~ up** *obs. od. dial.* sich belaufen (to auf *acc*).

III *v/t* **12. to ~ it** *colloq.* a) marschieren, zu Fuß gehen, b) tanzen. **13.** e-n Fuß anstricken an (*acc*). **14.** mit den Krallen fassen (*Raubvögel*). **15.** *meist* **~ up** *bes. Am.* zs.-zählen, adˈdieren. **16.** bezahlen, begleichen: **to ~ the bill**.

ˈ**foot·age** *s* **1.** Gesamtlänge *f od.* Ausmaß *n* (in Fuß). **2.** Filmmeter *pl*. **3.** *Bergbau*: Bezahlung *f* nach Fuß.

ˌ**foot-and-ˈmouth dis·ease** *s vet.* Maul- u. Klauenseuche *f*.

ˈ**foot|·ball I** *s* **1.** *sport* a) *Br.* Fußball(spiel *n*) *m*, b) *Am.* Football(spiel *n*) *m*. **2.** *sport* a) *Br.* Fußball *m*, b) *Am.* Football-Ball *m*. **3.** *fig. contp.* **to make an issue a political ~** e-e Sache zu e-m Politikum aufblähen; **he was made the ~ of the politicians** der Streit der Politiker wurde auf s-m Rücken ausgetragen. **II** *adj* **4.** *sport* a) *Br.* Fußball...: **~ pools** Fußballtoto *n*, *m*, b) *Am.* Football... ˈ**~·ball·er** *s* a) *Br.* Fußballspieler *m*, b) *Am.* Footballspieler *m*. ˈ**~·bath** *s* Fußbad(ewanne *f*) *n*. ˈ**~·board** *s* **1.** *rail. etc* Trittbrett *n*. **2.** Fußbrett *n* (*am Bett*). **3.** Laufrahmen *m* (*Lokomotive*). ˈ**~·boy** *s* **1.** Laufbursche *m*. **2.** Page *m*. **~ brake** *s tech.* Fußbremse *f*. ˈ**~·bridge** *s* Fußgängerbrücke *f*. ˈ**~ˌcan·dle** *s phys.* Footcandle *f* (*Einheit der Beleuchtungsstärke*). ˈ**~·cloth** *s hist.* Schaˈbracke *f*. **~·con·trol** *s tech.* Fußsteuerung *f*, -schaltung *f*. **~ drop** *s med.* Spitzfuß(stellung *f*) *m*.

ˈ**foot·ed** *adj meist in Zssgn* mit (...) Füßen, ...füßig: **flat-~**. ˈ**foot·er** *s* **1.** *in Zssgn e-e ... Fuß große od. lange Person od. Sache*: **a six-~**. **2.** *Br. colloq.* Fußball(spiel *n*) *m*.

ˈ**foot|·fall** *s* Schritt *m*, Tritt *m* (*Geräusch*). **~ fault** *s Tennis*: Fußfehler *m*. ˈ**~·fault** *v/i Tennis*: e-n Fußfehler begehen. ˈ**~·gear** *s* Fußbekleidung *f*, Schuhwerk *n*. **~ guard** *s* Fußschutz *m* (*bes. für Pferde*). ˈ**~·hill** *s* **1.** Vorhügel *m*, -berg *m*. **2.** *pl* Ausläufer *pl* e-s Gebirges, Vorgebirge *n*. ˈ**~·hold** *s* **1.** Stand *m*, Raum *m od.* Platz zum Stehen, *mount.* Tritt *m*: **safe ~** fester Stand, sicherer Halt. **2.** *fig.* a) sichere Stellung, Halt *m*, b) (Ausgangs)Basis *f*, (ˈAusgangs)Positiˌon *f*: **to gain** (*od.* **get**) **a ~** (festen) Fuß fassen (**in** in *dat*; **as** als).

ˈ**foot·ing** *s* **1.** Stand *m* (*etc* → **foothold**): **to lose** (*od.* **miss**) **one's ~** ausgleiten, den Halt verlieren. **2.** Auftreten *n*, -setzen *n* der Füße. **3.** *arch.* Sockel *m*, Mauerfuß *m*. **4.** *tech.* Fundaˈment *n*. **5.** *fig.* a) Basis *f*, Grundlage *f*, b) Zustand *m*, c) Stellung *f*, Positiˈon *f*: **to place on a** (*od.* **on the same**) **~** gleichstellen (**with** *dat*), d) Verhältnis *n*, (wechselseitige) Beziehung(en *pl*) *f*: **to be on a friendly ~** auf freundschaftlichem Fuße stehen (**with** mit). **6.** a) Eintritt *m*, b) Einstand(sgeld *n*) *m*: **to pay (for) one's ~** s-n Einstand geben. **7.** Anstricken *n* e-s Fußes. **8.** *bes. Am.* a) End-, Gesamtsumme *f*, b) Adˈdieren *n* einzelner Posten. **9.** *Mode*: Bauern-, Zwirnspitze *f*.

ˌ**foot-in-the-ˈmouth dis·ease** *s Am.*

humor. ausgeprägtes Ta'lent, immer wieder ins Fettnäpfchen zu treten.

foot·le ['fu:tl] *colloq.* **I** *v/i* **1.** *oft* ~ **about** (*od.* **around**) her'umtrödeln. **2.** a) 'Stuß' reden, b) her'umalbern. **II** *v/t* **3.** ~ **away** *Zeit, Geld etc* vergeuden, *Chance etc* vertun. **III** *s* **4.** 'Stuß' *m*, dummes Gewäsch.

'**foot·less** *adj* **1.** ohne Füße. **2.** *fig.* wenig stichhaltig *od.* fun'diert: ~ **arguments.** **3.** *Am. colloq.* a) ungeschickt, b) sinnlos.

'**foot|,lick·er** *s* Speichellecker *m.* '**~lights** *s pl thea.* **1.** Rampenlicht(er *pl*) *n*: **to get across the ~** beim Publikum 'ankommen'. **2.** *fig.* (*die*) Bühne, (*das*) The'ater.

foot·ling ['fu:tlɪŋ] *adj colloq.* läppisch (*Sache*), (*a. Person*) albern.

'**foot|-loose** *adj* **1.** frei, ungebunden, unbeschwert: ~ **and fancy-free** frei u. ungebunden. **2.** a) reiselustig, b) rastlos. '**~man** [-mən] *s irr* La'kai *m.* '**~mark** *s* Fußspur *f.* **~muff** *s* Fußsack *m.* '**~note** *s* Fußnote *f* (**to** zu) (*a. fig.*). '**~,op·er·at·ed** *adj* mit Fußantrieb, Tret..., Fuß...: ~ **switch** Fußschalter *m.* '**~pace** *s* **1.** Schrittempo *n*: **at a ~** im Schritt. **2.** *arch.* E'strade *f.* '**~pad** *s obs.* Straßenräuber *m*, Wegelagerer *m.* **~page** *s* Page *m.* **~ pas·sen·ger** *s Am.* Fußgänger(in). '**~path** *s* **1.** (Fuß)Pfad *m*, (-)Weg *m.* **2.** *bes. Br.* Bürgersteig *m.* '**~plate** *s rail. bes. hist.* Stand *m* des Lokomo'tivführers u. Heizers. '**~-pound** *s phys.* Foot-pound *n* (*Einheit der Energie u. Arbeit*). **,~-'pound·al** *s phys.* Foot-poundal *n* (= $^1/_{32}$ *Foot-pound*). '**~print** *s* Fußabdruck *m*: **~s** *a.* Fußspur(en *pl*) *f.* '**~race** *s* Wettlauf *m.* '**~rest** *s* **1.** → **footstool.** **2.** Fußraste *f*, -stütze *f.* **~ rot** *s* **1.** *vet.* Fußfäule *f* (*der Schafe*). **2.** *bot. Pflanzenkrankheit, die den Stengel in Bodennähe angreift.* **~ rule** *s tech.* Zollstab *m*, -stock *m.*

foot·sie ['fʊtsɪ] *s*: **to play ~ (with)** *colloq.* a) (*unter dem Tisch*) 'füßeln' (mit), b) *fig. Am.* (heimlich) zs.-arbeiten (mit), c) *fig. Am.* sich einschmeicheln (bei).

'**foot|-slog** *v/i colloq.* 'latschen', mar'schieren. '**~,slog·ger** *s mil. colloq.* 'Fußlatscher' *m* (*Infanterist*). **~sol·dier** *s mil.* Infante'rist *m.* '**~sore** *adj* a) fußwund, wund an den Füßen, *bes. mil.* fußkrank, b) 'fußlahm'. '**~,sore·ness** *s* Wundsein *n* der Füße, wunde Füße *pl.* **~ spar** *s mar.* Stemmbrett *n.* **~spray** *s* Fußspray *m, n.* '**~stalk** *s bot. zo.* Stengel *m*, Stiel *m.* '**~stall** *s* **1.** Damensteigbügel *m.* **2.** *arch.* Posta'ment *n*, Säulenfuß *m.* '**~step** *s* **1.** Tritt *m*, Schritt *m.* **2.** Fußstapfe *f*: **to follow in s.o.'s ~s** *fig.* in j-s Fußstapfen treten. **3.** *fig.* Spur *f*, Zeichen *n.* **4.** *rail. etc* Trittbrett *n.* **5.** *tech.* Zapfenlager *n.* '**~stone** *s* **1.** Stein *m* am Fußende e-s Grabes. **2.** *arch.* Grundstein *m.* '**~stool** *s* Schemel *m*, Fußbank *f.* **~ switch** *s tech.* Fußschalter *m.* '**~-ton** *s phys.* Fußtonne *f* (*Einheit der Energie u. Arbeit*). **~ valve** *s tech.* 'Fußven,til *n.* '**~wall** *s Bergbau*: Liegendschicht *f*, Liegendes *n.* '**~way** *s* **1.** Fußweg *m.* **2.** Laufsteg *m.* '**~wear** → **footgear.** '**~,wear·y** → **footsore.** '**~work** *s* **1.** *sport* Beinarbeit *f.* **2.** Laufe'rei *f.* '**~worn** *adj* **1.** ausgetreten (*Stufen etc*), abgetreten (*Teppich etc*). **2.** → **footsore.**

foo·zle ['fu:zl] (*bes. Golf*) **I** *v/t e-n Schlag* 'verpatzen'. **II** *v/i* 'patzen'. **III** *s* 'Patzer' *m*, 'verpatzter' Schlag.

fop [fɒp; *Am.* fɑp] *s* Geck *m*, Fatzke *m.* '**fop·per·y** [-ərɪ] *s* Geckenhaftigkeit *f*, Affigkeit *f.* '**fop·pish** *adj* geckenhaft, affig. '**fop·pish·ness** → **foppery.**

for [fɔ:(r); *unbetont* fə(r)] **I** *prep* **1.** *allg.* für: **it is good (bad) ~ him; it was very awkward ~ her** es war sehr peinlich für sie, es war ihr sehr unangenehm; **he spoilt their holidays** (*bes. Am.* **vacation**) **~ them** er verdarb ihnen die ganzen Ferien; **she brought a letter ~ me to sign** sie brachte mir e-n Brief zur Unterschrift. **2.** für, zu'gunsten von: **a gift ~ him** ein Geschenk für ihn; **~ and against** für u. wider; → **speak for** 1. **3.** für, (mit der Absicht) zu, um (... willen): **to apply ~ the post** sich um die Stellung bewerben; **to die ~ a cause** für e-e Sache sterben; **to come ~ dinner** zum Essen kommen. **4.** (*Wunsch, Ziel*) nach, auf (*acc*): **a claim ~ s.th.** ein Anspruch auf e-e Sache; **the desire ~ s.th.** der Wunsch *od.* das Verlangen nach etwas; **to call ~ s.o.** nach j-m rufen; **to wait ~ s.th.** auf etwas warten; **oh, ~ a car!** ach, hätte ich doch nur ein Auto! **5.** a) (*passend od. geeignet*) für, b) (*bestimmt*) für *od.* zu: **tools ~ cutting** Werkzeuge zum Schneiden, Schneidewerkzeuge; **the right man ~ the job** der richtige Mann für diesen Posten. **6.** (*Mittel*) gegen: **a remedy ~ lumbago; to treat s.o. ~ cancer** j-n gegen *od.* auf Krebs behandeln; **there is nothing ~ it but to give in** es bleibt nichts (anderes) übrig, als nachzugeben. **7.** (*als Belohnung*) für: **a medal ~ bravery.** **8.** (*als Entgelt*) für, gegen, um: **I sold it ~ £10** ich verkaufte es für 10 Pfund. **9.** (*im Tausch*) für, gegen: **I exchanged the knife ~ a pencil.** **10.** (*Betrag, Menge*) über (*acc*): **a postal order ~ £2.** **11.** (*Grund*) aus, vor (*dat*), wegen: **~ this reason** aus diesem Grund; **to die ~ grief** aus *od.* vor Gram sterben; **to weep ~ joy** aus *od.* vor Freude weinen; **I can't see ~ the fog** ich kann nichts sehen wegen des Nebels *od.* vor lauter Nebel. **12.** (*als Strafe etc*) für, wegen: **punished ~ theft.** **13.** dank, wegen: **were it not ~ his energy** wenn er nicht so energisch wäre, dank s-r Energie; **if it wasn't ~ him** wenn er nicht wäre, ohne ihn; *he would never have done it*, **if it hadn't been ~ me talking him into it** wenn ich ihn nicht dazu überredet hätte. **14.** für, in Anbetracht (*gen*), im 'Hinblick auf (*acc*), im Verhältnis zu: **he is tall ~ his age** er ist groß für sein Alter; **it is rather cold ~ July** es ist ziemlich kalt für Juli; **~ a foreigner he speaks English fairly well** für e-n Ausländer spricht er recht gut Englisch. **15.** (*Begabung, Neigung*) für, (*Hang*) zu: **an eye ~ beauty** Sinn für das Schöne. **16.** (*zeitlich*) für, während, auf (*acc*), für die Dauer von, seit: **~ a week** e-e Woche (lang); **come ~ a week** komme auf *od.* für e-e Woche; **~ hours** stundenlang; **~ a** (*od.* **some**) **time past** seit längerer Zeit; **~ a long time past** schon seit langem; **not ~ a long time** noch lange nicht; **the first picture ~ two months** der erste Film in *od.* seit zwei Monaten. **17.** (*Strecke*) weit, lang: **to run ~ a mile** e-e Meile (weit) laufen. **18.** nach, auf (*acc*), in Richtung auf (*acc*): **the train ~ London** der Zug nach London; **the passengers ~ Rome** die nach Rom reisenden Passagiere; **to start ~ Paris** nach Paris abreisen; **now ~ it!** *Br. colloq.* jetzt (nichts wie) los *od.* drauf!, jetzt gilt's! **19.** für, an Stelle von (*od. gen*), (an)'statt: **he appeared ~ his brother.** **20.** für, in Vertretung *od.* im Auftrag *od.* im Namen von (*od. gen*): **to act ~ s.o.** in j-s Auftrag handeln. **21.** für, als: **books ~ presents** Bücher als Geschenk; **they were sold ~ slaves** sie wurden als Sklaven verkauft; **take that ~ an answer** nimm das als Antwort. **22.** trotz (*gen od. dat*), ungeachtet (*gen*): **~ all that** trotz alledem; **~ all his wealth** trotz s-s ganzen Reichtums, bei allem Reichtum; **~ all you may say** sage, was du willst. **23.** was ... betrifft: **as ~ me** was mich betrifft *od.* an(be)langt; **as ~ that matter** was das betrifft; **~ all I know** soviel ich weiß; **~ all of me** meinetwegen, von mir aus. **24.** *nach adj u. vor inf*: **it is too heavy ~ me to lift** es ist so schwer, daß ich es nicht heben kann; **it is impossible ~ me to come** es ist mir unmöglich zu kommen, ich kann unmöglich kommen; **it seemed useless ~ me to continue** es erschien mir sinnlos, noch weiterzumachen. **25.** *mit s od. pron u. inf*: **it is time ~ you to go home** es ist Zeit, daß du heimgehst; es ist Zeit für dich heimzugehen; **it is ~ you to decide** die Entscheidung liegt bei Ihnen; **it is not ~ you to** *inf* a) es ist nicht d-e Sache zu *inf*, b) es steht dir nicht zu *inf*; **he called ~ the girl to bring him tea** er rief nach dem Mädchen u. bat es, ihm Tee zu bringen; **don't wait ~ him to turn up yet** wartet nicht darauf, daß er noch auftaucht; **there is no need ~ anyone to know** es braucht niemand zu wissen. **26.** (*ethischer Dativ*): **that's a wine ~ you** das ist vielleicht ein Weinchen, das nenne ich e-n Wein. **27.** *Am.* nach: **he was named ~ his father.**

II *conj* **28.** denn, weil, nämlich.

III *s* **29.** Für *n.*

fo·ra ['fɔ:rə; *Am. a.* 'fəʊrə] *pl von* **forum.**

for·age ['fɒrɪdʒ; *Am. a.* 'fɑr-] **I** *s* **1.** (Vieh-)Futter *n.* **2.** Nahrungs-, Futtersuche *f.* **3.** *mil.* 'Überfall *m.* **II** *v/i* **4.** (nach) Nahrung *od.* Futter suchen. **5.** (her'um)stöbern, (-)wühlen, (-)kramen (**in** in *dat*; **for** nach). **6.** *mil.* e-n 'Überfall machen. **III** *v/t* **7.** mit Nahrung *od.* Futter versorgen. **8.** *obs.* (aus)plündern. **~cap** *s mil.* Feldmütze *f.*

'**for·ag·ing ant** *s zo.* Treiberameise *f.*

fo·ra·men [fɒ'reɪmən; *bes. Am.* fə'reɪmən] *pl* **-ram·i·na** [-'ræmɪnə], **-mens** *s anat.* Loch *n*, Fo'ramen *n*: **~ magnum** *anat.* Hinterhauptloch.

for·a·min·i·fer [,fɒrə'mɪnɪfə(r); *Am. a.* ,fɑ-] *s zo.* Foramini'fere *f*, Wurzelfüßer *m.*

for·as·much [fərəz'mʌtʃ; *Am.* 'fɔ:rəz-mʌtʃ] *conj*: **~ as** *obs. od. jur.* insofern als.

for·ay ['fɒreɪ; *Am.* 'fɔ:-; 'fɑ-] **I** *s* **1.** Beute-, Raubzug *m.* **2.** *bes. mil.* Ein-, 'Überfall *m.* **3.** *fig.* Ausflug *m* (**into** in *acc*): **an unsuccessful ~ into politics.** **II** *v/t* **4.** *obs.* (aus)plündern. **III** *v/i* **5.** *obs.* plündern. **6.** *bes. mil.* einfallen (**into** in *acc*).

for·bade [fə(r)'bæd; -'beɪd], *a.* **for'bad** [-'bæd] *pret von* **forbid.**

for·bear[1] [fɔ:(r)'beə(r)] *pret* **-bore** [-'bɔ:(r); *Am. a.* -'bəʊr] *pp* **-borne** [-'bɔ:(r)n; *Am. a.* -'bəʊrn] **I** *v/t* **1.** unter'lassen, Abstand nehmen von, sich (*e-r Sache*) enthalten: **I cannot ~ doing** (*od.* **to do**) ich kann nicht umhin, zu tun; **to ~ a suit** *jur. Am.* Klageerhebung unterlassen. **2.** *obs.* erdulden, ertragen. **II** *v/i* **3.** da'von Abstand nehmen, es unter'lassen (**from doing** zu tun). **4.** sich beherrschen, sich zu'rückhalten. **5.** geduldig *od.* nachsichtig sein (**with** mit).

for·bear[2] → **forebear.**

for·bear·ance [fɔ:(r)'beərəns] *s* **1.** Unter'lassung *f* (*a. jur.*): **~ to sue** *Am.* Klagunterlassung. **2.** Geduld *f*, Nachsicht *f.*

for'bear·ing *adj* nachsichtig, geduldig.

for·bid [fə(r)'bɪd; fɔ:(r)-] *pret* **-bade** [-'bæd; -'beɪd], **-bad** [-'bæd] *pp* **-bid·den** [-'bɪdn], **-bid I** *v/t* **1.** verbieten, unter'sagen: **to ~ s.o. the house** j-m das Haus verbieten. **2.** ausschließen, unmöglich machen: **God** (*od.* **heaven**) **~ that we ...** möge Gott uns davor behüten *od.* bewahren, daß wir ... **II** *v/i* **3. God** (*od.* **heaven**) **~!** Gott behüte *od.* bewahre!; **if,**

God ~, ... falls, was Gott verhüten möge, ... **for'bid·dance** *s* Verbot *n*. **for'bid·den** *adj* verboten, unter'sagt: ~ **fruit** *fig.* verbotene Früchte. **for'bid·ding** *adj* (*adv* ~**ly**) *fig.* **1.** abstoßend, abschreckend, 'widerwärtig. **2.** gefährlich, bedrohlich.

for·bore [fɔ:(r)'bɔ:(r); *Am. a.* -'bəʊr] *pret von* **forbear**[1]. **for'borne** [-'bɔ:(r)n; *Am. a.* -'bəʊrn] *pp von* **forbear**[1].

force [fɔ:(r)s; *Am. a.* 'fəʊərs] **I** *s* **1.** Stärke *f*, Kraft *f*, Wucht *f* (*a. fig.*): **the ~ of an explosion**; ~ **of gravity** *phys.* Schwerkraft; **by ~ of** durch, kraft (*gen*), vermittels (*gen*); **by ~ of arms** mit Waffengewalt; **to join ~s** a) sich zs.-tun, b) *mil.* s-e Streitkräfte vereinigen (**with** mit). **2.** *fig.* (*a. politische etc*) Kraft: ~**s of nature** Naturkräfte, -gewalten. **3.** Gewalt *f*: **by ~** gewaltsam, mit Gewalt (→ 4). **4.** *a. jur.* Zwang *m*, Gewalt(anwendung) *f*, Druck *m*: **by ~** zwangsweise (→ 3); **the ~ of circumstances** der Zwang der Verhältnisse. **5.** *jur.* (Rechts)Kraft *f*, (-)Gültigkeit *f*: **to come** (*od.* **enter**) (**put**) **into ~** in Kraft treten (setzen); **coming** (*od.* **entry**) **into ~** Inkrafttreten *n*; **in ~** in Kraft, geltend (→ 9); **legal ~** Rechtskraft, -wirksamkeit *f*. **6.** Einfluß *m*, Macht *f*, Wirkung *f*, ('Durchschlags-, Über'zeugungs)Kraft *f*, Nachdruck *m*: **to lend ~ to** Nachdruck verleihen (*dat*); **the ~ of habit** die Macht der Gewohnheit. **7.** (geistige *od.* mo'ralische) Kraft. **8.** *a. ling.* Bedeutung *f*, Gehalt *m*. **9.** *colloq.* Menge *f*: **in ~** in großer Zahl *od.* Menge (→ 5). **10.** *mil.* a) *oft pl* Streit-, Kriegsmacht *f*, b) *a.* **armed ~s** *pl* (Gesamt-) Streitkräfte *pl*, c) *pl* Truppe *f*, Verband *m*. **11.** Truppe *f*, Mannschaft *f*: **a strong ~ of police** ein starkes Polizeiaufgebot; **the police ~**, *Br. a.* **the F~** die Polizei.

II *v/t* **12.** zwingen, nötigen: **to ~ s.o. to resign** j-n zum Rücktritt zwingen; **to ~ s.o.'s hand** j-n zu handeln zwingen. **13.** *etwas* erzwingen, 'durchsetzen, -drükken: **to ~ a smile** gezwungen *od.* gequält lächeln; **to ~ s.th. from s.o.** etwas von j-m erzwingen; **to ~ s.o.'s release (from prison)** j-n freipressen; → **entry** 7. **14.** zwängen, drängen, drücken, pressen: **to ~ back (out, together)** zurücktreiben (herausdrücken, zs.-pressen); **she ~d back her tears** sie unterdrückte die Tränen; **to ~ down** *Essen* hinunterwürgen; **to ~ one's way** sich (durch)zwängen *od.* (-)drängen (**through** durch). **15.** ~ **down** *aer.* zur Notlandung zwingen. **16.** *a.* ~ **up** *econ. Preise* hochtreiben. **17.** aufzwingen, -drängen (**s.th. [up]on s.o.** j-m etwas): **to ~ o.s. on s.o.** sich j-m aufdrängen. **18.** über'wältigen. **19.** *mil.* erstürmen, erobern. **20.** *a.* ~ **open** aufbrechen: **to ~ a door. 21.** *j-m, a. e-r Frau, a. fig. dem Sinn etc* Gewalt antun. **22.** *fig. e-n Ausdruck etc* zu Tode hetzen *od.* reiten. **23.** beschleunigen, for'cieren: **to ~ the pace. 24.** *bot.* rasch hochzüchten *od.* zur Reife bringen. **25.** (an)treiben. **26.** *mus. Töne* for'cieren: **to ~ one's voice** (*od.* **the top notes**) pressen.

forced *adj* **1.** erzwungen, Zwangs...: ~ **draft** (*bes. Br.* **draught**) *tech.* a) künstlicher Zug, b) Fremdbelüftung *f*; ~ **lubrication** *tech.* Druckschmierung *f*; ~ **heir** *jur. Am.* pflichtteilsberechtigter Erbe; ~ **heirship** *jur. Am.* Pflichtteil *m, n*; ~ **labo(u)r** Zwangsarbeit *f*; ~ **landing** *aer.* Notlandung *f*; ~ **loan** *econ.* Zwangsanleihe *f*; ~ **march** *bes. mil.* Gewaltmarsch *m*; ~ **sale** *jur.* Zwangs-, Vollstreckungsversteigerung *f*; ~ **saving** Zwangssparen *n*. **2.** gezwungen, gequält: **a ~ smile. 3.** gekünstelt, manie'riert, for'ciert: ~ **style.** '**forc·ed·ly** [-ɪdlɪ] *adv* gezwungenermaßen.

force| feed *s tech.* Druckschmierung *f*. '~**-feed** *v/t irr* **1.** zwangsernähren. **2.** to ~ **s.o. with** (*od.* **on**) **s.th.** *fig.* j-n mit etwas traktieren. ~ **fit** *s tech.* Preßsitz *m*.

'**force·ful** *adj* (*adv* ~**ly**) **1.** e'nergisch, kraftvoll (*Person*). **2.** eindrucksvoll, -dringlich (*Rede etc*). **3.** zwingend, über'zeugend (*Argument etc*). '**force·ful·ness** *s* **1.** e'nergische *od.* kraftvolle Art. **2.** Eindringlichkeit *f*. **3.** (*das*) Über'zeugende (**of an** *dat*).

'**force-land** *v/i u. v/t aer.* notlanden.

force ma·jeure [ˌfɔ:smæ'ʒɜ:; *Am.* ˌfəʊrsmɑ:'ʒɜr] *s jur.* höhere Gewalt.

'**force·meat** *s gastr.* Farce *f*, Füllung *f*.

for·ceps ['fɔ:(r)seps; *Am.* -səps] *pl* **-ceps, -ci·pes** [-sɪpi:z] *s* **1.** *med. zo.* Zange *f*: ~ **baby** Zangengeburt *f*; ~ **delivery** Zangengeburt *f*, -entbindung *f*. **2.** Pin'zette *f*.

force pump *s tech.* Druckpumpe *f*.

'**forc·er** *s tech.* Kolben *m*.

for·ci·ble ['fɔ:(r)səbl; *Am. a.* 'fəʊr-] *adj* (*adv* **forcibly**) **1.** a) gewaltsam: → **entry** 7, b) zwangsweise: ~ **repatriation** Zwangsrückführung *f*. **2.** → **forceful.** '**for·ci·ble·ness** *s* **1.** Gewaltsamkeit *f*. **2.** → **forcefulness.**

'**forc·ing| bed,** ~ **frame** *s* Früh-, Mistbeet *n*. ~ **house** *s* Treibhaus *n*. ~ **pump** → **force pump.**

for·ci·pate ['fɔ:(r)sɪpeɪt; -pɪt], *a.* '**for·ci·pat·ed** [-peɪtɪd] *adj zo.* zangenförmig.

for·ci·pes ['fɔ:(r)sɪpi:z] *pl von* **forceps.**

ford[1] [fɔ:(r)d; *Am. a.* fəʊrd] **I** *s* **1.** Furt *f*. **2.** *poet.* Fluß *m*, Strom *m*. **II** *v/t* **3.** durch'waten. **III** *v/i* **4.** 'durchwaten.

Ford[2] [fɔ:rd; fəʊrd] *s Am. sl.* ,schickes' Mo'dell (*Kleid*).

'**ford·a·ble** *adj* durch'watbar.

'**Ford·ism** *s* For'dismus *m* (*Rationalisierung der Fertigungskosten durch Massenproduktion*).

for·do [fɔ:(r)'du:] *v/t irr obs.* **1.** töten, vernichten. **2.** erschöpfen.

fore [fɔ:(r); *Am. a.* fəʊr] **I** *adj* **1.** vorder(er, e, es), Vorder..., Vor... **2.** früher(er, e, es). **II** *adv* **3.** *mar.* vorn. **III** *s* **4.** Vorderteil *m, n*, -seite *f*, Front *f*: **to the ~** *fig.* a) bei der *od.* zur Hand, zur Stelle, b) am Leben, c) im Vordergrund; **to come to the ~** sich hervortun. **5.** *mar.* Fockmast *m*. **IV** *interj* **6.** *Golf*: Achtung!

ˌ**fore|-and-'aft** *adj mar.* in Kiellinie, längsschiffs: ~ **sail** Stag-, Schonersegel *n*. ˌ~**-and-'aft·er** *s mar.* Gaffelschoner *m*.

'**fore·arm**[1] *s* 'Unter-, Vorderarm *m*.

fore'arm[2] *v/t*: **to ~ o.s.** a) sich im voraus bewaffnen, b) *fig.* sich wappnen (**against** gegen): **forewarned is ~ed** gewarnt sein heißt gewappnet sein.

'**fore·bear** *s meist pl* Vorfahr *m*, Ahn *m*.

fore·bode [fɔ:(r)'bəʊd; *Am. a.* fəʊr-] **I** *v/t* **1.** vor'hersagen, prophe'zeien. **2.** ankündigen. **3.** *Schlimmes* ahnen, vor'aussehen. **4.** ein (böses) Vorzeichen *od.* Omen sein für. **II** *v/i* **5.** weissagen. **fore'bod·ing** *s* **1.** Prophe'zeiung *f*. **2.** (*böse*) (Vor)Ahnung. **3.** (böses) Vorzeichen *od.* Omen.

'**fore|·brace** *s mar.* Fockbrasse *f*. '~**·brain** *s anat.* Vorderhirn *n*. 'ˌ~**cab·in** *s mar.* vordere Ka'jüte.

fore·cast ['fɔ:kɑ:st; *Am.* 'fəʊrˌkæst; 'fɔ:r-] **I** *v/t pret u. pp* **-cast, -cast·ed** **1.** vor'aussagen, vor'hersehen. **2.** im voraus schätzen *od.* planen, vor'ausberechnen. **3.** *das Wetter etc* vor'hersagen. **II** *s* **4.** Vor'aus-, Vor'hersage *f*. **5.** Vor'ausplanung *f*. **6.** ('Wetter)Vorˌhersage *f*, Wetterbericht *m*.

fore·cas·tle ['fəʊksl] *s mar.* **1.** Vor(der)deck *n*, Back *f*. **2.** Lo'gis *n*.

'**foreˌcheck·ing** *s sport* Forechecking *n* (*das Stören gegnerischer Angriffe bereits in der Entwicklung*).

fore|'close I *v/t* **1.** to ~ **a mortgage** *jur.* a) e-e Hypothekenforderung geltend machen, b) e-e Hypothek gerichtlich für verfallen erklären, c) *Am.* aus e-r Hypothek die Zwangsvollstreckung betreiben. **2.** ausschließen. **3.** verhindern. **4.** *e-e Frage etc* vor'wegnehmen. **II** *v/i* **5.** e-e Hypo'thek gerichtlich für verfallen erklären. ~'**clo·sure** *s jur.* a) gerichtliche Verfallserklärung (*e-r Hypothek*), b) *Am.* Zwangsvollstreckung *f* (*in ein Grundstück*): ~ **action** (*od.* **suit**) Ausschlußklage *f* (*des Hypothekengläubigers*), *Am.* Zwangsvollstreckungsklage *f*; ~ **sale** *Am.* Zwangsversteigerung *f*. '~**·course** *s mar.* Fock(segel *n*) *f*. '~**·court** *s* **1.** Vorhof *m*. **2.** Vorplatz *m* (*e-r Tankstelle etc.*). **3.** *Tennis etc*: *Teil des Spielfeldes zwischen Aufschlaglinie u. Netz.* '~**deck** *s mar.* Vor(der)deck *n*. ~'**do** → **fordo.** ~'**doom** *v/t*: ~**ed** (**to failure** *od.* **to fail**) von vornherein zum Scheitern verurteilt, ,totgeboren'. ~ **edge** *s* Außensteg *m* (*am Buch*). 'ˌ~**fa·ther** *s* Ahn *m*, Vorfahr *m*. ~'**feel** *v/t irr* vor'ausfühlen, -ahnen. ~'**fend** → **forfend.** '~**·field** *s* **1.** Vorfeld *n*. **2.** *Bergbau*: *Br.* Ort(sstoß *m*) *n*. 'ˌ~**fin·ger** *s* Zeigefinger *m*. '~**·foot** *s irr* **1.** *zo.* Vorderfuß *m*. **2.** *mar.* Stevenanlauf *m*. '~**·front** *s* vorderste Reihe (*a. fig.*): **to fight in the ~ of the battle** *mil.* in vorderster Linie kämpfen; **to live in the ~ of one's time** zu den Fortschrittlichsten s-r Zeit gehören; **to be in the ~ of s.o.'s mind** j-n nicht loslassen *od.* immer wieder beschäftigen. ~'**gath·er** → **forgather.**

fore'go[1] *v/t u. v/i irr* vor'angehen (*dat*), (*zeitlich a.*) vor'hergehen (*dat*).

fore'go[2] → **forgo.**

fore'go·er *s* **1.** Vorgänger(in). **2.** Vorfahr *m*. **fore'go·ing** *adj* vor'hergehend, vorerwähnt, vorstehend.

'**fore|·gone** *adj* **1.** vor'hergegangen *od.* -gehend, früher. **2.** ~ **conclusion** ausgemachte Sache, Selbstverständlichkeit *f*: **his victory was a ~ conclusion** sein Sieg stand von vornherein fest. '~**ground** *s* Vordergrund *m* (*a. fig.*). 'ˌ~**ham·mer** *s tech.* Vorschlaghammer *m*.

'**fore·hand I** *adj* **1.** *sport* Vorhand... **2.** vor'weggenommen: ~ **rent** *Scot.* im voraus zahlbare Miete *od.* Pacht. **II** *s* **3.** *sport* a) Vorhand *f*: **he took the ball on his ~** er nahm den Ball mit der Vorhand, b) Vorhandschlag *m*. **4.** Vor(der)hand *f* (*vom Pferd*). **III** *adv* **5.** mit der Vorhand. ˌ**fore'hand·ed** *adj* **1.** *sport* Vorhand... **2.** *Am.* a) sparsam, b) wohlhabend.

fore·head ['fɒrɪd; *Am.* 'fɔ:rəd] *s* Stirn *f*.

'**fore·hold** *s mar.* vorderer Laderaum.

for·eign ['fɒrən; *Am. a.* 'fɑ-] *adj* **1.** fremd, ausländisch, -wärtig, Auslands..., Außen...: ~ **affairs** Außenpolitik *f*, auswärtige Angelegenheiten; ~ **aid** *pol.* Auslandshilfe *f*; ~ **bill (of exchange)** *econ.* Auslandswechsel *m*; ~**-born** im Ausland geboren; ~ **control** *econ.* Überfremdung *f*; ~**-controlled** *econ.* überfremdet; ~ **corporation** *econ. Am.* ausländische (Kapital)Gesellschaft; ~ **country,** ~ **countries** Ausland *n*; ~ **currency** a) Fremdwährung *f*, ausländische Währung, b) *econ.* Devisen *pl*; ~ **department** Auslandsabteilung *f*; ~ **domination** Fremdherrschaft *f*; ~ **exchange** *econ.* Devisen *pl*; ~**-exchange control** *econ.* Devisenbewirtschaftung *f*; ~**-exchange dealer** *econ.* Devisenhändler *m*; ~**-going vessel** *mar.* Schiff *n* auf großer Fahrt *od.* Auslandsfahrt; ~ **language**

Fremdsprache *f*; **~-language** a) fremdsprachig, b) fremdsprachlich, Fremdsprachen...; **~ legion** *mil.* Fremdenlegion *f*; **~ loan** *econ.* Auslandsanleihe *f*; **~ minister** *pol.* Außenminister *m*; **~ ministry** *pol.* Außenministerium *n*; **~ missionary** *relig.* Missionar *m* im Ausland; **F~ Office** *pol. Br.* Außenministerium *n*; **~ order** *econ.* Auslands-, Exportauftrag *m*; **~-owned** in ausländischem Besitz (befindlich); **~ policy** Außenpolitik *f*; **~-policy** außenpolitisch; **F~ Secretary** *pol. Br.* Außenminister *m*; **~ trade** *econ.* Außenhandel *m*; **~ transaction** Auslandsgeschäft *n*; **~ word** *ling.* a) Fremdwort *n*, b) Lehnwort *n*; **~ worker** Gastarbeiter *m*. **2.** *econ.* Devisen...: **~ assets** Devisenwerte. **3.** fremd (to *dat*): **that is ~ to his nature** das ist ihm wesensfremd; **~ body** (*od.* **matter**) *med.* Fremdkörper *m*. **4.** nicht gehörig *od.* passend (to zu). **5.** seltsam, unbekannt, fremd.

'for·eign·er *s* **1.** Ausländer(in). **2.** *etwas Ausländisches, bes.* a) ausländisches Schiff, b) ausländisches Pro'dukt, c) *pl* (*Börse*) Auslandswerte. **'for·eign·ism** *s* **1.** fremde Spracheigentümlichkeit *od.* Sitte. **2.** Nachahmung *f* des Fremden. **'for·eign·ness** *s* Fremdheit *f*.

fore|'judge *v/t* **1.** im voraus *od.* vorschnell be- *od.* verurteilen. **2.** → **forjudge**. **~'know** *v/t irr* vor'herwissen, vor'herige Kenntnis haben von. **,~'knowl·edge** *s* Vor'herwissen *n*, vor'herige Kenntnis.

'fore|,la·dy *Am.* → **forewoman**. **'~land** [-lənd] *s* **1.** Kap *n*, Vorgebirge *n*, Landspitze *f*. **2.** *geol.* Vorland *n*. **'~leg, '~limb** *s zo.* Vorderbein *n*.

'fore·lock¹ *s* Stirnlocke *f*, -haar *n*: **to take time by the ~** die Gelegenheit beim Schopf fassen *od.* packen.

'fore·lock² *s tech.* Splint *m*, Vorsteckkeil *m*.

fore|·man ['fɔː(r)mən; *Am. a.* 'fəʊr-] *s irr* **1.** Vorarbeiter *m*, Aufseher *m*, (Werk-)Meister *m*, (*am Bau*) Po'lier *m*, (*Bergbau*) Steiger *m*. **2.** *jur.* Obmann *m* (*der Geschworenen*). **'~mast** [-mɑːst; *mar.* -məst; *Am.* -,mæst] *s mar.* Fockmast *m*.

'fore·most [-məʊst] **I** *adj* **1.** vorderst(er, e, es), erst(er, e, es). **2.** *fig.* a) vornehmst(er, e, es), b) her'ausragendst(er, e, es). **II** *adv* **3.** zu'erst: a) an erster Stelle: **first and ~** zu allererst, b) vor'an: → **foot** 1, **head** *Bes. Redew.*, **heel¹** *Bes. Redew.*

'fore|·name *s* Vorname *m*. **'~noon I** *s* Vormittag *m*. **II** *adj* Vormittags...

fo·ren·sic [fə'rensɪk] *adj jur.* fo'rensisch, Gerichts...: **~ chemistry (medicine, psychology)**.

,fore|·or'dain *v/t* vor'herbestimmen: **he was ~ed to success** (*od.* **to succeed**) sein Erfolg war ihm vorherbestimmt. **,~or'dain·ment, ,~or·di'na·tion** *s* Vor'herbestimmung *f*. **'~part** *s* **1.** Vorderteil *m*, *n*. **2.** Anfang *m*: **the ~ of the morning** der frühe Vormittag. **'~paw** *s zo.* Vorderpfote *f*. **'~play** *s* (*sexuelles*) Vorspiel. **'~,quar·ter** *s* Vorderviertel *n* (*e-s Tieres*). **~'reach** *v/t* über'holen. **~'run** *v/t irr* **1.** vor'auslaufen (*dat*). **2.** *fig.* ankündigen, der Vorbote (*gen*) sein. **'~,run·ner** *s* **1.** *Skisport*: Vorläufer *m* (*a. fig.*): **the ~s of modern science**. **2.** a) Vorbote *m* (*a. fig.*): **the ~s of spring**, b) *fig.* (erstes) Anzeichen: **the ~ of a cold**. **3.** Vorfahr *m*.

'fore|·said → **aforesaid**. **'~sail** [-seɪl; *mar.* -sl] *s mar.* **1.** Focksegel *n*. **2.** Stagfock *f*. **~'see** *v/t irr* vor'her-, vor'aussehen. **~'see·a·ble** *adj* vor'auszusehen(d), absehbar: **in the ~ future** in absehbarer Zeit. **~'shad·ow** *v/t* ahnen lassen, andeuten. **'~sheet** *s mar.* Fockschot *f*. **'~ship** *s mar.* Vorderschiff *n*. **'~shore** *s* **1.** Strand *m*. **2.** Uferland *n*, (Küsten)Vorland *n*. **~'short·en** *v/t Figuren* verkürzen, in Verkürzung *od.* perspek'tivisch zeichnen. **~'short·en·ing** *s* (*zeichnerische*) Verkürzung. **'~sight** *s* **1.** *fig.* a) Weitblick *m*, b) (weise) Vor'aussicht, c) Blick *m* in die Zukunft; → **hindsight** 2. **2.** *mil.* (Vi'sier)Korn *n*. **3.** *tech.* 'Vorwärtsvi,sieren *n*, -ablesen *n*. **,~'sight·ed** *adj* vor'ausschauend. **'~skin** *s anat.* Vorhaut *f*.

for·est ['fɒrɪst; *Am. a.* 'fɑ-] **I** *s* **1.** a) (großer) Wald: **~ fire** Waldbrand *m*, b) Forst *m*: **~ ranger** *bes. Am.* Förster *m*. **2.** *fig.* (*Antennen- etc*)Wald *m*. **II** *v/t* **3.** aufforsten. **'for·est·al** *adj* Wald..., Forst...

fore|'stall [-'stɔːl] *v/t* **1.** *j-m, e-r Sache* zu'vorkommen. **2.** *e-r Sache* vorbeugen. **3.** *e-n Einwand etc* vor'wegnehmen. **4.** *econ.* im voraus aufkaufen: **to ~ the market** durch Aufkauf den Markt beherrschen. **'~stay** *s mar.* Fockstag *n*.

'for·est·ed *adj* bewaldet. **'for·est·er** *s* **1.** Förster *m*. **2.** Waldbewohner *m* (*a. Tier*). **'for·est·ry** [-rɪ] *s* **1.** Forstwirtschaft *f*, -wesen *n*. **2.** Waldgebiet *n*, Wälder *pl*.

'fore|·tack *s mar.* Fockhals *m*. **~taste I** *s* ['-teɪst] Vorgeschmack *m* (**of** von): **to give s.o. a ~ of s.th.** **II** *v/t* [-'teɪst] e-n Vorgeschmack haben von. **~'tell** *v/t irr* vor'her-, vor'aussagen: **to ~ s.o.'s future** j-m die Zukunft vorhersagen. **'~thought** *s* **1.** Vorsorge *f*, -bedacht *m*. **2.** (weise) Vor'aussicht. **~token I** *s* ['-,təʊkən] Vor-, Anzeichen *n*. **II** *v/t* [-'təʊkən] ein Vor- *od.* Anzeichen sein für. **'~tooth** *s irr anat.* Vorderzahn *m*.

'fore|·top [-tɒp; *mar.* -təp; *Am.* -,tɑp] *s mar.* Fock-, Vormars *m*. **'~top,gal·ant** *s mar.* Vorbramsegel *n*: **~ mast** Vorbramstenge *f*. **'~top·mast** [-mɑːst; *bes. Am.* -məst] *s mar.* Fock-, Vormarsstenge *f*. **'~top·sail** [-tɒpseɪl; *mar.* -sl; *Am.* -,tɑpsəl] *s mar.* Vormarssegel *n*.

for'ev·er, *Br. a.* **for ev·er I** *adv* **1.** *a.* **~ and ever** für *od.* auf immer, für alle Zeit(en). **2.** ständig, (an)dauernd, unaufhörlich: **he is ~ asking questions**. **3.** *colloq.* endlos lang: **he was speaking ~**. **II** *s* **4. it took him ~ to ...** *colloq.* er brauchte endlos lang *od.* e-e Ewigkeit um zu ... **for,ev·er'more,** *Br. a.* **for ev·er·more** *adv* für immer u. ewig.

fore|'warn *v/t* vorher warnen (**of** vor *dat*): → **forearm²**. **'~,wom·an** *s irr* **1.** Vorarbeiterin *f*, Aufseherin *f*. **2.** *jur.* Obmännin *f* (*der Geschworenen*). **'~word** *s* Vorwort *n* (**to** zu). **'~yard** *s mar.* Fockrahe *f*.

for·far ['fɔː(r)fə(r)] *s* grobes, schweres Leinen.

for·feit ['fɔː(r)fɪt] **I** *s* **1.** (Geld-, *a.* Vertrags)Strafe *f*, Buße *f*, Reugeld *n*: **to pay the ~ of one's life** mit s-m Leben bezahlen; **his health was the ~ he paid for ...** er bezahlte mit s-r Gesundheit für ... **2.** Einbuße *f*, Verlust *m*: **~ of civil rights** *Am.* Aberkennung *f* der bürgerlichen Ehrenrechte. **3.** verwirktes Pfand. **4.** Pfand *n*: **to pay a ~** ein Pfand geben. **5.** *pl* (*als sg konstruiert*) Pfänderspiel *n*: **to play ~s** ein Pfänderspiel machen. **II** *v/t* **6.** *Eigentum, Rechte, sein Leben etc* verwirken, verlieren, *e-r Sache* verlustig gehen. **7.** *fig.* einbüßen, verlieren, sich *etwas* verscherzen. **8.** einziehen. **III** *adj* **9.** verwirkt, verfallen: **to declare ~** für verfallen erklären.

'for·feit·a·ble *adj* **1.** verwirkbar. **2.** einziehbar. **'for·fei·ture** [-tʃə(r); *Am. a.* -,tʃʊər] *s* **1.** → **forfeit** 1, 2. **2.** Einziehung *f*, Entzug *m*.

for·fend [fɔː(r)'fend] *v/t* **1.** *Am.* schützen, sichern (**from** vor *dat*). **2.** verhüten (*obs. außer in Wendungen wie*): **may God ~ that ...**

for'gath·er *v/i* **1.** zs.-kommen, sich treffen, sich versammeln. **2.** zufällig zs.-treffen. **3.** verkehren (**with** mit).

forge¹ [fɔː(r)dʒ; *Am. a.* fəʊrdʒ] **I** *s* **1.** Schmiede *f*. **2.** *tech.* Esse *f*, Schmiedefeuer *n*. **3.** *tech.* Glühofen *m*. **4.** *tech.* Hammerwerk *n*, Puddelhütte *f*: **~ iron** Schmiedeeisen *n*; **~ scale** Hammerschlag *m*, Zunder *m*. **II** *v/t* **5.** schmieden. **6.** formen, schaffen. **7.** erdichten, erfinden, sich ausdenken. **8.** fälschen, nachmachen: **to ~ a document (signature,** *etc*). **III** *v/i* **9.** schmieden.

forge² [fɔː(r)dʒ; *Am. a.* fəʊrdʒ] *v/i* **1.** a) *meist* **~ ahead** sich (mühsam) vor'ankämpfen: **to ~ through the underwood** sich e-n Weg durchs Unterholz bahnen, b) **~ ahead** *fig.* allmählich Fortschritte machen. **2. ~ ahead** *sport* sich (durch e-n Zwischenspurt) an die Spitze setzen.

'forge·a·ble *adj* schmiedbar. **forged** *adj* **1.** geschmiedet, Schmiede... **2.** gefälscht, nachgemacht. **'forg·er** *s* **1.** (Grob-, Hammer)Schmied *m*. **2.** Erdichter *m*, Erfinder *m*. **3.** Fälscher *m*: **~ (of coin)** Falschmünzer *m*; **~ (of documents)** Urkundenfälscher. **'forg·er·y** [-ərɪ] *s* **1.** Fälschen *n*: **~ of a document** Urkundenfälschung *f*. **2.** Fälschung *f*, Falsifi'kat *n*.

for·get [fə(r)'get] *pret* **for'got** [-'gɒt; *Am.* -'gɑt] *pp* **for'got·ten** [-'gɒtn; *Am.* -'gɑtn] *od.* **for'got I** *v/t* **1.** vergessen: a) nicht denken an (*acc*): **he forgot to post the letter**, b) sich nicht erinnern an (*acc*): **I ~ his name** sein Name ist mir entfallen *od.* fällt mir im Moment nicht ein; **never to be forgotten** unvergeßlich; **I'll never ~ meeting my wife** ich werde niemals vergessen, wie ich m-e Frau kennenlernte; **don't ~ what you were going to say** vergessen Sie Ihre Rede nicht; **she's been ~ting a lot of things lately** sie ist in letzter Zeit sehr vergeßlich, c) verlernen: **I have forgotten my French**, d) (*aus Unachtsamkeit*) unter'lassen: **she forgot to close the window**, e) hängen-, liegen-, stehenlassen: **I have forgotten my coat (keys, umbrella)**. **2.** unbeachtet lassen: **~ it!** a) schon gut!, vergiß es! (*beide a. verärgert*), b) ‚das kannst du vergessen'!; **don't you ~ it!** merk dir das! **3.** außer acht lassen, über'gehen: **don't ~ the waitress** vergiß nicht, der Bedienung ein Trinkgeld zu geben; **not ~ting** nicht zu vergessen. **4. ~ o.s.** a) sich vergessen, ‚aus der Rolle fallen', b) sich selbst vergessen, (nur) an andere denken, c) sich *od.* s-e 'Umwelt vergessen. **II** *v/i* **5.** (es) vergessen: **don't ~!** vergiß es nicht!; **she never ~s** sie vergißt nie etwas; *what is his name?* I ~ das ist mir entfallen *od.* fällt mir im Moment nicht ein; **to ~ about** vergessen (*acc*); **~ about it!** a) reg dich nicht auf!, b) ‚das kannst du vergessen'!

for'get·ful *adj* (*adv* **~ly**) **1.** vergeßlich. **2.** achtlos, nachlässig (**of** gegen'über): **~ of one's duties** pflichtvergessen. **for'get·ful·ness** *s* **1.** Vergeßlichkeit *f*. **2.** Achtlosigkeit *f*, Nachlässigkeit *f*.

for'get-me-not *s bot.* (*ein*) Vergißmeinnicht *n*.

for'get·ta·ble *adj* (leicht) zu vergessen(d): **this film is absolutely ~** den Film kann man getrost vergessen.

forge wa·ter *s tech.* Abschreck-, Löschwasser *n*.

ˈforg·ing *s* **1.** Schmieden *n*: ~ **die** Schmiedegesenk *n*; ~ **press** Schmiede-, Warmpresse *f*. **2.** Schmiedearbeit *f*, -stück *n*. **3.** Fälschen *n*.

forˈgiv·a·ble *adj* verzeihlich, verzeihbar.

for·give [fə(r)ˈgɪv] *irr* **I** *v/t* **1.** verzeihen, vergeben: **to ~ s.o. (for doing) s.th.** j-m etwas verzeihen; **~n and forgotten** vergeben u. vergessen. **2.** *j-m e-e Schuld etc* erlassen: **to ~ s.o. a debt. II** *v/i* **3.** vergeben, verzeihen. **forˈgive·ness** *s* **1.** Verzeihung *f*, Vergebung *f*. **2.** Versöhnlichkeit *f*. **forˈgiv·ing** *adj* (*adv* **~ly**) **1.** versöhnlich. **2.** verzeihend. **forˈgiv·ing·ness** *s* Versöhnlichkeit *f*.

for·go [fɔː(r)ˈgəʊ] *v/t irr* verzichten auf (*acc*).

for·got [fəˈgɒt; *Am.* fərˈgɑt] *pret u. pp von* **forget. forˈgot·ten** [-tn] *pp von* **forget.**

for in·stance *s Am. colloq.* Beispiel *n*: **to give s.o. a ~.**

forˈjudge [fɔː(r)-; *Am. a.* fəʊr-] *v/t*: **to ~ s.o. (of** *od.* **from) s.th.** *jur.* j-m etwas aberkennen.

fork [fɔː(r)k] **I** *s* **1.** (Eß-, Heu-, Mist- *etc*)Gabel *f*. **2.** *mus.* Stimmgabel *f*. **3.** Gabelstütze *f*. **4.** *tech.* Gabel *f*. **5.** Gabelung *f* (*e-s Flusses*), (*e-r Straße a.*) Abzweigung *f*. **6.** *bes. Am.* a) Zs.-fluß *m*, b) *oft pl* Gebiet *n* an e-r Flußgabelung. **II** *v/t* **7.** gabelförmig machen, gabeln. **8.** mit e-r Gabel aufladen *od.* wenden: **to ~ the soil over** den Boden mit e-r Gabel umgraben *od.* lockern. **9.** *Schach*: *zwei Figuren* gleichzeitig angreifen. **10. ~ out, ~ over, ~ up** *colloq. Geld* herˈausrücken, ‚blechen'. **III** *v/i* **11.** sich gabeln (*Fluß*), (*Straße a.*) abzweigen. **12.** sich gabelförmig teilen *od.* spalten.

forked *adj* **1.** gegabelt, gabelförmig, gespalten: **~ tongue** gespaltene Zunge; **to speak with a ~ tongue** *fig.* mit gespaltener Zunge sprechen. **2.** zickzackförmig: **~ lightning** Linienblitz *m*.

ˈfork|·lift (truck) *s tech.* Gabel-, Hubstapler *m*. **~ lunch, ~ sup·per** *s Br.* kaltes Büˈfett.

ˈfork·y → **forked** 1.

for·lorn [fə(r)ˈlɔː(r)n] *adj* **1.** verlassen, einsam. **2.** verzweifelt, hoffnungs-, hilflos. **3.** unglücklich, elend. **4.** verzweifelt: **a last ~ attempt. 5.** beraubt (**of** *gen*): **~ of hope** aller Hoffnung beraubt. **~ hope** *s* **1.** aussichtsloses *od.* verzweifeltes Unterˈnehmen. **2.** *mil.* a) *hist.* verlorener Haufen, b) verlorener Posten, c) ˈHimmelfahrtskomˌmando *n*. **3.** schwache *od.* letzte (verzweifelte) Hoffnung.

form [fɔː(r)m] **I** *s* **1.** Form *f*, Gestalt *f*: **to take ~** Form *od.* Gestalt annehmen (*a. fig.*); **in the ~ of** in Form von (*od. gen*); **in tablet ~** in Tablettenform. **2.** *tech.* Form *f*: a) Fasˈson *f*, b) Schaˈblone *f*. **3.** Form *f*: a) Art *f*: **~ of government** Regierungsform; **~s of life** Lebensformen, b) Art *f* u. Weise *f*, Verfahrensweise *f*, c) Syˈstem *n*, Schema *n*: → **due** 10. **4.** *a.* **printed ~** Formuˈlar *n*, Vordruck *m*: **~ letter** Schemabrief *m*. **5.** (*literarische etc*) Form. **6.** Form *f* (*a. ling.*), Fassung *f* (*e-s Textes etc*): **~ class** *ling.* a) Wortart *f*, b) morphologische Klasse. **7.** *philos.* Form *f*: a) Wesen *n*, Naˈtur *f*, b) Gestalt *f*, c) *Platonismus*: Iˈdee *f*. **8.** Erscheinungsform *f*, -weise *f*. **9.** Sitte *f*, Brauch *m*. **10.** (ˈherkömmliche) gesellschaftliche Form, Maˈnieren *pl*, Benehmen *n*: **good (bad) ~** guter (schlechter) Ton; **it is good (bad) ~** es gehört sich (nicht); **for ~'s sake** der Form halber. **11.** Formaliˈtät *f*: → **matter** 3. **12.** Zeremoˈnie *f*. **13.** *math. tech.* Formel *f*: **~ of oath** *jur.* Eidesformel. **14.** (körperliche *od.* geistige) Verfassung, Form *f*: **in (out of** *od.* **off one's) ~** (nicht) in Form; **to feel in good ~** sich gut in Form fühlen; **at the top of one's ~, in great ~** in Hochform. **15.** a) (*bes.* lange) Bank (ohne Rückenlehne), b) *Br. obs.* (Schul)Bank *f*. **16.** *bes. Br.* (Schul)Klasse *f*: **~ master (mistress)** Klassenlehrer(in). **17.** *Br. meist* **forme** *print.* (Druck)Form *f*. **18.** *Br. sl.* Vorstrafen(liste *f*) *pl*: **he's got ~** er ist vorbestraft.

II *v/t* **19.** formen, bilden, schaffen, entwickeln, gestalten (**into** zu; **after, on, upon** nach): **to ~ a government** e-e Regierung bilden; **to ~ a company** e-e Gesellschaft gründen; **they ~ed themselves into groups** sie schlossen sich zu Gruppen zusammen. **20.** *den Charakter etc* formen, bilden. **21.** a) *e-n Teil etc* bilden, ausmachen, darstellen, b) dienen als. **22.** (an)ordnen, zs.-stellen. **23.** *mil.* (**into**) forˈmieren (in *acc*), aufstellen (in *dat*). **24.** *e-n Plan* fassen, entwerfen, ersinnen. **25.** sich *e-e Meinung* bilden: → **idea** 1. **26.** *e-e Freundschaft etc* schließen. **27.** *e-e Gewohnheit* annehmen. **28.** *ling. Wörter* bilden. **29.** *tech.* (ver)formen, fassoˈnieren, forˈmieren.

III *v/i* **30.** Form *od.* Gestalt annehmen, sich formen, sich gestalten, sich bilden, entstehen (*alle a. fig.*). **31.** *a.* **~ up** *mil.* antreten, sich forˈmieren (**into** in *acc*).

-form [fɔː(r)m] *Wortelement mit der Bedeutung* ...förmig.

for·mal [ˈfɔː(r)ml] **I** *adj* (*adv* → **formally**) **1.** förmlich, forˈmell: a) offiziˈell: **~ call** Höflichkeitsbesuch *m*, b) feierlich: **~ event** → 6; **~ dress** → 7, c) steif, ˈunperˌsönlich, d) (peinlich) genau, peˈdantisch (die Form wahrend), e) formgerecht, vorschriftsmäßig: **~ contract** *jur.* förmlicher Vertrag. **2.** forˈmal, forˈmell: a) (rein) äußerlich, b) (rein) gewohnheitsmäßig, c) scheinbar, Schein... **3.** forˈmal: a) ˈherkömmlich, konventioˈnell: **~ style; ~ composition,** b) schulmäßig, streng meˈthodisch: **~ training** formale Ausbildung, c) Form...: **~ defect** *jur.* Formfehler *m*. **4.** *philos.* a) forˈmal, b) wesentlich. **5.** regelmäßig, symˈmetrisch (angelegt): **~ garden** architektonischer Garten. **II** *s Am.* **6.** Veranstaltung, für die Gesellschaftskleidung vorgeschrieben ist. **7.** Gesellschafts-, Abendkleid *n od.* -anzug *m*.

for·mal·de·hyd(e) [fɔː(r)ˈmældɪhaɪd] *s chem.* Formaldeˈhyd *n*. **ˈfor·ma·lin** [-məlɪn] *s chem.* Formaˈlin *n*.

ˈfor·mal·ism *s* Formaˈlismus *m*: a) *Überbetonung der Form od. des Formalen,* b) *etwas rein äußerlich, mechanisch Vollzogenes,* c) *math. Auffassung der Mathematik als Wissenschaft von rein formalen Strukturen,* d) *in den Staaten des Ostblocks bekämpfte Richtung in Kunst u. Literatur, die die Rolle des ideologischen Inhalts verneint u. der Form e-e übertriebene Bedeutung beimißt.* **ˈfor·mal·ist** *s* Formaˈlist *m*. **ˌfor·malˈis·tic** *adj* (*adv* **~ally**) formaˈlistisch. **forˈmal·i·ty** [-ˈmælətɪ] *s* **1.** Förmlichkeit *f*: a) ˈHerkömmlichkeit *f*, b) Feierlichkeit *f*, c) (*das*) Offiziˈelle, offiziˈeller Chaˈrakter, d) Steifheit *f*, e) ˈUmständlichkeit *f*: **without ~** ohne (viel) Umstände (zu machen). **2.** Formaliˈtät *f*: a) Formsache *f*, b) Vorschrift *f*: **for the sake of ~** aus formellen Gründen. **3.** Äußerlichkeit *f*, leere Geste. **ˈfor·mal·ize** [-məlaɪz] **I** *v/t* **1.** zur Formsache machen, formaliˈsieren. **2.** feste Form geben (*dat*), in e-e feste Form bringen. **II** *v/i* **3.** förmlich sein. **ˈfor·mal·ly** *adv* **1.** → **formal** I. **2.** forˈmell, in aller Form.

for·mant [ˈfɔː(r)mənt] *s* Forˈmant *m*: a) (*Akustik*) *e-r der charakteristischen Teiltöne e-s Lautes,* b) *ling.* Formans *n* (*grammatisches Bildungselement*).

for·mat [ˈfɔː(r)mæt] *s* **1.** *print.* a) Aufmachung *f*, b) Forˈmat *n*. **2.** Gestaltung *f* (*e-s Fernsehprogramms etc*). **3.** *Computer*: Forˈmat *n* (*Umfang u. Anordnung von Stellen für Ein- u. Ausgabe*).

for·mate [ˈfɔː(r)meɪt] *s chem.* Formiˈat *n*.

for·ma·tion [fɔː(r)ˈmeɪʃn] *s* **1.** Bildung *f*: a) Formung *f*, Gestaltung *f*, b) Entstehung *f*, -wicklung *f*: **~ of gas** Gasbildung, c) Gründung *f*: **~ of a company,** d) Gebilde *n*: **new word ~s** neue Wortbildungen. **2.** Anordnung *f*, Strukˈtur *f*, Zs.-setzung *f*, Bau *m*. **3.** *aer. mil. sport* Formatiˈon *f*, Aufstellung *f*: **~ in depth** a) *mil.* Tiefengliederung *f*, b) *sport* tiefe Staff(e)lung. **4.** *aer. mil.* Formatiˈon *f*, Verband *m*: **~ flight** Formations-, Verbandsflug *m*. **5.** *geol.* Formatiˈon *f*.

form·a·tive [ˈfɔː(r)mətɪv] **I** *adj* **1.** formend, gestaltend, bildend. **2.** Entwicklungs...: **the ~ years of a child. 3.** *ling.* formbildend: **~ element** → 5. **4.** *bot. zo.* morphoˈgen: **~ growth; ~ stimulus** Neubildungsreiz *m*; **~ tissue** Bildungsgewebe *n*. **II** *s* **5.** *ling.* Formaˈtiv *n*: a) → **formant** b, b) *kleinstes Element mit syntaktischer Funktion innerhalb e-r Kette.*

form drag *s phys.* ˈForm-, ˈDruckˌwiderstand *m*.

forme *Br. für* **form** 17.

form·er[1] [ˈfɔː(r)mə(r)] *s* **1.** Former *m*, Gestalter *m*. **2.** *tech.* Former *m* (*Arbeiter*). **3.** *tech.* Form-, Drückwerkzeug *n*. **4.** *aer.* Spant *m*. **5.** *ped. bes. Br. in Zssgn* Schüler(in) der ... Klasse.

for·mer[2] [ˈfɔː(r)mə(r)] *adj* **1.** früher(er, e, es), vorig(er, e, es): **the ~ Mrs. Smith** die frühere Frau Smith; **he is his ~ self again** er ist wieder (ganz) der alte. **2.** vorˈhergehend, vorˈherig(er, e, es). **3.** vergangen: **in ~ times** früher. **4.** ersterwähnt(er, e, es), erstgenannt(er, e, es) (*von zweien*): **the ~ ... the latter** erster(er, e, es) ... letzter(er, e, es). **5.** ehemalig(er, e, es): **a ~ president.**

ˈfor·mer·ly *adv* früher, ehemals: **Mrs. Smith, ~ Brown** a) Frau Smith, geborene Brown, b) Frau Smith, ehemalige Frau Brown.

ˈformˌfit·ting *adj* **1.** enganliegend (*Kleidungsstück*). **2.** körpergerecht (*Sessel etc*).

for·mic ac·id [ˈfɔː(r)mɪk] *s chem.* Ameisen-, Meˈthansäure *f*.

for·mi·car·i·um [ˌfɔː(r)mɪˈkeərɪəm] *pl* **-ˈcar·i·a** [-ə], **ˈfor·mi·car·y** [-kərɪ; *Am.* -ˌkeriː] *s zo.* Ameisenhaufen *m*, -nest *n*, *bes.* Formiˈkarium *n* (*zum Studium des Verhaltens der Tiere künstlich angelegtes Ameisennest*). **ˌfor·miˈca·tion** [-ˈkeɪʃn] *s med.* Formiˈkatio *f*, Ameisenkriechen *n*, -laufen *n*, Kribbelgefühl *n*.

for·mi·da·ble [ˈfɔː(r)mɪdəbl] *adj* (*adv* **formidably**) **1.** furchterregend, -einflößend. **2.** gefährlich, ernstzunehmend (*Gegner etc*), gewaltig, riesig (*Schulden etc*), schwierig, knifflig (*Frage etc*). **3.** eindrucksvoll.

ˈform·ing *s* **1.** Formen *n*. **2.** *tech.* Verformung *f*, Fassoˈnierung *f*: **~ property** Verformbarkeit *f*.

ˈform·less *adj* (*adv* **~ly**) formlos. **ˈform·less·ness** *s* Formlosigkeit *f*.

for·mu·la [ˈfɔː(r)mjʊlə] *pl* **-las, -lae** [-liː] *s* **1.** *chem. math. u. fig.* Formel *f*: **to seek a ~** *fig.* e-e gemeinsame Formel suchen; **drinking alcohol and driving a car is a ~ for trouble** Autofahren nach Alkoholgenuß führt leicht zu Schwierigkeiten. **2.** *pharm.* Reˈzept *n* (*zur Anfertigung*). **3.** *relig.* (Glaubens-, Gebets)Formel *f*. **4.** a) Formel *f*, fester Wortlaut, b) *contp.* (leere) Phrase.

5. *contp.* ‚Schema F', Scha'blone *f*: **a ~ work** e-e schablonenhafte Arbeit. **6.** *mot.* Formel *f* (*für Rennwagen*). **'for·mu·lar·ize** [-ləraɪz] *v/t* **1.** → **formulate** 1. **2.** *fig.* schabloni'sieren. **'for·mu·lar·y** [-lərɪ; *Am.* -ˌleri:] **I** *s* **1.** Formelsammlung *f*, -buch *n*. **2.** Formel *f*. **3.** Arz'neimittel-, Re'zeptbuch *n*. **4.** *relig.* Ritu'albuch *n*. **II** *adj* **5.** förmlich, formelhaft. **6.** vorschriftsmäßig. **7.** *relig.* ritu'ell. **8.** Formel... **'for·mu·late** [-leɪt] *v/t* **1.** formu'lieren: a) (ab)fassen, darlegen, b) in e-r Formel ausdrücken, auf e-e Formel bringen. **2.** *ein Programm etc* aufstellen, festlegen. **ˌfor·mu'la·tion** *s* Formu'lierung *f*, Fassung *f*.

for·mu·lism ['fɔ:(r)mjʊlɪzəm] *s* Formelhaftigkeit *f*. **ˌfor·mu'lis·tic** *adj* (*adv* **~ally**) formelhaft. **'for·mu·lize** → **formulate**.

'form·work *s tech.* (Ver)Schalung *f*.

for·myl ['fɔ:(r)maɪl; *bes. Am.* -mɪl] *s chem.* For'myl *n*.

for·ni·cate ['fɔ:(r)nɪkeɪt] *v/i* **1.** *bes. Bibl.* Unzucht treiben, huren. **2.** *jur.* außerehelichen Geschlechtsverkehr haben. **ˌfor·ni'ca·tion** *s* **1.** *bes. Bibl.* Unzucht *f*, Hure'rei *f*. **2.** *jur.* außerehelicher Geschlechtsverkehr. **'for·ni·ca·tor** [-tə(r)] *s* **1.** *bes. Bibl.* Hurer *m*. **2.** *jur. j-d, der außerehelichen Geschlechtsverkehr hat.*

for·nix ['fɔ:(r)nɪks] *pl* **-ni·ces** [-nɪsi:s] *s anat.* Fornix *m*, Gewölbe *n*, Bogen *m*.

for·ra·der ['fɒrədə(r); *Am.* 'fɑ-] *adv bes. Br. colloq.* weiter, vor'an: **I can't get any ~** ich komme nicht vom Fleck.

for·sake [fə(r)'seɪk] *pret* **for'sook** [-'sʊk] *pp* **for'sak·en** [-kən] *v/t* **1.** *j-n* verlassen, im Stich lassen. **2.** *etwas* aufgeben, entsagen (*dat*). **for'sak·en I** *pp von* **forsake**. **II** *adj* (gott)verlassen, einsam. **for'sook** *pret von* **forsake**.

for·sooth [fə(r)'su:θ] *adv obs. od. iro.* wahrlich, für'wahr.

for·swear [fɔ:(r)'sweə(r)] *v/t irr* **1.** eidlich bestreiten, unter Eid verneinen. **2.** unter Pro'test zu'rückweisen, ganz entschieden bestreiten. **3.** abschwören (*dat*), unter Eid *od.* feierlich entsagen (*dat*): **he forswore never to do it again** er gelobte feierlich, es nie wieder zu tun. **4. ~ o.s.** falsch schwören, e-n Meineid leisten. **for'sworn** [-'swɔ:(r)n; *Am. a.* -'swəʊrn] **I** *pp von* **forswear**. **II** *adj* meineidig.

for·syth·i·a [fɔ:'saɪθjə; *Am.* fər'sɪθɪə] *s bot.* For'sythie *f*.

fort [fɔ:(r)t; *Am. a.* fəʊrt] *s* **1.** *mil.* Fort *n*, Feste *f*, Festung(swerk *n*) *f*: **to hold the ~** *fig.* ‚die Stellung halten'. **2.** *hist.* Handelsposten *m*.

for·ta·lice ['fɔ:təlɪs; *Am.* 'fɔ:rtləs] *s mil.* a) kleines Fort, b) Außenwerk *n*.

forte[1] ['fɔ:(r)teɪ; fɔ:(r)t] *s* **1.** *fenc.* Stärke *f* (*der Klinge*). **2.** [*Am.* fɔ:rt; fəʊrt] *fig. j-s* Stärke, starke Seite.

for·te[2] ['fɔ:(r)tɪ; -teɪ] *mus.* **I** *s* Forte *n*: **~ pedal** Fortepedal *n*, rechtes Pedal. **II** *adj u. adv* forte, laut, kräftig.

for·tes ['fɔ:(r)ti:z] *pl von* **fortis**.

forth [fɔ:(r)θ; *Am. a.* fəʊrθ] **I** *adv* **1.** her'vor, vor, her: → **back**[1] 15, **bring forth**, *etc*. **2.** her'aus, hin'aus. **3.** (dr)außen. **4.** vor'an, vorwärts. **5.** weiter, fort: **and so ~** und so fort *od.* weiter; **from this time ~** von nun an; **from that day ~** von diesem Tage an. **6.** weg, fort. **II** *prep* **7.** *obs.* fort von *od.* aus. **ˌ~'com·ing** *adj* **1.** erscheinend: **to be ~** erscheinen, zum Vorschein kommen. **2.** bevorstehend, kommend: **~ elections**. **3.** in Kürze erscheinend (*Buch*) *od.* anlaufend (*Film*): **~ books** (angekündigte) Neuerscheinungen. **4.** verfügbar: **to be ~** bereitstehen, zur Verfügung stehen. **5.** a) zu'vor-, entgegenkommend, b) mitteilsam. **'~·right** *fig.* **I** *adj u. adv* offen, freimütig, di'rekt. **II** *s obs.* di'rekter Weg. **ˌ~'with** [-'wɪθ; -'wɪð] *adv* so'fort, 'umgehend, unverzüglich.

for·ti·eth ['fɔ:(r)tɪɪθ] **I** *s* **1.** (*der, die, das*) Vierzigste. **2.** Vierzigstel *n*. **II** *adj* **3.** vierzigst(er, e, es). **4.** vierzigstel.

for·ti·fi·a·ble ['fɔ:(r)tɪfaɪəbl] *adj mil.* zu befestigen(d). **ˌfor·ti·fi'ca·tion** [-fɪ'keɪʃn] *s* **1.** *mil.* a) Befestigen *n*, Befestigung *f*, b) Festungsbauwesen *n*, c) Festung *f*, d) *meist pl* Festungswerk *n*, Befestigung(sanlage) *f*. **2.** (*a.* geistige *od.* mo'ralische) Stärkung: **I need a little ~, pour me out some whisky**. **3.** a) Verstärkung *f* (*a. tech.*), b) Anreicherung *f*. **4.** *fig.* Unter'mauerung *f*. **'for·ti·fi·er** [-faɪə(r)] *s* Stärkungsmittel *n*.

for·ti·fy ['fɔ:(r)tɪfaɪ] *v/t* **1.** *mil.* befestigen. **2.** *tech. Gewebe etc* verstärken. **3.** stärken, kräftigen. **4.** *fig.* geistig *od.* mo'ralisch stärken, ermutigen, bestärken: **to ~ o.s. against s.th.** sich gegen etwas wappnen. **5.** a) *Wein etc* (*durch Alkoholzusatz*) verstärken: **fortified wine** Dessertwein *m*, b) *Nahrungsmittel* (*mit Vitaminen etc*) anreichern. **6.** *fig.* unter'mauern: **to ~ a theory with facts**.

for·tis ['fɔ:(r)tɪs] *pl* **-tes** [-ti:z] *s ling.* Fortis *f* (*mit großer Intensität gesprochener u. mit gespannten Artikulationsorganen gebildeter Konsonant*).

for·tis·si·mo [fɔ:(r)'tɪsɪməʊ] *adj u. adv mus.* sehr stark *od.* laut, for'tissimo.

for·ti·tude ['fɔ:(r)tɪtju:d; *Am. a.* -ˌtu:d] *s* (innere) Kraft *od.* Stärke, Seelenstärke *f*: **to bear s.th. with ~** etwas mit Fassung *od.* tapfer ertragen.

fort·night ['fɔ:(r)tnaɪt] *s bes. Br.* vierzehn Tage: **this day ~** a) heute in 14 Tagen, b) heute vor 14 Tagen; **in a ~** in 14 Tagen; **a ~'s holiday** zwei Wochen Urlaub. **'fortˌnight·ly** *bes. Br.* **I** *adj* vierzehntägig, halbmonatlich, Halbmonats...: **~ settlement** *econ.* Medioabrechnung *f*. **II** *adv* alle 14 Tage. **III** *s* Halbmonatsschrift *f*.

For·tran ['fɔ:(r)træn] *s* FORTRAN *n* (*Computersprache*).

for·tress ['fɔ:(r)trɪs] *s* **1.** *mil.* Festung *f*. **2.** *fig.* Bollwerk *n*, Hort *m*.

for·tu·i·tism [fɔ:(r)'tju:ɪtɪzəm; *Am. a.* -'tu:-] *s philos.* Zufallsglaube *m*. **for'tu·i·tist** *s* Anhänger(in) des Zufallsglaubens. **for'tu·i·tous** *adj* (*adv* **~ly**) zufällig. **for'tu·i·ty,** *a.* **for'tu·i·tous·ness** *s* **1.** Zufall *m*. **2.** Zufälligkeit *f*.

for·tu·nate ['fɔ:(r)tʃnət] *adj* **1.** glücklich: **to be ~** Glück haben; **to be ~ in having s.th., to be ~ enough to have s.th.** das Glück haben, etwas zu besitzen; **it was ~ for her that the train hadn't left yet** zu ihrem Glück war der Zug noch nicht abgefahren; **how ~!** welch ein Glück! **2.** glückverheißend, günstig. **'for·tu·nate·ly** *adv* glücklicherweise, zum Glück: **~ for me** zu m-m Glück.

for·tune ['fɔ:tʃu:n; -tʃən; *Am.* 'fɔ:rtʃən] *s* **1.** Vermögen *n*, (großer) Reichtum: **a man of ~** ein vermögender *od.* reicher Mann; **her beauty is her ~** ihre Schönheit ist ihr Kapital; **to come into a ~** ein Vermögen erben; **to make a ~** sich ein Vermögen erwerben; **to make one's ~** sein Glück machen; **to marry a ~** e-e gute Partie machen, reich heiraten; **to seek one's ~** sein Glück versuchen (**in** in *dat*); **to spend a (small) ~ on s.th.** ein (kleines) Vermögen für etwas ausgeben. **2.** (glücklicher) Zufall, Glück(sfall *m*) *n*: **by sheer good ~** rein zufällig; **I had the ~ to have ..., it was my good ~ to have ...** zu m-m Glück hatte ich... **3.** *oft pl* Geschick *n*, Schicksal *n*: **good ~** Glück *n*; **bad** (*od.* **ill**) **~** Unglück *n*; **to tell ~s** wahrsagen; **to read s.o.'s ~** a) j-m die Karten legen, b) j-m aus der Hand lesen; **to have one's ~ told** sich wahrsagen lassen; **by good ~** glücklicherweise, zum Glück; **the ~s of war** das Kriegsgeschick, der Krieg; **during his changing ~s** während s-s wechselvollen Lebens; **to try one's ~** es darauf ankommen lassen. **4.** *oft* **F~** For'tuna *f*, Glück(sgöttin *f*) *n*: **~ favo(u)red him** das Glück war ihm hold; **~ favo(u)rs the brave** Glück hat nur der Tüchtige; → **smile** 2. **~ hunt·er** *s* Mitgiftjäger *m*. **'~ˌtell·er** *s* Wahrsager(in). **'~ˌtell·ing** *s* Wahrsagen *n*, Wahrsage'rei *f*.

for·ty ['fɔ:(r)tɪ] **I** *s* **1.** Vierzig *f*: **he is in his forties** er ist in den Vierzigern; **in the forties** in den vierziger Jahren (*e-s Jahrhunderts*). **2. the Forties** die See zwischen Schottlands Nord'ost- u. Norwegens Süd'westküste. **3. the roaring forties** stürmischer Teil des Ozeans (zwischen dem 39. u. 50. Breitengrad). **II** *adj* **4.** vierzig: **to have ~ winks** *colloq.* ein Nickerchen machen. **ˌF~-'Five** *s hist. Br. die Jakobitische Erhebung im Jahre 1745.* **ˌ~-'nin·er** *s Am. Goldgräber, der 1849 im Zuge des Goldrausches nach Kalifornien ging.*

fo·rum ['fɔ:rəm; *Am. a.* 'fəʊ-] *pl* **-rums, -ra** [-rə] *s* **1.** *antiq. u. fig.* Forum *n*. **2.** *jur.* a) Gericht *n*, Tribu'nal *n* (*a. fig.*), b) *Br.* Gerichtsstand *m*, örtliche Zuständigkeit. **3.** Forum *n*, (öffentliche) Diskussi'on(sveranstaltung).

for·ward ['fɔ:(r)wə(r)d] **I** *adv* **1.** vor, nach vorn, vorwärts, vor'an, vor'aus: **from this day ~** von heute an; **freight ~** *econ.* Fracht gegen Nachnahme; **to buy ~** *econ.* auf Termin kaufen; **to go ~** *fig.* Fortschritte machen; **to help ~** weiterhelfen (*dat*); **~, march!** *mil.* im Gleichschritt, marsch!; → **bring** (**carry, put,** *etc*) **forward**. **II** *adj* (*adv* **~ly**) **2.** vorwärts *od.* nach vorn gerichtet, Vorwärts...: **a ~ motion**; **~ defence** (*Am.* **defense**) *mil.* Vorwärtsverteidigung *f*; **~ planning** Voraus-, Zukunftsplanung *f*; **~ speed** *mot.* Vorwärtsgang *m*; **~ strategy** *mil.* Vorwärtsstrategie *f*; **~ stroke** *tech.* Vorlauf *m* (*e-s Kolbens*). **3.** vorder(er, e, es). **4.** a) *bot.* frühreif (*a. fig. Kind*), b) zeitig (*Jahreszeit etc*). **5.** *zo.* a) hochträchtig, b) gutentwickelt. **6.** *fig.* fortschrittlich. **7.** *fig.* fortgeschritten (**at** in *dat*). **8.** *fig.* vorlaut, dreist. **9.** *fig.* vorschnell, -eilig. **10.** *fig.* schnell bereit (**to do s.th.** etwas zu tun). **11.** *econ.* auf Ziel *od.* Zeit, für spätere Lieferung *od.* Zahlung, Termin...: **~ business** (**market, sale,** *etc*); **~ exchange** Termindevisen *pl*; **~ exchange market** Devisenterminmarkt *m*; **~ rate** Terminkurs *m*, Kurs *m* für Termingeschäfte. **III** *s* **12.** *sport* Stürmer *m*: **~ line** Stürmer-, Sturmreihe *f*. **IV** *v/t* **13.** beschleunigen. **14.** fördern, begünstigen. **15.** a) (ver)senden, schicken, b) befördern. **16.** *Brief etc* nachsenden. **V** *v/i* **17. please ~** bitte nachsenden.

'for·ward·er *s* Spedi'teur *m*. **'for·ward·ing** *s* **1.** a) Versenden *n*, Versand *m*, b) Beförderung *f*: **~ agent** Spediteur *m*; **~ charges** Versandspesen; **~ clerk** Expedient *m*; **~ note** Frachtbrief *m*. **2.** Nachsenden *n*, -sendung *f*: **~ address** Nachsendeadresse *f*.

'for·ward-ˌlook·ing *adj* vor'ausschauend, fortschrittlich.

'for·ward·ness *s* **1.** a) Frühreife *f*, b) Frühzeitigkeit *f*. **2.** *fig.* vorlaute Art, Dreistigkeit *f*. **3.** *fig.* Voreiligkeit *f*.

for·wards ['fɔ:(r)wə(r)dz] → **forward** I.

for'wear·ied, for'worn *adj obs.* erschöpft.

Fos·bur·y (flop) [ˈfɒzbərɪ; -brɪ; *Am.* ˈfɑz-] *s Leichtathletik*: (Fosbury-)Flop *m.*

foss → **fosse.**

fos·sa [ˈfɒsə; *Am.* ˈfɑsə] *pl* **-sae** [-siː] *s anat.* Fossa *f*, Grube *f*, Vertiefung *f*.

fosse [fɒs; *Am.* fɑs] *s* **1.** (Burg-, Wall-)Graben *m.* **2.** *anat.* Grube *f*, Vertiefung *f*.

fos·sick [ˈfɒsɪk; *Am.* ˈfɑ-] **I** *v/i* **1.** *Austral.* in alten Minen *etc* (nach) Gold suchen. **2.** *bes. Austral.* herˈumstöbern, -suchen (**for** nach). **II** *v/t* **3.** *bes. Austral.* herˈumstöbern *od.* -suchen nach.

fos·sil [ˈfɒsl; *Am.* ˈfɑsəl] **I** *s* **1.** *geol.* Fosˈsil *n*, Versteinerung *f*. **2.** *colloq.* Fosˈsil *n*: a) verknöcherter *od.* rückständiger Mensch, b) *(etwas)* ‚Vorsintflutliches'. **II** *adj* **3.** *geol.* fosˈsil, versteinert: ~ **fuel** fossiler Brennstoff; ~ **meal** Infusorienerde *f*; ~ **oil** Erd-, Steinöl *n*, Petroleum *n*. **4.** *colloq.* fosˈsil: a) verknöchert, rückständig *(Person)*, b) ‚vorsintflutlich' *(Sache)*. ˌ**fos·silˈif·er·ous** [-sɪˈlɪfərəs] *adj* fosˈsilienhaltig, Fossil... ˈ**fos·sil·ist** *s* Paläontoˈloge *m*, Fosˈsilienkundige(r) *m*. ˌ**fos·sil·iˈza·tion** [-sɪlaɪˈzeɪʃn; *Am.* -ləˈz-] *s* **1.** *geol.* Fossiˈlierung *f*, Versteinerung *f*. **2.** *colloq.* Verknöcherung *f*. ˈ**fos·sil·ize I** *v/t* **1.** *geol.* fossiˈlieren, versteinern. **2.** *colloq.* verknöchern lassen: ~**d** → **fossil** 4 a. **II** *v/i* **3.** *geol.* fossiˈlieren, versteinern. **4.** *colloq.* verknöchern.

fos·so·ri·al [fɒˈsɔːrɪəl; *Am.* fɑ-; *a.* -ˈsəʊ-] *adj zo.* grabend, Grab...

fos·ter [ˈfɒstə(r); *Am. a.* ˈfɑs-] **I** *v/t* **1.** *ein Kind etc* auf-, großziehen. **2.** *ein Kind* a) in Pflege haben *od.* nehmen, b) *bes. Br.* in Pflege geben (**with** bei). **3.** *Gefühle, e-n Plan etc* hegen. **4.** *ein Talent etc* fördern. **5.** *Erinnerungen etc* wachhalten. **II** *adj* **6.** Pflege...: ~ **brother (child, parents,** *etc*); ~ **home** Pflegestelle *f*; ~ **mother** a) Pflegemutter *f*, b) *zo.* Brutapparat *m*. ˈ**fos·ter·age** *s* **1.** Pflege *f*. **2.** *fig.* Förderung *f*. ˈ**fos·ter·er** *s* **1.** Pflegevater *m*. **2.** *fig.* Förderer *m*.

fos·ter·ling [ˈfɒstə(r)lɪŋ; *Am. a.* ˈfɑs-] *s* Pflegekind *n*.

Fou·cault cur·rent [fuːˈkəʊ] → **eddy current.**

fought [fɔːt] *pret u. pp von* **fight.**

foul [faʊl] **I** *adj* (*adv* ~**ly**) **1.** stinkend, widerlich. **2.** a) verpestet, schlecht *(Luft)*, b) verdorben, faul *(Lebensmittel etc)*. **3.** übelriechend: ~ **breath. 4.** schmutzig, verschmutzt (*a. Schußwaffe*), verrußt *(Schornstein)*, verstopft (*Rohr etc, a. Straße*), voll Unkraut *(Garten)*, überˈwachsen *(Schiffsboden)*. **5.** a) schlecht, stürmisch *(Wetter etc)*, widrig *(Wind)*, b) gefährlich *(Küste)*. **6.** *mar.* a) unklar *(Taue etc)*, b) in Kollisiˈon (geratend) (**of** mit). **7.** *fig.* a) widerlich, ekelhaft, b) abˈscheulich, gemein, c) gefährlich, schädlich: ~ **tongue** böse Zunge, Lästerzunge *f*, d) schmutzig, zotig, unflätig: ~ **language. 8.** *colloq.* scheußlich. **9.** *fig.* unehrlich, betrügerisch. **10.** *sport* regelwidrig, unfair. **11.** *print.* a) unsauber *(Druck etc)*: → **copy** 1, b) voller Fehler *od.* Änderungen: → **proof** 11.
II *adv* **12.** auf gemeine Art, gemein (*etc*, → 7–10): **to play** ~ *sport* foul spielen; **to play s.o.** ~ j-m übel mitspielen. **13. to fall** ~ **of** *mar.* kollidieren mit, *a. fig.* zs.-stoßen mit: **they fell** ~ **of each other** sie gerieten sich in die Haare; **to fall** ~ **of the law** mit dem Gesetz in Konflikt geraten.
III *s* **14.** *(etwas)* Widerliches *etc*: **through** ~ **and fair** durch dick u. dünn. **15.** *mar.* Kollisiˈon *f*, Zs.-stoß *m*. **16.** *sport* a) Foul *n*, Regelverstoß *m*: **to commit a** ~ **on** ein Foul begehen an *(dat)*, b) → **foul ball**, c) → **foul shot.**
IV *v/t* **17.** *a.* ~ **up** beschmutzen (*a. fig.*), verschmutzen, verunreinigen: **to** ~ **one's (own) nest** das eigene *od.* sein eigenes Nest beschmutzen. **18.** *a.* ~ **up** verstopfen. **19.** *sport* foulen. **20.** *mar.* kolliˈdieren *od.* zs.-stoßen mit. **21.** *a.* ~ **up** sich verwickeln in *(dat) od.* mit. **22.** ~ **up** *colloq.* a) durcheinˈanderbringen, b) ‚verpatzen', ‚versauen'.
V *v/i* **23.** schmutzig werden. **24.** *mar.* kolliˈdieren, zs.-stoßen (**with** mit). **25.** sich verwickeln. **26.** *sport* foulen, ein Foul begehen. **27.** ~ **up** *colloq.* a) durcheinˈanderkommen, b) ‚patzen', ‚Mist bauen'.

foul| ball *s Baseball*: ‚Aus'-Schlag *m*. ~ **line** *s sport* **1.** *Baseball*: Foul-, Fehllinie *f*. **2.** *Basketball*: *bes. Am.* Freiwurflinie *f*. **3.** *Bowling*: Abwurflinie *f*. ˈ~**-mouthed** *adj* unflätig.

ˈ**foul·ness** *s* **1.** Verdorbenheit *f*. **2.** Schmutzigkeit *f*. **3.** Schmutz *m*. **4.** *fig.* Abˈscheulichkeit *f*, Gemeinheit *f*. **5.** *Bergbau*: schlagende Wetter *pl*.

foul| play *s* **1.** unfaires Spiel, Unsportlichkeit *f*. **2.** (Gewalt)Verbrechen *n*, *bes.* Mord *m*: **he met with** ~ er fiel e-m Verbrechen zum Opfer. ~ **shot** *s Basketball*: *bes. Am.* Freiwurf *m*. ˈ~ˌ**smell·ing** *adj* übelriechend. ˈ~ˌ**spo·ken** → **foul-mouthed.** ˈ~ˌ**tast·ing** *adj* übelschmeckend.

fou·mart [ˈfuːmɑː(r)t; -mə(r)t] *s zo.* Iltis *m*.

found[1] [faʊnd] *pret u. pp von* **find.**

found[2] [faʊnd] **I** *v/t* **1.** bauen, errichten. **2.** *fig.* gründen, errichten. **3.** *fig.* begründen, einrichten, ins Leben rufen, *e-e Schule etc* stiften: ~**ing father** Vater *m*; **F**~**ing Fathers** *Am.* Staatsmänner aus der Zeit der Unabhängigkeitserklärung. **4.** *fig.* gründen, stützen (**on, upon, in** auf *acc*): ~**ed on documents** urkundlich; **to be** ~**ed on** → 5; ~**ed (up)on fact(s)** auf Tatsachen beruhend, stichhaltig. **II** *v/i* **5.** *fig.* (**on, upon**) sich stützen (auf *acc*), beruhen *od.* sich gründen auf *(dat)*.

found[3] [faʊnd] *v/t* **1.** *metall.* schmelzen u. in e-e Form gießen. **2.** gießen.

foun·da·tion [faʊnˈdeɪʃn] *s* **1.** *arch.* Grundmauer *f*, Sockel *m*, Fundaˈment *n*: ~ **bed** Baugrund *m*; **to lay the** ~**s of** *fig.* den Grund(stock) legen zu; **shaken to the** ~**s** *a. fig.* in den Grundfesten erschüttert. **2.** *tech.* ˈUnterbau *m*, -lage *f* (*e-r Straße etc*), Bettung *f*: ~ **plate** Grundplatte *f*. **3.** Grundlegung *f*. **4.** *fig.* Gründung *f*, Errichtung *f*: **F**~ **Day** Gründungstag *m* (*26. Januar; australischer Feiertag*). **5.** (gemeinnützige) Stiftung: **to be on the** ~ Geld aus der Stiftung erhalten. **6.** a) ˈUnterlage *f*, b) steifes (Zwischen)Futter, c) *a.* ~ **muslin** Steifleinen *n*. **7.** *paint.* Grunˈdierung *f*, Grundanstrich *m*. **8.** *a.* ~ **cream** (*Kosmetik*) Grunˈdierung *f*. **9.** → **foundation garment. 10.** *fig.* Grund(lage *f*) *m*, Basis *f*, Fundaˈment *n*: **to be without any** ~ jeder Grundlage entbehren.

foun·da·tion| gar·ment *s* **1.** a) Mieder *n*, b) Korˈsett *n*. **2.** *pl* Miederwaren *pl*. ~ **stone** *s* **1.** *arch. u. fig.* Grundstein *m*: **to lay the** ~ **of** den Grundstein legen zu. **2.** *fig.* → **foundation** 10.

found·er[1] [ˈfaʊndə(r)] *s* Gründer *m*, Stifter *m*: ~ **member** Gründungsmitglied *n*; ~**s' preference rights** *econ.* Gründerrechte; ~**s' shares** *econ. bes. Br.* Gründeraktien, -anteile.

found·er[2] [ˈfaʊndə(r)] *s tech.* Gießer *m*.

foun·der[3] [ˈfaʊndə(r)] **I** *v/i* **1.** *mar.* sinken, ˈuntergehen. **2.** a) einfallen, nachgeben *(Boden)*, b) einstürzen *(Gebäude)*. **3.** *fig.* scheitern, (*Koalition etc a.*) zerbrechen. **4.** a) *vet.* lahmen, b) zs.-brechen *(Pferd)*. **5.** steckenbleiben (**in** in *dat*). **II** *v/t* **6.** *ein Schiff* zum Sinken bringen. **7.** *ein Pferd* lahm reiten. **III** *s* **8.** *vet.* a) Hufentzündung *f*, b) Engbrüstigkeit *f*.

found·ling [ˈfaʊndlɪŋ] *s* Findling *m*, Findelkind *n*: ~ **hospital** *hist.* Findelhaus *n*.

found ob·ject → **objet trouvé.**

found·ress [ˈfaʊndrɪs] *s* Gründerin *f*.

found·ry [ˈfaʊndrɪ] *s* **1.** *metall.* a) Gießeˈrei *f*, b) Gußstücke *pl*, c) Gießen *n*. **2.** *print.* Schriftgießeˈrei *f*. ~ **i·ron** *s* Gießeˈreiroheisen *n*. ˈ~**man** [-mən] *s irr tech.* Gießer *m*. ~ **pig** → **foundry iron.** ~ **proof** *s print.* Revisiˈonsabzug *m* (*vor dem Matern*).

fount[1] [faʊnt; *Br. a.* fɒnt; *Am. a.* fɑnt] *bes. Br. für* **font**[2].

fount[2] [faʊnt] *s* **1.** a) Ölbehälter *m* (*e-r Lampe*), b) Tintenraum *m* (*e-s Füllhalters*). **2.** *poet.* Quelle *f*, Born *m* (*beide a. fig. Ursprung*).

foun·tain [ˈfaʊntɪn; *Am.* -tn] *s* **1.** Quelle *f*. **2.** *fig.* Quelle *f*, Ursprung *m*: **F**~ **of Youth** Jungbrunnen *m*. **3.** Fonˈtäne *f*: a) (Wasser- *etc*)Strahl *m*, b) Springbrunnen *m*. **4.** a) Trinkbrunnen *m*, b) → **soda fountain** 2. **5.** *tech.* a) Reserˈvoir *n*, b) → **fount**[2] 1. ˈ~**head** *s* **1.** Quelle *f* (*a. fig.*). **2.** *fig.* Urquell *m*. ~ **pen** *s* Füll(feder)halter *m*. ~ **syr·inge** *s med.* Irriˈgator *m*, ˈSpülappaˌrat *m*.

four [fɔː(r); *Am. a.* fəʊr] **I** *adj* **1.** vier: **within the** ~ **seas** in Großbritannien; ~ **of a kind** (*Poker*) Viererpasch *m*. **II** *s* **2.** Vier *f* (*Zahl, Spielkarte etc*): **the** ~ **of hearts** die Herzvier; **by** ~**s** immer vier auf einmal; **on all** ~**s** auf allen vieren; **to be on all** ~**s (with)** *bes. Am.* übereinstimmen (mit), genau entsprechen *(dat)*. **3.** *Rudern*: Vierer *m*: a) *Boot*, b) *Mannschaft*. ˈ~**-ball (match)** *s Golf*: Vierball *m*. ˈ~**-blade** *adj* Vierblatt...: ~ **propeller** *aer.* Vierblattschraube *f*.

four·chette [fʊə(r)ˈʃet] *s* **1.** *anat.* hinteres Scheidenhäutchen. **2.** *zo.* a) Gabelbein *n* (*e-s Vogels*), b) Strahl *m* (*am Huf*).

ˈ**four|-ˌcol·o(u)r** *adj* **1.** vierfarbig. **2.** *print.* Vierfarben... ˌ~-ˈ**cor·nered** *adj* viereckig. ˈ~-ˌ**cy·cle** *adj tech. Am.* Viertakt...: ~ **engine** Viertaktmotor *m*, Viertakter *m*. ˈ~-ˌ**dig·it** *adj math.* vierstellig: ~ **number.** ˌ~**-diˈmen·sion·al** *adj phys.* ˈvierdimensioˌnal. ˈ~**-door** *adj mot.* viertürig. ˈ~**eyes** *s pl* (*als sg konstruiert*) *colloq., meist humor.* Brillenträger(in), (*Frau*) ‚Brillenschlange' *f*. ~ **flush** *s Poker*: unvollständige Hand (*4 Karten e-r Farbe*). ˈ~-ˌ**flush** *v/i Am. colloq.* bluffen. ˈ~-ˌ**flush·er** *s Am. colloq.* Bluffer *m*.

ˈ**four·fold I** *adj u. adv* vierfach. **II** *s (das)* Vierfache.

ˌ**four|-ˈfoot·ed** *adj* vierfüßig. ˈ~-ˈ**four (time)** *s mus.* Vierˈvierteltakt *m*. ˌ~-ˈ**hand·ed** *adj* **1.** *zo.* vierhändig (*Affe*). **2.** *mus.* vierhändig, für 4 Hände. **3.** für 4 Perˈsonen: ~ **game** Viererspiel *n*. ˈ~**-horse(d)** *adj* vierspännig: ~ **coach** Vierspänner *m*. **F**~ **Hun·dred** *s*: **the** ~ *Am.* die Hautevolee (*e-r Gemeinde*).

Fou·ri·er| a·nal·y·sis [ˈfʊrɪeɪ] *s irr math.* Fouriˈer-Anaˌlyse *f*. ~ **se·ries** *s irr math.* Fouriˈer-Reihe *f*.

ˈ**four|-leaf(ed) clo·ver,** ˈ~**-leaved clo·ver** *s bot.* vierblätt(e)riges Kleeblatt (*a. als Glücksbringer*). ˈ~**-legged** *adj* vierbeinig. ˈ~-ˌ**let·ter word** *s euphem.* unanständiges Wort. ˈ~**-man** *adj*: ~ **bob** (*od.* **sled**) Viererbob *m*. ˈ~-ˌ**mast·er** *s mar.* Viermaster *m*. ˈ~**-oar** *s* Vierer *m* (*Boot*). ˈ~**-part** *adj mus.* vierstimmig, für 4 Stimmen. ˈ~**pence** [-pəns] *s Br.* **1.** (Wert *m* von) vier Pence. **2.** *hist.* Vierˈpencemünze *f*. ˈ~**pen·ny** [-pənɪ] *adj Br.*

1. Vierpence..., im Wert von 4 Pence. 2. ~ one *sl.* (*bes.* Faust)Schlag *m.* ˈ**~-point bear·ing** *s mar.* Vierstrichpeilung *f.* ˌ**~-ˈpost·er** *s* 1. *a.* ~ **bed** Himmelbett *n.* 2. *mar. colloq.* Viermaster *m.* ˌ**~-ˈpound·er** *s mil. hist.* Vierpfünder *m.* ˌ**~ˈscore** *adj obs.* achtzig. ˌ**~-ˈseat·er** *s mot.* Viersitzer *m.*

four·some [ˈfɔː(r)səm; *Am. a.* ˈfəʊr-] *s* 1. *Golf*: Vierer *m.* 2. Satz *m* von vier (Dingen). 3. *humor.* ‚Quarˈtett' *n* (*4 Personen, 2 Paare*).

ˈ**four|-speed gear** *s tech.* Viergang-getriebe *n.* ˌ**~ˈsquare** *adj u. adv* 1. quaˈdratisch. 2. *fig.* a) fest, standhaft, b) barsch, grob, ˈunumˌwunden. ˈ**~-star** *adj* Vier-Sterne...: ~ **general**; ~ **hotel**. ˈ**~-stroke** *bes. Br. für* **four-cycle**.

four·teen [ˌfɔː(r)ˈtiːn; *Am. a.* fəʊr-] I *s* Vierzehn *f.* II *adj* vierzehn. ˌ**fourˈteenth** [-θ] I *adj* 1. vierzehnt(er, e, es). 2. vierzehntel. II *s* 3. (*der, die, das*) Vierzehnte. 4. Vierzehntel *n.*

fourth [fɔː(r)θ; *Am. a.* fəʊrθ] I *adj* 1. viert(er, e, es): **in the ~ place** viertens, an vierter Stelle. 2. viertel. II *s* 3. (*der, die, das*) Vierte: **the ~ of May** der 4. Mai. 4. Viertel *n.* 5. *mus.* Quart(e) *f.* 6. **the F~ of July** *Am.* der Vierte Juli, der Unabhängigkeitstag. ˈ**~-ˌclass mail** *s Am.* Paˈketpost *f.* ~ **es·tate** *s humor.* (*die*) Presse.

ˈ**fourth·ly** *adv* viertens.

ˈ**four|-way** *adj tech.* Vierwege...: ~ **switch** Vierfach-, Vierwegeschalter *m.* ˈ**~-wheel** *adj* 1. vierräd(e)rig. 2. Vierrad...: ~ **drive** *mot.* Vierradantrieb *m.*

fo·ve·a [ˈfəʊvɪə] *pl* **-ve·ae** [-vɪiː] *s anat.* Vertiefung *f*, Grube *f.*

fowl [faʊl] I *pl* **fowls,** *bes. collect.* **fowl** *s* 1. Haushuhn *n*, -ente *f*, Truthahn *m.* 2. *collect.* Geflügel *n*, Federvieh *n*, Hühner *pl*: ~ **run** Auslauf *m*, Hühnerhof *m.* 3. *selten* Vogel *m*, Vögel *pl*: **the ~(s) of the air** *Bibl.* die Vögel unter dem Himmel; → **wildfowl**. 4. Geflügel(fleisch) *n.* II *v/i* 5. Vögel fangen *od.* schießen. ~**chol·er·a** *s vet.* Geflügelcholera *f.*

ˈ**fowl·er** *s* Vogelfänger *m*, -steller *m*, -jäger *m.*

ˈ**fowl·ing** *s* Vogelfang *m*, -jagd *f.* ~ **piece** *s hunt.* Vogelflinte *f.* ~ **shot** *s hunt.* Hühnerschrot *m, n.*

fowl| pest *s vet.* Hühnerpest *f.* ~ **pox** *s vet.* Geflügelpocken *pl.*

fox [fɒks; *Am.* fɑks] I *pl* ˈ**fox·es,** *bes. collect.* **fox** *s* 1. *zo.* Fuchs *m*: ~ **and geese** ‚Wolf u. Schafe' *n* (*ein Brettspiel*); **to set the ~ to keep the geese** *fig.* den Bock zum Gärtner machen. 2. *oft* **sly old ~** *fig.* gerissener *od.* verschlagener Kerl. 3. Fuchspelz(kragen) *m.* 4. *mar.* Nitzel *m.* 5. F~ ˈFox(indiˌaner) *m od. pl* (*nordamer. Indianerstamm*). II *v/t* 6. verblüffen. 7. täuschen, ‚reinlegen'. 8. a) *Schuhe* vorschuhen, b) *Oberleder* mit e-m Zierstreifen versehen. III *v/i* 9. gerissen vorgehen. 10. stockfleckig werden (*Papier*).

ˈ**fox|·bane** *s bot.* Wolfs-Eisenhut *m.* ~ **brush** *s* Lunte *f*, Fuchsschwanz *m.* ˈ**~-glove** *s bot.* (*ein*) Fingerhut *m.* ˈ**~·hole** *s* 1. Fuchsbau *m.* 2. *mil.* Schützenloch *n.* ~ **hunt(·ing)** *s* Fuchsjagd *f.*

fox·i·ness [ˈfɒksɪnɪs; *Am.* ˈfɑk-] *s* Gerissenheit *f*, Verschlagenheit *f.*

fox| mark *s* Stockfleck *m* (*im Papier*). ˈ**~·tail** *s* 1. Fuchsschwanz *m.* 2. *bot.* (*ein*) Fuchsschwanz(gras *n*) *m.* ~ **ter·ri·er** *s zo.* Foxterrier *m.* ˈ**~·trot** I *s mus.* Foxtrott *m.* II *v/i* Foxtrott tanzen.

ˈ**fox·y** *adj* 1. gerissen, verschlagen. 2. fuchsrot, fuchsig. 3. stockfleckig (*Papier*). 4. *Am. sl.* ‚sexy'.

foy·er [ˈfɔɪeɪ; *Am. a.* ˈfɔɪər] *s* 1. Foˈyer *n*: a) Halle *f* (*im Hotel*), b) Wandelgang *m* (*im Theater*). 2. *Am.* Diele *f.*

Fra [frɑː] *s relig.* Fra *m* (*Bruder; vor Mönchsnamen*).

fra·cas [ˈfrækɑː; *Am.* ˈfreɪkəs] *pl* **-cas,** *Am.* **-cas·es** *s* Aufruhr *m*, Tuˈmult *m.*

frac·tion [ˈfrækʃn] *s* 1. *math.* Bruch *m*: ~ **bar** (*od.* **line, stroke**) Bruchstrich *m.* 2. Bruchteil *m*: ~ **of a share** (*bes. Am.* **stock**) *econ.* Teilaktie *f.* 3. Stückchen *n*, (*ein*) bißchen: **by a ~ of an inch** *fig.* um ein Haar; **a ~ smaller** e-e Spur kleiner; **not (by) a ~** nicht im geringsten. 4. *selten* (Zer)Brechen *n.* 5. F~ *relig.* Brechen *n* (*des Brotes*). ˈ**frac·tion·al** [-ʃənl] *adj* 1. *math.* Bruch..., gebrochen: ~ **amount** Teilbetrag *m*; ~ **currency** *Am.* Scheidemünze *f*; ~ **part** Bruchteil *m.* 2. *fig.* unbedeutend, miniˈmal. 3. *chem.* fraktioˈniert, teilweise: ~ **distillation**. ˈ**frac·tion·al·ize** *v/t* in Bruchteile zerlegen. ˈ**frac·tion·ar·y** [-ʃnərɪ; *Am.* -ʃəˌneriː] *adj* Bruch(stück)..., Teil... ˈ**frac·tion·ate** [-neɪt] *v/t chem.* fraktioˈnieren. ˈ**frac·tion·ize** *v/t u. v/i* (sich) teilen.

frac·tious [ˈfrækʃəs] *adj* (*adv* ~**ly**) 1. mürrisch, zänkisch, reizbar. 2. ˈwiderspenstig, störrisch (*bes. Tier*). ˈ**frac·tious·ness** *s* 1. mürrisches Wesen, Reizbarkeit *f.* 2. ˈWiderspenstigkeit *f.*

frac·ture [ˈfræktʃə(r)] I *s* 1. Bruch *m*, *med. a.* Frakˈtur *f.* 2. *min.* Bruch(fläche *f*) *m.* 3. *chem. tech.* Bruchgefüge *n.* 4. *ling.* Brechung *f.* 5. *fig.* Bruch *m*, Zerwürfnis *n.* II *v/t* 6. (zer)brechen: **to ~ one's arm** sich den Arm brechen; ~**d pelvis** *med.* Beckenbruch *m*; **to speak ~d English** *fig.* gebrochen Englisch sprechen. 7. *geol.* zerklüften. III *v/i* 8. (zer)brechen.

frae [freɪ] *Scot. für* **from**.

frag·ile [ˈfrædʒaɪl; *Am.* -dʒəl] *adj* (*adv* ~**ly**) 1. zerbrechlich (*a. fig.*): **happiness is ~**. 2. *tech.* brüchig. 3. a) schwach, zart (*Gesundheit*), b) gebrechlich (*Person*): **I'm feeling rather ~ today** *meist humor.* ich bin heute nicht in bester Verfassung. ˈ**frag·ile·ness, fra·gil·i·ty** [frəˈdʒɪlətɪ] *s* 1. Zerbrechlichkeit *f.* 2. Brüchigkeit *f.* 3. a) Zartheit *f*, b) Gebrechlichkeit *f.*

frag·ment [ˈfrægmənt] *s* 1. (*literarisches etc*) Fragˈment. 2. Bruchstück *n*, -teil *m.* 3. ˈÜberrest *m*, Stück *n.* 4. Fetzen *m*, Brocken *m.* 5. *mil.* Sprengstück *n*, Splitter *m.* **fragˈmen·tal** [-ˈmentl] *adj* 1. → **fragmentary** 2. 2. *geol.* aus Trümmergestein bestehend: ~ **rock** Trümmergestein *n.* ˈ**frag·men·tar·i·ness** [-tərɪnɪs; *Am.* -ˌteriːnəs] *s* (*das*) Fragmenˈtarische, ˈUnvollˌständigkeit *f.* ˈ**frag·men·tar·y** [-tərɪ; *Am.* -ˌteriː] *adj* (*adv* **fragmentarily**) 1. aus Stücken bestehend, zerstückelt. 2. fragmenˈtarisch, ˈunvollˌständig, bruchstückhaft. ˌ**fragmenˈta·tion** *s* 1. *biol.* Fragmentatiˈon *f*, Spaltung *f.* 2. Zerstückelung *f*, Zertrümmerung *f*, Zersplitterung *f.* 3. *mil.* Splitterwirkung *f*: ~ **bomb** Splitterbombe *f.*

fra·grance [ˈfreɪgrəns], *a.* ˈ**fra·gran·cy** *s* Wohlgeruch *m*, (süßer) Duft: *this soap is made* **in several ~s** in verschiedenen Duftnoten. ˈ**fra·grant** *adj* (*adv* ~**ly**) 1. wohlriechend, (süß) duftend: **to be ~ with** duften nach. 2. *fig.* angenehm: ~ **memories**.

frail[1] [freɪl] *adj* 1. zerbrechlich. 2. a) zart, schwach (*Gesundheit, Stimme etc*), b) gebrechlich (*Person*), c) (*charakterlich od. moralisch*) schwach, d) seicht, oberflächlich (*Buch etc*).

frail[2] [freɪl] *s* 1. Binsenkorb *m* (*für getrocknete Früchte*). 2. Korb *m* (*Gewichtseinheit, etwa 75 Pfund*).

frail·ty [ˈfreɪltɪ] *s* 1. Zerbrechlichkeit *f.* 2. a) Zartheit *f*, b) Gebrechlichkeit *f.* 3. a) (*charakterliche od. moralische*) Schwachheit *od.* Schwäche: **to be free of human frailties** frei von menschlichen Schwächen sein, b) Fehltritt *m.*

fraise[1] [freɪz] *mil.* I *s* Paliˈsade *f.* II *v/t* durch Paliˈsaden schützen.

fraise[2] [freɪz] *tech.* I *s* Bohrfräse *f.* II *v/t* fräsen.

fram·b(o)e·si·a [fræmˈbiːzɪə; -ʒə] *s med.* Framböˈsie *f* (*ansteckende Hautkrankheit der Tropen mit himbeerartigem Ausschlag*).

frame [freɪm] I *s* 1. (*Bilder-, Fenster- etc*)Rahmen *m* (*a. mot. tech.*). 2. (*a. Brillen-, Schirm-, Wagen*)Gestell *n*, Gerüst *n.* 3. Einfassung *f.* 4. *arch.* a) Balkenwerk *n*, b) Gerippe *n*, Skeˈlett *n*: **steel ~**, c) (*Tür- etc*)Zarge *f.* 5. *print.* (ˈSetz)Reˌgal *n.* 6. *electr.* Stator *m.* 7. *aer. mar.* a) Spant *n*, b) Gerippe *n.* 8. *TV* a) Abtast-, Bildfeld *n*, b) Raster(bild *n*) *m.* 9. a) *Film*: Einzel-, Teilbild *n*, b) *Comic strips*: Bild *n.* 10. *agr.* verglastes Treibbeet, Frühbeetkasten *m.* 11. *Weberei*: (ˈSpinn-, ˈWeb)Maˌschine *f.* 12. a) Rahmen(erzählung *f*) *m*, b) ˈHintergrund *m.* 13. Körper(bau) *m*, Gestalt *f*, Fiˈgur *f* (*obs. außer in*): **the mortal ~** die sterbliche Hülle. 14. *fig.* Rahmen *m*, Gefüge *n*, Syˈstem *n*: **within the ~ of** im Rahmen (*gen*); ~ **of reference** a) *math.* Bezugs-, Koordinatensystem, b) *fig.* Gesichtspunkt *m.* 15. *bes.* ~ **of mind** (Gemüts)Verfassung *f*, (-)Zustand *m*: **in a cheerful ~ of mind** in fröhlicher Stimmung; **I'm not in the ~ of mind for dancing** (*od.* **to dance**) ich bin nicht in der Stimmung zu tanzen, mir ist nicht nach Tanzen zumute. 16. → **frame-up**.
II *v/t* 17. zs.-passen, -setzen, -fügen. 18. a) *ein Bild etc* (ein)rahmen, (-)fassen, b) *fig.* umˈrahmen. 19. *print. den Satz* einfassen. 20. *etwas* ersinnen, entwerfen, *e-n Plan* schmieden, *ein Gedicht etc* machen, verfertigen, *e-e Entschuldigung etc* formuˈlieren, *e-e Politik etc* abstecken. 21. gestalten, formen, bilden. 22. anpassen (**to** *dat*). 23. *Worte* formen. 24. *a.* ~ **up** *sl.* a) *e-e Sache* ‚drehen', ‚schaukeln': **to ~ a charge** e-e falsche Beschuldigung erheben; **to ~ a match** ein Spiel (vorher) absprechen, b) *j-m* etwas ‚anhängen'.
III *v/i* 25. sich anschicken. 26. sich entwickeln, Form annehmen: **to ~ well** sich gut anlassen (*Sache*).

frame| aer·i·al, *bes. Am.* ~ **an·ten·na** *s electr.* ˈRahmenanˌtenne *f.*

framed *adj* 1. gerahmt. 2. Fachwerk... 3. *aer. mar.* in Spanten (stehend). 4. ~ **rucksack** Rucksack *m* mit Tragegestell.

frame| fre·quen·cy *s TV* ˈBild(wechsel)freˌquenz *f.* ~ **hold** *s TV* Bildfang *m.* ~ **house** *s* 1. Holzhaus *n.* 2. Fachwerkhaus *n.*

ˈ**fram·er** *s* 1. (Bilder)Rahmer *m.* 2. Gestalter *m.* 3. Entwerfer *m.*

frame| saw *s tech.* 1. Spannsäge *f.* 2. Gattersäge *f.* ~ **sto·ry,** ~ **tale** *s* Rahmenerzählung *f.* ~ **tent** *s* Steilwandzelt *n.* ˈ**~-up** *s sl.* 1. Komˈplott *n*, Inˈtrige *f.* 2. abgekartetes Spiel, Schwindel *m.* ˈ**~·work** I *s* 1. *tech., a. aer. u. biol.* Gerüst *n*, Gerippe *n.* 2. *arch.* Fach-, Bindewerk *n*, Gebälk *n.* 3. Gestell *n* (von Eisenbahnwagen). 4. *Bergbau*: Ausschalung *f.* 5. *Handarbeit*: Rahmenarbeit *f.* 6. *fig.* Rahmen *m*, Gefüge *n*, Syˈstem *n*: **the ~ of society** Gesellschaftsstruktur *f*; **within the ~ of** im Rahmen (*gen*). II *adj* 7. Fachwerk..., Gerüst..., Rahmen...: ~ **body** *aer.* Fachwerkrumpf *m*; ~ **fiber** (*bes. Br.* **fibre**) *biol.* Gerüstfaser *f.*

ˈ**fram·ing** *s* 1. (Ein)Rahmen *n*, (-)Fassen *n.* 2. *tech.* Gestell *n*, Einfassung *f*,

-rahmung *f*, Rahmen *m*. **3.** *arch.* a) Holzverbindung *f*, b) Holz-, Rahmen-, Zimmerwerk *n*. **4.** *TV* a) Einrahmung *f*, b) Bildeinstellung *f*.

franc [fræŋk] *s* **1.** Franc *m* (*Währungseinheit Frankreichs etc*). **2.** Franken *m* (*Währungseinheit der Schweiz etc*).

fran·chise [ˈfræntʃaɪz] *s* **1.** *pol.* a) Wahl-, Stimmrecht *n*, b) Bürgerrecht(e *pl*) *n*. **2.** *Am.* Vorrecht *n*, Priviˈleg *n*. **3.** *hist.* Gerechtsame *f*, Vorrecht *n*. **4.** *econ. bes. Am.* a) Konzessiˈon *f*, b) Alˈleinverkaufsrecht *n*, -vertretung *f*, c) (Verleihung *f* der) ˈRechtsperˌsönlichkeit *f*: ~ **of a corporation**, d) Franchise *n*, Franchising *n* (*Vertrieb von Waren od. Dienstleistungen unter dem Zeichen des Herstellers durch selbständige Unternehmer in eigenem Namen u. für eigene Rechnung*), e) *Firma, die das Franchise-Prinzip anwendet.* **5.** *Versicherung*: Franˈchise *f* (*unterhalb des vereinbarten Versicherungswertes liegender Prozentsatz e-s Schadens, der nicht ersetzt zu werden braucht*).

Fran·cis·can [frænˈsɪskən] *relig.* **I** *s* Franzisˈkaner(mönch) *m*. **II** *adj* franzisˈkanisch, Franziskaner...

Franco- [fræŋkəʊ-] *Wortelement mit der Bedeutung* Franko..., französisch.

Fran·co·ni·an [fræŋˈkəʊnjən; -nɪən] **I** *s* **1.** Franke *m*, Fränkin *f*. **2.** *ling. hist.* Fränkisch *n*. **II** *adj* **3.** fränkisch.

Fran·co·phile [ˈfræŋkəʊfaɪl], *a.* ˈ**Fran·co·phil** [-fɪl] **I** *s* Frankoˈphile *m*, Franˈzosenfreund *m*. **II** *adj* frankoˈphil, franˈzosenfreundlich. ˈ**Fran·co·phobe** [-fəʊb] **I** *s* Franˈzosenhasser *m*, -feind *m*. **II** *adj* franˈzosenfeindlich. ˈ**Fran·co·phone** [-fəʊn] **I** *s* Frankoˈphone *m*. **II** *adj* frankoˈphon, franˈzösischsprachig.

frang·er [ˈfræŋə] *s Austral. sl.* ‚Paˈriser' *m*, ‚Gummi' *m* (*Präservativ*).

fran·gi·bil·i·ty [ˌfrændʒɪˈbɪlətɪ] *s* Zerbrechlichkeit *f*. ˈ**fran·gi·ble** *adj* (*adv* **frangibly**) zerbrechlich. ˈ**fran·gi·ble·ness** → **frangibility**.

fran·gi·pane [ˈfrændʒɪpeɪn] *s* **1.** (*e-e*) Mandelcreme. **2.** → **frangipani**. ˌ**fran·giˈpan·i** [-ˈpɑːnɪ; *Am. a.* -ˈpæniː] *s* **1.** Jasˈmin(blüten)parˌfüm *n*. **2.** *bot.* Roter Jasˈminbaum.

Fran·glais [frɑ̃glɛ] (*Fr.*) *s mit vielen englischen Ausdrücken durchsetztes Französisch.*

Frank[1] [fræŋk] *s hist.* Franke *m*, Fränkin *f*.

frank[2] [fræŋk] **I** *adj* (*adv* → **frankly**) **1.** offen(herzig), aufrichtig, frei(mütig): **to be ~ with s.o.** ehrlich zu j-m sein. **II** *s mail* **2.** a) Freistempel *m*, b) Franko-, Freivermerk *m*. **3.** Portofreiheit *f*. **III** *v/t* **4.** *mail* a) franˈkieren, b) mit der Maˈschine franˈkieren, freistempeln: **~ing machine** Frankiermaschine *f*, Freistempler *m*. **5.** *j-m* Zutritt verschaffen. **6.** *etwas* (amtlich) freigeben, befreien (**from** *od.* **against** von).

Frank·en·stein [ˈfræŋkənstaɪn; *Am. a.* -ˌstiːn] *s* **1.** *j-d, der etwas erschafft, was ihn ruiniert.* **2.** *a.* **~'s monster** *etwas, was s-n Erschaffer ruiniert.*

frank·furt·er [ˈfræŋkfɜːtə; *Am.* -ˌfɜrtər; -fər-], *Am. a.* ˈ**frank·furt** [-fərt] *s* Frankfurter (Würstchen *n*) *f*.

frank·in·cense [ˈfræŋkɪnˌsens] *s bot. relig.* Weihrauch *m*.

Frank·ish [ˈfræŋkɪʃ] *hist.* **I** *adj* fränkisch. **II** *s ling.* Fränkisch *n*.

frank·lin [ˈfræŋklɪn] *s hist. Br.* **1.** Freisasse *m*. **2.** kleiner Landbesitzer.

frank·lin·ite [ˈfræŋklɪnaɪt] *s min.* Frankliˈnit *m*.

Frank·lin stove *s Am.* freistehender eiserner Kaˈmin.

ˈ**frank·ly** *adv* a) → **frank**[2] 1, b) frei herˈaus, frank u. frei, c) *a.* ~ **speaking** offen gestanden *od.* gesagt. ˈ**frank·ness** *s* Offenheit *f*, Freimütigkeit *f*.

frank·pledge [ˈfræŋkpledʒ] *s jur. Br. hist.* a) Bürgschaft *f* (innerhalb e-r Zehnerschaft), b) (Mitglied *n* e-r) Zehnerschaft *f*.

fran·tic [ˈfræntɪk] *adj* (*adv* **~ally**, **~ly**) **1.** außer sich, rasend (**with** vor *dat*): **to drive s.o.** ~ j-n zur Raserei bringen. **2.** verzweifelt: ~ **efforts**; ~ **cries for help**. **3.** hektisch: **a ~ search began**.

frap [fræp] *v/t mar.* zurren.

frap·pé [ˈfræpeɪ; *Am.* fræˈpeɪ] **I** *s* Frapˈpé *m* (*mit kleingeschlagenem Eis serviertes alkoholisches Getränk*). **II** *adj* eisgekühlt.

frass [fræs] *s zo.* **1.** Kot *m* von Inˈsekten(larven). **2.** Fraßmehl *n*.

frat [fræt] *sl.* → **fraternity**, **fraternize**.

fra·ter[1] [ˈfreɪtə(r)] *s relig.* Frater *m*: a) (*Kloster*)*Bruder vor der Priesterweihe*, b) *Laienbruder e-s Mönchsordens.*

fra·ter[2] [ˈfreɪtə(r)] *s relig. hist.* Speisesaal *m* (*im Kloster*).

fra·ter·nal [frəˈtɜːnl; *Am.* -ˈtɜrnl] **I** *adj* (*adv* **~ly**) **1.** brüderlich, Bruder..., Brüder... **2.** Bruderschafts... **3.** *biol.* zweieiig: ~ **twins**. **II** *s* **4.** *a.* ~ **association** (*od.* **society**) *Am.* Verein *m* zur Förderung gemeinsamer Interˈessen: ~ **insurance** *Am.* mit e-m Unterstützungsverein auf Gegenseitigkeit abgeschlossene Versicherung. **fraˈter·nal·ism** *s* Brüderlichkeit *f*.

fra·ter·ni·ty [frəˈtɜːnətɪ; *Am.* -ˈtɜr-] *s* **1.** Brüderlichkeit *f*. **2.** Vereinigung *f*, Zunft *f*, Gilde *f*: **the angling ~** die Zunft der Angler; **the legal ~** die Juristen; **the medical ~** die Ärzteschaft. **3.** (geistliche *od.* weltliche) Bruderschaft, Orden *m*. **4.** *univ. Am.* Stuˈdentenverbindung *f*.

frat·er·ni·za·tion [ˌfrætə(r)naɪˈzeɪʃn; *Am.* -nəˈz-] *s* **1.** Verbrüderung *f*. **2.** Fraterniˈsierung *f*. ˈ**frat·er·nize** *v/i* **1.** sich verbrüdern (**with** mit), brüderlich verkehren. **2.** (*bes. mit der feindlichen Zivilbevölkerung*) fraterniˈsieren.

frat·ri·cid·al [ˌfrætrɪˈsaɪdl] *adj* brudermörderisch: ~ **war** Bruderkrieg *m*. ˈ**frat·ri·cide** *s* **1.** Bruder-, Geschwistermord *m*. **2.** Bruder-, Geschwistermörder *m*.

fraud [frɔːd] *s* **1.** *jur.* a) Betrug *m* (**on s.o.** an j-m), b) arglistige Täuschung: **to obtain s.th. by ~** sich etwas erschleichen. **2.** Schwindel *m* (*a. Sache*). **3.** *colloq.* Betrüger *m*, Schwindler *m*. ˈ**fraud·u·lence** [-djʊləns; *Am.* -dʒə-] *s* Betrügeˈrei *f*. ˈ**fraud·u·lent** *adj* (*adv* **~ly**) betrügerisch, arglistig: ~ **bankruptcy** betrügerischer Bankrott; ~ **conversion** Unterschlagung *f*, Veruntreuung *f*; ~ **preference** Gläubigerbegünstigung *f*; ~ **representation** Vorspiegelung *f* falscher Tatsachen.

fraught [frɔːt] **I** *adj* **1.** *fig.* voll: ~ **with danger** gefahrvoll; ~ **with meaning** bedeutungsschwer, -schwanger. **2.** *colloq.* besorgt. **3.** *obs.* beladen. **II** *s* **4.** *obs.* Fracht *f*, Ladung *f*.

fray[1] [freɪ] **I** *s* **1.** laute Auseinˈandersetzung. **2.** a) Raufeˈrei *f*, Schlägeˈrei *f*, b) *mil.* Kampf *m* (*a. fig.*): **eager for the ~** kampflustig; **ready for the ~** kampfbereit. **3.** *obs.* Schreck(en) *m*. **II** *v/i* **4.** *obs.* e-e laute Auseinˈandersetzung haben. **5.** *obs.* a) raufen, sich schlagen, b) *mil.* kämpfen (*a. fig.*). **III** *v/t* **6.** *obs.* erschrecken.

fray[2] [freɪ] **I** *v/t* **1.** *a.* ~ **out** *e-n Stoff etc* abtragen, ˈdurchscheuern, ausfransen, *a. fig.* verschleißen, abnutzen: **~ed nerves** verschlissene *od.* strapazierte Nerven; **~ed temper** gereizte Stimmung. **2.** *das Geweih* fegen (*Hirsch etc*). **II** *v/i* **3.** *a.* ~ **out** sich abnutzen *od.* verschleißen (*a. fig.*), sich ausfransen *od.* ausfasern, sich ˈdurchscheuern: **tempers began to ~** *fig.* die Gemüter erhitzten sich, die Stimmung wurde gereizt.

fra·zil [ˈfreɪzəl] *s Am. od. Canad.* Grundeis *n*.

fraz·zle [ˈfræzl] **I** *v/t* **1.** ˈdurchscheuern, ausfransen. **2.** *oft* ~ **out** *colloq.* ‚fix u. fertig' machen, völlig erschöpfen. **II** *v/i* **3.** sich ˈdurchscheuern *od.* ausfransen. **4.** *oft* ~ **out** *colloq.* ‚fix u. fertig' sein. **III** *s* **5.** Franse *f*. **6.** *colloq.* völlige Erschöpfung: **he was worn to a ~** er war ‚fix u. fertig'; **my nerves are worn to a ~** ich bin mit den Nerven (völlig) herunter. **7. burnt to a ~** *colloq.* vollkommen verbrannt *od.* verkohlt.

freak[1] [friːk] **I** *s* **1.** ˈMißbildung *f* (*Pflanze*), (*Mensch, Tier a.*) ˈMißgeburt *f*, Monstrosiˈtät *f*: ~ **of nature** Laune *f* der Natur. **2.** a) etwas Außergewöhnliches, b) außergewöhnlicher ˈUmstand. **3.** Grille *f*, Laune *f*. **4.** *sl.* ‚Freak' *m*, ‚irrer Typ'. **5.** *sl.* (*meist in Zssgn*) ‚Freak' *m*, Süchtige(r *m*) *f*: **pill ~**. **6.** *sl.* (*meist in Zssgn*) ‚Freak' *m*, Narr *m*, Faˈnatiker *m*: **jazz ~**. **II** *adj* **7.** → **freakish**. **8.** Monstrositäten...: ~ **show**. **III** *v/i* **9.** ~ **out** *sl.* ‚ausflippen': a) auf e-n ‚Trip' gehen, b) (*aus der Gesellschaft*) ‚aussteigen', c) (*vor Begeisterung*) außer sich geraten (**for, over** bei), d) ‚ˈdurchdrehen'. **IV** *v/t* **10.** ~ **out** *sl.* a) elektriˈsieren, in Begeisterung versetzen, b) aus der Fassung bringen: **the sight ~ed him out** bei dem Anblick ‚flippte er aus'.

freak[2] [friːk] **I** *s* (Farb)Fleck *m*. **II** *v/t* sprenkeln.

ˈ**freak·ish** *adj* (*adv* **~ly**) **1.** außergewöhnlich. **2.** launisch, wechselhaft, unberechenbar (*Verhalten, Wetter etc*). **3.** *sl.* ‚irr', ‚verrückt'. ˈ**freak·ish·ness** *s* Wechselhaftigkeit *f*, Unberechenbarkeit *f*.

ˈ**freak-out** *s sl.* **1.** ‚Ausflippen' *n*. **2.** ‚Ausgeflippte(r' *m*) *f*. **3.** ‚Trip' *m*.

freck·le [ˈfrekl] **I** *s* **1.** Sommersprosse *f*. **2.** Fleck(chen *n*) *m*. **3.** *phys.* Sonnenfleck *m*. **II** *v/t* **4.** tüpfeln, sprenkeln. **III** *v/i* **5.** Sommersprossen bekommen. ˈ**freck·led**, ˈ**freck·ly** [-lɪ] *adj* sommersprossig.

free [friː] **I** *adj* (*adv* **~ly**) **1.** *allg.* frei: a) unabhängig, b) selbständig, c) ungebunden, d) ungehindert, e) uneingeschränkt, f) in Freiheit (befindlich): **a ~ man**; **a ~ people**; **the F~ World**; ~ **choice**; ~ **elections**; **he is ~ to go, it is ~ for him to go** es steht ihm frei zu gehen; **to give s.o. a ~ hand** j-m freie Hand lassen. **2.** frei: a) unbeschäftigt: **he is ~ after 5 o'clock**, b) ohne Verpflichtungen: **a ~ evening**, c) nicht besetzt: **this room is ~**. **3.** frei: a) *nicht wörtlich*: **a ~ translation**, b) *nicht an Regeln gebunden*: ~ **verse**; ~ **skating** (*Eis-, Rollkunstlauf*) Kür(laufen *n*) *f*, c) frei gestaltet: **a ~ version**. **4.** (**from, of**) frei (von), ohne (*acc*): ~ **from error** fehlerfrei; ~ **from infection** *med.* frei von ansteckenden Krankheiten. **5.** frei, befreit (**from, of** von): ~ **from contradiction** widerspruchsfrei; ~ **from distortion** *tech.* verzerrungsfrei; ~ **from pain** schmerzfrei; ~ **of debt** schuldenfrei; ~ **and unencumbered** *jur.* unbelastet, hypothekenfrei; ~ **of taxes** steuerfrei. **6.** gefeit, imˈmun, gesichert (**from** gegen). **7.** *chem.* nicht gebunden, frei. **8.** los(e), frei: **to get one's arm ~** s-n Arm freibekommen. **9.** frei(stehend, -schwebend). **10.** ungezwungen, naˈtürlich, unbefangen: ~ **manners**; → **easy** 11. **11.** a) offen(herzig), freimütig, b) unverblümt, c) dreist, plump-vertraulich: **to make ~ with** sich

Freiheiten herausnehmen gegen *j-n*; sich (ungeniert) gütlich tun an *e-r Sache*. **12.** allzu frei: ~ **talk** lockere Reden. **13.** freigebig, großzügig: **to be ~ with** großzügig sein *od.* umgehen mit. **14.** reichlich. **15.** leicht, flott, zügig. **16.** (kosten-, gebühren)frei, kostenlos, unentgeltlich, gratis: ~ **admission** freier Eintritt; ~ **copy** Freiexemplar *n*; ~ **fares** Nulltarif *m*; ~ **gift** *econ.* Zugabe *f*, Gratispackung *f*, -probe *f*; ~ **pass** → **pass**[2] 48 b; ~ **ticket** Freikarte *f*, *rail. etc* Freifahrkarte *f*, -schein *m*; ~ **transport** Beförderung *f* zum Nulltarif; **for** ~ *colloq.* umsonst. **17.** *econ.* frei (*Handelsklausel*): ~ **alongside ship** frei Längsseite Schiff; ~ **on board** frei an Bord; ~ **on rail** frei Waggon; ~ **domicile** frei Haus. **18.** *econ.* zoll- *od.* genehmigungsfrei: ~ **imports**. **19.** *econ.* frei verfügbar: ~ **assets**; ~ **bonds**. **20.** öffentlich, allen zugänglich: ~ **library** Volksbücherei *f*; **to be (made)** ~ **of s.th.** freien Zutritt zu etwas haben. **21.** willig, bereit: **I am ~ to confess**. **22.** *Turnen*: ohne Geräte: ~ **gymnastics** Freiübungen. **23.** (frei) beweglich: **to be ~ of the harbo(u)r** aus dem Hafen heraus sein. **24.** *tech.* leer (*Maschine*): **to run** ~ leer laufen. **25.** *ling.* a) in e-r offenen Silbe stehend (*Vokal*), b) frei, nicht fest (*Wortakzent*).

II *v/t* **26.** befreien (**from** von, aus) (*a. fig.*). **27.** freilassen. **28.** entlasten (**from, of** von).

III *adv* **29.** *allg.* frei. **30. to go** ~ *mar.* raumschots segeln.

free| ar·e·a *s psych. sociol.* Freiraum *m*. ~ **as·so·ci·a·tion** *s psych.* freie Assoziaˈtion. ~ **back** *s bes. Fußball*: Libero *m*.

free·bee, free·bie [ˈfriːbiː] *sl.* **I** *s etwas, was es gratis gibt, z. B.* Freikarte *f*. **II** *adj* Frei..., Gratis...

ˈ**free|·board** *s mar.* Freibord *m*: ~ **depth** Freibordhöhe *f*. ˈ~**boot·er** *s* Freibeuter *m*. ˈ~**born** *adj* freigeboren. ~ **church** *s* Freikirche *f*. ~ **cit·y** *s* freie Stadt. ~ **com·pan·ion** *s mil. hist.* Söldner *m*. ~ **com·pe·ti·tion** *s econ.* freier Wettbewerb. ~ **cur·ren·cy** *s econ.* frei konverˈtierbare Währung. ˈ~-ˌ**cut·ting steel** *s tech.* Autoˈmatenstahl *m*.

freed·man [ˈfriːdmæn; -mən] *s irr* freigelassener Sklave.

free·dom [ˈfriːdəm] *s* **1.** Freiheit *f*: ~ **of opinion (speech, trade, religion** *od.* **worship)** Meinungs-(Rede-, Gewerbe-, Religions)Freiheit; ~ **of the press** Pressefreiheit; ~ **of the seas** Freiheit der Meere; ~ **of the will** → 4; ~ **fighter** Freiheitskämpfer *m*; **she gave her husband his** ~ sie gab ihren Mann frei. **2.** Unabhängigkeit *f*. **3.** Vorrecht *n*, Priviˈleg *n*: ~ **of a city** (*od.* **town**) Ehrenbürgerrecht *n*; **he was given the** ~ **of the city** er wurde zum Ehrenbürger ernannt. **4.** *bes. philos. relig.* Willensfreiheit *f*. **5.** Ungebundenheit *f*: ~ **of movement** Freizügigkeit *f*. **6.** Freiheit *f*, Frei-, Befreitsein *n*: ~ **from contradiction** Widerspruchsfreiheit; ~ **from distortion** *tech.* Verzerrungsfreiheit; ~ **from taxation** Steuerfreiheit. **7.** Offenheit *f*, Freimütigkeit *f*. **8.** a) Zwanglosigkeit *f*, b) Dreistigkeit *f*, (plumpe) Vertraulichkeit: **to take** ~**s with s.o.** sich Freiheiten gegen j-n herausnehmen. **9.** (**of**) freier Zutritt (zu), freie Benutzung (*gen*).

freed·wom·an [ˈfriːdˌwʊmən] *s irr* freigelassene Sklavin.

free| en·er·gy *s phys.* freie *od.* ungebundene Enerˈgie. ~ **en·ter·prise** *s* freies Unterˈnehmertum. ~ **fall** *s aer. phys.* freier Fall. ~ **fight** *s* allgemeine Raufeˈrei, ˈMassenschlägeˌrei *f*. ˌ~-ˈ**float·ing** *adj* **1.** nicht gebunden, unabhängig. **2.** allgemein: ~ **hostility**. ˈ~-**for**-ˌ**all** *s colloq.* **1.** a) allgemeine (hitzige) Diskussiˈon, b) ‚Gerangel' *n*. **2.** → **free fight**. ˈ~**hand I** *adj* **1.** freihändig, Freihand...: ~ **drawing**. **2.** *fig.* frei: **a ~ adaptation**. **3.** *fig.* ausschweifend: **his ~ imagination**. **II** *adv* **4.** freihändig. ˌ~ˈ**hand·ed** *adj* (*adv* ~**ly**) **1.** → **freehand** 1. **2.** freigebig, großzügig. ˌ~ˈ**heart·ed** *adj* **1.** freimütig, offenherzig. **2.** → **freehanded** 2. ~ **hit** *s Hockey*: Freischlag *m*. ˈ~**hold** *s* **1.** ~ **(estate)** (*zeitlich unbegrenztes*) Eigentumsrecht an Grundbesitz: ~ **flat** *Br.* Eigentumswohnung *f*. **2.** *hist.* Alˈlod *n*, Freisassengut *n*. ˈ~ˌ**hold·er** *s* **1.** Grundeigentümer *m*, -besitzer *m*. **2.** *hist.* Freisasse *m*. ~ **house** *s Br. Gaststätte, die an keine Brauerei gebunden ist*. ~ **kick** *s* **1.** *Fußball*: Freistoß *m*: (in)direct ~. **2.** *Rugby*: Freitritt *m*. ~ **la·bo(u)r** *s* ˈnichtorganiˌsierte Arbeiter(schaft *f*) *pl*. ˈ~**lance** [-lɑːns; *Am.* -ˌlæns] **I** *s* **1.** a) freier Schriftsteller, Journaˈlist *etc*, Freiberufler *m*, Freischaffende(r) *m*, b) freier Mitarbeiter: **to work as a** ~ → 6. **2.** *pol.* Unabhängige(r *m*) *f*, Parˈteilose(r *m*) *f*. **3.** *mil. hist.* Söldner *m*. **II** *adj* **4.** frei(beruflich tätig), freischaffend. **III** *adv* **5.** freiberuflich: **to work** ~ → 6. **IV** *v/i* **6.** a) freiberuflich tätig sein, b) als freier Mitarbeiter tätig sein. ˈ~ˌ**lanc·er** → **freelance** 1. ~ **list** *s* **1.** *econ. bes. Am.* (Zoll)Freiliste *f*. **2.** Liste *f* der Empfänger von ˈFreikarten *od.* -exemˌplaren. ~ **liv·er** *s* Schlemmer *m*, Genießer *m*. ˌ~ˈ**liv·ing** *adj* **1.** schlemmerisch. **2.** *biol.* a) freilebend, b) nicht parasiˈtär. ˈ~ˌ**load** *v/i Am. colloq.* ‚schnorren', ‚nassauern'. ˈ~ˌ**load·er** *s Am. colloq.* ‚Schnorrer' *m*, ‚Nassauer' *m*. ~ **love** *s* freie Liebe. ~ **man** *s irr Fußball*: freier Mann, Libero *m*. ˈ~**man** [-mən] *s irr* **1.** [-mæn, -mən] freier Mann. **2.** Ehrenbürger *m*. **3.** freier Bürger. ~ **market** *s econ.* **1.** freier Markt. **2.** *Börse*: Freiverkehr *m*. ~ **mar·ket e·con·o·my** *s* freie Marktwirtschaft. ˈ~ˌ**mar·tin** [-ˌmɑːtɪn; *Am.* -ˌmɑːrtn] *s* Zwitterrind *n*, *bes.* unfruchtbares Kuhkalb. ˈ**F**~ˌ**ma·son** *s* Freimaurer *m*: ~**'s lodge** Freimaurerloge *f*. ˌ**F**~**maˈson·ic** *adj* freimaurerisch. ˈ**F**~ˌ**ma·son·ry** *s* **1.** Freimaureˈrei *f*. **2.** *fig.* instinkˈtives Zs.-gehörigkeitsgefühl. ~ **play** *s* **1.** *tech.* Spiel(-raum *m*) *n*. **2.** *fig.* freie Hand. ~ **port** *s* Freihafen *m*. ˈ~-**range** *adj bes. Br.*: ~ **hens** Freilandhühner; ~ **eggs** Eier von Freilandhühnern. ~ **rid·er** *s Am. colloq.* **1.** → **freeloader**. **2.** *Arbeitnehmer, der der für ihn zuständigen Gewerkschaft nicht angehört, jedoch ihre Vorteile genießt*. ˈ~**sheet** *s* kostenlos verteilte Zeitung.

free·si·a [ˈfriːzjə; *Am. bes.* -ʒə] *s bot.* Freesie *f*.

free| sil·ver *s econ.* freie Silberprägung. ~ **soil** *s Am. hist.* Freiland *n* (*in dem Sklaverei verboten war*). ˈ~-ˌ**soil** *adj Am. hist.* gegen die Sklaveˈrei gerichtet, Freiland... ~ **space** *s* **1.** *mar.* Freiraum *m*. **2.** *tech.* Spiel(raum *m*) *n*. ~ **speech** *s* Redefreiheit *f*. ˌ~-ˈ**spo·ken** *adj* (*adv* ~**ly**) freimütig, offen. ˌ~-ˈ**spo·ken·ness** *s* Offenheit *f*. ˈ~ˌ**stand·ing** *adj* frei stehend: ~ **wall**; ~ **furniture** Stückmöbel *n*; ~ **sculpture** Freiplastik *f*. ~ **state** *s* **1.** *Am. hist. Staat, in dem es vor dem Bürgerkrieg keine Sklaverei gab*. **2.** Freistaat *m*. ˈ~**stone** *s* **1.** *tech.* Mauer-, Haustein *m*, Quader *m*. **2.** *bot.* Freistein-Obst *n*. ˈ~**style I** *s* **1.** *Ringen, Schwimmen*: Freistil(kampf *m*, -rennen *n*, -wettbewerb *m*) *m*. **II** *adj* **2.** *Ringen, Schwimmen*: Freistil... **3.** *Eis-, Rollkunstlauf*: Kür...: ~ **skating** Kür(laufen *n*) *f*. ˌ~ˈ**think·er** *s* Freidenker *m*, -geist *m*. ˌ~ˈ**think·ing I** *s* → **free thought**. **II** *adj* freidenkerisch, -geistig. ~ **thought** *s* Freigeisteˈrei *f*, -denkeˈrei *f*. ~ **throw** *s Basketball*: Freiwurf *m*. ˈ~-**throw line** *s Basketball*: Freiwurflinie *f*. ~ **time** *s econ.* gebührenfreie (Ent)Ladezeit. ~ **trade** *s* Freihandel *m*. ˈ~-**trade ar·e·a** *s econ.* Freihandelszone *f*. ~ **trad·er** *s* Befürworter *m* des Freihandels. ~ **vote** *s parl. bes. Br.* Abstimmung *f* ohne Fraktiˈonszwang. ˈ~ˌ**way** *s Am.* gebührenfreie Schnellstraße. ˌ~ˈ**wheel** *tech.* **I** *s* Freilauf *m*. **II** *v/i* im Freilauf fahren. ˌ~ˈ**wheel·ing** *adj bes. Am. colloq.* **1.** frei und ungebunden. **2.** sorglos.

ˈ**freez·a·ble** *adj* gefrierbar.

freeze [friːz] **I** *v/i pret* **froze** [frəʊz] *pp* **fro·zen** [ˈfrəʊzn] **1.** *impers* frieren: **it is freezing hard** es friert stark, es herrscht starker Frost. **2.** frieren: **to ~ to death** erfrieren; **I am freezing** mir ist eiskalt. **3.** (ge)frieren, zu Eis werden. **4.** hart *od.* fest werden, erstarren. **5.** *a.* ~ **up** (*od.* **over**) zufrieren (*See etc*), vereisen (*Windschutzscheibe etc*): **to ~ (up)** einfrieren (*Türschloß etc*). **6.** fest-, anfrieren (**to** an *dat*). **7.** haften (**to** an *dat*), *tech.* sich festfressen: **to ~ onto s.o.** sich wie e-e Klette an j-n hängen. **8.** sich einfrieren lassen: **meat ~s well**. **9.** *fig.* a) (*vor Schreck etc*) erstarren (*Person, Gesicht, Lächeln*), eisig werden, b) erstarren: **to ~ in one's tracks** zur Salzsäule erstarren, wie angewurzelt stehenbleiben; ~! halt, keine Bewegung!, c) ~ **up** *thea.* (*vor Nervosität*) kein Wort herausbringen, sich nicht bewegen können. **II** *v/t* **10.** zum Gefrieren bringen: **the north wind has frozen the water** durch den Nordwind ist das Wasser gefroren; **I was frozen** mir war eiskalt. **11.** *a.* ~ **up** (*od.* **over**) *See etc* zufrieren lassen, *Windschutzscheibe etc* vereisen lassen: **to ~ (up)** *Türschloß etc* einfrieren lassen; **the cold has frozen the door lock** durch die Kälte ist mir das Türschloß eingefroren. **12.** *meist* ~ **in**, ~ **up** *Schiff etc* in Eis einschließen. **13.** erfrieren lassen. **14.** *Fleisch etc* einfrieren, tiefkühlen. **15.** *med.* vereisen. **16.** erstarren lassen. **17.** *fig.* a) erstarren lassen: **the sight froze him to the spot** bei dem Anblick erstarrte er zur Salzsäule *od.* blieb er wie angewurzelt stehen, b) zum Schweigen bringen: **the teacher froze his noisy class with a single look**. **18.** ~ **out** *bes. Am. colloq.* *j-n* ausschließen, kaltstellen, hinˈausekeln. **19.** *econ. Guthaben etc* sperren, blocˈkieren. **20.** *econ. Preise etc, pol. diplomatische Beziehungen* einfrieren. **21.** *colloq. e-n Zustand* ‚verewigen'. **22.** *sport den Ball* (in den eigenen Reihen) ‚halten'. **III** *s* **23.** (Ge)Frieren *n*. **24.** gefrorener Zustand. **25.** ˈFrost(periˌode *f*) *m*, ˈKälte(-periˌode) *f*. **26.** *econ. pol.* Einfrieren *n*: ~ **on wages** Lohnstopp *m*; **to put a ~ on** einfrieren.

ˌ**freeze|-ˈdry** *v/t Lebensmittel etc* gefriertrocknen. ~ **dry·er** *s tech.* Gefriertrockner *m*. ~ **frame** *s Film etc*: Standbild *n*.

ˈ**freez·er** *s* **1.** Geˈfriermaˌschine *f*. **2.** a) Gefrierkammer *f*, b) Tiefkühl-, Gefriergerät *n*, c) Gefrierfach *n* (*e-s Kühlschranks*).

ˈ**freeze-up** *s* starker Frost.

ˈ**freez·ing I** *adj* **1.** *tech.* Gefrier..., Kälte...: ~ **compartment** → **freezer** 2 c; ~ **mixture** Kältemischung *f*; ~ **point** Gefrierpunkt *m*; **below ~ point** unter dem Gefrierpunkt, *meteor.* unter Null; ~ **process** Tiefkühlverfahren *n*. **2.** eisig kalt, eiskalt. **3.** ~ **rain** Eisregen *m*. **II** *s* **4.** Einfrieren *n* (*a. econ. pol.*). **5.** *med.* Vereisung *f*. **6.** Erstarrung *f*.

F re·gion *s phys.* F-Schicht *f*, F-Gebiet *n* (*stark ionisierte Doppelschicht der Ionosphäre*).

freight [freɪt] **I** *s* **1.** Fracht *f*, Beförderung *f* als Frachtgut. **2.** Fracht(gebühr) *f*, -kosten *pl.* **3.** *mar.* (*Am. a. aer. mot. rail.*) Fracht *f*, Ladung *f*: **~ and carriage** *Br.* See- u. Landfracht; → **forward** 1. **4.** *rail. Am.* Güterzug *m.* **II** *v/t* **5.** *Schiffe, Am. a. Güterwagen etc* befrachten, beladen: **the ship was ~ed with coal** das Schiff hatte Kohle geladen. **6.** *Güter* verfrachten. **7.** als Frachtgut befördern. **ˈfreight·age** *s* **1.** Transˈport *m.* **2.** → freight 2 *u.* 3.

freight| bill *s Am.* Frachtbrief *m.* **~ car** *s rail. Am.* Güterwagen *m.*

ˈfreight·er *s* **1.** *mar.* Frachter *m*, Frachtschiff *n.* **2.** Fracht-, Transˈportflugzeug *n.* **3.** *mar.* Befrachter *m.*

freight| house *s rail. Am.* Lagerhaus *n.* **ˈ~ˌlin·er** *s Br.* Conˈtainerzug *m.* **~ rate** *s econ. mar.* Frachtsatz *m.* **~ ship** → freighter 1. **~ sta·tion** *s Am.* Güterbahnhof *m.* **~ ter·mi·nal** *s aer.* Abfertigungsgebäude *n.* **~ ton** → ton[1] 2. **~ ton·nage** *s mar.* Frachtraum *m.* **~ train** *s Am.* Güterzug *m.*

frem·i·tus [ˈfremɪtəs] *pl* **-tus** *s med.* Fremitus *m* (*beim Sprechen fühlbare Erschütterung des Brustkorbs über verdichteten Lungen*).

French [frentʃ] **I** *adj* **1.** franˈzösisch: **to take ~ leave** *fig.* sich (auf) französisch empfehlen, heimlich verschwinden. **II** *s* **2. the ~** die Franzosen *pl.* **3.** *ling.* Franˈzösisch *n*, das Französische: **in ~** a) auf französisch, b) im Französischen. **III** *v/t* **4.** *sl. j-n* ‚franˈzösisch' (*oral*) befriedigen. **~ bean** *s bot. bes. Br.* **1.** Feuerbohne *f.* **2.** Gartenbohne *f.* **3.** *pl* grüne Bohnen *pl.* **~ bread** *s* Baˈguette *f.* **~ Ca·na·di·an** *s* **1.** ˈFrankokaˌnadier(in), Kaˈnadier(in) franˈzösischer Abstammung. **2.** *ling.* kaˈnadisches Franˈzösisch. **ˌ~-Caˈna·di·an** *adj* ˈfrankokaˌnadisch, kaˈnadisch-franˈzösisch. **~ chalk** *s* Schneiderkreide *f.* **~ cuff** *s* ˈUmschlagmanˌschette *f* (*am Hemd*). **~ curve** *s tech.* ˈKurvenlineˌal *n.* **~ dis·ease** *s med. obs.* Franˈzosenkrankheit *f* (*Syphilis*). **~ door** *s Am.* Glastür *f.* **~ dress·ing** *s gastr.* French Dressing *n* (*Salatsoße aus Essig, Öl, Senf u. Gewürzen*). **~ fried po·ta·toes,** *colloq.* **~ fries** *s pl bes. Am.* Pommes ˈfrites *pl.* **~ heel** *s* Louis-XV-Absatz *m* (*am Damenschuh*). **~ horn** *s mus.* (Wald-) Horn *n.*

French·i·fy [ˈfrentʃɪfaɪ] **I** *v/t* französˈsieren, franˈzösisch machen. **II** *v/i* franˈzösisch werden.

French| kiss *s* Zungenkuß *m.* **~ let·ter** *s Br. colloq.* ‚Paˈriser' *m* (*Präservativ*). **~ loaf** *s irr* Baˈguette *f.* **~ lock** *s tech.* franˈzösisches Zuhaltungsschloß. **ˈ~man** [-mən] *s irr* Franˈzose *m.* **~ mar·i·gold** *s bot.* Samt-, Stuˈdentenblume *f.* **~ pas·try** *s* gefülltes Gebäckstück. **~ pol·ish** *s* ˈSchellackpoliˌtur *f.* **ˌ~-ˈpol·ish** *v/t* mit ˈSchellackpoliˌtur behandeln. **~ roof** *s arch.* Manˈsardendach *n.* **~ rose** *s bot.* Essigrose *f.* **~ stick** *s* Baˈguette *f.* **~ toast** *s gastr.* a) *Br. nur auf* ˈ*einer Seite geröstete*r *Toast*, b) armer Ritter. **~ win·dow** *s oft pl* Terˈrassen-, Balˈkontür *f.* **ˈ~ˌwom·an** *s irr* Franˈzösin *f.*

ˈFrench·y *colloq.* **I** *adj* (betont *od.* typisch) franˈzösisch. **II** *s* ‚Franzmann' *m* (*Franzose*).

fre·net·ic [frəˈnetɪk; frɪ-] *adj* (*adv* **~ally**) **1.** a) ausgelassen, b) → **frenzied** 2. **2.** → frenzied 3.

fren·zied [ˈfrenzɪd] *adj* **1.** außer sich, rasend (**with** vor *dat*). **2.** freˈnetisch (*Geschrei etc*), (*Beifall a.*) rasend. **3.** wild, hektisch. **ˈfren·zy** [-zɪ] **I** *s* **1.** a) wilde Aufregung: **in a ~** in heller Aufregung, b) Ekˈstase *f*, Verzückung *f*: **~ of enthusiasm** Begeisterungstaumel *m*; **he worked the audience up into a ~** er brachte das Publikum zum Rasen, c) Besessenheit *f*, Maˈnie *f.* **2.** wildes *od.* hektisches Treiben, Wirbel *m.* **3.** Wahnsinn *m*, Raseˈrei *f*: **in a ~ of hate** rasend vor Haß. **II** *v/t* **4.** rasend machen, zum Rasen *od.* zur Raseˈrei bringen.

fre·quen·cy [ˈfriːkwənsɪ] *s* **1.** Häufigkeit *f* (*a. biol. math.*), häufiges Vorkommen. **2.** *electr. phys.* Freˈquenz *f*, Schwingungszahl *f.* **~ band** *s electr.* Freˈquenzband *n.* **~ chang·er, ~ con·vert·er** *s electr. phys.* Freˈquenzwandler *m.* **~ curve** *s* **1.** *biol. math.* Häufigkeitskurve *f.* **2.** *biol.* Variatiˈonskurve *f.* **~ de·vi·a·tion** *s electr.* Freˈquenzhub *m.* **~ dis·tri·bu·tion** *s* **1.** Wahrˈscheinlichkeits-, Häufigkeitsverteilung *f.* **2.** *electr.* Freˈquenzverteilung *f.* **~ me·ter** *s electr.* Freˈquenzmesser *m.* **~ mod·u·la·tion** *s phys.* Freˈquenzmodulatiˌon *f*: **~ range** Bereich *m* der Frequenzmodulation. **~ mul·ti·pli·er** *s electr.* Freˈquenzvervielfacher *m.* **~ range** *s electr.* Freˈquenzbereich *m.*

fre·quent I *adj* [ˈfriːkwənt] (*adv* → **frequently**) **1.** häufig (ˈwiederkehrend), öfter vorkommend, (häufig) wiederˈholt. **2.** häufig, regelmäßig: **he is a ~ visitor** er kommt häufig zu Besuch. **3.** *med.* freˈquent, beschleunigt (*Puls*). **II** *v/t* [frɪˈkwent; *Am. a.* ˈfriːkwənt] **4.** häufig besuchen *od.* aufsuchen, frequenˈtieren. **ˌfre·quenˈta·tion** [-kwen-] *s* häufiger Besuch. **fre·quen·ta·tive** [frɪˈkwentətɪv] *ling.* **I** *adj* frequentaˈtiv: **~ aspect** frequentative Aktionsart (*Aktionsart, die e-e häufige Wiederholung von Vorgängen ausdrückt*). **II** *s* Frequentaˈtiv(um) *n* (*Verb mit frequentativer Aktionsart*). **freˈquent·er** *s* häufiger Besucher, Stammgast *m.* **ˈfre·quent·ly** *adv* häufig, oft.

fres·co [ˈfreskəʊ] **I** *pl* **-cos, -coes** *s* **1.** ˈFreskomaleˌrei *f.* **2.** Fresko(gemälde) *n.* **II** *v/t* **3.** in Fresko malen.

fresh [freʃ] **I** *adj* (*adv* **~ly**) **1.** *allg.* frisch. **2.** neu: **~ evidence; ~ news; a ~ novel. 3.** kürzlich *od.* erst angekommen: **~ arrival** Neuankömmling *m.* **4.** neu, anders, verschieden: **to take a ~ look at an affair** e-e Angelegenheit von e-r anderen Seite betrachten; → **ground**[1] 1, **start** 4. **5.** frisch: a) zusätzlich, weiter: **~ supplies,** b) nicht alt, unverdorben: **~ eggs,** c) nicht eingemacht, ohne Konserˈvierungsstoffe: **~ vegetables** frisches Gemüse, Frischgemüse *n*; **~ meat** Frischfleisch *n*; **~ butter** ungesalzene Butter; **~ herrings** grüne Heringe, d) sauber, rein: **~ shirt. 6.** frisch: a) unverbraucht, b) erfrischend: → **fresh air. 7.** frisch, kräftig: **a ~ wind. 8.** *fig.* frisch: a) blühend, gesund: **~ complexion,** b) ausgeruht, erholt. **9.** *dial. Br.* angeheitert, ‚beschwipst'. **10.** *fig.* ‚grün', unerfahren: **to be ~ to** noch keine Erfahrung haben in (*dat*). **11.** *colloq.* frech (**with** zu), ‚pampig': **don't get ~ with me!** werd bloß nicht frech! **II** *adv* **12.** frisch: **~ from the assembly line** direkt vom Fließband; **~ from the oven** ofenfrisch; **~ from the press** druckfrisch; **we are ~ out of lemons** *bes. Am. colloq.* uns sind die Zitronen gerade ausgegangen. **13.** (*in Zssgn*) frisch: **~-laid eggs** frisch gelegte Eier. **III** *s* **14.** Anfang *m*: **the ~ of the day. 15.** Frische *f*: **the ~ of the morning** die morgendliche Kühle. **16.** → **freshet. IV** *v/t u. v/i Am. für* **freshen** 1–4, 7, 8, 10. **~ air** *s* **1.** frische Luft. **2.** *tech.* Frischluft *f.* **ˈ~-air** *adj* **1.** Frischluft... (*a. tech.*): **~ breathing apparatus** (*Bergbau*) Schlauchgerät *n*; **~ fiend** *colloq.* Frischluftapostel *m*, -fanatiker *m.* **2.** an der frischen Luft: **~ work. ~ breeze** *s* frische Brise (*Windstärke 5*).

ˈfresh·en I *v/t* **1.** *meist* **~ up** neuer *od.* schöner machen. **2.** *meist* **~ up** *j-n* erfrischen. **3. to ~ o.s. (up)** sich frisch machen. **4. to ~ s.o. (up)** j-m nachgießen *od.* -schenken. **5.** *Fleisch* entsalzen. **6.** *mar.* auffieren. **II** *v/i* **7.** *meist* **~ up** (wieder) frisch werden, aufleben (*Blumen etc*). **8.** *meist* **~ up** sich frisch machen. **9.** *bes. Am.* kalben (*Kuh*). **10.** *meist* **~ up** *mar.* auffrischen (*Wind*). **ˈfresh·er** *Br. colloq. für* **freshman** 1.

fresh·et [ˈfreʃɪt] *s* **1.** Hochwasser *n.* **2.** *fig.* Flut *f*: **a ~ of letters.**

fresh| gale *s* stürmischer Wind (*Windstärke 8*). **ˈ~man** [-mən] *s irr* **1.** ˈErstseˌmester *n*, Stuˈdent(in) im ersten Seˈmester. **2.** Neuling *m*, Anfänger *m*: **to make one's ~ appearance in films** sein Filmdebüt geben.

ˈfresh·ness *s* **1.** Frische *f.* **2.** Neuheit *f.* **3.** Unerfahrenheit *f.*

fresh| wa·ter *s* Süßwasser *n.* **ˈ~-ˌwa·ter** *adj* **1.** Süßwasser...: **~ fish; ~ sailor** *bes. humor.* Süßwassermatrose *m.* **2.** *fig.* unerfahren. **3.** *Am. colloq.* Provinz...: **a ~ college.**

Fres·nel lens [ˈfreznəl; freɪˈnel] *s opt.* Fresˈnel-Linse *f*, Stufenlinse *f.*

fret[1] [fret] **I** *v/t* **1.** *j-m* Sorgen machen. **2.** *j-n* ärgern, reizen. **3.** a) abreiben, abscheuern, abnutzen, b) reiben *od.* scheuern an (*dat*): **to ~ s.o.'s nerves** an j-s Nerven zerren. **4.** *chem. tech.* an-, zerfressen, angreifen. **5.** *geol.* sich e-n *Weg etc* bahnen: **the river ~ted an underground passage. 6.** *Wasser* a) kräuseln, b) aufwühlen. **II** *v/i* **7.** sich Sorgen machen, in Sorge sein (**about, at, for, over** wegen). **8.** sich ärgern (**about, at, for, over** über *acc*): **to ~ and fume** vor Wut schäumen. **9.** sich abreiben *od.* abscheuern *od.* abnutzen. **10.** aufbrechen (*Straßenbelag*). **III** *s* **11. to be in a ~** → 7. **12.** Verärgerung *f*, Gereiztheit *f*: **to be in a ~** verärgert *od.* gereizt sein.

fret[2] [fret] **I** *s* **1.** verflochtene, durchˈbrochene Verzierung. **2.** geflochtenes Gitterwerk. **3.** *her.* gekreuzte Bänder *pl.* **II** *v/t* **4.** gitterförmig *od.* durchˈbrochen verzieren. **5.** mit Streifen schmücken.

fret[3] [fret] *s mus.* Bund *m*, Griffleiste *f* (*an Zupfinstrumenten*).

ˈfret·ful *adj* (*adv* **~ly**) verärgert, gereizt. **ˈfret·ful·ness** *s* Verärgerung *f*, Gereiztheit *f.*

fret| saw *s tech.* Laubsäge *f.* **ˈ~work** *s* **1.** Gitterwerk *n.* **2.** durchˈbrochene Arbeit. **3.** Laubsägearbeit *f.*

Freud·i·an [ˈfrɔɪdjən; -ɪən] **I** *adj* freudiˈanisch, Freudsch(er, e, es): **~ slip** Freudsche Fehlleistung. **II** *s* Freudiˈaner(in).

fri·a·bil·i·ty [ˌfraɪəˈbɪlətɪ] *s* **1.** Zerreibbarkeit *f.* **2.** Bröckligkeit *f.* **ˈfri·a·ble** *adj* **1.** zerreibbar. **2.** bröck(e)lig, krümelig, mürbe: **~ ore** mulmiges Erz. **ˈfri·a·ble·ness** → **friability.**

fri·ar [ˈfraɪə(r)] *s relig.* (*bes.* Bettel-) Mönch *m*, (Kloster)Bruder *m*: → **Black Friar,** *etc.*

ˌfri·ar's|-ˈcap *s bot.* Blauer Eisenhut. **ˌ~-ˈcowl** *s bot.* **1.** Kohlaron *m.* **2.** → friar's-cap. **3.** Gefleckter Aronstab. **~ lan·tern** *s* Irrlicht *n.*

fri·ar·y [ˈfraɪərɪ] *s relig.* (Mönchs)Kloster *n.*

frib·ble [ˈfrɪbl] **I** *v/t* vertändeln, -trödeln. **II** *v/i* trödeln, in den Tag hinˈeinleben.

fric·an·deau [ˈfrɪkəndəʊ] *pl* **-deaus, -deaux** [-dəʊz] *s gastr.* Frikanˈdeau *n.*

fric·an·do [ˈfrɪkəndəʊ] *pl* **-does** → fricandeau.
fric·as·see *gastr.* **I** *s* [ˈfrɪkəsiː] Frikasˈsee *n.* **II** *v/t* [ˌfrɪkəˈsiː] frikasˈsieren, als Frikasˈsee zubereiten.
fric·a·tive [ˈfrɪkətɪv] *ling.* **I** *adj* frikaˈtiv, Reibe...: ~ **consonant** → II. **II** *s* Frikaˈtiv *m*, Reibelaut *m.*
fric·tion [ˈfrɪkʃn] *s* **1.** *phys. tech.* Reibung *f*, Friktiˈon *f.* **2.** *bes. med.* Einreibung *f.* **3.** *fig.* Reibeˈrei(en *pl*) *f.* ˈ**fric·tion·al** [-ʃənl] *adj* **1.** *phys. tech.* Reibungs..., Friktions...: ~ **electricity** Reibungselektrizität *f.* **2.** ~ **unemployment** *econ.* friktionelle *od.* temporäre Arbeitslosigkeit.
fric·tion| brake *s tech.* Reibungsbremse *f.* ~ **clutch** *s tech.* Reibungs-, Friktiˈonskupplung *f.* ~ **disk** *s tech.* Reibscheibe *f.* ~ **drive** *s tech.* Friktiˈonsantrieb *m.* ~ **force** *s phys.* **1.** ˈReibungsˌwiderstand *m.* **2.** zur Überˈwindung der (Haft)Reibung nötige Kraft. ~ **gear (-ing)** *s tech.* Reib(rad)-, Friktiˈonsgetriebe *n.*
ˈ**fric·tion·less** *adj tech.* reibungsfrei, -arm.
fric·tion| match *s* Streichholz *n.* ~ **surface** *s tech.* Lauffläche *f.* ~ **tape** *s electr. Am.* Isoˈlierband *n.* ~ **wheel** *s tech.* Reib-, Friktiˈonsrad *n.*
Fri·day [ˈfraɪdɪ; -deɪ] *s* Freitag *m*: **on** ~ (am) Freitag; **on ~s** freitags.
fridge [frɪdʒ] *s bes. Br. colloq.* Kühlschrank *m.*
fried [fraɪd] **I** *pret u. pp von* **fry**[1]. **II** *adj Am. sl.* ‚blau‘ (*betrunken*). ˈ~ˌ**cake** *s Am.* Schmalzgebäck *n*, -gebackene(s) *n.*
friend [frend] **I** *s* **1.** Freund(in): ~ **at court** einflußreicher Freund, ‚Vetter‘ *m*; **to be ~s with s.o.** mit j-m befreundet sein; **to make a** ~ e-n Freund gewinnen; **to make a** ~ **of s.o.** sich j-n zum Freund machen; **to make ~s with** sich anfreunden mit, Freundschaft schließen mit; **a** ~ **in need is a** ~ **indeed** der wahre Freund zeigt sich erst in der Not; *must you quarrel all the time?* **can't you be ~s?** könnt ihr euch nicht vertragen? **2.** Bekannte(r *m*) *f.* **3.** a) Helfer *m*, Freund *m*: **a** ~ **of the poor**, b) Förderer *m*: **a** ~ **of the arts**, c) Befürworter *m*: **he is no** ~ **of this policy**. **4.** (Herr *m*) Kolˈlege *m*: **my honourable** ~ *parl. Br.* mein Herr Kollege *od.* Vorredner; **my learned** ~ *jur. Br.* mein verehrter Herr Kollege. **5.** *jur.* → **next friend**. **6.** F~ Quäker *m*: → **society** 4. **7.** *colloq.* Freund(in), ‚Schatz‘ *m.* **II** *v/t* **8.** *poet.* *j-m* helfen. ˈ**friend·less** *adj* freundlos, ohne Freunde, verlassen. ˈ**friend·less·ness** *s* Verlassenheit *f.*
friend·li·ness [ˈfrendlɪnɪs] *s* **1.** Freundlichkeit *f.* **2.** Wohlwollen *n*, freundschaftliche Gesinnung.
ˈ**friend·ly** **I** *adj* (*adv* **friendlily**) **1.** freundlich (*a. fig. Zimmer etc*): **to be** ~ **to s.o.** freundlich zu j-m sein. **2.** freundschaftlich: **to get** ~ **with s.o.** sich mit j-m anfreunden; ~ **match** (*od.* **game**) *sport* Freundschaftsspiel *n*; → **term** 11. **3.** wohlwollend, freundlich gesinnt (**to s.o.** j-m): ~ **neutrality** wohlwollende Neutralität; ~ **troops** *mil.* eigene Truppen; → **alien** 7. **4.** befreundet: **a** ~ **nation**. **5.** günstig (**for, to** für). **II** *adv* **6.** *selten* freundlich, freundschaftlich. **III** *s* **7.** *sport colloq.* Freundschaftsspiel *n.* ~ **so·ci·e·ty** *s econ. Br.* Versicherungsverein *m* auf Gegenseitigkeit.
ˈ**friend·ship** *s* **1.** Freundschaft *f.* **2.** freundschaftliche Gesinnung. **3.** Freundschaftlichkeit *f.*
fri·er → **fryer**.
Frie·sian [ˈfriːzjən; *bes. Am.* -ʒən] → Frisian.
frieze[1] [friːz] **I** *s* **1.** *arch.* Fries *m.* **2.** Zierstreifen *m* (*e-r Tapete etc*). **II** *v/t* **3.** mit e-m Fries versehen.
frieze[2] [friːz] *s* Fries *m* (*dickes, flauschartiges Woll- od. Mischgewebe*).
frig [frɪg] *vulg.* **I** *v/t* **1.** ‚ficken‘, ‚vögeln‘. **II** *v/i* **2.** ‚wichsen‘, ‚sich e-n runterholen‘ (*masturbieren*). **3.** ~ **about** (*od.* **around**) a) sich herˈumtreiben, herˈumlungern, b) herˈumblödeln.
frig·ate [ˈfrɪgɪt] *s mar.* **1.** Freˈgatte *f.* **2.** *hist.* ˈKreuzer(freˌgatte *f*) *m.* ~ **bird** *s orn.* Freˈgattvogel *m.*
frige → **fridge**.
fright [fraɪt] **I** *s* **1.** Schreck(en) *m*, Entsetzen *n*: **to get** (*od.* **have**) **a** ~ e-n Schreck bekommen, erschrecken; **to get off with a** ~ mit dem Schrecken davonkommen; **to give s.o. a** ~ j-m e-n Schreck einjagen, j-n erschrecken; **to take** ~ (**at** vor *dat*) a) erschrecken, b) scheuen (*Pferd*). **2.** *colloq.* ‚Vogelscheuche‘ *f*: **to look a** ~ ‚verboten‘ *od.* ‚zum Abschießen‘ aussehen. **II** *v/t* **3.** *poet.* erschrecken.
fright·en [ˈfraɪtn] **I** *v/t* **1.** a) *j-n* erschrecken, *j-m* e-n Schrecken einjagen, b) *j-m* Angst einjagen *od.* machen: **to** ~ **s.o. into doing s.th.** j-n so einschüchtern, daß er etwas tut; **to** ~ **s.o. out of doing s.th.** j-n davon abschrecken, etwas zu tun; **to** ~ **s.o. out of his wits** (*od.* **senses**) j-n furchtbar erschrecken *od.* ängstigen; **to** ~ **s.o. to death** j-n zu Tode erschrecken, j-n in Todesangst versetzen; **I was ~ed** ich erschrak *od.* bekam Angst (**at, of** vor *dat*). **2.** *meist* ~ **away** (*od.* **off**) vertreiben, -scheuchen. **II** *v/i* **3.** **he ~s easily** a) er erschrickt leicht, b) man kann ihm leicht Angst einjagen *od.* machen. ˈ**fright·ened** *adj* erschreckt, erschrocken: **in a** ~ **voice** mit angsterfüllter Stimme; **to be** ~ **of s.th.** sich vor etwas fürchten. ˈ**fright·en·ing** *adj* (*adv* ~**ly**) erschreckend, schreckenerregend.
ˈ**fright·ful** *adj* schrecklich, furchtbar, gräßlich, entsetzlich, scheußlich (*alle a. colloq.*). ˈ**fright·ful·ly** *adv* schrecklich, furchtbar (*beide a. colloq. sehr*). ˈ**fright·ful·ness** *s* **1.** Schrecklichkeit *f* (*a. colloq.*). **2.** Schreckensherrschaft *f*, Terror *m.*
frig·id [ˈfrɪdʒɪd] *adj* (*adv* ~**ly**) **1.** kalt, frostig, eisig, kühl (*alle a. fig.*): ~ **zone** *geogr.* kalte Zone. **2.** *fig.* förmlich, steif. **3.** ausdrucks-, schwunglos. **4.** *psych.* friˈgid, gefühlskalt.
fri·gid·i·ty [frɪˈdʒɪdətɪ], ˈ**frig·id·ness** *s* **1.** Kälte *f*, Frostigkeit *f* (*beide a. fig.*). **2.** *fig.* Steifheit *f.* **3.** *psych.* Frigidiˈtät *f*, Gefühlskälte *f.*
frig·o·rif·ic [ˌfrɪgəˈrɪfɪk] *adj obs.* Kälte erzeugend: ~ **mixture** *chem.* Kältemischung *f.*
frill [frɪl] **I** *s* **1.** (Hals-, Hand)Krause *f*, Rüsche *f.* **2.** Paˈpierkrause *f*, Manˈschette *f.* **3.** a) *zo.* Haarkrause *f*, b) *orn.* Kragen *m*, Halsfedern *pl*, c) *bot.* Haarkranz *m*, d) *bot.* Manˈschette *f* (*am Hutpilz*). **4.** *zo.* Gekröse *n*, Hautfalte *f.* **5.** *phot.* Kräuseln *n.* **6.** *meist pl* Verzierungen *pl*, ‚Kinkerlitzchen‘ *pl*: **without ~s** ohne besondere Ausstattung (*Wohnung etc*), (*a. Feier, Essen etc*) schlicht; **to put on ~s** vornehm tun, ‚auf vornehm machen‘. **II** *v/t* **7.** mit e-r Krause besetzen *od.* schmücken. **8.** kräuseln. **III** *v/i* **9.** *phot.* sich kräuseln. ˈ**frill·er·y** [-ərɪ] *s* Krausen *pl*, Rüschen *pl*, Voˈlantbesatz *m.* ˈ**frill·ies** [-lɪz] *s pl colloq.* ˈRüschenˌunterwäsche *f*, ‚Reizwäsche‘ *f.* ˈ**frill·ing** *s* **1.** → **frillery**. **2.** Stoff *m* für Krausen. ˈ**frill·y** *adj* **1.** mit Krausen besetzt. **2.** gekräuselt. **3.** *fig.* blumig: **a** ~ **style**.
fringe [frɪndʒ] **I** *s* **1.** Franse *f*, Besatz *m.* **2.** Rand *m*, Saum *m*, Einfassung *f*, Umˈrandung *f.* **3.** *bes. Br.* ˈPonyfriˌsur *f.* **4.** a) Randbezirk *m*, äußerer Bezirk: **on the ~(s) of the forest** am Waldrand, b) *fig.* Rand(gebiet *n*) *m*, Grenze *f*: **the ~s of civilization** die Randzonen der Zivilisation; **on the ~(s) of society** am Rande der Gesellschaft; → **lunatic** I. **II** *v/t* **5.** mit Fransen besetzen. **6.** als Rand dienen für. **7.** umˈsäumen. ~ **ar·e·a** *s* Randgebiet *n* (*a. fig.*). ~ **ben·e·fits** *s pl econ.* (Gehalts-, Lohn)Nebenleistungen *pl*, zusätzliche Leistungen *pl.*
fringed *adj* gefranst.
fringe| e·vent *s* Randveranstaltung *f.* ~ **group** *s sociol.* Randgruppe *f.*
Fring·lish [ˈfrɪŋglɪʃ] *s mit vielen französischen Ausdrücken durchsetztes Englisch.*
ˈ**fring·y** *adj* fransig.
frip·per·y [ˈfrɪpərɪ] **I** *s* **1.** Putz *m*, Flitterkram *m.* **2.** Plunder *m*, ‚Firlefanz‘ *m.* **3.** *fig.* ‚Kinkerlitzchen‘ *pl*, ‚Tinnef‘ *m, n*, Blendwerk *n.* **II** *adj* **4.** wertlos, Flitter...
Fris·bee [ˈfrɪzbiː] (*TM*) *s* Frisbee *n* (*Wurfscheibe aus Plastik*).
Fris·co [ˈfrɪskəʊ] *s colloq. für* **San Francisco**.
fri·sé [ˈfriːzeɪ; *bes. Am.* friːˈzeɪ] *s* Friˈsé *n* (*Kräusel- od. Frottierstoff aus* [*Kunst-*] *Seide*).
fri·sette [frɪˈzet] *s* Friˈsett *n* (*bes. künstlicher Haaransatz für Frauen*).
Fri·sian [ˈfrɪzɪən; *bes. Am.* -ʒən] **I** *s* **1.** Friese *m*, Friesin *f.* **2.** *ling.* Friesisch *n*, das Friesische. **II** *adj* **3.** friesisch.
frisk [frɪsk] **I** *v/i* **1.** herˈumtollen. **II** *v/t* **2.** wedeln mit: **the dog ~s its tail**. **3.** *colloq.* ‚filzen‘: a) *j-n, etwas* durchˈsuchen, b) *j-n durchsuchen u. bestehlen od. berauben.* **III** *s* **4.** a) Freuden-, Luftsprung *m*, b) Ausgelassenheit *f.* **5.** *colloq.* ‚Filzen‘ *n.*
fris·ket [ˈfrɪskɪt] *s print.* Maske *f.*
frisk·i·ness [ˈfrɪskɪnɪs] *s* Lustigkeit *f*, Ausgelassenheit *f.* ˈ**frisk·y** *adj* (*adv* **friskily**) **1.** lebhaft, munter. **2.** lustig, ausgelassen.
fris·son [frisõ] (*Fr.*) *s* Schauder *m.*
frit [frɪt] *tech.* **I** *s* **1.** Fritt-, Weich-, ˈKnochenporzelˌlanmasse *f.* **2.** Fritte *f*, Glasmasse *f.* **II** *v/t* **3.** fritten, schmelzen.
frit fly *s zo.* Frit-, Haferfliege *f.*
frith [frɪθ] → **firth**.
frit·ter [ˈfrɪtə(r)] **I** *v/t* **1.** *meist* ~ **away** *Geld, Gelegenheit, Zeit* vertun, *Zeit* vertrödeln, *Geld, Kräfte* vergeuden. **2.** a) zerfetzen, in Fetzen reißen, b) in (schmale) Streifen schneiden, (*gastr. a.*) schnetzeln. **II** *s* **3.** a) Fetzen *m*, b) (schmaler) Streifen. **4.** *gastr.* Beiˈgnet *m* (*Schmalzgebäck mit Füllung*).
Fritz[1] [frɪts] *s sl.* Deutsche(r) *m.*
fritz[2] [frɪts] *Am. sl.* **I** *s*: **on the** ~ ‚im Eimer‘, ‚kaputt‘. **II** *v/i* ~ **out** ‚kaˈputtgehen‘.
friv·ol [ˈfrɪvl] **I** *v/i pret u. pp* **-oled**, *bes. Br.* **-olled** (herˈum)tändeln. **II** *v/t* → **fritter** 1.
fri·vol·i·ty [frɪˈvɒlətɪ; *Am.* -ˈvɑ-] *s* Frivoliˈtät *f*: a) Leichtsinnigkeit *f*, -fertigkeit *f*, Oberflächlichkeit *f*, b) leichtfertige Rede *od.* Handlung. ˈ**friv·o·lous** [-vələs] *adj* (*adv* ~**ly**) **1.** friˈvol, leichtfertig, -sinnig. **2.** nicht ernst zu nehmen(d): **a** ~ **suggestion**. **3.** ~ **plea** *jur.* schikanöser Einwand. ˈ**friv·o·lous·ness** → **frivolity**.
friz → **frizz**[1].
frizz[1] [frɪz] **I** *v/t* **1.** *Haare* kräuseln. **2.** *Tuch* friˈsieren. **3.** *Leder* abreiben. **II** *v/i* **4.** sich kräuseln (*Haar*). **III** *s* **5.** gekräuseltes Haar. **6.** (*etwas*) Krauses.
frizz[2] [frɪz] → **frizzle**[2] I.
friz·zle[1] [ˈfrɪzl] → **frizz**[1] 1, 4, 5.
friz·zle[2] [ˈfrɪzl] **I** *v/i* brutzeln. **II** *v/t* (braun) rösten, (knusprig) braten.
friz·zly [ˈfrɪzlɪ], *a.* **friz·zy** [ˈfrɪzɪ] *adj* gekräuselt, kraus.

fro [frəʊ] *adv*: → to 21, to-and-fro, toing and froing.

frock [frɒk; *Am.* frɑk] **I** *s* **1.** (Mönchs-)Kutte *f.* **2.** wollene Seemannsjacke. **3.** (Kinder)Kittel *m*, (-)Kleid *n.* **4.** (Arbeits)Kittel *m.* **5.** (Damen)Kleid *n*: **summer** ~ Sommerkleid. **6.** *hist.* Gehrock *m.* **II** *v/t* **7.** mit e-m Kittel bekleiden. **8.** *relig.* mit e-m geistlichen Amt bekleiden. ~ **coat** → frock 6.

froe [frəʊ] *s* Spaltmesser *n.*

frog[1] [frɒg; *Am. a.* frɑg] *s* **1.** *zo.* Frosch *m*: **to have a** ~ **in the** (*od.* **one's**) **throat** *fig.* e-n Frosch im Hals haben, heiser sein. **2.** Blumenigel *m.* **3.** **F~** *sl. contp.* ‚Franzmann' *m* (*Franzose*). **4.** *mus.* Frosch *m* (*am Bogen*).

frog[2] [frɒg; *Am. a.* frɑg] **I** *s* **1.** Schnurverschluß *m*, Verschnürung *f* (*am Rock etc*). **2.** *pl* Schnurbesatz *m.* **3.** *mil.* Bajoˈnettschlaufe *f*, Säbeltasche *f.* **II** *v/t* **4.** mit e-r Verschnürung befestigen.

frog[3] [frɒg; *Am. a.* frɑg] *s* **1.** *rail.* Herz-, Kreuzungsstück *n.* **2.** *electr.* Oberleitungsweiche *f.*

frog[4] [frɒg; *Am. a.* frɑg] *s zo.* Strahl *m*, Gabel *f* (*am Pferdehuf*).

ˈfrog|·bit *s bot.* Froschbiß *m.* **ˈ~ˌeat·er** *s* **1.** Froschesser *m.* **2.** **F~** → frog[1] 3.

frogged *adj* mit Schnurverschluß (*Rock etc*).

frog·gish [ˈfrɒgɪʃ; *Am. a.* ˈfrɑ-] *adj* froschartig.

frog·gy [ˈfrɒgɪ; *Am. a.* ˈfrɑ-] **I** *adj* **1.** froschreich. **2.** froschartig, Frosch... **II** *s* **3.** Fröschlein *n.* **4.** **F~** → frog[1] 3.

ˈfrog|ˌhop·per *s zo.* Schaumzirpe *f.* ~ **kick** *s Schwimmen*: Grätschstoß *m.* **ˈ~man** [-mən; *Am. a.* -ˌmæn] *s irr* Froschmann *m*, *mil. a.* Kampfschwimmer *m.* **ˈ~march** *v/t j-n* (zu viert mit dem Gesicht nach unten) fortschleppen. **~'s legs** *s pl gastr.* Froschschenkel *pl.* ~ **spawn** *s* **1.** *zo.* Froschlaich *m.* **2.** *bot.* a) (*e-e*) Grünalge, b) Froschlaichalge *f.* ~ **spit,** ~ **spit·tle** → frog spawn 2 a.

frol·ic [ˈfrɒlɪk; *Am.* ˈfrɑ-] **I** *s* **1.** Herˈumtoben *n*, -tollen *n*: **to have a** ~ → 4. **2.** Ausgelassenheit *f*, ˈÜbermut *m.* **3.** Streich *m*, Jux *m*: **he is always up to some** ~ er ist immer zu Streichen aufgelegt. **II** *v/i pret u. pp* **ˈfrol·icked** **4.** herˈumtoben, -tollen. **III** *adj* (*adv* ~**ly**) **5.** *obs. od. poet.* → frolicsome. **ˈfrol·ic·some** [-səm] *adj* (*adv* ~**ly**) ausgelassen, ˈübermütig. **ˈfrol·ic·some·ness** → frolic 2.

from [frɒm; *unbetont* frəm; *Am.* frɑm; frəm] *prep* **1.** von, aus, von ... aus *od.* her, aus ... herˈaus, von *od.* aus ... herˈab: ~ **the well** aus dem Brunnen; ~ **the sky** vom Himmel; **he is** (*od.* **comes**) ~ **London** er ist *od.* kommt aus London; ~ **crisis to crisis** von e-r Krise in die andere. **2.** von, von ... an, seit: ~ **2 to 4 o'clock** von 2 bis 4 Uhr; ~ **day to day** von Tag zu Tag. **3.** von ... an: **I saw** ~ **10 to 20 boats** ich sah 10 bis 20 Boote; **good wines** ~ £1 gute Weine von 1 Pfund an (aufwärts). **4.** (weg *od.* entfernt) von: **ten miles** ~ **Rome** 10 Meilen von Rom (weg *od.* entfernt). **5.** von, vom, aus, weg, aus ... herˈaus: **he took it** ~ **me** er nahm es mir weg; **stolen** ~ **the shop** (**the table**) aus dem Laden (vom Tisch) gestohlen; **they released him** ~ **prison** sie entließen ihn aus dem Gefängnis. **6.** von, aus (*Wandlung*): **to change** ~ **red to green** von rot zu grün übergehen; ~ **dishwasher to millionaire** vom Tellerwäscher zum Millionär; **an increase** ~ **5 to 8 per cent** e-e Steigerung von 5 auf 8 Prozent. **7.** von (*Unterscheidung*): **he does not know black** ~ **white** er kann Schwarz u. Weiß nicht auseinanderhalten, er kann Schwarz u. *od.* von Weiß nicht unterscheiden; → **Adam, different** 2, **tell** 8. **8.** von, aus, aus ... herˈaus (*Quelle*): **to draw a conclusion** ~ **the evidence** e-n Schluß aus dem Beweismaterial ziehen; ~ **what he said** nach dem, was er sagte; **a quotation** ~ **Shakespeare** ein Zitat aus Shakespeare. **9.** von, von ... aus (*Stellung*): ~ **his point of view** von s-m Standpunkt (aus). **10.** von (*Geben etc*): **a gift** ~ **his son** ein Geschenk s-s Sohnes *od.* von s-m Sohn. **11.** nach: **painted** ~ **nature** nach der Natur gemalt. **12.** aus, vor (*dat*), wegen (*gen*), inˈfolge von, an (*dat*) (*Grund*): **he died** ~ **fatigue** er starb vor Erschöpfung. **13.** *siehe die Verbindungen mit den einzelnen Verben etc.*

from| a·bove *adv* von oben (herˈab). ~ **a·cross** *adv u. prep* von jenseits (*gen*), von der anderen Seite (*gen*). ~ **a·mong** *prep* aus ... (herˈaus). ~ **be·fore** *prep* aus der Zeit vor. ~ **be·neath I** *adv* von unten herˈvor *od.* herˈaus. **II** *prep* unter ... (*dat*) herˈvor *od.* herˈaus. ~ **be·tween** *prep* zwischen ... (*dat*) herˈvor. ~ **be·yond** → from across. ~ **in·side** → from within. ~ **on high** *adv* aus der Höhe, von oben (herˈab). ~ **out of** *prep* aus ... herˈaus. ~ **un·der** → from beneath. ~ **with·in I** *adv* von innen (her *od.* herˈaus). **II** *prep* aus ... herˈaus. ~ **with·out I** *adv* von außen (her). **II** *prep* von außerhalb (*gen*).

fro·men·ty [ˈfrəʊməntɪ] → frumenty.

frond [frɒnd; *Am.* frɑnd] *s* **1.** *bot.* a) (Farn)Wedel *m*, b) blattähnlicher Thallus. **2.** *zo.* blattähnliche Strukˈtur.

fron·des·cence [frɒnˈdesns; *Am.* frɑn-] *s bot.* **1.** Frondesˈzenz *f*, (Zeit *f* der) Blattbildung *f.* **2.** Laub *n.* **fronˈdes·cent** *adj* blattbildend, sich belaubend.

front [frʌnt] **I** *s* **1.** *allg.* Vorder-, Stirnseite *f*, Front *f*: **at the** ~ auf der Vorderseite, vorn. **2.** *arch.* (Vorder)Front *f*, Fasˈsade *f.* **3.** Vorderteil *n.* **4.** *mil.* a) Front *f*, Kampf-, Frontlinie *f*, b) Frontbreite *f*: **at the** ~ an der Front; **to go to the** ~ an die Front gehen; **on all** ~**s** an allen Fronten (*a. fig.*); **to form a united** ~ **against** gemeinsam Front machen gegen. **5.** Vordergrund *m*: **in** ~ an der *od.* die Spitze, vorn, davor; **in** ~ **of** vor (*dat*); **to the** ~ nach vorn, voraus, voran; **to come to the** ~ *fig.* a) in den Vordergrund treten, b) an Popularität gewinnen; **to play up** ~ *sport* Spitze spielen. **6.** a) (Straßen-, Wasser)Front *f*, b) **the** ~ *Br.* die ˈStrandpromeˌnade. **7.** *fig.* Front *f*: a) (*bes. politische*) *Organisation*, b) Sektor *m*, Bereich *m*: **on the educational** ~ im Erziehungsbereich, auf dem Erziehungssektor. **8.** a) Strohmann *m*, b) ‚Aushängeschild' *n* (*e-r Interessengruppe od. subversiven Organisation etc*). **9.** *colloq.* Fasˈsade *f*, äußerer Schein: **to put up a** ~ a) ‚auf vornehm machen', sich Allüren geben, b) ‚Theater spielen'; **to put on** (*od.* **show, express**) **a bold** ~ kühn auftreten; **to maintain a** ~ den Schein wahren. **10.** *poet.* a) Stirn *f*, b) Antlitz *n*, Gesicht *n.* **11.** Frechheit *f*, Unverschämtheit *f*: **to have the** ~ **to do s.th.** die Stirn haben *od.* sich erdreisten, etwas zu tun. **12.** Hemdbrust *f*, Einsatz *m.* **13.** (falsche) Stirnlocken *pl.* **14.** *meteor.* Front *f.* **15.** *thea.* a) Zuschauerraum *m*: **to be out** ~ *colloq.* im Publikum sitzen, b) Proˈszenium *n.*

II *adj* **16.** Front..., Vorder...: ~ **entrance** Vordereingang *m*; **the** ~ **nine** (*Golf*) die ersten 9 Löcher; ~ **row** vorder(st)e Reihe; ~ **surface** Stirnfläche *f*; ~ **tooth** Vorderzahn *m.* **17.** ~ **man** Strohmann *m.* **18.** *ling.* Vorderzungen...

III *v/t* **19.** gegenˈüberstehen, -liegen (*dat*): **the house** ~**s the sea** das Haus liegt (nach) dem Meer zu; **the windows** ~ **the street** die Fenster gehen auf die Straße (hinaus). **20.** *j-m* entgegen-, gegenˈübertreten, *j-m* die Stirn bieten. **21.** mit e-r Front *od.* Vorderseite versehen. **22.** als Front *od.* Vorderseite dienen für. **23.** *ling.* palataliˈsieren. **24.** *mil.* Front machen lassen.

IV *v/i* **25.** ~ **on** (*od.* **to, toward[s]**) → 19. **26.** ~ **for** als Strohmann *od.* ‚Aushängeschild' funˈgieren für. **27.** *meist* ~ **up** *Austral. colloq.* erscheinen: **he** ~**ed up at the police station.**

ˈfront·age *s* **1.** (Vorder)Front *f* (*e-s Hauses*): **to have a** ~ **on the sea** (nach) dem Meer zu liegen; **a house with** ~**s on two streets** ein Haus mit zwei Straßenfronten; ~ **line** *arch.* (Bau)Fluchtlinie *f.* **2.** Land *n* an der Straßen- *od.* Wasserfront. **3.** Grundstück *n* zwischen der Vorderfront e-s Hauses u. der Straße. **4.** *mil.* a) Frontbreite *f*, b) *a.* ~ **in attack** Angriffsbreite *f.*

front·age road *s Am. Parallelstraße zu e-r Schnellstraße* (*mit Wohnhäusern, Geschäften etc*).

ˈfron·tal I *adj* **1.** fronˈtal, Vorder...: ~ **attack** *mil.* Frontalangriff *m.* **2.** *anat.* a) Stirn...: ~ **artery**; ~ **vein**, b) Stirn(bein)...: ~ **arch** Stirnbogen *m.* **3.** *tech.* Stirn... **4.** *meteor.* Front...: ~ **thunderstorm.** **II** *s* **5.** *relig.* Anteˈpendium *n*, Fronˈtale *n* (*Altardecke, -verkleidung*). **6.** *anat.* a) Stirnbein *n*, b) Stirnlappen *m.* **7.** *arch.* a) Fasˈsade *f*, b) Ziergiebel *m.* **8.** Stirnband *n.* ~ **bone** *s anat.* Stirnbein *n.* ~ **drag** *s aer.* ˈStirnˌwiderstand *m.* ~ **lobe** *s anat.* Stirnlappen *m.* ~ **si·nus** *s anat.* Stirn(bein)höhle *f.*

front| ax·le *s tech.* Vorderachse *f.* ~ **bench** *s parl. Br.* a) vordere Sitzreihe (*für Regierung u. Oppositionsführer*), b) *collect.* führende Fraktiˈonsmitglieder. **ˈ~-bench** *adj parl. Br.* der führenden Fraktiˈonsmitglieder: **a** ~ **decision.** **ˈ~ˌbench·er** *s parl. Br.* führendes Fraktiˈonsmitglied. ~ **burn·er** *s colloq.*: **to be on s.o.'s** ~ für j-n an erster Stelle kommen; **to keep s.th. on the** ~ etwas vorrangig behandeln. ~ **door** *s* Haus-, Vordertür *f*: **by** (*od.* **through**) **the** ~ *fig.* a) direkt, ohne Umschweife, b) legal, nicht durch die Hintertür. ~ **drive** *s mot.* Frontantrieb *m.* **ˌ~-ˈend col·li·sion** *s mot.* Auffahrunfall *m.* ~ **en·gine** *s mot.* Frontmotor *m.* ~ **foot** *s irr Am. Längenmaß für Grundstücke.*

fron·tier [ˈfrʌnˌtɪə(r)] **I** *s* **1.** (Landes-)Grenze *f*: **on the** ~ an der Grenze; **to have** ~**s with** angrenzen an (*acc*). **2.** *Am. hist.* Grenzland *n*, Gebiet *n* an der Siedlungsgrenze, Grenze *f* (zum Wilden Westen). **3.** *fig.* a) Grenze *f*: **the** ~**s of drama and melodrama are vague** die Grenzen zwischen Drama u. Melodrama sind fließend; **the** ~**s of physics have been pushed back** (*od.* **outwards**) auf dem Gebiet der Physik ist Neuland erschlossen worden, b) Grenzbereich *m*: **on the** ~**s of modern science** in den Grenzbereichen der modernen Wissenschaft. **II** *adj* **4.** Grenz...: ~ **dispute** Grenzstreitigkeiten *pl*; ~ **town** a) Grenzstadt *f*, b) *Am. hist.* (neugegründete) Stadt an der Siedlungsgrenze; ~ **worker** Grenzgänger(in). **5.** *fig.* bahnbrechend, Pionier...: ~ **research** bahnbrechende Forschungsarbeit.

fron·tiers·man [ˌfrʌnˈtɪəzmən] *s irr Am. hist.* Grenzer *m*, Grenzbewohner *m.*

fron·tis·piece [ˈfrʌntɪspiːs] *s* Frontiˈspiz *n*: a) *arch.* Giebeldreieck *n* (*über e-m Gebäudevorsprung*), b) *print. dem eigentlichen Titelblatt gegenüberstehende, meist* *mit e-m Kupferstich geschmückte Titelseite.*

ˈfront·less *adj* **1.** ohne Front *od.* Fasˈsade. **2.** *obs.* dreist. **ˈfront·let** [-lɪt] *s* **1.** *zo.* Stirn *f.* **2.** Stirnband *n.* **3.** Tuch *n* über der Alˈtardecke.

front| line *s mil.* Kampffront *f,* Front (-linie) *f,* vorderste Linie *od.* Front (*a. fig.*): **to be in the ~** an vorderster Front stehen. **ˈ~-line** *adj mil.* Front...: **~ officer; ~ trench** vorderster Schützengraben (*a. fig.*). **~ mat·ter** *s print.* Titelbogen *m,* Titeˈlei *f.*

fronto- [frʌntəʊ] *Wortelement mit der Bedeutung* Stirn(bein)...

ˌfron·toˈgen·e·sis *s meteor.* Frontogeˈnese *f* (*Bildung von Fronten*).

fron·tol·y·sis [frʌnˈtɒlɪsɪs; *Am.* frʌnˈtɑləsəs] *s meteor.* Frontoˈlyse *f* (*Auflösung von Fronten*).

fron·ton [ˈfrɒntɒn; *Am.* ˈfrɑnˌtɑn] *s arch.* Fronˈton *n,* Giebeldreieck *n* (*über e-m Gebäudevorsprung*).

front| page *s* erste Seite, Titelseite *f* (*e-r Zeitung*): **to hit the ~s** Schlagzeilen machen; **to wipe s.th. off the ~s** etwas von den Titelseiten verdrängen. **ˈ~-page I** *adj* wichtig, aktuˈell: **~ news. II** *v/t* auf der Titelseite bringen, groß herˈausstellen. **~ pas·sen·ger** *s mot.* Beifahrer(in). **ˈ~-ˌpas·sen·ger seat** *s mot.* Beifahrersitz *m.* **~ plate** *s tech.* Stirnblech *n,* -wand *f.* **~ rank** *s*: **to be in the ~** *fig.* zur Spitze gehören *od.* zählen. **ˈ~-rank** *adj* a) höchst(er, e, es): **of ~ importance,** b) Spitzen..., führend: **a ~ university. ~ run·ner** *s* **1.** *sport etc* a) Spitzenreiter(in), b) Favoˈrit(in). **2.** *pol.* ˈSpitzenkandiˌdat(in). **3.** *Leichtathletik*: Tempoläufer(in). **ˈ~-seat pas·sen·ger** *s mot.* Beifahrer(in). **~ sight** *s mil.* Korn *n.* **~ view** *s tech.* Vorderansicht *f,* Aufriß *m.*

front·wards [ˈfrʌntwə(r)dz], *a.* **ˈfront·ward** *adv* nach vorn.

front| wave *s Ballistik*: Kopfwelle *f.* **ˈ~-wheel** *adj tech.* Vorderrad...: **~ brake; ~ drive** Vorderradantrieb *m.*

frosh [frɒʃ] *pl* **frosh** *s univ. Am. sl.* ˈErstseˌmester *n,* Stuˈdent(in) im ersten Seˈmester.

frost [frɒst] **I** *s* **1.** Frost *m*: **ten degrees of ~** *Br.* 10 Grad Kälte. **2.** Reif *m.* **3.** Eisblumen *pl.* **4.** *fig.* Kühle *f,* Kälte *f,* Frostigkeit *f.* **5.** *colloq.* ‚Pleite' *f,* ‚Reinfall' *m,* ˈMißerfolg *m.* **II** *v/t* **6.** mit Reif *od.* Eis überˈziehen. **7.** *tech. Glas* matˈtieren. **8.** *gastr. bes. Am.* a) glaˈsieren, mit Zuckerguß überˈziehen, b) mit (Puder-) Zucker bestreuen. **9.** a) Frostschäden verursachen bei, b) *a.* **~ to death** erfrieren lassen. **10.** *j-n* kühl *od.* frostig behandeln. **11.** *poet. die Haare* grau werden lassen. **III** *v/i* **12.** *meist* **~ over** (*od.* **up**) sich bereifen, sich mit Eis(blumen) überˈziehen.

ˈfrost|·bite *s* Erfrierung(serscheinung) *f,* Frostschaden *m.* **ˈ~ˌbit·ing** *s Am.* Segeln *n* im Winter. **ˈ~ˌbit·ten** *adj* **1.** erfroren. **2.** *fig.* (gefühls)kalt. **ˈ~bound** *adj fig.* frostig.

ˈfrost·ed I *adj* **1.** bereift, überˈfroren. **2.** *tech.* matˈtiert, matt: **~ glass** Matt-, Milchglas *n.* **3.** *gastr. bes. Am.* glaˈsiert, mit Zuckerguß (überˈzogen). **4.** *Am.* → **frozen** 3. **5.** *Am. colloq.* arroˈgant. **II** *s* **6.** *Am.* Eisshake *m*: **chocolate ~.**

frost| heave, ~ heav·ing *s* Frosthub *m,* -hebung *f.*

frost·i·ness [ˈfrɒstɪnɪs] *s* **1.** Frost *m,* Eiseskälte *f.* **2.** *fig.* Frostigkeit *f.* **ˈfrost·ing** *s* **1.** *gastr. bes. Am.* Zuckerguß *m,* (ˈZucker)GlaˌSur *f.* **2.** *tech.* a) Matˈtieren *n,* b) matte Oberfläche (*Glas etc*).

frost| in·ju·ry *s* Frostschaden *m.* **~ line** *s* Frostgrenze *f.* **~ shake** *s tech.* Frostriß *m.* **~ smoke** *s* Rauhfrost *m.* **~ valve** *s tech.* ˈFrost(schutz)venˌtil *n.* **ˈ~work** *s* Eisblumen *pl.*

ˈfrost·y *adj* (*adv* **frostily**) **1.** *a. fig.* eisig, frostig. **2.** mit Reif *od.* Eis bedeckt. **3.** (eis)grau: **~ hair.**

froth [frɒθ] **I** *s* **1.** Schaum *m* (*von Bier etc*). **2.** *physiol.* (Blasen)Schaum *m.* **3.** *fig.* ‚Firlefanz' *m.* **II** *v/t* **4.** mit Schaum bedecken. **5.** a) zum Schäumen bringen, b) zu Schaum schlagen. **III** *v/i* **6.** schäumen: **he ~ed at the mouth** a) er hatte Schaum vor dem Mund, b) *fig.* er schäumte (vor Wut). **ˈfroth·i·ness** *s* **1.** Schaumigkeit *f.* **2.** *fig.* Seicht-, Hohlheit *f.* **ˈfroth·ing** *s* Schaumbildung *f.* **ˈfroth·y** *adj* (*adv* **frothily**) **1.** a) schaumig, b) schäumend. **2.** *fig.* seicht: **~ entertainment.**

frou·frou [ˈfruːfruː] *s* **1.** Knistern *n,* Rascheln *n* (*bes. von Seide*). **2.** Flitter *m* (*bes. an Damenkleidung*).

frow → **froe.**

fro·ward [ˈfrəʊə(r)d; *Am. a.* -wərd] *adj* (*adv* **~ly**) eigensinnig.

frown [fraʊn] **I** *v/i* **1.** die Stirn runzeln (**at** über *acc*) (*a. fig.*): **to ~ (up)on s.th.** *fig.* etwas mißbilligen. **2.** finster (drein-) schauen. **II** *v/t* **3.** zum Zeichen (*gen*) die Stirn runzeln: **he ~ed his displeasure** er runzelte mißbilligend die Stirn. **4. to ~ s.o. down (into silence)** j-n durch finstere Blicke einschüchtern (zum Schweigen bringen). **III** *s* **5.** Stirnrunzeln *n*: **with a ~** stirnrunzelnd. **6.** finsterer Blick. **7.** Ausdruck *m* des ˈMißfallens *od.* der ˈMißbilligung. **ˈfrown·ing** *adj* (*adv* **~ly**) **1.** stirnrunzelnd. **2.** a) ˈmißbilligend, b) finster: **~ look. 3.** drohend, bedrohlich: **~ cliffs.**

frows·i·ness → **frowziness.**

frowst [fraʊst] *bes. Br. colloq.* **I** *s* ‚Mief' *m*: **there's a ~ in here** hier ‚mieft' es. **II** *v/i* im ‚Mief' sitzen: **to ~ in the office** im Büromief sitzen. **ˈfrowst·y** *adj bes. Br. colloq.* ‚miefig', ‚vermieft'.

frows·y → **frowzy.**

frowz·i·ness [ˈfraʊzɪnɪs] *s* **1.** Schlampigkeit *f,* ungepflegtes Äußeres. **2.** muffiger Geruch. **ˈfrowz·y** *adj* **1.** schlampig, ungepflegt, unordentlich. **2.** muffig.

froze [frəʊz] *pret von* **freeze.**

fro·zen [ˈfrəʊzn] **I** *pp von* **freeze. II** *adj* **1.** (ein-, zu)gefroren: **a ~ brook. 2.** erfroren: **~ plants. 3.** gefroren, Gefrier...: **~ food** Tiefkühlkost *f*; **~ meat** Gefrierfleisch *n.* **4.** (eis)kalt: **~ zone** kalte Zone. **5.** *fig.* a) kalt, frostig: **~ silence** eisiges Schweigen, b) gefühls-, teilnahmslos. **6.** *econ.* eingefroren: **~ prices (wages); ~ assets** eingefrorene Guthaben; **~ capital** festliegendes Kapital; **~ debts** Stillhalteschulden.

fruc·ted [ˈfrʌktɪd] *adj her.* mit Früchten.

frucˈtif·er·ous [-ˈtɪfərəs] *adj bot.* fruchttragend. **ˌfruc·ti·fiˈca·tion** *s bot.* **1.** Befruchtung *f* (*a. fig.*). **2.** Fruchtbildung *f.* **3.** Fruchtstand *m.* **4.** Beˈfruchtungsorˌgane *pl.* **ˈfruc·ti·fy** [-faɪ] *bot.* **I** *v/i* Früchte tragen. **II** *v/t* befruchten (*a. fig.*).

fruc·tose [ˈfrʌktəʊs; -z] *s chem.* Frucˈtose *f,* Fruchtzucker *m.*

fruc·tu·ous [ˈfrʌktjʊəs; *Am.* -tʃəwəs] *adj* fruchtbar (*a. fig.*).

fru·gal [ˈfruːgl] *adj* (*adv* **~ly**) **1.** sparsam: a) haushälterisch (**of** mit, in *dat*), b) wirtschaftlich (*Auto etc*). **2.** genügsam, bescheiden. **3.** einfach, spärlich, fruˈgal: **a ~ meal. fruˈgal·i·ty** [-ˈgæləti] *s* **1.** Sparsamkeit *f.* **2.** Genügsamkeit *f.* **3.** Einfachheit *f,* Frugaliˈtät *f.*

fru·giv·o·rous [fruːˈdʒɪvərəs] *adj zo.* fruchtfressend.

fruit [fruːt] **I** *s* **1.** *bot.* a) Frucht *f,* b) Samenkapsel *f.* **2.** *collect.* a) Früchte *pl*: **to bear ~** Früchte tragen (*a. fig.*), b) Obst *n.* **3.** *Bibl.* Kind *n,* Nachkommenschaft *f*: **~ of the body** (*od.* **loins, womb**) Leibesfrucht *f.* **4.** *oft pl fig.* Frucht *f,* Früchte *pl*: a) Resulˈtat *n,* Ergebnis *n,* b) Erfolg *m*: **to reap the ~(s) of one's work** die Früchte s-r Arbeit ernten, c) Gewinn *m,* Nutzen *m*: **~s of crime. 5.** *bes. Br. sl.* ‚Spinner' *m.* **6.** *bes. Am. sl.* ‚Homo' *m,* ‚Schwule(r)' *m* (*Homosexueller*). **II** *v/i* **7.** (Früchte) tragen. **III** *v/t* **8.** zur Reife bringen.

ˈfruit·age *s* **1.** *bot.* (Frucht)Tragen *n.* **2.** *collect.* a) Früchte *pl,* b) Obst *n.* **3.** *fig.* Früchte *pl.*

fruit·ar·i·an [fruːˈteərɪən] **I** *s j-d, der sich nur von Obst ernährt.* **II** *adj* Obst...: **~ diet.**

fruit| bat *s zo.* Flederhund *m.* **~ bod·y** *s biol.* **1.** Fruchtkörper *m.* **2.** Fruchtboden *m.* **ˈ~cake** *s* **1.** englischer Küchen. **2.** *bes. Br. sl.* ‚Spinner' *m.* **~ cock·tail** *s* Frucht-, Früchtecocktail *m.* **~ cup** *s* Frucht-, Früchtebecher *m.*

fruit·er [ˈfruːtə(r)] *s* **1.** *mar.* Obstschiff *n.* **2.** Obstzüchter *m.* **3.** a) Obstbaum *m,* b) Obststrauch *m.* **ˈfruit·er·er** *s bes. Br.* Obsthändler *m.*

ˈfruit·ful *adj* **1.** fruchtbar (*a. fig.*): **a ~ discussion. 2.** *fig.* erfolgreich: **to be ~** Erfolg haben. **ˈfruit·ful·ness** *s* Fruchtbarkeit *f* (*a. fig.*).

fru·i·tion [fruːˈɪʃn] *s* **1.** Erfüllung *f,* Verwirklichung *f*: **~ of hopes; to bring** (*od.* **carry**) **to ~** verwirklichen; **to come to ~** sich verwirklichen (→ 2). **2.** Früchte *pl*: **the ~ of one's efforts; to come to ~** Früchte tragen (→ 1). **3.** (voller) Genuß (*e-s Besitzes etc*).

fruit| jar *s* Einweck-, Einmachglas *n.* **~ juice** *s* Frucht-, Obstsaft *m.* **~ knife** *s irr* Obstmesser *n.*

ˈfruit·less *adj* (*adv* **~ly**) **1.** unfruchtbar. **2.** *fig.* fruchtlos, vergeblich, erfolglos: **to be ~** keinen Erfolg haben. **ˈfruit·less·ness** *s* Fruchtlosigkeit *f,* Erfolglosigkeit *f.*

fruit| ma·chine *s Br.* (ˈGeld)ˌSpielautoˌmat *m.* **~ pulp** *s biol.* Fruchtfleisch *n.* **~ ranch** *s Am.* Obstfarm *f.* **~ sal·ad** *s* **1.** ˈFrucht-, ˈObstsaˌlat *m.* **2.** *sl.* ‚Laˈmetta' *n,* Ordenspracht *f.* **~ sug·ar** *s chem.* Fruchtzucker *m.* **~ tree** *s* Obstbaum *m.*

ˈfruit·y *adj* **1.** frucht-, obstartig. **2.** fruchtig (*Wein*). **3.** *Br. colloq.* ‚saftig', ‚gepfeffert': **a ~ joke. 4.** klangvoll, soˈnor: **a ~ voice. 5.** *Am. colloq.* ‚schmalzig': **~ song** ‚Schnulze' *f.* **6.** *sl.* ‚spinnig'. **7.** *bes. Am. sl.* ‚schwul' (*homosexuell*).

fru·men·ta·ceous [ˌfruːmənˈteɪʃəs] *adj* getreideartig, Getreide...

fru·men·ty [ˈfruːmənti] *s gastr. süßer Brei aus Weizen, Milch u. Gewürzen.*

frump [frʌmp] *s* ‚Vogelscheuche' *f*: **old ~** ‚alte Schachtel'. **ˈfrump·ish, ˈfrump·y** *adj* a) altmodisch, b) ungepflegt, ˈuneleˌgant, c) abgedroschen (*Sache*).

frus·ta [ˈfrʌstə] *pl von* **frustum.**

frus·trate [frʌˈstreɪt; *bes. Am.* ˈfrʌstreɪt] *v/t* **1.** *etwas* vereiteln, durchˈkreuzen: **to ~ a plan. 2.** zuˈnichte machen: **to ~ hopes. 3.** *etwas* hemmen, (be)hindern. **4.** *j-n* hemmen, (*a.* am Fortkommen) hindern, einengen. **5.** *j-m* die *od.* alle Hoffnung *od.* Aussicht nehmen, *j-n* (*in s-n Ambitionen*) zuˈrückwerfen: **I was ~d in my efforts** m-e Bemühungen wurden vereitelt. **6.** fruˈstrieren: a) *j-n* entmutigen, depriˈmieren, b) mit Minderwertigkeitsgefühlen erfüllen, c) *j-n* enttäuschen.

frus·trat·ed *adj* **1.** vereitelt, gescheitert: **~ plans. 2.** gescheitert (*Person*): **a ~ painter** ein ‚verhinderter' Maler. **3.** fruˈstriert: a) entmutigt, niedergeschlagen, depri'miert, b) voller Minderwertigkeitsgefühle, c) enttäuscht. **frus·trat·ing** *adj* (*adv* ~ly) **1.** hemmend. **2.** fru'strierend: a) entmutigend, depri'mierend, b) enttäuschend.

frus·tra·tion [frʌ'streɪʃn] *s* **1.** Vereitelung *f*, Durch'kreuzung *f*: ~ of a plan. **2.** Behinderung *f*, Hemmung *f*. **3.** Einengung *f*. **4.** Enttäuschung *f*, Rückschlag *m*, 'Mißerfolg *m*. **5.** Frustrati'on *f*: a) *psych. Erlebnis e-r wirklichen od. vermeintlichen Enttäuschung u. Zurücksetzung durch erzwungenen Verzicht od. Versagung von Befriedigung*, b) *a.* sense of ~ *weitS.* Niedergeschlagenheit *f*, c) *a.* sense of ~ das Gefühl, ein Versager zu sein; Minderwertigkeitsgefühle *pl*, d) *a.* sense of ~ Enttäuschung *f*. **6.** a) Hindernis *n*, b) aussichtslose Sache (to für). **7.** *jur.* objek'tive Unmöglichkeit (*der Leistung*): ~ of the contract objektive Unmöglichkeit der Vertragsleistung. **~ tol·er·ance** *s psych.* Frustrati'onstole,ranz *f* (*individuell unterschiedlich ausgeprägte Fähigkeit, Frustrationen über e-n längeren Zeitraum zu ertragen*).

frus·tum ['frʌstəm] *pl* **-tums, -ta** [-tə] *s math.* Stumpf *m*: ~ of a cone Kegelstumpf.

fry¹ [fraɪ] **I** *v/t* **1.** braten: fried eggs Spiegeleier; fried potatoes Bratkartoffeln; → fish 1. **2.** *Am. sl.* auf dem e'lektrischen Stuhl 'hinrichten. **II** *v/i* **3.** braten. **4.** *colloq.* sich e-n Sonnenbrand holen. **5.** *Am. sl.* auf dem e'lektrischen Stuhl 'hingerichtet werden. **III** *s* **6.** (*etwas*) Gebratenes, *bes.* gebratene Inne'reien *pl*: pig's ~ gebratene Innereien vom Schwein. **7.** *Am.* (*meist in Zssgn*) *Fest od. Picknick, bei dem* (*etwas*) *gebraten wird*: fish ~.

fry² [fraɪ] *s pl* **1.** Fischrogen *m*. **2.** junge Fische *pl*. **3.** small ~ *fig.* a) ‚junges Gemüse', junges Volk, b) kleine (unbedeutende) Leute *pl*, c) ‚kleine Fische' *pl*, Lap'palien *pl*.

'fry·er *s* **1.** *j-d, der* (*etwas*) *brät*: he is a fish ~ er hat ein Fischrestaurant. **2.** (*oft in Zssgn*) Bratpfanne *f*: fish ~. **3.** *etwas zum Braten Geeignetes, bes.* Brathühnchen *n*.

'fry·ing pan *s* Bratpfanne *f*: to jump (*od.* leap) out of the ~ into the fire vom Regen in die Traufe kommen.

fry|pan *Am.* → frying pan. **'~-up** *s Br. colloq.* **1.** to do a ~ sich Reste in die Pfanne ‚hauen'. **2.** Resteessen *n* aus der Pfanne.

fuch·sia ['fju:ʃə] *s bot.* Fuchsie *f*.

fuch·sin ['fu:ksɪn; *Am.* 'fju:k-], **'fuch·sine** [-si:n] *s chem.* Fuch'sin *n*.

fuchs·ite ['fu:ksaɪt; *Am.* 'fju:k-] *s min.* Fuch'sit *m*.

fu·ci ['fju:saɪ] *pl von* fucus.

fuck [fʌk] *vulg.* **I** *v/t* **1.** ‚ficken', ‚vögeln': ~ it! ‚Scheiße!'; ~ him! a) dieser ‚Scheißkerl'!, b) der soll mich mal am Arsch lecken!; get ~ed! der Teufel soll dich holen! **2.** ~ about (*od.* around) a) *j-n* wie e-n Idioten behandeln, b) *j-n* ‚verarschen'. **3.** *meist* ~ up *etwas* ‚versauen': (all) ~ed up (total) ‚im Arsch'. **II** *v/i* **4.** ‚ficken', ‚vögeln'. **5.** ~ about (*od.* around) her'umgammeln. **6.** ~ off (*meist imp*) ‚sich verpissen'. **III** *s* **7.** ‚Fick' *m*: to have a ~ ‚ficken', ‚e-e Nummer machen *od.* schieben'; I don't care (*od.* give) a ~ das ist mir ‚scheißegal'. **8.** she's a good ~ sie ‚fickt' gut. **IV** *interj* **9.** ‚Scheiße'! **'fuck·er** *s vulg.* **1.** ‚Ficker' *m*, ‚Vögler' *m*. **2.** a) ‚Scheißkerl' *m*, b) *allg.* Kerl *m*, Bursche *m*: a poor ~ ein armer Hund, ein armes Schwein. **'fuck·ing** *vulg.* **I** *adj* ‚Scheiß...', verflucht, verdammt (*oft nur verstärkend*): I banged my ~ head against the ~ door ich bin mit dem Schädel gegen die verdammte Tür gerannt; you ~ fool! du ‚Arschloch'!; take your ~ fingers off my girl! nimm d-e ‚Wichsgriffel' von m-m Mädchen!; ~ hell! ‚verdammte Scheiße'! **II** *adv* verflucht, verdammt (*oft nur verstärkend*): we had a ~ good time wir haben uns ‚sagenhaft' amüsiert; ~ cold ‚arschkalt'.

fu·cus ['fju:kəs] *pl* **-ci** [-saɪ], **-cus·es** *s bot.* Blasentang *m*.

fud·dle ['fʌdl] *colloq.* **I** *v/t* **1.** berauschen: to ~ o.s. → 3. **2.** verwirren, durchein'anderbringen. **II** *v/i* **3.** a) saufen, b) ‚sich vollaufen lassen'. **III** *s* **4.** Verwirrung *f*: to get in a ~ durcheinanderkommen. **5.** Gewirr *n*. **'fud·dled** *adj colloq.* **1.** ‚benebelt'. **2.** verwirrt, durchein'ander.

fud·dy-dud·dy ['fʌdɪ,dʌdɪ] *colloq.* **I** *s* verknöcherter *od.* verkalkter Kerl. **II** *adj* a) verknöchert, b) verkalkt.

fudge [fʌdʒ] **I** *v/t* **1.** *oft* ~ up zu'rechtpfuschen, zs.-stoppeln. **2.** ‚fri'sieren', fälschen. **3.** *e-m Problem etc* ausweichen. **II** *v/i* **4.** ~ on → 3. **5.** Unsinn reden. **III** *s* **6.** Unsinn *m*. **7.** *Zeitung*: a) letzte Meldungen *pl*, b) *Platte zum Einrücken letzter Meldungen*, c) *Maschine zum Druck letzter Meldungen*, d) *Spalte für letzte Meldungen*. **8.** *gastr.* (*Art*) Fon'dant *m*. **IV** *interj* **9.** ‚Mist!'

Fu·e·gi·an [fju:'i:dʒɪən; 'fweɪdʒɪən; *Am.* fʊ'eɪgɪən; -'eɪdʒən] **I** *s* Feuerländer(in). **II** *adj* feuerländisch.

fu·el ['fjʊəl] **I** *v/t pret u. pp* **-eled,** *bes. Br.* **-elled 1.** mit Brennstoff versehen, *aer. a.* betanken. **2.** *fig.* anheizen, schüren: to ~ riots. **II** *v/i* **3.** Brennstoff nehmen. **4.** *a.* ~ up *aer. mot.* (auf)tanken, *mar.* Öl bunkern. **III** *s* **5.** Brennstoff *m*: a) 'Heiz-, 'Brennmateri,al *n*, 'Feuerung(smateri,al *n*) *f*, b) *mot. etc* Betriebs-, Treib-, Kraftstoff *m*: ~-air mixture Kraftstoff-Luft-Gemisch *n*; ~ cell *electr.* Brennstoffzelle *f*; ~-efficient benzinsparend (*Motor etc*); ~ element (*Kernphysik*) Brennelement *n*; ~ feed Brennstoffzuleitung *f*; ~ filter Kraftstoff-, Benzinfilter *n*, *m*; ~ gas Heiz- *od.* Treibgas *n*; ~ ga(u)ge Benzinuhr *f*, Kraftstoffmesser *m*; ~-guzzling *colloq.* benzinfressend (*Motor etc*); ~ injection Kraftstoffeinspritzung *f*; ~ injection engine Einspritzmotor *m*; ~ jet, ~ nozzle Kraftstoffdüse *f*; ~ oil Heizöl *n*; ~ pump Kraftstoff-, Benzinpumpe *f*; ~ rod (*Kernphysik*) Brennstab *m*. **6.** *fig.* Nahrung *f*: to add ~ to s.th. etwas anheizen *od.* schüren; to add ~ to the flames Öl ins Feuer gießen. **'fu·el(l)ed** *adj*: ~ by (*od.* with) be- *od.* getrieben mit.

fug [fʌg] *s bes. Br. colloq.* ‚Mief' *m*: there's a ~ in here hier ‚mieft' es.

fu·ga·cious [fju:'geɪʃəs] *adj* (*adv* ~ly) **1.** *bot.* kurzlebig (*a. fig.*). **2.** *chem.* flüchtig (*a. fig.*). **3.** *fig.* vergänglich. **fu'gac·i·ty** [-'gæsətɪ] *s* **1.** *bot.* Kurzlebigkeit *f*. **2.** *chem.* Flüchtigkeit *f* (*a. fig.*), Fugazi'tät *f*. **3.** *fig.* Vergänglichkeit *f*.

fu·gal ['fju:gl] *adj* (*adv* ~ly) *mus.* fu'giert, fugenartig, im Fugenstil.

-fuge [fju:dʒ] *Wortelement mit den Bedeutungen* a) fliehend, b) vertreibend.

fug·gy ['fʌgɪ] *adj bes. Br. colloq.* ‚miefig', ‚vermieft'.

fu·gi·tive ['fju:dʒɪtɪv] **I** *s* **1.** a) Flüchtige(r *m*) *f*: ~ from justice flüchtiger Rechtsbrecher, b) *pol. etc* Flüchtling *m*, c) Ausreißer *m* (*a. Radsport*). **II** *adj* **2.** flüchtig: a) entflohen, b) *fig.* vergänglich, kurzlebig. **3.** unbeständig, unecht: ~ dye unechte Färbung.

fu·gle·man ['fju:glmən] *s irr* (An-, Wort)Führer *m*.

fugue [fju:g] **I** *s* **1.** *mus.* Fuge *f*. **2.** *psych.* Fu'gue *f* (*Verlassen der gewohnten Umgebung im Dämmerzustand*). **II** *v/t u. v/i* **3.** *mus.* fu'gieren.

-ful [fʊl] *Suffix mit der Bedeutung* voll.

ful·crum ['fʌlkrəm; 'fʊl-] *pl* **-crums, -cra** [-krə] *s* **1.** *phys.* Dreh-, Hebe-, Gelenk-, Stützpunkt *m*: ~ of moments *phys.* Momentendrehpunkt; ~ pin Drehbolzen *m*, -zapfen *m*. **2.** *fig.* Angelpunkt *m*. **3.** *biol.* Beuge *f*.

ful·fil, *Am. a.* **ful·fill** [fʊl'fɪl] *v/t* **1.** *ein Versprechen, e-n Wunsch, e-e Bedingung etc* erfüllen: to ~ an order e-n Befehl ausführen; to ~ o.s. sich selbst verwirklichen; to be fulfilled sich erfüllen. **2.** voll'bringen, -'ziehen. **3.** beenden, abschließen. **ful'fil·ment,** *Am.* **ful'fill·ment** *s* **1.** Erfüllung *f*, Ausführung *f*: to come to ~ in Erfüllung gehen. **2.** Beendigung *f*, Abschluß *m*: to reach ~ beendet *od.* abgeschlossen werden.

ful·gent ['fʌldʒənt; *Am. a.* 'fʊl-] *adj* (*adv* ~ly) *poet.* strahlend.

ful·gu·rant ['fʌlgjʊərənt; *Am.* 'fʊlgərənt] *adj* (auf)blitzend. **'ful·gu·rate** [-reɪt] *v/i* (auf)blitzen.

fu·lig·i·nous [fju:'lɪdʒɪnəs] *adj* **1.** rußig, Ruß... **2.** (ruß)schwarz. **3.** *fig.* dunkel.

full¹ [fʊl] **I** *adj* (*adv* → fully) **1.** a) *allg.* voll: ~ of voll von, voller *Fische etc*, angefüllt mit, reich an (*dat*); → stomach 1, b) *fig.* ('über)voll (*Herz*). **2.** voll, ganz: a ~ mile; to pay the ~ amount; in ~ court *jur.* vor dem vollbesetzten Gericht; a ~ hour e-e volle *od.* ‚geschlagene' Stunde. **3.** weit(geschnitten): a ~ skirt. **4.** voll, rund (*Gesicht*), vollschlank (*Figur*). **5.** voll, kräftig: a ~ voice. **6.** schwer, vollmundig: ~ wine. **7.** voll, besetzt: ~ up (voll) besetzt (*Bus etc*); house ~! *thea.* ausverkauft! **8.** vollständig, ausführlich, genau: ~ details; ~ statement umfassende Erklärung, vollständige Darlegung. **9.** *fig.* (ganz) erfüllt (of von): ~ of the news; he is ~ of plans er ist *od.* steckt voller Pläne; ~ of oneself (ganz) von sich eingenommen. **10.** reichlich: a ~ meal. **11.** voll, unbeschränkt: ~ power Vollmacht *f*; to have ~ power to do s.th. bevollmächtigt sein, etwas zu tun; ~ power of attorney Generalvollmacht *f*; ~ membership volle Mitgliedschaft. **12.** voll(berechtigt): ~ member. **13.** rein, echt: a ~ sister e-e leibliche Schwester. **14.** *colloq.* ‚voll': a) *a.* ~ up satt, b) *Austral.* betrunken.

II *adv* **15.** völlig, gänzlich, ganz: to know ~ well that ganz genau wissen, daß. **16.** gerade, di'rekt, genau: ~ in the face. **17.** ~ out mit Vollgas *fahren*, auf Hochtouren *arbeiten*.

III *v/t* **18.** *Stoff* raffen.

IV *v/i* **19.** voll werden (*Mond*).

V *s* **20.** (das) Ganze: in ~ vollständig, ganz; to spell (*od.* write) in ~ ausschreiben; to the ~ vollständig, vollkommen, bis ins letzte *od.* kleinste, total; to pay in ~ voll *od.* den vollen Betrag bezahlen; I cannot tell you the ~ of it ich kann Ihnen nicht alles ausführlich erzählen. **21.** Fülle *f*, Höhepunkt *m*: at ~ auf dem Höhepunkt *od.* Höchststand; at the ~ of the tide beim höchsten Wasserstand. **22.** → full house 2.

full² [fʊl] *v/t tech. Tuch etc* walken.

full| age *s jur.* Mündigkeit *f*, Volljährigkeit *f*: of ~ mündig, volljährig. **~ and by** *adv mar.* voll u. bei, scharf beim Wind. **'~-back** *s* a) *Fußball, Hockey*: (Außen-)Verteidiger *m*, b) *Rugby*: Schlußspieler *m*. **~ beam** *s mot. Br.* Fernlicht *n*. **~ bind·ing** *s* Ganzleder-, Ganzleinenband *m*. **~ blood** *s* **1.** Vollblut *n*, Mensch *m* mit reiner Abstammung. **2.** Vollblut *n* (*bes. Pferd*). **,~-'blood·ed** *adj* **1.** reinblütig, -rassig, Vollblut... **2.** *fig.* vollblütig, Vollblut...: ~ **socialist**. **3.** eindringlich: ~ **style**; ~ **arguments**. **ˌ~-ˈblown** *adj* **1.** *bot.* ganz aufgeblüht. **2.** *fig.* voll entwickelt, ausgereift: ~ **idea**. **3.** ausgemacht: ~ **scandal**. ~ **board** *s* ˈVollpensiˌon *f.* **ˌ~-ˈbod·ied** *adj* **1.** schwer, korpuˈlent. **2.** schwer, vollmundig: ~ **wine**. **3.** *fig.* dicht, plastisch: ~ **novel**. **4.** *fig.* wichtig, bedeutend: **to play a** ~ **role**. **ˌ~-ˈbot·tomed** *adj* **1.** breit, mit großem Boden: ~ **wig** Allongeperücke *f.* **2.** *mar.* voll gebaut, mit großem Laderaum. **ˈ~-bound** *adj* Ganzleder..., Ganzleinen...: ~ **book**. ~ **dress** *s* **1.** Gesellschaftsanzug *m.* **2.** *mil.* ˈGalauniˌform *f.* **ˈ~-dress** *adj* **1.** Gala...: ~ **uniform**. **2.** ~ **rehearsal** → **dress rehearsal**. **3.** *fig.* a) umˈfassend: ~ **biography**; ~ **debate**, b) groß angelegt: ~ **investigation**.

full·er[1] [ˈfʊlə(r)] *s tech.* **1.** (Tuch)Walker *m.* **2.** Stampfe *f* (*e-r Walkmaschine*).

full·er[2] [ˈfʊlə(r)] *s tech.* (halb)runder Setzhammer.

full·er's earth *s* Walk-, Fuller-, Bleicherde *f.*

ˈfull|·face I *s* **1.** En-ˈface-Bild *n*, Vorderansicht *f.* **2.** *print.* (halb)fette Schrift. **II** *adv* **3.** en face. **4.** *print.* (halb)fett. **ˌ~-ˈfaced** *adj* **1.** mit vollem *od.* rundem Gesicht. **2.** *print.* fett. **ˌ~-ˈfash·ioned** *bes. Am.* → **fully fashioned**. **ˌ~-ˈfledged** *bes. Am.* → **fully fledged**. ~ **fron·tal** *s colloq.* ‚Oben-u.-unten-ohne-Darstellung' *f.* **ˌ~-ˈfron·tal** *adj colloq.* ‚oben u. unten ohne'. ~ **gal·lop** *s*: **at** ~ in vollem *od.* gestrecktem Galopp. **ˌ~-ˈgrown** *adj* ausgewachsen. ~ **hand** → **full house** 2. **ˌ~-ˈheart·ed** *adj* (*adv* ~**ly**) ernsthaft, aufrichtig, rückhaltlos, voll, aus ganzem Herzen. ~ **house** *s* **1.** *thea. etc* volles Haus. **2.** *Poker*: Full house *n* (*Dreierpasch u. ein Pärchen*). **ˌ~-ˈlength** *adj* **1.** in voller Größe, lebensgroß: ~ **portrait**; ~ **mirror** Ganzfigurspiegel *m.* **2.** bodenlang: ~ **skirt**. **3.** a) abendfüllend: ~ **film**, b) ausgewachsen: ~ **novel**. ~ **load** *s* **1.** *electr.* Vollast *f.* **2.** *tech.* Gesamtgewicht *n.* **3.** *aer.* Gesamtfluggewicht *n.* ~ **moon** *s* Vollmond *m*: **at** ~ bei Vollmond. **ˌ~-ˈmouthed** *adj* **1.** *zo.* mit vollem Gebiß (*Vieh*). **2.** *fig.* lautstark. ~ **nel·son** *s Ringen*: Doppelnelson *m.*

ˈfull·ness *s* **1.** Fülle *f*: **in the** ~ **of time** a) *Bibl.* da die Zeit erfüllet war(d), b) zur gegebenen Zeit. **2.** *fig.* (ˈÜber)Fülle *f* (*des Herzens*). **3.** Körperfülle *f.* **4.** weiter Schnitt. **5.** *mus.* Klangfülle *f.*

full| or·ches·tra *s mus.* großes Orˈchester. **ˈ~-page** *adj* ganzseitig. ~ **pay** *s econ.* volles Gehalt, voller Lohn: **to be retired on** ~ mit vollem Gehalt pensioniert werden. ~ **pro·fes·sor** *s univ. Am.* Ordiˈnarius *m.* **ˈ~-rigged** *adj* **1.** *mar.* vollgetakelt. **2.** voll ausgerüstet. ~ **scale** *s tech.* naˈtürliche Größe, Origiˈnalgröße *f*, Maßstab *m* 1:1. **ˈ~-scale** *adj* **1.** in naˈtürlicher Größe, in Origiˈnalgröße, im Maßstab 1:1. **2.** *fig.* großangelegt, umˈfassend: ~ **attack** Großangriff *m*; ~ **test** Großversuch *m*; *the quarrel between the 2 countries developed* **into a** ~ **war** zu e-m regelrechten Krieg. ~ **sight** *s mil.* Vollkorn *n.* ~ **stop** *s* **1.** *ling.* Punkt *m.* **2. to come to a** ~ zum völligen Stillstand kommen. ~ **time** *s sport* Spielende *n*: **at** ~ bei Spielende; **to whistle for** ~ abpfeifen. **ˈ~-time I** *adj* ganztägig, Ganztags...: ~ **job** Ganztagsbeschäftigung *f*; **it's a** ~ **job looking after 3 young children** *colloq.* wenn man 3 kleine Kinder zu versorgen hat, hat man für nichts anderes mehr Zeit; ~ **professional** *sport* Vollprofi *m*; ~ **worker** → **full-timer**. **II** *adv* ganztags: **to work** ~. **ˌ~-ˈtim·er** *s* ganztägig Beschäftigte(r *m*) *f.* **ˈ~-track** *adj*: ~ **vehicle** *tech.* Vollketten-, Raupenfahrzeug *n.* **ˈ~-view, ˈ~-ˌvi·sion** *adj tech.* Vollsicht... **ˈ~-wave** *adj*: ~ **rectifier** *electr.* Doppelweggleichrichter *m.*

ful·ly [ˈfʊlɪ] *adv* voll, völlig, ganz: ~ **satisfied**; ~ **automatic** vollautomatisch; ~ **clothed** in voller Kleidung; ~ **entitled** vollberechtigt; ~ **two hours** volle *od.* ‚geschlagene' 2 Stunden. ~ **fash·ioned** *adj* mit (voller) Paßform, formgestrickt, -gearbeitet. ~ **fledged** *adj* **1.** flügge (*Vögel*). **2.** *fig.* richtig: **he feels like a** ~ **sailor**. ~ **grown** *bes. Br.* → **full-grown**.

ful·mar [ˈfʊlmə(r)] *s orn.* Fulmar *m*, Eissturmvogel *m.*

ful·mi·nant [ˈfʌlmɪnənt; ˈfʊl-] *adj* **1.** donnernd, krachend. **2.** *med.* a) plötzlich ausbrechend (*Krankheit*), b) plötzlich auftretend (*Schmerzen*). **ˈful·mi·nate** [-neɪt] **I** *v/i* **1.** exploˈdieren (*a. fig.*). **2.** *fig.* donnern, wettern (**against** gegen). **3.** *med.* a) plötzlich ausbrechen (*Krankheit*), b) plötzlich auftreten (*Schmerzen*). **II** *v/t* **4.** zur Exploˈsiˈon bringen. **5.** *fig. Befehle etc* donnern. **III** *s* **6.** *chem.* Fulmiˈnat *n*, knallsaures Salz: ~ **of mercury** Knallquecksilber *n.* **ˈful·mi·nat·ing** *adj* **1.** *chem.* Knall...: ~ **gold (mercury, powder, silver)**; ~ **cotton** Schießbaumwolle *f.* **2.** *fig.* donnernd, wetternd. **3.** → **fulminant** 2. **ˌful·miˈna·tion** *s* **1.** Exploˈsiˈon *f.* **2.** *fig.* a) Donnern *n*, Wettern *n*, b) schwere Drohung.

ful·min·ic ac·id [fʌlˈmɪnɪk; fʊl-] *s chem.* Knallsäure *f.*

ful·mi·nous [ˈfʌlmɪnəs; ˈfʊl-] *adj* donnernd, Gewitter...

ful·ness *bes. Am.* → **fullness**.

ful·some [ˈfʊlsəm] *adj* **1.** ˈübermäßig, überˈtrieben. **2.** *obs.* widerlich, ekelhaft. **ˈful·some·ness** *s* Überˈtriebenheit *f.*

ful·ves·cent [fʌlˈvesnt; fʊl-] *adj* ins Rötlichgelbe gehend. **ˈful·vous** *adj* rötlichgelb.

fu·mar·ic ac·id [fjuːˈmærɪk] *s chem.* Fuˈmarsäure *f.*

fu·ma·role [ˈfjuːmərəʊl] *s* Fumaˈrole *f* (*Ausströmen von Gas u. Wasserdampf aus Erdspalten in vulkanischen Gebieten*).

fum·ble [ˈfʌmbl] **I** *v/i* **1.** *a.* ~ **about** (*od.* **around**) a) herˈumtappen, -tasten, b) (herˈum)fummeln (**at** an *dat*), c) ungeschickt ˈumgehen (**with** mit), d) tastend suchen (**for, after** nach): **to** ~ **in one's pockets** in s-n Taschen (herum)wühlen; **to** ~ **for words** nach Worten suchen. **2.** *sport* ‚patzen' (*a. allg.*): a) den Ball fallen lassen, b) den Ball ‚verhauen'. **II** *v/t* **3.** ungeschickt ˈumgehen mit. **4.** *sport* ‚verpatzen' (*a. allg.*), *den Ball* fallen lassen *od.* ‚verhauen'. **5.** ~ **out** *Worte* mühsam (herˈvor)stammeln. **III** *s* **6.** a) Herˈumtappen *n*, -tasten *n*, b) (Herˈum)Fummeln *n*, c) ungeschickter ˈUmgang, d) tastendes Suchen. **7.** *sport* ‚Patzer' *m* (*a. allg.*). **ˈfum·bler** *s sport* ‚Patzer' *m* (*Person*) (*a. allg.*). **ˈfum·bling** *adj* (*adv* ~**ly**) ungeschickt.

fume [fjuːm] **I** *s* **1.** *oft pl* (*unangenehmer*) Dampf, Schwaden *m*, Dunst *m*, Rauch (-gas *n*) *m.* **2.** (*zu Kopf steigender*) Dunst, Nebel *m* (*des Weins etc*). **3.** *fig.* Wut *f*: **in a** ~ wütend, aufgebracht. **II** *v/t* **4.** *Dämpfe etc* von sich geben, ausstoßen. **5.** *Holz* räuchern, beizen: ~**d oak** dunkles Eichenholz. **6.** → **fumigate**. **III** *v/i* **7.** rauchen, dunsten, dampfen: **to** ~ **away** verrauchen (*a. fig. Zorn etc*). **8.** *fig.* (**at**) wüten (gegen), wütend sein (über *acc*, auf *acc*), aufgebracht sein (über *acc*, gegen): **to** ~ **and fret** vor Wut kochen *od.* schäumen; **fuming with anger** wutschäumend, -schnaubend.

fu·mi·gant [ˈfjuːmɪgənt] *s* Ausräucherungsmittel *n.*

fu·mi·gate [ˈfjuːmɪgeɪt] *v/t* ausräuchern: **to** ~ **with sulphur** ausschwefeln. **ˌfu·miˈga·tion** *s* Ausräucherung *f.* **ˈfu·mi·ga·tor** [-tə(r)] *s* **1.** ˈAusräucherappaˌrat *m.* **2.** → **fumigant**. **3.** Ausräucherer *m.*

fum·y [ˈfjuːmɪ] *adj* rauchig, dunstig.

fun [fʌn] **I** *s* Spaß *m*: **for** ~, **for the** ~ **of it** aus *od.* zum Spaß, spaßeshalber, zum Vergnügen; **in** ~ im *od.* zum Scherz; **like** ~! *Am. colloq.* von wegen!; **a figure of** ~ *contp.* e-e Witzfigur; **it is** ~ **(doing s.th.)** es macht Spaß(, etwas zu tun); **it is no** ~ (*od.* **there is no** ~ **in**) **doing s.th.** es macht keinen Spaß, etwas zu tun; **it (he) is great** ~ es (er) ist sehr amüsant *od.* lustig; **there is no** ~ **like** ... es geht nichts über (*acc*); **to have some** ~ sich amüsieren; **have** ~! viel Spaß *od.* Vergnügen!; **to have one's** ~ **and games** s-n Spaß *od.* sein Vergnügen haben, sich amüsieren; **to make** ~ **of s.o.** sich über j-n lustig machen; **this is nothing to make** ~ **of** über so etwas spottet man nicht!; **I don't see the** ~ **of it** ich finde das (gar) nicht komisch; → **poke**[1] 5. **II** *adj* lustig, spaßig: ~ **man** → **funster**; **a** ~ **sport** ein Sport, der Spaß macht; **to have a** ~ **time** sich amüsieren.

fu·nam·bu·list [fjuːˈnæmbjʊlɪst] *s* Seiltänzer *m.*

Fun Cit·y *s Am.* (*Spitzname für*) New York City.

func·tion [ˈfʌŋkʃn] **I** *s* **1.** Funktiˈon *f* (*a. biol. ling. math. phys. tech.*): a) Aufgabe *f*, b) Zweck *m*, c) Tätigkeit *f*, d) Arbeits-, Wirkungsweise *f*, e) Amt *n*, f) (Amts-) Pflicht *f*, Obliegenheit *f*: **scope of** ~**s** Aufgabenkreis *m*, Tätigkeitsbereich *m*; **out of** ~ *tech.* außer Betrieb, kaputt; **to have** (*od.* **serve**) **an important** ~ e-e wichtige Funktion *od.* Aufgabe haben, e-e wichtige Rolle spielen. **2.** a) Feier *f*, Zeremoˈnie *f*, feierlicher *od.* festlicher Anlaß, b) (gesellschaftliche) Veranstaltung. **3. to be a** ~ **of whether** davon abhängen, ob. **II** *v/i* **4. (as)** a) tätig sein, funˈgieren (als), das Amt *od.* die Tätigkeit (*e-s Direktors etc*) ausüben, b) dienen (als) (*Sache*). **5.** *physiol. tech. etc* funktioˈnieren, arbeiten.

func·tion·al [ˈfʌŋkʃnəl] *adj* (*adv* → **functionally**) **1.** *allg., a. math. physiol.* funktioˈnell, Funktions...: ~ **diagram** *tech.* Funktionsplan *m*, -diagramm *n*; ~ **disease** *med.* Funktionskrankheit *f*; ~ **disorder** *med.* Funktionsstörung *f*; ~ **psychology** Funktionspsychologie *f* (*Wissenschaft von den Erscheinungen u. Funktionen der seelischen Erlebnisse*). **2.** *physiol. tech. etc* funktiˈonsfähig: **to be** ~ → **function** 5. **3.** zweckbetont, -mäßig, sachlich, praktisch: ~ **building** Zweckbau *m*; ~ **style** → **functionalism** 1. **ˈfunc·tion·al·ism** *s* **1.** *arch.* Funktionaˈlismus *m* (*ausschließliche Berücksichtigung des Gebrauchszwecks bei der Gestaltung von Gebäuden*). **2.** *psych.* Funktionaˈlismus *m* (*Richtung, die die Bedeutung psychischer Funktionen für die Anpassung des Organismus an die Umwelt betont*). **ˈfunc·tion·al·ist** *s* Funktionaˈlist(in). **ˈfunc·tion·al·ize** *v/t* **1.** funktiˈonstüchtig machen, wirksam gestalten. **2.** in Funktiˈonsgruppen gliedern. **ˈfunc·tion·al·ly** *adv* in funktioˈneller ˈHinsicht. **ˈfunc·tion·ar·y** [-ʃnərɪ; *Am.* -ʃəˌneriː] *s bes. pol.* Funktioˈnär *m.* **ˈfunc·tion·ate** [-ʃneɪt] → **function** II.

fund [fʌnd] *econ.* **I** *s* **1.** a) Kapiˈtal *n*, Vermögen *n*, Geldsumme *f*, b) Fonds *m* (*zweckgebundene Vermögensmasse*): ~ **raiser** *Veranstaltung, deren Reinerlös* *wohltätigen Zwecken zugute kommt.* **2.** *pl* (Geld)Mittel *pl*, Gelder *pl*: **sufficient ~s** genügende Deckung; **for lack of ~s** mangels Barmittel *od.* Deckung; **no ~s** (*Scheck*) keine Deckung; **to be in (out of) ~s** (nicht) bei Kasse sein, zahlungs(un)fähig sein. **3.** *pl* a) *Br.* ˈStaatspaˌpiere *pl*, -anleihen *pl*, b) *Am.* Efˈfekten *pl.* **4.** *fig.* (**of**) Vorrat *m* (an *dat*), Schatz *m* (an *dat*, von). **II** *v/t* **5.** *Br. Gelder* in ˈStaatspaˌpieren anlegen. **6.** *e-e Schuld* funˈdieren, konsoliˈdieren: **~ed debt** fundierte Schuld, Anleiheschuld *f.*

fun·da·ment [ˈfʌndəmənt] *s* **1.** *euphem. od. humor.* ‚vier Buchstaben' *pl* (*Gesäß*). **2.** *arch.* Fundaˈment *n* (*a. fig.*).

fun·da·men·tal [ˌfʌndəˈmentl] **I** *adj* (*adv* → **fundamentally**) **1.** als Grundlage dienend, grundlegend, wesentlich, fundamenˈtal (**to** für), Haupt... **2.** grundsätzlich, elemenˈtar. **3.** Grund..., Fundamental...: **~ bass** → 5 b; **~ colo(u)r** Grundfarbe *f*; **~ data** grundlegende Tatsachen; **~ freedoms** Grundfreiheiten *pl*; **~ frequency** *electr.* Grundfrequenz *f*; **~ idea** Grundbegriff *m*; **~ law** *math. phys.* Hauptsatz *m*; **~ particle** *phys.* Elementarteilchen *n*; **~ research** Grundlagenforschung *f*; **~ tone** → 5 a; **~ type** *biol.* Grundform *f.* **II** *s* **4.** ˈGrundlage *f*, -prinˌzip *n*, -begriff *m*, Fundaˈment *n.* **5.** *mus.* a) Grundton *m*, b) Fundamenˈtalbaß *m.* **6.** *phys.* Fundamenˈtaleinheit *f.* **7.** *electr.* Grundwelle *f.* **ˌfun·daˈmen·tal·ism** *s relig.* Fundamentaˈlismus *m* (*strenggläubige Richtung im US-Protestantismus, die am Wortsinn der Bibel festhält*). **ˌfun·daˈmen·tal·ist** *s relig.* Fundamentalist(in). **ˌfun·daˈmen·tal·ly** *adv* im Grunde, im wesentlichen.

ˈfundˌhold·er *s econ. Br.* Inhaber *m* von ˈStaatspaˌpieren.

fun·dus [ˈfʌndəs] *pl* **-di** [-daɪ] *s anat.* Fundus *m*, (ˈHinter)Grund *m* (*e-s Hohlorgans*).

fu·ne·bri·al [fjuːˈniːbrɪəl] → **funereal.**

fu·ner·al [ˈfjuːnərəl] **I** *s* **1.** Begräbnis *n*, Beerdigung *f*, Bestattung *f*, Beisetzung *f.* **2.** Leichenzug *m.* **3.** *colloq.* Sorge *f*, Sache *f*: **that's your ~** das ist deine Sache *od.* dein Problem; **it wasn't my ~** es ging mich nichts an. **II** *adj* **4.** Begräbnis..., Leichen..., Trauer..., Grab...: **~ allowance** Sterbegeld *n*; **~ director** Bestattungsunternehmer *m*; **~ home** *Am.* Leichenhalle *f*; **~ march** *mus.* Trauermarsch *m*; **~ oration** (*od.* **speech**) Grabrede *f*; **~ parlo(u)r** Leichenhalle *f*; **~ pile** (*od.* **pyre**) Scheiterhaufen *m* (*zur Feuerbestattung*); **~ service** Trauergottesdienst *m*; **~ urn** Totenurne *f.*

fu·ner·ar·y [ˈfjuːnərərɪ; *Am.* -ˌreriː] → **funereal. fu·ne·re·al** [fjuːˈnɪərɪəl] *adj* (*adv* **~ly**) **1.** Begräbnis..., Leichen..., Trauer..., Grabes... **2.** a) an ein Begräbnis erinnernd: **there was a ~ atmosphere** es herrschte e-e Stimmung wie bei e-m Begräbnis; **they went along at a ~ rate** sie schritten dahin wie in e-m Leichenzug, b) düster, trübselig.

ˈfun·fair *s bes. Br.* Vergnügungspark *m*, Rummelplatz *m.*

fun·gal [ˈfʌŋgl] *adj bot.* pilzartig, Pilz...

fun·gi [ˈfʌŋgaɪ; ˈfʌndʒaɪ] *pl von* **fungus.**

fun·gi·ble [ˈfʌndʒɪbl] *jur.* **I** *adj* funˈgibel, vertretbar (*Sache*): **~ goods** → II. **II** *s pl* Fungiˈbilien *pl.*

fun·gi·cid·al [ˌfʌndʒɪˈsaɪdl] *adj* fungiˈzid, pilztötend. **ˈfun·gi·cide** *s chem.* Fungiˈzid *n*, pilztötendes Mittel, Fungiˈcid *n.* **ˈfun·gi·form** *adj* pilz-, schwammförmig.

fun·goid [ˈfʌŋgɔɪd], **ˈfun·gous** *adj* **1.** pilz-, schwammartig, schwammig. **2.** *med.* a) funˈgös, schwammig: **~ ulcer** → **fungus** 2, b) Pilz...: **~ disease. 3.** *fig.* sich rasch vermehrend, rasch anwachsend.

fun·gus [ˈfʌŋgəs] *pl* **fun·gi** [ˈfʌŋgaɪ; ˈfʌndʒaɪ], **-gus·es** *s* **1.** *bot.* Pilz *m*, Schwamm *m.* **2.** *med.* Fungus *m*, schwammige Geschwulst. **3.** *humor.* Bart *m.*

fu·nic·u·lar [fjuːˈnɪkjʊlər; fə-] **I** *adj* **1.** Seil..., Ketten...: **~ polygon** Seileck *n*, -polygon *n*; **~ railway** → 3. **2.** *biol.* faserig, funikuˈlär: **~ cell** Strangzelle *f.* **II** *s* **3.** (Draht)Seilbahn *f.* **fuˌnic·uˈli·tis** [-ˈlaɪtɪs] *s med.* Funikuˈlitis *f*, Samenstrangentzündung *f.* **fuˈnic·u·lus** [-ləs] *pl* **-li** [-laɪ] *s* Fuˈniculus *m*: a) *anat. biol.* Faser *f*, (Gewebe)Strang *m*, *bes.* Samenstrang *m* (*a. bot.*) *od.* Nabelstrang *m*, b) *biol.* Keimgang *m.*

funk[1] [fʌŋk] *colloq.* **I** *s* **1.** ‚Schiß' *m*, ‚Bammel' *m*, Angst *f*: **to be in a blue ~ of** ‚mächtigen Bammel *od.* Schiß' haben vor (*dat*); **~ hole** *mil.* a) ‚Heldenkeller' *m*, Unterstand *m*, b) *fig.* Druckposten *m.* **2.** Niedergeschlagenheit *f*: **to be in a blue ~** völlig ‚down' sein. **3.** feiger Kerl *od.* ‚Hund'. **4.** Drückeberger *m.* **II** *v/i* **5.** ‚Schiß' *od.* ‚Bammel' haben *od.* bekommen. **6.** ‚kneifen', sich drücken. **III** *v/t* **7.** ‚Schiß' haben vor (*dat*). **8.** *j-m* ‚Bammel *od.* Schiß' einjagen. **9.** ‚kneifen' vor (*dat*), sich drücken vor (*dat*) *od.* von.

funk[2] [fʌŋk] *Am. sl.* **I** *s* Gestank *m.* **II** *v/i* stinken.

ˈfunk·er → **funk**[1] 3, 4.

ˈfunk·y[1] *adj colloq.* ängstlich, feig.

ˈfunk·y[2] *adj bes. Am. sl.* ‚prima', ‚toll': **a ~ party.**

ˈfunk·y[3] *adj Am. sl.* stinkend, stinkig.

fun·nel [ˈfʌnl] **I** *s* **1.** Trichter *m.* **2.** *mar. rail.* Schornstein *m.* **3.** *tech.* Luftschacht *m.* **4.** *geol.* Vulˈkanschlot *m.* **II** *v/t pret u. pp* **-neled,** *bes. Br.* **-nelled 5.** eintrichtern, -füllen. **6.** zu e-m Trichter formen. **7.** *fig.* a) *Personen, Nachrichten, Verkehr etc* schleusen, b) *s-e Aufmerksamkeit etc* konzenˈtrieren (**on** auf *acc*). **ˈ~-shaped** *adj* trichterförmig.

fun·nies [ˈfʌnɪz] *s pl bes. Am. colloq. Zeitung*: a) Comics *pl*, b) Comic-Teil *m.*

ˈfun·ni·ment *s* Spaß *m* (*Äußerung, Handlung*). **ˈfun·ni·ness** *s* Spaßigkeit *f.*

fun·ny [ˈfʌnɪ] **I** *adj* (*adv* **funnily**) **1.** *a.* (*im Ggs. zu 2a*) **~ haha** spaßig, komisch, lustig: **I don't think that's ~** ich finde das gar nicht komisch; **are you being** (*od.* **trying to be**) **~?** soll das ein Witz sein? **2.** ‚komisch': a) *a.* (*im Ggs. zu 1*) **~ peculiar** sonderbar, merkwürdig (*alle a. Person*): **there's s.th. ~ about the telephone** mit dem Telefon stimmt irgend etwas nicht; **the ~ thing is** das Merkwürdige (dabei) ist; **funnily enough** merkwürdiger-, komischerweise, b) *colloq.* ‚mulmig' (*unwohl*): **I feel ~** mir ist komisch *od.* mulmig; **he felt quite ~ when he looked down** ihm war ganz komisch, als er hinuntersah, c) *colloq.* zweifelhaft, ‚faul': **~ business** ‚faule Sache', ‚krumme Tour'; **don't get ~ with me!** komm mir bloß nicht auf diese Tour! **II** *s pl* → **funnies.**

fun·ny| bone *s anat.* Musiˈkantenknochen *m.* **~ farm** *s colloq.* ‚Klapsmühle' *f* (*psychiatrische Klinik*). **ˈ~·man** [-mæn] *s irr* Komiker *m*, Humoˈrist *m.* **~ pa·per** *s Am.* Comic-Teil *m od.* -Beilage *f* (*e-r Zeitung*).

fun·ster [ˈfʌnstə(r)] *s* Spaßvogel *m.*

fur [fɜː; *Am.* fɜr] **I** *s* **1.** Pelz *m*, Fell *n*: **to make the ~ fly** ‚Stunk machen' (*Person*), (*a. Sache*) für helle Aufregung sorgen; *when she got furious* **the ~ flew** flogen die Fetzen. **2.** a) Pelzfutter *n*, -besatz *m*, -verbrämung *f*, b) *a.* **~ coat** Pelzmantel *m*, c) *pl* Pelzwerk *n*, -kleidung *f*, Rauchwaren *pl.* **3.** *collect.* Pelztiere *pl*: → **feather** 1. **4.** *med.* (Zungen)Belag *m.* **5.** Belag *m*, *bes.* Kesselstein *m.* **II** *v/t* **6.** mit Pelz füttern *od.* besetzen *od.* verbrämen. **7.** *j-n* in Pelz kleiden. **8.** *a.* **~ up** mit e-m Belag überˈziehen. **9.** *tech.* ausfüllen, verkleiden. **III** *v/i* **10.** *a.* **~ up** Kesselstein ansetzen.

fur·be·low [ˈfɜːbɪləʊ; *Am.* ˈfɜr-] **I** *s* **1.** Faltensaum *m*, -besatz *m*, Falbel *f.* **2.** *meist pl colloq.* Firlefanz *m.* **II** *v/t* **3.** falbeln, fälbeln.

fur·bish [ˈfɜːbɪʃ; *Am.* ˈfɜr-] *v/t* **1.** poˈlieren, blank reiben. **2.** *oft* **~ up** ˈherrichten, *Gebäude etc a.* renoˈvieren. **3.** *oft* **~ up** *fig.* auffrischen, ˈaufpoˌlieren: **to ~ up one's English.**

fur·cate I *adj* [ˈfɜːkeɪt; -kət; *Am.* ˈfɜr-] gabelförmig, gegabelt, gespalten. **II** *v/i* [-keɪt] sich gabeln *od.* teilen. **furˈca·tion** *s* Gabelung *f.*

fu·ri·bund [ˈfjʊərɪbʌnd] *adj* wütend.

fu·ri·ous [ˈfjʊərɪəs] *adj* (*adv* **~ly**) **1.** wütend, zornig (**with** *s.o.* auf *od.* über *acc*; **at** *s.th.* über *acc*). **2.** aufbrausend (*Temperament*). **3.** wild, heftig (*Kampf*), (*Sturm a.*) stark: **at a ~ pace** mit rasender Geschwindigkeit.

furl [fɜːl; *Am.* fɜrl] **I** *v/t* **1.** *Fahne, Segel* auf-, einrollen, *Schirm* zs.-rollen. **II** *v/i* **2.** a) aufgerollt *etc* werden, b) sich aufrollen *etc* lassen. **3.** daˈhingehen (*Zeit*).

fur·long [ˈfɜːlɒŋ; *Am.* ˈfɜr-] *s* Achtelmeile *f* (*220 Yards = 201,168 m*).

fur·lough [ˈfɜːləʊ; *Am.* ˈfɜr-] **I** *s* Urlaub *m* (*bes. für im Ausland stationierte Soldaten od. im Ausland tätige Staatsbedienstete*): **to go home on ~** auf Heimaturlaub gehen. **II** *v/t* beurlauben, *j-m* Urlaub geben.

fur·me(n)·ty [ˈfɜːmə(n)tɪ; *Am.* ˈfɜr-] → **frumenty.**

fur·nace [ˈfɜːnɪs; *Am.* ˈfɜr-] **I** *s* **1.** *tech.* (Schmelz-, Hoch)Ofen *m*: **enamel(l)ing ~** Farbenschmelzofen. **2.** *tech.* (Heiz-)Kessel *m*, Feuerung *f.* **3.** ‚Backofen' *m*, glühend heißer Raum *od.* Ort: **this room's like a ~** dieses Zimmer ist der reinste Backofen. **II** *v/t* **4.** in e-m Ofen erhitzen. **~ coke** *s tech.* Hochofenkoks *m.* **~ gas** *s tech.* Gichtgas *n.* **~ mouth** *s tech.* (Ofen)Gicht *f.*

fur·nish [ˈfɜːnɪʃ; *Am.* ˈfɜr-] *v/t* **1.** versorgen, ausstatten, -rüsten (**with** mit): **to ~ s.o. with s.th.** j-m etwas liefern. **2.** *e-e Wohnung etc* ausstatten, einrichten, möˈblieren: **~ed rooms** möblierte Zimmer. **3.** liefern, ver-, beschaffen, bieten: **to ~ documents** Urkunden beibringen; **to ~ proof** den Beweis liefern *od.* erbringen. **ˈfur·nish·er** *s* **1.** Liefeˈrant *m.* **2.** *Am.* Inhaber *m* e-s Herrenmodengeschäfts, Herrenausstatter *m.* **ˈfur·nish·ing** *s* **1.** Ausrüstung *f*, Ausstattung *f.* **2.** *pl* Einrichtung(sgegenstände *pl*) *f*, Mobiliˈar *n.* **3.** *pl Am.* ˈHerrenbeˌkleidungsarˌtikel *pl.* **4.** *pl tech.* a) Zubehör *n*, b) Beschlag *m*, Beschläge *pl.*

fur·ni·ture [ˈfɜːnɪtʃə(r); *Am.* ˈfɜr-] *s* **1.** Möbel *pl*, Einrichtung *f*, Mobiliˈar *n*: **piece of ~** Möbel(stück) *n*; **~ remover** *Br.* a) Spediteur *m*, b) (Möbel)Packer *m*; **~ van** Möbelwagen *m.* **2.** Ausrüstung *f*, -stattung *f.* **3.** *obs.* (Pferde)Geschirr *n.* **4.** *obs.* Inhalt *m*, Bestand *m.* **5.** *fig.* Wissen *n*, (geistiges) Rüstzeug. **6.** → **furnishing** 4.

fu·ror [ˈfjʊərɔː(r)] *bes. Am. für* **furore.**

fu·ro·re [fjʊəˈrɔːrɪ; *Am.* ˈfjʊərˌəʊr; -ˌɔːr] *s* **1.** Ekˈstase *f*, Begeisterungstaumel *m.* **2.** Wut *f*, Raseˈrei *f.* **3.** Fuˈrore *f*, *n*, Aufsehen *n*: **to create a ~** Furore machen. **4.** Aufruhr *m.*

fur·phy [ˈfɜːfɪ] *s Austral. sl.* **1.** Gerücht *n.* **2.** ‚Märchen' *n.*

furred [fɜːd; *Am.* fɜrd] *adj* **1.** mit Pelz (versehen), Pelz... **2.** mit Pelz besetzt. **3.** mit (e-m) Pelz bekleidet. **4.** *med.* belegt (*Zunge*).

fur·ri·er [ˈfʌrɪə; *Am.* ˈfɜrɪər] *s* **1.** Kürschner *m.* **2.** Pelzhändler *m.* ˈ**fur·ri·er·y** *s* **1.** Pelzwerk *n.* **2.** Kürschneˈrei *f.*

fur·row [ˈfʌrəʊ; *Am.* ˈfɜrəʊ] **I** *s* **1.** (Acker)Furche *f.* **2.** Bodenfalte *f.* **3.** Graben *m*, Rinne *f.* **4.** *tech.* Rille *f*, Rinne *f.* **5.** *biol.* Falz *m.* **6.** *geol.* Dislokatiˈonsˌlinie *f.* **7.** Runzel *f*, Furche *f* (*a. anat.*). **8.** *mar.* Spur *f*, Bahn *f.* **II** *v/t* **9.** *Land* pflügen. **10.** *das Wasser* durchˈfurchen. **11.** *tech.* riefen, auskehlen. **12.** *das Gesicht, die Stirn* furchen, runzeln. **III** *v/i* **13.** sich furchen (*Stirn etc*). ˈ**fur·rowed,** ˈ**fur·row·y** *adj* runz(e)lig, gefurcht, durchˈfurcht.

fur·ry [ˈfɜːrɪ; *Am.* ˈfɜriː] *adj* **1.** aus Pelz, pelzartig, Pelz... **2.** *med.* belegt (*Zunge*).

fur seal *s zo.* (*ein*) Seebär *m*, (*e-e*) Bärenrobbe.

fur·ther [ˈfɜːðə; *Am.* ˈfɜrðər] **I** *adv* **1.** *comp von* **far. 2.** *fig.* mehr, weiter. **3.** *fig.* ferner, weiterhin, überˈdies, außerdem: ~ **to our letter of yesterday** im Anschluß an unser gestriges Schreiben. **4.** → **farther** 4. **II** *adj* **5.** *fig.* weiter(er, e, es), zusätzlich(er, e, es): ~ **education** *Br.* Fort-, Weiterbildung *f*; ~ **particulars** Näheres, nähere Einzelheiten; **anything ~?** (sonst) noch etwas? **6.** → **farther** 2. **III** *v/t* **7.** fördern, unterˈstützen. ˈ**fur·ther·ance** *s* Förderung *f*, Unterˈstützung *f*: **in ~ of s.th.** zur Förderung e-r Sache. ˈ**fur·ther·er** *s* Förderer *m.* ˌ**fur·therˈmore** *adv* → **further** 3. ˈ**fur·ther·most** *adj* **1.** *fig.* äußerst(er, e, es). **2.** → **farthermost** 1. ˈ**fur·thest** [-ðɪst] **I** *adj* **1.** *sup von* **far. 2.** *fig.* weitest(er, e, es), meist(er, e, es): **at (the) ~** höchstens. **3.** → **farthest** 2. **II** *adv* **4.** *fig.* am weitesten, am meisten. **5.** → **farthest** 4.

fur·tive [ˈfɜːtɪv; *Am.* ˈfɜr-] *adj* (*adv* **~ly**) **1.** heimlich, (*Blick a.*) verstohlen. **2.** heimlichtuerisch. ˈ**fur·tive·ness** *s* **1.** Heimlichkeit *f*, Verstohlenheit *f.* **2.** Heimlichtueˈrei *f.*

fu·run·cle [ˈfjʊərʌŋkl] *s med.* Fuˈrunkel *m, n.* **fu·run·cu·lar** [fjʊˈrʌŋkjʊlə(r)] *adj* furunkuˈlös, Furunkel... **fuˌrun·cuˈlo·sis** [-ˈləʊsɪs] *s med.* Furunkuˈlose *f.* **fuˈrun·cu·lous** → **furuncular.**

fu·ry [ˈfjʊərɪ] *s* **1.** Wut *f*, Zorn *m*: **for ~** vor lauter Wut; **to fly into a ~** wütend *od.* zornig werden; **he is in one of his furies** er hat wieder einmal e-n s-r Wutanfälle; → **bring down** 7. **2.** aufbrausendes Tempeˈrament. **3.** Wildheit *f*, Heftigkeit *f* (*e-s Kampfes etc*): **like ~** *colloq.* wild, wie verrückt. **4.** F~ *antiq.* Furie *f*, Rachegöttin *f.* **5.** Furie *f* (*böses Weib*).

furze [fɜːz; *Am.* fɜrz] *s bot.* (*bes.* Stech-) Ginster *m.* ˈ**furz·y** *adj* Stechginster...

fu·sain [fjuːˈzeɪn] *s* **1.** Holzkohlenstift *m.* **2.** Kohlezeichnung *f.*

fus·cous [ˈfʌskəs] *adj* bräunlich-grau.

fuse [fjuːz] **I** *s* **1.** Zünder *m*: ~ **cap** a) Zünderkappe *f*, b) Zündhütchen *n.* **2.** Zündschnur *f*: ~ **cord** Abreißschnur *f.* **3.** *electr.* (Schmelz)Sicherung *f*: ~ **box** Sicherungskasten *m*; ~ **cartridge** Sicherungspatrone *f*; ~ **element** Schmelzleiter *m*; ~ **link** Sicherungs-, Schmelzeinsatz *m*; ~ **strip** Schmelzstreifen *m*; ~ **wire** Sicherungs-, Abschmelzdraht *m*; **he has a short ~** *Am. colloq.* bei ihm brennt leicht die Sicherung durch; → **blow**[1] 29 b. **II** *v/t* **4.** e-n Zünder anbringen an (*dat*) *od.* einsetzen in (*acc*). **5.** *tech.* absichern. **6.** *phys. tech.* schmelzen. **7.** *fig.* vereinigen, -schmelzen, *econ. pol. a.* fusioˈnieren. **III** *v/i* **8.** *electr. bes. Br.* ˈdurchbrennen. **9.** *tech.* schmelzen. **10.** *fig.* sich vereinigen, verschmelzen, *econ. pol. a.* fusioˈnieren.

fu·see [fjuːˈziː] *s* **1.** Windstreichholz *n.* **2.** *mot. rail. Am.* ˈWarnungs-, ˈLichtsiˌgnal *n.* **3.** *hist.* Schnecke(nkegel *m*) *f* (*der Uhr*).

fu·se·lage [ˈfjuːzɪlɑːʒ; -lɪdʒ] *s aer.* (Flugzeug)Rumpf *m.*

fu·sel (oil) [ˈfjuːzl] *s chem.* Fuselöl *n.*

fu·si·bil·i·ty [ˌfjuːzəˈbɪlətɪ] *s phys. tech.* Schmelzbarkeit *f.* ˈ**fu·si·ble** *adj phys. tech.* schmelzbar, -flüssig, Schmelz...: ~ **metal** Schnell-Lot *n*; ~ **cone** Schmelz-, Segerkegel *m*; ~ **wire** Abschmelzdraht *m.*

fu·sil[1] [ˈfjuːzɪl] *s her.* Raute *f.*

fu·sil[2] [ˈfjuːzɪl] *s mil. hist.* Steinschloßflinte *f*, Musˈkete *f.*

fu·sil[3] [ˈfjuːzɪl], *a.* ˈ**fu·sile** [-saɪl; -zaɪl; *Am. a.* -zəl] *adj* **1.** geschmolzen, gegossen. **2.** *selten* schmelzbar.

fu·si·lier, *Am. a.* **fu·si·leer** [ˌfjuːzɪˈlɪə(r)] *s mil. hist.* Füsiˈlier *m.* **fu·sil·lade** [ˌfjuːzɪˈleɪd; *Am.* ˈfjuːsəˌlɑːd; -ˌleɪd] **I** *s* **1.** *mil.* a) (Feuer)Salve *f*, b) Salvenfeuer *n.* **2.** *mil.* Exekutiˈonskomˌmando *n.* **3.** *fig.* Hagel *m*: **a ~ of questions** ein Schwall von Fragen. **II** *v/t* **4.** *mil.* a) e-e Salve abgeben auf (*acc*), b) unter Salvenfeuer nehmen. **5.** *mil.* füsiˈlieren, standrechtlich erschießen.

fus·ing [ˈfjuːzɪŋ] *s phys. tech.* Schmelzen *n*: ~ **burner** Schneidbrenner *m*; ~ **current** Abschmelzstromstärke *f* (*e-r Sicherung*); ~ **point** Schmelzpunkt *m.*

fu·sion [ˈfjuːʒn] *s* **1.** *phys. tech.* Schmelzen *n*: ~ **electrolysis** *electr.* Schmelzflußelektrolyse *f*; ~ **point** Schmelzpunkt *m*; ~ **welding** Schmelzschweißen *n.* **2.** *tech.* Schmelzmasse *f*, Fluß *m.* **3.** Fusiˈon *f*: a) *biol. Verschmelzung von Zellen od. Chromosomen*: ~ **nucleus** Verschmelzungskern *m*, b) *opt. Vereinigung der Bilder des rechten u. des linken Auges zu e-m einzigen Bild*, c) *phys. Verschmelzung zweier leichter Atomkerne, wobei Energie frei wird*: ~ **bomb** Wasserstoffbombe *f*; ~ **reactor** Fusionsreaktor *m.* **4.** *fig.* Verschmelzung *f*, Vereinigung *f*, *econ. pol. a.* Fusiˈon *f.*

fuss [fʌs] **I** *s* **1.** a) (unnötige) Aufregung: **to get into a ~** → 5, b) Hektik *f.* **2.** ‚Wirbel' *m*, ‚Wind' *m*, ‚Theˈater' *n*: **to make a ~** a) → 6, b) *a.* **to kick up a ~** ‚Krach machen *od.* schlagen'; **a lot of ~ about nothing** viel Lärm um nichts; → **kerfuffle. 3.** Ärger *m*: **there's sure to be ~** es gibt mit Sicherheit Ärger. **4.** Streit *m*, ‚Krach' *m.* **II** *v/i* **5.** sich (unnötig) aufregen (**about** über *acc*): **don't ~** a) nur keine Aufregung!, b) nur keine Hektik! **6.** viel ‚Wirbel' machen (**about, of, over** um). **7.** ~ **about** (*od.* **around**) ‚herˈumfuhrwerken'. **8.** ~ **over** a) *j-n* bemuttern, b) sich viel ˈUmstände machen mit *e-m Gast.* **III** *v/t* **9.** *j-n* nerˈvös machen, aufregen. ˈ**~ˌbudg·et** *Am. colloq. für* **fusspot.**

fuss·i·ness [ˈfʌsɪnɪs] *s* **1.** a) (unnötige) Aufregung, b) Hektik *f*, hektische Betriebsamkeit. **2.** Kleinlichkeit *f*, Pedanteˈrie *f.* **3.** heikle *od.* wählerische Art. **4.** Überˈladenheit *f.*

ˈ**fuss·pot** *s colloq.* Kleinlichkeitskrämer *m*, Peˈdant *m.*

ˈ**fuss·y** *adj* (*adv* **fussily**) **1.** a) (unnötig) aufgeregt, b) hektisch. **2.** kleinlich, peˈdantisch. **3.** heikel, wählerisch (**about** in *dat*). **4.** überˈladen (*Kleidung, Möbel etc*).

fus·ta·nel·la [ˌfʌstəˈnelə] *s* Fustaˈnella *f* (*kurzer Männerrock der griechischen Nationaltracht*).

fus·tian [ˈfʌstɪən; *Am.* -tʃən] **I** *s* **1.** Barchent *m*, ˈBaumwollflaˌnell *m.* **2.** *fig.* Schwulst *m.* **II** *adj* **3.** Barchent... **4.** *fig.* bomˈbastisch, schwülstig. **5.** *fig.* nichtsnutzig.

fus·ti·gate [ˈfʌstɪgeɪt] *v/t obs.* (ver)prügeln. ˌ**fus·tiˈga·tion** *s obs.* Tracht *f* Prügel.

fust·i·ness [ˈfʌstɪnɪs] *s* **1.** Moder(geruch) *m.* **2.** *fig.* Rückständigkeit *f.* ˈ**fust·y** *adj* **1.** mod(e)rig, muffig, dumpfig. **2.** *fig.* a) verstaubt, veraltet, b) rückständig.

fu·thark [ˈfuːθɑː(r)k], *a.* ˈ**fu·thorc,** ˈ**fu·thork** [-θɔː(r)k] *s* Futhark *n*, ˈRunenalphaˌbet *n.*

fu·tile [ˈfjuːtaɪl; *Am. bes.* -tl] *adj* (*adv* **~ly**) **1.** nutz-, zweck-, aussichts-, wirkungslos, vergeblich. **2.** unbedeutend, geringfügig. **3.** oberflächlich (*Person*). **fuˌtil·iˈtar·i·an** [-ˌtɪlɪˈteərɪən] *adj u. s* menschliches Hoffen u. Streben als nichtig betrachtend(er Mensch). **fuˈtil·i·ty** [-ˈtɪlətɪ] *s* **1.** a) Zweck-, Nutz-, Sinnlosigkeit *f*, b) zwecklose Handlung. **2.** Geringfügigkeit *f.* **3.** Oberflächlichkeit *f.*

fut·tock [ˈfʌtək] *s mar.* Auflanger *m*, Sitzer *m* (*der Spanten*). **~ plate** *s mar.* Marspütting *f.*

fu·ture [ˈfjuːtʃə(r)] **I** *s* **1.** Zukunft *f*: **in ~** in Zukunft, künftig; **for the ~** für die Zukunft, künftig; **to have a great ~ (before one)** e-e große Zukunft haben; **there is no ~ in it** es hat keine Zukunft. **2.** *ling.* Fuˈtur *n*, Zukunft *f.* **3.** *pl econ.* a) Terˈmingeschäfte *pl*, b) Terˈminwaren *pl*: **~s contract** Terminvertrag *m.* **II** *adj* **4.** (zu)künftig, Zukunfts... **5.** *ling.* fuˈturisch: ~ **tense** → 2. **6.** *econ.* Termin...: ~ **delivery.** ˈ**fu·ture·less** *adj* ohne Zukunft, zukunftslos.

fu·ture| life *s* Leben *n* nach dem Tode. **~ per·fect** *s ling.* Fuˈturum *n* exˈactum, zweites Fuˈtur. **~ shock** *s* Zukunftsschock *m.*

fu·tur·ism [ˈfjuːtʃərɪzəm] *s* Futuˈrismus *m* (*literarische, künstlerische u. politische Bewegung des beginnenden 20. Jahrhunderts, die den völligen Bruch mit der Überlieferung u. ihren Traditionswerten forderte*). ˈ**fu·tur·ist I** *adj* **1.** futuˈristisch. **II** *s* **2.** Futuˈrist *m.* **3.** *relig. j-d, der an die Erfüllung der Prophezeiungen Christi in der Zukunft glaubt.* ˌ**fu·turˈis·tic** *adj* (*adv* **~ally**) **1.** futuˈristisch. **2.** ˈsupermoˌdern.

fu·tu·ri·ty [fjuːˈtjʊərətɪ; *Am.* fjʊˈtʊr-; -ˈtʃʊr-] *s* **1.** Zukunft *f.* **2.** zukünftiges Ereignis. **3.** Zukünftigkeit *f.* **4.** → **futurity race. ~ race** *s Pferdesport*: *Am. Rennen, meist für Zweijährige, das lange nach den Nennungen stattfindet.*

fu·tur·o·log·i·cal [ˌfjuːtʃərəˈlɒdʒɪkl; *Am.* -ˈlɑ-] *adj* (*adv* **~ly**) futuroˈlogisch. ˌ**fu·turˈol·o·gist** [-ˈrɒlədʒɪst; *Am.* -ˈrɑ-] *s* Futuroˈloge *n*, Zukunftsforscher *m.* ˌ**fu·turˈol·o·gy** *s* Futuroloˈgie *f*, Zukunftsforschung *f.*

fuze *bes. Am. für* **fuse.**

fuzz[1] [fʌz] **I** *s* **1.** feiner Flaum. **2.** Fusseln *pl*, Fäserchen *pl.* **3.** ˈÜberzug *m od.* Masse *f* aus feinem Flaum. **II** *v/t* **4.** (zer)fasern. **5.** *a.* ~ **up** *fig.* a) verworren machen, b) (*bes. durch Alkohol*) benebeln. **III** *v/i* **6.** zerfasern.

fuzz[2] [fʌz] *s sl.* ‚Bulle' *m* (*Polizist*): **the ~** *collect.* die Bullen *pl* (*die Polizei*).

fuzz·i·ness [ˈfʌzɪnɪs] *s* **1.** flaumige *od.* flockige Beschaffenheit. **2.** Struppigkeit *f.* **3.** Unschärfe *f*, Verschwommenheit *f.*

ˈ**fuzz·y** *adj* (*adv* **fuzzily**) **1.** flockig, flaumig. **2.** faserig, fusselig. **3.** a) kraus, wuschelig, b) struppig (*Haar*). **4.** unscharf, verschwommen. **5.** benommen. ˈ**~-ˌwuzz·y** [-ˌwʌzɪ] *s* **1.** *mil. hist. colloq.* sudaˈnesischer Solˈdat. **2.** *sl.* ‚Wuschelkopf' *m.*

fyl·fot [ˈfɪlfɒt; *Am.* -ˌfɑt] *s* Hakenkreuz *n.*

G

G, g [dʒiː] **I** *pl* **G's, Gs, g's, gs** [dʒiːz] *s* **1.** G, g *n* (*Buchstabe*). **2.** *mus.* G, g *n* (*Note*): **G flat** Ges, ges *n*; **G sharp** Gis, gis *n*; **G double flat** Geses, geses *n*; **G double sharp** Gisis, gisis *n*. **3. G** *ped.* Gut *n*. **4. G** *Am. sl.* 1000 Dollar *pl*. **II** *adj* **5.** siebent(er, e, es), siebt(er, e, es): **Company G. 6. G** G-..., G-förmig.

gab [gæb] *colloq.* **I** *s* ‚Gequassel' *n*, ‚Gequatsche' *n*: **stop your ~!** halt den Mund!; **to have the gift of the ~** (*Am.* **of ~**) ‚ein flottes Mundwerk' haben, (gut) reden können. **II** *v/i* ‚quasseln', ‚quatschen'.

gab·ar·dine → **gaberdine.**

gab·ble [ˈgæbl] **I** *v/i* **1.** *a.* **~ away** ‚brabbeln'. **2.** schnattern (*Gänse*). **II** *v/t* **3.** *ein Gebet etc* ‚herˈunterleiern, -rasseln'. **4.** etwas ‚brabbeln'. **III** *s* **5.** ‚Gebrabbel' *n*. **6.** Geschnatter *n*. ˈ**gab·bler** *s* ‚Brabbler(in)'.

gab·bro [ˈgæbrəʊ] *s geol.* Gabbro *m* (*ein Tiefengestein*).

gab·by [ˈgæbɪ] *adj colloq.* geschwätzig.

ga·belle [gæˈbel; gə-] *s hist.* Salzsteuer *f*.

gab·er·dine [ˈgæbə(r)diːn; ˌ-ˈdiːn] *s* **1.** *hist.* Kaftan *m* (*der Juden*). **2.** a) Gabardine *m* (*fein gerippter Stoff aus [Baum-] Wolle od. Chemiefaser*), b) *Kleidungsstück aus Gabardine, z. B.* Gabardinemantel *m*.

gab·fest [ˈgæbfest] *s bes. Am. colloq.* ‚Quasseˈlei' *f*, ‚Quatschen' *n*, Schwatz *m*.

ga·bi·on [ˈgeɪbjən; -ɪən] *s mil. hist.* Schanzkorb *m*.

ga·ble [ˈgeɪbl] *s arch.* **1.** Giebel *m*: **~ roof** Giebeldach *n*; **~ window** Giebelfenster *n*. **2.** *a.* **~ end** Giebelwand *f*. **3.** → **gablet.** ˈ**ga·bled** [-bld] *adj* giebelig, Giebel...: **~ house.** ˈ**ga·blet** [-blɪt] *s* giebelförmiger Aufsatz (*über Fenstern etc*), (Zier)Giebel *m*.

ga·by [ˈgeɪbɪ] *s Br. colloq.* ‚Einfaltspinsel' *m*.

gad[1] [gæd] **I** *v/i* **~ about** (*od.* **around**) a) (viel) unterˈwegs sein (in *dat*), b) (viel) herˈumkommen (in *dat*), c) sich herˈumtreiben (in *dat*): **he was ~ding about England for years; to ~ about at political meetings** sich auf politischen Versammlungen herumtreiben. **II** *s*: **to be (up)on the ~ (in)** → I.

gad[2] [gæd] **I** *s* **1.** a) Stachelstock *m* (*des Viehtreibers*), b) *meist pl Am.* Sporn *m*. **2.** *Bergbau*: Fimmel *m*, Bergeisen *n*. **II** *v/t* **3.** *Bergbau*: mit dem Fimmel herˈausbrechen *od.* lockern.

gad[3] [gæd] *interj*: **(by) ~!** *obs.* bei Gott!

ˈ**gad·a·bout** *s j-d, der viel herumkommt etc*; → **gad**[1].

ˈ**gad·fly** *s* **1.** *zo.* Viehbremse *f*. **2.** *fig.* lästiger Mensch.

gad·get [ˈgædʒɪt] *colloq.* **I** *s tech.* a) Appaˈrat *m*, Gerät *n*, Vorrichtung *f*, b) *oft contp.* technische Spieleˈrei. **II** *v/t Am.* mit Appaˈraten *etc* ausstatten.

gad·ge·teer [ˌgædʒɪˈtɪə(r)] *s colloq.* Liebhaber *m* von technischen Spieleˈreien. ˈ**gad·get·ry** [-trɪ] *s colloq.* **1.** *tech. collect.* a) Appaˈrate *pl*, Geräte *pl*, Vorrichtungen *pl*, b) *oft contp.* technische Spieleˈreien *pl*. **2.** Beschäftigung *f* mit technischen Spieleˈreien. ˈ**gad·get·y** *adj colloq.* **1.** raffiˈniert, zweckvoll (konstruˈiert). **2.** Apparate..., Geräte... **3.** versessen auf technische Spieleˈreien.

Ga·dhel·ic [gæˈdelɪk; gə-] → **Gaelic.**

gad·o·lin·ite [ˈgædəlɪnaɪt] *s min.* Gadoliˈnit *m*.

gad·o·lin·i·um [ˌgædəˈlɪnɪəm] *s chem.* Gadoˈlinium *n*.

gad·wall [ˈgædwɔːl] *pl* **-walls,** *bes. collect.* **-wall** *s orn.* Schnatterente *f*.

Gael [geɪl] *s* Gäle *m*, Gälin *f*. **Gael·ic** [ˈgeɪlɪk; ˈgælɪk] **I** *s ling.* Gälisch *n*, das Gälische. **II** *adj* gälisch: **~ coffee** Irish coffee *m*; **~ football** *sport* Gaelic Football *m* (*in Irland gepflegte, rauhere Art des Football*). ˈ**Gael·i·cist** *s ling.* Gäliˈzist *m*.

gaff[1] [gæf] **I** *s* **1.** Fisch-, Landungshaken *m*. **2.** *mar.* Gaffel *f*. **3.** Stahlsporn *m*. **4.** *bes. Am. sl.* ‚Schlauch' *m*, Anstrengung *f*: **to stand the ~** durchhalten, die Sache durchstehen. **5.** *Am. sl.* a) Schwindel *m*, b) betrügerische Vorrichtung (*an Spieltischen etc*). **II** *v/t* **6.** mit (e-m) Fischhaken an Land *od.* ins Boot ziehen. **7.** *Am. sl.* ‚übers Ohr hauen'.

gaff[2] [gæf] *s a.* **penny ~** *Br. sl. obs.* ‚Schmiere' *f*, billiges Theˈater *od.* Varieˈté.

gaff[3] [gæf] *s sl.* **1.** ‚Quatsch' *m*, ‚Geschwätz' *n*. **2. to blow the ~** alles verraten, ‚plaudern'; **to blow the ~ on s.th.** etwas ausplaudern.

gaffe [gæf] *s* Fauxˈpas *m*, *bes.* taktlose Bemerkung.

gaf·fer [ˈgæfə(r)] *s* **1.** *humor. od. contp.* ‚Opa' *m* (*bes. vom Land*). **2.** *Br. colloq.* a) Chef *m*, b) Vorarbeiter *m*. **3.** *Film, TV*: *Am. sl.* (Chef)Beleuchter *m*.

ˈ**gaff|·sail** *s mar.* Gaffelsegel *n*. ˌ**~-ˈtop·sail** *s mar.* Gaffeltoppsegel *n*.

gag [gæg] **I** *v/t* **1.** knebeln (*a. fig.*). **2.** *fig.* mundtot machen. **3.** *med. j-m* den Mund mit e-m Sperrer offenhalten. **4.** zum Würgen reizen. **5.** verstopfen: **the sight ~ged his throat** der Anblick schnürte ihm die Kehle zu *od.* zusammen. **6.** *oft* **~ up** *thea. etc colloq.* ‚vergagen', mit Gags spicken. **II** *v/i* **7.** würgen (**on** an *dat*). **8.** *thea. etc colloq.* Gags anbringen. **9.** *colloq.* witzeln. **III** *s* **10.** Knebel *m* (*a. fig.*). **11.** *fig.* Knebelung *f*. **12.** *parl.* Schluß *m* der Deˈbatte. **13.** *med.* Mundsperrer *m*. **14.** *thea. etc colloq.* Gag *m*: a) witziger, efˈfektvoller Einfall, b) komische Bild- *od.* Wortpointe. **15.** *colloq.* a) Jux *m*, Ulk *m*: **for a ~** aus Jux, b) Gag *m*, Trick *m*, c) faule Ausrede.

ga·ga [ˈgɑːgɑː] *adj sl.* **1.** a) verkalkt, vertrottelt, b) ‚plemˈplem'. **2. to go ~ about** (*od.* **over**) in Verzückung geraten über (*acc*).

gag bit *s* Zaumgebiß *n* (*für Pferde*).

gage[1] [geɪdʒ] **I** *s* **1.** *hist.* Fehdehandschuh *m*: **to throw down the ~ to s.o.** j-m den Fehdehandschuh hinwerfen. **2.** Pfand *n*. **II** *v/t* **3.** *obs.* zum Pfand geben.

gage[2] [geɪdʒ] *Am.* → **gauge.**

gage[3] [geɪdʒ] → **greengage.**

gage[4] [geɪdʒ] *s bes. Am. sl.* a) Marihuˈana *n*, b) ‚Joint' *m* (*Marihuanazigarette*).

gag·er *Am.* → **gauger.**

gag·ger [ˈgægə(r)] → **gagman.**

gag·gle [ˈgægl] **I** *v/i* **1.** schnattern (*Gans*) (*a. fig.*). **II** *s* **2.** Geschnatter *n* (*a. fig.*). **3.** a) Gänseherde *f*, b) *colloq.* schnatternde Schar: **a ~ of girls.**

ˈ**gag|·man** [-mən] *s irr thea. etc colloq.* Gagman *m*, Gagger *m* (*j-d, der Gags erfindet*). **~ or·der** *s Am. gerichtliche Verfügung, durch die es den Medien verboten wird, über ein schwebendes Verfahren zu berichten.* **~ rein** *s Zügel zum strafferen Anziehen des Zaumgebisses.*

gahn·ite [ˈgɑːnaɪt] *s min.* Gahˈnit *m*.

gai·e·ty [ˈgeɪətɪ] *s* **1.** Frohsinn *m*, Fröhlich-, Lustigkeit *f*. **2.** *oft pl* Vergnügung *f*. **3.** Farbenpracht *f*.

gain [geɪn] **I** *v/t* **1.** *s-n Lebensunterhalt etc* verdienen. **2.** gewinnen: **to ~ time;** → **ground**[1] 2, **upper hand. 3.** erreichen: **to ~ the shore. 4.** *fig.* erreichen, erlangen, erhalten, erringen: **to ~ experience** Erfahrung(en) sammeln; **to ~ wealth** Reichtümer erwerben; **to ~ admission** Einlaß finden; → **advantage** 1. **5.** *j-m etwas* einbringen, -tragen: **it ~ed him a promotion (a warning). 6.** zunehmen an (*dat*): **to ~ speed (strength)** schneller (stärker) werden; **he ~ed 10 pounds** er nahm 10 Pfund zu; → **weight** 3. **7.** *meist* **~ over** *j-n* für sich gewinnen. **8.** vorgehen um (*Uhr*): **my watch ~s two minutes a day** m-e Uhr geht am Tag zwei Minuten vor. **II** *v/i* **9. (on, upon)** a) näherkommen (*dat*), (an) Boden gewinnen, aufholen (gegenˈüber), b) s-n Vorsprung vergrößern (vor *dat*, gegenˈüber). **10.** Einfluß *od.* Boden gewinnen. **11.** besser *od.* kräftiger werden: **he ~ed daily** er kam täglich mehr zu Kräften. **12.** *econ.* Proˈfit *od.* Gewinn machen. **13.** (an Wert) gewinnen, besser zur Geltung kommen, im Ansehen steigen. **14.** zunehmen (**in** an *dat*): **to ~ (in weight)** (an Gewicht) zunehmen; **the days were ~ing in warmth** die Tage wurden wärmer. **15. (on, upon)** ˈübergreifen (auf *acc*), sich ausbreiten (über *acc*). **16.** vorgehen (*Uhr*): **my watch ~s by two minutes a day** m-e Uhr geht am Tag zwei Minuten vor. **III** *s* **17.** Gewinn *m*, Vorteil *m*, Nutzen *m* (**to** für). **18.** Zunahme *f*,

Steigerung *f*: ~ **in knowledge** Wissensbereicherung *f*; ~ **in weight** Gewichtszunahme *f*. **19.** *econ.* a) Pro'fit *m*, Gewinn *m*: **for** ~ *jur.* in gewinnsüchtiger Absicht, b) *pl Am.* Verdienst *m* (*aus Geschäften*). **20.** *electr. phys.* Verstärkung *f*: ~ **control** Lautstärkeregelung *f*.

'gain·er *s* **1.** Gewinner *m*: **to be the ~(s) by s.th.** durch etwas gewinnen. **2.** *Wasserspringen*: Auerbach(sprung) *m*: **full** ~ Auerbachsalto *m*; **half** ~ Auerbachkopfsprung *m*.

'gain·ful *adj* (*adv* **~ly**) einträglich, ren'tabel, gewinnbringend: ~ **employment** (*od.* **occupation**) Erwerbstätigkeit *f*; **~ly employed** (*od.* **occupied**) erwerbstätig. **'gain·ful·ness** *s* Einträglichkeit *f*, Rentabili'tät *f*.

'gain,giv·ing *s obs.* schlimme Ahnung.

'gain·ings *s pl* Einkünfte *pl*, Gewinn(e *pl*) *m*, Pro'fit *m*. **'gain·less** *adj* **1.** nicht einträglich *od.* gewinnbringend, 'unren,tabel: **to be** ~ sich nicht rentieren. **2.** nutz-, zwecklos.

gain·ly ['geɪnlɪ] *adj obs. od. dial.* **1.** passend, geeignet. **2.** nett (*Person, Wesen*).

gain·say [,geɪn'seɪ] *v/t irr obs. od. poet.* **1.** *etwas* bestreiten, leugnen: **there is no ~ing his ability** s-e Fähigkeit ist unbestreitbar. **2.** *j-m* wider'stehen.

gainst, 'gainst [genst; geɪnst] *poet. für* against.

gait [geɪt] **I** *s* **1.** Gang(art *f*) *m*. **2.** Gangart *f* (*des Pferdes*). **3.** *Am.* Tempo *n*. **II** *v/t* **4.** *e-m Pferd* e-e Gangart beibringen.

gai·ter ['geɪtə(r)] *s* **1.** Ga'masche *f*. **2.** *Am.* Stoff- *od.* Lederschuh *m* mit Gummizügen, Zugstiefel *m*.

gal[1] [gæl] *s colloq.* Mädchen *n*.

gal[2] [gæl] *s phys.* Gal *n* (*Einheit der Beschleunigung*).

ga·la ['gɑːlə, 'geɪlə; *Am. a.* 'gælə] **I** *adj* **1.** festlich, feierlich, Gala...: ~ **concert** Galakonzert *n*; ~ **occasion** festlicher Anlaß; ~ **night** Galaabend *m*. **II** *s* **2.** Festlichkeit *f*. **3.** Galaveranstaltung *f*. **4.** *sport Br.* (*in Zssgn*) Fest *n*: **swimming** ~.

ga·lac·ta·gogue [gə'læktəgɒg; *Am.* -,gɑg] **I** *adj med.* milchtreibend. **II** *s med. pharm.* Galakta'gogum *n*, milchtreibendes Mittel (*für Wöchnerinnen*). **ga'lac·tic** *adj* **1.** *astr.* Milchstraßen..., ga'laktisch: ~ **coordinate (equator, latitude, longitude)**; ~ **noise** galaktisches Rauschen. **2.** *physiol.* Milch..., 'milchprodu,zierend. **3.** *Am. fig.* riesig.

ga·lac·to·cele [gə'læktəʊsiːl] *s med.* Galakto'zele *f*, Milchzyste *f* (*der Brustdrüse*).

gal·ac·tom·e·ter [,gælək'tɒmɪtə; *Am.* -'tɑmətər] *s* Galakto'meter *n* (*Meßgerät zur Bestimmung des Milchfettgehaltes*).

ga'lac·to·phore [-təfɔː(r)] *s anat.* Milchgang *m*. **ga'lac·tose** [-təʊz; -təʊs] *s chem.* Galak'tose *f* (*Bestandteil des Milchzuckers*).

Gal·a·had ['gæləhæd] **I** *Sir* ~ *npr* Galahad *m* (*Ritter der Tafelrunde*). **II** *s* reiner, edler Mensch.

ga·lan·gal [gə'læŋgl] → **galingale**.

gal·an·tine ['gælәntiːn] *s gastr.* Galan'tine *f* (*kaltes Gericht aus mit Aspik überzogenem, gefülltem Fleisch*).

ga·lan·ty show [gə'læntɪ] *s* Schattenspiel *n*.

gal·a·te·a [,gælə'tɪə] *s ein Baumwollstoff*.

Ga·la·tians [gə'leɪʃjənz; *Am.* -ʃənz] *s pl Bibl.* (Brief *m* des Paulus an die) Galater *pl*.

gal·a·vant [,gælə'vænt; *bes. Am.* 'gæləvənt] → **gallivant**.

gal·ax·y ['gæləksɪ] *s* **1.** *astr.* Milchstraße *f*, Gala'xie *f*: **the G~** die Milchstraße, die Galaxis. **2.** *fig.* Schar *f*: **a ~ of beautiful women (foreign diplomats)**.

gal·ba·num ['gælbənəm] *s med. pharm.* Galban(um) *n* (*Heilmittel aus dem Milchsaft persischer Doldenblütler*).

gale[1] [geɪl] *s* **1.** *meteor.* Sturm(wind) *m*: → **fresh (strong, whole) gale**. **2.** *obs. od. poet.* sanfter Wind. **3.** *oft pl colloq.* Sturm *m*, Ausbruch *m*: **a ~ of laughter** e-e Lachsalve, stürmisches Gelächter.

gale[2] [geɪl] *s bot.* Heidemyrte *f*.

ga·le·a ['geɪlɪə] *pl* **-le·ae** [-lɪiː] *s* **1.** *bot. zo.* Helm *m*. **2.** *anat.* Kopfschwarte *f*. **3.** *med.* Kopfverband *m*. **'ga·le·ate** [-ət; -eɪt], *a.* **'ga·le·at·ed** [-eɪtɪd] *adj bot. zo.* gehelmt.

Ga·len ['geɪlɪn] *s humor.* ‚Äsku'lapjünger' *m* (*Arzt*).

ga·le·na [gə'liːnə] *s min.* Gale'nit *m*, Bleiglanz *m*.

ga·len·ic [gə'lenɪk; geɪ-] *adj* **1.** **G~** ga'lenisch: **G~ pharmacy** galenische Pharmazie. **2.** *med. pharm.* ga'lenisch. **ga'len·i·cal** [-kl] **I** *adj* → **galenic**. **II** *s med. pharm.* Ga'lenikum *n* (*vom Apotheker nach den Vorschriften des Arzneibuches od. des Arztes zubereitetes Arzneimittel*).

ga·le·nite [gə'liːnaɪt] → **galena**.

Ga·li·ci·an [gə'lɪʃɪən; *Am. bes.* -ʃən] **I** *adj* ga'lizisch. **II** *s* Ga'lizier(in).

Gal·i·le·an[1] [,gælɪ'liːən] **I** *adj* **1.** gali'läisch: ~ **Lake** See *m* Genezareth. **II** *s* **2.** Gali'läer(in). **3.** **the** ~ der Gali'läer (*Christus*). **4.** Christ(in).

Gal·i·le·an[2] [,gælɪ'leɪən; -'liːən] *adj* gali'leisch: ~ **telescope**.

gal·i·lee ['gælɪliː] *s* Vorhalle *f* (*mancher Kirchen*).

gal·i·ma·ti·as [,gælɪ'meɪʃɪəs; -'mætɪəs] *s* Galima'thias *m, n*; verworrenes, sinnloses Gerede.

gal·in·gale ['gælɪŋgeɪl] *s bot.* a) *a.* **English** ~ Langes Zyperngras, b) Gal'gant *m*.

gal·i·pot ['gælɪpɒt; *Am.* -,pɑt; -,pəʊ] *s* Gal(l)i'pot *m*, Scharrharz *n*.

gal·i·vant → **gallivant**.

gall[1] [gɔːl] *s* **1.** *obs.* Galle *f*: a) *anat.* Gallenblase *f*, b) *physiol.* Gallenflüssigkeit *f*. **2.** *fig.* Galle *f*: a) Bitterkeit *f*, Erbitterung *f*, b) Bosheit *f*: **to dip one's pen in** ~ Galle verspritzen, s-e Feder in Galle tauchen; → **wormwood** 2. **3.** *colloq.* Frechheit *f*.

gall[2] [gɔːl] **I** *s* **1.** wund geriebene *od.* gescheuerte Stelle. **2.** *fig.* a) Ärger *m*, b) Ärgernis *n*. **II** *v/t* **3.** wund reiben *od.* scheuern. **4.** *fig.* (ver)ärgern, reizen. **III** *v/i* **5.** reiben, scheuern. **6.** sich wund reiben *od.* scheuern. **7.** *fig.* sich ärgern.

gall[3] [gɔːl] *s bot.* Galle *f*.

gal·lant I *adj* ['gælənt] (*adv* **~ly**) **1.** tapfer, mutig, heldenhaft. **2.** prächtig, stattlich. **3.** [*a.* gə'lænt] ga'lant: a) höflich, zu'vorkommend, ritterlich (**to** zu, gegen'über), b) amou'rös, Liebes... **II** *s* ['gælənt; *Am. bes.* gə'lænt] **4.** Kava'lier *m*. **5.** Verehrer *m*. **6.** Geliebte(r) *m*. **III** *v/t* [gə'lænt] **7.** *e-e Dame* a) ga'lant behandeln, b) eskor'tieren. **IV** *v/i* **8.** den Kava'lier spielen.

gal·lant·ry ['gæləntrɪ] *s* **1.** Tapferkeit *f*. **2.** Galante'rie *f*, Ritterlichkeit *f*. **3.** heldenhafte Tat. **4.** Liebe'lei *f*.

gall|ap·ple *s bot.* Gallapfel *m*. **~blad·der** *s anat.* Gallenblase *f*. **~duct** *s anat.* Gallengang *m*.

gal·le·ass ['gælɪæs] *s mar. hist.* Ga'leere *f*.

'gal·le·on [-ɪən] *s mar. hist.* Gale'one *f*.

gal·ler·y ['gælərɪ] *s* **1.** *arch.* Gale'rie *f*. **2.** *arch.* Gale'rie *f*, Em'pore *f* (*in Kirchen*). **3.** a) *thea.* dritter Rang, Gale'rie *f* (*a. die Zuschauer auf der Galerie od. der am wenigsten gebildete Teil des Publikums*): **to play to the** ~ für die Galerie spielen (*a. weitS.*), b) *sport etc* Publikum *n*. **4.** ('Kunst-, Ge'mälde)Gale,rie *f*. **5.** *mar.* Gale'rie *f*, Laufgang *m*. **6.** *tech.* Laufsteg *m*. **7.** *mil.* a) Minengang *m*, Stollen *m*, b) gedeckter Gang. **8.** → **shooting gallery**. **9.** *Bergbau*: Stollen *m*, Strecke *f*. **10.** *zo.* 'unterirdischer Gang. **11.** *Am.* 'Fotoateli,er *n*. **12.** *fig.* Gale'rie *f*, Reihe *f*, Schar *f* (*von Personen*). **~ car** *s rail. Am.* Doppeldeckerwagen *m* (*im Vorortverkehr*). **~ own·er** *s* Gale'rist(in).

gal·ler·y·ite ['gælərɪaɪt] *s thea.* Gale'riebesucher(in).

gal·ley ['gælɪ] *s* **1.** *mar.* a) *hist.* Ga'leere *f*, b) Langboot *n*. **2.** *mar.* Kom'büse *f*, Küche *f*. **3.** *print.* (Setz)Schiff *n*. **4.** *print.* Fahne(nabzug *m*) *f*. **~ proof** → **galley** 4. **~ slave** *s* **1.** *hist.* Ga'leerensklave *m*. **2.** *colloq.* Kuli *m*, Last-, Packesel *m*. **,~-'west** *adv*: **to knock** ~ *bes. Am. colloq.* a) *j-n*, *etwas* völlig durcheinanderbringen, b) *etwas* zum Erliegen bringen, c) *j-n* k. o. schlagen. **'~·worm** → **millepede**.

'gall·fly *s zo.* Gallwespe *f*.

gal·li·ass → **galleass**.

Gal·lic[1] ['gælɪk] *adj* **1.** gallisch. **2.** fran'zösisch, gallisch.

gal·lic[2] ['gælɪk] *adj chem.* galliumhaltig, Gallium...

gal·lic[3] ['gælɪk] *adj chem.* Gallus...: ~ **acid**.

Gal·li·cism ['gælɪsɪzəm] *s ling.* Galli'zismus *m*, fran'zösische Spracheigenheit. **'Gal·li·cize I** *v/t* französ'sieren. **II** *v/i* franzö'siert werden.

gal·li·gas·kins [,gælɪ'gæskɪnz] *s pl, a.* **pair of** ~ **1.** *hist.* Pluderhose *f*. **2.** weite Hose.

gal·li·mau·fry [,gælɪ'mɔːfrɪ] *s bes. Am.* Mischmasch *m*, Durchein'ander *n*.

gal·li·na·ceous [,gælɪ'neɪʃəs] *adj* hühnerartig.

gall·ing ['gɔːlɪŋ] *adj* (*adv* **~ly**) ärgerlich: **it was ~ to him** es (ver)ärgerte ihn, es war ihm ein Ärgernis.

gal·li·nule ['gælə,nuːl; -,njuːl] *s orn. Am.* Teichhuhn *n*.

Gal·li·o ['gælɪəʊ] *pl* **-os** *s* gleichgültiger *od.* verantwortungsloser Mensch *od.* Beamter.

gal·li·pot[1] → **galipot**.

gal·li·pot[2] ['gælɪpɒt; *Am.* -,pɑt] *s* Apo'thekergefäß *n*, Salbentopf *m*.

gal·li·vant [,gælɪ'vænt; *bes. Am.* 'gælɪv-] *v/i* **1.** sich amü'sieren (**with** mit). **2.** ~ **about** (*od.* **around**) sich her'umtreiben (*in dat*): **he was ~ing about England for years**.

gall|midge *s zo.* Gallmücke *f*. **'~·nut** *s bot.* Gallapfel *m*.

Gallo- [gæləʊ] *Wortelement mit der Bedeutung* Gallo..., französisch.

gall| oak *s bot.* Galleiche *f*. **~ of the earth** *s bot. Am.* Hasenlattich *m*.

,Gal·lo'ma·ni·a *s* Galloma'nie *f* (*übertriebene Nachahmung alles Französischen*).

gal·lon ['gælən] *s* Gal'lone *f* (*Hohlmaß*; *3,79 l in USA, 4,55 l in GB*).

gal·loon [gə'luːn] *s* Ga'lon *m*, Borte *f*, Tresse *f*, Litze *f*.

gal·loot → **galoot**.

gal·lop ['gæləp] **I** *v/i* **1.** galop'pieren, (im) Ga'lopp reiten. **2.** a) galop'pieren (*Pferd*), b) *colloq.* ‚sausen' (*Mensch, Tier*). **3.** ~ **through** *colloq.* *etwas* ‚im Ga'lopp' erledigen: **to ~ through one's work**; **to ~ through a book** ein Buch rasch durchfliegen; **to ~ through a meal** e-e Mahlzeit hinunterschlingen; **to ~ through a lecture** e-n Vortrag ‚herunterrasseln'. **II** *v/t* **4.** *ein Pferd* in Ga'lopp setzen, galop'pieren lassen. **III** *s* **5.** Ga'lopp *m*: **at a** ~ im Galopp (*a. fig. colloq.*); → **full gallop**. **,gal·lo'pade** [-'peɪd] → **galop**.

Gal·lo·phile ['gæləʊfaɪl; -fɪl], *a.* **'Gal·lo·phil** [-fɪl] **I** *s* Gallo'phile *m*, Fran'zosenfreund *m*. **II** *adj* gallo'phil, fran'zosenfreundlich. **'Gal·lo·phobe**

[-fəʊb] **I** *s* Franˈzosenhasser *m*, -feind *m*. **II** *adj* franˈzosenfeindlich.

ˈgal·lop·ing *adj fig.* galopˈpierend: ~ **inflation**; ~ **consumption** *med.* galoppierende Schwindsucht.

ˌGal·lo-Roˈmance *s ling. hist.* Galloroˈmanisch *n*.

gal·lous [ˈgæləs] *adj chem.* Gallium...

gal·lows [ˈgæləʊz] *pl* **-lows·es, -lows** *s* **1.** Galgen *m*: **to end up on the** ~ am Galgen enden; **to sentence s.o. to the** ~ j-n zum Tod durch den Strang verurteilen. **2.** galgenähnliches Gestell, Galgen *m*. ~ **bird** *s colloq.* Galgenvogel *m*. ~ **hu·mo(u)r** *s* ˈGalgenhuˌmor *m*. ~ **tree** → **gallows** 1.

gal·low tree → **gallows** 1.

gall| sick·ness *s vet.* Gallsucht *f*. **ˈ~-stone** *s med.* Gallenstein *m*.

Gal·lup poll [ˈgæləp] *s* (ˈGallup-)Meinungsˌumfrage *f*.

gall wasp *s zo.* Gallwespe *f*.

Gal·ois the·o·ry [ˈgælwɑː] *s math.* GaˈIois-Theoˌrie *f*.

ga·loot [gəˈluːt] *s bes. Am. sl.* ‚Bauer' *m*.

gal·op [ˈgæləp] *mus.* **I** *s* Gaˈlopp *m* (*Tanz*). **II** *v/i* e-n Gaˈlopp tanzen.

gal·o·pade [ˌgæləˈpeɪd] → **galop**.

ga·lore [gəˈlɔː(r); *Am. a.* gəˈləʊr] *adv colloq.* ‚in rauhen Mengen': **money** ~ Geld wie Heu; **whisky** ~ jede Menge Whisky.

ga·losh [gəˈlɒʃ; *Am.* gəˈlɑʃ] *s meist pl* Gaˈlosche *f*, ˈÜberschuh *m*.

ga·lumph [gəˈlʌmf] *v/i colloq.* stapfen, stampfen.

gal·van·ic [gælˈvænɪk] *adj* (*adv* **~ally**) **1.** *electr.* galˈvanisch: ~ **cell** galvanisches Element; ~ **current** galvanischer Strom; ~ **electricity** Berührungselektrizität *f*. **2.** *colloq.* a) zuckend, ruckartig: ~ **movements**, b) *fig.* elektriˈsierend: ~ **effect**.

gal·va·nism [ˈgælvənɪzəm] *s* **1.** *electr.* Galvaˈnismus *m*, Beˈrührungselektriziˌtät *f*. **2.** *med.* Galvanisatiˈon *f*, Galvanotheraˈpie *f*. **ˌgal·va·niˈza·tion** *s* **1.** *tech.* Galvaniˈsierung *f*, (Feuer)Verzinkung *f*. **2.** → **galvanism** 2. **ˈgal·va·nize** *v/t* **1.** *tech.* galvaniˈsieren, (feuer)verzinken: **~d iron** (feuer)verzinktes Eisenblech. **2.** *med.* mit Gleichstrom behandeln. **3.** *fig. colloq.* *j-n* elektriˈsieren: **to ~ s.o. into doing s.th.** j-n veranlassen, etwas sofort zu tun; **to ~ s.o. into action** j-n schlagartig aktiv werden lassen. **ˈgal·va·niz·er** *s tech.* Galvaniˈseur *m*.

gal·va·nom·e·ter [ˌgælvəˈnɒmɪtə; *Am.* -ˈnɑmətər] *s* Galvanoˈmeter *n* (*Instrument zur Messung schwacher elektrischer Ströme u. Spannungen*). **ˌgal·va·noˈmet·ric** [-nəʊˈmetrɪk] *adj* (*adv* **~ally**) galvanoˈmetrisch.

gal·va·no·plas·tic [ˌgælvənəʊˈplæstɪk] *adj* (*adv* **~ally**) *tech.* galvanoˈplastisch. **ˌgal·va·noˈplas·tics** *s pl* (*als sg konstruiert*), **ˌgal·va·noˈplas·ty** *s* Galvanoˈplastik *f*, Elektrotyˈpie *f*. **ˈgal·va·no·scope** [-skəʊp] *s* Galvanoˈskop *n* (*nicht geeichtes Galvanometer, das lediglich zum Nachweis e-s elektrischen Stroms verwendet wird*). **ˌgal·va·noˈscop·ic** [-ˈskɒpɪk; *Am.* -ˈskɑ-] *adj* (*adv* **~ally**) galvanoˈskopisch.

gal·vo [ˈgælvəʊ] *pl* **-vos** *colloq. für* **galvanometer**.

Gal·ways [ˈgɔːlˌweɪz] *s pl Am. sl.* Backenbart *m*.

gam[1] [gæm] **I** *s* **1.** Walherde *f*. **2.** *mar.* (gegenseitiger) Besuch. **II** *v/i* **3.** sich versammeln (*Wale*). **4.** *mar.* sich gegenseitig besuchen. **III** *v/t* **5.** *Am. colloq.* *j-n* besuchen.

gam[2] [gæm] *s sl.* (*bes.* wohlgeformtes Frauen)Bein.

gamb [gæmb] *s her.* Vorderbein *n*.

gam·ba·do[1] [gæmˈbeɪdəʊ] *pl* **-does, -dos** *s* **1.** am Sattel befestigter Stiefel (*statt des Steigbügels*). **2.** lange Gaˈmasche.

gam·ba·do[2] [gæmˈbeɪdəʊ] *pl* **-does, -dos** *s* **1.** *Hohe Schule*: Kurˈbette *f*, Bogensprung *m*. **2.** Luftsprung *m*.

gam·be·son [ˈgæmbɪsn] *s mil. hist.* gefüttertes Wams.

gam·bier, gam·bir [ˈgæmˌbɪə(r)] *s* Gambir *m* (*als Gerb- u. Heilmittel verwendeter Saft e-s ostasiatischen Kletterstrauchs*).

gam·bit [ˈgæmbɪt] *s* **1.** *Schachspiel*: Gamˈbit *n* (*Eröffnung mit e-m Bauernopfer zur Erlangung e-s Stellungsvorteils*). **2.** *fig.* Einleitung *f*, erster Schritt: **his ~ at the debate was an attack on** er eröffnete die Debatte mit e-m Angriff auf (*acc*).

gam·ble [ˈgæmbl] **I** *v/i* **1.** (Haˈsard *od.* um Geld) spielen: *to lose a fortune* **gambling at cards** beim Kartenspiel; **to ~ with s.th.** *fig.* mit etwas spielen, etwas aufs Spiel setzen; **you can ~ on that** darauf kannst du wetten; **she ~d on his** (*od.* **him**) **coming** sie verließ sich darauf, daß er kommen würde. **2.** *Börse*: spekuˈlieren (**in** mit, in *dat*). **II** *v/t* **3.** *meist* ~ **away** verspielen (*a. fig.*). **4.** a) (als Einsatz) setzen (**on** auf *acc*), b) *fig.* aufs Spiel setzen. **III** *s* **5.** Haˈsardspiel *n* (*a. fig.*), Glücksspiel *n*. **6.** *fig.* Wagnis *n*, gewagtes *od.* risˈkantes Unterˈnehmen. **ˈgam·bler** [-blə(r)] *s* **1.** (Glücks)Spieler *m*. **2.** *fig.* Hasarˈdeur *m*. **ˈgam·bling I** *s* Spielen *n*. **II** *adj* Spiel...: ~ **casino (club, debts,** *etc*); ~ **den** Spielhölle *f*.

gam·boge [gæmˈbuːʒ; -ˈbəʊdʒ] *s chem.* Gummiˈgutt *n*.

gam·bol [ˈgæmbl] **I** *v/i pret u. pp* **-boled,** *bes. Br.* **-bolled** (herˈum)tanzen, (-)hüpfen, Freuden- *od.* Luftsprünge machen. **II** *s* Freuden-, Luftsprung *m*.

gam·brel [ˈgæmbrəl] *s* **1.** (Sprung-) Gelenk *n* (*des Pferdes*). **2.** Spriegel *m* (*zum Aufhängen von geschlachtetem Vieh*). **3.** → **gambrel roof.** ~ **roof** *s arch.* a) *bes. Br.* Krüppelwalmdach *n*, b) *bes. Am.* Manˈsardendach *n*.

game[1] [geɪm] **I** *s* **1.** Scherz *m*, Ulk *m*: **to make (a) ~ of s.o.** sich über j-n lustig machen; **to make (a) ~ of s.th.** etwas ins Lächerliche ziehen. **2.** Unterˈhaltung *f*, Zeitvertreib *m*. **3.** (Karten-, Ball- *etc*) Spiel *n*: **the ~ of golf** das Golf(spiel); **to be on (off) one's ~** (nicht) in Form sein; **to play the ~** sich an die Spielregeln halten (*a. fig. fair sein*); **to play a good (poor) ~** gut (schlecht) spielen; **to play a good ~ of chess** ein guter Schachspieler sein; **to play a losing ~** ‚auf der Verliererstraße sein'; **to play a waiting ~** a) verhalten *od.* auf Abwarten spielen, b) *fig.* e-e abwartende Haltung einnehmen; **the ~ is four all** das Spiel steht 4 beide; → **chance** 1, **skill**[1]. **4.** (einzelnes) Spiel, Parˈtie *f* (*Schach etc*), Satz *m* (*Tischtennis*): ~, **set and match** (*Tennis*) Spiel, Satz u. Sieg. **5.** *pl ped.* Sport *m*. **6.** *fig.* Spiel *n*, Plan *m*, (geheime) Absicht: **I know his (little) ~** ich weiß, was er im Schilde führt; **to give the ~ away** sich *od.* alles verraten; **to give** (*od.* **throw**) **up the ~** das Spiel aufgeben; **the ~ is up** das Spiel ist aus; **to play s.o.'s ~** j-m in die Hände spielen; **to play a double ~** ein doppeltes Spiel treiben; **to beat s.o. at his own ~** j-n mit s-n eigenen Waffen schlagen; **to see through s.o.'s ~** j-s Spiel durchschauen; → **candle** 1, **two** 2. **7.** *pl fig.* Schliche *pl*, Tricks *pl*, Kniffe *pl*: **none of your ~s!** keine Dummheiten *od.* Tricks! **8.** Spiel *n* (*Geräte*): **a ~ of table tennis** ein Tischtennis(spiel). **9.** *colloq.* Branche *f*: **he's been in the ~ for five years** er ist schon seit 5 Jahren im Geschäft; **he's in the advertising ~** er macht in Werbung; **to be new to the ~** neu im Geschäft sein; **she's on the ~** *bes. Br.* ‚sie geht auf den Strich'. **10.** *hunt.* Wild *n*, jagdbare Tiere *pl*: **to fly at higher ~** *fig.* höher hinauswollen; → **big game, fair**[1] 8. **11.** Wildbret *n*: ~ **pie** Wildpastete *f*. **12.** *fig. obs.* Mut *m*, Schneid *m*. **II** *adj* (*adv* **~ly**) **13.** Jagd..., Wild... **14.** schneidig, mutig: **a ~ fighter**; → **die**[1] 1. **15.** a) aufgelegt (**for** zu): **to be ~ to do s.th.** dazu aufgelegt sein, etwas zu tun; **I'm ~ for a swim** ich habe Lust, schwimmen zu gehen, b) bereit (**for** zu; **to do** zu tun): **to be ~ for anything** für alles zu haben sein; **I'm ~** ich mache mit, ich bin dabei. **III** *v/i* **16.** (um Geld) spielen. **IV** *v/t* **17.** *meist* ~ **away** verspielen, verlieren.

game[2] [geɪm] *adj* lahm: **a ~ leg**.

game| bag *s* Jagdtasche *f*. ~ **bird** *s* Jagdvogel *m*. **ˈ~cock** *s* Kampfhahn *m* (*a. fig.*). ~ **fish** *s* Sportfisch *m*. ~ **fowl** *s* **1.** Federwild *n*. **2.** Kampfhahn *m*. ~ **hawk** *s orn.* Wanderfalke *m*. **ˈ~ˌkeep·er** *s bes. Br.* Wildhüter *m*.

gam·e·lan [ˈgæmɪlæn] *s* Gamelan *n* (*auf einheimischen Instrumenten spielendes Orchester auf Java u. Bali*).

game| law *s meist pl* Jagdgesetz *n*. ~ **li·cence** *s Br.* Jagdschein *m*.

ˈgame·ness *s* Mut *m*, Schneid *m*.

game| park *s* Wildpark *m*. ~ **plan** *s Am. fig.* Schlachtplan *m*, Strateˈgie *f*. ~ **point** *s sport* a) (für den Sieg) entscheidender Punkt, b) (*Tennis*) Spielball *m*, c) (*Tischtennis*) Satzball *m*. ~ **pre·serve** *s* Wildgehege *n*. ~ **pre·serv·er** *s* Wildheger *m*.

games·man·ship [ˈgeɪmzmənʃɪp] *s bes. sport* (Kunst *f* des Gewinnens unter) Einsatz *m* aller (gerade noch erlaubten) Mittel.

games| mas·ter *s ped. Br.* Sportlehrer *m*. ~ **mis·tress** *s ped. Br.* Sportlehrerin *f*.

game·some [ˈgeɪmsəm] *adj* (*adv* **~ly**) lustig, ausgelassen. **ˈgame·some·ness** *s* Lustigkeit *f*, Ausgelassenheit *f*.

game·ster [ˈgeɪmstə(r)] *s* (Glücks)Spieler *m*.

games the·o·ry *s math.* ˈSpieltheoˌrie *f*.

ga·met·al [gəˈmiːtl] *adj biol.* Gameten...

gam·e·tan·gi·um [ˌgæmɪˈtændʒɪəm] *pl* **-gi·a** [-dʒɪə] *s bot.* Gameˈtangium *n* (*Pflanzenzelle, in der sich die Geschlechtszellen in Ein- od. Mehrzahl bilden*).

gam·ete [ˈgæmiːt; gəˈmiːt] *s biol.* Gaˈmet *m* (*geschlechtlich differenzierte Fortpflanzungszelle*).

ga·met·ic [gəˈmetɪk] *adj* Gameten...

ga·me·to·cyte [gəˈmiːtəʊsaɪt] *s biol.* Gametoˈzyt *m* (*noch undifferenzierte Zelle, aus der die Gameten hervorgehen*).

gam·e·to·gen·e·sis [ˌgæmɪtəʊˈdʒenɪsɪs; gəˌmiːtə-] *s biol.* Gametogeˈnese *f* (*Entstehung der Gameten u. ihre Wanderung bis zur Befruchtung*). **ga·me·to·phore** [gəˈmiːtəʊfɔː(r); *Am. a.* -ˌfəʊr] *s bot.* Gametoˈphor *m* (*Träger der Geschlechtsorgane*). **ga·me·to·phyte** [gəˈmiːtəʊfaɪt] *s bot.* Gametoˈphyt *m* (*bei Pflanzen mit Generationswechsel die sich geschlechtlich durch Gameten fortpflanzende Generation*).

game ward·en *s* Jagdaufseher *m*.

gam·ey → **gamy**.

gam·ic [ˈgæmɪk] *adj biol.* geschlechtlich.

gam·in [ˈgæmɪn] *s* Gassenjunge *m*.

gam·ine [ˈgæmiːn; *Am.* gæˈmiːn] *s* **1.** Wildfang *m*, Range *f* (*Mädchen*). **2.** knabenhaftes Mädchen.

gam·ing [ˈgeɪmɪŋ] **I** *s* → **gambling** I. **II** *adj* → **gambling** II.

gam·ma [ˈgæmə] *s* **1.** Gamma *n* (*griechischer Buchstabe*). **2.** *phot.* Konˈtrastgrad *m.* **3.** *chem. pharm. obs.* Gamma *n* (*1 millionstel Gramm*). **4.** *a.* ~ **moth** *zo.* Gamma-Eule *f.* ~ **de·cay** *s Kernphysik*: ˈGammazerfall *m*, -ˌübergang *m.* ˈ~ **func·tion** *s math.* ˈGammafunktiˌon *f.* ~ **glob·u·lin** *s med.* Gammaglobuˈlin *n* (*zur Vorbeugung u. Behandlung verschiedener Krankheiten verwendeter Eiweißbestandteil des Blutplasmas*). ~ **i·ron** *s chem.* Gammaeisen *n.* ~ **ra·di·a·tion** *s Kernphysik*: Gammastrahlung *f.* ~ **ray** *s meist pl Kernphysik*: Gammastrahl *m.* ˈ~**-ray as·tron·o·my** *s* ˈGamma(strahlen)astronoˌmie *f.*

gam·mer [ˈgæmə(r)] *s bes. Br. humor. od. contp.* ‚Oma' *f*, ‚Mütterchen' *n.*

gam·mon¹ [ˈgæmən] *s* **1.** schwachgepökelter *od.* -geräucherter Schinken. **2.** unteres Stück e-r Speckseite.

gam·mon² [ˈgæmən] *mar.* **I** *s* Bugsprietzurring *f.* **II** *v/t das Bugspriet* am Vordersteven befestigen.

gam·mon³ [ˈgæmən] *bes. Br. colloq.* **I** *s* **1.** Humbug *m*, Schwindel *m.* **II** *v/i* **2.** Humbug reden. **3.** sich verstellen, so tun als ob. **III** *v/t* **4.** *j-n* ‚reinlegen'.

gam·my [ˈgæmɪ] *adj Br. colloq.* lahm: **a ~ leg.**

gam·o·gen·e·sis [ˌgæməʊˈdʒenɪsɪs] *s biol.* Gametogoˈnie *f*, geschlechtliche Fortpflanzung. ˌ**gam·oˈpet·al·ous** [-ˈpetələs] *adj bot.* sympeˈtal (*mit verwachsenen Kronblättern*).

gamp [gæmp] *s Br. colloq.* (*bes.* großer) Regenschirm.

gam·ut [ˈgæmət] *s* **1.** *mus.* a) *hist.* erste, tiefste Note (*in Guidos Tonleiter*), b) Tonleiter *f*, Skala *f.* **2.** *fig.* Skala *f*: **to run the whole ~ of emotion** die ganze Skala der Gefühle durchleben *od.* durchmachen.

gam·y [ˈgeɪmɪ] *adj* **1.** nach Wild riechend *od.* schmeckend. **2.** ~ **taste** a) Wildgeschmack *m*, b) Hautgout *m.* **3.** *fig.* mutig, schneidig.

gan [gæn] *pret von* **gin³**.

gan·der [ˈgændə(r)] *s* **1.** Gänserich *m*: → **sauce** 1. **2.** *colloq.* ‚Esel' *m.* **3.** *colloq.* (schneller) Blick: **to have** (*od.* **take**) **a ~ at** e-n Blick werfen auf (*acc*).

ga·nef [ˈgɑːnəf] *s Am. sl.* Ganeff *m*, Gaˈnove *m.*

gang¹ [gæŋ] **I** *s* **1.** (ˈArbeiter)Koˌlonne *f*, (-)Trupp *m.* **2.** Gang *f*, Bande *f.* **3.** Clique *f* (*a. contp.*). **4.** *contp.* Horde *f*, Rotte *f.* **5.** *tech.* Satz *m*: ~ **of tools.** **6.** *Weberei*: Gang *m.* **II** *v/t* **7.** mit e-r Bande angreifen. **III** *v/i* **8.** *meist* ~ **up** sich zs.-tun, sich zu e-r Gang *etc* zs.-schließen, *bes. contp.* sich zs.-rotten: **to ~ up against** (*od.* **on**) sich verbünden *od.* verschwören gegen; **to ~ up on prices** Preisabsprachen treffen.

gang² [gæŋ] → **gangue.**

ˈ**gang|·bang** *sl.* **I** *s* a) *Geschlechtsverkehr mehrerer Männer nacheinander mit* ˈ*einer Frau*, b) *Vergewaltigung e-r Frau durch mehrere Männer nacheinander.* **II** *v/t* a) nacheinˈander ‚bumsen', b) nacheinˈander vergewaltigen. ˈ~**board** *s mar.* Laufplanke *f.* ~ **boss** *s colloq.* Vorarbeiter *m*, Vormann *m.* ~ **con·dens·er** *s electr.* ˈMehrfach(ˌdreh)kondenˌsator *m.* ~ **cut·ter** *s tech.* Satz-, Mehrfachfräser *m.*

ganged [gæŋd] *adj tech.* meˈchanisch gekuppelt, zu Gleichlauf verbunden. ~ **switch** *s electr.* Paˈketschalter *m.* ~ **tun·ing** *s electr.* Einknopfabstimmung *f.*

gang·er [ˈgæŋə] *s Br.* Vorarbeiter *m*, Vormann *m.*

ˈ**gang·land** *s colloq.* ˈUnterwelt *f.*

gan·gle [ˈgæŋgl] *v/i* schlaksig gehen.

gan·gli·a [ˈgæŋglɪə] *pl von* **ganglion.**

gan·gli·ar [ˈgæŋglɪə(r)] *adj anat.* Ganglien... ˈ**gan·gli·at·ed** [-eɪtɪd], *a.* ˈ**gan·gli·ate** [-ət; -eɪt] *adj anat.* mit Ganglien (versehen): ~ **cord** *zo.* Grenzstrang *m.*

gan·gling [ˈgæŋglɪŋ] *adj* schlaksig, (hoch) aufgeschossen.

gan·gli·on [ˈgæŋglɪən] *pl* **-gli·a** [-glɪə] *od.* **-gli·ons** *s* **1.** Ganglion *n*: a) *anat.* Nervenknoten *m*: ~ **cell** Ganglienzelle *f*, b) *med.* ˈÜberbein *n.* **2.** *fig.* Knoten-, Mittelpunkt *m*, Zentrum *n.* ˌ**gan·gli·onˈec·to·my** [-ˈnektəmɪ] *s med.* Ganglionektoˈmie *f* (*operative Entfernung e-s Überbeins*).

ˈ**gang|·plank** → **gangway** 2c. ˈ~**-plough,** *bes. Am.* ˈ~ˌ**plow** *s agr.* Mehrfachpflug *m.* ~ **rape** → **gangbang** I b. ˈ~**-rape** → **gangbang** II b.

gan·grene [ˈgæŋgriːn] **I** *s* **1.** *med.* Brand *m*, Ganˈgrän *n.* **2.** *fig.* sittlicher Verfall. **II** *v/t* **3.** *med.* brandig machen. **III** *v/i* **4.** *med.* brandig werden, gangräˈneszieren. ˈ**gan·gre·nous** [-grɪnəs] *adj med.* brandig, gangräˈnös.

gang saw *s tech.* Gatter(säge *f*) *n.*

gang·ster [ˈgæŋstə(r)] **I** *s* Gangster *m*, Verbrecher *m.* **II** *adj* Gangster...: ~ **film.** ˈ**gang·ster·ism** *s* Gangstertum *n.*

gangue [gæŋ] *s tech.* ˈGangmineˌral *n*, taubes Gestein: **the ~ changes** das Gestein setzt ab; ~ **minerals** Gangarten.

ˈ**gang·way** **I** *s* **1.** ˈDurchgang *m*, Pasˈsage *f.* **2.** *mar.* a) Fallreep *n*, b) Fallreepstreppe *f*, c) Gangway *f*, Landungsbrücke *f.* **3.** *aer.* Gangway *f.* **4.** *Br. thea. etc* (Zwischen)Gang *m.* **5.** *Bergbau*: Strecke *f*: **main ~** Sohlenstrecke. **6.** *tech.* a) Schräge *f*, Rutsche *f*, b) Laufbühne *f*, -brücke *f*, c) Laufbrett *n.* **II** *interj* **7.** Vorsicht! (*Platz machen!*).

gan·net [ˈgænɪt] *s orn.* Tölpel *m.*

gant·let¹ [ˈgɔːntlət; ˈgɑːnt-] *Am.* → **gauntlet¹**.

gant·let² [ˈgæntlɪt; ˈgɔːnt-; *Am.* ˈgɔːntlət; ˈgɑːnt-] → **gauntlet²**.

gan·try [ˈgæntrɪ] *s* **1.** *tech.* Faßlager *n.* **2.** *a.* ~ **bridge** *tech.* Kranbrücke *f*: ~ **crane** Portalkran *m.* **3.** a) *rail.* Siˈgnalbrücke *f*, b) Schilderbrücke *f* (*auf Autobahnen etc*). **4.** *a.* ~ **scaffold** *Raumfahrt*: Monˈtageturm *m* (*e-r Abschußrampe*).

Gan·y·mede [ˈgænɪmiːd] **I** *npr* **1.** *myth.* Ganyˈmed *m* (*Mundschenk des Zeus*). **II** *s* **2.** *oft* **g~** Mundschenk *m.* **3.** *astr.* Ganyˈmed *m.*

gaol [dʒeɪl] *bes. Br.* → **jail.**

gap [gæp] *s* **1.** Lücke *f*: **to fill** (*od.* **stop**) **a ~** e-e Lücke (aus)füllen (*a. fig.*). **2.** Loch *n*, Riß *m*, Öffnung *f*, Spalt *m.* **3.** *mil.* a) Bresche *f*, b) Gasse *f* (*im Minenfeld*). **4.** (Berg)Schlucht *f*, Kluft *f.* **5.** *geol.* ˈDurchbruch *m.* **6.** *fig.* a) Lücke *f*, Leere *f*, b) Unterˈbrechung *f*, c) Zwischenraum *m*, -zeit *f*: **to close the ~** die Lücke schließen; **to leave a ~** e-e Lücke hinterlassen; ~ **in one's education** Bildungslücke. **7.** *fig.* Kluft *f*, ˈUnterschied *m*: **the ~ between rich and poor.** **8.** *aer.* Tragflächenabstand *m.* **9.** *electr.* Funkenstrecke *f.*

gape [geɪp] **I** *v/i* **1.** a) den Mund aufreißen (*vor Erstaunen etc*), b) *orn.* den Schnabel aufsperren. **2.** (mit offenem Mund) gaffen *od.* glotzen: **to ~ at** angaffen, anstarren, anglotzen; **to stand gaping** Maulaffen feilhalten. **3.** *obs.* gähnen. **4.** (auf)klaffen (*Wunde*), gähnen, klaffen (*Abgrund etc*). **5.** sich öffnen *od.* auftun (*Abgrund etc*). **II** *s* **6.** Gaffen *n*, Starren *n*, Glotzen *n.* **7.** gähnender Abgrund. **8.** *obs.* Gähnen *n.* **9.** *pl* (*als sg konstruiert*) a) *vet.* Schnabelsperre *f*, b) *colloq.* Gähnanfall *m*: **he got the ~s** er bekam e-n Gähnanfall. ˈ**gap·er** *s* **1.** Gaffer *m.* **2.** *ichth.* Gemeiner Sägebarsch. **3.** *zo.* Klaffmuschel *f.* ˈ**gap·ing** *adj* (*adv* **~ly**) **1.** gaffend, glotzend. **2.** klaffend (*Wunde*), gähnend (*Abgrund*). **3.** *obs.* gähnend.

ˈ**gap·less** *adj* lückenlos (*a. fig.*). ˈ**gap·py** *adj* (viele) Lücken aufweisend, lückenhaft (*beide a. fig.*).

ˈ**gap-toothed** *adj* a) mit auseinˈanderstehenden Zähnen, mit weiter Zahnstellung, b) mit Zahnlücken, zahnlückig.

gar [gɑː(r)] *s ichth.* Hornhecht *m.*

ga·rage [ˈgærɑːdʒ; -rɪdʒ; *Am.* gəˈrɑːʒ] **I** *s* **1.** Gaˈrage *f.* **2.** Reparaˈturwerkstätte *f* (u. Tankstelle *f*). **II** *v/t* **3.** *das Auto* a) in e-r Gaˈrage ab- *od.* ˈunterstellen, b) in die Gaˈrage fahren. ~ **sale** *s Am. Verkauf von gebrauchten* (*Haushalts*)*Gegenständen auf dem Grundstück des Eigentümers.*

Gar·a·mond [ˈgærəmɒnd; *Am.* -ˌmɑnd] *s print.* Garaˈmond *f* (*Schriftart*).

garb [gɑː(r)b] **I** *s* **1.** (*meist in Zssgn*) Gewand *n*, Tracht *f*: **clerical ~.** **2.** Aufmachung *f.* **3.** *fig.* a) (äußere) Form, b) Anschein *m.* **II** *v/t* **4.** kleiden.

gar·bage [ˈgɑː(r)bɪdʒ] *s* **1.** *bes. Am.* Abfall *m*, Müll *m*: ~ **can** a) Abfall-, Mülleimer *m*, b) Abfall-, Mülltonne *f*; ~ **chute** Müllschlucker *m*; ~ **collection** Müllabfuhr *f*; ~ **collector** (*od.* **man**) Müllmann *m*; ~ **truck** Müllwagen *m.* **2.** *fig.* a) Schund *m*, b) Unfug *m*, c) *Computer*: ungenaue *od.* wertlose Daten *pl.*

gar·ble [ˈgɑː(r)bl] *v/t* **1.** *e-n Text etc* a) durcheinˈanderbringen, b) (*durch Auslassungen etc*) verfälschen. **2.** *obs.* auslesen.

gar·bo [ˈgɑːbəʊ] *pl* **-bos** *s Austral. colloq.* Müllmann *m.*

gar·boil [ˈgɑː(r)bɔɪl] *s obs.* Lärm *m*, Tuˈmult *m.*

gar·çon·nière [ˌgɑːsɒnˈjeə; *Am.* ˌgɑːrsnˈjeər] *s* Junggesellenwohnung *f.*

gar·den [ˈgɑː(r)dn] **I** *s* **1.** Garten *m*: **the G~ of Eden** → **Eden**; **everything in the ~ is lovely** *colloq.* ‚es ist alles in (bester) Butter'. **2.** *fig.* Garten *m*, fruchtbare Gegend: **the ~ of England** *die Grafschaft Kent.* **3.** *oft pl* Garten(anlagen *pl*) *m*: → **botanical** I, **zoological.** **II** *adj* **4.** Garten...: ~ **chair** (**fence, swing, tools,** *etc*). **III** *v/i* **5.** im Garten arbeiten. **6.** Gartenbau treiben. ~**cen·ter,** *bes. Br.* ~**cen·tre** *s* Gartencenter *n.* ~**cit·y** *s Br.* Gartenstadt *f.* ~ **cress** *s bot.* Gartenkresse *f.*

ˈ**gar·den·er** *s* Gärtner(in).

gar·den|frame *s* Frühbeet *n.* ~**gnome** *s* Gartenzwerg *m.*

gar·de·ni·a [gɑː(r)ˈdiːnjə] *s bot.* Garˈdenie *f.*

ˈ**gar·den·ing** *s* **1.** Gartenbau *m.* **2.** Gartenarbeit *f.*

gar·den| mint *s bot.* Gartenminze *f.* ~ **par·ty** *s* Gartenfest *n*, -party *f.* ~**path** *s*: **to lead s.o. up the ~** j-n hinters Licht führen. ~ **sage** *s bot.* Echter Salbei. ~ **sor·rel** *s bot.* **1.** Gartenampfer *m.* **2.** Großer Sauerampfer. **G~ State** *s Am.* (*Beiname für*) New Jersey *n.* ~ **stuff** *s* Gartengewächse *pl*, -erzeugnisse *pl.* ~ **sub·urb** *s Br.* Gartenvorstadt *f.* ~ **truck** *s Am. für* **garden stuff.** ~ **war·bler** *s orn.* Gartengrasmücke *f.* ~ **white** *s zo.* Weißling *m.*

garde·robe [ˈgɑː(r)drəʊb] *s obs.* **1.** a) Kleiderschrank *m*, b) Gardeˈrobe *f* (*Kleidung*). **2.** a) Schlafzimmer *n*, b) Priˈvatzimmer *n.*

gare·fowl [ˈgeə(r)faʊl] → **great auk.**

gar·fish [ˈgɑː(r)fɪʃ] → **gar.**

gar·ga·ney [ˈgɑː(r)gənɪ] *s orn.* Knäkente *f.*

gar·gan·tu·an [gɑːˈgæntjʊən; *Am.* gɑːrˈgæntʃəwən] *adj* riesig, gewaltig, ungeheuer.

gar·get [ˈgɑː(r)gɪt] *s vet.* **1.** Blutfleckenkrankheit *f.* **2.** Milchdrüsenentzündung *f* (*der Kühe*).

gar·gle [ˈgɑː(r)gl] **I** *v/t* **1.** a) gurgeln mit: **to ~ salt water,** b) **to ~ one's throat**

gurgeln. **2.** *Worte* (her'vor)gurgeln. **II** *v/i* **3.** gurgeln. **III** *s* **4.** Gurgeln *n*: **to have a ~** gurgeln. **5.** Gurgelmittel *n*.

gar·goyle ['gɑ:(r)gɔɪl] *s* **1.** *arch.* Wasserspeier *m*. **2.** *fig.* gro'tesk häßliche Per'son.

gar·i·bal·di [ˌgærɪ'bɔ:ldɪ] *s* **1.** *hist.* (*e-e*) weite Bluse. **2.** *Br.* (*ein*) Ro'sinengebäck *n*.

gar·ish ['geərɪʃ] *adj* (*adv* **~ly**) grell (*Licht*), (*Farben a.*) schreiend, (*Parfüm*) aufdringlich, (*Einrichtung etc*) protzig, (*Eigenschaft etc*) abstoßend. **'gar·ish·ness** *s* Grellheit *f*, Aufdringlichkeit *f*, Protzigkeit *f*.

gar·land ['gɑ:(r)lənd] **I** *s* **1.** Gir'lande *f* (*a. arch.*), Blumengewinde *n*, -gehänge *n*, (*a. Sieges*)Kranz *m*. **2.** *fig.* Antholo'gie *f*, (*bes. Gedicht*)Sammlung *f*. **II** *v/t* **3.** *j-n* bekränzen.

gar·lic ['gɑ:(r)lɪk] *s bot.* Knoblauch *m*: **~ mustard** Lauchhederich *m*. **'gar·lick·y** *adj* **1.** knoblauchartig. **2.** nach Knoblauch riechend *od.* schmeckend.

gar·ment ['gɑ:(r)mənt] *s* **1.** Kleidungsstück *n*, *pl a.* Kleidung *f*. **2.** *fig.* Hülle *f*, Gewand *n*. **'gar·ment·ed** *adj* **1.** gekleidet. **2.** *fig.* (ein)gehüllt (**in** in *acc*).

gar·ner ['gɑ:(r)nə(r)] **I** *s* **1.** *obs.* Getreidespeicher *m*. **2.** Aufbewahrungsort *m*. **3.** Vorrat *m* (**of** an *dat*). **II** *v/t* **4.** a) speichern (*a. fig.*), b) aufbewahren (*a. fig.*). **5.** erlangen: **to ~ publicity** bekannt *od.* berühmt werden; **to ~ a reputation** sich e-n Namen machen *od.* e-n Ruf erwerben. **6.** a) sammeln (*a. fig.*), sich *Kenntnisse* erwerben, b) *Geldbetrag* einbringen (*Sammlung etc*).

gar·net ['gɑ:(r)nɪt] **I** *s* **1.** *min.* Gra'nat *m*. **2.** Gra'nat(farbe *f*) *n*. **II** *adj* **3.** gra'natrot.

gar·ni·er·ite ['gɑ:(r)nɪəraɪt] *s min.* Garnie'rit *m*.

gar·nish ['gɑ:(r)nɪʃ] **I** *v/t* **1.** (**with** mit) a) schmücken, verzieren, b) *fig.* ausschmücken. **2.** *gastr.* gar'nieren (**with** mit) (*a. fig.*). **3.** *jur.* a) *e-e Forderung* (*beim Drittschuldner*) pfänden: **to ~ wages** den Lohn pfänden, b) *dem Drittschuldner* ein Zahlungsverbot zustellen. **4.** *sl.* Geld erpressen von. **II** *s* **5.** a) Verzierung *f*, b) *fig.* Ausschmückung *f*. **6.** *gastr.* Gar'nierung *f* (*a. fig.*). **7.** *sl.* erpreßtes Geld. **ˌgar·nish'ee** [-'ʃi:] *jur.* **I** *s* Drittschuldner *m* (*bei Forderungspfändungen*): **~ order** a) (Forderungs)Pfändungsbeschluß *m*, b) → **garnishment** 2 b. **II** *v/t* → **garnish** 3. **'gar·nish·ment** *s* **1.** → **garnish** 5. **2.** *jur.* a) Forderungspfändung *f*: **~ of wages** Lohnpfändung, b) Zahlungsverbot *n* an den Drittschuldner, c) *Br.* Mitteilung *f* an den Pro'zeßgegner.

gar·ni·ture ['gɑ:(r)nɪtʃə(r)] → **garnish** 5.

ga·rotte → **garrot(t)e.**

gar·ret[1] ['gærət] *s arch.* a) Dachgeschoß *n*, b) Dachstube *f*, Man'sarde *f*.

gar·ret[2] ['gærət] *v/t arch.* *Mauerlücken* durch Steinsplitter ausfüllen.

gar·ret·eer [ˌgærə'tɪə(r)] *s* **1.** Man'sardenbewohner(in). **2.** *fig.* armer Po'et.

gar·ri·son ['gærɪsn] *mil.* **I** *s* **1.** Garni'son *f*: a) *Standort e-r* (*Besatzungs*)*Truppe*, b) *Gesamtheit der an e-m Standort stationierten* (*Besatzungs*)*Truppen*. **II** *v/t* **2.** *e-n Ort* mit e-r Garni'son belegen. **3.** *Truppen* in Garni'son legen: **to be ~ed** in Garnison liegen. **~ cap** *s* Feldmütze *f*, ‚Schiffchen' *n*. **~ com·mand·er** *s* 'Standortkommanˌdant *m*. **~ head·quar·ters** *s pl* (*oft als sg konstruiert*) 'Standortkommandanˌtur *f*. **~ house** *s hist. Am.* (befestigtes) Blockhaus (*der Siedler*). **~ town** *s* Garni'son(s)stadt *f*.

gar·rot ['gærət] → **goldeneye.**

gar·rot(t)e [gə'rɒt; *Am.* gə'rɑt; gə'rəʊt] **I** *s* **1.** *hist.* a) Gar'rotte *f*, Halseisen *n*, Würgschraube *f*, b) 'Hinrichtung *f* durch die Gar'rotte. **2.** *obs.* Erdrosselung *f*. **II** *v/t* **3.** *hist.* garrot'tieren. **4.** *j-n* erdrosseln (*bes. um ihn berauben zu können*).

gar·ru·li·ty [gæ'ru:lətɪ] *s* **1.** Geschwätzigkeit *f*, Redseligkeit *f*. **2.** Weitschweifigkeit *f*. **gar·ru·lous** ['gærʊləs] *adj* (*adv* **~ly**) **1.** geschwätzig, redselig. **2.** wortreich, weitschweifig: **a ~ speech**. **'gar·ru·lous·ness** → **garrulity.**

gar·ter ['gɑ:(r)tə(r)] **I** *s* **1.** a) Strumpfband *n*, b) Sockenhalter *m*, c) Ärmelhalter *m*, d) *Am.* Strumpfhalter *m*, Straps *m*: **~ belt** Hüfthalter *m*, -gürtel *m*. **2. the G~** a) der Hosenbandorden (*Abzeichen*), b) → **Order of the Garter**, c) die Mitgliedschaft des Hosenbandordens. **II** *v/t* **3.** mit e-m Strumpfband *etc* befestigen *od.* versehen. **~ snake** *s zo.* Nordamer. Vipernatter *f*.

gas [gæs] **I** *pl* **-es, -ses** *s* **1.** *chem.* Gas *n*. **2.** *Bergbau*: Grubengas *n*. **3.** (Brenn-, Leucht)Gas *n*: **to turn on (off) the ~** das Gas aufdrehen (abdrehen); **to cook by** (*od.* **with**) **~** mit Gas kochen. **4.** Lachgas *n*: **to have ~** Lachgas bekommen. **5.** *mil.* (Gift)Gas *n*, (Gas)Kampfstoff *m*: **~ attack** Gasangriff *m*. **6.** *colloq.* a) *Am.* Ben'zin *n*, ‚Sprit' *m*, b) 'Gaspeˌdal *n*: **to step on the ~** Gas geben, ‚auf die Tube drücken' (*beide a. fig.*). **7.** *colloq.* Gewäsch *n*, leeres *od.* großspuriges Geschwätz, ‚Blech' *n*. **8. to be a (real) ~** *bes. Am. sl.* a) (ganz große) ‚Klasse' sein (*Person*), (*Sache a.*) (unwahrscheinlich) Spaß machen: *looking after children* **is a real ~** *iro.* ist das reinste Vergnügen, b) ‚zum Schreien sein'. **II** *v/t* **9.** mit Gas versorgen *od.* beleuchten *od.* füllen. **10.** *tech.* mit Gas behandeln, begasen. **11.** vergasen, mit Gas töten *od.* vergiften. **12.** *bes. Am. sl.* ‚anmachen' (*in Begeisterung versetzen*). **III** *v/i* **13.** *a.* **~ up** *mot. Am. colloq.* (auf)tanken. **14.** *colloq.* faseln, ‚quatschen'.

'gas|-abˌsorb·ing *adj* 'gasabsorˌbierend: **~ coal** Aktivkohle *f*. **'~-bag** *s* **1.** *tech.* Gassack *m*, -zelle *f*. **2.** *colloq.* ‚Quatscher' *m*. **~ black** *s* Gasruß *m*. **~ bomb** *s mil.* Kampfstoffbombe *f*. **~ bot·tle** *s* Gasflasche *f*. **~ burn·er** *s* Gasbrenner *m*. **~ burn·ing** *s* Gasfeuerung *f*. **~ car·bon** *s chem.* Re'tortengraˌphit *m*, -kohle *f*. **~ cell** *s chem. phys.* Gaszelle *f*. **~ cham·ber** *s* Gaskammer *f*. **~ chro·ma·tog·ra·phy** *s chem.* 'Gaschromatograˌphie *f*. **~ coal** *s* Gaskohle *f*. **~ coke** *s tech.* Gas(werk)koks *m*.

Gas·con ['gæskən] **I** *s* **1.** *hist.* Gas'kogner *m*. **2. g~** *fig.* Prahler *m*. **II** *adj* **3.** *hist.* gas'konisch. **ˌgas·con'ade** [-'neɪd] **I** *s* Prahle'rei *f*. **II** *v/i* prahlen.

gas|con·stant *s phys.* 'Gaskonˌstante *f*. **~ cook·er** *s* Gasherd *m*. **'~-cooled re·ac·tor** *s* gasgekühlter Re'aktor. **~ cut·ting** *s tech.* Auto'gen-, Brennschneiden *n*. **~ cyl·in·der** *s tech.* Gasflasche *f*. **~ de·tec·tor** *s* **1.** *chem.* 'Gasdeˌtektor *m*, -reaˌgens *n*. **2.** Gasspürgerät *n*. **'~-disˌcharge tube** *s electr. phys.* Gasentladungs-, I'onenröhre *f*. **ˌ~-dy'nam·ics** *s pl* (*als sg konstruiert*) *phys.* 'Gasdyˌnamik *f*.

gas·e·i·ty [gæ'si:ətɪ] → **gaseousness.**

gas·e·lier [ˌgæsə'lɪə(r)] → **gas fixture** 2.

gas| en·gine *s tech.* 'Gasmotor *m*, -maˌschine *f*. **~ en·gi·neer·ing** *s chem.* Gastechnik *f*, Gasfach *n*.

gas·e·ous ['gæsjəs; -ɪəs; *Br. a.* 'geɪs-; *Am. a.* 'gæʃəs] *adj* **1.** *chem.* gasartig, -förmig: **~ body** gasförmiger Körper. **2.** *chem.* Gas...: **~ mixture**. **3.** *colloq.* leer, inhalts-, gehaltlos. **'gas·e·ous·ness** *s* **1.** Gaszustand *m*, -förmigkeit *f*. **2.** *colloq.* Inhalts-, Gehaltlosigkeit *f*.

gas| field *s* (Erd)Gasfeld *n*. **'~-filled** *adj* gasgefüllt. **'~ˌfired** *adj* mit Gasfeuerung, gasbeheizt. **~ fit·ter** *s* 'Gasinstalˌlaˌteur *m*. **~ fit·ting** *s* **1.** 'Gasinstallatiˌon *f*. **2.** *pl* 'Gasarmaˌturen *pl*. **~ fix·ture** *s* **1.** Gasarm *m*. **2.** Gasarm-, Gaskronleuchter *m*. **~ gan·grene** *s med.* Gasbrand *m*. **~ guz·zler** *s mot. Am. colloq.* ‚(Ben'zin-) Säufer' *m*.

gash [gæʃ] **I** *s* **1.** klaffende Wunde, tiefer Riß *od.* Schnitt. **2.** Spalte *f*, Einschnitt *m*. **II** *v/t* **3.** *j-m* e-e klaffende Wunde beibringen, *die Haut* aufreißen, aufschlitzen.

gas| heat·er *s* Gasofen *m*. **~ heat·ing** *s* Gasheizung *f*. **'~ˌhold·er** *s tech.* Gaso'meter *m*, Gasbehälter *m*. **'~ˌhouse** *s tech. Am.* Gaswerk *n*.

gas·i·fi·ca·tion [ˌgæsɪfɪ'keɪʃn] *s tech.* Vergasung *f*: **~ of coal** Kohlevergasung. **'gas·i·fi·er** [-faɪə(r)] *s tech.* Vergaser *m*. **'gas·i·form** [-fɔ:(r)m] *adj chem.* gasförmig. **'gas·i·fy** [-faɪ] *tech.* **I** *v/t* *Braunkohle, Koks* vergasen, in Gas verwandeln. **II** *v/i* zu Gas werden.

gas jet *s* **1.** Gasflamme *f*. **2.** Gasbrenner *m*.

gas·ket ['gæskɪt] *s* **1.** *tech.* 'Dichtung(smanˌschette *f*, -ring *m*) *f*: → **blow**[1] 29. **2.** *mar.* Segelleine *f*.

gas·kin ['gæskɪn] *s* **1.** → **gasket**. **2.** Hose *f*, 'Unterschenkel *m* (*e-s Pferds*).

gas| la·ser *s phys.* Gaslaser *m*. **~ law** *s phys.* Gasgesetz *n*. **'~-light** *s* **1.** Gaslicht *n*: **~ paper** *phot.* Gaslichtpapier *n*. **2.** Gasbrenner *m*. **3.** Gaslampe *f*. **~ light·er** *s* **1.** Gasfeuerzeug *n*. **2.** Gasanzünder *m*. **~ liq·uor** *s chem.* Gas-, Ammoni'akwasser *n*. **~ log** *s Am.* holzstückförmiger Gasbrenner. **~ main** *s tech.* (Haupt)Gasleitung *f*. **'~-man** [-mæn] *s irr* **1.** 'Gasinstallaˌteur *m*. **2.** Gasmann *m*, -ableser *m*. **3.** *Bergbau*: Wettersteiger *m*. **~ man·tle** *s* Gasglühstrumpf *m*. **~ mask** *s* Gasmaske *f*. **~ me·ter** *s tech.* Gasuhr *f*, -messer *m*, -zähler *m*. **~ mo·tor** → **gas engine**.

gas·o·lene → **gasoline.**

gas·o·line ['gæsəʊli:n; *Am. a.* ˌgæsə'li:n] *s* **1.** *chem.* Gaso'lin *n*, Gasäther *m*. **2.** *Am.* Ben'zin *n*: **~ attendant** Tankwart *m*; **~ bomb** Molotowcocktail *m*; **~ container** Benzinkanister *m*; **~ engine** Vergaser-, Benzinmotor *m*; **~ ga(u)ge** Kraftstoffmesser *m*, Benzinuhr *f*; **~ pump** Tank-, Zapfsäule *f*; **~ station** Tankstelle *f*.

gas·om·e·ter [gæ'sɒmɪtə; *Am.* gæ'sɑmətər] *s tech.* Gaso'meter *m*, Gasbehälter *m*.

gas·o·met·ric [ˌgæsəʊ'metrɪk] *adj* gaso'metrisch.

'gas|-ˌop·er·at·ed *adj*: **~ gun** *mil.* Gasdrucklader *m*. **~ ov·en** *s* Gasbackofen *m*.

gasp [gɑ:sp; *Am.* gæsp] **I** *v/i* **1.** keuchen (*a. Maschine etc*), schwer atmen: **to ~ for breath** nach Luft schnappen, nach Atem ringen; **to ~ for s.th.** *fig.* nach etwas lechzen. **2.** den Atem anhalten (**with, in** vor *dat*): **to make s.o. ~** j-m den Atem nehmen *od.* verschlagen; **the sight made him ~** bei dem Anblick stockte ihm der Atem. **II** *v/t* **3.** *meist* **~ out** *Worte* keuchen, (keuchend) her'vorstoßen: **to ~ one's life out** sein Leben aushauchen. **III** *s* **4.** Keuchen *n*, schweres Atmen: **to be at one's last ~** a) in den letzten Zügen liegen, b) völlig erschöpft sein; **to fight to the last ~** bis zum letzten Atemzug kämpfen. **5.** Laut *m* des Erstaunens *od.* Erschreckens. **'gasp·er** *s Br. sl.* ‚Sargnagel' *m* (*billige Zigarette*).

gas| pipe *s tech.* Gasrohr *n*. **~ plant**[1] *s bot.* Diptam *m*. **~ plant**[2] → **gasworks**. **~ pli·ers** *s pl* (*a. als sg konstruiert*) *tech.* Gasrohrzange *f*: **a pair of ~** e-e Gasrohrzange. **~ pock·et** *s* **1.** *tech.* Gaseinschluß *m*, -blase *f* (*in Glas, Gußstücken*). **2.** *mil.* Gassumpf *m*. **~ pro·jec·tor** *s mil.* Gaswerfer *m.* '**~proof** *adj* gasdicht. **~ range** *s Am.* Gasherd *m.* **~ ring** *s* **1.** Gasbrenner *m*, -ring *m.* **2.** Dichtungsring *m.* **~ seal** *s chem.* Gasverschluß *m.*

gas·ser ['gæsə(r)] *s* **1.** *tech.* Gas freigebende Ölquelle. **2.** *tech.* Tuch-, Garngaser *m.* **3.** *colloq.* ‚Quatscher' *m.* **4.** *Am. sl.* ‚Knüller' *m*, ‚tolle Sache'. '**gas·sing** *s* **1.** *tech.* Behandlung *f* mit Gas, (Be-)Gasen *n.* **2.** Vergasen *n*, Vergasung *f.* **3.** *electr.* Gasentwicklung *f.* **4.** *colloq.* ‚Quatschen' *n*, ‚Quatsche'rei' *f.*

gas| sta·tion *s Am. colloq.* Tankstelle *f.* **~ stove** *s* Gasofen *m*, Gasherd *m.*

gas·sy ['gæsɪ] *adj* **1.** a) gashaltig, b) gasartig, c) voll Gas. **2.** kohlensäurehaltig. **3.** *colloq.* geschwätzig.

gas| tank *s* **1.** Gasbehälter *m.* **2.** *Am. colloq.* Ben'zintank *m.* **~ tar** *s tech.* Gas(werks)teer *m.*

gas·ter·o·pod ['gæstərəpɒd; *Am.* -ˌpɑd] → **gastropod.**

'**gas|·tight** *adj* gasdicht. **~ torch** *s tech.* Gasschweißbrenner *m.*

gas·tral·gi·a [gæ'strældʒə] *s med.* Gastral'gie *f*, Magenschmerz(en *pl*) *m.* **gas·trec·to·my** [gæ'strektəmɪ] *s med.* Gastrekto'mie *f* (*operative Entfernung des Magens*).

gas·tric ['gæstrɪk] *adj med. physiol.* gastrisch, Magen...: **~ acid** Magensäure *f*; **~ gland** Magendrüse *f*; **~ juice** Magensaft *m*; **~ ulcer** Magengeschwür *n*; → **irritation** 2. '**gas·trin** [-trɪn] *s physiol.* Ga'strin *n* (*die Sekretion des Magensaftes anregendes Hormon*). **gas·tri·tis** [gæ'straɪtɪs] *s med.* Ga'stritis *f*, Magenschleimhautentzündung *f.*

gas·tro·en·ter·ic [ˌgæstrəʊen'terɪk] *adj med. physiol.* gastroen'terisch (*Magen u. Darm betreffend*): **~ influenza** Darmgrippe *f.*

gas·tro·en·ter·i·tis [ˌgæstrəʊˌentə'raɪtɪs] *s med.* Gastroente'ritis *f*, 'Magen-'Darm-Kaˌtarrh *m.*

gas·tro·en·ter·ol·o·gist [ˌgæstrəʊˌentə'rɒlədʒɪst; *Am.* -'rɑ-] *s med.* Gastroentero'loge *m* (*Facharzt für Magen- u. Darmkrankheiten*). '**gas·troˌen·ter·'ol·o·gy** *s med.* Gastroenterolo'gie *f* (*Wissenschaft von den Magen- u. Darmkrankheiten*).

gas·tro·en·ter·os·to·my [ˌgæstrəʊˌentə'rɒstəmɪ; *Am.* -'rɑ-] *s med.* Gastroenterosto'mie *f* (*operativ geschaffene Verbindung zwischen Magen u. Dünndarm*).

gas·tro·in·tes·ti·nal [ˌgæstrəʊɪn'testɪnl] *adj med. physiol.* gastrointesti'nal (*Magen u. Darm betreffend*).

gas·tro·lith ['gæstrəlɪθ] *s med.* Gastro'lith *m*, Magenstein *m.*

gas·trol·o·gist [gæ'strɒlədʒɪst; *Am.* -'strɑ-] *s* **1.** *med.* Facharzt *m* für Magenkrankheiten. **2.** *humor.* Kochkünstler *m.* **gas'trol·o·gy** *s* **1.** *med.* Wissenschaft *f* von den Magenkrankheiten. **2.** *humor.* Kochkunst *f.*

gas·tro·nome ['gæstrənəʊm], *a.* **gas·tron·o·mer** [gæ'strɒnəmə(r); *Am.* -'strɑ-] *s* Feinschmecker *m*, Gour'met *m.* ˌ**gas·tro'nom·ic** [-'nɒmɪk; *Am.* -'nɑ-] *adj*; ˌ**gas·tro'nom·i·cal** *adj* (*adv* **~ly**) gastro'nomisch, feinschmeckerisch. **gas'tron·o·mist** → **gastronome.** **gas'tron·o·my** *s* **1.** Gastrono'mie *f* (*feine Kochkunst*). **2.** *fig.* Küche *f*: **the Italian ~.**

gas·tro·pod ['gæstrəpɒd; *Am.* -ˌpɑd] *s zo.* Gastro'pode *m*, Schnecke *f* (*als Gattungsbezeichnung*).

gas·tro·scope ['gæstrəskəʊp] *s med.* Gastro'skop *n*, Magenspiegel *m.* **gas·tros·co·py** [gæ'strɒskəpɪ; *Am.* -'strɑ-] *s med.* Gastrosko'pie *f*, Magenspiegelung *f.*

gas·tros·to·my [gæ'strɒstəmɪ; *Am.* -'strɑ-] *s med.* Gastrosto'mie *f* (*operatives Anlegen e-r Magenfistel, bes. zur künstlichen Ernährung*).

gas·tro·to·my [gæ'strɒtəmɪ; *Am.* -'strɑ-] *s med.* Gastroto'mie *f* (*operative Öffnung des Magens*).

gas·tru·la ['gæstrʊlə] *pl* **-lae** [-liː], **-las** *s zo.* Gastrula *f* (*zweischichtiger Becherkeim*).

gas| tube *s phys.* Gasentladungsröhre *f.* **~ tur·bine** *s tech.* 'Gasturˌbine *f.* **~ wash·er** *s tech.* 'Gaswaschappaˌrat *m.* **~ weld·ing** *s tech.* Gas(schmelz)schweißen *n.* **~ well** *s tech.* (Erd)Gasquelle *f.* '**~works** *s pl* (*meist als sg konstruiert*) *tech.* Gaswerk *n.*

gat¹ [gæt] *obs. pret von* **get.**

gat² [gæt] *s mar.* Gat(t) *n*, enge 'Durchfahrt.

gat³ [gæt] *s bes. Am. sl.* ‚Schießeisen' *n*, ‚Ballermann' *m.*

gate¹ [geɪt] **I** *s* **1.** (*Stadt-, Garten- etc*)Tor *n*, Pforte *f* (*beide a. fig.*). **2.** *fig.* Zugang *m*, Weg *m* (to zu). **3.** a) *rail.* Sperre *f*, Schranke *f*, b) *aer.* Flugsteig *m.* **4.** (enger) Eingang, (schmale) 'Durchfahrt. **5.** *Bibl.* Gerichtsstätte *f.* **6.** (Gebirgs)Paß *m.* **7.** *tech.* (Schleusen)Tor *n.* **8.** *sport* a) *bes. Skisport*: Tor *n*: **to miss a ~** ein Tor auslassen, an e-m Tor vorbeifahren; *he was disqualified* **for missing a ~** wegen e-s Torfehlers, b) → **starting gate.** **9.** *sport* a) Besucher(zahl *f*) *pl*, b) (eingenommenes) Eintrittsgeld, (Gesamt)Einnahmen *pl.* **10.** *tech.* Ven'til *n*, Schieber *m.* **11.** *Gießerei*: (Einguß)Trichter *m*, Anschnitt *m.* **12.** *phot.* Bild-, Filmfenster *n.* **13.** *TV* Ausblendstufe *f.* **14.** *electr.* 'Torimˌpuls *m.* **15.** *Am. colloq.* a) Entlassung *f*, b) ‚Laufpaß' *m*: **to get the ~** ‚gefeuert' werden; **to give s.o. the ~** j-n ‚feuern'; j-m den Laufpaß geben. **II** *v/t* **16.** *ped. univ. Br.* *j-m* den Ausgang sperren: **he was ~d** er erhielt Ausgangsverbot.

gate² [geɪt] *s obs. od. dial.* **1.** Straße *f*, Weg *m.* **2.** *fig.* Weg *m*, Me'thode *f.*

ga·teau, *Br. a.* **gâ·teau** ['gætəʊ; *Am.* gɑː'təʊ] *pl* **-teaux** [-təʊz] *s* Torte *f.*

'**gate|-crash** *colloq.* **I** *v/i* a) uneingeladen kommen *od.* 'hingehen, b) sich ohne zu bezahlen hin'ein- *od.* her'einschmuggeln. **II** *v/t* a) uneingeladen kommen *od.* gehen zu, b) sich ohne zu bezahlen schmuggeln in (*acc*). '**~-ˌcrash·er** *s colloq.* a) uneingeladener Gast, Eindringling *m*, b) *j-d, der sich ohne zu bezahlen in ein Konzert etc geschmuggelt hat.* '**~fold** *s* Faltblatt *n* (*in e-m Buch etc*). '**~house** *s* **1.** Pförtnerhaus *n.* **2.** *hist.* Pförtner-, Wachzimmer *n*, *a.* Gefängnis *n* (*über e-m Stadttor*). **3.** *tech.* Schleusenhaus *n.* '**~ˌkeep·er** *s* **1.** Pförtner *m.* **2.** *rail.* Bahn-, Schrankenwärter *m.* '**~-leg(ged) ta·ble** *s* Klapptisch *m.* '**~man** [-mən] *bes. Am. für* **gatekeeper.** **~ mon·ey** → **gate¹** 9 b. '**~post** *s* Tor-, Türpfosten *m*: → **between** 2. **~ saw** *s tech.* Gattersäge *f.* '**~way** *s* **1.** Torweg *m*, Einfahrt *f.* **2.** Torrahmen *m*, 'Torˌüberbau *m.* **3.** *fig.* Tor *n*, Zugang *m* (to zu).

gath·er ['gæðə(r)] **I** *v/t* **1.** *etwas* (an-)sammeln, anhäufen: **to ~ wealth** Reichtümer aufhäufen *od.* sammeln; **to ~ experience** Erfahrung(en) sammeln; **to ~ facts** Fakten zs.-tragen, Material sammeln; **to ~ information** Informationen einholen *od.* einziehen; **to ~ strength** Kräfte sammeln, zu Kräften kommen. **2.** *Personen* versammeln: → **father** 3. **3.** a) *Blumen etc* pflücken, b) ernten, sammeln. **4.** a) *a.* **~ up** auflesen, (-)sammeln, (*vom Boden*) aufheben, aufnehmen: **to ~ together** zs.-suchen, zs.-raffen; **to ~ s.o. in one's arms** j-n in die Arme nehmen *od.* schließen, b) *sport Ball etc* annehmen. **5.** erwerben, gewinnen, ansetzen: **to ~ dust** staubig werden, verstauben; **his books are ~ing dust in the libraries** s-e Bücher verstauben in den Bibliotheken (*werden nicht gelesen*); **to ~ way** a) *mar.* Fahrt aufnehmen, in Fahrt kommen (*a. fig.*), b) *fig.* sich durchsetzen; **to ~ speed** Geschwindigkeit aufnehmen, schneller werden; → **head** *Bes. Redew.* **6.** *Näherei*: raffen, kräuseln, zs.-ziehen. **7.** *meist* **~ up** *Kleid etc* aufnehmen, zs.-raffen. **8.** *die Stirn* in Falten ziehen. **9.** *meist* **~ up** *die Beine* einziehen. **10.** *fig.* folgern (*a. math.*), schließen, sich zs.-reimen (**from** aus). **II** *v/i* **11.** sich (ver)sammeln *od.* scharen (**round s.o.** um j-n). **12.** sich häufen, sich (an)sammeln. **13.** sich zs.-ziehen *od.* zs.-ballen (*Wolken, Gewitter, a. fig.*). **14.** anwachsen, zunehmen, sich entwickeln. **15.** sich in Falten legen (*Stirn*). **16.** *med.* a) reifen (*Abszeß*), b) eitern (*Wunde*).

'**gath·er·er** *s* **1.** (Ein)Sammler *m.* **2.** *agr.* a) Schnitter *m*, b) Winzer *m.* **3.** *Buchbinderei*: a) Zs.-träger *m*, b) Zu'sammentragmaˌschine *f.* **4.** *Glasfabrikation*: Ausheber *m.* '**gath·er·ing** *s* **1.** Sammeln *n.* **2.** Sammlung *f.* **3.** a) (Menschen)Ansammlung *f*, b) Versammlung *f*, Zs.-kunft *f.* **4.** *Buchbinderei*: Lage *f.* **5.** *med.* a) Reifen *n*, b) Eitern *n*, Eiterung *f.* **6.** *Näherei*: Kräuseln *n.*

gat·ing ['geɪtɪŋ] *s* **1.** *electr.* a) Austastung *f*, Ausblendstufe *f* (*Kathodenstrahlröhre*), b) (Si'gnal)Auswertung *f* (*Radar*). **2.** *ped. univ. Br.* Ausgangsverbot *n.*

gauche [gəʊʃ] *adj* **1.** linkisch. **2.** taktlos. '**gauche·ness** *s* **1.** linkische Art. **2.** Taktlosigkeit *f.* **gau·che·rie** ['gəʊʃəriː; *bes. Am.* ˌgəʊʃə'riː] *s* **1.** → **gaucheness.** **2.** Taktlosigkeit *f* (*Bemerkung etc*).

gau·cho ['gaʊtʃəʊ] *pl* **-chos** *s* Gaucho *m.*

gaud [gɔːd; *Am. a.* gɑːd] *s* **1.** billiges *od.* wertloses Schmuckstück. **2.** *oft pl* (über-'triebener) Prunk, Pomp *m.* '**gaud·er·y** *s* **1.** Flitter(kram) *m.* **2.** → **gaud** 2. '**gaud·i·ness** *s* auffällige Buntheit, Protzigkeit *f.* '**gaud·y I** *adj* (*adv* **gaudily**) auffällig bunt, (*Farben*) grell, schreiend, (*Einrichtung etc*) protzig. **II** *s ped. univ. Br.* (jährliches) Festessen (*e-r Schule od. e-s College*).

gauf·fer ['gəʊfə(r); *Am. a.* 'gɑːfər; 'gɔː-] → **goffer.**

gauge [geɪdʒ] **I** *v/t* **1.** *tech.* (ab-, aus-)messen, ablehren, prüfen. **2.** *tech.* eichen, ju'stieren, kali'brieren. **3.** *fig.* (ab)schätzen, ta'xieren, beurteilen. **II** *s* **4.** *tech.* Nor'mal-, Eichmaß *n.* **5.** 'Umfang *m*, Inhalt *m*: **to take the ~ of** *fig.* → 3. **6.** *fig.* Maßstab *m*, Norm *f* (**of** für). **7.** *tech.* Meßgerät *n*, Anzeiger *m*, Messer *m*: a) Pegel *m*, Wasserstandsmesser *m*, b) Mano'meter *n*, Druckmesser *m*, c) Lehre *f*, d) Maß-, Zollstab *m*, e) *print.* Zeilenmaß *n.* **8.** *tech.* (*bes.* Blech-, Draht)Stärke *f*, (-)Dicke *f.* **9.** *Strumpffabrikation*: Gauge *n* (*Maß zur Angabe der Maschenzahl*). **10.** *mil.* Ka'liber *n* (*bei nichtgezogenen Läufen*). **11.** *rail.* Spur(weite) *f.* **12.** *mar.* Abstand *m od.* Lage *f* (*e-s Schiffes*). **~ door** *s Bergbau*: Wettertür *f.* **~ glass** *s tech.* **1.** Wasserstandsglas *n.* **2.** Flüssigkeitsstandanzeiger *m.* **~ lathe** *s tech.* Präzisi'onsdrehbank *f.* **~ point** *s tech.* Körner *m.*

gaug·er ['geɪdʒə(r)] *s* **1.** (Aus)Messer *m.* **2.** Eicher *m*, Eichmeister *m.*

gauge| ring *s electr.* Paßring *m.* **~ rod** *s rail.* Spurstange *f.*

gaug·ing ['geɪdʒɪŋ] *s tech.* **1.** Messung *f.* **2.** Eichung *f*: **~ office** Eichamt *n*; **~ rod** Eichmaß *n*, -stab *m.*

Gaul [gɔːl] *s* **1.** *hist.* Gallier *m.* **2.** Fran'zose *m.* '**Gaul·ish I** *adj* **1.** gallisch. **2.** fran'zösisch. **II** *s* **3.** *ling. hist.* Gallisch *n*, das Gallische.

Gaull·ism [ˈgəʊlɪzəm; ˈgɔː-] *s pol.* Gaulˈlismus *m.* ˈ**Gaull·ist I** *s* Gaulˈlist(in). **II** *adj* gaulˈlistisch.
gault [gɔːlt] *s geol.* Gault *m*, Flammenmergel *m.*
gaunt [gɔːnt; *Am. a.* gɑːnt] *adj* (*adv* ~**ly**) **1.** a) hager, b) ausgemergelt, ausgezehrt. **2.** verlassen (*Gebäude*), (*Gegend a.*) öde, (*Baum etc*) kahl.
gaunt·let[1] [ˈgɔːntlɪt; *Am. a.* ˈgɑːnt-] *s* **1.** *mil. hist.* Panzerhandschuh *m.* **2.** *fig.* Fehdehandschuh *m*: **to fling** (*od.* **throw**) **down the** ~ (**to s.o.**) (j-m) den Fehdehandschuh hinwerfen, (j-n) herausfordern; **to pick** (*od.* **take**) **up the** ~ den Fehdehandschuh aufnehmen, die Herausforderung annehmen. **3.** Schutzhandschuh *m.*
gaunt·let[2] [ˈgɔːntlɪt; *Am. a.* ˈgɑːnt-] *s*: **to run the** ~ Spießruten laufen (*a. fig.*); **to run the** ~ **of s.th.** *fig.* etwas (*Unangenehmes*) durchstehen müssen.
ˈ**gaunt·ness** *s* **1.** a) Hagerkeit *f*, b) Ausgezehrtheit *f.* **2.** Öde *f*, Kahlheit *f.*
gaun·try [ˈgɔːntrɪ] → **gantry**.
gaup → **gawp**.
gaur [ˈgaʊə(r)] *s zo.* Gaur *m.*
gauss [gaʊs] *pl* **gauss** *s phys.* Gauß *n* (*Einheit der magnetischen Induktion*). ˈ**Gauss·i·an** *adj* Gaußsch(er, e, es): ~ **distribution** *math.* Normalverteilung *f*, Gauß-Verteilung *f.*
gauze [gɔːz] *s* **1.** Gaze *f*, *med. a.* (Verband[s])Mull *m*: ~ **bandage** *med.* Gaze-, Mullbinde *f*; ~ **pack** *med.* Gazetupfer *m*; ~ **veil** Gazeschleier *m.* **2.** → **wire gauze**. **3.** Dunst *m*, (Nebel)Schleier *m.* ˈ**gauz·y** *adj* gazeartig, hauchdünn.
ga·vage [ˈgævɑːʒ; *Am.* gəˈvɑːʒ] *s med.* Sondenernährung *f.*
gave [geɪv] *pret von* **give**.
gav·el [ˈgævl] *s* **1.** Hammer *m* (*e-s Auktionators, Vorsitzenden etc*). **2.** Schlegel *m* (*e-s Maurers*).
gav·el·kind [ˈgævlkaɪnd] *s jur. hist. Br.* **1.** Erbrecht *n* an Lehns- *od.* Grundbesitz der ehelichen Abkömmlinge zu gleichen Teilen. **2.** (*e-e solche*) Lehnbesitzteilung.
ga·vot(te) [gəˈvɒt; *Am.* gəˈvɑt] *s mus.* Gaˈvotte *f.*
gawk [gɔːk] **I** *s contp.* ‚Bauer' *m.* **II** *v/i* → **gawp**. ˈ**gawk·y** *adj contp.* bäurisch.
gawp [gɔːp] *v/i* glotzen: **to** ~ **at** glotzen auf (*acc*), anglotzen (*acc*).
gay [geɪ] **I** *adj* (*adv* **gaily**) **1.** lustig, fröhlich. **2.** a) bunt, (farben)prächtig: **the meadows were** ~ **with flowers** die Wiesen waren mit bunten Blumen übersät; **the streets were** ~ **with flags** die Straßen waren fahnengeschmückt, b) fröhlich, lebhaft (*Farben*). **3.** a) flott (*Leben*), b) lebenslustig: **a** ~ **dog** *colloq.* ein ‚lockerer Vogel'. **4.** liederlich (*Frau*). **5.** *colloq.* a) ‚schwul' (*homosexuell*), b) Schwulen...: **G**~ **Lib**(**eration**) Schwulenbewegung *f*; **G**~ **Libber** Anhänger *m* der Schwulenbewegung. **6.** *Am. colloq.* ‚pampig', frech: **don't get** ~ **with me!** komm mir bloß nicht frech! **II** *s* **7.** *colloq.* ‚Schwule(r)' *m.*
gaze [geɪz] **I** *v/i* starren: **to** ~ **at** starren auf (*acc*), anstarren (*acc*); **to** ~ (**up**)**on** ansichtig werden (*gen*). **II** *s* (starrer) Blick, Starren *n.*
ga·ze·bo [gəˈziːbəʊ; *Am. a.* -ˈzeɪ-] *pl* **-bos, -boes** *s* Gebäude *n* mit schönem Ausblick.
ˈ**gaze·hound** *s hunt. Jagdhund, der das Wild mit den Augen verfolgt.*
ga·zelle [gəˈzel] *pl* **-ˈzelles,** *bes. collect.* **-ˈzelle** *s zo.* Gaˈzelle *f.*
gaz·er [ˈgeɪzə(r)] *s j-d, der j-n od. etwas anstarrt.*
ga·zette [gəˈzet] **I** *s* **1.** Zeitung *f.* **2.** *Br.* Amtsblatt *n*, Staatsanzeiger *m* (*in dem Rechtsverordnungen, Beförderungen, Konkursverfahren etc bekanntgegeben werden*). **II** *v/t* **3.** *Br.* im Amtsblatt bekanntgeben *od.* veröffentlichen: **he was** ~**d general** s-e Beförderung zum General wurde im Staatsanzeiger bekanntgegeben. **gaz·et·teer** [ˌgæzəˈtɪə(r)] *s* **1.** *obs.* (ˈZeitungs-) Journaˌlist *m.* **2.** alphaˈbetisches Ortsverzeichnis mit Ortsbeschreibung.
ga·zump [gəˈzʌmp] *Br.* **I** *v/i* (*bes. bei Grundbesitztransaktionen*) in der Zeit zwischen der unverbindlichen Einigung über den Kaufpreis u. dem Abschluß des Kaufvertrags den Preis erhöhen. **II** *v/t* a) *j-n* betrügen, b) *j-m* zuˈviel berechnen *od.* abverlangen. **III** *s* Preiserhöhung *f* in der Zeit zwischen der unverbindlichen Einigung über den Kaufpreis u. dem Abschluß des Kaufvertrags.
gear [gɪə(r)] **I** *s* **1.** *tech.* a) Zahn-, Getrieberad *n*, b) Getriebe *n*, Triebwerk *n.* **2.** *tech.* Eingriff *m*: **in** ~ a) eingerückt, -geschaltet, in Gang, b) *fig.* vorbereitet, c) *fig.* in Ordnung; **to be in** ~ *fig.* funktionieren; **to be in** ~ **with** im Eingriff stehen mit (*Zahnräder*); **out of** ~ a) ausgerückt, außer Eingriff, ausgeschaltet, b) *fig.* in Unordnung; **to be out of** ~ *fig.* nicht funktionieren; **to throw out of** ~ a) ausrücken, -schalten, b) *fig.* durcheinanderbringen. **3.** *tech.* a) Überˈsetzung *f*, b) *mot. etc* Gang *m*: **first** (**second**, *etc*) ~; **in high** ~ in e-m schnellen *od.* hohen Gang; **in low** (*od.* **bottom**) ~ im ersten Gang; (**in**) **top** ~ im höchsten Gang, mit höchster Geschwindigkeit (*a. fig.*); **the car is** (**I am**, *etc*) **in** ~ es ist ein Gang eingelegt; **the car is** (**I am**, *etc*) **out of** ~ es ist kein Gang eingelegt, der Gang ist herausgenommen; **to change** (*bes. Am.* **shift**) ~(**s**) schalten; **to change into second** ~ den zweiten Gang einlegen, in den zweiten Gang schalten; **to put the car into** ~ e-n Gang einlegen, c) *pl mot.* Getriebe *n*, (*e-s Fahrrads*) Gangschaltung *f.* **4.** *aer. mar. etc* (*meist in Zssgn*) Vorrichtung *f*, Gerät *n*: → **landing gear**, **steering gear**. **5.** Ausrüstung *f*, Gerät *n*, Werkzeug(e *pl*) *n*, Zubehör *n*: **fishing** ~ Angelgerät, -zeug *n.* **6.** *colloq.* Hausrat *m.* **7.** *colloq.* Habseligkeiten *pl*, Sachen *pl.* **8.** *colloq.* Kleidung *f*, Aufzug *m.* **9.** (Pferde- *etc*)Geschirr *n.* **II** *v/t* **10.** *tech.* a) mit e-m Getriebe versehen, b) überˈsetzen, c) in Gang setzen (*a. fig.*), einschalten: **to** ~ **up** ins Schnelle übersetzen, *fig.* heraufsetzen, verstärken, steigern; **to** ~ **down** ins Langsame übersetzen, *fig.* drosseln. **11.** *fig.* (**to, for**) einstellen (auf *acc*), anpassen (*dat od.* an *acc*), abstimmen (auf *acc*): **to** ~ **production to demand** die Produktion der Nachfrage anpassen. **12.** ausrüsten. **13.** *oft* ~ **up** *Zugtiere* anschirren. **III** *v/i* **14.** *tech.* a) ineinˈandergreifen (*Zahnräder*), b) eingreifen (**into, with** in *acc*). **15.** *tech.* in Gang kommen *od.* sein (*a. fig.*). **16. to** ~ **up** (**down**) *mot.* hinauf-(herunter)schalten. **17.** *fig.* (**with**) abgestimmt sein (auf *acc*), eingerichtet sein (für), passen (zu).
ˈ**gear**|**·box** *s tech.* Getriebe(gehäuse) *n.* ~ **change** *s mot. Br.* (Gang)Schaltung *f.* ~ **cut·ter** *s tech.* ˈZahnradˌfräsmaˌschine *f.* ~ **drive** → **gearing** 1.
geared [gɪə(r)d] *adj* verzahnt, Getriebe...
ˈ**gear·ing** *s tech.* **1.** (Zahnrad)Getriebe *n*, (-)Antrieb *m*, Vorgelege *n*, Triebwerk *n.* **2.** Überˈsetzung *f* (*e-s Getriebes*). **3.** Verzahnung *f.*
ˈ**gear·less** *adj tech.* räder-, getriebelos.
gear| **le·ver** *s mot. Br.* Schalthebel *m.* ~ **ra·tio** *s tech.* Überˈsetzung(sverhältnis *n*) *f.* ~ **rim** *s tech.* Zahn(rad)kranz *m.* ~ **shaft** *s tech.* Getriebewelle *f.* ˈ~**shift** *s mot. Am.* **1.** (Gang)Schaltung *f.* **2.** *a.* ~ **lever** Schalthebel *m.* ˈ~**wheel** *s tech.* Getriebe-, Zahnrad *n.*
geck·o [ˈgekəʊ] *pl* **-os, -oes** *s zo.* Gecko *m.*
gee[1] [dʒiː] *s* G, g *n* (*Buchstabe*).
gee[2] [dʒiː] **I** *s Kindersprache*: ‚Hotteˈhü' *n* (*Pferd*). **II** *interj a.* ~ **up!** a) hott! (*nach rechts*), b) hü(h)!, hott! (*schneller*). **III** *v/t* antreiben.
gee[3] [dʒiː] *interj Am. colloq.* na so was!, Mann!, ‚Donnerwetter'!
gee-gee [ˈdʒiːdʒiː] → **gee**[2] I.
geese [giːs] *pl von* **goose**.
gee| **whiz** [ˌdʒiːˈwɪz] → **gee**[3]. ˈ~**-ˌwhiz** *adj Am. colloq.* **1.** Sensations...: ~ **journalism**. **2.** phanˈtastisch, der Superlative.
gee·zer [ˈgiːzə(r)] *s colloq.* wunderlicher (alter) Kauz.
ge·gen·schein [ˈgeɪgənʃaɪn] *s astr.* Gegenschein *m.*
Ge·hen·na [gɪˈhenə] *s relig.* Geˈhenna *f*, Hölle *f* (*a. fig.*).
geh·len·ite [ˈgeɪlənaɪt] *s min.* Gehleˈnit *m.*
Gei·ger count·er [ˈgaɪgə(r)] *s phys.* Geigerzähler *m.*
gei·sha [ˈgeɪʃə] *pl* **-sha, -shas** *s* Geisha *f.*
Geiss·ler tube [ˈgaɪslə(r)] *s phys.* Geißler-Röhre *f.*
gel [dʒel] **I** *s* **1.** Gel *n.* **II** *v/i* **2.** geˈlieren. **3.** *fig.* Gestalt annehmen.
gel·a·tin [ˈdʒelətɪn] *s* **1.** Gelaˈtine *f.* **2.** Galˈlerte *f.* **3.** mit Gelaˈtine ˈhergestellte Masse. **4.** *a.* **blasting** ~ *tech.* ˈSprenggelaˌtine *f.* **ge·lat·i·nate** [dʒəˈlætɪneɪt] → **gelatinize**.
gel·a·tine [ˌdʒeləˈtiːn; *Am.* ˈdʒelətn] → **gelatin**.
ge·lat·i·nize [dʒəˈlætɪnaɪz] *v/i u. v/t* gelatiˈnieren (lassen). **geˈlat·i·noid** *adj u. s* gallertartig(e Subˈstanz). **geˈlat·i·nous** *adj* (*adv* ~**ly**) gallertartig, gelatiˈnös.
ge·la·tion [dʒɪˈleɪʃn] *s* Geˈlierung *f.*
geld[1] [geld] *pret u. pp* ˈ**geld·ed** *od.* **gelt** [gelt] *v/t* **1.** *ein Tier, bes. e-n Hengst* kaˈstrieren, verschneiden. **2.** *j-n* verweichlichen. **3.** a) *ein Argument etc* abschwächen, b) *ein Buch etc* (von anstößigen Stellen) reinigen.
geld[2] [geld] *s Br. hist.* Kronsteuer *f.*
geld·ing [ˈgeldɪŋ] *s* **1.** kaˈstriertes Tier, *bes.* Wallach *m.* **2.** Verschneiden *n*, Kaˈstrieren *n.*
gel·id [ˈdʒelɪd] *adj* (*adv* ~**ly**) eiskalt, eisig (*a. fig. Miene etc*).
gel·ig·nite [ˈdʒelɪgnaɪt] *s tech.* Gelaˈtinedynaˌmit *n.*
gel·ly [ˈdʒelɪ] *colloq. für* **gelignite**.
gel·se·mi·um [dʒelˈsiːmɪəm] *s* **1.** *bot.* Dufttrichter *m.* **2.** *pharm. hist.* Gelˈsemium(wurzel *f*) *n.*
gelt[1] [gelt] *s bes. Am. sl.* Geld *n.*
gelt[2] [gelt] *pret u. pp von* **geld**[1].
gem [dʒem] **I** *s* **1.** Edelstein *m*, Juˈwel *n.* **2.** Gemme *f.* **3.** *fig.* Perle *f*, Juˈwel *n* (*beide a. Person*), Pracht-, Glanzstück *n.* **4.** *print. e-e* $3^1/_2$*-Punkt-Schrift.* **II** *v/t* **5.** mit Edelsteinen schmücken.
ge·mein·schaft [gəˈmaɪnʃaft] *pl* **-schaf·ten** [-ʃaftən] (*Ger.*) *s* Gemeinschaft *f.*
gem·i·nate [ˈdʒemɪnət; -neɪt] **I** *adj* gepaart, paarweise, Doppel...: ~ **consonant** *ling.* Doppelkonsonant *m.* **II** *v/t u. v/i* [-neɪt] (sich) verdoppeln. ˌ**gem·i·ˈna·tion** *s* **1.** Verdopp(e)lung *f.* **2.** *ling.* Geminatiˈon *f*, Konsoˈnantenverdopp(e)lung *f.*
Gem·i·ni [ˈdʒemɪnaɪ; -niː] *s pl* (*meist als sg konstruiert*) *astr.* Zwillinge *pl*: **to be** (**a**) ~ Zwilling sein.
gem·ma [ˈdʒemə] *pl* **-mae** [-miː] *s* **1.**

bot. a) Gemme *f*, Brutkörper *m*, b) Blattknospe *f*. **2.** *biol.* Knospe *f*, Gemme *f*.
ˈgem·mate [-meɪt] *biol.* **I** *adj* **1.** sich durch Knospung fortpflanzend. **2.** knospentragend. **II** *v/i* **3.** sich durch Knospung fortpflanzen. **4.** Knospen tragen.
gemˈma·tion *s biol. bot.* **1.** Knospenbildung *f*. **2.** Fortpflanzung *f* durch Knospen.
gem·mif·er·ous [dʒeˈmɪfərəs] *adj* **1.** edelsteinhaltig. **2.** *biol.* → **gemmate** I.
gem·mip·a·rous [dʒeˈmɪpərəs] → **gemmate** I.
gem·mol·o·gy [dʒeˈmɒlədʒɪ; *Am.* -ˈmɑ-] *s* Gemmoloˈgie *f*, Edelsteinkunde *f*.
gem·mu·la·tion [ˌdʒemjʊˈleɪʃn] *s biol.* Fortpflanzung *f* durch Gemmulae.
gem·mule [ˈdʒemjuːl] *s* **1.** *bot.* kleine Blattknospe. **2.** *biol.* Gemmula *f*: a) Keimchen *n* (*in Darwins Pangenesistheorie*), b) Brutknospe *f*.
gem·my [ˈdʒemɪ] *adj* **1.** voller Edelsteine. **2.** glänzend, funkelnd.
gem·ol·o·gy → **gemmology**.
ge·mot(e) [gɪˈməʊt] *s hist.* Versammlung *f* (*der Angelsachsen*).
gems·bok [ˈgemzbɒk; *Am.* -ˌbɑk] *pl* **-boks,** *bes. collect.* **-bok** *s zo.* ˈGemsantiˌlope *f*.
ˈgem·stone *s* Edelstein *m*.
ge·müt·lich [gəˈmyːtlɪç] (*Ger.*) *adj* gemütlich. **geˈmüt·lich·keit** [-kaɪt] *s* Gemütlichkeit *f*.
gen [dʒen] *Br. colloq.* **I** *s* Auskunft *f*, Auskünfte *pl*, Informatiˈon(en *pl*) *f* (**on** über *acc*): **to give s.o. the** ~ j-n informieren. **II** *v/t u. v/i* ~ **up** (sich) inforˈmieren.
gen·darme [ˈʒɑ̃ːndɑː(r)m; ˈʒɑːn-] *s* **1.** Genˈdarm *m*. **2.** Felsspitze *f*. **gen·dar·me·rie** [ʒɑ̃ːnˈdɑː(r)mərɪ; ʒɑːn-] *s* Gendarmeˈrie *f*.
gen·der[1] [ˈdʒendə(r)] *s* **1.** *ling.* Genus *n*, Geschlecht *n*: **what ~ is this word?** welches Genus hat dieses Wort? **2.** *colloq.* a) Geschlecht *n* (*von Personen*), b) *collect.* Geschlecht *n*: **the female ~**.
gen·der[2] [ˈdʒendə(r)] *obs. für* **engender**.
gene [dʒiːn] *s biol.* Gen *n*, Erbfaktor *m*.
gen·e·a·log·ic [ˌdʒiːnjəˈlɒdʒɪk; -nɪə-; ˌdʒen-; *Am.* -ˈlɑ-] → **genealogical**.
ˌgen·e·aˈlog·i·cal [-kl] *adj* (*adv* **~ly**) geneaˈlogisch: ~ **research** → **genealogy** a; ~ **tree** Stammbaum *m*. **ˌgen·eˈal·o·gist** [-nɪˈælədʒɪst; *Am. a.* -ˈɑl-] *s* Geneaˈloge *m*, Ahnenforscher *m*. **ˌgen·eˈal·o·gize I** *v/i* Ahnenforschung (be-)treiben. **II** *v/t* den Stammbaum erforschen von (*od. gen*). **ˌgen·eˈal·o·gy** *s* Genealoˈgie *f*: a) Ahnenforschung *f*, b) Ahnentafel *f*, c) Abstammung *f*.
gene| fre·quen·cy *s biol.* ˈGenfreˌquenz *f*, -häufigkeit *f*. **~ pool** *s biol.* Erbmasse *f*.
gen·er·a [ˈdʒenərə] *pl von* **genus**.
gen·er·al [ˈdʒenərəl] **I** *adj* (*adv* → **generally**) **1.** allgemein, gemeinschaftlich, Gemeinschafts... **2.** allgemein (gebräuchlich *od.* verbreitet), allgeˈmeingültig, üblich, gängig: **the ~ practice** das übliche Verfahren; **as a ~ rule** meistens, üblicherweise; **it seems to be the ~ rule** es scheint allgemein üblich zu sein. **3.** allgemein, Allgemein..., geneˈrell, umˈfassend: ~ **education** (*od.* **knowledge**) Allgemeinbildung *f*; **the ~ public** die breite Öffentlichkeit; ~ **term** Allgemeinbegriff *m*; **of ~ interest** von allgemeinem Interesse. **4.** allgemein, nicht spezialiˈsiert: **the ~ reader** der Durchschnittsleser; ~ **store** Gemischtwarenhandlung *f*. **5.** allgemein (gehalten): **a ~ study**; **in ~ terms** allgemein (ausgedrückt). **6.** ganz, gesamt: **the ~ body of citizens** die gesamte Bürgerschaft. **7.** ungefähr, unbestimmt: **a ~ idea** e-e ungefähre Vorstellung. **8.** Haupt..., General...: ~ **agent** a) Generalbevollmächtigte(r) *m*, b) *econ.* Generalvertreter *m*; ~ **manager** Generaldirektor *m*. **9.** (*Amtstiteln nachgestellt*) *meist* General...: → **consul general**, *etc.* **10.** *mil.* Generals...
II *s* **11.** *mil.* a) Geneˈral *m*, b) Heerführer *m*, Feldherr *m*, c) *a. allg.* Straˈtege *m*, d) → **general officer**. **12.** *mil. Am.* a) (Vier-ˈSterne-)Geneˌral *m* (*zweithöchster Generalsrang*), b) **G~ of the Army** Fünf-Sterne-General *m* (*höchster Generalsrang*). **13.** *relig.* (ˈOrdens)Geneˌral *m*, (Geneˈral)Obere(r) *m*. **14. the ~** *meist pl* (*das*) Allgeˈmeine: **G~** (*als Überschrift*) Allgemeines; **in ~** im allgemeinen, im großen u. ganzen. **15.** *obs.* a) Gesamtheit *f*, b) Masse *f*, Volk *n*.
gen·er·al| ac·cept·ance *s econ.* uneingeschränktes Akˈzept. **~ as·sem·bly** *s* **1.** Voll-, Geneˈralversammlung *f*: **the G~ A~ of the United Nations**. **2. G~ A~** *pol. Am.* Parlaˈment *n* (*einiger Einzelstaaten*). **3. G~ A~** *relig. Scot.* oberstes kirchliches Gericht. **~ av·er·age** *s jur. mar.* große Havaˈrie. **~ car·go** *s econ. mar.* Stückgut(ladung *f*) *n*, Stückgüter *pl*. **G~ Cer·tif·i·cate of Ed·u·ca·tion** *s ped. Br.*: **~ O level** (*etwa*) mittlere Reife; **~ A level** (*etwa*) Abitur *n*. **~ cred·i·tor** *s econ.* gewöhnlicher *od.* nicht bevorrechtigter Gläubiger. **~ deal·er** *s Br.* Gemischtwarenhändler *m*. **~ de·liv·er·y** *s mail Am.* a) (Aufbewahrungs- u. Ausgabestelle *f* für) postlagernde Sendungen *pl*, b) (*als Vermerk*) ‚postlagernd'. **~ e·lec·tion** *s pol.* allgemeine Wahlen *pl*, Parlaˈmentswahlen *pl*. **~ head·quar·ters** *s pl* (*oft als sg konstruiert*) *mil.* Großes ˈHauptquarˌtier. **~ hos·pi·tal** *s* **1.** *mil.* ˈKriegslazaˌrett *n*. **2.** allgemeines Krankenhaus.
gen·er·al·is·si·mo [ˌdʒenərəˈlɪsɪməʊ] *pl* **-mos** *s mil.* Generaˈlissimus *m*, oberster Befehlshaber.
gen·er·al·ist [ˈdʒenərəlɪst] *s* Generaˈlist *m* (*Ggs. Spezialist*).
gen·er·al·i·ty [ˌdʒenəˈrælətɪ] *s* **1.** *meist pl* allgemeine Redensart, Gemeinplatz *m*: **to speak in generalities** sich in allgemeinen Redensarten ergehen. **2.** allgemeines Prinˈzip, Regel *f*. **3.** *obs.* Mehrzahl *f*, größter Teil, (*die*) große Masse. **4.** Allgeˈmeingültigkeit *f*. **5.** Unbestimmtheit *f*.
gen·er·al·i·za·tion [ˌgenərəlaɪˈzeɪʃn; *Am.* -ləˈz-] *s* **1.** Verallgeˈmeinerung *f*. **2.** *Logik*: Induktiˈon *f*. **ˈgen·er·al·ize I** *v/t* **1.** verallgeˈmeinern. **2.** *Logik*: a) induˈzieren, b) generaliˈsieren. **3.** auf e-e allgemeine Formel bringen. **4.** der Allgeˈmeinheit zugänglich machen. **5.** *paint.* in großen Zügen darstellen. **II** *v/i* **6.** verallgeˈmeinern: a) allgemeine Schlüsse ziehen (**from** aus), b) allgemeine Feststellungen machen. **7.** *med.* sich generaliˈsieren. **ˈgen·er·al·ly** *adv* **1.** *oft ~ speaking* im allgemeinen, allgemein, geneˈrell, im großen u. ganzen. **2.** allgemein. **3.** gewöhnlich, meistens, üblicherweise.
gen·er·al| med·i·cine *s* Allgeˈmeinmediˌzin *f*. **~ meet·ing** *s econ.* Geneˈral-, Hauptversammlung *f*. **~ of·fi·cer** *s mil.* Offiˈzier *m* im Geneˈralsrang. **~ pa·ral·y·sis** *s med.* progresˈsive Paraˈlyse (*spätsyphilitische Erkrankung*). **~ par·don** *s* (Geneˈral)Amneˌstie *f*. **~ pause** *s mus.* Geneˈralpause *f*. **G~ Post Of·fice** *s Br.* Hauptpost(amt *n*) *f*. **~ prac·ti·tion·er** *s* Arzt *m* für Allgeˈmeinmediˌzin, praktischer Arzt. **~ prop·er·ty tax** *s Am.* Vermögenssteuer *f*. **ˌ~-ˈpur·pose** *adj tech.* Mehrzweck..., Universal... **~ science** *s ped. univ.* allgemeine Naˈturwissenschaften *pl*.
ˈgen·er·al·ship *s mil.* **1.** Geneˈralsrang *m*. **2.** Strateˈgie *f*: a) Feldherrnkunst *f*, b) *a. allg.* geschickte Taktik.
gen·er·al| staff *s mil.* Geneˈralstab *m*: **chief of ~** Generalstabschef *m*. **~ strike** *s econ.* Geneˈralstreik *m*.
gen·er·ate [ˈdʒenəreɪt] *v/t* **1.** *Elektrizität etc* erzeugen, *Gas, Rauch* entwickeln: **to ~ electricity**; **to be ~d** entstehen. **2.** *fig., a. math.* *e-e Figur etc* erzeugen, bilden. **3.** *fig.* bewirken, verursachen, herˈvorrufen. **4.** *biol.* zeugen. **5.** *tech.* (*im Abwälzverfahren*) verzahnen.
ˈgen·er·at·ing *adj* erzeugend. **~ mill cut·ter** → **generator** 4. **~ sta·tion** *s electr.* Kraftwerk *n*.
gen·er·a·tion [ˌdʒenəˈreɪʃn] *s* **1.** Generatiˈon *f*: **~ gap** Generationsunterschied *m*. **2.** Generatiˈon *f*, Menschenalter *n* (*etwa 33 Jahre*): **~s** *colloq.* e-e Ewigkeit. **3.** *biol.* Entwicklungsstufe *f*. **4.** Zeugung *f*, Fortpflanzung *f*: → **spontaneous** 4. **5.** *bes. chem. electr. phys.* Erzeugung *f* (*a. math.*), Entwicklung *f*. **6.** Entstehung *f*. **7.** *econ. tech.* Generatiˈon *f*: **a new ~ of cars**; **a third-~ computer** ein Computer der dritten Generation. **ˌgen·erˈa·tion·al** *adj* Generations...: **~ conflict** (*od.* **clash**) Generationskonflikt *m*. **ˈgen·er·a·tive** [-rətɪv; -reɪtɪv] *adj* **1.** *biol.* Zeugungs..., Fortpflanzungs..., generaˈtiv: **~ power** Zeugungskraft *f*; **~ cell** generative Zelle, Geschlechtszelle *f*. **2.** *biol.* fruchtbar. **3.** *ling.* generaˈtiv: **~ grammar**.
gen·er·a·tor [ˈdʒenəreɪtə(r)] *s* **1.** *electr.* Geneˈrator *m*, Stromerzeuger *m*, Dyˈnamomaˌschine *f*. **2.** *tech.* a) ˈGaserzeuger *m*, -geneˌrator *m*: **~ gas** Generatorgas *n*, b) Dampferzeuger *m*, -kessel *m*. **3.** *chem.* Entwickler *m*. **4.** *tech.* Abwälzfräser *m*. **5.** *biol.* (Er)Zeuger *m*. **6.** *mus.* Grundton *m*.
gen·er·a·trix [ˈdʒenəreɪtrɪks; *Am.* ˌ-ˈreɪ-] *pl* **-tri·ces** [-trɪsiːz] *s math.* Erzeugende *f*.
ge·ner·ic [dʒɪˈnerɪk] *adj* (*adv* **~ally**) **1.** *biol.* geˈnerisch, Gattungs...: **~ character** Gattungsmerkmal *n*; **~ term** (*od.* **name**) a) Gattungsname *m*, b) *allg.* Oberbegriff *m*. **2.** allgemein, geneˈrell.
gen·er·os·i·ty [ˌdʒenəˈrɒsətɪ; *Am.* -ˈrɑ-] *s* **1.** Großzügigkeit *f*: a) Freigebigkeit *f*, b) Edelmut *m*, Hochherzigkeit *f*. **2.** edle Tat. **3.** Fülle *f*. **ˈgen·er·ous** *adj* (*adv* **~ly**) **1.** großzügig: a) freigebig, b) edel(mütig), hochherzig. **2.** reichlich, üppig: **a ~ portion**; **a ~ mouth** volle Lippen *pl*. **3.** gehaltvoll, vollmundig (*Wein*). **4.** reich, fruchtbar: **~ soil**. **ˈgen·er·ous·ness** → **generosity**.
gen·e·sis [ˈdʒenɪsɪs] *pl* **-e·ses** [-siːz] *s* **1. G~** *Bibl.* Genesis *f*, 1. Buch Mose. **2.** Geˈnese *f*, Genesis *f*, Entstehung *f*, Entwicklung *f*, Werden *n*. **3.** Ursprung *m*.
-genesis [dʒenɪsɪs] *Wortelement mit der Bedeutung* ...erzeugung, ...entstehung.
gen·et[1] [ˈdʒenɪt] *s* **1.** *zo.* Geˈnette *f*, Ginsterkatze *f*. **2.** Geˈnettepelz *m*.
gen·et[2] *obs.* → **jennet**.
ge·net·ic [dʒɪˈnetɪk] **I** *adj* (*adv* **~ally**) **1.** *bes. biol.* geˈnetisch: a) entwicklungsgeschichtlich, Entstehungs..., Entwicklungs..., b) Vererbungs..., Erb...: **~ engineering** Genmanipulation *f*. **II** *s pl* *biol.* **2.** (*als sg konstruiert*) Geˈnetik *f*, Vererbungslehre *f*. **3.** geˈnetische Formen *pl* u. Erscheinungen *pl*. **geˈnet·i·cal** → **genetic** I.
ge·nette [dʒɪˈnet] → **genet**[1].
ge·ne·va[1] [dʒɪˈniːvə] *s* Geˈnever *m* (*niederländischer Wacholderschnaps*).
Ge·ne·va[2] [dʒɪˈniːvə] **I** *npr* Genf *n*. **II** *adj* Genfer(...).
Ge·ne·va| bands *s pl relig.* Beffchen *n*. **~ Con·ven·tion** *s mil.* Genfer Konven-

tiˈon *f*. **~cross** → **red cross** 2 a. **~drive** *s tech*. Malˈteserkreuzantrieb *m*. **~gown** *s relig*. Taˈlar *m*.

Ge·ne·van [dʒɪˈniːvən] **I** *adj* **1.** Genfer(...). **2.** *relig*. kalviˈnistisch. **II** *s* **3.** Genfer(in). **4.** *relig*. Kalviˈnist(in).

Ge·ne·va stop *s tech*. Malˈteserkreuz *n*.

Gen·e·vese [ˌdʒenɪˈviːz] **I** *adj* Genfer(...). **II** *pl* **-vese** *s* Genfer(in).

gen·ial[1] [ˈdʒiːnjəl] *adj* (*adv* **~ly**) **1.** freundlich (*a. fig. Klima etc*), herzlich: **in ~ company** in froher Gesellschaft. **2.** belebend, anregend, wohltuend. **3.** mild, warm: **~ weather**. **4.** *obs*. a) Zeugungs..., b) Ehe...

ge·ni·al[2] [dʒɪˈnaɪəl] **I** *adj anat. zo*. Kinn... **II** *s zo*. Kinnschuppe *f*.

ge·ni·al·i·ty [ˌdʒiːnɪˈælətɪ], **gen·ial·ness** [ˈdʒiːnjəlnɪs] *s* **1.** Freundlichkeit *f*, Herzlichkeit *f*. **2.** Milde *f*.

-genic [dʒenɪk] *Wortelement mit den Bedeutungen* a) ...erzeugend, ...erregend: → **carcinogenic**, *etc*, b) gut geeignet für: → **telegenic**, *etc*.

ge·nie [ˈdʒiːnɪ] *s* **1.** dienstbarer Geist. **2.** Dschinn *m* (*Geist im islamischen Volksglauben*).

ge·ni·i [ˈdʒiːnɪaɪ] *pl von* **genius** 5.

genio- [dʒɪnaɪəʊ] *Wortelement mit der Bedeutung* Kinn...

gen·i·pap [ˈdʒenɪpæp] *s bot*. (eßbare Frucht vom) Genipbaum *m*.

ge·nis·ta [dʒɪˈnɪstə] *s bot*. Ginster *m*.

gen·i·tal [ˈdʒenɪtl] *adj anat. zo*. **1.** Zeugungs..., Fortpflanzungs... **2.** geniˈtal, Geschlechts...: **~ gland** Keimdrüse *f*; **~ stage** *psych*. genitale Phase. **ˈgen·i·tals**, *a*. ˌ**gen·iˈta·lia** [-ˈteɪljə] *s pl* Geniˈtalien *pl*, Geschlechtsteile *pl*.

gen·i·ti·val [ˌdʒenɪˈtaɪvl] → **genitive** I. **ˈgen·i·tive** [-tɪv] *ling*. **I** *adj* genitivisch, Genitiv...: **~ case** → II. **II** *s* Genitiv *m*, zweiter Fall.

gen·i·tor [ˈdʒenɪtə(r)] *s biol*. Erzeuger *m*.

gen·i·to·u·ri·nar·y [ˌdʒenɪtəʊˈjʊərɪnərɪ; *Am*. -ˌneriː] *adj anat*. urogeniˈtal (*die Harn- u. Geschlechtsorgane betreffend*).

gen·ius [ˈdʒiːnjəs] *pl* **ˈgen·ius·es** *s* **1.** Geˈnie *n*: a) geniˈaler Mensch, b) (*ohne pl*) Genialiˈtät *f*, geniˈale Schöpferkraft. **2.** (naˈtürliche) Begabung *od*. Gabe: **to have a ~ for languages** sprachbegabt sein. **3.** Geist *m*, eigener Chaˈrakter, (*das*) Eigentümliche (*e-r Nation, Epoche etc*): **~ of a period** Zeitgeist. **4.** → **genius loci**. **5.** *pl* **ge·ni·i** [ˈdʒiːnɪaɪ] *oft* **G~** *antiq. relig*. Genius *m*, Schutzgeist *m* (*a. fig*.): **good (evil) ~** guter (böser) Geist (*a. fig*.). **~ lo·ci** [ˈləʊsaɪ] (*Lat*.) *s* a) Genius *m* loci, Schutzgeist *m* e-s Ortes, b) (besondere) Atmoˈsphäre e-s Ortes.

ge·ni·zah [geˈniːzə; *Am. a*. gəˌniːˈzɑː] *s* Geˈnisa *f*, Geˈniza *f* (*Raum in der Synagoge zur Aufbewahrung schadhaft gewordener Handschriften u. Kultgegenstände*).

gen·o·blast [ˈdʒenəʊblæst] *s biol*. reife Geschlechtszelle.

gen·o·cid·al [ˌdʒenəʊˈsaɪdl] *adj* völkermörderisch. **ˈgen·o·cide** [-saɪd] *s* Genoˈzid *m*, *a. n*, Völkermord *m*.

Gen·o·ese [ˌdʒenəʊˈiːz; *Am*. -nəˈwiːz] **I** *pl* **-ese** *s* Genuˈeser(in). **II** *adj* genuˈesisch, Genueser(...).

gen·ome [ˈdʒiːnəʊm], *a*. **gen·om** [ˈdʒiːnəʊm; *Am*. -ˌnɑm] *s biol*. Geˈnom *n* (*einfacher Chromosomensatz e-r Zelle, der deren Erbmasse darstellt*).

gen·o·type [ˈdʒenəʊtaɪp; *Am*. ˈdʒiːnə-; ˈdʒenə-] *s biol*. Genoˈtyp(us) *m* (*Gesamtheit der Erbfaktoren e-s Lebewesens*).

gen·re [ˈʒɑ̃ːŋrə; ˈʒɑːnrə] *s* **1.** Genre *n*, (*a*. Literaˈtur)Gattung *f*, Art *f*: **~ (painting)** Genremalerei *f*. **2.** Form *f*, Stil *m*.

gen·ro [ˌgenˈrəʊ] *s hist*. Genro *m* (*vom japanischen Kaiser eingesetzter Staatsrat*).

gent[1] [dʒent] *adj obs*. **1.** adelig. **2.** eleˈgant.

gent[2] [dʒent] *s* **1.** *colloq. od. humor. für* **gentleman**: **~s' hairdresser** Herrenfriseur *m*. **2.** *pl* (*als sg konstruiert*) *Br. colloq*. ‚Herrenklo' *n*. **3.** *Am. colloq*. Kerl *m*.

gen·teel [dʒenˈtiːl] *adj* (*adv* **~ly**) **1.** vornehm. **2.** eleˈgant, fein. **3.** vornehmtuend, geziert, affekˈtiert.

gen·tian [ˈdʒenʃɪən; *Am*. -tʃən] *s* **1.** *bot*. Enzian *m*. **2.** *pharm*. a) *a*. **~ root** Enzianwurzel *f*, b) → **gentian bitter**. **~bit·ter** *s pharm*. ˈEnziantinkˌtur *f*. **~ blue** *s* Enzianblau *n* (*Farbe*).

gen·tile [ˈdʒentaɪl] **I** *s* **1.** Nichtjude *m*, -jüdin *f*, *bes*. Christ(in). **2.** Heide *m*, Heidin *f*. **3.** ˈNichtmorˌmone *m*, -morˌmonin *f*. **II** *adj* **4.** nichtjüdisch, *bes*. christlich. **5.** heidnisch. **6.** ˈnichtmorˌmonisch. **7.** [-tɪl; -taɪl] zu e-m Stamm *od*. Volk gehörig. **8.** [-tɪl; -taɪl] *ling*. Völker..., e-e Gegend bezeichnend (*Wort*).

gen·til·ism [ˈdʒentaɪlɪzəm] *s* Heidentum *n*.

gen·ti·li·tial [ˌdʒentɪˈlɪʃl] *adj* **1.** einheimisch, natioˈnal. **2.** Volks..., Familien...

genˈtil·i·ty *s* **1.** *obs*. vornehme ˈHerkunft. **2.** a) Vornehmheit *f*, b) *contp*. Vornehmtueˈrei *f*.

gen·tle [ˈdʒentl] **I** *adj* (*adv* **gently**) **1.** freundlich, sanft, gütig, liebenswürdig: **~ reader** geneigter Leser. **2.** sanft, leise, leicht, zart, mild, sacht: **~ blow** leichter *od*. sanfter Schlag; **~ hint** zarter Wink; **~ medicine** mildes Medikament; **~ rebuke** sanfter *od*. milder Tadel; **~ slope** sanfter Abhang; **~ voice** sanfte Stimme. **3.** zahm, fromm (*Tier*). **4.** *obs*. edel, vornehm: **of ~ birth** von vornehmer Herkunft. **5.** *obs*. ritterlich. **II** *v/t* **6.** a) *Tier* zähmen, b) *Pferd* zureiten. **7.** besänftigen, mildern. **III** *s* **8.** *Angeln*: Fleischmade *f* (*Köder*). **9.** weiblicher Wanderfalke. **10.** *obs*. Mensch *m* von vornehmer ˈHerkunft. **~ breeze** *s* schwache Brise (*Windstärke 3*). **ˈ~folk(s)** *s pl* vornehme *od*. feine Leute *pl*.

ˈgen·tle·hood *s obs*. Vornehmheit *f* (der ˈHerkunft).

gent·le·man [ˈdʒentlmən] *s irr* **1.** Gentleman *m*: a) Ehrenmann *m*, b) Mann *m* von Lebensart u. Chaˈrakter: **~'s** (*od*. **gentlemen's**) **agreement** Gentleman's *od*. Gentlemen's Agreement *n*, *econ. etc* Vereinbarung *f* auf Treu u. Glauben; **~'s ~** (Kammer)Diener *m*. **2.** Herr *m*: **gentlemen** a) (*als Anrede*) m-e Herren!, b) (*in Briefen*) Sehr geehrte Herren; **the old ~** *humor*. der Teufel; **~ of fortune** Glücksritter *m*; **~ friend** Freund *m* (*e-r Dame*); **~ of the road** Wegelagerer *m*; **~ farmer** Gutsbesitzer *m*; **~ rider** Herrenreiter *m*. **3.** *Titel von Hofbeamten*: **~ in waiting** Kammerherr *m*. **4.** *obs*. Privatiˈer *m*. **5.** *hist*. a) Mann *m* von Stand, b) *Br*. Edelmann *m*. ˌ**gen·tle·man-at-ˈarms** *pl* ˌ**gen·tle·men-at-ˈarms** *s Br*. ˈLeibgarˌdist. **ˈgen·tle·man·like** → **gentlemanly**. **ˈgen·tle·manˌlike·ness, gen·tle·man·li·ness** [ˈdʒentlmənlɪnɪs] *s* **1.** feines *od*. vornehmes Wesen. **2.** gebildetes *od*. feines Benehmen. **ˈgen·tle·man·ly** *adj* gentlemanlike, vornehm, fein.

ˈgen·tle·ness *s* **1.** Freundlichkeit *f*, Güte *f*, Liebenswürdigkeit *f*. **2.** Sanftheit *f*, Milde *f*. **3.** *obs*. Vornehmheit *f*.

ˈgen·tleˌwom·an *s irr* Dame *f* (von Lebensart u. Chaˈrakter). **ˈgen·tleˌwom·an·like, ˈgen·tleˌwom·an·ly** *adj* vornehm, fein, damenhaft.

gen·try [ˈdʒentrɪ] *s* **1.** Oberschicht *f*. **2.** *Br*. Gentry *f*, niederer Adel. **3.** (*a. als pl konstruiert*) *colloq*. Leute *pl*, Sippschaft *f*.

gen·u·al [ˈdʒenjʊəl; *Am*. -jəwəl] *adj anat. zo*. Knie...

gen·u·flect [ˈdʒenjuːflekt; *Am*. -jə-] *v/i* **1.** *relig*. e-e Kniebeuge machen. **2.** *fig*. (**before** vor *dat*) a) sich verbeugen, b) *contp*. e-n Kniefall machen. ˌ**gen·uˈflec·tion,** *bes. Br. a*. ˌ**gen·uˈflex·ion** [-ˈflekʃn] *s* **1.** *relig*. Kniebeuge *f*. **2.** *fig*. a) Verbeugung *f*, b) *contp*. Kniefall *m*.

gen·u·ine [ˈdʒenjʊɪn; *Am*. -jəwən] *adj* (*adv* **~ly**) **1.** echt: a) auˈthentisch (*Unterschrift etc*), b) ernsthaft (*Angebot etc*), c) aufrichtig (*Mitgefühl etc*). **2.** naˈtürlich, ungekünstelt (*Lachen, Person*). **ˈgen·u·ine·ness** *s* **1.** Echtheit *f*: a) Authentiziˈtät *f*, b) Ernsthaftigkeit *f*, c) Aufrichtigkeit *f*. **2.** Naˈtürlichkeit *f*.

ge·nus [ˈdʒiːnəs] *pl* **gen·er·a** [ˈdʒenərə] *s* **1.** *bot. philos. zo*. Gattung *f*. **2.** Klasse *f*, Art *f*.

geo- [dʒiːəʊ] *Wortelement mit der Bedeutung* Erd..., Land...

ˌ**ge·oˈbot·a·ny** *s* Geoboˈtanik *f* (*Wissenschaft von der geographischen Verbreitung der Pflanzen*).

ˌ**ge·oˈcen·tric** *adj*; ˌ**ge·oˈcen·tri·cal** *adj* (*adv* **~ly**) *astr*. geoˈzentrisch; a) *von der Erde als Mittelpunkt ausgehend*, b) *auf den Erdmittelpunkt bezogen, vom Erdmittelpunkt aus gerechnet*.

ˌ**ge·oˈchem·is·try** *s* Geocheˈmie *f* (*Wissenschaft von der chemischen Zs.-setzung der Erde*).

ˌ**ge·o·chro·nol·o·gy** *s* Geochronoloˈgie *f* (*Teilgebiet der Geologie, das sich mit der absoluten u. relativen Datierung beschäftigt*).

ˌ**ge·oˈcy·clic** *adj astr*. geoˈzyklisch (*den Umlauf der Erde um die Sonne betreffend*).

ge·ode [ˈdʒiːəʊd] *s geol*. Geˈode *f*: a) *vulkanisches Gestein mit Hohlraum, an dessen Innenseiten sich Kristalle aus Mineralien bilden*, b) *Blasenhohlraum e-s Ergußgesteins, der mit Kristallen gefüllt sein kann*.

ge·o·des·ic [ˌdʒiːəʊˈdesɪk; -ˈdiːsɪk] *adj*; ˌ**ge·oˈdes·i·cal** [-kl] *adj* (*adv* **~ly**) geoˈdätisch. **ge·od·e·sist** [dʒiːˈɒdɪsɪst; *Am*. -ˈɑd-] *s* Geoˈdät *m*. **geˈod·e·sy** *s* Geodäˈsie *f* (*Wissenschaft u. Technik von der Vermessung der Erde*).

ge·o·det·ic [ˌdʒiːəʊˈdetɪk] *adj*; ˌ**ge·oˈdet·i·cal** [-kl] *adj* (*adv* **~ly**) geoˈdätisch.

ˌ**ge·o·dyˈnam·ics** *s pl* (*meist als sg konstruiert*) Geodyˈnamik *f* (*allgemeine Geologie, die die exogenen u. endogenen Kräfte behandelt*).

ge·og·o·ny [dʒɪˈɒgənɪ; *Am*. dʒiːˈɑg-] *s geol*. Geogeˈnie *f*, Geogoˈnie *f* (*Wissenschaft von der Entstehung der Erde*).

ge·og·ra·pher [dʒɪˈɒgrəfə; *Am*. dʒiːˈɑgrəfər] *s* Geoˈgraph(in). **ge·o·graph·ic** [dʒɪəˈgræfɪk; *Am*. ˌdʒiːə-] *adj*; **ge·oˈgraph·i·cal** [-kl] *adj* (*adv* **~ly**) geoˈgraphisch: **geographical medicine** Geomedizin *f* (*Zweig der Medizin, der sich mit dem Einfluß geographischer u. klimatischer Faktoren auf Vorkommen, Ausbreitung u. Verlauf von Krankheiten befaßt*). **ge·og·ra·phy** [dʒɪˈɒgrəfɪ; *Am*. dʒiːˈɑg-] *s* **1.** Geograˈphie *f*, Erdkunde *f*. **2.** geoˈgraphische Abhandlung. **3.** geoˈgraphische Beschaffenheit.

ge·o·log·ic [ˌdʒɪəʊˈlɒdʒɪk; *Am*. ˌdʒiːəˈlɑ-] *adj*; ˌ**ge·oˈlog·i·cal** [-kl] *adj* (*adv* **~ly**) geoˈlogisch: **geological survey** geologische Aufnahme (*e-s Gebiets*). **ge·ol·o·gist** [dʒɪˈɒlədʒɪst; *Am*. dʒiːˈɑl-] *s* Geoˈloge *m*. **geˈol·o·gize I** *v/i* a) geoˈlogische Studien betreiben, b) Geoloˈgie stuˈdieren. **II** *v/t* geoˈlogisch unterˈsuchen. **geˈol·o·gy** [-dʒɪ] *s* **1.** Geoloˈgie *f*. **2.** geoˈlogische Abhandlung. **3.** geoˈlogische Beschaffenheit.

ˌ**ge·oˈmag·net·ism** *s phys*. ˈErdmagneˌtismus *m*.

ge·o·man·cy [ˈdʒiːəʊmænsɪ] *s* Geomanˈtie *f*, Geoˈmantik *f* (*Wahrsagerei aus in die Erde od. auf Papier gezeichneten Punkten*).

ge·om·e·ter [dʒɪˈɒmɪtə; *Am.* dʒiːˈɑmətər] *s* **1.** *obs.* Geoˈmeter *m.* **2.** Exˈperte *m* auf dem Gebiet der Geomeˈtrie. **3.** *zo.* Spannerraupe *f.* **ge·o·met·ric** [ˌdʒɪəʊˈmetrɪk; *Am.* ˌdʒiːə-] *adj*; ˌ**ge·oˈmet·ri·cal** [-kl] *adj* (*adv* ~**ly**) geoˈmetrisch: **geometric mean** *math.* geometrisches Mittel, mittlere Proportionale; **geometric series** *math.* geometrische Reihe. **ge·om·e·tri·cian** [ˌdʒɪəʊməˈtrɪʃn; *Am.* dʒiːˌɑməˈt-; ˌdʒiːəmə-] → **geometer** 1, 2.

ge·om·e·trid [dʒɪˈɒmɪtrɪd; *Am.* dʒiːˈɑmə-] *s zo.* Spanner *m* (*Schmetterling*).

ge·om·e·trize [dʒɪˈɒmɪtraɪz; *Am.* dʒiːˈɑmə-] **I** *v/i* nach geoˈmetrischen Meˈthoden arbeiten. **II** *v/t* geoˈmetrisch darstellen. **geˈom·e·try** [-mətrɪ] *s* **1.** Geomeˈtrie *f.* **2.** geoˈmetrische Abhandlung.

ˌ**ge·o·morˈphol·o·gy** *s* Geomorpholoˈgie *f* (*Wissenschaft von den Formen der Erdoberfläche u. den sie beeinflussenden Kräften u. Prozessen*).

ge·o·pha·gia [dʒɪəˈfeɪdʒə; -dʒɪə; *Am.* ˌdʒiːə-], **ge·oph·a·gism** [dʒɪˈɒfədʒɪzəm; *Am.* dʒiːˈɑf-], **geˈoph·a·gy** [-dʒɪ] *s* Geophaˈgie *f*: a) *Sitte, bes. bei Naturvölkern, tonige od. fettige Erde zu essen*, b) *med. psych. krankhafter Trieb, Erde zu essen.*

ˌ**ge·oˈphys·ics** *s pl* (*oft als sg konstruiert*) Geophyˈsik *f* (*Teilgebiet der Physik, das sich mit den natürlichen Erscheinungen u. Vorgängen auf der Erde, in ihrem Inneren u. ihrer Umgebung befaßt*).

ge·o·phyte [ˈdʒiːəʊfaɪt] *s bot.* Geoˈphyt *m* (*mehrjährige, krautige Pflanze, die ungünstige Jahreszeiten, bes. den Winter, mit Hilfe unterirdischer Organe überdauert*).

ˌ**ge·oˈpol·i·tics** *s pl* (*als sg konstruiert*) Geopoliˈtik *f* (*Wissenschaft von der Einwirkung geographischer Faktoren auf politische Vorgänge u. Kräfte*).

ge·o·pon·ic [ˌdʒiːəʊˈpɒnɪk; *Am.* ˌdʒiːəˈpɑ-] **I** *adj* **1.** landwirtschaftlich. **2.** ländlich. **II** *s pl* (*oft als sg konstruiert*) **3.** Landwirtschaft(skunde) *f.*

George [dʒɔː(r)dʒ] *s* **1. St** ~ der heilige Georg (*Schutzpatron Englands*): **St ~'s day** Sankt-Georgs-Tag *m* (*23. April*); **St ~'s cross** Georgskreuz *n*; ~ **Cross**, ~ **Medal** *mil. Br.* Georgskreuz *n*, -medaille *f* (*Orden*); **by ~!** *obs.* Donnerwetter! (*Fluch od. Ausruf*); **let ~ do it** *Am. fig.* das soll machen, wer Lust hat! **2.** Kleinod *n* mit dem Bild des heiligen Georg (*am Halsband des Hosenbandordens*).

geor·gette [dʒɔː(r)ˈdʒet], *a.* ~ **crepe** *s* Georˈgette *m*, dünner Seidenkrepp.

Geor·gian [ˈdʒɔː(r)dʒjən; *bes. Am.* -dʒən] **I** *adj* **1.** *hist. Br.* georgiˈanisch: a) *aus der Zeit der Könige Georg I.–IV.* (*1714–1830*), b) *aus der Zeit der Könige Georg V. u. VI.* (*1910–52*). **2.** georˈginisch (*den Staat Georgia der USA betreffend*). **3.** geˈorgisch (*die Sowjetrepublik Georgien betreffend*). **II** *s* **4.** Geˈorgier(in). **5.** *bes. arch.* (*das*) Georgiˈanische, georgiˈanischer Stil.

ˌ**ge·oˈsci·ence** *s* Geowissenschaft *f* (*e-e der Wissenschaften, die sich mit der Erforschung der Erde befassen*).

ˈ**ge·oˌsphere** *s* Geoˈsphäre *f* (*Raum, in dem die Gesteinskruste der Erde, die Wasser- u. die Lufthülle aneinandergrenzen*).

ˌ**ge·oˈsta·tion·ar·y** *adj* geostatioˈnär (*über dem Äquator zu Orten auf der Erde stets die gleiche Position habend*): ~ **satellite.**

ˌ**ge·oˈtax·is** *s biol.* Geoˈtaxis *f* (*Orientierungsbewegung, die in der Richtung durch die Erdschwerkraft bestimmt ist*).

ˌ**ge·o·tecˈton·ics** *s pl* (*als sg konstruiert*) Geotekˈtonik *f* (*Teilgebiet der Geologie, das sich mit dem Aufbau u. der Entwicklung, mit Bewegungen, Verlagerungen u. magmatischen Erscheinungen der Erdkruste befaßt*).

ge·ra·ni·um [dʒɪˈreɪnjəm; -nɪəm] *s bot.* **1.** Storchschnabel *m.* **2.** (*e-e*) Pelarˈgonie, Geˈranie *f.*

ger·fal·con → **gyrfalcon.**

ger·i·a·tri·cian [ˌdʒerɪəˈtrɪʃn] *s med.* Geriˈater *m*, Facharzt *m* für Alterskrankheiten. ˌ**ger·iˈat·rics** [-ˈætrɪks] *s pl* (*als sg konstruiert*) *med.* Geriaˈtrie *f*, Altersheilkunde *f.* ˌ**ger·iˈat·rist** → **geriatrician.**

germ [dʒɜːm; *Am.* dʒɜrm] **I** *s* **1.** *biol. bot.* Keim *m* (*a. fig. Ansatz, Ursprung*): **in** ~ *fig.* im Keim, im Werden. **2.** *biol.* Miˈkrobe *f.* **3.** *med.* Keim *m*, Baˈzillus *m*, Bakˈterie *f*, (Krankheits)Erreger *m.* **II** *v/i u. v/t* **4.** keimen (lassen).

ger·man[1] [ˈdʒɜːmən; *Am.* ˈdʒɜr-] *adj* **1.** (*nachgestellt*) leiblich: → **brother-german. 2.** → **germane** 1–3.

Ger·man[2] [ˈdʒɜːmən; *Am.* ˈdʒɜr-] **I** *adj* **1.** deutsch. **II** *s* **2.** Deutsche(r *m*) *f.* **3.** *ling.* Deutsch *n*, das Deutsche: **in** ~ a) auf deutsch, b) im Deutschen; **into** ~ ins Deutsche; **from (the)** ~ aus dem Deutschen.

ˌ**Ger·man|-Aˈmer·i·can I** *adj* ˈdeutschameriˌkanisch. **II** *s* ˈDeutschameriˌkaner(in). ~ **band** *s Am.* (Gruppe *f* von) ˈStraßenmusiˌkanten *pl.* ~ **Con·fed·er·a·tion** *s hist.* Deutscher Bund.

ger·man·der [dʒɜːˈmændə(r); *Am.* dʒɜr-] *s bot.* **1.** Gaˈmander *m.* **2.** *a.* ~ **speedwell** Gaˈmanderehrenpreis *m.*

ger·mane [dʒɜːˈmeɪn; *Am.* dʒɜr-] *adj* **1.** (**to**) gehörig (zu), in Zs.-hang *od.* Beziehung stehend (mit), verwandt (*dat*), betreffend (*acc*): **a question** ~ **to the issue** e-e zur Sache gehörige Frage. **2.** (**to**) passend (zu), angemessen (*dat*). **3.** einschlägig. **4.** → **german**[1] 1.

Ger·man·ic[1] [dʒɜːˈmænɪk; *Am.* dʒɜr-] **I** *adj* **1.** gerˈmanisch. **2.** deutsch. **II** *s* **3.** *ling.* das Gerˈmanische, die gerˈmanische Sprachgruppe: **Primitive** ~ das Urgermanische. **4.** *pl* (*als sg konstruiert*) Germaˈnistik *f.*

ger·man·ic[2] [dʒɜːˈmænɪk; *Am.* dʒɜr-] *adj chem.* Germanium...: ~ **acid.**

Ger·man·ism [ˈdʒɜːmənɪzəm; *Am.* ˈdʒɜr-] *s* **1.** *ling.* Germaˈnismus *m*, deutsche Spracheigenheit. **2.** (*etwas*) typisch Deutsches. **3.** (typisch) deutsche Art, Deutschtum *n.* **4.** Deutschfreundlichkeit *f.* ˈ**Ger·man·ist** *s ling.* Germaˈnist(in).

ger·man·ite [ˈdʒɜːmənaɪt; *Am.* ˈdʒɜr-] *s min.* Germaˈnit *m.*

Ger·man·i·ty [dʒɜːˈmænətɪ; *Am.* dʒɜr-] → **Germanism** 3.

ger·ma·ni·um [dʒɜːˈmeɪnɪəm; *Am.* dʒɜr-] *s chem.* Gerˈmanium *n.*

Ger·man·i·za·tion [ˌdʒɜːmənaɪˈzeɪʃn; *Am.* ˌdʒɜrmənəˈz-] *s* Germaniˈsierung *f*, Eindeutschung *f.* ˈ**Ger·man·ize I** *v/t* germaniˈsieren, eindeutschen. **II** *v/i* sich germaniˈsieren, deutsch werden.

Ger·man mea·sles *s pl* (*als sg konstruiert*) *med.* Röteln *pl.*

Ger·man·o·phil [dʒɜːˈmænəfɪl; *Am.* dʒɜr-], **Gerˈman·o·phile** [-faɪl; -fɪl] **I** *adj* germanoˈphil, deutschfreundlich. **II** *s* Deutschfreundliche(r *m*) *f.* **GerˌmanˌoˈphilˈI·a** [-ˈfɪlɪə] *s* Germanophiˈlie *f*, Deutschfreundlichkeit *f.* **Gerˈman·o·phobe** [-fəʊb] *s* Deutschfeindliche(r *m*) *f.* **Gerˌmanˌoˈphoˈbi·a** [-ˈfəʊbjə; -bɪə] *s* Germanophoˈbie *f*, Deutschfeindlichkeit *f.*

ger·man·ous [dʒɜːˈmænəs; -ˈmeɪ-; *Am.* dʒɜr-] *adj chem.* Germanium-(II)-...

Ger·man| po·lice dog, ~ **shep·herd (dog)** *s Am.* Deutscher Schäferhund. ~ **sil·ver** *n.* ~ Neusilber *n.* ~ **steel** *s tech.* Schmelzstahl *m.* ~ **text,** ~ **type** *s print.* Frakˈtur(schrift) *f.*

germ|car·ri·er *s med.* Keim-, Baˈzillenträger *m.* ~ **cell** *s biol.* Keim-, Geschlechtszelle *f.*

ger·men [ˈdʒɜːmən; *Am.* ˈdʒɜr-] *pl* **-mens, -mi·na** [-mɪnə] *s bot.* Fruchtknoten *m.*

ˈ**germ|-free** *adj med.* keimfrei, steˈril. ~ **gland** *s zo.* Keimdrüse *f.*

ger·mi·cid·al [ˌdʒɜːmɪˈsaɪdl; *Am.* ˌdʒɜr-] *adj* keimtötend. ˈ**ger·mi·cide** [-saɪd] *adj u. s* keimtötend(es Mittel).

ger·mi·na [ˈdʒɜːmɪnə; *Am.* ˈdʒɜr-] *pl von* **germen.**

ger·mi·nal [ˈdʒɜːmɪnl; *Am.* ˈdʒɜr-] *adj* (*adv* ~**ly**) **1.** *biol.* Keim(zellen)... **2.** *med.* Keim..., Bakterien... **3.** *fig.* im Keim befindlich, keimend: ~ **ideas.** ~ **disk** *s biol.* Keimscheibe *f.* ~ **lay·er** *s* **1.** *anat.* Keimschicht *f* (*bes. der Oberhaut*). **2.** *biol.* → **germ layer.** ~ **ves·i·cle** *s biol.* Keimbläs-chen *n.*

ger·mi·nant [ˈdʒɜːmɪnənt; *Am.* ˈdʒɜr-] *adj* keimend (*a. fig.*).

ger·mi·nate [ˈdʒɜːmɪneɪt; *Am.* ˈdʒɜr-] *bot.* **I** *v/i* keimen (*a. fig. sich entwickeln*). **II** *v/t* zum Keimen bringen, keimen lassen (*a. fig.*). ˌ**ger·miˈna·tion** *s bot.* Keimen *n* (*a. fig.*). ˈ**ger·mi·na·tive** [-nətɪv; *Am. bes.* -ˌneɪtɪv] *adj bot.* **1.** Keim... **2.** (keim)entwicklungsfähig.

germ| lay·er *s biol.* Keimblatt *n*, -schicht *f.* ~ **plasm** *s biol.* Keimplasma *n.* ˈ~**proof** *adj* keimsicher, -frei. ~ **the·o·ry** *s* **1.** *biol.* ˈFortpflanzungstheoˌrie *f.* **2.** *med.* Infektiˈonstheoˌrie *f.* ~ **tube** *s bot.* Keimschlauch *m.* ~ **war·fare** *s mil.* Bakˈterienkrieg *m*, bioˈlogische Kriegführung.

ge·ron·toc·ra·cy [ˌdʒerɒnˈtɒkrəsɪ; *Am.* ˌdʒerənˈtɑ-] *s pol.* Gerontokraˈtie *f*, Altenherrschaft *f.*

ger·on·tol·o·gist [ˌdʒerɒnˈtɒlədʒɪst; *Am.* ˌdʒerənˈtɑ-] *s med.* Gerontoˈloge *m.* ˌ**ger·onˈtol·o·gy** *s med.* Gerontoloˈgie *f*, Alternsforschung *f.*

ger·ry·man·der [ˈdʒerɪmændə(r)] **I** *v/t* **1.** *pol.* die Wahlbezirksgrenzen in *e-m Gebiet* manipuˈlieren. **2.** *Tatsachen etc* (zum eigenen Vorteil) verdrehen. **II** *s* **3.** *pol.* a) Manipuˈlierung *f* von Wahlbezirksgrenzen, b) manipuˈlierte Wahlbezirksgrenzen *pl.*

ger·und [ˈdʒerənd] *s ling.* Geˈrundium *n.*

ge·run·di·al [dʒɪˈrʌndɪəl] *adj* Gerundial...

ger·un·di·val [ˌdʒerənˈdaɪvl] *adj ling.* Gerundiv..., gerunˈdivisch. **ge·run·dive** [dʒɪˈrʌndɪv] *s ling.* Gerunˈdiv *n.*

Ge·samt·kunst·werk [gəˈzamtˌkʊnstvɛrk] (*Ger.*) *s thea.* Gesamtkunstwerk *n.*

ge·sell·schaft [gəˈzɛlʃaft] *pl* **-schaften** [-ʃaftən] (*Ger.*) *s* Gesellschaft *f.*

ges·so [ˈdʒesəʊ] *s* **1.** *paint. etc* Gips *m.* **2.** Gips-, Kreidegrund *m.*

gest [dʒest] *s obs.* **1.** (Helden)Tat *f.* **2.** Verserzählung *f*, -epos *n.* **3.** Posse *f.*

Ge·stalt psy·chol·o·gy [gəˈʃtɑːlt] *s* Geˈstaltpsycholoˌgie *f.*

ges·tate [dʒeˈsteɪt; *bes. Am.* ˈdʒesteɪt] **I** *v/i* **1.** a) schwanger sein, b) *zo.* trächtig sein, tragen. **2.** *fig.* reifen. **II** *v/t* **3.** tragen. **4.** *fig.* in sich reifen lassen.

ges·ta·tion [dʒeˈsteɪʃn] *s* **1.** a) Schwangerschaft *f*, b) *zo.* Trächtigkeit *f*: ~ **period** Schwangerschaftsperiode *f*, *zo.* Trag(e)zeit *f.* **2.** *fig.* Reifen *n*: ~ **period** Reifeprozeß *m.* **gesˈta·tion·al** *adj* a) Schwangerschafts..., b) *zo.* Trächtigkeits...

ges·ta·to·ri·al (chair) [ˌdʒestəˈtɔːrɪəl] *s* Tragsessel *m* (*des Papstes*).

geste → **gest.**

ges·tic [ˈdʒestɪk] *adj* Gesten..., Gebärden...

ges·tic·u·late [dʒeˈstɪkjʊleɪt] **I** *v/i* gestikuˈlieren, Gebärden machen, (herˈum-)fuchteln. **II** *v/t* durch Gesten *od.* Gebärden ausdrücken. **gesˌtic·uˈla·tion** *s* **1.** Gestikulatiˈon *f*, Gebärdenspiel *n*, Gestik *f*, Gesten *pl.* **2.** lebhafte Geste. **gesˈtic·u·la·to·ry** [-lətərɪ; *Am.* -ləˌtəʊriː; -ˌtɔː-], *a.* **gesˈtic·u·la·tive** [-lətɪv; *Am. bes.* -ˌleɪ-] *adj* gestikuˈlierend.

ges·ture [ˈdʒestʃə(r)] **I** *s* **1.** Geste *f* (*a. fig.*), Gebärde *f*: **a ~ of friendship** e-e freundschaftliche Geste; **a mere ~** e-e bloße Geste. **2.** Gebärdenspiel *n.* **II** *v/t u. v/i* → **gesticulate.**

get [get] **I** *s* **1.** *Tennis*: *colloq.* Rückschlag *m.* **2.** *zo.* Nachkomme(n *pl*) *m.* **3.** *Br.* Fördermenge *f.*

II *v/t pret* **got** [gɒt; *Am.* gɑt] *obs.* **gat** [gæt], *pp* **got** [gɒt; *Am.* gɑt] *Am.* **got·ten** [ˈgɑtn] **4.** bekommen, erhalten, ‚kriegen‘: **to ~ a letter; to ~ no answer; to ~ it** *colloq.* ‚sein Fett (ab)kriegen‘, ‚eins aufs Dach kriegen‘; **to ~ a good start** e-n guten Start haben; **to ~ a station** (*Radio*) e-n Sender (rein)bekommen; **to ~ it into one's head** es sich in den Kopf setzen; **we could ~ no leave** wir konnten keinen Urlaub bekommen; **he's got it bad(ly)** *colloq.* ‚ihn hat es schwer erwischt‘ (*er ist schwer erkrankt, heftig verliebt etc*). **5.** sich *etwas* verschaffen *od.* besorgen: **to ~ a car. 6.** erwerben, gewinnen, verdienen, erringen, erzielen: **to ~ fame** Ruhm erringen *od.* erwerben *od.* erlangen; **to ~ a victory** e-n Sieg erringen *od.* erzielen; **to ~ wealth** Reichtum erwerben. **7.** *Wissen, Erfahrung etc* erwerben, sich aneignen, (er)lernen: **to ~ by heart** auswendig lernen. **8.** *Kohle etc* gewinnen, fördern. **9.** erwischen: a) (zu fassen) ‚kriegen‘, fassen, packen, fangen, b) ertappen, c) treffen: **he'll ~ you in the end** er kriegt dich doch; **you've got me there!** *colloq.* da hast du mich drangekriegt!; **that ~s me** *colloq.* a) das kapier' ich nicht, b) das geht mir auf die Nerven, c) das packt mich, das geht mir unter die Haut. **10.** a) holen: **to ~ help,** b) (ˈhin-)bringen: **to ~ s.o. to bed** j-n ins Bett bringen; **~ me a chair!** bring *od.* hole mir e-n Stuhl!, c) schaffen, bringen, befördern: **~ it out of the house!** schaffe es aus dem Haus!; **to ~ o.s. home** sich nach Hause begeben. **11.** beschaffen, besorgen (**for s.o.** j-m): **I can ~ it for you. 12.** (*a. telefonisch*) erreichen. **13.** a) **to have got** haben: **I've got no money; she's got a pretty face; got a knife?** *colloq.* hast du ein Messer?, b) **to have got to** müssen: **we have got to do it. 14.** machen, werden lassen, in e-n (*bestimmten*) Zustand versetzen *od.* bringen: **to ~ one's feet wet** nasse Füße bekommen; **to ~ s.th. ready** etwas fertigmachen *od.* -bringen; **to ~ s.o. nervous** j-n nervös machen; **I got my arm broken** ich habe mir den Arm gebrochen. **15.** (*mit pp*) lassen: **to ~ one's hair cut** sich die Haare schneiden lassen; **to ~ s.th. done** etwas erledigen (lassen); **to ~ things done** etwas zuwege bringen. **16.** (*mit inf*) dazu *od.* dahin bringen, bewegen, veranlassen: **to ~ s.o. to speak** j-n zum Sprechen bringen *od.* bewegen; **to ~ s.th. to burn** etwas zum Brennen bringen. **17.** (*mit pres p*) **to ~ going** a) *e-e Maschine etc, fig. a. Verhandlungen etc* in Gang bringen, b) *fig.* Schwung bringen in (*e-e Party etc*). **18.** *obs.* zeugen. **19.** zu-, vorbereiten, ˈherrichten: **to ~ dinner. 20.** *Br. colloq.* essen: **~ your dinner! 21.** *colloq.* ‚kaˈpieren‘, (*a. akustisch*) verstehen: **I didn't ~ his name; I don't ~ him** ich versteh' nicht, was er will; **I don't ~ that** das kapier' ich nicht; **got it?** kapiert?; **don't ~ me wrong!** versteh mich nicht falsch! **22.** *Am. colloq.* ‚erledigen‘ (*töten*). **23.** *colloq.* nicht mehr loslassen, überˈwältigen.

III *v/i* **24.** kommen, gelangen: **to ~ as far as Munich** bis nach München kommen; **to ~ home** nach Hause kommen, zu Hause ankommen; **where has it got to?** wo ist es hingekommen?; **to ~ into debt** in Schulden geraten; **to ~ into a rage** e-n Wutanfall kriegen; **to ~ there** *colloq.* a) ‚es schaffen‘, sein Ziel erreichen, b) ‚dahinterkommen‘ (*es verstehen*); **to ~ nowhere, not to ~ anywhere** nicht weit kommen, keinerlei Erfolg haben. **25.** (*mit inf*) dahin gelangen *od.* kommen, dazu ˈübergehen: **he got to like it** er hat es liebgewonnen; **they got to be friends** sie wurden Freunde; **to ~ to know it** es erfahren *od.* kennenlernen. **26.** (*mit adj od. pp*) werden, in (*e-n bestimmten Zustand etc*) geraten: **to ~ caught** gefangen *od.* erwischt werden; **to ~ dressed** sich anziehen; **to ~ tired** müde werden, ermüden; → **busy** 2, **drunk** 1, *etc.* **27.** (*mit pres p*) beginnen, anfangen: **they got quarrel(l)ing** sie fingen an zu streiten; **to ~ going** a) in Gang kommen (*Maschine etc, fig. a. Verhandlungen etc*), b) *fig.* in Schwung kommen (*Party etc*); **to ~ going on** (*od.* **with**) **s.th.** etwas in Angriff nehmen; **to ~ talking** a) zu reden anfangen, b) ins Gespräch kommen. **28.** reich werden. **29.** *sl.* ‚verduften‘, ‚abhauen‘.

Verbindungen mit Präpositionen:

get| a·cross *v/i bes. Br. colloq.* **1.** *j-n* ärgern. **2.** sich anlegen mit. **~ af·ter** *v/i Am. colloq. j-m* zu Leibe rücken, sich *j-n* ‚vorknöpfen‘. **~ a·round** *v/i colloq.* **1.** *Gesetz, Problem etc* umˈgehen. **2.** *j-n* ‚herˈumkriegen‘. **~ at** *v/i* **1.** herˈankommen an (*acc*), erreichen. **2.** ‚kriegen‘, ‚auftreiben‘. **3.** an *j-n* ‚rankommen‘, *j-m* beikommen. **4.** etwas auszusetzen haben an (*dat*). **5.** *etwas* herˈausbekommen, *e-r Sache* auf den Grund kommen. **6.** sagen wollen: **what is he getting at?** worauf will er hinaus? **7.** *colloq.* a) ‚schmieren‘, bestechen, b) zu ‚schmieren‘ versuchen. **~ be·hind** *v/i* **1.** sich stellen hinter (*acc*). **2.** zuˈrückbleiben hinter (*dat*). **3.** *colloq.* unterˈstützen. **~ in·to I** *v/i* **1.** (hinˈein-)kommen *od.* (-)gelangen *od.* (-)geraten in (*acc*): **what's got into you?** *colloq.* was ist (denn) in dich gefahren?, was ist (denn) mit dir los? **2.** a) *Kleidungsstück* anziehen, schlüpfen in (*acc*), b) (hinˈein-)kommen *od.* (-)passen in (*acc*). **3.** steigen in (*acc*). **4.** sich *etwas* angewöhnen: **to ~ a habit** e-e Gewohnheit annehmen; **to ~ the habit of doing s.th.** (es) sich angewöhnen, etwas zu tun; **to ~ the habit of smoking** sich das Rauchen angewöhnen. **5.** sich einarbeiten in (*acc*): **he had soon got into his new job** er hatte sich schnell eingearbeitet. **II** *v/t* **6.** *j-n* bringen in (*acc*). **7. to get s.o. into s.th.** j-m etwas angewöhnen: **who (what) got you into smoking?** wer (was) hat dich dazu gebracht, mit dem Rauchen anzufangen? **~ off** *v/i* **1.** absteigen von. **2.** aussteigen aus. **3.** herˈuntergehen *od.* -kommen von. **4.** sich losmachen von, freikommen von. **~ on** *v/i* **1.** *ein Pferd, e-n Wagen etc* besteigen, aufsteigen auf (*acc*). **2.** einsteigen in (*acc*). **3.** sich stellen auf (*acc*): **to ~ one's feet** (*od.* **legs**) sich erheben. **~ out of I** *v/i* **1.** herˈaussteigen aus. **2.** herˈaus- *od.* hinˈauskommen *od.* -gelangen aus. **3.** sich *etwas* abgewöhnen: **to ~ a habit** e-e Gewohnheit ablegen; **to ~ the habit of doing s.th.** (es) sich abgewöhnen, etwas zu tun; **to ~ the habit of smoking** sich das Rauchen abgewöhnen. **4.** *econ. colloq.* ‚aussteigen‘ aus (*e-r Transaktion*). **5.** sich drücken vor (*dat*). **II** *v/t* **6.** *Geld etc* aus *j-m* ‚herˈausholen‘ *od.* herˈauslocken. **7.** *etwas* bei *e-r Sache* gewinnen, erhalten: **I got nothing out of it** ich ging leer aus. **~ o·ver** *v/i* **1.** hinˈwegkommen über (*acc*): a) (hinˈüber)kommen, (-)gelangen über (*acc*), b) *fig.* sich hinˈwegsetzen über (*acc*), überˈwinden. **2.** sich erholen von, überˈstehen. **~ round** → **get around. ~ through** *v/i* **1.** kommen durch (*e-e Prüfung, den Winter etc*). **2.** *Geld* ˈdurchbringen. **3.** *etwas* erledigen. **~ to** *v/i* **1.** kommen nach, erreichen. **2.** a) sich machen an (*acc*), b) (zufällig) dazu kommen: **we got to talking about it** wir kamen darauf zu sprechen.

Verbindungen mit Adverbien:

get| a·bout *v/i* **1.** herˈumgehen, auf den Beinen sein (*nach e-r Krankheit*). **2.** herˈumkommen. **3.** sich herˈumsprechen *od.* verbreiten (*Gerücht etc*). **~ a·cross I** *v/t* **1.** verständlich machen, klarmachen. **2.** *e-r Sache* Wirkung *od.* Erfolg verschaffen, *etwas* ‚an den Mann bringen‘: **to get the idea across. II** *v/i* **3.** a) ‚ankommen‘, b) sich verständlich machen. **4.** a) ‚ankommen‘, ‚einschlagen‘, Anklang finden, b) ‚klappen‘, c) klarwerden (**to** *j-m*). **~ a·long I** *v/t* **1.** vorwärts-, weiterbringen. **II** *v/i* **2.** vorwärts-, weiterkommen (*a. fig.*). **3.** auskommen, sich vertragen (**with s.o.** mit j-m): **they ~ well** sie kommen gut miteinander aus. **4.** zuˈrecht-, auskommen (**with s.th.** mit etwas). **5.** weitergehen: **I must be getting along** ich muß mich auf den Weg machen; **~!** verschwinde!; **~ with you!** *colloq.* a) verschwinde!, b) jetzt hör aber auf! **6.** älter werden. **~ a·round** *v/i* **1.** → **get about. 2.** → **get round** II. **~ a·way I** *v/t* **1.** fortschaffen, wegbringen. **II** *v/i* **2.** loskommen, sich losmachen: **you can't ~ from that** a) darüber kannst du dich nicht hinwegsetzen, b) das mußt du doch einsehen; **you can't ~ from the fact that** man kommt um die Tatsache nicht herum, daß. **3.** entkommen, -wischen: **he got away with it this time** *colloq.* a) diesmal kam er ungestraft davon, b) diesmal gelang es ihm *od.* hatte er Glück; **he gets away with everything** (*od.* **with murder**) *colloq.* er kann sich alles erlauben *od.* leisten. **4.** *sport* a) starten, b) sich freimachen, losziehen. **5. ~ with** ‚wegputzen‘, aufessen, austrinken. **6.** → **get along** 5. **~ back I** *v/t* **1.** zuˈrückbekommen, -erhalten. **2.** zuˈrückholen: **to get one's own back** *colloq.* sich rächen; **to get one's own back on s.o.** → 4. **II** *v/i* **3.** zuˈrückkommen. **4. to ~ at s.o.** *colloq.* sich an j-m rächen, es j-m heimzahlen. **~ be·hind** *v/i* **1.** zuˈrückbleiben. **2.** in Rückstand kommen (**with** mit). **~ by** *v/i* **1.** unbemerkt vorˈbeigelangen. **2.** ungeschoren daˈvonkommen. **3.** zuˈrecht-, ˈdurch-, auskommen, ‚es schaffen‘. **4.** gerade noch annehmbar sein (*Arbeit etc*), gerade noch ausreichen (*Kenntnisse*). **~ down I** *v/t* **1.** hinˈunterbringen. **2.** herˈunterholen. **3.** *Essen etc* ‚runterkriegen‘. **4.** aufschreiben. **5.** *fig. j-n* ‚fertigmachen‘, depriˈmieren. **II** *v/i* **6.** herˈunterkommen, -steigen. **7.** aus-, absteigen. **8. ~ to s.th.** sich an etwas (herˈan)machen: → **business** 9, **brass tacks. ~ in I** *v/t* **1.** hinˈeinbringen, -schaffen, -bekommen. **2.** *die Ernte* einbringen. **3.** einfügen. **4.** *e-e Bemerkung, e-n Schlag etc* anbringen. **5.** *e-n Arzt* holen, kommen lassen, rufen, *e-n Spezialisten etc* zuziehen. **II** *v/i* **6.** hinˈein-, herˈeingelangen, -kommen, -gehen. **7.** einsteigen. **8.** *pol.* (ins Parlaˈment *etc*) gewählt werden. **9.** ~ **on** *colloq.* sich beteiligen an (*dat*), mitmachen bei: **to ~ on the act** mitmachen. **10.** ~ **with** sich anfreunden *od.* einlassen mit. ~ **off I** *v/t* **1.** *Kleidungsstück* ausziehen. **2.** losbekommen, -kriegen: **his counsel got him off** sein Anwalt erwirkte s-n Freispruch. **3.** *Waren* loswerden. **4.** *e-n Witz etc* ‚vom Stapel lassen'. **5.** *ein Telegramm etc* ‚loslassen', absenden. **6.** ~ **(to sleep)** zum (Ein-) Schlafen bringen. **II** *v/i* **7.** abreisen, aufbrechen. **8.** *aer.* abheben. **9.** **(from)** absteigen (von), aussteigen (aus): **to tell s.o. where to ~** *colloq.* ‚j-m Bescheid stoßen'. **10.** daˈvonkommen **(with a caution** mit e-r Verwarnung): **to ~ cheaply** *colloq.* a) billig wegkommen, b) mit e-m blauen Auge davonkommen. **11.** entkommen. **12.** (*von der Arbeit*) wegkommen: **he got off early**. **13.** ~ **(to sleep)** einschlafen. **14.** *colloq.* ‚high' werden: **to ~ on heroine** auf e-n ‚Herointrip' gehen. **15.** *colloq.* ‚kommen' (*e-n Orgasmus haben*). **16.** *colloq.* ‚ausflippen' (*außer sich geraten*) **(on** bei). ~ **on I** *v/i* **1.** vorwärts-, vorˈankommen (*a. fig.*): **to ~ in one's job; to ~ in life** a) es zu etwas bringen, b) *a.* **to ~ (in years)** älter werden; **to be getting on for sixty** auf die Sechzig zugehen; **to ~ without s.th.** ohne etwas auskommen; **I must be getting on** ich muß weiter; **it is getting on for 5 o'clock** es geht auf 5 Uhr (zu); **it was getting on** es wurde spät; **let's ~ with our work!** machen wir weiter! **2.** → **get along** 3, 4. **3.** ~ **to** a) *Br.* sich in Verbindung setzen mit, *teleph. j-n* anrufen, b) *colloq. etwas* ‚spitzkriegen', hinter *e-e Sache* kommen, c) *colloq. j-m* auf die Schliche kommen. **II** *v/t* **4.** *Kleidungsstück* anziehen. **5.** weiterbringen, vorˈantreiben. ~ **out I** *v/t* **1.** herˈausbekommen, ‚herˈauskriegen' (*a. fig.*): **to ~ a secret**. **2.** herˈausholen. **3.** hinˈausschaffen, -befördern. **4.** *Worte etc* herˈausbringen. **II** *v/i* **5.** aussteigen, herˈauskommen. **6.** hinˈausgehen: ~**!** raus! **7.** entkommen: **to ~ from under** *Am. colloq.* mit heiler Haut davonkommen. **8.** *econ. colloq.* ‚aussteigen' **(of** aus *e-r Transaktion*). **9.** *fig.* ˈdurchsickern, herˈauskommen (*Geheimnis etc*). ~ **o·ver I** *v/t* **1.** hinter sich bringen, erledigen. **2.** *j-n* auf s-e Seite bringen. **3.** → **get across** 1. **II** *v/i* **4.** hinˈüber-, herˈüberkommen, -gelangen. **5.** → **get across** 4 c. ~ **round I** *v/t j-n* ‚herˈumkriegen', beschwatzen. **II** *v/i* dazu kommen: **I never got round to doing it** ich kam nie dazu (, es zu tun). ~ **through I** *v/t* **1.** ˈdurchbringen, -bekommen (*a. fig.*). **2.** → **get over** 1. **3.** *etwas* klarmachen **(to s.o.** j-m). **II** *v/i* **4.** ˈdurchkommen: a) das Ziel erreichen, b) (*ein Examen*) bestehen, c) ˈdurchgehen (*Gesetzesvorlage*), d) *teleph.* Anschluß bekommen. **5.** fertig werden **(with** mit). **6.** klarwerden **(to s.o.** j-m). ~ **to·geth·er I** *v/t* **1.** *Menschen etc* zs.-bringen. **2.** zs.-tragen, ansammeln. **3.** **to get it together** *colloq.* ‚es bringen'. **II** *v/i* **4.** zs.-kommen. **5.** sich einig werden **(on** über *acc*). ~ **up I** *v/t* **1.** hinˈauf-, herˈaufbringen, -schaffen. **2.** ins Werk setzen. **3.** veranstalten, organiˈsieren. **4.** ein-, ˈherrichten, vorbereiten. **5.** konstruˈieren, zs.-basteln. **6.** *j-n* herˈausputzen: **to get o.s. up**. **7.** *ein Buch etc* ausstatten, *Waren* (hübsch) aufmachen. **8.** *thea.* ˈeinstuˌdieren, insze'nieren. **9.** *colloq.* lernen, ‚büffeln'. **10.** *Am. colloq. ein Gefühl* aufbringen. **II** *v/i* **11.** aufstehen, (*von e-m Stuhl etc a.*) sich erheben. **12.** (hin-, her)ˈaufsteigen, steigen **(on** auf *acc*): **to ~ in the world** *fig.* (in der Welt *od.* im Leben) vorankommen. **13.** hinˈauf-, herˈaufkommen. **14.** sich nähern. **15.** auffrischen (*Wind*). **16.** ~ **up!** hü(h)!, hott! (*vorwärts*).

get|-at-a·ble [getˈætəbl] *adj colloq.* **1.** erreichbar (*Ort od. Sache*): **it's not ~** man kommt nicht ‚ran'. **2.** zugänglich (*Ort od. Person*). **3.** zu erfahren(d). ˈ**~-a·way I** *s* **1.** Flucht *f*: **to make one's ~** entkommen, -wischen. **2.** *sport* Start *m*. **3.** *mot.* Anzugsvermögen *n*. **II** *adj* **4.** Flucht...: ~ **car.** ˈ**~-off** *s aer.* Abheben *n*.

get·ter [ˈgetə(r)] *s* **1.** *Bergbau*: Hauer *m*. **2.** *electr.* Getter *n*, Fangstoff *m*.

ˈ**get|-toˌgeth·er** *s colloq.* (zwangloses) Treffen *od.* Beiˈsammensein, (zwanglose) Zs.-kunft: **to have a ~** sich treffen, zs.-kommen. ˌ**~-ˈtough** *adj Am. colloq.* aggresˈsiv, entschlossen: **~ policy.** ˈ**~-up** *s colloq.* **1.** Aufbau *m*, Anordnung *f*, Strukˈtur *f*. **2.** Aufmachung *f*: a) Ausstattung *f*, b) ‚Aufzug' *m*, Kleidung *f*. **3.** *thea.* Inszeˈnierung *f*. ˌ**~-ˈup-and-ˈgo** *s colloq.* Unterˈnehmungsgeist *m*, Eˈlan *m*. ˌ**~-ˈwell** *adj*: **to send s.o. a ~ card** j-m e-e Karte schicken u. ihm gute Besserung wünschen.

gew·gaw [ˈgjuːgɔː] **I** *s* **1.** protziges, aber wertloses Schmuckstück. **2.** *fig.* Lapˈpalie *f*, Kleinigkeit *f*. **II** *adj* **3.** protzig, aber wertlos.

gey·ser *s* **1.** [ˈgaɪzə(r); *Br. a.* ˈgiːzə] Geysir *m*. **2.** [ˈgiːzə] *Br.* (ˈGas)ˌDurchlauferhitzer *m*.

gey·ser·ite [ˈgaɪzəraɪt; *Br. a.* ˈgiː-] *s min.* Geyseˈrit *m*.

ghast·li·ness [ˈgɑːstlɪnɪs; *Am.* ˈgæst-] *s* **1.** Gräßlichkeit *f*. **2.** gräßliches Aussehen. **3.** Totenblässe *f*. ˈ**ghast·ly I** *adj* **1.** gräßlich, greulich, entsetzlich, schrecklich (*alle a. fig. colloq.*). **2.** gespenstisch. **3.** totenbleich. **4.** verzerrt: **a ~ smile.** **5.** *colloq.* schauderhaft, haarsträubend. **II** *adv* **6.** gräßlich *etc*: **~ pale** totenblaß.

ghat [gɔːt; gɑːt] *s* **1.** (Gebirgs)Paß *m*. **2.** Gebirgszug *m*. **3.** Lande- u. Badeplatz *m* mit Ufertreppe. **4.** *meist* **burning ~** Totenverbrennungsplatz *m* (*der Hindus*) an e-r Ufertreppe.

gher·kin [ˈgɜːkɪn; *Am.* ˈgɜr-] *s* Gewürz-, Essiggurke *f*.

ghet·to [ˈgetəʊ] *pl* **-tos, -toes** *s hist. u. sociol.* G(h)etto *n*.

ghost [gəʊst] **I** *s* **1.** Geist *m*, Gespenst *n*: **the ~ walks** *thea. sl.* es gibt Geld; → **lay**[1] 25. **2.** Geist *m*, Seele *f* (*nur noch in*): **to give** (*od.* **yield**) **up the ~** den Geist aufgeben, sterben. **3.** *fig.* Spur *f*, Schatten *m*: **a ~ of a smile** ein angedeutetes Lächeln, der Anflug e-s Lächelns; **not the ~ of a chance** nicht die geringste *od.* die Spur e-r Chance; **to be a ~ of one's former self** nur noch ein Schatten seiner selbst sein. **4.** *fig.* quälende Erinnerung(en *pl*) **(of an** *acc*). **5.** → **ghost writer.** **6.** *opt. TV* Doppelbild *n*. **II** *v/t* **7.** *j-n* verfolgen (*Erinnerungen etc*). **8.** *ein Buch etc* als Ghostwriter schreiben **(for** für). **III** *v/i* **9.** Ghostwriter sein. ˈ**~like** → **ghostly** 1.

ghost·li·ness [ˈgəʊstlɪnɪs] *s* Geisterhaftigkeit *f*. ˈ**ghost·ly** *adj* **1.** geister-, gespensterhaft, Geister... **2.** *obs.* geistlich: **~ counsel.**

ghost| sto·ry *s* Geister-, Gespenstergeschichte *f*. ~ **town** *s* Geisterstadt *f*, verödete Stadt. ~ **train** *s* Geisterbahn *f*. ~ **word** *s* Ghostword *n* (*Wort, das s-e Entstehung e-m Schreib-, Druck- od. Aussprachefehler verdankt*). ˈ**~write** *v/t u. v/i* → **ghost** 8, 9. ~ **writ·er** *s* Ghostwriter *m* (*Autor, der anonym für e-e andere Person schreibt*).

ghoul [guːl] *s* **1.** Ghul *m* (*leichenfressender Dämon*). **2.** *fig.* Unhold *m* (*Person mit makabren Gelüsten*), *z.B.* Leichen-, Grabschänder *m*. ˈ**ghoul·ish** *adj* (*adv* **~ly**) **1.** ghulenhaft. **2.** *fig.* maˈkaber.

ghyll → **gill**[2].

GI [ˌdʒiːˈaɪ] *pl* **GIs, GI's** (*von* **government issue**) *mil. Am. colloq.* **I** *s* **1.** ‚GI' *m* (*amer. Soldat*). **II** *adj* **2.** GI-..., Kommiß... **3.** vorschriftsmäßig.

gi·ant [ˈdʒaɪənt] **I** *s* **1.** *myth.* Riese *m*. **2.** Riese *m*, Koˈloß *m*. **3.** riesiges Exemˈplar (*Tier etc*). **4.** *med.* an Giganˈtismus Leidende(r *m*) *f*. **5.** *fig.* Giˈgant *m* (*Person, Sache, Organisation*). **6.** *astr.* Riesenstern *m*. **7.** *Bergbau*: Monitor *m*, Strahlrohr *n*. **II** *adj* **8.** riesenhaft, riesig, ungeheuer (groß), *a. bot. zo.* Riesen...: **~ killer** *sport* Favoritentöter *m*; **~(-size) packet** Riesenpackung *f*; **~ slalom** (*Skisport*) Riesenslalom *m*; **~ star** → 6; **~ stride** a) Riesenschritt *m* (*a. fig.*), b) Rundlauf *m* (*Turngerät*); **~ swing** (*Turnen*) Riesenfelge *f*; **~ wheel** Riesenrad *n*.

gi·ant·ess [ˈdʒaɪəntes] *s* Riesin *f*.

ˈ**gi·ant·ism** *s* **1.** ungeheure Größe. **2.** *med.* Giganˈtismus *m*, Riesenwuchs *m*.

giaour [ˈdʒaʊə(r)] *s contp.* Giaur *m* (*Nichtmohammedaner, bes. Christ*).

gib[1] [gɪb] *tech.* **I** *s* **1.** Bolzen *m*, (*a.* Haken-, Nasen)Keil *m*: **~ and cotter** Keil u. Lösekeil; **~ and key** Längs- u. Querkeil. **2.** a) ˈFührungslineˌal *n* (*e-r Werkzeugmaschine*), b) (Stell)Leiste *f* (*e-r Drehbank*). **3.** Ausleger *m* (*e-s Krans*). **II** *v/t* **4.** verkeilen.

gib[2] [gɪb] *s* (*bes.* kaˈstrierter) Kater.

gib·ber [ˈdʒɪbə(r)] **I** *v/i* schnattern (*Affen, Personen*). **II** *s* → **gibberish.** ˈ**gib·ber·ish** *s* **1.** Geschnatter *n*. **2.** dummes Geschwätz, ‚Quatsch' *m*.

gib·bet [ˈdʒɪbɪt] **I** *s* **1.** Galgen *m*. **2.** *tech.* a) Kranbalken *m*, b) *Zimmerei*: Querbalken *m*, -holz *n*. **II** *v/t* **3.** hängen. **4.** anprangern, bloßstellen.

gib·bon [ˈgɪbən] *s zo.* Gibbon *m*.

gib·bos·i·ty [gɪˈbɒsətɪ; *Am.* dʒɪbˈɑsətiː; gɪb-] *s* **1.** Buckligkeit *f*. **2.** Wölbung *f*. **3.** Buckel *m*, Höcker *m*. ˈ**gib·bous** *adj* (*adv* **~ly**) **1.** gewölbt. **2.** *astr.* auf beiden Seiten konˈvex (*Mondscheibe zwischen Halb- u. Vollmond*). **3.** buck(e)lig, höckerig.

Gibbs func·tion [gɪbz] *s phys.* Gibbssche Funktiˈon.

gibbs·ite [ˈgɪbzaɪt] *s min.* Gibbˈsit *m*.

gibe[1] [dʒaɪb] **I** *v/t* verhöhnen, verspotten. **II** *v/i* spotten **(at** über *acc*): **to ~ at** → *a.* I. **III** *s* höhnische Bemerkung.

gibe[2] → **jibe**[2].

gib·let [ˈdʒɪblɪt] *s meist pl* Inneˈreien *pl*, *bes.* Hühner-, Gänseklein *n*.

Gib·son [ˈgɪbsn] *s bes. Am. ein Cocktail aus Gin u. Wermut.*

gid·dap [gɪˈdæp] *interj colloq.* hü(h)!, hott! (*vorwärts*).

gid·di·ness [ˈgɪdɪnɪs] *s* **1.** Schwindel (-gefühl *n*) *m*, Schwindeligkeit *f*. **2.** *fig.* Unbesonnenheit *f*, Leichtsinn *m*, Flatterhaftigkeit *f*. **3.** *fig.* Wankelmütigkeit *f*.

gid·dy [ˈgɪdɪ] **I** *adj* (*adv* **giddily**) **1.** schwind(e)lig: **I am** (*od.* **feel**) **~** mir ist schwind(e)lig. **2.** *a. fig.* schwindelerregend, schwindelnd. **3.** *fig.* a) unbesonnen, flatterhaft, leichtsinnig, b) impulˈsiv. **II** *v/t u. v/i* **4.** schwind(e)lig machen *od.* werden.

gie [giː] *Scot. für* **give** II, III.

gift [gɪft] **I** *s* **1.** a) Geschenk *n*, b) Spende *f*: **to make a ~ of s.th. to s.o.** j-m etwas zum Geschenk machen, j-m etwas schenken; **I wouldn't have it as a ~** das nähme ich nicht (mal) geschenkt; **at £10**

it's a ~! für 10 Pfund ist es geschenkt!; → **free** 16. **2.** *jur.* Schenkung *f*: ~ (**by will**) letztwillige Schenkung, Vermächtnis *n*; ~ **mortis causa** Schenkung für den Todesfall. **3.** *jur.* Verleihungsrecht *n*: **the office is not in his** ~ er kann dieses Amt nicht verleihen *od.* vergeben. **4.** *fig.* Begabung *f*, Gabe *f*, Ta'lent *n* (**for, of** für): ~ **for languages** Sprachtalent; **of many** ~**s** vielseitig begabt; → **gab** I, **recall** 13, **tongue** 3. **II** *v/t* **5.** beschenken (**with** mit). **6.** schenken, geben (**s.th. to s.o.** j-m etwas). **III** *adj* **7.** geschenkt, Geschenk...: ~ **shop** Geschenkartikelladen *m*; ~ **tax** Schenkungssteuer *f*; ~ **token** (*od.* **voucher**) Geschenkgutschein *m*; **don't look a** ~ **horse in the mouth** e-m geschenkten Gaul schaut *od.* sieht man nicht ins Maul.

gift·ed ['gɪftɪd] *adj* begabt, talen'tiert.

'gift-wrap *v/t* geschenkmäßig *od.* als Geschenk verpacken.

gig[1] [gɪg] *s* **1.** *mar.* Gig(boot) *n*. **2.** *sport* Gig *n* (*Ruderboot*). **3.** Gig *n* (*zweirädriger, offener Einspänner*).

gig[2] [gɪg] *s* Fischspeer *m*.

gig[3] [gɪg] *s a.* ~ **machine**, ~ **mill** *tech.* 'Rauh-, 'Aufkratzma,schine *f*.

gig[4] [gɪg] *s mus. colloq.* a) Engage'ment *n*, b) Auftritt *m*.

giga- [gɪgə; dʒɪgə; *Br. a.* gaɪgə] *phys. Wortelement mit der Bedeutung* Milliarde.

'gi·ga·hertz *s phys.* Giga'hertz *n* (*1 Milliarde Hertz*).

gi·gan·tic [dʒaɪ'gæntɪk] *adj* (*adv* ~**ally**), *a.* **,gi·gan'tesque** [-'tesk] *adj* gi'gantisch: a) riesenhaft, Riesen..., b) riesig, ungeheuer (groß), gewaltig.

gi·gan·tism ['dʒaɪgæntɪzəm; dʒaɪ'gæn-] → **giantism**.

gi·gan·tom·a·chy [,dʒaɪgæn'tɒmәkɪ; *Am.* -'tɑ-] *s myth.* Gigantoma'chie *f*, (*art* Darstellung *f* der) Gi'gantenschlacht *f*.

gig·gle ['gɪgl] **I** *v/i* **1.** kichern. **II** *v/t* **2.** *etwas* kichernd sagen: **she** ~**d her agreement** sie stimmte kichernd zu. **III** *s* **3.** Kichern *n*, Gekicher *n*. **4. for a** ~ *colloq.* aus *od.* im Spaß. **'gig·gler** [-lə(r)] *s* Kichernde(r *m*) *f*. **'gig·gly** *adj* ständig kichernd.

gig·o·lo ['ʒɪgələʊ; 'dʒɪ-] *pl* **-los** *s* Gigolo *m*: a) Eintänzer *m*, b) *junger Mann, der sich von Frauen aushalten läßt*.

gi·got ['dʒɪgət] *s* **1.** *a.* ~ **sleeve** Gi'got *m*, Hammelkeulenärmel *m*. **2.** *gastr.* Hammelkeule *f*.

gigue [ʒiːg] *s mus.* Gigue *f*: a) *hist. Tanz*, b) *Satz e-r Suite*.

gil·bert ['gɪlbə(r)t] *s electr.* Gilbert *n* (*Einheit der magnetischen Spannung*).

Gil·ber·ti·an [gɪl'bɜːtjən; -ɪən; *Am.* -'bɜr-] *adj* **1.** in der Art (des Hu'mors) von W.S. Gilbert. **2.** *fig.* komisch, possenhaft.

gild[1] [gɪld] *v/t pret u. pp* **'gild·ed** *od.* **gilt** [gɪlt] **1.** vergolden. **2.** *fig.* a) verschöne(r)n, (aus)schmücken: → **lily** 1, b) über'tünchen, verbrämen, c) versüßen: → **pill** 1, d) beschönigen: **to** ~ **a lie**.

gild[2] → **guild**.

gild·ed ['gɪldɪd] *adj* vergoldet, golden (*a. fig.*): ~ **youth** Jeunesse *f* dorée (*die zur begüterten Oberschicht gehörenden Jugendlichen*). **'gild·ing** *s* **1.** Vergolden *n*. **2.** Vergoldung *f*. **3.** Vergoldermasse *f*. **4.** *fig.* a) Verschönerung *f*, Ausschmückung *f*, b) Über'tünchung *f*, Verbrämung *f*, c) Versüßung *f*, d) Beschönigung *f*.

gilds·man → **guildsman**.

gil·gai ['gɪlgaɪ] *s Austral.* na'türliches Wasserloch.

gill[1] [gɪl] **I** *s* **1.** *ichth.* Kieme *f*: ~ **arch** (**cleft** *od.* **slit, cover**) Kiemenbogen *m* (-spalte *f*, -deckel *m*); ~ **net** Wandnetz *n*. **2.** *orn.* Kehllappen *m*. **3.** *bot.* La'melle *f*: ~ **fungus** Blätterpilz *m*. **4.** Doppel-, 'Unterkinn *n*: **rosy** (**green**) **about the** ~**s** gesund aussehend (grün im Gesicht). **5.** *Spinnerei*: Hechelkamm *m*. **6.** *tech.* Kühlrippe *f*, -ring *m*. **II** *v/t* **7.** *Fische* a) ausnehmen, b) mit e-m Wandnetz fangen. **8.** die La'mellen entfernen von (*Pilzen*).

gill[2] [gɪl] *s bes. Scot.* **1.** (waldige) Schlucht. **2.** Gebirgs-, Wildbach *m*.

gill[3] [dʒɪl] *s* Viertelpinte *f* (*Br. 0,14 l*; *Am. 0,12 l*).

gill[4] [dʒɪl] *s obs.* Liebste *f*.

gilled [gɪld] *adj* **1.** *ichth.* mit Kiemen (versehen). **2.** *tech.* gerippt: ~ **tube** Kühlrippenrohr *n*.

gil·lie ['gɪlɪ] *s Scot.* **1.** *hist.* Diener *m*, Page *m* (*e-s schottischen Hochlandhäuptlings*). **2.** Jagdgehilfe *m*.

gil·ly·flow·er ['dʒɪlɪ,flaʊə(r)] *s bot.* **1.** (*bes.* 'Winter)Lev,koje *f*. **2.** Goldlack *m*. **3.** Gartennelke *f*.

gilt[1] [gɪlt] **I** *adj* **1.** → **gilded**. **II** *s* **2.** Vergoldung *f*. **3.** *fig.* Reiz *m*: **to take the** ~ **off the gingerbread** der Sache den Reiz nehmen.

gilt[2] [gɪlt] *s zo.* junge Sau.

'gilt|-cup → **buttercup**. ~ **edge** *s oft pl* Goldschnitt *m*. **,~-'edge(d)** *adj* **1.** mit Goldschnitt (versehen). **2.** ~ **securities** *pl econ.* mündelsichere (Wert)Papiere.

gim·bals ['dʒɪmblz; 'gɪm-] *s pl mar. tech.* Kar'danringe *pl*, kar'danische Aufhängung (*Kompaß etc*).

gim·crack ['dʒɪmkræk] **I** *s* **1.** a) wertloser *od.* kitschiger Gegenstand, (*a.* technische) Spiele'rei, ‚Mätzchen' *n*, b) *pl* → **gimcrackery** 1. **II** *adj* **2.** a) wertlos, b) kitschig. **3.** wack(e)lig, 'unso,lide gebaut. **'gim,crack·er·y** [-ərɪ] *s* Plunder *m*, ‚Firlefanz' *m*.

gim·let ['gɪmlɪt] **I** *s* **1.** *tech.* Schnecken-, Handbohrer *m*: ~ **eyes** *fig.* stechende Augen. **2.** *Am. ein Cocktail aus Gin od. Wodka u. Limonensaft*. **II** *v/t* **3.** mit e-m Schneckenbohrer Löcher bohren in (*acc*).

gim·me ['gɪmɪ] *sl. für* **give me**.

gim·mick ['gɪmɪk] *s colloq.* **1.** → **gadget** I. **2.** *fig.* ‚Dreh' *m*, (*bes.* Re'klame)Trick *m*, ‚(-)Masche' *f*. **'gim·mick·ry** [-rɪ] → **gadgetry** 1.

gimp [gɪmp] *s* **1.** *Schneiderei*: Gimpe *f*. **2.** *mit Draht verstärkte seidene Angelschnur*.

gin[1] [dʒɪn] *s* Gin *m*, Wa'cholderschnaps *m*: ~ **and it** *bes. Br.* Gin u. Wermut; ~ **and tonic** Gin Tonic.

gin[2] [dʒɪn] **I** *s* **1.** *a.* **cotton** ~ Ent'körnungsma,schine *f* (*für Baumwolle*). **2.** a) *tech.* Hebezeug *n*, Winde *f*, b) *mar.* Spill *n*. **3.** *tech.* Göpel *m*, 'Förderma,schine *f*. **4.** *tech.* Rammgerüst *n*. **5.** *hunt.* a) Falle *f*, b) Schlinge *f*. **II** *v/t* **6.** in *od.* mit e-r Schlinge fangen. **7.** *Baumwolle* entkörnen.

gin[3] [gɪn] *pret* **gan** [gæn], *pp* **gun** [gʌn] *obs. für* **begin**.

gin[4] [dʒɪn] → **gin rummy**.

gin[5] [dʒɪn] *s Austral.* Eingeborene *f*.

gin·ger ['dʒɪndʒə(r)] **I** *s* **1.** *bot.* Ingwer *m*. **2.** Ingwer *m* (*Gewürz*). **3.** a) rötliches Braun, b) gelbliches Braun. **4.** *colloq.* ‚Schmiß' *m*, Schwung *m*: **to put some** ~ **into** → 8. **II** *adj* **5.** a) rötlichbraun, b) gelblichbraun. **6.** *colloq.* ‚schmissig', schwungvoll. **III** *v/t* **7.** mit Ingwer würzen. **8.** *meist* ~ **up** *colloq.* a) *j-n* ‚aufmöbeln', aufmuntern, b) *etwas* ‚ankurbeln', in Schwung bringen. ~ **ale** *s* Ginger-ale *n* (*alkoholfreies Getränk mit Ingwergeschmack*). ~**beer** *s* Ginger-beer *n*, Ingwerbier *n* (*leicht alkoholisches Getränk aus e-m Extrakt der Ingwerwurzel u. Sirup*). **'~bread I** *s* **1.** Leb-, Pfefferkuchen *m* (*mit Ingwergeschmack*): → **gilt**[1] 3. **2.** *bes. arch.* über'ladene Verzierung. **II** *adj* **3.** *bes. arch.* über'laden. ~ **group** *s parl. bes. Br.* Akti'onsgruppe *f*.

'gin·ger·ly *adv u. adj* **1.** (ganz) behutsam, vorsichtig. **2.** zimperlich.

'gin·ger|·nut *s* Ingwerkeks *m*, *n*. ~ **pop** *colloq. für* **ginger ale**. **'~snap** *s* Ingwerwaffel *f*. ~ **wine** *s* Ingwerwein *m*.

'gin·ger·y *adj* **1.** Ingwer... **2.** → **ginger** 5. **3.** *fig.* beißend, bissig: **a** ~ **remark**. **4.** → **ginger** 6.

ging·ham ['gɪŋəm] *s* Gingham *m*, Gingan *m* (*gemustertes Baumwollgewebe in Leinenbindung*).

gin·gi·li ['dʒɪndʒɪlɪ] *s* **1.** → **sesame** 1. **2.** Sesamsamen *m*, -öl *n*.

gin·gi·val [dʒɪn'dʒaɪvl; 'dʒɪndʒɪvl] *adj anat.* Zahnfleisch... **,gin·gi'vi·tis** [-dʒɪ-'vaɪtɪs] *s med.* Gingi'vitis *f*, Zahnfleischentzündung *f*.

ging·ko ['gɪŋkəʊ] → **ginkgo**.

gin·gly·mus ['dʒɪŋglɪməs; gɪŋ-] *pl* **-mi** [-maɪ] *s anat.* Schar'niergelenk *n*.

gink [gɪŋk] *s Am. sl.* komischer ‚Typ'.

gink·go ['gɪŋkgəʊ; 'gɪŋkəʊ] *pl* **-gos, -goes** *s bot.* Ginkgo *m* (*ein Zierbaum*).

gin mill [dʒɪn] *s Am. colloq.* Kneipe *f*.

gin·ner·y ['dʒɪnərɪ] *s* Entkörnungswerk *n* (*für Baumwolle*).

gin| pal·ace [dʒɪn] *s hist.* auffällig deko'riertes Wirtshaus. ~**rum·my** *s Form des Rommés*.

gin·seng ['dʒɪnseŋ] *s* **1.** *bot.* Ginseng *m*. **2.** *pharm.* Ginseng(wurzel *f*) *m*.

gin sling [dʒɪn] *s Getränk aus Gin u. Zuckerwasser mit Zitronen- od. Limonensaft*.

gip[1] [gɪp] *v/t Fische* ausnehmen.

gip[2] [dʒɪp] → **gyp**[1].

gip[3] [dʒɪp] → **gyp**[2].

gip·po ['dʒɪpəʊ] *pl* **-pos** *s sl.* Zi'geuner *m*.

gip·py ['dʒɪpɪ] *sl.* **I** *s* **1.** Ä'gypter(in). **2.** *etwas Ägyptisches*. **3.** Zi'geuner(in). **II** *adj* **4.** ä'gyptisch. **5.** ~ **tummy** *med.* Durchfall *m* (*bes. in heißen Ländern*).

gip·sy, *bes. Am.* **gyp·sy** ['dʒɪpsɪ] **I** *s* **1.** Zi'geuner(in) (*a. fig.*). **2.** Zi'geunersprache *f*. **II** *adj* **3.** Zigeuner... **4.** zi'geunerhaft. **III** *v/i* **5.** ein Zi'geunerleben führen. ~ **bon·net** *s* breitrandiger Damenhut.

'gip·sy·dom *s* **1.** Zi'geunertum *n*. **2.** *collect.* Zi'geuner *pl*. **'gip·sy·fy** [-faɪ] *v/t j-m* ein zi'geunerhaftes Aussehen verleihen.

gip·sy moth *s zo.* Schwammspinner *m*.

gi·raffe [dʒɪ'rɑːf; *bes. Am.* -'ræf] *pl* **-'raffes,** *bes. collect.* **-'raffe** *s zo.* Gi'raffe *f*.

gi·ran·do·la [dʒɪ'rændələ], **gi·ran·dole** ['dʒɪrəndəʊl] *s* Gi'randola *f*, Giran'dole *f*: a) *Feuergarbe beim Feuerwerk*, b) *mehrarmiger Leuchter*, c) *mit Edelsteinen besetztes Ohrgehänge*.

gir·a·sol ['dʒɪrəsɒl; -səʊl; *Am. a.* -,sɑl], **'gir·a·sole** [-səʊl] *s min.* 'Feuer-, 'Sonneno,pal *m*.

gird[1] [gɜːd; *Am.* gɜrd] *v/t pret u. pp* **'gird·ed, girt** [gɜːt; *Am.* gɜrt] **1.** *j-n* (um)'gürten. **2.** *Kleid etc* gürten, mit e-m Gürtel halten. **3.** *oft* ~ **on** *das Schwert etc* 'umgürten, an-, 'umlegen: **to** ~ **s.th. on s.o.** j-m etwas umgürten. **4.** *j-m, sich* ein Schwert 'umgürten: **to** ~ **o.s.** (**up**), **to** ~ (**up**) **one's loins** *fig.* sich rüsten *od.* wappnen. **5.** *Seil etc* binden, legen (**round** um). **6.** *fig. j-n* ausstatten, -rüsten (**with** mit). **7.** um'geben, um'schließen (*meist pass*): → **seagirt**.

gird[2] [gɜːd] *Br. dial.* **I** *v/i* **1.** spotten (**at** über *acc*). **2.** rasen. **II** *v/t* **3.** verhöhnen, verspotten. **4.** *j-m* e-n Schlag versetzen. **III** *s* **5.** höhnische Bemerkung. **6.** Schlag *m*. **7.** Wut *f*: **to be in a** ~ wütend sein; **to throw a** ~ wütend werden.

gird·er ['gɜːdə; *Am.* 'gɜrdər] *s tech.*

1. Balken *m*, Träger *m*. 2. *Bergbau*: ˈUnterzug *m*. **~ bridge** *s* Balken-, Trägerbrücke *f*.

gir·dle¹ [ˈgɜːdl; *Am.* ˈgɜrdl] **I** *s* **1.** Gürtel *m*, Gurt *m*. **2.** Hüfthalter *m*, -gürtel *m*. **3.** *anat. in Zssgn* (Knochen)Gürtel *m*: **shoulder ~** Schultergürtel; **~ bone** Gürtelknochen *m*. **4.** Gürtel *m*, (*etwas*) Umˈgebendes *od.* Einschließendes, ˈUmkreis *m*, Umˈgebung *f*. **5.** *tech.* Fassungskante *f* (*geschliffener Edelsteine etc*). **6.** Ringel *m* (*ringförmig ausgeschnittene Baumrinde*). **II** *v/t* **7.** umˈgürten. **8.** *oft* **~ about, ~ in, ~ round** umˈgeben, einschließen (**with** mit). **9.** *e-n Baum* ringeln.

gir·dle² [ˈgɜːdl; *Am.* ˈgɜrdl] → **griddle** I.

girl [gɜːl; *Am.* gɜrl] **I** *s* **1.** Mädchen *n*: **a German ~** e-e junge Deutsche; **~'s name** weiblicher Vorname; **from a ~** von Kindheit an. **2.** *colloq.* Tochter *f*: **the ~s** a) die Töchter des Hauses, b) die Damen. **3.** (Dienst)Mädchen *n*. **4.** *colloq.* ‚Mädchen' *n* (*Freundin e-s Jungen*). **II** *adj* **5.** weiblich, Mädchen...: **~ Fri·day** *s* AllˈroundsekreˌtärinƒMädchen; **she is my ~** ohne sie wäre ich ‚aufgeschmissen'. **ˈ~friend** *s* Freundin *f* (*e-s Jungen*). **~ guide** *s* Pfadfinderin *f* (*in GB*): **G~ G~s** Pfadfinderinnen(bewegung *f*) *pl*.

ˈgirl·hood *s* Mädchenjahre *pl*, -zeit *f*, Jugend(zeit) *f*: **during her ~** in ihrer Jugend.

girl·ie [ˈgɜːlɪ; *Am.* ˈgɜrliː] *colloq.* **I** *s* Mädchen *n*. **II** *adj* mit nackten *od.* spärlich bekleideten Mädchen: **a ~ magazine**.

ˈgirl·ish *adj* (*adv* **~ly**) **1.** mädchenhaft. **2.** Mädchen...: **~ games**. **ˈgirl·ish·ness** *s* Mädchenhaftigkeit *f*.

girl scout *s* Pfadfinderin *f* (*in den USA*): **G~ S~s** Pfadfinderinnen(bewegung *f*) *pl*.

gi·ro¹ [ˈdʒaɪərəʊ] *pl* **-ros** *colloq. für* **autogiro**.

gi·ro² [ˈdʒaɪrəʊ; *Am. a.* ˈʒɪrəʊ] *s* Postscheckdienst *m* (*in GB*): **~ account** Postscheckkonto *n*; **~ cheque** Postscheck *m*.

gir·o·sol [ˈdʒɪrəsɒl; -səʊl; *Am. a.* -ˌsɑl] → **girasol**.

girt [gɜːt; *Am.* gɜrt] **I** *pret u. pp von* **gird¹**. **II** *adj* **1.** (**for**) gewappnet (für, gegen), gerüstet (für). **III** *v/t* **2.** → **gird¹**. **3.** → **girth** 6.

girth [gɜːθ; *Am.* gɜrθ] **I** *s* **1.** (*a.* ˈKörper-) ˌUmfang *m*: **a tree 5 yards in ~** ein Baum mit 5 Yard Umfang; **his ~ is increasing** er wird immer dicker. **2.** (Sattel-, Pack)Gurt *m*. **II** *v/t* **3.** *ein Pferd* gürten. **4.** fest-, an-, aufschnallen. **5.** umˈgeben, umˈschließen. **6.** den ˈUmfang messen von.

gis·mo → **gizmo**.

gist [dʒɪst] *s* **1.** *jur.* Grundlage *f*: **~ of action** Klagegrund *m*. **2.** (*das*) Wesentliche, Hauptpunkt(e *pl*) *m*, Kern *m*: **can you give me the ~ of this book?** kannst du mir kurz sagen, worum es in diesem Buch geht?

git [gɪt] *s Br. sl. contp.* Kerl *m*: **that stupid ~** dieser blöde Hund.

git·tern [ˈgɪtɜːn; *Am.* -tərn] → **cittern**.

give [gɪv] **I** *s* **1.** Elastiziˈtät *f*, (*des Bodens etc*) Federung *f*. **2.** *fig.* a) Elastiziˈtät *f*, Flexibiliˈtät *f*, b) Nachgiebigkeit *f*: **there is no ~ in him** er gibt nie nach.

II *v/t pret* **gave** [geɪv] *pp* **giv·en** [ˈgɪvn] **3.** a) geben: **to ~ s.o. the name of William** j-m den Namen William geben; **~ or take plus/minus**, b) schenken: **he gave his son a watch**. **4.** geben, reichen: **to ~ s.o. one's hand** j-m die Hand geben. **5.** *e-n Brief etc* (über)ˈgeben. **6.** (*als Gegenwert*) geben, (be)zahlen: **how much did you ~ for that coat?**; **to ~ as good as one gets** (*od.* **takes**) mit gleicher Münze zurückzahlen. **7.** *e-e Auskunft, e-n Rat etc* geben, erteilen: **to ~ a description** e-e Beschreibung geben (**of** *gen od.* von). **8.** *sein Wort* geben. **9.** widmen: **to ~ one's attention (energies) to s.th.** s-e Aufmerksamkeit (Kraft) e-r Sache widmen. **10.** *sein Leben* ˈhingeben, opfern (**for** für). **11.** *ein Recht, e-n Titel, ein Amt etc* verleihen, geben, überˈtragen: **to ~ s.o. a part in a play** j-m e-e Rolle in e-m Stück geben. **12.** geben, gewähren, zugestehen: **to ~ s.o. a favo(u)r** j-m e-e Gunst gewähren; **just ~ me 24 hours** geben Sie mir (nur) vierundzwanzig Stunden (Zeit); **I ~ you that point** in diesem Punkt gebe ich Ihnen recht; **~ me the good old times!** da lobe ich mir die gute alte Zeit!; **~ me Mozart any time** Mozart geht mir über alles; **it was not ~n to him to do it** es war ihm nicht gegeben *od.* vergönnt, es zu tun. **13.** *e-n Befehl, Auftrag etc* geben, erteilen. **14.** *Hilfe* gewähren, leisten. **15.** *e-n Preis* zuerkennen, zusprechen. **16.** *e-e Arznei* (ein)geben, verabreichen. **17.** *j-m ein Zimmer etc* geben, zuteilen, zuweisen. **18.** *Grüße etc* überˈmitteln: **~ him my love** bestelle ihm herzliche Grüße von mir. **19.** überˈgeben, einliefern: **to ~ s.o. into custody** j-n der Polizei übergeben, j-n verhaften lassen. **20.** *j-m e-n Schlag etc* geben, versetzen. **21.** *j-m e-n Blick* zuwerfen. **22.** von sich geben, äußern: **to ~ a cry** e-n Schrei ausstoßen, aufschreien; **to ~ a laugh** auflachen; **to ~ a smile** lächeln; **he gave no sign of life** er gab kein Lebenszeichen von sich; → **smile** 5, **start** 6. **23.** (an)geben, mitteilen: **~ us the facts**; **to ~ a reason** e-n Grund angeben; **don't ~ me that!** das glaubst du doch selbst nicht!; → **name** *Bes. Redew.* **24.** *ein Lied etc* zum besten geben, vortragen. **25.** geben, veranstalten: **to ~ a concert**; **to ~ a dinner** ein Essen geben; **to ~ a play** ein (Theater)Stück geben *od.* aufführen; **to ~ a lecture** e-n Vortrag halten. **26.** bereiten, verursachen: **to ~ pain** Schmerzen bereiten, weh tun; → **pain** 1, 2, **pleasure** 1. **27.** (er)geben: **to ~ no result** ohne Ergebnis bleiben. **28.** geben, herˈvorbringen: **cows ~ milk** Kühe geben Milch; **the lamp ~s a good light** die Lampe gibt gutes Licht. **29.** e-n Trinkspruch ausbringen auf (*acc*): **I ~ you the ladies** ich trinke auf das Wohl der Damen. **30.** geben, zuschreiben: **I ~ him 50 years** ich schätze ihn auf 50 Jahre. **31.** *j-m zu tun, zu trinken etc* geben: **she gave me her bag to carry**; **I was ~n to understand** man gab mir zu verstehen. **32.** (*in Redewendungen meist*) geben: **to ~ attention** achtgeben (**to** auf *acc*); **~ it to him!** *colloq.* gib's ihm!; **to ~ s.th. what for** *colloq.* es j-m ‚geben' *od.* ‚besorgen'; (*siehe die Verbindungen mit den entsprechenden Substantiven*).

III *v/i* **33.** geben, spenden (**to** *dat*): **to ~ generously**; **to ~ and take** geben u. nehmen, einander entgegenkommen, kompromißbereit sein. **34.** nachgeben (*a. Preise*): **to ~ under great pressure**; **the foundations are giving** das Fundament senkt sich; **the chair ~s comfortably** der Stuhl federt angenehm; **his knees gave under him** s-e Knie versagten. **35. what ~s?** *sl.* was gibt's?; **what ~s with him?** *sl.* was ist los mit ihm? **36.** nachlassen, schwächer werden. **37.** versagen (*Nerven etc*). **38.** a) nachgeben, (*Boden etc*) federn, b) sich dehnen (*Kleidungsstück*). **39.** sich anpassen (**to** *dat od.* an *acc*). **40.** a) führen (**into** in *acc*; **on[to]** auf *acc*, nach) (*Straße etc*), b) gehen (**on[to]** nach) (*Fenster etc*). **41.** *Am. colloq.* a) sprechen: **come on, ~!** los, raus mit der Sprache!, b) aus sich herˈausgehen.

Verbindungen mit Adverbien:

give| a·way *v/t* **1.** a) ˈher-, weggeben: → **bride**, b) verschenken: **at £4 it's not exactly given away** für 4 Pfund ist es nicht gerade geschenkt. **2.** *Preise etc* verteilen, überˈreichen. **3.** *j-n od. etwas* verraten: **to ~ a secret**; **to give o.s. away** sich verraten *od.* verplappern; → **game** 6, **show** 15. **4.** *Chance etc* vertun. **~ back I** *v/t* **1.** zuˈrückgeben (*a. fig.*): **to give s.o. back his freedom**; **to ~ a look** e-n Blick erwidern. **2.** a) *Schall* zuˈrückwerfen, b) *Licht etc* reflekˈtieren. **II** *v/i* **3.** a) sich zuˈrückziehen, b) zuˈrückweichen. **~ forth** *v/t* **1.** → **give off** 1. **2.** *e-e Ansicht etc* äußern. **3.** veröffentlichen, bekanntgeben. **~ in I** *v/t* **1.** *ein Gesuch etc* einreichen, *e-e Prüfungsarbeit etc* abgeben. **2.** (offiziˈell) erklären. **II** *v/i* **3.** (**to**) a) nachgeben (*dat*), b) sich anschließen (*dat*): **to ~ to s.o.'s opinion**. **4.** aufgeben, sich geschlagen geben. **~ off** *v/t* **1.** *Geruch* verbreiten, ausströmen, *Rauch etc* ausstoßen, *Gas, Wärme etc* aus-, verströmen. **2.** *Zweige* treiben. **~ out I** *v/t* **1.** aus-, verteilen. **2.** bekanntgeben: **to give it out that** a) verkünden, daß, b) behaupten, daß. **3.** → **give off** 1. **II** *v/i* **4.** zu Ende gehen (*Kräfte, Vorräte*): **his strength gave out** die Kräfte verließen ihn; **our supplies have given out** unsere Vorräte sind erschöpft. **5.** versagen (*Kräfte, Maschine, Nieren, Stimme etc*). **6.** *Am. colloq.* loslegen (**with** mit). **~ o·ver I** *v/t* **1.** überˈgeben (**to** *dat*): **to give s.o. over to the police**. **2.** *etwas* aufgeben: **to ~ doing s.th.** aufhören, etwas zu tun. **3. to give o.s. over to s.th.** sich e-r Sache hingeben: **to give o.s. over to despair**; **to give o.s. over to drinking** dem Alkohol verfallen. **4. to be given over to s.th.** für etwas beansprucht werden, für etwas bestimmt sein. **II** *v/i* **5.** aufhören. **~ up I** *v/t* **1.** aufgeben, aufhören mit, *etwas* sein lassen: **to ~ smoking** das Rauchen aufgeben. **2.** (*als aussichts- od. hoffnungslos*) aufgeben: **to ~ a plan**; **he was given up by the doctors**; **the climbers were given up for dead** es bestand keine Hoffnung mehr, daß die Bergsteiger noch am Leben waren; **I give you up, you'll never learn it** *colloq.* ich geb's auf, du lernst es nie. **3.** *j-n* ausliefern: **to give o.s. up** sich (freiwillig) stellen (**to the police** der Polizei). **4.** (**to**) a) *Posten etc* abgeben, abtreten (an *acc*), b) *Sitzplatz etc* freimachen (für). **5. to give o.s. up to s.th.** a) sich e-r Sache hingeben: **to give o.s. up to despair**, b) sich e-r Sache widmen: **to give o.s. up to caring for the sick**. **II** *v/i* **6.** (es) aufgeben, sich geschlagen geben. **7.** resiˈgnieren. **8. I ~ on you, you'll never learn it** *colloq.* ich geb's auf, du lernst es nie.

ˌgive|-and-ˈtake I *s* **1.** (*ein*) Geben u. Nehmen, beiderseitiges Entgegenkommen *od.* Nachgeben, Komproˈmiß(bereitschaft *f*) *m*, *n*. **2.** Meinungs-, Gedankenaustausch *m*. **II** *adj* **3.** Ausgleichs..., Kompromiß...: **marriage is a ~ affair** e-e Ehe besteht aus Geben u. Nehmen. **ˈ~a·way I** *s* **1.** (ungewolltes) Verraten, Verplappern *n*: **the expression on his face was a ~** sein Gesichtsausdruck verriet ihn *od.* sagte alles. **2.** *bes. Am.* Werbegeschenk *n*. **3.** kostenlos verteilte Zeitung. **4.** *Rundfunk, TV*: *bes. Am.* Quiz(-sendung *f*) *n*. **II** *adj* **5. ~ price** Schleuderpreis *m*: **to sell s.th. at ~ prices** etwas verschleudern.

giv·en [ˈgɪvn] **I** *pp von* **give**. **II** *adj* **1.** gegeben, bestimmt, festgelegt: **at the ~ time** zur festgesetzten Zeit; **under the ~ conditions** unter den gegebenen Bedingungen *od.* Umständen; **within a ~ time** innerhalb e-r bestimmten Zeit; → **instance** 1. **2. to be ~ to** a) ergeben sein (*dat*): **to be ~ to drinking** dem Alkohol verfallen sein, b) neigen zu: **to be ~ to boasting**. **3.** *math. philos.* gegeben, bekannt. **4.** vorˈausgesetzt: **~ health** Gesundheit vorausgesetzt. **5.** in Anbetracht (*gen*): **~ his temperament**. **6.** *auf Dokumenten*: gegeben, ausgefertigt: **~ this 10th day of January** gegeben am 10. Januar. **III** *s* **7.** gegebene Tatsache. **~ name** *s bes. Am.* Vorname *m.*

giv·er [ˈgɪvə(r)] *s* **1.** Geber(in), Spender(in). **2.** *econ.* a) Abgeber *m*, Verkäufer *m*, b) (*Wechsel*)Aussteller *m.*

giz·mo [ˈgɪzməʊ] *pl* **-mos** *s Am. colloq.* ‚Dingsbums' *n.*

giz·zard [ˈgɪzə(r)d] *s* **1.** a) *ichth. orn.* Muskelmagen *m*, b) Vor-, Kaumagen *m* (*von Insekten*). **2.** *colloq.* Magen *m*: **that sticks in my ~** *fig.* das ist mir zuwider.

gla·bel·la [gləˈbelə] *pl* **-lae** [-liː] *s* Glaˈbella *f* (*als anthropologischer Meßpunkt geltende unbehaarte Stelle zwischen den Augenbrauen*).

gla·brous [ˈgleɪbrəs] *adj bot. zo.* kahl.

gla·cé [ˈglæseɪ; *Am.* glæˈseɪ] **I** *adj* **1.** glaˈsiert, mit Glaˈsur *od.* Zuckerguß. **2.** kanˈdiert (*Früchte etc*). **3.** Glacé..., Glanz... (*Leder, Stoff*). **II** *v/t* **4.** glaˈsieren. **5.** kanˈdieren.

gla·cial [ˈgleɪsjəl; *Am.* -ʃəl] *adj* (*adv* **~ly**) **1.** *geol.* Eis..., *bes.* Gletscher...: **~ detritus** Glazialschutt *m.* **2.** eiszeitlich: **~ boulder** Findling *m*; **~ epoch** (*od.* **period**) Eiszeit *f*; **~ man** Eiszeitmensch *m.* **3.** *chem.* Eis...: **~ acetic acid** Eisessig *m.* **4.** eisig (*a. fig.*): **a ~ wind**; **a ~ look**. **5. ~ pace** Schneckentempo *n.*

gla·ci·ate [ˈglæsɪeɪt; ˈgleɪ-; *Am.* ˈgleɪʃɪ-] **I** *v/t* **1.** vereisen. **II** *v/i* **2.** vereisen. **3.** *geol.* vergletschern. **ˌgla·ciˈa·tion** *s* **1.** Vereisung *f.* **2.** *geol.* Vergletscherung *f.*

gla·cier [ˈglæsjə; ˈgleɪ-; *Am.* ˈgleɪʃər] *s* Gletscher *m*: **~ milk** *geol.* Gletschermilch *f*; **~ table** *geol.* Gletschertisch *m*; **~ theory** Gletschertheorie *f.*

glac·i·ol·o·gy [ˌglæsɪˈɒlədʒɪ; ˌgleɪ-; *Am.* ˌgleɪʃɪˈɑl-] *s* Glazioloˈgie *f* (*Wissenschaft von der Entstehung u. Wirkung des Eises u. der Gletscher*).

gla·cis [ˈglæsɪs; -sɪ; *Am.* glæˈsiː; ˈglæsiː] *pl* **ˈgla·cis·es** [-sɪz], **gla·cis** [ˈglæsɪz; *Am.* glæˈsiːz; ˈglæsiːz] *s* **1.** Abdachung *f.* **2.** *mil.* Glaˈcis *n* (*Erdaufschüttung vor e-m Festungsgraben, die keinen toten Winkel entstehen läßt*).

glad[1] [glæd] **I** *adj* (*adv* → **gladly**) **1.** *pred* froh, erfreut (**of, at** über *acc*): **I am ~ (that) he has gone** ich bin froh, daß er gegangen ist; **to be ~ of** (*od.* **at**) **s.th.** sich über etwas freuen; **I am ~ of it** ich freue mich darüber, es freut mich; **I am ~ to hear (to say)** zu m-r Freude höre ich (darf ich sagen); es freut mich zu hören (, sagen zu dürfen); **I am ~ to go** ich gehe gern; **I should be ~ to know** ich möchte gern wissen. **2.** freudig, froh, fröhlich, heiter (*Gesicht, Ereignis etc*): **to give s.o. the ~ hand** → **glad-hand** I; **~ rags** *colloq.* ‚Sonntagsstaat' *m*; → **eye** 5. **3.** froh, erfreulich: **~ news**. **II** *v/t u. v/i* **4.** *obs. für* **gladden**.

glad[2] [glæd] *colloq. für* **gladiolus**.

glad·den [ˈglædn] **I** *v/t* erfreuen, froh machen *od.* stimmen: **to ~ s.o.'s heart** j-s Herz erfreuen. **II** *v/i obs.* froh werden.

glade [gleɪd] *s* Lichtung *f*, Schneise *f.*

ˈglad-hand I *v/t* a) *j-m* herzlich die Hand schütteln, b) *j-n* herzlich *od.* (*bes. contp.*) ˈüberschwenglich begrüßen *od.* empfangen. **II** *v/i* **~ with** → I.

glad·i·ate [ˈglædɪət; -dɪeɪt] *adj bot.* schwertförmig.

glad·i·a·tor [ˈglædɪeɪtə(r)] *s* **1.** *antiq.* Gladiˈator *m.* **2.** *fig.* Kämpfer *m*, Streiter *m*, *bes.* (streitbarer) Deˈbattenredner. **ˌglad·i·aˈto·ri·al** [-dɪəˈtɔːrɪəl; *Am. a.* -ˈtəʊ-] *adj* **1.** Gladiatoren... **2.** Kampf... **3.** streitbar.

glad·i·o·lus [ˌglædɪˈəʊləs] *pl* **-li** [-laɪ; *Am. a.* -liː], **-lus·es** *s bot.* Gladiˈole *f.*

ˈglad·ly *adv* mit Freuden, gern(e), freudig. **ˈglad·ness** *s* Freude *f*, Fröhlichkeit *f.* **ˈglad·some** [-səm] *adj* (*adv* **~ly**) *obs. od. poet. für* **glad**[1] I.

Glad·stone (bag) [ˈglædstən; *Am.* -ˌstəʊn] *s* zweiteilige leichte Reisetasche.

glaik·et, glaik·it [ˈgleɪkɪt] *adj Scot.* **1.** dumm, albern. **2.** gedankenlos.

glair [gleə(r)] **I** *s* **1.** Eiweiß *n.* **2.** Eiweißleim *m.* **3.** eiweißartige Subˈstanz. **II** *v/t* **4.** mit Eiweiß(leim) bestreichen. **glair·e·ous** [ˈgleərɪəs], **ˈglair·y** *adj* **1.** Eiweiß... **2.** zähflüssig, schleimig.

glaive [gleɪv] *s obs. od. poet.* (Breit-) Schwert *n.*

glam·or *Am. Nebenform von* **glamour**.

glam·or·ize [ˈglæməraɪz] *v/t* **1.** (mit viel Reˈklame) verherrlichen. **2.** *fig.* verherrlichen, romantiˈsieren: **to ~ war**. **3.** e-n besonderen Zauber verleihen (*dat*), verschöne(r)n. **ˈglam·or·ous** *adj* (*adv* **~ly**) bezaubernd (schön).

glam·our [ˈglæmə(r)] **I** *s* **1.** Zauber *m*, Glanz *m*, bezaubernde Schönheit: **~ boy** Schönling *m*; **~ girl** Glamourgirl *n*, Reklame-, Filmschönheit *f.* **2.** Zauber *m*, Bann *m*: **to cast a ~ over s.o.** j-n bezaubern, j-n in s-n Bann schlagen. **3.** *contp.* falscher Glanz. **II** *v/t* **4.** bezaubern. **glam·our·ous** → **glamorous**.

glance[1] [glɑːns; *Am.* glæns] **I** *v/i* **1.** e-n schnellen Blick werfen, (rasch *od.* flüchtig) blicken (**at** auf *acc*): **to ~ over** (*od.* **through**) **a letter** e-n Brief überfliegen. **2.** (auf)blitzen, (-)leuchten. **3. ~ off** abprallen (von) (*Kugel etc*), abgleiten (von) (*Messer etc*). **4.** (**at**) (*Thema*) flüchtig berühren, streifen, *bes.* anspielen (auf *acc*). **II** *v/t* **5. to ~ one's eye over** (*od.* **through**) a) e-n schnellen Blick werfen auf (*acc*), b) überfliegen. **III** *s* **6.** (schneller *od.* flüchtiger) Blick (**at** auf *acc*; **over** über *acc* ... hin): **at a ~** mit ˈeinem Blick; **at first ~** auf den ersten Blick; **to give s.o. an admiring ~** j-m e-n bewundernden Blick zuwerfen; **to take a ~ at** → 1. **7.** (Auf)Blitzen *n*, (-)Leuchten *n.* **8.** Abprallen *n*, Abgleiten *n.* **9.** (**at**) flüchtige Berührung (*gen*), Streifen *n* (*gen*), *bes.* Anspielung *f* (auf *acc*).

glance[2] [glɑːns; *Am.* glæns] *s min.* Blende *f*, Glanz *m*: **lead ~** Bleiglanz; **~ coal** Glanzkohle *f.*

glanc·ing [ˈglɑːnsɪŋ; *Am.* ˈglæn-] *adj*: **to hit** (*od.* **strike**) **s.o. a ~ blow** j-n (mit e-m Schlag) streifen.

gland[1] [glænd] *s physiol.* Drüse *f.*

gland[2] [glænd] *s tech.* **1.** Dichtung(sstutzen *m*) *f.* **2.** Stopfbuchse(nbrille) *f.*

glan·dered [ˈglændə(r)d] *adj vet.* rotzkrank. **ˈglan·der·ous** *adj* **1.** Rotz... **2.** rotzkrank. **ˈglan·ders** *s pl* (*als sg konstruiert*) Rotz(krankheit *f*) *m.*

glan·des [ˈglændiːz] *pl von* **glans**.

glan·du·lar [ˈglændjʊlə; *bes. Am.* -dʒələ(r)], **ˈglan·du·lous** *adj* (*adv* **~ly**) *biol. med.* drüsig, drüsenartig, Drüsen...: **glandular fever** Pfeiffer-Drüsenfieber *n.*

glans [glænz] *pl* **ˈglan·des** [-diːz] *s anat.* Eichel *f.*

glare[1] [gleə(r)] **I** *v/i* **1.** grell scheinen (*Sonne etc*), grell leuchten (*Scheinwerfer etc*): **the sun was glaring down on them** die Sonne brannte auf sie herunter. **2.** grell *od.* schreiend sein (*Farbe etc*). **3.** wütend starren: **to ~ at s.o.** j-n wütend anstarren, j-n anfunkeln. **II** *v/t* **4. she ~d defiance** ihre Augen funkelten vor Trotz; **to ~ defiance** (**hatred**) **at s.o.** j-n trotzig (haßerfüllt) anstarren. **III** *s* **5.** greller Schein, grelles Leuchten: **to be in the full ~ of publicity** im Scheinwerferlicht der Öffentlichkeit stehen. **6.** *fig.* (*das*) Schreiende *od.* Grelle. **7.** wütender *od.* funkelnder Blick: **to look at s.o. with a ~** j-n wütend anstarren, j-n anfunkeln.

glare[2] [gleə(r)] *bes. Am.* **I** *s* spiegelglatte Fläche: **a ~ of ice**. **II** *adj* spiegelglatt: **~ ice** Glatteis *n.*

glar·ing [ˈgleərɪŋ] *adj* (*adv* **~ly**) **1.** grell. **2.** *fig.* grell, schreiend: **~ colo(u)rs**. **3.** eklaˈtant, kraß (*Fehler, Unterschied etc*), (himmel)schreiend (*Unrecht etc*). **4.** wütend, funkelnd (*Blick*).

glar·y[1] [ˈgleərɪ] → **glaring** 1 *u.* 2.

glar·y[2] [ˈgleərɪ] → **glare**[2] II.

glass [glɑːs; *Am.* glæs] **I** *s* **1.** Glas *n.* **2.** *collect.* → **glassware**. **3.** a) (Trink-) Glas *n*, b) Glas(gefäß) *n.* **4.** Glas(voll) *n*: **a ~ of milk** ein Glas Milch; **he has had a ~ too much** er hat ein Gläs-chen zuviel *od.* eins über den Durst getrunken. **5.** Glas (-scheibe *f*) *n.* **6.** Spiegel *m.* **7.** Sanduhr *f.* **8.** *opt.* a) Lupe *f*, Vergrößerungsglas *n*, b) Linse *f*, Augenglas *n*, c) *pl*, *a.* **pair of ~es** Brille *f*, d) (Fern-, Opern)Glas *n*, e) Mikroˈskop *n.* **9.** a) Glas(dach) *n*, b) Glas(kasten *m*) *n.* **10.** Uhrglas *n.* **11.** Baroˈmeter *n.* **12.** Thermoˈmeter *n.* **II** *v/t* **13.** verglasen: **to ~ in** einglasen. **14.** (*meist* **o.s.** sich) (ˈwider)spiegeln. **15.** *econ.* in Glasbehälter verpacken.

glass|bead *s* Glasperle *f.* **~ block** *s arch.* Glasziegel *m*, -(bau)stein *m.* **~ blow·er** *s* Glasbläser *m.* **~ blow·ing** *s tech.* Glasblasen *n*, Glasbläseˈrei *f.* **~ brick** → **glass block**. **~ case** *s* Glaskasten *m*, Viˈtrine *f.* **~ ce·ment** *s tech.* Glaskitt *m.* **~ cloth** *s* **1.** Gläsertuch *n.* **2.** *tech.* a) Glasleinen *n*, b) Glas(faser)gewebe *n.* **~ cul·ture** *s* ˈTreibhauskulˌtur *f.* **~ cut·ter** *s* **1.** Glasschleifer *m.* **2.** *tech.* Glasschneider *m* (*Werkzeug*). **~ cut·ting** *s tech.* Glasschneiden *n*, -schleifen *n.* **~ eel** *s ichth.* Glasaal *m* (*junger Aal*). **~ eye** *s* **1.** Glasauge *n.* **2.** *vet.* e-e Augenkrankheit der Pferde. **~ fi·ber**, *bes. Br.* **~ fi·bre** *s* Glasfaser *f*, -fiber *f.*

ˈglass·ful [-fʊl] *s* (*ein*) Glas(voll) *n.*

glass| fur·nace *s* Glasschmelzofen *m.* **~ har·mon·i·ca** *s mus. hist.* ˈGlasharˌmonika *f.* **ˈ~house** *s* **1.** *tech. Am.* ˈGlashütte *f*, -faˌbrik *f.* **2.** *bes. Br.* Gewächs-, Glas-, Treibhaus *n*: **~ effect** Treibhaus-, Glashauseffekt *m.* **3. people who live in ~s should not throw stones** wer (selbst) im Glashaus sitzt, soll nicht mit Steinen werfen. **4.** *mil. Br. colloq.* ‚Bau' *m*, ‚Bunker' *m* (*Gefängnis*).

glass·ine [ˈglɑːsiːn; *bes. Am.* glæˈsiːn] *s* Pergaˈmin *n* (*durchsichtiges Papier*).

glass·i·ness [ˈglɑːsɪnɪs; *Am.* ˈglæs-] *s* **1.** glasiges Aussehen. **2.** Glasigkeit *f* (*der Augen*). **3.** Spiegelglätte *f* (*e-s Sees etc*).

glass| jaw *s Boxen*: ‚Glaskinn' *n.* **ˈ~ˌmak·er** *s* ˈGlasˌhersteller *m.* **ˈ~man** [-mən] *s irr* **1.** Glashändler *m.* **2.** Glaser *m.* **3.** ˈGlasˌhersteller *m.* **~ paint·er** *s* Glasmaler *m.* **~ pa·per** *s tech.* ˈGlaspaˌpier *n.* **ˈ~ˌpa·per** *v/t* mit ˈGlaspaˌpier abreiben *od.* poˈlieren. **~ slate** → **glass tile**. **~ strand** *s tech.* Glasspinnfaden *m.* **~ tile** *s arch.* Glasdachziegel *m*, -stein *m.* **ˈ~ware** *s* Glas(waren *pl*) *n*, Glasgeschirr *n*, -sachen *pl.* **~ wool** *s tech.* Glaswolle *f.* **ˈ~work** *s tech.* **1.** ˈGlas(waren)ˌherstellung *f.* **2.** Glaseˈrei *f.* **3.** Glaswaren *pl.* **4.** Glasarbeit *f.* **5.** *pl* (*oft als sg konstruiert*) ˈGlashütte *f*, -faˌbrik *f.*

glass·y [ˈglɑːsɪ; *Am.* ˈglæsiː] *adj* (*adv*

glassily) **1.** gläsern, glasig, glasartig. **2.** glasig (*Augen*). **3.** spiegelglatt (*See etc*).
Glas·we·gian [glæsˈwiːdʒjən; -dʒən] **I** *adj* Glasgower, aus Glasgow. **II** *s* Glasgower(in).
glau·ber·ite [ˈglaʊbəraɪt; ˈglɔː-] *s min.* Glaubeˈrit *m*.
Glau·ber's salt [ˈglaʊbə(r)z], *a.* ˈ**Glau·ber salt** *s chem.* Glaubersalz *n*.
glau·co·ma [glɔːˈkəʊmə] *s med.* Glauˈkom *n*, grüner Star. **glauˈco·ma·tous** [-ˈkəʊmətəs] *adj* glaukomaˈtös.
glau·co·nite [ˈglɔːkənaɪt] *s min.* Glaukoˈnit *m*.
glau·cous [ˈglɔːkəs] *adj* **1.** a) graugrün, b) bläulichgrün. **2.** *bot.* mit weißlichem Schmelz überˈzogen. ˈ**~-ˌwinged gull** *s orn. Am.* Grauflügelmöwe *f*.
glaze [gleɪz] **I** *v/t* **1.** verglasen, Glasscheiben einsetzen in (*acc*): **to ~ in** einglasen. **2.** poˈlieren, glätten. **3.** *tech., a. gastr.* glaˈsieren, mit Glaˈsur überˈziehen. **4.** *paint.* laˈsieren. **5.** *tech. Papier* satiˈnieren. **6.** *Augen* glasig machen. **II** *v/i* **7.** e-e Glaˈsur *od.* Poliˈtur annehmen, blank werden. **8.** *a.* **~ over** glasig werden (*Augen*). **III** *s* **9.** Poliˈtur *f*, Glätte *f*, Glanz *m*: **~ kiln** (*Keramik*) Glattbrennofen *m*. **10.** a) Glaˈsur *f*, b) Glaˈsur(masse) *f*. **11.** Laˈsur *f*. **12.** Satiˈnierung *f*. **13.** Glasigkeit *f*. **14.** *Am.* a) Glatteis *n*, b) (dünne) Eisschicht. **15.** *aer.* Vereisung *f*.
glazed [gleɪzd] *adj* **1.** verglast, Glas...: **~ veranda. 2.** *tech.* glatt, blank, geglättet, poˈliert, Glanz...: **~ board** a) Glanzpappe *f*, b) Preßspan *m*; **~ brick** Glasurziegel *m*; **~ paper** satiniertes Papier, Glanzpapier; **~ tile** Kachel *f*. **3.** glaˈsiert. **4.** laˈsiert. **5.** satiˈniert. **6.** glasig (*Augen*). **7.** vereist: **~ frost** *Br.* Glatteis *n*. ˈ**glaz·er** *s tech.* **1.** Glaˈsierer *m*. **2.** Poˈlierer *m*. **3.** Satiˈnierer *m*. **4.** Poˈlier-, Schmirgelscheibe *f*.
gla·zier [ˈgleɪzjə; *Am.* -ʒər] *s* Glaser *m*.
glaz·ing [ˈgleɪzɪŋ] *s* **1.** a) Verglasen *n*, b) Glaserarbeit *f*. **2.** *collect.* Fenster(scheiben) *pl*. **3.** *tech., a. gastr.* a) Glaˈsur *f*, b) Glaˈsieren *n*. **4.** a) Poliˈtur *f*, b) Poˈlieren *n*. **5.** *tech.* Satiˈnieren *n*. **6.** *paint.* a) Laˈsur *f*, b) Laˈsieren *n*.
glaz·y [ˈgleɪzɪ] *adj* **1.** glänzend, blank. **2.** glaˈsiert. **3.** poˈliert. **4.** glasig, glanzlos (*Augen*).
gleam [gliːm] **I** *s* **1.** schwacher Schein, Schimmer *m* (*a. fig.*): **he had a dangerous ~ in his eye** s-e Augen funkelten gefährlich; **~ of hope** Hoffnungsschimmer, -strahl *m*; **when you were still a ~ in your father's eye** *colloq. humor.* als du noch ein sündiger Gedanke d-s Vaters warst. **II** *v/i* **2.** glänzen, leuchten, schimmern, scheinen. **3.** funkeln (*Augen etc*). ˈ**gleam·y** *adj* **1.** glänzend, schimmernd. **2.** funkelnd.
glean [gliːn] **I** *v/t* **1.** *Ähren* nachlesen. **2.** *das Feld* sauber lesen. **3.** *fig.* a) sammeln, zs.-tragen, b) herˈausfinden, in Erfahrung bringen: **to ~ from** schließen *od.* entnehmen aus. **II** *v/i* **4.** Ähren nachlesen. ˈ**glean·er** *s* **1.** *agr.* a) Ährenleser *m*, b) Zugrechen *m*. **2.** *fig.* Sammler(in). ˈ**glean·ings** [-ɪŋz] *s pl* **1.** *agr.* Nachlese *f*. **2.** *fig.* (*das*) Gesammelte.
glebe [gliːb] *s* **1.** *jur. relig.* Pfarrland *n*. **2.** *poet.* a) (Erd)Scholle *f*, b) Feld *n*.
glede [gliːd] *s orn.* Gabelweihe *f*.
glee [gliː] *s* **1.** Ausgelassenheit *f*, ˈübermütige Stimmung, Fröhlichkeit *f*. **2.** a) Freude *f*: **to dance with ~** Freudentänze aufführen, b) Schadenfreude *f*. **3.** *mus.* Glee *m* (*geselliges Lied für 3 od. mehr Stimmen in der englischen Musik des 17. bis 19. Jahrhunderts*): **~ club** *bes. Am.* Gesangverein *m*. ˈ**glee·ful** *adj* (*adv* **~ly**) **1.** ausgelassen, fröhlich, lustig. **2.** schadenfroh. ˈ**glee·man** [-mən] *s irr hist.* Spielmann *m*, fahrender Sänger.
gleet [gliːt] *s med.* **1.** Nachtripper *m*. **2.** chronischer Harnröhrenausfluß.
glen [glen] *s* enges Tal, Bergschlucht *f*.
glen·gar·ry [glenˈgærɪ] *Mütze der Hochlandschotten*.
gle·noid [ˈgliːnɔɪd; *Am. a.* ˈgle-] *adj anat.* flachschalig: **~ cavity** Gelenkpfanne *f*.
gli·a·din [ˈglaɪədɪn], ˈ**gli·a·dine** [-diːn; -dɪn] *s* Gliaˈdin *n* (*einfacher Eiweißkörper im Getreidekorn, bes. im Weizen*).
glib [glɪb] *adj* (*adv* **~ly**) **1.** a) zungen-, schlagfertig: **a ~ reply** e-e schlagfertige Antwort; **to have a ~ tongue** zungenfertig sein, b) gewandt, ‚fix': **to be ~ in finding excuses** immer schnell mit e-r Ausrede bei der Hand sein. **2.** ungezwungen. **3.** oberflächlich. ˈ**glib·ness** *s* **1.** a) Schlag-, Zungenfertigkeit *f*, b) Gewandtheit *f*, ‚Fixigkeit' *f*. **2.** Ungezwungenheit *f*. **3.** Oberflächlichkeit *f*.
glide [glaɪd] **I** *v/i* **1.** gleiten: **to ~ along** dahingleiten, -fliegen (*a. Zeit*). **2.** (hinˈaus- *etc*)schweben, (-)gleiten: **to ~ out. 3.** *fig.* unmerklich ˈübergehen (**into** in *acc*). **4.** *aer.* a) gleiten, e-n Gleitflug machen, b) segelfliegen. **5.** *mus.* binden. **II** *v/t* **6.** gleiten lassen. **III** *s* **7.** (Daˈhin)Gleiten *n*. **8.** *aer.* Gleitflug *m*. **9.** Glisˈsade *f*: a) Gleitschritt *m* (*beim Tanzen*), b) *fenc.* Gleitstoß *m*. **10.** *mus.* (Ver-)Binden *n*. **11.** *ling.* Gleitlaut *m*. **~ path** *s aer.* Gleitweg *m*.
glid·er [ˈglaɪdə(r)] *s* **1.** *mar.* Gleitboot *n*. **2.** *aer.* a) Segelflugzeug *n*, b) Segelflieger(in). **3.** *Skisport*: Gleiter(in). **~ tug** *s aer.* Schleppflugzeug *n*.
glid·ing [ˈglaɪdɪŋ] **I** *adj* (*adv* **~ly**) **1.** gleitend. **2.** *aer.* Gleit-, Segelflug... **II** *s* **3.** Gleiten *n*. **4.** *aer.* a) Segel-, Gleitflug *m*, b) (*das*) Segelfliegen.
glim [glɪm] *s sl.* **1.** Licht *n*. **2.** Auge *n*.
glim·mer [ˈglɪmə(r)] **I** *v/i* **1.** glimmen. **2.** schimmern. **II** *s* **3.** Glimmen *n*. **4.** a) *a. fig.* Schimmer *m*, (schwacher) Schein: **a ~ of hope** ein Hoffnungsschimmer, b) → **glimpse** 4. **5.** *min.* Glimmer *m*. ˈ**glim·mer·ing I** *adj* (*adv* **~ly**) schimmernd. **II** *s* Schimmer *m* (*a. fig.*).
glimpse [glɪmps] **I** *s* **1.** flüchtiger (An-)Blick: **to catch** (*od.* **get**) **a ~ of** → 6. **2.** (**of**) flüchtiger Eindruck (von), kurzer Einblick (in *acc*): **to afford a ~ of s.th.** e-n (kurzen) Einblick in etwas gewähren. **3.** kurzes Sichtbarwerden *od.* Auftauchen. **4.** *fig.* Schimmer *m*, schwache Ahnung. **II** *v/i* **5.** flüchtig blicken (**at** auf *acc*). **III** *v/t* **6.** *j-n, etwas* (nur) flüchtig zu sehen bekommen, e-n flüchtigen Blick erhaschen von.
glint [glɪnt] **I** *s* **1.** Schimmer *m*, Schein *m*. **2.** Glanz *m*, Glitzern *n*. **II** *v/i* **3.** glitzern, glänzen, funkeln, blinken. **4.** *obs.* sausen. **III** *v/t* **5.** glitzern lassen: **to ~ back** zurückstrahlen, -werfen.
gli·o·ma [glaɪˈəʊmə; *Am. a.* gliː-] *pl* **-ma·ta** [-mətə], **-mas** *s med.* Gliˈom *n* (*Geschwulst im Gehirn, Rückenmark od. Auge*).
glis·sade [glɪˈsɑːd; -ˈseɪd] **I** *s* **1.** *mount.* Abfahrt *f*. **2.** *Tanz*: Gleitschritt *m*, Glisˈsade *f*. **II** *v/i* **3.** *mount.* abfahren. **4.** *Tanz*: Gleitschritte machen. **glis·san·do** [glɪˈsændəʊ; *Am.* -ˈsɑːn-] *pl* **-di** [-diː], **-dos** *mus.* **I** *s* Glisˈsando *n*. **II** *adv* glisˈsando, gleitend.
glis·ten [ˈglɪsn] **I** *v/i* glitzern, glänzen. **II** *s* Glitzern *n*, Glanz *m*.
glitch [glɪtʃ] *s tech. Am. colloq.* (kleinerer) Deˈfekt.
glit·ter [ˈglɪtə(r)] **I** *v/i* **1.** glitzern, funkeln, glänzen: **all that ~s is not gold** es ist nicht alles Gold, was glänzt. **2.** *fig.* strahlen, glänzen. **II** *s* **3.** Glitzern *n*, Glanz *m*, Funkeln *n*. **4.** *fig.* Glanz *m*, Pracht *f*, Prunk *m*. ˈ**glit·ter·ing** *adj* (*adv* **~ly**) **1.** glitzernd, funkelnd, glänzend. **2.** *fig.* glanzvoll, prächtig.
gloam·ing [ˈgləʊmɪŋ] *s Scot. od. poet.* (Abend)Dämmerung *f*.
gloat [gləʊt] *v/i* (**over, at**) sich weiden (an *dat*): a) verzückt betrachten (*acc*), b) *contp.* sich hämisch *od.* diebisch freuen (über *acc*). ˈ**gloat·ing** *adj* (*adv* **~ly**) hämisch, schadenfroh.
glob [glɒb; *Am.* glɑb] *s colloq.* ‚Klacks' *m*, ‚Klecks' *m*: **a ~ of cream.**
glob·al [ˈgləʊbl] *adj* gloˈbal: a) ˈweltumˌspannend, Welt..., b) umˈfassend, Gesamt... ˈ**glo·bate** [-beɪt] *adj* kugelförmig, -rund.
globe [gləʊb] **I** *s* **1.** Kugel *f*: **~ of the eye** Augapfel *m*. **2. the ~** die Erde, der Erdball, die Erdkugel. **3.** *geogr.* Globus *m*: **celestial ~** Himmelsglobus; **terrestrial ~** (Erd)Globus. **4.** Plaˈnet *m*, Himmelskörper *m*. **5.** *hist.* Reichsapfel *m*. **6.** *kugelförmiger Gegenstand, bes.* a) Lampenglocke *f*, b) Goldfischglas *n*. **II** *v/t u. v/i* **7.** (sich) zs.-ballen, kugelförmig machen (werden). **~ ar·ti·choke** *s bot.* Artiˈschocke *f*. ˈ**~-fish** *s* Kugelfisch *m*. ˈ**~-ˌflow·er** *s bot.* Trollblume *f*. **~ sight** *s mil.* ˈRingviˌsier *n*. **~ this·tle** *s bot.* Kugeldistel *f*. ˈ**~ˌtrot·ter** *s* Weltenbummler(in), Globetrotter(in). ˈ**~ˌtrot·ting I** *s* Weltenbummeln *n*, Globetrotten *n*. **II** *adj* Weltenbummler..., Globetrotter...
glo·bin [ˈgləʊbɪn] *s physiol.* Gloˈbin *n* (*Eiweißbestandteil des Hämoglobins*).
glo·boid [ˈgləʊbɔɪd] **I** *s biol.* Globoˈid *n*. **II** *adj* kugelartig.
glo·bose [ˈgləʊbəʊs; gləʊˈbəʊs] → globular 1. **glo·bos·i·ty** [gləʊˈbɒsətɪ; *Am.* -ˈbɑ-] *s* Kugelform *f*, -gestalt *f*. ˈ**glo·bous** [-bəs] → **globular.**
glob·u·lar [ˈglɒbjʊlə; *Am.* ˈglɑbjələr] *adj* (*adv* **~ly**) **1.** kugelförmig, kugelig, Kugel...: **~ lightning** Kugelblitz *m*. **2.** aus Kügelchen bestehend. ˈ**glob·ule** [-juːl] *s* **1.** Kügelchen *n*. **2.** Tröpfchen *n*. ˈ**glob·u·lin** [-jʊlɪn] *s biol.* Globuˈlin *n* (*wichtiger Eiweißkörper des menschlichen, tierischen u. pflanzlichen Organismus*).
glock·en·spiel [ˈglɒkənspiːl; *Am.* ˈglɑ-] *s mus.* Glockenspiel *n*.
glom·er·ate [ˈglɒmərɪt; *Am.* ˈglɑ-] *adj* (zs.-)geballt, knäuelförmig. ˌ**glom·erˈa·tion** *s* (Zs.-)Ballung *f*, Knäuel *m, n*.
glom·er·ule [ˈglɒməruːl; *Am.* ˈglɑ-] *s* **1.** *bot.* Blütenknäuel *m, n*. **2.** *med.* → **glomerulus.**
glo·mer·u·lus [glɒˈmerʊləs; *Am.* gləˈm-; gləʊˈm-] *pl* **-li** [-laɪ] *s med.* Gloˈmerulus *m*, Gloˈmerulum *n* (*Blutgefäßknäuelchen, bes. der Nierenrinde*).
gloom [gluːm] **I** *s* **1.** Düsterheit *f*, -keit *f*. **2.** *fig.* düstere *od.* gedrückte Stimmung, Trübsinn *m*, Schwermut *f*: **to throw a ~ over** e-n Schatten werfen auf (*acc*), verdüstern. **3.** *Am. colloq.* ‚Miesepeter' *m*. **II** *v/i* **4.** düster *od.* traurig blicken *od.* aussehen. **5.** (finster) vor sich hin brüten. **6.** sich verdüstern. **III** *v/t* **7.** verdüstern. ˈ**gloom·i·ness** *s* **1.** → **gloom** 1, 2. **2.** Hoffnungslosigkeit *f*. ˈ**gloom·y** *adj* (*adv* **gloomily**) **1.** düster. **2.** schwermütig, trübsinnig, düster, traurig. **3.** hoffnungslos: **to feel ~ about the future** schwarzsehen.
glo·ri·a[1] [ˈglɔːrɪə; *Am. a.* ˈgləʊ-] *s* **1.** *Textil.* Gloriaseide *f*. **2.** *bes. art* Glorie *f*, Heiligenschein *m*.
Glo·ri·a[2] [ˈglɔːrɪə; *Am. a.* ˈgləʊ-] *s relig.* Gloria *n* (*Lobgesang*).
glo·ri·fi·ca·tion [ˌglɔːrɪfɪˈkeɪʃn; *Am. a.* ˌgləʊ-] *s* **1.** Verherrlichung *f*. **2.** *relig.* a) Verklärung *f*, b) Lobpreisung *f*. **3.** *Br. colloq.* Fest *n*. **4. a ~ of** *colloq.* →

glorified. ˈ**glo·ri·fied** [-faɪd] *adj colloq.* ‚besser(er, e, es)': **a ~ barn**; **a ~ office boy**. ˈ**glo·ri·fi·er** *s* Verherrlicher *m.* ˈ**glo·ri·fy** [-faɪ] *v/t* **1.** verherrlichen. **2.** *relig.* a) (lob)preisen, b) verklären. **3.** erstrahlen lassen. **4.** e-e Zierde sein (*gen*). **5.** *colloq.* ‚aufmotzen': → **glorified**.

glo·ri·ole [ˈglɔːrɪəʊl; *Am. a.* ˈgləʊ-] *s* Gloriˈole *f,* Heiligenschein *m.*

glo·ri·ous [ˈglɔːrɪəs; *Am. a.* ˈgləʊ-] *adj* (*adv* **~ly**) **1.** ruhmvoll, -reich, glorreich: **a ~ victory**. **2.** herrlich, prächtig, wunderbar (*alle a. colloq.*): **a ~ sunset**; **~ fun**. **3.** *iro.* ‚schön', gehörig: **a ~ mess** ein schönes Durcheinander.

glo·ry [ˈglɔːrɪ; *Am. a.* ˈgləʊriː] **I** *s* **1.** Ruhm *m,* Ehre *f*: **to the ~ of God** zum Ruhme *od.* zur Ehre Gottes; **~ to God in the highest** Ehre sei Gott in der Höhe; **covered in ~** ruhmbedeckt; **crowned with ~** *poet.* ruhmbekränzt, -gekrönt; **~ be!** *colloq.* a) (*überrascht*) ach, du lieber Himmel!, b) (*erfreut, erleichtert*) Gott sei Dank! **2.** Zier(de) *f,* Stolz *m,* Glanz (-punkt) *m.* **3.** Herrlichkeit *f,* Glanz *m,* Pracht *f,* Glorie *f.* **4.** voller Glanz, höchste Blüte: **Spain in her ~**. **5.** *relig.* a) himmlische Herrlichkeit, b) Himmel *m*: **to go to ~** *colloq.* in die ewigen Jagdgründe eingehen (*sterben*); **to send to ~** *colloq. j-n* ins Jenseits befördern. **6.** → **gloriole**. **7.** Ekˈstase *f,* Verzückung *f.* **II** *v/i* **8.** sich freuen, glücklich sein (**in** über *acc*). **9.** sich sonnen (**in** in *dat*). **~ hole** *s colloq.* **1.** *mar.* Zwischendeckkammer *f.* **2.** a) Rumpelkammer *f,* b) Rumpelkiste *f,* c) Kramschublade *f.* **~ pea** *s bot.* Prachtwicke *f.* **~ tree** *s bot.* Losbaum *m.*

gloss¹ [glɒs; *Am. a.* glɑs] **I** *s* **1.** Glanz *m*: **~ paint** Glanzlack *m*; **~ photograph** (Hoch)Glanzabzug *m.* **2.** *fig.* äußerer Glanz, Schein *m.* **II** *v/t* **3.** glänzend machen. **4.** *meist* **~ over** *fig.* a) beschönigen, b) vertuschen. **III** *v/i* **5.** glänzend werden.

gloss² [glɒs; *Am. a.* glɑs] **I** *s* **1.** (Interlineˈar-, Rand)Glosse *f,* Erläuterung *f,* Anmerkung *f.* **2.** (Interlineˈar)Überˌsetzung *f.* **3.** Erklärung *f,* Erläuterung *f,* Kommenˈtar *m,* Auslegung *f.* **4.** (absichtlich) irreführende Deutung *od.* Erklärung. **5.** → **glossary**. **II** *v/t* **6.** *e-n Text* glosˈsieren. **7.** *oft* **~ over** (absichtlich) irreführend deuten *od.* erklären.

glos·sal [ˈglɒsl; *Am. a.* ˈglɑsəl] *adj anat.* Zungen...

glos·sar·i·al [glɒˈseərɪəl; *Am. a.* glɑ-] *adj* (*adv* **~ly**) Glossar..., glosˈsarartig.

glos·sa·rist [ˈglɒsərɪst; *Am. a.* ˈglɑ-] *s* Glosˈsator *m,* Verfasser *m* e-s Glosˈsars. ˈ**glos·sa·ry** *s* Glosˈsar *n*: a) *Sammlung von Glossen,* b) *Wörterverzeichnis* (*mit Erklärungen*).

glos·sec·to·my [glɒˈsektəmɪ; *Am. a.* glɑ-] *s med.* Glossektoˈmie *f,* ˈZungenresektiˌon *f.*

glos·seme [ˈglɒsiːm; *Am. a.* ˈglɑ-] *s ling.* Glosˈsem *n* (*kleinste sprachliche Einheit, die nicht weiter analysierbar ist*).

ˈ**gloss·er** → **glossarist**.

gloss·i·ness [ˈglɒsɪnɪs; *Am. a.* ˈglɑ-] *s* Glanz *m.*

glos·si·tis [glɒˈsaɪtɪs; *Am. a.* glɑ-] *s med.* Glosˈsitis *f,* Zungenentzündung *f.*

glosso- [glɒsəʊ; *Am. a.* glɑ-] *Wortelement mit den Bedeutungen* a) *anat.* Zungen..., b) zungenförmig, c) Sprach(en)...

glos·sol·o·gy [glɒˈsɒlədʒɪ; *Am.* glɑˈsɑl-] *s obs.* Linguˈistik *f.*

ˈ**gloss·y I** *adj* (*adv* **glossily**) **1.** glänzend: **to be ~** glänzen; **~ paper** (Hoch)Glanzpapier *n.* **2.** auf (ˈHoch)Glanzpaˌpier gedruckt: **~ magazine** Hochglanzmagazin *n.* **3.** *fig.* a) raffiˈniert aufgemacht, b) prächtig (aufgemacht). **II** *s* **4.** *colloq.* ˈHochglanzmagaˌzin *n.*

glot·tal [ˈglɒtl; *Am.* ˈglɑtl] *adj* **1.** *anat.* Glottis..., Stimmritzen...: **~ chink** Stimmritze *f.* **2.** *ling.* glotˈtal: **~ stop**, *a.* **~ plosive** Knacklaut *m,* Kehlkopfverschlußlaut *m.*

glot·tic [ˈglɒtɪk; *Am.* ˈglɑ-] → **glottal**.

glot·tis [ˈglɒtɪs; *Am.* ˈglɑ-] *pl* **-tis·es, -ti·des** [-tɪdiːz] *s anat.* Glottis *f,* Stimmritze *f.*

glot·tol·o·gy [glɒˈtɒlədʒɪ; *Am.* glɑˈtɑ-] → **glossology**.

glove [glʌv] **I** *s* **1.** (Finger)Handschuh *m*: **to fit (s.o.) like a ~** a) (j-m) wie angegossen passen, b) *fig.* (zu j-m *od.* auf j-n) ganz genau passen; **to take the ~s off** ernst machen, ‚massiv werden'; **with the ~s off, without ~s** unsanft, rücksichts-, schonungslos; → **hand** *Bes. Redew.* **2.** *sport* (*Box-, Fecht-, Reit- etc*)Handschuh *m.* **3.** (Fehde)Handschuh *m*: **to fling** (*od.* **throw**) **down the ~ (to s.o.)** (j-n) herausfordern, (j-m) den Handschuh hinwerfen; **to pick** (*od.* **take**) **up the ~** den Handschuh aufnehmen, die Herausforderung annehmen. **II** *v/t* **4.** mit Handschuhen bekleiden: **~d** behandschuht.

glove| box *s* **1.** *mot.* Handschuhfach *n.* **2.** Handschuhkasten *m* (*für Arbeiten mit radioaktiven od. hochgiftigen Stoffen*). **~ com·part·ment** *s mot.* Handschuhfach *n.* **~ pup·pet** *s* Handpuppe *f.*

ˈ**glov·er** *s* Handschuhmacher(in).

glow [gləʊ] **I** *v/i* **1.** glühen. **2.** *fig.* glühen: a) leuchten, strahlen, b) brennen (*Gesicht etc*). **3.** *fig.* (er)glühen, brennen (**with** vor *dat*): **~ing with anger (enthusiasm,** *etc*). **II** *s* **4.** Glühen *n,* Glut *f*: **in a ~** glühend. **5.** *fig.* Glut *f*: a) Glühen *n,* Leuchten *n,* b) Hitze *f,* Röte *f* (*im Gesicht etc*): **in a ~, all of a ~** erhitzt, glühend, ganz gerötet, c) Feuer *n,* Leidenschaft *f,* Brennen *n.* **~ dis·charge** *s electr.* Glimmentladung *f.*

glow·er [ˈglaʊə(r)] **I** *v/i* finster blicken, ein finsteres Gesicht machen: **to ~ at s.o.** j-n finster anblicken. **II** *s* finsterer Blick. ˈ**glow·er·ing** *adj* (*adv* **~ly**) finster: **~ look**.

glow·ing [ˈgləʊɪŋ] *adj* (*adv* **~ly**) **1.** glühend. **2.** *fig.* glühend: a) leuchtend, strahlend, b) brennend: **in ~ colo(u)rs** in glühenden *od.* leuchtenden Farben (*schildern etc*). **3.** *fig.* ˈüberschwenglich, begeistert: **a ~ account**; **~ praise**.

glow| lamp *s electr.* Glimmlampe *f.* **~ plug** *s mot. Am.* Glühkerze *f.* ˈ**~·worm** *s zo.* Glühwürmchen *n.*

glox·in·i·a [glɒkˈsɪnjə; *Am.* glɑkˈsɪnɪə] *s bot.* Gloˈxinie *f.*

gloze [gləʊz] *obs.* **I** *v/t* **1.** → **gloss¹** 4. **2.** → **gloss²** 6. **II** *v/i* **3.** schmeicheln.

glu·cic ac·id [ˈgluːsɪk] *s chem.* Gluˈcinsäure *f.*

glu·cin·i·um [gluːˈsɪnɪəm], **glu·ci·num** [gluːˈsaɪnəm] *s chem.* Gluˈcinium *n,* Beˈryllium *n.*

glu·cose [ˈgluːkəʊs; -kəʊz] *s chem.* Gluˈkose *f,* Gluˈcose *f,* Traubenzucker *m.*

glue [gluː] **I** *s* **1.** Leim *m*: **vegetable ~** Pflanzenleim; **~ stock** Leimrohstoff *m.* **2.** Klebstoff *m.* **II** *v/t pres p* ˈ**glu·ing** **3.** leimen, kleben (**on[to]** auf *acc*; **to** an *acc*): **he was ~d to his TV set** er saß gebannt *od.* wie angewachsen vor dem Bildschirm; **she remained ~d to her mother** sie ‚klebte' an ihrer Mutter.

glue·y [ˈgluːɪ] *comp* ˈ**glu·i·er** *sup* ˈ**glu·i·est** *adj* klebrig: a) zähflüssig (*Masse*), b) voller Leim.

glum [glʌm] *adj* (*adv* **~ly**) bedrückt, niedergeschlagen.

glume [gluːm] *s bot.* Spelze *f.*

ˈ**glum·ness** *s* Bedrücktheit *f,* Niedergeschlagenheit *f.*

glut [glʌt] **I** *v/t* **1.** *den Appetit* stillen, befriedigen. **2.** überˈsättigen (*a. fig.*): **to ~ o.s. with** (*od.* **on**) sich überessen mit *od.* an (*dat*). **3.** *econ. den Markt* überˈschwemmen. **4.** verstopfen. **II** *s* **5.** Überˈsättigung *f* (*a. fig.*). **6.** *econ.* ˈÜberangebot *n,* Schwemme *f*: **a ~ in the market** ein Überangebot auf dem Markt, e-e Marktschwemme; **~ of money** Geldüberhang *m,* -schwemme.

glu·ta·mate [ˈgluːtəmeɪt] *s chem.* Glutaˈmat *n.*

glu·tam·ic ac·id [gluːˈtæmɪk] *s chem.* Glutaˈminsäure *f.*

glu·ta·mine [ˈgluːtəmiːn; -mɪn] *s chem.* Glutaˈmin *n.*

glu·te·al [gluːˈtiːəl; ˈgluːtɪəl] *adj anat.* Glutäal..., Gesäß(muskel)...

glu·te·i [gluːˈtiːaɪ] *pl von* **gluteus**.

glu·ten [ˈgluːtən] *s chem.* Gluˈten *n,* Kleber *m*: **~ bread** Kleberbrot *n*; **~ flour** Gluten-, Klebermehl *n.*

glu·te·us [gluːˈtiːəs] *pl* **-te·i** [-ˈtiːaɪ] *s anat.* Gluˈtäus *m,* Gesäßmuskel *m.*

glu·ti·nos·i·ty [ˌgluːtɪˈnɒsətɪ; *Am.* ˌgluːtnˈɑs-] *s* Klebrigkeit *f.* ˈ**glu·ti·nous** *adj* (*adv* **~ly**) klebrig.

glut·ton [ˈglʌtn] *s* **1.** Vielfraß *m.* **2.** *fig.* Unersättliche(r *m*) *f*: **a ~ for books** e-e ‚Leseratte', ein ‚Bücherwurm' *m*; **a ~ for punishment** ein Masochist; **a ~ for work** ein Arbeitstier *n.* **3.** *zo.* Vielfraß *m.* ˈ**glut·ton·ous** *adj* (*adv* **~ly**) gefräßig, unersättlich (*a. fig.*). ˈ**glut·ton·y** *s* Gefräßigkeit *f,* Unersättlichkeit *f* (*a. fig.*).

gly·cer·ic [glɪˈserɪk; ˈglɪsərɪk] *adj chem.* Glycerin...: **~ acid**.

glyc·er·in(e) [ˈglɪsərɪn; -riːn], ˈ**glyc·er·ol** [-rɒl; *Am. a.* -ˌrəʊl] *s chem.* Glyceˈrin *n.* ˈ**glyc·er·ol·ate** [-rəleɪt] *v/t med.* mit Glyceˈrin versetzen *od.* behandeln. ˈ**glyc·er·yl** [-rɪl] *s chem.* dreiwertiges Glyceˈrinradiˌkal: **~ trinitrate** Nitroglycerin *n.*

gly·co·gen [ˈglɪkəʊdʒən; *bes. Am.* ˈglaɪ-] *s biol. chem.* Glykoˈgen *n,* tierische Stärke. ˌ**gly·coˈgen·e·sis** [-ˈdʒenɪsɪs] *s biol. chem.* Glykogeˈnie *f,* Glykoˈgenbildung *f.* ˌ**gly·coˈgen·ic** *adj biol. chem.* Glykogen...

gly·col [ˈglaɪkɒl; *Am. a.* -ˌkəʊl] *s chem.* Glyˈkol *n*: a) *Äthylenglykol,* b) *zweiwertiger giftiger Alkohol von süßem Geschmack.* **glyˈcol·ic** [-ˈkɒlɪk; *Am.* -ˈkɑ-] *adj chem.* Glykol...

Gly·con·ic [glaɪˈkɒnɪk; *Am.* -ˈkɑ-] *adj u. s metr.* glykoˈneisch(er Vers).

glyph [glɪf] *s* Glypte *f,* Glyphe *f*: a) *arch.* (vertiˈkale) Furche *od.* Rille, b) Skulpˈtur *f.*

gly·phog·ra·phy [glɪˈfɒgrəfɪ; *Am.* -ˈfɑ-] *s* Glyphograˈphie *f* (*galvanoplastische Herstellung von Relief-Druckplatten*).

glyp·tic [ˈglɪptɪk] **I** *adj* glyptisch, Steinschneide... **II** *s meist pl* (*als sg konstruiert*) Glyptik *f,* Steinschneidekunst *f.*

glyp·tog·ra·phy [glɪpˈtɒgrəfɪ; *Am.* -ˈtɑ-] *s* Glyptograˈphie *f,* Glyphograˈphie *f*: a) *Steinschneidekunst,* b) *Gemmenkunde.*

ˈ**G-ˌman** [-ˌmæn] *s irr Am. colloq.* G-man *m,* FBˈI-Aˌgent *m.*

gnarl [nɑː(r)l] *s* Knorren *m.* **gnarled,** ˈ**gnarl·y** *adj* **1.** knorrig. **2.** schwielig (*Hände*). **3.** *fig.* griesgrämig, mürrisch, verdrießlich.

gnash [næʃ] **I** *v/i* **1.** mit den Zähnen knirschen. **2.** knirschen. **II** *v/t* **3. to ~ one's teeth** mit den Zähnen knirschen. **4.** mit knirschenden Zähnen beißen. ˈ**gnash·ers** *s pl colloq.* Zähne *pl.*

gnat [næt] *s* **1.** *zo. Br.* (Stech)Mücke *f*:

to strain at a ~ *fig.* Haarspalterei betreiben, sich an e-r Kleinigkeit stoßen; **to strain at a ~ and swallow a camel** *Bibl.* Mücken seihen u. Kamele verschlucken. **2.** *zo. Am.* Kriebel-, Kribbelmücke *f.*

gnath·ic [ˈnæθɪk] *adj anat.* Kiefer...

gnaw [nɔː] *pret* **gnawed** *pp* **gnawed** *od.* **gnawn** [nɔːn] **I** *v/t* **1.** nagen an (*dat*) (*a. fig.*), ab-, zernagen: **to ~ one's fingernails** an den Fingernägeln kauen; **to ~ one's way into** → 5. **2.** zerfressen (*Säure etc*). **3.** *fig.* quälen, aufreiben, zermürben. **II** *v/i* **4.** nagen: **to ~ at** → 1. **5.** **~ into** sich einfressen in (*acc*). **6.** *fig.* nagen, zermürben: **to ~ at** → 3. ˈ**gnaw·er** *s zo.* Nager *m*, Nagetier *n.* ˈ**gnaw·ing I** *adj* (*adv* **~ly**) **1.** nagend (*a. fig.*). **II** *s* **2.** Nagen *n* (*a. fig.*). **3.** nagender Schmerz, Qual *f.*

gneiss [naɪs] *s geol.* Gneis *m.* ˈ**gneiss·ic** *adj* Gneis..., gneisig.

gnome[1] [nəʊm] *s* **1.** Gnom *m*, Zwerg *m* (*beide a. contp. Mensch*), Kobold *m.* **2.** Gartenzwerg *m.*

gnome[2] [ˈnəʊmiː; nəʊm] *s* Gnome *f* (*lehrhafter [Sinn-, Denk]Spruch in Versform od. Prosa*).

gno·mic [ˈnəʊmɪk] *adj* (*adv* **~ally**) gnomisch: **~ present** *ling.* gnomisches Präsens.

gnom·ish [ˈnəʊmɪʃ] *adj* gnomenhaft.

gno·mon [ˈnəʊmɒn; *Am.* -ˌmɑn] *s* Gnomon *m*: a) *astr. Sonnenhöhenzeiger*, b) *Sonnenuhrzeiger*, c) *math. Restparallelogramm.*

gno·sis [ˈnəʊsɪs] *s* Gnosis *f* (*esoterische Philosophie od. Weltanschauung*).

gnos·tic [ˈnɒstɪk; *Am.* ˈnɑs-] **I** *adj* (*adv* **~ally**) **1.** gnostisch (→ **gnosis**). **2.** **G~** gnostisch (→ **Gnosticism**). **II** *s* **3.** **G~** Gnostiker(in).

Gnos·ti·cism [ˈnɒstɪsɪzəm; *Am.* ˈnɑs-] *s* Gnostiˈzismus *m* (*verschiedene religiöse Bewegungen der Spätantike u. religionsphilosophische Strömungen innerhalb des frühen Christentums, die, meist mit Hilfe e-s Erlösermythos, Antwort auf die Frage nach Ursprung, Sinn u. Ziel des Menschen zu geben suchten*). ˈ**Gnos·ti·cize I** *v/i* gnostische Anschauungen vertreten. **II** *v/t* gnostisch auslegen.

gno·to·bi·ol·o·gy [ˌnəʊtəʊbaɪˈɒlədʒɪ; *Am.* -ˈɑl-] *s* Gnotobioloˈgie *f* (*Forschungsrichtung, die sich mit der keimfreien Aufzucht von Tieren für die Immunologie beschäftigt*).

go[1] [gəʊ] **I** *pl* **goes** [gəʊz] *s* **1.** Gehen *n*: **on the ~** *colloq.* a) (ständig) in Bewegung *od.* ‚auf Achse', b) *obs.* im Verfall begriffen, im Dahinschwinden; **from the word ~** *colloq.* von Anfang an. **2.** Gang *m*, (Ver-) Lauf *m.* **3.** *colloq.* Schwung *m*, ‚Schmiß' *m*: **this song has no ~**; **he is full of ~** er hat Schwung, er ist voller Leben. **4.** *colloq.* Mode *f*: **it is all the ~ now** es ist jetzt große Mode. **5.** *colloq.* Erfolg *m*: **to make a ~ of s.th.** etwas zu e-m Erfolg machen; **no ~** a) kein Erfolg, b) aussichts-, zwecklos; **it's no ~** es geht nicht, nichts zu machen. **6.** *colloq.* Abmachung *f*: **it's a ~!** abgemacht! **7.** *colloq.* Versuch *m*: **to have a ~ at s.th.** etwas probieren *od.* versuchen; **at one ~** auf ˈeinen Schlag, auf Anhieb; **in one ~** auf ˈeinen Sitz; **at the first ~** gleich beim ersten Versuch; **it's your ~!** du bist an der Reihe *od.* dran! **8.** *colloq.* (*bes.* unangenehme) Sache, ‚Geschichte' *f*: **what a ~!** 'ne schöne Geschichte *od.* Bescherung!, so was Dummes!; **it was a near ~** das ging gerade noch (einmal) gut. **9.** *colloq.* a) Portiˈon *f* (*e-r Speise*), b) Glas *n*: **his third ~ of brandy** sein dritter Kognak. **10.** Anfall *m* (*e-r Krankheit*): **my second ~ of influenza** m-e zweite Grippe.

II *adj* **11.** *tech. colloq.* funktiˈonstüchtig.

III *v/i pret* **went** [went] *pp* **gone** [gɒn; *Am.* gɔːn] *3. sg pres* **goes** [gəʊz] **12.** gehen, fahren, reisen (**to** nach), sich (fort)bewegen: **to ~ on foot** zu Fuß gehen; **to ~ by plane** (*od.* **air**) mit dem Flugzeug reisen, fliegen; **to ~ to Paris** nach Paris reisen *od.* gehen; → **horseback** I, **train** 1. **13.** (fort)gehen, abfahren, abreisen (**to** nach): **people were coming and ~ing** Leute kamen u. gingen; **who ~es there?** *mil.* wer da?; **I must be ~ing** ich muß gehen *od.* weg *od.* fort; → **let** *Bes. Redew.* **14.** verkehren, fahren (*Fahrzeuge*). **15.** anfangen, loslegen, -gehen: **~!** *sport* los!; **~ to it!** mach dich dran!, ran!; **here you ~ again!** jetzt fängst du schon wieder an!; **just ~ and try!** versuch's doch mal!; **here ~es!** *colloq.* dann mal los!, ‚ran (an den Speck)!' **16.** gehen, führen (**to** nach): **this road ~es to York.** **17.** sich erstrecken, reichen, gehen (**to** bis): **the belt does not ~ round her waist** der Gürtel geht *od.* reicht nicht um ihre Taille; **as far as it ~es** bis zu e-m gewissen Grade; **it ~es a long way** es reicht lange (aus). **18.** *fig.* gehen: **let it ~ at that** laß es dabei bewenden; → **all** *Bes. Redew.*, **better**[1] 1, **court** 10, **expense** *Bes. Redew.*, **far** *Bes. Redew.*, **heart** *Bes. Redew.* **19.** *math.* (**into**) gehen (in *acc*), enthalten sein (in *dat*): **5 into 10 ~es twice.** **20.** gehen, passen (**into**, **in** in *acc*), fallen (**to** auf *acc*): **it does not ~ into my pocket** es geht *od.* paßt nicht in m-e Tasche; **12 inches ~ to the foot** 12 Zoll gehen auf *od.* bilden e-n Fuß. **21.** gehören (**in**, **into** in *acc*; **on** auf *acc*): **the books ~ on the shelf** die Bücher gehören in *od.* kommen auf das Regal. **22.** (**to**) gehen (an *acc*) (*Preis etc*), zufallen (*dat*) (*Erbe*). **23.** *tech. u. fig.* gehen, laufen, funktioˈnieren: **the engine is ~ing**; **to keep (set) s.th. ~ing** etwas in Gang halten (bringen); **to make things ~** die Sache in Schwung bringen; → **get** 17, 27, **keep** 8. **24.** werden, in e-n (*bestimmten*) Zustand ˈübergehen *od.* verfallen: **to ~ blind** erblinden; **to ~ Conservative** zu den Konservativen übergehen; → **bad**[1] 13, **hot** 3, **mad** 1, **sick**[1] 1. **25.** (gewöhnlich) (*in e-m Zustand*) sein, sich ständig befinden: **to ~ armed** bewaffnet sein; **to ~ in rags** ständig in Lumpen herumlaufen; **to ~ hungry** hungern; **~ing sixteen** im 16. Lebensjahr; → **fear** 1, **unheeded.** **26.** a) *meist* **to ~ with child** schwanger sein, b) **to ~ with young** *zo.* trächtig sein. **27.** (**with**) gehen (mit), sich halten *od.* anschließen (an *acc*): → **tide**[1] 3. **28.** sich halten (**by**, **on**, **upon** an *acc*), gehen, handeln, sich richten, urteilen (**on**, **upon** nach): **to have nothing to ~ upon** keine Anhaltspunkte haben; **~ing by her clothes** ihrer Kleidung nach (zu urteilen). **29.** ˈumgehen, kurˈsieren, im ˈUmlauf sein (*Gerüchte etc*): **the story ~es** es heißt, man erzählt sich. **30.** gelten (**for** für): **what he says ~es** *colloq.* was er sagt, gilt; **that ~es for all of you** das gilt für euch alle; **it ~es without saying** es versteht sich von selbst, (es ist) selbstverständlich. **31.** gehen, laufen, bekannt sein: **it ~es by** (*od.* **under**) **the name of** es läuft unter dem Namen; **my dog ~es by the name of Rover** mein Hund hört auf den Namen Rover. **32.** im allgemeinen sein, eben (so) sein: **as hotels ~** wie Hotels eben sind; **as men ~** wie die Männer nun einmal sind. **33.** vergehen, -streichen: **how time ~es!** wie (doch) die Zeit vergeht!; **one minute to ~** noch eine Minute; **with five minutes to ~** *sport* fünf Minuten vor Spielende. **34.** *econ.* weggehen, abgesetzt *od.* verkauft werden. **35.** (**on**, **in**) aufgehen (in *dat*), ausgegeben werden (für). **36.** dazu beitragen *od.* dienen (**to do** zu tun), dienen (**to** zu), verwendet werden (**to**, **toward[s]** für, zu): **it ~es to show** dies zeigt, daran erkennt man; **this only ~es to show you the truth** dies dient nur dazu, Ihnen die Wahrheit zu zeigen. **37.** verlaufen, sich entwickeln *od.* gestalten: **how does the play ~?** wie geht *od.* welchen Erfolg hat das Stück?; **things have gone badly with me** es ist mir schlecht ergangen. **38.** ausgehen, -fallen: **the decision went against him** die Entscheidung fiel zu s-n Ungunsten aus; **it went well** es ging gut (aus). **39.** Erfolg haben: **the play ~es**; **to ~ big** *colloq.* ein Riesenerfolg sein. **40.** (**with**) gehen, sich vertragen, harmoˈnieren (mit), passen (zu): **black ~es well with yellow.** **41.** ertönen, erklingen, läuten (*Glocke*), schlagen (*Uhr*): **the clock went five** die Uhr schlug fünf; **the doorbell went** es klingelte. **42.** losgehen mit (*e-m Knall etc*): **bang went the gun** die Kanone machte bumm. **43.** lauten (*Worte etc*): **I forget how the words ~** mir fällt der Text im Moment nicht ein; **this is how the tune ~es** so geht die Melodie; **this song ~es to the tune of** dieses Lied geht nach der Melodie von. **44.** gehen, verschwinden, abgeschafft werden: **he must ~** er muß weg; **these laws must ~** diese Gesetze müssen verschwinden. **45.** (daˈhin-) schwinden: **his strength is ~ing**; **my eyesight is ~ing** m-e Augen werden immer schlechter. **46.** zum Erliegen kommen, zs.-brechen: **trade is ~ing.** **47.** kaˈputtgehen: **the soles are ~ing.** **48.** sterben: **he is (dead and) gone** er ist tot. **49.** (*im pres p mit inf*) *zum Ausdruck e-r Zukunft*, *bes.* a) *e-r Absicht*, b) *etwas Unabänderlichem*: **it is ~ing to rain** es gibt Regen, es wird (bald *od.* gleich) regnen; **he is ~ing to read it** er wird *od.* will es (bald) lesen; **she is ~ing to have a baby** sie bekommt ein Kind; **what was ~ing to be done?** was sollte nun geschehen? **50.** (*mit nachfolgendem ger*) *meist* gehen: **to ~ swimming** schwimmen gehen; **you must not ~ telling him** du darfst es ihm ja nicht sagen; **he ~es frightening people** er erschreckt immer die Leute. **51.** (darˈan)gehen, sich aufmachen *od.* anschicken: **he went to find him** er ging ihn suchen; **~ fetch!** bring es!, hol es!; **he went and sold it** *colloq.* er hat es tatsächlich verkauft; er war so dumm, es zu verkaufen. **52.** **pizzas to ~** (*Schild*) *Am.* Pizzas zum Mitnehmen. **53.** erlaubt sein: **everything ~es in this place** hier ist alles erlaubt. **54.** *bes. Am. colloq.* wiegen: **I went 90 kilos last year** letztes Jahr hatte ich 90 Kilo.

IV *v/t* **55.** *e-n Betrag* wetten, setzen (**on** auf *acc*). **56.** *Kartenspiel*: ansagen. **57.** *Am. colloq.* e-e Einladung *od.* Wette annehmen von: **I'll ~ you!** ich nehme an!, ‚gemacht'! **58.** **to ~ it** *colloq.* a) ‚sich reinknien', (mächtig) ‚rangehen', b) es toll treiben, ‚auf den Putz hauen', c) handeln: **he's ~ing it alone** er macht es ganz allein(e); **~ it!** ran!, (immer) feste!

Verbindungen mit Präpositionen:

go| a·bout *v/i* **1.** in Angriff nehmen, sich machen an (*acc*). **2.** *Arbeit* erledigen: **to ~ one's business** sich um s-e Geschäfte kümmern. **~ af·ter** *v/i* **1.** nachlaufen (*dat*). **2.** sich bemühen um: **to ~ a job (girl).** **~ a·gainst** *v/i j-m* widerˈstreben, *j-s Prinzipien etc* zuˈwiderlaufen. **~ at** *v/i* **1.** losgehen auf (*acc*), angreifen.

2. *e-e Arbeit etc* anpacken, (eˈnergisch) in Angriff nehmen, über *e-e Mahlzeit etc* ˈherfallen. **~ be·hind** *v/i* die ˈHintergründe unterˈsuchen von (*od. gen*), auf den Grund gehen (*dat*). **~ be·tween** *v/i* vermitteln zwischen (*dat*). **~ be·yond** *v/i* überˈschreiten, hinˈausgehen über (*acc*), *Erwartungen etc* überˈtreffen: **that's going beyond a joke** das ist kein Spaß mehr. **~ by** → **go**[1] 28 *u.* 31. **~ for** *v/i* **1.** holen (gehen). **2.** *e-n Spaziergang etc* machen. **3.** a) gelten als *od.* für, betrachtet werden als, b) → **go**[1] 30. **4.** streben nach, sich bemühen um, nachjagen (*dat*). **5.** *colloq.* a) schwärmen für, begeistert sein von, b) ‚verknallt' sein in (*j-n*). **6.** a) losgehen auf (*acc*), sich stürzen auf (*acc*): **~ him!** faß (ihn)!, b) ˈherziehen über (*acc*). **~ in** → **go**[1] 35. **~ in·to** *v/i* **1.** hinˈeingehen in (*acc*). **2.** *e-n Beruf* ergreifen, eintreten in (*ein Geschäft etc*): **to ~ business** Kaufmann werden; **to ~ the police** zur Polizei gehen. **3.** geraten in (*acc*): **to ~ a faint** ohnmächtig werden. **4.** (genau) unterˈsuchen *od.* prüfen, (*e-r Sache*) auf den Grund gehen. **5.** → **go**[1] 19, 20. **~ off** *v/i* **1.** abgehen von. **2.** *j-n, etwas* nicht mehr mögen. **~ o·ver** *v/i* **1.** (gründlich) überˈprüfen *od.* unterˈsuchen. **2.** → **go through** 1. **3.** (nochmals) ˈdurchgehen, überˈarbeiten. **4.** ˈdurchgehen, -lesen, -sehen. **~ round** *v/i* **1.** (herˈum)gehen um (*a. fig.*): → **go**[1] 17. **2.** *fig.* herˈumgehen in (*dat*): **there's a tune going round my head** mir geht e-e Melodie im Kopf herum. **~ through** *v/i* **1.** ˈdurchgehen, -nehmen, -sprechen, (ausführlich) erörtern. **2.** durchˈsuchen. **3.** → **go over** 1, 4. **4.** a) ˈdurchmachen, erleiden, b) erleben. **5.** *sein Vermögen* ˈdurchbringen. **~ to** → **go**[1] 12, 13, 16, 22, 43. **~ up** *v/i* hinˈaufgehen: **to ~ the road. ~ with** *v/i* **1.** *j-n, etwas* begleiten. **2.** gehören zu. **3.** ‚gehen' mit (*j-m*). **4.** überˈeinstimmen mit. **5.** → **go**[1] 26, 27, 40. **~ with·out** *v/i* **1.** auskommen *od.* sich behelfen ohne. **2.** verzichten auf (*acc*): **to ~ breakfast** nicht frühstücken.

Verbindungen mit Adverbien:

go|a·bout *v/i* **1.** herˈumgehen, -fahren, -reisen. **2.** *mar.* laˈvieren, wenden. **3.** a) → **go**[1] 29, b) ˈumgehen (*Grippe etc*). **4. ~ with** a) ‚gehen' mit (*j-m*), b) verkehren mit. **~ a·head** *v/i* **1.** vorˈan-, vorˈausgehen (**of s.o.** j-m): **~!** *fig.* nur zu!; **to ~ with** *fig.* a) weitermachen *od.* fortfahren mit, b) Ernst machen mit, durchführen. **2.** Erfolg haben, vorˈankommen. **3.** *sport* nach vorn stoßen, sich an die Spitze setzen. **~ a·long** *v/i* **1.** weitergehen. **2.** *fig.* weitermachen, fortfahren. **3.** (daˈhin)gehen, (-)fahren: **as one goes along** a) unterwegs, b) *fig.* nach u. nach. **4.** mitgehen, -kommen (**with** mit). **5. ~ with** einverstanden sein mit, mitmachen bei. **~ a·round** *v/i* **1.** → **go about** 1, 4. **2.** → **go round. ~ back** *v/i* **1.** zurückgehen. **2.** zuˈrückgestellt werden (*Uhren*). **3.** (**to**) *fig.* zuˈrückgehen (auf *acc*), zuˈrückreichen (bis). **4. ~ on** *fig.* a) *j-n* im Stich lassen, b) *sein Wort etc* nicht halten, c) *e-e Entscheidung* rückgängig machen. **~ be·hind** *v/i sport* in Rückstand *od.* ins ˈHintertreffen geraten. **~ by** *v/i* a) vorˈbeigehen (*a. Chance etc*), vorˈbeifahren, b) vergehen (*Zeit*): **in days gone by** in längst vergangenen Tagen, in früheren Zeiten. **~ down** *v/i* **1.** hinˈuntergehen. **2.** ˈuntergehen, sinken (*Schiff, Sonne etc*). **3.** a) zu Boden gehen (*Boxer etc*), b) *thea.* fallen (*Vorhang*). **4.** *fig.* a) (hinˈab)reichen (**to** bis), b) → **go back** 3. **5.** ‚(hinˈunter-) rutschen' (*Essen*). **6.** *fig.* (**with**) a) Anklang finden, ‚ankommen' (bei): **it went down well with him** es kam gut bei ihm an, b) ‚geschluckt' werden (von): **that won't ~ with me** das nehme ich dir nicht ab, das kannst du e-m anderen weismachen. **7.** zuˈrückgehen, sinken, fallen (*Fieber, Preise etc*). **8.** in der Erinnerung bleiben: **to ~ in history** in die Geschichte eingehen. **9.** a) sich im Niedergang befinden, b) zuˈgrunde gehen. **10.** *univ. Br.* a) die Universiˈtät verlassen, b) in die Ferien gehen. **11.** *sport* absteigen. **12.** *Br.* London verlassen. **13.** *Am.* geschehen, pasˈsieren. **14. he went down for three years** *Br. sl.* er ‚wanderte' für drei Jahre ins Gefängnis. **15. to ~ on s.o.** *vulg.* j-m e-n ‚blasen' (*j-n fellationieren*). **~ in** *v/i* **1.** hinˈeingehen: **~ and win!** auf in den Kampf! **2.** verschwinden (*Sonne etc*). **3. ~ for** a) sich befassen mit, betreiben, *Sport etc* treiben: **to ~ for football** Fußball spielen, b) mitmachen (bei), sich beteiligen an (*dat*), *ein Examen* machen, c) anstreben, ˈhinarbeiten auf (*acc*), d) sich einsetzen für, befürworten, e) sich begeistern für. **~ off** *v/i* **1.** weg-, fortgehen, -laufen, (*Zug etc*) abfahren, *thea.* abgehen. **2.** losgehen (*Gewehr, Sprengladung etc*): **the bomb went off. 3.** (**into**) los-, herˈausplatzen (mit), ausbrechen (in *acc*). **4.** verfallen, geraten (**in, into** in *acc*): **to ~ in a fit** e-n Anfall bekommen. **5.** nachlassen (*Schmerz etc*). **6.** sich verschlechtern. **7.** a) sterben, b) eingehen (*Pflanze, Tier*). **8.** → **go**[1] 34. **9.** verlaufen, gelingen: **it went off well. 10.** a) einschlafen, b) ohnmächtig werden. **11.** verderben (*Nahrungsmittel*), (*Milch a.*) sauer werden, (*Butter etc a.*) ranzig werden. **12.** ausgehen (*Licht etc*): **the water has gone off** wir haben kein Wasser. **13.** *sl.* ‚kommen' (*e-n Orgasmus haben*). **~ on** *v/i* **1.** weitergehen, -fahren. **2.** weitermachen, fortfahren (**doing** zu tun; **with** mit): **~!** a) (mach) weiter!, b) *iro.* hör auf!, ach komm!; **~ reading!** lies weiter! **3.** daraufˈhin anfangen (**to do** zu tun): **he went on to say** darauf sagte er; **to ~ to s.th.** zu e-r Sache übergehen. **4.** fortdauern, weitergehen. **5.** vor sich gehen, vorgehen, pasˈsieren. **6.** sich benehmen *od.* aufführen: **don't ~ like that!** hör auf damit! **7.** *colloq.* a) unaufhörlich reden *od.* schwatzen (**about** über *acc*, von), b) ständig herˈumnörgeln (**at** an *dat*). **8.** angehen (*Licht etc*). **9.** *thea.* auftreten. **10.** *Kricket*: zum Werfen kommen. **11. ~ for** gehen auf (*acc*), bald sein: **it's going on for 5 o'clock; he is going on for 60** er geht auf die Sechzig zu. **~ out** *v/i* **1.** hinˈausgehen. **2.** ausgehen: a) spaˈzierengehen, b) zu Veranstaltungen *od.* in Gesellschaft gehen. **3. ~ with** ‚gehen' mit (*j-m*). **4.** (*mit ger*) sich aufmachen zu: **to ~ fishing** fischen *od.* zum Fischen gehen. **5.** e-e Stellung (außer Haus) annehmen: **to ~ as governess; to ~ cleaning** putzen gehen. **6.** ausgehen, erlöschen (*Licht, Feuer*). **7.** zu Ende gehen. **8.** → **go off** 10. **9.** sterben. **10.** in den Streik treten, streiken. **11.** aus der Mode kommen. **12.** a) veröffentlicht werden, b) *Rundfunk, TV*: ausgestrahlt werden. **13.** *pol.* abgelöst werden. **14.** *sport* ausscheiden. **15.** zuˈrückgehen (*Flut*). **16. ~ to** sich *j-m* zuwenden (*Sympathie*), entgegenschlagen (*Herz*). **~ o·ver** *v/i* **1.** hinˈübergehen (**to** zu). **2.** *fig.* ˈübergehen (**into** in *acc*). **3.** ˈübertreten, -gehen (**from** von; **to** zu *e-r anderen Partei etc*). **4.** zuˈrückgestellt *od.* vertagt werden. **5.** *Rundfunk, TV*: (**to**) a) ˈumschalten (nach), b) überˈgeben (an *acc*). **6.** *colloq.* Erfolg haben: **to ~ big** ein Bombenerfolg sein. **~ round** *v/i* **1.** herˈumgehen (*a. fig.*): **there's a tune going round in my head** mir geht e-e Melodie im Kopf herum. **2.** (für alle) (aus)reichen: **there are enough chairs to ~** es sind genügend Stühle da. **3. ~ to** vorˈbeischauen bei, *j-n* besuchen. **~ through** *v/i* **1.** ˈdurchgehen, angenommen werden (*Antrag*), abgeschlossen werden (*Handel etc*), ˈdurchkommen (*Scheidung*). **2. ~ with** ˈdurchführen, zu Ende führen. **~ to·geth·er** *v/i* **1.** sich vertragen, zs.-passen (*Farben etc*). **2.** *colloq.* miteinˈander ‚gehen' (*Liebespaar*). **~ un·der** *v/i* **1.** ˈuntergehen. **2.** *fig.* scheitern (*Geschäftsmann*), ‚eingehen' (*Firma etc*). **3. ~ to** *fig.* a) *j-m* unterˈliegen, b) *e-r Krankheit* zum Opfer fallen. **~ up** *v/i* **1.** hinˈaufgehen. **2.** steigen (*Fieber etc*), (*Preise a.*) anziehen. **3.** entstehen, gebaut werden. **4.** *thea.* hochgehen (*Vorhang*). **5. to ~ in flames** in Flammen aufgehen. **6.** *Br.* (zum Seˈmesteranfang) zur Universiˈtät gehen. **7.** *sport* aufsteigen. **8.** *Br.* nach London fahren.

go[2] [gəʊ] Go *n* (*japanisches Brettspiel*).

goad [gəʊd] **I** *s* **1.** Stachelstock *m* (*des Viehtreibers*). **2.** *fig.* Ansporn *m.* **II** *v/t* **3.** (*mit dem Stachelstock*) antreiben. **4.** *oft* **~ on** *fig. j-n* an-, aufstacheln, (an)treiben, anspornen (**to do** *od.* **into doing s.th.** dazu, etwas zu tun).

ˈgo-a·head *colloq.* **I** *adj* **1.** fortschrittlich. **2.** mit Unterˈnehmungsgeist *od.* Initiaˈtive. **II** *s* **3.** Unterˈnehmungsgeist *m*, Initiaˈtive *f.* **4.** Mensch *m* mit Unterˈnehmungsgeist *od.* Initiaˈtive. **5. to get the ~** ‚grünes Licht' bekommen (**on** für).

goal [gəʊl] *s* **1.** Ziel *n* (*a. fig.*). **2.** *sport* a) Ziel *n*, b) Tor *n*: **to keep ~, to play in ~** im Tor stehen *od.* spielen, das Tor hüten, c) (*Rugby*) Mal *n*, d) (*erzieltes*) Tor. **~ a·re·a** *s sport* Torraum *m.* **ˈ~get·ter** *s sport* Torjäger(in).

goal·ie [ˈgəʊlɪ] *colloq. für* **goalkeeper.**

ˈgoal‖keep·er *s sport* Torwart *m*, -mann *m*, -frau *f*, -hüter(in). **ˈ~keep·ing** *s sport* Torhüterleistung(en *pl*) *f.* **~ kick** *s Fußball*: (Tor)Abstoß *m.* **~ line** *s sport* a) Torlinie *f*, (*Rugby*) Mallinie *f*, b) Torauslinie *f.* **ˈ~mouth** *s*: **~ scene** *sport* Torszene *f.* **~ poach·er** *s sport* Abstauber(in). **~ post** *s sport* Torpfosten *m.*

ˌgo-as-you-ˈplease *adj* ungeregelt, ungebunden: **~ ticket** *rail. etc* Netzkarte *f.*

goat [gəʊt] *s* **1.** Ziege *f*: **to act** (*od.* **play**) **the (giddy) ~** *fig.* herumalbern, -kaspern; **to get s.o.'s ~** *colloq.* ‚j-n auf die Palme bringen', j-n ‚fuchsteufelswild' machen. **2. G~** → **Capricorn. 3.** *colloq.* (geiler) Bock. **4.** *colloq.* Sündenbock *m.*

goat·ee [gəʊˈtiː] *s* Spitzbart *m.*

ˈgoat|·fish *s ichth.* Meerbarbe *f.* **ˈ~herd** *s* Ziegenhirt *m.*

ˈgoat·ish *adj* **1.** bockig. **2.** *colloq.* geil.

ˈgoat·ling *s* Zicklein *n.*

ˈgoatsˌbeard *s bot.* **1.** Bocksbart *m.* **2.** Geißbart *m.* **3.** Ziegenbart *m.*

ˈgoat·skin I *s* **1.** Ziegenfell *n.* **2.** (*a.* Kleidungsstück *n* aus) Ziegenleder *n.* **3.** Ziegenlederflasche *f.* **II** *adj* **4.** ziegenledern.

ˈgoatˌsuck·er *s orn.* Ziegenmelker *m.*

gob[1] [gɒb; *Am.* gɑb] **I** *s* **1.** Klumpen *m.* **2.** *oft pl colloq.* ‚Haufen' *m*: **he's got ~s of money** er hat e-n ‚Batzen' (Geld). **3.** *colloq.* Schleimklumpen *m.* **II** *v/i* **4.** *Br. colloq.* (aus)spucken.

gob[2] [gɑb] *s mar. Am. colloq.* ‚Blaujacke' *f*, Maˈtrose *m* (*bes. der amer. Kriegsmarine*).

gob[3] [gɒb; *Am.* gɑb] *s sl.* ‚Schnauze' *f*: **shut your ~!** halt die Schnauze!

gob·bet [ˈgɒbɪt; *Am.* ˈgɑ-] *s* **1.** Brocken *m*, Stück *n* (*Fleisch etc*). **2.** Textstelle *f.*

gob·ble[1] [ˈgɒbl; *Am.* ˈgɑbəl] **I** *v/t meist* **~ up 1.** verschlingen (*a. fig. Buch etc*), hinˈunterschlingen. **2.** *colloq. e-n Betrieb, ein Gebiet etc* ‚schlucken'. **II** *v/i* **3.** schlingen, gierig essen.

gob·ble² [ˈgɒbl; *Am.* ˈgɑbəl] **I** *v/i* kollern (*Truthahn*). **II** *s* Kollern *n*.

gob·ble·dy·gook [ˈgɒbldɪguːk; *Am.* ˌgɑbəldɪˈgʊk] *s colloq.* **1.** Kauderwelsch *n*, (Beˈrufs)Jarˌgon *m*. **2.** ‚Geschwafel' *n*.

gob·bler¹ [ˈgɒblə; *Am.* ˈgɑblər] *s* gieriger Esser: **he is a great ~ of books** *fig.* er verschlingt die Bücher nur so.

gob·bler² [ˈgɒblə; *Am.* ˈgɑblər] *s* Truthahn *m*, Puter *m*.

Gob·e·lin [ˈgəʊbəlɪn; *Br. a.* ˈgɒbə-; *Am. a.* ˈgɑbə-] **I** *adj* Gobelin...: **~ stitch** Gobelinstich *m*. **II** *s* Gobeˈlin *m*.

ˈgo-beˌtween *s* **1.** Vermittler(in), Mittelsmann *m*: **to act as a ~** vermitteln. **2.** Kuppler(in). **3.** Verbindungsglied *n*.

gob·let [ˈgɒblɪt; *Am.* ˈgɑblət] *s* **1.** Kelchglas *n*. **2.** *obs. od. poet.* Becher *m*, Poˈkal *m*.

gob·lin [ˈgɒblɪn; *Am.* ˈgɑblən] *s* Kobold *m*.

go·bo [ˈgəʊbəʊ] *pl* **-bos, -boes** *s tech.* **1.** *Film, TV*: Linsenschirm *m*. **2.** Schallschirm *m* (*an Mikrophonen*).

go·by [ˈgəʊbɪ] *s ichth.* Meergrundel *f*.

go-by [ˈgəʊbaɪ] *s*: **to give s.o. the ~** *colloq.* j-n ‚schneiden' *od.* ignorieren; **to give s.th. the ~** die Finger von etwas lassen.

ˈgo-cart *s* **1.** *bes. Am.* Laufstuhl *m* (*zum Laufenlernen für Kinder*). **2.** *bes. Am.* Sportwagen *m* (*für Kinder*). **3.** *sport* Go-Kart *m*. **4.** Handwagen *m*.

god [gɒd; *Am.* gɑd] *s* **1.** *relig. bes. antiq.* Gott *m*, Gottheit *f*: **the ~ of heaven** Jupiter *m*; **the ~ of love, the blind ~** der Liebesgott (*Amor*); **the ~ of war** der Kriegsgott (*Mars*); **the ~ from the machine** *fig.* Deus *m* ex machina (*e-e plötzliche Lösung*); **ye ~s (and little fishes)!** *sl. obs.* heiliger Strohsack!; **a sight for the ~s** (*meist iro.*) ein Anblick für (die) Götter. **2.** *relig.* **G~** Gott *m*: **the Lord G~** Gott der Herr; **Almighty G~, G~ Almighty** Gott der Allmächtige; **the good G~** der liebe Gott; **G~'s truth** die reine Wahrheit; **oh G~!, my G~!, good G~!** (ach) du lieber Gott!, lieber Himmel!; **by G~!** bei Gott!; **G~ help him!** Gott steh ihm bei!; **so help me G~!** so wahr mir Gott helfe!; **G~ helps those who help themselves** hilf dir selbst, so hilft dir Gott; **thank G~!** Gott sei Dank!; **G~ knows** weiß Gott; **G~ knows if it's true** wer weiß, ob es wahr ist; **as G~ is my witness** Gott ist mein Zeuge; → **act** 1, **bless** *Bes. Redew.*, **forbid** 2, 3, **grant** 1, **sake¹**, **willing** 1, **would** 3. **3.** Götze(nbild *n*) *m*, Abgott *m*. **4.** *fig.* (Ab)Gott *m*. **5.** *pl thea. colloq.* ‚Oˈlymp' *m*.

ˌgod|-ˈaw·ful *adj colloq.* scheußlich. **ˈ~child** *s irr* Patenkind *n*. **ˌ~ˈdamn** *bes. Am. colloq.* **I** *v/t* → **damn** 5. **II** *v/i* → **damn** 6. **III** *s* → **damn** 7, 8. **IV** *interj* → **damn** 9. **V** *adj* → **goddamned** I. **VI** *adv* → **damned** 4. **ˈ~damned** *bes. Am. colloq.* **I** *adj* gottverdammt, gottverflucht: **a ~ fool** ein Vollidiot; **~ nonsense** kompletter Unsinn, ‚Quatsch' *m*. **II** *adv* → **damned** 4. **ˈ~ˌdaugh·ter** *s* Patentochter *f*.

god·dess [ˈgɒdɪs; *Am.* ˈgɑ-] *s* Göttin *f* (*a. fig.*).

go·det [gəʊˈdeɪ; gəʊˈdet] *s* Zwickel *m*.

ˈgo-ˌdev·il *s tech. Am.* **1.** Sprengvorrichtung *f* für verstopfte Bohrlöcher. **2.** Rohrreiniger *m*, Molch *m*. **3.** *rail.* Mateˈrialwagen *m*. **4.** Holz-, Steinschleife *f*. **5.** *agr.* (*e-e*) Egge.

ˈgod|ˌfa·ther I *s* **1.** Pate *m* (*a. fig.*), Taufpate *m*, -zeuge *m*, Patenonkel *m*: **to stand ~ to** → 2. **II** *v/t* **2.** *a. fig.* Pate stehen bei, aus der Taufe heben. **3.** *fig.* verantwortlich zeichnen für. **ˈG~-ˌfear·ing** *adj* gottesfürchtig. **ˈ~forˌsak·en** *adj contp.* gottverlassen. **ˈ~head** [-hed] *s* **1.** Gottheit *f*, Göttlichkeit *f*. **2. the G~** Gott *m*. **ˈ~less** *adj* gottlos: a) ohne Gott, b) verworfen. **ˈ~less·ness** *s* Gottlosigkeit *f*. **ˈ~like** *adj* **1.** gottähnlich, göttergleich, göttlich. **2.** erhaben.

god·li·ness [ˈgɒdlɪnɪs; *Am.* ˈgɑd-] *s* Frömmigkeit *f*, Gottesfurcht *f*. **ˈgod·ly** *adj* fromm, gottesfürchtig.

ˌGod|-ˈman *s irr* **1.** *relig.* Gottmensch *m* (*Christus*). **2.** Halbgott *m* (*a. fig.*). **ˈg~ˌmoth·er** *s* (Tauf)Patin *f*, Patentante *f*. **ˈ~-ˌpar·ent** *s* (Tauf)Pate *m*, (-)Patin *f*.

God's|a·cre *s obs. od. poet.* Gottesacker *m*. **~ coun·try** *s* Gottes eigenes Land.

ˈgod·send *s* Geschenk *n* des Himmels.

ˈgod·ship *s* Gottheit *f*, Göttlichkeit *f*.

God|slot *s Rundfunk, TV*: *colloq. humor.* (regelmäßige) religiˈöse Sendung. **ˈg~son** *s* Patensohn *m*. **ˌg~ˈspeed** *s*: **to bid** (*od.* **wish**) **s.o. ~** *obs.* j-m viel Glück *od.* glückliche Reise wünschen. **~ tree** *s bot.* Kapokbaum *m*.

go·er [ˈgəʊə(r)] *s* **1.** → **comer** 1. **2. to be a good ~** gut laufen (*Pferd, Fahrzeug*). **3.** *in Zssgn* ...gänger(in), ...besucher(in): → **churchgoer, theatergoer,** *etc.*

goes [gəʊz] **I** *3. sg pres von* **go¹** III *u.* IV. **II** *pl von* **go¹** I.

Goe·thi·an, *a.* **Goe·the·an** [ˈgɜːtɪən] *adj* Goethe...: a) goethisch, goethesch (*nach Art Goethes, nach Goethe benannt*), b) Goethisch, Goethesch (*von Goethe herrührend*).

goe·thite [ˈgəʊθaɪt; ˈgɜːtaɪt] *s min.* Goeˈthit *m*: a) Nadeleisenerz *n*, b) Ruˈbinglimmer *m*.

go·fer [ˈgəʊfər] *s Am. colloq.* Laufbursche *m*.

gof·fer [ˈgəʊfə; *Am.* ˈgɑfər] *tech.* **I** *v/t* **1.** *Stoff* kräuseln, gauˈfrieren, plisˈsieren. **2.** *Buchschnitt*: gauˈfrieren, prägen. **II** *s* **3.** Gauˈfriermaˌschine *f*. **4.** Plisˈsee *n*.

ˌgo-ˈget·ter *s colloq.* Draufgänger *m*.

gog·gle [ˈgɒgl; *Am.* ˈgɑgəl] **I** *v/i* **1.** a) die Augen rollen, b) starren, stieren, glotzen: **to ~ at s.o.** j-n anstarren *od.* anstieren *od.* anglotzen. **2.** rollen (*Augen*). **II** *v/t* **3.** *die Augen* rollen, verdrehen. **III** *s* **4.** Glotzen *n*, stierer Blick. **5.** *pl a.* **pair of ~s** Schutzbrille *f*. **6.** *vet.* Drehkrankheit *f* (*der Schafe*). **IV** *adj* **7. ~ eyes** Glotzaugen. **ˈ~box** *s Br. colloq.* ‚Glotze' *f*, ‚Glotzkiste' *f* (*Fernseher*). **ˈ~-eyed** *adj* glotzäugig.

ˈgo-go *adj* **1.** Go-go...: **~ girl** Go-go-Girl *n*. **2.** schwungvoll: **to play ~ football.** **3.** schick: **the ~ set** die Schickeria.

Goi·del [ˈgɔɪdl] *s* Goiˈdele *m*, Gäle *m*. **Goiˈdel·ic** [-ˈdelɪk] **I** *adj* Goiˈdelisch, gälisch. **II** *s ling.* das Goiˈdelische, das Gälische.

go-in [ˈgəʊɪn] *s* Go-ˈin *n* (*demonstratives Eindringen in e-e offizielle Veranstaltung, um e-e Diskussion über ein bestimmtes Thema od. Ereignis zu erzwingen*).

go·ing [ˈgəʊɪŋ] **I** *s* **1.** (Weg)Gehen *n*, Abreise *f*, Abfahrt *f*. **2.** a) Boden-, Straßenzustand *m*, (*Pferderennsport*) Geläuf *n*, b) Tempo *n*: **good ~** ein flottes Tempo; **it was rough** (*od.* **heavy**) **~** *fig.* es war e-e Schinderei *od.* ein ‚Schlauch'; **while the ~ is good** *fig.* a) solange noch Zeit ist, rechtzeitig, b) solange die Sache (noch) gut läuft. **II** *adj* **3.** in Betrieb, arbeitend: → **concern** 6. **4.** vorˈhanden: **still ~** noch zu haben; **~, ~, gone!** (*bei Versteigerungen*) zum ersten, zum zweiten, zum dritten!; **one of the best fellows ~** e-r der besten Kerle, die es (nur) gibt. **~ bar·rel** *s tech.* Federhaus *n* (*der Uhr*). **ˌ~-ˈo·ver** *pl* **ˌgo·ings-ˈo·ver** *s colloq.* **1.** Standpauke *f*, Rüffel *m*, *engS.* Tracht *f* Prügel: **to give s.o. a ~** a) j-n ‚zs.-stauchen', b) j-n ‚vermöbeln'. **2.** (gründliche) (Über)ˈPrüfung *od.* Unterˈsuchung.

ˌgo·ings-ˈon *s pl colloq. bes. contp.* Treiben *n*, Vorgänge *pl*: **there were strange ~** es passierten merkwürdige Dinge.

goi·ter, *bes. Br.* **goi·tre** [ˈgɔɪtə(r)] *s med.* Kropf *m*. **ˈgoi·tered,** *bes. Br.* **ˈgoi·tred** *ad* kropfig. **ˈgoi·trous** [-trəs] *adj* **1.** kropfartig, Kropf... **2.** → **goitered.**

go-kart [ˈgəʊkɑː(r)t] *s sport* Go-Kart *m*.

Gol·con·da, *oft* **g~** [gɒlˈkɒndə; *Am.* gɑlˈkɑndə] *s fig.* Goldgrube *f*.

gold [gəʊld] **I** *s* **1.** Gold *n*: **(as) good as ~** *fig.* kreuzbrav, musterhaft; **a heart of ~** *fig.* ein goldenes Herz; **he has a voice of ~** er hat Gold in der Kehle; **it is worth its weight in ~** es ist unbezahlbar *od.* nicht mit Gold aufzuwiegen; **to go off ~** *econ.* den Goldstandard aufgeben; → **glitter** 1. **2.** Goldmünze(n *pl*) *f*. **3.** *fig.* Geld *n*, Reichtum *m*, Gold *n*. **4.** Goldfarbe *f*, Vergoldungsmasse *f*. **5.** Goldgelb *n* (*Farbe*). **6.** (*goldfarbiges*) Scheibenzentrum (*beim Bogenschießen*). **II** *adj* **7.** aus Gold, golden, Gold...: **~ bar** Goldbarren *m*; **~ watch** goldene Uhr. **8.** golden, goldfarben, -gelb. **~ back·ing** *s econ.* Golddeckung *f*. **ˈ~ˌbeat·er** *s tech.* Goldschläger *m*. **ˈ~beat·er's skin** *s tech.* Goldschlägerhaut *f*. **ˈ~brick** *Am. colloq.* **I** *s* **1.** falscher Goldbarren. **2.** *fig.* wertlose Sache, (*etwas*) Unechtes: **to sell s.o. a ~** → 6. **3.** *mil.* Solˈdat, der e-n Druckposten hat. **4.** Drückeberger *m*. **II** *v/i* **5.** sich drücken (**on** vor *dat*). **III** *v/t* **6.** *j-n* ‚anschmieren', ‚übers Ohr hauen'. **ˈ~ˌbrick·er** → **goldbrick** 3 *u.* 4. **~ bul·lion** *s* Gold *n* in Barren: **~ standard** *econ.* Goldkernwährung *f*. **~ cer·tif·i·cate** *s econ. Am.* ˈGoldzertifiˌkat *n* (*des Schatzamtes*). **~ coast** *s Am. colloq.* vornehmes Viertel (*e-r Stadt*). **ˈ~crest** *s orn.* Goldhähnchen *n*. **~ dig·ger** *s* **1.** Goldgräber *m*. **2.** *colloq. Frau, die nur hinter dem Geld der Männer her ist.* **~ dig·gings** *s pl* Goldfundgebiet *n*. **~ dust** *s* Goldstaub *m*.

gold·en [ˈgəʊldən] *adj* **1.** aus Gold, golden, Gold...: **~ disc** goldene Schallplatte. **2.** golden, goldfarben, -gelb. **3.** *fig.* golden, glücklich: **~ days.** **4.** *fig.* einmalig: **a ~ opportunity.** **5. the ~ boy (of tennis)** *colloq.* a) ein (Tennis)As *n*, b) e-e große (Tennis)Hoffnung. **~ age** *s* **1.** *myth.* (*das*) Goldene Zeitalter. **2.** *fig.* Blütezeit *f*. **~ buck** *s gastr. Am.* überˈbackene Käseschnitte mit poˈchiertem Ei. **~ calf** *s Bibl. u. fig.* (*das*) Goldene Kalb. **~ chain** *s bot.* Goldregen *m*. **G~ De·li·cious** *s bot.* Golden Deˈlicious *m* (*e-e Apfelsorte*). **~ ea·gle** *s zo.* Goldadler *m*. **ˈ~-eye** *pl* **-eyes,** *bes. collect.* **-eye** *s orn.* Schellente *f*. **G~ Fleece** *s myth.* (*das*) Goldene Vlies. **~ ham·ster** *s zo.* Goldhamster *m*. **~ hand·shake** *s colloq.* a) Abfindung *f* (*bei Entlassung*), b) **he got a ~ of £1,000** als er in Rente ging, bekam er von s-r Firma 1000 Pfund. **~ mean** *s* **1.** (*die*) goldene Mitte, (*der*) goldene Mittelweg. **2.** → **golden section.** **~ o·ri·ole** *s orn.* Piˈrol *m*. **~ pheas·ant** *s orn.* ˈGoldfaˌsan *m*. **~ plov·er** *s orn.* Goldregenpfeifer *m*. **ˈ~rod** *s bot.* Goldrute *f*. **~ rule** *s* **1.** *Bibl.* goldene Sittenregel. **2.** *fig.* goldene Regel. **3.** *math.* Regeldeˈtri *f*, Dreisatz *m*. **~ sec·tion** *s math. paint.* Goldener Schnitt. **G~ State** *s* (*Spitzname für*) Kaliˈfornien *n*. **~ syr·up** *s Br. goldgelber Sirup aus Rohrzuckersaft.* **~ this·tle** *s bot.* Golddistel *f*. **~ wed·ding** *s* goldene Hochzeit. **~ wil·low** *s bot.* Dotterweide *f*.

ˈgold|-exˌchange stand·ard *s econ.* ˈGolddeˌvisenwährung *f*. **~ ex·port point** *s econ.* Goldausfuhrpunkt *m*, oberer Goldpunkt. **~ fe·ver** *s* Goldfieber *n*,

-rausch *m.* **'~·field** *s* Goldfeld *n.* **'~-filled** *adj tech.* vergoldet (*Schmuck*). **'~·finch** *s orn.* Stieglitz *m*, Distelfink *m.* **'~ˌfin·ny** *s ichth.* Lippfisch *m.* **'~·fish** *s* Goldfisch *m.* **'~·fish bowl** *s* Goldfischglas *n*: **to live in a ~** *fig.* keinerlei Privatsphäre haben. **'~ˌham·mer** *s orn.* Goldammer *f.*

gold·i·locks ['gəʊldɪlɒks; *Am.* -ˌlɑks] *pl* **-locks** *s* **1.** *bot.* Goldhaariger Hahnenfuß. **2.** goldhaariger Mensch, *bes.* goldhaariges Mädchen.

gold| im·port point *s econ.* Goldeinfuhrpunkt *m*, unterer Goldpunkt. **~ lace** *s* Goldtresse *f*, -spitze *f.* **~ leaf** *s* Blattgold *n.* **~ med·al** *s bes. sport* 'Goldmeˌdaille *f.* **~ med·al·(l)ist** *s bes. sport* 'Goldmeˌdaillengewinner(in). **~ mine** *s* Goldgrube *f* (*a. fig.*), Goldmine *f*, -bergwerk *n.* **~ plate** *s* **1.** 'Goldˌüberzug *m*, Vergoldung *f.* **2.** goldenes Tafelgeschirr. **ˌ~-'plat·ed** *adj* vergoldet. **~ point** *s econ.* Goldpunkt *m.* **~ rush** → **gold fever.** **~ size** *s tech.* Goldgrund *m*, -leim *m.* **'~·smith** *s* Goldschmied *m.* **~ stand·ard** *s* Goldwährung *f*, -standard *m.* **G~ Stick** *s Br.* a) Oberst *m* der königlichen Leibgarde, b) Hauptmann *m* der Leibwache.

go·lem ['gəʊlem; -ləm] *s* **1.** Golem *m* (*durch Zauber zum Leben erweckte Tonfigur der jüdischen Sage*). **2.** *fig.* Roboter *m.* **3.** *fig.* Dummkopf *m.*

golf [gɒlf; *Am. bes.* gɑlf] *sport* **I** *s* Golf (-spiel) *n.* **II** *v/i* Golf spielen. **~ ball** *s* **1.** *sport* Golfball *m.* **2.** *tech.* Kugel-, Schreibkopf *m* (*der Schreibmaschine*). **'~-ball type·writ·er** *s* 'Kugelkopf-, 'Schreibkopfmaˌschine *f.* **~ club** *s sport* **1.** Golfschläger *m.* **2.** Golfklub *m.* **~ course** *s sport* Golfplatz *m.*

'golf·er *s sport* Golfer(in), Golfspieler(in).

golf links *s pl* (*a. als sg konstruiert*) *sport* Golfplatz *m.*

gol·iard ['gəʊljə(r)d] *s hist.* Goli'ard(e) *m* (*umherziehender französischer Kleriker u. Scholar, bes. des 13. Jahrhunderts*).

Go·li·ath [gəʊ'laɪəθ] *s Bibl. u. fig.* Goliath *m.*

gol·li·wog(g) ['gɒlɪwɒg; *Am.* 'gɑlɪˌwɑg] *s* **1.** gro'teske schwarze Puppe. **2.** *fig.* gro'teske Erscheinung (*Person*).

gol·ly¹ ['gɒlɪ; *Am.* 'gɑli:] *interj a.* **by ~!** *colloq.* Donnerwetter!, ‚Mann!'

gol·ly² ['gɒlɪ] *Br. colloq. für* **golliwog(g).**

gol·ly·wog *Br. für* **golliwog(g).**

go·losh → **galosh.**

gom·broon (ware) [gɒm'bru:n; *Am.* gɑm-] *s* (*ein*) persisches Porzel'lan.

Go·mor·rah, Go·mor·rha [gə'mɒrə; *Am. a.* gə'mɑrə] *s fig.* Go'morr(h)a *n*, Sündenpfuhl *m.*

gon·ad ['gəʊnæd] *s physiol.* Go'nade *f*, Geschlechts-, Keimdrüse *f.*

gon·do·la ['gɒndələ; *Am.* 'gɑn-] *s* **1.** Gondel *f* (*in Venedig, e-s Ballons, e-r Seilbahn etc*). **2.** *Am.* (flaches) Flußboot. **3.** *a.* **~ car** *Am.* offener Güterwagen. **ˌgon·do'lier** [-'lɪə(r)] *s* Gondoli'ere *m.*

gone [gɒn; *Am.* gɔ:n] **I** *pp von* **go¹**. **II** *adj* **1.** (weg)gegangen, fort, weg: **be ~!** fort mit dir!, geh!; **I must be ~** ich muß weg *od.* fort. **2.** verloren, verschwunden, da'hin. **3.** ‚hin': a) ka'putt, b) rui'niert, c) verbraucht, weg, d) tot: **a ~ man** → **goner**; **a ~ feeling** ein Schwächegefühl *n*; **all his money is ~** sein ganzes Geld ist weg *od.* ‚futsch'. **4.** hoffnungslos: **a ~ case. 5.** vor'bei, vor'über, vergangen, da'hin, zu Ende. **6.** mehr als, älter als, über: **he is ~ twenty-one. 7.** *colloq.* verliebt, ‚verknallt' (**on** in *acc*). **8.** *sl.* ‚high': a) ‚weg', in Ek'stase, b) *im Drogenrausch.* **9. she's five months ~** *colloq.* sie ist im 6. Monat (*schwanger*). **'gon·er** *s sl.* 'Todeskandiˌdat *m*: **he is a ~** er macht es nicht mehr lange, er ist ‚erledigt' (*beide a. weitS.*).

gon·fa·lon ['gɒnfələn; *Am.* 'gɑn-] *s* Banner *n.* **ˌgon·fa·lon'ier** [-'nɪə(r)] *s* Bannerträger *m.*

gong [gɒŋ; *Am. a.* gɑŋ] **I** *s* **1.** Gong *m*: **the ~ sounded** es gongte. **2.** (*bes.* e'lektrische) Klingel. **3.** *mil. Br. sl.* ‚Blech' *n*, Orden *m.* **II** *v/t* **4.** *Br. e-n Wagen* durch 'Gongsiˌgnal stoppen (*Polizei*). **III** *v/i* **5.** gongen.

gon·if → **ganef.**

go·ni·om·e·ter [ˌgəʊnɪ'ɒmɪtə; *Am.* -'ɑmətər] *s* Gonio'meter *n*: a) *Gerät zum Messen der Winkel zwischen (Kristall)Flächen durch Anlegen zweier Schenkel*, b) *Winkelmesser für Schädel u. Knochen.* **ˌgo·ni'om·e·try** [-trɪ] *s math.* Goniome'trie *f*, Winkelmessung *f.*

go·ni·tis [gəʊ'naɪtɪs] *s med.* Go'nitis *f*, Gonar'thritis *f*, Kniegelenkentzündung *f.*

gonk [gɒŋk; *Am. a.* gɑŋk] *s* (*bes.* eiförmige) Stoffpuppe.

gon·na ['gɒnə; *Am.* 'gɑnə] *sl. für* **going to**: **I'm ~ kill him!**

gon·o·coc·cus [ˌgɒnəʊ'kɒkəs; *Am.* ˌgɑnə'kɑ-] *pl* **-'coc·ci** [-'kɒkaɪ; -'kɒksaɪ; *Am.* -'kɑ-] *s med.* Gono'kokkus *m*, Trippererreger *m.*

gon·o·cyte ['gɒnəʊsaɪt; *Am.* 'gɑnə-] *s biol.* Keimzelle *f*, Gono'zyte *f.*

gon·of → **ganef.**

gon·or·rh(o)e·a [ˌgɒnə'rɪə; *Am.* ˌgɑnə-'ri:ə] *s med.* Gonor'rhö(e) *f*, Tripper *m.* **ˌgon·or'rh(o)e·al** *adj* gonor'rhoisch, Tripper...

goo [gu:] *s colloq.* **1.** ‚Papp' *m*, klebriges Zeug. **2.** ‚Schmalz' *m*, sentimen'tales Zeug. [Erdnuß *f.*]

goo·ber (pea) ['gu:bər] *s Am. dial.*

good [gʊd] **I** *s* **1.** Nutzen *m*, Wert *m*, Vorteil *m*: **for his own ~** zu s-m eigenen Vorteil; **what ~ will it do?, what is the ~ of it?, what ~ is it?** was hat es für e-n Wert?, was nützt es?, wozu soll das gut sein?; **it is no (not much) ~ trying** es hat keinen (wenig) Sinn *od.* Zweck, es zu versuchen; **to the ~** a) *bes. econ.* als Gewinn- *od.* Kreditsaldo, b) obendrein, extra (→ 2); **for ~ (and all)** für immer, endgültig, ein für allemal. **2.** (*das*) Gute, Gutes *n*, Wohl *n*: **to do s.o. ~** a) j-m Gutes tun, b) j-m gut- *od.* wohltun; **much ~ may it do you** *oft iro.* wohl bekomm's!; **the common ~** das Gemeinwohl; **to be to the ~, to come to ~** zum Guten ausschlagen; **it's all to the ~** es ist nur zu s-m *etc* Besten (→ 1); **it comes to no ~** es führt zu nichts Gutem; **to be up to no ~** nichts Gutes im Schilde führen; **for ~ or for evil** auf Gedeih u. Verderb. **3. the ~** *collect.* die Guten *pl*, die Rechtschaffenen *pl.* **4.** *philos.* (*das*) Gute. **5.** *pl* bewegliches Vermögen: **~s and chattels** a) Hab *n* u. Gut *n*, bewegliche Sachen, Mobiliargut *n*, b) *colloq.* Siebensachen. **6.** *pl econ.* a) *Br.* (*bes.* Eisenbahn)Güter *pl*, Fracht(gut *n*) *f*, b) (Handels)Güter *pl*, (Handels)Ware(n *pl*) *f*: **~s for consumption** Verbrauchs-, Konsumgüter; **~s in process** Halbfabrikate, -erzeugnisse; **a piece of ~s** *sl.* e-e ‚Mieze'; **to have the ~s on s.o.** *Am. sl.* etwas gegen j-n in der Hand haben; → **deliver** 2. **7.** *pl Am.* Stoffe *pl*, Tex'tilien *pl.* **8. the ~s** *sl.* das Richtige, das Wahre: **that's the ~s!**

II *adj comp* **bet·ter** ['betə(r)] *sup* **best** [best] **9.** (*moralisch*) gut, redlich, rechtschaffen, ehrbar, anständig: **~ men and true** redliche u. treue Männer; **a ~ father and husband** ein guter *od.* treusorgender Vater u. Gatte; **she is a ~ wife to him** sie ist ihm e-e gute Frau. **10.** gut (*Qualität*): **~ teeth**; → **health** 2, **humor** 2. **11.** gut, frisch, genießbar: **is this meat still ~?**; **a ~ egg** ein frisches Ei. **12.** gut, lieb, gütig, freundlich: **~ to the poor** gut zu den Armen; **be so** (*od.* **as**) **~ as to fetch it** sei so gut u. hol es, hol es doch bitte; → **enough** III. **13.** gut, lieb, artig, brav (*Kind*): **be a ~ boy!**; → **gold** 1. **14.** verehrt, lieb: **his ~ lady** *oft iro.* s-e liebe Frau; **my ~ man** *oft iro.* mein Lieber!, mein lieber Freund *od.* Mann! **15.** gut, geachtet: **of ~ family** aus guter Familie. **16.** gut, einwandfrei: **~ behavio(u)r**; → **certificate** 1. **17.** gut, erfreulich, angenehm: **~ news**; **to be ~ news** *colloq.* a) erfreulich sein (*Sache*), b) nett sein (*Person*); **to have a ~ time** a) sich (gut) amüsieren, b) es sich gutgehen lassen; → **afternoon** I, **morning** 1, *etc.* **18.** gut: a) geeignet, vorteilhaft, günstig, nützlich, b) gesund, zuträglich, c) heilsam: **a man ~ for the post** ein geeigneter *od.* guter Mann für den Posten; **~ for colds** gut gegen *od.* für Erkältungen; **milk is ~ for children** Milch ist gut *od.* gesund für Kinder; **~ for one's health** gesund; **what is it ~ for?** wofür ist es gut?, wozu dient es?; **it is a ~ thing that** es ist gut *od.* günstig, daß; *stay away* **if you know what's ~ for you!** das rate ich dir im guten! **19.** gut, richtig, recht, angebracht, empfehlenswert, zweckmäßig: **in ~ time** zur rechten Zeit, (gerade) rechtzeitig; **all in ~ time** alles zu s-r Zeit; **in one's own ~ time** wenn es e-m paßt. **20.** gut, angemessen, ausreichend, zu'friedenstellend. **21.** gut, reichlich: **a ~ hour** e-e gute Stunde; **it's a ~ three miles to the station** es sind gut 3 Meilen bis zum Bahnhof. **22.** gut, ziemlich (weit, groß), beträchtlich, bedeutend, erheblich, ansehnlich: **a ~ many** e-e beträchtliche Anzahl, ziemlich viele; → **beating** 2, **way¹** 5, **while** 1. **23.** (*vor adj*) *verstärkend*: **a ~ long time** sehr lange Zeit; **~ old age** hohes Alter; **~ and ...** *colloq.* sehr, ganz schön, ‚mordsmäßig' (*z. B.* **~ and tired** ‚hundemüde'). **24.** gültig: a) begründet, berechtigt: **a ~ claim**, b) triftig, gut: **a ~ reason**; **a ~ argument** ein stichhaltiges Argument, c) echt: **~ money. 25.** gut, über'zeugt: **a ~ Republican. 26.** gut, fähig, tüchtig: **he is ~ at arithmetic** er ist gut im Rechnen; **he is ~ at golf** er spielt gut Golf; **to be ~ with one's hands** handwerkliches Geschick haben. **27.** *a. econ.* gut, zuverlässig, sicher, so'lide: **a ~ firm** e-e gute *od.* solide *od.* zahlungsfähige *od.* kreditwürdige Firma; **a ~ man** *econ. colloq.* ein sicherer Mann (*Kunde etc*); **~ debts** *econ.* sichere Schulden; **~ for** *econ.* (*auf e-m Wechsel*) über den Betrag von (→ 31); **to be ~ for any amount** *econ.* für jeden Betrag gut sein. **28.** *econ.* in Ordnung (*Scheck*). **29.** *jur.* (rechts)gültig. **30.** wirklich, aufrichtig, ehrlich, echt: → **faith** 3. **31.** *colloq.* **~ for** fähig *od.* geneigt zu: **I am ~ for a walk** ich habe Lust zu e-m Spaziergang; **I am ~ for another mile** ich könnte noch e-e Meile weitermarschieren; **my car is ~ for another 10,000 miles** mein Wagen ‚macht' noch leicht 10000 Meilen (→ 27).

III *adv* **32.** *colloq.* gut: **she dances ~. 33. as ~ as** so gut wie, praktisch.

IV *interj* **34.** gut!, schön!, fein!: **~ for you!** *colloq.* (ich) gratuliere!

Good| Book *s* (*die*) Bibel. **ˌg~'by(e)** **I** *s* **1.** Abschiedsgruß *m*: **to wish s.o. ~, to say ~ to s.o.** j-m auf Wiedersehen sagen; **have you said all your goodby(e)s?** a) hast du dich überall verabschiedet?, hast du allen auf Wiedersehen gesagt?, b) *weitS.* können wir jetzt endlich gehen?; **you may say ~ to that** *colloq.* das kannst du vergessen. **2.** Abschied *m*: **he prolonged his ~ for a few more minutes** er blieb noch ein paar Minuten länger. **II** *adj* **3.** Abschieds...: **~ kiss. III** *interj* **4.** a) auf ˈWiedersehen!, b) *teleph.* auf ˈWiederhören! **ˈg~-for-ˌnoth·ing,** *a.* **ˈg~-for-ˌnought I** *adj* nichtsnutzig. **II** *s* Taugenichts *m*, Nichtsnutz *m*. **~ Fri·day** *s relig.* Karˈfreitag *m*. **ˌg~-ˈheart·ed** *adj* gutherzig. **ˌg~-ˈheart·ed·ness** *s* Gutherzigkeit *f*. **ˌg~-ˈhu·mo(u)red** *adj* (*adv* **~ly**) **1.** gutgelaunt. **2.** gutmütig. **ˌg~-ˈhu·mo(u)red·ness** *s* **1.** gute Laune. **2.** Gutmütigkeit *f*.

ˈgood·ish *adj* **1.** ziemlich gut, annehmbar. **2.** ziemlich (groß, lang, weit *etc*): **he walked a ~ distance for a sick man** für e-n Kranken ging er ganz schön weit.

good·li·ness [ˈgʊdlɪnɪs] *s* **1.** Stattlichkeit *f*. **2.** Prächtigkeit *f*.

ˌgood|-ˈlook·er *s colloq.* gutaussehende Perˈson. **ˌ~-ˈlook·ing** *adj* gutaussehend.

ˈgood·ly *adj* **1.** beträchtlich, ansehnlich, stattlich: **a ~ amount of money. 2.** stattlich: **a ~ person; ~ houses. 3.** prächtig: **a ~ sight.**

ˈgood|·man [-mæn; -mən] *s irr obs.* **1.** Haushalt(ung)svorstand *m*. **2.** Ehemann *m*. **ˌ~-ˈna·tured** *adj* (*adv* **~ly**) gutmütig, freundlich, gefällig. **G~ Neigh·bo(u)r Pol·i·cy** *s pol.* Poliˈtik *f* der guten Nachbarschaft.

ˈgood·ness *s* **1.** Anständigkeit *f*, Redlichkeit *f*, Rechtschaffenheit *f*. **2.** Güte *f*, Gefälligkeit *f*: **~ of heart** Herzensgüte *f*; **please have the ~ to come** haben Sie bitte die Freundlichkeit *od.* seien Sie bitte so gut zu kommen. **3.** (*das*) Gute *od.* Wertvolle. **4.** Güte *f*, Qualiˈtät *f*, Wert *m*. **5.** *euphem.* Gott *m*: **thank ~!** Gott sei Dank!; **(my) ~!, ~ gracious!** du meine Güte!, du lieber Himmel!; **for ~ sake** um Himmels willen; **~ knows** weiß der Himmel.

good|of·fic·es *s pl bes. Völkerrecht*: gute Dienste *pl*, Vermittlung(sdienste *pl*) *f*. **ˈ~-ˌpay·ing** *adj* gutbezahlt: **a ~ job. ~ peo·ple** *s pl*: **the ~** die Feen.

goods en·gine *s tech. Br.* ˈGüterzuglokomoˌtive *f*.

ˌgood-ˈsized *adj* ziemlich groß.

goods| lift *s Br.* Lastenaufzug *m*. **~ of·fice** *s Br.* Frachtannahmestelle *f*. **~ sta·tion** *s Br.* Güterbahnhof *m*. **~ traf·fic** *s Br.* Güterverkehr *m*. **~ train** *s Br.* Güterzug *m*. **~ wag·on** *s Br.* Güterwagen *m*.

ˌgood|-ˈtem·pered *adj* (*adv* **~ly**) gutmütig, ausgeglichen. **ˈ~-time** *adj* lebenslustig, vergnügungssüchtig: **~ Charlie** *Am. colloq.* vergnügungssüchtiger Mensch. **ˈ~-wife** *s irr obs.* Haushalt(ung)svorstand *m*. **ˌ~ˈwill** *s* **1.** Goodwill *m*, Wohlwollen *n*, Freundlichkeit *f*. **2.** Bereitwilligkeit *f*, Gefälligkeit *f*. **3.** gute Absicht, guter Wille: **~ tour** *bes. pol.* Goodwillreise *f*, -tour *f*; **~ visit** *bes. pol.* Goodwillbesuch *m*. **4.** a) *econ.* Goodwill *m*, ideˈeller Firmen- *od.* Geschäftswert, b) *econ.* Kundschaft *f*, Kundenkreis *m*, c) Goodwill *m*, guter Ruf (*e-r Institution etc*).

good·y [ˈgʊdɪ] **I** *s* **1.** *colloq.* a) Bonˈbon *m*, *n*, b) *pl* Süßigkeiten *pl*. **2.** Annehmlichkeit *f*: **all the goodies that a higher income brings. 3.** Prachtstück *n*: **the goodies of a stamp collection. 4.** *Film, TV etc*: Gute(r) *m*, Held *m*. **5.** → **goody-goody** I. **II** *adj* **6.** → **goody-goody** II. **III** *interj* **7.** *bes. Kindersprache*: ‚prima!', ‚Klasse!' **ˈ~-ˌgood·y** *colloq. contp.* **I** *s* Tugendbold *m*. **II** *adj* (betont) tugendhaft.

goo·ey [ˈguːɪ] *adj colloq.* **1.** ‚pappig', klebrig. **2.** ‚schmalzig', sentimenˈtal: **a ~ song** e-e ‚Schnulze'.

goof [guːf] *colloq.* **I** *s* **1.** ‚Schnitzer' *m*. **2.** Trottel *m*. **II** *v/t* **3.** *oft* **~ up** ‚vermasseln'. **III** *v/i* **4.** ‚Mist bauen'. **5.** *oft* **~ about** (*od.* **around**) herˈumtrödeln. **ˈgoof·er** → **goof** 2.

ˈgo-off *s colloq.* Anfang *m*, Start *m*: **at the first ~** (gleich) beim ersten Mal, auf Anhieb.

goof·y [ˈguːfɪ] *adj colloq.* **1.** ‚doof', vertrottelt. **2.** *Br.* vorstehend (*Zähne*).

gook [gʊk] *s Am. sl. abfälliger Name für e-n Asiaten.*

goon [guːn] *s colloq.* **1.** → **goof** 2. **2.** *Am.* angeheuerter Schläger.

goop [guːp] *s Am. sl.* ‚Bauer' *m*.

goos·an·der [guːˈsændə(r)] → **merganser.**

goose [guːs] *pl* **geese** [giːs] *s* **1.** *orn.* Gans *f*: **all his geese are swans** er übertreibt immer, bei ihm ist immer alles besser als bei anderen; **to kill the ~ that lays the golden eggs** das Huhn schlachten, das goldene Eier legt; **to cook one's (own) ~** *colloq.* sich alles verderben; **to cook one's ~ with s.o.** *colloq.* es mit j-m verderben; **he's cooked his ~ with me** *colloq.* er ist bei mir ‚unten durch'; **to cook s.o.'s ~** *colloq.* j-m alles kaputtmachen; → **bo**[1], **boo**[1] 1, **fox** 1, **sauce** 1. **2.** *gastr.* Gans *f*, Gänsefleisch *n*: **roast ~** Gänsebraten *m*. **3.** *fig.* a) Esel *m*, Dummkopf *m*, b) (dumme) Gans (*Frau*). **4.** (*pl* **gooses**) Schneiderbügeleisen *n*.

goose·ber·ry [ˈgʊzbərɪ; *Am.* ˈguːsˌberiː] *s* **1.** *bot.* Stachelbeere *f*. **2.** Stachelbeerwein *m*. **3. to play ~** *bes. Br.* den Anstandswauwau spielen. **~ bush** *s* Stachelbeerstrauch *m*: **I found you under a ~** *humor.* dich hat der Storch gebracht. **~ fool** *s* Stachelbeercreme *f* (*Speise*). **~ wine** → **gooseberry** 2.

goose| bumps → **goose pimples. ~ egg** *s Am. colloq.* **1.** *sport* Null *f* (*null Tore etc*): **there were only ~s on the scoreboard. 2.** gänseeigroße Beule (*bes. am Kopf*). **~ flesh** → **goose pimples. ˈ~-foot** *pl* **-foots** *s bot.* Gänsefuß *m*. **~ grass** *s bot.* **1.** Labkraut *n*, *bes.* Klebkraut *n*. **2.** Vogelknöterich *m*. **ˈ~neck** *s* **1.** *mar.* Lümmel *m*. **2.** *tech.* Schwanenhals *m*. **~ pim·ples** *s pl* Gänsehaut *f*: **the sight gave me ~** bei dem Anblick bekam ich e-e Gänsehaut. **~ quill** *s* Gänsekiel *m*. **~ skin** → **goose pimples. ~ step** *s mil.* Paˈrade-, Stechschritt *m*. **ˈ~-step** *v/i mil.* im Paˈrade- *od.* Stechschritt marˈschieren.

goos·ey, goos·y [ˈguːsɪ] *adj* **1.** Gänse... **2. to get ~** e-e Gänsehaut bekommen. **3.** dumm. **4.** *Am.* a) schreckhaft, b) nerˈvös.

go·pher[1] [ˈgəʊfə(r)] **I** *s* **1.** *zo.* a) Goffer *m*, Taschenratte *f*, b) Ameriˈkanischer Ziesel, c) Gopherschildkröte *f*, d) *a.* **~ snake** Indigo-, Schildkrötenschlange *f*. **2.** *Am.* **G~** (*Spitzname für e-n*) Bewohner von Minneˈsota. **II** *v/i* **3.** *Bergbau*: *Am.* aufs Gerateˈwohl schürfen *od.* bohren.

go·pher[2] [ˈgəʊfə(r)] → **goffer.**

go·pher[3] [ˈgəʊfə(r)] → **gofer.**

go·pher wood [ˈgəʊfə(r)] *s Bibl. Holz, aus dem Noah die Arche baute.* **ˈgo·pherˌwood** *s bot. Am.* Gelbholz *n*.

go·ral [ˈgɔːrəl] *s zo.* Goral *m*, ˈZiegenantiˌlope *f*.

gor·bli·mey [gɔː(r)ˈblaɪmɪ] → **cor.**

gor·cock [ˈgɔː(r)kɒk; *Am.* -ˌkɑk] → **moorcock.**

Gor·di·an [ˈgɔː(r)djən; -dɪən] *adj*: **to cut the ~ knot** *fig.* den gordischen Knoten durchhauen.

gore[1] [gɔː(r); *Am. a.* gəʊr] *s poet.* (*bes.* geronnenes) Blut.

gore[2] [gɔː(r); *Am. a.* gəʊr] **I** *s* **1.** Zwickel *m*, Keil(stück *n*) *m*, Gehre *f*. **2.** dreieckiges Stück, Keilstück *n*. **II** *v/t* **3.** keilförmig zuschneiden. **4.** e-n Zwickel *etc* einsetzen in (*acc*).

gore[3] [gɔː(r); *Am. a.* gəʊr] *v/t* (*mit den Hörnern*) durchˈbohren, aufspießen: **he was ~d to death by a bull** er wurde von e-m Stier auf die Hörner genommen u. tödlich verletzt.

gorge [gɔː(r)dʒ] **I** *s* **1.** Paß *m*, enge (Fels-) Schlucht. **2.** *rhet.* Kehle *f*. **3.** a) reiches Mahl, b) Schlemmeˈrei *f*, Völleˈrei *f*. **4.** (*das*) Verschlungene, Mageninhalt *m*: **it makes my ~ rise, my ~ rises at it** *fig.* a) mir wird übel davon *od.* dabei, b) mir kommt die Galle dabei hoch. **5.** *arch.* Hohlkehle *f*. **6.** *mil.* Kehle *f*, Rückseite *f* (*e-r Bastion*). **7.** fester (Fisch)Köder. **II** *v/i* **8.** schlemmen: **to ~ on** (*od.* **with**) → 10. **III** *v/t* **9.** gierig verschlingen. **10. to ~ o.s. on** (*od.* **with**) *etwas* in sich hineinschlingen.

gor·geous [ˈgɔː(r)dʒəs] *adj* (*adv* **~ly**) **1.** prächtig, glänzend, prachtvoll (*alle a. fig. colloq.*). **2.** *colloq.* großartig, wunderbar. **ˈgor·geous·ness** *s* Pracht *f*.

gor·ger·in [ˈgɔː(r)dʒərɪn] *s arch.* Säulenhals *m*.

gor·get [ˈgɔː(r)dʒɪt] *s* **1.** *hist.* a) *mil.* Halsberge *f*, b) (Ring)Kragen *m*, c) Hals-, Brusttuch *n*. **2.** Halsband *n*, -kette *f*. **3.** *orn.* Kehlfleck *m*. **~ patch** *s mil. hist.* Kragenspiegel *m*.

Gor·gon [ˈgɔː(r)gən] *s* **1.** *myth.* Gorgo *f*. **2. g~** *colloq.* a) häßliches *od.* abstoßendes Weib, b) ‚Drachen' *m*. **ˌgor·goˈnei·on** [-ˈniːɒn; *Am.* -ˌɑn; *a.* -ˈnaɪ-] *pl* **-nei·a** [-ˈniːə; *Am. a.* -ˈnaɪə] *s art* Gorˈgonenhaupt *n*, Gorgogesicht *n*. **gorˈgo·ni·an** [-ˈgəʊnjən; -nɪən] *adj* **1.** gorˈgonenhaft, Gorgonen... **2.** schauerlich. **ˈgor·gon·ize** [-gənaɪz] *v/t* versteinern, erstarren lassen.

Gor·gon·zo·la (cheese) [ˌgɔː(r)gənˈzəʊlə] *s* Gorgonˈzola *m*.

go·ril·la [gəˈrɪlə] *s zo.* Goˈrilla *m* (*a. fig. colloq. Leibwächter*).

gor·mand [ˈgɔː(r)mənd] → **gormandizer. ˈgor·mand·ize I** *v/t etwas* in sich hinˈeinschlingen. **II** *v/i* schlemmen. **ˈgor·mand·iz·er** *s* Schlemmer(in).

gorm·less [ˈgɔːmlɪs] *adj Br. colloq.* ‚doof'.

gorse [gɔː(r)s] *s bot.* Stechginster *m*.

Gor·sedd [ˈgɔːseð] *s walisisches Sänger- u. Dichtertreffen.*

gors·y [ˈgɔː(r)sɪ] *adj bot.* **1.** stechginsterartig. **2.** voll (von) Stechginster.

gor·y [ˈgɔːrɪ; *Am. a.* ˈgəʊriː] *adj* **1.** *poet.* a) blutbefleckt, mit Blut besudelt, voll Blut, b) blutig: **a ~ battle. 2.** *fig.* blutrünstig: **a ~ story.**

gosh [gɒʃ; *Am. a.* gɑʃ] *interj a.* **by ~** *colloq.* Mensch!, Mann!

gos·hawk [ˈgɒshɔːk; *Am.* ˈgɑs-] *s orn.* Hühnerhabicht *m*.

Go·shen [ˈgəʊʃn] *s* **1.** *Bibl.* Land *n* des ˈÜberflusses. **2.** *fig.* Schlaˈraffenland *n*.

gos·ling [ˈgɒzlɪŋ; *Am. a.* ˈgɑzlən] *s* **1.** junge Gans, Gäns-chen *n*. **2.** *fig.* Grünschnabel *m*.

ˌgo-ˈslow *s econ. Br.* Bummelstreik *m*.

gos·pel [ˈgɒspl; *Am.* ˈgɑspəl] *relig.* **I** *s meist* **G~** Evanˈgelium *n* (*a. fig.*): **to believe in the ~ of** ein überzeugter Anhänger (*gen*) sein; **to take s.th. for ~** etwas für bare Münze nehmen. **II** *v/t pret u. pp* **-peled,** *bes. Br.* **-pelled** a) *j-n, a. j-m* das Evanˈgelium lehren, b) *j-n* zum Evanˈgelium bekehren. **III** *v/i* das Evanˈgelium predigen. **ˈgos·pel·(l)er** *s relig.* Verleser *m* des Evanˈgeliums.

gos·pel| oath *s* Eid *m* auf die Bibel. **~ sing·er** *s* Gospelsänger(in), Gospelsinger *m*. **~ song** *s* Gospel(song) *m*. **~ truth**

s **1.** *relig.* Wahrheit *f* der Evan'gelien. **2.** *fig.* abso'lute *od.* reine Wahrheit.

gos·sa·mer ['gɒsəmə; *Am.* 'gɑsəmər] **I** *s* **1.** Alt'weibersommer *m*, Sommerfäden *pl.* **2.** a) feine Gaze, b) (hauch)dünner Stoff. **3.** (*etwas*) sehr Zartes *od.* Dünnes. **II** *adj* **4.** leicht u. zart, hauchdünn. **5.** *fig.* fadenscheinig, dürftig: **a ~ justification.** '**gos·sa·mer·y** → **gossamer** II.

gos·san ['gɒsən; *Am.* 'gɑsn] *s geol.* eisenschüssiger, ockerhaltiger Letten.

gos·sip ['gɒsɪp; *Am.* 'gɑsəp] **I** *s* **1.** Klatsch *m*, Tratsch *m*: **~ column** Klatschspalte *f*; **~ columnist** Klatschkolumnist(in). **2.** Plaude'rei *f*, Geplauder *n*, Schwatz *m*: **to have a ~ with s.o.** mit j-m plaudern *od.* schwatzen. **3.** Klatschbase *f*, ‚Klatschmaul' *n.* **II** *v/i* **4.** klatschen, tratschen. **5.** plaudern, schwatzen. '**gos·sip·er,** '**gos·sip,mon·ger** [-ˌmʌŋgə(r)] → **gossip** 3. '**gos·sip·ry** [-rɪ] → **gossip** 1. '**gos·sip·y** *adj* **1.** klatschhaft, -süchtig. **2.** schwatzhaft, -süchtig, geschwätzig. **3.** im Plauderton geschrieben: **a ~ letter.**

gos·soon [gɒ'su:n] *s Ir.* Bursche *m.*

got [gɒt; *Am.* gɑt] *pret u. pp von* **get.**

Goth [gɒθ; *Am.* gɑθ] *s* **1.** Gote *m.* **2.** *a.* **g~** Bar'bar *m.*

Go·tham ['gɑθəm] *s Am.* (*Spitzname für*) New York (City). '**Go·tham,ite** [-ˌmaɪt] *s Am.* (*Spitzname für*) New Yorker(in).

Goth·ic ['gɒθɪk; *Am.* 'gɑ-] **I** *adj* **1.** gotisch: **~ arch** *arch.* gotischer Spitzbogen. **2.** *a.* **g~** bar'barisch. **3.** Schauer...: **~ novel.** **4.** *print.* a) *Br.* gotisch, b) *Am.* Grotesk... **II** *s* **5.** *ling. hist.* Gotisch *n*, das Gotische. **6.** *arch.* Gotik *f*, gotischer (Bau)Stil. **7.** *print.* a) *Br.* Frak'tur *f*, gotische Schrift, b) *Am.* Gro'tesk(schrift) *f.*

Goth·i·cism ['gɒθɪsɪzəm; *Am.* 'gɑ-] *s* **1.** *arch.* Goti'zismus *m* (*Nachahmung des gotischen Stils*). **2.** *a.* **g~** Barba'rei *f.* '**Goth·i·cize** *v/t* gotisch machen.

ˌgo-to-'meet·ing *adj colloq.* Sonntags..., Ausgeh...: **~ suit.**

got·ten ['gɑtn] *Am. pp von* **get.**

gou·ache [gʊ'ɑ:ʃ; gwɑ:ʃ] *s* Gou'ache *f*, Gu'asch *f*: a) *Malerei(technik) mit deckenden Wasserfarben in Verbindung mit harzigen Bindemitteln*, b) *in dieser Technik gemaltes Bild.*

Gou·da (cheese) ['gaʊdə] *s* Gouda (-käse) *m.*

gouge [gaʊdʒ] **I** *s* **1.** *tech.* Hohlbeitel *m*, -meißel *m.* **2.** Furche *f*, Rille *f.* **3.** *Am. colloq.* a) Über'vorteilung *f*, b) Erpressung *f*, c) ergaunerter *od.* erpreßter Betrag. **II** *v/t* **4.** *a.* **~ out** *tech.* ausmeißeln, -höhlen, -stechen. **5.** **to ~ (out) s.o.'s eye** a) j-m den Finger ins Auge stoßen, b) j-m ein Auge ausdrücken *od.* -stechen. **6.** *Am. colloq.* a) *j-n* über'vorteilen: **he was ~d for $1,000** er wurde um 1000 Dollar betrogen, b) *e-n Betrag* ergaunern *od.* erpressen.

gou·lash ['gu:læʃ; -lɑ:ʃ] *s* **1.** *gastr.* Gulasch *n.* **2.** *Kontrakt-Bridge*: Zu'rückdoppeln *n.* **~ com·mu·nism** *s pol. contp.* 'Gulaschkommu,nismus *m.*

gourd [gʊə(r)d; *Am. bes.* gəʊrd; gɔ:rd] *s* **1.** *bot.* a) (*bes.* Garten)Kürbis *m*, b) Flaschenkürbis *m.* **2.** Gurde *f*, Kürbisflasche *f.*

gour·mand ['gʊə(r)mənd; *Am. a.* 'gʊrˌmɑ:nd] **I** *s* **1.** Gour'mand *m*, Schlemmer *m.* **2.** → **gourmet** 1. **II** *adj* **3.** schlemmerisch. **4.** → **gourmet** II. **gour·man·dise** [ˌgʊəmən'di:z; ˌgɔ:-; *Am.* 'gʊrmənˌdi:z] *s* Gourman'dise *f*: a) Schlemme'rei *f*, b) Feinschmecke'rei *f.*

gour·met ['gʊə(r)meɪ] **I** *s* **1.** Gour'met *m*, Feinschmecker *m.* **II** *adj* **2.** feinschmeckerisch. **3.** Feinschmecker...: **~ restaurant.**

gout [gaʊt] *s* **1.** *med.* Gicht *f.* **2.** *agr.* Gicht *f* (*Weizenkrankheit*). '**gout·i·ness** *s med.* Neigung *f* zur Gicht. '**gout·y** *adj* (*adv* **goutily**) *med.* **1.** gichtkrank. **2.** zur Gicht neigend. **3.** gichtisch, Gicht...: → **concretion** 6, **node** 2.

gov·ern ['gʌvn; *Am.* 'gʌvərn] **I** *v/t* **1.** re'gieren, beherrschen. **2.** leiten, lenken, führen, verwalten. **3.** *fig.* bestimmen, beherrschen, regeln, maßgebend sein für, leiten: **~ed by circumstances** durch die Umstände bestimmt; **he was ~ed by considerations of safety** er ließ sich von Sicherheitserwägungen leiten. **4.** *tech.* regeln, regu'lieren, steuern. **5.** *fig.* zügeln, beherrschen, im Zaum halten: **to ~ o.s., to ~ one's temper** sich beherrschen. **6.** *ling.* re'gieren, erfordern. **II** *v/i* **7.** re'gieren, herrschen (*a. fig.*). '**gov·ern·a·ble** *adj* **1.** re'gierbar. **2.** leit-, lenkbar. **3.** *tech.* steuer-, regu'lierbar. **4.** *fig.* folg-, lenksam. '**gov·ern·ance** *s* **1.** a) Re'gierungsgewalt *f*, b) Re'gierungsform *f.* **2.** *fig.* Herrschaft *f*, Gewalt *f*, Kon'trolle *f* (**of** über *acc*).

gov·ern·ess ['gʌvnɪs; *Am.* 'gʌvər-] **I** *s* Gouver'nante *f*, Erzieherin *f*, Hauslehrerin *f.* **II** *v/i* Erzieherin sein.

'**gov·ern·ing** *adj* **1.** re'gierend, Regierungs...: **~ party.** **2.** leitend, Vorstands...: **~ body** Leitung *f*, Direktion *f*, Vorstand *m.* **3.** *fig.* leitend, bestimmend: **~ idea** Leitgedanke *m*; **~ principle** Leitsatz *m.*

'**gov·ern·ment** *s* **1.** a) Re'gierung *f*, Herrschaft *f*, Kon'trolle *f* (**of, over** über *acc*), b) Re'gierungsgewalt *f*, c) Verwaltung *f*, Leitung *f.* **2.** Re'gierung *f*, Re'gierungsform *f*, -sy,stem *n*: **parliamentary ~** Parlamentsregierung. **3.** (*e-s bestimmten Landes meist* **G~**) (*die*) Re'gierung: **the British G~**; **~ agency** Regierungsstelle *f*, Behörde *f*; **~ bill** *parl.* Regierungsvorlage *f*; **~ department** *Br.* a) Regierungsstelle *f*, Behörde *f*, b) Ministerium *n*; **~ spokesman** Regierungssprecher *m*; → **exile** 1. **4.** Staat *m*: **~ aid** staatliche Hilfe; **~ bonds** (*od.* **securities**) a) *Br.* Staatsanleihen, -papiere, b) *Am.* Bundesanleihen; **~ depository** *Am.* Bank *f* für Staatsgelder; **~ employee** Angestellte(r *m*) *f* des öffentlichen Dienstes; **~ grant** staatlicher Zuschuß; **~ loan** Staatsanleihe *f*, öffentliche Anleihe; **~ monopoly** Staatsmonopol *n.* **5.** Poli'tikwissenschaft *f*, Politolo'gie *f.* **6.** *ling.* Rekti'on *f.*

gov·ern·men·tal [ˌgʌvn'mentl; *Am.* ˌgʌvərn-] *adj* **1.** Regierungs...: **~ policy.** **2.** Staats..., staatlich. **ˌgov·ern'men·tal·ize** *v/t* unter staatliche Kon'trolle bringen.

gov·ern·ment| is·sue *adj bes. Am.* von der Re'gierung *od.* von e-r Behörde gestellt. '**~-owned** *adj* staatseigen, in Staatsbesitz befindlich. '**~-run** *adj* staatlich (*Rundfunk etc*).

gov·er·nor ['gʌvənə; *Am.* 'gʌvnər] *s* **1.** Gouver'neur *m* (*a. e-s Staates der USA*). **2.** *mil.* Komman'dant *m.* **3.** a) *allg.* Di'rektor *m*, Leiter *m*, Vorsitzende(r) *m*, b) Präsi'dent *m* (*e-r Bank*), c) *Br.* Ge'fängnisdi,rektor *m*, d) *pl* Vorstand *m*, Direk'torium *n.* **4.** *colloq.* (*der*) ‚Alte': a) ‚alter Herr' (*Vater*), b) Chef *m* (*a. als Anrede*). **5.** *tech.* Regler *m.* **~ gen·er·al** *pl* **gov·er·nors gen·er·al, gov·er·nor gen·er·als** *s Br.* Gene'ralgouver,neur *m.*

'**gov·er·nor·ship** *s* **1.** Gouver'neursamt *n.* **2.** Amtszeit *f* e-s Gouver'neurs.

gown [gaʊn] **I** *s* **1.** *meist in Zssgn* Kleid *n*: **ball ~.** **2.** *antiq.* Toga *f*: **arms and ~** *fig.* Krieg u. Frieden. **3.** *jur. relig. univ.* Ta'lar *m*, Robe *f.* **4.** *collect.* Stu'denten(schaft *f*) *pl* (u. Hochschullehrer *pl*) (*e-r Universitätsstadt*): → **town** 5. **II** *v/t* **5.** mit e-m Ta'lar *etc* bekleiden.

gowns·man ['gaʊnzmən] *s irr* Robenträger *m*: Anwalt *m*, Richter *m*, Geistliche(r) *m*, Stu'dent *m*, Hochschullehrer *m.*

goy [gɔɪ] *s sl. abfällige Bezeichnung für e-n Nichtjuden.*

Graaf·i·an| fol·li·cle ['grɑ:fɪən], **~ ves·i·cle** *s anat.* Graafscher Fol'likel, Graafsches Bläs-chen.

grab [græb] **I** *v/t* **1.** (hastig *od.* gierig) ergreifen, packen, fassen, (sich) ‚schnappen', ‚graps(ch)en': **to ~ a seat** sich e-n Sitzplatz schnappen. **2.** *fig.* a) an sich reißen, sich (rücksichtslos) aneignen, einheimsen, b) *e-e Gelegenheit* beim Schopf ergreifen. **3.** *colloq. Zuhörer etc* packen, fesseln: **how did that ~ him?** wie hat er darauf reagiert? **II** *v/i* **4.** **~ at** (gierig *od.* hastig) greifen nach, schnappen nach: → **straw** 1. **III** *s* **5.** (hastiger *od.* gieriger) Griff: **to make a ~ at** → 1 *u.* 4. **6.** *fig.* Griff *m* (**for** nach): **the ~ for power** der Griff nach der Macht. **7.** **to be up for ~s** *colloq.* für jeden zu haben *od.* zu gewinnen sein; **the job is up for ~s** die Stelle ist noch frei *od.* zu haben; **there are £1,000 up for ~s** es sind 1000 Pfund zu gewinnen. **8.** *tech.* (Bagger-, Kran)Greifer *m*: **~ crane** Greiferkran *m*; **~ dredger** Greifbagger *m.* **~ bag** *s Am.* **1.** Grabbelsack *m.* **2.** *fig.* Sammel'surium *n.*

grab·ber ['græbə(r)] *s* Habgierige(r *m*) *f*, ‚Raffke' *m.*

grab·ble ['græbl] *v/i* **1.** tasten, tappen (**for** nach): **to ~ about** herumtasten, -tappen. **2.** a) der Länge nach 'hinfallen, b) ausgestreckt daliegen.

gra·ben ['grɑ:bən] *s geol.* Graben(bruch *m*, -senke *f*) *m.*

'**grab|·hook** *s tech.* Greifhaken *m.* **~ raid** *s* 'Raub,überfall *m.*

grace [greɪs] **I** *s* **1.** Anmut *f*, Grazie *f*, Reiz *m*, Charme *m*: **the three G~s** *myth.* die drei Grazien. **2.** Anstand *m*, Schicklichkeit *f*, Takt *m*: **to have the ~ to do s.th.** den Anstand haben *od.* so anständig sein, etwas zu tun. **3.** Bereitwilligkeit *f*: **with (a) good ~** gern, bereitwillig; **with (a) bad ~, with an ill ~** (nur) ungern *od.* widerwillig. **4.** *meist pl* gute Eigenschaft, schöner Zug, Zierde *f*: **social ~s** feine Lebensart; **to do ~ to** → 14. **5.** *a.* **~ note** *mus.* Verzierung *f*, Ma'nier *f*, Orna'ment *n.* **6.** Gunst *f*, Wohlwollen *n*, Gnade *f*: **to be in s.o.'s good ~s** in j-s Gunst stehen, bei j-m gut angeschrieben sein; **to be in s.o.'s bad ~s** bei j-m in Ungnade sein, bei j-m schlecht angeschrieben sein; → **fall from.** **7.** (*a. göttliche*) Gnade, Barm'herzigkeit *f*: **in the year of ~** im Jahr des Heils; → **act** 1, 3, **way**[1] *Bes. Redew.* **8.** *relig.* a) *a.* **state of ~** Stand *m* der Gnade, b) Tugend *f*: **~ of charity** (Tugend der) Nächstenliebe *f.* **9.** **G~** (*Eure, Seine, Ihre*) Gnaden *pl* (*Titel*): **Your G~** a) Eure Hoheit (*Herzogin*), b) Eure Exzellenz (*Erzbischof*). **10.** *econ. jur.* Aufschub *m*, (Zahlungs-, Nach)Frist *f*: **days of ~** Respekttage; **to give s.o. a week's ~** j-m e-e Nachfrist von e-r Woche gewähren. **11.** Tischgebet *n*: **to say ~** das Tischgebet sprechen. **II** *v/t* **12.** zieren, schmücken. **13.** ehren, auszeichnen: **to ~ a party with one's presence** e-e Gesellschaft mit s-r Anwesenheit beehren. **14.** *j-m* Ehre machen.

grace cup *s* a) *Becher* (*Wein*), *der am Ende e-s Mahls zu e-m Danksagungstrunk herumgereicht wird*, b) Danksagungstrunk *m.*

'**grace·ful** *adj* (*adv* **~ly**) **1.** anmutig, grazi'ös, ele'gant, reizvoll. **2.** geziemend, würde-, taktvoll: **to grow old ~ly** mit Würde alt werden. '**grace·ful·ness** *s* Anmut *f*, Grazie *f.* '**grace·less** *adj* (*adv*

~ly) **1.** ˈungraziˌös, reizlos, ˈuneleˌgant. **2.** *obs.* verworfen, lasterhaft.

grace note → **grace** 5.

grac·ile [ˈgræsaɪl; -sɪl] *adj* **1.** graˈzil, zierlich, zartgliedrig. **2.** → **graceful.** **ˈgrac·ile·ness, graˈcil·i·ty** [-ˈsɪlətɪ] *s* **1.** Zierlichkeit *f*, Zartgliedrigkeit *f*, Graziliˈtät *f*. **2.** → **gracefulness.**

gra·cious [ˈgreɪʃəs] **I** *adj* (*adv* ~**ly**) **1.** gnädig, huldvoll, wohlwollend. **2.** *poet.* gütig, freundlich. **3.** *relig.* gnädig, barmˈherzig (*Gott*). **4.** *obs. für* **graceful** 1. **5.** a) angenehm, köstlich, b) geschmackvoll, schön: ~ **living** angenehmes Leben, kultivierter Luxus. **II** *interj* **6. good** (*od.* **my**) ~!, ~ **me!**, ~ **goodness!** du m-e Güte!, lieber Himmel! **ˈgra·cious·ness** *s* **1.** Gnade *f*. **2.** *poet.* Güte *f*, Freundlichkeit *f*. **3.** *relig.* Barmˈherzigkeit *f*. **4.** *obs. für* **gracefulness.**

grack·le [ˈgrækl] *s orn.* (*ein*) Star *m*.

grad [græd] *colloq. für* **graduate** I, II.

gra·date [grəˈdeɪt; *Am.* ˈgreɪˌdeɪt] **I** *v/t* **1.** *Farben* abstufen, abtönen, gegeneinˈander absetzen, ineinˈander ˈübergehen lassen. **2.** abstufen. **II** *v/i* **3.** sich abstufen, stufenweise (ineinˈander) ˈübergehen. **4.** stufenweise ˈübergehen (**into** in *acc*). **graˈda·tion** *s* **1.** Abstufung *f*: a) Abtönung *f* (*von Farben*), b) stufenweise Anordnung, Staffelung *f*. **2.** Stufengang *m*, -folge *f*, -leiter *f*. **3.** *ling.* Ablaut *m*. **graˈda·tion·al** [-ʃənl; -ʃnəl], *a.* **graˈda·tive** *adj* **1.** stufenweise, abgestuft. **2.** stufenweise fortschreitend.

grade [greɪd] **I** *s* **1.** Grad *m*, Stufe *f*, Rang *m*, Klasse *f*: **a high ~ of intelligence** ein hoher Intelligenzgrad. **2.** (*unterer, mittlerer, höherer*) Dienst, Beamtenlaufbahn *f*: **lower (intermediate, senior)** ~. **3.** *mil. bes. Am.* (Dienst)Grad *m*. **4.** Art *f*, Gattung *f*, Sorte *f*. **5.** Phase *f*, Stufe *f*. **6.** Qualiˈtät *f*, Güte(grad *m*, -klasse *f*) *f*, (*Kohlen- etc*)Sorte *f*: **G~ A** a) *econ.* erste (Güte)Klasse, b) *a. weitS.* erstklassig (→ 9); ~ **label(l)ing** Güteklassenbezeichnung *f* (*durch Aufklebezettel*). **7.** *bes. Am.* Steigung *f od.* Gefälle *n*, Neigung *f*, Niˈveau *n* (*des Geländes etc*): ~ **crossing** schienengleicher (Bahn)Übergang; **at ~** auf gleicher Höhe (*Bahnübergang etc*); **to make the ~** ‚es schaffen‘, Erfolg haben. **8.** *biol.* Kreuzung *f*, Mischling *m*: ~ **cattle** aufgekreuztes Vieh. **9.** *ped. Am.* a) (Schul)Stufe *f*, (Schüler *pl* e-r) Klasse, b) Note *f*, Zenˈsur *f*: ~ **A** sehr gut, beste Note (→ 6); **the ~s** die Grundschule. **10.** *ling.* Stufe *f* (*des Ablauts*). **II** *v/t* **11.** sorˈtieren, einteilen, klasˈsieren, (*nach Güte od. Fähigkeiten*) einstufen: **to ~ up** → **upgrade** IV (→ 14); **to ~ down** → **downgrade** IV. **12.** a) abstufen, staffeln, b) → **gradate** 1. **13.** *tech.* a) *Gelände* plaˈnieren, (ein)ebnen, b) e-e (bestimmte) Neigung geben (*dat*). **14.** *Vieh* kreuzen: **to ~ up** aufkreuzen (→ 11). **15.** *ling.* ablauten. **III** *v/i* **16.** ranˈgieren, zu e-r (*bestimmten*) Klasse gehören. **17.** → **gradate** 3 *u.* 4.

grad·er [ˈgreɪdə(r)] *s* **1.** a) Sorˈtierer(in), b) Sorˈtiermaˌschine *f*. **2.** *tech.* Plaˈniermaˌschine *f*, Straßenhobel *m*. **3.** *ped. Am. in Zssgn* ...kläßler *m*: **a fourth ~** ein Viertkläßler.

grade| school *s Am.* Grundschule *f*. ~ **teach·er** *s Am.* Grundschullehrer(in).

gra·di·ent [ˈgreɪdjənt; -dɪənt] **I** *s* **1.** Neigung *f*, Steigung *f*, Gefälle *n*, Niˈveau *n* (*des Geländes etc*). **2.** schiefe Ebene, Gefällstrecke *f*. **3.** *math. phys.* Gradiˈent *m*, Gefälle *n*. **4.** *meteor.* (ˈLuftdruck-, Temperaˈtur)Gradiˌent *m*. **II** *adj* **5.** stufenweise steigend *od.* fallend. **6.** gehend, schreitend. **7.** *bes. zo.* Geh..., Lauf...

gra·din [ˈgreɪdɪn], **gra·dine** [grəˈdiːn; *Am. a.* ˈgreɪˌdiːn] *s* **1.** *Amphitheater etc*: a) Stufe *f*, b) Sitzreihe *f*. **2.** Alˈtarsims *m*, *n*.

gra·di·om·e·ter [ˌgreɪdɪˈɒmɪtə; *Am.* -ˈɑmətər] *s tech.* Neigungsmesser *m*.

grad·u·al [ˈgrædʒʊəl; -dʒwəl; *Am. a.* -dʒəl] **I** *adj* **1.** allˈmählich, stufen-, schrittweise, langsam (fortschreitend), graduˈell. **2.** allˈmählich *od.* sanft (an)steigend *od.* (ab)fallend. **II** *s* **3.** *relig.* Graduˈale *n*: a) *kurzer Psalmgesang*, b) *liturgisches Gesangbuch mit den Meßgesängen.* **ˈgrad·u·al·ly** *adv* a) nach und nach, b) → **gradual** 1.

grad·u·al psalm *s relig.* Graduˈal-, Stufenpsalm *m*.

grad·u·ate [ˈgrædʒʊət; *Am.* ˈgrædʒwət; -dʒəˌweɪt] **I** *s* **1.** *univ.* a) ˈHochschulabsolˌvent(in), Akaˈdemiker(in), b) GraduˈIerte(r *m*) *f* (*bes. Inhaber[in] des niedrigsten akademischen Grades*; → **bachelor** 2), c) *Am.* Stuˈdent(in) an e-r **graduate school.** **2.** *ped. Am.* Schulabgänger(in): **high-school** ~ (*etwa*) Abituˈrient(in). **3.** *Am. j-d, der viel durchgemacht hat in (e-m Heim etc)*: **a reformatory ~.** **4.** *Am.* Meßgefäß *n*. **II** *adj* **5.** *univ.* a) Akademiker...: ~ **unemployment,** b) graduˈiert: ~ **student** → 1 c, c) *Am.* für Graduˈierte: ~ **course** (Fach)Kurs *m* an e-r **graduate school.** **6.** *Am.* Diplom..., (staatlich) geprüft: ~ **nurse.** **7.** → **graduated** 1. **III** *v/t* [ˈgrædjʊeɪt; -dʒʊ-; *Am.* -dʒəˌweɪt] **8.** *univ.* graduˈieren, *j-m* e-n (*bes. den niedrigsten*) akaˈdemischen Grad verleihen. **9.** *ped. Am.* a) als Absolˈventen haben: **our high school ~d 50 students this year** (*etwa*) bei uns haben dieses Jahr 50 Schüler das Abitur gemacht, b) die Abschlußprüfung bestehen an (*dat*), absolˈvieren: **to ~ high school** (*etwa*) das Abitur machen, c) versetzen: **he was ~d from 3rd to 4th grade.** **10.** *tech.* mit e-r Maßeinteilung versehen, graduˈieren, in Grade einteilen. **11.** abstufen, staffeln. **12.** *chem. tech.* graˈdieren. **IV** *v/i* [ˈgrædjʊeɪt; -dʒʊ-; *Am.* -dʒəˌweɪt] **13.** *univ.* graduˈieren, e-n (*bes. den niedrigsten*) akaˈdemischen Grad erwerben (**from** an *dat*). **14.** *ped. Am.* die Abschlußprüfung bestehen: **to ~ from** → 9 b. **15.** sich entwickeln, aufsteigen (**into** zu). **16.** sich staffeln, sich abstufen. **17.** allˈmählich ˈübergehen (**into** in *acc*). **ˈgrad·u·at·ed** *adj* **1.** abgestuft, gestaffelt: ~ **tax**; ~ **arc** *math.* Gradbogen *m*. **2.** *tech.* graduˈiert, mit e-r Gradeinteilung (versehen): ~ **pipette** Meßpipette *f*; ~ **dial** Skalenscheibe *f*, Teilung *f*.

grad·u·ate school *s univ. Am.* höhere ˈFachseˌmester *pl* (*nach dem niedrigsten akademischen Grad; Studienziel ist der Magister*; → **master** 12).

grad·u·a·tion [ˌgrædjʊˈeɪʃn; -dʒʊ-; *Am.* -dʒəˈweɪʃən] *s* **1.** Abstufung *f*, Staffelung *f*. **2.** *tech.* a) Grad-, Teilstrich *m*, b) Gradeinteilung *f*, Graduˈierung *f*. **3.** *chem.* Graˈdierung *f*. **4.** *univ.* Graduˈierung *f*, Erteilung *f od.* Erlangung *f* e-s (*bes. des niedrigsten*) akaˈdemischen Grades. **5.** *Am.* Absolˈvieren *n* (**from** *e-r Schule*): ~ **from high school** (*etwa*) Abitur *n*. **6.** *univ., Am. a. ped.* Schluß-, Verleihungsfeier *f*. **7.** *fig.* Aufstieg *m*.

gra·dus [ˈgrædəs; ˈgreɪ-] *s* **1.** Prosoˈdielexikon *n* (*für lateinische od. griechische Verse*). **2.** *mus.* Eˈtüdenbuch *n*.

Grae·cism [ˈgriːsɪzəm] *s bes. Br.* **1.** *ling.* Gräˈzismus *m*, griechische Spracheigentümlichkeit. **2.** a) griechisches Wesen, b) Nachahmung *f* griechischen Wesens. **ˈGrae·cize, ˈg~** [-saɪz] *v/t bes. Br.* gräziˈsieren, nach griechischem Vorbild gestalten.

Graeco- [griːkəʊ] *bes. Br. Wortelement mit der Bedeutung* griechisch, gräko-.

ˌGrae·co-ˈRo·man *adj* griechisch-römisch: ~ **wrestling** *sport* Ringen *n* im griechisch-römischen Stil.

graf·fi·to [grəˈfiːtəʊ; græ-] *pl* **-ti** [-tɪ] *s* **1.** Grafˈfito *m*, *n*: a) *in e-e Wand eingekratzte (kultur- u. sprachgeschichtlich bedeutsame) Inschrift*, b) *in e-e Marmorfliese eingeritzte mehrfarbige ornamentale od. figurale Dekoration.* **2.** *pl* Wandschmieˈreien *pl*, Grafˈfiti *pl*.

graft[1] [grɑːft; *Am.* græft] **I** *s* **1.** *bot.* a) Pfropfreis *n*, b) veredelte Pflanze, c) Pfropfstelle *f*. **2.** *fig.* (*etwas*) Aufgepfropftes. **3.** *med.* a) Transplanˈtat *n*, verpflanztes Gewebe, b) Transplantatiˈon *f*. **II** *v/t* **4.** *bot.* a) *e-n Zweig* pfropfen (**in** in *acc*; **on** auf *acc*), b) *e-e Pflanze* okuˈlieren, durch Pfropfen kreuzen *od.* veredeln. **5.** *med. Gewebe* verpflanzen, transplanˈtieren. **6.** *fig.* (**in, on, upon**) a) *etwas* auf-, einpfropfen (*dat*), b) *Ideen etc* einimpfen (*dat*), c) überˈtragen (auf *acc*).

graft[2] [grɑːft; *Am.* græft] *colloq.* **I** *s* **1.** Arbeit *f*: **hard ~** ‚Schufterei‘ *f*. **2.** *bes. Am.* a) Bereicherung *f* durch ˈAmtsˌmißbrauch, b) ‚Schmiergelder‘ *pl*, Bestechungsgelder *pl*. **II** *v/i* **3.** arbeiten: **to ~ hard** ‚schuften‘. **4.** *bes. Am.* a) sich durch ˈAmtsˌmißbrauch bereichern, b) ‚Schmiergelder‘ zahlen.

graft·age [ˈgrɑːftɪdʒ; *Am.* ˈgræf-] → **grafting** 1.

ˈgraft·er[1] *s bot.* **1.** Pfropfer *m*. **2.** Pfropfmesser *n*.

ˈgraft·er[2] *s bes. Am. colloq. j-d, der sich durch Amtsmißbrauch bereichert.*

ˈgraft·ing *s* **1.** *bot.* a) Pfropfen *n*, Veredeln *n*, b) Pfropfung *f*. **2.** *med.* Transplantatiˈon *f*. ~ **wax** *s* Pfropf-, Baumwachs *n*.

gra·ham flour [ˈgreɪəm; *Am. a.* græm] *s bes. Am.* (*etwa*) Vollkornmehl *n*.

Grail[1] [greɪl] *s a.* **Holy ~** *relig.* Gral *m*.

grail[2] [greɪl] *s* Kiesel *m*.

grain [greɪn] **I** *s* **1.** *bot.* (Samen-, *bes.* Getreide)Korn *n*: ~ **of rice** Reiskorn. **2.** *collect.* Getreide *n*, Korn *n* (*Pflanzen od. Frucht*): → **chaff**[1] 1. **3.** (*Sand- etc*) Körnchen *n*, (-)Korn *n*: **of fine ~** feinkörnig; → **salt**[1] 1. **4.** *fig.* Spur *f*: **not a ~ of hope** kein Funke Hoffnung; **a ~ of truth** ein Körnchen Wahrheit; **without a ~ of sense** ohne e-n Funken Verstand. **5.** *econ.* Gran *n* (*Gewichtseinheit*). **6.** *tech.* a) (Längs)Faser *f*, Faserung *f*, b) Maserung *f* (*vom Holz*): **it goes** (*od.* **is**) **against the ~ (with me)** *fig.* es geht mir gegen den Strich. **7.** *tech.* Narben *m* (*bei Leder*): ~ **(side)** Narben-, Haarseite *f*. **8.** *tech.* a) Korn *n*, Narbe *f* (*von Papier*), b) *metall.* Korn *n*, Körnung *f*. **9.** *tech.* a) Strich *m* (*Tuch*), b) Faser *f*, c) *hist.* Koscheˈnille *f* (*karminroter Farbstoff*). **10.** *min.* Korn *n*, Gefüge *n*. **11.** *phot.* a) Korn *n*, b) Körnigkeit *f* (*Film*). **12.** *pl Brauerei*: Treber *pl*, Trester *pl*. **II** *v/t* **13.** körnen, granuˈlieren. **14.** *tech. Leder* a) enthaaren, b) körnen, narben. **15.** *tech.* a) *Papier* narben, b) *Textilien* in der Wolle färben. **16.** künstlich masern, ädern.

grain| al·co·hol *s chem.* Äˈthyl-, Gärungsalkohol *m*. ~ **bind·er** *s agr.* Garbenbinder *m*. ~ **el·e·va·tor** *s agr.* Getreideheber *m*. ~ **leath·er** *s tech.* genarbtes Leder.

gral·la·to·ri·al [ˌgræləˈtɔːrɪəl; *Am. a.* -ˈtəʊ-] *adj orn.* stelzbeinig, Stelz(vogel)...

gral·loch [ˈgræləx; -ləx] *hunt. Br.* **I** *s* Aufbruch *m*, Eingeweide *n od. pl* (*des Rotwildes*). **II** *v/t* aufbrechen.

gram[1] [græm] *s bot.* Kichererbse *f*.

gram[2], *bes. Br.* **gramme** [græm] *s* Gramm *n*.

gram[3] [græm] *colloq. für* **gramophone.**

gra·ma (grass) [ˈgrɑːmə; *Am.* ˈgræmə] *s bot.* Mosˈkitogras *n.*
gram·a·ry(e) [ˈgræmərɪ] *s obs.* Zaubeˈrei *f*, schwarze Kunst.
gram| at·om, ˈ~-aˌtom·ic weight *s phys.* ˈGrammaˌtom(gewicht) *n.* **~cal·o·rie** *s phys.* ˈGrammkaloˌrie *f.*
gra·mer·cy [grəˈmɜːsɪ; *Am.* grəˈmɜrsiː] *interj obs.* **1.** tausend Dank! **2.** ei der Daus!
gram·i·na·ceous [ˌgræmɪˈneɪʃəs], **gra·min·e·ous** [grəˈmɪnɪəs] *adj bot.* **1.** grasartig. **2.** Gras... ˌ**gram·iˈniv·o·rous** [-ˈnɪvərəs] *adj zo.* grasfressend.
gram·mar [ˈgræmə(r)] *s* **1.** Gramˈmatik *f* (*a. Lehrbuch*): **it is bad ~** es ist schlechter Sprachgebrauch *od.* grammatisch nicht richtig; **he knows his ~** er beherrscht s-e Sprache. **2.** *fig.* (Werk *n* über die) Grundbegriffe *pl*: **the ~ of politics** die Grundbegriffe *od.* Grundzüge der Politik. **~ book** *s* Gramˈmatik *f.*
gram·mar·i·an [grəˈmeərɪən] *s* **1.** Gramˈmatiker(in). **2.** Verfasser(in) e-r Gramˈmatik.
gram·mar school *s* **1.** *Br.* a) *hist.* Laˈteinschule *f*, b) (*etwa*) (humaˈnistisches) Gymˈnasium. **2.** *Am.* (*etwa*) Grundschule *f.*
gram·mat·i·cal [grəˈmætɪkl] *adj* (*adv* **~ly**) **1.** gramˈmatisch, Grammatik...: **~ error. 2.** gramˈmatisch (richtig): **not ~** grammatisch falsch. **3.** *fig.* a) meˈthodisch, b) richtig.
gramme *bes. Br. für* **gram**².
gram| mol·e·cule, *a.* **ˈ~-moˌlec·u·lar weight** *s phys.* ˈGrammoleˌkül *n*, ˈGrammolekuˌlargewicht *n*, Mol *n.*
Gram·my [ˈgræmɪ] *pl* **-mys, -mies** *s* Grammy *m* (*amer. Schallplattenpreis*).
ˌ**Gram-ˈneg·a·tive** [ˌgræm-] *adj med.* gramˈnegativ (*sich nach dem Gramschen Färbeverfahren rot färbend*) (*Bakterien*).
gram·o·phone [ˈgræməfəʊn] *s Br.* a) *hist.* Grammoˈphon *n*, b) Plattenspieler *m.* **~ rec·ord** *s* Schallplatte *f.*
ˌ**Gram-ˈpos·i·tive** [ˌgræm-] *adj med.* gramˈpositiv (*sich nach dem Gramschen Färbeverfahren dunkelblau färbend*) (*Bakterien*).
gram·pus [ˈgræmpəs] *s zo.* a) ˈRissosdelˌphin *m*, b) Schwertwal *m*: **to blow** (*od.* **wheeze**) **like a ~** *fig.* wie ein Nilpferd schnaufen.
Gram's meth·od [græmz] *s med.* Gram-Färbung *f.*
gran [græn] *s colloq.* ‚Oma' *f.*
gran·a·ry [ˈgrænərɪ; *Am. a.* ˈgreɪ-] *s* Kornkammer *f* (*a. fig.*), Getreide-, Kornspeicher *m*: **the Mid-West is the ~ of the US; ~ weevil** *zo.* Kornkäfer *m.*
grand [grænd] **I** *adj* (*adv* **~ly**) **1.** großartig, gewaltig, grandiˈos, impoˈsant, eindrucksvoll, prächtig. **2.** (*geistig etc*) groß, grandiˈos, hochfliegend: **~ ideas. 3.** erhaben, würdevoll, subˈlim: **~ style. 4.** (*gesellschaftlich*) groß, hochstehend, vornehm, distinˈguiert: **~ air** Vornehmheit *f*, Würde *f*, *bes. iro.* Grandezza *f*; **to do the ~** vornehm tun, den vornehmen Herrn spielen. **5.** *colloq.* großartig, herrlich, glänzend, prächtig: **what a ~ idea!; to have a ~ time** sich glänzend amüsieren. **6.** groß, bedeutend, wichtig. **7.** groß: **the G~ Army** *hist.* die ‚Grande Armée', die ‚Große Armee' (*Napoleons I.*); **the G~ Fleet** *die im 1. Weltkrieg in der Nordsee operierende englische Flotte.* **8.** Haupt...: **~ entrance** Haupteingang *m*; **~ staircase** Haupttreppe *f*; **~ question** Hauptfrage *f*; **~ total** Gesamt-, Endsumme *f.* **9.** Groß...: **~ commander** Großkomtur *m* (*e-s Ordens*); **G~ Turk** *hist.* Großtürke *m.* **10.** *mus.* groß (*in Anlage, Besetzung etc*). **II** *s* **11.** *mus.* Flügel *m.* **12.** *pl* **grand** *Am. sl.* ‚Riese' *m* (*1000 Dollar*).
gran·dad, gran·dad·dy → **granddad**, *etc.*
gran·dam [ˈgrændæm] *s obs.* **1.** alte Dame. **2.** Großmutter *f.*
ˈ**grand|·aunt** *s* Großtante *f.* ˈ**~child** [ˈgræn-] *s irr* Enkel(in), Enkelkind *n.* **~dad** [ˈgrændæd], ˈ**~ˌdad·dy** [ˈgræn-] *s colloq.* ‚Opa' *m* (*a. alter Mann*), ˈGroßpaˌpa *m.* ˈ**~ˌdaugh·ter** [ˈgræn-] *s* Enkeltochter *f*, Enkelin *f.* ˌ**~-ˈdu·cal** *adj* großherzoglich. **~ duch·ess** *s* Großherzogin *f.* **~ duch·y** *s* Großherzogtum *n.* **~ duke** *s* **1.** Großherzog *m.* **2.** *hist.* (*russischer*) Großfürst.
gran·dee [grænˈdiː] *s* Grande *m.*
gran·deur [ˈgrændʒə(r); -ˌdjʊə(r)] *s* **1.** Großartigkeit *f.* **2.** Größe *f*, Erhabenheit *f.* **3.** Vornehmheit *f*, Adel *m*, Hoheit *f*, Würde *f.* **4.** Pracht *f*, Herrlichkeit *f.*
ˈ**grandˌfa·ther** *s* **1.** Großvater *m*: **~('s) chair** Großvaterstuhl *m*, Ohrensessel *m*; **~('s) clock** Standuhr *f.* **2.** *pl* Väter *pl*, Vorfahren *pl.* ˈ**grandˌfa·ther·ly** *adj* großväterlich (*a. fig.*).
gran·dil·o·quence [grænˈdɪləkwəns] *s* **1.** (Rede)Schwulst *m*, Bomˈbast *m.* **2.** Großsprecheˈrei *f.* **granˈdil·o·quent** *adj* **1.** schwülstig, hochtrabend, ‚geschwollen'. **2.** großsprecherisch.
gran·di·ose [ˈgrændɪəʊs] *adj* (*adv* **~ly**) **1.** großartig, grandiˈos. **2.** pomˈpös, prunkvoll. **3.** schwülstig, hochtrabend, bomˈbastisch. ˌ**gran·diˈos·i·ty** [-ˈɒsətɪ; *Am.* -ˈɑs-] *s* **1.** Großartigkeit *f.* **2.** Pomp *m.* **3.** Schwülstigkeit *f.*
grand| ju·ry [grænd] *s jur. Am.* Anklagejury *f* (*Untersuchungsgremium von auf Zeit ernannten Bürgern, die die öffentliche Anklage ablehnen od. für recht befinden*). **G~ La·ma** *s relig.* Oberpriester *m* (*im Lamaismus*). **~ lar·ce·ny** *s jur. Am.* schwerer Diebstahl. **~ lodge** *s* Großloge *f* (*der Freimaurer*). **~ma** [ˈgrænmɑː], ˈ**~mamˌma** *s colloq.* ˈGroßmaˌma *f*, ‚Oma' *f.* **~ mas·ter** *s* **1.** *Schach*: Großmeister *m.* **2. G~ M~** Großmeister *m* (*der Freimaurer etc*). **~moth·er** *s* [ˈgrænˌmʌðə(r)] *s* Großmutter *f*: **~ clock** Standuhr *f* (*kleiner als e-e* **grandfather['s] clock**); → **egg**¹ 1. ˈ**~ˌmoth·er·ly** *adj* **1.** großmütterlich (*a. fig.*). **2.** *fig.* kleinlich. **G~ Muf·ti** *s hist.* Großmufti *m* (*der Mohammedaner*). **G~ Na·tion·al** *s Pferdesport*: Grand National *n* (*schwerstes Hindernisrennen der Welt auf der Aintree-Rennbahn bei Liverpool*). **~-neph·ew** [ˈgrænˌnevjuː] *s* Großneffe *m.*
ˈ**grand·ness** → **grandeur.**
grand|·niece [ˈgrænniːs] *s* Großnichte *f.* **~ old man** *s* „Großer alter Mann" (*e-r Berufsgruppe etc*). **G~ Old Par·ty** *s pol. Am.* (*Bezeichnung für die*) Repubиˈkanische Parˈtei (*der USA*). **~ op·er·a** *s mus.* große Oper. **~pa** [ˈgrænpɑː], ˈ**~paˌpa** *s colloq.* ‚Opa' *m*, ˈGroßpaˌpa *m.* ˈ**~ˌpar·ent** [ˈgræn-] *s* **1.** Großvater *m od.* -mutter *f.* **2.** *pl* Großeltern *pl.* **~ pi·an·o** *s mus.* (Konˈzert)Flügel *m.*
Grand Prix [ˌgrɑ̃ːˈpriː; ˌgrɒnˈpriː] *pl* **Grand Prix, Grands Prix** [ˌgrɑ̃ː-; ˌgrɒn-], **Grand Prixes** [-ˈpriː; -ˈpriːz] *s sport* Grand Prix *m*, Großer Preis.
grand|·sire [ˈgrænˌsaɪə(r)], **~sir** [ˈgrænsə(r); ˈgræntsə(r)] *s obs.* **1.** alter Herr. **2.** Großvater *m.* **~ slam** *s* **1.** *Tennis*: Grand Slam *m* (*Gewinn des Einzeltitels bei den internationalen Meisterschaften der USA, Großbritanniens, Frankreichs und Australiens im selben Jahr durch denselben Spieler*). **2.** → **slam**². **~son** [ˈgrænsʌn] *s* Enkel(sohn) *m.* ˈ**~stand I** *s* **1.** *sport* ˈHaupttriˌbüne *f* (*a. die Zuschauer auf der Haupttribüne*): **to play to the ~** → 6. **II** *adj* **2.** *sport* Haupttribünen...: **~ tickets; ~ seat** Haupttribünenplatz *m* (*weitS. a. Platz, von dem aus man etwas gut beobachten kann*). **3.** a) *sport* für die ˈHaupttriˌbüne: **a ~ dribble**, b) *Am. colloq.* efˈfekthaschend: **~ play** Effekthascherei *f.* **4.** *sport* vor der ˈHaupttriˌbüne: **~ finish** packendes Finish; **there was a ~ finish** die Entscheidung fiel erst auf den letzten Metern. **5.** uneingeschränkt (*Blick*): **to have a ~ view of s.th.** etwas gut beobachten können. **III** *v/i* **6.** a) *sport* für die ˈHaupttriˌbüne spielen, b) *Am. colloq.* sich in Szene setzen, nach Efˈfekt haschen. **~ tour** *s hist.* Bildungs-, Kavaˈliersreise *f.* ˈ**~ˌun·cle** *s* Großonkel *m.* **~ vi·zier** *s* ˈGroßweˌsir *m.*
grange [greɪndʒ] *s* **1.** Farm *f.* **2.** *hist.* a) Landsitz *m* (*e-s Edelmanns*), b) Gutshof *m.* **3.** *obs.* Scheune *f.* ˈ**grang·er** *s* Farmer *m.*
grang·er·ism [ˈgreɪndʒərɪzəm] *s* Illuˈstrierung *f* von Büchern mit Bildern aus anderen Büchern. ˈ**grang·er·ize** *v/t* **1.** *ein Buch* mit Bildern aus anderen Büchern illuˈstrieren. **2.** Bilder herˈausschneiden aus.
gra·nif·er·ous [grəˈnɪfərəs] *adj bot.* Körner tragend. **gran·i·form** [ˈgrænɪfɔː(r)m] *adj* kornartig, -förmig.
gran·ite [ˈgrænɪt] **I** *s* **1.** *geol.* Graˈnit *m*: **he is a man of ~** *fig.* er ist hart wie Granit. **2.** → **graniteware. 3.** *fig.* Härte *f*, Unbeugsamkeit *f.* **II** *adj* **4.** graˈnitisch, graˈniten, Granit... **5.** *fig.* hart, eisern, graˈniten, unbeugsam. **~ pa·per** *s* Graˈnitpaˌpier *n* (*meliert*). **G~ State** *s* (*Spitzname für*) New Hampshire *n.* ˈ**~ware** *s tech.* **1.** weißes, glaˈsiertes Steingut. **2.** gesprenkelt emailˈliertes Geschirr.
gra·nit·ic [græˈnɪtɪk] *adj* **1.** graˈniten, graˈnitartig. **2.** → **granite** 4, 5.
gran·it·ite [ˈgrænɪtaɪt] *s min.* Graniˈtit *m.*
gran·i·vore [ˈgrænɪvɔː(r); *Am. a.* -ˌvəʊr] *s zo.* Körnerfresser *m.* **graˈniv·o·rous** [-ˈnɪvərəs] *adj* körnerfressend.
gran·nie → **granny.**
gran·nom [ˈgrænəm] *s* **1.** *zo.* Köcherfliege *f.* **2.** *e-e Angelfliege.*
gran·ny [ˈgrænɪ] **I** *s* **1.** *colloq.* ‚Oma' *f.* **2.** *colloq.* Kleinlichkeitskrämer(in), Peˈdant(in). **3.** *a.* **~('s) knot** *mar.* Altˈweiberknoten *m.* **4.** *a.* **~ woman** *Am.* Hebamme *f.* **II** *adj* **5.** *colloq.* Oma..., Großmutter...: **~ dress; ~ glasses** Nickelbrille *f.*
gran·o·di·o·rite [ˌgrænəʊˈdaɪəraɪt] *s geol.* Granodioˈrit *m* (*ein Tiefengestein*).
gran·o·lith [ˈgrænəʊlɪθ; -nəlɪθ] *s tech.* Granoˈlith *m* (*Art Beton*).
grant [grɑːnt; *Am.* grænt] **I** *v/t* **1.** bewilligen, gewähren (**s.o. a credit**, *etc* j-m e-n Kredit *etc*): **God ~ that** gebe Gott, daß; **it was not ~ed to her** es war ihr nicht vergönnt. **2.** *e-e Erlaubnis etc* geben, erteilen. **3.** *e-e Bitte etc* erfüllen, (*a. jur. e-m Antrag, e-r Berufung etc*) stattgeben. **4.** *jur.* (*bes.* forˈmell) überˈtragen, überˈeignen, verleihen, *ein Patent* erteilen. **5.** zugeben, zugestehen, einräumen: **I ~ you that** ich gebe zu, daß; **to ~ s.th. to be true** etwas als wahr anerkennen; **~ed, but** zugegeben, aber; **~ed** (*od.* **~ing**) **that** a) zugegeben, daß, b) angenommen, daß; **to take s.th. for ~ed** a) etwas als erwiesen *od.* gegeben ansehen, b) etwas als selbstverständlich betrachten *od.* hinnehmen; **to take s.o. for ~ed** a) j-s Zustimmung *etc* als selbstverständlich voraussetzen, b) gar nicht mehr wissen, was man an j-m hat. **II** *s* **6.** a) Bewilligung *f*, Gewährung *f*, b) bewilligte Sache, *bes.* Unterˈstützung *f*, Zuschuß *m*, Subventiˈon *f.* **7.** Stiˈpendium *n*, (Ausbildungs-, Studien)Beihilfe *f.* **8.** *jur.* a) Verleihung *f* (*e-s Rechts*), Erteilung *f* (*e-s*

Patents etc), b) (urkundliche) Überˈtragung *od.* Überˈeignung (to auf *acc*): ~ **of probate** Testamentsvollstreckerzeugnis *n.* **9.** *Am.* (*e-r Person od. Körperschaft*) zugewiesenes Land. ˈ**grant·a·ble** *adj* **1.** (to) verleihbar (*dat*), überˈtragbar (auf *acc*). **2.** zu bewilligen(d). **granˈtee** [-ˈtiː] *s* **1.** Begünstigte(r *m*) *f.* **2.** *jur.* a) Zessioˈnar(in), Rechtsnachfolger(in), b) Konzessioˈnär(in), Priviˈlegierte(r *m*) *f.*

Granth [grʌnt] *s relig.* Granth *m* (*heilige Schrift der Sikhs*).

ˌ**grant-in-ˈaid** *pl* ˌ**grants-in-ˈaid** *s* a) *Br.* Reˈgierungszuschuß *m* an Kommuˈnalbehörden, b) *Am.* Bundeszuschuß *m* an Einzelstaaten.

grant·or [grɑːnˈtɔː; *Am.* ˈgræntər] *s* **1.** Verleiher(in), Erteiler(in). **2.** *jur.* a) Zeˈdent(in), Aussteller(in) e-r Überˈeignungsurkunde, (Grundstücks)Verkäufer(in), b) Liˈzenzgeber *m*, Verleiher *m* e-r Konzessiˈon.

gran tur·is·mo [ˌgræntʊəˈrɪzməʊ] *pl* **-mos** *s Automobilsport*: Gran-Tuˈrismo-Wagen *m.*

gran·u·lar [ˈgrænjʊlə(r)] *adj* **1.** gekörnt, körnig. **2.** granuˈliert.

gran·u·late [ˈgrænjʊleɪt] **I** *v/t* **1.** körnen, granuˈlieren. **2.** *Leder etc* rauhen. **II** *v/i* **3.** körnig werden. **4.** *med.* granuˈlieren, Granulatiˈonsgewebe bilden. ˈ**gran·u·lat·ed** *adj* **1.** gekörnt, körnig, granuˈliert (*a. med.*): ~ **sugar** Kristallzucker *m.* **2.** gerauht.

gran·u·la·tion [ˌgrænjʊˈleɪʃn] *s* **1.** Körnen *n*, Granuˈlieren *n.* **2.** Körnigkeit *f.* **3.** Rauhen *n.* **4.** *med.* a) Granulatiˈon *f*, b) *pl*, *a.* ~ **tissue** Granulatiˈonsgewebe *n.* **5.** *astr.* (ˈSonnen)Granulatiˌon *f.* ˈ**gran·u·la·tor** [-tə(r)] *s tech.* Granuˈlierappaˌrat *m*, Feinbrecher *m*, (Sand-, Grieß)Mühle *f.* ˈ**gran·ule** [-juːl] *s* Körnchen *n.* ˈ**gran·u·lite** [-laɪt] *s min.* Granuˈlit *m.* ˌ**gran·uˈlo·ma** [-ˈləʊmə] *pl* **-ma·ta** [-mətə] *od.* **-mas** *s med.* Granuˈlom *n*, Granulatiˈonsgeschwulst *f.*

gran·u·lose[1] [ˈgrænjʊləʊs] *s chem.* Granuˈlose *f.*

gran·u·lose[2] [ˈgrænjʊləʊs], ˈ**gran·u·lous** [-ləs] → **granular.**

grape [greɪp] *s* **1.** Weintraube *f*, -beere *f*: *he says that my new car is a waste of money*, **but that's just sour** ~**s** aber ihm hängen die Trauben zu hoch *od.* sind die Trauben zu sauer; **the (juice of the)** ~ der Saft der Reben (*Wein*); → **bunch** 1. **2.** → **grapevine** 1. **3.** *pl* (*meist als sg konstruiert*) *vet.* a) Mauke *f*, b) *colloq.* ˈRindertuberkuˌlose *f.* **4.** → **grapeshot.** ~ **cure** *s med.* Traubenkur *f.* ˈ~**fruit** *s bot.* Grapefruit *f*, Pampelˈmuse *f.* ~ **house** *s* Weintreibhaus *n.* ~ **hy·a·cinth** *s bot.* ˈTraubenhyaˌzinthe *f.* ~ **juice** *s* Traubensaft *m.* ~ **louse** *s irr zo.* Reblaus *f.* ~ **pear** *s bot.* Kaˈnadische Felsenbirne.

grap·er·y [ˈgreɪpərɪ] *s* **1.** Weintreibhaus *n.* **2.** Weinberg *m*, -garten *m.*

grape| scis·sors *s pl*, *a.* **pair of** ~ Traubenschere *f.* ˈ~**shot** *s mil.* Karˈtätsche *f*, Hagelgeschoß *n.* ˈ~**stone** *s* (Wein-)Traubenkern *m.* ~ **sug·ar** *s* Traubenzucker *m.*

grape·vine [ˈgreɪpvaɪn] **I** *s* **1.** *bot.* Weinstock *m.* **2.** *colloq.* a) *a.* ~ **telegraph** ˈNachrichtensyˌstem *n*: **I heard on the** ~ **that** mir ist zu Ohren gekommen, daß, b) Gerücht *n.* **3.** *Ringen*: Einsteigen *n.*

graph [græf; *Br. a.* grɑːf] *s* **1.** Diaˈgramm *n*, Schaubild *n*, graphische Darstellung, Kurvenblatt *n*, -bild *n.* **2.** *bes. math.* Kurve *f*: ~ **paper** Millimeterpapier *n.* **3.** *ling.* Graph *m* (*kleinste in e-r konkreten geschriebenen Äußerung vorkommende, nicht bedeutungskennzeichnende Einheit*: *Buchstabe, Schriftzeichen*). **4.** *colloq.* → **hectograph** I.

graph·eme [ˈgræfiːm] *s ling.* Graˈphem *n* (*kleinste bedeutungskennzeichnende Einheit des Schriftsystems e-r Sprache, die ein od. mehrere Phoneme wiedergibt*).

graph·ic [ˈgræfɪk] **I** *adj* (*adv* ~**ally**) **1.** anschaulich *od.* leˈbendig (geschildert *od.* schildernd), plastisch. **2.** graphisch, diagramˈmatisch, zeichnerisch: ~ **arts** → 5; ~ **artist** Graphiker(in); ~ **formula** *chem.* Konstruktionsformel *f*; ~ **recorder** *tech.* Schaulinienzeichner *m* (*Instrument*); ~ **representation** graphische Darstellung. **3.** Schrift..., Schreib...: ~ **accent** *ling.* a) Akzent(zeichen *n*) *m*, b) diakritisches Zeichen; ~ **symbol** Schriftzeichen *n.* **4.** *geol.* Schrift...: ~ **granite. II** *s pl* (*als sg konstruiert*) **5.** Graphik *f*, graphische Kunst. **6.** technisches Zeichnen. **7.** graphische Darstellung (*als Fach*). **8.** (*als pl konstruiert*) graphische Gestaltung (*e-s Buchs etc*). ˈ**graph·i·cal** [-kl] *adj* (*adv* ~**ly**) → **graphic** I: ~ **statics** → **graphostatic.**

graph·ite [ˈgræfaɪt] *s min.* Graˈphit *m*, Reißblei *n.* **gra·phit·ic** [græˈfɪtɪk] *adj* graˈphitisch, Graphit... **graph·i·tize** [ˈgræfɪtaɪz] *v/t* **1.** in Graˈphit verwandeln. **2.** *tech.* mit Graˈphit überˈziehen.

grapho- [græfəʊ] *Wortelement mit der Bedeutung* Schreib...

graph·o·log·ic [ˌgræfəˈlɒdʒɪk; *Am.* -ˈlɑ-], ˌ**graph·oˈlog·i·cal** [-kl] *adj* graphoˈlogisch. **graph·ol·o·gist** [græˈfɒlədʒɪst; *Am.* -ˈfɑ-] *s* Graphoˈloge *m.* **graphˈol·o·gy** *s* Grapholoˈgie *f*, Handschriftendeutung *f.*

ˈ**graph·oˌmo·tor** *adj med.* graphomoˈtorisch (*die Schreibbewegungen betreffend*). ˈ**graph·oˌspasm** *s med.* Graphoˈspasmus *m*, Schreibkrampf *m.*

ˌ**graph·oˈstat·ic** *s arch.* Graphoˈstatik *f* (*zeichnerische Methode zur Lösung statischer Aufgaben*).

ˌ**graph·oˈther·a·py** *s psych.* Graphotheraˈpie *f* (*Befreiung von Erlebnissen od. Träumen durch deren Niederschrift*).

grap·nel [ˈgræpnl] *s* **1.** *mar.* a) Dregganker *m*, Dregge *f*, b) Enterhaken *m.* **2.** *arch. tech.* a) Anker(eisen *n*) *m*, b) Greifer *m*, Greifklaue *f*, -haken *m.*

grap·pa [ˈgræpə; ˈgrɑːpə] *s* Grappa *f* (*alkoholisches Getränk aus Trestern*).

grap·ple [ˈgræpl] **I** *s* **1.** → **grapnel** 1 b *u.* 2 b. **2.** Griff *m* (*a. beim Ringen etc*). **3.** Handgemenge *n*, Kampf *m.* **II** *v/t* **4.** *mar.* a) entern, b) verankern. **5.** *arch. tech.* verankern, verklammern: **to** ~ **to** befestigen an (*dat*). **6.** packen, fassen. **7.** handgemein werden mit. **III** *v/i* **8.** e-n (Enter)Haken *od.* Greifer *etc* gebrauchen. **9.** handgemein werden, kämpfen (*a. fig.*): **to** ~ **with s.th.** *fig.* sich mit etwas herumschlagen.

grap·pling [ˈgræplɪŋ], ~ **hook**, ~ **i·ron** *s* → **grapnel** 1, 2 b.

grasp [grɑːsp; *Am.* græsp] **I** *v/t* **1.** packen, (er)greifen: **to** ~ **a chance** e-e Gelegenheit ergreifen; → **nettle** 1. **2.** an sich reißen. **3.** *fig.* verstehen, begreifen, (er-)fassen. **II** *v/i* **4.** (fest) zugreifen *od.* zupacken. **5.** ~ **at** greifen nach (*a. fig.*): → **shadow** 5, **straw** 1. **6.** ~ **at** *fig.* streben nach: **a man who** ~**s at too much may lose everything** j-d, der zu viel haben will, verliert unter Umständen alles. **III** *s* **7.** Griff *m*: **to keep s.th. in one's** ~ etwas fest gepackt halten; **to take a** ~ **at o.s.** *fig.* sich beherrschen. **8.** a) Reichweite *f*, b) *fig.* Macht *f*, Gewalt *f*, Zugriff *m*: **within one's** ~ in Reichweite, *fig. a.* greifbar nahe, in greifbarer Nähe; **within the** ~ **of** in der Gewalt von (*od. gen*). **9.** Auffassungsgabe *f*, Fassungskraft *f*, Verständnis *n*: **it is beyond his** ~ es geht über s-n Verstand; **it is within his** ~ das kann er begreifen; **to have a good** ~ **of a subject** ein Fach gut beherrschen. ˈ**grasp·ing** *adj* (*adv* ~**ly**) *fig.* habgierig.

grass [grɑːs; *Am.* græs] **I** *v/t* **1.** a) *a.* ~ **down** Gras säen auf (*dat*), b) ~ **over** mit Rasen bedecken. **2.** *Vieh* weiden *od.* grasen lassen, weiden. **3.** *Wäsche etc* auf dem Rasen bleichen. **4.** *sport bes. Am. den Gegner* zu Fall bringen. **5.** *hunt. e-n Vogel* abschießen. **6.** *e-n Fisch* an Land ziehen. **II** *v/i* **7.** grasen, weiden. **8. our garden is** ~**ing (up) well** in unserem Garten wächst das Gras gut. **9.** *Br. sl.* ‚singen' (to bei): **to** ~ **on s.o.** j-n ‚verpfeifen'. **III** *s* **10.** *bot.* Gras *n.* **11.** *pl* Gras(halme *pl*) *n.* **12.** Grasland *n*, Weide(land *n*) *f.* **13.** Gras *n*, Rasen *m*: **on the** ~ im Gras. **14.** *Bergbau*: Erdoberfläche *f* (*oberhalb e-r Grube*). **15.** *sl.* ‚Gras(s)' *n* (*Marihuana*). **16.** *Br. sl.* Spitzel *m.*

Besondere Redewendungen:

to be (out) at ~ a) auf der Weide sein, weiden, grasen (*Vieh*), b) *colloq.* in Rente sein; **the** ~ **is always greener on the other side (of the fence)** (*od.* **in the other man's field**) bei anderen ist immer alles besser; **to go to** ~ a) auf die Weide gehen (*Vieh*), b) *colloq.* in Rente gehen; **to hear the** ~ **grow** *fig.* das Gras wachsen hören; **keep off the** ~! Betreten des Rasens verboten!; **to let the** ~ **grow over** Gras wachsen lassen über (*acc*); **to let the** ~ **grow under one's feet** die Sache auf die lange Bank schieben; **not to let** ~ **grow under one's feet** nicht lange fackeln, keine Zeit verschwenden; **to put** (*od.* **turn out, send**) **to** ~ a) *Vieh* auf die Weide treiben, b) *bes. e-m Rennpferd* das Gnadenbrot geben, c) *colloq. j-n* in Rente schicken.

grass| blade *s* Grashalm *m.* ~ **box** *s* Grasauffangkorb *m* (*e-s Rasenmähers*). ~ **cloth** *s* Gras-, Chinaleinen *n.* ~ **court** *s Tennis*: Rasenplatz *m.* ~ **green** *s* Grasgrün *n* (*Farbe*). ˌ~-ˈ**green** *adj* grasgrün. ˈ~-**grown** *adj* mit Gras bewachsen. ˈ~ˌ**hop·per** [-ˌhɒpə; *Am.* -ˌhɑpər] *s* **1.** *zo.* (Feld)Heuschrecke *f*, Grashüpfer *m*; → **knee-high** 2. **2.** *aer. mil. colloq.* Leichtflugzeug *n.* **3.** *a.* ~ **beam** *tech.* einseitig *od.* endseitig gelagerter Hebel. **4.** *sl.* ‚Gras(s)-raucher(in)'. ˈ~**land** *s agr.* Weide(land *n*) *f*, Grasland *n.* ˌ~-**of-Parˈnas·sus** *s bot.* Herzblatt *n.* ~ **par·a·keet** *s orn.* (ein) Grassittich *m.* ˈ~-**plot**, *Am. a.* ˈ~ˌ**plat** *s* Rasenfläche *f*, -platz *m.* ~ **roots** *s pl* (*a. als sg konstruiert*) **1.** *fig.* Wurzel *f*: **to attack a problem at the** ~ ein Problem an der Wurzel packen. **2.** *pol.* a) landwirtschaftliche *od.* ländliche Bezirke *pl*, b) Landbevölkerung *f.* **3.** *pol.* Basis *f* (*e-r Partei*). ˈ~-**roots** *adj pol.* an der Basis, der Basis: **the** ~ **opinion.** ~ **ski·ing** *s sport* Grasskilauf *m.* ~ **snake** *s zo.* **1.** Ringelnatter *f.* **2.** *e-e nordamer. grüne Natter.* ~ **wid·ow** *s* **1.** Strohwitwe *f.* **2.** *Am.* a) geschiedene Frau, b) (von ihrem Mann) getrennt lebende Frau. ~ **wid·ow·er** *s* **1.** Strohwitwer *m.* **2.** *Am.* a) geschiedener Mann, b) (von s-r Frau) getrennt lebender Mann.

ˈ**grass·y** *adj* **1.** grasbedeckt, grasig, Gras... **2.** grasartig.

grate[1] [greɪt] **I** *v/t* **1.** *Käse etc* reiben, *Gemüse etc a.* raspeln. **2.** a) knirschen mit: **to** ~ **one's teeth**, b) kratzen mit, c) quietschen mit. **3.** *etwas* krächzen(d sagen). **II** *v/i* **4.** a) knirschen, b) kratzen, c) quietschen. **5.** *fig.* weh tun ([up]on s.o. j-m): **to** ~ **on s.o.'s ears** j-m in den Ohren weh tun; **to** ~ **on s.o.'s nerves** an j-s Nerven zerren.

grate[2] [greɪt] **I** *s* **1.** Gitter *n.* **2.** (Feuer-)

Rost *m*. **3.** Ka'min *m*. **4.** *tech*. (Kessel-) Rost *m*, Rätter *m*. **5.** *Wasserbau*: Fangrechen *m*. **II** *v/t* **6.** vergittern. **7.** mit e-m Rost versehen.

'grate·ful *adj* (*adv* **~ly**) **1.** dankbar (**to s.o. for s.th.** j-m für etwas): **a ~ letter** ein Dank(es)brief. **2.** angenehm, will'kommen, wohltuend: **a ~ rest; to be ~ to s.o.** j-m zusagen. **'grate·ful·ness** *s* Dankbarkeit *f*.

grat·er ['greɪtə(r)] *s* Reibe *f*, Reibeisen *n*, Raspel *f*.

gra·tic·u·la·tion [grə,tɪkjʊ'leɪʃn] *s tech*. Netz *n* (*zur Vergrößerung etc*). **grat·i·cule** ['grætɪkjuːl] *s tech*. **1.** mit e-m Netz versehene Zeichnung. **2.** Fadenkreuz *n*. **3.** (Grad)Netz *n*, Gitter *n*, Koordi'natensy,stem *n*.

grat·i·fi·ca·tion [,grætɪfɪ'keɪʃn] *s* **1.** Befriedigung *f*: a) Zu'friedenstellung *f*, b) Genugtuung *f* (**at** über *acc*): **it gave me some ~ to hear that** ich hörte mit Genugtuung, daß. **2.** Freude *f*, Vergnügen *n*, Genuß *m*. **3.** *obs*. Gratifikati'on *f*, Belohnung *f*. **'grat·i·fy** [-faɪ] *v/t* **1.** *j-n*, *ein Verlangen etc* befriedigen: **to ~ one's thirst for knowledge** s-n Wissensdurst stillen. **2.** erfreuen: **to be gratified** (**at, with**) sich freuen (über *acc*); **I am gratified to hear** ich höre mit Genugtuung *od*. Befriedigung. **3.** *j-m* entgegenkommen *od*. gefällig sein. **4.** *obs*. a) be-, entlohnen, b) *j-m* ein (Geld)Geschenk machen. **'grat·i·fy·ing** *adj* (*adv* **~ly**) erfreulich, befriedigend (**to** für).

gra·tin ['grætæ̃ŋ; *Am*. 'grætn] *s gastr*. **1.** Gra'tin *m*, Bratkruste *f*: → **au gratin**. **2.** grati'nierte Speise.

grat·ing[1] ['greɪtɪŋ] *adj* (*adv* **~ly**) **1.** knirschend, kratzend, quietschend. **2.** krächzend, heiser. **3.** unangenehm.

grat·ing[2] ['greɪtɪŋ] *s* **1.** Vergitterung *f*, Gitter(werk) *n*. **2.** (Balken-, Lauf)Rost *m*. **3.** *mar*. Gräting *f*. **4.** *phys*. (Beugungs-) Gitter *n*: **~ spectrum** Gitterspektrum *n*.

gra·tis ['greɪtɪs; 'grætɪs] **I** *adv* gratis, um'sonst, unentgeltlich. **II** *adj* unentgeltlich, frei, Gratis...

grat·i·tude ['grætɪtjuːd; *Am*. *a*. -,tuːd] *s* Dankbarkeit *f* (**to** gegen'über): **in ~ for** aus Dankbarkeit für; **a look of ~** ein dankbarer Blick.

gra·tu·i·tant [grə'tjuːɪtənt; *Am*. *a*. -'tuː-] *s* Empfänger(in) e-r Zuwendung.

gra·tu·i·tous [grə'tjuːɪtəs; *Am*. *a*. -'tuː-] *adj* (*adv* **~ly**) **1.** unentgeltlich, frei, Gratis... **2.** freiwillig, unaufgefordert, unverlangt. **3.** grundlos, unbegründet, unberechtigt: **a ~ suspicion**. **4.** unverdient: **a ~ insult**. **5.** *jur*. ohne Gegenleistung. **gra'tu·i·tous·ness** *s* **1.** Unentgeltlichkeit *f*. **2.** Freiwilligkeit *f*. **3.** Grundlosigkeit *f*. **gra'tu·i·ty** *s* **1.** (*kleines*) (Geld-) Geschenk, Zuwendung *f*, Sondervergütung *f*, Gratifikati'on *f*. **2.** Trinkgeld *n*.

grat·u·late ['grætjʊleɪt; *Am*. -tʃə-] *obs*. → **congratulate**. **'grat·u·la·to·ry** [-tjʊlətərɪ; *Am*. -tʃələ,təʊriː; -,tɔːriː] *obs*. → **congratulatory**.

gra·va·men [grə'veɪmen] *pl* **-vam·i·na** [-'veɪmɪnə; -'væ-], **-mens** *s* **1.** *jur*. a) Beschwerde(grund *m*) *f*, b) (*das*) Belastende (*e-r Anklage*). **2.** *bes*. *relig*. Beschwerde *f*.

grave[1] [greɪv] *s* **1.** Grab *n*: **to be (as) quiet** (*od*. **silent**) **as the ~** a) kein einziges Wort sagen, b) verschwiegen wie ein *od*. das Grab sein; **the house was as quiet as the ~** im Haus herrschte e-e Grabesstille; **to dig one's own ~** sich sein eigenes Grab schaufeln; **to have one foot in the ~** mit e-m Fuß *od*. Bein im Grab stehen; **to rise from the ~** (von den Toten) auferstehen; **to turn (over) in one's ~** sich im Grab (her)umdrehen; **s.o.** (*od*. **a ghost**) **is walking over my ~** mich überläuft (*unerklärlicherweise*) e-e Gänsehaut. **2.** *fig*. Grab *n*, Tod *m*: **to be brought to an early ~** e-n frühen Tod *od*. ein frühes Grab finden. **3.** *fig*. Grab *n*, Ende *n*: **the ~ of our hopes**.

grave[2] [greɪv] *pp* **'grav·en** [-vn], **graved** *v/t obs*. **1.** (ein)schnitzen, (-)schneiden, (-)meißeln. **2.** *fig*. eingraben, -prägen (**s.th. on** *od*. **in s.o.'s mind** j-m etwas ins Gedächtnis).

grave[3] [greɪv] **I** *adj* (*adv* **~ly**) **1.** ernst: a) feierlich: **~ voice** (**look**, *etc*), b) bedenklich, bedrohlich: **a ~ situation**, c) gesetzt, würdevoll, d) schwer, tief: **~ thoughts**, e) gewichtig, schwerwiegend: **~ matters**. **2.** dunkel, gedämpft (*Farbe*). **3.** *ling*. tieftonig, fallend: **~ accent** → 5. **4.** *mus*. tief (*Ton*). **II** *s* **5.** *ling*. Gravis *m*, Ac'cent *m* grave.

grave[4] [greɪv] *v/t mar*. *den Schiffsboden* reinigen u. teeren.

'grave|·clothes *s pl* Totengewand *n*. **'~dig·ger** *s* Totengräber *m* (*a*. *zo*. *u*. *fig*.). **~ goods** *s pl Archäologie*: Grabbeigaben *pl*.

grav·el ['grævl] **I** *s* **1.** a) Kies *m*: **concrete ~** Betonkies; **~ pit** Kiesgrube *f*, b) Schotter *m*. **2.** *geol*. a) Geröll *n*, Geschiebe *n*, b) (*bes*. *goldhaltige*) Kieselschicht. **3.** *med*. Harngrieß *m*. **II** *v/t pret u. pp* **-eled**, *bes*. *Br*. **-elled** **4.** a) mit Kies bestreuen, b) *Straße* beschottern. **5.** *fig*. verblüffen, verwirren. **6.** *Am*. *colloq*. ärgern, reizen. **'~-blind** *adj* fast (völlig) blind.

grav·el·ly ['grævlɪ] *adj* **1.** a) kiesig, Kies..., b) Schotter... **2.** *med*. grießig, Grieß... **3.** rauh (*Stimme*).

grav·en ['greɪvn] **I** *pp von* **grave**[2]. **II** *adj obs*. geschnitzt, gra'viert: **~ image** *bes*. *Bibl*. Götzenbild *n*.

grav·er ['greɪvə(r)] *s* (Grab)Stichel *m*.

grave rob·ber *s* Grabräuber *m*.

Graves' dis·ease [greɪvz] *s med*. Basedowsche Krankheit.

'grave|·side *s*: **at the ~** am Grab; **~ service** Gottesdienst *m* am Grab; **'~·stone** *s* Grabstein *m*. **~ wax** *s* Leichenwachs *n*. **'~·yard** *s* Friedhof *m*: **~ shift** *Am*. *sl*. zweite Nachtschicht.

grav·id ['grævɪd] *adj* a) schwanger, b) *zo*. trächtig. **gra·vid·i·ty** [grə'vɪdətɪ] *s* a) Schwangerschaft *f*, b) Trächtigkeit *f*.

gra·vim·e·ter [grə'vɪmɪtə(r)] *s phys*. Gravi'meter *n*: a) Dichtemesser *m*, b) Schweremesser *m*.

grav·i·met·ric [,grævɪ'metrɪk] *adj* (*adv* **~ally**) *phys*. gravi'metrisch: **~ analysis** gravimetrische Analyse, Gewichtsanalyse *f*. **,grav·i'met·ri·cal** → **gravimetric**.

grav·ing| dock ['greɪvɪŋ] *s mar*. Trokkendock *n*. **~ tool** *s tech*. (Grab)Stichel *m*.

grav·i·tate ['grævɪteɪt] **I** *v/i* **1.** sich (durch Schwerkraft) fortbewegen, durch die eigene Schwere fließen *etc*. **2.** gravi'tieren, ('hin)streben (**toward[s]** zu, nach). **3.** sinken, fallen. **4.** *fig*. (**to, toward[s]**) angezogen werden (von), sich 'hingezogen fühlen, 'hinstreben (zu, auf *acc*), ('hin)neigen, ten'dieren (zu). **II** *v/t* **5.** gravi'tieren lassen. **6.** *Diamantwäscherei*: *den Sand* schütteln(, so daß die schwereren Teile zu Boden sinken). **,grav·i'ta·tion** *s* **1.** *phys*. Gravitati'on *f*: a) Schwerkraft *f*, b) Gravi'tieren *n*. **2.** *fig*. Neigung *f*, Hang *m*, Ten'denz *f*. **,grav·i'ta·tion·al** *adj phys*. Gravitations...: **~ constant** Gravitationskonstante *f*; **~ field** Gravitations-, Schwerefeld *n*; **~ force** Schwer-, Gravitationskraft *f*; **~ pull** Anziehungskraft *f*. **'grav·i·ta·tive** *adj* **1.** *phys*. Gravitations... **2.** gravi'tierend.

grav·i·ty ['grævətɪ] **I** *s* **1.** Ernst *m*: a) Feierlichkeit *f*: **to keep** (*od*. **preserve**) **one's ~** ernst bleiben, b) Bedenklichkeit *f*, Bedrohlichkeit *f*: **the ~ of the situation** der Ernst der Lage, c) Gesetztheit *f*, d) Schwere *f*. **2.** *mus*. Tiefe *f* (*Ton*). **3.** *phys*. a) Gravitati'on *f*, Schwerkraft *f*, b) (Erd-) Schwere *f*: → **center** 1, **force** 1, **specific gravity**. **4.** **original ~** (*Brauerei*) Stammwürzgehalt *m* (*des Biers*). **II** *adj* **5.** nach dem Gesetz der Schwerkraft arbeitend: **~ drive** *tech*. Schwerkraftantrieb *m*; **~ feed** Gefällezuführung *f*; **~-operated** durch Schwerkraft betrieben, Schwerkraft...

gra·vure [grə'vjʊə(r)] → **photogravure**.

gra·vy ['greɪvɪ] *s* **1.** Braten-, Fleischsaft *m*. **2.** (Fleisch-, Braten)Soße *f*. **3.** *sl*. *etwas unerwartet Angenehmes od. Einträgliches*: **that's pure ~** a) das ist viel besser als erwartet, b) das ist ein richtiger ‚warmer Regen'. **4.** *sl*. 'ille,galer *od*. ‚unsauberer' Pro'fit. **~ beef** *s gastr*. (Rinder)Saftbraten *m*. **~ boat** *s* Sauci'ere *f*, Soßenschüssel *f*. **~ train** *s*: **to get on the ~** *sl*. leicht ans große Geld kommen.

gray, *bes*. *Br*. **grey** [greɪ] **I** *adj* (*adv* **~ly**) **1.** grau: **to grow ~ in s.o's service** in j-s Dienst ergrauen; → **mare**[1]. **2.** trübe, düster, grau: **a ~ day**; **~ prospects** *fig*. trübe Aussichten. **3.** *tech*. neu'tral, farblos, na'turfarben: **~ cloth** ungebleichter Baumwollstoff. **4.** grau(haarig), ergraut. **5.** *fig*. alt, erfahren. **II** *s* **6.** Grau *n*, graue Farbe: **dressed in ~** grau *od*. in Grau gekleidet. **7.** *zo*. Grauschimmel *m*. **8.** Na'turfarbe *f* (*Stoff*): **in the ~** ungebleicht. **III** *v/t* **9.** grau machen. **10.** *phot*. mat'tieren. **IV** *v/i* **11.** grau werden, ergrauen: **~ing** angegraut, graumeliert (*Haare*).

gray| ar·e·a *s* **1.** *Br*. Gebiet *n* mit besonders hoher Arbeitslosigkeit. **2.** *fig*. Grauzone *f*. **'~·back** *s* **1.** *zo*. a) → **gray whale**, b) Knutt *m*. **2.** *Am*. *colloq*. ‚Graurock' *m* (*Soldat der Südstaaten im Bürgerkrieg*). **'~·beard** *s* **1.** Graubart *m*, alter Mann. **2.** irdener Krug. **3.** *bot*. → **clematis**. **~ bod·y** *s phys*. Graustrahler *m*. **'~·coat** *s* → **grayback** 2. **~ co·balt** *s min*. Speiskobalt *m*. **~ crow** *s orn*. Nebelkrähe *f*. **~ drake** *s zo*. *Br*. Gemeine Eintagsfliege. **~ em·i·nence** *s* graue Emi'nenz. **'~·fish** *s ichth*. (*ein*) Haifisch *m*, *bes*. a) Gemeiner Dornhai, b) Marderhai *m*, c) Hundshai *m*. **~ fox** *s zo*. Grau-, Grisfuchs *m*. **G~ Fri·ar** *s relig*. Franzis'kaner(mönch) *m*. **~ goose** *s irr* → **graylag**. **,~-'haired** *adj* grauhaarig. **,~-'head·ed** *adj* **1.** grauköpfig, -haarig. **2.** *fig*. altgedient, -erfahren (**in** in *dat*). **~ hen** *s orn*. Birk-, Haselhuhn *n*. **'~·hound** → **greyhound**.

gray·ish, *bes*. *Br*. **grey·ish** ['greɪɪʃ] *adj* graulich, gräulich.

gray·lag ['greɪlæg] *s* *a*. **~ goose** *orn*. Graugans *f*.

gray·ling ['greɪlɪŋ] *s* **1.** *ichth*. Äsche *f*. **2.** *zo*. (*ein*) Augenfalter *m*.

gray| man·ga·nese ore → **manganite** 1. **~ mar·ket** *s econ*. grauer Markt. **~ mat·ter** *s* **1.** *anat*. graue Sub'stanz (*des Gehirns u. des Rückenmarks*). **2.** *colloq*. Verstand *m*, ‚Grütze' *f*, ‚Grips' *m*. **G~ Monk** *s* Zisterzi'enser(mönch) *m*. **~ mul·let** *s ichth*. Meeräsche *f*.

'gray·ness, *bes*. *Br*. **'grey·ness** *s* Grau *n*: a) graue Farbe, b) trübes Licht, c) *fig*. Trübheit *f*, Düsterkeit *f*.

gray| owl *s orn*. Waldkauz *m*. **G~ Panther** *s* Grauer Panther (*Mitglied e-r aktiven Seniorenbewegung*). **~ par·rot** *s orn*. 'Graupapa,gei *m*. **~ squir·rel** *s zo*. Grauhörnchen *n*. **~ stone** *s geol*. Graustein *m*. **'~·wacke** [-,wækə] *s geol*.

Grauwacke *f.* **~ whale** *s zo.* Grauwal *m.*

graze¹ [greɪz] **I** *v/t* **1.** *Vieh* weiden (lassen). **2.** abweiden, abgrasen. **3.** als Weide(land) benutzen. **II** *v/i* **4.** weiden, grasen (*Vieh*).

graze² [greɪz] **I** *v/t* **1.** streifen: a) leicht berühren, b) schrammen. **2.** *med.* (ab-, auf)schürfen, (auf)schrammen. **II** *v/i* **3.** streifen. **III** *s* **4.** Streifen *n*, Schrammen *n*. **5.** *med.* Abschürfung *f*, Schramme *f*. **6.** *mil.* a) *a.* **grazing shot** Streifschuß *m*, b) ˈAufschlagdetonatiˌon *f*: **~ fuse** empfindlicher Aufschlagzünder.

gra·zi·er [ˈgreɪzjə; *bes. Am.* -ʒə(r)] *s* Viehzüchter *m.*

graz·ing [ˈgreɪzɪŋ] *s* **1.** Weiden *n.* **2.** Weide(land *n*) *f.*

grease I *s* [gri:s] **1.** (*zerlassenes*) Fett, Schmalz *n.* **2.** *tech.* Schmiermittel *n*, -fett *n*, Schmiere *f.* **3.** a) *a.* **~ wool, wool in the ~** Schmutz-, Schweißwolle *f*, b) Wollfett *n.* **4.** *vet.* → **grease heel**. **5.** *hunt.* Feist *n*: **in ~, in pride** (*od.* **prime**) **of ~** feist, fett (*Wild*). **II** *v/t* [gri:z; gri:s] **6.** (ein-) fetten, *tech.* (ab)schmieren: **like ~d lightning** *colloq.* wie ein geölter Blitz. **7.** *colloq. j-n* ‚schmieren', *j-n* bestechen: → **palm¹** 1, **hand** *Bes. Redew.* **8.** *etwas* erleichtern, fördern: **to ~ s.o.'s path** j-m den Weg ebnen. **9.** *vet. Pferd* mit Schmutzmauke infiˈzieren. **~ cup** *s tech.* Fett-, Schmierbüchse *f.* **~ gun** *s tech.* (Ab)Schmierpresse *f.* **~ heel** *s vet.* Schmutz-, Flechtenmauke *f* (*der Pferde*). **~ mon·key** *s colloq.* (*bes.* ˈAuto-, ˈFlugzeug)MeˌchanIker *m.* **~ paint** *s thea.* (Fett)Schminke *f.* ˈ**~-proof** *adj* fettdicht: **~ paper** Butterbrotpapier *n.*

greas·er [ˈgri:zə(r); -sə(r)] *s* **1.** Schmierer *m.* **2.** *tech.* Schmierbüchse *f*, -gefäß *n.* **3.** *Am. contp.* Laˈteinameriˌkaner *m*, *bes.* Mexiˈkaner *m.* **4.** *Br. colloq.* ˈAutomeˌchaniker *m.* **5.** *Br. colloq.* widerlicher Kerl, *bes.* ‚Radfahrer' *m.*

greas·i·ness [ˈgri:zɪnɪs; -sɪ-] *s* **1.** Schmierigkeit *f.* **2.** Fettigkeit *f*, Öligkeit *f.* **3.** Glitschigkeit *f*, Schlüpfrigkeit *f.* **4.** *fig.* a) Schmierigkeit *f*, Öligkeit *f*, b) Aalglätte *f.*

greas·y [ˈgri:zɪ; -sɪ] *adj* (*adv* **greasily**) **1.** schmierig, beschmiert. **2.** fett(ig), ölig: **~ stain** Fettfleck *m.* **3.** glitschig, schlüpfrig. **4.** ungewaschen (*Wolle*): **~ wool** → **grease** 3 a. **5.** *fig.* a) ölig, schmierig, b) aalglatt. **~ heel** → **grease heel**. **~ spoon** *s bes. Am. sl.* kleines, schmudd(e)liges Loˈkal.

great [greɪt] **I** *adj* (*adv* → **greatly**) **1.** groß, beträchtlich (*a. Anzahl*): **of ~ popularity** sehr beliebt; **a ~ many** sehr viele, e-e große Anzahl; **the ~ majority** die große *od.* überwiegende Mehrheit; **in ~ detail** in allen Einzelheiten; → **majority** 2. **2.** lang (*Zeit*): **a ~ while ago** vor langer Zeit. **3.** hoch (*Alter*): **to live to a ~ age** ein hohes Alter erreichen, sehr alt werden. **4.** groß: **what a ~ wasp!** was für e-e große Wespe!; **a ~ big lump** *colloq.* ein Mordsklumpen. **5.** groß (*Buchstabe*): **a ~ Z**. **6.** groß, Groß...: **G~ Britain** Großbritannien *n*; **Greater London** Groß-London *n.* **7.** groß, bedeutend, wichtig: **~ problems**. **8.** groß, wichtigst(er, e, es), Haupt...: **the ~ attraction** die Hauptattraktion. **9.** (geistig) groß, überˈragend, berühmt, bedeutend: **a ~ poet** ein großer Dichter; **a ~ city** e-e bedeutende Stadt; **the G~ Duke** *Beiname des Herzogs von Wellington* (*1769–1852*); **Frederick the G~** Friedrich der Große. **10.** (gesellschaftlich) hoch(stehend), groß: **the ~ world** die vornehme Welt; **a ~ family** e-e vornehme *od.* berühmte Familie. **11.** groß, erhaben: **~ thoughts**. **12.** groß, beliebt, oft gebraucht: **it is a ~ word with modern artists** es ist ein Schlagwort der modernen Künstler. **13.** groß (*in hohem Maße*): **a ~ friend of mine** ein guter *od.* enger Freund von mir; **a ~ landowner** ein Großgrundbesitzer. **14.** ausgezeichnet, großartig: **a ~ opportunity**; **it is a ~ thing to be healthy** es ist sehr viel wert, gesund zu sein. **15.** (*nur pred*) *colloq.* a) (**at, in** *in dat*) groß, gut, sehr geschickt: **he is ~ at chess** er spielt sehr gut Schach, er ist ein großer Schachspieler ‚vor dem Herrn'; **he's ~ at drinking** im Trinken ist er groß, b) interesˈsiert (**on** für): **to be ~ on s.th.** sich für etwas begeistern, c) sehr bewandert (**on** in *dat*). **16.** *colloq.* eifrig, begeistert: **a ~ reader**. **17.** *colloq.* großartig, herrlich, wunderbar, faˈmos: **we had a ~ time** wir haben uns großartig amüsiert, es war ‚toll'; **wouldn't that be ~?** wäre das nicht herrlich? **18.** (*in Verwandtschaftsbezeichnungen*) a) Groß..., b) (*vor* **grand...**) Ur...

II *s* **19. the ~** die Großen *pl*, die Promiˈnenten *pl.* **20. ~ and small** groß u. klein, die Großen *pl* u. die Kleinen *pl.*

III *adv* **21.** *Am. colloq.* ‚prima', ‚bestens'.

great| al·ba·core [ˈælbəkɔ:(r)] → **tuna**. **~ as·size** *s relig.* Jüngstes Gericht. **~ auk** *s orn.* Riesenalk *m.* ˌ**~-ˈaunt** *s* Großtante *f.* **~ cal·o·rie** *s phys.* große Kaloˈrie, ˈKilokaloˌrie *f.* **G~ Char·ter** → **Magna Charta**. **~ cir·cle** *s math.* Groß-, Hauptkreis *m* (*e-r Kugel*). ˈ**~-ˌcir·cle sail·ing** *s mar.* Großkreissegeln *n.* ˈ**~coat** *s bes. mil.* Mantel *m.* **G~ Dane** → **Dane** 2. **~ di·vide** *s* **1.** *geogr.* Hauptwasserscheide *f*: **to cross the ~** *fig.* die Schwelle des Todes überschreiten; **the G~ D~** die Rocky Mountains *pl.* **2.** *fig.* Krise *f*, entscheidende Phase. **G~ Dog** *s astr.* Großer Hund (*Sternbild*).

great·en [ˈgreɪtn] *v/t u. v/i obs.* größer machen *od.* werden.

ˌ**great|-ˈgrand·child** *s irr* Urenkel(in). ˌ**~-ˈgrandˌdaugh·ter** *s* Urenkelin *f.* ˌ**~-ˈgrandˌfa·ther** *s* Urgroßvater *m.* ˌ**~-ˈgrandˌmoth·er** *s* Urgroßmutter *f.* ˌ**~-ˈgrandˌpar·ents** *s pl* Urgroßeltern *pl.* ˌ**~-ˈgrand·son** *s* Urenkel *m.*

ˌ**great-great-ˈgrandˌfa·ther** *s* Ururgroßvater *m.*

great gross *s* zwölf Gros *pl.*

ˌ**greatˈheart·ed** *adj* **1.** beherzt, furchtlos. **2.** edelmütig, hochherzig.

ˈ**great·ly** *adv* sehr, höchst, ˈüberaus, außerordentlich: **he was ~ moved** er war tief bewegt.

Great| Mo·gul *s hist.* Großmogul *m.* **g~ mo·rel** → **belladonna** a. ˌ**g~-ˈneph·ew** *s* Großneffe *m.*

ˈ**great·ness** *s* **1.** (geistige) Größe, Erhabenheit *f*: **~ of mind** Geistesgröße *f.* **2.** Größe *f*, Bedeutung *f*, Rang *m*, Macht *f.* **3.** (gesellschaftlich) hoher Rang. **4.** Ausmaß *n.*

ˌ**great|-ˈniece** *s* Großnichte *f.* **~ north·ern div·er** *s orn.* Eistaucher *m.* **~ or·gan** *s mus.* erstes ˈHauptmanuˌal. **G~ Plains** *s pl Am. Präriegebiete im Westen der USA.* **G~ Pow·ers** *s pl pol.* Großmächte *pl.* **G~ Re·bel·lion** *s hist.* **1.** *Am.* Auflehnung *f* der Südstaaten im Bürgerkrieg. **2.** *Br. der Kampf des Parlaments gegen Karl I.* (*1642–49*). **G~ Rus·sian** *s* Großrusse *m*, -russin *f.* **~ seal** *s* Großsiegel *n.* **~ tit** *s orn.* Kohlmeise *f.* ˌ**~-ˈun·cle** *s* Großonkel *m.* **G~ Wall (of Chi·na)** *s* chiˈnesische Mauer. **G~ War** *s* Erster Weltkrieg. **G~ Week** *s relig.* Karwoche *f.*

greave [gri:v] *s mil. hist.* Beinschiene *f.*

greaves [gri:vz] *s pl gastr.* Grieben *pl.*

grebe [gri:b] *s orn.* (See)Taucher *m.*

Gre·cian [ˈgri:ʃn] **I** *adj* **1.** (*bes.* klassisch) griechisch: **~ architecture**; **~ profile** klassisches Profil; **~ gift** → **Greek gift**. **II** *s* **2.** Grieche *m*, Griechin *f.* **3.** Helleˈnist *m*, Gräˈzist *m.*

Gre·cism, Gre·cize, Greco- [grekəʊ; gri:-] *bes. Am. für* **Graecism**, *etc.*

gree¹ [gri:] *s obs.* **1.** Gunst *f.* **2.** Genugtuung *f* (*für e-e Kränkung etc*).

gree² [gri:] *obs. für* **agree** 7.

gree³ [gri:] *s Scot. obs.* **1.** a) Überˈlegenheit *f*, b) Sieg *m.* **2.** Siegespreis *m.*

greed [gri:d] *s* **1.** Gier *f* (**for** nach): **~ for power** Machtgier. **2.** Habgier *f*, -sucht *f.* **3.** Gefräßigkeit *f.* ˈ**greed·i·ness** *s* **1.** Gierigkeit *f.* **2.** Gefräßigkeit *f.* ˈ**greed·y** *adj* (*adv* **greedily**) **1.** gierig (**for** auf *acc*, nach): **~ for power** machtgierig; **the flowers are ~ for water** die Blumen brauchen dringend Wasser. **2.** habgierig, -süchtig. **3.** gefräßig.

Greek [gri:k] **I** *s* **1.** Grieche *m*, Griechin *f*: **when ~ meets ~** *fig.* wenn zwei Ebenbürtige sich miteinander messen. **2.** *ling.* Griechisch *n*, das Griechische: **that's ~ to me** *fig.* das sind für mich böhmische Dörfer. **3.** *relig.* → **Greek Catholic** I. **4.** *univ. Am. colloq.* Mitglied *n* e-r **Greek-letter society**. **II** *adj* **5.** griechisch: **~ cross**; → **calends**. **6.** *relig.* → **Greek Catholic** II. **~ Cath·o·lic** *relig.* **I** *s* **1.** Griechisch-Kaˈtholische(r *m*) *f.* **2.** Griechisch-Orthoˈdoxe(r *m*) *f.* **II** *adj* **3.** griechisch-kaˈtholisch. **4.** griechisch-orthoˈdox. **~ Church** *s relig.* griechisch-kaˈtholische *od.* -orthoˈdoxe Kirche. **~ Fa·thers** *s pl relig.* griechische Kirchenväter *pl.* **~ fire** *s mil. hist.* griechisches Feuer, Seefeuer *n.* **~ fret** *s* Mäˈander *m* (*Ornament*). **~ gift** *s fig.* Danaergeschenk *n.* ˌ**~-ˈlet·ter so·ci·e·ty** *s univ. Am. für gewöhnlich mit 2 od. 3 griechischen Buchstaben bezeichnete Studentenverbindung.* **~ Or·tho·dox Church** → **Greek Church**.

green [gri:n] **I** *adj* (*adv* **~ly**) **1.** grün: a) von grüner Farbe: **the lights are ~** die Ampel steht auf Grün; **(as) ~ as grass** *fig.* völlig unerfahren (→ 4), b) grünend: **~ trees**, c) grün bewachsen: **~ fields**, d) ohne Schnee: **a ~ Christmas** grüne Weihnachten, e) unreif: **~ apples**. **2.** grün (*Gemüse*): **~ food** → 15. **3.** frisch: a) neu: **a ~ wound**, b) leˈbendig: **~ memories**. **4.** *fig.* grün, unerfahren, unreif, naˈiv: **a ~ youth**; **~ in years** jung an Jahren. **5.** jugendlich, rüstig: **~ old age** rüstiges Alter. **6.** grün, bleich: **~ with envy** grün *od.* gelb vor Neid; **~ with fear** schreckensbleich. **7.** roh, frisch, Frisch...: **~ meat**. **8.** grün: a) ungetrocknet, frisch: **~ wood** grünes Holz, b) ungeräuchert, ungesalzen: **~ herrings** grüne Heringe, c) ungeröstet: **~ coffee**. **9.** neu: **~ wine**; **~ beer** Jungbier *n.* **10.** *tech.* nicht fertig verarbeitet: **~ ceramics** ungebrannte Töpferwaren; **~ clay** grüner *od.* feuchter Ton; **~ hide** Rohhaut *f*; **~ metal powder** grünes (*nicht gesintertes*) Pulvermetall; **~ ore** Roherz *n.* **11.** *tech.* faˈbrikneu: **~ assembly** Erstmontage *f*; **~ gears** nicht eingelaufenes Getriebe; **~ run** Einfahren *n*, erster Lauf (*e-r Maschine etc*).

II *s* **12.** Grün *n*, grüne Farbe: **dressed in ~** grün *od.* in Grün gekleidet; **at ~** bei Grün; **the lights are at ~** die Ampel steht auf Grün; **do you see any ~ in my eye?** *colloq.* hältst du mich für so dumm? **13.** a) Grünfläche *f*, Rasen(platz) *m*: **village ~** Dorfanger *m*, b) → **putting green** a. **14.** *pl* Grün *n*, grünes Laub. **15.** *pl* grünes Gemüse, Blattgemüse *n.* **16.** *fig.* (Jugend)Frische *f*, Lebenskraft *f*: **in the ~** in voller Frische. **17.** *sl.* ‚Moˈneten' *pl* (*Geld*). **18.** *sl.* minderwertiges Mari-

hu'ana. **19.** *pl sl.* ‚Bumsen' *n* (*Geschlechtsverkehr*).
III *v/t* **20.** grün machen *od.* färben. **21.** *colloq. j-n* ‚her'einlegen'.
IV *v/i* **22.** grün werden, grünen: **to ~ out** ausschlagen.

green al·gae *s pl bot.* Grünalgen *pl.*

green·a·lite ['gri:nəlaɪt] *s min.* Greena'lit *m.*

'**green|·back** *s* **1.** *Am.* Greenback *m*: a) *hist. 1862 ausgegebene Schatzanweisung mit Banknotencharakter mit grünem Rückseitenaufdruck,* b) *colloq.* Dollarschein *m.* **2.** grünes Tier, *bes.* Laubfrosch *m.* **~ belt** *s* Grüngürtel *m* (*um e-e Stadt*). '**~-blind** *adj med.* grünblind. **~ book** *s pol.* Grünbuch *n.* '**~,bri·er** *s bot.* Stechwinde *f.* **~ card** *s* **1.** *mot. Br.* grüne Versicherungskarte. **2.** *Am. grüne Karte, mit der mexikanische Landarbeiter die amerikanische Grenze passieren können.* **~ cheese** *s* **1.** unreifer Käse. **2.** Molken- *od.* Magermilchkäse *m.* **3.** Kräuterkäse *m.* **~ cloth** *s bes. Am.* **1.** Spieltisch *m.* **2.** Billardtisch *m.* **~ crab** *s zo.* Strandkrabbe *f.* **~ crop** *s agr.* Grünfutter *n.* **~ cur·ren·cy** *s econ.* grüne Währung (*innerhalb der EG*).

green·er·y ['gri:nəri] *s* **1.** Grün *n*, Laub *n.* **2.** → **greenhouse** 1.

'**green|-eyed** *adj* **1.** grünäugig. **2.** *fig.* eifersüchtig, neidisch: **the ~ monster** die Eifersucht, der Neid. '**~·field** *adj Br.* in e-r ländlichen *od.* unerschlossenen Gegend: **~ sites.** '**~·finch** *s orn.* Grünfink *m.* **~ fin·gers** *s pl* gärtnerische Begabung: **he has ~** er hat e-e grüne Hand. '**~·fly** *s zo. Br.* grüne Blattlaus. '**~·gage** *s bot.* Reine'claude *f.* '**~·gill** *s zo.* grüne Auster. **~ goose** *s irr* junge (Mast)Gans. '**~,gro·cer** *s bes. Br.* Obst- u. Gemüsehändler *m.* '**~,gro·cer·y** *s bes. Br.* **1.** Obst- u. Gemüsehandlung *f.* **2.** Obst *n* u. Gemüse *n.* '**~·heart** *s* Grün(harz)holz *n.* '**~·horn** *s colloq.* **1.** ‚Greenhorn' *n*: a) Grünschnabel *m*, b) (unerfahrener) Neuling. **2.** Gimpel *m*, leichtgläubiger Mensch. '**~·house** *s* **1.** Gewächs-, Treibhaus *n*: **~ effect** Treibhaus-, Glashauseffekt *m.* **2.** *aer. colloq.* Vollsichtkanzel *f.*

'**green·ing** *s* grünschaliger Apfel.

'**green·ish** *adj* grünlich.

Green·land·er ['gri:nləndə(r)] *s* Grönländer(in). **Green'lan·dic** [-'lændɪk] **I** *adj* grönländisch. **II** *s ling.* Grönländisch *n*, das Grönländische.

Green·land| shark ['gri:nlənd] *s ichth.* Grönland-, Eishai *m.* **~ whale** *s zo.* Grönland-, Nordwal *m.*

green light *s* grünes Licht (*bes. der Verkehrsampel*) (*a. fig.*): **to give s.o. the ~** j-m grünes Licht geben (on, to für).

green·ling ['gri:nlɪŋ] *s ichth.* Grünling *m.*

'**green|,lin·ing** *s Am. Methoden zur Bekämpfung des* **redlining.** **~ liz·ard** *s zo.* Sma'ragdeidechse *f.* **~ lung** *s Br.* grüne Lunge, Grünfläche *f.* **~ ma·nure** *s agr.* Grün-, Pflanzendünger *m.* **~ mon·key** *s zo.* Grüne Meerkatze. **G~ Moun·tain State** *s Am.* (*Spitzname für*) Vermont *n.*

'**green·ness** *s* **1.** Grün *n*, (*das*) Grüne. **2.** grüne Farbe. **3.** *fig.* Unerfahrenheit *f*, Unreife *f.* **3.** Jugendlichkeit *f*, Rüstigkeit *f.*

green| oil *s chem.* Grünöl *n*, *bes.* Anthra'cenöl *n.* '**G~·peace** *s* Greenpeace *n* (*e-e militante Umweltschutzbewegung*). **~ peak** *s Br. für* **green woodpecker.** **~ pound** *s econ.* grünes Pfund (*Verrechnungseinheit innerhalb der EG*). '**~·room** *s thea. etc* Künstlerzimmer *n.* '**~-,salt·ed** *adj tech.* ungegerbt gesalzen (*Häute*). '**~·sand** *s geol.* Grünsand *m.* '**~·shank** *s orn.* Grünschenkel *m.* '**~·sick** *adj med.* bleichsüchtig. '**~,sick·ness** *s med.* Bleichsucht *f.* **~ smalt** *s min.* Kobaltgrün *n.* '**~·stick frac·ture** *s med.* Grünholz-, Knickbruch *m.* '**~·stone** *s min.* **1.** Grünstein *m.* **2.** Ne'phrit *m.* '**~·stuff** *s* **1.** Grünfutter *n.* **2.** grünes Gemüse. '**~·sward** *s* Rasen *m.* **~ ta·ble** *s* Sitzungstisch *m.* **~ tea** *s* grüner Tee. **~ thumb** *Am.* → **green fingers.** **~ tur·tle** *s zo.* Suppenschildkröte *f.* **~ vit·ri·ol** *s chem.* 'Eisenvitri,ol *n.*

Green·wich (Mean) Time ['grɪnɪdʒ; 'grenɪtʃ] *s* Greenwicher Zeit *f.*

'**green|·wood** *s* **1.** grüner Wald. **2.** *bot.* Färberginster *m.* **~ wood·peck·er** *s orn.* Grünspecht *m.*

'**green·y** *adj* grünlich.

greet[1] [gri:t] *v/t* **1.** grüßen: **he never ~s you** er grüßt nie. **2.** begrüßen, empfangen. **3.** *dem Auge* begegnen, *ans Ohr* dringen: **a surprising sight ~ed his eyes** (*od.* **him**) ihm bot sich ein überraschender Anblick. **4.** *e-e Nachricht etc* aufnehmen: **to be ~ed by silence** schweigend aufgenommen werden.

greet[2] [gri:t] *v/i Scot.* weinen.

'**greet·ing** *s* **1.** Gruß *m*, Begrüßung *f.* **2.** *pl* a) Grüße *pl*: **give ~s from me to all your family** grüßen Sie Ihre ganze Familie von mir, b) Glückwünsche *pl*: **~s card** Glückwunschkarte *f.* **3.** *Am.* Anrede *f* (*im Brief*).

gre·gar·i·ous [grɪ'geərɪəs] *adj* (*adv* **~ly**) **1.** gesellig. **2.** *zo.* in Herden *od.* Scharen lebend, Herden...: **~ animal.** **3.** *bot.* trauben- *od.* büschelartig wachsend. **gre'gar·i·ous·ness** *s* **1.** Geselligkeit *f.* **2.** Zs.-Leben *n* in Herden.

Gre·go·ri·an [grɪ'gɔ:rɪən; *Am. a.* -'gəʊ-] *relig.* **I** *adj* Gregori'anisch: **~ calendar.** **II** *s* → **Gregorian chant.** **~ chant** *s mus.* Gregori'anischer Gesang. **~ ep·och** *s* Zeit *f* seit der Einführung des Gregori'anischen Ka'lenders (*1582*). **~ mode** *s mus.* Gregori'anische (Kirchen)Tonart. **~ style** *s* Gregori'anische *od.* neue Zeitrechnung. **~ tone** *s mus.* Gregori'anischer (Psalm)Ton.

greige [greɪʒ] *adj u. s Textil. bes. Am.* na'turfarben(e Stoffe *pl*).

grei·sen ['graɪzn] *s geol.* Greisen *m* (*ein umgewandelter Granit*).

gre·mi·al ['gri:mɪəl] *s R.C.* Gremi'ale *n* (*Schoßtuch des Bischofs beim Messelesen*).

grem·lin ['gremlɪn] *s aer. colloq.* böser Geist, Kobold *m* (*der Maschinenschaden etc verursacht*).

gre·nade [grɪ'neɪd] *s* **1.** *mil.* ('Hand- *od.* Ge'wehr)Gra,nate *f*: **~ launcher** Granatwerfer *m.* **2.** 'Tränengaspa,trone *f.*

gren·a·dier [,grenə'dɪə(r)] *s mil.* Grena'dier *m* (*hist. außer in*): **the G~s, the G~ Guards** *Br.* die Grenadiergarde *f.*

gren·a·dine[1] [,grenə'di:n] **I** *s* **1.** Grena'dine *f*, Gra'natapfelsirup *m*, -saft *m.* **2.** Gra'nat-, Braunrot *n* (*Farbe*). **II** *adj* **3.** gra'natfarben, gra'nat-, braunrot.

gren·a·dine[2] [,grenə'di:n] *s* Grena'dine *f* (*leichtes, durchsichtiges Seiden- od. Chemieseidengewebe*).

gren·a·dine[3] [,grenə'di:n] *s gastr.* Grena'din *m*, *n* (*runde, gespickte, in Butter gebratene Fisch- od. Fleischschnitte*).

Gresh·am's| law, ~ the·o·rem ['greʃəmz] *s* Greshamsches Gesetz (*Beobachtung, daß von zwei nebeneinander zirkulierenden u. mit gleicher gesetzlicher Zahlungskraft ausgestatteten Geldarten die auf Grund ihres Materials für wertvoller angesehene Geldart aus dem Zahlungsverkehr verschwindet und gehortet wird*).

gres·so·ri·al [gre'sɔ:rɪəl; *Am. a.* -'səʊ-] *adj zo.* Schreit-, Stelz...: **~ birds.**

Gret·na Green mar·riage [,gretnə'gri:n] *s* Heirat *f* in Gretna Green (*Schottland*).

grew [gru:] *pret von* **grow.**

grew·some → **gruesome.**

grey [greɪ] *bes. Br. für* **gray.**

'**grey·hound** *s* **1.** *zo.* Windhund *m*, -spiel *n.* **2.** → **ocean greyhound.** **~ rac·ing** *s* Windhundrennen *n od. pl.*

grey·ish, grey·ness *bes. Br. für* **grayish, grayness.**

grid [grɪd] **I** *s* **1.** Gitter *n*, (Eisen)Rost *m.* **2.** *electr.* Gitter *n* (*e-r Elektronenröhre*). **3.** *electr. etc* Versorgungsnetz *n.* **4.** *geogr.* Gitter(netz) *n* (*auf Karten*). **5.** → **gridiron** 1, 4, 7. **II** *adj* **6.** *electr.* Gitter...: **~ circuit; ~ condenser; ~ current; ~ bias** Gittervorspannung *f.* **7.** *Am. colloq.* Football...

grid·der ['grɪdə(r)] *s Am. colloq.* a) Footballspieler *m*, b) Footballfan *m.*

grid·dle ['grɪdl] **I** *s* **1.** (rundes) Backblech: **to be on the ~** *colloq.* ‚in die Mangel genommen werden' (*bes. von der Polizei*). **2.** *Bergbau*: Schüttelsieb *n*, Planrätter *m.* **II** *v/t* **3.** auf e-m (Back)Blech backen. **4.** *tech.* sieben. '**~·cake** *s* Pfannkuchen *m.*

gride [graɪd] **I** *v/i* knirschen, scheuern, reiben. **II** *v/t* knirschend (zer)schneiden. **III** *s* Knirschen *n.*

grid·i·ron ['grɪd,aɪə(r)n] *s* **1.** Bratrost *m.* **2.** Gitter(rost *m*, -werk *n*) *n.* **3.** Netz (-werk) *n* (*von Leitungen, Bahnlinien etc*). **4.** *mar.* Balkenroste *f.* **5.** *thea.* Schnürboden *m.* **6.** **~ pendulum** Kompensati'onspendel *n.* **7.** *American Football*: *colloq.* Spielfeld *n.*

grid| leak *s electr.* 'Gitterableit,widerstand *m.* **~ line** *s* Gitternetzlinie *f* (*auf e-r Landkarte*). **~ ref·er·ence** *s mil.* 'Planqua,dratangabe *f.* **~ square** *s* 'Planqua,drat *n.*

grief [gri:f] *s* **1.** Gram *m*, Kummer *m*, Leid *n*, Schmerz *m*: **to my great ~** zu m-m großen Kummer; **to be a ~ to s.o.** j-m Kummer bereiten; **to bring to ~** zugrunde richten; **to come to ~** a) zu Schaden kommen, sich verletzen, b) fehlschlagen, scheitern, c) zugrunde gehen; **good ~!** *colloq.* Menschenskind! **2.** *obs.* a) Leiden *n*, b) Wunde *f.* '**~-,strick·en** *adj* kummervoll, (tief)betrübt, gramgebeugt.

griev·ance ['gri:vns] *s* **1.** Beschwerde (-grund *m*) *f*, (Grund *m* zur) Klage *f*, 'Mißstand *m.* **2.** *Am.* Arbeitsstreitigkeit(en *pl*) *f*: **~ committee** Schlichtungsausschuß *m*; **~ procedure** Beschwerde-, Schlichtungsverfahren *n.* **3.** Unzufriedenheit *f*: **to the ~ of** zum Verdruß (*gen*). **4.** Groll *m*: **to have a ~ against s.o.** e-n Groll gegen j-n hegen.

grieve [gri:v] **I** *v/t* betrüben, bekümmern, *j-m* weh tun, *j-m* Kummer bereiten: **it ~s me to see that** ich sehe zu m-m *od.* mit Kummer, daß. **II** *v/i* bekümmert sein, sich grämen (**at, about, over** über *acc*, wegen): **to ~ for** trauern um.

griev·ous ['gri:vəs] *adj* (*adv* **~ly**) **1.** schmerzlich, bitter. **2.** schwer, schlimm: **~ error; ~ loss; ~ wound; ~ bodily harm** *jur. Br.* schwere Körperverletzung. **3.** schmerzhaft, quälend. **4.** drückend. **5.** bedauerlich. **6.** schmerzerfüllt, Schmerzens...: **~ cry.** '**griev·ous·ness** *s* **1.** (*das*) Schmerzliche, Bitterkeit *f.* **2.** Schwere *f.*

grif·fin[1] ['grɪfɪn] *s* **1.** *antiq. her.* Greif *m.* **2.** → **griffon**[1].

grif·fin[2] ['grɪfɪn] *s* Neuankömmling *m* im Orient (*bes. aus Westeuropa*).

grif·fon[1] ['grɪfn], *a.* **~ vul·ture** *s orn.* Weißköpfiger Geier.

grif·fon[2] ['grɪfn] *s* **1.** → **griffin**[1] 1. **2.** Griffon *m* (*ein Vorstehhund*).

grift [grɪft] *Am. sl.* **I** *s* **1.** (*manchmal als pl konstruiert*) Meˈthoden *pl*, um sich Geld zu ergaunern. **2.** ergaunertes Geld: **to live on the** ~ → 3 b. **II** *v/i* **3.** a) sich Geld ergaunern, b) von ergaunertem Geld leben. **III** *v/t* **4.** sich *Geld* ergaunern. **ˈgrift·er** *s Am. sl.* Gauner *m*.

grig [grɪg] *s dial.* **1.** fiˈdele Perˈson: **(as) merry as a** ~ kreuzfidel. **2.** a) Grille *f*, b) kleiner Aal.

grill[1] [grɪl] **I** *s* **1.** Grill *m* (*a. Bratrost*). **2.** Grillen *n*. **3.** Gegrillte(s) *n*: **a** ~ **of meat** gegrilltes Fleisch. **4.** → **grillroom**. **II** *v/t* **5.** grillen. **6. to** ~ **o.s.** sich (*in der Sonne*) ‚grillen' (lassen); **to be ~ed** ‚schmoren'. **7.** *colloq. j-n* ‚in die Mangel nehmen' (*bes. Polizei*): **to** ~ **s.o. about** j-n ‚ausquetschen' über (*acc*). **III** *v/i* **8.** gegrillt werden, auf dem Grill liegen. **9.** a) sich (*in der Sonne*) ‚grillen' (lassen), b) ‚schmoren'.

grill[2] [grɪl] → **grille**.

gril·lage [ˈgrɪlɪdʒ] *s arch.* Pfahlrost *m*, ˈUnterbau *m*.

grille [grɪl] *s* **1.** Tür-, Fenstergitter *n*. **2.** Gitterfenster *n*, Schalter-, Sprechgitter *n*. **3.** *mot.* (Kühler)Grill *m*.

grilled[1] [grɪld] *adj* gegrillt: ~ **meat**.

grilled[2] [grɪld] *adj* vergittert.

ˈgrill·er → **grill**[1] 1. **ˈgrill·ing** *s*: **to give s.o. a** ~ *colloq.* j-n ‚in die Mangel nehmen' (*bes. Polizei*); **to give s.o. a** ~ **about** *colloq.* j-n ‚ausquetschen' über (*acc*).

grill·room [ˈgrɪlrʊm] *s* Grillroom *m* (*Restaurant od. Speiseraum in e-m Hotel, in dem hauptsächlich Grillgerichte* [*zubereitet u.*] *serviert werden*).

grilse [grɪls] *pl* **grilse** *s ichth.* junger Lachs.

grim [grɪm] *adj* (*adv* **~ly**) **1.** grimmig: ~ **face**; ~ **laughter**. **2.** erbittert, verbissen: ~ **opposition**; ~ **struggle**. **3.** grausam, hart, bitter: **a** ~ **truth**. **4.** hart, unerbittlich: → **death** 1, **reaper** 1. **5.** grausig: ~ **accident**; ~ **story**. **6.** *colloq.* schlimm: **I've had a** ~ **day**.

gri·mace [grɪˈmeɪs; ˈgrɪməs] **I** *s* Griˈmasse *f*, Fratze *f*: **to make a** ~ e-e Grimasse schneiden *od.* machen *od.* ziehen, e-e Fratze schneiden; **to make a** ~ **of pain** das Gesicht vor Schmerz verzerren *od.* verziehen. **II** *v/i* e-e Griˈmasse *od.* Griˈmassen schneiden *od.* machen *od.* ziehen, e-e Fratze *od.* Fratzen schneiden, das Gesicht verzerren *od.* verziehen.

gri·mac·er *s* Griˈmassenschneider(in).

gri·mal·kin [grɪˈmælkɪn; -ˈmɔːl-] *s* **1.** alte Katze. **2.** alte Hexe (*Frau*).

grime [graɪm] **I** *s* (dicker) Schmutz *od.* Ruß: **to be covered with** ~ mit Ruß bedeckt sein. **II** *v/t* beschmutzen.

grim·i·ness [ˈgraɪmɪnɪs] *s* Schmutzigkeit *f*.

Grimm's law [grɪmz] *s ling.* Lautverschiebung(sgesetz *n*) *f*.

ˈgrim·ness *s* **1.** Grimmigkeit *f*. **2.** Verbissenheit *f*. **3.** Grausamkeit *f*, Härte *f*. **4.** Unerbittlichkeit *f*. **5.** Grausigkeit *f*.

grim·y [ˈgraɪmɪ] *adj* (*adv* **grimily**) schmutzig, rußig, verrußt.

grin [grɪn] **I** *v/i* **1.** grinsen, feixen, *oft nur* (verschmitzt) lächeln: **to** ~ **at s.o.** j-n angrinsen *od.* anlächeln; **to** ~ **to o.s.** in sich hineingrinsen; **to** ~ **from ear to ear** übers ganze Gesicht grinsen; **to** ~ **and bear it** a) gute Miene zum bösen Spiel machen, b) die Zähne zs.-beißen; → **Cheshire cat**. **2.** die Zähne fletschen. **II** *v/t* **3.** grinsend sagen. **III** *s* **4.** Grinsen *n*, (verschmitztes) Lächeln: → **Cheshire cat, take** 12, **wipe** 6.

grind [graɪnd] **I** *v/t pret u. pp* **ground** [graʊnd] **1.** *Glas etc* schleifen. **2.** *Messer etc* schleifen, wetzen, schärfen: **to** ~ **in** *tech. Ventile etc* einschleifen; → **ax** 1. **3.** *a.* ~ **down** (zer)mahlen, zerreiben, -stoßen, -stampfen, -kleinern, schroten: **to** ~ **small (into dust)** fein (zu Staub) zermahlen; **to** ~ **with emery** (ab)schmirgeln, glätten. **4.** *Kaffee, Korn etc* mahlen. **5.** *a.* ~ **down** abwetzen. **6.** knirschend aneinˈanderreiben: **to** ~ **one's teeth** mit den Zähnen knirschen. **7.** ~ **down** *fig.* (unter)ˈdrücken, schinden, quälen: **to** ~ **the faces of the poor** die Armen aussaugen. **8.** *e-n Leierkasten* drehen. **9.** *oft* ~ **out** *ein Musikstück* herˈunterspielen, *e-n Zeitungsartikel etc* herˈunterschreiben, ‚ˈhinhauen'. **10.** ~ **out** mühsam herˈvorbringen, ausstoßen. **11. to** ~ **s.th. into s.o.** *colloq.* j-m etwas ‚einpauken' *od.* ‚eintrichtern'.

II *v/i* **12.** mahlen: → **mill**[1] 1. **13.** sich mahlen *od.* schleifen lassen. **14.** knirschen: **to** ~ **to a halt** a) knirschend zum Stehen kommen, b) *fig.* zum Erliegen kommen. **15.** *colloq.* ‚sich abschinden', ‚schuften'. **16.** *ped. colloq.* ‚pauken', ‚büffeln', ‚ochsen' (**for** für): **to** ~ **at English** Englisch pauken. **17.** *meist* **bump and** ~ → **bump** 9.

III *s* **18.** Knirschen *n*. **19.** *colloq.* ‚Schindeˈrei' *f*, ‚Schufteˈrei' *f*: **the daily** ~. **20.** *ped. colloq.* a) ‚Pauken' *n*, ‚Büffeln' *n*, ‚Ochsen' *n*, b) ‚Pauker(in)', ‚Büffler(in)'. **21.** *Br. sl.* ‚Nummer' *f* (*Geschlechtsverkehr*): **to have a** ~ e-e Nummer machen *od.* schieben.

grind·er [ˈgraɪndə(r)] *s* **1.** (Scheren-, Messer-, Glas)Schleifer *m*. **2.** Schleifstein *m*. **3.** oberer Mühlstein. **4.** *tech.* a) ˈSchleifmaˌschine *f*, b) Mahlwerk *n*, Mühle *f*, c) Walzenmahl-, Quetschwerk *n*, d) (Kaffee)Mühle *f*, (Fleisch)Wolf *m*. **5.** *anat.* Backen-, Mahlzahn *m*. **6.** *pl sl.* Zähne *pl*. **ˈgrind·er·y** *s* **1.** Schleifeˈrei *f* (*Betrieb od. Werkstatt*). **2.** *Br.* ˈSchusterwerkzeug *n* u. -materiˌal *n*. **ˈgrind·ing I** *s* **1.** Mahlen *n*. **2.** Schleifen *n*, Schärfen *n*. **3.** Knirschen *n*. **II** *adj* **4.** mahlend (*etc* → **grind** I *u.* II). **5.** Mahl..., Schleif...: ~ **mill** a) Mühle *f*, Mahlwerk *n*, b) Schleif-, Reibmühle *f*; ~ **paste** Schleifpaste *f*; ~ **powder** Schleifpulver *n*; ~ **wheel** Schleif-, Schmirgelscheibe *f*. **6.** ~ **work** → **grind** 19.

ˈgrind·stone *s* **1.** Schleifstein *m*: **to keep** (*od.* **have**) **one's nose to the** ~ *fig.* hart *od.* schwer arbeiten, ‚schuften'; **to keep s.o.'s nose to the** ~ *fig.* j-n hart *od.* schwer arbeiten lassen; **to get back to the** ~ *fig.* sich wieder an die Arbeit machen. **2.** Mühlstein *m*.

grin·go [ˈgrɪŋgəʊ] *pl* **-gos** *s* Gringo *m* (*in Südamerika verächtlich für j-n, der nicht romanischer Herkunft ist*).

grip[1] [grɪp] **I** *s* **1.** Griff *m* (*a. Art, etwas zu packen*): **to come** (*od.* **get**) **to ~s with** a) aneinandergeraten mit, b) *fig.* sich auseinandersetzen *od.* ernsthaft beschäftigen mit, *e-r Sache* zu Leibe rücken; **to be at ~s with** a) in e-n Kampf verwickelt sein mit, b) *fig.* sich auseinandersetzen *od.* ernsthaft beschäftigen mit. **2.** *fig.* a) Griff *m*, Halt *m*, b) Herrschaft *f*, Gewalt *f*, Zugriff *m*, c) Verständnis *n*: **in the** ~ **of** in den Klauen *od.* in der Gewalt (*gen*); **to get** (*od.* **take**) **a** ~ **on** in s-e Gewalt *od.* (*geistig*) in den Griff bekommen; **to have** (*od.* **keep**) **a** ~ **on** *etwas* in der Gewalt haben, *Zuhörer etc* fesseln, gepackt halten; **to have** (*od.* **keep**) **a** (**good**) ~ **on** *die Lage, e-e Materie etc* (sicher) beherrschen *od.* im Griff haben, *die Situation etc* (klar) erfassen; **to lose one's** ~ die Herrschaft verlieren (**of** über *acc*), *fig.* (*bes. geistig*) nachlassen. **3.** Stich *m*, plötzlicher Schmerz(anfall). **4.** (*bestimmter*) Händedruck: **the Masonic** ~ der Freimaurergriff. **5.** (Hand)Griff *m* (*e-s Koffers etc*). **6.** Haarspange *f*. **7.** *tech.* Klemme *f*, Greifer *m*, Spanner *m*. **8.** *tech.* Griffigkeit *f* (*a. von Autoreifen*). **9.** *thea.* Kuˈlissenschieber *m*. **10.** Reisetasche *f*. **II** *v/t pret u. pp* **gripped,** *Am. a.* **gript** **11.** ergreifen, packen. **12.** *fig. j-n* packen: a) ergreifen (*Furcht, Spannung*), b) *Leser, Zuhörer etc* fesseln, in Spannung halten. **13.** *fig.* begreifen, verstehen. **14.** *tech.* festmachen, -klemmen. **III** *v/i* **15.** Halt finden. **16.** *fig.* packen, fesseln.

grip[2] [grɪp] *s med. obs.* Grippe *f*.

grip brake *s tech.* Handbremse *f*.

gripe [graɪp] **I** *v/t* **1.** *obs.* → **grip**[1] 11. **2.** *obs.* quälen, (be)drücken. **3.** *mar. ein Boot etc* sichern. **4.** zwicken, *bes. j-m* Bauchschmerzen verursachen: **to be ~d** Bauchschmerzen *od.* e-e Kolik haben. **5.** *Am. colloq.* ‚fuchsen', ärgern. **II** *v/i* **6.** *mar.* luvgierig sein (*Schiff*). **7.** Bauchschmerzen haben *od.* verursachen. **8.** *colloq.* (**about**) ‚meckern' (über *acc*, gegen), nörgeln (an *dat*, über *acc*): **to** ~ **at** *j-n* ‚anmeckern'. **III** *s* **9.** *obs.* → **grip**[1] 1. **10.** *meist pl* Bauchschmerzen *pl*, Kolik *f*. **11.** *mar.* a) Anlauf *m* (*des Kiels*), b) *pl* Seile *pl* zum Festmachen. **12.** *colloq.* (Grund *m* zur) ‚Meckeˈrei' *f od.* Nörgeˈlei *f*: **what's your ~?** was hast du denn? **ˈgrip·er** *s colloq.* ‚Meckerfritze' *m*, Nörgler(in). **ˈgrip·ing I** *s* → **gripe** 10. **II** *adj* zwickend.

grippe [grɪp] *s med. obs.* Grippe *f*.

grip·per [ˈgrɪpə(r)] *s* **1.** *tech.* Greifer *m*, Halter *m*. **2.** *Film etc*: Thriller *m*. **ˈgrip·ping** *adj* **1.** *fig.* packend, fesselnd, spannend. **2.** *tech.* (Ein)Spann..., Klemm..., Greif(er)...: ~ **jaw** Klemm-, Spannbacke *f*; ~ **tool** Spannwerkzeug *n*.

ˈgripˌsack *s Am.* Reisetasche *f*.

gript [grɪpt] *pret u. pp von* **grip**[1].

gri·saille [grɪˈzeɪl; -ˈzaɪ] *s* Griˈsaille *f* (*Malerei od. Gemälde in grauen* [*a. braunen od. grünen*] *Farbtönen*).

gris·e·ous [ˈgrɪzɪəs; ˈgrɪs-] *adj* perl-, bläulichgrau.

gris·kin [ˈgrɪskɪn] *s Br.* Rippenstück *n*, Karboˈnade *f* (*des Schweins*).

gris·li·ness [ˈgrɪzlɪnɪs] *s* Gräßlichkeit *f*, (*das*) Schauerliche.

gris·ly [ˈgrɪzlɪ] *adj* gräßlich, schauerlich.

grist[1] [grɪst] *s* **1.** Mahlgut *n*, -korn *n*: **that's** ~ **to** (*od.* **for**) **his mill** *fig.* das ist Wasser auf s-e Mühle; **all is** ~ **that comes to his mill** er weiß aus allem Kapital zu schlagen; **to bring** ~ **to the mill** Vorteil *od.* Gewinn bringen, einträglich sein. **2.** *Brauerei*: Malzschrot *n*. **3.** *Am.* (ˈGrundlagen)Materiˌal *n*.

grist[2] [grɪst] *s* Stärke *f*, Dicke *f* (*von Garn od. Tau*).

gris·tle [ˈgrɪsl] *s* Knorpel *m* (*bes. im Fleisch*). **ˈgris·tly** *adj* knorpelig.

grit [grɪt] **I** *s* **1.** *geol.* a) (grober) Sand, Kies *m*, Grus *m*, b) *a.* **~stone** Grit *m*, flözleerer Sandstein. **2.** Streusand *m*. **3.** *min.* Korn *n*, Strukˈtur *f*. **4.** *fig.* Mut *m*, ‚Mumm' *m*, Rückgrat *n*. **5.** *pl* a) Haferkorn *n*, b) Haferschrot *n*, -grütze *f*, c) *Am.* grobes Maismehl. **II** *v/t* **6.** *e-e vereiste Straße etc* streuen. **7. to** ~ **one's teeth** die Zähne zs.-beißen (*a. fig.*). **III** *v/i* **8.** knirschen, mahlen.

grit·ti·ness [ˈgrɪtɪnɪs] *s* **1.** Sandigkeit *f*, Kiesigkeit *f*. **2.** *fig.* → **grit** 4. **ˈgrit·ty** *adj* **1.** sandig, kiesig. **2.** *fig.* mutig, entschlossen, fest.

griz·zle[1] [ˈgrɪzl] *v/i Br. colloq.* **1.** quengeln. **2.** sich beklagen (**about** über *acc*).

griz·zle[2] [ˈgrɪzl] *s* **1.** Grau *n*, graue Farbe. **2.** graues *od.* angegrautes Haar. **3.** graue Peˈrücke.

griz·zled [ˈgrɪzld] *adj* a) grau(haarig), b) mit angegrautem Haar.

griz·zly [ˈgrɪzlɪ] **I** *adj* grau(haarig),

Grau... **II** *s* → **grizzly bear.** **~bear** *s zo.* Grizzly(bär) *m*, Graubär *m*.

groan [grəʊn] **I** *v/i* **1.** (auf)stöhnen, ächzen (**with** vor *dat*): **to ~ at** stöhnen über (*acc*). **2.** ächzen, knarren (**beneath, under** unter *dat*) (*Fußboden etc*): **the table ~ed with food** der Tisch war mit Speisen überladen. **3.** *fig.* stöhnen, ächzen, leiden (**beneath, under** unter *dat*): **the country ~ed under the dictator's rule. 4.** Laute des Unmuts von sich geben. **II** *v/t* **5.** unter Stöhnen äußern, ächzen: **to ~ out a story** mit gepreßter Stimme e-e Geschichte erzählen. **6. ~ down** *e-n Redner etc* durch Laute des Unmuts zum Schweigen bringen. **III** *s* **7.** Stöhnen *n*, Ächzen *n*: **to give** (*od.* **heave) a ~** (auf)stöhnen, ächzen. **8.** Laut *m* des Unmuts.

groat [grəʊt] *s alte englische Silbermünze.*

groats [grəʊts] *s pl* Hafergrütze *pl*.

gro·cer [ˈgrəʊsə(r)] *s* Lebensmittelhändler *m*. **ˈgro·cer·y** *s* **1.** Lebensmittelgeschäft *n*. **2.** *pl* Lebensmittel *pl*. **3.** Lebensmittelhandel *m*. **ˌgro·ceˈte·ri·a** [-səˈtɪrɪə] *s Am.* Lebensmittelgeschäft *n* mit Selbstbedienung.

grog [grɒg; *Am.* grɑg] **I** *s* **1.** Grog *m*. **2.** *bes. Austral. colloq.* Schnaps *m*. **II** *v/i* **3.** Grog trinken. **ˈgrog·ger·y** [-əriː] *s Am.* ‚Schnapsbude' *f*.

grog·gi·ness [ˈgrɒgɪnɪs; *Am.* ˈgrɑ-] *s colloq.* **1.** Betrunkenheit *f*, ‚Schwips' *m*. **2.** Wackligkeit *f*. **3.** *a. Boxen*: Benommenheit *f*, (halbe) Betäubung. **ˈgrog·gy** *adj colloq.* **1.** groggy: a) (*Boxen*) schwer angeschlagen, b) *colloq.* erschöpft, abgespannt, c) *colloq.* schwach *od.* wacklig (auf den Beinen). **2.** a) wacklig (*Tisch etc*), b) morsch (*Zahn, Brücke etc*). **3.** *obs.* betrunken.

groin [grɔɪn] **I** *s* **1.** *anat.* Leiste(ngegend) *f*. **2.** *arch.* Grat(bogen) *m*, Rippe *f*. **3.** *tech. bes. Am.* Buhne *f*. **II** *v/t* **4.** *arch. Gewölbe* mit Kreuzgewölbe bauen. **groined** *adj arch.* gerippt: **~ vault** Kreuzgewölbe *n*.

grom·met [ˈgrɒmɪt; *Am.* ˈgrɑmət] *s* **1.** *mar.* Taukranz *m*. **2.** *tech.* (Meˈtall)Öse *f*.

grom·well [ˈgrɒmwəl; -wel; *Am.* ˈgrɑm-] *s bot.* (*bes.* Echter) Steinsame.

groom [gruːm; grʊm] **I** *s* **1.** Pferdepfleger *m*, Stallbursche *m*. **2.** → **bridegroom. 3.** *Br.* Diener *m*, königlicher Beamter: **~ of the (Great) Chamber** königlicher Kammerdiener; **~ of the stole** Oberkammerherr *m*. **II** *v/t* **4.** *Person, Kleidung* pflegen. **5.** *Pferde* versorgen, pflegen, striegeln. **6.** *fig. j-n* aufbauen (**for Presidency** als zukünftigen Präsiˈdenten): **to ~ s.o. for stardom** j-n als Star lancieren.

grooms·man [ˈgruːmzmən; ˈgrʊmz-] *s irr Am.* → **best man.**

groove [gruːv] **I** *s* **1.** Rinne *f*, Furche *f* (*beide a. anat. tech.*): **in the ~** *sl. obs.* a) in (Hoch)Form *od.* in Stimmung, b) *Am.* in Mode, modern. **2.** *tech.* a) Nut *f*, Rille *f*, Hohlkehle *f*, Kerbe *f*: → **tongue** 8, b) Falz *m*, Fuge *f*. **3.** Rille *f* (*e-r Schallplatte*). **4.** *print.* Signaˈtur *f* (*Drucktype*). **5.** *tech.* Zug *m* (*in Gewehren etc*). **6.** *fig.* a) gewohntes Gleis, b) *contp.* altes Gleis, alter Trott, Rouˈtine *f*, Schaˈblone *f*: **to get** (*od.* **fall) into a ~** in e-e Gewohnheit *od.* in e-n (immer gleichen) Trott verfallen; **to run** (*od.* **work) in a ~** sich in ausgefahrenen Gleisen bewegen. **7.** *sl.* ‚klasse *od.* tolle Sache': **to find s.th. a ~** etwas klasse finden.

II *v/t* **8.** *tech.* a) (aus)kehlen, rillen, riefeln, falzen, nuten, (ein)kerben, b) ziehen. **9.** *sl.* a) *j-m* Spaß machen, b) Spaß haben an (*dat*).

III *v/i sl.* **10.** Spaß machen. **11.** Spaß haben (**on** an *dat*).

grooved *adj tech.* gerillt, geriffelt, genutet: **~ pin** Kerbstift *m*; **~ wire** hohlkantiger Draht. **ˈgroov·er** *s* **1.** *tech.* ˈKehl-, ˈNut-, ˈFalzmaˌschine *f od.* -werkzeug *n od.* -stahl *m*. **2.** *sl.* ‚klasse *od.* toller Kerl' *m*. **ˈgroov·y** *adj* **1.** schaˈblonenhaft. **2.** *sl.* ‚klasse', ‚toll'.

grope [grəʊp] **I** *v/i* **1.** tasten (**for** nach): **to ~ about** (*od.* **around**) herumtappen, -tasten, -suchen; **to ~ in the dark** *bes. fig.* im dunkeln tappen; **to ~ after** (*od.* **for**) **a solution** nach e-r Lösung suchen. **II** *v/t* **2.** tastend suchen: **to ~ one's way** sich vorwärtstasten. **3.** *colloq. ein Mädchen etc* ‚befummeln', betasten. **III** *s* **4.** Tasten *n*. **5. to have a ~** *colloq.* ‚fummeln'. **ˈgrop·ing·ly** *adv* tastend, *fig. a.* vorsichtig, unsicher.

gros·beak [ˈgrəʊsbiːk] *s orn. ein Fink mit starkem Schnabel, bes.* Kernbeißer *m*.

gros·grain [ˈgrəʊgreɪn] *adj u. s* grob gerippt(es Seidentuch *od.* -band).

gross [grəʊs] **I** *adj* (*adv* → **grossly**) **1.** brutto, Brutto..., gesamt, Gesamt..., Roh...: **~ amount** Bruttobetrag *m*; **~ average** *mar.* große Havarie; **~ domestic product** Bruttoinlandsprodukt *n*; **~ margin** Bruttogewinnspanne *f*; **~ national income** Bruttovolkseinkommen *n*; **~ national product** Bruttosozialprodukt *n*; **~ profit(s)** Brutto-, Rohgewinn *m*; **~ sum** Gesamtsumme *f*; **~ weight** Bruttogewicht *n*. **2.** ungeheuerlich, schwer, grob: **a ~ error; a ~ injustice** e-e schreiende Ungerechtigkeit; **~ negligence** *jur.* grobe Fahrlässigkeit; **~ breach of duty** *jur.* schwere Pflichtverletzung. **3.** a) unfein, derb, grob, roh, b) unanständig, anstößig. **4.** *fig.* schwerfällig. **5.** dick, feist, plump, schwer. **6.** üppig, stark, dicht: **~ vegetation. 7.** grob(körnig): **~ powder. II** *s* **8.** (*das*) Ganze, (*die*) Masse: **in ~** *jur.* an der Person haftend; **in (the) ~** im ganzen, in Bausch u. Bogen. **9.** *pl* **gross** Gros *n* (*12 Dutzend*): **by the ~** grosweise. **III** *v/t* **10.** brutto verdienen *od.* einnehmen *od.* (*Film etc*) einspielen. **ˈgross·ly** *adv* ungeheuerlich, äußerst: **~ exaggerated** stark *od.* maßlos übertrieben; **~ negligent** grob fahrlässig. **ˈgross·ness** *s* **1.** Ungeheuerlichkeit *f*, Schwere *f*. **2.** a) Grobheit *f*, Roheit *f*, Derbheit *f*, b) Unanständigkeit *f*, Anstößigkeit *f*. **3.** *fig.* Schwerfälligkeit *f*. **4.** Dicke *f*, Plumpheit *f*.

grot [grɒt; *Am.* grɑt] *s poet.* Grotte *f*.

gro·tesque [grəʊˈtesk] **I** *adj* (*adv* **~ly**) **1.** groˈtesk: a) *art* verzerrt, phanˈtastisch, b) seltsam, biˈzarr, c) abˈsurd, lächerlich. **II** *s* **2.** *art* Groˈteske *f*, groˈteske Fiˈgur. **3. the ~** das Groˈteske. **groˈtesque·ness** *s* **1.** (*das*) Groˈteske *od.* Biˈzarre *od.* Abˈsurde. **2.** Absurdiˈtät *f*. **groˈtes·quer·ie** [-kəriː] *s* **1.** (*etwas*) Groˈteskes *od.* Abˈsurdes. **2.** → **grotesqueness.**

grot·to [ˈgrɒtəʊ; *Am.* ˈgrɑ-] *pl* **-toes** *od.* **-tos** *s* Höhle *f*, Grotte *f*.

grot·ty [ˈgrɒtɪ] *adj Br. sl.* **1.** ‚mies', miseˈrabel. **2.** häßlich.

grouch [graʊtʃ] *colloq.* **I** *v/i* **1.** (**about**) nörgeln (an *dat*, über *acc*), ‚meckern' (über *acc*, gegen). **II** *s* **2.** a) ‚miese' Laune, b) **to have a ~** → 1. **3.** a) Nörgler(in), ‚Meckerfritze' *m*, b) ‚Miesepeter' *m*. **ˈgrouch·y** *adj colloq.* a) nörglerisch, b) ‚miesepet(e)rig'.

ground[1] [graʊnd] **I** *s* **1.** (Erd)Boden *m*, Erde *f*, Grund *m*: **above ~** a) oberirdisch, b) *Bergbau*: über Tage, c) *fig.* am Leben; **below ~** a) *Bergbau*: unter Tage, b) *fig.* tot, unter der Erde; **from the ~ up** *Am. colloq.* von Grund auf, ganz u. gar; **on the ~** an Ort u. Stelle; **to break new** (*od.* **fresh**) **~** Land urbar machen, *a. fig.* Neuland erschließen; **to burn to the ~** a) *v/t* niederbrennen, b) *v/i* abbrennen; **to cut the ~ from under s.o.'s feet** *fig.* j-m den Boden unter den Füßen wegziehen; **to fall on stony ~** *fig.* auf taube Ohren stoßen; **to fall to the ~** a) zu Boden fallen, b) *fig.* sich zerschlagen, ins Wasser fallen; **to go over the ~** *fig.* die Sache durchsprechen *od.* ‚durchackern', alles (gründlich) prüfen; **to go over old ~** ein altes Thema ‚beackern'; **to get off the ~** a) *v/t Plan etc* in die Tat umsetzen, *Idee etc* verwirklichen, b) *v/i aer.* abheben, c) *v/i* in die Tat umgesetzt *od.* verwirklicht werden; **to go to ~** a) im Bau verschwinden (*Fuchs*), b) *fig.* ‚untertauchen' (*Verbrecher*); **to run into the ~** a) *etwas* zu Tode reiten, b) *sport Gegner* in Grund u. Boden laufen; → **down**[1] 1. **2.** Boden *m*, Grund *m*, Strecke *f*, Gebiet *n* (*a. fig.*), Gelände *n*: **on German ~** auf deutschem Boden; **to be on safe ~** *fig.* sich auf sicherem Boden bewegen; **to be forbidden ~** *fig.* tabu sein; **to gain ~** a) (an) Boden gewinnen (*a. fig.*), b) *fig.* um sich greifen, Fuß fassen; **to give** (*od.* **lose**) **~** (an) Boden verlieren (*a. fig.*); → **cover** 36. **3.** Grundbesitz *m*, Grund *m* u. Boden *m*. **4.** *pl* a) Garten-, Parkanlagen *pl*: **standing in its own ~s** umgeben von Anlagen (*Haus*), b) Ländeˈreien *pl*, Felder *pl*. **5.** Gebiet *n*, Grund *m*: → **hunting ground. 6.** *oft pl bes. sport* Platz *m*: **cricket ~. 7.** a) Standort *m*, Stellung *f*, b) *fig.* Standpunkt *m*, Ansicht *f*: **to hold** (*od.* **stand**) **one's ~** standhalten, nicht weichen, sich *od.* s-n Standpunkt behaupten; **to shift one's ~** s-n Standpunkt ändern, umschwenken. **8.** Meeresboden *m*, (Meeres)Grund *m*: **to take ~** *mar.* auflaufen, stranden; **to touch ~** *fig.* zur Sache kommen. **9.** *a. pl* Grundlage *f*, Basis *f* (*bes. fig.*). **10.** *fig.* (Beweg)Grund *m*, Ursache *f*: **~ for divorce** *jur.* Scheidungsgrund; **on medical (religious) ~s** aus gesundheitlichen (religiösen) Gründen; **on ~s of age** aus Altersgründen; **on the ~(s) of** auf Grund von (*od. gen*), wegen (*gen*); **on the ~(s) that** mit der Begründung, daß; **to have no ~(s) for** keinen Grund *od.* keine Veranlassung haben für (*od.* zu *inf*); **I have no ~s for complaint** ich kann mich nicht beklagen; **we have good ~s for thinking that** wir haben guten Grund zu der Annahme, daß. **11.** *pl* (Boden)Satz *m*. **12.** ˈHinter-, ˈUntergrund *m*. **13.** *art* a) Grundfläche *f* (*Relief*), b) Ätzgrund *m* (*Stich*), c) *paint.* Grund(farbe *f*) *m*, Grunˈdierung *f*. **14.** *Bergbau*: a) Grubenfeld *n*, b) (Neben)Gestein *n*. **15.** *electr. Am.* a) Erde *f*, Erdung *f*, Masse *f*, b) Erdschluß *m*: **~ cable** Massekabel *n*; **~ fault** Erdfehler *m*; **~ wire** Erdleitungsdraht *m*. **16.** *mus.* → **ground bass. 17.** *thea.* Parˈterre *n*. **18.** → **ground staff** 1.

II *v/t* **19.** niederlegen, -setzen: **to ~ arms** *mil.* die Waffen strecken. **20.** *mar. ein Schiff* auf Grund setzen. **21.** *fig.* (**on, in**) gründen, stützen (auf *acc*), aufbauen (auf *dat*), begründen (in *dat*): **~ed in fact** auf Tatsachen beruhend; **to be ~ed in** sich gründen auf (*acc*), verankert sein *od.* wurzeln in (*dat*). **22.** (**in**) *j-n* einführen *od.* einweisen (in *acc*), *j-m* die Anfangsgründe (*gen*) beibringen: **to be well ~ed in** e-e gute Vorbildung *od.* gute Grund- *od.* Vorkenntnisse haben in (*dat*). **23.** *electr. Am.* erden, an Masse legen: **~ed conductor** geerdeter Leiter, Erder *m*. **24.** *paint. tech.* grunˈdieren. **25.** a) *e-m Flugzeug od. Piloten* Startverbot erteilen: **to be ~ed** Startverbot erhalten *od.* haben, b) *Am. e-m Jockey* Startverbot erteilen, c) *mot. Am. j-m* die Fahrerlaubnis entziehen.

III *v/i* **26.** *mar.* stranden, auflaufen. **27.** (on, upon) beruhen (auf *dat*), sich gründen (auf *acc*).

ground² [graʊnd] **I** *pret u. pp von* **grind. II** *adj* **1.** gemahlen: ~ **coffee. 2.** matt(geschliffen): → **ground glass.**

ground·age [ˈgraʊndɪdʒ] *s mar. Br.* Hafengebühr *f*, Ankergeld *n*.

ˌground|-ˈair *adj aer.* Boden-Bord-... ~ **a·lert** *s aer. mil.* Aˈlarm-, Startbereitschaft *f*. ~ **an·gling** *s* Grundangeln *n*. ~ **at·tack** *s aer. mil.* Angriff *m* auf Erdziele, Tiefangriff *m*: ~ **fighter** Erdkampfflugzeug *n*. ~ **bait** *s* Grundköder *m*. ~ **ball** → **grounder.** ~ **bass** [beɪs] *s mus.* Grundbaß *m*. ~ **bee·tle** *s zo.* Laufkäfer *m*. ~ **box** *s bot.* Zwergbuchsbaum *m*. **ˈ~-ˌbreak·ing** *adj* bahnbrechend, wegweisend. ~ **clear·ance** *s mot.* Bodenfreiheit *f*. ~ **cloth** → **ground sheet.** ~ **coat** *s tech.* Grundanstrich *m*. ~ **col·o(u)r** → **ground¹** 13 c. ~ **con·nec·tion** → **ground¹** 15. **ˈ~-conˌtrolled ap·proach** *s aer.* GCˈA-Anflug *m* (*vom Boden geleiteter Radaranflug*). **ˈ~-conˌtrolled in·ter·cep·tion** *s aer. mil.* Jäger-Boden-Radarleitverfahren *n*. ~ **crew** *s aer.* ˈBodenpersoˌnal *n*.

ground·er [ˈgraʊndə(r)] *s sport Am.* Bodenball *m*.

ground|fir *s bot.* (*ein*) Bärlapp *m*. ~ **fish** *s* Grundfisch *m*. ~ **fish·ing** *s* Grundangeln *n*. ~ **floor** *s* Erdgeschoß *n*: **to get** (*od.* **be**) **in on the** ~ *colloq.* a) ganz unten anfangen (*in e-r Firma etc*), b) von (allem) Anfang an mit dabeisein. ~ **fog** *s* Bodennebel *m*. ~ **forc·es** *s pl mil.* Bodentruppen *pl*, Landstreitkräfte *pl*. ~ **form** *s ling.* a) Grundform *f*, b) Wurzel *f*, c) Stamm *m*. ~ **frost** *s* Bodenfrost *m*. ~ **game** *s hunt. Br.* Niederwild *n*. ~ **glass** *s* **1.** Mattglas *n*. **2.** *phot.* Mattscheibe *f*. ~ **hog** *s* **1.** *zo.* Amer. (Wald)Murmeltier *n*. **2.** *Bergbau*: Caisˈsonarbeiter *m*. ~ **hos·tess** *s aer.* Groundhostess *f* (*Angestellte e-r Fluggesellschaft, die auf dem Flughafen die Reisenden betreut*). ~ **ice** *s* Grundeis *n*.

ˈground·ing *s* **1.** ˈUnterbau *m*, Fundaˈment *n*. **2.** Grunˈdierung *f*: a) Grunˈdieren *n*, b) Grund(farbe *f*) *m*. **3.** *electr. Am.* Erdung *f*: ~ **switch** Erdungsschalter *m*. **4.** *mar.* Stranden *n*. **5.** a) ˈAnfangsˌunterricht *m*, Einführung *f*, b) (Grund-, Vor)Kenntnisse *pl*. **6.** *aer.* Startverbot *n* (**of** für).

ˈgroundˌkeep·er → **groundman.**

ˈground·less *adj* (*adv* ~**ly**) grundlos, unbegründet.

ground| lev·el *s phys.* Bodennähe *f*. ~ **line** *s math.* Grundlinie *f*.

ground·ling [ˈgraʊndlɪŋ] *s* **1.** *ichth.* Grundfisch *m*, *bes.* a) Steinbeißer *m*, b) Schmerle *f*, c) Gründling *m*. **2.** *bot.* a) kriechende Pflanze, b) Zwergpflanze *f*.

ground|loop *s aer.* Ausbrechen *n* (*beim Landen u. Starten*): **to do a** ~ ausbrechen. **ˈ~man** [-mən] *s irr sport Am.* Platzwart *m*. **ˈ~mass** *s geol.* Grundmasse *f*. ~ **note** *s mus.* Grundton *m*. **ˈ~nut** *s bot.* **1.** Erdnuß *f*. **2.** Erdbirne *f*. ~ **ob·serv·er** *s aer. mil.* Bodenbeobachter *m*. ~ **pass** *s sport* Flachpaß *m*. ~ **plan** *s* **1.** *arch.* Grundriß *m*. **2.** *fig.* (erster) Entwurf, Konˈzept *n*. ~ **plane** *s tech.* Horizonˈtalebene *f*. ~ **plate** *s* **1.** *arch. tech.* Grundplatte *f*. **2.** *electr.* Erdplatte *f*. ~ **rat·tler** *s zo.* Zwergklapperschlange *f*. ~ **re·turn** *s Radar*: Bodenecho *n*. ~ **rob·in** *s orn.* Amer. Erdfink *m*. ~ **rule** *s* Grundregel *f*. ~ **sea** *s mar.* Grundsee *f*.

ground·sel [ˈgraʊnsl] *s bot.* (*bes.* Vogel-) Kreuzkraut *n*.

ground| shark *s ichth.* (*ein*) Grundhai *m*. ~ **sheet** *s* **1.** (Zelt)Boden *m*. **2.** *sport* Regenplane *f* (*zur Abdeckung e-s Spielfelds*). ~ **shot** *s sport* Flachschuß *m*.

grounds·man [ˈgraʊndzmən] *s irr bes. Br.* → **groundman.**

ground|speed *s aer.* Geschwindigkeit *f* über Grund. ~ **squir·rel** *s zo.* **1.** (*ein*) Backenhörnchen *n*. **2.** Afriˈkanisches Borstenhörnchen. ~ **staff** *s* **1.** *Kricket*: ˈPlatzpersoˌnal *n*. **2.** *aer. Br.* ˈBodenpersoˌnal *n*. ~ **sta·tion** *s Raumfahrt*: ˈBodenstatiˌon *f*. **ˈ~-strafe** → **strafe** 1. ~ **stroke** *s Tennis*: *nicht aus der Luft gespielter Ball*. ~ **swell** *s* **1.** *mar.* Grunddünung *f*. **2.** *fig.* Anschwellen *n*. **ˌ~-to-ˈair** *adj* a) *aer.* Boden-Bord...: ~ **communication** Boden-Bord-(Funk)Verkehr *m*, b) *mil.* Boden-Luft-...: ~ **weapons.** **ˌ~-to-ˈground** *adj mil.* Boden-Boden-...: ~ **weapons.** ~ **troops** *s pl mil.* Bodentruppen. ~ **wa·ter** *s* Grundwasser *n*. **ˈ~-ˌwa·ter lev·el** *s geol.* Grundwasserspiegel *m*. ~ **wave** *s electr. phys.* Bodenwelle *f*. ~ **ways** *s pl mar.* Ablaufbahn *f* (*für Stapelläufe*). **ˈ~work** *s* **1.** *arch.* a) Erdarbeit *f*, b) Grundmauern *pl*, ˈUnterbau *m*, Fundaˈment *n*: **to lay the** ~ **for** das Fundament legen für (*a. fig.*). **2.** *paint. etc* Grund *m*. ~ **ze·ro** *s* Bodennullpunkt *m* (*bei e-r Atombombenexplosion*).

group [gruːp] **I** *s* **1.** *allg.* Gruppe *f*: ~ **of bystanders**; ~ **of buildings** Gebäudekomplex *m*; ~ **of islands** Inselgruppe; ~ **of trees** Baumgruppe; **in** ~**s** gruppenweise. **2.** *fig.* Gruppe *f*, Kreis *m*. **3.** *parl.* a) Gruppe *f* (*Partei mit zuwenig Abgeordneten für e-e Fraktion*), b) Fraktiˈon *f*. **4.** *econ.* Gruppe *f*, Konˈzern *m*. **5.** *ling.* Sprachengruppe *f*. **6.** *geol.* Formatiˈonsgruppe *f*. **7.** *mil.* a) Gruppe *f*, b) Kampfgruppe *f* (*2 od. mehr Bataillone*), c) *Artillerie*: Regiˈment *n*, d) *aer. Am.* Gruppe *f*, *Br.* Geschwader *n*. **8.** *mus.* a) Instruˈmenten- *od.* Stimmgruppe *f*, b) Notengruppe *f*. **II** *v/t* **9.** grupˈpieren, anordnen. **10.** klassifiˈzieren: **to** ~ **with** in dieselbe Gruppe einordnen wie. **11.** zu e-r Gruppe zs.-stellen. **III** *v/i* **12.** sich grupˈpieren. **13.** passen (**with** zu).

group | cap·tain *s aer. mil.* Oberst *m* (*der R.A.F.*). **ˈ~-ˌcon·scious** *adj* (*adv* ~**ly**) *Sozialpsychologie*: gruppenbewußt. ~ **con·scious·ness** *s Sozialpsychologie*: Gruppenbewußtsein *n*. ~ **drive** *s tech.* Gruppenantrieb *m*. **ˈ~-dyˌnam·ic** *adj* (*adv* ~**ally**) *Sozialpsychologie*: ˈgruppendyˌnamisch. ~ **dy·nam·ics** *s pl* (*als sg konstruiert*) *Sozialpsychologie*: ˈGruppendyˌnamik *f*.

group·er [ˈgruːpə(r)] *s* **1.** *ichth.* (*ein*) Barsch *m*. **2.** *Sensitivitätstraining*: *Am.* Mitglied *n* e-r Trainingsgruppe. **3.** *j-d, der sich an Gruppensex beteiligt*.

group grope *s colloq.* Sexorgie *f*.

group·ie [ˈgruːpɪ] *s colloq.* ‚Groupie' *n* (*weiblicher Fan, der immer wieder versucht, in möglichst engen Kontakt mit der von ihm bewunderten Person zu kommen*).

ˈgroup·ing *s* Grupˈpierung *f*, Anordnung *f*.

group| in·sur·ance *s* Gruppen-, Kolekˈtivversicherung *f*. ~ **life** *s* Gruppenleben *n*. ~ **mar·riage** *s* Gruppen-, Gemeinschaftsehe *f*. ~ **prac·tice** *s med.* Gemeinschaftspraxis *f*. ~ **rate** *s econ.* Pauˈschalsatz *m*. ~ **sex** *s* Gruppensex *m*. **ˈ~-speˌcif·ic** *adj* (*adv* ~**ally**) ˈgruppenspeˌzifisch. ~ **the·o·ry** *s math.* ˈGruppentheoˌrie *f*. ~ **ther·a·py** *s med. psych.* ˈGruppentheraˌpie *f*.

grouse¹ [graʊs] *pl* **grouse** *s orn.* **1.** Rauhfuß-, Waldhuhn *n*. **2.** Schottisches Moorhuhn.

grouse² [graʊs] *colloq.* **I** *v/i* (**about**) ‚meckern' (über *acc*, gegen), nörgeln (an *dat*, über *acc*). **II** *s* Nörgeˈlei *f*, ‚Gemecker' *n*. **ˈgrous·er** *s colloq.* Nörgler(in), ‚Meckerfritze' *m*.

grout [graʊt] **I** *s* **1.** *tech.* Vergußmörtel *m*. **2.** Schrotmehl *n*, grobes Mehl. **3.** *pl bes. Br.* (Boden)Satz *m*. **4.** *pl* Hafergrütze *f*. **II** *v/t* **5.** *Fugen* ausstreichen, verschmieren: **to** ~ (**in**) **with cement** mit Zement aus- *od.* vergießen.

grove [grəʊv] *s* Wäldchen *n*, Gehölz *n*.

grov·el [ˈgrɒvl; ˈgrʌvl; *Am.* ˈgrɑvəl] *v/i pret u. pp* **-eled,** *bes. Br.* **-elled 1.** am Boden kriechen: **to** ~ **at s.o.'s feet** a) sich um j-n herumdrücken (*Hund*), b) *a.* **to** ~ **before** (*od.* **to**) **s.o.** *fig.* vor j-m kriechen, vor j-m zu Kreuze kriechen. **2.** schwelgen (**in** in *dat*): **to** ~ **in pleasure**; **to** ~ **in self-pity** sich in Selbstmitleid ergehen; **to** ~ **in vice** dem Laster frönen. **ˈgrov·el·(l)er** *s fig.* Kriecher *m*, Speichellecker *m*. **ˈgrov·el·(l)ing** *adj* (*adv* ~**ly**) *fig.* kriecherisch, unterˈwürfig.

grow [grəʊ] *pret* **grew** [gruː] *pp* **grown** [grəʊn] **I** *v/i* **1.** wachsen: **to** ~ **together** zs.-wachsen, (miteinander) verwachsen; **money doesn't** ~ **on trees** das Geld wächst doch nicht auf den Bäumen. **2.** *bot.* wachsen, vorkommen. **3.** wachsen, größer *od.* stärker werden. **4.** *fig.* zunehmen (**in** an *dat*), anwachsen: **to** ~ **in wisdom** klüger werden. **5.** *fig.* (*bes.* langsam *od.* allˈmählich) werden: **to** ~ **rich**; **to** ~ **less** sich vermindern; **to** ~ **warm** warm werden, sich erwärmen. **6.** verwachsen (**to** mit) (*a. fig.*). **II** *v/t* **7.** *Gemüse, Wein etc* anbauen, anpflanzen, *Blumen etc* züchten: **to** ~ **from seed** aus Samen ziehen. **8.** (sich) wachsen lassen: **to** ~ **a beard** sich e-n Bart stehen lassen; **to** ~ **one's hair long** sich die Haare lang wachsen lassen.

Verbindungen mit Präpositionen:

grow| from → **grow out of** 2. ~ **in·to** *v/i* **1.** hinˈeinwachsen in (*e-e Hose etc, a. fig. e-e Arbeit etc*). **2.** werden zu, sich entwickeln zu: **the small family business grew into a company of international importance**; **she has grown into a pretty young lady** sie ist zu e-r hübschen jungen Dame herangewachsen. ~ **on** *v/i* **1.** Einfluß *od.* Macht gewinnen über (*acc*): **the habit grows on one** man gewöhnt sich immer mehr daran. **2.** *j-m* lieb werden *od.* ans Herz wachsen. ~ **out of** *v/i* **1.** herˈauswachsen aus: **to** ~ **one's clothes** s-e Kleider auswachsen. **2.** entstehen *od.* erwachsen aus, e-e Folge (*gen*) sein, kommen von. **3.** entwachsen (*dat*), überˈwinden, ablegen: **to** ~ **a habit.** ~ **up·on** → **grow on.**

Verbindungen mit Adverbien:

grow| a·way *v/i*: **to** ~ **from s.o.** sich j-m entfremden. ~ **up** *v/i* **1.** a) aufwachsen, herˈanwachsen, -reifen: **to** ~ (**into**) **a beauty** sich zu e-r Schönheit entwickeln, b) erwachsen werden: **what are you going to be when you** ~**?** was willst du einmal werden, wenn du groß bist?; **when are you going to** ~**?** wann wirst du denn endlich erwachsen?; ~**!** sei kein Kindskopf! **2.** sich einbürgern (*Brauch etc*). **3.** sich entwickeln, entstehen.

grow·a·ble [ˈgrəʊəbl] *adj* anbaubar.

ˈgrow·er *s* **1.** (*schnell etc*) wachsende Pflanze: **to be a fast** ~ schnell wachsen. **2.** Züchter *m*, Pflanzer *m*, Erzeuger *m*, *in Zssgn* ...bauer *m*.

ˈgrow·ing I *s* **1.** Wachsen *n*, Wachstum *n*. **2.** Anbau *m*. **II** *adj* (*adv* ~**ly**) **3.** wachsend (*a. fig. zunehmend*). **4.** Wachstums...: ~ **pains** a) *med.* Wachsstumsschmerzen, b) *fig.* Anfangsschwierigkeiten, ‚Kinderkrankheiten'; ~ **point** *bot.* Vegetationspunkt *m*; ~ **weather** Saat-, Wachswetter *n*.

growl [graʊl] **I** *v/i* **1.** knurren (*Hund etc*),

brummen (*Bär*) (*beide a. fig. Person*): **to ~ at s.o.** j-n anknurren *od.* anbrummen. **2.** grollen, rollen (*Donner*). **II** *v/t* **3.** *oft* **~ out** *Worte* knurren, brummen. **III** *s* **4.** Knurren *n*, Brummen *n*. **5.** Grollen *n*, Rollen *n*. ˈ**growl·er** *s* **1.** knurriger *od.* knurrender Hund. **2.** *fig.* ‚Brummbär' *m.* **3.** *ichth.* a) (*ein*) Schwarzbarsch *m*, b) (*ein*) Knurrfisch *m.* **4.** *Br. sl. obs.* vierrädrige Droschke. **5.** *Am. sl.* Bierkrug *m.* **6.** *electr.* Prüfspule *f.* **7.** kleiner Eisberg.

grown [grəʊn] **I** *pp von* **grow**. **II** *adj* **1.** gewachsen: → **full-grown**. **2.** groß, erwachsen: **a ~ man** ein Erwachsener. **3.** *a.* **~ over** überˈwachsen, bewachsen (**with** mit). **~-up I** *adj* [ˌ-ˈʌp; ˈ-ʌp] **1.** erwachsen. **2.** a) (nur) für Erwachsene: **~ books**, b) Erwachsenen...: **~ clothes**. **II** *s* [ˈ-ʌp] **3.** Erwachsene(r *m*) *f*.

growth [grəʊθ] *s* **1.** Wachsen *n*, Wachstum *n* (*beide a. fig.*): **a four days' ~ of beard** ein vier Tage alter Bart. **2.** Wuchs *m*, Größe *f.* **3.** *fig.* Anwachsen *n*, Zunahme *f*, Zuwachs *m*: → **rate**[1] 1. **4.** *fig.* Entwicklung *f.* **5.** *bot.* Schößling *m*, Trieb *m.* **6.** Erzeugnis *n*, Proˈdukt *n.* **7.** Anbau *m*: **of foreign ~** ausländisch; **of one's own ~** selbstgezogen, eigenes Gewächs. **8.** *med.* Gewächs *n*, Wucherung *f.* **~ fund** *s econ.* Wachstumsfonds *m.* **~ in·dus·try** *s econ.* ˈWachstumsinduˌstrie *f.* **~ rate** *s econ.* Wachstumsrate *f.* **~ ring** *s bot.* Jahresring *m.* **~ stocks** *s pl econ.* Wachstumsaktien *pl.*

groyne [grɔɪn] *s tech. bes. Br.* Buhne *f.*

grub [grʌb] **I** *v/i* **1.** a) graben, wühlen, b) *agr.* jäten, roden. **2.** *oft* **~ on, ~ along, ~ away** sich abplagen, sich schinden, schwer arbeiten. **3.** stöbern, wühlen, kramen (**among, in** in *dat*; **for** nach). **4.** *sl.* ‚futtern', essen. **II** *v/t* **5.** a) aufwühlen, wühlen in (*dat*), b) ˈumgraben, c) roden. **6.** *oft* **~ up** *Wurzeln* (aus)roden, (-)jäten. **7.** *oft* **~ up, ~ out** a) (*mit den Wurzeln*) ausgraben, b) *fig.* aufstöbern, ausgraben, herˈausfinden. **8.** *sl. j-n* ‚füttern'. **III** *s* **9.** *zo.* Made *f*, Larve *f*, Raupe *f.* **10.** *fig.* Arbeitstier *n.* **11.** ‚Schmutzfink' *m.* **12.** *Am.* Baumstumpf *m.* **13.** *sl.* ‚Futter' *n* (*Essen*). ˈ**grub·ber** *s* **1.** Jät-, Rodewerkzeug *n*, *bes.* Rodehacke *f.* **2.** *agr. Br.* Grubber *m*, Eggenpflug *m.* **3.** → **grub** 10. ˈ**grub·by** *adj* **1.** schmudd(e)lig, schmutzig. **2.** gemein, niederträchtig. **3.** madig.

grub|hoe *s agr.* Rodehacke *f.* **~ hook** *s agr.* Grubber *m*, Eggenpflug *m.* **~ screw** *s tech.* Stiftschraube *f.* ˈ**~stake** *s Am. colloq.* (*e-m Schürfer gegen Gewinnbeteiligung gegebene*) Ausrüstung u. Verpflegung. **G~ Street I** *s* **1.** *hist. die jetzige Milton Street in London, in der schlechte od. erfolglose Literaten wohnten*: **he'll always live in ~** *fig.* er wird es als Schriftsteller nie zu etwas bringen. **2.** *fig.* armselige Liteˈraten *pl*, liteˈrarisches Proletariˈat. **II** *adj* **3.** (liteˈrarisch) minderwertig, ‚dritter Garniˈtur'.

grudge [grʌdʒ] **I** *v/t* **1.** mißˈgönnen (**s.o. s.th.** j-m etwas): **to ~ s.o. the shirt on his back** j-m nicht das Schwarze unterm Nagel *od.* das Weiße im Auge gönnen. **2.** nur ungern geben (**s.o. s.th.** j-m etwas). **3. to ~ doing s.th.** etwas nur widerwillig *od.* ungern tun. **II** *v/i* **4.** *obs.* grollen. **III** *s* **5.** Groll *m*: **to bear** (*od.* **owe**) **s.o. a ~, to have a ~ against s.o.** e-n Groll auf j-n haben *od.* gegen j-n hegen, j-m grollen; **to pay off an old ~** e-e alte Rechnung begleichen. ˈ**grudg·er** *s* Neider *m.* ˈ**grudg·ing** *adj* (*adv* **~ly**) **1.** neidisch, ˈmißgünstig. **2.** ˈwiderwillig, ungern (gegeben *od.* getan): **she was very ~ in her thanks** sie bedankte sich nur sehr widerwillig.

gru·el [grʊəl; ˈgruːəl] *s* Haferschleim *m*, Schleimsuppe *f.* ˈ**gru·el·ing,** *bes. Br.* ˈ**gru·el·ling I** *adj fig.* mörderisch, aufreibend, zermürbend: **~ race; ~ test**. **II** *s Br. colloq.* a) harte Strafe *od.* Behandlung, b) Straˈpaze *f*, ‚Schlauch' *m.*

grue·some [ˈgruːsəm] *adj* (*adv* **~ly**) grausig, grauenhaft, schauerlich. ˈ**grue·some·ness** *s* Grausigkeit *f.*

gruff [grʌf] *adj* (*adv* **~ly**) **1.** schroff, barsch. **2.** rauh (*Stimme*). ˈ**gruff·ness** *s* **1.** Barsch-, Schroffheit *f.* **2.** Rauheit *f.*

grum [grʌm] *adj* (*adv* **~ly**) mürrisch.

grum·ble [ˈgrʌmbl] **I** *v/i* **1.** murren (**at, about, over** über *acc*, wegen). **2.** → **growl** 1 *u.* 2. **II** *v/t* **3.** *oft* **~ out** etwas murren. **4.** → **growl** 3. **III** *s* **5.** Murren *n.* **6.** → **growl** 4, 5. ˈ**grum·bler** → **growler** 2. ˈ**grum·bling** *adj* (*adv* **~ly**) **1.** brummig. **2.** brummend, murrend. **3. ~ appendix** *med. colloq.* Blinddarmreizung *f.*

grume [gruːm] *s* (*bes.* Blut)Klümpchen *n.*

grum·met [ˈgrʌmɪt] → **grommet**.

gru·mous [ˈgruːməs] *adj* geronnen, dick, klumpig (*Blut etc*).

grump [grʌmp] *bes. Am.* **I** *s* **1.** → **growler** 2. **2.** *pl* Mißmut *m*, Verdrießlichkeit *f*: **to have the ~s** mißmutig *od.* verdrießlich sein. **II** *v/i* → **grumble** I.

grump·i·ness [ˈgrʌmpɪnɪs] *s* Mißmut *m*, Verdrießlichkeit *f.* ˈ**grump·ish** → **grumpy**. ˈ**grump·y** *adj* (*adv* **grumpily**) mißmutig, mürrisch, verdrießlich.

Grun·dy [ˈgrʌndɪ] *s* engstirnige, sittenstrenge Perˈson. ˈ**Grun·dy·ism** *s* engstirnige Sittenstrenge.

grun·gy [ˈgrʌndʒiː] *adj Am. sl.* **1.** dreckig. **2.** miseˈrabel: **a ~ actor**.

grunt [grʌnt] **I** *v/i* **1.** grunzen (*Schwein, a. Person*). **2.** *fig.* murren, brummen (**at** über *acc*). **3.** *fig.* ächzen, stöhnen (**with** vor *dat*). **II** *v/t* **4.** *oft* **~ out** *etwas* grunzen, murren, brummen. **III** *s* **5.** Grunzen *n*: **to give a ~** grunzen. **6.** *fig.* Ächzen *n*, Stöhnen *n*: **to give a ~** ächzen, stöhnen (**of** vor *dat*). **7.** *ichth.* (*ein*) Knurrfisch *m.* ˈ**grunt·er** *s* **1.** Grunzer *m*, *bes.* Schwein *n.* **2.** → **grunt** 7. **3.** *Austral. sl.* ‚Flittchen' *n.*

grun·tle [ˈgrʌntl] *v/t j-n* froh stimmen. ˈ**grun·tled** *adj* froh, glücklich (**at** über *acc*).

Gru·yère (cheese) [ˈgruːjeə; *Am.* gruːˈjeər; griː-] *s* Gruˈyère(käse) *m.*

gryph·on [ˈgrɪfn] → **griffin**[1].

grys·bok [ˈgraɪsbɒk; *Am.* -ˌbɑk; *a.* ˈgreɪs-] *s zo.* Graubock *m*, ˈGrauantiˌlope *f.*

ˈ**G-string** *s* **1.** *mus.* G-Saite *f.* **2.** a) ‚letzte Hülle' (*e-r Stripteasetänzerin*), b) Tanga *m.*

G suit *s aer.* Anti-ˈg-Anzug *m.*

guan [gwɑːn] *s orn.* Guˈanhuhn *n.*

gua·na [ˈgwɑːnə] → **iguana**.

gua·no [ˈgwɑːnəʊ] **I** *s* Guˈano *m* (*als Phosphatdünger verwendeter abgelagerter Vogelmist*). **II** *v/t* mit Guˈano düngen.

guar·an·tee [ˌgærənˈtiː] **I** *s* **1.** Garanˈtie *f* (**on** auf *acc*, für): a) Bürgschaft *f*, Sicherheit *f*, b) Gewähr *f*, Zusicherung *f*, c) Garanˈtiefrist *f*, -zeit *f*: **there's a one-year ~ on this watch** diese Uhr hat ein Jahr Garantie; **the repair is still covered by the ~** die Reparatur geht noch auf Garantie *od.* fällt noch unter die Garantie; **~ (card)** Garantiekarte *f*, -schein *m*; **~ contract** Garantie-, Bürgschaftsvertrag *m*; **~ fund** *econ.* Garantiefonds *m*; **treaty of ~** (*Völkerrecht*) Garantievertrag *m*; **without ~** ohne Gewähr *od.* Garantie. **2.** Kautiˈon *f*, Sicherheit(sleistung) *f*, Pfand(summe *f*) *n*: **~ deposit** a) Sicherheitshinterlegung *f*, b) (*Versicherungsrecht*) Kaution(sdepot *n*); **~ insurance** *Br.* Kautionsversicherung *f*; **~ society** *Br.* Kautionsversicherungsgesellschaft *f.* **3.** Bürge *m*, Bürgin *f*, Gaˈrant(in). **4.** Sicherheitsempfänger(in), Kautiˈonsnehmer(in). **II** *v/t* **5.** (sich ver-) bürgen für, Garanˈtie leisten für: **the watch is ~d for one year** die Uhr hat ein Jahr Garantie; **~d bill** *econ.* avalierter Wechsel; **~d bonds** Obligationen mit Kapital- *od.* Zinsgarantie; **~d price** Garantiepreis *m*; **~d stocks** gesicherte Werte *pl*, Aktien *pl* mit Dividendengarantie; **~d wage(s)** garantierter (Mindest)Lohn; **to ~ that** sich dafür verbürgen, daß. **6.** *etwas* garanˈtieren, gewährleisten, verbürgen, sicherstellen. **7.** sichern, schützen (**from, against** vor *dat*, gegen).

guar·an·tor [ˌgærənˈtɔː(r); ˈgærəntə(r)] *s* Gaˈrant(in) (*a. fig.*), Bürge *m*, Bürgin *f*: **to act as a ~ for s.o.** für j-n bürgen; **~ power** *pol.* Garantiemacht *f.*

guar·an·ty [ˈgærəntɪ] **I** *s* → **guarantee** 1, 2, 3: **~ of collection** *Am.* Ausfallbürgschaft *f.* **II** *v/t* → **guarantee** II.

guard [gɑː(r)d] **I** *v/t* **1.** (be)hüten, (beschützen, bewachen, wachen über (*acc*), bewahren, sichern (**against, from** gegen, vor *dat*): **a carefully ~ed secret** ein sorgfältig gehütetes Geheimnis. **2.** bewachen, beaufsichtigen. **3.** *gegen Mißbrauch, Mißverständnisse etc* sichern: **to ~ against abuse; to ~ s.o.'s interests** j-s Interessen wahren *od.* wahrnehmen. **4.** beherrschen, im Zaum halten: **~ your tongue!** hüte d-e Zunge! **5.** *tech.* (ab)sichern.

II *v/i* **6.** (**against**) auf der Hut sein, sich hüten *od.* schützen, sich in acht nehmen (vor *dat*), Vorkehrungen treffen (gegen), vorbeugen (*dat*).

III *s* **7.** a) *mil. etc* Wache *f*, (Wach)Posten *m*, b) Wächter *m*, c) Aufseher *m*, Wärter *m.* **8.** *mil.* Wachmannschaft *f*, Wache *f.* **9.** Wache *f*, Bewachung *f*, Aufsicht *f*: **to keep under close ~** scharf bewachen; **to be under heavy ~** schwer bewacht werden; **to mount (keep, stand) ~** *mil.* Wache beziehen (halten, stehen). **10.** *fig.* Wachsamkeit *f*: **to put s.o. on his ~** j-n warnen; **to be on one's ~** auf der Hut sein, sich vorsehen; **to be off one's ~** nicht auf der Hut sein, unvorsichtig sein; **to throw s.o. off his ~** j-n überrumpeln; → **fair**[1] 24. **11.** Garde *f*, (Leib)Wache *f*: **~ of hono(u)r** Ehrenwache. **12. G~s** *pl Br.* ˈGarde(korps *n*, -regiˌment *n*) *f*, (*die*) Wache. **13.** *rail.* a) *Br.* Schaffner *m*: **~'s van** Dienstwagen *m*, b) *Am.* Bahnwärter *m.* **14.** *fenc., Boxen etc*: Deckung *f* (*a. Schach*): **to lower one's ~** a) die Deckung herunternehmen, b) *fig.* sich e-e Blöße geben, nicht aufpassen. **15.** *Basketball*: Abwehrspieler *m.* **16.** Schutzvorrichtung *f*, -gitter *n*, -blech *n.* **17.** *Buchbinderei*: Falz *m.* **18.** a) Stichblatt *n* (*am Degen*), b) Bügel *m* (*am Gewehr*). **19.** Vorsichtsmaßnahme *f*, Sicherung *f.*

guard|boat *s mar.* Wachboot *n.* **~book** *s* **1.** Sammelbuch *n* mit Falzen. **2.** *mil.* Wachbuch *n.* **~ brush** *s electr.* Stromabnehmer *m.* **~cell** *s bot.* Schließzelle *f.* **~ chain** *s* Sicherheitskette *f.* **~ dog** *s* Wachhund *m.* **~ du·ty** *s* Wachdienst *m*: **to be on ~** Wache haben.

guard·ed [ˈgɑː(r)dɪd] *adj* (*adv* **~ly**) *fig.* vorsichtig, zuˈrückhaltend: **a ~ answer; ~ hope** gewisse Hoffnung; **~ optimism** verhaltener *od.* gedämpfter Optimismus; **to express s.th. in ~ terms** etwas vorsichtig ausdrücken; **be ~ in what you say** überleg dir, was du sagst. ˈ**guard·ed·ness** *s* Vorsicht *f*, Zuˈrückhaltung *f.*

ˈ**guard·house** *s mil.* **1.** Wachhaus *n*, ˈWachloˌkal *n.* **2.** Arˈrestloˌkal *n.*

guard·i·an [ˈgɑː(r)djən; -dɪən] **I** *s* **1.** Hüter *m*, Wächter *m*: ~ **of the law** Gesetzeshüter *m*. **2.** *jur.* Vormund *m*: ~ **ad litem** (*vom Gericht für minderjährigen od. geschäftsunfähigen Beklagten bestellter*) Prozeßvertreter; ~'**s allowance** *Br.* Vormundschaftsbeihilfe *f*. **3.** *R.C.* Guardiˈan *m* (*e-s Franziskanerklosters*). **II** *adj* **4.** behütend, Schutz...: ~ **angel** Schutzengel *m*. ˈ**guard·i·an·ship** *s* **1.** *jur.* Vormundschaft *f* (**of** über *acc*, für): **to be (to place** *od.* **put) under** ~ unter Vormundschaft stehen (stellen). **2.** *fig.* Schutz *m*, Obhut *f*.

ˈ**guard|·rail** *s* **1.** Handlauf *m*. **2.** *rail.* Radlenker *m*. **3.** *mot.* Leitplanke *f*. ~ **ring** *s electr.* Schutzring *m*. ~ **rope** *s* Absperrseil *n*.

guards·man [ˈgɑː(r)dzmən] *s irr mil.* **1.** Wache *f*, (Wach)Posten *m*. **2.** Garˈdist *m*. **3.** *Am.* Natioˈnalgarˌdist *m*.

Gua·te·ma·lan [ˌgwætɪˈmɑːlən; *bes. Am.* ˌgwɑːtə-] **I** *adj* guatemalˈtekisch. **II** *s* Guatemalˈteke *m*, Guatemalˈtekin *f*.

gua·va [ˈgwɑːvə] *s bot.* **1.** Guˈavenbaum *m*. **2.** Guaˈjava *f* (*Frucht von* 1).

gub·bins [ˈgʌbɪnz] *s Br. colloq.* **1.** minderwertiges *od.* wertloses Ding. **2.** (kleines) Gerät, (kleiner) Appaˈrat. **3.** ‚Dussel' *m*, Dummkopf *m*.

gu·ber·nac·u·lum [ˌgjuːbə(r)ˈnækjʊləm; *Am. a.* ˌguː-] *pl* **-la** [-lə] *s* **1.** *med.* Leitband *n*. **2.** *zo.* Schleppgeißel *f*.

gu·ber·na·to·ri·al [ˌgjuːbə(r)nəˈtɔːrɪəl; *Am. a.* ˌguːbərnəˈtəʊ-] *adj bes. Am.* Gouverneurs...

gudg·eon[1] [ˈgʌdʒən] **I** *s* **1.** *ichth.* Gründling *m*, Greßling *m*. **2.** *colloq.* Gimpel *m*, Einfaltspinsel *m*. **3.** *colloq.* Köder *m*. **II** *v/t* **4.** *colloq.* ‚herˈeinlegen'.

gudg·eon[2] [ˈgʌdʒən] *s* **1.** *tech.* (Dreh-)Zapfen *m*, Bolzen *m*: ~ **pin** Kolbenbolzen. **2.** *arch.* Haken *m*. **3.** *mar.* Ruderöse *f*.

ˌ**guel·der-**ˈ**rose** [ˌgeldə(r)-] *s bot.* Schneeball *m*.

gue·non [gəˈnɔ̃ːŋ; *Br. a.* gəˈnɒn; *Am. a.* gəˈnɑn] *s zo.* Meerkatze *f*.

guer·don [ˈgɜːdən; *Am.* ˈgɜrdn] *poet.* **I** *s* Lohn *m*, Sold *m*. **II** *v/t* belohnen.

gue·ril·la → **guerrilla**.

Guern·sey [ˈgɜːnzɪ; *Am.* ˈgɜrnziː] *s* **1.** Guernsey(rind) *n*. **2.** *a.* **g**~ ˈWollpullˌover *m* (*von Seeleuten*).

guer·ril·la [gəˈrɪlə] *s mil.* **1.** Gueˈrilla *m*. **2.** *meist* ~ **war(fare)** Gueˈrilla(krieg *m*) *f*.

guess [ges] **I** *v/t* **1.** (ab)schätzen: **to** ~ **s.o.'s age at 40, I** ~ **him to be** (*od.* **that he is) 40** j-s Alter *od.* j-n auf 40 schätzen. **2.** erraten: **to** ~ **s.o.'s thoughts**; **to** ~ **a riddle** ein Rätsel raten; ~ **who was here this morning** rate mal, wer heute morgen hier war. **3.** ahnen, vermuten: I ~**ed how it would be** ich habe mir gedacht, wie es kommen würde. **4.** *bes. Am. colloq.* glauben, denken, meinen, annehmen. **II** *v/i* **5.** schätzen (**at s.th.** etwas). **6.** a) raten, b) herˈumraten (**at, about** an *dat*): ~**ed wrong** falsch geraten; **how did you** ~**?** wie hast du das nur erraten?, *iro.* du merkst aber auch alles!; **to keep s.o.** ~**ing** j-n im unklaren *od.* ungewissen lassen; ~**ing game** Ratespiel *n*. **III** *s* **7.** Schätzung *f*, Vermutung *f*, Mutmaßung *f*, Annahme *f*: **my** ~ **is that** ich schätze *od.* vermute, daß; **anybody's** ~ reine Vermutung; **at a** ~ bei bloßer Schätzung; **I'll give you three** ~**es** dreimal darfst du raten; **a good** ~ gut geraten *od.* geschätzt; **your** ~ **is as good as mine** ich kann auch nur raten; **by** ~ schätzungsweise; **by** ~ **and by God** *bes. Am. colloq.* a) ‚über den Daumen (gepeilt)', ‚nach Gefühl u. Wellenschlag', b) mit mehr Glück als Verstand; **to make a** ~ raten, schätzen; **to have another** ~ coming ‚falsch *od.* schief gewickelt sein'; → **educated** 2, **rough** 12, **wild** 15.

guess| rope → **guest rope**. ~ **stick** *s Am. sl.* **1.** Rechenschieber *m*. **2.** Maßstab *m*.

guess·ti·mate *colloq.* **I** *s* [ˈgestɪmət] grobe Schätzung, bloße Vermutung. **II** *v/t* [-meɪt] ‚über den Daumen peilen', grob schätzen.

guess| warp → **guest rope**. ˈ~**work** *s* (reine) Vermutung(en *pl*), (bloße) Rateˈrei, ‚Herˈumgerate' *n*.

guest [gest] **I** *s* **1.** Gast *m*: **be my** ~! bitte sehr! (*als Ausdruck der Zustimmung od. der Nachgiebigkeit*). **2.** *bot. zo.* Inquiˈline *m*, Einmieter *m* (*e-e Art Parasit*). **II** *adj* **3.** a) Gast...: ~ **conductor (speaker, worker,** *etc*), b) Gäste...: ~ **book (list,** *etc*). **III** *v/i* **4.** *bes. Am.* gaˈstieren, als Gast auftreten *od.* mitwirken (**on a show** in e-r Show). ˈ~**cham·ber** → **guest room**. ˈ~**conˌduct** *v/t ein Orchester* als Gast diriˈgieren. ˈ~**house** *s* **1.** Gästehaus. **2.** Pensiˈon *f*, Fremdenheim *n*. ~ **room** *s* Gast-, Gäste-, Fremdenzimmer *n*. ~ **rope** *s mar.* **1.** Schlepptrosse *f*. **2.** Bootstau *n*.

guff [gʌf] *s sl.* Quatsch *m*.

guf·faw [gʌˈfɔː] **I** *s* schallendes Gelächter. **II** *v/i* schallend lachen.

gug·gle [ˈgʌgl] *v/i* gluckern.

guhr [gʊə(r)] *s geol.* Gur *f*.

guid·a·ble [ˈgaɪdəbl] *adj* lenksam, lenk-, leitbar. ˈ**guid·ance** [-dns] *s* **1.** Leitung *f*, Führung *f*: ~ **price** *econ.* Richtpreis *m*. **2.** Anleitung *f*, Unterˈweisung *f*, Belehrung *f*: **for your** ~ zu Ihrer Orientierung. **3.** *ped. etc* Beratung *f*, Führung *f*: ~ **counselor** (*od.* **specialist**) *Am.* a) Berufs-, Studienberater *m*, b) psychologischer Betreuer, Heilpädagoge *m*; → **vocational**.

guide [gaɪd] **I** *v/t* **1.** *j-n* führen, *j-m* den Weg zeigen. **2.** *tech. u. fig.* lenken, leiten, führen, steuern. **3.** *etwas, a. j-n* bestimmen: **to** ~ **s.o.'s actions (judg[e]ment, life)**; **to be** ~**d by** sich leiten lassen von, sich richten nach, bestimmt sein von. **4.** anleiten, belehren, beraten(d zur Seite stehen *dat*). **II** *s* **5.** Führer(in), Leiter(in). **6.** (Reise-, Fremden-, Berg- *etc*)Führer *m*. **7.** (Reise- *etc*)Führer *m* (**to** durch, von) (*Buch*): **a** ~ **to London** ein London-Führer. **8.** (**to**) Leitfaden *m* (*gen*), Einführung *f* (in *acc*), Handbuch *n* (*gen*). **9.** Berater(in). **10.** Richtschnur *f*, Anhaltspunkt *m*, ˈHinweis *m*: **if it (he) is any** ~ wenn man sich danach (nach ihm) überhaupt richten kann. **11.** a) Wegweiser *m* (*a. fig.*), b) ˈWeg(marˌkierungs)-zeichen *n*. **12.** → **girl guide**. **13.** *mil.* Richtungsmann *m*. **14.** *mar.* Spitzenschiff *n*. **15.** *tech.* Führung *f*, Leitvorrichtung *f*. **16.** *med.* Leitungssonde *f*.

guide| bar *s tech.* Führungsschiene *f*. ~ **beam** *s aer.* (Funk)Leitstrahl *m*. ~ **blade** *s tech.* Leitschaufel *f* (*der Turbine*). ~ **block** *s tech.* Führungsschlitten *m*. ˈ~**board** *s* Wegweisertafel *f*. ˈ~**book** → **guide** 7. ~ **card** *s* Leitkarte *f* (*e-r Kartei*).

ˈ**guid·ed** *adj* **1.** geführt: ~ **tour** Gesellschaftsreise *f*. **2.** *mil. tech.* (fern)gelenkt, (-)gesteuert: ~ **missile** Lenkflugkörper *m*, ferngelenktes Geschoß.

guide dog *s* Blindenhund *m*.

ˈ**guide·less** *adj* führerlos.

ˈ**guide| line** *s* **1.** → **guide rope**. **2.** *print. etc* Leitlinie *f*. **3.** *fig.* Richtlinie *f*, -schnur *f* (**on** *gen*). ~ **pin** *s tech.* Führungsstift *m*. ˈ~**post** *s* Wegweiser *m*. ~ **price** *s econ.* Richtpreis *m*. ~ **pul·ley** *s tech.* Leit-, Führungs-, ˈUmlenkrolle *f*. ~ **rail** *s tech.* Führungsschiene *f*. ~ **rope** *s aer.* Schlepptau *n*, Leitseil *n*. ˈ~**way** *s tech.* Führungsbahn *f*.

guid·ing [ˈgaɪdɪŋ] *adj* führend, leitend, Lenk...: ~ **principle** Leitprinzip *n*, Richtschnur *f*; ~ **rule** Richtlinie *f*. ~ **star** *s* Leitstern *m*. ~ **stick** *s paint.* Mal(er)-stock *m*.

gui·don [ˈgaɪdən; *Am. a.* ˈgaɪdˌɑn] *s* **1.** Wimpel *m*, Fähnchen *n*, Stanˈdarte *f*. **2.** Stanˈdartenträger *m*.

guild [gɪld] *s* **1.** *hist.* Gilde *f*, Zunft *f*: ~ **socialism** *pol.* Gildensozialismus *m*. **2.** Verein *m*, Vereinigung *f*, Gesellschaft *f*. **3.** *bot.* Lebensgemeinschaft *f*.

guil·der [ˈgɪldə(r)] *pl* **-ders, -der** *s* Gulden *m* (*Währungseinheit in den Niederlanden*).

ˈ**guild·hall** *s* **1.** *hist.* Gilden-, Zunfthaus *n*. **2.** Rathaus *n*: **the G**~ *das Rathaus der City von London*.

guilds·man [ˈgɪldzmən] *s irr* Mitglied *n* e-r Gilde *od.* Vereinigung.

guile [gaɪl] *s* **1.** (Arg)List *f*, Tücke *f*. **2.** *obs.* List *f*, Trick *m*. ˈ**guile·ful** *adj* (*adv* ~**ly**) arglistig. ˈ**guile·less** *adj* (*adv* ~**ly**) arglos, unschuldig, harmlos, ohne Falsch: **a** ~ **look** ein treuherziger *od.* unschuldsvoller Blick. ˈ**guile·less·ness** *s* Harmlosigkeit *f*, Arglosigkeit *f*.

guil·loche [gɪˈlɒʃ; *bes. Am.* gɪˈləʊʃ] *s* Guilˈloche *f* (*verschlungene Linienzeichnung auf Wertpapieren od. zur Verzierung auf Metall etc*).

guil·lo·tine [ˌgɪləˈtiːn; ˈ-tiːn] **I** *s* **1.** Guilloˈtine *f*: a) Fallbeil *n*, b) *med.* Tonsilloˈtom *n*: ~ **amputation** Ganzamputation *f* (ohne Lappen). **2.** *tech.* Paˈpierˌschneidemaˌschine *f*: ~ **shears** Tafel-, Parallelschere *f*. **3.** *parl. Br.* Befristung *f* der Deˈbatte (*über e-n Gesetzentwurf*). **II** *v/t* **4.** guillotiˈnieren, durch die Guilloˈtine ˈhinrichten. **5.** *parl. Br.* die Deˈbatte über *e-n Gesetzentwurf* befristen.

guilt [gɪlt] *s* **1.** Schuld *f* (*a. jur.*): **joint** ~ Mitschuld; ~ **complex** Schuldkomplex *m*. **2.** *obs.* Missetat *f*. **guilt·i·ness** [ˈgɪltɪnɪs] *s* **1.** Schuld *f*. **2.** Schuldbewußtsein *n*, -gefühl *n*. ˈ**guilt·less** *adj* (*adv* ~**ly**) **1.** schuldlos, unschuldig (**of** an *dat*). **2.** (**of**) a) frei (von), ohne (*acc*), b) unkundig (*gen*), unerfahren, unwissend (in *dat*): **to be** ~ **of s.th.** etwas nicht kennen. ˈ**guilt·less·ness** *s* Schuldlosigkeit *f*.

ˈ**guilt·y** *adj* (*adv* **guiltily**) **1.** *bes. jur.* schuldig (**of** *gen*): ~ **of murder** des Mordes schuldig; **to find s.o. (not)** ~ j-n für (un)schuldig befinden (**on a charge** e-r Anklage); **to be found** ~ **on a charge** e-r Anklage für schuldig befunden werden; → **plead** 1, **verdict** 1; ~ **intention** *jur. Scot.* Vorsatz *m*. **2.** schuldbewußt, -beladen: **a** ~ **conscience** ein schlechtes Gewissen.

guin·ea [ˈgɪnɪ] *s* **1.** Guiˈnee *f* (*Goldmünze 1663–1816, a. Rechnungsgeld = 21 Schilling alter Währung*). **2.** → **guinea fowl**. **3.** *Am. sl. contp.* ‚Itaker' *m* (*Italiener*). ~ **fowl** *s orn.* Perlhuhn *n*. ~ **goose** *s irr zo.* Schwanengans *f*. ~ **grains** *s pl* Guiˈneakörner *pl*, Malaˈgettapfeffer *m*. ~ **grass** *s bot.* Guiˈneagras *n*. ~ **hen** *s* (*bes. weibliches*) Perlhuhn. **G**~ **pep·per** *s bot.* Guiˈneapfeffer *m*. ~ **pig** *s* **1.** *zo.* Meerschweinchen *n*. **2.** *fig.* ‚Verˈsuchskaˌninchen' *n*.

guise [gaɪz] *s* **1.** Aufmachung *f*, Gestalt *f*, Erscheinung *f*: **in the** ~ **of** als ... (verkleidet). **2.** *fig.* Maske *f*, (Deck)Mantel *m*, Vorwand *m*: **under** (*od.* **in) the** ~ **of** in der Maske (*gen*), unter dem Deckmantel (*gen*). **3.** *obs.* Kleidung *f*.

gui·tar [gɪˈtɑː(r)] *s mus.* Giˈtarre *f*. **gui·ˈtar·ist** *s* Gitarˈrist(in).

Gu·ja·ra·ti [ˌguːdʒəˈrɑːtɪ] *s ling.* Gudschaˈrati *n* (*neuindische Sprache*).

gulch [gʌltʃ] *s bes. Am.* (Berg)Schlucht *f*.

gul·den [ˈgʊldən; ˈguːl-] *pl* **-dens,**

-den *s* Gulden *m* (*Währungseinheit in den Niederlanden*).

gules [gjuːlz] *s her.* Rot *n.*

gulf [gʌlf] **I** *s* **1.** Golf *m*, Meerbusen *m*, Bucht *f*. **2.** Abgrund *m*, Schlund *m* (*beide a. fig.*). **3.** *fig.* Kluft *f*, großer ˈUnterschied. **4.** Strudel *m*, Wirbel *m* (*a. fig.*). **II** *v/t* **5.** *a. fig.* a) in e-n Abgrund stürzen, b) verschlingen. **G~ Stream** *s geogr.* Golfstrom *m.*

gulf·y [ˈgʌlfɪ] *adj* **1.** abgrundtief. **2.** voller Strudel.

gull[1] [gʌl] *s orn.* Möwe *f.*

gull[2] [gʌl] *obs.* **I** *v/t* überˈtölpeln, hinters Licht führen. **II** *s* Gimpel *m.*

gul·la·bil·i·ty, gul·la·ble → **gullibility, gullible.**

gul·let [ˈgʌlɪt] *s* **1.** *anat.* Schlund *m*, Speiseröhre *f*. **2.** Gurgel *f*, Kehle *f*. **3.** *tech.* Wasserrinne *f.*

gul·li·bil·i·ty [ˌgʌləˈbɪlətɪ] *s* Leichtgläubigkeit *f*, Einfältigkeit *f*. ˈ**gul·li·ble** *adj* leichtgläubig, einfältig, naˈiv.

gul·ly[1] [ˈgʌlɪ] **I** *s* **1.** tief eingeschnittener Wasserlauf, (Wasser)Rinne *f*. **2.** *tech.* a) Gully *m* (*a. mar.*), Sinkkasten *m*, Senkloch *n*, Absturzschacht *m*, b) *a.* ~ **drain** ˈAbzugskaˌnal *m*: ~ **hole** Schlammfang *m*, Senkloch; ~ **trap** Geruchsverschluß *m*. **II** *v/t* **3.** mit (Wasser)Rinnen durchˈziehen, zerfurchen. **4.** *tech.* mit Sinkkästen *etc* versehen.

gul·ly[2] [ˈgʌlɪ; ˈgʊlɪ] *s bes. Scot.* großes Messer.

gu·los·i·ty [gjuːˈlɒsətɪ; *Am.* guːˈlɑsətiː] *s obs.* Gier *f.*

gulp [gʌlp] **I** *v/t* **1.** *oft* ~ **down** *Getränk* hinˈuntergießen, -schütten, -stürzen, *Speise* hinˈunterschlingen. **2.** *oft* ~ **back** *Tränen etc* hinˈunterschlucken, unterˈdrücken. **II** *v/i* **3.** a) hastig trinken, b) hastig essen, schlingen. **4.** (*a. vor Rührung etc*) schlucken. **5.** würgen. **III** *s* **6.** a) (großer) Schluck: **at one** ~ auf ˈeinen Zug, b) Bissen *m*. ˈ**gulp·y** *adj* würgend.

gum[1] [gʌm] *s oft pl anat.* Zahnfleisch *n.*

gum[2] [gʌm] **I** *s* **1.** *bot. tech.* a) Gummi *m*, *n*, b) Gummiharz *n*. **2.** Gummi *m*, *n*, Kautschuk *m*. **3.** Klebstoff *m*, *bes.* Gummilösung *f*. **4.** Gumˈmierung *f* (*von Briefmarken etc*). **5.** Appreˈtur(mittel *n*) *f*. **6.** → a) **chewing gum**, b) **gum arabic**, c) **gum elastic**, d) **gum tree**, e) **gumwood**. **7.** *bot.* Gummifluß *m*, Gumˈmose *f* (*Baumkrankheit*). **8.** *med.* Augenbutter *f*. **9.** *bes. Br.* ˈGummiboˌbon *m*, *n*. **10.** *pl Am.* ˈGummigaˌloschen *pl*. **II** *v/t* **11.** gumˈmieren. **12.** mit Gummi appreˈtieren. **13.** (an-, ver)kleben: **to** ~ **down** aufkleben; **to** ~ **together** zs.-kleben. **14.** *meist* ~ **up** a) verkleben, verstopfen, b) *colloq.* ‚vermasseln': **to** ~ **up the works** alles vermasseln. **III** *v/i* **15.** Gummi absondern *od.* bilden. **16.** gummiartig werden.

Gum[3], *a.* **g~** [gʌm] *s*: **by** ~! *sl.* Herrschaft (noch mal)!

gum| ac·id *s chem.* Harzsäure *f*. ~ **am·mo·ni·ac** *s chem. med.* Ammoniˈakgummi *m*, *n*. ~ **ar·a·bic** *s med. tech.* Gummiaˈrabikum *n*. ~ **ben·zo·in** *s bot.* Benˈzoeharz *n.*

gum·bo [ˈgʌmbəʊ] *Am.* **I** *pl* **-bos** *s* **1.** mit Gumboschoten eingedickte Suppe. **2.** *bot.* a) → **okra** 1, b) Gumboschote *f*. **3.** *a.* ~ **soil** Boden *m* aus feinem Schlamm. **II** *adj* **4.** *bot.* Eibisch...

ˈ**gum·boil** *s med.* ˈZahnfleischabˌszeß *m.*

gum| boot *s* Gummistiefel *m*. ~ **dragon** → **tragacanth**. ˈ**~drop** *s* ˈGummiboˌbon *m*, *n*. ~ **e·las·tic** *s* Gummieˈlastikum *n*, Kautschuk *m*. ~ **ju·ni·per** *s* Sandarak *m* (*Harz*).

gum·ma [ˈgʌmə] *pl* **-mas, -ma·ta** [-tə] *s med.* Gumma *n* (*gummiartige Geschwulst im Tertiärstadium der Syphilis*).

gum·mite [ˈgʌmaɪt] *s min.* Gummierz *n.*

gum·mo·sis [gʌˈməʊsɪs] → **gum**[2] 7.

gum·mous [ˈgʌməs] → **gummy**[1] 1, 2.

ˈ**gum·my**[1] *adj* **1.** gummiartig, zäh(flüssig), klebrig. **2.** aus Gummi, Gummi... **3.** gummihaltig. **4.** gummiabsondernd. **5.** mit Gummi überˈzogen. **6.** *med.* gumˈmös, gummiartig.

ˈ**gum·my**[2] *adj* zahnlos: **a** ~ **old man.**

gump·tion [ˈgʌmpʃn] *s colloq.* **1.** Mutterwitz *m*, gesunder Menschenverstand, ‚Grütze' *f*, ‚Grips' *m*: **to have a bit of** ~ ein bißchen Grütze im Kopf haben. **2.** ‚Mumm' *m*, Schneid *m*. **3.** *paint.* Quellstärke *f.*

gum| res·in *s* **1.** *bot.* ˈGummireˌsina *f*, Schleimharz *n*. **2.** *tech.* (*bei Normaltemperatur*) plastisches *od.* eˈlastisches (Kunst)Harz. ~ **sen·e·gal** *s bot. tech.* Senegalgummi *m*, *n*. ˈ**~shield** *s Boxen*: Zahnschutz *m*. ˈ**~ˌshoe** *Am.* **I** *s* **1.** a) Gaˈlosche *f*, ˈGummiˌüberschuh *m*, b) Tennis-, Turnschuh *m*. **2.** *sl.* ‚Schnüffler' *m* (*Detektiv, Polizist*). **II** *v/i* **3.** *sl.* schleichen. **4.** *sl.* ‚schnüffeln'. **III** *adj* **5.** *sl.* geheim, heimlich. ~ **tree** *s bot.* **1.** (*in Amerika*) a) Tuˈpelobaum *m*, b) Amer. Amberbaum *m*. **2.** (*in Australien*) Eukaˈlyptus *m*. **3.** (*in Westindien*) a) (*ein*) Klebebaum *m*, b) *e-e Anacardiacee*. **4.** (*Gummi liefernder*) Gummibaum: **to be up a** ~ *Br. colloq.* ‚in der Klemme' sein *od.* sitzen *od.* stecken. ˈ**~wood** *s* **1.** Eukaˈlyptusholz *n*. **2.** Holz *n* des Amer. Amberbaums.

gun[1] [gʌn] **I** *s* **1.** *mil.* Geschütz *n* (*a. fig.*), Kaˈnone *f*: **to blow great** ~**s** *mar. colloq.* heulen (*Sturm*); **to go great** ~**s** *colloq.* a) sich ‚reinknien', b) ‚toll in Schwung sein' (*Person, Laden etc*); **to stand** (*od.* **stick**) **to one's** ~**s** *colloq.* festbleiben, nicht nachgeben, sich nicht beirren lassen; → **big gun, heavy** 2, **son** 2, **spike**[2] 16. **2.** Feuerwaffe *f*: a) (*engS.* Jagd)Gewehr *n*, Büchse *f*, Flinte *f*, b) Piˈstole *f*, Reˈvolver *m*. **3.** *sport* a) ˈStartpiˌstole *f*, b) Startschuß *m*: **to jump** (*od.* **beat**) **the** ~ e-n Fehlstart verursachen, *fig.* voreilig sein *od.* handeln; **give her the** ~! *mot. colloq.* ‚drück auf die Tube!', gib Gas!; → **opening** 14. **4.** (Kaˈnonen-, Siˈgnal-, Saˈlut-) Schuß *m*. **5.** a) Schütze *m*, b) Jäger *m*. **6.** *bes. Am. colloq. für* **gunman**. **7.** *mil.* Kanoˈnier *m*. **8.** *tech.* a) Spritze *f*, Presse *f*: → **grease gun**, b) ˈZapfpiˌstole *f*. **II** *v/i* **9.** auf die Jagd gehen, jagen. **10.** *colloq.* ‚schießen': **a car** ~**ned round the corner**. **11.** ~ **for** *colloq.* a) mit aller Macht *e-e Position etc* anstreben, b) ‚es auf *j-n* abgesehen haben'. **III** *v/t* **12.** a) schießen auf (*acc*), b) *a.* ~ **to death** erschießen, c) *meist* ~ **down** niederschießen. **13.** *oft* ~ **up** *mot. colloq.* ‚auf Touren bringen': **to** ~ **the car up** ‚auf die Tube drücken', Gas geben.

gun[2] [gʌn] *pret von* **gin**[3].

gun| bar·rel *s mil.* **1.** Geschützrohr *n*. **2.** Gewehrlauf *m*. ~ **bat·tle** *s* Feuergefecht *n*, Schießeˈrei *f*, Schußwechsel *m*. ˈ**~boat** *s* **1.** *mar.* Kaˈnonenboot *n*: ~ **diplomacy** Kanonenbootdiplomatie *f*. **2.** *meist pl Am. sl.* ‚Elbkahn' *m*, ‚Kindersarg' *m* (*großer Schuh*). ~ **cam·er·a** *s aer. mil.* ˈFoto-MˌG *n*. ~ **car·riage** *s mil.* (ˈFahr)Laˌfette *f*. ˈ**~conˌtrol law** → **gun law**. ~ **cot·ton** *s chem.* Schieß(baum)wolle *f*. ~ **dis·place·ment** *s mil.* Stellungswechsel *m*. ~ **dog** *s* Jagdhund *m*. ~ **drill** *s mil.* Geˈschützexerˌzieren *n*. ˈ**~fight** → **gun battle**. ˈ**~ˌfire** *s mil.* **1.** Geschützfeuer *n*. **2.** Artilleˈrieeinsatz *m.*

gunge [gʌndʒ] *Br. colloq.* **I** *s* klebriges Zeug, klebrige Masse. **II** *v/t* ~ **up** verkleben. ˈ**gun·gy** *adj Br. colloq.* klebrig.

ˈ**gun|-ˌhap·py** *adj* schießwütig. ~ **harpoon** *s mar.* Geˈschützharˌpune *f.*

gunk [gʌŋk] *Am. colloq. für* **gunge** I.

gun| law *s* Waffengesetz *n*. ~ **li·cence**, *Am.* ~ **li·cense** *s* Waffenschein *m*. ˈ**~lock** *s tech.* Gewehrschloß *n*. ˈ**~man** [-mən] *s irr* **1.** Bewaffnete(r) *m*. **2.** Reˈvolverheld *m*. ˈ**~ˌmet·al** *s tech.* a) Geˈschützleˌgierung *f*, b) Kaˈnonenmeˌtall *n*, Rotguß *m*. ~ **moll** *s Am. sl.* **1.** Gangsterbraut *f*. **2.** Flintenweib *n*. ~ **mount** *s mil.* (Geˈschütz)Laˌfette *f.*

gun·ned *adj* bewaffnet: **heavily** ~ schwerbewaffnet.

gun·nel[1] [ˈgʌnl] *s ichth.* Butterfisch *m.*

gun·nel[2] → **gunwale.**

gun·ner [ˈgʌnə(r)] *s* **1.** *mil.* a) Kanoˈnier *m*, Artilleˈrist *m*, b) Richtschütze *m* (*Panzer etc*), c) MˈG-Schütze *m*, Gewehrführer *m*, d) *mar.* erster Geˈschützoffiˌzier, e) *aer.* Bordschütze *m*: → **master gunner**; **to kiss** (*od.* **marry**) **the** ~**'s daughter** *mar. hist. sl.* (*auf e-e Kanone gebunden u.*) ausgepeitscht werden. **2.** Jäger *m.*

gun·ner·y [ˈgʌnərɪ] *s mil.* **1.** Geschützwesen *n*. **2.** Schießwesen *n*, -lehre *f*. **3.** → **gunfire.**

gun·ning [ˈgʌnɪŋ] *s hunt.* Jagen *n*, Jagd *f*: **to go** ~ auf die Jagd gehen.

gun·ny [ˈgʌnɪ] *s bes. Am.* **1.** grobes Sacktuch, Juteleinwand *f*. **2.** *a.* ~ **bag** Jutesack *m.*

ˈ**gun|ˌpa·per** *s chem.* ˈSchießpaˌpier *n*. ~ **pit** *s* **1.** *mil.* Geschützstellung *f*, -stand *m*. **2.** *aer. mil.* Kanzel *f*. ˈ**~play** *bes. Am. für* **gun battle**. ˈ**~point** *s*: **at** ~ mit vorgehaltener Waffe, mit Waffengewalt. ˈ**~ˌpow·der** *s* Schießpulver *n*: **G~ Plot** *hist.* Pulververschwörung *f* (*1605 in London*). ˈ**~room** *s mar. mil.* Kaˈdettenmesse *f*. ˈ**~ˌrun·ner** *s* Waffenschmuggler *m*. ˈ**~ˌrun·ning** *s* Waffenschmuggel *m.*

gun·sel [ˈgʌnsəl] *s Am. sl.* **1.** a) Naˈivling *m*, b) Grünschnabel *m*, c) Trottel *m*. **2.** ˈhinterhältiger Kerl. **3.** → **gunman.**

ˈ**gun|·ship** *s aer. mil.* Kampfhubschrauber *m*. ˈ**~shot** *s* **1.** (Kaˈnonen-, Gewehr)Schuß *m*. **2.** *a.* ~ **wound** Schußwunde *f*, -verletzung *f*. **3.** Reich-, Schußweite *f*: **within (out of)** ~ in (außer) Schußweite. ˈ**~-shy** *adj* **1.** schußscheu (*Hund, Pferd*). **2.** *Am. colloq.* ˈmißtrauisch (**of** gegenˈüber). ˈ**~ˌsling·er** *Am. colloq. für* **gunman**. ˈ**~smith** *s* Büchsenmacher *m*. ˈ**~stock** *s* Gewehrschaft *m.*

gun·ter (rig) [ˈgʌntə(r)] *s mar.* Schiebe- *od.* Gleittakelung *f.*

gun tur·ret *s mil.* **1.** Geschützturm *m*. **2.** Waffendrehstand *m.*

gun·wale [ˈgʌnl] *s mar.* **1.** Schandeckel *m*. **2.** Dollbord *n* (*vom Ruderboot*).

gun·yah [ˈgʌnjɑː; -jə] *s Austral.* Eingeborenenhütte *f.*

Günz [gʊnts; gɪnts] *geol.* **I** *s* Günzeiszeit *f*. **II** *adj* Günz...: ~ **time** → I.

gup·py [ˈgʌpɪ] *s mil. sl.* U-Boot *n* mit Schnorchel.

gur·gi·ta·tion [ˌgɜːdʒɪˈteɪʃn; *Am.* ˌgɜrdʒə-] *s* (Auf)Wallen *n*, Strudeln *n.*

gur·gle [ˈgɜːgl; *Am.* ˈgɜrgəl] **I** *v/i* gurgeln: a) gluckern (*Wasser*), b) glucksen (**with** vor *dat*) (*Person, Stimme, a. Wasser*). **II** *v/t* (herˈvor)gurgeln, glucksen(d äußern). **III** *s* Glucksen *n*, Gurgeln *n.*

Gur·kha [ˈgɜːkə; ˈgʊəkə; *Am.* ˈgʊrkə; ˈgɜrkə] *pl* **-khas, -kha** *s* Gurkha *m*, *f* (*Mitglied e-s indischen Stamms in Nepal*).

gur·nard [ˈgɜːnəd; *Am.* ˈgɜrnərd], *a.* ˈ**gur·net** [-nɪt] *s ichth.* See-, *bes.* Knurrhahn *m.*

gu·ru [ˈgʊruː; *Am. a.* gəˈruː] *s* Guru *m*: a) *geistlicher Lehrer im Hinduismus*, b) (*aus dem indischen Raum stammender*) *Führer e-r* (*religiösen*) *Sekte*, c) *Führer* *e-r sozialen od. politischen Bewegung od. Kultur.*

gush [gʌʃ] **I** *v/i* **1.** *oft* ~ **forth** (*od.* **out**) (her'vor)strömen, (-)brechen, (-)schießen, stürzen, sich ergießen (**from** aus). **2.** *fig.* 'überströmen. **3.** *fig.* ausbrechen: **to** ~ **into tears** in Tränen ausbrechen. **4.** *colloq.* schwärmen (**over** von). **II** *v/t* **5.** ausströmen, -speien. **6.** *fig.* her'vorsprudeln, schwärmerisch sagen. **III** *s* **7.** Schwall *m*, Strom *m*, Erguß *m* (*alle a. fig.*). **8.** *colloq.* Schwärme'rei *f*, (Gefühls-) Erguß *m*. **'gush·er** *s* **1.** *colloq.* Schwärmer(in). **2.** Springquelle *f* (*Erdöl*). **'gush·ing** *adj* (*adv* ~**ly**) **1.** ('über)strömend. **2.** *colloq.* schwärmerisch. **'gush·y** → **gushing** 2.

gus·set ['gʌsɪt] **I** *s* **1.** *Näherei*: Zwickel *m*, Keil *m*. **2.** *tech.* Winkelstück *n*, Eckblech *n*: ~ **plate** Knotenblech. **3.** *allg.* Keil *m*, keilförmiges Stück. **II** *v/t* **4.** e-n Zwickel *etc* einsetzen in (*acc*).

gust[1] [gʌst] *s* **1.** Windstoß *m*, Bö *f*. **2.** Schwall *m*, Strahl *m*. **3.** *fig.* (Gefühls-) Ausbruch *m*, Sturm *m* (*der Leidenschaft etc*): ~ **of anger** Wutanfall *m*.

gust[2] [gʌst] *s obs.* **1.** Geschmack *m*. **2.** Genuß *m*. **gus'ta·tion** *s* **1.** Geschmack *m*, Geschmackssinn *m*, -vermögen *n*. **2.** Schmecken *n*. **'gus·ta·tive** [-tətɪv], **'gus·ta·to·ry** [-tətərɪ; *Am.* -təˌtəʊriː; -ˌtɔːriː] *adj* Geschmacks...: ~ **cell**; ~ **nerve**.

gust·i·ness ['gʌstɪnɪs] *s* **1.** Böigkeit *f*. **2.** *fig.* Ungestüm *n*.

gus·to ['gʌstəʊ] *s* Begeisterung *f*, Genuß *m*.

gus·tom·e·ter [gʌ'stɒmɪtə; *Am.* gʌs'tɑmətər] *s med.* Gusto'meter *n* (*Gerät zur Prüfung des Geschmackssinns*).

'gust·y *adj* (*adv* **gustily**) **1.** böig. **2.** stürmisch (*a. fig.*). **3.** *fig.* ungestüm.

gut [gʌt] **I** *s* **1.** *pl bes. zo.* Eingeweide *pl*, Gedärme *pl*: **to hate s.o.'s** ~**s** *colloq.* j-n hassen wie die Pest; **I'll have his** ~**s for garters!** *colloq.* ‚aus dem mach' ich Hackfleisch!'; → **sweat** 7, **work out** 7. **2.** *anat.* a) 'Darm(kaˌnal) *m*, b) (*bestimmter*) Darm: → **blind gut**. **3.** *oft pl colloq.* Bauch *m*. **4.** a) (*präparierter*) Darm, b) Seidendarm *m* (*für Angelleinen*). **5.** enge 'Durchfahrt, Meerenge *f*. **6.** *pl colloq.* a) (*das*) Innere: **the** ~**s of the machinery**, b) (*das*) Wesentliche: **the** ~**s of a problem** der Kern(punkt) e-s Problems, c) Sub'stanz *f*, Gehalt *m*: **it has no** ~**s in it** es steckt nichts dahinter. **7.** *pl colloq.* Schneid *m*, ‚Mumm' *m*. **II** *v/t* **8.** *Fisch etc* ausweiden, -nehmen. **9.** *Haus etc* a) ausrauben, ausräumen, b) das Innere (*gen*) zerstören, ausbrennen: ~**ted by fire** völlig ausgebrannt. **10.** *fig. ein Buch* ‚ausschlachten', Auszüge machen aus. **III** *adj* **11.** *colloq.* instink'tiv: **a** ~ **reaction**. **12.** *colloq.* von entscheidender Bedeutung, von großer Wichtigkeit: **a** ~ **problem**. **'gut·less** *adj colloq.* **1.** ohne Schneid *od.* ‚Mumm'. **2.** ‚müde': **a** ~ **enterprise**. **'gut·sy** [-sɪ] *adj colloq.* **1.** mutig, draufgängerisch. **2.** verfressen, gefräßig.

gut·ta[1] ['gʌtə] *pl* **-tae** [-tiː] *s arch.* Gutta *f*, Tropfen *m* (*Verzierung*).

gut·ta[2] ['gʌtə] *s* **1.** *chem.* Gutta *n*. **2.** *bot. tech.* Gutta'percha *f*.

gut·ta-per·cha [ˌgʌtə'pɜːtʃə; *Am.* -'pɜr-] *s bot. tech.* Gutta'percha *f*.

gut·tate ['gʌteɪt], *a.* **'gut·tat·ed** [-tɪd] *adj bes. bot. zo.* gesprenkelt.

gut·ter ['gʌtə(r)] **I** *s* **1.** Gosse *f* (*a. fig.*), Rinnstein *m*: **to take s.o. out of the** ~ *fig.* j-n aus der Gosse auflesen; **language of the** ~ Gossensprache *f*, -jargon *m*. **2.** (Abfluß-, Wasser)Rinne *f*, Graben *m*. **3.** Dachrinne *f*. **4.** *tech.* Rinne *f*, Hohlkehlfuge *f*, Furche *f*. **5.** *print.* Bundsteg *m*. **6.** Kugelfangrinne *f* (*der Bowlingbahn*). **II** *v/t* **7.** furchen, riefen. **8.** *Am. e-n Hund* zum ‚Geschäftmachen' in den Rinnstein führen. **III** *v/i* **9.** rinnen, strömen. **10.** tropfen (*Kerze*). **IV** *adj* **11.** vul'gär, Schmutz... ~ **press** *s* Skan'dal-, Sensati'onspresse *f*. **'~snipe** *s* Gassenkind *n*.

gut·ti·form ['gʌtɪfɔː(r)m] *adj* tropfenförmig.

gut·tur·al ['gʌtərəl] **I** *adj* (*adv* ~**ly**) **1.** Kehl..., guttu'ral (*beide a. ling.*), kehlig. **2.** rauh, heiser. **II** *s* **3.** *ling.* Guttu'ral *m*, Kehllaut *m*. **'gut·tur·al·ize** *v/t* **1.** guttu'ral aussprechen. **2.** velari'sieren.

gut·tur·o·max·il·lar·y [ˌgʌtərəʊmæk'sɪlərɪ; *Am.* -'mæksəˌleriː] *adj* Kehl- u. Kiefer...

guv [gʌv], **'guv·nor, 'guv'nor** [-nə(r)] *sl. für* **governor** 4.

guy[1] [gaɪ] **I** *s* **1.** *colloq.* Kerl *m*, ‚Typ' *m*. **2.** a) *bes. Br.* ‚Vogelscheuche' *f*, ‚'Schießbudenfiˌgur' *f*, b) Zielscheibe *f* des Spotts: **to make a** ~ **of** → 4. **3.** *Spottfigur des Guy Fawkes* (*die am* **Guy Fawkes Day** *öffentlich verbrannt wird*). **II** *v/t* **4.** *j-n* lächerlich machen, sich über *j-n* lustig machen.

guy[2] [gaɪ] **I** *s* Halteseil *n*, Führungskette *f*: a) *arch.* Rüstseil *n*, b) *tech.* (Ab)Spannseil *n* (*e-s Mastes*): ~ **wire** Spanndraht *m*, c) Spannschnur *f* (*Zelt*), d) *mar.* Gei(tau *n*) *f*. **II** *v/t* mit e-m Tau *etc* sichern, verspannen.

Guy Fawkes Day [ˌgaɪ'fɔːks] *s der Jahrestag des* **Gunpowder Plot** (*5. November*).

guz·zle ['gʌzl] *v/t* **1.** (*a. v/i*) a) ‚saufen', ‚picheln', b) ‚fressen', ‚futtern'. **2.** *oft* ~ **away** *Geld* verprassen, *bes.* ‚versaufen'. **'guz·zler** *s* a) ‚Säufer' *m*, b) ‚Fresser' *m*.

gwyn·i·ad ['gwɪnɪæd] *s ichth.* Gwyniadrenk *m* (*Art Lachs*).

gybe → **jibe**[1].

gyle [gaɪl] *s* **1.** Gebräu *n*. **2.** Sud *m*.

gym [dʒɪm] *colloq. für* a) **gymnasium**, b) **gymnastic**: ~ **shoes** Turnschuhe.

gym·kha·na [dʒɪm'kɑːnə] *s* a) Gym'khana *f* (*Geschicklichkeitswettbewerb für Reiter*), b) *Austragungsort e-r Gymkhana*.

gym·na·si·um [dʒɪm'neɪzjəm; -zɪəm] *pl* **-si·ums, -si·a** [-zɪə] *s* **1.** Turn-, Sporthalle *f*. **2.** [*Am.* gɪm'nɑːzɪəm] *ped.* Gym'nasium *n* (*bes. in Deutschland*).

gym·nast ['dʒɪmnæst] *s* Turner(in). **gym'nas·tic I** *adj* (*adv* ~**ally**) **1.** turnerisch, Turn..., gym'nastisch, Gymnastik... **II** *s* **2.** *meist pl* turnerische *od.* gym'nastische Übung. **3.** *pl* (*als sg konstruiert*) Turnen *n*, Gym'nastik *f*. **4.** *meist pl fig.* Übung *f*: **mental** ~**s** ‚Gehirnakrobatik' *f*; **verbal** ~**s** Wortakrobatik *f*.

gym·no·plast ['dʒɪmnəʊplæst] *s biol.* hüllenlose Proto'plasmazelle.

gym·nos·o·phist [dʒɪm'nɒsəfɪst; *Am.* -'nɑ-] *s* Gymnoso'phist *m* (*indischer Asket*).

gym·no·sperm ['dʒɪmnəʊspɜːm; *Am.* -ˌspɜrm] *s bot.* Gymno'sperme *f*, Nacktsamer *m*. ˌ**gym·no'sper·mous** *adj* nacktsamig.

gyn·ae·ce·um [ˌdʒaɪnɪ'siːəm; ˌgaɪ-; *Am. a.* ˌdʒɪn-] *pl* **-ce·a** [-'siːə] *s* Gynä'zeum *n*: a) *antiq. Frauengemach*, b) *bot. weibliche Organe e-r Blüte*.

gyn·ae·coc·ra·cy [ˌgaɪnɪ'kɒkrəsɪ; *Am.* -'kɑ-; *a.* ˌdʒɪn-] *s* Gynäkokra'tie *f*, Frauenherrschaft *f*.

gyn·ae·co·log·ic [ˌgaɪnɪkə'lɒdʒɪk; *Am.* -'lɑ-; *a.* ˌdʒɪn-] *adj*; ˌ**gyn·ae·co'log·i·cal** [-kl] *adj* (*adv* ~**ly**) *med.* gynäko'logisch. ˌ**gyn·ae'col·o·gist** [-'kɒlədʒɪst; *Am.* -'kɑ-] *s* Gynäko'loge *m*, Gynäko'login *f*, Frauenarzt *m*, -ärztin *f*. ˌ**gyn·ae'col·o·gy** *s med.* Gynäkolo'gie *f*, Frauenheilkunde *f*.

gy·nan·drous [gaɪ'nændrəs; dʒɪ-; dʒaɪ-] *adj zo.* gy'nandrisch, scheinzwitterartig.

gyn·e·coc·ra·cy, gyn·e·co·log·ic, *etc bes. Am. für* **gynaecocracy**, *etc*.

gyn·o·base ['gaɪnəʊbeɪs; 'dʒaɪ-; *Am. a.* 'dʒɪnəˌbeɪs] *s bot.* Fruchtknotenwulst *m*.

gyn·o·gen·ic [ˌgaɪnəʊ'dʒenɪk] *adj biol.* weibchenbestimmend.

gyn·o·phore ['gaɪnəʊfɔː(r); *Am. a.* -ˌfəʊr; 'dʒɪnə-] *s* **1.** *bot.* Gyno'phor *m*, Stempelträger *m*. **2.** *zo.* Träger *m* weiblicher Sprossen.

gyp[1] [dʒɪp] *sl.* **I** *v/t u. v/i* **1.** (*j-n*) ‚bescheißen'. **II** *s* **2.** Gauner(in), Betrüger(in). **3.** ‚Beschiß' *m*.

gyp[2] [dʒɪp] *s*: **to give s.o.** ~ *sl.* a) j-n ‚fertigmachen', b) j-m arg zu schaffen machen (*Verletzung etc*).

gyp·se·ous ['dʒɪpsɪəs], **'gyp·sous** [-səs] *adj min.* gipsartig, Gips...

gyp·sum ['dʒɪpsəm] *s min.* Gips *m*.

gyp·sy, *etc bes. Am. für* **gipsy**, *etc*.

gy·ral ['dʒaɪərəl] *adj* **1.** sich (im Kreis) drehend, (her'um)wirbelnd. **2.** *anat.* (Gehirn)Windungs...

gy·rate I *v/i* [ˌdʒaɪə'reɪt; *Am.* 'dʒaɪˌreɪt] kreisen, sich (im Kreis) drehen, (her'um)wirbeln. **II** *adj* ['dʒaɪərɪt; *bes. Am.* 'dʒaɪreɪt] gewunden, kreisförmig (angeordnet). ˌ**gy'ra·tion** *s* **1.** Kreisbewegung *f*, Drehung *f*. **2.** *anat.* (Gehirn)Windung *f*. **3.** *zo.* Windung *f* (*e-r Muschel*). **'gy·ra·to·ry** [-rətərɪ; *Am.* -rəˌtəʊriː; -ˌtɔːriː] *adj* kreisend, sich (im Kreis) drehend, (her'um)wirbelnd.

gyre ['dʒaɪə(r)] *bes. poet.* **I** *s* **1.** → **gyration** 1. **2.** Windung *f*. **3.** Kreis *m*. **II** *v/i* → **gyrate** I.

gyr·fal·con ['dʒɜːˌfɔːlkən; -ˌfɔːkən; *Am.* 'dʒɜrˌfælkən] *s orn.* Geierfalk *m*, G(i)erfalke *m*.

gy·ro ['dʒaɪərəʊ] *pl* **-ros** *colloq. für* **autogiro, gyrocompass, gyroscope**.

gy·ro·com·pass ['dʒaɪərəʊˌkʌmpəs] *s mar. phys.* Kreiselkompaß *m*: **master** ~ Mutterkompaß *m*.

gy·ro·graph ['dʒaɪərəʊgræf; *Br. a.* -grɑːf] *s tech.* Touren-, Um'drehungszähler *m*.

gy·ro ho·ri·zon *s aer. astr.* künstlicher Hori'zont.

gy·roi·dal [dʒaɪə'rɔɪdl] *adj* kreis- *od.* spi'ralförmig angeordnet *od.* wirkend.

gy·ro·mag·net·ic [ˌdʒaɪərəʊmæg'netɪk] *adj phys.* gyroma'gnetisch.

gy·ron ['dʒaɪərən] *s her.* Ständer *m*.

gy·ro·pi·lot ['dʒaɪərəʊˌpaɪlət] *s aer.* 'Autopiˌlot *m*, auto'matische Steuerungsanlage.

gy·ro·plane ['dʒaɪərəpleɪn] *s aer.* Tragschrauber *m*.

gy·ro·scope ['dʒaɪərəskəʊp] *s* **1.** *phys.* Gyro'skop *n*, Kreisel *m*. **2.** *mar. mil.* Ge'radlaufappaˌrat *m* (*Torpedo*). ˌ**gy·ro'scop·ic** [-'skɒpɪk; *Am.* -'skɑ-] *adj* (*adv* ~**ally**) gyro'skopisch: ~ **compass** → **gyrocompass**; ~ **(ship) stabilizer** Schiffskreisel *m*.

gy·rose ['dʒaɪərəʊs] *adj bot.* gewunden, gewellt.

gy·ro·sta·bi·liz·er [ˌdʒaɪərəʊ'steɪbɪlaɪzə(r)] *s aer. mar.* (Stabili'sier-, Lage-) Kreisel *m*.

gy·ro·stat ['dʒaɪərəʊstæt] *s phys.* Gyro'stat *m*, Kreiselvorrichtung *f*. ˌ**gy·ro'stat·ic** *adj* (*adv* ~**ally**) gyro'statisch: ~ **compass** → **gyrocompass**.

gyve [dʒaɪv] *obs. od. poet.* **I** *s meist pl* (*bes.* Fuß)Fessel *f*. **II** *v/t j-m* (Fuß)Fesseln anlegen.

H

H, h [eɪtʃ] **I** *pl* **H's, Hs, h's, hs** [ˈeɪtʃɪz] *s* **1.** H, h *n* (*Buchstabe*): **to drop one's H's** das H nicht aussprechen (*Zeichen der Unbildung*). **2.** H H *n*, H-förmiger Gegenstand. **3.** H *sl.* ,H' [eɪtʃ] *n* (*Heroin*). **II** *adj* **4.** acht(er, e, es): **Company H. 5.** H H-..., H-förmig.

ha [hɑː] *interj* **1.** ha!, ah! **2.** was?

haar [hɑː] *s Br.* kalter (See)Nebel.

Hab·ak·kuk [ˈhæbəkək; -kʌk; həˈbækək] *npr u. s Bibl.* (das Buch) Habakuk *m.*

ha·ba·ne·ra [ˌhæbəˈneərə; *bes. Am.* ˌɑːbə-] *s mus.* Habaˈnera *f.*

ha·be·as cor·pus [ˌheɪbjəsˈkɔː(r)pəs; -bɪəs-] (*Lat.*) *s a.* **writ of ~** *jur.* gerichtliche Anordnung e-s ˈHaftˌprüfungsterˌmins: **H~ C~ Act** Habeascorpusakte *f* (*1679*).

hab·er·dash·er [ˈhæbə(r)dæʃə(r)] *s* **1.** *Br.* Kurzwarenhändler *m.* **2.** *Am.* Inhaber *m* e-s Herrenmodengeschäfts, Herrenausstatter *m.* **ˈhab·er·dash·er·y** *s* **1.** *Br.* a) Kurzwarengeschäft *n*, b) Kurzwaren *pl.* **2.** *Am.* a) Herrenmodengeschäft *n*, b) ˈHerrenbeˌkleidung(sarˌtikel *pl*) *f.*

hab·er·geon [ˈhæbə(r)dʒən] *s mil. hist.* Halsberge *f*, Kettenhemd *n.*

hab·ile [ˈhæbɪl] *adj* geschickt.

ha·bil·i·ments [həˈbɪlɪmənts] *s pl* **1.** (Amts-, Fest)Kleidung *f.* **2.** *humor.* (Alltags)Kleider *pl.*

ha·bil·i·tate [həˈbɪlɪteɪt] **I** *v/t Am. ein Bergbauunternehmen* finanˈzieren. **II** *v/i* sich (*für ein Amt etc*) qualifiˈzieren, *univ.* sich habiliˈtieren.

hab·it [ˈhæbɪt] *s* **1.** (An)Gewohnheit *f*: **~s of life** Lebensgewohnheiten; **eating ~s** Art *f* zu essen, Eßgewohnheiten; **out of** (*od.* **by**) **~** aus Gewohnheit, gewohnheitsmäßig; **to act from force of ~** der Macht der Gewohnheit nachgeben; **to be in the ~ of doing s.th.** etwas zu tun pflegen; die (An)Gewohnheit haben, etwas zu tun; **it is the ~ with him** es ist bei ihm so üblich; **to break o.s. (s.o.) of a ~** sich (j-m) etwas abgewöhnen; **to make a ~ of s.th.** sich etwas zur Gewohnheit machen; → **creature** 1, **fall into** 2, **fall out of, get into** 4, **get out of** 3. **2.** *oft* **~ of mind** Geistesverfassung *f.* **3.** (*bes.* Drogen)Sucht *f*, (*Zustand a.*) (-)Süchtigkeit *f*: **drink has become a ~ with him** er kommt vom Alkohol nicht mehr los. **4.** *psych.* Habit *n, a. m* (*Erlerntes, Erworbenes*). **5.** *bot.* Habitus *m*, Wachstumsart *f.* **6.** *zo.* Lebensweise *f.* **7.** (Amts-, Berufs-, *bes.* Ordens)Kleidung *f*, Tracht *f*, Haˈbit *m, a. n*: → **riding** 4.

hab·it·a·ble [ˈhæbɪtəbl] *adj* (*adv* **habitably**) bewohnbar.

ha·bi·tan → **habitant** 2.

hab·i·tant *s* **1.** [ˈhæbɪtənt] Einwohner(in), Bewohner(in). **2.** [abitɑ̃] a) ˈFrankokaˌnadier *m*, b) Einwohner *m* franˈzösischer Abkunft (*in Louisiana*).

hab·i·tat [ˈhæbɪtæt] *s* **1.** *bot. zo.* Habiˈtat *n*, Standort *m*, Heimat *f.* **2.** Habiˈtat *n* (*kapselförmige Unterwasserstation für Aquanauten*). **ˌhab·iˈta·tion** [-ˈteɪʃn] *s* **1.** (Be)Wohnen *n*: **unfit for human ~** nicht bewohnbar, für Wohnzwecke ungeeignet. **2.** Wohnung *f*, Behausung *f.*

ˈhab·it-ˌform·ing *adj* **1. to be ~** a) zur Gewohnheit werden, b) Sucht erzeugen. **2.** suchterzeugend: **~ drug** Suchtmittel *n.*

ha·bit·u·al [həˈbɪtjʊəl; *Am.* həˈbɪtʃəwəl; -tʃəl] *adj* (*adv* **~ly**) **1.** gewohnheitsmäßig, Gewohnheits...: **~ criminal** Gewohnheitsverbrecher *m.* **2.** gewohnt, ständig, üblich: **he is ~ly late** er kommt ständig zu spät. **haˈbit·u·al·ness** *s* Gewohnheitsmäßigkeit *f.* **haˈbit·u·ate** [-tjʊeɪt; *Am.* -tʃəˌweɪt] **I** *v/t* **1.** (**o.s.** sich) gewöhnen (**to** an *acc*): **to ~ o.s. to doing s.th.** sich daran gewöhnen, etwas zu tun. **2.** *Am. colloq.* frequenˈtieren, häufig besuchen. **II** *v/i* **3.** zur Gewohnheit werden. **4.** süchtig machen. **haˌbit·uˈa·tion** *s* Gewöhnung *f* (**to** an *acc*).

hab·i·tude [ˈhæbɪtjuːd; *Am. a.* -ˌtuːd] *s* **1.** Wesen *n*, Neigung *f*, Veranlagung *f.* **2.** (An)Gewohnheit *f.*

ha·bit·u·é [həˈbɪtjʊeɪ; *Am.* həˈbɪtʃəˌweɪ] *s* ständiger Besucher, Stammgast *m.*

hab·i·tus [ˈhæbɪtəs] *s* **1.** *med.* Habitus *m* (*Besonderheiten im Erscheinungsbild e-s Menschen, die e-n gewissen Schluß auf Krankheitsanlagen zulassen*). **2.** → **habit** 5.

ha·chure [hæˈʃjʊə; *bes. Am.* hæˈʃʊə(r)] **I** *s* **1.** Schraffe *f*, Bergstrich *m* (*auf Landkarten*). **2.** *pl* Schrafˈfierung *f*, Schrafˈfur *f.* **II** *v/t* **3.** schrafˈfieren.

ha·ci·en·da [ˌhæsɪˈendə; *Am. a.* ˌhɑːsiː-ˈendə; ˌɑːsiː-] *s* **1.** Haziˈenda *f*, (Land)Gut *n.* **2.** (Faˈbrik-, Bergwerks)Anlage *f.*

hack[1] [hæk] **I** *v/t* **1.** a) (zer)hacken: **to ~ off** abhacken (von); **to ~ out** *fig.* grob darstellen; **to ~ to pieces** (*od.* **bits**) in Stücke hacken, *fig. Ruf etc* zerstören, ,kaputtmachen', b) *fig. e-n Text* verstümmeln, entstellen. **2.** (ein)kerben. **3.** *agr. den Boden* (auf-, los)hacken: **to ~ in** *Samen* unterhacken. **4.** *tech. Steine* behauen. **5.** a) (*bes. Rugby*) *j-m, a. j-n* ans *od.* gegen das Schienbein treten, b) (*Basketball*) *j-m, a. j-n* auf den Arm schlagen. **6.** *Am. colloq.* a) ausstehen, leiden, b) ,schaffen', bewältigen. **II** *v/i* **7.** hacken: **to ~ at** a) (mit dem Beil *etc*) schlagen auf (*acc*), b) *a.* **to ~ away at** einhauen auf (*acc*). **8.** trocken u. stoßweise husten: **~ing cough** → 15. **9. ~ around** *Am. colloq.* ,herˈumhängen', -lungern. **III** *s* **10.** Hieb *m*: **to take a ~ at** a) (mit dem Beil *etc*) schlagen auf (*acc*), b) *Am. colloq. etwas* probieren, versuchen. **11.** a) Hacke *f*, b) Haue *f*, Pickel *m.* **12.** Kerbe *f.* **13.** *Am.* Schalm *m* (*an Bäumen*). **14.** a) (*bes. Rugby*) Tritt *m* ans *od.* gegen das Schienbein, b) (*bes. Rugby*) Trittwunde *f*, c) (*Basketball*) Schlag *m* auf den Arm. **15.** trockener, stoßweiser Husten.

hack[2] [hæk] **I** *s* **1.** a) Reit-, *a.* Kutschpferd *n*, b) Mietpferd *n*, c) Klepper *m.* **2.** *Br.* Aus-, Spaˈzierritt *m.* **3.** *Am.* a) Droschke *f*, Miet(s)kutsche *f*, b) *colloq.* Taxi *n*, c) → **hackie. 4.** a) Schriftsteller, der auf Bestellung arbeitet, b) (rein) kommerziˈeller Schriftsteller. **II** *v/t* **5.** liteˈrarische Aufträge erteilen an (*acc*). **6.** *Pferd* vermieten. **7.** *Br. ein Pferd* ausreiten. **8.** *e-n Begriff etc* abnutzen. **III** *v/i* **9.** *Br.* ausreiten, e-n Spaˈzierritt machen. **10.** *Am.* in e-r Droschke *od. colloq.* in e-m Taxi fahren. **11.** *Am. colloq.* ein Taxi fahren. **12.** auf Bestellung arbeiten (*Schriftsteller*). **IV** *adj* **13. ~ writer** → 4. **14.** mittelmäßig. **15.** → **hackneyed.**

hack[3] [hæk] **I** *s* **1.** *Falknerei*: Futterbrett *n*: **to keep at ~** → 3. **2.** a) Trockengestell *n*, b) Futtergestell *n.* **II** *v/t* **3.** *Falken* in teilweiser Freiheit halten. **4.** auf e-m Gestell trocknen.

ˈhackˌber·ry *s* **1.** *bot.* Zürgelbaum *m.* **2.** *beerenartige Frucht von* 1.

ˈhack·but *s mil. hist.* Arkeˈbuse *f.*

ˈhack·er *s* Hacker *m* (*Computerpirat*).

hack·ie [ˈhækiː] *s Am. colloq.* Taxifahrer *m.*

hack·le[1] [ˈhækl] **I** *s* **1.** *tech.* Hechel *f.* **2.** a) *orn.* (lange) Nackenfeder(n *pl*), b) *pl* (aufstellbare) Rücken- u. Halshaare *pl* (*Hund*): **to get s.o.'s ~s up** *fig.* j-n wütend machen; **to have one's ~s up** *fig.* wütend sein; **with one's ~s up** *fig.* wütend. **3.** *Angelsport*: a) Federfüße *pl*, b) → **hackle fly. II** *v/t* **4.** *Flachs etc* hecheln. **5.** *künstliche* (*Angel*)*Fliege* mit Federfüßen versehen.

hack·le[2] [ˈhækl] *v/t* zerhacken.

hack·le fly *s* (künstliche) Angelfliege mit Federfüßen.

hack·ma·tack [ˈhækmətæk] *s* **1.** *bot.* a) Amer. Lärche *f*, b) Echter Waˈcholder. **2.** Tamarak *n* (*Holz von* 1 a).

hack·ney [ˈhæknɪ] **I** *s* **1.** → **hack**[2] 1 a. **2.** *a.* **~ carriage** Droschke *f*, Miet(s)kutsche *f.* **II** *v/t* **3.** *e-n Begriff etc* abnutzen. **ˈhack·neyed** *adj* abgedroschen, abgenutzt.

ˈhack·saw *s tech.* Bügelsäge *f.*

had [hæd] *pret u. pp von* **have.**

had·dock [ˈhædək] *pl* **-docks,** *bes. collect.* **-dock** *s* Schellfisch *m.*

hade [heɪd] *geol.* **I** *s* Neigungswinkel *m.* **II** *v/i* von der Vertiˈkallinie abweichen.

Ha·des [ˈheɪdiːz] *s* **1.** *myth.* Hades *m*, ˈUnterwelt *f.* **2.** *colloq.* Hölle *f.*

hadj [hædʒ] *s relig.* Hadsch *m* (*Wallfahrt nach Mekka, die jeder Mohammedaner wenigstens einmal in s-m Leben unternehmen soll*). **ˈhadj·i** [-iː] *s relig.* Hadschi *m* (*Ehrentitel für e-n Mekkapilger*).

hadst [hædst] *obs. 2. sg pret von* **have**: thou ~.
hae·mal [ˈhiːml] *adj anat. bes. Br.* Blut(gefäß)...
hae·ma·te·in [ˌhemәˈtiːɪn; ˌhiː-] *s bes. Br.* Hämateˈin *n*, Hämatoxyˈlin *n* (*in der Histologie zur Zellkernfärbung verwendeter Farbstoff aus dem Holz des Blutholzbaumes*).
hae·ma·tem·e·sis [ˌhemәˈtemɪsɪs; ˌhiː-] *s med. bes. Br.* Hämaˈtemesis *f*, Blutbrechen *n*.
hae·mat·ic [hiːˈmætɪk] *bes. Br.* **I** *adj* **1.** blutfarbig. **2.** blutgefüllt. **3.** *physiol.* Blut..., im Blut enthalten. **4.** *physiol.* blutbildend. **II** *s* **5.** *med. pharm.* Häˈmatikum *n*, blutbildendes Mittel.
haem·a·tin [ˈhemәtɪn; ˈhiː-] *s physiol. bes. Br.* Hämaˈtin *n* (*eisenhaltiger Bestandteil des roten Blutfarbstoffs*).
haem·a·tite [ˈhemәtaɪt; ˈhiː-] *s min. bes. Br.* Hämaˈtit *m*.
hae·mat·o·blast [hiːˈmætәʊblæst; ˈhemәtәʊblæst; ˈhiː-] *s physiol. bes. Br.* Hämatoˈblast *m*, Hämoˈblast *m* (*blutbildende Zelle im Knochenmark*).
haem·a·to·cele [ˈhemәtәʊsiːl; ˈhiː-] *s med. bes. Br.* Hämatoˈzele *f* (*geschwulstartige Ansammlung von geronnenem Blut in e-r Körperhöhle, bes. in der Bauchhöhle*).
haem·a·to·crit [ˈhemәtәʊkrɪt; ˈhiː-; hiːˈmætәʊkrɪt] *s med. bes. Br.* **1.** Hämatoˈkrit *m*, ˈBlutzentriˌfuge *f*. **2.** Hämatoˈkritwert *m*.
haem·a·tog·e·nous [ˌhemәˈtɒdʒɪnәs; ˌhiː-; *Am.* -ˈtɑ-] *adj physiol. bes. Br.* hämatoˈgen: a) aus dem Blut stammend, b) blutbildend.
hae·ma·tol·o·gist [ˌhemәˈtɒlәdʒɪst; ˌhiː-; *Am.* -ˈtɑ-] *s med. bes. Br.* Hämatoˈloge *m*. **ˌhae·maˈtol·o·gy** *s med. bes. Br.* Hämatoloˈgie *f* (*Teilgebiet der Medizin, das sich mit dem Blut u. den Blutkrankheiten befaßt*).
hae·ma·to·ma [ˌhiːmәˈtәʊmә; ˌhe-] *pl* **-mas, -ma·ta** [-tә] *s med. bes. Br.* Hämaˈtom *n*, Blutbeule *f*, -erguß *m*.
haem·a·to·poi·e·sis [ˌhemәtәʊpɔɪˈiːsɪs; ˌhiː-; hiːˌmætәʊ-] *s physiol. bes. Br.* Hämatopoˈese *f*, Hämaˈtose *f*, Blutbildung *f*, *bes.* Bildung *f* der roten Blutkörperchen.
hae·ma·to·sis [ˌhiːmәˈtәʊsɪs; ˌhe-] *s physiol. bes. Br.* **1.** → **haematopoiesis**. **2.** ˈUmwandlung *f* von veˈnösem in arteˈriˈelles Blut (*in der Lunge*).
hae·ma·tox·y·lin [ˌhiːmәˈtɒksɪlɪn; ˌhe-; *Am.* -ˈtɑ-] → **haematein**.
hae·ma·to·zo·on [ˌhemәtәʊˈzәʊɒn; ˌhiː-; *Am.* -ˌɑn] *pl* **-zo·a** [-ˈzәʊә] *s med. zo. bes. Br.* Hämatoˈzoon *n*, ˈBlutparaˌsit *m*.
hae·ma·tu·ri·a [ˌhiːmәˈtjʊәrɪә; ˌhe-; *Am. a.* -ˈtʊrɪә] *s med. bes. Br.* Hämatuˈrie *f* (*Ausscheidung nicht zerfallener roter Blutkörperchen mit dem Urin*).
hae·mo·cyte [ˈhiːmәʊsaɪt; ˈhe-] *s physiol. bes. Br.* Hämoˈzyt *m*, Blutkörperchen *n*.
hae·mo·di·al·y·sis [ˌhiːmәʊdaɪˈælɪsɪs] *s irr med. bes. Br.* Hämodiaˈlyse *f* (*Reinigung des Blutes von krankhaften Bestandteilen, z. B. in der künstlichen Niere*).
hae·mo·glo·bin [ˌhiːmәʊˈglәʊbɪn] *s physiol. bes. Br.* Hämogloˈbin *n* (*Farbstoff der roten Blutkörperchen*). **ˈhae·moˌglo·biˈnu·ri·a** [-ˈnjʊәrɪә; *Am. a.* -ˈnʊrɪә] *s med. bes. Br.* Hämoglobinuˈrie *f* (*Ausscheidung von rotem Blutfarbstoff im Urin*).
hae·mo·ly·sin [ˌhiːmәʊˈlaɪsɪn; *Am.* ˌhiːmәˈlɪsn] *s med. bes. Br.* Hämolyˈsin *n* (*Antikörper, der artfremde Blutkörperchen auflöst*).
hae·mol·y·sis [hɪˈmɒlɪsɪs; *Am.* -ˈmɑ-] *pl* **-ses** [-siːz] *s med. bes. Br.* Hämoˈlyse *f* (*Auflösung der roten Blutkörperchen durch Austritt des roten Blutfarbstoffs*).
hae·mo·phile [ˈhiːmәʊfaɪl] *s med. bes. Br.* Hämoˈphile(r) *m*, Bluter *m*. **ˌhae·moˈphil·i·a** [-ˈfɪlɪә] *s med. bes. Br.* Hämophiˈlie *f*, Bluterkrankheit *f*. **ˌhae·moˈphil·i·ac** [-ˈfɪlɪæk] → **haemophile**. **ˌhae·moˈphil·ic** [-ˈfɪlɪk] *adj bes. Br.* **1.** *med.* hämoˈphil: a) *an Hämophilie leidend*, b) *auf Hämophilie beruhend*. **2.** *biol.* hämoˈphil, blutliebend, im Blut lebend: ~ **bacteria**.
haem·op·ty·sis [hɪˈmɒptɪsɪs; *Am.* -ˈmɑ-] *s med. bes. Br.* Hämoˈptyse *f*, Hämoˈptysis *f*, Bluthusten *n*, -spucken *n*.
haem·or·rhage [ˈhemәrɪdʒ] *med. bes. Br.* **I** *s* Hämorrhaˈgie *f*, Blutung *f*: **brain** (*od.* **cerebral**) ~ Gehirnblutung. **II** *v/i* bluten.
haem·or·rhoi·dal [ˌhemәˈrɔɪdl] *adj med. bes. Br.* hämorrhoiˈdal. **ˌhaem·or·rhoidˈec·to·my** [-ˈdektәmɪ] *s med. bes. Br.* Hämorrhoidektoˈmie *f*, Hämorrhoˈidenoperatiˌon *f*. **ˈhaem·or·rhoids** [-dz] *s pl med. bes. Br.* Hämorrhoˈiden *pl*.
hae·mo·sta·sis [ˌhiːmәʊˈsteɪsɪs] *pl* **-ses** [-siːz] *s med. bes. Br.* Hämoˈstase *f*: a) Blutstockung *f*, b) Blutstillung *f*. **ˈhae·mo·stat** [-stæt] *s med. bes. Br.* **1.** Gefäß-, Arˈterienklemme *f*. **2.** *pharm.* Hämoˈstyptikum *n*, Hämoˈstatikum *n*, blutstillendes Mittel. **ˌhae·moˈstat·ic** [-ˈstætɪk] *med. pharm. bes. Br.* **I** *adj* hämoˈstyptisch, hämoˈstatisch, blutstillend. **II** *s* → **haemostat** 2.
hae·res → **heres**.
ha·fiz [ˈhɑːfɪz] *s relig.* Hafis *m* (*Ehrentitel e-s Mannes, der den Koran auswendig kann*).
haf·ni·um [ˈhæfnɪәm] *s chem.* Hafnium *n*.
haft [hɑːft; *Am.* hæft] **I** *s* Griff *m*, Heft *n* (*bes. e-r Stichwaffe*), Stiel *m* (*e-r Axt*). **II** *v/t* e-n Griff *etc* einsetzen in (*acc*).
hag[1] [hæg] *s* **1.** *fig.* häßliches altes Weib, Hexe *f*. **2.** *ichth.* Schleimaal *m*.
hag[2] [hæg; hɑːg] *s Br. dial.* feste Stelle im Sumpf.
Hag·ga·i [ˈhægeɪaɪ; *bes. Am.* ˈhægɪaɪ; -gaɪ] *npr u. s Bibl.* (das Buch) Hagˈgai *m od.* Agˈgäus *m*.
hag·gard [ˈhægә(r)d] **I** *adj* (*adv* ~**ly**) **1.** wild: ~ **look**. **2.** a) abgehärmt, sorgenvoll, b) abgespannt, c) abgezehrt, hager. **3.** ~ **falcon** → 4. **II** *s* **4.** Falke, der ausgewachsen eingefangen wurde. **ˈhag·gard·ness** *s* Hagerkeit *f*.
hag·gis [ˈhægɪs] *s gastr. Scot. Herz, Lunge u. Leber vom Schaf, im Schafsmagen gekocht*.
hag·gish [ˈhægɪʃ] *adj* hexenhaft.
hag·gle [ˈhægl] **I** *v/i* **1.** feilschen, handeln, schachern (**about, over** um). **2.** → **hack**[1] 7. **II** *v/t* → **hack**[1] 1. **ˈhag·gler** *s* Feilscher(in), Schacherer *m*.
hag·i·oc·ra·cy [ˌhægɪˈɒkrәsɪ; *Am.* -ˈɑk-; *a.* ˌheɪdʒiː-] *s* (Staat *m etc* unter) Heiligenherrschaft *f*.
Hag·i·og·ra·pha [ˌhægɪˈɒgrәfә; *Am.* -ˈɑg-; *a.* ˌheɪdʒiː-] *s pl Bibl.* Hagiˈographa *pl*, Hagioˈgraphen *pl* (*griechische Bezeichnung des dritten, vor allem poetischen Teils des Alten Testaments*). **ˌhag·iˈog·ra·pher** [-grәfә(r)] *s* Hagioˈgraph *m*: a) *e-r der Verfasser der Hagiographa*, b) *Verfasser von Heiligenleben*. **ˌhag·i·oˈgraph·ic** [-gɪәˈgræfɪk], **ˌhag·i·oˈgraph·i·cal** *adj* hagioˈgraphisch. **ˌhag·iˈog·ra·phist** → **hagiographer**. **ˌhag·iˈog·ra·phy** *s* Hagiograˈphie *f* (*Erforschung u. Beschreibung von Heiligenleben*).
hag·i·ol·a·ter [ˌhægɪˈɒlәtә; *Am.* ˌhægiːˈɑlәtәr; *a.* ˌheɪdʒiː-] *s relig.* Heiligenverehrer *m*. **ˌhag·iˈol·a·try** [-trɪ] *s* Hagiolaˈtrie *f*, Heiligenverehrung *f*, -kult *m*.
ˌhag·iˈol·o·gist [-ˈɒlәdʒɪst; *Am.* -ˈɑl-] → **hagiographer** b. **ˌhag·iˈol·o·gy** *s* **1.** Hagioloˈgie *f* (*Lehre von den Heiligen*). **2.** Hagioˈlogion *n* (*liturgisches Buch mit Lebensbeschreibungen der Heiligen in der orthodoxen Kirche*).
ˈhagˌrid·den *adj* **1.** gepeinigt, verfolgt. **2. to be** ~ *humor.* von Frauen schikaniert werden.
Hague| Con·ven·tions [heɪg] *s pl pol.* (*die*) Haager Abkommen *pl*. ~ **Tri·bu·nal** *s pol.* (*der*) Haager Schiedshof.
hah → **ha**.
ha-ha[1] [ˈhɑːhɑː] *s* (*in e-m Graben*) versenkter Grenzzaun.
ha-ha[2] [hɑːˈhɑː] **I** *interj* haha! **II** *s* Haha *n*. **III** *v/i* ,haha' rufen.
hahn·i·um [ˈhɑːnɪәm] *s chem.* Hahnium *n*.
hail[1] [heɪl] **I** *s* **1.** Hagel *m* (*a. fig. von Flüchen, Fragen, Steinen etc*): ~ **of bullets** Geschoßhagel. **II** *v/i* **2.** *impers* hageln: **it is** ~**ing** es hagelt. **3.** ~ **down** *fig.* niederhageln, -prasseln (**on, upon** auf *acc*). **III** *v/t* **4.** ~ **down** *fig.* niederhageln *od.* -prasseln lassen (**on, upon** auf *acc*): **to** ~ **blows down on s.o.** j-n mit Schlägen eindecken.
hail[2] [heɪl] **I** *v/t* **1.** freudig *od.* mit Beifall begrüßen, zujubeln (*dat*): **they** ~**ed him (as) king** sie jubelten ihm als König zu. **2.** (be)grüßen. **3.** *j-n, ein Taxi etc* herˈbeirufen *od.* -winken. **4.** *fig. etwas* begrüßen, begeistert aufnehmen. **II** *v/i* **5.** *bes. mar.* rufen, sich melden. **6.** (ˈher-) stammen, kommen (**from** von *od.* aus). **III** *interj* **7.** *bes. poet.* heil! **IV** *s* **8.** Gruß *m*. **9.** (Zu)Ruf *m*. **10.** Ruf-, Hörweite *f*: **within** ~ in Rufweite.
ˈhail·er *s Am.* Megaˈphon *n*.
ˈhail-ˌfel·low-ˌwell-ˈmet I *adj* a) gesellig, ˈumgänglich, freundlich, b) vertraut: **to be** ~ **with** auf du u. du stehen mit, c) *contp.* plump-vertraulich. **II** *s* a) geselliger *od.* ˈumgänglicher Mensch, b) *contp.* plump-vertraulicher Kerl.
ˈhail·ing dis·tance *s* Ruf-, Hörweite *f*: **within** ~ a) in Rufweite, b) *fig.* greifbar nahe, in greifbarer Nähe.
Hail Mar·y *s relig.* ˈAve-Maˈria *n*, Englischer Gruß.
ˈhail|·stone *s* Hagelkorn *n*, (Hagel-) Schloße *f*. **ˈ~·storm** *s* Hagelschauer *m*.
hai·mish → **heimish**.
hain't [heɪnt] *obs. od. dial. colloq. für* **have not, has not**.
hair [heә(r)] *s* **1.** (*einzelnes*) Haar. **2.** *collect.* Haar *n*, Haare *pl*. **3.** *bot.* Haar *n*, Triˈchom *n*. **4.** Härchen *n*, Fäserchen *n*. **5.** Haartuch *n*.
Besondere Redewendungen:
by a ~ äußerst *od.* ganz knapp (*gewinnen etc*); **to a** ~ aufs Haar, haargenau; **to do one's** ~ sich die Haare machen, sich frisieren; **to get in(to) s.o.'s** ~ *colloq.* ,j-m auf den Wecker fallen *od.* gehen'; **not to harm a** ~ **on s.o.'s head** j-m kein Haar krümmen; **to have a** ~ **of the dog (that bit one)** *colloq.* e-n Schluck Alkohol trinken, um s-n ,Kater' zu vertreiben; **to have s.o. by the short** ~**s** j-n (fest) in der Hand haben; **keep your** ~ **on!** *colloq.* reg' dich ab!, nur keine Aufregung!; **to keep** (*od.* **get**) **out of s.o.'s** ~ *colloq.* j-m aus dem Weg gehen; **to keep s.o. out of one's** ~ *colloq.* sich j-n vom Leib halten; **to let one's** ~ **down** a) sein Haar aufmachen, b) *fig.* sich ungezwungen benehmen *od.* geben, c) *fig.* aus sich herausgehen; **to lose one's** ~ a) kahl werden, b) *fig.* wütend werden; **he is losing his** ~ ihm gehen die Haare aus; **to split** ~**s**

Haarspalterei treiben; **the sight made my ~ stand (up) on end** bei dem Anblick standen mir die Haare zu Berge *od.* sträubten sich mir die Haare; **to tear one's ~ (out)** sich die Haare raufen; **not to turn a ~** nicht mit der Wimper zucken; **without turning a ~** ohne mit der Wimper zu zucken; → **curl** 1, 6.

ˈhair|·ball *s zo.* Haarknäuel *m, n.* **ˈ~·breadth I** *s*: **by a ~** um Haaresbreite; **to escape by a ~** mit knapper Not davonkommen. **II** *adj* äußerst *od.* ganz knapp: **to have a ~ escape** mit knapper Not davonkommen. **ˈ~·brush** *s* **1.** Haarbürste *f.* **2.** Haarpinsel *m.* **~ bulb** *s anat.* Haarzwiebel *f.* **ˈ~·check** → **hair crack.** **ˈ~·cloth** *s* Haartuch *n.* **~ com·pass·es** *s pl a.* **pair of ~** Haar(strich)zirkel *m.* **~ crack** *s tech.* Haarriß *m.* **ˈ~ˌcurl·ing** *adj* haarsträubend. **ˈ~·cut** *s* a) Haarschnitt *m*: **to give s.o. a ~** j-m die Haare schneiden; **to have a ~** sich die Haare schneiden lassen; **you need a ~** du mußt dir wieder mal die Haare schneiden lassen, du mußt wieder mal zum Friseur, b) Friˈsur *f.* **ˈ~ˌcut·ting I** *s* Haarschneiden *n.* **II** *adj* Haarschneide... **~ di·vid·ers** → **hair compasses.** **ˈ~·do** *pl* **-dos** *s colloq.* Friˈsur *f.* **ˈ~-drawn** → **hairsplitting** II. **ˈ~ˌdress·er** *s* Friˈseur *m,* Friˈseuse *f.* **ˈ~ˌdress·ing I** *s* **1.** Friˈsieren *n.* **2.** a) Haarwasser *n,* b) Poˈmade *f.* **II** *adj* **3.** Frisier...: **~ salon** Friseur-, Frisiersalon *m.* **ˈ~-ˌdri·er** *s* Haartrockner *m.*

haired [heə(r)d] *adj* **1.** behaart. **2.** *in Zssgn* ...haarig.

hair| fol·li·cle *s anat.* ˈHaarfolˌlikel *m,* -balg *m.* **ˈ~·grip** *s bes. Br.* Haarklammer *f,* -klemme *f.*

hair·i·ness [ˈheərɪnɪs] *s* Haarigkeit *f,* Behaartheit *f.*

hair lac·quer *s* Haarfestiger *m.*

ˈhair·less *adj* haarlos, unbehaart, ohne Haar(e), kahl: **his head is completely ~** er hat kein einziges Haar auf dem Kopf.

ˈhair|·line *s* **1.** Haaransatz *m.* **2.** Haarstrich *m* (*Buchstabe*). **3.** a) feiner Streifen (*Stoffmuster*), b) feingestreifter Stoff. **4.** Haarseil *n.* **5.** *a.* **~ crack** *tech.* Haarriß *m.* **6.** *opt. surv.* Faden-, Strichkreuz *n.* **~ mat·tress** *s* ˈRoßhaarmaˌtratze *f.* **ˈ~-net** *s* Haarnetz *n.* **~ oil** *s* Haaröl *n.* **ˈ~·piece** *s* (*für Frauen*) Haarteil *n,* (*für Männer*) Touˈpet *n.* **ˈ~·pin I** *s* **1.** Haarnadel *f.* **2.** *a.* **~ bend** Haarnadelkurve *f.* **II** *v/i* **3.** in Serpenˈtinen verlaufen (*Straße*). **ˈ~-ˌrais·er** *s colloq.* (*etwas*) Haarsträubendes, *bes.* Horrorfilm *m,* -geschichte *f.* **ˈ~-ˌrais·ing** *adj* haarsträubend. **~ re·stor·er** *s* Haarwuchsmittel *n.*

hair's| breadth → **hairbreadth** I. **ˈ~-breadth** → **hairbreadth** II.

ˈhairs·breadth → **hairbreadth.**

hair| seal *s zo.* Haarseehund *m.* **~ shirt** *s* Haarhemd *n,* härenes Hemd. **~ sieve** *s* Haarsieb *n.* **~ slide** *s* Haarspange *f.* **~ space** *s print.* Haarspatium *n.* **ˈ~ˌsplit·ter** *s* Haarspalter(in). **ˈ~ˌsplit·ting I** *s* Haarspalteˈrei *f.* **II** *adj* haarspalterisch, spitzfindig. **~ spray** *s* Haarspray *m, n.* **ˈ~·spring** *s tech.* Haar-, Unruhfeder *f.* **ˈ~·streak** *s zo.* (*ein*) Bläuling *m.* **~ stroke** *s* Haarstrich *m* (*Schrift*). **ˈ~·style** *s* Friˈsur *f.* **~ styl·ist** *s* Hair-Stylist *m,* ˈHaarstiˌlist *m,* ˈDamenfriˌseur *m.* **~ trans·plan·ta·tion** *s med.* ˈHaartransplantatiˌon *f,* -verpflanzung *f.* **~ trig·ger** *s tech.* Stecher *m* (*am Gewehr*). **ˈ~-ˌtrig·ger** *adj colloq.* **1.** aufbrausend (*Temperament*), reizbar (*Person*). **2.** laˈbil (*Gleichgewicht*). **3.** prompt: **~ service.** **ˈ~-ˌweav·ing** *s* Haarverwebung *f.* **ˈ~·worm** *s zo.* Haar-, Fadenwurm *m.*

ˈhair·y *adj* **1.** haarig, behaart. **2.** Haar... **3.** haarartig. **4.** *colloq.* a) ‚haarig', schwierig, unangenehm, b) gefährlich.

haj·i, haj·ji → **hadji.**

hake[1] [heɪk] *pl* **hakes,** *bes. collect.* **hake** *s ichth.* Seehecht *m.*

hake[2] [heɪk] *s* Trockengestell *n.*

ha·keem [hɑˈkiːm] → **hakim.**

ha·kim *s* (*im Orient*) **1.** [hɑˈkiːm] Haˈkim *m*: a) Weise(r) *m,* Gelehrte(r) *m,* b) Arzt *m.* **2.** [ˈhɑːkɪm] Hakim *m*: a) Herrscher *m,* b) Richter *m.*

ha·la·tion [həˈleɪʃn; *Am. bes.* heɪ-] *s phot.* Lichthof-, Halobildung *f.*

hal·berd [ˈhælbɜːd; -bəd; *Am.* -bərd] *s mil. hist.* Helleˈbarde *f.* **ˌhal·berdˈier** [-bə(r)ˈdɪə(r)] *s* Hellebarˈdier *m.*

hal·bert [ˈhælbɜːt; -bət; *Am.* -bərt] → **halberd.**

hal·cy·on [ˈhælsɪən] **I** *s* **1.** *myth.* Eisvogel *m.* **2.** *poet. für* **kingfisher. II** *adj* **3.** (h)alkyˈonisch, friedlich. **~ days** *s pl* **1.** (h)alkyˈonische Tage *pl*: a) Tage *pl* der Ruhe (auf dem Meer), b) *fig.* Tage *pl* glücklicher Ruhe **2.** *fig.* glückliche Zeit *od.* Tage *pl.*

hale[1] [heɪl] *v/t* schleppen, zerren.

hale[2] [heɪl] *adj* gesund, kräftig, rüstig: **~ and hearty** gesund u. munter.

half [hɑːf; *Am.* hæf] **I** *adj* **1.** halb: **a ~ mile,** *meist* **~ a mile** e-e halbe Meile; **a ~ share** ein halber Anteil, e-e Hälfte; **~ an hour** e-e halbe Stunde; **at ~ the price** zum halben Preis; **two pounds and a ~, two and a ~ pounds** zweieinhalb Pfund; **a fish and a ~** *colloq.* ein ‚Mordsfisch'; **a fellow and a ~** *colloq.* ein ‚Pfundskerl'. **2.** halb, oberflächlich: **~ knowledge** Halbwissen *n,* Halbbildung *f.*

II *adv* **3.** halb, zur Hälfte: **~ full; my work is ~ done; ~ cooked** halbgar; **~ as long** halb so lang; **~ as much** halb soviel; **~ as much** (*od.* **as many**) **again** anderthalbmal soviel. **4.** halb(wegs), fast, nahezu: **~ dead** halbtot; **he ~ wished (suspected)** er wünschte (vermutete) halb *od.* fast. **5. not ~** a) bei weitem nicht, lange nicht: **not ~ big enough,** b) *colloq.* (ganz u.) gar nicht: **not ~ bad** gar nicht übel, c) *colloq.* gehörig, ‚mordsmäßig': **he didn't ~ swear** er fluchte nicht schlecht. **6.** (*in Zeitangaben*) halb: **~ past two** zwei Uhr dreißig, halb drei. **7.** *mar.* ...einhalb: **~ three** dreieinhalb (*Faden*).

III *pl* **halves** [hɑːvz; *Am.* hævz] *s* **8.** Hälfte *f*: **one ~ of it** die e-e Hälfte davon; **~ of the girls** die Hälfte der Mädchen; **to waste ~ of one's time** die halbe Zeit verschwenden; → **better**[1] 1. **9.** *sport* a) (Spiel)Hälfte *f,* Halbzeit *f*: **first (second) ~,** b) (Spielfeld)Hälfte *f.* **10.** → **halfback. 11.** *Golf*: Gleichstand *m.* **12.** Fahrkarte *f* zum halben Preis. **13.** → **half-hour** 1. **14.** halbes Pint (*bes. Bier*): **I only had a ~** ich hab' nur ein kleines Bier getrunken. **15.** *obs.* Halbjahr *n.*

Besondere Redewendungen:

~ of it is (*aber* **~ of them are**) **rotten** die Hälfte (davon) ist faul; **~ the amount** die halbe Menge *od.* Summe, halb soviel; **to cut in(to) halves** (*od.* **in ~**) *etwas* halbieren *od.* in zwei Hälften teilen; **to do s.th. by halves** etwas nur halb tun; **to do things by halves** halbe Sachen machen; **not to do things by halves** Nägel mit Köpfen machen; **too clever by ~** überschlau; **to go halves with s.o. in s.th.** etwas mit j-m teilen, mit j-m bei etwas halbpart machen; **I have ~ a mind to go there** ich habe nicht übel Lust hinzugehen, ich möchte fast hingehen; **not good enough by ~** bei weitem nicht gut genug; → **battle** *Bes. Redew.,* **eye** 2, **mind** 5.

ˌhalf|-a-ˈcrown → **half crown.** **ˌ~-and-ˈhalf I** *s* Halb-u.-halb-Mischung *f, bes.* Mischung *f* (*zu gleichen Teilen*) aus Ale u. Porter. **II** *adj* Halb-u.-halb-... **III** *adv* halb u. halb. **ˈ~-ˌassed** *adj Am. colloq.* **1.** unzulänglich: **he only did a ~ job** er leistete nur halbe Arbeit. **2.** a) dumm, b) unfähig, c) ‚grün'. **ˈ~·back** *s* **1.** *Rugby*: Halbspieler *m.* **2.** *Fußball, Hockey*: *hist.* Läufer *m.* **ˌ~-ˈbaked** *adj* **1.** nicht durch, halbgar. **2.** *colloq.* a) nicht durchˈdacht, halbfertig, unausgegoren (*Plan etc*), b) ‚grün' (*Person*), c) → **half-witted.** **~ bind·ing** *s* Halbband *m* (*e-s Buchs*). **ˈ~-blood** *s* **1.** Halbbürtigkeit *f* (*von Geschwistern*): **brother of the ~** Halbbruder *m.* **2.** → **half-breed** 1 *u.* 3. **ˈ~-ˌblood·ed** → **half-bred** I. **~ board** *s* ˈHalbpensiˌon *f.* **~ boot** *s* Halbstiefel *m.* **ˌ~-ˈbound** *adj* in Halbband (*Buch*). **ˈ~-bred I** *adj* halbblütig, Halbblut... **II** *s zo.* Halbblut *n.* **ˈ~-breed I** *s* **1.** Mischling *m,* Halbblut *n.* **2.** *Am.* Meˈstize *m.* **3.** *zo.* Halbblut *n.* **4.** *bot.* Kreuzung *f.* **II** *adj* **5.** halbblütig, Halbblut... **~ broth·er** *s* Halbbruder *m.* **ˈ~-caste** → **half-breed** 1 *u.* 5. **ˈ~-cloth** *adj* Halbleinen..., in Halbleinen gebunden. **~ cock** *s* Vorderrast *f* (*des Gewehrhahns*): **to go off at ~** *colloq.* a) ‚hochgehen', wütend werden, b) ‚in die Hosen gehen', mißglücken; → **cock**[1] 7 b. **ˌ~-ˈcocked** *adj* in Vorderraststellung (*Gewehrhahn*): **to go off ~** *colloq.* a) ‚hochgehen', wütend werden, b) ‚in die Hosen gehen', mißglücken. **~ col·umn** *s arch.* Halbsäule *f.* **~ crown** *s Br. hist.* Halbkronenstück *n* (*Wert*: 2 *s.* 6 *d.*). **~ deck** *s mar.* Halbdeck *n.* **~ ea·gle** *s Am. hist.* Fünfˈdollar(gold)stück *n.* **~ face** *s paint. phot.* Proˈfil *n.* **ˈ~-faced** *adj* **1.** Profil... **2.** nach vorne offen: **~ tent.** **ˌ~-ˈheart·ed** *adj* (*adv* **~ly**) halbherzig. **~ hol·i·day** *s* **1.** halber Feiertag. **2.** halber Urlaubstag. **~ hose** *s collect.* (*als pl konstruiert*) **1.** Halb-, Kniestrümpfe *pl.* **2.** Socken *pl.* **ˌ~-ˈhour I** *s* **1.** halbe Stunde: **the clock struck the ~** es schlug halb. **II** *adj* **2.** halbstündig. **3.** halbstündlich. **III** *adv* **4.** jede *od.* alle halbe Stunde, halbstündlich. **ˌ~-ˈlength I** *adj* in ˈHalbfiˌgur (*Porträt*): **~ portrait** → II. **II** *s* Brustbild *n, art* ˈHalbfiˌgur(enbild *n*) *f.* **ˈ~-life (pe·ri·od)** *s phys.* Halbwertzeit *f* (*beim Atomzerfall*). **ˌ~-ˈlong** *adj bes. ling.* halblang. **ˌ~-ˈmast I** *s*: **to fly at ~** a) *a.* **to put at ~** → II, b) auf halbmast setzen, *mar.* halbstock(s) wehen; **flags were flown at ~** es wurde halbmast geflaggt; **flags were ordered to be flown at ~** es wurde Trauerbeflaggung angeordnet; **to wear one's trousers at ~** *humor.* die Hosen auf halbmast tragen. **II** *v/t* auf halbmast setzen, *mar.* halbstock(s) setzen. **~ meas·ure** *s* Halbheit *f,* halbe Sache. **~ moon** *s* **1.** Halbmond *m.* **2.** (*etwas*) Halbmondförmiges. **3.** (Nagel-) Möndchen *n.* **~ mourn·ing** *s* Halbtrauer *f.* **~ nel·son** *s Ringen*: Halbnelson *m.* **~ note** *s mus. Am.* halbe Note. **ˌ~-ˈor·phan** *s* Halbwaise *f.*

half·pen·ny [ˈheɪpnɪ] *s* **1.** *pl* **half·pence** [ˈheɪpəns] halber Penny (= $^{1}/_{200}$ *Pfund*): **three halfpence, a penny ~** eineinhalb Pennies. **2.** *pl* **ˈhalf·pen·nies** Halbpennystück *n*: **not to have two halfpennies to rub together** *colloq.* nur sehr wenig *od.* überhaupt kein Geld haben.

ˈhalf|-pint *s* **1.** halbes Pint. **2.** *colloq.* a) ‚halbe Portiˈon', b) ‚Niemand' *m.* **ˌ~-ˈprice** *adj u. adv* zum halben Preis. **~ prin·ci·pal** *s arch.* Halbbinder *m.* **~ re·lief** *s* ˈHalbreliˌef *n.* **ˈ~-seas o·ver** *adj colloq.* ‚blau', betrunken. **~ sis·ter** *s* Halbschwester *f.* **ˈ~-slip** *s* ˈUnter-, Halbrock *m.* **ˌ~-ˈstaff** → **half-mast.** **~ step** *s Am.* **1.** *mil.* Kurzschritt *m* (*15 Zoll*). **2.**

mus. Halbton *m.* **~term** *s univ. Br. kurze Ferien in der Mitte e-s Trimesters.* **~tide** *s mar.* Gezeitenmitte *f.* **ˈ~-ˌtim·ber(ed)** *adj arch.* Fachwerk... **~ time** *s* **1.** halbe Arbeitszeit. **2.** *sport* Halbzeit *f* (*Pause*): at ~ bei *od.* zur Halbzeit. **ˌ~-ˈtime I** *adj* **1.** Halbtags...: ~ **job. 2.** *sport* Halbzeit...: ~ **whistle**; ~ **score** Halbzeitstand *m*, -ergebnis *n.* **II** *adv* **3.** halbtags: **to work** ~. **ˌ~-ˈtim·er** *s* Halbtagsbeschäftigte(r *m*) *f.* **~ ti·tle** *s* Schmutztitel *m.* **ˈ~·tone** *s Graphik*: a) Halbton *m* (*a. paint.*), b) *a.* ~ **process** Halbtonverfahren *n*, c) Halbtonbild *n*, d) *a.* ~ **block** Autotyˈpiekliˌschee *n*: ~ **etching** Autotypie *f.* **ˈ~-track I** *s* **1.** *tech.* Halbkettenantrieb *m.* **2.** Halbketten-, Räderraupenfahrzeug *n.* **3.** *mil.* (Halbketten-)Schützenpanzer (-wagen) *m.* **II** *adj* **4.** *a.* **half-tracked** mit Halbkettenantrieb, Halbketten... **ˈ~--truth** *s* Halbwahrheit *f.* **~ vol·ley** *s Tennis, Tischtennis*: Halb-, Halfvolley *m* (*Schlag*), (*Ball a.*) Halbflugball *m.* **ˌ~-ˈvol·ley** (*Tennis, Tischtennis*) **I** *v/t e-n Ball* als Halbvolley nehmen *od.* schlagen. **II** *v/i* Halbvolleys spielen. **ˌ~ˈway I** *adj* **1.** auf halbem Weg *od.* in der Mitte (liegend): **we have reached the ~ point** wir haben die Hälfte geschafft. **2.** halb, teilweise: ~ **measures** Halbheiten, halbe Sachen. **II** *adv* **3.** auf halbem Weg, in der Mitte: **to meet s.o.** ~ *bes. fig.* j-m auf halbem Wege entgegenkommen; **to meet trouble** ~ sich schon im voraus Sorgen machen. **4.** bis zur Hälfte *od.* Mitte. **5.** teilweise, halb(wegs). **ˈ~way house** *s* **1.** auf halbem Weg gelegenes Gasthaus. **2.** Rehabilitatiˈonszentrum *n* (*für Strafentlassene od. aus e-r Entziehungsanstalt entlassene Drogenabhängige*). **3.** *fig.* ˈZwischenstufe *f*, -statiˌon *f.* **4.** *fig.* Komproˈmiß *m.* **ˈ~-wit** *s* Idiˈot *m*, Schwachkopf *m*, Trottel *m.* **ˌ~-ˈwit·ted** *adj* schwachsinnig, blöd. **ˈ~-world** *s* **1.** *bes. pol.* Hemiˈsphäre *f.* **2.** Halbwelt *f.* **3.** ˈUnterwelt *f.* **ˈ~-year I** *s* Halbjahr *n.* **II** halbjährig. **ˌ~-ˈyear·ly I** *adj* **1.** halbjährig. **2.** halbjährlich. **II** *adv* **3.** jedes halbe Jahr, halbjährlich.

hal·i·but [ˈhælɪbət] *pl* **-buts,** *bes. collect.* **-but** *s ichth.* Heilbutt *m.*

hal·ide [ˈhælaɪd; ˈheɪ-] *s chem.* Haˈlid *n*, Halogeˈnid *n.*

hal·i·eu·tic [ˌhælɪˈjuːtɪk; *Am. a.* -lɪˈuː-] **I** *adj* Fischerei... **II** *s pl* (*als sg konstruiert*) Fischeˈreiwesen *n.*

hal·ite [ˈhælaɪt; ˈheɪ-] *s min.* Haˈlit *n*, Steinsalz *n.*

hal·i·to·sis [ˌhælɪˈtəʊsɪs] *s med.* Haliˈtose *f*, übler Mundgeruch.

hall [hɔːl] *s* **1.** Halle *f*, Saal *m.* **2.** a) Diele *f*, Flur *m*, b) (Empfangs-, Vor)Halle *f*, Vestiˈbül *n.* **3.** a) (Versammlungs)Halle *f*, b) *meist in Zssgn* großes (öffentliches) Gebäude: **the H~ of Fame** *bes. Am.* die Ruhmeshalle; **to earn o.s. a place in the H~ of Fame** *fig.* sich unsterblich machen. **4.** *hist.* Gilde-, Zunfthaus *n.* **5.** *bes. Br.* Herrenhaus *n* (*e-s Landgutes*). **6.** *univ.* a) *a.* ~ **of residence** Stuˈdentenheim *n*: **to live in** ~ in e-m Studentenheim wohnen, b) *Br.* (Essen *n* im) Speisesaal *m*: **to eat in** ~ im Speisesaal essen. **7.** *univ. Am.* Instiˈtut *n*: **Science H~** naturwissenschaftliches Institut. **8.** *hist.* a) Schloß *n*, Stammsitz *m*, b) Fürsten-, Königssaal *m*, c) Festsaal *m.* **~ bed·room** *s Am.* kleines Schlafzimmer (*am Ende e-s Flurs*). **ˈ~boy** *s Am.* Boy *m*, Laufbursche *m* (*im Hotel*). **~ clock** *s* Standuhr *f.*

Hall ef·fect [hɔːl] *s phys.* ˈHall-Efˌfekt *m.*

hal·le·lu·jah, *a.* **hal·le·lu·iah** [ˌhælɪˈluːjə] **I** *s* Halleˈluja *n* (*a. mus.*). **II** *interj* halleˈluja! **~ maid·en** *s colloq. humor.* ‚Halleˈlujamädchen' *n* (*Angehörige der Heilsarmee*).

Hal·ley's Com·et [ˈhælɪz] *s astr.* Halleyscher Koˈmet.

hal·liard → **halyard.**

ˈhall·mark I *s* **1.** Feingehaltsstempel *m* (*der Londoner Goldschmiede-Innung*). **2.** *fig.* Stempel *m* (*der Echtheit*), Gepräge *n*, (Kenn)Zeichen *n*, Merkmal *n.* **II** *v/t* **3.** *Gold od. Silber* stempeln, mit e-m Feingehaltsstempel versehen. **4.** *fig.* kennzeichnen.

hal·lo *bes. Br. für* **hello.**

hal·lo(a) [həˈləʊ] → **halloo** 1 *u.* 2.

hal·loo [həˈluː] **I** *interj* **1.** hallo!, he!, heda! **II** *s* **2.** Hallo *n.* **III** *v/i* **3.** (‚hallo') rufen *od.* schreien: **don't ~ till you are out of the woods!** freu dich nicht zu früh!, man soll den Tag nicht vor dem Abend loben. **IV** *v/t* **4.** *e-n Hund* durch (Hallo)Rufe antreiben. **5.** schreien, (aus-) rufen.

hal·low¹ [ˈhæləʊ] **I** *v/t* heiligen: a) heilig machen, weihen, b) als heilig verehren: **~ed be Thy name** geheiligt werde Dein Name. **II** *s obs.* Heilige(r) *m.*

hal·low² [ˈhæləʊ] → **halloo.**

Hal·low·een, *a.* **Hal·low·e'en** [ˌhæləʊˈiːn; *Am. a.* ˌhæləˈwiːn; *a.* ˌhɑːlə-] *s* Abend *m* vor Allerˈheiligen. **Hal·low·mas** [ˈhæləʊmæs] *s relig. obs.* Allerˈheiligen *n.*

hall|por·ter *s bes. Br.* Hausdiener *m* (*in e-m Hotel*). **ˈ~stand** *s* a) Gardeˈroben-, Kleiderständer *m*, b) (ˈFlur)Gardeˌrobe *f.* **~ tree** *Am.* → **hallstand** a.

hal·lu·ci·nate [həˈluːsɪneɪt] **I** *v/i* **1.** halluziˈnieren, e-e Halluzinatiˈon *od.* Halluzinatiˈonen haben. **II** *v/t* **2.** e-e Halluzinatiˈon *od.* Halluzinatiˈonen auslösen bei *j-m*: **to be ~d** → 1. **3.** halluziˈnieren, als Halluzinatiˈon wahrnehmen. **halˌlu·ci·ˈna·tion** *s* Halluzinatiˈon *f.* **halˈlu·ci·na·to·ry** [-nətərɪ; *Am.* -nəˌtəʊriː; -ˌtɔːriː] *adj* halluzinaˈtorisch. **halˈlu·cin·o·gen** [-nədʒen; -dʒən] *s* Halluzinoˈgen *n* (*Halluzinationen hervorrufende Droge*). **halˌlu·ci·noˈgen·ic** [-ˈdʒenɪk] **I** *adj* halluzinoˈgen. **II** *s* → **hallucinogen. halˌlu·ciˈno·sis** [-ˈnəʊsɪs] *s med.* Halluziˈnose *f* (*Krankheitszustand, der durch das Auftreten von vorwiegend akustischen Halluzinationen bei klarem Bewußtsein gekennzeichnet ist*).

ˈhallˌway *s Am.* **1.** (Eingangs)Halle *f*, Diele *f.* **2.** Korridor *m.*

halm [hɑːm] → **haulm.**

hal·ma [ˈhælmə] *s* Halma(spiel) *n.*

ha·lo [ˈheɪləʊ] **I** *pl* **-loes, -los** *s* **1.** Heiligen-, Glorienschein *m*, Nimbus *m* (*a. fig.*). **2.** *astr.* Halo *m*, Ring *m*, Hof *m.* **3.** *allg.* Ring *m*, (*a. phot.* Licht)Hof *m.* **II** *v/t* *3. sg pres* **-loes 4.** mit e-m Heiligenschein *etc* umˈgeben.

ha·lo·bi·ont [ˌhæləʊˈbaɪɒnt; *Am.* -ˌɑnt] *s biol.* Halobiˈont *m* (*Tier- od. Pflanzenart, die nur an salzreichen Stellen vorkommt*).

ha·lo ef·fect *s psych.* ˈHaloefˌfekt *m* (*positive od. negative Beeinflussung bei der Beurteilung bestimmter Einzelzüge e-r Person durch den ersten Gesamteindruck od. die bereits vorhandene Kenntnis von anderen Eigenschaften*).

hal·o·gen [ˈhælədʒen; -dʒən] *s chem.* Haloˈgen *n*, Salzbildner *m*: ~ **lamp** Halogen(glüh)lampe *f.*

hal·o·gen·ate [ˈhælədʒəneɪt; *Am. a.* hæˈlɑ-] *v/t chem.* halogeˈnieren.

ha·log·e·nous [həˈlɒdʒɪnəs; *Am.* hæˈlɑ-] *adj chem.* haloˈgen, salzbildend.

hal·oid [ˈhælɔɪd] *chem.* **I** *adj* Halogenid..., Haloid...: ~ **salt. II** *s* Halogeˈnid *n.*

ha·lom·e·ter [həˈlɒmɪtə; *Am.* hæˈlɑmətər] *s chem.* Haloˈmeter *n* (*Meßgerät zur Bestimmung der Konzentration von Salzlösungen*).

hal·o·phyte [ˈhæləfaɪt] *s bot.* Haloˈphyt *m*, Salzpflanze *f.*

hal·o·thane [ˈhæləθeɪn] *s chem. med.* Haloˈthan *n* (*ein Inhalationsnarkotikum*).

halt¹ [hɔːlt] **I** *s* **1.** a) Halt *m*, Rast *f*, Aufenthalt *m*, Pause *f*, b) *a. fig.* Stillstand *m*: **to bring to a ~** → 3; **to call a ~** (*fig.* Ein)Halt gebieten (**to** *dat*); **to come to a ~** → 4; **to make a ~** → 4 a; → **grind** 14. **2.** *rail. Br.* (Bedarfs)Haltestelle *f*, Haltepunkt *m.* **II** *v/t* **3.** anhalten (lassen), haltmachen lassen, *a. fig.* zum Halten *od.* Stehen bringen. **III** *v/i* **4.** a) anhalten, haltmachen, b) *a. fig.* zum Stehen *od.* Stillstand kommen. **IV** *interj* **5.** *bes. mil.* halt!

halt² [hɔːlt] **I** *v/i* **1.** *obs.* hinken. **2.** *fig.* a) hinken (*Argument, Vergleich etc*), b) holpern, hinken (*Vers, Übersetzung etc*). **3.** stockend sprechen. **4.** zögern, schwanken. **II** *adj* **5.** *obs.* lahm. **III** *s obs.* **6. the ~** die Lahmen. **7.** Lahmheit *f.*

hal·ter [ˈhɔːltə(r)] **I** *s* **1.** Halfter *m*, *n.* **2.** (Tod *m* durch den) Strick *od.* Strang. **3.** rückenfreies Oberteil *od.* Kleid mit Nackenband. **II** *v/t* **4.** *oft* ~ **up** *Pferd* (an)halftern. **5.** *j-n* hängen. **6.** *fig.* zügeln. **ˈ~break** *v/t irr Pferd* an den Halfter gewöhnen. **ˈ~neck I** *s* → **halter** 3. **II** *adj* rückenfrei mit Nackenband.

ˈhalt·ing *adj* (*adv* **~ly**) **1.** *obs.* hinkend. **2.** *fig.* a) hinkend, b) holp(e)rig. **3.** stockend. **4.** zögernd, schwankend.

halve [hɑːv; *Am.* hæv] *v/t* **1.** halˈbieren: a) in zwei Hälften teilen, b) auf die Hälfte reduˈzieren. **2.** *Golf*: a) *ein Loch* mit der gleichen Anzahl von Schlägen erreichen (**with** wie), b) *e-e Runde* mit der gleichen Anzahl von Schlägen spielen (**with** wie). **3.** *Tischlerei*: ab-, verblatten.

halves [hɑːvz; *Am.* hævz] *pl von* **half.**

hal·yard [ˈhæljə(r)d] *s mar.* Fall *n*: **to settle ~s** die Falleinen wegfieren.

ham [hæm] **I** *s* **1.** *gastr.* a) Schinken *m*: ~ **and eggs** Ham and Eggs, Schinken mit (Spiegel)Ei, b) ˈHinterkeule *f.* **2.** *meist pl anat.* (hinterer) Oberschenkel: **to squat on one's ~s** in der Hocke sitzen, hocken. **3.** *colloq.* a) *a.* ~ **actor** überˈtrieben *od.* miseˈrabel spielender Schauspieler, ˈSchmierenkomödiˌant *m*, b) *a.* ~ **acting** überˈtriebenes *od.* miseˈrables Spiel (*e-s Schauspielers*), c) *mus. etc* Diletˈtant *m*, Stümper *m.* **4.** *colloq.* ˈFunkamaˌteur *m*, Amaˈteurfunker *m.* **II** *adj* **5.** *colloq. mus. etc* diletˈtantisch, stümperhaft. **6.** *colloq.* Amateurfunker...: ~ **licence. III** *v/t* **7.** *colloq. e-e Rolle* überˈtrieben *od.* miseˈrabel spielen: **to ~ it up** → 8. **IV** *v/i* **8.** *colloq.* überˈtrieben *od.* miseˈrabel spielen.

ham·a·dry·ad [ˌhæməˈdraɪəd; -æd] *pl* **-ads, -a·des** [-ədiːz] *s* **1.** *myth.* (Hama-) Dryˈade *f*, Baumnymphe *f.* **2.** *zo.* a) → **king cobra**, b) Mantelpavian *m.*

ham·burg [ˈhæmbɜːg; *Am.* ˈhæmˌbɜrg] → **hamburger. ˈham·burg·er** *s* **1.** *Am.* Rinderhack *n.* **2.** a) *a.* **H~ steak** Frikaˈdelle *f* (*aus Rinderhack*), b) Hamburger *m.*

Ham·burg steak → **hamburger** 2 a.

hames [heɪmz] *s pl* Kummet *n.*

ˌham|-ˈfist·ed *bes. Br. für* **ham-handed** 1. **ˈ~-ˌhand·ed** *adj colloq.* **1.** tolpatschig, ungeschickt. **2.** mit riesigen Händen.

Ham·ite¹ [ˈhæmaɪt] *s* Haˈmit(in).

ha·mite² [ˈheɪmaɪt] *s zo.* Ammoˈnit *m.*

Ham·it·ic [hæˈmɪtɪk; hə-] *adj* haˈmitisch.

ham·let [ˈhæmlɪt] *s* **1.** Weiler *m*, Dörfchen *n.* **2.** *Br.* Dorf *n* ohne eigene Kirche.

ham·mer [ˈhæmə(r)] **I** *s* **1.** Hammer *m*: **to come** (*od.* **go**) **under the ~** unter den

Hammer kommen, versteigert werden; ~ **and sickle** *pol.* Hammer u. Sichel (*Symbol des Kommunismus*); **to go at it ~ and tongs** *colloq.* a) ‚sich mächtig ins Zeug legen', b) (sich) streiten, daß die Fetzen fliegen. **2.** *mus.* Hammer *m* (*Klavier etc*). **3.** *anat.* Hammer *m* (*Gehörknöchelchen*). **4.** *Leichtathletik*: a) Hammer *m*, b) Hammerwerfen *n*. **5.** *tech.* a) Hammer(werk *n*) *m*, b) Hahn *m*, Spannstück *n* (*e-r Feuerwaffe*). **6.** *mot. Am. sl.* 'Gaspeˌdal *n*: **to drop the ~** ‚auf die Tube drücken'; **to have the ~ down** auf dem Gas stehen. **II** *v/t* **7.** hämmern, (*mit e-m Hammer*) schlagen *od.* treiben: **to ~ in** einhämmern (*a. fig.*); **to ~ an idea into s.o.'s head** *fig.* j-m e-e Idee einhämmern *od.* einbleuen; **he ~ed the ball against the post** (*Fußball*) er hämmerte den Ball gegen den Pfosten. **8.** a) *oft* **~ out** *Metall* hämmern, (durch Hämmern) formen *od.* bearbeiten, b) **~ out** *fig.* ausarbeiten: **to ~ out a policy**, c) **~ out** *Differenzen* ‚ausbügeln'. **9.** *a.* **~ together** zs.-hämmern, -schmieden, -zimmern. **10.** (mit den Fäusten) bearbeiten, einhämmern auf (*acc*): **to ~ a typewriter** auf der Schreibmaschine hämmern. **11.** *colloq.* vernichtend schlagen, *sport a.* ‚vernaschen', ‚über'fahren'. **12.** *Börse*: a) *j-n* (*durch drei Hammerschläge*) für zahlungsunfähig erklären, b) **~ down** *die Kurse* durch Leerverkauf drücken. **III** *v/i* **13.** hämmern (*a. Puls etc*), schlagen: **to ~ at** einhämmern auf (*acc*); **to ~ away** drauflosshämmern *od.* -arbeiten; **to ~ away at the piano** auf dem Klavier hämmern, das Klavier bearbeiten. **14.** *a.* **~ away (at)** sich den Kopf zerbrechen (über *acc*), sich abmühen (mit).

ham·mer|beam *s arch.* Stichbalken *m*. **~ blow** *s* Hammerschlag *m*. **~ drill** *s tech.* Schlagbohrer *m*.

ham·mered ['hæmə(r)d] *adj tech.* gehämmert, getrieben, Treib...

ham·mer|face *s tech.* Hammerbahn *f*. **~ forg·ing** *s metall.* Reckschmieden *n*. **'~ˌhard·en** *v/t tech.* kalthämmern. **'~head** *s* **1.** *tech.* Hammerkopf *m*: **~ bolt** *Am.* Hammerschraube *f*. **2.** Dummkopf *m*. **3.** *ichth.* Hammerhai *m*.

'ham·mer·less *adj* mit verdecktem Schlaghammer (*Gewehr*).

'ham·mer|·lock *s Ringen*: Hammerlock *m* (*Griff, bei dem der Arm des Gegners entgegen der Schwerkraft des Körpers gedreht wird*). **~ mill** *s tech.* Hammermühle *f*. **~ price** *s* Zuschlagpreis *m* (*auf e-r Auktion*). **~ scale** *s tech.* Hammerschlag *m*, Zunder *m*. **~ sedge** *s bot.* Rauhhaarige Segge. **'~smith** *s* Hammerschmied *m*. **~ throw** *s Leichtathletik*: Hammerwerfen *n*. **~ throw·er** *s Leichtathletik*: Hammerwerfer *m*. **'~toe** *s med.* Hammerzehe *f*. **~ weld·ing** *s tech.* Hammer-, Feuer-, Schmiedeschweißen *n*.

ham·mock[1] ['hæmək] *s* Hängematte *f*.

ham·mock[2] ['hæmək] *s Am.* humusreiches Laubwaldgebiet.

Ham·mond or·gan ['hæmənd] *s mus.* Hammondorgel *f*.

ham·my ['hæmɪ] *adj colloq.* a) über'trieben *od.* mise'rabel spielend (*Schauspieler*), b) über'trieben, mise'rabel (*Spiel*).

ham·per[1] ['hæmpə(r)] *v/t* **1.** (be)hindern, hemmen. **2.** stören.

ham·per[2] ['hæmpə(r)] *s* **1.** (Pack-, Trag-) Korb *m* (*meist mit Deckel*). **2.** Geschenk-, ‚Freßkorb' *m*. **3.** *Am.* Wäschekorb *m*.

ham·shack·le ['hæmʃækl] *v/t* **1.** *Pferd etc* fesseln (*um Kopf u. Vorderbein*). **2.** *fig.* zu'rückhalten, zügeln.

ham·ster ['hæmstə(r)] *s zo.* Hamster *m*.

'ham·string I *s* **1.** *anat.* Kniesehne *f*. **2.** *zo.* A'chillessehne *f*. **II** *v/t irr* **3.** (durch Zerschneiden der Kniesehnen *od.* der A'chillessehne) lähmen. **4.** *fig.* a) vereiteln, b) handlungsunfähig machen, lähmen.

ham·u·lus ['hæmjʊləs] *pl* **-li** [-laɪ] *s anat. bot. zo.* Häkchen *n*.

hance [hæns; *Br. a.* hɑːns] *s arch.* a) Auslauf *m* (*von elliptischen Bogen*), b) (Bogen)Schenkel *m*.

hand [hænd] **I** *s* **1.** Hand *f*: **~s off!** Hände weg!; **~s up!** Hände hoch!; **a helping ~** *fig.* e-e hilfreiche Hand; **to give** (*od.* **lend) a (helping) ~** mit zugreifen, *j-m* helfen (**with** bei); **to give s.o. a ~ up** j-m auf die Beine helfen *od.* hochhelfen; **he asked for her ~** er hielt um ihre Hand an. **2.** a) Hand *f* (*Affe*), b) Vorderfuß *m* (*Pferd etc*), c) Fuß *m* (*Falke*), d) Schere *f* (*Krebs*). **3.** Urheber *m*, Verfasser *m*. **4.** *oft pl* Hand *f*, Macht *f*, Gewalt *f*: **I am entirely in your ~s** ich bin ganz in Ihrer Hand; **to fall into s.o.'s ~s** j-m in die Hände fallen. **5.** *pl* Hände *pl*, Obhut *f*: **the child is in good ~s**. **6.** *pl* Hände *pl*, Besitz *m*: **to change ~s** → *Bes. Redew.* **7.** Hand *f* (*Handlungs-, bes. Regierungsweise*): **with a high ~** selbstherrlich, anmaßend, willkürlich, eigenmächtig; **with (a) heavy ~** hart, streng, mit harter Hand; → **iron** 12. **8.** Hand *f*, Quelle *f*: **at first ~** aus erster Hand. **9.** Hand *f*, Fügung *f*, Einfluß *m*, Wirken *n*: **the ~ of God** die Hand Gottes; **hidden ~** (geheime) Machenschaften *pl*. **10.** Seite *f* (*a. fig.*), Richtung *f*: **on every ~** überall, ringsum; **on all ~s** a) überall, b) von allen Seiten; **on the right ~** rechter Hand, rechts; **on the one ~ ..., on the other ~** *fig.* einerseits ..., andererseits. **11.** *oft in Zssgn* Arbeiter *m*, Mann *m* (*a. pl*), *pl* Leute *pl*, *mar.* Ma'trose *m*: → **deck** 1. **12.** Fachmann *m*, Routini'er *m*: **an old ~** ein alter Fachmann *od.* Praktikus *od.* ‚Hase'; **a good ~ at** sehr geschickt *od.* geübt in (*dat*); **I am a poor ~ at golf** ich bin ein schlechter Golfspieler. **13.** (gute) Hand, Geschick *n*: **he has a ~ for horses** er versteht es, mit Pferden umzugehen; **my ~ is out** ich bin außer *od.* aus der Übung. **14.** Handschrift *f*: **a legible ~**. **15.** 'Unterschrift *f*: **to set one's ~ to** s-e Unterschrift setzen unter (*acc*), unterschreiben; **under the ~ of** unterzeichnet von; **contract under ~** einfacher (nicht besiegelter) Vertrag. **16.** Hand *f*, Fertigkeit *f*: **it shows a master's ~** es verrät die Hand e-s Meisters. **17.** Ap'plaus *m*, Beifall *m*: **to get a big ~** stürmischen Beifall hervorrufen, starken Applaus bekommen. **18.** Zeiger *m* (*der Uhr etc*). **19.** Büschel *n*, Bündel *n* (*Früchte*), Hand *f* (*Bananen*). **20.** Handbreit *f* (= *4 Zoll* = *10,16 cm*) (*bes. um die Höhe von Pferden zu messen*). **21.** *Kartenspiel*: a) Spieler *m*, b) Blatt *n*, Karten *pl*, c) Spiel *n*: → **lone** 1. **22.** *pl Fußball*: Handspiel *n*: **he was cautioned for ~s** er wurde wegen e-s Handspiels verwarnt; **~s!** Hand!

Besondere Redewendungen:

~ and foot a) an Händen u. Füßen (*fesseln*), b) *fig.* eifrig, ergeben (*dienen*), vorn u. hinten (*bedienen*); **to be ~ in glove (with)** a) auf vertrautem Fuße stehen (mit), ein Herz u. e-e Seele sein (mit), b) unter 'einer Decke stecken (mit); **~s down** spielend, mühelos (*gewinnen etc*); **~ in ~** Hand in Hand (*a. fig.*); **~ on heart** Hand aufs Herz; **~ over fist** a) Hand über Hand (*klettern etc*), b) *fig.* Zug um Zug, schnell, spielend; **~ to ~** Mann gegen Mann (*kämpfen*); **at ~** a) nahe, in Reichweite, b) nahe (bevorstehend), c) bei der *od.* zur Hand, bereit; **at the ~(s) of** von seiten, seitens (*gen*), durch; **by ~** a) mit der Hand, b) durch Boten, c) mit der Flasche (*großziehen*); **to take s.o. by the ~** a) j-n bei der Hand nehmen, b) *fig.* j-n unter s-e Fittiche nehmen; **by the ~ of** durch; **from ~ to ~** von Hand zu Hand; **from ~ to mouth** von der Hand in den Mund (*leben*); **in ~** a) in der Hand, b) zur (freien) Verfügung, c) vorrätig, vorhanden, d) *fig.* in der Hand *od.* Gewalt, e) in Bearbeitung, f) im Gange; **the letter (matter) in ~** der vorliegende Brief (die vorliegende Sache); **to take in ~** a) in die Hand *od.* in Angriff nehmen, b) *colloq.* *j-n* unter s-e Fittiche nehmen; **on ~** a) verfügbar, vorrätig, b) bevorstehend, c) zur Stelle; **on one's ~s** a) auf dem Hals, b) zur Verfügung; **to be on s.o.'s ~s** j-m zur Last fallen; **out of ~** a) kurzerhand, sofort, b) vorbei, erledigt, c) *fig.* aus der Hand, außer Kontrolle, nicht mehr zu bändigen; **to let one's temper get out of ~** die Selbstbeherrschung verlieren; **to ~** zur Hand; **to come to ~** eingehen, -laufen, -treffen (*Brief etc*); **your letter to ~** *econ. obs.* im Besitz Ihres werten Schreibens; **under ~** a) unter Kontrolle, b) unter der Hand, heimlich; **under the ~ and seal of Mr. X** von Mr. X eigenhändig unterschrieben *od.* geschrieben u. gesiegelt; **with one's own ~** eigenhändig; **to change ~s** in andere Hände übergehen, den Besitzer wechseln; **to get one's ~ in** Übung bekommen, sich einarbeiten; **to grease** (*od.* **oil) s.o.'s ~** *colloq.* j-n ‚schmieren', j-n bestechen; **to have one's ~ in** in Übung sein, Übung haben; **to have a ~ in s.th.** s-e Hand im Spiel haben bei etwas; **to get s.th. off one's ~s** etwas loswerden; **to have one's ~s full** alle Hände voll zu tun haben; **to hold ~s** Händchen halten (*Verliebte*); **to hold one's ~** sich zurückhalten; **to join ~s** sich die Hände reichen, *fig. a.* sich verbünden *od.* zs.-tun; **to keep one's ~ in** in Übung bleiben; **to keep a firm ~ on** unter strenger Zucht halten; **to lay (one's) ~s on** a) anfassen, b) ergreifen, packen, habhaft werden (*gen*), c) (*gewaltsam*) Hand an *j-n* legen, d) *relig.* ordinieren; **I can't lay my ~s on it** ich kann es nicht finden; **to lay ~s on o.s.** Hand an sich legen; **not to lift** (*od.* **raise) a ~** keinen Finger rühren; **to live by one's ~s** von s-r Hände Arbeit leben; **to play into s.o.'s ~s** j-m in die Hände arbeiten; **to put one's ~ on** a) finden, b) *fig.* sich erinnern an (*acc*); **to put** (*od.* **set) the ~ to** a) ergreifen, b) *fig.* in Angriff nehmen, anpacken; **to shake ~s** sich die Hände schütteln; **to shake ~s with s.o., to shake s.o. by the ~** j-m die Hand schütteln (*a. zur Gratulation etc*) *od.* geben; **to show one's ~** *fig.* s-e Karten aufdecken; **to take a ~ at a game** bei e-m Spiel mitmachen; **to throw one's ~ in** (*Kartenspiel*) aussteigen (*a. fig.*); **to try one's ~ at s.th.** etwas versuchen, es mit etwas probieren; **to wash one's ~s of it** a) (in dieser Sache) s-e Hände in Unschuld waschen, b) nichts mit der Sache zu tun haben wollen; **I wash my ~s of him** mit ihm will ich nichts mehr zu tun haben; → **overplay** 2, **sit** 1.

II *v/t* **23.** ein-, aushändigen, (über)'geben, (-)'reichen (**s.o. s.th., s.th. to s.o.** j-m etwas): **you must ~ it to him** *fig.* das muß man *od.* der Neid ihm lassen (*anerkennend*). **24.** *j-m* helfen, *j-n* geleiten: **to ~ s.o. into (out of) the car** j-m ins (aus dem) Auto helfen. **25.** *mar. Segel* festmachen.

Verbindungen mit Adverbien:

hand| a·round *v/t* her'umreichen, her'umgehen lassen. **~ back** *v/t* zu'rückgeben. ~ **down** *v/t* **1.** hinˈunter-, herˈunterreichen, -langen (**from** von; **to** *dat*). **2.** *j-n* hinˈunter-, herˈuntergeleiten (**to** zu). **3.** vererben, (als Erbe) hinterˈlassen (**to** *dat*). **4.** (**to**) *Tradition etc* weitergeben (an *acc*), *Bräuche etc* überˈliefern (*dat*). **5.** *jur. Am.* a) *die Entscheidung e-s höheren Gerichtshofes* e-m ˈuntergeordneten Gericht überˈmitteln, b) *das Urteil etc* verkünden. ~ **in** *v/t* **1.** *etwas* hinˈein-, herˈeinreichen. **2.** *e-e Prüfungsarbeit etc* abgeben, *e-n Bericht, ein Gesuch etc* einreichen (**to** bei): → **check** 12. ~ **off** *v/t Rugby*: *e-n Gegner* mit der Hand wegstoßen. ~ **on** *v/t* **1.** weiterreichen, -geben (**to** *dat*, an *acc*). **2.** → **hand down** 4. ~ **out** *v/t* **1.** aus-, verteilen (**to** an *acc*). **2.** verschenken. **3.** *Ratschläge, Komplimente etc* verteilen: **I don't need you handing (me) out that sort of advice!** auf diese Ratschläge von dir kann ich verzichten! ~ **o·ver** *v/t* (**to** *dat*) **1.** überˈgeben: **to hand s.o. over to the police.** **2.** überˈlassen. **3.** (ˈher)geben, aushändigen. ~ **round** → **hand around.** ~ **up** *v/t* hinˈauf-, herˈaufreichen, -langen (**to** *dat*).

ˈ**hand|·bag** *s* **1.** Handtasche *f.* **2.** Handkoffer *m*, Reisetasche *f.* ~ **bag·gage** *s bes. Am.* Handgepäck *n.* ˈ~**ball** *s sport* **1.** a) *bes. Br.* Handball(spiel *n*) *m*, b) *Am. ein dem Squash ähnliches Spiel, bei dem der Ball mit der Hand geschlagen wird.* **2.** a) Handball *m*, b) *Am. bei* 1 b *verwendeter Ball.* ˈ~ˌ**bar·row** *s* **1.** Trage *f.* **2.** → **handcart.** ~ **ba·sin** *s* Waschbecken *n.* ~ **bell** *s* Tisch-, Handglocke *f.* ˈ~**bill** *s* Handzettel *m*, Flugblatt *n.* ˈ~**book** *s* **1.** Handbuch *n.* **2.** Reiseführer *m* (**of** durch, von): **a ~ of London** ein London-Führer. ~ **brake** *s tech.* Handbremse *f.* ˈ~**breadth** *s* Handbreit *f.* ˈ~ˌ**car** *s rail. Am.* Draiˈsine *f* mit Handantrieb. ˈ~**cart** *s* Handkarre(n *m*) *f.* ˈ~**carved** *adj* handgeschnitzt. ˈ~**clap** *s* Händeklatschen *n*: **a flurry of ~s greeted him** ihn empfing stürmischer Beifall; **to give s.o. a slow ~** *Br.* j-m durch langsames, rhythmisches Händeklatschen s-e Unzufriedenheit *od.* s-e Ungeduld ausdrücken. ˈ~ˌ**clasp** *Am.* → **handshake.** ˈ~**craft** → **handicraft.** ~ **cream** *s* Handcreme *f.* ˈ~**cuff I** *s meist pl* Handschelle *f.* **II** *v/t j-m* Handschellen anlegen: **~ed** in Handschellen; **to be ~ed to a policeman** mit Handschellen an e-n Polizisten gefesselt sein. ~ **drill** *s tech.* ˈHandˌbohrmaˌschine *f.*

-handed [hændɪd] *Wortelement mit der Bedeutung* ...händig, mit ... Händen.

ˈ**hand|·fast** *s obs.* **1.** fester Griff. **2.** durch e-n Händedruck besiegelter (Heirats-) Vertrag. ˈ~**feed** *v/t irr* **1.** *agr.* von Hand füttern. **2.** *tech.* von Hand beschicken: **hand-fed** handbeschickt. ~ **flag** *s mar.* Winkerflagge *f.* ˈ~**forged** *adj* handgeschmiedet.

hand·ful [ˈhændfʊl; ˈhænfʊl] *s* **1.** (*e-e*) Handvoll (*a. fig. Personen*). **2.** *colloq.* Plage *f* (*lästige Person od. Sache*), ‚Nervensäge' *f*: **to be a ~ for s.o.** j-m ganz schön zu schaffen machen.

hand| gal·lop *s* ˈHandgaˌlopp *m.* ~ **gen·er·a·tor** *s electr.* ˈKurbelinˌduktor *m.* ~ **glass** *s* **1.** Handspiegel *m.* **2.** (Lese)Lupe *f.* ~ **gre·nade** *s mil.* ˈHandgraˌnate *f.* ˈ~**grip** *s* **1.** a) Händedruck *m*, b) Griff *m.* **2.** *tech.* Griff *m.* **3.** *pl* Handgemenge *n*: **they came to ~s** sie wurden handgemein. **4.** Reisetasche *f.* ˈ~**gun** *s bes. Am.* Hand-, Faustfeuerwaffe *f.* ˈ~**-held** *adj Film, TV*: tragbar (*Kamera*). ˈ~**hold** *s* Halt *m*: **to get a ~ on s.th.** etwas zu fassen bekommen. ˈ~ˌ**hold·ing** *s* Händchenhalten *n.*

hand·i·cap [ˈhændɪkæp] **I** *s* Handikap *n*: a) *sport* Vorgabe *f* (*für leistungsschwächere Teilnehmer*), b) Vorgaberennen *n od.* -spiel *n od.* -kampf *m*, c) *fig.* Behinderung *f*, Benachteiligung *f*, Nachteil *m*, Erschwerung *f*, Hindernis *n* (**to** für): → **mental** 3, **physical** 1. **II** *v/t* handikapen: a) (be)hindern, benachteiligen, belasten, b) *sport* mit Handikaps belegen: **to ~ the horses** die Chancen der Pferde durch Vorgaben *od.* Gewichtsbelastung ausgleichen. ˈ**hand·i·capped I** *adj* gehandikapt, behindert, benachteiligt (**with** durch): → **mentally, physically. II** *s*: **the ~** *collect. pl med.* die Behinderten *pl.* ˈ**hand·i·cap·per** *s sport* Handikapper *m* (*Kampfrichter*).

hand·i·craft [ˈhændɪkrɑːft; *Am.* -ˌkræft] *s* **1.** Handfertigkeit *f.* **2.** (*bes.* Kunst-) Handwerk *n.* ˈ**hand·iˌcrafts·man** [-tsmən] *s irr* (*bes.* Kunst)Handwerker *m.*

hand·i·ly [ˈhændɪlɪ] *adv* **1.** geschickt. **2.** handlich. **3.** nützlich. **4.** *Am.* spielend, mühelos: **to win ~.** ˈ**hand·i·ness** *s* **1.** Geschicktheit *f.* **2.** Handlichkeit *f.* **3.** Nützlichkeit *f.*

ˈ**hand·i·work** *s* **1.** Handarbeit *f.* **2.** Werk *n*, Schöpfung *f*: **Nature is God's ~.**

ˈ**hand·job** *s*: **to give o.s. a ~** *vulg.* ‚sich e-n runterholen', ‚wichsen' (*onanieren*).

hand·ker·chief [ˈhæŋkə(r)tʃɪf] *s* **1.** Taschentuch *n.* **2.** *obs.* Halstuch *n.*

ˌ**hand-ˈknit(·ted)** *adj* handgestrickt.

han·dle [ˈhændl] **I** *s* **1.** a) (Hand)Griff *m*, b) Stiel *m*, Heft *n*, c) Henkel *m* (*am Topf etc*), d) Klinke *f*, Drücker *m* (*e-r Tür*), e) Kurbel *f*, f) Schwengel *m* (*e-r Pumpe*): **~ of the face** *humor.* Nase *f*; **~ to one's name** *colloq.* Titel *m*; **to fly off the ~** *colloq.* ‚hochgehen', wütend werden. **2.** *fig.* Handhabe *f*, Angriffspunkt *m*, -fläche *f*: **to give s.o. a ~** j-m e-e Angriffsfläche bieten. **3.** *fig.* Vorwand *m*: **to serve as a ~** als Vorwand dienen. **4. to get (to have) a ~ on s.th.** *Am. fig.* etwas in den Griff bekommen (im Griff haben). **II** *v/t* **5.** berühren, befühlen, anfassen, in Berührung kommen mit: **to ~ the ball** (*Fußball*) ein Handspiel begehen. **6.** *Werkzeuge etc* handhaben, (geschickt) gebrauchen, hanˈtieren *od.* ˈumgehen mit, *Maschine* bedienen. **7.** a) *ein Thema etc* behandeln, *e-e Sache a.* handhaben, b) *etwas* erledigen, ˈdurchführen, abwickeln, c) mit *etwas od. j-m* fertigwerden, *etwas* ‚deichseln': **I can ~ it (him)** damit (mit ihm) werde ich fertig. **8.** *j-n* behandeln, ˈumgehen mit, ‚anfassen': → **kid glove. 9.** *Tiere* a) betreuen, b) dresˈsieren *od.* abrichten (u. vorführen). **10.** a) *e-n Boxer* traiˈnieren, b) *e-n Boxer* betreuen, sekunˈdieren (*dat*). **11.** sich beschäftigen mit. **12.** *Güter* befördern, weiterleiten. **13.** *econ.* Handel treiben mit, handeln mit. **III** *v/i* **14.** sich handhaben lassen: **to ~ easily; the car ~s well on bends** der Wagen liegt gut in der Kurve. **15.** sich anfühlen: **to ~ smooth. 16. ~ with care! glass!** Vorsicht, Glas!

ˈ**han·dle·bar** *s oft pl* Lenkstange *f*: **dropped ~s** Rennlenker *m*; ~ **m(o)ustache** Schnauzbart *m*, ‚Schnauzer' *m.*

ˈ**han·dler** *s* **1.** j-d, der mit etwas in Berührung kommt: **all ~s of food in a restaurant are required to have a health certificate. 2.** Dresˈseur *m*, Abrichter *m.* **3.** *Boxen*: a) Trainer *m*, b) Betreuer *m*, Sekunˈdant *m.*

ˈ**han·dling** *s* **1.** Berührung *f.* **2.** Handhabung *f*, Gebrauch *m.* **3.** ˈDurchführung *f*, Erledigung *f.* **4.** Behandlung *f.* **5.** *econ.* Beförderung *f*, Weiterleitung *f.* **6.** *Fußball*: Handspiel *n*: **to be cautioned for ~** wegen e-s Handspiels verwarnt werden. ~ **charg·es** *s pl econ.* ˈUmschlagspesen *pl.*

hand| loom *s tech.* Handwebstuhl *m.* ~ **lug·gage** *s* Handgepäck *n.* ˌ~-ˈ**made** *adj* handgearbeitet: ~ **paper** Büttenpapier *n*, handgeschöpftes Papier. ˈ~ˌ**maid(·en)** *s* **1.** *obs.* Dienerin *f*, Magd *f.* **2. to be a ~ of** *fig.* zur Verfügung stehen (*dat*). ˈ~**-me-down** *colloq.* **I** *adj* **1.** Konfektions..., ‚von der Stange'. **2.** abgelegt (*Kleider*). **II** *s* **3.** *meist pl* Konfektiˈonsanzug *m*, Kleid *n etc* ‚von der Stange', *pl* Konfektiˈonskleidung *f.* **4.** *meist pl* abgelegtes Kleidungsstück: **his big brother's ~s** die Kleider, aus denen sein großer Bruder herausgewachsen ist. ~ **mix·er** *s* Handmixer *m.* ˈ~-ˌ**op·er·at·ed** *adj* mit Handbetrieb, handbedient, Hand... ~ **or·gan** *s mus.* Drehorgel *f*, Leierkasten *m.* ˈ~**out** *s* **1.** Almosen *n*, milde Gabe. **2.** Proˈspekt *m*, Hand-, Werbezettel *m.* **3.** Handout *n* (*Informationsunterlage, die an Pressevertreter, Tagungsteilnehmer etc verteilt wird*). ˌ~-ˈ**pick** *v/t* **1.** mit der Hand pflücken *od.* auslesen: **~ed** handverlesen. **2.** *colloq.* sorgsam auswählen. ~ **press** *s tech.* Handpresse *f.* ˈ~**print** *s* Handabdruck *m.* ~ **pup·pet** *s Am.* Handpuppe *f.* ˈ~**rail** *s* Handlauf *m.* ˈ~**saw** *s tech.* Handsäge *f.*

ˈ**hand's-breadth** *s* Handbreit *f.*

hand·sel [ˈhænsl] *obs. od. dial.* **I** *s* **1.** Einstands- *od.* Neujahrsgeschenk *n.* **2.** Morgengabe *f.* **3.** erste Einnahme (*in e-m Geschäft*). **4.** Hand-, Draufgeld *n.* **II** *v/t pret u. pp* **-seled,** *bes. Br.* **-selled 5.** *j-m* ein Einstandsgeschenk *etc* geben. **6.** einweihen (*a. fig.*).

ˈ**hand|·set** *s teleph.* Hörer *m.* ˈ~**-set** *adj print.* handgesetzt. ˈ~**-sewn** *adj* handgenäht. ˈ~**shake** *s* Händedruck *m*: **to give s.o. a firm ~** j-m kräftig die Hand schütteln. ˈ~**sign** *v/t* eigenhändig unterˈzeichnen: **~ed** handsigniert.

ˌ**hands-ˈoff pol·i·cy** *s* Nichtˈeinmischungspoliˌtik *f.*

hand·some [ˈhænsəm] *adj* (*adv* **~ly**) **1.** hübsch, schön, stattlich (*alle a. fig.*), (*bes. Mann a.*) gutaussehend. **2.** *fig.* beträchtlich, ansehnlich: **a ~ inheritance; a ~ sum. 3.** großzügig, nobel, ‚anständig': **~ is as ~ does** edel ist, wer edel handelt; → **come down** 10. **4.** *Am.* gewandt, geschickt: **a ~ speech** e-e geschickt aufgebaute Rede. ˈ**hand·some·ness** *s* **1.** Schönheit *f*, Stattlichkeit *f*, gutes Aussehen. **2.** Beträchtlichkeit *f.* **3.** Großzügigkeit *f.*

ˌ**hands-ˈon train·ing** *s* praktische Ausbildung.

ˈ**hand|·spike** *s mar. tech.* Handspake *f*, Hebestange *f.* ˈ~**spring** *s Turnen*: Handstandˈüberschlag *m*: **to do a ~** e-n Handstandüberschlag machen. ˈ~**stand** *s sport* Handstand *m*: **to do a ~** e-n Handstand machen. ˌ~**-to-ˈhand** *adj* Mann gegen Mann: ~ **combat** *mil.* Nahkampf *m.* ˌ~**-to-ˈmouth** *adj* kümmerlich: **to lead a ~ existence** von der Hand in den Mund leben. ˈ~**wheel** *s tech.* Hand-, Stellrad *n.* ˈ~**work** *s* Handarbeit *f.* ˈ~**write** *v/t irr* mit der Hand schreiben: **handwritten** handgeschrieben. ˈ~ˌ**writ·ing** *s* **1.** (Hand)Schrift *f*: ~ **expert** *jur.* Schriftsachverständige(r) *m*; **the ~ on the wall** *fig.* die Schrift an der Wand, das Menetekel. **2.** (*etwas*) Handgeschriebenes. ˌ~-ˈ**wrought** *adj* handgearbeitet.

hand·y [ˈhændɪ] *adj* (*adv* → **handily**) **1.** zur Hand, bei der Hand, greifbar, leicht erreichbar: **to have s.th. ~** etwas zur Hand haben. **2.** geschickt, gewandt: **to be ~ with a tool** mit e-m Werkzeug (gut) umgehen können. **3.** handlich, praktisch, leicht zu handhaben(d). **4.** *mar.* wendig. **5.** nützlich: **to come in ~** a) sich als nützlich erweisen, b) (sehr) gelegen kommen. ˈ**~man** *s irr* ‚Mädchen *n* für alles', Fakˈtotum *n*.

hang [hæŋ] **I** *s* **1.** Hängen *n*, Fall *m*; Sitz *m* (*e-s Kleids etc*). **2.** *colloq.* a) Bedeutung *f*, Sinn *m*, b) (richtige) Handhabung: **to get the ~ of s.th.** etwas kapieren, hinter etwas kommen, den ‚Dreh rauskriegen' bei etwas. **3. I don't care** (*od.* **give**) **a ~!** *colloq.* das ist mir völlig ‚schnuppe'! **4.** (kurze) Pause, Stillstand *m*. **5.** Abhang *m*, Neigung *f*.

II *v/t pret u. pp* **hung** [hʌŋ] *od.* (*für 9 u. 10*) **hanged 6.** (**from, to, on**) aufhängen (an *dat*), hängen (an *acc*): **to ~ s.th. on a hook; to be hung to** (*od.* **from**) aufgehängt sein *od.* hängen an (*dat*), herabhängen von. **7.** (*zum Trocknen etc*) aufhängen: **hung beef** gedörrtes Rindfleisch. **8.** *tech. e-e Tür, e-e Karosserie etc* einhängen. **9.** (auf)hängen: **to ~ o.s.** sich erhängen; **I'll be ~ed first!** *colloq.* eher lasse ich mich hängen!; **I'll be ~ed if** *colloq.* ‚ich will mich hängen lassen', wenn; **~ it (all)!** zum Henker damit! **10.** a) *j-n* an den Galgen bringen, b) *fig. j-m* ‚das Genick brechen'. **11.** *den Kopf* hängenlassen *od.* senken. **12.** behängen: **to ~ a wall with pictures. 13.** *Tapeten* anbringen, ankleben. **14.** *jur. Am. die Geschworenen* an der Entscheidung hindern (*durch Nichtzustimmung*): **it was a hung jury** die Geschworenen konnten sich (*über die Schuldfrage*) nicht einigen. **15.** → **fire** 9.

III *v/i* **16.** hängen, baumeln (**by, on** an *dat*): **to ~ by a rope; to ~ by a thread** *fig.* an e-m Faden hängen; **to ~ in the air** *bes. fig.* in der Luft hängen; **to ~ on(to)** (*od.* **upon**) **s.o.'s lips** (*od.* **words**) an j-s Lippen hängen; → **balance** 2. **17.** hängen, ein- *od.* aufgehängt sein. **18.** hängen, gehängt werden: **he will ~ for it** dafür wird er hängen; **to let s.th. go ~** *colloq.* sich den Teufel um etwas scheren; **let it go ~!** *colloq.* zum Henker damit! **19.** (herˈab)hängen, fallen (*Kleid, Vorhang etc*). **20.** sich senken, sich neigen, abfallen. **21. ~ on** hängen an (*dat*), abhängen von. **22. ~ on** sich hängen an (*acc*), sich festhalten an (*dat*), sich klammern an (*acc*). **23.** unentschlossen sein, zögern. **24.** → **heavy** 34. **25. to ~ tough** *colloq.* stur *od.* hart bleiben, nicht nachgeben.

Verbindungen mit Präpositionen:

hang| a·bout, ~ a·round *v/i* herˈumlungern *od.* sich herˈumtreiben in (*dat*) *od.* bei. **~ on** → **hang** 16, 21, 22. **~ o·ver** *v/i* **1.** *fig.* hängen *od.* schweben über (*dat*), drohen (*dat*). **2.** sich neigen über (*acc*). **3.** aufragen über (*dat*).

Verbindungen mit Adverbien:

hang| a·bout, ~ a·round *v/i* **1.** herˈumlungern, sich herˈumtreiben (**with** mit). **2.** trödeln. **3.** warten. **~ back** *v/i* **1.** zögern (**from doing s.th.** etwas zu tun). **2.** → **hang behind. ~ be·hind** *v/i* zuˈrückhängen, -bleiben. **~ down** *v/i* hinˈunter-, herˈunterhängen (**from** von). **~ on** *v/i* **1.** (**to**) sich klammern (an *acc*) (*a. fig.*), festhalten (*acc*), nicht loslassen *od.* aufgeben (*acc*). **2.** a) warten, b) *teleph.* am Appaˈrat bleiben. **3.** nicht nachlassen (*Krankheit etc*). **~ out I** *v/t* **1.** (hin-, her)ˈaushängen, *Wäsche* (draußen) aufhängen. **II** *v/i* **2.** herˈaushängen: **to let it all ~** *colloq.* a) sich ungezwungen benehmen, b) aus sich herausgehen, c) kein Blatt vor den Mund nehmen. **3.** ausgehängt sein. **4.** *colloq.* a) hausen, sich aufhalten, b) sich herˈumtreiben. **~ o·ver I** *v/i* andauern, exiˈstieren (**from** seit). **II** *v/t*: **to be hung over** *colloq.* e-n ‚Kater' haben. **~ to·geth·er** *v/i* **1.** zs.-halten (*Personen*). **2.** Zs.-hang haben, zs.-hängen. **~ up I** *v/t* **1.** aufhängen. **2.** aufschieben, hinˈausziehen: **to be hung up** verzögert *od.* aufgehalten werden. **3. to be hung up (on)** *colloq.* a) e-n Komplex haben (wegen), b) besessen sein (von). **II** *v/i* **4.** *teleph.* einhängen, auflegen: **she hung up on him** sie legte einfach auf.

hang·ar [ˈhæŋə(r)] *s aer.* Hangar *m*, Flugzeughalle *f*, -schuppen *m*.

ˈ**hang·dog I** *s* **1.** Galgenvogel *m*, -strick *m*. **II** *adj* **2.** gemein, schurkisch. **3.** a) schuldbewußt, b) jämmerlich: **~ look** Armesündermiene *f*.

ˈ**hang·er** *s* **1.** (Auf)Hänger *m*. **2.** Tapeˈzierer *m*. **3.** Aufhänger *m*, Aufhängevorrichtung *f*, *bes.* a) Kleiderbügel *m*, b) Schlaufe *f*, Aufhänger *m* (*am Rock etc*), c) (Topf)Haken *m*. **4.** *tech.* a) Hängeeisen *n*, b) Hängebock *m*, c) ˈUnterlitze *f*, d) Traˈversenträger *m*. **5.** a) Hirschfänger *m*, b) kurzer Säbel. **6.** Haken *m*, Kurvenlinie *f* (*bei Schreibversuchen*).

hang·er bear·ing *s tech.* Hängelager *n*.

ˌ**hang·er-ˈon** *pl* ˌ**hang·ers-ˈon** *s contp.* **1.** Anhänger *m*, *pl* Anhang *m*, Gefolge *n*. **2.** ‚Klette' *f*.

ˈ**hang|ˌfire** *s mil.* Nachbrennen *n*, -zündung *f*. **~ glid·er** *s sport* **1.** Hängegleiter *m*, (Flug)Drachen *m*. **2.** Drachenflieger(in). **~ glid·ing** *s sport* Hängegleiten *n*, Drachenfliegen *n*.

ˈ**hang·ing I** *s* **1.** (Auf)Hängen *n*. **2.** (Er-)Hängen *n*: (**execution by**) **~** Hinrichtung *f* durch den Strang. **3.** *meist pl* Wandbehang *m*, Taˈpete *f*, Vorhang *m*. **II** *adj* **4.** (herˈab)hängend. **5.** hängend, abschüssig, terˈrassenförmig: **~ gardens** hängende Gärten. **6.** todeswürdig: **a ~ crime** ein Verbrechen, auf das die Todesstrafe (durch Erhängen) steht; **a ~ matter** e-e Sache, die *j-n* an den Galgen bringt. **7. a ~ judge** ein Richter, der mit dem Todesurteil rasch bei der Hand ist. **8.** Hänge...: **~ bridge. 9.** *tech.* Aufhänge..., Halte..., Stütz... **~ com·mit·tee** *s* Hängeausschuß *m* (*bei Gemäldeausstellungen*). **~ in·den·tion** *s print.* Einzug *m* nach ˈüberstehender Kopfzeile. **~ wall** *s Bergbau*: Hangende(s) *n*.

ˈ**hang|·man** [-mən] *s irr* Henker *m*. ˈ**~nail** *s med.* Nied-, Neidnagel *m*. ˈ**~out** *s colloq.* **1.** ‚Bude' *f*, Wohnung *f*. **2.** a) ˈStammloˌkal *n*, b) Treff(punkt) *m*. ˈ**~ˌo·ver** *s* **1.** ˈÜberbleibsel *n*, -rest *m*. **2.** *colloq.* ‚Katzenjammer' *m*, ‚Kater' *m* (*beide a. fig.*). ˈ**~up** *s colloq.* **1.** Komˈplex *m*. **2.** Proˈblem *n*, Schwierigkeit *f*.

hank [hæŋk] *s* **1.** Strang *m*, Docke *f*, Wickel *m* (*Garn etc*). **2.** Hank *n* (*ein Garnmaß*). **3.** *mar.* Legel *m*.

han·ker [ˈhæŋkə(r)] *v/i* sich sehnen, Verlangen haben (**after, for** nach): **to ~ to do s.th.** sich danach sehnen, etwas zu tun. ˈ**han·ker·ing** *s* Sehnsucht *f*, Verlangen *n* (**after, for** nach).

han·ky, *a.* **han·kie** [ˈhæŋkɪ] *colloq. für* **handkerchief** 1.

han·ky-pan·ky [ˌhæŋkɪˈpæŋkɪ] *s colloq.* **1.** Hokusˈpokus *m*, Schwindel *m*, fauler Zauber. **2.** Techtelmechtel *n*.

Han·o·ve·ri·an [ˌhænəʊˈvɪərɪən] **I** *adj* **1.** hanˈnover(i)sch. **2.** *pol. hist.* hannoveˈranisch. **II** *s* **3.** Hannoveˈraner(in).

Han·sard [ˈhænsɑːd] *s Br.* amtliches Parlaˈmentsprotoˌkoll.

hanse [hæns] *s hist.* **1.** Kaufmannsgilde *f*. **2. H~** Hanse *f*, Hansa *f*: **H~ town** Hansestadt *f*. ˌ**Han·seˈat·ic** [-sɪˈætɪk] *adj* hanseˈatisch, Hanse...: **the ~ League** die Hanse.

han·sel [ˈhænsl] → **handsel**.

Han·sen's dis·ease [ˈhænsənz] *s med.* Lepra *f*, Aussatz *m*.

han·som (cab) [ˈhænsəm] *s hist.* Hansom *m* (*zweirädrige Kutsche*).

hap [hæp] *obs.* **I** *s* a) Zufall *m*, b) (zufälliges) Ereignis, c) Glück(sfall *m*) *n*. **II** *v/i* → **happen**.

ha·pax le·go·me·non [ˌhæpækslɪˈgɒmɪnɒn; *Am.* -ˈgɑməˌnɑn] *pl* ˌ**ha·pax leˈgo·me·na** [-nə] *s* Hapaxleˈgomenon *n* (*nur einmal belegtes, in s-r Bedeutung oft nicht genau zu bestimmendes Wort e-r* [*nicht mehr gesprochenen*] *Sprache*).

hap·haz·ard [ˌhæpˈhæzə(r)d] **I** *adj* (*adv* **~ly**) *u. adv* willkürlich, plan-, wahllos. **II** *s* **at ~** aufs Geratewohl.

ˈ**hap·less** *adj* (*adv* **~ly**) *obs.* unglücklich, glücklos, unselig.

hap·lite [ˈhæplaɪt] → **aplite**.

hap·log·ra·phy [hæpˈlɒgrəfɪ; *Am.* -ˈlɑ-] *s* Haplograˈphie *f* (*fehlerhafte Einfachschreibung von Buchstaben od. -gruppen*).

hap·loid [ˈhæplɔɪd] *biol.* **I** *adj* haploˈid (*mit einfacher Chromosomenzahl*). **II** *s* haploˈide Zelle, haploˈider Orgaˈnismus.

hap·lol·o·gy [hæpˈlɒlədʒɪ; *Am.* -ˈlɑ-] *s ling.* Haploloˈgie *f* (*Verschmelzung zweier gleicher od. ähnlicher Silben*).

hap·ly [ˈhæplɪ] *adv obs.* **1.** von ungefähr. **2.** vielˈleicht.

hap·pen [ˈhæpən] **I** *v/i* **1.** geschehen, sich ereignen, vorfallen, pasˈsieren, sich zutragen, vor sich gehen, vorkommen, eintreten: **what has ~ed?** was ist geschehen *od.* passiert?; ... **and nothing ~ed** ... u. nichts geschah. **2.** zufällig geschehen, sich zufällig ergeben, sich (gerade) treffen: **it ~ed that** es traf *od.* ergab sich, daß; **as it ~s** a) wie es sich (so *od.* gerade) trifft, zufällig, b) wie es nun (einmal) so geht. **3. if you ~ to see it** wenn du es zufällig siehst *od.* sehen solltest; **it ~ed to be cold** zufällig war es kalt. **4. ~ to** geschehen mit (*od. dat*), pasˈsieren (*dat*), zustoßen (*dat*), werden aus: **what is going to ~ to our plans?** was wird aus unseren Plänen?; **if anything should ~ to me** wenn mir etwas zustoßen sollte. **5. ~ (up)on** a) zufällig begegnen (*dat*) *od.* treffen (*acc*), b) zufällig stoßen auf (*acc*) *od.* finden (*acc*). **6.** *bes. Am. colloq.* **to ~ along** (*od.* **by**) zufällig (vorbei)kommen; **to ~ in** ‚hereinschneien'. **II** *adv* **7.** *Br. dial.* vielˈleicht.

hap·pen·ing [ˈhæpnɪŋ; ˈhæpənɪŋ] *s* **1.** Ereignis *n*, Vorkommnis *n*: **there have been strange ~s here lately** hier sind in letzter Zeit merkwürdige Dinge passiert. **2.** Happening *n* (*künstlerische Veranstaltung, oft grotesker od. provozierender Art, bei der die Zuschauer miteinbezogen werden u. die die Grenzen zwischen Kunst u. täglichem Leben überwinden soll*): **~ artist** Happenist *m*.

hap·pen·stance [ˈhæpənˌstæns] *s Am.* Zufall *m*.

hap·pi·ly [ˈhæpɪlɪ] *adv* **1.** glücklich: **~ married. 2.** glücklicherweise, zum Glück. ˈ**hap·pi·ness** *s* **1.** Glück *n*, Glückˈseligkeit *f*. **2.** *fig.* glückliche Wahl (*e-s Ausdrucks etc*), glückliche Formuˈlierung (*e-s Textes*).

hap·py [ˈhæpɪ] *adj* (*adv* → **happily**) **1.** *allg.* glücklich: a) glückˈselig: **I'm quite ~** ich bin wunschlos glücklich, b) beglückt, erfreut, froh (**at, about** über *acc*): **I am ~ to see you** es freut mich (sehr), Sie zu sehen; **I'd be ~ to do that** ich würde das liebend gern tun, c) voller Glück: **~ days** glückliche Tage, Tage voller Glück, d) erfreulich: **a ~ event** ein freudiges Ereignis, e) glückverheißend: **~ news**, f) gut, trefflich: **a ~ idea**, g) passend, treffend, geglückt: **a ~ phrase**, h) zuˈfrieden: **I'm not ~ with my new TV set. 2.** gewandt, geschickt. **3.** *colloq.* ‚beschwipst', ‚angesäuselt'. **4.** *in Glückwünschen*: **~ new year!** gutes neues Jahr!; → **birthday** I, **Easter**[1] I. **5.** *in Zssgn* a) *colloq.* betäubt, wirr (im Kopf): → **slaphappy**, b) begeistert, verrückt: **ski-~** skisportbegeistert; → **trigger-happy**, c) *colloq.* süchtig: **publicity-~**. **~ dis·patch** *s euphem.* Hara'kiri *n.* **,~-go-'luck·y** *adj u. adv* unbekümmert, sorglos, leichtfertig. **~ hour** *s Zeit am frühen Abend, zu der in Bars etc alkoholische Getränke im Preis reduziert sind.*

hap·ten ['hæptən; *Am.* 'hæp,ten], **hap·tene** ['hæpti:n] *s Biochemie:* Hap'ten *n* (*organische, eiweißfreie Verbindung, die die Bildung von Antikörpern im Körper verhindert*).

hap·tic ['hæptɪk] *adj* haptisch (*den Tastsinn betreffend*).

hap·to·trop·ism [,hæptəʊ'trəʊpɪzəm] *s bot.* Haptotro'pismus *m* (*durch Berührungsreiz ausgelöste Krümmungsbewegung, bes. bei Kletterpflanzen*).

har·a·kir·i [,hærə'kɪrɪ] *s* Hara'kiri *n* (*a. fig.*): **political ~**.

ha·rangue [hə'ræŋ] **I** *s* **1.** Ansprache *f*, Rede *f*. **2.** bom'bastische *od.* flammende Rede. **3.** Ti'rade *f*, Wortschwall *m*. **4.** Strafpredigt *f*. **II** *v/i* **5.** e-e (bom'bastische *od.* flammende) Rede halten. **III** *v/t* **6.** e-e (bom'bastische *od.* flammende) Rede halten vor (*dat*). **7.** *j-m* e-e Strafpredigt halten.

har·ass ['hærəs; *Am. a.* hə'ræs] *v/t* **1.** ständig belästigen, quälen. **2.** aufreiben, zermürben. **3.** schika'nieren. **4.** *mil.* stören: **~ing fire** Störfeuer *n*. **'har·ass·ment** *s* **1.** ständige Belästigung. **2.** Zermürbung *f*. **3.** Schika'nierung *f*.

har·bin·ger ['hɑ:(r)bɪndʒə(r)] **I** *s* **1.** *fig.* a) Vorläufer *m*: **the ~s of modern science**, b) Vorbote *m*: **the ~ of spring**, c) (erstes) Anzeichen: **the ~ of a cold**. **2.** *obs.* Quar'tiermacher *m*. **II** *v/t* **3.** *fig.* ankündigen, der Vorbote (*gen*) sein.

har·bor, *bes. Br.* **har·bour** ['hɑ:(r)bə(r)] **I** *s* **1.** Hafen *m*. **2.** Zufluchtsort *m*, 'Unterschlupf *m*. **II** *v/t* **3.** beherbergen, *j-m* Schutz *od.* Zuflucht *od.* Obdach gewähren. **4.** verbergen, -stecken: **to ~ criminals**. **5.** *Gedanken, e-n Groll etc* hegen: **to ~ thoughts of revenge**. **III** *v/i* **6.** (im Hafen) vor Anker gehen. **'har·bo(u)r·age** *s* **1.** → **harbor** 2. **2.** Obdach *n*, 'Unterkunft *f*.

har·bo(u)r| bar *s* Sandbank *f* vor dem Hafen. **~ dues** *s pl* Hafengebühren *pl*, -gelder *pl*.

'har·bo(u)r·less *adj* **1.** ohne Hafen, hafenlos. **2.** obdachlos.

har·bo(u)r| mas·ter *s mar.* Hafenmeister *m*. **~ pi·lot** *s mar.* Hafenlotse *m*. **~ seal** *s zo.* Gemeiner Seehund.

hard [hɑ:(r)d] **I** *adj* **1.** *allg.* hart: → **cheese**[1] 1. **2.** fest: **a ~ knot**. **3.** schwer, schwierig: a) mühsam, anstrengend: **~ work** harte Arbeit; **~ to believe** kaum zu glauben; **~ to please** schwer zufriedenzustellen; **he is ~ to please** man kann es ihm nur schwer recht machen; **~ to imagine** schwer vorstellbar; **it is ~ for me to accept this thesis** es fällt mir schwer, diese These zu akzeptieren; **he made it ~ for me to believe him** er machte es mir schwer, ihm zu glauben, b) schwerverständlich, schwer zu bewältigen(d): **~ problems** schwierige Probleme. **4.** hart, zäh, 'widerstandsfähig: **in ~ condition** *sport* konditionsstark, fit; **a ~ customer** *colloq.* ein schwieriger ‚Kunde', ein zäher Bursche; → **nail** *Bes. Redew.* **5.** hart, angestrengt, inten'siv: **~ study**. **6.** fleißig, tüchtig: **he is a ~ worker** er ist enorm fleißig; **to try one's ~est** sich alle Mühe geben. **7.** heftig, stark: **~ rain**; **a ~ blow** ein harter Schlag, *fig. a.* ein schwerer Schlag; **to be ~ on** *Kleidung, Teppich etc* strapazieren. **8.** hart, streng, rauh: **~ climate** rauhes Klima; **~ winter** harter *od.* strenger Winter. **9.** hart, gefühllos, streng: **~ words** harte Worte; **to be ~ on s.o.** a) j-n hart *od.* ungerecht behandeln, b) j-m hart zusetzen. **10.** hart, drückend: **it is ~ on him** es ist hart für ihn, es trifft ihn schwer; **~ times** schwere Zeiten; **to have a ~ time** Schlimmes durchmachen (müssen); **he had a ~ time getting up early** es fiel ihm schwer, früh aufzustehen; **to give s.o. a ~ time** j-m das Leben sauer machen. **11.** *econ.* mit harten Bedingungen, scharf: **~ selling**, *colloq.* **~ sell** aggressive Verkaufstaktik. **12.** hart: **the ~ facts** die unumstößlichen *od.* nackten Tatsachen. **13.** nüchtern, kühl (über'legend), 'unsentimen,tal: **a ~ businessman** ein kühler Geschäftsmann; **he has a ~ head** er denkt nüchtern. **14.** sauer, herb (*Getränk*). **15.** hart (*Droge*), (*Getränk a.*) stark. **16.** *phys.* hart: **~ water**; **~ X rays**; **~ tube** Hochvakuumröhre *f*. **17.** *agr.* hart, Hart...: **~ wheat**. **18.** *econ.* hoch u. starr: **~ prices**. **19.** hart: **~ colo(u)rs**; **a ~ voice**. **20.** *Phonetik*: a) hart, stimmlos, b) nicht palatali'siert. **21. ~ of hearing** schwerhörig. **22. ~ up** *colloq.* a) in (Geld-) Schwierigkeiten, schlecht bei Kasse, b) in Verlegenheit (**for** um).

II *adv* **23.** hart, fest: **frozen ~** hartgefroren. **24.** *fig.* hart, schwer: **to work ~**; **to brake ~** scharf bremsen; **to drink ~** ein starker Trinker sein; **it will go ~ with him** es wird ihm schlecht ergehen; **to hit s.o. ~** a) j-m e-n harten *od.* heftigen Schlag versetzen, b) *fig.* ein harter *od.* schwerer Schlag für j-n sein; **to look ~ at** scharf ansehen; **to be ~ pressed**, **to be ~ put to it** in schwerer Bedrängnis sein; **to try ~** sich große Mühe geben; → **bear**[1] 21, **hit** 10. **25.** schwer, mühsam: → **die**[1] 1. **26.** nahe, dicht: **~ by** ganz in der Nähe, nahe *od.* dicht dabei; **~ on** (*od.* **after**) gleich nach. **27. ~ aport** *mar.* hart Backbord.

III *s* **28.** *Br.* festes Uferland. **29.** *Br. sl.* Zwangsarbeit *f*. **30. to get (have) a ~ on** *vulg.* e-n ‚Ständer' (*e-e Erektion*) ‚kriegen' (haben).

,hard|-and-'fast *adj* abso'lut bindend, strikt, fest(stehend), 'unum,stößlich: **a ~ rule**. **'~back** → **hardcover** II. **'~ball I** *s sport* a) Baseball(spiel *n*) *m* (*Ggs.* **softball**): **to play ~** *Am. colloq.* energisch *od.* hart durchgreifen, b) Baseball *m*. **II** *adj Am. colloq.* e'nergisch, hart. **,~-'bit·ten** *adj* **1.** verbissen, hartnäckig, zäh. **2.** ‚abgebrüht'. **3.** hart, unerbittlich. **4.** → **hard-boiled** 2. **'~board** *s* Hartfaserplatte *f*. **,~-'boiled** *adj* **1.** hart(gekocht): **a ~ egg**. **2.** *fig.* a) hart, 'unsentimen,tal, b) nüchtern, sachlich, rea'listisch. **'~-,bought** *adj Am.* schwererrungen. **~ case** *s* **1.** Härtefall *m*. **2.** schwieriger Mensch. **3.** *Am.* Gewohnheitsverbrecher *m*. **~ cash** *s econ.* **1.** Hartgeld *n*. **2.** klingende Münze. **3.** Bargeld *n*: **to pay in ~** (in) bar (be)zahlen. **~ coal** *s* Anthra'zit *m*, Steinkohle *f*. **~ cop·y** *s Computer*: Hard copy *f*, 'Hartko,pie *f*, Pa'pierausdruck *m*. **~ core** *s* **1.** *Br.* Schotter *m*. **2.** *fig.* harter Kern (*e-r Bande etc*). **'~-core** *adj* **1.** zum harten Kern gehörend. **2.** hart: **~ pornography**. **~ court** *s Tennis*: Hartplatz *m*. **'~,cov·er** *print.* **I** *adj* gebunden: **a ~ edition**. **II** *s* Hard cover *n*, gebundene Ausgabe. **~ cur·ren·cy** *s econ.* harte Währung. **,~-'earned** *adj* hartverdient, sauer verdient. **~ edge** *s paint.* Hard edge *f* (*Stilrichtung, die geometrische Formen u. kontrastreiche Farben bevorzugt*).

hard·en ['hɑ:(r)dn] **I** *v/t* **1.** härten (*a. tech.*), hart *od.* härter machen. **2.** *fig.* hart *od.* gefühllos machen, verhärten, abstumpfen (**to** gegen): **~ed** verstockt, ‚abgebrüht'; **a ~ed sinner** ein verstockter Sünder. **3.** *fig.* bestärken. **4.** *fig.* abhärten (**to** gegen). **II** *v/i* **5.** hart werden, erhärten. **6.** *tech.* erhärten, abbinden (*Zement etc*). **7.** *fig.* hart *od.* gefühllos werden, sich verhärten, abstumpfen (**to** gegen). **8.** *fig.* abgehärtet werden, sich abhärten (**to** gegen). **9.** a) *econ. u. fig.* sich festigen, b) *econ.* anziehen, steigen (*Preise*). **'hard·en·er** *s tech.* Härtemittel *n*, Härter *m*. **'hard·en·ing I** *s* **1.** Härten *n*, Härtung *f*: **~ of the arteries** *med.* Arterienverkalkung *f*. **2.** *tech.* a) Härtung *f*, b) Härtemittel *n*. **II** *adj* **3.** Härte...: **~ medium** (*od.* **compound**) → 2 b.

'hard|-face *v/t tech.* verstählen, panzern. **,~-'fa·vo(u)red, ,~-'fea·tured** *adj* mit harten *od.* groben Gesichtszügen. **'~fern** *s bot.* Rippenfarn *m*. **~ fi·ber,** *bes. Br.* **~ fi·bre** *s tech.* Hartfaser *f*, Vul'kanfiber *f*. **~ fin·ish** *s arch.* Feinputz *m*. **,~-'fist·ed** *adj* **1.** *fig.* geizig, knauserig. **2.** ro'bust, kräftig. **3.** *fig.* hart, streng, ty'rannisch. **,~-'fought** *adj* erbittert, hart. **~ goods** *s pl econ. Am.* Gebrauchsgüter *pl*. **~ grass** *s bot.* Hartgras *n*. **,~-'hand·ed** → **hardfisted** 2 *u.* 3. **~ hat** *s* **1.** *Br.* Me'lone *f* (*Hut*). **2.** a) Schutzhelm *m* (*von Bauarbeitern etc*), b) *bes. Am. colloq.* Bauarbeiter *m*. **3.** *Br.* 'Erzreaktio,när *m*. **'~-hat** *adj Br.* 'erzreaktio,när. **,~-'head·ed** *adj* **1.** praktisch, nüchtern, rea'listisch. **2.** *bes. Am.* starr-, dickköpfig. **,~-'heart·ed** *adj* (*adv* **~ly**) hart(herzig). **,~-'hit·ting** *adj Am. colloq.* e'nergisch, aggres'siv, kämpferisch.

har·di·hood ['hɑ:(r)dɪhʊd], **'har·di·ness** *s* **1.** Zähigkeit *f*, Ausdauer *f*, Ro'bustheit *f*. **2.** *bot.* Winterfestigkeit *f*. **3.** Kühnheit *f*: a) Tapferkeit *f*, b) Verwegenheit *f*, c) Dreistigkeit *f*.

hard| la·bo(u)r *s jur.* Zwangsarbeit *f*. **,~-'land** *v/t u. v/i Raumfahrt*: hart landen. **~ land·ing** *s Raumfahrt*: harte Landung. **~ line** *s* **1.** *bes. pol.* harter Kurs: **to follow** (*od.* **adopt**) **a ~** e-n harten Kurs einschlagen. **2.** *pl bes. Br.* Pech *n* (**on** für). **,~-'line** *adj bes. pol.* hart, kompro'mißlos. **,~-'lin·er** *s bes. pol.* j-d, der e-n harten Kurs einschlägt. **,~-'luck sto·ry** *s contp.* ‚Jammergeschichte' *f*.

'hard·ly *adv* **1.** kaum, fast nicht: **I can ~ believe it**; **~ ever** fast nie. **2.** (wohl) kaum, schwerlich: **it will ~ be possible**; **this is ~ the time to do it**. **3.** (*zeitlich*) kaum: **~ had he entered the room, when**. **4.** mit Mühe, mühsam. **5.** hart, streng.

hard| ma·ple *s bot. Am.* Zucker-Ahorn *m*. **~ met·al** *s tech.* 'Hartme,tall *n*. **~ mon·ey** → **hard cash**. **,~-'mouthed** *adj* **1.** hartmäulig (*Pferd*). **2.** *fig.* starr-, dickköpfig.

'hard·ness *s* **1.** Härte *f*. **2.** Schwierigkeit *f*. **3.** 'Widerstandsfähigkeit *f*. **4.** Nüchternheit *f*. **5.** Herbheit *f*.

,hard|-'nosed *colloq. für* a) **hard-bitten** 1, b) **hardheaded** 2. **'~pan** *s* **1.** *geol.* Ortstein *m* (*verhärteter Untergrund*). **2.** harter, verkrusteter Boden. **3.** *fig.* a) Grundlage *f*, Funda'ment *n*: **to get down to the ~ of a matter** e-r Sache auf den Grund gehen, b) (sachlicher) Kern (*e-s Problems etc*). **~ rock** *s mus.* Hardrock *m* (*moderne Stilrichtung des Rock, die durch starke Hervorhebung des Rhythmus, Überlautstärke etc gekennzeichnet ist*). **~ rub·ber** *s* Hartgummi *m, n*. **~ sauce** *s gastr. Beilage für Süßspeisen aus Puderzucker, Butter u. Vanille.* **~ sci·ence** *s* ex'akte Wissenschaft (*bes. Mathematik, Physik u. Logik*). **'~,scrab·ble** *s Am.* **I** *adj* **1.** ärmlich, bescheiden (*Verhältnisse etc*). **2.** karg (*Boden*). **II** *s* **3.**

karger Boden. ˌ**~-ˈset** *adj* **1.** hartbedrängt, in e-r schwierigen Lage. **2.** streng, starr. **3.** angebrütet (*Ei*). ˈ**~-shell I** *adj* **1.** *zo.* hartschalig: ~ **clam** → 3. **2.** *Am. colloq.* a) eisern, unnachgiebig, kompromiˈmißlos, b) eingefleischt. **II** *s* **3.** *zo.* Venusmuschel *f.*

hard·ship [ˈhɑː(r)dʃɪp] *s* **1.** Not *f*, Elend *n.* **2.** Härte *f*: **to work ~ on s.o.** e-e Härte bedeuten für j-n; ~ **case** Härtefall *m.*

hard|shoul·der *s mot. Br.* Standspur *f.* ~ **sol·der** *s tech.* Hart-, Schlaglot *n.* ˈ**~-ˌsol·der** *v/t* hartlöten. ˈ**~-spun** *adj* festgezwirnt. ˈ**~ˌstand(·ing)** *s* befestigter Abstellplatz (*für Autos, Flugzeuge etc*). ˈ**~ˌstuff** *s Am. colloq.* ‚Hard stuff' *m*, harte Drogen *pl.* ˌ**~-ˈsur·face** *v/t Straße etc* befestigen. ˈ**~·tack** *s* Schiffszwieback *m.* ˈ**~·top** *s mot.* Hardtop *n, m*: a) *festes, als Ganzes abnehmbares Autodach*, b) *Auto, bes. Sportwagen mit* a. ˈ**~·ware** *s* **1.** a) Meˈtall-, Eisenwaren *pl*, b) Haushaltswaren *pl.* **2.** *Am. sl.* ‚Schießeisen' *n od. pl.* **3.** *Computer, Sprachlabor*: Hardware *f* (*technische Ausrüstung*). **4.** *a.* **military ~** Waffen *pl* u. miliˈtärische Ausrüstung. ˈ**~·ware·man** [-mən] *s irr* a) Meˈtallwaren-, Eisenwarenhändler *m*, b) Haushaltswarenhändler *m.* ˌ**~-ˈwear·ing** *adj Br.* strapaˈzierfähig (*Kleidung etc*). ˈ**~·wood** *s* Hartholz *n*, *bes.* Laubbaumholz *n.* ˌ**~-ˈwork·ing** *adj* fleißig, hart arbeitend, arbeitsam.

har·dy [ˈhɑː(r)dɪ] *adj* (*adv* **hardily**) **1.** a) zäh, ausdauernd, roˈbust, b) abgehärtet. **2.** *bot.* winterfest: ~ **annual** a) winterfeste Pflanze, b) *fig. humor.* Frage, die jedes Jahr wieder aktuell wird. **3.** kühn: a) tapfer, b) verwegen, c) dreist.

Har·dy-Wein·berg law [ˌhɑː(r)dɪˈwaɪnbɜːg; *Am.* -ˌbɜrg] *s Populationsgenetik*: Hardy-Weinberg-Formel *f*, -Regel *f.*

hare [heə(r)] **I** *s* **1.** *zo.* Hase *m*: **to run with the ~ and hunt with the hounds** es mit beiden Seiten halten; **to start a ~** a) e-n Hasen aufscheuchen, b) *fig.* von etwas (zu reden) anfangen, was nicht zur Sache gehört; (**as**) **mad as a March ~** *colloq.* total verrückt; **to play ~ and hounds** e-e Schnitzeljagd machen. **2.** Hasenfell *n.* **3.** *gastr.* Hase *m*, Hasenfleisch *n.* **II** *v/i* **4.** *colloq.* ‚flitzen', sausen: **to ~ off** davonflitzen. ˈ**~·bell** *s bot.* **1.** (Rundblättrige) Glockenblume. **2.** Wilde Hyaˈzinthe. ˈ**~·brained** *adj* verrückt (*Person, Plan etc*). ˈ**~·foot** *s irr bot.* **1.** Ackerklee *m.* **2.** Balsabaum *m.*

Ha·re Krish·na [ˌhɑːrəˈkrɪʃnə] *pl* **Ha·re Krish·nas** *s* Hare-Krishna-Jünger *m.*

ˌ**hare|ˈlip** *s med.* Hasenscharte *f.* ˌ**~-ˈlipped** *adj* hasenschartig.

ha·rem [ˈhɑːriːm; ˈhɑːrem; *bes. Am.* ˈheərəm] *s* **1.** Harem *m* (*a. humor. Frau u. Töchter etc*). **2.** *relig.* Haˈram *m* (*nur Mohammedanern zugänglicher heiliger Bezirk*).

ˈ**hare's|-ear** [ˈheə(r)z-] *s bot.* **1.** Hasenöhrchen *n.* **2.** Ackerkohl *m.* ˈ**~-foot** *s irr* → **harefoot.**

har·i·cot [ˈhærɪkəʊ] *s* **1.** *gastr.* (*bes.* ˈHammel)Raˌgout *n.* **2.** *a.* ~ **bean** *bot.* Garten-, Schminkbohne *f.*

ha·ri-ka·ri [ˌhærɪˈkɑːrɪ; *Am.* -ˈkæ-] → **hara-kiri.**

hark [hɑː(r)k] **I** *v/i* **1.** horchen (*obs. od. poet. außer in*): ~ **at him!** *bes. Br. colloq.* hör dir ihn an! **2.** ~ **back** a) *hunt.* zuˈrückgehen, um die Fährte neu aufzunehmen (*Hund*), b) *fig.* zuˈrückgreifen, -kommen, *a. zeitlich* zuˈrückgehen (**to** auf *acc*). **II** *v/t* **3.** *obs. od. poet.* lauschen (*dat*). **4.** *hunt. Hunde* rufen. **III** *s* **5.** *hunt.* (Hetz)Ruf *m.* ˈ**~·back** *s* Rückgriff *m*, Zuˈrückgehen *n* (**to** auf *acc*).

hark·en *bes. Am. für* **hearken.**

har·le·quin [ˈhɑː(r)lɪkwɪn; *Am. a.* -kən] **I** *s* **1.** *thea.* Harlekin *m*, Hanswurst *m* (*a. fig.*). **2.** *a.* ~ **duck** *orn.* Kragenente *f.* **II** *adj* **3.** bunt, scheckig. ˌ**har·le·quin·ˈade** [-ˈneɪd] *s thea.* Harlekiˈnade *f*, Possenspiel *n.*

har·lot [ˈhɑː(r)lət] *obs.* **I** *s* Metze *f*, Hure *f.* **II** *adj* metzenhaft. ˈ**har·lot·ry** [-rɪ] *s obs.* **1.** Hureˈrei *f.* **2.** → **harlot** I.

harm [hɑː(r)m] **I** *s* **1.** Schaden *m*: **there is no ~ in doing s.th.** es kann *od.* könnte nicht(s) schaden, etwas zu tun; **there is no ~ in trying** ein Versuch kann nicht schaden; **to come to ~** zu Schaden kommen; **he came to no ~, no ~ came to him** er blieb unverletzt; **to do s.o. ~** j-m schaden, j-m etwas antun; **it does more ~ than good** es schadet mehr, als daß es nützt; ... **could do no ~** ... könnte nicht schaden, ich hätte nichts gegen ...; **out of ~'s way** a) in Sicherheit, b) in sicherer Entfernung; **to keep** (*od.* **stay**) **out of ~'s way** die Gefahr meiden, der Gefahr aus dem Weg gehen; → **bodily** 1, **mean**[1] 1. **2.** Unrecht *n*, Übel *n.* **II** *v/t* **3.** *j-n* verletzen (*a. fig.*), *j-m, j-s Ruf etc* schaden: → **fly**[2] 1, **hair** *Bes. Redew.*

ˈ**harm·ful** *adj* (*adv* ~**ly**) nachteilig, schädlich (**to** für): ~ **to one's health** gesundheitsschädlich; ~ **publications** *jur.* jugendgefährdende Schriften. ˈ**harm·ful·ness** *s* Schädlichkeit *f.*

ˈ**harm·less** *adj* (*adv* ~**ly**) **1.** harmlos: a) ungefährlich, unschädlich, b) unschuldig, c) unverfänglich. **2. to hold** (*od.* **save**) **s.o.** ~ *econ. jur.* j-n schadlos halten. ˈ**harm·less·ness** *s* Harmlosigkeit *f.*

har·mon·ic [hɑː(r)ˈmɒnɪk; *Am.* -ˈmɑ-] **I** *adj* (*adv* ~**ally**) **1.** *math. mus. phys.* harˈmonisch: ~ **minor (scale)** *mus.* harmonische Molltonleiter; ~ **motion** *phys.* sinusförmige Bewegung; ~ **progression** *math.* harmonische Reihe; ~ **series** *mus.* Obertonreihe *f*; ~ **tone** *mus. phys.* Oberton *m.* **2.** *fig.* → **harmonious. II** *s* **3.** *mus. phys.* Harˈmonische *f*: a) Oberton *m*, b) Oberwelle *f.* **4.** *pl* (*meist als sg konstruiert*) Harˈmonik *f.* **harˈmon·i·ca** [-kə] *s mus.* **1.** ˈMundharˌmonika *f.* **2.** *hist.* ˈGlasharˌmonika *f.* **harˈmon·i·con** [-kən] *pl* **-ca** [-kə] *s mus.* **1.** → **harmonica** 1. **2.** Orˈchestrion *n.*

har·mo·ni·ous [hɑː(r)ˈməʊnjəs; -nɪəs] *adj* (*adv* ~**ly**) harˈmonisch: a) ebenmäßig, b) überˈeinstimmend, c) wohlklingend, d) einträchtig. **harˈmo·ni·ous·ness** *s* Harmoˈnie *f.*

har·mo·nist [ˈhɑː(r)mənɪst] *s* **1.** *mus.* Harˈmoniker *m* (*Komponist od. Lehrer*). **2.** Kolˈlator *m* (*von Paralleltexten, bes. der Bibel*).

har·mo·ni·um [hɑː(r)ˈməʊnjəm; -nɪəm] *s mus.* Harˈmonium *n.*

har·mo·ni·za·tion [ˌhɑː(r)mənaɪˈzeɪʃn; *Am.* -nəˈz-] *s* Harmoniˈsierung *f*, Angleichung *f.* ˈ**har·mo·nize** [-naɪz] **I** *v/i* **1.** harmoˈnieren (*a. mus.*), in Einklang sein, zs.-passen (**with** mit). **II** *v/t* **2.** (**with**) harmoniˈsieren, in Einklang bringen (mit), angleichen (an *acc*). **3.** versöhnen. **4.** *mus.* harmoniˈsieren, mehrstimmig setzen.

har·mo·ny [ˈhɑː(r)mənɪ] *s* **1.** Harmoˈnie *f*: a) Wohlklang *m*, b) Eben-, Gleichmaß *n*, Ordnung *f*, c) Einklang *m*, Überˈeinstimmung *f*, d) Eintracht *f*, Einklang *m.* **2.** Zs.-stellung *f* von Paralˈleltexten, (Evanˈgelien)Harmoˌnie *f.* **3.** *mus.* Harmoˈnie *f*: a) Harˈmonik *f*, Zs.-klang *m*, b) Akˈkord *m*, c) schöner Zs.-klang. **4.** *mus.* Harmoˈnielehre *f.* **5.** *mus.* (homoˈphoner) Satz: **open (close) ~** weiter (enger) Satz; **two-part ~** zweistimmiger Satz; **to sing in ~** mehrstimmig singen.

har·mo·tome [ˈhɑː(r)mətəʊm] *s min.* Harmoˈtom *m.*

har·ness [ˈhɑː(r)nɪs] **I** *s* **1.** a) (Pferde- *etc*)Geschirr *n*: **in ~** *fig.* im täglichen Trott; **to die in ~** *fig.* in den Sielen sterben, b) Laufgeschirr *n* (*für Kinder*). **2.** *Weberei*: Harnisch *m* (*des Zugstuhls*). **3.** a) *mot.* (Sicherheits)Gurt *m*, b) (Fallschirm)Gurtwerk *n.* **4.** *Am. sl.* (Arbeits-) Kluft *f*, Uniˈform *f* (*e-s Polizisten etc*): **hospital ~** Schwesterntracht *f.* **5.** *mil. hist.* Harnisch *m.* **II** *v/t* **6.** *Pferde etc* a) anschirren, b) anspannen (**to** an *acc*). **7.** *fig. Naturkräfte etc* nutzbar machen, ‚einspannen'. ~ **bull,** ~ **cop** *s Am. sl.* ‚Bulle' *m* (*Polizist*) in Uniˈform. ~ **horse** *s* **1.** Traber(pferd *n*) *m.* **2.** Zugpferd *n.* ~ **race** *s* Trabrennen *n.*

ha·roosh [həˈruːʃ] *s Am. colloq.* Aufregung *f.*

harp [hɑː(r)p] **I** *s* **1.** *mus.* Harfe *f.* **II** *v/i* **2.** (die) Harfe spielen. **3.** *fig.* (**on, on about, upon**) herˈumreiten (auf *dat*), dauernd reden (von): **to ~ on one string** immer auf derselben Sache herumreiten. ˈ**harp·er,** ˈ**harp·ist** *s* Harfeˈnist(in).

har·poon [hɑː(r)ˈpuːn] **I** *s* Harˈpune *f*: ~ **gun** Harpunengeschütz *n*, -kanone *f.* **II** *v/t* harpuˈnieren. **harˈpoon·er** *s* Harpuˈnierer *m.*

harp seal *s zo.* Sattelrobbe *f.*

harp·si·chord [ˈhɑː(r)psɪkɔː(r)d] *s mus.* Cembalo *n.*

har·py [ˈhɑː(r)pɪ] *s* **1.** *antiq.* Harˈpyie *f.* **2.** *fig.* a) ‚Hyˈäne' *f*, Blutsauger *m*, b) ‚Hexe' *f.* **3.** *a.* ~ **eagle** *orn.* Harˈpyie *f.*

har·que·bus [ˈhɑː(r)kwɪbəs; *Am. a.* -kəbəs] *s mil. hist.* Hakenbüchse *f*, Arkeˈbuse *f.* ˌ**har·que·busˈier** [-ˈsɪə(r)] *s* Arkebuˈsier *m.*

har·ri·dan [ˈhærɪdən] *s* alte Vettel.

har·ri·er[1] [ˈhærɪə(r)] *s* **1.** Verwüster *m.* **2.** Plünderer *m.* **3.** *orn.* Weihe *f.*

har·ri·er[2] [ˈhærɪə(r)] *s* **1.** *hunt.* Hund *m* für die Hasenjagd. **2.** *sport* Querfeldˈeinläufer(in).

Har·ro·vi·an [həˈrəʊvjən; -vɪən] **I** *s* Schüler *m* (*der Public School*) von Harrow. **II** *adj* aus *od.* in Harrow.

har·row[1] [ˈhærəʊ] **I** *s* **1.** *agr.* Egge *f*: **to be under the ~** *fig.* in großer Not sein, unter Druck stehen. **II** *v/t* **2.** *agr.* eggen. **3.** *fig.* a) quälen, peinigen, b) *Gefühl* verletzen.

har·row[2] [ˈhærəʊ] *obs. für* **harry.**

har·row·ing [ˈhærəʊɪŋ; *Am.* -rəwɪŋ] *adj* (*adv* ~**ly**) quälend, qualvoll, peinigend.

har·rumph [həˈrʌmf] *v/i bes. Am.* **1.** sich (gewichtig) räuspern. **2.** *fig.* sich ˈmißbilligend äußern.

har·ry [ˈhærɪ] *v/t* **1.** verwüsten. **2.** plündern. **3. to ~ hell** *relig.* zur Hölle niederfahren (*Christus*).

harsh [hɑː(r)ʃ] *adj* (*adv* ~**ly**) **1.** *allg.* hart: a) rauh: ~ **cloth**, b) rauh, scharf: ~ **voice**, c) grell: ~ **colo(u)r**; ~ **note**, d) barsch, grob, schroff: ~ **manner** schroffe *od.* barsche Art, e) streng: ~ **discipline**; ~ **words** harte Worte. **2.** herb, scharf, sauer: ~ **taste.** ˈ**harsh·ness** *s* Härte *f.*

hars·let [ˈhɑː(r)slɪt; *Br. a.* ˈhɑːz-] → **haslet.**

hart [hɑː(r)t] *s bes. Br.* Hirsch *m* (*bes. nach dem 5. Jahr*): ~ **of ten** Zehnender *m.*

har·tal [hɑː(r)ˈtɑːl] *s* (*in Indien*) *Schließung der Geschäfte u. Arbeitsniederlegung, bes. als Form des politischen Protests.*

hart·beest [ˈhɑː(r)tbiːst], **har·te·beest** [ˈhɑː(r)tɪbiːst] *s zo.* ˈKuhantiˌlope *f.*

ˈ**hart's-ˌclo·ver** *s bot.* Stein-, Honigklee *m.*

ˈ**harts·horn** *s pharm. obs.* Hirschhornsalz *n.*

ˈ**hart's-tongue** *s bot.* Hirschzunge *f.*

har·um-scar·um [ˌheərəmˈskeərəm] **I** *adj* **1.** unbesonnen, leichtsinnig: **he had a ~ youth** er war in s-r Jugend ziemlich leichtsinnig. **II** *adv* **2.** → 1. **3.** wie wild. **III** *s* **4.** unbesonnener *od.* leichtsinniger Mensch.

ha·rus·pex [həˈrʌspeks; ˈhærəspeks] *pl* **haˈrus·pi·ces** [-pɪsiːz] *s antiq.* Haˈruspex *m* (*j-d, der bes. aus den Eingeweiden von Opfertieren wahrsagt*).

har·vest [ˈhɑː(r)vɪst] **I** *s* **1.** Ernte *f*: a) Erntezeit *f*, b) Ernten *n*, c) (Ernte)Ertrag *m*. **2.** *fig.* Ertrag *m*, Früchte *pl.* **II** *v/t* **3.** ernten, *fig. a.* einheimsen. **4.** *e-e Ernte* einbringen: **to ~ a crop. 5.** *fig.* sammeln. **III** *v/i* **6.** die Ernte einbringen. **~ bug** → **chigger** 1.

ˈhar·vest·er *s* **1.** Erntearbeiter(in). **2.** *agr.* ˈMäh-, ˈErntemaˌschine *f*: → **combine** 9. **3.** *fig.* Sammler(in). **4.** → **chigger** 1. **~ ant** *s zo.* Ernteameise *f.* **ˌ~-ˈthresh·er** → **combine** 9.

har·vest| fes·ti·val *s* Ernteˈdankfest *n.* **~ fly** *s zo.* (*e-e*) Ziˈkade. **~ home** *s* **1.** → **harvest** 1 a, b. **2.** *bes. Br.* Erntefest *n.* **3.** Erntelied *n.* **ˈ~man** [-mæn; *bes. Am.* -mən] *s irr* **1.** → **harvester** 1. **2.** *zo.* Kanker *m*, Weberknecht *m.* **~ mite** → **chigger** 1. **~ moon** *s Vollmond um die Herbst-Tagundnachtgleiche herum.*

has [hæz; *unbetont* həz; əz; s] *3. sg pres von* **have**. **ˈ~-been** *s colloq.* **1.** (*etwas*) Überˈholtes. **2.** *j-d, der den Höhepunkt s-r Karriere überschritten od. s-e Glanzzeit überlebt hat*: **a ~ of an actor** ein ‚ausrangierter' Schauspieler. **3.** *pl* alte Zeiten *pl*: **for ~s** um der alten Zeiten willen.

hash[1] [hæʃ] **I** *v/t* **1.** *a.* **~ up** *Fleisch* zerhacken, zerkleinern. **2.** *a.* **~ up** *fig.* a) durcheinˈanderbringen, b) verpfuschen. **3.** *Am. colloq.* reden *od.* diskuˈtieren über (*acc*). **II** *v/i* **4.** *Am. sl.* (*in e-m Restaurant etc*) bedienen. **III** *s* **5.** *gastr.* Haˈschee *n.* **6.** *fig.* (*etwas*) Aufgewärmtes, Wiederˈholung *f*, Aufguß *m*: **most of it was old ~** das meiste davon war ‚ein alter Hut'. **7.** *fig.* Durcheinˈander *n*: **to make a ~ of** → 2; **to settle** (*od.* **fix**) **s.o.'s ~** *colloq.* a) j-m ‚den Mund stopfen', b) j-n unschädlich machen, c) mit j-m abrechnen.

hash[2] [hæʃ] *s colloq.* ‚Hasch' *n* (*Haschisch*).

hash·eesh → **hashish**.

ˈhash|·head *s colloq.* ‚Hascher(in)'. **~ house** *s Am. sl.* billiges Restauˈrant.

hash·ish [ˈhæʃiːʃ] *s* Haschisch *n.*

has·let [ˈheɪzlɪt; ˈhæz-; *Am. bes.* ˈhæslət] *s gastr. Gericht aus Innereien.*

hasp [hɑːsp; *bes. Am.* hæsp] **I** *s* **1.** *tech.* a) Haspe *f*, Spange *f*, b) ˈÜberwurf *m*, Schließband *n.* **2.** Haspel *f*, Spule *f* (*für Garn*). **II** *v/t* **3.** mit e-r Haspe *etc* verschließen, zuhaken.

has·sle [ˈhæsl] *colloq.* **I** *s* **1.** ‚Krach' *m*, (*a.* handgreifliche) Auseinˈandersetzung. **2.** Mühe *f*: **it was quite a ~ getting** (*od.* **to get**) **rid of them** es war ganz schön mühsam, sie loszuwerden; **to take the ~s out of s.th.** etwas leichter *od.* angenehmer machen. **II** *v/i* **3.** ‚Krach' *od.* e-e (handgreifliche) Auseinˈandersetzung haben. **III** *v/t* **4.** *Am.* schikaˈnieren.

has·sock [ˈhæsək] *s* **1.** Knie-, *bes.* Betkissen *n.* **2.** Grasbüschel *n.*

hast [hæst] *obs. 2. sg pres von* **have**: **thou ~.**

has·tate [ˈhæsteɪt] *adj bot.* spießförmig.

haste [heɪst] **I** *s* **1.** Eile *f*, Schnelligkeit *f.* **2.** Hast *f*, Eile *f*: **in ~** in Eile, eilends, hastig; **to make ~** sich beeilen; **~ makes waste** in der Eile geht alles schief; **more ~, less speed** eile mit Weile. **II** *v/i* **3.** *obs.* (sich be)eilen.

has·ten [ˈheɪsn] **I** *v/t* a) *j-n* antreiben, b) *etwas* beschleunigen: **to ~ one's steps** den Schritt beschleunigen. **II** *v/i* (sich be)eilen: **he ~ed home** er hastete nach Haus; **I ~ to add that** ... ich möchte *od.* muß gleich hinzufügen, daß ...

hast·i·ness [ˈheɪstɪnɪs] *s* **1.** Eile *f*, Hastigkeit *f.* **2.** Voreiligkeit *f.* **3.** Heftigkeit *f*, Hitze *f.*

hast·y [ˈheɪstɪ] *adj* (*adv* **hastily**) **1.** eilig, hastig: **he made a ~ meal** er aß eilig *od.* hastig etwas; **his ~ departure** s-e überstürzte Abreise. **2.** voreilig, vorschnell, überˈeilt. **3.** heftig, hitzig. **~ pud·ding** *s* (*Am.* Mais)Mehlbrei *m.*

hat [hæt] **I** *v/t* **1.** mit e-m Hut bekleiden *od.* bedecken: **a ~ted man** ein Mann mit Hut. **II** *s* **2.** Hut *m.* **3.** *relig.* a) Kardiˈnalshut *m*, b) *fig.* Kardiˈnalswürde *f.*
Besondere Redewendungen:
a bad ~ *Br. colloq.* ein ‚übler Kunde'; **~ in hand** demütig, unterwürfig; **my ~!** *colloq.* a) na, ich danke!, b) von wegen!, daß ich nicht lache!; **I'll eat my ~ if** *colloq.* ich fresse e-n Besen, wenn ...; **somewhere** (*od.* **a place**) **to hang one's ~** ein Zuhause; **hang** (*od.* **hold**) **on to your ~!** *mot. humor.* halt dich fest!; **to hang up one's ~** (**for the last time**) aufhören zu arbeiten, in Rente gehen; **to keep s.th. under one's ~** etwas für sich behalten *od.* geheimhalten; **to pass** (*od.* **send**) **the ~ round** den Hut herumgehen lassen (bei), e-e Sammlung veranstalten (unter *dat*); **~s off!** Hut ab!, alle Achtung! (to vor *dat*); **to take one's ~ off to s.o.** vor j-m den Hut ziehen; **to talk through one's ~** *colloq.* a) dummes Zeug reden, b) bluffen; **he did not exactly throw his ~ in the air** er machte nicht gerade Freudensprünge; **to throw** (*od.* **toss**) **one's ~ in(to) the ring** a) mitmischen, -reden, b) *bes. pol.* kandidieren; **to tip one's ~ to** Achtung haben vor (*j-m, etwas*); → **cocked hat, drop** 7, **old hat.**

hat·a·ble [ˈheɪtəbl] *adj* **1.** hassenswert. **2.** abˈscheulich.

ˈhat|·band *s* Hutband *n.* **ˈ~box** *s* Hutschachtel *f.*

hatch[1] [hætʃ] *s* **1.** *aer. mar.* Luke *f*: **down the ~!** *colloq.* prost!; → **batten**[2] 6. **2.** *mar.* Lukendeckel *m*: **under ~es** a) unter Deck, b) *colloq.* ‚hinter Schloß u. Riegel', c) *colloq.* außer Sicht, d) *colloq.* ‚hinüber' (*tot*). **3.** Luke *f*, Bodentür *f*, -öffnung *f.* **4.** Halbtür *f.* **5.** ˈDurchreiche *f* (*für Speisen*). **6.** *tech.* Schütz *n.*

hatch[2] [hætʃ] **I** *v/t* **1.** *a.* **~ out** *Eier, Junge* ausbrüten: **well, that's another book ~ed, matched, and dispatched** so, damit ist ein weiteres Buch fertig; **the ~ed, matched, and dispatched** die Familienanzeigen (*in der Zeitung*). **2.** *a.* **~ out, ~ up** a) *e-n Racheplan etc* ausbrüten, aushecken, b) *ein Programm etc* entwickeln. **II** *v/i* **3.** Junge ausbrüten. **4.** *a.* **~ out** (*aus dem Ei*) ausschlüpfen: **three eggs have already ~ed** drei Junge sind bereits ausgeschlüpft. **5.** *fig.* sich entwickeln. **III** *s* **6.** → **hatching**[1] 1–3. **7. ~es, matches, and dispatches** Familienanzeigen (*in der Zeitung*).

hatch[3] [hætʃ] **I** *v/t* schrafˈfieren. **II** *s* (Schrafˈfier)Linie *f.*

ˈhatch·back *s mot.* (Wagen *m* mit) Hecktür *f.*

ˈhatˌcheck girl *s Am.* Gardeˈrobenfräulein *n.*

hatch·el [ˈhætʃl] **I** *s* **1.** (Flachs-, Hanf-) Hechel *f.* **II** *v/t pret u. pp* **-eled,** *bes. Br.* **-elled 2.** hecheln. **3.** → **heckle** 2.

hatch·er [ˈhætʃə(r)] *s* **1.** Bruthenne *f*: **a good ~** ein guter Brüter. **2.** ˈBrutappaˌrat *m.* **3.** *fig.* a) Aushecker(in), b) Entwickler(in). **ˈhatch·er·y** *s* Brutplatz *m*, -stätte *f.*

hatch·et [ˈhætʃɪt] *s* **1.** Beil *n.* **2.** Tomahawk *m*, Kriegsbeil *n*: **to bury** (**take up**) **the ~** *fig.* das Kriegsbeil begraben (ausgraben); → **helve** I. **~ face** *s* scharfgeschnittenes Gesicht. **~ job** *s bes. Am. colloq.* ‚Verriß' *m* (*vernichtende Kritik*) (**on** *gen*): **to do a ~ on** ‚verreißen'. **~ man** *s bes. Am. colloq.* **1.** *j-d, der für s-n Chef unangenehme Dinge erledigt.* **2.** Zuchtmeister *m* (*e-r Partei*). **3.** Killer *m* (*angeheuerter Mörder*). **4.** bösartiger Kritiker.

ˈhatch·ing[1] *s* **1.** Ausbrüten *n.* **2.** Ausschlüpfen *n.* **3.** Brut *f.* **4.** *fig.* a) Aushecken *n*, b) Entwickeln *n.*

ˈhatch·ing[2] *s* **1.** Schrafˈfierung *f*, Schrafˈfur *f.* **2.** Schrafˈfieren *n.*

ˈhatch·ment *s her.* Totenschild *m.*

ˈhatch·way → **hatch**[1] 1–3.

hate [heɪt] **I** *v/t* **1.** hassen: **to ~ s.o. like poison** j-n wie die Pest hassen; **~d** verhaßt. **2.** verabscheuen, nicht ausstehen können: → **gut** 1. **3.** nicht wollen, nicht mögen, sehr ungern tun *od.* haben, sehr bedauern: **I ~ to do it** ich tue es (nur) äußerst ungern; **I ~ having to tell you that** ... ich bedaure sehr *od.* es ist mir sehr unangenehm, Ihnen mitteilen zu müssen, daß ... **II** *v/i* **4.** hassen. **III** *s* **5.** Haß *m* (**of, for** auf *acc*, gegen): **full of ~** haßerfüllt; **she looked at me with ~** (**in her eyes**) sie blickte mich haßerfüllt an; **~ tunes** *fig.* Haßgesänge. **6.** (*etwas*) Verhaßtes: ... **is my pet ~** *colloq.* ... kann ich ‚auf den Tod' nicht ausstehen *od.* leiden. **7.** Abscheu *f* (**of, for** vor *dat*, gegen).

hate·a·ble → **hatable**.

ˈhate·ful *adj* (*adv* **~ly**) **1.** hassenswert. **2.** abˈscheulich. **3.** *obs.* haßerfüllt. **ˈhate·ful·ness** *s* Abˈscheulichkeit *f.*

ˈhateˌmon·ger *s* Aufhetzer *m*, Agiˈtator *m.*

ˈhat·er *s* Hasser(in).

hat·ful [ˈhætfʊl] *s* (*ein*) Hutvoll *m.*

hath [hæθ] *obs. 3. sg pres von* **have**.

ˈhat·less *adj* ohne Hut, barhäuptig.

ˈhat|·pin *s* Hutnadel *f.* **ˈ~rack** *s* Hutablage *f.*

ha·tred [ˈheɪtrɪd] → **hate** 5, 7.

hat stand *s* Hutständer *m.*

hat·ter [ˈhætə(r)] *s* Hutmacher *m*: (**as**) **mad as a ~** total verrückt.

hat| tree *s bes. Am.* Hutständer *m.* **~ trick** *s sport* Hat-Trick *m*, Hattrick *m*: a) *drei in unmittelbarer Folge vom gleichen Spieler (im gleichen Spielabschnitt) erzielte Tore*, b) *dreimaliger Erfolg (in e-r Meisterschaft etc)*: **to do** (*od.* **score, bring off**) **a ~** e-n Hat-Trick erzielen.

hau·berk [ˈhɔːbɜːk; *Am.* ˈhɔːˌbɜrk] *s mil. hist.* Halsberge *f*, Kettenhemd *n.*

haugh [hɔː; hɔːx] *s Scot.* flaches (Fluß-) Uferland.

haugh·ti·ness [ˈhɔːtɪnɪs] *s* Hochmut *m*, Arroˈganz *f.* **ˈhaugh·ty** *adj* (*adv* **haughtily**) **1.** hochmütig, -näsig, überˈheblich, arroˈgant. **2.** *obs.* edel.

haul [hɔːl] **I** *s* **1.** Ziehen *n*, Zerren *n*, Schleppen *n.* **2.** kräftiger Zug: **to give the rope a ~** kräftig an dem Seil ziehen. **3.** (Fisch)Zug *m.* **4.** *fig.* Fischzug *m*, Fang *m*, Beute *f*: **to make a big ~** e-n guten Fang machen. **5.** a) Beförderung *f*, Transˈport *m*, b) Transˈportweg *m*, -strecke *f*: **it was quite a ~ home** der Heimweg zog sich ganz schön hin; **in** (*od.* **over**) **the long ~** in Zukunft, über e-n längeren Zeitraum, c) Ladung *f*, Transˈport *m*: **a ~ of coal** e-e Ladung Kohlen. **II** *v/t* **6.** ziehen, zerren, schleppen: → **coal** 4. **7.** befördern, transporˈtieren. **8.** *Bergbau*: fördern. **9.** herˈaufholen, (mit e-m Netz) fangen. **10.** *mar.* a) *Brassen* anholen, b) herˈumholen, *bes.* anluven. **11. to ~ the wind** a) *mar.* an den Wind gehen, b) *fig.* sich zuˈrückziehen. **12.** →

haul up 2. **III** *v/i* **13.** *a.* ~ **away** ziehen, zerren (**on, at** an *dat*). **14.** mit dem Schleppnetz fischen. **15.** ˈumspringen (*Wind*). **16.** *mar.* a) abdrehen, den Kurs ändern, b) → **haul up** 4, c) e-n Kurs segeln, d) *fig.* s-e Meinung ändern, es sich anders überˈlegen.
Verbindungen mit Adverbien:
haul| down *v/t e-e Flagge etc* ein-, niederholen. ~ **for·ward** *v/i mar.* schralen (*Wind*). ~ **home** *v/t mar.* beiholen. ~ **in** *v/t mar. das Tau* einholen. ~ **off** *v/i* **1.** *mar.* → **haul** 16 a. **2.** *Am. colloq.* ausholen: **she hauled off and slapped him.** ~ **round** → haul 15. ~ **up I** *v/t* **1.** *colloq.* sich *j-n* ‚vorknöpfen'. **2.** *colloq.* a) *j-n* vor den ‚Kadi' bringen *od.* ‚schleppen', b) *j-n* ‚schleppen' (**before** vor *acc*). **3.** → **haul** 10 b. **II** *v/i* **4.** *mar.* an den Wind gehen. **5.** *Am. colloq.* stehenbleiben.
haul·age [ˈhɔːlɪdʒ] *s* **1.** Ziehen *n*, Schleppen *n*. **2.** a) Beförderung *f*, Transˈport *m*: ~ **contractor** → **hauler** 2, b) Transˈportkosten *pl*. **3.** *Bergbau*: Förderung *f*.
ˈ**haul·a·way** *s mot.* ˈAutotransˌporter *m*.
ˈ**haul·er,** *bes. Br.* ˈ**haul·i·er** [-jə(r)] *s* **1.** *bes. Bergbau*: Schlepper *m*. **2.** Transˈportunterˌnehmer *m*, ˈFuhrunterˌnehmer *m*.
ˈ**haul·ing** *s* → **haulage** 1, 2 a, 3: ~ **cable** *tech.* Zugseil *n*; ~ **rope** Förderseil *n*.
haulm [hɔːm] *s* **1.** Halm *m*, Stengel *m*. **2.** *collect. Br.* Halme *pl*, Stengel *pl*, (*Bohnen-etc*)Stroh *n*.
haunch [hɔːntʃ; *Am. a.* hɑːntʃ] *s* **1.** *anat.* Hüfte *f*. **2.** *pl* a) *anat.* Gesäß *n*: **to go down on one's ~es** in die Hocke gehen, b) *zo.* ˈHinterbacken *pl*. **3.** *zo.* Keule *f*. **4.** *gastr.* Lendenstück *n*, Keule *f*: ~ **of beef** Rindslende *f*. **5.** *arch.* Schenkel *m*.
haunt [hɔːnt; *Am. a.* hɑːnt] **I** *v/t* **1.** spuken *od.* ˈumgehen in (*dat*): **this room is ~ed** in diesem Zimmer spukt es; **~ed castle** Spukschloß *n*. **2.** a) verfolgen, quälen: **he was a ~ed man** er fand keine Ruhe (mehr); **~ed look** gehetzter Blick, b) *j-m* nicht mehr aus dem Kopf *od.* Sinn gehen. **3.** häufig besuchen, frequenˈtieren. **II** *v/i* **4.** spuken, ˈumgehen. **5.** ständig zuˈsammen sein (**with s.o.** mit j-m). **III** *s* **6.** häufig besuchter Ort, beliebter Aufenthalt, *bes.* Lieblingsplatz *m*: **holiday** ~ beliebter Ferienort. **7.** Schlupfwinkel *m*. **8.** *zo.* a) Lager *n*, Versteck *n*, b) Futterplatz *m*. ˈ**haunt·ing** *adj* (*adv* ~**ly**) **1.** quälend. **2.** unvergeßlich: ~ **beauty** betörende Schönheit; **a ~ melody** (*od.* **tune**) ein ‚Ohrwurm'.
haut·boy [ˈəʊbɔɪ] *obs. für* **oboe** 1.
hau·teur [əʊˈtɜː; *Am.* əʊˈtɜr; *a.* hɔːˈtɜr] *s* Hochmut *m*, Arroˈganz *f*.
Ha·van·a (ci·gar) [həˈvænə] *s* Haˈvana(ziˌgarre) *f*.
have [hæv; *unbetont* həv; əv] **I** *s* **1. the ~s and the ~-nots** die Begüterten u. die Habenichtse, die Reichen u. die Armen. **2.** *Br. colloq.* Trick *m*.
II *v/t pret u. pp* **had** [hæd], *2. sg pres obs.* **hast** [hæst], *3. sg pres* a) **has** [hæz], b) *obs.* **hath** [hæθ], *2. sg pret obs.* **hadst** [hædst] **3.** *allg.* haben, besitzen: **he has a house (a friend, a good memory); you ~ my word for it** ich gebe Ihnen mein Wort darauf; **I had the whole road to myself** ich hatte die ganze Straße für mich allein. **4.** haben, erleben: **we had a fine time** wir hatten viel Spaß, wir hatten es schön. **5.** a) *ein Kind* bekommen: **she had a baby in March,** b) *zo. Junge* werfen. **6.** behalten: **may I ~ it?**; → **honor** 10. **7.** *Gefühle, e-n Verdacht etc* haben, hegen. **8.** erhalten, erlangen, bekommen: **we had no news; (not) to be had** (nicht) zu haben, (nicht) erhältlich. **9.** (erfahren) haben: **I ~ it from reliable sources** ich habe es aus verläßlicher Quelle (erfahren); **I ~ it from my friend** ich habe *od.* weiß es von m-m Freund. **10.** *Speisen etc* zu sich nehmen, einnehmen, essen *od.* trinken *etc*: **I had a glass of sherry** ich trank ein Glas Sherry; ~ **another sandwich!** nehmen Sie noch ein Sandwich!; **what will you ~?** was nehmen Sie?; **to ~ a cigar** e-e Zigarre rauchen; → **breakfast** I, **dinner** 1, *etc.* **11.** haben, ausführen, (mit)machen: **to ~ a discussion** e-e Diskussion haben *od.* abhalten; → **look** 1, **try** 1, **walk** 1, **wash** 1. **12.** können, beherrschen: **she has no French** sie kann nicht *od.* kein Französisch; **to ~ s.th. by heart** etwas auswendig können. **13.** (be)sagen, behaupten: **he will ~ it that** er behauptet steif u. fest, daß; → **rumor** 1. **14.** sagen, ausdrücken: **as Byron has it** wie Byron sagt. **15.** *colloq.* erwischt haben: **he had me there** da hatte er mich (an m-r schwachen Stelle) erwischt, da war ich überfragt. **16.** *Br. colloq. j-n* ‚reinlegen': **you ~ been had** man hat Sie reingelegt *od.* ‚übers Ohr gehauen'. **17.** haben, dulden: **I will not** (*od.* **won't**) ~ **it** ich dulde es nicht, ich will es nicht (haben); **I won't ~ it mentioned** ich will nicht, daß es erwähnt wird; **he wasn't having any** *colloq.* er ließ sich auf nichts ein; → **none** *Bes. Redew.* **18.** haben, erleiden: **they had broken bones** sie erlitten Knochenbrüche. **19.** (*vor inf*) müssen: **I ~ to go now; he will ~ to do it** er wird es tun müssen; **we ~ to obey** wir haben zu *od.* müssen gehorchen; **it has to be done** es muß getan werden. **20.** (*mit Objekt u. pp*) lassen: **I had a suit made** ich ließ mir e-n Anzug machen; **they had him shot** sie ließen ihn erschießen. **21.** *mit Objekt u. pp zum Ausdruck des Passivs*: **I had my arm broken** ich brach mir den Arm; **he had a son born to him** ihm wurde ein Sohn geboren. **22.** (*mit Objekt u. inf*) (veran)lassen: ~ **them come here at once** laß sie sofort hierherkommen; **I had him sit down** ich ließ ihn Platz nehmen. **23.** (*mit Objekt u. inf*) es erleben, daß: **I had all my friends turn against me** ich erlebte es *od.* ich mußte es erleben, daß sich alle m-e Freunde gegen mich wandten. **24.** (*nach* **will** *od.* **would** *mit acc u. inf*): **I would ~ you to know it** ich möchte, daß Sie es wissen.
III *v/i* **25.** eilen: **to ~ after s.o.** j-m nacheilen. **26.** ~ **at** *obs.* zu Leibe rücken (*dat*), sich ˈhermachen über (*acc*). **27.** würde, täte (*mit* **as well, rather, better, best** *etc*): **I had rather go than stay** ich möchte lieber gehen als bleiben; **you had best go** du tätest am besten daran zu gehen; **he better had** das wäre das beste(, was er tun könnte).
IV *v/aux* **28.** haben: **I ~ seen** ich habe gesehen. **29.** (*bei vielen v/i*) sein: **I ~ been** ich bin gewesen.
Besondere Redewendungen:
to ~ and hold *jur. Am.* innehaben, besitzen; **I ~ it!** ich hab's! (*ich habe die Lösung gefunden*); **he has had it** *colloq.* a) er ist ‚reingefallen', b) er hat ‚sein Fett' (*s-e Strafe*) weg, c) er ist ‚erledigt' (*a. tot*); **to let s.o. ~ it** ‚es j-m (tüchtig) geben *od.* besorgen', j-n ‚fertigmachen'; **to ~ it in for s.o.** *colloq.* j-n auf dem ‚Kieker' haben, es auf j-n abgesehen haben; **I didn't know he had it in him** ich wußte gar nicht, daß er dazu fähig ist *od.* daß er das Zeug dazu hat; **to ~ it off** (*od.* **away**) *Br. sl.* ‚bumsen' (*Geschlechtsverkehr haben*) (**with** mit); **to ~ it out with s.o.** die Sache mit j-m endgültig bereinigen, sich mit j-m aussprechen; **to ~ nothing on s.o.** *colloq.* a) j-m in keiner Weise überlegen sein, b) nichts gegen j-n in der Hand haben, j-m nichts anhaben können; **to ~ it (all) over s.o.** *colloq.* j-m (haushoch) überlegen sein; **he has it over me that** *colloq.* er ist mir insofern voraus, als; **to ~ what it takes** das Zeug dazu haben; → **do**[1] 38.
Verbindungen mit Adverbien:
have| back *v/t* zuˈrückbekommen, -erhalten: **let me have it back soon** gib es mir bald wieder zurück. ~ **down** *v/t* zu Besuch haben. ~ **in** *v/t* **1.** *j-n* herˈeinbitten. **2.** *bes. Handwerker* a) kommen lassen, b) im Haus haben. **3.** a) (zu sich) einladen, b) zu Besuch haben. ~ **on** *v/t* **1.** tragen: a) *Kleid etc* anhaben, b) *Hut* aufhaben. **2.** *colloq. j-n* zum besten haben: **to have s.o. on. 3.** *etwas* vorhaben: **I have nothing on tomorrow.** ~ **up** *v/t* **1.** herˈaufkommen lassen, herˈaufholen. **2.** *colloq.* a) sich *j-n* ‚vorknöpfen', b) *j-n* vor den ‚Kadi' bringen (**for** wegen): **to be had up** vor dem Kadi stehen.
have·lock [ˈhævlɒk; *Am.* -ˌlɑk] *s als Sonnenschutz dienender, über den Nacken herabhängender Mützenüberzug.*
ha·ven [ˈheɪvn] *s* **1.** *meist fig.* (sicherer) Hafen. **2.** *fig.* Zufluchtsort *m*, -stätte *f*.
ˈ**have-not** *s meist pl* Habenichts *m*: → **have** 1.
ha·ver [ˈheɪvə] **I** *v/i* **1.** *Br.* → **dither** I. **2.** *Scot.* → **babble** 2. **II** *s* **3.** *meist pl Scot.* → **babble** 7.
hav·er·sack [ˈhævə(r)sæk] *s bes. mil.* Proviˈanttasche *f*.
hav·il·dar [ˈhævɪldɑː] *s Br. Ind. hist.* eingeborener Serˈgeant.
hav·ing [ˈhævɪŋ] **I** *pres p von* **have**. **II** *s meist pl* Besitz *m*, Habe *f*.
hav·ior, *bes. Br.* **hav·iour** [ˈheɪvjə(r)] *obs. für* **behavio(u)r**.
hav·oc [ˈhævək] **I** *s* Verwüstung *f*, Verheerung *f*, Zerstörung *f*: **to cause** ~ schwere Zerstörungen *od.* (*a. fig.*) ein Chaos verursachen; **to play ~ with** (*od.* **among**), **to make ~ of** a) → II, b) *fig.* verheerend wirken auf (*acc*), übel mitspielen (*dat*). **II** *v/t pret u. pp* ˈ**hav·ocked** verwüsten, verheeren, zerstören.
haw[1] [hɔː] *s* **1.** *bot.* Mehlbeere *f* (*Weißdornfrucht*). **2.** → **hawthorn**.
haw[2] [hɔː] **I** *interj* äh!, hm! **II** *s* Äh *n*, Hm *n*. **III** *v/i* ‚äh' *od.* ‚hm' machen, sich räuspern, stockend sprechen: → **hem**[2] III, **hum**[1] 3.
Ha·wai·ian [həˈwaɪɪən; *Am.* həˈwɑːjən; həˈwaɪən] **I** *adj* **1.** haˈwaiisch: ~ **guitar** Hawaiigitarre *f*. **II** *s* **2.** Hawaiˈianer(in). **3.** *ling.* Haˈwaiisch *n*, das Hawaiische.
haw-haw[1] [ˌhɔːˈhɔː] **I** *interj* haˈha! **II** *s* [ˈhɔːhɔː] Haˈha *n*, lautes Lachen. **III** *v/i* laut lachen.
haw-haw[2] [ˈhɔːhɔː] → **ha-ha**[1].
hawk[1] [hɔːk] **I** *s* **1.** *orn.* (ein) Falke *m*, Bussard *m*, Habicht *m*, Weihe *f*. **2.** *fig.* Halsabschneider *m*. **3.** *pol.* ‚Falke' *m* (*Befürworter e-r militanten* [*Außen*]*Politik*). **II** *v/i* **4.** im Flug jagen, Jagd machen (**at** auf *acc*). **5.** Beizjagd betreiben. **III** *v/t* **6.** jagen.
hawk[2] [hɔːk] *v/t* **1.** a) hauˈsieren (gehen) mit, b) auf der Straße verkaufen. **2.** *a.* ~ **about** (*od.* **around**) *ein Gerücht etc* verbreiten.
hawk[3] [hɔːk] **I** *v/i* sich räuspern. **II** *v/t oft* ~ **up** aushusten. **III** *s* Räuspern *n*.
hawk[4] [hɔːk] *s* Mörtelbrett *n* (*der Maurer*).
ˈ**hawk·bit** *s bot.* Herbstlöwenzahn *m*.
ˈ**hawk·er**[1] → **falconer**.
ˈ**hawk·er**[2] *s* a) Hauˈsierer(in), b) Straßenhändler(in).
ˈ**hawk-eyed** *adj* scharfsichtig, mit scharfen Augen, adleräugig: **to be ~** Falken- *od.* Adleraugen haben.

ˈHawkˌeye State *s Am.* (*Spitzname für den Staat*) Iowa *n.*
ˈhawk·ing → **falconry.**
hawk| moth *s zo.* Schwärmer *m.* **~ nose** *s* Adlernase *f.* **~ swal·low** *s orn.* Mauersegler *m.* **ˈ~weed** *s bot.* Habichtskraut *n.*
hawse [hɔːz] *s mar.* **1.** (Anker)Klüse *f.* **2.** *Raum zwischen dem Schiffsbug u. den Ankern.* **3.** Lage *f* der Ankertaue vor den Klüsen. **ˈ~hold** → **hawse** 1. **ˈ~pipe** *s mar.* Klüsenrohr *n.*
haw·ser [ˈhɔːzə(r)] *s mar.* Kabeltau *n,* Trosse *f.*
ˈhaw·thorn *s bot.* Weißdorn *m.*
Haw·thorne ef·fect [ˈhɔːθɔː(r)n] *s sociol. psych.* ˈHawthorne-Efˌfekt *m* (*Einfluß, den die bloße Teilnahme an e-m Experiment auf die Versuchsperson u. damit auf das Versuchsergebnis auszuüben vermag*).
hay[1] [heɪ] **I** *s* **1.** Heu *n*: **to make ~** → 6; **to make ~ of s.th.** *fig.* etwas durcheinanderbringen *od.* zunichte machen; **to make ~ while the sun shines** *fig.* das Eisen schmieden, solange es heiß ist; **to hit the ~** *sl.* ‚sich in die Falle *od.* Klappe hauen'; **to roll in the ~, to have a roll in the ~** *colloq.* ‚bumsen' (*Geschlechtsverkehr haben*). **2.** *sl.* ‚Grass' *n* (*Marihuana*). **II** *v/t* **3.** *Gras* zu Heu machen. **4.** mit Heu füttern. **5.** *Land* zur Heuerzeugung verwenden. **III** *v/i* **6.** heuen, Heu machen.
hay[2] [heɪ] *s hist. ein ländlicher Reigen.*
hay| ba·cil·lus *s irr med.* ˈHeubaˌzillus *m.* **ˈ~cock** *s* Heuschober *m,* -haufen *m.* **~ fe·ver** *s med.* Heuschnupfen *m,* -fieber *n.* **ˈ~field** *s* Wiese *f* (*zum Mähen*). **ˈ~fork** *s* Heugabel *f.* **ˈ~ˌlift** *s Am.* Heu-Luftbrücke *f* (*zur Viehversorgung*). **ˈ~loft** *s* Heuboden *m.* **ˈ~ˌmak·er** *s* **1.** Heumacher *m.* **2.** *agr. tech.* Heuwender *m.* **3.** *Boxen*: *sl.* ‚Heumacher' *m,* wilder Schwinger. **ˈ~rack** *s* Heuraufe *f.* **ˈ~rick** → **haystack.** **ˈ~seed** *s* **1.** Grassame *m.* **2.** Heublumen *pl.* **3.** *Am. colloq. contp.* ‚Bauer' *m.* **ˈ~stack** *s* Heumiete *f*: → **needle** 1. **ˈ~wire I** *s* Ballendraht *m.* **II** *adj colloq.* a) ‚kaˈputt' (*Gerät*), b) (völlig) durcheinˈander (*Pläne etc*), c) ‚ˈübergeschnappt' (*Person*): **to go ~** kaputtgehen; (völlig) durcheinandergeraten; überschnappen.
haz·ard [ˈhæzə(r)d] **I** *s* **1.** Gefahr *f,* Wagnis *n,* Risiko *n*: **~ not covered** (*Versicherung*) ausgeschlossenes Risiko; **~ bonus** Gefahrenzulage *f*; **at all ~s** unter allen Umständen; **at the ~ of one's life** unter Lebensgefahr, unter Einsatz s-s Lebens; **to run a ~** etwas riskieren; **~ warning device** *mot.* Warnblinkanlage *f.* **2.** Zufall *m*: **by ~** durch Zufall, zufällig; **(game of) ~** Glücks-, Hasardspiel *n.* **3.** *pl* Launen *pl* (*des Wetters*). **4.** *Golf*: Hindernis *n.* **5.** *Billard*: *Br.* a) **losing ~** Verläufer *m,* b) **winning ~** Treffer *m.* **II** *v/t* **6.** risˈkieren, wagen, aufs Spiel setzen. **7.** zu sagen wagen, risˈkieren: **to ~ a remark. 8.** sich (*e-r Gefahr etc*) aussetzen. **ˈhaz·ard·ous** *adj* (*adv* **~ly**) **1.** gewagt, gefährlich, risˈkant. **2.** unsicher, vom Zufall abhängig: **~ contract** *jur. Am.* aleatorischer Vertrag, Spekulationsvertrag *m.*
haze[1] [heɪz] **I** *s* **1.** Dunst(schleier) *m,* feiner Nebel. **2.** *fig.* Nebel *m,* Schleier *m.* **II** *v/t* **3.** in Dunst hüllen.
haze[2] [heɪz] *v/t* **1.** *bes. Am.* a) beleidigen, beschimpfen, b) lächerlich machen. **2.** *bes. mar.* schinden, schikaˈnieren.
ha·zel [ˈheɪzl] **I** *s* **1.** *bot.* Haselnuß *f,* Hasel(nuß)strauch *m.* **2.** a) Haselholz *n,* b) Haselstock *m.* **3.** (Hasel)Nußbraun *n.* **II** *adj* **4.** (hasel)nußbraun. **~ grouse** *s orn.* Haselhuhn *n.* **ˈ~nut** *s bot.* Haselnuß *f.*

ha·zi·ness [ˈheɪzɪnɪs] *s* **1.** Dunstigkeit *f.* **2.** Unschärfe *f.* **3.** *fig.* Unklarheit *f,* Verschwommenheit *f,* Nebelhaftigkeit *f.*
ha·zy [ˈheɪzɪ] *adj* (*adv* **hazily**) **1.** dunstig, diesig, leicht nebelig: **the mountains were ~** die Berge lagen im Dunst *od.* waren in Dunst gehüllt. **2.** unscharf, verschwommen: **to be ~** nur undeutlich *od.* verschwommen zu sehen sein. **3.** *fig.* verschwommen, nebelhaft, unklar: **a ~ idea; I'm rather ~ about it** ich habe nur e-e ziemlich verschwommene *od.* vage Vorstellung davon.
ˈH-bomb *mil.* **I** *s* H-Bombe *f* (*Wasserstoffbombe*). **II** *v/t* e-e H-Bombe abwerfen auf (*acc*).
he [hiː; iː; hɪ; ɪ] **I** *pron* **1.** er: **~ who** wer; derjenige, welcher. **2.** es: *who is this man?* **~ is John** es ist Hans. **3.** *contp.* der: **not ~!** der nicht! **II** *s* **4.** ‚Er' *m*: a) Junge *m,* Mann *m*: **is the baby a ~ or a she?** ist das Baby ein Er oder e-e Sie?, b) *zo.* Männchen *n.* **III** *adj* **5.** *in Zssgn bes. zo.* männlich, ...männchen *n*: **~-goat** Ziegenbock *m.*
head [hed] **I** *v/t* **1.** anführen, an der Spitze *od.* an erster Stelle stehen von (*od. gen*): **to ~ a list; to ~ the table** *sport* an der Tabellenspitze stehen, die Tabelle anführen. **2.** vorˈan-, vorˈausgehen (*dat*). **3.** (an)führen, leiten: **a commission ~ed by** ein Ausschuß unter der Leitung von. **4.** lenken, steuern, diriˈgieren: **to ~ off** a) um-, ablenken, b) abfangen, c) *fig.* abwenden, verhindern. **5.** überˈtreffen. **6.** *e-n Fluß etc* (an der Quelle) umˈgehen. **7.** mit e-m Kopf *etc* versehen. **8.** e-n Titel geben (*dat*), betiteln. **9.** die Spitze bilden von (*od. gen*). **10.** *bes. Pflanzen* köpfen, *Bäume* kappen, *Schößlinge* stutzen, zuˈrückschneiden. **11.** *Fußball*: *den Ball* köpfen: **to ~ in** einköpfen. **12. ~ up** a) *ein Faß* ausböden, b) *Wasser* aufstauen.
II *v/i* **13.** a) gehen, fahren: **where are you ~ing?; to be ~ing back** auf dem Rückweg sein, b) **(for)** sich bewegen (auf *acc* ... zu), lossteuern, -gehen (auf *acc*): **you are ~ing for trouble** wenn du so weitermachst, bekommst du Ärger; → **fall** 1. **14.** *mar.* **(for)** Kurs halten (auf *acc*), zusteuern *od.* liegen (auf *acc*). **15.** (mit der Front) liegen nach: **the house ~s south. 16.** (e-n Kopf) ansetzen (*Gemüse etc*). **17.** sich entwickeln. **18.** entspringen (*Fluß*).
III *adj* **19.** Kopf... **20.** Spitzen..., Vorder..., an der Spitze stehend *od.* gehend. **21.** Chef..., Haupt..., Ober..., Spitzen..., führend, oberst(er, e, es), erst(er, e, es): **~ cook** Chefkoch *m*; **~ nurse** Oberschwester *f.*
IV *s* **22.** Kopf *m*: **to have a ~** *colloq.* e-n ‚Brummschädel' haben, e-n ‚dicken *od.* schweren Kopf' haben; **to win by a ~** (*Pferderennen*) um e-e Kopflänge gewinnen, *a. fig.* um e-e Nasenlänge gewinnen; → **stand** 15. **23.** *poet. u. fig.* Haupt *n*: **~ of the family** Haupt der Familie, Familienvorstand *m,* -oberhaupt; **~s of state** Staatsoberhäupter; → **crowned** 1. **24.** Kopf *m,* Verstand *m, a.* Begabung *f*: **he has a (good) ~ for languages** er ist sehr sprachbegabt; **~ for figures** Zahlengedächtnis *n*; **to have a ~ for heights** schwindelfrei sein; **two ~s are better than one** zwei Köpfe wissen mehr als einer. **25.** Spitze *f,* höchste Stelle, führende Stellung: **at the ~ of** an der Spitze (*gen*). **26.** a) (An)Führer *m,* Leiter *m,* b) Vorstand *m,* Vorsteher *m,* c) Chef *m*: **~ of government** Regierungschef, d) *ped.* Diˈrektor *m,* Direkˈtorin *f.* **27.** oberes Ende, oberer Teil *od.* Rand, Spitze *f, z. B.* a) oberer Absatz (*e-r Treppe*), b) Kopf (-ende *n*) *m* (*e-s Bettes, der Tafel etc*), c) Kopf *m* (*e-r Buchseite, e-s Briefes, e-s Nagels, e-r Stecknadel, e-s Hammers, e-s Golfschlägers etc*), d) *mar.* Topp *m* (*Mast*). **28.** Kopf *m* (*e-r Brücke od. Mole*), oberes *od.* unteres Ende (*e-s Sees etc*), Boden *m* (*e-s Fasses*). **29.** a) Kopf *m,* Spitze *f,* vorderes Ende, Vorderteil *m, n,* b) *mar.* Bug *m,* c) *mar.* Toiˈlette *f* (*im Bug*). **30.** Kopf *m,* (einzelne) Perˈson: **one pound a ~** ein Pfund pro Kopf *od.* Person. **31.** (*pl* **~**) Stück *n*: **50 ~ of cattle** 50 Stück Vieh. **32.** *Br.* Anzahl *f,* Herde *f,* Ansammlung *f* (*bes. Wild*). **33.** Höhepunkt *m,* Krise *f*: → *Bes. Redew.* **34.** (Haupt)Haar *n*: **a beautiful ~ of hair** schönes, volles Haar. **35.** *bot.* a) (*Salat-etc*)Kopf *m,* b) Köpfchen *n* (*kopfig gedrängter Blütenstand*), c) (*Baum*)Krone *f,* Wipfel *m.* **36.** *anat.* Kopf *m* (*vom Knochen od. Muskel*). **37.** *med.* ˈDurchbruchstelle *f* (*e-s Geschwürs etc*). **38.** Vorgebirge *n,* Landspitze *f,* Kap *n.* **39.** Kopf *m* (*e-r Münze*): **~s or tails** Kopf oder Adler, Kopf oder Wappen. **40.** *hunt.* Geweih *n*: **a deer of the first ~** ein fünfjähriger Hirsch. **41.** Schaum(krone *f*) *m* (*vom Bier etc*). **42.** *Br.* Rahm *m,* Sahne *f.* **43.** Quelle *f* (*e-s Flusses*). **44.** a) ˈÜberschrift *f,* Titelkopf *m,* b) Abschnitt *m,* Kaˈpitel *n,* c) (Haupt)Punkt *m* (*e-r Rede etc*): **the ~ and front** das Wesentliche. **45.** Abˈteilung *f,* Ruˈbrik *f,* Kategoˈrie *f.* **46.** *print.* (Titel-) Kopf *m.* **47.** *ling.* Oberbegriff *m.* **48.** → **heading. 49.** *tech.* a) Stauwasser *n,* b) Staudamm *m,* -mauer *f.* **50.** *phys. tech.* a) Gefälle *n,* Gefällhöhe *f,* b) Druckhöhe *f,* c) (Dampf-, Luft-, Gas)Druck *m,* d) Säule *f,* Säulenhöhe *f* (*zur Druckmessung*): **~ of water** Wassersäule. **51.** *tech.* a) Spindelkopf *m* (*e-r Fräsmaschine*), b) Spindelbank *f* (*e-r Drehbank*), c) Supˈport *m* (*e-r Bohrbank*), d) (Gewinde)Schneidkopf *m,* e) Saugmassel *f* (*Gießerei*), f) Kopf-, Deckplatte *f,* Haube *f.* **52.** *mus.* a) (*Trommel*)Fell *n,* b) (*Noten*)Kopf *m,* c) Kopf *m* (*e-r Violine etc*). **53.** Verdeck *n,* Dach *n* (*e-r Kutsche etc*). **54.** *in Zssgn*: *colloq.* a) ...süchtige(r *m*) *f*: → **acidhead, hashhead,** b) ...fan *m*: **film~.**
Besondere Redewendungen:
above (*od.* **over**) **s.o.'s ~** zu hoch für j-n; **that is** (*od.* **goes**) **above my ~** das geht über m-n Horizont *od.* Verstand; **to talk above s.o.'s ~** über j-s Kopf hinweg reden; **by ~ and shoulders** an den Haaren (*herbeiziehen*), gewaltsam; **(by) ~ and shoulders** um Haupteslänge (*größer etc*), weitaus; **~ and shoulders above the rest** den anderen turm- *od.* haushoch überlegen; **from ~ to foot** von Kopf bis Fuß; **off** (*od.* **out of**) **one's ~** *colloq.* ‚übergeschnappt'; **to go off one's ~** *colloq.* ‚überschnappen'; **on one's ~** auf dem Kopf stehend; **I can do that (standing) on my ~** *colloq.* das mach' ich ‚mit links'; **on this ~** in diesem Punkt; **out of one's own ~** a) von sich aus, allein, b) auf eigene Verantwortung; **over s.o.'s ~** über j-s Kopf hinweg; **to go over s.o.'s ~ to do s.th.** j-n übergehen u. etwas tun; **~ over heels** a) kopfüber (*die Treppe hinunterstürzen*), b) bis über die *od.* beide Ohren (*verliebt sein*); **to be ~ over heels in debt** bis über die Ohren in Schulden sitzen *od.* stecken; **~ first** (*od.* **foremost**) → **headlong** I; **to bite** (*od.* **snap**) **s.o.'s ~ off** *colloq.* j-m den Kopf abreißen, j-n ‚fressen'; **to bring to a ~** zum Ausbruch *od.* zur Entscheidung bringen; **to bury one's ~ in the sand** den Kopf in den Sand stecken; **to come to a ~** a) *med.* eitern, aufbrechen (*Geschwür*), b) *fig.* zur Entscheidung *od.* Krise kommen, sich zuspitzen; **to cry one's ~ off** *colloq.* sich die Augen aus-

weinen *od.* aus dem Kopf weinen; **it never entered his ~ to help her** es kam ihm nie in den Sinn, ihr zu helfen; **to gather ~** überhandnehmen; **to give a horse his ~** e-m Pferd die Zügel schießen lassen; **to give s.o. his ~** *fig.* j-n gewähren *od.* machen lassen; **to give s.o. ~** *Am. vulg.* j-m e-n ‚blasen' (*j-n fellationieren*); **to go to s.o.'s ~** j-m in den *od.* zu Kopf steigen (*Alkohol, Erfolg etc*); **he has a good ~ on his shoulders** er ist ein kluger Kopf; **to have** (*od.* **be**) **an old ~ on young shoulders** für sein Alter sehr reif *od.* vernünftig sein; **to hold s.th. in one's ~** etwas behalten, sich etwas merken; **to keep one's ~** kühlen Kopf bewahren, die Nerven behalten; **to keep one's ~ above water** sich über Wasser halten (*a. fig.*); **to knock s.th. on the ~** *colloq.* a) etwas über den Haufen werfen, b) e-r Sache ein Ende bereiten, Schluß machen mit etwas; **to laugh one's ~ off** *colloq.* sich fast *od.* halb totlachen; **to let s.o. have his ~** j-m s-n Willen lassen; **it lies on my ~** es wird mir zur Last gelegt; **to lose one's ~** den Kopf *od.* die Nerven verlieren; **to make ~** (gut) vorankommen, Fortschritte machen; **to make ~ against** die Stirn bieten (*dat*), sich entgegenstemmen (*dat*); **I cannot make ~ or tail of it** ich kann daraus nicht schlau werden; **to put s.th. into s.o.'s ~** j-m etwas in den Kopf setzen; **to put s.th. out of one's ~** sich etwas aus dem Kopf schlagen; **they put their ~s together** sie steckten die Köpfe zusammen; **to run in s.o.'s ~** j-m im Kopf herumgehen; **to shout one's ~ off** ‚sich die Lunge aus dem Hals *od.* Leib schreien'; **to take the ~** die Führung übernehmen; **to take s.th. into one's ~** sich etwas in den Kopf setzen; **to talk one's ~ off** *colloq.* reden wie ein Wasserfall *od.* Buch; **to talk s.o.'s ~ off** *colloq.* ‚j-m ein Loch in den Bauch reden'; **to turn s.o.'s ~** j-m den Kopf verdrehen; → **bang**[1] 6, **cloud** 1, **knock** 5, **roll** 17, **swelled** 1, **swollen** II, **top**[1] 1.

ˈhead|·ache *s* **1.** Kopfschmerz(en *pl*) *m*, Kopfweh *n*: **I have a ~** ich habe Kopfweh *od.* Kopfschmerzen. **2.** *colloq.* Proˈblem *n*, Sorge *f*: **to be a bit of a ~** j-m Kopfschmerzen *od.* Sorgen machen. **ˈ~·ach·y** *adj colloq.* **1.** an Kopfschmerzen leidend. **2.** Kopfschmerzen verursachend, mit Kopfschmerzen verbunden. **ˈ~·band** *s* **1.** Kopf-, Stirnband *n.* **2.** *arch.* Kopf(zier)leiste *f.* **3.** *Buchbinderei*: Kapiˈtalband *n.* **ˈ~·board** *f* Kopfbrett *n* (*am Bett*). **ˈ~ˌcheese** *s gastr. Am.* (Schweine)Sülze *f*, Preßkopf *m.* **~ clerk** *s* Büˈrochef *m*, -vorsteher *m.* **ˈ~·dress** *s* **1.** Kopfschmuck *m.* **2.** Friˈsur *f.*

-headed [hedɪd] *in Zssgn* ...köpfig.

head·ed [ˈhedɪd] *adj* **1.** mit e-m Kopf *od.* e-r Spitze (versehen). **2.** mit e-r ˈÜberschrift (versehen), betitelt. **3.** reif, voll.

head·er [ˈhedə(r)] *s* **1.** *tech.* a) Kopfmacher *m* (*für Nägel*), b) Stauchstempel *m* (*für Schrauben*), c) Sammelleitung *f*, Sammler *m*, d) Wasserkammer *f.* **2.** *agr.* ˈÄhrenköpfmaˌschine *f.* **3.** *arch. tech.* a) Schluß(stein) *m*, b) Binder *m.* **4.** Kopfsprung *m*: **to make a ~** e-n Kopfsprung machen; **he took a ~ down the stairs** er stürzte kopfüber die Treppe hinunter. **5.** *Fußball*: Kopfball *m*, -stoß *m.*

head| fast *s mar.* Bugleine *f.* **ˌ~ˈfirst, ˌ~ˈfore·most** → **headlong. ~ gate** *s tech.* Flut-, Schleusentor *n.* **ˈ~·gear** *s* **1.** Kopfbedeckung *f.* **2.** Kopfgestell *n*, Zaumzeug *n* (*vom Pferd*). **3.** *Bergbau*: Kopfgestell *n*, Fördergerüst *n.* **ˈ~ˌhunt·er** *s* **1.** Kopfjäger *m.* **2.** *colloq.* Abwerber *m.* **3.** *colloq. j-d, der sich gern in Gesellschaft von berühmten od. wichtigen Persönlichkeiten zeigt.*

head·i·ness [ˈhedɪnɪs] *s* **1.** Unbesonnenheit *f*, Voreiligkeit *f.* **2.** (*das*) Berauschende (*a. fig.*). **3.** *Am. colloq.* Gewitztheit *f*, Schlauheit *f.*

head·ing [ˈhedɪŋ] *s* **1.** Kopfstück *n*, -ende *n*, -teil *n*, *m.* **2.** Vorderende *n*, -teil *n*, *m.* **3.** ˈÜberschrift *f*, Titel(zeile *f*) *m.* **4.** (Brief-)Kopf *m.* **5.** (Rechnungs)Posten *m.* **6.** Thema *n*, (Gesprächs)Punkt *m.* **7.** a) Bodmung *f* (*von Fässern*), b) (Faß)Boden *m.* **8.** *Bergbau*: a) Stollen *m*, b) Richtstrecke *f*, c) Orts-, Abbaustoß *m.* **9.** Quertrieb *m* (*beim Tunnelbau*). **10.** a) *aer.* Steuerkurs *m*, b) *mar.* Kompaßkurs *m.* **11.** *Fußball*: Kopfballspiel *n.* **~ course** *s arch.* Binderschicht *f.* **~ stone** *s arch.* Schlußstein *m.*

ˈhead|·lamp → **headlight. ˈ~·land** *s* **1.** *agr.* Rain *m.* **2.** [-lənd] Landspitze *f*, Landzunge *f.*

ˈhead·less *adj* **1.** kopflos, ohne Kopf: **~ rivet** *tech.* kopfloser Niet. **2.** *fig.* führerlos. **3.** → **catalectic.**

ˈhead|·light *s* **1.** *mot. etc* Scheinwerfer *m*: **to turn on the ~s full beam** aufblenden; **~ flasher** Lichthupe *f.* **2.** *mar.* Mast-, Topplicht *n.* **ˈ~·line I** *s* **1.** a) *Zeitung*: Schlagzeile *f*, b) *pl*, *a.* **~ news** (*Rundfunk, TV*) (*das*) Wichtigste in Schlagzeilen: **to hit the ~s** Schlagzeilen machen. **2.** ˈÜberschrift *f.* **3.** *mar.* Rahseil *n.* **4.** Kopfseil *n* (*e-r Kuh etc*). **II** *v/t* **5.** mit e-r Schlagzeile *od.* ˈÜberschrift versehen. **6.** a) e-e Schlagzeile widmen (*dat*), b) *fig.* groß herˈausstellen. **7.** *thea. etc Am. colloq.* der Star (*gen*) sein: **to ~ a show. ˈ~ˌlin·er** *s Am. colloq.* **1.** *thea. etc* Star *m.* **2.** promiˈnente Perˈsönlichkeit. **ˈ~·lock** *s Ringen*: Kopfzange *f.* **ˈ~·long I** *adv* **1.** kopfˈüber, mit dem Kopf vorˈan. **2.** *fig.* a) Hals über Kopf, b) ungestüm, stürmisch. **II** *adj* **3.** mit dem Kopf vorˈan: **he had a ~ fall down the stairs** er stürzte kopfüber die Treppe hinunter. **4.** *fig.* a) unbesonnen, voreilig, -schnell, b) → 2 b. **~ louse** *s irr zo.* Kopflaus *f.* **~·man** [ˈhedmæn] *s irr* **1.** Führer *m.* **2.** (Stammes-)Häuptling *m.* **3.** [ˌhedˈmæn; ˈhedmæn] Aufseher *m*, Vorarbeiter *m.* **4.** → **headsman** 1. **ˌ~ˈmas·ter** *s ped.* Schulleiter *m*, Diˈrektor *m*, Rektor *m* (*in den USA e-r privaten* [*Jungen*]*Schule*). **ˌ~ˈmis·tress** *s ped.* Schulleiterin *f*, Direkˈtorin *f*, Rekˈtorin *f* (*in den USA e-r privaten* [*Mädchen-*] *Schule*). **~ mon·ey** *s* **1.** Kopfgeld *n.* **2.** *obs.* Kopfsteuer *f.* **ˈ~·most** [-məʊst] *adj* vorderst(er, e, es). **~ note** *s* kurze (ˈInhalts)ˌÜbersicht (*am Beginn e-s Kapitels etc*). **~ of·fice** *s* ˈHauptbüˌro *n*, -geschäftsstelle *f*, -sitz *m*, Zenˈtrale *f.* **ˌ~-ˈon** *adj u. adv* **1.** fronˈtal: **two cars collided ~**; **~ attack** *bes. mil.* Frontalangriff *m*; **~ collision** Frontalzusammenstoß *m.* **2.** *fig.* diˈrekt: **in his ~ fashion. ˈ~·phone** *s meist pl* Kopfhörer *m.* **ˈ~·piece** *s* **1.** Kopfbedeckung *f.* **2.** *mil. hist.* Helm *m.* **3.** *colloq. obs.* a) Verstand *m*, ‚Köpfchen' *n*, b) kluger Kopf (*Person*). **4.** Oberteil *m*, *n*, *bes.* a) Türsturz *m*, b) Kopfbrett *n* (*am Bett*). **5.** *print.* ˈTitelviˌgnette *f.* **6.** Stirnriemen *m* (*am Pferdehalfter*). **ˈ~·pin** *s* König *m* (*Kegel*). **ˌ~ˈquar·ters** *s pl* (*oft als sg konstruiert*) **1.** *mil.* a) ˈHauptquarˌtier *n*, b) Stab *m*, c) Komˈmandostelle *f*, d) ˈOberkomˌmando *n*: **~ company** Stabskompanie *f.* **2.** (Poliˈzei)Präˌsidium *n.* **3.** (ˈFeuerwehr)Zenˌtrale *f.* **4.** a) (Parˈtei)Zenˌtrale *f*, b) → **head office. ˈ~·race** *s tech.* Obergerinne *n*, ˈSpeisekaˌnal *m.* **~ reg·is·ter** → **head voice. ˈ~·rest, ~ re·straint** *s* Kopfstütze *f.* **ˈ~·room** *s* lichte Höhe. **ˈ~·sail** *s mar.* Fockmast-, Vorsegel *n.* **ˈ~·scarf** *s a. irr* Kopftuch *n.* **~ sea** *s mar.* Gegensee *f.* **ˈ~·set** *s* Kopfhörer *m.*

ˈhead·ship *s* **1.** Führung *f*, Leitung *f.* **2.** *ped. Br.* Direktoˈrat *n*, Rektoˈrat *n*: **under his ~** unter ihm als Direktor.

ˈheadˌshrink·er *s* **1.** *Kopfjäger, der die Schädel getöteter Feinde einschrumpfen läßt.* **2.** *sl.* Psychiˈater *m.*

heads·man [ˈhedzmən] *s irr* **1.** Scharfrichter *m*, Henker *m.* **2.** *Bergbau*: *Br.* Schlepper *m.*

ˈhead|·spring *s* **1.** Hauptquelle *f.* **2.** *fig.* Quelle *f*, Ursprung *m.* **3.** *Turnen*: Kopfkippe *f.* **ˈ~·stall** → **headgear** 2. **ˈ~·stand** *s sport* Kopfstand *m*: **to do a ~** e-n Kopfstand machen. **~ start** *s sport* Vorgabe *f*, Vorsprung *m* (*a. fig.*): **to have a ~ over** (*od.* **on**) **s.o.** e-n Vorsprung vor j-m haben, j-m gegenüber im Vorteil sein. **ˈ~·stock** *s tech.* **1.** (Werkzeug)Halter *m*, *bes.* Spindelstock *m*, -kasten *m.* **2.** Triebwerkgestell *n.* **ˈ~·stone** *s* **1.** *arch.* Eck-, Grundstein *m* (*a. fig.*), b) Schlußstein *m.* **2.** Grabstein *m.* **ˈ~·stream** *s* Quellfluß *m.* **ˈ~·strong** *adj* **1.** eigensinnig, halsstarrig. **2.** unbesonnen, voreilig, -schnell (*Handlung*). **~ tax** *s* Kopf-, *bes.* Einwanderungssteuer *f* (*in den USA*). **ˌ~ˈteach·er** *Br. für* **headmaster, headmistress. ˌ~-to-ˈhead** *Am.* **I** *adj* **1.** Mann gegen Mann: **~ combat** *mil.* Nahkampf *m.* **2.** *fig.* Kopf-an-Kopf-...: **~ race. II** *s* **3.** *mil.* Nahkampf *m.* **4.** *fig.* Kopf-an-Kopf-Rennen *n.* **~ voice** *s mus.* Kopfstimme *f.* **ˌ~ˈwait·er** *s* Oberkellner *m.* **ˈ~ˌwa·ter** *s meist pl* Oberlauf *m*, Quellgebiet *n* (*e-s Flusses*). **ˈ~·way** *s* **1.** *bes. mar.* a) Fahrt *f*, Geschwindigkeit *f*, b) Fahrt *f* vorˈaus. **2.** *fig.* Fortschritt(e *pl*) *m*: **to make ~** (gut) vorankommen, Fortschritte machen. **3.** *arch.* lichte Höhe. **4.** *Bergbau*: *Br.* Hauptstollen *m*, Vortriebstrecke *f.* **5.** *rail.* (Zeit-, Zug)Abstand *m*, Zugfolge *f.* **~ wind** *s aer. mar.* Gegenwind *m.* **ˈ~·word** *s* Anfangswort *n*, (*in e-m Wörterbuch*) Stichwort *n.* **ˈ~·work** *s* **1.** geistige Arbeit, Geistes-, Kopfarbeit *f.* **2.** *arch.* Köpfe *pl.* **3.** *tech.* ˈWasserkonˌtrollanlage *f.* **4.** *Fußball*: Kopfballspiel *n.* **ˈ~ˌwork·er** *s* Geistes-, Kopfarbeiter *m.*

head·y [ˈhedɪ] *adj* (*adv* **headily**) **1.** unbesonnen, voreilig, vorschnell. **2.** berauschend (*a. fig. Parfüm, Erfolg etc*). **3.** berauscht (**with** von). **4.** *Am. colloq.* gewitzt, schlau.

heal [hiːl] **I** *v/t* **1.** *a. fig.* heilen, kuˈrieren (**s.o. of s.th.** j-n von e-r Sache). **2.** *fig.* a) *Gegensätze* versöhnen, b) *e-n Streit* beilegen. **II** *v/i* **3.** *oft* **~ up, ~ over** (zu)heilen. **4.** heilen, e-e Heilung bewirken. **5.** gesund werden, genesen. **ˈ~-all** *s bot.* a) (*e-e*) nordamer. Collinˈsonie, b) Braunwurz *f*, c) *e-e grüne Orchidee.*

ˈheal·er *s* Heiler(in), *bes.* Gesundbeter(in): **time is a great ~** die Zeit heilt alle Wunden.

ˈheal·ing I *s* **1.** Heilen *n*, Heilung *f.* **2.** Genesung *f*, Gesundung *f.* **II** *adj* **3.** heilsam (*a. fig.*), heilend, Heil(ungs)...

health [helθ] *s* **1.** Gesundheit *f*: **~ is better than wealth** lieber gesund als reich; **Ministry of H~** Gesundheitsministerium *n*; **~ care** medizinische Versorgung, Gesundheitsfürsorge *f*; **~ center** (*bes. Br.* **centre**) Ärztezentrum *n*, -haus *n*; **~ certificate** Gesundheitszeugnis *n*, ärztliches Attest; **~ club** Fitneßclub *m*; **H~ Department** *Am.* Gesundheitsministerium *n*; **~ education** Gesundheitserziehung *f*; **~ engineer** Gesundheitsingenieur *m*; **~ food** a) Reformkost *f*, b) Biokost *f*; **~ food shop** (*bes. Am.* **store**) a) Reformhaus *n*, b) Bioladen *m*; **~ freak** *sl.* Gesundheitsapostel *m*, -fanatiker *m*; **~ hazard** Gesundheitsrisiko *n*; **~**

insurance Krankenversicherung *f*; ~ **officer** *Am.* a) Beamte(r) *m* des Gesundheitsamtes, b) *mar.* Hafen-, Quarantänearzt *m*; ~ **resort** Kurort *m*; ~ **service** Gesundheitsdienst *m*; ~ **spa** Kur-, Heilbad *n*; ~ **visitor** *Br. Angestellte(r) des Staatlichen Gesundheitsdienstes, der/die bes. alte u. pflegebedürftige Menschen betreut.* **2.** *a.* **state of** ~ Gesundheitszustand *m*: **ill** ~; **in good (poor)** ~ gesund, bei guter Gesundheit (kränklich, bei schlechter Gesundheit); **in the best of** ~ bei bester Gesundheit; → **keep** 31. **3.** Gesundheit *f*, Wohl *n*: **to drink (to)** (*od.* **pledge, propose**) **s.o.'s** ~ auf j-s Wohl trinken; **your (very good)** ~! auf Ihr Wohl!; **here is to the** ~ **of the host!** ein Prosit dem Gastgeber! **4.** Heilkraft *f*.

ˈ**health·ful** *adj* (*adv* ~**ly**) gesund (*a. fig.*): a) heilsam, bekömmlich, gesundheitsfördernd (**to** für), b) frisch, kräftig. ˈ**health·ful·ness** *s* Gesundheit *f*, Heilsamkeit *f*.

health·i·ness [ˈhelθɪnɪs] *s* Gesundheit *f*.

ˈ**health·y** *adj* (*adv* **healthily**) **1.** *allg.* gesund (*a. fig.*): ~ **body (boy, climate, competition, finances,** *etc*). **2.** gesund (-heitsfördernd), heilsam, bekömmlich. **3.** *colloq.* gesund, kräftig: ~ **appetite. 4. not** ~ *colloq.* ‚nicht gesund', unsicher, gefährlich.

heap [hiːp] **I** *s* **1.** Haufe(n) *m*: **in** ~**s** haufenweise. **2.** *colloq.* Haufen *m*, Menge *f*: ~**s of time** e-e Menge Zeit; ~**s of times** unzählige Male; ~**s better** sehr viel besser; **to be struck** (*od.* **knocked**) **all of a** ~ ‚platt' *od.* sprachlos sein. **3.** *Bergbau*: (Berge)Halde *f*: ~ **of charcoals** Kohlenmeiler *m*. **4.** *colloq.* ‚Karre' *f* (*Auto*). **II** *v/t* **5.** häufen: **to** ~ **a plate with food** Essen auf e-n Teller häufen; **a** ~**ed spoonful** ein gehäufter Löffel(voll); **to** ~ **insults (praises) (up)on s.o.** j-n mit Beschimpfungen (Lob) überschütten; → **coal** 4. **6.** *meist* ~ **up** aufhäufen, *fig. a.* anhäufen: **to** ~ **up wealth (riches)**. **7.** beladen, (*a.* zum ˈÜberfließen) anfüllen. **8.** *fig.* überˈhäufen, -ˈschütten (**with** mit).

hear [hɪə(r)] *pret u. pp* **heard** [hɜːd; *Am.* hɜrd] **I** *v/t* **1.** hören: **I** ~ **him laugh(ing)** ich höre ihn lachen; **to make o.s.** ~**d** sich Gehör verschaffen. **2.** hören, erfahren (**about, of** von, über *acc*). **3.** *j-n* anhören, *j-m* zuhören: **to** ~ **s.o. out** j-n bis zum Ende anhören, j-n ausreden lassen. **4.** (an)hören: **to** ~ **a concert** sich ein Konzert anhören; → **Mass**[2] 2. **5.** *e-e Bitte etc* erhören. **6.** hören auf (*acc*), *j-s* Rat folgen. **7.** *jur.* a) *j-n* vernehmen, -hören: **to** ~ **a witness**, b) (über) *e-n Fall* verhandeln: **to** ~ **and decide a case** über e-e Sache befinden; → **evidence** 2 b. **8.** *e-n Schüler od. das Gelernte* abhören. **II** *v/i* **9.** hören: **to** ~ **say** sagen hören; **I have** ~**d tell of it** *colloq.* ich habe davon sprechen hören; **he would not** ~ **of it** er wollte nichts davon hören *od.* wissen; ~! ~! a) bravo!, sehr richtig!, b) *iro.* hört! hört! **10.** hören, erfahren (**about, of** von), Nachricht(en) erhalten (**from** von): **so I have** ~**d, so I** ~ das habe ich gehört; **you will** ~ **of this!** *colloq.* das wirst du mir büßen! ˈ**hear·a·ble** *adj* hörbar. ˈ**hear·er** *s* (Zu)Hörer(in).

hear·ing [ˈhɪərɪŋ] *s* **1.** Hören *n*: **within (out of)** ~ in (außer) Hörweite; **don't talk about it in his** ~ sprich nicht darüber, solange er (noch) in Hörweite ist. **2.** Gehör(sinn *m*) *n*: → **hard** 21. **3.** Anhören *n*. **4.** Gehör *n*: **to gain** (*od.* **get**) **a** ~ sich Gehör verschaffen; **to give** (*od.* **grant**) **s.o. a** ~ j-n anhören. **5.** Audiˈenz *f*. **6.** *thea. etc* Hörprobe *f*. **7.** *jur.* a) Vernehmung *f*, b) ˈVorunterˌsuchung *f*, c) (mündliche) Verhandlung, (*a.* **day** *od.* **date of** ~) (Verˈhandlungs)Terˌmin *m*: **to fix (a day for) a** ~ e-n Termin anberaumen; → **evidence** 2 b. **8.** *bes. pol.* Hearing *n*, Anhörung *f*. ~ **aid** *s* ˈHörappaˌrat *m*, -gerät *n*, -hilfe *f*. ~ **spec·ta·cles** *s pl a.* **pair of** ~ Hörbrille *f*.

heark·en [ˈhɑː(r)kən] *v/i poet.* **1.** horchen (**to** auf *acc*). **2.** (**to**) hören (auf *acc*), Beachtung schenken (*dat*).

hear·say [ˈhɪə(r)seɪ] *s* **1.** (**by** ~ vom) Hörensagen *n*: **it is mere** ~ es ist bloßes Gerede. **2.** → **hearsay evidence.** ~ **ev·i·dence** *s jur.* Beweis(e *pl*) *m* vom Hörensagen, mittelbarer Beweis. ~ **rule** *s jur. Regel über den grundsätzlichen Ausschluß aller Beweise vom Hörensagen.*

hearse [hɜːs; *Am.* hɜrs] *s* **1.** Leichenwagen *m*. **2.** *hist.* Kataˈfalk *m*. **3.** *obs.* a) Bahre *f*, b) Sarg *m*, c) Grab *n*.

heart [hɑː(r)t] *s* **1.** *anat.* Herz *n*: **left** ~ linke Herzhälfte. **2.** *fig.* Herz *n*: a) Seele *f*, Gemüt *n*, (*das*) Innere *od.* Innerste, b) Liebe *f*, Zuneigung *f*, c) (Mit)Gefühl *n*, d) Mut *m*, e) (moˈralisches) Empfinden, Gewissen *n*: **a mother's** ~ ein Mutterherz; **he has no** ~ er hat kein Herz, er ist herzlos; **to clasp s.o. to one's** ~ j-n ans Herz drücken; → *Bes. Redew.* **3.** Herz *n*, (*das*) Innere, Kern *m*, Mitte *f*: **in the** ~ **of Germany** im Herzen Deutschlands. **4.** a) Kern(holz *n*) *m* (*vom Baum*), b) Herz *n* (*von Kopfsalat*): ~ **of oak** Eichenkernholz, *fig.* Standhaftigkeit *f*. **5.** Kern *m*, (*das*) Wesentliche: **the very** ~ **of the matter** der eigentliche Kern der Sache, des Pudels Kern; **to go to the** ~ **of the matter** zum Kern der Sache vorstoßen, e-r Sache auf den Grund gehen. **6.** Herz *n*, Liebling *m*, Schatz *m*. **7.** *herzförmiger Gegenstand.* **8.** *Kartenspiel*: a) Herz(karte *f*) *n*, Cœur *n*, b) *pl* Herz *n*, Cœur *n* (*Farbe*), c) *pl* (*als sg konstruiert*) *ein Kartenspiel, bei dem es darauf ankommt, möglichst wenige Herzen im Stich zu haben*: → **ace** 1, **queen** 6, **ring** 5, *etc.* **9.** Fruchtbarkeit *f* (*des Bodens*): **in good** ~ fruchtbar, in gutem Zustand. **10.** ~ **of the attack** *sport* Angriffsmotor *m*.

Besondere Redewendungen:

~ **and soul** mit Leib u. Seele; ~**'s desire** Herzenswunsch *m*; **after my (own)** ~ ganz nach m-m Herzen *od.* Geschmack *od.* Wunsch; **at** ~ im Grunde (m-s *etc* Herzens), im Innersten; **by** ~ auswendig; **for one's** ~ für sein Leben gern; **from one's** ~ a) von Herzen, b) offen, aufrichtig, ‚frisch von der Leber weg'; **in one's** ~ (**of** ~**s**) a) insgeheim, b) im Grunde (s-s Herzens); **in** ~ guten Mutes; **out of** ~ a) mutlos, b) unfruchtbar, in schlechtem Zustand (*Boden*); **to one's** ~**'s content** nach Herzenslust; **with all my** (*od.* **my whole**) ~ mit *od.* von ganzem Herzen, mit Leib u. Seele; **with a heavy** ~ schweren Herzens; **to bare one's** ~ **to s.o.** j-m sein Herz ausschütten; **his** ~ **is in his work** er ist mit dem Herzen bei s-r Arbeit; **it breaks my** ~ es bricht mir das Herz; **I break my** ~ **over** mir bricht das Herz bei; **to close** (*od.* **shut**) **one's** ~ **to s.th.** sich gegen etwas verschließen; **cross my** ~ Hand aufs Herz, auf Ehre u. Gewissen; **to cry** (*od.* **sob**) **one's** ~ **out** sich die Augen ausweinen; **it does my** ~ **good** es tut m-m Herzen wohl; **to eat one's** ~ **out** sich vor Gram verzehren; **to give one's** ~ **to s.o.** j-m sein Herz schenken; **to go to s.o.'s** ~ j-m zu Herzen gehen; **my** ~ **goes out to him** ich empfinde tiefes Mitleid mit ihm; **to have a** ~ Erbarmen *od.* ein Herz haben; **not to have the** ~ **to do s.th.** nicht das Herz haben, etwas zu tun; es nicht übers Herz *od.* über sich bringen, etwas zu tun; **to have no** ~ **to do s.th.** keine Lust haben, etwas zu tun; **to have s.th. at** ~ etwas von Herzen wünschen; **I have your health at** ~ mir liegt d-e Gesundheit am Herzen; **I had my** ~ **in my mouth** das Herz schlug mir bis zum Halse, ich war zu Tode erschrocken; **to have one's** ~ **in the right place** das Herz auf dem rechten Fleck haben; **to have one's** ~ **in one's work** mit dem Herzen bei s-r Arbeit sein; **to lose** ~ den Mut verlieren; **to lose one's** ~ **to s.o.** sein Herz an j-n verlieren; **my** ~ **missed** (*od.* **lost**) **a beat** mir blieb fast das Herz stehen, mir stockte das Herz; **to open one's** ~ a) (**to s.o.** j-m) sein Herz ausschütten, b) großmütig sein; **to put** (*od.* **throw**) **one's** ~ **into s.th.** mit Leib u. Seele bei e-r Sache sein, ganz in e-r Sache aufgehen; **to set one's** ~ **on** sein Herz hängen an (*acc*); **to take** ~ Mut *od.* sich ein Herz fassen; **to take s.th. to** ~ sich etwas zu Herzen nehmen; **to wear one's** ~ **(up)on one's sleeve** das Herz auf der Zunge tragen; **what the** ~ **thinketh, the mouth speaketh** wes das Herz voll ist, des gehet der Mund über; **to win s.o.'s** ~ j-s Herz gewinnen; → **bleed** 3, **bless** *Bes. Redew.*, **boot**[1] 1, **bottom** 1.

ˈ**heart|·ache** *s* Kummer *m*, Gram *m*. ~ **ac·tion** *s physiol.* Herztätigkeit *f*. ~ **at·tack** *s med.* a) Herzanfall *m*, b) ˈHerzinˌfarkt *m*. ˈ~**beat** *s* **1.** *physiol.* Herzschlag *m*. **2.** *fig. Am.* Herzstück *n*. ~ **block** *s med.* Herzblock *m*. ˈ~**break** *s* Leid *n*, großer Kummer. ˈ~ˌ**break·er** *s* Herzensbrecher *m*. ˈ~ˌ**break·ing** *adj* (*adv* ~**ly**) herzzerreißend. ˈ~ˌ**bro·ken** *adj* gebrochen, verzweifelt, untröstlich. ˈ~**burn** *s med.* Sodbrennen *n*. ˈ~ˌ**burn·ing** *s* Neid *m*, Eifersucht *f*. ~ **cher·ry** *s bot.* Herzkirsche *f*. ~ **com·plaint** *s med.* Herzbeschwerden *pl*. ~ **con·di·tion** *s med.* Herzleiden *n*. ~ **dis·ease** *s med.* Herzkrankheit *f*.

-hearted [hɑː(r)tɪd] *Wortelement mit der Bedeutung* a) ...herzig, b) ...mütig.

heart·en [ˈhɑː(r)tn] **I** *v/t* ermutigen, ermuntern. **II** *v/i oft* ~ **up** Mut fassen. ˈ**heart·en·ing** *adj* (*adv* ~**ly**) ermutigend.

heart| fail·ure *s med.* a) ˈHerzinsuffiziˌenz *f*, b) Herzversagen *n*. ˈ~**felt** *adj* tiefempfunden, herzlich, innig, aufrichtig. ˈ~**-free** *adj* frei, ungebunden.

hearth [hɑː(r)θ] *s* **1.** Herd(platte *f*) *m*, Feuerstelle *f*. **2.** Kaˈmin(platte *f*, -sohle *f*) *m*. **3.** *a.* ~ **and home** *fig.* häuslicher Herd, Heim *n*. **4.** *tech.* a) Herd *m*, Hochofengestell *n*, Schmelzraum *m*, b) Schmiedeherd *m*. ˈ~**rug** *s* Kaˈminvorleger *m*. ˈ~**stone** *s* **1.** Kaˈminplatte *f*. **2.** *fig.* → **hearth** 3. **3.** Scheuerstein *m*.

heart·i·ly [ˈhɑː(r)tɪlɪ] *adv* **1.** herzlich: a) von Herzen, innig, aufrichtig, b) *iro.* sehr, gründlich: **I dislike him** ~ er ist mir von Herzen zuwider. **2.** herzhaft, kräftig, tüchtig: **to eat** ~. ˈ**heart·i·ness** *s* **1.** Herzlichkeit *f*: a) Innigkeit *f*, b) Aufrichtigkeit *f*. **2.** Herzhaftigkeit *f*, Kräftigkeit *f*. **3.** Frische *f*.

ˈ**heart·land** *s* Herzland *n*.

ˈ**heart·less** *adj* (*adv* ~**ly**) herzlos, grausam. ˈ**heart·less·ness** *s* Herzlosigkeit *f*, Grausamkeit *f*.

ˌ**heart|-ˈlung ma·chine** *s med.* ˈHerzˈLungen-Maˌschine *f*: **to put on the** ~ an die Herz-Lungen-Maschine anschließen. ~ **mur·mur** *s med.* Herzgeräusch *n*. ~ **pace·mak·er** *s med.* Herzschrittmacher *m*. ~ **rate** *s physiol.* ˈHerzfreˌquenz *f*, Pulszahl *f*. ˈ~ˌ**rend·ing** *adj* herzzerreißend. ~ **rot** *s* Kernfäule *f* (*im Baum*). ~ **sac** *s anat.* Herzbeutel *m*.

heart's blood *s*: **to give one's** ~ **for** sein Herzblut hingeben für.

ˈheart-ˌsearch·ing *s* Gewissenserforschung *f*, Selbstprüfung *f*.
ˈheart's-ease, ˈhearts·ease *s* **1.** *bot.* Wildes Stiefmütterchen. **2.** *fig.* Seelenfrieden *m*.
ˈheart|·seed → **balloon vine. ~shake** *s* Kernriß *m* (*im Baum*). **ˈ~-shaped** *adj* herzförmig. **ˈ~·sick** *adj fig.* verzweifelt, tiefbetrübt.
heart·some [ˈhɑːtsəm] *adj Br. dial.* **1.** ermutigend. **2.** fröhlich.
ˈheart|·sore → **heartsick. ~start·er** *s Austral. sl.* ‚Muntermacher' *m* (*erster Drink am Tag*). **ˈ~·strings** *s pl* Herz(fasern *pl*) *n*, (*das*) Innerste: **to pull** (*od.* **tug**) **at s.o.'s ~** j-m zu Herzen gehen, j-m das Herz zerreißen; **to play on s.o.'s ~** mit j-s Gefühlen spielen. **~ sur·geon** *s med.* ˈHerzchirˌurg *m*. **~ sur·ger·y** *s med.* ˈHerzchirurˌgie *f*. **ˈ~-throb** *s* **1.** *physiol.* Herzschlag *m*. **2.** *colloq.* ‚Schwarm' *m*. **ˌ~-to-ˈheart I** *adj* frei, offen. **II** *s* offene Aussprache. **~ trans·plant** *s med.* ˈHerzverpflanzung *f*, -transplantatiˌon *f*. **ˈ~-ˌwarm·ing** *adj* **1.** herzerfrischend, -erquickend. **2.** bewegend. **ˈ~-whole** *adj* **1.** ungebunden, frei. **2.** aufrichtig. **3.** unerschrocken. **ˈ~·wood** *s* Kernholz *n*.
heart·y [ˈhɑː(r)tɪ] **I** *adj* (*adv* → **heartily**) **1.** herzlich: a) von Herzen kommend, warm, innig, b) aufrichtig, tiefempfunden, c) *iro.* ‚gründlich': **~ dislike. 2.** a) munter: → **hale**[2], b) eˈnergisch, c) begeistert, d) herzlich, joviˈal. **3.** herzhaft, kräftig: **~ appetite** (**curses, eater, meal,** *etc*). **4.** gesund, kräftig, stark. **5.** fruchtbar: **~ soil. II** *s* **6.** *colloq.* Maˈtrose *m*: **my hearties!** Kameraden!, Jungs! **7.** *sport bes. Br. colloq.* dyˈnamischer Spieler: **a rugger ~.**
heat [hiːt] **I** *s* **1.** Hitze *f*: a) große Wärme, b) heißes Wetter, ˈHitzeperiˌode *f*. **2.** Wärme *f* (*a. phys.*): **what is the ~ of the water?** wie warm ist das Wasser?; **~ of combustion** Verbrennungswärme. **3.** a) Erhitztheit *f* (*des Körpers*), b) (*bes.* Fieber)Hitze *f*. **4.** a) Ungestüm *n*, b) Zorn *m*, Wut *f*, c) Leidenschaftlichkeit *f*, Erregtheit *f*, d) Eifer *m*: **in the ~ of the moment** im Eifer *od.* in der Hitze des Gefechts; **in the ~ of passion** *jur.* im Affekt. **5.** Höhepunkt *m*, größte Intensiˈtät: **in the ~ of battle** auf dem Höhepunkt der Schlacht. **6.** einmalige Kraftanstrengung: **at one** (*od.* **a**) **~** in ˈeinem Zug. **7.** *sport* a) (Einzel)Lauf *m*, b) *a.* **preliminary ~** Vorlauf *m*. **8.** *metall.* a) Schmelz-, Chargengang *m*, b) Charge *f*, Einsatz *m*. **9.** (Glüh)Hitze *f*, Glut *f*. **10.** *zo.* Brunst *f*, *bes.* a) Hitze *f*, Läufigkeit *f* (*e-r Hündin od. Katze*), b) Rossen *n* (*e-r Stute*), c) Stieren *n* (*e-r Kuh*): **in** (*od.* **on, at**) **~** brünstig; **a bitch in ~** e-e läufige Hündin. **11.** *colloq.* a) Großeinsatz *m* (*der Polizei*), b) Druck *m*: **to turn on the ~** Druck machen; **to turn the ~ on s.o.** j-n unter Druck setzen; **the ~ is on** es weht ein scharfer Wind; **the ~ is off** man hat sich wieder beruhigt; **to take the ~ on s.th.** den Kopf für etwas hinhalten, c) **the ~** *collect. Am.* die ‚Bullen' *pl* (*Polizei*). **12.** Schärfe *f* (*von Gewürzen etc*).
II *v/t* **13.** *a.* **~ up** erhitzen, heiß machen, *Speisen a.* aufwärmen. **14.** heizen. **15.** *fig.* erhitzen, heftig erregen: **~ed with** erhitzt *od.* erregt von. **16. ~ up** *e-e Diskussion, die Konjunktur etc* anheizen.
III *v/i* **17.** sich erhitzen (*a. fig.*).
ˈheat·a·ble *adj* **1.** erhitzbar. **2.** heizbar.
heat| ap·o·plex·y *s med.* Hitzschlag *m*. **~ bal·ance** *s phys.* ˈWärmebiˌlanz *f*, -haushalt *m*. **~ bar·ri·er** *s aer.* Hitzemauer *f*, -schwelle *f*. **~ death** *s Thermodynamik*: Wärmetod *m*.
ˈheat·ed *adj* erhitzt: a) heiß geworden, b) *fig.* erregt (**with** von): **a ~ debate** e-e erregte Debatte; **a ~ discussion** e-e hitzige Diskussion.
heat en·gine *s tech.* ˈWärmekraftmaˌschine *f*.
ˈheat·er *s* **1.** Heizgerät *n*, -körper *m*, (Heiz)Ofen *m*. **2.** *electr.* Heizfaden *m*. **3.** (Plätt)Bolzen *m*. **4.** Heizer *m*, Glüher *m* (*Person*). **5.** *Am. sl.* ‚Schießeisen' *n*, ‚Kaˈnone' *f* (*Pistole*). **~ plug** *s mot. Br.* Glühkerze *f*.
heat| ex·chang·er *s tech.* Wärmetauscher *m*. **~ ex·haus·tion** *s med.* Hitzschlag *m*. **~ flash** *s* Hitzeblitz *m* (*bei Atombombenexplosionen*).
heath [hiːθ] *s* **1.** *bes. Br.* Heide(land *n*) *f*: **one's native ~** *fig.* die Heimat. **2.** *bot.* a) Erika *f*, (Glocken)Heide *f*, b) Heidekrautgewächs *n*. **3.** → **heather** 1. **~bell** *s bot.* **1.** Erika-, Heideblüte *f*. **2.** a) → **bell heather**, b) → **harebell** 1. **ˈ~ˌber·ry** *s* **1.** → **crowberry. 2.** → **bilberry. ~cock** → **blackcock.**
hea·then [ˈhiːðn] **I** *s* **1.** Heide *m*, Heidin *f*: **the ~** *collect.* die Heiden *pl*. **2.** Barˈbar *m*. **II** *adj* **3.** heidnisch, Heiden... **4.** ˈunziviliˌsiert, barˈbarisch. **ˈhea·then·dom** *s* **1.** → **heathenism. 2.** (die) Heiden *pl*. **3.** die heidnischen Länder *pl*. **ˈhea·then·ish** → **heathen** 3, 4. **ˈhea·then·ism** *s* **1.** Heidentum *n*. **2.** Götzenanbetung *f*. **3.** Barbaˈrei *f*. **ˈhea·then·ize** *v/t u. v/i* heidnisch machen (werden).
heath·er [ˈheðə(r)] **I** *s bot.* **1.** Heidekraut *n*: **to take to the ~** *hist.* Bandit werden; **to set the ~ on fire** *fig.* Furore machen. **2.** (*e-e*) Erika. **II** *adj* **3.** gesprenkelt (*Stoff*). **~ bell** *s bot.* Glockenheide *f*. **ˈ~-ˌmix·ture** *adj u. s* gesprenkelt(er Stoff).
heat·ing [ˈhiːtɪŋ] **I** *s* **1.** Heizung *f*. **2.** *tech.* a) Beheizung *f*, b) Heißwerden *n*, -laufen *n*. **3.** *phys.* Erwärmung *f*. **4.** Erhitzung *f* (*a. fig.*). **II** *adj* **5.** heizend. **6.** *phys.* erwärmend. **7.** Heiz...: **~ battery** (**costs, element, oil, surface,** *etc*); **~ period** (*od.* **term**) Heizperiode *f*; **~ system** Heizsystem *n*, Heizung *f*. **~ en·gi·neer** *s* ˈHeizungsmonˌteur *m*. **~ fur·nace** *s* a) Wärmofen *m*, b) *tech.* Glühofen *m*. **~ jack·et** *s tech.* Heizmantel *m*. **~ pad** *s* Heizkissen *n*.
heat| in·su·la·tion *s tech.* ˈWärmedämmung *f*, -isolatiˌon *f*. **~ light·ning** *s* Wetterleuchten *n*. **~ pipe** *s tech.* Wärmeleitrohr *n*. **~ pol·lu·tion** *s* ˈUmweltverschmutzung *f* durch Wärme. **ˈ~-proof** *adj* hitzebeständig, -fest. **~ pro·stra·tion** *s med.* Hitzschlag *m*. **~ pump** *s tech.* Wärmepumpe *f*. **~ rash** *s med.* Hitzeausschlag *m*, -bläs-chen *pl*. **ˈ~-reˌsist·ant, ˈ~-reˌsist·ing** → **heatproof. ˈ~-seal** *v/t Kunststoffe* heißsiegeln, warmschweißen. **~ seal·ing** *s* Heißsiegeln *n*, Warmschweißen *n*. **~ shield** *s Raumfahrt*: Hitzeschild *m*. **~ spot** *s med.* Hitzebläs-chen *n*. **ˈ~·stroke** *s med.* Hitzschlag *m*. **~ trans·fer** *s phys.* ˈWärmeüberˌtragung *f*. **ˈ~-treat** *v/t tech.* wärmebehandeln (*a. med.*). **~ treat·ment** *s tech.* Wärmebehandlung *f* (*a. med.*). **~ u·nit** *s phys.* Wärmeeinheit *f*. **~ val·ue** *s phys.* Heizwert *m*. **~ wave** *s* Hitzewelle *f*.
heaume [həʊm] *s mil. hist.* Topfhelm *m*.
heave [hiːv] **I** *s* **1.** Heben *n*, Hub *m*, (mächtiger) Ruck. **2.** Hochziehen *n*, Aufwinden *n*. **3.** Wurf *m*. **4.** *Ringen*: Hebegriff *m*. **5.** Wogen *n*: **the ~ of her bosom**; **~ of the sea** *mar.* Seegang *m*. **6.** *geol.* Verwerfung *f*, (horizonˈtale) Verschiebung. **7.** *pl* (*als sg konstruiert*) *vet.* Dämpfigkeit *f* (*von Pferden*): **to have the ~s** dämpfig sein. **8. he's got the ~s** *colloq.* a) ihn würgt es, b) er ‚kotzt' (*übergibt sich*).
II *v/t pret u. pp* **heaved** *od.* (*bes. mar.*) **hove** [həʊv] **9.** (hoch)heben, (-)wuchten, (-)stemmen, ‚(-)hieven': **we ~d him to his feet** wir hievten ihn auf die Beine. **10.** hochziehen, -winden. **11.** *colloq.* ‚schmeißen', werfen. **12.** *mar.* hieven: **to ~ the anchor** den Anker lichten; **to ~ the lead** (**log**) loten (loggen). **13.** ausstoßen: **to ~ a sigh**; → **groan** 6, **sigh** 5. **14.** *colloq.* ‚auskotzen' (*erbrechen*). **15.** heben u. senken. **16.** *geol.* (horizonˈtal) verschieben, verdrängen.
III *v/i* **17.** sich heben u. senken, wogen: **her bosom was heaving**; **to ~ and set** *mar.* stampfen (*Schiff*). **18.** keuchen. **19.** *colloq.* a) ‚kotzen' (*sich übergeben*), b) würgen, Brechreiz haben: **his stomach ~d** ihm hob sich der Magen. **20.** sich werfen *od.* verschieben (*durch Frost etc*). **21.** *mar.* a) hieven, ziehen (**at** an *dat*): **~ ho!** holt auf!, b) treiben: **to ~ in(to) sight** (*od.* **view**) in Sicht kommen, *fig. humor.* ‚aufkreuzen'.
Verbindungen mit Adverbien:
heave| a·head *mar.* **I** *v/t* vorholen, vorwärts winden. **II** *v/i* vorwärts auf den Anker treiben. **~ a·stern** *mar.* **I** *v/t* rückwärts winden. **II** *v/i* von hinten auf den Anker treiben. **~ down** *v/t mar. das Schiff* kielholen. **~ in** *v/t mar.* einhieven. **~ out** *v/t mar. das Segel* losmachen. **~ to** *v/t u. v/i mar.* stoppen, beidrehen.
ˌheave-ˈho *s*: **to give s.o. the (old) ~** *colloq.* a) j-n ‚an die (frische) Luft setzen *od.* befördern' (*aus dem Haus etc werfen, entlassen*), b) j-m ‚den Laufpaß geben'.
heav·en [ˈhevn] *s* **1.** Himmel(reich *n*) *m*: **in ~ and earth** im Himmel u. auf Erden; **to go to ~** in den Himmel eingehen *od.* kommen; **to move ~ and earth** *fig.* Himmel u. Hölle in Bewegung setzen; **the H~ of ~s, the seventh ~** der sieb(en)te Himmel; **in the seventh ~ (of delight)** *fig.* im sieb(en)ten Himmel. **2. H~** Himmel *m*, Gott *m*: **the H~s** die himmlischen Mächte. **3.** (*in Ausrufen*) Himmel *m*, Gott *m*: **by ~!, (good) ~s!** du lieber Himmel!; **~ knows what ...** weiß der Himmel, was ...; **thank ~!** Gott sei Dank!; **what in ~ ...?** was in aller Welt ...?; → **forbid** 1, 3, **sake**[1] 1. **4.** *meist pl* Himmel(sgewölbe *n*) *m*, Firmaˈment *n*: **the northern ~s** der nördliche (Stern-)Himmel; **the ~s opened** der Himmel öffnete s-e Schleusen; → **stink** 2. **5.** Himmel *m*, Klima *n*, Zone *f*. **6.** *fig.* Himmel *m*, Paraˈdies *n*: **~ on earth** der Himmel auf Erden; **it was ~** es war himmlisch. **7.** (Bühnen)Himmel *m*.
ˈheav·en·ly *adj* himmlisch: a) Himmels...: **~ body** *astr.* Himmelskörper *m*, b) göttlich, ˈüberirdisch, c) herrlich, wunderbar. **H~ Cit·y** *s* Heilige Stadt, Neues Jeˈrusalem. **~ host** *s* himmlische Heerscharen *pl*.
ˈheav·en-sent *adj* vom Himmel gesandt, himmlisch: **a ~ opportunity** ein ‚gefundenes Fressen'.
ˈheav·en·ward I *adv* himmelwärts, zum *od.* gen Himmel. **II** *adj* gen Himmel gerichtet. **ˈheav·en·wards** [-dz] → **heavenward** I.
heav·er [ˈhiːvə(r)] *s* **1.** Heber *m*. **2.** *tech.* Heber *m*, Hebebaum *m*, -zeug *n*, Winde *f*.
ˌheav·i·er-than-ˈair [ˌhevɪə(r)-] *adj* schwerer als Luft (*Flugzeug*).
heav·i·ly [ˈhevɪlɪ] *adv* **1.** schwer (*etc* → **heavy**): **~ armed** schwerbewaffnet; **~ loaded** (*od.* **laden**) schwerbeladen; **it weighs ~ (up)on me** es bedrückt mich schwer, es lastet schwer auf mir; **to punish s.o. ~** j-n schwer bestrafen; **to suffer ~** schwere (finanzielle) Verluste erleiden. **2.** mit schwerer Stimme.
heav·i·ness [ˈhevɪnɪs] *s* **1.** Schwere *f* (*a.*

fig.). **2.** Gewicht *n*, Druck *m*, Last *f*. **3.** Stärke *f*, Heftigkeit *f*. **4.** Massigkeit *f*, Wuchtigkeit *f*. **5.** Bedrücktheit *f*, Schwermut *f*. **6.** Schwerfälligkeit *f*. **7.** Langweiligkeit *f*. **8.** Schläfrigkeit *f*.

heav·y [ˈhevɪ] **I** *adj* (*adv* → **heavily**) **1.** schwer (*a. chem. phys.*): ~ **load**; ~ **hydrocarbons**; ~ **benzene** Schwerbenzin *n*; ~ **industries** *pl* Schwerindustrie *f*. **2.** *mil.* schwer: ~ **artillery (bomber, cruiser,** *etc*); ~ **guns** schwere Geschütze; **to bring out** (*od.* **up**) **the** (*od.* **one's**) ~ **guns** *colloq.* ‚schweres Geschütz auffahren'. **3.** schwer: a) heftig, stark: ~ **fall** schwerer Sturz; ~ **losses** schwere Verluste; ~ **rain** starker Regen; ~ **sea** schwere See; ~ **traffic** starker Verkehr, b) massig: ~ **body**, c) wuchtig: **a** ~ **blow**; → **blow²** 2, d) drückend, hart: ~ **fine** hohe Geldstrafe; ~ **taxes** drückende *od.* hohe Steuern. **4.** beträchtlich, groß: ~ **buyer** Großabnehmer *m*; ~ **consumer**, ~ **user** Großverbraucher *m*; ~ **orders** große Aufträge. **5.** schwer, stark, ˈübermäßig: **a** ~ **drinker (eater, smoker)** ein starker Trinker (Esser, Raucher); **a** ~ **loser** j-d, der schwere Verluste erleidet. **6.** ergiebig, reich: ~ **crops. 7.** schwer: a) stark (alkoholhaltig): ~ **beer** Starkbier *n*, b) stark, betäubend: ~ **perfume**, c) schwerverdaulich: ~ **food. 8.** pappig, klitschig: ~ **bread. 9.** dröhnend, dumpf: ~ **roll of thunder** dumpfes Donnergrollen; ~ **steps** schwere Schritte. **10.** drückend, lastend: **a** ~ **silence. 11.** a) schwer: ~ **clouds** tiefhängende Wolken, b) trüb, finster: ~ **sky** bedeckter Himmel, c) drückend, schwül: ~ **air. 12. (with)** a) (schwer)beladen (mit), b) *fig.* überˈladen, voll (von): ~ **with meaning** bedeutungsvoll, -schwer. **13.** schwer: a) schwierig, mühsam, hart: ~ **task**; ~ **worker** Schwerarbeiter *m*; → **going** 2, b) schwerverständlich: ~ **book. 14.** plump, unbeholfen, schwerfällig: ~ **style. 15.** *a.* ~ **in** (*od.* **on**) **hand** stumpfsinnig, langweilig: ~ **book. 16.** begriffsstutzig, dumm (*Person*). **17.** schläfrig, benommen (**with** von): ~ **with sleep** schlaftrunken. **18.** folgenschwer: **of** ~ **consequence** mit weitreichenden Folgen. **19.** ernst, betrüblich: ~ **news. 20.** *thea. etc* a) ernst, düster: ~ **scene**, b) würdevoll: ~ **husband. 21.** bedrückt, niedergeschlagen: **with a** ~ **heart** schweren Herzens. **22.** *econ.* flau, schleppend: ~ **market** gedrückter Markt; ~ **sale** schlechter Absatz. **23.** unwegsam, aufgeweicht, lehmig: ~ **road**; ~ **going** (*Pferderennsport*) tiefes Geläuf. **24.** steil, jäh: ~ **grade** starkes Gefälle. **25.** breit, grob: ~ **scar** breite Narbe; ~ **features** grobe Züge. **26.** a) *a.* ~ **with child** schwanger, b) *a.* ~ **with young** *zo.* trächtig. **27.** *print.* fett(gedruckt).
II *s* **28.** *thea. etc* a) Schurke *m*, b) würdiger älterer Herr, c) Schurkenrolle *f*, d) Rolle *f* e-s würdigen älteren Herrn. **29.** *mil.* a) schweres Geschütz, b) *pl* schwere Artilleˈrie. **30.** *sport colloq.* Schwergewichtler *m*. **31.** *Scot.* Starkbier *n*. **32.** *Am. colloq.* ‚schwerer Junge' (*Verbrecher*). **33.** *pl Am. colloq.* warme ˈUnterkleidung.
III *adv* **34. to hang** ~ langsam vergehen, dahinschleichen (*Zeit*); **time was hanging** ~ **on my hands** die Zeit wurde mir lang; **to lie** ~ **on s.o.** schwer auf j-m lasten, j-n schwer bedrücken.

ˌ**heav·y|-ˈarmed** *adj* schwerbewaffnet. ~**chem·i·cals** *s pl* ˈSchwerchemiˌkalien *pl*. ~**con·crete** *s tech.* ˈSchwerbeˌton *m*. ~ **cur·rent** *s electr.* Starkstrom *m*. ˌ~-ˈ**du·ty** *adj* **1.** *tech.* Hochleistungs...: ~ **machine**; ~ **truck** Schwerlastkraftwagen *m*. **2.** strapaˈzierfähig: ~ **gloves.** ~ **earth** *s chem.* ˈBariumoˌxid *n*. ~ **en·gi·neer·ing** *s tech.* ˈSchwermaˌschinenbau *m*. ˌ~-ˈ**foot·ed** *adj* mit schwerem Gang. ˌ~-ˈ**hand·ed** *adj* **1.** plump, unbeholfen. **2.** streng, hart. ˌ~-ˈ**heart·ed** *adj* niedergeschlagen. ~ **hy·dro·gen** *s chem.* schwerer Wasserstoff, Deuˈterium *n*. ~ **in·dus·try** *s* ˈSchwerinduˌstrie *f*. ˌ~-ˈ**lad·en** *adj* **1.** schwerbeladen. **2.** *fig.* schwerbedrückt (**with** von). ~ **liq·uid** *s tech.* Schwerflüssigkeit *f*. ~ **man** → **heavy** 32. ~ **met·al** *s tech.* ˈSchwermeˌtall *n*. ~**oil** *s tech.* Schweröl *n*. ~**plate** *s tech.* Grobblech *n*. ~ **spar** *s min.* Schwerspat *m*. ~ **type** *s print.* Fettdruck *m*. ~ **wa·ter** *s chem.* schweres Wasser. ˈ~-ˌ**wa·ter re·ac·tor** *s* ˈSchwerwasserreˌaktor *m*. ˈ~**weight I** *s* **1.** ˈüberschwere Perˈson *od.* Sache, ‚Schwergewicht' *n*. **2.** *sport* Schwergewicht(ler *m*) *n*. **3.** *colloq.* Promiˈnente(r) *m*, ‚großes *od.* hohes Tier'. **II** *adj* **4.** ˈüberschwer. **5.** *sport* Schwergewichts... **6.** *colloq.* promiˈnent.

heb·do·mad [ˈhebdəmæd] *s* **1.** *obs.* a) Sieben *f* (*Zahl*), b) Siebenergruppe *f*. **2.** Woche *f*. **hebˈdom·a·dal** [-ˈdɒmədl; *Am.* -ˈdɑ-] *adj* (*adv* ~**ly**) wöchentlich: **H**~ **Council** *wöchentlich zs.-tretender Rat der Universität Oxford.* **hebˈdom·a·dar·y** [-ˈdɒmədərɪ; *Am.* -ˈdɑməˌderi:] → **hebdomadal.**

he·be·phre·ni·a [ˌhi:bɪˈfri:njə; -nɪə] *s psych.* Hebephreˈnie *f*, Jugendirresein *n*.

heb·e·tate [ˈhebɪteɪt] *v/i u. v/t* abstumpfen.

he·bet·ic [hɪˈbetɪk] *adj* Pubertäts...

heb·e·tude [ˈhebɪtju:d; *Am. a.* -ˌtu:d] *s* Stumpfsinn(igkeit *f*) *m*.

He·bra·ic [hi:ˈbreɪɪk] *adj* (*adv* ~**ally**) heˈbräisch.

He·bra·ism [ˈhi:breɪɪzəm] *s* **1.** *ling.* Hebraˈismus *m*. **2.** Judentum *n*, das Jüdische. ˈ**He·bra·ist** *s* Hebraˈist *m*. ˈ**He·bra·ize** *v/t u. v/i* heˈbräisch machen (werden).

He·brew [ˈhi:bru:] **I** *s* **1.** Heˈbräer(in), Israeˈlit(in), Jude *m*, Jüdin *f*. **2.** *ling.* Heˈbräisch *n*, das Hebräische. **3.** *colloq.* Kauderwelsch *n*. **4.** *pl* (*als sg konstruiert*) *Bibl.* (Brief *m* an die) Heˈbräer *pl*. **II** *adj* **5.** heˈbräisch: ~ **studies** Judaistik *f*, Hebraistik *f*. ˈ**He·brew·ism** → **Hebraism.**

Heb·ri·de·an [ˌhebrɪˈdi:ən], *a.* **He·brid·i·an** [heˈbrɪdɪən] **I** *adj* heˈbridisch. **II** *s* Bewohner(in) der Heˈbriden.

hec·a·tomb [ˈhekətu:m; *bes. Am.* -təʊm] *s* Hekaˈtombe *f*: a) *antiq. Opfer von 100 Rindern*, b) *fig. gewaltige Menschenverluste.*

heck [hek] *colloq.* **I** *s* Hölle *f*: **a** ~ **of a row** ein Höllenkrach; **a** ~ **of a lot of money** e-e ‚schöne Stange' Geld; **what the** ~ ...? was zum Teufel ...? **II** *interj* verdammt!

heck·le [ˈhekl] **I** *v/t* **1.** *Flachs* hecheln. **2.** *fig.* a) *j-n* ‚piesacken', *j-m* zusetzen, b) *e-n Redner* durch Zwischenrufe *od.* Zwischenfragen aus der Fassung *od.* dem Konˈzept bringen *od.* in die Enge treiben. **II** *s* **3.** Hechel *f*. ˈ**heck·ler** *s* Zwischenrufer *m*.

hec·tare [ˈhektɑ:(r); -teə(r)] *s* Hektar *n*, *a. m*.

hec·tic [ˈhektɪk] **I** *adj* (*adv* ~**ally**) **1.** *med.* hektisch: a) auszehrend (*Krankheit*), b) schwindsüchtig (*Patient*): ~ **fever** → 3 a; ~ **flush** → 3 c. **2.** *colloq.* fieberhaft, aufgeregt, hektisch: **I had a** ~ **time** ich hatte keinen Augenblick Ruhe. **II** *s* **3.** *med.* a) hektisches Fieber, b) Schwindsüchtige(r *m*) *f*, c) hektische Röte.

hec·to·gram(me) [ˈhektəʊgræm] *s* Hektoˈgramm *n*.

hec·to·graph [ˈhektəʊgrɑ:f; *bes. Am.* -græf] **I** *s* Hektoˈgraph *m*. **II** *v/t* hektograˈphieren.

hec·to·li·ter, *bes. Br.* **hec·to·li·tre** [ˈhektəʊˌli:tə(r)] *s* Hektoliter *m*, *n*.

hec·tor [ˈhektə(r)] **I** *s* Tyˈrann *m*. **II** *v/t* tyranniˈsieren, einschüchtern, schikaˈnieren, ‚piesacken': **to** ~ **s.o. about** (*od.* **around**) j-n herumkommandieren. **III** *v/i* herˈumkommanˌdieren.

hed·dle [ˈhedl] *tech.* **I** *s* **1.** Litze *f*, Helfe *f* (*zur Lenkung der Kettfäden*). **2.** Einziehhaken *m*. **II** *v/t* **3.** *Kettfäden* einziehen.

hedge [hedʒ] **I** *s* **1.** Hecke *f*, *bes.* Heckenzaun *m*: **that doesn't grow on every** ~ das findet man nicht alle Tage *od.* überall. **2.** Einzäunung *f*: **stone** ~ Mauer *f*. **3.** Absperrung *f*, Kette *f*: **a** ~ **of police. 4. (against)** (Ab)Sicherung *f* (gegen), Schutz *m* (gegen, vor *dat*), Vorbeugungsmaßnahme *f* (gegen). **5.** *econ.* Hedge-, Deckungsgeschäft *n*. **6.** vorsichtige *od.* ausweichende Äußerung. **II** *adj* **7.** Hekken...: ~ **plants. 8.** *fig.* drittrangig, -klassig. **III** *v/t* **9.** *a.* ~ **in** (*od.* **round**) a) mit e-r Hecke einfassen *od.* umˈgeben, b) *a.* ~ **about** (*od.* **around**) *fig. etwas* behindern, erschweren (**with** mit), c) *fig. j-n* einengen: **to** ~ **off** mit e-r Hecke abgrenzen *od.* abtrennen, *fig.* abgrenzen (**against** gegen). **10.** a) (**against**) (ab)sichern (gegen), schützen (gegen, vor *dat*), b) sich gegen den Verlust (*e-r Wette etc*) sichern: **to** ~ **a bet**; **to** ~ **one's bets** *fig.* auf Nummer Sicher gehen. **IV** *v/i* **11.** ausweichen, sich nicht festlegen (wollen), sich winden, ‚kneifen'. **12.** sich vorsichtig ausdrücken *od.* äußern. **13.** a) (**against**) sich sichern (gegen), sich schützen (gegen, vor *dat*), b) *econ.* Hedge- *od.* Dekkungsgeschäfte abschließen. **14.** e-e Hecke anlegen. ~ **cut·ter** *s* Heckenschere *f*. ~ **fence** *s* Heckenzaun *m*. ~ **gar·lic** *s bot.* Lauchhederich *m*.

hedge·hog [ˈhedʒhɒg; *Am. a.* -ˌhɑg] *s* **1.** *zo.* a) Igel *m*, b) *Am.* Stachelschwein *n*. **2.** *bot.* stachlige Frucht *od.* Samenkapsel. **3.** *mil.* a) Igelstellung *f*, b) Drahtigel *m*, c) *mar.* Wasserbombenwerfer *m*. ~ **cac·tus** *s a. irr bot.* Igelkaktus *m*.

ˈ**hedge|·hop** *v/i aer.* dicht über dem Boden fliegen. ˈ~ˌ**hop·per** *s aer.* Tiefflieger *m*, *mil. a.* Heckenspringer *m*. ~**hys·sop** *s bot.* **1.** Gnadenkraut *n*. **2.** Kleines Helmkraut. ~ **law·yer** *s* ˈWinkeladvoˌkat *m*.

hedg·er [ˈhedʒə(r)] *s* **1.** Heckengärtner *m*. **2.** *j-d, der sich nicht festlegen will.*

hedge|·row [ˈhedʒrəʊ] *s* (Baum-, Rain-) Hecke *f*. ~ **shears** *s pl a.* **pair of** ~ Heckenschere *f*. ~ **spar·row**, ~ **war·bler** *s orn.* ˈHeckenbrauˌnelle *f*.

hedg·y [ˈhedʒɪ] *adj* voller Hecken.

he·don·ic [hi:ˈdɒnɪk; *Am.* hɪˈdɑnɪk] **I** *adj* (*adv* ~**ally**) hedoˈnistisch. **II** *s pl* (*meist als sg konstruiert*) → **hedonism. he·don·ism** [ˈhi:dəʊnɪzəm; *Am.* ˈhi:dnˌɪzəm] *s philos.* Hedoˈnismus *m*, Heˈdonik *f* (*in der griechischen Antike begründete Lehre, nach der Lust u. Genuß das höchste Gut des Lebens u. das Streben danach die Triebfeder menschlichen Handelns sind*). ˈ**he·don·ist** *s* Hedoˈnist *m*, Heˈdoniker *m*: a) *philos. Anhänger des Hedonismus*, b) *j-d, dessen Denken u. Verhalten vorrangig von dem Streben nach Lust, Genuß u. sinnlicher Erfüllung geprägt ist.* ˌ**he·doˈnis·tic** [-dəˈn-] *adj* (*adv* ~**ally**) hedoˈnistisch.

-hedral [hedrl; *bes. Am.* hi:drəl] *Wortelement mit der Bedeutung* e-e bestimmte Anzahl von Flächen habend, ...flächig.

-hedron [hedrən; *bes. Am.* hi:drən] *Wortelement mit der Bedeutung* Figur mit e-r bestimmten Anzahl von Flächen, ...flächner.

hee·bie-jee·bies [ˌhi:bɪˈdʒi:bɪz] *s pl colloq.*: **I always get the** ~ **when** ... ‚ich bekomme jedesmal Zustände' *od.* ,mir wird jedesmal ganz anders', wenn ...; **that old house gives me the ~** das alte Haus ist mir irgendwie unheimlich; **it gives me the ~ even to think about it** ,schon bei dem Gedanken daran wird mir ganz anders'.

heed [hi:d] **I** *v/t* beachten, Beachtung schenken (*dat*). **II** *v/i* achtgeben, aufpassen. **III** *s* Beachtung *f*: **to give** (*od.* **pay**) **~ to, to take ~ of** → I; **to take ~** → II; **she took no ~ of his warnings** sie schlug s-e Mahnungen in den Wind. ˈ**heed·ful** *adj* (*adv* **~ly**) achtsam: **to be ~ of** → **heed** I. ˈ**heed·ful·ness** *s* Achtsamkeit *f*. ˈ**heed·less** *adj* (*adv* **~ly**) achtlos, unachtsam: **to be ~ of** nicht beachten, keine Beachtung schenken (*dat*), *Mahnung etc* in den Wind schlagen. ˈ**heed·less·ness** *s* Achtlosigkeit *f*, Unachtsamkeit *f*.

hee·haw [ˌhi:ˈhɔ:; ˈhi:hɔ:] **I** *s* **1.** Iˈah *n* (*Eselsschrei*). **2.** *fig.* wieherndes Gelächter, ,Gewieher' *n*. **II** *v/i* **3.** iˈahen. **4.** *fig.* ,wiehern', wiehernd lachen.

heel[1] [hi:l] **I** *v/t* **1.** Absätze machen auf (*acc*). **2.** e-e Ferse anstricken an (*acc*). **3.** a) *Golf*: *den Ball* mit der Ferse des Schlägers treiben, b) *Rugby*: *den Ball* hakeln, c) *Fußball*: *den Ball* mit dem Absatz kicken. **4.** *Kampfhähne* mit Sporen bewaffnen. **5.** *colloq.* a) (*bes.* mit Geld) ausstatten, b) *Am.* inforˈmieren, c) *Am.* arbeiten für *e-e Zeitung*. **6.** **~ out** *e-e Zigarette* mit dem Absatz ausdrücken. **II** *v/i* **7.** bei Fuß gehen *od.* bleiben (*Hund*). **8.** *Am. colloq.* rennen, ,flitzen'. **III** *s* **9.** *anat.* Ferse *f*: **~ of the hand** *Am.* Handballen *m*. **10.** *zo. colloq.* a) hinterer Teil des Hufs, b) *pl* ˈHinterfüße *pl*, c) Fuß *m*. **11.** Absatz *m*, Hacken *m* (*vom Schuh*): → **drag** 27. **12.** Ferse *f* (*vom Strumpf etc, a. vom Golfschläger*). **13.** vorspringender Teil, Ende *n*, *bes.* (Brot)Kanten *m*. **14.** *mar.* Hiel(ing) *f*. **15.** *bot.* Achselsteckling *m*. **16.** Rest *m*. **17.** *mus.* Frosch *m* (*am Bogen*). **18.** *Am. sl.* ,Scheißkerl' *m*.

Besondere Redewendungen:

down at ~ a) mit schiefen Absätzen, b) *a.* **out at ~s** *fig.* heruntergekommen (*Person, Hotel etc*), abgerissen (*Person*); **on the ~s of** unmittelbar auf (*acc*), gleich nach (*dat*); **to ~** a) bei Fuß (*Hund*), b) *fig.* gefügig, gehorsam; **under the ~ of** unter *j-s* Knute; **to bring s.o. to ~** j-n gefügig *od.* ,kirre' machen; **to be carried away ~s first** (*od.* **foremost**) mit den Füßen zuerst (*tot*) weggetragen werden; **to come to ~** a) bei Fuß gehen, b) gehorchen, ,spuren'; **to cool** (*od.* **kick**) **one's ~s** *colloq.* ,sich die Beine in den Bauch stehen'; **to follow at s.o.'s ~s, to follow s.o. at ~, to follow s.o. at** (*od.* **on**) **his ~s** j-m auf den Fersen folgen, sich j-m an die Fersen heften; **to kick up one's ~s** *colloq.* ,auf den Putz hauen'; **to lay by the ~s** a) *j-n* dingfest machen, zur Strecke bringen, b) die Oberhand *od.* das Übergewicht gewinnen über (*acc*); **to rock s.o. back on his ~s** *colloq.* j-n ,umhauen'; **to rock back on one's ~s** *colloq.* ,aus den Latschen kippen'; **to show a clean pair of ~s** ,die Beine in die Hand *od.* unter die Arme nehmen', ,Fersengeld geben'; **to show s.o. a clean pair of ~s** ,j-m die Fersen zeigen'; **to stick one's ~s in** *colloq.* ,sich auf die Hinterbeine stellen *od.* setzen'; **to take to one's ~s** ,die Beine in die Hand *od.* unter den Arm nehmen', ,Fersengeld geben'; **to tread on s.o.'s ~s** a) j-m auf die Hacken treten, b) j-m auf dem Fuß *od.* den Fersen folgen; **to turn on one's ~s** auf dem Absatz kehrtmachen; → **Achilles, dig in** 1.

heel[2] [hi:l] *mar.* **I** *v/t u. v/i a.* **~ over** (sich) auf die Seite legen, krängen. **II** *s* Krängung *f*.

ˌ**heel|-and-ˈtoe walk·ing** *s Leichtathletik*: Gehen *n*. ˈ**~·ball** *s* Poˈlierwachs *n*. **~ bar** *s* ˈAbsatzbar *f*, -soˌfortdienst *m*. **~ bone** *s anat.* Fersenbein *n*.

heeled [ˈhi:ld] *adj* **1.** mit e-r Ferse *od.* e-m Absatz (versehen). **2.** → **well-heeled**.

ˈ**heel·er** *s pol. Am. contp.* ,Laˈkai' *m* (*e-s Parteibonzen*).

heel kick *s Fußball*: Absatzkick *m*.

ˈ**heel·less** *adj* ohne Absatz, flach.

ˈ**heel|·piece** *s* Absatzfleck *m*. ˈ**~·tap** *s* **1.** Absatzfleck *m*. **2.** Neige *f*, letzter Rest (*im Glas*): **no ~s!** ex!

heft [heft] **I** *s* **1.** Gewicht *n*. **2.** *Am. obs.* Hauptteil *m*. **II** *v/t* **3.** hochheben. **4.** in der Hand wiegen. ˈ**heft·y** *adj* (*adv* **heftily**) **1.** schwer. **2.** kräftig, stämmig. **3.** *colloq.* mächtig, gewaltig (*Schlag etc*), stattlich (*Gehaltserhöhung, Mehrheit etc*), ,saftig' (*Preise etc*).

He·ge·li·an [heɪˈgi:ljən; heˈg-; *Am. bes.* heɪˈgeɪlɪən] *philos.* **I** *adj* a) hegeliˈanisch (*den Hegelianismus betreffend*), b) Hegelsch(er, e, es). **II** *s* Hegeliˈaner *m*. **Heˈge·li·an·ism** *s* Hegeliaˈnismus *m* (*Gesamtheit der philosophischen Richtungen im Anschluß an Hegel*).

heg·e·mon·ic [ˌhegɪˈmɒnɪk; ˌhedʒɪ-; *Am.* -ˈmɑ-] *adj* hegeˈmonisch, hegemoniˈal. **he·gem·o·ny** [hɪˈgemənɪ; hɪˈdʒe-; *Br. a.* ˈhedʒɪmənɪ; ˈhegɪ-; *Am. a.* ˈhedʒəˌməʊni:] *s* Hegemoˈnie *f*: a) *Vorherrschaft od. Vormachtstellung e-s Staates*, b) *faktische Überlegenheit politischer, wirtschaftlicher etc Art*: **claim to ~** Hegemonialanspruch *m*.

Heg·i·ra [ˈhedʒɪrə; hɪˈdʒaɪərə] *s* **1.** a) Hedschra *f* (*Aufbruch Mohammeds von Mekka nach Medina 622 n. Chr., Beginn der islamischen Zeitrechnung*), b) *islamische Zeitrechnung*. **2.** *oft* **h~** Flucht *f*.

he·gu·men [hɪˈgju:men; -mən] *s relig.* Heˈgumenos *m* (*Vorsteher e-s orthodoxen Klosters*).

Hei·del·berg man [ˈhaɪdlbɜ:g; *Am.* -ˌbɜrg] *s* Homo *m* heidelberˈgensis.

hei·fer [ˈhefə(r)] *s* Färse *f*, junge Kuh.

heigh-ho [ˌheɪˈhəʊ; ˌhaɪ-] *interj* nun ja!

height [haɪt] *s* **1.** Höhe *f*: **~ of burst** *mil.* Sprengpunkthöhe *f*; **~ of fall** Fallhöhe *f*; **ten feet in ~** zehn Fuß hoch; **at a ~ of five feet above the ground** fünf Fuß über dem Boden; **from a great ~** aus großer Höhe; **~ to paper** *print.* Standardhöhe *f* der Druckschrift (*in GB 0,9175 Zoll, in USA 0,9186 Zoll*); **~ of land** *geogr. Am.* Wasserscheide *f*. **2.** (Körper)Größe *f*: **what is your ~?** wie groß sind Sie? **3.** (An)Höhe *f*, Erhebung *f*. **4.** *fig.* Höhe(punkt *m*) *f*, Gipfel *m*, höchster Grad: **at its ~** auf dem Höhepunkt; **at the ~ of one's fame** auf der Höhe s-s Ruhms; **at the ~ of summer** im Hochsommer; **dressed in the ~ of fashion** nach der neuesten Mode gekleidet; **the ~ of folly** der Gipfel der Torheit. **5.** *arch.* Pfeilhöhe *f*, Bogenstich *m*. ˈ**height·en I** *v/t* **1.** erhöhen (*a. fig.*). **2.** *fig.* vergrößern, heben, steigern, verstärken, vertiefen. **3.** herˈvorheben, betonen. **II** *v/i* **4.** *fig.* sich erhöhen, wachsen, (an)steigen, zunehmen.

height| find·er *s aer. mil.* (Radar)Höhensuchgerät *n*. **~ ga(u)ge, ~ in·di·ca·tor** *s aer.* Höhenmesser *m*.

hei·mish [ˈheɪmɪʃ] *adj bes. Am. sl.* **1.** behaglich, gemütlich. **2.** a) freundlich, b) ungezwungen.

hei·nous [ˈheɪnəs] *adj* (*adv* **~ly**) abˈscheulich, scheußlich, gräßlich. ˈ**hei·nous·ness** *s* Abˈscheulichkeit *f*.

Heinz bod·ies [haɪnts; haɪnz] *s pl med.* Heinz-Innenkörper *pl*, -Körperchen *pl*.

heir [eə(r)] *s jur. u. fig.* Erbe *m* (**to** *od.* **of s.o.** j-s): **~ apparent** gesetzlicher *od.* rechtmäßiger Erbe; **~ at law, ~ general** gesetzlicher Erbe; **~ by devise** *Am.* testamentarischer Erbe; **~ collateral** aus der Seitenlinie stammender Erbe; **~ of the body** leiblicher Erbe; **~ presumptive** mutmaßlicher Erbe; **~ to the throne** Thronerbe, -folger *m*; → **appoint** 1, **forced** 1.

ˈ**heir·dom** → **heirship**.

heir·ess [ˈeərɪs] *s* (*bes.* reiche) Erbin.

heir·loom [ˈeə(r)lu:m] *s* (Faˈmilien)Erbstück *n*.

ˈ**heir·ship** *s jur.* **1.** Erbrecht *n*. **2.** Erbschaft *f*, Erbe *n*: → **forced** 1.

Hei·sen·berg (un·cer·tain·ty) prin·ci·ple [ˈhaɪznbɜ:g; *Am.* -ˌbɜrg] *s phys.* Heisenbergsche ˈUnsicherheitsrelatiˌon *f*.

heist [haɪst] *bes. Am. sl.* **I** *s* **1.** a) bewaffneter ˈRaubˌüberfall, b) Diebstahl *m*. **2.** Beute *f*. **II** *v/t* **3.** überˈfallen. **4.** a) erbeuten, b) stehlen. ˈ**heist·er** *s bes. Am. sl.* a) Räuber *m*, b) Dieb *m*.

Hej·i·ra → **Hegira**.

held [held] *pret u. pp von* **hold**[2].

he·li·a·cal [hi:ˈlaɪəkl] *adj* (*adv* **~ly**) *astr.* heliˈakisch (*zur Sonne gehörend*): **~ rising (setting)** heliakischer Aufgang (Untergang).

he·li·an·thus [ˌhi:lɪˈænθəs] *s bot.* Sonnenblume *f*.

hel·i·borne [ˈhelɪbɔ:(r)n] *adj* im Hubschrauber befördert.

hel·i·cal [ˈhelɪkl] *adj* (*adv* **~ly**) schrauben-, schnecken-, spiˈralförmig: **~ blower** *tech.* Propellergebläse *n*; **~ gear** *tech.* a) Schrägstirnrad *n*, b) *a.* **~ teeth** Schrägverzahnung *f*; **~ gears** *pl tech.* Schraubgetriebe *n*; **~ spring** *tech.* Schraubenfeder *f*; **~ staircase** Wendeltreppe *f*.

hel·i·ces [ˈhelɪsi:z; ˈhi:-] *pl von* **helix**.

helico- [helɪkəʊ] *Wortelement mit der Bedeutung* Spiralen..., Schrauben...

hel·i·coid [ˈhelɪkɔɪd] **I** *adj* spiˈralig, spiˈralförmig. **II** *s math.* Schraubenfläche *f*, Helikoˈide *f*. ˌ**hel·iˈcoi·dal** *adj* (*adv* **~ly**) → **helicoid** I.

Hel·i·con [ˈhelɪkən; *Br. a.* -kɒn; *Am. a.* -ˌkɑn] *s* **1.** *fig.* Helikon *m*, Sitz *m* der Musen. **2.** **h~** *mus.* Helikon *n* (*Kontrabaßtuba*).

hel·i·cop·ter [ˈhelɪkɒptə; *Am.* -ˌkɑptər] *aer.* **I** *s* Hubschrauber *m*, Heliˈkopter *m*: **~ gunship** *mil.* Kampfhubschrauber *m*. **II** *v/t* mit dem Hubschrauber befördern *od.* fliegen. **III** *v/i* mit dem Hubschrauber fliegen.

helio- [hi:lɪəʊ] *Wortelement mit der Bedeutung* Sonnen...

he·li·o [ˈhi:lɪəʊ] *pl* **-os** *colloq. für* a) **heliogram**, b) **heliograph**.

ˌ**he·li·o·cen·tric** *adj* (*adv* **~ally**) *astr.* helioˈzentrisch (*die Sonne als Mittelpunkt betrachtend*).

he·li·o·chro·my [ˈhi:lɪəʊˌkrəʊmɪ] *s phot.* ˈFarbfotograˌfie *f*.

he·li·o·dor [ˈhi:lɪədɔ:(r)] *s min.* Helioˈdor *m*.

he·li·o·gram [ˈhi:lɪəʊgræm] *s* Helioˈgramm *n* (*mit Hilfe des Sonnenlichts übermittelte Nachricht*). ˈ**he·li·o·graph** [-grɑ:f; *bes. Am.* -græf] **I** *s* Helioˈgraph *m*: a) *astr. Fernrohr mit fotografischem Gerät für Aufnahmen von der Sonne*, b) *Gerät zur Nachrichtenübermittlung mit Hilfe des Sonnenlichts*. **II** *v/t u. v/i* helioˈgraˈphieren. ˌ**he·li·oˈgraph·ic** [-ˈgræfɪk] *adj* helioˈgraphisch. ˌ**he·liˈog·ra·phy** [-ˈɒgrəfɪ; *Am.* -ˈɑg-] *s* Helioˈgraˈphie *f*: a) *print. ein Druckverfahren, das sich der Fotografie bedient*, b) *Zeichengebung mit Hilfe des Heliographen.*

ˌhe·li·o·graˈvure *s print.* Heliograˈvüre *f*: a) *ein Tiefdruckverfahren zur hochwertigen Bildreproduktion auf fotografischer Grundlage,* b) *im Heliogravüreverfahren hergestellter Druck.*

he·li·ol·a·try [ˌhiːlɪˈɒlətrɪ; *Am.* -ˈɑl-] *s* Sonnenanbetung *f.*

he·li·om·e·ter [ˌhiːlɪˈɒmɪtə; *Am.* -ˈɑmətər] *s astr.* Helioˈmeter *n* (*Spezialfernrohr zur Bestimmung bes. kleinerer Winkel zwischen zwei Gestirnen*).

he·li·o·phile [ˈhiːlɪəʊfaɪl] *adj biol.* helioˈphil, sonnenliebend.

he·li·o·phobe [ˈhiːlɪəʊfəʊb] *adj biol.* helioˈphob (*den Sonnenschein meidend*).

he·li·o·scope [ˈhiːljəskəʊp; -lɪə-] *s astr.* Helioˈskop *n* (*Gerät zur direkten Sonnenbeobachtung, das die Strahlung abschwächt*).

he·li·o·sis [ˌhiːlɪˈəʊsɪs] *s med.* Heliˈosis *f*: a) Sonnenstich *m*, b) Hitzschlag *m.*

he·li·o·stat [ˈhiːlɪəʊstæt] *s astr.* Helioˈstat *m* (*Gerät mit Uhrwerk u. Spiegel, das dem Sonnenlicht für Beobachtungszwecke stets die gleiche Richtung gibt*).

ˌhe·li·oˈther·a·py *s med.* Heliotheraˈpie *f* (*Behandlung mit Sonnenlicht u. -wärme*).

he·li·o·trope [ˈheljətrəʊp; *bes. Am.* ˈhiːlɪə-] *s* **1.** Helioˈtrop *n*: a) *bot.* Sonnenwende *f*, b) *blauviolette Farbe,* c) (*Geodäsie*) *Sonnenspiegel zur Sichtbarmachung von Geländepunkten.* **2.** *min.* Helioˈtrop *m.* **3.** *mil.* ˈSpiegeltelеˌgraf *m.*

he·li·ot·ro·pism [ˌhiːlɪˈɒtrəpɪzəm; *Am.* -ˈɑt-] *s bot.* Phototroˈpismus *m* (*bei Zimmerpflanzen häufig zu beobachtende Krümmungsreaktion bei einseitigem Lichteinfall*).

he·li·o·type [ˈhiːlɪəʊtaɪp] *s print.* Lichtdruck *m.* **ˈhe·li·oˌtyp·y** [-ˌtaɪpɪ] *s* Lichtdruck(verfahren *n*) *m.*

he·li·o·zo·an [ˌhiːlɪəʊˈzəʊən] *s zo.* Helioˈzoon *n*, Sonnentierchen *n.*

hel·i·pad [ˈhelɪpæd] → **heliport.** **ˈhel·i·port** [-pɔː(r)t] *s aer.* Heliˈport *m*, Hubschrauberlandeplatz *m.* **ˈhel·iˌski·ing** *s* Heli-Skiing *n* (*Skilaufen mit Hilfe e-s Hubschraubers, der den Skifahrer auf die höchsten Gipfel bringt*). **ˈhel·i·spot** *s aer.* proviˈsorischer Hubschrauberlandeplatz. **ˈhel·i·stop** → **heliport.**

he·li·um [ˈhiːljəm; ˈhiːlɪəm] *s chem.* Helium *n.*

he·lix [ˈhiːlɪks] *pl* **hel·i·ces** [ˈhelɪsiːz; ˈhiː-], **he·lix·es** *s* **1.** Spiˈrale *f.* **2.** *anat.* Helix *f* (*umgebogener Rand der menschlichen Ohrmuschel*). **3.** *arch.* Schnecke *f.* **4.** *math.* Schneckenlinie *f*: **~ angle** Schrägungswinkel *m.* **5.** *zo.* Helix *f*, Schnirkelschnecke *f.* **6.** *chem.* Helix *f* (*spiralische Molekülstruktur*).

hell [hel] **I** *s* **1.** Hölle *f* (*a. fig.*): **to go to ~** in die Hölle kommen, zur Hölle fahren; **it was ~** es war die (reine) Hölle; **to beat** (*od.* **knock**) **~ out of s.o.** *colloq.* j-n ‚fürchterlich verdreschen'; **to catch** (*od.* **get**) **~** *colloq.* ‚eins aufs Dach kriegen'; **come ~ or high water** *colloq.* unter allen Umständen; **to give s.o. ~** *colloq.* j-m ‚die Hölle heiß machen'; **to make s.o.'s life a ~** j-m das Leben zur Hölle machen; **there will be ~ to pay if we get caught** *colloq.* wenn wir erwischt werden, ist der Teufel los; **to play ~ with** *colloq.* Schindluder treiben mit; **to raise ~** *colloq.* ‚e-n Mordskrach schlagen'; **I'll see you in ~ first!** *colloq.* ich werd' den Teufel tun!; **to suffer ~ on earth** die Hölle auf Erden haben. **2.** *intens colloq.* Teufel *m*, Hölle *f*: **a ~ of a noise** ein Höllenlärm; **to be in a ~ of a temper** e-e ‚Mordswut' *od.* e-e ‚Stinklaune' haben; **a ~ of a good car** ein ‚verdammt' guter Wagen; **a ~ of a guy** ein ‚Pfundskerl'; **what the ~ ...?** was zum Teufel ...?; **like ~** wie verrückt (*arbeiten etc*); **like ~ he paid for the meal!** er dachte nicht im Traum daran, das Essen zu zahlen!; **~ for leather** wie verrückt (*fahren etc*); **go to ~!** ‚scher dich zum Teufel!'; **get the ~ out of here!** mach, daß du rauskommst!; **the ~ I will!** ich werd' den Teufel tun!; **not a hope in ~** nicht die geringste Hoffnung; **tired (sure) as ~** ‚hundemüde' (‚todsicher'); **~'s bells** (*od.* **teeth**)! → 6. **3.** *colloq.* a) Spaß *m*: **for the ~ of it** aus Spaß an der Freude; **the ~ of it is that** das Komische daran ist, daß, b) *Am.* Ausgelassenheit *f*, ˈÜbermut *m.* **4.** Spielhölle *f.* **5.** *print.* Deˈfektenkasten *m.* **II** *interj* **6.** *colloq.* a) *Br. sl. a.* **bloody ~!** (*verärgert*) verdammt!, verflucht!, b) *iro.* ha, ha!, c) (*überrascht*) Teufel auch!, Teufel, Teufel!

ˈhell|ˌbend·er *s* **1.** *zo.* Schlammteufel *m* (*Riesensalamander*). **2.** *Am. colloq.* leichtsinniger *od.* eigensinniger Kerl. **ˌ~ˈbent** *adj colloq.* **1.** ganz versessen, wie wild (**on, for** auf *acc*): **to be ~ on doing** (*od.* **to do**) **s.th.** ganz versessen darauf sein, etwas zu tun. **2.** a) rasend: **~ driver** Raser *m*, b) leichtsinnig. **3.** selbstzerstörerisch. **~ bomb** *colloq. für* **hydrogen bomb.** **ˈ~·box** → **hell** 5. **ˈ~·broth** *s* Hexen-, Zaubertrank *m.* **ˈ~·cat** *s* Xanˈthippe *f*, zänkisches Weib.

hel·lebore [ˈhelɪbɔː(r)] *s bot.* **1.** Nieswurz *f* (*a. pharm.*). **2.** Germer *m.*

hel·le·bo·rine [ˈhelɪbəraɪn] *s bot.* **1.** Sumpfwurz *f.* **2.** Waldvögelein *n.*

Hel·lene [ˈheliːn] *s* Helˈlene *m*, Grieche *m.*

Hel·len·ic [heˈliːnɪk; *Am.* heˈlenɪk] *adj* helˈlenisch, griechisch.

Hel·len·ism [ˈhelɪnɪzəm] *s* Helleˈnismus *m*: a) Griechentum *n*, b) *nachklassische Kulturepoche von Alexander dem Großen bis zur römischen Kaiserzeit.* **ˈHel·len·ist** *s* Helleˈnist *m.* **ˌHel·lenˈis·tic** *adj* helleˈnistisch. **ˈHel·len·ize** *v/t u. v/i* (sich) helleniˈsieren.

ˌhell|ˈfire *s* **1.** Höllenfeuer *n.* **2.** *fig.* Höllenqualen *pl.* **ˈ~·hole** *s* **1.** ‚scheußliches Loch' (*Wohnung etc*). **2.** a) Sündenpfuhl *m*, b) anrüchiges Etablisseˈment. **ˈ~·hound** *s* **1.** Höllenhund *m.* **2.** *fig.* Teufel *m.*

hel·lion [ˈheljən] *s Am. colloq.* Bengel *m*, Range *f*, *m.*

hell·ish [ˈhelɪʃ] **I** *adj* (*adv* **~ly**) **1.** höllisch (*a. fig. colloq.*). **2.** *colloq.* ‚verteufelt', ‚scheußlich'. **II** *adv* **3.** *colloq.* ‚höllisch': **a ~ cold day** ein ‚scheußlich' kalter Tag; **a ~ good idea** e-e ‚wahnsinnig' gute Idee.

ˈhell·kite *s* Unmensch *m*, Teufel *m.*

hel·lo [həˈləʊ; heˈləʊ] **I** *interj* **1.** halˈlo!, (*überrascht a.*) naˈnu! **II** *pl* **-los** *s* **2.** Halˈlo *n.* **3.** Gruß *m*: **to say ~ (to s.o.)** (j-m) guten Tag sagen; **she gave him a warm ~** sie begrüßte ihn herzlich; **have you said all your ~s?** hast du allen guten Tag gesagt? **III** *v/i* **4.** halˈlo rufen.

hell·uv·a [ˈheləvə] *adj u. adv colloq.*: **a ~ noise** ein Höllenlärm; **to be in a ~ temper** e-e ‚Mordswut' *od.* e-e ‚Stinklaune' haben; **a ~ good car** ein ‚verdammt' guter Wagen; **a ~ guy** ein ‚Pfundskerl'.

helm[1] [helm] *s* **1.** *mar.* a) Helm *m*, (Ruder)Pinne *f*, b) Ruder *n*, Steuer *n*: **~ a-lee!**, (*beim Segeln*) **~ down!** Ruder in Lee!; **~ up!** (*beim Segeln*) Ruder nach Luv! **2.** *fig.* Ruder *n*, Führung *f*, Herrschaft *f*: **~ of State** Staatsruder; **to be at the ~** am Ruder *od.* an der Macht sein; **to take the ~** das Ruder übernehmen.

helm[2] [helm] *s obs. od. poet.* Helm *m.*

helmed [helmd] *adj obs. od. poet.* behelmt.

hel·met [ˈhelmɪt] *s* **1.** *mil.* Helm *m.* **2.** (Schutz-, Sturz-, Tropen-, Taucher-) Helm *m.* **3.** *bot.* Kelch *m.* **ˈhel·met·ed** *adj* behelmt.

hel·minth [ˈhelmɪnθ] *s zo.* Helˈminthe *f*, Eingeweidewurm *m.* **hel·min·thi·a·sis** [ˌhelmɪnˈθaɪəsɪs] *s med.* Helminˈthiasis *f*, Wurmkrankheit *f.* **ˌhel·minˈthol·o·gy** [-ˈθɒlədʒɪ; *Am.* -ˈθɑ-] *s* Helmintholoˈgie *f* (*Wissenschaft von den Eingeweidewürmern*).

helms·man [ˈhelmzmən] *s irr mar.* Steuermann *m* (*a. fig.*).

Hel·ot [ˈhelət] *s* Heˈlot(e) *m*: a) *hist. Staatssklave in Sparta,* b) *meist* **h~** *Angehöriger e-r unterdrückten, ausgebeuteten Bevölkerungsgruppe e-s Landes.* **ˈhel·ot·ism** *s* **1.** Heloˈtismus *m*, Heˈlotentum *n.* **2.** *biol.* Heloˈtismus *m* (*Symbiose, aus der der e-e Partner größeren Nutzen zieht als der andere*). **ˈhel·ot·ry** [-rɪ] *s* **1.** Heˈlotentum *n.* **2.** *collect.* Heˈloten *pl.*

help [help] **I** *s* **1.** (Mit)Hilfe *f*, Beistand *m*, Unterˈstützung *f*: **~!** Hilfe!; **by** (*od.* **with**) **the ~ of** mit Hilfe von; **he came to my ~** er kam mir zu Hilfe; **it (she) is a great ~** es (sie) ist e-e große Hilfe; **can I be of any ~ to you?** kann ich Ihnen (irgendwie) helfen *od.* behilflich sein? **2.** Abhilfe *f*: **there's no ~ for it** da kann man nichts machen, es läßt sich nicht ändern. **3.** a) Angestellte(r *m*) *f*, Arbeiter(in), *bes.* Hausangestellte(r), Landarbeiter(in), b) *collect.* (ˈDienst)Persoˌnal *n.* **4.** Hilfsmittel *n.* **5.** Portiˈon *f* (*Essen*) (→ **helping** 3).

II *v/t* **6.** *j-m* helfen *od.* beistehen, *j-n* unterˈstützen: **to ~ s.o. (to) do s.th.** j-m helfen, etwas zu tun; **to ~ s.o. in** (*od.* **with**) **s.th.** j-m bei etwas helfen; **can I ~ you?** a) werden Sie schon bedient?, b) kann ich Ihnen helfen *od.* behilflich sein?; **to ~ s.o. out of a difficulty** j-m aus e-r Schwierigkeit (heraus)helfen; **so ~ me (I did, will, etc)!** Ehrenwort!; → **god** 2, **police** 3. **7.** fördern, *e-r Sache* nachhelfen, beitragen zu: **to ~ s.o.'s downfall.** **8.** lindern, helfen *od.* Abhilfe schaffen bei: **to ~ a cold.** **9. to ~ s.o. to s.th.** a) j-m zu etwas verhelfen, b) (*bes. bei Tisch*) j-m etwas reichen *od.* geben; **to ~ o.s.** sich bedienen, zugreifen; **to ~ o.s. to** a) sich bedienen mit, sich *etwas* nehmen, b) sich *etwas* aneignen *od.* nehmen (*a. stehlen*). **10.** (*mit* **can**) (*dat*) abhelfen, ändern, verhindern, -meiden: **I cannot ~ it** a) ich kann es nicht ändern, b) ich kann nichts dafür; **it cannot be ~ed** da kann man nichts machen, es ist nicht zu ändern; **if I can ~ it** wenn ich es vermeiden kann; **don't be late if you can ~ it!** komm möglichst nicht zu spät!; **how could I ~ it?** a) was konnte ich dagegen tun?, b) was konnte ich dafür?; **she can't ~ her freckles** für ihre Sommersprossen kann sie nichts; **I could not ~ laughing** ich mußte einfach lachen; **I cannot ~ feeling** ich werde das Gefühl nicht los; **I cannot ~ myself** ich kann nicht anders.

III *v/i* **11.** helfen, Hilfe leisten: **every little ~s** jede Kleinigkeit hilft; **nothing will ~ now** jetzt hilft nichts mehr. **12. don't be longer than you can ~!** bleib nicht länger als nötig!

Verbindungen mit Adverbien:

help| down *v/t* **1.** *j-m* herˈunter-, hinˈunterhelfen. **2.** *fig.* zum ˈUntergang (*gen*) beitragen. **~ in** *v/t j-m* hinˈein-, herˈeinhelfen. **~ off** *v/t* **1.** → **help on** 1. **2.** *die Zeit* vertreiben. **3. to help s.o. off with his coat** j-m aus dem Mantel helfen. **~ on** *v/t* **1.** weiter-, forthelfen (*dat*). **2. to help s.o. on with his coat** j-m in den Mantel helfen. **~ out I** *v/t* **1.** *j-m* herˈaus-, hinˈaushelfen. **2.** *fig. j-m* aus der Not helfen. **3.** *fig. j-m* aushelfen, *j-n* unterˈstützen (**with** mit). **II** *v/i* **4.** aushelfen (**with** bei, mit). 5. helfen, nützlich sein. **~ up** *v/t j-m* hin'aufhelfen.

'help·er *s* **1.** Helfer(in). **2.** → **help** 3. **'help·ful** *adj* (*adv* **~ly**) **1.** behilflich (**to** *dat*), hilfsbereit. **2.** hilfreich, nützlich (**to** *dat*). **'help·ful·ness** *s* **1.** Hilfsbereitschaft *f.* **2.** Nützlichkeit *f.* **'help·ing I** *adj* **1.** helfend, hilfreich: → **hand** 1. **II** *s* **2.** Helfen *n*, Hilfe *f.* **3.** Porti'on *f* (*Essen*): **to have** (*od.* **take**) **a second ~** sich nachnehmen, *bes. mil.* nachfassen, e-n Nachschlag fassen. **'help·less** *adj* (*adv* **~ly**) hilflos: a) ohne Hilfe: **to be ~ with laughter** sich vor Lachen nicht mehr halten können, b) ratlos, c) unbeholfen, unselbständig. **'help·less·ness** *s* Hilflosigkeit *f.*

'help·mate, *a.* **'help·meet** *s obs.* **1.** Gehilfe *m*, *bes.* Gehilfin *f.* **2.** (Ehe)Gefährte *m*, *bes.* (-)Gefährtin *f.*

hel·ter-skel·ter [ˌheltə(r)ˈskeltə(r)] **I** *adv* holterdie'polter, Hals über Kopf. **II** *adj* hastig, über'stürzt. **III** *s* (wildes) Durchein'ander, (wilde) Hast.

helve [helv] **I** *s* Griff *m*, Stiel *m*: **to throw the ~ after the hatchet** *fig.* das Kind mit dem Bade ausschütten. **II** *v/t* e-n Griff einsetzen in (*acc*).

Hel·ve·tian [helˈviːʃjən; *bes. Am.* -ʃən] **I** *adj* **1.** hel'vetisch, schweizerisch. **II** *s* **2.** Hel'vetier(in), Schweizer(in). **3.** *geol.* hel'vetische Peri'ode. **Hel'vet·ic** [-ˈvetɪk] **I** *adj* → **Helvetian** I. **II** *s relig.* schweizerische Refor'mierter.

hem[1] [hem] **I** *s* **1.** (Kleider)Saum *m*: **to take one's coat ~ up** s-n Mantel kürzer machen. **2.** Rand *m*, Einfassung *f.* **II** *v/t* **3.** *Kleid etc* (ein)säumen. **4.** *meist* **~ in, ~ about, ~ around** um'randen, einfassen. **5.** *meist* **~ in** a) *mil.* einschließen, b) *fig.* einengen.

hem[2] [hem; hm] **I** *interj* hm!, hem! **II** *s* H(e)m *n* (*Verlegenheitslaut*). **III** *v/i* ‚hm' machen, sich (*verlegen*) räuspern: **to ~ and haw** ‚herumdrucksen', nicht recht mit der Sprache herauswollen.

he·mal *bes. Am. für* **haemal.**

'he-man [-mæn] *s irr colloq.* ‚He-man' *m* (*besonders männlich u. potent wirkender Mann*).

he·ma·te·in, he·mat·ic, he·mat·o·blast, *etc bes. Am. für* **haematein, haematic, haematoblast,** *etc.*

hem·er·a·lo·pi·a [ˌhemərəˈləʊpɪə] *s* Hemeralo'pie *f*: a) Tagblindheit *f*, b) Nachtblindheit *f.*

hemi- [hemɪ] *Wortelement mit der Bedeutung* halb.

ˌhem·iˈal·gi·a *s med.* Hemial'gie *f*, halbseitige Kopfschmerzen *pl.*

hem·i·an·op·si·a [ˌhemɪæˈnɒpsɪə; *Am.* -əˈnɑ-] *s med.* Hemianop'sie *f*, Halbsichtigkeit *f.*

hem·i·dem·i·sem·i·qua·ver [ˈhemɪˌdemɪˈsemɪˌkweɪvə(r)] *s mus.* Vierund'sechzigstel(note *f*) *n.*

hem·i·he·dral [ˌhemɪˈhedrl; *bes. Am.* -ˈhiː-] *adj* hemi'edrisch, halbflächig (*Kristall*). **ˌhem·iˈhe·dron** [-drən] *pl* **-drons, -dra** [-drə] *s* Hemi'eder *m*, hemi'edrischer Kri'stall.

hem·i·mor·phite [ˌhemɪˈmɔː(r)faɪt] *s min.* Hemimor'phit *m.*

hem·i·ple·gi·a [ˌhemɪˈpliːdʒɪə; -dʒə] *s med.* Hemiple'gie *f*, halbseitige Lähmung. **ˌhem·iˈple·gic** *adj* hemi'plegisch.

he·mip·ter·on [hɪˈmɪptərɒn; *Am.* -ˌrɑn] *s zo.* Halbflügler *m.*

hem·i·sphere [ˈhemɪˌsfɪə(r)] *s* **1.** *bes. geogr.* Halbkugel *f*, Hemi'sphäre *f.* **2.** *anat.* Hemi'sphäre *f* (*des Groß- u. Kleinhirns*). **ˌhem·iˈspher·i·cal** [-ˈsferɪkl; *Am. a.* -ˈsfɪr-], *a.* **ˌhem·iˈspher·ic** *adj* hemi'sphärisch, halbkug(e)lig.

hem·i·stich [ˈhemɪstɪk] *s metr.* Hemi'stichion *n*, Halb-, Kurzvers *m.*

'hem·line *s* (Kleider)Saum *m*: **~s are going up again** die Kleider werden wieder kürzer.

hem·lock [ˈhemlɒk; *Am.* -ˌlɑk] *s* **1.** *bot.* Schierling *m.* **2.** *fig.* Schierlings-, Giftbecher *m.* **3.** *a.* **~ fir, ~ pine, ~ spruce** *bot.* Hemlock-, Schierlingstanne *f.*

he·mo·cy·te, he·mo·glo·bin, he·mol·y·sis, he·mo·sta·sis, *etc bes. Am. für* **haemocyte, haemoglobin, haemolysis, haemostasis,** *etc.*

hemp [hemp] *s* **1.** *bot.* Hanf *m*: **~ agrimony** Wasserhanf; **~ nettle** (Gemeine) Hanfnessel; **to steep** (*od.* **water**) **the ~** den Hanf rösten. **2.** Hanf(faser *f*) *m*: **~ comb** Hanfhechel *f.* **3.** *aus Hanf gewonnenes Narkotikum, bes.* Haschisch *n.* **4.** *obs.* Henkerseil *n*, Strick *m.* **'hemp·en** *adj* hanfen, hänfen, Hanf...

'hem·stitch *s* Hohlsaum(stich) *m.*

hen [hen] *s* **1.** *orn.* Henne *f*, Huhn *n*: **~'s egg** Hühnerei *n*; **(as) scarce as ~'s teeth** *Br.* äußerst selten; **there's a ~ on** *Am. colloq.* ‚es ist etwas im Busch'. **2.** *zo.* Weibchen *n*: a) *von Vögeln*, b) *von Hummern, Krebsen etc.* **3.** *colloq.* a) ‚Gschaftlhuberin' *f*, b) Klatschbase *f*, -maul *n.* **~ and chick·ens** *pl* **hens and chickens** *s bot. Pflanze mit zahlreichen Ablegern und Sprößlingen, bes.* a) (*e-e*) Hauswurz, b) Gundermann *m*, c) Gänseblümchen *n.* **'~·bane** *s bot. pharm.* Bilsenkraut *n.*

hence [hens] *adv* **1.** *pleonastisch oft* **from ~** (*räumlich*) von hier, von hinnen, fort, hin'weg: **~ with it!** fort damit!; **to go ~** von hinnen gehen, sterben. **2.** (*zeitlich*) von jetzt an, binnen (*dat*): **a week ~** in *od.* nach e-r Woche. **3.** (*begründend*) folglich, daher, deshalb. **4.** hieraus, daraus: **~ it follows that** daraus folgt, daß. **ˌ~'forth, ˌ~'for·ward(s)** *adv* von nun an, fort'an, hin'fort, künftig.

hench·man [ˈhentʃmən] *s irr* **1.** *obs.* a) Knappe *m*, Page *m*, b) Diener *m.* **2.** *bes. pol.* a) Anhänger *m*, Gefolgsmann *m*, *pl a.* Gefolge *n*, b) *contp.* Handlanger *m*, *j-s* Krea'tur *f.*

'hen·coop *s* Hühnerstall *m.*

hen·dec·a·gon [henˈdekəgən; *Am.* -ˌgɑn] *s math.* Hendeka'gon *n*, Elfeck *n.* **hen·de·cag·o·nal** [ˌhendɪˈkægənl] *adj* elfeckig.

hen·dec·a·syl·lab·ic [ˌhendekəsɪˈlæbɪk; *Am. a.* henˌde-] *metr.* **I** *adj* elfsilbig. **II** *s* → **hendecasyllable. hen·dec·a·syl·la·ble** [ˈhendekəˌsɪləbl; *Am.* henˈdekəˌs-] *s metr.* Hendeka'syllabus *m*, elfsilbiger Vers.

hen·di·a·dys [henˈdaɪədɪs] *s Rhetorik*: Hendiady'oin *n*, Hendia'dys *n*: a) *die Ausdruckskraft verstärkende Verbindung zweier synonymer Substantive od. Verben*, b) *das bes. in der Antike beliebte Ersetzen e-r Apposition durch e-e reihende Verbindung mit „und"*.

hen| har·ri·er *s orn.* Kornweihe *f.* **~ hawk** *s orn. Am.* (*ein*) Hühnerbussard *m.* **'~·heart·ed** *adj* feig(e), furchtsam. **'~·house** *s* Hühnerstall *m.*

hen·na [ˈhenə] **I** *s* **1.** *bot.* Hennastrauch *m.* **2.** Henna *f* (*Färbemittel*). **II** *v/t* **3.** mit Henna färben.

hen·ner·y [ˈhenərɪ] *s* **1.** Hühnerfarm *f.* **2.** Hühnerstall *m.*

hen| par·ty *s colloq.* Damengesellschaft *f*, Kaffeeklatsch *m.* **'~·peck** *v/t den Ehemann* ‚unter dem Pan'toffel haben'. **'~·pecked** *adj* ‚unter dem Pan'toffel stehend': **a ~ husband** ein ‚Pantoffelheld'. **'~·roost** *s* a) Hühnerstange *f*, b) Hühnerstall *m.* **~ run** *s Br.* Auslauf *m.*

hen·ry [ˈhenrɪ] *pl* **-rys, -ries** *s electr. phys.* Henry *n* (*Einheit der Selbstinduktion*).

hent [hent] *pret u. pp* **hent** *v/t obs.* **1.** ergreifen. **2.** erreichen.

hep [hep] → **hip[4]**.

he·pat·ic [hɪˈpætɪk] *adj* **1.** *med.* he'patisch, Leber... **2.** rotbraun. **heˈpat·i·ca** [-kə] *pl* **-cas, -cae** [-siː] *s bot.* **1.** Leberblümchen *n.* **2.** Lebermoos *n.*

hepatico- [hɪpætɪkəʊ] *Wortelement mit der Bedeutung* Leber...

hep·a·ti·tis [ˌhepəˈtaɪtɪs] *s med.* Hepa'titis *f*, Leberentzündung *f.* **'hep·a·tize** *v/t med. Gewebe, bes. Lunge* hepati'sieren.

hepato- [hepətəʊ] → **hepatico-**.

hep·a·tog·ra·phy [ˌhepəˈtɒgrəfɪ; *Am.* -ˈtɑ-] *s med.* Hepatogra'phie *f* (*röntgenologische Darstellung der Leber nach Injektion von Kontrastmitteln*).

hep·a·tol·o·gist [ˌhepəˈtɒlədʒɪst; *Am.* -ˈtɑ-] *s med.* Hepato'loge *m* (*Arzt mit speziellen Kenntnissen auf dem Gebiet der Leberkrankheiten*). **ˌhep·aˈtol·o·gy** *s* Hepatolo'gie *f* (*Lehre von der Leber u. ihren Krankheiten*).

hep·a·top·a·thy [ˌhepəˈtɒpəθɪ; *Am.* -ˈtɑ-] *s med.* Hepatopa'thie *f*, Leberleiden *n.*

'hep·cat *s sl. obs.* a) Jazz-, *bes.* Swingmusiker *m*, b) Jazz-, *bes.* Swingfreund *m.*

Hep·ple·white [ˈheplwaɪt] *adj* im Hepplewhitestil (*Möbel*).

hep·tad [ˈheptæd] *s* **1.** Sieben *f* (*Zahl*). **2.** Siebenergruppe *f.* **3.** *chem.* siebenwertiges A'tom *od.* Radi'kal.

hep·ta·gon [ˈheptəgən; *Am.* -ˌgɑn] *s math.* Hepta'gon *n*, Siebeneck *n.* **hep'tag·o·nal** [-ˈtægənl] *adj* (*adv* **~ly**) siebeneckig.

hep·ta·he·dral [ˌheptəˈhedrl; *bes. Am.* -ˈhiː-] *adj math.* siebenflächig. **ˌhep·taˈhe·dron** [-drən] *pl* **-drons, -dra** [-drə] *s math.* Hepta'eder *n*, Siebenflach *n*, -flächner *m.*

hep·tam·e·ter [hepˈtæmɪtə(r)] *s metr.* Hep'tameter *m*, siebenfüßiger Vers. **hep·ta·met·ri·cal** [ˌheptəˈmetrɪkl] *adj* siebenfüßig.

hep·tarch·y [ˈheptɑː(r)kɪ] *s* **1.** Heptar'chie *f*: a) Siebenherrschaft *f*, b) *Staatenbund der sieben angelsächsischen Kleinkönigreiche (Kent, Sussex, Wessex, Essex, Northumbria, East Anglia, Mercia)*.

Hep·ta·teuch [ˈheptətjuːk; *Am. a.* -ˌtuːk] *s Bibl.* Hepta'teuch *m* (*die ersten sieben Bücher des Alten Testaments*).

hep·tath·lete [hepˈtæθliːt] *s Leichtathletik*: Siebenkämpferin *f.* **hep'tath·lon** [-lɒn; *Am.* -ˌlɑn] *s* Siebenkampf *m.*

hep·ta·tom·ic [ˌheptəˈtɒmɪk; *Am.* -ˈtɑ-] *adj chem.* **1.** 'siebenaˌtomig. **2.** siebenwertig.

hep·tav·a·lent [hepˈtævələnt; *bes. Am.* ˌheptəˈveɪlənt] *adj chem.* siebenwertig.

her [hɜː; ɜː; *unbetont* hə; ə; *Am.* hɜr; hər; ər] **I** *personal pron* **1.** sie (*acc von* **she**): **I know ~. 2.** ihr (*dat von* **she**): **I gave ~ the book. 3.** *colloq.* sie (*nom*): **it's ~, not him** sie ist es, nicht er. **II** *possessive pron* **4.** ihr, ihre: **~ family. III** *reflex pron* **5.** sich: **she looked about ~** sie sah um sich, sie sah sich um.

her·ald [ˈherəld] **I** *s* **1.** *hist.* a) Herold *m*, b) Wappenherold *m.* **2.** *fig.* Verkünder *m.* **3.** *fig.* Vorbote *m*: **the ~s of spring. II** *v/t* **4.** verkünden, ankündigen (*a. fig.*). **5.** *a.* **~ in** a) feierlich einführen, b) *fig.* einleiten.

he·ral·dic [heˈrældɪk] *adj* **1.** he'raldisch, Wappen... **2.** *hist.* Herolds...

her·ald·ry [ˈherəldrɪ] *s* **1.** *hist.* Amt *n* e-s Herolds. **2.** He'raldik *f*, Wappenkunde *f.* **3.** *collect.* a) Wappen *n*, b) he'raldische Sym'bole *pl.* **4.** *poet.* Prunk *m*, Pomp *m.*

Her·alds' Col·lege *s Br.* Wappenamt *n.*

herb [hɜːb; *Am.* ɜrb; hɜrb] *s* **1.** *bot.* Kraut

n. **2.** *pharm.* (Heil)Kraut *n.* **3.** (Gewürz-, Küchen)Kraut *n.* **4.** *Am. sl.* ‚Grass' *n* (*Marihuana*).

her·ba·ceous [hɜːˈbeɪʃəs; *Am.* ɜrˈb-; hɜrˈb-] *adj bot.* krautartig, krautig: ~ **border** Rabatte *f.*

ˈherb·age *s* **1.** *collect.* Kräuter *pl*, Gras *n.* **2.** *jur. Br.* Weiderecht *n.*

herb·al [ˈhɜːbl; *Am.* ˈɜrbəl; ˈhɜr-] **I** *adj* Kräuter..., Pflanzen... **II** *s* Kräuter-, Pflanzenbuch *n.* **ˈherb·al·ist** [-bəl-] *s* **1.** Kräuter-, Pflanzenkenner(in). **2.** Kräutersammler(in), -händler(in). **3.** Herbaˈlist(in), Kräuterheilkundige(r *m*) *f.*

her·bar·i·um [hɜːˈbeərɪəm; *Am.* ɜrˈb-; hɜrˈb-] *s* Herˈbarium *n* (*systematisch angelegte Sammlung gepreßter u. getrockneter Pflanzen[teile]*).

herb| ben·net *pl* **herbs ben·net, herb ben·nets** *s bot.* (Echte) Nelkenwurz. **~ but·ter** *s gastr.* Kräuterbutter *f.* **~ Chris·to·pher** *pl* **herbs Chris·to·pher** *s bot.* (*ein*) Christophskraut *n.* **~ doc·tor** *s* ‚Kräuterdoktor' *m.*

her·bi·vore [ˈhɜːbɪvɔː(r); *Am.* ˈɜr-; ˈhɜr-; *a.* -ˌvəʊr] *s zo.* Pflanzenfresser *m.* **herˈbiv·o·rous** [-ˈbɪvərəs] *adj* (*adv* **~ly**) *zo.* pflanzenfressend.

her·bo·rist [ˈhɜːbərɪst; *Am.* ˈɜr-; ˈhɜr-] → **herbalist.** **ˈher·bo·rize** *v/i* Pflanzen (*zu Studienzwecken*) sammeln, botaniˈsieren.

herb| Par·is *pl* **herbs Par·is** *s bot.* Vierblättrige Einbeere. **~ Pe·ter** *pl* **herbs Pe·ter** *s bot.* Himmel(s)schlüssel *m.* **~ Rob·ert** [ˈrɒbət; *Am.* ˈrɑbərt] *pl* **herbs Rob·ert** *s bot.* Ruprechtskraut *n.* **~ tea** *s* Kräutertee *m.* **~ trin·i·ty** *pl* **herbs trin·i·ty, herb trin·i·ties** *s bot.* Stiefmütterchen *n.*

Her·cu·le·an [ˌhɜːkjʊˈliːən; hɜːˈkjuːljən; *Am.* ˌhɜrkjəˈliːən; hɜrˈkjuːlɪən] *adj* **1.** Herkules... (*a. fig. übermenschlich, schwierig*): **the ~ labo(u)rs** *myth.* die Arbeiten des Herkules; **a h~ labo(u)r** *fig.* e-e Herkulesarbeit. **2.** *oft* **h~** *fig.* herˈkulisch, riesenstark, mächtig: **a ~ man; ~ strength** Riesenkräfte *pl.* **ˈHer·cu·les** [-liːz] *npr antiq.* Herkules *m* (*a. fig. riesenstarker Mann*): **a labo(u)r of ~** *fig.* e-e Herkulesarbeit.

herd [hɜːd; *Am.* hɜrd] **I** *s* **1.** Herde *f*, (*wildlebender Tiere a.*) Rudel *n* (*a. von Menschen*): **the star was followed by a ~ of autograph hunters. 2.** *contp.* Herde *f*, Masse *f* (*Menschen*): **the (common** *od.* **vulgar) ~** die große *od.* breite Masse. **3.** *Am. colloq.* ‚Haufen' *m* (*von Dingen*). **4.** *bes. in Zssgn* Hirt(in). **II** *v/i* **5.** *a.* **~ together** a) in Herden gehen *od.* leben, b) sich zs.-drängen (*a. Menschen*). **6.** sich zs.-tun (**among, with** mit). **III** *v/t* **7.** *Vieh, a. Menschen* treiben: **to ~ together** zs.-treiben. **8.** *Vieh* hüten. **ˈ~·book** *s agr.* Herd-, Stammbuch *n.*

ˈherd·er *s bes. Am.* Hirt *m.*

ˈherd·ing *s* Viehhüten *n.*

herd in·stinct *s zo.* ˈHerdeninˌstinkt *m*, (*a. bei Menschen, a. contp.*) Herdentrieb *m.*

ˈherds·man [-mən] *s irr bes. Br.* **1.** Hirt *m.* **2.** Herdenbesitzer *m.*

here [hɪə(r)] **I** *adv* **1.** hier: **in ~** hier drinnen; **~ and there** a) hier u. da, da u. dort, hierhin u. dorthin, b) hin u. her, c) (*zeitlich*) hin u. wieder, hie u. da; **~ and now** hier u. jetzt *od.* heute; **~, there and everywhere** überall; **~ below** hienieden; **~'s to you!** auf dein Wohl!, prosit!; **~ you** (*od.* **we**) **are!** hier (bitte)! (*da hast du es*); **that's neither ~ nor there** a) das gehört nicht zur Sache, b) das besagt nichts; **~ today and gone tomorrow** flüchtig u. vergänglich; **this man ~,** *sl.* **this ~ man** dieser Mann hier; **we are leaving ~ today** wir reisen heute (von hier) ab; **from ~ to eternity** *oft humor.* in alle Ewigkeit; → **go**[1] 15, **how** 2. **2.** (hier-) her, hierhin: **come ~** komm her; **bring it ~** bring es hierher; **this belongs ~** das gehört hierher. **II** *s* **3. the ~ and now** a) das Hier u. Heute, b) das Diesseits.

ˈhere|·aˌbout(s) *adv* hier herˈum, in dieser Gegend. **ˌ~ˈaf·ter I** *adv* **1.** → **hereinafter. 2.** künftig, in Zukunft. **II** *s* **3.** Zukunft *f.* **4.** (*das*) Jenseits. **ˌ~ˈat** *adv obs.* dessenthalben. **ˌ~ˈby** *adv* hier-, dadurch, hiermit.

he·re·des [hɪˈriːdiːz; *Am. a.* heɪˈreɪˌdeɪs] *pl von* **heres.**

he·red·i·ta·ble [hɪˈredɪtəbl] → **heritable.**

her·e·dit·a·ment [ˌherɪˈdɪtəmənt] *s* a) *Br.* bebautes *od.* unbebautes Grundstück (*als Bemessungsgrundlage für die Kommunalabgaben*), b) *jur. Am.* vererblicher Vermögensgegenstand.

he·red·i·tar·i·an·ism [həˌredɪˈteərɪənɪzəm] *s biol. psych. Lehre, nach der das menschliche Verhalten vor allem erbbedingt ist.*

he·red·i·tar·y [hɪˈredɪtərɪ; *Am.* -ˌteriː] *adj* (*adv* **hereditarily**) **1.** er-, vererbt, erblich, Erb...: **~ disease** angeborene Krankheit, Erbkrankheit *f*; **~ monarchy** Erbmonarchie *f*; **~ peer** *Br.* Peer *m* mit ererbtem Titel; **~ proprietor** Besitzer *m* durch Erbschaft; **~ succession** *jur. Am.* Erbfolge *f*; **~ taint** erbliche Belastung. **2.** *fig.* altˈhergebracht, Erb...: **~ enemy** Erbfeind *m.*

he·red·i·ty [hɪˈredətɪ] *s biol.* **1.** Herediˈtät *f*, Erblichkeit *f*, Vererbbarkeit *f.* **2.** ererbte Anlagen *pl*, Erbmasse *f.*

ˌhere|ˈfrom *adv* hieraus. **ˌ~ˈin** *adv* hierin. **ˌ~·in·aˈbove** *adv* vorstehend, im vorstehenden (*erwähnt*), oben (*angeführt*). **ˌ~inˈaf·ter** *adv* nachstehend, im folgenden (*erwähnt*), unten (*angeführt*). **ˌ~·in·beˈfore** → **hereinabove. ˌ~ˈof** *adv* hiervon, dessen.

he·res [ˈhɪəriːz; *Am. a.* ˈheɪˌreɪs] *pl* **he·re·des** [hɪˈriːdiːz; *Am. a.* heɪˈreɪˌdeɪs] *s jur.* Erbe *m.*

he·re·si·arch [heˈriːzɪɑː(r)k; hə-] *s relig.* Häresiˈarch *m* (*Begründer u. geistliches Oberhaupt e-r Häresie*).

her·e·sy [ˈherəsɪ] *s* Häreˈsie *f*, Ketzeˈrei *f*: a) *von der offiziellen Kirchenmeinung abweichende Lehre,* b) *Abweichen von e-r allgemein als gültig erklärten Meinung.* **ˈher·e·tic** [-tɪk] **I** *s* Häˈretiker(in), Ketzer(in). **II** *adj* → **heretical.**

he·ret·i·cal [hɪˈretɪkl] *adj* (*adv* **~ly**) häˈretisch, ketzerisch.

ˌhere|ˈto *adv* **1.** hierzu: **attached ~** beigefügt. **2.** *obs.* bisher. **ˌ~·toˈfore I** *adv* vordem, ehemals. **II** *adj obs.* früher. **ˌ~ˈun·der** *adv* **1.** → **hereinafter. 2.** *jur.* kraft dieses (*Vertrages etc*). **ˌ~·unˈto** *obs.* → **hereto. ˌ~·upˈon** *adv* hierauf, darauf(hin). **ˌ~ˈwith** *adv* hiermit, -durch.

her·i·ot [ˈherɪət] *s jur. hist.* Hauptfall *m* (*bestes Stück der Hinterlassenschaft, das dem Lehnsherrn zufiel*).

her·it·a·ble [ˈherɪtəbl] *adj* (*adv* **heritably**) **1.** Erb..., erblich, vererbbar: **~ property** *Scot.* Grundbesitz *m*; **~ security** *Scot.* Pfandbrief *m.* **2.** erbfähig.

her·it·age [ˈherɪtɪdʒ] *s* **1.** Erbe *n*: a) Erbschaft *f*, Erbgut *n*, b) *ererbtes Recht etc.* **2.** *jur. Scot.* Grundbesitz *m.* **3.** *Bibl.* (*das*) Volk Israel.

her·i·tance [ˈherɪtəns] *obs. für* a) **heritage,** b) **inheritance. ˈher·i·tor** [-tə(r)] *s* **1.** *obs. od. jur.* Erbe *m.* **2.** *jur. Scot.* Grundbesitzer *m.*

her·maph·ro·dite [hɜːˈmæfrədaɪt; *Am.* hɜr-] **I** *s* **1.** *biol.* Hermaphroˈdit *m*, Zwitter *m.* **2.** *fig.* Zwitterwesen *n*, -ding *n.* **3.** *a.* **~ brig** *mar. hist.* Briggschoner *m.* **II** *adj* **4.** Zwitter..., zwitterhaft. **herˌmaph·roˈdit·ic** [-ˈdɪtɪk; *Br. a.* -ˈdaɪ-] *adj*; **herˌmaph·roˈdit·i·cal** *adj* (*adv* **~ly**) → **hermaphrodite** II. **herˈmaph·ro·dit·ism** [-daɪtɪzəm] *s biol.* Hermaphrodiˈtismus *m*: a) Zwittertum *n*, b) Zwitterbildung *f.*

her·me·neu·tic [ˌhɜːmɪˈnjuːtɪk; *Am.* ˌhɜrməˈnuːtɪk; -ˈnjuː-] **I** *adj* (*adv* **~ally**) hermeˈneutisch, auslegend. **II** *s pl* (*meist als sg konstruiert*) Hermeˈneutik *f* (*Kunst der Auslegung von Schriften, bes. der Bibel*).

her·met·ic [hɜːˈmetɪk; *Am.* hɜr-] *adj* (*adv* **~ally**) **1.** herˈmetisch, dicht (*verschlossen*), *tech.* luftdicht: **~ally sealed** luftdicht verschlossen. **2.** *oft* **H~** magisch, alchiˈmistisch, okkulˈtistisch.

her·mit [ˈhɜːmɪt; *Am.* ˈhɜrmɪt] *s* **1.** *relig.* Einsiedler *m* (*a. fig.*), Ereˈmit *m*, Klausner *m.* **2.** *obs.* Betbruder *m.* **3.** *orn.* (*ein*) Kolibri *m.* **4.** *Am.* (*ein*) Sirupplätzchen *n.* **ˈher·mit·age** *s* **1.** Einsiedeˈlei *f*, Klause *f* (*a. fig.*). **2.** Einsiedlerleben *n*, *fig. a.* Einsiedlertum *n.*

her·mit crab *s zo.* Einsiedlerkrebs *m.*

her·ni·a [ˈhɜːnjə; -nɪə; *Am.* ˈhɜr-] *pl* **-ni·as, -ni·ae** [-nɪiː] *s med.* Hernie *f*, Bruch *m.* **ˈher·ni·al** *adj med.* Bruch...: **~ sac** Bruchsack *m*; **~ truss** Bruchband *n.* **ˈher·ni·at·ed** [-nɪeɪtɪd] *adj med.* **1.** bruchleidend. **2.** bruchsackartig.

her·ni·ot·o·my [ˌhɜːnɪˈɒtəmɪ; *Am.* ˌhɜrnɪˈɑ-] *s med.* Hernioto'mie *f* (*operative Spaltung des einschnürenden Bruchrings, um e-n eingeklemmten Bruch in die Bauchhöhle zurückzuschieben*).

he·ro [ˈhɪərəʊ] *pl* **-roes** *s* **1.** Held *m.* **2.** *antiq.* Heros *m*, Halbgott *m.* **3.** *thea. etc* Held *m*, ˈHauptperˌson *f.*

he·ro·ic [hɪˈrəʊɪk] **I** *adj* (*adv* **~ally**) **1.** heˈroisch (*a. paint. etc*), heldenmütig, -haft, Helden...: **~ action** Heldentat *f*; **~ age** Heldenzeitalter *n*; **~ couplet** *metr.* heroisches Reimpaar; **~ poem** → 4 b; **~ tenor** *mus.* Heldentenor *m*; **~ verse** → 4 a. **2.** a) grandiˈos, erhaben, b) hochtrabend, bomˈbastisch (*Sprache, Stil*). **3.** *med.* Radikal...: **~ treatment** Radikalkur *f.* **II** *s* **4.** a) heˈroisches Versmaß, b) heroisches Gedicht. **5.** *pl* hochtrabende *od.* bomˈbastische Worte *pl.* **heˈro·i·cal·ness, heˈro·ic·ness** *s* (*das*) Heˈroische, Heldenhaftigkeit *f.*

he·ro·i·com·ic [hɪˌrəʊɪˈkɒmɪk; *Am.* -ˈkɑ-], *a.* **heˌro·iˈcom·i·cal** [-kəl] *adj* heˈroisch-komisch (*Epos etc*).

her·o·in [ˈherəʊɪn; *Am.* ˈherəwən] *s* Heroˈin *n*: **to be on ~** heroinsüchtig sein.

her·o·ine [ˈherəʊɪn; *Am.* ˈherəwən] *s* **1.** Heldin *f*, *thea. etc a.* ˈHauptperˌson *f.* **2.** *antiq.* Halbgöttin *f.*

her·o·in·ism [ˈherəʊɪnɪzəm; *Am.* ˈherəwəˌnɪzəm] *s med.* Heroiˈnismus *m*, Heroˈinsucht *f.*

her·o·ism [ˈherəʊɪzəm; *Am.* ˈherəˌwɪzəm] *s* Heroˈismus *m*, Heldentum *n.*

he·ro·ize [ˈhɪərəʊaɪz] **I** *v/t* heroiˈsieren, zum Helden machen. **II** *v/i* den Helden spielen.

her·on [ˈherən] *pl* **ˈher·ons,** *bes. collect.* **ˈher·on** *s orn.* Reiher *m.* **ˈher·on·ry** [-rɪ] *s orn.* Reiherstand *m.*

he·ro| wor·ship *s* **1.** Heldenverehrung *f.* **2.** Schwärmeˈrei *f* (**for** für). **ˈ~-ˌwor·ship** *v/t pret u. pp* **-shiped,** *bes. Br.* **-shipped 1.** als Helden verehren. **2.** schwärmen für.

her·pes [ˈhɜːpiːz; *Am.* ˈhɜr-] *s med.* Herpes *m*, Bläs-chenausschlag *m.* **~ la·bi·al·is** [ˌleɪbɪˈælɪs] *s med.* Herpes labiˈalis, Lippen-, Gesichtsherpes *m*, Fieberbläs-chen *pl.* **~ sim·plex** *s med.* Herpes *m* simplex, Virusherpes *m*. **~zos·ter** *s med.* Herpes *m* zoster, Gürtelrose *f*.

her·pe·tol·o·gist [ˌhɜːpɪˈtɒlədʒɪst; *Am.* ˌhɜrpəˈtɑ-] *s* Herpetoˈloge *m*. **ˌher·pe·ˈtol·o·gy** *s* Herpetoloˈgie *f* (*Teilgebiet der Zoologie, das sich mit der Erforschung der Lurche u. Kriechtiere befaßt*).

her·ring [ˈherɪŋ] *pl* **-rings,** *bes. collect.* **-ring** *s ichth.* Hering *m*. **ˈ~bone I** *s* **1.** *a.* **~ design, ~ pattern** Fischgrätenmuster *n*. **2.** fischgrätenartige Anordnung. **3.** *a.* **~ stitch** (*Stickerei*) Fischgrätenstich *m*. **4.** *Skilauf*: Grätenschritt *m*. **II** *adj* **5. ~ bond** *arch.* Strom-, Kornähren-, Festungsverband *m*; **~ gear** *tech.* Getriebe *n* mit Pfeilzahnrädern. **III** *v/t* **6.** mit e-m Fischgrätenmuster versehen. **7.** *Skilauf*: *e-e Steigung* im Grätenschritt nehmen. **IV** *v/i* **8.** *Skilauf*: im Grätenschritt steigen. **~drift·er** *s mar.* Heringslogger *m*. **~ gull** *s orn.* Silbermöwe *f*. **~ king** *s ichth.* Falscher Heringskönig. **~ pond** *s humor.* ‚Großer Teich' (*Atlantik*).

hers [hɜːz; *Am.* hɜrz] *possessive pron* ihr, der (die, das) ihr(ig)e (*prädikativ u. substantivisch gebraucht*), (*auf Handtüchern etc*) sie: **this house is ~** das ist ihr Haus, dieses Haus gehört ihr; **a friend of ~** ein(e) Freund(in) von ihr; **my mother and ~** m-e u. ihre Mutter.

herˈself *pron* **1.** (*verstärkend*) sie (*nom od. acc*) selbst, ihr (*dat*) selbst: **she did it ~, she ~ did it** sie hat es selbst getan, sie selbst hat es getan; **by ~** von selbst, allein, ohne Hilfe; **she is not quite ~** a) sie ist nicht ganz auf der Höhe, b) sie ist nicht ganz normal *od.* ‚bei Trost'; **she is quite ~ again** sie ist wieder ganz die alte. **2.** *reflex* sich: **she hurt ~; she thought ~ wise** sie hielt sich für klug. **3.** sich (selbst): **she wants it for ~.**

hertz [hɜːts; *Am.* hɜrts; heərts] *s phys.* Hertz *n* (*Maßeinheit der Wellenfrequenz*). **ˈHertz·i·an,** *a.* **h~** *adj phys.* Hertzsch(er, e, es): **~ waves** Hertzsche *od.* elektromagnetische Wellen.

hes·i·tan·cy [ˈhezɪtənsɪ], *a.* **ˈhes·i·tance** *s* Zögern *n*, Zaudern *n*, Unschlüssigkeit *f*. **ˈhes·i·tant** *adj* (*adv* **~ly**) **1.** zögernd (*Antwort etc*), (*Person a.*) zaudernd, unschlüssig. **2.** (*beim Sprechen*) stockend.

hes·i·tate [ˈhezɪteɪt] **I** *v/i* **1.** zögern, zaudern, unschlüssig sein, Bedenken haben (**to do** zu tun): **to make s.o. ~** j-n unschlüssig *od.* stutzig machen; **not to ~ at** nicht zurückschrecken vor (*dat*); **I ~ to ask you but** ... es ist mir unangenehm, Sie zu fragen, aber ... **2.** (*beim Sprechen*) stocken. **II** *v/t* **3.** zögernd äußern. **ˌhes·iˈta·tion** *s* **1.** Zögern *n*, Zaudern *n*, Unschlüssigkeit *f*: **without (any) ~** ohne zu zögern, bedenkenlos; **I have no ~ in saying that** ... ich kann ohne weiteres sagen, daß ... **2.** Stocken *n*. **3.** *a.* **~ waltz** *mus.* Schleifer *m*, (*ein*) langsamer Walzer. **ˈhes·i·ta·tive** [-teɪtɪv] → **hesitant** 1.

Hes·pe·ri·an [heˈspɪərɪən] *poet.* **I** *adj* westlich, abendländisch. **II** *s* Abendländer *m*.

Hes·per·i·des [heˈsperɪdiːz] *s pl* **1.** *myth.* Hespeˈriden *pl* (*Nymphen*). **2.** (*als sg konstruiert*) *poet.* Garten *m* der Hespeˈriden.

Hes·per·us [ˈhespərəs] *s poet.* Hesperos *m*, Hesperus *m* (*Abendstern*).

Hes·si·an [ˈhesɪən; *Am.* ˈheʃən] **I** *adj* **1.** hessisch. **II** *s* **2.** Hesse *m*, Hessin *f*. **3.** *mil. Am.* Söldner *m* (*bes. während der Amer. Revolution auf seiten der Briten*). **4. h~** Juteleinen *n* (*für Säcke etc*). **~boots** *s pl hist.* Schaftstiefel *pl*. **~ fly** *s zo.* Hessenfliege *f*.

hes·site [ˈhesaɪt] *s min.* Hesˈsit *m*. **ˈhes·so·nite** [-ənaɪt] *s min.* Hessoˈnit *m*.

hest [hest] → **behest** 1.

het [het] *adj*: **~ up** *colloq.* a) aufgeregt, b) ‚fuchtig', wütend; **to get ~ up** sich aufregen (**about** über *acc*, wegen); fuchtig werden.

he·tae·ra [hɪˈtɪərə] *pl* **-rae** [-riː] *s antiq.* Heˈtäre *f* (*meist hochgebildete, oft politisch einflußreiche Geliebte bedeutender Männer*).

he·tai·ra [hɪˈtaɪrə] *pl* **-rai** [-raɪ] → **hetaera**.

hetero- [hetərəʊ] *Wortelement mit der Bedeutung* anders, verschieden, fremd.

het·er·o [ˈhetərəʊ] *colloq.* **I** *adj* ‚hetero' (*heterosexuell*). **II** *pl* **-os** *s* ‚Hetero' *m, f* (*Heterosexuelle[r]*).

ˌhet·er·oˈchro·mo·some *s biol.* Heterochromoˈsom *n*, Geˈschlechtschromoˌsom *n*.

het·er·o·chro·mous [ˌhetərəʊˈkrəʊməs] *adj* verschiedenfarbig, *bes. biol.* heteroˈchrom.

het·er·o·clite [ˈhetərəʊklaɪt] **I** *adj* **1.** abˈnorm, ausgefallen. **2.** *ling.* heteroˈklitisch. **II** *s* **3.** a) Sonderling *m*, b) ausgefallene Sache. **4.** *ling.* Heteˈrokliton *n* (*Substantiv, dessen einzelne Deklinationsformen nach verschiedenen Stämmen od. Deklinationsmustern gebildet werden*).

ˌhet·er·oˈcy·clic *adj chem.* heteroˈzyklisch.

het·er·o·dox [ˈhetərəʊdɒks; *Am.* -rəˌdɑks] *adj* **1.** *relig.* heteroˈdox, anders-, irrgläubig. **2.** *fig.* ˈunkonventioˌnell, unüblich. **ˈhet·er·oˌdox·y** *s* **1.** *relig.* Heterodoˈxie *f*, Andersgläubigkeit *f*, Irrglaube *m*. **2.** heteroˈdoxer *od.* ˈunkonventioˌneller Chaˈrakter.

het·er·o·dyne [ˈhetərəʊdaɪn] *electr.* **I** *adj* Überlagerungs..., Superhet...: **~ receiver** Überlagerungsempfänger *m*, Super(het) *m*. **II** *v/t u. v/i* überˈlagern.

het·er·og·a·mous [ˌhetəˈrɒgəməs; *Am.* -ˈrɑ-] *adj biol.* heterogaˈmetisch (*verschiedengeschlechtliche Gameten bildend*). **ˌhet·erˈog·a·my** *s* Heterogaˈmie *f* (*Fortpflanzung durch ungleich gestaltete od. sich ungleich verhaltende Gameten*).

het·er·o·ge·ne·i·ty [ˌhetərəʊdʒɪˈniːətɪ] *s* Heterogeniˈtät *f*, Ungleichartigkeit *f*, Verschiedenartigkeit *f*. **ˌhet·er·oˈge·ne·ous** [-ˈdʒiːnjəs; -nɪəs] *adj* (*adv* **~ly**) heteroˈgen, ungleichartig, verschiedenartig: **~ number** *math.* gemischte Zahl.

ˌhet·er·oˈgen·e·sis, ˌhet·erˈog·e·ny [-ˈrɒdʒɪnɪ; *Am.* -ˈrɑ-] *s biol.* *a.* → **abiogenesis**, b) Generatiˈonswechsel *m*.

het·er·og·o·ny [ˌhetəˈrɒgənɪ; *Am.* -ˈrɑ-] *s biol.* Heterogoˈnie *f* (*besondere Form des Generationswechsels bei Tieren, wobei auf e-e sich geschlechtlich fortpflanzende Generation e-e andere folgt, die sich aus unbefruchteten Eiern entwickelt*).

ˌhet·er·oˈgraph·ic *adj ling.* heteroˈgraph (*orthographisch verschieden geschrieben, bes. bei gleichlautender Aussprache*).

ˌhet·er·oˈmor·phic [-ˈmɔː(r)fɪk], **ˌhet·er·oˈmor·phous** *adj biol. chem. phys.* heteroˈmorph, verschiedengestaltig.

het·er·on·o·mous [ˌhetəˈrɒnəməs; *Am.* -ˈrɑ-] *adj* (*adv* **~ly**) heteroˈnom: a) unselbständig, von fremden Gesetzen abhängig, b) *biol.* ungleichartig, -wertig. **ˌhet·erˈon·o·my** *s* Heteronoˈmie *f*.

het·er·o·phyl·lous [ˌhetərəʊˈfɪləs; *Br. a.* -ˈrɒfɪləs] *adj bot.* heteroˈphyll (*quantitativ ungleichblättrig*). **ˈhet·er·oˌphyl·ly** *s bot.* Heterophylˈlie *f*.

ˈhet·er·oˌplas·ty [-ˌplæstɪ] *s med.* Heterotransplantatiˈon *f*, Heteroˈplastik *f* (*Verpflanzung von Organen od. Gewebeteilen auf ein Lebewesen e-r anderen Art*).

ˌhet·er·oˈsex·u·al I *adj* (*adv* **~ly**) heterosexuˈell: a) *sexuell auf das andere Geschlecht ausgerichtet*, b) *die Heterosexualität betreffend*. **II** *s* Heterosexuˈelle(r *m*) *f*. **ˈhet·er·oˌsex·uˈal·i·ty** *s* Heterosexualiˈtät *f*.

het·er·o·troph [ˈhetərəʊtrəʊf; *Br. a.* -trɒf; *Am. a.* -ˌtrɑf] *s biol.* heteroˈtrophe Pflanze, heterotropher Orgaˈnismus. **ˌhet·er·oˈtroph·ic** [-ˈtrəʊfɪk; *Br. a.* -ˈtrɒfɪk; *Am. a.* -ˈtrɑ-] *adj biol.* heteroˈtroph (*in der Ernährung auf Körpersubstanz od. Stoffwechselprodukte anderer Organismen angewiesen*). **ˌhet·erˈot·ro·phy** [-ˈrɒtrəfɪ; *Am.* -ˈrɑ-] *s* Heterotroˈphie *f*.

ˌhet·er·oˈzy·gote *s biol.* Heterozyˈgot *m*. **ˌhet·er·oˈzy·gous** [-ˈzaɪgəs] *adj* heterozyˈgot, mischerbig.

het·man [ˈhetmən] *pl* **-mans** *s hist.* Hetman *m*: a) *vom König eingesetzter Oberbefehlshaber des Heeres in Polen u. Litauen*, b) *frei gewählter Führer der Kosaken mit militärischer u. ziviler Befehlsgewalt*.

heu·land·ite [ˈhjuːləndaɪt] *s min.* Heulanˈdit *m*.

heu·ris·tic [hjʊəˈrɪstɪk] **I** *adj* (*adv* **~ally**) **1.** heuˈristisch. **II** *s* **2.** heuˈristische Meˈthode. **3.** *meist pl* (*meist als sg konstruiert*) Heuˈristik *f* (*Lehre von den Wegen u. Methoden zur Gewinnung neuer wissenschaftlicher Erkenntnisse*).

he·ve·a [ˈhiːvɪə] *s bot.* Kautschukbaum *m*.

hew [hjuː] *pret* **hewed,** *pp* **hewed** *od.* **hewn** [hjuːn] **I** *v/t* **1.** hauen, hacken: **to ~ to pieces** in Stücke hauen; **to ~ one's way** sich e-n Weg bahnen. **2.** *Bäume* fällen. **3.** *Steine etc* behauen. **II** *v/i* **4. ~ to** *Am.* sich halten an (*acc*).

Verbindungen mit Adverbien:

hew| down *v/t* nieder-, ˈumhauen, fällen. **~ off** *v/t* abhauen. **~ out** *v/t* **1.** herˈaushauen (**of** aus). **2.** *fig.* mühsam schaffen: **to ~ a career for o.s.** sich s-n Weg bahnen, sich emporarbeiten. **~ up** *v/t* zerhauen, zerhacken.

hew·er [ˈhjuːə(r)] *s* **1.** (*Holz-, Stein-*) Hauer *m*: **~s of wood and drawers of water** a) *Bibl.* Holzhauer u. Wasserträger, b) einfache Leute. **2.** *Bergbau*: (Schräm)Hauer *m*.

hewn [hjuːn] *pp von* **hew**.

hex [heks] *Am. colloq.* **I** *s* **1.** Hexe *f*. **2.** Zauber *m*: **to put the ~ on** → II. **II** *v/t* **3.** behexen, verzaubern. **4.** *e-e Sache* ‚verhexen'.

hex·a·bas·ic [ˌheksəˈbeɪsɪk] *adj chem.* sechsbasisch.

hex·a·chord [ˈheksəkɔː(r)d] *s mus. hist.* Hexaˈchord *m, n* (*Aufeinanderfolge von sechs Tönen in der diatonischen Tonleiter*).

hex·ad [ˈheksæd] *s* **1.** Sechs *f* (*Zahl*). **2.** Sechsergruppe *f*.

hex·a·dec·i·mal (no·ta·tion) [ˌheksəˈdesɪml] *s math.*, *Computer*: Hexadeziˈmalsysˌstem *n* (*Dezimalsystem mit der Grundzahl 16*).

hex·a·gon [ˈheksəgən; *Am.* -ˌgɑn] *s math.* Hexaˈgon *n*, Sechseck *n*: **~voltage** *electr.* Sechseckspannung *f*. **hexˈag·o·nal** [-ˈsægənl] *adj* (*adv* **~ly**) hexagoˈnal, sechseckig. **hex·a·gram** [ˈheksəgræm] *s* Hexaˈgramm *n* (*Sechsstern aus zwei gekreuzten gleichseitigen Dreiecken*).

hex·a·he·dral [ˌheksəˈhedrəl; *bes. Am.* -ˈhiː-] *adj math.* hexaˈedrisch, sechsflächig. **ˌhex·aˈhe·dron** [-ˈhedrən; *bes. Am.* -ˈhiː-] *pl* **-drons, -dra** [-drə] *s math.* Hexaˈeder *n*, Sechsflach *n*, Sechsflächner *m*.

hex·am·e·ter [hekˈsæmɪtə(r)] *metr.* **I** *s* Heˈxameter *m* (*Vers mit sechs Versfüßen, meist Daktylen*). **II** *adj* hexaˈmetrisch.

hex·a·no·ic ac·id [ˌheksəˈnəʊɪk] *s chem.* Heˈxansäure *f.*
hex·a·pod [ˈheksəpɒd; *Am.* -ˌpɑd] *zo.* **I** *adj* sechsfüßig. **II** *s* Sechsfüßer *m.*
Hex·a·teuch [ˈheksətjuːk; *Am. a.* -ˌtuːk] *s Bibl.* Hexaˈteuch *m* (*die ersten sechs Bücher des Alten Testaments*).
hex·a·tom·ic [ˌheksəˈtɒmɪk; *Am.* -ˈtɑ-] *adj chem.* **1.** ˈsechsaˌtomig. **2.** sechswertig.
hex·a·va·lent [ˌheksəˈveɪlənt; *Br. a.* hekˈsævələnt] *adj chem.* sechswertig.
hey [heɪ] *interj* **1.** hei!, ei!: → **presto** 2. **2.** he!, heda!
hey·day [ˈheɪdeɪ] *s* **1.** a) Höhe-, Gipfelpunkt *m*: **in the ~ of one's power** auf dem Gipfel der Macht, b) Blüte(zeit) *f*: **the ~ of Hollywood.** **2.** *obs.* ˈÜberschwang *m*, Sturm *m* (*der Leidenschaft*).
H hour *s mil.* Stunde *f* X (*festgelegter Zeitpunkt des Beginns e-r militärischen Operation*).
hi [haɪ] *interj* a) he!, heda!, b) *colloq.* halˈlo!
hi·a·tus [haɪˈeɪtəs] *pl* **-tus·es, -tus** *s* **1.** *anat.* Hiˈatus *m*, Spalt *m*, Lücke *f*, Zwischenraum *m.* **2.** Hiˈatus *m*, Lücke *f* (*in e-m alten Manuskript, zeitlichen Ablauf etc*). **3.** *ling.* Hiˈatus *m* (*Zs.-treffen zweier Vokale am Ende des e-n u. am Anfang des folgenden Wortes*).
hi·ber·nal [haɪˈbɜːnl; *Am.* haɪˈbɜrnl] *adj* winterlich.
hi·ber·nate [ˈhaɪbə(r)neɪt] *v/i* **1.** überˈwintern: a) *zo.* Winterschlaf halten, b) den Winter verbringen. **2.** *fig.* schlummern: **to ~ in s.o.'s mind** in j-m schlummern. **ˌhi·berˈna·tion** *s* **1.** Winterschlaf *m*, Überˈwinterung *f.* **2.** *a.* **artificial ~** *med.* Hibernatiˈon *f*, Hibernisatiˈon *f* (*medikamentös herbeigeführter, langdauernder Schlafzustand des Organismus als therapeutische Maßnahme od. als Narkosemethode*). **ˈhi·ber·na·tor** *s Tier, das Winterschlaf hält.*
Hi·ber·ni·an [haɪˈbɜːnjən; -nɪən; *Am.* -ˈbɜr-] *poet.* **I** *adj* irisch. **II** *s* Ire *m*, Irin *f*, Irländer(in). **Hiˈber·ni·cism** [-nɪsɪzəm] *s* irische (Sprach)Eigenheit.
hi·bis·cus [hɪˈbɪskəs; haɪ-] *s bot.* Hiˈbiskus *m*, Eibisch *m.*
hic [hɪk] *interj* hick! (*beim Schluckauf*).
hic·cup, hic·cough [ˈhɪkʌp] **I** *s* **1.** Schluckauf *m.* **2.** *pl* (*a. als sg konstruiert*) Schluckauf(anfall) *m*: **to have the ~s** → 4. **3.** *colloq.* kleineres Proˈblem. **II** *v/i* **4.** den Schluckauf haben. **III** *v/t* **5.** abgehackt herˈvorbringen.
hick [hɪk] *bes. Am. colloq.* **I** *s* ‚Bauer' *m*, ‚Proˈvinzler' *m.* **II** *adj* provinziˈell, Bauern...: **~ girl** ‚Bauerntrampel' *m, n*; **~ town** ‚(Provinz)Nest' *n*, ‚(Bauern)Kaff' *n.*
hick·ey [ˈhɪkiː] *s Am.* **1.** *tech.* kleine Vorrichtung, *bes.* a) Gewindestück *n* (*für e-e Steckdose*), b) Biegezange *f* für Isoˈlierrohre. **2.** *colloq.* ‚Dingsbums' *n.* **3.** *colloq.* ‚Knutschfleck' *m.*
hick·o·ry [ˈhɪkərɪ] *s* **1.** *bot.* Hickory (-baum) *m*, Nordamer. Walnußbaum *m.* **2.** Hickory(holz) *n.* **3.** Hickorystock *m.*
hid [hɪd] *pret u. pp von* **hide¹**.
hid·den [ˈhɪdn] **I** *pp von* **hide¹**. **II** *adj* **1.** versteckt, geheim: **the ~ persuaders** die geheimen Verführer (*Werbung*); **~ taxes** *econ.* verdeckte *od.* indirekte Steuern. **2.** *mus.* verdeckt (*Intervall*).
hid·den·ite [ˈhɪdənaɪt] *s min.* Hiddeˈnit *m.*
hide¹ [haɪd] **I** *v/t pret* **hid** [hɪd] *pp* **hidden** [ˈhɪdn] *od.* **hid** (**from**) verbergen (*dat od.* vor *dat*): a) verstecken (*dat od.* vor *dat*), b) verheimlichen (*dat od.* vor *dat*): **to have nothing to ~** nichts zu verbergen haben, c) verhüllen: **to ~ s.th. from view** etwas den Blicken entziehen. **II** *v/i a.* **~ out** (*bes. Am.* **up**) sich verbergen, sich verstecken (*a. fig.*): **he is hiding behind his boss; where is he (the letter) hiding?** wo hat er sich (sich der Brief) versteckt?, wo steckt er (der Brief) bloß? **III** *s hunt. Br.* Deckung *f.*
hide² [haɪd] **I** *s* **1.** Haut *f*, Fell *n* (*beide a. fig.*): **to have a ~ like a rhinoceros** ein dickes Fell haben; **to save one's own ~** die eigene Haut retten; **I haven't seen ~ or hair of her for two weeks** *colloq.* ich hab' sie schon seit zwei Wochen nicht einmal aus der Ferne gesehen; **to tan s.o.'s ~** *colloq.* j-m ‚das Fell gerben'. **II** *v/t* **2.** abhäuten. **3.** *colloq. j-n* ‚ˈdurchbleuen', verprügeln.
hide³ [haɪd] *s altes englisches Feldmaß* (*zwischen 60 u. 120 acres*).
ˌhide|-and-ˈseek *s* Versteckspiel *n*: **to play ~** Versteck spielen (*a. fig.*). **ˈ~·a·way** *s* **1.** Versteck *n.* **2.** Zufluchtsort *m.* **ˈ~·bound** *adj* **1.** mit enganliegender Haut *od.* Rinde. **2.** *fig.* engstirnig, beschränkt, borˈniert.
hid·e·ous [ˈhɪdɪəs] *adj* (*adv* **~ly**) scheußlich, gräßlich, schrecklich, abˈscheulich: **~ crime; ~ monster. ˈhid·e·ous·ness** *s* Scheußlichkeit *f.*
ˈhide·out → **hideaway**.
hid·ey-hole → **hidy-hole**.
hid·ing¹ [ˈhaɪdɪŋ] *s* **1.** Verstecken *n*, Verbergen *n.* **2.** *a.* **~ place** Versteck *n*: **to be in ~** sich versteckt halten; **to go into ~** untertauchen.
hid·ing² [ˈhaɪdɪŋ] *s colloq.* Tracht *f* Prügel: **to give s.o. a good ~** j-m e-e Tracht Prügel ‚verpassen'.
hi·dro·sis [hɪˈdrəʊsɪs; haɪ-] *s med.* Hiˈdrose *f*, Hiˈdrosis *f*: a) (*übermäßige*) *Schweißbildung u. -absonderung*, b) *Hauterkrankung infolge übermäßiger Schweißabsonderung.* **hi·drot·ic** [hɪˈdrɒtɪk; haɪ-; *Am.* -ˈdrɑ-] *med. pharm.* **I** *adj* hiˈdrotisch, schweißtreibend. **II** *s* Hiˈdrotikum *n*, schweißtreibendes Mittel.
hid·y-hole [ˈhaɪdɪhəʊl] *s colloq.* Versteck *n.*
hie [haɪ] *pret u. pp* **hied,** *pres p* **ˈhie·ing** *od.* **ˈhy·ing** *v/i u. v/t obs. od. humor.* eilen, sich hurtig begeben: **I shall ~ (me *od.* myself) to the market.**
hi·er·arch [ˈhaɪərɑː(r)k] *s* **1.** *relig.* Oberpriester *m*, *bes. antiq.* Hierˈarch *m.* **2.** hochstehende Perˈsönlichkeit. **ˌhi·erˈar·chic** *adj*; **ˌhi·erˈar·chi·cal** *adj* (*adv* **~ly**) hierˈarchisch. **ˈhi·er·ar·chism** *s* hierˈarchische Grundsätze *pl od.* Macht. **ˈhi·er·arch·y** *s* Hierarˈchie *f*: a) Priesterherrschaft *f*, b) Priesterschaft *f*, c) Rangordnung *f*, -folge *f*, d) *Gesamtheit der in e-r Rangfolge Stehenden.*
hi·er·at·ic [ˌhaɪəˈrætɪk] *adj*; **ˌhi·erˈat·i·cal** *adj* (*adv* **~ly**) hieˈratisch: a) priesterlich, Priester..., b) *art bes. antiq.* streng, starr.
hiero- [haɪərəʊ] *Wortelement mit der Bedeutung* heilig.
hi·er·oc·ra·cy [ˌhaɪəˈrɒkrəsɪ; *Am.* -ˈrɑ-] *s* Hierokraˈtie *f*, Priesterherrschaft *f.*
hi·er·o·dule [ˈhaɪərəʊdjuːl; *Am. a.* -ˌduːl] *s relig. antiq.* **1.** Hieroˈdule *m*, Tempelsklave *m.* **2.** Hieroˈdule *f*, ˈTempelsklavin *f*, -prostituˌierte *f.*
hi·er·o·glyph [ˈhaɪərəʊglɪf] → **hieroglyphic** 3, 5. **ˌhi·er·oˈglyph·ic I** *adj* (*adv* **~ally**) **1.** hieroˈglyphisch: a) Hieroglyphen..., b) rätselhaft verschlungen. **2.** unleserlich. **II** *s* **3.** Hieroˈglyphe *f.* **4.** *pl* (*meist als sg konstruiert*) Hieroˈglyphenschrift *f.* **5.** *pl humor.* ‚Hieroˈglyphen' *pl*, unleserliches Gekritzel. **ˌhi·er·oˈglyph·i·cal** → **hieroglyphic** I. **ˌhi·erˈog·ly·phist** [-ˈrɒglɪfɪst; *Am.* -ˈrɑ-] *s* Hieroˈglyphenkundige(r *m*) *f.*
hi·er·o·gram [ˈhaɪərəʊgræm] *s* Hieroˈgramm *n* (*Zeichen e-r geheimen altägyptischen Priesterschrift, die ungewöhnliche Hieroglyphen aufweist*).
hi·er·o·phant [ˈhaɪərəʊfænt] *s relig. antiq.* Hieroˈphant *m*, Oberpriester *m.*
hi·fa·lu·tin → **highfalutin**.
hi-fi [ˌhaɪˈfaɪ] *colloq.* **I** *s* **1.** Hi-Fi *n* (→ **high fidelity**). **2.** Hi-Fi-Anlage *f.* **II** *adj* **3.** Hi-Fi-...
hig·gle [ˈhɪgl] → **haggle**.
hig·gle·dy-pig·gle·dy [ˌhɪgldɪˈpɪgldɪ] *colloq.* **I** *adv* drunter u. drüber, (wie Kraut u. Rüben) durcheinˈander. **II** *adj* kunterbunt. **III** *s* Durcheinˈander *n.*
hig·gler [ˈhɪglə(r)] *s* Hauˈsierer(in).
high [haɪ] **I** *adj* (*adv* → **highly**) (→ **higher, highest**) **1.** hoch: **ten feet ~** zehn Fuß hoch; → **horse** 1. **2.** hoch(gelegen): **H~ Asia** Hochasien *n.* **3.** *geogr.* hoch (*nahe den Polen*): **~ latitude** hohe Breite. **4.** hoch (*Grad*): **~ prices; ~ temperature; ~ favo(u)r** hohe Gunst; **~ praise** großes Lob; **~ speed** a) hohe Geschwindigkeit, b) *mar.* hohe Fahrt, äußerste Kraft; → **gear** 3. **5.** stark, heftig: **~ passion** wilde Leidenschaft; **~ wind** starker Wind; **~ words** heftige *od.* scharfe Worte. **6.** hoch (*im Rang*), Hoch..., Ober..., Haupt...: **a ~ official** ein hoher Beamter; **~ commissioner** Hoher Kommissar; **the Most H~** der Allerhöchste (*Gott*). **7.** bedeutend, hoch, wichtig: **~ aims** hohe Ziele; **~ politics** hohe Politik. **8.** hoch (*Stellung*), vornehm, edel: **of ~ birth** von hoher *od.* edler Geburt, hochgeboren; **~ society** High-Society *f*, gehobene Gesellschaftsschicht; → **standing** 1. **9.** hoch, erhaben, edel: **~ spirit** erhabener Geist. **10.** hoch, gut, erstklassig: **~ quality; ~ performance** hohe Leistung. **11.** hoch, Hoch... (*auf dem Höhepunkt stehend*): **H~ Middle Ages** Hochmittelalter *n*; **~ period** Glanzzeit *f* (*e-s Künstlers etc*). **12.** hoch, vorgeschritten (*Zeit*): **~ summer** Hochsommer *m*; **it is ~ day** es ist heller Tag; → **high time** 1, **noon** 1. **13.** (*zeitlich*) fern, tief: **in ~ antiquity** tief im Altertum. **14.** *ling.* a) Hoch... (*Sprache*), b) hoch (*Laut*): **~ tone** Hochton *m.* **15.** hoch (*im Kurs*), teuer: **land is ~** Land ist teuer. **16.** → **high and mighty**. **17.** exˈtrem, eifrig: **a ~ Tory.** **18.** a) hoch, hell, b) schrill, laut: **~ note; ~ voice.** **19.** lebhaft: **~ colo(u)r; ~ complexion** rosiger Teint. **20.** erregend, spannend: **~ adventure.** **21.** a) gehoben, heiter: → **jinks, spirit** 8, b) *colloq.* ‚blau' (*betrunken*), c) *colloq.* ‚high' (*im Drogenrausch*), d) *colloq.* ‚high' (*in euphorischer Stimmung*). **22.** *colloq.* ‚scharf', erpicht (**on** auf *acc*). **23.** *gastr.* angegangen, mit Hautˈgout (*Wild*). **24.** *mar.* hoch am Wind.
II *adv* **25.** hoch: **to aim ~** *fig.* sich hohe Ziele setzen *od.* stecken; **to lift ~** in die Höhe heben, hochheben; **to run ~** a) hochgehen (*See, Wellen*), b) *fig.* toben (*Gefühle*); **feelings ran ~** die Gemüter erhitzten sich; **to search ~ and low** überall suchen, *etwas* wie e-e Stecknadel suchen. **26.** stark, heftig, in hohem Grad *od.* Maß. **27.** teuer: **to pay ~** teuer bezahlen. **28.** hoch, mit hohem Einsatz: **to play ~.** **29.** üppig: **to live ~** in Saus u. Braus leben. **30.** *mar.* hoch am Wind.
III *s* **31.** (An)Höhe *f*, hochgelegener Ort: **on ~** a) hoch oben, droben, b) hoch hinauf, c) im *od.* zum Himmel; **from on ~** a) von oben, b) vom Himmel. **32.** *meteor.* Hoch(druckgebiet) *n.* **33.** *tech.* a) ˈhochüberˌsetztes *od.* ˈhochunterˌsetztes Getriebe (*an Fahrzeugen*), *bes.* Geländegang *m*, b) höchster Gang: **to move** (*od.* **shift**) **into ~** den höchsten Gang einlegen. **34.** *fig.* Höchststand *m*: **food prices**

have reached a new ~. **35.** *colloq. für* high school. **36.** he's still got his ~ *colloq.* er ist noch immer ‚blau' *od.* ‚high'.

high| al·tar *s relig.* ˈHochalˌtar *m.* **ˌ~-ˈal·ti·tude** *adj aer.* Höhen...: ~ flight; ~ nausea Höhenkrankheit *f.* ~ **and dry** *adj mar.* hoch u. trocken: to leave s.o. ~ *fig.* j-n im Stich lassen. ~ **and might·y** *adj colloq.* anmaßend, arroˈgant. **ˈ~-ˌan·gle fire** *s mil.* Steilfeuer *n.* **ˈ~ˌball** *Am.* **I** *s* **1.** Highball *m* (*Whisky-Cocktail*). **2.** *rail.* a) Freie-ˈFahrt-SiˌgnaI *n,* b) Schnellzug *m.* **II** *v/t u. v/i* **3.** mit voller Geschwindigkeit fahren. ~ **beam** *s mot. Am.* Fernlicht *n.* **ˈ~-ˌbind·er** *s Am. colloq.* **1.** Gangster *m.* **2.** Rowdy *m,* Schläger *m.* **3.** Gauner *m,* Betrüger *m.* **4.** korˈrupter Poˈlitiker. **ˈ~-blown** *adj fig.* aufgeblasen, großspurig. **ˈ~·born** *adj* hochgeboren, von hoher Geburt. **ˈ~ˌboy** *s Am.* Komˈmode *f* mit Aufsatz. **ˈ~·bred** *adj* **1.** von edlem Blut. **2.** vornehm, wohlerzogen. **ˈ~·brow** *oft contp.* **I** *s* Intellektuˈelle(r *m*) *f.* **II** *adj* (betont) intellektuˈell, ‚hochgestochen', (geistig) anspruchsvoll. **ˈ~·browed** → highbrow II. **ˈ~·brow·ism** *s oft contp.* Intellektuaˈlismus *m.* **ˈ~·chair** *s* (Kinder)Hochstuhl *m.* **H~ Church** *s relig.* High-Church *f,* angliˈkanische Hochkirche. **ˌH~-ˈChurch** *adj relig.* High-Church-..., der High-Church. **ˌH~-ˈChurch·man** *s irr relig.* Anhänger *m* der High-Church. **ˌ~-cir·cuˈla·tion** *adj* auflagenstark: a ~ newspaper. **ˌ~-ˈclass** *adj* **1.** erstklassig. **2.** der High-Soˈciety. ~ **cock·a·lo·rum** [ˌkɑkəˈlɔːrəm; -ˈləʊ-] *s Am. colloq.* a) ‚Angeber' *m,* b) ‚hohes Tier'. **ˌ~-ˈcol·o(u)red** *adj* rot: ~ complexion. ~ **com·e·dy** *s* Konversatiˈonskoˌmödie *f.* ~ **com·mand** *s mil.* ˈOberkomˌmando *n.* **H~ Court of Jus·tice** *s jur. Br.* oberstes (*erstinstanzliches*) Ziˈvilgericht. **H~ Court of Jus·ti·ci·ar·y** *s jur. Scot.* oberstes Gericht für Strafsachen. **H~ Court of Par·lia·ment** *s Br.* Parlaˈmentsversammlung *f.* ~ **day** *s*: ~s and holidays Fest- u. Feiertage. ~ **div·ing** *s sport* Turmspringen *n.* **ˌ~-ˈdu·ty** *adj* **1.** *tech.* Hochleistungs... **2.** *econ.* hochbesteuert. **ˌ~-ˈen·er·gy phys·ics** *s pl* (*meist als sg konstruiert*) ˈHochenerˌgiephyˌsik *f.*

high·er [ˈhaɪə(r)] **I** *comp von* high. **II** *adj* **1.** höher(er, e, es) (*a. fig.*), Ober...: ~ authority höhere Instanz, übergeordnete Stelle, vorgesetzte Behörde; the ~ grades of the civil service der höhere Staatsdienst; ~ learning → higher education; ~ mathematics höhere Mathematik; the ~ things das Höhere. **2.** *bes. biol.* höher(entwickelt): the ~ animals die höheren (Säuge)Tiere. **III** *adv* **3.** höher, mehr: to bid ~. ~ **crit·i·cism** *s* hiˈstorische ˈBibelkriˌtik. ~ **ed·u·ca·tion** *s* höhere Bildung, Hochschul(aus)bildung *f.* **ˈ~-up** *s colloq.* ‚höheres Tier'.

high·est [ˈhaɪɪst] **I** *sup von* high. **II** *adj* **1.** höchst(er, e, es), Höchst...: ~ amount; → bid¹ 1, bidder 1. **III** *adv* **2.** am höchsten: ~ possible höchstmöglich. **IV** *s* **3.** das Höchste: at its ~ auf dem Höhepunkt. **4.** the H~ der Allerhöchste (*Gott*).

high| ex·plo·sive *s* ˈhochexploˌsiver *od.* ˈhochbriˌsanter Sprengstoff. **ˌ~-exˈplo·sive** *adj* ˈhochexploˌsiv, -briˌsant: ~ bomb Sprengbombe *f.* **ˌ~-faˈlu·tin** [-fəˈluːtɪn], *a.* **ˌ~-faˈlu·ting** [-tɪŋ] *adj u. s colloq.* hochtrabend(es Geschwätz). ~ **farm·ing** *s agr.* intenˈsive Bodenbewirtschaftung. ~ **fi·del·i·ty** *s* High-Fiˈdelity *f* (*hohe, originalgetreue Übertragungs- u. Wiedergabequalität von Rundfunkgeräten, Plattenspielern etc*). **ˌ~-fiˈdel·i·ty** *adj* High-Fidelity-... ~ **fi·nance** *s* ˈHochfiˌnanz *f.* **ˌ~ˈfli·er** *s* **1.** Erfolgsmensch *m.* **2.** *contp.* Ehrgeizling *m.* **ˈ~-flown** *adj* **1.** bomˈbastisch, hochtrabend (*Worte etc*). **2.** (allzu) ehrgeizig: a) (allzu) hochgesteckt (*Ziele etc*), b) (allzu) hochfliegend (*Pläne etc*). **ˌ~ˈfly·er** → highflier. **ˈ~-ˌfly·ing** *adj* **1.** hochfliegend. **2.** → high-flown. ~ **fre·quen·cy** *s electr.* ˈHochfreˌquenz *f.* **ˌ~-ˈfre·quen·cy** *adj electr.* ˈhochfreˌquent, Hochfrequenz... **H~ Ger·man** *s ling.* Hochdeutsch *n.* **ˌ~-ˈgrade** *adj* **1.** hochwertig: ~ ore; ~ steel Edel-, Qualitätsstahl *m.* **2.** *a. econ.* erstklassig: ~ securities. **3.** *biol.* reinrassig, Edel... **ˌ~-ˈhand·ed** *adj* (*adv* ~ly) anmaßend, selbstherrlich, willkürlich, eigenmächtig. **ˌ~-ˈhand·ed·ness** *s* Anmaßung *f,* Willkür *f.* ~ **hat** *s* Zyˈlinder *m* (*Hut*). **ˌ~-ˈhat** *bes. Am. colloq.* **I** *s* Snob *m,* hochnäsiger Mensch. **II** *adj* snoˈbistisch, hochnäsig. **III** *v/t j-n* von oben herˈab behandeln. **ˌ~-ˈheeled** *adj* hochhackig (*Schuhe*). **ˈ~·jack** → hijack. **ˈ~·jack·er** → hijacker. ~ **jump** *s Leichtathletik*: Hochsprung *m*: to be for the ~ *Br. colloq.* ‚fällig' *od.* ‚dran' sein. ~ **jump·er** *s Leichtathletik*: Hochspringer(in). **ˌ~-ˈkey** *adj paint. phot.* hell, überˈwiegend in hellen Farben gehalten. **ˌ~-ˈkeyed** *adj* **1.** schrill. **2.** → high-strung. **3.** farbenprächtig. **ˈ~·land** [-lənd] **I** *s* Hoch-, Bergland *n*: the H~s of Scotland das schottische Hochland. **II** *adj* hochländisch, Hochland... **ˈ~·land·er** *s* **1.** Hochländer(in). **2.** H~ schottischer Hochländer. **ˌ~-ˈlev·el** *adj* hoch (*a. fig.*): ~ bombing Bombenwurf *m* aus großer Flughöhe; ~ language (*Computer*) höhere Programmiersprache; ~ officials hohe Beamte; ~ railroad (*bes. Br.* railway) Hochbahn *f*; ~ talks *pol.* Gespräche auf höherer Ebene; ~ tank Hochbehälter *m.* ~ **life** *s* Highlife *n* (*exklusives Leben der vornehmen Gesellschaftsschicht*). **ˈ~·light I** *s* **1.** *paint. phot.* Schlaglicht *n.* **2.** *fig.* a) Höhe-, Glanzpunkt *m,* b) *pl* Querschnitt *m* (of durch *e-e Oper etc*). **3.** (blonˈdierte) Strähne (*im Haar*). **II** *v/t* **4.** hell erleuchten. **5.** *fig.* ein Schlaglicht werfen auf (*acc*), herˈvorheben. **6.** *fig.* den Höhe- *od.* Glanzpunkt (*gen*) bilden.

ˈhigh·ly *adv* **1.** hoch, in hohem Grade, höchst, äußerst, sehr: ~ gifted hochbegabt; ~ inflammable leichtentzündlich; ~ interesting hochinteressant; ~ placed hochgestellt; ~ strung reizbar, nervös. **2.** lobend, anerkennend: to speak ~ of s.o.; to think ~ of e-e hohe Meinung haben von, viel halten von. **3.** teuer: ~ paid a) teuer bezahlt, b) hochbezahlt.

high| mal·low *s bot.* Roßmalve *f.* **H~ Mass** *s R.C.* Hochamt *n.* **ˌ~-ˈmind·ed** *adj* **1.** hochgesinnt, von hoher Gesinnung. **2.** *obs.* hochmütig. **ˌ~-ˈmind·ed·ness** *s* hohe Gesinnung. **ˈ~-muck-a-muck** *s sl.* arroˈgantes ‚hohes Tier'. **ˌ~-ˈnecked** *adj* hochgeschlossen (*Kleid*).

ˈhigh·ness *s* **1.** *meist fig.* Höhe *f.* **2.** Erhabenheit *f.* **3.** *gastr.* Hautˈgout *m* (*vom Wild*). **4.** H~ Hoheit *f* (*Titel*): → royal 1.

ˌhigh|-ˈoc·tane *adj chem.* mit hoher Okˈtanzahl (*Benzin*). **ˈ~-pass fil·ter** *s electr.* Hochpaß(filter *n, m*) *m.* **ˌ~-ˈpitched** *adj* **1.** hoch (*Ton etc*). **2.** *arch.* steil, Steil...: ~ roof. **3.** exalˈtiert: a) überˈspannt: intellectually ~ ‚hochgestochen', b) aufgeregt. ~ **point** *s* Höhepunkt *m*: to mark a ~ in s.o.'s life e-n Höhepunkt in j-s Leben darstellen. **ˌ~-ˈpow·er(ed)** *adj* **1.** *tech.* Hochleistungs..., Groß..., stark. **2.** dyˈnamisch, eˈnergisch. **ˌ~-ˈpres·sure I** *v/t* **1.** *colloq. Kunden etc* ‚bearbeiten': to ~ s.o. into buying s.th. j-n so lange bearbeiten, bis er etwas kauft. **II** *adj* **2.** *meteor. tech.* Hochdruck...: ~ area Hoch(druckgebiet) *n*; ~ engine Hochdruckmaschine *f.* **3.** *colloq.* aufdringlich, hartnäckig (*Verkäufer*): ~ salesmanship aggressive Verkaufsmethoden *pl.* **ˌ~-ˈpriced** *adj* teuer. ~ **priest** *s relig.* Hohepriester *m* (*a. fig.*). **ˌ~-ˈprin·ci·pled** *adj* mit strengen Grundsätzen. **ˌ~-ˈproof** *adj chem.* hochgradig, stark alkoˈholisch. **ˌ~-ˈqual·i·ty** → high-grade 1. **ˈ~-ˌrank·ing** *adj* hochrangig, von hohem Rang: ~ officer *mil.* hoher Offizier. ~ **re·lief** *s* ˈHochreliˌef *n.* **ˈ~·rise I** *adj* a) Hoch...: ~ building → II, b) Hochhaus...: ~ district. **II** *s* Hochhaus *n.* **ˈ~ˌris·er** *s* **1.** → highrise II. **2.** High-riser *m* (*Fahrrad od. Moped mit hohem, geteiltem Lenker u. Sattel mit Rückenlehne*). **ˈ~·road** *s* Hauptstraße *f* (*bes. Br. außer in Wendungen wie*): the ~ to success *fig.* der sicherste *od.* beste Weg zum Erfolg. **ˌ~-ˈsal·a·ried** *adj* hochbezahlt. ~ **school** *s Am.* High-School *f* (*weiterführende Schule im Sekundarbereich*). **ˌ~-ˈsea** *adj* Hochsee... ~ **sea·son** *s* ˈHochsaiˌson *f.* **ˌ~-ˈsea·soned** *adj* scharf gewürzt. ~ **seat** *s hunt.* Hochsitz *m.* ~ **sign** *s Am.* (*bes.* warnendes) Zeichen: to give s.o. the ~ j-m ein warnendes Zeichen geben, j-n durch ein Zeichen warnen. **ˈ~-ˌsound·ing** *adj* hochtönend, -trabend: ~ titles. **ˌ~-ˈspeed** *adj* **1.** *tech.* a) schnellaufend: ~ bearing; ~ motor, b) Schnell..., Hochleistungs...: ~ memory (*Computer*) Schnellspeicher *m*; ~ regulator Schnellregler *m*; ~ steel Schnellarbeitsstahl *m.* **2.** *phot.* a) hochempfindlich: ~ film, b) lichtstark: ~ lens. **ˌ~-ˈspir·it·ed** *adj* lebhaft, temperaˈmentvoll. **ˌ~-ˈspir·it·ed·ness** *s* Lebhaftigkeit *f,* Temperaˈment *n.* ~ **spot** *colloq. für* highlight 2 a. **ˌ~-ˈstep·per** *s* hochtrabendes Pferd. **ˈ~-ˌstep·ping** *adj* **1.** hochtrabend. **2.** *fig.* vergnügungssüchtig. ~ **street** *s* Hauptstraße *f.* **ˌ~-ˈstrung** *adj Am.* reizbar, nerˈvös.

high| ta·ble *s ped. univ. Br.* erhöhte (Speise)Tafel (*für Lehrer, Fellows etc*). **ˈ~-tail** *v/i, a. v/t*: to ~ (it) *bes. Am. colloq.* rasen, flitzen. ~ **ta·per** *s bot.* Königskerze *f.* ~ **tea** *s Br.* (frühes) Abendessen. **ˌ~-ˈtem·per·a·ture** *adj* Hochtemperatur...: ~ chemistry; ~ steel warmfester Stahl; ~ strength Warmfestigkeit *f* (*des Stahls*). ~ **ten·sion** *s electr.* Hochspannung *f.* **ˌ~-ˈten·sion** *adj electr.* Hochspannungs... **ˌ~-ˈtest** *adj chem.* bei niederen Temperaˈturen siedend (*Benzin*). ~ **tide** *s* **1.** Hochwasser *n* (*höchster Flutwasserstand*). **2.** *fig.* Höhe-, Gipfelpunkt *m.* ~ **time** *s* **1.** höchste Zeit: it was ~. **2.** they had a high (old) time *colloq.* sie verbrachten e-e herrliche Zeit. **ˌ~-ˈtoned** *adj* **1.** mit strengen Grundsätzen. **2.** vornehm (*Person, Restaurant etc*). **3.** geltungsbedürftig. **4.** hoch, erhaben (*Gedanken etc*). ~ **trea·son** *s* Hochverrat *m.*

high·ty-tigh·ty [ˌhaɪtɪˈtaɪtɪ] → hoity-toity I.

ˈhigh|-up *s colloq.* ‚hohes Tier'. ~ **volt·age** *s electr.* Hochspannung *f.* **ˌ~-ˈvolt·age** *adj electr.* Hochspannungs...: ~ test Wicklungsprüfung *f.* ~ **wa·ter** *s* Hochwasser *n* (*höchster Wasserstand*). **ˌ~-ˈwa·ter** *adj* Hochwasser...: ~ mark a) Hochwasserstandsmarke *f,* b) *fig.* Höhepunkt *m,* Höchststand *m*; ~ pants *Am. colloq.* ‚Hochwasserhosen'. **ˈ~·way** *s* Highway *m,* Haupt(verkehrs)straße *f*: Federal ~ *Am.* Bundesstraße *f*; ~ code *Br.* Straßenverkehrsordnung *f*; ~ robbery a) Straßenraub *m,* b) *colloq.* ‚reinster Nepp'; all the ~s and byways a) alle Wege,

b) *fig.* sämtliche Spielarten; **the ~ to success** *fig.* der sicherste *od.* beste Weg zum Erfolg. **'~·way·man** [-mən] *s irr* (*hist.* berittener) Straßenräuber. **,~-'wing** *adj*: **~ aircraft** Hochdecker *m.*

hi·jack ['haɪdʒæk] **I** *v/t* **1.** *ein Flugzeug* entführen. **2.** *j-n, e-n Geldtransport etc* über'fallen. **II** *s* **3.** (Flugzeug)Entführung *f.* **4.** 'Überfall *m.* **'hi·jack·er** *s* **1.** (Flugzeug)Entführer *m.* **2.** Räuber *m.* **'hi·jack·ing** → **hijack** II.

hike [haɪk] **I** *v/i* **1.** a) wandern, e-e Wanderung machen, b) *mil.* mar'schieren, e-n Geländemarsch machen. **2.** *meist* **~ up** *Am.* hochrutschen (*Kleidungsstück*). **3.** **~ out** (*Segeln*) *Am.* das Boot ausreiten. **II** *v/t* **4.** *meist* **~ up** hochziehen: **to ~ up one's trousers. 5.** *Am. Preise etc* (drastisch) erhöhen *od.* anheben. **III** *s* **6.** a) Wanderung *f*: **to go on a ~** e-e Wanderung machen, b) *mil.* Geländemarsch *m.* **7.** *Am.* (drastische) Erhöhung: **a ~ in prices, a price ~** e-e drastische Preisanhebung. **'hik·er** *s* Wanderer *m.* **'hik·ing I** *s* Wandern *n.* **II** *adj* Wander...: **~ route.**

hi·la ['haɪlə] *pl von* **hilum.**

hi·lar·i·ous [hɪ'leərɪəs; *Am. a.* haɪ-] *adj* (*adv* **~ly**) **1.** vergnügt, ausgelassen, 'übermütig. **2.** lustig: **a ~ story. hi'lar·i·ous·ness, hi'lar·i·ty** [-'lærətɪ] *s* **1.** Vergnügtheit *f*, Ausgelassenheit *f*, 'Übermütigkeit *f.* **2.** Lustigkeit *f.*

Hil·a·ry term ['hɪlərɪ] *s Br.* **1.** *jur. Gerichtstermine in der Zeit vom 11. Januar bis Mittwoch vor Ostern.* **2.** *univ.* 'Frühjahrstri,mester *n.*

Hil·bert space ['hɪlbə(r)t] *s math.* Hilbert-Raum *m.*

hi·li ['haɪlaɪ] *pl von* **hilus.**

hill [hɪl] **I** *s* **1.** Hügel *m*, Anhöhe *f*, kleiner Berg: **up the ~** den Berg hinauf, bergauf; **up ~ and down dale** bergauf u. bergab; **(as) old as the ~s** ur-, steinalt; **to be over the ~** *colloq.* a) s-e besten Jahre *od.* s-e beste Zeit hinter sich haben, b) *bes. med.* über den Berg sein; **to go over the ~** *Am. colloq.* a) (*aus dem Gefängnis*) ausbrechen, b) *mil.* sich unerlaubt von der Truppe entfernen, c) ganz plötzlich *od.* unter mysteriösen Umständen verschwinden. **2.** (Erd)Haufen *m*: **~ of potatoes** *agr.* gehäufelte Reihe von Kartoffeln. **II** *v/t* **3.** *a.* **~ up** *agr. Pflanzen* häufeln.

'hill,bil·ly *s Am. meist contp.* Hillbilly *m*, 'Hinterwäldler *m* (*bes. aus den südlichen USA*). **~ mu·sic** *s* 'Hillbilly-Mu,sik *f*: a) *Volksmusik aus den südlichen USA*, b) *kommerzialisierte Musik, die der Hillbilly- od. der Western-Musik entspringt od. deren Stil nachahmt.*

hill| climb *s Auto-, Motorrad-, Radsport*: Bergrennen *n.* **'~-,climb·ing a·bil·i·ty** *s mot.* Steigfähigkeit *f.*

hill·i·ness ['hɪlɪnɪs] *s* Hügeligkeit *f.*

hill·ock ['hɪlək] *s* kleiner Hügel.

,hill|'side *s* Hang *m*, (Berg)Abhang *m.* **'~·site** *s* erhöhte Lage. **~ sta·tion** *s im* (*indischen*) *Bergland gelegener* (*Erholungs*)*Ort.* **,~'top** *s* Hügel-, Bergspitze *f.* **~ walk** *s* Bergwanderung *f.* **~ walk·ing** *s* Bergwandern *n.*

'hill·y *adj* hügelig.

hilt [hɪlt] **I** *s* Heft *n*, Griff *m* (*Schwert, Dolch*): **armed to the ~** bis an die Zähne bewaffnet; **(up) to the ~** a) bis ans Heft, b) *fig.* durch u. durch, ganz u. gar; **to back s.o. up to the ~** j-n voll u. ganz unterstützen; **to be in trouble up to the ~** bis über die Ohren in Schwierigkeiten stecken; **to play one's part up to the ~** *thea. etc* s-e Rolle (voll) ausspielen; **to prove up to the ~** unwiderleglich beweisen. **II** *v/t* mit e-m Heft *etc* versehen.

hi·lum ['haɪləm] *pl* **'hi·la** [-lə] *s* **1.** *bot.* a) Hilum *n*, Samennabel *m*, b) Kern *m* (*e-s Stärkekorns*). **2.** → **hilus.**

hi·lus ['haɪləs] *pl* **'hi·li** [-laɪ] *s anat.* Hilus *m* (*vertiefte Stelle an Organen, an der Nerven u. Gefäße ein- u. austreten*).

him [hɪm; ɪm] **I** *personal pron* **1.** ihn (*acc von* **he**): **I know ~; I saw ~ who did it** ich sah den(jenigen), der es tat; ich sah, wer es tat. **2.** ihm (*dat von* **he**): **I gave ~ the book. 3.** *colloq.* er: **it's ~, not her** er ist es, nicht sie. **II** *reflex pron* **4.** sich: **he looks about ~** er sieht um sich, er sieht sich um.

Hi·ma·la·yan [,hɪmə'leɪən; hɪ'mɑːljən] *adj* Himalaja...

him'self *pron* **1.** *reflex* sich: **he cut ~; he thought ~ wise** er hielt sich für klug. **2.** sich (selbst): **he needs it for ~. 3.** (er *od.* ihn *od.* ihm) selbst: **he ~ said it, he said it ~** er selbst sagte es, er sagte es selbst; **by ~** von selbst, allein, ohne Hilfe; **he is not quite ~** a) er ist nicht ganz auf der Höhe, b) er ist nicht ganz normal *od.* ‚bei Trost'; **he is quite ~ again** er ist wieder ganz der alte.

hind[1] [haɪnd] *s zo.* Hindin *f*, Hirschkuh *f.*

hind[2] [haɪnd] *comp* **'hind·er,** *sup* **'hind·most** *od.* **'hind·er·most** *adj* hinter(er, e, es), Hinter...: **~ leg** Hinterbein *n*; **to get (up) on one's ~ legs** *colloq.* (aufstehen u.) sich zu Wort melden; **he could talk the ~ legs off a donkey** (*od.* **mule**) *colloq.* wenn der einmal zu reden anfängt, hört er nicht mehr auf; **~ wheel** Hinterrad *n.*

'hind·brain *s anat.* Rautenhirn *n.*

hin·der[1] ['hɪndə(r)] **I** *v/t* **1.** *j-n, etwas* aufhalten (**in** bei): **to ~ s.o. in his work; to ~ s.o.'s work** j-s Arbeit behindern. **2.** (**from**) hindern (an *dat*), abhalten (von), zu'rückhalten (vor *dat*): **to ~ s.o. from doing s.th.** j-n daran hindern *od.* davon abhalten *od.* davor zurückhalten, etwas zu tun. **II** *v/i* **3.** hinderlich *od.* im Weg sein, hindern.

hind·er[2] ['haɪndə(r)] *comp von* **hind**[2].

'hind·er·most *sup von* **hind**[2].

Hin·di ['hɪndiː] *s ling.* Hindi *n*: a) *Sammelname nordindischer Dialekte*, b) *e-e schriftsprachliche Form des Hindustani.*

'hind·most I *sup von* **hind**[2]. **II** hinterst(er, e, es), letzt(er, e, es): → **devil** 1.

,hind'quar·ter *s* **1.** 'Hinterviertel *n* (*vom Schlachttier*). **2.** *meist pl* a) 'Hinterhand *f* (*vom Pferd*), b) 'Hinterteil *n.*

hin·drance ['hɪndrəns] *s* **1.** Behinderung *f*: **to be a ~** a) (**to**) → **hinder**[1] 1, b) → **hinder**[1] 3. **2.** Hindernis *n* (**to** für).

'hind·sight *s* **1.** *mil.* → **rear sight. 2.** nachträgliche Einsicht: **~ is easier than foresight** hinterher ist man fast immer klüger als vorher, *contp. a.* hinterher kann man leicht klüger sein als vorher.

Hin·du [,hɪn'duː; 'hɪnduː] **I** *s* **1.** *relig.* Hindu *m.* **2.** Inder *m.* **II** *adj* **3.** *relig.* Hindu... **4.** indisch. **'Hin·du·ism** *s relig.* Hindu'ismus *m.*

Hin·du·sta·ni [,hɪndʊ'stɑːnɪ; -'stænɪ] *ling.* **I** *adj* hindu'stanisch, Hindustani... **II** *s* Hindu'stani *n.*

hinge [hɪndʒ] **I** *s* **1.** *a.* **~ joint** *tech.* Schar'nier *n*, Gelenk *n*, (Tür)Angel *f*: **~ band** Scharnierband *n*; **off its ~s** aus den Angeln. **2.** *a.* **~ joint** *anat.* Schar'niergelenk *n.* **3.** *fig.* Angelpunkt *m.* **4.** *geogr. obs.* Kardi'nalpunkt *m.* **II** *v/t* **5.** mit Schar'nieren *etc* versehen: **~d** auf-, herunter-, zs.-klappbar, (um ein Gelenk) drehbar, Scharnier..., Gelenk... **6.** *e-e Tür etc* einhängen. **III** *v/i* **7.** (**on, upon**) *fig.* a) abhängen (von), ankommen (auf *acc*), b) sich drehen (um).

hin·ny[1] ['hɪnɪ] *s zo.* Maulesel *m.*

hin·ny[2] ['hɪnɪ] → **whinny.**

hint [hɪnt] **I** *s* **1.** Wink *m*, Andeutung *f*: **to drop a ~** e-e Andeutung machen, e-e Bemerkung fallenlassen; **to give s.o. a ~** j-m e-n Wink geben; **to take a ~** e-n Wink verstehen; **broad ~** Wink mit dem Zaunpfahl. **2.** Wink *m*, Fingerzeig *m*, 'Hinweis *m*, Tip *m* (**on** für): **~s for housewives** Tips für die Hausfrau. **3.** Anspielung *f* (**at** auf *acc*). **4.** *fig.* Anflug *m*, Spur *f* (**of** von). **5.** (leichter) Beigeschmack. **6.** *obs.* (günstige) Gelegenheit. **II** *v/t* **7.** andeuten: **to ~ s.th. to s.o.** j-m gegenüber etwas andeuten, j-m etwas indirekt zu verstehen geben. **III** *v/i* **8.** (**at**) andeuten (*acc*), e-e Andeutung machen (über *acc*), anspielen (auf *acc*).

hin·ter·land ['hɪntə(r)lænd] *s* **1.** 'Hinterland *n.* **2.** 'Umland *n.*

hip[1] [hɪp] *s* **1.** *anat.* Hüfte *f*: **to place** (*od.* **put**) **one's hands on one's ~s** die Arme in die Hüften stemmen; → **shoot** 26. **2.** → **hip joint. 3.** *arch.* a) Gratanfall *m*, Walm *m* (*vom Walmdach*), b) Walmsparren *m.*

hip[2] [hɪp] *s bot.* Hagebutte *f.*

hip[3] [hɪp] *interj*: **~, ~, hurrah!** hipp, hipp, hurra!

hip[4] [hɪp] *adj sl.* **1. to be ~** alles mitmachen, was gerade ‚in' ist. **2. to be ~** auf dem laufenden sein (**to** über *acc*).

'hip|·bath *s* Sitzbad *n.* **'~·bone** *s anat.* Hüftbein *n*, -knochen *m.* **~ boot** *s* Wasserstiefel *m.* **~ flask** *s* Taschenflasche *f*, ‚Flachmann' *m.* **'~-,hug·gers** *s pl a.* **pair of ~** *bes. Am.* Hüfthose *f.* **~ joint** *s anat.* Hüftgelenk *n.*

hipped[1] [hɪpt] *adj* **1.** mit ... Hüften, ...hüftig. **2.** *zo.* hüftlahm. **3.** *arch.* Walm...: **~ roof.**

hipped[2] [hɪpt] *adj Am. sl.* ‚scharf', versessen (**on** auf *acc*).

hip·pie ['hɪpɪ] *s* Hippie *m* (*Angehöriger e-r in den sechziger Jahren entstandenen Bewegung, in der Jugendliche in friedlich-passiver Weise gegen die Konsum- u. Leistungsgesellschaft rebellieren mit dem Ziel, e-e humanere Welt zu schaffen*).

hip·po ['hɪpəʊ] *pl* **-pos** *s colloq. für* **hippopotamus.**

hip·po·cam·pus [,hɪpəʊ'kæmpəs] *pl* **-'cam·pi** [-paɪ] *s* **1.** *myth.* Hippo'kamp *m*, Meerpferd *n.* **2.** *zo.* Seepferdchen *n.* **3.** *anat.* Ammonshorn *n* (*des Gehirns*).

hip pock·et *s* Gesäßtasche *f.*

Hip·po·crat·ic [,hɪpəʊ'krætɪk] *adj* hippo'kratisch: **~ face** hippokratisches Gesicht (*Gesicht e-s Schwerkranken od. Sterbenden*); **~ oath** hippokratischer Eid, Eid *m* des Hippokrates.

hip·po·drome ['hɪpədrəʊm] *s* **1.** Hippo'drom *n*, *m*: a) *antiq.* Pferde- u. Wagenrennbahn *f*, b) Reitbahn *f.* **2.** a) Zirkus *m*, b) Varie'té(the,ater) *n.* **3.** *sport Am. sl.* abgekartete Sache, ‚Schiebung' *f.*

hip·po·griff, *a.* **hip·po·gryph** ['hɪpəʊgrɪf] *s* Hippo'gryph *m* (*geflügeltes Fabeltier mit Pferdeleib u. Greifenkopf*).

hip·pol·o·gy [hɪ'pɒlədʒɪ; *Am.* -'pɑ-] *s* Hippolo'gie *f*, Pferdekunde *f.*

hip·poph·a·gy [hɪ'pɒfədʒɪ; *Am.* -'pɑ-] *s* Essen *n* von Pferdefleisch.

hip·po·pot·a·mus [,hɪpə'pɒtəməs; *Am.* -'pɑ-] *pl* **-'pot·a·mus·es, -'pot·a·mi** [-maɪ] *s zo.* Fluß-, Nilpferd *n.*

hip·pu·ric [hɪ'pjʊərɪk] *adj chem.* Hippur...: **~ acid.**

hip·py[1] ['hɪpɪ] → **hippie.**

hip·py[2] ['hɪpɪ] *adj colloq.* mit breiten Hüften.

hip| raft·er *s arch.* Gratsparren *m.* **~ roof** *s arch.* Walmdach *n.* **'~·shot** *adj* **1.** *med.* mit verrenkter Hüfte. **2.** *fig.* (lenden)lahm.

hip·ster ['hɪpstə(r)] **I** *s* **1.** *sl. j-d, der alles mitmacht, was gerade ‚in' ist.* **2.** *sl. obs. für* **hippie. 3.** *pl a.* **pair of ~s** *Br.* Hüfthose *f.* **II** *adj* **4.** Hüft...: **~ trousers** → 3.

hir·a·ble [ˈhaɪərəbl] *adj* mietbar, zu mieten(d).

hire [ˈhaɪə(r)] **I** *v/t* **1.** mieten: **to ~ a car**; **to ~ a plane** ein Flugzeug chartern; **~d car** Leih-, Mietwagen *m*; **~d airplane** Charterflugzeug *n*. **2.** *a.* **~ on** a) *j-n* ein-, anstellen, in Dienst nehmen, *mar.* (an-)heuern, b) *j-n* engaˈgieren, c) *bes. b.s.* anheuern: **~d killer** bezahlter *od.* gekaufter Mörder, Killer *m*. **3.** *meist* **~ out** vermieten: **to ~ o.s. (out) to** e-e Beschäftigung annehmen bei. **II** *v/i* **4.** *meist* **~ out** e-e Beschäftigung annehmen (**to** bei): **to ~ in** (*od.* **on**) *Am.* den Dienst antreten. **III** *s* **5.** Miete *f* (*von beweglichen Sachen*): **~ car** Leih-, Mietwagen *m*; **~ charge** Leihgebühr *f*, Miete *f*; **~ company** Verleih(firma *f*) *m*; **~ service** *mot.* Selbstfahrerdienst *m*, Autoverleih *m*; **on ~** a) mietweise, b) zu vermieten; **to take (let) a car on ~** ein Auto (ver)mieten; **for ~** a) zu vermieten, b) frei (*Taxi*). **6.** (Arbeits-)Lohn *m*, Entgelt *n*.

hire·ling [ˈhaɪə(r)lɪŋ] **I** *s* **1.** *bes. contp.* Mietling *m*. **2.** *bes. contp. j-d, der bereit ist, für Geld (nahezu) alles zu machen.* **3.** Mietpferd *n*. **II** *adj* **4.** *bes. contp.* käuflich. **5.** *b.s.* angeheuert: **~ killer** bezahlter *od.* gekaufter Mörder, Killer *m*.

hire| pur·chase *s econ. bes. Br.* Abzahlungs-, Ratenkauf *m*, Kauf *m* auf Raten *od.* Teilzahlung: **to buy s.th. on ~** etwas auf Abzahlung kaufen. ˌ**~-ˈpur·chase** *adj econ. bes. Br.* Abzahlungs..., Raten...: **~ agreement** Abzahlungsvertrag *m*; **~ system** Raten-, Teilzahlungssystem *n*.

hir·er [ˈhaɪərə(r)] *s* **1.** Mieter(in). **2.** Vermieter(in).

hir·sute [ˈhɜːsjuːt; *Am.* ˈhɜrˌsuːt; ˈhɪər-] *adj* **1.** haarig. **2.** mit zottigem *od.* struppigem Haar. **3.** *bot. zo.* rauhhaarig, borstig. ˈ**hir·sute·ness** *s* Haarigkeit *f*.

his [hɪz; ɪz] *possessive pron* **1.** sein, seine: **~ family**. **2.** seiner (seine, seines), der (die, das) seine *od.* seinige (*prädikativ u. substantivisch gebraucht*), (*auf Handtüchern etc*) er: **this hat is ~** das ist sein Hut, dieser Hut gehört ihm; **a book of ~** ein Buch von ihm; **my father and ~** mein und sein Vater.

His·pan·ic [hɪˈspænɪk] *adj* spanisch. **Hisˈpan·i·cism** [-sɪzəm] *s ling.* Hispaˈnismus *m*, spanische Spracheigenheit. **Hisˈpan·i·cize** [-saɪz] *v/t* hispaniˈsieren, spanisch machen.

his·pid [ˈhɪspɪd] → **hirsute** 3. **hisˈpid·u·lous** [-djʊləs; *Am.* -dʒələs] *adj bot. zo.* kurzborstig.

hiss [hɪs] **I** *v/i* **1.** zischen: **to ~ at** auszischen. **II** *v/t* **2.** auszischen: **he was ~ed off the stage** er wurde ausgezischt. **3.** zischeln, zischen(d sprechen). **III** *s* **4.** Zischen *n*. **5.** *ling.* Zischlaut *m*. ˈ**hiss·ing** *s* Zischen *n*, Gezisch *n*.

hist [sːt; hɪst] *interj* sch!, pst!

his·ta·mine [ˈhɪstəmiːn] *s physiol.* Histaˈmin *n* (*den Blutdruck senkendes Gewebshormon*).

histo- [hɪstəʊ] *Wortelement mit der Bedeutung* Gewebe...

ˌ**his·toˈchem·is·try** *s* Histocheˈmie *f* (*Gesamtheit der innerhalb der Histologie angewandten chemischen Verfahren zur Bestimmung der Bestandteile von Zellen u. Geweben*).

ˈ**his·to·comˌpat·i·ˈbil·i·ty** *s med.* Histokompatibiliˈtät *f*, Gewebsverträglichkeit *f*. ˌ**his·to·comˈpat·i·ble** *adj* histokompaˈtibel, gewebsverträglich.

his·to·gram [ˈhɪstəgræm] *s Statistik*: Histoˈgramm *n* (*graphische Darstellung e-r Häufigkeitsverteilung in Form von Rechtecken*).

ˈ**his·toˌin·comˌpat·i·ˈbil·i·ty** *s med.* Histoinkompatibiliˈtät *f*, Gewebsunverträglichkeit *f*. ˈ**his·toˌin·comˈpat·i·ble** *adj* histoinkompaˈtibel, gewebsunverträglich.

his·tol·o·gist [hɪˈstɒlədʒɪst; *Am.* -ˈstɑ-] *s med. biol.* Histoˈloge *m*. **hisˈtol·o·gy** *s* **1.** *med. biol.* Histoloˈgie *f*, Gewebelehre *f*. **2.** *anat.* Geˈwebs-, Orˈganstrukˌtur *f*.

his·tol·y·sis [hɪˈstɒlɪsɪs; *Am.* -ˈstɑ-] *s med.* Histoˈlyse *f*: a) *Auflösung von Gewebe durch eiweißspaltende Fermente nach dem Tod*, b) *örtlich begrenzte Auflösung von Gewebe beim lebenden Organismus.*

ˌ**his·to·paˈthol·o·gy** *s med. biol.* Histopatholoˈgie *f* (*Wissenschaft von den krankhaften Veränderungen des menschlichen, tierischen und pflanzlichen Gewebes*).

his·to·ri·an [hɪˈstɔːrɪən; *Am. a.* -ˈstəʊ-] *s* Hiˈstoriker *m*, Geschichtsforscher *m*, -wissenschaftler *m*.

his·tor·ic [hɪˈstɒrɪk; *Am. a.* -ˈstɑ-] *adj* (*adv* **~ally**) **1.** hiˈstorisch, geschichtlich (berühmt *od.* bedeutsam): **~ battlefield**; **~ building**; **a(n) ~ occasion**; **a(n) ~ speech**. **2.** → **historical**. **hisˈtor·i·cal I** *adj* (*adv* **~ly**) **1.** → **historic** 1. **2.** hiˈstorisch: a) geschichtlich (belegt *od.* überˈliefert): **a(n) ~ event**; **~ painter** Historienmaler *m*; **~ painting** Historienmalerei *f*; Historienbild *n*, b) mit Geschichte befaßt, Geschichts...: **~ geography** historische Geographie; **~ linguistics** historische Sprachwissenschaft; **~ science** Geschichtswissenschaft *f*, c) geschichtlich orientiert: **~ geology** historische Geologie; **~ materialism** historischer Materialismus; **~ method** historische Methode; **~ school** *econ.* historische Schule, d) geschichtlich(en Inhalts): **~ novel** historischer Roman. **3.** *ling.* hiˈstorisch: **~ grammar**; **~ present** historisches Präsens. **II** *s* **4.** *Am.* hiˈstorischer Film *od.* Roˈman, historisches Drama. **hisˈtor·i·cal·ness** *s* (*das*) Hiˈstorische.

his·tor·i·cism [hɪˈstɒrɪsɪzəm; *Am. a.* -ˈstɑ-] *s* Histoˈrismus *m*, Historiˈzismus *m*: a) *Geschichtsverständnis, das die Vergangenheit mit deren eigenen Maßstäben mißt*, b) *Geschichtsbetrachtung, die alle Erscheinungen aus ihren geschichtlichen Bedingungen heraus zu erklären u. zu verstehen sucht.*

his·to·ric·i·ty [ˌhɪstəˈrɪsətɪ] *s* Historiziˈtät *f*, Geschichtlichkeit *f*.

his·to·ried [ˈhɪstərɪd] *adj* hiˈstorisch, geschichtlich (berühmt *od.* bedeutsam): **a richly ~ country** ein geschichtsträchtiges Land.

his·to·ri·ette [hɪˌstɔːrɪˈet] *s* kurze Erzählung.

his·tor·i·fy [hɪˈstɒrɪfaɪ; *Am. a.* -ˈstɑ-] *v/t* aufzeichnen, festhalten.

his·to·ri·og·ra·pher [ˌhɪstɔːrɪˈɒgrəfə; *Am.* hɪsˌtəʊrɪˈɑgrəfər] *s* Historioˈgraph *m*, Geschichtsschreiber *m*. ˌ**his·to·riˈog·ra·phy** *s* Historiograˈphie *f*, Geschichtsschreibung *f*.

his·to·rism [ˈhɪstərɪzəm] → **historicism**.

his·to·ry [ˈhɪstərɪ; -trɪ] *s* **1.** Geschichte *f*, Erzählung *f*. **2.** Geschichte *f*: a) geschichtliche Vergangenheit *od.* Entwicklung, b) Geschichtswissenschaft *f*, Hiˈstorik *f*: **ancient (medieval, modern) ~** Alte (Mittlere, Neue[re]) Geschichte; **that's ancient** (*od.* **past**) **~** das interessiert niemanden mehr; **contemporary ~** Zeitgeschichte; **~ of art** Kunstgeschichte; **~ of civilization** Kulturgeschichte; **~ of literature** Literaturgeschichte; **~ of religions** Religionsgeschichte; **to go down in ~** in die Geschichte eingehen; **to make ~** Geschichte machen; **the chair has a ~** der Stuhl hat e-e (interessante) Vergangenheit; **that's all ~ now** das ist alles längst vorbei. **3.** (Entwicklungs-)Geschichte *f*, Werdegang *m* (*a. tech.*). **4.** *tech.* Bearbeitungsvorgang *m*. **5.** *allg., a. med.* Vorgeschichte *f*: **(case) ~** Krankengeschichte *f*, Anamnese *f*. **6.** Lebensbeschreibung *f*, -lauf *m*. **7.** (zs.-hängende) Darstellung *od.* Beschreibung, Geschichte *f*: → **natural history**. **8.** hiˈstorisches Drama. **9.** Hiˈstorienbild *n*. **~ paint·ing** *s* a) → **history** 9, b) Hiˈstorienmaleˌrei *f*.

his·tri·on·ic [ˌhɪstrɪˈɒnɪk; *Am.* -ˈɑnɪk] **I** *adj* (*adv* **~ally**) **1.** Schauspiel(er)..., schauspielerisch. **2.** *contp.* theaˈtralisch. **II** *s* **3.** *pl* (*a. als sg konstruiert*) a) schauspielerische Darstellung, b) Schauspielkunst *f*, c) *contp.* theaˈtralisches Getue, ‚Schauspieleˈrei' *f*. ˌ**his·triˈon·i·cal** → **histrionic** I. ˈ**his·tri·o·nism** [-trɪənɪzəm] → **histrionic** 3 c.

hit [hɪt] **I** *s* **1.** Schlag *m*, Hieb *m*. **2.** *a. sport u. fig.* Treffer *m*: **to make** (*od.* **score**) **a ~** a) e-n Treffer erzielen, b) *fig.* gut ankommen (**with** bei). **3.** Glücksfall *m*, -treffer *m*. **4.** Hit *m* (*Buch, Schlager etc*): **it (he) was a big ~** es (er) hat groß eingeschlagen. **5.** a) treffende Bemerkung, guter Einfall, b) Hieb *m* (**at** gegen), sarˈkastische Bemerkung: **that was a ~ at me** das ging gegen mich. **6.** *print. Am.* (Ab-)Druck *m*. **7.** *sl.* ‚Schuß' *m* (*Drogeninjektion*): **to give o.s. a ~** ‚sich e-n Schuß setzen *od.* drücken'. **8.** *bes. Am. sl.* (*von e-m* **hit man** *ausgeführter*) Mord.

II *v/t pret u. pp* **hit 9.** schlagen, e-n Schlag versetzen (*dat*): → **hard** 24. **10.** (*a. fig. seelisch, finanziell etc*) treffen: **to ~ the target**; **he was ~ by a bullet** er wurde von e-r Kugel getroffen; **to ~ the nail on the head** *fig.* den Nagel auf den Kopf treffen; **to be ~ hard** (*od.* **hard ~**) *fig.* schwer getroffen sein (**by** durch); **he's badly ~** ihn hat es schlimm erwischt; **to ~ the** (*od.* **one's**) **books** *Am. colloq.* ‚büffeln'; **to ~ the bottle** *colloq.* ‚saufen'; **to ~ it** *sl.* ‚sich in die Falle *od.* Klappe hauen'; → **brick** 1, **hay**[1] 1, **road** 2, **sack**[1] 6. **11.** *mot. etc j-n od. etwas* anfahren, *etwas* rammen: **to ~ a mine** *mar.* auf e-e Mine laufen. **12. to ~ one's head against** (*od.* **on**) sich den Kopf anschlagen an (*dat*), mit dem Kopf stoßen gegen. **13. to ~ s.o. a blow** j-m e-n Schlag versetzen. **14.** *bes. fig.* stoßen *od.* kommen auf (*acc*), treffen, finden: **to ~ oil** auf Öl stoßen; **to ~ the right road** auf die richtige Straße kommen; **to ~ the right solution** die richtige Lösung finden; **you have ~ it!** du hast es getroffen!, so ist es! **15. to ~ s.o.'s fancy** (*od.* **taste**) j-s Geschmack treffen, *a.* j-m zusagen. **16.** *fig.* geißeln, scharf kritiˈsieren. **17.** erreichen, *etwas* ‚schaffen': **the car ~s 100 mph**; **prices ~ an all-time high** die Preise erreichten e-e Rekordhöhe; → **front page, headline** 1. **18.** *a.* **~ off** genau treffen *od.* ˈwiedergeben, treffend nachahmen, überˈzeugend darstellen *od.* schildern. **19.** *a.* **~ up** *bes. Am. colloq. j-n* ‚anhauen', anpumpen (**for** um). **20.** *colloq.* ankommen in (*dat*): **to ~ town** die Stadt erreichen. **21.** *bes. Am. sl. j-n* ‚umlegen' (**hit man**).

III *v/i* **22.** treffen. **23.** schlagen (**at** nach): **to ~ hard** e-n harten Schlag haben. **24.** stoßen, schlagen (**against** gegen; **on, upon** auf *acc*). **25.** *mil.* einschlagen (*Granate etc*). **26. ~ (up)on** *fig.* → 14. **27.** *mot. Am. colloq.* zünden, laufen: **to ~ on all four cylinders** gut laufen (*a. fig.*). **28.** *a.* **~ up** *sl.* ‚schießen' (*Heroin etc spritzen*).

Verbindungen mit Adverbien:

hit| back I *v/i* zuˈrückschlagen (*a. fig.*): **to ~ at s.o.** j-m Kontra geben. **II** *v/t* zuˈrückschlagen. **~off I** *v/t* **1.** → hit 18. **2. to hit it off** *colloq.* sich gut vertragen **(with s.o.** mit j-m): **how do they hit it off?** wie kommen sie miteinander aus? **II** *v/i* **3.** *colloq.* **(with)** passen (zu), harmoˈnieren (mit). **~ out** *v/i* **1.** um sich schlagen: **to ~ at s.o.** auf j-n einschlagen. **2.** *fig.* her-, losziehen **(at, against** über *acc*). **~up** *v/t* **1.** *Kricket*: *Läufe* erzielen. **2. to hit it up** *colloq.* sich mächtig ins Zeug legen. **3.** → hit 19.

ˌhit|-and-ˈmiss *adj* **1.** mit wechselndem Erfolg. **2.** → hit-or-miss. **ˌ~-and-ˈrun I** *adj* **1.** ~ **accident** → 3; ~ **driver** unfallflüchtiger Fahrer. **2.** kurz, rasch: ~ **merchandising** kurzlebige Verkaufsaktion; ~ **raid** *mil.* Stippangriff *m.* **II** *s* **3.** Unfall *m* mit Fahrerflucht.

hitch [hɪtʃ] **I** *s* **1.** *bes. mar.* Stich *m*, Knoten *m.* **2.** Schwierigkeit *f*, Proˈblem *n*, ‚Haken' *m*: **there is a ~ (somewhere)** die Sache hat (irgendwo) e-n Haken, irgend etwas stimmt da nicht; **without a ~** glatt, reibungslos. **3.** Ruck *m*, Zug *m*: **to give s.th. a ~** an etwas ziehen; **to give one's trousers a ~** s-e Hosen hochziehen. **4.** *bes. Am.* Humpeln *n*, Hinken *n*: **to walk with a ~** humpeln, hinken. **5.** *tech.* Verbindungshaken *m*, -glied *n.* **6. to get a ~** *colloq.* im Auto mitgenommen werden. **7.** *Am. sl.* Zeit(spanne) *f*, *bes.* a) Miliˈtärzeit *f*, b) ‚Knast' *m* (*Gefängnisstrafe*): **to serve a three-year ~ in prison** e-e dreijährige Strafe ‚abbrummen'. **II** *v/t* **8.** (ruckartig) ziehen, rücken: **he ~ed his chair closer to the table** er rückte mit s-m Stuhl näher an den Tisch heran; **to ~ up one's trousers** s-e Hosen hochziehen. **9. (to)** befestigen, festmachen, -haken (an *dat*), anbinden, ankoppeln (an *acc*). **10.** *e-e unpassende Bemerkung etc* einbringen **(into** in *ein literarisches Werk*). **11. to ~ a ride** → 6. **12. to get ~ed** → 15. **III** *v/i* **13.** *bes. Am.* humpeln, hinken: **to ~ along** dahinhumpeln. **14.** sich festhaken, sich verfangen, hängenbleiben **(on** an *dat*). **15.** *a.* **~ up** *colloq.* heiraten. **16.** *colloq. für* **hitchhike.**

Hitch·cock·i·an [ˌhɪtʃˈkɒkɪən; *Am.* -ˈkɑ-] *adj* hitchcocksch, im Stile Hitchcocks.

ˈhitch·er *colloq. für* **hitchhiker.**

ˈhitch|·hike *v/i* ‚per Anhalter' fahren, trampen. **ˈ~ˌhik·er** *s* Anhalter(in), Tramper(in).

hith·er [ˈhɪðə(r)] **I** *adv* ˈhierher: **~ and thither** hierhin u. dorthin. **II** *adj obs.* diesseitig, näher (gelegen): **the ~ side of the hill; H~ India** Vorderindien *n.* **ˌ~ˈto I** *adv* **1.** bisher, bis jetzt. **2.** *obs.* bis ˈhierher (*örtlich*). **II** *adj* **3.** bisˈherig.

Hit·ler·ism [ˈhɪtlərɪzəm] *s hist.* Naˈzismus *m.* **ˈHit·ler·ite** *hist.* **I** *s* Nazi *m.* **II** *adj* naˈzistisch.

hit| list *s bes. Am. sl.* Abschußliste *f* (*a. fig.*): **to be on the ~** auf der Abschußliste stehen. **~ man** *s irr bes. Am. sl.* Killer *m* (*e-s Verbrechersyndikats*). **ˈ~-off** *s* genaue ˈWiedergabe, treffende Nachahmung, überˈzeugende Darstellung *od.* Schilderung: **to do a ~ of** → hit 18. **~ or miss** *adv* aufs Barateˈwohl, auf gut Glück. **ˌ~-or-ˈmiss** *adj* **1.** unbekümmert, sorglos. **2.** aufs Barateˈwohl getan. **3.** unsicher. **~ pa·rade** *s* ˈHitpaˌrade *f.* **~ song** *s* Hit *m.*

hit·ter [ˈhɪtə(r)] *s Boxen*: *colloq.* Schläger *m*, Puncher *m.*

Hit·tite [ˈhɪtaɪt] *hist.* **I** *s* Heˈthiter(in). **II** *adj* heˈthitisch.

hive [haɪv] **I** *s* **1.** Bienenkorb *m*, -stock *m*: **~ dross** Bienenharz *n.* **2.** Bienenvolk *n*, -schwarm *m.* **3.** *fig.* a) Bienenhaus *n*: **what a ~ of industry** (*od.* **activity**)! das ist ja das reinste Bienenhaus!, b) Sammelpunkt *m*, c) Schwarm *m* (*von Menschen*). **II** *v/t* **4.** *Bienen* in e-n Stock bringen. **5.** *Honig* im Bienenstock sammeln. **6.** *a.* **~ up** (*od.* **away**) *fig.* a) sammeln, sich e-n Vorrat anlegen von, b) auf die Seite legen. **7.** *fig.* beherbergen. **8. ~ off** *bes. Br.* a) **(from)** *e-e Abteilung etc* abtrennen (von), ausgliedern (aus), b) *Teile e-r verstaatlichten Industrie* reprivatiˈsieren. **III** *v/i* **9.** in den Stock fliegen (*Bienen*): **to ~ off** *fig.* a) abschwenken **(from** von), b) *a.* **to ~ off from the firm, to ~ off into one's own business** sich selbständig machen, c) *bes. Br. colloq.* ‚sich aus dem Staub machen'. **10.** sich zs.-drängen: **the multitudes that ~ in city apartments.**

hives [haɪvz] *s pl* (*a. als sg konstruiert*) *med.* Nesselausschlag *m.*

h'm [hm] *interj* hm!

ho[1] [həʊ] *interj* **1.** (*überrascht*) naˈnu! **2.** (*erfreut*) ah!, oh! **3.** (*triumphierend*) ha! **4.** *iro.* haha! **5.** hallo!, holla!, heda! **6.** auf nach ...: **westward ~!** auf nach Westen! **7. land ~!** *mar.* Land in Sicht!

ho[2] [hɔː] *pl* **hos** *s Am. sl.* ‚Nutte' *f* (*Prostituierte*).

hoar [hɔː(r); *Am. a.* həʊr] **I** *s* **1.** → hoarfrost. **II** *adj* **2.** *obs. für* **hoary** 1, 2. **3.** (*vom Frost*) weiß, bereift.

hoard [hɔː(r)d; *Am. a.* həʊrd] **I** *s* a) Hort *m*, Schatz *m*, b) Vorrat *m* **(of** an *dat*). **II** *v/t a.* **~ up** horten, hamstern. **III** *v/i* hamstern, sich Vorräte anlegen.

ˈhoard·er *s* Hamsterer *m.*

ˈhoard·ing[1] *s* **1.** Horten *n*, Hamsteˈrei *f.* **2.** gehortete Vorräte *pl.*

ˈhoard·ing[2] *s* **1.** Bau-, Bretterzaun *m.* **2.** *Br.* Reˈklametafel *f.*

ˌhoarˈfrost *s* (Rauh)Reif *m.*

hoar·i·ness [ˈhɔːrɪnɪs; *Am. a.* ˈhəʊ-] *s* **1.** Weiß(grau) *n.* **2.** a) Silberhaarigkeit *f*, b) *fig.* Ehrwürdigkeit *f.*

hoarse [hɔː(r)s; *Am. a.* həʊrs] *adj* (*adv* **~ly**) heiser: **(as) ~ as an old crow** *colloq.* ‚stockheiser'; → **shout** 6. **ˈhoars·en** [-sn] *v/t u. v/i* heiser machen (werden). **ˈhoarse·ness** *s* Heiserkeit *f.*

hoar·y [ˈhɔːrɪ; *Am. a.* ˈhəʊriː] *adj* (*adv* **hoarily**) **1.** weiß(grau). **2.** a) (alters)grau, ergraut, silberhaarig, b) *fig.* altersgrau, ehrwürdig, (ur)alt. **3.** *bot. zo.* mit weißen Härchen bedeckt.

hoax [həʊks] **I** *s* **1.** Falschmeldung *f*, (Zeitungs)Ente *f*, Schwindel *m.* **2.** Streich *m*, (übler) Scherz: **to play a ~ on s.o.** j-m e-n Streich spielen, sich mit j-m e-n Scherz erlauben. **II** *v/t* **3.** *j-m* e-n Bären aufbinden: **to ~ s.o. into believing s.th.** j-m etwas weismachen.

hob[1] [hɒb; *Am.* hɑb] **I** *s* **1.** *bes. hist.* Kaˈmineinsatz *m*, -vorsprung *m* (*für Teekessel etc*). **2.** → **hobnail. 3.** *tech.* a) Gewinde-, (Ab)Wälzfräser *m*, b) Strehlbohrer *m*: **~ arbor** Fräsdorn *m.* **II** *v/t* **4.** *tech. Gewinde* verzahnen, (ab)wälzen: **~bing machine** → 3 a.

hob[2] [hɒb; *Am.* hɑb] *s* **1.** *Br.* a) Elf *m*, Elfe *f*, b) Kobold *m.* **2.** *colloq.* **to play** (*od.* **raise**) **~ with** a) ‚kaputtmachen': **to play ~ with international trade**, b) Schindluder treiben mit: **a book that plays ~ with historical facts; to raise ~ with s.o.** j-m ‚aufs Dach steigen'.

hob·ble [ˈhɒbl; *Am.* ˈhɑbəl] **I** *v/i* **1.** hinken, humpeln. **2.** *fig.* holpern, hinken (*Vers*). **II** *v/t* **3.** *e-m Pferd* Fußfesseln anlegen. **4.** *fig.* (be)hindern, hemmen. **III** *s* **5.** Hinken *n*, Humpeln *n*: **to walk with a ~** hinken, humpeln. **6.** Fußfessel *f.* **7.** *fig.* Hindernis *n*, Hemmnis *n.*

hob·ble·de·hoy [ˌhɒbldɪˈhɔɪ; *Am.* ˈhɑbəldiːˌhɔɪ] *s obs. od. dial.* a) Tolpatsch *m*, b) Flegel *m.*

hob·ble skirt *s hist.* Humpelrock *m.*

hob·by[1] [ˈhɒbɪ; *Am.* ˈhɑbiː] **I** *s* **1.** *fig.* Steckenpferd *n*, Hobby *n*, Liebhabeˈrei *f.* **2.** *obs. od. dial. ein starkes, mittelgroßes Pferd.* **3.** *hist.* Draiˈsine *f*, Laufrad *n.* **4.** → **hobbyhorse** 1. **II** *v/i* **5. to ~ at** (*od.* **in**) **s.th.** *Am.* etwas als Hobby betreiben.

hob·by[2] [ˈhɒbɪ; *Am.* ˈhɑbiː] *s orn.* Baumfalke *m.*

ˈhob·by·horse *s* **1.** a) Steckenpferd *n*, b) Schaukelpferd *n*, c) Karusˈsellpferd *n.* **2.** *fig.* a) Lieblingsthema *n*: **he is on** (*od.* **riding**) **his ~ again** er reitet schon wieder sein Steckenpferd, er ist schon wieder bei s-m Lieblingsthema, b) fixe Iˈdee. **3.** Pferdekopfmaske *f.* **4.** → **hobby**[1] 3.

ˈhob·by·ist *s* Hobbyˈist *m* (*j-d, der ein Hobby hat*).

hob·by room *s* Hobbyraum *m.*

hob·gob·lin [ˈhɒbgɒblɪn; *Am.* ˈhɑbˌgɑblən] *s* **1.** Kobold *m.* **2.** (Schreck)Gespenst *n* (*a. fig.*).

ˈhob·nail *s* grober Schuhnagel. **ˈhob·nailed** *adj* **1.** genagelt: **~ shoes** *a.* Nagelschuhe. **2.** *fig.* ungehobelt.

ˈhob·nail(ed) liv·er *s med.* Alkoholleber *f.*

ˈhob·nob *v/i* **1. (with** mit) a) inˈtim sein, freundschaftlich verkehren, auf du u. du sein, b) plaudern. **2.** *obs.* trinken **(with** mit).

ho·bo [ˈhəʊbəʊ] *pl* **-bos, -boes** *s Am.* **1.** Wanderarbeiter *m.* **2.** Landstreicher *m*, ‚Tippelbruder' *m.* **ˈho·bo·ism** *s Am.* Landstreichertum *n.*

hob·son-job·son [ˌhɒbsnˈdʒɒbsn; *Am.* ˌhɑbsənˈdʒɑbsən] *s* ˈVolksetymoloˌgie *f.*

Hob·son's choice [ˈhɒbsnz; *Am.* ˈhɑbsənz] *s*: **it was (a case of) ~** es gab nur ˈeine Möglichkeit; **he had to take ~** er hatte nur ˈeine Möglichkeit, es blieb ihm keine andere Wahl.

hock[1] [hɒk; *Am.* hɑk] **I** *s zo.* a) Sprung-, Fesselgelenk *n* (*der Huftiere*), b) Mittelfußgelenk *n* (*der Vögel*), c) Hachse *f* (*beim Schlachttier*). **II** *v/t* → **hamstring** 3.

hock[2] [hɒk; *Am.* hɑk] *s* **1.** weißer Rheinwein. **2.** trockener Weißwein.

hock[3] [hɒk; *Am.* hɑk] *bes. Am. colloq.* **I** *s*: **to be in ~** a) versetzt *od.* verpfändet sein, b) verschuldet sein, Schulden haben **(to** bei), c) im ‚Kittchen' sein *od.* sitzen; **to get s.th. out of ~** etwas ein- *od.* auslösen; **to put into ~** → II. **II** *v/t* versetzen, -pfänden, ins Leihhaus tragen.

hock·ey [ˈhɒkɪ; *Am.* ˈhɑkiː] *s sport* a) *bes. Br.* Hockey *n*, b) *bes. Am.* Eishockey *n.*

hock shop *s bes. Am. colloq.* Leihhaus *n*, Pfandhaus *n*, -leihe *f.*

ˈHock·tide *s hist. Br. am zweiten Montag u. Dienstag nach Ostern eingehaltene Feiertage.*

ho·cus [ˈhəʊkəs] *v/t* **1.** betrügen, ‚übers Ohr hauen'. **2.** *j-n* betäuben. **3.** *e-m Getränk* ein Betäubungsmittel beimischen. **ˌ~-ˈpo·cus** [-ˈpəʊkəs] **I** *s* Hokusˈpokus *m*: a) *Zauberformel*, b) Schwindel *m*, fauler Zauber. **II** *v/i* faulen Zauber machen. **III** *v/t* → **hocus** 1.

hod [hɒd; *Am.* hɑd] *s* **1.** a) Mörteltrog *m*, Tragmulde *f*, b) Steinbrett *n*: **~ carrier** Mörtel-, Ziegelträger *m.* **2.** Kohleneimer *m.* **3.** *Br. Zinngießerei*: (*ein*) Holzkohlenofen *m.*

hod·den [ˈhɒdn] *s Scot.* grober, ungefärbter Wollstoff.

hodge·podge [ˈhɒdʒpɒdʒ; *Am.* ˈhɑdʒpɑdʒ] *bes. Am. für* **hotchpotch** 1 *u.* 2.

Hodg·kin's dis·ease [ˈhɒdʒkɪnz; *Am.* ˈhɑdʒ-] *s med.* Hodgkin-Krankheit *f.*

ho·di·er·nal [ˌhəʊdɪˈɜːnl; *Am.* -ˈɜrnl] *adj* heutig.

ˈhod·man [-mən] *s irr bes. Br.* **1.** Mörtel-, Ziegelträger *m.* **2.** Handlanger *m.*

hod·o·graph [ˈhɒdəʊgrɑːf; -græf; *Am.*

ˈhɑdəˌgræf; ˈhəʊ-] *s phys.* Hodoˈgraph *m* (*Kurve, die die Größe u. Richtung der Geschwindigkeit e-s Körpers od. Massenpunktes anzeigt*).

ho·dom·e·ter [hɒˈdɒmɪtə; *Am.* həʊˈdɑmətər] → **odometer**.

hod·o·scope [ˈhɒdəskəʊp; *Am.* ˈhɑ-; ˈhəʊ-] *s phys.* Hodoˈskop *n* (*Gerät zur Bestimmung der Bahn energiereicher Teilchen*).

hoe [həʊ] **I** *s* Hacke *f.* **II** *v/t* a) *den Boden* hacken, b) *Pflanzen* behacken, c) *a.* ~ **up** *Unkraut* aushacken: **to ~ down** um-, niederhacken; **a long row to ~** e-e schwere Aufgabe. **III** *v/i* hacken: **to ~ in(to)** *Austral. colloq.* (*beim Essen*) ‚reinhauen' (in *acc*). ˈ**~ˌcake** *s Am.* Maiskuchen *m.*

hog [hɒg; *Am. a.* hɑg] **I** *s* **1.** a) Hausschwein *n,* b) *Br.* kaˈstriertes Mastschwein, c) Schlachtschwein *n* (*über 102 kg*), d) *Am.* Keiler *m,* Eber *m,* e) *allg. Am.* Schwein *n*: **to live high off** (*od.* **on**) **the ~('s back)** *colloq.* in Saus u. Braus leben; **to live low off** (*od.* **on**) **the ~('s back)** *colloq.* bescheiden *od.* sparsam leben; **on the ~** *Am. colloq.* ‚pleite', ‚blank' (*ohne Geld*); → **whole hog. 2.** *colloq.* a) rücksichtsloser Kerl: → **road hog,** b) gieriger *od.* gefräßiger Kerl, c) Schmutzfink *m,* ‚Ferkel' *n.* **3.** *mar.* Scheuerbesen *m.* **4.** *Papierfabrikation*: Rührwerk *n.* **5.** *tech. Am.* (Reiß)Wolf *m.* **6.** → **hogget. 7.** *Am. sl.* a) (*bes.* schwere) ‚Maˈschine' (*Motorrad*), b) ‚Straßenkreuzer' *m.* **II** *v/t* **8.** nach oben krümmen: **to ~ one's back** → 14. **9.** *e-e Pferdemähne* stutzen, scheren. **10. to ~ a ship** *mar.* e-n Schiffsboden scheuern. **11.** *colloq.* rücksichtslos an sich reißen, mit Beschlag belegen: **to ~ the road** *mot.* a) die ganze Straße für sich brauchen, b) rücksichtslos fahren. **12.** *meist* **~ down** *colloq. Essen* hinˈunterschlingen, *a. fig.* verschlingen: **to ~ down a book. III** *v/i* **13.** *mar.* sich in der Mitte nach oben krümmen (*Kiel-Längsachse*). **14.** den Rücken krümmen, e-n Buckel machen. **15.** *colloq.* rücksichtslos alles an sich reißen. **16.** *mot. colloq.* rücksichtslos fahren.

ˈ**hog|·back** *s geol.* langer u. scharfer Gebirgskamm. **~ chol·er·a** *s vet. Am.* Schweinepest *f.* **~ deer** *s zo.* Schweinshirsch *m.*

hogg [hɒg] → **hogget.**

hogged [hɒgd; *Am. a.* hɑgd] *adj* **1.** *mar.* (hoch)gekrümmt, aufgebuchtet. **2.** nach beiden Seiten steil abfallend. ˈ**hog·ger** *s tech.* Schnellstahlfräser *m,* SˈS-Fräser *m.* ˈ**hog·ger·y** [-ərɪ] *s* **1.** Schweinestall *m.* **2.** → **hoggishness.**

hog·get [ˈhɒgɪt] *s Br. dial. noch nicht geschorenes einjähriges Schaf.*

hog·gin [ˈhɒgɪn; *Am. a.* ˈhɑ-] *s* gesiebter Kies.

hog·gish [ˈhɒgɪʃ; *Am. a.* ˈhɑ-] *adj* (*adv* **~ly**) a) rücksichtslos, b) gierig, gefräßig, c) schmutzig. ˈ**hog·gish·ness** *s* a) Rücksichtslosigkeit *f,* b) Gier *f,* Gefräßigkeit *f,* c) Schmutzigkeit *f.*

Hog·ma·nay [ˈhɒgmənei] *s Scot.* Silˈvester(abend *m*) *m, n.*

ˈ**hog|·nut** *s bot.* **1.** a) Hickorynuß *f* (*Frucht von* b), b) Brauner Hickorybaum. **2.** → **pignut** 2. **3.** Euroˈpäische Erdnuß. ˈ**~-ˌround** *adj u. adv Am. colloq.* pauˈschal, zu e-m Einheitspreis.

ˈ**hog's-back** [-gz-] → **hogback.**

ˈ**hogs·head** *s* **1.** *Hohlmaß, bes. für alkoholische Getränke*: *Br.* 238,5 *l, Am.* 234,5 *l.* **2.** *großes Faß, bes. für* 1.

ˈ**hog|·skin** *s* Schweinsleder *n.* ˈ**~·tie** *pres p* ˈ**~ˌty·ing** *v/t bes. Am.* **1.** *e-m Tier* alle vier Füße zs.-binden. **2.** *fig.* a) *die Wirtschaft etc* lähmen, lahmlegen, b) *j-n, etwas* (be)hindern, c) *e-n Plan etc* durchˈkreuzen, vereiteln. **~ wal·low** *s Am.* **1.** Schweinepfuhl *m.* **2.** Mulde *f.* ˈ**~·wash** *s* **1.** Schweinefutter *n.* **2.** *fig. contp.* ‚Spülwasser' *n* (*dünner Kaffee etc*). **3.** *fig. contp.* ‚Gewäsch' *n,* ‚Seich' *m,* Geschwätz *n.* ˌ**~-ˈwild** *adj Am. colloq.* wild, ungezügelt: **~ enthusiasm; to go ~ over** ‚voll abfahren' auf (*acc*).

hoick [hɔɪk] *v/t aer. ein Flugzeug* hochreißen.

hoicks [hɔɪks] *hunt.* **I** *interj* hussa! (*Hetzruf an Hunde*). **II** *s* Hussa(ruf *m*) *n.*

hoi·den → **hoyden.**

hoi pol·loi [ˌhɔɪˈpɒlɔɪ; ˌhɔɪpəˈlɔɪ] (*Greek*) *s* **1. the ~** *contp.* die (breite) Masse, der Pöbel. **2.** *Am. sl.* ‚Tamˈtam' *n,* ‚Traˈra' *n,* ‚Rummel' *m* (**about** um).

hoise [hɔɪz] *pret u. pp* **hoised, hoist** *obs. od. dial. für* **hoist¹** I.

hoist¹ [hɔɪst] **I** *v/t* **1.** hochziehen, -winden, heben, hieven: **to ~ out a boat** *mar.* ein Boot aussetzen. **2.** *Flagge, Segel* hissen: → **flag¹** 2. **3.** *Am. sl.* ‚klauen' (*stehlen*). **4. to ~ a few** *Am. sl.* ein paar ‚heben' *od.* ‚kippen' (*trinken*). **II** *v/i* **5.** hochsteigen, hochgezogen werden. **III** *s* **6.** Hochziehen *n.* **7.** *tech.* (Lasten)Aufzug *m,* Hebezeug *n,* Winde *f.* **8.** *mar.* a) Tiefe *f* (*der Flagge od. des Segels*), b) Heiß *m* (*als Signal gehißte Flaggen*).

hoist² [hɔɪst] *pret u. pp von* **hoise**: **~ with one's own petard** *fig.* in der eigenen Falle gefangen.

ˈ**hoist·ing** *adj tech.* a) Hebe..., Hub..., b) *Bergbau*: Förder...: **~ cage** Förderkorb *m*; **~ crane** Hebekran *m*; **~ tackle** Flaschenzug *m.* **~ en·gine** *s tech.* **1.** Hebewerk *n,* Ladekran *m.* **2.** *Bergbau*: ˈFördermaˌschine *f.*

hoi·ty-toi·ty [ˌhɔɪtɪˈtɔɪtɪ] **I** *adj* **1.** hochnäsig, eingebildet. **2.** *bes. Br.* unbesonnen, leichtsinnig. **II** *s* **3.** Hochnäsigkeit *f.*

hoke [həʊk] *v/t meist* **~ up** → **overact** I.

ho·key-po·key [ˌhəʊkɪˈpəʊkɪ] *s* **1.** *sl.* → **hocus-pocus** I b. **2.** (*von Straßenhändlern verkauftes*) Eis.

ho·kum [ˈhəʊkəm] *s Am. colloq.* **1.** *thea. etc* (*bes.* sentimenˈtale) ‚Mätzchen' *pl.* **2.** ‚Krampf' *m,* ‚Quatsch' *m.*

hold¹ [həʊld] *s aer. mar.* Lade-, Frachtraum *m.*

hold² [həʊld] **I** *s* **1.** Halt *m,* Griff *m*: **to catch** (*od.* **get, lay, seize, take**) **~ of s.th.** etwas ergreifen *od.* in die Hand bekommen *od.* zu fassen bekommen *od.* erwischen; **to get ~ of s.o.** j-n erwischen; **to get ~ of o.s.** sich in die Gewalt bekommen; **to keep ~ of** festhalten; **to let go** (*od.* **to quit**) **one's ~ of s.th.** etwas loslassen; **to miss one's ~** danebengreifen. **2.** Halt *m,* Griff *m,* Stütze *f*: **to afford no ~** keinen Halt bieten; **to lose one's ~** den Halt verlieren. **3.** *Ringen*: Griff *m*: **in politics no ~s are barred** *fig.* in der Politik wird mit harten Bandagen gekämpft. **4.** (**on, over, of**) Gewalt *f,* Macht *f* (über *acc*), Einfluß *m* (auf *acc*): **to get a ~ on s.o.** j-n unter s-n Einfluß *od.* in s-e Macht bekommen; **to have a** (**firm**) **~ on s.o.** j-n in s-r Gewalt haben, j-n beherrschen; **to lose ~ of o.s.** die Fassung verlieren. **5.** *Am.* Einhalt *m*: **to put a ~ on s.th.** etwas stoppen. **6.** *Am.* Haft *f,* Gewahrsam *m.* **7.** *mus.* Ferˈmate *f.* **8.** *Raumfahrt*: Unterˈbrechung *f* des Countdown. **9. to put s.th. on ~** *Am. fig.* etwas ‚auf Eis legen'. **10.** *obs.* Festung *f.*

II *v/t pret u. pp* **held** [held], *pp jur. od. obs. a.* **hold·en** [ˈhəʊldən] **11.** (fest)halten: **the goalkeeper failed to ~ the ball** (*Fußball*) der Torhüter konnte den Ball nicht festhalten. **12.** sich *die Nase, die Ohren* zuhalten: **to ~ one's nose** (**ears**). **13.** *ein Gewicht etc* tragen, (aus)halten. **14.** (*in e-m Zustand etc*) halten: **to ~ o.s. erect** sich geradehalten; **to ~** (**o.s.**) **ready** (sich) bereithalten; **the way he ~s himself** (so) wie er sich benimmt. **15.** (zuˈrück-, ein)behalten: **to ~ the shipment** die Sendung zurück(be)halten; **~ everything!** *colloq.* sofort aufhören! **16.** zuˈrück-, abhalten (**from** von), an-, aufhalten, im Zaume halten, zügeln: **to ~ s.o. from doing s.th.** j-n davon abhalten, etwas zu tun; **there is no ~ing him** er ist nicht zu halten *od.* zu bändigen; **to ~ the enemy** den Feind aufhalten. **17.** *Am.* a) festnehmen: **12 persons were held,** b) in Haft halten. **18.** *sport* sich erfolgreich verteidigen gegen *e-n Gegner.* **19.** *j-n* festlegen (**to** auf *acc*): **to ~ s.o. to his word** j-n beim Wort nehmen. **20.** a) *Wahlen, e-e Versammlung etc* abhalten, b) *ein Fest etc* veranstalten, c) *sport e-e Meisterschaft etc* austragen. **21.** beibehalten: **to ~ the course; to ~ prices at the same level** die Preise (auf dem gleichen Niveau) halten. **22.** *Alkohol* vertragen: **to ~ one's liquor** (*od.* **drink**) **well** e-e ganze Menge vertragen. **23.** *mil. u. fig. e-e Stellung* halten, behaupten: **to ~ one's own** (**with**) sich behaupten (gegen), bestehen (neben); **to ~ the stage** *fig.* die Szene beherrschen, im Mittelpunkt stehen (*Person*); → **fort** 1, **ground¹** 7, **stage** 3. **24.** innehaben: a) besitzen: **to ~ land** (**shares, rights,** *etc*), b) bekleiden: **to ~ an office. 25.** *e-n Platz etc* einnehmen, (inne)haben, *e-n Rekord* halten: **to ~ an academic degree** e-n akademischen Titel führen. **26.** fassen: a) enthalten: **the tank ~s ten gallons,** b) Platz bieten für, ˈunterbringen: **the hotel ~s 300 guests. 27.** *a. fig.* enthalten, zum Inhalt haben: **the room ~s period furniture** das Zimmer ist mit Stilmöbeln eingerichtet; **the place ~s many memories** der Ort ist voll von Erinnerungen; **it ~s no pleasure for him** er findet kein Vergnügen daran; **life ~s many surprises** das Leben ist voller Überraschungen. **28.** *Bewunderung, Sympathie etc* hegen, haben (**for** für): **to ~ no prejudice** kein Vorurteil haben. **29.** behaupten: **to ~** (**the view**) **that** die Ansicht vertreten *od.* der Ansicht sein, daß. **30.** halten für, betrachten als: **I ~ him to be a fool** ich halte ihn für e-n Narren; **it is held to be wise** man hält es für klug (**to do** zu tun). **31.** halten: **to ~ s.o. dear** j-n liebhaben; **to ~ s.o. responsible** j-n verantwortlich machen; → **contempt** 1, **esteem** 3. **32.** *bes. jur.* entscheiden (**that** daß). **33.** fesseln, in Spannung halten: **to ~ the audience; to ~ s.o.'s attention** j-s Aufmerksamkeit fesseln. **34.** *Am. Hotelzimmer etc* reserˈvieren. **35. ~ to** *Am.* beschränken auf (*acc*). **36. ~ against** a) *j-m etwas* vorhalten *od.* vorwerfen, b) *j-m etwas* übelnehmen: **don't ~ it against me! 37.** *Am. j-m* (aus)reichen: **food to ~ him for a week. 38.** *mus. e-n Ton* (aus)halten. **39. to ~ s.th. over s.o.** j-n mit etwas einschüchtern *od.* erpressen.

III *v/i* **40.** halten, nicht (zer)reißen *od.* (zer)brechen. **41.** stand-, aushalten, sich halten. **42.** (sich) festhalten (**by, to** an *dat*). **43.** bleiben: **to ~ on one's course** s-n Kurs weiterverfolgen; **to ~ on one's way** s-n Weg weitergehen; → **fast²** 5. **44.** sich verhalten: **to ~ still** stillhalten. **45.** sein Recht ableiten (**of, from** von). **46.** *a.* **~ good** (weiterhin) gelten, gültig sein *od.* bleiben: **the rule ~s of** (*od.* **in**) **all cases** die Regel gilt in allen Fällen. **47.** *a.* **~ up** anhalten, andauern: **the fine weather held; my luck held** das Glück blieb mir treu. **48.** einhalten: **~!** halt! **49. ~ by** (*od.*

to) *j-m od. e-r Sache* treu bleiben. **50. ~ with** a) überˈeinstimmen mit, b) einverstanden sein mit. **51.** stattfinden.

Verbindungen mit Adverbien:

hold|back I *v/t* **1.** zuˈrückhalten. **2.** → **hold in** I. **3.** *fig.* zuˈrückhalten mit, verschweigen. **II** *v/i* **4.** sich zuˈrückhalten (*a. fig.*). **5.** nicht mit der Sprache herˈausrücken. **~ down** *v/t* **1.** niederhalten, *fig. a.* unterˈdrücken. **2.** *colloq.* a) *e-n Posten* haben, b) sich in *e-r Stellung, e-m Amt* halten. **3.** *Am. colloq.* sich kümmern um. **~ forth I** *v/t* **1.** (an)bieten. **2.** in Aussicht stellen. **II** *v/i* **3.** sich auslassen *od.* verbreiten (**on** über *acc*). **4.** *Am.* stattfinden. **~ in I** *v/t* im Zaum halten, zügeln, zuˈrückhalten: **to hold o.s. in** a) → II, b) den Bauch einziehen. **II** *v/i* sich zuˈrückhalten *od.* beherrschen. **~ off I** *v/t* **1.** a) ab-, fernhalten, b) abwehren. **2.** *etwas* aufschieben, *j-n* ˈhinhalten: → 5b. **3.** *aer.* abfangen. **II** *v/i* **4.** sich fernhalten (**from** von). **5.** a) zögern, b) warten: **he held off (from) buying a house** er wartete mit dem Hauskauf. **6.** ausbleiben: **the storm held off; will the rain ~ until after the game?** wird das Spiel trocken über die Bühne gehen? **~ on** *v/i* **1.** *a. fig.* festhalten (**to** an *dat*). **2.** sich festhalten (**to** an *dat*). **3.** aus-, ˈdurchhalten. **4.** andauern, anhalten: **the rain held on all afternoon. 5.** → **hold²** 43. **6.** *teleph.* am Appaˈrat bleiben. **7.** *colloq.* aufhören: **~!** warte mal!, halt!, immer langsam! **8. ~ to** *etwas* behalten. **~ out I** *v/t* **1.** *die Hand etc* ausstrecken: **he held out his hand for me to shake** er streckte mir die Hand entgegen; **to hold s.th. out to s.o.** j-m etwas hinhalten. **2.** in Aussicht stellen: **the doctors ~ little hope of his recovery** die Ärzte haben nur wenig Hoffnung, daß er wieder gesund wird. **3. to hold o.s. out as** *Am.* sich ausgeben für *od.* als. **II** *v/i* **4.** reichen (*Vorräte*). **5.** aus-, ˈdurchhalten. **6.** sich behaupten (**against** gegen). **7. to ~ on s.o.** *colloq.* a) j-m etwas verheimlichen, b) j-m etwas vorenthalten. **8. ~ for** *colloq.* bestehen auf (*dat*). **~ o·ver I** *v/t* **1.** *e-e Sitzung, Entscheidung etc* vertagen, verschieben (**until** auf *acc*). **2.** *econ.* prolonˈgieren. **3.** *mus. e-n Ton* hinˈüberhalten. **4.** *ein Amt etc* (über die festgesetzte Zeit hinˈaus) behalten. **5.** *e-n Film etc*, das Engageˈment *e-s Künstlers etc* verlängern (**for** um): **the acrobats were held over for another month. II** *v/i* **6.** über die festgesetzte Zeit hinˈaus dauern *od.* (*im Amt etc*) bleiben. **~ to·geth·er** *v/t u. v/i* zs.-halten (*a. fig.*): **a marriage is often held together by the children. ~ up I** *v/t* **1.** (hoch)heben. **2.** hochhalten, in die Höhe halten: **to ~ to view** den Blicken darbieten; → **ridicule** I. **3.** halten, stützen, tragen. **4.** aufrechterhalten. **5.** ˈhinstellen (**as** als): **to hold s.o. up as an example. 6.** a) *j-n, etwas* aufhalten, b) *etwas* verzögern: **to be held up** sich verzögern. **7.** *j-n, e-e Bank etc* überˈfallen. **II** *v/i* **8.** → **hold out** 5, 6. **9.** sich halten (*Preise, Wetter etc*). **10.** sich bewahrheiten, eintreffen. **11. to ~ on s.o.** → **hold out** 7.

ˈhold|·all *s bes. Br.* Reisetasche *f.* **ˈ~·back** *s* **1.** Hindernis *n.* **2.** *Am.* a) Abwarten *n*, b) Einbehaltung *f*: **~ pay** zurückbehaltener Lohn. **3.** *tech.* a) (Rücklauf)Sperre *f*, b) (Tür)Stopper *m.*

hold·en [ˈhəʊldən] *jur. od. obs. pp von* **hold²**.

hold·er¹ [ˈhəʊldə(r)] *s* **1.** a) Haltende(r *m*) *f*, b) Halter *m*: → **cigar (cigarette) holder. 2.** *tech.* a) Halter(ung *f*) *m*, b) Zwinge *f*, c) *electr.* (Lampen)Fassung *f.* **3.** (Grund)Pächter *m.* **4.** *a. econ. jur.* Inhaber(in) (*e-r Lizenz, e-s Patents, e-s Schecks, e-r Vollmacht etc, a. e-s Rekords, e-s Titels etc*), Besitzer(in): **~ in due course** (kraft guten Glaubens) legitimierter Inhaber (*e-s Wechsels, Schecks*); **~ of a bill** Wechselinhaber.

hold·er² [ˈhəʊldə(r)] *s mar.* Schauermann *m.*

ˌhold·er-ˈup *pl* **ˌhold·ers-ˈup** *s tech.* **1.** (Niet)Vor-, Gegenhalter *m.* **2.** Nietstock *m*, -kloben *m.*

ˈhold·fast *s* **1.** *tech.* a) Haltevorrichtung *f*, Halter *m*, b) Bankzwinge *f*, -haken *m.* **2.** *bot.* ˈHaftorˌgan *n*, Haftscheibe *f.*

hold·ing [ˈhəʊldɪŋ] *s* **1.** (Fest)Halten *n.* **2.** Pachtung *f*, Pachtgut *n.* **3.** *oft pl* a) Besitz *m*, Bestand *m* (*an Effekten etc*), b) (Aktien)Anteil *m*, (-)Beteiligung *f*, c) Vorrat *m*, Lager *n.* **4.** *jur.* (gerichtliche) Entscheidung. **~ at·tack** *s mil.* Fesselungsangriff *m.* **~ com·pa·ny** *s econ.* Holding-, Dachgesellschaft *f.* **~ pat·tern** *s* **1.** *aer.* Warteschleife *f.* **2.** *fig.* Stillstand *m.*

ˈhold|ˌout *s Am.* a) Aus-, ˈDurchhalten *n*, b) *j-d, der aus- od. durchhält.* **ˈ~ˌo·ver** *s* **1.** *j-d, der über die festgesetzte Zeit hinaus im Amt bleibt.* **2.** a) Verlängerung *f* (*e-s Films etc*), b) verlängerter Film *etc*, c) *Künstler etc, dessen Engagement verlängert worden ist.* **3.** *sport* alter (*im Ggs. zu e-m neu in die Mannschaft gekommenen*) Spieler. **ˈ~·up** *s* **1.** Verzögerung *f*, (*a.* Verkehrs)Stokkung *f.* **2.** (bewaffneter) (ˈRaub)ˌÜberfall: **this is a ~!** das ist ein Überfall! **3.** *Am.* Wucher *m.*

hole [həʊl] **I** *s* **1.** Loch *n*: **a ~ in a contract** *fig.* ein Schlupfloch *od.* e-e Lücke in e-m Vertrag; **full of ~s** a) durchlöchert, löch(e)rig, b) *fig.* fehlerhaft, ‚wack(e)lig' (*Theorie etc*); **to make a ~ in** *fig.* a) ein Loch reißen in (*Vorräte etc*), b) *j-s Ruf etc* schaden, c) *j-s Stolz etc* verletzen, d) *e-e Flasche* anbrechen; **to pick** (*od.* **knock**) **~s in** *fig.* a) an *e-r Sache* herumkritteln, *ein Argument etc* zerpflücken, b) *j-m* am Zeug flicken; **to wear one's socks into ~s** s-e Socken so lange tragen, bis sie Löcher haben; **(as) useless as a ~ in the head** *colloq.* ‚so unnötig wie ein Kropf'; → **ace** 1, **peg** 1. **2.** Loch *n*, Grube *f*, Höhlung *f.* **3.** Höhle *f*, Bau *m* (*e-s Tieres*), Loch *n* (*e-r Maus*). **4.** *tech.* Loch *n*, Bohrung *f*, Öffnung *f.* **5.** *colloq.* a) *a.* **~ in the wall** ‚Loch' *n*, ‚(Bruch)Bude' *f*, b) ‚Kaff' *n*, ‚Nest' *n.* **6.** *colloq.* ‚Patsche' *f*, ‚Klemme' *f*: **to be in a ~** in der Klemme sein *od.* sitzen *od.* stecken; **to put in (get out of) a ~** *j-n* ‚bös hineinreiten' (*j-m* ‚aus der Patsche helfen'); **to be in the ~** Schulden haben. **7.** *Am.* kleine Bucht. **8.** *Golf*: Loch *n*, Hole *n*: a) *runde Vertiefung, in die der Ball geschlagen werden muß*, b) (Spiel-)Bahn *f*: **~ in one** As *n*; → **nineteenth** 1. **9.** *print.* leere *od.* unbedruckte Stelle. **10.** *sl.* a) ‚(Arsch)Loch' *n*, b) ‚Loch' *n* (*Vagina*), c) ‚Maul' *n.* **II** *v/t* **11.** a) ein Loch machen in (*acc*), b) durchˈlöchern. **12.** *Bergbau*: schrämen. **13.** *ein Tier* in s-e Höhle treiben. **14.** *Golf*: *den Ball* einlochen. **15. ~ up** *Am. colloq.* a) einsperren, b) *fig. e-n Antrag etc* ‚auf Eis legen'. **III** *v/i* **16.** *oft* **~ out** (*Golf*) einlochen: **he ~d in one** ihm gelang ein As. **17.** *meist* **~ up** a) sich in s-e Höhle verkriechen (*Tier*), b) *bes. Am. colloq.* sich verkriechen *od.* verstecken.

ˌhole|-and-ˈcor·ner *adj* **1.** heimlich, versteckt. **2.** zweifelhaft, anrüchig: **a ~ business. 3.** armselig: **a ~ life.** **ˈ~ˌproof** *adj Am.* **1.** zerreißfest. **2.** *fig.* unangreifbar, ‚bombensicher'.

hol·i·day [ˈhɒlədɪ; -deɪ; *Am.* ˈhɑləˌdeɪ] **I** *s* **1.** Feiertag *m*: → **public** 3. **2.** freier Tag, Ruhetag *m*: **to take a ~** (sich) e-n Tag frei nehmen (→ 3); **to have a ~** e-n freien Tag haben; **to have a ~ from s.th.** *fig.* befreit sein von etwas, sich von etwas erholen können. **3.** *meist pl bes. Br.* Ferien *pl*, Urlaub *m*: **the Easter ~s** die Osterferien; **~ with pay** bezahlter Urlaub; **to be on ~** im Urlaub sein, Urlaub machen; **to go on ~** in Urlaub gehen; **to have a ~** Urlaub haben (→ 2); **to take a ~** Urlaub nehmen, Urlaub machen. **4.** *tech. Am.* (*beim Anstreichen*) überˈsehene u. freigelassene Stelle. **II** *adj* **5.** Feiertags...: **~ clothes** Festtagskleidung *f.* **6.** *bes. Br.* Ferien..., Urlaubs...: **~ camp** Feriendorf *n* mit organisiertem Unterhaltungsprogramm; **~ course** Ferienkurs *m*; **~ home** Ferienhaus *n*; **in a ~ mood** in Urlaubsstimmung. **III** *v/i* **7.** *bes. Br.* Urlaub machen. **ˈ~ˌmak·er** *s* Urlauber(in).

ˌho·li·er-than-ˈthou [ˌhəʊlɪə(r)-] **I** *s* Phariˈsäer *m.* **II** *adj* phariˈsäisch, selbstgerecht.

ho·li·ness [ˈhəʊlɪnɪs] *s* **1.** Heiligkeit *f.* **2.** Frömmigkeit *f.* **3.** Tugendhaftigkeit *f.* **4. His H~** Seine Heiligkeit (*der Papst*).

ho·lism [ˈhɒlɪzm; *bes. Am.* ˈhəʊ-] *s philos.* Hoˈlismus *m* (*Lehre, die alle Erscheinungen des Lebens aus e-m ganzheitlichen Prinzip ableitet*). **hoˈlis·tic** *adj* (*adv* **~ally**) **1.** *philos.* hoˈlistisch. **2.** ganzheitlich: **~ medicine** Ganzheitsmedizin *f.*

hol·la [ˈhɒlə; *Am.* ˈhɑlə; həˈlɑː] → **halloo.**

hol·lan·daise (sauce) [ˌhɒlənˈdeɪz; *Am.* ˌhɑ-] *s gastr.* Sauce *f* hollanˈdaise.

Hol·land·er [ˈhɒləndə(r); *Am.* ˈhɑ-] *s* **1.** Holländer(in). **2.** *a.* **h~** *Papierherstellung*: Holländer *m.*

Hol·lands [ˈhɒləndz; *Am.* ˈhɑ-], *a.* **Holland gin** *s* Geˈnever *m* (*niederländischer Wacholderschnaps*).

hol·ler [ˈhɒlə; *Am.* ˈhɑlər] *colloq.* **I** *v/i* schreien, brüllen: **to ~ for help** um Hilfe schreien; **to ~ at s.o.** j-n anbrüllen. **II** *v/t a.* **~ out** *etwas* schreien, brüllen. **III** *s* Schrei *m.*

hol·lo [ˈhɒləʊ; *Am.* ˈhɑləʊ; hɑˈləʊ] (*s*: *pl* **-los**) → **halloo.**

hol·low [ˈhɒləʊ; *Am.* ˈhɑləʊ] **I** *s* **1.** Höhle *f*, (Aus)Höhlung *f*, Hohlraum *m*: **~ of the hand** hohle Hand; **to have s.o. in the ~ of one's hand** j-n völlig in s-r Gewalt haben; **~ of the knee** Kniekehle *f.* **2.** Mulde *f*, Senke *f*, Vertiefung *f.* **3.** *tech.* a) Hohlkehle *f*, b) Gußblase *f.* **II** *adj* (*adv* **~ly**) **4.** hohl, Hohl...: **to beat s.o. ~** *Br. colloq.* j-n haushoch schlagen, *sport a.* j-n ‚überfahren' *od.* ‚vernaschen'; **he's got ~ legs** (*od.* **a ~ leg**) *colloq.* der kann essen, soviel er will, u. wird nicht dick. **5.** hohl, dumpf: **~ sound; ~ voice. 6.** *fig.* a) hohl, leer, b) falsch, unaufrichtig: → **ring²** 5. **7.** wertlos: **~ victory. 8.** hohl: a) eingefallen: **~ cheeks**, b) tiefliegend: **~ eyes. 9.** leer, hungrig: **to feel ~** Hunger haben. **III** *adv* **10.** hohl (*a. fig.*): **to ring ~** a) hohl klingen (*Versprechen etc*), b) unglaubwürdig klingen (*Protest etc*). **IV** *v/t oft* **~ out 11.** aushöhlen. **12.** *tech.* (aus)kehlen, ausstemmen, hohlbohren. **V** *v/i oft* **~ out 13.** hohl werden.

hol·low|back *s* **1.** *med.* Hohlrücken *m*, -kreuz *n.* **2.** *Buchbinderei*: hohler Rücken. **~ bit** *s tech.* Hohlmeißel *m*, -bohrer *m.* **~ charge** *s mil.* Haft-Hohlladung *f.* **ˈ~-cheeked** *adj* hohlwangig. **ˈ~-eyed** *adj* hohläugig. **ˈ~-ground** *adj tech.* hohlgeschliffen. **ˌ~-ˈheart·ed** *adj fig.* falsch, unaufrichtig.

ˈhol·low·ness *s* **1.** Hohlheit *f* (*a. fig.*). **2.** Dumpfheit *f.* **3.** *fig.* a) Leere *f*, b) Falschheit *f.*

hol·low|square *s mil.* Karˈree *n.* **~ tile** *s tech.* Hohlziegel *m.* **ˈ~·ware** *s* tiefes (Eß)Geschirr (*Schüsseln etc*) (*Ggs.* **flatware**).

hol·ly [ˈhɒlɪ; *Am.* ˈhɑliː] *s* **1.** *bot.* Stechpalme *f.* **2.** Stechpalmenzweige *pl od.* -blätter *pl.* **3.** → **holm oak.** ~ **fern** *s bot.* Lanzenförmiger Schildfarn.

ˈhol·ly·hock *s bot.* Stockrose *f.* ~ **rose** *s bot.* Falsche Jericho-Rose. ~ **tree** *s bot.* (*ein*) austral. Eibisch *m.*

hol·ly oak → **holm oak.**

ˈHol·ly·wood I *s* Hollywood *n*: a) → Anhang IV, b) *die amer. Filmindustrie.* **II** *adj* Hollywood...: ~ **star.**

holm¹ [həʊm] *s* **1.** *Br.* Holm *m*, Werder *m, n.* **2.** *bes. Br.* flaches, üppiges Uferland.

holm² [həʊm] → **holm oak.**

hol·mi·um [ˈhɒlmɪəm; *Am.* ˈhəʊmɪəm; ˈhəʊl-] *s chem.* Holmium *n.*

holm oak *s bot.* Steineiche *f.*

hol·o·caust [ˈhɒləkɔːst; *Am.* ˈhɑ-; ˈhəʊ-] *s* **1.** Massenvernichtung *f*, -sterben *n*, (*bes.* ˈBrand)Kataˌstrophe *f*: **the H~** *hist.* der Holocaust (*Massenvernichtung der europäischen Juden durch die Nationalsozialisten*). **2.** Brandopfer *n.*

Hol·o·cene [ˈhɒləʊsiːn; *Am.* ˈhəʊləˌsiːn; ˈhɑlə-] *s geol.* Holoˈzän *n*, Alˈluvium *n.*

hol·o·gram [ˈhɒləʊgræm; *Am.* ˈhəʊləˌgræm; ˈhɑlə-] *s phys.* Holoˈgramm *n* (*mit Hilfe der Holographie hergestellte dreidimensionale Aufnahme von Gegenständen*).

hol·o·graph [ˈhɒləʊgrɑːf; -græf; *Am.* ˈhəʊləˌgræf; ˈhɑlə-] *adj u. s jur.* eigenhändig geschrieben(e Urkunde). **ˌhol·oˈgraph·ic** [-ˈgræfɪk] *adj* (*adv* ~**ally**) **1.** *jur.* eigenhändig geschrieben: ~ **will. 2.** *phys.* holoˈgraphisch. **ho·log·ra·phy** [hɒˈlɒgrəfɪ; *Am.* həʊˈlɑ-] *s phys.* Holograˈphie *f* (*fotografisches Verfahren zum Erzeugen räumlicher Bilder mittels Laserstrahlen*).

hol·o·mor·phic [ˌhɒləʊˈmɔː(r)fɪk; *Am.* ˌhəʊlə-; ˌhɑlə-] *adj math.* holoˈmorph (*Funktion*). **ˌhol·oˈphras·tic** [-ˈfræstɪk] *adj ling.* holoˈphrastisch: a) *aus ˈeinem Wort bestehend* (*Satz*), b) *mehrere Satzteile zu e-m einzigen Wort zs.-fassend* (*Sprache*). **ˌhol·oˈphyt·ic** [-ˈfɪtɪk] *adj zo.* holoˈphytisch, rein pflanzlich (*Ernährungsweise*).

hol·o·thu·ri·an [ˌhɒləʊˈθjʊərɪən; *Am.* ˌhəʊləˈθʊrɪən; ˌhɑlə-] *s zo.* Holoˈthurie *f*, Seewalze *f*, Seegurke *f.*

hol·ster [ˈhəʊlstə(r)] *s* (Piˈstolen)Halfter *f, n.*

holt [həʊlt] *s obs. od. poet.* **1.** Gehölz *n.* **2.** bewaldeter Hügel.

ho·lus-bo·lus [ˌhəʊləsˈbəʊləs] *adv colloq.* a) ganz u. gar, b) plötzlich, schlagartig.

ho·ly [ˈhəʊlɪ] **I** *adj* **1.** heilig, (*Hostie etc*) geweiht: ~ **cow** (*od.* **mackerel, smoke**)! *colloq.* ‚heiliger Strohsack *od.* Bimbam!' **2.** fromm. **3.** tugendhaft, gottgefällig. **II** *s* **4. the** ~ **of holies** *Bibl.* das Allerheiligste (*a. fig.*). **H~ Al·li·ance** *s hist.* (*die*) Heilige Alliˈanz. **H~ Bi·ble** *s relig.* Bibel *f.* ~ **bread** *s relig.* Abendmahlsbrot *n*, Hostie *f.* **H~ Cit·y** *s relig.* (*die*) Heilige Stadt. **H~ Com·mun·ion** → **communion** 6. **ˌH~-ˈCross Day** *s relig.* (Fest *n* der) Kreuzerhöhung (*14. September*). ~ **day** *s relig.* kirchlicher Festtag. **H~ Fam·i·ly** *s relig.* (*die*) Heilige Faˈmilie. **H~ Fa·ther** *s R.C.* (*der*) Heilige Vater. **H~ Ghost** *s relig.* (*der*) Heilige Geist. ~ **grass** *s bot.* (*ein*) Maˈriengras *n.* ~ **herb** *s bot.* **1.** Eisenkraut *n.* **2.** Baˈsilienkraut *n.* **H~ Joe** *s colloq.* **1.** ‚Pfaffe' *m.* **2.** Frömmler *m.* **H~ Land** *s relig.* (*das*) Heilige Land. **H~ Of·fice** *s R.C.* a) (*das*) Heilige Ofˈfizium, b) *hist.* (*die*) Inquisitiˈon. ~ **or·ders** → **order** 20b. **H~ Roll·er** *s relig. Mitglied e-r nordamer. Sekte, deren Gottesdienste oft zur Ekstase führen.* **H~ Ro·man Em·pire** *s hist.* (*das*) Heilige Römische Reich (Deutscher Natiˈon). **H~ Rood** *s relig.* Kreuz *n* (Christi). **H~ Sat·ur·day** *s relig.* Karˈsamstag *m.* **H~ Scrip·ture** *s relig.* (*die*) Heilige Schrift. **H~ See** *s R.C.* (*der*) Heilige Stuhl. **H~ Spir·it** → **Holy Ghost.** **ˈ~stone** *mar.* **I** *s* Scheuerstein *m.* **II** *v/t u. v/i* (mit dem Scheuerstein) scheuern. ~ **ter·ror** *s colloq.* ‚Nervensäge' *f.* **H~ Thurs·day** *s relig.* **1.** Grünˈdonnerstag *m.* **2.** *anglikanische Kirche*: Himmelfahrtstag *m.* **H~ Trin·i·ty** *s relig.* (*die*) Heilige Dreiˈfaltigkeit *od.* Dreiˈeinigkeit. ~ **war** *s* heiliger Krieg. ~ **wa·ter** *s relig.* Weihwasser *n.* **H~ Week** *s relig.* Karwoche *f.* **H~ Writ** *s relig.* (*die*) Heilige Schrift.

hom·age [ˈhɒmɪdʒ; *Am.* ˈhɑmɪdʒ; ˈɑmɪdʒ] *s* **1.** *hist.* Huldigung *f, fig. a.* Reveˈrenz *f*, Anerkennung *f*: **to pay** (*od.* **do**) ~ **to s.o.** j-m huldigen, j-m (die *od.* s-e) Reverenz erweisen *od.* bezeigen, j-m Anerkennung zollen. **2.** *jur. hist.* a) Lehnspflicht *f*, b) Lehnseid *m.*

ˈhom·ag·er *s hist.* Lehnsmann *m*, Vaˈsall *m.*

Hom·burg (hat) [ˈhɒmbɜːg; *Am.* ˈhɑmˌbɜrg] *s* Homburg *m* (*Herrenfilzhut*).

home [həʊm] **I** *s* **1.** Heim *n*: a) Haus *n*, (*eigene*) Wohnung, b) Zuˈhause *n*, Daˈheim *n*, c) Elternhaus *n*: **at** ~ zu Hause, daheim (*beide a. sport*) (→ 2); **at** ~ **in** (*od.* **on, with**) zu Hause in (*e-m Fachgebiet etc*), bewandert in (*dat*), vertraut mit; **not at** ~ (**to s.o.**) nicht zu sprechen (für j-n); **to feel at** ~ sich wie zu Hause fühlen; **to make o.s. at** ~ es sich bequem machen; tun, als ob man zu Hause wäre; **he made his** ~ **at** er ließ sich in (*dat*) nieder; **to leave** ~ von zu Hause fortgehen; **away from** ~ abwesend, verreist, *bes. sport* auswärts; **a** ~ **from** ~ ein Ort, an dem man sich wie zu Hause fühlt; **pleasures of** ~ häusliche Freuden. **2.** Heimat *f* (*a. bot., zo. u. fig.*), Geburts-, Vaterland *n*: **the US is the** ~ **of baseball** die USA sind die Heimat des Baseball; **at** ~ a) im Lande, in der Heimat, b) im Inland, daheim, c) im (englischen) Mutterland (→ 1); **at** ~ **and abroad** im In- u. Ausland; **Paris is his second** ~ Paris ist s-e zweite Heimat; **spiritual** ~ geistige Heimat; **a letter from** ~ ein Brief aus der Heimat *od.* von zu Hause. **3.** (ständiger *od.* jetziger) Wohnort, Heimatort *m.* **4.** Zufluchtsort *m*: **last** (*od.* **long**) ~ letzte Ruhestätte. **5.** Heim *n*: ~ **for the aged** Alters-, Altenheim; ~ **for the blind** Blindenheim, -anstalt *f*; → **children, orphan** I. **6.** *sport* a) Ziel *n*, b) → **home plate. 7.** *sport* a) Heimspiel *n*, b) Heimsieg *m.*

II *adj* **8.** Heim...: a) häuslich, b) zu Hause ausgeübt: ~ **circle** Familienkreis *m*; ~ **life** häusliches Leben, Familienleben *n*; ~ **mechanic** Bastler *m*, Heimwerker *m*; ~ **remedy** Hausmittel *n.* **9.** Heimat...: ~ **city**; ~ **port**; ~ **academy** heimatliche Hochschule; ~ **address** Heimat- *od.* Privatanschrift *f*; ~ **fleet** *mar.* Flotte *f* in Heimatgewässern; ~ **forces** *mil.* im Heimatland stationierte Streitkräfte; ~ **waters** *mar.* heimatliche Gewässer. **10.** einheimisch, inländisch, Inlands..., Binnen...: ~ **affairs** *pol.* innere Angelegenheiten, Innenpolitik *f*; ~ **demand** *econ.* Inlandsbedarf *m*; ~ **market** *econ.* Inlands-, Binnenmarkt *m*; ~ **trade** *econ.* Binnenhandel *m.* **11.** *sport* a) Heim...: ~ **advantage (defeat, game, team, win,** *etc*); ~ **strength** Heimstärke *f*; ~ **weakness** Heimschwäche *f*, b) Ziel...: → **home straight, homestretch. 12.** *tech.* Normal...: ~ **position. 13.** Rück...: ~ **freight. 14.** a) gezielt, wirkungsvoll (*Schlag etc*), b) *fig.* treffend, beißend (*Bemerkung etc*): ~ **question** gezielte *od.* peinliche Frage; → **home thrust, home truth.**

III *adv* **15.** heim, nach Hause: **the way** ~ der Heimweg; **to go** ~ heimgehen, nach Hause gehen (→ 17); **to take** ~ netto verdienen *od.* bekommen; **that's nothing to write** ~ **about** *colloq.* das ist nichts Besonderes *od.* ‚nicht so toll', darauf brauchst du dir nichts einzubilden. **16.** zu Hause, daˈheim: **welcome** ~! **to be** ~ **and dry** *Br. colloq.* a) in Sicherheit sein, b) hundertprozentig sicher sein. **17.** *fig.* a) ins Ziel *od.* Schwarze, b) im Ziel, im Schwarzen, c) bis zum Ausgangspunkt, d) soweit wie möglich, ganz: **to bring** (*od.* **drive**) **s.th.** ~ **to s.o.** j-m etwas klarmachen *od.* beibringen *od.* zum Bewußtsein bringen *od.* vor Augen führen; **to bring a charge** ~ **to s.o.** j-n überführen; **to drive a nail** ~ e-n Nagel fest einschlagen; **to go** (*od.* **get, strike**) ~ ‚sitzen', treffen, s-e Wirkung tun (→ 15); **the thrust went** ~ der Hieb saß.

IV *v/i* **18.** *bes. zo.* zuˈrückkehren. **19.** *aer.* a) (*mittels Leitstrahl*) das Ziel anfliegen: **to** ~ **on** (*od.* **in**) **a beam** e-m Leitstrahl folgen, b) autoˈmatisch auf ein Ziel zusteuern (*Rakete*): **to** ~ **in on** *ein Ziel* automatisch ansteuern, *fig.* sich sofort *etwas* herausgreifen.

V *v/t* **20.** *Flugzeug* (*mittels Radar*) einweisen, ‚herˈunterholen'.

ˌhome|-and-ˈhome *adj sport Am.* in Vor- u. Rückspiel ausgetragen. **ˌ~-ˈbaked** *adj* selbstgebacken: ~ **bread.** ~ **base** → **home plate.** ~ **bird,** *Am.* **ˈ~ˌbod·y** *s colloq.* häuslicher Mensch, *contp.* Stubenhocker(in): **I'm a** ~ ich bin am liebsten zu Hause. **ˈ~born** *adj* einheimisch. **ˈ~bound** *adj* ans Haus gefesselt: **a** ~ **invalid.** **ˌ~ˈbred** *adj* **1.** einheimisch. **2.** *obs.* hausbacken, schlicht, einfach. **ˌ~-ˈbrew** *s* selbstgebrautes Getränk, *bes.* selbstgebrautes Bier. **ˌ~-ˈbrewed** *adj* selbstgebraut. **ˌ~-ˈbuilt I** *adj* selbstgebaut, -gebastelt. **II** *s* selbstgebautes Moˈdell. **ˈ~ˌcom·ing** *s* Heimkehr *f.* ~ **com·put·er** *s* ˈHeimcomˌputer *m.* ~ **con·tents** *s pl* Hausrat *m*: ~ **insurance** Hausratsversicherung *f.* **H~ Coun·ties** *s pl die an London angrenzenden Grafschaften.* ~ **e·co·nom·ics** *s pl* (*meist als sg konstruiert*) Hauswirtschaft(slehre) *f.* ~ **ex·er·cis·er** *s* Heimtrainer *m.* ~ **front** *s* Heimatfront *f* (*im Krieg*). ~ **ground** *s sport* eigener Platz: **to be on** ~ *fig.* sich auf vertrautem Gelände bewegen. **ˌ~ˈgrown** *adj* a) selbstangebaut (*Obst, Tabak*), (*Gemüse a.*) selbstgezogen, b) einheimisch. ~ **guard** *s mil.* Bürgerwehr *f.* ~ **help** *s Br.* Haushaltshilfe *f* (*Sozialarbeiterin*). ~ **im·prove·ment** *s* ˈEigenheimmoderniˌsierung *f.* ~ **in·dus·try** *s econ.* **1.** einheimische Induˈstrie. **2.** ˈHeimindu̦strie *f.* **ˈ~ˌkeep·ing** *adj* häuslich, *contp.* stubenhockerisch. **ˈ~land** *s* **1.** Heimat-, Vaterland *n*: **the H~** das Mutterland (*England*). **2.** Homeland *n* (*in der Republik Südafrika den verschiedenen farbigen Bevölkerungsgruppen zugewiesenes Siedlungsgebiet*).

ˈhome·less *adj* **1.** heimatlos. **2.** obdachlos: **thousands were left** ~ Tausende wurden obdachlos.

ˈhome·like *adj* wie zu Hause, gemütlich, anheimelnd: **a** ~ **atmosphere**; **a** ~ **meal** ein Essen wie ‚bei Muttern'.

home·li·ness [ˈhəʊmlɪnɪs] *s* **1.** Freundlichkeit *f.* **2.** Einfachheit *f.* **3.** Gemütlichkeit *f.* **4.** Unscheinbarkeit *f*, Reizlosigkeit *f.* **ˈhome·ly** *adj* **1.** freundlich (**with** zu). **2.** vertraut. **3.** einfach: **a** ~ **meal**; ~ **people. 4.** → **homelike. 5.** *Am.* unscheinbar, reizlos: **a** ~ **girl.**

ˌ**home|ˈmade** *adj* **1.** haus-, selbstgemacht, Hausmacher...: ~ **bread** selbstgebackenes Brot; ~ **bomb** selbstgebastelte Bombe. **2.** *econ.* a) inländisch, einheimisch, im Inland ˈhergestellt, b) hausgemacht: ~ **inflation.** ˈ**~ˌmak·er** *s Am.* **1.** Hausfrau *f.* **2.** Faˈmilienpflegerin *f.* ˈ**~ˌmak·ing** *s Am.* Haushaltsführung *f.* **~ mis·sion** *s relig.* Innere Missiˈon.
homeo- → **homoeo-**.
home|of·fice *s* **1.** H~ O~ *pol. Br.* ˈInnenminiˌsterium *n.* **2.** *bes. econ. Am.* Hauptsitz *m,* Zenˈtrale *f.* **~ plate** *s Baseball*: Heimbase *n.*
hom·er [ˈhəʊmə(r)] *s* **1.** *colloq. für* **home run. 2.** Brieftaube *f.* **3.** *sport* Heimschiedsrichter *m.*
Ho·mer·ic [həʊˈmerɪk] *adj* hoˈmerisch: ~ **laughter** homerisches Gelächter.
home| rule *s pol.* a) ˈSelbstreˌgierung *f,* -verwaltung *f,* b) H~ R~ *hist.* Homerule *f* (*in Irland*). **~ run** *s Baseball*: Homerun *m* (*Lauf über alle 4 Male*). **H~ Sec·re·tar·y** *s pol. Br.* ˈInnenmiˌnister *m.* ˈ**~sick** *adj* heimwehkrank: **to be** ~ Heimweh haben. ˈ**~sick·ness** *s* Heimweh *n.* **~ sig·nal** *s rail.* a) ˈHauptsiˌgnal *n,* b) ˈEinfahrt(s)siˌgnal *n.* ˈ**~spun I** *adj* **1.** zu Hause gesponnen, selbstgesponnen. **2.** *fig.* schlicht, einfach. **3.** Homespun...: ~ **garments. II** *s* **4.** Homespun *n*: a) *dickes, grobes Streichgarn,* b) *grobfädiges, handwebeartiges Streichgarngewebe in Leinwand- od. Köperbindung.* **~stead** [ˈhəʊmsted; -stɪd] **I** *s* **1.** Heimstätte *f,* Gehöft *n.* **2.** *jur.* (*in USA*) Heimstätte *f*: a) *160 acres große, vom Staat den Siedlern verkaufte Grundparzelle,* b) *gegen den Zugriff von Gläubigern geschützte Heimstätte*: ~ **law** Heimstättengesetz *n.* **II** *v/t* **3.** *jur.* (*in USA*) *e-e Parzelle* als Heimstätte erwerben. ˈ**~stead·er** *s* Heimstättenbesitzer(in). **~ straight,** ˈ**~stretch** *s sport* Zielgerade *f*: **to be on the** ~ *fig.* kurz vor dem Ziel stehen. **~ teach·er** *s Br. Lehrer(in), der/die kranke od. behinderte Kinder zu Hause unterrichtet.* **~ thrust** *s fig.* gezielter Hieb, beißende Bemerkung: **that was a** ~ das hat ‚gesessen'. ˌ**~ˈtown** *s* Heimatstadt *f.* **~ truth** *s* harte *od.* peinliche Wahrheit, unbequeme Tatsache.
ˈ**home·ward I** *adv* heimwärts, nach Hause: → **bound**[2]. **II** *adj* Heim..., Rück...: ~ **journey**; ~ **freight** Rückfracht *f.*
ˈ**home·wards** → **homeward** I.
ˈ**home|·work** *s* **1.** *econ.* Heimarbeit *f.* **2.** *ped.* Schularbeit(en *pl*) *f,* Hausaufgabe(n *pl*) *f*: **to do one's** ~ s-e Hausaufgaben machen (*a. fig.*). ˈ**~ˌwork·er** *s econ.* Heimarbeiter(in). ˈ**~ˌwreck·er** *s Am. j-d, der e-e Ehe zerstört.*
home·y *bes. Am. für* **homy.**
hom·i·cid·al [ˌhɒmɪˈsaɪdl; *Am.* ˌhɑmə-; ˌhəʊmə-] *adj* **1.** mörderisch, mordlustig. **2.** Mord..., Totschlags...: ~ **attempt** versuchte Tötung. ˈ**hom·i·cide** *s* **1.** *jur.* Tötung *f*: a) Mord *m,* b) Totschlag *m*: ~ **by misadventure** *Am.* Un(glücks)fall *m* mit Todesfolge; **felonious** ~ *Am.* Tötung als Verbrechen; **justifiable** ~ rechtmäßige Tötung (*im Strafvollzug etc*); **negligent** ~ fahrlässige Tötung; ~ **squad** Mordkommission *f.* **2.** a) Mörder(in), b) Totschläger(in).
hom·i·let·ic [ˌhɒmɪˈletɪk; *Am.* ˌhɑmə-] *relig.* **I** *adj* homiˈletisch. **II** *s pl* (*a. als sg konstruiert*) Homiˈletik *f* (*Geschichte u. Theorie der Predigt*).
hom·i·list [ˈhɒmɪlɪst; *Am.* ˈhɑmə-] *s relig.* **1.** *j-d, der e-e Homilie hält.* **2.** Verfasser *m* von Homiˈlien.
hom·i·ly [ˈhɒmɪlɪ; *Am.* ˈhɑməli:] *s* **1.** *relig.* Homiˈlie *f* (*Predigt in der Form der Auslegung e-s Bibeltextes, die e-e praktische Anwendung auf das Leben enthält*). **2.** *fig.* Moˈralpredigt *f*: **to give s.o. a** ~ j-m e-e Moralpredigt halten.
hom·i·nes [ˈhɒmɪni:z; *Am.* ˈhɑmə-] *pl von* **homo** 1.
hom·ing [ˈhəʊmɪŋ] **I** *adj* **1.** zuˈrückkehrend: ~ **pigeon** Brieftaube *f*; ~ **instinct** *zo.* Heimkehrvermögen *n.* **2.** *mil.* zielansteuernd (*Rakete, Torpedo*). **II** *s* **3.** *aer.* a) Zielflug *m,* b) Zielpeilung *f,* c) Rückflug *m*: ~ **beacon** Zielflugfunkfeuer *n*; ~ **device** Zielfluggerät *n.*
hom·i·nid [ˈhɒmɪnɪd; *Am.* ˈhɑmə-] *zo.* **I** *adj* menschenartig. **II** *s* Homiˈnid(e) *m,* menschenartiges Wesen.
hom·i·ni·za·tion [ˌhɒmɪnaɪˈzeɪʃn; *Am.* ˌhɑmənəˈz-] *s biol.* Hominisatiˈon *f,* Menschwerdung *f.*
hom·i·noid [ˈhɒmɪnɔɪd; *Am.* ˈhɑmə-] *adj u. s zo.* menschenähnlich(es Tier).
hom·i·ny [ˈhɑməni:] *s Am.* **1.** Maismehl *n.* **2.** Maisbrei *m.*
ho·mo [ˈhəʊməʊ] (*Lat.*) *s* **1.** *pl* **hom·i·nes** [ˈhɒmɪni:z; *Am.* ˈhɑmə-] Homo *m,* Mensch *m.* **2.** *pl* **-mos** *colloq.* ‚Homo' *m* (*Homosexueller*).
homo- [həʊməʊ] → **homoeo-**.
ˌ**ho·moˈcen·tric** *adj* (*adv* **~ally**) *math.* homoˈzentrisch (*von ˈeinem Punkt ausgehend od. in ˈeinem Punkt zs.-laufend*) (*Strahlenbündel*).
ˌ**ho·mo·chroˈmat·ic** *adj phys.* monochroˈmatisch, einfarbig.
homoeo- [həʊmjəʊ; -mɪəʊ] *Wortelement mit der Bedeutung* gleich(artig).
ˌ**ho·moe·oˈmor·phic** [-ˈmɔ:(r)fɪk], ˌ**ho·moe·oˈmor·phous** *adj* **1.** *chem. med.* homöoˈmorph (*gleichgestaltig, von gleicher Form u. Struktur*). **2.** → **isomorphic** b.
ho·moe·o·path [ˈhəʊmjəʊpæθ; -mɪə-] *s med.* Homöoˈpath(in). ˌ**ho·moe·oˈpath·ic** *adj* (*adv* **~ally**) homöoˈpathisch. **ho·moe·op·a·thist** [ˌhəʊmɪˈɒpəθɪst; *Am.* -ˈɑp-] → **homoeopath.** ˌ**ho·moeˈop·a·thy** *s* Homöopaˈthie *f* (*Heilverfahren, bei dem der Kranke mit kleinsten Dosen von Mitteln behandelt wird, die beim Gesunden die gleichen Krankheitserscheinungen hervorrufen würden*).
ˌ**ho·moe·oˈsta·sis** *s* Homöoˈstase *f,* Homöostaˈsie *f,* Homöoˈstasis *f*: a) *biol. Eigenschaft von Organismen, bestimmte physiologische Größen in zulässigen Grenzen konstant zu halten,* b) *sociol. hohe Stabilität e-r sozialen Organisation, die trotz sich wandelnder innerer u. äußerer Störeinflüsse aufrechterhalten wird,* c) (*Kybernetik*) *Aufrechterhaltung des Systemgleichgewichts.*
ˌ**ho·mo·eˈrot·ic** *adj* (*adv* **~ally**) homoeˈrotisch. ˌ**ho·mo·eˈrot·i·cism,** *bes. Am.* ˌ**ho·moˈer·o·tism** *s* Homoeˈrotik *f* (*auf das eigene Geschlecht gerichtete Erotik*).
ho·mog·a·my [hɒˈmɒgəmɪ; *Am.* həʊˈmɑ-] *s bot.* Homogaˈmie *f* (*gleichzeitige Reife von Narbe u. Staubgefäßen bei zwittrigen Blütenpflanzen, die e-e Selbstbefruchtung ermöglicht*).
ho·mo·ge·ne·i·ty [ˌhɒməʊdʒəˈni:ətɪ; *bes. Am.* ˌhəʊmə-] *s* Homogeniˈtät *f,* Gleichartigkeit *f.* ˌ**ho·moˈge·ne·ous** [-ˈdʒi:njəs; -ɪəs] *adj* (*adv* **~ly**) homoˈgen, gleichartig.
ho·mog·e·ni·za·tion [hɒˌmɒdʒənaɪˈzeɪʃn; *Am.* həʊˌmɑdʒənəˈz-] *s chem.* Homogeniˈsierung *f* (*a. fig.*). **hoˈmog·e·nize** [-naɪz] *v/t* homogeniˈsieren.
ho·mog·e·nous [hɒˈmɒdʒənəs; *Am.* həʊˈmɑ-] *adj* **1.** → **homogeneous. 2.** → **homological** a. **hoˈmog·e·ny** *s* **1.** → **homogeneity. 2.** *biol.* Homoloˈgie *f.*
hom·o·graph [ˈhɒməʊgrɑ:f; -græf; *Am.* ˈhɑməˌgræf; ˈhəʊ-] *s ling.* Homoˈgraph *n* (*Wort, das sich in der Aussprache von e-m anderen gleichgeschriebenen Wort unterscheidet*). ˌ**hom·oˈgraph·ic** *adj* (*adv* **~ally**) homoˈgraphisch. **ho·mog·ra·phy** [hɒˈmɒgrəfɪ; *Am.* həʊˈmɑ-] *s* Homograˈphie *f.*
homoio- [həʊmɔɪə] → **homoeo-**.
hom·o·log *Am.* → **homologue.**
ho·mol·o·gate [hɒˈmɒləgeɪt; *Am.* həʊˈmɑ-; həˈmɑ-] *v/t* **1.** a) genehmigen, b) beglaubigen, c) *jur. Scot. e-n (anfechtbaren) Vertrag, e-e (anfechtbare) Urkunde* bestätigen. **2.** *sport* homoloˈgieren: a) (*Serienwagen od. deren Einzelteile*) *in die internationale Zulassungsliste für Klasseneinteilung für Rennwettbewerbe aufnehmen,* b) (*e-e Rennstrecke*) *nach den Normen des Internationalen Skiverbandes anlegen.*
ˌ**ho·moˈlog·i·cal** *adj* (*adv* **~ly**); **ho·mol·o·gous** [hɒˈmɒləgəs; *Am.* həʊˈmɑ-] *adj* homoˈlog: a) *biol. stammesgeschichtlich übereinstimmend, von entwicklungsgeschichtlich gleicher Herkunft,* b) *math. gleichliegend, entsprechend,* c) *chem. gesetzmäßig aufeinanderfolgend.* **hom·o·logue** [ˈhɒməlɒg; *Am.* ˈhəʊməˌlɔ:g; ˈhɑmə-; -ˌlɑg] *s* **1.** *biol.* homoˈloges Orˈgan. **2.** *chem.* homoˈloge Verbindung. **hoˈmol·o·gy** [-dʒɪ] *s* Homoloˈgie *f.*
ˌ**ho·moˈmor·phism** [-ˈmɔ:(r)fɪzəm] *s math.* Homomorˈphismus *m* (*Abbildung e-r algebraischen Struktur auf e-e andere mit eindeutig einander zugeordneten, zweistelligen inneren Verknüpfungen*).
hom·o·nym [ˈhɒmənɪm; *Am.* ˈhɑməˌnɪm; ˈhəʊ-] *s* **1.** *ling.* Homoˈnym *n* (*Wort, das mit e-m anderen lautlich u. von der Buchstabenfolge her identisch ist, aber e-e andere Bedeutung u. Herkunft hat*). **2.** Namensvetter(in). **3.** *biol. gleichlautende Benennung für verschiedene Gattungen etc.* ˌ**hom·oˈnym·ic** *adj*; **ho·mon·y·mous** [hɒˈmɒnɪməs; *Am.* həʊˈmɑ-] *adj* (*adv* **~ly**) *ling.* homoˈnym.
ho·mo·phile [ˈhɒməʊfaɪl; *bes. Am.* ˈhəʊmə-] **I** *adj* homoˈphil, homosexuˈell. **II** *s* Homoˈphile(r *m*) *f,* Homosexuˈelle(r *m*) *f.*
hom·o·phone [ˈhɒməʊfəʊn; *Am.* ˈhɑmə-; ˈhəʊmə-] *s ling.* Homoˈphon *n* (*Wort, das mit e-m anderen gleich lautet, aber verschieden geschrieben wird*). ˌ**hom·oˈphon·ic** [-ˈfɒnɪk; *Am.* -ˈfɑ-] *adj* (*adv* **~ally**); **ho·moph·o·nous** [hɒˈmɒfənəs; *Am.* həʊˈmɑ-] *adj* **1.** *ling.* homoˈphon. **2.** *mus.* homoˈphon, akˈkordisch (*Satzweise*). **hoˈmoph·o·ny** *s* **1.** *ling.* Homophoˈnie *f.* **2.** *mus.* Homophoˈnie *f*: a) Uniˈsono *n,* Monoˈdie *f,* b) homoˈphone *od.* akˈkordische Satzweise. **3.** *mus.* homoˈphoner Satz.
ho·mo·plas·ty [ˈhɒməʊplæstɪ; *Am.* ˈhɑmə-; ˈhəʊmə-] *s med.* Homotransplantatiˈon *f,* Homoˈplastik *f* (*operativer Ersatz verlorengegangenen Gewebes durch arteigenes*).
ho·mop·ter·a [həʊˈmɒptərə; hɒˈm-; *Am.* həʊˈmɑp-] *s pl zo.* Gleichflügler *pl* (*Insekten*).
ho·mor·gan·ic [ˌhɒmɔ:(r)ˈgænɪk; *bes. Am.* ˌhəʊm-; *Am. a.* ˌhɑm-] *adj ling.* homorˈgan (*an genau od. ungefähr derselben Artikulationsstelle gebildet*) (*Laut*).
Ho·mo sa·pi·ens [ˌhəʊməʊˈsæpɪenz; -ˈseɪ-] *s* Homo *m* sapiens (*Angehöriger e-r Art der Gattung Homo, die vom heutigen Menschen repräsentiert wird*).
ˌ**ho·moˈsex·u·al I** *adj* (*adv* **~ly**) homosexuˈell: a) *sexuell auf das eigene Geschlecht ausgerichtet,* b) *die Homosexualität betreffend.* **II** *s* Homosexuˈelle(r *m*) *f.*

ˌho·mo·sex·uˈal·i·ty *s* Homosexualiˈtät *f.*
ho·mo·typ·al [ˌhɒməʊˈtaɪpl; *Am.* ˌhəʊmə-; ˌhɑmə-] → **homotypic.** ˈ**hom·o·type** [-taɪp] *s biol.* homoˈtypes Orˈgan. ˌ**ho·moˈtyp·ic** [-ˈtɪpɪk] *adj biol.* homoˈtyp (*mit e-m Gegenstück auf der anderen Körperseite*) (*Organ*).
ˌ**ho·moˈzy·gote** *s biol.* Homozyˈgot *m.* ˌ**ho·moˈzy·gous** [-ˈzaɪgəs] *adj biol.* homozyˈgot, rein-, gleicherbig.
ho·mun·cu·lar [hɒˈmʌŋkjʊlə(r); *Am.* həʊ-] *adj* hoˈmunkulusähnlich. **hoˈmun·cule** [-kjuːl] *s*, **hoˈmun·cu·lus** [-kjʊləs] *pl* **-cu·li** [-laɪ] *s* **1.** Hoˈmunkulus *m* (*künstlich erzeugter Mensch*). **2.** Menschlein *n*, Knirps *m.*
hom·y [ˈhəʊmɪ] *adj colloq.* gemütlich, behaglich.
ho·nan [ˌhəʊˈnæn] *s* Honan(seide *f*) *m.*
hon·cho [ˈhɑntʃəʊ] *pl* **-chos** *s Am. sl.* ‚Obermimer' *m*, ‚Boß' *m.*
hone¹ [həʊn] **I** *s* **1.** *tech.* (feiner) Schleifstein. **II** *v/t* **2.** *tech.* honen, fein-, ziehschleifen. **3.** *a.* ~ **down** *fig.* ausfeilen.
hone² [həʊn] *v/i dial.* **1.** sich sehnen (**for, after** nach). **2.** klagen, jammern.
hon·est [ˈɒnɪst; *Am.* ˈɑnəst] **I** *adj* **1.** ehrlich: a) redlich, rechtschaffen: **an ~ man;** (**as**) ~ **as the day is** ~ *colloq.* ‚kreuzehrlich', b) offen, aufrichtig: **an ~ face;** → **Injun. 2.** *humor.* wacker, bieder. **3.** ehrlich verdient: ~ **wealth; to earn** (*od.* **turn**) **an ~ penny** ehrlich *od.* auf ehrliche Weise sein Brot verdienen. **4.** echt, reˈell: ~ **goods. 5.** *obs.* ehrbar, tugendhaft: **to make an ~ woman of** (durch Heirat) zur ehrbaren Frau machen. **II** *adv* → **honestly** I. **III** *interj* → **honestly** II. ˈ**hon·est·ly I** *adv* **1.** → **honest** 1, 2, 5. **2.** ehrlich, auf ehrliche Weise. **II** *interj colloq.* **3.** (*empört od. überrascht*) (nein also) wirklich! **4.** (*beteuernd*) ganz bestimmt!, ehrlich! **5.** offen gesagt!
ˌ**hon·est|-to-ˈGod,** ˌ**~-to-ˈgood·ness** *adj colloq.* ‚richtig', ‚wirklich'.
hon·es·ty [ˈɒnɪstɪ; *Am.* ˈɑnəstiː] *s* **1.** Ehrlichkeit *f*: a) Redlichkeit *f*, Rechtschaffenheit *f*: ~ **is the best policy** ehrlich währt am längsten, b) Offenheit *f*, Aufrichtigkeit *f.* **2.** *obs.* Ehrbarkeit *f*, Tugendhaftigkeit *f.* **3.** *bot.* ˈMondviˌole *f.*
hon·ey [ˈhʌnɪ] **I** *s* **1.** Honig *m*: (**as**) **sweet as** ~ honigsüß (*a. fig.*); **with ~ in one's voice** mit honigsüßer Stimme, honigsüß. **2.** *bot.* Nektar *m.* **3.** *bes. Am. colloq.* Liebling *m*, Schatz *m.* **4.** *bes. Am. colloq.* **to be a (real)** ~ (einfach) ‚Klasse' *od.* ‚Spitze' sein; **a ~ of a car** ein ‚klasse' Wagen. **II** *adj* **5.** (honig)süß. **6.** honigfarben, -gelb. **III** *v/t pret u. pp* ˈ**honeyed,** ˈ**hon·ied 7.** (mit Honig) süßen. **8.** *oft* ~ **up** *j-m* ‚Honig um den Mund *od.* ums Maul *od.* um den Bart schmieren', *j-m* schmeicheln. **IV** *v/i* **9. to ~ (up) to** → 8. **~ badg·er** → **ratel. ~ bag** → **honey sac.** ˈ**~·bee** *s zo.* Honigbiene *f.* **~ bird** *s orn.* **1.** → **honey guide. 2.** → **honey eater.** ˈ**~·bun,** ˈ**~·bunch** *colloq. für* **honey** 3. **~ buz·zard** *s orn.* Wespenbussard *m.*
hon·ey·comb [ˈhʌnɪkəʊm] **I** *s* **1.** Honigwabe *f*, -scheibe *f.* **2.** *etwas Wabenförmiges, z. B.* a) Waffelmuster *n* (*Gewebe*): ~ (**quilt**) Waffeldecke *f*, b) *metall.* Lunker *m*, (Guß)Blase *f.* **3.** *a.* ~ **stomach** *zo.* Netzmagen *m.* **II** *v/t* **4.** (wabenartig) durchˈlöchern. **5.** *fig.* durchˈsetzen (**with** mit). **III** *adj* **6.** *a. tech.* Waben...: ~ **radiator;** ~ **winding;** ~ **coil** *electr.* (Honig)Wabenspule *f.* ˈ**hon·ey·combed** [-kəʊmd] *adj* **1.** (wabenartig) durchˈlöchert, löcherig, zellig. **2.** *metall.* blasig. **3.** wabenartig gemustert. **4.** *fig.* (**with**) a) durchˈsetzt (mit), b) unterˈgraben (durch).
ˈ**hon·ey|·dew** *s* **1.** *bot.* Honigtau *m*, Blatthonig *m*: ~ **melon** Honigmelone *f.* **2.** mit Meˈlasse gesüßter Tabak. **~·eat·er** *s orn.* Honigfresser *m.*
hon·eyed [ˈhʌnɪd] *adj* **1.** voller Honig. **2.** honigsüß (*a. fig.*).
hon·ey| ex·trac·tor *s* Honigschleuder *f.* ˈ**~·flow** *s* (Bienen)Tracht *f.* **~ guide** *s orn.* Honiganzeiger *m*, -kuckuck *m.* ˈ**~·moon I** *s* a) Flitterwochen *pl*, b) *a.* ~ **trip** Hochzeitsreise *f*, c) *fig.* Zeit *f* der anfänglichen Harmoˈnie. **II** *v/i* a) in den Flitterwochen sein, b) s-e Hochzeitsreise machen: **they are ~ing in Scotland** sie verbringen ihre Flitterwochen in Schottland; sie sind in Schottland auf Hochzeitsreise. **III** *adj* a) für Hochzeitsreisende: **a ~ resort,** b) in den Flitterwochen, auf Hochzeitsreise: **a ~ couple.** ˈ**~·moon·er** *s* a) ‚Flitterwöchner' *m*, b) Hochzeitsreisende(r *m*) *f.* **~ sac** *s zo.* Honigmagen *m* (*der Bienen*). **~ sep·a·ra·tor** → **honey extractor.** ˈ**~ˌsuck·er** *s orn.* Honigsauger *m.* ˈ**~ˌsuck·le** *s bot.* Geißblatt *n.* ˈ**~-sweet** *adj* honigsüß (*a. fig.*).
hong [hɒŋ; *Am. a.* hɑŋ] *s econ.* **1.** Warenlager *n* (*in China*). **2.** *hist.* euroˈpäische Handelsniederlassung (*in China*).
Hong Kong| flu *s colloq.*, **~ in·flu·en·za** *s med.* Hongkonggrippe *f.*
hon·ied → **honeyed.**
honk [hɒŋk; *Am. a.* hɑŋk] **I** *s* **1.** Schrei *m* (*der Wildgans*). **2.** *mot.* ˈHupsiˌgnal *n*, Hupen *n.* **II** *v/i* **3.** schreien (*Wildgans*). **4.** *mot.* hupen. **5.** *Br. sl.* ‚kotzen' (*sich übergeben*). **III** *v/t* **6. to ~ one's horn** → 4. **7. she ~ed her nose into her handkerchief** sie schneuzte sich laut in ihr Taschentuch.
hon·key, hon·kie, hon·ky [ˈhɔːŋkiː; ˈhɑŋkiː] *s Am. sl. contp.* Weiße(r) *m.*
honk·y-tonk [ˈhɑŋkiːˌtɑŋk; ˈhɔːŋkiːˌtɔːŋk] *s Am. sl.* ‚Speˈlunke' *f.*
hon·or, *bes. Br.* **hon·our** [ˈɒnə; *Am.* ˈɑnər] **I** *v/t* **1.** ehren. **2.** ehren, auszeichnen: **to ~ s.o. with s.th.** j-m etwas verleihen. **3.** beehren (**with** mit). **4.** zur Ehre gereichen (*dat*), Ehre machen (*dat*). **5.** *e-r Einladung etc* Folge leisten. **6.** honoˈrieren, anerkennen. **7.** respekˈtieren. **8.** *econ.* a) *e-n Wechsel, Scheck* honoˈrieren, einlösen, b) *e-e Schuld* bezahlen, c) *e-n Vertrag* erfüllen.
II *s* **9.** Ehre *f*: (**sense of**) ~ Ehrgefühl *n*; (**there is**) ~ **among thieves** (es gibt so etwas wie) Ganovenehre; (**in**) ~ **bound, on one's** ~ moralisch verpflichtet; ~ **to whom ~ is due** Ehre, wem Ehre gebührt; (**up**)**on my ~!,** *Br. colloq.* ~ **bright!** Ehrenwort!; **man of** ~ Ehrenmann *m*; **point of** ~ Ehrensache *f*; **to do s.o.** ~ j-m zur Ehre gereichen, j-m Ehre machen; **to do s.o. the ~ of doing s.th.** j-m die Ehre erweisen, etwas zu tun; **I have the** ~ ich habe die Ehre (**of doing, to do** zu tun); **may I have the ~ (of the next dance)?** darf ich (um den nächsten Tanz) bitten?; **to put s.o. on his** ~ j-n bei s-r Ehre packen; **to his ~ it must be said that** zu s-r Ehre muß gesagt werden, daß; → **affair** 1, **court** 10, **debt** 1. **10.** Ehrung *f*, Ehre(n *pl*) *f*: a) Ehrerbietung *f*, Ehrenbezeigung *f*, b) Hochachtung *f*, Ehrfurcht *f*, c) Auszeichnung *f*, (Ehren)Titel *m*, Ehrenamt *n*, -zeichen *n*: **in ~ of s.o., to s.o.'s** ~ zu j-s Ehren, j-m zu Ehren; **military ~s** militärische Ehren; **~s of war** ehrenvoller Abzug; **to have** (*od.* **hold**) **s.o. in** ~ j-n in Ehren halten; **to pay s.o. the last** (*od.* **funeral**) **~s** j-m die letzte Ehre erweisen. **11.** Ehre *f*, Jungfräulichkeit *f*: **to lose one's ~** die Ehre verlieren. **12.** Ehre *f*, Zierde *f*: **he is an ~ to his school (parents)** er ist e-e Zierde s-r Schule (er macht s-n Eltern Ehre); **what an ~ to my poor abode!** *oft iro.* welcher Glanz in m-r Hütte! **13.** *Golf*: Ehre *f* (*Berechtigung, den ersten Schlag auf e-m Abschlag zu machen*): **it is his** ~ er hat die Ehre. **14.** *obs. pl univ.* besondere Auszeichnung: → **honors degree. 15.** *Kartenspiel*: Bild *n.* **16. to do the ~s** als Gastgeber(in) funˈgieren. **17.** *als Ehrentitel*: **Your (His)** ~ Euer (Seine) Gnaden.
ˈ**hon·or·a·ble,** *bes. Br.* ˈ**hon·our·a·ble** *adj* (*adv* **honorably**) **1.** achtbar, ehrenwert. **2.** rühmlich, ehrenvoll, -haft: **an ~ peace treaty. 3.** angesehen. **4.** redlich, rechtschaffen: **he has ~ intentions, his intentions are** ~ er hat ehrliche (Heirats)Absichten. **5. H~** (*der od. die*) Ehrenwerte (*in GB*: *Titel der jüngeren Kinder der Earls u. aller Kinder der Viscounts u. Barone, der Ehrendamen des Hofes, der Mitglieder des Unterhauses, gewisser höherer Richter u. der Bürgermeister; in USA*: *Titel der Mitglieder des Kongresses, hoher Regierungsbeamter, Richter u. Bürgermeister*): **the H~ Adam Smith; Right H~** (*der*) Sehr Ehrenwerte (*Titel der Earls, Viscounts, Barone, der Mitglieder des Privy Council, des Lord Mayor von London etc*); → **friend** 4.
hon·o·rar·i·um [ˌɒnəˈreərɪəm; *Am.* ˌɑnə-] *pl* **-ˈrar·i·a** [-rɪə], **-ˈrar·i·ums** *s* (*freiwillig gezahltes*) Honoˈrar.
hon·or·ar·y [ˈɒnərərɪ; *Am.* ˈɑnəˌreriː] *adj* **1.** ehrend. **2.** Ehren...: ~ **debt (doctor, member, title,** *etc*); ~ **degree** ehrenhalber verliehener akademischer Grad; ~ **freeman** Ehrenbürger *m.* **3.** ehrenamtlich: ~ **president (secretary, treasurer,** *etc*); ~ **consul** Honorar-, Wahlkonsul *m.*
hon·or·if·ic [ˌɒnəˈrɪfɪk; *Am.* ˌɑnə-] **I** *adj* (*adv* **~ally**) **1.** Ehren..., ehrend. **II** *s* **2.** ehrendes Wort, (Ehren)Titel *m*, Ehrung *f.* **3.** *ling.* Höflichkeitssilbe *f.* ˌ**hon·orˈif·i·cal** *adj* (*adv* **~ly**) → **honorific** I.
hon·ors| de·gree, *bes. Br.* **hon·ours| de·gree** [ˈɒnəz; *Am.* ˈɑnərz] *s univ. akademischer Grad mit Prüfung in e-m Spezialfach.* **~ list** *s univ. Liste der Studenten, die e-n* **honors degree** *anstreben od. erworben haben.*
hon·or stu·dent *Am. für* **honours man.**
hon·our, hon·our·a·ble, *etc bes. Br. für* **honor, honorable,** *etc.*
hon·ours man *s irr univ. Br. Student, der e-n* **honours degree** *anstrebt, od. Graduierter, der e-n solchen innehat.*
hooch [huːtʃ] *s Am. sl.* (*bes.* geschmuggelter *od.* schwarzgebrannter) Schnaps.
hood¹ [hʊd] **I** *s* **1.** Kaˈpuze *f.* **2.** a) ˈMönchskaˌpuze *f*, b) *univ.* kaˈpuzenartiger ˈÜberwurf (*am Talar als Abzeichen der akademischen Würde*). **3.** *bot.* Helm *m.* **4.** *mot.* a) *Br.* Verdeck *n*, b) *Am.* (Motor)Haube *f.* **5.** *tech.* a) (Schutz)Haube *f* (*a. für Arbeiter*), Kappe *f*, b) (Rauch-, Gas)Abzug *m*, Abzugshaube *f.* **6.** *orn.* Haube *f*, Schopf *m.* **7.** *zo.* Brillenzeichnung *f* (*der Kobra*). **II** *v/t* **8.** *j-m* e-e Kaˈpuze aufsetzen. **9.** ver-, zudecken: **to ~ one's eyes** die Augen zs.-kneifen.
hood² [hʊd; huːd] → **hoodlum.**
-hood [hʊd] *Wortelement zur Bezeichnung e-s Zustandes od. e-r Eigenschaft*: **childhood; likelihood.**
hood·ed [ˈhʊdɪd] *adj* **1.** mit e-r Kaˈpuze (bekleidet). **2.** ver-, zugedeckt, (*Augen*) zs.-gekniffen. **3.** *bot.* kaˈpuzen-, helmförmig. **4.** a) *orn.* mit e-r Haube, b) *zo.* mit ausdehnbarem Hals (*Kobra etc*). **~ crow** *s orn.* Nebelkrähe *f.* **~ seal** *s zo.* Mützenrobbe *f.* **~ snake** *s zo.* Kobra *f.*
hood·lum [ˈhuːdləm] *s colloq.* **1.** a) Rowdy *m*, b) ‚Schläger' *m.* **2.** a) Gaˈnove

m, b) Gangster *m*. ˈ**hood·lum·ism** *s* **1.** Rowdytum *n*. **2.** Gangstertum *n*.
ˈ**hood·man-blind** [ˈhʊdmən-] *obs. für* **blindman's buff.**
hoo·doo [ˈhuːduː] **I** *s* **1.** → **voodoo** I. **2.** *colloq.* a) Unglücksbringer *m*, b) Unglück *n*, Pech *n*. **II** *v/t* **3.** a) verhexen, b) *colloq. j-m* Unglück bringen. **III** *adj* **4.** *colloq.* Unglücks...
ˈ**hood·wink** *v/t* **1.** *obs. j-m* die Augen verbinden. **2.** *fig.* hinters Licht führen, ‚reinlegen'.
hoo·ey [ˈhuːɪ] *s bes. Am. sl.* ‚Krampf' *m*, ‚Quatsch' *m*.
hoof [huːf] **I** *pl* **hoofs, hooves** [-vz] *s* **1.** *zo.* a) Huf *m*, b) Fuß *m* (*vom Huftier*): **on the ~** lebend (*Vieh*), c) *colloq. humor.* ‚Peˈdal' *n* (*Fuß*). **2.** Huftier *n*. **II** *v/t* **3.** *colloq. e-e Strecke* (zu Fuß) gehen, marˈschieren: **to ~ it** → 5, 6. **4.** *a.* **~ out** *colloq. j-n* ‚rausschmeißen', ‚an die frische Luft setzen'. **III** *v/i* **5.** *colloq.* zu Fuß gehen, marˈschieren. **6.** *colloq.* tanzen, *bes.* steppen. ˌ**~-and-ˈmouth dis·ease** *s vet.* Maul- u. Klauen-Seuche *f*. ˈ**~·beat** *s* Hufschlag *m*.
hoofed [huːft] *adj* **1.** gehuft, Huf...: **~ animal** Huftier *n*. **2.** hufförmig. ˈ**hoof·er** *s Am. colloq.* Berufstänzer(in), *bes.* a) Reˈvuegirl *n*, b) Stepper(in).
hoo-ha [ˈhuːhɑː] *s colloq.* ‚Spekˈtakel' *m*, Lärm *m* um nichts.
hook [hʊk] **I** *s* **1.** Haken *m*: **~ and eye** Haken u. Öse; **by ~ or (by) crook** unter allen Umständen, mit allen Mitteln; **off the ~** *teleph.* ausgehängt (*Hörer*) (→ 3); **on one's own ~** *colloq.* auf eigene Faust. **2.** *tech.* a) Klammer-, Drehhaken *m*, b) Nase *f* (*am Dachziegel*), c) Türangel *f*, Haspe *f*. **3.** Angelhaken *m*: **to be off the ~** *colloq.* ‚aus dem Schneider' sein (→ 1); **to get s.o. off the ~** *colloq.* j-m ‚aus der Patsche' helfen; **to be on the ~** *colloq.* ‚in der Patsche' sein *od.* sitzen *od.* stecken; **to have s.o. on the ~** *colloq.* j-n ‚zappeln' lassen; **to fall for s.o. (s.th.) ~, line and sinker** *colloq.* sich rettungslos in j-n verlieben (voll auf etwas ‚reinfallen'); **to swallow s.th. ~, line and sinker** *colloq.* etwas voll u. ganz ‚schlucken'; **to sling one's ~** → 18. **4.** *med.* a) (*Knochen-, Wund- etc*)Haken *m*, b) *bes. hist.* Greifhaken *m* (*e-r Armprothese*). **5.** *agr.* Sichel *f*. **6.** *etwas Hakenförmiges, bes.* a) scharfe Krümmung, b) gekrümmte Landspitze, c) *bes. anat.* hakenförmiger Fortsatz. **7.** *pl sl.* ‚Griffel' *pl* (*Finger*): **just let me get my ~s on him!** wenn ich den unter die Finger bekomme! **8.** *mus.* Notenfähnchen *n*. **9.** *sport* a) *Golf*: Hook *m* (*Schlag, bei dem der Ball in e-r der Schlaghand entgegengesetzten Kurve fliegt*), b) *Boxen*: Haken *m*: **~ to the body (liver)** Körperhaken (Leberhaken).
II *v/t* **10.** an-, ein-, fest-, zuhaken. **11. ~ over** hängen an (*acc*) *od.* über (*acc*): **~ your coat over that nail. 12.** fangen, angeln (*a. fig. colloq.*): **to ~ a husband** sich e-n Mann angeln; **he is ~ed** *colloq.* er zappelt im Netz, er ist ‚geliefert'. **13.** *colloq.* ‚klauen', stehlen. **14.** biegen, krümmen. **15.** auf die Hörner nehmen, aufspießen. **16.** tambuˈrieren, mit Kettenstich besticken. **17.** a) *Boxen*: *j-m* e-n Haken versetzen, b) *Golf*: *den Ball* mit (e-m) Hook schlagen *od.* spielen, c) *Eishockey etc*: *e-n Gegenspieler* haken. **18. ~ it** *colloq.* ‚Leine ziehen', verschwinden.
III *v/i* **19.** sich krümmen. **20.** sich (zu)haken lassen. **21.** sich festhaken (**to** an *dat*). **22.** → 18. **23.** *Golf*: hooken, e-n Hook schlagen *od.* spielen.
Verbindungen mit Adverbien:
hook| in *v/t* einhaken. **~ on I** *v/t* **1.** mit e-m Haken befestigen, ein-, anhaken. **II** *v/i* **2.** → **hook** 21. **3.** (sich) einhängen (**to** bei *j-m*). **~ up I** *v/t* **1.** → **hook on** 1. **2.** zuhaken. **3.** *tech. ein Gerät* a) zs.-bauen, b) anschließen. **4.** *Pferde* anspannen. **5.** *Rundfunk, TV*: a) zs.-schalten, in Konfeˈrenz schalten, b) zuschalten (**with** *dat*). **II** *v/i* **6.** *colloq.* heiraten (**with s.o.** j-n).
hook·a(h) [ˈhʊkə] *s* Huka *f*, Wasserpfeife *f*.
hook| and lad·der, ˌ**~-and-ˈlad·der truck** *s Am.* Gerätewagen *m* (*der Feuerwehr*).
hooked [hʊkt] *adj* **1.** [*a.* ˈhʊkɪd] krumm, hakenförmig, Haken...: **~ nose. 2.** mit (e-m) Haken (versehen). **3.** tambuˈriert, mit Kettenstich bestickt. **4.** *colloq.* verheiratet. **5.** *colloq.* süchtig (**on** nach) (*a. fig.*): **~ on heroin (television)** heroin-(fernseh)süchtig; **she's ~ on him** sie ist ihm hörig.
hook·er[1] [ˈhʊkə(r)] *s* **1.** a) *Rugby*: Hakler *m*, b) Hooker *m* (*Spieler, dessen Spezialität der Hook ist*). **2.** *Am. sl.* a) Taschendieb *m*, b) ‚Nutte' *f* (*Prostituierte*), c) kräftiger Schluck (*bes. Alkohol*).
hook·er[2] [ˈhʊkə(r)] *s mar.* **1.** Huker *m* (*Hochseefischereifahrzeug*). **2.** Fischerboot *n*. **3.** *contp.* ‚alter Kahn'.
Hooke's| cou·pling, ~ joint [hʊks] *s tech.* Karˈdangelenk *n*. **~ law** *s* Hookesches (Proportionaliˈtäts)Gesetz.
hook·ey → **hooky**.
ˈ**hook|·nose** *s* Hakennase *f*. ˈ**~·nosed** *adj* hakennasig, mit e-r Hakennase. **~ pin** *s tech.* Hakenbolzen *m*, -stift *m*. ˈ**~·shop** *s Am. sl.* ‚Puff' *m*, *a. n* (*Bordell*). **~ shot** *s Basketball*: Hakenwurf *m*. **~ span·ner** → **hook wrench.** ˈ**~·up** *s* **1.** *electr. tech.* a) Syˈstem *n*, Schaltung *f*, b) Schaltbild *n*, -schema *n*, c) Blockschaltung *f*, d) *mot.* ˈBrems(en)überˌsetzung *f*. **2.** *tech.* Zs.-bau *m*. **3.** *Rundfunk, TV*: a) Zs.-schaltung *f*, Konfeˈrenzschaltung *f*, b) Zuschaltung *f*. **4.** a) Zs.-schluß *m*, Bündnis *n*, b) Absprache *f*, Verständigung *f*. ˈ**~·worm** *s zo.* (*ein*) Hakenwurm *m*. **~ wrench** *s tech.* Hakenschlüssel *m*.
hook·y [ˈhʊkɪ] *s*: **to play ~** *bes. Am. colloq.* (*bes.* die Schule) schwänzen.
hoo·li·gan [ˈhuːlɪgən] *s* Rowdy *m*. ˈ**hoo·li·gan·ism** *s* Rowdytum *n*.
hoop[1] [huːp] **I** *s* **1.** *allg.* Reif(en) *m* (*als Schmuck, im Reifrock, bei Kinderspielen, im Zirkus etc*): **~ (skirt)** *hist.* Reifrock *m*; **to go through the ~(s)** *fig.* ‚durch die Mangel gedreht werden'; **to put through the ~(s)** *fig.* ‚durch die Mangel drehen', ‚in die Mangel nehmen'. **2.** *tech.* a) (Faß-) Reif(en) *m*, (-)Band *n*, b) (Stahl)Band *n*, Ring *m*: **~ iron** Bandeisen *n*, c) Öse *f*, d) Bügel *m*: **~ drop relay** *electr.* Fallbügelrelais *n*. **3.** (Finger)Ring *m*. **4.** *Basketball*: Korbring *m*. **5.** *Krocket*: Tor *n*. **II** *v/t* **6.** *Fässer* binden, Reifen aufziehen auf (*acc*): **~ed skirt** *hist.* Reifrock *m*. **7.** (reifenförmig) runden. **8.** umˈgeben, umˈfassen. **9.** *Basketball*: *Punkte* erzielen: **to ~ 2 points. III** *v/i* **10.** sich runden, e-n Reifen bilden.
hoop[2] *obs.* → **whoop.**
ˈ**hoop·er**[1] *s* Faßbinder *m*, Küfer *m*. } [Böttcher *m*.]
ˈ**hoop·er**[2], **~ swan** *s orn.* Singschwan *m*.
ˈ**hoop·ing swan** → **hooper**[2].
hoop·la [ˈhuːplɑː] *s* **1.** Ringwerfen *n* (*auf Jahrmärkten*). **2.** *Am. sl.* Rummel *m*.
ˈ**hoop·man** [-mən] *s irr colloq.* Basketballer *m*.
hoo·poe [ˈhuːpuː] *s orn.* Wiedehopf *m*.
hoop·ster [ˈhuːpstə(r)] *s colloq.* Basketballer(in).
hoo·ray [hʊˈreɪ] → **hurrah.**
hoos(e)·gow [ˈhuːsˌgaʊ] *s Am. sl.* ‚Kittchen' *n* (*Gefängnis*).
hoo·sier [ˈhuːʒə(r)] *s Am.* **1.** *contp.* ‚Bauer' *m*. **2.** **H~** (*Spitzname für e-n*) Bewohner von Indiˈana. **H~ State** *s Am.* (*Beiname für*) Indiˈana *n*.
hoot[1] [huːt] **I** *v/i* **1.** (*höhnisch*) johlen, schreien: **to ~ at s.o.** j-n verhöhnen. **2.** schreien (*Eule*). **3.** *bes. Br.* a) *mot.* hupen, b) pfeifen (*Zug etc*), heulen (*Fabriksirene etc*). **II** *v/t* **4.** *j-n* auszischen, -pfeifen, mit Pfuirufen überˈschütten: **to ~ down** niederschreien. **5. ~ out, ~ away, ~ off** durch Gejohle vertreiben. **6.** *etwas* johlen. **III** *s* **7.** (*höhnischer, johlender*) Schrei: **it's not worth a ~** *colloq.* es ist keinen Pfifferling wert; **I don't care a ~ (*od.* two ~s)** *colloq.* ‚das ist mir völlig piepe'. **8.** Schrei *m* (*der Eule*). **9.** *bes. Br.* a) *mot.* Hupen *n*, b) Pfeifen *n*, Heulen *n*, c) → **hooter** 2. **10. to be a ~** *Br. colloq.* ‚zum Schreien sein'.
hoot[2] [huːt; uːt] *interj bes. Scot.* ach was!, dummes Zeug!
hoot[3] [huːt] *s Austral. sl.* ‚Zaster' *m*, ‚Moˈneten' *pl* (*Geld*).
hootch → **hooch.**
hoot·er [ˈhuːtə(r)] *s* **1.** Johler(in). **2.** *bes. Br.* a) *mot.* Hupe *f*, b) Siˈrene *f*, Pfeife *f*. **3.** *Br. sl.* ‚Zinken' *m* (*Nase*).
hoots [huːts; uːts] → **hoot**[2].
Hoo·ver [ˈhuːvə(r)] (*TM*) **I** *s* Staubsauger *m*. **II** *v/t meist* **h~** (staub)saugen, *Teppich etc a.* absaugen: **to h~ up** a) aufsaugen, b) *colloq.* in sich aufsaugen. **III** *v/i meist* **h~** (staub)saugen.
hooves [huːvz] *pl von* **hoof.**
hop[1] [hɒp; *Am.* hɑp] **I** *v/i* **1.** (hoch)hüpfen: **to ~ on** → 7; **to ~ off** *Br. colloq.* ‚abschwirren', verschwinden. **2.** *colloq.* ‚schwofen', tanzen. **3.** *colloq.* a) sausen, ‚flitzen', b) fahren, *bes. aer.* fliegen, c) *bes. aer.* e-n Abstecher machen: **he ~ped to London for the day** er flog für e-n Tag nach London. **4.** *meist* **~ off** *aer. colloq.* abheben. **5. to ~ to it** *Am. colloq.* sich an die Arbeit machen. **II** *v/t* **6.** hüpfen *od.* springen über (*acc*): **to ~ the twig** (*od.* **stick**) *Br. colloq.* a) *a.* **to ~ it** ‚abschwirren', verschwinden, b) ‚hops gehen' (*sterben*). **7.** *colloq.* a) einsteigen in (*acc*), b) (auf)springen auf (*acc*): **to ~ a fast-moving train. 8.** *aer. colloq.* überˈfliegen, -ˈqueren: **they ~ped the Atlantic in five hours. 9.** *Am. e-n Ball etc* hüpfen lassen. **10.** *Am.* a) arbeiten als: **to ~ bells** als (Hotel)Page arbeiten, b) bedienen in (*dat*): **to ~ bars** in Bars bedienen. **11.** *Am. sl.* angreifen (*a. kritisieren*). **III** *s* **12.** Sprung *m*: **~, step, and jump** (*Leichtathletik*) Dreisprung; **the shops are only a ~, step** (*od.* **skip**), **and jump away** es ist nur ein Katzensprung bis zu den Geschäften; **to be on the ~** *colloq.* ‚auf Trab sein': a) es eilig haben, b) viel zu tun haben; **to keep s.o. on the ~** *colloq.* j-n ‚in Trab halten'; **to catch s.o. on the ~** *colloq.* j-n überraschen *od.* -rumpeln. **13.** *colloq.* ‚Schwof' *m*, Tanz (-veranstaltung *f*) *m*. **14.** *colloq.* a) Fahrt *f*, *bes. aer.* Flug *m*: **it's only a short ~ from London to Paris** mit dem Flugzeug ist es nur ein Katzensprung von London nach Paris, b) *bes. aer.* Abstecher *m*.
hop[2] [hɒp; *Am.* hɑp] **I** *s* **1.** *bot.* a) Hopfen *m*, b) *pl* Hopfen(blüten *pl*) *m*: **to pick** (*od.* **gather**) **~s** → 5. **2.** *sl.* Droge *f*, *bes.* Opium *n*. **II** *v/t* **3.** *Bier* hopfen. **4. ~ up** *sl.* a) unter Drogen setzen, b) aufputschen (*a. fig.*), c) *Am. sl. ein Auto, e-n Motor* ‚friˈsieren', ‚aufmotzen'. **III** *v/i* **5.** Hopfen zupfen *od.* ernten.
hop| back *s Brauerei*: Hopfenseiher *m*. ˈ**~·bine,** *a.* ˈ**~·bind** *s bot.* Hopfenranke *f*.
hope [həʊp] **I** *s* **1.** Hoffnung *f* (**of** auf *acc*): **to live in ~(s)** die Hoffnung nicht aufgeben, optimistisch sein; **past** (*od.* **beyond**) **(all) ~** hoffnungs-, aussichtslos; **he is past all ~** er ist ein hoffnungs-

loser Fall, für ihn gibt es keine Hoffnung mehr; **there is no ~ that** es besteht keine Hoffnung, daß; **in the ~ of doing** in der Hoffnung zu tun; **~ springs eternal (in the human breast)** der Mensch hofft, solange er lebt; **my ~ was for Peter to pass the examination** ich hoffte, Peter würde die Prüfung bestehen; → **hold out** 2, **raise** 5. **2.** Hoffnung *f*: a) Vertrauen *n*, Zuversicht *f*, b) Aussicht *f*: **no ~ of success** keine Aussicht auf Erfolg. **3.** Hoffnung *f* (*Person od. Sache*): **she is our only** (*od.* **last**) **~**; → **white hope. 4.** → **forlorn hope. II** *v/i* **5.** hoffen: **to ~ for** hoffen auf (*acc*), erhoffen; **to ~ for the best** das Beste hoffen; **to ~ for success** sich Erfolg erhoffen; **I ~ so** hoffentlich, ich hoffe es; **the ~d-for result** das erhoffte Ergebnis. **III** *v/t* **6.** *etwas* hoffen: **I ~ to meet her soon; to ~ against ~ that** die Hoffnung nicht aufgeben *od.* verzweifelt hoffen, daß; **to ~ and trust that** hoffen u. glauben, daß; **it is to be ~d** es ist zu hoffen, man kann *od.* darf *od.* muß hoffen. **~ chest** *s Am. colloq.* Aussteuertruhe *f*.

ˈ**hope·ful I** *adj* **1.** hoffnungsvoll: **to be** (*od.* **feel**) **~ about the future** hoffnungsvoll in die Zukunft blicken, optimistisch sein; **to be ~ of success** hoffen, Erfolg zu haben; **to be ~ that** hoffen, daß. **2.** hoffnungsvoll, vielversprechend. **II** *s* **3.** *bes.* **young ~** hoffnungsvoller *od.* vielversprechender junger Mensch. ˈ**hope·ful·ly** *adv* **1.** → **hopeful** I. **2.** hoffentlich. ˈ**hope·ful·ness** *s* Optiˈmismus *m*.

ˈ**hope·less** *adj* (*adv* **~ly**) hoffnungslos: a) verzweifelt, mutlos: **~ tears** Tränen der Verzweiflung, b) aussichtslos: **a ~ situation**, c) unheilbar: **a ~ patient**, d) *colloq.* miseˈrabel, ‚unmöglich': **as an actor he is ~**, e) unverbesserlich, heillos: **a ~ drunkard** ein unverbesserlicher Trinker; **he is a ~ case** er ist ein hoffnungsloser Fall. ˈ**hope·less·ness** *s* Hoffnungslosigkeit *f*.

hop| gar·den *s* Hopfengarten *m*. ˈ**~·head** *s sl.* Drogen-, *bes.* Opiumsüchtige(r *m*) *f*.

Ho·pi [ˈhəʊpɪ] *pl* **-pis, -pi** *s* Hopi *m, f*, ˈHopi-, ˈMoquiindiˌaner(in).

hop kiln *s* Hopfendarre *f*.

hop·lite [ˈhɒplaɪt; *Am.* ˈhɑp-] *s antiq. mil.* Hoˈplit *m* (*schwerbewaffneter Fußsoldat*).

hop-o'-my-thumb [ˌhɒpəmɪˈθʌm; *Am.* ˌhɑp-] *s* Knirps *m*, Zwerg *m*, Dreiˈkäsehoch *m*.

hop·per[1] [ˈhɒpə; *Am.* ˈhɑpər] *s* **1.** Hüpfende(r *m*) *f*. **2.** *colloq.* Tänzer(in). **3.** *zo.* Hüpfer *m*, *bes.* hüpfendes Inˈsekt, *z.B.* Käsemade *f*. **4.** *tech.* a) (Füll)Trichter *m*, b) Schüttgut-, Vorratsbehälter *m*, c) Gichtverschluß *m* (*bei Hochöfen*), d) *a.* **~(-bottom) car** *rail.* Fallboden-, Selbstentladewagen *m*, e) *mar.* Baggerprahm *m*, f) Spülkasten *m*: **~ closet** Klosett *n* mit Spülkasten, g) *Computer*: ˈEingabemagaˌzin *n*.

hop·per[2] [ˈhɒpə; *Am.* ˈhɑpər] *s* **1.** Hopfenpflücker(in). **2.** *Brauerei*: a) *Arbeiter, der den Hopfen zusetzt*, b) Gosse *f*, Malztrichter *m*.

ˈ**hopˌpick·er** *s* Hopfenpflücker(in).

hop·ping [ˈhɒpɪŋ; *Am.* ˈhɑ-] *adv*: **to be ~ mad** *colloq.* ‚e-e Stinkwut (im Bauch) haben'.

hop·ple [ˈhɒpl; *Am.* ˈhɑpəl] → **hobble** 3.

hop|pock·et *s* Hopfenballen *m* (*etwa* $1^1/_2$ *Zentner*). **~ pole** *s* Hopfenstange *f*. **~ sack** *s* **1.** Hopfensack *m*. **2.** → **hop sacking. ~ sack·ing** *s* **1.** grobe Sackleinwand. **2.** grober Wollstoff. ˈ**~·scotch** *s* Himmel-und-Hölle-Spiel *n*. ˈ**~·vine** *s bot.* **1.** Hopfenranke *f*. **2.** Hopfenpflanze *f*.

Ho·rae [ˈhɔːriː; *Am. a.* ˈhəʊ-] *s pl myth.* Horen *pl*.

ho·ral [ˈhɔːrəl; *Am. a.* ˈhəʊ-] *adj* **1.** Stunden... **2.** stündlich.

ho·ra·ry [ˈhɔːrərɪ; *Am. a.* ˈhəʊ-] *obs.* → **horal**.

Ho·ra·tian [həˈreɪʃjən; *Am.* -ʃən] *adj* hoˈrazisch: **~ ode**.

horde [hɔː(r)d; *Am. a.* həʊrd] **I** *s* **1.** Horde *f*: a) (*asiatische*) *Nomadengruppe*, b) *bes. contp.* (wilder) Haufen. **2.** *zo.* Schwarm *m* (*Insekten*). **II** *v/i* **3.** e-e Horde bilden: **to ~ together** in Horden zs.-leben.

ho·ri·zon [həˈraɪzn] *s* **1.** *astr.* Horiˈzont *m*, Gesichtskreis *m* (*beide a. fig., oft pl*): **on the ~** am Horizont (auftauchend *od.* sichtbar) (*a. fig.*); **to appear on the ~** am Horizont auftauchen, *fig. a.* sich abzeichnen; **apparent** (*od.* **sensible, visible**) **~** scheinbarer Horizont; **celestial** (*od.* **astronomical, geometrical, rational, true**) **~** wahrer *od.* geozentrischer Horizont; **visual ~** *mar.* Seehorizont, Kimm *f*; → **artificial** 1, **broaden** I. **2.** *geol.* Horiˈzont *m*, Zone *f*. **3.** *Anthropologie*: Horiˈzont *m*, Kulˈturschicht *f*. **4.** *paint.* Horiˈzontlinie *f*.

hor·i·zon·tal [ˌhɒrɪˈzɒntl; *Am.* ˌhɔːrəˈzɑntl; ˌhɑrə-] **I** *adj* (*adv* **~ly**) **1.** horizonˈtal: a) *math.* waag(e)recht: **~ line** → 4, b) *tech.* liegend: **~ engine; ~ valve**, c) in der Horizonˈtalebene liegend, d) *mar.* in Kimmlinie liegend: **~ distance. 2.** *tech.* Seiten... (*bes. Steuerung*). **3.** a) gleich, auf der gleichen Ebene (*Alter etc*), b) *econ.* horizonˈtal: **~ combination** horizontaler Zs.-schluß, Horizontalkonzern *m*. **II** *s* **4.** *math.* Horizonˈtale *f*, Waag(e)rechte *f*. **~ bar** *s Turnen*: Reck *n*. **~ mo·bil·i·ty** *s sociol.* horizonˈtale Mobiliˈtät. **~ par·al·lax** *s astr.* Horizonˈtalparalˌlaxe *f*. **~ plane** *s math.* Horizonˈtalebene *f*. **~ pro·jec·tion** *s math.* Horizonˈtalprojektiˌon *f*. **~ pro·jec·tion plane** *s math.* Grundrißebene *f*. **~ rud·der** *s mar.* Horizonˈtal(steuer)ruder *n*, Tiefenruder *n*. **~ sec·tion** *s tech.* Horizonˈtalschnitt *m*, Grundriß *m*. **~ sta·bi·liz·er** *s aer. Am.* Höhen-, Dämpfungsflosse *f*.

hor·mo·nal [hɔː(r)ˈməʊnl] *adj biol.* Hormon..., hormoˈnal. ˈ**hor·mone** [-məʊn] *s* Horˈmon *n*.

horn [hɔː(r)n] **I** *s* **1.** *zo.* a) Horn *n*: **to show one's ~s** *fig.* die Krallen zeigen, b) *pl* (*Hirsch*)Geweih *n*, c) *pl fig.* Hörner *pl* (*des betrogenen Ehemanns*): → **bull**[1] 1, **dilemma** 1, **lock**[1] 14. **2.** *hornähnliches Organ, bes.* a) Stoßzahn *m* (*Narwal*), b) Horn *n* (*Nashorn*), c) *orn.* Ohrbüschel *n*, d) Fühler *m*, (Fühl)Horn *n* (*Insekt, Schnecke etc*): **to draw** (*od.* **pull**) **in one's ~s** *fig.* a) ‚zurückstecken', ‚den Gürtel enger schnallen', b) sich zurückhalten *od.* beherrschen. **3.** *chem.* Horn (-stoff *m*) *n*, Keraˈtin *n*. **4.** *hornartige Substanz*: **~ spectacles** Hornbrille *f*. **5.** *Gegenstand aus Horn, bes.* a) Schuhlöffel *m*, b) Horngefäß *n*, -dose *f*, c) Hornlöffel *m*. **6.** Horn *n* (*hornförmiger Gegenstand*), *bes.* a) *tech. seitlicher Ansatz am Amboß*, b) *Stütze am Damensattel*, c) *hornförmige Bergspitze*, d) (*e-e*) Spitze (*der Mondsichel*), e) Pulver-, Trinkhorn *n*: **~ of plenty** Füllhorn; **the H~** (das) Kap Hoorn. **7.** *mus.* a) Horn *n*: → **blow**[1] 26, b) *colloq.* ˈBlasinstruˌment *n*: **the ~s** die Bläser. **8.** a) *mot.* Hupe *f*: → **blow**[1] 26, **honk** 6, **sound**[4] 10, b) Siˈgnalhorn *n*. **9.** *tech.* Schalltrichter *m*: **~ loudspeaker** Trichterlautsprecher *m*. **10.** *aer.* Leitflächenhebel *m*: **rudder ~** Rudernase *f*. **11.** *electr.* Hornstrahler *m*. **12.** Sattelknopf *m*. **13.** *Bibl.* Horn *n* (*als Symbol der Stärke od. des Stolzes*). **14.** *vulg.* ‚Ständer' *m* (*erigierter Penis*). **15.** *Am. sl.* Telefon *n*: **to get on the ~ to s.o.** j-n anrufen. **II** *v/t* **16.** a) mit den Hörnern stoßen, b) auf die Hörner nehmen. **17.** *obs. e-m Ehemann* Hörner aufsetzen. **III** *v/i* **18.** **~ in** *sl.* sich eindrängen *od.* einmischen (**on** in *acc*).

ˈ**horn|·beam** *s bot.* Hain-, Weißbuche *f*. ˈ**~·bill** *s orn.* (Nas)Hornvogel *m*. ˈ**~·blende** [-blend] *s min.* Hornblende *f*. ˈ**~·book** *s* **1.** *ped. hist.* (*Art*) Abˈc-Buch *n*. **2.** *fig.* Fibel *f*. ˈ**~-break switch** *s electr.* Streckenschalter *m* mit ˈHornkonˌtakten. **~ bug** *s zo. Am.* Hirschkäfer *m*.

horned [hɔː(r)nd] *adj* gehörnt, Horn...: **~ cattle** Hornvieh *n*. **~ owl** *s orn.* (*e-e*) Ohreule. **~ rat·tle·snake** *s zo.* Seitenwinder *m*.

hor·net [ˈhɔː(r)nɪt] *s zo.* Horˈnisse *f*: **to bring a ~'s nest about one's ears, to stir up a ~'s nest** *fig.* in ein Wespennest stechen.

ˈ**horn|·fels** [-felz] *s geol.* Hornfels *m*. **~ fly** *s zo. Am.* Hornfliege *f*.

horn·ist [ˈhɔː(r)nɪst] *s mus.* Horˈnist *m*.

ˈ**horn·less** *adj* hornlos, ohne Hörner.

ˈ**horn|·pipe** *s mus.* Hornpipe *f*: a) *Blasinstrument, dessen beide Enden aus Horn bestehen*, b) *alter englischer Tanz*. **~ plate** *s tech.* Achs(en)halter *m*. **~ quick·sil·ver** *s min.* Hornquecksilber *n*. ˈ**~-rimmed** *adj* Horn...: **~ spectacles** Hornbrille *f*. **~·shav·ings** *s pl agr.* Hornspäne *pl* (*Dünger*). **~ sil·ver** *s min.* Horn-, Chlorsilber *n*. **~ snake** *s zo. Am.* Hornnatter *f*. ˈ**~·stone** *s* **1.** → **chert. 2.** → **hornfels**. ˈ**~swog·gle** [-ˌswɒgl; *Am.* -ˌswɑgəl] *v/t sl.* ‚bescheißen', ‚übers Ohr hauen'. ˈ**~·tail** *s zo.* Holzwespe *f*.

horn·y [ˈhɔː(r)nɪ] *adj* **1.** hornig, schwielig: **~-handed** mit schwieligen Händen. **2.** aus Horn, Horn... **3.** gehörnt, Horn... **4.** *vulg.* geil.

hor·o·loge [ˈhɒrəlɒdʒ; *Am.* ˈhɔːrəˌləʊdʒ; ˈhɑr-] *s* Chronoˈmeter *n*, Zeitmesser *m*, Uhr *f*. **ho·rol·o·ger** [hɒˈrɒlədʒə; *Am.* həˈrɑlədʒər], **hoˈrol·o·gist** *s* Uhrmacher *m*. **hoˈrol·o·gy** [-dʒɪ] *s* **1.** Lehre *f* von der Zeitmessung. **2.** Uhrmacherkunst *f*.

ho·rom·e·try [hɒˈrɒmɪtrɪ; *Am.* həˈrɑ-] → **horology** 1.

ho·rop·ter [hɒˈrɒptə; *Am.* həˈrɑptər] *s physiol.* Hoˈropter(kreis) *m* (*kreisförmige horizontale Linie, auf der alle Punkte liegen, die mit beiden Augen nur einfach gesehen werden*).

hor·o·scope [ˈhɒrəskəʊp; *Am. a.* ˈhɑr-] **I** *s* Horoˈskop *n*: **to cast a ~** ein Horoskop stellen. **II** *v/i* horoskoˈpieren, Horoˈskope stellen. ˈ**hor·o·scop·er** → **horoscopist**. ˌ**hor·oˈscop·ic** [-ˈskɒpɪk; *Am.* -ˈskɑ-; -ˈskəʊ-] *adj* horoˈskopisch. **ho·ros·co·pist** [hɒˈrɒskəpɪst; *Am.* həˈrɑ-] *s* Horoˈskopsteller(in). **hoˈros·co·py** *s* Stellen *n* von Horoˈskopen.

hor·ren·dous [hɒˈrendəs; *Am. a.* hɑ-] *adj* (*adv* **~ly**) → **horrific**.

hor·ri·ble [ˈhɒrəbl; *Am. a.* ˈhɑ-] *adj* (*adv* **horribly**) **1.** schrecklich, furchtbar, scheußlich (*alle a. fig. colloq.*). **2.** *colloq.* gemein: **to be ~ to s.o.** ˈ**hor·ri·ble·ness** *s* Schrecklichkeit *f*, Furchtbarkeit *f*, Scheußlichkeit *f*.

hor·rid [ˈhɒrɪd; *Am. a.* ˈhɑrəd] *adj* (*adv* **~ly**) **1.** → **horrible. 2.** *obs.* rauh, borstig. ˈ**hor·rid·ness** → **horribleness**.

hor·rif·ic [hɒˈrɪfɪk; *Am. a.* hɑ-] *adj* (*adv* **~ally**) **1.** schrecklich, entsetzlich. **2.** horˈrend: **~ penalties**.

hor·ri·fy [ˈhɒrɪfaɪ; *Am. a.* ˈhɑ-] *v/t* entsetzen: a) mit Schrecken erfüllen, *j-m* Grauen einflößen: **to be horrified at** (*od.* **by**) entsetzt sein über (*acc*), b) mit Abscheu erfüllen, emˈpören: **~ing** → **horrible** 1.

hor·rip·i·la·tion [hɒˌrɪpɪˈleɪʃn] *s physiol.* Gänsehaut *f.*

hor·ror [ˈhɒrə(r); *Am. a.* ˈhɑrər] **I** *s* **1.** Entsetzen *n*, Grau(s)en *n*, Schrecken *m*: **to my ~** zu m-m Entsetzen; **seized with ~** von Grauen gepackt. **2.** (**of**) Abscheu *m*, Ekel *m* (vor *dat*), ˈWiderwille *m* (gegen): **to have a ~ of** e-n Horror haben vor (*dat*); **to have a ~ of doing s.th.** e-n Horror davor haben, etwas zu tun. **3.** a) Schrecken *m*, Greuel *m*: **the ~s of war**; **scene of ~** Schreckensszene *f*, b) Greueltat *f.* **4.** Grausigkeit *f*, Entsetzlichkeit *f*, (*das*) Schauerliche. **5.** *colloq.* (*etwas*) Scheußliches, Greuel *m* (*Person od. Sache*), Scheusal *n*, Ekel *n* (*Person*): **an architectural ~** e-e architektonische Scheußlichkeit; **that hat is a (real) ~** der Hut sieht (einfach) ‚verboten' aus. **6. to have the ~s** *colloq.* a) völlig ‚down' sein, b) sich ‚wahnsinnige' Sorgen machen, c) ‚weiße Mäuse sehen', Wahnvorstellungen haben; **it gave me the ~s** *colloq.* mich packte dabei das kalte Grausen. **II** *adj* **7.** Horror...: **~ film. ˈ~-ˌstrick·en, ˈ~-struck** *adj* von Schrecken *od.* Grauen *od.* Entsetzen gepackt.

hors con·cours [ˌɔːkɒŋˈkʊə; *Am.* ˌɔːrˌkəʊŋˈkʊər] *adj* **1.** (*a. adv*) hors conˈcours, außer Konkurˈrenz. **2.** unerreicht, unvergleichlich, *a. econ.* konkurˈrenzlos.

hors de com·bat [ˌhɔːdəˈkɔ̃ːmbɑː; *Am.* ˌɔːrdəkəʊmˈbɑː] *adj* außer Gefecht, kampfunfähig.

hors d'oeu·vre [ɔːˈdɜːvrə; *Am.* ɔːrˈdɜrv] *pl* **- d'oeu·vre, - d'oeu·vres** [-ˈdɜːvrəz; *Am.* -ˈdɜrvz] *s* **1.** Horsˈd'œuvre *n*, Vorspeise *f.* **2.** *fig.* Nebensächlichkeit *f.*

horse [hɔː(r)s] **I** *s* **1.** Pferd *n*: **to back the wrong ~** *fig.* aufs falsche Pferd setzen; **to be on** (*od.* **ride**) **one's high ~** *fig.* auf dem *od.* e-m *od.* s-m hohen Roß sitzen; **to breathe like a ~** wie e-e Dampflokomotive schnaufen; **wild ~s will not drag me there** keine zehn Pferde bringen mich dorthin; **to eat like a ~** wie ein Scheunendrescher essen; **to get** (*od.* **come**) **off one's high ~** *fig.* von s-m hohen Roß herunterkommen *od.* -steigen; **to get on** (*od.* **mount**) **one's high ~** *fig.* sich aufs hohe Roß setzen; **hold your ~s!** *colloq.* langsam!, immer mit der Ruhe!; **you can lead** (*od.* **take**) **a ~ to water but you can't make it drink** man kann niemanden zwingen, e-n guten Vorschlag anzunehmen; **to spur a willing ~** *fig.* j-n unnötigerweise antreiben; **that's a ~ of another** (*od.* **a different**) **colo(u)r** *fig.* das ist etwas (ganz) anderes; (**straight** *od.* **right**) **from the ~'s mouth** *colloq.* aus erster Hand, aus berufenem Mund; **to ~!** *mil. etc* aufgesessen!; → **cart** 1, **dark horse, flog** 1, **gift** 7, **head** *Bes. Redew.* **2.** a) Hengst *m*, b) Wallach *m.* **3.** *collect. mil.* Kavalleˈrie *f*, Reiteˈrei *f*: **regiment of ~** Kavallerieregiment *n*; **a thousand ~** tausend Reiter; **~ and foot** Kavallerie u. Infanterie, die ganze Armee. **4.** *tech.* (Säge- *etc*)Bock *m*, Gestell *n*, Ständer *m.* **5.** *print.* Anlegetisch *m.* **6.** *Bergbau*: a) Bühne *f*, b) Gebirgskeil *m.* **7.** *Turnen*: Pferd *n.* **8.** *colloq. für* **horsepower. 9.** *Schach*: *colloq.* Pferd *n*, Springer *m.* **10.** *sl.* Heroˈin *n.*

II *v/t* **11.** mit Pferden versehen: a) *Truppen etc* beritten machen, b) *Wagen* bespannen. **12.** auf ein Pferd setzen *od.* laden. **13.** *etwas Schweres* schieben *od.* zerren. **14.** *colloq.* derbe Späße treiben mit.

III *v/i* **15.** aufsitzen, aufs Pferd steigen. **16. ~ about** (*od.* **around**) *colloq.* Unfug treiben. **17.** rossen (*Stute*).

ˌhorse|-and-ˈbug·gy *adj bes. Am. colloq.* **1. in ~ days** als es noch keine Autos gab. **2.** ‚vorsintflutlich', altmodisch. **~ ar·til·ler·y** *s mil.* reitende *od.* berittene Artilleˈrie. **ˈ~back I** *s* Pferderücken *m*: **on ~** zu Pferd, beritten; **to go** (*od.* **ride**) **on ~** reiten; → **devil** 1. **II** *adv* zu Pferde: **to ride ~** reiten. **~ bean** *s bot.* Saubohne *f.* **ˈ~box** *s mot.* ˈPferdetransˌporter *m.* **ˈ~ˌbreak·er** *s* Zureiter *m*, Bereiter *m.* **~ chest·nut** *s bot.* ˈRoßkaˌstanie *f.* **ˈ~cloth** *s* Pferdedecke *f*, Schaˈbracke *f.* **~ cop·er** *s Br.* Pferdehändler *m.*

horsed [hɔː(r)st] *adj* **1.** beritten (*Person*). **2.** (mit Pferden) bespannt (*Wagen*).

horse| deal·er *s* Pferdehändler *m.* **~ doc·tor** *s* **1.** Tierarzt *m.* **2.** *colloq. contp.* ‚Viehdoktor' *m* (*miserabler Arzt*). **ˈ~-drawn** *adj* von Pferden gezogen, Pferde... **ˈ~flesh** *s* **1.** Pferdefleisch *n.* **2.** *collect.* Pferde *pl*: **he is a good judge of ~** er ist ein Pferdekenner. **ˈ~fly** *s zo.* (Pferde)Bremse *f.* **~ gow·an** *s bot.* Margeˈrite *f.* **H~ Guards** *s pl mil. Br.* ˈGardekavalleˌriebriˌgade *f* (*bes. das 2. Regiment, die* **Royal** ~). **ˈ~hair I** *s* **1.** Roß-, Pferdehaar *n.* **2.** → **haircloth. II** *adj* **3.** Roßhaar...: **~ mattress. ˈ~hide** *s* **1.** Pferdehaut *f.* **2.** Pferdeleder *n.* **~ lat·i·tudes** *s pl geogr.* Roßbreiten *pl.* **ˈ~laugh I** *s* wieherndes Gelächter. **II** *v/i Am.* wiehernd lachen, ‚wiehern'. **ˈ~leech** *s* **1.** *zo.* Pferdeegel *m.* **2.** *obs.* Tierarzt *m.*

ˈhorse·less *adj* ohne Pferd(e).

horse| mack·er·el *s ichth.* **1.** Thunfisch *m.* **2.** ˈRoßmaˌkrele *f.* **3.** Boˈnito *m.* **ˈ~man** [-mən] *s irr* **1.** (geübter) Reiter. **2.** Pferdezüchter *m.* **3.** *zo.* Sandkrabbe *f.* **ˈ~man·ship** *s* Reitkunst *f.* **~ ma·rine** *s Am.* **1.** *mil. hist.* Maˈrinekavalleˌrist. **2.** *j-d, der nicht in s-m Element ist.* **ˈ~meat** *s* Pferdefleisch *n*: **~ butcher** Pferdemetzger *m.* **ˈ~mint** *s bot.* **1.** a) Wald- *od.* Pferdeminze *f*, b) Roßminze *f*, c) Wasserminze *f.* **2.** *Am.* (*e-e*) Moˈnarde. **~ mush·room** *s bot.* Schafchampignon *m.* **~ nail** *s* Hufnagel *m.* **~ op·er·a** *s colloq.* Western *m* (*Film*). **~ pis·tol** *s hist.* große ˈSattelpiˌstole. **ˈ~play** *s* (derber) Spaß, Unfug *m.* **ˈ~pond** *s* Pferdeschwemme *f.* **ˈ~ˌpow·er** *s phys.* Pferdestärke *f* (= *1,01 PS*). **ˈ~ˌpow·er-ˈhour** *s phys.* Pferdestärkenstunde *f* (= *1,0139 PS-Stunden*). **~ race** *s sport* Pferderennen *n.* **~ rac·er** *s* **1.** Rennstallbesitzer *m.* **2.** Jockey *m.* **3.** Anhänger *m* des Pferderennsports. **~ rac·ing** *s* Pferderennen *n od. pl.* **ˈ~ˌrad·ish** *s bot.* Meerrettich *m.* **~ sense** *s* gesunder Menschenverstand. **ˈ~shit** *vulg.* **I** *s* **1.** ‚Pferdescheiße' *f.* **2.** *fig.* ‚Scheiß' *m*: **to talk ~** → 3. **II** *v/i a. irr* **3.** ‚Scheiß' reden. **~shoe** [ˈhɔː(r)ʃʃuː; ˈhɔː(r)s-] **I** *s* **1.** Hufeisen *n.* **2.** *pl* (*als sg konstruiert*) *Am.* Hufeisenwerfen *n* (*Spiel*). **II** *adj* **3.** Hufeisen..., hufeisenförmig: **~ bend** (*od.* **curve**) Schleife *f* (*e-r Straße etc*); **~ magnet** Hufeisenmagnet *m*; **~ nail** Hufnagel *m*; **~ table** in Hufeisenform aufgestellte Tische. **~ show** *s sport* ˈReit- u. ˈSpringturˌnier *n.* **ˈ~tail** *s* **1.** Pferdeschwanz *m* (*a. fig. als Frisur*), Roßschweif *m* (*a. hist. als türkisches Feldzeichen u. Rangabzeichen*). **2.** *bot.* a) Schachtelhalm *m*, b) Tann(en)wedel *m.* **~ tick** *s zo.* Pferdelausfliege *f.* **~ trade** *s* **1.** *Am.* Pferdehandel *m.* **2.** → **horse trading** 2. **~ trad·er** *s Am.* Pferdehändler *m.* **~ trad·ing** *s* **1.** → **horse trade** 1. **2.** *bes. pol. colloq.* ‚Kuhhandel' *m.* **ˈ~whip I** *s* Reitpeitsche *f.* **II** *v/t* mit der Reitpeitsche schlagen, peitschen. **ˈ~ˌwom·an** *s irr* (geübte) Reiterin.

hors·ey → **horsy.**

horst [hɔː(r)st] *s geol.* Horst *m.*

hors·y [ˈhɔː(r)sɪ] *adj* **1.** pferdenärrisch. **2.** Pferde...: a) Pferde betreffend: **~ talk** Gespräch *n* über Pferde, b) nach Pferden: **~ smell** Pferdegeruch *m*, c) pferdeähnlich, -artig: **~ face** Pferdegesicht *n*; **he bounced the boy on his knee in a ~ manner** er ließ den Jungen auf s-m Knie reiten.

hor·ta·to·ry [ˈhɔː(r)tətərɪ; *Am.* -təˌtəʊriː; -ˌtɔːriː] *adj* (*adv* **hortatorily**), **ˈhor·ta·tive** [-tɪv] *adj* (*adv* **~ly**) (er)mahnend, anspornend, aufmunternd.

hor·ti·cul·tur·al [ˌhɔː(r)tɪˈkʌltʃərəl] *adj* (*adv* **~ly**) gartenbaulich, Garten(bau)...: **~ show** Gartenschau *f.* **ˈhor·ti·cul·ture** *s* Hortikulˈtur *f*, Gartenbau *m.* **ˌhor·tiˈcul·tur·ist** *s* ˈGartenbauexˌperte *m.*

hor·tus sic·cus [ˌhɔː(r)təsˈsɪkəs] (*Lat.*) *s* Herˈbarium *n.*

ho·san·na [həʊˈzænə] **I** *interj* hosiˈanna!, hoˈsanna! **II** *s* Hosiˈanna *n*, Hoˈsanna *n.*

hose[1] [həʊz] *s* **1.** (*als pl konstruiert*) Strümpfe *pl*, Strumpfwaren *pl.* **2.** *pl* **hose, ˈhos·en** [-zn] *hist.* (Knie)Hose *f.*

hose[2] [həʊz] **I** *s* **1.** Schlauch *m.* **2.** *tech.* Dille *f*, Tülle *f.* **II** *v/t* **3.** spritzen: **to ~ down** abspritzen; **to ~ out** ausspritzen.

Ho·se·a [həʊˈzɪə; *Am.* həʊˈzeɪə; -ˈziːə] *npr u. s Bibl.* (das Buch) Hoˈsea *m od.* Oˈsee *m.*

hose| clip *s tech.* Schlauchklemme *f*, -schelle *f.* **ˈ~man** [-mən] *s irr* Schlauchführer *m* (*der Feuerwehr*). **~ pipe** *s* Schlauchleitung *f.* **ˈ~proof** *adj tech.* strahlwassergeschützt.

ho·sier [ˈhəʊzɪə; *Am.* -ʒər] *s* Strumpfwarenhändler(in). **ˈho·sier·y** *s econ. collect. bes.* Strumpfwaren *pl.*

hos·pice [ˈhɒspɪs; *Am.* ˈhɑspəs] *s* **1.** *hist.* Hoˈspiz *n*, Herberge *f.* **2.** Sterbeklinik *f.*

hos·pi·ta·ble [ˈhɒspɪtəbl; *Am.* hɑˈspɪ-] *adj* (*adv* **hospitably**) **1.** a) gast(freund)lich: **a ~ man**, b) gastlich, gastfrei: **a ~ house. 2.** *fig.* freundlich: **~ climate. 3.** *fig.* (**to**) empfänglich (für), aufgeschlossen (*dat*): **~ to new ideas. hos·pi·ta·ble·ness** → **hospitality** 1.

hos·pi·tal [ˈhɒspɪtl; *Am.* ˈhɑs-] *s* **1.** Krankenhaus *n*, Klinik *f*: **in** (*Am.* **in the**) **~** im Krankenhaus; **~ fever** *med.* klassisches Fleckfieber; **~ gangrene** *med.* Hospital-, Wundbrand *m*; **~ nurse** Kranken(haus)schwester *f.* **2.** *mil.* Lazaˈrett *n*: **~ ship** Lazarettschiff *n*; **~ tent** Sanitätszelt *n*; **~ train** Lazarettzug *m.* **3.** Tierklinik *f.* **4.** *hist.* Spiˈtal *n*, *bes.* a) Armenhaus *n*, b) Altersheim *n*, c) Erziehungsheim *n.* **5.** *hist.* Herberge *f*, Hoˈspiz *n.* **6.** *humor.* Reparaˈturwerkstatt *f*: **dolls' ~** Puppenklinik *f.* **ˈhos·pi·tal·er,** *bes. Br.* **ˈhos·pi·tal·ler** [-pɪtlə(r)] *s* **1. H~** Hospitaˈliter *m*, Johanˈniter *m.* **2.** Mitglied *n* e-s Krankenpflegeordens, *z.B.* Barmˈherziger Bruder.

hos·pi·tal·ism [ˈhɒspɪtlɪzəm; *Am.* ˈhɑs-] *s* Hospitaˈlismus *m*: a) *das Auftreten von physischen u./od. psychischen Schädigungen, die durch die Besonderheiten e-s Krankenhaus-, Anstalts- od. Heimaufenthalts bedingt sind*, b) *das Auftreten von Entwicklungsstörungen u. -verzögerungen bei Kindern als Folge e-s Heimaufenthalts im Säuglingsalter.*

hos·pi·tal·i·ty [ˌhɒspɪˈtælətɪ; *Am.* ˌhɑspə-] *s* **1.** Gastfreundschaft *f*, Gastlichkeit *f.* **2.** Akt *m* der Gastfreundschaft. **3.** *fig.* Empfänglichkeit *f*, Aufgeschlossenheit *f* (**to** für).

hos·pi·tal·i·za·tion [ˌhɒspɪtəlaɪˈzeɪʃn; *Am.* ˌhɑspɪtləˈz-] *s* **1.** Aufnahme *f od.* Einweisung *f od.* Einlieferung *f* ins Krankenhaus. **2.** Krankenhausaufenthalt *m.* **~ in·sur·ance** *s Am.* (*private*) Krankenhauskostenversicherung.

hos·pi·tal·ize [ˈhɒspɪtlaɪz; *Am.* ˈhɑs-] *v/t* ins Krankenhaus einliefern *od.* einweisen.

hos·pi·tal·ler *bes. Br. für* **hospitaler**.

host[1] [həʊst] *s* **1.** Menge *f*, Masse *f*: **a ~ of questions** e-e Unmenge Fragen. **2.** *obs. od. poet.* (Kriegs)Heer *n*: **the ~(s) of heaven** a) die Gestirne, b) die himmlischen Heerscharen; **the Lord of ~s** *Bibl.* der Herr der Heerscharen.

host[2] [həʊst] **I** *s* **1.** Gastgeber *m*: **~ country** Gastland *n*; **the ~ country for the Olympic Games** das Gastgeberland für die Olympischen Spiele. **2.** (Gast)Wirt *m*: **to reckon without one's ~** *fig.* die Rechnung ohne den Wirt machen. **3.** *biol.* Wirt *m*, Wirtspflanze *f od.* -tier *n*. **4.** *Rundfunk, TV*: a) Talkmaster *m*, b) Showmaster *m*, c) Mode'rator *m*: **your ~ was ...** durch die Sendung führte Sie ... **5.** *a.* **~ computer** Verarbeitungsrechner *m*. **II** *v/t* **6.** a) als Gastgeber fun'gieren bei, b) *j-n* zu Gast haben. **7.** *Rundfunk, TV*: *e-e Sendung* mode'rieren.

host[3], *oft* **H~** [həʊst] *s relig.* Hostie *f*.

hos·tage ['hɒstɪdʒ; *Am.* 'hɑs-] *s* **1.** Geisel *f*: **to take s.o. ~** j-n als Geisel nehmen; **to give ~s to fortune** sich Verlusten *od.* Gefahren aussetzen. **2.** ('Unter)Pfand *n*.

hos·tel ['hɒstl; *Am.* 'hɑstl] *s* **1.** *meist* **youth ~** Jugendherberge *f*. **2.** *bes. Br.* (*Studenten-, Arbeiter- etc*)Wohnheim *n*: **students' ~** Studenten(wohn)heim. **3.** *obs.* Wirtshaus *n*. **'hos·tel·er,** *bes. Br.* **'hos·tel·ler** [-tələ(r)] *s* **1.** *j-d, der in Jugendherbergen übernachtet*. **2.** *bes. Br.* Heimbewohner(in). **3.** *obs.* Gastwirt *m*. **'hos·tel·ry** [-tlrɪ] *s obs.* Wirtshaus *n*.

host·ess ['həʊstɪs] *s* **1.** Gastgeberin *f*. **2.** (Gast)Wirtin *f*. **3.** Ho'stess *f* (*Betreuerin auf Messen etc*). **4.** Ani'mier-, Tischdame *f*. **5.** *aer.* Ho'stess *f*, Stewar'deß *f*.

hos·tile ['hɒstaɪl; *Am.* 'hɑstl; -ˌtaɪl] *adj* (*adv* **~ly**) **1.** feindlich, Feind(es)...: **~ act** feindliche Handlung; **~ territory** Feindgebiet *n*. **2.** (**to**) feindselig (gegen), feindlich gesinnt (*dat*): **~ to foreigners** ausländerfeindlich; **~ witness** *jur. eigener Zeuge, der sich unerwartet als feindlich erweist*.

hos·til·i·ty [hɒ'stɪlətɪ; *Am.* hɑ-] *s* **1.** Feindschaft *f*, Feindseligkeit *f* (**to** gegen): **feelings of ~** feindselige Gefühle; **to feel ~ toward(s) s.o.** j-m feindlich gesinnt sein; **~ to foreigners** Ausländerfeindlichkeit *f*. **2.** Feindseligkeit *f*, feindselige Handlung. **3.** *pl mil.* Feindseligkeiten *pl*, Kriegs-, Kampfhandlungen *pl*: **hostilities only** nur für den Kriegsfall.

hos·tler ['ɒslə; *Am.* 'hɑslər; 'ɑs-] → **ostler**.

hot [hɒt; *Am.* hɑt] **I** *adj* (*adv* **~ly**) **1.** heiß (*a. fig.*): **~ climate (stove, tears,** *etc*); → **iron** 1. **2.** warm, heiß (*Speisen*): **~ meal** warme Mahlzeit; **~ and ~** ganz heiß, direkt vom Feuer. **3.** erhitzt, heiß: **I am ~** mir ist heiß; **I went ~ and cold** es überlief mich heiß u. kalt. **4.** a) scharf: **~ spices**, b) scharf gewürzt: **a ~ dish**, c) *fig.* leuchtend, grell: **~ colo(u)r**. **5.** heiß, hitzig, heftig, erbittert: **a ~ fight; ~ words** heftige Worte; **they grew ~ over an argument** sie erhitzten sich über e-n strittigen Punkt. **6.** leidenschaftlich, feurig: **a ~ temper** ein hitziges Temperament; **a ~ patriot** ein glühender Patriot; **to be ~ for** (*od.* **on**) *colloq.* ‚scharf' sein auf (*acc*), brennen auf (*acc*). **7.** a) wütend, erbost, b) aufgeregt: **to get ~ and bothered** sich aufregen. **8.** ‚heiß': a) *zo.* brünstig, b) *colloq.* ‚spitz', geil. **9.** ‚heiß' (*im Suchspiel*): **you're getting ~(ter)!** a) es wird schon heißer!, b) *fig.* du kommst der Sache schon näher! **10.** ganz neu *od.* frisch, ‚noch warm': **~ from the press** frisch aus der Presse (*Nachrichten*), soeben erschienen (*Buch etc*); **a ~ scent** (*od.* **trail**) *hunt.* e-e warme *od.* frische Fährte *od.* Spur (*a. fig.*). **11.** *colloq.* a) ‚toll', großartig: **it (he) is not so ~** es (er) ist nicht so toll; **~ news** sensationelle Nachrichten; **to be ~ at** (*od.* **on**) ‚ganz groß' sein in (*e-m Fach*); → **hot stuff**, b) ‚heiß', vielversprechend: **a ~ tip; ~ favo(u)rite** *bes. sport* heißer *od.* hoher Favorit. **12.** *sl.* ‚heiß' (*erregend*): **~ music**. **13.** *colloq.* ungemütlich, gefährlich: **to make it ~ for s.o.** j-m die Hölle heiß machen, j-m gründlich ‚einheizen'; **the place was getting too ~ for him** ihm wurde der Boden zu heiß (unter den Füßen); **to be in ~ water** in ‚Schwulitäten' sein, Ärger *od.* Schwierigkeiten haben (*bes. mit e-r Behörde*); **to get into ~ water** a) *j-n* in ‚Schwulitäten' bringen, b) in ‚Schwulitäten' kommen, Ärger *od.* Schwierigkeiten ‚kriegen'; **to get into ~ water with s.o.** es mit j-m zu tun ‚kriegen'; **~ under the collar** a) wütend, erbost, b) aufgeregt, c) verlegen. **14.** *colloq.* a) ‚heiß' (*gestohlen, geschmuggelt etc*): **~ goods** heiße Ware; → **hot money**, b) (von der Poli'zei) gesucht. **15.** *phys. colloq.* ‚heiß' (*stark radioaktiv*): **~ cell**; → **hot spot** 3. **16.** *electr.* stromführend: → **hot wire** 1. **17.** *tech. electr.* Heiß..., Warm..., Glüh...

II *adv* **18.** heiß: **the sun shines ~; to get it ~ (and strong)** *colloq.* ‚eins auf den Deckel kriegen'; **to give it s.o. ~ (and strong)** *colloq.* j-m gründlich ‚einheizen', j-m die Hölle heiß machen; → **blow**[1] 11, **run** 61, **track** 1, **trail** 20.

III *v/t* **19.** *meist* **~ up** *bes. Br.* heiß machen, *Speisen a.* warm machen, aufwärmen. **20.** **~ up** *colloq.* a) *fig.* an-, aufheizen: **to ~ up the pace** *sport* aufs Tempo drücken, b) Schwung bringen in (*acc*), c) *ein Auto, e-n Motor* ‚fri'sieren', ‚aufmotzen'.

IV *v/i* **21.** *meist* **~ up** *bes. Br.* heiß werden, sich erhitzen. **22.** **~ up** *colloq.* a) sich verschärfen (*Lage etc*), (*sport Tempo a.*) anziehen, b) schwungvoller werden.

V *s pl* **23. to have the ~s for** (*od.* **on**) *colloq.* ‚spitz' *od.* geil sein auf (*acc*).

hot| air *s* **1.** *tech.* Heißluft *f*. **2.** *colloq.* ‚heiße Luft', leeres Geschwätz. **ˌ~-'air** *adj tech.* Heißluft...: **~ balloon; ~ artist** *colloq.* ‚Windmacher' *m*; **~ blast** → **hot blast** 2; **~ heating** Warmluftheizung *f*; **~ engine** Heißluftmotor *m*. **ˌ~-and-~-'cold** *adj fig.* unbeständig, wetterwendisch. **'~bed** *s* **1.** *agr.* Mist-, Frühbeet *n*. **2.** *fig.* Brutstätte *f*: **a ~ of vice**. **3.** *tech.* Kühlbett *n*. **~ blast** *s tech.* **1.** Heißluftgebläse *n*. **2.** heiße Gebläseluft, Heißwind *m*. **'~-blast** *adj tech.* Heißwind...: **~ furnace** Heißwindofen *m*; **~ stove** Winderhitzer *m*. **ˌ~-'blood·ed** *adj* **1.** heißblütig. **2.** reinrassig (*bes. Pferd*). **'~box** *s tech.* heißgelaufene Lagerbuchse. **~bulb** *s tech.* Glühkopf *m*. **~cath·ode** *s electr.* 'Glüh-, 'Heizkaˌthode *f*: **~ tube** Glühkathodenröhre *f*. **~ chair** → **hot seat** 2.

'hotch·pot ['hɒtʃ-; *Am.* 'hɑtʃ-] *s* **1.** *jur. Verteilungsverfahren bei Nachlässen unter Berücksichtigung der Vorausempfänge*. **2.** → **hotchpotch** 1 *u.* 2.

hotch·potch ['hɒtʃpɒtʃ; *Am.* 'hɑtʃˌpɑtʃ] *s* **1.** *gastr.* Eintopfgericht *n*, *bes.* Gemüsesuppe *f* mit Fleisch. **2.** *fig.* Mischmasch *m*, Durchein'ander *n*. **3.** *jur.* → **hotchpot** 1.

hot| cock·les *s pl* (*als sg konstruiert*) Schinkenklopfen *n* (*Kinderspiel*). **~cross bun** *s traditionellerweise am Karfreitag gegessenes Rosinenbrötchen mit e-m eingeritzten Kreuz*. **~dog I** *s* Hot dog *n*, *a. m.* **II** *interj Am. colloq.* ‚klasse!', ‚toll!' **'~-dog** *v/i colloq.* Tricks vorführen *od.* zeigen (*bes. Ski- od. Skateboardfahrer*).

ho·tel [həʊ'tel; *Br. a.* əʊ'tel] **I** *s* Ho'tel *n*. **II** *adj* Hotel...: **~ chain (china, staff,** *etc*); **~ industry** Hotelgewerbe *n*; **~ mogul** (*od.* **tycoon**) Hotelkönig *m*; **~ register** Fremden-, Gästebuch *n*.

ho·tel·ier [həʊ'telɪeɪ; -lɪə; *Am.* həʊ'teljər; ˌəʊtl'jeɪ], **ho'telˌkeep·er** *s* Hoteli'er *m*: a) Ho'telbesitzer *m*, b) Ho'teldiˌrektor *m*.

hot| flush·es *s pl med.* fliegende Hitze. **'~foot** *colloq.* **I** *adv* **1.** schleunigst, schnell. **II** *v/i* **2.** rennen. **III** *v/t* **3.** **~ it** → II. **4.** *Am.* a) *j-n* verhöhnen, b) *j-n* anstacheln. **'~-ˌgal·va·nize** *v/t tech.* schmelztauch-, feuerverzinken. **'~-ˌgos·pel·(l)er** *s colloq.* (fa'natischer) Erweckungsprediger. **'~head** *s* Hitzkopf *m*. **ˌ~-'head·ed** *adj* hitzköpfig. **ˌ~-'head·ed·ness** *s* Hitzköpfigkeit *f*. **'~house** *s* **1.** Treib-, Gewächshaus *n*: **~ effect** Treibhaus-, Glashauseffekt *m*; **~ plant** a) Treibhausgewächs *n*, b) *fig. bes. contp.* ‚Mimose' *f*. **2.** Trockenhaus *n*, -raum *m*. **3.** *obs.* a) Badehaus *n*, b) Bor'dell *n*. **~ jazz** *s mus.* Hot Jazz *m* (*scharf akzentuierter, oft synkopischer Jazzstil*). **~ line** *s* **1.** *bes. pol.* ‚heißer Draht'. **2.** Tele'fondienst *m* (*e-r Drogenberatungsstelle etc*). **3.** *Canad.* → **phone-in**. **~mon·ey** *s* Hot money *n*, ‚heißes' Geld: a) *econ. Geld, das, um größeren Gewinn zu erzielen, je nach Zinshöhe in andere Länder fließt*, b) *illegal erworbene Banknoten, deren Nummern möglicherweise notiert wurden u. die der Erwerber deshalb schnell wieder abstoßen will*.

'hot·ness *s* Hitze *f* (*a. fig.*).

hot| pants *s pl* **1.** Hot pants *pl*, ‚heiße' Hös-chen *pl*. **2. to have ~ for** *colloq.* ‚spitz' *od.* geil sein auf (*acc*). **'~plate** *s* **1.** a) Koch-, Heizplatte *f*, b) (Gas-, E'lektro)Kocher *m*. **2.** Warmhalteplatte *f*. **~ pot** *s gastr.* Eintopf *m*. **'~-press** *tech.* **I** *s* **1.** Warm- *od.* Heißpresse *f*. **2.** Deka'tierpresse *f*. **II** *v/t* **3.** warm *od.* heiß pressen. **4.** *Tuch* deka'tieren. **5.** *Papier* sati'nieren. **'~-quench** *v/t metall.* warmhärten. **~ rock** *s aer. Am. sl.* verwegener Pi'lot. **~ rod** *s bes. Am. sl.* ‚fri'sierter' *od.* ‚aufgemotzter' Wagen. **~ rod·der** *s bes. Am. sl.* **1.** Fahrer *m* e-s **hot rod**. **2.** a) ‚Raser' *m*, b) Verkehrsrowdy *m*. **~ saw** *s tech.* Warmsäge *f*. **~ seat** *s* **1.** *aer. sl.* Schleudersitz *m*. **2.** *sl.* e'lektrischer Stuhl. **3.** *colloq.* kitzlige Situati'on: **to be in the ~** in e-r kitzligen Situation sein. **ˌ~-'short** *adj tech.* rotbrüchig. **'~ˌshot** *s Am. colloq.* **1.** ‚großes *od.* hohes Tier'. **2.** *sport* ‚Ka'none' *f*, As *n* (**at** in *dat*): **~ at soccer** Fußballstar *m*. **3.** *aer. mot.* ‚Ra'kete' *f* (*sehr schnelles Flug- od. Fahrzeug*). **~ spot** *s* **1.** *bes. pol.* Unruhe-, Krisenherd *m*. **2.** *bes. Am. colloq. Nachtklub od. Amüsierbetrieb, in dem etwas los ist*. **3.** *colloq.* Hot spot *m* (*stark radioaktiv verseuchte Stelle*). **4.** *geol.* Hot spot *m* (*Stelle in der Erdkruste, aus der Magma austritt*). **~ spring** *s* heiße Quelle, Ther'malquelle *f*. **'~spur** *s* Heißsporn *m*. **~ stuff** *s colloq.* **1.** a) ‚toller' Kerl: **he's ~** er ist ‚große Klasse', b) ‚tolle' Sache. **2. that film is ~** der Film ist ganz schön ‚scharf' (*pornographisch*).

Hot·ten·tot ['hɒtntɒt; *Am.* 'hɑtnˌtɑt] **I** *pl* **-tot, -tots** *s* **1.** Hotten'totte *m*, Hotten'tottin *f*. **2.** *ling.* Hotten'tottisch *n*. **II** *adj* **3.** hotten'tottisch, Hottentotten...

hot·tie ['hɒtɪ] *s Austral. colloq.* Wärmflasche *f*.

hot·tish ['hɒtɪʃ; *Am.* 'hɑ-] *adj* ziemlich heiß.

hot| tube *s electr.* Heiz-, Glührohr *n*. **~ war** *s* heißer Krieg. **ˌ~-'wa·ter** *adj* Heißwasser...: **~ bottle** Wärmflasche *f*; **~ heating** Heißwasserheizung *f*; **~ pollution** Umweltschädigung *f* durch Wärme. ~ **well** → hot spring. ~ **wire** *s* **1.** *electr.* a) stromführender Draht, b) Hitzdraht *m* (*in Meßinstrumenten*). **2.** *bes. pol.* ‚heißer Draht'. 'ˌ~ˌ**wire** *v/t colloq. ein Fahrzeug* kurzschließen. 'ˌ~**work** *v/t tech. Metall* warm(ver)formen, wärmebehandeln.

hound[1] [haʊnd] **I** *s* **1.** Jagdhund *m*: **to ride to** (*od.* **to follow the**) ~**s** an e-r Parforcejagd (*bes. Fuchsjagd*) teilnehmen; **pack of** ~**s** Meute *f.* **2.** Verfolger *m* (*bei der Schnitzeljagd*). **3.** *contp.* ‚Hund' *m*, gemeiner Kerl. **4.** *bes. Am. sl.* Faˈnatiker(in), ‚Narr' *m*: **movie** ~ Kinonarr *m.* **II** *v/t* **5.** (*bes. mit Hunden, a. fig. j-n*) jagen, hetzen, verfolgen: **he is** ~**ed by his creditors** s-e Gläubiger sitzen ihm im Nacken; **to** ~ **down** erlegen, zur Strecke bringen; **to** ~ **out** hinausjagen, vertreiben (**of** aus). **6.** *Hunde* hetzen (**at** auf *acc*): **to** ~ **a dog at a hare. 7.** *oft* ~ **on** *j-n* hetzen, (an)treiben.

hound[2] [haʊnd] *s* **1.** *mar.* Mastbacke *f.* **2.** *pl tech.* Seiten-, Diagoˈnalstreben *pl* (*an Fahrzeugen*).

'**hound·fish** → **dogfish.**

hour [ˈaʊə(r)] *s* **1.** Stunde *f*: **by the** ~ stundenweise; **for** ~**s (and** ~**s)** stundenlang; **at 14.20** ~**s** um 14 Uhr 20; **the clock strikes the** ~ es schlägt voll; (**every** ~) **on the** ~ (immer) zur vollen Stunde; **10 minutes past the** ~ 10 Minuten nach der vollen Stunde; **twenty-four** ~**s a day** rund um die Uhr, Tag u. Nacht; **an** ~ **from here** e-e Stunde von hier; **to sleep till all** ~**s** bis ‚in die Puppen' schlafen. **2.** (Tages)Zeit *f*, Stunde *f*: **what's the** ~? *obs.* wieviel Uhr ist es?; **at all** ~**s** zu jeder Zeit, jederzeit; **at what** ~? um wieviel Uhr?; **at an early** ~ früh; **to keep regular** ~**s** regelmäßige Zeiten einhalten; → **early** 5, **eleventh** 1, **late** 1, **small hours, wee**[1] 2. **3.** Zeitpunkt *m*, Stunde *f*: **the** ~ **of death** die Todesstunde; **in my** ~ **of need** in der Stunde m-r Not; **his** ~ **has come** a) s-e Stunde ist gekommen, b) *a.* **his last** ~ **has come, his (last)** ~ **has struck** s-e letzte Stunde *od.* sein letztes Stündchen ist gekommen *od.* hat geschlagen; **the** ~ **has come for us to have a serious talk** es ist an der Zeit, daß wir uns einmal ernsthaft unterhalten. **4.** Stunde *f*, Tag *m*, Gegenwart *f*: **the man of the** ~ der Mann des Tages; **the question of the** ~ die aktuelle Frage. **5.** *pl* (Arbeits)Zeit *f*, (Arbeits-, Dienst-, Geschäfts)Stunden *pl*: **what are your** ~**s?** wann haben Sie geöffnet?; **after** ~**s** a) nach Geschäftsschluß, b) nach der Arbeit, c) *fig.* zu spät; **out of** ~**s** außerhalb der (Geschäfts- *etc*)Zeit; → **man-hour, office hours. 6.** *ped.* a) (Schul-, ˈUnterrichts)Stunde *f*, b) *univ.* anrechenbare Stunde. **7.** *astr. mar.* Stunde *f* (*15 Längengrade*). **8.** *pl relig.* a) Gebetsstunden *pl*, b) Stundengebete *pl*, c) Stundenbuch *n.* **9.** **H**~**s** *pl antiq.* Horen *pl.*

hour|an·gle *s astr.* Zeit-, Stundenwinkel *m.* ~ **cir·cle** *s astr.* Stundenkreis *m.* 'ˌ~**glass** *s* Stundenglas *n*, *bes.* Sanduhr *f.* ~ **hand** *s* Stundenzeiger *m.*

hou·ri [ˈhʊərɪ; *Am. a.* ˈhuːriː] *s* **1.** Huri *f* (*mohammedanische Paradiesjungfrau*). **2.** *fig.* betörend schöne Frau.

'**hour·ly** *adv u. adj* **1.** stündlich: ~ **bus service;** ~ **performance** *tech.* Stundenleistung *f.* **2.** ständig, (an)dauernd. **3.** (*nur adv*) stündlich, jeden Augenblick: **we are expecting him** ~.

house I *s* [haʊs] *pl* **hous·es** [ˈhaʊzɪz] **1.** Haus *n* (*auch die Hausbewohner*): **the whole** ~ **knew it** das ganze Haus wußte es; ~ **and home** Haus u. Hof; **to keep the** ~ das Haus hüten; **like a** ~ **on fire** *colloq.* ‚prima', ganz ‚toll'; ~ **of God** Gotteshaus *n*; ~ **of tolerance** Bordell *n*; **to get like the side of a** ~ *colloq.* ganz schön in die Breite gehen (*bes. Frau*); → **eat** 2, **card**[1] 1, **correction** 3, **fame** 1. **2.** Haus(halt *m*, -haltung *f*) *n*: **to keep** ~ den Haushalt führen (**for s.o.** j-m); **to put** (*od.* **set) one's** ~ **in order** *fig.* s-e Angelegenheiten in Ordnung bringen; **put** (*od.* **set) your own** ~ **in order first** *fig.* kehr erst einmal vor d-r eigenen Tür; → **open** 15. **3.** Haus *n*, (*bes. Fürsten*)Geschlecht *n*, Faˈmilie *f*, Dynaˈstie *f*: **the H**~ **of Hanover** das Haus Hannover. **4.** *econ.* a) (Handels)Haus *n*, Firma *f*: **on the** ~ auf Kosten der Firma, auf Firmenkosten, (*a. im Wirtshaus etc*) auf Kosten des Hauses, b) **the H**~ *colloq.* die Londoner Börse (→ 5). **5.** *meist* **H**~ *parl.* Haus *n*, Kammer *f*, Parlaˈment *n*: **the H**~ a) → **House of Commons,** b) → **House of Lords,** c) → **House of Representatives,** d) *collect.* das Haus (*die Abgeordneten*) (→ 4); **the H**~**s of Parliament** die Parlamentsgebäude (*in London*); **to enter the H**~ Mitglied des Parlaments werden; **there is a H**~ es ist Parlamentssitzung; **the H**~ **rose at 5 o'clock** die Sitzung endete um 5 Uhr; **to make a H**~ die zur Beschlußfähigkeit nötige Anzahl von Parlamentsmitgliedern zs.-bringen; **no H**~ das Haus ist nicht beschlußfähig; → **lower (upper) house. 6.** Ratsversammlung *f*, Rat *m*: **the H**~ **of Bishops** (*anglikanische Kirche*) das Haus der Bischöfe. **7.** *thea.* a) Haus *n*: **a full** ~, b) (*das*) Publikum, (*die*) Zuschauer *pl*: → **bring down** 8, c) Vorstellung *f*: **the second** ~ die zweite Vorstellung (*des Tages*). **8.** *univ. Br.* Haus *n*: a) Wohngebäude *n* der Stuˈdenten (*e-s englischen College*), b) College *n*: **the H**~ Christ Church (*College in Oxford*). **9.** *ped.* Wohngebäude *n* (*e-s Internats*). **10.** *astr.* a) Haus *n*, b) (*e-m Planeten zugeordnetes*) Tierkreiszeichen. **11.** *Curling*: Zielkreis *m.* **12.** *colloq.* Freudenhaus *n* (*Bordell*).

II *v/t* [haʊz] **13.** (in e-m Haus *od.* e-r Wohnung) ˈunterbringen. **14.** (in ein Haus) aufnehmen, beherbergen (*a. fig. enthalten*). **15.** unter Dach u. Fach bringen, verwahren. **16.** *tech.* (in e-m Gehäuse) ˈunterbringen. **17.** *mar.* a) bergen, b) *die Bramstengen* streichen, c) in sichere Lage bringen, befestigen. **18.** *Zimmerei*: verzapfen.

III *v/i* **19.** wohnen, leben.

house|a·gent *s econ. Br.* Häusermakler *m.* ~ **ar·rest** *s* ˈHausarˌrest *m*: **to be under** ~ unter Hausarrest stehen. ~ **bill** *s* **1.** *econ.* auf die eigene Geschäftsstelle gezogener Wechsel. **2.** *parl. Am.* Gesetzesvorlage *f* des Repräsenˈtantenhauses. 'ˌ~**boat** *s* Hausboot *n.* 'ˌ~**bod·y** *s Am. colloq.* häuslicher Mensch, *contp.* Stubenhocker *m*: **I'm a** ~ ich bin am liebsten zu Hause. 'ˌ~**bound** *adj fig.* ans Haus gefesselt. 'ˌ~**boy** *s* Boy *m* (*im Hotel etc*). 'ˌ~**break** *v/t Am.* **1.** *e-n Hund etc* stubenrein machen: → **housebroken. 2.** *colloq.* a) *j-m* Maˈnieren beibringen, b) *j-n* ‚kirre' machen. 'ˌ~ˌ**break·er** *s* **1.** Einbrecher *m.* **2.** *bes. Br.* (ˈHaus)ˌAbbruchunterˌnehmer *m.* 'ˌ~ˌ**break·ing** *s* **1.** Einbruch(sdiebstahl) *m.* **2.** *bes. Br.* Abbruch(arbeiten *pl*) *m.* 'ˌ~ˌ**bro·ken** *adj Am.* stubenrein (*Hund etc, colloq. a. Witz etc*). 'ˌ~**carl** *s hist.* Leibwächter *m.* 'ˌ~**clean** *v/i* **1.** Hausputz machen, ein ‚Großˈreinemachen' veranstalten. **2.** (*a. v/t*) *Am. colloq.* gründlich aufräumen (in *dat*), e-e ˈSäuberungsaktiˌon ˈdurchführen (in *dat*). 'ˌ~ˌ**clean·ing** *s* **1.** Hausputz *m*, ‚Großˈreinemachen' *n.* **2.** *Am. colloq.* ˈSäuberungsaktiˌon *f.* 'ˌ~**coat** *s* Morgenrock *m*, -mantel *m.* 'ˌ~**craft** *s ped. Br.* Hauswirtschaftslehre *f.* ~ **de·tec·tive** *s* ˈHausdetekˌtiv *m* (*im Hotel etc*). ~ **doc·tor** → **house physician.** ~ **dog** *s* Haushund *m.* ~ **dress** *s* Hauskleid *n.* 'ˌ~ˌ**fa·ther** *s* Hausvater *m*, Heimleiter *m* (*e-s Internats etc*). 'ˌ~**fly** *s zo.* Stubenfliege *f.*

house·ful [ˈhaʊsfʊl] *s* (*ein*) Hausvoll *n*: **a** ~ **of guests** ein Haus voller Gäste.

'**house·guest** *s* Gast *m* (*der e-e Nacht od. länger bleibt*).

house·hold [ˈhaʊshəʊld; ˈhaʊsəʊld] **I** *s* **1.** Haushalt *m.* **2. the H**~ *Br.* die königliche Hofhaltung: **H**~ **Brigade, H**~ **Troops** (Leib)Garde *f*, Gardetruppen. **II** *adj* **3.** Haushalts..., häuslich: ~ **arts** *Am.* → **housecraft;** ~ **effects** Hausrat *m*; ~ **gods** a) *antiq.* Hausgötter (*Laren u. Penaten*), b) *fig.* liebgewordene Dinge, *contp.* Götzen (*bes. im Haushalt*), c) *fig.* heiliggehaltene Institutionen, Tugenden *etc*; ~ **linen** Haushaltswäsche *f*; ~ **remedy** Hausmittel *n*; ~ **soap** Haushaltsseife *f*, einfache Seife. **5.** allˈtäglich, Alltags...: **a** ~ **name** (*od.* **word**) ein (fester *od.* geläufiger) Begriff. 'ˌ**house·hold·er** *s* **1.** Haushaltsvorstand *m.* **2.** Haus- *od.* Wohnungsinhaber *m*: **single** ~ Einpersonenhaushalt *m.*

'**house|-hunt** *v/i* auf Haussuche sein: **to go** ~**ing** auf Haussuche gehen. ~ **hunting** *s* Haussuche *f.* 'ˌ~ˌ**hus·band** *s bes. Am.* Hausmann *m.* 'ˌ~**keep** *v/i irr colloq.* den Haushalt führen. 'ˌ~ˌ**keep·er** *s* **1.** Haushälterin *f*, Wirtschafterin *f*: **she is a good** ~ sie kann gut wirtschaften. **2.** Hausmeister(in). 'ˌ~ˌ**keep·ing** *s* **1.** Haushaltung *f*, Haushaltsführung *f.* **2.** *a.* ~ **money** Haushalts-, Wirtschaftsgeld *n.*

hou·sel [ˈhaʊzl] *R.C. obs.* **I** *s* heilige Kommuniˈon. **II** *v/t pret u. pp* **-seled,** *bes. Br.* **-selled** *j-m* die Kommuniˈon spenden.

'**house·leek** *s bot.* Hauslaub *n*, -wurz *f.*

'**house·less** *adj* **1.** obdachlos. **2.** ohne Häuser, unbewohnt: **a** ~ **desert.**

'**house|·lights** *s pl thea.* Beleuchtung *f* im Zuschauerraum. 'ˌ~**line** *s mar.* Hüsing *f.* 'ˌ~**maid** *s* Hausmädchen *n*, -angestellte *f*, -gehilfin *f.* 'ˌ~**maid's knee** *s med.* ‚Dienstmädchenknie' *n* (*Schleimbeutelentzündung am Knie*). 'ˌ~**man** [-mən] *s bes. Br.* Mediziˈnalassiˌstent *m.* ~ **mar·tin** → **martin** 1. 'ˌ~ˌ**mas·ter** *s ped.* *Lehrer, der für ein Wohngebäude* (*e-s Internats*) *zuständig ist.* 'ˌ~**mate** *s* Hausgenosse *m*, -genossin *f.* 'ˌ~ˌ**mis·tress** *s ped. Lehrerin, die für ein Wohngebäude* (*e-s Internats*) *zuständig ist.* 'ˌ~ˌ**moth·er** *s* Hausmutter *f*, Heimleiterin *f* (*e-s Internats etc*). **H**~ **of As·sem·bly** *s pol.* ˈUnterhaus *n* (*z.B. des südafrikanischen Parlaments*). **H**~ **of Com·mons** *s parl.* ˈUnterhaus *n* (*in Großbritannien u. Kanada*). **H**~ **of Del·e·gates** *s parl.* Abgeordnetenhaus *n* (*in einigen Staaten der USA*). **H**~ **of Keys** *s parl.* ˈUnterhaus *n* (*der Insel Man*). **H**~ **of Lords** *s parl.* Oberhaus *n* (*in GB*). **H**~ **of Rep·re·sent·a·tives** *s parl.* Repräsenˈtantenhaus *n*, Abgeordnetenhaus *n* (*Unterhaus des US-Kongresses etc*). ~ **or·gan** *s* Hauszeitung *f*, Werk(s)zeitschrift *f.* ~ **paint·er** *s* Maler *m*, Anstreicher *m.* 'ˌ~ˌ**par·ents** *s pl* Hauseltern *pl* (*e-s Internats etc*). ~ **par·ty** *s* **1.** mehrtägige Party (*bes. in e-m Landhaus*). **2.** *collect.* (*die dabei anwesenden*) Gäste *pl.* 'ˌ~ˌ**phone** *s Am.* ˈHausteleˌfon *n.* ~ **phy·si·cian** *s* **1.** Hausarzt *m* (*im Hotel etc*). **2.** *im Krankenhaus wohnender Arzt.* ~ **plant** *s bot.* Zimmerpflanze *f.* 'ˌ~**-proud** *adj* überˈtrieben ordentlich (*Hausfrau*): **to be** ~ e-n ‚Putzfimmel' haben. 'ˌ~ˌ**rais·ing** *s Am.* gemeinsamer Hausbau (*durch mehrere Nachbarn*).

ˈ**~room** *s* Haus-, Wohnraum *m*: **to give s.o.** ~ j-n (ins Haus) aufnehmen; **he wouldn't give it** ~ er nähme es nicht einmal geschenkt. ~ **rules** *s pl* Hausordnung *f*. ~ **search** *s jur.* Haussuchung *f*. ˈ**~ˌsit·ter** *s bes. Am.* Haussitter(in). ~ **spar·row** *s orn.* Hausspatz *m*, -sperling *m*. ˌ**~-to-ˈhouse** *adj* von Haus zu Haus: ~ **collection** Haussammlung *f*; ~ **salesman** a) Hausierer *m*, b) Vertreter *m*; ~ **selling** Verkauf *m* an der Haustür. ˈ**~top** *s* Dach *n*: **to cry** (*od.* **proclaim, shout**) **from the ~s** *etwas* öffentlich verkünden, *etwas Vertrauliches* ‚an die große Glocke hängen'. ˈ**~-train** *v/t bes. Br. e-n Hund etc* stubenrein machen: **~ed** stubenrein. ˈ**~ˌwarm·ing (par·ty)** *s* Einzugsparty *f* (*im neuen Haus*).

house·wife [ˈhaʊswaɪf] *s irr* **1.** Hausfrau *f*. **2.** [ˈhʌzɪf] *bes. Br.* ˈNäheˌtui *n*, Nähzeug *n*. ˈ**houseˌwife·ly** *adj* Hausfrauen..., hausfraulich: ~ **duties**; ~ **virtues**. **house·wif·er·y** [ˈhaʊsˌwɪfərɪ; *a.* ˈhʌzɪfrɪ; *Am.* ˈhaʊsˌwaɪfriː] → **housekeeping** 1.

ˈ**house·work** *s* Hausarbeit *f*.

hous·ing[1] [ˈhaʊzɪŋ] *s* **1.** ˈUnterbringung *f*. **2.** Obdach *n*, ˈUnterkunft *f*. **3.** a) Wohnung *f*: ~ **association** *Br.* Wohnungsgenossenschaft *f*; ~ **density** Wohndichte *f*; ~ **development** *bes. Am.*, ~ **estate** *Br.* Wohnsiedlung *f*; ~ **development scheme** (*od.* **plan**) *Br.* Wohnungsbauprojekt *n*; ~ **market** Wohnungsmarkt *m*; ~ **shortage** Wohnungsnot *f*, -mangel *m*; ~ **situation** Lage *f* auf dem Wohnungsmarkt; ~ **unit** Wohneinheit *f*, b) *collect.* Häuser *pl*. **4.** a) Wohnungsbeschaffung *f*, -wesen *n*, b) Wohnungsbau *m*: **Minister of H~ and Local Government** *Br.* Minister *m* für Wohnungsbau u. Kommunalverwaltung. **5.** Wohnen *n*: ~ **amenities** Wohnkomfort *m*; ~ **conditions** Wohnverhältnisse. **6.** *econ.* a) Lagerung *f*, b) Lagergeld *n*. **7.** Nische *f*. **8.** *tech.* a) Gehäuse *n*, b) *Zimmerei*: Nut *f*, c) Gerüst *n*, d) Achshalter *m*. **9.** *mar.* Hüsing *f*.

hous·ing[2] [ˈhaʊzɪŋ] *s* Satteldecke *f*.

hove [həʊv] *pret u. pp von* **heave**.

hov·el [ˈhɒvl; *Am.* ˈhʌvəl] *s* **1.** offener (*bes.* Vieh)Schuppen. **2.** *contp.* ‚Bruchbude' *f*, ‚Loch' *n*. **3.** *tech.* (kegelförmiger) Backsteinmantel (*für Porzellanöfen*). ˈ**hov·el·er,** *bes. Br.* ˈ**hov·el·ler** *s mar.* **1.** Berger *m*. **2.** Bergungsboot *n*.

hov·er [ˈhɒvə; *Am.* ˈhʌvər] **I** *v/i* **1.** schweben (*a. fig.*): **he is ~ing between life and death**; **~ing accent** *metr.* schwebender Akzent. **2.** sich herˈumtreiben *od.* aufhalten (**about** in der Nähe von): **a question ~ed on his lips** ihm lag e-e Frage auf den Lippen. **3.** schwanken, sich nicht entscheiden können: **she was ~ing between her husband and her lover. II** *s* **4.** Schweben *n*. **5.** Schwanken *n*. **~craft** *pl* **-craft** [ˈhɒvəkrɑːft; *Am.* ˈhʌvərˌkræft] *s* Hovercraft *n*, Luftkissenfahrzeug *n*. **~hawk** → **kestrel**. ˈ**~train** *s* Hover-, Aˈerotrain *m*, Luftkissen-, Schwebezug *m*.

how [haʊ] **I** *adv* **1.** (*fragend*) wie: ~ **are you?** wie geht es Ihnen?; ~ **about ...?** wie steht's mit ...?; ~ **about a cup of tea?** wie wäre es mit e-r Tasse Tee?; ~ **do you know?** woher wissen Sie das?; ~ **much?** wieviel?; ~ **many?** wieviel?, wie viele?; ~ **ever do you do it?** wie machen Sie das nur?; ~ **ever was I to know that?** wie konnte ich das denn ahnen?; → **be** 7, 15, **come** *Bes. Redew.*, **do**[1] 34, **now** *Bes. Redew.*, **so** 4. **2.** (*ausrufend u. relativ*) wie: ~ **large it is!** wie groß es ist!; ~ **absurd!** wie absurd!; **he knows ~ to ride** er kann reiten; **I know ~ to do it** ich weiß, wie man es macht; ~ **they will stare!** die werden vielleicht Augen machen!; **and ~!** *bes. Am. colloq.* und wie!; **here's ~!** *colloq.* auf Ihr Wohl!, prost!; → **old** 12. **3.** wie teuer, zu welchem Preis: ~ **do you sell your potatoes? II** *s* **4.** Wie *n*, Art *f* u. Weise *f*: **the ~ and the why** das Wie u. Warum.

how·be·it [ˌhaʊˈbiːɪt] *obs.* **I** *adv* nichtsdestoweniger. **II** *conj* obˈgleich.

how·dah [ˈhaʊdə] *s* (*meist überdachter*) Sitz auf dem Rücken e-s Eleˈfanten.

how-do-you-do [ˌhaʊdjʊˈduː; -djəˈduː] *s*: **a fine** (*od.* **nice**) ~ *colloq.* e-e schöne ‚Bescherung'.

how·dy [ˈhaʊdɪ] *interj bes. Am. colloq.* ‚Tag!'

how-d'ye-do [ˌhaʊdjəˈduː; -djɪ-; -dɪ-] → **how-do-you-do**.

how·e'er [haʊˈeə(r)] *poet.* → **however**.

how·ev·er [haʊˈevə(r)] **I** *adv* **1.** wie auch (immer), wenn auch noch so: ~ **it (may) be** wie dem auch sei; ~ **you do it** wie du es auch machst; ~ **much we wish it** wie sehr wir es auch wünschen. **2.** *colloq.* wie (denn) nur: ~ **did you manage that? II** *conj* **3.** dennoch, (je)ˈdoch, aber, inˈdes.

how·itz·er [ˈhaʊɪtsə(r)] *s mil.* Hauˈbitze *f*.

howl [haʊl] **I** *v/i* **1.** heulen (*Wölfe, Wind etc*). **2.** brüllen, schreien (**in agony** vor Schmerzen; **with laughter** vor Lachen). **3.** *colloq.* ‚heulen', weinen. **4.** pfeifen (*Radio, Wind etc*). **II** *v/t* **5.** brüllen, schreien: **to ~ s.th. out** etwas herausbrüllen *od.* -schreien; **to ~ s.o. down** j-n niederschreien *od.* -brüllen. **III** *s* **6.** Heulen *n*, Geheul *n*. **7.** a) Schrei *m*: **~s of laughter** brüllendes Gelächter, b) Brüllen *n*, Gebrüll *n*, Schreien *n*, Geschrei *n*. **8.** Pfeifen *n*. **9. to be a ~** *colloq.* ‚zum Schreien sein'. ˈ**howl·er** *s* **1.** *zo.* Brüllaffe *m*. **2.** *colloq.* grober ‚Schnitzer'. ˈ**howl·ing** *adj* **1.** heulend. **2.** *colloq.* Mords..., Riesen...: **a ~ success** ein Bombenerfolg. ~ **mon·key** *s zo.* Brüllaffe *m*.

how·so·ever [ˌhaʊsəʊˈevə; *Am.* -səˈwevər] → **however** 1.

ˌ**how-to-ˈdo-it book** *s* Bastelbuch *n*.

hoy[1] [hɔɪ] *s mar.* Leichter *m*, Prahm *m*.

hoy[2] [hɔɪ] **I** *interj* **1.** he! **2.** *mar.* aˈhoi! **II** *s* **3.** He(ruf *m*) *n*.

hoy·a [ˈhɔɪə] *s bot.* Wachsblume *f*.

hoy·den [ˈhɔɪdn] *s* Range *f*, Wildfang *m* (*Mädchen*). ˈ**hoy·den·ish** *adj* wild, ausgelassen.

Hoyle [hɔɪl] *npr*: **according to ~** genau nach den (Spiel)Regeln.

hub [hʌb] *s* **1.** *tech.* (Rad)Nabe *f*. **2.** *fig.* Zentrum *n*, Mittel-, Angelpunkt *m*: ~ **of industry** Industriezentrum; ~ **of the universe** Mittelpunkt *od.* Nabel der Welt; **the H~** *Am.* (*Spitzname für*) Boston *n*. **3.** *tech.* a) Paˈtrize *f* (*für Münzprägungen*), b) Verbindungsstück *n* (*von Röhren*).

hub·ba-hub·ba [ˌhʌbəˈhʌbə] *interj Am. sl.* ‚prima!', ‚toll!'

Hub·bite [ˈhʌbaɪt] *s Am. colloq.* Bewohner(in) von Boston.

hub·ble-bub·ble [ˈhʌblˌbʌbl] *s* **1.** a) Brodeln *n*, b) Gurgeln *n*. **2.** → **hubbub**. **3.** Wasserpfeife *f*.

Hub·ble('s) con·stant *s astr.* ˈHubble-Konˌstante *f*.

hub·bub [ˈhʌbʌb] *s* **1.** Stimmengewirr *n*. **2.** Tuˈmult *m*.

hub·by [ˈhʌbɪ] *s colloq.* ‚Männe' *m*, (Ehe-)Mann *m*.

ˈ**hub·cap** *s mot.* Radkappe *f*.

hu·bris [ˈhjuːbrɪs] *s* Hybris *f*, Hochmut *m*, ˈSelbstüberˌhebung *f*. **huˈbris·tic** *adj* (*adv* **~ally**) hochmütig, überˈheblich.

huck·a·back [ˈhʌkəbæk], *a.* **huck** *s* Gerstenkornleinen *n*, Drell *m*.

huck·le [ˈhʌkl] *s* **1.** *anat.* Hüfte *f*. **2.** Buckel *m*, Wulst *m, f*. ˈ**~back** *s* Buckel *m*, Höcker *m*.

ˈ**huck·le·ber·ry** [-bərɪ; -brɪ; *bes. Am.* -ˌberɪ] *s bot.* Amer. Heidelbeere *f*.

ˈ**huck·le·bone** *s anat.* **1.** Hüftknochen *m*. **2.** (Fuß)Knöchel *m*.

huck·ster [ˈhʌkstə(r)] **I** *s* **1.** → **hawker**[2]. **2.** *j-d, der aggressive od. dubiose Verkaufsmethoden anwendet*. **3.** *Rundfunk, TV*: *Am.* Werbetexter *m*, *contp.* ‚Reˈklamefritze' *m*. **II** *v/i* **4.** → **haggle** 1. **III** *v/t* **5.** → **hawk**[2] 1. **6.** a) mit aggresˈsiven *od.* dubiˈosen Meˈthoden Reˈklame machen für, b) mit aggresˈsiven *od.* dubiˈosen Meˈthoden verkaufen. ˈ**huck·ster·ism** *s* aggresˈsive *od.* dubiˈose Verˈkaufs- *od.* ˈWerbemeˌthoden *pl*.

hud·dle [ˈhʌdl] **I** *v/t* **1.** a) *meist* ~ **together** (*od.* **up**) zs.-werfen, auf e-n Haufen werfen, b) *meist* ~ **together** (*od.* **up**) zs.-drängen, c) *bes. Br.* stopfen: **he ~d his shirts into his suitcase. 2. to ~ o.s.** (**up**) sich zs.-kauern: **to be ~d** (**sich**) kauern; **~d up** zs.-gekauert. **3. to ~ o.s.** (**up**) **against** (*od.* **to**) → 9. **4.** *meist* ~ **together** (*od.* **up**) *bes. Br. e-n Zeitungsartikel etc* a) ˈhinwerfen, b) ‚zs.-stoppeln'. **5.** ~ **on** a) sich *ein Kleidungsstück* ˈüberwerfen, b) schlüpfen in (*acc*). **6.** *fig.* vertuschen. **II** *v/i* **7.** (sich) kauern: **to ~ up** sich zs.-kauern. **8.** *meist* ~ **together** (*od.* **up**) sich zs.-drängen. **9. to ~ (up) against** (*od.* **to**) sich kuscheln *od.* schmiegen an (*acc*). **III** *s* **10.** a) (wirrer) Haufen, b) Wirrwarr *m*, Durcheinˈander *n*: **in a ~** auf e-m Haufen, dicht zs.-gedrängt. **11. to go into a ~** *colloq.* die Köpfe zs.-stecken, ‚Kriegsrat' halten; **to go into a ~ with s.o.** sich mit j-m beraten; **he went into a ~ (with himself)** er ging mit sich zu Rate.

Hu·di·bras·tic [ˌhjuːdɪˈbræstɪk] *adj* (*adv* **~ally**) komisch-heˈroisch.

hue[1] [hjuː] *s* **1.** Farbe *f*. **2.** (Farb)Ton *m*, Tönung *f*, (*a. fig.*) Färbung *f*, Schatˈtierung *f*: **political parties of all ~s; the sky darkened in ~** der Himmel nahm e-e dunklere Färbung an.

hue[2] [hjuː] *s* Geschrei *n*: **~ and cry** a) *obs.* (mit Geschrei verbundene) Verfolgung e-s Verbrechers, b) *fig.* großes Geschrei; **to raise a ~ and cry against** lautstark protestieren gegen, e-n Proteststurm entfachen gegen.

hued [hjuːd] *adj obs. od. poet. bes. in Zssgn* gefärbt, farbig: **golden-~** goldfarben.

huff [hʌf] **I** *v/t* **1.** a) ärgern, b) verstimmen: **easily ~ed** übelnehmerisch. **2.** *obs.* a) *j-n* grob anfahren, b) tyranniˈsieren, ‚piesacken': **to ~ s.o. into s.th.** j-n zu etwas zwingen. **3.** *Damespiel*: *e-n Stein* wegnehmen. **II** *v/i* **4.** a) sich ärgern, b) ‚einschnappen'. **5.** *a.* ~ **and puff** a) schnaufen, pusten, b) (vor Wut) schnauben, c) *fig.* sich aufblähen. **III** *s* **6.** a) Verärgerung *f*, Ärger *m*, b) Verstimmung *f*: **to be in a ~** verärgert sein; verstimmt *od.* ‚eingeschnappt' sein; **to go into a ~** → 4.

huff·i·ness [ˈhʌfɪnɪs] *s* **1.** übelnehmerisches Wesen. **2.** a) Verärgerung *f*, b) Verstimmung *f*. ˈ**huff·ish** *adj* (*adv* **~ly**), ˈ**huff·y** *adj* (*adv* **huffily**) **1.** übelnehmerisch. **2.** a) verärgert, b) verstimmt, ‚eingeschnappt'.

hug [hʌg] **I** *v/t* **1.** umˈarmen, (*a.* ~ **to one**) an sich drücken. **2.** ~ **o.s.** *fig.* sich beglückwünschen (**on, over** zu). **3.** umˈfassen, umˈklammern: **to ~ the ball** *sport* sich nicht vom Ball trennen können, sich zu spät vom Ball trennen. **4.** *fig.* (zäh) festhalten an (*dat*): **to ~ an opinion. 5.** sich dicht halten an (*acc*): **to ~ the coast** (**the side of the road**) sich nahe an der

Küste (am Straßenrand) halten; **the car ~s the road well** *mot.* der Wagen hat e-e gute Straßenlage. **II** *v/i* **6.** einˈander *od.* sich umˈarmen. **III** *s* **7.** Umˈarmung *f*: **to give s.o. a ~** j-n umarmen.

huge [hjuːdʒ] *adj* riesig, riesengroß, gewaltig, mächtig (*alle a. fig.*). **ˈhuge·ly** *adv* ungeheuer, ungemein, gewaltig. **ˈhuge·ness** *s* ungeheure *od.* gewaltige Größe, Riesenhaftigkeit *f.*

huge·ous [ˈhjuːdʒəs] *obs. für* **huge.**

hug·ger·mug·ger [ˈhʌgə(r)ˌmʌgə(r)] **I** *s* **1.** ‚Kuddelmuddel' *m, n,* Durcheinˈander *n.* **2.** Heimlichtueˈrei *f.* **II** *adj u. adv obs.* **3.** heimlich, verstohlen. **4.** unordentlich. **III** *v/t* **5.** *obs.* vertuschen, -bergen. **IV** *v/i* **6.** *obs.* heimlichtun, Geheimnisse haben.

ˈhug-me-tight *s* Strickweste *f* (*für Damen*).

Hu·gue·not [ˈhjuːgənɒt; -nəʊ; *Am.* -ˌnɑt] *s hist.* Hugeˈnotte *m,* Hugeˈnottin *f.* **ˌHu·gueˈnot·ic** [-ˈnɒtɪk; *Am.* -ˈnɑ-] *adj* hugeˈnottisch.

huh [hʌ] *interj* **1.** (*fragend, erstaunt*) was? **2.** *iro.* haha!

hu·la [ˈhuːlə] **I** *s* Hula *f, a. m* (*Tanz der Eingeborenen auf Hawaii*); **to do the ~** → II. **II** *v/i* Hula tanzen. **~ hoop** *s* Hula-Hoop(-Reifen) *m.* **ˌ~-ˈhu·la** → hula I. **~ skirt** *s* Bastrock *m.*

hulk [hʌlk] **I** *s* **1.** *mar.* Hulk *f, m.* **2.** Koˈloß *m*: a) *Gebilde von gewaltigem Ausmaß,* b) sperriges *od.* klotziges *od.* unhandliches Ding, c) ungeschlachter Kerl, schwerfälliger Riese: **a ~ of a man** ein Koloß von e-m Mann. **II** *v/i* **3.** *oft* **~ up** sich auftürmen, aufragen. **4.** *Br. colloq.* mit schweren Schritten gehen. **ˈhulk·ing, ˈhulk·y** *adj* **1.** sperrig, klotzig, unhandlich. **2.** ungeschlacht, schwerfällig.

hull[1] [hʌl] **I** *s bot.* **1.** Schale *f,* Hülle *f* (*beide a. weitS.*), Hülse *f.* **2.** Außenkelch *m.* **II** *v/t* **3.** schälen, enthülsen: **~ed barley** Graupen *pl.*

hull[2] [hʌl] **I** *s* **1.** *mar.* Rumpf *m,* Schiffskasko *m,* -körper *m*: **~ insurance** (Schiffs-, *a.* Flugzeug)Kaskoversicherung *f*; **~ down** a) weit entfernt (*Schiff*), b) *mil.* in verdeckter Stellung (*Panzer*). **2.** *aer.* a) Rumpf *m* (*e-s Flugboots*), b) Rumpf *m,* Hülle *f* (*e-s Starrluftschiffs*). **3.** *mil.* (Panzer)Wanne *f.* **II** *v/t* **4.** *mar.* den Rumpf treffen *od.* durchˈschießen.

hul·la·ba(l)·loo [ˌhʌləbəˈluː] *s* Lärm *m,* Getöse *n.*

hull·er [ˈhʌlə(r)] *s agr.* ˈSchälmaˌschine *f.*

hul·lo [həˈləʊ; hʌˈləʊ] → **hello.**

hum[1] [hʌm] **I** *v/i* **1.** summen (*Bienen, Draht, Geschoß, Person etc*): **my head is ~ming** mir brummt der Kopf. **2.** *electr.* brummen. **3. to ~ and haw** a) ‚herumdrucksen', nicht recht mit der Sprache herauswollen, b) unschlüssig sein, (hin u. her) schwanken. **4.** *a.* **to ~ with activity** *colloq.* voller Leben *od.* Aktiviˈtät sein: **to make things ~** die Sache in Schwung bringen, ‚Leben in die Bude bringen'; **things are starting to ~** allmählich kommt Schwung in die Sache *od.* ‚Leben in die Bude'. **5.** *colloq.* stinken. **II** *v/t* **6.** *ein Lied* summen. **III** *s* **7.** Summen *n.* **8.** *electr.* Brummen *n*: **~ frequency** Brummfrequenz *f.* **9.** Hm *n*: **~s and ha's** verlegenes Geräusper. **10.** *colloq.* Gestank *m.* **IV** *interj* **11.** hm!

hum[2] [hʌm] *colloq.* → **humbug.**

hu·man [ˈhjuːmən] **I** *adj* (*adv* → **humanly**) **1.** menschlich, Menschen...: **I am only ~** ich bin auch nur ein Mensch; **that's only ~** das ist doch menschlich; **~ being** Mensch *m*; **~ chain** Menschenkette *f*; **~ counter** Human counter *m* (*der Strahlenschutzüberwachung dienendes Meßgerät zur Bestimmung der vom menschlichen Körper aufgenommenen u. wieder abgegebenen Strahlung*); **~ dignity** Menschenwürde *f*; **~ interest** (*das*) menschlich Ansprechende, (*der*) menschliche Aspekt; **~-interest story** ergreifende *od.* ein menschliches Schicksal behandelnde Geschichte; **~ medicine** Humanmedizin *f*; **~ nature** menschliche Natur; **~ race** Menschengeschlecht *n*; **~ relations** zwischenmenschliche Beziehungen, (*econ.* innerbetriebliche) Kontaktpflege; **~ rights** Menschenrechte; **~ touch** menschliche Note; → **err** 1. **2.** → **humane** 1. **II** *s* **3.** Mensch *m.*

hu·mane [hjuːˈmeɪn] *adj* **1.** huˈman, menschlich: **~ killer** *Mittel zum schmerzlosen Töten von Tieren*; **~ society** *Gesellschaft zur Verhinderung von Grausamkeiten an Tieren.* **2.** → **humanistic** 1. **huˈmane·ness** *s* Humaniˈtät *f,* Menschlichkeit *f.*

hu·man·ism [ˈhjuːmənɪzəm] *s* **1.** *oft* H~ Humaˈnismus *m*: a) (*auf das Bildungsideal der griechisch-römischen Antike gegründetes*) *Denken u. Handeln im Bewußtsein der Würde des Menschen,* b) *literarische u. philologische Neuentdekkung u. Wiederentdeckung der antiken Kultur, ihrer Sprachen, Kunst u. Geisteshaltung vom 13. bis 16. Jh.* **2.** a) → **humaneness,** b) → **humanitarianism.** **ˈhu·man·ist I** *s* **1.** Humaˈnist(in). **2.** → **humanitarian** II. **II** *adj* → **humanistic.** **ˌhu·manˈis·tic** *adj* (*adv* **~ally**) **1.** humaˈnistisch: **~ education.** **2.** a) → **humane** 1, b) → **humanitarian** I.

hu·man·i·tar·i·an [hjuːˌmænɪˈteərɪən] **I** *adj* humaniˈtär, menschenfreundlich, Humanitäts... **II** *s* Menschenfreund *m.* **huˌman·iˈtar·i·an·ism** *s* Menschenfreundlichkeit *f,* humaniˈtäre Gesinnung.

hu·man·i·ty [hjuːˈmænətɪ] *s* **1.** die Menschheit, das Menschengeschlecht, die Menschen *pl,* der Mensch. **2.** Menschsein *n,* menschliche Naˈtur. **3.** Humaniˈtät *f,* Menschlichkeit *f.* **4.** *pl* a) klassische Literaˈtur (*Latein u. Griechisch*), b) ˈAltphiloloˌgie *f,* c) Geisteswissenschaften *pl.*

hu·man·i·za·tion [ˌhjuːmənaɪˈzeɪʃn; *Am.* -nəˈz-] *s* **1.** Humaniˈsierung *f.* **2.** Vermenschlichung *f,* Personifikatiˈon *f,* Personifiˈzierung *f.* **ˈhu·man·ize** *v/t* **1.** humaniˈsieren, huˈmaner *od.* menschenwürdiger gestalten. **2.** vermenschlichen, personifiˈzieren.

hu·man·kind [ˌhjuːmənˈkaɪnd; ˈ-kaɪnd] → **humanity** 1.

ˈhu·man·ly *adv* **1.** menschlich. **2.** nach menschlichen Begriffen: **~ possible** menschenmöglich; **to do everything ~ possible** alles menschenmögliche *od.* sein menschenmöglichstes tun; **it is not ~ possible** es ist einfach unmöglich; **~ speaking** menschlich gesehen. **3.** huˈman, menschlich.

hum·ble [ˈhʌmbl; *Am. a.* ˈʌmbl] **I** *adj* (*adv* **humbly**) bescheiden: a) demütig: **in my ~ opinion** m-r unmaßgeblichen Meinung nach; **Your ~ servant** *obs.* Ihr ergebener Diener; **to eat ~ pie** *fig.* klein beigeben, zu Kreuze kriechen; → **self** 1, b) anspruchslos, einfach, c) niedrig, dürftig, ärmlich: **of ~ birth** von niedriger Geburt. **II** *v/t* demütigen, erniedrigen.

ˈhum·ble·bee → **bumblebee.**

ˈhum·ble·ness *s* Demut *f,* Bescheidenheit *f.*

hum·bug [ˈhʌmbʌg] **I** *s* **1.** ‚Humbug' *m*: a) Schwindel *m,* Betrug *m,* b) Unsinn *m,* dummes Zeug, ‚Mumpitz' *m.* **2.** Schwindler(in), Betrüger(in), *bes.* Hochstapler(in). **3.** *Br.* ˈPfefferminzbonˌbon *m, n.* **II** *v/t* **4.** beschwindeln, betrügen (**out of** um): **to ~ s.o. into doing s.th.** j-n dazu ‚kriegen', etwas zu tun. **ˈhum·ˌbug·ger·y** [-ərɪ] → **humbug** 1 a.

hum·ding·er [ˌhʌmˈdɪŋə(r)] *s bes. Am. colloq.* **1.** ‚Mordskerl' *m,* ‚toller' Bursche. **2.** ‚tolles Ding': **a ~ of a party** e-e ‚klasse' Party.

hum·drum [ˈhʌmdrʌm] **I** *adj* **1.** eintönig, langweilig, fad. **II** *s* **2.** Langweiligkeit *f,* Eintönigkeit *f.* **3.** a) langweilige *od.* eintönige Arbeit, b) Langweiler *m,* fader Kerl. **ˈhum·drum·ness** → **humdrum** 2.

hu·mec·tant [hjuːˈmektənt] *s chem.* Feuchthaltemittel *n,* Feuchthalter *m.*

hu·mer·al [ˈhjuːmərəl] *adj anat.* **1.** humeˈral, Oberarmknochen... **2.** Schulter...

hu·mer·us [ˈhjuːmərəs] *pl* **-mer·i** [-raɪ] *s anat.* Humerus *m,* Oberarmknochen *m.*

hu·mic [ˈhjuːmɪk] *adj* Humus...: **~ acid** *chem.* Humin-, Humussäure *f.*

hu·mid [ˈhjuːmɪd] *adj* feucht, *geogr. a.* huˈmid. **huˈmid·i·fi·er** [-dɪfaɪə(r)] *s tech.* (Luft)Befeuchter *m.* **huˈmid·i·fy** [-faɪ] *v/t* befeuchten. **huˈmid·i·stat** [-dɪstæt] *s tech.* Feuchtigkeitsregler *m.* **huˈmid·i·ty** *s* Feuchtigkeit(sgehalt *m*) *f*: **~ of the air** Luftfeuchtigkeit.

hu·mi·dor [ˈhjuːmɪdɔː(r)] *s* Feuchthaltebehälter *m* (*für Zigarren etc*).

hu·mil·i·ate [hjuːˈmɪlɪeɪt] *v/t* demütigen, erniedrigen. **huˈmil·i·at·ing** *adj* (*adv* **~ly**) erniedrigend, demütigend. **huˌmil·iˈa·tion** *s* Erniedrigung *f,* Demütigung *f.* **huˈmil·i·a·to·ry** [-lɪətərɪ; *Am.* -lɪəˌtəʊriː; -ˌtɔːriː] → **humiliating.**

hu·mil·i·ty [hjuːˈmɪlətɪ] → **humbleness.**

Hum·ism [ˈhjuːmɪzəm] *s philos.* Humesche Philosoˈphie.

hum·mer [ˈhʌmə(r)] *s* **1.** → **hummingbird.** **2.** → **humdinger.**

hum·ming [ˈhʌmɪŋ] *adj* **1.** summend. **2.** *electr.* brummend. **3.** *colloq.* a) geschäftig, b) lebhaft, schwungvoll: **~ trade** schwunghafter Handel. **ˈ~bird** *s orn.* Kolibri *m.* **ˈ~bird moth** *s zo. Am.* Schwärmer *m.* **~ top** *s* Brummkreisel *m.*

hum·mock [ˈhʌmək] *s* **1.** Hügel *m.* **2.** Eishügel *m.* **3.** → **hammock**[2].

hu·mor, *bes. Br.* **hu·mour** [ˈhjuːmə(r); *Am. a.* ˈjuː-] **I** *s* **1.** Gemütsart *f,* Temperaˈment *n.* **2.** (Gemüts)Verfassung *f,* Stimmung *f,* Laune *f*: **in a good** (**in a bad** *od.* **in an ill**) **~** (bei) guter (schlechter) Laune; **out of ~** schlecht gelaunt; **in the ~ for s.th.** zu etwas aufgelegt; **when the ~ takes him** wenn ihn die Lust dazu packt. **3.** Komik *f,* (*das*) Komische: **the ~ of the situation.** **4.** Huˈmor *m*: **sense of ~** (Sinn *m* für) Humor. **5.** *pl* Verrücktheiten *pl.* **6.** Spaß *m,* Scherz *m.* **7.** *physiol.* a) Körpersaft *m,* -flüssigkeit *f,* b) *obs.* Körpersaft *m*: **the cardinal ~s** die Hauptsäfte des Körpers (*Blut, Schleim, Galle, schwarze Galle*). **8.** *pl obs.* feuchte Dämpfe *pl.* **II** *v/t* **9.** a) *j-m* s-n Willen tun *od.* lassen, b) *j-n od. etwas* ˈhinnehmen, mit Geduld ertragen. **10.** sich anpassen (*dat od.* an *acc*). **ˈhu·mor·al** *adj physiol.* humoˈral: a) *die Körperflüssigkeiten betreffend,* b) *auf dem Weg über die Körperflüssigkeiten übertragen*: **~ pathology** Humoralpathologie *f* (*bes. in der Antike ausgebildete Lehre von den Körpersäften, deren richtige Mischung Gesundheit, deren Ungleichgewicht dagegen Krankheit bedeutete*).

hu·mor·esque [ˌhjuːməˈresk; *Am. a.* ˌjuː-] *s mus.* Humoˈreske *f.*

hu·mor·ist [ˈhjuːmərɪst; *Am. a.* ˈjuː-] *s* **1.** Humoˈrist(in). **2.** Spaßvogel *m.* **ˌhu·morˈis·tic** *adj* (*adv* **~ally**) humoˈristisch.

ˈhu·mor·less, *bes. Br.* **ˈhu·mour·less** *adj* huˈmorlos.
hu·mor·ous [ˈhjuːmərəs; *Am. a.* ˈjuː-] *adj* (*adv* **~ly**) huˈmorvoll, huˈmorig, komisch: **~ paper** Witzblatt *n.* **ˈhu·mor·ous·ness** *s* huˈmorvolle Art, (*das*) Huˈmorvolle, Komik *f.*
hu·mour, hu·mour·less *bes. Br. für* **humor, humorless.**
hu·mous [ˈhjuːməs] *adj* Humus...
hump [hʌmp] **I** *s* **1.** Buckel *m*, (*e-s Kamels*) Höcker *m.* **2.** (kleiner) Hügel: **to be over the ~** *fig.* über den Berg sein. **3.** *rail.* Ablaufberg *m.* **4.** *Br. colloq.* a) Trübsinn *m*, b) ‚Stinklaune' *f*: **that gives me the ~** dabei werde ich trübsinnig, ‚das fällt mir auf den Wecker'. **5.** *Am. sl.* Tempo *n*: **to get a ~ on** a) ‚auf die Tube drücken', b) → 8. **II** *v/t* **6.** *oft* **~ up** (zu e-m Buckel) krümmen: **to ~ one's back** e-n Buckel machen. **7.** *bes. Br. colloq.* a) auf den Rücken *od.* auf die Schulter nehmen, b) tragen. **8. ~ it, ~ o.s.** *Am. sl.* sich mächtig ins Zeug legen, ‚sich ranhalten'. **9.** *Br. colloq.* a) *j-n* trübsinnig machen, b) *j-m* ‚auf den Wecker fallen'. **10.** *vulg.* ‚bumsen' (*Geschlechtsverkehr haben mit*). **III** *v/i* **11.** sich buckelartig erheben. **12.** *Am. sl.* → 8. **13.** *Am. sl.* rasen, sausen. **ˈ~·back** *s* **1.** Buckel *m.* **2.** Buck(e)lige(r *m*) *f.* **3.** *zo.* Buckelwal *m.* **4.** *ichth.* (*ein*) Lachs *m.* **ˈ~·backed** *adj* buck(e)lig.
humped [hʌmpt] *adj* buck(e)lig.
humph [hʌmf; hmm] **I** *interj* hm! **II** *v/i* ‚hm' machen.
hump·ty [ˈhʌmptɪ] *s Br.* Puff *m*, (rundes) Sitzpolster. **ˌ~-ˈdump·ty** [-ˈdʌmptɪ] *s* **1.** *bes. Br.* Dickerchen *n.* **2.** *fig.* (*etwas*) Zerbrechliches (*was nicht wiederhergestellt werden kann*).
hump·y [ˈhʌmpɪ] *adj* **1.** buck(e)lig. **2.** *Br. colloq.* a) trübsinnig, b) verärgert.
hu·mus [ˈhjuːməs] *s* Humus *m.*
Hun [hʌn] *s* **1.** Hunne *m*, Hunnin *f.* **2.** *fig.* Wanˈdale *m*, Barˈbar *m.* **3.** *colloq. contp.* Deutsche(r) *m.*
hunch [hʌntʃ] **I** *s* **1.** → **hump** 1. **2.** dickes Stück. **3.** Ahnung *f*, Gefühl *n*: **to have a ~ that** das Gefühl *od.* den Verdacht haben, daß. **II** *v/t* **4.** *a.* **~ up** → **hump** 6: **to ~ one's shoulders** die Schultern hochziehen; **he ~ed his shoulders over his book** er beugte sich über sein Buch. **III** *v/i* **5.** *a.* **~ up** a) sich (zs.-)krümmen, b) (sich) kauern. **6.** → **humpback** 1, 2. **ˈ~·backed** → **humpbacked.**
hun·dred [ˈhʌndrəd; *Am. a.* -dərd] **I** *adj* **1.** hundert: **a** (*od.* **one**) **~** (ein)hundert; **several ~ men** mehrere hundert Mann. **2.** *oft* **a ~ and one** hunderterlei, zahllose. **II** *s* **3.** Hundert *n* (*Einheit*): **~s and ~s** Hunderte u. aber Hunderte; **by the ~, by ~s** hundertweise, immer hundert auf einmal; **several ~** mehrere Hundert; **~s of thousands** Hunderttausende; **~s of times** hundertmal; **a great** (*od.* **long**) **~** hundertzwanzig. **4.** Hundert *f* (*Zahl*). **5.** *math.* Hunderter *m.* **6.** *Br. hist.* Hundertschaft *f*, Bezirk *m* (*Teil e-r Grafschaft*). **7.** *Am. hist.* Bezirk *m*, Kreis *m* (*nur noch in Delaware*). **8. ~s and thousands** *gastr.* Liebesperlen. **ˈ~·fold I** *adj u. adv* hundertfach. **II** *s* (*das*) Hundertfache. **ˌ~-per'cent** *adj u. adv* ˈhundertproˌzentig. **ˌ~-perˈcent·er** *s pol. Am.* Hurˈrapatriˌot *m.* **ˌ~-perˈcent·ism** *s pol. Am.* Hurˈrapatrioˌtismus *m.*
hun·dredth [ˈhʌndrədθ; -drətθ] **I** *adj* **1.** hundertst(er, e, es). **2.** hundertstel. **II** *s* **3.** (*der, die, das*) Hundertste. **4.** Hundertstel *n.*
ˈhun·dred·weight *s*: a) *a.* **short ~** (*in USA*) *100 lbs. = 45,36 kg*, b) *a.* **long ~** (*in GB*) *112 lbs. = 50,80 kg*, c) *a.* **metric ~** Zentner *m.*
hung [hʌŋ] *pret u. pp von* **hang**: **~ jury** → **hang** 14.
Hun·gar·i·an [hʌŋˈgeərɪən] **I** *adj* **1.** ungarisch. **II** *s* **2.** Ungar(in). **3.** *ling.* Ungarisch *n*, das Ungarische.
hun·ger [ˈhʌŋgə(r)] **I** *s* **1.** Hunger *m*: **~ is the best sauce** Hunger ist der beste Koch. **2.** *fig.* Hunger *m*, (heftiges) Verlangen, Durst *m* (**for, after** nach): **~ for knowledge** Wissensdurst. **II** *v/i* **3.** Hunger haben. **4.** *fig.* hungern (**for, after** nach): **to ~ for news** sehnsüchtig auf Nachricht warten. **III** *v/t* **5.** a) hungern lassen, b) *bes. mil.* aushungern. **6.** durch Hunger zwingen (**into** zu). **~ march** *s* Hungermarsch *m.* **~ strike** *s* Hungerstreik *m.*
hun·gry [ˈhʌŋgrɪ] *adj* (*adv* **hungrily**) **1.** hungrig: **to be** (*od.* **feel**) **~** hungrig sein, Hunger haben; **to go ~** hungern; (**as**) **~ as a hunter** (*od.* **bear**) hungrig wie ein Wolf; **the H~ Forties** *hist.* die Hungerjahre (*1840 bis 1846 in England*). **2.** *fig.* hungrig (**for** nach): **~ for knowledge** wissensdurstig; **~ for love** liebeshungrig. **3.** *agr.* mager, karg (*Boden*). **4. gardening is ~ work** Gartenarbeit macht hungrig.
hunk[1] [hʌŋk] *s* **1.** großes Stück. **2.** *a.* **~ of a man** *bes. Am. colloq. ein* ‚sexy' Mann.
hunk[2] [hʌŋk] *adj Am. colloq.* **1.** → **hunky-dory. 2.** quitt: **to get ~ on s.o.** mit j-m quitt werden *od.* abrechnen.
hunk·er [ˈhʌŋkə(r)] *s Am. sl.* Konservaˈtive(r) *m.*
hunk·ers [ˈhʌŋkə(r)z] → **haunch** 2.
hunk·ie → **hunky.**
hunks [hʌŋks] *pl* **hunks** *s* **1.** mürrischer alter Kerl. **2.** Geizhals *m.*
hunk·y [ˈhʌŋkiː] *s Am. sl. contp. Arbeiter mittel- od. osteuropäischer Abstammung.*
hunk·y-do·ry [ˌhʌŋkɪˈdɔːrɪ] *adj bes. Am. colloq.* ‚in Butter', bestens.
Hun·nish [ˈhʌnɪʃ] *adj* **1.** hunnisch. **2.** *fig.* barˈbarisch. **3.** *colloq. contp.* deutsch.
hunt [hʌnt] **I** *s* **1.** Jagd *f*, Jagen *n*: **the ~ is up** (*od.* **on**) die Jagd hat begonnen (*a. fig.*). **2.** ˈJagd(gebiet *n*, -reˌvier *n*) *f.* **3.** Jagd(gesellschaft) *f.* **4.** *fig.* Jagd *f*: a) Verfolgung *f*, b) Suche *f* (**for, after** nach): **to be on the ~ for** auf der Jagd sein nach. **5.** *sport* Aufholjagd *f.* **6.** *tech.* Flattern *n*, ‚Tanzen' *n* (*von Reglern etc*). **II** *v/t* **7.** (*a. fig. j-n*) jagen, Jagd machen auf (*acc*), hetzen: **to ~ to death** zu Tode hetzen; **to ~ down** erlegen, zur Strecke bringen (*a. fig.*); **~ the slipper** (**thimble**) Pantoffel-(Fingerhut)suchen *n* (*Kinderspiel*); **a ~ed look** ein gehetzter Blick. **8.** *j-n od. e-e Spur* verfolgen. **9.** jagen, treiben: **to ~ away** (*od.* **off**) wegjagen, vertreiben; **to ~ out** hinausjagen, vertreiben (**of** aus). **10.** *oft* **~ out** (*od.* **up**) a) herˈaussuchen, b) Nachforschungen anstellen über (*acc*), c) aufstöbern, -spüren. **11.** *Revier* durchˈjagen, -ˈstöbern, -ˈsuchen (*a. fig.*) (**for** nach). **12.** jagen mit (*Pferd, Hunden etc*). **13.** *Radar, TV*: abtasten. **III** *v/i* **14.** jagen: **to go ~ing** auf die Jagd gehen; **to ~ for** Jagd machen auf (*acc*) (*a. fig.*). **15.** (**after, for**) a) suchen (nach), b) *fig.* jagen, streben (nach). **16.** *tech.* flattern, ‚tanzen' (*Regler etc*).
ˌhunt-and-ˈpeck meth·od *s colloq. humor.* ‚Adlerˈsuchsyˌstem' *n*, Zweiˈfingersyˌstem *n* (*auf der Schreibmaschine*).
ˈhunt·er *s* **1.** Jäger *m* (*a. zo. u. fig.*): **~'s moon** Vollmond *m* nach dem **harvest moon. 2.** Jagdhund *m od.* -pferd *n.* **3.** Sprungdeckeluhr *f.* **4.** *a.* **~ green** Jagdgrün *n.* **ˌ~-ˈkill·er sat·el·lite** *s mil.* ˈKillersatelˌlit *m.*
ˈhunt·ing I *s* **1.** Jagd *f*, Jagen *n.* **2.** → **hunt** 4. **3.** *tech.* a) → **hunt** 6, b) Pendelschwingung *f* (*Radar*), c) *TV* Abtastvorrichtung *f.* **II** *adj* **4.** Jagd... **~ box** *s* Jagdhütte *f.* **~ case** *s* Sprungdeckelgehäuse *n* (*Uhr*). **~ cat** → **cheetah. ~ crop** *s* Jagdpeitsche *f.* **~ ground** *s* ˈJagdreˌvier *n*, -gebiet *n* (*a. fig.*): **the happy ~** die ewigen Jagdgründe; **a happy ~** *fig.* ein beliebtes *od.* einträgliches Jagdrevier (**for** für). **~ horn** *s* Jagdhorn *n.* **~ knife** *s irr* Jagdmesser *n.* **~ leop·ard** → **cheetah. ~ li·cence,** *Am.* **~ li·cense** *s* Jagdschein *m.* **~ lodge** *s* Jagdhütte *f.* **~ ri·fle** *s* Jagdgewehr *n.* **~ scene** *s paint.* Jagdszene *f*, -stück *n.* **~ sea·son** *s* Jagdzeit *f.* **~ seat** *s* Jagdsitz *m*, -schlößchen *n.* **~ watch** → **hunter** 3.
hunt·ress [ˈhʌntrɪs] *s* Jägerin *f.*
hunts·man [ˈhʌntsmən] *s irr* **1.** Jäger *m*, Weidmann *m.* **2.** Rüdemeister *m.* **ˈhunts·man·ship** *s* Jägeˈrei *f*, Jagdwesen *n*, Weidwerk *n.*
hunt's-up [ˌhʌntsˈʌp] *s* **1.** Aufbruch *m* zur Jagd (*Jagdsignal*). **2.** Weckruf *m.*
hur·dle [ˈhɜːdl; *Am.* ˈhɜrdl] **I** *s* **1.** a) *Leichtathletik*: Hürde *f*, (*Hindernislauf*) Hindernis *n* (*beide a. fig.*), b) *Pferdesport*: Hindernis *n*: **to pass the last ~** *fig.* die letzte Hürde nehmen. **2.** Hürde *f*, (Weiden-, Draht)Geflecht *n* (*für Zäune etc*). **3.** *tech.* a) Faˈschine *f*, b) *Bergbau*: Gitter *n*, Rätter *m.* **II** *v/t* **4.** *a.* **~ off** mit Hürden umˈgeben, umˈzäunen. **5.** *ein Hindernis* überˈspringen. **6.** *fig. e-e Schwierigkeit etc* überˈwinden. **III** *v/i* **7.** a) *Leichtathletik*: e-n Hürden- *od.* Hindernislauf bestreiten, b) *Pferdesport*: ein Hindernisrennen bestreiten. **ˈhur·dler** *s* **1.** Hürdenmacher *m.* **2.** *Leichtathletik*: a) Hürdenläufer(in), b) Hindernisläufer *m.*
hur·dle race *s* **1.** *Leichtathletik*: a) Hürdenlauf *m*, b) Hindernislauf *m.* **2.** *Pferdesport*: Hindernisrennen *n.*
hurds [hɜːdz; *Am.* hɜrdz] *s pl* Werg *n.*
hur·dy-gur·dy [ˈhɜːdɪˌgɜːdɪ; *Am.* ˌhɜrdiːˈgɜrdiː] *s mus.* **1.** *hist.* Drehleier *f.* **2.** Leierkasten *m.*
hurl [hɜːl; *Am.* hɜrl] **I** *v/t* **1.** schleudern (*a. fig.*): **to ~ down** zu Boden schleudern; **to ~ o.s.** sich stürzen (**on** auf *acc*); **to ~ abuse at s.o.** j-m Beleidigungen ins Gesicht schleudern; **to ~ invectives** Beschimpfungen ausstoßen. **II** *v/i* **2.** *sport* Hurling spielen. **3.** → **pitch**[2] 20 a, b. **III** *s* **4.** Schleudern *n.* **5.** *Hurling*: Stock *m*, Schläger *m.* **ˈhurl·er** *s* **1.** *sport* Hurlingspieler(in). **2.** → **pitcher**[1] 1. **ˈhurl·ey** [-lɪ] *s sport* **1.** → **hurling. 2.** *a.* **~ stick** Hurlingstock *m*, -schläger *m.* **ˈhurl·ing** *s sport* Hurling(spiel) *n* (*ein dem Hockey ähnliches altes irisches Schlagballspiel*).
hurl·y [ˈhɜːlɪ; *Am.* ˈhɜrliː] → **hurly-burly** I. **~-burl·y** [ˈhɜːlɪˌbɜːlɪ; *Am.* ˌhɜrliːˈbɜrliː] **I** *s* Tuˈmult *m*, Aufruhr *m*, Wirrwarr *m.* **II** *adj u. adv* tuˈmultartig, turbuˈlent.
hur·rah [hʊˈrɑː; *Am. a.* hʊˈrɔː] **I** *interj* hurˈra!: **~ for** ...! hoch ...!, es lebe ...!, ein Hoch (*dat*)! **II** *s* Hurˈra(ruf *m*) *n*: **to win ~s** begeistert aufgenommen werden (**from** von) (*Platte etc*); **last ~** *Am. fig.* letzter Versuch *od.* Anlauf. **III** *v/t* mit Hurˈra empfangen, *j-n* hochleben lassen, *j-m* zujubeln. **IV** *v/i* Hurˈra rufen.
hur·ray [hʊˈreɪ] → **hurrah.**
hur·ri·cane [ˈhʌrɪkən; -keɪn; *Am. bes.* ˈhɜrəˌkeɪn; ˈhɜrɪkən] *s* a) Hurrikan *m*, Wirbelsturm *m*, b) Orˈkan *m*, *fig. a.* Sturm *m*: **to rise to a ~** zum Orkan anschwellen; **emotional ~s** Orkane *od.* Stürme der Leidenschaft. **~ deck** *s mar.* Sturmdeck *n.* **~ lamp** *s* ˈSturmlaˌterne *f.* **~ roof** *Am. für* **hurricane deck.**
hur·ried [ˈhʌrɪd; *Am. bes.* ˈhɜːriːd] *adj* (*adv* **~ly**) eilig, hastig, schnell, überˈeilt: **to write a few ~ lines** hastig ein paar Zeilen schreiben; **to shoot ~ly** *sport* überhastet schießen. **ˈhur·ri·er** *s* **1.** An-

treiber *m.* **2.** *Bergbau*: *Br.* Fördermann *m.*

hur·ry [ˈhʌrɪ; *Am. bes.* ˈhɜriː] **I** *s* **1.** Hast *f*, Eile *f*: **to be in a ~** es eilig haben (**to do s.th.** etwas zu tun), in Eile sein; **to be in no ~** es nicht eilig haben (**to do s.th.** etwas zu tun); **to be in no ~ to do s.th.** a) nicht darauf erpicht sein, etwas zu tun, b) etwas nicht tun wollen; **I am in no ~ for you to do it** es eilt mir nicht, daß du es tust; laß dir ruhig Zeit damit; **to do s.th. in a ~** etwas eilig *od.* hastig tun, sich keine Zeit mit etwas lassen; **I need it in a ~** ich brauche es schnell *od.* dringend; **in my ~ I left my umbrella at home** vor lauter Eile vergaß ich m-n Schirm zu Hause; **in my ~ to catch the train I** ... ich hatte es so eilig, den Zug zu erreichen, daß ich ...; **you will not beat that in a ~** *colloq.* das machst du nicht so schnell *od.* so leicht nach; **in the ~ of business** im Drang der Geschäfte; **there is no ~** es hat keine Eile, es eilt nicht. **2.** Hetze *f*, ‚Wirbel' *m*: **the ~ of daily life. 3.** *mus.* (Trommel- *etc*)Wirbel *m.* **II** *v/t* **4.** schnell *od.* eilig befördern *od.* bringen: **to ~ through** *e-e Gesetzesvorlage etc* ‚durchpeitschen'. **5.** *oft* **~ up** a) *j-n* antreiben, hetzen, b) *etwas* beschleunigen: **to ~ one's pace** s-n Schritt beschleunigen. **6.** *etwas* überˈeilen. **III** *v/i* **7.** eilen, hasten: **to ~ away** (*od.* **off**) wegeilen; **to ~ over s.th.** etwas flüchtig *od.* hastig erledigen. **8.** *oft* **~ up** sich beeilen: **~ up!** (mach) schnell! **~-ˈscur·ry, ~-ˈskur·ry** [-ˈskʌrɪ; *Am. bes.* -ˈskɜriː] → **helter-skelter.** ˈ**~-ˌup** *adj Am.* **1.** eilig: **~ job; ~ call** Notruf *m.* **2.** hastig: **~ breakfast.**

hurst [hɜːst; *Am.* hɜrst] *s* **1.** (*obs. außer in Ortsnamen*) Forst *m*, Hain *m.* **2.** *obs.* Sandbank *f.* **3.** *obs.* bewaldeter Hügel.

hurt[1] [hɜːt; *Am.* hɜrt] **I** *v/t pret u. pp* **hurt 1.** verletzen, -wunden (*beide a. fig.*): **to ~ s.o.'s feelings; to feel ~** gekränkt sein; **to be ~** angeschlagen sein (*Boxer*); → **fly**[2] 1. **2.** schmerzen, *j-m* weh tun (*beide a. fig.*): **the wound still ~s me; it ~s her to think of it. 3.** schädigen, schaden (*dat*), Schaden zufügen (*dat*): **it won't ~ you to miss breakfast for once** *colloq.* du wirst nicht gleich verhungern, wenn du einmal nicht frühstückst. **4.** *etwas* beschädigen. **II** *v/i* **5.** schmerzen, weh tun (*beide a. fig.*): **she kicked the attackers where it ~s most. 6.** Schaden anrichten, schaden: **that won't ~** das schadet nichts. **7.** *colloq.* Schmerzen haben, *a. fig.* leiden (**from** an *dat*). **III** *s* **8.** Schmerz *m* (*a. fig.*). **9.** Verletzung *f*, Wunde *f.* **10.** Kränkung *f.* **11.** Schaden *m*, Nachteil *m* (**to** für).

hurt[2] [hɜːt; *Am.* hɜrt] *s her.* blauer Kreis (*im Schilde*).

ˈ**hurt·ful** *adj* (*adv* **~ly**) **1.** verletzend: **~ remarks. 2.** schmerzlich: **a ~ sight. 3.** schädlich, nachteilig (**to** für): **~ to the health** gesundheitsschädlich.

hur·tle [hɜːtl; *Am.* hɜrtl] **I** *v/i* **1.** *obs.* (**against**) zs.-prallen (mit), prallen *od.* krachen (gegen). **2.** sausen, rasen, wirbeln, stürzen. **3.** rasseln, prasseln, poltern. **II** *v/t* **4.** schleudern, wirbeln, werfen.

hus·band [ˈhʌzbənd] **I** *s* **1.** Ehemann *m*, Gatte *m*, Gemahl *m*: **~ and wife** Mann u. Frau; **my ~** mein Mann. **2.** *obs.* a) → **husbandman**, b) Verwalter *m.* **3.** *a.* **ship's ~** *mar.* Mitreeder *m.* **II** *v/t* **4.** haushälterisch *od.* sparsam ˈumgehen mit, haushalten mit. **5.** *obs.* a) *e-n Mann* heiraten, b) *ein Mädchen* verheiraten. **6.** *obs.* a) *Land* bebauen, b) *Pflanzen* anbauen. ˈ**hus·band·less** *adj* ohne Ehemann, unverheiratet. ˈ**hus·band·man** [-mən] *s irr obs.* Bauer *m.* ˈ**hus·band·ry** [-rɪ] *s* **1.** *agr.* Landwirtschaft *f.* **2.** *fig.* Haushalten *n*, sparsamer ˈUmgang (**of** mit).

hush [hʌʃ] **I** *interj* **1.** still!, pst!, scht! **II** *v/t* **2.** zum Schweigen *od.* zur Ruhe bringen. **3.** besänftigen, beruhigen. **4.** *meist* **~ up** vertuschen. **III** *v/i* **5.** still werden, verstummen. **IV** *s* **6.** Stille *f*, Ruhe *f*, Schweigen *n*: **policy of ~** (Politik *f* der) Geheimhaltung *f.*

hush·a·by [ˈhʌʃəbaɪ] **I** *interj* eiapoˈpeia! **II** *s* Wiegenlied *n.*

ˈ**hush|-hush** *colloq.* **I** *v/t* **1.** zur Geheimhaltung verpflichten. **2.** vertuschen. **II** *adj* [*a.* ˌ-ˈhʌʃ] **3.** geheim, Geheim..., vertraulich. **III** *s* **4.** Geheimhaltung *f.* **~ mon·ey** *s* Schweigegeld *n.*

husk [hʌsk] **I** *s* **1.** *bot.* a) Hülse *f*, Schale *f*, Schote *f*, b) *Am. bes.* Maishülse *f.* **2.** *fig.* (leere) Schale. **3.** *tech.* Rahmen *m*, Bügel *m.* **4.** *Am. sl.* Kerl *m.* **II** *v/t* **5.** enthülsen, schälen. **6.** *etwas* mit heiserer *od.* rauher Stimme sagen *od.* singen. **III** *v/i* **7.** heiser *od.* rauh werden (*Stimme*). ˈ**husk·er** *s* **1.** Enthülser(in). **2.** ˈSchälmaˌschine *f.* ˈ**husk·i·ly** *adv* mit heiserer *od.* rauher Stimme. ˈ**husk·i·ness** *s* Heiserkeit *f*, Rauheit *f* (*der Stimme*). ˈ**husk·ing** *s* **1.** Enthülsen *n*, Schälen *n.* **2.** *a.* **~ bee** *Am.* geselliges Maisschälen.

husk·y[1] [ˈhʌskɪ] **I** *adj* (*adv* → **huskily**) **1.** hülsig. **2.** ausgedörrt. **3.** heiser, rauh (*Stimme*). **4.** *colloq.* stämmig, kräftig. **II** *s* **5.** *colloq.* stämmiger Kerl.

hus·ky[2] [ˈhʌskɪ] *s zo.* Husky *m*, Eskimohund *m.*

hus·sar [hʊˈzɑː; *Am.* həˈzɑːr] *s mil. hist.* Huˈsar *m.*

Huss·ite [ˈhʌsaɪt] *s relig. hist.* Husˈsit *m.*

hus·sy [ˈhʌsɪ; -zɪ] *s* **1.** Fratz *m*, Göre *f.* **2.** ‚leichtes Mädchen', ‚Flittchen' *n.*

hus·tings [ˈhʌstɪŋz] *s pl* **1.** (*als sg konstruiert*) *Br. hist. Podium, auf dem die Parlamentskandidaten nominiert wurden u. von dem aus sie zu den Wählern sprachen.* **2.** (*a. als sg konstruiert*) a) Wahlkampf *m*, b) Wahl(en *pl*) *f.*

hus·tle [ˈhʌsl] **I** *v/t* **1.** a) stoßen, drängen, b) (an)rempeln. **2.** a) hetzen, (an)treiben, b) drängen (**into doing s.th.** etwas zu tun). **3.** (*in aller Eile*) *wohin* bringen *od.* schaffen *od.* schicken: **she ~d her children off to school** sie ‚verfrachtete' ihre Kinder in die Schule. **4.** sich beeilen mit. **5.** schütteln. **6. ~ up** *bes. Am. colloq.* (schnell) zs.-basteln *od.* machen, ‚herzaubern'. **7.** *bes. Am. colloq.* a) *etwas* ‚ergattern', b) (sich) *etwas* ergaunern, c) *j-n* betrügen (**out of** um). **II** *v/i* **8.** sich drängen. **9.** hasten, hetzen. **10.** sich beeilen. **11.** *bes. Am. colloq.* ‚mit *od.* unter Hochdruck' arbeiten, ‚wühlen'. **12.** *bes. Am. colloq.* a) betteln, b) ‚klauen', stehlen, c) betrügen, d) auf Freierfang sein (*Prostituierte*). **III** *s* **13.** *meist* **~ and bustle** a) Gedränge *n*, b) Gehetze *n*, c) ‚Betrieb' *m*, ‚Wirbel' *m.* **14.** *bes. Am. colloq.* Gauneˈrei *f*, Betrug *m.* ˈ**hus·tler** *s bes. Am. colloq.* **1.** ‚Wühler' *m.* **2.** a) Gauner *m*, Betrüger *m*, b) ‚Nutte' *f* (*Prostituierte*).

hut [hʌt] **I** *s* **1.** Hütte *f*: **~ circle** (*prähistorischer*) Steinring. **2.** *mil.* Baˈracke *f.* **3.** *Austral.* Arbeiterhaus *n* (*bes. für Schafscherer*). **II** *v/t u. v/i* **4.** in Baˈracken *od.* Hütten ˈunterbringen (hausen): **~ted camp** Barackenlager *n.*

hutch [hʌtʃ] **I** *s* **1.** Kiste *f*, Kasten *m.* **2.** (kleiner) Stall, Verschlag *m*, Käfig *m.* **3.** Trog *m.* **4.** *Am.* (kleiner) Geschirrschrank. **5.** *colloq. contp.* ‚Hütte' *f.* **6.** *Bergbau*: a) Schachtfördergefäß *n*, b) Hund *m*, c) Setzfaß *n.* **II** *v/t* **7.** *Erz* in e-m Sieb waschen.

hut·ment [ˈhʌtmənt] *s mil.* **1.** ˈUnterbringung *f* in Baˈracken. **2.** Baˈrackenlager *n.*

hutz·pa(h) → **chutzpa(h).**

huz·za [hʊˈzɑː; *bes. Am.* həˈzɑː] *obs.* → **hurrah.**

hy·a·cinth [ˈhaɪəsɪnθ] *s* **1.** *bot.* Hyaˈzinthe *f.* **2.** *min.* Hyaˈzinth *m.* **3.** Hyaˈzinthrot *n.* **4.** *her.* Pomeˈranzengelb *n.*

Hy·a·des [ˈhaɪədiːz], ˈ**Hy·ads** [-ædz] *s pl astr.* Hyˈaden *pl.*

hy·ae·na → **hyena.**

hy·a·lin [ˈhaɪəlɪn] *s med.* Hyaˈlin *n* (*aus Geweben umgewandelte glasige Eiweißmasse*). ˈ**hy·a·line** [ˈhaɪəlɪn; -laɪn] **I** *adj* **1.** hyaˈlin: a) *anat. med.* glasig, glasartig: **~ cartilage** Hyalinknorpel *m*, b) *geol.* glasig erstarrt. **2.** *obs.* ˈdurchsichtig. **II** *s* **3.** → **hyalin. 4.** *obs. etwas Durchsichtiges, z. B. das ruhige Meer.*

hy·a·lite [ˈhaɪəlaɪt] *s min.* Hyaˈlit *m*, ˈGlasoˌpal *m.*

hy·a·loid [ˈhaɪələɪd] *adj anat. med.* hyaloˈid, glasartig: **~ membrane** Glashaut *f* (*des Auges*).

hy·brid [ˈhaɪbrɪd] **I** *s* **1.** *biol.* Hyˈbride *f*, *m*, Bastard *m*, Mischling *m*, Kreuzung *f.* **2.** *ling.* hyˈbride Bildung, Mischwort *n.* **II** *adj* **3.** hyˈbrid: a) *biol.* mischerbig, Misch..., Bastard..., Zwitter..., b) *fig.* ungleichartig, gemischt. **~ com·put·er** *s tech.* Hyˈbridrechner *m.*

hy·brid·ism [ˈhaɪbrɪdɪzəm] *s* **1.** → **hybridity. 2.** *biol.* Hybridiˈsierung *f*, Kreuzung *f*, Bastarˈdierung *f.* **hyˈbrid·i·ty** *s* Mischbildung *f.* ˌ**hy·brid·iˈza·tion** → **hybridism** 2. ˈ**hy·brid·ize I** *v/t* hybridiˈsieren, bastarˈdieren, kreuzen. **II** *v/i* sich kreuzen.

Hy·dra [ˈhaɪdrə] *pl* **-dras, -drae** [-driː] *s* **1.** Hydra *f*: a) *vielköpfige Schlange*, b) *astr.* Wasserschlange *f.* **2. h~** *fig.* Hydra *f* (*kaum auszurottendes Übel*). **3. h~** *zo.* Hydra *f*, ˈSüßwasserpoˌlyp *m.*

hy·drac·id [haɪˈdræsɪd] *s chem.* Wasserstoffsäure *f.*

hy·dran·gea [haɪˈdreɪndʒə] *s bot.* Horˈtensie *f.*

hy·drant [ˈhaɪdrənt] *s* Hyˈdrant *m.*

hy·drar·gy·rism [haɪˈdrɑː(r)dʒɪrɪzəm] *s med.* Hydrargyˈrose *f*, Quecksilbervergiftung *f.* **hyˈdrar·gy·rum** [-dʒɪrəm] *s chem.* Hyˈdrargyrum *n*, Quecksilber *n.*

hy·drate [ˈhaɪdreɪt] *chem.* **I** *s* Hyˈdrat *n.* **II** *v/t* hydratiˈsieren. ˈ**hy·drat·ed** *adj chem. min.* mit Wasser chemisch verbunden, hyˈdrathaltig. **hyˈdra·tion** *s chem.* Hydratiˈon *f.*

hy·drau·lic [haɪˈdrɔːlɪk] **I** *adj* (*adv* **~ally**) *phys. tech.* hyˈdraulisch: a) (Druck-) Wasser...: **~ clutch (jack, press)** hydraulische Kupplung (Winde, Presse); **~ power** Wasserkraft *f*; **~ pressure** Wasserdruck *m*, b) unter Wasser erhärtend: **~ cement** (*od.* **mortar**) hydraulischer Mörtel, (Unter)Wassermörtel *m.* **II** *s pl* (*als sg konstruiert*) *phys.* Hyˈdraulik *f* (*Theorie u. Wissenschaft von den Strömungen der Flüssigkeiten*). **III** *v/t pret u. pp* **-licked** *Bergbau*: hyˈdraulisch abbauen, druckstrahlbaggern. **~ brake** *s tech.* hyˈdraulische Bremse, Flüssigkeitsbremse *f.* **~ dock** *s mar.* Schwimmdock *n.* **~ en·gi·neer** *s* ˈWasserbauingeniˌeur *m.* **~ en·gi·neer·ing** *s tech.* Wasserbau *m.* **~ min·ing** *s Bergbau*: hyˈdraulischer Abbau. **~ or·gan** *s mus.* Wasserorgel *f.*

hy·dra·zo·ic [ˌhaɪdrəˈzəʊɪk] *adj chem.* Stickstoffwasserstoff...: **~ acid.**

hy·dric [ˈhaɪdrɪk] *adj chem.* Wasserstoff...: **~ oxide** Wasser *n.*

hy·dride [ˈhaɪdraɪd] *s chem.* Hyˈdrid *n.*

hy·dri·od·ic ac·id [ˌhaɪdrɪˈɒdɪk; *Am.* -ˈɑd-] *s chem.* Jodwasserstoffsäure *f.*

hy·dro [ˈhaɪdrəʊ] *pl* **-dros** *s* **1.** *aer. colloq. für* **hydroplane** 1. **2.** *med. Br. colloq.* a) hydroˈpathischer Kurort, b)

Hoˈtel mit hydroˈpathischen Einrichtungen.

hydro- [haɪdrəʊ] *Wortelement mit der Bedeutung* Wasser...

ˌhy·dro-ˈair·plane *Am.* → **hydroplane** 1.

ˈhy·dro·bomb *s mil.* ˈLufttorˌpedo *m.*

ˌhy·dro·biˈol·o·gy *s* Hydrobioloˈgie *f* (*Teilgebiet der Biologie, das sich mit den im Wasser lebenden Organismen beschäftigt*).

ˌhy·droˈbro·mic ac·id [-ˈbrəʊmɪk] *s chem.* Bromwasserstoffsäure *f.*

ˌhy·droˈcar·bon [-ˈkɑː(r)bən] *s chem.* Kohlenwasserstoff *m.*

ˈhy·dro·cele [-siːl] *s med.* Hydroˈzele *f,* (Hoden)Wasserbruch *m.*

ˌhy·droˈcel·lu·lose *s chem.* ˈHydrozelluˌlose *f.*

ˌhy·dro·ceˈphal·ic [-seˈfælɪk; *Am.* -sə-], **ˌhy·droˈceph·a·lous** [-ˈsefələs] *adj* mit e-m Wasserkopf. **ˌhy·droˈceph·a·lus** [-ləs] *s med.* Hydroˈzephalus *m,* Wasserkopf *m.*

ˌhy·droˈchlo·ric [-ˈklɒrɪk; *Am.* -ˈkləː-; -ˈkləʊ-] *adj chem.* salzsauer: ~ **acid** Salzsäure *f,* Chlorwasserstoff *m.*

ˌhy·dro·cyˈan·ic [-saɪˈænɪk] *adj chem.* blausauer: ~ **acid** Blausäure *f,* Zyanwasserstoffsäure *f.*

ˌhy·droˈcy·a·nide [-ˈsaɪənaɪd] *s chem.* zyˈanwasserstoffsaures Salz.

ˌhy·dro·dyˈnam·ic *phys.* **I** *adj* (*adv* ~**ally**) hydrodyˈnamisch. **II** *s pl* (*meist als sg konstruiert*) Hydrodyˈnamik *f* (*Wissenschaft von den Bewegungsgesetzen der Flüssigkeiten*).

ˌhy·dro·eˈlec·tric *adj tech.* hydroeˈlektrisch: ~ **power station** Wasserkraftwerk *n.*

ˌhy·dro·exˈtrac·tor [-ɪkˈstræktə(r)] *s tech.* ˈTrockenzentriˌfuge *f,* Schleudertrockner *m,* Trockenschleuder *f.*

ˌhy·dro·fluˈor·ic *adj chem.* flußsauer: ~ **acid** Flußsäure *f.*

hy·dro·foil [ˈhaɪdrəʊfɔɪl] *s aer. mar.* a) Tragflächen-, Tragflügelboot *n,* b) Tragfläche *f,* -flügel *m.*

hy·dro·gen [ˈhaɪdrədʒən] *s chem.* Wasserstoff *m.* **hy·dro·gen·ate** [ˈhaɪdrədʒɪneɪt; *Br. a.* haɪˈdrɒ-; *Am. a.* haɪˈdrɑ-] *v/t chem.* **1.** hyˈdrieren. **2.** *Öle, Fette* härten. **ˌhy·dro·genˈa·tion** *s chem.* Hyˈdrierung *f.*

hy·dro·gen| bomb *s mil.* Wasserstoffbombe *f.* ~ **i·on** *s chem.* (positives) ˈWasserstoffiˌon.

hy·dro·gen·ize [ˈhaɪdrədʒɪnaɪz; *Br. a.* haɪˈdrɒ-; *Am. a.* haɪˈdrɑ-] → **hydrogenate.** **hyˈdrog·e·nous** [-ˈdrɒdʒɪnəs; *Am.* -ˈdrɑ-] *adj chem.* wasserstoffhaltig, Wasserstoff...

hy·dro·gen| per·ox·ide *s chem.* Wasserstoffˈsuperoˌxid *n.* ~ **sul·phide** *s chem.* Schwefelˈwasserstoff *m.*

ˌhy·droˈgraph·ic *adj* (*adv* ~**ally**) hydroˈgraphisch: ~ **map** a) hydrographische Karte, b) *mar.* Seekarte *f;* ~ **office** (*od.* **department**) Seewarte *f.*

hy·drog·ra·phy [haɪˈdrɒɡrəfɪ; *Am.* -ˈdrɑ-] *s* **1.** Hydrograˈphie *f,* Gewässerkunde *f.* **2.** Gewässer *pl* (*e-r Landkarte*).

hy·dro·log·ic [ˌhaɪdrəˈlɒdʒɪk; *Am.* -ˈlɑ-] *adj;* **ˌhy·droˈlog·i·cal** [-kl] *adj* (*adv* ~**ly**) hydroˈlogisch. **hyˈdrol·o·gy** [-ˈdrɒlədʒɪ; *Am.* -ˈdrɑ-] *s* Hydroloˈgie *f* (*Lehre, die sich mit den Eigenschaften u. Gesetzen der ober- u. unterirdischen sowie der stehenden u. fließenden Gewässer beschäftigt*).

hy·drol·y·sis [haɪˈdrɒlɪsɪs; *Am.* -ˈdrɑ-] *pl* **-ses** [-siːz] *s chem.* Hydroˈlyse *f* (*Spaltung chemischer Verbindungen durch Wasser, meist unter Mitwirkung e-s Katalysators od. Enzyms*). **ˈhy·dro·lyte** [-drəlaɪt] *s* Hydroˈlyt *m.* **ˌhy·droˈlyt·ic** [-ˈlɪtɪk] *adj* hydroˈlytisch. **ˈhy·dro·lyze** [-laɪz] *v/t u. v/i* hydrolyˈsieren.

hy·dro·man·cy [ˈhaɪdrəʊmænsɪ] *s* Hydromanˈtie *f* (*Wahrsagen aus der Bewegung des Wassers od. aus Spiegelungen auf der Wasseroberfläche*).

ˌhy·dro·meˈchan·i·cal *adj phys.* hydromeˈchanisch. **ˌhy·dro·meˈchan·ics** *s pl* (*meist als sg konstruiert*) Hydromeˈchanik *f* (*Lehre von den bewegten u. unbewegten Flüssigkeiten*).

hy·dro·mel [ˈhaɪdrəʊmel] *s* Honigwasser *n:* **vinous** ~ Met *m.*

ˌhy·dro·metˈal·lur·gy *s tech.* Hydrometallurˈgie *f* (*Metallgewinnung aus wäßrigen Metallösungen*).

ˈhy·droˌme·te·orˈol·o·gy *s* Hydrometeoroloˈgie *f* (*Teilgebiet der Meteorologie, das sich mit dem Verhalten des Wasserdampfs u. s-r Kondensationsprodukte befaßt*).

hy·drom·e·ter [haɪˈdrɒmɪtə; *Am.* -ˈdrɑmətər] *s phys.* Hydroˈmeter *n* (*Gerät zur Messung der Geschwindigkeit fließenden Wassers, des spezifischen Gewichts von Wasser etc*). **ˌhy·droˈmet·ric** [-drəʊˈmetrɪk] *adj;* **ˌhy·droˈmet·ri·cal** *adj* (*adv* ~**ly**) hydroˈmetrisch. **hyˈdrom·e·try** [-trɪ] *s* Hydromeˈtrie *f* (*Messung an Gewässern mit Hilfe des Hydrometers*).

hy·dro·path [ˈhaɪdrəʊpæθ] *s med.* Hydroˈpath *m* (*j-d, der Patienten mit Hilfe der Hydropathie behandelt*). **ˌhy·droˈpath·ic, ˌhy·droˈpath·i·cal** *adj* (*adv* ~**ly**) hydroˈpathisch. **hyˈdrop·a·thist** [-ˈdrɒpəθɪst; *Am.* -ˈdrɑ-] → **hydropath.** **hyˈdrop·a·thy** *s* Hydropaˈthie *f* (*Lehre von der Heilbehandlung durch Anwendung von Wasser*).

hy·dro·pho·bi·a [ˌhaɪdrəʊˈfəʊbjə; -bɪə] *s* **1.** *med. vet.* a) Hydrophoˈbie *f* (*Wasserscheu als Symptom bei Tollwut*), b) Tollwut *f.* **2.** *psych.* Hydrophoˈbie *f* (*krankhafte Furcht vor* [*tiefem*] *Wasser*).

hy·dro·phone [ˈhaɪdrəfəʊn] *s tech.* Hydroˈphon *n:* a) ˈUnterwasserhorchgerät *n,* b) *Gerät zum Überprüfen des Wasserdurchflusses durch Röhren,* c) *Verstärkungsgerät für Auskultation.*

hy·dro·phyte [ˈhaɪdrəʊfaɪt] *s bot.* Hydroˈphyt *m,* Wasserpflanze *f.*

hy·drop·ic [haɪˈdrɒpɪk; *Am.* -ˈdrɑ-] *adj* (*adv* ~**ally**) *med.* hyˈdropisch, wassersüchtig.

hy·dro·plane [ˈhaɪdrəʊpleɪn] **I** *s* **1.** *aer.* a) Wasserflugzeug *n,* b) Gleitfläche *f* (*e-s Wasserflugzeugs*). **2.** *mar.* Gleitboot *n.* **3.** *mar.* Tiefenruder *n* (*e-s U-Boots*). **II** *v/i Am.* → **aquaplane** 3. **ˈhy·droˌplan·ing** *Am.* → **aquaplaning** 2.

hy·dro·pon·ic [ˌhaɪdrəʊˈpɒnɪk; *Am.* -ˈpɑ-] **I** *adj* (*adv* ~**ally**) hydroˈponisch. **II** *s pl* (*als sg konstruiert*) Hydroˈponik *f,* ˈHydrokulˌtur *f* (*Anbau ohne Erde in Nährlösungen*).

ˈhy·droˌpow·er *s* Wasserkraft *f* (*für Energiezwecke*).

hy·drops [ˈhaɪdrɒps; *Am.* -ˌdrɑps], **ˈhy·drop·sy** [-sɪ] *s med.* Hydrops *m,* Hydropˈsie *f,* Wassersucht *f.*

hy·dro·qui·none [ˌhaɪdrəʊkwɪˈnəʊn], *a.* **ˌhy·droˈquin·ol** [-ˈkwɪnɒl; -nəʊl] *s chem. phot.* Hydrochiˈnon *n* (*als fotografischer Entwickler verwendete organische Verbindung*).

ˌhy·droˈrub·ber *s chem.* Hydrokautschuk *m.*

ˈhy·dro·salt *s chem.* **1.** saures Salz. **2.** wasserhaltiges Salz.

hy·dro·scope [ˈhaɪdrəskəʊp] *s tech.* Unterˈwassersichtgerät *n.* **ˌhy·droˈscop·ic** [-ˈskɒpɪk; *Am.* -ˈskɑ-] *adj* hydroˈskopisch.

ˈhy·droˌskim·mer *s Am.* Luftkissenboot *n.*

ˈhy·droˌsphere *s geol.* Hydroˈsphäre *f* (*die Wasserhülle der Erde*).

hy·dro·stat [ˈhaɪdrəʊstæt] *s tech.* Feuchtigkeitsregler *m.* **ˌhy·droˈstat·ic** *phys.* **I** *adj* (*adv* ~**ally**) hydroˈstatisch: ~ **pressure;** ~ **balance** hydrostatische Waage; ~ **press** hydraulische Presse. **II** *s pl* (*als sg konstruiert*) Hydroˈstatik *f* (*Lehre von den ruhenden Flüssigkeiten u. dem Gleichgewicht ihrer Kräfte*).

hy·dro·sul·fate, hy·dro·sul·fide, *etc* → **hydrosulphate, hydrosulphide,** *etc.*

hy·dro·sul·phate [ˌhaɪdrəʊˈsʌlfeɪt] *s chem.* Hydroˈgensulˌfat *n,* ˈBisulˌfat *n.* **ˌhy·droˈsul·phide** [-faɪd] *s chem.* Hydrosulˈfid *n.* **ˌhy·droˈsul·phite** [-faɪt] *s chem.* **1.** Hydrosulˈfit *n.* **2.** ˈNatriumhydrosulˌfit *n.*

ˌhy·dro·telˈlu·ric ac·id *s chem.* Tellurˈwasserstoffsäure *f.*

ˈhy·droˌther·a·peuˈtic *med.* **I** *adj* (*adv* ~**ally**) hydrotheraˈpeutisch. **II** *s pl* (*als sg konstruiert*) Hydrotheraˈpie *f* (*Lehre von der Heilbehandlung durch Anwendung von Wasser*). **ˌhy·droˈther·a·pist** *s* Hydrotheraˈpeut *m.* **ˌhy·droˈther·a·py** *s* Hydrotheraˈpie *f* (*Heilbehandlung durch Anwendung von Wasser in Form von Bädern, Güssen etc*).

hy·drous [ˈhaɪdrəs] *adj bes. chem.* wasserhaltig.

hy·drox·ide [haɪˈdrɒksaɪd; *Am.* -ˈdrɑk-] *s* Hydroˈxid *n:* ~ **of sodium** Ätznatron *n.*

hy·drox·y [haɪˈdrɒksɪ; *Am.* -ˈdrɑk-] *adj chem.* Hydroxyl...: ~ **acid;** ~ **aldehyde** Oxyaldehyd *n.* **hyˈdrox·yl** [-sɪl] *s chem.* Hydroˈxyl *n.*

hy·dro·zinc·ite [ˌhaɪdrəʊˈzɪŋkaɪt] *s min.* Hydrozinˈkit *m,* Zinkblüte *f.*

hy·e·na [haɪˈiːnə] *s zo.* Hyˈäne *f* (*a. fig.*): **brown (spotted, striped)** ~ Schabracken-(Flecken-, Streifen)hyäne; ~ **dog** Hyänenhund *m.*

hy·e·to·graph [ˈhaɪɪtəɡrɑːf; *bes. Am.* -ɡræf] *s* **1.** *geogr.* Regenkarte *f.* **2.** *Meteorologie:* Hyetoˈgraph *m,* Regenschreiber *m.* **hy·e·tog·ra·phy** [ˌhaɪɪˈtɒɡrəfɪ; *Am.* -ˈtɑ-] *s Meteorologie:* Hyetograˈphie *f* (*Messung der Niederschläge u. Beschreibung ihrer Verteilung*). **ˌhy·eˈtom·e·ter** [-ˈtɒmɪtə; *Am.* -ˈtɑmətər] *s Meteorologie:* Hyetoˈmeter *n,* Regenmesser *m.*

hy·giene [ˈhaɪdʒiːn] *s med.* **1.** Hygiˈene *f,* Gesundheitspflege *f:* → **dental** 1, **industrial** 4, **mental**[2] 2, **personal** 3, **sex** 6, **tropical**[1] 1. **2.** → **hygienic** II. **hy·gien·ic** [haɪˈdʒiːnɪk; *Am. a.* -dʒɪˈenɪk; -ˈdʒenɪk] **I** *adj* (*adv* ~**ally**) hygiˈenisch. **II** *s pl* (*als sg konstruiert*) *med.* Hygiˈene *f,* Gesundheitslehre *f.* **hy·gien·ist** [ˈhaɪdʒiːnɪst; *Am. a.* haɪˈdʒiː-; haɪˈdʒe-] *s med.* Hygiˈeniker(in).

hy·gro·graph [ˈhaɪɡrəɡrɑːf; *bes. Am.* -ɡræf] *s Meteorologie:* Hygroˈgraph *m* (*Gerät zur Aufzeichnung der Luftfeuchtigkeit*).

hy·grom·e·ter [haɪˈɡrɒmɪtə; *Am.* -ˈɡrɑmətər] *s Meteorologie:* Hygroˈmeter *n,* Luftfeuchtigkeitsmesser *m.* **hy·gro·met·ric** [ˌhaɪɡrəʊˈmetrɪk] *adj* (*adv* ~**ally**) hygroˈmetrisch. **hyˈgrom·e·try** [-trɪ] *s* Hygromeˈtrie *f,* Luftfeuchtigkeitsmessung *f.*

hy·gro·phyte [ˈhaɪɡrəfaɪt] *s bot.* Hygroˈphyt *m* (*an Standorten mit gleichbleibend hoher Boden- u. Luftfeuchtigkeit wachsende Pflanze mit großem Wasserverbrauch*).

hy·gro·scope [ˈhaɪɡrəskəʊp] *s Meteorologie:* Hygroˈskop *n* (*Gerät zur ungefähren Anzeige von Veränderungen der Luftfeuchtigkeit, meist mit robusten Meß-*

elementen). ˌ**hy·gro'scop·ic** [-'skɒpɪk; *Am.* -'skɑ-] *adj* (*adv* **~ally**) *chem.* hygro'skopisch (*Wasser od.* [*Luft*]*Feuchtigkeit anziehend od. aufnehmend*).

hy·le ['haɪli:] *s philos.* Hyle *f*, Stoff *m*, Sub'stanz *f*. '**hy·lic** *adj* hylisch, körperlich, stofflich.

hy·men[1] ['haɪmen; *Am.* -mən] *s anat.* Hymen *n*, Jungfernhäutchen *n*.

Hy·men[2] ['haɪmen; *Am.* -mən] *s myth.* Hymen *m*, Gott *m* der Ehe.

hy·me·ne·al [ˌhaɪme'ni:əl; *Am.* -mə'n-] **I** *adj bes. poet.* hochzeitlich, Hochzeits... **II** *s* Hochzeitslied *n*.

hy·me·nop·ter·an [ˌhaɪmɪ'nɒptərən; *Am.* -mə'nɑp-] *pl* **-ter·ans, -ter·a** [-rə], ˌ**hy·me'nop·ter·on** *pl* **-ter·ons, -ter·a** *s zo.* Hautflügler *m*. ˌ**hy·me'nop·ter·ous** *adj* zu den Hautflüglern gehörig.

hymn [hɪm] **I** *s* **1.** Hymne *f*, Loblied *n*, -gesang *m*. **2.** Kirchenlied *n*, Cho'ral *m*. **II** *v/t* **3.** *bes. relig.* (lob)preisen. **III** *v/i* **4.** Hymnen singen. '**hym·nal** [-nəl] **I** *adj* hymnisch, Hymnen... **II** *s relig.* Gesangbuch *n*. '**hymn·book** → **hymnal** II. '**hym·nic** [-nɪk] *adj* hymnenartig.

hym·no·dist ['hɪmnəʊdɪst] *s* Hym'node *m*, (*bes.* altgriechischer) Hymnensänger *od.* -dichter. '**hym·no·dy** *s* **1.** Hymnensingen *n*. **2.** Hymno'die *f*, Hymnendichtung *f*. **3.** *collect.* Hymnen *pl*. **hym'nog·ra·pher** [-'nɒgrəfə(r); *Am.* -'nɑ-] *s* (*bes.* altgriechischer) Hymnenschreiber.

hym'nol·o·gist [-'nɒlədʒɪst; *Am.* -'nɑ-] *s* **1.** Hymno'loge *m*. **2.** → **hymnodist**.

hym'nol·o·gy *s* **1.** Hymnolo'gie *f*: a) *Wissenschaft von den Hymnen*, b) *Wissenschaft von den Kirchenliedern*. **2.** → **hymnody**.

hy·oid (bone) ['haɪɔɪd] *s anat.* Zungenbein *n*.

hy·os·cine ['haɪəʊsi:n] *s chem.* Hyos'cin *n*.

hyp·aes·the·si·a [ˌhɪpi:s'θi:zɪə; ˌhaɪp-; *Am.* -es'θi:ʒə] *s med. bes. Br.* Hypästhe'sie *f* (*verminderte Empfindlichkeit, bes. gegen Berührung*).

hy·pal·la·ge [haɪ'pælәgi:; -lәdʒɪ; *Am. a.* hɪ-] *s rhet.* Hyp'allage *f* (*Veränderung der Beziehungen von Wörtern zueinander; Veränderung u. Vertauschung von Satzteilen*).

hy·pan·thi·um [haɪ'pænθɪəm] *pl* **-thi·a** [-θɪə] *s bot.* Blütenbecher *m*.

hype[1] [haɪp] *sl.* **I** *s* **1.** Spritze *f* unter die Haut. **2.** Rauschgiftsüchtige(r *m*) *f*. **II** *v/i* **3.** *meist* ~ **up** ‚sich e-n Schuß setzen *od.* drücken'. **III** *v/t* **4. to be ~d up** ‚high' sein: a) *im Drogenrausch sein*, b) *in euphorischer Stimmung sein*.

hype[2] [haɪp] *sl.* **I** *s* **1.** 'Täuschungsmaˌnöver *n*, (*a.* Re'klame)Trick *m*: **to work a ~ on** → 3. **2.** Täuscher(in). **II** *v/t* **3.** *j-n* austricksen.

hyper- [haɪpə(r)] *Wortelement mit den Bedeutungen*: hyper..., Hyper....: a) über..., b) höher, größer (als normal), c) übermäßig, d) übertrieben, e) *math. bes.* vierdimensional.

ˌ**hy·per·a'cid·i·ty** *s med.* Hyperazidi'tät *f*, Über'säuerung *f* (*des Magensafts*).

hy·per·ae·mi·a [ˌhaɪpə'ri:mɪə] *s med. bes. Br.* Hyperä'mie *f* (*vermehrte Ansammlung von Blut in Organen od. Körperabschnitten*). ˌ**hy·per'ae·mic** *adj* hyper'ämisch.

hy·per·aes·the·si·a [ˌhaɪpəri:s'θi:zɪə; *Am.* -es'θi:ʒə] *s med. bes. Br.* Hyperästhe'sie *f* (*gesteigerte Empfindlichkeit für Berührungsreize*). ˌ**hy·per·aes'thet·ic** [-'θetɪk] *adj* hyperäs'thetisch.

hy·per·al·ge·si·a [ˌhaɪpəræl'dʒi:zɪə; -sɪə; *Am. a.* -ʒə] *s med.* Hyperalge'sie *f* (*Überempfindlichkeit gegenüber Schmerzen*). ˌ**hy·per·al'ge·sic** *adj med.* hyperal'getisch.

hy·per·ba·ton [haɪ'pɜ:bətɒn; *Am.* -'pɜrbəˌtɑn] *pl* **-tons, -ta** [-tə] *s rhet.* Hy'perbaton *n* (*Trennung syntaktisch zs.-gehörender Wörter durch eingeschobene Satzteile*).

hy·per·bo·la [haɪ'pɜ:bələ; *Am.* -'pɜr-] *pl* **-las, -lae** [-li:] *s math.* Hy'perbel *f* (*Kegelschnitt, geometrischer Ort aller Punkte, die von zwei festen Punkten gleichbleibende Differenz der Entfernung haben*).

hy·per·bo·le [haɪ'pɜ:bəlɪ; *Am.* -'pɜr-] *s rhet.* Hy'perbel *f*, (*im wörtlichen Sinne oft unglaubwürdige*) Über'treibung.

hy·per·bol·ic [ˌhaɪpə(r)'bɒlɪk; *Am.* -'bɑ-] *adj*; ˌ**hy·per'bol·i·cal** [-kl] *adj* (*adv* **~ly**) *math. rhet.* hyper'bolisch.

hy·per·bo·lism [haɪ'pɜ:bəlɪzəm; *Am.* -'pɜr-] → **hyperbole**. **hy'per·bo·lize** *v/t etwas* durch e-e Hy'perbel ausdrücken.

hy·per·bo·loid [haɪ'pɜ:bəlɔɪd; *Am.* -'pɜr-] *s math.* Hyperbolo'id *n* (*Körper, der durch Drehung e-r Hyperbel um ihre Achse entsteht*).

Hy·per·bo·re·an [ˌhaɪpə(r)bɔ:'ri:ən; *bes. Am.* -pə(r)'bɔ:rɪən] **I** *s* **1.** *myth.* Hyperbo'reer *m*. **II** *adj* **2.** *myth.* hyperbo'reisch. **3.** *meist* **h~** *obs.* hyperbo'reisch, im hohen Norden gelegen *od.* wohnend.

ˌ**hy·per·cor'rect** *adj* 'hyperkorˌrekt (*a. ling.*). ˌ**hy·per·cor'rec·tion** *s ling.* 'hyperkorˌrekter Ausdruck. ˌ**hy·per·cor'rect·ness** *s* 'Hyperkorˌrektheit *f*.

ˌ**hy·per'crit·ic** *s* 'überstrenger Kritiker. ˌ**hy·per'crit·i·cal** *adj* (*adv* **~ly**) hyperkritisch.

hy·per·du·li·a [ˌhaɪpə(r)dju:'laɪə; *Am. a.* -du:-] *s R.C.* Hyperdu'lie *f* (*besondere Verehrung Marias als Gottesmutter*).

hy·per·e·mi·a, hy·per·e·mic *Am. für* **hyperaemia, hyperaemic**.

hy·per·es·the·si·a, hy·per·es·thet·ic *Am. für* **hyperaesthesia, hyperaesthetic**.

hy·per·gly·c(a)e·mi·a [ˌhaɪpə(r)glaɪ'si:mɪə] *s med.* Hyperglykä'mie *f* (*Erhöhung des Blutzuckergehaltes*).

hy·per·gol·ic [ˌhaɪpə(r)'gɒlɪk; *Am.* -'gɑ-] *adj chem.* hyper'golisch (*spontan u. unter Flammenbildung miteinander reagierend*): ~ **rocket fuel**.

hy·per·in·su·lin·ism [ˌhaɪpə'rɪnsjʊlɪnɪzəm; *Am.* -sələ-] *s med.* Hyperinsuli'nismus *m* (*erhöhte Bildung von Insulin in der Bauchspeicheldrüse u. dadurch bedingte Senkung des Blutzuckers*).

'**hy·perˌker·a'to·sis** *s med.* Hyperkera'tose *f* (*auf vermehrter Hornbildung od. mangelhafter Abstoßung verhornter Zellen beruhende Verdickung der Hornschicht der Haut*).

'**hy·perˌmar·ket** *s Br.* Groß-, Verbrauchermarkt *m*.

hy·per·me·ter [haɪ'pɜ:mɪtə; *Am.* -'pɜrmətər] *s metr.* Hy'permetron *n*, Hy'permeter *m* (*Vers mit überzähliger Schlußsilbe, die aber durch Elision mit der Anfangssilbe des folgenden Verses verschmolzen wird*).

hy·per·me·tro·pi·a [ˌhaɪpə(r)mɪ'trəʊpɪə] → **hyperopia**. ˌ**hy·per·me'trop·ic** [-'trɒpɪk; *Am.* -'trəʊ-; -'trɑ-] → **hyperopic**. ˌ**hy·per'met·ro·py** [-'metrəpɪ] → **hyperopia**.

hy·perm·ne·si·a [ˌhaɪpə(r)m'ni:zɪə; *bes. Am.* -ʒə] *s med. psych.* Hypermne'sie *f* (*außergewöhnliche Verstärkung der Erinnerungsfähigkeit für Einzeldaten*).

hy·per·on ['haɪpərɒn; *Am.* -ˌrɑn] *s phys.* Hyperon *n* (*Elementarteilchen, dessen Masse größer ist als die der Nukleonen*).

hy·per·o·pi·a [ˌhaɪpə'rəʊpɪə] *s med.* Hypero'pie *f*, Hypermetro'pie *f*, 'Über-, Weitsichtigkeit *f*. ˌ**hy·per'op·ic** [-'rɒpɪk; *Am.* -'rəʊ-; -'rɑ-] *adj* hyper'op, hyperme'tropisch, 'über-, weitsichtig.

hy·per·os·to·sis [ˌhaɪpərɒ'stəʊsɪs; *Am.* -ɑs't-] *s med.* Hypero'stose *f* (*Wucherung des Knochengewebes an der Oberfläche od. im Inneren des Knochens*).

ˌ**hy·per'phys·i·cal** *adj* hyper'physisch, 'übernaˌtürlich, -sinnlich.

hy·per·plas·i·a [ˌhaɪpə(r)'plæzɪə; -'pleɪ-; *bes. Am.* -'pleɪʒə] *s med.* Hyperpla'sie *f* (*übermäßige Entwicklung von Geweben od. Organen durch abnorme Vermehrung der Zellen*).

ˌ**hy·per·py'rex·i·a** *s med.* Hyperpyre'xie *f* (*sehr hohes Fieber*).

ˌ**hy·per'sen·si·tive** *adj* (*adv* **~ly**) 'hypersenˌsibel, *a. med.* 'überempfindlich (**to** gegen).

ˌ**hy·per'son·ic** *adj phys.* hyper'sonisch (*etwa oberhalb fünffacher Schallgeschwindigkeit liegend*).

ˌ**hy·per'space** *s math.* Hyperraum *m*, 'vierdimensioˌnaler Raum.

ˌ**hy·per'ten·sion** *s med.* Hyperto'nie *f*, Hypertensi'on *f*, erhöhter Blutdruck.

hy·per·ther·mi·a [ˌhaɪpə(r)'θɜ:mɪə; *Am.* -'θɜr-], ˌ**hy·per'ther·my** [-mɪ] *s med.* Hyperther'mie *f* (*erhöhte Körpertemperatur als Folge e-r Überwärmung*).

ˌ**hy·per'thy·roid·ism** *s med.* Hyperthyre'ose *f*, Hyperthyreoi'dismus *m* (*Überfunktion der Schilddrüse*).

hy·per·troph·ic [ˌhaɪpə(r)'trɒfɪk; *Am.* -'trəʊ-; -'trɑ-] *adj* **1.** *biol. med.* hyper'troph(isch), *fig. a.* hypertro'phiert.

hy·per·tro·phy [haɪ'pɜ:trəʊfɪ; *Am.* -'pɜrtrə-] **I** *s* Hypertro'phie *f*: a) *biol. med. übermäßige Vergrößerung von Geweben od. Organen nur durch Vergrößerung, nicht durch Vermehrung der Zellen*, b) Über'zogenheit *f*, Über'spanntheit *f*. **II** *v/i u. v/t biol. med.* (sich) 'übermäßig vergrößern (*a. fig.*).

ˌ**hy·per'ur·ban·ism** *s ling.* Hyperurba'nismus *m*, 'hyperkorˌrekter Ausdruck.

hy·phen ['haɪfn] **I** *s* a) Bindestrich *m*, b) Trennungszeichen *n*. **II** *v/t* → **hyphenate** I.

hy·phen·ate ['haɪfəneɪt] **I** *v/t* a) mit Bindestrich schreiben: **~d American** → II, b) trennen. **II** *s meist contp.* ‚Bindestrichameriˌkaner' *m*, 'Halbameriˌkaner *m*. ˌ**hy·phen'a·tion**, ˌ**hy·phen·i'za·tion** *s* a) Schreibung *f* mit Bindestrich, b) (Silben)Trennung *f*. '**hy·phen·ize** → **hyphenate** I.

hyp·no·a·nal·y·sis [ˌhɪpnəʊə'næləsɪs] *s psych.* Hypnoana'lyse *f* (*Psychoanalyse unter Anwendung von Hypnose*).

hyp·no·ge·net·ic [ˌhɪpnəʊdʒɪ'netɪk] *adj* (*adv* **~ally**) *med.* **1.** Schlaf erzeugend. **2.** Hyp'nose bewirkend.

hyp·noid ['hɪpnɔɪd] *adj med.* hypno'id: a) schlafähnlich, b) hyp'noseähnlich.

hyp·no·p(a)e·di·a [ˌhɪpnəʊ'pi:dɪə] *s* Hypnopä'die *f*, 'Schlaflernmeˌthode *f*.

hyp·no·sis [hɪp'nəʊsɪs] *pl* **-ses** [-si:z] *s med.* Hyp'nose *f*: **to be under ~** unter Hypnose stehen.

hyp·no·ther·a·py [ˌhɪpnəʊ'θerəpɪ] *s psych.* Hypnothera'pie *f* (*Psychotherapie unter Anwendung von Hypnose*).

hyp·not·ic [hɪp'nɒtɪk; *Am.* -'nɑ-] *med.* **I** *adj* (*adv* **~ally**) **1.** hyp'notisch. **2.** einschläfernd. **3.** hypnoti'sierbar. **II** *s* **4.** *pharm.* Hyp'notikum *n*, Schlafmittel *n*. **5.** a) Hypnoti'sierte(r *m*) *f*, b) *j-d, der hypnotisierbar ist*.

hyp·no·tism ['hɪpnətɪzəm] *s med.* **1.** Hyp'notik *f* (*Lehre von der Hypnose*). **2.** Hypno'tismus *m* (*Gesamtheit der hypnotischen Erscheinungen u. der Theorien zu ihrer Erklärung u. Anwendung*). **3.** →

hypnotization. **4.** → **hypnosis.** ˈ**hyp·no·tist** *s* Hypnotiˈseur *m.* ˌ**hyp·no·ti·ˈza·tion** [-taɪˈzeɪʃn; *Am.* -təˈz-] *s* Hypnotiˈsierung *f* (*a. fig.*). ˈ**hyp·no·tize** [-taɪz] *v/t* hypnotiˈsieren (*a. fig.*). ˈ**hyp·no·tiz·er** [-taɪzə(r)] → **hypnotist.**

hy·po[1] [ˈhaɪpəʊ] *s chem. phot.* Natrium-ˈthiosulˌfat *n*, Fiˈxiersalz *n.*

hy·po[2] [ˈhaɪpəʊ] *pl* **-pos** *colloq. für* a) **hypodermic injection,** b) **hypodermic syringe.**

hypo- [haɪpəʊ; -pə] *Wortelement mit den Bedeutungen* a) unter(halb), tiefer, b) geringer, abnorm gering, c) Unter..., Hypo..., Sub...

ˌ**hy·po·aˈcid·i·ty** *s med.* Hypoazidiˈtät *f*, Unterˈsäuerung *f* (*des Magensafts*).

hy·po·blast [ˈhaɪpəblæst] *s biol. med.* Hypoˈblast *n* (→ **entoderm**).

ˌ**hy·poˈbro·mous ac·id** [-ˈbrəʊməs] *s chem.* hypoˈbromige *od.* ˈunterbromige Säure.

ˈ**hy·po·caust** [-kɔːst] *s antiq. arch.* Hypoˈkaustum *n* (*Raumheizung, bei der von e-m Heizraum aus Heißluft durch Hohlräume unter den Fußboden, a. durch Tonröhren in die Wände geleitet wurde*).

ˌ**hy·poˈchlo·rite** *s chem.* Hypochloˈrit *n.*

hy·po·chon·dri·a [ˌhaɪpəʊˈkɒndrɪə; *Am.* -ˈkɑn-] *s med.* Hypochonˈdrie *f* (*übertriebene od. krankhafte Besorgnis um den eigenen Gesundheitszustand*). ˌ**hy·po·ˈchon·dri·ac** [-drɪæk] **I** *adj* hypoˈchondrisch. **II** *s* Hypoˈchonder *m.* ˌ**hy·po·chonˈdri·a·cal** [-ˈdraɪəkl] *adj* (*adv* **~ly**) → **hypochondriac** I. ˌ**hy·po·chon·ˈdri·a·sis** [-ˈdraɪəsɪs] → **hypochondria.**

hy·po·cot·yl [ˌhaɪpəˈkɒtɪl; *Am.* ˈ-ˌkɑtl] *s bot.* Hypokoˈtyl *n* (*Keimachse unterhalb der Keimblätter*).

hy·poc·ri·sy [hɪˈpɒkrəsɪ; *Am.* -ˈpɑ-] *s* Hypokriˈsie *f*, Heucheˈlei *f*, Scheinheiligkeit *f.* **hyp·o·crite** [ˈhɪpəkrɪt] *s* Hypo-ˈkrit *m*, Heuchler(in), Scheinheilige(r *m*) *f.* ˌ**hyp·oˈcrit·i·cal** *adj* (*adv* **~ly**) hypo-ˈkritisch, heuchlerisch, scheinheilig.

hy·po·cy·cloid [ˌhaɪpəʊˈsaɪklɔɪd] *s math.* Hypozykloˈide *f* (*Kurve, die ein mit e-m Kreis fest verbundener Punkt beschreibt, wenn dieser Kreis im Innern e-s Festkreises gleitfrei abgerollt wird*).

hy·po·derm [ˈhaɪpədɜːm; *Am.* -ˌdɜrm], ˌ**hy·poˈder·ma** [-pəʊˈdɜːmə; *Am.* -ˈdɜrmə] → **hypodermis.**

hy·po·der·mic [ˌhaɪpəʊˈdɜːmɪk; *Am.* -ˈdɜr-] **I** *adj* (*adv* **~ally**) **1.** *med.* hypoderˈmal, subkuˈtan, unter der *od.* die Haut. **2.** *bot. zo.* Hypoderm... **II** *s med.* **3.** → **hypodermic injection. 4.** → **hypodermic syringe. 5.** subkuˈtan angewandtes Mittel. **~ in·jec·tion** *s med.* subkuˈtane Injektiˈon *od.* Einspritzung. **~ med·i·ca·tion** *s med.* Verabreichung *f* von Heilmitteln durch subkuˈtane Injektiˈon. **~ syr·inge** *s med.* Spritze *f* zur subkuˈtanen Injektiˈon.

hy·po·der·mis [ˌhaɪpəʊˈdɜːmɪs; *Am.* -ˈdɜr-] *s* Hypoˈderm *n*: a) *bot.* ˈUnterhautgewebe *n*, b) *zo. aus e-r einschichtigen Zellage bestehende Epidermis, die den Hautpanzer abscheidet.*

hy·po·gas·tric [ˌhaɪpəʊˈgæstrɪk] *adj anat.* hypoˈgastrisch, Unterbauch... ˌ**hy·poˈgas·tri·um** [-trɪəm] *pl* **-tri·a** [-trɪə] *s* Hypoˈgastrium *n*, ˈUnterbauchgegend *f.*

hy·po·ge·al [ˌhaɪpəˈdʒiːəl], ˌ**hy·poˈge·an** *adj* **1.** ˈunterirdisch. **2.** → **hypogeous.** ˈ**hy·po·gene** [-dʒiːn] *adj geol.* unter der Erdoberfläche gebildet: **~ agents** Unterkräfte. **hyˈpog·e·nous** [-ˈpɒdʒɪnəs; *Am.* -ˈpɑ-] *adj bot.* auf der ˈUnterseite (*von Blättern etc*) wachsend. ˌ**hy·poˈge·ous** [-ˈdʒiːəs] *adj* **1.** *bot.* hypoˈgäisch, ˈunterirdisch wachsend. **2.** *zo.* ˈunterirdisch lebend. **3.** ˈunterirdisch.

hy·po·gly·c(a)e·mi·a [ˌhaɪpəʊglaɪˈsiːmɪə] *s med.* Hypoglykäˈmie *f* (*Absinken des Blutzuckergehaltes unter den Normalwert*).

hy·po·ma·ni·a [ˌhaɪpəʊˈmeɪnɪə] *s med.* Hypomaˈnie *f*, leichte Maˈnie.

ˌ**hy·poˈphos·phate** *s chem.* ˈHypophosˌphat *n.*

ˌ**hy·po·phosˈphor·ic ac·id** *s chem.* Hypo-, ˈUnterphosphorsäure *f.*

hy·poph·y·sis [haɪˈpɒfɪsɪs; *Am.* -ˈpɑ-] *pl* **-ses** [-siːz] *s* Hypoˈphyse *f*: a) *anat.* Hirnanhangdrüse *f*, b) *bot. Zelle od. Zellgruppe, die den Embryo mit dem Embryoträger verbindet.*

hy·po·pla·si·a [ˌhaɪpəʊˈplæzɪə; -ˈpleɪ-; *bes. Am.* -ˈpleɪʒə] *s med.* Hypoplaˈsie *f* (*Unterentwicklung von Geweben od. Organen*).

hy·pos·ta·sis [haɪˈpɒstəsɪs; *Am.* -ˈpɑ-] *pl* **-ses** [-siːz] *s* **1.** Hypoˈstase *f*: a) *philos.* Grundlage *f*, Subˈstanz *f*, (*das*) Zuˈgrundeliegende, b) *bes. philos.* Vergegenständlichung *f* (*e-s Begriffs*). **2.** *myth. relig.* Hypoˈstase *f*: a) *Personifizierung göttlicher Eigenschaften od. religiöser Vorstellungen zu e-m eigenständigen göttlichen Wesen,* b) *Wesensmerkmal e-r personifizierten göttlichen Gestalt.* **3.** *med.* Hypoˈstase *f*, Hypostaˈsie *f* (*vermehrte Ansammlung von Blut in den tiefer liegenden Körperteilen*). **4.** *Genetik*: Hypoˈstase *f*, Hypostaˈsie *f* (*Unterdrückung der Wirkung e-s Gens durch die Wirkung e-s anderen Gens, das nicht zum gleichen Paar von Erbanlagen gehört*). ˌ**hy·poˈstat·ic** [-pəʊˈstætɪk] *adj*; ˌ**hy·poˈstat·i·cal** *adj* (*adv* **~ly**) hypoˈstatisch: **~ union** hypostatische Union (*die Vereinigung der göttlichen u. der menschlichen Natur Jesu in ˈeiner Person*).

ˌ**hy·poˈsul·fite,** *bes. Br.* ˌ**hy·poˈsul·phite** *s chem.* **1.** Hyposulˈfit *n*, ˈunterschwefligsaures Salz. **2.** Hypoˈdisulˌfit *n.* **3.** → **hypo**[1].

ˌ**hy·poˈsul·fu·rous ac·id,** *bes. Br.* ˌ**hy·poˈsul·phu·rous ac·id** [-ˈsʌlfərəs; *Am. a.* -sʌlˈfjʊrəs] *s chem.* ˈunterschweflige Säure.

hy·po·tac·tic [ˌhaɪpəʊˈtæktɪk] *adj* (*adv* **~ally**) *ling.* hypoˈtaktisch, ˈunterordnend. ˌ**hy·poˈtax·is** [-ˈtæksɪs] *s* Hypo-ˈtaxe *f*, -ˈtaxis *f*, ˈUnterordnung *f* (*von Sätzen od. Satzgliedern*).

ˌ**hy·poˈten·sion** *s med.* Hypotoˈnie *f*, Hypotensiˈon *f*, zu niedriger Blutdruck.

hy·pot·e·nuse [haɪˈpɒtənjuːz; -juːs; *Am.* haɪˈpɑtnˌuːs; -ˌjuːs; -z] *s math.* Hypoteˈnuse *f.*

hy·poth·ec [haɪˈpɒθɪk; hɪ-; *Am.* -ˈpɑ-] *s jur. Scot.* Hypoˈthek *f.* **hyˈpoth·e·car·y** [-kərɪ; *Am.* -ˌkeriː] *adj jur.* hypotheˈkarisch: **~ debt** Hypothekenschuld *f*; **~ value** Beleihungswert *m.* **hyˈpoth·e·cate** [-keɪt] *v/t* **1.** *jur.* verpfänden, *Grundstück etc* hypotheˈkarisch belasten. **2.** *Schiff* verbodmen. **3.** *econ. Effekten* lombarˈdieren. **hyˌpoth·eˈca·tion** *s* **1.** *jur.* Verpfändung *f*, hypotheˈkarische Belastung. **2.** *mar.* Verbodmung *f.* **3.** *econ.* Lombarˈdierung *f.*

hy·poth·e·nuse [haɪˈpɒθənjuːz; -juːs; *Am.* haɪˈpɑθənˌuːs; -ˌjuːs; -z] → **hypotenuse.**

hy·po·ther·mi·a [ˌhaɪpəʊˈθɜːmɪə; *Am.* -ˈθɜr-] *s med.* Hypotherˈmie *f*: a) *abnorm niedrige Körpertemperatur,* b) *künstliche Unterkühlung des Körpers zur Reduktion der Stoffwechsel- u. Lebensvorgänge im Organismus.*

hy·poth·e·sis [haɪˈpɒθɪsɪs; *Am.* -ˈpɑ-] *pl* **-ses** [-siːz] *s* Hypoˈthese *f*: a) Annahme *f*, Vorˈaussetzung *f*: → **working** 10, b) (bloße) Vermutung. **hyˈpoth·e·sist** *s* Urheber *m* e-r Hypoˈthese. **hyˈpoth·e·size I** *v/i* e-e Hypoˈthese aufstellen. **II** *v/t* a) vorˈaussetzen, annehmen, b) vermuten.

hy·po·thet·ic [ˌhaɪpəʊˈθetɪk] *adj*; ˌ**hy·poˈthet·i·cal** *adj* (*adv* **~ly**) hypoˈthetisch (*a. philos.*).

ˌ**hy·poˈthy·roid·ism** *s med.* Hypothyreˈose *f*, Hypothyreoiˈdismus *m* (*Unterfunktion der Schilddrüse*).

hy·pot·ro·phy [haɪˈpɒtrəfɪ; *Am.* -ˈpɑ-] *s biol. med.* Hypotroˈphie *f* (*unterdurchschnittliches Wachstum von Geweben od. Organen durch Zellverkleinerung*).

hyp·sog·ra·phy [hɪpˈsɒgrəfɪ; *Am.* -ˈsɑ-] *s geogr.* **1.** Hypsograˈphie *f*: a) *Höhen-, Gebirgsbeschreibung,* b) *Gebirgsdarstellung.* **2.** → **hypsometry. hypˈsom·e·ter** [-ˈsɒmɪtə; *Am.* -ˈsɑmətər] *s* **1.** *phys.* Hypsoˈmeter *n*, ˈSiedethermoˌmeter *n.* **2.** (Baum)Höhenmesser *m.* **hypˈsom·e·try** [-trɪ] *s geogr.* Hypsomeˈtrie *f*, Höhenmessung *f.*

hy·son [ˈhaɪsn] *s* Hyson *m*, Haisan *m* (*ein grüner chinesischer Tee*).

hy spy [ˈhaɪspaɪ] *s* Versteckspiel *n*: **to play ~** Versteck spielen.

hys·sop [ˈhɪsəp] *s* **1.** *bot.* Ysop *m.* **2.** *R.C.* Weihwedel *m.*

hys·ter·al·gia [ˌhɪstəˈrældʒə] *s med.* Hysteralˈgie *f* (*Schmerzen im Bereich der Gebärmutter*).

hys·ter·ec·to·mize [ˌhɪstəˈrektəmaɪz] *v/t med. e-r Frau* die Gebärmutter entfernen. ˌ**hys·terˈec·to·my** [-ˈrektəmɪ] *s* Hysterektoˈmie *f* (*operative Entfernung der Gebärmutter*).

hys·ter·e·sis [ˌhɪstəˈriːsɪs] *s phys.* Hyˈsteresis *f*, Hysteˈrese *f* (*Ummagnetisierung*): **~ loop** Hystereseschleife *f*; **~ motor** Hysteresemotor *m.* ˌ**hys·terˈet·ic** [-ˈretɪk] *adj phys.* hysteˈretisch, Hysteresis...

hys·te·ri·a [hɪsˈtɪərɪə; *Am. a.* hɪˈste-] *s med. u. fig.* Hysteˈrie *f.* **hys·ter·ic** [hɪˈsterɪk] **I** *s* **1.** Hyˈsteriker(in). **2.** *pl* Hysteˈrie *f*, hyˈsterischer Anfall: **to go (off) into ~s** a) e-n hysterischen Anfall bekommen, hysterisch werden, b) *colloq.* e-n Lachkrampf bekommen. **II** *adj* → **hysterical. hysˈter·i·cal** *adj* (*adv* **~ly**) **1.** *med. u. fig.* hyˈsterisch. **2.** *colloq.* ‚wahnsinnig' komisch.

hys·ter·ol·o·gy [ˌhɪstəˈrɒlədʒɪ; *Am.* -ˈrɑ-] *s med.* Hysteroloˈgie *f* (*Lehre von den Gebärmutterkrankheiten*).

hys·ter·on prot·er·on [ˌhɪstərɒnˈprɒtərɒn; *Am.* -ˌrɑnˈprɑtəˌrɑn] *s* Hysteron-Proteron *n*: a) *philos., Logik*: *Beweis aus e-m Satz, der selbst erst zu beweisen ist,* b) *rhet. Redefigur, bei der das nach Logik od. Zeitfolge Spätere zuerst steht.*

hys·ter·ot·o·my [ˌhɪstəˈrɒtəmɪ; *Am.* -ˈrɑ-] *s med.* Hysterotoˈmie *f*, Gebärmutterschnitt *m.*

I

I[1], **i** [aɪ] **I** *pl* **I's, Is, i's, is** [aɪz] *s* **1.** I, i *n* (*Buchstabe*): → **dot**[2] 5. **2.** i *math.* i (= $\sqrt{-1}$; *imaginäre Einheit*). **3.** I I *n*, I-förmiger Gegenstand. **II** *adj* **4.** neunt(er, e, es): **Company I. 5.** I I-..., I-förmig.

I[2] [aɪ] *I pron* ich: **it is I** ich bin es; **to play the great I am** *colloq.* sich ‚furchtbar' aufspielen. **II** *pl* **I's** *s* (*das*) Ich.

i·amb [ˈaɪæmb; ˈaɪæm] → **iambus. iˈam·bic** [-bɪk] **I** *adj* (*adv* **~ally**) **1.** *metr.* jambisch. **II** *s* **2.** *metr.* a) → **iambus**, b) jambischer Vers. **3.** jambisches (*satirisches*) Gedicht. **iˈam·bus** [-bəs] *pl* **-bi** [-baɪ], **-bus·es** *s metr.* Jambus *m*, Jambe *f* (*Versfuß aus e-r kurzen* [*unbetonten*] *u. e-r folgenden langen* [*betonten*] *Silbe*).

i·at·ric [aɪˈætrɪk], **iˈat·ri·cal** [-kl] *adj* iˈatrisch (*die ärztliche Lehre od. Heilkunst betreffend*).

i·at·ro·gen·ic [aɪˌætrəʊˈdʒenɪk] *adj* iatroˈgen (*durch den Arzt hervorgerufen od. verursacht*).

I beam *s tech.* a) I-Träger *m*, Doppel-T-Träger *m*, b) I-Eisen *n*, Doppel-T-Eisen *n*: **~ girder** (zs.-genieteter) I-Träger; **~ section** I-Profil *n*.

I·be·ri·an [aɪˈbɪərɪən] **I** *s* **1.** Iˈberer(in). **2.** *ling.* Iˈberisch *n*, das Iberische (*Sprache der Ureinwohner Spaniens*). **II** *adj* **3.** iˈberisch.

i·bex [ˈaɪbeks] *pl* **ˈi·bex·es, ib·i·ces** [ˈɪbɪsiːz; ˈaɪ-], *bes. collect.* **ˈi·bex** *s zo.* Steinbock *m*.

i·bi·dem [ɪˈbaɪdem; ˈɪbɪdem] (*Lat.*) *adv* iˈbidem, ebenda, -dort.

i·bis [ˈaɪbɪs] *pl* **ˈi·bis·es,** *bes. collect.* **ˈi·bis** *s orn.* Ibis *m*.

ice [aɪs] **I** *s* **1.** Eis *n* (*a. Spielfläche beim Eishockey*): **breaking up of the ~** Eisgang *m*; **broken ~** Eisstücke *pl*; **to be on ~** *colloq.* a) ‚auf Eis liegen', b) eingefroren sein (*diplomatische Beziehungen etc*); **to be (skating) on thin ~** *fig.* sich vorwagen, sich auf gefährlichem Boden bewegen, *engS.* ein heikles Thema berühren; **to break the ~** *fig.* a) das Eis brechen, b) den Anfang machen; **to cut no ~ (with)** *colloq.* keinen Eindruck machen (auf *acc*), nicht ‚ziehen' (bei); **to keep on ~** *colloq.* in Reserve halten, aufheben; **to put on ~** a) kalt stellen, b) *colloq.* ‚auf Eis legen', c) *colloq. diplomatische Beziehungen etc* einfrieren; **he was sent off the ~** (*Eishockey*) er wurde vom Eis gestellt. **2.** a) *Am.* Fruchteis *n*, b) *Br.* → **ice cream. 3.** → **icing** 5. **4.** *fig.* (eisige) Kälte (*im Benehmen*): **the ~ in her voice. 5.** *Am. sl.* ‚Klunker(n)' *pl* (*Diamanten etc*). **6.** *Am. sl.* ‚Schmiergeld(er *pl*)' *n*. **II** *v/t* **7.** mit Eis bedecken *od.* überˈziehen. **8.** in Eis verwandeln, gefrieren lassen. **9.** *Getränke etc* mit *od.* in Eis kühlen. **10.** *gastr.* mit Zuckerguß überˈziehen, glaˈsieren. **11.** *colloq.* a) ‚auf Eis legen', b) *Sieg etc* sicherstellen. **12.** *Am. colloq.* ‚kaltmachen', ˈumbringen. **13. ~ out** *Am. colloq.* (*gesellschaftlich*) ‚kaltstellen'. **III** *v/i* **14.** gefrieren. **15.** *meist* **~ up** (*od.* **over**) a) zufrieren, b) vereisen. **16. ~ out** auftauen (*Gewässer*).

ice| age *s geol.* Eiszeit *f*. **~ a·pron** *s arch.* Eisbrecher *m* (*an Brücken*). **~ ax(e)** *s* Eispickel *m*. **~ bag** *s med.* Eisbeutel *m*. **~ belt** → **ice foot. ˈ~-berg** [-bɜːg; *Am.* -ˌbɜrg] *s* Eisberg *m* (*a. fig. Person*): **the tip of the ~** die Spitze des Eisbergs (*a. fig.*). **~ bird** *s orn.* **1.** Kleiner Krabbentaucher. **2.** Nachtschwalbe *f*. **ˈ~blink** *s* Eisblink *m* (*in den Polarmeeren der helle Widerschein des Eises am Horizont*). **ˈ~boat** *s* **1.** Eisjacht *f*. **2.** *mar.* Eisbrecher *m*. **ˈ~boat·ing** *s sport* Eissegeln *n*. **ˈ~bound** *adj* a) eingefroren, vom Eis eingeschlossen (*Schiff*), b) zugefroren (*Hafen*). **ˈ~box** *s* **1.** Eisfach *n* (*e-s Kühlschranks*). **2.** *Am.* Eis-, Kühlschrank *m*. **3.** Kühlbox *f*, -tasche *f*. **ˈ~break·er** *s* **1.** *mar.* Eisbrecher *m* (*a. fig.*): **his joke was meant to be an ~** sein Witz sollte das Eis brechen. **2.** → **ice apron. 3.** *tech.* Eiszerkleinerer *m* (*Gerät*). **~ buck·et** *s* Eiskübel *m*. **ˈ~cap** *s geol.* a) (*bes. polare*) Eiskappe, b) (*bes. arktische*) Eisdecke. **~-ˈcold** *adj* eiskalt (*a. fig.*). **~ cream** *s* (Speise)Eis *n*, Eiscreme *f*: **chocolate ~** Schokoladeneis. **ˈ~-cream** *adj* Eis...: **~ powder**; **~ cone** (*Br. a.* **cornet**) Eistüte *f*; **~ freezer** *tech.* Eismaschine *f*; **~ par-lo(u)r** Eisdiele *f*; **~ soda** *Eisbecher mit Sirup u. Sodawasser.* **~ crush·er** *s* Eiszerkleinerer *m* (*Gerät*). **~ cube** *s* Eiswürfel *m*.

iced [aɪst] *adj* **1.** eisbedeckt. **2.** eisgekühlt. **3.** gefroren. **4.** *gastr.* glaˈsiert, mit Zuckerguß (überˈzogen).

ˈice|-fall *s* gefrorener Wasserfall. **~ feath·ers** *s pl* rauhreifähnliche Eisbildungen *pl*. **~ field** *s* Eisfeld *n*. **~ floe** *s* **1.** Treibeis *n*. **2.** Eisscholle *f*. **~ foot** *s irr* (*arktischer*) Eisgürtel. **~ fox** *s zo.* Poˈlarfuchs *m*. **ˌ~-ˈfree** *adj* eisfrei (*Hafen, Straße etc*). **~ hock·ey** *s sport* Eishockey *n*.

Ice·land·er [ˈaɪsləndə(r); -lænd-] *s* **1.** Isländer(in). **2.** *orn.* G(i)erfalke *m*. **Ice·lan·dic** [aɪsˈlændɪk] **I** *adj* isländisch. **II** *s ling.* Isländisch *n*, das Isländische.

ice| lol·ly *s Br.* Eis *n* am Stiel. **~ ma·chine** *s tech.* ˈEis-, ˈKältemaˌschine *f*. **ˈ~man** [-ˌmæn] *s irr Am.* Eismann *m*, Eisverkäufer *m*. **ˈ~-out** *s* Eisschmelze *f*, Auftauen *n* (*von Gewässern*). **~ pack** *s* **1.** Packeis *n*. **2.** *med.* Eisbeutel *m*. **3.** ˈKühlaggreˌgat *n* (*e-r Kühlbox*). **~ pail** *s* Eiskübel *m*. **~ pa·per** *s tech.* sehr dünnes, ˈdurchsichtiges Gelaˈtinepaˌpier. **~ pick** *s* Eishacke *f*, *bes. mount.* Eispickel *m*. **~ pi·lot** *s mar.* Eislotse *m*. **~ plant** *s bot.* Eiskraut *n*. **~ point** *s phys.* Gefrierpunkt *m*. **ˈ~quake** *s* Krachen *n* berstender Eismassen. **~ rink** *s* (Kunst)Eisbahn *f*. **~ sheet** *s geol.* Eisdecke *f*. **~ show** *s* ˈEisreˌvue *f*. **~ skate** → **skate**[2] 1. **ˈ~-skate** → **skate**[2] 3. **~ skat·er** → **skater** 1. **~ skat·ing** → **skating** 1. **~ spar** *s min.* Eisspat *m*, glasiger Feldspat. **~ tray** *s* Eis(würfel)schale *f* (*im Kühlschrank*). **~ wa·ter** *s* Eiswasser *n*: a) *eisgekühltes Wasser*, b) *Schmelzwasser*. **~ yacht** *s* Eisjacht *f*.

ich·neu·mon [ɪkˈnjuːmən; *Am. a.* -ˈnuː-] *s zo.* **1.** Ichˈneumon *n, m*, Mungo *m*. **2.** *a.* **~ fly** (*od.* **wasp**) Schlupfwespe *f*.

ich·nite [ˈɪknaɪt] → **ichnolite.**

ich·nog·ra·phy [ɪkˈnɒgrəfɪ; *Am.* -ˈnɑ-] *s* **1.** Grundriß *m*. **2.** Zeichnen *n* von Grundrissen.

ich·no·lite [ˈɪknəlaɪt] *s geol.* fosˈsile Fußspur.

i·chor [ˈaɪkɔː(r)] *s* Iˈchor *n*: a) *myth.* Götterblut *n*, b) *med. blutig-seröse Absonderung gangränöser Geschwüre.*

ich·thy·oid [ˈɪkθɪɔɪd] *adj u. s zo.* fischartig(es Wirbeltier).

ich·thy·o·lite [ˈɪkθɪəlaɪt] *s geol.* Ichthyoˈlith *m*, fosˈsiler Fisch.

ich·thy·o·log·i·cal [ˌɪkθɪəˈlɒdʒɪkl; *Am.* -ˈlɑ-] *adj* ichthyoˈlogisch. **ˌich·thyˈol·o·gist** [-ˈɒlədʒɪst; *Am.* -ˈɑl-] *s* Ichthyoˈloge *m*. **ˌich·thyˈol·o·gy** *s* Ichthyoloˈgie *f*, Fischkunde *f*.

ich·thy·oph·a·gous [ˌɪkθɪˈɒfəgəs; *Am.* -ˈɑf-] *adj* fisch(fr)essend.

ich·thy·o·saur [ˈɪkθɪəsɔː(r)], **ˌich·thy·oˈsau·rus** [-rəs] *pl* **-ri** [-raɪ] *s zo. hist.* Ichthyoˈsaurus *m*, -ˈsaurier *m*.

ich·thy·o·sis [ˌɪkθɪˈəʊsɪs] *s med.* Ichthyˈose *f*, Fischschuppenkrankheit *f*.

i·ci·cle [ˈaɪsɪkl] *s* Eiszapfen *m*.

i·ci·ness [ˈaɪsɪnɪs] *s* **1.** Eisigkeit *f*, eisige Kälte. **2.** → **ice** 4.

ic·ing [ˈaɪsɪŋ] *s* **1.** Gefrieren *n*. **2.** a) Zufrieren *n*, b) Vereisung *f*. **3.** Eisschicht *f*. **4.** *Eishockey*: unerlaubter Weitschuß. **5.** *gastr.* Zuckerguß *m*, Glaˈsur *f*: **~ sugar** *bes. Br.* Puderzucker *m*.

i·con [ˈaɪkɒn; *Am.* ˈaɪˌkɑn] *s* **1.** (Ab)Bild *n*, Statue *f*. **2.** Iˈkone *f*, Heiligenbild *n*. **3.** symˈbolische Darstellung. **ˈi·con·ize** *v/t* abgöttisch verehren, vergöttern.

i·con·o·clasm [aɪˈkɒnəʊklæzəm; *Am.* aɪˈkɑnə-] *s* **1.** *bes. hist.* Ikonoˈklasmus *m*, Bildersturm *m*. **2.** *fig.* Bilderstürmeˈrei *f*. **iˈcon·o·clast** [-klæst] *s* Ikonoˈklast *m*, Bilderstürmer *m* (*a. fig.*). **iˌcon·oˈclas·tic** *adj* (*adv* **~ally**) ikonoˈklastisch, bilderstürmerisch (*a. fig.*).

i·co·nog·ra·pher [ˌaɪkɒˈnɒgrəfə; *Am.* ˌaɪkəˈnɑgrəfər] *s* Ikonoˈgraph *m*. **i·con·o·graph·ic** [aɪˌkɒnəʊˈgræfɪk; *Am.* aɪˌkɑnə-] *adj*; **iˌcon·oˈgraph·i·cal** *adj* (*adv* **~ly**) **1.** ikonoˈgraphisch. **2.** bildlich darstellend, durch Bilder beschreibend. **ˌi·coˈnog·ra·phy** [ˌaɪkɒˈnɒgrəfɪ; *Am.* ˌaɪkəˈnɑ-] *s* Ikonograˈphie *f*: a) *bild-*

liche Darstellung, b) *Kunst der bildlichen Darstellung*, c) *Sammlung von Bildwerken*, d) *Beschreibung von Bildwerken.*

i·co·nol·a·ter [ˌaɪkɒˈnɒlətə; *Am.* ˌaɪkəˈnɑlətər] *s* Bilderverehrer *m*. ˌ**i·coˈnol·a·try** [-trɪ] *s* Ikonolaˈtrie *f*, Bilderverehrung *f*.

i·co·nol·o·gy [ˌaɪkɒˈnɒlədʒɪ; *Am.* ˌaɪkəˈnɑ-] *s* **1.** Ikonoloˈgie *f*, Bilderkunde *f*. **2.** symˈbolische Darstellungen *pl*.

i·co·nom·e·ter [ˌaɪkɒˈnɒmɪtə; *Am.* ˌaɪkəˈnɑmətər] *s* Ikonoˈmeter *n*: a) *phys. tech. Gerät zur Messung der Entfernung u. Größe entfernter Gegenstände*, b) *phot.* Rahmensucher *m*.

i·con·o·scope [aɪˈkɒnəskəʊp; *Am.* -ˈkɑ-] *s TV* Ikonoˈskop *n*, Bildzerleger *m*.

i·con·o·stas [aɪˈkɒnəstæs; *Am.* -ˈkɑ-] *pl* **i·co·nos·ta·ses** → **iconostasis**. **i·co·nos·ta·sis** [ˌaɪkəʊˈnɒstəsɪs; *Am.* ˌaɪkəˈnɑ-] *pl* **-ses** [-si:z] *s arch. relig.* Ikonoˈstasis *f*, Ikonoˈstase *f*, Ikonoˈstas *m*, Bilderwand *f*.

i·co·sa·he·dral [ˌaɪkəsəˈhedrəl; -ˈhi:-; *Am.* aɪˌkəʊsə-] *adj math.* ikosaˈedrisch, zwanzigflächig. ˌ**i·co·saˈhe·dron** [-drən] *pl* **-drons, -dra** [-drə] *s* Ikosaˈeder *n*, Zwanzigflächner *m*.

ic·tus [ˈɪktəs] *pl* **-tus·es, -tus** *s* **1.** *metr.* Iktus *m*, ˈVersakˌzent *m*. **2.** *med.* Iktus *m*: a) Stoß *m*, Schlag *m*, b) *plötzlich auftretendes, schweres Krankheitsmerkmal.*

i·cy [ˈaɪsɪ] *adj* (*adv* **icily**) **1.** eisig: a) vereist, b) eiskalt. **2.** *fig.* eisig, (eis)kalt.

id [ɪd] *s psych.* Id *n*, Es *n*.

I·da·ho·an [ˈaɪdəhəʊən; ˌaɪdəˈh-] **I** *adj* Idaho... **II** *s* Bewohner(in) von Idaho (*USA*).

ID card → **identity card**.

ide [aɪd] *s ichth.* Kühling *m*, Aland *m*.

i·de·a [aɪˈdɪə] *s* **1.** Iˈdee *f*, Vorstellung *f*, Begriff *m*: **that's not my ~ of** ... unter (*dat*) ... stelle ich mir etwas anderes vor; das ist nicht (gerade) das, was ich mir unter (*dat*) ... vorstelle; **she's everyone's ~ of a pretty girl** sie entspricht der allgemeinen Vorstellung von e-m hübschen Mädchen; **to form an ~ of** sich *etwas* vorstellen, sich e-n Begriff machen von; **to get ~s** sich falsche Hoffnungen *od.* Vorstellungen machen; **can you give me an ~ how (where,** *etc*) ...? kannst du mir ungefähr sagen, wie (wo *etc*) ...?; **he has no ~ (of it)** er hat keine Ahnung (davon); **you have no ~ how** ... du kannst dir gar nicht vorstellen, wie ...; **to put ~s into s.o.'s head** j-m Flausen in den Kopf setzen; **the ~ of such a thing!, the (very) ~!, what an ~!** was für e-e Idee!, so ein Unsinn! **2.** Gedanke *m*, Meinung *f*, Ansicht *f*: **it is my ~ that** ich bin der Ansicht, daß. **3.** Absicht *f*, Plan *m*, Gedanke *m*, Iˈdee *f*: **that's not a bad ~** das ist keine schlechte Idee, das ist gar nicht schlecht; **the ~ is** ... der Zweck der Sache ist, ...; es geht darum, ...; **that's the ~!** darum dreht es sich!, so ist es!; **the ~ entered my mind** mir kam der Gedanke; **I've got the ~** ich habe verstanden; → **big** 7. **4.** unbestimmtes Gefühl: **I have an ~ that** ich habe so das Gefühl, daß; es kommt mir (so) vor, als ob. **5. ~ of reference** *psych.* Beachtungswahn *m*. **6.** *philos.* Iˈdee *f*: a) geistige Vorstellung, b) Ideˈal(vorstellung *f*) *n*, c) Urbild *n* (*Plato*), d) unmittelbares Obˈjekt des Denkens (*Locke, Descartes*), e) transzendenˈtaler Vernunftbegriff (*Kant*), f) (*das*) Absoˈlute (*Hegel*). **7.** *bes. mus.* Iˈdee *f*, Thema *n*.

i·de·aed, *a.* **i·de·a'd** [aɪˈdɪəd] *adj* iˈdeenreich.

i·de·al [aɪˈdɪəl; aɪˈdi:l] **I** *adj* (*adv* → **ideally**) **1.** ideˈal, vollˈendet, vollkommen, vorbildlich, Muster...: **~ type** Idealtyp(us) *m* (*a. sociol.*). **2.** ideˈell: a) Ideen..., b) auf Ideˈalen beruhend, c) (nur) eingebildet. **3.** *philos.* a) ideˈal, als Urbild exiˈstierend (*Plato*), b) ideˈal, wünschenswert, c) ideaˈlistisch: **~ realism** Ideal-Realismus *m*. **4.** *math.* ideˈell, uneigentlich: **~ number** ideelle Zahl. **II** *s* **5.** Ideˈal *n*: a) Leitgedanke *m*, b) Ideˈalbild *n*. **6.** (*das*) Ideˈelle (*Ggs. das Wirkliche*). **7.** *math.* Ideˈal *n* (*Teilmenge e-s Rings, die die Eigenschaft hat, daß mit jedem Element auch die Vielfachen des Elements u. mit je zwei Elementen a. ihre Differenz zur Teilmenge gehört*).

iˈde·a·less *adj* iˈdeenlos.

i·de·al·ism [aɪˈdɪəlɪzəm] *s* **1.** *philos. u. fig.* Ideaˈlismus *m*. **2.** Idealiˈsierung *f*. **3.** (*das*) Ideˈale, Ideˈalfall *m*. **iˈde·al·ist** *s* Ideaˈlist(in). **iˌde·alˈis·tic** *adj* (*adv* **~ally**) ideaˈlistisch.

i·de·al·i·ty [ˌaɪdɪˈælətɪ] *s* **1.** ideˈaler Zustand. **2.** *philos.* Idealiˈtät *f*. **3.** Vorstellungskraft *f*.

i·de·al·i·za·tion [aɪˌdɪəlaɪˈzeɪʃn; *Am.* aɪˌdi:ələˈz-] *s* Idealiˈsierung *f*. **iˈde·al·ize** *v/t u. v/i* idealiˈsieren.

i·de·al·ly [aɪˈdɪəlɪ] *adv* **1.** ideˈal. **2.** ideˈalerweise, im Ideˈalfall. **3.** ideˈell.

iˌde·al-ˈtyp·i·cal *adj* ideˈaltypisch (*a. sociol.*).

i·de·a man *s irr* Planer *m*.

i·de·ate [ˈaɪdɪeɪt; aɪˈdi:eɪt] **I** *v/t* sich *etwas* vorstellen, sich e-n Begriff machen von. **II** *v/i* Iˈdeen bilden, denken. **III** [aɪˈdi:ɪt; ˈaɪdɪeɪt; -ɪt] *s philos.* Abbild *n* der Iˈdee in der Erscheinungswelt. ˌ**i·deˈa·tion** *s* **1.** Vorstellungsvermögen *n*. **2.** Ideatiˈon *f*, Iˈdeenbildung *f*. ˌ**i·deˈa·tum** [-təm] *pl* **-ta** [-tə] → **ideate** III.

i·dée fixe, *pl* **i·dées fixes** [ˌi:deɪˈfi:ks] *s* fixe Iˈdee.

i·dem [ˈaɪdem; ˈɪdem] (*Lat.*) *pron od. adj* idem, derˈselbe (*Verfasser*).

i·den·tic [aɪˈdentɪk; ɪˈd-] *adj* (*adv* **~ally**) → **identical** (*obs. außer in Verbindungen wie*): **~ note** *pol.* gleichlautende *od.* identische Note. **iˈden·ti·cal** *adj* (*adv* **~ly**) **1.** (**with**) a) iˈdentisch (mit), (genau) gleich (*dat*): **~ twins** eineiige Zwillinge, b) der-, die-, dasˈselbe (wie), c) gleichbedeutend (mit), d) iˈdentisch (mit), gleichlautend (wie). **2.** *math.* iˈdentisch: **~ equation**; **~ proposition** (*Logik*) identischer Satz.

i·den·ti·fi·a·ble [aɪˈdentɪfaɪəbl; ɪˈd-] *adj* identifiˈzierbar, feststellbar, erkennbar.

i·den·ti·fi·ca·tion [aɪˌdentɪfɪˈkeɪʃn; ɪˌd-] *s* **1.** Identifiˈzierung *f*: a) Gleichsetzung *f*, b) Erkennung *f*, Feststellung *f*: **~ card** → **identity card**; **~ disk** (*Am.* **tag**) *mil.* Erkennungsmarke *f*; **~ papers** Ausweispapiere; **~ parade** *jur. Br.* Gegenüberstellung *f*. **2.** Legitimatiˈon *f*, Ausweis *m*. **3.** *Funk, Radar:* Kennung *f*: **~ friend/foe** Freund-Feind-Kennung; **~ letter** Kennbuchstabe *m*.

i·den·ti·fy [aɪˈdentɪfaɪ; ɪˈd-] **I** *v/t* **1.** identifiˈzieren, gleichsetzen, als iˈdentisch betrachten (**with** mit): **to ~ o.s. with** → 4. **2.** identifiˈzieren: a) erkennen (**as** als), die Identiˈtät feststellen von (*od. gen*), b) *biol. etc* die Art feststellen von (*od. gen*). **3.** ausweisen, legitiˈmieren: **to ~ o.s.** **II** *v/i* **4. ~ with** sich identifiˈzieren mit: a) sich soliˈdarisch erklären mit, b) sich anschließen (*dat od.* an *acc*).

i·den·ti·kit (pic·ture) [aɪˈdentɪkɪt; ɪˈd-] *s jur. Br.* Phanˈtombild *n*.

i·den·tism [aɪˈdentɪzəm; ɪˈd-] → **identity philosophy**.

i·den·ti·ty [aɪˈdentətɪ; ɪˈd-] *s* **1.** Identiˈtät *f*: a) (völlige) Gleichheit, b) Perˈsönlichkeit *f*, Individualiˈtät *f*: **to prove one's ~** sich ausweisen, sich legitimieren; **to reveal one's ~** sich zu erkennen geben; **to establish s.o.'s ~** j-s Identität feststellen, j-n identifizieren; **loss of ~** Identitätsverlust *m*; → **mistaken** 2. **2.** *math.* a) iˈdentischer Satz, b) identische Gleichung. **3.** *biol.* Artgleichheit *f*. **~ card** *s* (Persoˈnal)Ausweis *m*. **~ cri·sis** *s irr* Identiˈtätskrise *f*. **~ pa·rade** *s jur.* Gegenˈüberstellung *f*. **~ phil·os·o·phy** *s* Identiˈtätsphilosoˌphie *f* (*Lehre, nach der Geist u. Materie, Denken u. Sein, Subjekt u. Objekt nur zwei Seiten ein u. desselben Wesens sind*).

id·e·o·gram [ˈɪdɪəʊgræm; ˈaɪd-], **id·e·o·graph** [ˈɪdɪəʊgrɑ:f; ˈaɪd-; *bes. Am.* -græf] *s ling.* Ideoˈgramm *n*, Begriffszeichen *n*.

i·de·o·log·ic [ˌaɪdɪəˈlɒdʒɪk; ˌɪd-; *Am.* -ˈlɑ-] *adj*; ˌ**i·de·oˈlog·i·cal** [-kl] *adj* (*adv* **~ly**) ideoˈlogisch. ˌ**i·deˈol·o·gism** [-ˈɒlədʒɪzəm; *Am.* -ˈɑl-] *s* Ideoloˈgiegebundenheit *f*. ˌ**i·deˈol·o·gist** [-dʒɪst] *s* Ideoˈloge *m*: a) (*führender*) *Vertreter e-r Ideologie; politischer Theoretiker*, b) *weltfremder Theoretiker*. ˌ**i·deˈol·o·gize** [-dʒaɪz] *v/t* ideologiˈsieren. ˈ**i·de·o·logue** [-lɒg; *Am. a.* -ˌlɑg] → **ideologist**. ˌ**i·deˈol·o·gy** [-dʒɪ] *s* Ideoloˈgie *f*: a) *Gesamtheit der von e-r Gesellschaftsgruppe od. Kultur hervorgebrachten Denksysteme*, b) *politische Theorie od. Grundanschauung*, c) *meist contp. rein theoretisches Wirklichkeitsbild; weltfremde, spekulative Lehre.*

i·de·o·mo·tor [ˌaɪdɪəˈməʊtə(r); ˌɪd-] *adj psych.* ideomoˈtorisch (*unbewußt, ohne Mitwirkung des Willens ausgeführt*) (*Bewegungen, Handlungen*).

ides [aɪdz] *s pl* (*a. als sg konstruiert*) *antiq.* Iden *pl* (*13. od. 15. Monatstag des altrömischen Kalenders*).

id est [ɪdˈest] (*Lat.*) id est, das heißt.

id·i·o·blast [ˈɪdɪəʊblæst] *s bot.* Idioˈblast *m* (*in e-n andersartigen pflanzlichen Gewebeverband eingelagerte Einzelzelle od. Zellgruppe mit spezifischem Bau u. besonderer Aufgabe*).

id·i·o·chro·mat·ic [ˌɪdɪəʊkrəʊˈmætɪk] *adj min.* idiochroˈmatisch (*e-e Farbe aufweisend, die nicht von Verunreinigungen, sondern von der Kristallsubstanz selbst herrührt*).

id·i·o·cy [ˈɪdɪəsɪ] *s* Idioˈtie *f*: a) *med.* hochgradiger Schwachsinn, b) *contp.* Blödheit *f*, Dummheit *f*.

id·i·o·lect [ˈɪdɪəʊlekt; -dɪə-] *s ling.* Idioˈlekt *m* (*Wortschatz u. Ausdrucksweise e-s Individuums*). ˌ**id·i·oˈlect·al,** ˌ**id·i·oˈlect·ic** *adj* idiolekˈtal.

id·i·om [ˈɪdɪəm] *s* **1.** *ling.* Idiˈom *n*: a) *eigentümliche Sprache od. Sprechweise e-r regional od. sozial abgegrenzten Gruppe*, b) idioˈmatischer Ausdruck, Redewendung *f*. **2.** *pl ling.* Idioˈmatik *f* (*Gesamtbestand der Idiome e-r Sprache*). **3.** *art* (charakteˈristischer) Stil (*e-s Individuums, e-r Schule, e-r Periode etc*). ˌ**id·i·oˈmat·ic** [-ˈmætɪk] *adj*; ˌ**id·i·oˈmat·i·cal** *adj* (*adv* **~ly**) *ling.* idioˈmatisch. ˌ**id·i·oˈmat·i·cal·ness** *s ling.* (*das*) Idioˈmatische.

id·i·o·path·ic [ˌɪdɪəˈpæθɪk] *adj med.* idioˈpathisch (*unabhängig von anderen Krankheiten od. ohne erkennbare Ursache auftretend*).

id·i·o·plasm [ˈɪdɪəʊplæzəm] *s biol.* Idioˈplasma *n*, ˈErbsubˌstanz *f*.

id·i·o·syn·cra·sy [ˌɪdɪəˈsɪŋkrəsɪ] *s* **1.** Eigenart *f*. **2.** Veranlagung *f*, Naˈtur *f*. **3.** Idiosynkraˈsie *f*: a) *med. hochgradige, angeborene Überempfindlichkeit gegen bestimmte Stoffe*: **~ to protein** Eiweißidiosynkrasie, b) *psych. heftige Abneigung gegen bestimmte Personen, Tiere, Speisen etc.* ˌ**id·i·o·synˈcrat·ic** [-sɪŋˈkrætɪk] *adj* (*adv* **~ally**) **1.** charakteˈristisch, typisch. **2.** *med. psych.* idiosynˈkratisch.

id·i·ot [ˈɪdɪət] *s* Idiˈot *m*: a) *med.* hochgradig Schwachsinnige(r *m*) *f*, b) *contp*. Trottel *m*: **~'s lantern** *Br. colloq*. ‚Glotze' *f*, ‚Glotzkiste' *f* (*Fernseher*). **~ board** *colloq. für* **teleprompter**. **~ box** *s colloq*. ‚Glotze' *f*, ‚Glotzkiste' *f* (*Fernseher*). **~ card** *s TV colloq*. ‚Neger' *m* (*Texttafel als Gedächtnisstütze*).

id·i·ot·ic [ˌɪdɪˈɒtɪk; *Am*. -ˈɑtɪk] *adj* idiˈotisch: a) *med*. hochgradig schwachsinnig, b) *contp*. blöd, vertrottelt. ˌ**id·iˈot·i·cal·ly** *adv* **1.** → **idiotic**. **2.** blöderweise. **3.** *colloq*. lächerlich: **~ cheap** spottbillig.

id·i·ot·ism [ˈɪdɪətɪzəm] *s obs*. **1.** → **idiocy**. **2.** → **idiom** 1.

i·dle [ˈaɪdl] **I** *adj* (*adv* **idly**) **1.** untätig, müßig: **the ~ rich** die reichen Müßiggänger. **2.** unbeschäftigt, arbeitslos: **to make s.o. ~**. **3.** ungenutzt, ruhig, still, Muße...: **~ hours**; **~ time** *econ*. Verlust-, Totzeit *f*. **4.** faul, träge: **an ~ fellow**. **5.** *tech*. a) stillstehend, außer Betrieb, b) leer laufend, im Leerlauf: **to lie ~** stilliegen; **to run ~** leer laufen; **~ current** Leerlaufstrom *m*; Blindstrom *m*; **~ motion** Leergang *m*; **~ pulley** → **idler** 3 b; **~ speed** Leerlaufdrehzahl *f*; **~ stroke** *mot*. Leertakt *m*. **6.** *agr*. brachliegend (*a. fig*.). **7.** *econ*. ˈunprodukˌtiv, tot: **~ capital**. **8.** beiläufig: **~ glance**; **~ remark**; **~ curiosity** bloße Neugier. **9.** a) müßig, nutz-, sinn-, zwecklos: **it was ~ to warn her**, b) vergeblich: **an ~ attempt**. **10.** leer, hohl: **~ talk** (*od*. **gossip**) leeres *od*. seichtes Geschwätz; **~ threats** leere Drohungen. **II** *v/i* **11.** nichts tun, faulenzen: **to ~ about** (*od*. **around**) herumtrödeln. **12.** *tech*. leer laufen. **III** *v/t* **13.** *meist* **~ away** müßig zubringen, vertrödeln. **14.** zum Nichtstun verurteilen: **~d** → 2. **15.** *tech*. leer laufen lassen. ˈ**i·dle·ness** *s* **1.** Untätigkeit *f*, Müßiggang *m*. **2.** Faul-, Trägheit *f*. **3.** Muße *f*. **4.** a) Zwecklosigkeit *f*, b) Vergeblichkeit *f*. **5.** Hohl-, Seichtheit *f*. ˈ**i·dler** *s* **1.** Müßiggänger(in). **2.** Faulenzer(in). **3** *tech*. a) *a*. **~ wheel** → **idle wheel** 1, b) *a*. **~ pulley** Leitrolle *f*, Leitscheibe *f*. **4.** *rail*. ˈLeerwagˌgon *m*. **5.** *mar*. Freiwächter *m*.

i·dle wheel *s tech*. **1.** Zwischen(zahn)rad *n*. **2.** → **idler** 3 b.

i·dling [ˈaɪdlɪŋ] *s* **1.** Nichtstun *n*, Müßiggang *m*. **2.** *tech*. Leerlauf *m*.

i·dol [ˈaɪdl] *s* **1.** a) Götze *m*: **to make an ~ of** → **idolize** I b, b) Iˈdol *n*, Götzenbild *n*. **2.** *fig*. Iˈdol *n*: **he was the ~ of his parents** er war der Abgott s-r Eltern. **3.** Trugschluß *m*.

i·do·la [aɪˈdəʊlə] *pl von* **idolum**.

i·dol·a·ter [aɪˈdɒlətə; *Am*. aɪˈdɑlətər] *s* **1.** Götzenanbeter *m*, -diener *m*. **2.** *fig*. abgöttischer Verehrer. **iˈdol·a·tress** [-trɪs] *s* **1.** Götzenanbeterin *f*, -dienerin *f*. **2.** *fig*. abgöttische Verehrerin. **iˈdol·a·trize** → **idolize**. **iˈdol·a·trous** [-trəs] *adj* (*adv* **~ly**) **1.** götzendienerisch, Götzen... **2.** *fig*. abgöttisch. **iˈdol·a·try** [-trɪ] *s* **1.** Idolaˈtrie *f*, Götzenanbetung *f*, -dienst *m*. **2.** *fig*. abgöttische Verehrung, Vergötterung *f*.

i·dol·ism [ˈaɪdəlɪzəm] *s* **1.** a) → **idolatry**, b) → **idolization** 2. **2.** Trugschluß *m*. ˈ**i·dol·ist** → **idolater**, **idolatress**. **i·dol·i·za·tion** [ˌaɪdəlaɪˈzeɪʃn; *Am*. ˌaɪdləˈz-] *s* **1.** → **idolatry**. **2.** *fig*. Idoliˈsierung *f*. ˈ**i·dol·ize I** *v/t* a) abgöttisch verehren, vergöttern, b) idoliˈsieren, zum Iˈdol machen. **II** *v/i* Abgötteˈrei treiben. ˈ**i·dol·iz·er** → **idolater**, **idolatress**.

i·do·lum [aɪˈdəʊləm] *pl* **iˈdo·la** [-lə] *s* **1.** Iˈdee *f*, Vorstellung *f*, Begriff *m*. **2.** Trugschluß *m*.

i·dyl(l) [ˈɪdɪl; *Am*. ˈaɪdl] *s* **1.** Iˈdylle *f*, *bes*. Schäfer-, Hirtengedicht *n*. **2.** Iˈdyll *n* (*a. mus*.), iˈdyllische Szene. **i·dyl·lic** [aɪˈdɪlɪk; *Br. a*. ɪˈd-] *adj* (*adv* **~ally**) iˈdyllisch. **i·dyll·ist** [ˈaɪdɪlɪst] *s* Iˈdyllendichter *m od*. -kompoˌnist *m*.

if [ɪf] **I** *conj* **1.** wenn, falls: **~ I were you** wenn ich du wäre, (ich) an d-r Stelle; **as ~** als wenn, als ob; **even ~** wenn auch, selbst wenn; **~ any** wenn überhaupt (e-r, e-e, e-s *od*. etwas *od*. welche[s]); **she's thirty years ~ she's a day** sie ist mindestens 30 Jahre alt; **~ not** wo *od*. wenn nicht; **~ so** a) gegebenenfalls, b) wenn ja; → **even**[1] 1. **2.** wenn auch: **I will do it, ~ I die for it** ich werde es tun, und wenn ich dafür sterben sollte; **it is interesting, ~ a little long** es ist interessant, aber *od*. wenn auch ein bißchen lang; **~ he be ever so rich** mag er noch so reich sein. **3.** (*indirekt fragend*) ob: **try ~ you can do it**. **4.** *in Ausrufen*: **~ that is not a shame!** das ist doch e-e Schande!, wenn das keine Schande ist!; **and ~!** *colloq*. und ob! **II** *s* **5.** Wenn *n*: **without ~s and buts** ohne Wenn u. Aber.

ig·loo, *a*. **ig·lu** [ˈɪgluː] *s* **1.** Iglu *m*, *n*. **2.** kuppelförmige Hütte *etc*, *a. mil*. Munitiˈonsbunker *m*. **3.** Schneehöhle *f* (*der Seehunde*).

ig·ne·ous [ˈɪgnɪəs] *adj* **1.** *geol*. vulˈkanisch, Eruptiv...: **~ rock** Eruptivgestein *n*. **2.** Feuer...

ig·nis fat·u·us [ˌɪgnɪsˈfætjʊəs; *Am*. -ˈfætʃəwəs] *pl* **ig·nes fat·u·i** [ˌɪgniːzˈfætjʊaɪ; *Am*. -ˈfætʃəˌwaɪ] (*Lat*.) *s* **1.** Irrlicht *n*. **2.** *fig*. Trugbild *n*.

ig·nit·a·ble → **ignitible**.

ig·nite [ɪgˈnaɪt] **I** *v/t* **1.** an-, entzünden. **2.** *mot. tech*. zünden. **3.** *chem*. bis zur Verbrennung erhitzen. **4.** *fig*. entzünden, -flammen. **II** *v/i* **5.** sich entzünden, Feuer fangen. **6.** *mot. tech*. zünden. **igˈnit·er** *s tech*. **1.** Zündvorrichtung *f*, Zünder *m*. **2.** Zündladung *f*, -satz *m*. **igˈnit·i·ble** *adj* entzündbar.

ig·ni·tion [ɪgˈnɪʃn] **I** *s* **1.** An-, Entzünden *n*. **2.** *mot. tech*. Zündung *f*: **advanced (retarded) ~** Früh-(Spät)zündung. **3.** *chem*. Erhitzung *f*. **II** *adj* **4.** *mot. tech*. Zünd...: **~ battery (cable, distributor, key, lock, switch, voltage)**. **~ charge** → **igniter** 2. **~ coil** *s mot*. Zündspule *f*. **~ de·lay** *s* Zündverzögerung *f*. **~ or·der** *s* Zündfolge *f*. **~ point** *s chem*. Zündpunkt *m*. **~ tim·ing** *s* Zündeinstellung *f*: **~ adjuster** Zündfolgeeinstellung *f* (*Vorrichtung*). **~ tube** *s chem*. Glührohr *n*.

ig·ni·tor → **igniter**.

ig·ni·tron [ɪgˈnaɪtrɒn; *Am*. -ˌtrɑn; *Br. a*. ˈɪgnɪtrɒn] *s phys*. Ignitron *n* (*mit e-r Quecksilberkathode versehene Gasentladungsröhre mit der Wirkungsweise e-s Relais*).

ig·no·bil·i·ty [ˌɪgnəʊˈbɪlətɪ] *s* Gemeinheit *f*, Unehrenhaftigkeit *f*. **ig·no·ble** [ɪgˈnəʊbl] *adj* (*adv* **ignobly**) **1.** gemein, unehrenhaft. **2.** von niedriger Geburt. **igˈno·ble·ness** → **ignobility**.

ig·no·min·i·ous [ˌɪgnəʊˈmɪnɪəs] *adj* (*adv* **~ly**) schändlich, schimpflich.

ig·no·min·y [ˈɪgnəmɪnɪ; *Am. a*. ɪgˈnɑməniː] *s* **1.** Schande *f*, Schimpf *m*. **2.** Schändlichkeit *f*.

ig·no·ra·mus [ˌɪgnəˈreɪməs] *s* Ignoˈrant(in).

ig·no·rance [ˈɪgnərəns] *s* **1.** Unwissenheit *f*, Unkenntnis *f* (**of** *gen*): **from** (*od*. **through**) **~** aus Unwissenheit; **to be in ~ of s.th.** etwas nicht wissen *od*. kennen, nichts wissen von etwas; **~ of the law is no excuse** Unkenntnis schützt vor Strafe nicht. **2.** *contp*. Ignoˈranz *f*, Beschränktheit *f*. ˈ**ig·no·rant** *adj* **1.** unkundig (**of** *gen*): **to be ~ of s.th.** etwas nicht wissen *od*. kennen, nichts wissen von etwas; **he is not ~ of what happened** er weiß sehr wohl, was geschehen ist. **2.** *contp*. a) ignoˈrant, beschränkt, b) ungebildet. **3.** von Unwissen zeugend: **an ~ remark**. **4.** unwissentlich: **an ~ sin**. ˈ**ig·no·rant·ly** *adv* unwissentlich.

ig·nore [ɪgˈnɔː(r)] *v/t* **1.** ignoˈrieren, nicht beachten, keine Noˈtiz nehmen von. **2.** *jur. Am. e-e Anklage* verwerfen, als unbegründet abweisen.

i·gua·na [ɪˈgwɑːnə] *s* **1.** *zo*. (*ein*) Leguˈan *m*. **2.** *allg*. große Eidechse.

i·ke·ba·na [ˌiːkəˈbɑːnə; ˌɪkɪ-; ˌɪkeɪ-] *s* Ikeˈbana *n* (*japanische Kunst des Blumensteckens*).

i·kon → **icon**.

i·lang-i·lang [ˌiːlæŋˈiːlæŋ; *Am*. ˌiːlɑːŋˈiːlɑːŋ] *s* **1.** *bot*. Ilang-Ilang *n*, Ylang-Ylang *n*. **2.** Ilang-Ilang-Öl *n*, Ylang-Ylang-Öl *n*.

il·e·i·tis [ˌɪlɪˈaɪtɪs] *s med*. Ileˈitis *f*, Krummdarmentzündung *f*. **il·e·um** [ˈɪlɪəm] *s anat*. Ileum *n*, Krummdarm *m*. ˈ**il·e·us** [-əs] *s med*. Ileus *m*, Darmverschluß *m*.

i·lex [ˈaɪleks] *s bot*. **1.** Stecheiche *f*. **2.** Stechpalme *f*.

il·i·a [ˈɪlɪə] *pl von* **ilium**.

il·i·ac [ˈɪlɪæk] *adj anat*. Darmbein...

Il·i·ad [ˈɪlɪəd; -æd] *s* Ilias *f*, Iliˈade *f*: **an ~ of woes** e-e endlose Leidensgeschichte.

il·i·um [ˈɪlɪəm] *pl* **il·i·a** [ˈɪlɪə] *s anat*. **1.** Darmbein *n*. **2.** Hüfte *f*.

ilk [ɪlk] *s* **1.** Art *f*, Sorte *f*: **people of his (that) ~** Leute s-r Sorte (solche Leute). **2. of that ~** *Scot*. gleichnamigen Ortes: **Kinloch of that ~ = Kinloch of Kinloch**.

ill [ɪl] **I** *adj comp* **worse** [wɜːs; *Am*. wɜrs], *sup* **worst** [wɜːst; *Am*. wɜrst] **1.** schlimm, schlecht, übel, unheilvoll, verderblich, widrig, nachteilig, ungünstig, schädlich: **~ effects**; **~ moment** ungünstiger Augenblick; **to do s.o. an ~ service** j-m e-n schlechten Dienst *od*. e-n ‚Bärendienst' erweisen; **~ wind** widriger *od*. ungünstiger Wind; **it's an ~ wind that blows nobody good** etwas Gutes ist an allem; → **fortune** 3, **luck** 1, **omen** I, **weed**[1] 1. **2.** (*moralisch*) schlecht, schlimm, übel, böse: **~ deed** Missetat *f*; → **fame** 1, **repute** 1. **3.** bösartig, böse, feindselig, schlimm: **~ nature** a) Unfreundlichkeit *f*, ruppiges Wesen, b) Bösartigkeit *f*; **~ treatment** a) schlechte Behandlung, b) Mißhandlung *f*; → **blood** 2, **feeling** 2, **grace** 3, **humor** 1, **temper** 2, **will**[2] 6. **4.** schlecht, übel, ˈwiderwärtig: **~ smells**. **5.** schlecht, mangelhaft: **~ breeding** a) schlechte Erziehung, b) Ungezogenheit *f*; **~ health** schlechter Gesundheitszustand. **6.** *nur pred* krank: **to be taken** (*od*. **to fall**) **~** krank werden, erkranken (**with an** *dat*); **to be ~ with a cold (a fever)** e-e Erkältung (Fieber) haben; **incurably ~ with cancer** unheilbar krebskrank. **7.** *nur pred Br*. verletzt: **he is seriously ~ in hospital** er liegt schwer verletzt im Krankenhaus.

II *adv* **8.** schlecht, schlimm, übel (*etc* → 1–5): **to be ~ off** schlimm *od*. übel d(a)ran sein; **to speak (think) ~ of s.o.** schlecht von j-m reden (denken); **to turn out ~** schlecht ausgehen; **it went ~ with him** es erging ihm übel; **it ~ becomes** (*od*. **befits**, *obs. od. poet*. **beseems**) **you** es steht dir schlecht an; → **ease** 2, **fare** 5, **wish** 4. **9.** schwerlich, kaum, schlecht, nicht gut: **I can ~ afford it**.

III *s* **10.** Übel *n*, Unglück *n*, ˈMißgeschick *n*. **11.** Krankheit *f*, Leiden *n* (*beide a. fig*.). **12.** a) *oft pl* Übel *n*, ˈMißstand *m*, b) (*etwas*) Übles *od*. Böses.

ˌ**ill|-adˈvised** *adj* **1.** schlecht beraten: **you would be ~ to sell your house now** du wärest schlecht beraten, wenn du dein Haus jetzt verkaufest. **2.** unbesonnen, unklug, unbedacht. **ˌ~-asˈsort·ed** *adj* schlecht zs.-passend.

il·la·tion [ɪˈleɪʃn] *s* **1.** Folgern *n*. **2.** Schluß *m*, Folgerung *f*.

ˌill|-beˈhaved → ill-bred 2. **ˌ~-ˈbod·ing** *adj* unheilverkündend. **ˌ~-ˈbred** *adj* **1.** schlechterzogen. **2.** ungezogen, unhöflich. **ˌ~-conˈdi·tioned** *adj* übellaunig. **ˌ~-conˈsid·ered** → ill-advised 2. **ˌ~-deˈfined** *adj* undeutlich, unklar. **ˌ~-disˈposed** *adj* **1.** übelgesinnt: **to be ~ to (ward[s])** a) *j-m* übel gesinnt sein, *j-m* übelwollen, b) *e-m Plan etc* ablehnend gegenüberstehen. **2.** bösartig, böse.

il·le·gal [ɪˈliːgl] *adj* (*adv* **~ly**) unerlaubt, verboten: a) *jur.* ˈilleˌgal, ungesetzlich, gesetz-, rechtswidrig, ˈwiderrechtlich: **~ parking** falsches Parken, Falschparken *n*; **~ possession of weapons** unerlaubter Waffenbesitz, b) *sport* regelwidrig. **il·le·gal·i·ty** [ˌɪliːˈgæləti] *s* **1.** *jur.* Gesetzwidrigkeit *f*: a) Ungesetzlichkeit *f*, Illegaliˈtät *f*, b) gesetzwidrige Handlung. **2.** *sport* Regelwidrigkeit *f*. **il·le·gal·ize** [ɪˈliːgəlaɪz] *v/t* für gesetzwidrig erklären, verbieten.

il·leg·i·bil·i·ty [ɪˌledʒɪˈbɪləti] *s* Unleserlichkeit *f*. **ilˈleg·i·ble** *adj* (*adv* **illegibly**) unleserlich. **ilˈleg·i·ble·ness** → illegibility.

il·le·git·i·ma·cy [ˌɪlɪˈdʒɪtɪməsɪ] *s* **1.** → illegality 1 a. **2.** Nicht-, Unehelichkeit *f*. **ˌil·leˈgit·i·mate I** *adj* [-mət] (*adv* **~ly**) **1.** → **illegal** a. **2.** nicht-, unehelich: **an ~ child**. **3.** fehlerhaft, ˈinkorˌrekt: **an ~ word**. **4.** unlogisch. **II** *v/t* [-meɪt] **5.** → **illegalize**. **6.** für nicht- *od.* unehelich erklären. **ˌil·leˈgit·i·mate·ness** *s* **1.** → **illegality** 1 a. **2.** → **illegitimacy** 2. **ˌil·leˈgit·i·ma·tize** [-mətaɪz] *v/t* **1.** → **illegalize**. **2.** → **illegitimate** 6.

ˌill|-ˈfat·ed *adj* unglücklich: a) Unglücks..., vom Unglück verfolgt, b) ungünstig. **ˌ~-ˈfa·vo(u)red** *adj* (*adv* **~ly**) **1.** unschön, häßlich. **2.** anstößig. **ˌ~-ˈfound·ed** *adj* unbegründet. **ˌ~-ˈgot·ten** *adj* unrechtmäßig (erworben): **~ gains**. **ˌ~-ˈhu·mo(u)red** *adj* schlecht-, übelgelaunt.

il·lib·er·al [ɪˈlɪbərəl] *adj* (*adv* **~ly**) **1.** knauserig. **2.** engstirnig. **3.** *pol.* ˈillibeˌral. **4.** unfein, gewöhnlich. **ilˈlib·er·al·ism** *s pol.* ˈillibeˌraler Standpunkt. **ilˌlib·erˈal·i·ty** [-ˈræləti] *s* **1.** Knauseˈrei *f*. **2.** Engstirnigkeit *f*. **3.** Unfeinheit *f*.

il·lic·it [ɪˈlɪsɪt] *adj* (*adv* **~ly**) unerlaubt, unzulässig, verboten, gesetzwidrig: **~ trade** Schwarzhandel *m*; **~ work** Schwarzarbeit *f*.

Il·li·noi·an [ˌɪlɪˈnɔɪən], **ˌIl·liˈnois·an** [-ˈnɔɪən], **ˌIl·liˈnois·i·an** [-ˈnɔɪzɪən; *Am. a.* -zən] **I** *adj* aus Illiˈnois, Illinois... **II** *s* Bewohner(in) von Illiˈnois (*in USA*).

il·liq·uid [ɪˈlɪkwɪd] *adj econ.* **1.** nicht flüssig: **~ assets**. **2.** ˈilliˌquid, vorˈübergehend zahlungsunfähig.

il·lit·er·a·cy [ɪˈlɪtərəsɪ] *s* **1.** Unbildung *f*, Unwissenheit *f*. **2.** Analphaˈbetentum *n*. **3.** grober (gramˈmatischer *etc*) Fehler. **ilˈlit·er·ate** [-rət] **I** *adj* (*adv* **~ly**) **1.** unwissend, ungebildet. **2.** analphaˈbetisch. **3.** a) ungebildet, ˈunkultiˌviert: **an ~ person**, b) voller grober (gramˈmatischer *etc*) Fehler: **an ~ composition**. **II** *s* **4.** Ungebildete(r *m*) *f*. **5.** Analphaˈbet(in). **ilˈlit·er·ate·ness** → illiteracy 1 *u.* 2.

ˌill|-ˈjudged → ill-advised 2. **ˌ~-ˈman·nered** *adj* (*adv* **~ly**) mit schlechten ˈUmgangsformen, ungehobelt, ungezogen. **ˌ~-ˈmatched** *adj* schlecht zs.-passend. **ˌ~-ˈna·tured** *adj* **1.** unfreundlich, bösartig, boshaft. **2.** → ill-tempered.

ill·ness [ˈɪlnɪs] *s* Krankheit *f*: **after a long ~** nach langer Krankheit.

il·log·i·cal [ɪˈlɒdʒɪkl; *Am.* ɪˈlɑ-] *adj* (*adv* **~ly**) unlogisch. **ilˌlog·iˈcal·i·ty** [-ˈkæləti] *s* a) Unlogik *f*, b) Ungereimtheit *f*. **ilˈlog·i·cal·ness** → illogicality a.

ˌill|-ˈo·mened → ill-starred. **ˌ~-ˈspent** *adj*: **~ youth** vergeudete Jugend. **ˌ~-ˈstarred** *adj* unglücklich, Unglücks..., vom Unglück verfolgt: **to be ~** unter e-m ungünstigen Stern stehen. **ˌ~-ˈtem·pered** *adj* schlechtgelaunt, übellaunig. **ˌ~-ˈtimed** *adj* ungelegen, unpassend, zur unrechten Zeit. **ˌ~-ˈtreat** → maltreat.

il·lume [ɪˈljuːm; *bes. Am.* ɪˈluːm] *obs. od. poet. für* **illuminate**. **ilˈlu·mi·nant** [-mɪnənt] **I** *adj* → **illuminating**. **II** *s* a) Beleuchtungs-, Leuchtmittel *n*, b) Beleuchtungskörper *m*, Leuchte *f*.

il·lu·mi·nate [ɪˈljuːmɪneɪt; *bes. Am.* ɪˈluː-] *v/t* **1.** be-, erleuchten, erhellen. **2.** illumiˈnieren, festlich beleuchten. **3.** *fig.* a) *etwas* aufhellen, erläutern, erklären, b) *j-n* erleuchten. **4.** *bes. fig.* (Licht u.) Glanz verleihen (*dat*). **5.** *bes. hist. Bücher etc* illumiˈnieren, mit Buchmaleˈreien verzieren. **ilˈlu·mi·nat·ed** *adj* beleuchtet, leuchtend, Leucht..., Licht...: **~ advertising** Leuchtreklame *f*. **ilˈlu·mi·nat·ing** *adj* **1.** leuchtend, Leucht...: **~ engineer** Beleuchtungsingenieur *m*; **~ gas** Leuchtgas *n*; **~ power** Leuchtkraft *f*; **~ projectile** *mil.* Leuchtgeschoß *n*. **2.** *fig.* aufschlußreich.

il·lu·mi·na·tion [ɪˌljuːmɪˈneɪʃn; *bes. Am.* ɪˌluː-] *s* **1.** Be-, Erleuchtung *f*. **2.** a) Illuminatiˈon *f*, Festbeleuchtung *f*, b) *pl* Beleuchtungskörper *pl*, -anlage *f*. **3.** *fig.* a) Erläuterung *f*, Erklärung *f*, b) Erleuchtung *f*. **4.** *bes. fig.* (Licht *n* u.) Glanz *m*. **5.** *bes. hist.* Illuminatiˈon *f*, Verzierung *f* mit Buchmaleˈreien. **ilˈlu·mi·na·tive** [-nətɪv; *bes. Am.* -neɪtɪv] → **illuminating**. **ilˈlu·mi·na·tor** [-neɪtə(r)] *s* **1.** a) Erläuterer *m*, b) Erleuchter *m*. **2.** *bes. hist.* Illumiˈnator *m*. **3.** *opt.* Illumiˈnator *m*, Beleuchtungsgerät *n*, -quelle *f*.

il·lu·mine [ɪˈljuːmɪn; *bes. Am.* ɪˈluː-] *obs. od. poet. für* **illuminate**.

ˌill-ˈuse → maltreat.

il·lu·sion [ɪˈluːʒn] *s* **1.** Illusiˈon *f*: a) Sinnestäuschung *f*: → **optical**, b) *psych.* Trugwahrnehmung *f*, c) Trugbild *n*, d) Wahn *m*, falsche Vorstellung, Einbildung *f*, Selbsttäuschung *f*: **to be under an ~** sich täuschen; **to be under the ~ that** glauben *od.* sich einbilden, daß; **to cherish the ~ that** sich der Illusion hingeben, daß; **to have no ~s** sich keine Illusionen machen (**about** über *acc*). **2.** Blendwerk *n*. **3.** (*ein*) zarter Tüll. **ilˈlu·sion·al** [-ʒənl], **ilˈlu·sion·ar·y** [-ʃnərɪ; *Am.* -ʃəˌneriː] *adj* illuˈsorisch. **ilˈlu·sion·ism** [-ʃənɪzəm] *s* Illusioˈnismus *m*: a) *philos. Auffassung, daß Wahrheit, Schönheit u. sittliche Werte nur Schein sind*, b) *art illusionistische* (*Bild*)*Wirkung*. **ilˈlu·sion·ist** *s* Illusioˈnist *m*: a) *philos. Anhänger*(*in*) *des Illusionismus*, b) Schwärmer(in), Träumer(in), c) Zauberkünstler *m*.

il·lu·sive [ɪˈluːsɪv] *adj* (*adv* **~ly**) illuˈsorisch, trügerisch: **to be ~** trügen. **ilˈlu·sive·ness, ilˈlu·so·ri·ness** [-sərɪnɪs] *s* **1.** Unwirklichkeit *f*, Schein *m*, (*das*) Illuˈsorische. **2.** Täuschung *f*. **ilˈlu·so·ry** *adj* (*adv* **illusorily**) → **illusive**.

il·lus·trate [ˈɪləstreɪt; *Am. a.* ɪˈlʌs-] *v/t* **1.** erläutern, erklären, veranschaulichen. **2.** illuˈstrieren, bebildern.

il·lus·tra·tion [ˌɪləˈstreɪʃn] *s* Illustratiˈon *f*: a) Erläuterung *f*, Erklärung *f*, Veranschaulichung *f*: **in ~ of** zur Erläuterung von (*od. gen*), b) Beispiel *n*: **by way of ~** als Beispiel, c) Bebilderung *f*, d) Bild(beigabe *f*) *n*, Abbildung *f*.

il·lus·tra·tive [ˈɪləstrətɪv; -streɪtɪv; *Am. bes.* ɪˈlʌstrətɪv] *adj* erläuternd, veranschaulichend, illustraˈtiv: **~ material** Anschauungsmaterial *n*; **to be ~ of** → **illustrate** 1.

il·lus·tra·tor [ˈɪləstreɪtə(r); *Am. a.* ɪˈlʌs-] *s* Illuˈstrator *m*: a) Erläuterer *m*, b) *illustrierender Künstler*.

il·lus·tri·ous [ɪˈlʌstrɪəs] *adj* (*adv* **~ly**) **1.** ilˈluster, glanzvoll, erlaucht. **2.** berühmt. **ilˈlus·tri·ous·ness** *s* **1.** Glanz *m*, Erlauchtheit *f*. **2.** Berühmtheit *f*.

il·ly [ˈɪlɪ] *bes. Am. für* **ill** II.

Il·lyr·i·an [ɪˈlɪrɪən] *hist.* **I** *adj* **1.** ilˈlyrisch. **II** *s* **2.** Ilˈlyrier(in). **3.** *ling.* Ilˈlyrisch *n*, das Illyrische.

im- [ɪm] → in-[2].

im·age [ˈɪmɪdʒ] **I** *s* **1.** Bild(nis) *n*. **2.** a) Bildsäule *f*, Statue *f*, b) *relig.* Heiligenbild *n*, c) Götzenbild *n*, Iˈdol *n*: **~ worship** Bilderanbetung *f*, -verehrung *f*; Götzenanbetung *f*, -dienst *m*; → **graven** II. **3.** (*abstrakt*) Bild *n*, Erscheinungsform *f*, Gestalt *f*. **4.** Ab-, Ebenbild *n*: **he is the very ~ of his father** er ist ganz der Vater, er ist s-m Vater wie aus dem Gesicht geschnitten; → **spit**[1] 12, **spitting image**. **5.** *math. opt. phys.* Bild *n*: **~ carrier** *TV* Bildträger *m*; **~ converter** *TV* Bildwandler *m*; **real (virtual) ~** *opt.* reelles (scheinbares) Bild. **6.** Image *n*: a) *Vorstellungsbild, das e-e Person od. Gruppe von sich selbst od. anderen Personen, Sachen od. Verhältnissen hat*, b) *das durch Werbung od. Public Relations von e-r Person, e-r Gruppe od. e-r Sache in der Öffentlichkeit erzeugte Bild*. **7.** (Leit)Bild *n*, Iˈdee *f*. **8.** *psych.* ˈWiedererleben *n*. **9.** Verkörperung *f*: **he is the ~ of loyalty** er ist die Treue selbst *od.* in Person. **10.** Symˈbol *n*. **11.** (sprachliches) Bild, bildlicher Ausdruck, Meˈtapher *f*: **to speak in ~s** in Bildern *od.* Metaphern sprechen. **II** *v/t* **12.** abbilden, bildlich darstellen. **13.** ˈwiderspiegeln. **14.** sich (*etwas*) vorstellen. **15.** verkörpern. **ˈ~-ˌbuild·ing** *s* Imagepflege *f*. **~·or·thi·con** [ˈɔː(r)θɪkɒn; *Am.* -ˌkɑn] *s TV* Imageorthikon *n* (*speichernde Aufnahmeröhre*).

im·age·ry [ˈɪmɪdʒərɪ; -dʒrɪ] *s* **1.** *collect.* Bilder *pl*, Bildwerk(e *pl*) *n*. **2.** *collect.* Vorstellungen *pl*, geistige Bilder *pl*. **3.** bildliche Darstellung. **4.** Bilder(sprache *f*) *pl*, Metaˈphorik *f*.

im·ag·i·na·ble [ɪˈmædʒɪnəbl] *adj* (*adv* **imaginably**) vorstellbar, erdenklich, denkbar: **the greatest difficulty ~** die denkbar größte Schwierigkeit.

im·ag·i·nar·i·ly [ɪˈmædʒɪnərəlɪ; *Am.* ɪmˌædʒəˈnerəliː] *adv* imagiˈnär, in der Einbildung. **imˈag·i·nar·y** [-nərɪ; *Am.* -ˌneriː] **I** *adj* imagiˈnär (*a. math.*), nur in der Einbildung *od.* Vorstellung vorˈhanden, eingebildet, (nur) gedacht, Schein..., Phantasie...: **the characters of this novel are ~** die Personen dieses Romans sind frei erfunden. **II** *s math.* imagiˈnäre Zahl.

im·ag·i·na·tion [ɪˌmædʒɪˈneɪʃn] *s* **1.** (*schöpferische*) Phantaˈsie, Vorstellungs-, Einbildungskraft *f*, Phantaˈsie-, Einfalls-, Iˈdeenreichtum *m*: **he has no ~** er hat keine Phantasie, er ist phantasielos; **use your ~!** laß dir etwas einfallen!, laß d-e Phantasie spielen! **2.** Vorstellen *n*, Vorstellung *f*: **in ~** in der Vorstellung, im Geiste. **3.** Vorstellung *f*: a) Einbildung *f*: **pure ~** reine Einbildung; **maybe it was just my ~** vielleicht habe ich mir das alles auch nur eingebildet, b) Iˈdee *f*, Gedanke *m*, Einfall *m*. **4.** *collect.* Einfälle *pl*, Iˈdeen(reichtum *m*) *pl*. **5.** Schöpfergeist *m* (*Person*).

im·ag·i·na·tive [ɪˈmædʒɪnətɪv; *Am. a.* -ˌneɪtɪv] *adj* (*adv* **~ly**) **1.** phantaˈsie-, einfallsreich: **an ~ writer; ~ faculty, ~ power** → **imagination** 1. **2.** phanta'sievoll, phan'tastisch: **an ~ story. 3.** *contp.* ‚erdichtet', aus der Luft gegriffen. **im'ag·i·na·tive·ness** → **imagination** 1.

im·ag·ine [ɪ'mædʒɪn] **I** *v/t* **1.** sich vorstellen, sich denken: **you can't ~ my joy; I ~ him as a tall man** ich stelle ihn mir groß vor; **I ~ him to be rich** ich halte ihn für reich; **can you ~ him becoming famous?** kannst du dir vorstellen, daß er einmal berühmt wird?; **it is not to be ~d** es ist nicht auszudenken. **2.** ersinnen, sich ausdenken. **3.** sich *etwas* einbilden: **don't ~ that** bilde dir nur nicht ein *od.* denke bloß nicht, daß; **you are imagining things!** du bildest *od.* redest dir etwas ein!, das bildest *od.* redest du dir nur ein! **II** *v/i* **4. just ~!** *iro.* stell dir vor!, denk dir nur!

i·mag·i·nes [ɪ'meɪdʒɪniːz; ɪ'mɑːgɪneɪz; *Am. a.* ɪ'meɪgəˌniːz] *pl von* **imago**.

im·ag·ism ['ɪmɪdʒɪzəm] *s hist.* Ima'gismus *m* (*anglo-amerikanische literarische Bewegung, 1912–1920, die e-e Knappheit des Ausdrucks u. e-e Genauigkeit des dichterischen Bildes anstrebte*).

i·ma·go [ɪ'meɪgəʊ; ɪ'mɑː-] *pl* **-goes, i·mag·i·nes** [ɪ'meɪdʒɪniːz; ɪ'mɑːgɪneɪz; *Am. a.* ɪ'meɪgəˌniːz] *s* **1.** *zo.* I'mago *f*, vollentwickeltes In'sekt. **2.** *psych.* I'mago *f* (*aus der Kindheit bewahrtes, unbewußtes Idealbild*).

i·mam [ɪ'mɑːm] *s* I'mam *m*: a) *Vorbeter in der Moschee*, b) *Titel für verdiente Gelehrte des Islams*, c) *Prophet u. religiöses Oberhaupt der Schiiten*.

im·bal·ance [ˌɪm'bæləns] *s* **1.** Unausgewogenheit *f*, Unausgeglichenheit *f*. **2.** *med.* gestörtes Gleichgewicht (*im Körperhaushalt etc*): **glandular ~** Störung *f* im hormonalen Gleichgewicht. **3.** *pol. etc* Ungleichgewicht *n*.

im·be·cile ['ɪmbɪsiːl; -saɪl; *Am.* 'ɪmbəsəl; -ˌsaɪl] **I** *adj* (*adv* **~ly**) **1.** *med.* imbe'zil(l), mittelgradig schwachsinnig. **2.** *contp.* idi'otisch, vertrottelt. **II** *s* **3.** *med.* Schwachsinnige(r *m*) *f* mittleren Grades. **4.** *contp.* Idi'ot *m*, Trottel *m*. **ˌim·be'cil·ic** [-'sɪlɪk] *adj* (*adv* **~ally**) → **imbecile** I. **ˌim·be'cil·i·ty** [-'sɪlətɪ] *s* **1.** *med.* Imbezili'tät *f*, Schwachsinn *m* mittleren Grades. **2.** *contp.* Idio'tie *f*, Blödheit *f*.

im·bed [ɪm'bed] → **embed**.

im·bibe [ɪm'baɪb] *v/t* **1.** trinken. **2.** *Luft etc* schöpfen. **3.** *Feuchtigkeit etc* aufsaugen. **4.** *Wissen etc* einsaugen, in sich aufnehmen, sich zu eigen machen.

im·bri·cate I *adj* ['ɪmbrɪkɪt; -keɪt] **1.** dachziegel- *od.* schuppenartig angeordnet *od.* verziert, geschuppt. **II** *v/t* [-keɪt] **2.** dachziegelartig anordnen. **3.** schuppenartig verzieren. **III** *v/i* [-keɪt] **4.** dachziegelartig überein'anderliegen. **'im·bri·cat·ed** [-keɪtɪd] → **imbricate** I.

im·bro·glio [ɪm'brəʊlɪəʊ; -ljəʊ] *pl* **-glios** *s* **1.** Verwicklung *f*, -wirrung *f*, Komplikati'on *f*, verwickelte Lage. **2.** a) ernstes 'Mißverständnis, b) heftige Ausein'andersetzung. **3.** *mus.* Im'broglio *n*, Taktartmischung *f*.

im·brue [ɪm'bruː] *v/t* (**with, in**) a) baden (in *dat*), tränken (mit) (*a. fig.*), b) beflecken, färben (mit).

im·bue [ɪm'bjuː] *v/t* **1.** durch'tränken, eintauchen. **2.** tief färben. **3.** *fig.* durch'dringen, erfüllen (**with** mit): **~d with hatred** haßerfüllt.

i·mid·o·gen [ɪ'mɪdədʒen; -dʒən] *s chem.* N'H-Gruppe *f*, I'midogruppe *f*.

im·i·ta·ble ['ɪmɪtəbl] *adj* nachahmbar.

im·i·tate ['ɪmɪteɪt] *v/t* **1.** *etwas od. j-n* nachahmen, -machen, imi'tieren, *etwas a.* nachbilden: **not to be ~d** unnachahmlich. **2.** fälschen. **3.** *j-m* nacheifern. **4.** ähneln (*dat*), aussehen wie. **5.** *biol.* sich anpassen an (*acc*). **'im·i·tat·ed** *adj* **1.** nachgeahmt, unecht, künstlich, imi'tiert. **2.** gefälscht.

im·i·ta·tion [ˌɪmɪ'teɪʃn] **I** *s* **1.** Nachahmung *f*, -ahmen *n*, Imi'tieren *n*: **for ~** zur Nachahmung; **in ~ of** nach dem Muster von (*od. gen*). **2.** Imitati'on *f*, Nachahmung *f* (*beide a. mus. psych.*), Nachbildung *f*. **3.** Fälschung *f*. **4.** *biol.* Anpassung *f*. **II** *adj* **5.** nachgemacht, unecht, künstlich, Kunst..., Imitations...: **~ leather** Kunstleder *n*.

im·i·ta·tive ['ɪmɪtətɪv; *Am.* 'ɪməˌteɪtɪv] *adj* (*adv* **~ly**) **1.** nachahmend, imi'tierend: **to be ~ of** nachahmen, imitieren. **2.** zur Nachahmung neigend. **3.** nachgemacht, -gebildet, -geahmt (**of** *dat*). **4.** *biol.* sich anpassend. **5.** *ling.* lautmalend. **'im·i·ta·tor** [-teɪtə(r)] *s* Nachahmer *m*, Imi'tator *m*.

im·mac·u·la·cy [ɪ'mækjʊləsɪ] *s* Unbeflecktheit *f*, Makellosigkeit *f*, Reinheit *f*. **im'mac·u·late** [-lət] *adj* (*adv* **~ly**) **1.** *fig.* unbefleckt, makellos, rein: **I~ Conception** *R.C.* Unbefleckte Empfängnis. **2.** tadel-, fehlerlos, einwandfrei. **3.** fleckenlos, sauber. **4.** *bot. zo.* ungefleckt. **im'mac·u·late·ness** → **immaculacy**.

im·ma·nence ['ɪmənəns], **'im·ma·nen·cy** [-sɪ] *s* Imma'nenz *f*: a) Innewohnen *n*, b) *philos. das Verbleiben in e-m vorgegebenen Bereich, ohne Überschreitung der Grenzen*. **'im·ma·nent** *adj* imma'nent (*a. philos.*), innewohnend: **to be ~ in s.th.** e-r Sache innewohnen.

im·ma·te·ri·al [ˌɪmə'tɪərɪəl] *adj* (*adv* **~ly**) **1.** immateri'ell, unkörperlich, unstofflich. **2.** unwesentlich, belanglos, unerheblich (**to** für) (*a. jur.*). **ˌim·ma'te·ri·al·ism** *s philos.* Immateria'lismus *m* (*Lehre, die die Materie als selbständige Substanz leugnet u. dagegen ein geistig-seelisches Bewußtsein setzt*). **'im·ma·ˌte·ri'al·i·ty** [-'ælətɪ] *s* **1.** Immateriali'tät *f*, Unkörperlichkeit *f*, Unstofflichkeit *f*. **2.** Unwesentlichkeit *f*, Belanglosigkeit *f*, Unerheblichkeit *f* (*a. jur.*). **ˌim·ma'te·ri·al·ize** *v/t* unkörperlich *od.* unstofflich machen, vergeistigen.

im·ma·ture [ˌɪmə'tjʊə(r); *Am. a.* -'tʊər] *adj* (*adv* **~ly**) unreif, unausgereift (*beide a. fig.*). **ˌim·ma'tu·ri·ty** *s* Unreife *f*.

im·meas·ur·a·bil·i·ty [ɪˌmeʒərə'bɪlətɪ; ɪˌmeʒrə-; *Am. a.* ɪˌmeɪ-] *s* Unermeßlichkeit *f*. **im'meas·ur·a·ble** *adj* (*adv* **immeasurably**) unermeßlich, grenzenlos. **im'meas·ur·a·ble·ness** → **immeasurability**.

im·me·di·a·cy [ɪ'miːdjəsɪ; -dɪəsɪ] *s* **1.** Unmittelbarkeit *f*, Di'rektheit *f*. **2.** Unverzüglichkeit *f*. **3.** *philos.* a) unmittelbar gegebener Bewußtseinsinhalt, b) unmittelbare Gegebenheit.

im·me·di·ate [ɪ'miːdjət; -dɪət; *Br. a.* -dʒət] *adj* **1.** unmittelbar: a) nächst(gelegen): **in the ~ vicinity** in unmittelbarer Nähe, in der nächsten Umgebung; **~ constituent** *ling.* (größeres) Satzglied, Wortgruppe *f*, b) di'rekt: **~ contact** unmittelbare Berührung; **~ cause** unmittelbare Ursache; **~ information** Informationen aus erster Hand. **2.** (*zeitlich*) unmittelbar (be'vorstehend), nächst(er, e, es): **in the ~ future** in nächster Zukunft. **3.** unverzüglich, so'fortig, 'umgehend: **~ answer; to take ~ action** sofort handeln; **~ annuity** sofort fällige Rente; **~ matter** *jur.* Sofortsache *f*; **~ objective** *mil.* Nahziel *n*; **~ steps** Sofortmaßnahmen; **~!** (*auf Briefen*) Eilt! **4.** derzeitig, augenblicklich: **my ~ plans. 5.** nächst(er, e, es) (*in der Verwandtschaftslinie*): **my ~ family** m-e nächsten Angehörigen. **6.** *philos.* intui'tiv, di'rekt, unmittelbar. **7.** di'rekt betreffend, unmittelbar berührend. **im'me·di·ate·ly I** *adv* **1.** unmittelbar, di'rekt. **2.** so'fort, unverzüglich. **II** *conj* **3.** *bes. Br.* so'bald; sofort, als. **im'me·di·ate·ness** → **immediacy** 1 *u.* 2.

Im·mel·mann (turn) ['ɪməlmɑːn; -mən] *s aer. sport* Immelmann-Turn *m* (*halber Looping u. halbe Rolle*).

im·me·mo·ri·al [ˌɪmɪ'mɔːrɪəl; *Am. a.* -'məʊ-] *adj* uralt: **~ customs; from** (*od.* **since**) **time ~** seit undenklichen Zeiten.

im·mense [ɪ'mens] *adj* (*adv* **~ly**) **1.** riesig: **an ~ palace. 2.** *fig.* e'norm, im'mens, riesig: **~ costs. 3.** → **immeasurable. 4.** *colloq.* ‚prima', großartig: **they enjoyed themselves ~ly. im'mense·ness, im'men·si·ty** *s* Riesigkeit *f*.

im·men·su·ra·bil·i·ty [ɪˌmenʃʊrə'bɪlətɪ; *bes. Am.* -ʃərə-], **im'men·su·ra·ble, im'men·su·ra·ble·ness** → **immeasurability**, *etc.*

im·merse [ɪ'mɜːs; *Am.* ɪ'mɜrs] *v/t* **1.** (ein)tauchen (**in** in *acc*), 'untertauchen. **2.** *relig.* (*bei der Taufe*) 'untertauchen. **3.** einbetten, -graben (**in** in *acc*). **4. to ~ o.s. in** sich vertiefen *od.* versenken in (*acc*): **he ~d himself in a book. im·mersed** [ɪ'mɜːst; *Am.* ɪ'mɜrst] *adj* **1.** eingetaucht: **~ compass** *tech.* Flüssigkeitskompaß *m*. **2.** versunken, -tieft (**in** in *acc*): **~ in a book; ~ in thought** gedankenversunken. **3.** *biol.* in benachbarte Teile eingebettet. **4.** *bot.* ganz unter Wasser wachsend.

im·mer·sion [ɪ'mɜːʃn; *Am.* ɪ'mɜrʒən; -ʃən] *s* **1.** Ein-, 'Untertauchen *n*, *phys.* Immersi'on *f*: **~ heater** Tauchsieder *m*; **~ lens** (*od.* **objective**) *opt.* Immersionsobjektiv *n*. **2.** Versunkenheit *f*, Vertiefung *f*. **3.** *relig.* Immersi'onstaufe *f*. **4.** *astr.* Immersi'on *f* (*Eintreten e-s Gestirns in den Schatten e-s anderen*).

im·mi·grant ['ɪmɪgrənt] **I** *s* Einwanderer *m*, Einwanderin *f*, Immi'grant(in). **II** *adj* einwandernd (*a. biol. med.*).

im·mi·grate ['ɪmɪgreɪt] **I** *v/i* einwandern (**into** in *acc*) (*a. biol. med.*). **II** *v/t* ansiedeln (**into** in *dat*). **ˌim·mi'gra·tion** *s* **1.** Einwanderung *f*, Immigrati'on *f*. **2.** Einwandererzahl *f*.

im·mi·nence ['ɪmɪnəns], **'im·mi·nen·cy** [-sɪ] *s* **1.** nahes Bevorstehen. **2.** drohende Gefahr, Drohen *n*. **'im·mi·nent** *adj* (*adv* **~ly**) **1.** nahe bevorstehend: **his ~ death** sein naher Tod. **2.** drohend: **~ danger**.

im·mis·ci·bil·i·ty [ɪˌmɪsə'bɪlətɪ] *s* Unvermischbarkeit *f*. **im'mis·ci·ble** *adj* (*adv* **immiscibly**) unvermischbar.

im·mit·i·ga·ble [ɪ'mɪtɪgəbl] *adj* (*adv* **immitigably**) nicht zu mildern(d).

im·mo·bile [ɪ'məʊbaɪl; -biːl; *Am. bes.* -bəl] *adj* unbeweglich: a) bewegungslos: **to keep one's injured arm ~** s-n verletzten Arm ruhig halten, b) starr, fest. **im·mo·bil·i·ty** [ˌɪməʊ'bɪlətɪ] *s* **1.** Unbeweglichkeit *f*. **2.** Bewegungslosigkeit *f*.

im·mo·bi·li·za·tion [ɪˌməʊbɪlaɪ'zeɪʃn; *Am.* -lə'z-] *s* **1.** Unbeweglichmachen *n*. **2.** *econ.* a) Festlegung *f*, b) Einziehung *f*. **3.** *med.* Ruhigstellung *f*, Immobili'sierung *f*, Immobilisati'on *f*. **im'mo·bi·lize** *v/t* **1.** unbeweglich machen: **~d** bewegungsunfähig (*a. Fahrzeug etc*). **2.** *econ.* a) *Kapital* festlegen, b) *Metallgeld* einziehen, aus dem Verkehr ziehen. **3.** *med.* ruhigstellen, immobili'sieren. **4.** *mil. Truppen* lähmen, fesseln.

im·mod·er·a·cy [ɪ'mɒdərəsɪ; -drəsɪ; *Am.* ɪ'mɑ-] *s* 'Übermaß *n*, Unmäßigkeit *f*, Maßlosigkeit *f*. **im'mod·er·ate** [-rət] *adj* (*adv* **~ly**) 'über-, unmäßig, maßlos. **im'mod·er·ate-**

ness, imˌmod·erˈa·tion → immoderacy.

im·mod·est [ɪˈmɒdɪst; *Am.* ɪˈmɑdəst] *adj* (*adv* ~**ly**) **1.** unbescheiden, aufdringlich, anmaßend, vorlaut. **2.** unanständig, schamlos. **imˈmod·es·ty** *s* **1.** Unbescheidenheit *f*, Aufdringlichkeit *f*. **2.** Unanständigkeit *f*, Schamlosigkeit *f*.

im·mo·late [ˈɪməʊleɪt] *v/t* opfern (*a. fig.*), als Opfer darbringen. **ˌim·moˈla·tion** *s a. fig.* **1.** Opfern *n*, Opferung *f*. **2.** Opfer *n*.

im·mor·al [ɪˈmɒrəl; *Am. a.* ɪˈmɑ-] *adj* (*adv* ~**ly**) **1.** ˈunmoˌralisch, unsittlich (*a. jur.*): ~ **life**. **2.** *jur.* unsittlich, sittenwidrig: ~ **contract**. **im·mo·ral·i·ty** [ˌɪməˈrælətɪ; ˌɪmɒ-] *s* Unsittlichkeit *f*: a) (*das*) ˈUnmoˌralische, b) ˈUnmoˌral *f*, c) unsittliche *od.* unzüchtige Handlung (*a. jur.*), d) unsittlicher Lebenswandel, e) *jur.* Sittenwidrigkeit *f*: ~ **of a transaction**.

im·mor·tal [ɪˈmɔː(r)tl] **I** *adj* (*adv* ~**ly**) **1.** unsterblich (*a. fig.*). **2.** *fig.* ewig, unvergänglich. **II** *s* **3.** Unsterbliche(r *m*) *f* (*a. fig.*). **ˌim·morˈtal·i·ty** [-ˈtælətɪ] *s* **1.** Unsterblichkeit *f* (*a. fig.*). **2.** Unvergänglichkeit *f*. **imˌmor·tal·iˈza·tion** [-təlaɪˈzeɪʃn; *Am.* -ləˈz-] *s* Unsterblichmachen *n*, Verewigen *n*. **imˈmor·tal·ize** *v/t* unsterblich machen, verewigen.

im·mor·telle [ˌɪmɔː(r)ˈtel] *s bot.* Immorˈtelle *f*, Strohblume *f*.

im·mo·tile [ɪˈməʊtaɪl; *Am. bes.* -tl] *adj biol.* feststehend, unbeweglich.

im·mov·a·bil·i·ty [ɪˌmuːvəˈbɪlətɪ] *s* **1.** Unbeweglichkeit *f*. **2.** *fig.* Unerschütterlichkeit *f*. **imˈmov·a·ble I** *adv* (*adj* **immovably**) **1.** unbeweglich: a) fest(stehend), ortsfest: ~ **property** → 5, b) unbewegt, bewegungslos. **2.** unabänderlich. **3.** *fig.* a) fest, unerschütterlich, b) hart, unnachgiebig. **4.** (*zeitlich*) unveränderlich: ~ **feast** *relig.* unbeweglicher Feiertag. **II** *s* **5.** *pl jur.* Liegenschaften *pl*, Immoˈbilien *pl*, unbewegliches Eigentum.

im·mune [ɪˈmjuːn] **I** *adj* **1.** *med. u. fig.* (**against, from, to**) imˈmun (gegen), unempfänglich (für): ~ **body (response, serum)** Immunkörper *m* (-reaktion *f*, -serum *n*). **2.** (**against, from, to**) geschützt *od.* gefeit (gegen), frei (von): ~ **to corrosion** *tech.* korrosionsbeständig. **3.** befreit, ausgenommen (**from** von): ~ **from taxation**. **II** *s* **4.** imˈmune Perˈson.

imˈmu·ni·ty *s* **1.** Immuniˈtät *f*: a) *med. u. fig.* Unempfänglichkeit *f*: ~ **to heat** *tech.* Wärmebeständigkeit *f*, b) *jur.* Freiheit *f*, Befreiung *f*: **diplomatic** ~ diplomatische Immunität; **to enjoy** ~ Immunität genießen; ~ **from criminal prosecution (from suit)** strafrechtliche (zivilrechtliche) Immunität; ~ **from punishment** Straflosigkeit *f*; ~ **from taxes** Steuer-, Abgabefreiheit; ~ **of witness** Zeugnisverweigerungsrecht *n*. **2.** *jur.* Priviˈleg *n*, Sonderrecht *n*. **3.** Freisein *n* (**from** von): ~ **from error** Unfehlbarkeit *f*.

im·mu·ni·za·tion [ˌɪmjuːnaɪˈzeɪʃn; *Am.* ˌɪmjənəˈz-] *s med.* Immuniˈsierung *f*. **ˈim·mu·nize** *v/t* immuniˈsieren, imˈmun machen (**against** gegen) (*a. fig.*).

immuno- [ɪmjuːnəʊ] *Wortelement mit der Bedeutung* Immun...

ˌim·mu·no·biˈol·o·gy *s* Imˈmunbiologie *f* (*Teilgebiet der Mikrobiologie, das sich mit den im menschlichen u. tierischen Körper ablaufenden Immunreaktionen befaßt*).

ˌim·mu·noˈchem·is·try *s* Imˈmunchemie *f* (*Teilgebiet der Chemie, das die stofflichen Grundlagen der Immunität u. der biologischen Vorgänge, die zum Immunitätszustand führen, untersucht*).

ˌim·mu·no·geˈnet·ics *s pl* (*meist als sg konstruiert*) Imˈmungeˌnetik *f* (*Teilgebiet der Genetik, das die Vererbung der Blutgruppen bei Mensch u. Tier sowie die genetischen Faktoren, die für Entstehung und Ablauf von Infektionskrankheiten von Bedeutung sind, untersucht*).

im·mu·no·log·ic [ˌɪmjuːnəˈlɒdʒɪk; *Am.* ˌɪmjənlˈɑdʒɪk] *adj*; **ˌim·mu·noˈlog·i·cal** *adj* (*adv* ~**ly**) *med.* immunoˈlogisch: a) *die Immunologie betreffend*, b) *die Immunität betreffend*: ~ **reaction** Immunreaktion *f*. **im·mu·nol·o·gist** [ˌɪmjuːˈnɒlədʒɪst; *Am.* ˌɪmjənˈɑl-] *s* Immunoˈloge *m*. **ˌim·muˈnol·o·gy** *s* Immunoloˈgie *f*, Immuniˈtätsforschung *f*, -lehre *f*.

ˌim·mu·no·reˈac·tion *s biol. med.* Imˈmunreaktiˌon *f* (*Abwehrreaktion von Lebewesen auf Krankheitserreger od. Gifte*).

ˌim·mu·noˈther·a·py *s med.* Imˈmuntheraˌpie *f* (*Behandlungsweise von Infektionskrankheiten u. Toxinvergiftungen, bei der spezifische Mittel angewandt werden, um e-e künstliche Immunität herzustellen*).

im·mure [ɪˈmjʊə(r)] *v/t* **1.** einsperren, -kerkern: **to** ~ **o.s.** sich vergraben, sich abschließen. **2.** *obs.* einmauern.

im·mu·ta·bil·i·ty [ɪˌmjuːtəˈbɪlətɪ] *s* Unveränderlichkeit *f*. **imˈmu·ta·ble** *adj* (*adv* **immutably**) unveränderlich.

imp [ɪmp] *s* **1.** Kobold *m*. **2.** *colloq.* ‚Racker' *m*.

im·pact I *s* [ˈɪmpækt] **1.** Zs.-, Anprall *m*. **2.** Auftreffen *n*, -prall *m*. **3.** a) *mil.* Auf-, Einschlag *m*: ~ **of fire** Aufschlagschießen *n*; ~ **fuse** Aufschlagzünder *m*, b) Imˈpakt *m*, Meteoˈriteneinschlag *m*: ~ **crater** Meteoritenkrater *m*. **4.** *phys. tech.* a) Stoß *m*, Schlag *m*, b) Wucht *f*: ~ **crusher** (*Bergbau*) Schlagbrecher *m*; ~ **extrusion** Schlagstrangpressen *n*; ~ **pressure** Staudruck *m*; ~ **strength** Schlagbiegefestigkeit *f*. **5.** *fig.* a) (heftige) (Ein)Wirkung, Auswirkungen *pl*, (starker) Einfluß (**on** auf *acc*), (*von Werbemaßnahmen*) Imˈpact *m*, b) (starker) Eindruck (**on** auf *acc*), c) Wucht *f*, Gewalt *f*, d) (**on**) Belastung (*gen*), Druck *m* (auf *acc*): **to make an** ~ **(on)** ‚einschlagen' *od.* e-n starken Eindruck hinterlassen (bei), sich mächtig auswirken (auf *acc*); **s.th. has lost its** ~ etwas ‚greift' *od.* ‚zieht' nicht mehr. **II** *v/t* [ɪmˈpækt] **6.** zs.-pressen, -drücken. **7.** voll-, verstopfen. **8.** *a. med.* ein-, festklemmen, einkeilen: ~**ed fracture** eingekeilter Bruch; ~**ed tooth** impaktierter Zahn. **imˈpac·tion** *s bes. med.* Einkeilung *f*.

im·pair [ɪmˈpeə(r)] **I** *v/t* beeinträchtigen: **to** ~ **one's health** s-r Gesundheit schaden. **II** *s obs. für* **impairment**. **imˈpair·ment** *s* Beeinträchtigung *f*.

im·pa·la [ɪmˈpɑːlə; ɪmˈpælə] *pl* **-las**, *bes. collect.* **-la** *s zo.* Imˈpala *f* (*e-e Antilope*).

im·pale [ɪmˈpeɪl] *v/t* **1.** aufspießen (**on** auf *acc*), durchˈbohren. **2.** *hist.* pfählen. **3.** *her. zwei Wappen auf e-m Schild* durch e-n senkrechten Pfahl getrennt nebeneinˈander anbringen. **4.** *fig.* festnageln. **imˈpale·ment** *s* **1.** *hist.* Pfählung *f*. **2.** Aufspießung *f*, Durchˈbohrung *f*. **3.** *her. Vereinigung zweier durch e-n Pfahl getrennter Wappen auf einem Schild.*

im·pal·pa·ble [ɪmˈpælpəbl] *adj* (*adv* **impalpably**) **1.** unfühlbar, ungreifbar. **2.** äußerst fein. **3.** *fig.* kaum (er)faßbar *od.* greifbar.

im·pa·na·tion [ˌɪmpæˈneɪʃn] *s relig.* Impanatiˈon *f* (*Verkörperung Christi im Abendmahl ohne Transsubstantiation*).

im·pan·el [ɪmˈpænl] *v/t pret u. pp* **-eled**, *bes. Br.* **-elled 1.** in e-e Liste eintragen. **2.** *jur.* a) in die Geschworenenliste eintragen, b) *Am. die Geschworenen* aus der Liste auswählen.

im·par·i·pin·nate [ˌɪmpærɪˈpɪnɪt; -neɪt] *adj bot.* unpaarig gefiedert.

im·par·i·syl·lab·ic [ˈɪmˌpærɪsɪˈlæbɪk] *adj u. s ling.* ungleichsilbig(es Wort).

im·par·i·ty [ɪmˈpærətɪ] *s* Ungleichheit *f*.

im·part [ɪmˈpɑː(r)t] *v/t* **1.** (**to** *dat*) geben: a) gewähren, zukommen lassen, b) *e-e Eigenschaft etc* verleihen. **2.** a) mitteilen (**to** *dat*): **to** ~ **news**, b) vermitteln (**to** *dat*): **to** ~ **knowledge**, c) *a. phys.* überˈtragen (**to** auf *acc*): **to** ~ **a motion**; **to be** ~**ed to** sich mitteilen (*dat*); sich übertragen auf (*acc*).

im·par·tial [ɪmˈpɑː(r)ʃl] *adj* (*adv* ~**ly**) ˈunparˌteiisch, unvoreingenommen, unbefangen. **ˈimˌpar·tiˈal·i·ty** [-ʃɪˈælətɪ], **imˈpar·tial·ness** *s* ˈUnparˌteilichkeit *f*, Unvoreingenommenheit *f*.

im·pass·a·ble [ɪmˈpɑːsəbl; *Am.* -ˈpæ-] *adj* (*adv* **impassably**) **1.** ˈunpasˌsierbar: ~ **roads**. **2.** *bes. fig.* ˈunüberˌwindbar: **an** ~ **obstacle to freedom**. **3.** nicht ˈumlauffähig: ~ **counterfeit money**.

im·passe [æmˈpɑːs; ˈæmpɑːs; *Am.* ˈɪmˌpæs; ɪmˈpæs] *s* **1.** Sackgasse *f* (*a. fig.*). **2.** *fig.* völliger Stillstand, toter Punkt: **to reach an** ~ in e-e Sackgasse geraten, sich festfahren; **to break the** ~ aus der Sackgasse herauskommen.

im·pas·si·bil·i·ty [ɪmˌpæsɪˈbɪlətɪ] *s* **1.** Unempfindlichkeit *f*. **2.** Ungerührtheit *f*. **imˈpas·si·ble** *adj* (*adv* **impassibly**) **1.** (**to**) gefühllos (gegen), unempfindlich (für) (*beide a. fig.*). **2.** ungerührt, mitleidlos.

im·pas·sion [ɪmˈpæʃn] *v/t* leidenschaftlich bewegen *od.* erregen, aufwühlen: ~**ed** leidenschaftlich.

im·pas·sive [ɪmˈpæsɪv] *adj* (*adv* ~**ly**) **1.** a) teilnahmslos, leidenschaftslos, b) ungerührt. **2.** gleichmütig, gelassen. **3.** heiter. **4.** unbewegt, ausdruckslos: ~ **face**. **imˈpas·sive·ness, ˌim·pasˈsiv·i·ty** *s* **1.** a) Teilnahmslosigkeit *f*, b) Ungerührtheit *f*. **2.** Gleichmütigkeit *f*, Gelassenheit *f*. **3.** Heiterkeit *f*. **4.** Ausdruckslosigkeit *f*.

im·paste [ɪmˈpeɪst] *v/t* **1.** zu e-m Teig kneten. **2.** *paint.* paˈstos malen.

im·pas·to [ɪmˈpæstəʊ; ɪmˈpɑːs-] *s paint.* Imˈpasto *n*, dicker Farbauftrag.

im·pa·tience [ɪmˈpeɪʃns] *s* **1.** Ungeduld *f*. **2.** ungeduldiges Verlangen (**for** nach; **to do** zu tun). **3.** a) Unduldsamkeit *f*, ˈIntoleˌranz *f*, b) Unzufriedenheit *f*, Verärgerung *f*.

im·pa·tient [ɪmˈpeɪʃnt] *adj* (*adv* ~**ly**) **1.** ungeduldig: ~ **questions**. **2. to be** ~ **for s.th.** etwas nicht erwarten können; **to be** ~ **to do s.th.** darauf brennen, etwas zu tun; es nicht erwarten können, etwas zu tun. **3.** (**of**) a) unduldsam, ˈintoleˌrant (gegenˈüber): **to be** ~ **of** nicht (v)ertragen können, nichts übrig haben für, b) unzufrieden (mit), ärgerlich, ungehalten (über *acc*).

im·peach [ɪmˈpiːtʃ] *v/t* **1.** *jur. j-n* anklagen (**for, of, with** *gen*): **to** ~ **s.o. for doing s.th.** j-n anklagen, etwas getan zu haben. **2.** *jur. bes. Am. e-n hohen Staatsbeamten*, (*in den USA*) *bes. den Präsidenten* unter Amtsanklage stellen. **3.** *jur.* anfechten: **to** ~ **a document** die Gültigkeit e-s Schriftstücks anfechten *od.* in Zweifel ziehen *od.* bestreiten; **to** ~ **a witness** *Am.* die Glaubwürdigkeit e-s Zeugen anzweifeln. **4.** *etwas* in Frage stellen, in Zweifel ziehen: **to** ~ **s.o.'s motives**. **imˈpeach·a·ble** *adj* **1.** *jur.* anklagbar. **2.** *jur.* anfechtbar.

im·peach·ment [ɪmˈpiːtʃmənt] *s* **1.** *jur.* Anklage *f*, Beschuldigung *f*. **2.** *jur. bes. Am.* Imˈpeachment *n* (*Amtsanklage gegen e-n hohen Staatsbeamten, in den USA bes.*

gegen den Präsidenten, zum Zwecke der Amtsenthebung). **3.** *jur.* Anfechtung *f* (der Gültigkeit): ~ **of a witness** *Am.* Anzweiflung der Glaubwürdigkeit e-s Zeugen. **4.** In'fragestellung *f.* ~ **of waste** *s jur.* Pächterhaftung *f* für Wertminderung des Pachtlandes.

im·pec·ca·bil·i·ty [ɪmˌpekəˈbɪlətɪ] *s* **1.** Sünd(en)losigkeit *f.* **2.** Tadellosigkeit *f.* **im'pec·ca·ble** *adj* (*adv* **impeccably**) **1.** sünd(en)los. **2.** tadellos, untadelig, einwandfrei. **im'pec·cant** *adj* sünd(en)los.

im·pe·cu·ni·os·i·ty [ˈɪmpɪˌkjuːnɪˈɒsətɪ; *Am.* -ˈɑs-] *s* Mittellosigkeit *f.* ˌ**im·pe'cu·ni·ous** [-ˈkjuːnjəs; -nɪəs] *adj* (*adv* ~**ly**) mittellos, unbemittelt.

im·ped·ance [ɪmˈpiːdəns; -dns] *s electr.* Impe'danz *f,* 'Scheinˌwiderstand *m:* **characteristic** ~ Wellenwiderstand; ~ **coil** Drosselspule *f.*

im·pede [ɪmˈpiːd] *v/t* **1.** *j-n od. etwas* (be)hindern: **what** ~**s your telling him the truth?** was hindert Sie daran, ihm die Wahrheit zu sagen? **2.** *etwas* erschweren. **im'pe·di·ent** [-dɪənt] *adj* hindernd, hinderlich.

im·ped·i·ment [ɪmˈpedɪmənt] *s* **1.** Behinderung *f.* **2.** Hindernis *n* (**to** für). **3.** *med.* Funkti'onsstörung *f:* ~ (**in one's speech**) Sprachfehler *m.* **4.** *pl a.* **im**ˌ**ped·i'men·ta** [-ˈmentə] *jur.* Hinderungsgrund *m:* ~ (**to marriage**) Ehehindernis *n.* **im**ˌ**ped·i'men·ta** [-ˈmentə] *s pl* **1.** *mil.* Gepäck *n.* **2.** *colloq.* a) (hinderliches) Gepäck, b) (*j-s*) ‚Siebensachen' *pl.*

im·pel [ɪmˈpel] *v/t* **1.** *a. fig.* (an-, vorwärts)treiben, drängen. **2.** zwingen, nötigen, bewegen: **I felt** ~**led** ich sah mich gezwungen *od.* fühlte mich genötigt (**to do** zu tun). **3.** führen zu, verursachen. **im'pel·lent I** *adj* (an)treibend, Trieb... **II** *s* Triebkraft *f,* Antrieb *m.* **im'pel·ler** *s* **1.** Antreibende(r *m*) *f.* **2.** *tech.* a) Laufrad *n,* b) Flügelrad *n* (*e-r Pumpe*), c) *aer.* Laderlaufrad *n.*

im·pend [ɪmˈpend] *v/t* **1.** hängen, schweben (**over** über *dat*). **2.** *fig.* a) (**over**) drohend schweben (über *dat*), drohen (*dat*), b) nahe bevorstehen. **im'pend·ent, im'pend·ing** *adj* a) nahe bevorstehend: **his** ~ **death** sein naher Tod, b) drohend: ~ **danger.**

im·pen·e·tra·bil·i·ty [ɪmˌpenɪtrəˈbɪlətɪ] *s* **1.** *a. phys. u. fig.* 'Undurchˌdringlichkeit *f.* **2.** *fig.* Unergründlichkeit *f,* Unerforschlichkeit *f.* **im'pen·e·tra·ble** *adj* (*adv* **impenetrably**) **1.** *a. phys. u. fig.* 'undurchˌdringlich (**by** für). **2.** *fig.* unergründlich, unerforschlich: **an** ~ **mystery. 3.** *fig.* (**to, by**) unempfänglich (für), unzugänglich (*dat*).

im·pen·i·tence [ɪmˈpenɪtəns], *a.* **im'pen·i·ten·cy** [-sɪ] *s* a) *relig.* Unbußfertigkeit *f,* b) Verstocktheit *f.* **im'pen·i·tent** *adj* (*adv* ~**ly**) a) *relig.* unbußfertig, b) verstockt.

im·per·a·ti·val [ɪmˌperəˈtaɪvl] → **imperative** 3.

im·per·a·tive [ɪmˈperətɪv] **I** *adj* (*adv* ~**ly**) **1.** befehlend, gebieterisch, herrisch, Befehls... **2.** 'unumˌgänglich, zwingend, dringend (notwendig), unbedingt erforderlich. **3.** *ling.* impera'tivisch, Imperativ..., Befehls...: ~ **mood** → 5. **II** *s* **4.** Befehl *m.* **5.** *ling.* Imperativ *m,* Befehlsform *f.* **6.** a) 'unumˌgängliche Pflicht, b) dringendes Erfordernis, Notwendigkeit *f.*

im·per·cep·ti·ble [ˌɪmpə(r)ˈseptəbl] *adj* (*adv* **imperceptibly**) **1.** nicht wahrnehmbar, unmerklich. **2.** verschwindend klein. ˌ**im·per'cep·tive** → **impercipient.** ˌ**im·per'cip·i·ent** [-ˈsɪpɪənt] *adj* **1.** ohne Wahrnehmung, nicht wahrnehmend. **2.** begriffsstutzig, beschränkt.

im·per·fect [ɪmˈpɜːfɪkt; *Am.* -ˈpɜr-] **I** *adj* (*adv* ~**ly**) **1.** unvollkommen (*a. mus.*): a) unvollständig (*a. bot.*), 'unvollˌendet, b) mangel-, fehlerhaft, schwach: ~ **number** *math.* unvollkommene Zahl; ~ **title** *jur.* fehlerhafter Eigentumstitel. **2.** *ling.* Imperfekt...: ~ **tense** → 4. **3.** *jur.* nicht einklagbar. **II** *s* **4.** *ling.* Imperfekt *n,* 'unvollˌendete Vergangenheit. **im·per·fec·tion** [ˌɪmpə(r)ˈfekʃn] *s* **1.** Unvollkommenheit *f,* Mangelhaftigkeit *f.* **2.** Mangel *m,* Fehler *m,* Schwäche *f.* **3.** *print.* De'fekt(buchstabe) *m.*

im·per·fo·rate [ɪmˈpɜːfərət; *Am.* -ˈpɜr-; *a.* -ˌreɪt] **I** *adj* **1.** *bes. med.* ohne Öffnung. **2.** nicht durch'bohrt *od.* -'löchert, nicht gelocht *od.* perfo'riert: ~ **stamp** → 3. **II** *s* **3.** ungezähnte Briefmarke.

im·pe·ri·al [ɪmˈpɪərɪəl] **I** *adj* (*adv* ~**ly**) **1.** kaiserlich, Kaiser... **2.** *hist.* Reichs...: **I**~ **Diet** Reichstag *m.* **3.** des Brit. Weltreichs, Reichs..., Empire... **4.** *fig.* a) souve'rän, b) gebieterisch. **5.** *fig.* a) königlich, fürstlich, prächtig, großartig, b) her'vorragend, exqui'sit, c) impo'sant, mächtig, riesig. **6.** *Br.* gesetzlich (*Maße u. Gewichte*): ~ **gallon** Gallone *f* (= *4,55 l*). **II** *s* **7.** Kaiserliche(r) *m* (*Anhänger od. Soldat*). **8.** Knebelbart *m.* **9.** Imperi'al (-paˌpier) *n* (*Format: in den USA 23 × 31 in., in GB 22 × 30 in.*). **10.** dunkles Purpurrot. ~ **blue** *s chem.* in Spiritus lösliches Ani'linblau. ~ **cit·y** *s hist.* **1.** freie Reichsstadt. **2. I**~ **C**~ Kaiserstadt *f* (*bes. Rom*). ~ **dome** *s arch.* Spitzkuppel *f.* ~ **ea·gle** *s orn.* Kaiseradler *m.*

im'pe·ri·al·ism *s pol.* **1.** Imperia'lismus *m* (*Streben e-s Staates nach Macht- u. Besitzerweiterung*). **2.** Kaiserherrschaft *f.* **im'pe·ri·al·ist I** *s* **1.** *pol.* Imperia'list *m.* **2.** kaiserlich Gesinnte(r) *m,* Kaiserliche(r) *m.* **II** *adj* **3.** imperia'listisch. **4.** kaiserlich, -treu. **im**ˌ**pe·ri·al'is·tic** *adj* (*adv* ~**ally**) → **imperialist** II. **im'pe·ri·al·ize** *v/t* **1.** kaiserlich machen, mit kaiserlicher Würde ausstatten. **2.** zu e-m Kaiserreich machen.

im·pe·ri·al| moth *s zo.* Kaiserspinner *m.* ~ **pref·er·ence** *s econ.* Zollbegünstigung *f,* Vorzugszoll *m* (*für den Handel zwischen Großbritannien u. s-n Dominions*).

im·per·il [ɪmˈperəl] *v/t* gefährden, in Gefahr bringen.

im·pe·ri·ous [ɪmˈpɪərɪəs] *adj* (*adv* ~**ly**) **1.** herrisch, gebieterisch. **2.** dringend, zwingend: **an** ~ **necessity. im'pe·ri·ous·ness** *s* **1.** herrisches *od.* gebieterisches Wesen. **2.** Dringlichkeit *f.*

im·per·ish·a·ble [ɪmˈperɪʃəbl] *adj* (*adv* **imperishably**) **1.** unverderblich. **2.** *fig.* unvergänglich, ewig. **im'per·ish·a·ble·ness** *s* **1.** Unverderblichkeit *f.* **2.** *fig.* Unvergänglichkeit *f.*

im·per·ma·nence [ɪmˈpɜːmənəns; *Am.* -ˈpɜr-], **im'per·ma·nen·cy** [-sɪ] *s* vor'übergehende Art. **im'per·ma·nent** *adj* (*adv* ~**ly**) vor'übergehend, nicht von Dauer.

im·per·me·a·bil·i·ty [ɪmˌpɜːmjəˈbɪlətɪ; -mɪə-; *Am.* -ˌpɜr-] *s* 'Undurchˌdringbarkeit *f,* 'Unˌdurchlässigkeit *f, bes. phys.* Impermeabili'tät *f.* **im'per·me·a·ble** *adj* (*adv* **impermeably**) 'undurchˌdringbar, 'unˌdurchlässig, *bes. phys.* imperme'abel (**to** für): ~ **to gas(es)** *phys.* gasundurchlässig; ~ **to water** wasserdicht.

im·per·mis·si·ble [ˌɪmpə(r)ˈmɪsəbl] *adj* unzulässig, unstatthaft.

im·per·script·i·ble [ˌɪmpə(r)ˈskrɪptəbl] *adj* nicht schriftlich belegt.

im·per·son·al [ɪmˈpɜːsnl; *Am.* -ˈpɜrsnəl] **I** *adj* (*adv* ~**ly**) **1.** 'unperˌsönlich: **an** ~ **deity;** ~ **account** *econ.* Sachkonto *n.* **2.** *ling.* a) 'unperˌsönlich: ~ **verb,** b) unbestimmt: ~ **pronoun** unbestimmtes Fürwort, Indefinitpronomen *n.* **II** *s* **3.** (*das*) 'Unperˌsönliche. **4.** *ling.* 'unperˌsönliches Zeitwort. **im**ˌ**per·son'al·i·ty** [-səˈnælətɪ] *s* 'Unperˌsönlichkeit *f.* **im'per·son·al·ize** [-nəlaɪz] *v/t* **1.** 'unperˌsönlich machen. **2.** entmenschlichen.

im·per·son·ate [ɪmˈpɜːsəneɪt; *Am.* ɪmˈpɜrsnˌeɪt] *v/t* **1.** *thea. etc* verkörpern, mimen. **2.** *j-n* imi'tieren, nachahmen. **3.** sich ausgeben als *od.* für. **im**ˌ**per·son'a·tion** *s* **1.** *thea. etc* Verkörperung *f,* Darstellung *f.* **2.** Imitati'on *f,* Nachahmung *f:* **to give an** ~ **of** → **impersonate** 2. **3.** (betrügerisches *od.* scherzhaftes) Auftreten (**of** als). **im'per·son·a·tive** [-ətɪv; -eɪtɪv] *adj thea. etc* Darstellungs..., darstellend. **im'per·son·a·tor** [-tə(r)] *s* **1.** *thea. etc* Darsteller(in). **2.** Imi'tator *m,* Nachahmer *m.* **3.** Hochstapler(in).

im·per·ti·nence [ɪmˈpɜːtɪnəns; *Am.* ɪmˈpɜrtnəns] *s* **1.** Unverschämtheit *f,* Ungehörigkeit *f,* Frechheit *f.* **2.** Zudringlichkeit *f.* **3.** Belanglosigkeit *f.* **4.** Nebensache *f.* **im'per·ti·nent** *adj* (*adv* ~**ly**) **1.** unverschämt, ungehörig, frech. **2.** zudringlich. **3.** nicht zur Sache gehörig, 'irreleˌvant: **to be** ~ **to** keinen Bezug haben auf (*acc*). **4.** unerheblich, belanglos (**to** für).

im·per·turb·a·bil·i·ty [ˈɪmpəˌtɜːbəˈbɪlətɪ; *Am.* ˈɪmpərˌtɜr-] *s* Unerschütterlichkeit *f,* Gelassenheit *f,* Gleichmut *m.* ˌ**im·per'turb·a·ble** *adj* (*adv* **imperturbably**) unerschütterlich, gelassen, gleichmütig.

im·per·vi·ous [ɪmˈpɜːvjəs; -vɪəs; *Am.* ɪmˈpɜr-] *adj* (*adv* ~**ly**) **1.** → **impermeable. 2.** unempfindlich (**to** gegen) (*a. fig.*). **3.** *fig.* (**to**) a) unzugänglich (für *od. dat*), taub (gegen): ~ **to advice,** b) nicht zu erschüttern(d) (durch): **he is** ~ **to criticism** an ihm prallt jede Kritik wirkungslos ab, c) ungerührt (von): **he was** ~ **to her tears. im'per·vi·ous·ness** *s* **1.** → **impermeability. 2.** Unempfindlichkeit *f* (*a. fig.*). **3.** *fig.* Unzugänglichkeit *f.*

im·pe·tig·i·nous [ˌɪmpɪˈtɪdʒɪnəs] *adj* (*adv* ~**ly**) *med.* impetigi'nös. ˌ**im·pe'ti·go** [-ˈtaɪgəʊ; *Am. a.* -ˈtiː-] *pl* **-gos** *s* Impe'tigo *f,* Eiterflechte *f.*

im·pet·u·os·i·ty [ɪmˌpetjʊˈɒsətɪ; *Am.* ɪmˌpetʃəˈwɑsətiː] *s* **1.** Heftigkeit *f,* Ungestüm *n.* **2.** impul'sive Handlung. **3.** über'eilte *od.* vorschnelle Handlung. **im'pet·u·ous** [-tjʊəs; *Am.* -tʃəwəs] *adj* (*adv* ~**ly**) **1.** heftig, ungestüm. **2.** impul'siv. **3.** über'eilt, vorschnell. **4.** *poet.* stürmisch: ~ **winds.**

im·pe·tus [ˈɪmpɪtəs] *s* **1.** *phys.* Stoß-, Triebkraft *f,* Antrieb *m,* Schwung *m.* **2.** *fig.* Impetus *m:* a) Antrieb *m,* Anstoß *m,* Im'puls *m,* b) Schwung *m:* **to give an** ~ **to** Auftrieb *od.* Schwung verleihen (*dat*).

im·pi·e·ty [ɪmˈpaɪətɪ] *s* **1.** Gottlosigkeit *f.* **2.** (**to** gegen'über) a) Pie'tätlosigkeit *f,* b) Re'spektlosigkeit *f.*

im·pinge [ɪmˈpɪndʒ] *v/i* **1.** (**on, upon, against**) a) auftreffen (auf *acc*), (an)prallen, stoßen (an *acc,* gegen), zs.-stoßen (mit), b) treffen (auf *acc*): **strong light impinging on the eye causes pain; to** ~ **on s.o.'s ear** an j-s Ohr dringen. **2.** (**on, upon**) sich auswirken (auf *acc*), beeinflussen (*acc*). **3.** (**on, upon**) eingreifen (in *j-s Besitz od. Recht*), unberechtigt eindringen (in *acc*), sich 'Übergriffe leisten (in, auf *acc*), (*j-s Recht*) verletzen. **im'pinge·ment** *s* **1.** (**on, upon, against**) Auftreffen *n* (auf *acc*), Stoß *m* (gegen), Zs.-stoß *m* (mit). **2.** (**on, upon**) Auswirkung *f* (auf *acc*), Beeinflussung *f* (*gen*).

3. (**on, upon**) Eingriff *m* (in *acc*), ˈÜbergriff *m* (in, auf *acc*), Verletzung *f* (*gen*).

im·pi·ous [ˈɪmpɪəs; *Am. a.* ɪmˈpaɪəs] *adj* (*adv* **~ly**) **1.** gottlos. **2.** (**to** gegenˈüber) a) pieˈtätlos, b) reˈspektlos.

imp·ish [ˈɪmpɪʃ] *adj* (*adv* **~ly**) schelmisch, spitzbübisch.

im·plac·a·bil·i·ty [ɪmˌplækəˈbɪlətɪ; -ˌpleɪ-] *s* Unversöhnlichkeit *f*, Unnachgiebigkeit *f*. **imˈplac·a·ble** *adj* (*adv* **implacably**) unversöhnlich, unnachgiebig. **imˈplac·a·ble·ness** → **implacability**.

im·plant I *v/t* [ɪmˈplɑːnt; *Am.* -ˈplænt] **1.** *med.* implanˈtieren, einpflanzen (*a. fig.*) (**in, into** *dat*). **2.** *fig.* einprägen (**in, into** *dat*): **deeply ~ed hatred** tiefverwurzelter Haß. **II** *s* [ˈɪmplɑːnt; *Am.* -ˌplænt] **3.** *med.* Implanˈtat *n*. ˌ**im·planˈta·tion** *s* **1.** *med.* Implantatiˈon *f*, Einpflanzung *f* (*a. fig.*). **2.** *fig.* Einprägung *f*.

im·plau·si·bil·i·ty [ɪmˌplɔːzəˈbɪlətɪ] *s* Unwahrscheinlichkeit *f*. **imˈplau·si·ble** *adj* (*adv* **implausibly**) unwahrscheinlich, unglaubwürdig, nicht plauˈsibel *od.* einleuchtend.

im·plead [ɪmˈpliːd] *v/t jur.* **1.** a) verklagen, b) Klage erheben gegen. **2.** *Am. e-e dritte Person* in den Proˈzeß hinˈeinbringen.

im·ple·ment I *s* [ˈɪmplɪmənt] **1.** Werkzeug *n* (*a. fig.*), (Arbeits)Gerät *n*. **2.** *pl* Utenˈsilien *pl*, Gerät *n*, Zubehör *n*, Handwerkszeug *n*. **3.** Hilfsmittel *n*. **4.** *jur. Scot.* Erfüllung *f* (*e-s Vertrags*). **II** *v/t* [-ment] **5.** aus-, ˈdurchführen. **6.** *jur. Scot. e-n Vertrag* erfüllen. ˈ**im·ple·ment·ing,** ˌ**im·pleˈmen·ta·ry** *adj* ausführend: **~ order** Ausführungsverordnung *f*; **~ regulations** Ausführungsbestimmungen. ˌ**im·ple·menˈta·tion** *s* Aus-, ˈDurchführung *f*.

im·pli·cate [ˈɪmplɪkeɪt] *v/t* **1.** *fig.* verwickeln, hinˈeinziehen (**in** in *acc*), in Zs.-hang *od.* Verbindung bringen (**with** mit): **~d in a crime** in ein Verbrechen verwickelt. **2.** *fig.* mit sich bringen, zur Folge haben. **3.** → **imply** 1.

im·pli·ca·tion [ˌɪmplɪˈkeɪʃn] *s* **1.** Verwicklung *f*. **2.** Implikatiˈon *f*, Einbegreifen *n*, Einbeziehung *f*. **3.** Einbegriffensein *n*. **4.** (stillschweigende *od.* selbstverständliche) Folgerung: **by ~** a) als natürliche Folgerung *od.* Folge, b) stillschweigend, ohne weiteres, durch sinngemäße Auslegung. **5.** Begleiterscheinung *f*, Folge *f*, Auswirkung *f*, *pl a.* Weiterungen *pl*: **a war and all its ~s** ein Krieg u. alles, was er mit sich bringt. **6.** (enger) Zs.-hang, Verflechtung *f*, *pl a.* ˈHintergründe *pl*. **7.** tieferer Sinn, eigentliche Bedeutung. **8.** (versteckte) Andeutung (**of** von). **9.** *Logik*: Implikatiˈon *f* (*Beziehung zwischen zwei Sachverhalten, von denen der e-e den anderen in sich schließt od. schließen soll*). **im·pli·ca·tive** [ɪmˈplɪkətɪv; ˈɪmplɪkeɪtɪv] *adj* (*adv* **~ly**) in sich schließend, impliˈzierend: **to be ~ of** → **imply** 1.

im·plic·it [ɪmˈplɪsɪt] *adj* **1.** → **implied**. **2.** *math.* impliˈzit: **~ function** implizite *od.* nicht entwickelte Funktion. **3.** verborgen, ˈhintergründig. **4.** absoˈlut, vorbehaltlos, bedingungslos: **~ faith** (**obedience**) blinder Glaube (Gehorsam). **imˈplic·it·ly** *adv* **1.** imˈplizite, stillschweigend, ohne weiteres. **2.** → **implicit** 4. **imˈplic·it·ness** *s* **1.** Mitˈinbegriffensein *n*. **2.** stillschweigende Folgerung. **3.** Absoˈlutheit *f*.

im·plied [ɪmˈplaɪd] *adj* impliˈziert, (stillschweigend *od.* mit) inbegriffen, mitverstanden, -enthalten, einbezogen, sinngemäß (darˈin) enthalten *od.* (darˈaus) herˈvorgehend: **~ contract** stillschweigend geschlossener Vertrag; **~ powers** stillschweigend zuerkannte Befugnisse, mit inbegriffene Zuständigkeiten. **im·pli·ed·ly** [ɪmˈplaɪɪdlɪ] → **implicitly** 1.

im·plode [ɪmˈpləʊd] **I** *v/i phys.* imploˈdieren. **II** *v/t ling.* als Imploˈsivlaut aussprechen.

im·plo·ra·tion [ˌɪmplɔːˈreɪʃn] *s* Flehen *n*, dringende Bitte (**for** um). **im·plore** [ɪmˈplɔː(r)] **I** *v/t* **1.** inständig bitten, anflehen, beschwören. **2.** erflehen, erbitten, flehen um. **II** *v/i* **3.** flehen, inständig bitten (**for** um). **imˈplor·ing** *adj* (*adv* **~ly**) flehentlich (bittend), flehend.

im·plo·sion [ɪmˈpləʊʒn] *s phys.* Implosiˈon *f* (*a. ling. Einströmem der Luft in die Mundhöhle bei Verschlußlauten*). **imˈplo·sive** [-sɪv] *ling.* **I** *adj* imploˈsiv. **II** *s* Imploˈsivlaut *m*.

im·ply [ɪmˈplaɪ] *v/t* **1.** impliˈzieren, (stillschweigend *od.* mit) einbegreifen, einbeziehen, mit enthalten, (sinngemäß *od.* stillschweigend) be-inhalten, in sich schließen: **this implies** daraus ergibt sich, dies bedeutet. **2.** bedeuten, besagen (*Wort*). **3.** andeuten, ˈdurchblicken lassen, zu verstehen geben. **4.** mit sich bringen, bedeuten, zur Folge haben.

im·pol·der [ɪmˈpəʊldə(r)] *v/t* eindeichen, trockenlegen.

im·pol·i·cy [ɪmˈpɒləsɪ; *Am.* ɪmˈpɑ-] *s* Unklugheit *f*, ˈundiploˌmatisches Vorgehen.

im·po·lite [ˌɪmpəˈlaɪt] *adj* (*adv* **~ly**) unhöflich. ˌ**im·poˈlite·ness** *s* Unhöflichkeit *f*.

im·pol·i·tic [ɪmˈpɒlətɪk; *Am.* ɪmˈpɑ-] *adj* (*adv* **~ly**) ˈundiploˌmatisch, unklug.

im·pon·de·ra·bil·i·a [ɪmˌpɒndərəˈbɪlɪə; *Am.* ɪmˌpɑn-] *s pl* Imponderaˈbilien *pl*, Unwägbarkeiten *pl*.

im·pon·der·a·bil·i·ty [ɪmˌpɒndərəˈbɪlətɪ; *Am.* ɪmˌpɑn-] *s* Unwägbarkeit *f*. **imˈpon·der·a·ble I** *adj* unwägbar, nicht ab- *od.* einschätzbar. **II** *s* Unwägbarkeit *f*: **~s** → *a.* **imponderabilia**.

im·port [ɪmˈpɔː(r)t; *Am. a.* ɪmˈpəʊrt] **I** *v/t* **1.** imporˈtieren, einführen: **~ed articles** (*od.* **commodities**) → 10 b. **2.** *fig.* (**into**) einführen *od.* hinˈeinbringen (in *acc*), überˈtragen (auf *acc*). **3.** bedeuten, besagen. **4.** mit enthalten, einbegreifen. **5.** betreffen, angehen, interesˈsieren, Bedeutung haben für. **II** *v/i* **6.** *econ.* imporˈtieren, einführen: **~ing country** Einfuhrland *n*; **~ing firm** Importfirma *f*. **7.** von Wichtigkeit sein, Bedeutung haben. **III** *s* [ˈɪmp-] **8.** *econ.* Einfuhr(handel *m*) *f*, Imˈport *m*. **9.** *econ.* Imˈport-, ˈEinfuhrarˌtikel *m*. **10.** *pl econ.* a) (Geˈsamt)ImˌPort *m*, (-)Einfuhr *f*, b) Imˈportgüter *pl*, Einfuhrware *f*. **11.** Bedeutung *f*: a) Sinn *m*, b) Wichtigkeit *f*, Tragweite *f*, Gewicht *n*. **IV** *adj* **12.** *econ.* Einfuhr..., Import...: **~ bounty** Einfuhrprämie *f*; **~ duty** Einfuhrzoll *m*; **~ licence** (*bes. Am.* **license**) Einfuhrgenehmigung *f*, Importlizenz *f*; **~ permit** Einfuhrbewilligung *f*; **~ trade** Einfuhrhandel *m*, Importgeschäft *n*. **imˈport·a·ble** *adj econ.* imˈportfähig, einführbar, Einfuhr...

im·por·tance [ɪmˈpɔː(r)tns; *Am. a.* ɪmˈpəʊr-] *s* **1.** Bedeutung *f*: a) Wichtigkeit *f*, Bedeutsamkeit *f*: **to be of no ~** unwichtig *od.* belanglos sein (**to** für); **to attach ~ to s.th.** e-r Sache Bedeutung beimessen; **conscious** (*od.* **full**) **of one's ~** (äußerst) selbstbewußt, wichtigtuerisch, eingebildet; **of such ~** von solcher Größenordnung; **of the first ~** ersten Ranges; → **air**[1] 6, b) Einfluß *m*, Gewicht *n*, Ansehen *n*: **a person of ~** e-e bedeutende *od.* gewichtige Persönlichkeit. **2.** wichtigtuerisches Gehabe, Wichtigtueˈrei *f*. **imˈpor·tant** *adj* (*adv* **~ly**) **1.** bedeutend: a) wichtig, bedeutsam, wesentlich, von Belang (**to** für), b) herˈvorragend, c) einflußreich, angesehen. **2.** wichtig(tuerisch), eingebildet.

im·por·ta·tion [ˌɪmpɔː(r)ˈteɪʃn; *Am. a.* ˌɪmpəʊr-; ˌɪmpər-] → **import** 8–10.

imˈport·er *s econ.* Imporˈteur *m*.

im·por·tu·nate [ɪmˈpɔː(r)tjʊnət; -tʃʊ-; *bes. Am.* -tʃə-] *adj* (*adv* **~ly**) lästig, zu-, aufdringlich, hartnäckig. **imˈpor·tu·nate·ness** *s* Lästigkeit *f*, Zu-, Aufdringlichkeit *f*.

im·por·tune [ɪmˈpɔːtjuːn; -tʃuːn; ˌ-ˈtjuːn; *Am.* ˌɪmpərˈtuːn; ɪmˈpɔːrtʃən] *v/t* **1.** *j-n* bedrängen, (*a.* unsittlich) belästigen, bestürmen, dauernd (*bes.* mit Bitten) behelligen. **2.** *etwas* hartnäckig fordern. ˌ**im·porˈtu·ni·ty** *s* **1.** → **importunateness**. **2.** hartnäckige Forderung.

im·pose [ɪmˈpəʊz] **I** *v/t* **1.** *e-e Pflicht, Steuer etc* auferlegen, -bürden (**on, upon** *dat*): **to ~ a penalty on s.o.** e-e Strafe verhängen gegen j-n, j-n mit e-r Strafe belegen; **to ~ a tax on s.o.** (**s.th.**) j-n (etwas) mit e-r Steuer belegen, j-n (etwas) besteuern. **2.** (**on, upon**) a) *etwas* aufdrängen, -zwingen (*dat*): **to ~ o.s.** (*od.* **one's presence**) **on s.o.** sich j-m aufdrängen, b) *etwas* (*mit Gewalt*) einführen *od.* ˈdurchsetzen (bei): **to ~ law and order** Recht u. Ordnung schaffen. **3.** *etwas* aufschwatzen, ‚andrehen' (**on, upon** *dat*). **4.** *relig. die Hände* segnend auflegen. **5.** *print. Kolumnen* ausschießen: **to ~ anew** umschießen; **to ~ wrong** verschießen. **6.** (*als Pflicht*) vorschreiben. **II** *v/i* **7.** (**on, upon**) beeindrucken (*acc*), impoˈnieren (*dat*): **he is not to be ~d upon** er läßt sich nichts vormachen. **8.** ausnutzen, *b.s. a.* mißˈbrauchen (**on, upon** *acc*): **to ~ on s.o.'s kindness**. **9.** (**on, upon** *dat*) a) sich aufdrängen, b) zur Last fallen: **I don't want to ~** ich möchte Ihnen nicht zur Last fallen. **10.** täuschen, betrügen, hinterˈgehen (**on, upon** *acc*).

imˈpos·ing *adj* (*adv* **~ly**) eindrucksvoll, impoˈnierend, impoˈsant, großartig. **imˈpos·ing·ness** *s* impoˈnierende Wirkung.

im·po·si·tion [ˌɪmpəˈzɪʃn] *s* **1.** Auferlegung *f*, Aufbürdung *f* (*von Steuern, Pflichten etc*): **~ of a penalty** Verhängung *f* e-r Strafe; **~ of taxes** Besteuerung *f* (**on, upon** *gen*). **2.** a) (auferlegte) Last *od.* Pflicht, Auflage *f*, b) Steuer *f*, Abgabe *f*. **3.** *ped. Br.* Strafarbeit *f*. **4.** Sichˈaufdrängen *n*. **5.** Ausnutzung *f*, ˈMißbrauch *m* (**on, upon** *gen*). **6.** Täuschung *f*, Betrug *m*, Schwindel *m*. **7.** *relig.* Auflegung *f* (*der Hände*). **8.** *print.* Ausschießen *n*.

im·pos·si·bil·i·ty [ɪmˌpɒsəˈbɪlətɪ; *Am.* ɪmˌpɑ-] *s* **1.** Unmöglichkeit *f*. **2.** (*das*) Unmögliche.

im·pos·si·ble [ɪmˈpɒsəbl; *Am.* ɪmˈpɑ-] **I** *adj* unmöglich: a) undenkbar, ausgeschlossen: **it is ~ for me to think of him as a priest** ich kann ihn mir einfach nicht als Priester vorstellen, b) unausführbar, ˈundurchˌführbar: **~ of conquest** unmöglich zu erobern; **it is ~ for him to return** er kann unmöglich zurückkehren; **in some countries it is ~ for a woman to get a divorce** in einigen Ländern hat e-e Frau keine Möglichkeit, sich scheiden zu lassen, c) *colloq.* unglaublich, unerträglich: **an ~ fellow** ein unmöglicher Kerl. **II** *s* Unmöglichkeit *f*, (*das*) Unmögliche. **imˈpos·si·bly** *adv* unglaublich: **~ expensive**.

im·post[1] [ˈɪmpəʊst] **I** *s* **1.** *econ.* Abgabe *f*, Steuer *f*, *bes.* Einfuhrzoll *m*. **2.** *sport* Ausgleichsgewicht *n* (*für Rennpferde*). **II** *v/t* **3.** *econ. Am. Importwaren* zur Zollfestsetzung klassifiˈzieren.

im·post[2] [ˈɪmpəʊst] *s arch.* Kämpfer *m*.

im·post·er, im·pos·tor [ɪmˈpɒstə; *Am.* ɪmˈpɑstər] *s* Betrüger(in), Schwindler(in), *bes.* Hochstapler(in).

im·pos·ture [ɪmˈpɒstʃə; *Am.* ɪmˈpɑstʃər] *s* Betrug *m*, Schwindel *m*, *bes.* Hochstapeˈlei *f.*

im·po·tence [ˈɪmpətəns], *a.* **ˈim·po·ten·cy** [-sɪ] *s* **1.** a) Unvermögen *n*, Unfähigkeit *f*: **intellectual ~** geistige Impotenz, b) Hilflosigkeit *f*, Ohnmacht *f.* **2.** Schwäche *f*, Kraftlosigkeit *f.* **3.** *med.* Impotenz *f.* **ˈim·po·tent** *adj* (*adv* **~ly**) **1.** a) unfähig (**in doing, to do** zu tun), b) hilflos, ohnmächtig: **I watched them in ~ rage.** **2.** schwach, kraftlos. **3.** *med.* impotent: a) zeugungsunfähig, b) *unfähig, e-n Geschlechtsakt zu vollziehen.*

im·pound [ɪmˈpaʊnd] *v/t* **1.** a) *streunende od. entwichene Tiere* ins Tierheim bringen, b) *falsch geparkte Fahrzeuge* abschleppen (lassen). **2.** *Wasser* sammeln. **3.** *jur.* a) in Besitz nehmen, b) beschlagnahmen, sicherstellen. **4.** *fig.* an sich reißen.

im·pov·er·ish [ɪmˈpɒvərɪʃ; -vrɪʃ; *Am.* ɪmˈpɑ-] *v/t* **1.** arm machen, verarmen lassen: **to be ~ed** verarmen *od.* verarmt sein. **2.** *ein Land etc* auspowern, *den Boden etc a.* auslaugen. **3.** *fig.* a) (**of**) ärmer machen (um), berauben (*gen*), b) verarmen lassen, reizlos machen. **imˈpov·er·ish·ment** *s* **1.** Verarmung *f* (*a. fig.*). **2.** Auslaugung *f.*

im·prac·ti·ca·bil·i·ty [ɪmˌpræktɪkəˈbɪlətɪ] *s* **1.** ˈUndurchˌführbarkeit *f.* **2.** Unbrauchbarkeit *f.* **3.** ˈUnpasˌsierbarkeit *f.* **4.** *obs.* Unlenksamkeit *f.* **imˈprac·ti·ca·ble** *adj* (*adv* **impracticably**) **1.** ˈundurchˌführbar, unausführbar, unmöglich. **2.** unbrauchbar. **3.** ˈunpasˌsierbar (*Straße etc*). **4.** *obs.* unlenksam, ˈwiderspenstig, störrisch (*Person*). **imˈprac·ti·ca·ble·ness** → **impracticability.**

im·prac·ti·cal [ɪmˈpræktɪkl] *adj* (*adv* **~ly**) **1.** unpraktisch (denkend *od.* veranlagt). **2.** (rein) theoˈretisch. **3.** unklug. **4.** → **impracticable** 1. **imˌprac·tiˈcal·i·ty** [-ˈkælətɪ], **imˈprac·ti·cal·ness** *s* **1.** (*das*) Unpraktische, unpraktisches Wesen. **2.** → **impracticability** 1.

im·pre·cate [ˈɪmprɪkeɪt] *v/t* **1.** *Unglück etc* herˈabwünschen (**on, upon** auf *acc*): **to ~ curses on s.o.** j-n verfluchen. **2.** verfluchen, verwünschen. **ˌim·preˈca·tion** *s* Verwünschung *f*, Fluch *m.*

im·pre·cise [ˌɪmprɪˈsaɪs] *adj* (*adv* **~ly**) ungenau. **ˌim·preˈci·sion** [-ˈsɪʒn] *s* Ungenauigkeit *f.*

im·preg [ˈɪmpreg] *s Am.* harzbehandeltes Holz.

im·preg·na·bil·i·ty [ɪmˌpregnəˈbɪlətɪ] **1.** Uneinnehmbarkeit *f.* **2.** *fig.* a) Unerschütterlichkeit *f*, b) Unangreifbarkeit *f.* **imˈpreg·na·ble** *adj* (*adv* **impregnably**) **1.** uneinnehmbar: **an ~ town.** **2.** *fig.* a) unerschütterlich: **~ self-confidence**, b) unangreifbar: **an ~ argument.** **imˈpreg·na·ble·ness** → **impregnability.**

im·preg·nate I *v/t* [ˈɪmpregneɪt; ɪmˈpreg-] **1.** *biol.* a) schwängern, b) befruchten (*a. fig.*). **2.** a) *bes. chem.* sättigen, durchˈdringen, b) *chem. tech.* imprä'gnieren, tränken. **3.** *fig.* (durch)ˈtränken, durchˈdringen, erfüllen (**with** mit): **~d with history** geschichtsträchtig. **II** *adj* [ɪmˈpregnɪt; -neɪt] **4.** *biol.* a) geschwängert, schwanger, b) befruchtet. **5.** *fig.* erfüllt, voll, durchˈtränkt, durchˈdrungen (**with** von). **ˌim·pregˈna·tion** *s* **1.** *biol.* a) Schwängerung *f*, b) Befruchtung *f* (*a. fig.*). **2.** *chem. tech.* Sättigung *f*, Imprä'gnierung *f.* **3.** *fig.* Durchˈdringung *f*, Erfüllung *f.* **4.** *geol.* Imprägnatiˈon *f* (*feine Verteilung von Erz od. Erdöl in Spalten od. Poren e-s Gesteins*). **im·preg·na·tor** [-tə(r)] *s* **1.** *tech.* Imprä'gnierer *m.* **2.** Appaˈrat *m* zur künstlichen Befruchtung.

im·pre·sa [ɪmˈpreɪzə] *s obs.* **1.** Emˈblem *n*, Sinnbild *n.* **2.** Deˈvise *f*, Wahlspruch *m.*

im·pre·sa·ri·o [ˌɪmprɪˈsɑːrɪəʊ; -ˈzɑː-] *pl* **-os** *s* **1.** Impreˈsario *m*, Theˈater-, Konˈzertaˌgent *m.* **2.** Theˈater-, ˈOperndiˌrektor *m.*

im·pre·scrip·ti·ble [ˌɪmprɪˈskrɪptəbl] *adj jur.* a) unverjährbar, b) unveräußerlich: **~ rights.**

im·press[1] [ɪmˈpres] **I** *v/t* **1.** beeindrucken, Eindruck machen auf (*acc*), impoˈnieren (*dat*): **not to be easily ~ed** nicht leicht zu beeindrucken sein; **to be favo(u)rably ~ed by** (*od.* **at, with**) **s.th.** von e-r Sache e-n guten Eindruck gewinnen *od.* haben; **he ~ed me unfavo(u)rably** er machte auf mich keinen guten Eindruck. **2.** *j-n* erfüllen, durchˈdringen (**with** mit): **~ed with** durchdrungen von. **3.** tief einprägen (**on, upon** *dat*): **to ~ itself on s.o.** j-n beeindrucken. **4.** (auf-)drücken (**on** auf *acc*), (ein)drücken (**in, into** in *acc*). **5.** *ein Zeichen etc* aufprägen, -drucken (**on** auf *acc*): **~ed stamp** Prägestempel *m.* **6.** *e-e Eigenschaft* verleihen (**on, upon** *dat*). **7.** *electr. Spannung od. Strom* aufdrücken, einprägen: **~ed source** eingeprägte (Spannungs-, Strom)Quelle; **~ed voltage** eingeprägte Spannung. **II** *v/i* **8.** Eindruck machen, impoˈnieren. **III** *s* [ˈɪmpres] **9.** Prägung *f*, Kennzeichnung *f.* **10.** Abdruck *m*, Eindruck *m*, Stempel *m*: **time has left its ~ on him** *fig.* die Zeit ist nicht spurlos an ihm vorübergegangen. **11.** *fig.* Gepräge *n.*

im·press[2] **I** *v/t* [ɪmˈpres] **1.** requiˈrieren, beschlagnahmen. **2.** *bes. mar.* (zum Dienst) pressen. **II** *s* [ˈɪmpres] → **impressment.**

im·press·i·bil·i·ty [ɪmˌpresɪˈbɪlətɪ] *s* Empfänglichkeit *f.* **imˈpress·i·ble** [-əbl] *adj* (**to**) beeinflußbar, leicht zu beeindrucken(d) (durch), empfänglich (für).

im·pres·sion [ɪmˈpreʃn] *s* **1.** Eindruck *m* (**of** von): **to give s.o. a wrong ~** bei j-m e-n falschen Eindruck erwecken; **to make a good (bad) ~** e-n guten (schlechten) Eindruck machen; **to make a strong ~ on s.o.** j-n stark beeindrucken. **2.** Einwirkung *f* (**on** auf *acc*): **the ~ of light.** **3.** *psych.* a) unmittelbarer Sinneseindruck, b) vermittelter Sinneseindruck, c) sinnlicher Reiz. **4.** Eindruck *m*, (dunkles) Gefühl, Vermutung *f*: **I have an** (*od.* **the**) **~** (*od.* **I am under the ~**) **that** ich habe den Eindruck, daß; **under the ~ that** in der Annahme, daß. **5.** Nachahmung *f*, Imitatiˈon *f*: **to do** (*od.* **give**) **an ~ of** nachahmen, imitieren. **6.** Abdruck *m* (*a. med.*). **7.** Aufdruck *m*, Prägung *f.* **8.** Vertiefung *f.* **9.** Stempel *m*, *fig. a.* Gepräge *n.* **10.** *print.* a) Abzug *m*, (Ab)Druck *m*, b) gedrucktes Exemˈplar, c) (*bes.* unveränderte) Auflage, Nachdruck *m.* **11.** *tech.* a) Holzschnitt *m*, b) Kupfer-, Stahlstich *m.* **12.** *paint.* Grunˈdierung *f.* **13.** Aufdrücken *n* (**on** auf *acc*), Eindrücken *n* (**in, into** in *acc*). **14.** Anschlag *m* (*e-r Schreibmaschinentaste*). **imˈpres·sion·a·ble** *adj* **1.** für Eindrücke empfänglich. **2.** → **impressible.** **imˈpres·sion·ism** *s* Impressioˈnismus *m* (*Stilrichtung der bildenden Kunst, der Literatur u. der Musik, deren Vertreter persönliche Umwelteindrücke u. Stimmungen in künstlerischen Kleinformen wiedergaben*). **imˈpres·sion·ist I** *s* **1.** Impressioˈnist(in). **2.** Nachahmer *m*, Imiˈtator *m.* **II** *adj* **3.** impressioˈnistisch. **imˌpres·sionˈis·tic** [-ʃəˈn-] *adj* (*adv* **~ally**) → **impressionist** II.

im·pres·sive [ɪmˈpresɪv] *adj* (*adv* **~ly**) **1.** eindrucksvoll, impoˈnierend, impoˈsant. **2.** wirkungsvoll, packend: **an ~ scene.** **imˈpres·sive·ness** *s* (*das*) Eindrucksvolle.

im·press·ment [ɪmˈpresmənt] *s* **1.** Beschlagnahme *f*, Requiˈrierung *f.* **2.** *bes. mar.* Pressen *n* (*zum Dienst*).

im·prest [ˈɪmprest] *s bes. Br.* Vorschuß *m* aus öffentlichen Mitteln.

im·pri·ma·tur [ˌɪmprɪˈmeɪtə; *Am.* ˌɪmprəˈmɑːˌtʊr] *s* **1.** Impriˈmatur *n*: a) Druckerlaubnis *f*, b) *R.C. bischöfliche Druckerlaubnis* (*für Bibelausgaben u. religiöse Schriften*). **2.** *fig.* Zustimmung *f*: **to give one's ~ to s.th.**

im·print I *s* [ˈɪmprɪnt] **1.** Ab-, Eindruck *m.* **2.** Aufdruck *m*, Stempel *m.* **3.** *fig.* Stempel *m*, Gepräge *n.* **4.** *fig.* Eindruck *m.* **5.** *print.* Imˈpressum *n*, Erscheinungs-, Druckvermerk *m.* **II** *v/t* [ɪmˈprɪnt] **6.** (auf)drücken, aufprägen (**on** auf *acc*). **7.** *print.* (auf-, ab)drucken. **8.** *e-n Kuß* aufdrücken (**on** *dat*). **9.** *Gedanken etc* einprägen: **to ~ s.th. on** (*od.* **in**) **s.o.'s memory** j-m etwas ins Gedächtnis einprägen.

im·pris·on [ɪmˈprɪzn] *v/t* **1.** *jur.* inhafˈtieren, ‚einsperren' (*a. weitS.*). **2.** *fig.* a) einschließen: **he is ~ed in his memories** er kommt von s-n Erinnerungen nicht los, b) beschränken, einengen. **imˈpris·on·ment** *s* **1.** *jur.* a) Freiheitsstrafe *f*, Gefängnis(strafe *f*) *n*, Haft *f*: **conditions of ~** Haftbedingungen; **~ for three months** 3 Monate Gefängnis; **he was given 10 years' ~** er wurde zu e-r zehnjährigen Freiheitsstrafe verurteilt; **~ with hard labor** *Am.* Zuchthausstrafe *f*; → **false** I i, b) Inhafˈtierung *f.* **2.** *fig.* Beschränkung *f*, Einengung *f.*

im·prob·a·bil·i·ty [ɪmˌprɒbəˈbɪlətɪ; *Am.* ɪmˌprɑ-] *s* Unwahrscheinlichkeit *f.* **imˈprob·a·ble** *adj* (*adv* **improbably**) unwahrscheinlich.

im·pro·bi·ty [ɪmˈprəʊbətɪ] *s* Unredlichkeit *f*, Unehrlichkeit *f.*

im·promp·tu [ɪmˈprɒmptjuː; -mtjuː; *Am.* -ˈprɑm-; *a.* -tuː] **I** *s* **1.** Improvisatiˈon *f*, (*etwas*) Improviˈsiertes. **2.** *mus.* Imprompˈtu *n* (*nach e-m Einfall frei gestaltetes, der Improvisation ähnliches Musikstück, bes. für Klavier*). **II** *adj u. adv* **3.** aus dem Stegreif, improviˈsiert, Stegreif...

im·prop·er [ɪmˈprɒpə; *Am.* ɪmˈprɑpər] *adj* (*adv* **~ly**) **1.** ungeeignet, unpassend. **2.** unanständig, unschicklich (*Benehmen etc*). **3.** ungenau, ˈinexˌakt. **4.** *math.* unecht: **~ fraction**; **~ integral** uneigentliches Integral.

im·pro·pri·ate I *v/t* [ɪmˈprəʊprɪeɪt] *jur. relig. Br. ein Kirchengut* an Laien überˈtragen. **II** *adj* [-prɪət] e-m Laien überˈtragen. **imˌpro·priˈa·tion** *s* a) Überˈtragung *f* an Laien, b) an Laien überˈtragenes Kirchengut. **imˈpro·pri·a·tor** [-eɪtə(r)] *s* weltlicher Besitzer von Kirchengut.

im·pro·pri·e·ty [ˌɪmprəˈpraɪətɪ] *s* **1.** Ungeeignetheit *f.* **2.** Unschicklichkeit *f.* **3.** Unrichtigkeit *f.*

im·prov·a·ble [ɪmˈpruːvəbl] *adj* (*adv* **improvably**) **1.** verbesserungsfähig. **2.** *agr.* melioˈrierbar.

im·prove [ɪmˈpruːv] **I** *v/t* **1.** *allg., a. tech.* verbessern. **2.** *Land* a) *agr.* melioˈrieren, b) erschließen u. im Wert steigern. **3.** vorteilhaft *od.* nutzbringend verwenden, ausnutzen: → **occasion** 2. **4.** veredeln, verfeinern (**into** zu). **5.** vermehren, erhöhen, steigern: **to ~ the value.** **6.** **~ away** (*od.* **off**) (durch Verbesserungsversuche) verderben *od.* zerstören. **II** *v/i*

7. sich (ver)bessern, besser werden, Fortschritte machen (*a. Patient*), sich erholen (*gesundheitlich od. econ. Markt, Preise*): **he is improving (in health)** es geht ihm besser; **to ~ in strength** kräftiger werden; **to ~ on acquaintance** bei näherer Bekanntschaft gewinnen. **8.** *econ.* steigen, anziehen (*Preise*). **9.** ~ **(up)on** überˈbieten, -ˈtreffen: **not to be ~d upon** unübertrefflich. **III** *s* **10. to be on the ~** *Austral.* → 7.

imˈprove·ment *s* **1.** (Ver)Besserung *f* (**in** *gen*; **on** gegenˈüber, im Vergleich zu): **~ in health** Besserung der Gesundheit; **~ in prices** *econ.* Preisbesserung, -erholung *f*; **~ in the weather** Wetterbesserung; **today's weather is an ~ on yesterday's** heute ist das Wetter besser als gestern. **2.** a) *agr.* Melioratiˈon *f*, b) Erschließung *f* u. Wertsteigerung *f*. **3.** Ausnutzung *f*. **4.** Vered(e)lung *f*, Verfeinerung *f*: **~ industry** *econ.* Veredelungsindustrie *f*. **5.** Vermehrung *f*, Erhöhung *f*, Steigerung *f*.

imˈprov·er *s* **1.** Verbesserer *m*. **2.** Verbesserungsmittel *n*.

im·prov·i·dence [ɪmˈprɒvɪdəns; *Am.* -ˈprɑ-] *s* **1.** mangelnde Vorˈaussicht. **2.** Verschwendung *f*. **imˈprov·i·dent** *adj* (*adv* **~ly**) **1.** sorglos: **to be ~ of** nicht vorsorgen für. **2.** verschwenderisch.

im·prov·ing [ɪmˈpruːvɪŋ] *adj* (*adv* **~ly**) **1.** (sich) (ver)bessernd. **2.** a) lehrreich, b) erbaulich: **~ literature** Erbauungsliteratur *f*.

im·pro·vi·sa·tion [ˌɪmprəvaɪˈzeɪʃn; *Am.* ɪmˌprɑvəˈz-; ˌɪmprəvəˈz-] *s* Improvisatiˈon *f*: a) unvorbereitete Veranstaltung, b) aus dem Stegreif Dargebotenes, ˈStegreifkompositiˌon *f*, -rede *f*, c) Proviˈsorium *n*, Behelfsmaßnahme *f*, d) Proviˈsorium *n*, behelfsmäßige Vorrichtung. **ˌim·pro·viˈsa·tion·al** [-ʃənl] → **improvisatorial.**

im·prov·i·sa·tor [ɪmˈprɒvɪzeɪtə(r); *Am.* ɪmˈprɑvə-] *s* Improviˈsator *m*: a) *j-d, der zu improvisieren versteht*, b) Stegreifdichter *m*, -musiker *m*, -redner *m*. **im·ˌprov·i·saˈto·ri·al** [-zəˈtɔːrɪəl; *Am. a.* -ˈtəʊ-] *adj* (*adv* **~ly**); **im·pro·vi·sa·to·ry** [ˌɪmprəvaɪˈzeɪtərɪ; ˌɪmprəˈvaɪzətrɪ; *Am.* ɪmˈprɑvəzəˌtəʊriː; -ˌtɔː-; ˌɪmprəˈvaɪzə-] *adj* **1.** improvisaˈtorisch. **2.** → **improvised.**

im·pro·vise [ˈɪmprəvaɪz] **I** *v/t* improviˈsieren: a) extempoˈrieren, aus dem Stegreif dichten *od.* kompoˈnieren *od.* sprechen *od.* spielen, b) proviˈsorisch *od.* behelfsmäßig ˈherstellen, c) ohne Vorbereitung tun. **II** *v/i* improviˈsieren. **ˈim·pro·vised** *adj* improviˈsiert: a) Stegreif..., b) unvorbereitet, c) proviˈsorisch, behelfsmäßig. **ˈim·pro·vis·er** → **improvisator.**

im·pru·dence [ɪmˈpruːdəns; -dns] *s* **1.** Unklugheit *f*. **2.** Unvorsichtigkeit *f*. **imˈpru·dent** *adj* (*adv* **~ly**) **1.** unklug, unvernünftig. **2.** unvorsichtig, unbesonnen, ˈunüberˌlegt.

im·pu·dence [ˈɪmpjʊdəns], **ˈim·pu·den·cy** [-sɪ] *s* Unverschämtheit *f*. **ˈim·pu·dent** *adj* (*adv* **~ly**) unverschämt.

im·pugn [ɪmˈpjuːn] *v/t* a) bestreiten, b) anfechten, c) angreifen, d) in Zweifel ziehen. **imˈpugn·a·ble** *adj* a) bestreitbar, b) anfechtbar. **imˈpugn·ment** *s* a) Bestreitung *f*, b) Anfechtung *f*.

im·pulse [ˈɪmpʌls] *s* **1.** Antrieb *m*, Stoß *m*, Triebkraft *f*. **2.** *fig.* Imˈpuls *m*: a) Antrieb *m*, Anstoß *m*, Anreiz *m*, b) Anregung *f*, c) plötzliche Regung *od.* Eingebung: **to act on ~** impulsiv *od.* spontan handeln; **on the ~ of the moment** e-r plötzlichen Regung *od.* Eingebung folgend; **~ buying** *econ.* spontaner Kauf; **~ goods** *econ.* Waren, die spontan (*auf Grund ihrer Aufmachung etc*) gekauft werden. **3.** Imˈpuls *m*: a) *math. phys.* Bewegungsgröße *f*, lineˈares Moˈment, b) *med.* (An)Reiz *m*, c) *electr.* (Spannungs-, Strom)Stoß *m*: **~ circuit** Stoßkreis *m*; **~ modulation** Impulsmodulation *f*; **~ voltage** Stoßspannung *f*, d) *tech.* (An)Stoß *m*: **~ load** stoßweise Belastung; **~ turbine** (Gleich)Druck-, Aktionsturbine *f*. **4.** Aufwallung *f*: **a sudden ~ of anger arose in him** plötzlich wallte Zorn in ihm auf.

im·pul·sion [ɪmˈpʌlʃn] *s* **1.** Stoß *m*, Antrieb *m*. **2.** Triebkraft *f* (*a. fig.*). **3.** → **impulse** 2 a. *u.* b. **4.** *psych.* Zwang *m*, ˈunwiderˌstehlicher Drang.

im·pul·sive [ɪmˈpʌlsɪv] *adj* (*adv* **~ly**) **1.** (an-, vorwärts)treibend, Trieb... **2.** *fig.* impulˈsiv: a) leidenschaftlich, gefühlsbeherrscht, b) sponˈtan. **3.** *phys.* plötzlich *od.* momenˈtan wirkend: **~ force** Stoßkraft *f*. **imˈpul·sive·ness, ˌim·pulˈsiv·i·ty** *s* Impulsiviˈtät *f*, Leidenschaftlichkeit *f*, impulˈsives Wesen.

im·pu·ni·ty [ɪmˈpjuːnətɪ] *s* Straflosigkeit *f*: **with ~** ungestraft, straflos.

im·pure [ɪmˈpjʊə(r)] *adj* (*adv* **~ly**) unrein (*a. relig.*): a) schmutzig, unsauber, verunreinigt, b) verfälscht, mit Beimischungen, c) *fig.* gemischt, uneinheitlich (*Stil etc*), d) *fig.* schlecht, ˈunmoˌralisch. **imˈpure·ness, imˈpu·ri·ty** *s* **1.** Unreinheit *f*: a) Verunreinigung *f*, b) Uneinheitlichkeit *f*, c) Schlechtheit *f*. **2.** Schmutz (-teilchen *n*) *m*.

im·put·a·ble [ɪmˈpjuːtəbl] *adj* (*adv* **imputably**) zuschreibbar, zuzuschreiben(d) (**to** *dat*).

im·pu·ta·tion [ˌɪmpjuːˈteɪʃn; *Am.* -pjə-] *s* **1.** Zuschreibung *f*, Beimessung *f*. **2.** a) Bezichtigung *f*, b) Unterˈstellung *f*. **3.** *relig.* stellvertretende Zurechnung der Sünden *od.* Verdienste.

im·pute [ɪmˈpjuːt] *v/t* **1.** zuschreiben, beimessen (**to** *dat*): **~d value** *econ.* veranschlagter *od.* abgeleiteter Wert. **2.** zuschreiben, zur Last legen, anlasten (**to s.o.** j-m): **to ~ s.th. to s.o.** a) j-n e-r Sache bezichtigen, b) j-m etwas unterstellen; **~d negligence** *jur.* zurechenbare Fahrlässigkeit.

in [ɪn] **I** *prep* **1.** (*räumlich, auf die Frage: wo?*) in (*dat*), innerhalb (*gen*), an (*dat*), auf (*dat*): **~ England** in England; **~ London** in London (**in** *steht bei größeren Städten u. bei dem Ort, in dem sich der Sprecher befindet*); → **blind** 1, **country** 5, **field** 1, **room** 2, **sky** 1, **street** 1, *etc.* **2.** *fig.* in (*dat*), bei, auf (*dat*), an (*dat*): → **army** 3, **politics** 3, **share**[1] 4, **stock** 25, *etc.* **3.** bei (*Schriftstellern*): **~ Shakespeare.** **4.** (*auf die Frage: wohin?*) in (*acc*): **put it ~ your pocket** steck es in die Tasche. **5.** (*Zustand, Beschaffenheit, Art u. Weise*) in (*dat*), auf (*acc*), mit: **~ G major** *mus.* in G-Dur; → **arm**[2] *Bes. Redew.*, **brief** 14, **case**[1] 2, **cash**[1] 2, **doubt** 9, **dozen** 2, **English** 3, **group** 1, **manner** 1, **ruin** 2, **short** 19, **tear**[1] 1, **word** *Bes. Redew.*, **writing** 4, *etc.* **6.** (*Beteiligung*) in (*dat*), an (*dat*), bei: **to be ~ it** beteiligt sein, teilnehmen; **he isn't ~ it** er gehört nicht dazu; **there is nothing ~ it** a) es lohnt sich nicht, b) → **nothing** *Bes. Redew.* **7.** (*Tätigkeit, Beschäftigung*) in (*dat*), bei, mit, auf (*dat*): **~ crossing the river** beim Überqueren des Flusses; → **accident** 3, **search** 15. **8.** (*im Besitz, in der Macht*) in (*dat*), bei, an (*dat*): **it is not ~ her to** es liegt nicht in ihrer Art zu; → **have** *Bes. Redew.*, *etc.* **9.** (*zeitlich*) in (*dat*), an (*dat*), bei, binnen, unter (*dat*), während, zu: **~ two hours** a) in *od.* binnen zwei Stunden, b) während zweier Stunden; **in 1985** 1985; → **beginning** 1, **daytime, evening** 1, **flight**[2], **October, reign** 1, **time** *Bes. Redew.*, **winter, year** 1, *etc.* **10.** (*Richtung*) in (*acc, dat*), auf (*acc*), zu: → **confidence** 1, **trust** 10, *etc.* **11.** (*Zweck*) in (*dat*), zu, als: → **answer** 1, **defence** 5, *etc.* **12.** (*Grund*) in (*dat*), aus, wegen, zu: → **honor** 10, **sport** 4, *etc.* **13.** (*Hinsicht, Beziehung*) in (*dat*), an (*dat*), in bezug auf (*acc*): **the latest thing ~** das Neueste in *od.* an *od.* auf dem Gebiet (*gen*); → **equal** 10, **far** *Bes. Redew.*, **itself** 3, **number** 2, **that**[3] 4, **width** 1, *etc.* **14.** nach, gemäß: → **opinion** 1, **probability** 1, *etc.* **15.** (*Mittel, Material, Stoff*) in (*dat*), aus, mit, durch: **~ black boots** in *od.* mit schwarzen Stiefeln; **a statue ~ bronze** e-e Bronzestatue; → **oil** 2, **pencil** 1, **white** 8, *etc.* **16.** (*Zahl, Betrag*) in (*dat*), aus, von, zu: **seven ~ all** insgesamt *od.* im ganzen sieben; **there are 60 minutes ~ an hour** e-e Stunde hat 60 Minuten; **five ~ the hundred** 5 vom Hundert, 5%; → **all** *Bes. Redew.*, **one** 1, **two** 2, *etc.*

II *adv* **17.** innen, drinnen: **~ among** mitten unter; **to know ~ and out** *j-n, etwas* ganz genau kennen, in- u. auswendig kennen; **to be ~ for s.th.** etwas zu erwarten haben; **now you are ~ for it** *colloq.* jetzt bist du ‚dran': a) jetzt kannst du nicht mehr zurück, b) jetzt ‚bist *od.* sitzt *od.* steckst du in der Patsche', jetzt ‚geht's dir an den Kragen'; **he is ~ for a shock** er wird e-n gewaltigen Schreck *od.* e-n Schock bekommen; **I am ~ for an examination** mir steht e-e Prüfung bevor; **to be ~ on** a) eingeweiht sein in (*acc*), b) beteiligt sein an (*dat*); **to be ~ with s.o.** mit j-m gut stehen; **the harvest is ~** die Ernte ist eingebracht; → **penny** 1, **keep in** 9, *etc.* **18.** herˈein: → **come in** 1, **show in**, *etc.* **19.** hinˈein: **the way ~** der Eingang, der Weg nach innen; → **walk in**, *etc.* **20.** da, (an)gekommen: **the train is ~.** **21.** zu Hause, im Zimmer *etc*: **Mrs. Brown is not ~** Mrs. Brown ist nicht da *od.* zu Hause; **he has been ~ and out all day** er kommt u. geht schon den ganzen Tag. **22.** *pol.* am Ruder, an der Macht, an der Reˈgierung: **the Conservatives are ~;** → **come in** 4. **23.** *sport* d(a)ran, am Spiel, an der Reihe: **to be ~** (*Baseball, Kricket*) am Schlagen sein. **24.** ‚in', in Mode: → **come in** 3. **25.** *mar.* a) im Hafen, b) beschlagen, festgemacht (*Segel*), c) zum Hafen: **on the way ~** beim Einlaufen (in den Hafen). **26.** daˈzu, zusätzlich, als Zugabe: → **throw in** 3.

III *adj* **27.** im Innern *od.* im Hause *od.* am Spiel *od.* an der Macht befindlich, Innen...: **~ party** *pol.* Regierungspartei *f*; **the ~ side** (*Baseball, Kricket*) die schlagende Partei. **28.** nach Hause kommend: **the ~ train** der ankommende Zug. **29. an ~ restaurant** ein Restaurant, das gerade ‚in' ist; **the ~ people** die Leute, die alles mitmachen, was gerade ‚in' ist. **30.** *colloq.* (nur) für Eingeweihte *od.* Kenner: **an ~ joke.**

IV *s* **31.** *pl pol. Am.* Reˈgierungsparˌtei *f*. **32.** Winkel *m*, Ecke *f*: **the ~s and outs** a) alle Winkel u. Ecken, b) *fig.* (alle) Einzelheiten *od.* Schwierigkeiten *od.* Feinheiten; **to know all the ~s and outs of** sich ganz genau auskennen bei *od.* in (*dat*), in- u. auswendig kennen (*acc*).

in-[1] [ɪn] *Vorsilbe mit den Bedeutungen* in..., innen, ein..., hinein..., hin...

in-[2] [ɪn] *Vorsilbe mit der Bedeutung* un..., nicht.

in·a·bil·i·ty [ˌɪnəˈbɪlətɪ] *s* Unfähigkeit *f*, Unvermögen *n*: **~ to pay** *econ.* Zahlungsunfähigkeit.

in ab·sen·ti·a [ˌɪnæbˈsentɪə; -ʃɪə] (*Lat.*) *adv bes. jur.* in abˈsentia, in Abwesenheit: **he was sentenced to death ~.**

in·ac·ces·si·bil·i·ty [ˈɪnækˌsesəˈbɪlətɪ; *Am. a.* ˈɪnɪkˌs-] *s* Unzugänglichkeit *f*, Unerreichbarkeit *f* (*beide a. fig.*). ˌ**in·acˈces·si·ble** *adj* (*adv* **inaccessibly**) (**to**) unzugänglich (für *od. dat*) (*a. fig.*): a) unerreichbar (für *od. dat*), b) unnahbar (*Person*), c) unempfänglich (für).

in·ac·cu·ra·cy [ɪnˈækjʊrəsɪ] *s* **1.** Ungenauigkeit *f*. **2.** Fehler *m*, Irrtum *m*. **inˈac·cu·rate** [-rət] *adj* (*adv* **~ly**) **1.** ungenau. **2.** unrichtig, falsch: **to be ~** falsch gehen (*Uhr*). **inˈac·cu·rate·ness** *s* Ungenauigkeit *f*.

in·ac·tion [ɪnˈækʃn] *s* **1.** Untätigkeit *f*. **2.** Trägheit *f*, Faulheit *f*. **3.** Ruhe *f*.

in·ac·ti·vate [ɪnˈæktɪveɪt] *v/t* **1.** *bes. med.* inaktiˈvieren. **2.** *mil.* außer Dienst stellen.

in·ac·tive [ɪnˈæktɪv] *adj* (*adv* **~ly**) **1.** untätig. **2.** träge, faul. **3.** *econ.* lustlos, flau: **~ market**; **~ account** umsatzloses Konto; **~ capital** brachliegendes Kapital. **4.** a) *chem. phys.* ˈinakˌtiv, unwirksam: **~ mass** träge Masse, b) *phys.* nicht radioakˈtiv. **5.** *med.* ˈinakˌtiv. **6.** *mil.* nicht akˈtiv, außer Dienst. ˌ**in·acˈtiv·i·ty** *s* **1.** → **inaction** 1, 2. **2.** *econ.* Lustlosigkeit *f*, Flauheit *f*. **3.** *chem. phys.* ˈInaktiviˌtät *f* (*a. med.*), Unwirksamkeit *f*.

in·a·dapt·a·bil·i·ty [ˈɪnəˌdæptəˈbɪlətɪ] *s* **1.** Mangel *m* an Anpassungsfähigkeit. **2.** Unverwendbarkeit *f*. ˌ**in·aˈdapt·a·ble** *adj* **1.** nicht anpassungsfähig (**to** an *acc*). **2.** unverwendbar (**to** für).

in·ad·e·qua·cy [ɪnˈædɪkwəsɪ] *s* **1.** Unzulänglichkeit *f*. **2.** Unangemessenheit *f*, ˈInadäˌquatheit *f*. **inˈad·e·quate** [-kwət] *adj* (*adv* **~ly**) **1.** unzulänglich, ungenügend: **the food was ~ for all of us** das Essen reichte nicht für uns alle. **2.** unangemessen (**to** *dat*), ˈinadäˌquat: **to feel ~ to the occasion** sich der Situation nicht gewachsen fühlen.

in·ad·mis·si·bil·i·ty [ˈɪnədˌmɪsəˈbɪlətɪ] *s* Unzulässigkeit *f*. ˌ**in·adˈmis·si·ble** *adj* unzulässig (*a. jur.*), unerlaubt, unstatthaft.

in·ad·vert·ence [ˌɪnədˈvɜːtəns; *Am.* -ˈvɜrtəns], ˌ**in·adˈvert·en·cy** [-sɪ] *s* **1.** Unachtsamkeit *f*. **2.** Unabsichtlichkeit *f*. **3.** Versehen *n*. ˌ**in·adˈvert·ent** *adj* (*adv* **~ly**) **1.** unachtsam, unvorsichtig, nachlässig. **2.** unbeabsichtigt, unabsichtlich, versehentlich: **~ly** *a.* aus Versehen.

in·ad·vis·a·bil·i·ty [ˈɪnədˌvaɪzəˈbɪlətɪ] *s* Unratsamkeit *f*. ˌ**in·adˈvis·a·ble** *adj* unratsam, nicht ratsam *od.* empfehlenswert.

in·al·ien·a·bil·i·ty [ɪnˌeɪljənəˈbɪlətɪ; -lɪənə-] *s jur.* Unveräußerlichkeit *f*. **inˈal·ien·a·ble** *adj* (*adv* **inalienably**) unveräußerlich, ˈunüberˌtragbar: **~ rights.** **inˈal·ien·a·ble·ness** → **inalienability.**

in·al·ter·a·ble [ɪnˈɔːltərəbl; -trəbl] *adj* (*adv* **inalterably**) unveränderlich, ˈunabˌänderlich: **it is ~** es läßt sich nicht (ab)ändern.

in·am·o·ra·ta [ɪnˌæməˈrɑːtə] *s* Geliebte *f*. **inˌam·oˈra·to** [-təʊ] *pl* **-tos** *s* Geliebte(r) *m*.

ˌ**in-and-ˈin** *adj u. adv* Inzucht...: **~ breeding** Inzucht *f*; **to breed ~** sich durch Inzucht vermehren.

ˌ**in-and-ˈout** *adj* wechselhaft, schwankend: **~ performances** schwankende Leistungen.

in·ane [ɪˈneɪn] **I** *adj* (*adv* **~ly**) **1.** leer. **2.** *fig.* geistlos, albern. **II** *s* **3.** Leere *f*, *bes.* leerer (Welten)Raum.

in·an·i·mate [ɪnˈænɪmət] *adj* (*adv* **~ly**) **1.** leblos: **~ nature** unbelebte Natur. **2.** *fig.* schwunglos, langweilig, fad. **3.** *econ.* flau, lustlos. **inˈan·i·mate·ness, inˌan·iˈma·tion** *s* **1.** Leblosigkeit *f*, Unbelebtheit *f*. **2.** *fig.* Schwunglosigkeit *f*, Langweiligkeit *f*, Fadheit *f*. **3.** *econ.* Flauheit *f*, Lustlosigkeit *f*.

in·a·ni·tion [ˌɪnəˈnɪʃn] *s med.* Inanitiˈon *f* (*Abmagerung mit völliger Entkräftung u. Erschöpfung als Folge unzureichender Ernährung od. auszehrender Krankheiten*).

in·an·i·ty [ɪˈnænətɪ] *s* Geistlosigkeit *f*, Albernheit *f*: a) geistige Leere, b) dumme Bemerkung: **inanities** *pl* albernes Geschwätz.

in·ap·peas·a·ble [ˌɪnəˈpiːzəbl] *adj* **1.** nicht zu besänftigen(d), unversöhnlich. **2.** nicht zuˈfriedenzustellen(d), unersättlich.

in·ap·pe·tence [ɪnˈæpɪtəns], **inˈap·pe·ten·cy** [-sɪ] *s* **1.** *med.* Appeˈtitlosigkeit *f*. **2.** Unlust *f*. **inˈap·pe·tent** *adj* **1.** *med.* appeˈtitlos. **2.** lustlos, unlustig.

in·ap·pli·ca·bil·i·ty [ˈɪnˌæplɪkəˈbɪlətɪ] *s* Un-, Nichtanwendbarkeit *f*. **inˈap·pli·ca·ble** *adj* (*adv* **inapplicably**) (**to**) unanwendbar, nicht anwendbar *od.* zutreffend (auf *acc*), ungeeignet (für): → **delete.**

in·ap·po·site [ɪnˈæpəzɪt] *adj* (*adv* **~ly**) unpassend, unangemessen (**to** *dat*), unangebracht.

in·ap·pre·ci·a·ble [ˌɪnəˈpriːʃəbl] *adj* (*adv* **inappreciably**) unmerklich: **an ~ change.** ˈ**in·apˌpre·ciˈa·tion** [-ʃɪˈeɪʃn] *s* Mangel *m* an Würdigung *od.* Anerkennung. ˌ**in·apˈpre·ci·a·tive** [-ʃjətɪv; *Am.* -ʃətɪv] *adj*: **to be ~ of** a) nicht zu schätzen *od.* zu würdigen wissen (*acc*), b) keinen Sinn haben für, c) nicht richtig beurteilen *od.* einschätzen (*acc*), sich nicht bewußt sein (*gen*).

in·ap·pro·pri·ate [ˌɪnəˈprəʊprɪət] *adj* (*adv* **~ly**) (**to, for**) unpassend, ungeeignet (für), unangemessen (*dat*).

in·apt [ɪnˈæpt] *adj* (*adv* **~ly**) **1.** unpassend, ungeeignet. **2.** ungeschickt. **3.** unfähig, außerˈstande (**to do** zu tun). **inˈapt·i·tude** [-tɪtjuːd; *Am. bes.* -ˌtuːd], **inˈapt·ness** *s* **1.** Ungeeignetheit *f*. **2.** Ungeschicktheit *f*. **3.** Unfähigkeit *f*.

in·ar·tic·u·late [ˌɪnɑː(r)ˈtɪkjʊlət] *adj* (*adv* **~ly**) **1.** ˈunartikuˌliert, undeutlich (ausgesprochen), unverständlich (*Wörter etc*). **2.** unfähig(, deutlich) zu sprechen. **3.** unfähig, sich klar auszudrükken: **he is ~** a) er kann sich nicht ausdrücken *od.* artikulieren, b) er macht *od.* ‚kriegt' den Mund nicht auf. **4.** sprachlos (**with** vor *dat*). **5.** unaussprechlich: **~ suffering.** **6.** *bot. zo.* ungegliedert. ˌ**inarˈtic·u·lat·ed** [-leɪtɪd] *adj* → **inarticulate** 1, 6. ˌ**in·arˈtic·u·late·ness** *s* **1.** Undeutlichkeit *f*, Unverständlichkeit *f*. **2.** Unfähigkeit *f*(, deutlich) zu sprechen.

in·ar·tis·tic [ˌɪnɑː(r)ˈtɪstɪk] *adj* (*adv* **~ally**) unkünstlerisch: a) kunstlos, b) ohne Kunstverständnis.

in·as·much as [ˌɪnəzˈmʌtʃ] *conj* **1.** in Anbetracht der Tatsache, daß; da (ja), weil. **2.** *obs.* inˈsofern als.

in·at·ten·tion [ˌɪnəˈtenʃn] *s* Unaufmerksamkeit *f*. ˌ**in·atˈten·tive** [-tɪv] *adj* (*adv* **~ly**) unachtsam, unaufmerksam (**to** gegen): **to be ~ to s.th.** etwas nicht beachten. ˌ**in·atˈten·tive·ness** *s* Unaufmerksamkeit *f*.

in·au·di·bil·i·ty [ɪnˌɔːdəˈbɪlətɪ] *s* Unhörbarkeit *f*. **inˈau·di·ble** *adj* (*adv* **inaudibly**) unhörbar. **inˈau·di·ble·ness** *s* Unhörbarkeit *f*.

in·au·gu·ral [ɪˈnɔːgjʊrəl; -gjə-; *Am. a.* -gərəl] **I** *adj* Einführungs..., Einweihungs..., Antritts..., Eröffnungs...: **~ speech** → II. **II** *s* Antrittsrede *f*. **inˈau·gu·rate** [-reɪt] *v/t* **1.** *j-n* (feierlich) (in sein Amt) einführen *od.* einsetzen. **2.** einweihen, eröffnen. **3.** *ein Denkmal* enthüllen. **4.** einleiten: **to ~ a new era.** **inˌau·guˈra·tion** *s* **1.** (feierliche) Amtseinsetzung *od.* Amtseinführung: **I~ Day** *pol. Am.* Tag *m* des Amtsantritts des Präsidenten (*20. Januar*). **2.** Einweihung *f*, Eröffnung *f*. **3.** Enthüllung *f*. **4.** Beginn *m*. **inˈau·gu·ra·tor** [-reɪtə(r)] *s* Einführende(r *m*) *f*. **inˈau·gu·ra·to·ry** [-rətərɪ; *Am.* -ˌtəʊriː; -ˌtɔː-] → **inaugural** I.

in·aus·pi·cious [ˌɪnɔːˈspɪʃəs] *adj* (*adv* **~ly**) ungünstig: a) unheildrohend, b) unglücklich: **to be ~** unter e-m ungünstigen Stern stehen. ˌ**in·ausˈpi·cious·ness** *s* ungünstige Aussicht.

in·be·ing [ˈɪnˌbiːɪŋ] *s* **1.** *philos.* Innewohnen *n*, Immaˈnenz *f*. **2.** Wesen *n*.

ˌ**in-beˈtween I** *s* **1.** a) Mittelsmann *m*, b) *econ.* Zwischenhändler(in), c) *j-d, der e-e Zwischenstellung einnimmt.* **2.** Mittelding *n*. **II** *adj* **3.** Mittel..., Zwischen...: **~ weather** Übergangswetter *n*.

in·board [ˈɪnbɔː(r)d] *mar.* **I** *adj* **1.** Innenbord...: **~ motor.** **II** *adv* **2.** binnenbords. **III** *s* **3.** Innenbordmotor *m*. **4.** Innenborder *m* (*Boot*).

in·born [ˌɪnˈbɔː(r)n] *adj* angeboren.

in·bound [ˈɪnbaʊnd] *adj mar.* a) einlaufend, -fahrend, b) auf der Heimreise befindlich.

in·bred [ˌɪnˈbred] *adj* **1.** a) angeboren, b) tief eingewurzelt. **2.** durch Inzucht erzeugt.

in·breed [ˌɪnˈbriːd] *v/t irr Tiere* durch Inzucht züchten. ˌ**inˈbreed·ing** *s* Inzucht *f* (*a. fig.*).

in-built [ˌɪnˈbɪlt] *adj arch. tech.* eingebaut (*a. fig.*), Einbau...: **~ furniture** Einbaumöbel *pl*.

in·cal·cu·la·ble [ɪnˈkælkjʊləbl] *adj* **1.** unberechenbar (*a. Person etc*). **2.** unermeßlich.

in·can·desce [ˌɪnkænˈdes; -kən-] *v/t u. v/i* (weiß)glühend machen (werden). ˌ**inˈcanˈdes·cence** [-ˈdesns], ˌ**in·canˈdes·cen·cy** [-ˈdesnsɪ] *s* (Weiß)Glühen *n*, (-)Glut *f*. ˌ**in·canˈdes·cent** *adj* (*adv* **~ly**) **1.** (weiß)glühend: **~ lamp** Glühlampe *f*. **2.** *fig.* leuchtend, strahlend.

in·can·ta·tion [ˌɪnkænˈteɪʃn] *s* **1.** Beschwörung *f*. **2.** Zauber *m*, Zauberformel *f*, -spruch *m*.

in·ca·pa·bil·i·ty [ɪnˌkeɪpəˈbɪlətɪ] *s* **1.** Unfähigkeit *f*. **2.** Untauglichkeit *f*. **3.** Hilflosigkeit *f*.

in·ca·pa·ble [ɪnˈkeɪpəbl] *adj* (*adv* **incapably**) **1.** unfähig (**of** zu *od. gen*; **of doing** zu tun), nicht imˈstande (**of doing** zu tun): **~ of murder** nicht fähig, e-n Mord zu begehen. **2.** hilflos: **drunk and ~** volltrunken. **3.** ungeeignet, untauglich (**for** für). **4.** nicht zulassend (**of** *acc*): **a problem ~ of solution** ein unlösbares Problem; **~ of being misunderstood** unmißverständlich. **5. legally ~** geschäfts-, rechtsunfähig.

in·ca·pac·i·tate [ˌɪnkəˈpæsɪteɪt] *v/t* **1.** unfähig *od.* untauglich machen (**for s.th.** für etwas; **for** [*od.* **from**] **doing** zu tun). **2.** *jur.* für rechts- *od.* geschäftsunfähig erklären. ˌ**in·caˈpac·i·tat·ed** *adj* **1.** *a.* **~ for work** a) arbeitsunfähig, b) erwerbsunfähig. **2.** behindert: **physically (mentally) ~.** **3.** *a.* **legally ~** geschäfts-, rechtsunfähig. ˈ**in·caˌpac·iˈta·tion** *s* **1.** Unfähigmachen *n*. **2.** → **incapacity.** ˌ**in·caˈpac·i·ty** [-ətɪ] *s* **1.** Unfähigkeit *f*, Untauglichkeit *f*: **~ for work** a) Arbeitsunfähigkeit *f*, b) Erwerbsunfähigkeit *f*. **2.** *a.* **legal ~** Rechts-, Geschäftsunfähigkeit *f*: **~ to sue** Prozeßunfähigkeit *f*.

in·cap·su·late [ɪnˈkæpsjʊleɪt; *Am.* -səˌleɪt] → **encapsulate.**

in·car·cer·ate [ɪnˈkɑː(r)səreɪt] *v/t* **1.** einkerkern. **2.** → **imprison** 2. **inˈcar·cer·at·ed** *adj med.* inkarzeˈriert, eingeklemmt (*bes. Bruch*). **inˌcar·cerˈa·tion** *s* **1.** Einkerkerung *f.* **2.** → **imprisonment** 2. **3.** *med.* Inkarzeratiˈon *f,* Einklemmung *f.*

in·car·nate I *v/t* [ˈɪnkɑː(r)neɪt; ɪnˈk-] **1.** konˈkrete *od.* feste Form geben (*dat*), verwirklichen: **to ~ an ideal; to be ~d** *relig.* Fleisch werden. **2.** verkörpern, personifiˈzieren. **II** *adj* [ɪnˈkɑː(r)neɪt; -nɪt] **3.** *relig.* inkarˈniert, fleischgeworden: **God ~** Gott *m* in Menschengestalt. **4.** *fig.* leibˈhaftig: **a devil ~** ein Teufel in Menschengestalt. **5.** personifiˈziert, verkörpert: **innocence ~** die personifizierte Unschuld, die Unschuld in Person. **6.** fleischfarben. **ˌin·carˈna·tion** *s* Inkarnatiˈon *f*: a) *relig.* Fleisch-, Menschwerdung *f,* b) *fig.* Verkörperung *f,* Inbegriff *m.*

in·cen·di·a·rism [ɪnˈsendjərɪzəm; -dɪə-] *s* **1.** Brandstiftung *f.* **2.** *fig.* Aufwiegelung *f.* **inˈcen·di·ar·y** [-djərɪ; *Am.* -dɪˌeriː] **I** *adj* **1.** Brandstiftungs..., durch Brandstiftung verursacht. **2.** Brand..., Feuer... **3.** *mil.* Brand...: **~ agent** → 7 c; **~ bomb** → 7 a; **~ bullet** (*od.* **projectile, shell**) → 7 b. **4.** *fig.* aufwiegelnd, aufhetzend: **~ speech** Hetzrede *f.* **5.** *fig.* erregend, ˈhinreißend: **an ~ woman. II** *s* **6.** Brandstifter(in). **7.** *mil.* a) Brandbombe *f,* b) Brandgeschoß *n,* c) Brand-, Zündstoff *m.* **8.** *fig.* Aufwiegler(in), Hetzer(in), Agiˈtator *m.*

in·cense¹ [ˈɪnsens] **I** *s* **1.** Weihrauch *m*: **~ boat** *relig.* Weihrauchgefäß *n*; **~ burner** *relig.* Räucherfaß *n,* -vase *f.* **2.** Weihrauch(wolke *f,* -duft *m*) *m.* **3.** Duft *m.* **4.** *fig.* Beweihräucherung *f.* **II** *v/t* **5.** beweihräuchern. **6.** durchˈduften. **7.** *fig. obs.* j-n beweihräuchern.

in·cense² [ɪnˈsens] *v/t* erzürnen, erbosen, in Rage bringen: **~d** zornig, wütend (**at** über *acc*).

in·cen·so·ry [ˈɪnsensərɪ] *s relig.* Weihrauchgefäß *n.*

in·cen·ter, *bes. Br.* **in·cen·tre** [ˈɪnˌsentə(r)] *s math.* Inkreismittelpunkt *m*: **~ of triangle** Mittelpunkt e-s in ein Dreieck einbeschriebenen Kreises.

in·cen·tive [ɪnˈsentɪv] **I** *adj* anspornend, antreibend, anreizend (**to** zu): **to be ~ to** anspornen zu; **~ bonus** *econ.* Leistungsprämie *f*; **~ pay** (*od.* **wage[s]**) höherer Lohn für höhere Leistung, Leistungslohn *m.* **II** *s* Ansporn *m,* Antrieb *m,* Anreiz *m* (**to** zu): **~ to buy** Kaufanreiz; **to give s.o. (an) ~** j-n anspornen.

in·cen·tre *bes. Br. für* **incenter.**

in·cept [ɪnˈsept] **I** *v/t bes. biol.* in sich aufnehmen. **II** *v/i univ. Br. obs.* a) sich für den Grad e-s **Master** *od.* **Doctor** qualifiˈzieren, b) sich habiliˈtieren. **inˈcep·tion** *s* **1.** Beginn *m,* Anfang *m, bes.* Gründung *f* (*e-r Institution*). **2.** *univ. Br. obs.* a) Promotiˈon *f* zum **Master** *od.* **Doctor,** b) Habilitatiˈon *f.* **inˈcep·tive I** *adj* (*adv* **~ly**) **1.** Anfangs...: a) beginnend, anfangend, b) anfänglich. **2.** → **inchoative** 2. **II** *s* → **inchoative** 3.

in·cer·ti·tude [ɪnˈsɜːtɪtjuːd; *Am.* ɪnˈsɜrtəˌtuːd] *s* Unsicherheit *f,* Ungewißheit *f.*

in·ces·san·cy [ɪnˈsesnsɪ] *s* Unablässigkeit *f.* **inˈces·sant** [-snt] *adj* (*adv* **~ly**) unaufhörlich, unablässig, ständig. **inˈces·sant·ness** → **incessancy.**

in·cest [ˈɪnsest] *s* Blutschande *f,* Inˈzest *m*: **(spiritual) ~** *relig.* geistlicher Inzest. **in·cest·u·ous** [ɪnˈsestjʊəs; *Am.* ɪnˈsestʃəwəs] *adj* (*adv* **~ly**) blutschänderisch, inzestuˈös.

inch¹ [ɪntʃ] **I** *s* Inch *m* (= *2,54 cm*), Zoll *m* (*a. fig.*): **two ~es of rain** *meteor.* zwei Zoll Regen; **by ~es, ~ by ~** a) Zentimeter um Zentimeter, b) *fig.* allmählich, ganz langsam, Schritt für Schritt; **he missed the goal by ~es** *sport* er verfehlte das Tor nur ganz knapp *od.* nur um Zentimeter; **a man of your ~es** ein Mann von Ihrer Statur *od.* Größe; **every ~** *fig.* jeder Zoll, durch u. durch; **every ~ a gentleman** ein Gentleman vom Scheitel bis zur Sohle; **not to budge** (*od.* **give, yield**) **an ~** *fig.* nicht e-n Zentimeter weichen *od.* nachgeben; **give him an ~ and he'll take a yard** (*od.* **mile**) *fig.* wenn man ihm den kleinen Finger gibt, nimmt er gleich die ganze Hand; **within an ~** *fig.* um ein Haar, fast; **to be beaten (to) within an ~ of one's life** fast zu Tode geprügelt werden; **he came within an ~ of death** er wäre beinahe *od.* um Haaresbreite gestorben. **II** *adj* ...zöllig: **a three--~ rope. III** *v/t u. v/i* (sich) zentiˈmeterweise *od.* sehr langsam bewegen: **we ~ed the wardrobe into the corner** wir schoben den Schrank zentimeterweise in die Ecke.

inch² [ɪntʃ] *s Scot. od. Ir.* kleine Insel.

inched [ɪntʃt] *adj* **1.** *in Zssgn* ...zöllig: **four-~. 2.** mit Inch- *od.* Zolleinteilung (versehen), Zoll...: **~ staff** Zollstock *m.*

-incher [ɪntʃə(r)] *s in Zssgn wie* **four--incher** Gegenstand *m* von 4 Inch(es) *od.* Zoll Dicke *od.* Länge.

ˈinch·meal *adv*: **(by) ~** a) Zentimeter um Zentimeter, b) *fig.* Schritt für Schritt.

in·cho·ate I *adj* [ˈɪnkəʊeɪt; *Am.* ɪnˈkəʊət; ˈɪnkəˌweɪt] **1.** angefangen. **2.** beginnend, anfangend, Anfangs... **3.** unvollständig: **~ agreement** Vertrag, der noch nicht von allen Parteien unterzeichnet ist. **II** *v/t u. v/i* [ˈɪnkəʊeɪt; *Am.* ˈɪnkəˌweɪt] **4.** *obs.* beginnen, anfangen. **in·cho·a·tive** [ˈɪnkəʊeɪtɪv; *bes. Am.* ɪnˈkəʊətɪv] **I** *adj* **1.** → **inchoate** 1. **2.** *ling.* inchoaˈtiv (*e-n Beginn ausdrückend*): **~ verb** → 3 b. **II** *s* **3.** *ling.* a) inchoaˈtive Aktiˈonsart, b) Inchoaˈtiv *n,* inchoaˈtives Verb.

in·ci·dence [ˈɪnsɪdəns; *Am. a.* ˈɪnsəˌdens] *s* **1.** Auftreten *n,* Vorkommen *n,* Häufigkeit *f,* Verbreitung *f*: **high ~** häufiges Vorkommen, weite Verbreitung; **to have a high ~** häufig vorkommen, weit verbreitet sein. **2.** a) Auftreffen *n* (**on, upon** auf *acc*) (*a. phys.*), b) *phys.* Einfall(en *n*) *m* (*von Strahlen*): → **angle¹** 1. **3.** *econ.* Anfall *m* (*e-r Steuer*): **~ of taxation** Verteilung *f* der Steuerlast, Steuerbelastung *f.*

in·ci·dent [ˈɪnsɪdənt; *Am. a.* ˈɪnsəˌdent] **I** *adj* **1.** (**to**) a) verbunden (mit), b) gehörend (zu). **2.** a) auftreffend (*a. phys.*), b) *phys.* einfallend. **II** *s* **3.** Vorfall *m,* Ereignis *n,* Vorkommnis *n, a. pol.* Zwischenfall *m*: **full of ~s** ereignisreich. **4.** ˈNebenˌumstand *m,* -sache *f.* **5.** Epiˈsode *f,* Nebenhandlung *f* (*im Drama etc*). **6.** *jur.* a) (Neben)Folge *f* (**of** aus), b) Nebensache *f,* c) (*mit e-m Amt etc verbundene*) Verpflichtung.

in·ci·den·tal [ˌɪnsɪˈdentl] **I** *adj* **1.** nebensächlich, Neben...: **~ earnings** Nebenverdienst *m*; **~ expenses** → 8; **~ music** Begleit-, Hintergrundmusik *f.* **2.** beiläufig. **3.** gelegentlich. **4.** zufällig. **5.** → **incident** 1: **the expenses ~ thereto** die dabei entstehenden *od.* damit verbundenen Unkosten. **6.** folgend (**on, upon** auf *acc*), nachher auftretend: **~ images** *psych.* Nachbilder. **II** *s* **7.** ˈNebenˌumstand *m,* -sächlichkeit *f.* **8.** *pl econ.* Nebenausgaben *pl,* -kosten *pl.* **ˌin·ciˈden·tal·ly** [-tlɪ] *adv* **1.** nebenˈbei. **2.** beiläufig. **3.** gelegentlich. **4.** zufällig. **5.** nebenˈbei bemerkt, übrigens.

in·cin·er·ate [ɪnˈsɪnəreɪt] *v/t u. v/i* verbrennen. **inˌcin·erˈa·tion** *s* Verbrennung *f*: **~ plant** → **incinerator** b. **inˈcin·er·a·tor** [-reɪtə(r)] *s* a) Verbrennungsofen *m,* b) Verbrennungsanlage *f.*

in·cip·i·ence [ɪnˈsɪpɪəns], *a.* **inˈcip·i·en·cy** [-sɪ] *s* **1.** Beginn *m,* Anfang *m.* **2.** Anfangsstadium *n.* **inˈcip·i·ent** *adj* beginnend, anfangend, einleitend, anfänglich, Anfangs...: **~ stage** Anfangsstadium *n.* **inˈcip·i·ent·ly** *adv* anfänglich, anfangs, zu Anfang.

in·cise [ɪnˈsaɪz] *v/t* **1.** ein-, aufschneiden (*a. med.*). **2.** a) *ein Muster etc* einritzen, -schnitzen, -kerben (**on** in *acc*), b) **to ~ s.th. with a pattern** ein Muster in etwas einritzen *od.* -schnitzen *od.* -kerben. **inˈcised** *adj* **1.** eingeschnitten (*a. bot. zo.*). **2.** Schnitt...: **~ wound.**

in·ci·sion [ɪnˈsɪʒn] *s* **1.** (Ein)Schnitt *m* (*a. med.*). **2.** *bot. zo.* Einschnitt *m.*

in·ci·sive [ɪnˈsaɪsɪv] *adj* (*adv* **~ly**) **1.** (ein-)schneidend. **2.** *fig.* scharf: a) ˈdurchdringend: **~ intellect,** b) beißend: **~ irony,** c) schneidend: **~ tone. 3.** *fig.* treffend, präˈgnant. **4.** *anat.* Schneide(zahn)...: **~ bone** Zwischenkieferknochen *m*; **~ tooth** → **incisor. inˈci·sive·ness** *s* Schärfe *f.*

in·ci·sor [ɪnˈsaɪzə(r)] *s anat.* Schneidezahn *m.*

in·cit·ant [ɪnˈsaɪtənt] **I** *adj* anreizend. **II** *s* Reiz-, Anregungsmittel *n.* **ˌin·ciˈta·tion** [-saɪ-; -sɪ-] *s* **1.** Anregung *f.* **2.** Anreiz *m,* Ansporn *m,* Antrieb *m* (**to** zu). **3.** → **incitement** 2.

in·cite [ɪnˈsaɪt] *v/t* **1.** anregen (*a. med.*), anspornen, anstacheln, antreiben (**to** zu). **2.** aufwiegeln, -hetzen, *jur.* anstiften (**to** zu). **3.** *Zorn etc* erregen: **to ~ anger in s.o.** j-s Zorn erregen, j-n erzürnen. **inˈcite·ment** *s* **1.** → **incitation** 1 *u.* 2. **2.** Aufwiegelung *f,* -hetzung *f, jur.* Anstiftung *f* (**to** zu). **inˈcit·er** *s* **1.** Ansporner(in), Antreiber(in). **2.** Aufwiegler(in), Hetzer(in), Agiˈtator *m.*

in·ci·vil·i·ty [ˌɪnsɪˈvɪlətɪ] *s* Unhöflichkeit *f,* Grobheit *f* (*beide a. Bemerkung etc*).

in·ci·vism [ˈɪnsɪvɪzəm] *s* Mangel *m* an Bürgersinn.

ˈin-ˌclear·ing *s econ. Br.* Gesamtbetrag *m* der auf ein Bankhaus laufenden Schecks, Abrechnungsbetrag *m.*

in·clem·en·cy [ɪnˈklemənsɪ] *s* **1.** Rauheit *f,* Unfreundlichkeit *f*: **inclemencies of the weather** Unbilden der Witterung. **2.** Härte *f,* Unerbittlichkeit *f.* **inˈclem·ent** *adj* (*adv* **~ly**) **1.** rauh, unfreundlich (*Klima*). **2.** hart, unerbittlich.

in·clin·a·ble [ɪnˈklaɪnəbl] *adj* **1.** (ˈhin-)neigend, tenˈdierend (**to** zu): **to be ~ to** tendieren zu. **2.** wohlwollend gegenˈüberstehend, günstig gesinnt (**to** *dat*). **3.** *tech.* schrägstellbar.

in·cli·na·tion [ˌɪnklɪˈneɪʃn] *s* **1.** *fig.* Neigung *f,* Hang *m* (**to, for** zu): **~ to buy** *econ.* Kauflust *f*; **~ to stoutness** Anlage *f* zur Korpulenz. **2.** *fig.* Zuneigung *f* (**for** zu). **3.** Neigen *n,* Beugen *n,* Neigung *f.* **4.** Gefälle *n.* **5.** *math.* a) Neigung *f,* Schrägstellung *f,* Schräge *f,* Senkung *f,* b) geneigte Fläche, c) Neigungswinkel *m*: **the ~ of two planes** der Winkel zwischen zwei Ebenen. **6.** Inklinatiˈon *f*: a) *astr. Neigung der Ebene e-r Planetenbahn zur Ebene der Erdbahn,* b) (*Geophysik*) *Winkel zwischen den erdmagnetischen Feldlinien u. der Horizontalen.*

in·cline [ɪnˈklaɪn] **I** *v/i* **1.** *fig.* ˈhinneigen, geneigt sein, (dazu) neigen (**to, toward[s]** zu; **to do** zu tun). **2.** *fig.* e-e Anlage haben, neigen (**to** zu): **to ~ to stoutness; to ~ to red** ins Rötliche spielen. **3.** sich neigen (**to, toward[s]** nach), (schräg) abfallen: **the roof ~s sharply** das Dach fällt steil ab. **4.** *Bergbau*: einfallen. **5.** *fig.* sich neigen, zu Ende gehen (*Tag*). **6.** *fig.* wohlwollend gegen-

ˈüberstehen, günstig gesinnt sein (**to** *dat*). **II** *v/t* **7.** *fig.* geneigt machen, veranlassen, bewegen (**to** zu): **this ~s me to doubt** dies läßt mich zweifeln; **this ~s me to the view** dies bringt mich zu der Ansicht; **to ~ s.o. to do s.th.** j-n dazu bringen, etwas zu tun. **8.** neigen, beugen, senken: **to ~ the head**; **to ~ one's ear to s.o.** *fig.* j-m sein Ohr leihen. **9.** Neigung geben (*dat*), neigen, schräg (ver)stellen, beugen. **10.** (**to, toward[s]**) richten (auf *acc*), lenken (nach ... hin). **III** *s* [ɪnˈklaɪn; ˈɪnklaɪn] **11.** Gefälle *n*. **12.** (Ab)Hang *m*. **13.** *math. phys.* schiefe Ebene. **14.** *Bergbau*: tonnlägiger Schacht, einfallende Strecke. **15. double ~** *rail.* Ablaufberg *m*.

in·clined [ɪnˈklaɪnd] *adj* **1.** (**to**) *fig.* a) geneigt (zu), b) neigend (zu): **to be ~ to do s.th.** dazu neigen, etwas zu tun. **2.** *fig.* gewogen, wohlgesinnt (**to** *dat*). **3.** geneigt, schräg, schief, abschüssig: **to be ~** sich neigen; **~ plane** *math. phys.* schiefe Ebene.

in·cli·nom·e·ter [ˌɪnklɪˈnɒmɪtə; *Am.* -ˈnɑmətər] *s tech.* **1.** Inklinatiˈonskompaß *m*, -nadel *f*. **2.** *aer.* Neigungsmesser *m*. **3.** → **clinometer**.

in·close → **enclose**.

in·clude [ɪnˈkluːd] *v/t* **1.** einschließen, umˈgeben. **2.** in sich einschließen, umˈfassen, enthalten. **3.** einschließen, -beziehen, -rechnen (**in** in *acc*), rechnen (**among** unter *acc*, zu): **speakers ~ ...** unter den Sprechern sind ..., unter anderem sprechen ... **4.** erfassen, aufnehmen: **not to be ~d on the list** nicht auf der Liste stehen; **to ~ s.th. in the agenda** etwas auf die Tagesordnung setzen; **to ~ s.o. in one's will** j-n in s-m Testament bedenken.

in·clud·ed [ɪnˈkluːdɪd] *adj* **1.** eingeschlossen (*a. math.*). **2.** mit inbegriffen, mit eingeschlossen: **tax ~** einschließlich *od.* inklusive Steuer. **inˈclud·i·ble** *adj* einbeziehbar. **inˈclud·ing** *prep* einschließlich: **~ all charges** *econ.* einschließlich *od.* inklusive aller Kosten.

in·clu·sion [ɪnˈkluːʒn] *s* **1.** Einschluß *m*, Einbeziehung *f* (**in** in *acc*): **with the ~ of** einschließlich (*gen*), mit (*dat*). **2.** *min. tech.* Einschluß *m*. **3.** *biol.* Zelleinschluß *m*: **~ body** *med.* Einschlußkörperchen *n*.

in·clu·sive [ɪnˈkluːsɪv] *adj* (*adv* **~ly**) **1.** einschließlich, inkluˈsive (**of** *gen*): **to be ~ of** einschließen (*acc*); **to Friday ~** bis einschließlich Freitag, bis Freitag inklusive. **2.** alles einschließend *od.* enthaltend, Pauschal...: **~ price** Pauschalpreis *m*.

in·co·er·ci·ble [ˌɪnkəʊˈɜːsɪbl; *Am.* -ˈɜrsəbəl] *adj* (*adv* **incoercibly**) **1.** unerzwingbar, nicht zu erzwingen(d): **to be ~** sich nicht erzwingen lassen. **2.** *phys.* nicht kompriˈmierbar.

in·cog·ni·to [ɪnˈkɒgnɪtəʊ; ˌɪnkɒgˈniː-; *Am.* ˌɪnkɑgˈniːtəʊ; ɪnˈkɑgnə-] **I** *adv* **1.** inˈkognito, unter fremdem Namen: **to travel ~**. **II** *adj* **2.** unter fremdem Namen: **a king ~**. **III** *pl* **-tos** *s* **3.** Inˈkognito *n*: **to preserve** (**disclose** *od.* **reveal**) **one's ~** sein Inkognito wahren (lüften). **4.** *j-d, der inkognito reist etc.*

in·cog·ni·za·ble [ɪnˈkɒgnɪzəbl; *Am.* ɪnˈkɑg-] *adj* a) nicht erkennbar, b) nicht wahrnehmbar. **inˈcog·ni·zant** *adj* nicht unterˈrichtet (**of** über *acc od.* von): **to be ~ of s.th.** a) von etwas keine Kenntnis haben, b) etwas nicht erkennen.

in·co·her·ence [ˌɪnkəʊˈhɪərəns; *Am. a.* -ˈher-], **ˌin·coˈher·en·cy** *s* **1.** fehlender Zs.-halt (*a. fig.*). **2.** Zs.-hang(s)losigkeit *f*. **3.** fehlende Überˈeinstimmung. **ˌin·coˈher·ent** *adj* (*adv* **~ly**) **1.** unverbunden. **2.** *phys.* inkohäˈrent. **3.** (logisch) ˈunzuˌsammenhängend, unklar, unverständlich: **to be ~ in one's speech** sich nicht klar ausdrücken (können).

in·com·bus·ti·ble [ˌɪnkəmˈbʌstəbl] **I** *adj* (*adv* **incombustibly**) un(ver)brennbar. **II** *s* a) un(ver)brennbarer Gegenstand, b) un(ver)brennbares Materiˈal.

in·come [ˈɪŋkʌm; ˈɪnkʌm] *s econ.* Einkommen *n*, Einkünfte *pl* (**from** aus): **~ from employment** Arbeitseinkommen; **to live within (beyond) one's ~** s-n Verhältnissen entsprechend (über s-e Verhältnisse) leben; → **earn** 1, **unearned**. **~ ac·count** *s* Ertragskonto *n*. **~ bond** *s* Schuldverschreibung *f* mit vom Gewinn (der Gesellschaft) abhängiger Verzinsung. **~ brack·et** *s* Einkommensstufe *f*, -gruppe *f*: **the lower ~s** die unteren Einkommensschichten. **~ group** *s* Einkommensgruppe *f*.

in·com·er [ˈɪnˌkʌmə(r)] *s* **1.** Herˈeinkommende(r *m*) *f*, Ankömmling *m*. **2.** *econ. jur.* (Rechts)Nachfolger(in).

in·come| split·ting *s Am.* Einkommensaufteilung *f* zur getrennten Veranlagung. **~ state·ment** *s econ. Am.* Gewinn- u. Verlustrechnung *f*. **~ tax** *s econ.* Einkommenssteuer *f*: **~ return** Einkommenssteuererklärung *f*.

in·com·ing [ˈɪnˌkʌmɪŋ] **I** *adj* **1.** herˈeinkommend: **the ~ tide**. **2.** ankommend (*Telefongespräch, Verkehr, electr. Strom etc*), nachfolgend, neu (*Mieter, Regierung etc*). **3.** *econ.* a) erwachsend (*Nutzen, Gewinn*), b) eingehend, einlaufend: **~ orders** Auftragseingänge; **~ mail** Posteingang *m*; **~ stocks** Warenzugänge. **4.** beginnend: **the ~ year**. **5.** *psych.* nach innen gekehrt, verschlossen, introverˈtiert. **II** *s* **6.** Kommen *n*, Eintritt *m*, Eintreffen *n*, Ankunft *f*. **7.** *meist pl econ.* a) Eingänge *pl*, b) Einkünfte *pl*.

in·com·men·su·ra·bil·i·ty [ˈɪnkəˌmenʃərəˈbɪlətɪ; *Am. a.* -ˌmensərə-] *s* Inkommensurabiliˈtät *f* (*a. math. phys.*), Unvergleichbarkeit *f*. **ˌin·comˈmen·su·ra·ble I** *adj* (*adv* **incommensurably**) **1.** (**with**) inkommensuˈrabel (*a. math. phys.*), nicht vergleichbar (mit), nicht mit demˈselben Maß meßbar (wie). **2.** unangemessen, unverhältnismäßig. **II** *s* **3.** *math.* inkommensuˈrable Größe.

in·com·men·su·rate [ˌɪnkəˈmenʃərət; *Am. a.* -ˈmensə-] *adj* (*adv* **~ly**) **1.** unangemessen, nicht entsprechend (**with, to** *dat*). **2.** → **incommensurable** I.

in·com·mode [ˌɪnkəˈməʊd] *v/t* **1.** *j-m* Unannehmlichkeiten bereiten. **2.** belästigen, *j-m* zur Last fallen. **ˌin·comˈmo·di·ous** [-djəs; -dɪəs] *adj* (*adv* **~ly**) unbequem: a) lästig, beschwerlich (**to** *dat od.* für), b) beengt, eng.

in·com·mu·ni·ca·ble [ˌɪnkəˈmjuːnɪkəbl] *adj* (*adv* **incommunicably**) **1.** nicht mitteilbar. **2.** *obs. für* **incommunicative**. **ˌin·com·mu·niˈca·do** [-ˈkɑːdəʊ] *adj* von der Außenwelt isoˈliert, *jur. a.* in Isoˈlierhaft: **to keep ~** von der Außenwelt isolieren, *jur. a.* in Isolierhaft halten. **ˌin·comˈmu·ni·ca·tive** [-nɪkətɪv; *Am. bes.* -nəˌkeɪtɪv] *adj* (*adv* **~ly**) nicht mitteilsam, verschlossen.

in·com·mut·a·ble [ˌɪnkəˈmjuːtəbl] *adj* **1.** nicht austauschbar. **2.** nicht ablösbar (*Verpflichtung etc*), (*a. jur. Strafe*) nicht ˈumwandelbar.

ˈin-ˌcom·pa·ny *adj* ˈfirmeninˌtern.

in·com·pa·ra·ble [ɪnˈkɒmpərəbl; -prəbl; *Am.* -ˈkɑm-] **I** *adj* **1.** unvergleichbar, einzigartig. **2.** nicht zu vergleichen(d), unvergleichbar (**with, to** mit). **II** *s* **3.** *orn.* Papstfink *m*. **inˈcom·pa·ra·bly** *adv* → **imcomparable** 1.

in·com·pat·i·bil·i·ty [ˈɪnkəmˌpætəˈbɪlətɪ] *s* **1.** Unvereinbarkeit *f*: a) ˈWidersprüchlichkeit *f*, b) Inkompatibiliˈtät *f*. **2.** ˈWiderspruch *m*. **3.** Unverträglichkeit *f*, Gegensätzlichkeit *f*: **~ between husband and wife** *jur. Am.* unüberwindliche Abneigung (*Scheidungsgrund*). **ˌinˈcomˈpat·i·ble** *adj* (*adv* **incompatibly**) **1.** unvereinbar: a) ˈwidersprüchlich, b) inkompaˈtibel (*Ämter*). **2.** unverträglich: a) nicht zs.-passend, gegensätzlich (*a. Personen*), b) *med.* inkompaˈtibel (*Blutgruppen, Arzneimittel*): **to be ~ (with)** sich nicht vertragen (mit), nicht zs.-passen (mit), nicht passen (zu). **II** *s* **3.** *pl* unverträgliche Perˈsonen *od.* Sachen. **ˌin·comˈpat·i·ble·ness** → **incompatibility**.

in·com·pe·tence [ɪnˈkɒmpɪtəns; *Am.* ɪnˈkɑmpə-], **inˈcom·pe·ten·cy** [-sɪ] *s* **1.** Unfähigkeit *f*, Untüchtigkeit *f*. **2.** *jur.* a) *a. weitS.* Nichtzuständigkeit *f*, ˈInkompeˌtenz *f*, b) Unzulässigkeit *f*, c) Geschäftsunfähigkeit *f*. **3.** Unzulänglichkeit *f*. **inˈcom·pe·tent I** *adj* (*adv* **~ly**) **1.** unfähig (**to do** zu tun), untüchtig. **2.** nicht fach- *od.* sachkundig, ˈunqualifiˌziert. **3.** *jur.* a) *a. weitS.* unzuständig, ˈinkompeˌtent (*Richter, Gericht*), b) unzulässig (*Beweise, Zeuge*), c) geschäftsunfähig. **4.** nicht ausreichend (**for** für), unzulänglich, mangelhaft. **5.** *geol.* ˈinkompeˌtent, tekˈtonisch nicht verformbar (*Gestein*). **II** *s* **6.** unfähige Perˈson, Nichtskönner(in). **7.** *jur.* geschäftsunfähige Perˈson.

in·com·plete [ˌɪnkəmˈpliːt] *adj* (*adv* **~ly**) **1.** ˈinkomˌplett, unvollständig, ˈunvollˌkommen: **~ shadow** *math. phys.* Halbschatten *m*. **2.** unvollzählig, ˈinkomˌplett. **3.** ˈunvollˌendet, unfertig. **ˌin·comˈplete·ness, ˌin·comˈple·tion** [-ˈpliːʃn] *s* Unvollständigkeit *f*, ˈUnvollˌkommenheit *f*.

in·com·pre·hend·ing [ɪnˌkɒmprɪˈhendɪŋ; *Am.* ɪnˌkɑmprə-] *adj* (*adv* **~ly**) verständnislos. **inˌcom·pre·hen·siˈbil·i·ty** [-səˈbɪlətɪ] *s* Unbegreiflichkeit *f*. **inˌcom·preˈhen·si·ble** *adj* unbegreiflich, unfaßbar, unverständlich. **inˌcom·preˈhen·si·bly** *adv* unverständlicherweise. **inˌcom·preˈhen·sion** *s* Unverständnis *n* (**of** für).

in·com·press·i·ble [ˌɪnkəmˈpresəbl] *adj* (*adv* **incompressibly**) nicht zs.-drückbar, *phys. tech.* nicht kompriˈmierbar *od.* verdichtbar.

in·con·ceiv·a·bil·i·ty [ˈɪnkənˌsiːvəˈbɪlətɪ] *s* Unbegreiflichkeit *f*. **ˌin·conˈceiv·a·ble** *adj* (*adv* **inconceivably**) **1.** unbegreiflich, unfaßbar. **2.** undenkbar, unvorstellbar (**to** für): **it is ~ to me that** ich kann mir nicht vorstellen, daß. **ˌin·conˈceiv·a·ble·ness** → **inconceivability**.

in·con·clu·sive [ˌɪnkənˈkluːsɪv] *adj* (*adv* **~ly**) **1.** nicht überˈzeugend *od.* schlüssig, ohne Beweiskraft. **2.** ergebnis-, erfolglos. **ˌin·conˈclu·sive·ness** *s* **1.** Mangel *m* an Beweiskraft. **2.** Ergebnislosigkeit *f*.

in·con·dite [ɪnˈkɒndɪt; -daɪt; *Am.* -ˈkɑn-] *adj* **1.** unausgefeilt (*Stil etc*). **2.** ungehobelt, ungeschliffen (*Benehmen, Kerl etc*).

in·con·gru·ence [ɪnˈkɒŋgrʊəns; *Am.* ˌɪnkənˈgruːəns; ɪnˈkɑŋgrəwəns] *s* **1.** Nichtüberˈeinstimmung *f*. **2.** *math.* ˈInkongruˌenz *f*: a) *mangelnde Deckungsgleichheit*: **to be in ~** sich nicht decken, inkongruent sein, b) *mangelnde Übereinstimmung von zwei Zahlen, die, durch e-e dritte geteilt, ungleiche Reste liefern.* **in·con·gru·ent** *adj* (*adv* **~ly**) **1.** nicht überˈeinstimmend (**to, with** mit). **2.** (**to, with**) nicht passend (zu), unvereinbar (mit): **his conduct is ~ with his principles**. **3.** *math.* ˈinkongruˌent (*a. fig.*). **4.** ungereimt, ˈwidersinnig: **an ~ story**. **in·con·gru·i·ty** [ˌɪnkɒŋˈgruːətɪ; *Am.* ˌɪnkən-] *s*

1. Nichtüber'einstimmung *f.* 2. Unvereinbarkeit *f.* 3. → **incongruence** 2. 4. Ungereimtheit *f*, 'Widersinnigkeit *f.* **in'con·gru·ous** [-gruəs; *Am.* -grəwəs] → **incongruent.** **in'con·gru·ous·ness** → **incongruity.**

in·con·se·quence [ɪn'kɒnsɪkwəns; *Am.* ɪn'kɑnsəˌkwens] *s* 1. 'Inkonseˌquenz *f*, Unlogik *f*, Folgewidrigkeit *f.* 2. Belanglosigkeit *f.* **in'con·se·quent** [-kwənt] *adj* (*adv* **~ly**) 1. 'inkonseˌquent, folgewidrig, unlogisch. 2. 'unzuˌsammenhängend. 3. nicht zur Sache gehörig, 'irreleˌvant. 4. belanglos, unwichtig. **in·con·se·quen·tial** [ˌɪnkɒnsɪ'kwenʃl; *Am.* ɪnˌkɑnsə-] → **inconsequent.**

in·con·sid·er·a·ble [ˌɪnkən'sɪdərəbl; -drəbl] *adj* (*adv* **inconsiderably**) 1. gering(fügig). 2. unbedeutend, unwichtig (*a. Person*).

in·con·sid·er·ate [ˌɪnkən'sɪdərət; -drət] *adj* (*adv* **~ly**) 1. rücksichtslos (**to, toward[s]** gegen). 2. taktlos. 3. unbesonnen, (*Handlung a.*) 'unüberˌlegt. **ˌin·con'sid·er·ate·ness, 'in·conˌsid·er'a·tion** [-də'reɪʃn] *s* 1. Rücksichtslosigkeit *f.* 2. Unbesonnenheit *f.*

in·con·sist·ence [ˌɪnkən'sɪstəns], **ˌin·con'sist·en·cy** [-sɪ] *s* 1. 'Inkonseˌquenz *f*: a) Folgewidrigkeit *f*, b) Unbeständigkeit *f*, Wankelmut *m.* 2. Unvereinbarkeit *f*, 'Widerspruch *m.* 3. 'Widersprüchlichkeit *f*, 'Inkonsiˌstenz *f.* **ˌin·con'sist·ent** *adj* (*adv* **~ly**) 1. 'inkonseˌquent: a) folgewidrig, b) unbeständig, wankelmütig. 2. (**with**) unvereinbar (mit), im 'Widerspruch *od.* Gegensatz stehend (zu). 3. 'widersprüchlich, (*bes. Logik a.*) 'inkonsiˌstent.

in·con·sol·a·ble [ˌɪnkən'səʊləbl] *adj* (*adv* **inconsolably**) 1. un'tröstlich (**for** über *acc*). 2. unermeßlich: **~ grief; her grief was ~** nichts konnte sie in ihrem Schmerz trösten.

in·con·spic·u·ous [ˌɪnkən'spɪkjʊəs; *Am.* -kjəwəs] *adj* (*adv* **~ly**) 1. unauffällig: **he tried to make himself as ~ as possible** er versuchte, so wenig wie möglich aufzufallen. 2. *bot.* klein, unscheinbar (*Blüten*). **ˌin·con'spic·u·ous·ness** *s* Unauffälligkeit *f.*

in·con·stan·cy [ɪn'kɒnstənsɪ; *Am.* -'kɑn-] *s* 1. Unbeständigkeit *f*, Veränderlichkeit *f*, 'Inkonˌstanz *f.* 2. Wankelmut *m.* **in'con·stant** *adj* (*adv* **~ly**) 1. unbeständig, veränderlich, 'inkonˌstant (*a. electr. math. phys.*). 2. wankelmütig.

in·con·test·a·ble [ˌɪnkən'testəbl] *adj* (*adv* **incontestably**) unanfechtbar.

in·con·ti·nence [ɪn'kɒntɪnəns; *Am.* ɪn'kɑntnəns], **in'con·ti·nen·cy** *s* 1. (*bes. sexuelle*) Unmäßigkeit, Zügellosigkeit *f.* 2. 'Unaufˌhörlichkeit *f*: **~ of speech** Geschwätzigkeit *f.* 3. *med.* 'Inkontiˌnenz *f* (*Unfähigkeit, Harn od. Stuhl zurückzuhalten*): **~ of the f(a)eces, f(a)ecal** (*od.* **rectal**) **~** Stuhlinkontinenz; **urinary ~** Harninkontinenz.

in·con·ti·nent[1] [ɪn'kɒntɪnənt; *Am.* ɪn'kɑntnənt] *adj* (*adv* **~ly**) 1. (*bes. sexuell*) unmäßig, zügellos. 2. 'unaufˌhörlich: **~ flow of talk** pausenloser Redestrom. 3. **to be ~ of s.th.** etwas nicht zurückhalten können: **to be ~ of a secret** ein Geheimnis nicht für sich behalten können. 4. *med.* 'inkontiˌnent: **to be ~** an Stuhl- *od.* Harninkontinenz leiden.

in·con·ti·nent[2] [ɪn'kɒntɪnənt; *Am.* ɪn'kɑntnənt], *a.* **in'con·ti·nent·ly** [-lɪ] *adv obs.* spornstreichs, schnurstracks.

in·con·tro·vert·i·ble [ˌɪnkɒntrə'vɜːtəbl; *Am.* ɪnˌkɑntrə'vɜrtəbəl] *adj* (*adv* **incontrovertibly**) 1. unbestreitbar, unstreitig. 2. unanfechtbar.

in·con·ven·ience [ˌɪnkən'viːnjəns; -nɪəns] **I** *s* 1. Unbequemlichkeit *f.* 2. a) Ungelegenheit *f*, Lästigkeit *f*, b) Unannehmlichkeit *f*, Schwierigkeit *f*: **to put s.o. to ~** → 4. **II** *v/t* 3. *j-n* belästigen, stören, *j-m* lästig sein *od.* zur Last fallen. 4. *j-m* Unannehmlichkeiten *od.* Ungelegenheiten bereiten, *j-m* 'Umstände machen. **ˌin·con'ven·ient** *adj* (*adv* **~ly**) 1. unbequem (**to** für). 2. ungelegen, lästig, störend (**to** für): **at an ~ time** zu e-r ungünstigen Zeit, ungelegen.

in·con·vert·i·bil·i·ty ['ɪnkənˌvɜːtə'bɪlətɪ; *Am.* -ˌvɜr-] *s* 1. Unverwandelbarkeit *f.* 2. *econ.* a) Nichtkonver'tierbarkeit *f*, b) Nicht'umwechselbarkeit *f*, c) Nicht'umstellbarkeit *f.* **ˌin·con'vert·i·ble** *adj* (*adv* **inconvertibly**) 1. nicht 'umwandelbar *od.* verwandelbar (**into** in *acc*). 2. *econ.* a) nicht konver'tierbar (*Wertpapiere, Schulden etc*), b) nicht 'um- *od.* einwechselbar (*Geld*), c) nicht 'umstellbar (**to** auf *acc*) (*Währung*). 3. nicht bekehrbar (**to** zu) (*a. relig.*). **ˌin·con'vert·i·ble·ness** → **inconvertibility.**

in·con·vin·ci·ble [ˌɪnkən'vɪnsəbl] *adj* nicht zu über'zeugen(d).

in·co·or·di·na·tion ['ɪnkəʊˌɔːdɪ'neɪʃn; *Am.* -ˌɔːrdn'eɪ-] *s* 1. Mangel *m* an Koordinati'on, mangelnde Abstimmung (aufein'ander). 2. *med.* Inkoordinati'on *f* (*gestörtes od. fehlendes Zs.-wirken der einzelnen Muskeln e-r Muskelgruppe*).

in·cor·po·rate [ɪn'kɔː(r)pəreɪt] **I** *v/t* 1. vereinigen, verbinden, zs.-schließen (**with, into, in** mit). 2. (**in, into**) *e-e Idee etc* einverleiben (*dat*), aufnehmen (in *acc*), *ein Staatsgebiet a.* eingliedern, inkorpo'rieren (in *acc*). 3. *e-e Stadt* eingemeinden, inkorpo'rieren. 4. (zu e-r Körperschaft) vereinigen, zs.-schließen (**into, in** zu). 5. *econ. jur.* a) als (*Am.* Aktien)Gesellschaft eintragen (lassen), b) *e-e Gesellschaft* gründen, c) 'Rechtsperˌsönlichkeit verleihen (*dat*). 6. (*als Mitglied*) aufnehmen (**into, in** in *acc*). 7. in sich schließen, enthalten. 8. *chem. tech.* vermischen (**into** zu). 9. *tech. u. fig.* einbauen (**into, in** in *acc*). 10. verkörpern. **II** *v/i* 11. sich (eng) verbinden *od.* vereinigen *od.* zs.-schließen (**with** mit): **these ideas ~d with existing ones to form a new philosophy** diese Vorstellungen verbanden sich mit bereits bestehenden zu e-r neuen Philosophie. 12. *econ. jur.* e-e Gesellschaft gründen. **III** *adj* [-rət] → **incorporated.**

in·cor·po·rat·ed [ɪn'kɔː(r)pəreɪtɪd] *adj* 1. *econ. jur.* als (*Am.* Aktien)Gesellschaft eingetragen: **~ bank** *Am.* Aktienbank *f*; **~ company** a) *Br.* rechtsfähige (Handels-) Gesellschaft, b) *Am.* Aktiengesellschaft *f*; **~ society** eingetragener Verein. 2. (eng) verbunden, zs.-geschlossen (**in, into** mit). 3. einverleibt (**in, into** *dat*): **to become ~ in(to)** einverleibt werden (*dat*), aufgehen in (*dat*); **~ territories** eingegliederte *od.* inkorporierte Staatsgebiete. 4. eingemeindet, inkorpo'riert: **~ city** (*od.* **town**) Stadtgemeinde *f.* **in'cor·po·rat·ing** *adj*: **~ languages** inkorporierende Sprachen (*bei denen mehrere Satzteile zu e-m einzigen Wort zs.-geschlossen werden*). **inˌcor·po'ra·tion** *s* 1. Vereinigung *f*, Verbindung *f*, Zs.-schluß *m.* 2. Einverleibung *f*, Eingliederung *f*, Inkorporati'on *f.* 3. Eingemeindung *f.* 4. *econ. jur.* a) Eintragung *f* als (*Am.* Aktien)Gesellschaft, b) Gründung *f*, c) Verleihung *f* der 'Rechtsperˌsönlichkeit: → **article** 6, **certificate** 1. **in'cor·po·ra·tive** [-rətɪv; *Am. bes.* -ˌreɪtɪv] *adj* 1. einverleibend. 2. → **incorporating.** **in'cor·po·ra·tor** [-reɪtə(r)] *s econ. Am.* Gründungsmitglied *n.*

in·cor·po·re·al [ˌɪnkɔː(r)'pɔːrɪəl] *adj* (*adv* **~ly**) 1. unkörperlich. 2. immateri'ell: **~ chattels** *jur.* immaterielle Vermögenswerte; **~ hereditaments** *jur.* (*mit Grund u. Boden verbundene*) (*Am.* vererbliche) Rechte; **~ right** *jur.* Immaterialgüterrecht *n.* 3. a) geistig, b) 'übersinnlich. **inˌcor·po're·i·ty** [-pə'riːətɪ] *s* Unkörperlichkeit *f.*

in·cor·rect [ˌɪnkə'rekt] *adj* (*adv* **~ly**) 1. 'inkorˌrekt, unrichtig: a) fehlerhaft, b) unwahr, unzutreffend: **that is ~** das stimmt nicht; **you are ~ (in saying)** Sie haben unrecht(, wenn Sie sagen). 2. 'inkorˌrekt, ungehörig: **~ behavio(u)r; this is an ~ thing to do** das gehört sich nicht. **ˌin·cor'rect·ness** *s* 'Inkorˌrektheit *f*: a) Unrichtigkeit *f*, b) Ungehörigkeit *f.*

in·cor·ri·gi·bil·i·ty [ɪnˌkɒrɪdʒə'bɪlətɪ; *Am. a.* -ˌkɑ-] *s* Unverbesserlichkeit *f.* **in'cor·ri·gi·ble I** *adj* (*adv* **incorrigibly**) 1. unverbesserlich. 2. unfügsam, unlenksam: **an ~ child.** **II** *s* 3. unverbesserlicher Mensch.

in·cor·rupt [ˌɪnkə'rʌpt] *adj* (*adv* **~ly**), *a.* **ˌin·cor'rupt·ed** [-tɪd] *adj* 1. (*moralisch*) unverdorben. 2. lauter, redlich. 3. unbestechlich. 4. unverfälscht. **ˌin·cor'rupt·i·ble** *adj* (*adv* **incorruptibly**) 1. mo'ralisch gefestigt, unverführbar. 2. unbestechlich. 3. unverderblich (*Speisen*). **ˌin·cor'rup·tion, ˌin·cor'rupt·ness** *s* 1. Unverdorbenheit *f.* 2. Lauterkeit *f*, Redlichkeit *f.* 3. Unbestechlichkeit *f.*

in·crease [ɪn'kriːs] **I** *v/i* 1. zunehmen, größer werden, (an)wachsen, (an)steigen, sich vergrößern *od.* vermehren *od.* erhöhen *od.* steigern *od.* verstärken: **prices have ~d** die Preise sind gestiegen *od.* haben angezogen; **to ~ in size** (**value**) an Größe (Wert) zunehmen, größer (wertvoller) werden; **to ~ in price** im Preis steigen, teurer werden; **~d demand** a) Mehrbedarf *m*, b) *econ.* verstärkte Nachfrage; **~d production** *econ.* Produktionssteigerung *f.* 2. sich (*durch Fortpflanzung*) vermehren. **II** *v/t* 3. vergrößern, -stärken, -mehren, erhöhen, steigern, *sport Führung etc* ausbauen: **to ~ tenfold** verzehnfachen; **to ~ the salary** das Gehalt erhöhen *od.* aufbessern; **to ~ a sentence** e-e Strafe erhöhen *od.* verschärfen; **to ~ the speed** die Geschwindigkeit steigern *od.* erhöhen *od.* heraufsetzen; **to ~ one's lead** s-n Vorsprung ausdehnen (**to** auf *acc*). **III** *s* ['ɪnkriːs] 4. Vergrößerung *f*, -mehrung *f*, -stärkung *f*, Zunahme *f*, (An)Wachsen *n*, Zuwachs *m*, Wachstum *n*, Steigen *n*, Steigerung *f*, Erhöhung *f*: **to be on the ~** zunehmen; **~ in the bank rate** *econ.* Heraufsetzung *f od.* Erhöhung *f* des Diskontsatzes; **~ in population** Bevölkerungszunahme, -zuwachs; **~ in trade** *econ.* Aufschwung *m* des Handels; **~ in value** Wertsteigerung, -zuwachs; **~ of capital** *econ.* Kapitalerhöhung; **~ of a function** *math.* Zunahme e-r Funktion; **~ of** (*od.* **in**) **salary** *econ.* Gehaltserhöhung, -aufbesserung *f*, -zulage *f*; **~ twist** *tech.* Progressivdrall *m.* 5. Vermehrung *f* (*durch Fortpflanzung*). 6. Zuwachs *m* (*e-s Betrages*), Mehrbetrag *m.*

in'creas·er *s* (*der, die, das*) Vergrößernde *od.* Vermehrende. **in'creas·ing·ly** *adv* immer mehr, in zunehmendem Maße: **~ clear** immer klarer.

in·cred·i·bil·i·ty [ɪnˌkredɪ'bɪlətɪ] *s* 1. Un'glaublichkeit *f.* 2. Unglaubwürdigkeit *f.* **in'cred·i·ble** [-əbl] *adj* (*adv* **incredibly**) 1. un'glaublich (*a. colloq. unerhört, äußerst, riesig, sagenhaft*). 2. unglaubwürdig.

in·cre·du·li·ty [ˌɪnkrɪ'djuːlətɪ; *Am. bes.* -'duː-] *s* Ungläubigkeit *f*, Skepsis *f.*

in·cred·u·lous [ɪnˈkredjʊləs; *Am.* -dʒə-] *adj* (*adv* **~ly**) ungläubig: **an ~ look; to be ~ of s.th.** e-r Sache skeptisch gegenüberstehen.
in·cre·ment [ˈɪnkrɪmənt; ˈɪŋk-] *s* **1.** Zuwachs *m*, Zunahme *f*. **2.** *econ.* (Gewinn-)Zuwachs *m*, (Mehr)Ertrag *m*: **~ value** Wertzuwachs; → **unearned**. **3.** *math. phys.* Inkreˈment *n*, Zuwachs *m*. ˌ**in·cre·ˈmen·tal** [-ˈmentl] *adj* Zuwachs...: **~ computer** digitale Integrieranlage.
in·cre·tion [ɪnˈkriːʃn] *s physiol.* **1.** Inkretiˈon *f* (*innere Sekretion*). **2.** Inˈkret *n* (*vom körpereigenen Stoffwechsel gebildeter u. ins Blut abgegebener Stoff, bes. Hormon*).
in·crim·i·nate [ɪnˈkrɪmɪneɪt] *v/t j-n* (*e-s Verbrechens od. Vergehens*) beschuldigen, *j-n* belasten: **to ~ o.s.** sich (selbst) bezichtigen. **inˈcrim·i·nat·ing** *adj* belastend: **~ evidence** *jur.* Belastungsmaterial *n*. **inˌcrim·iˈna·tion** *s* Beschuldigung *f*, Belastung *f*. **inˈcrim·i·na·tor** [-tə(r)] *s* Beschuldiger *m*. **inˈcrim·i·na·to·ry** [-nətərɪ; -trɪ; *Am.* -nəˌtəʊriː; -ˌtɔː-] → **incriminating**.
in·crust [ɪnˈkrʌst] **I** *v/t* **1.** mit e-r Kruste überˈziehen, ver-, überˈkrusten. **2.** a) reich verzieren, b) inkruˈstieren, mit e-r Inkrustatiˈon verzieren. **3.** *fig.* überˈdecken. **II** *v/i* **4.** sich ver- *od.* überˈkrusten. **5.** e-e Kruste bilden. **6.** *geol.* inkruˈstieren. ˌ**in·crusˈta·tion** *s* **1.** Krustenbildung *f*. **2.** a) reiche Verzierung, b) Inkrustatiˈon *f* (*farbige Verzierung von Flächen durch Einlagen*). **3.** *geol.* Inkrustatiˈon *f* (*Krustenbildung durch chemische Ausscheidung*). **4.** *fig.* Überˈdeckung *f*.
in·cu·bate [ˈɪnkjʊbeɪt; ˈɪŋk-] **I** *v/t* **1.** *Eier* ausbrüten (*a. künstlich*). **2.** *Bakterien* im Inkuˈbator züchten. **3.** *fig. e-n Plan, e-e Krankheit* ausbrüten. **II** *v/i* **4.** ausgebrütet werden. **5.** sich im Inkuˈbator entwickeln. **6.** *fig.* sich entwickeln, reifen. ˌ**in·cuˈba·tion** *s* **1.** Ausbrütung *f* (*a. fig.*), Brüten *n*: **~ apparatus** → **incubator**. **2.** *med.* Inkubatiˈon *f* (*das Sichfestsetzen von Krankheitserregern im Körper*): **~ (period)** Inkubationszeit *f*. **3.** *antiq.* Inkubatiˈon *f*, Tempelschlaf *m*. ˈ**in·cu·ba·tive** *adj* **1.** Brüt..., Brut... **2.** *med.* Inkubations... ˈ**in·cu·ba·tor** [-tə(r)] *s* a) *med.* Inkuˈbator *m*, Brutkasten *m* (*für Frühgeburten*), b) *biol. med.* Inkuˈbator *m* (*zum Züchten von Bakterien*), c) ˈBrutappaˌrat *m*, -käfig *m*, -maˌschine *f*, -ofen *m* (*zum Ausbrüten von Eiern*). ˈ**in·cu·ba·to·ry** [-beɪtərɪ; *Am. a.* -bəˌtəʊriː; -ˌtɔː-] → **incubative**.
in·cu·bus [ˈɪŋkjʊbəs; ˈɪn-] *pl* **-bi** [-baɪ] *od.* **-bus·es** *s* **1.** Inkubus *m*, Alp *m*. **2.** *med.* Alpdrücken *n*. **3.** *fig.* a) Alpdruck *m*, b) Schreckgespenst *n*.
in·cu·des [ɪnˈkjuːdiːz; ɪŋ-] *pl von* **incus**.
in·cul·cate [ˈɪnkʌlkeɪt; ɪnˈk-] *v/t*: **to ~ s.th. in(to)** (*od.* **on, upon**) **s.o., to ~ s.o. with s.th.** j-m etwas einprägen *od.* einschärfen. ˌ**in·culˈca·tion** *s* Einschärfung *f*.
in·cul·pate [ˈɪnkʌlpeɪt; ɪnˈk-] → **incriminate**. ˌ**in·culˈpa·tion** → **incrimination**. **inˈcul·pa·to·ry** [-pətərɪ; -trɪ; *Am.* -ˌtəʊriː; -ˌtɔː-] → **incriminating**.
in·cum·ben·cy [ɪnˈkʌmbənsɪ] *s* **1.** a) Innehaben *n* e-s Amtes, b) Amtsbereich *m*, c) Amtszeit *f*. **2.** *relig. Br.* a) Pfründenbesitz *m*, b) Pfründe *f*. **3.** Obliegenheit *f*, Pflicht *f*. **inˈcum·bent I** *adj* (*adv* **~ly**) **1.** obliegend: **it is ~ (up)on him** es ist s-e Pflicht, es liegt ihm ob. **2.** amˈtierend. **3.** lastend (**on, upon** auf *dat*). **4.** *bot. zo.* aufliegend. **5.** liegend, (sich zuˈrück)lehnend. **II** *s* **6.** Amtsinhaber *m*. **7.** *relig. Br.* Pfründeninhaber *m*, -besitzer *m*. **inˈcum·ber** → **encumber**. **inˈcum·brance** [-brəns] → **encumbrance**.
in·cu·nab·u·lum [ˌɪnkjuːˈnæbjʊləm; *Am.* ˌɪnkjə-] *pl* **-la** [-lə] *s* **1.** *print. hist.* Inkuˈnabel *f*, Wiegen-, Frühdruck *m*. **2.** *pl* früheste Anfänge *pl*, Anfangsstadium *n*.
in·cur [ɪnˈkɜː; *Am.* ɪnˈkɜr] *v/t* **1.** sich *etwas* zuziehen, auf sich laden, geraten in (*acc*): **to ~ a fine** sich e-e Geldstrafe zuziehen; **to ~ debts** *econ.* Schulden machen, in Schulden geraten; **to ~ liabilities** *econ.* Verpflichtungen eingehen; **to ~ losses** *econ.* Verluste erleiden. **2.** sich (*e-r Gefahr etc*) aussetzen: **to ~ a danger**.
in·cur·a·bil·i·ty [ɪnˌkjʊərəˈbɪlətɪ] *s* Unheilbarkeit *f*. **inˈcur·a·ble I** *adj* (*adv* **incurably**) **1.** *med.* unheilbar. **2.** *fig.* unheilbar, unverbesserlich: **an ~ pessimist; ~ habits** eingefleischte Gewohnheiten. **II** *s* **3.** *med.* unheilbar Kranke(r *m*) *f*. **4.** *fig.* Unverbesserliche(r *m*) *f*.
in·cu·ri·os·i·ty [ɪnˌkjʊərɪˈɒsətɪ; *Am.* -ˈɑs-] *s* Interˈesselosigkeit *f*, Gleichgültigkeit *f*. **inˈcu·ri·ous** *adj* (*adv* **~ly**) a) nicht neugierig *od.* wißbegierig: **to be ~ about s.th.** von etwas nichts wissen wollen, b) (**about**) ˈuninteresˌsiert (an *dat*), gleichgültig (gegen, gegenˈüber).
in·cur·sion [ɪnˈkɜːʃn; -ʒn; *Am.* ɪnˈkɜrʒən] *s* **1.** (feindlicher) Einfall: **to make an ~ on** einfallen in (*acc, a. dat*). **2.** Eindringen *n* (**into** in *acc*) (*a. fig.*). **inˈcur·sive** [-sɪv] *adj* einfallend.
in·cur·vate I *v/t* [ˈɪnkɜːveɪt; *Am.* -kɜr-] **1.** (nach innen) krümmen, (ein)biegen. **II** *adj* [ɪnˈkɜːvɪt; -veɪt; *Am.* ˈɪnkɜrˌveɪt; ɪnˈkɜrvət] **2.** (nach innen) gekrümmt, (ein-)gebogen. **3.** *med.* verkrümmt. ˌ**in·curˈva·tion** [-ˈveɪʃn] *s* **1.** Krümmen *n*. **2.** (Einwärts)Krümmung *f*. **3.** *med.* Verkrümmung *f*.
in·curve I *v/t* [ˌɪnˈkɜːv; *Am.* ˌɪnˈkɜrv] **1.** → **incurvate** 1. **II** *adj* [ˌɪnˈkɜːv; *Am.* ˌɪnˈkɜrv] **2.** → **incurvate** 2. **III** *s* [ˈɪnkɜːv; *Am.* ˈɪnˌkɜrv] **3.** → **incurvation** 2. **4.** *Baseball: sich nach innen drehender Ball.*
in·cus [ˈɪŋkəs; ˈɪn-] *pl* **in·cu·des** [ɪnˈkjuːdiːz; ɪŋ-] *s anat.* Incus *m*, Amboß *m*.
in·cuse [ɪnˈkjuːz] **I** *adj* ein-, aufgeprägt. **II** *s* (Auf-, Ein)Prägung *f*. **III** *v/t*: **to ~ a coin with a design** ein Muster auf e-e Münze aufprägen *od.* in e-e Münze einprägen.
in·debt·ed [ɪnˈdetɪd] *adj* **1.** *econ.* verschuldet (**to** an *acc*, bei): **to be ~ to** Schulden haben bei, *j-m* Geld schulden. **2.** (zu Dank) verpflichtet (**to s.o.** j-m): **I am greatly ~ to you for** ich bin Ihnen zu großem Dank verpflichtet für, ich stehe tief in Ihrer Schuld wegen. **inˈdebt·ed·ness** *s* **1.** *econ.* a) Verschuldung *f*, b) Schulden(last *f*) *pl*, Verbindlichkeiten *pl*: → **certificate** 1, **excessive** 1. **2.** Dankesschuld *f*, Verpflichtung *f* (**to** gegenˈüber).
in·de·cen·cy [ɪnˈdiːsnsɪ] *s* **1.** Unanständigkeit *f*, Anstößigkeit *f*, *bes. jur.* Unzucht *f*: **~ with children**. **2.** Zote *f*. **3.** Unschicklichkeit *f*. **inˈde·cent** *adj* (*adv* **~ly**) **1.** unanständig, anstößig, *bes. jur.* unzüchtig: → **assault** 3, **exposure** 5 a. **2.** unschicklich, ungehörig. **3.** ungebührlich: **~ haste** unziemliche Hast.
in·de·cid·u·ous [ˌɪndɪˈsɪdjʊəs; *Am.* -ˈsɪdʒəwəs] *adj bot.* **1.** immergrün (*Bäume*). **2.** nicht abfallend (*Blätter*).
in·de·ci·pher·a·ble [ˌɪndɪˈsaɪfərəbl] *adj* (*adv* **indecipherably**) **1.** unentzifferbar, nicht zu entziffern(d). **2.** ˈundechifˌfrierbar (*Geheimschrift*). **3.** *fig.* nicht enträtselbar.
in·de·ci·sion [ˌɪndɪˈsɪʒn] *s* Unentschlossenheit *f*, Unschlüssigkeit *f*.
in·de·ci·sive [ˌɪndɪˈsaɪsɪv] *adj* (*adv* **~ly**) **1.** a) nicht entscheidend, b) noch nicht entschieden, unentschieden: **an ~ battle**. **2.** unentschlossen, unschlüssig. **3.** unbestimmt, ungewiß. ˌ**in·deˈci·sive·ness** *s* **1.** Unentschiedenheit *f*. **2.** → **indecision**. **3.** Unbestimmtheit *f*.
in·de·clin·a·ble [ˌɪndɪˈklaɪnəbl] *adj* (*adv* **indeclinably**) *ling.* ˈundekliˌnierbar.
in·dec·o·rous [ɪnˈdekərəs] *adj* (*adv* **~ly**) unschicklich, unanständig, ungehörig. **inˈdec·o·rous·ness, in·de·co·rum** [ˌɪndɪˈkɔːrəm; *Am. a.* -ˈkəʊ-] *s* Unschicklichkeit *f*, Ungehörigkeit *f*.
in·deed [ɪnˈdiːd] **I** *adv* **1.** in der Tat, tatsächlich, wirklich: **he is very strong ~** er ist wirklich sehr stark; *did you enjoy yourself?* **yes, ~!** oh ja, das kann man wohl sagen!; und ob!; **thank you very much ~!** vielen herzlichen Dank!; *I didn't mind,* **~ I was pleased** ich war sogar froh; **that ~ is his name** er heißt tatsächlich so; **if ~ he should come** falls er tatsächlich kommen sollte; **who is she, ~!** Sie fragen noch, wer sie ist? **2.** (*fragend*) wirklich?, tatsächlich?: *I asked my boss for a salary increase.* **did you ~?** tatsächlich? **3.** a) allerdings, freilich, b) zwar: **there are ~ some difficulties, but ...** **II** *interj* **4.** ach wirklich?, was Sie nicht sagen!
in·de·fat·i·ga·bil·i·ty [ˈɪndɪˌfætɪgəˈbɪlətɪ] *s* Unermüdlichkeit *f*. ˌ**in·deˈfat·i·ga·ble** *adj* (*adv* **indefatigably**) unermüdlich. ˌ**in·deˈfat·i·ga·ble·ness** *s* Unermüdlichkeit *f*.
in·de·fea·si·bil·i·ty [ˈɪndɪˌfiːzəˈbɪlətɪ] *s* Unantastbarkeit *f*. ˌ**in·deˈfea·si·ble** *adj* (*adv* **indefeasibly**) *jur.* unantastbar, unentziehbar: **~ right** unangreifbares Recht. ˌ**in·deˈfea·si·ble·ness** *s* Unantastbarkeit *f*.
in·de·fect·i·bil·i·ty [ˈɪndɪˌfektɪˈbɪlətɪ] *s* **1.** Unvergänglichkeit *f*. **2.** Unfehlbarkeit *f*. **3.** Fehlerlosigkeit *f*. ˌ**in·deˈfect·i·ble** *adj* (*adv* **indefectibly**) **1.** unvergänglich, ewig. **2.** unfehlbar, verläßlich. **3.** fehlerfrei, -los.
in·de·fen·si·bil·i·ty [ˈɪndɪˌfensəˈbɪlətɪ] *s* **1.** Unhaltbarkeit *f*. **2.** Unentschuldbarkeit *f*. ˌ**in·deˈfen·si·ble** *adj* (*adv* **indefensibly**) **1.** unhaltbar: a) *mil.* nicht zu verteidigen(d) *od.* zu halten(d): **an ~ city**, b) *fig.* nicht aufrechtzuerhalten(d): **~ argument**. **2.** *fig.* nicht zu rechtfertigen(d), unentschuldbar. ˌ**in·deˈfen·si·ble·ness** → **indefensibility**.
in·de·fin·a·ble [ˌɪndɪˈfaɪnəbl] *adj* (*adv* **indefinably**) ˈundefiˌnierbar: a) unbestimmbar: **of ~ age** unbestimmbaren Alters, b) unbestimmt.
in·def·i·nite [ɪnˈdefɪnət] **I** *adj* **1.** unbestimmt (*a. ling.*): **an ~ number; ~ article** *ling.* unbestimmter Artikel; **~ pronoun** → 4. **2.** unbegrenzt, unbeschränkt: **~ possibilities**. **3.** unklar, undeutlich: **an ~ answer** e-e vage Antwort. **II** *s* **4.** *ling.* Indefiˈnitproˌnomen *n*, unbestimmtes Fürwort. **inˈdef·i·nite·ly** *adv* **1.** auf unbestimmte Zeit. **2.** unbegrenzt. **inˈdef·i·nite·ness** *s* **1.** Unbestimmtheit *f*. **2.** Unbegrenztheit *f*.
in·de·lib·er·ate [ˌɪndɪˈlɪbərət; -brət] *adj* (*adv* **~ly**) **1.** ˈunüberˌlegt. **2.** unabsichtlich.
in·del·i·bil·i·ty [ɪnˌdeləˈbɪlətɪ] *s* Unauslöschlichkeit *f*. **inˈdel·i·ble** *adj* (*adv* **indelibly**) unauslöschlich: a) untilgbar (*a. fig.*): **~ shame; ~ ink** Zeichen-, Kopiertinte *f*; **~ pencil** Tintenstift *m*, b) *fig.* unvergeßlich: **an ~ impression**.
in·del·i·ca·cy [ɪnˈdelɪkəsɪ] *s* **1.** Taktlosigkeit *f* (*a. Bemerkung etc*), Mangel *m* an Zartgefühl. **2.** Unanständigkeit *f* (*a. Bemerkung etc*). **3.** Unfeinheit *f*. **inˈdel·i·cate** [-kət] *adj* (*adv* **~ly**) **1.** taktlos: **an ~ remark**. **2.** unanständig, anstößig: **an ~ joke**. **3.** unfein, grob: **~ manners**.
in·dem·ni·fi·ca·tion [ɪnˌdemnɪfɪˈkeɪʃn] *s econ.* a) → **indemnity** 1 a, b) Entschä-

digung *f*, Ersatzleistung *f*, c) → **indemnity** 1 d.

in·dem·ni·fy [ɪnˈdemnɪfaɪ] *v/t* **1.** *econ.* a) *j-m* Schadloshaltung zusagen, *j-n* sicherstellen (**from, against** gegen *zukünftige Verluste*), b) *j-n* freistellen (**from, against** von *der Haftung*). **2.** *j-n* entschädigen, *j-m* Schadenersatz leisten (**for** für). **3.** *jur. parl. j-m* Indemniˈtät erteilen (**for** für). **inˌdem·niˈtee** [-ˈtiː] *s Am.* Entschädigungsberechtigte(r *m*) *f*.

in·dem·ni·ty [ɪnˈdemnətɪ] *s* **1.** *econ.* a) Versprechen *n* der Schadloshaltung, Sicherstellung *f*: ~ **bond** Ausfallbürgschaft *f*; ~ **contract** Vertrag *m* über Schadloshaltung; ~ **insurance** Schadensversicherung *f*; → **double indemnity**, b) Freistellung *f*: ~ **against liability** Haftungsfreistellung *f*, c) → **indemnification** 1 b, d) Entschädigung(ssumme) *f*, Vergütung *f*, Abfindung(sbetrag *m*) *f*. **2.** *jur. parl.* Indemniˈtät *f* (*Straffreiheit des Abgeordneten in bezug auf alle im Parlament, in den Ausschüssen od. in der Fraktion gemachten Äußerungen mit Ausnahme verleumderischer Tatbestände*).

in·dene [ˈɪndiːn] *s chem.* Inˈden *n*.

in·dent[1] [ɪnˈdent] **I** *v/t* **1.** einzähnen, (ein-, aus)kerben, auszacken. **2.** *Balken* verzahnen, verzapfen. **3.** zerklüften. **4.** *print. Zeile* einrücken, -ziehen. **5.** *e-n Vertrag* in doppelter *od.* mehrfacher Ausfertigung aufsetzen. **6.** *econ. Waren* (*bes. aus Übersee*) bestellen. **II** *v/i* **7.** *jur. obs.* e-n Vertrag abschließen. **8.** ~ **(up)on** *econ.* an *j-n* e-e Forderung stellen: **to** ~ **upon s.o. for s.th.** a) etwas von j-m anfordern, b) etwas bei j-m bestellen. **9.** *mil. Br. Vorräte* requiˈrieren. **III** *s* [ˈɪndent; ɪnˈd-] **10.** Kerbe *f*, Einschnitt *m*, Auszackung *f*, Zacke *f*. **11.** *print.* Einzug *m*, Einrückung *f*. **12.** *jur.* Vertrag(surkunde *f*) *m*. **13.** *mil. Br.* Requisiˈtion *f*. **14.** *econ.* Warenbestellung *f* (*bes. aus Übersee*), Auslandsauftrag *m*.

in·dent[2] **I** *v/t* [ɪnˈdent] eindrücken: a) einprägen (**in** in *acc*), b) einbeulen. **II** *s* [ˈɪndent; ɪnˈd-] Einbeulung *f*, Vertiefung *f*, Delle *f*.

in·den·ta·tion [ˌɪndenˈteɪʃn] *s* **1.** Einkerben *n*, Auszacken *n*. **2.** → **indent**[1] 10. **3.** *tech.* Zahnung *f*. **4.** Einbuchtung *f*, Bucht *f*. **5.** Zickzacklinie *f*, -kurs *m*. **6.** → **indent**[2] II. **7.** *print.* a) Einzug *m*, Einrückung *f*, b) Abschnitt *m*, Absatz *m*. **inˈdent·ed** *adj* **1.** (aus)gezackt, gezahnt. **2.** *econ.* vertraglich verpflichtet. **3.** *print.* eingerückt, -gezogen. **inˈden·tion** *s* **1.** → **indent**[1] 10. **2.** → **indentation** 5, 7.

in·den·ture [ɪnˈdentʃə(r)] **I** *s* **1.** *jur.* a) Vertrag *m* (in doppelter Ausfertigung), b) (Vertrags)Urkunde *f*: ~ **of lease** Pachtvertrag; **trust** ~ *Am.* Treuhandvertrag. **2.** *oft pl econ. jur.* Ausbildungs-, Lehrvertrag *m*: **to bind by** ~ → 6; **to take up one's** ~**s** ausgelernt haben. **3.** *jur.* amtliches Verzeichnis. **4.** → **indent**[1] 10. **5.** a) → **indentation** 3, b) *obs.* → **indentation** 5. **II** *v/t* **6.** *econ. jur.* durch Ausbildungs- *od.* Lehrvertrag binden.

in·de·pend·ence [ˌɪndɪˈpendəns] *s* Unabhängigkeit *f* (**from, of** von) (*a. pol.*), Selbständigkeit *f*: **I**~ **Day** *Am.* Unabhängigkeitstag *m* (*am 4. Juli zur Erinnerung an die Unabhängigkeitserklärung vom 4. 7. 1776*); ~ **movement** *pol.* Unabhängigkeitsbewegung *f*.

in·de·pend·en·cy [ˌɪndɪˈpendənsɪ] *s* **1.** → **independence**. **2.** *pol.* unabhängiger Staat. **3. I**~ *relig.* → **Congregationalism** 2.

in·de·pend·ent [ˌɪndɪˈpendənt] **I** *adj* (*adv* ~**ly**) **1.** unabhängig (**of** von) (*a. pol.*), selbständig: ~ **travel(l)er** Einzelreisende(r *m*) *f*. **2.** unbeeinflußt: **an** ~ **observer**. **3.** finanziˈell unabhängig: ~ **gentleman** Privatier *m*; **to be** ~ auf eigenen Füßen stehen. **4.** finanziˈell unabhängig machend: **an** ~ **fortune**; **a man of** ~ **means** ein finanziell unabhängiger Mann. **5.** ~**(ly) of** ungeachtet (*gen*). **6.** freiheitsliebend. **7.** selbstbewußt, -sicher. **8.** *parl.* parˈtei-, fraktiˈonslos. **9.** *math.* unabhängig: ~ **variable** unabhängige Veränderliche. **10.** *ling.* unabhängig, Haupt...: ~ **clause** Hauptsatz *m*. **11.** *tech.* unabhängig, eigen, Einzel...: ~ **axle** Schwingachse *f*; ~ **fire** *mil.* Einzel-, Schützenfeuer *n*; ~ **suspension** *mot.* Einzelaufhängung *f*. **II** *s* **12.** Unabhängige(r *m*) *f*. **13.** *parl.* Parˈtei-, Fraktiˈonslose(r *m*) *f*. **14.** *relig.* → **Congregationalist**.

ˌin-ˈdepth *adj* tiefschürfend, gründlich: ~ **interview** *bes. sociol.* Tiefeninterview *n*.

in·de·scrib·a·bil·i·ty [ˈɪndɪˌskraɪbəˈbɪlətɪ] *s* Unbeschreiblichkeit *f*. **ˌin·deˈscrib·a·ble** *adj* (*adv* **indescribably**) **1.** unbeschreiblich. **2.** unbestimmt, ˈundefiˌnierbar. **ˌin·deˈscrib·a·ble·ness** *s* Unbeschreiblichkeit *f*.

in·de·struct·i·bil·i·ty [ˈɪndɪˌstrʌktəˈbɪlətɪ] *s* Unzerstörbarkeit *f*. **ˌin·deˈstruct·i·ble** *adj* (*adv* **indestructibly**) unzerstörbar.

in·de·ter·mi·na·ble [ˌɪndɪˈtɜːmɪnəbl; *Am.* -ˈtɜr-] *adj* (*adv* **indeterminably**) **1.** unbestimmbar. **2.** ˈundefiˌnierbar. **3.** nicht zu entscheiden(d).

in·de·ter·mi·na·cy [ˌɪndɪˈtɜːmɪnəsɪ; *Am.* -ˈtɜr-] → **indeterminateness**. ~ **prin·ci·ple** *s phys.* ˈUnschärferelaˌtiˌon *f*.

in·de·ter·mi·nate [ˌɪndɪˈtɜːmɪnət; *Am.* -ˈtɜr-] *adj* (*adv* ~**ly**) **1.** unbestimmt (*a. math.*). **2.** unklar, ungewiß, unsicher. **3.** nicht defiˈniert, nicht genau festgelegt: ~ **sentence** *jur.* Strafe *f* von unbestimmter Dauer. **4.** unentschieden, ergebnislos. **5.** dem freien Willen folgend. **6.** *bot.* unbegrenzt: ~ **inflorescence** unbegrenzter Blütenstand. **7.** *ling.* unbetont u. von unbestimmter ˈLautqualiˌtät. **ˌin·deˈter·mi·nate·ness, ˈin·deˌter·miˈna·tion** *s* **1.** Unbestimmtheit *f*. **2.** Ungewißheit *f*.

in·de·ter·min·ism [ˌɪndɪˈtɜːmɪnɪzəm; *Am.* -ˈtɜr-] *s philos.* Indetermiˈnismus *m* (*Lehrmeinung, nach der ein Geschehen nicht od. nur bedingt durch Kausalität od. Naturgeschehen bestimmt ist, womit ein bestimmtes Maß an Willensfreiheit angenommen wird*). **ˌin·deˈter·min·ist I** *s* Indetermiˈnist(in). **II** *adj* indetermiˈnistisch.

in·dex [ˈɪndeks] **I** *pl* **ˈin·dex·es, ˈin·di·ces** [-dɪsiːz] *s* **1.** (Inhalts-, Namens-, Sach-, Stichwort)Verzeichnis *n*, Taˈbelle *f*, (ˈSach)Reˌgister *n*, Index *m*. **2.** *a.* ~ **file** Karˈtei *f*: ~ **card** Karteikarte *f*. **3.** *fig.* (**of, to**) a) (An)Zeichen *n* (von *od.* für *od. gen*), b) ˈHinweis *m* (auf *acc*), c) Gradmesser *m* (für *od. gen*): **to be an** ~ **of** (*od.* **to**) → 17. **4.** *Statistik*: Index-, Meßziffer *f*, Vergleichs-, Meßzahl *f*, *econ.* Index *m*: ~ **of general business activity** Konjunkturindex. **5.** *tech.* a) (Uhr- *etc*)Zeiger *m*, b) Zunge *f* (*e-r Waage*), c) (Einstell)Marke *f*, Strich *m*. **6.** → **index finger**. **7.** Wegweiser *m*. **8.** *print.* Hand(zeichen *n*) *f*. **9.** *physiol.* (Schädel)Index *m*. **10.** (*pl nur* **indices**) *math.* a) Expoˈnent *m*, b) Index *m*, Kennziffer *f*: ~ **of a logarithm**; ~ **of refraction** *phys.* Brechungsindex *od.* -exponent. **11. I**~ *R.C. hist.* Index *m* (*Liste der verbotenen Bücher*). **II** *v/t* **12.** mit e-m Inhaltsverzeichnis *etc* versehen: **to** ~ **a book**. **13.** a) in ein Verzeichnis aufnehmen, b) in e-m Verzeichnis aufführen. **14.** karˈteimäßig erfassen. **15.** *R.C. hist.* auf den Index setzen. **16.** *tech.* a) *Revolverkopf etc* schalten, b) einteilen (*in Maßeinheiten*): ~**ing disc** Schaltscheibe *f*. **17.** aufzeigen, ˈhinweisen *od.* -deuten auf (*acc*). **ˌin·dexˈa·tion** *s econ.* Indeˈxierung *f*. **ˈin·dex·er** *s* Indexverfasser *m*.

in·dex| fin·ger *s* Zeigefinger *m*. ~ **fos·sils** *s pl geol.* ˈLeitfosˌsilien *pl*. **ˈ~-linked** *adj econ.* indexgebunden, Index...: ~ **pension**. ~ **num·ber** → **index** 4.

In·di·a| ink [ˈɪndjə; -dɪə] *s bes. Am.* (chiˈnesische) Tusche, Ausziehtusche *f*. **ˈ~man** [-mən] *s irr mar. hist.* Ostˈindienfahrer *m* (*Schiff*).

In·di·an [ˈɪndjən; -dɪən] **I** *adj* **1.** (ost)ˈindisch: **the** ~ **rope trick** der indische Seiltrick. **2.** indiˈanisch, Indianer...: ~ **reservations**. **3.** westˈindisch. **II** *s* **4.** a) Inder(in), b) Ostˈindier(in). **5.** *a.* **American** ~, **Red** ~ Indiˈaner(in). **6.** *ling.* Indiˈanisch *n*. ~ **a·gent** *s Am. Regierungsbeamter, der die Regierung gegenüber e-m Indianerstamm vertritt.* ~ **bread** *s* **1.** Maniˈok *m*. **2.** *Am.* Maisbrot *n*. ~ **club** *s sport* Keule *f*. ~ **corn** *s* Mais *m*. ~ **cress** *s bot.* Kapuˈzinerkresse *f*. ~ **Em·pire** *s pol.* Britisch-Indisches Reich (*bis 1947*). ~ **file I** *s*: **in** ~ → II. **II** *adv* im Gänsemarsch. ~ **gift** *s Am. colloq. Geschenk in Erwartung e-s Gegengeschenks.* ~ **giv·er** *s Am. colloq.* a) *j-d, der ein Geschenk in Erwartung e-s Gegengeschenks macht*, b) *j-d, der ein Geschenk zurückverlangt.* ~ **hay** *s Am. sl.* Marihuˈana *n*. ~ **hemp** *s bot.* **1.** Hanfartiges Hundsgift (*Nordamerika*). **2.** (*bes.* Ostˈindischer) Hanf.

In·di·an·i·an [ˌɪndɪˈænɪən] **I** *adj* aus (dem Staat) Indiˈana (*USA*), Indiana... **II** *s* Bewohner(in) von Indiˈana.

In·di·an ink *Br.* → **India ink**.

In·di·an| lad·der *s Am. Leiter mit nur ˈeinem Holm u. seitlichen Sprossen.* ~ **lic·o·rice** *s bot.* Paterˈnoster-Erbse *f*. ~ **list** *s Canad. colloq. Liste von Personen, an die kein Alkohol verkauft werden darf.* ~ **meal** *s Am.* Maismehl *n*. ~ **mil·let** *s bot.* **1.** Indiˈanerhirse *f*. **2.** Negerhirse *f*. ~ **nut** *s bot.* Betelnuß *f*. ~ **poke** *s bot.* Grüner Germer. ~ **pud·ding** *s gastr. Am. gebackene Nachspeise aus Maismehl, Milch, Zucker, Butter u. Gewürzen.* ~ **red** *s* Indisch-, Bergrot *n*. ~ **rice** *s bot.* Indiˈaner-, Wildreis *m*, Wasserhafer *m*. ~ **sum·mer** *s* Spät-, Altˈweiber-, Nachsommer *m*. ~ **to·bac·co** *s bot.* Amer. Loˈbelie *f*. ~ **tur·nip** *s bot.* **1.** Feuerkolben *m*. **2.** Wurzel *f* des Feuerkolbens. ~ **wres·tling** *s* Armdrücken *n*.

In·di·a| Of·fice *s pol. Br.* Reichsamt *n* für Indien (*bis 1947*). ~ **pa·per** *s* **1.** ˈChinapaˌpier *n*. **2.** ˈDünndruckpaˌpier *n*. ~ **rub·ber, i**~ **rub·ber** *s* **1.** Kautschuk *m*, Gummi *n*, *m*. **2.** Raˈdiergummi *m*. **ˈ~-ˌrub·ber, ˈi~-ˌrub·ber** *adj* Gummi...: ~ **ball**.

In·dic[1] [ˈɪndɪk] *adj ling.* indisch (*die indischen Sprachen der indogermanischen Sprachfamilie betreffend*).

in·dic[2] [ˈɪndɪk] *adj chem.* Indium...

in·di·cant [ˈɪndɪkənt] **I** *adj* → **indicative** 1. **II** *s* → **indication**.

in·di·cate [ˈɪndɪkeɪt] *v/t* **1.** deuten *od.* zeigen *od.* weisen auf (*acc*). **2.** *fig.* a) aufzeigen, ˈhinweisen *od.* -deuten auf (*acc*), b) schließen lassen auf (*acc*), c) andeuten, zu erkennen *od.* verstehen geben. **3.** *fig.* angebracht *od.* angezeigt erscheinen lassen, *bes. med. a.* indiˈzieren: **to be** ~**d** angebracht *od.* angezeigt *od.* indiziert sein. **4.** *tech.* a) anzeigen (*Meß- od. Prüfgerät*), b) (*mit e-m Meß- od. Prüfgerät*) nachweisen: ~**d air speed** *aer.*

angezeigte Fluggeschwindigkeit; ~d **horsepower** indizierte Pferdestärke; **indicating range** Anzeigebereich *m*.
ˌin·diˈca·tion *s* **1.** Deuten *n*, Zeigen *n* (**of** auf *acc*). **2.** *fig*. (**of**) a) (An)Zeichen *n* (für), b) ˈHinweis *m* (auf *acc*), c) Andeutung *f* (*gen*): **to give (some)** ~ **of** → **indicate** 2; **there is every** ~ alles deutet darauf hin *od*. läßt darauf schließen (**that** daß). **3.** *med*. a) Indikatiˈon *f*, Heilanzeige *f*, b) Symˈptom *n* (*a. fig*.). **4.** *tech*. Anzeige *f*.
in·dic·a·tive [ɪnˈdɪkətɪv] **I** *adj* (*adv* ~**ly**) **1.** (**of**) a) aufzeigend (*acc*), b) andeutend (*acc*): **to be** ~ **of** → **indicate** 2. **2.** *ling*. indikativisch, Indikativ...: ~ **mood** → 3. **II** *s* **3.** *ling*. Indikativ *m*, Wirklichkeitsform *f*.
in·di·ca·tor [ˈɪndɪkeɪtə(r)] *s* **1.** *Statistik etc*: Indiˈkator *m* (*Umstand etc, der als Anzeichen für e-e bestimmte Entwicklung etc dient*). **2.** *tech*. a) Zeiger *m*, b) Anzeiger *m*, Anzeige- *od*. Ablesegerät *n*, (Leistungs)Messer *m*, Zähler *m*: ~ **board** Anzeigetafel *f*; ~ **card**, ~ **diagram** Indikatordiagramm *n*, Leistungskurve *f* (*e-r Maschine*), c) Indiˈkator *m* (*Instrument zum Messen des Druckverlaufs von Dampf, Gas od. Flüssigkeiten in e-m Zylinder*). **3.** *mot*. Richtungsanzeiger *m*, Blinker *m*. **4.** *chem*. Indiˈkator *m* (*Stoff, der durch Farbänderung anzeigt, ob e-e Lösung alkalisch, neutral od. sauer reagiert*).
in·dic·a·to·ry [ɪnˈdɪkətərɪ; *Am*. -ˌtəʊriː; -ˌtɔː-] → **indicative** 1.
in·di·ca·trix [ˌɪndɪˈkeɪtrɪks] *s* Indiˈkatrix *f*: a) *math*. *Kurve, die die Art der Krümmung e-r Fläche in der Umgebung e-s Flächenpunktes anzeigt*, b) (*Optik*) *Kurve, die die räumliche Lichtstärkeverteilung e-r Lichtquelle od. e-r beleuchteten Fläche angibt*.
in·di·ces [ˈɪndɪsiːz] *pl von* **index**.
in·di·ci·a [ɪnˈdɪʃɪə; *Am. a*. -ʃə] *pl* **-a, -as** *s* **1.** Inˈdiz *n*, Anzeichen *n* (**of** für). **2.** *mail Am*. Freimachungsvermerk *m*.
in·di·ci·um [ɪnˈdɪʃɪəm] *pl* **-ci·a** [-ʃɪə; *Am. a*. -ʃə], **-ci·ums** → **indicia** 1.
in·dict [ɪnˈdaɪt] *v/t jur*. (öffentlich) anklagen (**for** wegen). **inˈdict·a·ble** *adj* strafrechtlich verfolgbar: ~ **offence** (*Am*. **offense**) a) *Br. Straftat, die auf Grund e-r formellen Anklage unter Mitwirkung von Geschworenen abgeurteilt werden kann*, b) *Am. Straftat, die in der Regel auf Grund e-r formellen Anklage von Geschworenen abgeurteilt wird*. **inˈdict·er** *s* (An)Kläger(in).
in·dic·tion [ɪnˈdɪkʃn] *s* **1.** *hist*. a) Eˈdikt *n* (*e-s römischen Kaisers*) über die Steuerfestsetzung, b) Steuer *f*. **2.** *hist*. Indiktiˈonsperiˌode *f* (*15jährige Steuerperiode*). **3.** *obs*. Verkündigung *f*.
in·dict·ment [ɪnˈdaɪtmənt] *s jur*. **1.** (forˈmelle) Anklage: **to bring an** ~ Anklage erheben (**against** gegen); **to find an** ~ *Am*. e-e Anklage für begründet erklären, (*etwa*) das Hauptverfahren eröffnen; **to dismiss** (*od*. **quash**) **the** ~ die Anklage für nicht begründet erklären, (*etwa*) das Verfahren einstellen. **2.** *a*. **bill of** ~ (forˈmelle) Anklageschrift: **to prefer** (*od*. **present**) **a bill of** ~ die Anklageschrift vorlegen.
in·dic·tor [ɪnˈdaɪtə(r)] → **indicter**.
in·dif·fer·ence [ɪnˈdɪfrəns; *Am. a*. -fərns] *s* **1.** Gleichgültigkeit *f*, ˈIndiffeˌrenz *f*. **2.** ˈUnparˌteilichkeit *f*, Neutraliˈtät *f*. **3.** Mittelmäßigkeit *f*. **4.** Bedeutungslosigkeit *f*, Unwichtigkeit *f*: **it is a matter of** ~ es ist belanglos.
in·dif·fer·ent [ɪnˈdɪfrənt; *Am. a*. -fərnt] **I** *adj* (*adv* ~**ly**) **1.** gleichgültig, ˈindiffeˌrent (**to** gegen, gegenˈüber): **she is** ~ **to it** es ist ihr gleichgültig. **2.** ˈunparˌteilich, neuˈtral. **3.** mittelmäßig: a) leidlich, ˈdurchschnittlich: ~ **quality**, b) nicht besonders gut: **she is an** ~ **cook** sie ist keine besonders gute Köchin. **4.** bedeutungs-, belanglos, unwichtig (**to** für). **5.** *chem. med. phys*. neuˈtral, ˈindiffeˌrent. **6.** *biol*. nicht differenˈziert *od*. spezialiˈsiert. **II** *s* **7.** Gleichgültige(r *m*) *f*. **8.** Neuˈtrale(r *m*) *f*.
inˈdif·fer·ent·ism *s* **1.** Indifferenˈtismus *m*, gleichgültiges Verhalten. **2.** → **identity philosophy**.
in·di·gen [ˈɪndɪdʒən; -dʒiːn] → **indigene**.
in·di·gence [ˈɪndɪdʒəns] *s* Armut *f*, Bedürftigkeit *f*, Mittellosigkeit *f*.
in·di·gene [ˈɪndɪdʒiːn] *s* **1.** Eingeborene(r *m*) *f*. **2.** a) einheimisches Tier, b) einheimische Pflanze.
in·dig·e·nize [ɪnˈdɪdʒənaɪz] *v/t Am*. **1.** *a. fig*. heimisch machen, einbürgern. **2.** (nur) mit einheimischem Persoˈnal besetzen.
in·dig·e·nous [ɪnˈdɪdʒɪnəs; -dʒə-] *adj* (*adv* ~**ly**) **1.** eingeboren, *a. bot. zo*. einheimisch (**to** in *dat*): ~ **inhabitants** Ureinwohner. **2.** *fig*. angeboren (**to** *dat*). **3.** Eingeborenen...
in·di·gent [ˈɪndɪdʒənt] **I** *adj* (*adv* ~**ly**) arm, bedürftig, mittellos. **II** *s* Bedürftige(r *m*) *f*, Mittellose(r *m*) *f*.
in·di·gest·i·bil·i·ty [ˈɪndɪˌdʒestəˈbɪlətɪ; *Am. a*. ˈɪndaɪˌdʒ-] *s* Unverdaulichkeit *f*.
ˌin·diˈgest·i·ble *adj* (*adv* **indigestibly**) un-, schwerverdaulich (*a. fig*.). **ˌin·diˈges·tion** [-ˈdʒestʃən; -ʃtʃən] *s med*. Verdauungsstörung *f*: a) Indigestiˈon *f* (*fehlende od. mangelhafte Verdauungstätigkeit*), b) Magenverstimmung *f*, verdorbener Magen. **ˌin·diˈges·tive** *adj med*. a) mit Verdauungsstörungen verbunden, b) an e-r Verdauungsstörung leidend.
in·dig·nant [ɪnˈdɪɡnənt] *adj* (*adv* ~**ly**) entrüstet, ungehalten, empört, aufgebracht (**at, over, about, with** über *acc*).
ˌin·digˈna·tion *s* Entrüstung *f*, Empörung *f*, Ungehaltenheit *f*, Unwille *m* (**at, with** über *acc*): **to my** ~ zu m-r Entrüstung *od*. Empörung; ~ **meeting** Protestversammlung *f*.
in·dig·ni·ty [ɪnˈdɪɡnətɪ] *s* Erniedrigung *f*, Demütigung *f*.
in·di·go [ˈɪndɪɡəʊ] *pl* **-gos, -goes** *s* **1.** Indigo *m* (*Farbstoff*). **2.** → **indigotin**. **3.** Indigopflanze *f*. **4.** → **indigo blue** 1. ~ **blue** *s* **1.** Indigoblau *n* (*Farbe*). **2.** → **indigotin**. **,~-ˈblue** *adj* indigoblau. ~ **car·mine** *s chem*. ˈIndigokarˌmin *n*. ~ **cop·per** *s min*. Kupferindigo *m*.
in·di·got·ic [ˌɪndɪˈɡɒtɪk; *Am*. -ˈɡɑ-] *adj* **1.** Indigo... **2.** indigofarben.
in·dig·o·tin [ɪnˈdɪɡətɪn; ˌɪndɪˈɡəʊtɪn] *s chem*. Indigoˈtin *n*, Indigoblau *n*.
in·di·rect [ˌɪndɪˈrekt; -daɪ-] *adj* (*adv* ~**ly**) **1.** *allg*. ˈindiˌrekt: ~ **election (lighting, method, tax**, *etc*). **2.** ˈindiˌrekt, mittelbar: ~ **evidence**; ~ **cost** (*od*. **expense**) *econ*. Gemeinkosten *pl*; ~ **exchange** *econ*. Preisnotierung *f* (*e-s Devisenkurses*); ~ **labo(u)r cost** *econ*. Fertigungsgemeinkosten; ~ **materials cost** Materialgemeinkosten. **3.** nicht diˈrekt *od*. gerade (*a. fig*.): **an** ~ **answer** e-e ausweichende Antwort; ~ **means** Umwege, Umschweife; ~ **route** Umweg *m*. **4.** unehrlich, unredlich. **5.** *ling*. ˈindiˌrekt: ~ **question**; ~ **object** indirektes Objekt, *bes*. Dativobjekt *n*; ~ **passive** *von e-m indirekten od. präpositionalen Objekt gebildetes Passiv*; ~ **speech** (*bes. Am*. **discourse**) indirekte Rede. ~ **in·i·ti·a·tive** *s pol. von Wählern ausgehender Gesetzesantrag, über den bei Ablehnung durch die gesetzgebende Versammlung ein Volksentscheid herbeigeführt wird*.
in·di·rec·tion [ˌɪndɪˈrekʃn; -daɪ-] *s* **1.** ˈindiˌrektes Vorgehen. **2.** *fig*. ˈUmweg *m*: **by** ~ a) auf Umwegen, indirekt, b) hinten herum, auf unehrliche Weise. **3.** Unehrlichkeit *f*. **4.** Anspielung *f*. **5.** Ziellosigkeit *f*.
ˌin·diˈrect·ness *s* **1.** ˈIndiˌrektheit *f*. **2.** Unehrlichkeit *f*.
in·di·ru·bin [ˌɪndɪˈruːbɪn] *s chem*. Indigorot *n*, Indiruˈbin *n*.
in·dis·cern·i·ble [ˌɪndɪˈsɜːnəbl; -ˈzɜː-; *Am*. -ˈsɜr-; -ˈzɜr-] *adj* (*adv* **indiscernibly**) **1.** nicht wahrnehmbar, unmerklich. **2.** nicht unterˈscheidbar (**from** von).
in·dis·ci·pline [ɪnˈdɪsɪplɪn] *s* Disziˈplinlosigkeit *f*.
in·dis·cov·er·a·ble [ˌɪndɪˈskʌvərəbl] *adj* (*adv* **indiscoverably**) unauffindbar, nicht zu entdecken(d).
in·dis·creet [ˌɪndɪˈskriːt] *adj* (*adv* ~**ly**) **1.** unbesonnen, unbedacht. **2.** ˈindisˌkret: a) taktlos, b) nicht verschwiegen.
in·dis·crete [ˌɪndɪˈskriːt] *adj* (*adv* ~**ly**) komˈpakt, zs.-hängend, homoˈgen.
in·dis·cre·tion [ˌɪndɪˈskreʃn] *s* **1.** Unbedachtheit *f*. **2.** Indiskretiˈon *f*: a) Taktlosigkeit *f*, b) Mangel *m* an Verschwiegenheit.
in·dis·crim·i·nate [ˌɪndɪˈskrɪmɪnət] *adj* **1.** a) nicht wählerisch: **he is** ~ **in making friends** er schließt mit jedem Freundschaft, b) urteils-, kriˈtiklos. **2.** a) wahl-, ˈunterschiedslos: **he dealt out** ~ **blows** er schlug blind *od*. wahllos um sich, b) ungeordnet, kunterbunt. **ˌin·disˈcrim·i·nate·ly** *adv* ohne ˈUnterschied (*etc*, → **indiscriminate**). **ˌin·disˈcrim·i·nate·ness** *s* **1.** Kriˈtiklosigkeit *f*. **2.** Wahllosigkeit *f*. **ˌin·disˈcrim·i·nat·ing** [-neɪtɪŋ] → **indiscriminate**. **ˈin·disˌcrim·iˈna·tion** → **indiscriminateness**. **ˌin·disˈcrim·i·na·tive** [-nətɪv; -neɪ-] → **indiscriminate**.
in·dis·pen·sa·bil·i·ty [ˈɪndɪˌspensəˈbɪlətɪ] *s* Unentbehrlichkeit *f*, Unerläßlichkeit *f*. **ˌin·disˈpen·sa·ble I** *adj* (*adv* **indispensably**) **1.** unentbehrlich, unerläßlich (**to** für): ~ **to life** lebensnotwendig. **2.** unerläßlich: **an** ~ **duty**. **II** *s* **3.** unentbehrliche Perˈson *od*. Sache. **4.** *pl, a*. **pair of** ~**s** *obs. od. humor*. Hose *f*. **ˌin·disˈpen·sa·ble·ness** → **indispensability**.
in·dis·pose [ˌɪndɪˈspəʊz] *v/t* **1.** untauglich machen (**for** zu). **2.** unpäßlich *od*. unwohl machen. **3.** abgeneigt machen (**to do** zu tun). **ˌin·disˈposed** *adj* **1.** ˈindispoˌniert, unpäßlich, unwohl. **2.** abgeneigt (**for** *dat*; **to do** zu tun): **to be** ~ **to do s.th.** etwas nicht tun wollen.
in·dis·po·si·tion [ˌɪndɪspəˈzɪʃn] *s* **1.** Indispositiˈon *f*, ˈIndispoˌniertheit *f*, Unpäßlichkeit *f*, Unwohlsein *n*. **2.** Abgeneigtheit *f* (**for** gegenˈüber; **to do** zu tun).
in·dis·put·a·ble [ˌɪndɪˈspjuːtəbl] *adj* (*adv* **indisputably**) ˈindispuˌtabel, unstrittig, unstreitig.
in·dis·so·lu·bil·i·ty [ˈɪndɪˌsɒljʊˈbɪlətɪ; *Am*. -dɪsˌɑljəˈb-] *s* **1.** Unlöslichkeit *f*. **2.** *fig*. Unauflösbarkeit *f*. **ˌin·disˈso·lu·ble** *adj* (*adv* **indissolubly**) **1.** unlöslich. **2.** *fig*. unauflösbar. **ˌin·disˈso·lu·ble·ness** → **indissolubility**.
in·dis·tinct [ˌɪndɪˈstɪŋkt] *adj* (*adv* ~**ly**) **1.** a) undeutlich: ~ **murmur**; ~ **outlines**, b) unscharf: **an** ~ **area in a photograph**. **2.** unklar, verworren, dunkel, verschwommen: ~ **ideas**. **ˌin·disˈtinc·tive** *adj* (*adv* ~**ly**) ohne besondere Eigenart, nichtssagend: ~ **features** ausdruckslose Züge. **ˌin·disˈtinct·ness** *s* **1.** a) Undeutlichkeit *f*, b) Unschärfe *f*.

2. Unklarheit *f*, Verschwommenheit *f*.
in·dis·tin·guish·a·ble [ˌɪndɪˈstɪŋgwɪʃəbl] *adj* (*adv* **indistinguishably**) **1.** nicht zu ˈunterscheiden(d) (**from** von). **2.** nicht wahrnehmbar *od.* erkennbar, nicht auszumachen(d).
in·dite [ɪnˈdaɪt] *v/t obs.* **1.** *e-n Text* abfassen, (nieder)schreiben. **2.** dikˈtieren.
in·di·vid·u·al [ˌɪndɪˈvɪdjʊəl; -dʒʊəl; *Am.* ˌɪndɪˈvɪdʒwəl; -dʒəl] **I** *adj* (*adv* → **individually**) **1.** einzeln, individuˈell, Einzel..., Individual...: ~ **assets** *econ.* Privatvermögen *n* (*e-s Gesellschafters*); ~ **banker** *econ. Am.* Privatbankier *m*; ~ **bargaining** *econ.* Einzel(tarif)verhandlung(en *pl*) *f*; ~ **case** Einzelfall *m*; ~ **credit** *econ.* Personalkredit *m*; ~ **earnings** *econ.* Pro-Kopf-Einkommen *n*; ~ **income** *econ.* Individualeinkommen *n*; ~ **insurance** Einzelversicherung *f*; ~ **liberty** (*die*) Freiheit des einzelnen; ~ **psychology** Individualpsychologie *f* (*Forschungsrichtung, die sich mit dem Einzelwesen befaßt*); ~ **traffic** Individualverkehr *m*; ~ **travel(l)er** Einzelreisende(r *m*) *f*; **to give ~ attention to** individuell behandeln. **2.** für ˈeine (einzelne) Perˈson bestimmt, Einzel...: **she served the pudding in ~ portions. 3.** individuˈell, perˈsönlich, eigentümlich, -willig, besonder(er, e, es), charakteˈristisch: **an ~ style**; ~ **behavio(u)r** Individualverhalten *n*. **4.** verschieden: **five ~ cups. 5.** *tech.* Einzel...: ~ **drive. II** *s* **6.** Indiˈviduum *n*, ˈEinzelmensch *m*, -wesen *n*, -perˌson *f*, Einzelne(r *m*) *f*. **7.** *meist contp.* Indiˈviduum *n*, Perˈson *f*. **8.** Einzelding *n*. **9.** untrennbares Ganzes. **10.** Einzelgruppe *f*. **11.** *biol.* ˈEinzelorgaˌnismus *m*, -wesen *n*. ˌ**in·diˈvid·u·al·ism** *s* **1.** Individuaˈlismus *m*: a) *philos. Lehre, die dem Einzelwesen den Vorrang vor der Gemeinschaft gibt*, b) *Betonung der Interessen des einzelnen, der besonderen Eigenarten u. Bedürfnisse der einzelnen Persönlichkeit*, c) *a. contp. Vertretung der eigenen Interessen*; *Überbetonung der Bedürfnisse des einzelnen*. **2.** → **individuality** 1. ˌ**in·diˈvid·u·al·ist I** *s* Individuaˈlist(in). **II** *adj* individuaˈlistisch. ˈ**in·diˌvid·u·alˈis·tic** *adj* (*adv* **~ally**) individuaˈlistisch.
in·di·vid·u·al·i·ty [ˈɪndɪˌvɪdjʊˈælətɪ; -dʒʊˈæ-; *Am.* -ˌvɪdʒəˈwæ-] *s* **1.** Individualiˈtät *f*, (perˈsönliche) Eigenart *od.* Note, Besonderheit *f*. **2.** Einzelwesen *n*, -mensch *m*. **3.** individuˈelle Exiˈstenz.
in·di·vid·u·al·i·za·tion [ˈɪndɪˌvɪdjʊəlaɪˈzeɪʃn; -dʒʊə-; *Am.* ˈɪndɪˌvɪdʒwələˈz-; -ˌvɪdʒələˈz-] *s* **1.** Individualiˈsierung *f*: a) individuˈelle Behandlung, b) einzelne Betrachtung. **2.** individuˈelle Gestaltung. ˌ**in·diˈvid·u·al·ize** *v/t* **1.** individualiˈsieren: a) individuˈell behandeln, b) einzeln betrachten. **2.** individuˈell gestalten, e-e perˈsönliche Note geben *od.* verleihen (*dat*): **~d gifts** persönliche Geschenke. ˌ**in·diˈvid·u·al·ly** *adv* **1.** einzeln, jed(er, e, es) für sich. **2.** einzeln betrachtet, für sich genommen. **3.** perˈsönlich: **this affects me ~.**
in·di·vid·u·ate [ˌɪndɪˈvɪdjʊeɪt; -dʒʊ-; *Am.* -dʒəˌweɪt] *v/t* **1.** → **individualize** 2. **2.** unterˈscheiden (**from** von). ˈ**in·di·ˌvid·uˈa·tion** *s* **1.** Ausbildung *f* der Individualiˈtät, *psych.* Individuatiˈon *f*. **2.** → **individualization** 2. **3.** *philos.* Individuatiˈon *f* (*Heraussonderung des Einzelnen aus dem Allgemeinen*).
in·di·vis·i·bil·i·ty [ˈɪndɪˌvɪzɪˈbɪlətɪ] *s* Unteilbarkeit *f*. ˌ**in·diˈvis·i·ble I** *adj* (*adv* **indivisibly**) unteilbar. **II** *s math.* unteilbare Größe. ˌ**in·diˈvis·i·ble·ness** *s* Unteilbarkeit *f*.
indo-[1] [ɪndəʊ] *chem. Wortelement mit der Bedeutung* Indigo...
Indo-[2] [ɪndəʊ] *Wortelement mit der Bedeutung* indisch, indo..., Indo...
ˌ**In·do|-ˈAr·y·an I** *adj* indisch-arisch. **II** *s* arischer *od.* indogerˈmanischer Inder. ˌ**~-Chiˈnese,** ˌ**~-chiˈnese** *adj* indochiˈnesisch, ˈhinterindisch.
in·do·cile [ɪnˈdəʊsaɪl; *Am.* ɪnˈdɑsəl] *adj* **1.** ungelehrig. **2.** unfügsam. **in·do·cil·i·ty** [ˌɪndəʊˈsɪlətɪ; *Am. a.* -dɑˈs-] *s* **1.** Ungelehrigkeit *f*. **2.** Unfügsamkeit *f*.
in·doc·tri·nate [ɪnˈdɒktrɪneɪt; *Am.* ɪnˈdɑk-] *v/t* **1.** *contp. bes. pol.* indoktriˈnieren. **2.** unterˈweisen, schulen (**in** in *dat*). **3.** erfüllen (**with** mit). **inˌdoc·triˈna·tion** *s* **1.** Indoktrinatiˈon *f*. **2.** Unterˈweisung *f*, Schulung *f*. **3.** Erfüllung *f*. **inˈdoc·tri·na·tor** [-tə(r)] *s* Unterˈweiser *m*.
ˈ**In·do|-ˌEu·roˈpe·an** *ling.* **I** *adj* **1.** indogerˈmanisch. **II** *s* **2.** Indogerˈmanisch *n*, das Indogermanische. **3.** Indogerˈmane *m*, -gerˈmanin *f*. ˌ**~-Gerˈman·ic** → **Indo-European** 1 *u.* 2. ˌ**~-Iˈra·ni·an** *ling.* **I** *adj* indoiˈranisch, arisch. **II** *s* Indoiˈranisch *n*, Arisch *n*.
in·dol [ˈɪndəʊl; *Br. a.* -dɒl; *Am. a.* -ˌdɑl], **in·dole** [ˈɪndəʊl] *s chem.* Inˈdol *n*.
in·do·lence [ˈɪndələns] *s* **1.** Trägheit *f*, Indoˈlenz *f* (*a. med.* [*Schmerz*]*Unempfindlichkeit, Schmerzlosigkeit*). **2.** *med.* a) langsamer Verlauf, b) langsamer ˈHeilungsproˌzeß. ˈ**in·do·lent** *adj* (*adv* **~ly**) **1.** a) träg(e), indoˈlent, b) träg(e) machend: **the ~ heat of the afternoon. 2.** *med.* a) indoˈlent, (schmerz)unempfindlich, b) indoˈlent, schmerzlos, c) langsam vorˈanschreitend, d) langsam heilend.
in·dom·i·ta·ble [ɪnˈdɒmɪtəbl; *Am.* ɪnˈdɑmə-] *adj* (*adv* **indomitably**) **1.** unbezähmbar, nicht ˈunterzukriegen(d). **2.** unbeugsam. **inˈdom·i·ta·ble·ness** *s* Unbezähmbarkeit *f*.
In·do·ne·sian [ˌɪndəʊˈniːzjən; *Am.* -ʒən; -ʃən] **I** *s* **1.** Indoˈnesier(in). **2.** *ling.* Indoˈnesisch *n*, das Indonesische. **II** *adj* **3.** indoˈnesisch.
in·door [ˈɪndɔː(r)] *adj* Haus..., Zimmer..., *sport* Hallen...: ~ **aerial** (*bes. Am.* **antenna**) Zimmerantenne *f*; ~ **dress** Hauskleid *n*; ~ **games** a) Spiele fürs Haus, b) *sport* Hallenspiele; ~ **garments** Hauskleidung *f*; ~ **plant** Zimmerpflanze *f*; ~ **shot** *phot.* Innenaufnahme *f*; ~ **swimming pool** Hallenbad *n*.
in·doors [ˌɪnˈdɔː(r)z] *adv* **1.** im Haus, drinnen. **2.** ins Haus (hinˈein).
in·dorse [ɪnˈdɔː(r)s], *etc* → **endorse,** *etc*.
in·draft, *bes. Br.* **in·draught** [ˈɪndrɑːft; *Am.* ˈɪnˌdræft] *s* **1.** (Her)ˈEinziehen *n*, Ansaugen *n*, Sog *m*. **2.** Einwärtsströmung *f*. **3.** Zu-, Einströmen *n*.
in·drawn [ˌɪnˈdrɔːn] *adj* **1.** (hin-)ˈeingezogen. **2.** *fig.* zuˈrückhaltend.
in·du·bi·ta·ble [ɪnˈdjuːbɪtəbl; *Am. a.* ɪnˈduːbə-] *adj* (*adv* **indubitably**) unzweifelhaft, zweifellos, fraglos.
in·duce [ɪnˈdjuːs; *Am. bes.* ɪnˈduːs] *v/t* **1.** *j-n* veranlassen, bewegen, bestimmen (**to do** zu tun). **2.** (*künstlich*) herˈbeiführen, herˈvorrufen, bewirken, verursachen, auslösen, führen zu, fördern: **to ~ labo(u)r** *med.* die Geburt einleiten; **~d sleep** *med.* künstlich erzeugter Schlaf. **3.** *Logik*: induˈzieren (*vom besonderen Einzelfall auf das Allgemeine schließen*) (**from** aus). **4.** *electr. etc* induˈzieren, bewirken, erzeugen: **~d** *electr.* induziert, sekundär; **~d current** *electr.* Induktionsstrom *m*; **~d draft** (*bes. Br.* **draught**) Saugzug *m*, künstlicher Zug; **~d transformation** (*Atomphysik*) künstliche Umwandlung. **inˈduce·ment** *s* **1.** Anlaß *m*, Beweggrund *m*. **2.** a) Veranlassung *f*, b) Anreiz *m*: **~ to buy** Kaufanreiz. **inˈduc·er** *s* **1.** Veranlasser(in). **2.** *tech.* Vorverdichter *m*.
in·duct [ɪnˈdʌkt] *v/t* **1.** (*in ein Amt etc*) einführen, -setzen. **2.** *j-n* einführen, einweihen (**into, to** in *acc*). **3.** führen, geleiten (**into** in *acc*, zu). **4.** *mil. Am.* einziehen, -berufen. **inˈduc·tance** *s electr.* **1.** Induktiˈon *f*, Induktiviˈtät *f*: ~ **coil** Induktionsspule *f*. **2.** Indukˈtanz *f*, indukˈtiver (ˈBlind)ˌWiderstand. ˌ**in·ducˈtee** [-ˈtiː] *s mil. Am.* Reˈkrut *m*.
in·duc·tile [ɪnˈdʌktaɪl; *Am.* -tl] *adj* **1.** *phys. tech.* a) undehnbar, unstreckbar, unhämmerbar, b) un(aus)ziehbar, c) unbiegsam. **2.** *fig.* unfügsam.
in·duc·tion [ɪnˈdʌkʃn] **I** *s* **1.** (*künstliche*) Herˈbeiführung, Auslösung *f*: ~ **of labo(u)r** *med.* Geburtseinleitung *f*. **2.** *Logik*: a) Induktiˈon *f*, b) Induktiˈonsschluß *m*. **3.** *electr. etc* Induktiˈon *f*. **4.** *mot.* Ansaugung *f*, Einlaß *m*: ~ **pipe** Ansaugkrümmer *m*, -leitung *f*. **5.** Einführung *f*, -setzung *f*. **6.** Einweihung *f*. **7.** *mil. Am.* Einberufung *f*, Einziehung *f*: ~ **order** Einberufungsbefehl *m*. **II** *adj* **8.** *electr. etc* Induktions...: ~ **coil (current, motor,** *etc*).
in·duc·tive [ɪnˈdʌktɪv] *adj* (*adv* **~ly**) **1.** *electr. etc* indukˈtiv, Induktions...: ~ **load** induktive Belastung; ~ **resistor** induktiver Widerstand. **2.** *Logik*: indukˈtiv.
in·duc·tor [ɪnˈdʌktə(r)] *s* **1.** *electr.* Drosselspule *f*. **2.** *biol.* Inˈduktor *m*, Organiˈsatorsubˌstanz *f*. **3.** *chem.* Inˈduktor *m*, Reaktiˈonsbeschleuniger *m*. **4.** (*in ein Amt etc*) Einführende(r *m*) *f*.
in·due → **endue.**
in·dulge [ɪnˈdʌldʒ] **I** *v/t* **1.** nachsichtig sein gegen, gewähren lassen, *j-m* nachgeben: **to ~ s.o. in s.th.** a) j-m etwas nachsehen, b) j-m in e-r Sache nachgeben; **to ~ o.s. in s.th.** sich etwas gönnen *od.* leisten. **2.** *Kinder* verwöhnen. **3.** *e-r Neigung etc* nachgeben, frönen, sich ˈhingeben: **to ~ a passion. 4.** *econ. j-m* (Zahlungs)Aufschub gewähren: **to ~ a debtor. 5.** sich gütlich tun an (*dat*), genießen. **6.** *j-n* zuˈfriedenstellen, befriedigen (**with** mit). **II** *v/i* **7.** (**in**) schwelgen (in *dat*), sich ˈhingeben (*dat*), frönen (*dat*), freien Lauf lassen (*dat*). **8.** (**in**) sich gütlich tun (an *dat*), genießen (*acc*): **to ~ in s.th.** sich etwas gönnen *od.* leisten. **9.** *colloq.* sich (gern *od.* oft) ‚einen genehmigen' (*trinken*).
in·dul·gence [ɪnˈdʌldʒəns] *s* **1.** Nachsicht *f*: **to ask s.o.'s ~** j-n um Nachsicht bitten; **to treat s.o. with ~** j-n nachsichtig behandeln. **2.** Entgegenkommen *n*, Gefälligkeit *f*. **3.** Verwöhnung *f*. **4.** (**in**) Frönen *n* (*dat*), Schwelgen *n* (in *dat*): **(excessive) ~ in alcohol** übermäßiger Alkoholgenuß. **5.** Zügel-, Maßlosigkeit *f*. **6.** a) Luxus *m*: **an occasional cigar is his only ~,** b) Genuß *m*. **7.** *econ.* Stundung *f*, (Zahlungs)Aufschub *m*. **8.** Vorrecht *n*, Priviˈleg *n*. **9.** *hist.* Gewährung *f* größerer religiˈöser Freiheiten an Dissiˈdenten u. Kathoˈliken. **10.** *R.C.* Ablaß *m*: **sale of ~s** Ablaßhandel *m*. **inˈdul·genced** [-nst] *adj relig.* Ablaß...: ~ **prayer. inˈdul·gent** *adj* (*adv* **~ly**) nachsichtig (**to** gegen, gegenˈüber).
in·du·men·tum [ˌɪndjʊˈmentəm; *Am.* ˌɪndəˈm-; ˌɪndjəˈm-] *pl* **-tums, -ta** [-tə] *s* **1.** *zo.* Federkleid *n*, Gefieder *n*. **2.** *bot.* (Haar)Kleid *n*, Flaum *m*.
in·du·rate [ˈɪndjʊəreɪt; *Am.* ˈɪndəˌreɪt; ˈɪndjə-] **I** *v/t* **1.** härten, hart machen. **2.** *fig.* a) verhärten, abstumpfen, b) abhärten (**against, to** gegen). **II** *v/i* **3.** sich verhärten: a) hart werden, b) *fig.* abstumpfen. **4.** *fig.* abgehärtet werden. **III** *adj* [-rət] **5.** verhärtet. ˌ**in·duˈra·tion** *s* **1.** (*a. med.* Ver)Härtung *f*. **2.** *fig.* a) Verhärtung *f*, Abstumpfung *f*, b) Abhärtung *f*.

in·dus·tri·al [ɪnˈdʌstrɪəl] **I** *adj* (*adv* **~ly**) **1.** industriˈell, gewerblich, Industrie..., Fabrik..., Gewerbe..., Wirtschafts...: **~ action** *Br.* Arbeitskampf *m*; **~ arch(a)eology** Industriearchäologie *f* (*Teilbereich der Denkmalpflege, der sich mit technischen Denkmälern, z. B. Fabriken, Brücken, beschäftigt*); **~ area** Industriegebiet *n*; **~ art** a) Werbegraphik *f*, b) *pl ped. Am.* Werkunterricht *m*; **~ artist** Werbegraphiker(in); **~ association** *Am.* Industrie-, Wirtschaftsverband *m*; **~ bonds** Industrieobligationen; **~ diamond** Industriediamant *m*; **~ disease** Berufskrankheit *f*; **~ espionage** Industrie-, Werkspionage *f*; **~ estate** *Br.* Industrie(an)siedlung *f*; **~ front** *Br.* Streikfront *f*; **~ law** *Br.* Arbeitsrecht *n*; **~ park** *Am.* Industriepark *m*, -gebiet *n*; **~ peace** Arbeitsfriede *m*; **~ pollution** Umweltverschmutzung *f* durch die Industrie; **~ spy** Industrie-, Werkspion *m*; **~ shares** (*bes. Am.* **stocks**) Industrieaktien; **~ town** Industriestadt *f*; **~ tribunal** *Br.* Arbeitsgericht *n*; **~ waste** Industrieabfälle *pl*. **2.** industrialiˈsiert, Industrie...: **an ~ nation** ein Industriestaat *m*; **~ society** Industriegesellschaft *f*. **3.** in der Induˈstrie beschäftigt, Industrie...: **~ workers** Industriearbeiterschaft *f*. **4.** Betriebs...: **~ accident** Betriebsunfall *m*; **~ hygiene** Gesundheitsschutz *m* am Arbeitsplatz; **~ management** Betriebsführung *f*; **~ medicine** Arbeitsmedizin *f*; **~ psychology** Betriebspsychologie *f*. **5.** industriˈell erzeugt: **~ products** Industrieprodukte, gewerbliche Erzeugnisse. **6.** nur für industriˈellen Gebrauch bestimmt: **~ alcohol** Industriealkohol *m*, denaturierter Alkohol.
II *s* **7.** Industriˈelle(r *m*) *f*. **8.** *pl econ.* Induˈstriepaˌpiere *pl*, -werte *pl*.

in·dus·tri·al| and prov·i·dent so·ci·e·ty *s econ. Br.* Erwerbs- u. Wirtschaftsgenossenschaft *f*. **~ as·sur·ance** *Br.* → **industrial life insurance**. **~ code** *s econ.* Gewerbeordnung *f*. **~ de·sign** *s* Induˈstriedeˌsign *n*, industriˈelle Formgebung. **~ de·sign·er** *s* Induˈstriedeˌsigner *m*. **~ en·gi·neer** *s Am.* ˈWirtschaftsingeniˌeur *m*. **~ en·gi·neer·ing** *s Am.* Inˈdustrial engiˈneering *n* (*Beschäftigung mit Fragen der industriellen Fertigung von Gütern mit dem Ziel, die wirtschaftliche Produktion mit humanen Arbeitsbedingungen zu verbinden*). **~ in·sur·ance** → **industrial life insurance**.

in·dus·tri·al·ism [ɪnˈdʌstrɪəlɪzəm] *s econ.* Industriaˈlismus *m* (*Vorherrschen der Industrie in der Wirtschaft e-s Landes u. die sich daraus ergebenden Konsequenzen*). **inˈdus·tri·al·ist** *s* Industriˈelle(r *m*) *f*. **inˌdus·tri·al·iˈza·tion** [-laɪˈzeɪʃn; *Am.* -ləˈz-] *s* Industrialiˈsierung *f*. **inˈdus·tri·al·ize** *v/t* industrialiˈsieren.

in·dus·tri·al| life in·sur·ance *s* Kleinlebensversicherung *f*. **~ part·ner·ship** *s econ. Am.* Gewinnbeteiligung *f* der Arbeitnehmer. **~ prop·er·ty** *s jur.* gewerbliches Eigentum (*Patente etc*): **~ rights** gewerbliche Schutzrechte. **~ re·la·tions** *s pl econ.* a) Beziehungen *pl* zwischen Arbeitgeber u. Arbeitnehmern, b) Beziehungen *pl* zwischen Betriebsführung u. Gewerkschaften. **I~ Rev·o·lu·tion** *s hist.* (*die*) industriˈelle Revolutiˈon. **~ school** *s* **1.** *Br.* Gewerbeschule *f*. **2.** *Am.* (*einzelstaatliche*) Jugendstrafanstalt. **~ trust** *s Am.* Finanˈzierungsgesellschaft *f* für Induˈstriebedarf. **~ un·ion** *s econ.* Induˈstriegewerkschaft *f*.

in·dus·tri·ous [ɪnˈdʌstrɪəs] *adj* (*adv* **~ly**) fleißig: a) arbeitsam, b) eifrig, emsig. **inˈdus·tri·ous·ness** *s* Fleiß *m*.

in·dus·try [ˈɪndəstrɪ] *s* **1.** *econ.* a) Induˈstrie *f* (*e-s Landes etc*), b) Induˈstrie (-zweig *m*) *f*, Gewerbe(zweig *m*) *n*: **the steel ~** die Stahlindustrie; **secondary industries** weiterverarbeitende Industrien; → **heavy** 1, **mining industry**, **tourist** 3. **2.** *econ.* Unterˈnehmer(schaft *f*) *pl*. **3.** *econ.* Arbeit *f* (*als volkswirtschaftlicher Wert*). **4.** Fleiß *m*, (Arbeits)Eifer *m*, Emsigkeit *f*.

in·dwell [ˌɪnˈdwel] *irr* **I** *v/t* **1.** bewohnen. **2.** *fig.* innewohnen (*dat*). **II** *v/i* **3.** (**in**) a) wohnen (in *dat*), b) *fig.* innewohnen (*dat*). **ˈinˌdwell·er** *s poet.* Bewohner(in). **ˈinˌdwell·ing** *adj* **1.** innewohnend. **2. ~ catheter** *med.* Verweilkatheter *m*.

in·earth [ɪnˈɜːθ; *Am.* ɪnˈɜrθ] *v/t poet.* zur letzten Ruhe betten, beerdigen.

in·e·bri·ant [ɪˈniːbrɪənt] *adj u. s* berauschend(es Mittel).

in·e·bri·ate I *v/t* [ɪˈniːbrɪeɪt] **1.** berauschen: a) betrunken machen, b) *fig.* trunken machen. **2.** *fig.* betäuben. **II** *s* [-ət] **3.** Betrunkene(r *m*) *f*. **4.** (Gewohnheits-) Trinker(in). **inˌe·briˈa·tion, in·e·bri·e·ty** [ˌɪniːˈbraɪətɪ] *s* Trunkenheit *f*.

in·ed·i·bil·i·ty [ɪnˌedɪˈbɪlətɪ] *s* Ungenießbarkeit *f*. **inˈed·i·ble** *adj* ungenießbar, nicht eßbar.

in·ed·it·ed [ɪnˈedɪtɪd] *adj* **1.** unveröffentlicht. **2.** ˈunrediˌgiert.

in·ed·u·ca·bil·i·ty [ɪnˌedjʊkəˈbɪlətɪ; ɪnˌedʒʊ-; *Am.* ɪnˌedʒəkəˈb-] *s ped. psych.* Sonderschulbedürftigkeit *f*. **inˈed·u·ca·ble** *adj* sonderschulbedürftig.

in·ed·u·ca·tion [ɪnˌedjuːˈkeɪʃn; -ˌedʒuː-; *Am.* ɪnˌedʒəˈk-] *s* Unbildung *f*.

in·ef·fa·ble [ɪnˈefəbl] *adj* (*adv* **ineffably**) unbeschreiblich, unsagbar, unsäglich: **~ joy**.

in·ef·face·a·ble [ˌɪnɪˈfeɪsəbl] *adj* (*adv* **ineffaceably**) **1.** unlöschbar. **2.** *fig.* unauslöschlich.

in·ef·fec·tive [ˌɪnɪˈfektɪv] **I** *adj* (*adv* **~ly**) **1.** ˈineffekˌtiv, unwirksam, wirkungslos: **to become ~** *jur.* unwirksam werden, außer Kraft treten. **2.** ˈineffekˌtiv, frucht-, erfolglos. **3.** unfähig, untauglich (*a. mil.*). **4.** nicht eindrucks- *od.* efˈfektvoll. **II** *s* **5.** Unfähige(r *m*) *f*. **ˌin·efˈfec·tive·ness** *s* **1.** Unwirksamkeit *f*, Wirkungslosigkeit *f*. **2.** Erfolglosigkeit *f*. **3.** Unfähigkeit *f*, Untauglichkeit *f*.

in·ef·fec·tu·al [ˌɪnɪˈfektʃʊəl; *Am.* -tʃəwəl; -kʃwəl] *adj* (*adv* **~ly**) → **ineffective** 1–3. **ˈin·efˌfec·tuˈal·i·ty** [-tʃʊˈælətɪ; *Am.* -tʃəˈwæ-], **ˌin·efˈfec·tu·al·ness** → **ineffectiveness**.

in·ef·fi·ca·cious [ˌɪnefɪˈkeɪʃəs] *adj* (*adv* **~ly**) → **ineffective** 1 *u.* 2. **ˌin·ef·fiˈca·cious·ness, inˈef·fi·ca·cy** [-kəsɪ] → **ineffectiveness** 1 *u.* 2.

in·ef·fi·cien·cy [ˌɪnɪˈfɪʃnsɪ] *s* **1.** ˈIneffiziˌenz *f*, Untüchtigkeit *f*, (Leistungs-) Unfähigkeit *f*. **2.** ˈIneffiziˌenz *f*, Unwirksamkeit *f*, Wirkungslosigkeit *f*. **3.** ˈIneffiˌzienz *f*, Unwirtschaftlichkeit *f*, ˈunratioˌnelle Arbeitsweise. **4.** ˈIneffiziˌenz *f*, Untauglichkeit *f*, Unbrauchbarkeit *f*. **ˌin·efˈfi·cient** *adj* (*adv* **~ly**) **1.** ˈineffiziˌent, untüchtig, (leistungs)unfähig. **2.** ˈineffiziˌent, unwirksam. **3.** ˈineffiziˌent, ˈunratioˌnell, unwirtschaftlich. **4.** ˈineffiziˌent, unbrauchbar, untauglich, *tech. a.* leistungsschwach.

in·e·las·tic [ˌɪnɪˈlæstɪk] *adj* (*adv* **~ally**) **1.** ˈuneˌlastisch (*a. fig.*): **~ demand** *econ.* unelastische Nachfrage; **~ scattering** *phys.* unelastische Streuung. **2.** *fig.* a) starr: **~ policy**, b) nicht anpassungsfähig. **ˌin·e·lasˈtic·i·ty** [-ˈtɪsətɪ] *s* **1.** Mangel *m* an Elastiziˈtät. **2.** *fig.* a) Starrheit *f*, b) Mangel *m* an Anpassungsfähigkeit.

in·el·e·gance [ɪnˈelɪgəns], **inˈel·e·gan·cy** [-sɪ] *s* ˈUneleˌganz *f*. **inˈel·e·gant** *adj* (*adv* **~ly**) ˈuneleˌgant.

in·el·i·gi·bil·i·ty [ɪnˌelɪdʒəˈbɪlətɪ] *s* **1.** fehlende Eignung. **2.** fehlende Berechtigung. **3.** Unwählbarkeit *f*. **inˈel·i·gi·ble I** *adj* (*adv* **ineligibly**) **1.** (**for**) nicht in Frage kommend (für): a) ungeeignet, unannehmbar, ˈinakzepˌtabel (für), b) nicht berechtigt *od.* befähigt (zu), ˈunqualifiˌziert (für): **to be ~ for** keinen Anspruch haben auf (*acc*); **~ to vote** nicht wahlberechtigt, c) nicht teilnahmeberechtigt (an *dat*), *sport a.* nicht startberechtigt (für), d) nicht wählbar. **2.** a) unerwünscht, b) unpassend, ungeeignet: **at an ~ moment**. **3.** *econ.* nicht bank- *od.* disˈkontfähig. **II** *s* **4.** *colloq.* nicht in Frage kommende Perˈson *od.* Sache.

in·el·o·quence [ɪnˈeləkwəns] *s* Mangel *m* an Redegewandtheit. **inˈel·o·quent** *adj* (*adv* **~ly**) nicht redegewandt.

in·e·luc·ta·ble [ˌɪnɪˈlʌktəbl] *adj* (*adv* **ineluctably**) unabwendbar, unentrinnbar: **~ fate**.

in·ept [ɪˈnept] *adj* (*adv* **~ly**) **1.** unpassend: a) ungeeignet, b) verfehlt: **an ~ comparison** ein unpassender Vergleich. **2.** albern, töricht. **3.** a) ungeschickt, unbeholfen: **he's quite ~ at tennis** er stellt sich beim Tennis ziemlich ungeschickt an, b) unfähig. **inˈep·ti·tude** [-tɪtjuːd; *Am. a.* -ˌtuːd], **inˈept·ness** *s* **1.** Albernheit *f*. **2.** a) Ungeschicklichkeit *f*, Unbeholfenheit *f*, b) Unfähigkeit *f*.

in·e·qual·i·ty [ˌɪnɪˈkwɒlətɪ; *Am.* -ˈkwɑ-] *s* **1.** Ungleichheit *f* (*a. astr. math. sociol.*), Verschiedenheit *f*: **~ of opportunity** (*od.* **opportunities**) Chancenungleichheit. **2.** *math.* Ungleichung *f*.

in·eq·ui·ta·ble [ɪnˈekwɪtəbl] *adj* (*adv* **inequitably**) ungerecht, unbillig. **inˈeq·ui·ta·ble·ness, inˈeq·ui·ty** [-wətɪ] *s* Ungerechtigkeit *f*, Unbilligkeit *f*.

in·e·rad·i·ca·ble [ˌɪnɪˈrædɪkəbl] *adj* (*adv* **ineradicably**) unausrottbar (*a. fig.*).

in·e·ras·a·ble [ˌɪnɪˈreɪzəbl] *adj* (*adv* **inerasably**) **1.** unlöschbar. **2.** *fig.* unauslöschlich.

in·er·ran·cy [ɪnˈerənsɪ] *s* Unfehlbarkeit *f*. **inˈer·rant** *adj* (*adv* **~ly**) unfehlbar.

in·ert [ɪˈnɜːt; *Am.* ɪnˈɜrt] *adj* (*adv* **~ly**) **1.** *phys.* träg(e): **~ mass**. **2.** *chem.* inˈert, reaktiˈonsträg(e): **~ gas** Edelgas *n*. **3.** träg(e): a) *lustlos u. ohne Schwung*, b) *schwerfällig u. langsam*: **politically ~ citizens**.

in·er·tia [ɪˈnɜːʃjə; -ʃə; *Am.* ɪnˈɜr-] *s* **1.** *phys.* (Massen)Trägheit *f*, Beharrungsvermögen *n*: **law of ~** Trägheitsgesetz *n*; **momentum of ~** Trägheitsmoment *n*; **~-reel seat belt** *mot.* Automatikgurt *m*; **~ starter** *mot.* Schwungkraftanlasser *m*. **2.** *chem.* Inerˈtie *f*, Reaktiˈonsträgheit *f*. **3.** Trägheit *f*: **~ selling** *Br. Praktik, unbestellte Waren zu versenden u. sie in Rechnung zu stellen, falls sie nicht zurückgeschickt werden.* **in·er·tial** [ɪˈnɜːʃl; *Am.* ɪnˈɜrʃəl] *adj phys.* Trägheits...: **~ force** Trägheitskraft *f*; **~ system** (*od.* **reference frame**) (*Relativitätstheorie*) Inertialsystem *n* (*Bezugssystem, in dem es keine Gravitationskräfte gibt*).

inˈert·ness → **inertia**.

in·es·cap·a·ble [ˌɪnɪˈskeɪpəbl] *adj* (*adv* **inescapably**) unvermeidlich: a) unentrinnbar, unabwendbar, b) zwangsläufig, unweigerlich.

in·es·cutch·eon [ˌɪnɪˈskʌtʃən] *s her.* Herzschild *m*.

in·es·sen·tial [ˌɪnɪˈsenʃl] **I** *adj* unwesentlich, unwichtig, entbehrlich. **II** *s* (*etwas*) Unwesentliches, Nebensache *f*.

in·es·ti·ma·ble [ɪnˈestɪməbl] *adj* (*adv* **inestimably**) unschätzbar: **of ~ value** von unschätzbarem Wert.

in·ev·i·ta·bil·i·ty [ɪnˌevɪtəˈbɪlətɪ] *s* Unvermeidlichkeit *f.* **inˈev·i·ta·ble I** *adj* (*adv* **inevitably**) **1.** unvermeidlich: a) unentrinnbar: ~ **fate**; ~ **accident** *jur.* unvermeidliches Ereignis, b) ˈunumˌgänglich, zwangsläufig: **it was ~ for their marriage to break up** ihre Ehe zerbrach zwangsläufig, c) *colloq.* obliˈgat: **she was wearing her ~ large hat.** **2.** naˈturgemäß gehörend (**to** zu). **II** *s* **3. the ~** das Unvermeidliche: → **bow¹** 5. **inˈev·i·ta·ble·ness** → **inevitability.**

in·ex·act [ˌɪnɪɡˈzækt] *adj* (*adv* **~ly**) ungenau. **ˌin·exˈac·ti·tude** [-tɪtjuːd; *Am. a.* -ˌtuːd], **ˌin·exˈact·ness** *s* Ungenauigkeit *f.*

in·ex·cus·a·ble [ˌɪnɪkˈskjuːzəbl] *adj* unverzeihlich, unentschuldbar. **ˌin·exˈcus·a·bly** *adv* unverzeihlich(erweise).

in·ex·haust·i·ble [ˌɪnɪɡˈzɔːstəbl] *adj* (*adv* **inexhaustibly**) unerschöpflich. **ˌin·exˈhaus·tive** *adj* (*adv* **~ly**) **1.** *obs.* → **inexhaustible. 2.** *fig.* nicht erschöpfend.

in·ex·o·ra·bil·i·ty [ɪnˌeksərəˈbɪlətɪ] *s* Unerbittlichkeit *f.* **inˈex·o·ra·ble** *adj* (*adv* **inexorably**) unerbittlich. **inˈex·o·ra·ble·ness** → **inexorability.**

in·ex·pe·di·ence [ˌɪnɪkˈspiːdjəns; -dɪəns], **ˌin·exˈpe·di·en·cy** *s* Unzweckmäßigkeit *f.* **ˌin·exˈpe·di·ent** *adj* (*adv* **~ly**) **1.** nicht ratsam, unangebracht. **2.** unzweckmäßig.

in·ex·pen·sive [ˌɪnɪkˈspensɪv] *adj* (*adv* **~ly**) billig, nicht teuer. **ˌin·exˈpen·sive·ness** *s* Billigkeit *f.*

in·ex·pe·ri·ence [ˌɪnɪkˈspɪərɪəns] *s* Unerfahrenheit *f.* **ˌin·exˈpe·ri·enced** *adj* unerfahren.

in·ex·pert [ɪnˈekspɜːt; ˌɪnekˈspɜːt; *Am.* -ɜrt] *adj* (*adv* **~ly**) **1.** unerfahren: **to be ~ in** (*od.* **at**) keine Erfahrung haben in (*dat*). **2.** unfachmännisch. **3.** ungeschickt, unbeholfen (**in, at** in *dat*).

in·ex·pi·a·ble [ɪnˈekspɪəbl] *adj* (*adv* **inexpiably**) **1.** unsühnbar. **2.** *obs.* unversöhnlich, unerbittlich.

in·ex·plain·a·bil·i·ty [ˈɪnɪkˌspleɪnəˈbɪlətɪ] → **inexplicability. ˌin·exˈplain·a·ble** → **inexplicable. ˌin·exˈplain·a·ble·ness** → **inexplicability. ˌin·exˈplain·a·bly** → **inexplicably.**

in·ex·pli·ca·bil·i·ty [ɪnˌeksplɪkəˈbɪlətɪ; ˈɪnɪkˌsplɪkəˈb-] *s* Unerklärlichkeit *f.* **in·ex·pli·ca·ble** [ɪnˈeksplɪkəbl; ˌɪnɪkˈsplɪkəbl] *adj* unerklärbar, unerklärlich. **in·ex·pli·ca·ble·ness** → **inexplicability. in·ex·pli·ca·bly** *adv* unerklärlich(erweise).

in·ex·plic·it [ˌɪnɪkˈsplɪsɪt] *adj* (*adv* **~ly**) **1.** undeutlich, unbestimmt, unklar. **2.** nicht offen *od.* deutlich (**about, on** in bezug auf *acc*).

in·ex·plo·sive [ˌɪnɪkˈspləʊsɪv] *adj* (*adv* **~ly**) nicht exploˈsiv, explosiˈonssicher.

in·ex·press·i·ble [ˌɪnɪkˈspresəbl] **I** *adj* (*adv* **inexpressibly**) unaussprechlich, unsäglich, unbeschreiblich. **II** *s pl, a.* **pair of ~s** *obs. od. humor.* Hose *f.*

in·ex·pres·sive [ˌɪnɪkˈspresɪv] *adj* (*adv* **~ly**) **1.** ausdruckslos, nichtssagend: **an ~ face; ~ style** farbloser *od.* fader Stil; **to be ~ of s.th.** etwas nicht ausdrücken *od.* zum Ausdruck bringen. **2.** inhaltslos. **ˌin·exˈpres·sive·ness** *s* **1.** Ausdruckslosigkeit *f.* **2.** Inhaltslosigkeit *f.*

in·ex·pug·na·bil·i·ty [ˈɪnɪkˌspʌɡnəˈbɪlətɪ; *Am. a.* -ˌspjuːnəˈb-] → **impregnability. ˌin·exˈpug·na·ble** *adj* (*adv* **inexpugnably**) → **impregnable. ˌin·exˈpug·na·ble·ness** → **impregnability.**

in·ex·ten·si·ble [ˌɪnɪkˈstensəbl] *adj* unausdehnbar, nicht (aus)dehnbar.

in ex·ten·so [ˌɪnɪkˈstensəʊ] (*Lat.*) *adv* in exˈtenso: a) vollständig, ungekürzt, b) ausführlich.

in·ex·tin·guish·a·ble [ˌɪnɪkˈstɪŋɡwɪʃəbl] *adj* (*adv* **inextinguishably**) **1.** unlöschbar. **2.** *fig.* unauslöschlich. **3.** untilgbar.

in ex·tre·mis [ˌɪnɪkˈstriːmɪs; *Am. a.* -ˈstreɪməs] (*Lat.*) *adv* **1.** in äußerster Not. **2.** in exˈtremis, im Sterben: **to be ~** in den letzten Zügen liegen; **baptism ~** Nottaufe *f.*

in·ex·tri·ca·ble [ɪnˈekstrɪkəbl; ˌɪnɪkˈstrɪ-] *adj* (*adv* **inextricably**) **1.** unentwirrbar (*a. fig.*): **an ~ knot. 2.** *fig.* äußerst verwickelt, (gänzlich) verworren. **3.** *fig.* ausweglos. **4.** kunstvoll verschlungen: **an ~ design.**

in·fal·li·bi·lism [ɪnˈfæləblɪzəm] *s R.C.* Infallibiˈlismus *m* (*Lehre von der Unfehlbarkeit*). **inˈfal·li·bi·list** *s R.C.* Infallibiˈlist(in). **inˌfal·liˈbil·i·ty** [-ˈbɪlətɪ] *s* Unfehlbarkeit *f, R.C. a.* Infallibiliˈtät *f.* **inˈfal·li·ble** *adj* unfehlbar, *R.C. a.* infalˈlibel. **inˈfal·li·bly** *adv* **1.** → **infallible. 2.** *colloq.* todsicher, ganz bestimmt.

in·fa·mize [ˈɪnfəmaɪz] *v/t obs.* **1.** entehren. **2.** verleumden.

in·fa·mous [ˈɪnfəməs] *adj* (*adv* **~ly**) **1.** verrufen, berüchtigt (**for** wegen). **2.** schändlich, niederträchtig, gemein, inˈfam. **3.** *jur. Am.* a) **he is ~** ihm wurden die bürgerlichen Ehrenrechte aberkannt, b) **~ crime** *Verbrechen, das den Verlust der bürgerlichen Ehrenrechte nach sich zieht.* **4.** *colloq.* miseˈrabel, ‚saumäßig': **an ~ meal. ˈin·fa·mous·ness** → **infamy** 1, 2.

in·fa·my [ˈɪnfəmɪ] *s* **1.** Verrufenheit *f.* **2.** Schändlichkeit *f,* Niedertracht *f,* Gemeinheit *f,* Infaˈmie *f.* **3.** niederträchtige Handlung, Infaˈmie *f.* **4.** *jur. Am.* Verlust *m* der bürgerlichen Ehrenrechte.

in·fan·cy [ˈɪnfənsɪ] *s* **1.** frühe Kindheit, frühes Kindesalter, *bes.* Säuglingsalter *n.* **2.** *jur.* Minderjährigkeit *f.* **3.** *fig.* Anfang(sstadium *n*) *m*: **to be in its ~** in den Anfängen *od.* ‚Kinderschuhen' stecken.

in·fant [ˈɪnfənt] **I** *s* **1.** Säugling *m.* **2.** a) (kleines) Kind, b) *ped. Br.* Schüler(in) e-r **infant school** (→ 6). **3.** *jur.* Minderjährige(r *m*) *f.* **II** *adj* **4.** Säuglings...: **~ mortality** Säuglingssterblichkeit *f*; **~ welfare** Säuglingsfürsorge *f.* **5.** (noch) klein, im Kindesalter (stehend): **his ~ son** sein kleiner Sohn; **~ Jesus** das Jesuskind; **~ prodigy** Wunderkind *n.* **6.** Kinder..., Kindes...: **~ school** *Br.* Grundschule *f* für Kinder zwischen 5 u. 7 (Jahren). **7.** *jur.* minderjährig. **8.** *fig.* in den Anfängen *od.* ‚Kinderschuhen' stekkend, jung: **an ~ industry.**

in·fan·ta [ɪnˈfæntə] *s hist.* Inˈfantin *f.* **inˈfan·te** [-tɪ] *s hist.* Inˈfant *m.*

in·fan·ti·cid·al [ɪnˌfæntɪˈsaɪdl] *adj* kind(e)smörderisch. **inˈfan·ti·cide** *s* **1.** Kind(e)stötung *f.* **2.** Kind(e)s-, Kindermörder(in).

in·fan·tile [ˈɪnfəntaɪl; *Am. a.* -tl; -ˌtiːl] *adj* **1.** infanˈtil, kindisch. **2.** kindlich. **3.** Kinder..., Kindes...: **~ diseases** Kinderkrankheiten; **~ (spinal) paralysis** *med.* (spinale) Kinderlähmung. **4.** *psych.* frühkindlich: **~ sexuality. 5.** → **infant** 8. **ˌin·fanˈtil·i·ty** [-ˈtɪlətɪ] *s* **1.** Infantiliˈtät *f,* kindisches Wesen. **2.** Kindlichkeit *f.*

in·fan·ti·lism [ɪnˈfæntɪlɪzəm; *Am.* ˈɪnfənˌtaɪlɪzəm] *s* **1.** Infantiˈlismus *m*: a) *psych. Verharren in kindlichen Denk-, Äußerungs- u. Verhaltensweisen im Erwachsenenalter,* b) *med. aufgrund verschiedener Krankheiten bedingter Entwicklungszustand einzelner Organe od. des gesamten Organismus, der dem e-s (wesentlich jüngeren) Kindes entspricht.* **2.** infanˈtile *od.* kindische Sprechweise.

in·fan·tine [ˈɪnfəntaɪn; *Am. a.* -ˌtiːn] → **infantile.**

in·fan·try [ˈɪnfəntrɪ] *s mil.* Infanteˈrie *f,* Fußtruppe *f.* **ˈ~·man** [-mən] *s irr* Infanteˈrist *m.*

in·farct [ɪnˈfɑː(r)kt; ˈɪnfɑː(r)kt] *s med.* Inˈfarkt *m*: → **cardiac infarct, pulmonary. inˈfarc·tion** [-kʃn] *s med.* **1.** Inˈfarktbildung *f.* **2.** Inˈfarkt *m*: → **cardiac infarction, pulmonary.**

in·fare [ˈɪnfeə(r)] *s bes. Br. dial.* a) Einzugsparty *f* (*im neuen Haus*), b) Hochzeitsempfang *m.*

in·fat·u·ate [ɪnˈfætjʊeɪt; -tʃʊ-; *Am.* -tʃəˌweɪt] *v/t* **1.** betören (**with** durch). **2.** *j-m* völlig den Kopf verdrehen. **inˈfat·u·at·ed** *adj* **1.** betört. **2.** vernarrt (**with** in *acc*).

in·fat·u·a·tion [ɪnˌfætjʊˈeɪʃn; -tʃʊ-; *Am.* -tʃəˈw-] *s* **1.** Betörung *f.* **2.** Vernarrtheit *f* (**for, with** in *acc*). **3.** Schwarm *m*: **she's his latest ~; this music is his ~** er schwärmt für diese Musik.

in·fect [ɪnˈfekt] *v/t* **1.** *med. j-n od. etwas* infiˈzieren, *j-n* anstecken (**with** mit; **by** durch): **to become ~ed** sich infizieren *od.* anstecken; **~ed area** verseuchtes Gebiet. **2.** *bot.* befallen. **3.** a) verpesten: **to ~ the air,** b) *fig.* vergiften: **to ~ the atmosphere. 4.** *fig. j-n* anstecken (**with** mit): a) mitreißen, b) (*moralisch*) verderben, (ungünstig) beeinflussen.

in·fec·tion [ɪnˈfekʃn] *s* **1.** *med.* a) Infektiˈon *f,* Ansteckung *f*: **to catch** (*od.* **take**) **an ~** sich infizieren *od.* anstecken, b) Infektiˈonskrankheit *f,* Inˈfekt *m,* c) Ansteckungskeim *m,* Infektiˈonsstoff *m.* **2.** *bot.* Befall *m.* **3.** a) Verpestung *f,* b) *fig.* Vergiftung *f.* **4.** *fig.* Ansteckung *f*: a) Mitreißen *n,* b) (ungünstige) Beeinflussung.

in·fec·tious [ɪnˈfekʃəs] *adj* (*adv* **~ly**) **1.** *med.* ansteckend, infektiˈös: **~ disease** Infektionskrankheit *f*; **he is still ~** bei ihm besteht noch immer Ansteckungsgefahr. **2.** *fig.* ansteckend: **laughing is ~** Lachen steckt an. **inˈfec·tious·ness** *s med.* (*das*) Ansteckende (*a. fig.*), Infektiosiˈtät *f.*

in·fec·tive [ɪnˈfektɪv] *adj* (*adv* **~ly**) → **infectious: ~ agent** Infektionserreger *m.* **inˈfec·tive·ness** → **infectiousness.**

in·fe·cund [ɪnˈfiːkənd] → **infertile. in·fe·cun·di·ty** [ˌɪnfɪˈkʌndətɪ] → **infertility.**

in·feed [ˈɪnfiːd] *tech.* **I** *s* **1.** Vorschub *m* (*Werkzeugmaschine*). **2.** Aufgabe *f,* Zuführung *f* (*von Füllgut etc*): **~ side** Beschickungsseite *f*; **~ table** Aufgabetisch *m.* **II** *v/t* [*a.* ɪnˈfiːd] *irr* **3.** zuführen, aufgeben.

in·fe·lic·i·tous [ˌɪnfɪˈlɪsɪtəs] *adj* (*adv* **~ly**) **1.** unglücklich. **2.** *fig.* unglücklich (gewählt), ungeschickt: **an ~ remark. ˌin·feˈlic·i·ty** *s* **1.** Unglück *n,* Elend *n.* **2.** unglücklicher ˈUmstand. **3.** unglücklicher Ausdruck.

in·fer [ɪnˈfɜː; *Am.* ɪnˈfɜr] **I** *v/t* **1.** schließen, folgern, ableiten (**from** aus). **2.** schließen lassen auf (*acc*), erkennen lassen. **3.** andeuten, zu erkennen *od.* verstehen geben. **II** *v/i* **4.** Schlüsse ziehen.

in·fer·a·ble [ɪnˈfɜːrəbl] *adj* zu schließen(d), zu folgern(d), ableitbar (**from** aus).

in·fer·ence [ˈɪnfərəns] *s* **1.** Folgern *n.* **2.** (Schluß)Folgerung *f,* (Rück)Schluß *m*: **to make** (*od.* **draw**) **~s** Schlüsse ziehen.

in·fer·en·tial [ˌɪnfəˈrenʃl] *adj* **1.** Schluß..., Folgerungs... **2.** gefolgert: **~ evidence** *jur.* Indizienbeweis *m.* **3.** zu folgern(d). **4.** folgernd. **ˌin·ferˈen·tial·ly** *adv* durch (Schluß)Folgerung(en).

in·fer·i·ble [ɪnˈfɜːrəbl] → **inferable.**

in·fe·ri·or [ɪnˈfɪərɪə(r)] **I** *adj* **1.** (**to**) ˈuntergeordnet (*dat*), (*im Rang*) tieferstehend, niedriger, geringer (als): **an ~ caste** e-e niedrige *od.* untere Kaste; **~ court** *jur.* niederes *od.* unteres *od.* untergeordnetes Gericht; **in an ~ position** in untergeordneter Stellung; **to be ~ to s.o.** a) j-m untergeordnet sein, b) j-m nachstehen, j-m unterlegen sein; **he is ~ to none** er nimmt es mit jedem auf. **2.** weniger wert, von geringerem Wert (**to** als). **3.** minderwertig, zweitklassig, -rangig, mittelmäßig: **~ quality**; **~ goods** *econ.* minderwertige Waren. **4.** (*räumlich*) unter, tiefer, Unter...: **~ maxilla** *anat.* Unterkiefer *m.* **5.** *bot.* a) ˈunterständig: **an ~ ovary**, b) dem Deckblatt nahegelegen. **6.** *astr.* unter: a) *der Sonne näher als die Erde*: **an ~ planet**, b) *der Erde näher als die Sonne*: **an ~ conjunction**, c) *unter dem Horizont liegend.* **7.** *print.* tiefstehend: **~ character** → 10. **II** *s* **8.** ˈUntergeordnete(r *m*) *f*, Unterˈgebene(r *m*) *f.* **9.** Unterˈlegene(r *m*) *f*, Schwächere(r *m*) *f*: **to be s.o.'s ~ in s.th.** j-m in e-r Sache nachstehen *od.* unterlegen sein. **10.** *print.* Index *m*, tiefstehendes Zeichen.

in·fe·ri·or·i·ty [ɪnˌfɪərɪˈɒrətɪ; *Am. a.* -ˈɑr-] *s* **1.** ˈUntergeordnetheit *f.* **2.** (*a. zahlen- u. mengenmäßige*) Unterˈlegenheit. **3.** Minderwertigkeit *f*, Mittelmäßigkeit *f.* **4.** *a.* **~ feeling** *psych.* Minderwertigkeitsgefühl *n*: **~ complex** *psych.* Minderwertigkeitskomplex *m.*

in·fer·nal [ɪnˈfɜːnl; *Am.* -ˈfɜr-] *adj* (*adv* **~ly**) **1.** ˈunterirdisch, stygisch: **the ~ regions** die Unterwelt. **2.** höllisch, inferˈnal(isch), Höllen...: **~ machine** *obs.* Höllenmaschine *f.* **3.** *fig.* teuflisch: **an ~ deed** e-e Teufelei. **4.** *colloq.* gräßlich, schrecklich, höllisch, inferˈnalisch: **an ~ noise** ein Höllenlärm. ˌ**in·ferˈnal·i·ty** [-ˈnælətɪ] *s* **1.** teuflisches Wesen. **2.** Teufeˈlei *f.*

in·fer·no [ɪnˈfɜːnəʊ; *Am.* -ˈfɜr-] *pl* **-nos** *s* a) Inˈferno *n*, Hölle *f* (*beide a. fig.*): **the ~ of war** das Inferno des Krieges, b) Flammenmeer *n.*

in·fer·ra·ble, in·fer·ri·ble [ɪnˈfɜːrəbl] → **inferable.**

in·fer·tile [ɪnˈfɜːtaɪl; *Am.* ɪnˈfɜrtl] *adj* unfruchtbar: a) *biol. med.* steˈril, b) nicht ertragreich: **~ land**, c) *fig.* unschöpferisch. ˌ**in·ferˈtil·i·ty** [-ˈtɪlətɪ] *s* Unfruchtbarkeit *f.*

in·fest [ɪnˈfest] *v/t* **1.** *bes. e-n Ort* heimsuchen, unsicher machen. **2.** verseuchen, befallen (*Parasiten etc*): **~ed with** befallen von, verseucht durch; **~ed with bugs** verwanzt. **3.** *fig.* überˈschwemmen, -ˈlaufen: **~ed with** wimmelnd von; **the streets were ~ed with people** auf den Straßen wimmelte es von Menschen. ˌ**in·fesˈta·tion** *s* **1.** Heimsuchung *f.* **2.** Verseuchung *f*, Befall *m.* **3.** *fig.* Überˈschwemmung *f.*

in·feu·da·tion [ˌɪnfjʊˈdeɪʃn] *s jur. hist.* **1.** Belehnung *f.* **2.** Zehntverleihung *f* an Laien.

in·fi·del [ˈɪnfɪdəl] *relig.* **I** *s* Ungläubige(r *m*) *f.* **II** *adj* ungläubig. ˌ**in·fiˈdel·i·ty** [-ˈdelətɪ] *s* **1.** *relig.* Ungläubigkeit *f.* **2.** a) Treulosigkeit *f*: **conjugal** (*od.* **marital**) **~** eheliche Untreue, b) ‚Seitensprung' *m.*

in·field [ˈɪnfiːld] *s* **1.** *agr.* a) dem Hof nahe Felder *pl*, b) Ackerland *n.* **2.** *Baseball, Kricket*: a) Innenfeld *n*, b) Innenfeldspieler *pl.* ˈ**in·field·er** *s Baseball, Kricket*: Innenfeldspieler *m.*

in·fight·ing [ˈɪnˌfaɪtɪŋ] *s* **1.** *Boxen*: Nahkampf *m*, Infight *m.* **2.** (parˈtei- *etc*) inˌterne Kämpfe *pl od.* Streiteˈreien *pl.*

in·fil·trate [ˈɪnfɪltreɪt; ɪnˈfɪl-] **I** *v/t* **1.** einsickern in (*acc*) (*a. mil.*), infilˈtrieren (*a. med.*). **2.** durchˈsetzen, -ˈdringen, -ˈtränken (**with** mit). **3.** einschleusen, -schmuggeln (**into** in *acc*). **4.** *pol.* unterˈwandern, infilˈtrieren. **II** *v/i* **5.** einsickern (**into** in *acc*) (*a. mil.*). **6.** **~ into** → 4. **III** *s* **7.** *med.* Infilˈtrat *n* (*in Gewebe eingedrungene Substanz*). ˌ**in·filˈtra·tion** *s* **1.** Einsickern *n*, Infiltratiˈon *f.* **2.** Durchˈsetzen *n*, -ˈdringen *n.* **3.** Einschleusung *f.* **4.** *pol.* Unterˈwanderung *f.* **5.** *med.* a) Infiltratiˈon *f*: **~ an(a)esthesia** Infiltrationsanästhesie *f* (*örtliche Betäubung durch Einspritzungen*), b) → **infiltrate** 7.

in·fin·i·tant [ɪnˈfɪnɪtənt] *adj Logik*: negativ modifiˈzierend. **inˈfin·i·tate** [-teɪt] *v/t Logik*: negativ modifiˈzieren.

in·fi·nite [ˈɪnfɪnət] **I** *adj* **1.** unˈendlich, grenzenlos, unermeßlich (*alle a. fig.*): **~ space** (**pleasure**, **wisdom**, *etc*); **his patience is ~** s-e Geduld kennt keine Grenzen. **2.** endlos. **3.** gewaltig, ungeheuer. **4.** *mit s pl* unzählige: **~ stars.** **5.** *math., a. mus.* unˈendlich: **~ integral**; **~ series** unendliche Reihe. **6.** *ling.* nicht durch Perˈson u. Zahl bestimmt: **~ verb** Verbum *n* infinitum. **7.** *Logik*: negativ modifiˈziert. **II** *s* **8.** (*das*) Unˈendliche. **9.** **the I~** (**Being**) der Unendliche, Gott *m.* **10.** *math.* unˈendliche Größe *od.* Zahl. ˈ**in·fi·nite·ly** *adv* unˈendlich (*etc*, → **infinite**): **~ variable** *tech.* stufenlos (regelbar). ˈ**in·fi·nite·ness** → **infinity** 1.

in·fin·i·tes·i·mal [ˌɪnfɪnɪˈtesɪml] **I** *adj* (*adv* **~ly**) **1.** unˈendlich *od.* verschwindend klein, winzig. **2.** *math.* infinitesiˈmal (*sich e-m Grenzwert annähernd, ohne ihn zu erreichen*): **~ calculus** Infinitesimalrechnung *f.* **II** *s* **3.** unˈendlich kleine Menge. **4.** *math.* infinitesiˈmale Größe.

in·fin·i·ti·val [ɪnˌfɪnɪˈtaɪvl; ˌɪnfɪnɪˈt-] → **infinitive** II.

in·fin·i·tive [ɪnˈfɪnətɪv] *ling.* **I** *s* Infinitiv *m*, Grund-, Nennform *f.* **II** *adj* infinitivisch, Infinitiv...: **~ mood** → I.

in·fin·i·tude [ɪnˈfɪnɪtjuːd; *Am. a.* -ˌtuːd] → **infinity** 1 *u.* 2.

in·fin·i·ty [ɪnˈfɪnətɪ] *s* **1.** Unˈendlichkeit *f*, Grenzenlosigkeit *f*, Unermeßlichkeit *f* (*alle a. fig.*): **to ~** endlos, ad infinitum. **2.** unˈendlicher Raum, unˈendliche Menge *od.* Zahl *od.* Zeit *od.* Größe: **an ~ of people** unendlich viele Leute; **I seemed to wait for an ~** die Wartezeit kam mir endlos vor. **3.** *math.* unˈendliche Menge *od.* Größe, das Unˈendliche (*a. philos.*).

in·firm [ɪnˈfɜːm; *Am.* ɪnˈfɜrm] *adj* (*adv* **~ly**) **1.** *med.* schwach, gebrechlich: **to walk with ~ steps** mit unsicheren Schritten gehen. **2.** a) *med.* geistesschwach, b) chaˈrakter-, willensschwach: **~ of purpose** unentschlossen, schwankend. **3.** anfechtbar, fragwürdig: **an ~ assumption.** **inˈfir·ma·ry** [-ərɪ] *s* **1.** Krankenhaus *n.* **2.** Krankenzimmer *n*, -stube *f* (*in Internaten etc*). **3.** *mil.* (ˈKranken)Reˌvier *n*: **~ case** Revierkranke(r) *m.* **inˈfir·mi·ty** *s* **1.** *med.* a) Schwäche *f*, Gebrechlichkeit *f*, b) Gebrechen *n*: **infirmities of old age** Altersgebrechen. **2.** a) *med.* Geistesschwäche *f*, b) Chaˈrakter-, Willensschwäche *f*: **~ of purpose** Unentschlossenheit *f.* **3.** Anfechtbarkeit *f*, Fragwürdigkeit *f.* **inˈfirm·ness** → **infirmity** 1 a, 2, 3.

in·fix I *v/t* [ɪnˈfɪks] **1.** hinˈeintreiben, einrammen. **2.** **to ~ s.th. in s.o.** j-m etwas einprägen *od.* einschärfen. **3.** *ling. ein Affix* einfügen. **II** *s* [ˈɪnfɪks] **4.** *ling.* Inˈfix *n* (*Affix im Inneren e-s Stammes*).

in·flame [ɪnˈfleɪm] **I** *v/t* **1.** entzünden (*a. med.*): **to become ~d** → 3. **2.** *fig.* a) *j-s Blut* in Wallung bringen, b) *Gefühle etc* entfachen, -flammen, c) *j-n* entflammen, erregen: **~d with love** in Liebe entbrannt; **~d with rage** wutentbrannt. **II** *v/i* **3.** sich entzünden (*a. med.*), Feuer fangen. **4.** *fig.* a) entbrennen (**with** vor *dat*), b) sich erhitzen, in Wut geraten. **inˈflamed** *adj* **1.** entzündet (*etc*, → **inflame** I). **2.** *her.* a) brennend, b) mit Flämmchen verziert.

in·flam·ma·bil·i·ty [ɪnˌflæməˈbɪlətɪ] *s* **1.** Entflammbarkeit *f*, Entzündlichkeit *f*, Brennbarkeit *f.* **2.** Feuergefährlichkeit *f.* **3.** *fig.* Erregbarkeit *f.* **inˈflam·ma·ble I** *adj* (*adv* **inflammably**) **1.** entflammbar, brennbar, leichtentzündlich: **~ gas.** **2.** feuergefährlich. **3.** *fig.* reizbar, leichterregbar, hitzig, jähzornig. **II** *s* **4.** leichtentzündlicher *od.* feuergefährlicher Stoff.

in·flam·ma·tion [ˌɪnfləˈmeɪʃn] *s* **1.** *med.* Entzündung *f.* **2.** *fig.* Entflammung *f*, Erregung *f.*

in·flam·ma·to·ry [ɪnˈflæmətərɪ; *Am.* -ˌtəʊriː; -ˌtɔːriː] *adj* **1.** *med.* entzündlich, Entzündungs... **2.** *fig.* aufrührerisch, aufhetzend, Hetz...: **an ~ speech.**

in·flat·a·ble [ɪnˈfleɪtəbl] **I** *adj* aufblasbar: **~ boat** Schlauchboot *n.* **II** *s* aufblasbarer Gegenstand, *z. B.* Schlauchboot *n.*

in·flate [ɪnˈfleɪt] **I** *v/t* **1.** aufblasen, mit Luft *od.* Gas füllen, *Reifen etc* aufpumpen. **2.** *med.* aufblähen, -treiben. **3.** *econ. den Geldumlauf* ˈübermäßig steigern, *die Preise etc* in die Höhe treiben, *Geld* über die Deckung hinˈaus in ˈUmlauf setzen. **II** *v/i* **4.** aufgeblasen *od.* aufgepumpt werden, sich mit Luft *od.* Gas füllen. **inˈflat·ed** *adj* **1.** aufgeblasen (*a. fig.*): **~ with pride** stolzgeschwellt. **2.** *med.* aufgebläht, -getrieben. **3.** *fig.* schwülstig, bomˈbastisch: **~ style.** **4.** *fig.* überˈsteigert, -ˈtrieben: **to have an ~ opinion of o.s.** ein übersteigertes Selbstbewußtsein haben. **5.** *econ.* überˈhöht: **~ prices.** **inˈflat·er** *s tech.* Luftpumpe *f.*

in·fla·tion [ɪnˈfleɪʃn] *s* **1.** Aufblasen *n*, Aufpumpen *n.* **2.** *fig.* a) Aufgeblasenheit *f*, b) Schwülstigkeit *f.* **3.** *econ.* Inflatiˈon *f*: **~ rate** Inflationsrate *f*; → **creeping** 1, **galloping**, **runaway** 4. **inˈfla·tion·ar·y** [-ʃnərɪ; *Am.* -ʃəˌneriː] *adj econ.* inflaˈtorisch, inflatioˈnär, Inflations...: **~ policy**; **~ spiral** Inflationsspirale *f.* **inˈfla·tion·ism** *s econ.* Inflatioˈnismus *m* (*wirtschaftspolitische Richtung, nach der zur Erhaltung der Vollbeschäftigung e-e schleichende Inflation in Kauf genommen werden kann*). **inˈfla·tion·ist** *econ.* **I** *s* Inflatioˈnist *m.* **II** *adj* inflatioˈnistisch: a) *den Inflationismus betreffend*, b) → **inflationary.**

inˈfla·tion-proof *econ.* **I** *adj* inflatiˈonssicher, -geschützt. **II** *v/t* inflatiˈonssicher machen, vor Inflatiˈon schützen. **inˈfla·tion-racked** *adj* inflatiˈonsgeschädigt.

inˈfla·tor → **inflater.**

in·flect [ɪnˈflekt] **I** *v/t* **1.** beugen, (nach innen) biegen. **2.** *mus. rhet. den Ton etc* moduˈlieren, abwandeln. **3.** *ling.* beugen, flekˈtieren. **II** *v/i* **4.** *mus. rhet.* sich abwandeln. **5.** *ling.* beugen, flekˈtieren.

in·flec·tion, *bes. Br.* **in·flex·ion** [ɪnˈflekʃn] *s* **1.** Beugung, Biegung *f*, Krümmung *f.* **2.** *mus. rhet.* Modulatiˈon *f*, Abwandlung *f.* **3.** *ling.* a) Beugung *f*, Flexiˈon *f*, b) Flexiˈonsform *f*, -endung *f.* **4.** *math.* a) Wendung *f*, b) *a.* **~ point** Knick-, Wendepunkt *m* (*e-r Kurve*). **inˈflec·tion·al,** *bes. Br.* **inˈflex·ion·al** [-ʃənl] *adj* **1.** Beugungs... **2.** *ling.* Flexions..., flekˈtierend.

in·flec·tive [ɪnˈflektɪv] → **inflectional.**

in·flex·i·bil·i·ty [ɪnˌfleksəˈbɪlətɪ] *s* **1.** Inflexibiliˈtät *f*: a) Unbiegsamkeit *f*, b) *fig.* Unbeweglichkeit *f.* **2.** *fig.* Unlenkbar-, Unfolgsamkeit *f.* **inˈflex·i·ble** *adj* (*adv* **inflexibly**) **1.** ˈinfleˌxibel: a) unbiegsam, ˈuneˌlastisch, starr, b) *fig.* nicht anpassungsfähig, unbeweglich. **2.**

fig. unlenkbar, unlenksam, unfolgsam.

in·flex·ion, *etc bes. Br. für* **inflection,** *etc.*

in·flict [ɪnˈflɪkt] *v/t* (**on, upon**) **1.** *Leid, Schaden etc* zufügen (*dat*), *e-e Niederlage, e-e Wunde, Verluste* beibringen (*dat*), *e-n Schlag* versetzen (*dat*). **2.** *e-e Strafe* auferlegen (*dat*), verhängen (über *acc*): **to ~ punishment on s.o. 3.** aufbürden (*dat*): **to ~ o.s. upon s.o.** sich j-m aufdrängen; **to ~ s.th. upon s.o.** j-n mit etwas behelligen *od.* belästigen. **inˈflic·tion** *s* **1.** Zufügung *f.* **2.** Auferlegung *f,* Verhängung *f* (*e-r Strafe*). **3.** Plage *f,* Last *f*: **they are ~s** sie sind e-e Plage.

ˈin-flight *adj aer.* **1.** Bord...: **~ fare** Bordverpflegung *f.* **2.** während des Flugs: **~ refuel(l)ing** Auftanken *n* in der Luft.

in·flo·res·cence [ˌɪnflɔːˈresns; -fləˈr-] *s* **1.** *bot.* a) Blütenstand *m,* b) Blüten *pl.* **2.** (Auf)Blühen *n.*

in·flow [ˈɪnfləʊ] → **influx.**

in·flu·ence [ˈɪnflʊəns] **I** *s* **1.** Einfluß *m,* Einwirkung *f* (**on, upon, over** auf *acc;* **with** bei): **undue ~** *jur.* unzulässige Beeinflussung; **to be under s.o.'s ~** unter j-s Einfluß stehen; **under the ~ of drink** (*od.* **alcohol**) unter Alkoholeinfluß (stehend), in angetrunkenem Zustand; **under the ~** *colloq.* ‚blau'; **to exercise** (*od.* **exert**) **a great ~** großen Einfluß ausüben; **to have ~ with** Einfluß haben bei; **to use one's ~ to bring about** hinwirken auf (*acc*). **2.** Einfluß *m,* Macht *f*: **sphere of ~** *pol.* Interessensphäre *f,* Machtbereich *m.* **3.** einflußreiche Perˈsönlichkeit *od.* Kraft: **he is an ~ in politics; to be an ~ for good** e-n guten Einfluß ausüben. **4.** *electr.* Influˈenz *f* (*Trennung von Ladungen durch ein elektrisches Feld*). **5.** *astr.* Einfluß *m* der Gestirne. **II** *v/t* **6.** beeinflussen: **don't let him ~ your decision** lassen Sie sich nicht von ihm in Ihrer Entscheidung beeinflussen. **7.** bewegen (**to do** zu tun). **8.** e-n Schuß Alkohol geben in (*ein Getränk*). **ˈin·flu·ent I** *adj* **1.** (her)ˈeinströmend, -fließend. **II** *s* **2.** Zustrom *m.* **3.** *geogr.* Nebenfluß *m.* **4.** bestimmender Faktor (*Tier od. Pflanze, die für die Ökologie e-s Landes von Bedeutung ist*).

in·flu·en·tial [ˌɪnflʊˈenʃl] *adj* (*adv* **~ly**) **1.** einflußreich. **2.** (**on**) von (großem) Einfluß (auf *acc*), maßgeblich (bei).

in·flu·en·za [ˌɪnflʊˈenzə] *med.* **I** *s* Grippe *f.* **II** *adj* Grippe...: **~ epidemic (virus,** *etc*). **ˌin·fluˈen·zal** *adj* gripˈpös.

in·flux [ˈɪnflʌks] *s* **1.** Einströmen *n,* Zustrom *m,* Zufluß *m.* **2.** *econ.* (*Kapital-etc*)Zufluß *m,* (*Waren*)Zufuhr *f*: **~ of gold** Goldzufluß. **3.** *geogr.* (Fluß)Mündung *f.* **4.** *fig.* Zustrom *m*: **~ of visitors** Besucherstrom *m.*

in·fo [ˈɪnfəʊ] *colloq. für* **information.**

in·fold [ɪnˈfəʊld] → **enfold.**

in·form [ɪnˈfɔː(r)m] **I** *v/t* **1.** (**of, about**) benachrichtigen, verständigen, in Kenntnis setzen, unterˈrichten (von), inforˈmieren (über *acc*), *j-m* Mitteilung machen (von), *j-m* mitteilen (*acc*): **to keep s.o. ~ed** j-n auf dem laufenden halten; **to ~ o.s. of s.th.** sich über etwas informieren; **to ~ s.o. that** j-n davon in Kenntnis setzen, daß. **2.** durchˈdringen, erfüllen, beseelen (**with** mit). **3.** Gestalt geben (*dat*), formen, bilden. **II** *v/i* **4.** *jur.* Anzeige erstatten: **to ~ against** (*od.* **on**) **s.o.** a) j-n anzeigen, (Straf)Anzeige erstatten gegen j-n, b) *contp.* j-n denunzieren.

in·for·mal [ɪnˈfɔː(r)ml] *adj* (*adv* **~ly**) **1.** formlos: a) formwidrig: **~ test** *ped. psych.* ungeeichter Test, b) *jur.* formfrei: **~ contract. 2.** zwanglos, ungezwungen, nicht forˈmell *od.* förmlich. **3.** ˈinoffiziˌell: **an ~ visit. ˌin·forˈmal·i·ty** [-ˈmælətɪ] *s* **1.** Formlosigkeit *f.* **2.** *bes. jur.* Formfehler *m.* **3.** Zwanglosigkeit *f,* Ungezwungenheit *f.* **4.** ˈinoffiziˌeller Chaˈrakter.

in·form·ant [ɪnˈfɔː(r)mənt] *s* **1.** Inforˈmant *m*: a) Gewährsmann *m,* b) *ling. Muttersprachler, der entscheiden kann, ob e-e Ausdrucksweise möglich ist etc.* **2.** → **informer.**

in·for·mat·ics [ˌɪnfə(r)ˈmætɪks; ˌɪnfɔː(r)ˈmæ-] *s pl* (*als sg konstruiert*) Inforˈmatik *f* (*Wissenschaft vom Wesen u. der Funktion der Information, ihrer Verarbeitung sowie der Anwendung informationsverarbeitender Systeme*).

in·for·ma·tion [ˌɪnfə(r)ˈmeɪʃn] *s* **1.** a) Benachrichtigung *f,* Unterˈrichtung *f,* b) Nachricht *f,* Mitteilung *f,* Bescheid *m.* **2.** Auskünfte *pl,* Auskunft *f,* Informatiˈon *f* (*a. Computer*): **to give ~** Auskunft geben; **for your ~** zu Ihrer Information *od.* Kenntnisnahme. **3.** *collect.* Nachrichten *pl,* Informatiˈonen *pl* (*a. Computer*): **a bit** (*od.* **piece**) **of ~** e-e Nachricht *od.* Information; **we have no ~** wir sind nicht unterrichtet (**as to** über *acc*); **further ~** nähere Einzelheiten *pl,* Nähere *n,* Näheres. **4.** *collect.* Erkundigungen *pl*: **to gather ~** Erkundigungen einziehen, Auskünfte einholen, sich erkundigen. **5.** Wissen *n,* Kenntnisse *pl.* **6.** (wissenswerte) Tatsachen *pl*: **full of ~** inhalts-, aufschlußreich. **7.** *jur.* a) (*formelle*) Anklage, b) (Straf)Anzeige *f*: **to file** (*Am.* **lay**) **an ~ against s.o.** (Straf)Anzeige erstatten gegen j-n. **ˌin·forˈma·tion·al** [-ʃənl] *adj* informaˈtorisch, Informations..., Auskunfts...: **~ value** Informationswert *m.*

in·for·ma·tion| bul·le·tin *s* Mitteilungsblatt *n.* **~ bu·reau** *s* Auskunftsstelle *f.* **~ desk** *s* Auskunft(sschalter *m*) *f.* **~ of·fice** *s* Auskunftsstelle *f.* **~ pol·lu·tion** *s bes. contp.* Informatiˈonsschwemme *f.* **~ pro·vid·er** *s* Informatiˈonsanbieter *m.* **~ re·triev·al** *s Computer*: Informatiˈonsˌwiedergewinnung *f.* **~ sci·ence** → **informatics. ~ sci·en·tist** *s* Inforˈmatiker *m.* **~ sys·tem** *s* Informatiˈonssyˌstem *n.* **~ the·o·ry** *s* Informatiˈonstheoˌrie *f* (*mathematische Theorie, die mit Hilfe formaler Modelle u. eindeutiger Definitionen die Grundlage geschaffen hat für e-e Untersuchung der Zs.-hänge bei Übertragung, Speicherung u. Empfang von Informationen*).

in·form·a·tive [ɪnˈfɔː(r)mətɪv] *adj* (*adv* **~ly**) **1.** informaˈtiv, aufschluß-, lehrreich. **2.** mitteilsam. **3.** → **informational. inˈform·a·to·ry** [-tərɪ; *Am.* -ˌtəʊriː; -ˌtɔː-] → a) **informational,** b) **informative** 1.

in·formed [ɪnˈfɔː(r)md] *adj* **1.** unterˈrichtet, inforˈmiert: **~ quarters** unterrichtete Kreise; **to give ~ consent** *med. etc* s-e Zustimmung (zu e-r Behandlung *etc*) geben, nachdem man über die Risiken aufgeklärt worden ist. **2.** a) sachkundig, b) sachlich begründet *od.* einwandfrei: **an ~ estimate. 3.** gebildet, kultiˈviert, von hohem (geistigen) Niˈveau. **inˈform·er** *s* **1.** *contp.* Denunziˈant(in). **2.** Spitzel *m.* **3.** *jur.* Erstatter(in) e-r (Straf)Anzeige.

in·fra [ˈɪnfrə] *adv* ˈunterhalb, unten: → **vide** 2.

infra- [ɪnfrə] *Wortelement mit der Bedeutung*: a) unter(halb), b) innerhalb.

ˌin·fraˈcos·tal *adj anat.* infra-, subkoˈstal (*unterhalb e-r od. mehrerer Rippen gelegen*).

in·fract [ɪnˈfrækt] *v/t ein Gesetz etc* verletzen, verstoßen gegen. **inˈfrac·tion** *s* **1.** Verletzung *f,* Verstoß *m.* **2.** *med.* Infraktiˈon *f,* Knickbruch *m.* **inˈfrac·tor** [-tə(r)] *s* (*Gesetzes- etc*)Verletzer(in).

in·fra| dig [ˌɪnfrəˈdɪg] *adj*: **it is ~ for s.o. to do s.th.** *colloq.* es ist unter j-s Würde, etwas zu tun; **he considered it to be ~** *colloq.* er hielt es für unter s-r Würde. **ˌ~ˈhu·man** *adj* ˈuntermenschlich.

in·fran·gi·bil·i·ty [ɪnˌfrændʒɪˈbɪlətɪ] *s* **1.** Unzerbrechlichkeit *f.* **2.** *fig.* Unverletzlichkeit *f.* **inˈfran·gi·ble** *adj* (*adv* **infrangibly**) **1.** unzerbrechlich. **2.** *fig.* unverletzlich. **inˈfran·gi·ble·ness** → **infrangibility.**

ˌin·fra|ˈred *adj phys.* infrarot: **~ lamp** Infrarotlampe *f.* **ˌ~ˈre·nal** *adj anat.* infrareˈnal (*unterhalb der Nieren gelegen*). **ˌ~ˈson·ic** *phys.* **I** *adj* Infraschall... **II** *s pl* (*als sg konstruiert*) Lehre *f* vom Infraschall. **ˈ~sound** *s phys.* Infraschall *m.* **ˈ~struc·ture** *s* ˈInfrastrukˌtur *f*: a) *econ. Unterbau e-r hochentwickelten Wirtschaft* (*z. B. Verkehrsnetz, Arbeitskräfte etc*), b) miliˈtärische Anlagen *pl* (*z. B. Flugplätze, Hafen- u. Fernmeldeanlagen*).

in·fre·quence [ɪnˈfriːkwəns], **inˈfre·quen·cy** [-sɪ] *s* **1.** Seltenheit *f.* **2.** Spärlichkeit *f.* **inˈfre·quent** *adj* (*adv* **~ly**) **1.** selten. **2.** spärlich, dünngesät.

in·fringe [ɪnˈfrɪndʒ] **I** *v/t Gesetze, Verträge etc* brechen, verletzen, verstoßen gegen: **to ~ a patent** ein Patent verletzen. **II** *v/i*: **~ (up)on** → I: **to ~ upon s.o.'s rights** in j-s Rechte eingreifen. **inˈfringe·ment** *s* **1.** (*Gesetzes-, a. Patent*)Verletzung *f*: **~ of a law (patent). 2.** Verstoß *m* (**of** gegen). **3.** (**on, upon**) Eingriff *m* (in *acc*), ˈÜbergriff *m* (auf *acc*): **an ~ upon s.o.'s rights.**

in·fruc·tu·ous [ɪnˈfrʌktjʊəs; -ˈfrʊk-; *Am.* -tʃəwəs] *adj* (*adv* **~ly**) **1.** unfruchtbar. **2.** *fig.* fruchtlos, zwecklos.

in·fu·ri·ate [ɪnˈfjʊərɪeɪt] *v/t* in Wut versetzen, wütend machen. **inˈfu·ri·at·ing** *adj* (*adv* **~ly**) a) äußerst ärgerlich: **~ delays,** b) aufreizend: **his ~ indifference.**

in·fus·cate [ɪnˈfʌskeɪt] *adj zo.* braungewölkt.

in·fuse [ɪnˈfjuːz] **I** *v/t* **1.** *med. e-e Flüssigkeit* infunˈdieren (**into** *dat*). **2.** *Mut etc* einflößen (**into** *dat*). **3.** *fig.* erfüllen (**with** mit): **his speech ~d all listeners with enthusiasm. 4.** *Tee etc* a) aufgießen, b) ziehen lassen. **II** *v/i* **5.** ziehen (*Tee etc*). **inˈfus·er** *s bes. Br.* Tee-Ei *n.*

in·fu·si·ble [ɪnˈfjuːzəbl] *adj phys. tech.* unschmelzbar.

in·fu·sion [ɪnˈfjuːʒn] *s* **1.** *med.* Infusiˈon *f.* **2.** *fig.* Einflößung *f.* **3.** *fig.* Erfüllung *f.* **4.** a) Aufgießen *n,* b) Ziehenlassen *n.* **5.** a) Aufguß *m,* b) Tee *m.* **inˈfu·sion·ism** *s relig. Lehre, daß die Seele schon vor dem Körper existiert u. diesem bei der Empfängnis oder Geburt eingegeben wird.*

in·fu·so·ri·al [ˌɪnfjuːˈzɔːrɪəl; -ˈsɔː-] *adj zo.* infuˈsorienartig, Infusorien...: **~ earth** *geol.* Infusorienerde *f,* Kieselgur *f.* **ˌin·fuˈso·ri·an I** *s* → **infusorium. II** *adj* → **infusorial. ˌin·fuˈso·ri·um** [-əm] *pl* **-ri·a** [-rɪə] *s* Infuˈsorium *n,* Aufguß-, Wimpertierchen *n.*

in·gath·er [ˈɪnˌgæðə(r)] *v/t u. v/i* einsammeln, *bes.* ernten: **feast of ~ing** *Bibl.* Fest *n* der Einsammlung.

in·gen·er·ate [ɪnˈdʒenərət] *adj bes. relig.* nicht erschaffen, durch sich selbst exiˈstierend: **God is ~** Gott existiert durch sich selbst.

in·gen·ious [ɪnˈdʒiːnjəs] *adj* (*adv* **~ly**) geniˈal: a) erfinderisch, findig, b) sinnreich, raffiˈniert: **~ design. inˈgen·ious·ness** → **ingenuity** 1.

in·gé·nue [ˈænʒeɪnjuː; *Am.* ˈændʒəˌnuː] *s* **1.** naˈives Mädchen. **2.** *thea.* Naˈive *f.*

in·ge·nu·i·ty [ˌɪndʒɪˈnjuːətɪ; *Am. bes.* -ˈnuː-] *s* **1.** Genialiˈtät *f*: a) Erfindungsgabe *f,* Findigkeit *f,* b) (*das*) Sinnreiche *od.* Geniˈale. **2.** sinnreiche Konstruktiˈon *od.* Ausführung *od.* Erfindung.

in·gen·u·ous [ɪnˈdʒenjʊəs; *Am.* -jəwəs] *adj* (*adv* **~ly**) **1.** offen(herzig), aufrichtig. **2.** naˈiv, kindlich-unbefangen. **3.** *hist.* freigeboren. **inˈgen·u·ous·ness** *s* **1.** Offenheit *f*, Aufrichtigkeit *f*. **2.** Naiviˈtät *f*, kindliche Unbefangenheit.

in·gest [ɪnˈdʒest] *v/t biol. Nahrung* aufnehmen (*a. fig.*), zu sich nehmen: **to ~ an idea**. **inˈges·ta** [-tə] *s pl* Inˈgesta *pl*, aufgenommene Nahrung. **inˈges·tion** [-tʃn] *s* Nahrungsaufnahme *f*. **inˈges·tive** *adj* die Nahrungsaufnahme betreffend, zur Nahrungsaufnahme dienend.

in·gle [ˈɪŋgl] *s obs. od. dial.* **1.** Herd-, Kaˈminfeuer *n*. **2.** Kaˈmin *m*, Herd *m*. **ˈ~·nook** [-nʊk] *s Br.* Kaˈminecke *f*.

in·glo·ri·ous [ɪnˈglɔːrɪəs; *Am. a.* ɪn-ˈgləʊ-] *adj* (*adv* **~ly**) **1.** unrühmlich, schimpflich, schmählich: **an ~ defeat**. **2.** *obs.* unbekannt.

in·glu·vi·es [ɪnˈgluːviːz] *pl* **-vi·es** *s orn.* Kropf *m*.

ˈin-goal *s Rugby*: Malfeld *n*.

in·go·ing [ˈɪnˌgəʊɪŋ] **I** *adj* **1.** eintretend: **~ mail** Posteingang *m*. **2.** nachfolgend, neu: **~ tenant** a) neuer Mieter *od.* Pächter, b) Nachmieter *m*. **3.** *fig.* scharfsinnig. **II** *s* **4.** Eintreten *n*. **5.** *oft pl Br.* Ablöse *f*, Abstandssumme *f*, ‚Abstand' *m* (*für übernommene Möbel etc*).

in·got [ˈɪŋgət] *metall.* **I** *s* Barren *m*, (Roh-)Block *m*, Massel *f*: **~ of gold** Goldbarren; **~ of steel** Stahlblock. **II** *v/t* in Barren gießen, zu Barren *od.* Blöcken verarbeiten. **~ i·ron** *s* Flußeisen *n*. **~ mill** *s* Blockwalzwerk *n*. **~ mo(u)ld** *s* Blockform *f*, Koˈkille(ngußform) *f*. **~ slab** *s* Rohbramme *f*. **~ steel** *s* (härtbarer) Flußstahl.

in·graft [ɪnˈgrɑːft; *Am.* ɪnˈgræft] → **engraft**.

in·grain I *v/t* [ˌɪnˈgreɪn] → **engrain**. **II** *adj* [ˈɪngreɪn] **1.** im Garn *od.* in der Faser gefärbt. **2.** → **engrained**. **III** *s* [ˈɪngreɪn] **3.** a) vor dem Weben gefärbtes Materiˈal, b) *a.* **~ carpet** Teppich *m* aus a. **in·grained** [ˌɪnˈgreɪnd; ˈɪngreɪnd] → **engrained**.

in·grate [ɪnˈgreɪt; ˈɪngreɪt] *obs.* **I** *adj* undankbar. **II** *s* Undankbare(r *m*) *f*.

in·gra·ti·ate [ɪnˈgreɪʃɪeɪt] *v/t*: **to ~ o.s. (with s.o.)** sich (bei j-m) lieb Kind machen *od.* einschmeicheln. **inˈgra·ti·at·ing** *adj* (*adv* **~ly**) **1.** einnehmend, gewinnend. **2.** schmeichlerisch, einschmeichelnd.

in·grat·i·tude [ɪnˈgrætɪtjuːd; *Am. bes.* -ˌtuːd] *s* Undank(barkeit *f*) *m*.

in·gra·ves·cence [ˌɪngrəˈvesns] *s med.* Verschlimmerung *f*. **ˌin·graˈves·cent** *adj* sich verschlimmernd.

in·gre·di·ent [ɪnˈgriːdjənt; -dɪənt] *s* **1.** Bestandteil *m* (*a. fig.*): **primary ~** Grundbestandteil; **imagination is an ~ of success** zum Erfolg gehört Phantasie; **the ~s of a man's character** das, was den Charakter e-s Menschen ausmacht. **2.** *gastr.* Zutat *f*.

in·gress [ˈɪngres] *s* **1.** Eintritt *m* (*a. astr.*), Eintreten *n* (**into** *in acc*). **2.** *fig.* Zutritt *m*, Zugang *m*, Eintrittsrecht *n* (**into** zu). **3.** *fig.* Zustrom *m*: **~ of visitors** Besucherstrom *m*. **4.** Eingang(stür *f*) *m*.

ˈin-group *s sociol.* Ingroup *f* (*Gruppe, zu der man gehört u. der man sich innerlich stark verbunden fühlt*).

in·grow·ing [ˈɪnˌgrəʊɪŋ] *adj* **1.** einwärts wachsend, *bes. med.* einwachsend, eingewachsen: **an ~ nail**. **2.** *fig.* nach innen gewandt, sich abschließend. **ˈin·grown** *adj* **1.** *bes. med.* eingewachsen. **2.** *fig.* (in sich selbst) zuˈrückgezogen. **ˈin·growth** *s* **1.** Einwachsen *n*. **2.** Einwuchs *m*.

in·gui·nal [ˈɪŋgwɪnl] *adj anat.* inguiˈnal, Leisten...: **~ gland**; **~ hernia** *med.* Leistenbruch *m*.

in·gur·gi·tate [ɪnˈgɜːdʒɪteɪt; *Am.* -ˈgɜr-] *v/t* **1.** (gierig) hinˈunterschlingen, verschlingen (*a. fig.*): **the flood ~d trees and houses**. **2.** *Getränke* hinˈunterstürzen.

in·hab·it [ɪnˈhæbɪt] *v/t* **1.** bewohnen, wohnen *od.* leben in (*dat*). **inˌhab·it·aˈbil·i·ty** *s* Bewohnbarkeit *f*. **inˈhab·it·a·ble** *adj* bewohnbar.

in·hab·it·ance [ɪnˈhæbɪtəns], **inˈhab·it·an·cy** [-sɪ] *s* **1.** Wohnen *n*, ständiger Aufenthalt. **2.** Bewohnen *n*. **3.** Bewohntsein *n*. **4.** Wohnrecht *n*. **5.** (*bes.* Gesellschafts)Sitz *m*, Wohnort *m*. **inˈhab·it·ant** *s* **1.** Einwohner(in) (*e-s Ortes od. Landes*), Bewohner(in) (*bes. e-s Hauses*). **2.** *jur.* Ansässige(r *m*) *f*. **inˈhab·i·tive·ness** *s* Seßhaftigkeit *f*.

in·hal·ant [ɪnˈheɪlənt] **I** *adj* **1.** einatmend. **2.** *med.* Inhalations... **II** *s* **3.** *med.* a) → **inhaler** 1, b) Inhalatiˈonsmittel *n*, -präpaˌrat *n*.

in·ha·la·tion [ˌɪnhəˈleɪʃn; ˌɪnəˈl-] *s* **1.** Einatmung *f*. **2.** *med.* a) Inhalatiˈon *f*, b) → **inhalant** 3b. **ˌin·haˈla·tion·al** [-ʃənl] *adj med.* Inhalations...: **~ an(a)esthetic** Inhalationsnarkotikum *n*. **ˈin·ha·la·tor** [-tə(r)] → **inhaler** 1.

in·hale [ɪnˈheɪl] **I** *v/t* **1.** einatmen, *med. a.* inhaˈlieren. **2.** *Am. colloq. Essen* ‚verdrücken', ‚sich zu Gemüte führen'. **II** *v/i* **3.** einatmen. **4.** inhaˈlieren (*bes. beim Rauchen*), Lungenzüge machen. **inˈhal·er** *s* **1.** *med.* Inhalatiˈonsappaˌrat *m*, Inhaˈlator *m*. **2.** *Am.* Kognakschwenker *m*.

in·har·mon·ic [ˌɪnhɑː(r)ˈmɒnɪk; *Am.* -ˈmɑ-] *adj* (*adv* **~ally**) → **inharmonious**.

in·har·mo·ni·ous [ˌɪnhɑː(r)ˈməʊnjəs; -nɪəs] *adj* (*adv* **~ly**) ˈunharˌmonisch: a) ˈmißtönend, b) *fig.* uneinig.

in·haust [ɪnˈhɔːst] *v/t humor.* → **inhale** 2.

in·here [ɪnˈhɪə(r)] *v/i* **1.** innewohnen, eigen sein (**in** *dat*). **2.** enthalten sein, stecken (**in** in *dat*).

in·her·ence [ɪnˈhɪərəns; -ˈher-] *s* **1.** Innewohnen *n*. **2.** *philos.* Inhäˈrenz *f* (*das Verbundensein der Eigenschaften mit ihrem Träger, ohne den sie nicht existent sind*). **inˈher·en·cy** [-sɪ] *s* **1.** → **inherence**. **2.** innewohnende Eigenschaft.

in·her·ent [ɪnˈhɪərənt; -ˈher-] *adj* **1.** innewohnend, eigen (**in** *dat*): **~ defect** (*od.* **vice**) *econ. jur.* innerer Fehler; **~ right** angeborenes *od.* natürliches Recht. **2.** eigen, rechtmäßig gehörend (**in** *dat*). **3.** eingewurzelt. **4.** *philos.* inhäˈrent. **inˈher·ent·ly** *adv* von Naˈtur aus, dem Wesen (der Sache) nach, schon an sich.

in·her·it [ɪnˈherɪt] **I** *v/t* **1.** *jur., a. biol. u. fig.* erben (**from** von). **2.** *biol. u. fig.* ererben. **3.** *jur.* beerben. **II** *v/i* **4.** *jur.* a) erben: **to ~ from s.o.** j-n beerben, b) erbberechtigt *od.* -fähig sein. **inˈher·it·a·ble** *adj* **1.** *jur., a. biol. u. fig.* vererbbar, erblich, Erb... **2.** *jur.* erbfähig, -berechtigt (*Person*).

in·her·it·ance [ɪnˈherɪtəns] *s* **1.** *jur.* a) Erbe *n*, Erbschaft *f* (*beide a. fig.*), Nachlaß *m*: **~ tax** *Am.* Erbschaftssteuer *f*; → **accrual**, b) Vererbung *f* (*a. biol.*): **by ~** erblich, durch Vererbung (*beide a. biol.*), im Erbgang; **law of ~** (*objektives*) Erbrecht; → **right** 12, c) (gesetzliche) Erbfolge. **2.** *biol.* Erbgut *n*. **inˈher·it·ed** *adj* ererbt, Erb... **inˈher·i·tor** [-tə(r)] *s* Erbe *m*. **inˈher·i·tress** [-trɪs], **inˈher·i·trix** [-trɪks] *s* Erbin *f*.

in·he·sion [ɪnˈhiːʒn] → **inherence** 1.

in·hib·it [ɪnˈhɪbɪt] *v/t* **1.** hemmen (*a. med. psych.*), (ver)hindern. **2.** (**from**) *j-n* zuˈrückhalten (von), hindern (an *dat*): **to ~ s.o. from doing s.th.** j-n daran hindern, etwas zu tun.

in·hi·bi·tion [ˌɪnhɪˈbɪʃn; ˌɪnɪˈb-] *s* **1.** Hemmung *f*, (Ver)Hinderung *f*. **2.** a) *a. jur.* Unterˈsagung *f*, Verbot *n*, b) *jur.* Unterˈsagungsbefehl *m* (*Befehl an e-n Richter, e-e Sache nicht weiter zu verfolgen*). **3.** *psych.* Hemmung *f*.

in·hib·i·tive [ɪnˈhɪbɪtɪv] → **inhibitory**. **inˈhib·i·tor** [-tə(r)] *s* **1.** *chem.* Inˈhibitor *m*, Hemmstoff *m*. **2.** *metall.* a) (Oxydatiˈons)Katalyˌsator *m*, b) Sparbeize *f*. **inˈhib·i·to·ry** [-tərɪ; *Am.* -ˌtəʊriː; -ˌtɔː-] *adj* **1.** *a. med. psych.* hemmend, Hemmungs... **2.** verbietend, unterˈsagend.

in·hos·pi·ta·ble [ɪnˈhɒspɪtəbl; *Am.* ɪnˈhɑ-] *adj* (*adv* **inhospitably**) **1.** a) wenig gastfreundlich: **an ~ man**, b) ungastlich: **an ~ house**. **2.** *fig.* unfreundlich: **~ climate**. **3.** *fig.* (**to**) unempfänglich (für), nicht aufgeschlossen (*dat*): **~ to new ideas**. **inˈhos·pi·ta·ble·ness**, **ˈin·ˌhos·piˈtal·i·ty** [-ˈtælətɪ] *s* **1.** Ungastlichkeit *f*, Mangel *m* an Gastfreundschaft. **2.** *fig.* Unempfänglichkeit *f*.

ˈin-house *adj* **1.** ˈfirmeninˌtern: **~ training program(me)**. **2.** firmeneigen: **~ computer**.

in·hu·man [ɪnˈhjuːmən] *adj* (*adv* **~ly**) **1.** → **inhumane**. **2.** menschenˈunähnlich. **3.** ˈübermenschlich. **ˌin·huˈmane** [-ˈmeɪn] *adj* ˈinhuˌman, unmenschlich. **ˌin·huˈman·i·ty** [-ˈmænətɪ] *s* ˈInhumaniˌtät *f*, Unmenschlichkeit *f*.

in·hu·ma·tion [ˌɪnhjuːˈmeɪʃn] *s* Beisetzung *f*, Bestattung *f*. **in·hume** [ɪnˈhjuːm] *v/t* beisetzen, bestatten.

in·im·i·cal [ɪˈnɪmɪkl] *adj* (*adv* **~ly**) **1.** (**to**) feindselig (gegen), feindlich gesinnt (*dat*). **2.** (**to**) nachteilig (für), schädlich (*dat od.* für), abträglich (*dat*).

in·im·i·ta·bil·i·ty [ɪˌnɪmɪtəˈbɪlətɪ] *s* Unnachahmlichkeit *f*. **inˈim·i·ta·ble** *adj* (*adv* **inimitably**) unnachahmlich, einzigartig. **inˈim·i·ta·ble·ness** *s* Unnachahmlichkeit *f*.

in·iq·ui·tous [ɪˈnɪkwɪtəs] *adj* (*adv* **~ly**) **1.** ungerecht. **2.** frevelhaft. **3.** schändlich, ungeheuerlich. **4.** niederträchtig, gemein. **5.** lasterhaft, sündig. **inˈiq·ui·tous·ness** → **iniquity** 1–5.

in·iq·ui·ty [ɪˈnɪkwətɪ] *s* **1.** (schreiende) Ungerechtigkeit. **2.** Frevelhaftigkeit *f*. **3.** Schändlichkeit *f*, Ungeheuerlichkeit *f*. **4.** Niederträchtigkeit *f*, Gemeinheit *f*. **5.** Lasterhaftigkeit *f*, Sündigkeit *f*. **6.** Schandtat *f*. **7.** Sünde *f*, Laster *n*: → **den** 2.

in·i·tial [ɪˈnɪʃl] **I** *adj* (*adv* → **initially**) **1.** anfänglich, Anfangs..., Ausgangs..., erst(er, e, es): **~ advertising** *econ.* Einführungswerbung *f*; **~ capital expenditure** *econ.* a) Einrichtungskosten *pl*, b) Anlagekosten *pl*; **~ dividend** *econ.* Abschlagsdividende *f*; **~ position** *mil. tech. etc* Ausgangsstellung *f*; **~ material** *econ.* Ausgangsmaterial *n*; **~ payment** Anzahlung *f*; **~ salary** Anfangsgehalt *n*; **~ stage(s)** Anfangsstadium *n*; **~ subscription** *econ.* Erstzeichnung *f*; **~ symptoms** erste Symptome, Anfangssymptome; **~ teaching alphabet** Lautschrift *f* für den Anfangsunterricht im Lesen. **2.** *tech.* Anfangs..., Vor...: **~ tension** Vorspannung *f*. **3.** *ling.* anlautend: **~ word** → **initialism**. **II** *s* **4.** Initiˈale *f*, (großer) Anfangsbuchstabe. **5.** *pl* Monoˈgramm *n*. **6.** *bot.* Meriˈstemzelle *f*. **III** *v/t pret u. pp* **-tialed,** *bes. Br.* **-tialled** **7.** mit s-n Initiˈalen versehen *od.* unterˈzeichnen, *pol.* paraˈphieren. **8.** mit e-m Monoˈgramm versehen: **~(l)ed paper** Monogrammpapier *n*. **inˈi·tial·ism** *s* Initiˈalwort *n*, Akroˈnym *n*. **inˈi·tial·ize** *v/t Computer*: initialiˈsieren. **inˈi·tial·ly**

[-ʃəlɪ] *adv* am *od.* zu Anfang, zuˈerst, anfänglich, ursprünglich.

in·i·ti·ate I *v/t* [ɪˈnɪʃɪeɪt] **1.** *etwas* beginnen, anfangen, einleiten, in die Wege leiten, in Gang setzen, ins Leben rufen, initiˈieren. **2.** (**against**) *jur. e-n Prozeß* einleiten, anstrengen (gegen), anhängig machen (*dat*): **to ~ legal proceedings.** **3.** (**into, in**) *j-n* einführen (in *acc*): a) einweihen (in *acc*), b) aufnehmen (in *e-e exklusive Gesellschaft etc*), (*sociol.*, *Völkerkunde a.*) initiˈieren, c) einarbeiten (in *acc*). **4.** *parl.* als erster beantragen, *ein Gesetz* einbringen. **5.** *chem. e-e Reaktion etc* initiˈieren, auslösen. **II** *adj* [-ʃɪət; *Am. a.* -ʃət] **6.** → **initiated. III** *s* [-ʃɪət; *Am. a.* -ʃət] **7.** a) Eingeweihte(r *m*) *f*, b) Neuaufgenommene(r *m*) *f*, (*sociol.*, *Völkerkunde a.*) Initiˈierte(r *m*) *f*. **8.** Neuling *m*, Anfänger(in). **inˈi·ti·at·ed** [-ʃɪeɪtɪd] *adj* eingeweiht (*etc*; → **initiate** I): **the ~** die Eingeweihten.

in·i·ti·a·tion [ɪˌnɪʃɪˈeɪʃn] *s* **1.** Einleitung *f*, Inˈgangsetzung *f*, Initiˈierung *f*. **2.** *jur.* Anstrengung *f*. **3.** Einführung *f*: a) Einweihung *f*, b) Aufnahme *f*, (*sociol.*, *Völkerkunde a.*) Initiatiˈon *f*: **~ rite** Initiationsritus *m*, c) Einarbeitung *f*. **4.** *parl.* Einbringung *f*.

in·i·ti·a·tive [ɪˈnɪʃɪətɪv; *bes. Am.* ɪˈnɪʃətɪv] **I** *s* **1.** Initiaˈtive *f*: a) erster Schritt: **to take the ~** die Initiative ergreifen, den ersten Schritt tun, b) Anstoß *m*, Anregung *f*: **on s.o.'s ~** auf j-s Initiative hin; **on one's own ~** aus eigener Initiative, aus eigenem Antrieb, c) Unterˈnehmungsgeist *m*, Entschlußkraft *f*. **2.** *pol.* (Geˈsetzes)Initiaˌtive *f*, Initiaˈtivrecht *n* des Volkes. **II** *adj* (*adv* **~ly**) **3.** einführend, Einführungs... **4.** beginnend, anfänglich. **5.** einleitend.

in·i·ti·a·tor [ɪˈnɪʃɪeɪtə(r)] *s* **1.** Initiˈator *m*, Urheber *m*. **2.** *mil.* (Initiˈal)Zündladung *f*. **3.** *chem.* reaktiˈonsauslösende Subˈstanz. **inˈi·ti·a·to·ry** [-ʃɪətərɪ; *Am.* -ʃɪəˌtəʊriː; -ˌtɔː-] *adj* **1.** einleitend: **~ steps. 2.** einführend, einweihend: **~ ceremonies** Einweihungszeremonien.

in·ject [ɪnˈdʒekt] *v/t* **1.** *med.* a) injiˈzieren, einspritzen: **to ~ s.th. into s.o., to ~ s.o. with s.th.** j-m etwas spritzen; → **blood** 1, b) *Gefäße, Wunden etc* ausspritzen (**with** mit), c) e-e Einspritzung machen *od.* spritzen in (*acc*): **to ~ the thigh. 2.** *tech.* einspritzen. **3.** *fig.* einflößen: **to ~ fear into s.o., to ~ s.o. with fear** j-m Furcht einflößen. **4.** *fig. etwas* (hinˈein)bringen (**into** in *acc*): **to ~ humo(u)r into the subject; to ~ new life into** neuen Schwung bringen in (*acc*), mit neuem Leben erfüllen (*acc*). **5.** *e-e Bemerkung* einwerfen. **inˈject·a·ble** *med.* **I** *adj* injiˈzierbar. **II** *s* Injektiˈonsmittel *n*.

in·jec·tion [ɪnˈdʒekʃn] *s* **1.** *med.* Injektiˈon *f*: a) Einspritzung *f*, Spritze *f*: **to give s.o. an ~** j-m e-e Spritze *od.* e-e Injektion geben; **~ of money** *fig.* ‚Geld-, Finanzspritze', b) eingespritztes Medikaˈment, c) Ausspritzung *f* (*von Wunden etc*). **2.** *tech.* Einspritzung *f*: → **fuel** 4. **3.** *geol.* Injektiˈon *f* (*das Eindringen von geschmolzenem Magma in Fugen u. Spalten e-s Gesteins*). **4.** *Raumfahrt*: Einschießen *n* (*e-s Flugkörpers*) in e-e ˈUmlauf- *od.* Flugbahn. **5. our club needs an ~ of new life** unser Verein braucht neuen Schwung. **~ die** *s tech.* Spritzform *f*. **~ mo(u)ld·ing** *s tech.* Spritzguß(verfahren *n*) *m*. **~ noz·zle** *s tech.* Einspritzdüse *f*. **~ pres·sure** *s tech.* (Ein)Spritzdruck *m*. **~ pump** *s tech.* Einspritzpumpe *f*. **~ syr·inge** *s med.* Injektiˈonsspritze *f*.

in·jec·tor [ɪnˈdʒektə(r)] *s tech.* **1.** Inˈjektor *m* (*Dampfstrahlpumpe zur Speisung von Dampfkesseln*). **2.** → **injection nozzle.**

in·ju·di·cious [ˌɪndʒuːˈdɪʃəs] *adj* (*adv* **~ly**) **1.** unklug, unvernünftig. **2.** ˈunüberˌlegt. **ˌin·juˈdi·cious·ness** *s* **1.** Unklugheit *f*, Unvernünftigkeit *f*. **2.** ˈUnüberˌlegtheit *f*.

In·jun [ˈɪndʒən] *s bes. Am. colloq.* Indiˈaner *m*: **honest ~!** (mein) Ehrenwort!, ehrlich!

in·junct [ɪnˈdʒʌŋkt] *v/t jur.* durch e-e einstweilige Verfügung unterˈsagen.

in·junc·tion [ɪnˈdʒʌŋkʃn] *s* **1.** *jur.* gerichtliches Verbot: (**interim** *od.* **interlocutory**) **~** einstweilige Verfügung. **2.** ausdrücklicher Befehl: **to lay an ~ of secrecy on s.o.** j-m ausdrücklich befehlen, Stillschweigen zu bewahren.

in·jur·ant [ˈɪndʒʊrənt; *bes. Am.* -dʒər-] *s* (gesundheits)schädliche Subˈstanz, Schadstoff *m*.

in·jure [ˈɪndʒə(r)] *v/t* **1.** verletzen: **to ~ one's leg** sich am Bein verletzen; **to be ~d** sich verletzen. **2.** *fig.* a) *Gefühle, a. j-n* kränken, verletzen, *j-m* weh tun, b) *j-m* unrecht tun. **3.** *etwas* beschädigen, verletzen. **4.** *fig.* schaden (*dat*), schädigen, beeinträchtigen: **to ~ one's health** s-r Gesundheit schaden; **to ~ s.o.'s interests** j-s Interessen schädigen. **ˈin·jured** *adj* **1.** verletzt. **2.** schadhaft, beschädigt. **3.** *fig.* geschädigt: **~ party** *jur.* Geschädigte(r *m*) *f*. **4.** gekränkt, verletzt: **~ innocence** gekränkte Unschuld.

in·ju·ri·ous [ɪnˈdʒʊərɪəs] *adj* (*adv* **~ly**) **1.** (**to**) schädlich (für), abträglich (*dat*): **~ to health** gesundheitsschädlich; **to be ~** (**to**) schaden (*dat*). **2.** kränkend, verletzend: **~ falsehood** *jur. Br.* Anschwärzung *f*.

in·ju·ry [ˈɪndʒərɪ] *s* **1.** *med.* Verletzung *f* (**to** an *dat*): **~ to the head** Kopfverletzung, -wunde *f*; **to do s.o.** (**o.s.**) **an ~** j-n (sich) verletzen. **2.** (**to**) (Be)Schädigung *f* (*gen*), *a. jur.* Schaden *m* (an *dat*): **~ to person** (**property**) Personen-(Sach)-schaden; → **personal** 1. **3.** *fig.* Kränkung *f*, Verletzung *f* (**to** *gen*). **~ ben·e·fit** *s Br.* Unfall-, Krankengeld *n*. **~ time** *s Fußball*: verletzungsbedingte Nachspielzeit: **the referee allowed five minutes' ~** der Schiedsrichter ließ wegen einiger Verletzungen fünf Minuten nachspielen.

in·jus·tice [ɪnˈdʒʌstɪs] *s* Unrecht *n*, Ungerechtigkeit *f*: **to do s.o. an ~** j-m ein Unrecht zufügen, j-m unrecht tun.

ink [ɪŋk] **I** *s* **1.** Tinte *f*. **2.** Tusche *f*. **3.** *print.* Druckfarbe *f*: (**printer's**) **~** Druckerschwärze *f*. **4.** *zo.* Tinte *f*, Sepia *f*. **II** *v/t* **5.** mit Tinte schwärzen *od.* beschmieren. **6.** *a.* **~ up** *print. Druckwalzen etc* einfärben. **7. ~ in, ~ over** tuˈschieren, mit Tusche ausziehen. **8.** mit Tinte schreiben. **9.** *Am. colloq.* a) unterˈschreiben: **to ~ a contract,** b) *j-n* unter Vertrag nehmen, verpflichten: **to ~ two new players. ~ bag** → **ink sac. ~ ball** *s print. hist.* Anschwärzballen *m*. **ˈ~blot** *s psych.* Klecksbild *n* (*im Formdeutetest*). **ˈ~ˌbot·tle** *s* Tintenfaß *n*. **~ e·ras·er** *s* ˈTintenraˌdiergummi *m*. **~ foun·tain** → **fount**[2] 1 b. **ˈ~horn I** *s hist.* tragbares Tintenfaß. **II** *adj* affekˈtiert gelehrt *od.* peˈdantisch.

ink·ling [ˈɪŋklɪŋ] *s* **1.** Andeutung *f*, Wink *m*. **2.** dunkle Ahnung: **to give s.o. an ~ of** (*od.* **as to**) **s.th.** j-m e-e ungefähre Vorstellung von etwas geben; **to have an ~ of s.th.** etwas dunkel ahnen; **not the least ~** keine blasse Ahnung, nicht die leiseste Idee.

ink| **nut** *s bot.* Tintennuß *f*. **ˈ~pad** *s* Stempelkissen *n*. **~ pen·cil** *s* Tinten-, Koˈpierstift *m*. **ˈ~pot** *s* Tintenfaß *n*. **~ sac** *s zo.* Tintenbeutel *m* (*der Tintenfische*). **ˈ~ˌsling·er** *s colloq.* Tintenkleckser *m*, Schreiberling *m*. **~ stain** *s* Tintenklecks *m*, -fleck *m*. **ˈ~stand** *s* Tintenfaß *n*. **ˈ~well** *s* (eingelassenes) Tintenfaß.

ink·y [ˈɪŋkɪ] *adj* **1.** tinten-, pechschwarz: **~ darkness. 2.** tintenartig. **3.** mit Tinte beschmiert, voll Tinte, tintig, Tinten...: **~ fingers. ~ cap** *s bot.* Tintling *m*, Tintenpilz *m*.

in·lace [ɪnˈleɪs] → **enlace.**

in·laid [ˌɪnˈleɪd; ˈɪnleɪd] **I** *pp von* **inlay. II** *adj* **1.** eingelegt, Einlege...: **~ table** Tisch *m* mit Einlegearbeit; **~ work** Einlegearbeit *f*. **2.** parketˈtiert, Parkett...: **~ floor** Parkett(fußboden *m*) *n*.

in·land I *s* [ˈɪnlənd; ˈɪnlænd] **1.** In-, Binnenland *n*. **2.** (*das*) Landesinnere. **II** *adj* [ˈɪnlənd; -lænd] **3.** binnenländisch, Binnen...: **~ duty** (**market, navigation, town, trade, waters**) Binnenzoll *m* (-markt *m*, -schiffahrt *f*, -stadt *f*, -handel *m*, -gewässer); **~ marine insurance** Binnentransportversicherung *f*. **4.** inländisch, einheimisch, Inland..., Landes...: **~ commodities** einheimische Waren; **~ produce** Landeserzeugnisse *pl*. **5.** nur für das Inland bestimmt, Inlands...: **~ air traffic** Inlandsluftverkehr *m*; **~ bill** (**of exchange**) *econ.* Inlandswechsel *m*; **~ mail** Inlandspost *f*; **~ payments** *econ.* Inlandszahlungen; **~ revenue** *econ. Br.* a) Staatseinkünfte *pl* (*aus inländischen Steuern u. Abgaben*), b) **I~ R~** Finanzverwaltung *f*, *colloq.* Finanzamt *n*; → **board**[1] 5. **III** *adv* [ɪnˈlænd; *Am.* ˈɪnˌlænd; ˈɪnlənd] **6.** landˈeinwärts: a) im Landesinneren, b) ins Landesinnere.

in·land·er [ˈɪnləndə(r)] *s* Binnenländer (-in), im Landesinneren Lebende(r *m*) *f*.

in-law [ˈɪnlɔː] *s* angeheiratete(r) Verwandte(r), *pl a.* Schwiegereltern *pl*.

in·lay I *v/t irr* [ˌɪnˈleɪ] **1.** einlegen: **to ~ wood with ivory. 2.** furˈnieren. **3.** täfeln, auslegen, parketˈtieren: **to ~ a floor. 4.** einbetten (**in** in *acc*). **5.** *Buchdeckel etc* mit eingelegten Illustratiˈonen versehen. **II** *s* [ˈɪnleɪ] **6.** Einlegearbeit *f*, Inˈtarsia *f*. **7.** Einlegestück *n*. **8.** Einsatz(stück *n*) *m* (*am Kleid*). **9.** *med.* Inlay *n*: a) (gegossene) (Zahn)Füllung, b) Knochenspan *m*, Implanˈtat *n*. **10.** *a.* **~ graft** *bot.* (In)Okulatiˈon *f*. **ˈinˌlay·er** *s* innere Schicht. **in·lay·ing** [ˌɪnˈleɪɪŋ; ˈɪnˌl-] *s* **1.** Einlegen *n*. **2.** Furˈnieren *n*. **3.** Auslegen *n*, Täfelung *f*: **~ of floors** Parkettierung *f*; **~ saw** Laub-, Schweifsäge *f*. **4.** → **inlay** 6 *u.* 7.

in·let [ˈɪnlet] *s* **1.** Eingang *m* (*a. anat.*): **pelvic ~** Beckeneingang. **2.** Einlaß *m* (*a. tech.*): **~ valve** Einlaßventil *n*. **3.** a) schmale Bucht, b) schmaler Wasserlauf, c) Meeresarm *m*, d) *mar.* (*Hafen*)Einfahrt *f*. **4.** eingelegtes Stück, Einsatz *m*.

in·li·er [ˈɪnˌlaɪə(r)] *s geol.* Einschluß *m*.

ˈin-line en·gine *s tech.* Reihenmotor *m*.

in lo·co pa·ren·tis [ɪnˌləʊkəʊpəˈrentɪs] (*Lat.*) *adv bes. jur.* in loco paˈrentis, an Eltern Statt.

in·ly [ˈɪnlɪ] *adv poet.* **1.** innerlich. **2.** tief, [innig(lich).]

in·ly·ing [ˈɪnˌlaɪɪŋ] *adj* innen (*od.* im Innern) liegend, Innen..., inner(er, e, es).

ˈinˌmar·riage → **endogamy.**

in·mate [ˈɪnmeɪt] *s* **1.** Insasse *m*, Insassin *f* (*bes. e-r Anstalt, e-s Gefängnisses etc*). **2.** *obs.* Bewohner(in). **3.** *obs.* Hausgenosse *m*, -genossin *f*, Mitbewohner(in).

in me·di·as res [ɪnˌmiːdɪæsˈreɪz; -ˈreɪs; ɪnˌmedɪəs-] (*Lat.*) *adv*: **to plunge ~** in medias res gehen *od.* kommen, ohne Umschweife zur Sache kommen.

in me·mo·ri·am [ˌɪnmɪˈmɔːrɪəm; *Am. a.* -ˈməʊ-] (*Lat.*) *adv* in meˈmoriam, zum Andenken *od.* zur Erinnerung (an *acc*).

ˈin-ˌmi·grant *s* Zugewanderte(r *m*) *f*.

ˈin-ˌmi·grate *v/i* zuwandern.

in·most [ˈɪnməʊst] *adj* **1.** innerst(er, e, es)

(*a. fig.*). **2.** *fig.* tiefst(er, e, es), geheimst(er, e, es): **his ~ desires.**

inn [ɪn] *s* **1.** Gasthaus *n*, -hof *m*. **2.** Wirtshaus *n*. **3.** → **Inns of Court.**

in·nards [ˈɪnə(r)dz] *s pl colloq.* a) Eingeweide *pl*: **his ~ were rumbling** ihm knurrte der Magen, es rumorte in s-m Bauch, b) (*das*) Innere: **from the earth's ~** aus dem Erdinneren, c) ‚Inneˈreien' *pl* (*e-r Maschine etc*).

in·nate [ˌɪˈneɪt; ˈɪneɪt] *adj* **1.** angeboren (in *dat*): **his ~ courtesy** die ihm angeborene Höflichkeit. **2.** → **inherent** 1. **3.** *bot.* a) angewachsen, b) → **endogenous** b. **inˈnate·ly** *adv* von Naˈtur (aus): **~ kind.**

in·nav·i·ga·ble [ɪˈnævɪgəbl] *adj* **1.** *mar.* a) nicht schiffbar, unbefahrbar, b) fahruntüchtig. **2.** *aer.* unlenkbar (*Luftschiff*).

in·ner [ˈɪnə(r)] **I** *adj* **1.** inner, inwendig, Innen...: **~ city** *Am.* (*von ärmeren Bevölkerungsschichten bewohnte*) Innenstadt; **~ conductor** *electr.* Innenleiter *m*; **~ ear** *anat.* Innenohr *n*; **~ door** Innentür *f*. **2.** *fig.* inner(er, e, es), vertraut, enger(er, e, es): **the ~ circle of his friends** sein engerer Freundeskreis. **3.** geistig, seelisch, innerlich: **~ life** Innen-, Seelenleben *n*. **4.** verborgen, geheim: **an ~ meaning.** **5.** *mus.* Mittel...: **~ voice** → **inner part.** **6.** *chem.* intramolekuˈlar. **II** *s* **7.** *Bogenschießen*: (Treffer *m* in das) Schwarze (*e-r Schießbude*). **ˌ~-diˈrect·ed** *adj* nonkonforˈmistisch, eigenbestimmt. **~man** *s irr* a) Seele *f*, Geist *m*, b) *humor.* Magen *m*, c) *humor.* Appeˈtit *m*: **to satisfy the ~** für sein leibliches Wohl sorgen.

in·ner·most [ˈɪnə(r)məʊst] → **inmost.**

in·ner|part *s mus.* Mittelstimme *f* (*Alt u. Tenor*). **~ span** *s arch.* lichte Weite. **~ square** *s tech.* innerer rechter Winkel (*Winkelmaß*). **~ sur·face** *s* Innenseite *f*, -fläche *f*.

in·ner·vate [ˈɪnɜːveɪt; ɪˈnɜːveɪt; *Am.* ɪnˈɜr-; ˈɪnɜr-] *v/t physiol.* **1.** innerˈvieren, mit Nerven(reizen) versorgen. **2.** (durch Nervenreize) anregen, stimuˈlieren. **ˌin·nerˈva·tion** *s* **1.** Innervatiˈon *f*, Versorgung *f* mit Nerven(reizen). **2.** Anregung *f od.* Stimulatiˈon *f* (durch Nervenreize).

in·ning [ˈɪnɪŋ] *s* **1.** a) *Baseball*: Inning *n* (*Spielabschnitt, bei dem eine Mannschaft die Schlag- u. die andere die Fangpartei ist*), b) *pl* (*als sg konstruiert*) *Kricket*: *Zeit, während der ein Spieler od. e-e Mannschaft am Schlagen ist*; *a. die während dieser Zeit erzielten Läufe*: **to have one's ~(s)** am Schlagen sein; *fig.* an der Reihe sein, *pol. a.* an der Macht sein; *fig.* s-e Chance haben; **he had a good ~(s)** *colloq.* er hatte ein langes u. glückliches Leben. **2.** *obs.* a) Zuˈrückgewinnung *f* (*überfluteten Landes*), b) *pl* dem Meer abgewonnenes Land. **3.** *obs.* Einbringung *f* (*der Ernte*).

ˈinnˌkeep·er *s* (Gast)Wirt(in).

in·no·cence [ˈɪnəsəns] *s* **1.** Unschuld *f*: a) Schuldlosigkeit *f*, b) sittliche Reinheit, Unberührtheit *f*: **to lose one's ~** s-e Unschuld verlieren, c) Harmlosigkeit *f*, d) Arglosigkeit *f*, Naiviˈtät *f*, Einfalt *f*. **2.** Unkenntnis *f*, Unwissenheit *f*.

in·no·cent [ˈɪnəsnt] **I** *adj* **1.** unschuldig: a) schuldlos (**of** an *dat*), b) sittlich rein, (*Mädchen a.*) unberührt: **(as) ~ as a newborn babe** so unschuldig wie ein neugeborenes Kind, c) harmlos: **~ air** Unschuldsmiene *f*, d) arglos, naˈiv, einfältig. **2.** harmlos: **an ~ sport.** **3.** unbeabsichtigt: **an ~ deception.** **4.** *jur.* a) → 1 a, b) gutgläubig: **~ purchaser**, c) (gesetzlich) zulässig, leˈgal: **~ trade**, d) nicht geschmuggelt: **~ goods**, e) *Völkerrecht*: friedlich: **~ passage** friedliche Durchfahrt (*von Handelsschiffen*). **5.** **~ of** frei von, bar (*gen*), ohne (*acc*): **~ of self-respect** ohne jede Selbstachtung; **he is ~ of Latin** er kann kein Wort Latein; **he is ~ of such things** er hat noch nie etwas von diesen Dingen gehört; **her face was ~ of cosmetics** sie war ungeschminkt. **II** *s* **6.** Unschuldige(r *m*) *f*: **the massacre** (*od.* **slaughter**) **of the I~s** *Bibl.* der Kindermord zu Bethlehem. **7.** ‚Unschuld' *f*, naˈiver Mensch, Einfaltspinsel *m*. **8.** Ignoˈrant(in), Nichtswisser(in), -könner(in). **ˈin·no·cent·ly** *adv* **1.** unschuldig (*etc*, → **innocent** I). **2.** in aller Unschuld.

in·no·cu·i·ty [ˌɪnɒˈkjuːətɪ; ˌɪnə-; *Am.* ˌɪnɑˈkj-] *s* Harmlosigkeit *f*, Unschädlichkeit *f*. **in·noc·u·ous** [ɪˈnɒkjʊəs; *Am.* ɪnˈɑkjəwəs] *adj* (*adv* **~ly**) **1.** harmlos, unschädlich. **2.** → **inoffensive** 2. **3.** *fig.* fad(e), langweilig: **an ~ novel.**

in·nom·i·nate [ɪˈnɒmɪnət; *Am.* ɪnˈɑm-] *adj* **1.** namenlos. **2.** → **anonymous.** **~ bone** *s anat.* Hüftbein *n*, -knochen *m*.

in·no·vate [ˈɪnəʊveɪt; ˈɪnə-] **I** *v/t* (neu) einführen. **II** *v/i* Neuerungen einführen *od.* vornehmen, *econ. sociol. a.* innoˈvieren (**on**, **in** an *dat*, bei, in *dat*).

in·no·va·tion [ˌɪnəʊˈveɪʃn; ˌɪnəˈv-] *s* **1.** (Neu)Einführung *f*. **2.** Neuerung *f*, *econ. sociol. a.* Innovatiˈon *f*. **3.** *bot.* Neubildung *f*, junger Jahrestrieb. **ˌin·noˈva·tion·al** [-ʃənl] → **innovative.** **ˌin·noˈva·tion·ist** *s* Neuerer *m*, Neuerin *f*. **ˈin·no·va·tive** [-veɪtɪv] *adj* Neuerungs..., *econ. sociol. a.* innovaˈtiv, innovaˈtorisch. **ˈin·no·va·tor** [-tə(r)] → **innovationist.** **ˈin·no·va·to·ry** [-veɪtərɪ; *Am. a.* -vəˌtəʊriː; -ˌtɔː-] → **innovative.**

in·nox·ious [ɪˈnɒkʃəs; *Am.* ɪˈnɑk-] *adj* (*adv* **~ly**) → **innocuous** 1.

Inns of Court *s pl jur. Br. die vier Innungen der* **barristers** *in London* (**Inner Temple, Middle Temple, Lincoln's Inn, Gray's Inn**), *die für Ausbildung und Zulassung der* **barristers** *zuständig sind.*

in·nu·en·do [ˌɪnjuːˈendəʊ; *Am.* ˌɪnjəˈwendəʊ] **I** *pl* **-does, -dos** *s* **1.** (**about, at**) versteckte Andeutung (über *acc*) *od.* Anspielung (auf *acc*) (*a. jur. in Beleidigungsklagen*). **2.** Anzüglichkeit *f*, Zweideutigkeit *f*. **II** *v/i* **3.** versteckte Andeutungen *od.* Anspielungen machen.

in·nu·mer·a·ble [ɪˈnjuːmərəbl; *Am. a.* ɪnˈuːm-] *adj* (*adv* **innumerably**) unzählig, zahllos.

in·nu·tri·tion [ˌɪnjuːˈtrɪʃn; *Am. a.* ˌɪnuːˈt-] *s* Nahrungsmangel *m*.

in·ob·serv·ance [ˌɪnəbˈzɜːvəns; *Am.* -ˈzɜr-] *s* **1.** Nichtbeachtung *f*, -befolgung *f*. **2.** Unaufmerksamkeit *f*, Unachtsamkeit *f*. **ˌin·obˈserv·ant** *adj* (*adv* **~ly**) **1.** nicht beachtend *od.* befolgend (*of acc*). **2.** unaufmerksam, unachtsam: **to be ~ of** nicht achten auf (*acc*).

in·oc·cu·pa·tion [ˈɪnˌɒkjʊˈpeɪʃn; *Am.* -ˌɑkjəˈp-] *s* Beschäftigungslosigkeit *f*.

in·oc·u·la·ble [ɪˈnɒkjʊləbl; *Am.* ɪnˈɑkjə-] *adj med.* **1.** impfbar. **2.** durch Impfung überˈtragbar (*Krankheitserreger*). **inˈoc·u·lant** [-lənt] *s med.* Impfstoff *m*. **inˈoc·u·late** [-leɪt] *v/t* **1.** **to ~ s.th. on** (*od.* **into**) **s.o., to ~ s.o. with s.th.** *med.* j-m etwas einimpfen. **2.** *med.* *j-n* impfen (**against** gegen). **3.** *med. Krankheitserreger* durch Impfung überˈtragen. **4.** **~ with** *fig. j-m etwas* einimpfen, *j-n* erfüllen mit: **to ~ s.o. with new ideas.** **inˌoc·uˈla·tion** *s* **1.** *med.* Impfung *f*: **to give s.o. an ~** j-n impfen; **he had an ~ against yellow fever** er ließ sich gegen Gelbfieber impfen; **~ gun** Impfpistole *f*; → **preventive** 1. **2.** *med.* Einimpfung *f*. **3.** *med.* Überˈtragung *f* durch Impfung. **4.** *fig.* Einimpfung *f*, Erfüllung *f*. **inˈoc·u·la·tive** [-lətɪv; *Am.* -ˌleɪtɪv] *s med.* Impf..., Impfungs... **inˈoc·u·la·tor** [-leɪtə(r)] *s med.* Impfarzt *m*. **inˈoc·u·lum** [-ləm] *pl* **-la** [-lə] *s med.* Impfstoff *m*.

in·o·cyte [ˈɪnəʊsaɪt; ˈaɪ-] *s anat.* Fibroˈblast *m*, Bindegewebszelle *f*.

in·o·dor·ous [ɪnˈəʊdərəs] *adj* geruchlos.

in·of·fen·sive [ˌɪnəˈfensɪv] *adj* (*adv* **~ly**) **1.** harmlos, unschädlich. **2.** a) friedfertig: **an ~ man**, b) harmlos: **an ~ remark.** **ˌin·ofˈfen·sive·ness** *s* **1.** Harmlosigkeit *f*, Unschädlichkeit *f*. **2.** Friedfertigkeit *f*.

in·of·fi·cious [ˌɪnəˈfɪʃəs] *adj* (*adv* **~ly**) *jur.* pflichtwidrig: **~ testament** (*od.* **will**) gegen die natürlichen Pflichten des Erblassers verstoßendes Testament.

in·op·er·a·ble [ɪnˈɒpərəbl; *Am.* -ˈɑp-] *adj* **1.** undurchˈführbar. **2.** *med.* ˈinopeˌrabel, nicht opeˈrierbar.

in·op·er·a·tive [ɪnˈɒpərətɪv; *Am.* -ˈɑp-; ɪnˈɑpəˌreɪtɪv] *adj* **1.** unwirksam: a) wirkungslos, b) *jur.* ungültig: **to become ~** unwirksam werden, außer Kraft treten. **2.** a) außer Betrieb, b) nicht einsatzfähig. **3.** stillgelegt (*Zeche etc*).

in·op·por·tune [ɪnˈɒpətjuːn; *Am.* ɪnˌɑpərˈtuːn] *adj* ungünstig, unpassend, unangebracht, unzweckmäßig, ungelegen, ˈinopporˌtun: **at an ~ time** (*od.* **moment**) zur Unzeit. **in·op·por·tune·ly** *adv* **1.** → **inopportune.** **2.** zur Unzeit. **in·op·por·tune·ness** *s* Ungelegenheit *f*, Unzweckmäßigkeit *f*.

in·or·di·nate [ɪˈnɔːdɪnət; *Am.* ɪnˈɔːrdnət] *adj* (*adv* **~ly**) **1.** in Unordnung, durcheinˈander. **2.** un-, ˈübermäßig: **a film of ~ length** ein Film mit Überlänge; **~ demands for wages** überzogene Lohnforderungen. **3.** *fig.* ungeregelt. **4.** *fig.* zügellos, ungezügelt: **~ passions.** **inˈor·di·nate·ness** *s* **1.** Un-, ˈÜbermäßigkeit *f*. **2.** Zügellosigkeit *f*.

in·or·gan·ic [ˌɪnɔː(r)ˈgænɪk] *adj* (*adv* **~ally**) **1.** ˈunorˌganisch. **2.** *chem.* ˈanorˌganisch: **~ chemistry.** **3.** *fig.* nicht orˈganisch (entstanden *od.* gewachsen), ˈunorˌganisch.

in·or·gan·i·za·tion [ɪnˌɔː(r)gənaɪˈzeɪʃn; *Am.* -nəˈz-] *s* Mangel *m* an Organisatiˈon.

in·or·nate [ˌɪnɔː(r)ˈneɪt] *adj* schmucklos, einfach.

in·os·cu·late [ɪˈnɒskjʊleɪt; *Am.* ɪnˈɑskjə-] **I** *v/t* **1.** *med. Gefäße* verbinden, -einigen. **2.** *fig.* eng (miteinˈander) verbinden: **to ~ past and present.** **II** *v/i* **3.** *anat.* sich verbinden *od.* vereinigen (*Gefäße*). **4.** *fig.* sich eng (miteinˈander) verbinden. **in·os·cuˈla·tion** *s* **1.** *anat. med.* Verbindung *f*, Vereinigung *f*. **2.** *fig.* enge Verbindung.

in·pa·tient [ˈɪnˌpeɪʃnt] *s* statioˈnärer Patiˈent: **~ treatment** stationäre Behandlung; **to receive ~ treatment** stationär behandelt werden.

in·pay·ment [ˈɪnˌpeɪmənt] *s econ.* Einzahlung *f*.

in·phase [ˈɪnfeɪz] *adj electr.* gleichphasig. **~ com·po·nent** *s electr.* ˈWirkkompoˌnente *f*.

in-plant [ˈɪnplɑːnt; *Am.* -ˌplænt] *adj bes. Am.* innerbetrieblich, beˈtriebsinˌtern: **an ~ training program.**

in·pour·ing [ˈɪnˌpɔːrɪŋ] **I** *adj* (her)ˈeinströmend. **II** *s* (Her)ˈEinströmen *n*.

in·put [ˈɪnpʊt] **I** *s* Input *m*: a) eingesetzte Produktiˈonsmittel *pl etc*, b) *electr.* zugeführte Leistung, Eingangsleistung *f*: **~ amplifier** Eingangsverstärker *m*; **~ impedance** Eingangswiderstand *m*, c) *tech.* eingespeiste Menge, d) *Computer*: (Daten)Eingabe *f*: **~ device** Eingabegerät *n*; **~ file** Eingabedatei *f*. **II** *v/t pret u. pp* **-put·ted, -put** *Computer*: *Daten* eingeben. **ˌ~-ˈout·put a·nal·y·sis** *s irr*

ˈInput-ˈOutput-Anaˌlyse *f*: a) *Computer*: *Analyse der Wirkungsweise e-s Systems aufgrund der Gegenüberstellung von Input u. Output*, b) *econ. Betrachtung der ökonomischen Aktivitäten e-s Industriezweigs anhand der von ihm eingesetzten u. erzeugten Güter*.

in·quest [ˈɪnkwest] *s* **1.** *jur.* a) gerichtliche Unterˈsuchung, b) *a.* **coroner's ~** *gerichtliche Untersuchung der Todesursache bei nicht natürlichen Todesfällen*. **2.** *colloq. für* **inquiry** 2.

in·qui·e·tude [ɪnˈkwaɪətjuːd; *Am. a.* -ˌtuːd] *s* Unruhe *f*, Beunruhigung *f*, Besorgnis *f*.

in·qui·line [ˈɪnkwɪlaɪn] *zo.* **I** *s* Inquiˈlin *m*, Einmieter *m*. **II** *adj* mitbewohnend.

in·quire [ɪnˈkwaɪə(r)] **I** *v/t* **1.** (**of s.o.** bei j-m) sich erkundigen nach, erfragen. **II** *v/i* **2.** (**of s.o.** bei j-m) (nach)fragen, sich erkundigen (**after, for** nach; **about** wegen), Erkundigungen einziehen (**about** über *acc*, wegen): **to ~ after s.o.** sich nach j-m *od.* j-s Befinden erkundigen; **much ~d after** (*od.* **for**) sehr gefragt *od.* begehrt; **~ within** Näheres im Hause (zu erfragen). **3.** Unterˈsuchungen anstellen, nachforschen: **to ~ into s.th.** etwas untersuchen *od.* prüfen *od.* erforschen. **in·ˈquir·er** *s* **1.** Fragesteller(in), (An)Fragende(r *m*) *f*. **2.** Unterˈsuchende(r *m*) *f*. **inˈquir·ing** *adj* (*adv* **~ly**) **1.** forschend, fragend: **~ looks**. **2.** wißbegierig, forschend, neugierig.

in·quir·y [ɪnˈkwaɪərɪ; *Am. a.* ˈɪnkwəriː] *s* **1.** Erkundigung *f*, (An-, Nach)Frage *f*: **on ~** auf Nach- *od.* Anfrage; **to make inquiries** Erkundigungen einziehen (**of s.o.** bei j-m; **about, after** über *acc*, wegen). **2.** Unterˈsuchung *f*, Prüfung *f* (**of, into** *gen*), Nachforschung *f*, Ermittlung *f*, Reˈcherche *f*: **board of ~** Untersuchungsausschuß *m*; **court of ~** *mil. u. Br. econ.* Untersuchungsausschuß *m*. **3.** *pl rail. etc* Auskunft *f* (*Büro, Schalter*). **~ of·fice** *s* ˈAuskunftsbüˌro *n*, *rail. etc* Auskunft *f*.

in·qui·si·tion [ˌɪnkwɪˈzɪʃn] *s* **1.** Unterˈsuchung *f* (**into** *gen*). **2.** *jur.* a) gerichtliche *od.* amtliche Unterˈsuchung: **~ in lunacy** *Br.* Untersuchung des Geisteszustandes (*e-r Person*), b) Gutachten *n*, c) Unterˈsuchungsprotoˌkoll *n*. **3. I~** *R.C.* a) *hist.* Inquisitiˈon *f*, b) Kongregatiˈon *f* des heiligen Ofˈfiziums. **4.** eindringliche Befragung. **ˌin·quiˈsi·tion·al** [-ʃənl] *adj* **1.** Untersuchungs... **2.** *R.C. hist.* Inquisitions... **3.** → **inquisitorial** 3.

in·quis·i·tive [ɪnˈkwɪzətɪv] *adj* (*adv* **~ly**) **1.** wißbegierig: **to be ~ about s.th.** etwas gern wissen wollen. **2.** neugierig. **in·ˈquis·i·tive·ness** *s* **1.** Wißbegier(de) *f*. **2.** Neugier(de) *f*. **inˈquis·i·tor** [-zɪtə(r)] *s* **1.** → **inquirer**. **2.** *jur.* Unterˈsuchungsbeˌamte(r) *m*, -richter *m*. **3.** *R.C. hist.* Inquiˈsitor *m*: **Grand I~** Großinquisitor. **inˌquis·iˈto·ri·al** [-zɪˈtɔːrɪəl; *Am. a.* -ˈtəʊ-] *adj* (*adv* **~ly**) **1.** *jur.* Untersuchungs...: **~ trial** a) *Prozeß, bei dem der Richter gleichzeitig staatsanwaltliche Funktionen ausübt*, b) *Prozeß mit geheimem Verfahren*. **2.** *R.C. hist.* Inquisitions... **3.** inquisiˈtorisch, unerbittlich. **4.** aufdringlich neugierig.

in| re [ɪnˈreɪ] (*Lat.*) *prep jur.* in Sachen, betrifft. **~ rem** [ɪnˈrem] (*Lat.*) *adj jur.* dinglich: **~ action**; **rights ~**.

in·road [ˈɪnrəʊd] *s bes. pl* **1.** *bes. mil.* Einfall *m* (**in, into, on, upon** in *acc*): **to make an ~** einfallen. **2.** *fig.* (**in, into, on, upon**) Eingriff *m* (in *acc*), ˈÜbergriff *m* (auf *acc*): **to make ~s into s.o.'s rights** in j-s Rechte eingreifen. **3.** *a.* **heavy ~** *fig.* ˈübermäßige Inˈanspruchnahme (**in, into, on, upon** *gen*): **to make ~s on s.o.'s free time** j-s Freizeit stark einschränken; **to make ~s into s.o.'s savings** ein großes Loch in j-s Ersparnisse reißen. **4.** *fig.* Eindringen *n* (**in, into, on, upon** in *acc*): **to make ~s into a market** *econ.* in e-n Markt eindringen.

in·rush [ˈɪnrʌʃ] *s* **1.** (Her)ˈEinströmen *n*. **2.** *fig.* Flut *f*, (Zu)Strom *m*: **~ of tourists** Touristenstrom.

in·sal·i·vate [ɪnˈsælɪveɪt] *v/t med. Nahrung* einspeicheln.

in·sa·lu·bri·ous [ˌɪnsəˈluːbrɪəs] *adj* (*adv* **~ly**) ungesund, unzuträglich, unbekömmlich: **an ~ climate**. **ˌin·saˈlu·bri·ty** [-brətɪ] *s* Unzuträglichkeit *f*, Unbekömmlichkeit *f*.

in·sane [ɪnˈseɪn] *adj* (*adv* **~ly**) wahnsinnig, irrsinnig: a) *med.* geisteskrank: **~ asylum** *bes. Am.* Heil- u. Pflegeanstalt *f*, b) *fig.* verrückt, toll: **~ ideas**. **inˈsane·ness** → **insanity**.

in·san·i·tar·y [ɪnˈsænɪtərɪ; *Am.* -nəˌteriː] *adj* ˈunhygiˌenisch, gesundheitsschädlich. **inˌsan·iˈta·tion** *s* ˈunhygiˌenischer Zustand.

in·san·i·ty [ɪnˈsænətɪ] *s* Wahnsinn *m*, Irrsinn *m*: a) *med.* Geisteskrankheit *f*, b) *fig.* Verrücktheit *f*, Tollheit *f*.

in·sa·ti·a·bil·i·ty [ɪnˌseɪʃjəˈbɪlətɪ; *bes. Am.* -ʃəˈb-] *s* Unersättlichkeit *f*. **inˈsa·ti·a·ble** *adj* (*adv* **insatiably**) unersättlich (*Person*), unstillbar (*Durst etc*) (*beide a. fig.*): **he is ~ of** (*od.* **for**) **power** sein Machthunger ist unstillbar; **~ desire for knowledge** unstillbarer Wissensdurst. **inˈsa·ti·a·ble·ness** → **insatiability**.

in·sa·ti·ate [ɪnˈseɪʃɪət; *Am. a.* -ʃət], *etc* → **insatiable**, *etc.*

in·scribe [ɪnˈskraɪb] *v/t* **1.** → **engrave**. **2.** (ein)schreiben, eintragen (**in** in *acc*): **to ~ one's name in a book** sich in ein Buch eintragen; **they have ~d their names (up)on the pages of history** sie haben Geschichte gemacht, sie sind in die Geschichte eingegangen; **~d stock** *econ. Br.* Namensaktien *pl* (*nur bei der Emissionsstelle eingetragene Aktien ohne Besitzerzertifikat*). **3.** *ein Buch etc* mit e-r (perˈsönlichen) Widmung versehen. **4.** *math.* einbeschreiben (**in** *dat*): **~d angle** einbeschriebener Winkel.

in·scrip·tion [ɪnˈskrɪpʃn] *s* **1.** In- *od.* Aufschrift *f*. **2.** Eintragung *f*. **3.** (perˈsönliche) Widmung. **4.** *math.* Einbeschreibung *f*. **inˈscrip·tion·al** [-ʃənl], **inˈscrip·tive** [-tɪv] *adj* **1.** Inschriften... **2.** inschriftartig.

in·scru·ta·bil·i·ty [ɪnˌskruːtəˈbɪlətɪ] *s* Unerforschlichkeit *f*, Unergründlichkeit *f*. **inˈscru·ta·ble** *adj* (*adv* **inscrutably**) unerforschlich, unergründlich: **the ~ ways of Providence**.

in·sect [ˈɪnsekt] *s* **1.** *zo.* Inˈsekt *n*, Kerbtier *n*: **~ bite** Insektenstich *m*; **~ feeder** → **insectivore** 1 a, 2; **~ pest** Insektenplage *f*; **~-repellent** insektenvertreibend; **~ repellent** → **insectifuge**. **2.** *fig. contp.* ‚Gartenzwerg' *m*. **ˌin·secˈtar·i·um** [-ˈteərɪəm] *pl* **-i·a** [-ɪə] *od.* **-i·ums, in·sec·tar·y** [ɪnˈsektərɪ; *Am. a.* ˈɪnˌsek-] *s* Insekˈtarium *n* (*der Aufzucht u. dem Studium von Insekten dienende Anlage*). **in·ˌsec·tiˈcid·al** [-tɪˈsaɪdl] *adj chem.* insektiˈzid, inˈsektenvernichtend. **inˈsec·ti·cide** [-saɪd] *s chem.* Insektiˈzid *n*, Inˈsektenvernichtungsmittel *n*. **inˈsec·ti·fuge** [-fjuːdʒ] *s* Inˈsektenvertreibungsmittel *n*.

in·sec·tion [ɪnˈsekʃn] *s* Einschnitt *m*.

in·sec·ti·vore [ɪnˈsektɪvɔː(r)] *s* **1.** *zo.* Inˈsektenfresser *m*: a) *insektenfressendes Tier*, b) *Säugetier der Ordnung Insectivora*. **2.** *bot.* fleischfressende Pflanze. **ˌin·secˈtiv·o·rous** [-ˈtɪvərəs] *adj* **1.** *zo.* inˈsektenfressend. **2.** *bot.* fleischfressend.

in·se·cure [ˌɪnsɪˈkjʊə(r)] *adj* (*adv* **~ly**) **1.** ungesichert, nicht fest. **2.** *fig.* unsicher: a) ungesichert, risˈkant: **an ~ investment**, b) gefährdet: **their marriage was ~ from the very beginning**, c) nicht selbstsicher: **to feel ~** sich unsicher fühlen. **in·se·cu·ri·ty** [ˌɪnsɪˈkjʊərətɪ] *s* Unsicherheit *f*.

in·sel·berg [ˈɪnzlbɜːg; *Am.* -ˌbɜrg] *pl* **-bergs, -ˌber·ge** [-gə] *s* Inselberg *m*.

in·sem·i·nate [ɪnˈsemɪneɪt] *v/t* **1.** *agr.* a) *den Boden* einsäen, b) *Samen* (aus)säen. **2.** (ein)pflanzen. **3.** *biol.* befruchten, *zo. a.* besamen. **4.** *fig.* einprägen: **to ~ s.th. in(to) s.o.'s mind, to ~ s.o.'s mind with s.th.** j-m etwas einimpfen. **inˌsem·iˈna·tion** *s* **1.** *agr.* (Ein)Säen *n*. **2.** (Ein-)Pflanzen *n*. **3.** *biol.* Befruchtung *f*, Besamung *f*. **4.** *fig.* Einimpfung *f*.

in·sen·sate [ɪnˈsenseɪt; -sət] *adj* (*adv* **~ly**) **1.** gefühllos: a) empfindungslos, leblos: **~ stone**, b) hart, bruˈtal. **2.** unsinnig, unvernünftig. **3.** ˈübermäßig, sinnlos: **~ anger**. **4.** → **insensible** 3. **inˈsen·sate·ness** *s* **1.** Gefühllosigkeit *f*: a) Empfindungs-, Leblosigkeit *f*, b) Härte *f*, Brutaliˈtät *f*. **2.** Unsinnigkeit *f*, Unvernunft *f*. **3.** → **insensibility** 3.

in·sen·si·bil·i·ty [ɪnˌsensəˈbɪlətɪ] *s* **1.** Empfindungs-, Gefühllosigkeit *f*, Unempfindlichkeit *f* (**to** gegen): **~ to pain** Schmerzunempfindlichkeit. **2.** Bewußtlosigkeit *f*. **3.** *fig.* (**of, to**) Unempfänglichkeit *f* (für), Gleichgültigkeit *f* (gegen).

in·sen·si·ble [ɪnˈsensəbl] *adj* (*adv* **insensibly**) **1.** empfindungslos, gefühllos, unempfindlich (**to** gegen): **~ to pain** schmerzunempfindlich. **2.** bewußtlos: **to knock s.o. ~**; **to fall ~** in Ohnmacht fallen. **3.** *fig.* (**of, to**) unempfänglich (für), gleichgültig (gegen). **4.** sich nicht bewußt (**of** *gen*): **not to be ~ of s.th.** sich e-r Sache durchaus *od.* sehr wohl bewußt sein. **5.** unmerklich.

in·sen·si·tive [ɪnˈsensətɪv] *adj* (*adv* **~ly**) **1.** *a. phys. tech.* unempfindlich (**to** gegen): **an ~ skin**; **~ to light** lichtunempfindlich. **2.** → **insensible** 1, 3. **inˈsen·si·tive·ness, inˌsen·siˈtiv·i·ty** *s* **1.** Unempfindlichkeit *f*: **~ to light** Lichtunempfindlichkeit. **2.** → **insensibility** 1, 3.

in·sen·ti·ent [ɪnˈsenʃɪənt; -ʃnt] → **insensate** 1, **insensible** 1.

in·sep·a·ra·bil·i·ty [ɪnˌsepərəˈbɪlətɪ; -prəˈb-] *s* Untrennbarkeit *f*, Unzertrennlichkeit *f*. **inˈsep·a·ra·ble I** *adj* (*adv* **inseparably**) **1.** untrennbar (*a. ling.*). **2.** unzertrennlich (**from** von): **~ friends**. **II** *s* **3.** *pl* untrennbare Dinge *pl*. **4.** *pl* unzertrennliche Freunde *pl*: **they are ~s** sie sind unzertrennlich.

in·sert I *v/t* [ɪnˈsɜːt; *Am.* ɪnˈsɜrt] **1.** einfügen, -setzen, -schieben, *Worte a.* einschalten, *ein Instrument etc* einführen, *e-n Schlüssel etc* (hinˈein)stecken, *e-e Münze etc* einwerfen (**in, into** in *acc*). **2.** *electr.* einschalten, zwischenschalten. **3. to ~ an advertisement in(to) a newspaper** e-e Anzeige in e-e Zeitung setzen, in e-r Zeitung inserieren. **II** *s* [ˈɪnsɜːt; *Am.* ˈɪnˌsɜrt] **4.** → **insertion** 2-5. **5.** *Film, TV*: Insert *n*, Einblendung *f*, Zwischenschnitt *m*.

in·ser·tion [ɪnˈsɜːʃn; *Am.* -ˈsɜr-] *s* **1.** Einfügen *n*, -setzen *n*, Einführung *f*, Einwurf *m*. **2.** Einfügung *f*, Ein-, Zusatz *m*, Einschaltung *f*. **3.** Einsatz(stück *n*) *m*: **~ of lace** Spitzeneinsatz. **4.** (Zeitungs)Anzeige *f*, Inseˈrat *n*. **5.** (Zeitungs)Beilage *f*, (Buch)Einlage *f*. **6.** *electr.* Ein-, Zwischenschaltung *f*. **7.** *anat. bot.* a) Einfügung *f* (*e-s Organs*), b) Ansatz(stelle *f*) *m*: **muscular ~** *anat.* Muskelansatz. **8.** → **injection** 4.

ˈin-ˌser·vice *adj*: **~ training** berufsbegleitende Aus- *od.* Weiterbildung.

in·ses·so·ri·al [ˌɪnseˈsɔːrɪəl; *Am. a.* -ˈsəʊ-] *adj orn.* **1.** hockend: ~ **birds. 2.** zum Hocken geeignet (*Fuß*).

in·set I *s* [ˈɪnset] **1.** → **insertion** 2, 3, 5. **2.** Eckeinsatz *m*, Nebenbild *n*, -karte *f.* **3.** Einsetzen *n* (*der Flut*), Herˈeinströmen *n.* **II** *v/t* [ˌɪnˈset; *Am. a.* ˈɪnˌset] *irr pret u. pp a.* ˌ**inˈset·ted 4.** einfügen, -setzen, -schieben, -schalten (**in, into** in *acc*).

in·shore [ˌɪnˈʃɔː(r); *Am. a.* ˌɪnˈʃəʊr] **I** *adj* **1.** an *od.* nahe der Küste: ~ **fishing** Küstenfischerei *f.* **2.** sich auf die Küste zu bewegend: ~ **current** Küstenströmung *f.* **II** *adv* **3.** zur Küste hin. **4.** nahe der Küste. **5.** ~ **of the ship** zwischen Schiff u. Küste.

in·shrine [ɪnˈʃraɪn] → **enshrine.**

in·side [ˌɪnˈsaɪd; ˈɪnsaɪd] **I** *s* **1.** Innenseite *f*, -fläche *f*, innere Seite: **on the** ~ innen (→ 2). **2.** (*das*) Innere: **from the** ~ von innen; ~ **out** das Innere *od.* die Innenseite nach außen (gekehrt), verkehrt, umgestülpt; **he was wearing his pullover** ~ **out** er hatte s-n Pullover links an; **to turn s.th.** ~ **out** a) etwas umdrehen *od.* umstülpen, b) *fig.* etwas (völlig) umkrempeln *od.* ‚auf den Kopf stellen'; **to know s.th.** ~ **out** etwas in- u. auswendig kennen; **on the** ~ eingeweiht (→ 1); **s.o. on the** ~ ein Insider, ein Eingeweihter. **3.** Häuserseite *f* (*e-s Radwegs etc*). **4.** *fig.* inneres Wesen, (*das*) Innerste *od.* Wesentliche: **to look into the** ~ **of s.th.** etwas gründlich untersuchen. **5.** *oft pl colloq.* Eingeweide *pl*, *bes.* Magen *m*, Bauch *m*: **a pain in one's** ~**s** Bauchschmerzen *pl.* **6.** Mitte *f*: **the** ~ **of a week** die Wochenmitte. **7.** *colloq.* ˈInsiderinformatiˌonen *pl*, inˈterne *od.* vertrauliche Informatiˈonen *pl* (**on** über *acc*). **II** *adj* [*meist* ˈɪnsaɪd] **8.** im Innern (befindlich), inner, Innen..., inwendig: ~ **cal(l)iper** *tech.* Lochzirkel *m*; ~ **diameter** Innendurchmesser *m*, lichte Weite; ~ **broker** *econ. Br.* amtlich zugelassener Makler; ~ **director** *econ. Am.* (*etwa*) Vorstandsmitglied *n*; ~ **finish** *arch. Am.* Ausbau *m*; ~ **lane** *sport* Innenbahn *f*; ~ **left (right)** (*Fußball, Hockey*) *hist.* Halblinke(r) *m* (Halbrechte[r] *m*); **to push s.th. onto the** ~ **pages** etwas von den Titelseiten verdrängen; ~ **track** a) *Radsport, Eisschnellauf*: Innenbahn *f*, b) *fig. Am.* Vorteil *m*, günstige (Ausgangs)Position. **9.** im Hause beschäftigt. **10.** im Hause getan: ~ **work. 11.** inˈtern, vertraulich: ~ **information** (*colloq.* **stuff**) → 7; **it was an** ~ **job** *colloq.* a) ‚das Ding wurde von Insidern gedreht', b) an dem ‚Ding' waren Insider beteiligt; ~ **man** *Am.* (*in e-e Organisation*) eingeschleuster Mann, Spitzel *m*; → **dope** 7 a. **III** *adv* [ˌɪnˈsaɪd] **12.** im Inner(e)n, (dr)innen. **13.** ins Innere, nach innen, hinˈein, herˈein. **14.** ~ **of** a) innerhalb (*gen*): ~ **of a week** innerhalb e-r Woche, b) *Am.* → 16. **15.** (von) innen, an der Innenseite: **painted red** ~ innen rot gestrichen. **IV** *prep* [ˌɪnˈsaɪd] **16.** innerhalb, im Inner(e)n (*gen*): ~ **the house** im Hause.

in·sid·er [ˌɪnˈsaɪdə(r)] *s* Insider(in): a) Eingeweihte(r *m*) *f*, b) *Mitglied e-r* (*Wirtschafts*)*Gemeinschaft.*

in·sid·i·ous [ɪnˈsɪdɪəs] *adj* (*adv* ~**ly**) **1.** heimtückisch, ˈhinterhältig, -listig. **2.** *med.* (heim)tückisch, schleichend: ~ **disease. inˈsid·i·ous·ness** *s* Heimtücke *f*, ˈHinterlist *f.*

in·sight [ˈɪnsaɪt] *s* **1.** (**into**) a) Einblick *m* (in *acc*): **to gain an** ~ **into s.th.** (e-n) Einblick in etwas gewinnen; **to provide** ~ **into s.th.** Einblick in etwas gewähren, b) Verständnis *n* (für): **a man of** ~ ein verständnisvoller Mann. **2.** Einsicht *f* (*a. psych.*). **3.** Scharfblick *m.* ˈ**in·sight·ful** *adj* (*adv* ~**ly**) aufschlußreich.

in·sig·ne [ɪnˈsɪgnɪ] *pl* **-ni·a** [-nɪə] → **insignia.**

in·sig·ni·a [ɪnˈsɪgnɪə] *pl* **-as, -a** *s* **1.** Inˈsignie *f*, Amts-, Ehrenzeichen *n.* **2.** *mil.* Abzeichen *n.* **3.** (Kenn)Zeichen *n.*

in·sig·nif·i·cance [ˌɪnsɪgˈnɪfɪkəns] *s* **1.** Bedeutungslosigkeit *f*, Unwichtigkeit *f.* **2.** Belanglosigkeit *f*, Geringfügigkeit *f.* ˌ**in·sigˈnif·i·can·cy** [-sɪ] *s* **1.** → **insignificance. 2.** (*etwas*) Belangloses, Lapˈpalie *f.* **3.** unbedeutender Mensch.

in·sig·nif·i·cant [ˌɪnsɪgˈnɪfɪkənt] *adj* (*adv* ~**ly**) **1.** bedeutungslos, unwichtig. **2.** geringfügig, unerheblich: **an** ~ **sum**; ~ **wage** Hungerlohn *m.* **3.** unbedeutend: **an** ~ **person. 4.** verächtlich, gemein: **an** ~ **fellow** ein gemeiner Kerl. **5.** nichtssagend: ~ **words.**

in·sin·cere [ˌɪnsɪnˈsɪə(r)] *adj* (*adv* ~**ly**) unaufrichtig, falsch. ˌ**in·sinˈcer·i·ty** [-ˈserətɪ] *s* Unaufrichtigkeit *f*, Falschheit *f.*

in·sin·u·ate [ɪnˈsɪnjʊeɪt; *Am.* ɪnˈsɪnjəˌweɪt] **I** *v/t* **1.** andeuten, anspielen auf (*acc*), zu verstehen geben: **are you insinuating that ...?** wollen Sie damit sagen, daß ...? **2. to** ~ *s.th.* **into** *s.o.'s* **mind** *j-m etwas* geschickt beibringen *od.* einimpfen, *j-m Furcht* einflößen, *j-s Argwohn, Zweifel etc* wecken. **3.** ~ **o.s.** sich eindrängen (**into** in *acc*): **to** ~ **o.s. into s.o.'s favo(u)r** sich bei j-m einschmeicheln; **to** ~ **o.s. into s.o.'s confidence** sich j-s Vertrauen erschleichen. **II** *v/i* **4.** Andeutungen machen. **inˈsin·u·at·ing** *adj* (*adv* ~**ly**) **1.** einschmeichelnd, schmeichlerisch. **2.** → **insinuative** 1.

in·sin·u·a·tion [ɪnˌsɪnjʊˈeɪʃn; *Am.* -jəˈw-] *s* (**about**) Anspielung *f* (auf *acc*), (versteckte) Andeutung (über *acc*): **to make** ~**s**; **by** ~ andeutungsweise. **inˈsin·u·a·tive** [-jʊətɪv; *Am.* -jəˌweɪtɪv], **inˈsin·u·a·to·ry** [-jʊətərɪ; *Am.* -jəwəˌtəʊriː; -ˌtɔː-] *adj* **1.** andeutend: **an** ~ **remark** → **insinuation. 2.** → **insinuating** 1.

in·sip·id [ɪnˈsɪpɪd] *adj* (*adv* ~**ly**) fad(e): a) geschmacklos, (*bes. Getränk*) schal, b) *fig.* langweilig, geistlos (*Geschichte, Person etc*). ˌ**in·siˈpid·i·ty, inˈsip·id·ness** *s* Fadheit *f.*

in·sist [ɪnˈsɪst] **I** *v/i* **1.** (**on, upon**) dringen (auf *acc*), bestehen (auf *dat*), verlangen (*acc*): **I** ~ **on doing it** ich bestehe darauf, es zu tun; ich will es unbedingt tun; **I** ~**ed on him** (*od.* **his**) **leaving** ich bestand darauf, daß er ging; *you must come with us*, **I** ~ ich bestehe darauf; **if you** ~ a) wenn Sie darauf bestehen, b) wenn es unbedingt sein muß. **2.** (**on**) beharren (auf *dat*, bei), beharrlich beteuern *od.* behaupten (*acc*), bleiben bei (*e-r Behauptung*). **3.** (**on, upon**) Gewicht legen (auf *acc*), herˈvorheben, (nachdrücklich) betonen (*acc*): **to** ~ **on a point. II** *v/t* **4.** darˈauf bestehen, verlangen (**that** daß): **I** ~**ed that he (should) leave** ich bestand darauf, daß er ging. **5.** darˈauf beharren, beharrlich beteuern *od.* behaupten, daˈbei bleiben (**that** daß): **he** ~**ed that he was innocent. inˈsist·ence, inˈsist·en·cy** *s* **1.** Bestehen *n*, Beharren *n* (**on, upon** auf *dat*): *I did it*, **but only at his** ~ aber nur, weil er darauf bestand; aber nur auf sein Drängen (hin). **2.** beharrliche Beteuerung (**on** *gen*): **his** ~ **that he was innocent** s-e beharrliche Behauptung, unschuldig zu sein. **3.** (**on, upon**) Betonung *f* (*gen*), Nachdruck *m* (auf *dat*): **with great** ~ mit großem Nachdruck, sehr nachdrücklich *od.* eindringlich. **4.** Beharrlichkeit *f*, Hartnäckigkeit *f.* **inˈsist·ent** *adj* (*adv* ~**ly**) **1.** beharrlich, hartnäckig: **to be** ~ **(on)** → **insist** 1-3; **to be** ~ **on s.th.** a) auf e-r Sache bestehen, b) etwas betonen; **to be** ~ **that** darauf bestehen, daß. **2.** drängend. **3.** eindringlich, nachdrücklich. **4.** dringend: ~ **demands. 5.** aufdringlich, grell: ~ **colo(u)rs**; ~ **sounds** grelle *od.* schrille Töne.

in si·tu [ˌɪnˈsɪtjuː; *Am. bes.* ˌɪnˈsaɪtuː] (*Lat.*) *adv* in situ: a) in der naˈtürlichen Lage (*a. anat.*), b) *med.* auf den Ausgangsort beschränkt (*Tumor etc*).

in·so·bri·e·ty [ˌɪnsəʊˈbraɪətɪ] *s* Unmäßigkeit *f.*

ˌ**in·soˈfar,** *a.* **in so far** *adv*: ~ **as** soweit.

in·so·late [ˈɪnsəʊleɪt] *v/t* den Sonnenstrahlen aussetzen. ˌ**in·soˈla·tion** *s* **1.** Sonnenbestrahlung *f*: **artificial** ~ *med.* Höhensonnenbestrahlung. **2.** Sonnenbad *n*, -bäder *pl.* **3.** *med.* Sonnenstich *m.*

in·sole [ˈɪnsəʊl] *s* **1.** Brandsohle *f.* **2.** Einlegesohle *f.*

in·so·lence [ˈɪnsələns] *s* **1.** Anmaßung *f*, Überˈheblichkeit *f.* **2.** Unverschämtheit *f*, Frechheit *f.* ˈ**in·so·lent** *adj* (*adv* ~**ly**) **1.** anmaßend, überˈheblich. **2.** unverschämt, frech (**to** zu).

in·sol·u·bil·i·ty [ɪnˌsɒljʊˈbɪlətɪ; *Am.* ɪnˌsɑljəˈb-] *s* **1.** *chem.* Un(auf)löslichkeit *f.* **2.** *fig.* Unlösbarkeit *f.* **inˈsol·u·ble I** *adj* (*adv* **insolubly**) **1.** *chem.* un(auf)löslich. **2.** *fig.* unlösbar. **II** *s* **3.** *chem.* unlösliche Subˈstanz. **4.** *fig.* unlösbares Proˈblem.

in·sol·ven·cy [ɪnˈsɒlvənsɪ; *Am. bes.* ɪnˈsɑl-] *s econ. jur.* **1.** Zahlungsunfähigkeit *f*, -einstellung *f*, Insolˈvenz *f.* **2.** Konˈkurs *m*, Bankˈrott *m.* **3.** Überˈschuldung *f.*

inˈsol·vent I *adj* **1.** *econ. jur.* zahlungsunfähig, insolˈvent. **2.** *econ. jur.* konˈkursreif, bankˈrott: ~ **law** Bankrottgesetz *n.* **3.** *econ. jur.* überˈschuldet: ~ **estate** überschuldeter Nachlaß. **4.** *fig.* (*moralisch etc*) bankˈrott. **II** *s* **5.** *econ. jur.* zahlungsunfähiger Schuldner.

in·som·ni·a [ɪnˈsɒmnɪə; *Am.* ɪnˈsɑm-] *s med.* Schlaflosigkeit *f.* **inˈsom·ni·ac** [-æk] **I** *s* an Schlaflosigkeit Leidende(r *m*) *f*: **to be an** ~ an Schlaflosigkeit leiden. **II** *adj* a) an Schlaflosigkeit leidend, b) zu Schlaflosigkeit führend.

ˌ**in·soˈmuch** *adv* **1.** so sehr, dermaßen, so (**that** daß). **2.** → **inasmuch as.**

in·sou·ci·ance [ɪnˈsuːsjəns; -sɪəns] *s* Sorglosigkeit *f*, Unbekümmertheit *f.* **inˈsou·ci·ant** *adj* (*adv* ~**ly**) unbekümmert, sorglos.

in·spect [ɪnˈspekt] *v/t* **1.** unterˈsuchen, prüfen, sich genau ansehen (**for** auf *acc* [hin]). **2.** *jur. Akten etc* einsehen, Einsicht nehmen in (*acc*). **3.** besichtigen, inspiˈzieren: **to** ~ **troops.**

in·spec·tion [ɪnˈspekʃn] *s* **1.** Besichtigung *f*, Unterˈsuchung *f*, Prüfung *f*, (*bes.* amtliche) Konˈtrolle, *tech. a.* Abnahme *f*: **on** ~ bei näherer Prüfung; **not to bear (od. stand) close** ~ e-r näheren Prüfung nicht standhalten; **for (your kind)** ~ *econ.* zur (gefälligen) Ansicht; **free** ~ **(invited)** Besichtigung ohne Kaufzwang; ~ **copy** *print.* Prüfstück *n*; ~ **hole** *tech.* Schauloch *n*; ~ **lamp** *tech.* Ableuchtlampe *f*; ~ **test** *tech.* Abnahmeprüfung; ~ **window** *tech.* Ablesefenster *n*, Schauglas *n.* **2.** *jur.* Einsicht(nahme) *f*: ~ **of the books and accounts** Buchprüfung *f*, Einsichtnahme in die (Geschäfts-) Bücher; **to be (laid) open to** ~ zur Einsicht ausliegen. **3.** (offiziˈelle) Besichtigung, Inspiˈzierung *f*, Inspektiˈon *f*: ~ **of the troops** Truppenbesichtigung. **4.** *mil.* (*Waffen- etc*)Apˈpell *m.* **5.** Aufsicht *f* (**of, over** über *acc*): **under sanitary** ~ unter gesundheitspolizeilicher Aufsicht; **committee of** ~ *jur.* Gläubigerausschuß *m* (*zur Unterstützung des Konkursverwalters*).

in·spec·tor [ɪnˈspektə(r)] *s* **1.** Inˈspektor *m*, Aufsichtsbeamte(r) *m*, Aufseher *m*,

Prüfer *m*, Kontrolˈleur *m* (*a. rail. etc*): ~ **of schools** Schulinspektor; → **weight** 2. **2. customs** ~ Zollbeamte(r) *m*. **3. police** ~ *Br.* Poliˈzeiinˌspektor *m*, -kommisˌsar *m*. **4.** *mil.* Inspekˈteur *m*: **I~ General** Generalinspekteur. **inˈspec·to·ral** [-rəl] *adj* **1.** Inspektor(en)... **2.** Aufsichts...: ~ **staff** Aufsichtspersonal *n*. **inˈspec·tor·ate** [-rət] *s* **1.** Inspektoˈrat *n*: a) Aufseheramt *n*, b) Aufsichtsbezirk *m*. **2.** Inspektiˈon(sbehörde) *f*.

in·spec·to·ri·al [ˌɪnspekˈtɔːrɪəl; *Am. a.* -ˈtəʊ-] → **inspectoral**.

inˈspec·tor·ship *s* **1.** Inspektoˈrat *n*, Inˈspektoramt *n*. **2.** Aufsicht *f* (**of** über *acc*).

in·spec·to·scope [ɪnˈspektəskəʊp] *s Am. Röntgenapparat zur Untersuchung von Gepäckstücken etc.*

in·spi·ra·tion [ˌɪnspəˈreɪʃn] *s* **1.** Inspiratiˈon *f*: a) *physiol.* Einatmung *f*, b) *relig.* göttliche Eingebung, (plötzlicher) Einfall, c) *fig.* Anregung *f*: **to draw one's ~ from** s-e Anregung(en) beziehen aus; **to be s.o.'s ~, to be an ~ to** (*od.* **for**) **s.o.** j-n inspirieren. **2.** Gedankenflug *m*. **3.** Veranlassung *f*: **at s.o.'s ~** auf j-s Veranlassung (hin). **ˌin·spiˈra·tion·al** [-ʃənl] *adj* (*adv* ~**ly**) **1.** inspiˈriert. **2.** Inspirations... **3.** → **inspirative**. **ˌin·spiˈra·tion·ist** *s relig. j-d, der glaubt, daß die Heilige Schrift unter göttlicher Eingebung geschrieben wurde.* **in·spir·a·tive** [ɪnˈspaɪərətɪv] *adj* inspiraˈtiv, inspiˈrierend.

in·spi·ra·tor [ˈɪnspəreɪtə(r)] *s med.* Inhaˈlator *m*, Inhalatiˈonsappaˌrat *m*. **in-spir·a·to·ry** [ɪnˈspaɪərətərɪ; *Am.* -ˌtəʊriː; -ˌtɔː-] *adj* Einatmungs...

in·spire [ɪnˈspaɪə(r)] **I** *v/t* **1.** einatmen. **2.** inspiˈrieren: a) *j-n* erleuchten, b) *j-n* anregen, beflügeln, veranlassen (**to** zu; **to do** zu tun), c) *etwas* anregen, beflügeln. **3.** *ein Gefühl etc* erwecken, auslösen (**in** in *dat*): **to ~ confidence in s.o.** j-m Vertrauen einflößen. **4.** *fig.* erfüllen, beseelen (**with** mit). **5.** herˈvorbringen, verursachen. **6.** *obs.* einhauchen (**into** *dat*). **II** *v/i* **7.** inspiˈrieren. **8.** einatmen. **inˈspired** *adj* **1.** *relig. u. fig.* erleuchtet. **2.** inspiˈriert. **3.** glänzend, herˈvorragend: **it was an ~ guess** das war glänzend geraten. **4.** schwungvoll, zündend. **5.** von ‚oben' (*von der Regierung etc*) veranlaßt. **6.** ~ **leak** gezielte Indiskretion. **inˈspir·er** *s* Inspiˈrator *m*.

in·spir·it [ɪnˈspɪrɪt] → **inspire** 2 b.

in·sta·bil·i·ty [ˌɪnstəˈbɪlətɪ] *s* **1.** mangelnde Festigkeit *od.* Stabiliˈtät. **2.** *bes. chem. tech.* ˈInstabiliˌtät *f*. **3.** *fig.* Unbeständigkeit *f*. **4.** *fig.* mangelnde Festigkeit: (**emotional**) ~ Labilität *f*. **in·sta·ble** [ɪnˈsteɪbl] → **unstable**.

in·stall, *bes. Am. a.* **in·stal** [ɪnˈstɔːl] *v/t* **1.** *tech.* instalˈlieren: a) *ein Bad, e-e Maschine, e-e Heizung* einbauen, b) *e-e Leitung etc* legen, c) *ein Telefon etc* anschließen. **2.** in ein Amt einführen *od.* einsetzen, *e-n Geistlichen* inveˈstieren. **3.** *etwas* setzen, stellen, legen: **he ~ed himself in front of the fireplace** er ließ sich vor dem Kamin nieder. **4.** *j-n* (*beruflich, häuslich*) ˈunterbringen: **he ~ed his sister as secretary**.

in·stal·la·tion [ˌɪnstəˈleɪʃn] *s* **1.** *tech.* Installierung *f*, Installatiˈon *f*, Einbau *m*, Anschluß *m*. **2.** *tech.* (*fertige*) Anlage, (Betriebs)Einrichtung *f*: **military ~** militärische Anlage. **3.** *pl* Invenˈtar *n*. **4.** (Amts)Einsetzung *f*, (-)Einführung *f*.

inˈstall·ment[1], *bes. Br.* **inˈstal·ment** *s* **1.** *econ.* Rate *f*: **by** (*od.* **in**) ~**s** in Raten, ratenweise (→ 2); **first ~** Anzahlung *f* (**toward[s]** auf *acc*); **monthly ~** Monatsrate. **2.** (Teil)Lieferung *f* (*e-s Buches etc*): **by** (*od.* **in**) ~**s** in (Teil)Lieferungen (→ 1). **3.** a) Fortsetzung *f*: **a novel by** (*od.* **in**) ~**s** ein Fortsetzungsroman, b) *Rundfunk, TV*: Folge *f*: **program(me) in two ~s** Zweiteiler *m*.

inˈstall·ment[2], *bes. Br.* **inˈstal·ment** → **installation** 1.

in·stall·ment| busi·ness *s econ.* Teilzahlungs-, Ratenzahlungs-, Abzahlungsgeschäft *n*. ~ **buy·ing** *s* Teilzahlungs-, Ratenzahlungs-, Abzahlungskauf *m*. ~ **con·tract** *s* Teilzahlungs-, Abzahlungsvertrag *m*. ~ **cred·it** *s* ˈTeilzahlungs-, ˈAbzahlungskreˌdit *m*. ~ **plan,** ~ **sys·tem** *s Am.* ˈTeilzahlungs-, ˈRatenzahlungs-, ˈAbzahlungssyˌstem *n*: **to buy on the ~** auf Abzahlung *od.* Raten kaufen.

in·stal·ment *bes. Br. für* **installment**[1] *u.* [2].

in·stance [ˈɪnstəns] **I** *s* **1.** (*einzelner*) Fall: **in this ~** in diesem (besonderen) Fall; **in a given ~** in e-m Einzelfall. **2.** Beispiel *n*: **for ~** zum Beispiel; **as an ~ of s.th.** als Beispiel für etwas; → **for instance**. **3.** dringende Bitte, An-, Ersuchen *n*: **at his ~** auf s-e Veranlassung (hin), auf sein Betreiben *od.* Drängen. **4.** *jur.* Inˈstanz *f*: **a court of the first ~** ein Gericht erster Instanz; **in the last ~** a) in letzter Instanz, b) *fig.* letztlich; **in the first ~** *fig.* a) in erster Linie, b) zuˈerst. **II** *v/t* **5.** als Beispiel anführen. **6.** mit Beispielen belegen. **ˈin·stan·cy** [-sɪ] *s* **1.** Dringlichkeit *f*. **2.** Unverzüglichkeit *f*.

in·stant [ˈɪnstənt] **I** *s* **1.** Moˈment *m*: a) (kurzer) Augenblick: **in an ~, on the ~** sofort, augenblicklich, im Nu, b) (*genauer*) Zeitpunkt, Augenblick *m*: **at this ~** in diesem Augenblick; **this ~** sofort, auf der Stelle; **the ~ I saw her** sobald ich sie sah. **II** *adj* (*adv* → **instantly**) **2.** soˈfortig, unverzüglich, augenblicklich: ~ **camera** *phot.* Sofortbild-, Instantkamera *f*; ~ **replay** *sport, TV* (*bes.* Zeitlupen)Wiederholung *f* (*e-r Spielszene etc*). **3.** diˈrekt, unmittelbar. **4.** *gastr.* Fertig...: ~ **cake mix** Backmischung *f*; ~ **coffee** Instant-, Pulverkaffee *m*; ~ **meal** Fertig-, Schnellgericht *n*. **5.** *econ.* gegenwärtig, laufend: **the 10th ~** der 10. dieses Monats. **6.** dringend: **to be in ~ need of s.th.** etwas dringend brauchen.

in·stan·ta·ne·ous [ˌɪnstənˈteɪnjəs; -nɪəs] *adj* **1.** soˈfortig, unverzüglich, augenblicklich: ~ **action**; **death was ~** der Tod trat auf der Stelle ein; **his death was ~** er war auf der Stelle *od.* sofort tot. **2.** *a. phys. tech.* momenˈtan, Moment..., Augenblicks...: ~ **heater** Durchlauferhitzer *m*; ~ **photo(graph)** Momentaufnahme *f*; ~ **shutter** Momentverschluß *m*; ~ **value** Momentan-, Augenblickswert *m*. **3.** gleichzeitig: ~ **events**. **4.** augenblicklich, momenˈtan. **ˌin·stanˈta·ne·ous·ly** *adv* augenblicklich, soˈfort, unverzüglich, auf der Stelle. **ˌin·stanˈta·ne·ous·ness** *s* Unverzüglichkeit *f*.

in·stan·ter [ɪnˈstæntə(r)] *adv bes. jur.* soˈfort, unverzüglich.

in·stan·ti·ate [ɪnˈstænʃɪeɪt] *v/t etwas* durch ein (konˈkretes) Beispiel darlegen.

in·stant·ly [ˈɪnstəntlɪ] *adv* augenblicklich, soˈfort, unverzüglich.

in·state [ɪnˈsteɪt] → **install** 2.

in·stead [ɪnˈsted] *adv* **1.** ~ **of** an Stelle von (*od. gen*), (an)statt (*gen*): ~ **of me** an m-r Stelle; ~ **of going** anstatt zu gehen; ~ **of at work** statt bei der Arbeit; **worse ~ of better** schlechter statt besser. **2.** statt dessen, daˈfür: **take this ~**.

in·step [ˈɪnstep] *s* **1.** *anat.* Rist *m*, Spann *m*: ~ **raiser** *med.* Senk- *od.* Plattfußeinlage *f*. **2.** Blatt *n* (*e-s Schuhs*).

in·sti·gate [ˈɪnstɪgeɪt] *v/t* **1.** *j-n* aufhetzen, *a. jur.* anstiften (**to** zu; **to do** zu tun). **2.** a) *etwas Böses* anstiften, anzetteln, b) *etwas* in Gang setzen, in die Wege leiten, initiˈieren. **ˌin·stiˈga·tion** *s* **1.** Anstiftung *f*, Aufhetzung *f*. **2.** Anregung *f*: **at s.o.'s ~** auf j-s Veranlassung (hin), auf j-s Betreiben *od.* Drängen. **ˈin·sti·ga·tor** [-tə(r)] *s* **1.** Anstifter(in), (Auf)Hetzer(in): ~ **of a crime** Anstifter(in) e-s Verbrechens *od.* zu e-m Verbrechen. **2.** a) Anzett(e)ler(in), b) Initiˈator *m*, Initiaˈtorin *f*.

in·stil(l) [ɪnˈstɪl] *v/t* **1.** einträufeln (**into** *dat*). **2.** *fig.* einflößen, -impfen, beibringen (**into** *dat*). **ˌin·stilˈla·tion, inˈstil(l)·ment** *s* **1.** Einträuf(e)lung *f*. **2.** *fig.* Einflößung *f*, Einimpfung *f*.

in·stinct[1] [ˈɪnstɪŋkt] *s* **1.** Inˈstinkt *m*, (Naˈtur)Trieb *m*: **the ~ of self-preservation** der Selbsterhaltungstrieb; **by** (*od.* **from**) ~ instinktiv. **2.** (sicherer) Inˈstinkt, naˈtürliche Begabung (**for** für): **to have an ~ for doing** (*od.* **to do**) **s.th.** etwas instinktiv tun. **3.** instinkˈtives Gefühl (**for** für).

in·stinct[2] [ɪnˈstɪŋkt] *adj* erfüllt, durchˈdrungen (**with** von).

in·stinc·tive [ɪnˈstɪŋktɪv] *adj* (*adv* ~**ly**) instinkˈtiv: a) inˈstinkt-, triebmäßig, b) unwillkürlich: ~ **act(ion)** Instinkthandlung *f*, c) angeboren.

in·sti·tute [ˈɪnstɪtjuːt; *Am. a.* -ˌtuːt] **I** *v/t* **1.** er-, einrichten, gründen, ins Leben rufen: **to ~ a society**. **2.** einsetzen: **to ~ a government**. **3.** einführen: **to ~ laws**. **4.** in Gang setzen, in die Wege leiten, initiˈieren: **to ~ an inquiry** e-e Untersuchung einleiten; **to ~ inquiries** Nachforschungen anstellen; → **action** 12, **suit** 4. **5.** a) → **install** 2, b) *relig.* einsetzen (**in, into** in *acc*): **to ~ into a benefice** in e-e Pfründe einsetzen. **6.** *jur.* einsetzen (**s.o. as heir** j-n zum *od.* als Erben). **II** *s* **7.** a) Instiˈtut *n*: ~ **for business cycle research** *econ.* Konjunkturinstitut, b) Anstalt *f*, c) Akadeˈmie *f*, d) (*literarische etc*) Gesellschaft. **8.** a) Instiˈtut(sgebäude) *n*, b) Anstalt(sgebäude *n*) *f*. **9.** *ped.* a) höhere technische Schule: ~ **of technology** Technische Hochschule; **textile ~** Textilfachschule *f*, b) Universiˈtätsinstiˌtut *n*, c) *a.* **teachers' ~** ˈLehrersemiˌnar *n*. **10.** *pl* a) *jur.* Institutiˈonen *pl*, Sammlung *f* grundlegender Gesetze, (ˈRechts)Kommenˌtar *m*, b) Grundlehren *pl* (*e-r Wissenschaft*).

in·sti·tu·tion [ˌɪnstɪˈtjuːʃn; *Am. a.* -ˈtuː-] *s* **1.** a) Institutiˈon *f*, Einrichtung *f*, b) Instiˈtut *n*, c) Anstalt *f*, d) Heim *n*, e) Stiftung *f*, f) Gesellschaft *f*: **charitable ~** Wohltätigkeitseinrichtung; **educational ~** Bildungs-, Lehranstalt; → **penal** 1. **2.** a) Instiˈtut(sgebäude) *n*, b) Anstalt(sgebäude *n*) *f*, c) Heim *n*. **3.** *sociol.* a) Institutiˈon *f*, Einrichtung *f*: **the ~ of marriage**, b) (überˈkommene) Sitte, (fester) Brauch. **4.** → **institute** 10 a. **5.** *colloq.* a) eingefleischte Gewohnheit: **Tom's sundowner was an ~** Tom trank regelmäßig s-n Dämmerschoppen, b) vertraute Sache, feste Einrichtung: *the old man in the park* **is a regular ~** ist ein vertrauter Anblick; **he's become a living ~** er gehört schon zum lebenden Inventar. **6.** Er-, Einrichtung *f*, Gründung *f*. **7.** Einsetzung *f*. **8.** Einführung *f*. **9.** Inˈgangsetzung *f*, Initiˈierung *f*. **10.** a) → **installation** 4, b) *relig.* Einsetzung *f*. **11.** *jur.* Einsetzung *f*.

in·sti·tu·tion·al [ˌɪnstɪˈtjuːʃənl; *Am. a.* -ˈtuː-] *adj* **1.** institutioˈnell, Institutions...: ~ **advertising** institutionelle Werbung, Goodwill-Werbung *f*; ~ **investors** *econ.* institutionelle Anleger (*Banken etc*). **2.** a) Instituts..., b) Anstalts...: ~ **clothing**, c) Heim...: ~ **care** (stationäre) Pflege *od.* Versorgung in e-m Heim *od.* e-r Anstalt. **3.** *bes. contp.* Einheits...: ~ **furniture**

(meals, *etc*). ˌ**in·sti'tu·tion·al·ism** [-ʃnəlɪzəm] *s* **1.** Festhalten *n* an überˈkommenen Sitten u. Gebräuchen. **2.** Institutionaˈlismus *m* (*Richtung der Nationalökonomie, die auf den Institutionen als der Gesamtheit der in e-r Gesellschaft gegebenen Organisationsformen menschlichen Handelns aufbaut*). ˌ**in·sti'tu·tion·al·ize** *v/t* **1.** institutionaliˈsieren, zu e-r Institutiˈon machen. **2.** in ein Heim *od.* e-e Anstalt einweisen. **3. he was ~d into apathy** er wurde im Heim *od.* in der Anstalt apathisch.

in·struct [ɪnˈstrʌkt] *v/t* **1.** a) unterˈrichten (**in** in *dat*): **to ~ a class in biology** e-r Klasse Biologieunterricht geben *od.* erteilen, b) ausbilden, schulen (**in** in *dat*). **2.** inforˈmieren, unterˈrichten, *j-m* Bescheid geben *od.* sagen. **3.** instruˈieren, anweisen, beauftragen (**to do** zu tun): **he has been ~ed to come earlier** er hat Anweisung, früher zu kommen. **4.** *jur.* *e-n Zeugen etc* belehren (**to do** zu tun): **the judge ~ed the jury** der Richter erteilte den Geschworenen Rechtsbelehrung.

in·struc·tion [ɪnˈstrʌkʃn] *s* **1.** a) ˈUnterricht *m*: **to give a class ~ in biology** e-r Klasse Biologieunterricht geben *od.* erteilen; **private ~** Privatunterricht; → **course** 15, b) Ausbildung *f*, Schulung *f*: **he is still under ~** er ist *od.* steht noch in der Ausbildung. **2.** Inforˈmierung *f*, Unterˈrichtung *f*. **3.** Instruktiˈon *f*: a) Anweisung *f*, Auftrag *m*: **according to ~s** auftrags-, weisungsgemäß; vorschriftsmäßig; **~s for use** Gebrauchsanweisung, -anleitung *f*; → **operating** 1, b) *Computer*: Befehl *m*. **4.** *mil.* Dienstanweisung *f*, Instruktiˈon *f*. **5.** *jur.* a) Belehrung *f*, b) *meist pl* Rechtsbelehrung *f*. **inˈstruc·tion·al** [-ʃənl] *adj* **1.** a) Unterrichts..., Lehr...: **~ film** Lehrfilm *m*; **~ television** Schulfernsehen *n*, b) Ausbildungs..., Schulungs... **2.** → **instructive**.

in·struc·tive [ɪnˈstrʌktɪv] *adj* (*adv* **~ly**) instrukˈtiv, aufschluß-, lehrreich. **inˈstruc·tive·ness** *s* (*das*) Instrukˈtive. **inˈstruc·tor** [-tə(r)] *s* **1.** Lehrer *m*. **2.** *mil. etc* Ausbilder *m*. **3.** *univ. Am.* (*etwa*) außerplanmäßiger Proˈfessor. **inˈstruc·tress** [-trɪs] *s* Lehrerin *f*.

in·stru·ment [ˈɪnstrʊmənt] **I** *s* **1.** *tech.* Instruˈment *n*: a) (feines) Werkzeug, b) Appaˈrat *m*, (technische) Vorrichtung, (*bes.* Meß)Gerät *n*: **to fly on ~s** *aer.* im Blind- *od.* Instrumentenflug fliegen. **2.** *med.* Instruˈment *n*, *pl a.* Besteck *n*: → **surgical** 2. **3.** *mus.* Instruˈment *n*. **4.** *econ. jur.* a) Dokuˈment *n*, Urkunde *f*, *econ. a.* (ˈWert)Paˌpier *n*: **~ of payment** Zahlungsmittel *n*; **~ of ratification** *pol.* Ratifikationsurkunde; **~ of title** Eigentums-, Besitztitel *m*; **~ (payable) to bearer** Inhaberpapier; **~ (payable) to order** Orderpapier, b) *pl* Instrumenˈtarium *n*: **the ~s of credit policy**. **5.** *fig.* Werkzeug *n*: a) (Hilfs)Mittel *n*, Instruˈment *n*, b) Handlanger(in). **II** *v/t* [*a.* -ment] **6.** instrumenˈtieren, mit Instruˈmenten ausstatten *od.* ausrüsten. **7.** *mus.* instrumenˈtieren: a) *die Stimmen* (*e-s Kompositionsentwurfs*) *auf die Orchesterinstrumente verteilen*, b) (*ein Musikstück*) (*nachträglich*) *für Orchester umschreiben*. **III** *adj* **8.** *tech.* Instrumenten..., Geräte...: **~ board** (*od.* **panel**) *mot.* Armaturenbrett *n*, -tafel *f*, *aer. a.* Instrumentenbrett *n*, -tafel *f*; **~ engineering** Meß- u. Regeltechnik *f*; **~ maker** Apparate-, Instrumentenbauer *m*, Feinmechaniker *m*. **9.** *aer.* Blind..., Instrumenten...: **~ flying**; **~ landing**; **~ landing system** Instrumentenlandesystem *n*, ILS-Anlage *f*; **~ rating** Instrumentenflugschein *m*.

in·stru·men·tal [ˌɪnstrʊˈmentl] **I** *adj* (*adv* → **instrumentally**) **1.** behilflich, dienlich, förderlich: **to be ~ in s.th.** zu etwas beitragen, bei etwas mitwirken; **to be ~ in doing s.th.** mithelfen *od.* dazu beitragen, etwas zu tun. **2.** *mus.* instrumenˈtal, Instrumental...: **~ music**. **3.** *tech.* Instrumenten...: **~ error** Instrumentenfehler *m*. **4.** *ling.* instrumenˈtal: **~ case** → 6. **II** *s* **5.** Instrumenˈtalstück *n*. **6.** *ling.* Instrumenˈtal(is) *m* (*Kasus im Slawischen, der das Mittel od. Werkzeug bezeichnet*). ˌ**in·struˈmen·tal·ism** [-təlɪzəm] *s philos.* Instrumentaˈlismus *m* (*Auffassung, nach der Denken u. Ideen nur als Instrumente der Naturbeherrschung Geltung haben*). ˌ**in·struˈmen·tal·ist** *s* Instrumentaˈlist *m*: a) *mus. Spieler e-s Instruments*, b) *philos. Anhänger des Instrumentalismus*. ˌ**in·stru·menˈtal·i·ty** [-ˈtæləti] *s* **1.** Mitwirkung *f*, (Mit)Hilfe *f*: **by** (*od.* **through**) **his ~** mit s-r Hilfe. **2.** (Hilfs)Mittel *n*: **by** (*od.* **through**) **the ~ of** (ver)mittels (*gen*). ˌ**in·struˈmen·tal·ly** [-təlɪ] *adv* **1.** durch Instruˈmente. **2.** *mus.* instrumenˈtal, mit Instruˈmenten: **to accompany s.o. ~**. **3.** → **instrumental** 1. ˌ**in·stru·menˈta·tion** *s* **1.** *mus.* a) Instrumentatiˈon *f*, Instrumenˈtierung *f*, b) Vortrag *m*, Spiel *n*. **2.** Anwendung *f* von Instruˈmenten. **3.** Instrumenˈtierung *f*, Ausstattung *f od.* Ausrüstung *f* mit Instruˈmenten. **4.** → **instrumentality**.

in·sub·or·di·nate [ˌɪnsəˈbɔː(r)dnət] *adj* (*adv* **~ly**) widerˈsetzlich, aufsässig: **~ conduct** → **insubordination** 1. ˈ**in·subˌor·diˈna·tion** [-ˌbɔːdɪˈneɪʃn; *Am.* -ˌbɔːrdnˈeɪʃən] *s* **1.** Widerˈsetzlichkeit *f*, Aufsässigkeit *f*. **2.** *bes. mil.* Insubordinaˈtiˈon *f*, Gehorsamsverweigerung *f*.

in·sub·stan·tial [ˌɪnsəbˈstænʃl] *adj* (*adv* **~ly**) **1.** nicht stofflich, unkörperlich, immateriˈell. **2.** unwirklich. **3.** wenig *od.* nicht nahrhaft *od.* gehaltvoll (*Essen etc*). **4.** geringfügig, unwesentlich (*Unterschied etc*). **5.** a) nicht *od.* wenig stichhaltig, ˈunfunˌdiert (*Argumente etc*), b) gegenstandslos (*Befürchtungen etc*). ˈ**in·subˌstan·tiˈal·i·ty** [-ʃɪˈæləti] *s* **1.** Unkörperlichkeit *f*. **2.** Unwirklichkeit *f*.

in·suf·fer·a·ble [ɪnˈsʌfərəbl] *adj* (*adv* **insufferably**) unerträglich, ˈunausˌstehlich. **inˈsuf·fer·a·ble·ness** *s* Unerträglichkeit *f*, ˈUnausˌstehlichkeit *f*.

in·suf·fi·cien·cy [ˌɪnsəˈfɪʃnsɪ] *s* **1.** ˈUnzuˌlänglichkeit *f*. **2.** Untauglichkeit *f*, Unfähigkeit *f*: **~ feeling, feeling of ~** *psych.* Insuffizienz-, Minderwertigkeitsgefühl *n*. **3.** *med.* Insuffiziˈenz *f*, Funktiˈonsschwäche *f*. ˌ**in·sufˈfi·cient** *adj* (*adv* **~ly**) **1.** ˈunzuˌlänglich, ungenügend: **to be ~** nicht genügen *od.* (aus)reichen; **~ funds** *econ.* (*Wechselvermerk*) ungenügende Deckung. **2.** untauglich, unfähig (**to do** zu tun).

in·suf·flate [ˈɪnsʌfleɪt; *Am. a.* ɪnˈsʌf-] *v/t* **1.** *tech.* einblasen, *med. a.* insufˈflieren. **2.** a) hinˈeinblasen in (*acc*), b) ausblasen: **to ~ a room with an insecticide**. **3.** *R.C.* anhauchen. **in·suf·fla·tion** [ˌɪnsʌˈfleɪʃn] *s* **1.** *tech.* Einblasung *f*, *med. a.* Insufflatiˈon *f*. **2.** Ausblasung *f*. **3.** *R.C.* Anhauchung *f*. ˈ**in·suf·fla·tor** [-tə(r)] *s med. tech.* ˈEinblaseappaˌrat *m*.

in·su·la [ˈɪnsjʊlə; *Am.* ˈɪnsələ; -ʃələ] *pl* **-lae** [-liː] *s anat.* Insula *f* (*Teil der Großhirnrinde*).

in·su·lant [ˈɪnsjʊlənt; *Am.* ˈɪnsələnt] *s electr. tech.* Isoˈlierstoff *m*, -materiˌal *n*, (*von Räumen etc a.*) Dämmstoff *m*.

in·su·lar [ˈɪnsjʊlə; *Am.* ˈɪnsələr; -ʃələr] **I** *adj* (*adv* **~ly**) **1.** inselartig, -förmig. **2.** insuˈlar, Insel...: **I~ Celtic** *ling.* das Inselkeltische. **3.** *fig.* isoˈliert, abgeschlossen. **4.** *fig.* engstirnig: **~ outlook** Engstirnigkeit *f*. **II** *s* **5.** Inselbewohner(in). ˈ**in·su·lar·ism** → insularity 2, 3. ˌ**in·suˈlar·i·ty** [-ˈlærəti] *s* **1.** insuˈlare Lage, Insellage *f*, *geogr. a.* Insulariˈtät *f*. **2.** *fig.* isoˈlierte Lage, Abgeschlossenheit *f*. **3.** *fig.* Engstirnigkeit *f*.

in·su·late [ˈɪnsjʊleɪt; *Am.* -sə-] *v/t* **1.** *electr. tech.* isoˈlieren, *Räume etc a.* dämmen. **2.** *Schall, Wärme* dämmen. **3.** *fig.* (**from**) a) isoˈlieren, absondern (von), b) schützen (vor *dat*), abschirmen (gegen).

in·su·lat·ing [ˈɪnsjʊleɪtɪŋ; *Am.* -sə-] *adj electr. tech.* isoˈlierend, Isolier..., Dämm... **~ board** *s* Isoˈlier-, Dämmplatte *f*. **~ com·pound** *s* Isoˈliermasse *f*. **~ joint** *s* Isoˈlierverbindung *f*, -kupplung *f*. **~ ma·te·ri·al** → **insulant**. **~ switch** *s* Trennschalter *m*. **~ tape** *s Br.* Isoˈlierband *n*.

in·su·la·tion [ˌɪnsjʊˈleɪʃn; *Am.* -səˈl-] *s electr. tech.* a) Isoˈlierung *f*, Isolatiˈon *f*: **~ resistance** Isolationswiderstand *m*, b) → **insulant**. ˈ**in·su·la·tor** [-tə(r)] *s* **1.** *electr.* Isoˈlator *m*: a) Nichtleiter *m*, Isoˈlierstoff *m*, b) Isoˈliervorrichtung *f*: **~ chain** Isolator(en)kette *f*. **2.** Isoˈlierer *m* (*Arbeiter*).

in·su·lin [ˈɪnsjʊlɪn; *Am.* ˈɪnsələn] *s med.* Insuˈlin *n*: **~ shock** Insulinschock *m*; **~ shock therapy** Insulinschocktherapie *f*. ˈ**in·su·lin·ize** *v/t* mit Insuˈlin behandeln.

in·sult I *v/t* [ɪnˈsʌlt] **1.** beleidigen (**by** durch, mit) (*a. fig.*). **II** *s* [ˈɪnsʌlt] **2.** Beleidigung *f* (**to** für *od.* *gen*) (*a. fig.*): **to add ~ to injury** alles noch (viel) schlimmer machen; **to be an ~ to the ear (eye)** das Ohr (Auge) beleidigen. **3.** *med.* Verletzung *f*, Wunde *f*. **inˈsult·ing** *adj* (*adv* **~ly**) **1.** beleidigend. **2.** unverschämt, frech.

in·su·per·a·bil·i·ty [ɪnˌsjuːpərəˈbɪləti; *bes. Am.* -ˌsuː-] *s* ˈUnüberˌwindlichkeit *f*. **inˈsu·per·a·ble** *adj* (*adv* **insuperably**) ˈunüberˌwindlich (*a. fig.*): **~ difficulties**.

in·sup·port·a·bil·i·ty [ˈɪnsəˌpɔː(r)təˈbɪləti] *s* Unerträglichkeit *f*, ˈUnausˌstehlichkeit *f*. ˌ**in·supˈport·a·ble** *adj* (*adv* **insupportably**) unerträglich, ˈunausˌstehlich.

in·sur·a·bil·i·ty [ɪnˌʃʊərəˈbɪləti] *s econ.* Versicherungsfähigkeit *f*. **inˈsur·a·ble** *adj econ.* versicherbar, versicherungsfähig: **~ interest** versicherbares Interesse; **~ value** Versicherungswert *m*.

in·sur·ance [ɪnˈʃʊərəns] **I** *s* **1.** *econ.* Versicherung *f*: → **buy** 4, **carry** 10 d, **effect** 14 a, **take out** 4 b. **2.** *econ.* Versicherungsbranche *f*: **he works in ~** er ist bei e-r Versicherung beschäftigt. **3.** *econ.* a) Verˈsicherungsvertrag *m*, -poˌlice *f*, b) Versicherungssumme *f*: **he received £10,000 ~** er bekam 10000 Pfund von der Versicherung, c) Versicherungsprämie *f*: **he pays £100 ~ every year** er zahlt e-e Jahresprämie von 100 Pfund. **4.** *fig.* (Ab-)Sicherung *f* (**against** gegen): **as an ~** sicherheitshalber, für alle Fälle. **II** *adj* **5.** *econ.* Versicherungs...: **~ agent (benefit, broker, clause, claim, company, coverage, fraud** *od.* **swindle, premium, value)** Versicherungsvertreter *m* (-leistung *f*, -makler *m*, -klausel *f*, -anspruch *m*, -gesellschaft *f*, -deckung *f*, -betrug *m*, -prämie *f*, -wert *m*). **~ pol·i·cy** *s econ.* Verˈsicherungspoˌlice *f*, -schein *m*: → **take out** 4 b. **~ trust** *s Am.* treuhänderische Verwaltung von Lebensversicherungsbezügen.

in·sur·ant [ɪnˈʃʊərənt] → insured II.

in·sure [ɪnˈʃʊə(r)] **I** *v/t* **1.** *econ.* versichern (**against** gegen; **for** mit *e-r Summe*): **occurrence of the event ~d against** Eintritt *m* des Versicherungsfalls. **2.** *bes. Am.* → **ensure**. **II** *v/i* **3.** *econ.* Versicherungsgeschäfte machen. **4.** *econ.* sich versichern lassen.

in·sured [ɪnˈʃʊə(r)d] *econ.* **I** *adj* versichert: **the ~ party** → II. **II** *s* Versicherte(r *m*) *f*, Versicherungsnehmer(in).
in·sur·er [ɪnˈʃʊərə(r)] *s econ.* Versicherer *m*, Versicherungsträger *m*: **the ~s** die Versicherungsgesellschaft.
in·sur·gence [ɪnˈsɜːdʒəns; *Am.* -ˈsɜr-], **inˈsur·gen·cy** [-sɪ] *s* Aufruhr *m*, -stand *m*, Rebelliˈon *f*, Reˈvolte *f*. **inˈsur·gent** **I** *adj* aufrührerisch, -ständisch, reˈbellisch. **II** *s* Aufrührer *m*, (*a.* Parˈtei)Reˌbell *m*, Aufständische(r) *m*.
in·sur·mount·a·bil·i·ty [ˈɪnsə(r)-ˌmaʊntəˈbɪlətɪ] *s* **1.** ˈUnüberˌsteigbarkeit *f*. **2.** *fig.* ˈUnüberˌwindlichkeit *f*. **ˌin·sur-ˈmount·a·ble** *adj* (*adv* **insurmountably**) **1.** ˈunüberˌsteigbar. **2.** *fig.* ˈunüberˌwindlich. **ˌin·surˈmount·a·ble·ness** → **insurmountability**.
in·sur·rec·tion [ˌɪnsəˈrekʃn] → **insurgence**. **ˌin·surˈrec·tion·al** [-ʃənl], **ˌin·surˈrec·tion·ar·y** [-ʃnərɪ; *Am.* -ʃəˌneriː] → **insurgent** I. **ˌin·surˈrec·tion·ist** *s* Aufrührer *m*, Reˈbell *m*, Aufständische(r) *m*.
in·sus·cep·ti·bil·i·ty [ˈɪnsəˌseptəˈbɪlətɪ] *s* **1.** Unempfindlichkeit *f* (**to** gegen): **~ to pain** Schmerzunempfindlichkeit. **2.** Unempfänglichkeit *f* (**to** für). **ˌin·susˈcep·ti·ble** *adj* (*adv* **insusceptibly**) **1.** nicht anfällig (**to** für). **2.** unempfindlich (**to** gegen): **~ to pain** schmerzunempfindlich. **3.** unempfänglich (**to** für): **~ to flattery**. **4. to be ~ of** (*od.* **to**) *etwas* nicht zulassen: **the passage is ~ of a different interpretation**.
in·tact [ɪnˈtækt] *adj* inˈtakt: a) unversehrt, unbeschädigt, b) ganz, vollständig: **he left his savings ~** er rührte *od.* tastete s-e Ersparnisse nicht an. **inˈtact·ness** *s* Inˈtaktheit *f*.
in·tag·li·at·ed [ɪnˈtɑːlɪeɪtɪd; -ˈtæ-] *adj* eingeschnitten, in Inˈtaglio gearbeitet.
in·tag·li·o [ɪnˈtɑːlɪəʊ; *Am.* ɪnˈtæljəʊ] **I** *pl* **-os** *s* **1.** Inˈtaglio *n*, Gemme *f*. **2.** ˈeingraˌviertes Bild, eingeschnittene Verzierung. **3.** Inˈtaglioverfahren *n*, -arbeit *f*, -kunst *f*. **4.** tiefgeschnittener Druckstempel. **5.** *a.* **~ printing** *Am.* Tiefdruckverfahren *n*. **II** *v/t* **6.** einschneiden, ˈeingraˌvieren.
in·take [ˈɪnteɪk] *s* **1.** *tech.* Einlaß(öffnung *f*) *m*: **~ valve** Einlaßventil *n*. **2.** Ein-, Ansaugen *n*: **~ of breath** Atemholen *n*; **~ stroke** *mot.* Saughub *m*. **3.** Aufnahme *f*: → **food** 1. **4.** a) aufgenommene Menge, Zufuhr *f*, b) (Neu)Aufnahme(n *pl*) *f*, (Neu)Zugänge *pl*: **our school has a yearly ~ of 500 pupils** unsere Schule nimmt jährlich 500 neue Schüler auf. **5.** Verengung *f*, enge Stelle.
in·tan·gi·ble [ɪnˈtændʒəbl] **I** *adj* (*adv* **intangibly**) **1.** nicht greifbar, immateriˈell, unkörperlich. **2.** *fig.* unklar, unbestimmt, vage. **3.** *econ.* immateriˈell: **~ assets** → 5 a; **~ property** → 5 b. **II** *s* **4.** (*etwas*) nicht Greifbares. **5.** *pl econ.* a) immateriˈelle Vermögenswerte *pl*, b) immateriˈelles Vermögen.
in·tar·si [ɪnˈtɑː(r)siː] *pl von* **intarsio**.
in·tar·si·a [ɪnˈtɑː(r)sɪə] *s* Inˈtarsia *f*, Einlegearbeit *f*.
in·tar·si·o [ɪnˈtɑː(r)sɪəʊ] *pl* **-si** [-siː] → **intarsia**.
in·te·ger [ˈɪntɪdʒə(r)] *s* **1.** *math.* ganze Zahl. **2.** → **integral** 7.
in·te·gral [ˈɪntɪgrəl] **I** *adj* (*adv* **~ly**) **1.** inteˈgral, (zur Vollständigkeit) unerläßlich: **an ~ part** ein integraler Bestandteil. **2.** a) aus inteˈgralen Teilen bestehend, inteˈgriert, einheitlich, geschlossen, b) ganz, vollständig: **an ~ whole** ein einheitliches *od.* vollständiges Ganzes. **3.** *tech.* a) (fest) eingebaut, b) e-e Einheit bildend (**with** mit). **4.** unversehrt, unverletzt. **5.** vollˈkommen. **6.** *math.* a) ganz(-zahlig): **~ multiple**, b) e-e ganze Zahl *od.* ein Ganzes betreffend, c) Integral...: **~ calculus** Integralrechnung *f*; **~ equation** Integralgleichung *f*; **~ sign** Integralzeichen *n*; **~ theorem** Integralsatz *m*. **II** *s* **7.** (*ein*) vollständiges Ganzes. **8.** *math.* Inteˈgral *n*: **~ with respect to x from a to b** Integral nach x von a bis b.
in·te·grand [ˈɪntɪgrænd] *s math.* Inteˈgrand *m* (*das, was unter dem Integralzeichen steht*). **ˈin·te·grant** [-grənt] → **integral** 1.
in·te·grate [ˈɪntɪgreɪt] **I** *v/t* **1.** inteˈgrieren: a) zs.-schließen (**into** zu), b) eingliedern (**into** in *acc*): **to ~ a criminal into society**, c) einbeziehen, einbauen (**into, with** in *acc*), d) *math.* das Inteˈgral (*gen*) berechnen. **2.** *bes. Am. Einrichtungen* für Farbige zugänglich machen. **3.** *electr.* zählen (*Meßgerät*). **II** *v/i* **4.** sich inteˈgrieren: a) sich zs.-schließen (**into** zu), b) sich eingliedern (lassen) (**into** in *acc*), c) sich einbeziehen *od.* einbauen lassen (**into, with** in *acc*). **5.** *bes. Am.* für Farbige zugänglich werden (*Einrichtungen*). **III** *adj* [-grət; -greɪt] **6.** vollständig, ganz. **ˈin·te·grat·ed** *adj* **1.** *allg.* inteˈgriert: **~ circuit** *electr.* integrierter Schaltkreis; **~ data processing** integrierte Datenverarbeitung. **2.** ausgeglichen: **an ~ person** (**character,** *etc*). **3.** *bes. Am.* für Farbige zugänglich: **an ~ school**. **4.** *econ.* Verbund...: **~ economy**; **~ store** Filiale *f*. **ˈin·te·grat·ing** *adj* **1.** *allg.* inteˈgrierend. **2.** *electr.* Zähl...: **~ device** Zählwerk *n*.
in·te·gra·tion [ˌɪntɪˈgreɪʃn] *s* **1.** Integratiˈon *f*, Inteˈgrierung *f*: a) Zs.-Schluß *m* (**into** zu), b) Eingliederung *f* (**into** in *acc*), c) Einbeziehung *f*, Einbau *m* (**into, with** in *acc*), d) *math.* Berechnung *f* des Inteˈgrals. **2.** *bes. Am.* Aufhebung *f* der Rassenschranken. **3.** *psych.* Integratiˈon *f* (*Einheit im Aufbau der Persönlichkeit u. ihrer Beziehung zur Umwelt*). **ˌin·teˈgra·tion·ist** *s bes. Am.* Verfechter(in) der rassischen Gleichberechtigung.
in·te·gra·tive [ˈɪntɪgreɪtɪv] *adj* integraˈtiv: a) *e-e Integration herbeiführend*, b) *auf e-e Integration abzielend*. **ˈin·te·gra·tor** [-tə(r)] *s* **1.** *Person od. Sache, die integriert*. **2.** *math. tech.* Inteˈgrator *m* (*Rechenmaschine zur zahlenmäßigen Darstellung von Infinitesimalrechnungen*). **3.** *electr.* inteˈgrierende Schaltung.
in·teg·ri·ty [ɪnˈtegrətɪ] *s* **1.** Integriˈtät *f*, Rechtschaffenheit *f*, Unbescholtenheit *f*. **2.** a) Vollständigkeit *f*, b) Einheit *f*: **seen in its ~ it is** ... als Ganzes gesehen ist es ...
in·teg·u·ment [ɪnˈtegjʊmənt] *s* **1.** Hülle *f*. **2.** Integuˈment *n*: a) *bot.* Samenhülle *f*, b) *anat.* Haut *f*, Körperdecke *f*. **inˌteg·uˈmen·tal, inˌteg·uˈmen·ta·ry** *adj anat.* Haut...
in·tel·lect [ˈɪntəlekt] *s* **1.** Intelˈlekt *m*, Verstand *m*, Denk-, Erkenntnisvermögen *n*, Urteilskraft *f*. **2.** a) kluger Kopf, herˈvorragender Geist, b) *collect.* große Geister *pl*, hervorragende Köpfe *pl*, Intelliˈgenz *f*. **ˌin·telˈlec·tion** *s* **1.** Denken *n*, Verstandes-, Denktätigkeit *f*. **2.** Gedanke *m*, Iˈdee *f*. **ˌin·telˈlec·tive** *adj* (*adv* **~ly**) **1.** denkend. **2.** Verstandes... **3.** intelliˈgent.
in·tel·lec·tu·al [ˌɪntəˈlektjʊəl; -tʃʊəl; *Am.* -tʃəwəl; -kʃwəl] **I** *adj* (*adv* → **intellectually**) **1.** intellektuˈell, verstandesmäßig, Verstandes..., geistig, Geistes...: **~ history** Geistesgeschichte *f*; **~ interests** geistige Interessen; **~ power** Verstandes-, Geisteskraft *f*; **~ worker** Geistesarbeiter *m*. **2.** klug, vernünftig, intelliˈgent: **an ~ being** ein vernunftbegabtes Wesen. **3.** intellektuˈell, verstandesbetont, (geistig) anspruchsvoll. **II** *s* **4.** Intellektuˈelle(r *m*) *f*, Verstandesmensch *m*: **the ~s** die Intellektuellen, die Intelligenz. **ˌin·telˈlec·tu·al·ism** *s* Intellektuaˈlismus *m*: a) *a. contp. Überbetonung des Intellekts*, b) *philos. Lehre, die dem Verstand vor den Willens- u. Gemütskräften den Vorrang gibt*. **ˌin·telˈlec·tu·al·ist** **I** *s* Intellektuaˈlist *m* (*a. philos.*). **II** *adj* intellektuaˈlistisch (*a. philos.*). **ˈin·telˌlec·tu·alˈis·tic** *adj* (*adv* **~ally**) → **intellectualist** II. **ˈin·telˌlec·tuˈal·i·ty** [-ˈælətɪ; *Am.* -ˈwælətiː] *s* **1.** Intellektualiˈtät *f*, Verstandesmäßigkeit *f*. **2.** Verstandes-, Geisteskraft *f*. **ˈin·telˌlec·tu·al·iˈza·tion** *s* Intellektualiˈsierung *f*, intellektuˈelle Behandlung. **ˌin·telˈlec·tu·al·ize** *v/t* intellektualiˈsieren, intellektuˈell behandeln. **ˌin·telˈlec·tu·al·ly** *adv* **1.** verstandesmäßig, intellektuˈell. **2.** mit dem *od.* durch den Verstand. **ˌin·telˈlec·tu·al·ness** → **intellectuality**.
in·tel·li·gence [ɪnˈtelɪdʒəns] *s* **1.** Intelliˈgenz *f*: **~ quotient** Intelligenzquotient *m*; **~ test** Intelligenztest *m*. **2.** Einsicht *f*, Verständnis *n*. **3.** → **intellect** 2. **4.** a) *obs.* Nachrichten *pl*, Mitteilungen *pl*, Informatiˈonen *pl*, b) nachrichtendienstliche Informatiˈonen *pl*. **5.** *a.* **~ service** Nachrichten-, Geheimdienst *m*: **he is in ~** er arbeitet für e-n Nachrichtendienst; **~ officer** Nachrichtenoffizier *m*. **6.** *Christian Science:* die ewige Eigenschaft des unendlichen Geistes. **inˈtel·li·genc·er** *s obs.* **1.** Berichterstatter(in). **2.** Spiˈon(in), Aˈgent(in).
in·tel·li·gent [ɪnˈtelɪdʒənt] *adj* (*adv* **~ly**) **1.** intelliˈgent, klug, gescheit. **2.** vernünftig: a) verständig, einsichtsvoll, b) vernunftbegabt, c) sinnvoll: **by ~ use of the material**. **inˌtel·liˈgen·tial** [-ˈdʒenʃl] → **intellectual** 1 *u.* 2. **inˌtel·liˈgent·si·a** [-ˈdʒentsɪə; -ˈgent-] *s* (*als pl konstruiert*) *collect.* (*die*) Intelliˈgenz, (*die*) Intellektuˈellen *pl*.
in·tel·li·gi·bil·i·ty [ɪnˌtelɪdʒəˈbɪlətɪ] *s* Verständlichkeit *f*. **inˈtel·li·gi·ble** *adj* (*adv* **intelligibly**) **1.** verständlich (**to** für *od. dat*). **2.** *philos.* intelliˈgibel (*nur durch den Intellekt u. nicht durch die sinnliche Wahrnehmung erkennbar*).
in·tem·per·ance [ɪnˈtempərəns] *s* **1.** Unmäßigkeit *f*. **2.** Unbeherrschtheit *f*. **3.** Trunksucht *f*. **4.** Rauheit *f* (*des Klimas*). **inˈtem·per·ate** [-pərət] *adj* (*adv* **~ly**) **1.** unmäßig: a) ausschweifend, zügellos, b) maßlos. **2.** unbeherrscht: **~ rage** unbändige Wut. **3.** trunksüchtig. **4.** rauh (*Klima*).
in·tend [ɪnˈtend] *v/t* **1.** beabsichtigen, vorhaben, planen, im Sinn haben (**s.th.** etwas; **to do** *od.* **doing** zu tun): **we ~ no harm** wir haben nichts Böses im Sinn; **was this ~ed?** war das Absicht?; → **offence** 3. **2.** bezwecken, im Auge haben, ˈhinzielen auf (*acc*). **3.** bestimmen (**for** für, zu): **what is it ~ed for?** was ist der Zweck der Sache?, wozu soll das dienen?; **it was ~ed for you** es war für dich (bestimmt); **our son is ~ed for the legal profession** (*od.* **to be a lawyer**) unser Sohn soll (einmal) Anwalt werden; **it is not ~ed for sale** es ist nicht verkäuflich *od.* zum Verkauf bestimmt. **4.** sagen wollen, meinen: **what do you ~ by this?** was wollen Sie damit sagen? **5.** bedeuten, sein sollen: **it was ~ed for** (*od.* **as, to be**) **a compliment** es sollte ein Kompliment sein. **6.** wollen, wünschen: **we ~ him to go, we ~ that he should go** wir wünschen *od.* möchten, daß er geht.
in·tend·ant [ɪnˈtendənt] *s* Verwalter *m*.
inˈtend·ed **I** *adj* (*adv* **~ly**) **1.** beabsichtigt, geplant. **2.** gewünscht. **3.** absichtlich. **4.** *colloq.* zukünftig: **her ~ husband**

ihr ‚Zukünftiger'. **II** *s* **5.** *colloq.* Verlobte(r *m*) *f*: **her ~** ihr ‚Zukünftiger'; **his ~** s-e ‚Zukünftige'. **inˈtend·ing** *adj* angehend, zukünftig: **~ buyer** *econ.* (Kauf-)Interessent *m.* **inˈtend·ment** *s jur.* wahre Bedeutung: **~ of the law** gesetzgeberische Absicht.

in·tense [ɪnˈtens] *adj* **1.** intenˈsiv: a) stark, heftig: **~ heat** starke Hitze; **~ longing** heftige Sehnsucht, intensives Verlangen, b) hell, grell: **~ light**, c) tief, satt: **~ colo(u)rs**, d) ˈdurchdringend (*Geräusch, Geruch*), e) angespannt, angestrengt: **~ study**, f) (an)gespannt, konzenˈtriert: **~ look**, g) eifrig, h) sehnlich, dringend, i) eindringlich: **~ style**. **2.** leidenschaftlich, stark gefühlsbetont. **3.** beträchtlich: **an ~ amount**. **4.** *phot.* dicht (*Negativ*). **inˈtense·ly** *adv* **1.** äußerst, höchst. **2.** → **intense**. **inˈtense·ness** *s* **1.** Intensiˈtät *f*: a) Stärke *f*, Heftigkeit *f*, b) Grelle *f*, Grellheit *f*, c) Tiefe *f*, Sattheit *f*, d) Anspannung *f*, Angestrengtheit *f*, e) Eifer *m*, f) Eindringlichkeit *f*. **2.** Leidenschaftlichkeit *f*, starke Gefühlsbetontheit. **3.** Beträchtlichkeit *f*. **4.** *phot.* Dichte *f*.

in·ten·si·fi·ca·tion [ɪnˌtensɪfɪˈkeɪʃn] *s* Verstärkung *f* (*a. phot.*), Intensiˈvierung *f*. **inˈten·si·fi·er** [-faɪə(r)] *s* **1.** *phot.* Verstärker *m*. **2.** *ling.* verstärkendes Adjektiv, Adˈverb *etc.* **inˈten·si·fy** [-faɪ] **I** *v/t* verstärken (*a. phot.*), intensiˈvieren: **to ~ a negative**. **II** *v/i* sich verstärken.

in·ten·sion [ɪnˈtenʃn] *s* **1.** → **intensification**. **2.** → **intenseness** 1 a *u.* d. **3.** *philos.* Intensiˈon *f*, Inhalt *m* (*e-s Begriffs*). **4.** → **intensional meaning**.

inˈten·sion·al mean·ing [-ʃənl] *s ling.* Bedeutungsinhalt *m*.

in·ten·si·ty [ɪnˈtensətɪ] *s* Intensiˈtät *f*: a) (hoher) Grad, Stärke *f*, Heftigkeit *f*, b) *electr. phys. tech.* (*Laut-, Licht-, Strom- etc*)Stärke *f*, (Stärke)Grad *m*: **~ of radiation** Strahlungsintensität, c) → **intenseness**.

in·ten·sive [ɪnˈtensɪv] **I** *adj* (*adv* **~ly**) **1.** intenˈsiv: a) stark, heftig, b) gründlich, erschöpfend: **~ study**; **~ research**; **~ course** Intensiv-, Schnellkurs *m*. **2.** verstärkend (*a. ling.*): **~ adverb**; **~ pronoun**. **3.** sich verstärkend. **4.** *med.* a) stark wirkend, b) **~ care** Intensivpflege *f*; **he is in ~ care, he is in the ~ care unit** er liegt auf der Intensivstation. **5.** a) *econ.* intenˈsiv, ertragssteigernd: **~ cultivation of land** intensive Bodenbewirtschaftung, b) *in Zssgn* ...intensiv: → **wage-intensive**, *etc.* **II** *s* **6.** → **intensifier** 2.

in·tent [ɪnˈtent] **I** *s* **1.** Absicht *f*, Vorsatz *m*: **with ~** absichtlich, mit Absicht, *bes. jur.* vorsätzlich; **with ~ to defraud** *jur.* in betrügerischer Absicht; **to all ~s and purposes** a) in jeder Hinsicht, durchaus, b) im Grunde, eigentlich, c) praktisch, fast völlig, sozusagen; → **criminal** 1, **declaration** 1. **2.** Ziel *n*, Zweck *m*, Plan *m*. **II** *adj* (*adv* **~ly**) **3. to be ~ (up)on** eifrig beschäftigt sein mit, vertieft sein in (*acc*): **to be ~ (up)on doing s.th.** fest entschlossen sein, etwas zu tun; etwas unbedingt tun wollen. **4.** aufmerksam, gespannt: **an ~ look**.

in·ten·tion [ɪnˈtenʃn] *s* **1.** Absicht *f*, Vorhaben *n*, Vorsatz *m*, Plan *m* (**of doing** zu tun): **to have every ~ of doing s.th.** fest entschlossen sein, etwas zu tun; etwas unbedingt tun wollen; **it wasn't my ~ to insult you** es war nicht meine Absicht, Sie zu beleidigen; ich wollte Sie nicht beleidigen; **with the best (of) ~s** in bester Absicht; **with the ~ of going** in der Absicht zu gehen; **it was without ~** es geschah unabsichtlich *od.* unbeabsichtigt; → **pave**. **2.** *jur.* Vorsatz *m*. **3.** Zweck *m*, Ziel *n*. **4.** *obs.* Sinn *m*, Bedeutung *f*. **5.** *pl* (Heirats)Absichten *pl*: → **honorable** 4. **6.** *med.* Intentiˈon *f*, ˈHeilproˌzeß *m*: **first ~** Wundheilung *f* ohne Eiterung; **second ~** Wundheilung *f* mit Granulations- u. Narbenbildung. **inˈten·tion·al** [-ʃənl] *adj* (*adv* **~ly**) **1.** absichtlich, *bes. jur.* vorsätzlich: **~ly** *a.* mit Absicht. **2.** intentioˈnal, intentioˈnell, zweckbestimmt. **inˈten·tioned** *adj in Zssgn* ...gemeint, ...meinend: → **well-intentioned**.

inˈtent·ness *s* **1.** gespannte Aufmerksamkeit. **2.** Eifer *m*: **~ of purpose** Zielstrebigkeit *f*.

in·ter[1] [ɪnˈtɜː; *Am.* ɪnˈtɜr] *v/t* beerdigen, bestatten.

in·ter[2] [ˈɪntə(r)] (*Lat.*) *prep* zwischen, unter: **~ alia** unter anderem.

inter- [ɪntə(r); *vor Vokal a. Br.* ɪntər] *Wortelement mit der Bedeutung*: a) (da-)zwischen, Zwischen..., b) (dar)unter, c) gegen-, wechselseitig, einander, Wechsel...

in·ter·a·bang → **interrobang**.

ˌin·terˈact[1] *v/i* aufeinˈander (ein)wirken, sich gegenseitig beeinflussen, *psych. sociol.* interaˈgieren.

ˈin·ter·act[2] *s thea.* Zwischenakt *m*.

ˌin·terˈac·tion *s* Wechselwirkung *f*, *psych. sociol.* Interaktiˈon *f*: **electromagnetic (strong, weak) ~** *phys.* elektromagnetische (starke, schwache) Wechselwirkung; **gravitational ~** *phys.* Gravitationswechselwirkung. **ˌin·terˈac·tion·ism** *s psych.* Interaktionaˈlismus *m*, Interaktioˈnismus *m* (*Theorie, die die gesellschaftlichen Beziehungen als Gesamtheit der Interaktionen zwischen Individuen u. Gruppen deutet*). **ˌin·terˈac·tive** *adj* aufeinˈander (ein)wirkend, sich gegenseitig beeinflussend, *psych. sociol.* interaˈgierend.

ˌin·terˈal·lied *adj mil. pol.* interalliˈiert: a) *mehrere Verbündete gemeinsam betreffend*, b) *aus Verbündeten bestehend*.

ˌin·ter·aˈtom·ic *adj chem.* interatoˈmar (*zwischen mehreren Atomen bestehend od. stattfindend*).

ˌin·terˈblend *v/t u. v/i* (sich) vermischen.

ˈin·terˌbourse *adj*: **~ securities** *econ. Am.* international gehandelte Effekten.

ˈin·ter·brain *s anat.* Zwischenhirn *n*.

ˌin·terˈbreed *irr biol.* **I** *v/t* **1.** durch Kreuzung züchten, kreuzen. **II** *v/i* **2.** sich kreuzen. **3.** sich untereinˈander vermehren.

in·ter·ca·lar·y [ɪnˈtɜːkələrɪ; *Am.* ɪnˈtɜrkəˌleriː] *adj* **1.** eingeschaltet, -geschoben. **2.** Schalt...: **~ day**; **~ year**. **inˈter·ca·late** [-leɪt] *v/t* **1.** einschieben, -schalten. **2.** *geol.* einschließen. **inˌter·caˈla·tion** *s* **1.** Einschiebung *f*, -schaltung *f*. **2.** *geol.* Einschließung *f*.

in·ter·cede [ˌɪntə(r)ˈsiːd] *v/i* sich verwenden *od.* einsetzen, Fürsprache *od.* Fürbitte einlegen (**with** bei; **for, on behalf of** für). **ˌin·terˈced·er** *s* Fürsprecher(in).

ˌin·terˈcel·lu·lar *adj biol. med.* interzelluˈlar, interzelluˈlär: a) *zwischen den Zellen gelegen*, b) *sich zwischen den Zellen abspielend*.

in·ter·cept I *v/t* [ˌɪntə(r)ˈsept] **1.** *e-n Brief, e-n Boten, e-n Funkspruch, ein Flugzeug, sport e-n Paß etc* abfangen. **2.** *e-e Meldung* mit-, abhören, auffangen. **3.** *j-m* den Weg abschneiden. **4.** *math.* a) abschneiden, b) einschließen (**between** zwischen *dat*). **II** *s* [ˈɪntə(r)sept] **5.** *math.* Abschnitt *m*: **~ on axis of coordinates** Achsenabschnitt. **6.** aufgefangene Funkmeldung. **ˌin·terˈcept·er** → **interceptor**.

in·ter·cep·tion [ˌɪntə(r)ˈsepʃn] *s* **1.** Abfangen *n*: **~ flight** *aer. mil.* Sperrflug *m*; **~ plane** → **interceptor** 2. **2.** Abhören *n*, Auffangen *n*: **~ circuit** *teleph.* Fangschaltung *f*; **~ service** Abhördienst *m*. **3.** *math.* a) Abschneidung *f*, b) Einschließung *f*. **ˌin·terˈcep·tor** [-tə(r)] *s* **1.** Auffänger *m*. **2.** *a.* **~ plane** *aer. mil.* Abfangjäger *m*. **3.** *tech.* ˈAuffangkaˌnal *m*.

in·ter·ces·sion [ˌɪntə(r)ˈseʃn] *s* Fürbitte *f* (*a. relig.*), Fürsprache *f*. **ˌin·terˈces·sor** [-sə(r)] *s* **1.** Fürsprecher(in). **2.** *relig.* Bistumsverweser *m*. **ˌin·terˈces·so·ry** [-sərɪ] *adj* fürsprechend, Fürsprech...

ˌin·terˈchange I *v/t* **1.** gegen- *od.* untereinˈander austauschen, auswechseln. **2.** *Geschenke, Meinungen etc* austauschen, *Briefe* wechseln (**with** mit). **II** *s* **3.** Auswechslung *f*. **4.** Austausch *m*: **~ of civilities** Austausch von Höflichkeiten; **~ of ideas** Gedankenaustausch. **5.** *mot.* Autobahnkreuz *n*. **6.** *a.* **~ station** ˈUmsteig(e)bahnhof *m*, -statiˌon *f*. **ˌin·terˈchange·a·ble** *adj* (*adv* **interchangeably**) austausch-, auswechselbar. **ˌin·terˈchang·er** *s tech.* (*Luft-, Wärme-*)Austauscher *m*.

ˌin·terˈcit·i·zenˌship *s Am.* gleichzeitige *od.* doppelte Staatsangehörigkeit (*bes. hinsichtlich verschiedener Einzelstaaten*).

ˌin·ter-ˈcit·y *s rail. Br.* Interˈcity *m*: **~ train** Intercity-Zug *m*.

ˌin·ter·colˈle·gi·ate *adj* zwischen (verschiedenen) Colleges (bestehend *od.* stattfindend).

in·ter·com [ˈɪntəkɒm; *Am.* ˈɪntərˌkɑm] *s* (Gegen-, Haus-, *aer. mar.* Bord)Sprechanlage *f*: **on** (*od.* **over**) **the ~** über die Sprechanlage.

ˌin·ter·comˈmu·ni·cate *v/i* **1.** miteinˈander in Verbindung stehen, kommuniˈzieren. **2.** miteinˈander (durch e-e Tür *etc*) verbunden sein: **these two rooms ~** diese beiden Räume haben e-e Verbindungstür. **ˈin·ter·comˌmu·niˈca·tion** *s* gegenseitige Verbindung: **~ system** → **intercom**.

ˌin·ter·comˈmun·ion *s relig.* interkonfessioˈnelles Abendmahl.

ˌin·ter·conˈfes·sion·al *adj relig.* interkonfessioˈnell.

ˌin·ter·conˈnect *v/t* miteinˈander verbinden, *electr. a.* zs.-schalten. **ˌin·ter·conˈnec·tion** *s* gegenseitige Verbindung, *electr. a.* Zs.-schluß *m*.

ˈin·terˌcon·tiˈnen·tal *adj* interkontinenˈtal, Interkontinental...: **~ flight**; **~ ballistic missile** *mil.* Interkontinentalrakete *f*.

ˌin·terˈcos·tal I *adj* **1.** *anat.* interkoˈstal, Zwischenrippen...: **~ muscle** → 4 a. **2.** *bot.* zwischen den Blattrippen. **3.** *mar.* zwischen den Schiffsrippen. **II** *s* **4.** *anat.* a) Zwischenrippenmuskel *m*, b) Zwischenrippenraum *m*. **5.** *tech.* Zwischenblech *n*.

ˈin·ter·course *s* **1.** ˈUmgang *m*, Verkehr *m* (**with** mit): **commercial ~** Geschäfts-, Handelsverkehr *m*; **social ~** gesellschaftlicher Verkehr. **2.** (Geschlechts)Verkehr *m*: → **anal, oral** 2.

ˌin·terˈcross I *v/t* **1. to ~ each other** sich kreuzen (*Straßen*). **2.** *biol.* kreuzen. **II** *v/i* **3.** sich kreuzen (*a. biol.*). **III** *s* [*Am.* ˈ-ˌkrɔːs] **4.** *biol.* a) Kreuzung *f*, Kreuzen *n*, b) ˈKreuzung(sproˌdukt *n*) *f*.

ˌin·terˈcur·rent *adj* **1.** daˈzwischenkommend. **2.** *med.* interkurˈrent, hinˈzutretend: **an ~ disease**.

ˈin·ter·deˌnom·iˈna·tion·al *adj relig.* interkonfessioˈnell.

ˌin·terˈden·tal *adj* (*adv* **~ly**) interdenˈtal: a) *anat. zwischen den Zähnen liegend; den Zahnzwischenraum betreffend*, b) *ling. zwischen den Zähnen gebildet*: **~ conso-**

nant Interdental *m*, Zahnzwischenlaut *m*.

ˈin·ter·deˌpartˈmen·tal *adj* (*adv* **~ly**) **1.** zwischen den Abˈteilungen: **~ relations. 2.** mehrere Abˈteilungen betreffend: **~ matters.**

ˌin·ter·deˈpend *v/i* voneinˈander abhängen. **ˌin·ter·deˈpend·ence, ˌin·ter·deˈpend·en·cy** *s* gegenseitige Abhängigkeit. **ˌin·ter·deˈpend·ent** *adj* voneinˈander abhängig.

in·ter·dict I *s* [ˈɪntə(r)dɪkt] **1.** (amtliches) Verbot: **to put an ~ upon → 4. 2.** *jur. Scot.* a) einstweilige Verfügung, b) gerichtliches Verbot. **3.** *R.C.* Interˈdikt *n* (*Verbot von kirchlichen Amtshandlungen als Strafe für e-e Person od. e-n Bezirk*): **to lay** (*od.* **put**) **under an ~ →** 5. **II** *v/t* [ˌɪntə(r)ˈdɪkt] **4.** (amtlich) unterˈsagen, verbieten (**to s.o.** j-m). **5.** *R.C.* mit dem Interˈdikt belegen. **6.** *mil. Nachschubwege* unterˈbrechen, *feindliches Vorrücken* behindern *od.* zum Stillstand bringen. **ˌin·terˈdic·tion → interdict** 1 *u.* 3. **ˌin·terˈdic·tive, ˌin·terˈdic·to·ry** [-tərɪ] *adj* unterˈsagend, Verbots...

in·ter·dig·i·tate [ˌɪntə(r)ˈdɪdʒɪteɪt] **I** *v/i* **1.** verflochten sein (**with** mit). **2.** ineinˈandergreifen. **II** *v/t* **3.** miteinˈander verflechten.

ˌin·terˈdis·ci·pli·nar·y *adj* interdiszipliˈnär: a) *mehrere* (*wissenschaftliche*) *Disziplinen umfassend*, b) *die Zs.-arbeit mehrerer* (*wissenschaftlicher*) *Disziplinen betreffend*: **~ research.**

in·ter·est [ˈɪntrɪst; ˈɪntərest] **I** *s* **1.** (in) Interˈesse *n* (**an** *dat*, für), (An)Teilnahme *f* (an *dat*): **to lose ~** das Interesse verlieren; **to take** (*od.* **have**) **an ~ in s.th.** sich für etwas interessieren; **music is his only ~** er interessiert sich nur für Musik. **2.** Reiz *m*, Interˈesse *n*: **to add ~ to** reizvoll *od.* interessant machen (*acc*); **to be of ~ (to)** interessieren (*acc*), reizvoll sein (für); **there is no ~ in doing s.th.** es ist uninteressant *od.* sinnlos, etwas zu tun; **→ human** 1. **3.** Wichtigkeit *f*, Bedeutung *f*, Interˈesse *n*: **of great (little) ~** von großer Wichtigkeit (von geringer Bedeutung). **4.** *bes. econ.* Beteiligung *f*, Anteil *m* (**in** an *dat*): **to have an ~ in s.th.** an *od.* bei e-r Sache beteiligt sein; **→ control** 1. **5.** *meist pl bes. econ.* Geschäfte *pl*, Interˈessen *pl*, Belange *pl*: **shipping ~(s)** Reedereigeschäfte, -betrieb *m*. **6.** *a. pl econ.* Interesˈsenten *pl*, Interˈessengruppe(*n pl*) *f*, (*die*) beteiligten Kreise *pl*: **the banking ~** die Bankkreise; **the business ~s** die Geschäftswelt; **the shipping ~** die Reeder *pl*; **the ~s** die Interessenten; **→ landed, vest** 9. **7.** Interˈesse *n*, Vorteil *m*, Nutzen *m*, Gewinn *m*: **to be in** (*od.* **to**) **s.o.'s ~** in j-s Interesse liegen; **in your (own) ~** zu Ihrem (eigenen) Vorteil, in Ihrem (eigenen) Interesse; **in the public ~** im öffentlichen Interesse; **to look after** (*od.* **protect, safeguard**) **s.o.'s ~s** j-s Interessen wahrnehmen *od.* wahren; **to study s.o.'s ~** j-s Vorteil im Auge haben; **→ lie**[2] *Bes. Redew.* **8.** Eigennutz *m*. **9.** Einfluß *m* (**with** bei), Macht *f*: **→ sphere** 6. **10.** *jur.* (An)Recht *n*, Anspruch *m* (**in** auf *acc*): **→ vest** 9. **11.** (*only sg*) *econ.* Zins *m*, Zinsen *pl*: **~ due** fällige Zinsen; **~ from** (*od.* **on**) **capital** Kapitalzinsen; **~ charged** franko Zinsen; **and** (*od.* **plus**) **~** zuzüglich Zinsen; **as ~** zinsweise; **ex ~** ohne Zinsen; **free of ~** zinslos; **to bear** (*od.* **carry, earn, pay, yield**) **~** Zinsen tragen, sich verzinsen (**at** 4% mit 4%); **~ for default** (*od.* **delay**), **~ on arrears** Verzugszinsen; **~ on credit balances** Habenzinsen; **~ on debit balances** Sollzinsen; **~ on deposits** Zinsen auf (Bank-) Einlagen; **~ on shares** Stückzinsen; **~ rate → 12; to invest money at ~** Geld verzinslich anlegen; **to return a blow** (**an insult**) **with ~** *fig.* e-n Schlag (e-e Beleidigung) mit Zinsen *od.* mit Zins u. Zinseszins zurückgeben; **to return s.o.'s kindness with ~** *fig.* sich für j-s Freundlichkeit mehr als nur erkenntlich zeigen; **→ rate**[1] 2. **12.** *econ.* Zinsfuß *m*, -satz *m*.

II *v/t* **13.** interesˈsieren (**in** für), *j-s* Interˈesse *od.* Teilnahme erwecken (**in s.th.** an e-r Sache; **for s.o.** für j-n): **to ~ o.s. in** sich interessieren für. **14.** angehen, betreffen: **every citizen is ~ed in this law** dieses Gesetz geht jeden Bürger an. **15.** interesˈsieren, fesseln, anziehen, reizen. **16.** *bes. econ.* beteiligen (**in** an *dat*).

in·ter·est| ac·count *s econ.* Zinsenkonto *n*. **ˈ~-ˌbear·ing** *adj* verzinslich, zinstragend. **~ cou·pon** *s econ.* ˈZinsabschnitt *m*, -schein *m*, -kuˌpon *m*.

ˈin·ter·est·ed *adj* **1.** interesˈsiert (**in** an *dat*): **to be ~ in s.th.** sich für etwas interessieren; **I was ~ to know** es interessierte mich zu wissen. **2.** *bes. econ.* beteiligt (**in** an *dat*, bei): **the parties ~** a) die Beteiligten, b) die Interessenten. **3.** voreingenommen, befangen: **an ~ witness. 4.** eigennützig. **ˈin·ter·est·ed·ly** *adv* **1.** mit Interˈesse, aufmerksam. **2.** in interesˈsanter Weise. **ˈin·ter·est·ed·ness** *s* **1.** Interesˈsiertheit *f*. **2.** Voreingenommenheit *f*. **3.** Eigennutz *m*.

ˈin·ter·est|-free *adj econ.* zinslos. **~ group** *s* Interˈessengruppe *f*.

ˈin·ter·est·ing *adj* interesˈsant: **to be in an ~ condition** *obs.* in anderen Umständen sein. **ˈin·ter·est·ing·ly** *adv* interesˌsanterˈweise.

in·ter·est| in·stal(l)·ment *s econ.* Zinsrate *f*. **~ lot·ter·y** *s* ˈPrämienlotteˌrie *f*. **~ state·ment** *s* Zinsaufstellung *f*. **~ tick·et, ~ war·rant → interest coupon.**

ˈin·ter·face *s* **1.** *chem. phys.* Grenz-, Trennungsfläche *f*. **2.** *electr.* Schnittstelle *f*, (*Computer a.*) Nahtstelle *f*. **3.** *fig.* Nahtstelle *f* (**of** [*od.* **between**] ... **and** zwischen [*dat*] ... und).

ˈin·ter·fac·ing *s* **1.** Einlage *f* (*in e-m Kleidungsstück*). **2. → interlining**[2].

in·ter·fere [ˌɪntə(r)ˈfɪə(r)] *v/i* **1.** (**with**) stören, behindern (*acc*): a) (*j-n*) belästigen, b) (*etwas*) beeinträchtigen: **to ~ with s.o.'s plans** j-s Pläne durchkreuzen; **the noise ~d with my work** der Krach störte mich bei der Arbeit. **2.** eingreifen (**in** in *acc*). **3.** sich einmischen (**in** in *acc*). **4.** (**with** an *dat*) a) sich zu schaffen machen, b) sich vergreifen: **who's been interfering with my wine?** wer war an m-m Wein? **5. to ~ with s.o.** a) sich an j-n ‚heranmachen': **stop interfering with that girl!** laß das Mädchen in Ruhe!, b) sich an j-m vergehen, j-n vergewaltigen: **the girl was brutally ~d with. 6.** *fig.* kolliˈdieren (**with** mit), aufeinˈanderprallen. **7.** *jur. Am.* das Prioriˈtätsrecht (für e-e Erfindung) geltend machen. **8.** *electr.* a) sich überˈlagern, *phys. a.* interfeˈrieren: **to ~ with** überlagern (*acc*), b) stören (**with** *acc*): **the reception was ~d with. 9.** *sport* sperren: **to ~ with s.o.** *a.* j-n regelwidrig behindern. **10.** *ling.* interfeˈrieren, sich überˈlagern (*Strukturen verschiedener Sprachsysteme*).

in·ter·fer·ence [ˌɪntə(r)ˈfɪərəns] *s* **1.** Störung *f* (**with** *gen*): a) Belästigung *f*, Behinderung *f*, b) Beeinträchtigung *f*. **2.** Eingriff *m* (**in** in *acc*). **3.** Einmischung *f* (**in** in *acc*). **4.** *fig.* Kollisiˈon *f* (**with** mit), Aufeinˈanderprallen *n*. **5.** *electr.* a) Überˈlagerung *f* (**with** *gen*), *phys. a.* Interfeˈrenz *f*: **~ colo(u)r** Interferenzfarbe *f*, b) Störung *f* (**with** *gen*): **~ signal** Störsignal *n*; **~ suppression** Entstörung *f*; **~ suppressor** Entstörfilter *n, m*. **6.** *sport* Sperren *n*, regelwidrige Behinderung (**with** *gen*). **7.** *ling.* Interfeˈrenz *f* (*Einwirkung von Strukturen e-s Sprachsystems auf Strukturen e-s anderen Sprachsystems*). **8.** *psych.* Interfeˈrenz *f* (*Hemmung od. Löschung e-s psychischen Prozesses, wenn er mit e-m anderen zs.-fällt*). **9.** *biol. med.* Interfeˈrenz *f* (*Hemmung e-s biologischen Vorgangs durch e-n gleichzeitigen u. gleichartigen anderen*).

in·ter·fe·ren·tial [ˌɪntə(r)fəˈrenʃl] *adj phys.* Interferenz...

ˌin·terˈfer·ing *adj* (*adv* **~ly**) **1.** störend, lästig. **2.** sich einmischend: **don't be so ~** misch dich doch nicht ständig ein. **3.** *fig.* kolliˈdierend. **4.** *electr.* störend, (sich) überˈlagernd, *phys. a.* interfeˈrierend.

in·ter·fer·om·e·ter [ˌɪntə(r)fəˈrɒmɪtə; *Am.* -ˈrɑmətər] *s* **1.** *phys.* Interferoˈmeter *n* (*Gerät, das die Interferenz von Licht- od. Schallwellen für Messungen ausnutzt*). **2. → radio interferometer. ˌin·ter·ferˈom·e·try** [-trɪ] *s phys.* Interferomeˈtrie *f* (*Gesamtheit der Präzisionsmeßverfahren, die auf der Interferenz des Lichts beruhen*).

in·ter·fer·on [ˌɪntə(r)ˈfɪərɒn; *Am.* -ˌɑn] *s Biochemie*: Interfeˈron *n* (*von Körperzellen gebildeter Eiweißkörper, der als Abwehrsubstanz gegen Infektionen wirksam ist*).

in·ter·flow I *s* [ˈɪntə(r)fləʊ] Ineinˈanderfließen *n*. **II** *v/i* [ˌ-ˈfləʊ] ineinˈanderfließen, sich vermischen.

in·ter·flu·ent [ɪnˈtɜːflʊənt; *Am.* ɪnˈtɜrfləwənt; ˌɪntərˈfluːənt] *adj* ineinˈanderfließend, sich vermischend.

ˌin·terˈfo·li·ate → interleave.

ˌin·terˈfuse I *v/t* **1.** durchˈdringen. **2.** (ver)mischen, durchˈsetzen (**with** mit). **3.** (eng) verbinden. **II** *v/i* **4.** sich (miteinˈander) vermischen. **5.** sich (eng) (miteinˈander) verbinden. **ˌin·terˈfu·sion** *s* **1.** Durchˈdringung *f*. **2.** Vermischung *f*, Durchˈsetzung *f* (**with** mit). **3.** (enge) Verbindung.

ˌin·terˈgla·cial *geol.* **I** *adj* interglaziˈal, zwischeneiszeitlich: **~ period → II. II** *s* Interglaziˈal *n*, Zwischeneiszeit *f*.

ˌin·ter·graˈda·tion *s* allˈmähliches IneinˌanderˈÜbergehen. **in·ter·grade** *bes. biol.* **I** *v/i* [ˌɪntə(r)ˈgreɪd] allˈmählich ineinˈander ˈübergehen. **II** *s* [ˈ-greɪd] Zwischenstufe *f*.

in·ter·im [ˈɪntərɪm] **I** *s* **1.** Zwischenzeit *f*: **in the ~** inzwischen, mittlerweile, unterdessen, in der Zwischenzeit, zwischenzeitlich. **2.** Interim *n*, einstweilige Regelung, ˈÜbergangsregelung *f*. **3. I~** *hist.* (Augsburger) Interim *n* (*vorläufige Lösung der Religionsfrage zwischen Protestanten u. Katholiken; 1548*). **II** *adj* **4.** interiˈmistisch, einstweilig, vorläufig, Interims..., Zwischen...: **~ aid** Überbrückungshilfe *f*; **~ balance sheet** *econ.* Zwischenbilanz *f*; **~ certificate** *econ.* Interimsschein *m*; **~ credit** *econ.* Zwischenkredit *m*; **~ dividend** *econ.* Abschlagsdividende *f*; **~ government** *pol.* Interims-, Übergangsregierung *f*; **~ measure** Übergangsmaßnahme *f*; **~ report** Zwischenbericht *m*; **~ solution** Interims-, Zwischenlösung *f*; **→ injunction** 1.

in·ter·im·is·tic [ˌɪntərɪˈmɪstɪk] **→ interim** 4.

ˈin·terˌin·diˈvid·u·al *adj* zwischenmenschlich.

in·te·ri·or [ɪnˈtɪərɪə(r)] **I** *adj* (*adv* **~ly**) **1.** inner(er, e, es), Innen...: **~ angle** *math.* Innenwinkel *m*; **~ decoration** a) Innenausstattung *f*, b) *a.* **~ design** Innenarchitektur *f*; ~ **decorator** a) Innenausstatter(in), b) *a.* ~ **designer** Innenarchitekt(in), c) → **decorator** 3; ~ **light** *mot.* Innenbeleuchtung *f*; ~ **monologue** innerer Monolog; ~ **planet** *astr.* innerer Planet. **2.** *geogr.* binnenländisch, Binnen... **3.** inländisch, Inlands... **4.** inner(er, e, es): a) pri'vat, in'tern, b) verborgen, geheim. **5.** innerlich, geistig. **II** *s* **6.** *oft pl* (*das*) Innere. **7.** Innenraum *m*, -seite *f*. **8.** *paint.* Interi'eur *n*. **9.** *phot.* Innenaufnahme *f*, *Film*, *TV*: *a.* Studioaufnahme *f*. **10.** *geogr.* Binnenland *n*, (*das*) Innere: **in the ~ of Australia** im Inneren *od.* Herzen Australiens. **11.** *pol.* innere Angelegenheiten *pl*, (*das*) Innere: → **department** 6. **12.** inneres *od.* wahres Wesen.

in'te·ri·or·ize → **internalize.**

in'te·ri·or-sprung *adj*: ~ **mattress** Sprungfeder-, Federkernmatratze *f*.

in·ter·ja·cent [ˌɪntə(r)'dʒeɪsnt] *adj* da'zwischenliegend.

in·ter·ject [ˌɪntə(r)'dʒekt] *v/t* **1.** da'zwischen-, einwerfen: **to ~ a remark. 2.** aus-, da'zwischenrufen. **ˌin·ter'jec·tion** [-kʃn] *s* **1.** Da'zwischenwerfen *n*, Einwurf *m*. **2.** Aus-, Zwischenruf *m*. **3.** *ling.* Interjekti'on *f*. **ˌin·ter'jec·tion·al** [-ʃənl] *adj* **1.** da'zwischen-, eingeworfen. **2.** *ling.* Interjektions...

ˌin·ter'lace I *v/t* **1.** (mitein'ander) verflechten, verschlingen, *a. fig.* (inein'ander) verweben. **2.** (ver)mischen (**with** mit). **3.** durch'flechten, -'weben (*a. fig.*): **to ~ a speech with humo(u)r; ~d scanning** *TV* Zeilensprung(verfahren *n*) *m*. **4.** einflechten. **II** *v/i* **5.** sich verflechten, sich kreuzen: **interlacing arches** *arch.* verschränkte Bogen; **interlacing boughs** verschlungene Zweige. **ˌin·ter'lace·ment** *s* **1.** Verflechtung *f*. **2.** Verflochtenheit *f*. **3.** Vermischung *f*.

ˌin·ter'lam·i·nate *v/t* **1.** zwischen Schichten einfügen. **2.** schichtweise anordnen *od.* aufhäufen.

'in·terˌlan·guage *s* Verkehrssprache *f*.

ˌin·ter'lard *v/t* **1.** spicken, durch'setzen (**with** mit): **a speech ~ed with oaths. 2. foreign words ~ his book** sein Buch ist mit Fremdwörtern gespickt, in s-m Buch wimmelt es von Fremdwörtern.

'in·ter·leaf *s irr* leeres Zwischenblatt.

ˌin·ter'leave *v/t Bücher* durch'schießen.

ˌin·ter'li·brar·y loan *s* **1.** Fernleihe *f*, Fernleihverkehr *m*: **to get a book on ~** ein Buch über den Fernleihverkehr bekommen. **2.** über den Fernleihverkehr ausgeliehenes Buch *etc.*

in·ter·line[1] [ˌɪntə(r)'laɪn] *v/t* **1.** *Text* zwischenzeilig schreiben, zwischen die Zeilen schreiben *od.* setzen, einfügen. **2.** *Schriftstücke* interlini'ieren: **~d manuscript** Interlinearmanuskript *n*. **3.** *print.* durch'schießen.

ˌin·ter'line[2] *v/t Kleidungsstück* mit e-m Zwischenfutter versehen.

ˌin·ter'lin·e·ar *adj* **1.** zwischengeschrieben, zwischenzeilig (geschrieben), interline'ar: ~ **translation** *ling.* Interlinearübersetzung *f*. **2.** *print.* blank: ~ **space** Durchschuß *m*. **'in·terˌlin·e'a·tion** *s* (*das*) Da'zwischengeschriebene, interline'arer Text.

ˌin·ter'lin·gua *s* **1.** → **interlanguage. 2.** *meist* **I~** Inter'lingua *f* (*Welthilfssprache, die auf Latein u. den romanischen Sprachen fußt*).

ˌin·ter·lin'guis·tics *s pl* (*als sg konstruiert*) Interlin'guistik *f* (*Teilgebiet der Sprachwissenschaft, das auf synchroner Ebene die Gemeinsamkeiten u. Unterschiede natürlicher Sprachen untersucht*).

'in·terˌlin·ing[1] → **interlineation.**

'in·terˌlin·ing[2] *s* Zwischenfutter(stoff *m*) *n*.

in·ter·link I *v/t* [ˌɪntə(r)'lɪŋk] (mitein'ander) verketten *od.* verbinden *od.* verknüpfen: **~ed fates; ~ed voltage** *electr.* verkettete Spannung. **II** *s* ['-lɪŋk] Binde-, Zwischenglied *n*.

ˌin·ter'lock I *v/i* **1.** inein'andergreifen (*a. fig.*): **~ing directorates** *econ. bes. Am.* personelle Unternehmensverflechtung (*auf Verwaltungsratsebene*). **2.** *rail.* verriegelt *od.* verblockt sein: **~ing signals** verriegelte Signale. **II** *v/t* **3.** eng zs.-schließen, inein'anderschachteln. **4.** inein'anderhaken, (mitein'ander) verzahnen. **5.** *Eisenbahnsignale* verriegeln, verblocken.

in·ter·lo·cu·tion [ˌɪntə(r)ləʊ'kju:ʃn] *s* Gespräch *n*, Unter'redung *f*. **ˌin·ter'loc·u·tor** [-'lɒkjʊtə; *Am.* -'lɑkjətər] *s* **1.** Gesprächspartner *m*. **2.** *jur. Scot.* gerichtliche (Zwischen)Entscheidung. **ˌin·ter'loc·u·to·ry** [-tərɪ; *Am.* -ˌtəʊri:; -ˌtɔ:-] *adj* **1.** gesprächsweise, in Gesprächsform. **2.** ins Gespräch eingeflochten. **3.** Gesprächs... **4.** *jur.* einstweilig, vorläufig, Zwischen...: ~ **decree**, ~ **judg(e)ment** Zwischenurteil *n*; ~ **judg(e)ment of divorce** *Am.* vorläufiges Scheidungsurteil (*das nach e-r Übergangszeit wirksam wird*); → **injunction** 1.

ˌin·ter'loc·u·tress [-trɪs] *s*, **ˌin·ter'loc·u·trice** [-trɪs] *s*, **ˌin·ter'loc·u·trix** [-trɪks] *pl* **'in·terˌloc·u'tri·ces** [-'traɪsi:z] *s* Gesprächspartnerin *f*.

ˌin·ter'lope *v/i* **1.** sich eindrängen *od.* einmischen. **2.** *econ.* Schleich- *od.* Schwarzhandel treiben. **'in·ter·lop·er** *s* **1.** Eindringling *m*. **2.** *econ.* Schleich-, Schwarzhändler *m*.

in·ter·lude ['ɪntə(r)lu:d] *s* **1.** a) (kurze) Zeit, Peri'ode *f*: **an ~ of bright weather** e-e Schönwetterperiode, b) Unter'brechung *f* (**in** *gen*). **2.** *thea.* a) Pause *f*, b) Zwischenspiel *n*, Inter'mezzo *n* (*beide a. mus. u. fig.*).

ˌin·ter·lu'na·tion *s* Inter'lunium *n* (*Zeit des Neumonds*).

ˌin·ter'mar·riage *s* **1.** Mischehe *f* (*zwischen Angehörigen verschiedener Stämme, Rassen od. Konfessionen*). **2.** Heirat *f* innerhalb der Fa'milie *od.* zwischen Blutsverwandten. **ˌin·ter'mar·ry** *v/i* **1.** a) e-e Mischehe eingehen, b) unterein'ander heiraten: **the two families have intermarried for many years. 2.** innerhalb der Fa'milie heiraten: *members of some ancient races* **intermarried with their own sisters** heirateten ihre eigene Schwester.

in·ter·max·il·lar·y [ˌɪntə(r)mæk'sɪlərɪ; *Am.* -'mæksəˌleri:] *anat.* **I** *adj* Intermaxillar...: ~ **bone** → II. **II** *s* Intermaxil'lar-, Zwischenkieferknochen *m*.

ˌin·ter'med·dle *v/i* sich einmischen (**with** in *acc*).

ˌin·ter'me·di·a I *s* Multi'media *pl*. **II** *adj* multimedi'al: ~ **show** Multimedia-Show *f*.

ˌin·ter'me·di·a·cy *s* Da'zwischenliegen *n*.

in·ter·me·di·ar·y [ˌɪntə(r)'mi:djərɪ; *Am.* -dɪˌeri:] **I** *adj* **1.** → **intermediate**[1] 1-3: ~ **storage** Zwischenlagerung *f* (*von Atommüll etc*). **2.** *med. physiol.* intermedi'är: ~ **metabolism** intermediärer Stoffwechsel, Zwischenstoffwechsel *m*. **II** *s* **3.** Vermittler(in), Mittelsmann *m*. **4.** *econ.* Zwischenhändler *m*. **5.** Vermittlung *f*. **6.** a) Zwischenform *f*, b) Zwischenstadium *n*.

in·ter·me·di·ate[1] [ˌɪntə(r)'mi:djət; -dɪət] **I** *adj* (*adv* **~ly**) **1.** da'zwischenliegend, da'zwischen befindlich, eingeschaltet, Zwischen..., Mittel...: **to be ~ between ... and ...** zwischen (*dat*) ... u. ... liegen; ~ **colo(u)r** (**credit, examination, frequency, product, seller, stage, trade**) Zwischenfarbe *f* (-kredit *m*, -prüfung *f*, -frequenz *f*, -produkt *n*, -verkäufer *m*, -stadium *n*, -handel *m*); ~ **school** → **junior high (school)**; **~-range ballistic missile** *mil.* Mittelstreckenrakete *f*; ~ **terms** *math.* innere Glieder, Mittelglieder. **2.** *ped.* für fortgeschrittene Anfänger: ~ **course. 3.** vermittelnd, Verbindungs..., Zwischen..., Mittel(s)...: ~ **agent** → 7. **4.** mittelbar, 'indiˌrekt. **II** *s* **5.** Zwischenglied *n*, -gruppe *f*, -form *f*. **6.** *chem.* 'Zwischenproˌdukt *n*. **7.** Vermittler(in), Mittelsmann *m*. **8.** *ped.* Zwischenprüfung *f*.

in·ter·me·di·ate[2] [ˌɪntə(r)'mi:dɪeɪt] *v/i* **1.** da'zwischentreten, interve'nieren. **2.** vermitteln.

ˌin·ter'me·di·ate·ness *s* Da'zwischenliegen *n*.

'in·terˌme·di'a·tion *s* **1.** Da'zwischentreten *n*, Interve'nieren *n*. **2.** Vermittlung *f*. **ˌin·ter'me·di·a·tor** [-tə(r)] *s* Vermittler(in).

in·ter·ment [ɪn'tɜ:mənt; *Am.* -'tɜr-] *s* Beerdigung *f*, Bestattung *f*.

in·ter·mez·zo [ˌɪntə(r)'metsəʊ; -'medzəʊ] *pl* **-'mez·zi** [-tsi:; -dzi:] *od.* **-'mez·zos** *s mus.* Inter'mezzo *n*, Zwischenspiel *n*.

in·ter·mi·na·bil·i·ty [ɪnˌtɜ:mɪnə'bɪlətɪ; *Am.* -ˌtɜr-] *s* Endlosigkeit *f*. **in'ter·mi·na·ble** *adj* (*adv* **interminably**) endlos: **an ~ desert (sermon,** *etc*); **housework is an ~ job** die Hausarbeit nimmt nie ein Ende. **in'ter·mi·na·ble·ness** *s* Endlosigkeit *f*.

ˌin·ter'min·gle I *v/t* **1.** vermischen, vermengen. **II** *v/i* **2.** sich vermischen. **3.** ~ **with** sich mischen unter (*acc*).

ˌin·ter'mis·sion *s* **1.** Pause *f* (*a. thea. etc*), Unter'brechung *f*: **there will now be a short ~** es folgt e-e kurze Pause; **without ~** ohne Pause, pausenlos, unaufhörlich. **2.** *med.* Intermissi'on *f* (*beschwerdefreie Zwischenzeit im Krankheitsverlauf*).

in·ter·mit [ˌɪntə(r)'mɪt] **I** *v/t* (zeitweilig) unter'brechen, aussetzen mit. **II** *v/i* (zeitweilig) aussetzen, vor'übergehend aufhören. **ˌin·ter'mit·tence** [-təns], **ˌin·ter'mit·ten·cy** [-sɪ] *s* **1.** Unter'brechung *f*, (zeitweiliges) Aussetzen. **2.** → **intermission** 2.

in·ter·mit·tent [ˌɪntə(r)'mɪtənt] *adj* (*adv* **~ly**) mit Unter'brechungen, (zeitweilig) aussetzend, stoßweise, peri'odisch (auftretend), intermit'tierend: ~ **claudication** *med.* intermittierendes Hinken, ‚Schaufensterkrankheit' *f*; ~ **current** *electr.* intermittierender *od.* pulsierender Strom; ~ **fever** *med.* intermittierendes Fieber, Wechselfieber *n*; ~ **light** Blinklicht *n*; ~ **river** *geogr.* intermittierender Fluß.

ˌin·ter'mix *v/t u. v/i* (sich) vermischen.

ˌin·ter'mix·ture *s* **1.** Vermischen *n*. **2.** Mischung *f*, Gemisch *n*. **3.** Beimischung *f*, Zusatz *m*.

ˌin·ter·mo'lec·u·lar *adj chem. phys.* intermoleku'lar (*zwischen den Molekülen liegend od. stattfindend*).

in·tern[1] **I** *v/t* [ɪn'tɜ:n; *Am.* 'ɪnˌtɜrn] a) *j-n* inter'nieren, b) *Schiffe etc* festhalten. **II** *s* ['ɪntɜ:n; *Am.* 'ɪnˌtɜrn] Inter'nierte(r *m*) *f*.

in·tern[2] ['ɪntɜ:n; *Am.* 'ɪnˌtɜrn] *bes. Am.* **I** *s* a) *im Krankenhaus wohnender Medizinalassistent*, b) *ped.* Referen'dar(in). **II** *v/i* a) sein Medizi'nalpraktikum absol'vieren, b) *ped.* sein Referendari'at absolvieren.

in·tern[3] [ɪn'tɜ:n; *Am.* ɪn'tɜrn] *adj obs.* inner(er, e, es).

in·ter·nal [ɪn'tɜ:nl; *Am.* ɪn'tɜrnl] **I** *adj* (*adv* **~ly**) **1.** inner(er, e, es), inwendig: ~

angle *math.* Innenwinkel *m*; ~ **ear** *anat.* Innenohr *n*; ~ **evidence** *jur.* reiner Urkundenbeweis; ~ **injury** *med.* innere Verletzung; ~ **medicine** innere Medizin; ~ **organs** innere Organe; ~ **rhyme** *metr.* Binnenreim *m*; ~ **specialist** → **internist**; ~ **telephone** Hausapparat *m*; ~ **thread** *tech.* Innengewinde *n*; **he was bleeding ~ly** er hatte innere Blutungen. **2.** *med. pharm.* innerlich anzuwenden(d): **an ~ remedy**; **"not to be taken ~ly"** „nicht zur inneren Anwendung". **3.** inner(er, e, es), innerlich, geistig: **the ~ law** das innere Gesetz. **4.** einheimisch, inbinnenländisch, Inlands..., Innen..., Binnen...: ~ **loan** *econ.* Inlandsanleihe *f*; ~ **trade** Binnenhandel *m*. **5.** *pol.* inner(er, e, es), ˈinnenpoˌlitisch, Innen...: ~ **affairs** innere Angelegenheiten. **6.** a) inˈtern, b) *econ.* (beˈtriebs)inˌtern, innerbetrieblich: ~ **control**. **II** *s* **7.** *pl anat.* innere Orˈgane *pl*. **8.** wesentliche Eigenschaft. **9.** *med.* gynäkoˈlogische Unterˈsuchung.

inˌter·nal-comˈbus·tion en·gine *s* Verbrennungsmotor *m*.

in·ter·nal·i·za·tion [ɪnˌtɜːnəlaɪˈzeɪʃn; *Am.* ɪnˌtɜrnləˈz-] *s* Verinnerlichung *f*, Internaliˈsierung *f*. **inˈter·nal·ize** *v/t psych. sociol. Verhaltensnormen, Konflikte etc* internaliˈsieren, verinnerlichen.

in·ter·nal rev·e·nue *s econ. Am.* Staatseinkünfte *pl* (*aus inländischen Steuern u. Abgaben*): **I~ R~ Service** (Bundes)Finanzamt *n*.

in·ter·na·tion·al [ˌɪntə(r)ˈnæʃənl] **I** *adj* (*adv* **~ly**) **1.** internatioˈnal, zwischenstaatlich, Welt..., Völker...: ~ **copyright** internationales Urheberrecht; ~ **date line** Datumsgrenze *f*; ~ **law** Völkerrecht *n*, internationales Recht; ~ **nautical mile** Seemeile *f*; ~ **reply coupon** *mail* internationaler Antwortschein. **2.** Auslands...: ~ **call**; ~ **flight**; ~ **money order** Auslandspostanweisung *f*. **II** *s* **3.** *sport* a) Internatioˈnale(r *m*) *f*, Natioˈnalspieler(in), b) Länderkampf *m*, -spiel *n*. **4.** **I~** a) *pol.* (Mitglied *n* e-r) Internatioˈnale: → **socialist** II, b) Internatioˈnale *f* (*sozialistisches Kampflied*). **5.** *pl econ.* internatioˈnal gehandelte ˈWertpaˌpiere *pl*.

In·ter·na·tion·al| Bank for Re·con·struc·tion and De·vel·op·ment *s econ.* Internatioˈnale Bank für Wiederˈaufbau u. Entwicklung. **~ Court of Jus·tice** *s* Internatioˈnaler Gerichtshof. **~ Crim·i·nal Po·lice Or·gan·i·za·tion** *s* Internatioˈnale Krimiˈnalpoliˌzeiliche Organisatiˈon (*Interpol*). **~ De·vel·op·ment As·so·ci·a·tion** *s econ.* Internatioˈnale Entˈwicklungsorganisatiˌon.

In·ter·na·tio·nale [ˌɪntə(r)næʃəˈnɑːl; *Am. a.* -ˈnæl] → **international** 4 b.

In·ter·na·tion·al Fi·nance Cor·po·ra·tion *s econ.* Internatioˈnale Fiˈnanz-Corporatiˌon.

in·ter·na·tion·al·ism [ˌɪntə(r)ˈnæʃnəlɪzəm] *s* **1.** Internatioˈnalismus *m* (*Streben nach internationalem Zs.-schluß*). **2.** internatioˈnale Zs.-arbeit. **3.** **I~** *pol.* Grundsätze *pl od.* Bestrebungen *pl* e-r Internatioˈnale. **ˌin·terˈna·tion·al·ist** *s* **1.** Internationaˈlist(in). **2.** Völkerrechtler *m*. **3.** **I~** *pol.* Mitglied *n* e-r Internatioˈnale. **ˈin·terˌna·tionˈal·i·ty** *s* internatioˈnaler Chaˈrakter. **ˌin·terˈna·tion·al·ize** *v/t* **1.** internatioˈnal machen, internationaliˈsieren. **2.** unter internatioˈnale Konˈtrolle stellen.

In·ter·na·tion·al| La·bo(u)r Of·fice *s pol.* Internatioˈnales Arbeitsamt. **~ La·bo(u)r Or·gan·i·za·tion** *s pol.* Internatioˈnale ˈArbeitsorganisatiˌon. **~ Mon·e·tar·y Fund** *s econ.* Internatioˈnaler Währungsfonds. **~ Stand·ards Or·gan·i·za·tion** *s* Internatioˈnaler Normenausschuß.

in·terne [ˈɪntɜːn; *Am.* ˈɪnˌtɜrn] → **intern**[2] I *u.* [3].

in·ter·ne·cine [ˌɪntə(r)ˈniːsaɪn; *Am. a.* -ˈnesiːn] *adj* **1.** zur gegenseitigen Vernichtung führend: **an ~ war** ein gegenseitiger Vernichtungskrieg. **2.** mörderisch, vernichtend. **3.** innerhalb e-r Gruppe (ausgetragen), inˈtern: ~ **quarrels**.

in·tern·ee [ˌɪntɜːˈniː; *Am.* -tɜr-] *s mil.* Interˈnierte(r *m*) *f*.

in·ter·nist [ɪnˈtɜːnɪst; *Am.* ˈɪnˌtɜr-] *s med.* Interˈnist *m*, Facharzt *m* für innere Krankheiten.

in·tern·ment [ɪnˈtɜːnmənt; *Am.* -ˈtɜrn-] *s mil.* a) Interˈnierung *f* (*von Personen*): ~ **camp** Internierungslager *n*, b) Festhalten *n* (*von Schiffen etc*).

in·ter·nod·al [ˌɪntə(r)ˈnəʊdl] *adj anat. bot.* internoˈdal. **ˈin·ter·node** [-nəʊd] *s* Interˈnodium *n*: a) *anat.* internoˈdales Segˈment (*e-r Nervenfaser*), b) *bot. zwischen zwei Blattknoten liegender Sproßabschnitt*.

ˈin·tern·ship *s bes. Am.* **1.** *med.* Mediziˈnalpraktikum *n*. **2.** *ped.* Referendariˈat *n*.

ˌin·terˈnu·cle·ar *adj biol.* zwischen (Zell)Kernen gelegen.

ˌin·terˈnun·ci·o *pl* **-os** *s R.C.* Interˈnuntius *m* (*päpstlicher Gesandter der zweiten Rangklasse*).

ˈin·terˌo·ceˈan·ic *adj* interozeˈanisch: a) *zwischen Weltmeeren* (*gelegen*), b) (*zwei*) *Weltmeere verbindend*.

ˌin·terˈoc·u·lar *adj* zwischen den Augen (befindlich): ~ **distance** Augenabstand *m*.

ˌin·terˈos·cu·late *v/i* **1.** ineinˈander ˈübergehen. **2.** sich gegenseitig durchˈdringen. **3.** *bes. biol.* ein Verbindungsglied bilden.

ˌin·terˈpage *v/t* zwischen die Blattseiten einschieben.

in·ter·pel·lant [ˌɪntə(r)ˈpelənt] *s parl.* Interpelˈlant *m*.

in·ter·pel·late [ɪnˈtɜːpeleɪt; *Am.* ˌɪntərˈpeleɪt] *v/t parl.* e-e Interpellatiˈon *od.* Anfrage richten an (*acc*). **in·ter·pel·la·tion** [ɪnˌtɜːpeˈleɪʃn; *Am.* ˌɪntərpəˈl-] *s* **1.** *parl.* Interpellatiˈon *f*, Anfrage *f*. **2.** Unterˈbrechung *f*. **3.** Einspruch *m*.

ˌin·terˈpen·e·trate I *v/t* (vollständig) durchˈdringen. **II** *v/i* sich gegenseitig durchˈdringen. **ˈin·terˌpen·eˈtra·tion** *s* gegenseitige Durchˈdringung.

ˌin·terˈper·son·al *adj* **1.** interpersoˈnal, interpersoˈnell: a) *zwischen mehreren Personen ablaufend*, b) *mehrere Personen betreffend*. **2.** zwischenmenschlich.

in·ter·phone [ˈɪntə(r)fəʊn] → **intercom**.

ˌin·terˈplan·e·tar·y *adj* interplaneˈtar(isch).

ˈin·ter·play *s* Wechselwirkung *f*, -spiel *n*: **the ~ of forces** das wechselseitige Spiel der Kräfte.

ˌin·terˈplead *v/i a. irr jur. gerichtlich untereinander austragen, wer der wahre Gläubiger ist*. **ˌin·terˈplead·er** *s prozessuale Verfahrensmöglichkeit zur Feststellung des wahren Gläubigers*.

ˌin·terˈpo·lar *adj bes. electr.* die Pole verbindend, zwischen den Polen (liegend).

in·ter·po·late [ɪnˈtɜːpəʊleɪt; *Am.* ɪnˈtɜrpəˌl-] *v/t* **1.** interpoˈlieren: a) *etwas* einschalten, einfügen, b) *e-n Text* (durch Einschiebungen) ändern, *bes.* verfälschen. **2.** *math.* interpoˈlieren (*Werte zwischen bekannten Werten e-r Funktion errechnen*). **inˌter·poˈla·tion** *s* **1.** Interpolatiˈon *f*: a) Einschaltung *f*, Einfügung *f*, b) Änderung *f*, *bes.* Verfälschung *f* (*durch Einschiebungen*). **2.** Interpoˈlieren *n*, Einschalten *n*, Einfügen *n*. **3.** *math.* Interpolatiˈon *f*: **calculus of ~** Interpolationsrechnung *f*.

ˈin·ter·pole *s electr.* Zwischenpol *m*.

in·ter·pose [ˌɪntə(r)ˈpəʊz] **I** *v/t* **1.** daˈzwischenstellen, -legen, -bringen: **to ~ o.s. between** *fig.* vermitteln zwischen (*dat*). **2.** *ein Hindernis* in den Weg legen. **3.** *e-e Bemerkung* einwerfen, einflechten. **4.** *e-n Einwand* vorbringen, *Einspruch* erheben, *ein Veto* einlegen. **5.** *geol.* einlagern. **6.** *tech.* zwischen-, einschalten. **II** *v/i* **7.** daˈzwischenkommen, -treten. **8.** vermitteln (**in** in *dat*; **between** zwischen *dat*), eingreifen (**in** in *acc*). **9.** sich unterˈbrechen. **in·ter·po·si·tion** [ɪnˌtɜːpəˈzɪʃn; *bes. Am.* ˌɪntə(r)pəˈz-] *s* **1.** Daˈzwischentreten *n*, -legen *n*, -bringen *n*. **2.** Einwerfen *n*, Einflechten *n*. **3.** Einwurf *m*. **4.** Vorbringen *n*, Erheben *n*, Einlegen *n*. **5.** *tech.* Zwischen-, Einschaltung *f*. **6.** Vermittlung *f*, Eingreifen *n*.

in·ter·pret [ɪnˈtɜːprɪt; *Am.* -ˈtɜr-] **I** *v/t* **1.** auslegen, auffassen, deuten, interpreˈtieren (**as** als): **I ~ his silence as agreement**. **2.** dolmetschen. **3.** *mus. thea. etc* interpreˈtieren, ˈwiedergeben. **4.** *Daten etc* auswerten. **II** *v/i* **5.** dolmetschen, als Dolmetscher(in) funˈgieren: **to ~ for s.o.** j-m dolmetschen. **inˌter·preˈta·tion** *s* **1.** Auslegung *f*, Deutung *f*, Interpreˈtierung *f*, Interpretatiˈon *f*: **his remark may be given several ~s** s-e Bemerkung kann verschieden ausgelegt werden; ~ **clause** Auslegungsbestimmung *f*. **2.** Dolmetschen *n*. **3.** *mus. thea. etc* Interpretatiˈon *f*, ˈWiedergabe *f*. **4.** Auswertung *f*. **inˈter·pre·ta·tive** [-tətɪv; *Am.* -ˌteɪtɪv] *adj* (*adv* **~ly**) auslegend: **to be ~ of s.th.** etwas auslegen *od.* deuten *od.* interpretieren. **inˈter·pret·er** *s* **1.** Ausleger(in), Deuter(in), Interˈpret(in). **2.** Dolmetscher(in). **3.** *mus. thea. etc* Interˈpret(in). **inˈter·pre·tive** → **interpretative**.

in·ter·punc·tion [ˌɪntə(r)ˈpʌŋkʃn], **ˈin·terˌpunc·tuˈa·tion** → **punctuation**.

ˌin·terˈra·cial *adj* **1.** zwischen verschiedenen Rassen (vorkommend *od.* bestehend): ~ **tensions** Rassenspannungen. **2.** gemischtrassig: ~ **schools**.

ˈIn·ter·rail pass *s* Interrailkarte *f*.

ˌin·ter·reˈact *v/i* aufeinˈander *od.* wechselseitig reaˈgieren, sich gegenseitig beeinflussen. **ˌin·ter·reˈac·tion** *s* wechselseitige Reaktiˈon, gegenseitige Beeinflussung.

in·ter·reg·num [ˌɪntəˈregnəm] *pl* **-na** [-nə], **-nums** *s* **1.** Interˈregnum *n*: a) *Zeit zwischen Tod, Absetzung od. Abdankung e-s Herrschers u. der Inthronisation s-s Nachfolgers*, b) *Übergangszeit zwischen zwei Regierungen*. **2.** herrscher- *od.* reˈgierungslose Zeit. **3.** Unterˈbrechung *f*, Pause *f*.

ˌin·ter·reˈlate I *v/t* (zueinˈander) in Beziehung bringen *od.* setzen. **II** *v/i* (zueinˈander) in Beziehung stehen, zs.-hängen. **ˌin·ter·reˈlat·ed** *adj* in Wechselbeziehung stehend, zs.-hängend. **ˌin·ter·reˈla·tion** *s* Wechselbeziehung *f*.

in·ter·ro·bang [ɪnˈterəbæŋ] *s* Ausrufezeichen *n* u. Fragezeichen *n* (*nach e-r rhetorischen Frage*).

in·ter·ro·gate [ɪnˈterəʊgeɪt] *v/t* **1.** verhören, vernehmen. **2.** *Computer: den Speicher* abfragen. **3.** *fig.* (zu) ergründen (suchen). **inˌter·roˈga·tion** *s* **1.** Verhör *n*, Vernehmung *f*. **2.** Frage *f* (*a. ling.*): ~ **mark** (*od.* **point**) → 3. **3.** Fragezeichen *n*. **4.** *Computer:* Abfragen *n*.

in·ter·rog·a·tive [ˌɪntəˈrɒgətɪv; *Am.* -ˈrɑ-] **I** *adj* (*adv* **~ly**) **1.** fragend: **an ~ look**; **in an ~ tone** fragend. **2.** *ling.* interrogaˈtiv, Frage...: ~ **adverb** → 3 a; ~ **pronoun** → 3 b; ~ **sentence** → 3 c. **II** *s* **3.**

ling. a) Interroga'tivad,verb *n*, 'Frage-,umstandswort *n*, b) Interroga'tivpro,nomen *n*, Interroga'tiv(um) *n*, Fragefürwort *n*, c) Interroga'tiv-, Fragesatz *m*. **4.** Fragezeichen *n*.

in·ter·ro·ga·tor [ɪn'terəʊgeɪtə(r)] *s* Ver'nehmungsbe,amte(r) *m*. **in·ter·rog·a·to·ry** [,ɪntə'rɒgətərɪ; *Am.* -'rɑgə,təʊri:; -,tɔ:-] **I** *adj* **1.** → **interrogative** 1. **II** *s* **2.** Frage *f*. **3.** *pl jur.* schriftliche Beweisfragen *pl* (*vor der Verhandlung an e-e Prozeßpartei, die schriftlich unter Eid beantwortet werden müssen*).

in·ter·rupt [,ɪntə'rʌpt] **I** *v/t* **1.** unter'brechen (*a. electr.*), *j-m* ins Wort fallen: **to ~ a pregnancy** e-e Schwangerschaft abbrechen *od.* unterbrechen. **2.** aufhalten, stören, behindern, *den Verkehr a.* zum Stocken bringen. **3.** *die Sicht* versperren: **to ~ the view. II** *v/i* **4.** unter'brechen: **don't ~!** unterbrich *od.* stör mich *etc* nicht! **III** *s* **5.** Unter'brechung *f*. **,in·ter'rupt·ed·ly** *adv* mit Unter'brechungen. **,in·ter'rupt·er** *s* **1.** Unter'brecher(in). **2.** Störer(in). **3.** *electr.* Unter'brecher *m*. **,in·ter'rup·tion** *s* **1.** Unter'brechung *f* (*a. electr.*): **without ~** ohne Unterbrechung, ununterbrochen; **~ of pregnancy** Schwangerschaftsabbruch *m*, -unterbrechung *f*. **2.** Störung *f*, Behinderung *f*: **~ of traffic** Verkehrsstockung *f*. **3.** Versperrung *f*. **,in·ter'rup·tive** *adj* (*adv* **~ly**) **1.** unter'brechend. **2.** störend. **,in·ter'rup·tor** → **interrupter**.

,in·ter·scho'las·tic *adj* zwischen mehreren Schulen (bestehend, stattfindend *etc*).

in·ter·sect [,ɪntə(r)'sekt] **I** *v/t* **1.** (durch-)'schneiden, (-)'kreuzen. **II** *v/i* **2.** sich (durch-, über)'schneiden, sich kreuzen: **~ing roads** (Straßen)Kreuzung *f*; **~ing line** → **intersection** 3 c; **~ing point** → **intersection** 2, 3 b. **3.** *fig.* sich über'schneiden. **III** *s* ['-sekt] → **intersection** 3 b *u.* c, 4.

in·ter·sec·tion [,ɪntə(r)'sekʃn] *s* **1.** Durch'schneiden *n*. **2.** *a.* **point of ~** Schnitt-, Kreuzungspunkt *m*. **3.** *math.* a) Schnitt *m*, b) *a.* **point of ~** Schnittpunkt *m*, c) *a.* **line of ~** Schnittlinie *f*; **angle of ~** Schnittwinkel *m*; **~ of the axes** Nullpunkt *m* e-s Koordinatensystems. **4.** (Straßen)Kreuzung *f*. **5.** *arch.* Vierung *f*. **6.** *Bergbau*: Durch'örterung *f*. **,in·ter'sec·tion·al** [-ʃənl] *adj* Kreuzungs..., Schnitt...

'in·ter·sex I *s* **1.** *biol.* Inter'sex *n* (*Individuum, das die typischen Merkmale der Intersexualität zeigt*). **2.** → **unisex** I. **II** *adj* → **unisex** II. **,in·ter'sex·u·al** *adj* (*adv* **~ly**) *biol.* intersexu'ell. **,in·ter'sex·u·al·ism, 'in·ter,sex·u'al·i·ty** *s biol.* Intersexuali'tät *f* (*abnorme Mischung von männlichen u. weiblichen Geschlechtsmerkmalen in e-m Individuum*).

,in·ter'space I *s* **1.** Zwischenraum *m*. **2.** interplane'tar(isch)er *od.* interstel'larer Raum. **II** *v/t* **3.** Raum lassen zwischen (*dat*). **4.** a) trennen, b) unter'brechen. **,in·ter'spa·tial** *adj* Zwischenraum...

in·ter·sperse [,ɪntə'spɜ:s; *Am.* ,ɪntər'spɜrs] *v/t* **1.** einstreuen, hier u. da einfügen. **2.** durch'setzen (**with** mit). **,in·ter'sper·sion** [-'spɜ:ʃn; *Am.* -'spɜrʒən; -ʃən] *s* **1.** Einstreuung *f*. **2.** Durch'setzung *f*.

'in·ter,state *Am.* **I** *adj* zwischenstaatlich, zwischen den einzelnen (Bundes-) Staaten (bestehend *etc*): **~ commerce** Handel *m* zwischen den Einzelstaaten; **~ highway** → II. **II** *s* (*zwei od. mehrere Staaten verbindende*) Autobahn.

,in·ter'stel·lar *adj* interstel'lar, zwischen den Sternen (befindlich).

in·ter·stice [ɪn'tɜ:stɪs; *Am.* -'tɜr-] *s* **1.** Zwischenraum *m*, *anat. a.* Inter'stitium *n*. **2.** Lücke *f*, Spalt *m*. **3.** *R.C.* Inter'stitien *pl* (*vorgeschriebene Zwischenzeit zwischen dem Empfang zweier geistlicher Weihen*).

,in·ter'sti·tial [-'stɪʃl] *adj* in Zwischenräumen gelegen, *anat. a.* interstiti'ell: **~ tissue.**

,in·ter'trib·al *adj* (*adv* **~ly**) zwischen verschiedenen Stämmen: **~ war** Stammeskrieg *m*.

in·ter·tri·go [,ɪntə(r)'traɪgəʊ] *pl* **-goes** *s med.* Inter'trigo *f*, Hautwolf *m*.

,in·ter'twine *v/t u. v/i* (sich) verflechten *od.* verschlingen. **,in·ter'twine·ment** *s* Verflechtung *f*.

,in·ter'twist → **intertwine.**

,in·ter'ur·ban I *adj* zwischen mehreren Städten (bestehend *od.* verkehrend), Überland...: **~ bus; ~ traffic. II** *s* 'Überlandbahn *f*, -bus *m*.

,in·ter'u·ter·ine *adj anat.* interute'rin, intra-ute'rin: a) *im Inneren der Gebärmutter gelegen*: **~ device** *med.* Interuterin-, Intra-uterinpessar *n*, b) *das Innere der Gebärmutter betreffend.*

in·ter·val ['ɪntəvl; *Am.* 'ɪntərvəl] *s* **1.** (*zeitlicher od. räumlicher*) Abstand, (*zeitlich a.*) Inter'vall *n*: **at ~s** dann u. wann, ab u. zu, in Abständen; **at regular ~s** in regelmäßigen Abständen; **at ten-minute ~s, at ~s of ten minutes** in Abständen von zehn Minuten, im Zehn-Minuten-Takt; **at ~s of fifty feet** in Abständen von 50 Fuß; **sunny ~s** *meteor.* Aufheiterungen; **~ training** *sport* Intervalltraining *n*; → **lucid** 1. **2.** *Br.* Pause *f* (*a. thea. etc*), Unter'brechung *f*: **there was a long ~ before he answered** er antwortete erst nach e-r langen Pause; **~ signal** (*Rundfunk, TV*) Pausenzeichen *n*. **3.** *mus.* Inter'vall *n* (*Höhenunterschied zwischen zwei Tönen, die gleichzeitig od. nacheinander erklingen*). **4.** *math.* Inter'vall *n* (*Bereich zwischen zwei Punkten auf e-r Strecke od. Skala*). **5.** *Bergbau*: Getriebsfeld *n*, Fach *n*.

in·ter·vene [,ɪntə(r)'vi:n] *v/i* **1.** eingreifen, einschreiten, *bes. mil. pol.* interve'nieren: **to ~ in the affairs of another country** sich gewaltsam in die Angelegenheiten e-s anderen Landes einmischen. **2.** vermitteln (**in** in *dat*; **between** zwischen *dat*). **3.** *jur.* (e-m Rechtsstreit) beitreten: **intervening party** → **intervener** 2. **4.** (*zeitlich*) da'zwischenliegen: **in the years that ~d, in the intervening years** in den dazwischenliegenden Jahren, in den Jahren dazwischen. **5.** sich in'zwischen ereignen: **nothing interesting has ~d** in der Zwischenzeit hat sich nichts Interessantes ereignet. **6.** (plötzlich) eintreten, (unerwartet) da'zwischenkommen: **if nothing ~s** wenn nichts dazwischenkommt. **,in·ter'ven·er** *s* **1.** Vermittler(in). **2.** *jur.* 'Nebeninterveni,ent *m*.

in·ter·ven·tion [,ɪntə(r)'venʃn] *s* **1.** Eingreifen *n*, Einschreiten *n*, Eingriff *m*, *bes. mil. pol.* Interventi'on *f*: **armed ~. 2.** Vermittlung *f*. **3.** *jur.* Nebeneintritt *m*. **,in·ter'ven·tion·ism** *s* a) *econ. pol.* Interventio'nismus *m* (*Eingreifen des Staates in die* [*private*] *Wirtschaft*), b) *mil.* Befürwortung *f* e-r Interventi'on. **,in·ter'ven·tion·ist** *s* a) *econ. pol.* Interventio'nist *m*, b) *mil.* Befürworter *m* e-r Interventi'on.

,in·ter'ver·te·bral *adj anat.* interverte'bral, Zwischenwirbel...: **~ disc** (*od.* **disk**) Bandscheibe *f*.

in·ter·view ['ɪntə(r)vju:] **I** *s* **1.** Inter'view *n*: **to give s.o. an ~. 2.** Einstellungsgespräch *n*. **II** *v/t* **3.** *j-n* inter'viewen, ein Inter'view führen mit. **4.** ein Einstellungsgespräch führen mit. **III** *v/i* **5.** inter'viewen. **6.** ein Einstellungsgespräch führen. **,in·ter·view'ee** [-'i:] *s* **1.** Inter'viewte(r *m*) *f*. **2.** *j-d, mit dem ein Einstellungsgespräch geführt wird.* **'in·ter,view·er** *s* **1.** Inter'viewer(in). **2.** Leiter(in) e-s Einstellungsgesprächs.

,in·ter·vo'cal·ic *adj* (*adv* **~ally**) *ling.* 'inter-, 'zwischenvo,kalisch.

'in·ter·war *adj*: **the ~ period** die Zeit zwischen den (Welt)Kriegen.

,in·ter'weave *irr* **I** *v/t* **1.** (mitein'ander) verweben *od.* verflechten: **their lives were interwoven. 2.** vermengen, vermischen (*a. fig.*): **to ~ truth with fiction. II** *v/i* **3.** sich verweben *od.* verflechten (*a. fig.*).

in·ter·wind [,ɪntə(r)'waɪnd] *v/t u. v/i irr* (sich) verflechten.

,in·ter'zon·al *adj* interzo'nal, Interzonen...

in·tes·ta·cy [ɪn'testəsɪ] *s jur.* Sterben *n* ohne Hinter'lassung e-s Testa'ments: **succession on ~** Intestaterbfolge *f*, gesetzliche Erbfolge; **the property goes by ~** der Nachlaß fällt an die gesetzlichen Erben. **in'tes·tate** [-teɪt; -tət] **I** *adj* **1.** ohne Hinter'lassung e-s Testa'ments: **to die ~; ~ decedent** *Am.* → 3. **2.** nicht testamen'tarisch geregelt: **~ estate; ~ succession** Intestaterbfolge *f*, gesetzliche Erbfolge; **~ successor** Intestaterbe *m*, gesetzlicher Erbe. **II** *s* **3.** Erblasser(in), der (die) kein Testa'ment hinter'lassen hat.

in·tes·ti·nal [ɪn'testɪnl; *Br. a.* ,ɪntes'taɪnl] *adj anat.* Darm..., Eingeweide...: **~ flora** Darmflora *f*; **~ influenza** *med.* Darmgrippe *f*.

in·tes·tine [ɪn'testɪn] **I** *s* **1.** *anat.* Darm *m*: **~s** Gedärme, Eingeweide; **large ~** Dickdarm; **small ~** Dünndarm. **II** *adj* **2.** → **intestinal. 3.** *fig.* inner(er, e, es): **~ strife; ~ war** Bürgerkrieg *m*.

in·thral(l) [ɪn'θrɔ:l] → **enthral**(l).

in·throne [ɪn'θrəʊn], *etc* → **enthrone**, *etc.*

in·ti·ma·cy ['ɪntɪməsɪ] *s* Intimi'tät *f*: a) Vertrautheit *f*, vertrauter 'Umgang, b) (*a. contp. plumpe*) Vertraulichkeit, c) in'time (*sexuelle*) Beziehungen *pl*, d) Gemütlichkeit *f*: **to be on terms of ~ (with)** auf vertrautem Fuß stehen (mit); intime Beziehungen haben (zu).

in·ti·mate[1] ['ɪntɪmət] **I** *adj* (*adv* **~ly**) **1.** in'tim: a) vertraut, eng (*Freund etc*), b) vertraulich (*Mitteilung etc*), *contp. a.* plump-vertraulich, c) in sexu'ellen Beziehungen stehend, d) anheimelnd, gemütlich (*Atmosphäre etc*), e) innerst(er, e, es) (*Wünsche etc*), f) gründlich, genau (*Kenntnisse etc*): **they became ~** sie wurden vertraut miteinander; sie wurden intim; **to have ~ knowledge of** ein Intimkenner (*gen*) sein; **to be on ~ terms (with)** auf vertrautem Fuße stehen (mit); intime Beziehungen haben (zu). **2.** *chem.* innig: **~ mixture. 3.** *tech.* eng, innig: **~ contact. II** *s* **4.** Vertraute(r *m*) *f*, Intimus *m*. **5.** In'timkenner(in).

in·ti·mate[2] ['ɪntɪmeɪt] *v/t* **1.** andeuten: **to ~ to s.o. that** j-m zu verstehen geben, daß. **2.** a) ankündigen, b) mitteilen.

in·ti·mate·ness ['ɪntɪmətnɪs] → **intimacy.**

in·ti·ma·tion [,ɪntɪ'meɪʃn] *s* **1.** Andeutung *f*. **2.** a) Ankündigung *f*, b) Mitteilung *f*.

in·tim·i·date [ɪn'tɪmɪdeɪt] *v/t* einschüchtern: **to ~ s.o. into doing s.th.** j-n nötigen, etwas zu tun. **in,tim·i'da·tion** *s* Einschüchterung *f*. **in'tim·i·da·tor** [-tə(r)] *s* Einschüchterer *m*. **in'tim·i·da·to·ry** [-dətərɪ; *Am.* -də,təʊri:; -,tɔ:-] *adj* einschüchternd.

in·tit·ule [ɪnˈtɪtjuːl] *v/t parl. ein Gesetz* betiteln.

in·to [ˈɪntʊ; *nur vor Konsonanten*: ˈɪntə] *prep* **1.** in (*acc*), in (*acc*) ... hinˈein: **he went ~ the house**; → **run into** 5, **translate** 1, *etc.* **2.** gegen: → **drive** 32, *etc.* **3.** *Zustandsänderung*: zu: **to make water ~ ice**; → **cash**[1] 2, *etc.* **4.** *math.* in (*acc*): **7 ~ 49 goes 7 (times)** 7 geht siebenmal in 49; → **divide** 7 a. **5.** *Zustand*: *colloq.* in (*dat*): **they are ~ the second half** *sport* sie sind (schon) in der zweiten Halbzeit; **he is ~ his fifth whisky** er ist schon beim fünften Whisky; **he is ~ modern music** er ‚steht auf' moderne Musik, er ‚hat's mit' moderner Musik; **he's ~ me (for £500)** ‚er steht bei mir (mit 500 Pfund) in der Kreide'; → **juice** 5.

in·toed [ˈɪntəʊd] *adj* mit einwärts gekehrten Fußspitzen.

in·tol·er·a·ble [ɪnˈtɒlərəbl; *Am.* -ˈtɑ-] *adj* (*adv* **intolerably**) unerträglich. **inˈtol·er·a·ble·ness** *s* Unerträglichkeit *f.*

in·tol·er·ance [ɪnˈtɒlərəns; *Am.* -ˈtɑ-] *s* **1.** Unduldsamkeit *f*, ˈIntoleˌranz *f* (**to** gegen). **2.** ˈÜberempfindlichkeit *f* (**of** gegen): **~ of heat.** **inˈtol·er·ant I** *adj* (*adv* **~ly**) **1.** unduldsam, ˈintoleˌrant (**of** gegenˈüber): **to be ~ of s.th.** etwas nicht dulden *od.* tolerieren; **he is ~ of opinions different from his own** er läßt nur s-e eigene Meinung gelten. **2. to be ~ of s.th.** a) etwas nicht (v)ertragen können, ˈüberempfindlich sein gegen etwas: **he is ~ of noise** er ist sehr lärmempfindlich, b) *med.* ˈintoleˌrant *od.* nicht ˈwiderstandsfähig sein gegen: **he is ~ of alcohol** er verträgt keinen Alkohol. **II** *s* **3.** unduldsamer *od.* ˈintoleˌranter Mensch.

in·to·nate [ˈɪntəʊneɪt] → **intone**. **ˌin·toˈna·tion** *s* **1.** *ling.* Intonatiˈon *f*, ˈSatzmeloˌdie *f.* **2.** Tonfall *m.* **3.** *mus.* Intonatiˈon *f*: a) (*in der Gregorianik*) *die vom Priester etc gesungenen Anfangsworte e-s liturgischen Gesangs, der dann vom Chor od. von der Gemeinde weitergeführt wird*, b) *präludierende Einleitung in größeren Tonsätzen*, c) *Art der Tongebung bei Sängern u. Instrumentalisten.* **4.** a) Psalmoˈdieren *n*, liˈturgischer Sprechgesang, b) Singsang *m.*

in to·to [ɪnˈtəʊtəʊ] (*Lat.*) *adv* in toto: a) im ganzen, b) vollständig.

in·tox·i·cant [ɪnˈtɒksɪkənt; *Am.* -ˈtɑk-] **I** *adj* berauschend (*a. fig.*). **II** *s* Rauschmittel *n*, -gift *n*, *bes.* berauschendes Getränk.

in·tox·i·cate [ɪnˈtɒksɪkeɪt; *Am.* -ˈtɑk-] **I** *v/t* **1.** berauschen (*a. fig.*): **driving while ~d** *Am.* Fahren *n* in betrunkenem Zustand; **~d with joy** freudetrunken. **2.** *med.* vergiften. **II** *v/i* **3.** berauschen(d wirken) (*a. fig.*): **intoxicating drinks** berauschende *od.* alkoholische Getränke. **inˌtox·iˈca·tion** *s* **1.** Rausch *m*, *fig. a.* Trunkenheit *f.* **2.** *med.* Vergiftung *f.*

intra- [ɪntrə] *Wortelement mit der Bedeutung* innerhalb, inner...

ˌin·traˈcar·di·ac *adj* intrakardiˈal: a) *anat. innerhalb des Herzens gelegen*, b) *med. unmittelbar ins Herz hinein erfolgend*: **an ~ injection.**

ˌin·traˈcel·lu·lar *adj biol.* intrazelluˈlär, -zelluˈlar (*innerhalb der Zelle[n]* [*gelegen*]).

ˌin·tra·colˈle·gi·ate *adj* innerhalb e-s College (bestehend *od.* stattfindend).

ˌin·traˈcra·ni·al *adj anat.* intrakraniˈell (*innerhalb des Schädels gelegen*).

in·trac·ta·bil·i·ty [ɪnˌtræktəˈbɪlətɪ] *s* **1.** Unlenkbarkeit *f*, Eigensinn *m.* **2.** Hartnäckigkeit *f.* **inˈtrac·ta·ble** *adj* (*adv* **intractably**) **1.** unlenkbar, eigensinnig. **2.** hartnäckig (*Krankheit*, *Problem etc*). **3.** schwer zu bearbeiten(d) (*Material*). **inˈtrac·ta·ble·ness** → **intractability**.

ˌin·tra·cuˈta·ne·ous *adj* intrakuˈtan: a) *anat. in der Haut (gelegen)*, b) *med. in die Haut hinein erfolgend*: **an ~ injection.**

ˌin·traˈder·mal *adj* (*adv* **~ly**); **ˌin·traˈder·mic** *adj* (*adv* **~ally**) → **intracutaneous.**

in·tra·dos [ɪnˈtreɪdɒs; *Am.* -ˌdɑs; ˈɪntrəˌdɑs] *pl* **-dos** [-dɒs; *Am.* -ˌdəʊz; -ˌdɑs], **-dos·es** *s arch.* (Bogen-, Gewölbe)Laibung *f.*

ˌin·tra·moˈlec·u·lar *adj chem.* intramolekuˈlar (*sich innerhalb der Moleküle vollziehend*).

ˌin·traˈmun·dane *adj philos.* intramunˈdan, innerweltlich.

ˌin·traˈmu·ral *adj* **1.** innerhalb der Mauern (*e-r Schule od. Universität*), *weitS.* inˈtern: **an ~ investigation**; **~ courses** (*od.* **classes**) lehrplanmäßige Kurse der Universität. **2.** *anat.* intramuˈral (*innerhalb der Wand e-s Hohlraums gelegen*): **~ gland** Zwischenwanddrüse *f.*

ˌin·traˈmus·cu·lar *adj* (*adv* **~ly**) intramuskuˈlär: a) *anat. innerhalb des Muskels gelegen*, b) *med. in den Muskel hinein erfolgend*: **an ~ injection**; **to inject s.th. ~ly.**

in·tran·si·gence [ɪnˈtrænsɪdʒəns; -zɪ-], **inˈtran·si·gen·cy** *s* Unversöhnlichkeit *f*, Komproˈmißlosigkeit *f*, Intransiˈgenz *f.* **inˈtran·si·gent I** *adj* (*adv* **~ly**) unnachgiebig, unversöhnlich, komproˈmißlos, intransiˈgent. **II** *s* Unnachgiebige(r *m*) *f*, *bes. pol.* Intransiˈgent(in).

in·tran·si·tive [ɪnˈtrænsɪtɪv; -zɪ-] **I** *adj* (*adv* **~ly**) **1.** *ling.* intransitiv, nichtzielend: **~ verb** → 3. **2.** *Logik*: intransitiv: **an ~ equation.** **II** *s* **3.** *ling.* Intransitiv(um) *n*, intransitives Verb, nichtzielendes Zeitwort.

ˌin·traˈpar·ty *adj pol.* ˈinnerparˌteilich, parˈteiinˌtern.

ˌin·traˈplant *adj econ.* beˈtriebsinˌtern, innerbetrieblich.

ˌin·traˈstate *adj Am.* innerstaatlich, innerhalb e-s Bundesstaates.

ˌin·tra·telˈlu·ric *adj geol.* intratelˈlurisch (*im Erdinneren liegend od. entstanden*).

ˌin·tra-ˈu·ter·ine → **interuterine.**

in·trav·a·sa·tion [ɪnˌtrævəˈseɪʃn] *s med.* Intravasatiˈon *f* (*Eintritt e-s Fremdkörpers in ein Blutgefäß*).

ˌin·traˈve·nous I *adj* (*adv* **~ly**) intraveˈnös: a) *anat. innerhalb e-r Vene (gelegen od. vorkommend)*, b) *med. in e-e Vene hinein erfolgend*: **to inject s.th. ~ly**; **~ infusion** → II b. **II** *s med.* a) intraveˈnöse Injektiˈon, b) intraveˈnöse Infusiˈon.

in·trench [ɪnˈtrentʃ] → **entrench.**

in·trep·id [ɪnˈtrepɪd] *adj* (*adv* **~ly**) unerschrocken, kühn. **in·tre·pid·i·ty** [ˌɪntrɪˈpɪdətɪ], **inˈtrep·id·ness** *s* Unerschrockenheit *f*, Kühnheit *f.*

in·tri·ca·cy [ˈɪntrɪkəsɪ] *s* **1.** Kompliˈziertheit *f.* **2.** Kniff(e)ligkeit *f.* **3.** Verworrenheit *f*, Schwierigkeit *f.* **ˈin·tri·cate** [-kət] *adj* (*adv* **~ly**) **1.** verzweigt, verschlungen: **~ patterns.** **2.** *fig.* verwickelt, kompliˈziert. **3.** ausgeklügelt, kniff(e)lig. **4.** *fig.* verworren, schwierig. **ˈin·tri·cate·ness** → **intricacy.**

in·trigue [ɪnˈtriːg] **I** *v/t* **1.** a) fasziˈnieren, b) interesˈsieren, c) neugierig machen. **2. to ~ s.o.'s interest** j-s Interesse wecken. **II** *v/i* **3.** intriˈgieren (**against** gegen). **4.** e-e heimliche ˈLiebesafˌfäre haben (**with** mit). **III** *s* [*a.* ˈɪntriːg] **5.** Inˈtrige *f*: **to weave a web of ~** Intrigen spinnen. **6.** *thea. etc* Inˈtrige *f* (*durch List absichtlich zu e-m meist komischen Zweck herbeigeführte Verwicklung von Handlungen u. Personenbeziehungen*). **7.** heimliche ˈLiebesˌaffäre. **inˈtri·guer** *s* Intriˈgant(in). **inˈtri·guing I** *adj* (*adv* **~ly**) **1.** a) fasziˈnierend, b) interesˈsant. **2.** intriˈgant. **II** *s* **3.** Inˈtrigen(spiel *n*) *pl.*

in·trin·sic [ɪnˈtrɪnsɪk; -zɪk] *adj* **1.** inner(er, e, es): a) innewohnend: **~ value** innerer *od.* wirklicher Wert, b) von innen (wirkend *etc*), *bes. ped. psych.* inˈtrinsisch: **~ motivation** intrinsische Motivation. **2.** wesentlich. **inˈtrin·si·cal·ly** *adv* **1.** wirklich, eigentlich. **2.** an sich: **~ safe** *electr.* eigensicher.

in·trin·sic|ev·i·dence *s jur.* reiner Urkundenbeweis. **~sem·i·con·duc·tor** *s electr.* Eigenhalbleiter *m.*

intro- [ɪntrəʊ] *Wortelement mit der Bedeutung* hinein, nach innen.

in·tro [ˈɪntrəʊ] *pl* **-tros** *s colloq. für* **introduction.**

in·tro·duce [ˌɪntrəˈdjuːs; *Am. a.* -ˈduːs] *v/t* **1.** einführen: **to ~ a new fashion (method,** *etc*). **2.** (**to**) *j-n* bekannt machen (mit), vorstellen (*dat*): **to ~ o.s.** sich vorstellen; **I don't think we've been ~d** ich glaube nicht, daß wir uns kennen. **3.** *j-n* einführen (**at** bei). **4.** (**to**) *j-n* einführen (in *e-e Wissenschaft etc*), bekannt machen (mit *e-r Sache*): **he was ~d to drink as a boy** er machte schon als Junge mit dem Alkohol Bekanntschaft. **5.** *ein Thema etc* anschneiden, zur Sprache bringen, aufwerfen. **6.** einleiten: **to ~ a new epoch.** **7.** *e-n Redner*, *ein Programm etc* ankündigen. **8.** *e-e Krankheit* einschleppen (**into** in *acc*). **9.** *e-n Gedanken etc*, *parl. e-e Gesetzesvorlage* einbringen (**into** in *acc*). **10.** (**into**) a) einfügen (in *acc*), neu hinˈzufügen (zu), b) herˈein-, hinˈeinbringen (in *acc*), c) hinˈeinstecken, einführen: **to ~ a probe** e-e Sonde einführen. **ˌin·troˈduc·er** *s* **1.** Einführer(in). **2.** Vorstellende(r *m*) *f.* **3.** *med.* Intuˈbator *m.*

in·tro·duc·tion [ˌɪntrəˈdʌkʃn] *s* **1.** Einführung *f.* **2.** Bekanntmachen *n*, Vorstellung *f*: **to make the ~s** die Vorstellung übernehmen. **3.** Einführung *f*: → **letter**[1] 2. **4.** Anschneiden *n*, Aufwerfen *n.* **5.** Einleitung *f*, Vorrede *f*, Vorwort *n.* **6.** *mus.* Introduktiˈon *f*: a) *freier Einleitungssatz vor dem Hauptsatz e-r Sonate etc*, b) *erste Gesangsnummer e-r Oper.* **7.** Leitfaden *m*, Anleitung *f*, Lehrbuch *n*: **an ~ to botany** ein Leitfaden der Botanik. **8.** Einschleppung *f.* **9.** Einbringung *f.* **ˌin·troˈduc·to·ry** *adj* **1.** einführend, Einführungs...: **~ offer (price,** *etc*). **2.** einleitend, Einleitungs...

in·tro·it [ˈɪntrɔɪt; ˈɪntrəʊɪt] *s relig.* Inˈtroitus *m*, Eingangslied *n.*

in·tro·mis·sion [ˌɪntrəʊˈmɪʃn] *s* Intromissiˈon *f.* **ˌin·troˈmit** *v/t* intromitˈtieren: a) hinˈeinstecken, -schieben, b) *in die Vagina* eindringen (*Penis*).

ˌin·troˈpu·ni·tive *adj psych.* sich selbst bestrafend.

in·trorse [ɪnˈtrɔː(r)s] *adj* (*adv* **~ly**) *bot.* inˈtrors, einwärts gewendet (*Staubbeutel*).

in·tro·spect [ˌɪntrəʊˈspekt] *v/i psych.* sich selbst beobachten. **ˌin·troˈspec·tion** *s* **1.** Introspektiˈon *f*, Selbstbeobachtung *f.* **2. sympathetic ~** *sociol. Untersuchung menschlichen Verhaltens durch persönliche Einfühlung in die entsprechenden Bedingungen.* **ˌin·troˈspec·tive** *adj* (*adv* **~ly**) *psych.* introspekˈtiv.

in·tro·ver·si·ble [ˌɪntrəʊˈvɜːsəbl; *Am.* -ˈvɜr-] *adj bes. zo.* einstülpbar. **ˌin·troˈver·sion** [-ˈvɜːʃn; *Am.* -ˈvɜrʒən; -ʃən] *s psych.* Introversiˈon *f*, Introverˈtiertheit *f.*

in·tro·vert [ˈɪntrəʊvɜːt; *Am.* -ˌvɜrt] **I** *s* **1.** *psych.* introverˈtierter Mensch. **2.** *bes. zo. Organ, das eingestülpt ist od. werden kann.*

II *adj* **3.** *psych.* introver'tiert, nach innen gewandt. **III** *v/t* [*Br.* ˌ-'vɜːt] **4.** *Gedanken etc* nach innen richten. **5.** *bes. zo.* einstülpen.

in·trude [ɪn'truːd] **I** *v/t* **1.** to ~ o.s. into sich eindrängen in (*acc*) (*a. fig.*): to ~ o.s. into s.o.'s affairs sich in j-s Angelegenheiten eindrängen *od.* einmischen; a suspicion ~d itself into his mind ein Verdacht drängte sich ihm auf; he ~d his ideas into our conversation er mischte sich mit s-n Ansichten in unsere Unterhaltung. **2.** aufdrängen (s.th. [up]on s.o. j-m etwas; o.s. [up]on s.o. sich j-m). **II** *v/i* **3.** sich eindrängen (into in *acc*) (*a. fig.*). **4.** sich aufdrängen (on, upon *dat*). **5.** stören: to ~ (up)on s.o. j-n belästigen *od.* stören; to ~ (up)on s.o.'s privacy in j-s Privatsphäre eindringen *od.* eingreifen; to ~ (up)on s.o.'s time j-s Zeit ungebührlich in Anspruch nehmen; am I intruding? störe ich? **6.** *geol.* intru'dieren (*in Gestein eindringen*) (*Magma*).

in·tru·sion [ɪn'truːʒn] *s* **1.** Eindrängen *n*, *fig. a.* Einmischung *f.* **2.** Aufdrängen *n.* **3.** Störung *f* (on, upon *gen*). **4.** *geol.* a) Intrusi'on *f*, b) Intru'siv-, Tiefengestein *n.*

in·tru·sive [ɪn'truːsɪv] *adj* (*adv* ~ly) **1.** aufdringlich. **2.** *geol.* intru'siv: ~ rocks → intrusion 4 b. **3.** ~ r *ling.* intrusives r (*Einschub e-s unberechtigten R-Lauts im Englischen*: the idea of ... [ðɪ aɪ'dɪərəv ...]). **in'tru·sive·ness** *s* Auf-, Zudringlichkeit *f.*

in·trust [ɪn'trʌst] → entrust.

in·tu·bate ['ɪntjuːbeɪt] *v/t med.* intu'bieren, e-e Intubati'on vornehmen an (*dat*). ˌ**in·tu'ba·tion** *s* Intubati'on *f* (*Einführung e-s Rohrs in die Luftröhre zur künstlichen Beatmung während e-r Narkose od. zum Einbringen von Medikamenten in die Luftwege*). '**in·tu·ba·tor** [-tə(r)] *s* Intu'bator *m.*

in·tu·it [ɪn'tjuːɪt; *Am. a.* ɪn'tuːət] **I** *v/t* intui'tiv erkennen *od.* wissen. **II** *v/i* intui'tives Wissen haben.

in·tu·i·tion [ˌɪntjuː'ɪʃn; *Am. a.* -tʊ-] *s* **1.** Intuiti'on *f*: a) unmittelbares Erkennen *od.* Wahrnehmen, b) (plötzliche) Eingebung *od.* Erkenntnis. **2.** intui'tives Wissen. ˌ**in·tu'i·tion·al** [-ʃənl] *adj* (*adv* ~ly) intui'tiv, Intuitions... ˌ**in·tu'i·tion(·al)·ism** *s* **1.** *philos.* Intuitio'nismus *m* (*Lehre von der Intuition als ursprünglicher u. sicherster Erkenntnisquelle*). **2.** *math.* Intuitio'nismus *m* (*Richtung der mathematischen Grundlagenforschung, nach der die natürlichen Zahlen u. deren Theorie intuitiv gegeben u. als Anfang aller Mathematik zu betrachten sind*). ˌ**in·tu'i·tion(·al)·ist I** *s* Intuitio'nist(in). **II** *adj* intuitio'nistisch.

in·tu·i·tive [ɪn'tjuːɪtɪv; *Am. a.* -'tuː-] *adj* (*adv* ~ly) intui'tiv, Intuitions... **in'tu·i·tive·ness** *s* unmittelbare Erkenntnisfähigkeit. **in'tu·i·tiv·ism** *s* **1.** → intuition(al)ism 1. **2.** → intuition 2.

in·tu·mes·cence [ˌɪntjuː'mesns; *Am. a.* -'tʊ-] *s med. physiol.* **1.** Intumes'zenz *f*, Anschwellen *n.* **2.** Anschwellung *f.*

in·twine [ɪn'twaɪn] → entwine.

in·twist [ɪn'twɪst] → entwist.

in·unc·tion [ɪn'ʌŋkʃn] *s* **1.** Salbung *f.* **2.** *med.* Inunkti'on *f*: a) Einsalbung *f*, b) Einreibung *f.*

in·un·date ['ɪnʌndeɪt] *v/t* über'schwemmen, -'fluten (*a. fig.*): to be ~d by (*od.* with) überschwemmt werden mit, sich nicht retten können vor. ˌ**in·un'da·tion** *s* **1.** Über'schwemmung *f*, -'flutung *f* (*a. fig.*). **2.** *fig.* Flut *f*: an ~ of letters; ~ of tourists Touristenstrom *m.*

in·ure [ɪn'jʊə(r); *Am. a.* ɪn'ʊr] **I** *v/t* **1.** *meist pass* abhärten (to gegen), *fig. a.* gewöhnen (to an *acc*): to ~ o.s. to do s.th. sich daran gewöhnen, etwas zu tun; to be ~d to cold gegen Kälte abgehärtet sein, unempfindlich gegen Kälte sein. **II** *v/i* **2.** *bes. jur.* wirksam *od.* gültig werden, in Kraft treten. **3.** dienen, zu'gute kommen (to *dat*). **in'ure·ment** *s* (to) Abhärtung *f* (gegen), Gewöhnung *f* (an *acc*).

in·urn [ɪn'ɜːn; *Am.* ɪn'ɜrn] *v/t* **1.** in e-e Urne tun. **2.** bestatten.

in·u·til·i·ty [ˌɪnjuː'tɪlətɪ] *s* **1.** Nutz-, Zwecklosigkeit *f.* **2.** (*etwas*) Nutzloses *od.* Zweckloses, unnütze Einrichtung *od.* Sache.

in·vade [ɪn'veɪd] **I** *v/t* **1.** einfallen *od.* eindringen in (*acc*), *mil. a.* 'einmarˌschieren in (*acc*). **2.** sich ausbreiten über (*acc*) *od.* in (*dat*), erfüllen: the smell of baking was invading the house; fear ~d all alle wurden von Furcht ergriffen. **3.** eindringen *od.* sich eindrängen in (*acc*). **4.** *fig.* über'laufen, -'schwemmen: the village was ~d by tourists. **5.** *fig. j-s Privatsphäre etc* verletzen, eingreifen in (*j-s Rechte*). **II** *v/i* **6.** einfallen, *mil. a.* 'einmarˌschieren: invading troops Invasionstruppen. **in'vad·er** *s* **1.** Eindringling *m.* **2.** *pl mil.* Inva'soren *pl.*

in·vag·i·na·tion [ɪnˌvædʒɪ'neɪʃn] *s* Invaginati'on *f*: a) *med.* Darmeinstülpung *f*, b) *biol. Einstülpung od. Einfaltung e-r embryonalen Keimschicht in e-e andere, die dann die erstere umhüllt.*

in·va·lid[1] ['ɪnvəlɪd] **I** *adj* **1.** a) kränklich, krank, gebrechlich, b) inva'lid(e), arbeits-, dienst-, erwerbsunfähig, c) kriegsbeschädigt. **2.** Kranken...: ~ chair Rollstuhl *m*, Kranken(fahr)stuhl *m*; ~ diet Krankenkost *f.* **II** *s* **3.** a) Kranke(r *m*) *f*, Gebrechliche(r *m*) *f*, b) Inva'lide *m*, Arbeits-, Dienst-, Erwerbsunfähige(r *m*) *f.* **III** *v/t* ['ɪnvəliːd; *Am.* -lɪd] **4.** zum Inva'liden machen. **5.** *bes. mil.* a) dienstuntauglich erklären, b) *meist* ~ out als dienstuntauglich entlassen: to be ~ed out of the army als Invalide aus dem Heer entlassen werden.

in·val·id[2] [ɪn'vælɪd] *adj* (*adv* ~ly) **1.** *jur.* (rechts)ungültig, unwirksam, (null u.) nichtig. **2.** a) nicht stichhaltig *od.* triftig: ~ evidence, b) unbegründet, unberechtigt: ~ claims.

in·val·i·date [ɪn'vælɪdeɪt] *v/t* **1.** *jur.* außer Kraft setzen: a) für ungültig *od.* nichtig erklären, b) ungültig *od.* 'hinfällig *od.* unwirksam machen. **2.** *Argumente etc* entkräften. **in**ˌ**val·i'da·tion** *s* **1.** Außer'kraftsetzung *f*, Ungültigkeitserklärung *f.* **2.** Entkräftung *f.*

in·va·lid·ism ['ɪnvəlɪdɪzəm] *s* **1.** a) (körperliches) Gebrechen, b) → invalidity[1]. **2.** Ge'sundheitsfanaˌtismus *m.*

in·va·lid·i·ty[1] [ˌɪnvə'lɪdətɪ] *s* a) Invali'dität *f*, Arbeits-, Dienstunfähigkeit *f*: ~ benefit *Br.* Leistung *f* (*der Sozialversicherung*) bei Invalidität; ~ pension Frührente *f*; ~ pensioner Frührentner(in).

in·va·lid·i·ty[2] [ˌɪnvə'lɪdətɪ] *s jur.* (Rechts)Ungültigkeit *f*, Nichtigkeit *f.*

in·val·u·a·ble [ɪn'væljʊəbl; *Am.* -jəbl] *adj* (*adv* invaluably) unschätzbar (*a. fig.*): ~ services; to be ~ to s.o. für j-n von unschätzbarem Wert sein.

in·var·i·a·bil·i·ty [ɪnˌveərɪə'bɪlətɪ] *s* Unveränderlichkeit *f.* **in'var·i·a·ble I** *adj* (*adv* → invariably) **1.** unveränderlich, kon'stant: a) gleichbleibend, b) *math.* invari'abel. **II** *s* **2.** (*etwas*) Unveränderliches. **3.** *math.* Kon'stante *f*, invari'able Größe. **in'var·i·a·ble·ness** → invariability. **in'var·i·a·bly** [-blɪ] *adv* ausnahmslos, dauernd, immer.

in·va·sion [ɪn'veɪʒn] *s* **1.** (of) Einfall *m* (in *acc*), Eindringen *n* (in *acc*), *mil. a.* Invasi'on *f* (*gen*), Einmarsch *m* (in *acc*): the German ~ of France *hist.* der Einmarsch der Deutschen in Frankreich; an ~ of tourists *fig.* e-e Touristeninvasion. **2.** *meteor.* Einbruch *m*: ~ of cold air Kälteeinbruch *m.* **3.** *fig.* (of) Verletzung *f* (*gen*), Eingriff *m* (in *acc*). **in'va·sive** [-sɪv] *adj* **1.** *mil.* Invasions...: ~ war. **2.** *med.* inva'siv (*in das umgebende Bindegewebe hineinwachsend*): ~ cancer cells.

in·vec·tive [ɪn'vektɪv] **I** *s* a) Beschimpfung *f*, Schmähung(en *pl*) *f*: to thunder ~ against wüste Beschimpfungen ausstoßen gegen, b) *pl* Schimpfworte *pl.* **II** *adj* schimpfend, schmähend, Schmäh...

in·veigh [ɪn'veɪ] *v/i* (against) schimpfen (über *od.* auf *acc*), 'herziehen (über *acc*).

in·vei·gle [ɪn'veɪgl; ɪn'viːgl] *v/t* **1.** verlocken, verleiten, verführen (into zu): to ~ s.o. into doing s.th. j-n dazu verführen, etwas zu tun. **2.** to ~ s.th. from s.o. j-m etwas ablocken. **in'vei·gle·ment** *s* Verlockung *f*, Verleitung *f*, Verführung *f.*

in·vent [ɪn'vent] *v/t* **1.** erfinden. **2.** ersinnen. **3.** *etwas Unwahres* erfinden, erdichten.

in·ven·tion [ɪn'venʃn] *s* **1.** Erfindung *f*: a) Erfinden *n*, b) *etwas Erfundenes.* **2.** Erfindungsgabe *f*, Phanta'sie *f*, Einfallsreichtum *m.* **3.** Erfindung *f*, Märchen *n*: it is pure ~ es ist von A bis Z erfunden. **4.** *Rhetorik*: Inventi'on *f* (*auf Stoffsammlung u. das Finden von Beweisgründen ausgerichtete Phase bei der Vorbereitung e-r Rede*). **5.** *mus.* Inventi'on *f* (*nur 'ein Thema, 'einen Einfall kontrapunktisch bearbeitendes Musikstück in freier Form*). **6.** I~ of the Cross *relig.* Kreuzauffindung *f.*

in·ven·tive [ɪn'ventɪv] *adj* (*adv* ~ly) **1.** erfinderisch: ~ merit (*Patentrecht*) erfinderische Leistung, Erfindungshöhe *f.* **2.** origi'nell, einfallsreich. **3.** Erfindungs...: ~ faculty (*od.* powers *pl*) → invention 2. **in'ven·tive·ness** → invention 2. **in'ven·tor** [-tə(r)] *s* Erfinder(in).

in·ven·to·ry ['ɪnvəntrɪ; *Am.* -ˌtəʊriː; -ˌtɔː-] **I** *s* **1.** Bestandsverzeichnis *n*, Liste *f* der Vermögensgegenstände: ~ of property *jur.* (*bes.* Konkurs)Masseverzeichnis *n.* **2.** *econ.* Inven'tar *n*, Lager(bestands)verzeichnis *n*, Bestandsliste *f*: to make (*od.* take) an ~ of → 5 a. **3.** *econ.* Inven'tar *n*, (Waren-, Lager)Bestand *m*: ~ control Lager(bestands)kontrolle *f*; ~ sheet Inventarverzeichnis *n*; ~ value Inventarwert *m.* **4.** *econ.* Inven'tur *f*, Bestandsaufnahme *f*: to take ~ Inventur machen. **II** *v/t* **5.** *econ.* inventari'sieren: a) e-e Bestandsliste machen von, b) in e-e Bestandsliste aufnehmen.

in·verse [ˌɪn'vɜːs; *Am.* 'ɪnˌvɜrs] **I** *adj* (*adv* ~ly) **1.** 'umgekehrt, entgegengesetzt: in ~ order in umgekehrter Reihenfolge; to be in ~ proportion (*od.* relation) to im umgekehrten Verhältnis stehen zu (→ 3). **2.** verkehrt. **3.** *math.* in'vers, rezi'prok, 'umgekehrt, entgegengesetzt: ~ function inverse *od.* reziproke Funktion, Umkehrfunktion *f*; ~ly proportional umgekehrt proportional; to be in ~ proportion (*od.* relation) to umgekehrt proportional sein zu (→ 1). **4.** *math.* Arkus...: ~ sine Arkussinus *m.* **II** *s* **5.** 'Umkehrung *f*, Gegenteil *n.* **6.** *math.* In'verse(s) *n*, Rezi'proke(s) *n.* ~ **cur·rent** *s electr.* Gegenstrom *m.* ~ **feed·back** *s electr.* negative Rückkopplung. ~**hy·per·bol·ic func·tion** *s math.* 'Areafunktiˌon *f.*

in·ver·sion [ɪn'vɜːʃn; *Am.* ɪn'vɜrʒən; -ʃən] *s* **1.** 'Umkehrung *f*, *mus. a.* Inversi'on *f*: ~ of start *sport* umgekehrte Startfolge. **2.** *ling.* Inversi'on *f* (*Umkehrung der normalen Satzstellung Subjekt-Prädikat*). **3.** *chem.* Inversi'on *f* (*Umkehrung der Drehungsrichtung bei optisch aktiven Ver-*

bindungen). **4.** *med.* Inversiˈon *f* (*Umstülpung von Hohlorganen*). **5.** *psych.* (sexuˈelle) Inversiˈon, Homosexualiˈtät *f.* **6.** *Genetik*: Inversiˈon *f* (*innerhalb desselben Chromosoms stattfindende Genmutation, bei der nach e-m Bruch u. e-r Wiedervereinigung die Reihenfolge der Gene umgekehrt geworden ist*). **7.** *math.* Inversiˈon *f* (*Berechnung der inversen Funktion*). **8.** *meteor.* Inversiˈon *f* (*Temperaturumkehr an e-r Sperrschicht, an der die normalerweise mit der Höhe abnehmende Temperatur sprunghaft zunimmt*).

in·vert I *v/t* [ɪnˈvɜːt; *Am.* ɪnˈvɜrt] **1.** ˈumkehren (*a. mus.*). **2.** ˈumwenden, ˈumstülpen, auf den Kopf stellen. **3.** *ling. Subjekt u. Prädikat* ˈumkehren, *e-n Satz* inverˈtieren. **4.** *chem.* inverˈtieren, e-r Inversiˈon unterˈziehen. **II** *s* [ˈɪnvɜːt; *Am.* ˈɪnˌvɜrt] **5.** (*etwas*) ˈUmgekehrtes, *z. B. arch.* ˈumgekehrter Bogen. **6.** *psych.* Inverˈtierte(r *m*) *f*, Homosexuˈelle(r *m*) *f.* **7.** *tech.* Sohle *f* (*e-r Schleuse etc*).

in·vert·ase [ɪnˈvɜːteɪz; -s; *Am.* -ˈvɜr-] *s chem.* Inverˈtase *f* (*Enzym, das Rohrzucker in Trauben- u. Fruchtzucker spaltet*).

in·ver·te·brate [ɪnˈvɜːtɪbrət; -breɪt; *Am.* -ˈvɜr-] **I** *adj* **1.** *zo.* wirbellos. **2.** *fig.* ohne Rückgrat, rückgratlos. **II** *s* **3.** *zo.* wirbelloses Tier. **4.** *fig.* Mensch *m* ohne Rückgrat.

inˈvert·ed *adj* **1.** ˈumgekehrt. **2.** *geol.* überˈkippt. **3.** *psych.* inverˈtiert, homosexuˈell. **4.** *tech.* hängend: ~ **engine** Motor *m* mit hängenden Zylindern. ~ **com·mas** *s pl bes. Br.* Anführungszeichen *pl*, ‚Gänsefüßchen' *pl*: **to put** (*od.* **place**) **in** ~ in Anführungszeichen setzen. ~ **flight** *s aer.* Rückenflug *m.* ~ **im·age** *s phys.* Kehrbild *n.* ~ **loop** *s aer.* Looping *m, n* aus der Rückenlage. ~ **mor·dent** *s mus.* Pralltriller *m.*

inˈvert·er *s* **1.** *electr.* Wechselrichter *m.* **2.** *Computer*: Inˈverter *m* (*Rechenelement, das e-e Eingangsgröße mit –1 multipliziert*). **inˈvert·i·ble** *adj* **1.** ˈumkehrbar. **2.** *chem.* inverˈtierbar.

ˈin·vert| soap *s chem.* Inˈvertseife *f*, katiˈonenakˌtive Seife. ~ **sug·ar** *s chem.* Inˈvertzucker *m.*

in·vest [ɪnˈvest] **I** *v/t* **1.** (**in**) *econ. Kapital* inveˈstieren (in *acc od. dat*), anlegen (in *dat*): **he ~ed a lot of time and effort in this plan** *fig.* er investierte e-e Menge Zeit und Mühe in diesen Plan. **2.** *obs.* bekleiden (**in, with** mit). **3.** *poet.* schmücken: **spring ~ed the trees with leaves.** **4.** *mil.* belagern, einschließen. **5.** (in Amt u. Würden) einsetzen, *bes. relig.* inveˈstieren. **6.** **to ~ s.o. with** *fig.* a) j-m *etwas* verleihen, b) j-n ausstatten mit (*Befugnissen etc*). **II** *v/i* **7.** *econ.* inveˈstieren (**in** in *acc od. dat*): **she ~ed in paintings** sie legte ihr Geld in Gemälden an. **8.** **to ~ in s.th.** *colloq.* sich etwas kaufen *od.* zulegen.

in·ves·ti·gate [ɪnˈvestɪgeɪt] **I** *v/t ein Verbrechen etc* unterˈsuchen, Ermittlungen *od.* Nachforschungen anstellen über (*acc*), *e-n Fall* recherˈchieren, *j-n, e-n Anspruch etc* überˈprüfen, *e-r Beschwerde etc* nachgehen, *ein Gebiet etc* (*wissenschaftlich*) erforschen: **to ~ statistically** statistische Erhebungen anstellen über (*acc*); **the police are investigating the case** die Polizei ermittelt in dem Fall. **II** *v/i* ermitteln, recherˈchieren, Ermittlungen *od.* Nachforschungen anstellen (**into** über *acc*): **investigating committee** Untersuchungsausschuß *m.* **inˌves·tiˈga·tion** *s* **1.** Unterˈsuchung *f* (**into, of** *gen*), Ermittlung *f*, Nachforschung *f*, Reˈcherche *f*, Überˈprüfung *f*: **statistical ~s** statistische Erhebungen; **to be under ~** untersucht werden; **he is under ~** gegen ihn wird ermittelt. **2.** (*wissenschaftliche*) (Er)Forschung. **inˈves·ti·ga·tive** *adj* a) Forschungs...: **~ method** (**technique,** *etc*), b) Forscher...: **~ mind.** **inˈves·ti·ga·tor** [-tə(r)] *s* **1.** Ermittler(in). **2.** Unterˈsuchungs-, Ermittlungsbeamte(r) *m.* **inˈves·ti·ga·to·ry** [-tərɪ; *Am.* -gəˌtəʊriː; -ˌtɔː-] → **investigative.**

in·ves·ti·ture [ɪnˈvestɪtʃə(r); *Am. a.* -təˌtʃʊər] *s* **1.** (feierliche) Amtseinsetzung, *bes. relig.* Investiˈtur *f.* **2.** (**with**) a) Verleihung *f* (*gen*): **after her ~ with the award** nachdem ihr die Auszeichnung verliehen worden war, b) Ausstattung *f* (mit).

inˈvest·ment *s* **1.** *econ.* Inveˈstierung *f*, Anlage *f*: **terms of ~** Anlagebedingungen. **2.** *econ.* a) Investitiˈon *f*, (Kapiˈtal-) Anlage *f*: **foreign languages are a good ~** *fig.* es lohnt sich, Fremdsprachen zu lernen; Fremdsprachen machen sich bezahlt, b) ˈAnlagekapiˌtal *n*, *pl* Anlagewerte *pl*, Investitiˈonen *pl.* **3.** *econ.* Einlage *f*, Beteiligung *f* (*e-s Gesellschafters*). **4.** *mil.* Belagerung *f*, Einschließung *f.* **5.** → **investiture** 2. ~ **ad·vis·er** *s econ.* Anlageberater(in). ~ **al·low·ance** *s* Investitiˈonsabschreibung *f.* ~ **bank** *s* Investitiˈonsbank *f.* ~ **bonds** *s pl* festverzinsliche ˈAnlagepaˌpiere *pl.* ~ **cer·tif·i·cate** *s* Inˈvestmentzertifiˌkat *n.* ~ **com·pa·ny** *s* Kapiˈtalanlage-, Inˈvestmentgesellschaft *f.* ~ **con·sult·ant,** ~ **coun·sel** *s* Anlageberater(in). ~ **cred·it** *s* Investitiˈonskreˌdit *m.* ~ **fail·ure** *s* ˈFehlinvestitiˌon *f.* ~ **in·cen·tive** *s* Investitiˈonsanreiz *m.* ~ **mar·ket** *s* Markt *m* für Anlagewerte. ~ **se·cu·ri·ties** *s pl* ˈAnlagepaˌpiere *pl*, -werte *pl.* ~ **trust** *s* Inˈvestmenttrust *m*, Kapiˈtalanlage-, Inˈvestmentgesellschaft *f*: ~ **certificate** Investmentzertifikat *n.*

in·ves·tor [ɪnˈvestə(r)] *s econ.* Geld-, Kapiˈtalanleger *m*, Inˈvestor *m*, *pl a.* Anlagepublikum *n.*

in·vet·er·a·cy [ɪnˈvetərəsɪ] *s* **1.** Unausrottbarkeit *f.* **2.** *med.* Hartnäckigkeit *f.* **inˈvet·er·ate** [-rət] *adj* (*adv* **~ly**) **1.** eingewurzelt, unausrottbar: ~ **prejudice**; ~ **hatred** tief verwurzelter Haß. **2.** *med.* a) hartnäckig, b) chronisch. **3.** eingefleischt, unverbesserlich: ~ **liar**; ~ **drinker** Gewohnheitstrinker *m.*

in·vid·i·ous [ɪnˈvɪdɪəs] *adj* (*adv* **~ly**) **1.** Ärgernis *od.* Neid erregend: **an ~ task** e-e unpopuläre Aufgabe. **2.** gehässig, boshaft, gemein: ~ **remarks.** **3.** unfair: **an ~ comparison.** **inˈvid·i·ous·ness** *s* **1.** (*das*) Ärgerliche. **2.** Gehässigkeit *f*, Boshaftigkeit *f*, Gemeinheit *f.*

in·vig·i·late [ɪnˈvɪdʒɪleɪt] *v/i* **1.** *ped. Br.* (*bei Prüfungen*) die Aufsicht führen. **2.** *obs.* wachen, Wache halten. **inˌvig·iˈla·tion** *s ped. Br.* Aufsicht *f.*

in·vig·o·rant [ɪnˈvɪgərənt] *s med. pharm.* Stärkungs-, Kräftigungsmittel *n.* **inˈvig·o·rate** [-reɪt] *v/t* a) stärken, kräftigen, b) beleben, anregen: **to ~ the imagination** *fig.* die Phantasie anregen, c) ermuntern, aufmuntern: **an invigorating speech.** **inˌvig·oˈra·tion** *s* a) Stärkung *f*, Kräftigung *f*, b) Belebung *f*, Anregung *f*, c) Ermunterung *f*, Aufmunterung *f.* **inˈvig·o·ra·tive** [-rətɪv; *Am.* -ˌreɪtɪv] *adj* (*adv* **~ly**) a) stärkend, kräftigend, b) belebend, anregend, c) ermunternd, aufmunternd.

in·vin·ci·bil·i·ty [ɪnˌvɪnsəˈbɪlətɪ] *s* **1.** *mil. sport* Unbesiegbarkeit *f.* **2.** *fig.* ˈUnüberˌwindlichkeit *f.* **inˈvin·ci·ble** *adj* (*adv* **invincibly**) **1.** *mil. sport* unbesiegbar. **2.** *fig.* a) ˈunüberˌwindlich: ~ **difficulties,** b) unerschütterlich: **his ~ conviction,** c) eisern: **his ~ will.**

in·vi·o·la·bil·i·ty [ɪnˌvaɪələˈbɪlətɪ] *s* Unverletzlichkeit *f*, Unantastbarkeit *f.* **inˈvi·o·la·ble** *adj* (*adv* **inviolably**) unverletzlich, unantastbar. **inˈvi·o·la·ble·ness** → **inviolability.**

in·vi·o·la·cy [ɪnˈvaɪələsɪ] *s* **1.** Unversehrtheit *f.* **2.** Unberührtheit *f.* **3.** → **inviolability.** **inˈvi·o·late** [-lət] *adj* (*adv* **~ly**) **1.** unverletzt, nicht verletzt *od.* gebrochen (*Gesetz etc*). **2.** nicht entweiht, unberührt. **3.** unversehrt. **4.** → **inviolable.**

in·vis·i·bil·i·ty [ɪnˌvɪzəˈbɪlətɪ] *s* Unsichtbarkeit *f.* **inˈvis·i·ble I** *adj* (*adv* **invisibly**) **1.** *a. fig.* unsichtbar (**to** für): **he was ~** er war nicht zu sehen, *fig. a.* er ließ sich nicht sehen *od.* blicken; ~ **church** → **church invisible**; ~ **exports** *econ.* unsichtbare Exporte (*aktive Dienstleistungen*); ~ **imports** *econ.* unsichtbare Importe (*passive Dienstleistungen*); ~ **ink** Geheimtinte *f*; → **mending** 1. **II** *s* **2.** (*etwas*) Unsichtbares. **3.** **the ~** das Unsichtbare, die nicht sichtbare Welt. **4.** *pl econ.* unsichtbare Ex- u. Imˈporte *pl.* **inˈvis·i·ble·ness** → **invisibility.**

in·vi·ta·tion [ˌɪnvɪˈteɪʃn] *s* **1.** Einladung *f* (**to** an *acc*; zu): **at the ~ of** auf Einladung von (*od. gen*); **"admission by written ~ only"** „Zutritt nur mit schriftlicher Einladung"; ~ **card** Einladungskarte *f*; ~ **performance** Privatvorstellung *f.* **2.** (höfliche *od.* freundliche) Aufforderung, Bitte *f*, Ersuchen *n*: **at her ~** auf ihre Bitte hin. **3.** Herˈausforderung *f*: **to be an ~ for** → **invite** 4. **4.** Verlockung *f*, (*etwas*) Verlockendes. **5.** *econ.* → **bid**[1] 1 *u.* 10, **tender**[2] 5.

in·vi·ta·to·ry [ɪnˈvaɪtətərɪ; *Am.* -ˌtəʊriː; -ˌtɔː-] *adj* einladend, Einladungs...

in·vite [ɪnˈvaɪt] **I** *v/t* **1.** einladen: **to ~ s.o. to dinner** (**for a drink**) j-n zum Essen (auf e-n Drink) einladen; **to ~ s.o. to one's house** j-n zu sich (nach Hause) einladen; **to ~ s.o. in** j-n herein- *od.* hineinbitten; **she gets only seldom ~d** sie wird nur selten eingeladen. **2.** *j-n* (höflich *od.* freundlich) auffordern, ersuchen, bitten (**to do** zu tun). **3.** bitten *od.* ersuchen um (*Spenden etc*), *a. Fragen etc* erbitten. **4.** einladen *od.* ermutigen *od.* verlocken zu, herˈausfordern: **to ~ criticism** (zur) Kritik herausfordern; **your behavio(u)r will ~ ridicule** mit d-m Benehmen läufst du Gefahr, dich lächerlich *od.* zum Gespött zu machen. **5.** *j-n* einladen *od.* ermutigen *od.* verlocken (**to do** zu tun): **the lake ~d us to swim** der See verlockte uns zum Schwimmen. **6.** **to ~ applications for a position** *econ.* e-e Stelle ausschreiben; → **bid**[1] 1, **subscription** 8, **tender**[2] 8. **II** *v/i* **7.** einladen. **III** *s* [ˈɪnvaɪt] **8.** *colloq.* Einladung *f.* **inˈvit·ing** *adj* (*adv* **~ly**) einladend, verlockend. **inˈvit·ing·ness** *s* (*das*) Einladende *od.* Verlockende.

in·vo·ca·tion [ˌɪnvəʊˈkeɪʃn] *s* **1.** (**to** *gen*) Anrufung *f*, (*Gottes, der Musen a.*) Invokatiˈon *f.* **2.** *relig.* Bittgebet *n.* **3.** Apˈpell *m* (**of** an *acc*). **4.** (**of**) Anführung *f* (von *od. gen*), Berufung *f* (auf *acc*). **5.** a) Beschwörung *f*, b) Beschwörungsformel *f.* **in·voc·a·to·ry** [ɪnˈvɒkətərɪ; *Am.* ɪnˈvɑkəˌtəʊriː; -ˌtɔː-] *adj* anrufend, anflehend: ~ **prayer** Bittgebet *n.*

in·voice [ˈɪnvɔɪs] *econ.* **I** *s* (Waren)Rechnung *f*, Fakˈtura *f*: **as per ~** laut Rechnung *od.* Faktura; ~ **amount** Rechnungsbetrag *m*; ~ **clerk** Fakturist(in); ~ **number** Rechnungsnummer *f*; → **consular.** **II** *v/t* a) faktuˈrieren, in Rechnung stellen: **as ~d** laut Rechnung *od.* Faktura, b) *j-m* e-e Rechnung ausstellen.

in·voke [ɪnˈvəʊk] *v/t* **1.** flehen um, herˈabflehen, erflehen: **to ~ God's blessing**

Gottes Segen erflehen *od.* erbitten; **to ~ s.o.'s forgiveness** j-n um Verzeihung anflehen, j-n inständig um Verzeihung bitten; **to ~ vengeance (up)on one's enemies** Rache auf s-e Feinde herabflehen. **2.** *Gott, die Musen etc* anrufen. **3.** *fig.* appel'lieren an (*acc*): **to ~ s.o.'s help** an j-s Hilfsbereitschaft appellieren. **4.** *fig.* (*als Autorität*) zu Hilfe rufen, (*zur Bestätigung*) anführen *od.* zi'tieren *od.* her'anziehen, sich berufen auf (*acc*). **5.** *e-n Geist* beschwören.

in·vo·lu·cre ['ɪnvəluːkə(r)], *a.* ˌ**in·vo'lu·crum** [-krəm] *pl* **-cra** [-krə] *s bot.* Invo'lucrum *n*, Hüll-, Außenkelch *m*.

in·vol·un·tar·i·ness [ɪn'vɒləntərɪnɪs; *Am.* ɪn'vɑlənˌteriː-] *s* **1.** Unfreiwilligkeit *f*. **2.** Unwillkürlichkeit *f*. **in'vol·un·tar·y** *adj* (*adv* **involuntarily**) **1.** unfreiwillig, erzwungen: **~ bankruptcy** *Am.* unfreiwilliger Konkurs. **2.** unabsichtlich, unbeabsichtigt: **~ manslaughter** *jur.* fahrlässige Tötung. **3.** unwillkürlich: **~ laughter**; **~ nervous system** *physiol.* vegetatives Nervensystem.

in·vo·lute ['ɪnvəluːt] **I** *adj* **1.** *fig.* kompli'ziert, verwickelt. **2.** *bot.* eingerollt (*Blatt*). **3.** *zo.* mit engen Windungen (*Muschel*). **II** *s* **4.** *math.* Evol'vente *f*, Invo'lute *f*, Abwick(e)lungskurve *f*: **~ gear** *tech.* Evolventenrad *n*; **~ gear teeth** *tech.* Evolventenverzahnung *f*.

in·vo·lu·tion [ˌɪnvə'luːʃn] *s* **1.** *fig.* Verwirrung *f*. **2.** *fig.* tieferer Sinn. **3.** *bot.* Einrollung *f* (*Blatt*). **4.** *biol.* Involuti'on *f*, Rückbildung *f*: **the ~ of the uterus after pregnancy**; **senile ~** Altersrückbildung. **5.** *ling.* verschachtelte Konstrukti'on. **6.** *math.* Involuti'on *f* (*Darstellung des Verhältnisses zwischen Punkten, Geraden od. Ebenen in der projektiven Geometrie*).

in·volve [ɪn'vɒlv; *Am.* ɪn'vɑlv] *v/t* **1.** a) *j-n* verwickeln, hin'einziehen (**in** in *acc*): **to ~ s.o. in a crime**; **I don't want to get ~d** ich will damit nichts zu tun haben; **~d in an accident** in e-n Unfall verwickelt, an e-m Unfall beteiligt; **~d in debt** verschuldet; **to be completely ~d in one's work** von s-r Arbeit völlig in Anspruch genommen sein, b) *j-n, etwas* angehen, berühren, betreffen: **the persons ~d** die Betroffenen; **we are all ~d (in this case)** es (dieser Fall) geht uns alle an, wir sind alle davon (von diesem Fall) betroffen; **to feel personally ~d** sich persönlich betroffen fühlen; **the national prestige was ~d** das nationale Prestige stand auf dem Spiel; **a question of principle is ~d** es geht um e-e prinzipielle Frage, c) *etwas* in Mitleidenschaft ziehen: **diseases that ~ the nervous system**. **2. to be ~d with** a) zu tun haben mit *j-m, etwas*, b) enge Beziehungen haben zu *j-m*; **to get ~d with s.o.** mit j-m engen Kontakt bekommen, *contp.* sich mit j-m einlassen; **to ~ o.s. in** sich einsetzen *od.* engagieren für. **3.** a) mit sich bringen, zur Folge haben, nach sich ziehen, b) verbunden sein mit: **the expense ~d** die damit verbundenen Kosten, c) erfordern, nötig machen: **taking the job would ~ living abroad** wenn ich die Stelle annehme, müßte ich im Ausland leben, d) um'fassen, einschließen. **4.** *etwas* verwirren, kompli'zieren: **the situation was further ~d by her disappearance.** **in'volved** *adj* **1.** → **involve**. **2.** a) kompli'ziert, b) verworren. **3.** *ling.* verschachtelt: **~ sentence** Schachtelsatz *m*. **in'volve·ment** *s* **1.** Verwick(e)lung *f* (**in** in *acc*). **2.** Betroffensein *n* (**in** von). **3.** a) Kompli'ziertheit *f*, b) Verworrenheit *f*. **4.** verworrene Situati'on.

in·vul·ner·a·bil·i·ty [ɪnˌvʌlnərə'bɪlətɪ] *s* **1.** Unverwundbarkeit *f*. **2.** *fig.* Unanfechtbarkeit *f*. **in'vul·ner·a·ble** *adj* (*adv* **invulnerably**) **1.** unverwundbar (*a. fig.*). **2.** *mil.* uneinnehmbar: **an ~ fortress**. **3.** *fig.* gefeit (**to** gegen). **4.** *fig.* a) unanfechtbar, hieb- u. stichfest: **an ~ argument**, b) unangreifbar, abso'lut sicher: **an ~ position**.

in·ward ['ɪnwə(r)d] **I** *adv* **1.** einwärts, nach innen: **to clear ~** *mar.* einklarieren. **2.** → **inwardly** 1-3. **II** *adj* **3.** inner(er, e, es), innerlich, Innen...: **~ life**; **~ convulsions** *med.* innere Krämpfe. **4.** *fig.* inner(er, e, es), innerlich, seelisch, geistig. **5.** *fig.* inner(er, e, es), eigentlich: **the ~ meaning** die eigentliche *od.* tiefere Bedeutung. **6. ~ trade** *econ.* Einfuhrhandel *m*. **III** *s* **7.** (*das*) Innere (*a. fig.*). **8.** *pl* ['ɪnə(r)dz] *colloq.* Eingeweide *pl*. **'in·ward·ly** *adv* **1.** *a. fig.* innerlich, im Inner(e)n. **2.** *fig.* im stillen, insgeheim: **to laugh ~**. **3.** leise, gedämpft, für sich. **4.** → **inward** 1. **'in·ward·ness** *s* **1.** Innerlichkeit *f*. **2.** innere Na'tur, (innere *od.* wahre) Bedeutung. **in·wards** ['ɪnwə(r)dz] → **inward** I.

in·weave [ɪn'wiːv] *v/t irr* **1.** einweben (**into, in** in *acc*). **2.** *a. fig.* einflechten (**into, in** in *acc*), verflechten (**with** mit).

in·wrap [ɪn'ræp] → **enwrap**.

in·wrought [ˌɪn'rɔːt] *adj* **1.** (ein)gewirkt, eingewoben, eingearbeitet (**in, into** in *acc*). **2.** verziert (**with** mit). **3.** *fig.* (eng) verflochten (**with** mit).

i·o·date ['aɪəʊdeɪt] **I** *s chem.* Jo'dat *n*, jodsaures Salz. **II** *v/t* → **iodize**.

i·od·ic [aɪ'ɒdɪk; *Am.* -'ɑ-] *adj chem.* jodhaltig, Jod...: **~ acid**.

i·o·dide ['aɪəʊdaɪd] *s chem.* Jo'did *n*: **~ of nitrogen** Jodstickstoff *m*; **~ of potassium** Kaliumjodid *n*.

i·o·dine ['aɪəʊdiːn; 'aɪədaɪn] *s chem.* Jod *n*: → **tincture** 1. **'i·o·dism** *s med.* Jo'dismus *m*, Jodvergiftung *f*. **'i·o·dize** *v/t med. phot.* mit Jod behandeln, jo'dieren.

i·o·do·form [aɪ'ɒdəfɔːm; *Am.* aɪ'əʊdəˌfɔːrm; -'ɑdə-] *s med. pharm.* Jodo'form *n* (*ein stark antiseptisches Mittel*).

i·o·dom·e·try [ˌaɪə'dɒmɪtrɪ; *Am.* -'dɑmə-] *s chem.* Jodome'trie *f* (*Maßanalyse mit Hilfe von Jod*).

i·o·dous [aɪ'ɒdəs; *Am.* aɪ'əʊdəs; 'aɪədəs] *adj chem.* **1.** jodartig. **2.** Jod...: **~ acid**.

i·on ['aɪən] *s chem. phys.* I'on *n* (*elektrisch geladenes Teilchen, das aus neutralen Atomen od. Molekülen durch Anlagerung od. Abgabe von Elektronen entsteht*): **positive (negative) ~s**. **~ ac·cel·er·a·tor** *s phys.* I'onenbeschleuniger *m*. **~ en·gine** *s Raumfahrt*: I'onentriebwerk *n*. **~ ex·change** *s chem. phys.* I'onenaustausch *m*.

I·o·ni·an [aɪ'əʊnjən; -nɪən] **I** *adj* **1.** *hist.* i'onisch. **2.** *mus.* i'onisch: **~ mode** ionischer Kirchenton, ionische Tonart. **II** *s* **3.** *hist.* I'onier(in).

I·on·ic[1] [aɪ'ɒnɪk; *Am.* -'ɑ-] **I** *adj* **1.** *bes. arch.* i'onisch: **~ order** ionische Säulenordnung. **II** *s* **2.** *hist.* i'onischer Dia'lekt. **3.** *metr.* i'onischer Versfuß, I'onikus *m*. **4.** *print.* Egypti'enne *f*.

i·on·ic[2] [aɪ'ɒnɪk; *Am.* -'ɑ-] *adj phys. chem.* i'onisch, Ionen...

i·on·ic| at·mos·phere *s chem. phys.* I'onenwolke *f*. **~ mi·gra·tion** *s chem. phys.* I'onenwanderung *f*. **~ pro·pul·sion** *s Raumfahrt*: I'onenantrieb *m*. **~ valve** *s electr.* I'onenröhre *f*.

i·o·ni·um [aɪ'əʊnjəm; -nɪəm] *s chem.* I'onium *n* (*radioaktives Zerfallsprodukt des Urans*).

i·on·i·za·tion [ˌaɪənaɪ'zeɪʃn; *Am.* -nə'z-] *s chem. phys.* Ioni'sierung *f*, Ionisati'on *f* (*Bildung von Ionen durch Anlagerung od. Abspaltung von Elektronen*): **~ by collision** Stoßionisation; **~ chamber** Ionisationskammer *f*; **~ ga(u)ge** Ionisationsmanometer *n*. **'i·on·ize I** *v/t* ioni'sieren, e-e Ionisati'on bewirken an (*dat*). **II** *v/i* in I'onen zerfallen. **'i·on·iz·er** *s* Ioni'sator *m* (*Gerät zur Beseitigung elektrostatischer Aufladungen*).

i·o·nom·e·ter [ˌaɪə'nɒmɪtə; *Am.* -'nɑmətər] *s chem. phys.* Iono'meter *n* (*Meßgerät zur Bestimmung der Ionisation e-s Gases, um Rückschlüsse auf vorhandene Strahlung zu ziehen*).

i·on·o·sphere [aɪ'ɒnəˌsfɪə(r); *Am.* -'ɑ-] *s* Iono'sphäre *f* (*äußerste Hülle der Erdatmosphäre*).

i·on·o·ther·a·py [aɪˌɒnə'θerəpɪ; *Am.* -ˌɑ-] *s med.* I'onentheraˌpie *f* (*Heilmethode zur Beeinflussung des Ionenhaushalts des menschlichen Körpers durch Ionenaustausch*).

i·on| pro·pul·sion *s Raumfahrt*: I'onenantrieb *m*. **~ rock·et** *s* Ra'kete *f* mit I'onenantrieb.

i·on·to·pho·re·sis [aɪˌɒntəʊfə'riːsɪs; *Am.* -ˌɑntə-] *s med.* Iontopho'rese *f* (*Einführung von Ionen mit Hilfe des galvanischen Stroms durch die Haut in den Körper zu therapeutischen Zwecken*).

i·o·ta [aɪ'əʊtə] *s* I'ota *n*: a) *griechischer Buchstabe*, b) *fig.* Spur *f*: **not an ~ of truth** kein Funke *od.* Körnchen Wahrheit; **there is not one ~ of truth in that story** an der Geschichte ist kein einziges Wort wahr.

IOU [ˌaɪəʊ'juː] *s* Schuldschein *m* (= **I owe you**).

I·o·wan ['aɪəʊən; *bes. Am.* 'aɪəwən] **I** *s* Io'waner(in), Einwohner(in) von Iowa (*USA*). **II** *adj* Iowa..., von Iowa.

ip·e·cac ['ɪpɪkæk], **ip·e·cac·u·an·ha** [ˌɪpɪkækjʊ'ænə; *Am. a.* ɪˌpekəkʊ'ænjə] *s bot.* Brechwurz(el) *f*.

ip·so| fac·to [ˌɪpsəʊ'fæktəʊ] (*Lat.*) *adv* ipso facto, durch die Tat selbst. **~ ju·re** [-'jʊərɪ; *Am. a.* -'dʒʊəriː] (*Lat.*) *adv* ipso jure, durch das Recht selbst, von Rechts wegen.

I·ra·ni·an [ɪ'reɪnjən; -nɪən] **I** *adj* **1.** i'ranisch. **II** *s* **2.** I'raner(in). **3.** *ling.* I'ranisch *n*, das Iranische (*Untergruppe der indoeuropäischen Sprachenfamilie*).

I·ra·qi [ɪ'rɑːkɪ] **I** *s* **1.** I'raker(in). **2.** *ling.* I'rakisch *n*, das Irakische. **II** *adj* **3.** i'rakisch. **I'ra·qi·an** → **Iraqi** II.

i·ras·ci·bil·i·ty [ɪˌræsə'bɪlətɪ; aɪˌr-] *s* Jähzorn *m*, Reizbarkeit *f*. **i'ras·ci·ble** *adj* (*adv* **irascibly**) jähzornig, reizbar.

i·rate [aɪ'reɪt] *adj* zornig, wütend (*beide a. fig. Brief etc*), gereizt.

ire ['aɪə(r)] *s poet.* Zorn *m*, Wut *f*. **'ire·ful** *adj* (*adv* **~ly**) *poet.* zornig.

i·ren·ic [aɪ'riːnɪk; -'ren-] **I** *adj* (*adv* **~ally**) i'renisch, friedfertig, friedliebend. **II** *s pl* (*meist als sg konstruiert*) *relig.* I'renik *f* (*theologische Richtung, die e-e interkonfessionelle Verständigung anstrebt*). **i'ren·i·cal** → **irenic** I.

i·ren·ol·o·gy [ˌaɪrən'ɒlədʒɪ; *Am.* -'ɑl-] *s* Friedensforschung *f*.

ir·i·dec·to·my [ˌɪrɪ'dektəmɪ; ˌaɪ-] *s med.* Iridekto'mie *f* (*operative Entfernung e-s Teils der Regenbogenhaut*).

ir·i·des ['aɪrɪdiːz; 'ɪr-] *pl von* **iris**.

ir·i·des·cence [ˌɪrɪ'desns] *s* Schillern *n*, Iri'sieren *n*. ˌ**ir·i'des·cent** *adj* (*adv* **~ly**) (*in den Regenbogenfarben*) schillernd, iri'sierend: **~ colo(u)r** Schillerfarbe *f*.

i·rid·i·um [aɪ'rɪdɪəm; ɪ'r-] *s chem.* I'ridium *n*.

ir·i·dot·o·my [ˌɪrɪ'dɒtəmɪ; ˌaɪ-; *Am.* -'dɑ-] *s med.* Iridoto'mie *f* (*Einschnitt in die Regenbogenhaut*).

ir·i·dous ['ɪrɪdəs; 'aɪ-] *adj chem.* Iridium...

i·ris [ˈaɪərɪs] *pl* ˈ**i·ris·es** [-sɪz], **ir·i·des** [ˈaɪrɪdiːz; ˈɪr-] *s* **1.** *phys.* Regenbogenglanz *m*, -farben *pl.* **2.** *anat.* Iris *f*, Regenbogenhaut *f.* **3.** *bot.* Iris *f*, Schwertlilie *f.* **4.** *min.* Regenbogenquarz *m.* **~ di·a·phragm** *s Film, phot.* Irisblende *f.*

I·rish [ˈaɪərɪʃ] **I** *s* **1. the ~** *pl* die Iren *pl*, die Irländer *pl.* **2.** *ling.* Irisch *n*, das Irische: **~ (English)** (Anglo)Irisch *n.* **II** *adj* **3.** irisch, irländisch: **the ~ Free State** *obs.* der Irische Freistaat. **~ bull** → **bull**³ 1 c. **~ cof·fee** *s* Irish Coffee *m* (*starker, heißer Kaffee mit Whisky u. Schlagsahne*). ˈ**I·rish·ism** *s* irische (Sprach)Eigentümlichkeit.

ˈ**I·rish|·man** [-mən] *s irr* Ire *m*, Irländer *m.* **~ moss** *s bot.* Irisches *od.* Irländisches Moos. **~ po·ta·to** *s bes. Am.* Karˈtoffel *f.* **~ Re·pub·li·can Ar·my** *s* ˈIrisch-Republiˈkanische Arˈmee. **~ set·ter** *s* Irischer Setter (*ein Jagdhund*). **~ stew** *s gastr.* Irish-Stew *n* (*Eintopfgericht aus gekochtem Hammelfleisch mit Weißkraut, Kartoffeln, Zwiebeln u. gehackter Petersilie*). **~ ter·ri·er** *s* Irischer Terrier (*ein Haus- u. Begleithund*). **~ whis·key** *s* irischer Whiskey. ˈ**~ˌwom·an** *s irr* Irin *f*, Irländerin *f.*

i·ri·tis [ˌaɪəˈraɪtɪs] *s med.* Iˈritis *f*, Regenbogenhautentzündung *f.*

irk [ɜːk; *Am.* ɜrk] *v/t* **1.** ärgern, verdrießen: **it ~s me** es ärgert *od.* stört mich (**that** daß). **2.** ermüden, langweilen.

irk·some [ˈɜːksəm; *Am.* ˈɜrksəm] *adj* (*adv* **~ly**) **1.** ärgerlich, verdrießlich, lästig. **2.** ermüdend, langweilig. ˈ**irk·some·ness** *s* Ärgerlichkeit *f*, Verdrießlichkeit *f.*

i·ron [ˈaɪə(r)n] **I** *s* **1.** Eisen *n*: **to have several ~s in the fire** mehrere Eisen im Feuer haben; **to pump ~** *sport sl.* Gewichtheber sein; **to strike while the ~ is hot** das Eisen schmieden, solange es heiß ist; **a man of ~** ein unnachgiebiger *od.* harter Mann; **he is made of ~** er hat e-e eiserne Gesundheit; **a heart of ~** ein Herz von Stein; **a will of ~** ein eiserner Wille; **in ~s** *mar.* im Wind, nicht wendefähig; **the ~ entered his soul** *Bibl.* Pein u. Trübsal beschlichen s-e Seele; → **rod** 4 d. **2.** *Gegenstand aus Eisen, z. B.* a) Brandeisen *n*, -stempel *m*, b) (Bügel)Eisen *n*, c) Harˈpune *f*, d) Steigbügel *m.* **3.** Eisen *n* (*Schneide e-s Werkzeugs*). **4.** *Golf*: Eisen *n* (*Golfschläger mit eisernem Kopf*). **5.** *a.* **shooting ~** *bes. Am. sl.* ‚Schießeisen' *n.* **6.** *med. pharm.* ˈEisen(präpaˌrat) *n*: **to take ~** Eisen einnehmen. **7.** *pl* Hand-, Fußschellen *pl*, Eisen *pl*: **to put in ~s** → 17. **8.** *med. Am. colloq.* Beinschiene *f* (*Stützapparat*): **to put s.o.'s leg in ~s** j-m das Bein schienen. **9.** Eisengrau *n.*

II *adj* **10.** eisern, Eisen..., aus Eisen: **an ~ bar. 11.** eisenfarben. **12.** *fig.* eisern: a) kräftig, roˈbust: **an ~ constitution** e-e eiserne Gesundheit, b) unerbittlich, grausam, hart, c) unbeugsam, unerschütterlich: **the I~ Chancellor** der Eiserne Kanzler (*Bismarck*); **the I~ Duke** der Eiserne Herzog (*Wellington*); **~ discipline** eiserne Disziplin; **with an ~ hand** mit eiserner Hand, unerbittlich; **an ~ will** ein eiserner Wille. **13.** *hist.* Eisenzeit...

III *v/t* **14.** bügeln, plätten. **15. ~ out** a) *Kleidungsstück, Falten etc* ausbügeln, b) *fig. Meinungsverschiedenheiten, Schwierigkeiten etc* aus der Welt schaffen, beseitigen. **16.** mit Eisen beschlagen. **17.** *j-n* in Eisen legen.

IV *v/i* **18.** bügeln, plätten.

i·ron| age *s meist* **I~ A~** *hist.* Eisenzeit *f.* ˈ**~bark (tree)** *s bot.* (*ein*) Eisenrinden-, Eukaˈlyptusbaum *m.* ˈ**~bound** *adj* **1.** in Eisen gefaßt, eisenbeschlagen. **2.** *fig.* zerklüftet, felsig: **an ~ coast. 3.** *fig.* eisern, unerbittlich. **~ cast·ing** *s tech.* Eisenguß(stück *n*) *m.* **~ ce·ment** *s tech.* Eisenkitt *m.* ˈ**~clad I** *adj* [*pred* ˌ-ˈklæd] **1.** gepanzert (*Schiff*), eisenverkleidet, gußgekapselt (*Elektromotor etc*). **2.** *fig.* a) eisern, unerbittlich, b) unanfechtbar, hieb- u. stichfest: **an ~ argument. II** *s* **3.** *mar. hist.* Panzerschiff *n.* **~ con·crete** *s tech.* ˈEisenbeˌton *m.* **~ core** *s tech.* Eisenkern *m.* **I~ Cross** *s mil.* Eisernes Kreuz. **I~ Cur·tain** *s pol.* Eiserner Vorhang: **the ~ countries** die Länder hinter dem Eisernen Vorhang. **~ dross** *s tech.* Hochofenschlacke *f.*

i·ron·er [ˈaɪə(r)nə(r)] *s* Bügler(in), Plätter(in).

i·ron| found·ry *s tech.* Eisengießeˈrei *f.* **~ gird·er** *s tech.* (genieteter) Eisenträger. **~ glance** → **haematite. ~ grass** *s bot.* **1.** Frühlings-Segge *f.* **2.** Vogelknöterich *m.* ˌ**~-ˈgray,** *bes. Br.* ˌ**~-ˈgrey** *adj* eisengrau. ˌ**~ˈhand·ed** *adj* (*adv* **~ly**) mit eiserner Hand, unerbittlich. **~ horse** *s colloq.* **1.** ‚Dampfroß' *n* (*Lokomotive*). **2.** ‚Stahlroß' *n* (*Fahrrad*).

i·ron·ic [aɪˈrɒnɪk; *Am.* -ˈrɑ-]; **iˈron·i·cal** *adj* **1.** iˈronisch. **2.** voller Iroˈnie: **it is ~ that** es entbehrt nicht e-r gewissen Ironie, daß. **iˈron·i·cal·ly** *adv* **1.** iˈronisch. **2.** iˈronischerweise. **iˈron·i·cal·ness** *s* Iroˈnie *f*, (*das*) Iˈronische.

i·ron·ing [ˈaɪə(r)nɪŋ] *s* **1.** Bügeln *n*, Plätten *n.* **2.** Bügel-, Plättwäsche *f.* **~ board** *s* Bügel-, Plättbrett *n.*

i·ron·ize [ˈaɪərənaɪz] *v/t u. v/i* ironiˈsieren.

i·ron| lung *s med.* eiserne Lunge. **~ maid·en** *s hist.* eiserne Jungfrau. **~ man** *s irr* **1.** *Am.* → **ironmaster. 2.** *Am.* → **ironworker. 3.** *sport Am. u. Austral.* Triathlon *m* (*Ausdauermehrkampf, der aus Schwimmen, Radfahren u. Laufen besteht*). **4.** *Am. colloq.* Roboter *m.* **5.** *Am. sl.* (*bes.* Silber)Dollar *m.* ˈ**~ˌmas·ter** *s* ˈEisenfabriˌkant *m.* **~ mike** *s aer. sl.* Autopiˈlot *m*, autoˈmatische Steuerungsanlage. **~ mold,** *bes. Br.* **~ mould** *s* a) Eisen-, Rostfleck *m*, b) Tintenfleck *m.* ˈ**~ˌmon·ger** *s Br.* a) Eisen-, Meˈtallwarenhändler *m*, b) Haushaltswarenhändler *m.* ˈ**~ˌmon·ger·y** *s Br.* **1.** a) Eisen-, Meˈtallwaren *pl*, b) Haushaltswaren *pl.* **2.** a) Eisen-, Meˈtallwarenhandlung *f*, b) Haushaltswarenhandlung *f.* **~ ore** *s min.* Eisenerz *n.* ˈ**~-ˌpump·er** *s sport sl.* Gewichtheber *m.* **~ py·ri·tes** *s min.* **1.** Eisen-, Schwefelkies *m*, Pyˈrit *m.* **2.** Pyrrhoˈtin *n*, Maˈgnetkies *m.* **~ ra·tion** *s mil. etc* eiserne Ratiˈon. **~ scale** *s chem. tech.* (Eisen)Hammerschlag *m.* **~ scrap** *s tech.* Eisenschrott *m.* ˈ**~side** *s* **1.** *a. pl* (*als sg konstruiert*) Mann *m* von großer Tapferkeit. **2. I~** *hist. Br. Beiname von Edmund II.* **3. I~s** *pl hist. Br.* a) Cromwells Reiteˈrei, b) Cromwells Arˈmee. **4.** *pl* (*als sg konstruiert*) → **ironclad** 3. ˈ**~stone** *s min.* Eisenstein *m*: **~ (china)** Hartsteingut *n.* **~ sul·phate** *s chem.* ˈEisenvitriˌol *n*, ˈFerrosulˌfat *n.* **~ sul·phide** *s chem.* ˈEisensulˌfid *n.* ˈ**~ware** *s* a) Eisen-, Meˈtallwaren *pl*, b) Haushaltswaren *pl.* ˈ**~wood** *s* **1.** *bot.* Eisenbaum *m.* **2.** Eisenholz *n.* ˈ**~work** *s* **1.** Eisenbeschläge *pl*: **ornamental ~** Eisenverzierung *f.* **2.** *pl* (*oft als sg konstruiert*) Eisenhütte *f*, -werk *n.* ˈ**~ˌwork·er** *s* **1.** Eisen-, Hüttenarbeiter *m.* **2.** (ˈStahlbau)Monˌteur *m.*

i·ron·y¹ [ˈaɪə(r)nɪ] *adj* **1.** eisern. **2.** eisenhaltig (*Erde*). **3.** eisenartig.

i·ro·ny² [ˈaɪərənɪ] *s* **1.** Iroˈnie *f*: **~ of fate** Ironie des Schicksals. **2.** iˈronische Bemerkung. **3.** *e-e* Iroˈnie des Schicksals.

Ir·o·quoi·an [ˌɪrəʊˈkwɔɪən] *adj* iroˈkesisch. **Ir·o·quois** [ˈɪrəkwɔɪ; -kwɔɪz] **I** *pl* **-quois** [-kwɔɪz; -kwɔɪ] *s* Iroˈkese *m*, Iroˈkesin *f.* **II** *adj* iroˈkesisch.

ir·ra·di·ance [ɪˈreɪdjəns; -dɪəns], *a.* **irˈra·di·an·cy** [-sɪ] *s* **1.** *phys.* → **irradiation** 4. **2.** *fig.* → **irradiation** 3. **irˈra·di·ant** *adj a. fig.* strahlend (**with** vor *dat*).

ir·ra·di·ate [ɪˈreɪdɪeɪt] *v/t* **1.** bestrahlen (*a. med.*), erleuchten, anstrahlen. **2.** *Licht etc* ausstrahlen, verbreiten, *Strahlen etc* aussenden. **3.** *fig. Gesicht etc* aufheitern, verklären. **4.** *fig.* a) *j-n* erleuchten, aufklären, b) *etwas* erhellen, Licht werfen auf (*acc*).

ir·ra·di·a·tion [ɪˌreɪdɪˈeɪʃn] *s* **1.** Bestrahlung *f* (*a. med.*), Erleuchtung *f*, Anstrahlung *f.* **2.** Ausstrahlung *f*, Aussendung *f.* **3.** *fig.* Erleuchtung *f*, Aufklärung *f.* **4.** *phys.* a) ˈStrahlungsintensiˌtät *f*, b) speˈzifische ˈStrahlungsenerˌgie. **5.** *med.* Irradiatiˈon *f* (*Ausstrahlung e-s Schmerzes über den betroffenen Teil hinaus*). **6.** *psych.* Irradiatiˈon *f* (*optische Täuschung, die darin besteht, daß e-e helle Figur auf dunklem Grund größer erscheint als e-e gleich große dunkle auf hellem Hintergrund*).

ir·ra·tion·al [ɪˈræʃənl] **I** *adj* (*adv* **~ly**) **1.** ˈirratioˌnal, unvernünftig: a) vernunftlos: **~ animals** vernunftlose Tiere, b) vernunftwidrig, unlogisch. **2.** *math.* ˈirratioˌnal: **~ number** → 4. **3.** *metr.* unregelmäßig. **II** *s* **4.** *math.* ˈirratioˌnale Zahl. **irˈra·tion·al·ism** [-ʃnəlɪzəm] *s* **1.** *philos.* Irrationaˈlismus *m* (*Lehre, wonach das Wesen der Welt durch den Verstand nicht greifbar ist u. das Irrationale das Prinzip der Welt ist*). **2.** Irrationaˈlismus *m*, ˈirratioˌnale Äußerung, Handlung *etc.* **irˌra·tionˈal·i·ty** [-ˈnælətɪ] *s* **1.** Irrationaliˈtät *f*, Unvernunft *f*: a) Vernunftlosigkeit *f*, b) Vernunftwidrigkeit *f*, Unlogik *f.* **2.** → **irrationalism** 2.

ir·re·al·i·ty [ˌɪrɪˈælətɪ] *s* Irrealiˈtät *f*, Unwirklichkeit *f.*

ir·real [ɪˈrɪəl] *adj* ˈirreˌal, unwirklich.

ir·re·but·ta·ble [ˌɪrɪˈbʌtəbl] *adj* ˈunwiderˌlegbar: **~ presumption** *jur.* unwiderlegbare Rechtsvermutung.

ir·re·claim·a·ble [ˌɪrɪˈkleɪməbl] *adj* (*adv* **irreclaimably**) **1.** unverbesserlich, ‚hoffnungslos'. **2.** *agr.* nicht kulˈturfähig (*Land*). **3.** *tech.* nicht regeneˈrierfähig.

ir·rec·og·niz·a·ble [ɪˈrekəgnaɪzəbl] *adj* (*adv* **irrecognizably**) nicht zu erkennen(d) *od.* ˈwiederzuerˌkennen(d), unkenntlich.

ir·rec·on·cil·a·bil·i·ty [ɪˌrekənsaɪləˈbɪlətɪ] *s* **1.** Unvereinbarkeit *f.* **2.** Unversöhnlichkeit *f.* **ir·rec·on·cil·a·ble** [ɪˈrekənsaɪləbl; ˈɪˌrekənˈs-] **I** *adj* (*adv* **irreconcilably**) **1.** unvereinbar (**with** mit). **2.** unversöhnlich: **~ enemies. II** *s* **3.** unversöhnlicher Gegner.

ir·re·cov·er·a·ble [ˌɪrɪˈkʌvərəbl] *adj* (*adv* **irrecoverably**) **1.** nicht ˈwiedererlangbar. **2.** nicht wiederˈgutzumachend, unersetzlich, unersetzbar (*Verlust, Schaden*). **3.** *jur.* uneintreibbar, nicht beitreibbar (*Schuld*). **4.** nicht wiederˈherstellbar. **5.** *tech.* nicht regeneˈrierbar.

ir·re·cu·sa·ble [ˌɪrɪˈkjuːzəbl] *adj* unabweisbar, unablehnbar.

ir·re·deem·a·ble [ˌɪrɪˈdiːməbl] *adj* (*adv* **irredeemably**) **1.** nicht rückkaufbar. **2.** *econ.* nicht (in Gold) einlösbar: **~ paper money. 3.** *econ.* a) untilgbar: **~ loan,** b) nicht ablösbar, unkündbar: **~ bond** (*vor dem Fälligkeitstermin*) unkündbare Schuldverschreibung. **4.** *fig.* unverbesserlich, unrettbar (verloren): **~ sinners. 5.** nicht wiederˈgutzumachen(d): **~ loss.**

ir·re·den·ta [ˌɪrɪˈdentə] *s pol.* Irreˈdenta *f*: a) *Bewegung, die danach strebt, abgetrennte Gebiete mit e-r nationalen Minderheit wieder dem Mutterland staatlich* *anzuschließen,* b) *Gebiet mit e-r Irredenta-Bewegung.* **ˌir·reˈden·tism** *s* Irredenˈtismus *m* (*Geisteshaltung e-r Irredenta-Bewegung*). **ˌir·reˈden·tist I** *s* Irredenˈtist(in). **II** *adj* irredenˈtistisch.

ir·re·duc·i·ble [ˌɪrɪˈdjuːsəbl; *Am. a.* -ˈduː-] *adj* (*adv* **irreducibly**) **1.** nicht reduˈzierbar: a) nicht zuˈrückführbar (**to** auf *acc*): **to be ~ to a simpler form** sich nicht vereinfachen lassen, b) *chem. math.* ˈirreduˌzibel, c) nicht herˈabsetzbar: **the ~ minimum** das absolute Minimum, das Mindestmaß (**of an** *dat*). **2.** nicht verwandelbar (**into, to** in *acc*).

ir·ref·ra·ga·ble [ɪˈrefrəgəbl] *adj* (*adv* **irrefragably**) ˈunwiderˌlegbar, ˈunumˌstößlich.

ir·re·fran·gi·ble [ˌɪrɪˈfrændʒəbl] *adj* **1.** unverletzlich, ˈunüberˌtretbar, ˈunumˌstößlich: **an ~ rule. 2.** *phys.* unbrechbar: **~ rays.**

ir·ref·u·ta·bil·i·ty [ɪˌrefjʊtəˈbɪlətɪ; ˈɪrɪˌfjuːtəˈb-] *s* ˈUnwiderˌlegbarkeit *f.* **ir·ref·u·ta·ble** *adj* (*adv* **irrefutably**) ˈunwiderˌlegbar, ˈunwiderˌleglich, nicht zu widerˈlegen(d).

ir·re·gard·less [ˌɪrɪgɑːrdləs] *Am. colloq. für* **regardless** I.

ir·reg·u·lar [ɪˈregjʊlə(r)] **I** *adj* (*adv* **~ly**) **1.** unregelmäßig: a) *a. bot.* ungleichmäßig, -förmig: **~ teeth** unregelmäßige Zähne, b) *a. econ.* uneinheitlich, schwankend, c) ungeordnet, ˈunsysteˌmatisch, d) unpünktlich: **at ~ intervals** in unregelmäßigen Abständen. **2.** uneben: **~ terrain. 3.** a) regelwidrig, b) vorschriftswidrig, nicht ordnungsgemäß: **~ papers,** c) ungesetzlich, ungültig: **~ procedure. 4.** a) ungeregelt, unordentlich: **an ~ life,** b) ungehörig, ungebührlich: **~ conduct,** c) unstet, ausschweifend: **an ~ man. 5.** nicht reguˈlär, nicht voll gültig *od.* anerkannt: **an ~ physician** kein richtiger Arzt, ein Kurpfuscher. **6.** *ling.* unregelmäßig: **~ verbs. 7.** *mil.* ˈirreguˌlär. **II** *s* **8.** *mil.* a) ˈIrreguˌläre(r) *m,* irreguˌlärer Solˈdat, b) *pl* ˈirreguˌläre Truppe(n *pl*). **irˌreg·uˈlar·i·ty** [-ˈlærətɪ] *s* **1.** Unregelmäßigkeit *f* (*a. ling.*), Ungleichmäßigkeit *f.* **2.** Unebenheit *f.* **3.** a) Vorschrifts-, Regelwidrigkeit *f,* b) *jur.* Formfehler *m,* Verfahrensmangel *m,* c) Verstoß *m,* Vergehen *n.* **4.** a) Ungeregeltheit *f,* b) Ungehörigkeit *f.*

ir·rel·a·tive [ɪˈrelətɪv] *adj* (*adv* **~ly**) **1.** (**to**) unabhängig (von), nicht bedingt (durch). **2.** beziehungslos, absoˈlut.

ir·rel·e·vance [ɪˈreləvəns], **irˈrel·e·van·cy** [-sɪ] *s* **1.** ˈIrreleˌvanz *f,* Unerheblichkeit *f,* Belanglosigkeit *f.* **2.** Unanwendbarkeit *f.* **irˈrel·e·vant** *adj* (*adv* **~ly**) **1.** ˈirreleˌvant, nicht zur Sache gehörig: **to be ~ to** sich nicht beziehen auf (*acc*). **2.** ˈirreleˌvant, unerheblich, belanglos (**to** für). **3.** unanwendbar (**to** auf *acc*).

ir·re·li·gion [ˌɪrɪˈlɪdʒən] *s* **1.** Irreligiosiˈtät *f.* **2.** Gottlosigkeit *f.* **3.** Religiˈonsfeindlichkeit *f.* **ˌir·reˈli·gious** [-dʒəs] *adj* (*adv* **~ly**) **1.** ˈunreligiˌös, ˈirreligiˌös. **2.** gottlos. **3.** religiˈonsfeindlich.

ir·rem·e·a·ble [ɪˈremɪəbl; ɪˈriː-] *adj obs. od. poet.* ohne ˈWiederkehr.

ir·re·me·di·a·ble [ˌɪrɪˈmiːdjəbl; -dɪəbl] *adj* (*adv* **irremediably**) nicht behebbar *od.* abstellbar: **this is ~** dem ist nicht abzuhelfen, das läßt sich nicht beheben.

ir·re·mis·si·ble [ˌɪrɪˈmɪsəbl] *adj* (*adv* **irremissibly**) **1.** unverzeihlich: **an ~ offence. 2.** unerläßlich: **an ~ duty.**

ir·re·mov·a·ble [ˌɪrɪˈmuːvəbl] *adj* (*adv* **irremovably**) **1.** nicht entfernbar, unbeweglich. **2.** unabsetzbar: **~ judges. 3.** nicht behebbar: **~ faults.**

ir·rep·a·ra·ble [ɪˈrepərəbl] *adj* (*adv* **irreparably**) **1.** ˈirrepaˌrabel, nicht wiederˈgutzumachen(d): **~ damage. 2.** unersetzlich, unersetzbar: **~ loss.**

ir·re·place·a·ble [ˌɪrɪˈpleɪsəbl] *adj* (*adv* **irreplaceably**) unersetzlich, unersetzbar.

ir·re·press·i·ble [ˌɪrɪˈpresəbl] *adj* (*adv* **irrepressibly**) **1.** ˈununterˌdrückbar, nicht zu unterˈdrücken(d): **~ laughter. 2.** un(be)zähmbar (*Person*).

ir·re·proach·a·ble [ˌɪrɪˈprəʊtʃəbl] *adj* (*adv* **irreproachably**) untadelig, tadellos, einwandfrei: **~ conduct. ˌir·reˈproach·a·ble·ness** *s* **1.** Untadeligkeit *f.* **2.** einwandfreies Benehmen.

ir·re·sist·i·bil·i·ty [ˈɪrɪˌzɪstəˈbɪlətɪ] *s* ˈUnwiderˌstehlichkeit *f.* **ˌir·reˈsist·i·ble** *adj* (*adv* **irresistibly**) ˈunwiderˌstehlich: **an ~ impulse; an ~ woman.**

ir·res·o·lute [ɪˈrezəluːt; *Am. a.* -lət] *adj* (*adv* **~ly**) **1.** unentschieden, unentschlossen, unschlüssig, schwankend. **2.** unbestimmt (*Antwort etc*). **irˈres·o·lute·ness, ˈirˌres·oˈlu·tion** *s* Unentschlossenheit *f,* Unschlüssigkeit *f.*

ir·re·spec·tive [ˌɪrɪˈspektɪv] *adj* (*adv* **~ly**): **~ of** ohne Rücksicht auf (*acc*), ungeachtet (*gen*), unabhängig von.

ir·re·spon·si·bil·i·ty [ˈɪrɪˌspɒnsəˈbɪlətɪ; *Am.* -ˌspɑn-] *s* **1.** Verantwortungslosigkeit *f.* **2.** Unverantwortlichkeit *f.* **3.** *jur.* Unzurechnungsfähigkeit *f.* **ˌir·reˈspon·si·ble I** *adj* (*adv* **irresponsibly**) **1.** nicht verantwortlich (**to** *dat*; **for** für): **to be ~ to s.o.** j-m nicht unterstellt sein; **to be ~ to s.o. for s.th.** j-m (gegenüber) für etwas nicht haften *od.* verantwortlich sein. **2.** *jur.* a) unzurechnungsfähig, b) nicht haftbar (**for** für). **3.** verantwortungslos, unzuverlässig. **4.** verantwortungslos, unverantwortlich. **5.** (**for**) nicht verantwortlich (für), nicht schuld an (*dat*), nicht die Ursache (von *od. gen*). **II** *s* **6.** verantwortungslose Perˈson. **7.** *jur.* unzurechnungsfähige Perˈson.

ir·re·spon·sive [ˌɪrɪˈspɒnsɪv; *Am.* -ˈspɑn-] *adj*: **to be ~ to** a) nicht ansprechen *od.* reagieren auf (*acc*) (*a. electr. tech. etc*), b) nicht empfänglich *od.* aufgeschlossen sein für, c) nicht eingehen auf (*j-n od. etwas*).

ir·re·ten·tive [ˌɪrɪˈtentɪv] *adj* (*adv* **~ly**) **1.** gedächtnisschwach. **2. ~ memory** (*od.* **mind**) schwaches Gedächtnis.

ir·re·triev·a·ble [ˌɪrɪˈtriːvəbl] *adj* (*adv* **irretrievably**) **1.** unersetzlich, unersetzbar (*Verlust*). **2.** nicht wiederˈgutzumachen(d): → **break down** 9, **breakdown** 3.

ir·rev·er·ence [ɪˈrevərəns] *s* Reˈspekt-, Ehrfurchtslosigkeit *f.* **irˈrev·er·ent** *adj* (*adv* **~ly**), **irˌrev·erˈen·tial** [-ˈrenʃl] *adj* reˈspekt-, ehrfurchtslos.

ir·re·vers·i·bil·i·ty [ˈɪrɪˌvɜːsəˈbɪlətɪ; *Am.* -ˌvɜr-] *s* **1.** Nichtˈumkehrbarkeit *f,* Irreversibiliˈtät *f.* **2.** ˈUnwiderˌruflichkeit *f.* **ˌir·reˈvers·i·ble** *adj* (*adv* **irreversibly**) **1.** *a. chem. math. phys.* nicht ˈumkehrbar, irreverˈsibel. **2.** *tech.* nur in ˈeiner Richtung laufend. **3.** *electr.* selbstsperrend. **4.** → **irrevocable.**

ir·rev·o·ca·bil·i·ty [ɪˌrevəkəˈbɪlətɪ] *s* ˈUnwiderˌruflichkeit *f.* **ir·rev·o·ca·ble** [ɪˈrevəkəbl; *letters of credit*: ˌɪrɪˈvəʊkəbl] *adj* (*adv* **irrevocably**) ˈunwiderˌruflich, ˈunabˌänderlich, ˈunumˌstößlich: **~ letter of credit** *econ.* unwiderrufliches Akkreditiv.

ir·ri·gate [ˈɪrɪgeɪt] *v/t* **1.** *agr.* (künstlich) bewässern, berieseln. **2.** *med. e-e Wunde etc* ausspülen. **ˌir·riˈga·tion** *s* **1.** *agr.* (künstliche) Bewässerung *od.* Berieselung: **~ canal** Bewässerungskanal *m.* **2.** *med.* Ausspülung *f,* Irrigatiˈon *f*: **gastric ~** Magenspülung. **ˌir·riˈga·tion·al** [-ʃənl], **ˈir·ri·ga·tive** [-gətɪv; *bes. Am.* -geɪtɪv] *adj* Bewässerungs..., Riesel... **ˈir·ri·ga·tor** [-geɪtə(r)] *s* **1.** Bewässerungsgerät *n,* -anlage *f.* **2.** *med.* Irriˈgator *m,* ˈSpülappaˌrat *m.*

ir·ri·ta·bil·i·ty [ˌɪrɪtəˈbɪlətɪ] *s* Reizbarkeit *f.* **ˈir·ri·ta·ble** *adj* (*adv* **irritably**) **1.** a) reizbar, b) gereizt. **2.** *med. physiol.* a) reizbar, empfindlich (*Gewebe, Nerv etc*), b) nerˈvös: **~ heart** nervöses Herz, Herzneurose *f.*

ir·ri·tan·cy [ˈɪrɪtənsɪ] *s* Ärgernis *n,* [(*das*) Ärgerliche.]

ir·ri·tant [ˈɪrɪtənt] **I** *adj* Reiz erzeugend, Reiz...: **~ agent** → II. **II** *s* Reizstoff *m.*

ir·ri·tate [ˈɪrɪteɪt] *v/t* reizen (*a. med.*), (ver)ärgern, irriˈtieren: **~d at** (*od.* **by, with**) verärgert *od.* ärgerlich über (*acc*). **ˈir·ri·tat·ing** *adj* (*adv* **~ly**) **1.** ärgerlich, irriˈtierend. **2.** → **irritant** I. **ˌir·riˈta·tion** *s* **1.** Verärgerung *f,* Reizung *f,* Irritatiˈon *f.* **2.** Ärger *m* (**at** über *acc*). **3.** *med.* Reizung *f*: a) Reiz *m,* b) Reizzustand *m*: **~ of the kidneys** Nierenreizung. **ˈir·ri·ta·tive** *adj* **1.** → **irritant** I. **2.** Reiz...: **~ cough.**

ir·rup·tion [ɪˈrʌpʃn] *s* **1.** Einbruch *m,* Herˈeinbrechen *n* (**into** in *acc*): **~ of water** Wassereinbruch. **2.** *mil.* Einfall *m* (**into** in *acc*). **irˈrup·tive** [-tɪv] *adj* (*adv* **~ly**) **1.** herˈeinbrechend. **2.** *geol.* → **intrusive** 2.

is [ɪz; *unbetont*: z; s] a) (*3. sg pres von* **be**) ist, b) *dial. in allen Personen des pres gebraucht*: **I ~, you ~,** *etc.*

Is·a·bel·la [ˌɪzəˈbelə], *a.* **ˈIs·a·bel** *s* Isaˈbellfarbe *f.* **ˌis·aˈbel·line** [-laɪn; *Am. a.* -lɪn] *adj* isaˈbellfarben, -farbig, graugelb.

is·a·cous·tic [ˌaɪsəˈkuːstɪk] *adj* von gleicher Schallstärke: **~ line** (*Geophysik*) Isakuste *f* (*Kurve, die bei Erdbeben die Punkte gleicher Schallstärke verbindet*).

i·sa·go·ge [ˈaɪsəgəʊdʒɪ] *s* Isaˈgoge *f* (*Einführung in e-e Wissenschaft*). **ˌi·saˈgog·ic** [-ˈgɒdʒɪk; *Am.* -ˈgɑ-] **I** *adj* einführend, Einführungs... **II** *s pl* (*meist als sg konstruiert*) Isaˈgogik *f* (*Kunst der Einführung in e-e Wissenschaft, bes. die Lehre von der Entstehung der biblischen Bücher*).

I·sa·iah [aɪˈzaɪə; *Am.* aɪˈzeɪə], *a.* **Iˈsa·ias** [-əs] *npr u. s Bibl.* (das Buch) Jeˈsaja(s) *od.* Iˈsaias *m.*

i·sa·tin [ˈaɪsətɪn] *s chem.* Isaˈtin *n.*

is·ch(a)e·mi·a [ɪˈskiːmjə; -mɪə] *s med.* Is-chäˈmie *f* (*mangelhafte Versorgung einzelner Organe mit Blut*).

is·chi·a [ˈɪskɪə] *pl von* **ischium.**

is·chi·ad·ic [ˌɪskɪˈædɪk], **is·chi·al** [ˈɪskɪəl], **ˌis·chiˈat·ic** [-ˈætɪk] *adj anat.* Sitzbein...

is·chi·um [ˈɪskɪəm] *pl* **-chi·a** [-ə] *s anat.* Is-chium *n,* Sitzbein *n.*

Ish·ma·el [ˈɪʃmeɪəl; *Am.* ˈɪʃmiːəl] **I** *npr Bibl.* Ismael *m.* **II** *s* → **Ishmaelite** 2.

Ish·ma·el·ite [ˈɪʃˌmɪəlaɪt] *s* **1.** *relig.* Ismaeˈlit(in). **2.** *fig.* Verstoßene(r *m*) *f,* Ausgestoßene(r *m*) *f.*

i·sin·glass [ˈaɪzɪŋglɑːs; *Am.* ˈaɪznˌglæs] *s* Hausenblase *f.*

Is·lam [ˈɪzlɑːm; ɪzˈlɑːm; ɪs-] *s relig.* a) Isˈlam *m,* Islaˈmismus *m,* b) *collect.* Mohammeˈdaner *pl,* Islaˈmiten *pl.* **Isˈlam·ic** [-ˈlæmɪk; -ˈlɑː-] *adj* isˈlamisch, islaˈmitisch, mohammeˈdanisch, Islam... **Is·lam·ism** [ˈɪzləmɪzəm; *Am. a.* ɪsˈlɑːmˌɪzəm] → **Islam. ˈIs·lam·ite** *s* Islaˈmit(in), Mohammeˈdaner(in). **Is·lam·i·za·tion** [ˌɪzləmaɪˈzeɪʃn; *Am.* -məˈz-] *s* Islamiˈsierung *f.* **ˈIs·lam·ize** *v/t* islamiˈsieren.

is·land [ˈaɪlənd] **I** *s* **1.** Insel *f* (*a. weitS. u. fig.*): **~ arc** *geogr.* Inselbogen *m*; **~ chain** Inselkette *f*; **~ universe** *astr. obs.* Milchstraßensystem *n*; **the I~s of the Blessed** *myth.* die Inseln der Seligen; → **speech** 9. **2.** Verkehrsinsel *f.* **3.** *anat.* Zellinsel *f*: **~s**

of Langerhans Langerhanssche Inseln. **4.** *mar.* Insel *f*, Aufbau *m* (*bes. auf Flugzeugträgern, mit Kommandobrücke etc*): **three-~ ship** Dreiinselschiff *n*. **II** *v/t* **5.** zur Insel machen. **6. to be ~ed** mit Inseln durchsetzt sein. **7.** auf e-r Insel aussetzen. **8.** *fig.* iso'lieren. **'is·land·er** *s* Inselbewohner(in), Insu'laner(in).

isle [aɪl] *s poet. u. in npr* (*bes.* kleine) Insel, Eiland *n*: **the I~s of the Blest** *myth.* die Inseln der Seligen.

is·let ['aɪlɪt] *s* **1.** Inselchen *n*. **2.** → **island** 3.

ism ['ɪzəm] *s oft contp.* Ismus *m* (*e-e* [*bloße*] *Theorie*).

iso- [aɪsəʊ] *Wortelement mit der Bedeutung* gleich, iso..., Iso...

i·so·bar ['aɪsəʊbɑː(r)] *s* **1.** *meteor.* Iso'bare *f* (*Verbindungslinie zwischen Orten gleichen Luftdrucks*). **2.** *phys.* Iso'bar *n* (*Atomkern mit isobaren Eigenschaften*). **ˌi·so'bar·ic** [-'bærɪk] *adj* **1.** *meteor.* iso'bar, gleichen Luftdrucks. **2.** *phys.* iso'bar (*e-e gleiche Anzahl Neutronen u. e-e verschiedene Anzahl Protonen aufweisend*) (*Atomkerne*).

i·so·base ['aɪsəʊbeɪs] *s Geophysik*: Iso'base *f* (*Linie, die alle Orte gleich großer Hebung verbindet*).

i·so·bath ['aɪsəʊbæθ] *s meteor.* Iso'bathe *f* (*Linie, die alle Orte gleicher Wassertiefe verbindet*).

i·so·chro·mat·ic [ˌaɪsəʊkrəʊ'mætɪk] *adj phys.* isochro'matisch, gleichfarbig.

i·soch·ro·nal [aɪ'sɒkrənl; *Am.* -'sɑk-] *adj* (*adv* **~ly**) *phys.* iso'chron (*von gleicher Dauer*). **i·so·chrone** ['aɪsəʊkrəʊn] *s* **1.** *Geophysik*: Iso'chrone *f* (*Linie, die alle Orte des gleichzeitigen Eintreffens bestimmter Erscheinungen verbindet*). **2.** *geogr.* Iso'chrone *f* (*Linie, die alle Orte verbindet, von denen aus ein Zielpunkt bei gleicher Reisedauer erreicht werden kann*). **i'soch·ro·nism** [-nɪzəm] *s phys.* Isochro'nismus *m* (*Eigenschaft schwingender Körper od. schwingender mechanischer Systeme, die Schwingungsdauer unabhängig von der Weite des Schwingungsbogens konstant zu halten*). **i'soch·ro·nous** → **isochronal**.

i·so·cli·nal [ˌaɪsəʊ'klaɪnl] **I** *adj geol.* isokli'nal (*gleichsinnig einfallend*): **~ fold** Isoklinalfalte *f*; **~ line** → II. **II** *s geogr.* Iso'kline *f* (*Linie, die alle Orte gleicher Neigung der Magnetnadel verbindet*).

i·sog·a·my [aɪ'sɒgəmɪ; *Am.* -'sɑ-] *s biol.* Isoga'mie *f* (*Vereinigung gleichgestalteter Geschlechtszellen*).

i·sog·e·nous [aɪ'sɒdʒɪnəs; *Am.* -'sɑ-] *adj biol.* iso'gen, ge'netisch i'dentisch. **i'sog·e·ny** *s* Isoge'nie *f* (*genetische Identität aller Individuen e-r Gruppe*).

i·so·gloss ['aɪsəʊglɒs; *Am.* 'aɪsəˌglɑs; -ˌglɔːs] *s ling.* Iso'glosse *f* (*Linie, die Gebiete gleicher sprachlicher Erscheinungen umgrenzt*).

i·so·gon ['aɪsəʊgɒn; *Am.* 'aɪsəˌgɑn] *s math.* Iso'gon *n*, regelmäßiges Vieleck. **ˌi·so'gon·ic I** *adj* **1.** *math.* isogo'nal, gleichwink(e)lig. **2.** *Kartographie, math.* isogo'nal, winkeltreu. **3. ~ line** → 4. **II** *s* **4.** Iso'gone *f*: a) (*Geophysik*) *Linie, die alle Orte gleicher erdmagnetischer Deklination verbindet*, b) *meteor. Linie, die alle Orte gleicher Windrichtung verbindet*.

i·so·late ['aɪsəleɪt] *v/t* **1.** *a. med.* iso'lieren, absondern (**from** von): **isolating languages** isolierende Sprachen (*ohne Formenbildung*). **2.** *chem. electr. phys.* iso'lieren. **3.** *fig.* a) iso'liert *od.* getrennt *od.* für sich betrachten, b) trennen (**from** von). **'i·so·lat·ed** *adj* **1.** iso'liert, abgesondert: **~ camera** *sport, TV* a) Hinter-Tor-Kamera *f*, b) Zeitlupenkamera *f*. **2.** einzeln, vereinzelt: **an ~ case** ein Einzelfall *m*. **3.** abgeschieden. **4.** *chem. electr. phys.* iso'liert.

i·so·la·tion [ˌaɪsə'leɪʃn] *s* **1.** Iso'lierung *f*, Isolati'on *f*, Absonderung *f*: **~ block** Isolationsblock *m* (*in e-m Gefängnis*); **~ hospital** Klinik *f* für ansteckende Krankheiten, *mil.* Seuchenlazarett *n*; **~ torture** Isolationsfolter *f*; **~ ward** *med.* Isolierstation *f*. **2. to consider in ~** → **isolate** 3 a. **3.** Abgeschiedenheit *f*: **to live in ~** zurückgezogen leben. **ˌi·so'la·tion·ism** *s pol.* Isolatio'nismus *m* (*Tendenz, sich vom Ausland abzuschließen u. staatliches Eigeninteresse zu betonen*). **ˌi·so'la·tion·ist** *pol.* **I** *s* Isolatio'nist *m*. **II** *adj* isolatio'nistisch.

i·so·mer ['aɪsəmə(r)] *s chem.* Iso'mer(e *f*) *n* (*Verbindung mit gleicher Summenformel, aber mit verschiedenem Molekülaufbau u. unterschiedlichen physikalischen u. chemischen Eigenschaften*). **ˌi·so'mer·ic** [-'merɪk] *adj* iso'mer. **i·som·er·ism** [aɪ'sɒmərɪzəm; *Am.* -'sɑ-] *s* Isome'rie *f* (*Auftreten von Isomeren*). **iˌsom·er·i'za·tion** *s* Isomerisati'on *f*, Isomeri'sierung *f*. **i'som·er·ize** *v/t* isomeri'sieren.

i·so·met·ric [ˌaɪsəʊ'metrɪk] **I** *adj* (*adv* **~ally**) iso'metrisch (*die gleiche Längenausdehnung beibehaltend*). **II** *s pl* (*a. als sg konstruiert*) Iso'metrik *f*, iso'metrisches Muskeltraining.

i·som·e·try [aɪ'sɒmɪtrɪ; *Am.* -'sɑ-] *s* Isome'trie *f*, Längengleichheit *f*, -treue *f* (*bes. bei Landkarten*).

i·so·morph ['aɪsəʊmɔː(r)f] *s* **1.** *chem.* iso'morphe Verbindung. **2.** *ling.* Iso'morphe *f* (*Isoglosse, die e-e Eigentümlichkeit der grammatischen Formen betrifft*). **ˌi·so'mor·phic** *adj chem. ling. math.* iso'morph. **ˌi·so'mor·phism** *s* **1.** *chem.* Isomor'phismus *m* (*Eigenschaft gewisser Stoffe, gemeinsam dieselben Kristalle zu bilden*). **2.** *math.* Isomor'phismus *m* (*spezielle, umkehrbar eindeutige Abbildung e-r algebraischen Struktur auf e-e andere*). **3.** *ling.* Isomor'phismus *m* (*Gleichgestaltigkeit der verschiedenen Ebenen im Sprachsystem ohne Berücksichtigung qualitativer Unterschiede zwischen ihnen*).

i·so·pod ['aɪsəʊpɒd; *Am.* -səˌpɑd] *s zo.* Iso'pode *m*, Assel *f*.

i·so·prene ['aɪsəʊpriːn] *s chem.* Iso'pren *n* (*flüssiger, ungesättigter Kohlenwasserstoff*).

i·sos·ce·les [aɪ'sɒsɪliːz; *Am.* -'sɑsə-] *adj math.* gleichschenk(e)lig (*Dreieck*).

i·so·spin ['aɪsəʊspɪn] *s Kernphysik*: Iso'spin *m* (*Quantenzahl, die die Ladung e-s Elementarteilchens beschreibt*).

i·sos·ta·sy [aɪ'sɒstəsɪ; *Am.* -'sɑs-] *s Geophysik*: Isosta'sie *f* (*Massengleichgewicht innerhalb der Erdkruste*).

i·so·therm ['aɪsəʊθɜːm; *Am.* 'aɪsəˌθɜrm] *s* **1.** *meteor.* Iso'therme *f* (*Linie, die alle Orte gleicher Lufttemperatur zu e-m bestimmten Zeitpunkt od. im Durchschnitt e-s Zeitraums verbindet*). **2.** *chem. phys.* → **isothermal** II. **ˌi·so'ther·mal** *chem. phys.* **I** *adj* iso'therm (*bei konstanter Temperatur verlaufend*): **~ line** → II. **II** *s* Iso'therme *f* (*Kurve, die in e-m Zustandsdiagramm die Abhängigkeit e-r thermodynamischen Größe von e-r anderen bei konstanter Temperatur angibt*).

i·so·tope ['aɪsəʊtəʊp] *s Kernphysik*: Iso'top *n* (*Atomart desselben Elements mit gleicher Ordnungszahl, aber verschiedener Massenzahl*). **ˌi·so'top·ic** [-'tɒpɪk; *Am.* -'tɑ-] *adj* (*adv* **~ally**) iso'top: **~ spin** → **isospin**. **i·sot·o·py** [aɪ'sɒtəpɪ; *Am.* -'sɑ-] *s* Isoto'pie *f* (*das Vorkommen von Isotopen*).

i·so·trop·ic [ˌaɪsəʊ'trɒpɪk; *Am.* -sə'trəʊ-; -'trɑ-], **i·sot·ro·pous** [aɪ'sɒtrəpəs; *Am.* -'sɑ-] *adj phys.* iso'trop. **i·sot·ro·py** [aɪ'sɒtrəpɪ; *Am.* -'sɑ-] *s* Isotro'pie *f* (*Richtungsunabhängigkeit der physikalischen u. chemischen Eigenschaften von Stoffen*).

Is·ra·el ['ɪzreɪəl; -ˌrɪəl; *Am.* 'ɪzriːəl] *s Bibl.* (das Volk) Israel *n*.

Is·rae·li [ɪz'reɪlɪ] **I** *adj* isra'elisch. **II** *s* Isra'eli *m*, Bewohner(in) des Staates Israel.

Is·ra·el·ite ['ɪzˌrɪəlaɪt] *Bibl.* **I** *s* Israe'lit(in). **II** *adj* israe'litisch.

is·sei [iː'seɪ; 'iːseɪ] *pl* **-sei, -seis** *s japanischer Einwanderer in den USA*.

is·su·a·ble ['ɪʃuːəbl; *Br. a.* 'ɪsjuː-] *adj* (*adv* **issuably**) **1.** auszugeben(d), zu erlassen(d). **2.** *econ.* emissi'onsfähig.

is·su·ance ['ɪʃuːəns; 'ɪsjuː-; *Am.* 'ɪʃəwəns] → **issue** 1, 2.

is·sue ['ɪʃuː; *Br. a.* 'ɪsjuː] **I** *s* **1.** Ausgabe *f*, Erlaß *m*, Erteilung *f* (*von Befehlen etc*): **~ of orders** Befehlsausgabe. **2.** *econ.* Ausgabe *f* (*von Banknoten, Wertpapieren etc*), Emissi'on *f* (*von Wertpapieren*), Begebung *f*, Auflegung *f* (*e-r Anleihe*), Ausstellung *f* (*e-s Dokuments, Schecks, Wechsels etc*): **~ of securities** Effektenemission; **~ of shares** (*od.* **stocks**) Aktienausgabe; → **bank**[1] 1. **3.** *print.* a) Her'aus-, Ausgabe *f*, Veröffentlichung *f*, Auflage *f* (*e-s Buches*), b) Ausgabe *f*, Nummer *f* (*e-r Zeitung*). **4.** Streitfall *m*, -frage *f*, -punkt *m*, (strittiger *od.* wesentlicher) Punkt: **~ of fact (law)** *jur.* Tatsachen-(Rechts)frage *f*; **at ~** strittig, streitig, zur Debatte stehend; **point at ~** umstrittener Punkt, strittige Frage; **the point at ~ is** ... es dreht sich darum, ...; **the national prestige is at ~** es geht um das nationale Prestige, das nationale Prestige steht auf dem Spiel; **to be at ~ with s.o.** mit j-m im Streit liegen *od.* uneinig sein; **that decided the ~** das war ausschlaggebend *od.* entscheidend; **to evade the ~** ausweichen; **to make an ~ of s.th.** etwas aufbauschen *od.* dramatisieren; **to join** (*od.* **take**) **~ with s.o.** sich auf e-e Auseinandersetzung einlassen mit j-m. **5.** Kernfrage *f*, (a'kutes) Pro'blem, Angelpunkt *m*: **this question raises the whole ~** diese Frage schneidet den ganzen Sachverhalt an. **6.** Ausgang *m*, Ergebnis *n*, Resul'tat *n*, Schluß *m*: **in the ~** schließlich; **to bring s.th. to an ~** etwas zur Entscheidung bringen; **to force an ~** e-e Entscheidung erzwingen. **7.** *bes. mil.* Ausgabe *f*, Zu-, Verteilung *f*. **8.** *jur.* Nachkommen(schaft *f*) *pl*, (Leibes)Erben *pl*, Abkömmlinge *pl*: **to die without ~** ohne Nachkommen *od.* kinderlos sterben. **9.** Abfluß *m*, Abzug *m*, Öffnung *f*, Mündung *f*. **10.** *med.* a) Ausfluß *m* (*von Eiter, Blut etc*), b) eiterndes Geschwür. **11.** *econ.* Erlös *m*, Ertrag *m*, Einkünfte *pl* (*aus Landbesitz etc*). **12.** Her'ausgehen *n*, -kommen *n*: **free ~ and entry** freies Kommen u. Gehen.

II *v/t* **13.** *Befehle etc* ausgeben, erlassen, erteilen, ergehen lassen. **14.** *econ. Banknoten, Wertpapiere etc* ausgeben, in 'Umlauf setzen, emit'tieren, *e-e Anleihe* begeben, auflegen, *ein Dokument, e-n Wechsel, Scheck etc* ausstellen: **~d capital** effektiv ausgegebenes Kapital. **15.** *ein Buch, e-e Zeitung* her'ausgeben, veröffentlichen, auflegen, publi'zieren. **16.** *bes. mil.* a) *Essen, Munition etc* ausgeben, zu-, verteilen, b) ausrüsten, beliefern (**with** mit).

III *v/i* **17.** her'aus-, her'vorkommen. **18.** her'vorstürzen, -brechen. **19.** her'ausfließen, -strömen. **20.** a) (**from**) entspringen (*dat*), 'herkommen, -rühren (von), b) abstammen (**from** von). **21.** her'auskommen, her'ausgegeben werden (*Schriften etc*). **22.** ergehen, erteilt werden (*Befehl etc*). **23.** enden (**in** in *dat*).

'is·sue·less *adj jur.* ohne Nachkommen,

kinderlos. **ˈis·su·er** *s econ.* **1.** Aussteller(in). **2.** Emitˈtent(in), Ausgeber(in). **ˈis·sue-reˌlat·ed** *adj* sachbezogen.

isth·mi·an [ˈɪsθmɪən; *bes. Am.* ˈɪsmɪən] *adj* isthmisch. **isth·mus** [ˈɪsməs] *pl* **-mus·es, -mi** [-maɪ] *s* **1.** *geogr.* Isthmus *m*, Landenge *f*: **the I~** der Isthmus (*von Korinth od. Panama od. Suez*). **2.** *anat.* Isthmus *m*, Vereng(er)ung *f*.

it [ɪt] **I** *pron* **1.** es (*nom od. acc*): **what is it?** was ist es?; **do you understand it?** verstehen Sie es? **2.** (*wenn auf schon Genanntes bezogen*) es, er, ihn, sie: **(pencil)** ... **it writes well** (Bleistift) ... er schreibt gut. **3.** (*als Subjekt bei unpersönlichen Verben u. Konstruktionen*) es: **it rains; it is cold; it is 6 miles to** es sind 6 Meilen (bis) nach; **it is pointed out that** es wird darauf hingewiesen, daß; → **follow** 10, **time** 4, *etc.* **4.** (*als grammatisches Subjekt*) es: **oh, it was you** oh, Sie waren es *od.* das; → **be** 7. **5.** (*verstärkend*) es: **it is to him that you should turn** an ˈihn solltest du dich wenden; → **be** *Bes. Redew.* **6.** (*als unbestimmtes Objekt*) es (*oft unübersetzt*): → **foot** 12, **go**[1] 58, **take** 59, *etc.* **7.** *nach Präpositionen*: **at it** daran, dazu, darüber; **by it** dadurch, dabei; **for it** dafür, deswegen; **in it** darin; **of it** davon, darüber; **little was left of it** wenig blieb davon übrig. **8.** *reflex* sich: **the development brought with it that** die Entwicklung brachte (es) mit sich, daß.

II *s* **9.** *colloq.* ‚der (die, das) Größte': **he thinks he's ˈit,** b) **this is really ˈit** das ist genau das richtige, genau ˈdas ist es. **10.** *colloq.* das gewisse Etwas, Sex-Apˈpeal *m.* **11. now you are it** (*in Kinderspielen*) jetzt bist du dran.

I·tal·ian [ɪˈtæljən] **I** *adj* **1.** italiˈenisch: **~ hand** lateinische Schreibschrift. **II** *s* **2.** Italiˈener(in). **3.** *ling.* Italiˈenisch *n*, das Italienische. **Iˈtal·ian·ate I** *adj* [-neɪt; -nət] italianiˈsiert. **II** *v/t* [-neɪt] italianiˈsieren. **Iˈtal·ian·ism** *s* Italiaˈnismus *m*, italiˈenische (Sprach- *etc*)Eigenheit. **Iˈtal·ian·ize I** *v/i* italiˈenische Art annehmen, italienisch werden. **II** *v/t* italianiˈsieren.

i·tal·ic [ɪˈtælɪk] **I** *adj* **1.** *print.* kurˈsiv: **~ type** → 3. **2. I~** *ling. hist.* iˈtalisch. **II** *s* **3.** *print.* Kurˈsiv-, Schrägschrift *f*: **in ~s** kursiv (gedruckt). **4. I~** *ling. hist.* Iˈtalisch *n*, das Italische. **Iˈtal·i·cism** [-sɪzəm] → **Italianism. iˈtal·i·cize** [-saɪz] *v/t print.* **1.** kurˈsiv drucken. **2.** durch Kurˈsivschrift herˈvorheben.

itch [ɪtʃ] **I** *s* **1.** Jucken *n*, Juckreiz *m*: **he had an ~** ihn juckte es. **2.** *med.* Krätze *f*. **3.** *fig.* Verlangen *n* (**for** nach): **to have an ~ for money** geldgierig sein; **to have** (*od.* **feel**) **an ~ to do s.th.** große Lust haben *od.* darauf brennen, etwas zu tun; etwas unbedingt tun wollen. **II** *v/i* **4.** jucken: a) kratzen: **his sweater ~ed** sein Pullover juckte *od.* kratzte (ihn), b) von e-m Juckreiz befallen sein: **my hand ~es** m-e Hand juckt (mich), mir *od.* mich juckt die Hand; **my fingers are ~ing to do it, I'm feeling my fingers ~ to do it** *colloq.* mir *od.* mich juckt's in den Fingern, es zu tun. **5.** e-n Juckreiz verspüren: **I am ~ing all over** mir *od.* mich juckt es überall *od.* am ganzen Körper. **6.** *colloq.* **I am ~ing to try it** es reizt *od.* ‚juckt' mich, es zu versuchen; ich möchte es unbedingt versuchen; **to be ~ing for s.th.** etwas unbedingt (haben) wollen; **he's ~ing for his girlfriend to come** er kann es kaum erwarten, bis s-e Freundin kommt. **III** *v/t* **7.** *j-n* jucken, kratzen. **8.** *j-n* (ver)ärgern, irriˈtieren. **itch·i·ness** [ˈɪtʃɪnɪs] *s* **1.** → **itch** 1. **2. the ~ of his sweater was so great that** ... sein Pullover juckte *od.* kratzte (ihn) so sehr, daß ... **ˈitch·ing I** *adj* a) juckend: **an ~ eczema; an ~ sweater** ein juckender *od.* kratzender *od.* kratziger Pullover; **he's got ~ feet** *colloq.* er muß unbedingt wieder einmal irgendwohin fahren, *weitS.* er hält es nirgendwo lange aus; → **palm**[1] 1, b) Juck...: **~ powder** Juckpulver *n.* **II** *s* → **itch** 1 *u.* 3. **ˈitch·y** *adj* **1.** → **itching** I a. **2.** *med.* krätzig. **3.** *fig.* unruhig, nerˈvös.

i·tem [ˈaɪtəm] *s* **1.** Punkt *m*, Gegenstand *m* (*der Tagesordnung etc*), Ziffer *f* (*in e-m Vertrag etc*), (Biˈlanz-, Buchungs-, Rechnungs)Posten *m*: **an important ~** ein wesentlicher Punkt; **to discuss a problem ~ by ~** ein Problem Punkt für Punkt erörtern; **~ veto** *pol. Am.* Einspruchsrecht *n* (*bes. e-s Gouverneurs*) gegen einzelne Punkte e-r Gesetzesvorlage. **2.** Einzelheit *f*, Deˈtail *n.* **3.** (ˈWaren)Arˌtikel *m*, *weitS.* Gegenstand *m*, Ding *n.* **4.** (ˈPresse-, ˈZeitungs)Noˌtiz *f*, (*a. Rundfunk, TV*) Nachricht *f*, Meldung *f*. **5.** *mus. thea. etc* Stück *n.* **ˌi·tem·i·ˈza·tion** *s* einzelne Aufführung, Spezifikatiˈon *f*, Aufgliederung *f*. **ˈi·tem·ize** *v/t Rechnungsposten* einzeln aufführen, *a. e-e Rechnung* spezifiˈzieren, *Kosten etc* aufgliedern.

it·er·ance [ˈɪtərəns] → **iteration. ˈit·er·ant** *adj* sich wiederˈholend. **ˈit·er·ate** [-reɪt] *v/t* wiederˈholen. **ˌit·erˈa·tion** *s* **1.** Wiederˈholung *f*. **2.** *math.* Iteratiˈon *f* (*schrittweises Rechenverfahren zur Annäherung an die Lösung e-r Gleichung*): **~ loop** (*Computer*) Iterationsschleife *f*. **3.** *ling.* Iteratiˈon *f* (*Wiederholung e-r Silbe od. e-s Wortes*). **ˈit·er·a·tive** [-rətɪv; *Am. bes.* -ˌreɪ-] *adj* **1.** sich wiederˈholend. **2.** *math.* iteraˈtiv: **~ loop** (*Computer*) Iterationsschleife *f*. **3.** *ling.* iteraˈtiv.

i·tin·er·an·cy [ɪˈtɪnərənsɪ; aɪˈt-], *a.* **iˈtin·er·a·cy** [-rəsɪ] *s* **1.** Umˈherreisen *n*, -wandern *n*, -ziehen *n.* **2.** reisende Kommissiˈon, Beamte *pl etc* auf e-r Dienstreise. **3.** *relig.* festgelegtes Wechseln von Pfarrstellen (*bes. der Methodisten*). **iˈtin·er·ant** *adj* (*adv* **~ly**) (*beruflich*) reisend, umˈherziehend, Reise..., Wander...: **~ preacher** Wanderprediger *m*; **~ trade** *econ.* Wandergewerbe *n*; **~ worker** Wanderarbeiter *m.* **i·tin·er·ar·y** [aɪˈtɪnərərɪ; ɪˈt-; *Am.* -ˌreriː] **I** *s* **1.** a) Reiseweg *m*, -route *f*, b) Reiseplan *m.* **2.** Reisebericht *m*, -beschreibung *f*. **3.** Reiseführer *m* (*Buch*). **II** *adj* **4.** Reise... **iˈtin·er·ate** [-reɪt] *v/i* (umˈher)reisen.

its [ɪts] *pron* sein, seine, ihr, ihre: **the house and ~ roof** das Haus u. sein Dach.

it·self [ɪtˈself] *pron* **1.** *reflex* sich: **the animal hides ~. 2.** sich selbst: **the kitten wants it for ~. 3.** (*verstärkend*) selbst: **like innocence ~** wie die Unschuld selbst; **by ~** a) (für sich) allein, b) von allein, von selbst; **in ~** an sich (betrachtet).

it·sy-bit·sy [ˌɪtsɪˈbɪtsɪ] *adj colloq.* **1.** ‚klitzeklein', winzig. **2.** zs.-gestückelt.

it·ty-bit·ty [ˌɪtɪˈbɪtɪ] → **itsy-bitsy** 1.

i·vied [ˈaɪvɪd] *adj* ˈefeuumˌrankt, mit Efeu bewachsen.

i·vo·ry [ˈaɪvərɪ; -vrɪ] **I** *s* **1.** Elfenbein *n*: **black ~** *obs.* ‚schwarzes Elfenbein' (*Negersklaven*). **2.** Stoßzahn *m* (*bes. des Elefanten*). **3.** *pl a.* **-ry** ˈElfenbein(schnitzeˌrei *f*, -arbeit *f*) *n.* **4.** *pl a.* **-ry** *sl.* a) Zahn *m*, *pl a.* Gebiß *n*: **to show one's ivories** die Zähne fletschen; breit grinsen, b) Würfel *m*, c) Billardkugel *f*, d) (*bes.* Klaˈvier-) Taste *f*: **to tickle the ivories** (auf dem Klavier) klimpern. **5.** *a.* **~ white** (*od.* **yellow**) Elfenbeinfarbe *f*. **II** *adj* **6.** elfenbeinern, Elfenbein... **7.** elfenbeinfarben. **~ black** *s* Elfenbeinschwarz *n* (*Farbstoff*). **~ nut** *s bot.* Elfenbein-, Steinnuß *f*. **~ palm** *s bot.* Elfenbeinpalme *f*. **~ tow·er** *s fig.* **1.** Elfenbeinturm *m*: **to live in an ~** in e-m Elfenbeinturm leben *od.* sitzen. **2.** Weltfremdheit *f*: **the ~ of some researchers. ˈ~-ˌtow·er(ed)** *adj fig.* **1.** weltabgewandt. **2.** weltfremd.

i·vy [ˈaɪvɪ] *s bot.* Efeu *m*: **American ~** Wilder Wein, Jungfernrebe *f*. **~ bush** *s bot.* Efeubusch *m.* **I~ League** *s Am. die Eliteuniversitäten im Osten der USA.* **ˈ~-leaved** *adj* efeublätt(e)rig.

i·wis [ɪˈwɪs] *adv obs.* gewiß.

iz·zard [ˈɪzə(r)d] *s obs.* Z, z *n* (*Buchstabe*).

J

J, j [dʒeɪ] **I** *pl* **J's, Js, j's, js** [dʒeɪz] *s* **1.** J, j *n*, Jot *n* (*Buchstabe*). **2.** J J *n*, J-förmiger Gegenstand. **3.** → **joint** 7. **II** *adj* **4.** zehnt(er, e, es): **Company** J. **5.** J J-..., J-förmig.

jab [dʒæb] **I** *v/t* **1.** *etwas* (hinˈein)stechen, (-)stoßen (**into** in *acc*): **he ~bed his elbow into my side** er stieß mir den Ellbogen in die Seite; **to ~ out** *Auge etc* ausstechen. **II** *v/i* **2.** stechen, stoßen (**at** nach; **with** mit): **suddenly a stick ~bed into my face** plötzlich stach mir j-d mit e-m Stock ins Gesicht; **he ~bed at the mistake with his pencil** er tippte mit s-m Bleistift auf den Fehler. **3.** *Boxen*: e-n Jab schlagen: **they ~bed (away) at each other** *allg.* sie schlugen aufeinander ein. **III** *s* **4.** Stich *m*, Stoß *m* **5.** *Boxen*: Jab *m* (*hakenartiger Schlag aus kurzer Distanz*). **6.** *med. colloq.* Spritze *f*: **have you had your polio ~s yet?** bist du schon gegen Kinderlähmung geimpft worden?

jab·ber [ˈdʒæbə(r)] **I** *v/t a.* **~ out** (daˈher-) plappern, *Gebet etc* ,herˈunterrasseln'. **II** *v/i a.* **~ away** plappern, schwatzen. **III** *s* Geplapper *n*, Geschwätz *n*. ˈ**jab·ber·er** *s* Schwätzer(in).

ja·bot [ˈʒæbəʊ; *Am. a.* ʒæˈbəʊ] *s* Jaˈbot *n* (*am Kragen befestigte Spitzenrüsche zum Verdecken des vorderen Verschlusses an Damenblusen u., bes. hist., an Männerhemden*).

ja·cal [həˈkɑːl] *s* primiˈtive mexiˈkanische Hütte.

ja·cinth [ˈdʒæsɪnθ; ˈdʒeɪ-] *s min.* Hyaˈzinth *m*.

jack[1] [dʒæk] **I** *s* **1.** J~ *colloq für* **John**: **before you could say J~ Robinson** im Nu, im Handumdrehen; → **all** *Bes. Redew.* **2.** *colloq.* Mann *m*, Kerl *m*: **every man ~** jeder(mann), alle; **every man ~ of them (us, you)** jeder von ihnen (uns, euch), sie (wir, ihr) alle. **3.** *oft* J~ Maˈtrose *m*, Seemann *m*. **4.** *Kartenspiel*: Bube *m*: **~ of hearts** Herzbube *m*. **5.** *oft* J~ *Br. sl.* ,Bulle' *m* (*Polizist*). **6.** *a.* **lifting ~** *tech.* Hebevorrichtung *f*, (Hebe)Winde *f*, (-)Bock *m*: **(car) ~** Wagenheber *m*. **7.** *a.* **roasting ~** Bratenwender *m*. **8.** *Bowls*: Zielkugel *f*. **9.** *mar.* Gösch *f*, (kleine) Flagge: **pilot's ~** Lotsenflagge. **10.** *electr.* a) Klinke *f*: **~ panel** Klinkenfeld *n*, b) Steckdose *f*, Buchse *f*. **11.** *mar.* Oberbramsaling *f*. **12.** a) *zo.* Männchen *n*, *bes.* → **jackass** 1, b) *ichth.* Grashecht *m*. **13.** *Am. sl.* ,Zaster' *m*, ,Kohlen' *pl*, ,Moos' *n* (*Geld*). **II** *adj* **14. to be ~ of s.th.** *Austral. colloq.* genug *od.* ,die Nase voll' haben von etwas, etwas satt haben. **III** *v/t* **15.** *meist* **~ up** hochheben, hoch-, aufwinden, *Auto* aufbocken. **16. ~ up** *colloq.* a) *Gehälter*, *Preise etc* erhöhen, *j-s Moral etc* heben: **to ~ s.o. up** j-n ,auf Touren bringen', b) *etwas* erledigen. **17. ~ in** *Br. sl. etwas* ,aufstecken', ,ˈhinschmeißen': **he ~ed his job in.** **18.** *Am.* mit e-m jacklight fischen *od.* jagen.

jack[2] [dʒæk] *s bot.* Jackbaum *m*.

jack[3] [dʒæk] *s mil. hist.* (ledernes) Koller.

ˌ**jack-a-ˈdan·dy** *s* Dandy *m*, Geck *m*, Stutzer *m*.

jack·al [ˈdʒækɔːl; *Am. bes.* -kəl] *s* **1.** *zo.* Schaˈkal *m*. **2.** Handlanger *m*. **3.** a) Betrüger *m*, Schwindler *m*, b) Komˈplize *m*, Helfershelfer *m*.

jack·a·napes [ˈdʒækəneɪps] *s* **1.** eingebildeter Kerl. **2.** a) Naseweis *m*, (kleiner) Frechdachs, b) Racker *m*, Schlingel *m*. **3.** *obs.* Affe *m*.

jack·ass [ˈdʒækæs] *s* **1.** (männlicher) Esel. **2.** *fig.* Esel *m*, Dummkopf *m*.

ˈ**jack|·boot** *s* **1.** Stulp(en)-, *hist. a.* Kaˈnonenstiefel *m*. **2.** Wasserstiefel *m*. **3.** *pol.* a) bruˈtale Unterˈdrückung (**on** *gen*), b) bruˈtaler Unterˈdrücker. ˌ**~-by-the-ˈhedge** *s bot.* Lauchhederich *m*. **~ cross·tree** → **jack**[1] 11. **~ cur·lew** *s orn.* Regenbrachvogel *m*. ˈ**~·daw** *s orn.* Dohle *f*.

jack·et [ˈdʒækɪt] **I** *s* **1.** Jacke *f*, Jacˈkett *n*: → **dust** 10. **2.** *tech.* Mantel *m*, Umˈmantelung *f*, Umˈhüllung *f*, Umˈwicklung *f*, Hülle *f*, Verkleidung *f*: **cylinder ~** Zylindermantel; **~ pipe, ~ tube** Mantelrohr *n*. **3.** *phys.* Hülle *f*, Hülse *f* (*des spaltbaren Materials im Reaktor*). **4.** *mil.* (Geschoß-, *a.* Rohr)Mantel *m*. **5.** (ˈSchutz-) ˌUmschlag *m*, (*Buch-*, *Am. a. Schallplatten*)Hülle *f*. **6.** *Am.* ˈUmschlag *m* (*e-s Dokuments*). **7.** *zo.* a) Fell *n*, Pelz *m*, b) Haut *f*. **8.** Schale *f*: **potatoes (boiled) in their ~s** Pellkartoffeln. **II** *v/t* **9.** mit e-r Jacke bekleiden. **10.** *tech.* umˈmanteln, verkleiden: **~ed barrel** *mil.* Mantelrohr *n*. **11.** in e-n ˈUmschlag stecken. **~crown** *s Zahnmedizin*: Jacketkrone *f*.

ˈ**jack·et·ing** *s* **1.** *tech.* a) Umˈmantelung *f*, Verkleidung *f*, b) ˈMantelmateriˌal *n*. **2. to give s.o. a ~** ,j-m die Jacke vollhauen'.

jack|flag *s mar.* Gösch *f*. **~ frame** *s tech.* ˈFeinspulmaˌschine *f*, Spindelbank *f*. **J~ Frost** *s* Väterchen *n* Frost: **~ has been again** Väterchen Frost hat wieder zugeschlagen. ˈ**~ˌham·mer** *s tech.* Preßlufthammer *m*. ˈ**~-in-ˌof·fice** *pl* ˈ**~s-in-ˌof·fice** *s* wichtigtuerischer (kleiner) Beamter. ˈ**~-in-the-ˌbox** *pl* ˈ**~-in-the-ˌbox·es**, *a.* ˈ**~s-in-the-ˌbox** *s* Schachtelmännchen *n*, -teufel *m* (*Kinderspielzeug*). **J~ Ketch** [ketʃ] *s Br. obs.* der Henker. ˈ**~·knife I** *s irr* **1.** Klappmesser *n*. **2.** *a.* **~ dive** (*Wasserspringen*) gehechteter Sprung. **II** *v/i* **3.** (wie ein Taschenmesser) zs.-klappen. **4. the tractor and its trailer ~ed** der Anhänger stellte sich quer. **5.** *Wasserspringen*: e-n gehechteten Sprung vollˈführen. **III** *adj* **6.** *tech.* Scheren... **~ lad·der** → **Jacob's ladder** 2. ˈ**~ˌlight** *Am.* **I** *s* (*bes. verbotenerweise*) *zum Fischen od. Jagen verwendete Lichtquelle.* **II** *v/t* → **jack** 18. ˌ**~-of-ˈall-trades** *s a. contp.* Hansˈdampf *m* in allen Gassen. ˈ**~-o'-ˌlan·tern** *pl* ˈ**~-o'-ˌlan·terns** *n* **1.** Irrlicht *n*. **2.** *meteor.* Elmsfeuer *n*. **3.** ˈKürbislaˌterne *f*. **~ pine** *s bot.* Banks-, Strauchkiefer *f*. **~ plane** *s tech.* Schrupphobel *m*. ˈ**~·pot** *s Poker etc*: Jackpot *m*: **to hit the ~** *colloq.* a) den Jackpot gewinnen, b) *fig.* das große Los ziehen (**with** mit), c) *fig.* den Vogel abschießen (**with** mit). **~ rab·bit** *s zo.* (*ein*) Eselhase *m*. ˈ**~ˌroll·er** *s Am. sl. j-d, der schlafende od. betrunkene Personen bestiehlt.* ˈ**~·screw** *s tech.* Schraubenwinde *f*, Hebespindel *f*. ˈ**~·shaft** *s tech.* Zwischen-, Blindwelle *f*.

Jack·son Day [ˈdʒæksn] *s* Jackson-Tag *m* (*8. Januar; von der Demokratischen Partei in den USA gefeiert*).

jack|staff *s mar.* Jackstag *m*. ˈ**~·straw** *s* a) Miˈkadostäbchen *n*, b) *pl* (*als sg konstruiert*) Miˈkado(spiel) *n*. **~ switch** *s electr.* Knebelschalter *m*. **~ tar** *s obs.* Teerjacke *f* (*Matrose*). **~ tree** → **jack**[2]. ˈ**~-up** *s* **1.** Erhöhung *f* (*in gen*): **~ in prices** Preiserhöhung. **2.** Bohrhubinsel *f*. **~ yard** *s mar.* Schotrah *f*.

Ja·cob [ˈdʒeɪkəb] *npr Bibl.* Jakob *m*.

Jac·o·be·an [ˌdʒækəʊˈbiːən] *adj* Jakob I. *od.* die Reˈgierungszeit Jakobs I. (*1603 bis 1625*) betreffend: **~ architecture** Bauweise *f* der Zeit Jakobs I.

Jac·o·bin [ˈdʒækəʊbɪn] *s* **1.** *hist.* Jakoˈbiner *m* (*Französische Revolution*). **2.** *pol.* Extreˈmist *m*, Radiˈkale(r) *m*. **3.** Jakoˈbiner *m* (*Dominikaner in Frankreich*). **4.** *oft* j~ *orn.* Jakoˈbinertaube *f*. ˌ**Jac·o·ˈbin·ic** *adj*; ˌ**Jac·oˈbin·i·cal** *adj* (*adv* **~ly**) **1.** *hist.* jakoˈbinisch. **2.** *pol.* extreˈmistisch, radiˈkal. ˈ**Jac·o·bin·ism** *s* **1.** *hist.* Jakoˈbinertum *n*. **2.** *pol.* Extreˈmismus *m*, Radikaˈlismus *m*.

Jac·o·bite [ˈdʒækəʊbaɪt] *s hist.* Jakoˈbit *m* (*Anhänger Jakobs II. od. s-r Nachkommen*).

Ja·cob's| lad·der [ˈdʒeɪkəbz] *s* **1.** *Bibl., a. bot.* Jakobs-, Himmelsleiter *f*. **2.** *mar.* Jakobsleiter *f*, Lotsentreppe *f*. ˌ**~-ˈstaff** *s bot.* Echte Königskerze.

jac·o·net [ˈdʒækənɪt; -net] *s* Jaco(n)ˈnet *m*, Jakoˈnett *m* (*feiner, kattunähnlicher Baumwoll- od. Zellwollstoff, der als Futter für Anzüge u. Lederwaren verwendet wird*).

Jac·quard [ˈdʒækɑː(r)d; dʒəˈk-] *s* **1.** *a.* **~ weave** Jacˈquard *m* (*Stoff mit kompliziertem, auf Jacquardmaschinen hergestelltem Webmuster*). **2.** *a.* **~ loom** *tech.* Jacˈquardmaˌschine *f*.

jac·ta·tion [dʒækˈteɪʃn] *s* **1.** Prahleˈrei *f*. **2.** Jaktatiˈon *f*: a) *med. unruhiges Sichhinundherwerfen von Kranken, z. B. im Delirium*, b) *psych. unruhiges Sichhinundherwerfen von Kindern vor dem Ein-*

schlafen, als Zeichen unbefriedigter sozialer Bedürfnisse gewertet.

jac·ti·ta·tion [ˌdʒæktɪˈteɪʃn] *s* **1.** → **jactation. 2.** Vorspiegelung *f* (**of marriage** des Bestehens e-r Ehe).

jade[1] [dʒeɪd] **I** *s* **1.** *min.* Jade *f, m.* **2.** *a.* ~ **green** Jadegrün *n.* **II** *adj* **3.** jaden, Jade...: ~ **ornaments.**

jade[2] [dʒeɪd] **I** *s* **1.** Klepper *m.* **2.** a) *contp.* ‚Weibsbild *n*, -stück‘ *n*, b) (kleines) ‚Biest‘, c) koˈkettes Mädchen. **II** *v/t* **3.** *ein Pferd* abschinden. **4.** *j-n* erschöpfen, ermüden. **III** *v/i* **5.** ermatten, ermüden.

jad·ed [ˈdʒeɪdɪd] *adj* (*adv* ~**ly**) **1.** abgeschunden: ~ **horse** → **jade**[2] 1. **2.** erschöpft, ermattet. **3.** abgestumpft, überˈsättigt. **4.** schal, reizlos geworden: ~ **pleasures** Vergnügungen, die ihren Reiz verloren haben.

jade·ite [ˈdʒeɪdaɪt] *s min.* Jadeˈit *m.*

jae·ger [ˈjeɪgə(r)] *s mil.* Jäger *m.*

jag[1] [dʒæg] **I** *s* **1.** Zacke *f.* **2.** Loch *n*, Riß *m.* **3.** → **jab** 6. **II** *v/t* **4.** auszacken. **5.** ein Loch reißen in (*acc*).

jag[2] [dʒæg] *s* **1.** *dial.* kleine Ladung: **a** ~ **of hay. 2.** *sl.* a) (*Alkohol-, Drogen*)Rausch *m*: **to have a** ~ **on** ‚e-n sitzen haben‘; ‚high‘ sein, b) ‚Sauftour‘ *f*: **to go on a** ~ e-e Sauftour machen. **3. crying** ~ *sl.* ‚Heulanfall *m*, -krampf‘ *m*: **he ended in a crying** ~ zum Schluß hatte er das ‚heulende Elend‘.

Jag[3] [dʒæg] *s colloq.* Jaguar *m* (*Automarke*).

jä·ger → **jaeger.**

jag·ged [ˈdʒægɪd] *adj* (*adv* ~**ly**) **1.** (aus-)gezackt, zackig. **2.** zerklüftet (*Steilküste etc*). **3.** ungleichmäßig: **a** ~ **wound** e-e ausgefranste Wunde. **4.** *fig.* abgehackt (*Rhythmus etc*). **5.** *sl.* a) ‚blau‘, ‚besoffen‘, b) ‚high‘ (*im Drogenrausch*).

jag·gy [ˈdʒægɪ] → **jagged** 1–3.

jag·u·ar [ˈdʒægjʊə; *Am.* ˈdʒægjəˌwɑːr; ˈdʒægˌwɑːr] *s zo.* Jaguar *m.*

Jah·ve(h), Jah·we(h) → **Yahve(h).**

jail [dʒeɪl] **I** *s* Gefängnis *n*: **in** ~ im Gefängnis; **to put in** ~ → II. **II** *v/t* ins Gefängnis sperren *od.* werfen, einsperren. ˈ~ˌ**bait** *s Am. sl.* **1.** a) minderjähriges Mädchen (*mit dem Geschlechtsverkehr strafbar ist*), b) ‚sexy‘ Mädchen. **2.** *Versuchung, etwas zu tun, worauf Gefängnis steht.* ˈ~**·bird** *s colloq.* ‚Knastbruder‘ *m*, ‚Knacki‘ *m.* ˈ~**·break** *s* Ausbruch *m* (aus dem Gefängnis). ˈ~ˌ**break·er** *s* Ausbrecher *m.* ~ **de·liv·er·y** *s* (gewaltsame) Gefangenenbefreiung.

jail·er [ˈdʒeɪlə(r)] *s* Gefängnisaufseher *m*, -wärter *m.*

jail| fe·ver *s med.* Flecktyphus *m.* ˈ~ˌ**house** *s Am.* Gefängnis *n.*

jail·or → **jailer.**

Jain·ism [ˈdʒaɪnɪzəm] *s relig.* Jaiˈnismus *m*, Dschaiˈnismus *m* (*dem Buddhismus nahestehende, auf Selbsterlösung gerichtete, im Unterschied zu ihm aber streng asketische indische Religion*).

jake[1] [dʒeɪk] *s Am. colloq.* a) *allg.* Kerl *m*, b) *contp.* ‚Bauer‘ *m.*

jake[2] [dʒeɪk] *adj bes. Am. sl.* in Ordnung: **everything is** ~; **it's** ~ **with me** mir soll's recht sein.

jal·ap [ˈdʒæləp] *s* **1.** *med. pharm.* a) Jaˈlapenwurzel *f* (*Abführ- u. Wurmmittel*), b) Jaˈlapenharz *n.* **2.** *bot.* Jaˈlape *f*, Purˈgierwinde *f.*

ja·lop·(p)y [dʒəˈlɒpɪ; *Am.* -ˈlɑ-] *s colloq.* ‚alte Kiste *od.* Mühle‘ (*Auto, Flugzeug*).

jal·ou·sie [ˈʒæluːziː; *Am.* ˈdʒæləsiː] *s* Jalouˈsie *f.*

jam[1] [dʒæm] **I** *v/t* **1.** *etwas* (hinˈein)pressen, (-)quetschen, (-)zwängen, *Menschen a.* (-)pferchen (**into** in *acc*): **to** ~ **in** hineinpressen *etc*; **to** ~ **together** zs.-pressen *etc.* **2.** (ein)klemmen, (-)quetschen: **he** ~**med his finger** (*od.* **got his finger** ~**med**) **in the door** er quetschte sich den Finger in der Tür, er brachte den Finger in die Tür; **to be** ~**med in** eingekeilt sein (**between, by** zwischen *dat*); **the ship was** ~**med in the ice** das Schiff saß im Eis fest. **3.** *a.* ~ **up** blocˈkieren, versperren, verstopfen: **the corridors were** ~**med with** (*od.* **by**) **people** auf den Gängen drängten sich die Menschen. **4.** *a.* ~ **up** *tech. etc* verklemmen. **5.** *a.* ~ **up** (*Funk etc*) *den Empfang* (*durch Störsender*) stören. **6.** a) *etwas* schmettern, schleudern (**into** in *acc*; **on** auf *acc*), *das Knie etc* rammen (**into** in *acc*), b) *j-n* drängen (**against** gegen). **7. to** ~ **on the brakes** *mot.* voll auf die Bremse treten, e-e Vollbremsung machen. **II** *v/i* **8.** sich (hinˈein)drängen *od.* (-)quetschen *od.* (-)zwängen (**into** in *acc*): **to** ~ **in** sich hineindrängen *etc.* **9.** a) *tech. etc* sich verklemmen *od.* verkeilen, (*Bremsen*) blocˈkieren, b) *tech. etc* klemmen, verklemmt sein, c) Ladehemmung haben (*Gewehr etc*). **10.** *Jazz*: a) frei improviˈsieren, b) an e-r Jam Session teilnehmen. **III** *s* **11.** Gedränge *n*, Gewühl *n.* **12.** Verstopfung *f*: **there is a** ~ **in the pipe** das Rohr ist verstopft; → **traffic jam. 13.** a) *tech. etc* Verklemmung *f*, Blocˈkierung *f*, b) Ladehemmung *f.* **14.** *colloq.* ‚Klemme‘ *f*: **to be in a** ~ in der Klemme sein *od.* sitzen *od.* stecken.

jam[2] [dʒæm] **I** *s* **1.** Marmeˈlade *f*: ~ **jar** (*od.* **pot**) Marmelade(n)glas *n*; **to have** ~ **on** (*od.* **all over**) **one's face** *Br. colloq.* ‚dumm aus der Wäsche schauen‘; **d'you want** ~ **on it?** *Br. colloq.* ‚du kriegst den Hals wohl nie voll‘; → **money** 2. **II** *v/t* **2.** zu Marmeˈlade verarbeiten, Marmelade machen aus. **3.** mit Marmeˈlade bestreichen: ~**med bread** Marmelade(n)brot *n.*

Ja·mai·ca [dʒəˈmeɪkə] → **Jamaica rum.** ~ **bark** *s bot.* Fieberrinde *f.*

Jaˈmai·can I *adj* jamaiˈkanisch, jaˈmaikisch, Jamaika... **II** *s* Jamaiˈkaner(in), Jaˈmaiker(in).

Ja·mai·ca| pep·per *s* Jaˈmaikapfeffer *m.* ~ **rum** *s* Jaˈmaikarum *m.*

jamb [dʒæm] *s* **1.** (Tür-, Fenster)Pfosten *m.* **2.** seitliche Einfassung (*bes. e-s Kamins*). **3.** *mil. hist.* Beinschiene *f.*

jambe → **jamb** 3.

jam·beau [ˈdʒæmbəʊ] *pl* **-beaux** [-bəʊz] → **jamb** 3.

jam·bo·ree [ˌdʒæmbəˈriː] *s* **1.** Jamboˈree *n*, (internatioˈnales) Pfadfindertreffen. **2.** große (Parˈtei- *etc*)Veranstaltung (*mit Unterhaltungsprogramm*). **3.** *colloq.* ausgelassene Feier: **to go (out) on a** ~ ‚e-n draufmachen‘.

James [dʒeɪmz] *npr* Jakob *m*, *Bibl.* Jaˈkobus *m*: **(the Epistle of)** ~ der Jakobusbrief; → **St. James's.**

jam·mer [ˈdʒæmə(r)] *s Rundfunk*: Störsender *m.*

jam·ming [ˈdʒæmɪŋ] *s* **1.** → **jam**[1] 13. **2.** *Funk etc*: Störung *f*: ~ **station** (*od.* **transmitter**) → **jammer.**

jam·my [ˈdʒæmɪ] *adj Br. sl.* **1.** (kinder-)leicht. **2.** Glücks...: ~ **fellow** Glückspilz *m.*

jam| nut *s tech.* Gegenmutter *f.* ˌ~**-ˈpacked** *adj colloq.* vollgestopft (**with** mit), (*Stadion etc*) bis auf den letzten Platz besetzt.

jams [dʒæmz] *s pl bes. Am. colloq.* Schlafanzug *m.*

jam ses·sion *s Jazz*: Jam Session *f* (*zwanglose Zs.-kunft von Musikern, bei der improvisiert wird*).

Jane [dʒeɪn] **I** *npr* **1.** Joˈhanna *f*: **plain** ~ ‚Mauerblümchen‘ *n*, ‚graue Maus‘. **II** *s* **2.** *a.* **j**~ *bes. Am. sl.* ‚Weib‘ *n.* **3. j**~ *Am. colloq.* ‚Damenklo‘ *n.* ~ **Crow** *s Am. sl.* ˈFrauendiskrimiˌnierung *f.* ~ **Doe** [dəʊ] *s jur. fiktiver weiblicher Name für e-e unbekannte Partei in e-m Rechtsstreit.*

jan·gle [ˈdʒæŋgl] **I** *v/i* **1.** a) schrill *od.* ˈmißtönend erklingen, schrillen: **jangling noise** schrilles Geräusch, b) klimpern (*Münzen etc*), klirren, rasseln (*Ketten etc*). **2.** keifen. **II** *v/t* **3.** a) schrill *od.* ˈmißtönend erklingen lassen, b) klimpern *od.* klirren mit. **4.** keifen. **5. to** ~ **s.o.'s nerves** j-m auf die Nerven gehen. **III** *s* **6.** a) Schrillen *n*, b) Klimpern *n*, Klirren *n.* **7.** Keifen *n.*

Jan·is·sar·y, j~ [ˈdʒænɪsərɪ; *Am.* -nəˌseriː] → **Janizary.**

jan·i·tor [ˈdʒænɪtə(r)] *s* **1.** Pförtner *m.* **2.** *bes. Am.* Hausmeister *m.* ˈ**jan·i·tress** [-trɪs] *s* **1.** Pförtnerin *f.* **2.** *bes. Am.* Hausmeisterin *f.*

Jan·i·zar·y, j~ [ˈdʒænɪzərɪ; *Am.* -nəˌzeriː] *s* **1.** *hist.* Janiˈtschar *m* (*Angehöriger e-r dem Sultan unterstellten Kerntruppe des türkischen Heeres, die mit gewissen Vorrechten ausgestattet war*). **2.** *bes. pol.* Handlanger *m.*

Jan·u·ar·y [ˈdʒænjʊərɪ; *Am.* -jəˌweriː] *s* Januar *m*: **in** ~ im Januar.

Ja·nus [ˈdʒeɪnəs] *s myth.* Janus *m* (*römischer Gott*). ˈ~**-faced** *adj* janusköpfig: a) doppelgesichtig (*a. fig.*), b) *fig.* zwei-, mehrdeutig.

Jap [dʒæp] *colloq.* **I** *s* ‚Japs‘ *m* (*Japaner*). **II** *adj* jaˈpanisch.

ja·pan [dʒəˈpæn] **I** *s* **1.** Japanlack *m.* **2.** mit Japanlack überˈzogene Arbeit. **II** *adj* **3. J**~ jaˈpanisch. **4.** mit Japanlack überˈzogen. **III** *v/t* **5.** mit Japanlack überˈziehen. **6.** *bes. Leder* poˈlieren.

Jap·a·nese [ˌdʒæpəˈniːz] **I** *s* **1.** *pl* **-nese** Jaˈpaner(in). **2.** *ling.* Jaˈpanisch *n*, das Japanische. **II** *adj* **3.** jaˈpanisch: ~ **quince** → **japonica** 2.

jape [dʒeɪp] *obs.* **I** *v/t* **1.** verspotten, foppen. **II** *v/i* **2.** scherzen, spaßen. **III** *s* **3.** Scherz *m*, Spaß *m.* **4.** Spott *m.* ˈ**jap·er·y** [-ərɪ] *s* Gespött *n.*

Ja·pon·ic [dʒəˈpɒnɪk; *Am.* -ˈpɑ-] *adj* jaˈpanisch, Japon...: ~ **acid** *chem.* Japonsäure *f*; ~ **earth** Katechu *n.* **jaˈpon·i·ca** [-kə] *s bot.* **1.** Kaˈmel(l)ie *f.* **2.** Jaˈpanische Quitte.

jar[1] [dʒɑː(r)] *s* **1.** (*irdenes od. gläsernes*) Gefäß, Krug *m*, Topf *m.* **2.** (*Marmelade-, Einmach*)Glas *n.* **3.** *Br. colloq.* Glas *n* Bier: **to have a** ~ **with s.o.** mit j-m ein Bier trinken.

jar[2] [dʒɑː(r)] **I** *v/i* **1.** kratzen, kreischen, quietschen (**on** auf *dat*). **2.** nicht harmoˈnieren: a) sich ‚beißen‘ (*Farben*), b) sich widerˈsprechen (*Meinungen etc*): ~**ring opinions** widerstreitende Meinungen, c) *mus.* dissoˈnieren: ~**ring** mißtönend; ~**ring tone** Mißton *m* (*a. fig.*). **3.** ~ **(up)on** weh tun (*dat*) (*Farbe, Geräusch etc*), *das Auge, Ohr, ein Gefühl* beleidigen: **to** ~ **on s.o.'s nerves** j-m auf die Nerven gehen. **4.** a) wackeln: **to** ~ **loose** sich lockern, b) zittern, beben. **II** *v/t* **5.** kratzen *od.* quietschen mit. **6.** a) erschüttern (*a. fig.*), b) ˈdurchrütteln, c) *fig.* er-, aufregen. **7.** → 3. **III** *s* **8.** Kratzen *n*, Kreischen *n*, Quietschen *n.* **9.** a) Erschütterung *f* (*a. fig.*), b) Stoß *m.* **10.** *mus.* ˈMißklang *m*, Dissoˈnanz *f* (*beide a. fig.*). **11.** a) Streit *m*, b) Zs.-stoß *m.*

jar[3] [dʒɑː(r)] *s*: **on a** (*od.* **the**) ~ angelehnt (*Tür etc*).

jar·di·nière [ˌdʒɑː(r)dɪˈnjeə(r)], *Am. a.* **jar·di·niere** [ˌdʒɑːrdnˈɪər] *s* **1.** Jardiniˈere *f*, Blumenschale *f od.* -ständer *m.* **2.** *gastr.* Jardiniˈere *f*, Geˈmüsegarˌnierung *f.*

ˈ**jar·fly** → **cicada.**

jar·ful [ˈdʒɑː(r)fʊl] *s* (*ein*) Krug(voll) *m.*

jar·gon[1] [ˈdʒɑː(r)gən] **I** *s* **1.** Jarˈgon *m*:

a) *besondere umgangssprachliche Ausdrucksweise innerhalb bestimmter sozialer Schichten od. Berufsgruppen*, b) *ungepflegte Ausdrucksweise*. **2.** Kauderwelsch *n*. **3.** hochtrabende Sprache. **4.** *orn.* Zwitschern *n*. **II** *v/i* **5.** *orn.* zwitschern. **6.** → **jargonize** 1.

jar·gon² [ˈdʒɑː(r)ɡɒn; *Am.* -ˌɡɑn] *s min.* Jarˈgon *m*.

jar·gon·ize [ˈdʒɑː(r)ɡənaɪz] **I** *v/i* **1.** Jarˈgon sprechen *od.* schreiben. **2.** kauderwelschen. **II** *v/t* **3.** *etwas* im Jarˈgon ausdrücken. **4.** *e-e Sprache* verkauderwelschen.

jar·goon [dʒɑː(r)ˈɡuːn] → **jargon²**.

jar·o·site [ˈdʒærəsaɪt] *s min.* Jaroˈsit *m*.

jas·min(e) [ˈdʒæsmɪn; ˈdʒæz-] *s bot.* (Echter) Jasˈmin.

jas·per [ˈdʒæspə(r)] *s min.* Jaspis *m*.

ja·to [ˈdʒeɪtəʊ] *pl* **-tos** *s aer.* Start *m* mit ˈStarthilfsraˌkete *f*. **~ u·nit** *s* ˈStarthilfsraˌkete *f*.

jaun·dice [ˈdʒɔːndɪs; *Am. a.* ˈdʒɑːn-] **I** *s* **1.** *med.* Gelbsucht *f*. **2.** *fig.* a) Voreingenommenheit *f*, b) Neid *m*, Eifersucht *f*, c) Feindseligkeit *f*. **II** *v/t* **3.** *fig.* a) voreingenommen machen, b) mit Neid *od.* Eifersucht erfüllen, neidisch *od.* eifersüchtig machen, c) feindselig machen. ˈ**jaun·diced** *adj* **1.** *med.* gelbsüchtig. **2.** *fig.* a) voreingenommen, b) neidisch, eifersüchtig, c) feindselig: **to take a ~ view of s.th.** e-r Sache feindselig gegenüberstehen.

jaunt [dʒɔːnt; *Am. a.* dʒɑːnt] **I** *v/i* e-n Ausflug *od.* e-e Spritztour machen. **II** *s* Ausflug *m*, *mot.* Spritztour *f*: **to go for** (*od.* **on**) **a ~** → I.

jaun·ti·ness [ˈdʒɔːntɪnɪs; *Am. a.* ˈdʒɑːn-] *s* Unbeschwertheit *f*, Unbekümmertheit *f*.

ˈ**jaunt·ing car** *s leichter, zweirädriger Wagen mit Längssitzen.*

jaun·ty [ˈdʒɔːntɪ; *Am. a.* ˈdʒɑːn-] *adj* (*adv* **jauntily**) **1.** fesch, flott (*Hut etc*). **2.** unbeschwert, unbekümmert (*Einstellung, Person*): **he wore his hat at a ~ angle** er hatte s-n Hut lässig aufgesetzt. **3.** flott, schwungvoll (*Melodie*). **4.** beschwingt: **with a ~ step** mit beschwingten Schritten.

Ja·va [ˈdʒævə; -vɪː] *s Am. sl.* Kaffee *m*.

Ja·va man [ˈdʒɑːvə; *Am. a.* ˈdʒævə] *s hist.* Jaˈvanthropus *m* (*eiszeitlicher Menschentyp, dessen Reste in Ngandong auf Java gefunden wurden*).

Ja·van [ˈdʒɑːvən; *Am. a.* ˈdʒæ-] → **Javanese**.

Ja·va·nese [ˌdʒɑːvəˈniːz; *Am. a.* ˌdʒæ-] **I** *s* **1.** *pl* **-nese** Jaˈvaner(in). **2.** *ling.* Jaˈvanisch *n*, das Javanische. **II** *adj* **3.** jaˈvanisch.

jave·lin [ˈdʒævlɪn] *s* **1.** Wurfspieß *m*. **2.** *Leichtathletik*: a) Speer *m*: **~ throw** Speerwerfen *n*; **~ thrower** Speerwerfer (-in), b) Speerwerfen *n*.

jaw [dʒɔː] **I** *s* **1.** *anat.* Kiefer *m*, Kinnbacke *f*, -lade *f*: **lower ~** Unterkiefer; **upper ~** Oberkiefer. **2.** → **jawbone** 1. **3.** *meist pl* a) Mund *m*, b) *zo.* Maul *n*, Rachen *m*: **the ~s of death** *fig.* der Rachen des Todes. **4.** *zo.* Mundöffnung *f*, Kauwerkzeuge *pl* (*bei Wirbellosen*). **5.** *tech.* a) (Klemm-) Backe *f*, Backen *m*, b) Klaue *f*: **~ clutch** Klauenkupplung *f*; **J~s** *pl* **of Life** Rettungsspreizer *m*. **6.** *mar.* Gaffelklaue *f*. **7.** *colloq.* a) Geschwätz *n*, Gerede *n*, b) Plaudeˈrei *f*, Schwätzchen *n*, Plausch *m*, c) freches *od.* unverschämtes Gerede: **hold your ~!, none of your ~!** sei gefälligst nicht so frech!, komm mir ja nicht ‚dumm'!, d) Moˈralpredigt *f*. **II** *v/i* **8.** *colloq.* a) *a.* **~ away** plaudern, plauschen, schwatzen, b) ‚predigen': **to ~ at s.o.** j-m e-e Moralpredigt halten. **III** *v/t* **9.** *colloq. j-m* ‚dumm' kommen.

ˈ**jaw|·bone I** *s* **1.** *anat.* Kiefer(knochen) *m*. **2.** *Am. sl.* Kreˈdit *m*: **on ~** auf Kredit. **II** *v/t* **3.** *Am. sl.* a) eindringliche Apˈpelle richten an (*Wirtschafts-, Gewerkschaftsführer*), b) *Preiserhöhungen, Lohnforderungen* durch eindringliche Apˈpelle beeinflussen. ˈ**~ˌbon·ing** *s Am. sl. eindringliche Appelle e-s Regierungschefs etc an die Wirtschafts- u. Gewerkschaftsführer zur Mäßigung bei Preiserhöhungen u. Lohnforderungen.* ˈ**~ˌbreak·er** *s* **1.** *tech.* Zerˈkleinerungsmaˌschine *f*. **2.** *colloq.* ‚Zungenbrecher' *m* (*Wort*). ˈ**~ˌbreak·ing** *adj colloq.* ‚zungenbrecherisch'. **~ chuck** *s tech.* Backenfutter *n*. **~ crush·er** → **jawbreaker** 1.

jawed [dʒɔːd] *adj in Zssgn* mit ... Kinnbacken: **broad-~**.

ˌ**jaw-ˈjaw** *Br. colloq.* **I** *v/i* endlos reden. **II** *s* endloses Gerede.

jay¹ [dʒeɪ] *s* **1.** *orn.* Eichelhäher *m*. **2.** *colloq.* Lästermaul *n*, Klatschtante *f*. **3.** *colloq.* a) ‚Bauer' *m*: **~ girl** ‚Bauerntrampel' *m*, b) ‚Einfaltspinsel' *m*, ‚Trottel' *m*.

jay² [dʒeɪ] *s* **1.** Jot *n* (*Buchstabe*). **2.** → **joint** 7.

ˈ**Jayˌhawk·er** *s Am.* (*Spitzname für e-n*) Bewohner von Kansas.

ˈ**jay|·walk** *v/i* unachtsam *od.* verkehrswidrig auf der *od.* über die Straße gehen. ˈ**~ˌwalk·er** *s* unachtsamer Fußgänger. ˈ**~ˌwalk·ing** *s* unachtsames *od.* verkehrswidriges Verhalten (*e-s Fußgängers*).

jazz [dʒæz] **I** *s* **1.** *mus.* ˈJazz(muˌsik *f*) *m*. **2.** *colloq.* ‚Schmiß' *m*, Schwung *m*. **3.** *colloq.* a) ‚Krampf' *m*, Blödsinn *m*, b) **and all that ~** u. so ein ‚Zeug(s)'. **II** *adj* **4.** Jazz...: **~ band (music,** *etc*). **5.** → **jazzy** 2. **III** *v/t* **6.** *oft* **~ up** *mus.* verjazzen. **7.** *meist* **~ up** *colloq.* a) ‚Schmiß' *od.* Schwung bringen in (*acc*), b) *j-n* ‚aufmöbeln', c) *etwas* ‚aufmöbeln', ‚aufmotzen'. **IV** *v/i* **8.** jazzen, Jazz spielen. **9.** *colloq.* herˈumhopsen. ˈ**jazz·er** *s* Jazzer *m*, Jazzmusiker *m*.

ˈ**jazz·man** *s irr* → **jazzer**.

jazz·y [ˈdʒæzɪ] *adj* (*adv* **jazzily**) **1.** jazzartig. **2.** *colloq.* ‚knallig' (*Farben*), (*a. Kleider etc*) ‚poppig'.

jeal·ous [ˈdʒeləs] *adj* (*adv* **~ly**) **1.** eifersüchtig: **a ~ husband**. **2.** neidisch (**of** auf *acc*), ˈmißgünstig: **to be ~ of s.o.** auf j-n neidisch *od.* eifersüchtig sein; **she is ~ of his success** sie mißgönnt ihm s-n Erfolg. **3.** (**of**) eifersüchtig besorgt (um), sehr bedacht (auf *acc*): **to be ~ of one's rights**. **4.** argwöhnisch, ˈmißtrauisch (**of** gegenˈüber): **to keep a ~ eye on s.o.** j-n argwöhnisch beobachten.

jeal·ous·y [ˈdʒeləsɪ] *s* **1.** a) Eifersucht *f*, b) *meist pl* Eifersüchteˈlei *f* (*a. weitS.*). **2.** Neid *m*, ˈMißgunst *f*. **3.** Argwohn *m*, ˈMißtrauen *n*.

jean [dʒiːn] *s* **1.** [*Br. a.* dʒeɪn] geköperter Baumwollstoff. **2.** *pl* Jeans *pl*. **jeaned** *adj* in Jeans.

jeep [dʒiːp] (*TM*) *s mot. mil.* Jeep *m*.

jee·pers (cree·pers) [ˈdʒiːpərz; ˌ-ˈkriːpərz] *interj Am. colloq.* ‚Mensch Meier!'

jeer¹ [dʒɪə(r)] **I** *v/i* (**at**) a) höhnische Bemerkungen machen (über *acc*), b) höhnisch lachen (über *acc*): **to ~ at** → *a.* II. **II** *v/t* verhöhnen. **III** *s* a) höhnische Bemerkung, b) Hohngelächter *n*.

jeer² [dʒɪə(r)] *s meist pl mar.* Rahtakel *f*.

ˈ**jeer·ing** *adj* (*adv* **~ly**) höhnisch: **~ laughter** Hohngelächter *n*.

je·had → **jihad**.

Je·ho·va [dʒɪˈhəʊvə] *s Bibl.* Jeˈhova *m*. **~'s Wit·ness** *s relig.* Zeuge *m* Jeˈhovas.

Je·hu [ˈdʒiːhjuː; *Am. a.* -huː] **I** *npr Bibl.* Jehu *m* (*König von Jerusalem*). **II** *s* **j~** *mot. colloq.* ‚Raser' *m*.

je·june [dʒɪˈdʒuːn] *adj* (*adv* **~ly**) **1.** ohne Nährwert: **~ food**. **2.** *fig.* trocken, langweilig. **3.** *fig.* kindisch, naˈiv. **jeˈjune·ness** *s* **1.** Trockenheit *f*, Langweiligkeit *f*. **2.** Naiviˈtät *f*.

je·ju·num [dʒɪˈdʒuːnəm] *s anat.* Jeˈjunum *n*, Leerdarm *m*.

Jek·yll| and Hyde [ˌdʒekɪləndˈhaɪd; ˌdʒiː-] *s* Mensch *m* mit e-r gespaltenen Perˈsönlichkeit. ˌ**~-and-ˈHyde** *adj* gespalten: **~ personality**.

jell [dʒel] **I** *v/i* **1.** geˈlieren. **2.** *fig.* Gestalt annehmen. **II** *v/t* **3.** geˈlieren lassen, zum Geˈlieren bringen. **III** *s Am. colloq. für* **jelly** I.

jel·lied [ˈdʒelɪd] *adj* **1.** galˈlertartig. **2.** in Asˈpik *od.* Sülze: **~ fish**.

jel·li·fy [ˈdʒelɪfaɪ] → **jell** 1, 3.

jel·lo [ˈdʒeləʊ] *pl* **-los** *Am.* → **jelly** 1 d.

jel·ly [ˈdʒelɪ] **I** *s* **1.** a) Galˈlert(e *f*) *n*, b) Geˈlee *n*, c) Asˈpik *m*, Sülze *f*, d) Götterspeise *f*, ‚Wackelpeter *m*, -pudding' *m*: **his knees shook like ~** er hatte ‚Gummiknie'. **2.** *tech. Br. colloq.* Gelaˈtinedynaˌmit *n*. **II** *v/i* **3.** → **jell** I. **III** *v/t* **4.** → **jell** 3. **5.** in Asˈpik *od.* Sülze einlegen: → **jellied** 2. **~ ba·by** *s Br.* Gummibärchen *n*. ˈ**~·fish** *s* **1.** *zo.* (*e-e*) Qualle. **2.** *colloq.* ‚Waschlappen' *m*, Schwächling *m*, Kerl *m* ohne Rückgrat.

jem·my [ˈdʒemɪ] *Br.* **I** *s* Brech-, Stemmeisen *n*. **II** *v/t a.* **~ open** aufbrechen, -stemmen.

Je·na glass [ˈjeɪnə] *s* Jenaer Glas *n*.

jen·net [ˈdʒenɪt] *s* **1.** *zo.* Eselin *f*. **2.** kleines spanisches Reitpferd.

jen·ny [ˈdʒenɪ] *s* **1.** → **spinning jenny**. **2.** *zo.* Weibchen *n*, *bes.* Eselin *f*: **~ wren** Zaunkönigweibchen *n*. **3.** *tech.* Laufkran *m*.

Jen·sen·ism [ˈjensənɪzəm] *s* Jenseˈnismus *m* (*Lehre, nach der die Intelligenz weitestgehend erbbedingt ist*).

jeop·ard·ize [ˈdʒepə(r)daɪz] *v/t j-n, etwas* gefährden, in Gefahr bringen, *etwas* in Frage stellen. ˈ**jeop·ard·y** *s* Gefahr *f*: **to be in ~** gefährdet *od.* in Gefahr sein; **to put** (*od.* **place**) **in ~** → **jeopardize**; **double ~** *jur. bes. Am.* (Verbot *n* der) doppelte(n) Strafverfolgung e-s Täters wegen derselben Tat.

jer·bo·a [dʒɜːˈbəʊə; *Am.* dʒər-] *s zo.* Wüstenspringmaus *f*, Jerˈboa *m*.

jer·e·mi·ad [ˌdʒerɪˈmaɪəd; -æd] *s* Jeremiˈade *f*, Klagelied *n*.

Jer·e·mi·ah [ˌdʒerɪˈmaɪə] *npr u. s* **1.** *Bibl.* (das Buch) Jereˈmia(s) *m*. **2.** *fig.* ˈUnglücksproˌphet *m*, Schwarzseher *m*.

ˌ**Jer·eˈmi·as** [-əs] → **Jeremiah** 1.

Jer·i·cho [ˈdʒerɪkəʊ] *npr Bibl.* Jericho *n*.

jerk¹ [dʒɜːk; *Am.* dʒɜrk] **I** *s* **1.** a) Ruck *m*, b) ruckartige Bewegung, c) Sprung *m*, Satz *m*: **by ~s** sprung-, ruckweise; **at one ~** auf einmal; **with a ~** plötzlich, mit e-m Ruck; **to give a ~** rucken, e-n Satz machen (*Auto etc*), zs.-zucken (*Person*) (→ 2); **to give s.th. a ~** e-r Sache e-n Ruck geben, ruckartig an etwas ziehen. **2.** *med.* a) Zuckung *f*: **to give a ~** zucken (→ 1), b) (*bes.* ˈKnie)Reˌflex *m*, c) *pl Am. sl.* Veitstanz *m*. **3.** *pl meist* **physical ~s** *Br. colloq.* gymˈnastische Übungen *pl*. **4.** *Gewichtheben*: Stoßen *n*. **5.** *bes. Am. sl.* ‚Trottel' *m*, ‚Blödmann' *m*. **II** *v/t* **6.** e-n Ruck geben (*dat*), ruckartig ziehen an (*dat*): **to ~ out** mit e-m Ruck herausziehen; **to ~ o.s. free** sich losreißen; **she ~ed the letter out of my hand** sie riß mir den Brief aus der Hand. **7.** *meist* **~ out** *Worte* herˈvorstoßen: **to ~ out one's words** abgehackt sprechen. **8. to ~ o.s. off** → 11. **III** *v/i* **9.** sich ruckartig *od.* ruckweise bewegen: **to ~ along** dahinruckeln; **to ~ forward** e-n Ruck *od.* Satz nach vorn machen; **to ~ to a stop** ruckartig *od.* mit e-m Ruck stehenbleiben. **10.** (zs.-)zucken. **11. ~ off** *bes. Am. vulg.*

‚wichsen', ‚sich e-n runterholen' (*masturbieren*).

jerk[2] [dʒɜːk; *Am.* dʒɜrk] **I** *v/t Fleisch* in Streifen schneiden u. an der Luft dörren. **II** *s* in Streifen geschnittenes u. an der Luft gedörrtes Fleisch.

jerk·er [ˈdʒɜːkə; *Am.* ˈdʒɜrkər] → **soda jerk(er).**

jer·kin[1] [ˈdʒɜːkɪn; *Am.* ˈdʒɜr-] *s* **1.** Weste *f.* **2.** *hist.* (Leder)Wams *n.*

jer·kin[2] [ˈdʒɜːkɪn; *Am.* ˈdʒɜr-] *s orn.* männlicher Gerfalke.

ˈjerkˌwa·ter *adj Am. colloq.* unbedeutend, Provinz...: ~ **college**; ~ **politician** ‚Schmalspurpolitiker' *m*; ~ **town** ‚Nest' *n*, ‚Kaff' *n.*

jerk·y[1] [ˈdʒɜːkɪ; *Am.* ˈdʒɜrkiː] *adj* (*adv* **jerkily**) **1.** a) ruckartig, (*Bewegungen*) fahrig, b) stoß-, ruckweise. **2.** *bes. Am. sl.* blöd, albern.

jerk·y[2] [ˈdʒɜːkɪ; *Am.* ˈdʒɜrkiː] → **jerk**[2] II.

jer·o·bo·am [ˌdʒerəˈbəʊəm] *s* große Weinflasche, (*etwa*) Vierˈliterflasche *f.*

jerque [dʒɜːk] *v/t Br. Schiffspapiere* zollamtlich überˈprüfen.

jer·ry[1] [ˈdʒerɪ] *s colloq.* **1.** *Br.* ‚Pott' *m*, ‚Thron' *m* (*Nachttopf*). **2.** → **jeroboam.**

Jer·ry[2] [ˈdʒerɪ] *s bes. Br. sl.* a) Deutsche(r) *m*, *bes.* deutscher Solˈdat, b) *collect.* (*die*) Deutschen *pl.*

ˈjer·ry|-build *v/t irr* **1.** schlampig bauen: **jerry-built house** ‚Bruchbude' *f.* **2.** *fig. ein Buch etc* ‚zs.-stoppeln'. **ˈ~-ˌbuild·er** *s* Erbauer *m* von minderwertigen Häusern (*bes. zu Spekulationszwecken*). **~ can** *s Br.* großer (Benˈzin-) Kaˌnister.

jer·sey[1] [ˈdʒɜːzɪ; *Am.* ˈdʒɜrziː] *s* **1.** Pullˈover *m.* **2.** *sport* Triˈkot *n.* **3.** Jersey *m* (*feinmaschig gewirkter od. gestrickter Kleiderstoff aus Wolle, Baumwolle od. Chemiefasern*): ~ **suit** Jerseyanzug *m.*

Jer·sey[2] [ˈdʒɜːzɪ; *Am.* ˈdʒɜrziː] *s zo.* Jersey(rind) *n.*

Je·ru·sa·lem| ar·ti·choke [dʒəˈruːsələm] *s bot.* ˈErdartiˌschocke *f.* **~ cross** *s her.* Jeˈrusalemkreuz *n.*

jes·sa·mine [ˈdʒesəmɪn] → **jasmin(e).**

Jesse win·dow [ˈdʒesɪ] *s mit dem Stammbaum Christi bemaltes Fenster.*

jest [dʒest] **I** *s* **1.** Spaß *m*: **in** ~ im *od.* zum Scherz. **2.** Spott *m.* **3.** Zielscheibe *f* des Spotts: **standing** ~ Zielscheibe ständigen Spotts. **II** *v/i* **4.** spaßen: **to ~ with** (s-n) Spaß treiben mit; **he's not a man to ~ with** er läßt nicht mit sich spaßen. **5.** spotten (**about** über *acc*): **this is nothing to ~ about** über so etwas spottet man nicht. **ˈjest·er** *s* **1.** Spaßvogel *m.* **2.** *hist.* (Hof)Narr *m.* **ˈjest·ing I** *adj* **1.** a) spaßend, b) spaßhaft. **2.** a) spottend, b) **this is no ~ matter** über so etwas spottet man nicht. **II** *s* **3.** Scherz(en *n*) *m.* **4.** Spott(en *n*) *m.* **ˈjest·ing·ly** *adv* im *od.* zum Scherz.

Jes·u·it [ˈdʒezjʊɪt; -zʊɪt; *Am.* ˈdʒeʒwət; -zəwət] *s* **1.** *R.C.* Jesuˈit *m.* **2.** *fig. contp.* Jesuˈit *m* (*Mensch, der trickreich u. oft wortverdrehend zu argumentieren versteht u. den man für unaufrichtig hält*). **ˌJes·uˈit·ic** [-zjʊˈɪtɪk; -zʊˈɪ-; *Am.* -ʒəˈwɪtɪk; -zəˈw-] *adj*; **ˌJes·uˈit·i·cal** *adj* (*adv* **~ly**) *R.C.* jesuˈitisch (*a. fig. contp.*), Jesuiten... **ˈJes·u·it·ism, ˈJes·u·it·ry** [-rɪ] *s R.C.* Jesuiˈtismus *m* (*a. fig. contp.*), Jesuˈitentum *n.*

Je·sus| freak [ˈdʒiːzəs] *s sl.* Anhänger(in) der Jesus-People-Bewegung. **~ Move·ment** *s* Jesus-People-Bewegung *f* (*Anfang der 70er Jahre in den USA entstandene Jugendbewegung, die sich gegen die Leistungs- u. Konsumgesellschaft richtet u. durch stark emotionale Hingabe an Jesus gekennzeichnet ist*). **~ Peo·ple** *s pl* Jesus People *pl* (*Anhänger der Jesus-People-Bewegung*).

jet[1] [dʒet] **I** *s* **1.** *min.* Gaˈgat *m*, Jet(t) *m, n*, schwarzer Bernstein. **2.** Jet(t)-, Tiefschwarz *n.* **II** *adj* **3.** aus Gaˈgat. **4.** jet(t)-, tiefschwarz.

jet[2] [dʒet] **I** *s* **1.** (*Wasser-, Dampf-, Gas-etc*)Strahl *m*: ~ **of flame** Feuerstrahl, Stichflamme *f.* **2.** *tech.* Düse *f*, Strahlrohr *n.* **3.** a) → **jet engine**, b) *aer.* Jet *m*, Düsenflugzeug *n.* **II** *v/i* **4.** (herˈaus-, herˈvor)schießen (**from** aus). **5.** *aer. mil.* mit e-m Jet fliegen, ‚jetten'. **III** *v/t* **6.** ausstrahlen, -stoßen, -spritzen. **7.** an-, bespritzen (**with** mit). **8.** *aer.* mit e-m Jet fliegen *od.* befördern, ‚jetten'.

jet| age *s* Düsenzeitalter *n.* **~ air·lin·er** → **jetliner.** **ˈ~-asˌsist·ed take-off** *s aer.* Start *m* mit ˈStarthilfsraˌkete. **~ black** → **jet**[1] 2. **ˈ~·boat** *s* Düsenboot *n.* **ˈ~·borne** *adj* im Jet befördert. **~ car·bu·re(t)·tor** *s tech.* Einspritz-, Düsenvergaser *m.* **~ en·gine** *s aer.* Strahlmotor *m*, -triebwerk *n.* **~ fa·tigue** → **jet lag.** **~ fight·er** *s aer. mil.* Düsenjäger *m.* **~ flame** *s* Stichflamme *f.* **ˈ~·hop** *v/i aer. colloq.* ‚jetten'. **~ lag** *s Störung des gewohnten Alltagsrhythmus durch die Zeitverschiebung bei Langstreckenflugreisen*: **he is suffering from ~** er ist durch die Zeitverschiebung völlig aus dem Rhythmus (gekommen). **ˈ~·lin·er** *s* Jetliner *m*, Düsenverkehrsflugzeug *n.* **~ pi·lot** *s aer.* ˈDüsenpiˌlot *m.* **~ plane** *s aer.* Düsenflugzeug *n.* **ˈ~·port** *s* Flugplatz *m* für Düsenflugzeuge. **ˈ~-proˌpelled** *adj* **1.** *bes. aer.* düsengetrieben, mit Düsen- *od.* Strahlantrieb, Düsen... **2.** *colloq.* a) eˈnergisch, dyˈnamisch, b) blitzschnell: **at ~ speed** mit rasender Geschwindigkeit. **~ pro·pul·sion** *s bes. aer.* Düsen-, Strahlantrieb *m.*

jet·sam [ˈdʒetsəm] *s mar.* **1.** Seewurfgut *n* (*in Seenot über Bord geworfene Ladung*). **2.** Strandgut *n*: → **flotsam** 1.

jet| set *s* Jet-set *m* (*Schicht der internationalen Gesellschaft, die über genügend Geld verfügt, um sich – unter Benutzung von [Privat]Jets – an verschiedenen Plätzen, die gerade ‚in' sind, zu vergnügen*). **ˈ~ˌset·ter** *s* Angehörige(r *m*) *f* des Jet-set. **~ stream** *s meteor.* Jetstream *m* (*starker Luftstrom in der Tropo- od. Stratosphäre*). **~ syn·drome** → **jet lag.**

jet·ti·son [ˈdʒetɪsn; -zn] **I** *s* **1.** *mar.* Überˈbordwerfen *n* (*e-r Ladung, a. fig. von Prinzipien etc*), Seewurf *m.* **2.** *aer.* Notwurf *m.* **3.** Absprengung *f.* **4.** a) Wegwerfen *n*, b) *fig.* Fallenlassen *n.* **5.** → **jetsam.** **II** *v/t* **6.** *mar.* über Bord werfen (*a. fig.*). **7.** *aer.* (im Notwurf) abwerfen, *Treibstoff* ablassen. **8.** *ausgebrannte Raketenstufe* absprengen. **9.** a) *alte Kleidung etc* wegwerfen, b) *fig. j-n, e-n Plan etc* fallenlassen. **ˈjet·ti·son·a·ble** *adj aer.* abwerfbar, Abwurf...: ~ **tank.**

jet·ton [ˈdʒetn] *s* Jeˈton *m*, Spielmarke *f*, -münze *f.*

jet·ty [ˈdʒetɪ] *s mar.* **1.** Hafendamm *m*, Mole *f*, Außenpier *m, f.* **2.** Landungsplatz *m*, Anlegestelle *f.* **3.** Strombrecher *m* (*an Brücken*).

jeu·nesse do·rée [ʒɜːˌnesdɔːˈreɪ] *s* Jeuˈnesse *f* doˈrée (*die zur begüterten Oberschicht gehörenden Jugendlichen*).

Jew [dʒuː] **I** *s* **1.** Jude *m*, Jüdin *f.* **2.** *a.* **j~** *sl. contp.* a) *j-d, der hart verhandelt*, b) Geizhals *m*, -kragen *m.* **II** *adj* **3.** *oft contp.* → **Jewish** 1. **III** *v/t* **4.** *oft* **j~** *sl. contp.* hart verhandeln mit: **to ~ down** herunterhandeln (**to** auf *acc*). **ˈ~-ˌbait·ing** *s* a) Judenverfolgung *f*, b) Judenhetze *f.*

jew·el [ˈdʒuːəl] **I** *s* **1.** Juˈwel *m, n*, Edelstein *m*: **~ box** Schmuckkassette *f*, -schatulle *f.* **2.** *tech.* Stein *m* (*e-r Uhr*). **3.** *fig.* Juˈwel *n*: a) Kleinod *n* (*Sache*), b) ‚Schatz' *m* (*Person*). **II** *v/t pret u. pp* **-eled,** *bes. Br.* **-elled 4.** mit Juˈwelen schmücken *od.* besetzen. **5.** *tech. e-e Uhr* mit Steinen auslegen. **ˈjew·el·er,** *bes. Br.* **ˈjew·el·ler** *s* Juweˈlier *m.* **ˈjew·el·ry,** *bes. Br.* **ˈjew·el·ler·y** [-əlrɪ] *s* Juˈwelen *pl*, *weitS.* Schmuck *m*: **piece of ~** Schmuckstück *n*; **~ case** Schmuckkassette *f*, -schatulle *f.*

Jew·ess [ˈdʒuːɪs] *s* Jüdin *f.*

jew·ing [ˈdʒuːɪŋ] *s orn.* Kehllappen *m.*

Jew·ish [ˈdʒuːɪʃ] *adj* **1.** jüdisch, Juden...: **the ~ calendar**; **~ studies** Judaistik *f*, Hebraistik *f.* **2.** *sl. contp.* geizig.

Jew·ry [ˈdʒʊərɪ] *s* **1.** (*das*) Judentum, (*die*) Juden *pl*: **world ~** Weltjudentum. **2.** *hist.* Judenviertel *n*, G(h)etto *n.*

ˈJew's|-ear *s bot.* **1.** Judasohr *n*, Hoˈlunderschwamm *m.* **2.** Becherling *m.* **j~-harp** [ˌ-ˈhɑː(r)p; *Am. bes.* ˈ-ˌh-] *s mus.* Maultrommel *f.* **~ mal·low** *s bot.* Jutepflanze *f*, Indischer Flachs. **~ myr·tle** *s bot.* Echte Myrte.

Jews' thorn *s bot.* Christusdorn *m.*

Jez·e·bel [ˈdʒezəbl; -bel] **I** *npr* Isebel *f*, Jezabel *f* (*jüdische Königin*). **II** *s fig.* a) schamlose Frau, b) Intriˈgantin *f.*

jib[1] [dʒɪb] **I** *s mar.* Klüver *m*: **flying** (*od.* **outer**) ~ Außenklüver; **the cut of his ~** *colloq. obs.* a) sein Aussehen, s-e äußere Erscheinung, b) die Art, wie er sich gibt. **II** *v/i u. v/t* → **jibe**[1].

jib[2] [dʒɪb] *v/i* **1.** scheuen, bocken (**at** vor *dat*). **2.** *fig.* störrisch *od.* bockig sein: **to ~ at** a) sich sträuben gegen, b) ‚streiken' bei.

jib[3] [dʒɪb] → **jibboom** 2.

ˌjibˈboom *s* **1.** *mar.* Klüverbaum *m.* **2.** *tech.* Ausleger *m* (*e-s Krans etc*). **~ door** *s* Taˈpetentür *f.*

jibe[1] [dʒaɪb] *mar.* **I** *v/i* **1.** giepen, sich ˈumlegen (*Segel*). **2.** drehen, den Kurs ändern. **II** *v/t* **3.** *Segel* ˈübergehen lassen (*beim Segeln vor dem Wind*). **4.** *Segel* ˈdurchkaien.

jibe[2] [dʒaɪb] *v/i colloq.* überˈeinstimmen (**with** mit).

jibe[3] → **gibe**[1].

jif·fy [ˈdʒɪfɪ], *a.* **jiff** *s colloq.* Augenblick *m*: **in a ~** im Nu, im Handumdrehen; **half a ~!, wait a ~!** Augenblick!; **I won't be a ~** a) ich komme gleich, b) ich bin gleich wieder da.

jig[1] [dʒɪg] **I** *s* **1.** *tech.* a) (Auf-, Ein-) Spannvorrichtung *f*, Bohrvorrichtung *f*, -futter *n*, b) (ˈBohr)Schaˌblone *f.* **2.** *Angeln*: Heintzblinker *m.* **3.** *Bergbau*: a) Kohlenwippe *f*, b) ˈSetzmaˌschine *f.* **II** *v/t* **4.** *tech.* mit e-r Einstellvorrichtung *od.* e-r Schaˈblone ˈherstellen. **5.** *Bergbau*: *Erze* setzen, scheiden.

jig[2] [dʒɪg] **I** *s* **1.** *mus.* → **gigue**: **the ~ is up** *colloq.* das Spiel ist aus. **2.** ruckartige Auf- u. Abbewegung. **II** *v/t* **3.** ruckweise auf u. ab bewegen: **to ~ one's feet** mit den Füßen wippen; **he ~ged his son on his knees** er ließ s-n Sohn auf den Knien wippen *od.* reiten. **III** *v/i* **4.** e-e Gigue tanzen. **5.** a) sich ruckweise auf u. ab bewegen, b) *a.* **~ about** (*od.* **around**) herˈumhüpfen.

jig[3], **jigg** [dʒɪg] *s Am. sl. contp.* ‚Nigger' *m* (*Neger*).

jig·ger[1] [ˈdʒɪgə(r)] **I** *s* **1.** Giguetänzer(in). **2.** *mar.* a) Beˈsan *m*, b) *a.* **~ mast** Beˈsanmast *m*, c) Jigger *m*, Handtalje *f*, d) Jollentau *n*, e) kleines Boot mit Jollentakelung. **3.** *tech.* Erzscheider *m*, Siebsetzer *m.* **4.** *tech.* Rüttelvorrichtung *f*: a) *Bergbau*: Setzsieb *n*, ˈSiebˌsetzmaˌschine *f*, b) ˈSchleifmaˌschine *f* (*für lithographische Steine*), c) Dreh-, Töpferscheibe *f*, d) Speicherkran *m*, e) *electr.* Kopplungsspule *f.* **5.** → **jig**[1] 2. **6.** *Am.* a) kleiner Meßbecher (*für Cocktails*), (*etwa*) Schnapsglas *n*, b) kleines Whiskyglas. **7.** *Golf*: Jigger *m* (*meist für Annähe-*

rungsschläge benutzter Eisenschläger). **8.** *Billard*: (Holz)Bock *m (für das Queue).* **9.** *Am. colloq.* ‚Dingsbums' *n.* **II** *v/t* **10.** *Am. colloq. e-e Bilanz etc* ‚fri'sieren', manipu'lieren.

jig·ger² ['dʒɪgə(r)] *s zo.* **1.** *a.* ~ **flea** Sandfloh *m.* **2.** → **chigger** 1.

jig·gered ['dʒɪgə(r)d] *adj colloq.* **1. I'm** ~ **if** der Teufel soll mich holen, wenn. **2. to be** ~ *Br.* a) ‚baff' *od.* ‚platt' sein: **well, I'm** ~! da bin ich aber baff!, b) ‚kaputt' *od.* ‚fix u. fertig' sein.

jig·ger·y-pok·er·y [ˌdʒɪgərɪ'pəʊkərɪ] *s bes. Br. colloq.* ‚Schmu' *m*, ‚fauler Zauber'.

jig·gle ['dʒɪgl] **I** *v/t* a) wackeln mit, b) schütteln, c) rütteln an *(dat).* **II** *v/i* wackeln.

'jig·saw *s* **1.** *tech.* Deku'piersäge *f.* **2.** → **jigsaw puzzle.** ~**puz·zle** *s* Puzzle(spiel) *n.*

ji·had [dʒɪ'hæd; -'hɑːd] *s* Heiliger Krieg *(der Mohammedaner).*

jil·lion ['dʒɪljən] *s colloq.* Unmenge *f*, -zahl *f*: ~**s of pounds** jede Menge Pfund.

jilt [dʒɪlt] **I** *v/t* a) *ein Mädchen* ‚sitzenlassen', b) *e-m Liebhaber, e-m Mädchen* ‚den Laufpaß geben'. **II** *s* a) *Frau, die e-m Mann ‚den Laufpaß gibt'*, b) *Mann, der häufig die Freundinnen wechselt.*

Jim Crow [ˌdʒɪm'krəʊ] *Am.* **I** *s* **1.** *contp.* ‚Nigger' *m (Neger).* **2.** → **Jim Crowism. 3. j~ c~** *tech.* Brechstange *f.* **II** *adj* **4.** (nur) für Schwarze. **5.** diskrimi'nierend. ~ **Crow·ism** *s Am.* 'Rassendiskrimiˌnierung *f.*

jim·i·ny ['dʒɪmɪnɪ] *interj* herr'je!

jim·jams ['dʒɪmdʒæmz] *s pl colloq.* **1.** De'lirium *n* tremens. **2.** → **jitter** I.

jim·my ['dʒɪmiː] *Am. für* **jemmy.**

jin·gle ['dʒɪŋgl] **I** *v/i* **1.** klimpern *(Münzen etc)*, ‚bimmeln' *(Glöckchen etc).* **II** *v/t* **2.** klimpern mit, ‚bimmeln' lassen. **III** *s* **3.** Klimpern *n*, ‚Bimmeln' *n*: ~ **bell** a) → 5, b) Schlittenglocke *f*, c) *tech.* Si'gnalglocke *f.* **4.** Glöckchen *n.* **5.** einprägsames Verschen *od.* Liedchen *(bes. in der Werbung)*, Werbespruch *m.* **'jin·gling** *adj* **1.** klimpernd, ‚bimmelnd'. **2.** *fig.* einprägsam, eingängig.

jin·go ['dʒɪŋgəʊ] **I** *s* **1.** *pl* **-goes** *pol.* Jingo *m*, Chauvi'nist *m*, Nationa'list *m.* **2.** → **jingoism. II** *adj* **3.** *pol.* chauvi'nistisch, nationa'listisch. **III** *interj* **4. by** ~! Donnerwetter! **'jin·go·ism** *s pol.* Jingo'ismus *m*, Chauvi'nismus *m*, Nationa'lismus *m.* **'jin·go·ist I** *s* → **jingo** 1. **II** *adj* → **jingo** 3. ˌ**jin·go'is·tic** *adj (adv* ~**ally)** → **jingo** 3.

jink [dʒɪŋk] **I** *s* (geschickte) Ausweichbewegung. **II** *v/i* (geschickt) ausweichen.

jinks [dʒɪŋks] *s pl*: **high** ~ Ausgelassenheit *f*; **they were having high** ~ bei ihnen ‚ging es hoch her'.

jinn [dʒɪn] *s* **1.** *pl von* **jinnee, jinni. 2.** *pl* **jinns, jinn** → **jinnee. jin·nee, jin·ni** [dʒɪ'niː; 'dʒɪnɪ] *pl* **jinn** [dʒɪn] *s* Dschinn *m (Geist im islamischen Volksglauben).*

jin·rick·sha, jin·rick·shaw, jin·rik·i·sha, jin·rik·sha [dʒɪn'rɪkʃə; -ʃɔː] *s* Rikscha *f.*

jinx [dʒɪŋks] *colloq.* **I** *s* **1.** Unglücksbringer *m.* **2.** Pech *n*, Unheil *n*, Unglück *n*: **there seems to be a** ~ **on our work** mit unserer Arbeit ist es wie verhext; **to break the** ~ den Bann brechen; **to put a** ~ **on** → 3. **II** *v/t* **3.** a) Unglück bringen *(dat)*, b) ‚verhexen': **our work seems to be** ~**ed** mit unserer Arbeit ist es wie verhext. **4.** *etwas* ‚vermasseln'.

jis·som ['dʒɪsəm] *s vulg.* ‚Soße' *f (Sperma).*

jit·ney ['dʒɪtniː] *s Am.* **1.** *kleiner Bus, der in unregelmäßigen Abständen fährt.* **2.** *sl.* Fünf'centstück *n.*

jit·ter ['dʒɪtə(r)] *colloq.* **I** *s*: **the** ~**s** *pl* ‚Bammel' *m*, e-e ‚Heidenangst' **(about** vor *dat)*; **to have the** ~**s** → II. **II** *v/i* a) ‚Bammel' *od.* e-e ‚Heidenangst' haben, b) ‚furchtbar' ner'vös sein.

jit·ter·bug ['dʒɪtə(r)bʌg] **I** *s* **1.** *mus.* Jitterbug *m (um 1935 aus dem Boogie-Woogie entstandener Tanz, der durch akrobatische, formlose Bewegungen gekennzeichnet ist).* **2.** Jitterbugtänzer(in). **3.** *fig.* Nervenbündel *n.* **II** *v/i* **4.** Jitterbug tanzen.

jit·ter·y ['dʒɪtərɪ] *adj colloq.* ‚furchtbar' ner'vös: **to be** ~ → **jitter** II.

jiu·jit·su, jiu·jut·su [dʒuː'dʒɪtsuː; *bes. Am.* dʒuː-] → **jujitsu.**

jive [dʒaɪv] **I** *s* **1.** *mus.* Jive *m*: a) → **jitterbug** 1, b) 'Swing(muˌsik *f) m.* **2.** *Am. sl.* Jar'gon *m*, *bes.* Jargon der Drogen- *od.* Unter'haltungsszene. **3.** *Am. sl.* a) Schwindel *m*: **don't give me any of that** ~! erzähl mir doch keine Märchen!, b) ‚Gequatsche' *n.* **II** *adj* **4.** *Am. sl.* ‚faul': **a** ~ **excuse; he's** ~ an dem ist etwas faul. **III** *v/t* **5.** *Am. sl. j-n* ‚anschwindeln'. **III** *v/i* **6.** a) swingen, Swing spielen *od.* tanzen, b) → **jitterbug** 4. **7.** *Am. sl.* Jar'gon sprechen. **8.** *Am. sl.* a) schwindeln, Märchen erzählen, b) ‚quatschen'.

jo [dʒəʊ] *pl* **joes** *s Scot.* ‚Schatz' *m*, Liebste(r *m) f.*

job¹ [dʒɒb; *Am.* dʒɑb] **I** *s* **1.** (einzelne) Arbeit: **to be on the** ~ a) bei der Arbeit sein, b) in Aktion sein *(Maschine etc)*, c) *Br. vulg.* gerade ‚e-e Nummer machen' *od.* schieben' *(koitieren)*; **it was quite a** ~ es war e-e ‚Heidenarbeit'; **to do a** ~ **of work** *Br. colloq.* ganze Arbeit leisten; **I had a** ~ **doing** *(od.* **to do)** **it** es war gar nicht so einfach (für mich), das zu tun; **to make a good (bad)** ~ **of s.th.** etwas gut (schlecht) machen; ~ **order** Arbeitsauftrag *m*; ~ **production** Einzel(an)fertigung *f*; ~ **simplification** Arbeitsvereinfachung *f*; ~ **ticket** Arbeitsauftrag *m*, -laufzettel *m*; → **odd** 9. **2.** *a.* ~ **work** *econ.* Stück-, Ak'kordarbeit *f*: **by the** ~ im Akkord; ~ **time** Akkordzeit *f*; ~ **wage(s)** Akkordlohn *m.* **3.** a) Beschäftigung *f*, Stellung *f*, Stelle *f*, Arbeit *f*, ‚Job' *m*, b) Arbeitsplatz *m*: **out of a** ~ arbeits-, stellungslos; ~ **analysis** Arbeitsplatzanalyse *f*; ~ **classification** *Am.* Berufsklassifizierung *f*; ~ **control** *Am.* gewerkschaftliche Einflußnahme auf die Personalpolitik *(e-r Firma)*; ~ **creation** Arbeits(platz)beschaffung *f*, Beschaffung *f* von Arbeitsplätzen; ~ **creation program(me)** *(od.* **scheme)** Arbeitsbeschaffungsprogramm *n*; ~ **description** Tätigkeits-, Arbeits(platz)beschreibung *f*; ~ **discrimination** Benachteiligung *f* im Arbeitsleben; ~ **evaluation** *(Am. a.* **rating)** Arbeits(platz)bewertung *f*; ~ **interview** Einstellungsgespräch *n*; **computers are** ~ **killers** Computer vernichten Arbeitsplätze; ~ **maintenance** Erhaltung *f* der Arbeitsplätze; ~ **market** Arbeits-, Stellenmarkt *m*; ~ **opportunities** Arbeitsmöglichkeiten; ~ **rotation** turnusmäßiger Arbeitsplatztausch; ~ **security** Sicherheit *f* des Arbeitsplatzes; ~ **specification** *Am.* Arbeits(platz)-, Tätigkeitsbeschreibung *f*; **to know one's** ~ s-e Sache verstehen; → **boy** 1. **4.** Sache *f*: a) Aufgabe *f*, Pflicht *f*: **it is your** ~ **(to do it)** das ist d-e Sache, b) Geschmack *m*: **this is not everybody's** ~ das ist nicht jedermanns Sache, das liegt nicht jedem. **5.** *Computer*: ‚Job' *m*, Auftrag *m.* **6.** *colloq.* Sache *f*, Angelegenheit *f*: **that's a good** ~! so ein Glück!; **he's gone, and a good** ~ **too!** er ist Gott sei Dank weg!; **it's a good** ~ **I saw you** wie *od.* nur gut, daß ich dich sah; **to make the best of a bad** ~ a) gute Miene zum bösen Spiel machen, b) das Beste daraus machen; **to give up (on) as a bad** ~ als hoffnungslos aufgeben; **just the** ~ genau das Richtige. **7.** *colloq.* a) ‚Schiebung' *f*, ‚krumme Tour', *bes.* 'Amtsˌmißbrauch *m*, b) ‚Ding' *n*, ‚krumme Sache': **bank** ~ Bankraub *m*, -überfall *m*; **to catch s.o. on the** ~ j-n auf frischer Tat ertappen; **to do a** ~ **on s.o.** a) j-n zs.-schlagen, b) *fig.* j-n ‚kaputtmachen'; **to pull a** ~ ein Ding drehen. **8.** *colloq.* a) ‚Ding' *n*, ‚Appa'rat' *m*: **that new car of yours is a beautiful** ~ dein neuer Wagen sieht ‚klasse' aus, b) ‚Nummer' *f*, ‚Type' *f (Person)*: **he is a tough** ~ er ist ein unangenehmer Kerl. **9.** *pl Am.* a) beschädigte Ware(n *pl)*, *bes.* Remit'tenden *pl (Bücher)*, b) Ladenhüter *pl.*

II *v/i* **10.** Gelegenheitsarbeiten machen, ‚jobben'. **11.** (im) Ak'kord arbeiten. **12.** *Börse*: *Br.* als Jobber tätig sein: **to** ~ **in** handeln mit. **13.** *Am.* an der Börse speku'lieren. **14.** *colloq.* ‚schieben', ‚Schiebungen' machen, *bes.* sein Amt *od.* s-e Stellung miß'brauchen.

III *v/t* **15.** *a.* ~ **out** *Arbeit* a) in Auftrag geben, b) im Ak'kord vergeben. **16.** *Am.* an der Börse speku'lieren mit. **17. to** ~ **s.o. into a post** *colloq.* j-m e-n Posten ‚zuschanzen'.

Job² [dʒəʊb] *npr Bibl.* Hiob *m*, Job *m*: **(the Book of)** ~ (das Buch) Hiob *m od.* Job *m*; **patience of** ~ Engelsgeduld *f*; **that would try the patience of** ~ das würde selbst e-n Engel zur Verzweiflung treiben; ~**'s comforter** *j-d, der durch s-n Trost alles nur noch schlimmer macht.*

job·ber ['dʒɒbə; *Am.* 'dʒɑbər] *s* **1.** Gelegenheitsarbeiter *m*, ‚Jobber' *m.* **2.** Ak'kordarbeiter *m.* **3.** *Börse*: *Br.* Jobber *m (der auf eigene Rechnung Geschäfte tätigt).* **4.** *Am.* 'Börsenspekuˌlant *m.* **5.** *colloq.* ‚Schieber' *m*, *bes. j-d, der sein Amt od. s-e Stellung mißbraucht.*

job·ber·y ['dʒɒbərɪ; *Am.* 'dʒɑ-] *s* ‚Schiebung' *f*, *bes.* 'Amtsˌmißbrauch *m.*

job·bing ['dʒɒbɪŋ; *Am.* 'dʒɑ-] **I** *adj* **1.** im Ak'kord arbeitend, Akkord... **2.** Gelegenheitsarbeiten verrichtend, Gelegenheits...: ~ **worker**; ~ **printer** Akzidenzdrucker *m*; ~ **work** *print.* Akzidenzarbeit *f.* **II** *s* **3.** Ak'kordarbeit *f.* **4.** Gelegenheitsarbeit *f.* **5.** *Br. Effektenhandel auf eigene Rechnung.* **6.** 'Börsenspekulatiˌon(en *pl) f.* **7.** → **jobbery.**

'jobˌhold·er *s* **1.** Stelleninhaber(in). **2.** *Am.* Angestellte(r *m) f* des öffentlichen Dienstes, Staatsbedienstete(r *m) f.* **'~-hop** *v/i colloq.* häufig den Arbeitsplatz wechseln. ~ **hop·per** *s colloq. j-d, der häufig den Arbeitsplatz wechselt.* ~ **hop·ping** *s colloq.* häufiger Arbeitsplatzwechsel. **'~-hunt** *v/i*: **to go** ~**ing** auf Arbeitssuche gehen. ~ **hunt·er** *s* Arbeitssuchende(r *m) f.* ~ **hunt·ing** *s* Arbeitssuche *f.*

'job·less I *adj* arbeits-, stellungslos. **II** *s*: **the** ~ *pl* die Arbeitslosen *pl.*

job lot *s econ.* Ramsch-, Par'tieware(n *pl) f*: **to sell as a** ~ im Ramsch verkaufen.

Jock¹ [dʒɒk; *Am.* dʒɑk] *s colloq.* Schotte *m.*

jock² [dʒɒk; *Am.* dʒɑk] *colloq.* → **jockey** 1.

jock³ [dʒɒk; *Am.* dʒɑk] *colloq.* → **jockstrap.**

jock⁴ [dʒɑk] *s Am. colloq. (bes. Schul-, College)*Sportler(in).

jock·ette [dʒɑ'ket] *s Pferderennsport*: *Am.* Ama'zone *f.*

jock·ey ['dʒɒkɪ; *Am.* 'dʒɑkiː] **I** *s* **1.** *Pferderennsport*: Jockey *m.* **2.** *Am. colloq.* a) Fahrer *m*: **truck** ~, b) Bedienungsmann *m*: **elevator** ~ Liftboy *m.* **II** *v/t* **3.** *Pferd* (als Jockey) reiten. **4.** *Am. colloq.*

a) *e-n Lastwagen etc* fahren, b) *e-n Aufzug etc* bedienen. **5.** manö'vrieren (*a. fig.*): **to ~ s.o. away** j-n ‚weglotsen'; **to ~ s.o. into s.th.** j-n in etwas hineinmanövrieren; **to ~ s.o. into a position** j-m eine Stellung ‚zuschanzen'; **to ~ out of** a) *j-n* ‚hinausbugsieren' aus (*e-r Stellung etc*), b) *j-n* betrügen um. **III** *v/i* **6.** als Jockey reiten: **he has ~ed in many races** er ist schon in vielen Rennen geritten. **7. ~ for** ‚rangeln' um (*a. fig.*): **to ~ for position** *sport etc* sich e-e günstige (Ausgangs)Position zu verschaffen suchen (*a. fig.*). **~ cap** *s* Jockeymütze *f.* **~ pul·ley** *s tech.* Spann-, Leitrolle *f.* **~ weight** *s tech.* Laufgewicht *n* (*e-r Waage*). **~ wheel** → jockey pulley.

jock·o ['dʒɒkəʊ; *Am.* 'dʒɑ-] *pl* **-os** *s zo.* Schim'panse *m.*

'jock·strap *s sport* Suspen'sorium *n* (*Unterleibsschutz*).

jo·cose [dʒəʊ'kəʊs] *adj* **1.** ausgelassen (*Person*). **2.** witzig, spaßig, spaßhaft (*Bemerkung etc*). **jo'cose·ly** *adv* im *od.* zum Spaß. **jo'cose·ness, jo'cos·i·ty** [-'kɒsətɪ; *Am.* -'kɑ-] *s* **1.** Ausgelassenheit *f.* **2.** Witzigkeit *f*, Spaßhaftigkeit *f.* **3.** Spaß *m*, Scherz *m.*

joc·u·lar ['dʒɒkjʊlə; *Am.* 'dʒɑkjələr] *adj* → jocose. **ˌjoc·u'lar·i·ty** [-'lærətɪ] → jocoseness. **'joc·u·lar·ly** → jocosely.

joc·und ['dʒɒkənd; *Am.* 'dʒɑ-] *adj* (*adv* **~ly**) lustig, fröhlich, heiter. **'joc·und·ness, jo·cun·di·ty** [dʒəʊ'kʌndətɪ] *s* Lustig-, Fröhlich-, Heiterkeit *f.*

jodh·pur breech·es [ˌdʒɒdpə'brɪtʃɪz; *Am.* ˌdʒɑdpər'bri:-], **'jodh·purs** *s pl a.* **pair of ~** Reithose *f.*

Joe[1] [dʒəʊ] *s Am. colloq.* Bursche *m*, Kerl *m.*

joe[2] → jo.

Joe| Blow *s Am. colloq.* der Mann auf der Straße. **~ Col·lege** *s Am. colloq.* 'College-Stuˌdent *m*, *bes. e-r, der sein Studium nicht allzu ernst nimmt.* **~ Doakes** [dəʊks] → Joe Blow.

Jo·el ['dʒəʊel; -əl] *npr u. s Bibl.* (das Buch) Joel *m.*

Joe Mil·ler [ˌdʒəʊ'mɪlə(r)] *s* **1.** Witzbuch *n.* **2.** Witz *m*, *bes.* Witz ‚mit Bart'.

jo·ey ['dʒəʊɪ] *s Austral. colloq.* **1.** a) junges Känguruh, b) junges Tier. **2.** kleines Kind.

jog[1] [dʒɒg; *Am.* dʒɑg] **I** *v/t* **1.** stoßen an (*acc*) *od.* gegen, *j-n* anstoßen, ‚stupsen': **to ~ s.o.'s memory** *fig.* j-s Gedächtnis nachhelfen. **2. ~ up and down** durchrütteln (*Bus etc*). **3.** *Papierbogen etc* geradestoßen, ausrichten. **4.** *Maschine etc* nur kurz (an)laufen lassen. **II** *v/i* **5.** a) trotten (*Person, Tier*), ‚zuckeln' (*Bus etc*): **to ~ along** dahintrotten, -zuckeln, b) *sport* joggen. **6. ~ along** *fig.* a) ‚vor sich hin wursteln', b) sich dahinschleppen (*Leben etc*). **III** *s* **7.** Stoß *m*, ‚Stups' *m*: **to give s.o.'s memory a ~** j-s Gedächtnis nachhelfen.

jog[2] [dʒɑg] *s Am.* a) Vorsprung *m*, b) Einbuchtung *f*, c) Kurve *f.*

jog·ger ['dʒɒgə; *Am.* 'dʒɑgər] *s sport* Jogger(in). **'jog·ging I** *s* a) Trotten *n*, ‚Zuckeln' *n*, b) *sport* Joggen *n*, Jogging *n.* **II** *adj sport* Jogging...: **~ shoes (suit,** *etc*).

jog·gle ['dʒɒgl; *Am.* 'dʒɑgəl] **I** *v/t* **1.** (leicht) schütteln, rütteln (an *dat*), erschüttern (*a. fig.*). **2.** *tech.* verschränken, -zahnen, (ver)kröpfen. **II** *v/i* **3.** wackeln. **III** *s* **4.** Schütteln *n*, Rütteln *n.* **5.** *tech.* a) Verzahnung *f*: **~ beam** verzahnter Balken, Zahnbalken *m*, b) Zapfen *m*, c) Kerbe *f*, d) Falz *m*, Nut *f.*

jog| trot *s* **1.** gemächlicher Trab, Trott *m.* **2.** *fig.* Trott *m*: a) Schlendrian *m*, b) Eintönigkeit *f.* **'~-trot I** *adj fig.* eintönig. **II** *v/i* gemächlich traben (*bes. Pferd*), trotten (*Person, Tier*).

John [dʒɒn; *Am.* dʒɑn] *npr u. s* **1.** *Bibl.* a) Jo'hannes *m*, b) Jo'hannesevanˌgelium *n*: **~ the Baptist** Johannes der Täufer; **(the Epistles of) ~** die Johannesbriefe. **2.** Jo'hann(es) *m.* **3.** *a.* **j~** *Am. sl.* a) ‚Typ' *m*, Kerl *m*, b) Freier *m* (*e-r Prostituierten*). **4. j~** *Am. colloq.* ‚Klo' *n.* **~ Bull** *s* a) England *n*, die Engländer *pl*, b) ein typischer Engländer. **~ Chi·na·man** *s Am. bes. contp.* a) China *n*, die Chi'nesen *pl*, b) chi'nesischer Einwanderer. **~ Doe** [dəʊ] *s* **1.** *fiktiver männlicher Name für e-e unbekannte Partei in e-m Rechtsstreit.* **2.** *bes. Am. colloq.* 'Durchschnittsmann *m.* **~ Do·ry** ['dɔ:rɪ] *s ichth.* Heringskönig *m.* **~ Han·cock** ['hænˌkɑk], **~ Hen·ry** ['henri:] *s Am. colloq.* ‚Friedrich Wilhelm' *m* (*Unterschrift*): **to put one's ~ on** s-n Friedrich Wilhelm setzen auf (*acc*).

John·ny ['dʒɒnɪ; *Am.* 'dʒɑni:] *npr u. s* **1.** *Koseform von* John 2. **2.** *a.* **j~** *sl.* ‚Typ' *m*, Kerl *m.* **3. j~** *Br. sl.* ‚Pa'riser' *m*, ‚Gummi' *m* (*Kondom*). **'j~ˌcake** *s Am.* (*ein*) Maiskuchen *m.* **ˌ~-come-'late·ly** *s Am. colloq.* **1.** Neuankömmling *m.* **2.** Nachzügler *m* (*a. fig.*). **ˌ~-on-the-'spot** *s Am. colloq.* a) j-d, der ‚auf Draht' ist, b) Retter *m* in der Not. **~ Tax·pay·er** *s Am. colloq.* der (brave) Steuerzahler.

John·son·ese [ˌdʒɒnsə'ni:z; *Am.* ˌdʒɑn-] *s* **1.** Stil *m* von Samuel Johnson. **2.** pom'pöser *od.* hochtrabender Stil.

John·so·ni·an [dʒɒn'səʊnjən; -nɪən; *Am.* dʒɑn-] *adj* **1.** Johnsonsch(er, e, es) (*Samuel Johnson od. s-n Stil betreffend*). **2.** pom'pös, hochtrabend.

joie de vi·vre [ˌʒwɑ:də'vi:vrə] *s* Lebensfreude *f*, -lust *f.*

join [dʒɔɪn] **I** *v/t* **1.** *etwas* verbinden, -einigen, zs.-fügen (**to, on to** mit): **to ~ hands** a) die Hände falten, b) sich die Hand *od.* die Hände reichen, c) *fig.* gemeinsame Sache machen, sich zs.-tun (**with** mit). **2.** *Personen* vereinigen, zs.-bringen (**with, to** mit): **to ~ in friendship** freundschaftlich verbinden; **they are ~ed in marriage** sie sind ehelich (miteinander) verbunden. **3.** *fig.* verbinden, -ein(ig)en: **to ~ prayers** gemeinsam beten; → **force** 1. **4.** sich anschließen (*dat od.* an *acc*), stoßen *od.* sich gesellen zu: **I'll ~ you later** ich komme später nach; **I was ~ed by Mary** Mary schloß sich mir an; **to ~ s.o. in (doing) s.th.** etwas zusammen mit j-m tun; **to ~ s.o. in a walk** (gemeinsam) mit j-m e-n Spaziergang machen, sich j-m auf e-m Spaziergang anschließen; **to ~ one's regiment** zu s-m Regiment stoßen; **to ~ one's ship** an Bord s-s Schiffes gehen; → **majority** 2. **5.** eintreten in (*acc*): a) *e-m Club, e-r Partei etc* beitreten, b) anfangen bei *e-r Firma etc*: **to ~ the army** ins Heer eintreten, *weitS.* Soldat werden. **6.** a) teilnehmen *od.* sich beteiligen an (*dat*), mitmachen bei, sich anschließen (*dat*), b) sich einlassen auf (*acc*), *den Kampf* aufnehmen: **to ~ an action** *jur.* e-m Prozeß beitreten; **to ~ a treaty** e-m (Staats)Vertrag beitreten; → **battle** *Bes. Redew.*, **issue** 4. **7.** sich vereinigen mit, zs.-kommen mit, (ein)münden in (*acc*) (*Fluß, Straße*). **8.** *math. Punkte* verbinden. **9.** (an)grenzen an (*acc*).

II *v/i* **10.** sich vereinigen *od.* verbinden (**with** mit). **11. ~ in** a) teilnehmen, sich beteiligen, mitmachen, sich anschließen: **~ in, everybody!** alle mitmachen *od.* mitsingen!, b) → 6a: **to ~ with s.o. in (doing) s.th.** etwas zusammen mit j-m tun. **12.** sich vereinigen, zs.-kommen (*Straßen*), (*Flüsse a.*) zs.-fließen. **13.** anein'andergrenzen, sich berühren. **14. ~ up** Sol'dat werden.

III *s* **15.** Verbindungsstelle *f*, -linie *f*, Naht *f*, Fuge *f.*

join·der ['dʒɔɪndə(r)] *s* **1.** Verbindung *f.* **2.** *jur.* a) **~ of causes of action** objektive Klagehäufung, b) **~ of parties** subjektive Klagehäufung, c) **~ of issue** Festlegung *f* der zu entscheidenden strittigen Fragen.

join·er ['dʒɔɪnə(r)] *s* **1.** Tischler *m*, Schreiner *m*: **~'s bench** Hobelbank *f*; **~'s clamp** Leim-, Schraubzwinge *f.* **2.** *j-d, der zs.-fügt*: **film ~** (Film)Kleber(in). **3.** *colloq.* ‚Vereinsmeier' *m.* **'join·er·y** [-ərɪ] *s* **1.** Tischler-, Schreinerhandwerk *n*, Tischle'rei *f*, Schreine'rei *f.* **2.** Tischler-, Schreinerarbeit *f.*

joint [dʒɔɪnt] **I** *s* **1.** Verbindung(sstelle) *f*, *bes.* a) *Tischlerei etc*: Fuge *f*, Stoß *m*, b) *rail.* Schienenstoß *m*, c) (Löt)Naht *f*, Nahtstelle *f*, d) *anat. biol. tech.* Gelenk *n*: **out of ~** ausgerenkt; *fig.* aus den Fugen; **to put out of ~** sich *etwas* ausrenken; → **nose** *Bes. Redew.* **2.** *bot.* a) (Sproß)Glied *n*, b) (Blatt)Gelenk *n*, c) Gelenk(knoten *m*) *n.* **3.** Verbindungsstück *n*, Bindeglied *n.* **4.** *gastr.* Braten(stück *n*) *m.* **5.** *Buchbinderei*: Falz *m* (*der Buchdecke*). **6.** *sl.* ‚Laden' *m*, ‚Bude' *f*: a) Lo'kal *n*: → **clip joint**, b) Gebäude *n*, c) Firma *f*, Geschäft *n.* **7.** *sl.* ‚Joint' *m* (*mit Haschisch od. Marihuana versetzte Zigarette*).

II *adj* (*adv* → **jointly**) **8.** gemeinsam, gemeinschaftlich (*a. jur.*): **~ effort**; **~ invention**; **~ liability**; **~ action** gemeinsames Vorgehen; **to take ~ action** gemeinsam vorgehen; **~ and several** a) *jur.* gesamtschuldnerisch, b) solidarisch, gemeinsam; **~ and several liability** gesamtschuldnerische Haftung; **~ and several note** *Am.* gesamtschuldnerisches Zahlungsversprechen; **for their ~ lives** solange sie beide *od.* alle leben. **9.** *bes. jur.* Mit..., Neben...: **~ heir** *bes. Am.* Miterbe *m*; **~ offender** Mittäter *m*; **~ plaintiff** Mitkläger *m.* **10.** vereint, zs.-hängend.

III *v/t* **11.** verbinden, zs.-fügen. **12.** *tech.* a) fugen, stoßen, verbinden, -zapfen, b) *Fugen* verstreichen. **13.** *Geflügel etc* zerlegen.

joint| ac·count *s econ.* Gemeinschaftskonto *n*: **on** (*od.* **for**) **~** auf *od.* für gemeinsame Rechnung. **~ ad·ven·ture** → **joint venture**. **~ cap·i·tal** *s econ.* Ge'sellschaftskapiˌtal *n.* **~ com·mit·tee** *s bes. parl.* gemischter *od.* pari'tätischer Ausschuß. **~ cred·it** *s econ.* Konsorti'alkreˌdit *m.* **~ cred·i·tor** *s jur.* gemeinsamer Gläubiger, (*etwa*) Gesamthandgläubiger *m.* **~ debt** *s jur.* gemeinsame Verbindlichkeit, (*etwa*) Gesamthandschuld *f.* **~ debt·or** *s jur.* Mitschuldner *m*, (*etwa*) Gesamthandschuldner *m.*

'joint·ed *adj* **1.** verbunden. **2.** gegliedert, mit Gelenken (versehen): **~ doll** Gliederpuppe *f.* **'joint·er** *s tech.* **1.** Schlichthobel *m.* **2.** Fügebank *f.* **3.** *Maurerei*: Fugeisen *n*, Fugenkelle *f.*

joint| e·vil *s vet.* Lähme *f.* **~ fam·i·ly, ~ house·hold** *s* 'Großfaˌmilie *f.*

'joint·ly *adv* gemeinschaftlich: **~ and severally** a) *jur.* gesamtschuldnerisch, b) solidarisch, gemeinsam.

joint| own·er *s econ.* Miteigentümer(in), Mitinhaber(in), Mitbesitzer(in): **~ of a ship** Mit-, Partenreeder *m.* **~ own·er·ship** *s econ.* Miteigentum *n*, Mitinhaberschaft *f.* **~ pro·duc·tion** *s Film, TV*: 'Koproduktiˌon *f.* **~ res·o·lu·tion** *s allg.* gemeinsame Entschließung, *parl. Am.* gemeinsame Resoluti'on (*des Senats u. des Repräsentantenhauses*). **~ stock** *s econ.* Ge'sellschafts-, 'Aktienkapiˌtal *n.* ˌ**~-ˈstock bank** *s econ. Br.* Aktienbank *f.* ˌ**~-ˈstock com·pa·ny** *s econ.* **1.** *Br.* a) Kapiˈtalgesellschaft *f*, b) Aktiengesellschaft *f.* **2.** *Am.* Offene Handelsgesellschaft auf Aktien. **~ ten·an·cy** *s jur.* **1.** gemeinsames Eigentum, Miteigentum *n.* **2.** Mitpacht *f*, Mitmiete *f.* **~ ten·ant** *s jur.* **1.** Miteigentümer (-in). **2.** Mitpächter(in), Mitmieter(in). **~ un·der·tak·ing** → **joint venture** 2.

join·ture [ˈdʒɔɪntʃə(r)] *jur.* **I** *s* (*vom Ehemann verfügte*) Vermögenszuwendung (*an die Ehefrau für die Zeit nach s-m Tod*): **to settle a ~ upon one's wife** → II. **II** *v/t*: **to ~ one's wife** s-r Frau e-e Vermögenszuwendung aussetzen.

joint ven·ture *s econ.* **1.** Geˈmeinschaftsunterˌnehmen *n.* **2.** Gelegenheitsgesellschaft *f.*

joist [dʒɔɪst] *arch.* **I** *s* **1.** Deckenträger *m*, -balken *m.* **2.** I-Träger *m.* **II** *v/t* **3.** Dekkenträger einziehen in (*acc*).

joke [dʒəʊk] **I** *s* **1.** Witz *m*: **to crack ~s** Witze reißen; **to make ~s about** sich lustig machen über (*acc*), (s-e) Witze machen über (*acc*). **2.** a) Scherz *m*, Spaß *m*: **in** (*od.* **for a**) **~** im *od.* zum Spaß; **this time the ~'s on me** diesmal bin ich der Dumme; **to be no ~** e-e ernste Angelegenheit sein; keine Kleinigkeit sein; **that's going beyond a ~** das ist kein Spaß mehr, das ist nicht mehr lustig; **I don't see the ~** ich verstehe nicht, was daran so lustig sein soll; **he can't take a ~** er versteht keinen Spaß, b) *meist* **practical ~** Streich *m*: **to play a ~ on s.o.** j-m e-n Streich spielen. **3.** Zielscheibe *f* des Spotts, Gespött *n.* **II** *v/i* **4.** scherzen, Witze *od.* Spaß machen: **I was only joking** ich hab' nur Spaß gemacht, das war nicht ernst gemeint; **I'm not joking** ich meine das ernst, ich mache keinen Spaß; **you must be joking** das ist doch nicht dein Ernst! **III** *v/t* **5.** *j-n* hänseln, necken. ˈ**jok·er** *s* **1.** Spaßvogel *m*, Witzbold *m.* **2.** *sl.* ‚Typ' *m*, Kerl *m.* **3.** Joker *m* (*Spielkarte*). **4.** *Am. sl. meist pol.* ‚ˈHintertürklausel' *f.* ˈ**jok·ing I** *adj* scherzhaft, spaßend: **I'm not in a ~ mood** ich bin nicht zu Scherzen aufgelegt, mir ist nicht nach Späßen zumute. **II** *s* Witze *pl*: **~ apart!** Scherz *od.* Spaß beiseite!

jol·li·fi·ca·tion [ˌdʒɒlɪfɪˈkeɪʃn; *Am.* ˌdʒɑ-] *s colloq.* (feucht)fröhliches Fest, Festiviˈtät *f.* ˈ**jol·li·fy** [-faɪ] *v/t colloq.* **1.** in fröhliche Stimmung versetzen. **2.** beschwipst machen. ˈ**jol·li·ness,** ˈ**jol·li·ty** [-ətɪ] *s* Lustigkeit *f*, Fröhlichkeit *f.*

jol·ly[1] [ˈdʒɒlɪ; *Am.* ˈdʒɑliː] **I** *adj* (*adv* **jollily**) **1.** lustig, fröhlich, vergnügt. **2.** nett, angenehm. **3.** *colloq.* angeheitert, beschwipst: **to be ~** e-n Schwips haben. **II** *adv* **4.** *Br. colloq.* ‚ganz schön', ziemlich: **~ late; ~ good!** ‚prima!', ‚klasse!'; **a ~ good fellow** ein ‚prima' Kerl; **he's ~ nice** er ist ‚unheimlich' nett; **you'll ~ well have to do it** du mußt (es tun), ob du willst oder nicht; **you ~ well know** du weißt ganz gut *od.* genau. **III** *v/t colloq.* **5.** *meist* **~ along** (*od.* **up**) *j-n* bei Laune halten. **6. to ~ s.o. into doing s.th.** j-n dazu bringen *od.* überreden, etwas zu tun. **7.** *j-n* ‚aufziehen', necken.

jol·ly[2] [ˈdʒɒlɪ; *Am.* ˈdʒɑliː], **~ boat** *s mar.* Jolle *f.*

Jol·ly Rog·er [ˌdʒɒlɪˈrɒdʒə; *Am.* ˌdʒɑliːˈrɑdʒər] *s* Totenkopf-, Piˈratenflagge *f.*

jolt [dʒəʊlt] **I** *v/t* **1.** a) e-n Ruck *od.* Stoß geben (*dat*), b) *Passagiere* ˈdurchrütteln, -schütteln. **2.** *tech. Metallstäbe* stauchen. **3.** *fig.* a) *j-m* e-n Schock versetzen, b) *j-n* auf- *od.* wachrütteln: **to ~ s.o. out of** *a.* j-n reißen aus. **II** *v/i* **4.** a) e-n Ruck machen, b) rütteln, holpern (*bes. Fahrzeug*): **to ~ along** dahinholpern. **5.** *Am. sl.* ‚fixen', ‚schießen' (*sich Drogen spritzen*). **III** *s* **6.** Ruck *m*, Stoß *m.* **7.** *fig.* Schock *m*: **to give s.o. a ~** j-m e-n Schock versetzen; **a healthy ~** ein heilsamer Schock. **8.** *Am. sl.* ‚Schuß' *m* (*Kognak, Heroin etc*). ˈ**jolt·er** *s Am. sl.* ‚Fixer(in)'. ˈ**jolt·y** *adj* **1.** ruckartig. **2.** a) holp(e)rig (*Fahrbahn etc*), b) rüttelnd (*Fahrzeug*).

Jo·nah [ˈdʒəʊnə] *npr u. s* **1.** *Bibl.* (das Buch) Jona(s) *m.* **2.** *fig.* Unglücksbringer *m.* **~ word** *s Wort, mit dessen Aussprache ein Stotterer Schwierigkeiten hat.*

Jo·nas [ˈdʒəʊnəs] → **Jonah** 1.

Jon·a·than [ˈdʒɒnəθən; *Am.* ˈdʒɑ-] *s* Jonathan *m* (*ein Tafelapfel*).

jon·gleur [ʒɔ̃ːŋˈglɜː; *Am.* -ˈglɜr] *s hist.* fahrender Sänger, Spielmann *m.*

jon·quil [ˈdʒɒŋkwɪl; *Am.* ˈdʒɑŋ-; ˈdʒɑn-] *s* **1.** *bot.* Jonˈquille *f* (*e-e Narzisse*). **2.** *a.* **~ yellow** helles Rötlichgelb.

jo·rum [ˈdʒɔːrəm] *s* großes Trinkgefäß.

Jo·seph·son ef·fect [ˈdʒəʊzɪfsn] *s phys.* ˈJosephson-Efˌfekt *m.*

josh [dʒɑʃ] *Am. colloq.* **I** *v/t j-n* ‚aufziehen', ‚veräppeln', necken. **II** *v/i* Spaß *od.* Witze machen (**with** mit). **III** *s* ‚Veräppelung' *f.*

Josh·u·a [ˈdʒɒʃwə; *Am.* ˈdʒɑ-] *npr u. s Bibl.* (das Buch) Josua *m od.* Josue *m.*

joss [dʒɒs; *Am. a.* dʒɑs] *s* chiˈnesischer (Haus)Götze. **~ house** *s* chiˈnesischer Tempel. **~ stick** *s* Räucherstäbchen *n.*

jos·tle [ˈdʒɒsl; *Am.* ˈdʒɑsəl] **I** *v/t* **1.** anrempeln. **2.** dränge(l)n: **to ~ one's way through** sich (hindurch)drängen durch. **II** *v/i* **3. ~ against** rempeln gegen, anrempeln. **4.** sich dränge(l)n. **5.** *Am. sl.* Taschendiebstähle begehen. **III** *s* **6.** Rempeˈlei *f.* **7.** Gedränge *n.* ˈ**jos·tler** *s Am. sl.* Taschendieb(in).

Jos·u·e [ˈdʒɒsjʊiː; *Am.* ˈdʒɑʃəˌweɪ] → **Joshua.**

jot [dʒɒt; *Am.* dʒɑt] **I** *s fig.* Spur *f*: **not a ~ of truth** kein Funke *od.* Körnchen Wahrheit; **there is not one ~ of truth in that story** an der Geschichte ist kein Wort wahr. **II** *v/t meist* **~ down** a) sich *etwas* noˈtieren, b) *etwas* ˈhinwerfen, flüchtig zu Paˈpier bringen. ˈ**jot·ter** *s* Noˈtizbuch *n*, -block *m.* ˈ**jot·ting** *s meist pl* Noˈtiz *f.*

joule [dʒuːl; dʒaʊl] *s phys.* Joule *n* (*1 Wattsekunde*).

Joule-Thom·son ef·fect [ˌdʒuːlˈtɒmsn; *Am.* -ˈtɑmsən] *s phys.* ˈJouleˈThomson-Efˌfekt *m.*

jounce [dʒaʊns] → **jolt** 1, 4, 6.

jour·nal [ˈdʒɜːnl; *Am.* ˈdʒɜrnl] *s* **1.** Tagebuch *n.* **2.** *Buchhaltung*: Jourˈnal *n*, Grundbuch *n*: **cash ~** Kassenbuch *n*; **sales ~** Warenausgangsbuch *n.* **3.** *parl.* Protoˈkoll *n*: **the J~s** *pl Br.* das Protokollbuch. **4.** a) Jourˈnal *n*, Zeitschrift *f*, b) Zeitung *f.* **5.** *mar.* Jourˈnal *n*, Logbuch *n.* **6.** *tech.* (Lager-, Wellen)Zapfen *m*, Achsschenkel *m*: **~ bearing** Achs-, Zapfenlager *n*; **~ box** Lagerbüchse *f.* ˌ**jour·nalˈese** [-nəˈliːz] *s* Zeitungsstil *m.* ˈ**jour·nal·ism** *s* Journaˈlismus *m*: a) Zeitungs-, Pressewesen *n*, b) *Tätigkeit des Journalisten*, c) *oft contp. charakteristische Art der Zeitungsberichterstattung.* ˈ**jour·nal·ist** *s* Journaˈlist(in). ˌ**jour·nalˈis·tic** *adj* (*adv* **~ally**) journaˈlistisch. ˈ**jour·nal·ize I** *v/t* in ein Tagebuch *od.* (*econ.*) in das Jourˈnal eintragen. **II** *v/i* ein Tagebuch *od.* (*econ.*) ein Jourˈnal führen.

jour·ney [ˈdʒɜːnɪ; *Am.* ˈdʒɜrniː] **I** *s* **1.** Reise *f* (*a. fig.*): **to make a ~; life is a ~ from birth to death; to go on a ~** verreisen; **to reach one's ~'s end** *poet.* a) am Ziel der Reise anlangen, b) *fig.* am Ende des Lebensweges anlangen. **2.** Reise *f*, Entfernung *f*, Weg *m*: **a two days' ~** zwei Tagereisen (**to** nach). **3.** Route *f*, Strecke *f.* **II** *v/i* **4.** reisen. ˈ**~·man** [-mən] *s irr* **1.** (Handwerks)Geselle *m*: **~ tailor** Schneidergeselle. **2.** *fig.* (guter) Handwerker (*j-d, der einwandfrei, aber unschöpferisch arbeitet*): **a good ~ trumpeter** ein handwerklich guter Trompeter; **a ~ work** e-e handwerkliche Arbeit. ˈ**~·work** *s* **1.** Gesellenarbeit *f.* **2.** (notwendige) Rouˈtinearbeit.

journ·o [ˈdʒɜːnəʊ; *Am.* ˈdʒɜr-] *pl* **-os** *s Austral. colloq.* Journaˈlist(in).

joust [dʒaʊst; dʒuːst] *hist.* **I** *v/i* **1.** im Turˈnier kämpfen, turˈnieren (**against, with** gegen). **II** *s* **2.** Lanzenbrechen *n*, -stechen *n.* **3.** Turˈnier *n.* ˈ**joust·er** *s hist.* Turˈnierkämpfer *m.*

Jove [dʒəʊv] *npr* Jupiter *m*: **by ~!** Donnerwetter!

jo·vi·al [ˈdʒəʊvjəl; -vɪəl] *adj* (*adv* **~ly**) lustig, fröhlich, vergnügt. ˌ**jo·viˈal·i·ty** [-ˈælətɪ], ˈ**jo·vi·al·ness** *s* Lustigkeit *f*, Fröhlichkeit *f.*

Jo·vi·an [ˈdʒəʊvjən; -vɪən] *adj astr. u. myth.* des Jupiter.

jowl [dʒaʊl] *s* **1.** (ˈUnter)Kiefer *m.* **2.** a) Wange *f*, Backe *f*: → **cheek** 1, b) Hängebacke *f.* **3.** *zo.* Wamme *f.* **4.** *orn.* Kehllappen *m.* **5.** *ichth.* Kopf(stück *n*) *m.*

joy [dʒɔɪ] **I** *s* **1.** Freude *f* (**at** über *acc*; **in** an *dat*): **for ~** vor Freude *weinen etc*; **in ~ and in sorrow** in Freud u. Leid; **tears of ~** Freudentränen; **to the ~ of s.o., to s.o.'s ~** zu j-s Freude; **it gives me great ~, it is a great ~ to me** es macht *od.* bereitet mir große Freude; **to wish s.o. ~** j-m Glück wünschen (**of** zu); **I wish you ~!** *iro.* na dann viel Spaß!; → **jump** 18, **leap** 1, 2. **2.** *Br. colloq.* Erfolg *m*: **I got no ~, I didn't have any ~** ich hatte kein Glück. **II** *v/i* **3.** *poet.* sich freuen (**in** über *acc*). **III** *v/t* **4.** *poet.* erfreuen.

ˈ**joy·ful** *adj* (*adv* **~ly**) **1.** freudig, erfreut: **to be ~** sich freuen, froh sein. **2.** erfreulich, froh, freudig: **a ~ occasion.** ˈ**joy·ful·ness** *s* Freudigkeit *f.* ˈ**joy·less** *adj* (*adv* **~ly**) **1.** freudlos. **2.** unerfreulich. ˈ**joy·less·ness** *s* **1.** Freudlosigkeit *f.* **2.** Unerfreulichkeit *f.* ˈ**joy·ous** *adj* (*adv* **~ly**) → **joyful.** ˈ**joy·ous·ness** → **joyfulness.**

ˈ**joy|pop** *v/i sl.* ab u. zu Drogen nehmen. **~ ride** *s colloq.* ‚Spritztour' *f* (*bes. in e-m gestohlenen Wagen*): **to go on a ~** → **joy-ride.** ˈ**~-ride** *v/i colloq.* (*bes. in e-m gestohlenen Wagen*) e-e ‚Spritztour' machen. **~ rid·er** *s colloq. j-d, der* (*bes. in e-m gestohlenen Wagen*) *e-e ‚Spritztour' macht.* **~ stick** *s colloq.* **1.** Steuerknüppel *m.* **2.** *Computer*: Joystick *m.*

ju·be [ˈdʒuːbiː] *s arch.* **1.** Lettner *m.* **2.** ˈLettneremˌpore *f.*

ju·bi·lant [ˈdʒuːbɪlənt] *adj* (*adv* **~ly**) **1.** ˈüberglücklich. **2.** jubelnd: **~ shout** Jubelschrei *m.*

ju·bi·late[1] [ˈdʒuːbɪleɪt] *v/i* jubeln, jubiˈlieren.

Ju·bi·la·te[2] [ˌdʒuːbɪˈlɑːtɪ; ˌjuː-; *Am.* -ˌteɪ] *s relig.* **1.** (Sonntag *m*) Jubiˈlate (*3. Sonntag nach Ostern*). **2.** Jubiˈlatepsalm *m.*

ju·bi·la·tion [ˌdʒuːbɪˈleɪʃn] *s* Jubel *m.*

ju·bi·lee [ˈdʒuːbɪliː; ˌ-ˈliː] **I** *s* **1.** Jubiˈläum *n*: **silver (golden, diamond) ~** fünfundzwanzigjähriges (fünfzigjähriges, sechzigjähriges) Jubiläum. **2.** fünfzigjähriges Jubiˈläum. **3.** *R.C.* Jubel-, Ablaßjahr *n.* **4.** Halljahr *n* (*der Israeliten*). **5.** a) Jubel-, Freudenfest *n*, b) Festzeit *f.* **6.** Jubel *m.* **II** *adj* **7.** Jubiläums...: **~ stamp.**

Ju·dae·an → **Judean.**

Ju·dah [ˈdʒuːdə] *Bibl.* **I** *npr* Juda *m.* **II** *s* (Stamm *m*) Juda *n.*

Ju·da·ic [dʒuːˈdeɪɪk], *a.* **Juˈda·i·cal** *adj* jüdisch.

Ju·da·ism [ˈdʒuːdeɪɪzəm; *Am.* -dəɪzəm;

-dɪɪzəm] *s* Judaˈismus *m* (*jüdische Religion u. Sitten*). ˌ**Ju·daˈis·tic** *adj* (*adv* ~**ally**) judaˈistisch. ˈ**Ju·da·ize I** *v/i* dem Judaˈismus anhängen. **II** *v/t* zum Judaˈismus bekehren, jüdisch machen.
Ju·das [ˈdʒuːdəs] **I** *npr Bibl.* **1.** Judas *m*. **II** *s* **2.** Judas *m* (*Verräter*). **3.** *meist* **j**~ a) Guckloch *n*, Spiˈon *m*, b) Guckfenster *n*. ˈ~-ˌ**col·o(u)red** *adj* rot, rötlich (*bes. Haar*). **j**~ **hole** → Judas 3 a. ~ **kiss** *s* Judaskuß *m*. ~ **tree** *s bot*. Judasbaum *m*. **j**~ **win·dow** → Judas 3 b.
jud·der [ˈdʒʌdə(r)] *bes. tech.* **I** *v/i* viˈbrieren. **II** *s* Viˈbrieren *n*.
Jude [dʒuːd] *npr u. s Bibl.* Judas *m*: (**the Epistle of**) ~ der Judasbrief.
Ju·de·an [dʒuːˈdɪən] *hist.* **I** *adj* juˈdäisch. **II** *s* Juˈdäer *m*.
judge [dʒʌdʒ] **I** *s* **1.** *jur.* Richter *m*: **body of** ~**s** Richterkollegium *n*; → **associate** 7, **sober** 1. **2.** *fig.* Richter *m* (**of** über *acc*). **3.** a) Schiedsrichter *m* (*a. sport*), b) Preisrichter *m* (*a. sport*), c) *sport* Kampfrichter *m*, (*Boxen*) Punktrichter *m*. **4.** Kenner *m*: **a (good)** ~ **of wine** ein Weinkenner; **a good** ~ **of character** ein guter Menschenkenner; **I am no** ~ **of it** ich kann es nicht beurteilen; **let me be the** ~ **of that** überlasse das *od.* die Entscheidung darüber ruhig mir. **5.** *Bibl.* a) Richter *m*, b) **J**~**s** *pl* (*als sg konstruiert*) (*das* Buch der) Richter. **II** *v/t* **6.** *jur.* a) *e-n Fall* verhandeln, b) die Verhandlung führen gegen. **7.** richten (*Gott*): **God will** ~ **all men.** **8.** a) *Wettbewerbsteilnehmer, Leistungen etc* beurteilen, b) als Schieds- *od.* Preis- *od.* Kampf- *od.* Punktrichter funˈgieren bei. **9.** entscheiden (**s.th.** etwas; **that** daß). **10.** sich ein Urteil bilden über (*acc*), beurteilen, einschätzen (**by** nach). **11.** betrachten als, halten für: **he** ~**d it better to leave** er hielt es für besser zu gehen. **12.** schätzen: **to** ~ **the distance**; **I** ~ **him to be 60** ich schätze ihn auf 60. **13.** schließen, folgern (**from, by** aus). **14.** vermuten, annehmen. **III** *v/i* **15.** *jur.* Richter sein. **16.** als Schieds- *od.* Preis- *od.* Kampf- *od.* Punktrichter funˈgieren (**at** bei). **17.** urteilen, sich ein Urteil bilden (**of** über): **as far as one can** ~ nach menschlichem Ermessen; ~ **for yourself** urteilen Sie selbst; **judging by his words** s-n Worten nach zu urteilen.
judge| ad·vo·cate *pl* **judge ad·vo·cates** *s mil.* Kriegsgerichtsrat *m*. ~ **ad·vo·cate gen·er·al** *pl* **judge ad·vo·cates gen·er·al, judge ad·vo·cate gen·er·als** *s mil.* Chef *m* der Miliˈtärjuˌstiz. ˈ~-**made law** *s jur.* auf richterlicher Entscheidung beruhendes Recht.
judge·mat·ic, judge·mat·i·cal, judge·ment → judgmatic, judgmatical, judgment.
ˈ**judge·ship** *s jur.* Richteramt *n*.
judg·mat·ic [dʒʌdʒˈmætɪk] *adj*; **judgˈmat·i·cal** [-kl] *adj* (*adv* ~**ly**) klug, ˈumsichtig, vernünftig.
judg·ment [ˈdʒʌdʒmənt] *s* **1.** *jur.* (Gerichts)Urteil *n*, gerichtliche Entscheidung: **to sit in** ~ **on** a) *e-n Fall* verhandeln, b) *a. weitS.* zu Gericht sitzen über (*acc*); → **default** 3. **2.** *jur.* a) Urteil(surkunde *f*) *n*, b) *Br.* Urteilsbegründung *f*. **3.** Urteil *n*, Beurteilung *f*. **4.** Urteilsvermögen *n*, -kraft *f*, Verständnis *n*, Einsicht *f*: **a man of sound** ~ ein urteilsfähiger Mensch; **use your best** ~ handeln Sie nach bestem Ermessen; **against better** ~ wider bessere Einsicht. **5.** Meinung *f*, Ansicht *f*, Urteil *n* (**on** über *acc*): **to form a** ~ **on** sich ein Urteil bilden über (*acc*); **in my** ~ m-s Erachtens. **6.** a) Strafe *f* (Gottes) (**on s.o.** für j-n), b) göttliches (Straf)Gericht: **the Last J**~ das Jüngste Gericht; **Day of J**~ → **Judgment Day.** **7.** göttlicher Ratschluß. **8.** Glaube *m*: **the Calvinist** ~. ~ **cred·i·tor** *s jur.* Vollˈstreckungsgläubiger *m*. **J**~ **Day** *s relig.* Tag *m* des Jüngsten Gerichts, Jüngster Tag. ~ **debt** *s jur.* durch Urteil festgestellte Schuld. ~ **debt·or** *s jur.* Vollˈstreckungsschuldner *m*. ~ **note** *s econ. jur. Am.* Schuldanerkenntnisschein *m*. ˌ~-ˈ**proof** *adj jur. Am.* nicht eintreibbar *od.* pfändbar. **J**~ **seat** *s relig.* Richterstuhl *m* (*Gottes*).
ju·di·ca·ble [ˈdʒuːdɪkəbl] *adj jur.* a) verhandlungsfähig (*Fall*), b) rechtsfähig (*Person*). ˈ**ju·di·ca·tive** [-kətɪv; *Am.* -ˌkeɪtɪv] *adj* Urteils...: ~ **faculty** Urteilskraft *f*. ˈ**ju·di·ca·to·ry** [-kətərɪ; -keɪ-; *Am.* -kəˌtəʊriː; -ˌtɔːriː] *jur.* **I** *adj* → **judicial**. **II** *s* → **judicature** 1 *u.* 5.
ju·di·ca·ture [ˈdʒuːdɪkətʃə(r); *Am. a.* -ˌtʃʊər] *s jur.* **1.** Rechtsprechung *f*, Rechtspflege *f*, Juˈstiz(verwaltung) *f*: **Supreme Court of J**~ Oberster Gerichtshof (*für England u. Wales*). **2.** Geˈrichtswesen *n*, -syˌstem *n*: **J**~ **Act** *Br.* Gerichtsverfassungsgesetz *n*. **3.** a) Richteramt *n*, b) Amtszeit *f* e-s Richters, c) richterliche Gewalt. **4.** → **judiciary** 4. **5.** Gerichtshof *m*.
ju·di·cial [dʒuːˈdɪʃl] *adj* (*adv* ~**ly**) **1.** *jur.* gerichtlich, Gerichts...: ~ **authorities** Justizbehörden; ~ **decision** gerichtliche *od.* richterliche Entscheidung; ~ **district** (*Am.* **circuit**) Gerichtsbezirk *m*; ~ **error** Justizirrtum *m*; ~ **murder** Justizmord *m*; ~ **proceedings** Gerichtsverfahren *n*, gerichtliches Verfahren; → **separation** 4. **2.** *jur.* richterlich: ~ **discretion** richterliches Ermessen; ~ **oath** vom Richter abgenommener Eid; ~ **office** Richteramt *n*; ~ **power** richterliche Gewalt. **3.** *jur.* gerichtlich (angeordnet *od.* gebilligt): ~ **sale** *Am. u. Scot.* gerichtliche Versteigerung, Zwangsversteigerung *f*. **4.** scharf urteilend, kritisch. **5.** ˈunparˌteiisch. **6.** als göttliche Strafe verhängt: ~ **pestilence.**
ju·di·ci·ar·y [dʒuːˈdɪʃɪərɪ; -ʃərɪ; *Am.* -ʃɪˌeriː] *jur.* **I** *adj* **1.** → **judicial** 1 *u.* 2. **II** *s* **2.** *Am.* richterliche Gewalt. **3.** → **judicature** 2. **4.** *collect.* Richter(schaft *f*, -stand *m*) *pl*.
ju·di·cious [dʒuːˈdɪʃəs] *adj* (*adv* ~**ly**) **1.** vernünftig, klug, ˈumsichtig. **2.** ˈwohlüberˌlegt. **juˈdi·cious·ness** *s* Vernünftigkeit *f*, Klugheit *f*, ˈUmsicht *f*.
Ju·dith [ˈdʒuːdɪθ] *npr u. s Bibl.* (das Buch) Judith *f*.
ju·do [ˈdʒuːdəʊ] *s sport* Judo *n*. ˈ**ju·do·ist** *s* ˈJudoexˌperte *m*. ˈ**ju·do·ka** [-kɑː] *s* **1.** Juˈdoka *m*. **2.** → **judoist.**
ˈ**ju·do·man** *s irr sport* Juˈdoka *m*.
Ju·dy [ˈdʒuːdɪ] *s* **1.** *Kasperletheater*: Gretel *f*: → **Punch**[4]. **2.** *oft* **j**~ *colloq.* ‚Puppe' *f*, ‚Biene' *f* (*Mädchen*).
jug[1] [dʒʌg] **I** *s* **1.** a) Krug *m*, b) *bes. Br.* Kanne *f*, c) *bes. Br.* Kännchen *n*. **2.** *sl.* ‚Kittchen' *n*, ‚Knast' *m* (*Gefängnis*). **3.** *econ. Am. sl.* Bank *f*. **II** *v/t* **4.** *gastr. bes. e-n Hasen* schmoren: ~**ged hare** Hasenpfeffer *m*. **5.** *sl.* ins ‚Kittchen' stecken, ‚einlochen'.
jug[2] [dʒʌg] **I** *v/i* schlagen (*Nachtigall*). **II** *s* Schlag *m*.
ju·gal [ˈdʒuːgl] *anat. zo.* **I** *adj* Jochbein... **II** *s a.* ~ **bone** Jochbein *n*.
ju·gate [ˈdʒuːgeɪt; -gɪt] *adj* **1.** *biol.* paarig, gepaart. **2.** *bot.* ...paarig.
Ju·gend·stil [ˈjuːgəntʃtiːl] (*Ger.*) *s art* Jugendstil *m*.
jug·ful [ˈdʒʌgfʊl] *s* (*ein*) Krug(voll) *m*.
jug·ger·naut [ˈdʒʌgə(r)nɔːt] *s* **1.** *mot. Br.* Schwerlastzug *m*. **2.** *fig.* Moloch *m*: **the** ~ **of war** der Moloch Krieg.
jug·gins [ˈdʒʌgɪnz] *s bes. Br. colloq.* Trottel *m*.
jug·gle [ˈdʒʌgl] **I** *v/t* **1.** jonˈglieren (mit). **2.** *fig.* a) jonˈglieren mit (*Fakten, Worten etc*), b) *Fakten, Worte etc* verdrehen, c) *Konten etc* fälschen, ‚friˈsieren'. **3.** *j-n* betrügen (**out of** um), ‚reinlegen'. **II** *v/i* **4.** jonˈglieren. **5.** ~ **with** → 2. **6.** ein falsches (*od.* sein) Spiel treiben (**with s.o.** mit j-m). **III** *s* **7.** Jonˈgleurakt *m*. **8.** Schwindel *m*. ˈ**jug·gler** *s* **1.** Jonˈgleur *m*. **2.** *j-d, der mit etwas jongliert od. der etwas verdreht od. fälscht*: ~ **of words** Wortverdreher *m*. **3.** Schwindler *m*. ˈ**jug·gler·y** [-lərɪ] *s* **1.** Jonˈglieren *n*: **act of** ~ Jongleurakt *m*. **2.** Schwindel *m*.
Ju·go·slav, *etc* → **Yugoslav,** *etc.*
jug·u·lar [ˈdʒʌgjʊlə; *Am.* -jələr] **I** *adj* **1.** *anat.* Jugular...: ~ **vein** → 3. **2.** *fig.* mörderisch: ~ **competition** mörderischer *od.* unbarmherziger Konkurrenzkampf. **II** *s* **3.** *anat.* Drosselvene *f*, Juguˈlarader *f*, -vene *f*. **4.** *ichth.* Kehlflosser *m*. **5.** *fig.* empfindliche Stelle: **to have a feel** (*od.* **an instinct**) **for the** ~ ein Gespür dafür haben, wo j-d verwundbar ist.
ju·gu·late [ˈdʒʌgjʊleɪt] *v/t* **1.** die Kehle ˈdurchschneiden (*dat*). **2.** *med. e-e Krankheit* kuˈpieren.
juice [dʒuːs] **I** *s* **1.** a) (*Obst-, Fleisch- etc*)Saft *m*: **to let s.o. stew in his own** ~ *colloq.* ‚j-n im eigenen Saft schmoren lassen', b) *meist pl physiol.* Körpersaft *m*: → **digestive** 2, **gastric.** **2.** *fig.* Saft *m* (u. Kraft *f*), Vitaliˈtät *f*. **3.** *fig.* (*das*) Wesentliche, Kern *m*. **4.** *sl.* a) *electr.* ‚Saft' *m* (*Strom*), b) *mot.* ‚Sprit' *m* (*Benzin*): **to step on the** ~ ‚Saft' *od.* Gas geben. **5.** *bes. Am. sl.* Alkohol *m*: **to be into** ~ ‚blau' sein. **6.** *Am. sl.* a) Wucherzinsen *pl*, b) Kreˈdit *m* zu Wucherzinsen. **7.** *Am. sl.* a) Einfluß *m*, b) einflußreiche Positiˈon. **II** *v/t* **8.** entsaften. **9.** mit Saft überˈgießen. **10.** ~ **up** *Am. colloq.* Leben *od.* Schwung bringen in (*acc*): **to** ~ **up a party.** **11. to get** ~**d up** *bes. Am. sl.* ‚sich vollaufen lassen' (**on** mit). **juiced** *adj bes. Am. sl.* ‚blau', ‚besoffen'.
juice| ex·trac·tor → juicer 1. ˈ~**head** *s bes. Am. sl.* a) Gewohnheitstrinker *m*, b) ‚Säufer' *m*.
ˈ**juice·less** *adj* **1.** saftlos. **2.** *fig.* fad(e), ohne Saft (u. Kraft).
juice man *s irr Am. sl.* ‚Kreˈdithai' *m*.
ˈ**juic·er** *s* **1.** Entsafter *m* (*Gerät*). **2.** *thea. etc sl.* Beleuchter *m*.
juic·i·ness [ˈdʒuːsɪnɪs] *s* **1.** Saftigkeit *f*. **2.** *colloq.* a) Pikanteˈrie *f*, b) ‚Knackigkeit' *f*.
ˈ**juic·y** *adj* (*adv* **juicily**) **1.** saftig. **2.** *colloq.* a) ‚knackig' (*Mädchen*), b) ‚saftig' (*Gewinn etc*), c) lukraˈtiv (*Vertrag etc*), d) piˈkant (*Einzelheiten etc*).
ju·jit·su [djuːˈdʒɪtsuː] *s sport* Jiu-Jitsu *n*.
ju·ju [ˈdʒuːdʒuː] *s* Juju *n*: a) Fetisch *m* (*in Westafrika*), b) *der damit verbundene Zauber*.
ju·jube [ˈdʒuːdʒuːb] *s* **1.** *bot.* a) Juˈjube *f*, Judendorn *m*, b) Chiˈnesische Dattel. **2.** *med. pharm.* Paˈstille *f* (*mit Fruchtgeschmack*).
ju·jut·su [dʒuːˈdʒɪtsuː] → **jujitsu.**
ˈ**juke|·box** [ˈdʒuːk-] *s* Jukebox *f*, Muˈsikautoˌmat *m*. ~ **joint** *s Am. sl.* ‚Jukeboxbude' *f*, ‚ˈBumsloˌkal' *n*.
ju·lep [ˈdʒuːlep; -lɪp] *s Am.* Julep *n, m* (*alkoholisches Erfrischungsgetränk mit Pfefferminzgeschmack*).
Jul·ian [ˈdzuːljən] *adj* juliˈanisch: **the** ~ **calendar** der Julianische Kalender.
ju·li·enne [ˌdʒuːlɪˈen; ˌʒuː-] **I** *s* Juliˈennesuppe *f*. **II** *adj* feingeschnitten (*Gemüse*).
Ju·ly [dʒuːˈlaɪ; dʒʊ-] *s* Juli *m*: **in** ~ im Juli.
jum·bal → **jumble** 5.
jum·ble [ˈdʒʌmbl] **I** *v/t* **1.** *a.* ~ **together** (*od.* **up**) a) *Sachen* durcheinˈanderwerfen: **his clothes are all** ~**d up in the wardrobe** s-e Kleidung liegt auf e-m

Haufen im Schrank, b) *Fakten etc* durchein'anderbringen: **his thoughts are all ~d up** er ist ganz wirr *od.* durcheinander. **II** *v/i* **2.** wild durchein'anderlaufen. **III** *s* **3.** Durchein'ander *n*: **our plans fell into a ~** unsere Pläne gerieten durcheinander. **4.** *Br.* Ramsch *m*: **~ sale** a) Ramschverkauf *m*, b) Wohltätigkeitsbasar *m*; **~ shop** Ramschladen *m*. **5.** Zuckerkringel *m*. **'jum·bly** [-blɪ] *adj* durchein'ander, wirr.

jum·bo ['dʒʌmbəʊ] **I** *pl* **-bos** *s* **1.** Ko'loß *m* (*Sache od. Person*). **2.** *aer.* Jumbo *m* (*Jumbo-Jet*). **II** *adj* **3.** riesig, Riesen... **~ jet** *s aer.* Jumbo-Jet *m* (*Großraumdüsenflugzeug*). **'~-sized** → **jumbo** 3.

jump [dʒʌmp] **I** *s* **1.** Sprung *m*, Satz *m*: **to make** (*od.* **take**) **a ~** e-n Sprung machen; **by ~s** *fig.* sprungweise; **to be on the ~** *bes. Am. colloq.* ‚auf Trab sein': a) es eilig haben, b) viel zu tun haben; **to keep s.o. on the ~** *bes. Am. colloq.* j-n ‚in Trab halten'; **to have the ~ on s.o.** *colloq.* j-m voraussein; **to get the ~ on s.o.** *colloq.* j-m zuvorkommen; **to be one ~ ahead (of)** *colloq.* e-n Schritt *od.* e-e Nasenlänge voraussein (*dat*). **2.** (Fallschirm)Absprung *m*: **~ area** (Ab-)Sprunggebiet *n*. **3.** *sport* (*Drei-, Hoch-, Ski-, Weit*)Sprung *m*. **4.** Hindernis *n*: **to take the ~**. **5.** *fig.* sprunghaftes Anwachsen, Em'porschnellen *n* (*der Preise etc*): **~ in production** rapider Produktionsanstieg. **6.** (plötzlicher) Ruck *od.* Stoß. **7.** Über'springen *n* (*a. fig.*). **8.** *Damespiel*: Schlagen *n*. **9.** → **jump cut**. **10.** (Zs.-)Zucken *n*, Auf-, Zs.-fahren *n*: **to give a ~** → 17; **it gives me the ~s** *colloq.* es macht mich ganz nervös *od.* unruhig; **to have the ~s** *colloq.* ganz nervös *od.* aufgeregt *od.* unruhig sein. **11.** *colloq.* a) Fahrt *f*, *bes. aer.* Flug *m*: **it's only a short ~ from London to Paris** mit dem Flugzeug ist es nur ein Katzensprung von London nach Paris, b) *bes. aer.* Abstecher *m*. **12.** a) Rückstoß *m* (*e-r Feuerwaffe*), b) *mil.* Abgangsfehler *m* (*beim Schießen*). **13.** *bes. Br. vulg.* ‚Nummer' *f* (*Geschlechtsverkehr*): **to have a ~** e-e Nummer machen *od.* schieben.

II *v/i* **14.** springen: **to ~ clear of s.th.** von etwas wegspringen; **to ~ at** a) *sport e-n Gegenspieler* anspringen, b) *fig.* sich stürzen auf (*acc*); **to ~ at the chance** mit beiden Händen zugreifen, sofort zupakken; **to ~ at the idea** den Gedanken sofort aufgreifen; **to ~ down s.o.'s throat** *colloq.* j-n ‚anfahren' *od.* ‚anschnauzen'; **to ~ off** a) abspringen (von), b) (*Springreiten*) das Stechen bestreiten; **to ~ on s.o.** *colloq.* a) über j-n herfallen, b) j-m ‚aufs Dach steigen'; **to ~ out of one's skin** aus der Haut fahren; **to ~ all over s.o.** *Am. colloq.* j-n ‚zur Schnecke' machen; **to ~ to one's feet** auf-, hochspringen; **to ~ to it** *colloq.* mit Schwung ‚rangehen', zupacken; **to ~ up** auf-, hochspringen; → **conclusion** 3. **15.** hüpfen, springen: **to ~ about** (*od.* **around**) herumhüpfen; **to ~ for joy** Freudensprünge machen; **to make hearts ~ for joy** die Herzen höher schlagen lassen. **16.** (*mit dem Fallschirm*) abspringen. **17.** zs.-zukken, auf-, zs.-fahren (at bei): **the news made him ~** die Nachricht ließ ihn zs.-fahren, er fuhr bei der Nachricht zusammen. **18.** *fig.* ab'rupt 'übergehen, 'überspringen, -wechseln (to zu): **to ~ from one topic to another**. **19.** a) rütteln, stoßen (*Wagen etc*), b) gerüttelt werden, schaukeln, wackeln. **20.** *Damespiel*: schlagen. **21.** sprunghaft (an)steigen, em'porschnellen (*Preise etc*). **22.** *tech.* springen (*Filmstreifen, Schreibmaschine etc*). **23.** *Bridge*: unnötig hoch reizen. **24.** *colloq.* voller Leben sein: **the party was ~ing** auf der Party war ‚schwer was los'. **25.** (with) über'einstimmen (mit), passen (zu).

III *v/t* **26.** (hin'weg)springen über (*acc*). **27.** *fig.* über'springen, auslassen: **he must have ~ed a few lines**; **to ~ channels** den Instanzenweg nicht einhalten; **to ~ the line** (*bes. Br.* **queue**) a) sich vordränge(l)n (*beim Schlangestehen u. fig.*), b) *mot.* aus e-r Kolonne ausscheren u. überholen; → **gun**[1] 3, **light**[1] 5. **28.** springen lassen: **he ~ed his horse across the ditch** er setzte mit s-m Pferd über den Graben; **to ~ s.o. into s.th.** *fig.* j-n in e-e Sache hineinstoßen. **29.** *Damespiel*: schlagen. **30.** *mot. ein Auto* mit e-m Starthilfekabel starten. **31.** *Am. colloq.* ‚abhauen' aus *od.* von: → **bail**[1] 2. **32.** 'widerrechtlich Besitz ergreifen von (*fremdem Besitztum etc*). **33.** her'unterspringen von, (her'aus)springen aus: → **rail**[1] 4. **34.** *colloq.* a) aufspringen auf (*acc*), b) abspringen von (*e-m fahrenden Zug etc*). **35.** *a.* **~ out** *Am. colloq.* ‚anschnauzen'. **36.** *j-n* über'fallen, über *j-n* 'herfallen. **37.** em'porschnellen lassen, hochtreiben: **to ~ prices**. **38.** *bes. Br. vulg.* ‚bumsen', ‚vögeln' (*schlafen mit*).

jump·a·ble ['dʒʌmpəbl] *adj* über'springbar, zu über'springen(d).

jump|ball *s Basketball*: Sprungball *m*. **~ cut** *s Film, TV*: harter Schnitt (*zwischen zwei Szenen*). **'~-cut** *v/i irr Film, TV*: harte Schnitte machen.

jumped-up [ˌdʒʌmpt'ʌp] *adj colloq.* **1.** (parve'nühaft) hochnäsig. **2.** em'porgekommen: **a ~ lot** ein Haufen von Emporkömmlingen.

jump·er[1] ['dʒʌmpə(r)] *s* **1.** *sport* (*Drei-, Hoch-, Ski-, Weit*)Springer *m*. **2.** Sprungpferd *n*. **3.** *tech.* a) Stoß-, Steinbohrer *m*, b) Bohrmeißel *m*, c) Stauchhammer *m*. **4.** *electr.* Über'brückungsdraht *m*.

jump·er[2] ['dʒʌmpə(r)] *s* **1.** *bes. Br.* Pull'over *m*. **2.** *Am.* Kittel *m*. **3.** *Am.* Trägerrock *m*, -kleid *n*.

jump·er ca·bles *s pl mot. Am.* Starthilfekabel *n*.

jump·i·ness ['dʒʌmpɪnɪs] *s* a) Nervosi'tät *f*, b) Schreckhaftigkeit *f*.

jump·ing ['dʒʌmpɪŋ] *s* **1.** Springen *n*. **2.** *Skisport*: Sprunglauf *m*, Springen *n*. **~ bean** *s bot.* Springende Bohne. **~ hill** *s Skispringen*: Sprungschanze *f*. **~ jack** *s* Hampelmann *m* (*Spielzeug u. in der Gymnastik*). **~ mouse** *s irr zo.* Hüpfmaus *f*. **ˌ~-'off place** (*od.* **point**) *s* **1.** Ausgangspunkt *m*, -basis *f*. **2.** *Am.* a) entlegener Ort, b) Ende *n* der Welt.

jump| jet *s aer. colloq.* Düsensenkrechtstarter *m*. **~ leads** *Br.* → **jumper cables**. **'~-off** *s Springreiten*: Stechen *n*. **~ pass** *s Basketball*: Sprungpaß *m*. **~ rope** *s Am.* Spring-, Sprungseil *n*. **~ seat** *s* Klapp-, Notsitz *m*. **~ shot** *s Basketball*: Sprungwurf *m*. **~ spark** *s electr.* 'Überschlagfunken *m*. **~ start** *s mot.* Starthilfe *f*: **to give s.o. a ~** j-m Starthilfe geben. **~ suit** *s* Overall *m*. **~ turn** *s Skisport*: 'Umsprung *m*.

jump·y ['dʒʌmpɪ] *adj* **1.** a) ner'vös, b) schreckhaft. **2.** a) ruckartig, b) ruckelnd.

junc·tion ['dʒʌŋkʃn] **I** *s* **1.** Verbindung *f*, -einigung *f*. **2.** *rail.* a) Knotenpunkt *m*, b) 'Anschlußstatiˌon *f*. **3.** (Straßen)Kreuzung *f*, (-)Einmündung *f*: **traffic ~** Verkehrsknotenpunkt *m*. **4.** Verbindungspunkt *m*. **5.** *math.* Berührung(spunkt *m*) *f*. **6.** *Bergbau*: 'Durchschlag *m*. **7.** *tech.* Anschluß *m*. **II** *adj* **8.** Verbindungs..., Anschluß...: **~ piece**; **~ box** *electr.* Anschluß-, Klemmenkasten *m*; **~ line** *rail.* Verbindungs-, Nebenbahn *f*.

junc·ture ['dʒʌŋktʃə(r)] *s* **1.** (kritischer) Augenblick *od.* Zeitpunkt: **at this ~** in diesem Augenblick, zu diesem Zeitpunkt. **2.** a) Verbindung(sstelle) *f*, b) Verbindungsstück *n*, Gelenk *n*, c) Fuge *f*, d) Naht *f*.

June [dʒuːn] *s* Juni *m*: **in ~** im Juni. **~ bee·tle, ~ bug** *s zo. Am.* Junikäfer *m*.

jun·gle ['dʒʌŋgl] *s* Dschungel *m*, *a. n*, *f* (*a. fig.*): **the ~ of tax laws**; **the law of the ~** das Gesetz des Dschungels. **~ bear** *s zo.* Lippenbär *m*. **~ cat** *s zo.* Sumpfluchs *m*.

jun·gled ['dʒʌŋgld] *adj* mit Dschungel(n) bedeckt.

jun·gle| fe·ver *s med.* Dschungelfieber *n*. **~ gym** *s* Klettergerüst *n* (*für Kinder*).

jun·gly ['dʒʌŋglɪ] *adj* **1.** dschungelartig, Dschungel... **2.** → **jungled**.

jun·ior ['dʒuːnjə(r)] **I** *adj* **1.** junior (*meist nach Familiennamen u. abgekürzt zu Jr., jr., Jun., jun.*): **George Smith jr.**; **Smith ~** Smith II (*von Schülern*). **2.** jünger(er, e, es), 'untergeordnet, zweit(er, e, es): **~ clerk** a) untere(r) Büroangestellte(r), b) zweiter Buchhalter, c) *jur. Br.* Anwaltspraktikant *m*; **~ partner** *econ.* Junior (-partner) *m*; **~ staff** untere Angestellte *pl*. **3.** a) *ped.* Unter...: **the ~ classes**, b) *univ. Am.* im vorletzten Studienjahr: **~ student**. **4.** *jur.* rangjünger, (im Rang) nachstehend: **~ lien** *Am.* nachrangiges Pfandrecht. **5.** *sport* Junioren...: **~ championship**. **6.** Kinder..., Jugend...: **~ books**; **~ library**. **7.** *Am.* jugendlich, jung: **~ skin**. **8.** *Am. colloq.* kleiner(er, e, es): **a ~ hurricane**. **II** *s* **9.** Jüngere(r *m*) *f*: **he is my ~ by 2 years, he is 2 years my ~** er ist 2 Jahre jünger als ich; **my ~s** Leute, die jünger sind als ich. **10.** *univ. Am.* Stu'dent(in) im vorletzten Studienjahr. **11.** *a.* **J~** (*ohne art*) a) Junior *m* (*Sohn mit dem Vornamen des Vaters*), b) *allg.* der Sohn, der Junge, c) *Am. colloq.* Kleine(r) *m*. **12.** Jugendliche(r *m*) *f*, Her'anwachsende(r *m*) *f*: → **junior miss**. **13.** 'Untergeordnete(r *m*) *f* (im Amt), jüngere(r) Angestellte(r): **he is my ~ in this office** a) er untersteht mir in diesem Amt, b) er ist in dieses Amt nach mir eingetreten. **14.** *sport* Junior *m*. **~ bar·ris·ter** → **junior counsel**. **~ col·lege** *s Am. College, an dem die ersten beiden Jahre e-s vierjährigen Studiums absolviert werden*. **~ coun·sel** *s jur. Br.* **barrister**, *der kein* **King's Counsel** *ist*. **~ high (school)** *s ped. Am. die unteren Klassen der High-School*.

jun·ior·i·ty [ˌdʒuːnɪ'ɒrətɪ; *Am.* dʒuːn'jɔːr-; -'jɑr-] *s* **1.** geringeres Alter *od.* Dienstalter. **2.** 'untergeordnete Stellung, niedrigerer Rang.

jun·ior| light·weight *s Boxen*: Junior-'Leichtgewicht(ler *m*) *n*. **ˌ~-'light·weight** *adj Boxen*: Junior-Leichtgewichts... **~ mid·dle·weight** *s Boxen*: Junior-'Mittelgewicht(ler *m*) *n*. **ˌ~-'mid·dle·weight** *adj Boxen*: Junior-Mittelgewichts... **~ miss** *s Am.* ‚junge Dame', her'anwachsendes Mädchen. **~ right** → **ultimogeniture**. **~ school** *s ped. Br.* Grundschule *f* für Kinder von 7–11. **~ wel·ter·weight** *s Boxen*: Junior-'Weltergewicht(ler *m*) *n*. **ˌ~-'wel·ter·weight** *adj Boxen*: Junior-Weltergewichts...

ju·ni·per ['dʒuːnɪpə(r)] *s bot.* **1.** Wa'cholder(busch *od.* -baum) *m*. **2.** *Am.* 'Zederzyˌpresse *f*. **3.** Amer. Lärche *f*.

junk[1] [dʒʌŋk] **I** *s* **1.** a) Ausschuß(ware *f*) *m*, Trödel *m*, Kram *m*, b) 'Altmateriˌal *n*, Altwaren *pl*, c) Schrott *m*. **2.** Plunder *m*, Gerümpel *n*, Abfall *m*. **3.** *contp.* Schund *m*, ‚Mist' *m*. **4.** *sl.* ‚Stoff' *m*, *bes.* Hero'in *n*. **II** *v/t* **5.** *etwas unbrauchbar Gewordenes* ‚ausranˌgieren', *ein Auto etc* verschrotten. **6.** *fig. ein Projekt etc* fallenlassen.

junk[2] [dʒʌŋk] *s* Dschunke *f*.

junk| art *s* Junk-art *f* (*Kunstform, bei der Konsumabfall der modernen Zivilisation verwendet wird*). **~ deal·er** *s* Trödler *m*, Altwarenhändler *m*.

Jun·ker [ˈjʊŋkər] (*Ger.*) *s hist.* Junker *m*. **ˈJun·ker·dom, ˈJun·ker·ism** *s* Junkertum *n*.

jun·ket [ˈdʒʌŋkɪt] **I** *s* **1.** a) Quark *m*, b) Dickmilch *f*. **2.** a) Sahnequark *m*, b) Quarkspeise *f* mit Sahne. **3.** Fest *n*, Gelage *n*. **4.** *Am.* als Dienstreise dekla'rierte Vergnügungsreise auf öffentliche Kosten. **II** *v/i* **5.** feiern, ein Fest geben. **6.** *Am.* e-e als Dienstreise dekla'rierte Vergnügungsreise auf öffentliche Kosten machen. **III** *v/t* **7.** festlich bewirten.

junk·ie [ˈdʒʌŋkɪ] *s sl.* **1.** ‚Junkie' *m* (*Rauschgiftsüchtiger*), *bes.* ‚H-Fixer' *m*. **2.** *in Zssgn* ...süchtige(r *m*) *f*: **to be a publicity ~** publicitysüchtig sein.

junk| mail *s Am.* Postwurfsendung *f*. **ˈ~ˌman** *Am.* → **junk dealer**. **~ press** *s tech.* Schrottpresse *f*. **~ room** *s* Rumpelkammer *f*. **~ shop** *s* **1.** Trödelladen *m*. **2.** *contp.* Antiqui'tätenladen *m*.

junk·y → **junkie**.

ˈjunk·yard *s* a) Schuttabladeplatz *m*, b) Schrottplatz *m*.

Ju·no [ˈdʒuːnəʊ] *s astr. myth. u. fig.* Juno *f*. **ˌJu·noˈesque** [-ˈesk], **Juˈno·ni·an** [-njən; -nɪən] *adj* ju'nonisch.

jun·ta [ˈdʒʌntə; ˈdʒʊntə; *Am. bes.* ˈhʊntə] *s* **1.** *pol.* Junta *f*. **2.** → **junto**.

jun·to [ˈdʒʌntəʊ] *pl* **-tos** *s bes. pol.* Clique *f*, Klüngel *m*.

Ju·pi·ter [ˈdʒuːpɪtə(r)] *s astr. myth.* Jupiter *m*.

ju·ra [ˈdʒʊərə] *pl von* **jus**.

Ju·ras·sic [ˌdʒʊəˈræsɪk] *geol.* **I** *adj* Jura..., ju'rassisch: **~ period** → II. **II** *s* ˈJura(formatiˌon *f*) *m*.

ju·rat [ˈdʒʊəræt] *s jur.* **1.** Eidesformel *f* in e-r (*schriftlichen*) eidlichen Erklärung. **2.** Ratsherr *m* (*in Kent u. Sussex*). **3.** Richter *m* (*auf den Kanalinseln*).

ju·rid·ic [ˌdʒʊəˈrɪdɪk] *adj*; **juˈrid·i·cal** *adj* (*adv* **~ly**) **1.** gerichtlich, Gerichts...: **~ days** Gerichts-, Verhandlungstage. **2.** ju'ristisch, Rechts...

ju·ri·met·rics [ˌdʒʊərɪˈmetrɪks] *s pl* (*meist als sg konstruiert*) Anwendung *f* na'turwissenschaftlicher Me'thoden auf ˈRechtsproˌbleme.

ju·ris·con·sult [ˈdʒʊərɪskənˌsʌlt; *Am.* ˌdʒʊrəˈskɑnsʌlt] → **jurist** 1.

ju·ris·dic·tion [ˌdʒʊərɪsˈdɪkʃn] *s* **1.** Rechtsprechung *f*. **2.** a) Gerichtsbarkeit *f*, b) (*örtliche u. sachliche*) Zuständigkeit (**of, over** für): **to come** (*od.* **fall**) **under** (*od.* **within**) **the ~ of** unter die Zuständigkeit fallen von (*od. gen*); **to have ~ over** zuständig sein für. **3.** Gerichtshoheit *f*. **4.** a) Gerichts-, Verwaltungsbezirk *m*, b) Zuständigkeitsbereich *m*. **ˌju·risˈdic·tion·al** [-ʃənl] *adj* a) Gerichtsbarkeits..., b) Zuständigkeits...: **~ amount** *Am.* Streitwert *m*; **~ dispute** Kompetenzstreitigkeit *f*.

ju·ris·pru·dence [ˌdʒʊərɪsˈpruːdəns] *s* **1.** ˈRechtswissenschaft *f*, -philosoˌphie *f*, Jurispru'denz *f*: → **medical jurisprudence**. **2.** Rechtsgelehrsamkeit *f*. **ˌju·risˈpru·dent I** *s* → **jurist** 1. **II** *adj* rechtskundig. **ˌju·ris·pruˈden·tial** [-ˈdenʃl] *adj* rechtswissenschaftlich. **ju·rist** [ˈdʒʊərɪst] *s* **1.** Ju'rist *m*, Rechtsgelehrte(r) *m*. **2.** *Br.* ˈRechtsstuˌdent *m*, Stu'dent *m* der Rechtswissenschaft, Ju'rist *m*. **3.** *Am.* a) Rechtsanwalt *m*, b) Richter *m*. **juˈris·tic** *adj* (*adv* **~ally**) ju'ristisch, rechtlich: **~ act** Rechtsgeschäft *n*; → **person** 1. **juˈris·ti·cal** *adj* (*adv* **~ly**) → **juristic**.

ju·ror [ˈdʒʊərə(r)] *s* **1.** *jur.* Geschworene(r *m*) *f*. **2.** Ju'ror *m*, Preisrichter *m*.

ju·ry[1] [ˈdʒʊərɪ] *s* **1.** *jur.* (*die*) Geschworenen *pl*, Ju'ry *f*: **~ trial** Schwurgerichtsverfahren *n*; → **grand jury, petty jury, serve** 3, **special jury, trial** 2. **2.** Ju'ry *f*, Preisgericht *n*, *sport a.* Kampfgericht *n*.

ju·ry[2] [ˈdʒʊərɪ] *adj mar.* Hilfs..., Not...: **~ rudder** Notruder *n*.

ju·ry| box *s jur.* Geschworenenbank *f*. **~ fix·ing** *s colloq.* Geschworenenbestechung *f*. **~ list** *s jur.* Geschworenenliste *f*. **ˈ~man** [-mən] *s irr jur.* Geschworene(r) *m*. **~ pan·el** → **jury list**. **ˈ~ˌwom·an** *s irr jur.* Geschworene *f*.

jus [dʒʌs] *pl* **ju·ra** [ˈdʒʊərə] (*Lat.*) *s jur.* Recht *n*. **~ ca·no·ni·cum** [kəˈnɒnɪkəm; *Am.* -ˈnɑ-] (*Lat.*) *s jur.* ka'nonisches Recht, Kirchenrecht *n*. **~ di·vi·num** [dɪˈvaɪnəm] (*Lat.*) *s* göttliches Recht. **~ gen·ti·um** [ˈdʒentɪəm] (*Lat.*) *s jur.* Völkerrecht *n*.

jus·sive [ˈdʒʌsɪv] *ling.* **I** *adj*: **~ mood** → II. **II** *s* Jussiv *m* (*imperativisch gebrauchter Konjunktiv*).

just [dʒʌst] **I** *adj* (*adv* → **justly**) **1.** gerecht (**to** gegen): **to be ~ to s.o.** j-n gerecht behandeln. **2.** gerecht, angemessen, gehörig, (wohl)verdient: **it was only ~** es war nur recht u. billig; **~ reward** gerechter *od.* wohlverdienter Lohn. **3.** rechtmäßig, zu Recht bestehend, (wohl)begründet: **a ~ claim**. **4.** berechtigt, gerechtfertigt, (wohl)begründet: **~ indignation**. **5.** richtig, gehörig. **6.** a) genau, kor'rekt, b) wahr, richtig: **a ~ statement**. **7.** *Bibl.* gerecht, rechtschaffen. **8.** *mus.* rein.

II *adv* [*unbetont* dʒəst] **9.** gerade, (so-) ˈeben: **they have ~ gone** sie sind gerade (fort)gegangen; → **now** 3. **10.** gerade, genau, eben: **~ there** eben dort; **~ then** a) gerade damals, b) gerade in diesem Augenblick; **~ five o'clock** genau fünf Uhr; **~ as** a) ebenso wie, b) (*zeitlich*) gerade als; **~ so!** ganz recht!; **that is ~ it** das ist es (ja) gerade *od.* eben; **that is ~ like you!** das sieht dir ähnlich!; → **thing**[2] 1, **well**[1] 12. **11.** gerade (noch), ganz knapp, mit knapper Not: **we ~ managed it** wir schafften es gerade noch; **the bullet ~ missed him** die Kugel ging ganz knapp an ihm vorbei, die Kugel hätte ihn beinahe getroffen; **~ possible** immerhin möglich, im Bereich des Möglichen; **~ too late** gerade zu spät. **12.** nur, lediglich, bloß: **~ for the fun of it** nur zum Spaß; **~ an ordinary man** nur ein Mann wie alle anderen; → **moment** 1, *etc.* **13. ~ about** a) ungefähr, etwa: **~ about the same**; **I've ~ about had enough!** *colloq.* so langsam reicht's mir!, b) gerade noch: **I ~ about caught the train**. **14.** *vor imp* a) doch, mal, b) nur: **~ tell me** sag mir mal, sag mir nur *od.* bloß; **~ sit down, please** setzen Sie sich doch bitte. **15.** *colloq.* einfach, wirklich: **~ wonderful**. **16.** eigentlich: **~ how many are there?**

jus·tice [ˈdʒʌstɪs] *s* **1.** Gerechtigkeit *f* (**to** gegen, gegenüber). **2.** Rechtmäßigkeit *f*, Berechtigung *f*: **the ~ of a claim**. **3.** Berechtigung *f*, Recht *n*: **to complain with ~** sich mit *od.* zu Recht beschweren. **4.** Gerechtigkeit *f*, gerechter Lohn: **to do ~ to** a) *j-m od. e-r Sache* Gerechtigkeit widerfahren lassen, gerecht werden (*dat*), b) *etwas* recht zu würdigen wissen, richtig würdigen, c) *e-r Speise, dem Wein etc* tüchtig zusprechen; **to do o.s. ~, to do ~ to o.s.** a) sein wahres Können zeigen, s-e Fähigkeiten zeigen *od.* unter Beweis stellen, b) sich selbst gerecht werden; **in ~ to him** um ihm gerecht zu werden. **5.** *jur.* Gerechtigkeit *f*, Recht *n*: **~ was done** der Gerechtigkeit wurde Genüge getan; **in ~** von Rechts wegen; → **administer** 2, **flee** 1. **6.** Rechtsprechung *f*, Rechtspflege *f*, Ju'stiz *f*: **to bring to ~** vor den Richter bringen. **7.** *jur.* Richter *m*: **~ of the peace** Friedensrichter (*Laienrichter für Bagatellsachen*); **~'s warrant** *Br.* Haftbefehl *m* e-s **justice of the peace**; → **chief justice**. **ˈjus·tice·ship** *s* Richteramt *n*.

jus·ti·ci·a·ble [dʒʌˈstɪʃɪəbl; -ʃəbl] *adj* **1.** gerichtlicher Entscheidung unter'worfen. **2.** gerichtlich verwendbar.

jus·ti·ci·ar·y [dʒʌˈstɪʃɪərɪ; *Am.* -ʃɪˌeriː] **I** *s* Richter *m*. **II** *adj* Justiz..., gerichtlich.

jus·ti·fi·a·bil·i·ty [ˈdʒʌstɪˌfaɪəˈbɪlətɪ] *s* Vertretbarkeit *f*. **ˈjus·ti·fi·a·ble** *adj* zu rechtfertigen(d), berechtigt, vertretbar, entschuldbar: → **homicide** 1. **ˈjus·ti·fi·a·bly** [-blɪ] *adv* berechtigterweise, mit gutem Grund, mit Recht.

jus·ti·fi·ca·tion [ˌdʒʌstɪfɪˈkeɪʃn] *s* **1.** Rechtfertigung *f* (*a. jur. u. relig.*): **in ~ of** zur Rechtfertigung von (*od. gen*); **to plead ~** *jur.* (*im Beleidigungsprozeß*) geltend machen, daß die angegriffene Behauptung wahr ist. **2.** Berechtigung *f*: **with ~** → **justifiably**. **3.** *print.* Ju'stierung *f*, Ausschluß *m*. **jus·ti·fi·ca·to·ry** [ˈdʒʌstɪfɪkeɪtərɪ; *Am. bes.* dʒʌsˈtɪfɪkəˌtəʊriː; -ˌtɔː-], *a.* **ˈjus·ti·fi·ca·tive** [-keɪtɪv] *adj* rechtfertigend, Rechtfertigungs...

jus·ti·fy [ˈdʒʌstɪfaɪ] **I** *v/t* **1.** rechtfertigen (**before** *od.* **to s.o.** vor j-m, j-m gegenüber): **to be justified in doing s.th.** a) etwas mit gutem Recht tun, b) berechtigt sein, etwas zu tun; **you are not justified in talking to me like that** Sie haben kein Recht, so mit mir zu sprechen; → **end** 18. **2.** a) gutheißen, b) entschuldigen, c) *j-m* Recht geben. **3.** *relig.* rechtfertigen, von Sündenschuld freisprechen. **4.** *tech.* richtigstellen, richten, *e-e Waage etc* ju'stieren. **5.** *print.* ju'stieren, ausschließen. **II** *v/i* **6.** *jur.* sich rechtfertigen (können).

ˈjust·ly *adv* **1.** richtig. **2.** mit *od.* zu Recht: **~ indignant**. **3.** gerechterweise, verdientermaßen.

ˈjust·ness *s* **1.** Gerechtigkeit *f*. **2.** Rechtmäßigkeit *f*. **3.** Richtigkeit *f*. **4.** Genauigkeit *f*.

jut [dʒʌt] **I** *v/i a.* **~ out** a) vorspringen, b) her'ausragen: **to ~ into s.th.** in etwas hineinragen. **II** *s* Vorsprung *m*.

jute[1] [dʒuːt] **I** *s* **1.** Jute(faser) *f*. **2.** *bot.* Jutepflanze *f*. **II** *adj* **3.** Jute...

Jute[2] [dʒuːt] *s* Jüte *m*.

Jut·land·er [ˈdʒʌtləndə(r)] *s* Jütländer *m*.

ju·ve·nes·cence [ˌdʒuːvəˈnesns] *s* **1.** Verjüngung *f*, Jungwerden *n*: **well of ~** Jungbrunnen *m*. **2.** Jugend *f*. **ˌju·veˈnes·cent** *adj* **1.** sich verjüngend. **2.** jugendlich.

ju·ve·nile [ˈdʒuːvənaɪl; *Am. a.* -vənl] **I** *adj* **1.** jugendlich, jung. **2.** Jugend...: **~ books**; **~ court** *jur.* Jugendgericht *n*; **~ delinquency** Jugendkriminalität *f*; **~ delinquent** (*od.* **offender**) jugendlicher Täter, straffälliger Jugendlicher; **~ offence** (*Am.* **offense**) Straftat *f* e-s Jugendlichen. **3.** a) unreif, Entwicklungs...: **~ stage** Entwicklungsstadium *n*, b) *contp.* kindisch, infan'til. **II** *s* **4.** Jugendliche(r *m*) *f*. **5.** *thea.* jugendlicher Liebhaber. **6.** Jugendbuch *n*. **7.** eben flügge gewordener Vogel.

ju·ve·nil·i·a [ˌdʒuːvəˈnɪlɪə] (*Lat.*) *s pl* **1.** Jugendwerke *pl* (*e-s Autors etc*). **2.** a) Werke *pl* für die Jugend, b) (*als sg konstruiert*) Jugendbuch *n*, -film *m etc*.

ju·ve·nil·i·ty [ˌdʒuːvəˈnɪlətɪ] *s* **1.** Jugendlichkeit *f*. **2.** a) jugendliche Torheit, jugendlicher Leichtsinn, b) *oft pl* Kinde'rei *f*. **3.** *collect.* (*die*) Jugendlichen *pl*, (*die*) Jugend.

ju·vey, ju·vie [ˈdʒuːviː] *s Am. sl.* jugendlicher Täter.

jux·ta·pose [ˌdʒʌkstəˈpəʊz] *v/t* nebenein'anderstellen (*a. fig.*). **ˌjux·ta·poˈsi·tion** *s* **1.** Nebenein'anderstellung *f*. **2.** Nebenein'anderstehen *n*: **to be in ~** nebeneinanderstehen.

K

K, k [keɪ] **I** *pl* **K's, Ks, k's, ks** [keɪz] *s* **1.** K, k *n* (*Buchstabe*). **2.** K K *n*, K-förmiger Gegenstand. **II** *adj* **3.** elft(er, e, es). **4.** K K-..., K-förmig: **a K frame.**

ka(b)·ba·la, *etc* → **cabala,** *etc.*

ka·di → **cadi.**

Kaf·(f)ir [ˈkæfə(r)] *pl* **-(f)irs, -(f)ir** *s meist contp.* Kaffer(in) (*Angehörige[r] e-s der südafrikanischen Bantuvölker*).

Kaf·ka·esque [ˌkæfkəˈesk; *Am. a.* ˌkɑːf-] *adj* kafkaˈesk, bedrückend u. furchterregend.

kaf·tan → **caftan.**

kai·ak → **kayak.**

kail, kail·yard → **kale, kaleyard.**

kai·nite [ˈkaɪnaɪt; ˈkeɪ-] *s min.* Kaiˈnit *m.*

Kai·ser, k~ [ˈkaɪzər] (*Ger.*) *s hist.* Kaiser *m.*

ka·ke·mo·no [ˌkækɪˈməʊnəʊ; *Am.* ˌkɑː-] *pl* **-nos** *s* Kakeˈmono *n* (*ostasiatisches hochformatiges Rollbild auf Papier, Brokat od. Seide*).

ka·ki [ˈkɑːkɪ] *s bot.* **1.** Kakibaum *m.* **2.** Kakipflaume *f*, -frucht *f.*

kale [keɪl] *s* **1.** *bot.* Grün-, Braun-, Winter-, Krauskohl *m.* **2.** *Scot.* a) *bot.* Kohl *m*, b) Kohlsuppe *f.* **3.** *Am. sl.* ‚Zaster' *m*, ‚Kies' *m* (*Geld*).

ka·lei·do·scope [kəˈlaɪdəskəʊp] *s* Kaleidoˈskop *n* (*a. fig.*): **~ of colo(u)rs** Farbkaleidoskop. **kaˌlei·doˈscop·ic** [-ˈskɒpɪk; *Am.* -ˈskɑ-] *adj*; **kaˌlei·doˈscop·i·cal** *adj* (*adv* **~ly**) kaleidoˈskopisch.

kal·ends → **calends.**

ˈkale·yard *s Scot.* Gemüsegarten *m.*

kal·i [ˈkælɪ; ˈkeɪlɪ] *s bot.* Salzkraut *n.*

ka·lif, ka·liph → **caliph.**

kal·mi·a [ˈkælmɪə] *s bot.* Lorbeerrose *f.*

Kal·mu(c)k [ˈkælmʌk], **ˈKal·myk** [-mɪk] **I** *s* **1.** Kalˈmücke *m*, Kalˈmückin *f.* **2.** *ling.* Kalˈmückisch *n.* **II** *adj* **3.** kalˈmückisch.

kame [keɪm] *s geogr.* (langgestreckter) Geschiebehügel.

ka·mi·ka·ze [ˌkæmɪˈkɑːzɪ; *Am.* ˌkɑː-] **I** *s* **1.** *mil. hist.* a) *oft* **K~** Kamiˈkaze(flieger) *m*, b) Kamiˈkazeflugzeug *n.* **II** *adj* **2.** Kamikaze... (*a. fig.*). **3.** *fig.* selbstmörderisch: **the city's ~ taxi drivers.**

kam·pong [kæmˈpɒŋ; *Am.* ˈkɑːmˌpɔːŋ; ˈkæm-] *s* Kampong *m, n* (*indonesisches Dorf*).

Ka·nak·a [kəˈnækə; ˈkænəkə] *s* Kaˈnake *m* (*Südseeinsulaner*).

kan·ga·roo [ˌkæŋgəˈruː] **I** *s zo.* Känguruh *n.* **II** *v/i colloq.* Bocksprünge machen (*Wagen*). **III** *v/t colloq.* Bocksprünge machen mit (*e-m Wagen*). **~ clo·sure** *s parl. Verkürzung e-r Debatte dadurch, daß nur bestimmte Anträge zur Diskussion gestellt werden.* **~ court** *s colloq.* a) ˈinoffiziˌelles Gericht (*z. B. unter Strafgefangenen*), b) Feme(gericht *n*) *f.* **~ rat** *s zo.* Känguruhratte *f.*

Kant·i·an [ˈkæntɪən] *philos.* **I** *adj* a) kantisch (*nach Art Kants*), b) Kantisch (*von Kant herrührend*). **II** *s* Kantiˈaner(in), Anhänger(in) Kants. **ˈKant·i·an·ism, ˈKant·ism** *s* Kantiaˈnismus *m* (*Gesamtheit der an die Philosophie Kants anknüpfenden Lehren*).

ka·o·lin(e) [ˈkeɪəlɪn] *s* Kaoˈlin *n, m*, Porzelˈlanerde *f.* **ˈka·o·lin·ite** *s min.* Kaoliˈnit *m.*

ka·pok [ˈkeɪpɒk; *Am.* -ˌpɑk] *s* Kapok *m* (*als Isolier-, Polstermaterial etc verwendete Samenfaser des Kapokbaums*). **~ tree** *s bot.* Kapokbaum *m.*

kap·pa [ˈkæpə] *s* Kappa *n* (*griechischer Buchstabe*).

ka·put [kæˈpʊt; kəˈpuːt; kɑː-] *adj pred colloq.* ‚kaˈputt'.

kar·a·bi·ner [ˌkærəˈbiːnə(r)] *s mount.* Karaˈbinerhaken *m.*

kar·at *bes. Am.* → **carat.**

ka·ra·te [kəˈrɑːtɪ] **I** *s* Kaˈrate *n.* **II** *v/t j-m* Kaˈrateschläge *od.* e-n Kaˈrateschlag versetzen. **III** *v/i* Kaˈrateschläge austeilen. **~ chop** *s* Kaˈrateschlag *m.*

kaˈra·te-chop → **karate** II, III.

ka·ra·te·ka [kəˈrɑːtɪkɑː] *s* Karaˈteka *m*, Kaˈratekämpfer *m.*

kar·ma [ˈkɑː(r)mə] *s* **1.** *Hinduismus, Buddhismus*: Karma(n) *n* (*das die Form der Wiedergeburt e-s Menschen bestimmende Handeln bzw. das durch ein früheres Handeln bedingte gegenwärtige Schicksal*). **2.** *allg.* Schicksal *n.*

ka(r)·roo [kəˈruː] *s* Karˈru *f* (*Trockensteppe in Südafrika*).

karst [kɑː(r)st] *s geol.* Karst *m.*

kart [kɑː(r)t] *s sport* Kart *m* (*Go-Kart*). **ˈkart·ing** *s* Kart(ing)sport *m.*

kar·y·og·a·my [ˌkærɪˈɒgəmɪ; *Am.* -ˈɑg-] *s biol. med.* Karyogaˈmie *f*, Kernverschmelzung *f.* **kar·y·o·ki·ne·sis** [ˌkærɪəʊkɪˈniːsɪs; -kaɪˈn-] *s* Karyokiˈnese *f* (*Teilvorgang der Mitose, bei dem sich die durch Längsspaltung entstandenen Chromosomenhälften gleichmäßig auf die neuen Kerne verteilen*). **kar·y·o·lymph** [ˈkærɪəʊlɪmf] *s* Karyoˈlymphe *f*, Kernsaft *m.* **kar·y·ol·y·sis** [ˌkærɪˈɒlɪsɪs; *Am.* -ˈɑlə-] *s* Karyoˈlyse *f*: a) *zum Beginn der Kernteilung auftretende, scheinbare Auflösung des Zellkerns*, b) *Auflösung des Zellkerns im Zustand zwischen zwei Kernteilungen infolge schädlicher Einwirkungen.* **kar·y·o·plasm** [ˈkærɪəʊplæzəm] *s* Karyoˈplasma *n*, Kernplasma *n.* **kar·y·o·some** [ˌkærɪˈəʊsəʊm] *s* Zellkern *m.* **kar·y·o·tin** [ˌkærɪˈəʊtɪn] → **chromatin.**

kas·bah [ˈkæzbɑː] *s* Kasba(h) *f*: a) *Zitadelle(nviertel) e-r nordafrikanischen Altstadt*, b) *arabisches Viertel nordafrikanischer Städte.*

ka·sha [ˈkɑːʃə] *s gastr.* Kasch *m*, Kascha *f* (*geröstete Buchweizen-, Grieß- od. Reisgrütze*).

ka·sher [ˈkɑːʃə(r)] → **kosher.**

kash·mir → **cashmere.**

Kash·mir·i [ˌkæʃˈmɪərɪ] *s* **1.** *pl* **-is, -i** → **Kashmirian** II. **2.** *ling.* Kaschˈmiri *n.*

Kashˈmir·i·an I *adj* kaschˈmirisch. **II** *s* Einwohner(in) Kaschmirs.

kat·a·bat·ic [ˌkætəˈbætɪk] *adj meteor.* kataˈbatisch, fallend: **~ wind** Fallwind *m.*

ka·tab·o·lism → **catabolism.**

ka·thar·sis, *etc* → **catharsis,** *etc.*

kat·zen·jam·mer [ˈkætsənˌdʒæmə(r)] *s bes. Am.* **1.** ‚Katzenjammer' *m*, ‚Kater' *m* (*beide a. fig.*). **2.** Aufruhr *m*, Tuˈmult *m.*

kau·ri, kau·ry [ˈkaʊrɪ] *s* **1.** *bot.* Kauri-, Damˈmarafichte *f.* **2.** *a.* **~ gum** (*od.* **resin**) Dammarharz *n.*

ka·va [ˈkɑːvə] *s* **1.** *bot.* Kavapfeffer *m.* **2.** Kavabier *n.*

kay·ak [ˈkaɪæk] *s* Kajak *m, n*: a) Eskimoboot *n*, b) Sportpaddelboot *n*: **two-seater ~** Zweierkajak.

kay·o [ˌkeɪˈəʊ] *sl.* **I** *pl* **-os** *s* → **knockout** I. **II** *adj* → **knockout** II. **III** *v/t* → **knock out** 2.

ke·a [ˈkeɪə; ˈkiːə] *s orn.* ˈKeapapaˌgei *m.*

keat [kiːt] *s Am.* junges Perlhuhn.

ke·bab [kɪˈbæb; *Am.* ˈkeɪˌbɑːb; kəˈbɑːb] *s gastr.* Keˈbab *m* (*orientalische Speise aus am Spieß gebratenen, scharf gewürzten Hammelfleischstückchen, mit Reis angerichtet*).

keck [kek] *v/i bes. Am.* **1.** würgen (*beim Erbrechen*). **2.** *fig.* sich ekeln (**at** vor *dat*).

ked·dah [ˈkedə] *s* Eleˈfantenfalle *f* (*in Indien*).

kedge [kedʒ] *mar.* **I** *v/t Schiff* warpen, verholen. **II** *v/i* sich verwarpen. **III** *s a.* **~ anchor** Wurf-, Warpanker *m.*

kedg·er·ee [ˌkedʒəˈriː] *s gastr. bes. Br. Reisgericht mit Fisch u. harten Eiern.*

keef [kiːf] → **kif.**

keek [kiːk] *bes. Scot.* **I** *v/i* gucken, lugen, neugierig *od.* verstohlen blicken: **to ~ at** e-n Blick werfen auf (*acc*). **II** *s* neugieriger *od.* verstohlener Blick: **to have** (*od.* **take**) **a ~ at** e-n Blick werfen auf (*acc*).

keel[1] [kiːl] **I** *s* **1.** *mar.* Kiel *m*: **on an even ~** a) auf ebenem Kiel, gleichlastig, b) *fig.* gleichmäßig, ausgeglichen, ruhig; **to lay down the ~** den Kiel legen. **2.** *poet.* Schiff *n.* **3.** *aer.* Kiel *m*, Längsträger *m.* **4.** Kiel *m*: a) *bot.* Längsrippe *f* (*vom Blatt*), b) *zo.* scharfkantige Erhebung. **5.** *Br. dial.* a) flaches Kohlenschiff, b) *ein Kohlenmaß* (*= 21,54 Tonnen*). **II** *v/t* **6.** *meist* **~ over** (*od.* **up**) *Boot etc* a) kielˈoben legen, b) kentern lassen. **7. the heat ~ed (over) quite a few tourists** *colloq.* in der Hitze ‚kippten' etliche Touristen ‚um'. **III** *v/i* **8.** *meist* **~ over** (*od.* **up**) ˈumschlagen, kentern. **9.** *meist* **~ over** *colloq.* ‚ˈumkippen': **he ~ed over with laughter** er kugelte sich vor Lachen.

keel[2] [kiːl] **I** *s* Rötel *m.* **II** *v/t Schafe, Holz etc* mit Rötel kennzeichnen.

keeled [kiːld] *adj* **1.** gekielt, mit e-m Kiel. **2.** kielförmig.

ˈ**keel·haul** *v/t* **1.** *hist. j-n* kielholen. **2.** *fig.* ‚abkanzeln', ‚zs.-stauchen'.

keel·son [ˈkelsn; ˈkiːlsn] *s mar.* Kielschwein *n*, Binnenkiel *m*.

keen[1] [kiːn] *adj* (*adv* **~ly**) **1.** scharf (geschliffen), mit scharfer Schneide *od.* Kante: **~ edge** scharfe Schneide. **2.** schneidend (*Kälte*), scharf (*Wind*). **3.** beißend: **~ sarcasm**. **4.** scharf (*Sinne, Verstand etc*): **~ eyes**; **~ ears** scharfes Gehör; **to have a ~ mind** e-n scharfen Verstand haben, scharfsinnig sein. **5.** fein (*Gefühl, Sinn*). **6.** durchˈdringend, stechend: **~ glance**; **~ smell**. **7.** grell (*Licht*), schrill (*Ton*). **8.** *econ.* a) scharf (*Wettbewerb*), b) lebhaft, stark (*Nachfrage*). **9.** heftig, stark (*Gefühl*): **~ desire** heftiges Verlangen, heißer Wunsch; **~ interest** starkes *od.* lebhaftes Interesse. **10.** *econ. bes. Br.* äußerst konkurˈrenz- *od.* wettbewerbsfähig (*Preise*). **11.** begeistert, eifrig, leidenschaftlich: **a ~ sportsman**. **12.** *bes. Am. sl.* ‚prima', ‚klasse'. **13.** versessen, ‚scharf' (**on, about** auf *acc*): **to be ~ on doing** (*od.* **to do**) **s.th.** etwas unbedingt tun wollen; **she is very ~ on his doing it** ihr liegt sehr viel daran, daß er es tut; **(as) ~ as mustard (on)** *colloq.* ganz versessen (auf), Feuer u. Flamme (für); **not to be ~ (on)** keine Lust haben (zu). **14. ~ on** begeistert von, sehr interesˈsiert an (*dat*): **~ on music**; **she is not very ~ on him** sie macht sich nicht sehr viel aus ihm.

keen[2] [kiːn] **I** *s* **1.** Totenklage *f*. **2.** Wehklage *f*. **II** *v/i* **3.** wehklagen. **III** *v/t* **4.** beklagen, klagen um.

ˈ**keen·er** *s Ir.* Wehklagende(r *m*) *f*, *bes.* Klageweib *n*.

ˈ**keen·ness** *s* **1.** Schärfe *f*. **2.** Heftigkeit *f*. **3.** Leidenschaftlichkeit *f*.

kee·no → **keno**.

keep [kiːp] **I** *s* **1.** (ˈLebens)ˌUnterhalt *m*: **to earn one's ~**. **2.** (ˈUnterkunft *f* u.) Verpflegung *f*. **3.** a) Bergfried *m*, Hauptturm *m*, b) Burgverlies *n*. **4.** ˈUnterhaltskosten *pl*: **the ~ of a horse**. **5. for ~s** *colloq.* a) für *od.* auf immer, endgültig: **to settle a controversy for ~s** e-n Streit ein für allemal beilegen; **it's mine for ~s** ich kann *od.* darf es behalten, b) ernsthaft. **6.** Obhut *f*, Verwahrung *f*.

II *v/t pret u. pp* **kept** [kept] **7.** (be)halten, haben: **~ the ticket in your hand** behalte die Karte in der Hand. **8.** *j-n od. etwas* lassen, (*in e-m bestimmten Zustand*) (er)halten: **to ~ apart** getrennt halten, auseinanderhalten; **to ~ a door closed** e-e Tür geschlossen halten; **to ~ s.th. dry** etwas trocken halten *od.* vor Nässe schützen; **to ~ s.o. going** a) j-n finanziell unterstützen, b) j-n am Leben erhalten; **to ~ s.th. a secret** etwas geheimhalten (**from s.o.** vor j-m); → **advised** 2, **go**[1] 23, **wait** 6. **9.** *fig.* (er)halten, (be)wahren: → **balance** 2, **distance** 7. **10.** (*im Besitz*) behalten: **you may ~ the book**; **~ the change!** der Rest (*des Geldes*) ist für Sie!; **~ your seat, please** bitte behalten Sie Platz; **to ~ a seat for s.o.** j-m e-n Platz freihalten; **you can ~ it!** *colloq.* ‚das kannst du dir an den Hut stecken!' **11.** *fig.* halten, sich halten *od.* behaupten in *od.* auf (*dat*): → **field** 7. **12.** *j-n* aufhalten: **I won't ~ you long; don't let me ~ you!** laß dich nicht aufhalten!; **what's ~ing him?** wo bleibt er denn nur (so lange)? **13.** (fest)halten, bewachen: **to ~ s.o. in prison** j-n in Haft halten; **to ~ s.o. for lunch** j-n zum Mittagessen dabehalten; **she ~s him here** sie hält ihn hier fest, er bleibt ihretwegen hier; → **goal** 2, **prisoner**. **14.** aufheben, aufbewahren: **I ~ all my old letters**; **to ~ a secret** ein Geheimnis bewahren; **can you ~ a secret?** kannst du schweigen?; **to ~ for a later date** für später *od.* für e-n späteren Zeitpunkt aufheben; → **well-kept** 2. **15.** (aufrechter)halten, unterˈhalten: **to ~ good relations with s.o.** zu j-m gute Beziehungen unterhalten; → **eye** 2. **16.** pflegen, (er)halten: **to ~ in good repair** in gutem Zustand erhalten, instand halten; **badly kept** a) in schlechtem Zustand, b) ungepflegt; → **well-kept** 1. **17.** *e-e Ware* führen: **we don't ~ this article**. **18.** *ein Tagebuch etc* führen: → **record** 16. **19.** *ein Geschäft etc* führen: **to ~ a shop** (*bes. Am.* **store**) e-n Laden haben *od.* betreiben; → **house** 1, 2. **20.** *ein Amt etc* innehaben. **21.** *bes. Am. e-e Versammlung etc* (ab)halten: **to ~ school** Schule halten. **22.** *ein Versprechen etc* (ein)halten, einlösen: **to ~ an appointment** e-e Verabredung einhalten; → **word** 5. **23.** *das Bett, Haus, Zimmer* hüten, bleiben in (*dat*): **to ~ one's bed (house, room)**. **24.** *Vorschriften etc* beachten, einhalten, befolgen: **to ~ Sundays** die Sonntage einhalten. **25.** *ein Fest* begehen, feiern: **to ~ Christmas**. **26.** ernähren, er-, unterˈhalten, sorgen für: **to have a family to ~** e-e Familie ernähren müssen; **to ~ s.o. in money** j-n mit Geld versorgen; **to ~ s.o. in food** für j-s Ernährung sorgen, j-n ernähren. **27.** (*bei sich*) haben, beherbergen: **to ~ boarders**. **28.** a) *Tiere* halten, b) sich *ein Hausmädchen, ein Auto etc* halten. **29.** (be)schützen: **God ~ you!**

III *v/i* **30.** bleiben: **to ~ at home**; **to ~ in bed** im Bett bleiben; **to ~ in sight** in Sicht(weite) bleiben; **to ~ out of danger** sich nicht in Gefahr bringen; → *Verbindungen mit Adv.* **31.** sich halten, (*in e-m bestimmten Zustand*) bleiben: **to ~ friends** (weiterhin) Freunde bleiben; **to ~ in good health** gesund bleiben; **the milk (weather) will ~** die Milch (das Wetter) wird sich halten; **the weather ~s fine** das Wetter bleibt schön; **this matter will ~** diese Sache hat Zeit *od.* eilt nicht; **the secret will ~** das Geheimnis bleibt gewahrt; → **cool** 1, 5. **32.** weiter... (*Handlung beibehalten*): **the baby kept (on) crying for hours** das Baby weinte stundenlang; **prices ~ (on) increasing** die Preise steigen immer weiter; **to ~ (on) laughing** a) weiterlachen, nicht aufhören zu lachen, b) dauernd *od.* ständig lachen; **~ smiling!** immer nur lächeln!, laß den Mut nicht sinken!, Kopf hoch!; **to ~ (on) trying** es weiterversuchen, es immer wieder versuchen. **33. how are you ~ing?** wie geht es dir?

Verbindungen mit Präpositionen:

keep| at I *v/i* **1.** weitermachen mit, dranbleiben an (*e-r Arbeit etc*): **~ it!** nur nicht aufgeben! **2.** *j-m* keine Ruhe lassen, *j-m* zusetzen (**to do** zu tun). **II** *v/t* **3. to keep s.o. at s.th.** j-n mit etwas nicht aufhören lassen. **~ from I** *v/t* **1.** ab-, zuˈrück-, fernhalten von, hindern an (*dat*): **to keep s.o. from doing s.th.** j-n davon abhalten *od.* daran hindern, etwas zu tun; **he kept me from work** er hielt mich von der Arbeit ab; **I kept him from knowing too much** ich sorgte dafür, daß er nicht zuviel erfuhr. **2.** bewahren vor (*dat*): **he kept me from danger**. **3.** *j-m etwas* vorenthalten, verschweigen: **you are keeping s.th. from me**. **II** *v/i* **4.** sich fernhalten von. **5.** vermeiden (*acc*), sich enthalten (*gen*): **to ~ doing s.th.** es vermeiden *od.* sich davor hüten, etwas zu tun; **I could hardly ~ laughing** ich konnte mir kaum das Lachen verkneifen. **~ off I** *v/t* **1.** fernhalten von: **keep your hands off it!** Hände weg (davon)! **II** *v/i* **2.** sich fernhalten von: → **grass** *Bes. Redew.* **3.** *ein Thema etc* nicht berühren *od.* erwähnen. **~ on** *v/i* leben *od.* sich ernähren von: **to ~ rice**. **~ to I** *v/i* **1.** bleiben in (*dat*): **to ~ the house**; **to ~ one's bed** das Bett hüten; **to ~ o.s.** für sich bleiben; → **left**[1] 1, **right** 17. **2.** *fig.* festhalten an (*dat*), bleiben bei: **to ~ the rules of the game** sich an die Spielregeln halten; **to ~ the agreed time** die vereinbarte Zeit einhalten; **to ~ the point** bei der Sache *od.* sachlich bleiben. **II** *v/t* **3. to keep s.th. to a** (*od.* **the**) **minimum** etwas auf ein Minimum beschränken. **4.** *j-n* zwingen, bei *e-r Sache* zu bleiben: **I kept him to his promise** ich nagelte ihn auf sein Versprechen fest. **5. to keep s.th. to o.s.** etwas für sich behalten; **to keep o.s. to o.s.** für sich bleiben.

Verbindungen mit Adverbien:

keep| a·head *v/i* in Führung *od.* an der Spitze *od.* vorne bleiben: **to ~ of s.o.** j-m vorausbleiben. **~ a·way I** *v/t j-n, etwas* fernhalten (**from** von). **II** *v/i* wegfernbleiben, sich fernhalten (**from** von). **~ back I** *v/t* **1.** zuˈrückhalten: **to keep s.o. back from doing s.th.** j-n davon abhalten *od.* daran hindern, etwas zu tun. **2.** *fig.* zuˈrückhalten: a) *Lohn etc* einbehalten, b) *Tränen etc* unterˈdrücken, c) *etwas* verschweigen, hinterm Berg halten mit. **3.** *etwas* verzögern, aufhalten. **II** *v/i* **4.** im ˈHintergrund bleiben. **~ down I** *v/t* **1.** *den Kopf etc* unten behalten. **2.** *Kosten etc* niedrig halten. **3.** nicht hoch- *od.* aufkommen lassen, unter Konˈtrolle halten, *Volk, Gefühle etc a.* unterˈdrücken. **4.** *Nahrung etc* bei sich behalten. **II** *v/i* **5.** a) unten bleiben, b) sich geduckt halten. **~ in I** *v/t* **1.** nicht herˈaus- *od.* hinˈauslassen, nicht aus dem Haus *etc* lassen. **2.** *ped.* nachsitzen lassen. **3.** *den Atem* anhalten. **4.** *den Bauch* einziehen. **5.** *Gefühle* zuˈrückhalten, unterˈdrücken. **6.** *Feuer* nicht ausgehen lassen. **II** *v/i* **7.** drin bleiben, nicht herˈauskommen. **8.** nicht ausgehen (*Feuer*). **9. ~ with** sich mit *j-m* gut stellen, mit *j-m* gut Freund bleiben. **~ off I** *v/t* **1.** *j-n, etwas* fernhalten: **keep your hands off!** Hände weg! **II** *v/i* **2.** sich fernhalten: **~!** a) Berühren verboten!, b) Betreten verboten! **3.** ausbleiben (*Regen etc*): **if the rain keeps off** falls es nicht regnet *od.* anfängt zu regnen. **~ on I** *v/t* **1.** *Kleider* anbehalten, anlassen, *den Hut* aufbehalten: → **hair** *Bes. Redew.*, **shirt** *Bes. Redew.* **2.** *das Licht* brennen lassen, anlassen. **3.** *e-n Angestellten etc* behalten. **II** *v/i* **4.** a) weitermachen, b) nicht lockerlassen. **5.** (*mit ger*) → **keep** 32. **6. ~ at** → **keep at** 2. **7. ~ about** dauernd *od.* ständig reden von. **~ out I** *v/t* **1.** (**of**) nicht hinˈein- *od.* herˈeinlassen (in *acc*), fern-, abhalten (von): **warm clothing keeps out the cold**. **2.** *fig. j-n* herˈaushalten: **to ~ of** bewahren vor (*dat*), herˈaushalten aus, fernhalten von. **II** *v/i* **3.** draußen bleiben: **~!** Zutritt verboten! **4.** *fig.* sich herˈaushalten (**of** aus): **to ~ of politics**; **~ (of this)!** halte dich da raus!; **to ~ of debt** keine Schulden machen; **~ of mischief!** mach keine Dummheiten!; **to ~ of sight** sich nicht blicken lassen; → **keep** 30. **~ to·geth·er I** *v/t Dinge, fig. e-e Mannschaft etc* zs.-halten. **II** *v/i* zs.-bleiben (*a. fig. Mannschaft etc*), zs.-halten (*a. fig. Freunde etc*). **~ un·der I** *v/t* **1.** *ein Volk, Gefühle etc* unterˈdrücken. **2.** *ein Feuer etc* unter Konˈtrolle halten. **3.** *j-n* streng behandeln. **4.** *med. j-n* unter Narˈkose halten. **II** *v/i* **5.** unter Wasser bleiben, sich unter Wasser halten. **~ up I** *v/t* **1.** oben halten, hochhalten: → **chin** I. **2.** *fig.* aufrechterhalten, *Brauch, Freund-*

schaft etc a. weiterpflegen, *das Tempo* halten, *Preise etc* (hoch)halten, *den Mut* nicht sinken lassen, sich *s-e gute Laune etc* nicht nehmen lassen: ~ **the good work!, keep it up!** (nur) weiter so!, (nur) nicht lockerlassen!; → **appearance** *Bes. Redew.* **3.** in gutem Zustand *od.* in Ordnung halten. **4.** *j-n* da'von abhalten, ins Bett zu gehen. **II** *v/i* **5.** oben bleiben. **6.** nicht 'umfallen. **7.** *fig.* a) sich halten: **prices are keeping up** die Preise behaupten sich, b) nicht sinken (*Mut etc*), c) andauern, nicht nachlassen: **the rain was keeping up** es regnete (unvermindert) weiter. **8.** ~ **with** a) Schritt halten mit (*a. fig.*): **to ~ with the Joneses** es den Nachbarn (*hinsichtlich des Lebensstandards*) gleichtun (wollen), b) sich auf dem laufenden halten über (*acc*), c) in Kon'takt bleiben mit. **9.** (*abends*) aufbleiben: **to ~ late** lange aufbleiben.

'keep·er *s* **1.** Wächter *m*, Aufseher *m*: **am I my brother's ~?** *Bibl.* soll ich m-s Bruders Hüter sein?; → **gamekeeper, goalkeeper, lighthouse, parkkeeper, zoo,** *etc.* **2.** Verwahrer *m* (*als Titel*), Verwalter *m*: → **Lord Keeper (of the Great Seal). 3.** *meist in Zssgn* a) Inhaber *m*, Besitzer *m*: → **innkeeper, shopkeeper, storekeeper** 3, b) Halter *m*, Züchter *m*: → **beekeeper. 4.** Betreuer *m*, Verwalter *m*: → **boxkeeper, storekeeper** 1, 2. **5.** *tech.* Halter *m*, *bes.* a) Schutzring *m*, b) Schieber *m*, c) Gegenmutter *f*, d) Sperrung *f* (*Haken*), e) Ma'gnetanker *m*. **6. to be a good ~** sich gut halten (*Obst, Fisch etc*).

,keep-'fresh bag *s* Frischhaltebeutel *m*.

'keep·ing I *s* **1.** Verwahrung *f*, Aufsicht *f*, Pflege *f*, Obhut *f*: **to put in s.o.'s ~** a) *j-n* in j-s Obhut geben, b) j-m *etwas* zur Aufbewahrung geben; → **safekeeping. 2.** Pflege *f*: **in good ~** a) in gutem Zustand, b) gepflegt. **3.** Über'einstimmung *f*, Einklang *m*: **to be in (out of) ~ with** a) (nicht) in Einklang stehen *od.* (nicht) übereinstimmen mit, b) (nicht) passen zu, c) (nicht) entsprechen (*dat*); **in ~ with the times** zeitgemäß. **II** *adj* **4.** haltbar, dauerhaft: ~ **apples** Winteräpfel.

keep·sake ['ki:pseɪk] *s* (*Geschenk zum*) Andenken *n*: **as** (*od.* **for**) **a ~** als *od.* zum Andenken.

kees·ter → **keister.**

kef [kef] → **kif.**

kef·ir ['kefə(r); *Am. a.* ke'fɪər] *s* Kefir *m* (*aus [Stuten]Milch durch Gärung gewonnenes Getränk mit säuerlichem Geschmack u. geringem Alkoholgehalt*).

keg [keg] *s* kleines Faß, Fäßchen *n*.

keis·ter ['ki:stə(r)] *s bes. Am. sl.* **1.** a) Koffer *m*, b) Kasten *m*, Kiste *f*. **2.** ‚Hintern' *m*.

ke·loid ['ki:lɔɪd] *s med.* Kelo'id *n*, Wulstnarbe *f*.

kelp [kelp] *s* **1.** Kelp *n*, Riementangasche *f*. **2.** *bot.* (*ein*) Riementang *m*, *bes.* (**giant ~**) Birntang *m*.

kel·pie ['kelpɪ] *s Scot. Wassergeist in Pferdegestalt, der s-e Reiter in die Tiefe zieht.*

kel·son ['kelsn] → **keelson.**

Kelt[1] [kelt] → **Celt**[2].

kelt[2] [kelt] *s geschwächter Lachs od. geschwächte Lachsforelle nach dem Laichen.*

kel·ter ['keltə(r)] *s colloq.*: **to be in (good) ~** in Ordnung sein; **to be out of ~** ‚kaputt' sein.

Kelt·ic ['keltɪk] → **Celtic. 'Kelt·i·cism** → **Celticism.**

kel·vin ['kelvɪn] *s phys.* Kelvin *n* (*Maßeinheit der Kelvinskala*). **K~ scale** *s* Kelvinskala *f* (*thermodynamische Temperaturskala, die am absoluten Nullpunkt beginnt*).

kempt [kempt] *adj* gekämmt.

ken [ken] **I** *s* **1. this is beyond** (*od.* **outside, not within**) **my ~** a) das entzieht sich m-r Kenntnis, b) das ist mir zu hoch. **II** *v/t pret u. pp* **kenned, kent** [kent] **2.** *Scot.* wissen. **3.** *Scot.* begreifen, verstehen.

ken·do ['kendəʊ] *s sport* Kendo *n* (*als Kampfsport betriebenes Fechten mit Bambusstöcken*).

ken·nel[1] ['kenl] **I** *s* **1.** Hundehütte *f*. **2.** *oft pl* (*als sg konstruiert*) a) Hundezwinger *m*, b) Hundeheim *n*. **3.** *zo.* Bau *m*. **4.** *fig.* ‚Bruchbude' *f*, ‚Loch' *n*. **5.** Meute *f* (*a. von Personen*). **II** *v/t pret u. pp* **-neled,** *bes. Br.* **-nelled 6.** in e-r Hundehütte *od.* in e-m Zwinger halten *od.* 'unterbringen. **III** *v/i* **7.** in e-r Hundehütte liegen. **8.** hausen.

ken·nel[2] ['kenl] *s obs.* Gosse *f*, Rinnstein *m*.

ken·ning ['kenɪŋ] *s* Kenning *f* (*mehrgliedrige Umschreibung von Begriffen in der altgermanischen Dichtung*).

ke·no ['ki:nəʊ] *s Am. ein Glücksspiel.*

ke·no·sis [kɪ'nəʊsɪs] *s relig.* Kenosis *f*, Selbstentäußerung *f* Christi (*durch s-e Menschwerdung*).

kent [kent] *pret u. pp von* **ken.**

Kent·ish ['kentɪʃ] *adj* aus *od.* von (*der englischen Grafschaft*) Kent.

Ken·tuck·i·an [ken'tʌkɪən] **I** *adj* aus *od.* von (*dem Staat*) Ken'tucky. **II** *s* Einwohner(in) von Ken'tucky.

Ken·tuck·y Der·by [ken,tʌkɪ'dɑ:bɪ; *Am.* -'dɜrbi:] *s* Ken'tucky Derby *n* (*seit 1875 bei Louisville ausgetragenes Galopprennen für dreijährige Vollblüter*).

kep·i ['keɪpi:; 'kepi:] *s* Käppi *n* (*Militärmütze*).

Kep·le·ri·an [kep'lɪərɪən] *adj* Keplersch(er, e, es): ~ **telescope. Kep·ler's laws** ['kepləz(r)z] *s pl astr.* die Keplerschen Gesetze *pl*.

kept [kept] **I** *pret u. pp von* **keep. II** *adj*: ~ **woman** Mätresse *f*.

ke·ram·ic [kɪ'ræmɪk] → **ceramic.**

ker·a·tin ['kerətɪn] *s chem.* Kera'tin *n*, Hornstoff *m*. **ke·rat·in·ize** [kɪ'rætɪnaɪz; 'kerətɪnaɪz] *v/i* verhornen, hornig werden. **,ker·a'ti·tis** [-rə'taɪtɪs] *s med.* Kera'titis *f*, Hornhautentzündung *f*. **ker·a·to·plas·ty** ['kerətəʊplæstɪ] *s med.* Kerato'plastik *f*, 'Hornhautüber,tragung *f*. **,ker·a'to·sis** [-'təʊsɪs] *s med.* Kera'tose *f* (*übermäßige Verhornung der Haut*).

kerb [kɜ:b] *s Br.* **1.** Bordschwelle *f*, Bord-, Randstein *m*, Straßenkante *f*: ~ **drill** Verkehrserziehung *f* für Fußgänger; ~ **weight** Leergewicht *n* (*e-s Personenwagens*). **2.** (steinerne) Einfassung. **3.** *a.* ~ **market** *econ.* Freiverkehrsbörse *f*: ~ **prices** Freiverkehrskurse. **'~stone** → **kerb** 1.

ker·chief ['kɜ:tʃɪf; *Am.* 'kɜrtʃəf] *s* **1.** Hals-, Kopftuch *n*. **2.** *bes. poet.* Taschentuch *n*.

kerf [kɜ:f; *Am.* kɜrf] *s* Kerbe *f*, Einschnitt *m*.

ker·fuf·fle [kə'fʌfl] *s meist* **fuss and ~** *Br. colloq.* ‚Getue' *n*, ‚The'ater' *n* (**over, about** um).

ker·mes ['kɜ:mɪz; *Am.* 'kɜrmi:z] *s* **1.** (roter) Kermesfarbstoff. **2.** *zo.* a) Kermes(-schildlaus *f*) *m*, b) Kermeskörner *pl* (*getrocknete Weibchen der Laus*). **3.** *a.* ~ **oak** *bot.* Kermeseiche *f*.

ker·mess ['kɜ:mɪs; *Am.* 'kɜrməs], **'ker·mis** [-mɪs; *Am.* -məs] *s* **1.** Kirmes *f*, Kirchweih *f* (*in Belgien u. den Niederlanden*). **2.** *Am.* Wohltätigkeitsfest *n*.

kern [kɜ:n; *Am.* kɜrn] *print.* **I** *s* 'Überhang *m*. **II** *v/t* unter'schneiden.

ker·nel ['kɜ:nl; *Am.* 'kɜrnl] *s* **1.** (*Nuß- etc*)Kern *m*. **2.** (*Hafer-, Mais- etc*)Korn *n*. **3.** *fig.* Kern *m*: a) Kernpunkt *m*, b) (*das*) Innerste, Wesen *n*. **4.** *tech.* (*Guß- etc*) Kern *m*.

ker·nite ['kɜ:naɪt; *Am.* 'kɜr-] *s min.* Ker'nit *m*.

ker·o·sene, ker·o·sine ['kerəsi:n; ,-'si:n] *s chem.* Kero'sin *n*.

Kerr ef·fect [kɑ:; kɜ:; *Am.* kɑ:r; kɜr] *s opt.* 'Kerr-Ef,fekt *m*.

kes·trel ['kestrəl] *s orn.* Turmfalke *m*.

ketch [ketʃ] *s mar.* Ketsch *f* (*zweimastiger Segler*).

ketch·up ['ketʃəp] *s* Ketchup *m*, *n*.

ke·tene ['ki:ti:n] *s chem.* Ke'ten *n*.

ke·to| ac·id ['ki:təʊ] *s chem.* Keto-, Ke'tonsäure *f*. ~ **form** *s* Keto-, Ke'tonform *f*.

ke·tone ['ki:təʊn] *s chem.* Ke'ton *n*: ~ **body** *physiol.* Ketonkörper *m*. **ke·to·nu·ri·a** [,ki:təʊ'njʊərɪə; *Am. a.* ,ki:tə'nʊrɪə] *s med.* Ketonu'rie *f* (*Ausscheidung von Ketonkörpern im Harn*). **ke·tose** ['ki:təʊs; -təʊz] *s chem.* Ketozucker *m*, Ke'tose *f*. **ke·to·sis** [kɪ'təʊsɪs] *s med.* Ke'tose *f* (*Auftreten von Ketonen im Blut*).

ket·tle ['ketl] *s* **1.** (Koch)Kessel *m*: **a pretty** (*od.* **fine**) **~ of fish** *iro.* e-e schöne Bescherung; **that's a different ~ of fish** das ist etwas ganz anderes; **to keep the ~ boiling** a) sich über Wasser halten, b) die Sache in Schwung halten. **2.** *geol.* a) Gletschertopf *m*, -mühle *f*, b) Soll *n*. **'~drum** *s mus.* (Kessel)Pauke *f*. **'~,drum·mer** *s* (Kessel)Pauker *m*. ~ **hole** → **kettle** 2.

Keu·per ['kɔɪpə(r)] *s geol.* Keuper *m*.

kew·pie ['kju:pi:] *s Am.* **1.** *pausbäckiger Engel mit hohem Haarknoten.* **2.** *a.* ~ **doll** *e-e Puppe dieser Art.*

key[1] [ki:] **I** *s* **1.** Schlüssel *m*: **to turn the ~** absperren, abschließen; **power of the ~s** *R.C.* Schlüsselgewalt *f*. **2.** *fig.* **(to)** Schlüssel *m* (zu): a) Erklärung *f* (für), b) Lösung *f* (*gen*). **3.** *fig.* **(to)** Schlüssel *m* (zu): a) Lösungsbuch *n* (für, zu), b) Zeichenerklärung *f* (für, zu) c) Code *m* (für, zu). **4.** *bot. zo.* (Klassifikati'ons)Ta,belle *f*. **5.** Kennwort *n*, -ziffer *f*, Chiffre *f* (*in Inseraten etc*). **6.** *tech.* a) Keil *m*, Splint *m*, Bolzen *m*, Paßfeder *f*, b) Schraubenschlüssel *m*, c) Taste *f* (*der Schreibmaschine etc*). **7.** *electr.* a) Taste *f*, Druckknopf *m*, b) Taster *m*, 'Tastkon,takt *m*, -schalter *m*. **8.** *tel.* Taster *m*, Geber *m*. **9.** *print.* Setz-, Schließkeil *m*. **10.** *Tischlerei*: Dübel *m*, Band *n*. **11.** *arch.* Schlußstein *m*. **12.** *mus.* a) Taste *f* (*bei Tasteninstrumenten*): **black (upper,** *a.* **chromatic) ~** schwarze (Ober)Taste, b) Klappe *f* (*bei Blasinstrumenten*): **closed (open) ~** Klappe zum Öffnen (Schließen). **13.** *mus.* Tonart *f*: **major (minor) ~** Dur *n* (Moll *n*); **in the ~ of C** in C; **~ of C (major)** C-Dur; **~ of C minor** c-Moll; **to sing off** (*od.* **out of**) **~** falsch singen; **to be in (out of) ~ with** *fig.* a) (nicht) in Einklang stehen *od.* (nicht) übereinstimmen mit, b) (nicht) passen zu. **14.** → **key signature. 15.** *fig.* Ton *m*: **(all) in the same ~** eintönig, monoton; **in a high ~** a) laut, b) *paint. phot.* in hellen Tönen (gehalten); **in a low ~** a) leise, b) *paint. phot.* in matten Tönen (gehalten), c) wenig spannend *od.* abwechslungsreich. **16.** → **keymove. 17. the K~s** *pl parl.* die Mitglieder des **House of Keys.**

II *v/t* **18.** ~ **in** (*od.* **on**) *tech.* ver-, festkeilen. **19.** *print.* füttern, unter'legen. **20.** ~ **in** (*Computer*) *Daten* eintippen. **21.** *mus.* stimmen. **22.** ~ **(up) to,** ~ **in with** *fig.* abstimmen auf (*acc*), anpassen (*dat*) *od.* an (*acc*): **to ~ s.o. up for** j-n einstimmen auf (*acc*). **23.** ~ **up** *j-n* in ner'vöse Spannung versetzen: **~ed up** nervös, aufgeregt (**about** wegen). **24.** ~ **up** *fig.* steigern, erhöhen. **25.** *ein Inserat etc* mit e-m Kennwort versehen, chifˈfrieren.

III *adj* **26.** *fig.* Schlüssel...: ~ **industry** (**position, role,** *etc*); ~ **official** Beamte(r) *m* in e-r Schlüsselstellung.

key² [kiː; keɪ] → **cay.**

key³ [kiː] *s sl.* Kilo *n* (*Drogen, bes. Haschisch*): **a** ~ **of hash.**

key| bit *s tech.* Schlüsselbart *m.* **ˈ~board I** *s* **1.** *mus.* a) Klaviaˈtur *f*, Tastaˈtur *f* (*e-s Klaviers*), b) Manuˈal *n* (*e-r Orgel*). **2.** *tech.* Tastenfeld *n*, Tastaˈtur *f* (*e-r Schreibmaschine etc*). **3.** Schlüsselbrett *n.* **II** *v/t* **4.** *print.* maschiˈnell setzen. **5.** → **key** 20. **~ bu·gle** *s mus.* Klappenhorn *n.* **~ case** *s* ˈSchlüsseleˌtui *n.* **~ chord** *s mus.* Grunddreiklang *m* (*e-r Tonart*). **~ club** *s Am.* Priˈvatclub *m.* **~ desk** *s mus.* Orgelpult *n.*

keyed [kiːd] *adj* **1.** *mus.* a) Tasten...: ~ **instrument,** b) Klappen...: ~ **horn. 2.** *mus.* a) in e-r (*bestimmten*) Tonart gesetzt, b) gestimmt (**to** auf *e-n Ton*). **3.** *tech.* ver-, festgekeilt. **4.** *arch.* durch e-n Schlußstein verstärkt. **5.** chifˈfriert: ~ **advertisement. 6.** ~ **up** → **key** 23.

key| fos·sil *s geol.* ˈLeitfosˌsil *n.* **~harp** *s mus.* Tastenharfe *f.* **ˈ~hole** *s* **1.** Schlüsselloch *n*: ~ **report** *fig.* Bericht *m* mit intimen Einzelheiten. **2.** *tech.* Dübelloch *n.* **3.** *Basketball*: *Am. colloq.* Freiwurfraum *m.* **ˈ~hole saw** *s tech.* Stichsäge *f.* **ˈ~man** [-mæn] *s irr* **1.** ˈSchlüsselfiˌgur *f.* **2.** Mann *m* in Schlüsselstellung, Schlüsselkraft *f.* **~ map** *s arch.* Orienˈtierungsplan *m.* **~mon·ey** *s* **1.** *Br.* (*vom Mieter an den Vermieter gezahlte*) Abstandssumme. **2.** (*von e-m potentiellen Mieter gezahltes*) Bestechungsgeld. **ˈ~move** *s Schach*: Schlüsselzug *m.* **ˈ~note I** *s* **1.** *mus.* Grundton *m.* **2.** *fig.* Grund-, Leitgedanke *m* (*e-r Rede, Politik etc*): **to strike the** ~ **of s.th.** das Wesentliche e-r Sache treffen; ~ **address** (*od.* **speech**) *pol.* programmatische Rede; ~ **speaker** → **keynoter. II** *v/t* **3.** *pol.* a) e-e programˈmatische Rede halten auf (*e-m Parteitag etc*), b) in e-r programˈmatischen Rede darlegen, c) als Grundgedanken enthalten. **ˈ~not·er** *s pol. j-d, der e-e programmatische Rede hält.* **~ plan** *s arch.* Lageplan *m.* **~ point** *s* springender Punkt. **~ punch** *s* **1.** *Computer*: (Loch)Kartenstanzer *m.* **2.** (*manueller*) Kartenlocher. **~ ring** *s* Schlüsselring *m.* **~ seat** → **keyway. ˈ~ˌseat·er** *s tech.* ˈKeilnutenˌziehmaˌschine *f.* **~ sig·na·ture** *s mus.* Vorzeichen *n u. pl.* **~sta·tion** *s Rundfunk, TV*: *Am.* Hauptsender *m.* **~ step** *s* entscheidender Schritt. **ˈ~stone** *s* **1.** *arch.* Schlußstein *m.* **2.** *fig.* Grundpfeiler *m.* **3.** *tech.* Füllsplitt *m* (*bei asphaltierten Straßen*). **4.** *a.* ~ **sack** *Baseball*: zweites Mal. **ˈK~stone State** *s* (*Beiname für*) Pennsylˈvanien *n.* **ˈ~stroke** *s* Anschlag *m.* **~ tone** *s mus.* Grundton *m.* **ˈ~way** *s tech.* Keilnut *f*, -bahn *f.* **~ word** *s* Schlüssel-, Stichwort *n.*

kha·ki [ˈkɑːkɪ; *Am. a.* ˈkækiː] **I** *s* **1.** Khaki *n* (*Farbe*). **2.** a) Khaki *m* (*Stoff*), b) *meist pl* ˈKhakiuniˌform *f.* **II** *adj* **3.** Khaki...: a) khakibraun, -farben, -farbig, b) aus Khaki.

kham·sin [ˈkæmsɪn; *bes. Am.* kæmˈsiːn] *s* Chamˈsin *m*, Kamˈsin *m* (*heißer Wüstenwind aus Ägypten*).

khan¹ [kɑːn; *Am. a.* kæn] *s* Khan *m* (*orientalischer Herrschertitel*).

khan² [kɑːn; *Am. a.* kæn] → **caravansary.**

khan·ate [ˈkɑːneɪt; ˈkæn-] *s* Khaˈnat *n* (*Herrschaftsgebiet od. Amt e-s Khans*).

khe·dive [kɪˈdiːv] *s hist.* Kheˈdive *m* (*Titel des Vizekönigs von Ägypten*).

khi [kaɪ] *s* Chi *n* (*griechischer Buchstabe*).

kib·ble¹ [ˈkɪbl] *s Bergbau*: *Br.* Förderkorb *m.*

kib·ble² [ˈkɪbl] *v/t* schroten.

kib·butz [kiːˈbuːts] *pl* **kib·butz·im** [kiːˈbuːtsɪm; *bes. Am.* kɪˌbʊtˈsiːm] *s* Kibˈbuz *m* (*Gemeinschaftssiedlung in Israel*).

kibe [kaɪb] *s* offene Frostbeule (*bes. an der Ferse*).

ki·bei [ˌkiːˈbeɪ] *pl* **-bei, -beis** *s in den USA geborener, aber in Japan erzogener Japaner.*

kib·itz [ˈkɪbɪts] *v/i colloq.* kiebitzen. **ˈkib·itz·er** *s colloq.* **1.** Kiebitz *m* (*Zuschauer, bes. beim Kartenspiel*). **2.** *fig.* Besserwisser *m.*

ki·bosh [ˈkaɪbɒʃ; *Am.* -ˌbɑʃ] *sl.* **I** *s*: **to put the** ~ **on** → II. **II** *v/t Pläne, Hoffnungen etc* ˌkaˈputtmachen', zerstören.

kick [kɪk] **I** *s* **1.** (Fuß)Tritt *m* (*a. fig.*), Stoß *m* (mit dem Fuß): **to give** *s.o., s.th.* **a** ~ e-n Tritt geben *od.* versetzen (*dat*); **to give s.o. a** ~ **in the arse** (*Am.* **ass**) *vulg.* j-m e-n ‚Arschtritt' geben; **to get more ~s than halfpence** mehr Prügel als Lob ernten; **to get the** ~ *colloq.* ‚(raus)fliegen' (*entlassen werden*); → **pants** 1, **tooth** 1. **2.** a) *Fußball*: Schuß *m*: → **corner kick, free kick** 1, **penalty kick** 1, b) *Rugby*: Tritt *m*: → **free kick** 2, **penalty kick** 2. **3.** *Schwimmsport*: Beinschlag *m.* **4.** *Leichtathletik*: *Am.* Spurt(kraft *f*) *m.* **5.** Stoß *m*, Ruck *m.* **6.** Rückstoß *m* (*e-r Schußwaffe*). **7.** *electr. Am.* a) (Strom-)Stoß *m*, Imˈpuls *m*, b) Ausschlag *m* (*e-s Zeigers etc*). **8.** Stoßkraft *f.* **9.** *colloq.* a) anregende *od.* berauschende Wirkung, (*e-r Droge*) ‚Kick' *m*: **that cocktail has got a** ~ **in it** der Cocktail ‚hat es (aber) in sich', b) *Am.* Schwips *m*: **he's got a** ~ ‚er hat einen sitzen'. **10.** *colloq.* Schwung *m*, Eˈlan *m*: **he has no** ~ **left** er hat keinen Schwung mehr; **to give a** ~ **to** *etwas* in Schwung bringen, *e-m Theaterstück etc* ‚Pfiff' verleihen; **a novel with a** ~ ein Roman mit ‚Pfiff'. **11.** *colloq.* a) (Nerven)Kitzel *m*, prickelndes Gefühl, b) Spaß *m*, Vergnügen *n*: **for ~s** zum Spaß; **he just lives for ~s** er lebt nur zu s-m Vergnügen; **driving a car gives him a** ~, **he gets a** ~ **out of driving a car** das Autofahren macht ihm e-n ‚Riesenspaß'. **12.** *colloq.* a) Abneigung *f*: **to have a** ~ **against s.th.** gegen etwas sein, b) Beschwerde *f* (**against** gegen *j-n*, über *etwas*), c) *oft pl* Grund *m* zur Beschwerde: **you've got no ~s at all** du hast keinerlei Grund, dich zu beklagen *od.* zu beschweren. **13.** *sl.* **he's on a new** ~ **every week** er ‚steht' jede Woche auf etwas anderes; **she's on a health-food** ~ **at the moment** zur Zeit ‚hat' sie es mit Biokost. **14.** *Am. colloq.* a) Tasche *f*, b) Geldbeutel *m*: **he was without a dime in his** ~.

II *v/t* **15.** (mit dem Fuß) stoßen, treten, e-n (Fuß)Tritt geben *od.* versetzen (*dat*): **to** ~ **s.o.'s shin, to** ~ **s.o. on the shin** j-n gegen das Schienbein treten; **to** ~ **s.o. downstairs** j-n die Treppe hinunterstoßen; **to** ~ **s.o. upstairs** *fig.* j-n durch Beförderung ‚kaltstellen'; **to** ~ **s.o. when he is down** *fig.* j-m noch e-n Fußtritt geben, wenn er schon am Boden liegt; **I could have ~ed myself** ich hätte mich ohrfeigen *od.* mir in den ‚Hintern' beißen können; → **bucket** 1, **heel¹** *Bes. Redew.* **16.** *Fußball*: *ein Tor* schießen, *den Ball a.* treten, spielen, schlagen. **17.** *colloq.* loskommen von (*e-r Droge, Gewohnheit etc*).

III *v/i* **18.** a) (mit dem Fuß) stoßen, treten (**at** nach), b) um sich treten, c) strampeln, d) das Bein hochwerfen, e) ausschlagen (*Pferd etc*): → **trace²** 1. **19.** hochspringen, -prallen (*Ball*). **20.** zuˈrückstoßen, e-n *harten etc* Rückschlag *od.* Rückstoß haben: **the rifle ~s hard. 21.** *mot. colloq.* schalten: **he ~ed into second** er schaltete in den zweiten Gang. **22.** *mot. colloq.* ‚stottern' (*Motor*). **23.** *colloq.* a) ‚meutern', ‚rebelˈlieren', sich (mit Händen u. Füßen) wehren (**against, at** gegen), b) sich beschweren (**about** über *acc*). **24.** ~ **about** (*od.* **around**) *colloq.* sich herˈumtreiben in (*dat*). **25.** ~ **about** (*od.* **around**) *colloq.* herˈumliegen in (*dat*) (*Gegenstand*). **26.** → **kick off** 3.

Verbindungen mit Adverbien:

kick| a·bout, ~ a·round *colloq.* **I** *v/t* **1.** *j-n* herˈumkommanˌdieren. **2.** *j-n, etwas* herˈumstoßen, -schubsen. **3.** bereden, diskuˈtieren über (*acc*). **II** *v/i* **4.** sich herˈumtreiben. **5.** herˈumliegen (*Gegenstand*). **~back I** *v/i* **1.** zuˈrücktreten. **2.** → **kick** 20. **3.** *fig.* zuˈrückschlagen: **if you insult him he'll** ~ wenn du ihn beleidigst, zahlt er es dir heim; **his accusations kicked back** s-e Anschuldigungen schlugen auf ihn zurück *od.* erwiesen sich als Bumerang. **4.** *fig.* unangenehme Folgen haben (**at** für). **5.** *Am. colloq.* e-e (*illegale*) Provisiˈon *od.* ‚Schmiergeld(er)' zahlen. **II** *v/t* **6.** *die Bettdecke etc* wegstrampeln. **7.** *Fußball*: *den Ball* zuˈrückspielen (**to** zu). **8.** *Am. colloq. etwas Gestohlenes* (dem Eigentümer) zuˈrückgeben. **9.** *Am. colloq.* a) *j-m* e-e (*illegale*) Provisiˈon *od.* ‚Schmiergeld(er)' zahlen, b) *e-n Betrag* an (*illegaler*) Provisiˈon *od.* an ‚Schmiergeld(ern)' zahlen. **~ in I** *v/t* **1.** *e-e Tür* eintreten: **to kick s.o.'s teeth in** *a.* j-m die Zähne einschlagen. **2.** *Am. colloq. etwas* beisteuern (**for** zu). **II** *v/i* **3.** *Am. colloq.* (etwas) dazu beisteuern: **to** ~ **with** → 2. **4.** → **kick off** 3. **~ off I** *v/i* **1.** *Fußball*: anstoßen: a) den Anstoß ausführen, b) Anstoß haben. **2.** *colloq.* anfangen, beginnen. **3.** *Am. sl.* ‚den Löffel weglegen' (*sterben*). **II** *v/t* **4.** *etwas* wegtreten, *Schuhe* wegschleudern. **5.** *colloq.* *etwas* starten, den Anfang (*gen*) bilden. **~ out I** *v/i* **1.** a) um sich treten: **to** ~ **at s.o.** nach j-m treten, b) ausschlagen (*Pferd etc*). **II** *v/t* **2.** *Fußball*: *den Ball* (*absichtlich*) ins Aus schießen. **3.** *colloq.* *j-n* ‚rausschmeißen' (**of** aus) (*a. fig.*). **~ o·ver I** *v/t* mit dem Fuß ˈumstoßen. **II** *v/i mot. Am. colloq.* zünden (*Motor*). **~ through** *v/i Am. sl.* **1.** → **kick off** 3. **2.** beichten. **~ up** *v/t* **1.** mit dem Fuß hochschleudern, *Staub* aufwirbeln: → **dust** 2, **heel¹** *Bes. Redew.* **2.** → **din** 1, **fuss** 2, **row¹** 1, **stink** 10.

ˈkick|·back *s* **1.** Rückstoß *m.* **2.** *fig.* a) unangenehme *od.* starke (ˈGegen)Reaktiˌon, b) unangenehme Folge(n *pl*). **3.** *Am. colloq.* a) (*illegale*) Provisiˈon, b) ‚Schmiergeld(er' *pl*) *n.* **ˈ~ˌbox·ing** *s sport* Thai-Boxen *n.* **ˈ~down** *s mot.* Kickdown *m* (*Durchtreten des Gaspedals e-s Wagens mit Automatikgetriebe, um ein Herunter- bzw. späteres Heraufschalten zu erreichen*).

kick·er [ˈkɪkə(r)] *s* **1.** (Aus)Schläger *m* (*Pferd*). **2.** *colloq.* Queruˈlant *m.* **3.** *colloq.* kleiner Außenbordmotor. **4.** *Am. colloq.* unfaire *od.* nachteilige Klausel (*in e-m Vertrag etc*).

ˈkick|·off *s* **1.** *Fußball*: Anstoß *m*: (**the**) ~ **is at 3 o'clock** Anstoß ist *od.* der Anstoß erfolgt um 3 Uhr; ~ (**time**) Anstoßzeit *f.* **2.** *colloq.* Anfang *m*, Beginn *m*, Start *m*: **for a** ~ a) zunächst (einmal), fürs erste, b) erstens (einmal), um es gleich zu sagen. **ˈ~out** *s colloq.* ‚Rausschmiß' *m* (*a. fig.*).

kick·shaw [ˈkɪkʃɔː], **ˈkick·shaws** [-ʃɔːz] *s* **1.** billiges *od.* wertloses Schmuckstück. **2.** *obs.* kleiner Leckerbissen.

ˈkick|·stand *s* Kippständer *m* (*e-s Fahr-*

rads etc). **~ start** → **kick starter**. **ˈ~-start** *v/t ein Motorrad* mit dem Kickstarter anlassen. **~ start·er** *s* Kickstarter *m* (*Fußhebel als Anlasser e-s Motorrads*). **~ turn** *s Skifahren*: Spitzkehre *f*. **ˈ~·up** *s Am. colloq.* ,Wirbel' *m*, ,Wind' *m*, ,Theˈater' *n* (**about** um).

ˈkick·y *adj colloq.* **1.** erregend, packend. **2.** *Am.* ,prima', ,klasse'.

kid¹ [kɪd] **I** *s* **1.** *zo.* Zicklein *n*, Kitz(e *f*) *n*. **2.** *a.* **~ leather** Ziegen-, Glaˈcéleder *n*, Kid *n*. **3.** *colloq.* a) Kind *n*: **my ~ brother** mein kleiner Bruder; **that's ~s' stuff** das ist (nur) was für kleine Kinder; das ist kinderleicht *od.* ein Kinderspiel (**to** für); **listen, ~, ...** hör mal, Kleine(r), ..., b) *bes. Am.* Jugendliche(r *m*) *f*: **the college ~s** die jungen Leute auf dem College; **he's quite some ~** ,der ist nicht ohne', ,der hat ganz schön was drauf'. **II** *v/i* **4.** zickeln, (Junge) werfen.

kid² [kɪd] *colloq.* **I** *v/t j-n* ,auf den Arm nehmen': **you're ~ding me!** das meinst du doch nicht im Ernst!; **to ~ o.s.** sich etwas vormachen. **II** *v/i* a) albern, b) Spaß machen, c) schwindeln: **he was only ~ding** er hat nur Spaß gemacht, er hat es nicht ernst gemeint; **no ~ding?** im Ernst?, ehrlich?; **no ~ding!** im Ernst!, ehrlich!

kid³ [kɪd] *s* Fäßchen *n*.

kid·die → **kiddy**.

kid·dle [ˈkɪdl] *s obs.* Fischreuse *f*.

kid·do [ˈkɪdəʊ] *pl* **-dos, -does** *s colloq.* Kleine(r *m*) *f* (*als Anrede*): **listen, ~s, ...** hört mal, ihr Lieben, ...

kid·dy [ˈkɪdɪ] *s colloq.* (kleines) Kind: **~ show** Kindervorstellung *f*. **ˈ~·porn** *s sl.* ˈKinderpornograˌphie *f*.

kid| glove *s* Glaˈcéhandschuh *m*, *pl a.* Kids *pl*: **to handle s.o. with ~s** *fig.* j-n mit Samt- *od.* Glacéhandschuhen anfassen. **ˈ~-glove** *adj fig.* **1.** wählerisch, anspruchsvoll. **2.** zimperlich. **3.** a) diploˈmatisch, taktisch geschickt: **a ~ approach**, b) rücksichtsvoll, behutsam: **to give s.o. ~ treatment** j-n mit Samt- *od.* Glacéhandschuhen anfassen.

kid·nap [ˈkɪdnæp] *v/t pret u. pp* **-naped,** *bes. Br.* **-napped** *j-n* kidnappen, entführen. **ˈkid·nap·(p)er** *s* Kidnapper *m*, Entführer *m*. **ˈkid·nap·(p)ing** *s* Kidnapping *n*, Entführung *f*, Menschenraub *m*.

kid·ney [ˈkɪdnɪ] *s* **1.** *anat.* Niere *f*: → **artificial** 1. **2.** *pl gastr.* Nieren *pl*. **3.** *fig.* Art *f*, Sorte *f*, Schlag *m*: **a man of that ~** ein Mann dieser Art; **he is of the right ~** er ist vom richtigen Schlag. **~ bean** *s bot.* Weiße Bohne. **~ ma·chine** *s med.* künstliche Niere: **to put s.o. on a ~** j-n an e-e künstliche Niere anschließen. **~ ore** *s min.* nierenförmiger Hämaˈtit. **~ punch** *s Boxen*: Nierenschlag *m*. **ˈ~-shaped** *adj* nierenförmig. **~ stone** *s med.* Nierenstein *m*. **~ trans·plant** *s med.* ˈNierenverpflanzung *f*, -transplantatiˌon *f*.

ˈkid·skin *s* **1.** Ziegenfell *n*. **2.** → **kid¹** 2.

kief [ki:f] → **kif**.

kie·sel·gu(h)r [ˈki:zlˌgʊə(r)] *s geol.* Kieselgur *f*, -erde *f*.

kie·ser·ite [ˈki:zəraɪt] *s min.* Kieseˈrit *m*.

kif [kɪf; ki:f] *s* **1.** Kif *n*, Marihuˈana *n*. **2.** *Droge, die, wenn geraucht, e-n euphorischen Zustand hervorruft*. **3.** (*bes. durch das Rauchen von Marihuana hervorgerufener*) euˈphorischer Zustand.

kike [kaɪk] *s Am. sl. contp.* ,Itzig' *m*, Jude *m*.

kil·der·kin [ˈkɪldə(r)kɪn] *s* **1.** Fäßchen *n*. **2.** *altes englisches Flüssigkeitsmaß von 18 Gallonen = 82 l*.

Kil·ken·ny cats [kɪlˈkenɪ] *s pl*: **to fight like ~** *obs.* erbittert kämpfen.

kill [kɪl] **I** *v/t* **1.** (**o.s.** sich) töten, ˈumbringen, ermorden, (*kaltblütig etc a.*) ,killen': **his reckless driving will ~ him one day** sein rücksichtsloses Fahren wird ihn noch einmal das Leben kosten; **to ~ off** a) abschlachten, b) ausrotten, vertilgen; **to ~ two birds with one stone** zwei Fliegen mit e-r Klappe schlagen; **to be ~ed** getötet werden, ums Leben kommen, umkommen; → **action** 13. **2.** *Tiere* schlachten: → **fat** 10. **3.** *hunt.* erlegen, schießen. **4.** *mil.* a) abschießen, b) zerstören, vernichten, c) versenken. **5.** (fast) ˈumbringen: **the job is (my feet are) ~ing me** die Arbeit bringt (m-e Füße bringen) mich (noch) um; **the sight nearly ~ed me** der Anblick war zum Totlachen; **to ~ s.o. with kindness** j-n vor Freundlichkeit fast umbringen. **6.** *a.* **~ off** *Knospen etc* vernichten, zerstören: **the frost ~ed the cherry blossom.** **7.** *Gefühle* (ab)töten, ersticken. **8.** *Schmerzen* stillen. **9.** unwirksam machen, *Farben etc a.* neutraliˈsieren, *Wirkung etc a.* entschärfen, aufheben. **10.** *Geräusche* a) (ver)schlucken, b) überˈtönen. **11.** *e-e Gesetzesvorlage etc* zu Fall bringen, *e-e Eingabe etc* unterˈdrücken, *e-n Plan etc* durchˈkreuzen. **12.** a) *Tennis etc*: *e-n Ball* töten, b) *Fußball*: *e-n Ball* stoppen. **13.** streichen: **to ~ a passage of the text.** **14.** *Zeit* totschlagen: **to ~ time.** **15.** a) *e-e Maschine etc* abstellen, abschalten, *den Motor a.* ,abwürgen', b) *Lichter* ausschalten, c) *electr.* abschalten, *e-e Leitung* spannungslos machen. **16.** *colloq.* a) *e-e Flasche etc* ,vernichten', austrinken, b) *e-e Zigarette* ausdrücken.

II *v/i* **17.** töten: a) den Tod verursachen *od.* herˈbeiführen, b) morden. **18.** *colloq.* ˈunwiderˌstehlich *od.* ˈhinreißend sein, e-n ,tollen' Eindruck machen, ,e-n ˈumschmeißen': **dressed to ~** ,todschick' gekleidet, *contp.* ,aufgedonnert'.

III *s* **19.** a) Tötung *f*, b) Mord *m*: **on the ~** auf Beute aus (*Raubtier*), *fig.* aufs Ganze gehend. **20.** *hunt.* a) Tötung *f* (*e-s Wildes*), Abschuß *m*: **to be in at the ~** *fig.* am Schluß (mit) dabeisein, b) Jagdbeute *f*, Strecke *f*. **21.** *mil.* a) Abschuß *m*, b) Zerstörung *f*, Vernichtung *f*, c) Versenkung *f*.

kill·a·ble [ˈkɪləbl] *adj* schlachtreif (*Tier*).

ˈkill·deer *s orn.* (*ein*) amer. Regenpfeifer *m*.

ˈkill·er I *s* **1.** Mörder *m*, (*kaltblütiger, professioneller*) Killer *m*: **this disease is a ~** diese Krankheit ist *od.* verläuft tödlich; → **contract** 1 b. **2.** a) Raubtier *n*, b) **this snake is a ~** der Biß dieser Schlange ist tödlich. **3.** Schlächter *m*. **4.** *chem. bes. in Zssgn* Vertilgungs- *od.* Vernichtungsmittel *n*: → **weed killer**. **5.** → **killer whale**. **6.** *Am. colloq.* a) ,tolle' Frau, b) ,toller' Bursche, c) ,tolle' Sache. **II** *adj* **7.** tödlich: **~ diseases**. **~ in·stinct** *s* **1.** *zo.* ˈTötungsinˌstinkt *m*. **2.** *Boxen*: ˈKillerinˌstinkt *m*. **~ sat·el·lite** *s mil.* ˈKillersatelˌlit *m*. **~ whale** *s zo.* Schwert-, Mörder-, Mordwal *m*.

kil·lick [ˈkɪlɪk] *s mar.* **1.** (kleiner) Bootsanker. **2.** Ankerstein *m*.

ˈkill·ing I *s* **1.** a) Tötung *f*, Morden *n*, b) Mord *m*. **2.** → **kill** 20 b. **3.** Schlachten *n*: **~ time** Schlachtzeit *f*. **4. to make a ~** *econ. colloq.* e-n hohen u. unerwarteten Spekulationsgewinn erzielen. **II** *adj* (*adv* **~ly**) **5.** tödlich. **6.** vernichtend, mörderisch (*beide a. fig.*): **a ~ glance** ein vernichtender Blick; **a ~ pace** ein mörderisches Tempo. **7.** *colloq.* ˈumwerfend, ˈhinreißend, ,toll'. **8.** *colloq.* urkomisch, zum Totlachen.

ˈkill·joy *s* Spielverderber(in), Miesmacher(in).

kil·lock [ˈkɪlək] → **killick**.

ˈkill-time I *s* Zeitvertreib *m*. **II** *adj* als Zeitvertreib (dienend), zum Zeitvertreib (getan).

kiln [kɪln; kɪl] **I** *s* a) Darre *f* (*für Malz etc*), b) Brennofen *m* (*für Steingut etc*): **cement ~** Zementofen, c) Trockenofen *m* (*für Gußformen etc*), d) Kiln *m* (*zur Metallgewinnung aus Schwefelerzen*). **II** *v/t* → **kiln-dry**. **ˈkiln-dry** *v/t* im Ofen trocknen.

ki·lo [ˈki:ləʊ] *pl* **-los** *s* **1.** Kilo *n*. **2.** → **kilometer**.

ki·lo·am·pere [ˈkɪləʊˌæmpeə; *Am.* -pɪr] *s electr.* Kiloamˈpere *n*. **ˈki·loˌcal·o·rie** *s phys.* Kilokaloˈrie *f*. **ˈki·lo-eˌlec·tron-ˈvolt** *s phys.* Kiloelekˈtronenvolt *n*. **ˈki·lo·gram(me)** *s* Kiloˈgramm *n*. **ˈki·lo·joule** *s phys.* Kiloˈjoule *n*. **ˈki·loˌli·ter**, *bes. Br.* **ˈki·loˌli·tre** *s* Kiloˈliter *m*, *n*. **ki·lo·me·ter,** *bes. Br.* **ki·lo·me·tre** [ˈkɪləʊˌmi:tə; kɪˈlɒmɪtə; *Am.* kɪlˈɑmətər] *s* Kiloˈmeter *m*. **ˌki·loˈmet·ric** [-ˈmetrɪk], **ˌki·loˈmet·ri·cal** *adj* kiloˈmetrisch. **ˈki·lo·ton** *s* Kiloˈtonne *f*: a) *1000 Tonnen*, b) *mil. Detonationswert e-s Atomsprengkörpers, der dem von 1000 Tonnen TNT entspricht*. **ˈki·lo·volt** *s electr.* Kiloˈvolt *n*. **ˈki·lo·watt** *s electr.* Kiloˈwatt *n*. **ˌki·lo·watt-ˈhour** *s electr.* Kiloˈwattstunde *f*.

kilt [kɪlt] **I** *s* **1.** Kilt *m*, Schottenrock *m*. **II** *v/t* **2.** aufschürzen. **3.** fälteln, plisˈsieren. **ˈkilt·ed** *adj* **1.** mit e-m Kilt (bekleidet). **2.** plisˈsiert.

kilt·er [ˈkɪltə(r)] *bes. Am. für* **kelter**.

kilt·ing [ˈkɪltɪŋ] *s* Plisˈsee *n*.

kim·ber·lite [ˈkɪmbə(r)laɪt] *s min.* Kimberˈlit *m*.

ki·mo·no [kɪˈməʊnəʊ; *Am.* kəˈməʊnə] *pl* **-nos** *s* **1.** Kimono *m*: **~ sleeve** Kimonoärmel *m*. **2.** (*kimonoähnlicher*) Morgenrock. **kiˈmo·noed** *adj* mit e-m Kimono bekleidet.

kin [kɪn] **I** *s* **1.** Sippe *f*, Geschlecht *n*, Faˈmilie *f*: **of good ~** aus guter Familie. **2.** *collect.* (*als pl konstruiert*) (Bluts)Verwandtschaft *f*, (*die*) Verwandten *pl*: **to be of ~ to s.o.** mit j-m verwandt sein; **to be no ~ to** nicht verwandt sein mit; **of the same ~ as** *fig.* von derselben Art wie; **near of ~** nahe verwandt (*a. fig.*); → **kith, next of kin**. **II** *adj* **3.** verwandt (**to** mit): **we are ~** wir sind (miteinander) verwandt. **4.** *fig.* (**to**) verwandt (mit), ähnlich (*dat*).

kin·aes·the·si·a [ˌkaɪni:sˈθi:zjə; *Am.* ˌkɪnəsˈθi:ʒə], **ˌkin·aesˈthe·sis** [-sɪs] *s med. bes. Br.* Kinästheˈsie *f*, Muskelgefühl *n*.

kind¹ [kaɪnd] *s* **1.** Art *f*, Sorte *f*: **all ~(s) of** alle möglichen, allerlei; **all of a ~ (with)** von der gleichen Art (wie); **two of a ~** zwei von derselben Sorte *od.* vom selben Schlag; **nothing of the ~** a) nichts dergleichen, b) keineswegs; **s.th. of the ~, this ~ of thing** etwas Derartiges, so etwas; **that ~ of place** so ein Ort; **I haven't got that ~ of money** *colloq.* so viel Geld hab' ich nicht; **what ~ of man is he?** was für ein Mann *od.* Mensch ist er?; **she is not that ~ of girl** sie ist nicht so e-e; **he is not the ~ of man to do such a thing** er ist nicht der Typ, der so etwas tut; **he felt a ~ of compunction** er empfand so etwas (Ähnliches) wie Reue; **coffee of a ~** *colloq.* so etwas Ähnliches wie Kaffee, etwas Kaffeeartiges; **the literary ~** die Leute, die sich mit Literatur befassen. **2.** Geschlecht *n*, Klasse *f*, Art *f*, Gattung *f*: → **humankind**. **3.** Art *f*, Wesen *n*: **different in ~** der Art *od.* dem Wesen nach verschieden. **4. ~ of** *colloq.* ein bißchen, irgendwie: **he's ~ of crazy**; **I ~ of expected it** ich hatte es irgendwie erwartet; **I've ~ of promised it** ich habe es halb u. halb versprochen. **5.** Natu'ralien *pl*, Waren *pl*: **to pay in ~** in Naturalien zahlen; **to pay s.o. in ~** *fig.* es j-m mit gleicher Münze heimzahlen.

kind² [kaɪnd] *adj* (*adv* → **kindly** II) **1.** freundlich, liebenswürdig, nett (**to s.o.** zu j-m): **~ words; to be ~ to animals** tierlieb sein; **~ to the skin** hautfreundlich (*Creme etc*); **it was very ~ of you to help me** es war sehr nett *od.* lieb (von dir), daß du mir geholfen hast; **would you be so ~ as to do this for me?** sei so gut *od.* freundlich u. erledige das für mich, erledige das doch bitte für mich; → **enough** III. **2.** hilfreich: **a ~ deed. 3.** herzlich: → **regard** 12. **4.** freundlich, mild, angenehm: **~ climate.**

kin·der·gar·ten ['kɪndə(r),gɑ:(r)tn] *s* Kindergarten *m*: **~ teacher** Kindergärtnerin *f*. **'kin·der,gart·ner** [-nə(r)], *a.* **'kin·der,gar·ten·er** *s* **1.** Kindergärtnerin *f*. **2.** *Am. Kind, das e-n Kindergarten besucht.*

,kind'heart·ed *adj* (*adv* **~ly**) gütig, gutherzig. **,kind'heart·ed·ness** *s* Gutherzigkeit *f*, (Herzens)Güte *f*.

kin·dle ['kɪndl] **I** *v/t* **1.** an-, entzünden. **2.** *Haß etc* entfachen, -flammen, *Interesse etc* wecken. **3.** erleuchten: **the moon ~d the countryside; happiness ~d her eyes** ihre Augen leuchteten vor Glück. **II** *v/i* **4.** sich entzünden, Feuer fangen. **5.** *fig.* entbrennen, -flammen. **6.** *fig.* (er)glühen (**with** vor *dat*). **'kin·dler** *s* **1.** → **kindling** 3. **2.** *j-d, der (Haß etc) entfacht od. entflammt*: **a ~ of hatred.**

kind·li·ness ['kaɪndlɪnɪs] *s* Güte *f*, Freundlichkeit *f*, Liebenswürdigkeit *f*.

kin·dling ['kɪndlɪŋ] *s* **1.** An- Entzünden *n*. **2.** *fig.* Entfachen *n*, -flammen *n*. **3.** 'Anzündmateri,al *n*.

kind·ly ['kaɪndlɪ] **I** *adj* **1.** gütig, freundlich, liebenswürdig. **2.** → **kind²** 4. **II** *adv* **3.** → **kind²** 1. **4.** freundlicher-, liebenswürdiger-, netterweise: **~ tell me** sagen Sie mir bitte; **would you ~ shut up!** *colloq. iro.* halt gefälligst die ,Klappe'! **5. to take s.th. ~** etwas gut aufnehmen: **I would take it ~ if you ...** Sie täten mir e-n großen Gefallen *od.* es wäre sehr freundlich von Ihnen, wenn Sie ... **6. to take ~ to s.th.** sich mit etwas an- *od.* befreunden. **7.** herzlich: **we thank you ~.**

'kind·ness *s* **1.** Freundlichkeit *f*, Liebenswürdigkeit *f*: **to show s.o. ~** freundlich *od.* liebenswürdig zu j-m sein; **please have the ~** (*Br. a.* **please do me the ~**) **to close the window** sei so gut *od.* freundlich u. schließ das Fenster, schließ doch bitte das Fenster. **2.** Gefälligkeit *f*, Freundlichkeit *f*: **to do s.o. a ~** j-m e-e Gefälligkeit erweisen.

kin·dred ['kɪndrɪd] **I** *s* **1.** (Bluts)Verwandtschaft *f*: **he claims ~ to** (*od.* **with**) **me** er behauptet, mit mir verwandt zu sein. **2.** *fig.* Verwandtschaft *f*. **3.** *collect.* (*als pl konstruiert*) Verwandte *pl*, Verwandtschaft *f*. **4.** Stamm *m*, Fa'milie *f*. **II** *adj* **5.** (bluts)verwandt: **of ~ blood** blutsverwandt **6.** *fig.* verwandt, ähnlich: **~ spirit** Gleichgesinnte(r *m*) *f*.

kine [kaɪn] *pl obs. von* **cow¹**.

kin·e·mat·ic [,kɪnɪ'mætɪk; ,kaɪ-] *phys.* **I** *adj* (*adv* **~ally**) kine'matisch. **II** *s pl* (*als sg konstruiert*) Kine'matik *f*, Bewegungslehre *f*. **,kin·e'mat·i·cal** [-kl] → **kinematic** I.

kin·e·mat·o·graph [,kɪnɪ'mætəʊgrɑ:f; ,kaɪ-; *bes. Am.* -təgræf], *etc* → **cinematograph**, *etc.*

ki·ne·sics [kɪ'ni:sɪks; kaɪ-] *s pl* (*als sg konstruiert*) Ki'nesik *f* (*Wissenschaft, die sich mit der Erforschung nichtsprachlicher Kommunikation befaßt*).

kin·es·the·si·a, kin·es·the·sis *Am.* → **kinaesthesia, kinaesthesis.**

ki·net·ic [kaɪ'netɪk; kɪ'n-] **I** *adj* **1.** *phys.* ki'netisch: **~ energy** kinetische Energie, Bewegungsenergie *f*; **~ pressure** Staudruck *m*; **~ theory of gases** kinetische Gastheorie. **2.** *art* ki'netisch: **~ sculpture; ~ art** → **kineticism; ~ artist** → **kineticist. II** *s pl* (*als sg konstruiert*) **3.** *phys.* Ki'netik *f* (*Lehre des Zs.-hangs zwischen den Kräften u. den daraus folgenden Bewegungen e-s Körpers*). **ki'net·i·cism** [-sɪzəm] *s art* Ki'netik *f* (*moderne Kunstrichtung, die die Wirkung beweglicher Objekte durch Lichteffekte, Spiegelungen u. Geräusche steigert*). **ki'net·i·cist** *s art* Ki'netiker *m*.

'kin·folk *bes. Am.* → **kinsfolk.**

king [kɪŋ] **I** *s* **1.** König *m*: **~ of beasts** König der Tiere (*Löwe*); **the ~ of the castle** *fig. bes. Br.* der wichtigste Mann; → **English** 3, **evidence** 2 c. **2.** *relig.* a) **K~ of K~s** König *m* der Könige (*Gott, Christus*), b) (**Book of**) **K~s** *Bibl.* (*das* Buch der) Könige *pl.* **3.** *Schach*: König *m*: **~'s knight** Königsspringer *m*. **4.** *Damespiel*: Dame *f*. **5.** *Kartenspiel*: König *m*: **~ of hearts** Herzkönig. **6.** *fig.* König *m*, Ma'gnat *m*: **oil ~. II** *v/i* **7.** *meist* **~ it** herrschen (**over** über *acc*). **III** *v/t* **8.** zum König machen.

'king|·bird *s orn.* Ty'rann *m*, *bes.* Königsvogel *m*. **'~·bolt** *s tech.* Drehbolzen *m*, Achs(schenkel)bolzen *m*. **~ co·bra** *s zo.* Königskobra *f*, -hutschlange *f*. **~ crab** *s zo.* Teufelskrabbe *f*, Meerspinne *f*.

king·dom ['kɪŋdəm] *s* **1.** Königreich *n*: → **United Kingdom. 2.** *fig.* Reich *n*, Gebiet *n*: **~ of thought** (*od.* **of the mind**) Reich der Gedanken. **3.** *a.* **K~, ~ of heaven** *relig.* Reich *n* (Gottes): **thy ~ come** (*im Vaterunser*) dein Reich komme; **to go to ~ come** *colloq.* ,das Zeitliche segnen'; **to knock s.o. to ~ come** *colloq.* j-n ins ,Reich der Träume' schicken (*bewußtlos schlagen*); **to send s.o. to ~ come** *colloq.* j-n ins Jenseits befördern; **till** (*od.* **until**) **~ come** *colloq.* bis in alle Ewigkeit. **4.** (Na'tur)Reich *n*: **animal** (**mineral, vegetable** *od.* **plant**) **~** Tier-(Mineral-, Pflanzen)reich.

king| duck, *a.* **~ ei·der** *s orn.* Königseiderente *f*. **K~ Em·per·or** *s hist.* König *m* u. Kaiser *m* (*Titel des Herrschers über das Vereinigte Königreich u. Indien*). **~ fern** *s bot.* Königsfarn *m*. **'~·fish** *s* **1.** a) Königsdorsch *m*, b) Opah *m*, Getupfter Sonnenfisch, c) 'Königsma,krele *f*. **2.** *Am. colloq.* ,König' *m*: **the ~ of Boston's underworld. '~·fish·er** *s* Eisvogel *m*.

King James| Bi·ble, ~ Ver·sion *s englische Bibelversion von 1611.*

king·let ['kɪŋlɪt] *s* **1.** a) unbedeutender *od.* schwacher König, b) König *m* e-s kleinen *od.* unbedeutenden Landes. **2.** *orn. Am.* (*ein*) Goldhähnchen *n*.

'king·like → **kingly.**

king·li·ness ['kɪŋlɪnɪs] *s* (*das*) Königliche *od.* Maje'stätische.

king·ly ['kɪŋlɪ] **I** *adj* **1.** königlich. **2.** maje'stätisch. **II** *adv obs.* → I.

'king|,mak·er *s fig.* Königsmacher *m*. **,K~-of-'Arms** *pl* **,Kings-of-'Arms** *s her.* Wappenkönig *m*. **'~·pin** *s* **1.** *Kegeln*: König *m*. **2.** *colloq.* a) wichtigster Mann, b) Dreh- u. Angelpunkt *m*. **3.** *tech.* → **kingbolt. ~ post** *s arch.* einfache Hängesäule. **~ salm·on** *s ichth.* Königslachs *m*. **K~'s Bench Di·vi·sion** *s jur. Br.* Erste Kammer des **High Court of Justice. K~'s Coun·sel** *s jur. Br.* Kronanwalt *m* (*ein* **barrister**, *der die Krone in Strafsachen vertritt*). **~'s e·vil** *s med. obs.* Skrofu'lose *f*.

king·ship ['kɪŋʃɪp] *s* **1.** Königtum *n*, Königswürde *f*. **2.** Monar'chie *f*.

'king-size(d) *adj* 'über,durchschnittlich groß, Riesen...: **~ cigarettes** King-size-Zigaretten.

King's| proc·tor → **proctor** 3. **~ speech** *s Br.* Thronrede *f*.

king vul·ture *s orn.* Königsgeier *m*.

kink [kɪŋk] **I** *s* **1.** Knick *m* (*in e-m Draht etc*), *mar.* Kink *f* (*in e-r Stahltrosse*). **2.** *fig.* a) Spleen *m*, ,Tick' *m*, b) *colloq.* abartige Veranlagung, c) schwacher Punkt, Mangel *m*. **3. a ~ in one's back** (**neck**) *med.* ein steifer Rücken (Hals). **II** *v/i u. v/t* **4.** knicken.

kin·kle ['kɪŋkl] *s* kleiner Knick. **'kinkled** *adj* **1.** voller Knicke, verknickt. **2.** kraus (*Haar*). **3.** *fig.* spleenig.

kink·y ['kɪŋkɪ] *adj* **1.** → **kinkled. 2.** *colloq.* abartig (veranlagt), per'vers. **3.** *sl.* ,irre', ,verrückt': **~ clothes.**

ki·no (gum) ['ki:nəʊ] *s* Kinoharz *n*.

kin·o·plasm ['kɪnəʊplæzəm; 'kaɪ-] *s biol.* Kino'plasma *n* (*Bündel von Filamenten im Protozoenzellkörper*).

kins·folk ['kɪnzfəʊk] *s pl* Verwandtschaft *f*, (*die*) (Bluts)Verwandten *pl*.

kin·ship ['kɪnʃɪp] *s* **1.** (Bluts)Verwandtschaft *f*: **~ family** *sociol.* Großfamilie *f*. **2.** *fig.* Verwandtschaft *f*.

kins·man ['kɪnzmən] *s irr* (Bluts)Verwandte(r) *m*, Angehörige(r) *m*. **'kins,wom·an** *s irr* (Bluts)Verwandte *f*, Angehörige *f*.

ki·osk ['ki:ɒsk; *Am.* 'ki:,ɑsk] *s* **1.** Kiosk *m*: a) *orientalisches Gartenhaus*, b) *Verkaufshäus-chen.* **2.** *Br.* Tele'fon-, Fernsprechzelle *f*.

kip¹ [kɪp] *s* **1.** (*ungegerbtes*) (*bes.* Kalbs-, Lamm)Fell. **2.** Bündel *n* Felle.

kip² [kɪp] *sl.* **I** *s* **1.** Schlaf *m*: **to have a ~** ,pennen'. **2.** Schlafstelle *f*. **II** *v/i* **3.** ,pennen'. **4.** *meist* **~ down** ,sich 'hinhauen'.

kip³ [kɪp] (*Turnen*) *Am.* **I** *s* Kippe *f*. **II** *v/i* e-e Kippe machen.

kip⁴ [kɪp] *s* tausend englische Pfund *pl* (= *453,59 kg*).

kip·per ['kɪpə(r)] **I** *s* **1.** Kipper *m* (*am Rücken aufgeschnittener, kurz gesalzener u. dann kalt geräucherter Hering*). **2.** männlicher Lachs, Hakenlachs *m* (*während od. nach der Laichzeit*). **II** *v/t* **3. ~ed herring** → 1.

Kipp's ap·pa·ra·tus [kɪps] *s chem.* Kippscher Appa'rat.

Kirch·hoff's laws ['kɪə(r)kɒfs] *s pl electr.* Kirchhoffsche Regeln *pl*.

Kir·ghiz ['kɜ:gɪz; *Am.* kɪr'gi:z] **I** *s* **1.** Kir'gise *m*, Kir'gisin *f*. **2.** *ling.* Kir'gisisch *n*, das Kirgisische. **II** *adj* **3.** kir'gisisch.

kirk [kɜ:k; *Am.* kɜrk; kɪrk] *s* **1.** *Scot.* Kirche *f*. **2. the K~** die schottische Staatskirche. **'~·man** [-mən] *s irr* **1.** Mitglied *n* der schottischen Staatskirche. **2.** *Scot.* Geistliche(r) *m*.

kir·mess → **kermess.**

kirsch(·was·ser) [kɪə(r)ʃ; '-,vɑ:sə(r)] *s* Kirsch(wasser *n*) *m*.

kish [kɪʃ] *s metall.* 'Garschaumgra,phit *m*.

kis·met ['kɪsmet; 'kɪz-] *s* **1.** *relig.* Kismet *n* (*das dem Menschen von Allah zugeteilte Los*). **2.** Geschick *n*, Los *n*, Schicksal *n*.

kiss [kɪs] **I** *s* **1.** Kuß *m*: **to give s.o. a ~; to blow** (*od.* **throw**) **s.o. a ~** j-m e-e Kußhand zuwerfen; **~ of life** *Br.* Mund-zu-Mund-Beatmung *f*; **to give s.th. the ~ of life** *fig.* etwas zu neuem Leben erwecken; **to give s.th. the ~ of death** e-r Sache den Todesstoß versetzen. **2.** leichte Berührung (*z. B. zweier Billardbälle*). **3.** *Am.* a) Bai'ser *n* (*Zuckergebäck*), b) Pra'line *f*. **II** *v/t* **4.** küssen: **he ~ed her** (**on the**) **lips** er küßte sie auf die Lippen *od.* auf den Mund; **to ~ away s.o.'s tears** j-s Tränen wegküssen; **to ~ s.o. goodby(e)** (**good night**) j-m e-n Abschiedskuß (Gutenachtkuß) geben; **to ~ the Book**

die Bibel küssen (*beim Eid*); **to ~ one's hand to s.o.** j-m e-e Kußhand zuwerfen; **to ~ the dust** *colloq.* a) ,ins Gras beißen' (*umkommen*), b) ,abgeschmettert' werden (*Plan etc*), c) ,dran glauben müssen' (*getrunken werden, ausrangiert werden*); → **rod** 3. **5.** leicht berühren. **6. ~ off** *bes. Am. colloq.* a) *j-m* e-e ,Abfuhr' erteilen, b) *j-n* ,rausschmeißen' (*entlassen*), c) *etwas* abtun: **he ~ed off their objections with a wave of his hand. III** *v/i* **7.** sich küssen: **they ~ed goodby(e)** (**good night**) sie gaben sich e-n Abschiedskuß (Gutenachtkuß). **8.** sich leicht berühren. **ˈkiss·a·ble** *adj* zum Küssen: **a ~ girl** ein Mädchen, das man (am liebsten) küssen möchte; **~ mouth** Kußmund *m*.

kiss curl *s bes. Br.* ,Schmachtlocke' *f*.

ˈkiss·er *s* **1. to be a good ~** gut küssen. **2.** *sl.* a) ,Schnauze' *f*, ,Fresse' *f*, b) ,Viˈsage' *f*.

ˈkiss·ing *s* Küssen *n*. **~ gate** *s Br. kleines Schwingtor, das nur jeweils ˈeine Person durchläßt.*

ˌkiss|-in-the-ˈring *s ein Gesellschaftsspiel für junge Leute, bei dem e-r den andern fängt u. küßt.* **ˈ~-me** *s bot.* Wildes Stiefmütterchen. **ˈ~-off** *s bes. Am. colloq.* a) ,Abfuhr' *f*, b) ,Rausschmiß' *m*: **to give** *s.o., s.th.* **the ~** → **kiss** 6. **ˈ~-proof** *adj* kußecht, -fest: **a ~ lipstick**.

kit[1] [kɪt] **I** *s* **1.** (*Jagd-, Reise-, Reit- etc*) Ausrüstung *f*, Ausstattung *f*. **2.** *mil.* a) Monˈtur *f*, b) Gepäck *n*. **3.** a) Arbeitsgerät *n*, Werkzeug(e *pl*) *n*, b) Werkzeugtasche *f*, -kasten *m*, c) *allg.* Behälter *m*: **a plastic ~ for medical supplies**, d) (abgepackter) Satz (Zubehör- *etc*)Teile: → **first-aid**. **4.** a) Baukasten *m*, b) Bastelsatz *m*. **5. the whole ~ (and caboodle)** *colloq.* a) (*von Sachen*) der ganze Plunder *od.* Kram, b) (*von Personen*) die ganze ,Blase' *od.* Sippschaft. **6.** *a.* **press ~** Pressemappe *f*. **II** *v/t* **7.** *oft* **~ out** (*od.* **up**) *bes. Br.* ausstatten (**with** mit).

kit[2] [kɪt] → **kitten**.

kit bag *s* **1.** *mil.* Kleider-, Seesack *m*. **2.** Reisetasche *f*.

kitch·en [ˈkɪtʃɪn] **I** *s* **1.** Küche *f*. **2.** *chem. tech.* Dampfraum *m*. **II** *adj* **3.** Küchen...: **~ knife (machine, table,** *etc*). **~ cab·i·net** *s* **1.** Küchenschrank *m*. **2.** *pol. Am. colloq.* ˈKüchenkabiˌnett *n*.

kitch·en·er [ˈkɪtʃɪnə(r)] *s* Küchenmeister *m* (*in e-m Kloster*).

kitch·en·et(te) [ˌkɪtʃɪˈnet] *s* **1.** kleine Küche. **2.** Kochnische *f*.

kitch·en| fa·tigue *s mil.* Küchendienst *m*. **~ gar·den** *s* Küchen-, (Obst- u.) Gemüsegarten *m*. **~ gar·den·er** *s j-d, der e-n* **kitchen garden** *hat.* **~ help** *s* Küchenhilfe *f*. **ˈ~maid** *s* Küchenmädchen *n*. **~ mid·den** *s* Kjökkenmöddinger *pl*, Muschelhaufen *m* (*vorgeschichtliche Speiseabfallhaufen*). **~ po·lice** *s mil. Am.* a) zum Küchendienst ˈabkommanˌdierte Solˈdaten *pl*, b) Küchendienst *m*. **~ sink** *s* Ausguß(becken *n*) *m*, Spülbecken *n*, Spüle *f*: **with everything** (*od.* **all**) **but the ~** *humor.* mit Sack u. Pack. **ˈ~-sink dra·ma** *s* reaˈlistisches Soziˈaldrama. **~ stuff** *s* **1.** Küchenbedarf *m* (*bes. Gemüse*). **2.** Küchenabfälle *pl*. **3.** abgetropftes Bratenfett. **~ u·nit** *s* Einbauküche *f*. **ˈ~ware** *s* Küchengeschirr *n*, -gerät *n*.

kite [kaɪt] **I** *s* **1.** Drachen *m*: **to fly a ~** a) e-n Drachen steigen lassen, b) *fig.* e-n Versuchsballon steigen lassen (→ 6); **go fly a ~!** *bes. Am. sl.* ,hau ab!', ,zieh Leine!' **2.** *orn.* (*ein*) Falke *m*, *bes.* Gabelweihe *f*, Roter Milan. **3.** *obs.* Ausbeuter *m*. **4.** *pl mar.* Drachen *pl* (*Segel*). **5.** *aer. Br. sl.* ,Kiste' *f*, ,Mühle' *f* (*Flugzeug*). **6.** *econ.* a) Kellerwechsel *m*, b) Gefälligkeitswechsel *m*: **to fly a ~** Wechselreiterei betreiben (→ 1). **II** *v/i* **7.** (wie ein Drachen) steigen *od.* (daˈhin)gleiten. **8.** *Am. colloq.* a) hochschnellen (*Preise*), b) ,flitzen', sausen, c) ,abhauen', sich aus dem Staub machen. **9.** *econ.* Wechselreiteˈrei betreiben. **III** *v/t* **10.** *Am. colloq. die Preise* hochschnellen lassen. **11. to ~ a check** *Am.* a) e-n (noch) ungedeckten Scheck ausstellen, b) e-n Scheckbetrag fälschen. **~ bal·loon** *s aer.* ˈDrachen-, ˈFesselbalˌlon *m*. **~ check** *s Am.* a) (noch) ungedeckter Scheck, b) gefälschter Scheck. **ˈ~ˌfli·er** *s* **1.** *j-d, der e-n Drachen steigen läßt.* **2.** *econ.* Wechselreiter *m*. **ˈ~ˌfly·ing** *s* **1.** Steigenlassen *n* e-s Drachens. **2.** *econ.* Wechselreiteˈrei *f*. **K~ mark** *s drachenförmiges Zeichen auf brit. Waren als Hinweis, daß deren Qualität, Größe etc den Bestimmungen der British Standards Institution entspricht.*

kit fox *s zo.* Präˈriefuchs *m*.

kith [kɪθ] *s*: **~ and kin** Bekannte u. Verwandte; **with ~ and kin** mit Kind u. Kegel.

kith·a·ra [ˈkɪθərə] → **cithara**.

kitsch [kɪtʃ] (*Ger.*) **I** *s* Kitsch *m*. **II** *adj* kitschig. **ˈkitsch·i·fy** *v/t* verkitschen. **ˈkitsch·y** *adj* kitschig.

kit·ten [ˈkɪtn] **I** *s* **1.** Kätzchen *n*, junge Katze: **to have ~s** *Br. colloq.* ,Zustände kriegen'. **2.** Junges *n* (*von Kaninchen etc*). **II** *v/i* **3.** (Junge) werfen. **3.** koketˈtieren. **ˈkit·ten·ish** *adj* **1.** kätzchenartig, wie ein Kätzchen (geartet). **2.** (kindlich) verspielt *od.* ausgelassen. **3.** koˈkett.

kit·tle [ˈkɪtl] *Scot.* **I** *v/t* **1.** kitzeln. **2.** *j-n* stören, *j-m* lästig sein. **3.** *j-n* verwirren. **II** *adj* **4.** kitzlig, heikel, schwierig.

kit·ty[1] [ˈkɪtɪ] *s* a) Kätzchen *n*, b) Mieze *f*.

kit·ty[2] [ˈkɪtɪ] *s* **1.** *Kartenspiel*: (Spiel)Kasse *f*. **2.** gemeinsame Kasse.

ki·wi [ˈkiːwiː] *s* **1.** *orn.* Kiwi *m*, Schnepfenstrauß *m*. **2.** *bot.* Kiwi *f*: **~ fruit** (*od.* **berry**) Kiwi(frucht) *f*. **3.** *meist* **K~** *colloq.* Neuˈseeländer *m*.

Klan [klæn] *s* Ku-Klux-Klan *m*.

klang·far·be [ˈklɑːŋˌfɑː(r)bə] *s mus.* Klangfarbe *f*.

Klans·man [ˈklænzmən] *s irr* Mitglied *n* des Ku-Klux-Klan.

klax·on [ˈklæksn] *s mot.* Hupe *f*.

Klebs-Löf·fler ba·cil·lus [ˌklebzˈlʌflə(r)] *s irr med.* ˈKlebs-ˈLöffler-BaˌzilIus *m*.

Kleen·ex, k~ [ˈkliːneks] (*TM*) *pl* **-ex, -ex·es** *s* Kleenex *n* (*ein Papiertuch*).

klep·to·ma·ni·a [ˌkleptəʊˈmeɪnjə; -nɪə] *s psych.* Kleptomaˈnie *f* (*krankhafter Stehltrieb*). **ˌklep·toˈma·ni·ac** [-nɪæk] **I** *s* Kleptoˈmane *m*, Kleptoˈmanin *f*. **II** *adj* kleptoˈmanisch.

klieg| eyes [kliːg] *s pl med. durch Einwirkung grellen Lichts entzündete Augen.* **~ light** *s Film*: Jupiterlampe *f*.

kloof [kluːf] *s S. Afr.* (Berg)Schlucht *f*.

klutz [klʌts] *s Am. sl. contp.* ,Klotz' *m*, ,Büffel' *m*, (*Frau*) ,Trampel' *m*, *n*. **ˈklutz·y** *adj Am. sl. contp.* ,büffelhaft', ,trampelhaft'.

klys·tron [ˈklɪstrɒn; ˈklaɪ-; *Am.* -ˌstrɑn] *s electr.* Klystron *n* (*Elektronenröhre zur Erzeugung, Gleichrichtung u. Verstärkung höchstfrequenter Schwingungen durch Steuerung der Geschwindigkeit e-s Elektronenstrahls*).

knack [næk] *s* **1.** Kniff *m*, Trick *m*: **to get the ~ of doing s.th.** dahinterkommen *od.* herausbekommen, wie man etwas tut; **to have the ~ of s.th.** den ,Dreh' von *od.* bei etwas heraushaben; **to have the ~ of it** ,den Bogen raushaben'. **2.** Geschick *n*, Taˈlent *n*: **to have the** (*od.* **a**) **~ of doing s.th.** Geschick *od.* das Talent haben, etwas zu tun, *iro.* ein besonderes Geschick *od.* Talent (dafür) haben, etwas zu tun.

knäck·e·bröd [ˈnekəbrɜːd] *s* Knäckebrot *n*.

knack·er [ˈnækə] *s Br.* **1.** Abdecker *m*, Pferdeschlächter *m*: **~'s yard** Abdeckeˈrei *f*. **2.** ˈAbbruchunterˌnehmer *m*. **3.** *pl sl.* ,Eier' *pl* (*Hoden*).

knack·ered [ˈnækəd] *adj Br. colloq.* ,geschlaucht', ,kaˈputt'.

knack·er·y [ˈnækərɪ] *s Br.* Abdeckeˈrei *f*.

knack·wurst [ˈnækwɜːst; *Am.* ˈnɑːkˌwɜrst] *s* Knackwurst *f*.

knag [næg] *s* **1.** Knorren *m*, Ast *m* (*im Holz*). **2.** Aststumpf *m*. **ˈknag·gy** *adj* knorrig.

knap [næp] *s bes. dial.* Kuppe *f* (*e-s Hügels*).

knap·sack [ˈnæpsæk] **I** *s* **1.** *mil.* Torˈnister *m*. **2.** Rucksack *m*. **3.** *a.* **~ tank** *tech. Am.* Tragbehälter *m*. **II** *v/i* **4.** *Am.* mit dem Rucksack wandern.

ˈknap·weed *s bot.* Flockenblume *f*.

knar [nɑː(r)] *s* Knorren *m*.

knave [neɪv] *s* **1.** *obs.* Schurke *m*, Bube *m*. **2.** *obs.* Diener *m*. **3.** *Kartenspiel*: Bube *m*: **~ of hearts** Herzbube *m*. **ˈknav·er·y** [-ərɪ] *s obs.* Schurkeˈrei *f*, Schurkenstreich *m*, Bübeˈrei *f*, Bubenstück *n*. **ˈknav·ish** *adj* (*adv* **~ly**) *obs.* bübisch, schurkisch.

knead [niːd] *v/t* **1.** a) *Teig* (ˈdurch)kneten, b) *Zutaten* verkneten. **2.** *Muskeln* (ˈdurch)kneten, masˈsieren. **3.** *fig.* formen (**into** zu). **ˈknead·a·ble** *adj* knetbar. **ˈknead·er** *s* ˈKnetmaˌschine *f*. **ˈknead·ing** *s* Kneten *n*: **~ trough** Backtrog *m*.

knee [niː] **I** *s* **1.** Knie *n*: **on one's ~s** kniefällig, auf Knien; **on the ~s of the gods** im Schoße der Götter; **to bend** (*od.* **bow**) **the ~s to** niederknien vor (*dat*); **to bring s.o. to his ~s** j-n auf *od.* in die Knie zwingen; **to go (down)** (*od.* **fall**) **on one's ~s to** auf die Knie sinken *od.* niederknien vor (*dat*), *fig. a.* in die Knie gehen vor (*dat*); **to learn s.th. at one's mother's ~** a) etwas von s-r Mutter lernen, b) etwas schon als kleines Kind lernen; **to put a child across one's ~** ein Kind übers Knie legen; → **bend** 7. **2.** a) *zo.* Vorderknie *n*, b) *orn.* Fußwurzelgelenk *n*. **3.** *tech.* Knie(stück) *n*, Winkel *m*. **4.** *tech.* a) Knierohr *n*, Rohrknie *n*, (Rohr)Krümmer *m*, b) Winkeltisch *m*, c) Kröpfung *f*. **5.** *bot.* Knoten *m*, Knick *m*. **II** *v/t* **6.** mit dem Knie stoßen *od.* berühren: **he ~d the door open** er stieß die Tür mit dem Knie auf; **to ~ s.o. in the stomach** j-m das Knie in den Magen rammen. **~ ac·tion** *s mot.* Kniegelenkfederung *f*. **~ bend** *s* Kniebeuge *f*. **~ boots** *s pl* Schaftstiefel *pl*. **~ breech·es** *s pl a.* **pair of ~** (Knie)Bundhose *f*. **ˈ~cap I** *s* **1.** *anat.* Kniescheibe *f*. **2.** Knieleder *n*, -schützer *m*. **II** *v/t* **3.** *j-m* in die Kniescheibe(n) schießen *od.* die Kniescheibe(n) zerschießen. **ˌ~-ˈdeep** *adj u. adv* knietief, kniehoch: **the snow lay ~** der Schnee lag kniehoch; **the water was ~** das Wasser reichte bis an die Knie; **~ in water** bis an die Knie im Wasser; **to be ~ in work** *fig.* bis über die Ohren in Arbeit stecken. **ˌ~-ˈhigh** *adj* **1.** → **knee-deep**: **~ stockings** Kniestrümpfe. **2.** *colloq. a.* **~ to a grasshopper** ganz klein (*Kind*): **~ boy** ,Dreikäsehoch' *m*. **ˈ~hole** *s* freier Raum für die Knie: **a ~ desk** Schreibtisch *m* mit Öffnung für die Knie. **~ jerk** *s med.* ˈKnie(ˌsehnen)reˌflex *m*. **ˈ~-jerk** *adj fig.* **1.** a) autoˈmatisch, b) vorˈhersehbar: **a ~ reaction**. **2.** autoˈmatisch *od.* vorˈhersehbar reaˈgierend. **~ joint** *s anat.* Kniegelenk *n* (*a. tech.*).

kneel [niːl] *v/i pret u. pp* **knelt** [nelt] *od.* **kneeled 1.** *a.* **~ down** (sich) ˈhinknien, niederknien (**to** vor *dat*). **2.** a) knien, auf den Knien liegen (**before** vor *dat*), b) *mil.* (*im Anschlag*) knien.

ˈ**knee-length** *adj* knielang: ~ **skirt** kniefreier Rock; ~ **boots** kniehohe Stiefel; ~ **portrait** Halbfigur(enbild *n*) *f*.

kneel·er [ˈniːlə(r)] *s* **1.** Kniende(r *m*) *f*. **2.** a) Kniekissen *n*, b) Kniestuhl *m*.

ˈ**knee|·pad** *s* Knieschützer *m*. ˈ**~·pan** → **kneecap** 1. ˈ**~·piece** *s* **1.** *mil. hist.* Kniestück *n od.* -buckel *m* (*e-r Rüstung*). **2.** *tech.* Kniestück *n*. **~ pine** *s bot.* Legföhre *f*. ˈ**~·pipe** *s tech.* Knierohr *n*. **~ raft·er** *s arch.* Kniesparren *m*. ˈ**~·room** *s mot. aer.* Kniefreiheit *f*. **~ shot** *s Film, TV*: ˈHalbtoˌtale *f*. ˈ**~-ˌslap·per** *s Am. colloq.* Witz *m* ‚zum Totlachen'. **~ stop, ~ swell** *s mus.* Knieschweller *m*. **~ tim·ber** *s* Knie-, Krummholz *n*.

Kneipp·ism [ˈnaɪpɪzəm], *a.* **Kneipp's cure** [naɪps] *s med.* Kneippkur *f*.

knell [nel] **I** *s* Grab-, Totengeläut(e) *n*: **to sound** (*od.* **ring**) **the ~ of** a) zu Grabe läuten, b) *fig.* das Ende (*gen*) bedeuten. **II** *v/i* läuten (*bes. Totenglocke*). **III** *v/t* (*bes. durch Läuten*) a) bekanntmachen, verkünden, b) zs.-rufen.

knelt [nelt] *pret u. pp von* **kneel**.

Knes·set(h) [ˈkneset] *s* Knesset(h) *f* (*israelisches Parlament*).

knew [njuː; *Am. bes.* nuː] *pret von* **know**.

Knick·er·bock·er [ˈnɪkəbɒkə; *Am.* ˈnɪkərˌbɑkər] *s* **1.** (*Spitzname für den*) New Yorker. **2. k~s** *pl* Knickerbocker *pl*.

knick·ers [ˈnɪkə(r)z] *s pl* **1.** → **Knickerbocker** 2. **2.** *a.* **pair of ~** *bes. Br.* (Damen)Schlüpfer *m*: **to get one's ~ in a twist** *colloq. oft humor.* ‚sich ins Hemd machen'; **~!** *colloq.* ‚Mist!'

knick·knack [ˈnɪknæk] *s* **1.** Nippsache *f*. **2.** billiges Schmuckstück. **3.** Spieleˈrei *f*, ‚Schnickschnack' *m*. ˈ**knickˌknack·er·y** [-ərɪ] *s* **1.** Nippes *pl*. **2.** billiger Schmuck. **3.** Spieleˈreien *pl*, ‚Schnickschnack' *m*.

knick·point [ˈnɪkpɔɪnt] *s geol.* Gefällstufe *f*, Knick(punkt) *m*.

knife [naɪf] **I** *pl* **knives** [naɪvz] *s* **1.** Messer *n*: **before you can say ~** *bes. Br. colloq.* im Nu, im Handumdrehen; **to the ~** bis aufs Messer, bis zum Äußersten; **to have one's ~ into s.o.** j-n ‚auf dem Kieker haben', j-n ‚gefressen haben'. **2.** *med.* (Seˈzier-, Operatiˈons)Messer *n*: **to be (go) under the ~** unterm Messer liegen (unters Messer kommen); **he died under the ~** er starb während der Operation. **II** *v/t* **3.** (be)schneiden, mit e-m Messer bearbeiten, *Farbe* mit dem Messer auftragen. **4.** a) mit e-m Messer stechen *od.* verletzen: **he was ~d in the back** er bekam ein Messer in den Rükken, b) erstechen. **5.** *fig.* a) *j-m* in den Rücken fallen, *j-m* e-n Dolchstoß versetzen, b) *j-n* ‚abschießen'.

knife| blade *s* Messerklinge *f*. ˈ**~-blade con·tact** *s electr.* ˈMesserkonˌtakt *m*. **~ edge** *s* **1.** Messerschneide *f*: **to be on a ~** *fig.* ganz aufgeregt *od.* nervös sein (**about** wegen); **to be balanced on a ~** *fig.* auf des Messers Schneide stehen. **2.** *tech.* Waageschneide *f*. **3.** Grat *m* (*am Berg*). ˈ**~-edged** *adj* messerscharf (*a. fig.*): **~ pleats**; **a ~ wit** ein messerscharfer Verstand. ˈ**~-edge re·lay** *s electr.* ReˈIais *n* mit Schneidenlagerung. **~ fight** *s* Messerstecheˈrei *f*. **~ grind·er** *s* **1.** Scheren-, Messerschleifer *m*. **2.** Schleifstein *m*, Schmirgelrad *n*. **~ point** *s* Messerspitze *f*: **at ~** mit vorgehaltenem Messer.

knif·er [ˈnaɪfə(r)] *s* Messerstecher *m*.

knife| rest *s* **1.** Messerbänkchen *n* (*bei Tisch*). **2.** *mil.* Spanischer Reiter (*Hindernis*). **~ switch** *s electr.* Messerschalter *m*.

knif·ing [ˈnaɪfɪŋ] *s* Messerstecheˈrei *f*.

knight [naɪt] **I** *s* **1.** *hist.* Ritter *m*. **2.** Ritter *m* (*unterste u. nicht erbliche Stufe des englischen Adels*; *Anrede* **Sir** *u. Vorname*). **3. ~ of the shire** *Br. hist.* Vertreter *m* e-r Grafschaft im Parlaˈment. **4.** Ritter *m* (*Mitglied e-s Ritterordens*): **K~ of the Garter** Ritter des Hosenbandordens; **K~ of St. John of Jerusalem** → **Hospitaler** 1. **5.** *humor.* Ritter *m*: **~ of the pen** Ritter der Feder (*Schriftsteller*); **~ of the pestle** *obs.* Apotheker *m*; **~ of the road** a) *obs.* Straßenräuber *m*, b) Handelsreisende(r) *m*, c) Tramp *m*, d) *Br.* Ritter der Landstraße. **6.** *Schach*: Springer *m*, Pferd *n*. **II** *v/t* **7.** zum Ritter schlagen. ˈ**knight·age** *s* **1.** *collect.* Ritterschaft *f*. **2.** Ritterstand *m*.

knight| bach·e·lor *pl* **knights bach·e·lor(s)** *s Br.* Ritter *m* (*Mitglied des niedersten englischen Ritterordens*). **~ ban·ner·et** *pl* **knights ban·ner·ets** → **banneret**[1]. **~ com·mand·er** *pl* **knights com·mand·ers** *s* Komˈtur *m* (*e-s Ritterordens*). **~ com·pan·ion** *pl* **knights com·pan·ions** → **companion**[1] 6. **~ er·rant** *pl* **knights er·rant** *s* **1.** *hist.* fahrender Ritter. **2.** *fig.* ‚Don Quiˈchotte' *m*. **~ er·rant·ry** [-rɪ] *s* **1.** *hist.* fahrendes Rittertum. **2.** *fig.* Donquichoteˈrie *f*.

knight·hood [ˈnaɪthʊd] *s* **1.** Rittertum *n*, -würde *f*. **2.** Ritter(stand *m*) *pl*: **order of ~** Ritterorden *m*. **3.** *collect.* Ritterschaft *f*. **4.** *fig.* Ritterlichkeit *f*.

Knight Hos·pi·tal·(l)er *pl* **Knights Hos·pi·tal·(l)ers** → **Hospitaler** 1.

knight·li·ness [ˈnaɪtlɪnɪs] *s* Ritterlichkeit *f*. ˈ**knight·ly** *adj u. adv* ritterlich.

knight| ser·vice *s* **1.** *hist.* Ritterdienst *m*. **2.** *fig.* wertvoller Dienst. **K~ Tem·plar** *pl* **Knights Tem·plar(s)** → **Templar** 1 *u.* 2.

knit [nɪt] **I** *v/t pret u. pp* **knit** *od.* ˈ**knit·ted 1.** a) stricken, b) wirken: **~ two, purl two** zwei rechts, zwei links (stricken). **2.** *a.* **~ together** zs.-fügen, verbinden, -einigen (*alle a. fig.*): **to ~ the hands** die Hände falten; → **close-knit, well-knit**. **3.** *fig.* verknüpfen: **to ~ up** (*od.* **together**) a) fest verbinden, b) ab-, beschließen. **4.** a) *die Stirn* runzeln: **to ~ one's brow**, b) *die Augenbrauen* zs.-ziehen: **to ~ one's eyebrows**. **II** *v/i* **5.** a) stricken, b) wirken. **6.** *meist* **~ up** sich stricken: **this wool ~s well**. **7.** *a.* **~ up** (*od.* **together**) *a. fig.* sich vereinigen, sich (eng) verbinden *od.* zs.-fügen, zs.-wachsen (*gebrochene Knochen etc*). **8.** sich zs.-ziehen *od.* runzeln. **III** *s* **9.** Strickart *f*.

ˈ**knit·ted** *adj* a) gestrickt, Strick..., b) gewirkt, Wirk...

ˈ**knit·ter** *s* **1.** Stricker(in). **2.** *tech.* a) ˈStrickmaˌschine *f*, b) ˈWirkmaˌschine *f*.

ˈ**knit·ting** *s* **1.** a) Stricken *n*, b) Wirken *n*. **2.** Strickarbeit *f*, -zeug *n*, Strickeˈrei *f*. **~ ma·chine** → **knitter** 2. **~ mag·a·zine** *s* Strickheft *n*. **~ nee·dle** *s* Stricknadel *f*.

ˈ**knit·wear** *s* a) Strickwaren *pl*, b) Wirkwaren *pl*.

knives [naɪvz] *pl von* **knife**.

knob [nɒb; *Am.* nɑb] *s* **1.** (*runder*) Griff, Knopf *m*, Knauf *m*: **(the) same to you with ~s on!** *colloq. iro.* danke gleichfalls! **2.** Buckel *m*, Beule *f*, Höcker *m*, Knoten *m*, Verdickung *f*. **3.** Knorren *m*, Ast *m* (*im Holz*). **4.** *bes. Br.* Stück(chen) *n* (*Zucker etc*). **5.** *arch.* Knauf *m* (*an Kapitellen etc*). **6.** *Br. vulg.* ‚Schwanz' *m* (*Penis*).

knobbed *adj* **1.** mit e-m Knauf *od.* Griff (versehen). **2.** knorrig.

knob·bi·ness [ˈnɒbɪnɪs; *Am.* ˈnɑ-] *s* Knorrigkeit *f*.

knob·ble [ˈnɒbl; *Am.* ˈnɑbəl] *s* **1.** kleiner Knopf. **2.** Knötchen *n*.

knob·by [ˈnɒbɪ; *Am.* ˈnɑbiː] *adj* **1.** knorrig. **2.** knaufartig.

knob·ker·rie [ˈnɒbˌkerɪ; *Am.* ˈnɑb-] *s* Knüppel *m* mit Knauf (*Waffe*).

ˈ**knob|·like** → **knobby** 2. ˈ**~·stick** → **knobkerrie**.

knock [nɒk; *Am.* nɑk] **I** *s* **1.** a) Schlag *m*, Stoß *m*, b) *fig.* (Tief)Schlag *m*: **to take** (*od.* **have**) **a ~** e-n Schlag einstecken müssen. **2.** Klopfen *n*, Pochen *n*: **there is a ~ (at** [*Am.* **on**] **the door)** es klopft; **to give a double ~** zweimal klopfen; **to open to s.o.'s ~** auf j-s Klopfen öffnen. **3.** *mot.* Klopfen *n*. **4.** *oft pl colloq.* Kriˈtik *f*.

II *v/t* **5.** schlagen, stoßen: **to ~ on the head** a) bewußtlos schlagen, b) totschlagen; **to ~ one's head against** sich den Kopf anschlagen an (*dat*); **to ~ one's head against a brick wall** *fig.* mit dem Kopf gegen die Wand rennen; **to ~ s.o. into the middle of next week** *colloq.* j-n ‚fertigmachen'; **to ~ s.th. into s.o.('s head)** j-m etwas einhämmern *od.* einbleuen; **to ~ some sense into s.o.** j-m den Kopf zurechtsetzen; **to ~ spots off s.o.** *colloq.* j-m haushoch überlegen sein (**at** in *dat*); **to ~ three seconds off a record** *sport colloq.* e-n Rekord um 3 Sekunden verbessern; **he's ~ed £5 off the bill (for us)** *colloq.* er hat (uns) 5 Pfund von der Rechnung nachgelassen; → **cold** 12, **head** *Bes. Redew.* **6.** schlagen, klopfen: **to ~ into shape** in Form bringen. **7.** *colloq.* herˈunter-, schlechtmachen, kritiˈsieren. **8.** *colloq.* a) *j-n* ‚ˈumhauen', sprachlos machen, b) *j-n* ‚schocken'.

III *v/i* **9.** schlagen, pochen, klopfen: **to ~ at** (*Am.* **on**) **the door** an die Tür klopfen; **please ~ before entering** bitte (an)klopfen. **10.** schlagen, prallen, stoßen (**against, into** gegen; **on** auf *acc*). **11.** → **knock together** 3. **12.** *tech.* a) rattern, rütteln (*Maschine*), b) klopfen (*Motor, Brennstoff*). **13. ~ about** (*od.* **around**) *colloq.* sich herˈumtreiben in (*dat*). **14. ~ about** (*od.* **around**) *colloq.* herˈumliegen in (*dat*) (*Gegenstand*).

Verbindungen mit Adverbien:

knock | a·bout, ~ a·round I *v/t* **1.** herˈumstoßen. **2.** *colloq.* prügeln, schlagen, mißˈhandeln. **3.** *colloq.* bereden, diskuˈtieren über (*acc*). **II** *v/i* **4.** *colloq.* sich herˈumtreiben: **to ~ with** a) sich herumtreiben mit, b) ‚gehen' mit (*e-m Mädchen etc*). **5.** *colloq.* herˈumliegen (*Gegenstand*). **~ back** *v/t bes. Br. colloq.* **1.** *ein Getränk* ‚runterkippen', ‚(sich) hinter die Binde gießen'. **2. to knock s.o. back a few pounds** j-n ein paar Pfund kosten. **3.** ‚ˈumhauen', sprachlos machen. **~ down I** *v/t* **1.** a) ˈumstoßen, -werfen, b) niederschlagen: → **feather** 1, c) an-, ˈumfahren; überˈfahren, d) *Leichtathletik*: *Latte* abwerfen, reißen, *Springreiten*: *Stange* abwerfen, e) *colloq.* ‚ˈumhauen', sprachlos machen. **2.** *Gebäude etc* abreißen, -brechen. **3.** *Maschine etc* zerlegen, auseinˈandernehmen. **4.** (**to** auf *acc*; **£2** um 2 Pfund) a) *j-n, den Preis* herˈunterhandeln, b) mit *dem Preis* herˈuntergehen. **5. to knock s.th. down to s.o.** (*Auktion*) j-m etwas zuschlagen (**at, for** für). **6.** *Am. colloq.* a) *Geld* unterˈschlagen, b) *e-e Bank etc* ausrauben. **7.** *Am. colloq. ein Gehalt etc* ‚einstreichen'. **8.** → **knock back** 1. **II** *v/i* **9.** sich zerlegen *od.* auseinˈandernehmen lassen. **10.** *Am. colloq.* a) sich legen (*Sturm etc*), b) ruhiger werden (*Meer etc*). **~ in** *v/t e-n Nagel* einschlagen. **~ off I** *v/t* **1.** herˈunter-, abschlagen, weghauen. **2.** *colloq.* aufhören mit: **knock it off!** hör auf (damit)!; **to ~ work(ing)** → 10 b. **3.** *colloq. Arbeit* erledigen. **4.** *colloq. e-n Artikel etc* a) ‚ˈhinhauen', b) ‚aus dem Ärmel schütteln'. **5.** *colloq. e-n Betrag* (von der Rechnung *etc*) nachlassen (**for s.o.** j-m). **6.** *colloq. j-n* ,ˈumlegen' (*töten*). **7.** *colloq.* a) *e-n Gegner* erledigen, b) *Essen* ,wegputzen'. **8.** *colloq.* a) ,klauen' (*stehlen*), b) *e-e Bank etc* ausrauben. **9.** *sl. ein Mädchen* ,bumsen', ,vögeln' (*schlafen mit*). **II** *v/i* **10.** *colloq.* a) *allg.* aufhören, b) Schluß *od.* Feierabend machen: **to ~ for tea** (e-e) Teepause machen. **~ out** *v/t* **1.** herˈausschlagen, -klopfen (**of** aus), *Pfeife* ausklopfen: → **bottom** 3. **2.** a) bewußtlos schlagen, b) *Boxen*: k. o. schlagen, ausknocken, c) betäuben (*Droge etc*), d) *colloq.* ,ˈumhauen' (*sprachlos machen, hinreißen*). **3.** *sport e-n Gegner* ausschalten: **to be knocked out** ausscheiden, ,rausfliegen' (**of** aus). **4. to ~ a tune on the piano** *colloq.* e-e Melodie auf dem Klavier ,hämmern'. **5.** *colloq. j-n* ,schlauchen', ,fertigmachen': **to knock o.s. out** ,sich umbringen', sich abrackern. **~ o·ver** *v/t* **1.** ˈumwerfen, ˈumstoßen. **2.** überˈfahren. **~ to·geth·er I** *v/t* **1.** aneinˈanderstoßen, -schlagen: **he knocked their heads together** er schlug sie mit den Köpfen aneinander (*um sie zur Vernunft zu bringen*). **2.** *colloq. etwas* schnell ,zs.-zimmern', *ein Essen etc* ,(her)zaubern'. **II** *v/i* **3.** aneinˈanderstoßen, -schlagen: **his knees were knocking together** ihm schlotterten die Knie. **~ up I** *v/t* **1.** hochschlagen, in die Höhe schlagen. **2.** *Br. colloq.* herˈausklopfen, (*durch Klopfen*) wecken. **3.** *Am. colloq.* a) *etwas* ,kaˈputtmachen', b) *j-n* verletzen: **he was all knocked up** er war bös zugerichtet. **4.** → **knock together** 2. **5.** → **knock out** 5. **6.** *Br. colloq. Geld* verdienen. **7.** *Kricket*: *Läufe* machen. **7.** *sl. e-m Mädchen* ,ein Kind machen'. **II** *v/i* **8.** *Tennis etc*: sich einschlagen *od.* einspielen.

ˈknock|·a·bout I *adj* **1.** lärmend, laut. **2.** *thea. etc* Klamauk...: **~ comedy** → 6. **3.** a) Gebrauchs...: **~ car** → 5, b) strapaˈzierfähig (*Kleidung etc*). **II** *s* **4.** *mar. slupgetakeltes, halbgedecktes Kielboot für offene Gewässer.* **5.** *mot.* Gebrauchsfahrzeug *n*, -wagen *m*. **6.** *thea.* Klaˈmaukstück *n*. **ˈ~·down I** *adj* **1.** niederschmetternd (*a. fig.*): **a ~ blow; the news came as a ~ blow to him** die Nachricht war ein schwerer Schlag für ihn. **2.** zerlegbar, auseinˈandernehmbar. **3. ~ price** a) Schleuderpreis *m*: **at a ~ price** spottbillig, b) *econ.* Werbepreis *m*, c) *Auktion*: äußerster Preis. **II** *s* **4.** a) niederschmetternder Schlag (*a. fig.*), b) *Boxen*: Niederschlag *m*. **5.** *Leichtathletik, Springreiten*: Abwurf *m*. **6.** zerlegbares Möbelstück *od.* Gerät. **7.** *Am. u. Austral. colloq.* Vorstellung *f*: **to give s.o. a ~ to s.o.** j-n j-m vorstellen.

ˈknock·er *s* **1.** Klopfende(r *m*) *f*. **2.** *Br.* a) Hauˈsierer *m*, b) Vertreter *m*. **3.** (Tür-)Klopfer *m*: **to sell s.th. on the ~** etwas an der Haustür verkaufen. **4.** *colloq.* Krittler *m*, Kritiˈkaster *m*. **5.** *Am. colloq.* ,Typ' *m*, Kerl *m*. **6.** *pl sl.* ,Titten' *pl* (*Brüste*).

ˌknock-for-ˈknock a·gree·ment *s Br. Abkommen zwischen Autoversicherungen, daß bei Unfällen – unabhängig von der Schuldfrage – jede Gesellschaft den Schaden an dem bei ihr versicherten Wagen trägt.*

ˈknock·ing shop *s Br. sl.* ,Puff' *m*, *a. n* (*Bordell*).

ˌknock|-ˈkneed *adj* **1.** X-beinig: **to be ~** X-Beine haben. **2.** *fig.* a) ,lahm' (*Ausrede etc*), b) plump, unförmig. **ˌ~-ˈknees** *s pl med.* X-Beine *pl*. **ˈ~-me-ˌdown** *adj Am. colloq.* überˈwältigend. **ˈ~-ˌoff** *s Am. colloq.* **1.** *tech.* a) autoˈmatisches Abschalten, b) autoˈmatischer Abschalter. **2.** Feierabend *m*. **ˈ~·out I** *s* **1.** *Boxen*: Knockout *m*, K. ˈo. *m*: **to win by a ~** durch K. o. gewinnen; → **technical** 2. **2.** *colloq.* a) ,tolle' Perˈson *od.* Sache, b) Attraktiˈon *f*: **she's a ~ at any party**, c) ,Bombenerfolg' *m*: **his latest film is a ~**. **II** *adj* **3.** a) *Boxen*: K.-o.-...: **~ blow** (*od.* **punch**) K.-o.-Schlag *m*; **~ system** *sport* K.-o.-System *n*, b) betäubend: **~ drops** K.-o.-Tropfen. **ˈ~·proof** *adj tech.* klopffest: **~ petrol**. **ˈ~·up** *s Tennis etc*: Einschlagen *n*, Einspielen *n*. **ˈ~·wurst** [-wɜːst; *Am.* -ˌwɜrst] *s* Knackwurst *f*.

knoll [nəʊl] *s* Hügel *m*, Kuppe *f*.

knop [nɒp; *Am.* nɑp] *s* **1.** Noppe *f*: **~ yarn** Noppengarn *n*. **2.** *obs.* (Zier)Knauf *m*. **3.** (Blüten)Knospe *f*.

knot [nɒt; *Am.* nɑt] **I** *s* **1.** Knoten *m*: **to make** (*od.* **tie**) **a ~** e-n Knoten machen; **to tie s.o. (up) in ~s** *fig.* j-n ganz konfus machen. **2.** Schleife *f*, Schlinge *f* (*als Verzierung*), *bes.* a) Achselstück *n*, Epauˈlette *f*, b) Koˈkarde *f*. **3.** *mar.* Knoten *m*: a) Stich *m* (*im Tau*), b) *Marke an der Logleine*, c) Seemeile *f* (*1,853 km/h*): **at a rate of ~s** *fig.* in Windeseile. **4.** *fig.* a) Knoten *m*, Proˈblem *n*, Schwierigkeit *f*, Verwicklung *f*: **to cut the ~** den Knoten durchhauen, b) Verbindung *f*, Band *n*: **marriage ~** Band der Ehe. **5.** *bot.* a) Knoten *m* (*Blattansatzstelle*), b) Astknorren *m*, -knoten *m*, c) Knötchen *n*, knoten- *od.* knötchenartiger Auswuchs, d) Knospe *f*, Auge *n*. **6.** *med.* (*Gicht- etc*)Knoten *m*. **7.** Gruppe *f*, Knäuel *m*, *n*, Haufen *m*, Traube *f* (*Menschen etc*). **II** *v/t* **8.** (e-n) Knoten machen in (*acc*). **9.** (ver)knoten, (-)knüpfen: **to ~ together** zs.-knoten, miteinander verknüpfen: **get ~ted!** *sl.* rutsch mir doch den Buckel runter!, du kannst mich mal! **10.** verwickeln, -heddern, -wirren. **III** *v/i* **11.** (e-n) Knoten bilden, sich verknoten. **12.** sich verwikkeln.

ˈknot|·grass *s bot.* Knöterich *m*. **ˈ~·hole** *s* Astloch *n* (*im Holz*). **~ stitch** *s Stickerei*: Knotenstich *m*.

knot·ted [ˈnɒtɪd; *Am.* ˈnɑ-] *adj* **1.** ver-, geknotet, geknüpft. **2.** → **knotty**.

knot·ter [ˈnɒtə; *Am.* ˈnɑtər] *s tech.* ˈKnüpf-, ˈKnotmaˌschine *f*.

knot·ty [ˈnɒtɪ; *Am.* ˈnɑtiː] *adj* **1.** ge-, verknotet. **2.** knotig, voller Knoten. **3.** knorrig, astig (*Holz*). **4.** *fig.* verwickelt, schwierig, kompliˈziert, verzwickt: **a ~ problem**.

knout [naʊt] **I** *s* Knute *f*. **II** *v/t* mit der Knute schlagen, *j-m* die Knute geben.

know [nəʊ] **I** *v/t pret* **knew** [njuː; *Am. bes.* nuː] *pp* **known** [nəʊn] **1.** *allg.* wissen: **he ~s what to do** er weiß, was zu tun ist; **to ~ all about it** genau Bescheid wissen; **don't I ~ it!** und ob ich das weiß!; **he wouldn't ~** (**that**) er kann das nicht *od.* kaum wissen; **I would have you ~ that** ich möchte Ihnen klarmachen, daß; **I have never ~n him to lie** m-s Wissens hat er noch nie gelogen; **he ~s a thing or two** *colloq.* ,er ist nicht von gestern', er weiß ganz gut Bescheid (**about** über *acc*); **what do you ~!** *colloq.* na so was!; → **answer** 1, **good** 18, **what** *Bes. Redew.* **2.** a) können: **he ~s (some) German** er kann (etwas) Deutsch; → **business** 1, **onion** 1, **rope** 1, *etc*, b) **to ~ how to do s.th.** etwas tun können: **do you ~ how to do it?** weißt du, wie man das macht?, kannst du das?; **he ~s how to treat children** er versteht mit Kindern umzugehen; **do you ~ how to drive a car?** können Sie Auto fahren?; **he doesn't ~ how to lose** er kann nicht verlieren. **3.** kennen: a) sich auskennen in (*dat*): **to ~ a town; do you ~ this place?** kennen Sie sich hier aus?, b) vertraut sein mit: **to ~ a novel; do you ~ Dickens?; to ~ s.th. backward(s)** *Br. colloq.* etwas in- u. auswendig kennen, c) bekannt sein mit: **I have ~n him (for) five years** ich kenne ihn (schon) seit fünf Jahren; **after I first knew him** nachdem ich s-e Bekanntschaft gemacht hatte; → **Adam**. **4.** erfahren, erleben: **he has ~n better days** er hat schon bessere Tage gesehen; **I have ~n it to happen** ich habe das schon erlebt. **5.** a) (ˈwieder)erkennen (**by** an *dat*): **I would ~ him anywhere** ich würde ihn überall erkennen; **before you ~ where you are** im Handumdrehen; **I don't ~ whether I shall ~ him again** ich weiß nicht, ob ich ihn wiedererkennen werde, b) unterˈscheiden (können): **to ~ one from the other** e-n vom anderen unterscheiden können, die beiden auseinanderhalten können. **6.** *Bibl.* (*geschlechtlich*) erkennen.

II *v/i* **7.** wissen (**of** von, um), im Bilde sein *od.* Bescheid wissen (**about** über *acc*): **I ~ of s.o. who** ich weiß *od.* kenne j-n, der; **I ~ better!** so dumm bin ich nicht!; **you ought to ~ better (than that)** das sollten Sie besser wissen, so dumm werden Sie doch nicht sein; **to ~ better than to do s.th.** sich davor hüten, etwas zu tun; **he ought to ~ better than to go swimming after a big meal** er sollte soviel Verstand haben zu wissen, daß man nach e-r ausgiebigen Mahlzeit nicht baden geht; **not that I ~ of** nicht daß ich wüßte; **do** (*od.* **don't**) **you ~?** *colloq.* nicht wahr?; **you ~** wissen Sie; **he is an alcoholic as you ~** (*od.* **as everybody ~s**) er ist bekanntlich Alkoholiker; **you never ~** man kann nie wissen.

III *s* **8. to be in the ~** Bescheid wissen, im Bilde *od.* eingeweiht sein.

ˈknow·a·ble *adj* erkennbar.

ˈknow|-all I *s* Alles(ˈbesser)wisser *m*, Besserwisser *m*. **II** *adj* besserwisserisch. **ˈ~-how** *s* Know-ˈhow *n*: a) *Wissen um die praktische Durchführung e-r Sache*, b) *econ. auf organisatorischer od. technischer Erfahrung beruhendes Spezialwissen*: **industrial ~** praktische Betriebserfahrung.

ˈknow·ing I *adj* **1.** intelliˈgent, klug, gescheit. **2.** schlau, durchˈtrieben: **a ~ one** ein Schlauberger. **3.** verständnisvoll, wissend: **a ~ glance**. **II** *s* **4.** Wissen *n*, Kenntnis *f*: **there is no ~** man kann nie wissen. **ˈknow·ing·ly** *adv* **1.** → **knowing** I. **2.** wissentlich, absichtlich, bewußt. **ˈknow·ing·ness** *s* **1.** Klugheit *f*. **2.** Schlauheit *f*.

ˈknow-it-ˌall *Am.* → **know-all**.

knowl·edge [ˈnɒlɪdʒ; *Am.* ˈnɑ-] *s* **1.** Kenntnis *f*: **the ~ of the victory** die Kunde vom Sieg; **to bring s.th. to s.o.'s ~** j-m etwas zur Kenntnis bringen, j-n von etwas in Kenntnis setzen; **it has come to my ~** es ist mir zur Kenntnis gelangt, ich habe erfahren (**that** daß); **to have ~ of** Kenntnis haben von; **from personal** (*od.* **one's own**) **~** aus eigener Kenntnis; **(not) to my ~** m-s Wissens (nicht); **to the best of one's ~ and belief** *jur.* nach bestem Wissen u. Gewissen; **my ~ of Mr. X** m-e Bekanntschaft mit Mr. X; **without my ~** ohne mein Wissen; **~ of life** Lebenserfahrung *f*; → **carnal, common** 5, **tree** 1. **2.** Wissen *n*, Kenntnisse *pl* (**of, in** in *dat*): **basic ~** Grundwissen, -kenntnisse; **~ of the law** Rechtskenntnisse; **to have a good ~ of** viel verstehen von, sich gut auskennen in (*dat*); → **general** 3.

ˈknowl·edge·a·ble *adj colloq.* **1.** gescheit, klug. **2.** (ˈgut)unterˌrichtet. **3.** kenntnisreich: **to be very ~ about** viel verstehen von, sich gut auskennen in (*dat*).

known [nəʊn] **I** *pp von* **know**. **II** *adj* bekannt (**as** als; **to s.o.** j-m): **he is ~ to**

the police er ist polizeibekannt; to make ~ bekanntmachen; to make o.s. ~ to s.o. sich mit j-m bekannt machen, sich j-m vorstellen; the ~ facts die anerkannten Tatsachen; ~ quantity → III a; ~ substance → III b. **III** *s* etwas Bekanntes, *bes.* a) *math.* bekannte Größe, b) *chem.* bekannte Subˈstanz.

ˈknow-ˌnoth·ing I *s* **1.** Nichtswisser(in), Ignoˈrant(in). **2.** *philos.* Aˈgnostiker(in). **II** *adj* **3.** ignoˈrant.

knuck·le [ˈnʌkl] **I** *s* **1.** (Finger)Knöchel *m*: → **rap**[1] 1, 8. **2.** (Kalbs-, Schweins-) Haxe *f od.* (-)Hachse *f*: ~ **of ham** Eisbein *n*; **near the** ~ *colloq.* reichlich gewagt (*Witz etc*). **3.** *tech.* Gelenk *n*. **4.** *pl* (*a. als sg konstruiert*) *Am.* Schlagring *m*. **II** *v/i* **5.** ~ **down** sich anstrengen, ‚sich daˈhinterklemmen': **to** ~ **down to work** sich an die Arbeit machen, ‚sich hinter die Arbeit klemmen'. **6.** ~ **under** sich unterˈwerfen *od.* beugen (**to** *dat*), klein beigeben. **ˈ~bone** *s anat.* Knöchelbein *n*. **ˈ~-ˌdust·er** *s* Schlagring *m*. **ˈ~head** *s colloq.* ‚Blödmann' *m*. **ˈ~ˌhead·ed** *adj colloq.* ‚blöd'. **~ joint** *s* **1.** *anat.* Knöchel-, Fingergelenk *n*. **2.** *tech.* Gabelgelenk *n*.

knur, *Br. a.* **knurr** [nɜː; *Am.* nɜr] *s* Knorren *m*, Knoten *m*.

knurl [nɜːl; *Am.* nɜrl] **I** *s* **1.** Einkerbung *f*. **2.** *tech.* Rändelrad *n*. **II** *v/t* **3.** *tech.* rändeln, korˈdieren: ~**ed screw** Rändelschraube *f*.

knurr *Br. für* **knur**.

KO [ˌkeɪˈəʊ] *colloq.* **I** *pl* **KO's** *s* → **knockout** I. **II** *v/t pret u. pp* **KO'd** → **knock out** 2.

ko·a·la (bear) [kəʊˈɑːlə] *s zo.* Koˈala (-bär) *m*, Beutelbär *m*.

ko·bold [ˈkɒbəʊld; *Am.* ˈkəʊˌbɔːld] *s* Kobold *m*.

kohl·ra·bi [ˌkəʊlˈrɑːbɪ] *pl* **-bies** *s bot.* Kohlˈrabi *m*.

ko·la [ˈkəʊlə] *s* **1.** *a.* ~ **nut** Kolanuß *f*. **2.** ˈKolanußexˌtrakt *m*. **3.** *bot.* Kolabaum *m*.

kol·khoz, *a.* **kol·khos** [kɒlˈhɔːz; *Am.* kɑlˈkɔːz] *s* Kolchos *m, n*, Kolˈchose *f*.

koo·doo → **kudu**.

kook [kuːk] *s Am. colloq.* ‚Spinner' *m*.

kook·a·bur·ra [ˈkʊkəˌbʌrə; *Am. bes.* -ˌbɜrə] *s orn.* Rieseneisvogel *m*, Lachender Hans.

kook·ie, kook·y [ˈkuːkiː] *adj Am. colloq.* ‚spinnig'.

kop [kɒp; *Am.* kɑp] *s S. Afr.* Hügel *m*, Berg *m*.

ko·pe(c)k [ˈkəʊpek] *s* Koˈpeke *f*.

kop·je [ˈkɒpɪ; *Am.* ˈkɑpiː] *s S. Afr.* kleiner Hügel.

Ko·ran [kɒˈrɑːn; *Am.* kəˈræn; kəˈrɑːn] *s relig.* Koˈran *m*.

Ko·re·an [kəˈrɪən] **I** *s* **1.** Koreˈaner(in). **2.** *ling.* Koreˈanisch *n*, das Koreanische. **II** *adj* **3.** koreˈanisch.

ko·ru·na [kɒˈruːnə; *Am.* ˈkɔːrəˌnɑː] *s* Koˈruna *f*, Tschechenkrone *f*.

ko·sher [ˈkəʊʃə(r)] **I** *adj* **1.** *relig.* koscher, rein (*nach jüdischen Speisegesetzen*). **2.** *colloq.* a) echt, b) ‚koscher', rechtmäßig, in Ordnung: **it is not** ~ **for him to do it** er hat kein Recht, es zu tun. **II** *s* **3.** *relig.* koschere Nahrung.

ko·tow [ˌkəʊˈtaʊ] → **kowtow**.

kot·wal [ˈkɒtwɑːl; ˈkəʊt-] *s Br. Ind.* hoher Poliˈzeibeˌamter.

kou·mis(s), kou·myss → **kumiss**.

kour·bash → **kurbash**.

kow·tow [ˌkaʊˈtaʊ] **I** *v/i* **1.** e-n Koˈtau machen (**to** vor *j-m*) (*a. fig.*). **2.** *fig.* kriechen (**to** vor *j-m*). **II** *s* **3.** *hist.* Koˈtau *m* (*tiefe Verbeugung mit Niederknien u. Neigen des Kopfes bis auf die Erde*).

kraal [krɑːl; krɔːl] *s S. Afr.* Kral *m*: a) *Eingeborenendorf*, b) *umzäunter Viehhof*.

kraft [krɑːft; *Am.* kræft] *s* starkes ˈPackpaˌpier.

krans [krɑːns; *Am.* kræns], **krantz** [-ts] *s S. Afr.* steile Klippe.

Kraut [kraʊt] *sl. contp.* **I** *s* Deutsche(r *m*) *f*. **II** *adj* deutsch.

Krebs cy·cle [krebz] *s Biochemie*: Krebs-Zyklus *m*.

Krem·lin [ˈkremlɪn] *npr* Kreml *m*.

krieg·spiel [ˈkriːgspiːl] *s mil.* Kriegs-, Planspiel *n*.

kris [kriːs] *s* Kris *m* (*malaiischer Dolch*).

Krish·na [ˈkrɪʃnə] *npr u. s* **1.** *Hinduismus*: Krischna *m* (*Gott*). **2.** → **Hare Krishna**.

ˈKrish·na·ism *s Hinduismus*: Krischnaˈismus *m*, Krischnaverehrung *f*.

kro·na [ˈkrəʊnə] *pl* **-nor** [-nɔː(r); -nə(r)] *s* Krone *f* (*Münzeinheit u. Silbermünze in Schweden*).

kro·ne[1] [ˈkrəʊnə] *pl* **-ner** [-nə(r)] *s* Krone *f* (*Münzeinheit u. Silbermünze in Dänemark u. Norwegen*).

kro·ne[2] [ˈkrəʊnə] *pl* **-nen** [-nən] *s* Krone *f* (*ehemalige Münze in Österreich u. Deutschland*).

kro·ner [ˈkrəʊnə(r)] *pl von* **krone**[1].

kro·nor [ˈkrəʊnɔː(r); -nə(r)] *pl von* **krona**.

kryp·ton [ˈkrɪptɒn; *Am.* -ˌtɑn] *s chem.* Krypton *n* (*farb- u. geruchloses Edelgas*).

ku·chen [ˈkuːkən; ˈkuːxən] *s* (Hefe-) Kuchen *m*.

ku·dos [ˈkjuːdɒs; *Am.* ˈkuːˌdɑs] *s colloq.* Ruhm *m*, Ehre *f*, Ansehen *n*: **he got a great deal of** ~ **for it** es brachte ihm viel Ehre ein.

ku·du [ˈkuːduː] *s zo.* Kudu *m*, ˈSchraubenantiˌlope *f*.

Ku·fic [ˈkjuːfɪk; ˈkuː-] *adj* kufisch, ˈaltaˌrabisch (*Schrift*).

ku·gel·blitz [ˈkuːglblɪts] *pl* **-ˌblit·ze** [-ˌblɪtsə] *s* Kugelblitz *m*.

Ku Klux [ˈkjuːklʌks; ˈkuː-] *s* **1.** Ku-Klux-Klan *m*. **2.** → **Ku Kluxer**. **Ku Klux·er** *s* Mitglied *n* des Ku-Klux-Klan. **Ku Klux Klan** [klæn] → **Ku Klux** 1.

kuk·ri [ˈkʊkrɪ] *s* Krummdolch *m* (*der Gurkhas*).

ku·lak [ˈkuːlæk; *Am. a.* kuːˈlæk] *s hist.* Kuˈlak *m*, Großbauer *m*.

Kul·tur [kʊlˈtʊə(r)] *s* Kulˈtur *f*. **Kulˈtur·kreis** [-kraɪs] *pl* **-ˌkrei·se** [-ˌkraɪzə] *s* Kulˈturkreis *m*.

ku·miss [ˈkuːmɪs; *Am. a.* kuːˈmɪs] *s* Kumyß *m* (*alkoholhaltiges Getränk aus gegorener Stutenmilch*).

küm·mel [ˈkʊməl; *bes. Am.* ˈkɪməl] *s* Kümmel *m* (*Schnapssorte*).

kum·quat [ˈkʌmkwɒt; *Am.* -ˌkwɑt] *s bot.* Kumquat *f*, Kleinfrüchtige ˈGoldoˌrange.

kung fu [ˌkʊŋˈfuː; ˌkʌŋ-] *s* Kung-ˈfu *n* (*e-e Selbstverteidigungssportart im Karatestil*).

kunz·ite [ˈkʊntsaɪt] *s min.* Kunˈzit *m*.

kur·bash [ˈkʊə(r)bæʃ] **I** *s* Karˈbatsche *f*. **II** *v/t* karˈbatschen.

Kurd [kɜːd; *Am.* kʊrd; kɜrd] *s* Kurde *m*, Kurdin *f*. **ˈKurd·ish I** *adj* kurdisch. **II** *s ling.* Kurdisch *n*, das Kurdische.

kur·saal [ˈkʊə(r)zɑːl] *pl* **-ˌsä·le** [-ˌzɛːlə] *s* Kursaal *m*.

kur·to·sis [kɜːˈtəʊsɪs; *Am.* kɜr-] *s Statistik*: Häufungs-, Häufigkeitsgrad *m*.

kvas(s) [kvɑːs] *s* Kwaß *m* (*in der Sowjetunion beliebtes, leicht alkoholisches, bierähnliches Getränk aus vergorenem Malz, Mehl u. Brotbrei*).

kvetch [kvetʃ] *Am. sl.* **I** *s* Nörgler(in). **II** *v/i* nörgeln.

ky·ack [ˈkaɪˌæk] *s Am.* (Pferde)Packtaschen *pl*.

ky·a·nite [ˈkaɪənaɪt] → **cyanite**.

ky·an·ize [ˈkaɪənaɪz] *v/t tech. Holz* kyaniˈsieren, zyaniˈsieren, mit ˈQuecksilberchloˌrid behandeln.

kyle [kaɪl] *s Scot.* Meerenge *f*, Sund *m*.

ky·mo·graph [ˈkaɪməʊgrɑːf; *bes. Am.* -græf] *s* **1.** *tech.* Kymoˈgraph *m* (*Aufzeichnungsgerät physiologischer Zustandsänderungen*). **2.** *aer. mar.* Wendezeiger *m*.

Kyr·i·e (e·lei·son) [ˈkɪərɪeɪ; -rɪɪ; ɪˈleɪsən; *Br. a.* -sɒn; *Am. a.* -ˌsɑn] *s relig.* Kyrie(eˈleison) *n*.

L

L, l [el] **I** *pl* **L's, Ls, l's, ls** [elz] *s* **1.** L, l *n* (*Buchstabe*). **2.** *phys.* L (*Selbstinduktionskoeffizient*). **3.** L *arch.* (Seiten)Flügel *m.* **4.** L L *n*, L-förmiger Gegenstand, *bes. tech.* Rohrbogen *m.* **II** *adj* **5.** zwölft(er, e, es). **6.** L L-..., L-förmig.

la [lɑː] *s mus.* la *n* (*Solmisationssilbe*).

laa·ger [ˈlɑːɡə(r)] **I** *s* **1.** *S. Afr.* (befestigtes) Lager, *bes.* Wagenburg *f.* **2.** *mil.* Ringstellung *f* von Panzerfahrzeugen. **II** *v/i* **3.** *S. Afr.* ein Lager errichten, e-e Wagenburg bilden. **III** *v/t* **4.** *S. Afr.* e-e Wagenburg bilden aus.

lab [læb] *s colloq.* Laˈbor *n.*

lab·e·fac·tion [ˌlæbɪˈfækʃn], **ˌlab·e·facˈta·tion** [-fækˈteɪʃn] *s* Schwächung *f*, Verschlechterung *f.*

la·bel [ˈleɪbl] **I** *s* **1.** Etiˈkett *n*, (Klebe-, Anhänge)Zettel *m od.* (-)Schild(chen) *n.* **2.** Aufschrift *f*, Beschriftung *f.* **3.** Label *n*: a) *Etikett, unter dem e-e Schallplatte geführt u. verkauft wird*, b) *selbständige od. als Tochter geführte Schallplattenfirma.* **4.** *Computer:* Label *n*, Proˈgrammanschlußpunkt *m.* **5.** *arch.* Tür-, Fenstergesims *n.* **6.** *fig.* Bezeichnung *f*, *bes. contp.* Etiˈkett *n.* **II** *v/t pret u. pp* **-beled,** *bes. Br.* **-belled 7.** etiketˈtieren, mit e-m Zettel *od.* Schild(chen) *od.* e-r Aufschrift versehen, beschriften: **the bottle was ~(l)ed "poison"** die Flasche trug die Aufschrift „Gift". **8.** als ... bezeichnen, zu ... stempeln: **to be ~(l)ed a criminal** zum Verbrecher gestempelt werden. **ˈla·bel·(l)ing ma·chine** *s tech.* Etiketˈtiermaˌschine *f.*

la·bel·lum [ləˈbeləm] *pl* **laˈbel·la** [-ˈbelə] *s bot.* Laˈbellum *n*, Lippe *f* (*e-r Blüte*).

ˈlab-exˌam·ine *v/t colloq.* im Laˈbor prüfen *od.* unterˈsuchen: **~d** laborgeprüft.

la·bi·a [ˈleɪbɪə] *pl von* **labium.**

la·bi·al [ˈleɪbjəl; -bɪəl] **I** *adj* (*adv* **~ly**) **1.** Lippen... **2.** *ling. mus.* Lippen..., labiˈal: **~ consonant** → 4; **~ vowel** gerundeter Vokal; **~ pipe** → 3. **II** *s* **3.** *mus.* Lippen-, Labiˈalpfeife *f* (*der Orgel*). **4.** *ling.* Labiˈal *m*, Lippen-, Labiˈallaut *m.* **ˈla·bi·al·ism, ˌla·bi·al·iˈza·tion** *s ling.* Labialiˈsierung *f.* **ˈla·bi·al·ize** *v/t ling.* labialiˈsieren.

la·bi·a| ma·jo·ra [məˈdʒɔːrə] *s pl anat.* große *od.* äußere Schamlippen *pl.* **~ mi·no·ra** [mɪˈnɔːrə] *s pl* kleine *od.* innere Schamlippen *pl.*

la·bi·ate [ˈleɪbɪeɪt; -bɪət] **I** *adj* **1.** lippenförmig. **2.** *bot.* lippenblütig: **~ plant** → 3. **II** *s* **3.** *bot.* Lippenblütler *m.*

la·bile [ˈleɪbaɪl; -bɪl] *adj* **1.** *med. phys. psych.* laˈbil (*a. fig.*). **2.** unsicher, unbeständig. **3.** *chem.* unbeständig, zersetzlich. **la·bil·i·ty** [ləˈbɪlətɪ] *s* Labiliˈtät *f.*

ˌla·bi·oˈden·tal [ˌleɪbɪəʊ-] *ling.* **I** *adj* labiodenˈtal. **II** *s* Labiodenˈtal(laut) *m*, Lippenzahnlaut *m.* **ˌla·bi·oˈna·sal I** *adj* labionaˈsal. **II** *s* Labionaˈsal(laut) *m*, Lippennasenlaut *m.* **ˌla·bi·oˈve·lar I** *adj* labioveˈlar. **II** *s* Labioveˈlar(laut) *m*, Lippengaumenlaut *m.*

la·bi·um [ˈleɪbɪəm] *pl* **-bi·a** [-bɪə] *s* Labium *n*: a) *anat.* Lippe *f*, b) *anat.* Schamlippe *f*: → **labia majora, labia minora,** c) *zo.* ˈUnterlippe *f* (*der Insekten*).

la·bor, *bes. Br.* **la·bour** [ˈleɪbə(r)] **I** *s* **1.** (schwere) Arbeit: **a ~ of love** e-e gerngetane *od.* unentgeltlich getane Arbeit, ein Liebesdienst; → **hard labo(u)r, Herculean** 1, **Hercules. 2.** Mühe *f*, Plage *f*, Anstrengung *f*: **lost ~** vergebliche Mühe. **3.** *econ.* a) Arbeiter(klasse *f*) *pl*, Arbeiterschaft *f*, b) Arbeiter *pl*, Arbeitskräfte *pl*: **cheap ~** billige Arbeitskräfte; **shortage of ~** Mangel *m* an Arbeitskräften; → **skilled** 2, **unskilled** 2. **4. Labour** (*ohne art*) *pol.* die Labour Party (*Großbritanniens etc*). **5.** *med.* Wehen *pl*: **to be in ~** in den Wehen liegen. **6.** Schlingern *n*, Stampfen *n* (*e-s Schiffs*). **II** *v/i* **7.** (schwer) arbeiten (**at** an *dat*), sich bemühen (**for s.th.** um etwas), sich anstrengen *od.* abmühen (**to do** zu tun). **8.** *a.* **~ along** sich mühsam fortbewegen *od.* fortschleppen, nur schwer vorˈankommen: **to ~ through** sich kämpfen durch (*Schlamm etc, a. ein Buch etc*); **to ~ up the hill** sich den Berg hinaufquälen. **9.** stampfen, schlingern (*Schiff*). **10.** (**under**) a) zu leiden haben (unter *dat*), zu kämpfen haben (mit), kranken (an *dat*): **to ~ under difficulties** mit Schwierigkeiten zu kämpfen haben, b) befangen sein (in *dat*): → **delusion** 2, **misapprehension. 11.** *med.* in den Wehen liegen. **III** *v/t* **12.** ausführlich *od.* ˈumständlich behandeln, bis ins einzelne ausarbeiten *od.* ausführen, ‚breitwalzen': **to ~ a point** auf e-r Sache ‚herumreiten'. **13.** *obs. od. poet.* den Boden bestellen, bebauen. **IV** *adj* **14.** Arbeits...: **~ camp (conditions, court,** *etc*). **15.** Arbeiter...: **~ leader** Arbeiterführer *m* (→ 16, 17); **~ movement** Arbeiterbewegung *f* (→ 17); **~ demand** Nachfrage *f* nach Arbeitskräften; **~ trouble(s)** Schwierigkeiten *pl* mit der Arbeiterschaft. **16. Labour** *pol.* Labour...: **Labour leader** führender Mann in der Labour Party (*Großbritanniens etc*) (→ 15, 17). **17. labor** *Am.* Gewerkschafts...: **~ leader** Gewerkschaftsführer *m* (→ 15, 16); **~ movement** Gewerkschaftsbewegung *f* (→ 15).

la·bor·a·to·ry [ləˈbɒrətərɪ; -trɪ; *Am.* ˈlæbrəˌtɔːriː; -ˌtəʊriː] *s* **1.** Laboraˈtorium *n*, Laˈbor *n*: **~ assistant** Laborant(in); **~ test** Laborversuch *m.* **2.** *weitS.* a) Versuchsanstalt *f*, b) (*Sprach- etc*)Laˈbor *n.* **3.** *fig.* Werkstätte *f*, -statt *f*: **the ~ of the mind.**

La·bor Day, *bes. Br.* **La·bour Day** *s* Tag *m* der Arbeit (*der 1. Mai in den europäischen Ländern, der 1. Montag im September in den USA*).

la·bored, *bes. Br.* **la·boured** [ˈleɪbə(r)d] *adj* **1.** schwerfällig: **a ~ style. 2.** mühsam, schwer: **~ breathing.**

la·bor·er, *bes. Br.* **la·bour·er** [ˈleɪbərə(r)] *s* (*bes.* Hilfs)Arbeiter *m.*

la·bor force, *bes. Br.* **la·bour force** *s* **1.** (Gesamtzahl *f* der) Arbeitskräfte *pl*, ˈArbeitspotentiˌal *n*: **to enter the ~** ins Arbeitsleben eintreten. **2.** Belegschaft *f* (*e-r Firma*).

la·bor·ing, *bes. Br.* **la·bour·ing** [ˈleɪbərɪŋ] *adj* Arbeiter...: **the ~ classes** *pl* die Arbeiterklasse.

ˈla·bor-inˌten·sive, *bes. Br.* **ˈla·bour-inˌten·sive** *adj* (*adv* **~ly**) ˈarbeitsintenˌsiv.

la·bo·ri·ous [ləˈbɔːrɪəs] *adj* (*adv* **~ly**) **1.** mühsam, mühselig, schwer, schwierig. **2.** schwerfällig: **a ~ style. 3.** arbeitsam, fleißig. **laˈbo·ri·ous·ness** *s* **1.** Mühseligkeit *f.* **2.** Schwerfälligkeit *f.* **3.** Arbeitsamkeit *f*, Fleiß *m.*

la·bor·ite, *bes. Br.* **la·bour·ite** [ˈleɪbəraɪt] *s* **1.** Anhänger(in) der Arbeiterbewegung. **2. Labourite** Anhänger(in) *od.* Mitglied *n* der Labour Party (*Großbritanniens etc*).

ˌla·bor|-ˈman·age·ment re·la·tions, *bes. Br.* **ˌla·bour|-ˈman·age·ment re·la·tions** *s pl* Beziehungen *pl* zwischen Arbeitˈgebern u. Arbeitˈnehmern. **~ mar·ket** *s* Arbeitsmarkt *m*: **situation on the ~** Arbeitsmarktlage *f.* **ˈ~-ˌsav·ing** *adj* arbeitsparend.

la·bor un·ion *s Am.* Gewerkschaft *f.*

la·bour, la·boured, la·bour·er *etc bes. Br. für* **labor, labored, laborer** *etc.*

la·bour| ex·change *s Br. obs.* Arbeitsamt *n.* **L~ Par·ty** *s pol.* Labour Party *f* (*Großbritanniens etc*).

la·bra [ˈleɪbrə; ˈlæ-] *pl von* **labrum.**

Lab·ra·dor [ˈlæbrədɔː(r)] *s* Labraˈdor (-hund) *m.*

lab·ra·dor·ite [ˌlæbrəˈdɔːraɪt; *bes. Am.* ˈlæbrədɔːraɪt] *s min.* Labradoˈrit *m.*

Lab·ra·dor re·triev·er → **Labrador.**

la·brum [ˈleɪbrəm; ˈlæ-] *pl* **-bra** [-brə] *s* Labrum *n*: a) *anat.* Lippe *f* (*e-r Gelenkpfanne*), b) *zo.* Oberlippe *f* (*der Insekten*).

la·bur·num [ləˈbɜːnəm; *Am.* ləˈbɜr-] *s bot.* Goldregen *m.*

lab·y·rinth [ˈlæbərɪnθ] *s* **1.** Labyˈrinth *n*, *fig. a.* Gewirr *n.* **2.** *fig.* verworrene Situatiˈon. **3.** *anat.* (ˈOhr)Labyˌrinth *n.* **ˌlab·yˈryn·thi·an** *adj*; **ˌlab·yˈrin·thic** *adj* (*adv* **~ally**); **ˌlab·yˈrin·thine** [-θaɪn; *Am. bes.* -θən] *adj* labyˈrinthisch.

lac¹ [læk] *s* Gummilack *m*, Lackharz *n.*

lac² [læk] *s Br. Ind.* Lak *n* (*100 000, meist Rupien*).

lac·co·lite [ˈlækəlaɪt], **ˈlac·co·lith** [-lɪθ] *s geol.* Lakkoˈlith *m* (*Magma, das erd-*

oberflächennah pilzförmig zwischen Schichtgesteinen eingedrungen ist).

lace [leɪs] **I** *s* **1.** *Textilwesen*: Spitze *f*. **2.** Litze *f*, Tresse *f*, Borte *f*: **gold ~** Goldborte, -tresse. **3.** Schnürband *n*, -senkel *m*. **4.** Band *n*, Schnur *f*. **5.** Schuß *m* Alkohol (*in Getränken*): **tea with a ~ of rum** Tee *m* mit e-m Schuß Rum. **II** *v/t* **6.** *a.* **~ up** (zu-, zs.-)schnüren. **7.** *j-n od. j-s Taille* (*durch ein Schnürkorsett*) (zs.-, ein-)schnüren: **her waist was ~d tight. 8.** a) *Schnürsenkel etc* ein-, ˈdurchziehen, b) *Film* einfädeln, -legen. **9.** *Kleid etc* mit Spitzen *od.* Litzen besetzen, verbrämen, einfassen. **10.** mit e-m Netz- *od.* Streifenmuster verzieren. **11.** *fig.* beleben, würzen (**with** mit): **a story ~d with jokes. 12.** *colloq.* (ver)prügeln. **13.** *e-m Getränk* e-n Schuß Alkohol zugeben: **to ~ one's tea with rum** e-n Schuß Rum in s-n Tee geben. **III** *v/i* **14.** *a.* **~ up** sich schnüren (lassen). **15.** sich (*mit e-m Korsett*) schnüren. **16. to ~ into s.o.** *colloq.* über j-n herfallen (*a. mit Worten*). **ˈ~-ˌcur·tain** *adj Am. oft contp.* vornehm.

laced [leɪst] *adj* **1.** geschnürt, Schnür...: **~ boot** Schnürstiefel *m*. **2.** buntgestreift. **3.** *zo.* andersfarbig gerändert (*Feder*). **4.** mit e-m Schuß Alkohol (versetzt): **~ tea** Tee *m* mit Schuß; **tea ~ with rum** Tee *m* mit e-m Schuß Rum.

lace| glass *s* Veneziˈanisches Fadenglas. **~ pa·per** *s* Paˈpierspitzen *pl*, ˈSpitzenpaˌpier *n*. **~ pil·low** *s* Klöppelkissen *n*.

lac·er·ant [ˈlæsərənt] *adj fig.* verletzend.

lac·er·ate I *v/t* [ˈlæsəreɪt] **1.** *das Gesicht etc* a) aufreißen, b) zerschneiden, c) zerkratzen. **2.** *fig. j-n od. j-s Gefühle* verletzen. **II** *adj* [-rɪt; -reɪt] → **lacerated. ˈlac·er·at·ed** *adj* **1.** a) aufgerissen, b) zerschnitten, c) zerkratzt: **~ wound** ausgefranste Wunde. **2.** *bot. zo.* (*ungleichmäßig*) geschlitzt, gefranst. **ˌlac·erˈa·tion** *s* **1.** a) Rißwunde *f*, b) Schnittwunde *f*, c) Kratzwunde *f*. **2.** *fig.* Verletzung *f*.

lac·er·y [ˈleɪsərɪ] → **lacework** 2.

ˈlace|-up I *adj* Schnür..., zum Schnüren. **II** *s* Schnürschuh *m*, -stiefel *m*. **ˈ~wing** *s zo.* (*ein*) Netzflügler *m*, *bes.* Florfliege *f*, Goldauge *n*. **ˈ~work** *s* **1.** Spitzenarbeit *f*, -muster *n*. **2.** *weitS.* Filiˈgran(muster) *n*.

lach·es [ˈlætʃɪz; ˈlæ-] *s jur.* a) (schuldhafte) Unterˈlassung, b) Versäumnis *n* in der Geltendmachung e-s Anspruchs.

Lach·ry·ma Chris·ti [ˌlækrɪməˈkrɪstɪ] *s* Lacrimae Christi *m* (*Rot- od. Weißwein vom Vesuv u. dessen Umgebung*).

lach·ry·mal [ˈlækrɪml] *adj* **1.** Tränen...: **~ gland** *anat.* Tränendrüse *f*; **~ duct** Tränenkanal *m*. **2.** → **lachrymose** 1 *u.* 2.

lach·ry·ma·tor [ˈlækrɪmeɪtə(r)] *s chem.* Tränengas *n*.

lach·ry·ma·to·ry [ˈlækrɪmətərɪ; *Am.* -ˌtəʊriː; -ˌtɔːriː] **I** *adj* Tränen herˈvorrufend, Tränen...: **~ gas** Tränengas *n*. **II** *s antiq.* Tränenkrug *m*.

lach·ry·mose [ˈlækrɪməʊs] *adj* **1.** tränenreich. **2.** weinerlich. **3.** traurig, ergreifend.

lac·ing [ˈleɪsɪŋ] *s* **1.** (Zu-, Zs.-)Schnüren *n*. **2.** Litzen *pl*, Tressen *pl*, Borten *pl*, Schnüre *pl*. **3.** a) Schnürbänder *pl*, -senkel *pl*, b) (*Korsett*)Schnürung *f*. **4.** *colloq.* (Tracht *f*) Prügel *pl*: **to give s.o. a ~** j-m e-e Tracht Prügel ‚verpassen'. **5.** → **lace** 5.

lack [læk] **I** *s* **1.** Mangel *m* (**of an** *dat*): **~ of interest** Desinteresse *n*, Interesselosigkeit *f*; **for** (*od.* **through**) **~ of time** aus Zeitmangel; **there was no ~ of** es fehlte nicht an (*dat*); **water is the chief ~** hauptsächlich fehlt es an Wasser; **~ of leadership** mangelnde Führungsqualitäten *pl*. **II** *v/t* **2.** nicht haben, Mangel haben *od.* leiden an (*dat*): **we ~ coal** es fehlt uns an Kohle; **I ~ words with which to express it** mir fehlen die Worte, um es auszudrücken. **3.** es fehlen lassen an (*dat*). **III** *v/i* **4.** a) (*nur im pres p*) fehlen: **wine was not ~ing** an Wein fehlte es nicht, b) **~ in** Mangel haben *od.* leiden an (*dat*): **he is ~ing in courage** ihm fehlt der Mut, er hat keinen Mut; **what he ~ed in experience he made up in fighting spirit** *sport* s-e fehlende Routine machte er durch Kampfgeist wett. **5. to ~ for nothing** von allem genug haben: **he ~s for nothing** es fehlt ihm an nichts.

lack·a·dai·si·cal [ˌlækəˈdeɪzɪkl] *adj* (*adv* **~ly**) **1.** lustlos. **2.** nachlässig.

lack·ey [ˈlækɪ] **I** *s* **1.** Laˈkai *m* (*a. fig. contp.*). **2.** *fig. contp.* Kriecher *m*, Speichellecker *m*. **II** *v/t* **3.** *j-n* bedienen. **4.** *contp.* um *j-n* (herˈum)scharˌwenzeln.

ˈlack·ing *adj* **1. to be found ~** sich nicht bewähren. **2.** *Br. colloq.* beschränkt, dumm.

ˈlack|ˌlus·ter, *bes. Br.* **ˈ~ˌlus·tre** *adj* glanzlos, matt.

lac·moid [ˈlækmɔɪd] *s chem.* La(c)kmoˈid *n*, Resorˈcinblau *n*.

lac·mus [ˈlækməs] → **litmus.**

la·con·ic [ləˈkɒnɪk; *Am.* ləˈkɑ-] **I** *adj* (*adv* **~ally**) **1.** laˈkonisch, kurz u. treffend. **2.** wortkarg. **II** *s* **3.** Laˈkonik *f*, laˈkonische Art (*des Ausdrucks*). **4.** laˈkonischer Ausdruck, laˈkonische Aussage. **lac·o·nism** [ˈlækənɪzəm] *s* Lakoˈnismus *m*: a) → **laconic** 3, b) → **laconic** 4.

lac·quer [ˈlækə(r)] **I** *s* **1.** *tech.* Lack(firnis) *m*, Firnis *m*, Farblack *m*. **2.** a) Lackarbeit *f*, b) *a.* **~ ware** *collect.* Lackarbeiten *pl*, -waren *pl*. **3.** (Haar)Festiger *m*. **II** *v/t* **4.** lacˈkieren: **to ~ one's fingernails** sich die Fingernägel lackieren. **5. to ~ one's hair** sich Festiger ins Haar sprühen. **ˈlac·quer·ing** *s* Lacˈkierung *f*: a) Lacˈkieren *n*, b) ˈLackˌüberzug *m*.

lac·quey → **lackey.**

lac·ri·mal, *etc* → **lachrymal,** *etc.*

la·crosse [ləˈkrɒs] *s sport* Laˈcrosse *n* (*dem Hockey verwandtes Spiel, bei dem ein Gummiball mit Schlägern, die ein Fangnetz haben, ins gegnerische Tor geschleudert wird*). **~ stick** *s* Laˈcrosseschläger *m*.

lac·tase [ˈlækteɪs; -z] *s chem.* Lakˈtase *f* (*Enzym, das Milchzucker in Galaktose u. Glukose spaltet*).

lac·tate [ˈlækteɪt] **I** *v/i biol.* lakˈtieren, Milch absondern (*Brustdrüse*). **II** *s chem.* Lakˈtat *n* (*Salz od. Ester der Milchsäure*). **lacˈta·tion** *s biol.* Laktatiˈon *f*: a) Milchabsonderung *f*, b) Laktatiˈonsperiˌode *f*.

lac·te·al [ˈlæktɪəl] **I** *adj* **1.** milchig, Milch...: **~ gland** *anat.* Milchdrüse *f*. **2.** *physiol.* Lymph... **II** *s* **3.** Lymphgefäß *n*.

lac·te·ous [ˈlæktɪəs] *adj* milchig. **lac·tes·cent** [lækˈtesnt] *adj* **1.** milchartig, milchig. **2.** *biol.* lakˈtierend, Milch absondernd.

lac·tic [ˈlæktɪk] *adj chem. physiol.* [Milch...: **~ acid.**]

lac·tif·er·ous [lækˈtɪfərəs] *adj* **1.** milchführend: **~ duct** *anat.* Milchgang *m*. **2.** *bot.* Milchsaft führend.

lac·to·ba·cil·lus [ˌlæktəʊbəˈsɪləs] *s irr med.* ˈLakto-, ˈMilchsäurebakˌterie *f*.

lac·to·fla·vin [ˌlæktəʊˈfleɪvɪn] *s chem.* Laktoflaˈvin *n* (*zum Vitamin-B_2-Komplex gehörende organische Verbindung*).

lac·tom·e·ter [lækˈtɒmɪtə; *Am.* -ˈtɑmətər] *s* Lakto(densi)ˈmeter *n*, Milchwaage *f*.

lac·tose [ˈlæktəʊs; -z] *s chem.* Lakˈtose *f*, Milchzucker *m*.

la·cu·na [ləˈkjuːnə; *Am. a.* -ˈkuː-] *pl* **-nae** [-niː] *od.* **-nas** *s* Laˈkune *f*: a) Grube *f*, Vertiefung *f*, b) *bes. anat. bot.* Spalt *m*, Hohlraum *m*, c) Lücke *f* (*in e-m Text*). **laˈcu·nal** *adj* Lakunen..., lückenhaft.

la·cu·nar [ləˈkjuːnə(r); *Am. a.* -ˈkuː-] *pl* **-nars,** *a.* **lac·u·nar·i·a** [ˌlækjʊˈneərɪə] *s arch.* **1.** Kasˈsette *f*, (Decken)Feld *n*. **2.** Kasˈsettendecke *f*.

la·cus·trine [ləˈkʌstraɪn; *Am.* -trən] *adj* See...: **~ plants** *bot.* Seepflanzen. **~ age** *s* (Zeit *f* der) ˈPfahlbaukulˌtur *f*. **~ dwellings** *s pl* Pfahlbauten *pl*.

lac·y [ˈleɪsɪ] *adj* spitzenartig, Spitzen...

lad [læd] *s* **1.** junger Kerl *od.* Bursche. **2.** *colloq.* ‚alter Junge'. **3. a** (**bit of a**) **~** *Br. colloq.* ein (ziemlicher) Draufgänger.

lad·der [ˈlædə(r)] **I** *s* **1.** Leiter *f* (*a. fig.*): **the social ~** die gesellschaftliche Stufenleiter; **the ~ of fame** die (Stufen)Leiter des Ruhms; → **bottom** 1, **top**[1] 2. **2.** → **ladder tournament. 3.** *bes. Br.* Laufmasche *f* (*im Strumpf etc*). **II** *v/i* **4.** *bes. Br.* Laufmaschen bekommen (*Strumpf etc*). **III** *v/t* **5.** *bes. Br.* sich e-e Laufmasche holen in (*dat*): **she's ~ed her tights. ~ dredge** *s tech.* Eimerleiterbagger *m*. **ˈ~proof** *adj bes. Br.* laufmaschensicher, maschenfest (*Strumpf etc*). **~ stitch** *s Stickerei*: Leiterstich *m*. **~ tour·na·ment** *s sport* ˈRanglistenturˌnier *n*. **~ truck** *s Am.* Leiterfahrzeug *n* (*der Feuerwehr*). **ˈ~way** *s Bergbau*: Fahrschacht *m*.

lad·die [ˈlædɪ] *s bes. Scot.* Bürschchen *n*, Kleine(r) *m*.

lade [leɪd] *pret* **ˈlad·ed** *pp* **ˈlad·en** *od.* **ˈlad·ed** *v/t* **1.** beladen, befrachten: **to ~ a vessel. 2.** *Güter* auf-, verladen, verfrachten: **to ~ goods on a vessel. 3.** *Wasser* schöpfen.

lad·en [ˈleɪdn] **I** *pp von* **lade. II** *adj* **1.** (**with**) (schwer) beladen (mit), voll (von), voller: **trees ~ with fruit; ~ tables** reichbeladene Tische. **2.** *fig.* bedrückt (**with** von): **~ with sorrow** sorgen-, kummervoll; **~ with guilt** schuldbeladen.

la-di-da [ˌlɑːdɪˈdɑː] *colloq.* **I** *s* **1.** ‚Affe' *m*, ‚Fatzke' *m*. **2.** affekˈtiertes *od.* ‚affiges' Getue. **II** *adj* **3.** affekˈtiert, ‚affig'.

La·dies'| Aid *s Am. örtliche Vereinigung von Frauen, die es sich zur Aufgabe gemacht haben, ihre Kirche finanziell zu unterstützen.* **l~ choice** *s* Damenwahl *f* (*beim Tanz*). **l~ man** *s irr* Frauenheld *m*. **l~ room** *s* ˈDamentoiˌlette *f*.

la·di·fy [ˈleɪdɪfaɪ] *v/t* **1.** wie e-e Dame behandeln. **2.** damenhaft machen.

lad·ing [ˈleɪdɪŋ] *s* **1.** (Be-, Ver)Laden *n*, Befrachten *n*. **2.** Ladung *f*, Fracht *f*.

La·di·no [ləˈdiːnəʊ] *s ling.* Laˈdino *n*, Judenspanisch *n*.

la·dle [ˈleɪdl] **I** *s* **1.** Schöpflöffel *m*, -kelle *f*. **2.** *tech.* a) Gieß-, Schöpfkelle *f*, Gießlöffel *m*, -pfanne *f*, b) Schaufel *f* (*e-s Baggers, Wasserrads etc*). **II** *v/t* **3.** *a.* **~ out** (aus)schöpfen. **4.** *a.* **~ out** austeilen (*a. fig.*): **to ~ out praise (hono[u]rs) to s.o.** j-n mit Lob (Ehren) überhäufen.

la·dy [ˈleɪdɪ] **I** *s* **1.** *allg.* Dame *f*: **a perfect ~; young ~** a) junge Dame, b) (*tadelnd etc*) mein Fräulein; **his young ~** *colloq.* s-e (kleine) Freundin. **2.** Dame *f* (*ohne Zusatz als Anrede für Frauen im allgemeinen nur im pl üblich, im sg poet. od. bes. Am. sl.*): **ladies and gentlemen** m-e Damen u. Herren!; **my dear** (*od.* **good**) **~** (verehrte) gnädige Frau. **3. L~** Lady *f* (*als Titel*): a) (*als weibliches Gegenstück zu* **Lord**) *für die Gattin e-s Peers,* b) *für die Peereß im eigenen Recht,* c) (*vor dem Vornamen*) *für die Tochter e-s Duke, Marquis od. Earl,* d) (*vor dem Familiennamen*) *als Höflichkeitstitel für die Frau e-s Baronet od. Knight,* e) (*vor dem Vornamen des Ehemannes*) *für die Frau e-s Inhabers des Höflichkeitstitels* **Lord. 4.** Herrin *f*, Gebieterin *f* (*poet. außer in*): **~ of the house** Hausherrin, Dame *f od.* Frau *f* des Hauses; **~ of the manor** Grundherrin (*unter dem Feudalsystem*); **our sovereign ~** die

Königin. **5.** *obs.* Geliebte *f.* **6.** *obs. od. sl.* (*außer wenn auf e-e Inhaberin des Titels* **Lady** *angewandt*) Gattin *f*, Frau *f*, Gemahlin *f*: **your good ~** Ihre Frau Gemahlin; **the old ~** *humor.* m-e ‚Alte'. **7. Our L~** *R.C.* Unsere Liebe Frau, die Mutter Gottes: **Church of Our L~** Marien-, Frauenkirche *f.* **8. Ladies** *pl* (*als sg konstruiert*) ˈDamentoiˌlette *f.* **9.** *zo. humor.* (*e-e*) ‚Sie', Weibchen *n.*

II *adj* **10.** weiblich: **~ doctor** Ärztin *f*; **~ friend** Freundin *f*; **~ president** Präsidentin *f*; **~ dog** *humor.* Hündin *f*, ‚Hundedame' *f.*

III *v/t* **11. ~ it** die Lady *od.* die große Dame spielen (**over** bei, in *dat*).

La·dy| al·tar *s R.C.* Maˈrienalˌtar *m.* **ˈL~bird** *s zo.* Maˈrien-, Blattlauskäfer *m.* **~ Boun·ti·ful** *pl* **La·dy Boun·ti·fuls, La·dies Boun·ti·ful** *s* gute Fee. **ˈL~ˌbug** *Am. für* ladybird. **L~ chair** *s* Vierˈhändesitz *m* (*Tragesitz für Verletzte, durch die verschlungenen Hände zweier Personen gebildet*). **~ Chap·el** *s arch.* Maˈrien-, ˈScheitelkaˌpelle *f.* **L~crab** *s zo.* Schwimmkrabbe *f.* **~ Day** *s R.C.* Maˈriä Verkündigung *f* (*25. März*). **L~fern** *s bot.* Weiblicher Streifenfarn. **ˈL~ˌfin·ger** *s* **1.** Löffelbiskuit *n, m.* **2.** → **lady's-finger** 1.

la·dy·fy → ladify.

ˌla·dy|-in-ˈwait·ing *pl* **ˌla·dies-in-ˈwait·ing** *s* Hofdame *f.* **ˈ~-ˌkill·er** *s colloq.* Ladykiller *m*, Herzensbrecher *m.* **ˈ~like** *adj* **1.** damenhaft, vornehm, fein. **2.** *iro.* typisch weiblich. **3.** *contp.* weibisch. **ˈ~love** *s obs.* Geliebte *f.* **L~ Luck** *s* Forˈtuna, die Glücksgöttin. **L~ of the Bed·cham·ber** *s* königliche Kammerfrau, Hofdame *f.*

la·dy's| bed·straw [ˈleɪdɪz] *s bot.* Echtes Labkraut. **ˌ~-ˈcush·ion** *s bot.* Moossteinbrech *m.* **ˌ~-deˈlight** *s bot.* Wildes Stiefmütterchen. **ˈ~-ˌfin·ger** *s* **1.** *bot.* Gemeiner Wundklee. **2.** → **ladyfinger** 1.

ˈla·dy·ship *s* Ladyschaft *f* (*Stand e-r Lady*): **Your L~** Eure Ladyschaft.

la·dy's| lac·es *s bot.* Maˈriengras *n.* **~ maid** *s* Kammerzofe *f.* **~ man** → ladies' man. **ˌ~-ˈman·tle** *s bot.* Wiesenfrauenmantel *m.*

ˈla·dy·snow *s sl.* ‚Snow' *m*, ‚Schnee' *m* (*Kokain*).

la·dy's| slip·per *s bot.* **1.** Frauenschuh *m.* **2.** *Am.* ˈGartenbalsaˌmine *f.* **~ smock** *s bot.* Wiesenschaumkraut *n.*

Lae·ta·re Sun·day [lɪˈteərɪ; *Am.* leɪˈtɑːriː] *s* Sonntag *m* Läˈtare (*3. Sonntag vor Ostern, R.C. 4. Fastensonntag*).

lae·vo·gy·ra·tion [ˌliːvəʊdʒaɪˈreɪʃn], **ˌlae·vo·roˈta·tion** *s chem. phys. bes. Br.* Linksdrehung *f.* **ˌlae·voˈro·ta·to·ry** *adj chem. phys. bes. Br.* linksdrehend.

laev·u·lose [ˈlevjʊləʊs; -z] *s chem.* Lävuˈlose *f*, Fruchtzucker *m.*

lag¹ [læg] **I** *v/i* **1.** *meist* **~ behind** zuˈrückbleiben, nicht mitkommen, nachhinken (*alle a. fig.*): **to ~ behind s.o.** hinter j-m zurückbleiben. **2.** *meist* **~ behind** a) sich verzögern, b) *electr.* nacheilen (*Strom*). **II** *s* **3.** Zuˈrückbleiben *n*, Nachhinken *n* (*beide a. fig.*). **4.** a) → **time lag**, b) *electr.* negative Phasenverschiebung, (Phasen)Nacheilung *f.* **5.** *aer.* Rücktrift *f.*

lag² [læg] *sl.* **I** *v/t* **1.** *bes. Br. j-n* ‚schnappen' (*verhaften*). **2.** ‚einlochen' (*einsperren*). **II** *s* **3.** ‚Knastbruder' *m*, ‚Knacki' *m.* **4.** *bes. Br.* ‚Knast' *m* (*Strafzeit*).

lag³ [læg] **I** *s* **1.** (Faß)Daube *f.* **2.** *tech.* Schalbrett *n.* **II** *v/t* **3.** mit Dauben versehen. **4.** *tech.* a) verschalen, b) isoˈlieren, umˈmanteln.

lag·an [ˈlægən] *s jur. mar.* (*freiwillig*) versenktes (Wrack)Gut, Seewurfgut *n.*

la·ger [ˈlɑːgə(r)] *s* Lagerbier *n.*

lag·gard [ˈlægə(r)d] **I** *adj* **1.** langsam, bumm(e)lig, träge. **II** *s* **2.** Nachzügler(in). **3.** träger Mensch, Bummler(in).

lag·ger [ˈlægə(r)] → **laggard** II.

lag·ging¹ [ˈlægɪŋ] → **lag¹** 3.

lag·ging² [ˈlægɪŋ] *s* **1.** *tech.* a) Verschalung *f*, b) Isoˈlierung *f*, Umˈmantelung *f.* **2.** *tech.* Isoˈlier-, Umˈmantelungsstoff *m.* **3.** *arch.* Blendboden *m.*

la·gniappe [ˈlænˌjæp; lænˈjæp] *s Am.* Trinkgeld *n.*

la·goon [ləˈguːn] *s* Laˈgune *f.*

lag screw *s tech.* Gewindeschraube *f* mit Vier- *od.* Sechskantkopf.

la·gune → **lagoon**.

lah-di-dah → la-di-da.

la·ic [ˈleɪɪk] **I** *adj* (*adv* **~ally**) weltlich, Laien... **II** *s* Laie *m.* **ˈla·i·cal** → **laic** I. **ˈla·i·cize** [-saɪz] *v/t* verweltlichen, säkulariˈsieren.

laid [leɪd] *pret u. pp von* **lay¹**. **~ pa·per** *s* Paˈpier *n* mit Egoutˈteurrippung.

lain [leɪn] *pp von* **lie²**.

lair [leə(r)] *s* **1.** *zo.* a) Lager *n*, b) Bau *m*, c) Höhle *f.* **2.** Versteck *n.*

laird [leə(r)d] *s Scot.* Gutsherr *m.*

lais·sez-faire [ˌleɪseɪˈfeə(r); ˌles-] **I** *s* Laissez-ˈfaire *n*: a) *econ. bes. hist.* wirtschaftlicher Liberaˈlismus, b) *allg.* ˈübermäßige Toleˈranz. **II** *adj* ˈübermäßig toleˈrant.

la·i·ty [ˈleɪətɪ] *s* **1.** Laienstand *m*, Laien *pl* (*Ggs. Geistlichkeit*). **2.** Laien *pl*, Nichtfachleute *pl.*

lake¹ [leɪk] *s* **1.** *chem.* Beizenfarbstoff *m.* **2.** a) Farblack *m*, *bes.* → **crimson lake**, b) Pigˈment *n.*

lake² [leɪk] *s* See *m*: **the Great L~** der große Teich (*der Atlantische Ozean*); **the Great L~s** die Großen Seen (*an der Grenze zwischen den USA u. Kanada*).

Lake| Dis·trict *s* Lake District *m* (*Seengebiet im Nordwesten Englands*). **L~ dwell·er** *s* Pfahlbaubewohner(in). **L~ dwell·ing** *s* Pfahlbau *m.* **ˈ~land** → Lake District. **~ Po·ets** *s pl die 3 Dichter des Lake District* (*Wordsworth, Coleridge u. Southey*).

lak·er [ˈleɪkə(r)] *s* **1.** Seefisch *m*, *bes.* → **lake trout**. **2.** Seedampfer *m.*

ˈlake|·shore *s* Seeufer *n.* **ˈ~side** *s* Seeufer *n*: **by the ~** am See; **~ promenade** Uferpromenade *f.* **~ trout** *s ichth.* ˈSeeforelle *f.*

lakh → **lac²**.

lak·y [ˈleɪkɪ] *adj* karˈmin-, karmeˈsinrot.

la·la·pa·loo·za [ˌlɑləpəˈluːzə] → **lollapaloosa**.

Lal·lan(s) [ˈlælən; -nz] *Scot.* **I** *adj* Tieflands... **II** *s ling.* Tieflandschottisch *n*, das Tieflandschottische.

lal·la·pa·loo·za [ˌlɑləpəˈluːzə] → **lollapaloosa**.

lal·la·tion [læˈleɪʃn] *s* **1.** Lallen *n.* **2.** → **lambdacism** a.

lal·ly·gag [ˈlɑːlɪˌgæg] *v/i Am. colloq.* **1.** ‚rumgammeln', ‚rumhängen'. **2.** ‚(rum-)schmusen'.

lam¹ [læm] *sl.* **I** *v/t* ‚verdreschen', ‚vermöbeln'. **II** *v/i*: **to ~ into s.o.** a) auf j-n ‚eindreschen', b) über j-n herfallen (*a. mit Worten*).

lam² [læm] *Am. sl.* **I** *s* ‚Verduften' *n*: **on the ~** auf der Flucht (*bes. vor der Polizei*); **to take it on the ~** → II. **II** *v/i* ‚abhauen', ‚verduften'.

la·ma [ˈlɑːmə] *s relig.* Lama *m.*

La·ma·ism [ˈlɑːməɪzəm] *s relig.* Lamaˈismus *m* (*in Tibet entstandene Form des Buddhismus*). **ˈLa·ma·ist I** *s* Lamaˈist(in). **II** *adj* lamaˈistisch.

La·marck·ism [lɑːˈmɑː(r)kɪzəm; lə-] *s biol.* Lamarˈckismus *m* (*Abstammungslehre, nach der die Wandlung der Arten durch Einstellung des Individuums auf veränderte Umweltbedingungen erfolgt sein soll*).

la·ma·ser·y [ˈlɑːməsərɪ; *Am.* -ˌseriː] *s* Lamakloster *n.*

lamb [læm] **I** *s* **1.** Lamm *n* (*a. fig. Person*): **in** (*od.* **with**) **~** trächtig (*Schaf*); **like a ~** (sanft) wie ein Lamm, lammfromm; **like a ~ to the slaughter** wie ein Lamm zur Schlachtbank. **2.** Lamm *n*: a) *gastr.* Lammfleisch *n*: **~ chop** Lammkotelett *n*, b) → **lambskin**. **3.** ‚Gimpel' *m*, leichtgläubiger Mensch, *bes.* unerfahrener Spekuˈlant. **4. the L~ (of God)** das Lamm (Gottes) (*Christus*). **II** *v/i* **5.** lammen.

lam·baste [læmˈbeɪst] *v/t sl.* **1.** ‚vermöbeln', ‚verdreschen'. **2.** *fig.* ‚herˈunterputzen', ‚zs.-stauchen'.

lamb·da [ˈlæmdə] *s* Lambda *n* (*griechischer Buchstabe*).

lamb·da·cism [ˈlæmdəsɪzəm] *s* Lambdaˈzismus *m*: a) *fehlerhafte Aussprache des R als L*, b) *falsche Aussprache des L bzw. Unvermögen, das L auszusprechen.*

lam·ben·cy [ˈlæmbənsɪ] *s* **1.** Züngeln *n*, Tanzen *n* (*e-r Flamme etc*). **2.** (geistreiches) Funkeln, Sprühen *n.* **ˈlam·bent** *adj* (*adv* **~ly**) **1.** züngelnd, flackernd, tanzend: **~ flames.** **2.** sanft strahlend. **3.** funkelnd, sprühend (*Witz etc*).

lam·bert [ˈlæmbə(r)t] *s phys.* Lambert *n* (*Einheit der Leuchtdichte*).

Lam·beth (pal·ace) [ˈlæmbəθ] *s* **1.** *der Amtssitz des Erzbischofs von Canterbury im Süden von London.* **2.** *fig.* der Erzbischof von Canterbury (*als Vertreter der anglikanischen Kirche*).

lamb·kin [ˈlæmkɪn] *s* **1.** Lämmchen *n.* **2.** *fig.* Häs-chen *n* (*Kosename*).

ˈlamb·like *adj* lammfromm, sanft (wie ein Lamm).

ˈlamb·skin *s* **1.** Lammfell *n.* **2.** Schafleder *n.* **3.** Lambskin *n* (*Lammfellimitation aus Plüsch*).

lamb's| let·tuce *s bot.* Raˈpünzchen *n*, ˈFeldsaˌlat *m.* **~ tails** *s pl bot.* **1.** *Br.* Haselkätzchen *pl.* **2.** *Am.* Weidenkätzchen *pl.* **~ wool** *s* Lambswool *f*, Lamm-, Schafwolle *f.*

lame¹ [leɪm] **I** *adj* (*adv* **~ly**) **1.** a) lahm: **~ in a leg** auf ˈeinem Bein lahm; **to walk ~ly** hinken, (*Tier a.*) lahmen, b) gelähmt. **2.** *fig.* ‚lahm': a) ‚faul': **a ~ excuse**, b) schwach: **a ~ argument**, c) matt, schwach: **~ efforts**. **3.** *fig.* hinkend, holp(e)rig (*Vers*). **4. to be ~** *Am. sl.* ‚auf *od.* hinter dem Mond leben'. **II** *v/t* **5.** lähmen (*a. fig.*). **III** *s* **6.** *Am. sl. j-d, der ‚auf od. hinter dem Mond lebt'.*

lame² [leɪm] *s* **1.** *hist.* Schuppe *f* (*e-s Panzers*). **2.** dünnes Meˈtallplättchen.

la·mé [ˈlɑːmeɪ; *Am.* lɑːˈmeɪ; læ-] *s* Laˈmé *m* (*Gewebe mit Metallfäden*).

lame duck *s colloq.* **1.** Körperbehinderte(r *m*) *f.* **2.** ‚Niete' *f*, Versager *m* (*Person od. Sache*). **3.** ruiˈnierter (ˈBörsen)Spekuˌlant. **4.** *pol. Am. nicht wiedergewählter Amtsinhaber, bes. Kongreßmitglied, bis zum Ablauf s-r Amtszeit.*

la·mel·la [ləˈmelə] *pl* **-lae** [-liː], **-las** *s* Laˈmelle *f*, (dünnes) Plättchen. **laˈmel·lar, lam·el·late** [ˈlæmɪleɪt; -lət; ləˈmeleɪt; -lət], **ˈlam·el·lat·ed** [-leɪtɪd] *adj* laˈmellen-, plättchenartig, Lamellen...

ˈlame·ness *s* **1.** a) Lahmheit *f* (*a. fig.*), b) Lähmung *f.* **2.** *fig.* Hinken *n*, Holp(e)rigkeit *f* (*von Versen*).

la·ment [ləˈment] **I** *v/i* **1.** jammern, (weh)klagen, *iro.* lamenˈtieren (**for, over** um). **2.** trauern (**for, over** um). **II** *v/t* **3.** beklagen: a) bejammern, bedauern, b) betrauern: → **late** 5 b. **III** *s* **4.** Jammer *m*, (Weh)Klage *f.* **5.** Klagelied *n.*

lam·en·ta·ble [ˈlæməntəbl; ləˈmen-] *adj* (*adv* **lamentably**) **1.** beklagenswert, bedauerlich. **2.** *contp.* erbärmlich, kläglich.

lam·en·ta·tion [ˌlæmenˈteɪʃn; -mən-] *s* **1.** (Weh)Klage *f*. **2.** *iro.* Laˈmento *n*, Lamenˈtieren *n*. **3. the L~s (of Jeremiah)** *pl* (*meist als sg konstruiert*) *Bibl.* die Klagelieder *pl* Jereˈmiae.

la·mi·a [ˈleɪmɪə] *pl* **-mi·as, -mi·ae** [-mɪiː] *s myth.* Lamia *f* (*blutsaugendes Fabelwesen*).

lam·i·na [ˈlæmɪnə] *pl* **-nae** [-niː], **-nas** *s* **1.** Plättchen *n*, Blättchen *n*. **2.** (dünne) Schicht. **3.** ˈÜberzug *m*. **4.** *bot.* Blattspreite *f*. **5.** *zo.* blattförmiges Orˈgan.

lam·i·na·ble [ˈlæmɪnəbl] *adj tech.* streckbar, (aus)walzbar.

lam·i·nal [ˈlæmɪnl] → **laminar.**

lam·i·nar [ˈlæmɪnə(r)] *adj tech.* laˈmellenförmig, lamelˈliert. **~ flow** *s phys.* lamiˈnare Strömung, Schichtenströmung *f*.

lam·i·nate [ˈlæmɪneɪt] *tech.* **I** *v/t* **1.** lamiˈnieren: a) (aus)walzen, strecken, b) schichten, schichtweise legen, c) mit Folie überˈziehen: **laminating sheet** Schichtfolie *f*. **2.** lamelˈlieren, in Blättchen aufspalten. **II** *v/i* **3.** sich in Schichten *od.* Plättchen spalten. **III** *s* [-nət; -neɪt] **4.** (Plastik-, Verbund)Folie *f*, Schichtstoff *m*, Lamiˈnat *n*. **IV** *adj* [-nət; -neɪt] → **laminated.** ˈ**lam·i·nat·ed** *adj tech.* **1.** lamiˈniert, geschichtet: **~ brush switch** *electr.* Bürstenschalter *m*; **~ fabric** Hartgewebe *n*; **~ glass** Verbundglas *n*; **~ material** Schichtstoff *m*; **~ paper** Hartpapier *n*; **~ sheet** Schichtplatte *f*; **~ spring** Blattfeder *f*; **~ windscreen** (*Am.* **windshield**) *mot.* Windschutzscheibe *f* aus Verbundglas; **~ wood** Schicht-, Preßholz *n*. **2.** lamelˈliert, geblättert. ˌ**lam·iˈna·tion** *s* **1.** *tech.* Lamiˈnierung *f*: a) Streckung *f*, b) Schichtung *f*. **2.** *tech.* Lamelˈlierung *f*. **3.** *tech.* Schicht *f*, (dünne) Lage. **4.** *geol.* Laminatiˈon *f* (*plattenartige Absonderung durch gleitendes Fließen von Massen*).

Lam·mas [ˈlæməs] *s* **1.** *relig.* Petri Kettenfeier *f*. **2.** *a.* **~ Day** *Br. hist.* Erntefest *n* am 1. Auˈgust.

lam·mer·gei·er, lam·mer·gey·er [ˈlæmə(r)gaɪə(r)] *s orn.* Lämmer-, Bartgeier *m*.

lamp [læmp] *s* **1.** Lampe *f*, (*Straßen*)Laˈterne *f*: **to smell of the ~** *fig.* a) nach harter Arbeit ‚riechen', b) mehr Fleiß als Talent verraten. **2.** *electr.* Lampe *f*: a) Glühbirne *f*, b) Leuchte *f*, Beleuchtungskörper *m*: **~ holder** Lampenfassung *f*. **3.** *fig.* Leuchte *f*, Licht *n*: **to pass** (*od.* **hand**) **on the ~** *fig.* die Fackel (*des Fortschritts etc*) weitergeben.

lam·pas¹ [ˈlæmpəs] *s* Lamˈpas *m* (*schweres Damastgewebe als Möbel- od. Dekorationsstoff*).

lam·pas² [ˈlæmpəz] *s vet.* Frosch *m* (*Gaumenschwellung bei Pferden*).

ˈ**lamp|·black** *s* Lampenruß *m*, -schwarz *n*. **~ chim·ney** *s* ˈLampenzyˌlinder *m*.

lam·pern [ˈlæmpə(r)n] *s ichth.* Flußneunauge *n*.

ˈ**lamp|·light** *s* Lampen-, Laˈternenlicht *n*: **by ~** bei Lampenlicht. ˈ**~ˌlight·er** *s hist.* Laˈternenanzünder *m*.

lam·poon [læmˈpuːn] **I** *s* Spott-, Schmähschrift *f*, (saˈtirisches) Pamˈphlet. **II** *v/t* (*schriftlich*) verspotten. **lamˈpoon·er** *s* Verfasser(in) e-r Schmäh- *od.* Spottschrift, Pamphleˈtist(in). **lamˈpoon·er·y** [-ərɪ] *s* (*schriftliche*) Verspottung. **lamˈpoon·ist** → **lampooner.**

ˈ**lamp·post** *s* Laˈternenpfahl *m*: → **between** 2.

lam·prey [ˈlæmprɪ] *s ichth.* Lamˈprete *f*, Neunauge *n*.

ˈ**lamp|·shade** *s* Lampenschirm *m*. **~ shell** *s zo.* (*ein*) Armfüßer *m*. **~ stan·dard** *s* Laˈternenpfahl *m*.

la·nate [ˈleɪneɪt] *adj biol.* wollig, Woll...

Lan·cas·tri·an [læŋˈkæstrɪən] **I** *adj* **1.** Lancaster... **II** *s* **2.** Bewohner(in) der (*englischen*) Stadt Lancaster *od.* der Grafschaft Lancashire. **3.** *hist.* Angehörige(r *m*) *f od.* Anhänger(in) des Hauses Lancaster.

lance [lɑːns; *Am.* læns] **I** *s* **1.** Lanze *f*: **to break a ~ with s.o.** *fig.* mit j-m die Klingen kreuzen. **2.** Fischspeer *m*. **3.** → **lancer** 1 b. **4.** → **lancet** 1. **II** *v/t* **5.** aufspießen, mit e-r Lanze durchˈbohren. **6.** *med.* mit e-r Lanˈzette öffnen: **to ~ a boil** ein Geschwür öffnen. **~ buck·et** *s mil. hist.* Lanzenschuh *m*. **~ cor·po·ral,** *colloq.* ˈ**~jack** *s mil. Br.* Ober-, Hauptgefreite(r) *m*.

lance·let [ˈlɑːnslɪt; *Am.* ˈlænslət] *s ichth.* (*ein*) Lanˈzettfischchen *n*.

lan·ce·o·late [ˈlɑːnsɪəleɪt; -lɪt; *Am.* ˈlæn-] *adj bes. bot.* lanˈzettförmig.

lanc·er [ˈlɑːnsə; *Am.* ˈlænsər] *s* **1.** *mil.* a) *hist.* Lanzenträger *m*, b) *hist.* Uˈlan *m*, Lanzenreiter *m*, c) *Soldat e-s brit. Lancer-Regiments* (*jetzt leichte Panzerverbände*). **2.** *pl* (*als sg konstruiert*) Lanciˈer *m*, Quaˈdrille *f* à la cour.

lance| rest *s mil. hist.* Stechtasche *f* (*zum Einlegen der Lanze*). **~ ser·geant** *s mil. Br.* Gefreite(r) *m* in der Dienststellung e-s ˈUnteroffiˌziers.

lan·cet [ˈlɑːnsɪt; *Am.* ˈlænsət] *s* **1.** *med.* Lanˈzette *f*. **2.** *arch.* a) *a.* **~ arch** Spitzbogen *m*, b) *a.* **~ window** Spitzbogenfenster *n*. ˈ**lan·cet·ed** *adj arch.* **1.** spitzbogig (*Fenster*). **2.** mit Spitzbogenfenstern.

lan·ci·nate [ˈlɑːnsɪneɪt; *Am.* ˈlæn-] *v/t* durchˈbohren: **lancinating pain** *med.* lanzinierender Schmerz.

land [lænd] **I** *s* **1.** Land *n* (*Ggs. Meer, Wasser, Luft*): **by ~** zu Land(e), auf dem Landweg(e); **by ~ and sea** zu Wasser u. zu Lande; **to see** (*od.* **find out**) **how the ~ lies** *fig.* a) ‚die Lage peilen', b) sich e-n Überblick verschaffen; **to make ~** *mar.* a) Land sichten, b) das (Fest)Land erreichen. **2.** Land *n*, Boden *m*: **wet ~** nasser Boden; **ploughed ~** Ackerland. **3.** Land *n* (*Ggs. Stadt*): **back to the ~** zurück aufs Land. **4.** *jur.* a) Land-, Grundbesitz *m*, Grund *m* u. Boden *m*, b) *pl* Ländeˈreien *pl*, Güter *pl*. **5.** Land *n*, Staat *m*, Volk *n*, Natiˈon *f*. **6.** *econ.* naˈtürliche Reichtümer *pl* (*e-s Landes*). **7.** *fig.* Land *n*, Gebiet *n*, Reich *n*: **the ~ of dreams** das Reich *od.* Land der Träume; **the ~ of the living** das Diesseits; → **milk** 1, **nod** 8. **8.** Feld *n* (*zwischen den Zügen des Gewehrlaufs*).

II *v/i* **9.** *aer.* landen, *mar. a.* anlegen. **10.** *oft* **~ up** landen, (an)kommen: **to ~ in a ditch** in e-m Graben landen; **to ~ up in prison** im Gefängnis landen; **to ~ second** *sport* an zweiter Stelle landen. **11.** *colloq.* e-n Schlag *od.* Treffer landen: **to ~ on s.o.** a) bei j-m e-n Treffer landen, b) *fig.* ‚es j-m geben'.

III *v/t* **12.** *Personen, Güter, Flugzeug* landen: **to ~ goods** Güter ausladen (*mar. a.* löschen). **13.** *e-n Fisch etc* an Land ziehen. **14.** *bes. Fahrgäste* absetzen: **the cab ~ed him at the station; he was ~ed in the mud** er landete im Schlamm. **15.** *j-n* bringen: **that will ~ you in prison; to ~ o.s.** (*od.* **to be ~ed**) **in trouble** in Schwierigkeiten geraten *od.* kommen; **to ~ s.o. in trouble** j-n in Schwierigkeiten bringen. **16. to ~ s.o. with s.th., to ~ s.th. onto s.o.** *colloq.* j-m etwas aufhalsen. **17.** *colloq. e-n Schlag od. Treffer* landen, anbringen: **he ~ed him one** er ‚knallte' ihm eine, er ‚verpaßte' ihm eins (*od.* ein Ding). **18.** *colloq. j-n, etwas* ‚kriegen', erwischen: **the police have ~ed the criminal; to ~ a husband** sich e-n Mann ‚angeln'; **to ~ a prize** sich e-n Preis ‚holen', e-n Preis ‚ergattern'.

land| a·gent *s* **1.** Grundstücksmakler *m*. **2.** *Br.* Gutsverwalter *m*. **~ art** *s* Land-Art *f* (*Kunstrichtung, in der die Landschaft zum Gestaltungsmaterial wird*).

lan·dau [ˈlændɔː] *s* Landauer *m* (*Kutsche*).

lan·dau·let(te) [ˌlændɔːˈlet; *Am.* ˌlændlˈet] *s* Landauˈlett *n*, Halblandauer *m* (*Kutsche*).

land| bank *s* **1.** ˈBodenkreˌditanstalt *f*, Hypoˈthekenbank *f*. **2.** *Am.* (staatliche) Landwirtschaftsbank. **~ breeze** *s* Landwind *m*. **~ bridge** *s geogr.* Landbrücke *f*. **~ con·sol·i·da·tion** *s* Flurbereinigung *f*. **~ de·vel·op·ment** *s* Erschließung *f* von Baugelände.

land·ed [ˈlændɪd] *adj* Land..., Grund...: **the ~ gentry** *collect.* der Landadel; **the ~ interest** *collect.* die Grundbesitzer *pl* (*als Klasse*); **~ property, ~ estate** Grundbesitz *m*, -eigentum *n*, Landbesitz *m*, Liegenschaften *pl*; **~ proprietor** Grundbesitzer *m*, -eigentümer *m*.

ˈ**land|·fall** *s* **1.** *aer.* Sichten *n* von Land, *mar. a.* Landfall *m*. **2.** *aer.* Landen *n*, Landung *f*. **3.** Erdrutsch *m*. **~ forc·es** *s pl mil.* Landstreitkräfte *pl*. **~ freeze** *s* staatliches Verbot, Land zu verkaufen. ˈ**~-ˌgrab·ber** *s j-d, der auf ungesetzliche Weise Land in Besitz nimmt.* **~ grant** *s Am.* staatliche Landzuweisung. ˈ**~-ˌgrant u·ni·ver·si·ty** *s Am. durch staatliche* (*ursprünglich aus Land bestehende*) *Subventionen unterstützte Hochschule.* ˈ**~grave** *s hist.* (deutscher) Landgraf. ˌ**~ˈgra·vi·ate** [-ˈgreɪvɪət; -vɪeɪt] *s* Landgrafschaft *f*. ˈ**~gra·vine** [-grəviːn] *s* Landgräfin *f*. ˈ**~ˌhold·er** *s bes. Am.* **1.** Grundpächter *m*. **2.** Grundbesitzer *m*, -eigentümer *m*.

land·ing [ˈlændɪŋ] *s* **1.** *aer.* Landung *f*, Landen *n*, *mar. a.* Anlegen *n*: → **forced** 1. **2.** Landung *f*, Landen *n* (*von Personen, Gütern, Flugzeugen*), Ausladen *n*, *mar. a.* Löschen *n* (*von Gütern*). **3.** *mar.* Lande-, Anlegeplatz *m*. **4.** Ausladestelle *f*. **5.** (Treppen)Absatz *m*. **6.** *tech.* a) Gichtbühne *f* (*e-s Hochofens*), b) *Bergbau*: Füllort *m*. **~ an·gle** *s aer.* Ausrollwinkel *m*. **~ ap·proach** *s aer.* Landeanflug *m*. **~ barge** *s mar. mil.* (großes) Landungsfahrzeug. **~ beam** *s aer.* Landeleitstrahl *m*. **~ craft** *s mar. mil.* Landungsboot *n*. **~ field** *s aer.* Landeplatz *m*. **~ flap** *s aer.* Landeklappe *f*. **~ force** *s mil.* Landungstruppe *f*, amˈphibischer Kampfverband. **~ gear** *s aer.* Fahrgestell *n*, -werk *n*. **~ light** *s aer.* **1.** Lande-, Bordscheinwerfer *m*. **2.** Landefeuer *n* (*am Flugplatz*). **~ net** *s* Kescher *m*. **~ par·ty** *s mil. bes. Br.* ˈLandungstrupp *m*, -komˌmando *n*. **~ per·mit** *s aer.* Landeerlaubnis *f*. **~ stage** *s mar.* Landungsbrücke *f*, -steg *m*. **~ strip** → **airstrip. ~ ve·hi·cle** *s Raumfahrt*: Landefähre *f*.

land| job·ber *s* ˈGrundstücksspekuˌlant *m*. **~ la·dy** [ˈlænˌleɪdɪ] *s* **1.** (Haus-, Gast-, Pensiˈons)Wirtin *f*. **2.** Grundeigentümerin *f*, -besitzerin *f*. **~ law** *s jur.* Grundstücksrecht *n*.

länd·ler [ˈlentlə(r)] *pl* **-ler, -lers** *s mus.* Ländler *m*.

ˈ**land·less** *adj* ohne Grundbesitz, grundbesitzlos.

land| line *s electr.* ˈÜberlandleitung *f*. ˈ**~-locked** *adj* ˈlandumˌschlossen: **~ country** Binnenstaat *m*; **~ salmon** *ichth.* im Süßwasser verbleibender Lachs. ˈ**~ˌlop·er** *s* Landstreicher *m*. **~lord** [ˈlænlɔː(r)d] *s* **1.** Grundeigentümer *m*, -besitzer *m*. **2.** (Haus-, Gast-, Pensiˈons)Wirt *m*. ˈ**~ˌlub·ber** *s mar.* ‚Landratte' *f*. ˈ**~mark** *s* **1.** Grenzstein *m*, -zeichen *n*. **2.** a)

mar. Landmarke *f*, Seezeichen *n*, b) Gelände-, Orien'tierungspunkt *m*. **3.** Kennzeichen *n*: **anatomical** ~ *med.* anatomischer Merkpunkt. **4.** Wahrzeichen *n* (*e-r Stadt etc*). **5.** *fig.* Mark-, Meilenstein *m*: **a ~ in history**. '**~mass** *s* Landmasse *f*. ~ **mine** *s mil.* Landmine *f*.
land|of·fice *s Am.* Grundbuchamt *n*. '**~-ₗof·fice busi·ness** *s Am. colloq.* ‚Bombengeschäft' *n*. '**~ₗown·er** *s* Grundbesitzer(in), -eigentümer(in). '**~-ₗown·ing** *adj* grundbesitzend, Grundbesitz(er)... '**~·plane** *s* Landflugzeug *n*. ~ **plan·ning** *s* Raumordnung *f*. '**~-poor** *adj* über 'unrenₗtablen Grundbesitz verfügend. ~ **pow·er** *s pol.* Landmacht *f* (*Ggs. Seemacht*). ~ **rail** *s orn.* Wiesenknarre *f*. ~ **re·form** *s* 'Bodenreₗform *f*. ~ **reg·is·ter** *s Br.* Grundbuch *n*. ~ **reg·is·try** *s Br.* Grundbuchamt *n*. **L~ Rov·er** (*TM*) *s mot.* Landrover *m* (*ein Geländefahrzeug*).
land·scape ['lænskeɪp; 'lænd-] **I** *s* **1.** Landschaft *f*. **2.** *paint.* a) Landschaft(sbild *n*) *f*, b) Landschaftsmale'rei *f*. **II** *v/t* **3.** landschaftlich verschönern *od.* gestalten. **III** *v/i* **4.** als Landschaftsgärtner arbeiten. ~ **ar·chi·tect** *s* 'Landschaftsarchiₗtekt *m*. ~ **ar·chi·tec·ture** *s* 'Landschaftsarchitekₗtur *f*. ~ **for·mat** *s print.* 'Quer-, 'Langforₗmat *n*. ~ **gar·den·er** *s* Landschaftsgärtner *m*. ~ **gar·den·ing** *s* Landschaftsgärtne'rei *f*. ~ **mar·ble** *s* landschaftartig gezeichneter Marmor. ~ **paint·er** → **landscapist**.
land·scap·ist ['lænskeɪpɪst; 'lænd-] *s* Landschaftsmaler(in).
land shark *s colloq.* **1.** *j-d, der Matrosen an Land ausbeutet.* **2.** 'Bodenspekuₗlant *m*.
lands·knecht ['læntskəₗnekt] *s mil. hist.* Landsknecht *m*.
'**land|·slide** *s* **1.** Erdrutsch *m*. **2.** *a.* ~ **victory** (*od.* **win**) *pol.* über'wältigender Wahlsieg. '**~·slip** *bes. Br. für* **landslide** 1.
lands·man ['lændzmən] *s irr* ‚Landratte' *f*.
land| sur·vey·or *s* Landvermesser *m*, Geo'meter *m*. ~ **swell** *s mar.* Landschwell *f*, einlaufende Dünung. ~ **tax** *s hist.* Grundsteuer *f*. ~ **tie** *s arch.* Mauerstütze *f*.
ₗ**land-to-'land** *adj mil.* Boden-Boden-...: ~ **weapons**.
land| tor·toise *s zo.* Landschildkröte *f*. '**~ₗwait·er** *s Br.* 'Zollinₗspektor *m*.
land·ward ['lændwə(r)d] **I** *adj* land('ein)wärts gelegen. **II** *adv* land('ein)wärts, (nach) dem Lande zu '**landwards** [-dz] → **landward** II.
land yacht *s* Strandsegler *m*.
lane [leɪn] *s* **1.** (Feld)Weg *m*: **it is a long ~ that has no turning** *fig.* alles muß sich einmal ändern. **2.** Gasse *f*: a) Sträßchen *n*, b) 'Durchgang *m* (*zwischen Menschenreihen etc*): **to form a ~** Spalier stehen, e-e Gasse bilden. **3.** Schneise *f*. **4.** *a.* ~ **route** *mar.* (Fahrt)Route *f*, Fahrrinne *f*. **5.** *aer.* Flugschneise *f*. **6.** *mot.* (Fahr)Spur *f*: **to change ~s** die Spur wechseln; **to get in ~** sich einordnen; ~ **indication arrow** Richtungspfeil *m*. **7.** *sport* (einzelne) Bahn.
lang|·lauf ['lɑːŋlaʊf] *s Skisport*: Langlauf *m*. '**~ₗläu·fer** [-ₗlɔɪfə(r)] *pl* **-fer, -fers** *s* Langläufer(in).
Lan·go·bard ['læŋgəʊbɑː(r)d; 'læŋgəb-] → **Lombard** 1.
lan·gouste ['lɒŋguːst; *Am.* lɑ̃ːŋ'guːst] *s zo.* Lan'guste *f*.
lan·grage, *a.* **lan·gridge** ['læŋgrɪdʒ] *s mar. hist.* Kar'tätschengeschoß *n*.
lang syne [ₗlæŋ'saɪn] *Scot.* **I** *adv* einst, in längst vergangener Zeit. **II** *s* längst vergangene Zeit: → **auld lang syne**.
lan·guage ['læŋgwɪdʒ] *s* **1.** Sprache *f*: ~ **of flowers** *fig.* Blumensprache; **to speak the same** ~ dieselbe Sprache sprechen (*a. fig.*); **to talk s.o.'s** ~ j-s Sprache sprechen (*a. fig.*). **2.** Sprache *f*, Rede-, Ausdrucksweise *f*, Worte *pl*: **~!** so etwas sagt man nicht!; → **bad**[1] 4, **strong** 7. **3.** Sprache *f*, Stil *m*. **4.** (Fach)Sprache *f*, Terminolo'gie *f*: **medical** ~ medizinische Fachsprache, Medizinersprache. **5.** a) Sprachwissenschaft *f*, b) 'Sprachₗunterricht *m*. ~ **arts** *s pl ped. Am.* 'Sprachₗunterricht *m*. ~ **bar·ri·er** *s* 'Sprachbarriₗere *f*, -schranke *f*. ~ **cen·ter,** *bes. Br.* ~ **cen·tre** *s* Sprachenzentrum *n*. ~ **course** *s* Sprachkurs *m*.
'**lan·guaged** *adj* **1.** *in Zssgn* ...sprachig: **many-~** vielsprachig. **2.** sprachkundig, -gewandt. **3.** formu'liert: **his speech was well ~**.
lan·guage| la·bor·a·to·ry *s* 'Sprachlaₗbor *n*. ~ **mas·ter** *s ped. Br.* Sprachlehrer *m*. ~ **me·di·a·tor** *s* Sprachmittler *m*. ~ **re·search** *s* Sprachforschung *f*. ~ **school** *s* Sprachenschule *f*. ~ **teach·er** *s* Sprachlehrer(in). ~ **teach·ing** *s* Spracherziehung *f*.
langued [læŋd] *adj her.* mit her'ausgestreckter Zunge.
lan·guet(te) ['læŋgwet] *s* **1.** Zunge *f*, zungenähnlicher Gegenstand. **2.** Landzunge *f*. **3.** *mus.* Zunge *f* (*e-r Orgelpfeife*).
lan·guid ['læŋgwɪd] *adj* (*adv* **~ly**) **1.** schwach, matt. **2.** träge, schleppend. **3.** *fig.* lau, inter'esselos. **4.** *econ.* flau, lustlos. '**lan·guid·ness** *s* **1.** Schwachheit *f*, Mattigkeit *f*. **2.** Trägheit *f*. **3.** *fig.* Lauheit *f*, Inter'esselosigkeit *f*. **4.** *econ.* Flauheit *f*, Lustlosigkeit *f*.
lan·guish ['læŋgwɪʃ] *v/i* **1.** ermatten, erschlaffen. **2.** erlahmen (*Interesse, Konversation etc*). **3.** (ver)schmachten, da'hinsiechen: **to ~ in a dungeon** in e-m Kerker schmachten. **4.** da'niederliegen (*Handel, Industrie etc*). **5.** schmachtend *od.* sehnsüchtig blicken. **6.** sich sehnen, schmachten (**for** nach). '**lan·guish·ing** *adj* (*adv* **~ly**) **1.** ermattend, erschlaffend. **2.** erlahmend. **3.** (ver)schmachtend, da'hinsiechend. **4.** da'niederliegend. **5.** sehnsüchtig, schmachtend: **a ~ look**. **6.** langsam (u. qualvoll): **a ~ death**; **a ~ illness** e-e schleichende Krankheit. **5.** → **languid** 3 *u.* 4.
lan·guor ['læŋgə(r)] *s* **1.** → **languidness** 1–3. **2.** *oft pl* melan'cholische Sehnsucht (**for** nach). **3.** a) bedrückende *od.* einschläfernde Stille, b) einschläfernde Schwüle. '**lan·guor·ous** *adj* (*adv* **~ly**) **1.** → **languid** 1–3. **2.** melan'cholisch-'sehnsuchtsvoll. **3.** a) bedrückend *od.* einschläfernd still, b) einschläfernd schwül.
lan·gur [lʌŋ'gʊə(r)] *s zo.* (*ein*) Schlankaffe *m*, *bes.* Langur *m*.
lan·iard → **lanyard**.
la·ni·ar·y ['lænɪərɪ; *Am.* 'leɪnɪₗeriː; 'læn-] *zo.* **I** *s* Reißzahn *m*. **II** *adj* Reiß...: ~ **tooth**.
la·nif·er·ous [lə'nɪfərəs], **la·nig·er·ous** [lə'nɪdʒərəs] *adj biol.* wollig, Woll...
lank [læŋk] *adj* (*adv* **~ly**) **1.** hager, mager. **2.** glatt (*Haar*).
lank·i·ness ['læŋkɪnɪs] *s* Schlaksigkeit *f*.
'**lank·ness** *s* Hagerkeit *f*, Magerkeit *f*.
'**lank·y** *adj* (*adv* **lankily**) schlaksig, hochaufgeschossen.
lan·ner ['lænə(r)] *s orn.* (*bes.* weiblicher) Feldeggsfalke. '**lan·ner·et** [-ret] *s* männlicher Feldeggsfalke.
lan·o·lin(e) ['lænəʊliːn; *Am.* 'lænlən] *s chem.* Lano'lin *n*, Wollfett *n*.
la·nose ['leɪnəʊs; -z] → **lanate**.
lans·que·net ['lænskəₗnet] *s mil. hist.* Landsknecht *m*.
lan·tern ['læntə(r)n] *s* **1.** La'terne *f*. **2.** La'terna *f* magica. **3.** *mar.* Leuchtkammer *f* (*e-s Leuchtturms*). **4.** *arch.* La'terne *f*. **5.** *tech.* a) → **lantern pinion**, b) *Gießerei*: 'Kernskeₗlett *n*. **6.** *fig.* Leuchte *f*: **he was a ~ of science**. '**~-jawed** *adj* hohlwangig. ~ **jaws** *s pl* eingefallene *od.* hohle Wangen *pl*. ~ **lec·ture** *s* Lichtbildervortrag *m*. ~ **light** *s* **1.** La'ternenlicht *n*. **2.** 'durchscheinende Scheibe (*e-r Laterne*). **3.** *arch.* Oberlichtfenster *n*. ~ **pin·ion** *s tech.* Drehling *m*, Stockgetriebe *n*. ~ **slide** *s phot.* Dia(posi'tiv) *n*, Lichtbild *n*. '**~-slide lec·ture** *s* Lichtbildervortrag *m*.
lan·tha·nide ['lænθənaɪd] *s chem.* Lanthano'id *n*, Lantha'nid *n*: ~ **series** Lanthanoidenreihe *f*, -gruppe *f*.
lan·tha·num ['lænθənəm] *s chem.* Lan'than *n*.
la·nu·go [lə'njuːgəʊ; *Am. a.* -'nuː-] *s* La'nugo *f*: a) *zo.* Wollhaar *n*, b) *anat.* Flaum *m*, Wollhaar *n*.
lan·yard ['lænjə(r)d] *s* **1.** *mar.* Taljereep *n*. **2.** *mil.* Abzugsleine *f* (*e-r Kanone*). **3.** (*um den Hals getragene*) Kordel (*an der ein Messer, e-e Pfeife etc befestigt ist*).
la·od·i·ce·an [ₗleɪəʊdɪ'sɪən; *Am.* leɪₗɑdə'siːən] *bes. relig.* **I** *adj* lau, halbherzig. **II** *s* lauer *od.* halbherziger Mensch.
lap[1] [læp] *s* **1.** Schoß *m* (*e-s Kleides od. des Körpers*; *a. fig.*): **to sit on s.o.'s ~**; **in the ~ of the Church**; **to be in the ~ of the gods** im Schoß der Götter liegen; **to drop** (*od.* **fall**) **into s.o.'s ~** j-m in den Schoß fallen; **to live in the ~ of luxury** ein Luxusleben führen. **2.** (*Kleider- etc*) Zipfel *m*. **3.** *anat.* (*Ohr*)Läppchen *n*.
lap[2] [læp] **I** *v/t* **1.** wickeln, falten (**about**, **[a]round** um). **2.** einhüllen, -schlagen, -wickeln (**in** in *acc*): **~ped insulation** Bandisolierung *f*. **3.** *fig.* einhüllen, um'hüllen: **~ped in luxury** von Luxus umgeben. **4.** *fig.* hegen, pflegen. **5.** a) sich über'lappend legen über (*acc*), b) über'lappt anordnen: **to ~ tiles**. **6.** hin'ausragen über (*acc*). **7.** *Zimmerei*: über'lappen. **8.** po'lieren, schleifen. **9.** *sport* a) *e-n Gegner* über'runden, b) *e-e Strecke* zu'rücklegen: **to ~ the course in 6 minutes**. **II** *v/i* **10.** sich winden, sich legen (**about**, **[a]round** um). **11.** 'überstehen, hin'ausragen (**over** über *acc*). **12.** sich über'lappen. **13.** *sport* die Runde zu'rücklegen: **he ~ped in less than 60 seconds**. **III** *s* **14.** (einzelne) Windung, Lage *f*, Wick(e)lung *f* (*e-r Spule etc*). **15.** Über'lappung *f*. **16.** 'übergreifende Kante, 'überstehender Teil, *bes.* a) Vorstoß *m*, b) *Buchbinderei*: Falz *m*. **17.** Über'lappungsbreite *f od.* -länge *f*. **18.** *tech.* Po'lier-, Schleifscheibe *f*. **19.** *tech.* a) über'walzte Naht, b) Falte *f* (*Oberflächenfehler*). **20.** *sport* Runde *f*: ~ **of hono(u)r** Ehrenrunde; **two ~s** (*Leichtathletik*) *colloq.* 800-m-Lauf *m od.* -Strecke *f*; **to be on the last ~** a) in der letzten Runde sein, b) *fig.* kurz vor dem Ziel stehen. **21.** Abschnitt *m*, E'tappe *f* (*beide a. fig.*).
lap[3] [læp] **I** *v/t* **1.** plätschern(d schlagen) gegen *od.* an (*acc*). **2.** lecken, schlecken: **to ~ up** a) auflecken, -schlecken, b) *colloq.* ‚fressen', ‚schlucken' (*kritiklos glauben*), c) *colloq. Komplimente etc* gierig aufnehmen, *etwas* liebend gern hören; **she ~ped it up** es ging ihr runter wie Öl. **II** *v/i* **3.** plätschern: **to ~ against** → 1. **III** *s* **4.** Lecken *n*, Schlecken *n*: **to take a ~ at** lecken *od.* schlecken an (*dat*). **5.** Plätschern *n*. **6.** *colloq.* labb(e)riges Zeug.
lap·a·ro·cele ['læpərəʊsiːl] *s med.* Laparo'zele *f*, Eingeweide-, Bauch(wand)bruch *m*.
lap·a·ro·scope ['læpərəʊskəʊp] *s med.* Laparo'skop *n* (*Spezialendoskop zur Untersuchung der Bauchhöhle*). ₗ**lap·a'ros·co·py** [-'rɒskəpɪ; *Am.* -'rɑ-] *s* La-

parosko'pie *f* (*Untersuchung mit e-m Laparoskop*).

lap·a·rot·o·my [ˌlæpə'rɒtəmɪ; *Am.* -'rɑ-] *s med.* Laparoto'mie *f*, Bauchschnitt *m.*

lap| belt *s aer. mot.* Beckengurt *m.* **'~-board** *s* Schoßbrett *n.* **~ dis·solve** *s Film, TV*: ('Bild)Überˌblendung *f*, 'Durchblendung *f.* **~ dog** *s* **1.** Schoßhund *m*, Schoßhündchen *n.* **2.** *contp.* Schoßkind *n* (*Liebling*).

la·pel [lə'pel] *s* Aufschlag *m*, Re'vers *n, m*: **~ badge** Ansteckabzeichen *n*; **~ microphone** Ansteck-, Knopflochmikrophon *n.*

'lap-fade *v/t Film, TV*: *ein Bild* über'blenden.

lap·i·dar·y ['læpɪdərɪ; *Am.* -pəˌderi:] **I** *s* **1.** Steinschneider *m.* **2.** Steinschneidekunst *f.* **II** *adj* **3.** Steinschneide...: **~ art.** **4.** in Stein gehauen: **a ~ inscription.** **5.** *fig.* lapi'dar: **~ style** Lapidarstil *m.*

lap·i·date ['læpɪdeɪt] *v/t* steinigen. **ˌlap·i'da·tion** *s* Steinigung *f.*

lap·is laz·u·li [ˌlæpɪs'læzjʊlaɪ; *Am.* -zəli:] *s* **1.** *min.* Lapis'lazuli *m*, La'sur-, A'zurstein *m.* **2.** *a.* **~ blue** Lapis-, La'sur-, A'zurblau *n.*

lap| joint *s tech.* Über'lappung(sverbindung) *f.* **'~-ˌjoint·ed** *adj* sich über'lappend.

La·place| op·er·a·tor [lə'plɑ:s; lə'plæs] *s math.* La'place-Opeˌrator *m.* **~ trans·form** *s* La'place-Transformatiˌon *f.*

Lap·land·er ['læplændə(r)] → **Lapp** 1.

Lapp [læp] **I** *s* **1.** Lappe *m*, Lappländer(in). **2.** *ling.* Lappisch *n*, das Lappische. **II** *adj* **3.** lappisch.

lap·pet ['læpɪt] *s* **1.** Zipfel *m.* **2.** (Rock-)Schoß *m.* **3.** *anat.* (Fleisch-, Haut)Lappen *m.*

Lapp·ish ['læpɪʃ] → **Lapp** 2 *u.* 3.

lap| riv·et·ing *s tech.* Über'lappungsnietung *f.* **~ robe** *s Am.* Reisedecke *f.*

lapse [læps] **I** *s* **1.** Lapsus *m*, Versehen *n*, (kleiner) Fehler *od.* Irrtum: **~ of the pen** Schreibfehler; **~ of justice** Justizirrtum; **~ of taste** Geschmacksverirrung *f.* **2.** Vergehen *n*, Entgleisung *f*, Fehltritt *m*, Sünde *f*: **~ from duty** Pflichtversäumnis *n*; **~ from faith** Abfall *m* vom Glauben; **moral ~, ~ from virtue** moralische Entgleisung *od.* Verfehlung; **~ into heresy** Verfallen *n* in Ketzerei. **3.** a) Ab-, Verlauf *m*, Vergehen *n* (*der Zeit*), b) *jur.* (Frist-)Ablauf *m*: **~ of time,** c) Zeitspanne *f.* **4.** *jur.* a) Verfall *m*, Erlöschen *n* (*von Rechten etc*), b) Heimfall *m* (*von Erbteilen etc*). **5.** Verfall *m*, Absinken *n*, Niedergang *m.* **6.** Aufhören *n*, Verschwinden *n*, Aussterben *n.* **7.** *a.* **~ rate** *meteor.* vertikaler (Tempera'tur)Gradiˌent. **II** *v/i* **8.** a) verstreichen (*Zeit*), b) ablaufen (*Frist*). **9.** verfallen, versinken (**into** in *acc*): **to ~ into silence.** **10.** absinken, abgleiten, verfallen (**into** in *acc*): **to ~ into barbarism.** **11.** (mo'ralisch) entgleisen, e-n Fehltritt tun, sündigen. **12.** abfallen (**from faith** vom Glauben). **13.** versäumen (**from duty** s-e Pflicht). **14.** aufhören, ‚einschlafen' (*Beziehungen, Unterhaltung etc*). **15.** verschwinden, aussterben. **16.** *jur.* a) verfallen, erlöschen (*Anspruch, Recht etc*), b) heimfallen (**to** an *acc*).

'lap|-strake, '~-streak *mar.* **I** *adj* klinkergebaut. **II** *s* klinkergebautes Boot.

lap·sus ['læpsəs] (*Lat.*) *pl* **-sus** → **lapse** 1.

La·pu·tan [lə'pju:tən] *adj* phan'tastisch, ab'surd.

'lap|-weld *v/t tech.* über'lapptschweißen. **~ weld** *s tech.* Über'lapptschweißung *f.* **~ wind·ing** *s electr.* Schleifenwicklung *f.* **'~-wing** *s orn.* Kiebitz *m.*

lar·board ['lɑ:(r)bə(r)d] *mar. obs.* **I** *s* Backbord *n.* **II** *adj* Backbord...

lar·ce·ner ['lɑ:(r)sənə(r)], **'lar·ce·nist** [-nɪst] *s* Dieb(in). **'lar·ce·nous** *adj* **1.** diebisch. **2.** Diebstahls... **'lar·ce·ny** [-nɪ] *s jur.* Diebstahl *m*: **grand (petty) ~** *Am.* schwerer (einfacher) Diebstahl.

larch [lɑ:(r)tʃ] *s* **1.** *bot.* Lärche *f.* **2.** Lärche(nholz *n*) *f.*

lard [lɑ:(r)d] **I** *s* **1.** Schweinefett *n*, -schmalz *n*: **~ oil** Schmalzöl *n.* **II** *v/t* **2.** einfetten. **3.** *Fleisch* spicken: **~ing needle** (*od.* **pin**) Spicknadel *f.* **4.** *fig.* spicken, (aus)schmücken (**with** mit).

lard·er ['lɑ:(r)də(r)] *s* **1.** Speisekammer *f.* **2.** Speiseschrank *m.*

lar·don ['lɑ:(r)dən], **lar'doon** [-'du:n] *s* Speckstreifen *m* (*zum Spicken*).

lard pig *s* Fettschwein *n.*

lard·y cake *s Br. Hefekuchen mit Korinthen, Ingwer, Zimt u. Muskat.*

lar·dy-dar·dy [ˌlɑ:(r)dɪ'dɑ:(r)dɪ] *adj colloq.* affek'tiert, ‚affig'.

la·res ['leəri:z; 'lɑ:reɪz] (*Lat.*) *s pl antiq.* Laren *pl* (*Schutzgötter von Haus u. Familie*): **~ and penates** a) Laren u. Penaten *pl*, b) *fig.* Penaten *pl*, Haus *n* u. Herd *m.*

large [lɑ:(r)dʒ] **I** *adj* (*adv* → **largely**) **1.** groß: **a ~ horse (house, rock, room,** *etc*); **(as) ~ as life** in voller Lebensgröße; **~r than life** überlebensgroß (→ **larger-than-life**); **~ of limb** schwergliedrig. **2.** groß (*beträchtlich*): **a ~ business (family, income, sum,** *etc*); **a ~ meal** e-e ausgiebige *od.* reichliche Mahlzeit. **3.** um'fassend, weitgehend, ausgedehnt: **~ discretion** weitgehende Ermessensfreiheit; **~ powers** umfassende Vollmachten. **4.** Groß...: **~ consumer (farmer,** *etc*); **~ producer** Großerzeuger *m.* **5.** *colloq.* großspurig. **6.** großzügig, -mütig (*obs. außer in Verbindungen wie*): **a ~ attitude** e-e vorurteilsfreie Einstellung; **to have a ~ heart** großherzig sein; **~ tolerance** große Toleranz; **~ views** weitherzige Ansichten. **II** *s* **7. at ~** a) in Freiheit, auf freiem Fuße: **to set at ~** auf freien Fuß setzen, b) frei, ungebunden, c) (sehr) ausführlich: **to discuss s.th. at ~,** d) ganz allgemein, nicht präzise, e) in der Gesamtheit: **the nation at ~** die Nation in ihrer Gesamtheit, die ganze Nation; **the world at ~** die Weltöffentlichkeit, f) *pol. Am.* e-n gesamten Staat *etc* vertretend (*u. nicht nur e-n bestimmten Wahlbezirk*), g) planlos, aufs Geratewohl: **to talk at ~** ins Blaue hineinreden. **8. in (the) ~** a) im großen, in großem Maßstab, b) im ganzen. **III** *adv* **9.** (sehr) groß: **to write ~.** **10.** *colloq.* großspurig: **to talk ~** ‚große Töne spucken', angeben.

large| cal·o·rie *s chem. phys.* 'Kilokaloˌrie *f.* **ˌ~-'hand·ed** *adj fig.* freigebig. **ˌ~-'hand·ed·ness** *s fig.* Freigebigkeit *f.* **ˌ~-'heart·ed** *adj fig.* großherzig. **ˌ~-'heart·ed·ness** *s fig.* Großherzigkeit *f.*

'large·ly *adv* **1.** in hohem Maße, großen-, größtenteils. **2.** weitgehend, in großem 'Umfang, im wesentlichen. **3.** reichlich. **4.** allgemein.

ˌlarge|-'mind·ed *adj* (*adv* **~ly**) vorurteilslos, aufgeschlossen, tole'rant. **ˌ~-'mind·ed·ness** *s* Aufgeschlossenheit *f*, Tole'ranz *f.*

'large·ness *s* **1.** Größe *f.* **2.** Ausgedehntheit *f.* **3.** *colloq.* Großspurigkeit *f.*

ˌlarg·er-than-'life *adj* **1.** 'überlebensgroß. **2.** *fig.* a) legen'där, b) heldenhaft, he'roisch.

'large-scale *adj* **1.** groß(angelegt), 'umfangreich, ausgedehnt, Groß..., Massen...: **~ attack** Großangriff *m*; **~ experiment** Großversuch *m*; **~ manufacture** Massenherstellung *f*; **~ technology** Großtechnik *f.* **2.** in großem Maßstab (gezeichnet *etc*): **a ~ map.**

lar·gess(e) [lɑ:(r)'dʒes; -'ʒes] *s* **1.** Großzügigkeit *f*, Freigebigkeit *f.* **2.** großzügige Gabe.

lar·ghet·to [lɑ:(r)'getəʊ] *mus.* **I** *adj u. adv* lar'ghetto, ziemlich langsam. **II** *pl* **-tos** *s* Lar'ghetto *n.*

larg·ish ['lɑ:(r)dʒɪʃ] *adj* ziemlich groß.

lar·go ['lɑ:(r)gəʊ] *mus.* **I** *adj u. adv* largo, breit, sehr langsam. **II** *pl* **-gos** *s* Largo *n.*

lar·i·at ['lærɪət] *s bes. Am.* Lasso *n, m.*

la·rith·mics [lə'rɪðmɪks; lə'rɪθ-] *s pl* (*als sg konstruiert*) Be'völkerungsstaˌtistik *f.*

lark[1] [lɑ:(r)k] *s orn.* Lerche *f*: **to rise** (*od.* **be up**) **with the ~** mit den Hühnern aufstehen; → **merry** 1.

lark[2] [lɑ:(r)k] *colloq.* **I** *s* Jux *m*, Ulk *m*, Spaß *m*: **for a ~** zum Spaß, aus Jux; **what a ~!** ‚das ist (ja) zum Brüllen!' **II** *v/i meist* **~ about** (*od.* **around**) Blödsinn machen, her'umalbern.

'lark·ing → **larksome.**

lark·some ['lɑ:(r)ksəm] *adj colloq.* ausgelassen, 'übermütig, vergnügt.

lark·spur ['lɑ:kspɜ:; *Am.* 'lɑrkˌspɜr] *s bot.* Rittersporn *m.*

larn [lɑ:(r)n] *v/t colloq.* **1.** *humor.* lernen. **2. that'll ~ you!** a) das wird dir e-e Lehre sein!, b) das kommt davon!

lar·nax ['lɑ:(r)næks] *pl* **-na·kes** [-nəki:z] *s Archäologie*: Larnax *f* (*Tonsarkophag der ägäischen Kultur*).

lar·ri·kin ['lærɪkɪn] *s Austral. colloq.* Rowdy *m.*

lar·rup ['lærəp] *v/t colloq.* ‚verdreschen', ‚vermöbeln'.

lar·va ['lɑ:(r)və] *pl* **-vae** [-vi:] *s zo.* Larve *f.* **'lar·val** [-vl] *adj* **1.** *zo.* lar'val, Larven... **2.** *med.* lar'viert, versteckt. **3.** *fig.* a) 'unterentwickelt: **a ~ society,** b) aufkeimend: **~ hopes.** **'lar·vate** [-veɪt] *adj* **1.** mas'kiert, versteckt. **2.** → **larval** 2. **'lar·vi·cide** [-vɪsaɪd] *s* Larvenvertilgungsmittel *n.* **'lar·vi·form** [-vɪfɔ:(r)m] *adj zo.* larvenförmig.

la·ryn·gal [lə'rɪŋgl] **I** *adj* → **laryngeal** 2. **II** *s* → **laryngeal** 3. **la·ryn·ge·al** [ˌlærɪn'dʒi:əl; lə'rɪndʒɪəl] **I** *adj* (*adv* **~ly**) **1.** *anat.* larynge'al, Kehlkopf...: **~ mirror.** **2.** *ling.* Kehlkopf..., laryn'gal: **~ articulation.** **II** *s* **3.** *ling.* Laryn'gal(laut) *m*, Kehlkopflaut *m.* **la·ryn·ges** [lə'rɪndʒi:z] *pl von* **larynx.** **lar·yn·gis·mus** [ˌlærɪn'dʒɪzməs] *s med.* Laryn'gismus *m*, Stimmritzenkrampf *m.* **ˌlar·yn'gi·tis** [-'dʒaɪtɪs] *s med.* Laryn'gitis *f*, Kehlkopfentzündung *f.*

lar·yn·gol·o·gist [ˌlærɪŋ'gɒlədʒɪst; *Am.* ˌlærən'gɑ-] *s med.* Laryngolo'ge *m.* **ˌlar·yn'gol·o·gy** *s* Laryngolo'gie *f* (*Lehre vom Kehlkopf u. s-n Erkrankungen*).

la·ryn·go·pha·ryn·ge·al [ləˌrɪŋgəʊˌfærɪn'dʒi:əl; ləˌrɪŋgəʊfə'rɪndʒɪəl] *adj anat. med.* laˌryngophaˌrynge'al (*Kehlkopf u. Rachen betreffend*).

la·ryn·go·phone [lə'rɪŋgəfəʊn] *s* 'Kehlkopfmikroˌphon *n.*

la·ryn·go·scope [lə'rɪŋgəskəʊp] *s med.* Laryngo'skop *n*, Kehlkopfspiegel *m.* **lar·yn·gos·co·py** [ˌlærɪŋ'gɒskəpɪ; *Am.* ˌlærən'gɑ-] *s* Laryngosko'pie *f*, Kehlkopfspiegelung *f.*

lar·yn·got·o·my [ˌlærɪŋ'gɒtəmɪ; *Am.* ˌlærən'gɑ-] *s med.* Laryngoto'mie *f*, Kehlkopfschnitt *m.*

lar·ynx ['lærɪŋks] *pl* **la·ryn·ges** [lə'rɪndʒi:z] *od.* **'lar·ynx·es** *s anat.* Larynx *m*, Kehlkopf *m.*

las·car ['læskə(r)] *s mar.* Laskar *m* (*ostindischer Matrose*).

las·civ·i·ous [lə'sɪvɪəs] *adj* (*adv* **~ly**) **1.** geil, lüstern. **2.** las'ziv, schlüpfrig.

las'civ·i·ous·ness *s* **1.** Geilheit *f*,

Lüsternheit *f.* **2.** Laszivi'tät *f*, Schlüpfrigkeit *f.*

lase [leɪz] *phys.* **I** *v/t* mit Laser bestrahlen. **II** *v/i* Laserstrahlen aussenden.

las·er ['leɪzə(r)] *s phys.* Laser *m.* **~ beam** *s phys.* Laserstrahl *m.* **~ fu·sion** *s phys.* 'Laserfusi,on *f.* **~ gun·sight** *s* Laserzielgerät *n* (*am Gewehr*). **~ sur·ger·y** *s med.* 'Laserchirur,gie *f.*

lash[1] [læʃ] **I** *s* **1.** Peitschenschnur *f.* **2.** Peitschenhieb *m*: **to have a ~ at s.th.** *Austral. colloq.* etwas probieren *od.* versuchen. **3. the ~** die Prügelstrafe. **4.** *fig.* a) (**at**) (Peitschen)Hieb *m* (gegen), Geißelung *f* (*gen*), b) Schärfe *f*: **the ~ of her tongue** ihre scharfe Zunge; **the ~ of his criticism** s-e beißende Kritik. **5.** Peitschen *n* (*a. fig.*): **the ~ of the lion's tail**; **the ~ of the rain. 6.** *fig.* Aufpeitschen *n*: **the ~ of public opinion. 7.** (Augen-) Wimper *f.* **II** *v/t* **8.** (aus)peitschen. **9.** *fig.* a) peitschen: **the storm ~es the sea**, b) peitschen(d schlagen) an (*acc*) *od.* gegen: **the waves ~ the rocks. 10.** peitschen mit: **to ~ its tail** mit dem Schwanz um sich schlagen. **11.** *fig.* aufpeitschen (**into** zu): **to ~ o.s. into a fury** sich in Wut hineinsteigern. **12.** *fig.* geißeln, vom Leder ziehen gegen. **13. ~ out** *colloq. etwas* ‚springen lassen', spen'dieren. **III** *v/i* **14.** peitschen(d schlagen) (**against** an *acc*, gegen): **to ~ down** niederprasseln (*Regen, Hagel*). **15.** schlagen (**at** nach): **to ~ about** (*od.* **around**) (wild) um sich schlagen; **to ~ back** zurückschlagen; **to ~ into** a) einschlagen auf (*acc*), b) *fig. j-n* ‚zs.-stauchen'; **to ~ out** a) (wild) um sich schlagen, b) ausschlagen (*Pferd*); **to ~ out at** a) einschlagen auf (*acc*), b) *a.* **to ~ out against** *fig.* geißeln (*acc*), vom Leder ziehen gegen. **16. ~ out** *colloq.* sich in Unkosten stürzen, viel Geld ausgeben (**on** für).

lash[2] [læʃ] *v/t* **1.** *a.* **~ down** (fest)binden (**to, on** an *dat*). **2.** *mar.* (fest)zurren.

'lash·ing[1] *s* **1.** Peitschen *n.* **2.** Auspeitschung *f.* **3.** *fig.* Geißelung *f.* **4.** *pl bes. Br. colloq.* e-e Unmenge (**of** von, an *dat*): **~s of drink, ~s to drink** ‚jede Menge' zu trinken.

'lash·ing[2] *s* **1.** Festbinden *n.* **2.** Strick *m*, Schnur *f*, Seil *n.* **3.** *mar.* Lasching *f*, Tau *n.*

'lash·less *adj* wimpernlos.

lass [læs] *s* **1.** Mädchen *n.* **2.** Freundin *f*, Schatz *m.*

las·sie ['læsɪ] → **lass.**

las·si·tude ['læsɪtjuːd; *Am. bes.* -ˌtuːd] *s* Mattigkeit *f*, Abgespanntheit *f.*

las·so [læ'suː; 'læsəʊ] **I** *pl* **-sos, -soes** *s* Lasso *n, m.* **II** *v/t* mit e-m Lasso (ein-) fangen.

last[1] [lɑːst; *Am.* læst] **I** *adj* (*adv* → **lastly**) **1.** letzt(er, e, es): **the ~ two** die beiden letzten; **~ but one** vorletzt(er, e, es); **~ but two** drittletzt(er, e, es); **for the ~ time** zum letzten Mal; **to the ~ man** bis auf den letzten Mann; **the L~ Day** *relig.* der Jüngste Tag; **~ thing** als letztes (*bes. vor dem Schlafengehen*). **2.** letzt(er, e, es), vorig(er, e, es): **~ Monday, Monday ~** (am) letzten *od.* vorigen Montag; **~ night** a) gestern abend, b) in der vergangenen Nacht, letzte Nacht; **~ week** in der letzten *od.* vorigen Woche, letzte *od.* vorige Woche. **3.** neuest(er, e, es), letzt(er, e, es): **the ~ news; the ~ thing in jazz** das Neueste im Jazz; → **word** *Bes. Redew.* **4.** letzt(er, e, es) (*allein übrigbleibend*): **my ~ hope (pound,** *etc*). **5.** letzt(er, e, es), endgültig, entscheidend: → **word** *Bes. Redew.* **6.** äußerst(er, e, es): **the ~ degree** der höchste Grad; **of the ~ importance** von höchster Bedeutung; **my ~ price** mein äußerster *od.* niedrigster Preis. **7.** letzt(er, e, es) (*am wenigsten erwartet od. geeignet*): **the ~ man I would choose** der letzte, den ich wählen würde; **he was the ~ person I expected to see** mit ihm *od.* mit s-r Gegenwart hatte ich am wenigsten gerechnet; **the ~ thing I would do** das letzte, was ich tun würde; **this is the ~ thing to happen** es ist sehr unwahrscheinlich, daß das geschieht. **8.** ‚letzt(er, e, es)', mise'rabelst(er, e, es), scheußlichst(er, e, es): **the ~ form of vice.**

II *adv* **9.** zu'letzt, als letzt(er, e, es), an letzter Stelle: **he came ~** er kam als letzter; **~ but not least** nicht zuletzt, nicht zu vergessen; **~ of all** zuallerletzt, ganz zuletzt. **10.** zu'letzt, zum letzten Male: **I ~ met her in Berlin. 11.** schließlich, zuguter'letzt. **12.** letzt...: **~-mentioned** letztgenannt, -erwähnt.

III *s* **13.** (*der, die, das*) Letzte: **the ~ of the Mohicans** der letzte Mohikaner; **he would be the ~ to say such a thing** er wäre der letzte, der so etwas sagen würde. **14.** (*der, die, das*) Letzte *od.* Letztgenannte. **15.** *colloq. für* **~ baby, ~ letter** *etc*: **I wrote in my ~** ich schrieb in m-m letzten Brief; **this is our ~** das ist unser Jüngstes. **16.** *colloq.* a) letzte Erwähnung, b) letztmaliger Anblick, c) letztes Mal: → *Bes. Redew.* **17.** Ende *n*: a) Schluß *m*, b) Tod *m*: → *Bes. Redew.*

Besondere Redewendungen:

at ~ a) endlich, b) schließlich, zuletzt; **at long ~** schließlich (doch noch), nach langem Warten; **to the ~** a) bis zum äußersten, b) bis zum Ende *od.* Schluß, c) bis zum Tod; **to breathe one's ~** s-n letzten Atemzug tun; **to hear the ~ of** a) zum letzten Male hören von, b) nichts mehr hören von; **we've seen the ~ of him** den sehen wir nie mehr wieder; **we'll never see the ~ of that fellow** den Kerl werden wir nie mehr los.

last[2] [lɑːst; *Am.* læst] **I** *v/i* **1.** (an-, fort-) dauern: **too good to ~** zu schön, um lange zu währen. **2.** bestehen: **as long as the world ~s. 3.** *a.* **~ out** 'durch-, aus-, standhalten, sich halten: **he won't ~ much longer** er wird es nicht mehr lange machen (*a. Kranker*). **4.** (sich) halten: **the paint will ~** die Farbe wird halten; **the book will ~** das Buch wird sich (lange) halten; **to ~ well** haltbar sein. **5.** *a.* **~ out** (aus)reichen, genügen: **while the money ~s** solange das Geld reicht; **we must make our supplies ~** wir müssen mit unseren Vorräten auskommen. **II** *v/t* **6.** *j-m* reichen: **it will ~ us a week** damit kommen wir e-e Woche aus. **7.** *meist* **~ out** a) über'dauern, -'leben, b) (es mindestens) ebenso lange aushalten wie.

last[3] [lɑːst; *Am.* læst] *s* Leisten *m*: **to put shoes on the ~** Schuhe über den Leisten schlagen; **to stick to one's ~** *fig.* bei s-m Leisten bleiben.

last[4] [lɑːst; *Am.* læst] *s* Last *f* (*Gewicht od. Hohlmaß, verschieden nach Ware u. Ort, meist etwa 4000 englische Pfund od. 30 hl*).

'last|-ditch *adj* **1.** allerletzt(er, e, es): **a ~ attempt** ein letzter verzweifelter Versuch. **2.** bis zum Äußersten: **a ~ fight. ,~-'ditch·er** *s j-d, der bereit ist, bis zum Äußersten zu kämpfen.*

'last·ing I *adj* (*adv* **~ly**) **1.** dauerhaft: a) (an)dauernd, anhaltend, beständig: **~ peace** dauerhafter Friede; **~ effect** anhaltende Wirkung; **to have ~ value** von bleibendem Wert sein, b) haltbar. **2.** nachhaltig: **a ~ impression. II** *s* **3.** Lasting *n* (*festes Kammgarn, bes. für Möbel, Schuhe etc*). **'last·ing·ness** *s* **1.** Dauerhaftigkeit *f*: a) Beständigkeit *f*, b) Haltbarkeit *f.* **2.** Nachhaltigkeit *f.*

'last·ly *adv* zu'letzt, zum Schluß.

,last-'min·ute *adj* in letzter Mi'nute: **~ changes.**

Las Ve·gas Night *s Am. Wohltätigkeitsveranstaltung mit Glücksspielen.*

latch [lætʃ] **I** *s* **1.** Schnäpper *m*, Schnappriegel *m*: **on the ~** (nur) eingeklinkt (*Tür*); **off the ~** angelehnt (*Tür*). **2.** Druck-, Schnappschloß *n.* **3.** *Computer*: Si'gnalspeicher *m.* **II** *v/t* **4.** ein-, zuklinken. **III** *v/i* **5.** (sich) einklinken, einschnappen. **6. ~ on to** (*od.* **onto**) *colloq.* a) festhalten (*acc*), sich festhalten *od.* (-)klammern an (*dat*), b) sich anschließen (*dat*), c) sich ‚hängen' an (*j-n*). **7. ~ on** *colloq.* ‚ka'pieren', verstehen: **to ~ on to** (*od.* **onto**) **s.th.** etwas kapieren *od.* verstehen. **~ bolt** *s* Falle *f* (*e-s Schnappschlosses*). **'~·key** *s* **1.** Schlüssel *m* (*für ein Schnappschloß*). **2.** Haus-, Wohnungsschlüssel *m*: **~ child** (*colloq.* **kid**) Schlüsselkind *n.*

late [leɪt] **I** *adj* (*adv* → **lately**) **1.** spät: **at a ~ hour** spät (*a. fig.*), zu später Stunde; **to keep ~ hours** spät aufstehen u. spät zu Bett gehen; **~ fruits** Spätobst *n*; **~ shift** *econ.* Spätschicht *f*; **it's getting ~** es ist schon spät. **2.** vorgerückt, spät..., Spät...: **~ summer** Spätsommer *m*; **L~ Latin** Spätlatein *n*; **the ~ 18th century** das späte 18. Jh.; **~ work** Spätwerk *n* (*e-s Künstlers*); **she is in her ~ sixties** sie ist hoch in den Sechzigern. **3.** verspätet, zu spät: **to be ~** a) zu spät kommen, sich verspäten, spät dran sein, b) Verspätung haben (*Zug etc*), c) im Rückstand sein; **to be ~ for dinner** zu spät zum Essen kommen; **you'll be ~ for your own funeral** *colloq. humor.* du kommst noch zu d-m eigenen Begräbnis zu spät; **it is too ~** es ist zu spät. **4.** letzt(er, e, es), jüngst(er, e, es), neu: **the ~ war** der letzte Krieg; **the ~st fashion** die neueste Mode; **the ~st news** die neuesten Nachrichten; **of ~ years** in den letzten Jahren; → **thing**[2] 3. **5.** a) letzt(er, e, es), früher(er, e, es), ehemalig, vormalig: **our ~ enemy** unser ehemaliger Feind; **the ~ government** die letzte Regierung; **my ~ residence** m-e frühere Wohnung; **~ of Oxford** früher in Oxford (wohnhaft), b) verstorben: **her ~ husband**; **the ~ lamented** der *od.* die jüngst Entschlafene *od.* Verstorbene. **II** *adv* **6.** spät: **as ~ as last year** erst *od.* noch letztes Jahr; **better ~ than never** lieber spät als gar nicht; **see you ~r!** auf bald!, bis später!; **~r on** später; **of ~** → **lately**; **to sit** (*od.* **stay**) **up ~** lang *od.* bis spät in die Nacht aufbleiben; **~ in the day** *colloq.* reichlich spät, ‚ein bißchen' spät; **to come ~st** als letzter *od.* zuletzt kommen. **7.** zu spät: **to come ~; the train came ~** der Zug hatte Verspätung. **'~,com·er** *s* a) Zu'spätkommende(r *m*) *f*, b) Zu'spätgekommene(r *m*) *f*: **he is a ~ into jazz music** er ist erst spät zur Jazzmusik gekommen.

lat·ed ['leɪtɪd] *adj poet.* verspätet.

la·teen [lə'tiːn] *mar.* **I** *adj* **1.** Latein...: **~-rigged** Lateinsegel führend; **~-rigged boat** → 3; **~ sail** → 2. **II** *s* **2.** La'teinsegel *n.* **3.** La'teinsegelboot *n.*

late·ly ['leɪtlɪ] *adv* **1.** vor kurzem, kürzlich, neulich, unlängst. **2.** in letzter Zeit, seit einiger Zeit, neuerdings.

la·ten·cy ['leɪtənsɪ] *s* La'tenz *f*, Verborgenheit *f*: **~ period** a) *psych.* Latenzperiode *f* (*relativ ruhige Phase in der sexuellen Entwicklung des Menschen zwischen der kindlichen Sexualität u. der Pubertät*), b) *med.* Latenz-, Inkubationszeit *f.*

La Tène [lɑː'ten] *adj* La-Tène-..., la'tènezeitlich.

late·ness ['leɪtnɪs] *s* **1.** späte Zeit, spätes Stadium: **the ~ of the hour** die vorgerückte Stunde; the ~ of his arrival s-e späte Ankunft. 2. Verspätung *f*, Zuˈspätkommen *n*.

la·tent [ˈleɪtənt] *adj* (*adv* ~ly) 1. laˈtent, verborgen: ~ abilities; ~ defect; ~ hatred unterschwelliger Haß. 2. *med. phys. psych.* laˈtent: ~ infection; ~ heat *phys.* latente *od.* gebundene Wärme; ~ image *phot.* latentes Bild; ~ period a) *med.* Latenz-, Inkubationszeit *f*, b) *physiol.* Latenz *f* (*die durch die Nervenleitung bedingte Zeit zwischen Reizeinwirkung u. Reaktion*). 3. *bot.* unentwickelt.

lat·er·al [ˈlætərəl] I *adj* (*adv* → laterally) 1. seitlich, Seiten...: to be ~ to sich seitlich (*gen*) befinden; ~ angle Seitenwinkel *m*; ~ axis Querachse *f*; ~ branch Seitenlinie *f* (*e-s Stammbaums*); a ~ deviation e-e seitliche Abweichung; ~ fin *ichth.* Seitenflosse *f*; ~ motion Seitwärtsbewegung *f*; ~ pass → 7; ~ stability *tech.* Querstabilität *f*; ~ thinking unorthodoxe Denkweise; ~ thrust *tech.* Axialverschiebung *f*; ~ view Seitenansicht *f*; ~ wind Seitenwind *m*. 2. *ling.* Lateral...: ~ sound → 6. 3. *anat.* lateˈral (*zur Körperseite hin gelegen*). II *s* 4. Seitenteil *m*, *n*, -stück *n*. 5. *bot.* Seitenzweig *m*. 6. *ling.* Lateˈral(laut) *m* (*Konsonant, bei dessen Artikulation die ausströmende Luft seitlich der Zunge entweicht*). 7. *sport* Querpaß *m*. **ˌlat·erˈal·i·ty** [-ˈrælətɪ] *s anat. psych.* Lateraliˈtät *f* (*das Vorhandensein besonders ausgeprägter Eigenschaften e-r Körperseite*). **ˈlat·er·al·ly** *adv* 1. seitlich, seitwärts. 2. von der Seite.

Lat·er·an [ˈlætərən] I *s* 1. *a.* ~ palace Lateˈran(paˌlast) *m* (*Palast des Papstes in Rom*). 2. Lateˈrankirche *f*. II *adj* 3. lateˈranisch.

lat·er·ite [ˈlætəraɪt] *s geol.* Lateˈrit (-boden) *m* (*unfruchtbarer, ziegelroter Verwitterungsboden der Tropen u. Subtropen*).

lat·est [ˈleɪtɪst] I *adj u. adv sup von* late. II *s* 1. at the ~ spätestens: on Monday at the ~ spätestens am Montag. 2. (*das*) Neueste: have you heard the ~ about Mary?; what's the ~? was gibt's Neues?; she is wearing the ~ in hats sie trägt das Neueste in *od.* an Hüten.

la·tex [ˈleɪteks] *pl* **ˈla·tex·es, lat·i·ces** [ˈlætɪsiːz] *s bot.* Latex *m* (*Kautschuk enthaltender Milchsaft*).

lath [lɑːθ; *Am.* læθ] *pl* **laths** [-θs; -ðz] I *s* 1. Latte *f*, Leiste *f*: (as) thin as a ~ spindeldürr (*Person*). 2. *collect.* Latten *pl*, Leisten *pl*. 3. *arch.* a) Lattenwerk *n*, b) Putzträger *m*: ~ and plaster *tech.* Putzträger u. Putz *m*. 4. *Bergbau*: (Getriebe-) Pfahl *m*. II *v/t* 5. mit Latten *od.* Leisten verschalen.

lathe[1] [leɪð] *tech.* I *s* 1. ˈDrehbank *f*, -maˌschine *f*: ~ carriage Drehbanksupport *m*; ~ tool Drehstahl *m*; ~ tooling Bearbeitung *f* auf der Drehbank. 2. Töpferscheibe *f*. 3. Lade *f* (*am Webstuhl*). II *v/t* 4. auf der Drehbank bearbeiten.

lathe[2] [leɪð] *s Br. hist.* Grafschaftsbezirk *m* (*in Kent*).

lath·er [ˈlɑːðə; ˈlæðə; *Am.* ˈlæðər] I *s* 1. (Seifen)Schaum *m*. 2. schäumender Schweiß (*bes. des Pferdes*): to get in a ~, to work o.s. up into a ~ *colloq.* außer sich geraten (over wegen). II *v/t* 3. einseifen. 4. *colloq.* ,verdreschen', ,vermöbeln'. III *v/i* 5. schäumen. **ˈlath·er·y** *adj* schäumend, schaumbedeckt.

lath·ing [ˈlɑːθɪŋ; *Am.* ˈlæ-] *s* Lattenwerk *n*, *bes.* Lattenverschalung *f*.

ˈlath·work → lathing.

lath·y [ˈlɑːθɪ; *Am.* ˈlæθiː] *adj* lang u. dünn.

lath·y·rus [ˈlæθɪrəs] *s bot.* Platterbse *f*.

lat·i·ces [ˈlætɪsiːz] *pl von* latex.

lat·i·cif·er·ous [ˌlætɪˈsɪfərəs] *adj bot.* Latex führend.

lat·i·fun·di·um [ˌlætɪˈfʌndɪəm] *pl* **-di·a** [-dɪə] *s hist.* Latiˈfundium *n* (*von Sklaven bewirtschaftetes großes Landgut im Römischen Reich*).

Lat·in [ˈlætɪn; *Am.* ˈlætn] I *s* 1. *ling.* Laˈtein(isch) *n*, das Lateinische. 2. Roˈmanisch *n*, das Romanische. 3. *antiq.* a) Laˈtiner *m*, b) Römer *m*. 4. Roˈmane *m*. II *adj* 5. *ling.* laˈteinisch, Latein... 6. roˈmanisch: the ~ peoples. 7. *relig.* ˈrömisch-kaˈtholisch: the ~ Church; ~ cross Lateinisches Kreuz. 8. laˈtinisch. **ˌ~-Aˈmer·i·can** I *adj* laˈteinameriˌkanisch. II *s* Laˈteinameriˌkaner(in).

Lat·in·er [ˈlætɪnə; *Am.* ˈlætnər] *s colloq.* ,Laˈteiner' *m*.

ˈLat·in·ism *s ling.* Latiˈnismus *m*: a) *Übertragung e-r für das Lateinische charakteristischen Erscheinung auf e-e nichtlateinische Sprache*, b) *e-r lateinischen Spracheigentümlichkeit nachgebildeter Ausdruck in e-r nichtlateinischen Sprache*.

ˈLat·in·ist *s ling.* Latiˈnist(in) (*j-d, der sich wissenschaftlich mit der lateinischen Sprache u. Literatur befaßt*).

La·tin·i·ty [ləˈtɪnətɪ; læ-] *s* Latiniˈtät *f*: a) *klassische lateinische Schreibweise*, b) *klassisches lateinisches Schrifttum*.

Lat·in·i·za·tion [ˌlætɪnaɪˈzeɪʃn; *Am.* ˌlætnəˈz-] *s* Latiniˈsierung *f*.

Lat·in·ize [ˈlætɪnaɪz; *Am.* ˈlætnˌaɪz], *a.* **L~** I *v/t* 1. *e-e Sprache, ein Wort etc* latiniˈsieren. 2. ins Laˈteinische überˈtragen. 3. *relig.* der ˈrömisch-kaˈtholischen Kirche annähern, dem Einfluß der ˈrömisch-kaˈtholischen Kirche öffnen. II *v/i* 4. Latiˈnismen verwenden. 5. *relig.* sich der ˈrömisch-kaˈtholischen Kirche annähern.

lat·ish [ˈleɪtɪʃ] *adj* ziemlich *od.* etwas spät.

lat·i·tude [ˈlætɪtjuːd; *Am. bes.* -ˌtuːd] *s* 1. *astr. geogr.* Breite *f*: in ~ 40 N. auf dem 40. Grad nördlicher Breite; high (low) ~s hohe (niedere) Breiten; in these ~s in diesen Breiten *od.* Gegenden; → degree 6. 2. *Geodäsie*: Breite *f*. 3. *fig.* a) Spielraum *m*, (Bewegungs)Freiheit *f*: to allow (*od.* give) s.o. a great deal of ~ j-m große Freiheit gewähren, b) großzügige Auslegung (*e-s Wortes*). 4. *phot.* Belichtungsspielraum *m*. **ˌlat·iˈtu·di·nal** [-dɪnl; *Am.* -dnəl] *adj geogr.* latitudiˈnal, Breiten...

lat·i·tu·di·nar·i·an [ˌlætɪtjuːdɪˈneərɪən; *Am.* -ˌtuːdnˈerɪən] I *adj* 1. weitherzig, libeˈral, toleˈrant. 2. *bes. relig.* freidenkerisch. II *s* 3. *bes. relig.* Freigeist *m*, Freidenker(in). **ˌlat·i·tu·diˈnar·i·an·ism** *s relig. hist.* Latitudinaˈrismus *m* (*Richtung in der anglikanischen Kirche, die für ein Christentum der Toleranz eintrat*).

lat·i·tu·di·nous [ˌlætɪˈtjuːdɪnəs; *Am.* -ˈtuːdnəs] *adj fig.* weit, großzügig: ~ interpretation.

la·tri·a [ləˈtraɪə] *s R.C.* Laˈtrie *f* (*die Gott u. Christus allein zustehende Verehrung*).

la·trine [ləˈtriːn] *s* Laˈtrine *f*.

lat·ten [ˈlætn] *s* 1. *a.* ~ brass *obs.* Messingblech *n*. 2. (*bes.* Zinn)Blech *n*.

lat·ter [ˈlætə(r)] *adj* (*adv* → latterly) 1. letzterwähnt(er, e, es), letztgenannt(er, e, es) (*von zweien*): → former[2] 4. 2. neuer, jünger, moˈdern: in these ~ days in der jüngsten Zeit. 3. letzt(er, e, es), später: the ~ half of June die zweite Junihälfte; the ~ years of one's life s-e letzten *od.* spät(er)en Lebensjahre. **ˈ~-day** *adj* der Gegenwart, moˈdern. **ˈL~-day Saints** *s pl* (*die*) Heiligen *pl* der letzten Tage (*Mormonen*).

ˈlat·ter·ly *adv* in letzter Zeit, neuerdings.

ˈlat·ter·most *adj* letzt(er, e, es).

lat·tice [ˈlætɪs] I *s* 1. Gitter(werk) *n*. 2. Gitterfenster *n od.* -tür *f*. 3. Gitter (-muster *n*, -anordnung *f*) *n*. II *v/t* 4. vergittern. 5. gitterartig erscheinen lassen. ~ **bridge** *s tech.* Gitter(träger)brükke *f*. ~ **con·stant** *s phys.* ˈGitterkonˌstante *f*. ~ **gird·er** *s tech.* Gitterträger *m*. ~ **the·o·ry** *s math.* Verˈbandstheoˌrie *f*. ~ **win·dow** *s* Gitterfenster *n*. **ˈ~work** → lattice 1.

Lat·vi·an [ˈlætvɪən] I *adj* 1. lettisch. II *s* 2. Lette *m*, Lettin *f*. 3. *ling.* Lettisch *n*, das Lettische.

laud [lɔːd] I *s* 1. Lobeshymne *f*, Lobgesang *m*. 2. *pl* (*a. als sg konstruiert*) *R.C.* Laudes *pl* (*Morgengebet des Stundenbuchs*). II *v/t* 3. loben, preisen, rühmen: → sky 2. **ˌlaud·aˈbil·i·ty** *s* Löblichkeit *f*. **ˈlaud·a·ble** *adj* löblich, lobenswert. **ˈlaud·a·ble·ness** → laudability. **ˈlaud·a·bly** *adv* 1. → laudable. 2. lobenswerterweise.

lau·da·num [ˈlɒdnəm; *bes. Am.* ˈlɔːd-] *s med. pharm. obs.* Laudanum *n*, ˈOpiumpräpaˌrat *n*.

lau·da·tion [lɔːˈdeɪʃn] *s* Lob *n*.

laud·a·to·ry [ˈlɔːdətərɪ; *Am.* -ˌtəʊriː; -ˌtɔːriː] *adj* lobend, Lob..., Belobigungs...: ~ speech Lobrede *f*, Laudatio *f*.

laugh [lɑːf; *Am.* læf] I *s* 1. Lachen *n*, Gelächter *n*: with a ~ lachend; to give a loud ~ laut auf- *od.* herauslachen; to have a good ~ at s.th. herzlich über e-e Sache lachen; to have (*od.* get) the ~ of (*od.* on) s.o. über j-n (am Ende) triumphieren; to have the ~ on one's side die Lacher auf s-r Seite haben; the ~ is against him die Lacher sind auf der anderen Seite; to have the last ~ am Ende recht haben; his jokes are always good for a ~ *colloq.* über s-e Witze kann man immer lachen. 2. *colloq.* Spaß *m*: it's (he's) a ~ es (er) ist zum Lachen; for ~s (nur) zum Spaß, ,aus Blödsinn'. II *v/i* 3. lachen: to ~ at über *j-n od. etwas* lachen, sich über *j-n od. etwas* lustig machen, *j-n* auslachen; to ~ to o.s. in sich hineinlachen; to make s.o. ~ a) j-n zum Lachen bringen, b) j-m lächerlich vorkommen; don't make me ~! *colloq.* daß ich nicht lache!; he ~s best who ~s last wer zuletzt lacht, lacht am besten; you're ~ing *colloq.* du hast's gut; → beard 1, face 1, sleeve 1, wrong 2. III *v/t* 4. lachend äußern: he ~ed his thanks er dankte lachend. 5. lachen: to ~ a bitter ~ bitter lachen; to ~ s.o. out of s.th. j-n durch Lachen von etwas abbringen; → court 10, scorn 2.

Verbindungen mit Adverbien:

laugh|a·way I *v/t* 1. *Sorgen etc* durch Lachen verscheuchen. 2. → laugh off 1. 3. *die Zeit* mit Scherzen verbringen. II *v/i* 4. draufˈloslachen: ~! lach (du) nur! ~ **down** *v/t* 1. *j-n* durch Gelächter zum Schweigen bringen. 2. *etwas* durch Gelächter vereiteln *od.* unmöglich machen. ~ **off** *v/t* 1. *etwas* lachend *od.* mit e-m Scherz abtun, sich lachend hinˈwegsetzen über (*acc*), *e-e peinliche Situation etc* durch Lachen überˈspielen. 2. → head *Bes. Redew.* ~ **out** *v/i* a) auflachen, b) herˈauslachen: to ~ loud.

ˈlaugh·a·ble *adj* (*adv* laughably) 1. ulkig, komisch. 2. lachhaft, lächerlich.

ˈlaugh·er *s* Lacher(in).

ˈlaugh·ing I *s* 1. Lachen *n*, Gelächter *n*. II *adj* (*adv* ~ly) 2. lachend. 3. lustig: a ~ mood; it is no ~ matter es ist nicht(s) zum Lachen. ~ **gas** *s chem.* Lachgas *n*. ~ **gull** *s orn.* Lachmöwe *f*. ~ **hy·e·na** *s zo.* ˈTüpfel-, ˈFleckenhyˌäne *f*. ~ **jack·ass** *s orn.* Lachender Hans, Rieseneisvogel *m*. ~ **mus·cle** *s anat.* Lachmuskel *m*. ˈ~-

stock *s* Zielscheibe *f* des Spottes: **to make a ~ of o.s.** sich lächerlich machen; **this made him the ~ of the whole town** das machte ihn zum Gespött der ganzen Stadt.
laugh line *s* Lachfalte *f*.
laugh·ter [ˈlɑːftə; *Am.* ˈlæftər] *s* Lachen *n*, Gelächter *n*: **~ is the best medicine** Lachen ist die beste Medizin.
laugh track *s TV nachträglich e-r Show unterlegtes Gelächter.*
launce [lɑːns; *Am. a.* lɔːns] *s ichth.* Sandaal *m*.
launch[1] [lɔːntʃ; *Am. a.* lɑːntʃ] **I** *v/t* **1.** *ein Boot* aussetzen, zu Wasser lassen. **2.** *ein Schiff* vom Stapel (laufen) lassen: **to be ~ed** vom Stapel laufen. **3.** *ein Flugzeug etc* (mit Kataˈpult) starten, katapulˈtieren, abschießen. **4.** *Geschoß, Torpedo* abschießen, *e-e Rakete, ein Raumfahrzeug a.* starten. **5.** *e-n Speer etc* schleudern. **6.** a) *e-e Rede, Kritik, e-n Protest etc, a. e-n Schlag* vom Stapel lassen, loslassen: **to ~ a stinging attack on s.o.** j-n scharf angreifen, b) *Drohungen etc* ausstoßen, c) *mil. Truppen* einsetzen, schikken (**against** gegen). **7.** a) *ein Projekt etc* in Gang setzen, starten, beginnen, lanˈcieren, b) *sport e-n Angriff* vortragen. **8.** (**into**) *j-n* lanˈcieren (in *acc*), *j-m* ‚Starthilfe' geben (bei). **9. to ~ o.s. on a task (into work)** sich auf e-e Aufgabe (in die Arbeit) stürzen. **II** *v/i* **10. ~ out** a) *a.* **~ forth** starten, aufbrechen: **to ~ out into sea** in See gehen *od.* stechen; **to ~ out on a voyage of discovery** auf e-e Entdeckungsreise gehen, b) *a.* **~ forth** anfangen (**into** *acc od.* mit): **to ~ out into a new career** e-e neue Laufbahn starten; **to ~ out into politics** in die Politik gehen, c) *fig.* sich stürzen (**into** in *acc*): **to ~ out into work**, d) e-n Wortschwall von sich geben: **to ~ out into a speech** e-e Rede vom Stapel lassen, e) *colloq.* viel Geld ausgeben (**on** für). **III** *s* → **launching I.**
launch[2] [lɔːntʃ; *Am. a.* lɑːntʃ] *s mar.* Barˈkasse *f*: **(pleasure) ~** Vergnügungs-, Ausflugsboot *n*.
ˈlaunch·er *s* **1.** *j-d, der (etwas) vom Stapel läßt od. in Gang setzt,* Initiˈator *m*. **2.** *mil.* a) Schießbecher *m*, b) (Raˈketen)Werfer *m*, c) Abschußvorrichtung *f* (*für Fernlenkgeschosse*). **3.** *aer.* Kataˈpult *n*, *a. m*, Startschleuder *f*.
ˈlaunch·ing I *s* **1.** *mar.* Stapellauf *m*. **2.** *aer.* Kataˈpultstart *m*. **3.** Abschießen *n*, Abschuß *m*, Start *m*. **4.** *mil.* Einsatz *m*. **5.** Inˈgangsetzung *f*, Lanˈcierung *f*. **II** *adj* **6.** Abschuß..., Start... **~ pad** *s* **1.** Abschußrampe *f* (*für Raketen, Raumfahrzeuge*). **2.** *fig.* Sprungbrett *n*. **~ rail** *s tech.* Schleuderschiene *f* (*zum Raketenstart*). **~ rope** *s aer.* Startseil *n*. **~ site** *s* Abschußbasis *f* (*für Raketen, Raumfahrzeuge*). **~ tube** *s mar. mil.* Torˈpedo(ausstoß)rohr *n*. **~ ve·hi·cle** *s Raumfahrt*: ˈTräger-, ˈStartraˌkete *f*. **~ ways** *s pl* (*a. als sg konstruiert*) *mar.* Helling *f*, Ablaufbahn *f*.
ˈlaunch|·man *s irr mar.* Barˈkassenführer *m*. **~ pad** → **launching pad. ~ ve·hi·cle** → **launching vehicle. ˈ~·ways** → **launching ways. ~ win·dow** *s astronomisch günstige Zeit für den Start e-s Raumfahrzeugs.*
laun·der [ˈlɔːndə(r); *Am. a.* ˈlɑːn-] **I** *v/t* **1.** *Wäsche* waschen (u. bügeln). **2.** *illegal erworbenes Geld* ‚waschen'. **II** *v/i* **3.** Wäsche waschen (u. bügeln). **4.** sich waschen (lassen): **to ~ well. III** *s* **5.** Trog *m*.
laun·der·ette [ˌlɔːndəˈret; *Am. a.* ˌlɑːn-] *s* ˈWaschsaˌlon *m*.
laun·dress [ˈlɔːndrɪs; *Am. a.* ˈlɑːn-] *s* Wäscherin *f*, Waschfrau *f*.
laun·dro·mat [ˈlɔːndrəmæt; *Am. a.* ˈlɑːn-] *s bes. Am.* ˈWaschsaˌlon *m*.
laun·dry [ˈlɔːndrɪ; *Am. a.* ˈlɑːn-] *s* **1.** Wäscheˈrei *f*. **2.** Waschhaus *n*, -küche *f*. **3.** (*schmutzige od. gewaschene*) Wäsche. **4.** ‚Geldwaschanlage' *f*. **~ bag** *s* Wäschebeutel *m*, -sack *m*. **~ bas·ket** *s* Wäschekorb *m*. **~ list** *s* **1.** Wäschezettel *m* (*e-r Wäscherei*). **2.** *Am. colloq.* lange ‚Latte' *od.* Liste. **ˈ~·man** [-mən] *s irr* **1.** Wäscheˈreiangestellte(r) *m*. **2.** *j-d, der Wäsche abholt u. ausliefert*, ‚Wäschemann' *m*. **ˈ~ˌwom·an** *s irr* **1.** Wäscheˈreiangestellte *f*. **2.** → **laundress**.
lau·re·ate [ˈlɔːrɪət] **I** *adj* **1.** lorbeergekrönt, -bekränzt, -geschmückt. **II** *s* **2.** Lorbeergekrönte(r) *m*. **3.** → **poet laureate. 4.** Laureˈat *m*, Preisträger *m*: **Nobel ~** Nobelpreisträger.
lau·rel [ˈlɒrəl; *Am. a.* ˈlɑː-] *s* **1.** *bot.* Lorbeer(baum) *m*. **2.** *bot. Am. e-e lorbeerähnliche Pflanze, bes.* a) Kalmie *f*, b) Rhodoˈdendron *n*, *m*: **great ~** Große Amer. Alpenrose. **3.** Lorbeer(laub *n*) *m* (*als Ehrenzeichen*). **4.** a) Lorbeerkranz *m*, b) Lorbeerzweig *m*. **5.** *pl fig.* Lorbeeren *pl*, Ehren *pl*, Ruhm *m*: **to look to one's ~s** a) eifersüchtig auf s-n Ruhm *od.* sein Ansehen bedacht sein, b) sich vor s-n Rivalen in acht nehmen; **to rest on one's ~s** (sich) auf s-n Lorbeeren ausruhen; **to win** (*od.* **gain**) **one's ~s** Lorbeeren ernten. **ˈlau·reled,** *bes. Br.* **ˈlau·relled** *adj* **1.** → **laureate** 1. **2.** preisgekrönt.
Lau·ren·ti·an [lɔːˈrenʃn; -ʃjən] *adj* **1.** den Sankt-ˈLorenz-Strom betreffend. **2.** *geol.* lauˈrentisch.
lau·ric ac·id [ˈlɔːrɪk] *s chem.* Lauˈrinsäure *f*.
lau·rite [ˈlɔːraɪt] *s min.* Lauˈrit *m*.
lau·ryl al·co·hol [ˈlɔːrɪl] *s chem.* Lauˈrylalkohol *m*.
lav [læv] *s colloq.* **1.** → **lavatory** 1, 3. **2.** ‚Klo' *n* (*Klosett*).
la·va [ˈlɑːvə; *Am. a.* ˈlævə] *s* Lava *f*: **~ flow** a) Lavastrom *m*, b) Lavadecke *f*.
la·va·bo [ləˈveɪbəʊ; *Am. bes.* -ˈvɑː-] *pl* **-boes, -bos** *s* **1.** *R.C.* Laˈvabo *n*: a) *Handwaschung des Priesters*, b) *a.* **~ basin** *dabei verwendetes Becken.* **2.** *oft* **L~** *relig.* Laˈvabo *n* (*Psalm 25, 6–12*). **3.** großes steinernes Wasserbecken (*in Klöstern*). **4.** Waschbecken *n*.
la·vage [læˈvɑːʒ] *med.* **I** *s* (Aus)Spülung *f*. **II** *v/t* (aus)spülen.
la·va·tion [læˈveɪʃn] *s bes. poet.* Waschung *f*.
lav·a·to·ry [ˈlævətərɪ; *Am.* -ˌtəʊriː; -ˌtɔːriː] *s* **1.** Waschraum *m*. **2.** Toiˈlette *f*, Kloˈsett *n*: **public ~** Bedürfnisanstalt *f*; **~ attendant** Toilettenfrau *f*, -mann *m*; **~ joke** ordinärer Witz; **~ paper** *Br.* Toiletten-, Klosettpapier *n*; **~ roll** *Br.* Rolle *f* Toiletten- *od.* Klosettpapier. **3.** Waschbecken *n*. **4.** *R.C.* Handwaschung *f* (*des Priesters*).
lave [leɪv] *poet.* **I** *v/t* **1.** a) waschen, b) baden. **2.** umˈspülen (*Meer etc*). **II** *v/i* **3.** a) sich waschen, b) (sich) baden. **4.** spülen (**against** an *acc*).
lav·en·der [ˈlævəndə(r)] **I** *s* **1.** *bot.* Laˈvendel *m*: **~ bag** Lavendelsäckchen *n*; **oil of ~, ~ oil** Lavendelöl *n*; **~ cotton** Heiligenkraut *n*; **~ water** Lavendel(wasser) *n*. **2.** Laˈvendel(farbe *f*) *n*, ˈBlauvioˌlett *n*. **II** *adj* **3.** laˈvendel(farben), ˈblauvioˌlett.
la·ver[1] [ˈleɪvə(r)] *s* **1.** *poet.* Waschgefäß *n*. **2.** *poet.* (Brunnen)Becken *n*, Wasserschale *f*. **3.** *Bibl.* Waschbecken *n* (*im jüdischen Heiligtum*).
la·ver[2] [ˈleɪvə(r); *Br. a.* ˈlɑːvə] *s bot.* **1.** *a.* **red ~** (*ein*) Purpurtang *m*. **2.** *a.* **green ~** ˈMeersaˌlat *m*.
la·ver bread [ˈlɑːvə; ˈleɪvə] *s Br. brotähnliches Gebäck aus Tang.*
lav·er·ock [ˈlævərək] *s orn. bes. Scot.* Lerche *f*.
lav·ish [ˈlævɪʃ] **I** *adj* (*adv* **~ly**) **1.** sehr freigebig, verschwenderisch (**of** mit; **in** in *dat*): **to be ~ of** verschwenderisch umgehen mit; **to be ~ of praise** nicht mit Lob geizen; **to be a ~ spender, to spend the money ~ly** das Geld mit vollen Händen ausgeben. **2.** ˈüberschwenglich (*Lob, Zuneigung etc*), großzügig (*Geschenk etc*), luxuriˈös, aufwendig (*Einrichtung etc*). **II** *v/t* **3.** verschwenden, verschwenderisch (aus)geben: **to ~ s.th. on s.o.** j-n mit etwas überhäufen. **ˈlav·ish·ness** *s* **1.** ˈübergroße *od.* verschwenderische Freigebigkeit. **2.** ˈÜberschwenglichkeit *f*, Großzügigkeit *f*, Aufwendigkeit *f*.
law[1] [lɔː] *s* **1.** (*objektives*) Recht, Gesetz *n*, Gesetze *pl*: **according to ~, by ~, in ~, under the ~** nach dem Gesetz, von Rechts wegen, gesetzlich; **contrary to ~, against the ~** gesetz-, rechtswidrig; **under German ~** nach deutschem Recht; **~ and order** Recht *od.* Ruhe u. Ordnung; **to act within the ~** sich im Rahmen des Gesetzes bewegen, gesetzmäßig handeln; **to take the ~ into one's own hands** sich selbst Recht verschaffen, zur Selbsthilfe greifen. **2.** (*einzelnes*) Gesetz: **the bill has become** (*od.* **passed into**) **~** die Gesetzesvorlage ist (zum) Gesetz geworden. **3.** → **common law. 4.** Recht *n*: a) ˈRechtssyˌstem *n*: **the English ~**, b) (einzelnes) Rechtsgebiet: **~ of nations** Völkerrecht, internationales Recht; → **commercial law, international** 1. **5.** Rechtswissenschaft *f*, Jura *pl*: **comparative ~** vergleichende Rechtswissenschaft; **to read** (*od.* **study, take**) **~** Jura studieren; **learned in the ~** rechtsgelehrt; **Doctor of L~s** Doktor *m* der Rechte. **6.** Juˈristenberuf *m*, juˈristische Laufbahn: **to be in the ~** Jurist sein. **7.** Rechtskenntnisse *pl*: **he has only little ~. 8.** Gericht *n*, Rechtsweg *m*: **at ~** vor Gericht, gerichtlich; **to go to ~** vor Gericht gehen, den Rechtsweg beschreiten, prozessieren; **to go to ~ with s.o., to have** (*od.* **take**) **the ~ of** (*od.* **on**) **s.o.** j-n verklagen *od.* belangen. **9.** *colloq.* a) ‚Bullen' *pl* (*Polizei*), b) ‚Bulle' *m* (*Polizist*). **10.** *allg.* Gesetz *n*, Vorschrift *f*, Gebot *n*, Befehl *m*: **to be a ~ unto o.s.** sich über jegliche Konvention hinwegsetzen; tun, was e-m paßt; **to lay down the ~** sich als Autorität aufspielen (**to s.o.** j-m gegenüber); **to lay down the ~ to s.o.** j-m Vorschriften machen. **11.** a) Gesetz *n*, Grundsatz *m*, Prinˈzip *n*: **the ~s of poetry** die Gesetze der Dichtkunst, b) (Spiel-)Regel *f*: **the ~s of the game** die Spielregeln. **12.** a) *a.* **~ of nature, natural ~** Naturgesetz *n*, b) (wissenschaftliches) Gesetz: → **causality** 1, c) (Lehr)Satz *m*: **~ of sines** *math.* Sinussatz; **~ of thermodynamics** *phys.* Hauptsatz der Thermodynamik. **13.** Gesetzmäßigkeit *f*, Ordnung *f* (*in der Natur*): **not chance, but ~** nicht Zufall, sondern Gesetzmäßigkeit. **14.** *relig.* a) (göttliches) Gesetz *od.* Gebot, b) *oft* **L~** *collect.* (göttliches) Gesetz, Gebote *pl* Gottes. **15.** *relig.* a) **the L~ (of Moses)** das Gesetz (des Moses), der Pentaˈteuch, b) das Alte Testaˈment.
law[2] [lɔː] *interj colloq. dial.* herrˈje!
ˈlaw|-aˌbid·ing *adj* gesetzestreu: **~ citizens. ˈ~ˌbreak·er** *s* Geˈsetzesüberˌtreter(in), Rechtsbrecher(in). **ˈ~ˌbreak·ing I** *adj* geˈsetzesüberˌtretend, rechtsbrecherisch. **II** *s* Geˈsetzesüberˌtretung *f*, Rechtsbruch *m*. **~ cen·tre** *s Br.* Stelle *f* für kostenlose Rechtsberatung. **~ court**

s Gerichtshof *m.* ~ **en·force·ment** *s* Geˈsetzesvollˌzug *m.* ˈ**~-enˌforce·ment** *adj:* ~ **authorities** Vollstrekkungsbehörden; ~ **officer** Polizeibeamte(r) *m.*

ˈ**law·ful** *adj* (*adv* ~**ly**) **1.** gesetzlich, gesetzmäßig, leˈgal: ~ **age** gesetzliches Mindestalter, *bes.* Volljährigkeit *f;* ~ **money** gesetzliches Zahlungsmittel. **2.** rechtmäßig, legiˈtim: ~ **ruler;** ~ **son** ehelicher *od.* legitimer Sohn. **3.** gesetzlich anerkannt, rechtsgültig: ~ **marriage** gültige Heirat. ˈ**law·ful·ness** *s* **1.** Gesetzlichkeit *f,* Gesetzmäßigkeit *f,* Legaliˈtät *f.* **2.** Rechtmäßigkeit *f,* Legitimiˈtät *f.* **3.** Rechtsgültigkeit *f.*

ˈ**law|ˌgiv·er** *s* Gesetzgeber *m.* ˈ**~ˌgiv·ing I** *s* Gesetzgebung *f.* **II** *adj* gesetzgebend: ~ **power** gesetzgebende Gewalt.

lawks [lɔːks] *interj Br. colloq. dial.* herrˈje!

law Lat·in *s* Juˈristenlaˌtein *n.*

ˈ**law·less** *adj* (*adv* ~**ly**) **1.** gesetzlos (*Land od. Person*). **2.** rechts-, gesetzwidrig, unrechtmäßig. **3.** zügellos: ~ **passions.** ˈ**law·less·ness** *s* **1.** Gesetzlosigkeit *f.* **2.** Rechts-, Gesetzwidrigkeit *f,* Unrechtmäßigkeit *f.* **3.** Zügellosigkeit *f.*

Law Lord *s Mitglied des brit. Oberhauses mit richterlicher Funktion.*

ˈ**law|ˌmak·er** → lawgiver. ˈ**~ˌmak·ing** → lawgiving. ˈ**~·man** [-mən] *s irr Am.* **1.** Poliˈzist *m.* **2.** Sheriff *m.* ~**mer·chant** *s jur. bes. Br.* Handelsrecht *n.*

lawn[1] [lɔːn] *s* **1.** Rasen *m.* **2.** *obs.* Lichtung *f.*

lawn[2] [lɔːn] *s Textilwesen:* Liˈnon *m,* Baˈtist *m.*

lawn| chair *s Am.* Liegestuhl *m.* ~ **mow·er** *s* Rasenmäher *m:* **have you had a fight with the ~?** *humor.* bist du die Treppe hinuntergefallen? (*bist du beim Friseur gewesen?*). ~**par·ty** *s Am.* **1.** Gartenfest *n,* -party *f.* **2.** Wohltätigkeitsveranstaltung *f* im Freien. ~**sprin·kler** *s* Rasensprenger *m.* ~ **ten·nis** *s sport* Lawn-Tennis *n,* (Rasen)Tennis *n.*

law|of·fice *s bes. Am.* (ˈRechts)Anwaltsbüˌro *n,* -praxis *f.* ~ **of·fi·cer** *s jur.* **1.** Juˈstizbeamte(r) *m.* **2.** *Br. für* a) **attorney general** 1, b) **solicitor general** a.

law·ren·ci·um [lɒˈrensɪəm; lɔː-] *s chem.* Lawˈrencium *n* (*ein Element*).

law|re·port *s jur.* **1.** Bericht *m* über e-e richterliche Entscheidung. **2.** *pl* Sammlung *f* von richterlichen Entscheidungen. ~**school** *s* **1.** *Br.* ˈRechtsakadeˌmie *f.* **2.** *univ. Am.* juˈristische Fakulˈtät. **L~ So·ci·e·ty** *s Br.* Berufsverband *m* der **solicitors.** ˈ**~suit** *s jur.* a) Proˈzeß *m,* (Gerichts)Verfahren *n,* b) Klage *f:* **to bring a ~** e-n Prozeß anstrengen, Klage einreichen *od.* erheben (**against** gegen). ~ **term** *s* **1.** juˈristischer Ausdruck. **2.** Geˈrichtsperiˌode *f.*

law·yer [ˈlɔːjə(r); ˈlɔɪə(r)] *s* **1.** (Rechts-) Anwalt *m.* **2.** Rechtsberater *m* (*e-r Firma etc*). **3.** Juˈrist *m,* Rechtsgelehrte(r) *m.* **4.** *zo.* a) (*ein*) Stelzenläufer *m,* b) Amer. Quappe *f.* **5.** Schlammfisch *m.*

lax [læks] *adj* (*adv* ~**ly**) **1.** lax, locker, (nach)lässig: **a ~ attitude** e-e lasche Einstellung; ~ **morals** lockere Sitten. **2.** unklar, verschwommen: ~ **ideas. 3.** schlaff, lose, locker: **a ~ handshake** ein schlaffer Händedruck; **a ~ rope** ein schlaffes Seil; ~ **tissue** lockeres Gewebe. **4.** a) *physiol.* gut arbeitend: **to have ~ bowels** regelmäßig Stuhlgang haben, b) *med.* an ˈDurchfall leidend. **5.** *ling.* schlaff artikuˈliert, offen: ~ **vowel.**

lax·a·tion [lækˈseɪʃn] *s physiol.* Darmentleerung *f,* Stuhl(gang) *m.*

lax·a·tive [ˈlæksətɪv] *med. pharm.* **I** *s* Laxaˈtiv *n,* mildes Abführmittel. **II** *adj* mild abführend.

lax·i·ty [ˈlæksətɪ], ˈ**lax·ness** [-nɪs] *s* **1.** Laxheit *f,* Lockerheit *f,* (Nach)Lässigkeit *f.* **2.** Unklarheit *f,* Verschwommenheit *f.* **3.** Schlaffheit *f.*

lay[1] [leɪ] **I** *s* **1.** (*bes.* geoˈgraphische) Lage: **the ~ of the land** *fig. bes. Am.* die Lage (der Dinge). **2.** Schicht *f,* Lage *f.* **3.** Schlag *m* (*beim Tauwerk*). **4.** Plan *m.* **5.** *colloq.* ‚Job' *m,* Beschäftigung *f,* Tätigkeit *f.* **6.** *Am.* a) Preis *m,* b) (Verkaufs)Bedingungen *pl.* **7.** *sl.* a) **she's an easy ~** die ist ‚leicht zu haben', die geht mit jedem ins Bett; **she's a good ~** sie ist gut im Bett, b) ‚Nummer' *f* (*Geschlechtsverkehr*): **to have a ~** e-e Nummer machen *od.* schieben.

II *v/t pret u. pp* **laid** [leɪd] **8.** legen: **to ~ s.o. into the grave; to ~ s.th. on the table; to ~ bricks** mauern; **to ~ a bridge** e-e Brücke schlagen; **to ~ a cable** ein Kabel (ver)legen; **to ~ troops** Truppen einquartieren *od.* in Quartier legen (**on** bei); → *Verbindungen mit den entsprechenden Substantiven.* **9.** *Eier* legen: → **egg**[1] 1. **10.** *fig.* legen, setzen: **to ~ an ambush** e-n Hinterhalt legen; **to ~ one's hopes on** s-e Hoffnungen setzen auf (*acc*); **to ~ an offside trap** *sport* e-e Abseitsfalle aufbauen; **the scene is laid in Rome** der Schauplatz *od.* Ort der Handlung ist Rom, das Stück *etc* spielt in Rom; **to ~ the whip to s.o.'s back** *obs.* j-n auspeitschen; **to ~ off work** → **lay off** 1; → **ax** 1, **stress** 4. **11.** (ˈher)richten, anordnen, *den Tisch* decken: **to ~ the fire** das Feuer (*im Kamin*) anlegen; **to ~ lunch** den Tisch zum Mittagessen decken. **12.** belegen, auslegen (**with** mit): **to ~ the floor with linoleum. 13.** *Farbe etc* auftragen. **14.** (**before**) vorlegen (*dat*), bringen (vor *acc*): **to ~ one's case before a commission. 15.** geltend machen, erheben, vorbringen: → **claim** 7, **information** 7 b. **16.** *Schaden etc* festsetzen (**at** auf *acc*). **17.** *Schuld etc* zuschreiben, zur Last legen (*to dat*): **to ~ a mistake to s.o. 18.** a) *e-e Steuer* auferlegen (**on** *dat*), b) *e-e Strafe, ein Embargo etc* verhängen (**on** über *acc*). **19.** *e-n Plan* schmieden, ersinnen. **20.** a) *etwas* wetten, b) setzen auf (*acc*). **21.** niederwerfen, -strecken, zu Boden strecken. **22.** *Getreide etc* zu Boden drücken, ˈumlegen (*Wind etc*). **23.** *die Wogen etc* glätten, beruhigen, besänftigen: **the wind is laid** der Wind hat sich gelegt. **24.** *Staub* löschen. **25.** *e-n Geist* bannen, beschwören: **to ~ the ghosts of the past** *fig.* Vergangenheitsbewältigung betreiben. **26.** *Stoff etc* glätten, glattpressen. **27.** *mar.* Kurs nehmen auf (*acc*), ansteuern. **28.** *mil. ein Geschütz* richten. **29.** *sl. e-e Frau* ‚aufs Kreuz legen' (*mit e-r Frau schlafen*).

III *v/i* **30.** (Eier) legen. **31.** wetten. **32.** **to ~ about one** (wild) um sich schlagen (**with** mit); **to ~ into s.o.** über j-n herfallen (*a. mit Worten*). **33.** ~ **to** (eˈnergisch) ‚rangehen' an *e-e Sache.* **34.** ~ **for** *sl. j-m* auflauern. **35.** ~ **off** *colloq.* a) *j-n, etwas* in Ruhe lassen, b) aufhören mit: ~ **off it!** hör auf damit! **36.** *sl.* liegen.

Verbindungen mit Adverbien:

lay|a·bout *v/i* (wild) um sich schlagen (**with** mit). ~**a·side** *v/t* **1.** beiˈseite legen, weglegen. **2.** ablegen, aufgeben: **to ~ a bad habit. 3.** (*für die Zukunft*) beiˈseite *od.* auf die Seite legen, zuˈrücklegen. ~ **a·way** *v/t* **1.** → **lay aside** 3. **2.** *angezahlte Ware* zuˈrücklegen. ~ **by I** *v/t* **1.** → **lay aside** 3. **2.** → **lay to** 1. **II** *v/i* → **lay to** 2. ~ **down** *v/t* **1.** ˈhinlegen. **2.** *ein Amt, die Waffen etc* niederlegen: **to ~ one's tools** die Arbeit niederlegen, in den Streik treten. **3.** *e-e Hoffnung* aufgeben. **4.** *sein Leben* ˈhingeben, opfern. **5.** a) den Grund legen für, b) planen, entwerfen, c) *e-e Straße etc* anlegen. **6.** *e-n Grundsatz etc* aufstellen, *Regeln etc* festlegen, -setzen, vorschreiben, *Bedingungen* (*in e-m Vertrag*) niederlegen, verankern: → **law**[1] 10. **7.** *Wein etc* einlagern. **8.** *agr.* a) besäen, bepflanzen, b) säen, pflanzen. ~ **in** *v/t* a) sich eindecken mit, b) einlagern. ~ **off I** *v/t* **1.** *Arbeiter* (*bes.* vorˈübergehend) entlassen. **2.** *die Arbeit* einstellen. **3.** *colloq.* aufhören mit: **to ~ smoking** *a.* das Rauchen aufgeben; **to ~ doing s.th.** aufhören, etwas zu tun. **II** *v/i* **4.** *colloq.* a) Feierabend machen, b) Ferien machen, ausspannen, c) aufhören, d) e-e Pause machen, pauˈsieren. ~ **on I** *v/t* **1.** *Farbe etc* auftragen: **to lay it on** *colloq.* ‚dick auftragen'; → **thick** 20, **trowel** 1. **2.** *Pläne etc* vorlegen. **3.** *Br. Gas etc* installieren, (*Wasser- etc*)Leitung legen: **to ~ gas to a house** ein Haus ans Gasnetz anschließen. **4.** *Br.* a) veranstalten, organiˈsieren, b) (zur Verfügung) stellen, c) *Busse etc* einsetzen. **II** *v/i* **5.** zuschlagen. ~ **o·pen** *v/t* **1.** bloß-, freilegen. **2.** a) offen darlegen, b) aufdecken, enthüllen. ~ **out** *v/t* **1.** ausbreiten, -legen. **2.** ausstellen. **3.** *e-n Toten* aufbahren. **4.** *colloq. Geld* (*bes.* mit vollen Händen) ausgeben. **5.** *e-n Garten etc* anlegen. **6.** a) *e-n Plan* entwerfen, b) *etwas* planen, entwerfen. **7.** ˈherrichten, vorbereiten. **8.** *print.* aufmachen, gestalten, das Layˈout (*gen*) machen. **9.** *colloq.* zs.-schlagen, k. o. schlagen. **10.** **to lay o.s. out** *colloq.* sich ‚mächtig' anstrengen. ~ **o·ver** *Am.* **I** *v/i* ˈZwischenstatiˌon machen. **II** *v/t* verschieben, -tagen (**until** auf *acc,* bis). ~ **to I** *v/t* **1.** *mar.* beidrehen mit. **II** *v/i* **2.** *mar.* beidrehen. **3.** *Am. colloq.* ‚sich ranmachen'. **4.** *Am. colloq.* zuschlagen. ~ **up** *v/t* **1.** a) anhäufen, (an)sammeln: **to ~ trouble for o.s.** sich Schwierigkeiten ‚einbrocken' *od.* ‚einhandeln', b) → **lay aside** 3. **2.** *ein Schiff* auflegen, (vorˈübergehend) außer Dienst stellen. **3.** **to be laid up** das Bett hüten müssen, bettlägerig sein: **to be laid up with influenza** mit Grippe *od.* grippekrank im Bett liegen.

lay[2] [leɪ] *pret von* **lie**[2].

lay[3] [leɪ] *adj* Laien...: a) *relig.* weltlich, b) laienhaft, nicht fachmännisch: **to the ~ mind** für den Laien(verstand).

lay[4] [leɪ] *s poet.* Lied *n,* Weise *f.*

ˈ**lay|-aˌbout** *s bes. Br. colloq.* Faulenzer *m,* Tagedieb *m.* ˈ**~-aˌway** *s* angezahlte u. zuˈrückgelegte Ware. ~**broth·er** *s relig.* Laienbruder *m.* ˈ**~-by** *s mot. Br.* a) Park-, Rastplatz *m* (*Autobahn*), b) Parkbucht *f* (*Landstraße*). ~ **day** *s mar.* **1.** Liegetag *m.* **2.** *pl* Liegetage *pl,* -zeit *f.* ˈ**~-down** *adj* Umlege...: ~ **collar.**

lay·er [ˈleɪə(r)] **I** *s* **1.** Schicht *f,* Lage *f:* **in ~s** lagen-, schichtweise; ~ **of fat** *physiol.* Fettschicht. **2.** *geol.* Schicht *f,* Lager *n,* Flöz *n.* **3.** *j-d, der od. etwas, was legt;* (*in Zssgn*) ...leger *m:* → **pipelayer,** *etc.* **4.** Leg(e)henne *f:* **this hen is a good ~** diese Henne legt gut. **5.** *agr. bot.* Ableger *m,* Absenker *m.* **II** *v/t* **6.** *e-e Pflanze* absenken. **7.** lagen- *od.* schichtweise anordnen *od.* legen, schichten: ~**ed look** (*Mode*) Schichtenlook *m.* **III** *v/i* **8.** *agr. bot.* ablegen. ˈ**lay·er·age** *s agr. bot.* Absenken *n.*

lay·er cake *s gastr.* Schichttorte *f.*

lay·ette [leɪˈet] *s* Babyausstattung *f.*

lay fig·ure *s* **1.** a) *paint. etc* Gliederpuppe *f* (*als Modell*), b) Schaufensterpuppe *f.* **2.** *fig.* a) Marioˈnette *f,* b) Null *f.*

ˈ**lay·ing** *s* **1.** Legen *n:* ~ **on of hands** *bes. relig.* Handauflegung *f.* **2.** *tech.* (Ver)Legen *n* (*von Leitungen etc*). **3.** a) (*Eier*)Legen *n:* **a hen past ~** e-e Henne, die nicht mehr legt; ~ **bat-**

tery Legebatterie *f*, b) Gelege *n* (*Eier*).

lay|judge *s jur.* Laienrichter *m.* **ˈ~man** [-mən] *s irr* **1.** Laie *m* (*Ggs. Geistlicher*). **2.** Laie *m*, Nichtfachmann *m.* **ˈ~off** *s* **1.** (*bes.* vorˈübergehende) Entlassung *od.* Arbeitslosigkeit. **2.** Arbeitseinstellung *f.* **3.** *colloq.* Pause *f*, Pauˈsieren *n.* **ˈ~out** *s* **1.** Ausbreiten *n*, -legen *n.* **2.** Grundriß *m*, Lageplan *m.* **3.** Plan *m*, Entwurf *m.* **4.** Anlage *f.* **5.** *print.* Layˈout *n*: **~ man** Layouter *m.* **6.** Ausrüstung *f*, -stattung *f*, Gerät *n.* **7.** *Am. colloq.* Anwesen *n.* **ˈ~ˌo·ver** *s Am.* **1.** (kurzer) Aufenthalt, ˈFahrtunterˌbrechung *f.* **2.** ˈZwischenstatiˌon *f.* **~ preach·er** *s* Laienprediger *m.* **ˈ~shaft** *s mot. tech.* Vorgelegewelle *f.* **~ sis·ter** *s relig.* Laienschwester *f.* **ˈ~ˌwom·an** *s irr* (*weiblicher*) Laie, Laiin *f.*

la·zar [ˈlæzə(r); *Am. a.* ˈleɪzər] *obs.* → **leper.**

laz·a·ret(te) [ˌlæzəˈret] *s*, **ˌlaz·aˈret·to** [-təʊ] *pl* **-tos** *s* **1.** a) Krankenhaus *n* für ansteckende Krankheiten, b) → **leper house. 2.** a) Quaranˈtäne-, Isoˈlierstatiˌon *f*, b) Quaranˈtäneschiff *n.* **3.** *mar.* Zwischendeckkammer *f.*

Laz·a·rus [ˈlæzərəs] *npr Bibl.* Lazarus *m.*

laze [leɪz] **I** *v/i* faulenzen: **to ~ in the sun** sich in der Sonne ‚aalen'; **to ~ about** (*od.* **around**) faul herumliegen *od.* -sitzen *od.* -stehen. **II** *v/t meist* **~ away** *Zeit* vertrödeln, mit Nichtstun verbringen. **III** *s* Faulenzen *n*: **to have a ~** faulenzen; **to have a ~ at the beach** faul am Strand liegen.

la·zi·ness [ˈleɪzɪnɪs] *s* **1.** a) Faulheit *f*, b) Trägheit *f.* **2.** Langsamkeit *f.*

laz·u·li [ˈlæzjʊlaɪ; *Am.* -zəliː] → **lapis lazuli.**

laz·u·lite [ˈlæzjʊlaɪt; *Am.* -zəˌlaɪt] *s min.* Lazuˈlith *m*, Blauspat *m.*

laz·u·rite [ˈlæzjʊraɪt; *Am.* -zəˌraɪt] *s min.* Lasuˈrit *m.*

la·zy [ˈleɪzɪ] *adj* (*adv* **lazily**) **1.** a) faul: **to have a ~ afternoon** sich e-n faulen Nachmittag machen, b) träg(e). **2.** träg(e), langsam, sich langsam bewegend: **a ~ river** ein träge fließender Strom. **3.** faul *od.* träg(e) machend: **this is really ~ weather** bei diesem Wetter wird man so richtig faul. **4.** *bes. Am.* liegend (*Brandzeichen etc*). **ˈ~bones** *s pl* (*als sg konstruiert*) *colloq.* Faulpelz *m.* **~ eight** *s Kunstflug*: Stehende Acht. **~ pin·ion** *s tech.* Zwischenrad *n* (*im Zahnradgetriebe*). **~Su·san** *s Am.* Kabaˈrett *n*, drehbares Taˈblett (*für Speisen, Gewürze etc*).

ˈL-ˌdriv·er → **learner** 3 b.

lea[1] [liː] *s poet.* Flur *f*, Au(e) *f*, Wiese *f.*

lea[2] [liː] *s hist.* Lea *n* (*ein Garnmaß; für Wollgarn 80 Yards, für Baumwoll- od. Seidengarn 120 Yards, für Leinengarn 300 Yards*).

leach [liːtʃ] **I** *v/t* **1.** ˈdurchsickern lassen. **2.** *meist* **~ out** (*od.* **away**) *e-e Substanz* auswaschen, -schwemmen. **3.** *meist* **~ out** *den Boden* auslaugen. **II** *v/i* **4.** ˈdurchsickern. **5.** *meist* **~ out** (*od.* **away**) ausgewaschen *od.* -geschwemmt werden. **6.** *meist* **~ out** ausgelaugt werden.

lead[1] [liːd] **I** *s* **1.** Führung *f*: a) Leitung *f*: **under s.o.'s ~**, b) führende Stelle, Spitze *f*: **to be in the ~** an der Spitze stehen, führend sein, *sport etc* in Führung *od.* vorn(e) liegen, führen; **to have the ~** die Führung innehaben, *sport etc* in Führung *od.* vorn(e) liegen, führen; **to take the ~** a) *a. sport* die Führung übernehmen (**from** von *dat*), sich an die Spitze setzen, b) die Initiative ergreifen, c) vorangehen, neue Wege weisen. **2.** Vorsprung *m* (**over** vor *dat*) (*a. sport*): **a one minute's** (*od.* **one-minute**) **~** ˈeine Minute Vorsprung; **to have a two-goal ~** mit zwei Toren führen; **to have the ~ over** e-n Vorsprung haben vor (*der Konkurrenz etc*). **3.** *Boxen*: (*e-e Schlagserie*) einleitender Schlag. **4.** Vorbild *n*, Beispiel *n*: **to follow s.o.'s ~** j-s Beispiel folgen; **to give s.o. a ~** j-m ein gutes Beispiel geben, j-m mit gutem Beispiel vorangehen. **5.** a) ˈHinweis *m*, Wink *m*, b) Anhaltspunkt *m*, c) Spur *f*: **to give s.o. a ~** j-m e-n Hinweis *od.* Anhaltspunkt geben; j-n auf die Spur bringen. **6.** *thea. etc* a) Hauptrolle *f*, b) Hauptdarsteller(in). **7.** *Kartenspiel*: a) Vorhand *f*, b) zuˈerst ausgespielte Karte *od.* Farbe: **your ~!** Sie spielen aus! **8.** *Journalismus*: a) Vorspann *m* (*e-s Zeitungsartikels*), b) Aufmacher *m*: **the scandal was the ~ in the papers** der Skandal wurde von den Zeitungen groß herausgestellt. **9.** *tech.* Steigung *f*, Ganghöhe *f* (*e-s Gewindes*). **10.** *electr.* a) (Zu-)Leitung *f*, b) Leiter *m*, Leitungsdraht *m*, c) *a.* **phase ~** Voreilung *f.* **11.** (ˈMühl)Kaˌnal *m.* **12.** Wasserrinne *f* (*in e-m Eisfeld*). **13.** (Hunde)Leine *f*: **to keep on the ~** an der Leine führen *od.* halten. **14.** *mil.* Vorhalt *m.*

II *adj* **15.** Leit..., Führungs..., Haupt...

III *v/t pret u. pp* **led** [led] **16.** führen, leiten, *j-m* den Weg zeigen: **to ~ the way** vorangehen, den Weg zeigen; → **garden path, nose** *Bes. Redew.* **17.** führen, bringen: **this road will ~ you to town;** → **temptation. 18.** bewegen, verleiten, -führen (**to** zu), dahin bringen, veranlassen (**to do** zu tun): **this led me to believe** dies veranlaßte mich zu glauben; **what led you to think so?** was brachte Sie zu dieser Ansicht? **19.** (an-)führen, leiten, an der Spitze stehen von: **to ~ an army** e-e Armee führen *od.* befehligen; **to ~ the field** *sport* das Feld anführen; **to ~ the table** *sport* die Tabelle anführen, an der Tabellenspitze stehen. **20.** a) *bes. Am. ein Orchester* leiten, diriˈgieren, b) *bes. Br.* die erste Geige spielen *od.* Konˈzertmeister sein in (*dat*) *od.* bei. **21.** *ein behagliches etc Leben* führen. **22.** *j-m etwas* bereiten: → **dance** 8, **dog** *Bes. Redew.* **23.** *e-n Zeugen* durch Suggeˈstivfragen lenken. **24.** *e-e Karte, Farbe etc* aus-, anspielen. **25.** *Boxen*: *e-n Schlag* führen.

IV *v/i* **26.** führen: a) vorˈangehen, den Weg weisen (*a. fig.*), b) die erste *od.* leitende Stelle einnehmen, Führer sein, c) *sport* an der Spitze *od.* in Führung liegen: **to ~ by points** nach Punkten führen. **27.** führen (*Straße, Gang etc*): **to ~ off** abgehen von; **to ~ to** *fig.* führen zu, zur Folge haben; → **Rome** I. **28.** *Boxen*: (zu schlagen) beginnen: **to ~ with the left. 29. ~ with** (*Journalismus*) *etwas* als Aufmacher bringen.

Verbindungen mit Adverbien:

lead|a·stray *v/t fig.* a) irreführen, b) verführen. **~ a·way** *v/t* **1.** wegführen, *Verhafteten etc* abführen. **2.** *fig. j-n* abbringen (**from** von): **to be led away** *a.* sich abbringen lassen. **~ in** *v/i* s-e Rede *etc* einleiten (**with** mit). **~ off I** *v/t* **1.** → **lead away. 2.** *fig.* einleiten, eröffnen, beginnen (**with** mit). **II** *v/i* **3.** *fig.* anfangen, beginnen: **he led off by saying** er sagte eingangs. **~ on** *v/t* **1.** verführen, verlocken (**with** mit). **2.** *j-m* etwas vor- *od.* weismachen: **to lead s.o. on to think that** j-n glauben machen, daß. **~ up I** *v/t* **1.** *j-n* hinˈauf-, herˈaufführen (**to** auf *acc*). **II** *v/i* **2.** hinˈauf-, herˈaufführen (**to** auf *acc*) (*Straße etc*). **3.** *fig.* (**to**) a) (allˈmählich *od.* schließlich) führen (zu), b) ˈüberleiten (zu), einleiten (*acc*), c) hinˈauswollen (auf *acc*): **he was leading up to s.th.** er wollte auf etwas ganz Bestimmtes hinaus.

lead[2] [led] **I** *s* **1.** *chem.* Blei *n.* **2.** *mar.* Senkblei *n*, Lot *n*: **to cast** (*od.* **heave**) **the ~** das Lot auswerfen, loten; **to swing the ~** *Br. sl.* sich (vor *od.* von der Arbeit) drücken, *bes.* ‚krankmachen', ‚krankfeiern'. **3.** Blei *n*, Kugeln *pl* (*Geschosse*). **4.** *chem.* Graˈphit *m*, Reißblei *n.* **5.** (Bleistift)Mine *f*: **to put ~ in s.o.'s pencil** *colloq. humor.* j-s Manneskraft stärken. **6.** *print.* ˈDurchschuß *m.* **7.** Fensterblei *n*, Bleifassung *f.* **8.** *pl Br.* a) bleierne Dachplatten *pl*, b) (flaches) Bleidach. **9.** → **white lead. II** *v/t* **10.** verbleien: **~ed** verbleit, (*Benzin a.*) bleihaltig. **11.** a) mit Blei füllen, b) mit Blei beschweren. **12.** *Fensterglas* in Blei fassen: **~ed window** Bleiglasfenster *n.* **13.** *print.* durchˈschießen. **III** *v/i* **14.** *mar.* loten.

lead|ac·e·tate [led] *s chem.* ˈBleiaceˌtat *n*, -zucker *m.* **~ ar·se·nate** *s chem.* ˈBleiarseniˌat *n.* **ˈ~-ˌcham·ber pro·cess** *s chem.* Bleikammerverfahren *n.* **~ col·ic** *s med.* Bleikolik *f.* **~ con·tent** *s chem.* Bleigehalt *m.*

lead·en [ˈledn] *adj* (*adv* **~ly**) **1.** bleiern: a) Blei...: **~ cable**, b) bleigrau: **~ sky**, c) *fig.* schwer: **~ limbs** bleischwere Glieder; **~ sleep** bleierner Schlaf. **2.** schwerfällig, hölzern: **~ witticisms** geistlose Witze.

lead·er [ˈliːdə(r)] *s* **1.** Führer(in). **2.** (An-)Führer *m*, *pol.* (Parˈtei)Vorsitzende(r) *m*, *parl.* (*Fraktions-, Oppositions*)Führer *m*, *mil.* (*bes.* Zug- *od.* Gruppen)Führer *m*: **the ~ of the Labour Party; ~ of the delegation** Delegationsführer; **~ of the opposition** *Br.* Oppositionsführer; **L~ of the House (of Commons)** *Br.* Fraktionsführer der Regierungspartei; → **floor leader. 3.** *mus.* a) *bes. Am.* Leiter *m*, Diriˈgent *m*, b) *bes. Br.* Konˈzertmeister *m*, c) (*Band*)Leader *m.* **4.** *jur. Br.* a) erster Anwalt: **~ for the defence** Hauptverteidiger *m*, b) Kronanwalt *m.* **5.** Leitpferd *n.* **6.** *bes. Br.* ˈLeitarˌtikel *m* (*e-r Zeitung*): **~ writer** Leitartikler *m.* **7.** *sport etc* Spitzenreiter *m*: **to be the ~** a) *sport* in Führung liegen, führen, b) führend *od.* tonangebend sein (**in** auf *e-m Gebiet*). **8.** *econ.* a) ˈZug-, ˈLockarˌtikel *m*, b) ˈSpitzenarˌtikel *m*, führende Marke, c) *pl* (*Börse*) führende Marktwerte *pl.* **9.** *tech.* a) Leitungs-, *bes.* Fallrohr *n*, b) Hauptantriebsrad *n.* **10.** Leitschnur *f* (*e-r Angel*). **11.** *pl print.* Leit-, Taˈbellenpunkte *pl.* **12.** *bot.* Leit-, Haupttrieb *m.* **13.** *anat.* Sehne *f.* **14.** Suggeˈstivfrage *f.* **15.** Startband *n* (*e-s Films*).

ˈlead·er·less *adj* führerlos, ohne Führer, (*Partei etc a.*) führungslos.

ˈlead·er·ship *s* **1.** Führung *f*, Leitung *f*: **to relinquish one's party's ~** als Parteivorsitzender zurücktreten. **2.** Führerschaft *f.* **3.** *a.* **quality of ~** ˈFührungsqualiˌtäten *pl*: → **lack** 1. **~ role** *s* Führungsrolle *f.* **~ style** *s* Führungsstil *m.*

ˈlead-free [ˈled-] *adj* bleifrei (*Benzin*).

lead|gui·tar [liːd] *s mus.* ˈLeadgiˌtarre *f.* **~ gui·tar·ist** *s* ˈLeadgitarˌrist *m.*

lead|-in [ˈliːdɪn] **I** *adj* **1.** *electr.* Zuleitungs...: **~ cable. 2.** *fig.* einleitend, -führend. **II** *s* [*Br. a.* ˌliːdˈɪn] **3.** *electr.* (*a.* Anˈtennen)Zuleitung *f.* **4.** *fig.* a) (**to**) Einleitung *f* (zu), Einführung *f* (in *acc*), b) → **lead**[1] 8 a.

lead·ing[1] [ˈliːdɪŋ] **I** *s* **1.** Leitung *f*, Führung *f.* **II** *adj* **2.** Leit..., leitend, führend. **3.** erst(er, e, es): **the ~ car in the procession. 4.** Haupt..., führend, erst(er, e, es), (be)herrschend, maßgebend, tonangebend: **~ citizen** einflußreicher Bürger; **~ fashion** herrschende Mode.

lead·ing[2] [ˈledɪŋ] *s* **1.** Bleiwaren *pl.* **2.**

Verbleiung *f.* **3.** a) ˈBleiˌüberzug *m*, b) Bleifassung *f.* **4.** → lead² 6.
lead·ing| ar·ti·cle [ˈli:dɪŋ] *s* **1.** → leader 6. **2.** *Am.* → lead¹ 8 b. **3.** → leader 8 a, b. **~ case** *s jur.* wichtiger Präzeˈdenzfall. **~ coun·sel** → leader 4 a. **~ edge** *s* **1.** Vorderkante *f.* **2.** *electr.* Anstiegsflanke *f.* **~ la·dy** *s thea. etc* Hauptdarstellerin *f.* **~ light** *s* **1.** *mar.* Leitfeuer *n.* **2.** *fig.* führende *od.* wichtige *od.* einflußreiche Perˈsönlichkeit. **~ man** *s irr thea. etc* Hauptdarsteller *m.* **~ mark** *s mar.* Leit-, Richtungsmarke *f.* **~ mo·tive** *s* **1.** ˈHauptmoˌtiv *n.* **2.** *mus.* ˈLeitmoˌtiv *n.* **~ note** *s mus.* Leitton *m.* **~ ques·tion** *s* Suggeˈstivfrage *f.* **~ rein** *s* **1.** Leitzügel *m.* **2.** *pl Br.* → **leading strings. ~ strings** *s pl Am.* Gängelband *n* (*a. fig.*): **to keep s.o. in ~** j-n am Gängelband führen *od.* haben *od.* halten; **to be in ~ to s.o.** von j-m gegängelt werden. **~ tone** → **leading note.**
lead·less [ˈledlɪs] *adj* bleifrei (*Benzin*).
lead line [led] *s mar.* Lotleine *f.*
ˈlead-off [ˈli:d-] **I** *adj* Eröffnungs..., einleitend, erst(er, e, es). **II** *s* [*Br. a.* ˌli:dˈɒf] Eröffnung *f*, Einleitung *f.*
lead| pen·cil [led] *s* Bleistift *m.* **ˈ~-ˌpipe cinch** *s Am. sl.* a) ‚Kinderspiel' *n*, b) ‚todsichere' Sache: **it's a ~ he'll come** er kommt todsicher. **~ poi·son·ing** *s med.* Bleivergiftung *f*: **he died of ~** er starb an e-r Bleivergiftung (*Am. sl. a. er wurde erschossen*).
lead| screw [li:d] *s tech.* Leitspindel *f* (*e-r Drehbank*). **~ sing·er** *s mus.* Leadsänger(in).
lead soap [led] *s chem.* Bleiseife *f.*
lead sto·ry [li:d] → **lead¹** 8 b.
ˈlead|ˌswing·er [ˈled-] *s Br. sl.* ‚Drückeberger(in)', *bes.* j-d, der ‚*krankmacht*' *od.* ‚*krankfeiert*'. **ˈ~ˌswing·ing** *s Br. sl.* ‚Drückebergeˈrei' *f*, *bes.* ‚Krankmachen' *n*, ‚Krankfeiern' *n.*
lead time [li:d] *s* **1.** *bes. Am.* Vorlaufzeit *f* (*e-s Projekts etc*). **2.** *econ.* Lieferzeit *f.*
lead| tree [led] *s bot., a. chem.* Bleibaum *m.* **~ wool** *s chem. tech.* Bleiwolle *f.* **ˈ~work** *s* **1.** Bleiarbeit *f.* **2.** *pl* (*oft als sg konstruiert*) Bleihütte *f.*
lead·y [ˈledɪ] *adj* **1.** bleiern, bleiartig. **2.** bleihaltig.
leaf [li:f] **I** *pl* **leaves** [li:vz] *s* **1.** *bot.* Blatt *n*: **~ blade** Blattspreite *f*; **~ bud** Blattknospe *f*; **in ~** belaubt; **to come into ~** ausschlagen, zu sprießen beginnen. **2.** *bot.* (*Blüten*)Blatt *n*: **rose ~. 3.** *collect.* a) Teeblätter *pl*, b) Tabakblätter *pl.* **4.** Blatt *n* (*im Buch*): **to take a ~ out of s.o.'s book** *fig.* sich ein Beispiel nehmen an j-m, ‚sich von j-m e-e Scheibe abschneiden'; **to turn over a new ~** *fig.* ein neues Leben beginnen, e-n neuen Anfang machen. **5.** *tech.* a) (*Fenster-, Tür*)Flügel *m*, b) (*Tisch*)Klappe *f*, c) Ausziehplatte *f* (*e-s Tisches*): **to pull out the leaves** den Tisch ausziehen, d) Aufziehklappe *f* (*e-r Klappbrücke*), e) (Viˈsier)Klappe *f* (*am Gewehr*). **6.** *tech.* Blatt *n*, (dünne) Folie, Laˈmelle *f*: **~ brass** Messingfolie. **7.** *tech.* a) Blatt *n* (*e-r Feder*), b) Zahn *m* (*am Triebrad*), c) Blattfeder *f.* **II** *v/i* **8.** *a.* **~ out** Blätter treiben: **to ~ out** *Am.* ausschlagen, zu sprießen beginnen. **9. ~ through** ˈdurchblättern. **III** *v/t* **10.** *Am.* ˈdurchblättern.
leaf·age [ˈli:fɪdʒ] *s* Laub(werk) *n*, Blätter (-werk *n*) *pl.*
leafed [li:ft] *adj* **1.** belaubt. **2.** *in Zssgn* ...blätt(e)rig.
leaf| fat *s zo.* Nierenfett *n.* **~ green** *s bot. chem.* Blattgrün *n* (*a. Farbe*).
ˈleaf·less *adj* blätterlos, entblättert, kahl: **~ in winter** winterkahl.
leaf·let [ˈli:flɪt] **I** *s* **1.** *bot.* Blättchen *n.* **2.** a) Flugblatt *n*, Hand-, Reˈklamezettel *m*, b) Merkblatt *n*, c) Proˈspekt *m.* **II** *v/i* **3.** Flugblätter *etc* verteilen.
leaf| met·al *s tech.* ˈBlattmeˌtall *n.* **~ mo(u)ld** *s agr.* Komˈpost *m.* **~ sight** *s* ˈKlappviˌsier *n* (*des Gewehrs*). **~ spring** *s tech.* Blattfeder *f.* **ˈ~stalk** *s bot.* Blattstiel *m.* **~ to·bac·co** *s* **1.** Rohtabak *m.* **2.** Blättertabak *m.* **ˈ~work** *s art* Blatt-, Laubwerk *n.*
ˈleaf·y *adj* **1.** belaubt. **2.** Laub... **3.** blattartig, Blatt...
league¹ [li:g] **I** *s* **1.** Liga *f*, Bund *m*: **L~ of Nations** *hist.* Völkerbund. **2.** Bündnis *n*, Bund *m*: **to be in ~ with** gemeinsame Sache machen mit, unter ˈeiner Decke stecken mit; **to be in ~ with the devil** mit dem Teufel im Bunde stehen. **3.** *sport* Liga *f*: **~ game** Punktspiel *n*; **~ table** Tabelle *f.* **4.** *colloq.* Klasse *f*: **they are not in the same ~ with me** an mich kommen sie nicht ran. **II** *v/t u. v/i pres p* **ˈlea·guing 5.** *a.* **~ together** (sich) verbünden.
league² [li:g] *s Br. hist.* League *f* (*ein Längenmaß, etwa 3 Meilen*).
lea·guer¹ [ˈli:gə(r)] *mil. obs.* **I** *s* Belagerung *f.* **II** *v/t* belagern.
lea·guer² [ˈli:gə(r)] *s bes. Am.* Verbündete(r) *m.*
leak [li:k] **I** *s* **1.** a) *mar.* Leck *n* (*a. in e-m Tank etc*), b) Loch *n*, undichte Stelle (*a. fig. in e-m Amt etc*): **to spring a ~** ein Leck *od.* Loch bekommen. **2.** a) Auslaufen *n*, b) ˈDurchsickern *n*: → **inspired** 6. **3.** (*das*) auslaufende Wasser *etc.* **4.** *electr.* a) Verluststrom *m*, Streuung(sverluste *pl*) *f*, b) Fehlerstelle *f.* **5.** *sl.* ‚Schiffen' *n* (*Urinieren*): **to have a ~** schiffen; **to go for a ~** schiffen gehen. **II** *v/i* **6.** lecken, leck sein. **7.** tropfen (*Wasserhahn*). **8.** *electr.* lecken, streuen. **9. ~ out** a) auslaufen, -strömen, -treten, entweichen, b) *fig.* ˈdurchsickern. **10. ~ in** eindringen, -strömen. **11.** *sl.* ‚schiffen' (*urinieren*). **III** *v/t* **12.** ˈdurchlassen. **13.** *fig.* ˈdurchsickern lassen: **to ~ information.**
leak·age [ˈli:kɪdʒ] *s* **1.** Lecken *n.* **2.** → leak 2–4. **3.** *econ.* Lecˈkage *f* (*Gewichtsverlust durch Verdunsten od. Aussickern auf Grund e-r undichten Stelle*). **~ con·duct·ance** *s electr.* Ableitung *f.* **~ cur·rent** *s electr.* Reststrom *m* (*e-s Kondensators*). **~ flux** *s electr.* Streufluß *m.* **~ path** *s electr.* Kriechweg *m.* **~ re·sist·ance** *s electr.* ˈStreu-, ˈAbleitˌwiderstand *m.*
ˈleak·y *adj* leck, undicht (*a. fig.*).
leal [li:l] *adj Scot. od. poet.* treu.
lean¹ [li:n] **I** *v/i pret u. pp* **leaned** [li:nd; *Br. bes.* lent], *bes. Br.* **leant** [lent] **1.** sich neigen, schief sein *od.* stehen. **2.** sich neigen, sich lehnen, sich beugen (**over** über *acc*): **to ~ back** sich zurücklehnen; **to ~ forward** sich vorbeugen; **to ~ out** sich hinauslehnen (**of** aus); **to ~ over backward(s) (to do s.th.)** *colloq.* sich ‚fast umbringen'(, etwas zu tun). **3.** sich lehnen (**against** gegen). **4.** lehnen (**against** an *dat*). **5. ~ on** a) sich stützen auf (*acc*), b) *fig.* sich verlassen auf (*acc*), bauen auf (*acc*), c) *colloq. j-n* unter Druck setzen. **6. ~ to(ward[s])** *fig.* (ˈhin)neigen *od.* tenˈdieren zu. **II** *v/t* **7.** neigen, beugen. **8.** lehnen (**against** gegen, an *acc*). **9.** stützen (**on** auf *acc*). **III** *s* **10.** Neigung *f*: **a ~ of 60°.**
lean² [li:n] **I** *adj* (*adv* **~ly**) **1.** mager (*a. fig.*): **~ man (cattle, meat, crop, soil, wages, years,** *etc*); **a ~ face** ein hageres *od.* mageres Gesicht; **(as) ~ as an alley cat** völlig abgemagert; **~ in** (*od.* **on**) *fig.* arm an (*dat*). **2.** *fig.* präˈgnant, knapp: **~ prose. 3.** *tech.* mager, arm: **~ coal** Magerkohle *f*; **~ concrete** Magerbeton *m*; **~ gas** Arm-, Schwachgas *n*; **~ mixture** mageres *od.* armes Gemisch. **II** *s* **4.** (*das*) Magere (*des Fleisches*). **ˈ~-burn en·gine** *s mot.* Magermotor *m.* **ˈ~-faced** *adj* mit hagerem Gesicht: **to be ~** ein hageres Gesicht haben.
ˈlean·ing I *adj* schräg, geneigt, schief: **the L~ Tower of Pisa** der Schiefe Turm von Pisa. **II** *s fig.* Neigung *f*, Tenˈdenz *f* (**to, toward[s]** zu).
ˈlean·ness *s* Magerkeit *f* (*a. fig.*).
leant [lent] *bes. Br. pret u. pp von* **lean¹**.
ˈlean-to I *pl* **-tos** *s* Anbau *m od.* Schuppen *m* (mit Pultdach). **II** *adj* Anbau...: **~ roof** Pultdach *n.*
leap [li:p] **I** *v/i pret u. pp* **leaped** [li:pt; *Br. bes.* lept] *od.* **leapt** [lept; *Am. bes.* li:pt] **1.** springen (*a. fig.*): **look before you ~** erst wägen, dann wagen; **to ~ aside** auf die *od.* zur Seite springen; **to ~ at** *fig.* sich stürzen auf (*ein Angebot etc*); **to ~ for joy** Freudensprünge machen; **to make hearts ~ for joy** die Herzen höher schlagen lassen; **to ~ from one subject to another** von e-m Thema zum anderen springen; **to ~ into fame** schlagartig berühmt werden; **to ~ into s.o.'s mind** j-m plötzlich (in den Sinn) kommen; **to ~ into view** plötzlich auftauchen *od.* in Sicht kommen; **to ~ out** ins Auge springen (**to s.o.** j-m); **to ~ to the eye** ins Auge springen; **to ~ up** a) aufspringen, b) hochschlagen (*Flammen*), c) *fig.* sprunghaft anwachsen, emporschnellen (*Preise etc*); → **conclusion** 3, foot 1. **II** *v/t* **2.** überˈspringen (*a. fig.*), springen über (*acc*). **3.** *Pferd etc* springen lassen. **4.** *e-e Stute etc* bespringen, decken. **III** *s* **5.** Sprung *m* (*a. mus. u. fig.*): **a great ~ forward; to take a ~** e-n Sprung machen; **a ~ in the dark** *fig.* ein Sprung ins Ungewisse; **by ~s and bounds** *fig.* sprunghaft. **6.** *fig.* sprunghaftes Anwachsen, Emporschnellen *n* (*von Preisen etc*). **~ day** *s* Schalttag *m.* **ˈ~frog I** *s* **1.** Bockspringen *n.* **II** *v/i* **2.** bockspringen. **3.** a) ‚hüpfen': **he ~ged from town to town,** b) sich (immer wieder) gegenseitig überˈholen (*a. fig.*). **III** *v/t* **4.** bockspringen über (*acc*). **5. to ~ each other** (*od.* **one another**) → 3 b. **6.** *mil. zwei Einheiten* im überˈschlagenden Einsatz vorgehen lassen.
leapt [lept; *Am. bes.* li:pt] *pret u. pp* [*von* **leap.**]
leap year *s* Schaltjahr *n.*
learn [lɜ:n; *Am.* lɜrn] *pret u. pp* **learned** [-nt; -nd] *od.* **learnt** [-nt] **I** *v/t* **1.** (er)lernen: **to ~ a language; to ~ a trade** e-n Beruf erlernen; **to ~ the piano** Klavier spielen lernen; **to ~ (how) to swim** schwimmen lernen; **to ~ by heart** auswendig lernen; **to ~ off** (auswendig) lernen; → **lesson** 5. **2. (from)** a) erfahren, hören (von): **to ~ the truth** die Wahrheit erfahren; **I am** (*od.* **have) yet to ~ that** es ist mir nicht bekannt, daß; **it was ~ed yesterday** gestern erfuhr man, b) ersehen, entnehmen (aus *e-m Brief etc*). **3.** *sl.* ‚lernen' (*lehren*). **II** *v/i* **4.** lernen. **5.** hören, erfahren (**about, of** von). **ˈlearn·a·ble** *adj* erlernbar.
learn·ed [ˈlɜ:nɪd; *Am.* ˈlɜrnəd] *adj* (*adv* **~ly**) **1.** gelehrt (*Mensch*), (*Abhandlung etc a.*) wissenschaftlich: **~ profession** akademischer Beruf; → **friend** 4. **2.** erfahren, bewandert (**in** in *dat*). **3.** angelernt: **~ skills.**
ˈlearn·er *s* **1.** Anfänger(in). **2.** Lernende(r *m*) *f*: **a foreign ~ of German** ein Ausländer, der Deutsch lernt; **to be a fast (slow) ~** schnell (langsam) lernen. **3.** *a.* **~ driver** a) Fahrschüler(in), b) *Br. Fahrschüler, der nur in Begleitung e-s Führerscheininhabers berechtigt ist, ein Kraftfahrzeug zu führen.*

ˈlearn·ing *s* **1.** Gelehrsamkeit *f*, Gelehrtheit *f*. **2.** (Er)Lernen *n*: ~ **by doing** *Grundsatz, nach dem Lernen sich hauptsächlich in der praktischen Auseinandersetzung mit den Dingen vollzieht.* **3.** *meist pl Am.* Lehrstoff *m*. ~ **dis·a·bil·i·ty** *s* Lernbehinderung *f*. ˈ**~-dis͵a·bled** *adj* lernbehindert.

learnt [lɜːnt; *Am.* lɜrnt] *pret u. pp von* learn.

lease[1] [liːs] **I** *s* **1.** Pacht-, Mietvertrag *m*. **2.** a) Verpachtung *f*, Vermietung *f* (to an *acc*), b) Pacht *f*, Miete *f*: ~ **of life** Pacht auf Lebenszeit; **a new ~ of** (*od.* **on**) **life** *fig.* ein neues Leben (*nach Krankheit etc*); **to put out to** (*od.* **to let out on**) ~ → 5; **to take on ~, to take a ~ of** → 6; **by** (*od.* **on**) ~ auf Pacht. **3.** Pachtbesitz *m*, -gegenstand *m*, *bes.* Pachtgrundstück *n*. **4.** Pacht-, Mietzeit *f*: **put out to a ~ of 5 years** auf 5 Jahre verpachtet. **II** *v/t* **5.** ~ **out** verpachten, -mieten (to an *acc*). **6.** a) pachten, mieten, b) leasen.

lease[2] [liːs] *s* (*Weberei*) **1.** (Faden)Kreuz *n*, Schrank *m*. **2.** Latze *f*.

ˈlease|·back *s* Rückverpachtung *f* (an den Verkäufer). ˈ**~hold I** *s* **1.** Pacht-, Mietbesitz *m*. **2.** Pachtland *n*, -grundstück *n*. **II** *adj* **3.** Pacht..., Miet...: ~ **estate** Pachtgut *n*; ~ **insurance** Pachtgutversicherung *f*. ˈ**~͵hold·er** *s* Pächter(in), Mieter(in). ͵**~-ˈlend** → lend-lease.

ˈleas·er *s* Pächter(in), Mieter(in).

leash [liːʃ] **I** *s* **1.** (Hunde)Leine *f*: **to keep on the ~** → 5 a; **to keep** (*od.* **hold**) **in ~** → 5 b; **to strain at the ~** a) an der Leine zerren, b) *fig.* kaum mehr zu halten sein; **to strain at the ~ to do s.th.** *fig.* a) alle möglichen Anstrengungen unternehmen, etwas zu tun, b) es kaum mehr erwarten können, etwas zu tun. **2.** a) *hunt.* Koppel *f* (*Hunde, Füchse etc*), b) *fig.* ‚Dreigespann' *n*: **a ~ of** drei. **3.** → **lease**[2] 2. **II** *v/t* **4.** zs.-koppeln. **5.** a) an der Leine halten *od.* führen, b) *fig.* im Zaum halten.

leas·ing [ˈliːsɪŋ] *s* **1.** a) Pachten *n*, Mieten *n*, b) Leasen *n*. **2.** Verpachten *n*, -mieten *n*. **3.** Leasing *n* (*Vermietung von längerlebigen Wirtschaftsgütern mit der Möglichkeit, sie nach Ablauf des Vertrags gegen geringere Gebühr weiter zu benutzen od. käuflich zu erwerben*).

least [liːst] **I** *adj* (*sup von* little) **1.** geringst(er, e, es), mindest(er, e, es), wenigst(er, e, es): → **resistance** 1. **2.** geringst(er, e, es), unbedeutendst(er, e, es): **at the ~ thing** bei der geringsten Kleinigkeit. **II** *s* **3.** (*das*) Mindeste, (*das*) Geringste, (*das*) Wenigste: **at ~** wenigstens, zumindest; **at (the) ~** mindestens; **at the very ~** allerwenigstens; **not in the ~** nicht im geringsten *od.* mindesten; **to say the ~ (of it)** gelinde gesagt. **III** *adv* **4.** am wenigsten: **he worked ~**; ~ **possible** geringstmöglich; ~ **of all** am allerwenigsten; **tomorrow ~ of all** morgen schon gar nicht. ~ **com·mon mul·ti·ple** *s math.* kleinstes gemeinsames Vielfaches. ~ **squares (meth·od)** *s math.* Meˈthode *f* der kleinsten Quaˈdrate. **~tern** *s orn.* Zwergseeschwalbe *f*.

ˈleast·ways, *Am.* **ˈleast͵wise** *adv colloq.* wenigstens, zuˈmindest.

leat [liːt] *s Br.* ˈMühlka͵nal *m*.

leath·er [ˈleðə(r)] **I** *s* **1.** Leder *n* (*a. humor. Haut*; *a. sport Ball*): → **hell** 2. **2.** *Gegenstand aus Leder, bes.* Lederball *m*, -riemen *m*, -lappen *m*. **3.** *pl* a) Lederhose(n *pl*) *f*, b) ˈLederga͵maschen *pl*. **II** *v/t* **4.** mit Leder überˈziehen. **5.** *colloq.* ‚versohlen', verprügeln. ˈ**~back** *s zo.* Lederschildkröte *f*. ˈ**~board** *s* Lederpappe *f*. ˈ**~-bound** *adj* ledergebunden.

leath·ern [ˈleðə(r)n] *adj obs.* ledern.

ˈleath·er·neck *s mil. sl.* ‚Ledernacken' *m* (*Marineinfanterist des U.S. Marine Corps*).

leath·er·y [ˈleðərɪ] *adj* lederartig, zäh: ~ **meat**.

leave[1] [liːv] *pret u. pp* **left** [left] **I** *v/t* **1.** verlassen: a) von *j-m od. e-m Ort etc* fort-, weggehen: **the car left the road** der Wagen kam von der Straße ab; → **home** 1, b) abreisen, abfahren *etc* von (**for** nach), c) von *der Schule* abgehen: **to ~ school**, d) *j-n od. etwas* im Stich lassen, *etwas* aufgeben: **she left him for another man** sie verließ ihn wegen e-s anderen Mannes; **to get left** *colloq.* im Stich gelassen werden. **2.** lassen: **to ~ s.th. about** (*od.* **around**) **the room** etwas im Zimmer herumliegen lassen; **to ~ it at that** es dabei belassen *od.* (bewenden) lassen; **to ~ things as they are** die Dinge so lassen, wie sie sind; **to ~ be** → **leave alone** 2; **to ~ s.o. to himself** j-n sich selbst überlassen; → **cold** 4 d, **lurch**[2]. **3.** (übrig)lassen: **6 from 8 ~s 2** 8 minus 6 ist 2; **to be left** übrigbleiben *od.* übrig sein; **there is plenty of wine left** es ist noch viel Wein übrig; **there's nothing left for us but to go** uns bleibt nichts (anderes) übrig als zu gehen; **to be left till called for** postlagernd; → **desire** 1, **stone** *Bes. Redew.*, **undone** 1. **4.** *e-e Narbe etc* zuˈrücklassen, *e-n Eindruck, e-e Nachricht, e-e Spur etc* hinterˈlassen: **to ~ s.o. wondering whether** j-n im Zweifel darüber lassen, ob. **5.** hängen-, liegen-, stehenlassen, vergessen: **he left his umbrella at the restaurant.** **6.** überˈlassen, anˈheimstellen (**to s.o.** j-m): **I ~ it to you to decide** ich überlasse die Entscheidung Ihnen; **to ~ nothing to accident** nichts dem Zufall überlassen. **7.** (*nach dem Tode*) hinterˈlassen: **he ~s a widow and five children** er hinterläßt e-e Frau u. fünf Kinder; **he left his family well off** er ließ seine Familie in gesicherten Verhältnissen zurück. **8.** vermachen, -erben: **she left him a small fortune.** **9.** (*auf der Fahrt*) *links od. rechts* liegen lassen: ~ **the village on the left.** **10.** aufhören mit, einstellen, (unter)ˈlassen. **II** *v/i* **11.** (fort-, weg)gehen, abreisen, abfahren (**for** nach): **the train ~s at six** der Zug fährt um 6 (Uhr) ab *od.* geht um 6. **12.** gehen (*die Stellung aufgeben*): **our cook has threatened to ~.**

Verbindungen mit Adverbien:

leave|a·bout *v/t* herˈumliegen lassen. **~a·lone** *v/t* **1.** alˈlein lassen. **2.** a) *j-n od. etwas* in Ruhe lassen: → **severely** 1, b) *etwas* auf sich beruhen lassen. **~a·round** → **leave about**. **~a·side** *v/t e-e Frage etc* beiˈseite lassen, ausklammern. **~be·hind** *v/t* **1.** zuˈrücklassen. **2.** → **leave**[1] 4 *u.* 5. **3.** *e-n Gegner etc* hinter sich lassen (*a. fig.*). **~in** *v/t* **1.** im Ofen *od.* in der Röhre lassen. **2.** *e-n Satz etc* (stehen)lassen. **~off I** *v/t* **1.** einstellen, aufhören mit: **to ~ work** die Arbeit einstellen; **to ~ crying** zu weinen aufhören. **2.** *e-e Gewohnheit etc* aufgeben. **3.** *Kleidungsstück* ablegen, nicht mehr tragen *od.* anziehen. **II** *v/i* **4.** aufhören. **~on** *v/t* **1.** *Kleidungsstück* anbehalten, anlassen. **2.** *das Radio etc* anlassen. **3.** darˈauf lassen: **to leave the lid on.** **~out** *v/t* **1.** draußen lassen. **2.** aus-, weglassen (**of** von, bei). **3.** überˈsehen, vergessen (**of** bei). **~o·ver** *v/t Br.* **1.** übriglassen: **to be left over** übrigbleiben *od.* übrig sein; **there is plenty of wine left over** es ist noch viel Wein übrig. **2.** verschieben (**till, until** auf *acc*, bis).

leave[2] [liːv] *s* **1.** Erlaubnis *f*, Genehmigung *f*: **to ask ~ of s.o., to ask s.o.'s ~** j-n um Erlaubnis bitten; **to take ~ to say** sich zu sagen erlauben; **by ~ of** mit Genehmigung (*gen*); **by your ~!** mit Verlaub!; **without a 'with** (*od.* **by**) **your ~'** *colloq.* ohne auch nur zu fragen; → **absence** 2, **absent** 1. **2.** Urlaub *m*: (**to go**) **on ~** auf Urlaub (gehen); **a man on ~** ein Urlauber; ~ **pay** Urlaubsgeld *n*; → **absence** 2. **3.** Abschied *m*: **to take (one's) ~** sich verabschieden, Abschied nehmen (**of s.o.** von j-m); → **sense** 2.

leave[3] [liːv] → **leaf** 8.

leaved [liːvd] *adj* (*bes. in Zssgn*) **1.** *bot.* ...blätt(e)rig. **2.** ...flügelig: **two-~ door** Flügeltür *f*.

leav·en [ˈlevn] **I** *s* **1.** a) Sauerteig *m*, b) Treibmittel *n*. **2.** *fig.* Auflockerung *f*. **II** *v/t* **3.** *Teig* a) säuern, b) (auf)gehen lassen. **4.** *fig.* auflockern (**with** mit, durch). ˈ**leav·en·ing** → **leaven** I.

leaves [liːvz] *pl von* **leaf**.

ˈleave-͵tak·ing *s* Abschied *m*, Abschiednehmen *n*.

leav·ing [ˈliːvɪŋ] *s* **1.** *meist pl* ˈÜberbleibsel *n*, Rest *m*. **2.** *pl* Abfall *m*. ~ **cer·tif·i·cate** *s ped.* Abgangszeugnis *n*.

Leb·a·nese [͵lebəˈniːz] **I** *adj* libaˈnesisch. **II** *pl* **-ˈnese** *s* Libaˈnese *m*, Libaˈnesin *f*.

Le·bens·raum [ˈleɪbənzraʊm] *s* Lebensraum *m*.

leb·ku·chen [ˈleɪbˌkuːkən] *pl* **-chen** *s* Lebkuchen *m*.

lech [letʃ] *colloq.* **I** *s* **1.** → **lechery**. **2.** Lüstling *m*, Wüstling *m*, ‚Lustmolch' *m*. **II** *adj* **3.** → **lecherous**. **III** *v/i* **4.** geil *od.* ‚scharf' sein (**after** auf *acc*).

le·cha·te·lier·ite [ləʃəˈteljəraɪt; *Am. a.* lə͵ʃɑːtlˈɪr͵aɪt] *s min.* Lechateliˈerit *m*.

ˈlech·er *s* Lüstling *m*, Wüstling *m*. ˈ**lech·er·ous** *adj* (*adv* **~ly**) geil, lüstern. ˈ**lech·er·ous·ness** *s* Geilheit *f*, Lüsternheit *f*. ˈ**lech·er·y** *s* Geilheit *f* (*a. Gedanke etc*), Lüsternheit *f*.

lec·i·thin [ˈlesɪθɪn] *s Biochemie*: Leziˈthin *n* (*in allen pflanzlichen u. tierischen Zellen enthaltener Stoff, der die Resorbierbarkeit der für den Körper schwerverdaulichen Fette steigert*).

lec·tern [ˈlektɜːn; -tən; *Am.* -tərn] *s relig.* Lese-, Chorpult *n*.

lec·tion [ˈlekʃn] *s relig.* Lektiˈon *f*, Lesung *f*. ˈ**lec·tion·ar·y** [-ʃnərɪ; *Am.* -ʃə͵neriː] *s relig.* Lektioˈnar *n* (*Sammlung von Bibelabschnitten in der Reihenfolge, in der sie im Laufe des Kirchenjahres in der Messe zu lesen sind*).

lec·ture [ˈlektʃə(r)] **I** *s* **1.** (**on** über *acc*; **to** vor *dat*) a) Vortrag *m*, b) *univ.* Vorlesung *f*: ~ **room** Vortrags-, *univ.* Hörsaal *m*; ~ **tour** Vortragsreise *f*; **to give** (*od.* **read**) **a ~** e-n Vortrag *od.* e-e Vorlesung halten. **2.** Strafpredigt *f*: **to give** (*od.* **read**) *s.o.* **a ~** → 5. **II** *v/i* **3.** (**on** über *acc*; **to** vor *dat*) a) e-n Vortrag *od.* Vorträge halten, b) *univ.* e-e Vorlesung *od.* Vorlesungen halten, lesen. **III** *v/t* **4.** a) e-n Vortrag *od.* Vorträge halten vor (*dat*), b) *univ.* e-e Vorlesung *od.* Vorlesungen halten vor (*dat*). **5.** *j-m* e-e Strafpredigt *od.* ‚Standpauke' halten.

lec·tur·er [ˈlektʃərə(r)] *s* **1.** Vortragende(r *m*) *f*: **he is an excellent ~** er trägt ausgezeichnet vor. **2.** *univ.* a) *Br.* (*etwa*) außerplanmäßiger Proˈfessor, b) Lehrbeauftragte(r) *m*.

lec·tur·ette [͵lektʃəˈret] *s* Kurzvortrag *m*.

led [led] *pret u. pp von* **lead**[1].

ledge [ledʒ] *s* **1.** Sims *m, n*, Leiste *f*, vorstehender Rand. **2.** (Fels)Gesims *n*. **3.** Felsbank *f*, Riff *n*. **4.** *Bergbau*: a) Lager *n*, b) Ader *f*.

ledg·er [ˈledʒə(r)] *s* **1.** *econ.* Hauptbuch *n*. **2.** *arch.* Querbalken *m*, Sturz *m* (*e-s Gerüsts*). **3.** große Steinplatte. ~ **board** *s* Handleiste *f* (*e-s Geländers etc*). ~ **line** *s*

1. Angelleine *f* mit festliegendem Köder. 2. *mus.* Hilfslinie *f.* ~ **pa·per** *s* gutes ˈSchreibpaˌpier (*für Hauptbücher*). ~ **tack·le** *s* Grundangel *f.*

lee [li:] *s* 1. Schutz *m*: **under** (*od.* **in**) **the** ~ **of** im Schutz von (*od. gen*). 2. (wind-)geschützte Stelle. 3. a) Windschattenseite *f*, b) *mar.* Lee(seite) *f*: **to be under the** ~ windgeschützt liegen; **to come by the** ~ in Lee fallen; **to go by the** ~ den Wind verlieren. ˈ~**·board** *s mar.* Seitenschwert *n.*

leech[1] [li:tʃ] **I** *s* 1. *zo.* Blutegel *m*: **to apply** ~**es to** → 4; **to stick** (*od.* **cling**) **like a** ~ **to s.o.** wie e-e Klette an j-m hängen. 2. *fig.* a) Klette *f*, b) Blutsauger *m.* 3. *obs.* Arzt *m.* **II** *v/t* 4. *j-m* Blutegel setzen.

leech[2] [li:tʃ] *s mar.* Leick *n*, Liek *n.*

leek [li:k] *s* 1. *bot.* (Breit)Lauch *m*, Porree *m.* 2. Lauch *m* (*Emblem von Wales*).

leer[1] [lɪə(r)] **I** *s* a) höhnisches *od.* boshaftes *od.* anzügliches Grinsen, b) lüsterner Seitenblick. **II** *v/i* a) höhnisch *od.* boshaft *od.* anzüglich grinsen, b) lüstern schielen (**at** nach).

leer[2] → **lehr.**

leer·y [ˈlɪ(ə)rɪ] *adj sl.* argwöhnisch, ˈmißtrauisch (**of** gegenˈüber): **I'm very** ~ **of that fellow** dem Kerl trau' ich nicht über den Weg.

lees [li:z] *s pl* Bodensatz *m*: **to drink** (*od.* **drain**) **to the** ~ *fig.* a) bis zur Neige auskosten, b) bis zur bitteren Neige durchstehen.

lee|shore *s mar.* Leeküste *f.* ~**side** *s mar.* Leeseite *f.*

leet[1] [li:t] *s hist. Br.* 1. Lehngericht *n.* 2. (Lehn)Gerichtstag *m.*

leet[2] [li:t] *s Scot.* Bewerber-, Kandiˈdatenliste *f.*

lee tide *s mar.* Leetide *f.*

lee·ward [ˈli:wə(r)d; *mar.* ˈlu:ə(r)d] *mar.* **I** *adj* Lee..., leewärts gelegen, nach Lee zu liegend *od.* sich bewegend. **II** *s* Lee(seite) *f*: **to** ~ → III; **to drive to** ~ abtreiben; **to fall to** ~ abfallen. **III** *adv* leewärts, nach Lee.

ˈ**lee·way** *s* 1. *mar.* Leeweg *m*, Abtrift *f*: **to make** ~ (*vom Kurs*) abtreiben. 2. *aer.* Abtrift *f.* 3. *fig.* Rückstand *m*, Zeitverlust *m*: **to make up** ~ (den Rückstand *od.* den Zeitverlust) aufholen. 4. *fig.* Spielraum *m.*

left[1] [left] **I** *adj* 1. link(er, e, es), Links...: **on the** ~ **hand of** linker Hand von; **a wife of the** ~ **hand** *hist.* e-e morganatische Gattin; **on** (*od.* **to**) **the** ~ **side** links, linker Hand. **II** *s* 2. (*die*) Linke, linke Seite (*a. von Stoff*): **on** (**at, to**) **the** ~ (**of**) zur Linken (*gen*), links (von), auf der linken Seite (von *od. gen*), linker Hand (von); **on our** ~ zu unserer Linken, uns zur Linken; **the second turning to** (*od.* **on**) **the** ~ die zweite Querstraße links; **to keep to the** ~ a) sich links halten, b) *mot.* links fahren. 3. *Boxen*: Linke *f* (*Hand od. Schlag*). 4. **the** ~, *a.* **the L**~ *pol.* die Linke. **III** *adv* 5. links (**of** von), auf der linken Seite, zur linken Hand: **to turn** ~ a) (sich) nach links wenden, b) *mot.* links abbiegen; ~, **right and center** (*bes. Br.* **centre**) *fig.* überall; **to spend one's money** ~, **right and center** (*bes. Br.* **centre**) sein Geld mit vollen Händen ausgeben.

left[2] [left] *pret u. pp von* **leave**[1].

ˈ**left|-hand** *adj* 1. link(er, e, es): ~ **glove**; ~ **bend** Linkskurve *f.* 2. linkshändig, mit der linken Hand (ausgeführt): ~ **blow** (*Boxen*) Linke *f.* 3. *bes. tech.* linksgängig, -läufig, Links...: ~ **drive** Linkssteuerung *f*; ~ **engine** linksläufiger Motor; ~ **motion** Linksgang *m*; ~ **rotation** Linksdrehung *f*; ~ **screw** linksgängige Schraube; ~ **thread** Linksgewinde *n*; ~ **twist** Linksdrall *m.* ˌ~-ˈ**hand·ed I** *adj* (*adv* ~**ly**) 1. linkshändig: ~ **person** Linkshänder(in). 2. → **left-hand** 2, 3. 3. zweifelhaft, fragwürdig: ~ **compliments.** 4. linkisch, ungeschickt. 5. *hist.* morgaˈnatisch: ~ **marriage** *a.* Ehe *f* zur linken Hand. **II** *adv* 6. mit der linken Hand. ˌ~-ˈ**hand·ed·ness** *s* 1. Linkshändigkeit *f.* 2. Zweifelhaftigkeit *f*, Fragwürdigkeit *f.* 3. Ungeschicktheit *f.* ˌ~-ˈ**hand·er** *s* 1. Linkshänder(in). 2. *Boxen*: Linke *f.*

left·ism [ˈleftɪzəm] *s pol.* ˈLinkspoliˌtik *f*, -orienˌtierung *f.* ˈ**left·ist I** *s* 1. *pol.* ˈLinkspoˌlitiker *m*, -stehende(r) *m*, -parˌteiler *m*, -radiˌkale(r) *m.* 2. *Am.* Linkshänder(in). **II** *adj* 3. *pol.* ˈlinksgerichtet, -stehend, -radiˌkal, Links...

ˈ**left-ˌlean·ing** *adj pol.* nach links tenˈdierend.

ˌ**left|-ˈlug·gage lock·er** *s rail. Br.* (Gepäck)Schließfach *n.* ˌ~-ˈ**lug·gage of·fice** *s rail. Br.* Gepäckaufbewahrung(sstelle) *f.* ˈ~**-off** *adj* abgelegt: ~ **clothes.** ˈ~ˌ**o·ver I** *adj* 1. übrig(geblieben). **II** *s* 2. *meist pl* ˈÜberbleibsel *n*, Rest *m.* 3. *gastr. Am.* Gericht *n* aus Resten.

left| wing *s* 1. *bes. mil. pol. sport* linker Flügel. 2. *sport* Linksaußen *m.* ˈ~**-wing** *adj pol.* dem linken Flügel angehörend, Links...

left·y [ˈleftɪ] *s colloq.* 1. *pol.* Linke(r) *m.* 2. *bes. Am.* Linkshänder(in).

leg [leg] **I** *v/i* 1. *meist* ~ **it** a) die Beine gebrauchen, zu Fuß gehen, b) (weg)rennen. **II** *s* 2. Bein *n.* 3. ˈUnterschenkel *m.* 4. (*Hammel- etc*)Keule *f*: ~ **of mutton.** 5. a) (*Hosen-, Strumpf*)Bein *n*, b) (*Stiefel-*)Schaft *m.* 6. a) (*Stuhl-, Tisch- etc*)Bein *n*, b) Stütze *f*, Strebe *f*, Stützpfosten *m*, c) Schenkel *m* (*e-s Zirkels*). 7. *math.* Kaˈthete *f*, Schenkel *m* (*e-s Dreiecks*). 8. Eˈtappe *f*, Abschnitt *m* (*e-r Reise etc*), *a. aer. sport* (Teil)Strecke *f.* 9. *mar.* Schlag *m* (*Strecke, die ein kreuzendes Schiff zurücklegt, ohne zu wenden*). 10. *sport* ˈDurchgang *m*, Runde *f*: **first-**~ (**second-**~) **game** Vorspiel *n* (Rückspiel *n*). 11. *Kricket*: *Seite des Spielfelds, die links vom Schläger* (*u. rechts vom Werfer*) *liegt.* 12. *hist.* Kratzfuß *m*: **to make a** ~.

Besondere Redewendungen:

to be off one's ~**s** sich ausruhen; **she is never off her** ~**s** sie kommt nie zur Ruhe; **to be on one's** ~**s again** wieder auf den Beinen sein (*nach e-r Krankheit*); **to be all** ~**s** *colloq.* nur aus Beinen bestehen, ‚Beine bis zum Kinn haben'; **to be on one's last** ~**s** auf dem letzten Loch pfeifen; **my car is on its last** ~**s** mein Wagen macht nicht mehr lange; **the government are on their last** ~**s** die Regierung ist am Ende *od.* hat abgewirtschaftet; **to find one's** ~**s** a) gehen *od.* laufen lernen (*Baby*), b) *fig.* sich freischwimmen; lernen, selbständig zu handeln, c) *fig.* sich eingewöhnen; **to get** (**up**) **on one's** ~**s** (aufstehen u.) sich zu Wort melden; **to get s.o. back on his** ~**s** *fig.* j-m wieder auf die Beine helfen; **to get a** (*od.* **one's**) ~ **over** *sl.* ‚bumsen' (*Geschlechtsverkehr haben*); **to give s.o. a** ~ **up** a) j-m (hin)aufhelfen, b) *fig.* j-m unter die Arme greifen; **to have the** ~**s of s.o.** *colloq.* schneller laufen (können) als j-d; **to have no** ~ **to stand on** a) keinerlei Beweise haben, b) sich nicht herausreden können; **to pull s.o.'s** ~ *colloq.* j-n ‚auf den Arm nehmen' *od.* ‚aufziehen' *od.* foppen; **to run** (*od.* **rush**) **s.o. off his** ~**s** j-n in Trab halten; **to shake a** ~ *colloq.* a) das Tanzbein schwingen, b) ‚Dampf *od.* Tempo machen'; **to show a** ~ *colloq.* aufstehen, aus dem Bett steigen; **to stand on one's own** (**two**) ~**s** auf eigenen Beinen stehen; **to stretch one's** ~**s** sich die Beine vertreten; **to take to one's** ~**s** ‚die Beine in die Hand *od.* unter den Arm nehmen', ‚Fersengeld geben'; → **hind**[2], **walk off** 3.

leg·a·cy [ˈlegəsɪ] *s jur.* Vermächtnis *n*, *fig. a.* Erbe *n.* ~ **hunt·er** *s* Erbschleicher *m.*

le·gal [ˈli:gl] *adj* (*adv* ~**ly**) 1. gesetzlich, rechtlich: ~ **holiday** *Am.* gesetzlicher Feiertag; → **tender**[2] 7. 2. leˈgal, gesetzmäßig, rechtsgültig. 3. Rechts..., juˈristisch: ~ **adviser** Rechtsberater *m*; ~ **age** gesetzliches Mindestalter, *bes.* Volljährigkeit *f*; ~ **agent** gesetzlicher Vertreter; ~ **aid** (*unentgeltliche*) Rechtshilfe (*für bedürftige Personen*); ~ **capacity** Rechts-, Geschäftsfähigkeit *f*; ~ **dispute** Rechtsstreit *m*; ~ **medicine** Gerichtsmedizin *f*; ~ **position** Rechtslage *f*; ~ **profession** a) juristischer Beruf, b) Anwaltsberuf *m*, c) (*der*) Anwaltsstand, (*die*) Anwaltschaft; ~ **protection** Rechtsschutz *m*; → **capacity** 9, **entity** 2, **force** 5. 4. gerichtlich: **a** ~ **decision**; **to take** ~ **action** den Rechtsweg beschreiten; **to take** ~ **action** (*od.* **steps**) **against s.o.** gerichtlich gegen j-n vorgehen; ~ **separation** (gerichtliche) Aufhebung der ehelichen Gemeinschaft. 5. *relig.* a) dem Gesetz des Moses entsprechend, b) auf die seligmachende Kraft der guten Werke (*u. nicht der Gnade*) bauend.

le·gal·ese [ˌli:gəˈli:z] *s* Juˈristensprache *f*, -jarˌgon *m.*

le·gal·ism [ˈli:gəlɪzəm] *s* Legaˈlismus *m*: a) *strikte Gesetzestreue*, b) *contp. starres Festhalten an Paragraphen.*

le·gal·i·ty [li:ˈgælətɪ] *s* 1. Gesetzlichkeit *f.* 2. Legaliˈtät *f*, Gesetzmäßigkeit *f*, Rechtsgültigkeit *f.* 3. *relig.* Werkgerechtigkeit *f.*

le·gal·i·za·tion [ˌli:gəlaɪˈzeɪʃn; *Am.* -ləˈz-] *s* Legaliˈsierung *f.* ˈ**le·gal·ize** *v/t* legaliˈsieren: a) *e-e Urkunde* amtlich beglaubigen *od.* bestätigen, b) *e-e Sache* leˈgal machen.

leg·ate[1] [ˈlegɪt; -gət] *s pol.* Leˈgat *m*, päpstliche(r) Gesandte(r).

le·gate[2] [lɪˈgeɪt] *v/t* (testamenˈtarisch) vermachen.

leg·a·tee [ˌlegəˈti:] *s jur.* Legaˈtar(in), Vermächtnisnehmer(in).

le·ga·tion [lɪˈgeɪʃn] *s pol.* 1. a) Gesandtschaft *f*, b) Legatiˈon *f*, päpstliche Gesandtschaft. 2. a) Entsendung *f* (*e-s bevollmächtigten Vertreters*), b) Auftrag *m*, Missiˈon *f.* 3. Gesandtschaft(sgebäude *n*) *f.*

le·ga·to [ləˈgɑ:təʊ] *mus.* **I** *adj u. adv* leˈgato, gebunden. **II** *pl* **-tos** *s* Leˈgato *n.*

le·ga·tor [ˌlegəˈtɔ:; *bes. Am.* lɪˈgeɪtə(r)] *s jur.* Vermächtnisgeber(in).

leg bye *s Kricket*: *Lauf, nachdem der Ball das Bein od. e-n anderen Körperteil des Schlagmanns berührte, nicht aber den Schläger.*

leg·end [ˈledʒənd] *s* 1. Sage *f*, Leˈgende *f* (*a. fig.*). 2. *collect.* Sage *f*, Sagen(schatz *m*) *pl*, Leˈgende(n *pl*) *f*: **in** ~ in der Sage *od.* Legende. 3. (ˈHeiligen)Leˌgende *f.* 4. *fig.* legenˈdäre Gestalt *od.* Sache, Mythus *m*: → **living** 1, **time** 7. 5. Leˈgende *f*: a) erläuternder Text, ˈBildˌunterschrift *f*, b) Zeichenerklärung *f* (*auf Karten, Schautafeln etc*), c) Inschrift *f* (*auf Münzen etc*).

leg·end·ar·y [ˈledʒəndərɪ; *Am.* -ˌderi:] **I** *adj* 1. legenˈdär: a) leˈgenden-, sagenhaft, b) unwahrscheinlich, c) zur Leˈgende geworden. **II** *s* 2. Sagen-, Leˈgendensammlung *f.* 3. Sagen-, Leˈgendendichter *m.*

leg·end·ry [ˈledʒəndrɪ] → **legend** 2.

leg·er·de·main [ˌledʒə(r)dəˈmeɪn] *s* 1. Taschenspieleˈrei *f* (*a. fig.*). 2. Schwindel *m.*

le·ges [ˈli:dʒi:z] *pl von* **lex.**

legged [legd; *bes. Am.* ˈlegɪd] *adj* (*bes. in Zssgn*) mit (...) Beinen, ...beinig.

leg·gings [ˈlegɪŋz], *Am. a.* **leg·gins** [ˈlegənz] *s pl* **1.** a) (hohe) Gaˈmaschen *pl*, b) Leggins *pl*, Leggings *pl* (*vom Knöchel bis zum Oberschenkel reichende Ledergamaschen nordamerikanischer Indianer*). **2.** a) Strampelhose *f*, b) Gaˈmaschenhose *f*, c) *Am.* Steghose *f*.

leg·gy [ˈlegɪ] *adj* **1.** langbeinig. **2.** *colloq.* mit langen, wohlgeformten Beinen: **a ~ girl. 3. a ~ photo (show)** *colloq.* ein Foto, auf dem (e-e Show, in der) viel Bein zu sehen ist.

leg·horn *s* **1.** [ˈleghɔː(r)n; *Br. a.* leˈgɔːn; *Am. a.* ˈlegərn] a) (*ein*) feines Strohgeflecht, b) *Hut aus* a. **2. L~** [leˈgɔːn; *Am.* ˈlegˌhɔːrn; ˈlegərn] Leghorn *n* (*e-e Haushuhnrasse*).

leg·i·bil·i·ty [ˌledʒɪˈbɪlətɪ] *s* Leserlichkeit *f*, Lesbarkeit *f*. **ˈleg·i·ble** [-əbl] *adj* (*adv* **legibly**) **1.** leserlich, lesbar. **2.** wahrnehmbar, erkennbar, sichtbar. **ˈleg·i·ble·ness → legibility.**

le·gion [ˈliːdʒən] *s* **1.** *antiq. mil.* Legiˈon *f*. **2.** Legiˈon *f*, (*bes.* Frontkämpfer)Verband *m*: **the American (the British) L~; L~ of Hono(u)r** (*französische*) Ehrenlegion; **L~ of Merit** *mil. Am.* Verdienstlegion (*Orden*); **→ foreign** 1. **3.** *fig.* Legiˈon *f*: a) Heer *n*, b) Unzahl *f*: **they are ~** ihre Zahl ist Legion.

le·gion·ar·y [ˈliːdʒənərɪ; *Am.* -ˌneriː] **I** *adj* **1.** Legions... **II** *s* **2.** Legioˈnär *m*. **3.** *Br.* Angehörige(r) *m* des Brit. Frontkämpferverbands. **~ ant → driver ant.**

le·gion·naire [ˌliːdʒəˈneə(r)] *s* **1.** Legioˈnär *m*. **2.** *oft* **L~** *Am.* Angehörige(r) *m* des Amer. Frontkämpferverbands.

le·gion·naires' dis·ease [ˌliːdʒəˈneə(r)z] *s med.* Legioˈnärskrankheit *f*.

leg·is·late [ˈledʒɪsleɪt] **I** *v/i* **1.** Gesetze erlassen. **2.** *fig.* **to ~ against s.th.** etwas verhindern; **to ~ against s.o. doing s.th.** verhindern, daß j-d etwas tut; **to ~ for s.th.** etwas berücksichtigen. **II** *v/t* **3.** durch Gesetzgebung bewirken *od.* schaffen.

leg·is·la·tion [ˌledʒɪsˈleɪʃn] *s* Gesetzgebung *f* (*a. weitS. erlassene Gesetze*).

leg·is·la·tive [ˈledʒɪslətɪv; *Am.* ˈledʒəˌsleɪtɪv] **I** *adj* (*adv* **~ly**) **1.** gesetzgebend, legislaˈtiv: **~ assembly** gesetzgebende Versammlung; **~ body →** 4 b; **~ power →** 4 a. **2.** gesetzgeberisch, legislaˈtorisch, Legislatur..., Gesetzgebungs...: **~ period** Legislaturperiode *f*. **3.** gesetzlich, durch die Gesetzgebung festgelegt. **II** *s* **4.** Legislaˈtive *f*: a) gesetzgebende Gewalt, b) gesetzgebende Körperschaft.

leg·is·la·tor [ˈledʒɪsleɪtə(r)] *s* **1.** Gesetzgeber *m*. **2.** Mitglied *n* einer gesetzgebenden Körperschaft. **ˌleg·is·laˈto·ri·al** [-ləˈtɔːrɪəl] **→ legislative** 2.

leg·is·la·tress [ˈledʒɪsleɪtrɪs] *s* **1.** Gesetzgeberin *f*. **2. → legislator** 2.

leg·is·la·ture [ˈledʒɪsleɪtʃə(r)] *s* **1. → legislative** 4 b. **2.** *obs.* **→ legislative** 4 a.

le·gist [ˈliːdʒɪst] *s* **1.** Rechtskundige(r) *m*, Juˈrist *m*. **2.** *hist.* Leˈgist *m* (*Jurist, der das römische Recht beherrschte*).

le·git [lɪˈdʒɪt] *sl.* **I** *adj* **→ legitimate** 1 a *u.* b, 5. **II** *s* **→ legitimate drama.**

le·git·i·ma·cy [lɪˈdʒɪtɪməsɪ] *s* **1.** Legitimiˈtät *f*: a) Gesetzmäßigkeit *f*, Gesetzlichkeit *f*, b) Rechtmäßigkeit *f*, Berechtigung *f*, c) Ehelichkeit *f*. **2.** Richtigkeit *f*, Korˈrektheit *f*. **3.** Folgerichtigkeit *f*, Logik *f*. **4.** Echtheit *f*.

le·git·i·mate [lɪˈdʒɪtɪmət] **I** *adj* (*adv* **~ly**) **1.** legiˈtim: a) gesetzmäßig, gesetzlich, b) rechtmäßig, berechtigt: **~ claims; the ~ ruler** der legitime Herrscher, c) ehelich: **~ birth; ~ son. 2.** richtig, korˈrekt. **3.** einwandfrei, folgerichtig, logisch. **4.** echt. **5.** a) ernst: **~ music,** b) *thea.* Dramen...: **~ playwright** Dramatiker *m*. **II** *v/t* [-meɪt] **6.** legitiˈmieren: a) für gesetzmäßig erklären, b) ehelichen Status verleihen (*dat*), für ehelich erklären. **7.** als (rechts)gültig anerkennen, sanktioˈnieren. **8.** rechtfertigen. **~ dra·ma** *s* (*das*) Drama (*Ggs. Revue, Musical etc*).

leˈgit·i·mate·ness → legitimacy.

le·git·i·ma·tion [lɪˌdʒɪtɪˈmeɪʃn] *s* Legitimatiˈon *f*: a) Legitiˈmierung *f*, *a.* Ehelichkeitserklärung *f*, b) Ausweis *m*. **leˈgit·i·ma·tize** [-mətaɪz] **→ legitimate** II.

le·git·i·mism [lɪˈdʒɪtɪmɪzəm] *s pol. hist.* Legitiˈmismus *m* (*auf dem monarchischen Legitimitätsprinzip beruhende Auffassung von der Unabsetzbarkeit e-s regierenden Herrschers*). **leˈgit·i·mist I** *s* Legitiˈmist(in). **II** *adj* legitiˈmistisch.

le·git·i·mi·za·tion [lɪˌdʒɪtɪmaɪˈzeɪʃn; *Am.* -məˈz-] **→ legitimation. leˈgit·i·mize → legitimate** II.

leg·less [ˈleglɪs] *adj* ohne Beine, beinlos.

leg·man [ˈlegmæn; *Br. a.* -mən] *s irr bes. Am.* **1.** (ˈZeitungs)Reˌporter *m*. **2.** *colloq.* Laufbursche *m*.

ˌleg|-of-ˈmut·ton *adj*: **~ sail** *mar.* Schafschenkel *m*, Schratsegel *n*; **~ sleeve** Keulenärmel *m*. **ˈ~-pull** *s colloq.* Foppeˈrei *f*. **ˈ~-room** *s bes. mot.* Beinfreiheit *f*, Platz *m* für die Beine. **~ show** *s colloq. Show, in der viel Bein zu sehen ist.*

leg·ume [ˈlegjuːm; *a.* lɪˈgjuːm] *s* **1.** *bot.* a) Legumiˈnose *f*, Hülsenfrucht *f*, b) Leˈgumen *n*, Hülse *f* (*Frucht der Leguminosen*). **2.** *meist pl* a) Hülsenfrüchte *pl* (*als Gemüse*), b) Gemüse *n*. **le·gu·men** [leˈgjuːmen; -mən; lɪ-] *pl* **-mi·na** [-mɪnə], **-mens → legume** 2. **leˈgu·min** [-mɪn] *s chem.* Leguˈmin *n* (*Eiweißstoff in den Hülsenfrüchten*). **leˈgu·mi·nous** [-mɪnəs] *adj* **1.** a) Hülsen..., b) hülsenartig, c) hülsentragend. **2.** erbsen- *od.* bohnenartig. **3.** *bot.* zu den Hülsenfrüchten gehörig.

leg| warm·ers *s pl Mode*: Legwarmers *pl*, Stulpen *pl*. **ˈ~work** *s colloq.* **1.** ‚Laufeˈrei' *f*. **2.** Kleinarbeit *f*.

lehr [lɪə(r)] *s tech.* (Band-, Tunnel)Kühlofen *m* (*für Glas*).

le·hu·a [leɪˈhuːə] *s* **1.** *bot.* (*ein*) Eisenholzbaum *m*. **2.** *Blüte dieses Baumes* (*Emblem von Hawaii*).

lei[1] [ˈleɪiː; leɪ] *s* Blumen-, Blütenkranz *m* (*auf Hawaii*).

lei[2] [ˈleɪiː; leɪ] *pl von* **leu.**

Leices·ter [ˈlestə(r)] *s* Leicester-Schaf *n* (*langwolliges englisches Schaf*).

leish·ma·ni·a [liːʃˈmeɪnɪə] *s zo.* Leishˈmania *f* (*ein schmarotzendes Geißeltierchen*). **leish·ma·ni·a·sis** [ˌliːʃməˈnaɪəsɪs], **leish·ma·ni·o·sis** [liːʃˌmeɪnɪˈəʊsɪs; -ˌmænɪ-] *s med.* Leishmaniˈose *f* (*durch Leishmanien verursachte Tropenkrankheit*).

leis·ter [ˈliːstə(r)] *s* mehrzackiger Fischspeer.

lei·sure [ˈleʒə(r); *Am. bes.* ˈliːʒər] **I** *s* **1.** freie Zeit: **at ~** a) mit Muße, ohne Hast, in (aller) Ruhe, b) frei, unbeschäftigt; **at your ~** wenn es Ihnen (gerade) paßt, bei Gelegenheit; **lady of ~** *colloq.* ‚Gunstgewerblerin' *f* (*Prostituierte*). **2. → leisureliness. II** *adj* **3.** Muße..., frei: **~ activities** Freizeitgestaltung *f*; **~ center** (*bes. Br.* **centre**) Freizeitzentrum *n*; **~ facilities** Freizeiteinrichtungen; **~ hours** Mußestunden; **~ industry** Freizeitindustrie *f*; **~ occupation** Freizeitbeschäftigung *f*; **~ suit** Freizeitanzug *m*; **~ time** Freizeit *f*; **~ wear** Freizeitkleidung *f*. **ˈlei·sured** *adj* **1.** unbeschäftigt, müßig: **the ~ classes** die begüterten Klassen. **2. → leisurely. ˈlei·sure·li·ness** [-lɪnɪs] *s* Gemächlichkeit *f*, Gemütlichkeit *f*.

ˈlei·sure·ly *adj u. adv* gemächlich, gemütlich.

leit·mo·tiv, *a.* **leit·mo·tif** [ˈlaɪtməʊˌtiːf] *s mus.* ˈLeitmoˌtiv *n* (*a. in der Literatur*).

lem·an [ˈlemən] *s obs.* Buhle *m, f*, Geliebte(r *m*) *f*.

lem·ma[1] [ˈlemə] *pl* **-mas** *od.* **-ma·ta** [-mətə] *s* Lemma *n*: a) *math., Logik*: Hilfssatz *m*, Annahme *f*, b) (*lexikographisches*) Stichwort, c) *ling.* Grundform *f* (*e-s Worts*), d) *obs. in Titel od. Motto ausgedrückter Hauptinhalt e-s Werkes.*

lem·ma[2] [ˈlemə] *pl* **-mas** *s bot.* Deckspelze *f* (*der Gräser*).

lem·ma·ta [ˈlemətə] *pl von* **lemma**[1].

lem·ming [ˈlemɪŋ] *s zo.* Lemming *m*.

lem·nis·cate [ˈlemnɪskɪt; lemˈnɪskeɪt; *Am.* lemˈnɪskət] *s math.* Lemnisˈkate *f* (*algebraische Kurve 4. Ordnung, die die Form e-r liegenden Acht hat*).

lem·on [ˈlemən] **I** *s* **1.** Ziˈtrone *f*. **2.** *bot.* Liˈmone *f*, Ziˈtronenbaum *m*. **3.** Ziˈtronengelb *n*. **4.** *sl.* ‚Niete' *f* (*Sache od. Person*). **II** *adj* **5.** Zitronen...: **~ juice (taste, tea,** *etc*). **6.** ziˈtronengelb.

lem·on·ade [ˌleməˈneɪd] *s* Ziˈtronenlimoˌnade *f*.

lem·on| cheese, ~ curd *s Brotaufstrich aus Eigelb, Zucker, Zitronensaft u. Butter.* **~ dab** *s ichth.* Rotzunge *f*. **~ drop** *s* Ziˈtronenbonˌbon *m, n*. **~ so·da** *s Am.* Ziˈtronenlimoˌnade *f*. **~ sole** *s ichth.* (*bes.* Franˈzösische) Seezunge. **~ squash** *s Br. Getränk aus Zitronenkonzentrat u. Wasser.* **~ squeez·er** *s* Ziˈtronenpresse *f*.

lem·on·y [ˈlemənɪ] *adj* **1. → lemon** 5, 6. **2.** *Austral. sl.* ‚sauer' (*verärgert*).

le·mur [ˈliːmə(r)] *s zo.* Halbaffe *m*, *bes.* a) Maki *m*, b) Gemeiner Leˈmur(e).

lem·u·res [ˈlemjʊriːz; *Am. a.* ˈleməˌreɪs] *s pl myth. antiq.* Leˈmuren *pl* (*nachts als Gespenster umherirrende Geister von Verstorbenen*).

lem·u·roid [ˈlemjʊrɔɪd] *zo.* **I** *adj* halbaffenartig. **II** *s* Halbaffe *m*.

lend [lend] *pret u. pp* **lent** [lent] *v/t* **1.** (ver-, aus)leihen: **to ~ s.o. money, to ~ money to s.o.** j-m Geld leihen, an j-n Geld verleihen. **2.** *fig. Würde, Nachdruck, Farbe etc* verleihen (**to** *dat*). **3.** *fig.* leihen, gewähren, schenken: **to ~ one's name to s.th.** s-n Namen hergeben für etwas; **to ~ o.s. to s.th.** a) sich hergeben zu etwas, b) sich e-r Sache hingeben; **to ~ itself to s.th.** sich eignen für *od.* zu etwas; **→ aid** 4, **ear**[1] 3, **hand** 1. **ˈlend·er** *s* Aus-, Verleiher(in), Geld-, Kreˈdit-, Darlehensgeber(in).

ˈlend·ing *s* Aus-, Verleihen *n*, (*e-r Bibliothek*) Leihverkehr *m*, *econ.* Kreˈdit-, Darlehensgewährung *f*: **international ~** internationaler Kreditverkehr. **~ li·brar·y** *s* ˈLeihbücheˌrei *f*.

ˌlend-ˈlease I *s* ˈLeih-ˈPacht-Syˌstem *n*. **II** *v/t* auf Grund *od.* nach Art des Leih-Pacht-Gesetzes verleihen *u.* verpachten. **ˌL~-ˈL~ Act** *s* Leih-Pacht-Gesetz *n* (*von 1941*).

le·nes [ˈleɪneɪz; ˈliːniːz] *pl von* **lenis.**

length [leŋθ; leŋkθ] *s* **1.** Länge *f* (*Dimension*): **~ and breadth; they searched the ~ and breadth of the house** sie durchsuchten das ganze Haus; **an arm's ~** e-e Armlänge; **two feet in ~** 2 Fuß lang; **what ~ is it?** wie lang ist es? **2.** Länge *f*: a) Strecke *f*: **a ~ of three feet,** b) lange Strecke. **3.** *Maß*: a) Bahn *f* (*Stoff, Tapete etc*), b) Stück *n* (*Schnur etc*), c) Abschnitt *m* (*e-r Straße etc*), d) Bahn *f*, Länge *f* (*e-s Schwimmbeckens*). **4.** Länge *f*, ˈUmfang *m* (*e-s Buches, e-r Liste etc*). **5.** (*zeitliche*) Länge: a) Dauer *f* (*a. ling. e-s Lautes*): **of some ~** ziemlich lang, b) lange Dauer. **6.**

sport Länge *f*: **the horse won by a ~** das Pferd gewann mit e-r Länge (Vorsprung). **7.** *metr.* Quanti'tät *f*.
Besondere Redewendungen:
at ~ a) ausführlich, b) endlich, schließlich; **at full ~** a) in allen Einzelheiten, b) der Länge nach; **at great (some) ~** sehr (ziemlich) ausführlich; **to go to great ~s** a) sehr weit gehen, b) sich sehr bemühen; **he went (to) the ~ of asserting** er ging so weit zu behaupten; **to go to all ~s** aufs Ganze gehen; **to go any ~(s) for s.o.** alles tun für j-n; **I wonder what ~(s) he will go to** wie weit er wohl gehen wird?; **I cannot go that ~ with you** darin gehen Sie mir zu weit; **to know the ~ of s.o.'s foot** j-s Schwächen *od.* Grenzen kennen; → **arm**[1] *Bes. Redew.*, **measure** 18.

length·en ['leŋθən; 'leŋkθən] **I** *v/t* **1.** verlängern, länger machen, *Kleidungsstück a.* auslassen. **2.** ausdehnen. **3.** *metr.* lang machen. **4.** *Wein etc* strecken. **II** *v/i* **5.** sich verlängern, länger werden: **his face ~ed** sein Gesicht wurde länger, er machte ein langes Gesicht; **the shadows ~ed** die Schatten wurden länger. **6. ~ out** sich in die Länge ziehen. **'length·en·ing I** *s* Verlängerung *f*. **II** *adj* Verlängerungs...

length·i·ness ['leŋθɪnɪs; 'leŋkθ-] *s* Langatmigkeit *f*.

'length·ways, 'length·wise I *adv* der Länge nach, in der Länge, längs. **II** *adj* Längs...: **~ cut.**

length·y ['leŋθɪ; 'leŋkθɪ] *adj* (*adv* **lengthily**) **1.** sehr lang. **2.** 'übermäßig *od.* ermüdend lang, langatmig. **3.** *colloq.* ‚lang': **a ~ fellow.**

le·ni·en·cy ['liːnjənsɪ; -nɪənsɪ], **'le·ni·ence** *s* Milde *f*, Nachsicht *f*. **'le·ni·ent** *adj* (*adv* **~ly**) mild(e), nachsichtig (**to, toward[s]** gegen'über).

Len·in·ism ['lenɪnɪzəm] *s pol.* Leni'nismus *m*. **'Len·in·ist, 'Len·in·ite I** *s* Leni'nist(in). **II** *adj* leni'nistisch.

le·nis ['leɪnɪs; 'liː-] *ling.* **I** *pl* **le·nes** ['leɪneɪz; 'liːniːz] *s* Lenis *f* (*mit schwachem Druck u. ungespannten Artikulationsorganen gebildeter Verschluß- od. Reibelaut*). **II** *adj* le'niert.

le·ni·tion [lɪ'nɪʃn] *s ling.* Le'nierung *f*, Konso'nantenschwächung *f* (*bes. in den keltischen Sprachen*).

len·i·tive ['lenɪtɪv] **I** *adj* **1.** *med. pharm.* lindernd. **2.** *fig.* besänftigend, beruhigend. **II** *s* **3.** *med. pharm.* Linderungsmittel *n*.

len·i·ty ['lenətɪ] *s* Nachsicht *f*, Milde *f*.

le·no ['liːnəʊ] **I** *pl* **-nos** *s* Li'non *m* (*feinfädiges Leinen- od. Baumwollgewebe in Leinwandbindung*). **II** *adj* Linon...

lens [lenz] *s* **1.** *anat., a. phot. phys.* Linse *f*: **~ aperture** *phot.* Blende *f*; **supplementary ~** Vorsatzlinse. **2.** *phot. phys.* Objek'tiv *n*. **3.** (*einzelnes*) Glas (*e-r Brille*). **4.** Lupe *f*. **5.** *zo.* Sehkeil *m* (*e-s Facettenauges*). **~ hood** → **lens screen. ~ mount** *s phot.* Objek'tivfassung *f*. **~ screen** *s phot.* Gegenlichtblende *f*. **~ tur·ret** *s phot.* Objek'tivre,volver *m*.

lent[1] [lent] *pret u. pp von* **lend.**

Lent[2] [lent] *s* **1.** Fasten(zeit *f*) *pl.* **2.** *pl* Frühjahrsbootsrennen *pl* (*der Universität Cambridge*).

Lent·en, l~ ['lentən] *adj* **1.** Fasten... **2.** *obs. od. poet.* fastenmäßig, karg, mager: **~ fare** fleischlose Kost.

len·tic·u·lar [len'tɪkjʊlə(r)] *adj* **1.** linsenförmig. **2.** *phys.* bikon'vex. **3.** *anat.* Linsen...

len·ti·form ['lentɪfɔː(r)m] *adj* linsenförmig.

len·ti·go [len'taɪgəʊ] *pl* **-'tig·i·nes** [-'tɪdʒɪniːz] *s* **1.** *med.* Len'tigo *f*, Linsenfleck *m*, Muttermal *n*. **2.** Sommersprosse *f*.

len·til ['lentɪl; *bes. Am.* -tl] *s* **1.** *bot.* Linse *f*: **~ soup** Linsensuppe *f*. **2.** *geol.* (Gesteins)Linse *f*.

Lent lil·y *s bot. bes. Br.* Nar'zisse *f*.

len·to ['lentəʊ] *mus.* **I** *adj u. adv* lento, langsam. **II** *pl* **-tos** *s* Lento *n*.

Lent term *s univ. Br.* 'Frühjahrstri,mester *n*.

Lenz's law ['lentsɪz] *s phys.* Lenzsche Regel.

Le·o ['liːəʊ; 'lɪəʊ] *s astr.* Löwe *m*: **to be (a) ~** Löwe sein.

Le·on·i·des [liː'ɒnɪdiːz; lɪ-; *Am.* -'ɑnə-], **Le·o·nids** ['liːəʊnɪdz; 'lɪə-] *s pl astr.* Leo'niden *pl* (*periodischer, zwischen dem 14. u. 19. November auftretender Meteorstrom, dessen Ausgangspunkt im Sternbild Löwe liegt*).

le·o·nine[1] ['liːəʊnaɪn; 'lɪə-] *adj* **1.** Löwen...: **~ head** Löwenhaupt *n*. **2.** *jur.* leo'ninisch: **~ partnership** leoninischer Vertrag.

Le·o·nine[2] ['liːəʊnaɪn; 'lɪə-] *adj*: **~ verse** *metr.* leoninischer Vers.

leop·ard ['lepə(r)d] *s* **1.** *zo.* Leo'pard *m*, Panther *m*: **American ~** Jaguar *m*; **black ~** Schwarzer Panther; **a ~ never changes (*od.* cannot change) its spots** *fig.* der Mensch kann nicht aus s-r Haut heraus. **2.** Leo'pardenfell *n*. **~ cat** *s zo.* Ben'galkatze *f*. **'~'s-bane** *s bot.* Gemswurz *f*.

le·o·tard ['liːəʊtɑː(r)d; 'lɪə-] *s* **1.** Tri'kot *n*. **2.** Gym'nastikanzug *m*.

lep·er ['lepə(r)] *s* **1.** *med.* Leprakranke(r *m*) *f*, Aussätzige(r *m*) *f*: **~ hospital** Leprakrankenhaus *n*. **2.** *fig.* *j-d, der von allen gemieden wird*.

le·pid·o·lite [lɪ'pɪdəlaɪt; 'lepɪdəʊ-] *s min.* Lepido'lith *m*.

lep·i·dop·ter·ist [,lepɪ'dɒptərɪst; *Am.* -'dɑp-] *s* Lepidoptero'loge *m*, Schmetterlingskundler *m*. **,lep·i·dop·ter'ol·o·gist** [-'rɒlədʒɪst; *Am.* -'rɑ-] → **lepidopterist. ,lep·i·dop·ter'ol·o·gy** *s* Lepidopterolo'gie *f*, Schmetterlingskunde *f*. **,lep·i'dop·ter·on** [-rən] *pl* **-ter·a** [-tərə] *s zo.* Schmetterling *m*. **,lep·i'dop·ter·ous** *adj* Schmetterlings...

lep·i·dote ['lepɪdəʊt] *adj biol.* schuppig.

lep·o·rine ['lepəraɪn] *adj zo.* **1.** Hasen... **2.** hasenartig.

lep·re·chaun ['leprəkɔːn; *Am. a.* -,kɑːn] *s Ir.* Kobold *m*.

lep·ro·sar·i·um [,leprə'seərɪəm] *pl* **-i·a** [-ɪə] *s* Lepro'sorium *n* (*Spezialklinik für Leprakranke*).

lep·rose ['leprəʊs; -z] *adj biol.* schuppig.

lep·ro·sy ['leprəsɪ] *s* **1.** *med.* Lepra *f*, Aussatz *m*. **2.** *fig.* verderblicher Einfluß. **'lep·rous** *adj* **1.** *med.* le'pros, le'prös: a) Lepra..., b) leprakrank, aussätzig. **2.** *fig.* verderbt, verdorben: **a ~ character.**

lep·ta ['leptə; *Am. a.* lep'tɑː] *pl von* **lepton**[1].

lep·to·dac·ty·lous [,leptəʊ'dæktɪləs] *adj zo.* schmalzehig.

lep·ton[1] ['leptɒn; *Am.* lep'tɑn; 'lep,tɑn] *pl* **-ta** ['leptə; *Am. a.* lep'tɑː] *s* Lep'ton *n* (*griechische Münze*).

lep·ton[2] ['leptɒn; *Am.* -,tɑn] *s phys.* Lep'ton *n* (*Elementarteilchen, das keiner starken Wechselwirkung unterworfen ist*).

Le·pus ['liːpəs; 'lepəs] *s astr.* Hase *m* (*Sternbild*).

les·bi·an ['lezbɪən] **I** *adj* **1. L~** lesbisch, von Lesbos. **2.** lesbisch: **~ love. 3.** e'rotisch: **~ novels. II** *s* **4.** Lesbierin *f*. **'Les·bi·an·ism** *s* Lesbia'nismus *m*, lesbische Liebe.

lèse ma·jes·té [,leɪz'mæʒesteɪ], **lese maj·es·ty** [,liːz'mædʒɪstɪ] *s* **1.** Maje'stätsbeleidigung *f* (*a. fig.*). **2.** Hochverrat *m*.

le·sion ['liːʒn] *s* **1.** *med.* a) Verletzung *f*, Wunde *f*, b) Läsi'on *f* (*Funktionsstörung e-s Organs od. Körperteils*). **2.** *jur.* Schädigung *f*.

less [les] **I** *adv* (*comp von* **little**) **1.** weniger, in geringerem Maß *od.* Grad: **~ known** weniger bekannt; **~ and ~** immer weniger; **still (*od.* much) ~** noch viel weniger, geschweige denn; **the ~ so as** (dies) um so weniger, als; **~ than smooth** alles andere als glatt; **we expected nothing ~ than** wir erwarteten alles eher als; → **none** *Bes. Redew.* **II** *adj* (*comp von* **little**) **2.** geringer, kleiner, weniger: **in a ~ degree** in geringerem Grad *od.* Maß; **of ~ value** von geringerem Wert; **he has ~ money** er hat weniger Geld; **in ~ time** in kürzerer Zeit; **no ~ a man than Churchill** kein Geringerer als Churchill. **3.** jünger (*obs. außer in*): **James the L~** *Bibl.* Jakobus der Jüngere. **III** *s* **4.** weniger, eine kleinere Menge *od.* Zahl, ein geringeres (Aus)Maß: **~ is sometimes more** weniger ist manchmal mehr; **it was ~ than five dollars** es kostete weniger als 5 Dollar; **in ~ than no time** im Nu; **to do with ~** mit weniger auskommen; **for ~** billiger; **little ~ than robbery** so gut wie *od.* schon fast Raub; **no ~ than** nicht weniger als; **nothing ~ than** a) zumindest, b) geradezu. **IV** *prep* **5.** weniger, minus: **five ~ two**; **~ interest** abzüglich (der) Zinsen. **6.** ausgenommen.

-less [lɪs] *Wortelement mit der Bedeutung* **1.** ...los, ohne: → **childless**, *etc.* **2.** nicht zu ...: → **countless**, *etc.*

les·see [le'siː] *s jur.* a) Pächter(in), Mieter(in), b) Leasingnehmer(in).

less·en ['lesn] **I** *v/i* **1.** sich vermindern *od.* verringern, abnehmen, geringer *od.* kleiner werden. **II** *v/t* **2.** vermindern, -ringern, her'absetzen, verkleinern. **3.** *fig.* a) her'absetzen, schmälern, b) bagatelli'sieren.

less·er ['lesə(r)] *adj* (*nur attr*) **1.** kleiner, geringer: → **evil** 5. **2.** unbedeutender (*von zweien*): **~ wife** Nebenfrau *f*.

les·son ['lesn] **I** *s* **1.** Lekti'on *f*, Übungsstück *n*. **2.** (Haus)Aufgabe *f*. **3.** a) (Lehr-, 'Unterrichts)Stunde *f*: **an English ~** e-e Englischstunde, b) *pl* 'Unterricht *m*, Stunden *pl*: **to give ~s** Unterricht erteilen, unterrichten, Stunden geben; **to take ~s from s.o.** Stunden *od.* Unterricht bei j-m nehmen; **~s in French** Französischunterricht. **4.** *fig.* Lehre *f*: **this was a ~ to me** das war mir e-e Lehre; **let this be a ~ to you** laß dir das zur Lehre *od.* Warnung dienen. **5.** *fig.* Lekti'on *f*, Denkzettel *m*: **he has learnt his ~** er hat s-e Lektion gelernt; → **teach** 2. **6.** *relig.* (zu verlesender) (Bibel)Text. **II** *v/t* **7.** *j-m* 'Unterricht erteilen, *j-n* unter'richten, *j-n* unter'weisen (**in** in *dat*). **8.** *fig. j-m* e-n Denkzettel geben, *j-m* e-e Lekti'on erteilen.

les·sor [le'sɔː(r)] *s jur.* a) Verpächter(in), Vermieter(in), b) Leasinggeber(in).

lest [lest] *conj* **1.** (*meist mit folgendem* **should** *konstruiert*) daß *od.* da'mit nicht; aus Furcht, daß: **he ran away ~ he should be seen** er lief davon, um nicht gesehen zu werden. **2.** (*nach Ausdrücken des Befürchtens*) daß: **there is danger ~ the plan become known.**

let[1] [let] **I** *s* **1.** *Br.* a) Vermieten *n*, Vermietung *f*, b) 'Mietob,jekt *n*: **he is looking for a ~ in London** er will in London e-e Wohnung *od.* ein Haus mieten, er sucht in London e-e Wohnung *od.* ein Haus, c) *colloq.* Mieter(in): **they can't find a ~ for their flat.**

II *v/t pret u. pp* **let 2.** lassen, *j-m* erlauben: **~ him talk** laß ihn reden; **~ me help you** lassen Sie sich (von mir) helfen; **he ~ himself be deceived** er ließ sich täuschen; **to ~ s.o. know** j-n wissen lassen, j-m Bescheid geben; **to ~ into** a) (her)einlassen in (*acc*), b) *j-n* einweihen in *ein Geheimnis*, c) *ein Stück Stoff etc* einsetzen in (*acc*); **to ~ s.o. off a penalty** j-m e-e Strafe erlassen; **to ~ s.o. off a promise** j-n von e-m Versprechen entbinden. **3.** *bes. Br.* vermieten, -pachten (**to** an *acc*; **for** auf *ein Jahr etc*): **"to ~"** „zu vermieten". **4.** *e-e Arbeit etc* vergeben (**to** an *acc*).

III *v/aux* **5.** lassen, mögen, sollen (*zur Umschreibung des Imperativs der 1. u. 3. Person, von Befehlen etc*): **~ us go! Yes, ~'s!** gehen wir! Ja, gehen wir! (*od.* Ja, einverstanden!); **~ us pray** lasset uns beten; **~ him go there at once!** er soll sofort hingehen!; (**just**) **~ them try** sie sollen es nur versuchen; **~ A be equal to B** nehmen wir an, A ist gleich B.

IV *v/i* **6.** *bes. Br.* vermietet *od.* verpachtet werden (**at, for** für). **7.** sich *gut etc* vermieten *od.* verpachten lassen. **8. ~ into** ˈherfallen über *j-n*.

Besondere Redewendungen:
~ alone a) geschweige denn, ganz zu schweigen von, b) → **let alone**; **to ~ be** a) *etwas* seinlassen, die Finger lassen von, b) *j-n, etwas* in Ruhe lassen; **to ~ drive at s.o.** auf j-n losschlagen *od.* -feuern; **to ~ fall** a) fallen lassen, b) *fig. e-e Bemerkung etc* fallenlassen, c) *math. e-e Senkrechte* fällen (**on, upon** auf *acc*); **to ~ fly** a) *etwas* abschießen, b) *fig. etwas* loslassen, vom Stapel lassen, c) schießen (**at** auf *acc*), d) *fig.* grob werden, vom Leder ziehen (**at** gegen); **to ~ go** loslassen; **to ~ s.th. go, to ~ go of s.th.** etwas loslassen; **to ~ o.s. go** a) sich gehenlassen, b) aus sich herausgehen; **~ it go at that** laß es dabei bewenden; **don't ~ it go any further** erzählen Sie es nicht weiter; → **loose** 1, **slip**[1] 15, *etc.*

Verbindungen mit Adverbien:
let| a·lone *v/t* a) *etwas* seinlassen, die Finger lassen von, b) *j-n, etwas* in Ruhe lassen: → **let**[1] *Bes. Redew.*, **severely** 1, **well**[1] 18. **~ by** *v/t* vorˈbeilassen. **~ down I** *v/t* **1.** herˈunter-, hinˈunterlassen: **to let s.o. down gently** *fig.* mit j-m glimpflich verfahren; → **hair** *Bes. Redew.* **2.** *Kleidungsstück* auslassen. **3.** die Luft lassen aus: **to ~ a tyre. 4.** verdünnen. **5.** a) *j-n* im Stich lassen, b) enttäuschen. **II** *v/i* **6.** *Am.* nachlassen: **to ~ in one's efforts. 7.** *aer. Am.* herˈuntergehen, zur Landung ansetzen. **~ in** *v/t* **1.** (her-, hin)ˈeinlassen, *Wasser etc* ˈdurchlassen: **to let s.o. in; to ~ light; to let o.s. in** (aufsperren *od.* die Tür aufmachen u.) hineingehen; **it would ~ all sorts of evils** es würde allen möglichen Übeln Tür u. Tor öffnen. **2.** *ein Stück etc* einlassen, -setzen. **3.** *Kleidungsstück* enger machen. **4.** *j-n* einweihen (**on** in *acc*). **5.** in Schwierigkeiten bringen: **to let s.o. in for s.th.** j-m etwas aufhalsen *od.* einbrocken; **to let o.s. in for s.th.** sich etwas aufhalsen lassen *od.* einbrocken, sich auf etwas einlassen. **~ off** *v/t* **1.** *ein Feuerwerk* abbrennen, *e-e Dynamitladung etc* zur Exploˈsion bringen, *ein Gewehr etc* abfeuern. **2.** *Gase etc* ablassen: → **steam** 1. **3.** *j-n* aussteigen lassen, absetzen. **4.** *fig. e-n Witz etc* vom Stapel lassen. **5.** *j-n* laufenlassen, *mit e-r Geldstrafe etc* daˈvonkommen lassen: **to let s.o. off with a fine. 6.** *j-n* gehenlassen, entlassen. **~ on** *colloq.* **I** *v/i* **1.** ‚plaudern' (*ein Geheimnis verraten*): **don't ~!** halt den Mund!, nichts verraten (**about** von)! **2.** sich etwas anmerken lassen (**about** von; was ... anbetrifft). **3.** so tun als ob. **II** *v/t* **4.** zugeben (**that** daß): **he knows more than he lets on. 5.** vorgeben: **he's not half as ill as he lets on. 6.** ‚ausplaudern', verraten (**that** daß). **7.** sich anmerken lassen (**that** daß). **~ out I** *v/t* **1.** herˈaus-, hinˈauslassen (**of** aus): **to let o.s. out** (aufsperren *od.* die Tür aufmachen u.) hinausgehen; **to let the air out of a tire** (*bes. Br.* **tyre**) die Luft aus e-m Reifen lassen. **2.** *ein Kleidungsstück* auslassen. **3.** *e-n Schrei etc* ausstoßen. **4.** *ein Geheimnis* ‚ausplaudern', verraten. **5.** *colloq. j-n* aus dem Spiel lassen, verschonen: **to let s.o. out of doing s.th.** es j-m erlassen, etwas zu tun. **6.** → **let**[1] 3, 4. **II** *v/i* **7.** ˈherfallen (**at** über *acc*) (*a. mit Worten*). **~ through** *v/t* ˈdurchlassen. **~ up** *v/i colloq.* **1.** a) nachlassen, b) aufhören. **2.** (**on**) weniger streng sein (mit), nachsichtiger sein (gegen).

let[2] [let] *s* **1.** *bes. Tennis*: Let *n*, Netzaufschlag *m*. **2.** Hindernis *n* (*obs. außer in*): **without ~ or hindrance** völlig unbehindert.

ˈlet|·down *s* **1.** Enttäuschung *f*. **2.** *aer. Am.* Herˈuntergehen *n*.

le·thal [ˈliːθl] **I** *adj* **1.** tödlich, leˈtal: **~ dosis** tödliche Dosis; **~ injection** *jur. Am.* Todesspritze *f*. **2.** Todes...: **~ chamber** Todeskammer *f*. **II** *s* → **lethal factor. ~ fac·tor, ~ gene** *s biol.* Leˈtalfaktor *m*.

le·thar·gic [leˈθɑː(r)dʒɪk; lɪ-] *adj*; **leˈthar·gi·cal** [-kl] *adj* (*adv* **~ly**) leˈthargisch: a) teilnahmslos, träg(e), stumpf, b) *med.* schlafsüchtig. **leth·ar·gy** [ˈleθə(r)dʒɪ] *s* Letharˈgie *f*: a) Teilnahmslosigkeit *f*, Trägheit *f*, Stumpfheit *f*, b) *med.* Schlafsucht *f*.

Le·the [ˈliːθiː; -θɪ] *s* **1.** Lethe *f* (*Fluß des Vergessens im Hades*). **2.** *poet.* Vergessen(heit *f*) *n*.

let's [lets] *colloq. für* **let us**.

Lett [let] *s* **1.** Lette *m*, Lettin *f*. **2.** *ling.* Lettisch *n*, das Lettische.

let·ter[1] [ˈletə(r)] **I** *s* **1.** Buchstabe *m* (*a. fig. buchstäblicher Sinn*): **to the ~** a) wortwörtlich, buchstäblich, b) *fig.* peinlich genau; **the ~ of the law** der Buchstabe des Gesetzes; **in ~ and in spirit** dem Buchstaben u. dem Sinne nach. **2.** Brief *m*, Schreiben *n* (**to** an *acc*): **by ~** brieflich, schriftlich; **last ~** Abschiedsbrief; **~ of application** Bewerbungsschreiben; **~ of introduction** Einführungsschreiben; **~ of thanks** Dank(es)brief, Dankschreiben. **3.** *meist pl* (amtlicher) Brief, Urkunde *f*: **~s of administration** *jur.* Nachlaßverwalterzeugnis *n*; **~ of attorney** *jur.* Vollmacht(surkunde) *f*; **~s of credence, ~s credential** *pol.* Beglaubigungsschreiben *n*; **~ of credit** *econ.* Akkreditiv *n*; **~s patent** a) (Adels- *etc*) Patent *n*, b) *jur.* Patenturkunde; **~s testamentary** *jur. Am.* Testamentsvollstreckerzeugnis *n*. **4.** *print.* a) Letter *f*, Type *f*, b) *collect.* Lettern *pl*, Typen *pl*, c) Schrift(art) *f*. **5.** *pl* (*a. als sg konstruiert*) a) (schöne) Literaˈtur, b) Bildung *f*, c) Wissenschaft *f*: **man of ~s** Literat *m*; Gelehrte(r) *m*. **6.** *ped. univ. Am. Abzeichen mit den Initialen e-r Schule etc, das bes. für herausragende sportliche Leistungen verliehen wird.*

II *v/t* **7.** beschriften. **8.** mit Buchstaben bezeichnen. **9.** *ein Buch* am Rand mit den Buchstaben (*des Alphabets als Daumenindex*) versehen.

let·ter[2] [ˈletə(r)] *s bes. Br.* Vermieter(in), Verpächter(in).

let·ter| bag *s* Briefbeutel *m*, -sack *m*. **~ bomb** *s* Briefbombe *f*. **~ book** *s* Briefordner *m* (*für Kopien*). **~ box** *s bes. Br.* Briefkasten *m*. **~ card** *s Br.* Kartenbrief *m*. **~ car·ri·er** *s Am.* Briefträger *m*. **~ case** *s* **1.** Briefmappe *f*. **2.** *print.* Setzkasten *m*. **~ drop** *s* Briefeinwurf *m*.

let·tered [ˈletə(r)d] *adj* **1.** (liteˈrarisch) gebildet. **2.** gelehrt: a) stuˈdiert, b) wissenschaftlich. **3.** liteˈrarisch. **4.** beschriftet.

let·ter| file *s* Briefordner *m*. **~ found·er** *s print.* Schriftgießer *m*. **~ found·ry** *s print.* Schriftgießeˈrei *f*.

let·ter·gram [ˈletərˌgræm] *s Am.* ˈBrieftele͵gramm *n*.

ˈlet·ter·head *s* **1.** (gedruckter) Briefkopf. **2.** Kopfbogen *m*.

let·ter·ing [ˈletərɪŋ] *s* **1.** Beschriften *n*: **~ pen** Tuschfeder *f*. **2.** Beschriftung *f*. **3.** Buchstaben *pl*.

let·ter| lock *s* Buchstabenschloß *n*. **ˈ~·man** [-ˌmæn; -mən] *s irr ped. univ. Am. Schüler od. Student, der für herausragende sportliche Leistungen ein Abzeichen mit den Initialen s-r Schule etc verliehen bekommen hat.* **~·o·pen·er** *s* Brieföffner *m*. **~·pa·per** *s* ˈBriefpaˌpier *n*. **ˌ~-ˈper·fect** *adj bes. Am.* **1.** textsicher (*Redner, Schauspieler etc*). **2.** perˈfekt auswendig gelernt (*Text etc*). **ˈ~·press** *s* **1.** ˈBriefkoˌpierpresse *f*. **2.** *print. bes. Br.* (Druck)Text *m*. **3.** *print.* Hoch-, Buchdruck *m*. **~ scales** *s pl* Briefwaage *f*. **~ tel·e·gram** *s* ˈBrieftele͵gramm *n*. **ˈ~·weight** *s* Briefbeschwerer *m*. **ˈ~·wood** *s bot.* Buchstabenholz *n*. **~ wor·ship** *s* Buchstabengläubigkeit *f*. **~ writ·er** *s* **1.** Briefschreiber(in). **2.** *hist.* Briefsteller(in).

Let·tic [ˈletɪk] → **Lettish**.

let·ting [ˈletɪŋ] *s bes. Br.* **1.** Vermieten *n*, Verpachten *n*. **2.** ˈMietobˌjekt *n*.

Let·tish [ˈletɪʃ] **I** *adj* lettisch. **II** *s ling.* Lettisch *n*, das Lettische.

let·tuce [ˈletɪs] *s bot.* (*bes.* Garten)Lattich *m*, (*bes.* ˈKopf)Saˌlat *m*. **~ bird** *s orn. Am.* Goldzeisig *m*.

ˈlet·up *s colloq.* a) Nachlassen *n*, b) Aufhören *n*.

leu [ˈleɪuː; ləʊ] *pl* **lei** [ˈleɪiː; leɪ] *s* Leu *m* (*rumänische Währungseinheit*).

leu·c(a)e·mi·a → **leuk(a)emia**.

leu·co·base [ˈljuːkəʊbeɪs; *bes. Am.* ˈluː-] *s chem.* Leukoˈbase *f* (*meist farblose Verbindung mit basischen Eigenschaften, die bei der Reduktion bestimmter Farbstoffe entsteht*).

leu·co·cyte [ˈljuːkəʊsaɪt; *bes. Am.* ˈluː-] *s med.* Leukoˈzyt *m*, weißes Blutkörperchen.

leu·co·cy·to·sis [ˌljuːkəʊsaɪˈtəʊsɪs; *bes. Am.* ˌluː-] *s med.* Leukozyˈtose *f* (*deutliche Vermehrung der weißen Blutkörperchen bei entzündlichen u. infektiösen Erkrankungen*).

leu·co·ma [ljuːˈkəʊmə; *bes. Am.* luː-] *s med.* Leuˈkom *n* (*weiße Trübung der Hornhaut des Auges durch e-e Narbe*).

leu·co·plast [ˈljuːkəplæst; *bes. Am.* ˈluː-] *s bot.* Leukoˈplast *m* (*in Knollen, Wurzeln etc vorkommender, meist Stärke bildender u. speichernder Bestandteil der pflanzlichen Zelle*).

leu·cor·rh(o)e·a [ˌljuːkəˈriːə; *bes. Am.* ˌluː-] *s med.* Leukorˈrhö(e) *f*, Weißfluß *m*. **ˌleu·corˈrh(o)e·al** *adj* leukorˈrhöisch.

leu·co·sis [ljuːˈkəʊsɪs; *bes. Am.* luː-] *s* **1.** *med.* Leuˈkose *f*, Leukäˈmie *f*. **2.** *vet.* Geˈflügelleukäˌmie *f*.

leu·co·tome [ˈljuːkətəʊm; *bes. Am.* ˈluː-] *s med.* Leukoˈtom *n* (*bei der Leukotomie verwendetes Messer*). **leu·cot·o·my** [ljuːˈkɒtəmɪ; *Am.* luːˈkɑ-] *s* Leukotoˈmie *f*, Lobotoˈmie *f* (*Durchtrennung der Nervenbahnen zwischen Stirnhirn u. anderen Hirnteilen zur Behandlung von Geisteskrankheiten*).

leu·k(a)e·mi·a [ljuːˈkiːmɪə; *bes. Am.* luː-] *s med.* Leukäˈmie *f*. **leuˈk(a)e·mic I** *adj* leuˈkämisch. **II** *s* Leukäˈmiekranke(r *m*) *f*.

leu·ko·cyte, leu·ko·cy·to·sis, leu·ko·ma, leu·kor·rhe·a, leu·kor·rhe·al, leu·ko·sis *bes. Am.* → **leucocyte, leucocytosis**, *etc.*

Le·vant[1] [lɪˈvænt] *s* **1.** Leˈvante *f* (*die*

Länder um das östliche Mittelmeer). **2.** *obs.* Morgenland *n*, Orient *m*. **3.** l~ → **Levanter** 2. **4.** l~, *a.* l~ **morocco** feines Saffianleder.

le·vant[2] [lɪˈvænt] *v/i Br.* ‚sich aus dem Staub machen' (*bes. Schuldner*).

Le·vant·er [lɪˈvæntə(r)] *s* **1.** Levanˈtiner(in). **2.** *meist* l~ starker Südˈostwind (*im Mittelmeer*).

Le·van·tine [ˈlevəntaɪn; -tiːn; lɪˈvæn-] **I** *s* Levanˈtiner(in). **II** *adj* levanˈtinisch.

lev·ee[1] [ˈlevɪ; *Br. a.* ləˈviː] **I** *s* **1.** (Ufer-, Schutz)Damm *m*, (Fluß)Deich *m*. **2.** Lande-, Anlegeplatz *m*. **II** *v/t* **3.** eindämmen.

lev·ee[2] [ˈlevɪ; *Br. a.* ˈleveɪ; *Am. a.* ləˈviː] *s* **1.** *hist.* Leˈver *n*, Morgenempfang *m* (*e-s Fürsten*). **2.** a) (*in England*) *Nachmittagsaudienz am Hof für Männer*, b) (*in USA*) *Empfang beim Präsidenten*, c) *allg.* Empfang *m*.

lev·ée en masse [ləˌveɪɑ̃ːŋˈmæs] *s mil.* Volksaufgebot *n*.

lev·el [ˈlevl] **I** *s* **1.** *tech.* Liˈbelle *f*, Wasserwaage *f*. **2.** *surv. tech.* a) Nivelˈlierinstruˌment *n*, b) Höhen-, Niˈveaumessung *f*. **3.** Ebene *f* (*a. geogr.*), ebene Fläche. **4.** Horizonˈtalebene *f*, Horizonˈtale *f*, Waag(e)rechte *f*. **5.** Höhe *f* (*a. geogr.*), (*Wasser- etc*)Spiegel *m*, (-)Stand *m*, (-)Pegel *m*: ~ **of sound** Geräuschpegel, Tonstärke *f*; **to be on a** ~ **with** a) auf gleicher Höhe sein mit, b) genauso hoch sein wie (→ 6); **on the** ~ *colloq.* ‚in Ordnung', ehrlich, anständig. **6.** *fig.* (*a. geistiges*) Niˈveau, Stand *m*, Grad *m*, Stufe *f*: ~ **of employment** Beschäftigungsstand; **high** ~ **of technical skill** hohes technisches Niveau; **low production** ~ niedriger Produktionsstand; **to put o.s. on the** ~ **of others** sich auf das Niveau anderer Leute begeben; **to sink to the** ~ **of cut-throat practices** auf das Niveau von Halsabschneidern absinken; **to find one's (own)** ~ s-n Platz finden (*an den man gehört*); **to be on a** ~ **with** auf dem gleichen Niveau *od.* auf der gleichen Stufe stehen wie (→ 5). **7.** (*politische etc*) Ebene: **at government** ~ auf Regierungsebene; **a conference on the highest** ~ e-e Konferenz auf höchster Ebene; **on a ministerial** ~ auf Ministerebene. **8.** *Bergbau:* a) Sohle *f*, b) Sohlenstrecke *f*.

II *adj* (*adv* ~**ly**) **9.** eben: **a** ~ **road; a** ~ **teaspoon** ein gestrichener Teelöffel (-voll). **10.** waag(e)recht, horizonˈtal. **11.** gleich (*a. fig.*): ~ **crossing** *Br.* schienengleicher (Bahn)Übergang; **it was** ~ **pegging between them** *sport etc Br. colloq.* sie lagen gleichauf; **to be on** ~ **points** *sport etc* punktgleich sein; **to be** ~ **with** a) auf gleicher Höhe sein mit, b) genauso hoch sein wie, c) *fig.* auf dem gleichen Niveau *od.* auf der gleichen Stufe stehen wie; **to make** ~ **with the ground** dem Erdboden gleichmachen; **to draw** ~ **with s.o.** j-n einholen. **12.** a) gleichmäßig: ~ **stress** *ling.* schwebende Betonung, b) ausgeglichen: **a** ~ **race**. **13. to do one's** ~ **best** sein möglichstes tun. **14.** gleichbleibend: ~ **temperature**. **15.** vernünftig. **16.** ruhig: **to have (keep) a** ~ **head** e-n kühlen Kopf haben (bewahren), sich nicht aus der Ruhe bringen lassen; **to give s.o. a** ~ **look** j-n ruhig *od.* fest anschauen.

III *v/t pret u. pp* **-eled,** *bes. Br.* **-elled** **17.** a) *a.* ~ **off** (ein)ebnen, plaˈnieren, b) *a.* ~ **to** (*od.* **with**) **the ground** dem Erdboden gleichmachen: **to** ~ **a city**. **18.** *j-n* zu Boden schlagen. **19.** *a.* ~ **off** (*od.* **out**) *fig.* a) gleichmachen, nivelˈlieren: **to** ~ **the score** *sport* ausgleichen, b) *Unterschiede* beseitigen, ausgleichen. **20.** a) *e-e Waffe* richten, *das Gewehr* anlegen (**at** auf *acc*): **to** ~ **one's rifle at s.o.** auf j-n anlegen, b) *fig.* (**at, against**) *Anschuldigungen* erheben (gegen), *Kritik* üben (an *dat*): **his criticism was** ~ **(l)led against me** s-e Kritik richtete sich gegen mich. **21.** *surv.* nivelˈlieren.

IV *v/i* **22.** die Waffe richten, (das Gewehr) anlegen (**at** auf *acc*). **23.** ~ **with** *colloq.* offen reden mit, ehrlich sein zu.

Verbindungen mit Adverbien:

lev·el| down *v/t* **1.** nach unten ausgleichen. **2.** *fig.* auf ein tieferes Niˈveau herˈabdrücken, *Preise, Löhne etc* drükken, herˈabsetzen. ~ **off I** *v/t* **1.** → **level** 17 a, 19. **2.** *ein Flugzeug* abfangen. **II** *v/i* **3.** flach werden *od.* auslaufen (*Gelände etc*). **4.** a) das Flugzeug abfangen, b) sich fangen (*Flugzeug*). **5.** *fig.* sich stabiliˈsieren, sich einpendeln (**at** bei). ~ **out I** *v/t* **1.** → **level** 19. **2.** → **level off** 2. **II** *v/i* → **level off** II. ~ **up** *v/t* **1.** nach oben ausgleichen. **2.** *fig.* auf ein höheres Niˈveau bringen, *Preise, Löhne etc* hinˈaufschrauben.

lev·el·er, *bes. Br.* **lev·el·ler** [ˈlevlə(r)] *s* **1.** a) Plaˈnierer *m*, b) Plaˈniergerät *n*. **2.** a) *oft contp.* Gleichmacher *m*, b) **Leveller** *hist.* Leveller *m* (*Angehöriger e-r radikalen demokratischen Gruppe zur Zeit Cromwells, die vollkommene bürgerliche u. religiöse Freiheit anstrebte*), c) ‚Gleichmacher' *m* (*Faktor, der soziale Unterschiede ausgleicht*).

ˌlev·el-ˈhead·ed *adj* (*adv* ~**ly**) vernünftig.

lev·el·ing| rod, *bes. Br.* **lev·el·ling| rod** *s surv.* Nivelˈlierlatte *f*, -stab *m*. ~ **screw** *s tech.* Nivelˈlier-, Fußschraube *f*.

lev·el·ler, lev·el·ling rod *etc bes. Br. für* **leveler, leveling rod** *etc.*

le·ver [ˈliːvə(r); *Am. a.* ˈlevər] **I** *s* **1.** *phys. tech.* Hebel *m*: ~ **of the first order** (*od.* **kind**) zweiarmiger Hebel; ~ **of the second order** (*od.* **kind**) einarmiger Hebel; ~ **key** *electr.* Kippschalter *m*; ~ **ratio** → **leverage** 1 a; ~ **switch** Hebel-, Griffschalter *m*. **2.** *tech.* a) Hebebaum *m*, Brechstange *f*, b) Schwengel *m* (*e-r Pumpe etc*), c) Anker *m* (*e-r Uhr*): ~ **escapement** Ankerhemmung *f*; ~ **watch** Ankeruhr *f*, d) (Kammer)Stengel *m* (*e-s Gewehrschlosses*), e) *a.* ~ **tumbler** Zuhaltung *f*. **3.** *fig.* Druckmittel *n*. **II** *v/t* **4.** hebeln, stemmen: **to** ~ **out (of)** a) herausstemmen (aus), b) *fig. j-n* verdrängen (aus).

le·ver·age [ˈliːvərɪdʒ; *Am. a.* ˈlev-] *s* **1.** *tech.* a) ˈHebelüberˌsetzung *f*, b) Hebelkraft *f*, -wirkung *f*. **2.** *fig.* Macht *f*, Einfluß *m*: **to have the better** ~ am längeren Hebel sitzen. **3.** *econ.* Kapiˈtalanlage *f* mit geborgten Mitteln.

lev·er·et [ˈlevərɪt; -vrɪt] *s zo.* junger Hase (*im ersten Jahr*), Häs-chen *n*.

le·vi·a·than [lɪˈvaɪəθn] *s* **1.** *Bibl.* Leviˈat(h)an *m* (*ein drachenartiges Meerungeheuer*). **2.** riesiges Meerestier (*bes. Wal*). **3.** *fig.* Ungetüm *n*, Koˈloß *m*, Riese *m* (*bes. Schiff*).

lev·i·gate [ˈlevɪgeɪt] **I** *v/t* **1.** pulveriˈsieren, (*a.* zu e-r Paste) verreiben. **2.** *chem.* homogeniˈsieren. **II** *adj* [*a.* -gət] **3.** *bes. bot.* glatt.

lev·in [ˈlevɪn] *s obs.* Blitz(strahl) *m*.

lev·i·rate [ˈliːvɪrɪt; ˈlev-; -reɪt] *s* Leviˈrat *n*, Leviˈratsehe *f*.

lev·i·tate [ˈlevɪteɪt] **I** *v/t* **1.** frei schweben lassen, (*Parapsychologie*) leviˈtieren. **2.** *med. e-n Patienten* auf Luftkissen betten. **II** *v/i* **3.** frei schweben, (*Parapsychologie*) leviˈtieren. **ˌlev·iˈta·tion** *s* **1.** a) freies Schweben, (*Parapsychologie*) Levitatiˈon *f*, b) freies Schwebenlassen, (*Parapsychologie*) Levitatiˈon *f*. **3.** *psych.* Levitatiˈon *f* (*subjektives Erleben des freien Schwebens im Raum*).

Le·vite [ˈliːvaɪt] *s Bibl.* Leˈvit *m* (*jüdischer Tempeldiener aus dem Stamm Levi*). **Le·vit·ic** [lɪˈvɪtɪk] *adj*; **Leˈvit·i·cal** *adj* (*adv* ~**ly**) leˈvitisch.

Le·vit·i·cus [lɪˈvɪtɪkəs] *s Bibl.* Leˈvitikus *m*, 3. Buch *n* Mose.

lev·i·ty [ˈlevətɪ] *s* Leichtfertigkeit *f*: **with** ~ leichtfertig.

le·vo·gy·ra·tion, *etc Am.* → **laevogyration,** *etc.*

lev·u·lose *bes. Am.* → **laevulose**.

lev·y [ˈlevɪ] **I** *s* **1.** *econ.* a) Erhebung *f* (*e-r Steuer etc*), b) Einziehung *f*, Eintreibung *f* (*e-r Steuer etc*). **2.** *econ.* Steuer *f*, Abgabe *f*. **3.** Beitrag *m*, ˈUmlage *f*. **4.** *jur.* Pfändung *f* (*auf Grund e-s Vollstreckungstitels*). **5.** *mil.* a) Aushebung *f* (*von Truppen*), b) *a. pl* ausgehobene Truppen *pl*, Aufgebot *n*. **II** *v/t* **6.** *Steuern etc* a) erheben, b) legen (**on** auf *acc*), auferlegen (**on** *dat*): **to** ~ **a tax on s.th.** etwas besteuern. **7.** *jur. e-e Zwangsvollstrekkung* ˈdurchführen (**against** bei *j-m*): → **execution** 3 f. **8. to** ~ **blackmail on s.o.** j-n erpressen. **9.** *mil.* a) *Truppen* ausheben, b) *e-n Krieg* beginnen *od.* führen (**on** gegen). **III** *v/i* **10.** Steuern erheben: **to** ~ **on land** Landbesitz besteuern.

lev·y en masse [ˌlevɪɑ̃ːŋˈmæs] *s mil.* Volksaufgebot *n*.

lewd [luːd; *Br. a.* ljuːd] *adj* (*adv* ~**ly**) **1.** geil, lüstern. **2.** unanständig, obˈszön. **3.** *Bibl.* sündhaft, böse. **4.** *obs.* ungebildet. **ˈlewd·ness** *s* **1.** Geilheit *f*, Lüsternheit *f*. **2.** Unanständigkeit *f*, Obszöniˈtät *f*.

lex [leks] *pl* **le·ges** [ˈliːdʒiːz] (*Lat.*) *s* **1.** Gesetz *n*, Lex *f*. **2.** Recht *n*.

lex·eme [ˈleksiːm] *s ling.* Leˈxem *n* (*Einheit des Wortschatzes, die die begriffliche Bedeutung trägt*).

lex·i·cal [ˈleksɪkl] *adj* (*adv* ~**ly**) lexiˈkalisch: a) *das Lexikon betreffend*; *in der Art e-s Lexikons*, b) *den Wortschatz betreffend.* ~ **mean·ing** *s ling.* Stammbedeutung *f*.

lex·i·cog·ra·pher [ˌleksɪˈkɒgrəfə(r); *Am.* -ˈkɑ-] *s* Lexikoˈgraph(in). **ˌlex·i·coˈgraph·ic** [-kəʊˈgræfɪk] *adj*; **ˌlex·i·coˈgraph·i·cal** [-kl] *adj* (*adv* ~**ly**) lexikoˈgraphisch. **ˌlex·iˈcog·ra·phy** [-ˈkɒgrəfɪ; *Am.* -ˈkɑ-] *s* Lexikograˈphie *f* (*Lehre von den Wörterbüchern, ihrer Zs.-stellung u. Abfassung*).

lex·i·co·log·ic [ˌleksɪkəʊˈlɒdʒɪk; *Am.* -ˈlɑ-] *adj*; **ˌlex·i·coˈlog·i·cal** [-kl] *adj* (*adv* ~**ly**) *ling.* lexikoˈlogisch. **ˌlex·iˈcol·o·gist** [-ˈkɒlədʒɪst; *Am.* -ˈkɑ-] *s* Lexikoˈloge *m*. **ˌlex·iˈcol·o·gy** *s* Lexikoloˈgie *f* (*Lehre vom Wortschatz, von der Erforschung u. Beschreibung s-r Struktur*).

lex·i·con [ˈleksɪkən; *Am. a.* -səˌkɑn] *s* **1.** Lexikon *n*. **2.** (*bes.* altsprachliches) Wörterbuch. **3.** *ling.* Lexikon *n* (*Gesamtheit der bedeutungstragenden Einheiten e-r Sprache*; *der Wortschatz im Ggs. zur Grammatik*).

lex·i·co·sta·tis·tics [ˌleksɪkəʊstəˈtɪstɪks] *s pl* (*als sg konstruiert*) Lexikostaˈtistik *f*, ˈSprachstaˌtistik *f*.

lex·ig·ra·phy [lekˈsɪgrəfɪ] *s* Wortschrift *f* (*z. B. chinesische Schrift*).

lex·is [ˈleksɪs] *s ling.* Lexik *f* (*Wortschatz e-r Sprache*).

lex| lo·ci [ˈləʊsaɪ; -kaɪ] *s* Recht *n* des Handlungsortes. ~ **non scrip·ta** [nɒnˈskrɪptə; *Am.* nɑn-] *s* ungeschriebenes Recht. ~ **scrip·ta** *s* Gesetzesrecht *n*.

ley [leɪ; liː] → **lea**[1].

Ley·den jar [ˌleɪdnˈdʒɑː(r); ˌlaɪdn-] *s phys.* Leidener Flasche *f*.

lez [lez] *s Am. sl.* ‚Lesbe' *f* (*Lesbierin*).

ˈL-head en·gine *s tech.* seitengesteuerter Motor.

li·a·bil·i·ty [ˌlaɪəˈbɪlətɪ] *s* **1.** *econ. jur.* a) Verpflichtung *f*, Verbindlichkeit *f*, Schuld *f*, b) Haftung *f*, Haftpflicht *f*, Haftbarkeit *f*: ~ **insurance** Haftpflichtversicherung *f*; → **joint** 8, **limited** 1, c) *pl* Schuldenmasse *f* (*des Konkursschuldners*). **2.** *pl econ.* (*in der Bilanz*) Passiva *pl.* **3.** *allg.* Verantwortung *f*, Verantwortlichkeit *f*. **4.** Ausgesetztsein *n*, Unterˈworfensein *n* (**to s.th.** e-r Sache), (*Steuer- etc*)Pflicht *f*: ~ **to** (*colloq.* **for**) **taxation**; ~ **to penalty** Strafbarkeit *f*. **5.** (**to**) Hang *m*, Neigung *f* (zu), Anfälligkeit *f* (für). **6.** a) Nachteil *m*, b) Belastung *f*. **7.** Wahrˈscheinlichkeit *f*.

li·a·ble [ˈlaɪəbl] *adj* **1.** *econ. jur.* verantwortlich, haftbar, -pflichtig (**for** für): **to be** ~ **for** haften für. **2.** ausgesetzt, unterˈworfen (**to s.th.** e-r Sache): **to be** ~ **to s.th.** e-r Sache unterliegen; ~ **to** (*colloq.* **for**) **taxation** steuerpflichtig; ~ **to penalty** strafbar. **3. to be** ~ **to** neigen zu, anfällig sein für: **he is** ~ **to colds**. **4. to be** ~ **to do s.th.** a) etwas gern *od.* leicht tun, b) etwas wahrscheinlich tun: **he is** ~ **to come** er kommt wahrscheinlich; es ist anzunehmen, daß er kommt; **to be** ~ **to get excited** sich leicht aufregen; **we are all** ~ **to make mistakes occasionally** wir machen alle einmal e-n Fehler; **that is** ~ **to happen** das kann durchaus *od.* leicht passieren; **difficulties are** ~ **to occur** mit Schwierigkeiten muß gerechnet werden.

li·aise [lɪˈeɪz] *v/i* **1.** Verbindung aufnehmen (**with** mit). **2.** sich verbünden (**with** mit). **3.** zs.-arbeiten (**with** mit).

li·ai·son [liːˈeɪzɔ̃ːŋ; lɪˈeɪzɒn; *Am.* ˈliːəˌzɑn; liːˈeɪˌzɑn] *s* **1.** Verbindung *f*: ~ **man** Verbindungsmann *m*; ~ **officer** *mil.* Verbindungsoffizier *m*. **2.** Bündnis *n*. **3.** Zs.-arbeit *f*. **4.** Liaiˈson *f*, (Liebes)Verhältnis *n*. **5.** *ling.* Liaiˈson *f* (*im Französischen das Aussprechen e-s sonst stummen Konsonanten am Wortende vor e-m vokalisch beginnenden Wort*). **6.** *gastr.* Eindickmittel *n*.

li·a·na [lɪˈɑːnə; *Am. a.* lɪˈænə], **li·ane** [lɪˈɑːn] *s bot.* Liˈane *f*, Kletterpflanze *f*.

li·ar [ˈlaɪə(r)] *s* Lügner(in).

Li·as [ˈlaɪəs] *s geol.* Lias *m, f*, schwarzer Jura. **Li·as·sic** [laɪˈæsɪk] *adj* liˈassisch, Lias...

Lib [lɪb] → a) **Gay Lib** (**gay** 5), b) **Women's Lib** (**women**).

li·ba·tion [laɪˈbeɪʃn] *s* **1.** *relig. hist.* Trankopfer *n*. **2.** *meist humor.* Trunk *m* (*bes. Wein*).

Lib·ber [ˈlɪbə(r)] → a) **Gay Libber** (**gay** 5), b) **Women's Libber** (**women**).

li·bel [ˈlaɪbl] **I** *s* **1.** *jur.* a) *relig.* Klage (-schrift) *f*, b) *Scot.* Anklage *f*. **2.** *jur.* a) (*schriftliche*) Verleumdung *od.* Beleidigung (**of, on** *gen*), b) Schmähschrift *f*. **3.** *allg.* (**on**) Verleumdung *f*, Verunglimpfung *f* (*gen*), Beleidigung *f* (*gen od.* für). **II** *v/t pret u. pp* **-beled,** *bes. Br.* **-belled 4.** *jur.* a) *relig.* klagen gegen, b) *Scot.* anklagen. **5.** *jur.* (*schriftlich*) verleumden *od.* beleidigen. **6.** *allg.* verleumden, verunglimpfen, beleidigen.

li·bel·(l)ant [ˈlaɪblənt] *s* **1.** *jur. relig.* Kläger(in). **2.** → libel(l)er. ˌ**li·bel**ˈ**(l)ee** [-bəˈliː] *s jur. relig.* Beklagte(r *m*) *f*. ˈ**li·bel·(l)er,** ˈ**li·bel·(l)ist** *s* Verleumder (-in), Verfasser(in) e-r Schmähschrift. ˈ**li·bel·(l)ous** [-bləs] *adj* (*adv* **~ly**) verleumderisch.

li·ber [ˈlaɪbə(r)] *s bot.* Bast *m*.

lib·er·al [ˈlɪbərəl; ˈlɪbrəl] **I** *adj* (*adv* **~ly**) **1.** libeˈral, frei(sinnig), vorurteilslos, aufgeschlossen: **a** ~ **thinker** ein liberal denkender Mensch. **2.** *meist* **L~** *pol.* libeˈral: **the L~ Party**. **3.** großzügig: a) freigebig (**of** mit): **a** ~ **donor**, b) reichlich (bemessen): **a** ~ **gift** ein großzügiges Geschenk; **a** ~ **quantity** e-e reichliche Menge, c) frei: **a** ~ **interpretation**. **4.** allgemein(bildend), nicht berufsbezogen: ~ **education** allgemeinbildende Erziehung, (gute) Allgemeinbildung. **5.** voll: ~ **lips**. **6.** ungezügelt, vorlaut: ~ **tongue**. **II** *s* **7.** libeˈral denkender Mensch. **8.** *meist* **L~** *pol.* Libeˈrale(r *m*) *f*. **~ arts** *s pl* **1.** Geisteswissenschaften *pl*. **2.** *hist.* freie Künste *pl*.

lib·er·al·ism [ˈlɪbərəlɪzəm; -brəl-] *s* Liberaˈlismus *m*: a) libeˈrales Wesen, b) *meist* **L~** *im 19. Jh. entstandene, im Individualismus wurzelnde Weltanschauung, die die freie gesellschaftliche u. politische Entfaltung des Individuums fordert u. staatliche Eingriffe auf ein Minimum beschränkt sehen will.* ˌ**lib·er·al**ˈ**is·tic** *adj* liberaˈlistisch.

lib·er·al·i·ty [ˌlɪbəˈrælətɪ] *s* **1.** Liberaliˈtät *f*, libeˈrales Wesen. **2.** Großzügigkeit *f*: a) Freigebigkeit *f*, b) Reichlichkeit *f*. **3.** großzügiges Geschenk.

lib·er·al·i·za·tion [ˌlɪbərəlaɪˈzeɪʃn; -brəl-; *Am.* -ləˈz-] *s* Liberaliˈsierung *f*. ˈ**lib·er·al·ize** *v/t* liberaliˈsieren.

ˈ**lib·er·al-**ˌ**think·ing** *adj* libeˈral denkend.

lib·er·ate [ˈlɪbəreɪt] *v/t* **1.** befreien (**from** von, aus) (*a. fig.*). **2.** *Sklaven etc* freilassen. **3.** *chem. Gase etc, fig. Kräfte etc* freisetzen: **to be ~d** *a.* freiwerden. **4.** *Am. sl.* ‚organiˈsieren', ‚abstauben' (*stehlen*).

lib·er·a·tion [ˌlɪbəˈreɪʃn] *s* **1.** Befreiung *f*: ~ **theology** Befreiungstheologie *f*. **2.** Freilassung *f*. **3.** *chem. u. fig.* Freisetzung *f*. ˌ**lib·er**ˈ**a·tion·ism** *s Befürwortung der Trennung von Kirche u. Staat.*

lib·er·a·tor [ˈlɪbəreɪtə(r)] *s* Befreier *m*.

Li·be·ri·an [laɪˈbɪərɪən] **I** *s* Liberiˈaner (-in), Liˈberier(in). **II** *adj* liberiˈanisch, liˈberisch.

lib·er·tar·i·an [ˌlɪbə(r)ˈteərɪən] *s* **1.** *bes. philos. relig.* Anhänger(in) *od.* Vertreter (-in) des Prinˈzips der Willensfreiheit. **2.** Befürworter(in) der individuˈellen Gedanken- u. Handlungsfreiheit. ˌ**lib·er**ˈ**tar·i·an·ism** *s* **1.** *bes. philos. relig.* Vertretung *f* des Prinˈzips der Willensfreiheit. **2.** Befürwortung *f* der individuˈellen Gedanken- u. Handlungsfreiheit.

li·ber·ti·cide [lɪˈbɜːtɪsaɪd; *Am.* -ˈbɜr-] *s* **1.** Vernichter *m* der Freiheit. **2.** Vernichtung *f* der Freiheit.

lib·er·tin·age [ˈlɪbə(r)tɪnɪdʒ] → libertinism.

lib·er·tine [ˈlɪbə(r)tiːn; *Br. a.* -taɪn] **I** *s* **1.** zügelloser Mensch, *bes.* Wüstling *m*. **2.** *bes. contp.* Freigeist *m*. **3.** *antiq.* Freigelassene(r) *m*. **II** *adj* **4.** zügellos, ausschweifend. **5.** *bes. contp.* freidenkerisch. ˈ**lib·er·tin·ism** [-tɪnɪzəm] *s* **1.** Zügellosigkeit *f*, zügelloser *od.* ausschweifender Lebenswandel. **2.** *bes. contp.* Freigeisteˈrei *f*.

lib·er·ty [ˈlɪbə(r)tɪ] *s* **1.** Freiheit *f*: **civil** ~ bürgerliche Freiheit; **religious** ~ Religionsfreiheit; ~ **of conscience** Gewissensfreiheit; ~ **of the press** Pressefreiheit; ~ **of speech** Redefreiheit; ~ **of thought** Gedankenfreiheit. **2.** Freiheit *f*, freie Wahl, Erlaubnis *f*: **large** ~ **of action** weitgehende Handlungsfreiheit. **3.** *bes. philos. relig.* Willensfreiheit *f*. **4.** *meist pl* Freiheit *f*, Priviˈleg *n*, (Vor)Recht *n*. **5.** Dreistigkeit *f*, (plumpe) Vertraulichkeit. **6.** *mar.* (kurzer) Landurlaub. **7.** (beschränkte) Bewegungsfreiheit: **he was given the** ~ **of the house** er konnte sich im Haus frei bewegen. **8.** *hist. Br.* Freibezirk *m* (*e-r Stadt*).
Besondere Redewendungen:
at ~ a) in Freiheit, frei, auf freiem Fuß, b) unbeschäftigt, frei, c) unbenutzt; **to be at** ~ **to do s.th.** etwas tun dürfen; berechtigt sein, etwas zu tun; **you are at** ~ **to go** es steht Ihnen frei zu gehen, Sie können gern(e) gehen; **to set at** ~ auf freien Fuß setzen, freilassen; **to take** (*od.* **allow o.s.**) **the** ~ **to do** (*od.* **of doing**) **s.th.** sich die Freiheit (heraus)nehmen *od.* sich erlauben, etwas zu tun; **to take liberties with** a) sich Freiheiten gegen *j-n* herausnehmen, b) willkürlich mit *etwas* umgehen; **he has taken liberties with the translation** er hat sehr frei übersetzt.

lib·er·ty| hall *s colloq. Haus, in dem der Gast* (*fast*) *alles tun kann, was er will.* **~ man** *s irr mar.* Maˈtrose *m* auf Landurlaub. **L~ ship** *s mar.* Liberty ship *n* (*während des 2. Weltkriegs in Serie gebautes amer. Frachtschiff*).

li·bid·i·nal [lɪˈbɪdɪnl] → libidinous. **li**ˈ**bid·i·nous** *adj* (*adv* **~ly**) *psych.* libidiˈnös: a) *die sexuelle Lust betreffend*, b) triebhaft.

li·bi·do [lɪˈbiːdəʊ; -ˈbaɪ-] *s psych.* Liˈbido *f*: a) Geschlechtstrieb *m*, b) Lebenswille *m*, -kraft *f*.

Li·bra [ˈlaɪbrə; ˈliː-] *s astr.* Waage *f* (*Sternbild*): **to be (a)** ~ Waage sein.

li·brar·i·an [laɪˈbreərɪən] *s* Bibliotheˈkar(in). **li**ˈ**brar·i·an·ship** *s* **1.** a) Biblioˈthekswesen *n*, b) Biblioˈthekslehre *f*. **2.** Bibliotheˈkarsstelle *f*.

li·brar·y [ˈlaɪbrərɪ; *Am. a.* -ˌbreriː] *s* **1.** Biblioˈthek *f*: a) (*öffentliche*) Bücheˈrei: → **reference** 8, b) (*private*) Büchersammlung, c) Biblioˈthekszimmer *n*, d) Buchreihe *f*. **2.** (ˈBild-, ˈZeitungs)Arˌchiv *n*. **~ e·di·tion** *s* Biblioˈtheksausgabe *f*. **~ pic·ture** *s* Arˈchivbild *n*. **~ sci·ence** *s* Biblioˈthekswissenschaft *f*. **~ tick·et** *s* Leserausweis *m*.

li·brate [ˈlaɪbreɪt] *v/i* **1.** schwingen, pendeln. **2.** schweben. **li**ˈ**bra·tion** *s* **1.** Schwingen *n*, Pendeln *n*. **2.** Schweben *n*. **3.** *astr.* Libratiˈon *f* (*scheinbare Schwankung des Mondes um die mittlere Lage*).

li·bret·tist [lɪˈbretɪst] *s* Libretˈtist *m*, Textdichter *m*. **li**ˈ**bret·to** [-təʊ] *pl* **-tos, -ti** [-tɪ; -tiː] *s* Liˈbretto *n*: a) Textbuch *n*, b) (*Opern- etc*)Text *m*.

li·bri·form [ˈlaɪbrɪfɔː(r)m] *adj bot.* bastfaserartig, Libriform...

Lib·y·an [ˈlɪbɪən] **I** *adj* **1.** libysch. **2.** *poet.* afriˈkanisch. **II** *s* **3.** Libyer(in). **4.** *ling.* Libysch *n*, das Libysche.

lice [laɪs] *pl von* **louse**.

li·cence [ˈlaɪsəns] **I** *Am.* **li·cense** *s* **1.** (*offizielle*) Erlaubnis. **2.** (*a. econ. Export-, Herstellungs-, Patent-, Verkaufs*)Liˈzenz *f*, Konzessiˈon *f*, (*behördliche*) Genehmigung, Zulassung *f*, Gewerbeschein *m*: **to hold a** ~ e-e Lizenz haben; **to take out a** ~ sich e-e Lizenz beschaffen; ~ **fee** Lizenzgebühr *f* (→ 3). **3.** amtlicher Zulassungsschein, (*Führer-, Jagd-, Waffen-etc*)Schein *m*: **dog** ~ Erlaubnisschein zum Halten e-s Hundes; ~ **number** *mot.* Kennzeichen *n*. **4.** *a.* **marriage** ~ (*Br. kirchliche, Am. amtliche*) Heiratserlaubnis: → **special licence**. **5.** *univ.* Befähigungsnachweis *m*. **6.** a) Handlungsfreiheit *f*, b) Gedankenfreiheit *f*. **7.** (*künstlerische, dichterische*) Freiheit: → **poetic** I. **8.** Zügellosigkeit *f*. **II** *v/t Am.* → **license** I.

li·cense [ˈlaɪsəns] **I** *v/t* **1.** *j-m* e-e (*behördliche*) Genehmigung *od.* e-e Liˈzenz *od.* e-e Konzessiˈon erteilen. **2.** lizenˈzieren, konzessioˈnieren, (*behördlich*) genehmigen *od.* zulassen. **3. to** ~ **s.o. to do s.th.** (es) j-m (*offiziell*) erlauben, etwas zu tun: **to be ~d to do s.th.** etwas tun dürfen; die Erlaubnis haben, etwas zu tun. **II** *s* **4.** *Am. für* **licence** I: ~ **plate** *mot.* Nummern-, Kennzeichenschild *n*.

li·censed [ˈlaɪsənst] *adj* **1.** konzessioˈniert, lizenˈziert, (*behördlich*) genehmigt *od.* zugelassen: **a ~ house** ein Lokal mit Schankkonzession; → **victual(l)er** 2. **2.** Lizenz...: **~ construction** Lizenzbau *m.*

li·cen·see [laɪsənˈsiː] *s* Liˈzenznehmer *m*, Konzessiˈonsinhaber *m.*

li·cens·er, li·cen·sor [ˈlaɪsənsə(r)] *s* Liˈzenzgeber *m*, Konzessiˈonserteiler *m.*

li·cen·ti·ate [laɪˈsenʃɪət] *s univ.* **1.** [*Am. bes.* lɪˈs-] Lizentiˈat *n* (*ein akademischer Grad*). **2.** Lizentiˈat *m.*

li·cen·tious [laɪˈsenʃəs] *adj* (*adv* **~ly**) **1.** ausschweifend, zügellos. **2.** ˈunkorˌrekt. **liˈcen·tious·ness** *s* **1.** Zügellosigkeit *f.* **2.** ˈUnkorˌrektheit *f.*

li·chen [ˈlaɪkən; *Br. a.* ˈlɪtʃɪn] *s* Lichen *m*: a) *bot.* Flechte *f*, b) *med.* Knötchenflechte *f*, -ausschlag *m.* **ˌli·chenˈol·o·gy** [-ˈnɒlədʒɪ; *Am.* -ˈnɑ-] *s bot.* Lichenoloˈgie *f*, Flechtenkunde *f.*

lich gate [lɪtʃ] *s* überˈdachtes Friedhofstor (*wo früher zu Beginn der Begräbnisfeierlichkeiten der Sarg abgestellt wurde*).

lic·it [ˈlɪsɪt] *adj* leˈgal, gesetzlich, erlaubt. **ˈlic·it·ly** *adv* leˈgal, erlaubterweise.

lick [lɪk] **I** *v/t* **1.** (ab-, be)lecken: **to ~ a stamp** e-e Briefmarke belecken; **to ~ up** (**off, out**) auf-(weg-, aus)lecken; **he ~ed the jam off his lips** er leckte sich die Marmelade von den Lippen; **to ~ s.o.'s boots** (*od.* **shoes**) *fig.* vor j-m kriechen; **to ~ one's lips** sich die Lippen lecken (*a. fig.*); **to ~ into shape** *fig.* a) *j-n* ‚auf Vordermann bringen', b) *etwas* in die richtige Form bringen, zurechtbiegen, -stutzen; **to ~ one's wounds** *fig.* s-e Wunden lecken; → **dust** 1. **2.** *fig.* a) plätschern an (*acc*) (*Wellen*), b) lecken an (*dat*): **the flames ~ed the roof** die Flammen leckten *od.* züngelten am Dach empor. **3.** *colloq.* a) verprügeln, ‚verdreschen', b) schlagen, besiegen, c) fertigwerden mit *e-m Problem etc*, d) überˈtreffen, ‚schlagen': **that ~s creation** das übertrifft alles; **this ~s me** das geht über m-n Horizont; **it ~s me how** es ist mir unbegreiflich, wie. **4.** *colloq.* pflegen, (tadellos) in Ordnung halten.
II *v/i* **5.** lecken: **to ~ at** belecken, lecken an (*dat*). **6.** *colloq.* sausen, flitzen.
III *s* **7.** Lecken *n*: **to give s.th. a ~** etwas belecken, an etwas lecken; **to give s.th. a ~ and a promise** *colloq.* etwas oberflächlich reinigen *od.* aufräumen. **8.** Spur *f*: **he has a ~ of a schoolmaster about him** er hat ein bißchen was von e-m Schulmeister an sich; **he didn't do a ~ (of work)** *colloq.* er hat keinen ‚Strich' getan *od.* gemacht. **9.** (*Farb-, Regen-etc*)Spritzer *m*: **~ of paint (rain)**. **10.** *colloq.* Schlag *m.* **11.** *colloq.* Tempo *n*: **at full ~** mit voller Geschwindigkeit. **12.** a) (Salz)Lecke *f* (*für Wild*), b) Leckstein *m* (*für Haustiere u. Wild*).

lick·er [ˈlɪkə(r)] *s tech.* (Tropf)Öler *m.*

lick·er·ish [ˈlɪkərɪʃ] *adj* (*adv* **~ly**) *obs.* **1.** gierig, verlangend. **2.** geil, lüstern. **3.** lecker.

ˌlick·et·y|-ˈbrin·dle [ˌlɪkətɪ-], **ˌ~-ˈcut, ˌ~-ˈsplit** *adv Am. colloq.* wie der Blitz.

ˈlick·ing *s* **1.** Lecken *n.* **2.** *colloq.* Prügel *pl*, ‚Dresche' *f* (*a. fig. Niederlage*): **to get a ~** ‚Dresche beziehen', *fig. a.* e-e ‚Schlappe' erleiden; **to give s.o. a ~** j-m ‚e-e Abreibung verpassen', *fig.* j-m e-e ‚Schlappe' beibringen.

ˈlickˌspit·tle *s* Speichellecker *m.*

lic·o·rice [ˈlɪkərɪs; *Am. a.* -rɪʃ] *s* **1.** *bot.* Süßholz *n*, *bes.* Laˈkritze *f.* **2.** a) Süßholzwurzel *f*, b) Laˈkritze(nsaft *m*) *f.*

lid [lɪd] *s* **1.** Deckel *m*: **to blow** (*od.* **lift, take**) **the ~ off** *colloq. etwas* an die Öffentlichkeit bringen, *e-n Skandal etc* aufdecken; **to clamp** (*od.* **clap**) **the ~** (**down**) **on** *Am. colloq.* a) drosseln, einschränken, b) stoppen; **to keep a tight ~ on** *colloq. etwas* unter strenger Kontrolle halten; **to put the ~ on** *Br. colloq.* a) *e-r Sache* die Krone aufsetzen, b) *e-r Sache* ein Ende bereiten *od.* machen; **that puts the ~ on it!** *Br. colloq.* das schlägt dem Faß den Boden aus! **2.** (Augen)Lid *n.* **3.** *bot.* a) Deckel *m*, b) Deckelkapsel *f.* **4.** *sl.* ‚Deckel' *m* (*Hut*). **5.** *Am. sl.* Unze *f* Marihuˈana. **lid·ded** [ˈlɪdɪd] *adj* **1.** mit e-m Deckel (versehen). **2.** (Augen)Lider habend: **heavy-~** mit schweren Lidern.

li·do [ˈliːdəʊ] *pl* **-dos** *s Br.* a) Freibad *n*, b) Strandbad *n.*

lie¹ [laɪ] **I** *s* **1.** Lüge *f*: **to tell ~s** (*od.* **a ~**) lügen; **that's a ~!** das ist e-e Lüge!, das ist gelogen!; **to give the ~ to** a) *j-n* der Lüge bezichtigen, b) *etwas od. j-n* Lügen strafen *od.* widerlegen; **~s have short wings** Lügen haben kurze Beine; → **white lie.**
II *v/i pres p* **ly·ing** [ˈlaɪɪŋ] **2.** lügen: **to ~ to s.o.** j-n belügen, j-n anlügen; **to ~ through** (*od.* **in**) **one's teeth, to ~ in one's throat** *colloq.* ‚das Blaue vom Himmel (herunter)lügen'. **3.** lügen, trügen, täuschen, e-n falschen Eindruck erwecken: **these figures ~.** **III** *v/t* **4.** **to ~ to s.o. that** j-m vorlügen, daß; **to ~ o.s.** (*od.* **one's way**) **out of** sich herauslügen aus.

lie² [laɪ] **I** *s* **1.** Lage *f* (*a. fig. u. Golf*): **the ~ of the land** *fig. Br.* die Lage (der Dinge). **2.** Lager *n* (*von Tieren*).
II *v/i pret* **lay** [leɪ], *pp* **lain** [leɪn] *obs.* **li·en** [ˈlaɪən], *pres p* **ly·ing** [ˈlaɪɪŋ] **3.** liegen: a) *allg. im Bett, im Hinterhalt etc* liegen: **to ~ in bed (in ambush)**; → **ruin** 2, *etc*, b) *ausgebreitet, tot etc* daliegen: **to ~ dead; to ~ dying** im Sterben liegen, c) gelegen sein, sich befinden: **the town ~s on a river** die Stadt liegt an e-m Fluß; **to ~ second** *sport etc* an zweiter Stelle *od.* auf dem zweiten Platz liegen; **all his money is lying in the bank** sein ganzes Geld liegt auf der Bank, d) begründet liegen *od.* bestehen (**in** in *dat*), e) begraben sein *od.* liegen, ruhen: **here ~s** hier ruht. **4.** *mar. mil.* liegen (*Flotte, Truppe*). **5.** *mar.* a) vor Anker liegen, b) beidrehen: → **lie along, lie off** 1, **lie to.** **6.** a) liegen: **the goose lay heavy on his stomach** die Gans lag ihm schwer im Magen, b) *fig.* lasten (**on** auf *der Seele etc*): **his past ~s heavily on him** (*od.* **his mind**) s-e Vergangenheit lastet schwer auf ihm. **7.** führen, verlaufen: **the road ~s through a forest.** **8.** (**behind**) stecken (hinter *dat*), der Grund sein (für *od. gen*). **9.** *jur.* zulässig sein (*Klage etc*): **appeal ~s to the Supreme Court** Berufung kann vor dem Obersten Gericht eingelegt werden. **10.** **to ~ with s.o.** *obs. od. Bibl.* j-m beiliegen (*mit j-m schlafen*).
Besondere Redewendungen:
as far as in me ~s *obs. od. poet.* soweit es an mir liegt, soweit es in m-n Kräften steht; **his greatness ~s in his courage** s-e Größe liegt in s-m Mut (begründet); **he knows where his interest ~s** er weiß, wo sein Vorteil liegt; **to ~ in s.o.'s way** a) j-m zur Hand sein, b) j-m möglich sein, c) in j-s Fach schlagen, d) j-m im Weg stehen; **his talents do not ~ that way** dazu hat er kein Talent; **to ~ on s.o.** *jur.* j-m obliegen; **the responsibility ~s on you** die Verantwortung liegt bei dir; **to ~ on s.o.'s hands** unbenutzt *od.* unverkauft bei j-m liegenbleiben; **to ~ to the north** *mar.* Nord anliegen; **the house lay under a curse** auf dem Haus lag *od.* lastete ein Fluch; **to ~ under an obligation** e-e Verpflichtung haben; **to ~ under the suspicion of murder** unter Mordverdacht stehen; **to ~ under a sentence of death** zum Tode verurteilt sein; **it ~s with you to do it** es liegt an dir *od.* es ist d-e Sache, es zu tun; *siehe Verbindungen mit den entsprechenden Substantiven etc.*
Verbindungen mit Adverbien:
lie| a·bout *v/i* herˈumliegen. **~ a·head** *v/i*: **what lies ahead of us** was vor uns liegt, was uns bevorsteht, was auf uns zukommt; *he was thinking of the work* **that lay ahead** die vor ihm lag. **~ a·long** *v/i mar.* krängen, schiefliegen. **~ a·round** → **lie about.** **~ back** *v/i* **1.** sich zuˈrücklegen *od.* -lehnen. **2.** *fig.* sich ausruhen, die Hände in den Schoß legen. **~ be·hind** *v/i fig.* daˈhinterstecken, der Grund sein. **~ by** *v/i* **1.** → **lie off** 2. **2.** nicht benutzt werden, (*Haus etc*) leerstehen. **~ down** *v/i* **1.** sich ˈhinlegen, sich niederlegen: **to ~ on** sich legen auf (*acc*); **to ~ on the job** *Am. colloq.* bummeln. **2.** **to ~ under, to take lying down** *e-e Beleidigung etc* ˈwiderspruchslos ˈhinnehmen, sich *e-e Beleidigung etc* gefallen lassen. **~ in** *v/i* **1.** *Br.* (*morgens*) lang(e) im Bett bleiben. **2.** im Wochenbett liegen. **~ low** *v/i* **1.** a) sich verstecken *od.* versteckt halten, b) sich ruhig verhalten. **2.** auf e-e günstige Gelegenheit warten, den rechten Augenblick abwarten *od.* abpassen. **~ off** *v/i* **1.** *mar.* vom Land *od.* von e-m anderen Schiff abhalten. **2.** e-e (Ruhe-) Pause einlegen, (sich) ausruhen. **~ o·ver** *v/i* **1.** *Am.* nicht rechtzeitig bezahlt werden. **2.** a) liegenbleiben, unerledigt bleiben, b) aufgeschoben *od.* zuˈrückgestellt werden. **~ to** *v/i mar.* beiliegen. **~ up** *v/i* **1.** das Bett *od.* das Zimmer hüten (müssen). **2.** → **lie low** 1 a. **3.** nicht benutzt werden, (*Maschine etc*) außer Betrieb sein.

ˈlie-a·bed *s* Langschläfer(in).

lied [liːd] *pl* **lie·der** [ˈliːdə(r)] *s mus.* (*deutsches*) (Kunst)Lied.

lie·der| re·cit·al *s* Liederabend *m.* **~ sing·er** *s* Liedersänger(in).

lie de·tec·tor *s* ˈLügendeˌtektor *m.*

ˈlie-down *s colloq.* Schläfchen *n*: **to have a ~** a) ein Schläfchen machen, b) sich (kurz) hinlegen.

lief [liːf] *obs.* **I** *adj* lieb, teuer. **II** *adv* gern: **I had** (*od.* **would**) **as ~ go** ich ginge ebenso gern, ich würde lieber gehen; **I would** (*od.* **had**) **as ~ die as betray a friend** ich würde eher sterben, als e-n Freund verraten; **~er than** lieber als.

liege [liːdʒ] **I** *s* **1.** *a.* **~ lord** Leh(e)nsherr *m.* **2.** *a.* **~ man** Leh(e)nsmann *m*, Vaˈsall *m.* **II** *adj* **3.** Leh(e)ns...

ˈlie-in *s*: **to have a ~** *colloq.* → **lie in** 1.

li·en¹ [lɪən; ˈliːən; *Am. a.* liːn] *s jur.* Pfandrecht *n*, Zuˈrückbehaltungsrecht *n*: **to lay a ~ on s.th.** das Pfandrecht auf e-e Sache geltend machen.

li·en² [ˈlaɪən] *obs. pp von* **lie²**.

li·e·nal [ˈlaɪənl; *Am. a.* laɪˈiːnl] *adj anat. med.* lieˈnal, Milz...

li·en·ee [lɪəˈniː; ˌliːəˈniː] *s jur.* Pfandschuldner *m.*

li·e·ni·tis [ˌlaɪəˈnaɪtɪs] *s med.* Lieˈnitis *f*, Milzentzündung *f.*

li·en·or [ˈlɪənə(r); ˈliːə-; *Am. a.* ˈliːnər] *s jur.* Pfandgläubiger *m.*

li·en·ter·y [ˈlaɪəntərɪ; *Am.* -ˌteriː; laɪˈentəriː] *s med.* Lienteˈrie *f* (*Durchfall mit Abgang unverdauter Speiseteile*).

li·erne [lɪˈɜːn; *Am.* lɪˈɜrn] *s arch.* Neben-, Zwischenrippe *f.*

lieu [ljuː; *bes. Am.* luː] *s*: **in ~ of** an Stelle von (*od. gen*), anstatt (*gen*); **in ~** statt dessen.

lieu·ten·an·cy [lefˈtenənsɪ; *mar.* ləˈt-; leˈt-; *Am.* luːˈt-] *s* **1.** *mar. mil.* a) Leutnantsrang *m*, b) *collect.* Leutnants *pl.* **2.** Statthalterschaft *f.*

lieu·ten·ant [lefˈtenənt; *mar.* ləˈt-; leˈt-; *Am.* luːˈt-] *s* **1.** Stellvertreter *m.* **2.** Statthalter *m*, Gouverˈneur *m.* **3.** *mar. mil.* a) *allg.* Leutnant *m*, b) *Br.* (*Am.* **first** ~) Oberleutnant *m*: **second** ~ Leutnant, c) *mar.* (*Am. a.* ~ **senior grade**) Kapiˈtänleutnant *m*: ~ **junior grade** *Am.* Oberleutnant *m* zur See. ~ **col·o·nel** *s mil.* Oberstleutnant *m.* ~ **com·mand·er** *s mar.* Korˈvettenkapiˌtän *m.* ~ **gen·er·al** *s mil.* Geneˈralleutnant *m.* ~ **gov·er·nor** *s* ˈVizegouverˌneur *m* (*im brit. Commonwealth od. e-s amer. Bundesstaates*).

life [laɪf] *pl* **lives** [laɪvz] *s* **1.** (orˈganisches) Leben: **how did ~ begin?** wie ist das Leben entstanden? **2.** Leben(skraft *f*) *n.* **3.** Leben *n*: a) Lebenserscheinungen *pl*, b) Lebewesen *pl*: **there is no ~ on the moon** auf dem Mond gibt es kein Leben; **marine ~** das Leben im Meer, die Lebenserscheinungen *od.* Lebewesen im Meer. **4.** (Menschen)Leben *n*: **they lost their lives** sie verloren ihr Leben, sie kamen ums Leben; **three lives were lost** drei Menschenleben sind zu beklagen; **with great sacrifice of ~** mit schweren Verlusten an Menschenleben; **~ and limb** Leib u. Leben. **5.** Leben *n* (*e-s Einzelwesens*): **a matter (question) of ~ and death** e-e lebenswichtige Angelegenheit (Frage); **early in ~** in jungen Jahren; **my early ~** m-e Jugend; **late in ~** in vorgerücktem Alter; → **danger** 1, **matter** 3, **risk** 3. **6.** a) Leben *n*, Lebenszeit *f*, Lebensdauer *f* (*a. tech. e-r Maschine etc*), Dauer *f*, Bestehen *n*: **all his ~** sein ganzes Leben lang; **the ~ of a book** die Erfolgszeit e-s Buches; **during the ~ of the republic** während des Bestehens der Republik; → **expectation** 3, b) *econ. jur.* Laufzeit *f* (*e-s Wechsels, Vertrags etc*), *bes. econ.* Haltbarkeit *f*, Lagerfähigkeit *f*: **the ~ of packaged fresh meat.** **7.** Leben *n*, Lebensweise *f*, -führung *f*, -art *f*, -wandel *m*: → **married** 1. **8.** Leben(sbeschreibung *f*) *n*, Biograˈphie *f.* **9.** Leben *n*, menschliches Tun u. Treiben, Welt *f*: ~ **in Australia** das Leben in Australien; **economic ~** Wirtschaftsleben; **to see ~** das Leben kennenlernen *od.* genießen. **10.** Leben *n*, Schwung *m*: **full of ~** lebendig, voller Leben; **the ~ of the Constitution** der wesentliche Inhalt der Verfassung; **he was the ~ and soul of the party** er brachte Schwung in die Party, er unterhielt die ganze Party. **11.** *art* Leben *n*: **from (the) ~** nach dem Leben, nach der Natur; → **large** 1. **12.** *Versicherungswesen*: a) auf Lebenszeit Versicherte(r *m*) *f* (*im Hinblick auf die Lebenserwartung*), b) *a.* ~ **business** Lebensversicherungsgeschäft *n.* **13.** *jur. colloq.* lebenslängliche Freiheitsstrafe: **he is doing ~** er ‚sitzt' lebenslänglich; **he got ~** er bekam ‚lebenslänglich'.

Besondere Redewendungen:

for ~ a) fürs (ganze) Leben, für den Rest s-s Lebens, b) *bes. jur. pol.* lebenslänglich, auf Lebenszeit; **appointed for ~** auf Lebenszeit ernannt; **imprisonment for ~** lebenslängliche Freiheitsstrafe; **not for the ~ of me** *colloq.* nicht um alles in der Welt; **not on your ~** *colloq.* ganz bestimmt nicht, unter keinen Umständen; **to the ~** nach dem Leben, lebensecht, naturgetreu; **upon my ~!** so wahr ich lebe!; **that's ~** so ist nun einmal das Leben; **to bring to ~** a) *a.* **to put ~ into** beleben, Leben *od.* Schwung bringen in (*acc*), *a. j-n* in Schwung bringen, b) ins Leben rufen; **to come to ~** sich beleben, (*a. Person*) in Schwung kommen; **after some time the party came to ~** nach einiger Zeit kam Leben *od.* Schwung in die Party; **to come back to ~** a) wieder zu(m) Bewußtsein *od.* zu sich kommen, b) wieder gesund werden; **to live** (*od.* **have**) **the** (*od.* **a**) ~ **of Riley** *colloq.* ein angenehmes Leben haben; **to run for dear** (*od.* **one's**) ~ um sein Leben laufen; **to sell one's ~ dearly** sein Leben teuer verkaufen; **to show (signs of) ~** Lebenszeichen von sich geben; **to seek s.o.'s ~** j-m nach dem Leben trachten; **to take s.o.'s ~** j-n umbringen; **to take one's own ~** sich (selbst) das Leben nehmen; **to take one's ~ in one's (own) hands** *colloq.* sein Leben riskieren *od.* aufs Spiel setzen; → **bet** 4, **breathe** 7, **bring back** 4, **charm** 5.

ˌlife|-and-ˈdeath *adj* auf Leben u. Tod: **a ~ struggle.** ~ **an·nu·i·ty** *s* Leibrente *f.* ~ **as·sur·ance** *s bes. Br.* Lebensversicherung *f.* ~ **belt** *s mar.* Rettungsgürtel *m.* ˈ~**blood** *s* **1.** Blut *n* (*als lebensnotwendige Substanz*). **2.** *fig.* Lebensnerv *m.* ˈ~**boat** *s mar.* Rettungsboot *n*: ~ **gun** Rettungsraketenapparat *m.* ~ **buoy** *s mar.* Rettungsring *m.* ~ **car** *s mar. Behälter, der an e-m Tau zwischen Schiff u. Land läuft.* ~ **cy·cle** *s biol.* **1.** Lebenszyklus *m.* **2.** → **life history** 1. **3.** Lebens-, Entwicklungsphase *f.* ~ **es·tate** *s jur.* Grundbesitz *m* auf Lebenszeit. ~ **ex·pect·an·cy** *s* Lebenserwartung *f.* ~ **ex·pe·ri·ence** *s* Lebenserfahrung *f.* ~ **force** *s* Lebenskraft *f.* ˈ~ˌ**giv·ing** *adj* lebengebend, -spendend, lebensnotwendig (*a. fig.*): **the ~ stream of foreign investments.** ˈ~**guard** *s* **1.** a) Rettungsschwimmer *m*, b) Bademeister *m.* **2.** *mil.* Leibgarde *f*, -wache *f.* **L~ Guards** *s pl Br. ein zu den Gardetruppen gehörendes Kavallerieregiment.* ~ **his·to·ry** *s* **1.** *biol. sociol.* Lebensgeschichte *f.* **2.** → **life cycle** 1. ~ **im·pris·on·ment** *s jur.* lebenslängliche Freiheitsstrafe. ~ **in·stinct** *s psych.* Lebenstrieb *m.* ~ **in·sur·ance** *s* Lebensversicherung *f.* ~ **in·ter·est** *s jur.* lebenslänglicher Nießbrauch. ~ **is·land** *s med.* Life-island *n* (*keimfreie Umgebung für infektgefährdete Kranke*). ~ **jack·et** *s mar.* Rettungs-, Schwimmweste *f.*

ˈ**life·less** *adj* (*adv* ~**ly**) **1.** leblos: a) tot: **his ~ body**, b) unbelebt: ~ **matter.** **2.** ohne Leben: ~ **planet**; **Mars seems to be ~** auf dem Mars scheint es kein Leben zu geben. **3.** *fig.* matt (*a. Stimme etc*), teilnahmslos, schwunglos. **4.** *econ.* lustlos.

ˈ**life|·like** *adj* lebensecht, naˈturgetreu. ˈ~**line** *s* **1.** *mar.* Rettungsleine *f.* **2.** Halteleine *f* (*für Schwimmer etc*). **3.** Siˈgnalleine *f* (*für Taucher*). **4.** *fig.* Rettungsanker *m.* **5.** *fig.* Lebensader *f* (*Versorgungsweg*). **6.** Lebenslinie *f* (*in der Hand*). ˈ~**long** *adj* lebenslang: **he is a ~ friend of mine** wir sind schon unser ganzes Leben lang Freunde.

life·man·ship [ˈlaɪfmənʃɪp] *s* erfolgssicheres Auftreten; die Kunst, sich anderen Leuten überˈlegen zu zeigen.

life| mask *s* (*e-m Lebenden abgenommene*) Gipsmaske. ~ **mem·ber** *s* Mitglied *n* auf Lebenszeit. ~ **net** *s* Sprungtuch *n* (*der Feuerwehr*). ~ **peer** *s* Peer *m* auf Lebenszeit. ~ **pre·serv·er** *s* **1.** *mar. Am.* a) Rettungs-, Schwimmweste *f*, b) Rettungsgürtel *m.* **2.** *bes. Br.* Totschläger *m* (*Waffe*).

lif·er [ˈlaɪfə(r)] *s colloq.* **1.** ‚Lebenslängliche(r *m*) *f* (*Strafgefangene[r]*). **2.** *Am.* Beˈrufssolˌdat *m.*

life| raft *s mar.* Rettungsfloß *n.* ~ **ring** *s* Rettungsring *m.* ~ **rock·et** *s mar.* ˈRettungs-, ˈLeinenwurfraˌkete *f.* ˈ~ˌ**sav·er** *s* **1.** Lebensretter *m.* **2.** *bes. Br.* → **lifeguard** 1. **3.** *colloq.* a) ‚rettender Engel', b) Rettung *f*: **that money was a ~** das Geld war m-e Rettung *od.* hat mich gerettet. ˈ~ˌ**sav·ing I** *s* Lebensrettung *f.* **II** *adj* lebensrettend, (Lebens)Rettungs... ~ **sci·ence** *s meist pl* Biowissenschaft *f.* ~ **sen·tence** *s jur.* lebenslängliche Freiheitsstrafe. ˈ~**-size(d)** *adj* lebensgroß, in Lebensgröße: **a ~ statue.** ~ **space** *s psych.* Lebensraum *m.* ~ **span** → **lifetime** I. ~ **style** *s* Lebensstil *m.* ˈ~**-supˌport sys·tem** *s med., Raumfahrt*: ˈLife-SupˌportSyˌstem *n* (*System zur Erhaltung des menschlichen Lebens in e-r zum Leben ungeeigneten Umgebung durch die automatische Regelung von Sauerstoff, der Luftfeuchtigkeit etc*). ˈ~**-susˌtain·ing meas·ures** *s pl med.* lebenserhaltende Maßnahmen *pl.* ~ **ta·ble** *s* ˈSterblichkeitstaˌbelle *f.* ˈ~**time I** *s* Lebenszeit *f*, Leben *n*, *a. tech. etc* Lebensdauer *f*: **once in a ~** sehr selten, ˈeinmal im Leben; **during** (*od.* **in**) **s.o.'s ~** a) zu j-s Lebzeiten, zu s-r Zeit, b) in j-s Leben; → **chance** 4. **II** *adj* auf Lebenszeit, lebenslang: ~ **post** Lebensstellung *f*; ~ **sport** Lifetime-Sport *m* (*Sport, der von Menschen jeder Altersstufe betrieben werden kann*). ~ **vest** *s* Rettungs-, Schwimmweste *f.* ˈ~**work** *s* Lebenswerk *n.*

lift [lɪft] **I** *s* **1.** (Hoch-, Auf)Heben *n*: **he gave the boy a ~ onto the chair** er hob den Jungen auf den Stuhl. **2.** Steigen *n.* **3.** Hochhalten *n*, aufrechte *od.* stolze Haltung: **the proud ~ of her head** ihre stolze Kopfhaltung. **4.** *tech.* a) Hub(höhe *f*) *m*, b) Förderhöhe *f*, c) Steighöhe *f*, d) Förder-, Hubmenge *f.* **5.** a) *Am.* Beförderung *f*, b) Luftbrücke *f.* **6.** *aer. phys.* Auftrieb *m*, *fig. a.* Aufschwung *m*: **to give** *s.o.* **a ~** → 18. **7.** Last *f*: **a heavy ~.** **8.** *Gewichtheben*: Versuch *m.* **9.** Beistand *m*, Hilfe *f*: **to give s.o. a ~** a) j-m helfen, b) j-n (im Auto) mitnehmen; **to get a ~ from s.o.** von j-m mitgenommen werden; → **thumb** 4. **10.** *tech.* Hebe-, Fördergerät *n*, -werk *n.* **11.** *bes. Br.* Lift *m*, Aufzug *m*, Fahrstuhl *m.* **12.** (*Ski-, Sessel- etc*)Lift *m.* **13.** *Bergbau*: a) Pumpensatz *m*, b) Abbauhöhe *f.* **14.** *colloq.* Diebstahl *m.* **15.** *med.* Lift *m*, *n*, Lifting *n*: **to have a ~** sich liften lassen.

II *v/t* **16.** *a.* ~ **up** a) (hoch-, auf)heben, b) *die Stimme etc* erheben: **to ~ one's eyes** aufschauen, -blicken; **to ~ one's hand to s.o.** die Hand gegen j-n erheben; **to ~ s.th. down** etwas herunterheben (**from** von); → **finger** 1, **hand** *Bes. Redew.* **17.** *fig.* a) (*geistig od. sittlich*) heben, b) emˈporheben (**from, out of** aus *der Armut etc*). **18.** *a.* ~ **up** *j-n* aufmuntern, *j-m* Auftrieb *od.* Aufschwung geben: ~**ed up with pride** stolzgeschwellt. **19.** *Bergbau*: fördern. **20.** *die Preise etc* anheben, erhöhen. **21.** *colloq.* ‚klauen', stehlen: a) ‚mitgehen lassen', b) plagiˈieren. **22.** *Zelt, Lager* abbrechen. **23.** a) *Kartoffeln* klauben, ernten, b) *e-n Schatz* heben. **24.** *Am. e-e Hypothek etc* tilgen. **25.** *das Gesicht etc* liften, straffen: **to have one's face ~ed** sich das Gesicht liften lassen. **26.** *e-e Belagerung, ein Embargo, ein Verbot etc* aufheben. **27.** *Fingerabdrücke* sichern.

III *v/i* **28.** sich heben, steigen (*a. Nebel*): **to ~ off** a) starten (*Rakete*), b) abheben (*Flugzeug*). **29.** sich (hoch)heben lassen.

ˈ**lift|·boy** *s bes. Br.* Liftboy *m.* ~ **bridge** *s tech.* Hubbrücke *f.*

ˈ**lift·er** *s* **1.** *sport* (Gewicht)Heber *m.* **2.** *tech.* Heber *m*, Hebegerät *n*, *z. B.* a) Hebebaum *m*, b) Nocken *m.* **3.** *colloq.* ‚Langfinger' *m*, Dieb *m.*

ˈ**lift·ing** *adj* Hebe..., Hub... ~ **bod·y** *s aer.* Auftriebskörper *m.* ~ **bridge** → **lift bridge.** ~ **force** *s aer. phys. tech.* Auftriebs-, Hub-, Tragkraft *f.* ~ **jack** *s tech.* Hebevorrichtung *f*, (-)Winde *f*, (-)Bock *m.* ~ **plat·form** *s tech.* Hebebühne *f.* ~ **pow·er** → **lifting force.**

ˈ**lift|·man** [-mæn] *s irr bes. Br.* Fahrstuhlführer *m.* ˈ~**off** *s* a) Start *m* (*e-r*

Rakete), b) Abheben *n* (*e-s Flugzeugs*). ~ **pump** *s tech.* Hebepumpe *f.* ~ **shaft** *s bes. Br.* Lift-, Aufzug(s)schacht *m.* ~ **truck** *s tech.* Hubkarren *m.* ~ **valve** *s tech.* ˈDruckvenˌtil *n.*

lig·a·ment [ˈlɪgəmənt] *s anat.* Ligaˈment *n*, Band *n* (*a. fig.*). ˌ**lig·aˈmen·tous** [-ˈmentəs], *a.* ˌ**lig·aˈmen·ta·ry** *adj* **1.** *anat.* Band... **2.** bandförmig.

li·gate [ˈlaɪgeɪt; laɪˈgeɪt] *v/t med. ein Gefäß* liˈgieren, unterˈbinden. **liˈga·tion** *s* **1.** *med.* Ligaˈtur *f*, Unterˈbindung *f.* **2.** *fig.* Band *n.*

lig·a·ture [ˈlɪgəˌtʃʊə(r); -tʃə(r)] **I** *s* **1.** → ligation. **2.** *med.* Klemme *f.* **3.** *print.* Ligaˈtur *f* (*Verbindung zweier Buchstaben zu ˈeiner Type*). **4.** *mus.* Ligaˈtur *f*: a) *Verbindung e-r zs.-gehörenden Notengruppe*, b) *Bogen über zwei Noten gleicher Tonhöhe.* **II** *v/t* → ligate.

li·ger [ˈlaɪgə(r)] *s Kreuzung zwischen Löwe u. Tigerin.*

light[1] [laɪt] **I** *s* **1.** Licht *n*, Helligkeit *f*: **let there be ~!** *Bibl.* es werde Licht!; **to stand** (*od.* **be**) **in s.o.'s ~** a) j-m im Licht stehen, b) *fig.* j-m im Weg stehen; **to stand in one's own ~** a) sich im Licht stehen, b) *fig.* sich selbst im Weg stehen; **get out of the ~!** geh aus dem Licht!; **to see the ~ at the end of the tunnel** *fig.* das Licht am Ende des Tunnels sehen. **2.** Licht *n* (*a. phys.*), Beleuchtung *f*: **in subdued ~** bei gedämpftem Licht. **3.** Licht *n*, Schein *m*: **by the ~ of a candle** beim Licht *od.* Schein e-r Kerze, bei Kerzenschein. **4.** a) Licht(quelle *f*) *n* (*Sonne, Lampe, Kerze etc*): **to hide one's ~ under a bushel** sein Licht unter den Scheffel stellen, b) *mot.* Scheinwerfer *m*: → **flash** 11. **5.** *Br. meist pl* (Verkehrs)Ampel *f*: **to jump** (*od.* **shoot**) **the ~s** bei Rot über die Kreuzung fahren, ein Rotlicht überfahren; **the ~s were against him** er hatte Rot; → **green light, red light. 6.** *mar.* a) Leuchtfeuer *n*, b) Leuchtturm *m.* **7.** Sonnen-, Tageslicht *n*: *I must finish my work* **while the ~ lasts** solang(e) es noch hell ist; **to see the ~ (of day)** a) das Licht der Welt erblicken, geboren werden, b) *fig.* herauskommen, auf den Markt kommen (→ 9, 11); **in the cold ~ of day** (*od.* **dawn**) *fig.* bei Licht besehen *od.* betrachtet. **8.** Tagesanbruch *m*: **at ~** bei Tagesanbruch. **9.** *fig.* (Tages)Licht *n*: **to bring (come) to ~** ans Licht bringen (kommen); **to see the ~ (of day)** bekannt *od.* veröffentlicht werden (→ 7, 11). **10.** *fig.* Licht *n*, Aˈspekt *m*: **in the ~ of** unter dem Aspekt (*gen*), in Anbetracht (*gen*), angesichts (*gen*); **I have never looked on the matter in that ~** von dieser Seite habe ich die Angelegenheit noch nie gesehen; **to put s.th. in its true ~** etwas ins rechte Licht rücken; **to reveal s.th. in a different ~** etwas in e-m anderen Licht erscheinen lassen; **to see s.th. in a different ~** etwas mit anderen Augen sehen; **to show s.th. in a bad ~** ein schlechtes Licht auf e-e Sache werfen. **11.** *fig.* Licht *n*, Erleuchtung *f* (*a. relig.*): **to cast** (*od.* **shed, throw**) **~ on s.th.** a) Licht auf e-e Sache werfen, b) zur Lösung *od.* Aufklärung e-r Sache beitragen; **I see the ~** mir geht ein Licht auf; **to see the ~** a) zur Einsicht kommen, b) *relig.* erleuchtet werden (→ 7, 9); **by the ~ of nature** mit den natürlichen Verstandeskräften. **12.** *pl* Erkenntnisse *pl*, Informatiˈonen *pl.* **13.** *pl* Wissen *n*, Verstand *m*, geistige Fähigkeiten *pl*: **according to his ~s** so gut er es eben versteht. **14.** *paint.* a) Licht *n*: **~ and shade**, b) Aufhellung *f.* **15.** Glanz *m*, Leuchten *n* (*der Augen*): **the ~ went out of her eyes** der Glanz ihrer Augen erlosch. **16.** Feuer *n* (*zum Anzünden*), *bes.* Streichholz *n*: **have you got a ~?** haben Sie Feuer?; **to put a** (*od.* **set**) **~ to s.th.** etwas anzünden *od.* in Brand stecken; **to strike a ~** ein Streichholz anzünden. **17.** a) Fenster(scheibe *f*) *n*, b) Dachfenster *n.* **18.** *a.* **shining ~** *fig.* Leuchte *f*, großes Licht (*Person*): → **leading light** 2. **19.** *a.* **~ of one's eyes** *poet.* Augenlicht *n.* **20.** *pl sl.* ‚Gucker' *pl* (*Augen*).

II *adj* **21.** hell, licht: **a ~ colo(u)r; a ~ room; ~ hair** helles Haar; **~ red** Hellrot *n.*

III *v/t pret u. pp* ˈ**light·ed** *od.* **lit** [lɪt] **22.** *a.* **~ up** anzünden: **to ~ a fire (a lamp,** *etc*); **he lit a cigarette** er zündete sich e-e Zigarette an. **23.** be-, erleuchten, erhellen: **to ~ up** hell beleuchten. **24.** *meist* **~ up** *j-s Augen etc* aufleuchten lassen. **25.** *j-m* leuchten. **26. to be lit up** *colloq.* angeheitert sein: a) *durch Alkoholgenuß beschwingt sein*, b) *leicht angetrunken sein.*

IV *v/i* **27.** *a.* **~ up** sich entzünden. **28.** *meist* **~ up** a) sich erhellen, hell werden, b) *fig.* aufleuchten (*Augen etc*). **29. ~ up** a) Licht machen, b) die Straßenbeleuchtung einschalten, c) *mot.* die Scheinwerfer einschalten. **30. ~ up** *colloq.* ‚sich e-e (*Zigarette etc*) anzünden'.

light[2] [laɪt] **I** *adj* (*adv* → lightly) **1.** leicht (*von geringem Gewicht*): **(as) ~ as air** (*od.* **a feather**) federleicht. **2.** (*spezifisch*) leicht: **~ metal** Leichtmetall *n.* **3. ~ coin** *Am.* Münze *f* mit zu geringem Edelmetallgehalt. **4.** leicht (*zu ertragen od. auszuführen*): **~ punishment; ~ work;** → **work** 1. **5.** leicht (*nicht tief*): **~ sleep;** → **sleeper** 1. **6.** leicht, Unterhaltungs...: **~ literature** Unterhaltungsliteratur *f*; **~ music** leichte Musik, Unterhaltungsmusik *f*; **~ opera** komische Oper, Spieloper *f*; **~ reading** Unterhaltungslektüre *f*, leichte Lektüre. **7.** gering(fügig), unbedeutend, leicht: **~ illness; a ~ rain; a ~ eater** ein schwacher Esser; **a ~ error** ein kleiner Irrtum; **~ traffic** geringer Verkehr; **no ~ matter** keine Kleinigkeit; **to make ~ of s.th.** a) etwas auf die leichte Schulter nehmen, b) verharmlosen, bagatellisieren. **8.** leicht: a) leichtverdaulich: **a ~ meal** e-e leichte Mahlzeit, b) *mit geringem Alkohol- od. Nikotingehalt*: **~ cigars; a ~ wine. 9.** locker: **~ earth; ~ snow; ~ bread** leichtes *od.* locker gebackenes Brot. **10.** leicht, sanft: **a ~ touch. 11.** flink: **to be ~ on one's feet** flink auf den Beinen sein. **12.** graziˈös, anmutig: **she is a ~ dancer. 13.** a) unbeschwert, sorglos, heiter, fröhlich: **with a ~ heart** leichten Herzens, b) leichtfertig, -sinnig, c) unbeständig, flatterhaft, d) ˈunmoˌralisch: **a ~ girl** ein ‚leichtes' Mädchen. **14. to be ~ in the head** (leicht) benommen sein. **15.** *mar. mil.* leicht: **~ artillery; ~ cruiser; in ~ marching order** mit leichtem Marschgepäck. **16.** a) leichtbeladen, b) unbeladen, leer, ohne Ladung: **the ship returned ~; a ~ engine** e-e alleinfahrende Lokomotive. **17.** *tech.* leicht(gebaut), für leichte Beanspruchung, Leicht...: **~ plane** Leichtflugzeug *n*; **~ current** *electr.* Schwachstrom *m.* **18.** *Phonetik*: a) un-, schwachbetont (*Silbe, Vokal*), b) schwach (*Betonung*), c) hell, vorn im Mund artikuˈliert (*l-Laut*).

II *adv* **19. to travel ~** mit leichtem Gepäck reisen.

light[3] [laɪt] *pret u. pp* ˈ**light·ed** *od.* **lit** [lɪt] *v/i* **1.** (ab)steigen (**from, off** von). **2.** fallen (**on** auf *acc*): **a cat always ~s on its feet. 3.** sich niederlassen (**on** auf *dat*): **the bird ~ed on a twig. 4.** *fig.* (zufällig) stoßen (**on** auf *acc*). **5.** *fig.* fallen: **the choice ~ed on him. 6. to ~ into s.o.** *colloq.* über j-n herfallen (*a. mit Worten*). **7. ~ out** *colloq.* ‚verduften', verschwinden.

light| air *s* leiser Zug (*Windstärke 1*). ˌ**~-ˈarmed** *adj mil.* leichtbewaffnet. **~ bar·ri·er** *s electr.* Lichtschranke *f.* **~ day** *s astr.* Lichttag *m.* ˈ**~-ˌdu·ty** → light[2] 17. **~ bea·con** *s aer. mar.* Leuchtfeuer *n*, -bake *f.* **~ breeze** *s* leichte Brise (*Windstärke 2*). **~ bulb** *s electr.* Glühlampe *f.* ˈ**~-eˌmit·ting di·ode** *s electr.* ˈLeuchtdiˌode *f.*

light·en[1] [ˈlaɪtn] **I** *v/i* **1.** sich aufhellen, hell(er) werden. **2.** leuchten. **3.** *impers* blitzen: **it is ~ing. II** *v/t* **4.** (*a.* blitzartig) erhellen. **5.** *fig. obs.* erleuchten.

light·en[2] [ˈlaɪtn] **I** *v/t* **1.** leichter machen, erleichtern (*beide a. fig.*): **to ~ s.o.'s heart** j-m das Herz leichter machen. **2.** *ein Schiff* (ab)leichtern. **3.** *j-n* aufheitern. **II** *v/i* **4.** leichter werden: **her heart ~ed** *fig.* ihr wurde leichter ums Herz. **5.** *fig.* heiterer werden.

light en·gi·neer·ing *s* ˈLeichtmaˌschinenbau *m.*

light·er[1] [ˈlaɪtə(r)] *s* **1.** Anzünder *m* (*a. Gerät*). **2.** Feuerzeug *n.*

light·er[2] [ˈlaɪtə(r)] *mar.* **I** *s* Leichter *m*, Prahm *m.* **II** *v/t* in e-m Leichter befördern.

light·er·age [ˈlaɪtərɪdʒ] *s mar.* **1.** Leichtergeld *n.* **2.** ˈLeichtertransˌport *m.*

ˈ**light·er·man** [-mən] *s irr mar.* Leichterschiffer *m.*

ˌ**light·er-than-ˈair** *adj*: **~ craft** Luftfahrzeug *n* leichter als Luft.

light| face *s print.* magere Schrift. ˈ**~-faced** *adj print.* mager. ˈ**~fast** *adj* lichtecht. ˈ**~ˌfast·ness** *s* Lichtechtheit *f.* ˈ**~-ˌfin·gered** *adj* **1.** fingerfertig, geschickt. **2.** ‚langfing(e)rig', diebisch. ˌ**~-ˈfin·gered·ness** *s* Fingerfertigkeit *f*, Geschicktheit *f.* **~ fix·ture** *s* Beleuchtungskörper *m.* **~ fly·weight** *s Boxen*: Halb-, Leichtˈfliegengewicht(ler *m*) *n.* ˌ**~-ˈfly·weight** *adj Boxen*: Halb-, Leichtfliegengewichts... ˈ**~-ˌfoot·ed** *adj* (*adv* **~ly**) leichtfüßig, flink. ˌ**~-ˈfoot·ed·ness** *s* Leichtfüßigkeit *f*, Flinkheit *f.* ˈ**~-ˌhand·ed** *adj* (*adv* **~ly**) geschickt. ˌ**~-ˈhand·ed·ness** *s* Geschicktheit *f.* ˌ**~-ˈhead·ed** *adj* (*adv* **~ly**) **1.** leichtsinnig, -fertig. **2. to feel ~** a) (leicht) benommen sein, b) wie auf Wolken schweben. ˌ**~-ˈhead·ed·ness** *s* **1.** Leichtsinn *m*, -fertigkeit *f.* **2.** (leichte) Benommenheit. ˌ**~-ˈheart·ed** *adj* (*adv* **~ly**) fröhlich, heiter, unbeschwert. ˌ**~-ˈheart·ed·ness** *s* Fröhlichkeit *f*, Heiterkeit *f*, Unbeschwertheit *f.* **~ heav·y·weight** *s sport* Halb-, Leichtˈschwergewicht(ler *m*) *n.* ˌ**~-ˈheav·y·weight** *adj sport* Halb-, Leichtschwergewichts... ˈ**~house** *s* Leuchtturm *m*: **~ keeper** Leuchtturmwärter *m*; **~ tube** *electr.* Leuchtturmröhre *f.* ˈ**~house·man** [-mən] *s irr* Leuchtturmwärter *m.*

ˈ**light·ing** *s* **1.** Beleuchtung *f*: **~ battery** Lichtbatterie *f*; **~ effect** Beleuchtungseffekt *m*; **~ engineer** Beleuchter *m*; **~ load** Lichtnetzbelastung *f*; **~ point** *electr.* Brennstelle *f.* **2.** Beleuchtung(sanlage) *f.* **3.** Anzünden *n.* **4.** *paint.* Lichtverteilung *f.* ˌ**~-ˈup time** *s* (vorgeschriebene) Zeit des Einschaltens der Straßenbeleuchtung *od.* (*mot.*) der Scheinwerfer.

ˈ**light·less** *adj* lichtlos, dunkel.

ˈ**light·ly** *adv* **1.** leicht. **2.** wenig: **to eat ~; ~ booked** weniger gebucht. **3.** gelassen: **to bear s.th. ~. 4.** leichtfertig, -sinnig. **5.** leichtˈhin. **6.** geringschätzig.

light| me·ter *s phot.* Belichtungsmesser *m.* **~ mid·dle·weight** *s sport* Halbˈmittelgewicht(ler *m*) *n.* ˌ**~-ˈmid·dle·weight** *adj sport* Halbmittelgewichts...

ˌ**~-ˈmind·ed** *adj* (*adv* **~ly**) a) leichtfertig, -sinnig, b) unbeständig, flatterhaft. ˌ**~-ˈmind·ed·ness** *s* a) Leichtfertigkeit *f*, -sinn *m*, b) Unbeständigkeit *f*, Flatterhaftigkeit *f*. **~ min·ute** *s astr.* ˈLichtmiˌnute *f*. **~ month** *s astr.* Lichtmonat *m*.

light·ness[1] [ˈlaɪtnɪs] *s* Helligkeit *f*.

light·ness[2] [ˈlaɪtnɪs] *s* **1.** Leichtheit *f*, Leichtigkeit *f*, geringes Gewicht. **2.** Leichtverdaulichkeit *f*. **3.** Lockerheit *f*. **4.** Sanftheit *f*. **5.** Flinkheit *f*. **6.** Grazie *f*, Anmut *f*. **7.** a) Unbeschwertheit *f*, Sorglosigkeit *f*, Heiterkeit *f*, Fröhlichkeit *f*, b) Leichtfertigkeit *f*, -sinn *m*, c) Unbeständigkeit *f*, Flatterhaftigkeit *f*, d) ˈUnmoˌral *f*.

light·ning [ˈlaɪtnɪŋ] **I** *s* Blitz *m*: **struck by ~** vom Blitz getroffen; **~ struck a house** der Blitz schlug in ein Haus (ein); **like ~** wie der Blitz; → **flash** 1, **grease** 6, **streak** 2. **II** *adj* blitzschnell, Blitz..., Schnell...: **~ artist** Schnellzeichner *m*; **~ offensive** *mil.* Blitzoffensive *f*; **with ~ speed** mit Blitzesschnelle. **~ ar·rest·er** *s electr.* Blitzschutzvorrichtung *f*. **~ bug** *Am.* → **firefly**. **~ con·duc·tor** *s electr.* Blitzableiter *m*. **~ rod** *s electr.* Blitzableiter *m* (*a. fig.*): **to serve as a ~ for s.o.** j-m als Blitzableiter dienen, j-s Blitzableiter sein. **~ strike** *s econ.* Blitzstreik *m*. **~ vis·it** *s* ˈStippviˌsite *f*, Blitzbesuch *m*.

light| oil *s chem. tech.* Leichtöl *n*. **~ pen** *s Computer*: Lichtstift *m*. **~ plant** *s electr.* Lichtanlage *f*. **~ pol·lu·tion** *s* ˈLichtüberˌflutung *f* (*in e-r Stadt*). ˈ**~-proof** *adj* ˈlichtˌundurchlässig. **~ quan·tum** *s phys.* Lichtquant *n*, Photon *n*. **~ re·ac·tion** *s bot.* ˈLichtreaktiˌon *f*.

lights [laɪts] *s pl zo.* Lunge *f*.

light| sec·ond *s astr.* ˈLichtseˌkunde *f*. ˈ**~ship** *s mar.* Feuer-, Leuchtschiff *n*. **~ show** *s* Light-Show *f* (*Show mit besonderen Lichteffekten*). ˈ**~-skinned** *adj* hellhäutig.

light·some[1] [ˈlaɪtsəm] *adj* (*adv* **~ly**) *obs. od. poet.* **1.** graziˈös, anmutig. **2.** flink. **3.** a) unbesorgt, sorglos, heiter, fröhlich, b) leichtfertig, -sinnig.

light·some[2] [ˈlaɪtsəm] *adj obs. od. poet.* **1.** leuchtend. **2.** licht, hell.

light source *s* Lichtquelle *f*.

ˌ**lights-ˈout** *s*: **~ is at ten p.m.** um 22 Uhr heißt es „Licht aus".

ˈ**light|-struck** *adj phot.* durch Lichteinwirkung verschleiert. **~ trap** *s* **1.** Lichtschleuse *f*. **2.** *Insektenvernichtungsgerät, das aus e-r Lichtquelle u. e-m Behälter besteht*. **~ week** *s astr.* Lichtwoche *f*. ˈ**~weight I** *adj* **1.** leicht(gewichtig): **~ pickup** Leichttonarm *m*. **2.** *sport* Leichtgewichts... **3.** *fig.* a) leicht: **~ reading** *a.* Unterhaltungslektüre *f*, b) unbedeutend (*Person*): **~ artist** künstlerisches Leichtgewicht. **II** *s* **4.** a) Leichtgewicht *n* (*Person*) (*a. fig.*), b) *etwas Leichtes*. **5.** *sport* Leichtgewicht(ler *m*) *n*. **6.** *fig.* unbedeutender Mensch. **~ wel·ter·weight** *s Boxen*: Halbˈweltergewicht(ler *m*) *n*. ˌ**~-ˈwel·ter·weight** *adj Boxen*: Halbweltergewichts... ˈ**~wood** *s* **1.** Anmachholz *n*. **2.** *Am.* Kienholz *n*. **~ year** *s astr.* Lichtjahr *n*: **~s away** *fig.* himmelweit entfernt; **it is ~s since** *fig.* es ist schon e-e Ewigkeit her, daß *od.* seit.

lign·al·oes [laɪˈnæləʊz; lɪgˈn-] *s pl* (*als sg konstruiert*) **1.** Aloeholz *n*. **2.** *pharm.* Aloe *f*.

lig·ne·ous [ˈlɪgnɪəs] *adj* holzig, holzartig, Holz...

lig·ni·fi·ca·tion [ˌlɪgnɪfɪˈkeɪʃn] *s bot.* Lignifiˈzierung *f*, Verholzung *f*.

lig·ni·fy [ˈlɪgnɪfaɪ] *bot.* **I** *v/t* lignifiˈzieren, in Holz verwandeln. **II** *v/i* lignifiˈzieren, verholzen.

lig·nin [ˈlɪgnɪn] *s chem.* Liˈgnin *n*, Holzstoff *m*.

lig·nite [ˈlɪgnaɪt] *s geol.* (verfestigte) Braunkohle. **ligˈnit·ic** [-ˈnɪtɪk] *adj* braunkohlenhaltig. ˈ**lig·ni·tize** [-nɪtaɪz] *v/t* in Braunkohle verwandeln.

lig·niv·o·rous [lɪgˈnɪvərəs] *adj zo.* holzfressend.

lig·num vi·tae [ˌlɪgnəmˈvaɪtiː] *s bot.* Pockholz(baum *m*) *n*.

lig·ro·in(e) [ˈlɪgrəʊɪn; *Am.* ˈlɪgrəwən] *s chem.* Ligroˈin *n*, ˈLackbenˌzin *n*.

lig·u·la [ˈlɪgjʊlə] *pl* **-lae** [-liː] *od.* **-las** *s* **1.** → **ligule**. **2.** *zo.* Ligula *f* (*verwachsene Zunge u. Nebenzunge von Insekten*). ˈ**lig·ule** [-juːl] *s bot.* **1.** Ligula *f*, Blatthäutchen *n* (*bes. an Gräsern*). **2.** Zungenblütchen *n*.

Li·gu·ri·an [lɪˈgjʊərɪən] **I** *adj* liˈgurisch: **~ Sea** Ligurisches Meer. **II** *s* Liˈgurier(in).

lik·a·ble [ˈlaɪkəbl] *adj* liebenswert, -würdig, symˈpathisch. ˈ**lik·a·ble·ness** *s* liebenswerte Art, symˈpathisches Wesen.

like[1] [laɪk] **I** *adj* **1.** gleich (*dat*), wie: **she is just ~ her sister** sie ist geradeso wie ihre Schwester; **a man ~ you** ein Mann wie du; **what is he ~?** wie ist er?; **he is ~ that** er ist nun einmal so; **he was not ~ that before** so war er doch früher nicht; **what does it look ~?** wie sieht es aus?; **a fool ~ that** ein derartiger *od.* so ein Dummkopf; **he felt ~ a criminal** er kam sich wie ein Verbrecher vor; **that's more ~ it!** *colloq.* das läßt sich (schon) eher hören; → **master** 5 c, **nothing** 7 *u. Bes. Redew.*, **something** 3. **2.** ähnlich (*dat*), bezeichnend für: **that is just ~ him!** das sieht ihm ähnlich! **3.** *in bes. Verbindungen mit folgendem Substantiv od. Gerundium*: **it is ~ having children** es ist (so), als ob man Kinder hätte; → **feel** 10. **4.** gleich: **a ~ amount**; **in ~ manner** a) auf gleiche Weise, b) gleichermaßen; **of ~ mind** gleichgesinnt; **~ signs** *math.* gleiche Vorzeichen; **~ terms** *math.* gleichnamige Glieder; **~ unto his brethren** *Bibl.* s-n Brüdern gleich. **5.** ähnlich: **the portrait is not ~**; **the two signs are very ~**; **they are (as) ~ as two eggs** sie gleichen sich wie ein Ei dem anderen. **6.** ähnlich, gleichartig, derartig: **... and other ~ problems** ... und andere derartige Probleme **7.** *colloq.* wahrˈscheinlich.

II *prep* (*siehe a. adj u. adv, die oft wie e-e prep gebraucht werden*) **8.** wie: **to sing ~ a nightingale**; **do not shout ~ that** schrei nicht so; **a thing ~ that** so etwas.

III *adv* (*siehe auch prep*) **9.** (so) wie: **~ every teacher he has** so wie jeder Lehrer hat auch er; **I cannot play ~ you (do)** ich kann nicht so gut spielen wie du. **10.** *colloq.* wahrˈscheinlich: **~ enough, as ~ as not, very ~** höchstwahrscheinlich, sehr wahrscheinlich. **11.** *sl.* irgendwie, merkwürdig, ziemlich. **12.** *obs.* so: **~ as** so wie.

IV *conj* **13.** *colloq.* wie, (eben)so wie. **14.** *dial.* als ob: **he trembled ~ he was afraid**.

V *s* **15.** (*der, die das*) gleiche, (*etwas*) Gleiches: **his ~** seinesgleichen; **did you ever see the ~(s) of that girl?** hast du jemals so etwas wie dieses Mädchen gesehen?; **the ~s of me** *colloq.* meinesgleichen, unsereiner, Leute wie ich; **~ attracts ~** gleich u. gleich gesellt sich gern; **the ~** dergleichen; **peas, beans, and the ~** Erbsen, Bohnen u. dergleichen; **cocoa or the ~** Kakao oder so etwas (Ähnliches); **he will never do the ~ again** so etwas wird er nie wieder tun; → **such** 7.

like[2] [laɪk] **I** *v/t* **1.** gern haben, (gern) mögen, (gut) leiden können, gern tun, essen, trinken *etc*: **I ~ it** ich habe *od.* mag es gern, es gefällt mir; **I ~ him** ich mag ihn gern, ich kann ihn gut leiden; **how do you ~ it?** wie gefällt es dir?, wie findest du es?; **"As You L~ It"** „Wie es euch gefällt" (*Lustspiel von Shakespeare*); **I ~ that!** *iro.* so was hab' ich gern!; **do you ~ oysters?** mögen Sie Austern (gern)?; **I should much ~ to come** ich würde sehr gern kommen; **he ~s playing** (*od.* **to play**) **tennis** er spielt gern Tennis; **I should ~ to know** ich möchte gerne wissen; **what do you ~ better?** was hast du lieber?, was gefällt dir besser?; **I do not ~ such things discussed** ich habe es nicht gern, daß solche Dinge erörtert werden; **I ~ whisky, but it does not ~ me** *colloq.* ich trinke gern Whisky, aber er bekommt mir nicht; **(much) ~d** (sehr) beliebt.

II *v/i* **2.** wollen: **(just) as you ~** (ganz) wie du willst, (ganz) nach Belieben; **do as you ~** mach, was du willst; **if you ~** wenn du willst; **I am stupid if you ~ but** ich bin vielleicht dumm, aber. **3.** *obs.* gefallen. **4.** *obs.* gedeihen.

III *s* **5.** Neigung *f*, Vorliebe *f*: **~s and dislikes** Neigungen u. Abneigungen; **I know his ~s and dislikes** ich weiß, was er mag u. was nicht.

-like [laɪk] *Wortelement mit der Bedeutung* wie, ...artig, ...ähnlich.

like·a·ble, *etc* → **likable**, *etc.*

like·li·hood [ˈlaɪklɪhʊd] *s* **1.** Wahrˈscheinlichkeit *f*: **in all ~** aller Wahrscheinlichkeit nach, höchstwahrscheinlich; **there is a strong ~ of his succeeding** es ist sehr wahrscheinlich, daß es ihm gelingt; er wird mit großer Wahrscheinlichkeit Erfolg haben. **2.** (deutliches) Anzeichen (**of** für). **3.** *obs.* Verheißung *f*. ˈ**like·li·ness** → **likelihood**.

like·ly [ˈlaɪklɪ] **I** *adj* **1.** wahrˈscheinlich, vorˈaussichtlich: **it is not ~ that he will come, he is not ~ to come** es ist unwahrscheinlich, daß er kommt; **which is his most ~ route?** welchen Weg wird er aller Wahrscheinlichkeit nach nehmen?; **this is not ~ to happen** das wird wahrscheinlich nicht geschehen. **2.** glaubhaft: **a ~ story**; **a ~ story!** *iro.* das soll glauben, wer mag! **3.** in Frage kommend, geeignet: **a ~ candidate**; **a ~ remedy**. **4.** aussichtsreich, vielversprechend: **a ~ young man**. **II** *adv* **5.** wahrˈscheinlich: **very ~** sehr wahrscheinlich; **most ~** höchstwahrscheinlich; **as ~ as not** (sehr) wahrscheinlich; **not ~!** *colloq.* wohl kaum!

ˌ**like-ˈmind·ed** *adj* (*adv* **~ly**) gleichgesinnt. ˌ**like-ˈmind·ed·ness** *s* Gleichgesinntheit *f*.

lik·en [ˈlaɪkən] *v/t* vergleichen (**to** mit).

like·ness [ˈlaɪknɪs] *s* **1.** Ähnlichkeit *f* (**between** zwischen *dat*; **to** mit). **2.** Gestalt *f*: **an enemy in the ~ of a friend**. **3.** Bild *n*, Porˈträt *n*: **to have one's ~ taken** sich malen *od.* fotografieren lassen. **4.** Abbild *n* (**of** *gen*): **he is the exact ~ of his father**.

ˈ**like·wise** *adv* **1.** außerdem, auch, zusätzlich. **2.** desˈgleichen, ebenso: **to do ~** es ebenso machen, das gleiche tun; *pleased to meet you* – **~** ganz meinerseits!; *have a nice day* – **~** danke gleichfalls!

lik·ing [ˈlaɪkɪŋ] *s* (**for**) Vorliebe *f* (für), Geschmack *m* (an *dat*): **to have a ~ for** e-e Vorliebe haben für *j-n*, *etwas*, Zuneigung für *j-n* empfinden, *j-n*, *etwas* gern mögen; **to take a ~ to** Zuneigung fassen zu *j-m*, Gefallen finden an *j-m*, *etwas*, Geschmack finden an *etwas*; **to be greatly to s.o.'s ~** j-m sehr zusagen; **this is not (to) my ~** das ist nicht nach m-m Geschmack; **it is not my ~ to have to**

get up early ich mag es nicht, früh aufstehen zu müssen; **it is too old-fashioned for my** ~ es ist mir zu altmodisch.

li·lac [ˈlaɪlək] **I** *s* **1.** *bot.* Spanischer Flieder. **2.** Lila *n* (*Farbe*). **II** *adj* **3.** lila (-farben).

lil·i·a·ceous [ˌlɪlɪˈeɪʃəs] *adj bot.* Lilien..., lilienartig.

Lil·li·pu·tian [ˌlɪlɪˈpjuːʃjən; -ʃɪən; *bes. Am.* -ʃn] **I** *adj* **1.** a) winzig, zwergenhaft, b) Liliput..., Klein(st)... **2.** *fig.* engstirnig, ‚ˈkleinkaˌriert'. **II** *s* **3.** Lilipuˈtaner(in) (*Bewohner[in] des fiktiven Landes Liliput; weitS. Mensch von zwergenhaftem Wuchs*). **4.** *fig.* engstirniger *od.* ‚ˈkleinkaˌrierter' Mensch.

li·lo [ˈlaɪləʊ] *pl* **-los** *s Br. colloq.* ˈLuftmaˌtratze *f.*

lilt [lɪlt] **I** *s* **1.** a) flotter Rhythmus, b) flotte *od.* schwungvolle Meloˈdie. **2.** (federnder) Schwung, Federn *n*: **the** ~ **of her step** ihr federnder Gang. **II** *v/i* **3.** e-n flotten Rhythmus haben: ~**ing** flott. **4.** mit federnden Schritten gehen.

lil·y [ˈlɪlɪ] **I** *s* **1.** *bot.* a) Lilie *f*, b) lilienartige Pflanze: ~ **of the Nile** Schmucklilie; ~ **of the valley** Maiglöckchen *n*; **to gild** (*od.* **paint**) **the** ~ *fig.* des Guten zuviel tun. **2.** *her.* Lilie *f.* **II** *adj* **3.** lilienweiß: **a** ~ **hand.** **4.** *poet.* zart, äˈtherisch. **5.** *poet.* rein (*a. Wahrheit*), unschuldig. ~**i·ron** *s e-e Harpune mit abnehmbarer Spitze.* ˌ~-ˈ**liv·ered** *adj* feig(e). ˌ~-ˈ**white** *adj* **1.** → lily 3. **2.** *Am. colloq.* nur für Weiße: **a** ~ **club.**

Li·ma bean [ˈliːmə; *bes. Am.* ˈlaɪmə] *s bot.* Limabohne *f.*

lim·a·cine [ˈlɪməsaɪn; -sɪn; ˈlaɪ-] *adj zo.* schneckenartig, Schnecken...

li·ma·çon [ˈlɪməsɒn; *Am.* -ˌsɑn; ˌliːməˈsɔ̃ːŋ] *s math.* Pasˈcalsche Schnecke.

limb[1] [lɪm] *s* **1.** (*Körper*)Glied *n*: ~**s** *pl a.* Gliedmaßen *pl*; **to tear s.o.** ~ **from** ~ j-n in Stücke reißen. **2.** Hauptast *m* (*e-s Baumes*): **to be out on a** ~ *colloq.* a) in e-r gefährlichen Lage sein, b) *Br.* allein (dastehen. **3.** *fig.* a) Glied *n*, Teil *m* (*e-s Ganzen*), b) Arm *m* (*e-s Kreuzes etc*): ~ **of the sea** Meeresarm, c) Ausläufer *m* (*e-s Gebirges*), d) *ling.* (Satz)Glied *n*, e) *jur.* Absatz *m*, f) Arm *m*, Werkzeug *n*: ~ **of the law** Arm des Gesetzes (*Jurist, Polizist etc*). **4.** *a.* ~ **of Satan** (*od.* **the devil**) *colloq.* ‚Racker' *m*, Schlingel *m.*

limb[2] [lɪm] *s* **1.** *bot.* a) Limbus *m*, (Kelch-) Saum *m* (*e-r Blumenkrone*), b) Blattrand *m* (*bei Moosen*). **2.** *astr.* Rand *m* (*e-s Himmelskörpers*). **3.** *tech.* Limbus *m* (*Teilkreis an Instrumenten zur Winkelmessung*).

lim·bate [ˈlɪmbeɪt] *adj biol.* andersfarbig gerandet *od.* gesäumt.

limbed [lɪmd] *adj in Zssgn* ...gliedrig.

lim·ber[1] [ˈlɪmbə(r)] **I** *adj* **1.** biegsam, geschmeidig. **2.** beweglich, gelenkig. **3.** *fig.* fleˈxibel: ~ **credit terms.** **II** *v/t* **4.** *meist* ~ **up** biegsam *od.* geschmeidig machen, *Muskeln a.* auflockern: **to** ~ **o.s.** → 5. **III** *v/i* **5.** *meist* ~ **up** sich auflockern, Lockerungsübungen machen.

lim·ber[2] [ˈlɪmbə(r)] **I** *s* **1.** *mil.* Protze *f*: ~ **chest** Protzkasten *m.* **2.** *pl mar.* Pumpensod *m.* **II** *v/t u. v/i* **3.** *meist* ~ **up** aufprotzen.

ˈ**lim·ber·ing ex·er·cise** *s* Lockerungsübung *f.*

lim·ber·ness [ˈlɪmbə(r)nɪs] *s* **1.** Biegsamkeit *f*, Geschmeidigkeit *f.* **2.** Beweglichkeit *f*, Gelenkigkeit *f.* **3.** *fig.* Flexibiliˈtät *f.*

lim·bo[1] [ˈlɪmbəʊ] *pl* **-bos** *s* **1.** *oft* L~ *relig.* Limbus *m*, Vorhölle *f.* **2.** Gefängnis *n.* **3.** *fig.* Rumpelkammer *f*: **to put s.o. into** ~ j-n aufs Abstellgleis schieben. **4.** ˈÜbergangs-, Zwischenstadium *n*: **to be in** ~ a) in der Schwebe sein (*Entscheidung etc*), b) ‚in der Luft hängen', im ungewissen sein (*Person*); **to occupy a** ~ (**between** ... **and** ...) ein Übergangsstadium darstellen (von ... zu ...), ein Zwischenstadium darstellen (zwischen *dat* ... und ...).

lim·bo[2] [ˈlɪmbəʊ] *pl* **-bos** *s* Limbo *m* (*akrobatischer Tanz westindischer Herkunft, bei dem der Tänzer den Körper von den Knien an zurückbiegt u. sich mit schiebenden Tanzschritten unter e-r Querstange hindurchbewegt*).

Lim·burg·er [ˈlɪmbɜːgə; *Am.* -bɜrgər], *a.* ˈ**Lim·burg cheese** *s* Limburger (Käse) *m.*

lime[1] [laɪm] **I** *s* **1.** *chem.* Kalk *m*: **hydrated** ~ gelöschter Kalk; → **unslaked** 1. **2.** *agr.* Kalkdünger *m.* **3.** Vogelleim *m.* **II** *v/t* **4.** kalken: a) mit Kalk bestreichen *od.* behandeln, b) *agr.* mit Kalk düngen, c) → **limewash** I. **5.** mit Vogelleim bestreichen *od.* fangen.

lime[2] [laɪm] *s bot.* Linde *f.*

lime[3] [laɪm] *s bot.* **1.** Limoˈnelle *f* (*Baum*). **2.** Liˈmone *f*, Limoˈnelle *f* (*Frucht*).

lime|burn·er *s* Kalkbrenner *m.* ~**cast** *s* Kalkverputz *m.* ~ **con·crete** *s* ˈKalkbeˌton *m*, ˈKalk-ˈSand-Beˌton *m.* ~ **juice** *s* Liˈmonen-, Limoˈnellensaft *m.* ˈ~**-juic·er** → limey I. ˈ~**kiln** *s* Kalk(brenn)ofen *m.* ˈ~**light** *s* **1.** *tech.* Kalklicht *n*, Drummondsches Licht. **2.** *fig.* Rampenlicht *n*, Licht *n* der Öffentlichkeit: **to be in the** ~ im Rampenlicht *od.* im Licht der Öffentlichkeit stehen. ~ **mor·tar** *s* Kalkmörtel *m.*

li·men [ˈlaɪmen] *pl* ˈ**li·mens, lim·i·na** [ˈlɪmɪnə] *s psych.* (Bewußtseins- *od.* Reiz-) Schwelle *f.*

lime pit *s* **1.** Kalkgrube *f.* **2.** *Gerberei*: Äscher(grube *f*) *m.*

lim·er·ick [ˈlɪmərɪk] *s* Limerick *m* (*fünfzeiliges komisch-ironisches Gedicht mit dem Reimschema aabba*).

ˈ**lime|·stone** *s geol.* Kalkstein *m.* ~**tree** *s bot.* **1.** Linde *f.* **2.** (*ein*) Tuˈpelobaum *m.* ~ **twig** *s* **1.** Leimrute *f.* **2.** *fig.* Falle *f*, Schlinge *f.* ˈ~**wash I** *v/t* kalken, weißen, tünchen. **II** *s* (Kalk)Tünche *f.* ˈ~ˌ**wa·ter** *s chem.* **1.** Kalkmilch *f*, -lösung *f.* **2.** kalkhaltiges Wasser.

lim·ey [ˈlaɪmiː] *Am. sl.* **I** *s* **1.** a) Brite *m*, Britin *f*, b) britischer Maˈtrose. **2.** britisches Schiff. **II** *adj* **3.** britisch.

li·mic·o·lous [laɪˈmɪkələs] *adj zo.* limiˈkol, im Schlamm lebend, Schlamm...

lim·i·na [ˈlɪmɪnə] *pl von* **limen.** ˈ**lim·i·nal** [-nl] *adj psych.* Schwellen...

lim·it [ˈlɪmɪt] **I** *s* **1.** *fig.* Grenze *f*, Begrenzung *f*, Beschränkung *f*, (*Zeit- etc*) Limit *n*: **to the** ~ bis zum Äußersten *od.* Letzten; **within** ~**s** in (gewissen) Grenzen; **without** ~ ohne Grenzen, grenzen-, schrankenlos; **there is a** ~ **to everything** alles hat s-e Grenzen; **there is no** ~ **to his greed, his greed knows no** ~**s** s-e Gier kennt keine Grenzen; **to know one's (own)** ~**s** s-e Grenzen kennen; **to put a** ~ **on s.th., to set a** ~ **to s.th.** etwas begrenzen *od.* beschränken; **he has reached the** ~ **of his patience** s-e Geduld ist am Ende *od.* erschöpft; **to go the** ~ über die volle Distanz gehen (*Boxer etc*); **superior** ~ a) äußerster Termin, b) obere Grenze, Höchstgrenze *f*; **inferior** ~ a) frühestmöglicher Zeitpunkt, b) untere Grenze; **off** ~**s** Zutritt verboten (to für); **that's the** ~! *colloq.* das ist (doch) die Höhe!; **he is the** ~! *colloq.* er ist unglaublich *od.* unmöglich! **2.** Grenze *f*, Grenzlinie *f.* **3.** *obs.* Bezirk *m*, Bereich *m.* **4.** *math. tech.* Grenze *f*, Grenzwert *m.* **5.** *econ.* a) *Börse*: Höchstbetrag *m*, b) Limit *n*, Preisgrenze *f*: **lowest** ~ äußerster *od.* letzter Preis. **II** *v/t* **6.** beschränken, begrenzen (**to** auf *acc*): ~**ing adjective** *ling.* einschränkendes Adjektiv. **7.** *econ. Preise* limiˈtieren.

lim·i·ta·tion [ˌlɪmɪˈteɪʃn] *s* **1.** *fig.* Grenze *f*: **to know one's (own)** ~**s** s-e Grenzen kennen. **2.** *fig.* Begrenzung *f*, Beschränkung *f*: ~ **of armament** Rüstungsbeschränkung; ~ **of liability** *jur.* Haftungsbeschränkung. **3.** *jur.* Verjährung *f*: ~ (**period**) Verjährungsfrist *f*; ~ **of action** Klageverjährung.

lim·i·ta·tive [ˈlɪmɪtətɪv; *bes. Am.* -teɪtɪv] *adj* limitaˈtiv, begrenzend, beschränkend.

ˈ**lim·it·ed I** *adj* (*adv* ~**ly**) **1.** beschränkt, begrenzt (**to** auf *acc*): ~ **intelligence**; ~ **space**; ~ **bus** → 4 a; ~ (**liability**) **company** *econ. Br.* Aktiengesellschaft *f*; ~ **edition** begrenzte Auflage; ~ **order** *econ.* limitierte (Börsen)Order; ~ **in time** befristet; ~ **train** → 4 b. **2.** *pol.* konstitutioˈnell: ~ **monarchy.** **3.** *fig.* (*geistig*) beschränkt. **II** *s* **4.** *Am.* a) Schnellbus *m*, b) Schnellzug *m.*

ˈ**lim·it·er** *s* **1.** einschränkender Faktor. **2.** *electr.* (Ampliˈtuden)Begrenzer *m.*

ˈ**lim·it·less** *adj* (*adv* ~**ly**) *fig.* grenzenlos.

lim·i·trophe [ˈlɪmɪtrəʊf] *adj* grenzend (**to** an *acc*), Grenz...: ~ **region.**

lim·it switch *s electr.* Endschalter *m.*

limn [lɪm] *v/t obs. od. poet.* **1.** malen, zeichnen, abbilden. **2.** *fig.* veranschaulichen, schildern. ˈ**lim·ner** [-nə(r)] *s obs. od. poet.* (Porˈträt)Maler *m.*

lim·net·ic [lɪmˈnetɪk], **lim·nic** [ˈlɪmnɪk] *adj* limnisch: a) *biol. im Süßwasser lebend od. entstanden*, b) *geol. im Süßwasser entstanden od. abgelagert.*

lim·nite [ˈlɪmnaɪt] *s min.* Raseneisenerz *n.*

lim·nol·o·gy [lɪmˈnɒlədʒɪ; *Am.* -ˈnɑ-] *s* Limnoloˈgie *f* (*Lehre von den Binnengewässern u. den in ihnen lebenden Organismen*).

lim·o [ˈlɪməʊ] *pl* **-os** *colloq. für* **limousine.**

lim·o·nene [ˈlɪməniːn] *s chem.* Limoˈnen *n* (*in ätherischen Ölen verbreiteter Kohlenwasserstoff von zitronenartigem Geruch*).

li·mo·nite [ˈlaɪmənaɪt] *s min.* Limoˈnit *m*, Brauneisenerz *n.*

lim·ou·sine [ˈlɪmuziːn; *Am.* ˌlɪməˈziːn] *s mot.* Limouˈsine *f.*

limp[1] [lɪmp] **I** *v/i* **1.** hinken (*a. fig. Verse etc*), humpeln. **2.** sich (daˈhin)schleppen (*a. fig.*). **II** *s* **3.** Hinken *n*: **to walk with a** ~ hinken, humpeln.

limp[2] [lɪmp] *adj* **1.** schlaff, schlapp: **to go** ~ erschlaffen; **a** ~ **gesture** e-e müde Handbewegung; **a** ~ **joke** ein ‚müder' Witz. **2.** biegsam, weich: ~ **book cover.**

limp·en [ˈlɪmpən] *v/i* erschlaffen.

lim·pet [ˈlɪmpɪt] *s zo.* Napfschnecke *f*: **to hold on** (*od.* **hang on, cling**) **to s.o. like a** ~ *fig.* wie e-e Klette an j-m hängen. ~ **mine** *s mil.* Haftmine *f.*

lim·pid [ˈlɪmpɪd] *adj* (*adv* ~**ly**) **1.** ˈdurchsichtig, klar (*Wasser etc*). **2.** *fig.* klar (*Stil etc*). **3.** *fig.* ruhig, friedlich (*Leben etc*). **limˈpid·i·ty,** ˈ**lim·pid·ness** *s* ˈDurchsichtigkeit *f*, Klarheit *f.*

ˈ**limp·ness** *s* Schlaff-, Schlappheit *f.*

limp| wrist *s Am. colloq.* ‚Schwule(r)' *m* (*Homosexueller*). ˈ~ˌ**wrist** *adj Am. colloq.* ‚schwul'.

lim·y[1] [ˈlaɪmɪ] *adj* **1.** Kalk..., kalkig: a) kalkhaltig, b) kalkartig. **2.** gekalkt. **3.** mit Vogelleim beschmiert.

lim·y[2] [ˈlaɪmɪ] *adj* mit Liˈmonen- *od.* Limoˈnellengeschmack.

lin·ac [ˈlɪnæk] *s phys.* Lineˈarbeschleuniger *m* (*aus* **linear accelerator**).

lin·age [ˈlaɪnɪdʒ] *s* **1.** → **alignment.** **2.** Zeilenzahl *f.* **3.** ˈZeilenhonoˌrar *n.*

linch·pin [ˈlɪntʃpɪn] *s* **1.** *tech.* Lünse *f*,

Achsnagel *m.* **2.** *fig.* Stütze *f*: **this fact is the ~ of his argumentation** auf diese Tatsache stützt sich s-e Argumentation; **he is the ~ of the company** er hält die ganze Firma zusammen.

Lin·coln [ˈlɪŋkən] *s* Lincoln(schaf) *n.* **~ green** *s* **1.** Lincolngrün *n* (*Tuchfarbe*). **2.** Lincolner Tuch *n.*

lin·crus·ta [lɪnˈkrʌstə] *s* Linˈkrusta *f* (*linoleumähnliche, abwaschbare Tapete mit reliefartiger Prägung*).

lin·den [ˈlɪndən] *s* **1.** *bot.* Linde *f.* **2.** Lindenholz *n.*

line[1] [laɪn] **I** *s* **1.** Linie *f* (*a. sport*), Strich *m.* **2.** a) (*Hand- etc*)Linie *f*: **~ of fate** Schicksalslinie, b) Falte *f*, Runzel *f*, c) Zug *m* (*im Gesicht*). **3.** Zeile *f*: **to read between the ~s** *fig.* zwischen den Zeilen lesen; → **drop** 41. **4.** *TV* (Bild)Zeile *f.* **5.** a) Vers *m*, b) *pl thea. etc* Rolle *f*, Text *m*, c) *pl ped. Br.* Strafarbeit *f*, -aufgabe *f.* **6.** *pl* (*meist als sg konstruiert*) *bes. Br. colloq.* Trauschein *m.* **7.** *colloq.* **(on)** Informatiˈon *f* (über *acc*), ˈHinweis *m* (auf *acc*). **8.** *Am. colloq.* a) ‚Platte' *f* (*Geschwätz*), b) ‚Tour' *f*, ‚Masche' *f* (*Trick*). **9.** Linie *f*, Richtung *f*: **~ of attack** a) *mil.* Angriffsrichtung, b) *fig.* Taktik *f*; **~ of fire** *mil.* Schußlinie *f*; **~ of sight** a) Blickrichtung, b) *a.* **~ of vision** Gesichtslinie, -achse *f*; **hung on the ~** in Augenhöhe aufgehängt (*Bild*); **he said s.th. along these ~s** er sagte etwas in dieser Richtung; → **resistance** 1. **10.** *pl* Grundsätze *pl*, Richtlinie(n *pl*) *f*: **the ~s of his policy** die Grundlinien s-r Politik; **on** (*od.* **along**) **the ~s of** nach dem Prinzip (*gen*); **along these ~s** a) nach diesen Grundsätzen, b) folgendermaßen; **along general ~s** ganz allgemein, in großen Zügen; **along similar ~s** ähnlich. **11.** Art *f* u. Weise *f*, Meˈthode *f*, Verfahren *n*: **~ of approach (to)** Art u. Weise (*etwas*) anzupacken, Methode; **~ of argument** (Art der) Beweisführung *f*; **~ of reasoning** Denkweise; **~ of thought** a) Auffassung *f*, b) Gedankengang *m*; **to take a strong ~** energisch auftreten *od.* werden (**with s.o.** gegenüber j-m); **to take the ~ that** den Standpunkt vertreten, daß; **don't take that ~ with me!** komm mir ja nicht so!; **in the ~ of** nach Art von (*od. gen*); **on strictly commercial ~s** auf streng geschäftlicher Grundlage, auf rein kommerzieller Basis; → **hard line** 1. **12.** Grenze *f* (*a. fig.*), Grenzlinie *f*: **to overstep the ~ of good taste** über die Grenzen des guten Geschmacks hinausgehen; **to be on the ~** auf dem Spiel stehen; **to draw the ~** die Grenze ziehen, haltmachen (**at** bei); **I draw the ~ at that** da hört es bei mir auf; **to go on the ~** *Am.* ‚auf den Strich gehen'; **to lay** (*od.* **put**) **on the ~** *sein Leben, s-n Ruf etc* aufs Spiel setzen; **to lay it on the ~ that** in aller Deutlichkeit sagen, daß; **I'll lay it on the ~ for you!** *colloq.* das kann ich Ihnen genau sagen!; **~s of responsibility** Zuständigkeiten. **13.** *pl* a) Linien(führung *f*) *pl*, Konˈturen *pl*, Form *f*, b) Entwurf *m*, c) *tech.* Riß *m.* **14.** a) Reihe *f*, Kette *f*: **a ~ of poplars** e-e Pappelreihe, b) *bes. Am.* (Menschen-, *a.* Auto)Schlange *f*: **to stand in ~** anstehen, Schlange stehen (**for** um, nach); **to drive in ~** *mot.* Kolonne fahren; **to be in ~ for** *fig.* Aussichten haben auf (*acc*). **15.** Reihe *f*, Linie *f*: **in ~ with** *fig.* in Übereinstimmung *od.* im Einklang mit; **to be in ~** *fig.* übereinstimmen (**with** mit); **out of ~** aus der Flucht, nicht in e-r Linie; **to be out of ~** *fig.* nicht übereinstimmen (**with** mit); **to bring** (*od.* **get**) **into ~** *fig.* a) in Einklang bringen (**with** mit), b) ‚auf Vordermann bringen'; **to fall into ~** a) sich einordnen, b) *mil.* (in Reih u. Glied) antreten, c) *fig.* sich anschließen (**with** *dat*); **to keep s.o. in ~** *fig.* j-n bei der Stange halten; **to step** (*od.* **get**) **out of ~** *fig.* aus der Reihe tanzen; **in ~ of duty** in Ausübung s-s Dienstes *od.* s-r Pflicht; → **toe** 8. **16.** a) (Abstammungs)Linie *f*, b) (*Ahnen- etc*) Reihe *f*, c) *zo.* (Zucht)Stamm *m*, d) Faˈmilie *f*, Stamm *m*, Geschlecht *n*: **the male ~** die männliche Linie; **in the direct ~** in direkter Linie. **17.** *pl bes. Br.* Los *n*, Geschick *n*: → **hard line** 2. **18.** Fach *n*, Gebiet *n*, Sparte *f*: **~ (of business)** Branche *f*, Geschäftszweig *m*; **in the banking ~** im Bankfach *od.* -wesen; **that's not in my ~** a) das schlägt nicht in mein Fach, b) das liegt mir nicht; **that's more in my ~** das liegt mir schon eher. **19.** (*Verkehrs-, Eisenbahn- etc*)Linie *f*, Strecke *f*, Route *f*, *engS. rail.* Gleis *n*: **the end of the ~** *fig.* das (bittere) Ende; **that's the end of the ~!** *fig.* Endstation!; **he was at the end of the ~** *fig.* er war am Ende. **20.** (*Flug- etc*)Gesellschaft *f.* **21.** a) *bes. teleph.* Leitung *f*: **the ~ is busy** (*Br.* **engaged**) die Leitung ist besetzt; **to get off the ~** aus der Leitung gehen; **hold the ~!** bleiben Sie am Apparat!; → **hot line**, b) *bes. teleph.* Anschluß *m*, c) *teleph.* Amt *n*: **can I have a ~, please?** **22.** *tech.* (Rohr)Leitung *f*: **oil ~** Ölleitung. **23.** *tech.* (Fertigungs)Straße *f*: → **packaging** II. **24.** *econ.* a) Sorte *f*, Warengattung *f*, b) Posten *m*, Parˈtie *f*, c) Sortiˈment *n*, d) Arˈtikel *m od. pl*, Arˈtikelserie *f.* **25.** *mil.* a) Linie *f*: **behind the enemy ~s** hinter den feindlichen Linien; **~ of communications** rückwärtige Verbindungen; **~ of defence** (*Am.* **defense**) (**departure, retreat**) Verteidigungs-(Ausgangs-, Rückzugs)linie; → **battle** 4, b) Front *f*: **to go up the ~** nach vorn *od.* an die Front gehen; **all along the ~, down the ~** *fig.* auf der ganzen Linie, *a.* voll u. ganz; **to go down the ~ for** *Am. colloq.* sich voll einsetzen für, c) Fronttruppe(n *pl*) *f.* **26.** *geogr.* Längen- *od.* Breitenkreis *m*: **the L~** der Äquator. **27.** *mar.* Linie *f*: **~ abreast** Dwarslinie; **~ ahead** Kiellinie. **28.** a) Leine *f*: **to hang the washing up on the ~** die Wäsche auf die Leine hängen, b) Schnur *f*, c) Seil *n.* **29.** *teleph. etc* a) Draht *m*, b) Kabel *n.*

II *v/i* **30.** → **line up** 1 *u.* 2.

III *v/t* **31.** liˈnieren, liniˈieren: **to ~ paper.** **32.** → **line up** 4. **33.** zeichnen. **34.** skizˈzieren. **35.** *das Gesicht* (zer)furchen. **36.** (ein)säumen: **~d with trees; thousands of people ~d the streets** Tausende von Menschen säumten die Straßen; **soldiers ~d the street** Soldaten bildeten an der Straße Spalier.

Verbindungen mit Adverbien:

line| in *v/t* einzeichnen. **~ off** *v/t* abgrenzen. **~ through** *v/t* ˈdurchstreichen. **~ up I** *v/i* **1.** sich in e-r Reihe *od.* Linie aufstellen. **2.** *bes. Am.* sich anstellen (**for** um, nach). **3.** *fig.* sich zs.-schließen: **to ~ behind s.o.** sich hinter j-n stellen. **II** *v/t* **4.** in e-r Linie *od.* Reihe aufstellen. **5.** *fig. colloq.* ‚auf die Beine stellen', organiˈsieren, arranˈgieren.

line[2] [laɪn] *v/t* **1.** *Kleid etc* füttern. **2.** *tech.* (auf der Innenseite) überˈziehen *od.* belegen, ausfüttern, -gießen, -kleiden, -schlagen, *Bremsen, Kupplung* belegen. **3.** als Futter *od.* ˈÜberzug dienen für. **4.** (an)füllen: **to ~ one's pocket(s)** (*od.* **purse**) in die eigene Tasche arbeiten, sich bereichern; **to ~ one's stomach** sich den Bauch ‚vollschlagen'.

lin·e·age[1] [ˈlɪnɪɪdʒ] *s* **1.** geradlinige Abstammung. **2.** Stammbaum *m.* **3.** Geschlecht *n*, Faˈmilie *f.*

line·age[2] → **linage**.

lin·e·al [ˈlɪnɪəl] *adj* (*adv* **~ly**) **1.** geradlinig, in diˈrekter Linie, direkt: **~ descent**; **~ descendant** direkter Nachkomme. **2.** ererbt, Erb...: **~ feud.** **3.** → **linear.**

lin·e·a·ment [ˈlɪnɪəmənt] *s meist pl* **1.** (Gesichts)Zug *m.* **2.** *fig.* Zug *m.*

lin·e·ar [ˈlɪnɪə(r)] *adj* (*adv* **~ly**) **1.** lineˈar, geradlinig: **~ distance** Luftlinie *f.* **2.** *math. phys. tech.* Linear..., lineˈar: **~ algebra (function, perspective,** *etc*). **3.** Längen...: **~ dimension** Längenabmessung *f.* **4.** Linien..., Strich..., linien-, strichförmig. **5.** *bot.* lineˈalisch (*viel länger als breit u. mit parallelen Rändern*): **~ leaves.** **L~ A** *s Paläographie*: Lineˌar-ˈA-Schrift *f.* **~ ac·cel·er·a·tor** *s phys.* Lineˈarbeschleuniger *m.* **L~ B** *s Paläographie*: Lineˌar-ˈB-Schrift *f.* **~ e·qua·tion** *s math.* lineˈare Gleichung, Gleichung *f* ersten Grades.

lin·e·ate [ˈlɪnɪɪt; -eɪt], *a.* **ˈlin·e·at·ed** [-eɪtɪd] *adj* **1.** (längs)gestrichelt. **2.** *bot.* gestreift, gerippt.

lin·e·a·tion [ˌlɪnɪˈeɪʃn] *s* **1.** Skizˈzierung *f.* **2.** (ˈUmriß)Linie *f.* **3.** Striche *pl*, Linien *pl.* **4.** Anordnung *f* in Linien *od.* Zeilen.

line| blank·ing *s TV* Zeilenabtastung *f.* **ˈ~-breed** *v/t irr* reinzüchten. **~ breed·ing** *s* Rein-, Faˈmilienzucht *f.* **~ draw·ing** *s* Strichzeichnung *f.* **~ en·grav·ing** *s art* (Stich *m* in) ˈLinienmaˌnier *f.* **~ e·qua·tion** *s math.* Gleichung *f* e-r ebenen Kurve. **~ etch·ing** *s art* Strichätzung *f.* **~ in·te·gral** *s math.* ˈLinieninteˌgral *n.* **ˈ~·man** [-mən] *s irr* **1.** *teleph. etc bes. Am.* Störungssucher *m*: **linemen's pliers** Kabelzange *f.* **2.** *rail. bes. Br.* Streckenarbeiter *m.*

lin·en [ˈlɪnɪn] **I** *s* **1.** Leinen *n*, Leinwand *f.* **2.** (*Bett-, Unter- etc*)Wäsche *f*: **~ basket** *bes. Br.* Wäschekorb *m*; **~ closet** (*od.* **cupboard**) Wäscheschrank *m*; **to change one's ~** die (Unter)Wäsche wechseln; **to wash one's dirty ~ (in public)** *fig.* (s-e) schmutzige Wäsche (in der Öffentlichkeit) waschen. **3.** → **linen paper.** **II** *adj* **4.** Leinen..., leinen, Leinwand... **~ fold** *s arch.* Faltenfüllung *f.* **~ pa·per** *s* ˈLeinenpaˌpier *n.*

ˈline|-out *s Rugby*: Gasse *f.* **~ print·er** *s Computer*: Zeilendrucker *m.*

lin·er[1] [ˈlaɪnə(r)] *s* **1.** Abfütterer *m.* **2.** *tech.* Futter *n*, Buchse *f*, Einlage *f.* **3.** Einsatz(stück *n*) *m.*

lin·er[2] [ˈlaɪnə(r)] *s* **1.** *mar.* Liniendampfer *m*, -schiff *n.* **2.** *aer.* Verkehrsflugzeug *n.* **3.** Linienzieher *m* (*Person od. Gerät*). **4.** → **eye liner.**

lines·man [ˈlaɪnzmən] *s irr* **1.** *bes. Br.* → **lineman.** **2.** *sport* Linienrichter *m.*

line| spec·trum *s phys.* Linienspektrum *n.* **~ squall** *s meteor.* Linien-, Reihenbö *f.* **ˈ~-up** *s* **1.** *sport* Aufstellung *f.* **2.** Grupˈpierung *f.* **3.** *bes. Am.* (Menschen-) Schlange *f.* **4.** *Rundfunk, TV*: Sendefolge *f*, Proˈgramm *n.*

ling[1] [lɪŋ] *pl* **lings,** *bes. collect.* **ling** *s ichth.* Leng(fisch) *m.*

ling[2] [lɪŋ] *s bot.* Heidekraut *n.*

lin·ga [ˈlɪŋgə], **lin·gam** [ˈlɪŋgəm] *s relig.* Linga(m) *n* (*Phallus als Symbol des indischen Gottes Schiwa*).

lin·ger [ˈlɪŋgə(r)] *v/i* **1.** verweilen, sich aufhalten (*beide a. fig.* **over, on, upon** bei *e-m Thema etc*): **to ~ on** a) noch dableiben, b) nachklingen (*Ton*), c) *fig.* fortleben, -bestehen (*Tradition etc*). **2.** *fig.* (zuˈrück)bleiben (*Verdacht, ungutes Gefühl etc*). **3.** sich ˈhinziehen *od.* -schleppen. **4.** daˈhinsiechen (*Kranker*). **5.** a) zögern, zaudern, b) trödeln: **to ~ about** (*od.* **around**) herumtrödeln. **6.** schlendern, bummeln. **7.** *obs.* sich sehnen (**after** nach).

lin·ge·rie [ˈlæːnʒəriː; ˈlænʒ-; *Am. a.* ˌlɑndʒəˈreɪ] *s* ˈDamen(ˌunter)wäsche *f.*

lin·ger·ing [ˈlɪŋɡərɪŋ] *adj* (*adv* **~ly**) **1.** nachklingend. **2.** *fig.* (zuˈrück)bleibend. **3.** schleppend. **4.** schleichend: **a ~ disease. 5.** sehnsüchtig: **a ~ look.**

lin·go [ˈlɪŋɡəʊ] *pl* **-goes** *s colloq.* **1.** Kauderwelsch *n.* **2.** (ˈFach)Jarˌgon *m.* **3.** (Fremd)Sprache *f.*

lin·gua fran·ca [ˌlɪŋɡwəˈfræŋkə] *s* Lingua *f* franca, Verkehrssprache *f.*

lin·gual [ˈlɪŋɡwəl] **I** *adj* (*adv* **~ly**) **1.** *anat. ling. med.* linguˈal, Zungen...: **~ bone** Zungenbein *n*; **~ sound → 3. 2. → linguistic** 2. **II** *s* **3.** *ling.* Linguˈal(laut) *m*, Zungenlaut *m.*

lin·guist [ˈlɪŋɡwɪst] *s* **1.** Linguˈist(in), Sprachwissenschaftler(in). **2.** Sprachkundige(r *m*) *f*: **she's a good ~** sie ist sehr sprachbegabt.

lin·guis·tic [lɪŋˈɡwɪstɪk] **I** *adj* (*adv* **~ally**) **1.** sprachwissenschaftlich, linguˈistisch. **2.** Sprach(en)...: **~ atlas** Sprachatlas *m*; **~ borrowing** Lehnwort *n*; **~ form** bedeutungstragender Sprachbestandteil (*Wort, Satz etc*); **~ geography** Sprachgeographie *f*; **~ island** Sprachinsel *f*; **~ science → 3**; **~ stock** Sprachfamilie *f.* **II** *s pl* (*meist als sg konstruiert*) **3.** Linguˈistik *f*, Sprachwissenschaft *f.*

lin·gu·late [ˈlɪŋɡjʊleɪt; *Am. bes.* -ɡjələt] *adj* zungenförmig.

lin·hay [ˈlɪnɪ] *s Br. dial.* Feldscheune *f.*

lin·i·ment [ˈlɪnɪmənt] *s med. pharm.* Liniˈment *n*, Einreibemittel *n.*

lin·ing [ˈlaɪnɪŋ] *s* **1.** Futter(stoff *m*) *n*, (Aus)Fütterung *f* (*von Kleidern etc*). **2.** *tech.* Futter *n*, Ver-, Auskleidung *f*, (*Brems-, Kupplungs- etc*)Belag *m.* **3.** *arch.* Ausmauerung *f.* **4.** *electr.* Isolatiˈon(sschicht) *f.* **5.** *Buchbinderei*: Kapiˈtalband *n.*

link[1] [lɪŋk] **I** *s* **1.** (Ketten)Glied *n.* **2.** *fig.* a) Glied *n* (*in e-r Kette von Ereignissen, Beweisen etc*): **→ missing** 1, b) Bindeglied *n*, c) Verbindung *f*, Zs.-hang *m.* **3.** Masche *f*, Schlinge *f* (*beim Stricken*). **4.** einzelnes Würstchen (*aus e-r Wurstkette*). **5.** *surv.* Meßkettenglied *n* (*a. als Längenmaß, = 7,92 Zoll*). **6.** Manˈschettenknopf *m.* **7.** *tech.* (Befestigungs)Glied *n*, Verbindungsstück *n*, Gelenk(stück) *n*, Kuˈlisse *f*: **flat ~** Lasche *f*; **~ drive** Stangenantrieb *m.* **8.** *Fernmeldewesen*: Kaˈnal *m*, Überˈtragungsweg *m.* **II** *v/t* **9.** *a.* **~ up** verketten, -binden, -knüpfen (**to, with** mit): **to ~ arms** sich unter- *od.* einhaken (**with** bei). **10.** *a.* **~ up** *fig.* in Verbindung bringen, e-n Zs.-hang ˈherstellen zwischen (*dat*): **to be ~ed (together)** a) in Verbindung *od.* Zs.-hang stehen, b) miteinander verknüpft sein; **his name is closely ~ed with the success of our firm** sein Name ist eng verbunden mit dem Erfolg unserer Firma. **III** *v/i* **11.** *a.* **~ up** sich verketten *od.* -binden *od.* -knüpfen (**to, with** mit). **12.** *a.* **~ up** *fig.* sich zs.-fügen.

link[2] [lɪŋk] *s hist.* Fackel *f* (*als Straßenbeleuchtung*).

link·age [ˈlɪŋkɪdʒ] *s* **1.** Verkettung *f*, -bindung *f*, -knüpfung *f* (*a. tech.*). **2.** *tech.* (Getriebe)Kette *f.* **3.** *electr.* Durchˈflutung *f*, Amˈperewindungszahl *f.* **4.** *biol. electr.* Kopplung *f*: **~ group** *biol.* Kopplungsgruppe *f* (*von Genen*).

ˈlink·boy → linkman[1].

ˈlink·man[1] [-mən] *s irr hist.* Fackelträger *m.*

ˈlink·man[2] [-mən] *s irr Br.* **1.** *sport* Mittelfeldspieler *m.* **2.** *Rundfunk, TV*: Modeˈrator *m.* **3.** Vermittler *m*, Mittelsmann *m.*

link mo·tion *s tech.* Kuˈlissensteuerung *f.*

links [lɪŋks] *s pl* **1. → golf links. 2.** *bes. Scot.* Dünen *pl.*

Link train·er [lɪŋk] (*TM*) *s aer.* Link-Trainer *m* (*Flugsimulator für die Pilotenschulung am Boden*).

ˈlink|·up *s* **1. →** linkage 1. **2.** *fig.* Verbindung *f*, Zs.-hang *m.* **~ verb** *s ling.* Kopula *f.*

linn [lɪn] *s bes. Scot.* **1.** a) Wasserfall *m*, b) Teich *m* am Fuß e-s Wasserfalls. **2.** a) Abgrund *m*, b) Schlucht *f.*

lin·net [ˈlɪnɪt] *s orn.* Hänfling *m.*

li·no [ˈlaɪnəʊ] *colloq. für* **linoleum. ˈ~·cut** *s* Liˈnolschnitt *m.*

li·no·le·ate [lɪˈnəʊlɪeɪt] *s chem.* Linoleˈat *n* (*Salz u. Ester der Linolsäure*).

lin·o·le·ic ac·id [ˌlɪnəʊˈliːɪk; -ˈleɪɪk] *s chem.* Liˈnol-, Leinölsäure *f.*

li·no·le·um [lɪˈnəʊljəm; -lɪəm] *s* Liˈnoleum *n.*

li·no·type [ˈlaɪnəʊtaɪp] *s print.* **1.** *a.* **L~** (*TM*) Linotype *f* (*Zeilensetz- u. -gießmaschine*). **2.** (ˈSetzmaˌschinen)Zeile *f.*

lin·seed [ˈlɪnsiːd] *s bot.* Leinsamen *m.* **~ cake** *s agr.* Leinkuchen *m.* **~ meal** *s* Leinsamenmehl *n.* **~ oil** *s* Leinöl *n.*

lin·sey-wool·sey [ˌlɪnzɪˈwʊlzɪ] *s* **1.** Linsey-Woolsey *m* (*grobe Baumwolle od. grobes Leinen*). **2.** *Am. fig.* Mischmasch *m.*

lin·stock [ˈlɪnstɒk; *Am.* -ˌstɑk] *s mil. hist.* Luntenstock *m.*

lint [lɪnt] **I** *s* **1.** *med.* Scharˈpie *f* (*gezupfte Baumwolle*). **2.** *bes. Am.* Lint *n* (*verspinnbare Fasern der Baumwolle*). **3.** Fussel(n) *pl.* **II** *v/i* **4.** fusseln.

lin·tel [ˈlɪntl] *s arch.* Oberschwelle *f*, (Tür-, Fenster)Sturz *m.*

lin·ter [ˈlɪntə(r)] *s* **1.** *tech. Maschine zur Gewinnung von* 2. **2.** *pl* Linters *pl* (*kurze Baumwollfasern, die beim Entkernen noch am Samen hängengeblieben sind u. die als Rohstoff für Kunstseide etc verwendet werden*).

lin·y [ˈlaɪnɪ] *adj* **1.** linien-, strichartig. **2.** voll Linien. **3.** faltig, runz(e)lig.

li·on [ˈlaɪən] *s* **1.** *zo.* Löwe *m*: **a ~ in the way** (*od.* **path**) *fig.* e-e (*bes.* eingebildete) Gefahr *od.* Schwierigkeit; **to go into the ~'s den** *fig.* sich in die Höhle des Löwen wagen; **to put one's head into the ~'s mouth** *fig.* sich in große Gefahr begeben; **to throw s.o. to the ~s** *fig.* j-n ‚über die Klinge springen lassen'; **the ~'s share** *fig.* der Löwenanteil; **the British L~** der brit. Löwe (*als Wappentier od. als Personifikation Großbritanniens*); **to twist the L~'s tail** *fig.* dem Löwen auf den Schwanz treten, über die Briten herziehen; **→ beard** 6. **2.** ‚Größe' *f*, Berühmtheit *f* (*Person*). **3. L~** *astr.* Löwe *m* (*Tierkreiszeichen od. Sternbild*): **to be (a) L~** Löwe sein.

li·on·ess [ˈlaɪənes] *s* Löwin *f.*

li·on·et [ˈlaɪənet; -nɪt] *s* junger *od.* kleiner Löwe.

ˈli·on|ˌheart·ed *adj* (*adv* **~ly**) unerschrocken, mutig. **ˈ~ˌheart·ed·ness** *s* Unerschrockenheit *f*, Mut *m.* **~ hunt·er** *s* **1.** Löwenjäger *m.* **2.** *fig.* Promiˈnentenjäger *m.*

li·on·ize [ˈlaɪənaɪz] **I** *v/t* **1.** *j-n* feiern. **2.** *j-n* berühmt machen. **II** *v/i* **3.** die Gesellschaft Promiˈnenter suchen.

lip [lɪp] **I** *s* **1.** Lippe *f* (*a. zo. u. bot.*): **lower (upper) ~** Unter-(Ober)lippe *f*; **stiff upper ~** *fig.* a) (unerschütterliche) Haltung, b) (Selbst)Beherrschung *f*; **to have** (*od.* **keep, maintain, wear**) **a stiff upper ~** *fig.* a) Haltung bewahren, b) sich nichts anmerken lassen; **to bite one's ~** *fig.* sich auf die Lippen beißen; **we heard it from his own ~s** wir hörten es aus s-m eigenen Mund; **it never passed my ~s** es kam nie über m-e Lippen; **→ button** 7, **hang** 16, **lick** 1, **seal**[2] 17 a, **smack**[2] 7. **2.** *colloq.* Unverschämtheit *f*, freches Geschwätz: **none of your ~!** sei nicht so unverschämt *od.* frech! **3.** *mus.* a) Mundstück *n* (*am Blasinstrument*), b) Lippe *f* (*der Orgelpfeife*). **4.** Rand *m* (*e-r Wunde, e-r Schale, e-s Kraters etc*). **5.** Tülle *f*, Schnauze *f* (*e-s Kruges etc*). **6.** *tech.* Schneide *f*, Messer *n* (*e-s Stirnfräsers etc*). **II** *adj* **7.** *a. ling.* Lippen...: **~ consonant** Lippenlaut *m.* **8.** *fig.* nur äußerlich, geheuchelt: **~ sympathy** geheuchelte Anteilnahme. **III** *v/t* **9.** mit den Lippen berühren. **10.** *poet.* küssen. **11.** a) murmeln, flüstern, b) *Am. sl.* singen. **12. to ~ the hole** (*Golf*) den Ball unmittelbar an den Rand des Loches spielen.

li·pase [ˈlɪpeɪs; -z; ˈlaɪ-] *s Biochemie*: Liˈpase *f*, Fettspalter *m.*

ˌlip-ˈdeep *adj* nur äußerlich, geheuchelt.

lip·o·chrome [ˈlɪpəʊkrəʊm] *s Biochemie*: Lipoˈchrom *n* (*zu den Lipoiden gehörender Farbstoff*).

li·pog·ra·phy [lɪˈpɒɡrəfɪ; *Am.* -ˈpɑ-] *s* unbeabsichtigtes Auslassen e-s Buchstabens *od.* e-r Silbe.

lip·oid [ˈlɪpɔɪd; ˈlaɪ-] (*Biochemie*) **I** *adj* lipoˈid, fettartig. **II** *s* Lipoˈid *n* (*fettartige organische Substanz*).

li·pol·y·sis [lɪˈpɒlɪsɪs; *Am.* laɪˈpɑləsɪs] *s Biochemie*: Lipoˈlyse *f*, Fettspaltung *f.*

li·po·ma [lɪˈpəʊmə; *Am. a.* laɪ-] *pl* **-ma·ta** [-mətə] *od.* **-mas** *s med.* Liˈpom *n*, Fettgeschwulst *f.*

li·po·ma·to·sis [lɪˌpəʊməˈtəʊsɪs] *s med.* Lipomaˈtose *f*: a) *Auftreten von Fettgeschwülsten an mehreren Körperstellen*, b) Fettsucht *f.*

lipped [lɪpt] *adj* **1.** *in Zssgn* ...lippig, mit ... Lippen: **two-~** *bot.* zweilippig. **2.** Lippen *od.* e-e Lippe habend, mit Lippen (versehen). **3.** a) gerandet, b) mit e-r Tülle (versehen).

lip·pie [ˈlɪpɪ] *s Austral. colloq.* Lippenstift *m.*

Lip·pi·zan·er [ˌlɪpɪtˈsɑːnə(r)] *s zo.* Lipizˈzaner *m.*

lip print *s* Lippenabdruck *m.*

lip·py [ˈlɪpɪ] *adj bes. Am. colloq.* unverschämt, frech.

ˈlip|-read *v/t u. v/i irr* von den Lippen ablesen. **~ read·ing** *s* Lippenlesen *n.* **ˈ~ˌround·ing** *s ling.* Lippenrundung *f.* **~ salve** *s* ˈLippenpoˌmade *f.* **~ ser·vice** *s* Lippenbekenntnis *n*: **to pay ~ to** ein Lippenbekenntnis ablegen zu *e-r Idee etc.* **ˈ~·stick** *s* Lippenstift *m.* **ˈ~-sync(h)** *colloq.* **→ lip-synchronized. ˈ~ˌsyn·chro·nized** *adj Film etc*: ˈlippensynˌchron.

li·quate [ˈlaɪkweɪt] *v/t oft* **~ out** *metall.* (aus)seigern, *Kupfer* darren. **liˈqua·tion** *s tech.* (Aus)Seigerung *f*: **~ furnace** Seigerofen *m*; **~ hearth** Seigerherd *m.*

liq·ue·fa·cient [ˌlɪkwɪˈfeɪʃnt] **I** *s* Verflüssigungsmittel *n.* **II** *adj* verflüssigend. **ˌliq·ueˈfac·tion** [-ˈfækʃn] *s* **1.** Verflüssigung *f.* **2.** Schmelzung *f.*

liq·ue·fi·a·ble [ˈlɪkwɪfaɪəbl] *adj* schmelzbar. **ˈliq·ue·fi·er** *s* Verflüssiger *m*, *bes.* Verˈflüssigungsappaˌrat *m.* **ˈliq·ue·fy** *v/t u. v/i* **1.** (sich) verflüssigen: **liquefied petroleum gas** Flüssiggas *n.* **2.** schmelzen.

li·ques·cent [lɪˈkwesnt] *adj* **1.** sich (leicht) verflüssigend. **2.** schmelzend.

li·queur [lɪˈkjʊə; *Am.* lɪˈkɜr] *s* Liˈkör *m.*

liq·uid [ˈlɪkwɪd] **I** *adj* (*adv* **~ly**) **1.** flüssig, *chem. a.* liˈquid: **~ air**; **~ body** flüssiger Körper; **~-cooled reactor** *phys.* flüssiggekühlter Reaktor; **~ crystal** flüssiger Kristall, Flüssigkristall *m*; **~ crystal display** Flüssigkristallanzeige *f*; **~ fuel** (*Raumfahrt*) flüssiger Raketentreibstoff; **~-fuel rocket** Flüssigkeitsrakete *f*; **~ manure** Jauche *f*; **~ oxygen** Flüssigsauerstoff *m*, flüssiger Sauerstoff. **2.** Flüssigkeits...: **~ barometer**; **~ compass**; **~ measure** Flüssigkeitsmaß(system) *n.* **3.** a) klar: **the ~ air of a spring morning**, b) feucht: **~ eyes. 4.** *fig.* a) fließend: **~ movements**, b) flüssig: **a ~ speech. 5.** *ling.* li'quid: **~ consonant** → 8. **6.** *econ.* li'quid, flüssig: **~ assets** a) flüssige Anlagen *pl*, flüssiges Vermögen, b) (*Bilanz*) Umlaufvermögen *n*; **~ debt** liquide *od.* fällige Schuld; **~ securities** sofort realisierbare Wertpapiere. **II** *s* **7.** Flüssigkeit *f.* **8.** *ling.* Liquida *f*, Li'quid(laut) *m*, Schwing-, Schmelz-, Fließlaut *m.*

liq·ui·date ['lɪkwɪdeɪt] **I** *v/t* **1.** *econ.* liqui'dieren: a) *e-e Gesellschaft* auflösen, b) *Sachwerte etc* reali'sieren, zu Geld machen, c) *Schulden etc* begleichen, tilgen. **2.** *den Schuldbetrag etc* feststellen: **~d damages** bezifferter Schadenersatz. **3.** *Konten* abrechnen, sal'dieren. **4.** *fig.* a) beseitigen, b) erledigen, c) *j-n* liqui'dieren, beseitigen, 'umbringen. **II** *v/i* **5.** *econ.* liqui'dieren, in Liquidati'on gehen *od.* treten.

liq·ui·da·tion [ˌlɪkwɪ'deɪʃn] *s* **1.** *econ.* Liquidati'on *f*: a) Auflösung *f*: **to go into ~** in Liquidation gehen *od.* treten, b) Reali'sierung *f*, c) Begleichung *f*, Tilgung *f.* **2.** Feststellung *f.* **3.** Abrechnung *f*, Sal'dierung *f.* **4.** *fig.* Liqui'dierung *f*, Beseitigung *f.* **'liq·ui·da·tor** [-tə(r)] *s econ.* Liqui'dator *m*, Abwickler *m.*

li·quid·i·ty [lɪ'kwɪdətɪ] *s* **1.** flüssiger Zustand. **2.** a) Klarheit *f*, b) Wässerigkeit *f.* **3.** *econ.* Liquidi'tät *f*, Flüssigkeit *f.*

liq·uor ['lɪkə(r)] **I** *s* **1.** a) *Br.* alko'holische Getränke *pl*, Alkohol *m*: **hard ~** → b, b) *Am.* Schnaps *m*, Spiritu'osen *pl*: **in ~** betrunken; **~ cabinet** *Am.* Hausbar *f*; **~ store** *Am.* Spirituosengeschäft *n*; → **carry** 4, **hold²** 22. **2.** *gastr.* Brühe *f*, Saft *m.* **3.** *med. pharm.* Liquor *m*, Arz'neilösung *f.* **4.** *tech.* a) Lauge *f*, b) Flotte *f* (*Färbebad*), c) *allg.* Bad *n.* **5.** Brauwasser *n.* **II** *v/t* **6.** *meist* **~ up** *Am. sl.* unter Alkohol setzen. **7.** *tech.* einweichen, mit e-r Flüssigkeit behandeln. **III** *v/i* **8.** *meist* **~ up** *Am. sl.* sich ‚vollaufen' lassen.

liq·uo·rice → **licorice.**

liq·uor·ish ['lɪkərɪʃ] *adj* **1.** → **lickerish. 2.** *Am. sl.* ‚versoffen', ‚scharf' auf Alkohol.

li·ra ['lɪərə; *Am.* 'lɪrə; 'li:rə] *pl* **-re** ['lɪərɪ; *Am.* 'li:reɪ] *od.* **-ras** *s* **1.** Lira *f* (*italienische Währungseinheit*). **2.** türkisches Pfund.

L i·ron *s tech.* Winkeleisen *n.*

lisle [laɪl] *s Textilwesen*: Florgarn *n.*

lisp [lɪsp] **I** *s* **1.** Lispeln *n*, Anstoßen *n* (mit der Zunge): **to speak with a ~** → 3. **2.** Stammeln *n.* **II** *v/i* **3.** lispeln, mit der Zunge anstoßen. **4.** stammeln. **III** *v/t* **5.** *etwas* lispeln. **6.** *etwas* stammeln.

lis pen·dens [ˌlɪs'pendenz] (*Lat.*) *s jur.* anhängiger Rechtsstreit.

'lisp·er *s* Lispler(in).

Lis·sa·jous fig·ure ['li:səʒu:; ˌli:sə'ʒu:] *s phys.* Lissa'jous-Fiˌgur *f.*

lis·some, *a.* **lis·som** ['lɪsəm] *adj* (*adv* **~ly**) **1.** geschmeidig. **2.** flink. **'lis·som(e)·ness** *s* **1.** Geschmeidigkeit *f.* **2.** Flinkheit *f.*

list¹ [lɪst] **I** *s* **1.** Liste *f*, Verzeichnis *n*: **to be on the ~** auf der Liste stehen; **to make** (*od.* **draw up**) **a ~** e-e Liste aufstellen; **to put s.o.'s name on the ~** j-n auf die Liste setzen; **to take s.o.'s name off the ~** j-n von der Liste streichen; **active ~** *mil.* erste Reserve der Offiziere; **~ price** Listenpreis *m*; **~ system** *pol.* Listenwahlsystem *n.* **2. the ~** *econ.* die Liste der börsenfähigen 'Wertpaˌpiere. **II** *v/t* **3.** (in e-r Liste) verzeichnen, aufführen, erfassen, regi'strieren: **~ed securities** börsenfähige *od.* an der Börse zugelassene Wertpapiere; **~ed building** *Br.* Gebäude *n* unter Denkmalschutz. **4.** in e-e Liste eintragen. **5.** aufzählen, -führen. **III** *v/i* **6.** *econ.* aufgeführt sein (**at** mit *e-m Preis*).

list² [lɪst] **I** *s* **1.** Saum *m*, Rand *m.* **2.** → **selvage. 3.** a) Leiste *f*, b) Salleiste *f.* **4.** (Farb-, Stoff)Streifen *m.* **5.** *pl hist.* a) Schranken *pl* (*e-s Turnierplatzes*), b) (*a. als sg konstruiert*) Tur'nier-, Kampfplatz *m*, Schranken *pl*: **to enter the ~s** *fig.* a) (*als Konkurrent*) auf den Plan treten, b) in die Schranken treten (**against** mit, gegen; **for** für). **II** *v/t* **6.** mit Stoffstreifen besetzen *od.* einfassen. **7.** *Bretter* abkanten.

list³ [lɪst] **I** *s* **1.** Neigung *f*: **there was a forward ~ to his body as he walked** er ging vornübergebeugt. **2.** *mar.* Schlagseite *f*, Krängung *f*: **to have a heavy ~** schwere Schlagseite haben. **3.** *fig.* Neigung *f*, Ten'denz *f* (to zu). **II** *v/i* **4.** sich neigen. **5.** *mar.* Schlagseite haben *od.* bekommen, krängen. **III** *v/t* **6. the shifting cargo ~ed the ship** durch die verrutschende Ladung bekam das Schiff Schlagseite.

list⁴ [lɪst] *v/t pret u. pp* **'list·ed, list** *obs.* **1.** *j-n* gelüsten, *j-m* belieben: **he did as him ~** er handelte, wie es ihm beliebte. **2.** wünschen.

list⁵ [lɪst] *obs. od. poet.* **I** *v/t* hören auf (*acc*), (*dat*) zuhören. **II** *v/i* → **listen** 1.

lis·tel ['lɪstl] *s arch.* Leiste *f.*

lis·ten ['lɪsn] **I** *v/i* **1.** horchen, hören, lauschen (**to** auf *acc*): **to ~ to** a) *j-m* zuhören, *j-n* anhören: **~!** hör mal!, b) auf *j-n*, *j-s Rat* hören, c) *e-m Rat etc* folgen: **to ~ for** horchen auf (*acc*); **to ~ for s.o.** horchen, ob j-d kommt; **~ out for your name to be called** *colloq.* paß auf, falls du aufgerufen wirst; → **reason** 3. **2. ~ in** a) Radio hören: **to ~ in to a concert** ein Konzert im Radio hören, sich ein Konzert im Radio anhören, b) (*am Telefon etc*) mithören (**on** [*od.* **to**] **s.th.** etwas): **to ~ in on** (*od.* **to**) *a.* belauschen, abhören. **3.** *Am. sl.* sich *gut etc* anhören, klingen. **II** *v/t obs.* → **list⁵** I. **'lis·ten·er** *s* **1.** Horcher(in), Lauscher(in). **2.** Zuhörer(in): **to be a good ~** (gut) zuhören können; **to be a bad ~** nicht zuhören können. **3.** *Radio*: Hörer(in).

lis·ten·ing| booth ['lɪsnɪŋ] *s* 'Abhörkaˌbine *f* (*in e-m Schallplattengeschäft*). **~ post** *s mil.* Horchposten *m* (*a. fig.*). **~ ser·vice** *s mil.* Abhördienst *m.*

list·less ['lɪstlɪs] *adj* (*adv* **~ly**) lust-, teilnahmslos, matt, schlaff. **'list·less·ness** *s* Lust-, Teilnahmslosigkeit *f.*

lit [lɪt] *pret u. pp von* **light¹** *u.* **light³.**

lit·a·ny ['lɪtənɪ; *Am.* 'lɪtni:] *s relig.* Lita'nei *f* (*a. fig.*).

li·ter, *bes. Br.* **li·tre** ['li:tə(r)] *s* Liter *m*, *a. n.*

lit·er·a·cy ['lɪtərəsɪ; -trəsɪ] *s* **1.** Fähigkeit *f* zu lesen u. zu schreiben. **2.** (lite'rarische) Bildung, Belesenheit *f.*

lit·er·al ['lɪtərəl; -trəl] **I** *adj* **1.** wörtlich: **~ translation. 2.** genau, wahrheitsgetreu: **a ~ account. 3.** nüchtern, trocken, pro'saisch: **a ~ approach. 4.** wörtlich, eigentlich: **the ~ meaning of a word. 5.** buchstäblich: **a ~ annihilation** buchstäblich e-e Vernichtung. **6.** Buchstaben...: **~ equation** *math.* Buchstabengleichung *f*, algebraische Gleichung; **~ error** → 8. **7.** wahr: **a ~ flood. II** *s* **8.** Druck-, Schreibfehler *m.* **'lit·er·al·ism** *s* **1.** Festhalten *n* am Buchstaben, *bes.* strenge *od.* allzu wörtliche Über'setzung *od.* Auslegung, Buchstabenglaube *m.* **2.** *art* Rea'lismus *m.* **3.** Betonung *f* lite'rarischer *od.* huma'nistischer Werte. **'lit·er·al·ist** *s* **1.** Buchstabengläubige(r *m*) *f.* **2.** *art* Rea'list(in). **ˌlit·er'al·i·ty** [-tə'rælətɪ] *s* **1.** Wörtlichkeit *f.* **2.** wörtliche Bedeutung. **3.** wörtliche Auslegung. **'lit·er·al·ize** [-rəlaɪz] *v/t* **1.** wörtlich 'wiedergeben. **2.** wörtlich auslegen. **'lit·er·al·ly** *adv* **1.** wörtlich: **to translate ~**; **to take s.th. ~. 2.** buchstäblich: **he did ~ nothing at all.**

lit·er·ar·y ['lɪtərərɪ; -trərɪ; *Am.* 'lɪtəˌreri:] *adj* (*adv* **literarily**) **1.** lite'rarisch, Literatur...: **~ critic** Literaturkritiker(in); **~ criticism** Literaturkritik *f*; **~ historian** Literar-, Literaturhistoriker(in); **~ history** Literaturgeschichte *f*; **~ language** Schriftsprache *f*; **~ manager** *thea. etc* Chefdramaturg *m.* **2.** schriftstellerisch: **a ~ man** ein Literat *od.* Schriftsteller; **~ property** *jur.* geistiges *od.* literarisches Eigentum, *a.* Urheberrecht *n.* **3.** → **literate** 2. **4.** gewählt, ‚hochgestochen': **a ~ expression**; **~ style** *contp.* papierener Stil.

lit·er·ate ['lɪtərət] **I** *adj* (*adv* **~ly**) **1. to be ~** lesen u. schreiben können. **2.** (lite'rarisch) gebildet, belesen. **3.** lite'rarisch. **II** *s* **4.** des Lesens u. Schreibens Kundige(r *m*) *f.* **5.** (lite'rarisch) Gebildete(r *m*) *f.*

lit·e·ra·ti [ˌlɪtə'rɑ:ti:] *s pl* Intelli'genz *f* (*Gesamtheit der Intellektuellen*).

lit·e·ra·tim [ˌlɪtə'rɑ:tɪm; -'reɪ-] (*Lat.*) *adv* Buchstabe für Buchstabe.

lit·er·a·ture ['lɪtərətʃə; 'lɪtrɪtʃə; *Am.* 'lɪtərəˌtʃʊər] *s* **1.** Litera'tur *f*, Schrifttum *n*: **English ~** (die) englische Literatur; **the ~ of medicine** die medizinische (Fach)Literatur. **2.** *colloq.* Informati'onsmateriˌal *n.* **3.** Schriftstelle'rei *f.*

lith-, -lith [lɪθ] *Wortelement mit der Bedeutung* Stein.

lith·arge ['lɪθɑ:(r)dʒ] *s chem.* **1.** Bleiglätte *f.* **2.** *weitS.* 'Bleimonoˌxyd *n.*

lithe [laɪð] *adj* (*adv* **~ly**) geschmeidig. **'lithe·ness** *s* Geschmeidigkeit *f.*

lithe·some ['laɪðsəm] → **lissome.**

lith·i·a ['lɪθɪə] *s chem.* 'Lithiummonoˌxid *n.*

li·thi·a·sis [lɪ'θaɪəsɪs] *s med.* Li'thiasis *f*, Steinleiden *n.*

lith·ic¹ ['lɪθɪk] *adj chem.* Lithium...

lith·ic² ['lɪθɪk] *adj* Stein...

lith·i·um ['lɪθɪəm] *s chem.* Lithium *n.*

li·tho ['laɪθəʊ] **I** *pl* **-thos** *s* a) → **lithograph** I, b) → **lithography. II** *adj* → **lithographic.**

litho- [lɪθəʊ; lɪθə] *Wortelement mit der Bedeutung* Stein.

ˌlith·o'gen·e·sis *s geol.* Lithoge'nese *f* (*Entstehung von Gesteinen*).

lith·o·graph ['lɪθəʊgrɑ:f; *bes. Am.* -græf] **I** *s* Lithogra'phie *f*, Steindruck *m* (*Erzeugnis*). **II** *v/t u. v/i* lithogra'phieren. **li·thog·ra·pher** [lɪ'θɒgrəfə; *Am.* lɪθ-'ɑgrəfər; *a.* 'lɪθəˌgræfər] *s* Litho'graph *m.* **ˌlith·o'graph·ic** *adj*; **ˌlith·o'graph·i·cal** *adj* (*adv* **~ly**) litho'graphisch, Steindruck... **li'thog·ra·phy** *s* Lithogra'phie *f*, Steindruck(verfahren *n*) *m.*

lith·o·log·ic [ˌlɪθə'lɒdʒɪk; *Am.* -'lɑ-] *adj*; **ˌlith·o'log·i·cal** *adj* (*adv* **~ly**) litho'logisch. **li·thol·o·gist** [lɪ'θɒlədʒɪst; *Am.* lɪθ'ɑl-] *s* Litho'loge *m.* **li'thol·o·gy** *s* Litholo'gie *f*, Gesteinskunde *f.*

ˌlith·o'me·te·or *s* 'Lithometeˌor *m* (*Ansammlung von meist feinen Teilchen, die in der Luft schweben od. vom Boden hochgewirbelt worden sind*).

li·thoph·a·gous [lɪ'θɒfəgəs; *Am.* lɪθ'ɑf-] *adj zo.* steinfressend.

lith·o·phyte ['lɪθəfaɪt] *s bot.* Litho'phyt *m* (*auf Felsoberflächen siedelnde od. in den Fels eindringende Pflanze*).

'lith·oˌsphere *s geol.* Litho'sphäre *f* (*Gesteinshülle der Erde*).

lith·o·tome ['lɪθəʊtəʊm] *s med.* Litho'tom *m, n* (*Messer zur operativen Zerkleinerung u. Entfernung von Steinen, bes. von Blasensteinen*). **li·thot·o·my** [lɪ'θɒtəmɪ;

Am. lɪθ'ɑt-] *s* Lithoto'mie *f* (*operative Entfernung von Steinen, bes. von Blasensteinen*).

Lith·u·a·ni·an [ˌlɪθjuː'eɪnjən; *Am.* ˌlɪθə'weɪnɪən] **I** *s* **1.** Litauer(in). **2.** *ling.* Litauisch *n*, das Litauische. **II** *adj* **3.** litauisch.

lit·i·ga·ble ['lɪtɪgəbl] *adj jur.* streitig, strittig. **'lit·i·gant** *jur.* **I** *s* Pro'zeßführende(r *m*) *f*, streitende Par'tei. **II** *adj* streitend, pro'zeßführend.

lit·i·gate ['lɪtɪgeɪt] *jur.* **I** *v/t* **1.** prozes'sieren *od.* streiten um. **2.** bestreiten, anfechten. **II** *v/i* **3.** prozes'sieren, streiten. ˌ**lit·i'ga·tion** *s* **1.** *jur.* Rechtsstreit *m*, Pro'zeß *m*. **2.** *fig.* Streit *m*. **'lit·i·ga·tor** [-tə(r)] → **litigant** I.

li·ti·gious [lɪ'tɪdʒəs] *adj* (*adv* **~ly**) **1.** *jur.* Prozeß... **2.** *jur.* strittig, streitig. **3.** pro'zeß-, streitsüchtig: **~ person** ‚Prozeßhansel' *m*.

lit·mus ['lɪtməs] *s chem.* Lackmus *n*. **~ pa·per** *s* 'Lackmuspaˌpier *n*. **~ test** *s fig.* Feuerprobe *f*.

li·to·tes ['laɪtəʊtiːz] *s rhet.* Li'totes *f* (*Umschreibung e-r Aussage durch doppelte Verneinung od. durch Verneinung des Gegenteils*).

li·tre *bes. Br. für* **liter**.

lit·ter ['lɪtə(r)] **I** *s* **1.** a) Trage *f*, b) Sänfte *f*. **2.** Streu *f* (*für Tiere*), (*a. für Pflanzen*) Stroh *n*. **3.** *agr.* Stallmist *m*. **4.** her'umliegende Sachen *pl*, *bes.* herumliegender Abfall. **5.** Wust *m*, Durchein'ander *n*, Unordnung *f*. **6.** *Am.* Waldstreu *f* (*oberste Schicht des Waldbodens*). **7.** *zo.* Wurf *m*: **a ~ of pigs** ein Wurf Ferkel. **II** *v/t* **8.** *meist* **~ down** a) Streu legen für, *den Pferden etc* einstreuen, b) *den Stall, den Boden* einstreuen. **9.** *Pflanzen* mit Stroh abdecken. **10.** a) *Abfall etc* her'umliegen lassen in (*dat*) *od.* auf (*dat*), werfen auf (*acc*), b) *e-n Raum etc* in Unordnung bringen, *e-n Park etc* verschandeln (**with** mit): **to ~ a park with rubbish**, c) *Abfall etc* her'umwerfen *od.* liegenlassen: **to ~ rubbish all over the place**, d) verstreut liegen *od.* unordentlich her'umliegen in (*dat*) *od.* auf (*dat*): **rubbish was ~ing the park** überall im Park lag Abfall herum. **11.** *zo. Junge* werfen. **III** *v/i* **12.** Abfall *etc* liegenlassen *od.* her'umwerfen. **13.** *zo.* (Junge) werfen.

lit·te·rae hu·ma·ni·o·res ['lɪtəriːhjuːˌmænɪ'ɔːriːz] (*Lat.*) *s pl* → **humanity** 4.

lit·té·ra·teur [ˌlɪtərə'tɜː; *Am.* -'tɜr] *s* Lite'rat *m*.

'lit·ter|ˌbag *s Am.* Abfalltüte *f* (*im Auto etc*). **~ bas·ket**, **'~·bin** *s* Abfallkorb *m*. **'~·bug** *s bes. Am. colloq. j-d, der Straßen etc mit Abfall etc verschandelt*. **~·lout** *bes. Br. colloq.* → **litterbug**.

lit·tle ['lɪtl] **I** *adj comp* **less** [les], (*in gewissen Fällen*) **less·er** ['lesə(r)], (*bes. für* 1, 2) **small·er** ['smɔːlə(r)], *sl.* **'lit·tler**, *sup* **least** [liːst], (*bes. für* 1, 2) **small·est** ['smɔːlɪst], *sl.* **'lit·tlest** **1.** klein (*oft gefühlsbetont*): **a ~ child**; **a nice ~ house** ein nettes kleines Haus, ein nettes Häus-chen; **~ one** Kleiner *m*, Kleine *f*, Kleines *n* (*Kind*); **our ~ ones** unsere Kleinen; → **finger** 1. **2.** klein(gewachsen): **a ~ man** ein kleiner Mann (*a. fig.*); **the ~ people** (*od.* **folk**) die Elfen *od.* Heinzelmännchen *pl*. **3.** (*zahlenmäßig*) klein: **a ~ army**. **4.** kurz: **a ~ way**; → **while** 1. **5.** wenig: **~ hope**; **a ~ honey** ein wenig *od.* ein bißchen Honig, etwas Honig. **6.** schwach: **a ~ voice**. **7.** klein, gering(fügig), unbedeutend: **~ discomforts** kleine Unannehmlichkeiten; **~ farmer** Kleinbauer *m*. **8.** klein, beschränkt, engstirnig: **~ minds** Kleingeister. **9.** *contp.* gemein, erbärmlich, armselig. **10.** *oft iro.* klein: **his ~ intrigues**; **her poor ~ efforts** ihre rührenden kleinen Bemühungen; → **game**[1] 6.

II *adv comp* **less**, *sup* **least** **11.** wenig, kaum, nicht sehr: **~ improved** kaum besser; **~-known** wenig bekannt; **~ better than** nicht viel besser als; **~ does one expect** man erwartet kaum; **to think ~ of** wenig halten von; **for as ~ as** £10 für nur 10 Pfund. **12.** über'haupt nicht: **he ~ knows**, **~ does he know** er hat keine Ahnung. **13.** wenig, selten: I **see him very ~**.

III *s* **14.** Kleinigkeit *f*, (*das*) Wenige, (*das*) bißchen: **a ~** ein wenig, ein bißchen, etwas; **not a ~** nicht wenig; **every ~ helps** jede Kleinigkeit hilft; **he did what ~ he could** er tat das wenige, das er tun konnte; **after a ~** nach e-m Weilchen; **he went on a ~** er ging ein Stückchen weiter; **~ by ~**, **by ~ and ~** (ganz) allmählich, nach und nach. **15.** **in ~** im kleinen, in kleinem Maßstab.

Lit·tle| Eng·land·er *s pol. hist.* Gegner *m* der imperia'listischen Poli'tik Englands. **~ En·tente** *s pol. hist.* Kleine En'tente. **'l~-ˌmind·ed** → **little** 8.

'lit·tle·ness *s* **1.** Kleinheit *f*. **2.** Geringfügigkeit *f*, Bedeutungslosigkeit *f*. **3.** Beschränktheit *f*, Engstirnigkeit *f*.

Lit·tle | Red Rid·ing·hood *s* Rotkäppchen *n*. **~ Rus·sian** *s* **1.** Kleinrusse *m*, -russin *f*, Ukra'iner(in). **2.** *ling.* Kleinrussisch *n*, das Ukra'inische. **l~ the·a·ter**, *bes. Br.* **l~ the·a·tre** *s* **1.** Kleinbühne *f*, Kammerspiele *pl*. **2.** Experimen'tierbühne *f*.

lit·to·ral ['lɪtərəl] **I** *adj* lito'ral, Küsten..., Ufer...: **~ fauna** litorale Fauna, Litoralfauna *f*. **II** *s* Lito'ral(e) *n*, 'Küstenregiˌon *f*, Uferzone *f*.

li·tur·gic [lɪ'tɜːdʒɪk; *Am.* lɪ'tɜr-] *relig.* **I** *adj* (*adv* **~ally**) li'turgisch. **II** *s pl* (*meist als sg konstruiert*) Li'turgik *f*, Litur'giewissenschaft *f*. **li'tur·gi·cal** [-kl] → **liturgic** I.

lit·ur·gy ['lɪtə(r)dʒɪ] *s relig.* Litur'gie *f*.

liv·a·ble ['lɪvəbl] *adj* **1.** wohnlich, bewohnbar. **2.** lebenswert: **the things that make life ~**. **3.** *a.* **~ with** erträglich: *the pain is bad*, **but it is ~** aber man kann damit leben; **not ~ (with)** unerträglich. **4.** **~ with** 'umgänglich (*Person*).

live[1] [lɪv] **I** *v/i* **1.** leben, am Leben sein: **the characters in this novel seem to ~** die Gestalten in diesem Roman wirken lebendig; **to get s.o. where he ~s** *fig.* j-n an e-r empfindlichen Stelle treffen. **2.** leben, am Leben bleiben: **to ~ long** lange leben; **the doctors don't think he will ~** die Ärzte glauben nicht, daß er durchkommt; **to ~ through s.th.** etwas durchleben *od.* -machen *od.* -stehen; **the patient did not ~ through the night** der Patient hat die Nacht nicht überlebt; **to ~ to be old**, **to ~ to a great age** ein hohes Alter erreichen, sehr alt werden; **he wants to ~ to a hundred** er will 100 werden; **to ~ to see** erleben; **he will ~ to regret it** er wird es noch bereuen; **you ~ and learn** man lernt nie aus; **to ~ with s.th.** *fig.* mit etwas leben; **I'll have to ~ with it** ich werde damit leben müssen. **3.** *oft* **~ on** *bes. fig.* weiter-, fortleben: **the dead ~ on in our hearts**; **these ideas still ~**. **4.** aushalten, sich halten, bestehen. **5.** leben (**on, upon** von), sich ernähren (**on, upon** von; **by** von, durch): **to earn enough to ~** genug zum Leben verdienen; **to ~ off one's capital** von s-m Kapital leben *od.* zehren; **he ~s on his wife** er lebt auf Kosten *od.* von (den Einkünften) s-r Frau; **to ~ by painting** vom Malen leben, sich s-n Lebensunterhalt durch Malen verdienen. **6.** *ehrlich etc* leben, ein *ehrliches etc* Leben führen: **to ~ honestly**; **to ~ well** üppig *od.* gut leben; **to ~ poorly** ein kärgliches Leben fristen; **to ~ to o.s.** ganz für sich leben; **to ~ within o.s.** sich nur mit sich selbst beschäftigen; **she ~d there a widow** sie lebte dort als Witwe; → **income**, **mean**[3] 7. **7.** leben, wohnen (**with** bei): **to ~ in the country**; **to ~ with s.o.** mit j-m zs.-leben. **8.** leben, das Leben genießen: **~ and let ~** leben u. leben lassen.

II *v/t* **9.** *ein bestimmtes Leben* führen *od.* leben: **to ~ a double life** ein Doppelleben führen. **10.** (vor)leben, im Leben verwirklichen: **he ~s his faith** er lebt s-n Glauben.

Verbindungen mit Adverbien:

live| down *v/t* (*bes.* durch tadellosen Lebenswandel) vergessen machen *od.* wieder'gutmachen. **~ in** *v/i* am Arbeitsplatz wohnen. **~ on** → **live**[1] 3. **~ out I** *v/t* über'leben: **he will not ~ the night**. **II** *v/i* nicht am Arbeitsplatz wohnen. **~ to·geth·er** *v/i* zs.-leben (**with** mit). **~ up I** *v/i*: **to ~ to** *s-n Grundsätzen etc* gemäß leben, *s-m Ruf etc* gerecht werden, *den Erwartungen etc* entsprechen, *ein Versprechen etc* halten. **II** *v/t*: **to live it up** *colloq.* a) ‚auf den Putz hauen', b) sich ein angenehmes Leben machen.

live[2] [laɪv] **I** *adj* (*meist attr*) **1.** lebend, le'bendig: **~ animals**; **~ birth** Lebendgeburt *f*; **~ hair** Haar *n* von lebenden Wesen; **~ oak** Immergrüne Eiche; **~ rock** lebender *od.* gewachsener Fels; **~ show** Live-Show *f* (*Vorführung e-s Geschlechtsaktes vor Publikum*) (→ 9); **~ weight** Lebendgewicht *n*; **a real ~ lord** *colloq.* ein richtiger *od.* echter Lord. **2.** e'nergisch, tatkräftig (*Vorgehen etc*). **3.** aktu'ell: **a ~ question**. **4.** glühend (*Kohle etc*), (*Zigarette etc. a.*) brennend. **5.** scharf (*Munition etc*): **a ~ bomb**. **6.** ungebraucht (*Streichholz*). **7.** ak'tiv: **a ~ volcano**. **8.** *electr.* spannung-, stromführend, unter Spannung *od.* Strom stehend; → **live wire** 1. **9.** *Rundfunk, TV*: Direkt..., Original..., Live-...: **~ broadcast**; **~ show** Live-Show *f* (*live übertragene Show*) (→ 1). **10.** lebhaft, le'bendig: **~ colo(u)rs**. **11.** *tech.* a) Antriebs..., b) angetrieben: **~ center** (*bes. Br.* **centre**) mitlaufende Spitze; **~ wheel** Antriebsrad *n*, c) beweglich: **~ load** Verkehrs-, Auflast *f*. **12.** *Akustik*: Hall...: **~ room** Hallraum *m*. **13.** *print.* gebrauchs-, druckfertig: **~ matter** druckfertiger Satz, Stehsatz *m*. **14.** *sport* im Spiel (befindlich): **a ~ ball**.

II *adv* **15.** *Rundfunk, TV*: di'rekt, origi'nal, live: **the game will be broadcast ~**.

'live·a·ble → **livable**.

live·li·hood ['laɪvlɪhʊd] *s* 'Lebensˌunterhalt *m*, Auskommen *n*: **to pick up a scanty ~** sein knappes Auskommen haben; **to earn** (*od.* **make, gain**) **a** (*od.* **one's**) **~** s-n Lebensunterhalt verdienen.

live·li·ness ['laɪvlɪnɪs] *s* **1.** Lebhaftigkeit *f*. **2.** Le'bendigkeit *f*.

'live·long ['lɪv-] *adj*: **the ~ day** *poet.* den lieben langen Tag.

live·ly ['laɪvlɪ] **I** *adj* (*adv* **livelily**) **1.** lebhaft (*Geist, Interesse, Person, Phantasie, Unterhaltung etc*): **look ~!** *colloq.* mach fix! **2.** le'bendig (*Schilderung etc*): **he gave me a ~ idea of the accident** er schilderte mir den Unfall lebhaft. **3.** → **live**[2] 10. **4.** aufregend (*Zeiten*): **to make it** (*od.* **things**) **~ for s.o.**, **to give s.o. a ~ time** j-m (kräftig) ‚einheizen'. **5.** prickelnd, schäumend (*Getränk*). **6.** belebend, erfrischend (*Brise etc*). **7.** schnell, flott (*Tempo etc*). **8.** federnd, e'lastisch: **a ~ ball** ein Ball, der gut springt. **9.** *mar.* handig. **II** *adv* **10.** → 1, 2, 7, 8.

liv·en [ˈlaɪvn] *meist* ~ **up I** *v/t* beleben, Leben bringen in (*acc*): **to** ~ **things up** für Leben *od.* Schwung sorgen. **II** *v/i* in Schwung kommen.

liv·er[1] [ˈlɪvə(r)] *s* **1.** *anat.* Leber *f*: ~ **complaint** *med.* Leberleiden *n.* **2.** *a.* ~ **colo(u)r** (*od.* **brown**) Rotbraun *n.*

liv·er[2] [ˈlɪvə(r)] *s j-d, der ein bestimmtes Leben führt*: **clean** ~ anständiger *od.* solider Mensch; **to be a fast** ~ ein flottes Leben führen; **loose** ~ liederlicher Mensch.

liv·er·ied [ˈlɪvərɪd] *adj* liˈvriert.

liv·er·ish [ˈlɪvərɪʃ] *adj* **1. to be** ~ *colloq.* ‚es mit der Leber haben'. **2.** mürrisch.

Liv·er·pud·li·an [ˌlɪvə(r)ˈpʌdlɪən] **I** *adj* aus *od.* von Liverpool, Liverpooler. **II** *s* Liverpooler(in).

liv·er|rot *s vet.* Leberfäule *f.* ~ **sau·sage** *s gastr.* Leberwurst *f.* ~ **spot** *s med.* Leberfleck *m.* ˈ~**wort** *s bot.* **1.** Lebermoos *n.* **2.** Leberblümchen *n.* ˈ~**wurst** [-wɜːst; *Am.* -ˌwɜrst; -ˌwʊrst] *s bes. Am. gastr.* Leberwurst *f.*

liv·er·y[1] [ˈlɪvərɪ] *s* **1.** Liˈvree *f*: **in** ~ in Livree, livriert. **2.** (Amts)Tracht *f.* **3.** *fig. poet.* Kleid *n*, Tracht *f*, Gewand *n*: **animals in their winter** ~ Tiere im Winterkleid. **4. to be at** ~ in e-m Mietstall untergebracht sein. **5.** *Am.* → **livery stable**. **6.** *jur.* a) ˈÜbergabe *f*, Überˈtragung *f*, b) *Br.* ˈÜbergabe *f* von vom Vormundschaftsgericht freigegebenem Eigentum, c) Überˈtragungsurkunde *f*: **to sue one's** ~ *Br.* beim Vormundschaftsgericht um Übertragung des Eigentumsrechts an s-m Erbgut nachsuchen. **7.** *hist.* Zuteilung *f* von Nahrungsmitteln, Kleidung *etc* (*an die Gefolgschaft*).

liv·er·y[2] [ˈlɪvərɪ] *adj* **1.** leberartig, Leber... **2.** rötlich-, rotbraun. **3.** → **liverish**.

liv·er·y|com·pa·ny *s e-e der Gilden der City of London.* ~ **horse** *s* Mietpferd *n.* ˈ~**man** [-mən] *s irr* Mitglied *n* e-r **livery company**. ~ **sta·ble** *s* Mietstall *m.*

lives [laɪvz] *pl von* **life**.

live|steam [laɪv] *s tech.* Frischdampf *m.* ˈ~**stock** *s* **1.** Vieh(bestand *m*) *n*, lebendes Invenˈtar. **2.** *colloq.* Ungeziefer *n.* ~ **trap** *s Falle, in der Tiere lebend gefangen werden.* ˈ~**-trap** *v/t ein Tier* lebend in e-r Falle fangen. ˈ~**ware** *s* Persoˈnal *n* e-s Rechenzentrums. ~ **wire** *s* **1.** stromführender Draht. **2.** *colloq.* ‚Enerˈgiebündel' *n.*

liv·id [ˈlɪvɪd] *adj* (*adv* ~**ly**) **1.** blau, bläulich (verfärbt). **2.** bleifarben, graublau. **3.** fahl, aschgrau, bleich, blaß (**with** vor *dat*). **4.** *colloq.* ‚fuchsteufelswild'. **liˈvid·i·ty**, ˈ**liv·id·ness** *s* Fahlheit *f*, Blässe *f.*

liv·ing [ˈlɪvɪŋ] **I** *adj* **1.** lebend: ~ **languages**; **no man** ~ kein Mensch *od.* Sterblicher; **the greatest of** ~ **statesmen** der größte lebende Staatsmann; **while** ~ bei *od.* zu Lebzeiten; **within** ~ **memory** seit Menschengedenken; **it is within** ~ **memory** es leben noch Leute, die sich daran erinnern (können); ~ **death** trostloses *od.* schreckliches Dasein; **she was a** ~ **legend** sie war schon zu Lebzeiten e-e Legende; ~ **rock** lebender *od.* gewachsener Fels; → **daylight** 1, **dictionary** 3. **2.** leˈbendig: ~ **faith**; ~ **reality**; **the** ~ **God**. **3.** → **live**[2] 4. **4.** lebensecht, lebensnah: **the** ~ **image** das getreue Abbild. **5.** Lebens...: ~ **conditions (habits,** *etc*); ~ **standard** Lebensstandard *m.* **II** *s* **6. the** ~ die Lebenden: → **land** 7. **7.** das Leben: ~ **is very expensive these days**; → **cost** 1. **8.** Leben *n*, Lebensweise *f*: **good** ~ üppiges Leben; **loose** ~ lockerer Lebenswandel; → **clean** 8, **plain**[1] 1. **9.** ˈLebensˌunterhalt *m*: **to earn** (*od.* **gain, get, make**) **a** ~ s-n Lebensunterhalt verdienen (**as** als; **out of** durch, mit). **10.** Leben *n*, Wohnen *n.* **11.** *relig. Br.* Pfründe *f.* ~ **pic·ture** *s* lebendes Bild. ~ **room** *s* Wohnzimmer *n.* ~ **space** *s* **1.** Wohnfläche *f*, -raum *m.* **2.** *pol.* Lebensraum *m.* ~ **wage** *s econ.* Living-wage *n*, Exiˈstenzminimum *n.* ~ **will** *s schriftliche Erklärung e-r Person, daß ihr Leben nicht künstlich verlängert werden soll, falls keine Aussicht auf Heilung mehr besteht.*

Li·vo·ni·an [lɪˈvəʊnjən; -nɪən] *hist.* **I** *adj* livländisch. **II** *s* Livländer(in).

lix·iv·i·ate [lɪkˈsɪvɪeɪt] *v/t chem.* auslaugen. **lixˌiv·iˈa·tion** *s* Auslaugung *f.*

liz·ard [ˈlɪzə(r)d] *s* **1.** *zo.* Eidechse *f*: **common** ~ Berg-, Waldeidechse. **2.** Eidechsleder *n*: ~ **bag** Eidechstasche *f.* **3.** *orn.* Lizard *m* (*Kanarienvogel*). **4.** → **lounge lizard**.

liz·zie [ˈlɪzɪ] → **tin lizzie**.

lla·ma [ˈlɑːmə] *s* **1.** *zo.* Lama *n.* **2.** Lamawolle *f.*

lla·no [ˈlɑːnəʊ; *Am. a.* ˈlæ-] *s* Llano *m* (*baumarme Hochebene der tropischen u. subtropischen Gebiete Südamerikas*).

lo [ləʊ] *interj obs.* siehe!, seh(e)t!: ~ **and behold!** (*oft humor.*) sieh(e) da!

loach [ləʊtʃ] *s ichth.* Schmerle *f.*

load [ləʊd] **I** *s* **1.** Last *f* (*a. phys.*). **2.** Ladung *f* (*a. e-r Schußwaffe*), Fuhre *f*: **to get a** ~ **of** *colloq.* a) sich *etwas* ansehen *od.* anhören, b) *etwas* zu sehen *od.* zu hören bekommen; **get a** ~ **of this!** *colloq.* a) hör *od.* schau dir das mal an!, b) merk dir das!; **to have a** ~ **on** *Am. colloq.* ‚schwer geladen haben' (*betrunken sein*); **to shoot one's** ~ *vulg.* ‚abschießen' (*ejakulieren*). **3.** *fig.* Last *f*, Bürde *f*: **a** ~ **of care** e-e Sorgenlast; **his decision took a** ~ **off my mind** bei s-r Entscheidung fiel mir ein Stein vom Herzen; **it is a** ~ **off my mind to know that** ... seitdem ich weiß, daß ..., ist mir bedeutend wohler. **4. (of)** *pl colloq.* Massen *pl* (von *Geld etc*), e-e Unmasse (*Leute etc*): **there were** ~**s to eat** es gab massenhaft zu essen; → **loads** II. **5.** (Arbeits)Pensum *n*, *econ. a.* Leistungssoll *n.* **6.** *electr. tech.* a) Last *f*, Belastung *f*: **safe** ~ zulässige Belastung; **the** ~ **on a motor** die Belastung e-s Motors; → **inductive** 1, **peak**[1] 10, b) Leistung *f.* **7.** *tech.* Ladung *f*, Füllung *f* (*Beschickungsgut*).

II *v/t* **8.** *a.* ~ **up** *ein Fahrzeug etc* beladen (**with** mit): **to be** ~**ed with coal** Kohle geladen haben; **to** ~ **down** a) schwer beladen, b) niederdrücken (*a. fig.*); **he is** ~**ed down with responsibilities** s-e Verpflichtungen lasten schwer auf ihm. **9.** *e-n Gegenstand etc* laden (**into** in *acc*; **into** auf *acc*), *Güter* verladen: **to** ~ **up** aufladen. **10.** *tech. Beschickungsgut* aufgeben, einfüllen. **11.** *e-e Schußwaffe etc* laden: **to** ~ **the camera** *phot.* e-n Film (in die Kamera) einlegen. **12.** *j-n* überˈhäufen (**with** mit *Arbeit, Geschenken, Vorwürfen etc*): **to** ~ **duties on s.o.** j-n mit Pflichten überhäufen. **13.** *den Magen* überˈladen. **14.** beschweren, schwerer machen, *engS. Würfel* einseitig beschweren, präpaˈrieren: **to** ~ **the dice in s.o.'s favo(u)r** *fig.* a) vorteilhaft für j-n sein, b) j-m e-n Vorteil verschaffen; **to** ~ **the dice against s.o.** *fig.* a) nachteilig für j-n sein, b) j-n benachteiligen; **to be** ~**ed in favo(u)r of (against) s.o.** *fig.* j-n begünstigen (benachteiligen), (un)günstig für j-n sein. **15.** a) *Getränk* präpaˈrieren, b) *Wein etc* panschen. **16.** *electr.* pupiniˈsieren, Puˈpinspulen einbauen in (*acc*). **17.** *Computer: ein Programm* laden.

III *v/i* **18.** *meist* ~ **up** (auf-, ein)laden. **19.** beladen werden. **20.** (das Gewehr *etc*) laden, *phot.* e-n Film einlegen: **are you** ~**ed?** ist Ihre Waffe geladen? **21.** geladen werden (*Schußwaffe etc*): **how does this camera** ~**?** *phot.* wie wird in diese Kamera der Film eingelegt?

ˈ**load|-ˌbear·ing** *adj* tragend (*Wand etc*). ~ **ca·pac·i·ty** *s* **1.** *tech.* a) Ladefähigkeit *f*, b) Tragfähigkeit *f.* **2.** *electr. tech.* Belastbarkeit *f*, Leistungsaufnahme *f.* ~ **cen·ter,** *bes. Br.* ~ **cen·tre** *s* Lastschwerpunkt *m.* ~ **dis·place·ment** *s mar.* Ladeverdrängung *f.*

ˈ**load·ed** *adj* **1.** beladen. **2.** geladen (*Schußwaffe etc*), *phot.* mit eingelegtem Film. **3.** beschwert: ~ **cane** (*od.* **stick**) Totschläger *m*; ~ **dice** falsche *od.* präparierte Würfel. **4.** a) präpaˈriert (*Getränk*), b) gepanscht (*Wein etc*). **5.** ~ **question** a) Fangfrage *f*, b) Suggestivfrage *f*; ~ **word** a) emotionsgeladenes Wort, b) Reizwort *n.* **6.** *colloq.* ‚stinkreich': **to be** ~ *a.* ‚Geld wie Heu haben'. **7. to be** ~ *bes. Am. colloq.* a) ‚schwer geladen haben' (*betrunken sein*), b) ‚high' (*im Drogenrausch*) sein.

ˈ**load·er** *s* **1.** (Ver-, Auf)Lader *m* (*Person*). **2.** Verladevorrichtung *f*, (Auf)Lader *m.* **3.** *in Zssgn* ...lader *m*: → **breech-loader, muzzle-loader**, *etc.*

load fac·tor *s* **1.** *aer.* Lastvielfache(s) *n.* **2.** *electr.* Belastungsfaktor *m.*

ˈ**load·ing** *s* **1.** Beladen *n.* **2.** *tech.* Aufgabe *f* (*von Beschickungsgut*). **3.** Ladung *f.* **4.** *electr. tech.* Belastung *f.* **5.** *Versicherung*: Verwaltungskostenanteil *m* (*der Prämie*). ~ **bridge** *s* **1.** Verladebrücke *f.* **2.** *aer.* Fluggastbrücke *f.* ~ **coil** *s electr.* Puˈpinspule *f.*

load| line *s mar.* (Tief)Ladelinie *f.* ~ **re·sist·ance** *s electr.* Beˈlastungs-, ˈArbeitsˌwiderstand *m.*

loads [ləʊdz] *colloq.* **I** *s pl* → **load** 4. **II** *adv*: ~ **better** viel besser; **thanks** ~ vielen Dank.

ˈ**load|·star** → **lodestar**. ˈ~**stone** → **lodestone**. ~ **test** *s electr. tech.* Belastungsprobe *f.*

loaf[1] [ləʊf] *pl* **loaves** [ləʊvz] *s* **1.** a) Laib *m* (Brot), b) *weitS.* Brot *n*: **a white** ~ ein (Laib) Weißbrot; **half a** ~ **is better than no bread** etwas ist besser als gar nichts; **the miracle of the loaves and fishes** *Bibl.* die Speisung der Fünftausend. **2.** *a.* **sugar** ~ Zuckerhut *m*: ~ **sugar** Hutzucker *m.* **3.** *a.* **meat** ~ *gastr.* Hackbraten *m.* **4.** *Br. sl.* ‚Hirn' *n*, Verstand *m*: **to use one's** ~ sein Hirn anstrengen, (nach-) denken.

loaf[2] [ləʊf] *colloq.* **I** *v/i* **1.** *a.* ~ **about** (*od.* **around**) herˈumlungern: **to** ~ **about** (*od.* **around**) **the streets** auf den Straßen herumlungern. **2.** faulenzen. **II** *v/t* **3.** ~ **away** *Zeit* verbummeln. **III** *s* **4. to be on the** ~ → I.

ˈ**loaf·er** *s colloq.* **1.** Müßiggänger(in). **2.** Faulenzer(in). **3.** *bes. Am.* leichter Slipper.

loam [ləʊm] **I** *s* Lehm *m.* **II** *v/t* mit Lehm bedecken *od.* (auf)füllen. ˈ**loam·y** *adj* Lehm...: a) lehmig: ~ **soil** Lehmboden *m*, b) lehmhaltig.

loan [ləʊn] **I** *s* **1.** (Ver)Leihen *n*, Ausleihung *f*: **on** ~ leihweise; **a book on** ~ ein geliehenes Buch; **to ask for the** ~ **of s.th.** darum bitten, (sich) etwas (aus)leihen zu dürfen; **may I have the** ~ **of** ...? darf ich (mir) ... (aus)leihen?; **to have s.th. on a** ~ **from s.o.** (sich) etwas von j-m (aus-) geliehen haben. **2.** *econ.* Anleihe *f* (*a. fig.*): **to take up a** ~ e-e Anleihe aufnehmen (**on** auf *acc*); → **government** 4. **3.** *econ.* Darlehen *n*, Kreˈdit *m*: ~ **on securities** Lombardkredit. **4.** Leihgabe *f* (*für e-e Ausstellung*): ~ **collection** Leihgaben (-sammlung *f*) *pl.* **5.** *ling.* Lehnwort *n.*

II *v/t* **6.** *bes. Am.* (to) (aus)leihen (*dat*), ver-, ausleihen (an *acc*). **III** *v/i* **7.** *bes. Am.* Geld verleihen. **~ bank** *s Br.* Darlehensbank *f*, -kasse *f*, Kreˈditanstalt *f*. **ˈloan·er** *s bes. Am.* Verleiher *m*. **loan| of·fice** *s* Darlehenskasse *f*. **~ shark** *s colloq.* ‚Kreˈdithai' *m*. **~ trans·la·tion** *s ling.* ˈLehnüberˌsetzung *f*. **~ val·ue** *s* Beleihungswert *m* (*e-r Lebensversicherung*). **ˈ~word** *s ling.* Lehnwort *n*.

loath [ləʊθ] *adj*: **to be ~ to do s.th.** etwas nur (sehr) ungern *od.* (sehr) widerwillig tun; **I am ~ to go** ich habe (gar) keine Lust zu gehen; **to be ~ for s.o. to do s.th.** dagegen sein, daß j-d etwas tut; **to be nothing ~** durchaus nicht abgeneigt sein.

loathe [ləʊð] *v/t* **1.** verabscheuen, hassen, nicht ausstehen können: **to ~ doing s.th.** es hassen, etwas zu tun. **2.** sich ekeln vor (*dat*): **I ~ it** es ekelt mich *od.* mir davor, es ekelt mich an. **ˈloath·ing** *s* **1.** Abscheu *m*. **2.** Ekel *m*. **ˈloath·ing·ly** *adv* **1.** mit Abscheu. **2.** mit Ekel.

loath·ly[1] [ˈləʊθlɪ] *adv* (sehr) ungern *od.* ˈwiderwillig.

loath·ly[2] [ˈləʊðlɪ] *obs.* → **loathsome.**

loath·some [ˈləʊðsəm; ˈləʊθ-] *adj* (*adv* **~ly**) **1.** widerlich, abˈscheulich, ekelhaft, verhaßt. **2.** eklig, ekelhaft: **~ diseases** ekelerregende Krankheiten. **ˈloath·some·ness** *s* Widerlichkeit *f*.

loaves [ləʊvz] *pl von* **loaf**[1].

lob [lɒb; *Am.* lɑb] **I** *s* **1.** *bes. Tennis*: Lob *m*. **II** *v/t* **2.** *bes. Tennis*: a) **to ~ a ball** → 4, b) *den Gegner* überˈlobben. **3.** *colloq.* (in hohem Bogen) werfen. **III** *v/i* **4.** *bes. Tennis*: lobben, e-n Lob spielen *od.* schlagen.

lo·bar [ˈləʊbə(r)] → **lobular.**

lo·bate [ˈləʊbeɪt] → **lobed.**

lob·by [ˈlɒbɪ; *Am.* ˈlɑbi:] **I** *s* **1.** a) Vor-, Eingangshalle *f*, Vestiˈbül *n*, b) Vorzimmer *n*, -raum *m*, c) Wandelhalle *f*, d) *thea.* Foyˈer *n*. **2.** *parl. bes. Br.* a) Lobby *f* (*Vorraum e-s Parlamentsgebäudes, in dem die Abgeordneten mit Außenstehenden verhandeln können*), b) *a.* **division ~** *e-r der beiden Vorräume, in denen sich die Abgeordneten zum Hammelsprung versammeln.* **3.** *pol.* Lobby *f*, Interˈessengruppe *f*, -verband *m*. **II** *v/i* **4.** die Abgeordneten beeinflussen: **to ~ for (against) a bill** mit Hilfe e-r Lobby auf die Annahme (Ablehnung) e-r Gesetzesvorlage hinarbeiten. **III** *v/t* **5.** *a.* **~ through** *e-e Gesetzesvorlage* mit Hilfe e-r Lobby ˈdurchbringen. **6.** *Abgeordnete* beeinflussen. **ˈlob·by·ing** *s* Lobbying *n* (*Beeinflussung von Abgeordneten durch Interessenverbände*). **ˈlob·by·ism** *s* Lobbyˈismus *m* (*System der Beeinflussung von Abgeordneten durch Interessenverbände*). **ˈlob·by·ist** *s* Lobbyˈist *m* (*Angehöriger e-r Lobby*).

lobe [ləʊb] *s* **1.** *bes. bot.* Lappen *m*, *anat. a.* Lobus *m*: **~ (of the ear)** Ohrläppchen *n*; **~ of the lungs, pulmonary ~** Lungenlappen. **2.** *Radar*: Zipfel *m*, Schleife *f*.

lo·bec·to·my [ləʊˈbektəmɪ] *s med.* Lobektoˈmie *f* (*operative Entfernung e-s Lungenlappens*).

lobed [ləʊbd] *adj* gelappt, lappig.

lo·be·li·a [ləʊˈbi:ljə; -lɪə] *s bot.* Loˈbelie *f*.

lo·be·line [ˈləʊbəli:n] *s med. pharm.* Lobeˈlin *n* (*Alkaloid vieler Lobelienarten, das als Anregungsmittel bei Lähmungen des Atemzentrums sowie bei Alkohol- u. Schlafmittelmißbrauch verwendet wird*).

lob·lol·ly [ˈlɒbˌlɒlɪ; *Am.* ˈlɑbˌlɑli:] *s* **1.** *mar. od. dial.* dicker (Hafer)Brei. **2.** *a.* **~ pine** *bot.* Weihrauchkiefer *f*. **~ boy** *s*, **~ man** *s irr mar. hist.* Gehilfe *m* des Schiffsarztes.

lo·bot·o·my [ləʊˈbɒtəmɪ; *Am.* -ˈbɑ-] → **leucotomy.**

lob·scouse [ˈlɒbskaʊs; *Am.* ˈlɑb-] *s mar. gastr.* Labskaus *n*.

lob·ster [ˈlɒbstə; *Am.* ˈlɑbstər] *s* **1.** *zo.* Hummer *m*: **hen ~** weiblicher Hummer; **(as) red as a ~** krebsrot. **2.** → **spiny lobster. 3.** *zo. ein hummerähnlicher Krebs.* **~ ther·mi·dor** *s gastr. Gericht aus Hummerfleisch, Pilzen u. Rahmsoße, in e-r Hummerschale serviert.*

lob·u·lar [ˈlɒbjʊlə; *Am.* ˈlɑbjələr] *adj bes. bot.* läppchenförmig, *anat. med. a.* lobuˈlär. **lob·ule** [ˈlɒbju:l; *Am.* ˈlɑb-] *s bes. bot.* Läppchen *n*, *anat. a.* Lobulus *m*.

lo·cal [ˈləʊkl] **I** *adj* (*adv* → **locally**) **1.** loˈkal, örtlich, Lokal..., Orts...: **~ adverb** *ling.* lokales Adverb, Umstandswort *n* des Ortes; **~ authority** *pol. Br.* Kommunalbehörde *f*; **~ battery** *teleph.* Ortsbatterie *f*; **~ bill** (*od.* **draft**) *econ.* Platzwechsel *m*; **~ branch** Zweigstelle *f*, Filiale *f*; **~ bus** Nahverkehrsbus *m*; **~ call** *teleph.* Ortsgespräch *n*; **~ derby** *sport* Lokalderby *n*; **~ examination** *ped. Br. von e-r Universitätskommission abgehaltene Prüfung an e-r höheren Schule*; **~ government** a) Gemeinde-, Kommunalverwaltung *f*, b) örtliche Selbstverwaltung; **~ hero** *bes. sport* Lokalmatador *m*; **~ news** Lokalnachrichten; **~ newspaper** Lokalzeitung *f*; **~ oscillator** *electr.* eingebauter Oszillator; **~ patriotism** Lokalpatriotismus *m*; **~ politician** Lokal-, Kommunalpolitiker *m*; **~ politics** Lokal-, Kommunalpolitik *f*; **~ tax** *Am.* Kommunalsteuer *f*; **~ time** Ortszeit *f*; **~ traffic** Lokal-, Orts-, Nahverkehr *m*; **~ train** a) Nahverkehrszug *m*, b) Personenzug *m*; → **color** 5, **option** 1. **2.** Orts..., ortsansässig, hiesig: **the ~ doctor; the ~ hotels** die Hotels am Ort; **~ team** *sport* einheimische Mannschaft. **3.** loˈkal, örtlich (beschränkt), Lokal...: **~ an(a)esthesia** *med.* Lokalanästhesie *f*, örtliche Betäubung; **~ custom** ortsüblicher Brauch; **~ expression** *ling.* Lokalismus *m*; **~ inflammation** *med.* örtliche *od.* lokale Entzündung. **4.** loˈkal(patriˌotisch): **from a ~ point of view** von e-m rein lokalen Gesichtspunkt aus. **II** *s* **5.** a) Nahverkehrsbus *m*, b) Nahverkehrs- *od.* Perˈsonenzug *m*. **6.** *Zeitung*: *bes. Am.* Loˈkalnachricht *f*. **7.** *Rundfunk*, *TV*: *Am.* Regioˈnalproˌgramm *n*. **8.** *Am.* Ortsgruppe *f* (*e-r Gewerkschaft etc*). **9.** a) *meist pl* Ortsansässige(r *m*) *f*, Einheimische(r *m*) *f*, b) *pl sport Am.* einheimische Mannschaft. **10.** *Br. colloq.* (nächstgelegene) Kneipe, *bes.* Stammkneipe *f*. **11.** *med.* örtliche Betäubung.

lo·cale [ləʊˈkɑ:l; *Am. bes.* -ˈkæl] *s* Schauplatz *m*, Szene *f*.

lo·cal·ism [ˈləʊkəlɪzəm] *s* **1.** *ling.* Lokaˈlismus *m*. **2.** ortsüblicher Brauch. **3.** Loˈkalpatrioˌtismus *m*. **4.** Borˈniertheit *f*, Engstirnigkeit *f*.

lo·cal·i·ty [ləʊˈkælətɪ] *s* **1.** a) Örtlichkeit *f*, Ort *m*: **bump** (*od.* **sense**) **of ~** Ortssinn *m*, Orientierungsvermögen *n*, b) Gegend *f*. **2.** *bot. zo. etc* Fundort *m*. **3.** → **locale. 4.** (*örtliche*) Lage.

lo·cal·iz·a·ble [ˈləʊkəlaɪzəbl] *adj* lokaliˈsierbar. **ˌlo·cal·iˈza·tion** *s* Lokaliˈsierung *f*, örtliche Bestimmung *od.* Festlegung *od.* Beschränkung. **ˈlo·cal·ize I** *v/t* **1.** lokaliˈsieren: a) örtlich bestimmen, festlegen, b) örtlich beschränken (**to** auf *acc*). **2.** loˈkal färben, Loˈkalkoloˌrit geben (*dat*). **II** *v/i* **3.** a) sich festsetzen (**in** in *dat*), b) sich konzenˈtrieren (**on** auf *acc*). **ˈlo·cal·iz·er** *s a.* **~ beacon** (*od.* **transmitter**) *aer.* Landekurssender *m*: **~ beam** Leitstrahl *m*.

lo·cal·ly [ˈləʊkəlɪ] *adv* **1.** loˈkal, örtlich. **2.** am Ort: **we have no church ~** wir haben hier keine Kirche.

lo·cate [ləʊˈkeɪt; *Am. bes.* ˈləʊˌkeɪt] **I** *v/t* **1.** ausfindig machen, aufspüren, den Aufenthaltsort ermitteln von (*od. gen*). **2.** a) *mar. etc* orten, b) *mil. ein Ziel etc* ausmachen. **3.** lokaliˈsieren, örtlich bestimmen *od.* festlegen. **4.** *ein Büro etc* errichten: **to ~ a new office in Detroit. 5.** *Am.* a) den Ort *od.* die Grenzen festsetzen für, b) *Land etc* abstecken, abgrenzen. **6.** e-n bestimmten Platz zuweisen (*dat*), (*a. gedanklich*) einordnen. **7.** a) (*an e-m bestimmten Ort*) an- *od.* ˈunterbringen, b) (*an e-n Ort*) verlegen: **to be ~d** gelegen sein, liegen, sich befinden. **8.** *Am. bewegliche Sachen* vermieten. **II** *v/i* **9.** *Am.* sich niederlassen.

lo·ca·tion [ləʊˈkeɪʃn] *s* **1.** Stelle *f*, Platz *m*. **2.** Lage *f*, Standort *m*. **3.** angewiesenes Land, *bes. Am.* zugewiesenes Schürffeld. **4.** *Am.* Grundstück *n*. **5.** *Film*, *TV*: Gelände *n* für Außenaufnahmen: **~ shooting, shooting on ~** Außenaufnahmen *pl*. **6.** Ausfindigmachen *n*. **7.** a) *mar. etc* Ortung *f*, b) *mil.* Ausmachen *n*. **8.** Lokaliˈsierung *f*, örtliche Bestimmung *od.* Festlegung. **9.** *Am.* Niederlassung *f*. **10.** *Am.* Vermietung *f*.

loc·a·tive (case) [ˈlɒkətɪv; *Am.* ˈlɑ-] *s ling.* Lokativ *m* (*den Ort bestimmender Fall*).

lo·ca·tor [ləʊˈkeɪtə(r); *Am. bes.* ˈləʊˌk-] *s aer.* **1.** *a.* **~ beacon** Anflugfunkfeuer *n*. **2.** → **localizer.**

loch [lɒk; lɒx; *Am.* lɑk; lɑx] *s Scot.* Loch *m*: a) See *m*, b) Bucht *f*.

lo·chi·a [ˈlɒkɪə; *Am.* ˈləʊ-; ˈlɑ-] *s med.* Lochien *pl*, Wochenfluß *m*.

lo·ci [ˈləʊsaɪ; -kaɪ] *pl von* **locus.**

lock[1] [lɒk; *Am.* lɑk] **I** *s* **1.** Schloß *n* (*an Türen etc*): **under ~ and key** a) hinter Schloß u. Riegel (*Person*), b) unter Verschluß (*Sache*). **2.** Verschluß *m*, Schließe *f*. **3.** Sperrvorrichtung *f*, Sicherung *f*. **4.** Bremsvorrichtung *f*. **5.** (*Gewehr- etc*) Schloß *n*: **~, stock, and barrel** *fig.* a) mit allem Drum u. Dran, b) mit Stumpf u. Stiel, voll u. ganz, ganz u. gar, c) mit Sack u. Pack. **6.** Schleuse(nkammer) *f*. **7.** Luft-, Druckschleuse *f*. **8.** *mot. etc Br.* Einschlag *m* (*der Vorderräder*): **angle of ~** Einschlagwinkel *m*. **9.** a) Knäuel *m*, *n* (*von Fahrzeugen*), b) → **traffic jam. 10.** *Ringen*: Fessel(ung) *f*.

II *v/t* **11.** *a.* **~ up** ab-, zu-, verschließen, zu-, versperren: **to ~ the stable door after the horse has bolted** (*od.* **been stolen**) den Brunnen (erst) zudecken, wenn das Kind hineingefallen ist. **12.** *a.* **~ up** a) *j-n* einschließen, (ein)sperren (**in, into** in *acc*), einsperren (*gefangensetzen*): **to ~ o.s. up** sich einschließen, b) → **lock up** 2. **13.** umˈschließen, umˈfassen, *in die Arme* schließen: **~ed** a) festgekeilt, b) eng umschlungen, c) ineinander verkrallt; **~ed by mountains** von Bergen umschlossen. **14.** ineinˈanderschlingen, *die Arme* verschränken: **to ~ horns** *fig.* (hart) aneinandergeraten (**with** mit). **15.** *tech.* sperren, sichern, arreˈtieren, festklemmen. **16.** (*beim Ringen*) (um)ˈfassen. **17.** *ein Schiff* (ˈdurch)schleusen. **18.** *e-n Kanal etc* mit Schleusen ausstatten.

III *v/i* **19.** schließen. **20.** sich ab-, zu- *od.* verschließen lassen, ab- *od.* verschließbar sein. **21.** ineinˈandergreifen. **22.** *mot. etc* blocˈkieren (*Räder*). **23.** *mot. etc Br.* a) sich einschlagen lassen (*Räder*), b) sich durch Einschlag der Vorderräder lenken lassen (*Fahrzeug*). **24.** (ˈdurch)geschleust werden. **25. ~ onto** a) (*Radar*) *ein Ziel etc* erfassen u. verfolgen, b) *aer. mil.* sich richten auf (*acc*) (*Geschoß*).

Verbindungen mit Adverbien:
lock|a·way *v/t* **1.** *etwas* wegschließen. **2.** *j-n* einsperren. **~ down** *v/t ein Schiff* hin'unter-, her'unterschleusen. **~ in** *v/t* einschließen, -sperren. **~off** *v/t* durch e-e Schleuse abteilen. **~ out** *v/t j-n* (*a. econ. Arbeitnehmer*) aussperren. **~ through** *v/t ein Schiff* 'durchschleusen. **~ up I** *v/t* **1.** → lock¹ 11, 12 a. **2.** *etwas* ver-, ein-, wegschließen. **3.** *print. die Formen* schließen. **4.** *Kapital* fest anlegen. **5.** *ein Schiff* hin'auf-, her'aufschleusen. **II** *v/i* **6.** abschließen.
lock² [lɒk; *Am.* lɑk] *s* **1.** (Haar)Locke *f*, (-)Strähne *f*, (-)Büschel *n*. **2.** *pl meist poet.* (*bes.* lockiges) Haar. **3.** (Woll)Flocke *f*.
'lock·a·ble *adj* ab-, verschließbar.
'lock·age *s* **1.** ('Durch)Schleusen *n*. **2.** 'Schleusen(anlage *f*, -sy,stem *n*) *pl*. **3.** Schleusengeld *n*.
'lock|·box *s* **1.** verschließbare Kas'sette. **2.** Postfach *n*.
'lock·er *s* **1.** Schließfach *n*. **2.** a) verschließbarer Kasten *od.* Schrank, b) Spind *m*, *n*: ~ **room** Umkleideraum *m*.
lock·et ['lɒkɪt; *Am.* 'lɑkət] *s* Medail'lon *n*.
lock| gate *s tech.* Schleusentor *n*. **'~house** *s* Schleusenwärterhaus *n*.
'lock-in *s Protestdemonstration, deren Teilnehmer sich in e-m Gebäude etc einschließen.*
'lock·ing → lockable.
'lock|·jaw *s med.* **1.** Kiefersperre *f*, Kaumuskelkrampf *m*. **2.** Wundstarrkrampf *m*. **~ keep·er** *s* Schleusenwärter *m*. **'~nut** *s tech.* **1.** Gegenmutter *f*. **2.** Feststellring *m* (*der Bügelmeßschraube*). **'~out** *s econ.* Aussperrung *f*. **~ saw** *s tech.* Schweif-, Loch-, Stichsäge *f*. **'~smith** *s* Schlosser *m*. **~ step** *s mil. etc* Mar'schieren *n* in dicht geschlossenen Gliedern. **~ stitch** *s* (Doppel)Steppstich *m* (*beim Nähen*). **'~up** *s* **1.** Torschluß *m*: ~ **is at six** die Tore werden um 6 (Uhr) geschlossen. **2.** a) Ar'restzelle *f*, b) *colloq.* ‚Kittchen' *n* (*Gefängnis*). **3.** *Br. kleiner Laden ohne dazugehörige Wohnung*. **4.** *bes. Br.* ('Einzel)Ga,rage *f*. **5.** *print.* Formenschließen *n*. **6.** *econ.* feste Anlage (*von Kapital*). **~ wash·er** *s tech.* 'Unterleg-, Sicherungsscheibe *f*.
lo·co¹ ['ləʊkəʊ] **I** *pl* **-coes, -cos** *s* **1.** → locoweed. **2.** → loco disease. **3.** a) *an der* **loco disease** *leidendes Tier*, b) *bes. Am. sl.* Verrückte(r *m*) *f*. **II** *adj* **4.** a) an der **loco disease** leidend, b) *bes. Am. sl.* verrückt (*a. Ideen etc*): **he went ~ with rage** er ‚drehte durch' vor Wut. **III** *v/t* **5.** a) mit **locoweed** vergiften, b) *bes. Am. sl.* verrückt machen.
lo·co² ['ləʊkəʊ] *pl* **-cos** *s rail. colloq.* ‚Lok' *f* (*Lokomotive*).
lo·co ci·ta·to [,ləʊkəʊsɪ'teɪtəʊ; *Am.* -saɪ't-] (*Lat.*) *adv* loco ci'tato, am angeführten Ort.
lo·co dis·ease *s vet. durch den Genuß von* **locoweed** *hervorgerufene Erkrankung bei Rindern, Schafen u. Pferden, die durch Lähmungen u. Sehstörungen gekennzeichnet ist.*
lo·co·ism ['ləʊkəʊɪzəm] → loco disease.
'lo·co·man [-mən] *s irr rail. Br. colloq.* ‚Lokführer' *m*.
lo·co·mo·bile [,ləʊkə'məʊbɪl] **I** *s* Fahrzeug *n* mit Eigenantrieb. **II** *adj* selbstfahrend, -getrieben, mit Eigen- *od.* Selbstantrieb.
lo·co·mo·tion [,ləʊkə'məʊʃn] *s* **1.** Fortbewegung *f*, *biol. a.* Lokomoti'on *f*. **2.** Fortbewegungsfähigkeit *f*.
lo·co·mo·tive ['ləʊkə,məʊtɪv; ,ləʊkə'məʊ-] **I** *adj* (*adv* **~ly**) **1.** sich fortbewegend, Fortbewegungs..., *biol. a.* lokomo'torisch: ~ **engine** → 4; ~ **organ** *zo.* Fortbewegungsorgan *n*; ~ **power** Fortbewegungsfähigkeit *f*. **2.** fortbewegungsfähig. **3.** *rail.* Lokomotiv...: ~ **engineer** *Am.* Lokomotivführer *m*; ~ **shed** Lokomotivhalle *f*, -schuppen *m*. **II** *s* **4.** *rail.* Lokomo'tive *f*.
lo·co·mo·tor I *adj* [,ləʊkə'məʊtə(r)] → locomotive 1. **II** *s* ['ləʊkə,məʊtə(r)] *j-d, der od. etwas, was sich frei fortbewegt.*
,lo·co'mo·to·ry → locomotive 1.
'lo·co·weed *s bot. e-r von mehreren Schmetterlingsblütlern, deren Genuß die* **loco disease** *verursacht.*
loc·u·lar ['lɒkjʊlə; *Am.* 'lɑkjələr] *adj* **1.** *bot.* fächerig. **2.** *zo.* gekammert.
loc·u·lus ['lɒkjʊləs; *Am.* 'lɑkjə-] *pl* **-li** [-laɪ] *s* **1.** *bes. anat. bot. zo.* Kammer *f*, Zelle *f*. **2.** *bot.* a) Pollenfachhälfte *f*, b) Fruchtknotenfach *n*.
lo·cum ['ləʊkəm] *colloq. für* **locum tenens**. **~ te·nens** ['ti:nenz] *pl* **~ te·nen·tes** [tɪ'nenti:z] *s bes. Br.* Stellvertreter(in).
lo·cus ['ləʊkəs] *pl* **lo·ci** ['ləʊsaɪ; -kaɪ] *s* **1.** *math.* geo'metrischer Ort, Ortskurve *f*. **2.** *biol.* Genort *m*. **~ clas·si·cus** ['klæsɪkəs] *pl* **lo·ci clas·si·ci** [-saɪ; -kaɪ] (*Lat.*) *s maßgebende u. oft zitierte Stelle e-s Standardwerkes.* **~ si·gil·li** [sɪ'dʒɪlaɪ] *pl* **lo·ci si·gil·li** (*Lat.*) *s* (*in Abschriften*) Siegelstelle *f*. **~ stan·di** ['stændaɪ] (*Lat.*) *s jur.* Recht *n*, gehört zu werden.
lo·cust ['ləʊkəst] *s* **1.** *zo.* (*e-e*) (Wander- *od.* Feld)Heuschrecke. **2.** *a.* **~ tree** *bot. ein fieberblättriger Leguminosenbaum, bes.* a) Ro'binie *f*, 'Scheina,kazie *f*, b) Gle'ditschie *f*, c) Jo'hannisbrotbaum *m*, d) Heuschreckenbaum *m* (*Westindien*). **3.** *bot.* a) Jo'hannisbrot *n*, Ka'robe *f*, b) Kassiaschote *f*.
lo·cu·tion [ləʊ'kju:ʃn] *s* **1.** Ausdrucks-, Redeweise *f*. **2.** Redewendung *f*, Ausdruck *m*.
lode [ləʊd] *s* (Erz)Ader *f*, (-)Gang *m*.
lo·den ['ləʊdn] *s* Loden(stoff) *m*.
'lode|·star *s* Leitstern *m* (*a. fig.*), *bes.* Po'larstern *m*. **'~stone** *s* **1.** Ma'gneteisen(stein *m*) *n*. **2.** *fig.* Ma'gnet *m*.
lodge [lɒdʒ; *Am.* lɑdʒ] **I** *s* **1.** a) Sommer-, Gartenhaus *n*, b) (*Jagd- etc*)Hütte *f*, c) Gärtner-, Pförtnerhaus *n* (*auf e-m Gut etc*). **2.** Porti'er-, Pförtnerloge *f*. **3.** *Am.* 'Ferienho,tel *n*. **4.** *univ. Br.* Wohnung *f* (*e-s College-Leiters in Cambridge*). **5.** (*bes.* Freimaurer)Loge *f*. **6.** *bes. Am.* Ortsgruppe *f* (*e-r Gewerkschaft etc*). **7.** *zo.* (*bes.* Biber)Bau *m*. **8.** a) Wigwam *m*, b) Indi'anerfa,milie *f*.
II *v/i* **9.** lo'gieren, (*bes.* vor'übergehend *od.* in 'Untermiete) wohnen. **10.** über'nachten. **11.** sich verbergen (*Wild*). **12.** stecken(bleiben) (*Geschoß, Bissen etc*): **it had ~d in his memory** *fig.* es war in s-r Erinnerung *od.* in s-m Gedächtnis haftengeblieben.
III *v/t* **13.** aufnehmen, beherbergen, (für die Nacht) 'unterbringen: **the house ~s ten people** das Haus beherbergt zehn Leute. **14.** in Lo'gis *od.* 'Untermiete nehmen. **15.** ~ **o.s.** a) *bes. mil.* sich festsetzen, b) sich 'einquar,tieren (**in** in *dat*): **to be ~d** → 9. **16.** *j-n* in Gewahrsam nehmen: **~d behind bars** hinter ‚schwedischen Gardinen'. **17.** *Güter etc* 'unterbringen, einlagern. **18.** *Wertgegenstände etc* depo'nieren, hinter'legen, *Geld a.* einzahlen (**in a bank** bei e-r Bank). **19.** anvertrauen (**with** *dat*), *Befugnisse etc* über'tragen (**in, with** *dat od.* auf *acc*). **20.** *bes. jur. e-n Antrag, e-e Beschwerde etc* einreichen, (*Straf*)*Anzeige* erstatten, *Berufung, Protest* einlegen (**with** bei). **21.** *ein Messer etc* stoßen, *e-e Kugel* schießen: **he ~d a bullet in his heart** er schoß sich e-e Kugel ins Herz. **22. to be ~d** → 12. **23.** *Schmutz etc* ablagern. **24.** *obs. Getreide etc* 'umlegen (*Wind etc*).
lodged [lɒdʒd; *Am.* lɑdʒd] *adj her.* gelagert (*Tier*).
lodge·ment → lodgment.
'lodg·er *s* 'Untermieter(in): **she has a student as a ~** bei ihr wohnt e-e Studentin in *od.* zur Untermiete; **to take ~s** Zimmer vermieten.
lodg·ing ['lɒdʒɪŋ; *Am.* 'lɑ-] *s* **1.** Wohnen *n*, Lo'gieren *n*. **2.** *a. pl* Lo'gis *n*, 'Unterkunft *f*: **night's ~, ~ for the night** Nachtquartier *n*. **3.** vor'übergehender Wohnsitz. **4.** a) *pl* mö'bliertes Zimmer, möblierte Zimmer *pl*: **to live in ~s** möbliert wohnen, b) *a. pl univ. Br.* Wohnung *f* (*e-s College-Leiters in Oxford*). **~ house** *s* Fremdenheim *n*, Pensi'on *f*. **~ in·dus·try** *s* Beherbergungsgewerbe *n*.
'lodg·ment *s* **1.** 'Unterbringung *f*, Einlagerung *f* (*von Gütern etc*). **2.** Depo'nierung *f*, Hinter'legung *f* (*von Wertgegenständen etc*). **3.** *bes. jur.* Einreichung *f* (*e-s Antrags, e-r Beschwerde etc*), Erstattung *f* (*e-r Anzeige*), Einlegung *f* (*e-r Berufung, e-s Protests*). **4.** Ablagerung *f* (*von Schmutz etc*). **5. to gain a ~** *mil.* sich festsetzen (*a. fig.*).
lo·ess ['ləʊɪs; lɜ:s; *Am. a.* les] *s geol.* Löß *m*.
loft [lɒft] **I** *s* **1.** Dachboden *m*: **in the ~** auf dem Dachboden. **2.** Boden *m*, Speicher *m*. **3.** Heuboden *m*. **4.** *Am.* (*bes.* 'durchgehendes) Obergeschoß (*e-s Lagerhauses etc*). **5.** *arch.* Em'pore *f*: (**organ**) ~ (Orgel)Chor *m*. **6.** Taubenschlag *m*. **7.** *Golf*: a) Loft *m* (*Winkel zwischen Schlagfläche u. Sohle e-s Schlägers*), b) Hochschlagen *n* des Balls, c) Hochschlag *m*. **II** *v/t* **8.** auf dem Boden *od.* Speicher aufbewahren. **9.** *Golf*: a) *den Ball* hochschlagen, b) *ein Hindernis* durch Hochschlag über'winden. **III** *v/i* **10.** *Golf*: e-n Hochschlag ausführen.
'loft·er *s Golf*: Schläger *m* für Hochbälle.
loft·i·ness ['lɒftɪnɪs] *s* **1.** Höhe *f*. **2.** Erhabenheit *f*. **3.** Stolz *m*, Hochmut *m*.
loft·ing i·ron → lofter.
'loft·y *adj* (*adv* **loftily**) **1.** hoch(ragend). **2.** hochfliegend (*Pläne etc*), hochgesteckt (*Ziele etc*), erhaben (*Gedanken, Stil etc*). **3.** stolz, hochmütig: **a ~ smile** ein überlegenes Lächeln.
log¹ [lɒg; *Am. a.* lɑg] **I** *s* **1.** a) (Holz)Klotz *m*, b) (*gefällter*) Baumstamm: (**as**) **easy** (*od.* **simple**) **as falling off a ~** *colloq.* kinderleicht; → **sleep** 1, c) (*großes*) (Holz)Scheit. **2.** *mar.* Log *n*, Logge *f*: **to heave** (*od.* **throw**) **the ~** loggen. **3.** → **logbook**. **II** *v/t* **4.** *e-n Baum* (fällen u.) abästen. **5.** *gefällte Bäume* in Klötze schneiden. **6.** *e-n Wald, e-e Gegend etc* abholzen. **7.** *a.* ~ **up** *e-e Entfernung* zu'rücklegen. **8.** *a.* ~ **up** a) in das Logbuch *etc* eintragen, b) *allg. Ereignisse etc* aufzeichnen, festhalten, c) *Computer*: *Daten* protokol'lieren. **III** *v/i* **9.** Holz fällen.
log² [lɒg; *Am. a.* lɑg] *colloq. für* **logarithm**.
lo·gan·ber·ry ['ləʊgənbərɪ; -brɪ; *bes. Am.* -,berɪ] *s bot.* Loganbeere *f*.
log·a·rithm ['lɒgərɪðəm; *Am. a.* 'lɑ-] *s math.* Loga'rithmus *m*: **common ~** gewöhnlicher Logarithmus; **natural ~** natürlicher Logarithmus; → **table** 10. **,log·a'rith·mic** [-mɪk] *adj* (*adv* **~ally**) loga'rithmisch: **~ decrement** logarithmisches Dekrement; **~ function** Logarithmusfunktion *f*; **~ paper** Logarithmenpapier *n*; **~ scale** logarithmische Skala. **,log·a'rith·mi·cal** [-kl] → logarithmic.
'log|·book *s* **1.** *mar.* Logbuch *n*, Schiffstagebuch *n*. **2.** *aer.* Flugbuch *n*. **3.** *mot.* Bord-, Fahrtenbuch *n*. **4.** *mot. Br.* Kraft-

fahrzeugbrief *m.* **5.** Dienstbuch *n* (*e-s Polizeireviers etc*). **6.** *Film, TV*: Schnittliste *f.* **~ cab·in** *s* Blockhaus *n*, -hütte *f.*

loge [ləʊʒ] *s* **1.** *thea.* Loge *f.* **2.** a) Häuschen *n*, b) Verschlag *m.*

logged [lɒgd; *Am. a.* lɑgd] *adj* **1.** → **waterlogged. 2.** schwer(fällig).

log·ger [ˈlɒgə(r); *Am. a.* ˈlɑgər] *s* **1.** Holzfäller *m.* **2.** *Computer*: Regiˈstriergerät *n.* **ˈ~·head** *s* **1. to be at ~s** Streit haben (**with** mit), ‚sich in den Haaren liegen'. **2.** *a.* **~ turtle** *zo.* Unechte Kaˈrettschildkröte.

log·gia [ˈləʊdʒə; ˈləʊdʒɪə] *pl* **-gias, -gie** [-dʒeɪ] *s arch.* Loggia *f.*

log glass *s mar.* Logglas *n.*

log·i·a [ˈlɒgɪə; *Am.* ˈləʊgiˌɑː] *pl von* **logion.**

log·ic [ˈlɒdʒɪk; *Am.* ˈlɑ-] *s* **1.** *philos.* Logik *f* (*Lehre von den Formen u. Gesetzen folgerichtigen Denkens*). **2.** Logik *f*: a) *Folgerichtigkeit des Denkens*: **female ~** weibliche Logik; **to chop ~** Haarspalterei treiben, b) Notwendigkeit *f*, Folgerichtigkeit *f* (*e-r Entwicklung etc*). **3.** Überˈzeugungskraft *f*: **the ~ of facts.**

log·i·cal [ˈlɒdʒɪkl; *Am.* ˈlɑ-] *adj* (*adv* → **logically**) **1.** *philos.* logisch. **2.** logisch: a) folgerichtig: **to have a ~ mind** logisch denken (können), b) notwendig, folgerichtig: **the ~ consequence. ~ de·sign** *s Computer*: logischer Aufbau, logische Strukˈtur.

log·i·cal·ly [ˈlɒdʒɪkəlɪ; -klɪ] *adv* **1.** logisch (*etc*; → **logical**). **2.** logischerweise. **ˈlog·i·cal·ness** [-klnɪs] *s* Logik *f*, (*das*) Logische.

log·i·cal op·er·a·tion *s Computer*: logische Operatiˈon.

log·ic cir·cuit *s Computer*: logische Schaltung.

lo·gi·cian [ləʊˈdʒɪʃn; ləˈdʒ-] *s philos.* Logiker *m.*

log·i·cism [ˈlɒdʒɪsɪzəm; *Am.* ˈlɑ-] *s* **1.** *philos.* Logiˈzismus *m* (*Bevorzugung der logischen vor der psychologischen Betrachtungsweise*). **2.** *math.* Logiˈzismus *m* (*Auffassung, daß sich die gesamte konkrete Mathematik auf die Logik zurückführen läßt*).

lo·gie [ˈləʊgɪ] *s thea.* Juˈwelenimitatiˌon *f.*

log·i·on [ˈlɒgɪɒn; *Am.* ˈləʊgiˌɑːn] *pl* **-i·a** [-ɪə; *Am. a.* -iˌɑː] *s relig.* Logion *n* (*Ausspruch Jesu*).

lo·gis·tic [ləʊˈdʒɪstɪk; ləˈdʒ-] **I** *adj* (*adv* **~ally**) **1.** loˈgistisch. **II** *s* **2.** Loˈgistik *f* (*mathematische u. formale Logik*). **3.** *pl* (*oft als sg konstruiert*) *mil.* Loˈgistik *f* (*Planung, Bereitstellung u. Einsatz der für militärische Zwecke erforderlichen Mittel u. Dienstleistungen zur Unterstützung der Streitkräfte*). **4.** *pl* (*oft als sg konstruiert*) *econ.* Loˈgistik *f* (*Lehre vom Material-, Energie- u. Produktfluß innerhalb e-r Betriebswirtschaft od. zwischen dieser u. ihrer Umwelt*). **loˈgis·ti·cal** [-kl] → **logistic** I.

ˈlog|·jam *s bes. Am.* **1.** *durch treibende Baumstämme verursachte Blockierung e-s Flusses etc.* **2.** *fig.* → **deadlock** 2. **~ line** *s mar.* Logleine *f.*

log·o [ˈlɒgəʊ; *Br. a.* ˈləʊ-; *Am. a.* ˈlɑ-] *pl* **-os** *colloq. für* **logotype.**

log·o·gram [ˈlɒgəʊgræm; *Am. a.* ˈlɑgə-], **ˈlog·o·graph** [-grɑːf; *bes. Am.* -græf] *s* Logoˈgramm *n*, Wortzeichen *n.*

log·o·griph [ˈlɒgəʊgrɪf; *Am. a.* ˈlɑgə-] *s* Logoˈgriph *m* (*Rätsel, bei dem durch Wegnehmen, Hinzufügen od. Vertauschen e-s Buchstabens ein neues Wort entsteht*).

lo·gom·a·chy [lɒˈgɒməkɪ; *Am.* ləʊˈgɑm-] *s* **1.** Wortklaubeˈrei *f*, Haarspalteˈrei *f.* **2.** *Am.* ˈWortzuˌsammensetzspiel *n.*

log·o·p(a)e·dics [ˌlɒgəʊˈpiːdɪks; *Am. a.* ˌlɑgə-] *s pl* (*meist als sg konstruiert*) *med.* Logopäˈdie *f*, Sprachheilkunde *f.*

log·or·rh(o)e·a [ˌlɒgəˈrɪə; *Am. a.* ˌlɑ-] *s med. psych.* Logorˈrhö(e) *f* (*krankhaft ungehemmter, häufig unzusammenhängender Redefluß*).

log·o·type [ˈlɒgəʊtaɪp; *Am. a.* ˈlɑgə-] *s* **1.** *print.* Logoˈtype *f* (*Type, die aus mehreren Buchstaben besteht, deren Kombination häufig vorkommt*). **2.** ˈFirmenemˌblem *n.*

ˈlog|·roll *pol. bes. Am.* **I** *v/t ein Gesetz* durch gegenseitiges In-die-ˈHände-Arbeiten ˈdurchbringen (*Parteien*). **II** *v/i* sich gegenseitig in die Hände arbeiten (*Parteien*). **ˈ~roll·ing** *s* **1.** *pol. bes. Am.* ‚Kuhhandel' *m*, gegenseitiges In-die-ˈHände-Arbeiten (*zwischen Parteien*). **2.** *Wettkampf, bei dem zwei auf e-m schwimmenden Baumstamm stehende Gegner versuchen, sich durch Drehen des Stamms zu Fall zu bringen.* **ˈ~·wood** *s bot.* Blauholz *n.*

loin [lɔɪn] *s* **1.** *meist pl anat.* Lende *f*: → **gird**[1] 4. **2.** *pl Bibl. u. poet.* Lenden *pl* (*als Sitz der Zeugungskraft*): **a child of his ~s. 3.** *gastr.* Lende(nstück *n*) *f.* **ˈ~·cloth** *s* Lendenschurz *m.*

loir [ˈlɔɪə(r)] *s zo.* Siebenschläfer *m.*

loi·ter [ˈlɔɪtə(r)] **I** *v/i* **1.** bummeln: a) schlendern: **to ~ along** dahinschlendern, b) trödeln. **2.** *a.* **~ about** (*od.* **around**) herˈumlungern. **II** *v/t* **3. ~ away** *Zeit* vertrödeln, -bummeln. **ˈloi·ter·er** *s* Bummler(in).

loll [lɒl; *Am.* lɑl] **I** *v/i* **1.** sich ‚rekeln' *od.* ‚räkeln', sich ‚lümmeln': **to ~ about** (*od.* **around**) *a.* sich herumlümmeln. **2.** (schlaff) herˈabhängen: **to ~ out** heraushängen (*Zunge*). **II** *v/t* **3.** (schlaff) herˈabhängen lassen, *den Kopf* hängenlassen: **to ~ out** *die Zunge* heraushängen lassen.

lol·la·pa·loo·sa, lol·la·pa·loo·za [ˌlɑləpəˈluːzə] *s*: **to be a ~** *Am. sl.* ganz große ‚Klasse' sein.

Lol·lard [ˈlɒləd; *Am.* ˈlɑlərd] *s* Lolˈlarde *m* (*Anhänger Wycliffes im 14., 15. u. 16. Jh.*).

lol·li·pop [ˈlɒlɪpɒp; *Am.* ˈlɑlɪˌpɑp] *s* **1.** Lutscher *m.* **2.** *Br.* Eis *n* am Stiel. **~·man** *s irr Br. colloq.* (*etwa*) Schülerlotse *m.* **~ wom·an** *s irr Br. colloq.* (*etwa*) Schülerlotsin *f.*

lol·lop [ˈlɒləp; *Am.* ˈlɑ-] *v/i* hoppeln (*Hase, Fahrzeug*), ‚latschen' (*Person*).

lol·ly [ˈlɒlɪ; *Am.* ˈlɑliː] *s* **1.** *colloq.* → **lollipop** 1. **2.** → **lollipop** 2. **3.** *Br. sl.* ‚Kies' *m* (*Geld*).

Lom·bard [ˈlɒmbə(r)d; -bɑː(r)d; *Am.* ˈlɑm-] **I** *s* **1.** *hist.* Langoˈbarde *m*, Langoˈbardin *f.* **2.** Lomˈbarde *m*, Lomˈbardin *f.* **II** *adj* **3.** *hist.* langoˈbardisch. **4.** lomˈbardisch. **~ Street** *s* **1.** Londoner Bankviertel *n.* **2.** *fig.* Londoner Geldmarkt *m.*

lo·ment [ˈləʊment], **lo·men·tum** [ləʊˈmentəm] *pl* **-ta** [-tə] *s bot.* Gliederfrucht *f*, -hülse *f.*

Lon·don·er [ˈlʌndənə(r)] *s* Londoner (-in).

Lon·don·ese [ˌlʌndəˈniːz] *s* Londoner Mundart *f*, *bes.* Cockney *n.*

Lon·don pride *s bot.* Porzelˈlanblümchen *n.*

lone [ləʊn] *adj* **1.** einzeln: **~ hand** (*Kartenspiel*) Einzelspieler(in); **to play a ~ hand** *fig.* e-n Alleingang machen; → **wolf** 2 c. **2.** alˈleinstehend, einzeln: **a ~ house. 3.** einzig: **our ~ competitor. 4.** alˈleinstehend: a) ledig, unverheiratet, b) verwitwet. **5.** *poet.* → **lonely** b, c.

lone·li·ness [ˈləʊnlɪnɪs] *s* Einsamkeit *f.*

lone·ly [ˈləʊnlɪ] *adj* einsam: a) einzeln, b) verlassen, alˈlein, c) (welt)abgeschieden, verlassen. **~ hearts** *adj* der einsamen Herzen: **a ~ club.**

lon·er [ˈləʊnə(r)] *s* Einzelgänger *m* (*Mensch u. Tier*).

lone·some [ˈləʊnsəm] **I** *adj* (*adv* **~ly**) *bes. Am.* → **lonely. II** *s*: **by one's ~** *Am. colloq.* (ganz) alˈlein. **ˈlone·some·ness** *bes. Am.* → **loneliness.**

ˌLone-ˈStar State *s* (*Beiname für*) Texas *n.*

long[1] [lɒŋ] **I** *adj* **1.** *allg.* lang (*a. fig. langwierig*): **a ~ illness (journey, list, look, speech,** *etc*); **~ years of misery; two miles (weeks) ~** zwei Meilen (Wochen) lang; **a ~ way round** ein großer Umweg; **two ~ miles** zwei gute Meilen, mehr als zwei Meilen. **2.** zu lang: **the coat is ~ on him** der Mantel ist ihm zu lang. **3.** lang(gestreckt), länglich. **4.** Längs...: **~ side. 5.** lang, hochgewachsen: **a ~ fellow. 6.** groß: **a ~ family; a ~ figure** e-e vielstellige Zahl; **a ~ price** ein hoher Preis. **7.** ˈübergroß, Groß...: **~ dozen** dreizehn; → **hundred** 3. **8.** weitreichend: **~ thoughts; a ~ memory** ein gutes Gedächtnis; **to take the ~ view** weit vorausblicken; → **view** 7. **9.** grob: **a ~ guess. 10.** gering: **a ~ chance;** → **odds** 3. **11.** seit langem bestehend, alt: **a ~ custom; a ~ friendship. 12.** *bes. econ.* langfristig, mit langer Laufzeit, auf lange Sicht: **~ bill** langfristiger Wechsel. **13.** (*zeitlich*) fern, weit in der Zukunft liegend: **a ~ date. 14.** *econ.* a) eingedeckt (**of** mit): **~ of wool,** b) auf Preissteigerung wartend: **to be** (*od.* **go**) **~ of the market, to be on the ~ side of the market** auf Hausse spekulieren. **15. to be ~ on** *colloq.* e-e Menge ... haben: **he's ~ on good ideas. 16.** *mit Mineral-, Sodawasser od. Fruchtsaft aufgefüllt* (*alkoholisches Getränk*): **~ drink** Longdrink *m.* **17.** *ling.* lang: **~ vowels. 18.** *metr.* a) lang, b) betont. **19.** *chem.* leichtflüssig.

II *adv* **20.** lang(e): **~ dead** schon lange tot; **as ~ as he lives** solange er lebt; **as** (*od.* **so**) **~ as** a) solange wie, b) sofern; vorausgesetzt, daß; falls; **~ after** lange danach; **as ~ ago as 1900** schon 1900; **so ~!** *colloq.* bis dann!, tschüs!; → **ago, all** 1, **before** 2, **since** 1. **21.** lange (*in elliptischen Wendungen*): **don't be ~!** beeil dich!, mach schnell!; **to be ~ (in** *od.* **about) doing s.th.** lange brauchen, um etwas zu tun; **it was not ~ before he came** es dauerte nicht lange, bis er kam. **22.** (*in Steigerungsformen*): **to hold out ~er** länger aushalten; **no ~er, not any ~er** nicht mehr, nicht (mehr) länger.

III *s* **23.** (e-e) lange Zeit: **at (the) ~est** längstens; **for ~** lange (Zeit); **it is ~ since I saw her** es ist lange her, daß ich sie gesehen habe; **to take ~ (to do s.th.)** lange brauchen (, um etwas zu tun); **the ~ and (the) short of it is that** a) es dreht sich einzig u. allein darum, daß, b) mit ˈeinem Wort; → **before** 5. **24.** Länge *f*: a) *ling.* langer Laut, b) *metr.* lange Silbe. **25.** *econ.* Haussiˈer *m.* **26.** *pl* a) lange Hosen *pl*, b) ˈÜbergrößen *pl.*

long[2] [lɒŋ] *v/i* sich sehnen (**for** nach): **to ~ to do s.th.** sich danach sehnen, etwas zu tun; **she was ~ing for the sermon to end** sie sehnte das Ende der Predigt herbei; **he ~ed for the holidays** (*Am.* **vacation**) **to come** er sehnte sich nach den Ferien; **she is ~ing for him to kiss her** sie sehnt sich danach, von ihm geküßt zu werden; **~ed-for** ersehnt.

ˌlong-aˈgo *adj* längst vergangen, alt.

lon·ga·nim·i·ty [ˌlɒŋgəˈnɪmətɪ] *s* Langmut *f.* **lon·gan·i·mous** [ˌlɒnˈgænɪməs] *adj* langmütig.

ˈlong|·bill *s ein langschnäbeliger Vogel, bes.* Schnepfe *f.* **ˈ~·boat** *s mar.* **1.** großes Beiboot (*e-s Segelschiffs*). **2.** → **longship. ˈ~·bow** [-bəʊ] *s hist.* Langbogen *m.*

ˈ**~·case clock** *s* Standuhr *f*. ˈ**~-ˌcher·ished** *adj* langgehegt (*Wunsch etc*). ˈ**~-ˌdat·ed** *adj econ.* langfristig (*Staatspapiere*). **~ dis·tance** *s* **1.** *teleph.* a) Fernamt *n*, b) *bes. Am.* Ferngespräch *n*: **by ~** per Ferngespräch. **2.** *sport* Langstrecke *f*. ˌ**~-ˈdis·tance I** *adj* **1.** *Am.* Fern...: **~ call** *teleph.* Ferngespräch *n*; **~ driver** Fernfahrer *m*; **~ freight traffic** Güterfernverkehr *m*; **~ line** *teleph.* Fernleitung *f*; **~ lorry** (*bes. Am.* **truck**) Fernlaster *m*. **2.** *aer. sport* Langstrecken...: **~ bomber**; **~ flight**; **~ race** a) *sport* Langstreckenrennen *n*, b) (*Leichtathletik*) Langstreckenlauf *m*; **~ runner** (*Leichtathletik*) Langstreckenläufer(in), Langstreckler(in). **II** *adv* **3.** *teleph.* **to call** (*od.* **phone**) **~** ein Ferngespräch führen; **to call s.o. up ~** j-n per Ferngespräch anrufen. **III** *v/t* **4.** *teleph. Am.* a) *j-n* per Ferngespräch anrufen, b) *etwas* per Ferngespräch überˈmitteln. ˌ**~-ˈdrawn,** ˌ**~-drawn-ˈout** *adj* langatmig (*Rede etc*), in die Länge gezogen (*Verhandlungen etc*).

longe [lʌndʒ] → **lunge**[2].

ˈ**long-ˌeared** *adj* **1.** langohrig. **2.** *fig.* eselhaft, dumm. **~ bat** *s zo.* Langohrfledermaus *f*.

lon·ge·ron [ˈlɒndʒərən; *Am.* ˈlɑndʒəˌrɑn] *s aer.* (Längs)Holm *m*.

lon·gev·i·ty [lɒnˈdʒevətɪ; *Am.* lɑn-; lɔːn-] *s* **1.** Langlebigkeit *f*, langes Leben. **2.** hohes *od.* höheres Dienstalter: **to be promoted by ~** nach dem Dienstalter befördert werden; **~ pay** Dienstalterzulage *f*. **lonˈge·vous** [-ˈdʒiːvəs] *adj* langlebig.

ˈ**long|-forˌgot·ten** *adj* (schon) längst vergessen. ˈ**~·hair I** *s* **1.** Langhaarige(r) *m*. **2.** *meist contp.* a) (*bes.* weltfremder) Intellektuˈeller, b) Schöngeist *m*. **3.** *contp.* ‚Langhaarige(r)' *m*, Linke(r) *m*, ˈLinksradiˌkale(r) *m*. **II** *adj* → **longhaired** 2, 3. ˌ**~ˈhaired** *adj* **1.** langhaarig. **2.** *meist contp.* a) weltfremd, b) schöngeistig, c) intellektuˈell. **3.** *contp.* ‚langhaarig', (*a. Ansichten etc*) link(er, e, es), ˈlinksradiˌkal. ˈ**~·hand** *s* Langschrift *f*. ˌ**~ˈhead·ed** *adj* **1.** *biol.* langköpfig *od.* -schädelig. **2.** *fig.* a) ˈumsichtig, klug, weitblickend, b) schlau. ˈ**~·horn** *s* **1.** langhörniges Tier. **2.** Long-, Langhorn *n* (*ein Rind*). **~ horse** *s Turnen*: Langpferd *n*.

lon·gi·cau·date [ˌlɒndʒɪˈkɔːdeɪt; *Am.* ˌlɑndʒə-] *adj zo.* langschwänzig.

lon·gi·corn [ˈlɒndʒɪkɔːn; *Am.* ˈlɑndʒəˌkɔːrn] *s zo.* Langhornbock *m* (*ein Bockkäfer*).

long·ing [ˈlɒŋɪŋ] **I** *adj* (*adv* **~ly**) sehnsüchtig: **a ~ look**. **II** *s* Sehnsucht *f* (**for** nach): **his secret ~s**; **to have a ~ for** sich sehnen nach.

lon·gi·pen·nate [ˌlɒndʒɪˈpeneɪt; *Am.* ˌlɑndʒə-] *adj orn.* mit langen Flügeln.

long·ish [ˈlɒŋɪʃ] *adj* **1.** ziemlich lang. **2.** länglich.

lon·gi·tude [ˈlɒndʒɪtjuːd; *Am.* ˈlɑndʒəˌtuːd; -ˌtjuːd] *s geogr.* Länge *f*. ˌ**lon·giˈtu·di·nal** [-dɪnl] **I** *adj* **1.** *geogr.* Längen... **2.** Längs..., längs verlaufend: **~ section** *tech.* Längsschnitt *m*. **II** *s* **3.** *aer.* → **longeron**. **4.** *mar.* Längsspant *m*. ˌ**lon·giˈtu·di·nal·ly** [-nəlɪ] *adv* längs, der Länge nach.

long| johns *s pl colloq.* lange ˈUnterhose. **~ jump** *s Leichtathletik*: *bes. Br.* Weitsprung *m*. **~ jump·er** *s Leichtathletik*: *bes. Br.* Weitspringer(in). ˈ**~-legged** [-legd; -legɪd] *adj* langbeinig. ˈ**~·legs** *pl* **-legs** *s* **1.** *orn.* langbeiniger Vogel, *bes.* a) Stelzenläufer *m*, b) Schlammstelzer *m*. **2.** → **daddy longlegs**. ˈ**~-life milk** *s* Dauermilch *f*, H-Milch *f*. ˌ**~-ˈlived** [-ˈlɪvd; *Am. a.* -ˈlaɪvd] *adj* **1.** langlebig. **2.** dauerhaft: **a ~ friendship**. **3. ~ assets** *econ.* langfristige Vermögenswerte. **~ me·ter,** *bes. Br.* **~ me·tre** *s* Strophe *f* aus vier achtsilbigen Versen.

Lon·go·bard [ˈlɒŋɡəbɑː(r)d; *Am. a.* ˈlɑŋ-] *pl* **-bards, Lon·go·bar·di** [ˈlɒŋɡəbɑːdɪ; *Am.* ˌlɔːŋɡəˈbɑːrˌdaɪ; -diː; ˌlɑŋ-] → **Lombard** 1.

Long| Par·lia·ment *s Br. hist.* Langes Parlaˈment (*von 1640–53 u. 1659–60*). **L~ pig** *s* Menschenfleisch *n* (*bei den Kannibalen*). ˈ**L~-ˌplay·ing rec·ord** *s* Langspielplatte *f*. ˌ**L~-ˈrange** *adj* **1.** *mil.* a) weittragend, Fern(kampf)...: **~ gun** Ferngeschütz *n*, b) *bes. aer.* Langstrecken...: **~ bomber**; **~ radar**; **~ missile** *mil.* Langstreckenrakete *f*; **~ reception** (*Funk*) Fernempfang *m*; **~ reconnaissance** Fernaufklärung *f*. **2.** *allg.* auf lange Sicht (geplant), langfristig. ˈ**L~-run** *adj* langfristig: **~ prospects**. ˈ**L~·ship** *s mar. hist.* Langschiff *n* (*der Wikinger*). ˈ**L~·shore** *adj* **1.** Küsten... **2.** Hafen... ˈ**L~·shore·man** [-mən] *s irr bes. Am.* Dock-, Hafenarbeiter *m*, Schauermann *m*. **L~ shot** *s* **1.** *Film, TV*: Toˈtale *f*. **2.** *sport* Weitschuß *m*. **3.** *fig.* a) risˈkante Wette, b) risˈkante Angelegenheit, c) vage Vermutung. **4. not by a ~** *fig.* bei weitem nicht, nicht im entferntesten. **5.** *sport* Außenseiter *m*. ˌ**L~-ˈsight·ed** *adj* (*adv* **~ly**) *med.* weitsichtig, *fig. a.* weitblickend. ˌ**L~-ˈsight·ed·ness** *s* **1.** *med.* Weitsichtigkeit *f*. **2.** *fig.* Weitsicht *f*, -blick *m*. ˌ**L~-ˈstand·ing** *adj* seit langer Zeit bestehend, alt: **a ~ feud**. ˌ**L~-ˈsuf·fer·ing I** *s* a) Geduld *f*, b) geduldig ertragenes Leid. **II** *adj* geduldig (leidend). ˈ**L~-term** *adj* langfristig: **~ contract**; **~ aim** Fernziel *n*; **~ memory** *psych.* Langzeitgedächtnis *n*; **~ perspective** Langzeitperspektive *f*; **~ prescription** *med.* Dauerverordnung *f*. ˈ**L~-time** → **long-standing**. **L~ tom** *s sl.* **1.** *mar. hist.* lange ˈDeckkaˌnone. **2.** *mil.* Ferngeschütz *n*.

lon·gueur [lɔ̃ːŋˈɡɜː; *Am.* -ˈɡɜr] *s oft pl* Länge *f*, langweilige Stelle (*in e-m Roman etc*).

long| va·ca·tion *s jur. univ. Br.* große Ferien *pl*. **~ wave** *s electr. phys.* Langwelle *f*. ˈ**~-wave** *adj electr. phys.* **1.** langwellig. **2.** Langwellen... ˈ**~·ways** → **lengthways**. ˈ**~-ˌwear·ing** *adj Am.* strapaˈzierfähig: **a ~ coat**. ˌ**~-ˈwind·ed** [-ˈwɪndɪd] *adj* (*adv* **~ly**) **1.** ausdauernd (*Person*). **2.** langatmig, weitschweifig (*Erzählung etc*), (*a. Person*) ˈumständlich. ˌ**~-ˈwind·ed·ness** *s* **1.** Ausdauer *f*. **2.** Langatmigkeit *f*, Weitschweifigkeit *f*, ˈUmständlichkeit *f*. ˈ**~·wise** → **lengthways**.

loo[1] [luː] *s* a) *ein Kartenspiel um Geld*, b) Einsatz *m* (*bei a*).

loo[2] [luː] *interj bes. Am. colloq.* halˈlo!

loo[3] [luː] *s bes. Br. colloq.* ‚Klo' *n* (*Klosett*): **public ~** öffentliche Toilette; **~ attendant** Klofrau *f*; **~ paper** Klopapier *n*; **~ roll** Rolle *f* Klopapier.

loo·by [ˈluːbɪ] *s* **1.** Dummkopf *m*. **2.** Faulpelz *m*.

loo·fa(h) [ˈluːfə] *s* **1.** *bot.* Luffa *f*, Schwammkürbis *m*, Schwamm-, Netzgurke *f*. **2.** Luffa(schwamm *m*) *f*.

look [lʊk] **I** *s* **1.** Blick *m* (**at** auf *acc*): **to cast** (*od.* **throw**) **a ~ at** e-n Blick werfen auf (*acc*); **to give s.o. an angry ~** j-m e-n wütenden Blick zuwerfen, j-n wütend ansehen; **to give s.th. a second ~** etwas nochmals *od.* genauer ansehen; **to have a ~ at s.th.** (sich) etwas ansehen; **let's have a ~ round** schauen wir uns hier mal etwas um. **2.** Miene *f*, (Gesichts)Ausdruck *m*: **to take on a severe ~** e-e strenge Miene aufsetzen. **3.** *oft pl* Aussehen *n*: **(good) ~s** gutes Aussehen; **she kept her ~s even in old age** sie sah auch noch im Alter gut aus; **to have a strange ~** merkwürdig aussehen; **to have the ~ of** aussehen wie; **by** (*od.* **from**) **the ~(s) of it** (so) wie es aussieht, *fig. a.* allem Anschein nach; **I do not like the ~(s) of it** die Sache gefällt mir nicht. **II** *v/i* **4.** schauen: **don't ~!** nicht hersehen!; **~ who is coming!** schau (mal), wer da kommt!; *oft iro.* ei, wer kommt denn da!; **~ who is here!** schau (mal), wer da ist!; **~ here!** schau mal (her)!, hör mal (zu)!; **don't ~ like that!** mach nicht so ein Gesicht!, schau nicht so!; **he'll ~!** der wird (vielleicht) Augen machen *od.* schauen!; **~ what you are doing!** paß doch auf!; **~ where you are going!** paß auf, wo du hintrittst!; → **leap** 1. **5.** (nach-) schauen, nachsehen: **have you ~ed in the kitchen?**; **~ and see!** überzeugen Sie sich (selbst)! **6.** aussehen, -schauen (*a. fig.*): **to ~ ill**; **she ~s nice in her new dress**; **does this hat ~ well on me?** steht mir dieser Hut?; **it ~s promising (to me)** es sieht (mir) vielversprechend aus; **things ~ bad for him** es sieht schlimm für ihn aus; **it ~s as if** es sieht (so) aus, als ob; **he ~s like my brother** er sieht wie mein Bruder aus; **it ~s like snow(ing)** es sieht nach Schnee aus; **he ~s like winning** es sieht so aus, als ob er gewinnen sollte *od.* wird. **7.** liegen *od.* (hinˈaus)gehen nach: **my room ~s north.** **III** *v/t* **8.** *j-m* (*in die Augen etc*) sehen *od.* schauen *od.* blicken: **to ~ s.o. in the eyes**; **to ~ death in the face** dem Tod ins Angesicht sehen. **9.** aussehen wie, *e-r Sache* entsprechend aussehen: **she does not ~ her age** man sieht ihr ihr Alter nicht an; **to ~ an idiot** wie ein Idiot aussehen *od.* (*fig.*) dastehen; **he ~s it!** a) so sieht er (auch) aus!, b) man sieht es ihm (auch) an!; **(not) to ~ o.s.** (*gesundheitlich*) gut (schlecht) aussehen; **to ~ one's part** *thea. etc* s-e Rolle glaubhaft *od.* überzeugend spielen; → **best** *Bes. Redew.* **10.** durch Blicke ausdrücken: **to ~ compassion (one's surprise)** mitleidig (überrascht) blicken *od.* dreinschauen; **to ~ one's thanks at s.o.** j-n dankbar ansehen; → **dagger** 1. **11. ~ that** darauf achten, daß; dafür sorgen, daß; zusehen, daß.

Verbindungen mit Präpositionen:

look| a·bout → **look around**. **~ af·ter** *v/i* **1.** nachblicken, -schauen, -sehen (*dat*). **2.** aufpassen auf (*acc*), sich kümmern um, sorgen für: → **interest** 7. **~ a·round** *v/i* **1.** sich ˈumschauen *od.* -sehen in (*dat*). **2. to ~ one** sich umsehen *od.* umblicken, um sich sehen *od.* blicken. **~ at** *v/i* **1.** ansehen, anblicken, anschauen, betrachten: **to ~ one's watch** auf die Uhr schauen; **~ that now!, just ~ it!** sieh dir das mal *od.* nur an!; **pretty to ~** hübsch anzusehen; **he is not much to ~** er sieht nicht besonders gut aus; **to ~ him** wenn man ihn (so) ansieht; **to ~ the facts** die Tatsachen betrachten, den Tatsachen ins Auge sehen. **2.** sich *etwas* anschauen, *etwas* prüfen: **he wouldn't ~ it** er wollte nichts davon wissen; **he won't ~ a price under £2,000** ein Preis unter 2000 Pfund kommt für ihn nicht in Frage. **~ down** *v/i*: → **nose** *Bes. Redew.* **~ for** *v/i* **1.** suchen (nach): → **trouble** 9 b. **2.** a) erwarten, b) hoffen auf (*acc*), erhoffen: **to ~ success** sich Erfolg erhoffen. **~ in·to** *v/i* **1.** (hinˈein)schauen *od.* (-)sehen *od.* e-n Blick werfen in (*acc*): **to ~ the mirror** in den Spiegel schauen; **to ~ s.o.'s eyes** j-m in die Augen schauen. **2.** unterˈsuchen, prüfen: **I shall ~ the matter**. **~ on** *v/i* betrachten, ansehen (**as** als; **with** mit):

to ~ s.o. as a great poet j-n für e-n großen Dichter halten; to ~ s.th. with distrust etwas mißtrauisch betrachten; to ~ s.th. favo(u)rably etwas wohlwollend betrachten. **~ on·to** *v/i* (hinˈaus)gehen auf (*acc*) *od.* nach: my room looks onto the garden. **~ out** *v/i colloq.* hinˈausschauen *od.* -sehen zu, herˈausschauen *od.* -sehen zu: to ~ the window aus dem Fenster schauen. **~ o·ver** *v/i* **1.** schauen *od.* blicken über (*acc*). **2.** (sich) *etwas* (*flüchtig*) ansehen *od.* anschauen, e-n Blick werfen in (*acc*), *etwas* (*flüchtig*) (über)ˈprüfen. **3.** (*absichtlich*) überˈsehen. **~ round** → look around. **~ through** *v/i* **1.** blicken durch. **2.** (hin)ˈdurchsehen *od.* (-)ˈdurchschauen durch. **3.** *fig. j-n od. etwas* durchˈschauen. **4.** *fig. j-n* ignoˈrieren, wie Luft behandeln. **5.** *etwas* (*flüchtig*) ˈdurchsehen *od.* -schauen. **~ to** *v/i* **1.** ˈhinsehen *od.* ˈhinschauen zu. **2.** achten *od.* achtgeben *od.* aufpassen auf (*acc*): ~ it that achte darauf, daß; sorge dafür, daß; sieh zu, daß; → laurel 5. **3.** zählen *od.* sich verlassen auf (*acc*), von *j-m* erwarten (*daß er hilft etc*): I ~ you to help me (*od.* for help) ich erwarte Hilfe von dir; ich verlasse mich darauf, daß du mir hilfst. **4.** sich wenden *od.* halten an (*acc*): I shall ~ you for payment. **5.** → look for 2. **6.** → look 7. **7.** ˈhindeuten auf (*acc*), erwarten lassen: the evidence looks to acquittal. **~ to·ward(s)** *v/i* **1.** → look 7. **2.** → look to 7. **~ up·on** → look on.

Verbindungen mit Adverbien:

look| a·bout → look around. **~ a·head** *v/i* **1.** nach vorne sehen *od.* blicken *od.* schauen. **2.** *fig.* vorˈausschauen (two years um zwei Jahre). **~ a·round** *v/i* sich ˈumblicken *od.* -sehen *od.* -schauen (for nach). **~ a·way** *v/i* wegblicken, -sehen, -schauen. **~ back** *v/i* **1.** sich ˈumsehen. **2.** *a. fig.* zuˈrückblicken, -schauen ([up]on, to auf *acc*). **3.** since then he has never (*od.* not) looked back *fig.* seitdem hat er ständig Fortschritte gemacht, seitdem ist es ständig mit ihm bergauf gegangen. **~ down I** *v/i* **1.** hinˈunterblicken, -sehen, -schauen, herˈunterblicken, -sehen, -schauen ([up]on auf *acc*, zu): to ~ (up)on *fig.* a) herunterblicken *od.* -sehen *od.* herabsehen auf (*acc*), b) → look onto (*prep*). **2.** den Blick senken, zu Boden blicken. **II** *v/t* **3.** durch Blicke einschüchtern. **~ for·ward** *v/i* in die Zukunft blicken: to ~ to s.th. sich auf e-e Sache freuen, e-r Sache erwartungsvoll entgegensehen; I ~ to meeting him ich freue mich darauf, ihn zu treffen. **~ in** *v/i* **1.** hinˈeinsehen, -schauen, herˈeinsehen, -schauen. **2.** *TV* fernsehen. **3.** (*als Besucher*) vorˈbeikommen, -schauen, e-n kurzen Besuch machen (on bei). **~ on** *v/i* **1.** zusehen, zuschauen. **2.** to ~ with s.o. mit j-m mitlesen. **~ out I** *v/i* **1.** hinˈausblicken, -sehen, -schauen, herˈausblicken, -sehen, -schauen (of zu): to ~ of the window aus dem Fenster blicken. **2.** (for) aufpassen (auf *acc*), sich vorsehen (vor *dat*), auf der Hut sein (vor *dat*): ~! paß auf!, Vorsicht! **3.** Ausschau halten (for nach). **4.** ~ on (*od.* over) → look onto (*prep*). **II** *v/t* **5.** *bes. Br.* a) *etwas* herˈaussuchen, b) sich *etwas* aussuchen: to look s.th. out for s.o. j-m etwas aussuchen. **~ o·ver** *v/t* (sich) *etwas* (*flüchtig*) ansehen *od.* anschauen, e-n Blick werfen in (*acc*), *etwas* (*flüchtig*) (über)ˈprüfen. **~ round** → look around. **~ through** *v/t etwas* (*flüchtig*) ˈdurchsehen *od.* -schauen. **~ up I** *v/i* **1.** hinˈaufblicken, -sehen, -schauen, herˈaufblicken, -sehen, -schauen. **2.** aufblicken, -sehen, -schauen (from von; *fig.* to zu): to ~ from one's book; she needs s.o. to ~ to sie braucht j-n, zu dem sie aufblicken kann. **3.** a) sich bessern, besser werden: things are looking up die Lage bessert sich, es geht bergauf, b) steigen (*Chancen etc*), (*Aktien, Kurse, Preise a.*) anziehen. **II** *v/t* **4.** a) nachschlagen: to ~ a word in a dictionary, b) nachschlagen in (*dat*). **5.** a) vorˈbeischauen bei, besuchen, b) sich in Verbindung setzen mit. **6.** to look s.o. up and down j-n von oben bis unten mustern.

ˈlook·aˌlike *s* **1.** Doppelgänger(in). **2.** (genaues) Gegenstück.

look·er [ˈlʊkə(r)] *s* **1.** *in Zssgn colloq. j-d, der* (*gut etc*) *aussieht*: → good-looker. **2.** *colloq.* gutaussehende Perˈson, *bes.* hübsches Mädchen: she's a real ~ sie sieht einfach ‚klasse' aus; she's not much of a ~ sie ist nicht besonders hübsch. **ˌ~-ˈon** *pl* **ˌlook·ers-ˈon** *s* Zuschauer(in).

ˈlook-in *s* **1.** kurzer Besuch. **2.** flüchtiger Blick. **3.** *colloq.* (Erfolgs-, Gewinn-, Sieges)Chance *f*: I don't get a ~ ich hab' keine Chance.

look·ing [ˈlʊkɪŋ] *adj in Zssgn* ...aussehend: → good-looking.

ˈlook·ing|glass *s* **1.** Spiegel *m* (*a. fig.*): to hold up the ~ to s.o. j-m den Spiegel vorhalten. **2.** Spiegelglas *n.* **ˈ~-glass** *adj* verkehrt: a ~ world; ~ politics Politik *f* verkehrt.

ˈlook|-out I *s* **1.** Ausschau *f*: to be on the ~ for s.th. nach etwas Ausschau halten; to be on the ~ for a wife auf Freiersfüßen gehen; to keep a good ~ (for) auf der Hut sein (vor *dat*); to stand ~ ‚Schmiere stehen'. **2.** Wache *f*, Beobachtungsposten *m*: to act as ~ ‚Schmiere stehen'. **3.** Ausguck *m*: a) *bes. mil.* Beobachtungsstand *m*, b) *mar.* Krähennest *n.* **4.** *bes. Br.* Aussicht *f*, -blick *m* (over über *acc*). **5.** *bes. Br. fig.* Aussicht(en *pl*) *f*: it is a bad ~ for es sieht schlecht aus für. **6.** *colloq.* Angelegenheit *f*: that's his ~ das ist s-e Sache. **II** *adj* **7.** *bes. mil.* Beobachtungs..., Wach...: ~ tower. **ˈ~-ˌo·ver** *s*: to give s.th. a ~ (sich) etwas (*flüchtig*) ansehen *od.* anschauen, e-n Blick in etwas werfen, etwas (*flüchtig*) (über)prüfen. **ˈ~-see** *s*: to have a ~ *bes. Am. colloq.* sich mal umsehen, sich die Sache mal ansehen. **ˈ~-through** *s*: to give s.th. a ~ etwas (*flüchtig*) durchsehen *od.* -schauen.

loom¹ [lu:m] *s* **1.** ˈWebstuhl *m*, -maˌschine *f.* **2.** *mar.* Riemenschaft *m.* **3.** *Am.* Rohrmantel *m* (*für Kabel etc*).

loom² [lu:m] **I** *v/i* **1.** *a.* ~ up a) undeutlich *od.* drohend sichtbar werden: a figure ~ed out of the fog e-e Gestalt tauchte schemenhaft aus dem Nebel auf, b) *fig.* bedrohlich näherrücken (*Prüfung etc*). **2.** *a.* ~ up (drohend) aufragen: to ~ over ragen über (*acc*); to ~ large *fig.* a) sich auftürmen (*Schwierigkeiten etc*), b) großen Raum einnehmen, e-e große Rolle spielen. **II** *s* **3.** undeutliches *od.* drohendes Sichtbarwerden: he could make out the ~ of the coast er konnte die Küste schemenhaft erkennen.

loon¹ [lu:n] *s orn.* Seetaucher *m*: common ~ Eistaucher.

loon² [lu:n] *s* **1.** Dummkopf *m.* **2.** Faulpelz *m.*

loon·y [ˈlu:nɪ] *sl.* **I** *adj* ‚bekloppt', verrückt. **II** *s* Verrückte(r *m*) *f.* **~ bin** *s sl.* ‚Klapsmühle' *f* (*Nervenklinik*).

loop¹ [lu:p] **I** *s* **1.** Schlinge *f*, Schleife *f*: to knock (*od.* throw) for a ~ *Am. sl.* a) ganz durcheinanderbringen, b) ins Unglück stürzen. **2.** Schleife *f*, Windung *f* (*e-s Flusses etc*). **3.** a) Schlaufe *f*, b) Öse *f*, c) Ring *m.* **4.** *Eis-, Rollkunstlauf*: Schleife *f.* **5.** *aer. sport* Looping *m*, *a. n* (*Figur, bei der das Flugzeug e-n vertikalen Kreis beschreibt*). **6.** *rail. etc* (Wende)Schleife *f.* **7.** *anat.* (*Darm- etc*)Schlinge *f.* **8.** *phys.* a) (Schwingungs)Bauch *m*, b) Punkt *m* der größten Ampliˈtude. **9.** *electr.* a) Schleife *f*, geschlossener Stromkreis, b) geschlossenes maˈgnetisches Feld. **10.** *Computer*: (Proˈgramm)Schleife *f.* **11.** *med.* Spiˈrale *f.* **12.** → loop aerial. **13.** *Am.* Geschäftsviertel *n.* **II** *v/t* **14.** in e-e Schleife *od.* in Schleifen legen, schlingen. **15.** e-e Schlinge machen in (*acc*). **16.** *Schnur etc* schlingen ([a]round um). **17.** mit Schleifen *od.* Schlaufen festmachen *od.* versehen: to ~ up *Haar, Kleid etc* aufstecken. **18.** to ~ the ~ *aer. sport* loopen, e-n Looping fliegen *od.* ausführen. **19.** *electr.* zu e-m geschlossenen Stromkreis zs.-schalten: to ~ in in den Stromkreis einschalten. **III** *v/i* **20.** e-e Schlinge bilden. **21.** e-e Schleife *od.* Schleifen machen, sich winden. **22.** sich schlingen ([a]round um). **23.** → 18.

loop² [lu:p] *s metall.* Luppe *f.*

loop| aer·i·al, *bes. Am.* **~ an·ten·na** *s electr.* ˈRahmenanˌtenne *f.* **ˈ~hole I** *s* **1.** Guckloch *n.* **2.** Seh-, Mauerschlitz *m.* **3.** *mil.* a) Sehschlitz *m*, b) Schießscharte *f.* **4.** *fig.* Schlupfloch *n*, ˈHintertürchen *n*: a ~ in the law e-e Gesetzeslücke. **II** *v/t* **5.** mit Sehschlitzen *etc* versehen. **~ knot** *s* einfacher Knoten. **~ line** → loop¹ 6. **ˌ~-the-ˈloop** *s Am.* Achterbahn *f.*

loop·y [ˈlu:pɪ] *adj* **1.** gewunden, verschlungen. **2.** *colloq.* ‚leicht bekloppt'.

loose [lu:s] **I** *adj* (*adv* ~ly) **1.** a) los(e), locker, b) frei, nicht angebunden *od.* eingesperrt: to come (*od.* get) ~ abgehen (*Knopf etc*), sich lockern (*Schraube etc*), sich ablösen, abblättern (*Farbe etc*), loskommen (*Tier etc*); to let ~ *Hund* von der Leine lassen, *a. Flüche etc* loslassen, *s-m Ärger etc* Luft machen, freien Lauf lassen, nachgeben (*Material*), sich lockern (*Schraube etc*); ~ connection *electr.* Wackelkontakt *m*; → screw 1. **2.** locker (*Boden, Gewebe etc*): to have ~ bowels weichen Stuhl(gang) haben. **3.** a) lose (*Haar, Geldscheine etc*): ~ money Kleingeld *n*, Münzen *pl*; to wear one's hair ~ das Haar offen tragen, b) offen, lose, unverpackt (*Ware*): to buy s.th. ~ etwas offen kaufen; to be at a ~ end (*Am.* at ~ ends) nichts zu tun haben; nicht recht wissen, was man (mit sich) anfangen soll. **4.** lose sitzend, weit (*Kleidungsstück*). **5.** *fig.* a) lose (*Abmachung, Zs.-hang etc*), b) frei, libeˈral (*Auslegung etc*), c) frei, ungenau (*Übersetzung etc*), d) unlogisch, wirr (*Gedankengang etc*): ~ thinker Wirrkopf *m*, e) ˈunkonzenˌtriert, nachlässig (*Spielweise etc*), f) ˈunkontrolˌliert: to have a ~ tongue den Mund nicht halten können. **6.** a) locker (*Moral, Lebenswandel etc*): → liver², living 8, b) schlüpfrig (*Roman etc*). **7.** *econ.* verfügbar (*Geld etc*).

II *adv* **8.** lose, locker (*oft in Zssgn*): → loose-fitting, *etc.*

III *v/t* **9.** los-, freilassen. **10.** *e-n Knoten etc, a. fig. die Zunge* lösen: the wine ~d his tongue der Wein löste ihm die Zunge. **11.** lösen, befreien (from von). **12.** *a. mar.* losmachen. **13.** *den Boden etc* (auf-)lockern. **14.** *a.* ~ off *e-e Waffe, e-n Schuß* abfeuern, *e-n Pfeil etc* abschießen. **15.** lockern: to ~ one's hold of s.th. etwas loslassen.

IV *v/i* **16.** *mar.* den Anker lichten. **17.** *a.* ~ off schießen (at auf *acc*).

V *s* **18.** to be on the ~ a) auf freiem Fuß sein, b) *a.* to go on the ~ *colloq.* ‚auf den Putz hauen'.

ˈloose|-box *s* Box *f* (*für ein Pferd*). **~ cov·er** *s bes. Br.* Schonbezug *m* (*für*

Möbel). ˈ**~-ˌfit·ting** *adj* lose sitzend, locker, weit (*Kleidungsstück*). ˌ**~-ˈjoint·ed** *adj* gelenkig, beweglich. ˈ**~-leaf** *adj* Loseblatt...: ~ **bookkeeping**; ~ **binder** Schnellhefter *m*; ~ **notebook** Loseblattbuch *n*. ˌ**~-ˈlimbed** → loose-jointed.

loos·en [ˈluːsn] **I** *v/t* **1.** *Knoten, Fesseln etc, a. med. den Husten, fig. die Zunge* lösen: **the wine ~ed his tongue** der Wein löste ihm die Zunge. **2.** *e-e Schraube, s-n Griff etc, a. fig. die Disziplin etc* lockern: **to ~ one's hold of s.th.** etwas loslassen; **to ~ one's belt (by two holes)** den Gürtel (um zwei Löcher) weiter schnallen. **3.** *a.* ~ **up** *den Boden, die Muskeln etc, a. fig. j-n* auflockern. **4.** loslassen, -machen, freilassen. **II** *v/i* **5.** sich lösen. **6.** sich lockern. **7.** ~ **up** *bes. sport* sich auflockern. **8.** *a.* ~ **up** *fig.* aus sich herˈausgehen, auftauen.

loose·ness [ˈluːsnɪs] *s* **1.** Lockerheit *f*. **2.** loser Sitz (*e-s Kleidungsstücks*). **3.** *fig.* a) Ungenauigkeit *f* (*e-r Übersetzung etc*), b) Unlogik *f* (*e-s Gedankengangs etc*). **4.** a) Lockerheit *f* (*des Lebenswandels*), b) Schlüpfrigkeit *f* (*e-s Romans etc*).

ˈ**loose|·strife** *s bot.* **1.** Felberich *m*: **creeping ~** Pfennigkraut *n*. **2.** Weiderich *m*: **purple ~** Blutweiderich. ˈ**~-tongued** *adj*: **to be ~** den Mund nicht halten können.

loot [luːt] **I** *s* **1.** (Kriegs-, Diebes)Beute *f*. **2.** *colloq.* ‚Zaster' *m* (*Geld*). **3.** Plünderung *f*. **II** *v/t* **4.** erbeuten. **5.** *e-e Stadt etc* plündern. **6.** *j-n, e-n Laden etc, fig. a. Energievorkommen etc* ausplündern. **III** *v/i* **7.** plündern. ˈ**loot·er** *s* Plünderer *m*.

lop[1] [lɒp; *Am.* lɑp] **I** *v/t* **1.** *e-n Baum etc* beschneiden, (zu)stutzen, abästen. **2.** *oft* ~ **off** *Äste, a. den Kopf etc* abhauen, abhacken. **II** *s* **3.** (abgehauene) kleine Äste *pl*: ~ **and top** (*od.* **crop**) abgehauenes Astwerk.

lop[2] [lɒp; *Am.* lɑp] **I** *v/i* **1.** schlaff herˈunterhängen. **2.** latschig gehen, latschen. **3.** → lope I. **II** *v/t* **4.** schlaff herˈunterhängen lassen.

lop[3] [lɒp; *Am.* lɑp] *s mar.* Seegang *m* mit kurzen, leichten Wellen.

lope [ləʊp] **I** *v/i* **1.** mit federnden Schritten gehen *od.* laufen. **2.** a) springen: **the deer ~d down the hill**, b) hoppeln (*Hase*), c) kantern (*Pferd*). **II** *v/t* **3.** *ein Pferd* kantern lassen. **III** *s* **4.** federnder Gang: **at a ~** a) mit federnden Schritten, b) mit großen Sprüngen (*Tier*). **5.** Kanter *m* (*e-s Pferds*).

ˈ**lop|-ˌeared** *adj* mit Hänge- *od.* ‚Schlappohren'. **~ ears** *s pl* Hänge-, ‚Schlappohren' *pl*.

lo·pho·bran·chi·ate [ˌləʊfəˈbræŋkɪeɪt; -kɪət] *s ichth.* Büschelkiemer *m*.

lop·pings [ˈlɒpɪŋs; *Am.* ˈlɑ-] *s pl* abgehauene Äste *pl od.* Zweige *pl*.

ˌ**lopˈsid·ed** *adj* **1.** schief, nach ˈeiner Seite hängend, *bes. mar.* mit Schlagseite. **2.** ˈunsymˌmetrisch, auf ˈeiner Seite dikker *od.* schwerer. **3.** *fig.* einseitig. ˌ**lopˈsid·ed·ness** *s* **1.** Schiefheit *f*. **2.** *fig.* Einseitigkeit *f*.

lo·qua·cious [ləʊˈkweɪʃəs; ləˈkw-] *adj* (*adv* **~ly**) geschwätzig, redselig. **loˈqua·cious·ness, lo·quac·i·ty** [ləʊˈkwæsətɪ; ləˈkw-] *s* Geschwätzigkeit *f*, Redseligkeit *f*.

lo·qui·tur [ˈlɒkwɪtə(r); *Am.* ˈlɑ-] (*Lat.*) *thea. obs.* er (sie, es) spricht.

lor [lɔː(r)] *interj bes. Br. sl.* → lord 10.

lo·ran [ˈlɔːrən; *Am. a.* ˈləʊrˌæn] *s aer. mar.* (*aus* **long-range navigation**) Loran-Verfahren *n*.

lord [lɔː(r)d] **I** *s* **1.** Herr *m*, Gebieter *m* (**of** über *acc*): **the ~s of creation** *humor.* die Herren der Schöpfung; **her ~ and master** *obs. od. humor.* ihr Herr u. Gebieter. **2.** *fig.* Maˈgnat *m*: → **press lord**. **3.** *Br. hist.* Lehnsherr *m*: → **manor** 1. **4. the L~** a) *a.* **L~ God** Gott *m* (der Herr): **L~ (only) knows where** Gott *od.* der Himmel weiß, wo, b) *a.* **our L~** (Christus *m*) der Herr: **in the year of our L~** im Jahre des Herrn, Anno Domini. **5.** Lord *m*: a) *Angehöriger des hohen brit. Adels* (*vom Baron bis zum Herzog*), b) *j-d, dem auf Grund s-s Amts od. aus Höflichkeit der Titel Lord zusteht*: **to live like a ~** wie ein Fürst leben; → **drunk** 1. **6. L~** Lord *m*: a) *Titel e-s Barons*, b) *weniger förmlicher Titel e-s Marquis, Earl od. Viscount, z. B.* **L~ Derby** *anstatt* **the Earl of Derby**, c) *Höflichkeitstitel für den ältesten Sohn e-s Peers*, d) *Höflichkeitstitel für jüngere Söhne e-s Herzogs od. Marquis, in Verbindung mit dem Vor- u. Familiennamen, z. B.* **L~ Peter Wimsey**, e) *Titel e-s Bischofs*, f) *Titel gewisser, bes. richterlicher Würdenträger*. **7. the L~s** die Lords, das Oberhaus (*des brit. Parlaments*). **8. my L~** [mɪˈlɔː(r)d; *jur. Br. a.* mɪˈlʌd] MyˈIord, Euer Gnaden (*Anrede*). **9.** *astr.* reˈgierender Plaˈnet.
II *interj* **10. L~!** (du) lieber Gott *od.* Himmel!
III *v/t* **11.** zum Lord erheben. **12. to ~ it** den Herrn spielen: **to ~ it over s.o.** a) sich j-m gegenüber als Herr aufspielen, b) j-n herumkommandieren.

Lord| Ad·vo·cate *s jur. Scot.* Kronanwalt *m*. **~ Cham·ber·lain (of the House·hold)** *s Br.* Haushofmeister *m*. **~ Chan·cel·lor** *s Br.* Lordkanzler *m*. **~ Chief Jus·tice (of Eng·land)** *s jur.* Lordˈoberrichter *m*. **~ High Chan·cel·lor** → **Lord Chancellor**. **~ High Com·mis·sion·er** *s Br. Vertreter der Krone bei der Generalversammlung der schottischen Staatskirche*. **~ High Con·sta·ble** *s Br. hist.* ˈGroßkonneˌtabel *m* von England (*jetzt noch bei Krönungen als Ehrenwürde*). ˌ**L~-in-ˈwait·ing** *pl* ˌ**lords-in-ˈwait·ing** *s* Hofherr *m*. **~ Jus·tice of Ap·peal** *pl* **Lords Jus·tic·es of Ap·peal** *s jur. Br.* Richter *m* am Berufungsgericht. **~ Keep·er of the Great Seal** → **Lord Chancellor**. **~ Lieu·ten·ant** *pl* **Lord(s) Lieu·ten·ants** *s Br.* **1.** *Vertreter der Krone in e-r Grafschaft*. **2.** *hist. Vizekönig in Irland*.

lord·li·ness [ˈlɔː(r)dlɪnɪs] *s* **1.** Großzügigkeit *f*. **2.** Vornehmheit *f*. **3.** Pracht *f*. **4.** Stolz *m*. **5.** Hochmut *m*, Arroˈganz *f*.

lord·ling [ˈlɔː(r)dlɪŋ] *s contp.* kleiner Lord, Herrchen *n*.

ˈ**lord·ly** *adj u. adv* **1.** e-m Lord geziemend *od.* gemäß. **2.** großzügig. **3.** vornehm, edel. **4.** prächtig. **5.** herrisch, gebieterisch. **6.** stolz. **7.** hochmütig, arroˈgant.

Lord| May·or *pl* **Lord May·ors** *s Br.* Oberbürgermeister *m*: **~'s Day** *Tag des Amtsantritts des Oberbürgermeisters von London* (*9. November*); **~'s Show** *Festzug des Oberbürgermeisters von London am 9. November*. **~ of Ap·peal** *s Br. ein vom Oberhaus ernannter Richter, der das Haus bei Berufungsfällen unterstützen soll*. **~ of the Bed·cham·ber** *s* königlicher Kammerherr, Hofherr *m*.

lor·do·sis [lɔː(r)ˈdəʊsɪs] *s med.* Lorˈdose *f* (*Rückgratverkrümmung nach vorn*).

Lord|Pres·i·dent of the Coun·cil *s Br.* Präsiˈdent *m* des Geheimen Staatsrats. **~ Priv·y Seal** *s Br.* Lordˈsiegelbewahrer *m*. **~ Pro·tec·tor** *s hist.* ˈLordproˌtektor *m*: a) Reichsverweser *m*, b) *Titel Oliver Cromwells* (*1653–58*) *u. Richard Cromwells* (*1658–59*). **~ Prov·ost** *pl* **Lord Prov·osts** *s Scot.* Oberbürgermeister *m*.

ˈ**lord·ship** *s* **1.** Lordschaft *f*: **your (his) ~** Euer (Seine) Lordschaft. **2.** *hist.* Gerichts- *od.* Herrschaftsgebiet *n* e-s Lords.

Lord's Prayer *s relig.* Vaterunser *n*.

Lords Spir·it·u·al *s pl Br. die geistlichen Mitglieder des Oberhauses*.

Lord's| Sup·per *s* **1.** *Bibl.* (*das*) letzte Abendmahl. **2.** *relig.* a) (*das*) (heilige) Abendmahl, b) *R.C.* (*die*) heilige Kommuniˈon. **~ ta·ble** *s relig.* **1.** Alˈtar *m*. **2.** Tisch *m* des Herrn: a) → **Lord's Supper**, b) Abendmahlstisch *m*.

Lords Tem·po·ral *s pl Br. die weltlichen Mitglieder des Oberhauses*.

lore[1] [lɔː(r)] *s zo.* **1.** Zügel *m* (*Raum zwischen Auge u. Schnabel bei Vögeln od. zwischen Auge u. Nasenlöchern bei Reptilien*). **2.** Mundleiste *f* (*bei Insekten*).

lore[2] [lɔː(r)] *s* **1.** Wissen *n* (*auf bestimmtem Gebiet*): **animal ~** Tierkunde *f*. **2.** überˈlieferte Kunde (*e-r bestimmten Klasse*), (überliefertes) Sagen- u. Märchengut: **gipsy ~**. **3.** *obs. od. poet.* Lehre *f*: **the ~ of Christ**.

Lo·rentz force [ˈlɒrənts; *Am.* ˈləʊ-] *s phys.* Lorentz-Kraft *f*.

lor·gnette [lɔː(r)ˈnjet] *s* Lorˈgnette *f*, Lorˈgnon *n* (*Brille ohne Bügel, die an e-m Stiel vor die Augen gehalten wird*).

lor·gnon [lɔː(r)ˈnjɔ̃ːŋ] *s* Lorˈgnon *n*: a) *Einglas mit Stiel*, b) → **lorgnette**.

lor·i·cate [ˈlɒrɪkeɪt; *Am.* ˈlɔːrɪkət; ˈlɑr-] *adj zo.* gepanzert.

lor·i·keet [ˈlɒrɪkiːt; ˌ-ˈkiːt; *Am.* ˈlɔːrəˌkiːt; ˈlɑr-] *s orn.* (*ein*) kleiner Lori (*Papagei*).

lor·i·mer [ˈlɒrɪmə(r)], ˈ**lor·i·ner** [-nə(r)] *s obs.* Gürtler *m*, Sattler *m*.

lorn [lɔː(r)n] *adj obs. od. poet.* verlassen, einsam.

Lor·rain·er [lɒˈreɪnə(r); lə-] *s* Lothringer(in). **Lor·rain·ese** [lɒˌreɪˈniːz; lə-] *adj* lothringisch.

lor·ry [ˈlɒrɪ] *s Br.* **1.** Last(kraft)wagen *m*, Lastauto *n*. **2.** *Bergbau*: Lore *f*, Förderwagen *m*.

lose [luːz] *pret u. pp* **lost** [lɒst; *Am. bes.* lɔːst] **I** *v/t* **1.** *allg. e-e Sache, a. s-n Glauben, das Interesse, s-e Stimme, den Verstand, Zeit etc* verlieren: **to have lost one's voice** *a.* heiser sein; **to ~ no time in doing s.th.** sich beeilen, etwas zu tun; etwas sofort tun; (*siehe die Verbindungen mit den betreffenden Substantiven*); → lost II. **2.** verlieren, einbüßen, kommen um: **to ~ one's position (property,** *etc***)**; **to ~ one's health** s-e Gesundheit einbüßen; **he lost 10 pounds** er nahm 10 Pfund ab. **3.** verlieren (*durch Tod, Trennung etc*): **she lost a son in the war**; **to ~ a patient** a) e-n Patienten (*an e-n anderen Arzt*) verlieren, b) e-n Patienten nicht retten können. **4.** *ein Spiel, e-n Prozeß etc* verlieren. **5.** *e-n Preis etc* nicht gewinnen *od.* erringen. **6.** *e-e Gesetzesvorlage* nicht ˈdurchbringen. **7.** *den Zug etc, a. fig. e-e Gelegenheit etc* versäumen, -passen. **8.** *e-e Rede etc* ‚nicht mitbekommen', *etwas* nicht hören *od.* sehen (können): **I lost the end of his speech** mir entging das Ende s-r Rede. **9.** aus den Augen verlieren. **10.** vergessen: **I have lost my Greek**. **11.** *e-n Verfolger* abschütteln. **12.** *e-e Krankheit* loswerden: **he lost his cold**. **13.** nachgehen um (*Uhr*): **my watch ~s two minutes a day** m-e Uhr geht am Tag zwei Minuten nach. **14.** *j-n s-e Stellung etc* kosten, *j-n* bringen um: **this will ~ you your position**. **15. to ~ o.s. in** a) sich verirren in (*dat*): **he lost himself in the maze**, b) *fig.* sich verlieren in (*dat*): **to ~ o.s. in thought**; **the path ~s itself in the woods**, c) *fig.* sich vertiefen in (*acc*): **he lost himself in the book**. **II** *v/i* **16.** *a.* ~ **out (to)** verlieren (gegen), unterˈliegen (*dat*). **17.** *a.* ~ **out** verlieren, ‚draufzahlen' (**on** bei): **he lost on the deal**; **you won't ~ by doing it** es kann nicht(s) schaden, wenn du es tust. **18.** a) Verluste erleiden: **they lost heavily** sie erlitten schwere Verluste, b) verlieren (**in** bei, durch): **the story has lost in translation** die Geschichte hat durch die Übersetzung (sprachlich) verloren. **19.** verlieren (**in** an *dat*): **to ~ (in weight)** (an Gewicht) abnehmen; **the days were losing in warmth** die Tage wurden kälter. **20.** schlechter *od.* schwächer werden: **he lost daily** er wurde von Tag zu Tag schwächer. **21.** nachgehen (*Uhr*).

los·er [ˈluːzə(r)] *s* Verlierer(in): **a good (bad) ~; to be a bad ~** *a.* nicht verlieren können; **to be the ~** den kürzeren ziehen; **to be a born ~** der geborene Verlierer sein.

los·ing [ˈluːzɪŋ] **I** *adj* **1.** verlierend. **2.** verlustbringend, Verlust...: **~ bargain** *econ.* Verlustgeschäft *n.* **3.** verloren, aussichtslos: **a ~ battle; a ~ game;** → **game**¹ 3. **II** *s* **4.** *pl* (*bes.* Spiel)Verluste *pl.*

loss [lɒs; *Am. bes.* lɔːs] *s* **1.** Verlust *m*, Einbuße *f* (**in** an *dat*, von *od. gen*): **~ of blood** Blutverlust; **~ of earnings** Verdienstausfall *m*; **~ of memory** Gedächtnisverlust; **~ of prestige** Prestigeverlust; **~ of time** Zeitverlust; **dead ~** a) Totalverlust, b) hoffnungsloser Fall (*Person*); **to make a ~** Verlust machen, verlieren, ‚draufzahlen' (**on** bei); **to sell s.th. at a ~** *econ.* etwas mit Verlust verkaufen; **to work at a ~** *econ.* mit Verlust arbeiten; **to throw s.o. for a ~** *Am. colloq.* j-n deprimieren *od.* ‚fertigmachen'. **2.** Verlust *m*, Schaden *m*: **it is no great ~;** → **cut** 55. **3.** Verlust *m* (*verlorene Sache od. Person*): **he is a great ~ to his firm** sein Weggang ist ein großer Verlust für s-e Firma. **4.** Verlust *m* (*verlorene Schlacht, Wette etc*). **5.** Verlust *m*, Abnahme *f*, Schwund *m*: **~ in weight** Gewichtsverlust, -abnahme. **6.** *pl mil.* Verluste *pl*, Ausfälle *pl.* **7.** ˈUntergang *m* (*e-r Kultur etc*). **8.** *electr. tech.* (Enerˈgie)Verlust(e *pl*) *m*: **friction ~** Reibungsverlust(e); **~ of heat** Wärmeverlust(e). **9.** *tech.* (Materiˈal)Verlust *m*, *bes.* Abbrand *m* (*von Metall*). **10.** *Versicherungswesen*: Schadensfall *m*: **fire ~** Brandschaden *m.* **11. to be at a ~** in Verlegenheit sein (**for** um): **he is never at a ~ for an answer** er ist nie um e-e Antwort verlegen; **to be at a ~ for words** keine Worte finden; **to be at a ~ what to do** nicht wissen, was man tun soll; **he would have been at a ~ to explain why** ... es wäre ihm schwergefallen zu erklären, warum ...

löss [lɜːs] → **loess.**

loss| lead·er *s econ.* (*unter dem Selbstkostenpreis verkaufter*) ˈLockarˌtikel. **ˈ~-ˌmak·er** *s econ.* **1.** mit Verlust arbeitender Betrieb. **2.** Verlustgeschäft *n.* **ˈ~-ˌmak·ing** *adj econ.* mit Verlust arbeitend. **~ ra·tio** *s Versicherungswesen*: Schadensquote *f.*

lost [lɒst; *Am. bes.* lɔːst] **I** *pret u. pp von* **lose. II** *adj* **1.** verloren: **~ articles; a ~ battle; ~ friends; ~ cause** *fig.* aussichtslose Sache; **~ heat** *tech.* Abwärme *f*; **~ motion** *tech.* toter Gang; **~ property office** Fundbüro *n.* **2.** verloren(gegangen): **to be ~** a) verlorengehen, b) zugrunde gehen, untergehen, c) umkommen, d) verschwinden; **to give up for** (*od.* **as**) **~** verloren geben; **a ~ soul** e-e verlorene Seele. **3.** vergessen: **a ~ art. 4.** verirrt: **to be ~** sich verirrt haben, sich nicht mehr zurechtfinden (*a. fig.*); **to get ~** sich verirren; **get ~!** *colloq.* ‚hau ab!' **5.** verschwunden: **~ in the fog. 6.** verloren, vergeudet: **~ time** verlorene Zeit; **to be ~ (up)on s.o.** keinen Eindruck machen auf j-n, an j-m verloren sein, j-n gleichgültig lassen *od.* kaltlassen; **this won't be ~ on me** das wird *od.* soll mir e-e Lehre sein; → **labor** 2. **7.** versäumt, verpaßt: **a ~ chance. 8. ~ in** a) versunken in (*dat*): **~ in thought** in Gedanken versunken, *bes. adv a.* gedankenversunken, -verloren, b) vertieft in (*acc*): **he was ~ in his book. 9. ~ to** a) verloren für, b) versagt (*dat*), nicht vergönnt (*dat*), c) nicht mehr empfänglich für, d) ohne Empfinden für, bar (*gen*): **to be ~ to all sense of shame** keinerlei Schamgefühl haben; **to be ~ to the world** nicht wahrnehmen, was um e-n herum vorgeht.

lot [lɒt; *Am.* lɑt] **I** *s* **1.** Los *n*: **to cast** (*od.* **draw**) **~s** losen (**for** um); **to cast** (*od.* **throw**) **in one's ~ with s.o.** *fig.* j-s Los teilen, sich auf Gedeih u. Verderb mit j-m zs.-tun; **to choose s.th. by ~** etwas auslosen; **the ~ fell on** (*od.* **to**) **me** das Los fiel auf mich. **2.** Anteil *m*: → **part** 5. **3.** Los *n*, Geschick *n*, Schicksal *n*: **to fall to s.o.'s ~** j-m zufallen. **4.** ˈfestumˌgrenztes Stück Land, *bes.* a) Parˈzelle *f*, b) Grundstück *n*, c) Bauplatz *m*, d) (Induˈstrie)Gelände *n*, e) (Müll- *etc*)Platz *m*, f) Parkplatz *m.* **5.** *Film, TV*: *bes. Am.* a) Gelände *n*, b) Studio *n.* **6.** *econ.* a) Arˈtikel *m*, b) Parˈtie *f*, Posten *m* (*von Waren*): **in ~s** partienweise. **7.** Gruppe *f*, Gesellschaft *f*: **the whole ~** a) die ganze Gesellschaft, b) → 8; **get out, the (whole) ~ of you!** raus, alle miteinander! **8. the ~** alles, das Ganze: **take the ~!; that's the ~** das ist alles. **9.** *colloq.* Menge *f*, Haufen *m*: **a ~ of, ~s of** viel, e-e Menge; **a ~ of money, ~s of money** viel Geld, e-e Menge *od.* ein Haufen Geld; **~s and ~s of** e-e Unmasse *Menschen etc*; **I'd give a ~, if** ich gäbe viel darum, wenn; **he has a ~ to learn** er muß noch viel lernen. **10. a bad ~** *colloq.* a) ein ‚mieser Typ', b) ein ‚mieses Pack'.

II *adv* **11. a ~, ~s** *colloq.* (sehr) viel; **a ~ better; a (fat) ~ I care!** *iro.* das (be)kümmert mich herzlich wenig!; → **fat** 4.

III *v/t* **12.** *obs.* losen um. **13.** durch Los verteilen, auslosen. **14.** a) *oft* **~ out** *Land* in Parˈzellen einteilen, parzelˈlieren, b) *econ. Ware* in Parˈtien aufteilen.

loth → **loath.**

Lo·thar·i·o [ləʊˈθɑːrɪəʊ; -ˈθeər-] *pl* **-os** *s* Schwerenöter *m.*

lo·tion [ˈləʊʃn] *s* Lotiˈon *f*, (*Gesichts-, Rasier*)Wasser *n.*

lot·ter·y [ˈlɒtərɪ; *Am.* ˈlɑ-] *s* **1.** Lotteˈrie *f*: **~ number** Losnummer *f*; **~ ticket** Lotterielos *n*; **~ wheel** Glücksrad *n*, Lostrommel *f.* **2.** *fig.* Glückssache *f*, Lotteˈriespiel *n*: **life is a ~.**

lot·to [ˈlɒtəʊ; *Am.* ˈlɑ-] → **bingo** I.

lo·tus [ˈləʊtəs] *s* **1.** (*in griechischen Sagen*) a) Lotos *m* (*e-e wohlige Schlaffheit bewirkende Frucht*), b) → **lotus tree** 1. **2.** *bot.* Lotos(blume *f*) *m.* **3.** ˈLotosblumenornaˌment *n.* **4.** *bot.* Honigklee *m.* **ˈ~-ˌeat·er** *s* **1.** (*in der Odyssee*) Lotosesser *m.* **2.** verträumter Nichtstuer. **~ po·si·tion** *s Joga*: Lotussitz *m.* **~ tree** *s bot.* **1.** Lotos *m* (*Pflanze, von deren Frucht sich nach der Sage die Lotophagen ernährten*). **2.** a) Lotospflaume *f*, b) Virˈginische Dattelpflaume.

loud [laʊd] **I** *adj* (*adv* **~ly**) **1.** laut (*a. fig.*): **a ~ cry; ~ admiration; ~ streets** lärmende Straßen. **2.** *fig.* schreiend, auffallend, grell, aufdringlich: **~ colo(u)rs** schreiende Farben; **~ dress** auffallende Kleidung; **~ manners** auffallendes *od.* aufdringliches Benehmen; **a ~ smell** *Am.* ein penetranter Geruch. **II** *adv* **3.** laut: **don't talk so ~; to say s.th. out ~** *colloq.* etwas hörbar *od.* laut sagen. **ˈ~ˌhail·er** *s* Megaˈphon *n.* **ˈ~·mouth** *s colloq.* ‚Großmaul' *n.* **ˈ~·mouthed** *adj colloq.* ‚großmäulig'.

ˈloud·ness *s* **1.** Lautheit *f*, (*das*) Laute. **2.** *phys.* Lautstärke *f.* **3.** Lärm *m.* **4.** *fig.* (*das*) Auffallende *od.* Schreiende.

ˌloudˈspeak·er *s electr.* Lautsprecher *m*: **external** (*od.* **extra**) **~** (*Radio etc*) Zweitlautsprecher; **~ van** *Br.* Lautsprecherwagen *m.*

lough [lɒk; lɒx; *Am.* lɑk; lɑx] *s Ir.* **1.** See *m.* **2.** Meeresarm *m.*

lou·is [ˈluːɪ] *pl* **lou·is** [-ɪz], **~ d'or** [ˌluːɪˈdɔː(r)] *pl* **lou·is d'or** *s hist.* Louisˈdor *m* (*französische Goldmünze*).

Lou·i·si·an·i·an [luːˌiːzɪˈænɪən], *a.* **Louˌi·siˈan·an** [-nən] **I** *adj* louisiˈanisch. **II** *s* Louisiˈaner(in).

lounge [laʊndʒ] **I** *s* **1.** Chaiseˈlongue *f*, Liege(sofa *n*) *f.* **2.** Wohnzimmer *n.* **3.** Gesellschaftsraum *m*, Saˈlon *m* (*e-s Hotels, Schiffs*). **4.** Foyˈer *n* (*e-s Theaters*). **5.** Wartehalle *f* (*e-s Flughafens*). **6.** *Br. vornehmerer u. teurerer Teil e-s Lokals.* **II** *v/i* **7.** sich ‚rekeln' *od.* ‚räkeln', sich ‚lümmeln': **to ~ about** (*od.* **around**) *a.* herumlümmeln. **8.** schlendern. **III** *v/t* **9.** *meist* **~ away** *die Zeit* vertrödeln, -bummeln. **~bar** → **lounge** 6. **~car** *s rail. Am.* Saˈlonwagen *m.* **~chair** *s* Klubsessel *m.* **~ liz·ard** *s colloq.* Saˈlonlöwe *m.* **~ suit** *s bes. Br.* Straßenanzug *m.* **~ suite** *s* ˈCouch-, ˈPolstergarniˌtur *f.*

loupe [luːp] *s* (*bes.* Juweˈlier-, Uhrmacher)Lupe *f.*

lour [ˈlaʊə(r)], **ˈlour·ing** [-rɪŋ], **ˈlour·y** → **lower**¹, *etc.*

louse [laʊs] **I** *s* **1.** *pl* **lice** [laɪs] *zo.* Laus *f.* **2.** *pl* **ˈlous·es** *sl.* ‚Scheißkerl' *m*, ‚Schwein' *n.* **II** *v/t* [laʊz; laʊs] **3.** (ent)lausen. **4. ~ up** *sl.* ‚versauen', ‚vermurksen'. **ˈ~·wort** *s bot.* Läusekraut *n.*

lous·i·ness [ˈlaʊzɪnɪs] *s* Verlaustheit *f.*

ˈlous·y *adj* (*adv* **lousily**) **1.** verlaust, voller Läuse. **2.** *sl.* a) ‚fies', hundsgemein: **that was a ~ thing to do** das war ganz schön fies, b) ‚lausig', ‚mies': **a ~ film; to feel ~. 3. to be ~ with** *sl.* a) wimmeln von: **the streets were ~ with people** auf den Straßen wimmelte es von Menschen, b) strotzen vor (*dat*) *od.* von: **he's ~ with money** er ‚stinkt' vor Geld.

lout [laʊt] *s* Flegel *m*, Rüpel *m.* **ˈlout·ish** *adj* (*adv* **~ly**) flegel-, rüpelhaft. **ˈlout·ish·ness** *s* Flegel-, Rüpelhaftigkeit *f.*

lou·ver, *bes. Br.* **lou·vre** [ˈluːvə(r)] *s* **1.** *arch. hist.* Dachtürmchen *n.* **2.** *arch.* a) *a.* **~ board** Schallbrett *n*, b) *pl* Schallbretter *pl* (*des Schallfensters an Glockenstuben*). **3.** Jalouˈsie *f.* **4.** Belüftungsklappe *f.* **5.** Schallöffnung *f* (*e-s Lautsprechers*). **ˈlou·vered** *adj* **1.** Jalousie... **2.** schräggestellt.

lov·a·bil·i·ty [ˌlʌvəˈbɪlətɪ] *s* liebenswerte Art. **ˈlov·a·ble** *adj* (*adv* **lovably**) liebenswert, reizend. **ˈlov·a·ble·ness** → **lovability.**

lov·age [ˈlʌvɪdʒ] *s bot.* Liebstöckel *n.*

love [lʌv] **I** *s* **1.** (*sinnliche od. geistige*) Liebe (**of, for, to, toward[s]** zu): **~** herzliche Grüße (*Briefschluß*); **to be in ~** verliebt sein (**with** in *acc*); **to fall in ~** sich verlieben (**with** in *acc*); **to do s.th. for ~** etwas aus Spaß *od.* zum Vergnügen *od.* aus Gefälligkeit tun; **to play for ~** um nichts *od.* um die Ehre spielen; **for the ~ of God** um Gottes willen; **not for ~ or money** nicht für Geld u. gute Worte; **to send one's ~ to** j-n grüßen lassen; **to make ~** a) zärtlich werden, b) sich (*körperlich*) lieben; **to make ~ to s.o.** a) j-m gegenüber zärtlich werden, b) j-n (*körperlich*) lieben; **there is no ~ lost between them** sie haben nichts füreinander übrig, sie können sich nicht leiden; **"L~'s Labour's Lost"** „Verlorene Liebesmüh" (*Lustspiel von Shakespeare*); **~ of adventure** Abenteuerlust *f*; **~ of**

(one's) **country** Vaterlandsliebe *f*; ~ **of learning** Freude *f od.* Spaß *m* am Lernen; → **fair**[1] 11, **give** 18, **labor** 1. **2.** L~ die Liebe (*personifiziert*), (Gott *m*) Amor *m*, der Liebesgott. **3.** *pl art* Amo'retten *pl*. **4.** *colloq.* (*Anrede, oft unübersetzt*) ‚Schatz': **mind the step, ~!** Vorsicht, Stufe! **5.** *colloq.* ‚Schatz' *m*: **he's a real ~** er ist ein richtiger Schatz; **a ~ of a car** ein ‚süßer' Wagen. **6.** *bes. Tennis*: null: ~ **all** null zu null.
II *v/t* **7.** *j-n* (*a. körperlich*) lieben, liebhaben. **8.** *etwas* lieben, gerne mögen: **to ~ to do** (*od.* **doing**) **s.th.** etwas sehr gern tun; **we ~d having you with us** wir haben uns sehr über d-n Besuch gefreut.
III *v/i* **9.** lieben, *bes.* verliebt sein.

love·a·bil·i·ty, *etc* → **lovability,** *etc.*

love| af·fair *s* ('Liebes)Af,färe *f*, Liebesabenteuer *n*, Liebschaft *f*. ~ **ap·ple** *s bot. obs.* Liebesapfel *m*, To'mate *f*. '**~·bird** *s* **1.** *orn.* Unzertrennliche(r) *m*, Insépa'rable *m*. **2.** *orn.* Edelsittich *m*. **3.** *meist pl fig. colloq.* ‚Turteltaube' *f*. ~ **bite** *s colloq.* ‚Knutschfleck' *m*. ~ **child** *s irr* Kind *n* der Liebe. ~ **du·et** *s mus.* 'Liebesdu,ett *n*. ~ **feast** *s* Liebesmahl *n*. ~ **game** *s Tennis*: Zu-'null-Spiel *n*. ,**~-'hate (re·la·tion·ship)** *s* Haßliebe *f*. '**~-in** *s* Love-'in *n* (*Protestveranstaltung jugendlicher Gruppen, bei der es zu öffentlichem Geschlechtsverkehr kommt*). ,**~-in-a-'mist** *s bot.* **1.** Jungfer *f* im Grünen. **2.** Stinkende Passi'onsblume. **3.** Filziges Hornkraut. ,**~-in-'i·dle·ness** *s bot.* Wildes Stiefmütterchen.

'**love·less** *adj* **1.** lieblos. **2.** ungeliebt.

love| let·ter *s* Liebesbrief *m*. ,**~-lies-'bleed·ing** *s bot.* **1.** Roter Fuchsschwanz. **2.** Flammendes Herz. **3.** Blutströpfchen *n*. ~ **life** *s* Liebesleben *n*.

love·li·ness ['lʌvlɪnɪs] *s* **1.** Schönheit *f*. **2.** Liebreiz *m*.

'**love|·lock** *s* ‚Schmachtlocke' *f*. '**~·lorn** *adj* liebeskrank.

love·ly ['lʌvlɪ] **I** *adj* (*adv* **lovelily**) **1.** (wunder)schön. **2.** nett, reizend. **3.** *colloq.* ‚prima', großartig. **II** *s* **4.** *colloq.* (*oft als Anrede*) ‚Hübsche' *f*, ‚Süße' *f*.

'**love|,mak·ing** *s* **1.** a) Zärtlichkeiten *pl*, b) (*körperliche*) Liebe. **2.** Liebeskunst *f*. ~ **match** *s* Liebesheirat *f*. ~ **nest** *s* Liebesnest *n*. ~ **po·tion** *s* Liebestrank *m*.

lov·er ['lʌvə(r)] *s* **1.** a) Liebhaber *m*, Geliebte(r) *m*, b) Geliebte *f*. **2.** *pl* Liebende *pl*, Liebespaar *n*: **we are ~s** wir lieben uns; **~s' lane** *colloq.* ‚Seufzergäßchen' *n*. **3.** Liebhaber(in), (*Musik- etc*)Freund(in): **a ~ of music, a music ~.**

lov·er·ly ['lʌvə(r)lɪ] *adj u. adv* zärtlich.

love| scene *s thea. etc* Liebesszene *f*. ~ **seat** *s* kleines Sofa für zwei. ~ **set** *s Tennis*: Zu-'null-Satz *m*. '**~·sick** *adj* liebeskrank: **to be ~** Liebeskummer haben. ~ **song** *s* Liebeslied *n*. ~ **sto·ry** *s* Liebesgeschichte *f*, (*bes. rührselige a.*) Love-Story *f*. ~ **to·ken** *s* Liebespfand *n*.

lov·ing ['lʌvɪŋ] *adj* (*adv* **~ly**) liebend, liebevoll, zärtlich: **your ~ father** (*als Briefschluß*) Dein Dich liebender Vater. ~ **cup** *s* Po'kal *m* (*a. sport*). ,**~-'kind·ness** *s* **1.** (göttliche) Gnade *od.* Barm'herzigkeit. **2.** Herzensgüte *f*.

low[1] [ləʊ] **I** *adj* **1.** niedrig (*a. fig.*): ~ **building (forehead, number, price, temperature, wages,** *etc*); ~ **brook** seichter Bach; ~ **speed** geringe Geschwindigkeit; ~ **in fat** fettarm; **to bring ~** *fig.* a) *j-n* demütigen, b) *j-n* ruinieren; **to lay ~** a) *j-n* niederschlagen, -schießen, b) *j-n* ans Bett fesseln, ‚umwerfen' (*Krankheit*); **to sell ~** billig verkaufen. **2.** tiefgelegen: ~ **ground. 3.** tief: **a ~ bow;** ~ **flying** *aer.* Tiefflug *m*; **the sun is ~** die Sonne steht tief. **4.** → **low-necked. 5.** a) fast leer (*Gefäß*), b) fast erschöpft, knapp (*Vorrat etc*): **to get** (*od.* **run**) ~ knapp werden, zur Neige gehen; **he is getting** (*od.* **running**) ~ **on money** ihm geht allmählich das Geld aus; **to be ~ on funds** knapp bei Kasse sein. **6.** schwach, kraftlos, matt: ~ **pulse** schwacher Puls. **7.** *Kost etc*: a) wenig nahrhaft, b) einfach. **8.** gedrückt, niedergeschlagen, depri'miert: **to feel ~** a) in gedrückter Stimmung sein, b) sich elend fühlen (→ 13 c). **9.** (*zeitlich*) verhältnismäßig neu *od.* jung: **of ~ date** (verhältnismäßig) neuen Datums. **10.** gering(schätzig): → **opinion** 3. **11.** minderwertig. **12.** (*sozial*) unter(er, e, es), nieder, niedrig: **of ~ birth** von niedriger Geburt; ~ **life** das Leben der einfachen Leute. **13.** a) gewöhnlich, niedrig (*denkend od. gesinnt*): ~ **thinking** niedrige Denkungsart, b) ordi'när, vul'gär: **a ~ expression; a ~ fellow,** c) gemein, niederträchtig: **a ~ trick; to feel ~** sich gemein vorkommen (→ 8). **14.** nieder, primi'tiv: ~ **forms of life** niedere Lebensformen; ~ **race** primitive Rasse. **15.** tief (*Ton etc*). **16.** leise (*Ton, Stimme etc*): **in a ~ voice** leise. **17.** *ling.* offen. **18.** L~ → **Low-Church. 19.** *tech.* erst(er, e, es), niedrigst(er, e, es): → **gear** 3 b.
II *adv* **20.** niedrig: **it hangs ~; to aim ~er. 21.** tief: **to bow ~. 22.** *fig.* tief: **sunk thus ~** so tief gesunken. **23.** kärglich, dürftig: **to live ~** ein kärgliches Leben führen. **24.** niedrig, mit geringem Einsatz: **to play ~** niedrig spielen. **25.** tief (-klingend): **to sing ~** tief singen. **26.** leise: **to talk ~.**
III *s* **27.** *mot.* erster *od.* niedrigster Gang. **28.** *meteor.* Tief(druckgebiet) *n*. **29.** *fig.* Tief(punkt *m*, -stand *m*) *n*: **to be at a new ~** e-n neuen Tiefpunkt erreicht haben.

low[2] [ləʊ] **I** *v/i* brüllen, muhen (*Rind*). **II** *s* Brüllen *n*, Muhen *n*.

'**low|,ball** *v/t Am. colloq. j-m* bewußt e-n zu niedrigen Kostenvoranschlag machen. '**~-bed trail·er** *s mot.* Tiefladeanhänger *m*. ~ **blow** *s Boxen*: Tiefschlag *m*. ,**~'born** *adj* von niedriger Geburt. '**~boy** *s Am.* niedrige Kom'mode. ,**~'bred** *adj* ungebildet, unfein, ordi'när, gewöhnlich. '**~·brow I** *s* geistig Anspruchslose(r *m*) *f*, ‚Unbedarfte(r *m*) *f*. **II** *adj* geistig anspruchslos, ‚unbedarft'. '**~·browed** → **lowbrow** II. '**~-,budg·et** *adj* billig, preiswert. ,**~-'cal·o·rie** *adj* kalo'rienarm. '**~-,ceil·inged** *adj* niedrig (*Raum*). **L~ Church** *s relig.* Low-Church *f* (*protestantische Richtung innerhalb der anglikanischen Kirche*). ,**L~-'Church** *adj relig.* Low-Church-..., der Low-Church. ,**L~-'Church·man** *s irr relig.* Anhänger *m* der Low-Church. ~ **com·e·dy** *s* Posse *f*, (derber) Schwank. '**~-cost** *adj* kostengünstig, billig, Billig...: ~ **flights.** ~ **coun·try** *s geogr.* Tiefland *n*. '**~-down** *adj colloq.* ‚fies', hundsgemein. '**~·down** *s colloq.*: **to give s.o. the ~** j-n aufklären (**on** über *acc*); **to get the ~** aufgeklärt werden (**on** über *acc*).

low·er[1] ['laʊə(r)] *v/i* **1.** finster *od.* drohend blicken: **to ~ at s.o.** j-n finster *od.* drohend ansehen. **2.** a) sich (am Himmel) auftürmen (*Wolken*), b) sich mit schwarzen Wolken über'ziehen (*Himmel*).

low·er[2] ['ləʊə(r)] **I** *v/t* **1.** niedriger machen: **to ~ a wall. 2.** *die Augen, den Gewehrlauf etc, a. die Stimme, den Preis, die Temperatur etc* senken. **3.** *fig.* erniedrigen: **to ~ o.s.** a) sich demütigen, b) sich herablassen. **4.** abschwächen, mäßigen: **to ~ one's hopes** s-e Hoffnungen herabschrauben. **5.** her'unter-, her'ab-, niederlassen, *Fahne, Segel* niederholen, streichen; → **flag**[1] 1. **6.** *mus.* (*im Ton*) erniedrigen. **II** *v/i* **7.** niedriger werden (*a. fig.*). **8.** *fig.* sinken, her'untergehen, fallen.

low·er[3] ['ləʊə(r)] **I** *comp von* **low**[1] I. **II** *adj* **1.** niedriger (*a. fig.*): **a ~ estimate** e-e niedrigere Schätzung. **2.** unter(er, e, es), Unter...: ~ **court** *jur.* untergeordnetes Gericht; ~ **jaw** Unterkiefer *m*; ~ **lip** Unterlippe *f*. **3.** *geogr.* Unter..., Nieder...: **L~ Austria** Niederösterreich *n*. **4.** neuer, jünger (*Datum*): **of a ~ date** jüngeren Datums. **5.** *biol.* nieder: **the ~ plants.**

low·er|case *s print.* **1.** 'Unterkasten *m*. **2.** Kleinbuchstaben *pl*. **~-case** ['-keɪs; ,-'keɪs] *print.* **I** *adj* **1.** in Kleinbuchstaben (gedruckt *od.* geschrieben). **2.** Klein...: ~ **letters. II** *v/t* **3.** in Kleinbuchstaben drucken *od.* schreiben. ~ **class** *s sociol.* 'Unterschicht *f*: **the ~es** die unteren Klassen. ,**~-'class** *adj* **1.** *sociol.* ... der 'Unterschicht. **2.** zweitklassig. ,**~'class·man** [-mən] *s irr ped. Am.* Stu'dent *m* in den ersten beiden Studienjahren. ~ **crit·i·cism** *s* 'Textkri,tik *f*. ~ **deck** *s mar.* **1.** 'Unterdeck *n*. **2. the ~** *Br. collect.* die 'Unteroffi,ziere *pl* u. Mannschaftsgrade *pl*. ~ **house** *s parl.* 'Unterhaus *n*.

low·er·ing ['laʊərɪŋ] *adj* (*adv* **~ly**) finster, drohend.

low·er·most ['ləʊə(r)məʊst] **I** *adj* **1.** niedrigst(er, e, es) (*a. fig.*). **2.** unterst(er, e, es). **II** *adv* **3.** am niedrigsten. **4.** zu'unterst.

low·er| re·gions *s pl* → **lower world** 2. ~ **world** *s* **1.** (*die*) Erde. **2.** Hölle *f*, 'Unterwelt *f*.

low·er·y ['laʊərɪ] *adj* finster, drohend.

low·est ['ləʊɪst] **I** *sup von* **low**[1] I. **II** *adj* **1.** niedrigst(er, e, es) (*a. fig.*): ~ **bid** *econ.* Mindestgebot *n*; ~ **price** Tiefstpreis *m*. **2.** unterst(er, e, es). **III** *s* **3. at the ~** wenigstens, mindestens.

low| ex·plo·sive *s chem.* Sprengstoff *m* geringer Bri'sanz. '**~-fat** *adj* fettarm. '**~-,fly·ing** *adj* tieffliegend: ~ **plane** Tiefflieger *m*. ~ **fre·quen·cy** *s electr. phys.* 'Niederfre,quenz *f*. **L~ Ger·man** *s ling.* **1.** Niederdeutsch *n*, das Niederdeutsche. **2.** Platt(deutsch) *n*, das Platt(deutsche). '**~-grade** *adj* **1.** minderwertig. **2.** leicht: ~ **fever.** '**~-heeled** *adj* mit niedrigen *od.* flachen Absätzen. ,**~-'in·come** *adj* einkommensschwach. ,**~-'key(ed)** *adj* **1.** *paint. phot.* dunkel, 'überwiegend in dunklen Farben gehalten. **2.** gedämpft (*Farbe*), (*Ton a.*) leise. **3.** zu'rückhaltend (*Empfang etc*). '**~·land** [-lənd; *Am. a.* -,lænd] **I** *s* Tief-, Flachland *n*: **the L~s of Scotland** das schottische Tiefland. **II** *adj* tief-, flachländisch, Tief-, Flachland... '**~·land·er** [-ləndə(r); *Am. a.* -,læn-] *s* **1.** Tief-, Flachländer(in). **2.** L~ schottischer Tiefländer. **L~ Lat·in** *s ling.* nichtklassisches La'tein. ,**~-'lead** [-'led] *adj* bleiarm (*Benzin*). '**~-,lev·el** *adj* **1.** niedrig (*a. fig.*): ~ **officials** *a.* kleine Beamte; ~ **language** (*Computer*) maschinennahe *od.* -orientierte Programmiersprache. **2.** *aer. mil.* Tief(flieger)...: ~ **attack;** ~ **bombing** Bombenwurf *m* aus niedriger Flughöhe; ~ **flight** Tiefflug *m*. '**~,life** *s Am.* **1.** Angehörige(r *m*) *f* der 'Unterschicht. **2.** *colloq.* zwielichtiger ‚Typ'.

low·li·ness ['ləʊlɪnɪs] *s* Demut *f*, Bescheidenheit *f*.

low load·er *s mot.* Tieflader *m*.

low·ly ['ləʊlɪ] **I** *adj* (*adv* **lowlily**) **1.** demütig, bescheiden. **2.** → **low**[1] 12. **3.** → **low-ranking. 4.** unwichtig. **II** *adv* **5.** demütig (*etc*; → I). **6.** leise.

Low| Mass *s R.C.* Stille Messe. ,**l~-'mind·ed** *adj* (*adv* **~ly**) gewöhnlich, ordi'när. ,**l~-'mind·ed·ness** *s* Gewöhnlichkeit *f*, Ordiˈnärheit *f*. ˌ**L~-ˈnecked** *adj* tief ausgeschnitten, mit tiefem Ausschnitt (*Kleid*).

low·ness [ˈləʊnɪs] *s* **1.** Niedrigkeit *f* (*a. fig.*). **2.** Tiefe *f* (*e-r Verbeugung, e-s Tons etc*). **3.** Knappheit *f* (*von Vorräten etc*). **4.** ~ **of spirits** → **low-spiritedness.** **5.** Minderwertigkeit *f*. **6.** a) Ordiˈnärheit *f*, Vulgariˈtät *f*, b) Gemeinheit *f*, Niederträchtigkeit *f*.

ˌ**low|-ˈnoise** *adj* rauscharm (*Tonband etc*). ˌ**~-ˈoc·tane** *adj chem.* mit niedriger Okˈtanzahl. **~ pass** *s sport* Flachpaß *m*. ˈ**~-pass fil·ter** *s electr.* Tiefpaß(filter *n*, *m*) *m*. ˌ**~-ˈpitched** *adj* **1.** tief (*Ton etc*). **2.** mit geringer Neigung (*Dach*). **~ pres·sure** *s* **1.** *tech.* Niederdruck *m*. **2.** *meteor.* Tiefdruck *m*. ˌ**~-ˈpres·sure** *adj* **1.** *tech.* Niederdruck...: ~ **compressor** (**turbine**, *etc*). **2.** *meteor.* Tiefdruck...: ~ **area** Tief(druckgebiet) *n*. **3.** *fig.* a) wenig aggresˈsiv: **a ~ sales campaign,** b) sanft, ˈindiˌrekt: **his ~ manner,** c) unbeschwert: **a ~ feeling.** ˈ**~-priced** → **low-cost.** ˈ**~-ˌrank·ing** *adj* von niederem Rang, nieder: ~ **officials** *a.* kleine Beamte. **~ re·lief** *s* ˈBas-, ˈFlachreliˌef *n*. ˈ**~-rise I** *adj* Flach...: ~ **building** → II. **II** *s* Flachbau *m*. **~ sea·son** *s* ˈVor-, ˈNachsaiˌson *f*. **~ shoe** *s* Halbschuh *m*. ˈ**~-slung** *adj* niedrig. ˌ**~-ˈspir·it·ed** *adj* (*adv* **~ly**) niedergeschlagen, gedrückt, depriˈmiert. ˌ**~-ˈspir·it·ed·ness** *s* Niedergeschlagenheit *f*, Gedrücktheit *f*, Depriˈmiertheit *f*. **L~ Sun·day** *s relig.* Weißer Sonntag (*erster Sonntag nach Ostern*). ˌ**~-ˈtem·per·a·ture** *adj tech.* Niedertemperatur...: ~ **carbonization** Schwelen *n*, Tieftemperaturverkokung *f*; ~ **coke** Schwel-, Tieftemperaturkoks *m*; ~ **dyeing** Kaltfärben *n*; ~ **physics** Tieftemperaturphysik *f*. **~ ten·sion** *s electr.* Niederspannung *f*. ˌ**~-ˈten·sion** *adj electr.* Niederspannungs... **~ volt·age** *s electr.* Niederspannung *f*. ˌ**~-ˈvolt·age** *adj* Niederspannungs... **~ wa·ter** *s mar.* Niedrigwasser *n*, tiefster Gezeitenstand: **to be in ~** *fig.* auf dem trockenen sitzen. ˌ**~-ˈwa·ter mark** *s* **1.** *mar.* Niedrigwassermarke *f*. **2.** *fig.* Tiefpunkt *m*, -stand *m*. **L~ Week** *s relig.* Woche *f* nach dem Weißen Sonntag. ˌ**~-ˈwing** *adj*: ~ **aircraft** Tiefdecker *m*.

lox [lɒks; *Am.* lɑks] *s tech.* Flüssigsauerstoff *m*.

lox·o·drome [ˈlɒksədrəʊm; *Am.* ˈlɑ-] *s math., Kartographie*: Loxoˈdrome *f* (*Kurve, die jede Kurve e-r Schar unter dem gleichen Winkel schneidet; bes. Verbindungslinie zweier Punkte der Erdoberfläche, die alle Längenkreise unter dem gleichen Winkel schneidet*). ˌ**lox·oˈdrom·ic** [-ˈdrɒmɪk; *Am.* -ˈdrɑ-] *adj* (*adv* **~ally**) loxoˈdrom(isch): ~ **curve** → **loxodrome.**

lox·y·gen [ˈlɒksɪdʒən; *Am.* ˈlɑ-] → **lox.**

loy·al [ˈlɔɪəl] *adj* (*adv* **~ly**) **1.** (**to**) loyˈal (gegenˈüber), treu (ergeben) (*dat*): **to be ~ to s.o.** *a.* treu zu j-m stehen, sich j-m gegenüber loyal verhalten; **a ~ friend** ein treuer *od.* zuverlässiger Freund. **2.** (ge-) treu (**to** *dat*): **~ to his vow.** ˈ**loy·al·ist** *s* **1.** loyˈaler Staatsbürger *od.* ˈUntertan *etc.* **2.** *hist.* a) Loyaˈlist *m* (*Kolonist, der im nordamer. Unabhängigkeitskrieg für das Verbleiben bei GB eintrat*), b) Republiˈkaner *m* (*im spanischen Bürgerkrieg*).

loy·al·ty [ˈlɔɪəltɪ] *s* Loyaliˈtät *f*, Treue *f* (**to** zu).

loz·enge [ˈlɒzɪndʒ; *Am.* ˈlɑzndʒ] *s* **1.** *math.* Raute *f*, Rhombus *m*: ~ **mo(u)lding** *arch.* Rautenstab *m*. **2.** *her.* rautenförmiges Wappenschild (*von Witwen od. unverheirateten Frauen*). **3.** *pharm.* Paˈstille *f*, Taˈblette *f*. **4.** Raute *f*, rautenförmige Faˈcette (*e-s Edelsteins*). ˈ**loz·enged** *adj* **1.** rautenförmig. **2.** gerautet. ˈ**loz·eng·y** *adj her.* gerautet.

ˈ**L-plate** *s Br. Schild mit der Aufschrift „L", das ein* **learner** 3 b *an s-m Fahrzeug anbringen muß.*

lub·ber [ˈlʌbə(r)] *s* **1.** a) Flegel *m*, Rüpel *m*, b) ‚Trottel' *m*, c) ‚Tolpatsch' *m*. **2.** *mar.* ‚Landratte' *f*: **~'s hole** Soldatengatt *n*; **~('s) line** Steuerstrich *m* (*im Kompaßgehäuse*). ˈ**lub·ber·ly** *adj u. adv* a) flegel-, rüpelhaft, b) ‚vertrottelt', c) ‚tolpatschig'.

lube [luːb] *s tech. bes. Am. colloq.* Schmiermittel *n*. **~ oil** *s tech. bes. Am. colloq.* Schmieröl *n*.

lu·bra [ˈluːbrə] *s Austral.* Eingeborene *f*.

lu·bri·cant [ˈluːbrɪkənt] *tech.* **I** *adj* gleitfähig machend (*a. med.*), schmierend. **II** *s* Gleitmittel *n* (*a. med.*), Schmiermittel *n*. ˈ**lu·bri·cate** [-keɪt] *v/t tech.* **1.** gleitfähig machen (*a. med.*). **2.** schmieren, ölen (*beide a. fig.*). ˈ**lu·bri·cat·ing** *adj tech.* Schmier...: ~ **grease** Schmierfett *n*; ~ **oil** Schmieröl *n*; ~ **power** Schmierfähigkeit *f*. ˌ**lu·briˈca·tion** *s tech.* Schmieren *n*, Ölen *n* (*beide a. fig.*): ~ **chart** Schmierplan *m*; ~ **point** Schmierstelle *f*, -nippel *m*. ˌ**lu·briˈca·tion·al,** ˈ**lu·bri·ca·tive** [-keɪtɪv] *adj tech.* schmierend, ölend. ˈ**lu·bri·ca·tor** [-tə(r)] *s tech.* Schmiervorrichtung *f*.

lu·bric·i·ty [luːˈbrɪsətɪ] *s* **1.** *tech.* Gleitfähigkeit *f* (*a. med.*). **2.** *tech.* Schmierfähigkeit *f*. **3.** *fig.* a) Schlüpfrigkeit *f*, b) Geilheit *f*. ˈ**lu·bri·cous** [-kəs] *adj tech.* **1.** gleitfähig (*a. med.*). **2.** *tech.* schmierfähig. **3.** *fig.* a) schlüpfrig, b) geil.

lu·carne [luːˈkɑː(r)n] *s arch.* stehendes Dachfenster.

luce [luːs] *s ichth.* (ausgewachsener) Hecht.

lu·cen·cy [ˈluːsnsɪ] *s* **1.** Glanz *m*. **2.** ˈDurchsichtigkeit *f*, Klarheit *f*. ˈ**lu·cent** *adj* (*adv* **~ly**) **1.** glänzend, strahlend. **2.** ˈdurchsichtig, klar.

lu·cer·nal [luːˈsɜːnl; *Am.* luːˈsɜrnl] *adj* Lampen...: ~ **microscope.**

lu·cerne [luːˈsɜːrn; *Am.* -ˈsɜrn] *s bot. bes. Br.* Luˈzerne *f*.

lu·cid [ˈluːsɪd] *adj* (*adv* **~ly**) **1.** *fig.* klar (*Auskunft, Gedanke, Verstand etc*). **2.** *fig.* hell, (*geistig*) klar: ~ **interval** (*od.* **moment**) *bes. psych.* heller *od.* lichter Augenblick. **3.** *obs. od. poet.* → **lucent.** **4.** *bot. zo.* glatt u. glänzend. **luˈcid·i·ty,** ˈ**lu·cid·ness** *s* **1.** *fig.* Klarheit *f*. **2.** *obs. od. poet.* → **lucency.**

Lu·ci·fer [ˈluːsɪfə(r)] *s* **1.** *Bibl.* Luzifer *m*: (**as**) **proud as ~** sündhaft überheblich. **2.** *astr. poet.* Luzifer *m* (*der Planet Venus als Morgenstern*). **3. l~,** *a.* **l~ match** Streichholz *n*.

lu·cif·er·ous [luːˈsɪfərəs] *adj obs.* **1.** lichtspendend. **2.** *fig.* erleuchtend.

luck [lʌk] **I** *s* **1.** Schicksal *n*, Geschick *n*, Zufall *m*: **by ~** durch e-n glücklichen Zufall; **as ~ would have it** wie es der Zufall wollte, (un)glücklicherweise; **bad** (*od.* **hard, ill**) **~** Unglück *n*, Pech *n*; **bad ~!** so ein Pech!; **bad ~ to him!** ich wünsch' ihm alles Schlechte!; **better ~ next time!** vielleicht klappt es beim nächsten Mal!; **good ~** Glück *n*; **good ~!** viel Glück!; **worse ~** (*als Einschaltung*) unglücklicherweise, leider; **worse ~!** wie schade!; **worst ~** Pech *n*; **to be down on one's ~** vom Pech verfolgt sein *od.* werden; **just my ~!** so geht es mir immer!, wieder einmal Pech gehabt!; → **British** 1. **2.** Glück *n*: **for ~** als Glücksbringer; **with ~ you will find it** wenn Sie Glück haben, finden Sie es; **~ was with us** das Glück stand uns bei *od.* war auf unserer Seite; **to be in (out of) ~** (kein) Glück haben; **to have the ~ to** das Glück haben zu; **I had the ~ to succeed** glücklicherweise gelang es mir; **to have the ~ of the devil** (*Br. a.* **Irish**), **to have the devil's own ~** *colloq.* (ein) ‚unverschämtes' Glück haben; **to try one's ~** sein Glück versuchen. **II** *v/i* **3. ~ out** *Am. colloq.* Glück haben (**on** bei).

luck·i·ly [ˈlʌkɪlɪ] *adv* zum Glück, glücklicherweise: **~ for me** zu m-m Glück. ˈ**luck·i·ness** *s* Glück *n*.

luck·less [ˈlʌklɪs] *adj* **1.** unglücklich. **2.** glücklos, erfolglos. ˈ**luck·less·ly** *adv* **1.** unglücklicherweise. **2.** ohne Glück. ˈ**luck·less·ness** *s* **1.** Unglück *n*. **2.** Glück-, Erfolglosigkeit *f*.

luck·y [ˈlʌkɪ] *adj* (*adv* → **luckily**) **1.** Glücks..., glücklich: **~ bag** *Am.* Grabbelsack *m*; **a ~ day** ein Glückstag; **~ dip** *Br.* a) Glückstopf *m*, b) *colloq.* Glück(s)sache *f*, Glücksspiel *n*; **~ fellow** Glückspilz *m*; **~ hit** Glücks-, Zufallstreffer *m*; **to be ~** Glück haben; **you are ~ to be still alive** du hast Glück, daß du noch lebst; **it was ~ that ...** es war ein Glück, daß ...; glücklicherweise ..., zum Glück ...; **~ for you!** dein Glück! **2.** glückbringend, Glücks...: **~ penny** Glückspfennig *m*.

lu·cra·tive [ˈluːkrətɪv] *adj* (*adv* **~ly**) einträglich, gewinnbringend, lukraˈtiv.

lu·cre [ˈluːkə(r)] *s contp.* **1.** Gewinn *m*, Proˈfit *m*. **2.** Mammon *m*, Geld *n*: **he will do anything for ~** für Geld macht der alles; **filthy ~** *oft humor.* schnöder Mammon.

lu·cu·brate [ˈluːkjuːbreɪt; -kjʊ-; *Am. a.* -kə-] *v/i* **1.** (*bes.* in der Nacht) angestrengt arbeiten. **2.** gelehrte Schriften verfassen. ˌ**lu·cuˈbra·tion** *s* **1.** angestrengte (*bes.* Nacht)Arbeit. **2.** gelehrte Schrift.

lu·cu·lent [ˈluːkjʊlənt] *adj* (*adv* **~ly**) *fig.* klar, überˈzeugend.

Lu·cul·lan [luːˈkʌlən], **Lu·cul·le·an** [ˌluːkʌˈliːən], **Luˈcul·li·an** [-lɪən] *adj* luˈkullisch: **a ~ meal.**

lud [lʌd] → **lord** 8.

Lud·dite [ˈlʌdaɪt] *s* Ludˈdit *m* (*Anhänger des englischen Arbeiters Ned Ludd, der 1811–16 das Los der Arbeiter durch die Zerstörung der Maschinen in den Fabriken verbessern wollte*).

lu·di·crous [ˈluːdɪkrəs] *adj* (*adv* **~ly**) lächerlich, abˈsurd, groˈtesk. ˈ**lu·di·crous·ness** *s* Lächerlichkeit *f*.

lu·do [ˈluːdəʊ] *s Br.* Mensch, ärgere dich nicht *n* (*ein Würfelspiel*).

lu·es [ˈluːiːz] *s med.* Syphilis *f*, Lues *f*. **lu·et·ic** [luːˈetɪk] *adj* (*adv* **~ally**) syphiˈlitisch, luˈetisch.

luff[1] [lʌf] *mar.* **I** *s* **1.** Luven *n*. **2.** *obs.* Luv(seite) *f*, Windseite *f*. **3.** *obs.* Backe *f* (*des Bugs*). **4.** Vorliek *n*. **II** *v/t* **5.** *a.* **~ up** an-, aufluven, an den Wind bringen. **6.** *a.* **~ away** überˈloppen, *e-m Segelboot* den Wind wegfangen: **~ing match** Luvkampf *m*. **III** *v/i* **7.** *a.* **~ up** an-, aufluven.

luff[2] [lʌf] *s mil. Am. sl.* Leutnant *m*.

luf·fa [ˈlʌfə] *bes. Am.* → **loofa(h).**

lug[1] [lʌg] **I** *v/t* **1.** a) zerren, schleifen: **to ~ s.th. into a discussion** etwas mit Gewalt in e-e Diskussion einbringen, b) schleppen. **II** *s* **2.** heftiger Ruck. **3.** *28- bis 40-Pfund-Korb od. -Kiste zum Obst- u. Gemüsetransport.* **4.** *pl Am. colloq.* Alˈlüren *pl*: **to put on ~s** vornehm tun. **5. to put the ~ on s.o.** *Am. sl.* j-n (*finanziell*) erpressen *od.* unter Druck setzen. **6.** *mar.* → **lugsail.**

lug[2] [lʌg] *s* **1.** *bes. Scot.* Ohr *n*. **2.** (Leder-) Schlaufe *f*. **3.** *electr.* a) (Löt)Fahne *f*, b) Kabelschuh *m*. **4.** *tech.* a) Henkel *m*, Öhr *n*, b) Knagge *f*, Zinke *f*, c) Ansatz *m*, Halter *m*, d) *mot.* Radbolzen *m*. **5.** *sl.* a) ‚Trottel' *m*, b) ‚Tolpatsch' *m*, c) Kerl *m*, ‚Knülch' *m*.

lug[3] [lʌg] → **lugworm.**
luge [lu:ʒ] **I** *s* (Rodel)Schlitten *m*: ~ **slide** (*od.* **chute**) Rodelbahn *f.* **II** *v/i* Schlitten fahren, rodeln.
lug·gage [ˈlʌgɪdʒ] *s* (Reise)Gepäck *n.* ~ **al·low·ance** *s aer.* Freigepäck *n.* ~ **car·ri·er** *s* Gepäckträger *m* (*am Fahrrad*). ~ **com·part·ment** *s* **1.** *aer. rail.* Gepäckraum *m.* **2.** *mot. Br.* Kofferraum *m.* ~ **in·sur·ance** *s* Reisegepäckversicherung *f.* ~ **lock·er** *s* Gepäckschließfach *n* (*auf Bahnhöfen etc*). ~ **of·fice** *s* Gepäckschalter *m.* ~ **rack** *s rail.* Gepäcknetz *n.* ~ **van** *s rail. Br.* Gepäckwagen *m.*
lug·ger [ˈlʌgə(r)] *s mar.* Lugger *m*, Logger *m* (*kleines Fischereifahrzeug mit Motor u./od. Segel*).
lug|nut *s mot. tech.* Radmutter *f.* ˈ~**sail** *s mar.* Lugger-, Logger-, Sturmsegel *n*, Breitfock *f.*
lu·gu·bri·ous [lu:ˈgu:brɪəs] *adj* (*adv* ~**ly**) traurig, kummervoll.
ˈ**lug·worm** *s zo.* Köderwurm *m.*
Luke [lu:k] *npr u. s Bibl.* ˈLukas(evanˌgelium *n*) *m.*
luke·warm [ˈlu:kwɔ:(r)m] *adj* (*adv* ~**ly**) lau(warm) (*a. fig. Zustimmung etc*), (*Unterstützung etc a.*) halbherzig, (*Applaus etc*) lau, mäßig. ˈ**lukeˌwarm·ness** *s* Lauheit *f* (*a. fig.*).
lull [lʌl] **I** *v/t* **1.** *meist* ~ **to sleep** einlullen. **2.** *fig. j-n* (*bes. durch Täuschung*) beruhigen, beschwichtigen: **to** ~ **s.o.'s suspicions** j-s Argwohn zerstreuen; **to** ~ **s.o. into (a false sense of) security** j-n in Sicherheit wiegen. **3. to be** ~**ed** sich legen, nachlassen (*Sturm*), sich beruhigen (*Meer*). **II** *v/i* **4.** → 3. **III** *s* **5.** (**in**) (Ruhe)Pause *f* (in *dat*), vorˈübergehendes Nachlassen (*gen*): **a** ~ (**in the wind**) e-e Flaute, e-e kurze Windstille; **a** ~ **in conversation** e-e Gesprächspause; **business** ~ Geschäftsstille *f*, Flaute *f*; **the** ~ **before the storm** die Stille vor dem Sturm (*a. fig.*).
lull·a·by [ˈlʌləbaɪ] **I** *s* Wiegen-, Schlaflied *n.* **II** *v/t* in den Schlaf singen.
lu·lu [ˈlu:lu:] *s bes. Am. sl.* ‚tolles Ding', ‚toller Typ': **a** ~ **of a story** e-e tolle Geschichte; **a** ~ **of a mistake** ein ‚dicker Hund'.
lum·bag·i·nous [lʌmˈbædʒɪnəs; -ˈbeɪ-] *adj med.* lumbagiˈnös, Hexenschuß... **lumˈba·go** [-ˈbeɪgəʊ] *s med.* Lumˈbago *f*, Hexenschuß *m.*
lum·bar [ˈlʌmbə(r)] *adj anat. med.* lumˈbal, Lumbal..., Lenden...: ~ **puncture** Lumbalpunktion *f*, Lendenstich *m*; ~ **region** Lumbal-, Lendengegend *f*; ~ **vertebra** Lumbal-, Lendenwirbel *m.*
lum·ber[1] [ˈlʌmbə(r)] **I** *s* **1.** *bes. Am. u. Canad.* (*gesägtes od. roh behauenes*) Bau-, Nutzholz *n.* **2.** Gerümpel *n.* **3.** *fig.* ˈüberflüssiger Ballast. **II** *v/i* **4.** *bes. Am.* Holz aufbereiten. **III** *v/t* **5.** planlos aufhäufen. **6.** *a.* ~ **up** *Zimmer etc* vollstopfen, *a. e-e Erzählung etc* überˈladen (**with** mit): **to** ~ **one's mind with facts** sich (unnötig) mit Fakten belasten. **7.** *etwas* (hinˈein-) stopfen (**into** in *acc*). **8. to** ~ **s.o. with s.th.** *Br. colloq.* j-m etwas ‚aufhängen' *od.* ‚aufhalsen'.
lum·ber[2] [ˈlʌmbə(r)] *v/i* **1.** sich (daˈhin-) schleppen, schwerfällig gehen. **2.** (daˈhin)rumpeln (*Wagen*).
lum·ber·er [ˈlʌmbərə(r)] *s bes. Am.* Holzfäller *m*, -arbeiter *m.*
lum·ber·ing[1] [ˈlʌmbərɪŋ] *s bes. Am.* Holzaufbereitung *f.*
lum·ber·ing[2] [ˈlʌmbərɪŋ] *adj* (*adv* ~**ly**) **1.** schwerfällig. **2.** rumpelnd.
ˈ**lum·ber|·jack** *s* **1.** *bes. Am.* Holzfäller *m*, -arbeiter *m.* **2.** *Am.* → **lumber jacket.** ~ **jack·et** *s* Lumberjack *m* (*Jacke aus Leder od. Tuch mit gestricktem Bund an Taille u. Ärmeln*). ˈ~**man** [-mən] *s irr* **1.** → **lumberjack** 1. **2.** *bes. Am.* Holzhändler *m.* ~ **mill** *s bes. Am.* Sägewerk *n*, -mühle *f.* ~ **room** *s* Rumpelkammer *f.* ~ **trade** *s bes. Am.* (Bau)Holzhandel *m.* ˈ~**yard** *s bes. Am.* Holzplatz *m.*
lum·bri·coid [ˈlʌmbrɪkɔɪd] *zo.* **I** *adj* **1.** wurmartig, -förmig. **2.** Spulwurm... **II** *s* **3.** Spulwurm *m.*
lu·men [ˈlu:mɪn] *pl* **-mens, -mi·na** [-mɪnə] *s* **1.** *phys.* Lumen *n* (*Einheit des Lichtstroms*). **2.** *anat.* Lumen *n*, Hohlraum *m.*
lu·mi·nal art [ˈlu:mɪnl] *s* Lichtkunst *f.*
lu·mi·nar·ist [ˈlu:mɪnərɪst; *Am.* -məˌnerəst] *s paint.* Meister *m* in der Darstellung von ˈLichtefˌfekten.
lu·mi·nar·y [ˈlu:mɪnərɪ; *Am.* -məˌneri:] *s* **1.** Leuchtkörper *m.* **2.** *astr. bes. poet.* Himmelskörper *m.* **3.** *fig.* a) Leuchte *f* (*Person*), b) Star *m.*
lu·mi·nesce [ˌlu:mɪˈnes] *v/i phys.* lumineˈszieren. ˌ**lu·miˈnes·cence** *s* Lumineˈszenz *f* (*Leuchten e-s Stoffs, das nicht durch Erhöhung der Temperatur bewirkt wird*). ˌ**lu·miˈnes·cent** *adj* lumineˈszierend.
lu·mi·nif·er·ous [ˌlu:mɪˈnɪfərəs] *adj* **1.** *phys.* a) lichterzeugend, b) lichtfortpflanzend. **2.** lichtspendend, leuchtend.
lu·mi·nist [ˈlu:mɪnɪst] → **luminarist.** ~ **art** → **luminal art.**
lu·mi·nos·i·ty [ˌlu:mɪˈnɒsətɪ] *s* **1.** Leuchten *n.* **2.** Leuchtkraft *f.* **3.** *fig.* Brilˈlanz *f.* **4.** leuchtender Gegenstand. **5.** *astr. phys.* Lichtstärke *f*, Helligkeit *f.*
lu·mi·nous [ˈlu:mɪnəs] *adj* (*adv* ~**ly**) **1.** leuchtend, strahlend, Leucht...: ~ **dial** Leuchtzifferblatt *n*; ~ **energy** *phys.* a) Licht-, Strahlungsenergie *f*, b) Leuchtkraft *f*; ~ **flux** *phys.* Lichtstrom *m*; ~ **paint** Leuchtfarbe *f.* **2.** hell erleuchtet: **a** ~ **hall. 3.** *fig.* glänzend: **a** ~ **future. 4.** *fig.* a) intelliˈgent, brilˈlant: **a** ~ **mind** ein klarer Verstand, b) klar, einleuchtend: ~ **ideas.** ˈ**lu·mi·nous·ness** → **luminosity** 1.
lum·me [ˈlʌmɪ] *interj Br. colloq.* Donnerwetter!
lum·mox [ˈlʌməks] *s bes. Am. colloq.* a) ‚Trottel' *m*, b) ‚Tolpatsch' *m.*
lum·my [ˈlʌmɪ] → **lumme.**
lump[1] [lʌmp] **I** *s* **1.** Klumpen *m*, Brocken *m*: **to have a** ~ **in one's** (*od.* **the**) **throat** *fig.* e-n Kloß im Hals haben; **he is a** ~ **of selfishness** er ist die Selbstsucht in Person. **2.** a) Schwellung *f*, Beule *f*, Höcker *m*, b) *med.* Geschwulst *f*, (*in der Brust*) Knoten *m.* **3.** unförmige Masse. **4.** Stück *n Zucker etc.* **5.** *metall.* Luppe *f*, Deul *m.* **6.** *fig.* Gesamtheit *f*, Masse *f*: **all of** (*od.* **in**) **a** ~ alles auf einmal; **in the** ~ a) in Bausch u. Bogen, im ganzen, pauschal, b) *a.* **taken in the** ~ im großen u. ganzen, alles in allem. **7.** *a. pl colloq.* Haufen *m*, Masse *f*, Unmenge *f Geld etc.* **8.** *colloq.* ‚Klotz' *m* (*ungeschlachter, dummer Mensch*).
II *adj* **9.** Stück...: ~ **coal** Stückkohle *f*; ~ **sugar** Würfelzucker *m.* **10.** *a.* ~**-sum** Pauschal...: **a** ~ **sum** e-e Pauschalsumme, e-e Pauschale; ~**-sum settlement** Pauschalabfindung *f.*
III *v/t* **11.** *oft* ~ **together** a) zs.-ballen, b) *fig.* zs.-werfen, in ˈeinen Topf werfen (**with** mit), über ˈeinen Kamm scheren, c) zs.-fassen (**under one heading** unter ˈeiner ˈÜberschrift), d) *Kosten etc* zs.-legen.
IV *v/i* **12.** Klumpen bilden, klumpen. **13.** schwerfällig gehen.
lump[2] [lʌmp] *v/t*: **to** (**like it or**) ~ **it** *colloq.* sich damit abfinden; **like it or** ~ **it** ob es dir (nun) paßt oder nicht; **if you don't like it you may** (*od.* **can**) ~ **it** du wirst dich eben damit abfinden müssen.
lump·en [ˈlʌmpən] *adj colloq.* a) dumm, b) nicht denkend.
lum·pen·pro·le·tar·i·at [ˈlʌmpənˌprəʊlɪˈteərɪət] *s Marxismus*: ˈLumpenproletariˌat *n.*
lump·i·ness [ˈlʌmpɪnɪs] *s* **1.** klumpige Beschaffenheit. **2.** → **lumpishness.**
ˈ**lump·ish** *adj* (*adv* ~**ly**) **1.** massig, schwer. **2.** schwerfällig (*a. fig.*). ˈ**lump·ish·ness** *s* **1.** Massigkeit *f.* **2.** Schwerfälligkeit *f* (*a. fig.*).
ˈ**lump·y** *adj* (*adv* **lumpily**) **1.** klumpig. **2.** *mar.* unruhig (*See*). **3.** → **lumpish.**
lu·na·cy [ˈlu:nəsɪ] *s* a) *med.* Wahnsinn *m* (*a. fig.*), Geistesstörung *f*: **that's sheer** ~! das ist doch heller *od.* purer *od.* reiner ‚Wahnsinn'!, b) *jur. bes. Am.* Unzurechnungsfähigkeit *f*, c) *fig. meist pl* ‚Verrücktheit' *f.*
lu·nar [ˈlu:nə(r)] *adj* **1.** Mond..., Lunar..., luˈnar: ~ **bone** *anat.* Mondbein *n*; ~ **caustic** *med. pharm.* Höllenstein *m*; ~ **cycle** *astr.* Mondzyklus *m*; ~ **day** (**month, year**) *astr.* Mondtag *m* (-monat *m*, -jahr *n*); ~ **distance** Mondentfernung *f*; ~ **eclipse** *astr.* Mondfinsternis *f*; ~ **landing** (*Raumfahrt*) Mondlandung *f*; ~ **module** (*Raumfahrt*) Mond(lande)fähre *f*; ~ **observation** *mar.* Monddistanzbeobachtung *f*; ~ **rock** Mondgestein *n*; ~ **rover** (*Raumfahrt*) Mondfahrzeug *n*; ~ **tide** *astr.* Mondtide *f.* **2.** Silber...
lu·na·tic [ˈlu:nətɪk] **I** *adj* a) *med.* wahnsinnig, geistesgestört: ~ **asylum** *contp.* Irrenanstalt *f*; ~ **fringe** ‚Hundertfünfzigprozentige' *pl* (*extremistische od. fanatische Kreise*), b) *jur. bes. Am.* unzurechnungsfähig, c) *fig.* ‚verrückt'. **II** *s* a) *med.* Wahnsinnige(r *m*) *f*, Geistesgestörte(r *m*) *f*, b) *jur. bes. Am.* Unzurechnungsfähige(r *m*) *f*, c) *fig.* ‚Verrückte(r' *m*) *f.*
lu·na·tion [lu:ˈneɪʃn] *s astr.* Lunatiˈon *f* (*vollständiger Ablauf aller Mondphasen*).
lu·na·tism [ˈlu:nətɪzəm] *s med.* Lunaˈtismus *m*, Mondsüchtigkeit *f.*
lunch [lʌntʃ] **I** *s* Mittagessen *n*: **to have** ~ (zu) Mittag essen; **to be at** ~ beim Mittagessen sein; **packed** ~ Lunchpaket(e *pl*) *n*; ~ **hour** a) *a.* ~ **break** Mittagspause *f*, b) → **lunchtime. II** *v/i* (zu) Mittag essen: **they** ~**ed on cold meat** zu Mittag gab es e-e kalte Platte; **to** ~ **out** auswärts *od.* im Restaurant zu Mittag essen. **III** *v/t* zum Mittagessen einladen: **to** ~ **s.o. on s.th.** j-m etwas zum Mittagessen servieren *od.* vorsetzen.
lunch·eon [ˈlʌntʃən] **I** *s formell für* **lunch** I: ~ **meat** Frühstücksfleisch *n*; ~ **voucher** Essen(s)bon *m*, -gutschein *m*, -marke *f.* **II** *v/i formell für* **lunch** II. ˌ**lunch·eonˈette** [-ˈnet] *s Am.* Imbißstube *f.*
ˈ**lunch·er** *s* Speisende(r *m*) *f.*
ˈ**lunch|·room** → **luncheonette.** ˈ~**·time** *s* Mittagszeit *f*: **at** ~ zur Mittagszeit.
lune [lu:n] *s* **1.** *math.* Kugelzweieck *n.* **2.** halbmondförmiger Gegenstand *etc.* **3.** → **lunette** 4.
lu·nette [lu:ˈnet] *s* **1.** *arch.* a) Lüˈnette *f* (*halbkreisförmiges Bogenfeld über Türen u. Fenstern*), b) Lichtraum *m*, Ohr *n* (*e-s Gewölbes*). **2.** *mil. hist.* Lüˈnette *f* (*etwa mondförmiger Grundriß von Schanzen u. Forts*). **3.** *mot. tech.* Abschleppöse *f.* **4.** *R.C.* Lunula *f* (*halbmondförmiger Halter für die Hostie in der Monstranz*).
lung [lʌŋ] *s anat. zo.* Lunge(nflügel *m*) *f*: **the** ~**s** *pl* die Lunge (*als Organ*); **the** ~**s of a city** die Lungen e-r Großstadt (*Grünanlagen etc*).
lunge[1] [lʌndʒ] **I** *s* a) *bes. fenc.* Ausfall *m*, b) Sprung *m* vorwärts, Satz *m*: **to make a** ~ → II. **II** *v/i* a) *a.* ~ **out** *bes. fenc.* e-n

Ausfall machen, b) *a.* ~ **out** e-n Sprung vorwärts *od.* e-n Satz machen, c) sich stürzen (**at** auf *acc*). **III** *v/t* vorstoßen: **he ~d his finger accusingly.**

lunge² [lʌndʒ] **I** *s* Longe *f* (*lange Leine, an der ein Pferd bei der Dressur im Kreis herumgeführt wird*). **II** *v/t ein Pferd* lon'gieren.

lung·er ['lʌŋə(r)] *s colloq.* Lungenkranke(r *m*) *f*, *bes.* Tb'c-Kranke(r *m*) *f*.

'lung|·fish *s zo.* Lungenfisch *m.* **'~·worm** *s zo.* Lungenwurm *m.* **'~·wort** *s bot.* **1.** Lungenkraut *n.* **2.** Lungenflechte *f.*

lu·ni·so·lar [ˌlu:nɪ'səʊlə(r)] *adj astr.* luniso'lar: a) *Sonne u. Mond betreffend*, b) *von Sonne u. Mond ausgehend.*

lu·ni·tid·al [ˌlu:nɪ'taɪdl] *adj astr.* Mondtiden...

lu·nu·la ['lu:njʊlə] *pl* **-lae** [-li:] *s anat.* Lunula *f*, Nagelmöndchen *n.* **'lu·nu·lar, 'lu·nu·late** [-leɪt] *adj* halbmondförmig.

lu·nule ['lu:nju:l] → **lunula.**

lu·pin ['lu:pɪn] *s bot.* Lu'pine *f.*

lu·pine¹ ['lu:pɪn] *Am.* → **lupin.**

lu·pine² ['lu:paɪn] *adj* Wolfs..., wolfartig, wölfisch.

lu·pus ['lu:pəs] *s med.* Lupus *m* (*meist chronische tuberkulöse Hautflechte, die oft entstellende Narben hinterläßt*).

lurch¹ [lɜ:tʃ; *Am.* lɜrtʃ] **I** *s* **1.** Taumeln *n*, Torkeln *n.* **2.** *mar.* Schlingern *n.* **3.** Ruck *m*: **to give a ~** → 7. **4.** *Am. fig.* Hang *m*, Neigung *f* (**toward** zu). **II** *v/i* **5.** taumeln, torkeln. **6.** *mar.* schlingern. **7.** rucken, e-n Ruck machen.

lurch² [lɜ:tʃ; *Am.* lɜrtʃ] *s*: **to leave s.o. in the ~** j-n im Stich lassen, j-n sitzenlassen.

lure [ljʊə(r); *bes. Am.* lʊə(r)] **I** *s* **1.** Köder *m* (**to** für) (*a. fig.*). **2.** *fig.* Lockung *f*, Reiz *m.* **3.** *fig.* Falle *f.* **4.** *hunt.* Federspiel *n* (*bei der Falkenjagd*). **II** *v/t* **5.** (an)locken, ködern (*beide a. fig.*): **to ~ away** fortlocken. **6.** *fig.* verlocken, -führen (**into** zu). **III** *v/i* **7.** *fig.* (ver)locken.

lu·rid ['ljʊərɪd; 'lʊə-; *Am.* 'lʊrəd] *adj* (*adv* **~ly**) **1.** fahl, unheimlich, gespenstisch (*Beleuchtung etc*). **2.** düsterrot: **~ flames. 3.** grell: **~ colo(u)rs. 4.** geisterhaft, blaß, bleich, fahl. **5.** *bes. fig.* düster, finster, unheimlich: **it casts a ~ light on his character** das zeigt s-n Charakter in e-m unheimlichen Licht. **6.** gräßlich, schauerlich. **7.** *bot. zo.* schmutziggelb, -braun.

lurk [lɜ:k; *Am.* lɜrk] **I** *v/i* **1.** sich versteckt halten, auf der Lauer liegen, lauern (*a. fig.*): **to ~ for s.o.** j-m auflauern. **2.** *fig.* a) verborgen liegen, schlummern, b) (heimlich) drohen. **3.** schleichen: **to ~ about** (*od.* **around**) herumschleichen. **II** *s* **4.** *Austral. sl.* Trick *m*, ‚Masche' *f.* **'lurk·ing** *adj* **1.** lauernd (*a. fig.*). **2.** *fig.* verborgen, schlummernd.

lus·cious ['lʌʃəs] *adj* (*adv* **~ly**) **1.** a) köstlich, lecker, b) süß (u. saftig). **2.** sinnlich (*Lippen etc*), üppig (*Figur, Frau etc*), ‚knackig', ‚knusprig' (*Mädchen*). **3.** *fig.* herrlich. **4.** über'laden (*Stil etc*). **'lus·cious·ness** *s* **1.** a) Köstlichkeit *f*, b) Süße *f* (u. Saftigkeit *f*). **2.** Sinnlichkeit *f*, Üppigkeit *f*, ‚Knackigkeit' *f*. **3.** Herrlichkeit *f*. **4.** Über'ladenheit *f*.

lush¹ [lʌʃ] *adj* (*adv* **~ly**) **1.** saftig (*Gras etc*), üppig (*Vegetation*). **2.** → **luscious** 3, 4. **3.** *Am. fig.* a) reich(lich), 'überreich: **~ supply; ~ salary** ‚dickes' Gehalt, b) flo'rierend: **~ industries,** c) luxuri'ös: **a ~ car.**

lush² [lʌʃ] *Am. sl.* **I** *s* **1.** ‚Stoff' *m*, ‚Zeug' *n* (*Schnaps etc*). **2.** Säufer *m.* **II** *v/t* **3.** *j-n* unter Alkohol setzen: **to ~ o.s.** sich ‚vollaufen lassen' (**on** mit). **4.** sich *Alkoholika* ‚hinter die Binde gießen'. **III** *v/i* **5.** ‚saufen'.

lust [lʌst] **I** *s* **1.** sinnliche Begierde, Wollust *f.* **2.** Gier *f*, leidenschaftliches Verlangen (**of, for** nach): **~ for life** Lebensgier; **~ of power** Machtgier. **II** *v/i* **3.** gieren, lechzen (**for, after** nach): **they ~ for** (*od.* **after**) **power** es gelüstet sie nach (der) Macht.

lus·ter¹, *bes. Br.* **lus·tre** ['lʌstə(r)] **I** *s* **1.** Glanz *m* (*a. min. u. fig.*): **to add ~ to a name** e-m Namen Glanz verleihen. **2.** a) glänzender 'Überzug, b) *a.* **metallic ~** Lüster *m* (*auf Glas, Porzellan etc*). **3.** a) Lüster *m*, Kronleuchter *m*, b) Kri'stallanhänger *m.* **4.** Lüster *m* (*dichtes, glänzendes Halbwollgewebe in Leinwandbindung*). **5.** → **lusterware. II** *v/t* **6.** *Porzellan, Stoff etc* lü'strieren.

lus·ter² ['lʌstə(r)] → **lustrum.**

'lus·ter·less, *bes. Br.* **'lus·tre·less** *adj* glanzlos, matt, stumpf.

'lus·ter·ware, *bes. Br.* **'lus·tre·ware** *s* Glas-, Ton- *od.* Porzel'langeschirr *n* mit Lüster.

'lust·ful *adj* (*adv* **~ly**) wollüstig, lüstern. **'lust·ful·ness** *s* Wollüstigkeit *f*, Lüsternheit *f.*

lust·i·ness ['lʌstɪnɪs] *s* **1.** Kräftigkeit *f* (*a. fig.*), Ro'bustheit *f.* **2.** Tatkraft *f.* **3.** → **lustfulness.**

lus·tra ['lʌstrə] *pl von* **lustrum.**

lus·trate ['lʌstreɪt] *v/t antiq. relig.* lu'strieren. **lus·tra·tion** [lʌ'streɪʃn] *s* Lustrati'on *f* (*feierliche kultische Reinigung, im alten Rom durch Sühneopfer, in der lateinischen Liturgie durch Besprengen mit Weihwasser etc*).

lus·tre¹ *bes. Br. für* **luster¹.**

lus·tre² ['lʌstə(r)] → **lustrum.**

lus·tre·less, lus·tre·ware *bes. Br. für* **lusterless, lusterware.**

lus·tring ['lʌstrɪŋ] *s* Lü'strine *f* (*stark glänzendes, leichtes Hutfuttergewebe in Taftbindung*).

lus·trous ['lʌstrəs] *adj* (*adv* **~ly**) **1.** glänzend (*a. fig.*), strahlend. **2.** *fig.* il'luster.

lus·trum ['lʌstrəm] *pl* **-trums, -tra** [-trə] *s* Jahr'fünft *n*, *antiq. a.* Lustrum *n.*

lust·y ['lʌstɪ] *adj* (*adv* **lustily**) **1.** kräftig, ro'bust, stark u. gesund. **2.** tatkräftig. **3.** kräftig, stark (*Stoß, Wein etc*). **4.** → **lustful.**

lu·ta·nist ['lu:tənɪst; *Am.* 'lu:tnəst] *s* Laute'nist(in), Lautenspieler(in).

lute¹ [lu:t] *s mus.* Laute *f*: → **rift** 2.

lute² [lu:t] **I** *s* **1.** *tech.* Kitt *m*, Dichtungsmasse *f.* **2.** Gummiring *m* (*für Flaschen etc*). **II** *v/t* **3.** (ver)kitten.

lu·te·in ['lu:tɪɪn; -ti:n] *s Biochemie*: Lute'in *n* (*in grünen Blättern, Eidotter, Kuhbutter etc vorkommender gelber organischer Farbstoff*).

lu·te·nist → **lutanist.**

lu·te·ous ['lu:tɪəs] *adj* grüngelb.

'lute·string → **lustring.**

Lu·ther·an ['lu:θərən] **I** *s relig.* Luthe'raner(in). **II** *adj* lutherisch. **'Lu·ther·an·ism** *s* Luthertum *n.* **'Lu·ther·an·ize** *v/t u. v/i* lutherisch machen (werden).

lut·ing ['lu:tɪŋ] → **lute²** 1.

lut·ist ['lu:tɪst] *Am.* → **lutanist.**

luv [lʌv] *s Br. sl. od. humor.* **1.** herzliche Grüße (*Briefschluß*). **2.** → **love** 4.

lux [lʌks] *pl* **lux, lux·es** ['lʌksɪz] *s phys.* Lux *n* (*Einheit der Beleuchtungsstärke*).

lux·ate ['lʌkseɪt] *v/t med.* lu'xieren, aus-, verrenken: **he ~d his left shoulder** er renkte sich die linke Schulter aus; **the accident ~d his left shoulder** bei dem Unfall renkte er sich die linke Schulter aus. **lux'a·tion** *s* Luxati'on *f*, Verrenkung *f.*

'lux,me·ter *s phys.* Luxmeter *n* (*Meßinstrument zur Ermittlung der Beleuchtungsstärke*).

lux·u·ri·ance [lʌg'zjʊərɪəns; *bes. Am.* -'ʒʊər-], **lux'u·ri·an·cy** [-sɪ] *s* **1.** Üppigkeit *f.* **2.** Fruchtbarkeit *f.* **3.** (**of**) Fülle *f* (von *od. gen*), Reichtum *m* (an *dat*), 'Überfluß *m* (an *dat*). **lux'u·ri·ant** *adj* (*adv* **~ly**) **1.** üppig (*Vegetation*) (*a. fig.*). **2.** fruchtbar. **3.** *fig.* ('über)reich, verschwenderisch: **a ~ imagination** e-e blühende Phantasie. **4.** blumig, verschnörkelt, 'überschwenglich (*Rede, Stil etc*). **5.** reichverziert. **6.** → **luxurious** 1.

lux·u·ri·ate [lʌg'zjʊərɪeɪt; *bes. Am.* -'ʒʊər-] *v/i* **1.** üppig wachsen *od.* gedeihen. **2. ~ in** sich ‚rekeln' *od.* ‚räkeln' in (*dat*): **to ~ in the sun** sich in der Sonne ‚aalen'. **3. ~ in** schwelgen in (*dat*) (*a. fig.*). **4.** ein Luxusleben führen.

lux·u·ri·ous [lʌg'zjʊərɪəs; *bes. Am.* -'ʒʊər-] *adj* (*adv* **~ly**) **1.** luxuri'ös, Luxus...: **to live a ~ life** → **luxuriate** 4. **2.** schwelgerisch. **3.** verschwenderisch, genußsüchtig (*Person*). **4.** genüßlich, wohlig. **lux'u·ri·ous·ness** → **luxury** 1.

lux·u·ry ['lʌkʃərɪ] **I** *s* **1.** Luxus *m*: a) Wohlleben *n*, Reichtum *m*: **to live in ~** im Überfluß *od.* Luxus leben; → **lap¹** 1, **lap²** 3, b) etwas Besonderes: **to permit o.s. the ~ of doing s.th.** sich den Luxus gestatten, etwas zu tun, c) Aufwand *m*, Pracht *f.* **2.** 'Luxusgegenstand *m*, -arˌtikel *m*: **he can't afford many luxuries** er kann sich nicht viel Luxus leisten. **II** *adj* **3.** Luxus..., der Luxusklasse: **a ~ hotel; ~ apartment** (*bes. Br.* **flat**) Luxus-, Komfortwohnung *f.*

ly·can·thro·py [laɪ'kænθrəpɪ] *s* **1.** *Volksglaube*: Verwandlung *f* in e-n Wolf. **2.** *psych.* Lykanthro'pie *f* (*Wahnvorstellung, in e-n [Wer]Wolf od. in ein anderes wildes Tier verwandelt zu sein*).

ly·ce·um [laɪ'si:əm] *s Am.* (*Art*) Volkshochschule *f.*

lych gate → **lich gate.**

lych·nis ['lɪknɪs] *s bot.* Lichtnelke *f.*

ly·co·pod ['laɪkəpɒd; *Am.* -ˌpɑd] *s bot.* Bärlapp *m.*

lydd·ite ['lɪdaɪt] *s chem.* Lyd'dit *m* (*Sprengstoff aus Pikrinsäure*).

lye [laɪ] *chem.* **I** *s* Lauge *f.* **II** *v/t* mit Lauge behandeln.

ly·ing¹ ['laɪɪŋ] **I** *pres p von* **lie¹. II** *adj* lügnerisch, verlogen, (*Angaben etc*) unwahr. **III** *s* Lügen *n od. pl.*

ly·ing² ['laɪɪŋ] **I** *pres p von* **lie². II** *adj* liegend: **~ shaft** *tech.* horizontale Welle.

ly·ing³ ['laɪɪŋ] *pres p von* **lye** II.

ˌly·ing-'in *pl* **ˌly·ings-'in, ˌly·ing-'ins** *s med.* a) Niederkunft *f*, Entbindung *f*, b) Wochenbett *n.*

lyke·wake ['laɪkweɪk] *s Br.* Totenwache *f.*

lyme grass [laɪm] *s bot.* **1.** Haargras *n.* **2.** Fächer-Rispengras *n.*

lymph [lɪmf] *s* Lymphe *f*: a) *physiol.* Gewebsflüssigkeit *f*, b) *med. aus Lymphe von Kühen od. Kälbern gewonnener Impfstoff gegen Pocken.*

lymph·ad·e·ni·tis [lɪmˌfædɪ'naɪtɪs] *s med.* Lymphade'nitis *f*, Lymphknotenentzündung *f.*

lym·phat·ic [lɪm'fætɪk] **I** *adj anat. med. physiol.* lym'phatisch, Lymph...: **~ gland** → **lymph gland; ~ system** Lymphgefäßsystem *n*; **~ vessel** → II. **II** *s anat.* Lymphgefäß *n.*

lymph| cell, ~ cor·pus·cle → **lymphocyte. ~ gland, ~ node** *s anat.* Lymphknoten *m.*

lym·pho·cyte ['lɪmfəʊsaɪt] *s physiol.* Lympho'zyt *m*, Lymphzelle *f.*

lym·pho·cy·to·sis [ˌlɪmfəʊsaɪ'təʊsɪs; *Am. a.* -sə't-] *s med.* Lymphozy'tose *f* (*krankhafte Vermehrung der Lymphozyten im Blut*).

lym·phog·ra·phy [lɪm'fɒgrəfɪ; *Am.* -'fɑ-] *s med.* Lymphogra'phie *f* (*Rönt-*

gendarstellung von Lymphgefäßen u. -knoten).

lymph·oid [ˈlɪmfɔɪd] *adj anat. physiol.* lympho'id, Lymph...

lym·pho·ma [lɪmˈfəʊmə] *pl* **-ma·ta** [-mətə], **-mas** *s med.* Lymˈphom *n (gut- u. bösartige Vergrößerung der Lymphknoten).*

lynch [lɪntʃ] *v/t* lynchen. **~ law** *s* ˈLynchjuˌstiz *f.*

lynx [lɪŋks] *s* **1.** *zo.* Luchs *m.* **2.** Luchs (-pelz) *m.* ˈ**~-eyed** *adj fig.* mit Augen wie ein Luchs, mit Luchsaugen.

Ly·on King of Arms [ˈlaɪən] *s* Kron-Wappenherold *m (in Schottland).*

Ly·ra [ˈlaɪərə] *gen* **-rae** [-riː] *s astr.* Leier *f (Sternbild).*

ly·rate [ˈlaɪərɪt; -reɪt], *a.* ˈ**ly·rat·ed** [-tɪd] *adj* leierförmig.

lyre [ˈlaɪə(r)] *s* **1.** *antiq. mus.* Leier *f,* Lyra *f.* **2.** **L~** → **Lyra.** ˈ**~-bird** *s orn.* (*ein*) Leierschwanz *m.*

lyr·ic [ˈlɪrɪk] **I** *adj (adv* **~ally) 1.** lyrisch: **~ poetry** → 4 b. **2.** *fig.* lyrisch, gefühlvoll. **3.** *mus.* a) Musik...: **~ drama,** b) lyrisch: **a ~ voice. II** *s* **4.** a) lyrisches Gedicht, b) *pl* Lyrik *f,* lyrische Dichtung. **5.** *pl mus.* (Lied)Text *m.* ˈ**lyr·i·cal** [-kl] *adj (adv* **~ly) 1.** → **lyric** I. **2.** schwärmerisch: **to get ~** ins Schwärmen geraten.

lyr·i·cism [ˈlɪrɪsɪzəm] *s* **1.** Lyrik *f,* lyrischer Chaˈrakter *od.* Stil. **2.** Schwärmeˈrei *f.* ˈ**lyr·i·cist** *s* **1.** Lyriker *m,* lyrischer Dichter. **2.** Textdichter *m.*

lyr·ist *s* **1.** [ˈlɪrɪst] → **lyricist** 1. **2.** [ˈlaɪərɪst] Leierspieler(in).

lyse [laɪs; laɪz] *v/t u. v/i biol. med.* (sich) auflösen.

ly·sim·e·ter [laɪˈsɪmɪtə(r)] *s tech.* Lysiˈmeter *n (Vorrichtung zur Messung der Versickerung von Wassermengen im Boden).*

ly·sin [ˈlaɪsɪn; *Am.* -sn] *s biol. med.* Lyˈsin *n (Stoff od. Antikörper, der in den Organismus eingedrungene Fremdsubstanzen u. Krankheitserreger aufzulösen vermag).*

ly·sine [ˈlaɪsiːn; *Br. a.* -sɪn] *s Biochemie:* Lyˈsin *n (basische Aminosäure, die als Baustein in vielen Eiweißstoffen vorkommt).*

ly·sis [ˈlaɪsɪs] *s* **1.** *med.* Lysis *f (allmähliches Zurückgehen des Fiebers).* **2.** *biol. med.* Lysis *f (Auflösung von Zellen nach Zerstörung der Zellwand durch Lysine).*

lys·sa [ˈlɪsə] *s med. vet.* Lyssa *f,* Tollwut *f.*

M

M, m [em] **I** *pl* **M's, Ms, m's, ms** [emz] *s* **1.** M, m *n* (*Buchstabe*). **2.** *print.* → **em** 3. **3.** M M *n*, M-förmiger Gegenstand. **II** *adj* **4.** dreizehnt(er, e, es). **5.** M M-..., M-förmig.

ma [mɑː] *s colloq.* Maˈma *f*, Mutti *f*.

ma'am *s* **1.** [mæm; məm; m] *colloq. für* **madam**. **2.** [mɑːm; mæm] *Br.* a) Majeˈstät (*Anrede für die Königin*), b) (königliche) Hoheit (*Anrede für Prinzessinnen*).

mac[1] [mæk] *Br. colloq. für* **mackintosh**.

Mac[2] [mæk] *s Am. colloq.* (*als Anrede*) ‚Meister!', ‚Chef!'

Mac- [mæk; mək; mɪk; mə; mɪ] *Wortelement in irischen u. schottischen Eigennamen mit der Bedeutung* Sohn des: **MacDonald, Macdonald**.

ma·ca·bre [məˈkɑːbrə], *Am. a.* **maˈcaber** [-bər] *adj* maˈkaber: a) grausig, gräßlich, b) Toten...

ma·ca·co [məˈkɑːkəʊ; *Br. a.* -ˈkeɪ-] *pl* **-cos** *s zo.* (*ein*) Maki *m*, Leˈmure *m*.

mac·ad·am [məˈkædəm] (*Straßenbau*) **I** *s* **1.** Makaˈdam-, Schotterdecke *f od.* -straße *f*. **2.** a) Makaˈdam *m*, *n* (*Teersplitt*), b) Schotter *m*. **II** *adj* **3.** Makadam..., Schotter...: ~ **road**. **macˌad·am·iˈza·tion** *s* Makadamiˈsierung *f*, Chausˈsierung *f*. **macˈad·am·ize** *v/t* makadamiˈsieren, chausˈsieren: **~d road** Schotterstraße *f*.

ma·caque [məˈkɑːk; *Am. a.* məˈkæk] *s zo.* Maˈkak *m* (*Affe*).

mac·a·ro·ni [ˌmækəˈrəʊnɪ] *s pl* Makkaˈroni *pl*.

mac·a·ron·ic [ˌmækəˈrɒnɪk; *Am.* -ˈrɑ-] **I** *adj* **1.** makkaˈronisch: ~ **poetry**. **II** *s* **2.** *pl* makkaˈronische Verse *pl*. **3.** *fig.* Mischmasch *m*.

mac·a·roon [ˌmækəˈruːn] *s* Maˈkrone *f*.

Ma·cas·sar [məˈkæsə(r)], ~ **oil** *s* Maˈkassaröl *n* (*ein Haaröl*).

ma·caw[1] [məˈkɔː] *s orn.* Ara *m*.

ma·caw[2] [məˈkɔː], **~ palm, ~ tree** *s bot.* Macawbaum *m*.

Mac·ca·be·an [ˌmækəˈbiːən] *adj Bibl.* makkaˈbäisch. **Mac·ca·bees** [ˈmækəbiːz] *s pl Bibl.* **1.** Makkaˈbäer *pl*. **2.** (*als sg konstruiert*) (*das* Buch der) Makkaˈbäer *pl*.

mac·ca·ro·ni → **macaroni**.

mace[1] [meɪs] *s* **1.** *mil. hist.* Keule *f*, Streitkolben *m*. **2.** Knüppel *m*. **3.** Amtsstab *m*. **4.** *a.* **~-bearer** Träger *m* des Amtsstabs. **5.** *hist.* Billardstock *m*. **6.** (*a.* **Chemical**) **M~** (*TM*) chemische Keule (*bei Polizeieinsätzen verwendeter Reizstoff*).

mace[2] [meɪs] *s* Musˈkatblüte *f* (*als Gewürz*).

ma·cé·doine [ˌmæsɪˈdwɑːn; masedwan] (*Fr.*) *s* Macéˈdoine *f*: a) *Gemisch von kleingeschnittenen u. in Gelee servierten Früchten od. Gemüsen*, b) *ein Gemüsesalat*.

Mac·e·do·ni·an [ˌmæsɪˈdəʊnjən] **I** *s* Mazeˈdonier(in). **II** *adj* mazeˈdonisch.

mac·er [ˈmeɪsə(r)] → **mace**[1] 4.

mac·er·ate [ˈmæsəreɪt] **I** *v/t* **1.** ein-, aufweichen, aufquellen u. erweichen. **2.** *biol. Nahrungsmittel* aufschließen. **3.** ausmergeln, entkräften. **4.** kaˈsteien. **II** *v/i* **5.** aufweichen, aufquellen u. weich werden. **6.** ausgemergelt werden. **ˌmac·erˈa·tion** *s* **1.** Einweichung *f*, Aufquellen *n* u. Erweichen *n*. **2.** *biol.* Aufschließen *n* (*von Nahrungsmitteln bei der Verdauung*). **3.** Ausmerg(e)lung *f*, Entkräftung *f*. **4.** Kaˈsteiung *f*. **ˈmac·er·a·tor** [-tə(r)] *s tech.* Stoffmühle *f*.

Mach [mɑːk; *Br. a.* mæk] *s aer. phys.* Mach *n*: ~ **two** 2 Mach.

ma·chan [məˈtʃɑːn] *s hunt. Br. Ind.* Hochsitz *m* (*bei der Tigerjagd*).

ma·che·te [məˈtʃetɪ; *Am. a.* məˈʃetiː] *s* Maˈchete *f*.

Mach·i·a·vel·li·an [ˌmækɪəˈvelɪən] **I** *adj* **1.** Machiaˈvellisch. **2.** *bes. pol.* machiavelˈlistisch, skrupellos, ränkevoll. **II** *s* **3.** Machiavelˈlist *m*, skrupelloser Intriˈgant. **ˌMach·i·aˈvel·li·an·ism** *s pol.* Machiavelˈlismus *m*.

ma·chic·o·lat·ed [mæˈtʃɪkəʊleɪtɪd] *adj mil. hist.* maschikuˈliert, mit Pechnasen (versehen *od.* bewehrt). **maˌchic·oˈla·tion** *s* **1.** Pechnase *f*, Gußerker *m*. **2.** Gußlochreihe *f*.

mach·i·nate [ˈmækɪneɪt] **I** *v/i* Ränke schmieden, intriˈgieren. **II** *v/t* aushecken. **ˌmach·iˈna·tion** *s* **1.** (tückischer) Anschlag, Inˈtrige *f*, Machenschaft *f*: **political ~s** politische Ränke *od.* Umtriebe. **2.** Aushecken *n*. **ˈmach·i·na·tor** [-tə(r)] *s* Ränkeschmied *m*.

ma·chine [məˈʃiːn] **I** *s* **1.** *phys. tech.* Maˈschine *f*. **2.** a) Appaˈrat *m*, Vorrichtung *f*, b) Autoˈmat *m*. **3.** *colloq.* Maˈschine *f* (*Flugzeug, Motorrad, Auto etc*). **4.** *thea.* Maˈschine *f*, ˈBühnenmechaˌnismus *m*: → **god** 1. **5.** (*literarischer*) Kunstgriff. **6.** *fig.* ‚Maˈschine' *f*, ‚Roboter' *m* (*Mensch*). **7.** *pol.* Appaˈrat *m* (*maschinenmäßig funktionierende Organisation*): **party ~, political ~** Parteiapparat, -maschinerie *f*; **the ~ of government** der Regierungsapparat. **8.** *hist.* ˈKriegsmaˌschine *f*. **II** *v/t* **9.** *tech.* a) maschiˈnell ˈherstellen, b) *Br.* maschinell drucken, c) mit der (ˈNäh)Maˌschine nähen, d) *Metall* zerspanen. **~ ac·count·ing** *s* Maˈschinenbuchführung *f*. **~ age** *s* Maˈschinenzeitalter *n*. **~ book·keep·ing** *s* Maˈschinenbuchführung *f*. **~ fit·ter** *s tech.* Maˈschinenschlosser *m*.

ma·chine gun *s mil.* Maˈschinengewehr *n*, MˈG *n*. **maˈchine-gun** *v/t* mit e-m Maˈschinengewehr beschießen, mit Maˈschinengewehrfeuer belegen *od.* bestreichen. **maˈchine-ˌgun·ner** *s mil.* MˈG-Schütze *m*.

ma·chine| in·tel·li·gence *s Computer*: Maˈschinenintelliˌgenz *f*. **~ lan·guage** *s Computer*: Maˈschinensprache *f*. **~ load** *s tech.* Maˈschinenbelastung *f*.

maˈchine-made *adj* **1.** maschiˈnell ˈhergestellt, Fabrik...: ~ **paper** Maschinenpapier *n*. **2.** *fig.* stereoˈtyp, genormt.

maˈchine·man [-mən] *s irr* **1.** Maschiˈnist *m*. **2.** *Br. für* **pressman**.

ma·chine| op·er·a·tor *s* Maˈschinenarbeiter *m*, Maschiˈnist *m*. **~ pis·tol** *s mil.* Maˈschinenpiˌstole *f*. **~ pro·duc·tion** *s* maschiˈnelle ˈHerstellung. **~ pro·gram(me)** *s Computer*: Maˈschinenproˌgramm *n*.

maˈchine-ˌread·a·ble *adj Computer*: maschiˈnell lesbar, maˈschinenlesbar.

ma·chine rul·er *s* Liˈniermaˌschine *f*.

ma·chin·er·y [məˈʃiːnərɪ] *s* **1.** Maˈschinen *pl*. **2.** Maschineˈrie *f*, Maˈschinen (-park *m*, -ausrüstung *f*) *pl*. **3.** Mechaˈnismus *m*, (Trieb)Werk *n*. **4.** *fig.* a) Maschineˈrie *f*, Maˈschine *f*, Räderwerk *n*, b) → **machine** 7. **5.** Theˈatermaschineˌrie *f*. **6.** draˈmatische Kunstmittel *pl*.

ma·chine| shop *s tech.* Maˈschinenhalle *f*, -saal *m*, -werkstatt *f*. **~ steel** *s tech.* Maˈschinenbaustahl *m*. **~ time** *s* **1.** *tech.* Betriebszeit *f* (*e-r Maschine*). **2.** *Computer*: Maˈschinen-, Rechenzeit *f*. **~ tool** *s tech.* ˈWerkzeugmaˌschine *f*.

maˈchine-tooled *adj* **1.** *tech.* auf der ˈWerkzeugmaˌschine ˈhergestellt *od.* bearbeitet. **2.** *fig.* präˈzise.

ma·chine| trans·la·tion *s* maschiˈnelle Überˈsetzung. **~ twist** *s* (ˈNäh-) Maˌschinenfaden *m*, -garn *n*.

maˈchine-ˌwash·a·ble *adj* ˈwaschmaˌschinenfest (*Gewebe*).

ma·chin·ist [məˈʃiːnɪst] *s* **1.** *tech.* a) Maˈschinenschlosser *m*, b) Maschiˈnist *m* (*a. thea.*), Maˈschinenmeister *m*, c) Facharbeiter *m* für ˈWerkzeugmaˌschinen. **2.** Maˈschinennäherin *f*. **3.** *mar.* Maschiˈnist *m*.

ma·chis·mo [məˈtʃɪzməʊ; -ˈkɪz-; *Am.* mɑːˈtʃɪz-] *s* Maˈchismo *m*, Männlichkeitswahn *m*.

mach·me·ter [ˈmɑːkˌmiːtə(r); *Br. a.* ˈmæk-] → **machometer**.

Mach num·ber *s aer. phys.* Machsche Zahl, Machzahl *f*.

ma·cho [ˈmɑːtʃəʊ] **I** *pl* **-chos** *s* ‚harter Bursche', Kraft- *od.* Sexprotz *m*. **II** *adj* hart, (betont) männlich.

ma·chom·e·ter [məˈkɒmɪtə(r); *Am.* -ˈkɑ-] *s phys.* Machmeter *n*, Machoˈmeter *n*.

mac·in·tosh → **mackintosh**.

mack [mæk] **1.** *Br. colloq. für* **mackintosh**. **2.** *Am. colloq. für* **Mackinaw**. **3.** *sl.* Zuhälter *m*.

mack·er·el [ˈmækərəl] *pl* **-el** *s ichth.* Maˈkrele *f*. **~ breeze** *s mar.* Maˈkrelenbrise *f*, -wind *m* (*der für den Makrelenfang günstig ist*). **~ shark** *s ichth.* (*ein*) Heringshai *m*. **~ sky** *s meteor.*

(Himmel *m* mit) Schäfchenwolken *pl.*
mack·i·naw [ˈmækəˌnɔː] *s Am.* **1.** *a.* ~ **blanket** Mackinaw-Decke *f* (*dicke Wolldecke*). **2.** *a.* ~ **coat** Stutzer *m*, kurzer (schwerer) Plaidmantel. **3.** *a.* ~ **boat** *mar.* Mackinaw-Boot *n* (*flachgehendes Boot*).
mack·in·tosh [ˈmækɪntɒʃ; *Am.* -ˌtɑʃ] *s* Mackintosh *m*: a) *durch e-e Gummischicht wasserdicht gemachter Stoff*, b) *bes. Br.* Regen-, Gummimantel *m.*
mack·le [ˈmækl] **I** *s* **1.** dunkler Fleck. **2.** *print.* Schmitz *m*, verwischter Druck, Doppeldruck *m.* **II** *v/t u. v/i* **3.** schmitzen.
ma·cle [ˈmækl] *s min.* **1.** ˈZwillingskriˌstall *m.* **2.** dunkler Fleck (*in e-m Mineral*).
mac·ro [ˈmækrəʊ] *pl* **-ros** *colloq. für* **macroinstruction.**
macro- [mækrəʊ; -rə] *Wortelement mit der Bedeutung* Makro..., (sehr) groß.
ˌ**mac·ro·aˈnal·y·sis** *s irr chem.* ˈMakroanaˌlyse *f.*
ˌ**mac·ro·biˈot·ic I** *adj* makrobiˈotisch. **II** *s pl* (*oft als sg konstruiert*) Makrobiˈotik *f*: a) *med. Kunst, das Leben zu verlängern*, b) *spezielle, hauptsächlich auf Getreide u. Gemüse basierende Ernährung.*
ˌ**mac·ro·ceˈphal·ic,** ˌ**mac·roˈceph·a·lous** *adj med.* großköpfig, makrozeˈphal. ˌ**mac·roˈceph·a·ly** *s* Großköpfigkeit *f.*
ˈ**mac·roˌcli·mate** *s meteor.* Groß-, Makroklima *n.*
ˈ**mac·ro·cosm** *s* Makroˈkosmos *m.* ˌ**mac·roˈcos·mic** *adj* makroˈkosmisch.
ˈ**mac·ro·cyte** [-saɪt] *s med.* Makroˈzyt *m* (*großes rotes Blutkörperchen*).
ˈ**mac·roˌe·coˈnom·ic** *adj econ.* makroökoˈnomisch. ˈ**mac·roˌe·coˈnom·ics** *s pl* (*meist als sg konstruiert*) Makroökonoˈmie *f.*
ˌ**mac·ro·inˈstruc·tion** *s Computer*: ˈMakroinstruktiˌon *f*, -befehl *m.*
ˌ**mac·ro·linˈguis·tics** *s pl* (*meist als sg konstruiert*) *ling.* Makrolinˈguistik *f.*
ma·cron [ˈmækrɒn; *Am.* ˈmeɪkˌrɑn] *s ling.* Längestrich *m* (*über Vokalen*).
ˌ**mac·roˈpho·to·graph** *s phot.* ˈMakrofoto(graˌfie *f*) *n.* ˌ**mac·ro·phoˈtog·ra·phy** *s* ˈMakrofotograˌfie *f.*
ˌ**mac·roˈphys·ics** *s pl* (*als sg konstruiert*) *phys.* Makrophyˈsik *f.*
ˈ**mac·ro·phyte** [-faɪt] *s biol. med.* Makroˈphyt *m.*
ma·crop·ter·ous [mæˈkrɒptərəs; *Am.* -ˈkrɑ-] *adj zo.* **1.** langflüg(e)lig (*Vögel, Insekten*). **2.** langflossig (*Fische*).
ˌ**mac·roˈscop·ic** [-ˈskɒpɪk; *Am.* -ˈskɑ-] *adj* (*adv* **~ally**) makroˈskopisch, mit bloßem Auge wahrnehmbar.
ˈ**mac·ro·tome** [-təʊm] *s med.* ˈSchnittappaˌrat *m* für grobe Schnitte (*in der Mikroskopie*).
ma·cru·ral [məˈkrʊərəl], **maˈcru·rous** *adj zo.* zu den Langschwänzen gehörig.
mac·u·la [ˈmækjʊlə] *pl* **-lae** [-liː] *s* **1.** (dunkler) Fleck (*a. min.*). **2.** *med.* (*bes.* Haut)Fleck *m.* **3.** *astr.* Sonnenfleck *m.* ˈ**mac·u·lar** *adj* **1.** gefleckt, fleckig, makuˈlös. **2.** Flecken... ˈ**mac·u·late I** *v/t* [-leɪt] beflecken (*a. fig.*). **II** *adj* [-lət] befleckt (*a. fig.*). ˌ**mac·uˈla·tion** *s* **1.** Befleckung *f.* **2.** Fleck(en) *m*, Makel *m.*
mac·ule [ˈmækjuːl] *s* **1.** *print.* → **mackle.** **2.** *obs.* a) (Schmutz)Fleck *m*, b) Makel *m.*
mad [mæd] **I** *adj* (*adv* → **madly**) **1.** wahnsinnig, verrückt, toll, irr(e) (*alle a. fig.*): **to go ~** verrückt *od.* wahnsinnig werden; **to drive s.o. ~** a) j-n verrückt *od.* wahnsinnig machen, b) j-m ‚auf den Wecker fallen'; **it's enough to drive one ~** es ist zum Verrücktwerden; **like ~** wie toll *od.* wild *od.* verrückt (*arbeiten etc*); **a ~ plan** ein verrücktes Vorhaben; → **hare** 1, **hatter.** **2.** (**after, about, for, on**) wild, versessen, erpicht (auf *acc*), verrückt (nach), vernarrt (in *acc*). **3.** *colloq.* außer sich, verrückt, rasend, wahnsinnig (**with** vor *Freude, Schmerz, Wut etc*). **4.** *bes. Am. colloq.* wütend, böse, ‚sauer' (**at, about** über *acc*, auf *acc*). **5.** toll, ausgelassen, wild, närrisch, ˈübermütig: **they are having a ~ time** bei denen geht's toll zu, sie amüsieren sich großartig. **6.** wild (geworden): **a ~ bull** ein wilder Stier. **7.** *vet.* tollwütig (*Hund etc*). **8.** wild, heftig, wütend: **they made a ~ scramble for the door** sie stürzten wie wild zur Tür. **II** *v/t* **9.** *obs.* verrückt machen. **10.** *bes. Am. colloq.* wütend machen. **III** *v/i* **11.** *obs.* sich wie wahnsinnig *od.* toll gebärden.
Mad·a·gas·can [ˌmædəˈgæskən] **I** *s* Madeˈgasse *m*, Madeˈgassin *f.* **II** *adj* madeˈgassisch, aus Madaˈgaskar.
mad·am [ˈmædəm] *pl* **mes·dames** [ˈmeɪdæm; *Am.* meɪˈdɑːm; -ˈdæm] *od.* ˈ**mad·ams** *s* **1.** (*im pl meist* **ladies**) gnädige Frau *od.* gnädiges Fräulein (*als Anrede, oft unübersetzt*). **2.** *pl* **mesdames** Frau *f* (*als Titel*): **the cakes were provided by Mesdames X and Z.** **3.** *pl* **madams** Borˈdellwirtin *f*, ‚Puffmutter' *f.*
ˈ**mad·cap I** *s* verwegener *od.* verrückter Kerl. **II** *adj* verwegen, verrückt (*Entschluß, Mensch etc*): **~ driver** rücksichtsloser Fahrer.
mad·den [ˈmædn] **I** *v/t* verrückt *od.* toll *od.* rasend machen (*alle a. fig. wütend machen*). **II** *v/i* verrückt *etc* werden. ˈ**mad·den·ing** *adj* (*adv* **~ly**) aufreizend, verrückt *od.* rasend machend: **it is ~** es ist zum Verrücktwerden.
mad·der [ˈmædə(r)] *s* **1.** *bot.* a) Krapppflanze *f*, *bes.* Färberröte *f*, b) Krapp *m*, Färberwurzel *f.* **2.** Krapp(rot *n*) *m*: **~ lake, ~ pink** Krapprosa *n.*
mad·ding [ˈmædɪŋ] *adj poet.* **1.** rasend, tobend: **the ~ crowd.** **2.** → **maddening.**
ˈ**mad-ˌdoc·tor** *s* Irrenarzt *m.*
made [meɪd] **I** *pret u. pp von* **make.** **II** *adj* **1.** (künstlich) ˈhergestellt *od.* ˈhergerichtet: **~ dish** aus mehreren Zutaten zs.-gestelltes Gericht; **~ ground** aufgeschütteter Boden; **~ road** befestigte Straße; **English-~ article** *econ.* englisches Fabrikat; **~ of wood** aus Holz (hergestellt), Holz... **2.** erfunden: **a ~ story.** **3.** gemacht, arriˈviert: **a ~ man** ein gemachter Mann. **4.** voll ausgebildet (*Soldat*). **5.** gutabgerichtet (*Hund, Pferd etc*). **6.** (*gut-, kräftig etc*) gebaut (*Person*): **a well-~ man.** **7.** *colloq.* bestimmt, gedacht, gemacht: **it's ~ for this purpose** es ist für diesen Zweck gedacht. **8. he had got it ~** *colloq.* er hatte es geschafft.
Ma·dei·ra [məˈdɪərə] *s* Maˈdeira(wein) *m.* **~ cake** *s Br.* (*Art*) Bisˈkuitkuchen *m.*
Ma·dei·ran [məˈdɪərən] **I** *s* Bewohner (-in) der Insel Maˈdeira. **II** *adj* aus Maˈdeira, Madeira...
ˌ**made|-to-ˈmeas·ure** *adj econ.* nach Maß gearbeitet *od.* angefertigt, Maß...: **~ suit** maßgeschneiderter Anzug, Maßanzug *m.* ˌ**~-to-ˈor·der** *adj* **1.** → **made-to-measure.** **2.** *fig.* ‚maßgeschneidert', ‚nach Maß'. ˈ**~-up** *adj* **1.** (frei) erfunden: **a ~ story.** **2.** geschminkt, zuˈrechtgemacht. **3.** *fig.* unecht, gekünstelt. **4.** fertig, Fertig..., Fabrik...: **~ clothes** Konfektionskleidung *f.* ˈ**~-work** *s econ. Am.* ˈArbeitsbeschaffung(sproˌjekte *pl*) *f.*
ˈ**mad·house** *s* Irrenhaus *n*, *fig. a.* Narren-, Tollhaus *n.*
mad·ly [ˈmædlɪ] *adv* **1.** wie verrückt, wie wild, wie besessen: **they worked ~.** **2.** *colloq.* ‚wahnsinnig', ‚schrecklich': **~ in love.** **3.** dummerweise. **4.** voreilig.
ˈ**mad|·man** [-mən] *s irr* Verrückte(r) *m*, Wahnsinnige(r) *m*, Irre(r) *m.* **~ min·ute** *s mil.* Schnellfeuerzeit *f* (*beim Mannschaftsschießen*).
mad·ness [ˈmædnɪs] *s* **1.** Wahnsinn *m* (*a. fig.*): **it's sheer ~!** das ist der helle *od.* blanke Wahnsinn! **2.** *fig.* Narrheit *f*, Tollheit *f*, Verrücktheit *f.* **3.** *bes. Am. colloq.* Wut *f* (**at** über *acc*, auf *acc*).
Ma·don·na [məˈdɒnə; *Am.* -ˈdɑ-] *s* **1. the ~** *relig.* die Maˈdonna. **2.** *a.* **m~** *art* Maˈdonna *f*, Maˈdonnenbild *n.*
mad·re·pore [ˌmædrɪˈpɔː; *Am.* ˈmædrəˌpəʊər] *s zo.* Madreˈpore *f*, ˈLöcherkoˌralle *f.*
mad·ri·gal [ˈmædrɪgl] *s* Madriˈgal *n*: a) *kurzes* (*bes. Liebes*)*Gedicht*, b) *mus. polyphon gesetztes mehrstimmiges Chorlied.* ˈ**mad·ri·gal·ist** [-gəlɪst] *s* **1.** Madriˈgaldichter *m.* **2.** *mus.* Madrigaˈlist *m*: a) *Komponist von Madrigalen*, b) *Madrigalsänger.*
ˈ**madˌwom·an** *s irr* Wahnsinnige *f*, Irre *f*, Verrückte *f.*
Mae·ce·nas [miːˈsiːnæs] *s* Mäˈzen *m.*
mael·strom [ˈmeɪlstrɒm; *Am.* -strəm] *s* Ma(h)lstrom *m*: a) *a.* **M~** *Name e-s Strudels vor der norwegischen Westküste*, b) *allg. u. fig.* Strudel *m*, Sog *m*, Wirbel *m*: **~ of traffic** Verkehrsgewühl *n*; **the ~ of war** der Moloch Krieg, die Wirren des Krieges.
mae·nad [ˈmiːnæd] *s* Mäˈnade *f.* **maeˈnad·ic** *adj* mäˈnadisch, bacˈchantisch, rasend.
ma·es·to·so [ˌmɑːeˈstəʊzəʊ; *Am. bes.* maɪˈstəʊsəʊ] *mus.* **I** *adj u. adv* maeˈstoso, majeˈstätisch. **II** *pl* **-sos** *s* Maeˈstoso *n.*
ma·e·stro [mɑːˈestrəʊ; *Am. bes.* ˈmaɪstrəʊ] *pl* **-stros, -stri** [-strɪ] *s* Maˈestro *m*, Meister *m.*
Mae West [ˌmeɪˈwest] *s sl.* **1.** *aer.* aufblasbare Schwimmweste (*nach der amer. Schauspielerin*). **2.** *mil. Am.* Panzer *m* mit Zwillingsturm.
Maf·fi·a → **Mafia.**
maf·fick [ˈmæfɪk] *v/i Br. obs.* ausgelassen feiern.
Ma·fi·a [ˈmæfɪə; ˈmɑː-] *s* Mafia *f* (*a. fig.*). **ma·fi·o·so** [ˌmæfɪˈəʊsəʊ] *pl* **-sos** *od.* **-si** [-sɪ] *s* Mafiˈoso *m* (*a. fig.*).
mag¹ [mæg] *colloq. für* **magazine** 7.
mag² [mæg] *colloq. für* **magneto**: **~ generator** Magnetodynamo *m.*
mag·a·zine [ˌmægəˈziːn; *Am. a.* ˈmægəˌziːn] *s* **1.** *mil.* a) Munitiˈonslager *n*, -deˌpot *n*, *bes.* ˈPulvermagaˌzin *n*, b) Nachschub-, Versorgungslager *n*, c) Magaˈzin *n*, Kasten *m* (*in Mehrladewaffen*): **~ gun, ~ rifle** Mehrladegewehr *n.* **2.** *tech.* Magaˈzin *n*, Vorratsbehälter *m.* **3.** *phot.* a) (ˈFilm)Magaˌzin *n*, b) Filmtrommel *f.* **4.** Magaˈzin *n*, Speicher *m*, Warenlager *n*, Lagerhaus *n.* **5.** Vorrat *m*, Vorräte *pl.* **6.** *fig.* Vorrats-, Kornkammer *f* (*fruchtbares Gebiet e-s Landes*). **7.** Magaˈzin *n*, (*oft* illuˈstrierte) Zeitschrift.
mag·a·zin·ist [ˌmægəˈziːnɪst] *s* Mitarbeiter(in) an e-m Magaˈzin.
mage [meɪdʒ] *s obs.* **1.** Magier *m.* **2.** Weise(r) *m*, Gelehrte(r) *m.*
ma·gen·ta [məˈdʒentə] *chem.* **I** *s* Maˈgenta(rot) *n*, Fuchˈsin *n.* **II** *adj* maˈgentarot.
Mag·gie's draw·ers [ˈmægiːz] *s pl mil. Am. sl.* **1.** *Flaggenzeichen bei Fehlschuß.* **2.** ‚Fahrkarte' *f* (*Fehlschuß*).
mag·got [ˈmægət] *s* **1.** *zo.* Made *f*, Larve *f.* **2.** *fig.* Grille *f*, verrückte Iˈdee, Spleen *m.* ˈ**mag·got·y** *adj* **1.** voller Maden, madig. **2.** *fig.* schrullig, grillenhaft, wunderlich.
Ma·gi [ˈmeɪdʒaɪ] *s pl* **1. the (three) ~** die (drei) Weisen aus dem Morgenland, die Heiligen Drei Könige. **2.** *pl von* **Magus** 1.

ˈ**Ma·gi·an** [-dʒɪən] *s* **1.** *sg von* **Magi** 1. **2. m~** Magier *m*, Zauberer *m*. **3.** → **Magus** 1.

mag·ic [ˈmædʒɪk] **I** *s* **1.** Maˈgie *f*, Zaubeˈrei *f*: **as if by ~, like ~** wie durch Zauberei; **it works like ~** es ist die reinste Hexerei. **2.** Zauber(kraft *f*) *m*, magische Kraft (*a. fig.*): **the ~ of a great name. 3.** *fig.* Wunder *n*: **like ~** wie ein Wunder. **II** *adj* (*adv* **~ally**) **4.** magisch, Wunder..., Zauber...: **~ carpet** fliegender Teppich; **~ arts** magische Künste; **~ eye** *electr.* magisches Auge; **~ lamp** Wunderlampe *f*; **~ lantern** Laterna *f* magica; **~ square** magisches Quadrat. **5.** zauber-, märchenhaft: **~ beauty.** ˈ**mag·i·cal** *adj* (*adv* **~ly**) → **magic** II.

ma·gi·cian [məˈdʒɪʃn] *s* **1.** Magier *m*, Zauberer *m*: **I'm not a ~!** ich kann doch (auch) nicht hexen! **2.** Zauberkünstler *m*.

mag·is·te·ri·al [ˌmædʒɪˈstɪərɪəl] *adj* (*adv* **~ly**) **1.** obrigkeitlich, amtlich, behördlich. **2.** maßgeblich, autoritaˈtiv. **3.** gebieterisch, herrisch.

mag·is·tra·cy [ˈmædʒɪstrəsɪ] *s* **1.** *jur. pol. Amt e-s* **magistrate. 2.** *collect. jur.* Richterschaft *f*. **3.** *collect. pol.* Verwaltung *f*. **4.** *jur. pol. Amtsbereich e-s* **magistrate.**

mag·is·tral [ˈmædʒɪstrəl] *adj* **1.** *pharm.* magiˈstral (*nach ärztlicher Vorschrift bereitet*). **2.** *selten für* **magisterial. 3.** Lehr(er)...

mag·is·trate [ˈmædʒɪstreɪt; -trɪt] *s* **1.** *jur.* Richter *m* (*an e-m* **magistrates' court**): **~s' court** *Br.*, **~'s court** *Am. erstinstanzliches Gericht für Straf- und Zivilsachen niederer Ordnung*; **police ~** *Am.* Polizeirichter *m*. **2.** *pol.* (Verwaltungs)Beamte(r) *m*: **chief ~** *Am.* oberster Verwaltungsbeamter: a) Präsident *m*, b) Gouverneur *m*, c) Bürgermeister *m*. ˈ**mag·is·trate·ship** *s jur. pol. Amt(szeit) e-s* **magistrate.** ˈ**mag·is·tra·ture** [-trəˌtjʊə; *Am.* -ˌtreɪtʃər] → **magistracy.**

mag·ma [ˈmægmə] *pl* **-mas, -ma·ta** [-mətə] *s* **1.** dünn(flüssig)er Brei, knetbare Masse. **2.** *geol.* Magma *n*.

Mag·na C(h)ar·ta [ˌmægnəˈkɑː(r)tə] *s* **1.** *hist.* Magna Charta *f* (*die große Freiheitsurkunde des englischen Adels, 1215*). **2.** Grundgesetz *n*.

mag·nal·i·um [mægˈneɪlɪəm] *s chem.* Maˈgnalium *n* (*Magnesium-Aluminium-Legierung*).

mag·na·nim·i·ty [ˌmægnəˈnɪmətɪ] *s* Großmut *f*, Edelmut *m*, Großmütigkeit *f*. **magˈnan·i·mous** [-ˈnænɪməs] *adj* (*adv* **~ly**) groß-, edelmütig.

mag·nate [ˈmægneɪt] *s* **1.** Maˈgnat *m*: a) *hist. Adliger im ungarischen od. polnischen Landtag*, b) ˈGroßindustriˌelle(r) *m*: **oil ~** Ölmagnat, c) Großgrundbesitzer *m*. **2.** Größe *f*, einflußreiche Perˈsönlichkeit.

mag·ne·sia [mægˈniːʃə; -ʒə] *s chem.* **1.** Maˈgnesia *f*, Maˈgnesiumoˌxyd *n*. **2.** *pharm.* gebrannte Maˈgnesia. **magˈne·sian** *adj* **1.** Magnesia... **2.** Magnesium...

mag·ne·site [ˈmægnɪsaɪt] *s min.* Magneˈsit *m*, Maˈgnesiumkarboˌnat *n*.

mag·ne·si·um [mægˈniːzjəm; -zɪəm; *Am. a.* -ʒəm] *s chem.* Maˈgnesium *n*: **~ light** Magnesiumlicht *n*.

mag·net [ˈmægnɪt] *s* **1.** Maˈgnet *m* (*a. fig.*). **2.** Maˈgneteisenstein *m*.

mag·net·ic [mægˈnetɪk] *adj* (*adv* **~ally**) **1.** maˈgnetisch, Magnet...: **~ compass; ~ field; ~ attraction** *phys. od. fig.* magnetische Anziehung(skraft). **2.** magnetiˈsierbar. **3.** *fig.* maˈgnetisch, anziehend, fasziˈnierend, fesselnd: **a ~ personality. 4.** biomaˈgnetisch, mesmerisch hypˈnotisch. **~ bot·tle** *s phys.* maˈgnetische Flasche. **~ brake** *s electr.* Maˈgnetbremse *f*. **~ core** *s phys.* Ferˈrit-, Maˈgnetkern *m*. **~ dec·li·na·tion, ~ dip** *s geogr. phys.* maˈgnetische Inklinatiˈon, ˈMißweisung *f*. **~ disk stor·age** *s Computer*: Plattenspeicher *m*. **~ e·qua·tor** *s geogr.* maˈgnetischer Äˈquator. **~ fig·ure** *s phys.* Kraftlinienbild *n*. **~ flux** *s phys.* Maˈgnetfluß *m*, maˈgnetischer (Kraft-)Fluß. **~ in·duc·tion** *s phys.* maˈgnetische Induktiˈon. **~ mine** *s* Maˈgnet-, Haftmine *f*. **~ nee·dle** *s phys.* Maˈgnetnadel *f*. **~ north** *s phys.* maˈgnetisch Nord (*Kurs*). **~ pole** *s geogr.* maˈgnetischer (Erd)Pol. **~ re·cord·er** *s electr.* Maˈgnettongerät *n*.

mag·net·ics [mægˈnetɪks] *s pl* (*meist als sg konstruiert*) Maˈgnetik *f* (*Lehre vom Magnetismus*).

mag·net·ic| storm *s phys.* maˈgnetischer Sturm. **~ tape** *s electr.* Maˈgnettonband *n*: **~ recorder** → **magnetophone; ~ storage** (*Computer*) (Magnet)Bandspeicher *m*.

mag·net·ism [ˈmægnɪtɪzəm] *s* **1.** *phys.* Magneˈtismus *m*. **2.** → **mesmerism. 3.** *fig.* Anziehungskraft *f*.

mag·net·ite [ˈmægnɪtaɪt] *s min.* Magneˈtit *m*, Maˈgneteisenerz *n*.

mag·net·i·za·tion [ˌmægnɪtaɪˈzeɪʃn; *Am.* -nətəˈz-] *s* Magnetiˈsierung *f*. ˈ**mag·net·ize** *v/t* **1.** magnetiˈsieren. **2.** *fig.* anziehen, fesseln. ˈ**mag·net·iz·er** *s med.* Magnetiˈseur *m*.

mag·ne·to [mægˈniːtəʊ] *pl* **-tos** *s electr.* (Maˈgnet)ˌZündappaˌrat *m*, Maˈgnetzünder *m*, ˈZündmaˌgnet *m*.

mag·ne·to al·ter·na·tor *s electr.* (*bes.* ˈWechselstrom)Geneˌrator *m* mit ˈDauermaˌgnet. **magˌne·toˈdy·na·mo** *s electr.* Dyˈnamo *m od.* Geneˈrator *m* mit Permaˈnentmaˌgnet. **magˌne·to·eˈlec·tric** *adj* maˈgnetoeˌlektrisch. **magˌne·toˈgen·er·a·tor** *s electr.* **1.** ˈKurbelinˌduktor *m*. **2.** → **magneto. magˈne·to·gram** [-græm] *s phys. tech.* Magnetoˈgramm *n*. **magˈne·to·graph** [-grɑːf; *Am.* -ˌgræf] *s phys. tech.* **1.** Magnetoˈgraph *m*. **2.** → **magnetogram. mag·ne·tom·e·ter** [ˌmægnɪˈtɒmɪtə(r); *Am.* -ˈtɑ-] *s phys.* Magnetoˈmeter *n*. **magˌne·toˈmo·tive** *adj phys.* maˌgnetomoˈtorisch.

mag·ne·ton [ˈmægnɪtɒn; *Am.* -ˌtɑn] *s Kernphysik*: Magneˈton *n* (*Einheit des magnetischen Moments*).

magˈne·to·phone *s electr.* (*TM*) Magnetoˈphon *n*, Maˈgnettongerät *n*.

magˈne·toˌsphere *s phys.* Magnetoˈsphäre *f*.

mag·ne·tron [ˈmægnɪtrɒn; *Am.* -ˌtrɑn] *s electr.* Magneˈtron *n*.

mag·ni·cide [ˈmægnɪsaɪd] *s* Ermordung *f* e-r bedeutenden Perˈsönlichkeit.

mag·nif·ic [mægˈnɪfɪk] *adj*; **magˈnif·i·cal** [-kl] *adj* (*adv* **~ly**) *obs.* **1.** großartig, herrlich. **2.** erhaben.

mag·ni·fi·ca·tion [ˌmægnɪfɪˈkeɪʃn] *s* **1.** Vergrößern *n*. **2.** Vergrößerung *f*. **3.** *phys.* Vergrößerungsstärke *f*. **4.** *electr.* Verstärkung *f*. **5.** *obs.* Verherrlichung *f*.

mag·nif·i·cence [mægˈnɪfɪsns] *s* **1.** Großartigkeit *f*, Pracht *f*, Herrlichkeit *f*. **2.** Erhabenheit *f* (*des Stils etc*).

mag·nif·i·cent [mægˈnɪfɪsnt] *adj* (*adv* **~ly**) **1.** großartig, prächtig, prachtvoll, herrlich (*alle a. fig. colloq. fabelhaft*). **2.** groß(artig), erhaben.

mag·nif·i·co [mægˈnɪfɪkəʊ] *pl* **-coes** *s* **1.** (*bes.* veneziˈanischer) Grande. **2.** hoher Würdenträger.

mag·ni·fi·er [ˈmægnɪfaɪə(r)] *s* **1.** Vergrößerungsglas *n*, Lupe *f*. **2.** *electr.* Verstärker *m*. **3.** *obs.* Verherrlicher *m*.

mag·ni·fy [ˈmægnɪfaɪ] *v/t* **1.** *opt. u. fig.* vergrößern: **~ing glass** → **magnifier** 1. **2.** *fig.* überˈtreiben, überˈtrieben, darstellen, aufbauschen. **3.** *electr.* verstärken. **4.** *obs.* verherrlichen.

mag·nil·o·quence [mægˈnɪləʊkwəns] *s* **1.** Großsprecheˈrei *f*. **2.** Schwulst *m*, Bomˈbast *m*. **magˈnil·o·quent** *adj* (*adv* **~ly**) **1.** großsprecherisch. **2.** hochtrabend, bomˈbastisch.

mag·ni·tude [ˈmægnɪtjuːd; *Am. a.* -ˌtuːd] *s* **1.** Größe *f*, Größenordnung *f*, *astr. a.* Helligkeit *f*, *math. a.* Absoˈlutwert *m*: **a star of the first ~** ein Stern erster Größe. **2.** *fig.* Ausmaß *n*, Schwere *f*, Größe *f*: **the ~ of the catastrophe. 3.** *fig.* Bedeutung *f*: **of the first ~** von äußerster Wichtigkeit.

mag·no·li·a [mægˈnəʊljə] *s bot.* Maˈgnolie *f*: **M~ State** *Am.* (*Beiname für den Staat*) Mississippi *n*. **magˌno·liˈa·ceous** [-lɪˈeɪʃəs] *adj bot.* Magnolien...

mag·num [ˈmægnəm] *s* Zweiquartflasche *f* (*etwa 2 l enthaltend, bes. Wein*).

mag·num o·pus [ˌmægnəmˈəʊpəs] (*Lat.*) *s* a) Meisterwerk *n*, b) Hauptwerk *n* (*e-s Künstlers*).

mag·pie [ˈmægpaɪ] *s* **1.** *orn.* Elster *f*: **black-billed ~** (Gemeine) Elster. **2.** *orn. e-e Haustaubenrasse.* **3.** *fig.* Schwätzer (-in). **4.** *Scheibenschießen*: a) zweiter Ring von außen, b) Schuß *m* in den zweiten Außenring. **5.** *Br. fig.* sammelwütiger Mensch.

mag·uey [ˈmægweɪ] *s* **1.** *bot.* (*e-e*) ˈFaser-Aˌgave. **2.** Magueyfaser *f*.

Ma·gus [ˈmeɪgəs] *pl* **-gi** [-dʒaɪ] *s* **1.** *antiq.* (*persischer*) Priester. **2. m~** Magus *m*, Zauberer *m*. **3.** *a.* **m~** *sg von* **Magi** 1.

Mag·yar [ˈmægjɑː(r)] **I** *s* **1.** Maˈdjar *m*, Ungar *m*. **2.** *ling.* Maˈdjarisch *n*, Ungarisch *n*. **II** *adj* **3.** maˈdjarisch, ungarisch.

ma·ha·ra·ja(h) [ˌmɑːhəˈrɑːdʒə] *s* Maˈharadscha *m*.

ma·ha·ra·nee [ˌmɑːhəˈrɑːniː] *s* MahaˈRani *f*.

ma·hat·ma, *a.* **M~** [məˈhɑːtmə; -ˈhætmə] *s* Maˈhatma *m*: a) (*buddhistischer*) *Weiser*, b) *Heiliger mit übernatürlichen Kräften*, c) *edler Mensch.*

Mah·di [ˈmɑːdiː] *s relig.* Mahdi *m* (*von den Mohammedanern erwarteter letzter Imam*).

mah-jong(g) [mɑːˈdʒɒŋ; *Am. a.* -ˈdʒɑŋ] *s* Mah-ˈJongg *n* (*chinesisches Gesellschaftsspiel*).

mahl·stick → **maulstick.**

ma·hog·a·ny [məˈhɒgənɪ; *Am.* -ˈhɑ-] **I** *s* **1.** *bot.* Mahaˈgonibaum *m*. **2.** Mahaˈgoni (-holz) *n*. **3.** Mahaˈgoni(farbe *f*) *n*. **4. to have** (*od.* **put**) **one's knees** (*od.* **feet**) **under s.o.'s ~** bei j-m zu Tisch sein, j-s Gastfreundschaft genießen. **II** *adj* **5.** aus Mahaˈgoni, Mahagoni... **6.** mahaˈgonifarben.

ma·hout [məˈhaʊt] *s Br. Ind.* Eleˈfantentreiber *m*.

maid [meɪd] *s* **1.** *obs.* (junges) Mädchen, Maid *f* (*a. iro.*). **2.** *obs.* (junge) unverheiratete Frau: **old ~** alte Jungfer; **~ of hono(u)r** a) Ehren-, Hofdame *f*, b) *Am.* (erste) Brautjungfer, c) *Br.* (*ein*) Käsekuchen *m*. **3.** (Dienst)Mädchen *n*, Hausangestellte *f*: **~ of all work** *bes. fig.* Mädchen für alles. **4.** *poet.* Jungfrau *f*, Maid *f*: **the M~ (of Orléans)** die Jungfrau von Orleans.

mai·dan [maɪˈdɑːn] *s Br. Ind.* **1.** (Markt-)Platz *m*. **2.** Esplaˈnade *f*.

maid·en [ˈmeɪdn] **I** *adj* (*adv* → **maidenly**) **1.** mädchenhaft, Mädchen...: **~ name** Mädchenname *m* (*e-r Frau*). **2.** jungfräulich, unberührt (*a. fig.*): **~ soil. 3.** unverheiratet: **~ aunt. 4.** Jungfern..., Erstlings..., Antritts...: **~ flight** *aer.* Jungfernflug *m*; **~ speech** *parl.* Jungfernrede *f*: **~ voyage** *mar.* Jungfernfahrt *f*. **5.** noch nie gedeckt (*Tier*). **6.** aus dem Samen gezogen (*Pflanze*). **7.** unerprobt (*Person od. Sache*). **II** *s* **8.** → **maid** 1 *u.* 2: **an answer to a ~'s prayer** ein Geschenk des Himmels. **9.** *a.* **the M~** *Scot. hist.* (*Art*) Guilloˈtine *f.* **10.** *a.* **~ over** (*Kricket*) Serie *f* von 6 Bällen ohne Läufe. **11.** *Rennsport*: Maiden *n* (*Pferd, das noch keinen Sieg errungen hat*). **~ as·size** *s jur. hist.* Gerichtssitzung *f* ohne Krimiˈnalfall. **ˈ~·hair (fern)** *s bot.* Frauenhaar(farn *m*) *n*, *bes.* Venushaar *n.* **ˈ~·hair tree** → **ginkgo**.

maid·en·head [ˈmeɪdnhed] *s* **1.** → **maidenhood**. **2.** *anat.* Jungfernhäutchen *n.*

maid·en·hood [ˈmeɪdnhʊd] *s* **1.** Jungfräulichkeit *f*, Unberührtheit *f*, Jungfernschaft *f.* **2.** Jungˈmädchenzeit *f.*

ˈmaid·en·like → **maidenly**. **maid·en·li·ness** [ˈmeɪdnlɪnɪs] *s* mädchenhaftes *od.* jungfräuliches Wesen. **ˈmaid·en·ly** *adj u. adv* **1.** mädchenhaft. **2.** jungfräulich, sittsam, züchtig.

ˈmaidˌserv·ant → **maid** 3.

ma·ieu·tic [meɪˈjuːtɪk] *s philos.* mäˈeutisch, (auf soˈkratische Weise) ausfragend.

mail[1] [meɪl] **I** *s* **1.** Post(sendung) *f*, -sachen *pl*, *bes.* Brief- *od.* Paˈketpost *f*: **by ~** *bes. Am.* mit der Post; **the ~ is not in yet** die Post ist noch nicht da; **incoming ~** Posteingang *m*; **outgoing ~** Postausgang *m.* **2.** Postbeutel *m*, Postsack *m.* **3.** a) Post(dienst *m*) *f*: **the Federal M~s** *Am.* die Bundespost, b) Postversand *m.* **4.** Postauto *n*, -schiff *n*, -bote *m*, -flugzeug *n*, -zug *m.* **5.** *bes. Scot.* (Reise)Tasche *f.* **II** *adj* **6.** Post...: **~ boat** Postschiff *n.* **III** *v/t* **7.** *bes. Am.* a) (mit der Post) (ab-)schicken *od.* (ab)senden, aufgeben, *e-n Brief* einwerfen, b) (zu)schicken (**to** *dat*).

mail[2] [meɪl] **I** *s* **1.** Kettenpanzer *m.* **2.** (Ritter)Rüstung *f.* **3.** *zo.* (Haut)Panzer *m.* **II** *v/t* **4.** panzern.

mail·a·ble [ˈmeɪləbl] *adj bes. Am.* postversandfähig.

ˈmail|·bag *s* Postsack *m*, Postbeutel *m.* **ˈ~·box** *s bes. Am.* Briefkasten *m.* **ˈ~ˌcar** *s rail. Am.* Postwagen *m.* **~ car·ri·er** → **mailman**. **ˈ~·clad** *adj* gepanzert. **~ clerk** *s Am.* **1.** Postangestellte(r *m*) *f.* **2.** Postbearbeiter(in) (*in e-m Amt etc*). **ˈ~·coach** *s Br.* **1.** *rail.* Postwagen *m.* **2.** *hist.* Postkutsche *f.* **~ drop** *s Am.* **1.** Briefkastenschlitz *m*, Briefeinwurf *m.* **2.** ‚toter Briefkasten' *m* (*von Spionen*). **3.** Posteingangskorb *m.*

mailed [meɪld] *adj* **1.** gepanzert (*a. zo.*): **the ~ fist** *fig.* die eiserne Faust. **2.** *orn.* mit (*panzerähnlichen*) Brustfedern.

mail·er [ˈmeɪlə(r)] *s* **1.** *Am.* a) Adresˈsiermaˌschine *f*, b) Franˈkiermaˌschine *f.* **2.** Aˈdressenschreiber(in). **3.** *Am.* Postwurfsendung *f.*

mail·gram [ˈmeɪlˌgræm] *s Am.* ˈBriefteleˌgramm *n.*

mail·ing| list [ˈmeɪlɪŋ] *s* Aˈdressenliste *f.* **~ ma·chine** → **mailer** 1.

mail·lot [maɪˈəʊ; majo] (*Fr.*) *s* **1.** (*bes.* einteiliger, trägerloser) Badeanzug. **2.** Mailˈlot *n*, *m* (*Trikot für Akrobaten etc*).

ˈmail|·man [-mæn] *s irr bes. Am.* Postbote *m*, Briefträger *m.* **~ or·der** *s* Bestellung *f* (*von Waren*) durch die Post. **ˈ~-ˌor·der** *adj* Postversand...: **~ business** Versandhandel *m*; **~ house, ~ firm** Versandgeschäft *n*, -haus *n.* **~ train** *s* Postzug *m.*

maim [meɪm] *v/t* verstümmeln (*a. fig. e-n Text*), zum Krüppel machen.

main[1] [meɪn] **I** *adj* (*nur attr*) (*adv* → **mainly**) **1.** Haupt..., größt(er, e, es), wichtigst(er, e, es), vorwiegend, hauptsächlich: **~ girder** Längsträger *m*; **the ~ office** das Hauptbüro, die Zentrale; **~ road** Hauptverkehrsstraße *f*; **the ~ reason** der Hauptgrund; **~ station** a) *teleph.* Hauptanschluß *m*, b) *rail.* Hauptbahnhof *m*; **the ~ thing** die Hauptsache; **by ~ force** mit äußerster Kraft, mit (roher) Gewalt. **2.** *mar.* groß, Groß...: **~-topgallant** Großbramstenge *f.* **3.** *poet.* (weit) offen: **the ~ sea** → 11. **4.** *ling.* a) Haupt..., b) des Hauptsatzes. **5.** *obs.* a) gewaltig, b) wichtig. **II** *s* **6.** *meist pl* a) Haupt(gas-, -wasser)leitung *f*: **(gas) ~**; **(water) ~**, b) Hauptstromleitung *f*, c) Strom(versorgungs)netz *n*, Netz(leitung *f*) *n*: **~ adapter** (*od.* **unit**) Netzteil *n*; **~s aerial** (*bes. Am.* **antenna**) Netzantenne *f*; **~s cable** Netzkabel *n*; **~s connection** Netzanschluß *m*; **~s failure** Stromausfall *m*; **~ frequency** Betriebsfrequenz *f*; **~s-operated** Netz..., mit Netzanschluß; **~s voltage** Netzspannung *f.* **7.** Hauptleitung *f*: a) Hauptrohr *n*, b) Hauptkabel *n.* **8.** *Am.* Haupt(eisenbahn)linie *f.* **9.** *obs.* Kraft *f*, Gewalt *f*: → **might**[1] 2. **10.** Hauptsache *f*, Kern(punkt) *m*, (*das*) Wichtigste: **in** (*Am. a.* **for**) **the ~** hauptsächlich, in der Hauptsache. **11.** *poet.* (*das*) weite Meer, (*die*) offene *od.* hohe See. **III** *v/t* **12.** *sl.* sich (*Heroin etc*) spritzen.

main[2] [meɪn] *s* **1.** *in e-m alten Würfelspiel* (*Schanze*) *die vom Spieler vor dem Wurf angesagte Zahl.* **2.** Glücksspiel *n.* **3.** *obs.* Boxkampf *m.* **4.** Hahnenkampf *m.*

main| bang *s Radar*: ˈAuslöse-, ˈStartimˌpuls *m.* **~ beam** *s mot. Br.* Fernlicht *n.* **~ brace** *s mar.* Großbrasse *f*: **to splice the ~** *sl.* a) e-e Extraration Rum an die Mannschaft austeilen, b) ‚saufen'. **~ chance** *s* beste Gelegenheit (zu profiˈtieren), (materiˈeller) Vorteil: **to have an eye to the ~** s-n eigenen Vorteil im Auge haben *od.* behalten. **~ clause** *s ling.* Hauptsatz *m.* **~ course** → **mainsail**. **~ deck** *s mar.* **1.** Hauptdeck *n.* **2.** Batteˈriedeck *n.* **~ drain** *s* **1.** ˈHauptrohr *n*, -kaˌnal *m* (*für Abwässer*). **2.** *mar.* Hauptlenzleitung *f.* **~ es·tab·lish·ment** *s* Hauptniederlassung *f.* **ˈ~·frame** *s Computer*: Zenˈtraleinheit *f.* **~ fuse** *s electr.* Hauptsicherung *f.* **~ hatch** *s mar.* Großluke *f.* **ˈ~·land** [-lənd; -lænd] *s* Festland *n.* **~ line** *s* **1.** *mil. rail. etc* Hauptlinie *f*: **~ of resistance** Hauptkampf-, Hauptverteidigungslinie. **2.** *Am.* Hauptverkehrsstraße *f.* **3.** *sl.* a) Hauptvene *f*, b) ‚Schuß' *m* (*Heroin etc*). **ˈ~·line** *v/i sl.* ‚fixen'. **ˈ~-ˌlin·er** *s sl.* ‚Fixer(in)'.

main·ly [ˈmeɪnlɪ] *adv* hauptsächlich, größtenteils, vorwiegend, in erster Linie.

main|·mast [ˈmeɪnmɑːst; *mar.* -məst; *Am.* -ˌmæst] *s mar.* Großmast *m.* **~·sail** [ˈmeɪnseɪl; *mar.* -sl] *s mar.* Großsegel *n.* **ˈ~·sheet** *s mar.* Großschot *f.* **ˈ~·spring** *s* **1.** Hauptfeder *f* (*e-r Uhr etc*). **2.** *fig.* (Haupt)Triebfeder *f*, treibende Kraft. **ˈ~·stay** *s* **1.** *mar.* Großstag *n.* **2.** *fig.* Hauptstütze *f.* **~ stem** *s Am.* **1.** Hauptstraße *f.* **2.** Haupt(verkehrs)linie *f.* **3.** *fig.* (*das*) ‚große Geschäft': **musical ~.** **ˈ~·stream** **I** *s* **1.** *bes. fig.* Hauptströmung *f.* **2.** *mus.* Mainstream *m* (*Jazzstil*). **II** *v/t* **3.** *ped. Am. behinderte Kinder* zuˈsammen mit nichtbehinderten Kindern unterˈrichten. **ˈ~ˌstream·ing** *s ped. Am.* gemeinsame Unterˈrichtung von behinderten *u.* nichtbehinderten Kindern. **M~ Street** *adj Am.* provinziˈell-materiaˈlistisch. **M~ Street·er** *s Am.* provinziˈeller Spießer.

main·tain [meɪnˈteɪn] *v/t* **1.** *e-n Zustand* (aufrecht)erhalten, beibehalten, (be-)wahren: **to ~ an attitude** e-e Haltung beibehalten; **to ~ good relations** gute Beziehungen aufrechterhalten; **to ~ one's reputation** s-n guten Ruf wahren. **2.** inˈstand halten, unterˈhalten, pflegen, *tech. a.* warten: **to ~ a machine**; **expensive to ~** teuer im Unterhalt. **3.** unterˈhalten, (weiter)führen: **to ~ a correspondence.** **4.** (*in e-m bestimmten Zustand*) lassen, bewahren: **to ~ s.th. in (an) excellent condition.** **5.** *s-e Familie etc* unterˈhalten, versorgen. **6.** behaupten (**that** daß; **to** *inf* zu *inf*). **7.** *e-e Meinung, ein Recht etc* verfechten, -teidigen. **8.** *j-n* unterˈstützen, *j-m* beipflichten. **9.** auf *e-r Forderung* bestehen: **to ~ a claim.** **10.** nicht aufgeben, behaupten: **to ~ one's ground** *bes. fig.* sich (in s-r Stellung) behaupten *od.* halten. **11.** *jur.* a) *e-e Klage* anhängig machen: **to ~ an action**, b) *e-e Prozeßpartei* ˈwiderrechtlich unterˈstützen. **12.** *econ.* a) *e-n Preis* halten, b) *e-e Ware* im Preis halten. **mainˈtain·a·ble** *adj* zu halten(d), verfechtbar, haltbar. **mainˈtain·er** *s* Unterˈstützer(in): a) Verfechter(in) (*e-r Meinung etc*), b) Versorger(in), Erhalter(in). **mainˈtain·or** [-nə(r)] *s jur.* außenstehender Proˈzeßtreiber.

main·te·nance [ˈmeɪntənəns] *s* **1.** Inˈstandhaltung *f* (*a. tech.*), Unterˈhaltung *f.* **2.** *tech.* Wartung *f*, Pflege *f*: **~ man** Wartungsmonteur *m*; **~-free** wartungsfrei. **3.** ˈUnterhalt(smittel *pl*) *m*: **~ grant** Unterhaltszuschuß *m*; **~ order** Anordnung *f* von Unterhaltszahlungen. **4.** (Aufrecht)Erhaltung *f*, Beibehalten *n.* **5.** Betreuung *f*: **cap of ~** *hist.* Schirmhaube *f.* **6.** Behauptung *f*, Verfechtung *f.* **7.** *jur.* ˈilleˌgale Unterˈstützung e-r proˈzeßführenden Parˈtei.

ˈmain|·top *s mar.* Großmars *m.* **ˌ~-ˈtop·mast** *s mar.* Großstenge *f.* **ˌ~-ˈtop·sail** *s mar.* Großbramsegel *n.* **ˈ~-ˌtrav·el(l)ed** *adj* vielbefahren (*Straße*). **~ yard** *s mar.* Großrah(e) *f.*

mai·son·(n)ette [ˌmeɪzəˈnet] *s* **1.** Maiso(n)ˈnette *f.* **2.** Einliegerwohnung *f.*

maî·tre d'hô·tel [ˌmetrədəʊˈtel; ˌmeɪ-; mɛtrədotɛl] (*Fr.*) *s* **1.** a) Haushofmeister *m*, b) *hist.* Majorˈdomus *m.* **2.** Oberkellner *m.* **3.** Hoˈtelbesitzer *m.* **4.** *meist* **~ butter** Hofmeistersoße *f* (*Buttersoße mit Kräutern*).

maize [meɪz] *s bes. Br.* **1.** *bot.* Mais *m.* **2.** Maiskorn *n.* **3.** Maisgelb *n.*

ma·jes·tic [məˈdʒestɪk] *adj* (*adv* **~ally**) majeˈstätisch.

maj·es·ty [ˈmædʒəstɪ] *s* **1.** Majeˈstät *f*, königliche Hoheit: **His (Her) M~** Seine (Ihre) Majestät *od.* Königliche Hoheit; **Your M~** Eure Majestät; **in her ~** *her.* mit Krone *u.* Zepter (*Adler*). **2.** Majeˈstät *f*, majeˈstätisches Aussehen, Erhabenheit *f*, Hoheit *f.* **3.** *art* (*die*) Herrlichkeit Gottes.

ma·jol·i·ca [məˈjɒlɪkə; -ˈdʒɒ-; *Am.* -ɑl-] *s* Maˈjolika *f.*

ma·jor [ˈmeɪdʒə(r)] **I** *s* **1.** *mil.* Maˈjor *m.* **2.** *ped. Am.* a) Hauptfach *n*, b) Stuˈdent, der *Geschichte etc* als Hauptfach belegt hat: **history ~.** **3.** *jur.* Volljährige(r *m*) *f*, Mündige(r *m*) *f*: **to become a ~** volljährig werden. **4.** *mus.* a) Dur *n*, b) ˈDurakˌkord *m*, c) Durtonart *f.* **5.** *Logik*: a) *a.* **~ term** Oberbegriff *m*, b) *a.* **~ premise** Obersatz *m.* **II** *adj* (*nur attr*) **6.** größer(er, e, es) (*a. fig. an Bedeutung, Interesse etc*), *fig. a.* bedeutend, wichtig, schwerwiegend: **~ axis** *math.* Hauptachse *f*; **~ event** *bes. sport* Großveranstaltung *f*; **~ illness** schwer(er)e Krankheit; **~ offensive** Großoffensive *f*; **~ party** *pol.* große Partei; **~ poet** großer Dichter; **~ road** Haupt(verkehrs)straße *f*; **~ shareholder** (*bes. Am.* **stockholder**) *econ.* Großaktionär *m*; → **operation** 9. **7.** Mehrheits...: **~ vote** die von der Mehrheit abgegebenen Stimmen *pl.* **8.** *jur.* volljährig, majoˈrenn, mündig. **9.** *mus.* a) groß (*Terz etc*), b) Dur...: **C ~** C-Dur *n.*

10. *Am.* Hauptfach... **11.** der ältere *od.* erste: **Cato M~** der ältere Cato. **III** *v/i* **12.** **~ in** *ped. Am.* als *od.* im Hauptfach stuˈdieren.

Ma·jor·can [məˈdʒɔ:(r)kən; -ˈjɔ:(r)-] **I** *s* Mallorˈquiner(in). **II** *adj* mallorˈquinisch.

ma·jor-do·mo [ˌmeɪdʒə(r)ˈdəʊməʊ] *pl* **-mos** *s* **1.** Haushofmeister *m.* **2.** *hist.* Majorˈdomus *m,* Hausmeier *m.*

ma·jor·ette [ˌmeɪdʒəˈret] *s Am.* ˈTambourmaˌjorin *f.*

ma·jor| gen·er·al *pl* **~ gen·er·als** *s mil.* Geneˈralmaˌjor *m.*

ma·jor·i·ty [məˈdʒɒrətɪ; *Am. a.* -ˈdʒɑr-] *s* **1.** Mehrheit *f:* **by a large ~** mit großer Mehrheit; **~ of votes** (Stimmen)Mehrheit, Majorität *f;* **~ decision, ~ vote** Mehrheitsbeschluß *m;* **~ leader** *parl. Am.* Fraktionsführer *m* der Mehrheitspartei; **~ rule** *pol.* Mehrheitsprinzip *n;* → **silent** 1. **2.** größere Zahl, größerer *od.* größter Teil, Mehrzahl *f:* **to be in the** (*od.* **a**) **~** in der Mehrzahl sein; **in the ~ of cases** in der Mehrzahl der Fälle; **to join the (great) ~** zu den Vätern versammelt werden (*sterben*). **3.** *a.* **~ party** *pol.* ˈMehrheitsparˌtei *f.* **4.** *jur.* Voll-, Großjährigkeit *f,* Mündigkeit *f:* **to reach one's ~** volljährig werden. **5.** *mil.* Maˈjorsrang *m od.* -stelle *f:* **to obtain one's ~** zum Major befördert werden. **~ car·ri·er** *s electr.* Majoriˈtätsträger *m.*

ma·jor| key *s mus.* Dur(tonart *f*) *n.* **~ league** *s sport Am.* oberste Spielklasse. **~ mode** *s mus.* Durgeschlecht *n.* **~ or·ders** *s pl relig.* (*die*) höheren Weihen *pl.* **M~ Proph·ets** *s pl Bibl.* (*die*) großen Proˈpheten *pl.* **~ scale** *s mus.* Durtonleiter *f.* **~ suit** *s Bridge:* höhere Farbe (*Herz od. Pik*).

ma·jus·cule [ˈmædʒəskju:l; *Am. a.* məˈdʒʌs-] *s* Maˈjuskel *f,* großer (Anfangs)Buchstabe.

make [meɪk] **I** *s* **1.** a) Machart *f,* Ausführung *f,* b) Erzeugnis *n,* Proˈdukt *n,* Fabriˈkat *n:* **our own ~** (unser) eigenes Fabrikat; **of best English ~** beste englische Qualität; **I like the ~ of this car** mir gefällt die Ausführung *od.* Form dieses Wagens; **is this your own ~?** haben Sie das (selbst) gemacht? **2.** *Mode:* Schnitt *m,* Fasˈson *f.* **3.** *econ.* (Faˈbrik-) Marke *f.* **4.** *tech.* Typ *m,* Bau(art *f*) *m.* **5.** Beschaffenheit *f,* Zustand *m.* **6.** Anfertigung *f,* ˈHerstellung *f,* Produktiˈon *f.* **7.** Produktiˈon(smenge) *f,* Ausstoß *m.* **8.** a) (Körper)Bau *m,* b) Veranlagung *f,* Naˈtur *f,* Art *f.* **9.** Bau *m,* Gefüge *n.* **10.** Fassung *f,* Stil *m* (*e-s Romans etc*). **11.** *electr.* Schließen *n* (*des Stromkreises*): **to be at ~** geschlossen sein. **12.** *Kartenspiel:* a) Trumpfbestimmung *f,* b) *Bridge:* endgültiges Trumpfgebot, c) Mischen *n* (*der Karten*). **13. to be on the ~** *sl.* a) ‚schwer dahinter hersein', auf Geld *od.* auf s-n Vorteil aussein, b) auf ein (*sexuelles*) Abenteuer aussein, c) (*gesellschaftlich*) nach oben drängen, d) im Kommen *od.* Werden sein.

II *v/t pret u. pp* **made** [meɪd] **14.** *allg. z. B. Anstrengungen, Einkäufe, Einwände, e-e Reise, sein Testament, e-e Verbeugung, e-n Versuch* machen: **to ~ a fire** Feuer machen; **to ~ a price** e-n Preis festsetzen *od.* machen; **to ~ a speech** e-e Rede halten; (*siehe die Verbindungen mit den entsprechenden Stichwörtern*). **15.** machen: a) anfertigen, ˈherstellen, erzeugen (**from, of, out of** von, aus), b) verarbeiten, bilden, formen (**to, into** in *acc*, zu), c) *Tee etc* (zu)bereiten, d) *ein Gedicht etc* verfassen, schreiben: **to ~ a sonnet.** **16.** errichten, bauen, *e-n Park, Weg etc* anlegen. **17.** (er)schaffen: **God made man** Gott schuf den Menschen; **you are made for this job** du bist für diese Arbeit wie geschaffen. **18.** *fig.* machen zu: **he made her his wife; to ~ a doctor of s.o.** j-n Arzt werden lassen. **19.** ergeben, bilden, entstehen lassen: **oxygen and hydrogen ~ water** Wasserstoff u. Sauerstoff bilden Wasser. **20.** verursachen: a) *ein Geräusch, Lärm, Mühe, Schwierigkeiten etc* machen, b) bewirken, (mit sich) bringen: **prosperity ~s contentment.** **21.** (er)geben, den Stoff abgeben zu, dienen als (*Sache*): **this ~s a good article** das gibt e-n guten Artikel; **this cloth will ~ a suit** dieses Tuch wird für e-n Anzug reichen. **22.** sich erweisen als (*Personen*): **he would ~ a good salesman** er würde e-n guten Verkäufer abgeben; **she made him a good wife** sie war ihm e-e gute Frau. **23.** bilden, (aus-) machen: **this ~s the tenth time** das ist das zehnte Mal. **24.** (*mit adj, pp etc*) machen: **to ~ angry** zornig machen, erzürnen; → **make good.** **25.** (*mit folgendem Substantiv*) machen zu, ernennen zu: **they made him (a) general, he was made a general** er wurde zum General ernannt; **he made himself a martyr** er machte sich zum Märtyrer. **26.** *mit inf* (*act ohne* **to,** *pass mit* **to**) *j-n* lassen, veranlassen *od.* bringen *od.* zwingen *od.* nötigen zu: **to ~ s.o. wait** j-n warten lassen; **we made him talk** wir brachten ihn zum Sprechen; **they made him repeat it, he was made to repeat it** man ließ es ihn wiederholen; **to ~ s.th. do, to ~ do with s.th.** mit etwas auskommen, sich mit etwas behelfen. **27.** *fig.* machen: **to ~ much of** a) viel Wesens um *etwas od. j-n* machen, b) viel halten von, e-e hohe Meinung haben von, große Stücke halten auf (*acc*). **28.** sich e-e Vorstellung von *etwas* machen, *etwas* halten für: **what do you ~ of it?** was halten Sie davon? **29.** *colloq. j-n* halten für: **I ~ him a greenhorn.** **30.** schätzen auf (*acc*): **I ~ the distance three miles.** **31.** feststellen: **I ~ it a quarter to five** nach m-r Uhr ist es Viertel vor fünf. **32.** erfolgreich ˈdurchführen: → **escape** 10. **33.** *j-m* zum Erfolg verhelfen, *j-s* Glück machen: **I can ~ and break you** ich kann aus Ihnen etwas machen u. ich kann Sie auch erledigen. **34.** sich *ein Vermögen etc* erwerben, verdienen, *Geld, e-n Profit* machen, *e-n Gewinn* erzielen: **to ~ money (a fortune, a profit);** → **name** *Bes. Redew.* **35.** ‚schaffen': a) *e-e Strecke* zuˈrücklegen: **can we ~ it in 3 hours?,** b) *e-e Geschwindigkeit* erreichen, ‚machen': **to ~ 60 mph.** **36.** *colloq. etwas* erreichen, ‚schaffen', *e-n akademischen Grad* erlangen, *sport etc Punkte, a. e-e Schulnote* erzielen, *e-n Zug* erwischen: **to ~ it** es schaffen; **to ~ the team** *bes. Am.* sich e-n Platz (in der Mannschaft) erobern; → **regular** 14. **37.** *sl. e-e Frau* ‚rumkriegen', ‚ˈumlegen' (*verführen*). **38.** ankommen in (*dat*), erreichen: **to ~ port** *mar.* in den Hafen einlaufen. **39.** *mar.* sichten, ausmachen: **to ~ land.** **40.** *Br. e-e Mahlzeit* einnehmen. **41.** *ein Fest etc* veranstalten. **42.** *Kartenspiel:* a) *Karten* mischen, b) *e-n Stich* machen. **43.** *electr. den Stromkreis* schließen, *e-n Kontakt* ˈherstellen. **44.** *ling. den Plural etc* bilden, werden zu. **45.** sich belaufen auf (*acc*), ergeben, machen: **two and two ~ four** 2 u. 2 macht *od.* ist 4. **46.** *bes. Br. ein Tier* abrichten, dresˈsieren: **to ~ a horse.** **47.** *obs.* überˈsetzen (*in e-e andere Sprache*). **48.** *Am. sl. j-n* identifiˈzieren.

III *v/i* **49.** sich anschicken, den Versuch machen (**to do** zu tun): **he made to go** er wollte gehen. **50.** (**to** nach) a) sich begeben *od.* wenden, b) führen, gehen (*Weg etc*), sich erstrecken, c) fließen. **51.** einsetzen (*Ebbe, Flut*), (an)steigen (*Flut etc*). **52.** (*statt pass*) gemacht *od.* ˈhergestellt werden: **bolts are making in this shop.** **53.** *Kartenspiel:* e-n Stich machen. **54.** **~ as if** (*od.* **as though**) so tun als ob *od.* als wenn: **to ~ believe (that** *od.* **to do)** vorgeben (daß *od.* zu tun); **to ~ like** *Am. sl.* sich benehmen *od.* aufführen wie.

Verbindungen mit Präpositionen:

make| aft·er *v/i obs. j-m* nachsetzen, *j-n* verfolgen. **~ a·gainst** *v/i* **1.** ungünstig *od.* nachteilig sein für, schaden (*dat*). **2.** sprechen gegen (*a. von Umständen*). **~ at** *v/i* losgehen *od.* sich stürzen auf (*acc*): **he made at me with a knife.** **~ for** *v/i* **1.** a) zugehen *od.* lossteuern auf (*acc*), zustreben (*dat*), b) sich begeben nach, eilen nach, sich aufmachen nach, c) *mar.* Kurs haben auf (*acc*), d) sich stürzen auf (*acc*). **2.** förderlich sein (*dat*), dienen (*dat*), führen *od.* beitragen zu, (e-e Verbesserung *gen*) bewirken: **it makes for his advantage** es wirkt sich für ihn günstig aus; **the aerial** (*bes. Am.* **antenna**) **makes for better reception** die Antenne verbessert den Empfang; **it makes for good health** es ist gut für die Gesundheit; **to ~ the success of** zum Erfolg (*gen*) beitragen. **~ from** *v/i* **1.** sich fortmachen von. **2.** *mar.* abtreiben von (*der Küste*). **~ to·ward(s)** *v/i* **1.** → **make for** 1 a. **2.** sich nähern (*dat*). **~ with** *v/i bes. Am. sl.* **1.** *Getränke etc* ‚auffahren'. **2.** sich *e-n Vorschlag etc* einfallen lassen. **3.** **to ~ the face** Grimassen schneiden; **~ the feet!** lauf schon!, mach schon!

Verbindungen mit Adverbien:

make| a·way *v/i* sich daˈvonmachen: **to ~ with** a) sich davonmachen mit (*Geld etc*), b) *etwas od. j-n* beseitigen, aus dem Weg räumen, *etwas* aus der Welt schaffen, c) *Geld etc* durchbringen, d) sich entledigen (*gen*). **~ good I** *v/t* **1.** a) (wieder)ˈgutmachen, b) ersetzen, vergüten: **to ~ a deficit** ein Defizit decken. **2.** a) begründen, rechtfertigen, b) be-, nachweisen. **3.** *ein Versprechen, sein Wort* halten, erfüllen, sich an *e-e Abmachung* halten. **4.** *den Erwartungen* entsprechen. **5.** *Flucht etc* glücklich bewerkstelligen. **6.** *e-e* (*berufliche etc*) *Stellung* ausbauen, sichern. **II** *v/i* **7.** sich ˈdurchsetzen (*a. Sache*), erfolgreich sein, sein Ziel erreichen. **8.** sich bewähren, den Erwartungen entsprechen. **~ off** *v/i* sich daˈvonmachen, sich aus dem Staub machen: **to ~ with the money** mit dem Geld durchbrennen; **to ~ with the prize** den Preis ergattern. **~ out I** *v/t* **1.** *e-n Scheck etc* ausstellen. **2.** *ein Dokument etc* ausfertigen. **3.** *e-e Liste etc* aufstellen. **4.** ausmachen, erkennen: **to ~ a figure at a distance.** **5.** *e-n Sachverhalt etc* feststellen, herˈausbekommen. **6.** a) *j-n* ausfindig machen, b) *j-n* verstehen, aus *j-m od. e-r Sache* klug werden: **I cannot make him (it) out.** **7.** *e-e Handschrift etc* entziffern. **8.** a) behaupten, b) glaubhaft machen, c) beweisen: → **case**[1] 6; **to make s.o. out a liar** j-n als Lügner hinstellen. **9.** *Am.* a) (*bes. mühsam*) zuˈstande bringen, b) ergeben, (aus-) machen. **10.** a) vervollkommnen, b) *art Einzelheiten* ausarbeiten, c) *e-e Summe* voll machen. **11.** halten für: **to make s.o. out to be a hypocrite.** **12.** behaupten, vorgeben: **they ~ to be well informed.** **II** *v/i* **13.** *bes. Am. colloq.* a) Erfolg haben, erfolgreich sein (**as** als), b) sich ‚saˈnieren', sich ‚gesundstoßen' (**by** durch), c) *gut etc* abschneiden, d) *gut etc* zuˈrechtkommen. **14.** *bes. Am.* auskommen (**with** mit *j-m*). **15.** *Am. colloq.* sich behelfen (with mit). **16.** *bes. Am. sl.* a) ‚schmusen' (with mit), b) ‚bumsen' (*Geschlechtsverkehr haben*). **~ o·ver** *v/t* **1.** *Eigentum* über'tragen, -'eignen, vermachen. **2.** a) *e-n Anzug etc* 'umarbeiten, ändern, b) *ein Haus etc* 'umbauen *od.* reno'vieren, c) *j-n* ändern *od.* bessern. **~ up I** *v/t* **1.** bilden, zs.-setzen: **to ~ a whole** ein Ganzes bilden; **to be made up of** bestehen *od.* sich zs.-setzen aus. **2.** *e-e Arznei, Warenproben, e-n Bericht etc* zs.-stellen. **3.** *a. thea. etc* a) zu'rechtmachen, 'herrichten: **to ~ s.o.**; **to ~ one's face**; **to ~ a room**, b) schminken, c) 'ausstaf,fieren. **4.** *ein Schriftstück etc* abfassen, aufsetzen, *e-e Liste* anfertigen, *e-e Tabelle* aufstellen. **5.** sich *e-e Geschichte etc* ausdenken, (*a. lügnerisch*) erfinden: **the story is made up. 6.** *ein Paket etc* (ver)packen, (ver-)schnüren: **to ~ parcels. 7.** *e-n Anzug etc* anfertigen, nähen. **8.** → **mind** 5. **9.** a) *Versäumtes* nachholen, wettmachen: → **leeway** 3, b) 'wiedergewinnen: **to ~ lost ground. 10.** ersetzen, vergüten. **11.** *e-n Streit etc* beilegen, begraben: **to make it up** a) es wiedergutmachen, b) sich versöhnen *od.* wieder vertragen (**with** mit). **12.** vervollständigen, *fehlende Summe etc* ergänzen, *e-n Betrag, e-e Gesellschaft etc* voll machen. **13.** *econ.* a) *e-e Bilanz* ziehen, b) *Konten, e-e Rechnung* ausgleichen: → **average** 2. **14.** *print. den Satz* um'brechen. **15.** *j-n* darstellen, sich verkleiden als. **II** *v/i* **16.** sich zu'rechtmachen, *bes.* sich pudern *od.* schminken. **17.** (**for** für) Ersatz leisten, als Ersatz dienen, entschädigen. **18.** (**for**) ausgleichen, aufholen (*acc*), (*e-n Verlust*) wieder'gutmachen *od.* wettmachen, Ersatz leisten (für): **to ~ for lost time** den Zeitverlust wieder wettzumachen suchen, die verlorene Zeit wieder aufzuholen suchen. **19.** *Am.* (**to**) sich nähern (*dat*), zugehen (auf *acc*). **20.** *colloq.* (**to**) a) (*j-m*) den Hof machen, b) (*j-m*) schöntun, sich einschmeicheln *od.* anbiedern (bei *j-m*), c) sich her'anmachen (an *j-n*). **21.** sich versöhnen *od.* wieder vertragen (**with** mit).

make| and break *s electr.* Unter'brecher *m.* **,~-and-'break** *adj electr.* Unterbrecher...: **~ contact**; **~ ignition** Abreißzündung *f.* **~ and mend** *s mar. Br.* **1.** Putz- u. Flickstunde *f.* **2.** Halbtagsurlaub *m.* **'~·bate** *s obs.* Störenfried *m*, Unruhestifter(in). **'~-be,lieve I** *s* **1.** a) So-Tun-als-ob *n*, b) Verstellung *f*, c) Heuche'lei *f.* **2.** Vorwand *m.* **3.** (*falscher*) (An)Schein, Spiegelfechte'rei *f.* **4.** a) Heuchler(in), b) *fig.* Schauspieler(in). **II** *adj* **5.** angenommen, eingebildet, nur in der Phanta'sie exi'stierend: **~ world** Schein-, Phantasiewelt *f.* **6.** falsch: a) scheinbar, unecht, b) geheuchelt, unaufrichtig, c) vor-, angeblich. **'~-do** → **makeshift. '~·fast** *s mar.* **1.** Vertäupfahl *m.* **2.** Poller *m.* **3.** Vertäuboje *f.* **'~-peace** *s* Friedensstifter(in).

mak·er ['meɪkə(r)] *s* **1.** Macher *m*, Verfertiger *m.* **2.** *econ.* 'Hersteller *m*, Erzeuger *m.* **3. the M~** *relig.* der Schöpfer (*Gott*): **(to go) to meet one's ~** *euphem.* das Zeitliche segnen. **4.** *econ.* Aussteller *m* e-s Eigenwechsels. **5.** *obs.* Dichter *m*, Sänger *m.* **6.** *Bridge*: (Al'lein)Spieler *m.*

'make|-,read·y *s print.* Zurichtung *f.* **'~·shift I** *s* Notbehelf *m.* **II** *adj* behelfsmäßig, provi'sorisch, Behelfs..., Not...: **~ construction**; **~ team** *sport* Verlegenheitsmannschaft *f.*

'make-up *s* **1.** Aufmachung *f*: a) *Film etc*: Ausstattung *f*, Kostü'mierung *f*, b) *econ.* Ausstattung *f*, Verpackung *f*, c) *humor.* Aufzug *m*, (Ver)Kleidung *f.* **2.** Make-'up *n*: a) Schminken *n*, Pudern *n*, b) Kos'metikum *n*, Schminke *f*, Puder *m*: **~ case** Kosmetiktäschchen *n.* **3.** *Film etc*: Maske *f* (*a. im Abspann*). **4.** *fig.* Rüstzeug *n.* **5.** *chem. etc, a. pol. u. fig.* Zs.-setzung *f*: **the ~ of the Cabinet**; **the ~ of the team** *sport* die Mannschaftsaufstellung. **6.** Körperbau *m.* **7.** Veranlagung *f*, Na'tur *f.* **8.** Pose *f.* **9.** *fig. Am.* erfundene Geschichte, Erfindung *f.* **10.** *ped. Am.* a) Nachprüfung *f*, b) Wieder'holungsprüfung *f.* **11.** *print.* 'Umbruch *m.* **~man** *s irr* **1.** *Film etc*: Maskenbildner *m.* **2.** *print.* 'Umbruchredak,teur *m.*

'make·weight *s* **1.** (Gewichts)Zugabe *f*, Zusatz *m* (*bes. zum vollen Gewicht*). **2.** *a. fig.* Gegengewicht *n*, Ausgleich *m.* **3.** *fig.* a) Lückenbüßer *m* (*Person*), b) (kleiner) Notbehelf, Füllsel *n.*

'make-,work *s econ. Am. Gewerkschaftspraxis, die verhindern soll, daß sich durch technischen Fortschritt bedingte Arbeitszeitverkürzungen negativ auf die Arbeitnehmer auswirken.*

ma·ki·mo·no [,mɑːkɪ'məʊnəʊ] *pl* **-nos** *s* Maki'mono *n* (*ostasiatische Bildrolle*).

mak·ing ['meɪkɪŋ] *s* **1.** Machen *n*, Schaffen *n*: **this is of my own ~** das habe ich selbst gemacht, das ist mein eigenes Werk. **2.** Erzeugung *f*, 'Herstellung *f*, Fabrikati'on *f*: **~ order** spezifizierter Fertigungsauftrag; **to be in the ~** a) im Werden *od.* im Kommen *od.* in der Entwicklung sein, b) noch nicht fertig *od.* noch in Arbeit sein. **3.** Pro'dukt *n* (*e-s Arbeitsgangs*): **a ~ of bread** ein Schub *m* Brot. **4.** a) Zs.-setzung *f*, b) Verfassung *f*, c) Bau(art *f*) *m*, Aufbau *m*, d) Aufmachung *f.* **5.** Glück *n*, Chance *f*: **this will be the ~ of him** damit ist er ein gemachter Mann; **misfortune was the ~ of him** sein Unglück machte ihn groß. **6.** *oft pl* Anlagen *pl*, ‚Zeug' *n*: **he has the ~s of** er hat das Zeug *od.* die Anlagen zu. **7.** *pl* a) ('Roh)Materi,al *n* (*a. fig.*), b) *colloq.* (*die*) nötigen Zutaten *pl.* **8.** *pl* Pro'fit *m*, Verdienst *m.* **9.** *pl Bergbau*: Kohlengrus *m.* **'~-up day** *s econ. Br.* Re'porttag *m.* **'~-up price** *s econ. Br.* Liquidati'onspreis *m*, -kurs *m.*

mal- [mæl] *Wortelement mit der Bedeutung* schlecht.

ma·lac·ca (cane) [mə'lækə] *s* Ma'lakka(spa,zier)stöckchen *n.*

Mal·a·chi ['mælәkaɪ], **,Mal·a'chi·as** [-əs] *npr u. s Bibl.* (das Buch) Male'achi *m od.* Mala'chias *m.*

mal·a·chite ['mæləkaɪt] *s min.* Mala'chit *m*, Kupferspat *m.*

mal·a·co·derm ['mæləkəʊdɜːm; *Am.* -,dɜrm] *s zo.* Weichhäuter *m.*

mal·a·col·o·gy [,mælə'kɒlədʒɪ; *Am.* -'kɑ-] *s* Malakolo'gie *f*, Weichtierkunde *f.*

mal·a·cop·ter·yg·i·an ['mælə,kɒptə'rɪdʒɪən; *Am.* -,kɑ-] *zo.* **I** *s* Weichflosser *m.* **II** *adj* weichflossig, Weichflosser...

mal·a·cos·tra·can [,mælə'kɒstrəkən; *Am.* -'kɑ-] *zo.* **I** *s* Schalenkrebs *m.* **II** *adj* Schalenkrebs...

'mal,ad·ap'ta·tion *s* schlechte Anpassung.

,mal·ad'dress *s* **1.** ungeschicktes Benehmen. **2.** Taktlosigkeit *f.*

,mal·ad'just·ed *adj* **1.** schlecht angepaßt *od.* angeglichen, unausgeglichen. **2.** *psych.* nicht angepaßt, 'dissozi,al, mi'lieugestört. **,mal·ad'just·ment** *s* **1.** schlechte Anpassung *od.* Angleichung. **2.** *tech.* falsche Einstellung. **3.** *fig.* a) 'Mißverhältnis *n*, b) gestörtes (*wirtschaftliches etc*) Gleichgewicht. **4.** *psych.* mangelnde Anpassung(sfähigkeit), Mi'lieustörung *f.*

'mal·ad,min·is'tra·tion *s* **1.** schlechte Verwaltung. **2.** *pol.* 'Mißwirtschaft *f.*

mal·a·droit [,mælə'drɔɪt] *adj* (*adv* **~ly**) **1.** ungeschickt. **2.** taktlos. **,mal·a'droit·ness** *s* **1.** Ungeschick *n*, Ungeschicklichkeit *f.* **2.** Taktlosigkeit *f.*

mal·a·dy ['mælədɪ] *s* **1.** Krankheit *f*, Gebrechen *n.* **2.** *fig.* Übel *n*: **a social ~.**

ma·la fi·de [,meɪlə'faɪdɪ; *bes. Am.* ,mæ-] (*Lat.*) *adj u. adv* **1.** *jur.* a) arglistig, b) bösgläubig. **2.** falsch, unredlich. **,ma·la 'fi·des** [-diːz] (*Lat.*) *s* **1.** *jur.* a) Arglist *f*, b) böser Glauben. **2.** Unredlichkeit *f.*

Mal·a·gas·y [,mælə'gæsɪ] **I** *s* a) Mada'gasse *m*, Mada'gassin *f*, b) Mada'gassen *pl.* **II** *adj* mada'gassisch.

ma·laise [mæ'leɪz] *s* **1.** Unpäßlichkeit *f*, Unwohlsein *n* (*a. der Frau*), Kränklichkeit *f.* **2.** *fig.* Unbehagen *n.*

ma·la·mute ['mæləmjuːt] *s* Eskimohund *m.*

mal·an·ders ['mæləndə(r)z] *s pl* (*meist als sg konstruiert*) *vet.* Mauke *f* (*Pferdekrankheit*).

mal·a·pert ['mæləpɜːt; *Am.* ,mælə'pɜrt] *adj u. s obs.* unverschämt(e Per'son).

mal·a·prop ['mæləprɒp; *Am.* -,prɑp], **'mal·a·prop·ism** *s* (lächerliche) Wortverwechslung, 'Mißgriff *m.*

mal·ap·ro·pos [,mæl'æprəpəʊ; -æprə'pəʊ] **I** *adj* **1.** unangebracht, unpassend. **2.** unschicklich. **II** *adv* **3.** a) zur unrechten Zeit, b) im falschen Augenblick. **III** *s* **4.** (*etwas*) Unangebrachtes *etc.*

ma·lar ['meɪlə(r)] *anat.* **I** *adj* ma'lar, Backen...: **~ bone** → II. **II** *s* Backenknochen *m.*

ma·lar·i·a [mə'leərɪə] *s med.* Ma'laria *f*, Sumpffieber *n.* **ma'lar·i·al, ma'lar·i·an, ma'lar·i·ous** *adj* Malaria...

ma·lar·k(e)y [mə'lɑː(r)kɪ] *s colloq.* ‚Käse' *m*, ‚Quatsch' *m.*

mal·ate ['mæleɪt; 'meɪ-] *s chem.* Ma'lat *n*, Salz *n od.* Ester *m* der Apfelsäure.

Ma·lay [mə'leɪ; *Am. a.* 'meɪleɪ] **I** *s* **1.** Ma'laie *m*, Ma'laiin *f.* **2.** Eingeborene(r *m*) *f* von Ma'lakka. **3.** *ling.* Ma'laiisch *n*, das Ma'laiische. **II** *adj* **4.** ma'laiisch.

Mal·a·ya·lam [,mælɪ'ɑːləm; *Am.* -'jɑː-] *s* Malaya'lam *n* (*malabarische Sprache*).

Ma·lay·an [mə'leɪən; *Am. a.* 'meɪ,l-] → Malay II.

Ma·lay·si·an [mə'leɪzɪən; *Am.* -ʒən; -ʃən] **I** *s* Ma'laysier(in). **II** *adj* ma'laysisch.

,mal·con'tent I *adj* unzufrieden (*a. pol.*). **II** *s* Unzufriedene(r *m*) *f* (*a. pol.*).

male [meɪl] **I** *adj* **1.** *biol.* männlich (*a. tech.*): **~ cat** Kater *m*; **~ child** Knabe *m*; **~ cousin** Vetter *m*; **~ fern** *bot.* Wurmfarn *m*; **~ nurse** Krankenpfleger *m*; **~ plug** *electr.* Stecker *m*; **~ prostitute** Strichjunge *m*; **~ screw** *tech.* Schraubenbolzen *m*, -spindel *f*; **without ~ issue** ohne männliche(n) Nachkommen. **2.** *weitS.* a) männlich, mannhaft, b) kräftig (*in der Farbe etc*), c) Männer...: **~ voice**; **~ choir** Männerchor *m.* **II** *s* **3.** a) Mann *m*, b) Knabe *m.* **4.** *zo.* Männchen *n.* **5.** *bot.* männliche Pflanze.

ma·le·ate ['mælɪeɪt; *Am.* 'meɪ-; *a.* -lɪət] *s chem.* Male'at *n.*

mal·e·dic·tion [,mælɪ'dɪkʃn] *s* **1.** Fluch *m*, Verwünschung *f.* **2.** Fluchen *n.* **,mal·e'dic·to·ry** [-tərɪ] *adj* verwünschend, Verwünschungs..., Fluch...

mal·e·fac·tion [,mælɪ'fækʃn] *s* Missetat *f.* **'mal·e·fac·tor** [-tə(r)] *s* Misse-, Übeltäter *m.* **'mal·e·fac·tress** [-trɪs] *s* Misse-, Übeltäterin *f.*

ma·lef·ic [mə'lefɪk] *adj* (*adv* **~ally**) **1.** ruchlos, bösartig. **2.** unheilvoll. **ma'lef·i·cent** [-snt] *adj* **1.** bösartig. **2.** schädlich (**to** für *od. dat*). **3.** verbrecherisch.

ma·le·ic ac·id [mə'leɪɪk; *Am. a.* -'liːɪk] *s chem.* Male'insäure *f.*

ma·le·mute → **malamute.**

ma·lev·o·lence [mə'levələns] *s* 'Mißgunst *f*, Bosheit *f*, Feindseligkeit *f* (**to** gegen), Böswilligkeit *f.* **ma'lev·o·lent**

adj (*adv* ~**ly**) **1.** ˈmißgünstig, widrig (*Umstände etc*). **2.** (**to**) feindselig (gegen), feindlich gesinnt (*dat*), übelwollend (*dat*), böswillig.
mal·fea·sance [mælˈfiːzns] *s jur.* strafbare Handlung, (*bes.* Amts)Vergehen *n.* **malˈfea·sant I** *adj* gesetzwidrig, strafbar. **II** *s* Missetäter(in), *bes.* j-d, der sich e-s Amtsvergehens schuldig macht.
ˌmal·forˈma·tion *s bes. med.* ˈMißbildung *f.* **ˌmalˈformed** *adj* ˈmißgebildet.
ˌmalˈfunc·tion I *s* **1.** *med.* Funktiˈonsstörung *f.* **2.** *tech.* a) schlechtes Funktioˈnieren *od.* Arbeiten, b) Versagen *n.* **II** *v/i* **3.** *tech.* a) schlecht funktioˈnieren *od.* arbeiten, b) versagen.
mal·ic [ˈmælɪk; ˈmeɪ-] *adj chem.* Apfel...: ~ **acid**.
mal·ice [ˈmælɪs] *s* **1.** Böswilligkeit *f*, Gehässigkeit *f*, Bosheit *f*: **out of pure** ~ aus reiner Bosheit. **2.** Groll *m*: **to bear** ~ **to s.o., to bear s.o.** ~ j-m grollen, Rachegefühle gegen j-n hegen *od.* nähren. **3.** Arglist *f*, (Heim)Tücke *f*: **the** ~ **of fate** die Tücke des Geschicks. **4.** (schelmische) Bosheit, Schalkhaftigkeit *f*: **with** ~ boshaft, maliziös. **5.** *jur.* böse Absicht, Vorsatz *m*: **with** ~ (**aforethought** *od.* **prepense**) vorsätzlich.
ma·li·cious [məˈlɪʃəs] *adj* (*adv* ~**ly**) **1.** böswillig, feindselig. **2.** arglistig, (heim-)tückisch. **3.** gehässig. **4.** maliziˈös: a) hämisch, schadenfroh, b) schalkhaft, boshaft. **5.** *jur.* böswillig, vorsätzlich: ~ **abandonment** böswilliges Verlassen; ~ **mischief** *Am. u. Scot.* (böswillige) Sachbeschädigung; ~ **prosecution** böswillige Strafverfolgung. **maˈli·cious·ness** → **malice** 1-3.
ma·lign [məˈlaɪn] **I** *adj* **1.** verderblich, schädlich. **2.** unheilvoll. **3.** → **malignant** 1-4. **II** *v/t* **4.** verlästern, -leumden, beschimpfen. **ma·lig·nan·cy** [məˈlɪgnənsɪ] *s* **1.** Bösartigkeit *f* (*a. med.*), Böswilligkeit *f*, Feindseligkeit *f.* **2.** Bosheit *f*, Arglist *f.* **3.** hämisches Wesen. **4.** Schädlichkeit *f*, Verderblichkeit *f.* **maˈlig·nant I** *adj* (*adv* ~**ly**) **1.** bösartig (*a. med.*), böswillig, feindselig. **2.** boshaft, arglistig, (heim)tückisch. **3.** hämisch, schadenfroh. **4.** gehässig. **5.** → **malign** 1, 2. **6.** *pol.* unzufrieden, reˈbellisch. **II** *s* **7.** *Br. hist.* Königstreue(r *m*) *f*, Royaˈlist(in) (*bes. Anhänger von Charles I*). **8.** *pol.* Unzufriedene(r *m*) *f.* **ma·lign·er** [məˈlaɪnə(r)] *s* Verleumder(in). **ma·lig·ni·ty** [məˈlɪgnətɪ] *s* **1.** → **malignancy** 1, 2, 3. **2.** tiefer Haß. **3.** *pl* a) Haßgefühle *pl*, b) Gemeinheiten *pl*, böswillige Handlungen *pl*, c) unheilvolle Ereignisse *pl.*
ma·lines [məˈliːn; *bes. Am.* mə-; malin] *pl* **-lines** [-ˈliːn; -nz; malin] (*Fr.*) *s* **1.** (*früher* handgewebtes) tüllartiges Maschenwerk. **2.** Mechelner Spitzen *pl.*
ma·lin·ger [məˈlɪŋgə(r)] *v/i* sich krank stellen, simuˈlieren, ‚sich drücken'. **maˈlin·ger·er** *s* Simuˈlant *m*, Drückeberger *m.*
ma·lism [ˈmeɪlɪzəm] *s Lehre, daß die Welt als Ganzes schlecht ist.*
mal·i·son [ˈmælɪzn; -ɪsn] *s obs.* Verwünschung *f*, Fluch *m.*
mal·kin [ˈmɔːkɪn; ˈmɔːl-; *Am. a.* ˈmæl-] *s* **1.** *obs.* Schlampe *f*, Hure *f.* **2.** Vogelscheuche *f.*
mall[1] [mɔːl; mæl] *s* **1.** schattiger Promeˈnadenweg. **2.** *hist.* a) Mail(spiel) *n*, b) Mailschlegel *m*, c) Mailplatz *m.* **3.** *Am.* Einkaufszentrum *n.*
mall[2] [mɔːl; mɑːl] *s orn.* Sturmmöwe *f.*
mall[3] → **maul**.
mal·lard [ˈmælɑːd; *Am.* -ərd] *pl* **-lards,** *bes. collect.* **-lard** *s* **1.** *orn.* a) Wild-, Stockente *f*, b) wilder Enterich. **2.** Wildente(nfleisch *n*) *f.*
mal·le·a·bil·i·ty [ˌmælɪəˈbɪlətɪ] *s* **1.** *tech.* a) (Kalt)Hämmerbarkeit *f*, b) Dehn-, Streckbarkeit *f*, c) Verformbarkeit *f.* **2.** *fig.* Geschmeidigkeit *f*, Formbarkeit *f.*
mal·le·a·ble [ˈmælɪəbl] *adj* **1.** *tech.* a) (kalt)hämmerbar, b) dehn-, streckbar, c) verformbar. **2.** *fig.* formbar, gefügig, geschmeidig. ~ **cast i·ron** *s tech.* **1.** Tempereisen *n.* **2.** Temperguß *m.* ~ **i·ron** *s tech.* **1.** a) Schmiede-, Schweißeisen *n*, b) schmiedbarer Guß. **2.** *Am.* → **malleable cast iron**.
mal·le·a·ble·ize [ˈmælɪəblaɪz] *v/t tech.* tempern, glühfrischen.
mal·le·i [ˈmælɪaɪ] *pl von* **malleus**.
mal·le·i·form [məˈliːɪfɔː(r)m; mæ-] *adj zo.* hammerförmig.
mal·le·muck [ˈmælɪmʌk] *s orn.* a) Sturmvogel *m*, b) Eismöwe *f*, c) Fulmar *m.*
mal·le·o·lar [məˈliːələ(r)] *adj anat.* malleoˈlar, Knöchel... **malˈle·o·lus** [-ləs] *pl* **-li** [-laɪ] *s anat.* Malˈleolus *m*, Knöchel *m* (*am Ende des Schien- u. Wadenbeins*).
mal·let [ˈmælɪt] *s* **1.** Holzhammer *m*, Schlegel *m.* **2.** *Bergbau*: (Hand)Fäustel *m*, Schlägel *m.* **3.** *sport* a) (Krocket)Schläger *m*, b) (Polo)Schläger *m.*
mal·le·us [ˈmælɪəs] *pl* **-le·i** [-lɪaɪ] *s anat.* Hammer *m* (*Gehörknöchelchen*).
mal·low [ˈmæləʊ] *s bot.* **1.** Malve *f.* **2.** Malvengewächs *n.*
malm [mɑːm; *Am. a.* mɑːlm] *s geol.* Malm *m*, (*kalkhaltiger*) weicher Lehm.
malm·sey [ˈmɑːmzɪ; *Am. a.* ˈmɑːlm-] *s* Malvaˈsier(wein) *m* (*Süßweinsorte*).
ˌmal·nuˈtri·tion *s* **1.** ˈUntererˌnährung *f.* **2.** Fehlernährung *f.*
ˌmal·ocˈclu·sion *s med.* Geˈbißanomaˌlie *f.*
ˌmalˈo·dor·ous *adj* übelriechend.
Mal·pigh·i·an [mælˈpɪgɪən] *adj bot. med. zo.* malˈpighisch (*nach dem italienischen Anatomen Malpighi*): ~ **body**, ~ **corpuscle** *med.* Malpighisches Körperchen.
ˌmal·poˈsi·tion *s med.* ˈStellungs-, ˈLageanomaˌlie *f.*
ˌmalˈprac·tice *s* **1.** Übeltat *f*, Vergehen *n.* **2.** *jur.* a) Vernachlässigung *f* der beruflichen Sorgfalt, b) Kunstfehler *m*, falsche (ärztliche) Behandlung, c) Fahrlässigkeit *f* (*des Arztes*), d) Amtsvergehen *n*, e) Untreue *f* (*im Amt etc*).
ˈmalˌpres·enˈta·tion *s med.* anoˈmale Kindslage.
malt [mɔːlt] **I** *s* **1.** Malz *n*: **green** ~ Grünmalz. **2.** *colloq.* (Malz)Bier *n.* **II** *v/t* **3.** mälzen, malzen: ~**ed milk** Malzmilch *f.* **4.** unter Zusatz von Malz ˈherstellen. **III** *v/i* **5.** zu Malz werden. **6.** malzen. **IV** *adj* **7.** Malz...: ~ **extract**; ~ **liquor** gegorener Malztrank, *bes.* (Malz)Bier *n*; ~ **whisky** Malt-Whisky *m*, Malzwhisky *m.*
malt·ase [ˈmɔːlteɪs] *s biol. chem.* Malˈtase *f*, Diaˈstase *f* (*Ferment*).
Mal·tese [mɔːlˈtiːz; *Am. a.* -ˈtiːs] **I** *s* **1.** a) Malˈteser(in), b) *pl* Malˈteser *pl.* **2.** *ling.* Malˈtesisch *n.* **II** *adj* **3.** malˈtesisch, Malteser... ~ **cross** *s* **1.** Malˈteserkreuz *n.* **2.** *tech.* Malˈteserkreuz(getriebe) *n.*
mal·tha [ˈmælθə] *s* **1.** *min.* Berg-, Erdteer *m.* **2.** (*verschiedene Arten von*) Mörtel *m od.* Zeˈment *m.*
ˈmalt·house *s* Mälzeˈrei *f.*
Mal·thu·sian [mælˈθjuːzjən; -ˈθuː-; *Am.* -ʒən] **I** *s* Malthusiˈaner(in). **II** *adj* malˈthusisch, Malthus... **Malˈthu·si·an·ism** *s* Malthusiaˈnismus *m.*
malt·ine [ˈmɔːltiːn] *s chem. Br.* Malˈtin *n*, ˈMalzdiaˌstase *f.*
malt·ing [ˈmɔːltɪŋ] *s* Mälzeˈrei *f.*
malt·ose [ˈmɔːltəʊz; *Am. a.* -əʊs] *s chem.* Malˈtose *f*, Malzzucker *m.*
ˌmalˈtreat *v/t* **1.** schlecht behandeln, malträˈtieren, grob ˈumgehen mit. **2.** mißˈhandeln. **ˌmalˈtreat·ment** *s* **1.** schlechte Behandlung. **2.** Mißˈhandlung *f.*
malt·ster [ˈmɔːltstə(r)] *s* Mälzer *m.*
malt sug·ar → **maltose**.
malt·y [ˈmɔːltɪ] *adj* malzig, malzhaltig, Malz...
mal·va·ceous [mælˈveɪʃəs] *adj bot.* zu den Malvengewächsen gehörig.
mal·ver·sa·tion [ˌmælvɜːˈseɪʃn; *Am.* -vər-] *s jur.* **1.** Veruntreuung *f*, ˈUnterschleif *m.* **2.** ˈAmtsˌmißbrauch *m*, -vergehen *n.*
mal·voi·sie [ˈmælvɔɪzɪ; *Am.* ˌmælvwəˈziː] → **malmsey**.
mam·ba [ˈmæmbə; *Am. a.* ˈmɑːmbə] *s zo.* Mamba *f* (*Giftnatter*).
mam·e·lon [ˈmæmələn] *s* Hügel *m.*
Mam·e·luke [ˈmæmɪluːk] *s hist.* **1.** Mameˈluck *m.* **2.** m~ Sklave *m.*
ma·mil·la [mæˈmɪlə] *pl* **-lae** [-liː] *s* **1.** *anat.* Brustwarze *f.* **2.** *zo.* Zitze *f.* **3.** (brust)warzenförmiges Gebilde. **mam·il·lar·y** [ˈmæmɪlərɪ; *Am.* -ˌleriː] *adj* **1.** *anat.* Brustwarzen... **2.** (brust)warzenförmig. **ˈmam·il·late** [-leɪt], **ˈmam·il·lat·ed** *adj* **1.** mit Brustwarzen besetzt. **2.** → **mamillary** 2. **ma·mil·li·form** [məˈmɪlɪfɔː(r)m] → **mamillary** 2.
mam·ma[1] [məˈmɑː; *Am. a.* ˈmɑːmə] *s* Maˈma *f*, Mutti *f.*
mam·ma[2] [ˈmæmə] *pl* **-mae** [-miː; *Am. a.* -maɪ] *s* **1.** *anat.* (weibliche) Brust, Brustdrüse *f.* **2.** *zo.* Zitze *f*, Euter *n.*
mam·mal [ˈmæml] *s zo.* Säugetier *n.*
Mam·ma·li·a [mæˈmeɪljə; -ɪə; mə-] *s pl zo.* Mamˈmalia *pl*, Säugetiere *pl.* **mamˈma·li·an** *zo.* **I** *s* Säugetier *n.* **II** *adj* Säugetier..., zu den Säugetieren gehörig.
mam·ma·lif·er·ous [ˌmæməˈlɪfərəs] *adj geol.* (*fossile*) Säugetierreste enthaltend. **ˌmam·maˈlog·i·cal** *adj* mammaˈlogisch. **mam·mal·o·gy** [mæˈmælədʒɪ; mə-] *s* Mammaloˈgie *f*, Säugetierkunde *f.*
mam·ma·ry [ˈmæmərɪ] *adj* **1.** *anat.* Brust(warzen)..., Milch...: ~ **gland** Brust-, Milchdrüse *f.* **2.** *zo.* Euter...
mam·mi·fer [ˈmæmɪfə(r)] *s zo. selten* Säugetier *n.* **mam·mif·er·ous** [mæˈmɪfərəs] *adj* säugend, mit Brustwarzen (versehen). **ˈmam·mi·form** [-fɔː(r)m] *adj* **1.** brust(warzen)förmig. **2.** zitzen-, euterförmig.
mam·mil·la, *etc bes. Am. für* **mamilla**, *etc.*
mam·mock [ˈmæmək] *bes. dial.* **I** *s* Bruchstück *n*, Brocken *m.* **II** *v/t* (in Stücke) (zer)brechen.
mam·mo·gram [ˈmæməgræm] *s med.* Mammoˈgramm *n* (*Röntgenaufnahme der weiblichen Brust*). **ˈmam·mo·graph** [-grɑːf; *bes. Am.* -græf] → **mammogram**. **mam·mog·ra·phy** [mæˈmɒgrəfɪ; *Am.* -ˈmɑ-] Mammograˈphie *f* (*röntgenologische Untersuchung der weiblichen Brust*).
mam·mon [ˈmæmən] *s* Mammon *m*: a) Reichtum *m*, Geld *n*: **the** ~ **of unrighteousness** *Bibl.* der ungerechte Mammon, b) M~ *Dämon des Geldes od. der Besitzgier*: **to serve** (*od.* **worship**) M~ dem Mammon dienen. **ˈmam·mon·ish** *adj* dem Mammon ergeben. **ˈmam·mon·ism** *s* Mammoˈnismus *m*, Geldgier *f.* **ˈmam·mon·ist, ˈmam·mon·ite** *s* Mammonsdiener *m.*
mam·mop·las·ty [mæˈmɒplæstɪ; *Am.* -ˈmɑ-] *s med.* Mammoˈplastik *f.*
mam·moth [ˈmæməθ] **I** *s zo.* Mammut *n.* **II** *adj* Mammut..., riesig, Riesen..., ungeheuer: ~ **enterprise** Mammutunternehmen *n*; ~ **tree** *bot.* Mammutbaum *m.*
mam·my [ˈmæmɪ] *s* **1.** *colloq.* Mami *f*, Mutti *f.* **2.** *contp. Am.* farbiges Kindermädchen.

man [mæn] **I** *pl* **men** [men] *s* **1.** Mensch *m.* **2.** *oft* **M~** (*meist ohne* **the**) *collect.* der Mensch, die Menschen *pl*, die Menschheit: **the rights of ~** die Menschenrechte. **3.** Mann *m*: **~ about town** Lebemann; **the ~ in** (*Am. a.* **on**) **the street** der Mann auf der Straße, der Durchschnittsbürger, der ˈgewöhnliche Sterbliche; **~ of all work** a) Faktotum *n*, b) Allerweltskerl *m*; **~ of God** Diener *m* Gottes; **~ of straw** *fig.* Strohmann; **~ of the world** Mann von Welt; **M~ of Sorrows** *relig.* Schmerzensmann (*Christus*); **he is a ~ of few words** er macht nicht viele Worte; **he is an Oxford ~** er hat in Oxford studiert; **I have known him ~ and boy** ich kenne ihn schon von Jugend auf; **to be one's own ~** sein eigener Herr sein; **the ~ Smith** (besagter *od.* dieser) Smith; **a ~ and a brother** *Br. colloq.* ein patenter Kerl; **my good ~!** *iro.* mein lieber Herr!; → **honor** 9, **inner man**, **letter** 5. **4.** *weitS.* a) Mann *m*, Perˈson *f*, b) jemand, c) man: **as a ~** als Mensch (*schlechthin*); **any ~** a) irgend jemand, b) jedermann; **every ~** jeder(mann); **few men** nur wenige (Menschen); **no ~** niemand; **50 p per ~** 50 Pence pro Person *od.* Mann; **what can a ~ do in such a case?** was kann man da schon machen?; **to give a ~ a chance** einem e-e Chance geben; **the M~** *Am. sl.* a) der Weiße, b) das (*bes.* weiße) Establishment, c) die ‚Bullen' *pl*, die Polizei. **5.** Mann *m*: **as one ~** wie ˈein Mann, geschlossen; **~ by ~** Mann für Mann; **to a ~** bis auf den letzten Mann. **6.** (Ehe)Mann *m*: **~ and wife** Mann u. Frau. **7.** (*der*) (richtige) Mann, (*der*) Richtige: **if you want a guide, he is your ~**; **I am your ~!** ich bin Ihr Mann!; **he is not the ~ to do it** er ist nicht der richtige Mann dafür. **8.** (wahrer, echter *od.* ‚richtiger') Mann: **be a ~!** sei ein Mann!, reiß dich zusammen! **9.** *collect.* die Männer *pl*, der Mann. **10.** a) Diener *m*, b) Angestellte(r) *m*, c) Arbeiter *m*: **the men are on strike.** **11.** *mil.* Mann *m* (*a. pl*): a) Solˈdat *m*, b) Maˈtrose *m*, c) *pl* Mannschaft *f*: **~ on leave** Urlauber *m*; **20 men** zwanzig Mann. **12.** (*als interj*) *a.* **~ alive!** Mensch!, Menschenskind!, Mann!: **hurry up, ~!** Mensch, beeil dich! **13.** *hist.* Lehnsmann *m*, ˈUntertan *m.* **14.** *Brettspiele*: Stein *m*, (ˈSchach)Fiˌgur *f.*

II *v/t* **15.** *mar. mil.* a) bemannen: **to ~ a ship**; **~ned space flight**, b) besetzen: **to ~ a fort.** **16.** *e-n Arbeitsplatz etc* besetzen, einnehmen, arbeiten *od.* beschäftigt sein an (*dat*). **17.** *fig. j-n* stärken: **to ~ o.s.** sich ermannen *od.* aufraffen.

III *adj* **18.** männlich: **~ cook** Koch *m.*

ma·na [ˈmɑːnə] *s* Mana *n*: a) *magische Elementarkraft*, b) *übernatürliche Macht* (*-stellung*), *Geltung.*

man·a·cle [ˈmænəkl] **I** *s meist pl* **1.** Handfessel *f*, -schelle *f*, Fessel *f* (*a. fig.*). **II** *v/t* **2.** *j-m* Handfesseln *od.* -schellen anlegen. **3.** *fig. j-n* (be)hindern.

man·age [ˈmænɪdʒ] **I** *v/t* **1.** *e-e Sache* führen, verwalten: **to ~ one's own affairs** s-e eigenen Angelegenheiten erledigen. **2.** *e-n Betrieb etc* leiten, führen, vorstehen (*dat*): **to ~ a business.** **3.** *ein Gut etc* bewirtschaften: **to ~ an estate.** **4.** *e-n Künstler, Sportler etc* managen. **5.** *etwas* zuˈstande bringen, bewerkstelligen. **6.** es fertigbringen: **he ~d to see the general himself** es gelang ihm, den General selbst zu sprechen. **7.** ‚deichseln', ‚einfädeln', ‚managen': **to ~ matters** die Sache deichseln. **8.** *colloq. e-e Arbeit, a. Essen etc* bewältigen, ‚schaffen'. **9.** ˈumgehen (können) mit: a) *ein Werkzeug etc* handhaben, *e-e Maschine etc* bedienen, b) mit *j-m* ˈumzugehen *od. j-n* zu behandeln *od.* zu ‚nehmen' wissen, c) mit *j-m* fertig werden, *j-n* bändigen: **I can ~ him** ich werde schon mit ihm fertig, d) *j-n* herˈumkriegen. **10.** *ein Fahrzeug etc* lenken (*a. fig.*). **11.** *ein Pferd* dresˈsieren, zureiten. **12.** *Land* bearbeiten. **13.** *colloq.* (*durch Schwierigkeiten*) (hin)ˈdurchbringen, -laˌvieren. **14.** *obs.* haushalten mit.

II *v/i* **15.** wirtschaften. **16.** das Geschäft *od.* den Betrieb *etc* führen. **17.** auskommen, sich behelfen (**with** mit; **without** ohne). **18.** *colloq.* a) ‚es schaffen', ˈdurchkommen, zuˈrechtkommen, zu Rande kommen, b) (es) einrichten *od.* ermöglichen: **can you come this evening? I'm afraid, I can't ~ (it)** können Sie heute abend kommen? Es geht leider nicht *od.* es ist mir leider nicht möglich.

III *s obs.* **19.** Reitschule *f*, Maˈnege *f.* **20.** a) Dresˈsur *f* (*von Pferden*), b) Dresˈsurübungen *pl.*

man·age·a·ble [ˈmænɪdʒəbl] *adj* (*adv* **manageably**) **1.** lenksam, fügsam. **2.** gelehrig. **3.** dresˈsierbar. **4.** handlich, leicht zu handhaben(d). **ˈman·age·a·ble·ness** *s* **1.** Lenk-, Fügsamkeit *f.* **2.** Gelehrigkeit *f.* **3.** Handlichkeit *f.*

man·aged| cur·ren·cy [ˈmænɪdʒd] *s econ.* manipuˈlierte *od.* (staatlich) gelenkte Währung. **~ e·con·o·my** *s econ.* Planwirtschaft *f.*

man·age·ment [ˈmænɪdʒmənt] *s* **1.** (Haus- *etc*)Verwaltung *f.* **2.** *econ.* Management *n*, Unterˈnehmensführung *f*: **junior (middle, top) ~** untere (mittlere, obere) Führungskräfte *pl*; **~ consultant** Betriebs-, Unternehmensberater *m*; **~ engineering** *Am.* Betriebstechnik *f*; **~ studies** Betriebswirtschaft *f*; **~ science** Wissenschaft *f* von der Unternehmensführung. **3.** *econ.* Geschäftsleitung *f*, Direktiˈon *f*: **under new ~** unter neuer Leitung, (*Geschäft etc*) neu eröffnet; **labo(u)r and ~** Arbeitnehmer *pl* u. Arbeitgeber *pl*; **~ shares** *bes. Br.* Gründeraktien, -anteile; **~ and union** Sozialpartner *pl.* **4.** *agr.* Bewirtschaftung *f*: **~ of an estate.** **5.** Erledigung *f*, Besorgung *f*: **~ of affairs.** **6.** Geschicklichkeit *f*, (kluge) Taktik *f*, Manipulatiˈon *f.* **7.** Kunstgriff *m*, Trick *m.* **8.** Handhabung *f*, Behandlung *f.* **9.** *med.* Behandlung *f* (u. Pflege *f*).

man·ag·er [ˈmænɪdʒə(r)] *s* **1.** (Haus- *etc*)Verwalter *m.* **2.** *econ.* a) Manager *m*, b) Führungskraft *f*, c) Geschäftsführer *m*, Leiter *m*, Diˈrektor *m*: **~ of a branch office** Filialleiter *m*; **hotel ~** Hoteldirektor *m.* **3.** *thea.* a) Intenˈdant *m*, b) Regisˈseur *m*, c) Manager *m*, Impreˈsario *m.* **4.** Manager *m* (*e-s Schauspielers etc*). **5.** *agr.* Bewirtschafter *m*, (Guts)Verwalter *m.* **6. to be a good ~** gut *od.* sparsam wirtschaften können. **7.** *Fußball*: *Br.* Cheftrainer *m* u. Manager *m.* **8.** *parl. Br. Mitglied e-s Ausschusses für Angelegenheiten beider Häuser.* **man·ag·er·ess** [ˌmænɪdʒəˈres; *bes. Am.* ˈmænɪdʒəres] *s* **1.** (Haus- *etc*)Verwalterin *f.* **2.** *econ.* a) Managerin *f*, b) Geschäftsführerin *f*, Leiterin *f*, Direkˈtorin *f.* **3.** Managerin *f* (*e-s Schauspielers etc*).

man·a·ger·i·al [ˌmænəˈdʒɪərɪəl] *adj econ.* geschäftsführend, leitend, Direktions...: **~ function** leitende Funktion; **in a ~ capacity** in leitender Stellung; **~ policy** Unternehmenspolitik *f*; **~ position** leitende Stellung; **~ qualities** Führungseigenschaften; **~ staff** leitende Angestellte *pl.* **ˌman·aˈger·i·al·ism** *s* Managertum *n.*

man·ag·ing [ˈmænɪdʒɪŋ] *adj* **1.** *bes. econ.* Betriebs... **2.** *econ.* geschäftsführend, leitend. **~ board** *s econ.* Direkˈtorium *n*, geschäftsführender Vorstand, Verwaltungsrat *m.* **~ clerk** *s econ.* **1.** Geschäftsführer *m.* **2.** Büˈrovorsteher *m.* **~ com·mit·tee** *s econ.* **1.** Verwaltungsausschuß *m.* **2.** Vorstand *m.* **~ di·rec·tor** *s econ.* Geneˈraldiˌrektor *m*, leitender Diˈrektor, Hauptgeschäftsführer *m.* **~ ed·i·tor** *s* Chef *m* vom Dienst (*Zeitung*). **~ part·ner** *s econ.* geschäftsführender Gesellschafter *od.* Teilhaber.

ˌman-at-ˈarms *pl* **ˌmen-at-ˈarms** *s hist.* **1.** Solˈdat *m*, Krieger *m.* **2.** schwerbewaffneter Reiter.

man·a·tee [ˌmænəˈtiː; *Am.* ˈmænəˌtiː] *s zo.* Lamanˈtin *m*, Rundschwanz-Seekuh *f.*

man·bot(e) [ˈmænbəʊt] *s jur. hist.* Wer-, Manngeld *n.*

Man·ches·ter| goods [ˈmæntʃɪstə(r); *bes. Am.* -tʃes-] *s pl* Baumwollwaren *pl.* **~ school** *s* Manchestertum *n* (*liberalistische volkswirtschaftliche Richtung*).

Man·chu [ˌmænˈtʃuː; ˈmæntʃuː] **I** *s* **1.** Mandschu *m* (*Eingeborener der Mandschurei*). **2.** *ling.* Mandschu *n.* **II** *adj* **3.** manˈdschurisch. **Manˈchu·ri·an** [-ˈtʃʊərɪən] → **Manchu** 1 *u.* 3.

man·ci·ple [ˈmænsɪpl] *s* Verwalter *m.*

Man·cu·ni·an [mæŋˈkjuːnjən] **I** *s* Einwohner(in) von Manchester. **II** *adj* Manchester...

-mancy [mænsɪ] *Wortelement mit der Bedeutung* Wahrsagung.

man·da·mus [mænˈdeɪməs] *s jur. hist.* (*heute* **order** [*Am.* **writ**] **of ~**) *Befehl m e-s höheren Gerichts an ein untergeordnetes.*

man·da·rin[1] [ˈmændərɪn] *s* **1.** *hist.* Mandaˈrin *m* (*chinesischer Titel*). **2.** *colloq.* ‚hohes Tier', hoher Beamter. **3.** *Br. sl.* rückständiger Parˈteiführer. **4.** *nickende chinesische Puppe.* **5.** **M~** *ling.* Mandaˈrin *n* (*Hochchinesisch*).

man·da·rin[2] [ˈmændərɪn] *s* **1.** *bot.* Mandaˈrine *f.* **2.** Mandaˈrinenliˌkör *m.* **3.** Mandaˈringelb *n.*

man·da·rin duck *s orn.* Mandaˈrinente *f.*

man·da·rine [ˈmændərɪn; *Br. a.* -riːn] → **mandarin**[2].

man·da·tar·y [ˈmændətərɪ; *Am.* -ˌteriː] *s* **1.** *jur.* Mandaˈtar *m*, (Proˈzeß)Bevollmächtigte(r) *m*, Sachwalter *m.* **2.** Mandaˈtarstaat *m.*

man·date [ˈmændeɪt] **I** *s* **1.** *jur.* Manˈdat *n*: a) (Vertretungs)Auftrag *m*, (Proˈzeß-)Vollmacht *f*, b) Geschäftsbesorgungsauftrag *m.* **2.** *jur. pol.* a) (ˈVölkerbunds-)Manˌdat *n* (*Schutzherrschaftsauftrag*), b) Manˈdat(sgebiet) *n.* **3.** *jur.* Anordnung *f*, Befehl *m* (*e-s übergeordneten Gerichts etc*). **4.** *parl.* Auftrag *m*, Manˈdat *n.* **5.** *R.C.* päpstlicher Entscheid. **6.** *poet.* Befehl *m*, Geheiß *n.* **II** *v/t* **7.** e-m Manˈdat unterˈstellen: **~d territory** Mandatsgebiet *n.* **ˈman·da·tor** [-tə(r)] *s jur.* Manˈdant *m*, Auftrag-, Vollmachtgeber *m.* **man·da·to·ry** [ˈmændətərɪ; *Am.* -ˌtəʊriː; -ˌtɔː-] **I** *adj* **1.** *jur.* vorschreibend, befehlend: **~ regulation** Mußvorschrift *f*; **to make s.th. ~ upon s.o.** j-m etwas vorschreiben *od.* zur Pflicht machen; **~ function** Weisungsfunktion *f*; **~ sign** *mot.* Gebotszeichen *n.* **2.** obligaˈtorisch, zwingend vorgeschrieben, verbindlich, zwangsweise: **~ retirement age** Zwangspensionierungsalter *n.* **3.** bevollmächtigend. **4.** *pol.* Mandatar...: **~ state.** **II** *s* → **mandatary.**

man·di·ble [ˈmændɪbl] *s* **1.** *anat.* a) Kinnbacken *m*, -lade *f*, b) ˈUnterkieferknochen *m.* **2.** *zo.* Manˈdibel *f*, ˈUnterkiefer *m.* **3.** *orn.* a) *pl* Schnabel *m*, b) (*der*) untere Teil des Schnabels, c) Vorderkiefer *m.*

man·do·la [ˈmændələ; *Am.* mænˈdəʊlə] *s mus. hist.* Manˈdola *f*, Manˈdora *f* (*e-e Laute*).

man·do·lin [ˈmændəlɪn], **man·do·line** [ˌmændəˈliːn] *s mus.* Mandoˈline *f.*
man·do·ra [ˈmændɔrə; *Am.* mænˈdəʊrə; -ˈdɔːrə] → **mandola.**
man·dor·la [mænˈdɔːlə; *Am.* ˈmɑːnˈdəʊrˌlɑː] *s paint.* Mandorla *f* (*mandelförmige Gloriole*).
man·drag·o·ra [mænˈdrægərə] → **mandrake** 1, 2.
man·drake [ˈmændreɪk] *s bot.* **1.** Alˈraunwurzel *f.* **2.** Alˈraun(e *f*) *m.* **3.** *Am.* Maiapfel *m.*
man·drel, man·dril [ˈmændrəl] *s tech.* **1.** Dorn *m,* Docke *f.* **2.** a) (Drehbank-)Spindel *f,* b) (*für Holz*) Docke(nspindel) *f,* c) Stößel *m* (*e-r Presse*).
man·drill [ˈmændrɪl] *s zo.* Manˈdrill *m.*
mane [meɪn] *s* Mähne *f* (*a. fig. e-s Menschen*).
ˈman-ˌeat·er *s* **1.** Menschenfresser *m.* **2.** menschenfressendes Tier (*Tiger, Hai etc*). **3.** *ichth.* Menschenhai *m.* **4.** *fig. colloq.* ‚männermordendes Wesen': **she's a ~** sie hat einen großen Männerverschleiß. **ˈman-ˌeat·ing** *adj* **1.** menschenfressend. **2.** *fig. colloq.* ‚männermordend'.
maned [meɪnd] *adj* gemähnt, mit e-r Mähne. **~ wolf** *s irr zo.* Mähnenwolf *m.*
ma·nège, *a.* ma·nege [mæˈneɪʒ; *Am.* -ˈneʒ] *s* **1.** Maˈnege *f*: a) Reitschule *f,* b) Reitbahn *f* (*bes. im Zirkus*). **2.** Dresˈsier-, Reitkunst *f.* **3.** Gang *m,* Schule *f.* **4.** Schul-, Zureiten *n.*
ma·nes [ˈmɑːneɪz; ˈmeɪniːz] *s pl relig.* Manen *pl.*
ma·neu·ver, *bes. Br.* **ma·nœu·vre** [məˈnuːvə(r)] **I** *s* **1.** *mar. mil.* Maˈnöver *n*: a) taktische (Truppen- *od.* Flotten)Bewegung: **pivoting ~,** **wheeling ~** Schwenkung *f,* b) *a. pl* Truppen- *od.* Flottenübung *f,* Gefechtsübung *f, aer.* ˈLuftmaˌnöver *n od. pl*: **to be on ~s** im Manöver sein; **room for ~** *bes. fig.* Handlungsspielraum *m.* **2.** (Hand)Griff *m,* Bewegung *f.* **3.** *fig.* Maˈnöver *n,* Schachzug *m,* List *f.* **4.** geschicktes Laˈvieren. **II** *v/i* **5.** *mar. mil.* manöˈvrieren. **6.** *fig.* manöˈvrieren, laˈvieren, geschickt zu Werke gehen. **III** *v/t* **7.** manöˈvrieren (*a. fig.*): **to ~ s.o. into s.th.** j-n in etwas hineinmanövrieren *od.* -lotsen. **maˌneu·ver·aˈbil·i·ty,** *bes. Br.* **maˌnœu·vraˈbil·i·ty** [-vrə-] *s* **1.** Manöˈvrierbarkeit *f.* **2.** *tech.* Lenkbarkeit *f.* **3.** *fig.* Wendigkeit *f,* Beweglichkeit *f.* **maˈneu·ver·a·ble,** *bes. Br.* **maˈnœu·vra·ble** *adj* **1.** *mil.* manöˈvrierbar, -fähig. **2.** *tech.* lenk-, steuerbar. **3.** *fig.* wendig, beweglich. **maˈneu·ver·er,** *bes. Br.* **maˈnœu·vrer** *s fig.* **1.** schlauer Taktiker, gerissener Kerl. **2.** Intriˈgant *m.*
ma·neu·vra·bil·i·ty, ma·neu·vra·ble → **maneuverability,** *etc.*
ˈman·ful *adj* (*adv* **~ly**) mannhaft, tapfer, beherzt. **ˈman·ful·ness** *s* Mannhaftigkeit *f,* Tapferkeit *f,* Beherztheit *f.*
man·ga·nate [ˈmæŋgəneɪt] *s chem.* manˈgansaures Salz, Mangaˈnat *n.*
man·ga·nese [ˈmæŋgəniːz] *s chem.* Manˈgan *n*: **~ dioxide** Braunstein *m,* Mangandioxyd *n*; **~ spar** *min.* Manganspat *m.*
man·gan·ic [mæŋˈgænɪk] *adj* manˈganhaltig, Mangan...: **~ acid** Mangansäure *f.*
man·ga·nite [ˈmæŋgənaɪt] *s* **1.** *min.* Graubraunstein *m.* **2.** *chem.* Mangaˈnit *m.*
man·ga·nous [ˈmæŋgənəs] *adj chem.* manˈganig, Mangan... (*mit 2wertigem Mangan*): **~ oxide** Manganoxydul *n.*
mange [meɪndʒ] *s vet.* Räude *f.*
man·gel(-wur·zel) [ˈmæŋgl(ˌwɜːzl; *Am.* -ˌwɜrzəl)] *s bot.* Mangold *m.*
man·ger [ˈmeɪndʒə(r)] *s* **1.** Krippe *f,* Futtertrog *m*: → **dog** *Bes. Redew.* **2. M~** *astr.* Krippe *f.*
man·gle¹ [ˈmæŋgl] *v/t* **1.** zerfleischen, -reißen, -fetzen, -stückeln. **2.** *fig.* a) *e-n Text* verstümmeln *od.* entstellen, b) verhunzen, kaˈputtmachen.
man·gle² [ˈmæŋgl] **I** *s* (Wäsche)Mangel *f.* **II** *v/t* mangeln.
man·gler [ˈmæŋglə(r)] *s* **1.** ˈHackmaˌschine *f,* Fleischwolf *m.* **2.** *fig.* Verstümmler *m.*
man·go [ˈmæŋgəʊ] *pl* **-goes** *s* **1.** Mangopflaume *f.* **2.** *bot.* Mangobaum *m*: **~ trick** indischer (Mango)Baumtrick. **3.** eingemachte Meˈlone.
man·gold(-wur·zel) [ˈmæŋgəld (-ˌwɜːzl; *Am.* -ˌwɜrzəl)] → **mangel (-wurzel).**
man·go·steen [ˈmæŋgəʊstiːn; *bes. Am.* -gə-] *s bot.* Mangoˈstane *f*: a) Mangoˈstanbaum *m,* b) Mangoˈstin *m* (*Frucht*).
man·grove [ˈmæŋgrəʊv] *s bot.* Manˈgrove(nbaum *m*) *f.*
man·gy [ˈmeɪndʒɪ] *adj* (*adv* **mangily**) **1.** *vet.* krätzig, räudig: **a ~ dog. 2.** *fig.* schmutzig, eklig. **3.** *fig.* schäbig, herˈuntergekommen: **a ~ hotel.**
ˈmanˌhan·dle *v/t* **1.** mißˈhandeln. **2.** mit Menschenkraft bewegen *od.* meistern, (mit den Händen) heben *od.* befördern.
Man·hat·tan| (cock·tail) [mænˈhætn] *s* Manˈhattan(cocktail) *m* (*aus Whisky, Wermut etc*). **~ Dis·trict** *s Deckname für das Projekt zur Herstellung von Atombomben in den USA während des 2. Weltkriegs.*
ˈman·hole *s* **1.** Kaˈnal-, Einsteigeschacht *m*: **~ cover** Schachtdeckel *m.* **2.** Mannloch *n* (*e-s Kessels etc*). **3.** *mar. mil.* (Einsteig)Luke *f.*
ˈman·hood *s* **1.** Menschsein *n,* Menschentum *n.* **2.** Mannesalter *n*: **to reach ~** ins Mannesalter kommen. **3.** männliche Naˈtur, Männlichkeit *f.* **4.** Mannhaftigkeit *f.* **5.** *collect.* die Männer *pl* (*e-s Landes*). **6.** *euphem.* Manneskraft *f.*
ˈman|-hour *s* Arbeitsstunde *f.* **ˈ~-hunt I** *s* Großfahndung *f.* **II** *v/i*: **to go ~ing** auf Männerfang gehen.
ma·ni·a [ˈmeɪnjə; -nɪə] *s* **1.** *med.* Maˈnie *f,* Wahn(sinn) *m,* Raseˈrei *f,* Besessensein *n,* Psyˈchose *f*: **religious ~** religiöser Wahn; → **persecution** 1. **2.** *fig.* (**for**) Besessenheit *f* (von), Sucht *f* (nach), Leidenschaft *f* (für), Maˈnie *f,* fixe Iˈdee, ‚Fimmel' *m*: **collector's ~** Sammelwut *f,* -leidenschaft; **doubting ~** Zweifelsucht; **sports ~** ‚Sportfimmel'; **~ for cleanliness** ‚Sauberkeitsfimmel'; **he has a ~ for old cars** er ist verrückt nach alten Autos.
ma·ni·ac¹ [ˈmeɪnɪæk] **I** *s* **1.** *med.* Wahnsinnige(r *m*) *f,* Rasende(r *m*) *f,* Verrückte(r *m*) *f*: **sex ~** Triebverbrecher *m.* **2.** *fig.* Faˈnatiker *m*: **sports ~**; **car ~** ‚Autonarr' *m.* **II** *adj* (*adv* **~ally**) **3.** *med.* wahnsinnig, verrückt, irr(e).
ma·ni·ac² [ˈmeɪnɪæk] *s tech.* (*ein*) elekˈtronischer ˈHochleistungsdigiˌtalrechner (*aus* **mathematical analyzer, numerical integrator, and computer**).
-maniac [meɪnɪæk] *Wortelement mit der Bedeutung*: a) verrückt auf *od.* nach, ...-süchtig, manisch, b) ...süchtiger, ...mane.
ma·ni·a·cal [məˈnaɪəkl] *adj* (*adv* **~ly**) → **maniac¹** II.
ma·nic [ˈmænɪk] **I** *adj* **1.** *psych.* manisch. **2.** → **maniac¹** II. **II** *s* **3.** manische Perˈson. **ˌ~-deˈpres·sive** *med. psych.* **I** *adj* ˈmanisch-depresˈsiv: **~ insanity** manisch-depressives Irresein. **II** *s* ˈManisch-Depresˈsive(r *m*) *f*: **she is a ~** sie ist manisch-depressiv.
man·i·cure [ˈmænɪˌkjʊə(r)] **I** *s* Maniˈküre *f*: a) Hand-, Nagelpflege *f,* b) Hand-, Nagelpflegerin *f.* **II** *v/t u. v/i* maniˈküren. **ˈman·iˌcur·ist** → **manicure** I b.
man·i·fest [ˈmænɪfest] **I** *adj* (*adv* **~ly**) **1.** offenbar, offenkundig, augenscheinlich, handgreiflich, deutlich (erkennbar), maniˈfest (*a. med. psych.*). **II** *v/t* **2.** offenˈbaren, bekunden, kundtun, deutlich zeigen, manifeˈstieren. **3.** be-, erweisen. **4.** *mar.* im Ladungsverzeichnis aufführen. **III** *v/i* **5.** *pol.* Kundgebungen veranstalten. **6.** sich erklären (**for** für; **against** gegen). **7.** erscheinen, sich zeigen (*Geister*). **IV** *s* **8.** *mar.* Ladungsverzeichnis *n.* **9.** *econ.* (ˈLadungs-, ˈSchiffs)ManiˌFest *n.* **10.** → **manifesto. 11.** *rail. bes. Am.* Güterschnellzug *m.* **12.** *aer. bes. Am.* Passaˈgierliste *f.* **ˌman·iˈfes·tant** *s* Teilnehmer(in) an e-r Kundgebung, *a.* Demonˈstrant(in). **ˌman·i·fesˈta·tion** *s* **1.** Offenˈbarung *f,* Äußerung *f,* Ausdruck *m.* **2.** Manifestatiˈon *f,* Kundgebung *f.* **3.** (deutlicher) Beweis, Anzeichen *n,* Symˈptom *n*: **~ of life** Lebensäußerung *f.* **4.** (poˈlitische) Kundgebung, Demonstratiˈon *f.* **5.** Erscheinen *n* (*e-s Geistes*), Materialisatiˈon *f.* **ˌman·iˈfes·ta·tive** [-tətɪv] *adj* verdeutlichend, offenkundig (machend). **ˈman·i·fest·ness** *s* Offenkundigkeit *f.*
man·i·fes·to [ˌmænɪˈfestəʊ] *pl* **-tos, -toes** *s* Maniˈfest *n*: a) öffentliche Erklärung, b) *pol.* Grundsatzerklärung *f,* Proˈgramm *n* (*e-r Partei*): **election ~** Wahlprogramm *n.*
man·i·fold [ˈmænɪfəʊld] **I** *adj* (*adv* **~ly**) **1.** mannigfaltig, -fach, mehrfach, vielfältig, vielerlei. **2.** vielförmig, differenˈziert. **3.** mehrfach, in mehr als ˈeiner ˈHinsicht: **a ~ traitor. 4.** *tech.* a) Mehr-, Vielfach..., Mehr-, Vielzweck..., b) Kombinations... **II** *s* **5.** a) (*etwas*) Vielfältiges, b) → **manifoldness. 6.** *tech.* a) Verteiler(stück *n*) *m,* Rohrverzweigung *f,* b) Sammelleitung *f.* **7.** (vervielfältigte) Koˈpie, Abzug *m.* **III** *v/t* **8.** *Dokumente etc* vervielfältigen. **ˈman·i·fold·er** *s* Vervielfältigungsgerät *n.* **ˈman·i·fold·ness** *s* **1.** Mannigfaltigkeit *f,* Vielfältigkeit *f.* **2.** Vielfalt *f.*
man·i·fold| pa·per *s* ˈManifold-PaˌPier *n* (*festes Durchschlagpapier*). **~ plug** *s electr.* Vielfachstecker *m.* **ˈ~-ˌwrit·er** → **manifolder.**
man·i·kin [ˈmænɪkɪn] *s* **1.** *oft contp.* Männchen *n,* Knirps *m.* **2.** Gliederpuppe *f*: a) Kleiderpuppe *f,* b) Schaufensterpuppe *f.* **3.** *med.* anaˈtomisches Moˈdell, Phanˈtom *n.* **4.** → **mannequin** 1.
Ma·nil·(l)a [məˈnɪlə] *abbr. für* a) Manil(l)a **cheroot,** b) **Manil(l)a hemp,** c) **Manil(l)a paper. ~ che·root, ~ ci·gar** *s* Maˈnilaziˌgarre *f.* **~ hemp** *s* Maˈnilahanf *m.* **~ pa·per** *s* Maˈnilapaˌpier *n.*
man·i·oc [ˈmænɪɒk; *Am.* -ˌɑk] *s bot.* Maniˈokstrauch *m,* Mandiˈoka *f.*
ma·nip·u·late [məˈnɪpjʊleɪt] **I** *v/t* **1.** manipuˈlieren, (künstlich) beeinflussen: **to ~ prices; ~d currency** manipulierte Währung. **2.** (*a.* geschickt) handhaben, *tech.* bedienen, betätigen, *Fahrzeug* lenken, steuern. **3.** *j-n* manipuˈlieren *od.* geschickt behandeln. **4.** ‚managen', ‚deichseln', ‚schaukeln'. **5.** zuˈrechtstutzen, *bes. Bücher, Konten* ‚friˈsieren': **to ~ accounts. II** *v/i* **6.** manipuˈlieren. **maˌnip·uˈla·tion** *s* **1.** Manipulatiˈon *f.* **2.** a) (Hand)Griff *m od.* (-)Griffe *pl,* b) Verfahren *n,* c) *tech.* Bedienen *n,* Betätigen *n,* Steuern *n.* **3.** *contp.* Machenschaft *f,* Manipulatiˈon *f,* ‚Maˈnöver' *n.* **4.** *contp.* ‚Friˈsieren' *n.* **maˈnip·u·la·tive** [-lətɪv; *Am.* -ˌleɪ-] → **manipulatory.**
maˈnip·u·la·tor [-tə(r)] *s* **1.** (geschickter) Handhaber. **2.** *contp.* Drahtzieher *m,* Manipuˈlant *m,* Manipuˈlierer *m,* Manipuˈlator *m* (*a. Zauberkünstler*). **3.** *tech.*

Manipu'lator *m.* **ma'nip·u·la·to·ry** [-lətərɪ; *Am.* -ˌtəʊriː; -ˌtɔː-] *adj* **1.** durch Manipulati'on her'beigeführt. **2.** manipu'lierend. **3.** Handhabungs...

man·i·to ['mænɪtəʊ], **'man·i·tou, 'man·i·tu** [-tuː] *s* Manitu *m*, ‚Großer Geist' (*überirdische Macht bei den Indianern*).

man jack *s colloq.*: **every ~** jeder einzelne; **no ~** kein einziger.

'man-ˌkill·er *s* **1.** Totschläger *m.* **2.** Mörder *m.*

man·kind *s* **1.** [mæn'kaɪnd] die Menschheit, das Menschengeschlecht, die Menschen *pl*, der Mensch. **2.** ['mænkaɪnd] *collect.* die Männer *pl*, die Männerwelt.

man·less ['mænlɪs] *adj* **1.** männerlos. **2.** *obs.* unmännlich.

'man·like *adj* **1.** menschenähnlich. **2.** wie ein Mann, männlich. **3.** → **mannish.**

man·li·ness ['mænlɪnɪs] *s* **1.** Männlichkeit *f.* **2.** Mannhaftigkeit *f.* **'man·ly** *adj* **1.** männlich. **2.** mannhaft. **3.** Mannes..., Männer...: **~ sports** Männersport *m.*

ˌman-ma'chine| com·mu·ni·ca·tion *s Computer*: 'Mensch-Ma'schine-Verkehr *m.* **~ di·a·log(ue)** *s Computer*: 'Mensch-Ma'schine-Diaˌlog *m.*

'man-made *adj* a) vom Menschen geschaffen: **~ laws**, b) vom Menschen verursacht: **~ disasters**, c) künstlich: **~ satellites**; **~ fibers** (*bes. Br.* **fibres**) Kunst-, Chemiefasern.

man·na ['mænə] *s* **1.** *Bibl. u. fig.* Manna *n*, *f.* **2.** *bot. pharm.* Manna *n*: a) *zuckerhaltige Ausschwitzung der Manna-Esche etc*, b) *leichtes Abführmittel daraus.* **~ ash** *s bot.* Manna-Esche *f.* **~ croup** *s*, **~ groats** *s pl* grobkörnige Weizengrütze.

man·ne·quin ['mænɪkɪn] *s* **1.** Mannequin *n*, Vorführdame *f.* **2.** → **manikin** 2.

man·ner ['mænə(r)] *s* **1.** Art *f*, Weise *f*, Art u. Weise (*etwas zu tun*): **after** (*od.* **in**) **the ~ of** (so) wie, nach (der) Art von (*od. gen*); **after** (*od.* **in**) **this ~** auf diese Art *od.* Weise, so; **in such a ~** (**that**) so *od.* derart (daß); **in what ~?** wie?; **adverb of ~** *ling.* Umstandswort *n* der Art u. Weise, Modaladverb *n*; **in a ~ of speaking** sozusagen, wenn ich *od.* man so sagen darf; **in a gentle** (**rough**) **~** sacht (grob); **as to the ~ born** wie selbstverständlich, als ob er *etc* das schon immer getan hätte. **2.** Art *f* (*sich zu geben*), Betragen *n*, Auftreten *n*, Verhalten *n* (**to** zu): **it's just his ~** das ist so s-e Art; **I don't like his ~** ich mag s-e Art nicht. **3.** *pl* Benehmen *n*, 'Umgangsformen *pl*, Ma'nieren *pl*: **bad** (**good**) **~s**; **he has no ~s** er hat keine Manieren; **we shall teach them ~s**, ‚wir werden sie Mores lehren'; **it is bad ~s** (**to** *inf*) es gehört *od.* schickt sich nicht (zu *inf*); **to make one's ~s** a) e-n ‚Diener' machen, sich verbeugen, b) e-n Knicks machen. **4.** *pl* Sitten *pl* (u. Gebräuche *pl*): **other times other ~s** andere Zeiten, andere Sitten. **5.** würdevolles Auftreten: **he had quite a ~** er hatte e-e distinguierte Art (des Auftretens); **the grand ~** das altväterlich würdevolle Benehmen *od.* Gehabe. **6.** *paint. etc* Stil(art *f*) *m*, Ma'nier *f.* **7.** → **mannerism** 2. **8.** *obs.* Art *f*, Sorte *f*, Beschaffenheit *f*: **all ~ of things** alles mögliche; **by no ~ of means** in keiner Weise, durchaus nicht; **in a ~** in gewisser Hinsicht, auf e-e (gewisse) Art, gewissermaßen; **what ~ of man is he?** was für ein Mensch ist er (eigentlich)? **'mannered** [-nə(r)d] *adj* **1.** *bes. in Zssgn* gesittet, geartet: → **ill-mannered**, *etc.* **2.** gekünstelt, manie'riert.

man·ner·ism ['mænərɪzəm] *s* **1.** *paint. etc* Manie'rismus *m*, (über'triebene) Gewähltheit, Gespreiztheit *f*, Künste'lei *f.* **2.** Manie'riertheit *f*, Gespreiztheit *f.* **3.** eigenartige *od.* manie'rierte Wendung (*in der Rede etc*). **'man·ner·ist I** *s* **1.** Manie'rist *m* (*Künstler*). **2.** *contp.* manie'rierter Künstler *od.* (*allg.*) Kerl. **II** *adj* → **manneristic.** **ˌman·ner'is·tic** *adj*; **ˌman·ner'is·ti·cal** *adj* (*adv* **~ly**) **1.** manie'riert. **2.** manie'ristisch.

man·ner·less ['mænə(r)lɪs] *adj* 'unmaˌnierlich, ungezogen. **'man·ner·li·ness** [-lɪnɪs] *s* gute 'Umgangsformen *pl*, gute Kinderstube, gutes Benehmen, Maˌnierlichkeit *f.* **'man·ner·ly** *adj* ma'nierlich, gesittet, anständig.

man·ni·kin → **manikin.**

man·nish ['mænɪʃ] *adj* **1.** masku'lin, unweiblich. **2.** (typisch) männlich.

man·nite (sug·ar) ['mænaɪt], **man·ni·tol** ['mænɪtɒl; *Am.* -ˌtɔːl; -ˌtəʊl] *s chem.* Man'nit *m*, Mannazucker *m.*

ma·nœu·vra·bil·i·ty, ma·nœu·vra·ble, ma·nœu·vre, ma·nœu·vrer *bes. Br. für* **maneuverability**, *etc.*

ˌman-of-'war *pl* **ˌmen-of-'war** *s mar. obs.* Kriegsschiff *n.*

ma·nom·e·ter [mə'nɒmɪtə(r); *Am.* -'nɑ-] *s tech.* Mano'meter *n*, (Dampf-*etc*)Druckmesser *m*, Druckanzeiger *m.* **man·o·met·ric** [ˌmænəʊ'metrɪk; *Am.* -nə'm-], **ˌman·o'met·ri·cal** *adj* mano'metrisch.

man·or ['mænə(r)] *s* **1.** *hist. Br.* Rittergut *n*: **lord** (**lady**) **of the ~** Gutsherr(in). **2.** *Br.* a) (Land)Gut *n*, b) *a.* **~ house** *od.* **seat** Herrenhaus *n*, -sitz *m.* **3.** *hist. Am.* Pachtland *n.* **4.** *Br. colloq.* Poli'zeibezirk *m.*

'man-ˌor·chis *s bot.* **1.** Männliches Knabenkraut. **2.** Ohnhorn *n.*

ma·no·ri·al [mə'nɔːrɪəl; *Am. a.* -'nəʊ-] *adj* herrschaftlich, (Ritter)Guts..., Herrschafts..., grundherrlich.

man pow·er, *a.* **'manˌpow·er** *s* **1.** menschliche Arbeitskraft *od.* -leistung, Menschenkraft *f.* **2.** *meist* **manpower** 'Menschenpotentiˌal *n*, *bes.* a) Kriegsstärke *f* (*e-s Volkes*), b) (verfügbare) Arbeitskräfte *pl*: **~ shortage** Arbeitskräftemangel *m*; **~ situation** Lage *f* auf dem Arbeitsmarkt.

man·qué *m*, **man·quée** *f* ['mɑ̃ːŋkeɪ; *Am.* mɑ̃ː'keɪ; mɑ̃ke] (*Fr.*) *adj*: **a poet manqué** a) ein ‚verhinderter' Dichter, b) ein ‚verkrachter' Dichter, c) ein Möchtegerndichter *m.*

man·sard ['mænsɑː(r)d] *s* **1.** *a.* **~ roof** Man'sardendach *n.* **2.** Man'sarde *f.*

manse [mæns] *s* Pfarrhaus *n* (*e-s freikirchlichen Pfarrers od. Scot. e-s Pfarrers der presbyterianischen Kirche*).

'manˌser·vant *pl* **'menˌser·vants** *s* Diener *m.*

man·sion ['mænʃn] *s* **1.** (herrschaftliches) Wohnhaus, Villa *f.* **2.** *meist pl bes. Br.* (großes) Miet(s)haus. **3.** → **mansion house** 1. **4.** *obs.* Bleibe *f*, Wohnung *f.* **5.** *astr.* Haus *n.* **~ house** *s Br.* **1.** Herrenhaus *n*, -sitz *m.* **2.** Amtssitz *m*: **the M~ H~** *Amtssitz des* **Lord Mayor** *von London.*

'man-size(d) *adj* **1.** mannsgroß. **2.** *fig.* Männer...: **a ~ job.** **3.** *fig. colloq.* riesig, Riesen...: **a ~ steak.**

'man|ˌslaugh·ter *s jur.* Totschlag *m*, Körperverletzung *f* mit Todesfolge: **involuntary ~** fahrlässige Tötung; **voluntary ~** Totschlag im Affekt. **'~ˌslay·er** *s jur.* Totschläger(in).

man·sue·tude ['mænswɪtjuːd; *Am. a.* -ˌtuːd] *s obs.* Sanftmut *f*, Milde *f.*

man·ta ['mæntə] *s bes. Am.* **1.** Pferde-, Reise-, Satteldecke *f.* **2.** 'Umhang *m.* **3.** → **mantlet** 2.

man·tel ['mæntl] *abbr. für* a) **mantelpiece**, b) **mantelshelf.**

man·tel·et ['mæntlet; -ɪt] *s* **1.** kurzer Mantel, 'Überwurf *m.* **2.** → **mantlet.**

'man·tel|·piece *s arch.* **1.** Ka'mineinfassung *f*, -mantel *m.* **2.** Ka'minsims *m.* **'~·shelf** *s irr* Ka'minsims *m.* **'~·tree** *s* **1.** *Querbalken an der Kaminöffnung.* **2.** → **mantelpiece** 1.

man·tic ['mæntɪk] *adj* pro'phetisch.

man·til·la [mæn'tɪlə; *Am. a.* -'tiːjə] *s* Man'tille *f*: a) langes Spitzen- *od.* Schleiertuch, Man'tilla *f* (*bes. der Spanierin*), b) leichter 'Umhang, Cape *n.*

man·tis ['mæntɪs] *s zo.* Gottesanbeterin *f* (*Heuschrecke*). **~ crab, ~ shrimp** *s zo.* Gemeiner Heuschreckenkrebs.

man·tle ['mæntl] **I** *s* **1.** (ärmelloser) 'Umhang, 'Überwurf *m.* **2.** *fig.* (Schutz-, Deck)Mantel *m*, Hülle *f*: **a ~ of snow** e-e Schneedecke; **the ~ of authority** die Aura der Würde; **the ~ of night** der Mantel der Nacht. **3.** *tech.* Mantel *m*, (Glüh)Strumpf *m*: **incandescent ~** Glühstrumpf. **4.** *tech.* Rauchfang *m* (*e-s Hochofens*). **5.** *Gußtechnik*: Formmantel *m.* **6.** *zo.* Mantel *m.* **II** *v/i* **7.** sich über'ziehen (**with** mit). **8.** erröten, sich röten (*Gesicht*). **III** *v/t* **9.** über'ziehen. **10.** einhüllen. **11.** verbergen (*a. fig. bemänteln*). **12.** erröten lassen. **~ cav·i·ty** *s zo.* Mantel-, Kiemenhöhle *f.* **~ fi·bers**, *bes. Br.* **~ fi·bres** *s pl biol.* Zugfasern *pl.*

mant·let ['mæntlɪt] *s mil.* **1.** a) Schutzwall *m* (*der Anzeigerdeckung auf e-m Schießstand*), b) tragbarer kugelsicherer Schutzschild. **2.** *hist.* Sturmdach *n.*

ˌman-to-'man *adj* von Mann zu Mann: **a ~ talk.**

man·tra ['mæntrə; 'mʌn-] *s* Mantra *n* (*als wirkungskräftig geltender religiöser Spruch der Inder*).

'man·trap *s* **1.** Fußangel *f.* **2.** *fig.* Falle *f.*

man·tu·a ['mæntjʊə; *Am.* -tʃəwə; -təwə] *s hist.* Man'teau *m*, ('Frauen-)ˌUmhang *m.*

man·u·al ['mænjʊəl] **I** *adj* **1.** mit der Hand *od.* den Händen (verrichtet *od.* arbeitend), Hand..., manu'ell: **~ alphabet** Fingeralphabet *n*; **~ aptitude** (*od.* **skill**) manuelle Begabung, Handfertigkeit *f*; **~ exercise** → 4; **~ labo(u)r** (*od.* **work**) körperliche Arbeit; **~ labo(u)rer** (*od.* **worker**) (Hand)Arbeiter *m*; **~ operation** Handbetrieb *m*; **~ press** Handpresse *f*; **~ training** *ped.* Werkunterricht *m.* **2.** handschriftlich: **~ bookkeeping.** **II** *s* **3.** a) Handbuch *n*, Leitfaden *m*, b) *mil.* Dienstvorschrift *f.* **4.** *mil.* Griff (-übung *f*) *m*: **~ of a rifle** Griffübung(en) am Gewehr. **5.** *mus.* Manu'al *n* (*e-r Orgel etc*). **6.** *relig. hist.* Manu'al *n* (*Ritualbuch*). **'man·u·al·ly** *adv* von Hand, mit der Hand, manu'ell: **~ operated** a) mit Handbetrieb, b) *a.* **~ controlled** handgesteuert.

man·u·fac·to·ry [ˌmænjʊ'fæktərɪ; *Am. a.* ˌmænə-] *s obs.* Fa'brik *f.*

man·u·fac·ture [ˌmænjʊ'fæktʃə(r); *Am. a.* ˌmænə-] **I** *s* **1.** Fertigung *f*, Erzeugung *f*, 'Herstellung *f*, Fabrikati'on *f*, Produkti'on *f*: **year of ~** Herstellungs-, Baujahr *n*; **article of English ~** englisches Erzeugnis; **cost of ~** Herstellungskosten *pl.* **2.** Erzeugnis *n*, Fabri'kat *n*, Indu'strieproˌdukt *n*: **home** (*od.* **inland**) **~** einheimisches Erzeugnis, inländisches Fabrikat. **3.** Indu'strie(zweig *m*) *f*: **the linen ~** die Leinenindustrie. **4.** *allg.* Erzeugen *n*, *contp.* ‚Fabri'zieren' *n.* **II** *v/t* **5.** (an-, ver)fertigen, erzeugen, 'herstellen, fabri'zieren: **~d goods** Fabrik-, Fertig-, Manufakturwaren. **6.** verarbeiten (**into** zu). **7.** *contp.* ‚fabri'zieren': a) ‚produ'zieren', ‚liefern': **to ~ a speech**, b) erfinden: **to ~ excuses**, c) fälschen: **to ~ evidence.** **ˌman·u'fac·tur·er** *s* **1.** 'Hersteller *m*, Erzeuger *m.* **2.** Fabri'kant *m*, Industri'elle(r) *m.* **ˌman·u'fac·tur·ing I** *adj* **1.**

Herstellungs..., Fabrikations..., Produktions...: ~ **business** produzierendes Unternehmen; ~ **cost** Herstellungskosten *pl*; ~ **engineering** Arbeitsplanung *f*; ~ **industries** Fertigungsindustrien; ~ **loss** Betriebsverlust *m*; ~ **order** Arbeits-, Werksauftrag *m*; ~ **plant** Fabrikationsbetrieb *m*; ~ **process** Herstellungsverfahren *n*; ~ **schedule** Arbeitsplan *m*. **2.** Industrie..., Fabrik...: ~ **town**; ~ **branch** Industriezweig *m*. **3.** gewerbetreibend. **II** *s* → **manufacture** 1.

man·u·mis·sion [ˌmænjʊˈmɪʃn] *s hist.* Freilassung *f* (aus der Sklaveˈrei).

ma·nure [məˈnjʊə(r); *Am. a.* -ˈnʊər] **I** *s* (*bes. natürlicher*) Dünger, Mist *m*, Dung *m*: **liquid** ~ (Dung)Jauche *f*. **II** *v/t* düngen. **maˈnu·ri·al** *adj* Dünger..., Dung...

man·u·script [ˈmænjʊskrɪpt] **I** *s* **1.** Manuˈskript *n*: a) Handschrift *f* (*alte Urkunde etc*), b) Urschrift *f* (*des Autors*), c) *print.* Satzvorlage *f*. **2.** (Hand)Schrift *f*. **II** *adj* **3.** Manuskript..., handschriftlich, *a.* maˈschinegeschrieben.

man·ward [ˈmænwə(r)d] *adj u. adv* auf den Menschen gerichtet.

Manx [mæŋks] **I** *s* **1.** Bewohner *pl* der Insel Man. **2.** *ling.* Manx *n* (*deren keltische Mundart*). **II** *adj* **3.** die Insel Man betreffend. **4.** *ling.* Manx... **ˈ~·man** [-mən] *s irr* Bewohner *m* der Insel Man.

man·y [ˈmenɪ] **I** *adj comp* **more** [mɔː(r); *Am. a.* ˈməʊər], *sup* **most** [məʊst] **1.** viel(e): ~ **times** oft; **his reasons were** ~ **and good** er hatte viele gute Gründe; **in** ~ **respects** in vieler Hinsicht; **as** ~ ebensoviel(e); **as** ~ **as forty** (nicht weniger als) vierzig; **as** ~ **again** (*od.* **more**), **twice as** ~ noch einmal soviel; **in so** ~ **words** wörtlich, ausdrücklich; **he is (not) a man of** ~ **words** er redet gern (er macht nicht viele Worte, er ist ein schweigsamer Mensch); **they behaved like so** ~ **children** sie benahmen sich wie (die) Kinder; **too** ~ **by half** um die Hälfte zuviel; **one too** ~ einer zu viel (*überflüssig*); **he was (one) too** ~ **for them** er war ihnen (allen) ‚über'; **he's had one too** ~ er hat einen über den Durst getrunken. **2.** manch(er, e, es), manch ein(er, e, es): ~ **a man** manch einer; ~ **another** manch anderer; ~ **(and** ~**) a time** zu wiederholten Malen, so manches Mal. **II** *s* **3.** viele: **the** ~ (*als pl konstruiert*) die (große) Masse; ~ **of us** viele von uns; **a good** ~ ziemlich viel(e); **a great** ~ sehr viele. **ˌ~-ˈcol·o(u)red** *adj* vielfarbig, bunt. **ˌ~-ˈhead·ed beast** (*od.* **mon·ster**) *s fig.* (*das*) vielköpfige Ungeheuer, (*die*) große Masse. **ˈ~-one** *adj math.* (*u. Logik*) mehreindeutig. **ˈ~-root** *s bot.* (*e-e*) Ruˈellie. **ˌ~-ˈsid·ed** *adj* **1.** vielseitig (*a. fig.*). **2.** *fig.* vielschichtig (*Problem etc*). **ˌ~-ˈsid·ed·ness** *s* **1.** Vielseitigkeit *f* (*a. fig.*). **2.** *fig.* Vielschichtigkeit *f*.

Mao·ism [ˈmaʊɪzəm] *s pol.* Maoˈismus *m*. **ˈMao·ist** [-ɪst] **I** *s* Maoˈist(in). **II** *adj* maoˈistisch.

Mao·ri [ˈmaʊrɪ] **I** *s* **1.** Maˈori *m* (*Eingeborener Neuseelands*). **2.** *ling.* Maˈori *n*. **II** *adj* **3.** Maori... **ˈ~·land** *s colloq.* Neuˈseeland *n*.

map [mæp] **I** *s* **1.** (Land-, See-, Himmels)Karte *f*, *weitS.* (Stadt- *etc*)Plan *m*: **a** ~ **of the city**; **by** ~ nach der Karte; **off the** ~ *colloq.* a) abgelegen, ‚hinter dem Mond' (gelegen), b) *fig.* bedeutungslos, c) abgetan, veraltet, d) so gut wie nicht vorhanden; **to wipe off the** ~ *e-e Stadt etc* ‚ausradieren', dem Erdboden gleichmachen; **on the** ~ *colloq.* a) in Rechnung zu stellen(d), beachtenswert, b) (noch) da *od.* vorhanden; **to put on the** ~ *e-e Stadt etc* bekannt machen. **2.** *sl.* ‚Fresse' *f*, ‚Viˈsage' *f* (*Gesicht*). **II** *v/t* **3.** e-e Karte machen von, kartoˈgraphisch darstellen. **4.** *ein Gebiet* kartoˈgraphisch erfassen. **5.** auf e-r Karte eintragen. **6.** *meist* ~ **out** *fig.* (bis in die Einzelheiten) (vorˈaus)planen, entwerfen, ausarbeiten: **to** ~ **out one's time** sich s-e Zeit einteilen. **7.** *fig.* (wie auf e-r Karte) (ver)zeichnen *od.* darstellen. **8.** *math.* abbilden. ~ **case** *s* Kartentasche *f*. ~ **con·duct of fire** → **map fire**. ~ **ex·er·cise** *s mil.* Planspiel *n*. ~ **fire** *s mil.* Planschießen *n*, Schießen *n* nach der Karte. ~ **grid** *s geogr. math.* Karten-, Grad-, Koordiˈnatennetz *n*.

ma·ple [ˈmeɪpl] **I** *s* **1.** *bot.* Ahorn *m*: **broad-leaved** ~ Großblättriger Ahorn. **2.** Ahorn(holz *n*) *m*. **II** *adj* **3.** aus Ahorn (-holz), Ahorn... ~ **leaf** *s irr* Ahornblatt *n* (*Sinnbild Kanadas*). ~ **sir·up** *bes. Am. für* **maple syrup**. ~ **sug·ar** *s bot. chem.* Ahornzucker *m*. ~ **syr·up** *s bot. chem.* Ahornsirup *m*.

map| li·chen *s bot.* Landkartenflechte *f*. **ˈ~ˌmak·er** *s* Kartoˈgraph(in). **ˈ~ˌmak·ing** *s* Kartograˈphie *f*.

map·per [ˈmæpə(r)] *s* Kartoˈgraph(in). **ˈmap·ping** *s* Kartenzeichnen *n*, Kartograˈphie *f*.

map| read·ing *s* Kartenlesen *n*. ~ **scale** *s geogr. math.* Kartenmaßstab *m*. ~ **tur·tle** *s zo.* Landkartenschildkröte *f*.

ma·quis [ˈmækiː; *Am.* mæˈkiː] *pl* **-quis** [-kiː; -kiːz] *s* a) Maˈquis *m*, franˈzösische ˈWiderstandsbewegung (*im 2. Weltkrieg*), b) Maquiˈsard *m*, ˈWiderstandskämpfer *m*, Partiˈsan *m*.

mar [mɑː(r)] *v/t* **1.** (be)schädigen. **2.** *obs.* verderben, ruiˈnieren: **this will make or** ~ **us** dies wird unser Glück oder Verderben sein. **3.** verunstalten, verschandeln, ruiˈnieren: **~-resistant** *tech.* kratzfest. **4.** *fig.* a) *Pläne etc* stören, beeinträchtigen, vereiteln, b) *die Schönheit, den Spaß etc* verderben.

mar·a·bou [ˈmærəbuː] *s* **1.** *orn.* Marabu *m*. **2.** Marabufedern *pl* (*als Hutschmuck etc*). **3.** Marabuseide *f*.

Mar·a·bout [ˈmærəbuː] *s* Maraˈbut *m*: a) *mohammedanischer Einsiedler od. Heiliger*, b) *dessen* (*heilige*) *Grabstätte*.

mar·a·schi·no [ˌmærəˈskiːnəʊ; *Am. a.* -ˈʃiː-] *s* Marasˈchino(liˌkör) *m*. ~ **cher·ries** *s pl* Marasˈchinokirschen *pl*.

ma·ras·mic [məˈræzmɪk] *adj med.* maˈrastisch, verfallend, schwindend. **maˈras·mus** [-məs] *s med.* Maˈrasmus *m*, geistig-körperlicher Kräfteverfall.

mar·a·thon [ˈmærəθn; *Am.* ˈmærəˌθɑn] **I** *s* **1.** *a.* ~ **race** *sport* a) Marathonlauf *m*, b) (*Ski- etc*)Marathon *n*. **2.** *fig.* Dauerwettkampf *m*: **dance** ~ Dauertanzturnier *n*. **II** *adj* **3.** *sport* Marathon...: ~ **runner**. **4.** *fig.* Marathon..., Dauer...: ~ **session**.

ma·raud [məˈrɔːd] **I** *v/i* plündern. **II** *v/t* (aus)plündern. **maˈraud·er** *s* **1.** Plünderer *m*. **2.** *zo.* Räuber *m*.

mar·ble [ˈmɑː(r)bl] **I** *s* **1.** *min.* Marmor *m*: **artificial** ~ Gipsmarmor, Stuck *m*; **fibrous** ~ rissiger Marmor; **a heart of** ~ *fig.* ein Herz aus Stein. **2.** Marmorbildwerk *n*, -statue *f*, -tafel *f*. **3.** a) Murmel (-kugel) *f*: **he's lost his ~s** *Br. sl.* ‚er hat nicht mehr alle Tassen im Schrank'; **to pass in one's** ~ *Austral. colloq.* ‚den Löffel weglegen' (*sterben*), b) *pl* (*als sg konstruiert*) Murmelspiel *n*: **to play ~s** (mit) Murmeln spielen. **4.** marmoˈrierter Buchschnitt. **II** *adj* **5.** marmorn (*a. fig.*), aus Marmor. **6.** marmoˈriert, gesprenkelt: ~ **paper**. **7.** *fig.* steinern, gefühllos, hart u. kalt: **a** ~ **heart** ein Herz aus Stein. **III** *v/t* **8.** marmoˈrieren, sprenkeln: **~d cat** gesprenkelte Katze; **~d meat** durchwachsenes Fleisch. ~ **cake** *s* Marmorkuchen *m*. **ˈ~-ˌheart·ed** *adj fig.* hartherzig, gefühllos.

mar·ble·ize [ˈmɑː(r)blaɪz] → **marble** 8.

mar·bler [ˈmɑː(r)blə(r)] *s* **1.** Marmorarbeiter *m*, -schneider *m*. **2.** Marmoˈrierer *m* (*von Papier etc*).

mar·bly [ˈmɑː(r)blɪ] *adj* marmorn (*a. fig.*).

marc [mɑː(r)k] *s* **1.** Treber *pl*, Trester *pl*: ~ **brandy** Tresterbranntwein *m*. **2.** unlöslicher Rückstand, Satz *m*.

mar·ca·site [ˈmɑː(r)kəsaɪt; *Am. a.* ˌmɑːrkəˈziːt] *s min.* **1.** Markaˈsit *m*. **2.** aus Pyˈrit geschliffener Schmuckstein.

mar·cel [mɑː(r)ˈsel] **I** *v/t Haar* wellen, onduˈlieren. **II** *s a.* ~ **wave** Welle *f*.

march[1] [mɑː(r)tʃ] **I** *v/i* **1.** *mil. etc* marˈschieren, ziehen: **to** ~ **off** abrücken; **to** ~ **past (s.o.)** (an j-m) vorbeiziehen *od.* -marschieren; **to** ~ **up** anrücken. **2.** *fig.* fort-, vorwärtsschreiten: **time ~es on** die Zeit schreitet fort. **3.** *fig.* Fortschritte machen. **II** *v/t* **4.** marˈschieren, (im Marsch) zuˈrücklegen: **to** ~ **ten miles**. **5.** marˈschieren lassen, (ab)führen: **to** ~ **off prisoners** Gefangene abführen. **III** *s* **6.** *mil.* Marsch *m* (*a. mus.*): ~ **past** Vorbeimarsch, Parade *f*; **slow** ~ langsamer Parademarsch; ~ **in file** Rottenmarsch; ~ **in line** Frontmarsch; ~ **order** *Am.* Marschbefehl *m*; **to be on the** ~ **again** *fig.* wieder im Kommen sein. **7.** *allg.* (Fuß)Marsch *m*. **8.** Marsch(strecke *f*) *m*: **a day's** ~ ein Tage(s)marsch; **line of** ~ *mil.* Marschroute *f*. **9.** Vormarsch *m* (**on** auf *acc*). **10.** Tage(s)marsch *m*. **11.** *fig.* (Ab)Lauf *m*: **the** ~ **of events** der Lauf der Dinge, der (Fort)Gang der Ereignisse. **12.** *fig.* Fortschritt *m*: ~ **of progress** fortschrittliche Entwicklung. **13.** *fig.* mühevoller Weg *od.* Marsch. **14.** Gangart *f*, Gang *m*.

Besondere Redewendungen:

~ **at ease!** *mil.* ohne Tritt (marsch)!; **quick** ~! *mil.* Abteilung marsch!; ~ **order!** *mil.* in Marschordnung angetreten!; **to steal a** ~ **on s.o.** j-m ein Schnippchen schlagen, j-m den Rang ablaufen, j-m zuvorkommen.

march[2] [mɑː(r)tʃ] **I** *s* **1.** *hist.* Mark *f*. **2.** a) (*a.* umˈstrittenes) Grenzgebiet, -land, b) Grenze *f*. **3.** *pl* Marken *pl* (*bes. das Grenzgebiet zwischen England einerseits u. Schottland bzw. Wales andererseits*). **II** *v/i* **4.** grenzen (**upon** an *acc*). **5.** e-e gemeinsame Grenze haben (**with** mit).

March[3] [mɑː(r)tʃ] *s* März *m*: **in** ~ im März; ~ **brown** Märzfliege *f* (*Angelköder*); ~ **violet** Märzveilchen *n*; → **hare** 1.

march·ing [ˈmɑː(r)tʃɪŋ] **I** *adj mil.* Marsch..., marˈschierend: ~ **order** a) Marschausrüstung *f*, b) Marschordnung *f*; **in heavy** ~ **order** feldmarschmäßig; ~ **orders** *pl* Marschbefehl *m*; **he got his orders** a) *fig. colloq.* er bekam den ‚Laufpaß' (*von s-r Firma od. von s-r Freundin*), b) *sport colloq.* ‚er flog vom Platz'. **II** *s* (Auf-, Vorˈbei)Marsch *m*, Marˈschieren *n*: ~ **in** Einmarsch; **~-off point** Abmarschpunkt *m*.

mar·chion·ess [ˈmɑː(r)ʃənɪs] *s* Marˈquise *f*, Markgräfin *f*.

march·pane [ˈmɑː(r)tʃpeɪn] *s obs.* Marziˈpan *n*, *m*.

Mar·co·ni [mɑː(r)ˈkəʊnɪ] **I** *adj* Marconi... **II** *s* **m~** ˈFunkteleˌgramm *n*. **III** *v/i u. v/t* **m~** ein ˈFunkteleˌgramm senden (an *acc*). **marˈco·ni·gram** [-græm] *s hist.* ˈFunkteleˌgramm *n*.

Mar·di gras [ˌmɑːdɪˈgrɑː; *Am.* ˈmɑrdiː-ˌgrɑː] *s* Fastnacht *f*, Fasching *m*, *bes.* Fastnachts-, Faschingsdienstag *m*.

mare[1] [meə(r)] *s* Stute *f*: **the gray** (*bes. Br.* **grey**) ~ **is the better horse** die Frau ist der Herr im Hause *od.* hat die Hosen an.

mare² [meə(r)] *s obs.* (Nacht)Mahr *m.*

ma·re³ [ˈmɑːreɪ] *pl* **-ri·a** [-rɪə] *(Lat.) s jur. pol.* Meer *n*: ~ **clausum** mare clausum, *(für ausländische Schiffe)* geschlossenes Meer; ~ **liberum** mare liberum, freies Meer.

ma·rem·ma [məˈremə] *s* Maˈremme *f (sumpfige Küstengegend).*

mare's|-nest [ˈmeə(r)znest] *s fig.* **1.** ‚Windei' *n, a.* (Zeitungs)Ente *f.* **2.** *bes. Am.* ‚Saustall' *m.* ˈ**~-tail** *s* **1.** *meteor.* langgestreckte Federwolken *pl.* **2.** *bot.* Tann(en)wedel *m.*

mar·gar·ic [mɑː(r)ˈgærɪk] *adj chem.* Margarin...: ~ **acid.**

mar·ga·rine [ˌmɑːdʒəˈriːn; *Am.* ˈmɑːr-dʒərən; -əˌriːn] *s* Margaˈrine *f.*

marge¹ [mɑː(r)dʒ] *s poet.* Rand *m,* Saum *m.*

marge² [mɑːdʒ] *s Br. colloq.* Margaˈrine *f.*

mar·gin [ˈmɑː(r)dʒɪn] **I** *s* **1.** Rand *m (a. fig.)*: **at the ~ of the forest** am Rande des Waldes; **on the ~ of good taste** am Rande des guten Geschmacks; **the ~ of consciousness** *psych.* die Bewußtseinsschwelle. **2.** *a. pl* (Seiten)Rand *m (bei Büchern etc)*: **as by** (*od.* **per**) ~ *econ.* wie nebenstehend; **in the ~** am Rande *od.* nebenstehend *(vermerkt etc)*; **bled ~** bis in die Schrift hinein beschnittener Rand; **cropped ~** zu stark beschnittener Rand. **3.** Grenze *f (a. fig.)*: ~ **of income** Einkommensgrenze. **4.** Spielraum *m*: **to leave a ~ (for)** Spielraum lassen (für). **5.** *fig.* ˈÜberschuß *m (a. econ.), (ein)* Mehr *n (an Zeit, Geld etc)*: ~ **of safety** Sicherheitsspanne *f*; **by a narrow ~** mit knapper Not. **6.** *meist* **profit ~** *econ.* (Gewinn-, Verdienst)Spanne *f,* Marge *f,* Handelsspanne *f.* **7.** *Börse*: Hinterˈlegungssumme *f,* Deckung *f (von Kursschwankungen),* (Bar)Einschuß(zahlung *f*) *m,* Marge *f*: **to purchase securities on ~** Wertpapiere auf Einschuß kaufen; ~ **business** *Am.* Effektendifferenzgeschäft *n*; ~ **system** *Am. Art Effektenkäufe mit Einschüssen als Sicherheitsleistung.* **8.** *econ.* Rentabiliˈtätsgrenze *f.* **9.** a) Mehrheit *f,* b) *sport* Abstand *m,* (*a.* Punkt)Vorsprung *m*: **by a ~ of four seconds** mit 4 Sekunden Vorsprung *od.* Abstand. **II** *v/t* **10.** mit e-m Rand versehen. **11.** a) umˈranden, b) säumen. **12.** Randbemerkungen schreiben an *(acc).* **13.** an den Rand schreiben. **14.** *econ. (durch Hinterlegung)* decken.

mar·gin·al [ˈmɑː(r)dʒɪnl] *adj (adv → **marginally**)* **1.** am Rande, auf den Rand gedruckt *etc,* Rand...: ~ **inscription** Umschrift *f (auf Münzen)*; ~ **note** Randbemerkung *f*; ~ **release (stop)** Randauslöser *m* (Randsteller *m*) *(der Schreibmaschine).* **2.** am Rande, nebensächlich, Grenz... *(a. fig.)*: ~ **sensations** Wahrnehmungen am Rande des Bewußtseins. **3.** *fig.* Mindest...: ~ **capacity. 4.** *econ.* a) zum Selbstkostenpreis: ~ **sales,** b) knapp über der Rentabiliˈtätsgrenze (liegend), gerade noch renˈtabel, Grenz...: ~ **analysis** Grenzplanungsrechnung *f*; ~ **cost** Grenz-, Marginalkosten *pl*; ~ **disutility** *Am.* Grenze *f* der Arbeitswilligkeit (bei niedrigem Lohn); ~ **enterprise** Grenzbetrieb *m,* unrentabler Betrieb; ~ **land** *agr.* Grenz(ertrags)boden *m*; ~ **net product** Nettogrenzprodukt *n*; ~ **profits** Gewinnminimum *n,* Rentabilitätsgrenze *f*; **theory of ~ utility** Grenznutzentheorie *f.* **5.** *med.* margiˈnal, randständig. **6.** *sociol.* am Rande der Gesellschaft (stehend). **7.** *fig.* geringfügig: **a ~ improvement.**

mar·gi·na·li·a [ˌmɑː(r)dʒɪˈneɪljə; -ɪə] *s pl* Margiˈnalien *pl,* Randbemerkungen *pl.*

mar·gin·al·ism [ˈmɑː(r)dʒɪnlɪzəm] *s econ.* ˈGrenznutzentheoˌrie *f.* ˈ**mar·gin·al·ize** [-laɪz] → **margin** 12.

mar·gin·al·ly [ˈmɑː(r)dʒɪnəlɪ] *adv fig.* **1.** geringfügig, (um) eine Spur, eine Iˈdee. **2.** (nur) am Rande.

mar·gra·vate [ˈmɑː(r)grəvɪt; *Am.* -ˌveɪt] → **margraviate.** ˈ**mar·grave** [-greɪv] *s hist.* Markgraf *m.* **marˈgra·vi·ate** [-vɪət; *Am. a.* -vɪˌeɪt] *s* Markgrafschaft *f.* ˈ**mar·gra·vine** [-grəviːn] *s* Markgräfin *f.*

mar·gue·rite [ˌmɑː(r)gəˈriːt] *s bot.* **1.** Gänseblümchen *n,* Maßliebchen *n.* **2.** ˈStrauch-Margeˌrite *f.* **3.** Weiße Wucherblume, Margeˈrite *f.*

ma·ri·a [ˈmeərɪə] *pl von* **mare³.**

Mar·i·an [ˈmeərɪən; ˈmær-; *Am. a.* ˈmeɪ-] **I** *adj* mariˈanisch: a) *R.C.* Marien..., die Jungfrau Maˈria betreffend, b) *hist.* die Königin Maˈria betreffend *(bes. Maria Stuart von Schottland, 1542–87, u. Maria, Königin von England, 1553–58).* **II** *s hist.* Anhänger(in) der Königin Maˈria (Stuart).

mar·i·cul·ture [ˈmærɪˌkʌltʃə(r)] *s biol.* (maˈrine) ˈAquakulˌtur *f.*

mar·i·gold [ˈmærɪgəʊld] *s bot.* **1.** Ringelblume *f.* **2.** a) *a.* **African ~** Samtblume *f,* b) *a.* **French ~** Stuˈdentenblume *f.*

mar·i·jua·na, *a.* **mar·i·hua·na** [ˌmærɪˈhwɑːnə] *s* **1.** *bot.* Marihuˈanahanf *m.* **2.** Marihuˈana *n (Rauschgift).*

ma·ri·na [məˈriːnə] *s* Boots-, Jachthafen *m.*

mar·i·nade [ˌmærɪˈneɪd] **I** *s* **1.** Mariˈnade *f,* Beize *f.* **2.** a) mariˈniertes Fleisch, b) mariˈnierter Fisch. **II** *v/t* → **marinate.** ˈ**mar·i·nate** [-neɪt] *v/t* mariˈnieren.

ma·rine [məˈriːn] **I** *adj* **1.** a) See...: ~ **chart;** ~ **warfare;** ~ **insurance** See(transport)versicherung *f,* b) Meeres...: ~ **animal;** ~ **climate;** ~ **plants. 2.** Schiffs...: ~ **engineering** Schiffsmaschinenbau *m.* **3.** Marine...: ~ **painter. II** *s* **4.** Maˈrine *f*: **mercantile** (*od.* **merchant**) ~ Handelsmarine. **5.** *mar. mil.* Maˈrineinfanteˌrist *m*: a) ˈSeesolˌdat *m,* b) Angehörige(r) *m* des amer. **Marine Corps: tell that to the ~s!** *colloq.* das kannst du d-r Großmutter erzählen! **6.** *paint.* Seegemälde *n,* -stück *n.* **~ belt** *s mar.* Hoheitsgewässer *pl.* **~ blue** *s* Maˈrineblau *n (Farbe).* **M~ Corps** *s mar. mil. Am.* Maˈrineinfanteˌriekorps *n.* **~ court** *s jur. Am.* Seegericht *n*; **~ phos·pho·res·cence** *s* Meeresleuchten *n.* **~ insurance** See(transport)versicherung *f*; ~ **law** Seerecht *n*; ~ **navigation** Seeschiffahrt *f*; ~ **port** Seehafen *m.* **2.** Schiffahrts...: ~ **affairs** Schiffahrtsangelegenheiten, Seewesen *n.* **3.** Marine... **4.** Seemanns...: ~ **life. 5.** a) seefahrend, b) Seehandel (be)treibend. **6.** Küsten...: ~ **provinces. 7.** *zo.* an der Küste lebend, Strand... **8.** Meer(es)... **M~ Com·mis·sion** *s Am. oberste Handelsschiffahrtsbehörde der USA.* **~ dec·la·ra·tion** *s mar.* Verklarung *f.* **M~ La·bor Board** *s Am. oberste Schlichtungsbehörde zwischen Reedern u. Seemannsvertretungen.*

mar·i·ner [ˈmærɪnə(r)] *s* Seemann *m,* Maˈtrose *m*: **master ~** Kapitän *m* e-s Handelsschiffs; **~'s compass** (See-)Kompaß *m.*

Ma·rin·ism [məˈriːnɪzəm] *s* Mariˈnismus *m (affektierter Dichtungsstil des 17. Jhs.).*

Mar·i·ol·a·try [ˌmeərɪˈɒlətrɪ; *Am.* -ˈɑl-] *s R.C.* Mariolaˈtrie *f,* Maˈrienkult *m,* -vergötterung *f.*

Mar·i·ol·o·gist [ˌmeərɪˈɒlədʒɪst; *Am.* -ˈɑl-] *s R.C.* Marioˈloge *m.* ˌ**Mar·iˈol·o·gy** *s R.C.* Marioloˈgie *f,* Lehre *f* von der Gottesmutter.

mar·i·o·nette [ˌmærɪəˈnet] *s* Marioˈnette *f*: ~ **play** Puppenspiel *n.*

mar·ish [ˈmærɪʃ] *poet.* **I** *s* Moor *n.* **II** *adj* sumpfig, moˈrastig.

mar·i·tal [ˈmærɪtl; *Br. a.* məˈraɪtl] *adj (adv* **~ly)** ehelich, Ehe..., Gatten...: ~ **partners** Ehegatten; ~ **duties** eheliche Pflichten; ~ **relations** eheliche Beziehungen; ~ **rights** eheliche Rechte; ~ **status** *jur.* Familienstand *m.*

mar·i·time [ˈmærɪtaɪm] *adj* **1.** See...: ~ **blockade** Seeblockade *f*; ~ **commerce** (Über)Seehandel *m*; ~ **court** Seeamt *n*; ~

mar·jo·ram [ˈmɑː(r)dʒərəm] *s bot.* **1.** Majoran *m.* **2.** *a.* **sweet ~, true ~** Echter Majoran. **3.** *a.* **common ~, wild ~** Feld-dost(en) *m.*

mark¹ [mɑː(r)k] **I** *s* **1.** Marˈkierung *f,* Bezeichnung *f,* Mal *n, bes. tech.* Marke *f*: **adjusting ~** Einstellmarke; **boundary ~** Grenzmal; **to make a ~ in the calendar** sich e-n Tag rot anstreichen. **2.** *fig.* Zeichen *n*: ~ **of confidence** Vertrauensbeweis *m*; ~ **of favo(u)r** Gunstbezeigung *f*; ~ **of respect** Zeichen der Hochachtung; **God bless** (*od.* **save**) **the ~** *colloq.* mit Verlaub zu sagen. **3.** (Kenn)Zeichen *n,* (*a.* charakteˈristisches) Merkmal: **distinctive ~** Kennzeichen. **4.** (Schrift-, Satz)Zeichen *n.* **5.** Orienˈtierungs-, Sichtzeichen *n*: **a ~ for pilots. 6.** (An)Zeichen *n*: **a ~ of great carelessness. 7.** a) (Eigentums)Zeichen *n,* b) Brandmal *n.* **8.** roter Fleck *(auf der Haut),* Strieme *f,* Schwiele *f.* **9.** Narbe *f (a. tech.).* **10.** Kerbe *f,* Einschnitt *m.* **11.** (Hand-, Namens-)Zeichen *n,* Kreuz *n (e-s Analphabeten).* **12.** Ziel(scheibe *f*) *n (a. fig.)*: **wide of** (*od.* **beside**) **the ~** *fig.* a) fehl am Platz, nicht zur Sache gehörig, b) ‚fehlgeschossen'; **you are quite off** (*od.* **wide of**) **the ~** *fig.* Sie irren sich gewaltig; **to hit the ~** (ins Schwarze) treffen; **to miss the ~** a) fehl-, vorbeischießen, b) sein Ziel *od.* s-n Zweck verfehlen, ‚danebenhauen'; **£** *1,000* **will be nearer to the ~** kommen eher hin. **13.** *fig.* Norm *f*: **below the ~** a) unter dem Durchschnitt, b) *gesundheitlich etc* nicht auf der Höhe; **to be up to the ~** a) der Sache gewachsen sein, b) den Erwartungen entsprechen, c) *gesundheitlich* auf der Höhe sein; **within the ~** a) innerhalb der erlaubten Grenzen, b) berechtigt (**in doing s.th.** etwas zu tun); **to overshoot** (*od.* **overstep**) **the ~** a) über das Ziel hinausschießen, b) zu weit gehen, es zu weit treiben. **14.** (aufgeprägter) Stempel, Gepräge *n.* **15.** *(Fuß-, Bremsetc)*Spur *f (a. fig.)*: **to leave one's ~ upon** *fig.* a) s-n Stempel aufdrücken *(dat),* b) bei *j-m* s-e Spuren hinterlassen; **to make a** (*od.* **one's**) **~** sich e-n Namen machen (**upon** bei), Vorzügliches leisten, es zu etwas bringen. **16.** *fig.* Bedeutung *f,* Rang *m*: **a man of ~** e-e markante *od.* bedeutende Persönlichkeit. **17.** Marke *f,* Sorte *f*: ~ **of quality** Qualitätsmarke. **18.** *econ.* a) (Faˈbrik-, Waren)Zeichen *n,* (Schutz-, Handels)Marke *f,* b) Preisangabe *f.* **19.** *mar.* a) (abgemarkte) Fadenlänge *(der Lotleine),* b) Landmarke *f,* c) Bake *f,* Leitzeichen *n,* d) Mark *n,* Ladungsbezeichnung *f,* e) Marke *f.* **20.** *mil. tech.* Moˈdell *n,* Type *f*: **a ~ V tank** ein Panzer (-wagen) der Type V. **21.** *ped.* a) (Schul-)Note *f,* Zenˈsur *f*: **to obtain full ~s** in allen Punkten voll bestehen; **to give s.o. full ~s for s.th.** *fig.* j-m für etwas höchstes Lob zollen; **he gained 20 ~s for Greek** im Griechischen bekam er 20 Punkte; **bad ~** Note für schlechtes Betragen, b) *pl* Zeugnis *n*: **bad ~s** (ein) schlechtes Zeugnis. **22.** *sl.* (das) Richtige: **not my ~** nicht mein Geschmack, nicht das Richtige für mich. **23.** *meist* **easy** ~ *sl.* Gimpel *m*, leichtes Opfer, leichte Beute: **to be an easy** ~ ‚leicht reinzulegen sein'. **24.** *sport* a) *Fußball*: Elfˈmeterpunkt *m*, b) *Boxen*: *sl.* Magengrube *f*, c) *Bowls*: Zielkugel *f*, d) *Laufsport*: Startlinie *f*: **on your** ~**s!** auf die Plätze!; **to be quick (slow) off the** ~ a) e-n guten (schlechten) Start haben, b) *fig.* schnell (langsam) ‚schalten'. **25.** *meist* ~ **of mouth** Bohne *f*, Kennung *f* (*Alterszeichen an Pferdezähnen*). **26.** *hist.* a) Mark *f*, Grenzgebiet *n*, b) Gemeindemark *f*, Allˈmende *f*: ~ **moot** Gemeindeversammlung *f*.

II *v/t* **27.** marˈkieren: a) *Wege, Gegenstände etc* kennzeichnen, b) *Stellen auf e-r Karte etc* bezeichnen, (*provisorisch*) andeuten, c) *Wäsche* zeichnen: **to** ~ **by a dotted line** durch e-e punktierte Linie kennzeichnen; **to** ~ **(with a hot iron)** brandmarken; **to** ~ **time** a) *mil.* auf der Stelle treten (*a. fig.*), b) *fig.* nicht vom Fleck kommen, c) abwarten, d) *mus.* den Takt schlagen. **28.** Spuren hinterˈlassen auf (*dat*): **his hobnails** ~**ed the floor. 29.** kennzeichnen, kennzeichnend sein für: **to** ~ **an era; the day was** ~**ed by heavy fighting** der Tag stand im Zeichen schwerer Kämpfe; **no triumph** ~**s her manner** es ist nicht ihre Art aufzutrumpfen. **30.** ein Zeichen sein (**for** für): **that** ~**s him for a leader** das zeigt, daß er sich zum Führer eignet. **31.** *a.* ~ **out** (*aus mehreren*) bestimmen, (aus)wählen, ausersehen (**for** für). **32.** herˈvorheben: **to** ~ **the occasion** zur Feier des Tages, aus diesem Anlaß. **33.** zum Ausdruck bringen, zeigen: **to** ~ **one's displeasure by hissing. 34.** *ped.* benoten, zenˈsieren. **35.** noˈtieren, vermerken. **36.** sich (*etwas*) merken: ~ **my words!** denke an m-e Worte (*od.* an mich)! **37.** bemerken, beachten, achtgeben auf (*acc*). **38.** *econ.* a) *Waren* auszeichnen, b) *Br.* (*öffentlich*) noˈtieren (lassen), c) *den Preis* festsetzen: → **mark down** 1. **39.** *ling. e-n Akzent* setzen, *e-e Länge* bezeichnen. **40.** *sport* a) *s-n Gegenspieler* decken, (*gut etc*) marˈkieren, b) *Punkte, Tore etc* aufschreiben, noˈtieren: **to** ~ **the game** → 44 b.

III *v/i* **41.** marˈkieren. **42.** achtgeben, aufpassen: ~**!** Achtung! **43.** sich etwas merken: ~ **you!** wohlgemerkt! **44.** *sport* a) decken, b) den Spielstand laufend noˈtieren.

Verbindungen mit Adverbien:

mark| down *v/t* **1.** *econ.* (*im Preis etc*) herˈunter-, herˈabsetzen. **2.** bestimmen, vormerken (**for** für, zu). **3.** noˈtieren, vermerken. ~ **off** *v/t* **1.** abgrenzen, abstecken. **2.** *fig.* trennen: a) absondern, b) abgrenzen, (unter)ˈscheiden. **3.** *math. e-e Strecke* ab-, auftragen. **4.** *tech.* vor-, anreißen. **5.** (*bes. auf e-r Liste*) abhaken. ~ **out** *v/t* **1.** → **mark**[1] 31. **2.** abgrenzen, (*durch Striche etc*) bezeichnen, marˈkieren. **3.** ˈdurchstreichen. ~ **up** *v/t econ.* **1.** (*im Preis etc*) hinˈauf-, herˈaufsetzen. **2.** *den Diskontsatz etc* erhöhen.

mark[2] [mɑː(r)k] *s econ.* **1.** (deutsche) Mark: **blocked** ~ Sperrmark. **2.** *hist.* Mark *f*: a) *schottische Silbermünze im Werte von etwa 67 p*, b) *Gold- u. Silbergewicht von etwa 8 Unzen.*

Mark[3] [mɑː(r)k] *npr u. s Bibl.* ˈMarkus (-evanˌgelium *n*) *m*.

ˈmark·down *s econ.* **1.** niedrigere Auszeichnung (*e-r Ware*). **2.** Preissenkung *f*.

marked [mɑː(r)kt] *adj* **1.** marˈkiert, gekennzeichnet, mit e-m Zeichen *od.* e-r Aufschrift (versehen): **a** ~ **check** (*Br.* **cheque**) a) *Am.* ein gekennzeichneter Scheck, b) *Br.* ein bestätigter Scheck. **2.** gezeichnet (*a. fig. gebrandmarkt*): **a face** ~ **with smallpox** ein pockennarbiges Gesicht; **feathers** ~ **with black spots** Federn mit schwarzen Punkten; **a** ~ **man** *fig.* ein Gezeichneter *od.* Gebrandmarkter. **3.** *fig.* deutlich, merklich, ausgeprägt: **a** ~ **American accent**; ~ **progress** spürbarer *od.* deutlicher Fortschritt. **4.** auffällig, ostentaˈtiv: ~ **indifference. ˈmark·ed·ly** [-ɪd-] *adv* merklich, deutlich, ausgesprochen.

mark·er [ˈmɑː(r)kə(r)] *s* **1.** Marˈkierer *m*: ~ **(of goods)** Warenauszeichner *m*. **2.** (An-, Auf)Schreiber *m*, (*bes. Billard*) Marˈkör *m*. **3.** *mil.* a) Anzeiger *m* (*beim Schießstand*): ~**'s gallery** Anzeigerdeckung *f*, b) Flügelmann *m*. **4.** a) Kennzeichen *n*, b) (ˈWeg-, ˈGrenz- *etc*)Marˌkierung *f*. **5.** Merk-, Lesezeichen *n*. **6.** *Am.* Straßen-, Verkehrsschild *n*. **7.** *Am.* Gedenkzeichen *n*, -tafel *f*. **8.** *aer. mil.* a) Sichtzeichen *n*, b) Leuchtbombe *f*, c) *a.* ~ **aircraft** Beleuchter *m* (*bei Nachtangriffen*): ~ **bomb** Markierungsbombe *f*; ~ **panel** Fliegertuch *n*. **9.** *a.* ~ **(radio) beacon** Marˈkierungsfunkfeuer *n*. **10.** *agr.* Furchenzieher *m* (*Gerät*). **11.** *bes. sport* a) Marˈkierer *m* (*Mann*), b) Marˈkiergerät *n* (*auf Tennisplätzen etc*). **12.** *sport* ‚Bewacher' *m*, Gegenspieler *m*. **13.** *Wasserbau*: Pegel *m*. **14.** *econ. Am.* Schuldschein *m*.

mar·ket [ˈmɑː(r)kɪt] *econ.* **I** *s* **1.** Markt *m* (*Handel*): **to be in the** ~ **for** Bedarf haben an (*dat*), kaufen *od.* haben wollen, suchen; **to be on** (*od.* **in**) **the** ~ (zum Verkauf) angeboten werden; **to come into the** ~ auf den Markt kommen; **to place** (*od.* **put**) **on the** ~ → 14; **sale in the open** ~ freihändiger Verkauf. **2.** Markt *m* (*Handelszweig*): ~ **for cattle** Viehmarkt; **real estate** ~ Grundstücks-, Immobilienmarkt. **3.** *Börse*: Markt *m*: **railway** (*Am.* **railroad**) ~ Markt für Eisenbahnwerte. **4.** Geldmarkt *m*: **to boom the** ~ die Kurse in die Höhe treiben; **to make a** ~ (durch Kaufmanöver) die Nachfrage (nach Aktien) künstlich hervorrufen; **to play the** ~ (an der Börse) spekulieren. **5.** Markt *m*, Börse *f*, Handelsverkehr *m*, Wirtschaftslage *f*: **active (dull)** ~ lebhafter (lustloser) Markt. **6.** a) Marktpreis *m*, -wert *m*, b) Marktpreise *pl*: **the** ~ **is low (rising)**; **at the** ~ a) zum Marktpreis, b) *Börse*: zum ‚Bestens'-Preis. **7.** Markt(platz) *m*, Handelsplatz *m*: **in the** ~ auf dem Markt; **(covered)** ~ Markthalle *f*; **settled** ~ Stapelplatz *m*. **8.** (Wochen-, Jahr)Markt *m*: **to bring one's eggs** (*od.* **hogs, goods**) **to a bad** (*od.* **the wrong**) ~ *fig.* sich verkalkulieren *od.* ‚verhauen'. **9.** Markt *m* (*Absatzgebiet*): **to hold the** ~ a) den Markt beherrschen, b) (durch Kauf *od.* Verkauf) die Preise halten. **10.** Absatz *m*, Verkauf *m*, Markt *m*: **to meet with a ready** ~ schnellen Absatz finden. **11.** (**for**) Nachfrage *f* (nach), Bedarf *m* (an *dat*): **a** ~ **for leather. 12.** *Am.* (Lebensmittel)Geschäft *n*, Laden *m*: **meat** ~. **13. the** ~ (*Börse*) a) der Standort der Jobber, b) *collect.* die Jobber *pl*.

II *v/t* **14.** auf den Markt bringen. **15.** (auf dem Markt) verkaufen, vertreiben.

III *v/i* **16.** Handel treiben, (ein)kaufen u. verkaufen. **17.** a) auf dem Markt handeln, b) Märkte besuchen.

IV *adj* **18.** Markt...: ~ **basket** Marktkorb *m*. **19.** a) Börsen..., b) Kurs...

mar·ket·a·bil·i·ty [ˌmɑː(r)kɪtəˈbɪlətɪ] *s econ.* Marktfähigkeit *f*. **ˈmar·ket·a·ble** *adj econ.* **1.** a) marktfähig, -gängig, verkäuflich, b) gefragt: ~ **title** *jur.* uneingeschränktes, frei veräußerliches Eigentum. **2.** noˈtiert, börsenfähig: ~ **securities.**

mar·ket| a·nal·y·sis *s econ.* ˈMarktanaˌlyse *f*. ~ **con·di·tion** *s econ.* Marktlage *f*, Konjunkˈtur *f*. ~ **deal·ings** *s pl econ. Br.* Börsenhandel *m*. ~ **dom·i·nance** *s econ.* Marktbeherrschung *f*. ˈ~-ˌ**dom·i·nat·ing** *adj econ.* marktbeherrschend (*Stellung*). ~ **e·con·o·my** *s* Marktwirtschaft *f*: **free (social)** ~ freie (soziale) Marktwirtschaft.

mar·ket·eer [ˌmɑː(r)kəˈtɪə(r)] *s* Verkäufer *m od.* Händler *m* (*auf e-m Markt*). **ˈmar·ket·er** [-tər] *s Am.* **1.** Markthändler(in). **2.** Marktbesucher(in).

mar·ket| fish *s Am.* Knurrfisch *m*. ~ **fluc·tu·a·tion** *s econ.* **1.** Konjunkˈturbewegung *f*. **2.** *pl* Konjunkˈturschwankungen *pl*. ~ **gap** *s econ.* Marktlücke *f*. ~ **gar·den** *s* Handelsgärtneˈrei *f*. ~ **gar·den·er** *s* Handelsgärtner(in). ~ **gar·den·ing** *s* (Betreiben *n* e-r) Handelsgärtneˈrei *f*.

mar·ket·ing [ˈmɑː(r)kɪtɪŋ] **I** *s* **1.** *econ.* Marketing *n*, ˈAbsatzpoliˌtik *f*, -förderung *f*, Vertrieb *m*. **2.** Marktversorgung *f*. **3.** Marktbesuch *m*: **to do one's** ~ s-e Einkäufe machen. **4.** Marktware *f*. **II** *adj* **5.** Absatz..., Markt...: ~ **association** Marktverband *m*; ~ **company** Vertriebsgesellschaft *f*; ~ **cooperative** Vertriebs-, Absatzgenossenschaft *f*; ~ **director** Marketingdirektor *m*; ~ **organization** Marktvereinigung *f*, Absatzorganisation *f*; ~ **research** Absatzforschung *f*; ~ **strategy** Marktstrategie *f*.

mar·ket| in·quir·y, ~ **in·ves·ti·ga·tion** *s econ.* ˈMarktunterˌsuchung *f*. ~ **lead·ers** *s pl* führende Börsenwerte *pl*. ~ **let·ter** *s Am.* Markt-, Börsenbericht *m*. ~ **niche** *s* Marktnische *f*, -lücke *f*. ~ **or·der** *s* **1.** Marktanweisung *f*. **2.** *Börse*: Bestensauftrag *m*. ~ **place** *s* Marktplatz *m*. ~ **po·si·tion** *s* ˈMarktpositiˌon *f*. ~ **price** *s* **1.** Marktpreis *m*. **2.** *Börse*: Kurs (-wert) *m*. ~ **quo·ta·tion** *s* ˈBörsennoˌtierung *f*, Marktkurs *m*: **list of** ~**s** Markt-, Börsenzettel *m*. ~ **rate** → **market price.** ~ **re·port** *s* **1.** Markt-, Handelsbericht *m*. **2.** Börsenbericht *m*. ~ **re·search** *s* Marktforschung *f*. ~ **re·search·er** *s* Marktforscher *m*. ~ **rig·ging** *s* Kurstreibeˈrei *f*, ˈBörsenmaˌnöver *n*. ~ **share** *s* Marktanteil *m*. ~ **sit·u·a·tion** *s* Marktlage *f*. ~ **swing** *s Am.* Konjunkˈturperiˌode *f*, -ˌumschwung *m*. ~ **town** *s* Marktflecken *m*. ~ **val·ue** *s* Markt-, Kurs-, Verkehrswert *m*.

mark·ing [ˈmɑː(r)kɪŋ] **I** *s* **1.** Marˈkierung *f*, Kennzeichnung *f*, *a. mus.* Bezeichnung *f*. **2.** *aer.* Hoheitszeichen *n*. **3.** *zo.* (Haut-, Feder)Musterung *f*, Zeichnung *f*. **4.** *ped.* Zenˈsieren *n*. **II** *adj* **5.** marˈkierend: ~ **awl** Reißahle *f*; ~ **hammer** Anschlaghammer *m*; ~ **ink** (unauslöschliche) Zeichentinte, Wäschetinte *f*; ~ **iron** Brand-, Brenneisen *n*; ~ **tool** Anreißwerkzeug *n*. ~ **nut** *s bot.* Maˈlakkanuß *f*.

mark·ka [ˈmɑː(r)kɑː] *pl* **ˈmark·kaa** [-kɑː] *s* Markka *f*, Finnmark *f*.

Mar·kov| chain [ˈmɑː(r)kɒf] *s Stochastik*: Markow-Kette *f*. ~ **pro·cess** *s Stochastik*: ˈMarkow-Proˌzeß *m*.

marks·man [ˈmɑː(r)ksmən] *s irr* **1.** guter Schütze, Meister-, Scharfschütze *m* (*a. fig. sport*). **2.** *mil. Am. niedrigste Leistungsstufe bei Schießübungen.* **3.** *Am.* Analphaˈbet *m*, ‚Kreuzlschreiber' *m*. **ˈmarks·man·ship** *s* **1.** Schießkunst *f*. **2.** Treffsicherheit *f*.

mark| tooth *s irr* Kennzahn *m* (*e-s Pferdes*). ˈ~**up** *s econ.* **1.** höhere Auszeichnung (*e-r Ware*). **2.** Preiserhöhung *f*. **3.** Kalkulatiˈonsaufschlag *m*: ~ **on selling price** Handelsspanne *f*.

marl[1] [mɑː(r)l] **I** *s* **1.** *geol.* Mergel *m*. **2.** *poet.* Erde *f*. **II** *v/t* **3.** mergeln, mit Mergel düngen.

marl[2] [mɑː(r)l] *v/t mar. ein Tau* marlen, bekleiden.

marl[3] [mɑː(r)l] *s* Pfauenfederfaser *f* (*für künstliche Angelfliegen*).

mar·la·ceous [mɑː(r)ˈleɪʃəs] *adj geol.* mergelhaltig *od.* -artig.

mar·line [ˈmɑː(r)lɪn] *s mar.* Marlleine *f*, Marling *f*. **ˈ~·spike** *s* **1.** *mar.* Marlpfriem *m*. **2.** *orn.* Raubmöwe *f*.

marl·ite [ˈmɑː(r)laɪt] *s min.* Marˈlit *m* (*Art Kalkmergel*).

marl·y [ˈmɑː(r)lɪ] *adj* merg(e)lig.

marm [mɑː(r)m] *dial. für* **madam**.

mar·ma·lade [ˈmɑː(r)məleɪd] *s* (*bes.* Oˈrangen)Marmeˌlade *f*. **~ tree** *s bot.* Große Saˈpote, Marmeˈladenpflaume *f*.

mar·mo·lite [ˈmɑː(r)məlaɪt] *s min.* Marmoˈlith *m* (*blätteriger Serpentin*).

mar·mo·re·al [mɑː(r)ˈmɔːrɪəl; *Am. a.* -ˈməʊ-] *adj* **1.** marmorn, Marmor... **2.** marmorartig.

mar·mose [ˈmɑː(r)məʊs] *s zo.* Beutelratte *f*.

mar·mo·set [ˈmɑː(r)məʊzet; *Am.* -məˌset] *s zo.* (*ein*) Krallenaffe *m*.

mar·mot [ˈmɑː(r)mət] *s zo.* **1.** Murmeltier *n*. **2.** Präˈriehund *m*. **3.** *a.* **~ squirrel** Ziesel *m*.

mar·o·cain [ˈmærəkeɪn] *s* Maroˈcain *m*, *n* (*kreppartiger Kleiderstoff*).

ma·roon[1] [məˈruːn] **I** *v/t* **1.** (*auf e-r einsamen Insel etc*) aussetzen. **2.** *fig.* a) im Stich lassen, b) von der Außenwelt abschneiden. **II** *v/i* **3.** *hist.* fliehen (*Negersklave*). **4.** *Am.* a) einsam zelten, b) ein Picknick veranstalten. **5.** herˈumlungern. **III** *s* **6.** Busch-, Maˈronneger *m* (*in Westindien u. Holländisch-Guayana*). **7.** Ausgesetzte(r *m*) *f*.

ma·roon[2] [məˈruːn] **I** *s* **1.** Kaˈstanienbraun *n*. **2.** Kaˈnonenschlag *m* (*Feuerwerk*). **II** *adj* **3.** kaˈstanienbraun.

ma·roon·er [məˈruːnə(r)] *s* Piˈrat *m*.

mar·plot [ˈmɑː(r)plɒt; *Am.* -ˌplɑt] *s* **1.** Quertreiber *m*. **2.** Spielverderber *m*, Störenfried *m*.

marque [mɑː(r)k] *s mar. hist.* **1.** Kapern *n*: **letter(s) of ~ (and reprisal)** Kaperbrief *m*. **2.** Kaperschiff *n*.

mar·quee [mɑː(r)ˈkiː] *s* **1.** großes Zelt (*für Zirkus u. andere Vergnügungen*; *a. mil.*). **2.** *Am.* Marˈkise *f*, Schirmdach *n* (*über e-m Hoteleingang etc*). **3.** Vordach *n* (*über e-r Haustür*).

mar·quess → **marquis**.

mar·que·try, *a.* **mar·que·te·rie** [ˈmɑː(r)kɪtrɪ] *s* Marketeˈrie *f*, Inˈtarsien *pl*, Holzeinlegearbeit *f*.

mar·quis [ˈmɑː(r)kwɪs] *s* Marˈquis *m* (*englischer Adelstitel zwischen* **Duke** *u.* **Earl**). **ˈmar·quis·ate** [-zət] *s* Marquiˈsat *n* (*Würde u. Besitztum e-s Marquis*).

mar·quise [mɑː(r)ˈkiːz] *s* **1.** Marˈquise *f* (*für nichtenglischen Adelstitel*). **2.** *a.* **~ ring** Marˈquise *f* (*Ring mit Edelsteinen in lanzettförmiger Fassung*). **3.** → **marquee**.

mar·riage [ˈmærɪdʒ] *s* **1.** Heirat *f*, Vermählung *f*, Hochzeit *f* (**to** mit). **2.** Ehe (-stand *m*) *f*: **by ~** angeheiratet; **related by ~** verschwägert; **of his (her) first ~** aus erster Ehe; **to contract a ~** die Ehe eingehen; **to give s.o. in ~** j-n verheiraten; **to take s.o. in ~** j-n heiraten; → **civil marriage, companionate**. **3.** *fig.* Vermählung *f*, enge *od.* innige Verbindung: **a ~ of ideas** e-e Gedankenverbindung. **4.** Mariˈage *f*: a) *ein Kartenspiel*, b) *König u. Dame gleicher Farbe im Blatt*. **ˈmar·riage·a·ble** *adj* heiratsfähig, mannbar, *jur.* ehemündig: **~ age** Ehemündigkeit *f*. **ˈmar·riage·a·ble·ness** *s* Heiratsfähigkeit *f*.

mar·riage| ar·ti·cles *s pl jur.* Ehevertrag *m*. **~ bed** *s* Ehebett *n*. **~ bro·ker** *s* Heiratsvermittler *m*, *jur.* Ehemakler *m*. **~ bu·reau** *s* ˈHeiratsinstiˌtut *n*. **~ cer·e·mo·ny** *s* Trauung *f*. **~ cer·tif·i·cate** *s* Trauschein *m*. **~ con·tract** *s jur.* Ehevertrag *m*. **~ flight** *s zo.* Hochzeitsflug *m* (*der Bienen*). **~ guid·ance** *s* Eheberatung *f*. **~ guid·ance cen·ter** (*bes. Br.* **cen·tre**) *s* Eheberatungsstelle *f*. **~ guid·ance coun·sel·(l)or** *s* Eheberater(in). **~ li·cence** (*Am.* **li·cense**) *s* (*Br. kirchliche, Am. amtliche*) Heiratserlaubnis. **~ lines** *s pl* (*meist als sg konstruiert*) *bes. Br. colloq.* Trauschein *m*. **~ of con·ve·nience** *s* Geld-, Zweck-, Vernunftheirat *f od.* -ehe *f*. **~ por·tion** *s jur.* Mitgift *f*. **~ set·tle·ment** *s jur.* Ehevertrag *m*, Güterrechtstreuhandvertrag *m*. **~ vow** *s* Ehegelöbnis *n*.

mar·ried [ˈmærɪd] **I** *adj* **1.** verheiratet, Ehe..., ehelich: **(newly) ~ couple** (jungvermähltes) Ehepaar; **~ life** Eheleben *n*; **~ man** Ehemann *m*; **~ state** Ehestand *m*; **~ woman** Ehefrau *f*. **2.** *fig.* eng *od.* innig (miteinˈander) verbunden, vereint. **3.** a) aus Teilen verschiedener (Möbel)Stücke zs.-gesetzt, b) *Br.* nur im ganzen verkäuflich, c) *Br.* mit Tonstreifen (*Filmkopie*). **II** *s* **4.** Verheiratete(r *m*) *f*: **the young ~s** die Jungverheirateten.

mar·ron [ˈmærən] *s* Maˈrone *f* (*eßbare Kastanie*).

mar·row[1] [ˈmærəʊ] *s* **1.** *anat.* (Knochen)Mark *n*: **red ~** rotes Knochenmark; **yellow ~** Fettmark. **2.** *fig.* Mark *n*, Kern *m*, (*das*) Innerste *od.* Wesentlichste: **to the ~ (of one's bones)** bis aufs Mark, bis ins Innerste; **he was frozen to the ~** er war völlig durchgefroren. **3.** *fig.* Lebenskraft *f*, Lebensmut *m*. **4.** *fig.* Kraftnahrung *f*.

mar·row[2] [ˈmærəʊ] *s Am. meist* **~ squash**, *Br. a.* **vegetable ~** *bot.* Eier-, Markkürbis *m*.

mar·row[3] [ˈmærəʊ] *s dial.* **1.** Genosse *m*, Genossin *f*. **2.** Ehegespons *n*. **3.** Ebenbürtige(r *m*) *f*. **4.** *fig.* getreues Abbild.

ˈmar·row·bone *s* **1.** Markknochen *m*. **2.** *pl humor.* Knie *pl*. **3.** *pl* Totenkopfknochen *pl* (*Bildzeichen*).

mar·row·less [ˈmærəʊlɪs] *adj fig.* mark-, kraftlos.

mar·row pea *s bot.* Markerbse *f*.

mar·row·sky [məˈraʊskɪ] *s colloq.* → **spoonerism**.

mar·row·y [ˈmærəʊɪ; *Am.* -əwiː] *adj fig.* markig, kernig.

mar·ry[1] [ˈmærɪ] **I** *v/t* **1.** heiraten, sich vermählen *od.* verheiraten mit, zum Mann (zur Frau) nehmen: **to be married to** verheiratet sein mit (*a. fig. iro.*); **to get married to** sich verheiraten mit. **2.** *s-e Tochter etc* verheiraten (**to** an *acc*, mit): **to ~ off** verheiraten, unter die Haube bringen. **3.** *ein Paar* trauen, vermählen (*Geistlicher*). **4.** *fig.* eng verbinden *od.* verknüpfen (**to** mit). **5.** *mar. Taue* spleißen. **6.** *Weinsorten* (miteinˈander) vermischen. **II** *v/i* **7.** heiraten, sich verheiraten: **to ~ into a family** in e-e Familie einheiraten; **~ in haste and repent at leisure** schnell gefreit, lange bereut; **~ing man** Heiratslustige(r) *m*, Ehekandidat *m*. **8.** *fig.* sich innig verbinden.

mar·ry[2] [ˈmærɪ] *interj obs. od. dial.* fürˈwahr!: **~ come up!** na, mach's halblang!

Mars [mɑː(r)z] **I** *npr* **1.** *myth.* Mars *m* (*Kriegsgott*). **II** *s* **2.** *poet.* der Kriegsgott, Mars *m* (*Krieg*). **3.** *astr.* Mars *m*.

marsh [mɑː(r)ʃ] *s* **1.** Sumpf(land *n*) *m*, Marsch *f*. **2.** Moˈrast *m*.

mar·shal [ˈmɑː(r)ʃl] **I** *s* **1.** *mil.* Marschall *m*. **2.** *jur. Br. Gerichtsbeamter, der e-n reisenden High-Court-Richter begleitet*. **3.** *jur. Am.* a) **US ~** (ˈBundes)Vollˌzugsbeamte(r) *m*, b) Beˈzirkspoliˌzeichef *m*, c) *a.* **city ~** Poliˈzeidiˌrektor *m*. **4.** *a.* **fire ~** *Am.* ˈBranddiˌrektor *m*. **5.** Zereˈmonienmeister *m*, Festordner *m*, *mot. sport* Rennwart *m*. **6.** *hist.* (Hof)Marschall *m*: **knight ~** *Br.* königlicher Hofmarschall. **7.** *Br. hist.* königlicher Zereˈmonienmeister (*jetzt* **Earl M~**). **8.** *univ. Br.* Begleiter *m* e-s Proktors. **II** *v/t pret u. pp* **-shaled,** *bes. Br.* **-shalled 9.** *allg.* auf-, zs.-stellen, zs.-fassen: **to ~ one's thoughts** s-e Gedanken ordnen. **10.** *mil. Truppen* auf-, bereitstellen, antreten lassen, ˈaufmarˌschieren lassen (*a. fig.*). **11.** (*methodisch*) (an)ordnen, arranˈgieren. **12.** **to ~ wag(g)ons into trains** *rail.* Züge zs.-stellen. **13.** (*bes. feierlich*) (hinˈein)geleiten (**into** in *acc*). **14.** *aer.* einwinken. **15.** *jur.* a) *die Aktiva* (zur Begleichung von Konˈkursforderungen) rangwertig zs.-stellen: **to ~ the assets**, b) die Reihenfolge *der Massegläubiger* gemäß dem Vorrang ihrer Forderungen feststellen. **III** *v/i* **16.** sich ordnen *od.* aufstellen. **ˈmar·shal·(l)er** *s aer.* Marshaler *m* (*der gelandete Flugzeuge in ihre Parkposition einweist*).

mar·shal·(l)ing| a·re·a [ˈmɑː(r)ʃlɪŋ] *s mil.* Bereitstellungsraum *m*. **~ yard** *s rail.* Ranˈgier-, Verschiebebahnhof *m*.

Mar·shal·sea [ˈmɑːʃlsiː] *s jur. Br. hist.* **1.** (*a.* **court of**) **~** Hofmarschallgericht *n*. **2.** Hofmarschallgefängnis *n*.

mar·shal·ship [ˈmɑː(r)ʃlʃɪp] *s* Marschallamt *n*, -würde *f*.

marsh| fe·ver *s med.* Sumpf-, Wechselfieber *n*. **~ gas** *s* Sumpfgas *n*. **~ gen·tian** *s bot.* Lungenenzian *m*.

marsh·i·ness [ˈmɑː(r)ʃɪnɪs] *s* sumpfige Beschaffenheit, Sumpfigkeit *f*.

ˈmarsh|·land *s* Sumpf-, Moor-, Marschland *n*. **ˌ~ˈmal·low** *s* **1.** *bot.* Echter Eibisch, Alˈthee *f*. **2.** Marshˈmallow *n* (*Süßigkeit*). **~ mar·i·gold** *s bot.* Sumpfdotterblume *f*.

marsh·y [ˈmɑː(r)ʃɪ] *adj* sumpfig, moˈrastig, Sumpf...

mar·su·pi·al [mɑːˈsjuːpjəl; *Am.* mɑːrˈsuːpiːəl] *zo.* **I** *adj* **1.** Beuteltier... **2.** a) beutelartig, b) Beutel..., Brut...: **~ pouch** Brutsack *m*. **II** *s* **3.** Beuteltier *n*.

mart [mɑː(r)t] *s* **1.** Markt *m*, Handelszentrum *n*. **2.** Auktiˈonsraum *m*. **3.** *obs. od. poet.* a) Markt(platz) *m*, b) (Jahr-) Markt *m*, c) Handeln *n*.

mar·tel [mɑːˈtel; *Am.* ˈmɑːrˌtel] *s mil. hist.* Streitaxt *f*, -hammer *m*.

mar·tel·lo [mɑː(r)ˈteləʊ] *pl* **-los** *s*, *a.* **~ tow·er** *s mil. hist.* Marˈtelloturm *m* (*rundes Küstenfort*).

mar·ten [ˈmɑːtɪn; *Am.* ˈmɑːrtn] *s zo.* Marder *m*.

mar·tial [ˈmɑː(r)ʃl] *adj* (*adv* **~ly**) **1.** **M~** → **Martian** 2 *u.* 3. **2.** kriegerisch, streitbar, kampfesfreudig. **3.** miliˈtärisch, solˈdatisch: **~ music** Militärmusik *f*. **4.** Kriegs..., Militär... **5.** stramm, solˈdatisch (*Haltung*). **6.** **~ arts** asiatische Kampfsportarten. **~ law** *s* **1.** Kriegsrecht *n*: **state of ~** Ausnahme-, Belagerungszustand *m*; **to try by ~** vor ein Kriegsgericht stellen. **2.** Standrecht *n*.

Mar·ti·an [ˈmɑːʃjən; *Am.* ˈmɑːrʃən] **I** *s* **1.** Marsmensch *m*, -bewohner(in). **II** *adj* **2.** Mars..., kriegerisch. **3.** *astr.* Mars...

mar·tin [ˈmɑː(r)tɪn] *s orn.* **1.** *a.* **house ~** Haus-, Mauerschwalbe *f*. **2.** Baumschwalbe *f*.

mar·ti·net [ˌmɑː(r)tɪˈnet] *s mil. od. fig.* Zuchtmeister *m*, strenger *od.* kleinlicher Vorgesetzter. **ˌmar·tiˈnet·ish** *adj* ‚scharf', streng, zuchtmeisterlich.

mar·tin·gale [ˈmɑː(r)tɪŋgeɪl; -tɪŋ-] *s* **1.** Martingal *n* (*zwischen den Vorderbeinen des Pferdes durchlaufender Sprungriemen*). **2.** *mar. hist.* Stampfstock *m*. **3.** *Glücksspiel*: Verdoppeln *n* des Einsatzes nach e-m Verlust.

mar·ti·ni [mɑː(r)ˈtiːnɪ] *s* Marˈtini *m* (*Cocktail aus Gin, Wermut etc*).

Mar·tin·mas [ˈmɑː(r)tɪnməs] *s* Martinstag *m*, Marˈtini *n* (*11. November*).

Mar·tin pro·cess [ˈmɑː(r)tɪn] *s metall.* (Siemens-)ˈMartin-Proˌzeß *m*.

mart·let [ˈmɑː(r)tlɪt] *s her.* Vogel *m* (*als Beizeichen im Wappen e-s 4. Sohnes*).

mar·tyr [ˈmɑː(r)tə(r)] **I** *s* **1.** Märtyrer(in), Blutzeuge *m*: **to make a ~ of** → 4. **2.** *fig.* Märtyrer(in), Opfer *n*: **to make a ~ of o.s.** a) sich für etwas aufopfern, b) *iro.* den Märtyrer spielen; **to die a ~ to** (*od.* **in the cause of**) **science** sein Leben im Dienst der Wissenschaft opfern. **3.** *colloq.* Dulder(in), armer Kerl: **to be a ~ to gout** ständig von Gicht geplagt werden. **II** *v/t* **4.** zum Märtyrer machen. **5.** zu Tode martern: **to be ~ed** den Märtyrertod sterben. **6.** martern, peinigen, quälen. **ˈmar·tyr·dom** *s* **1.** Marˈtyrium *n* (*a. fig.*), Märtyrertod *m*. **2.** Marterqualen *pl* (*a. fig.*). **ˈmar·tyr·ize** *v/t* **1.** (**o.s.** sich) zum Märtyrer machen (*a. fig.*). **2.** → **martyr** 6.

mar·tyr·ol·a·try [ˌmɑː(r)təˈrɒlətrɪ; *Am.* -ˈrɑ-] *s* Märtyrerkult *m*.

mar·tyr·o·log·i·cal [ˌmɑː(r)tərəˈlɒdʒɪkl; *Am.* -ˈlɑ-] *adj* martyroˈlogisch. **ˌmar·tyrˈol·o·gist** [-ˈrɒlədʒɪst; *Am.* -ˈrɑ-] *s* Martyroˈloge *m*. **ˌmar·tyrˈol·o·gy** [-dʒɪ] *s* **1.** Martyroloˈgie *f*. **2.** Martyroˈlogium *n*: a) Geschichte *f* der Märtyrer, b) Märtyrererzählung *f*, c) Märtyrerbuch *n*.

mar·vel [ˈmɑː(r)vl] **I** *s* **1.** Wunder(ding) *n*, (*etwas*) Wunderbares: **an engineering ~** ein Wunder der Technik; **to be a ~ at s.th.** etwas fabelhaft können; **it is a ~ that** es ist (wie) ein Wunder, daß; **it is a ~ to me how** ich staune nur, wie; **to work** (*od.* **do**) **~s** Wunder wirken. **2.** Muster *n* (**of an** *dat*): **he is a ~ of patience** er ist die Geduld selber; **he is a perfect ~** *colloq.* er ist ‚phantastisch' *od.* ein Phänomen. **3.** *obs.* Staunen *n*. **II** *v/i pret u pp* **-veled,** *bes. Br.* **-velled 4.** sich (ver)wundern, staunen (**at** über *acc*). **5.** sich verwundert fragen, sich wundern (**that** daß; **how** wie).

mar·vel·(l)ous [ˈmɑː(r)vələs] *adj* (*adv* **~ly**) **1.** erstaunlich, wunderbar. **2.** unglaublich, unwahrscheinlich. **3.** *colloq.* fabelhaft, phanˈtastisch, wunderbar. **ˈmar·vel·(l)ous·ness** *s* **1.** (*das*) Wunderbare, (*das*) Erstaunliche. **2.** (*das*) Unglaubliche.

mar·vie, mar·vy [ˈmɑːrviː] *interj Am. sl.* ‚prima!', ‚Klasse!'

Marx·i·an [ˈmɑː(r)ksjən; -ɪən] → **Marxist.**

Marx·ism [ˈmɑː(r)ksɪzəm], *a.* **ˈMarx·i·an·ism** [-sjənɪzəm; -ɪən-] *s* Marˈxismus *m*. **ˈMarx·ist I** *s* Marˈxist(in). **II** *adj* marˈxistisch.

Mar·y Jane [ˌmeərɪˈdʒeɪn] *s Am. sl.* Mary Jane *f*, Mariˈhuana *n*.

mar·zi·pan [ˌmɑːzɪˈpæn; *Am.* ˈmɑːrtsəˌpɑːn; -ˌpæn] *s* Marziˈpan *n, m*.

mas·ca·ra [mæˈskɑːrə; *Am.* -ˈskærə] *s* Masˈcara *n*, Wimperntusche *f*.

mas·cot [ˈmæskət; -kɒt; *Am.* -ˌkɑt] *s* Masˈkottchen *n*: a) Glücksbringer(in), b) Talisman *m*: **radiator ~** *mot.* Kühlerfigur *f*.

mas·cu·line [ˈmæskjʊlɪn] **I** *adj* **1.** männlich, Männer...: **~ voice. 2.** *ling. metr.* männlich, maskuˈlin: **~ noun. 3.** männlich: a) viˈtal, roˈbust, b) mannhaft. **4.** kräftig, stark. **5.** unweiblich, maskuˈlin. **II** *s* **6.** Mann *m*. **7.** *ling.* Maskulinum *n*: a) männliches Substantiv *od.* Proˈnomen, b) männliches Geschlecht.

mas·cu·lin·i·ty [ˌmæskjʊˈlɪnətɪ] *s* **1.** Männlichkeit *f*: a) Vitaliˈtät *f*, Roˈbustheit *f*, b) Mannhaftigkeit *f*. **2.** unweibliche *od.* maskuˈline Art.

mas·cu·lin·ize [ˈmæskjʊlɪnaɪz] **I** *v/t* **1.** männlich machen. **2.** e-e männliche Note verleihen (*dat*). **3.** *med. zo.* maskuliniˈsieren, vermännlichen. **4.** zu e-m höheren Männeranteil führen in (*dat*). **II** *v/i* **5.** männlich werden. **6.** *med. zo.* maskuliniˈsieren, vermännlichen.

mash¹ [mæʃ] **I** *s* **1.** *Brauerei*: Maische *f*. **2.** *agr.* Mengfutter *n*. **3.** breiige Masse, Brei *m*, ‚Mansch' *m*. **4.** *Br. colloq.* Karˈtoffelbrei *m*. **5.** Mischmasch *m*. **II** *v/t* **6.** (ein-)maischen: **~ing tub** Maischbottich *m*. **7.** (*zu Brei etc*) zerdrücken, -quetschen: **~ed potatoes** Kartoffelpüree *n*, -brei *m*.

mash² [mæʃ] *obs. sl.* **I** *v/t* **1.** *j-m* den Kopf verdrehen. **2.** flirten *od.* schäkern mit. **II** *v/i* **3.** flirten, schäkern. **III** *s* **4.** Verliebtheit *f*. **5.** a) Schwerenöter *m*, Schäker *m*, b) ‚Flamme' *f*.

mash·er¹ [ˈmæʃə(r)] *s* **1.** Stampfer *m*, Quetsche *f* (*Küchengerät*). **2.** *Brauerei*: ˈMaischappaˌrat *m*.

mash·er² [ˈmæʃə(r)] → **mash²** 5 a.

mash·ie [ˈmæʃɪ] *s Golf*: *obs.* Mashie *m* (*Eisenschläger Nr. 5*). **~ i·ron** *s Golf*: Mashie-Iron *m* (*Eisenschläger Nr. 4*). **~ nib·lick** *s Golf*: *obs.* Mashie-Niblick *m* (*Eisenschläger Nr. 7*).

mash·y¹ [ˈmæʃɪ] *adj* **1.** (*zu Brei*) zerstampft, -quetscht. **2.** breiig.

mash·y² → **mashie.**

mask [mɑːsk; *Am.* mæsk] **I** *s* **1.** Maske *f* (*Nachbildung des Gesichts*). **2.** (Schutz-, Gesichts)Maske *f*: **fencing ~** Fechtmaske. **3.** Gesichtsabguß *m*, (Kopf)Maske *f*. **4.** Gasmaske *f*. **5.** Maske *f*: a) Masˈkierte(r *m*) *f*, b) ˈMaskenkoˌstüm *n*, Masˈkierung *f*, c) *fig.* Verkleidung *f*, -kappung *f*, Vorwand *m*: **to throw off the ~** die Maske fallen lassen; **under the ~ of** unter dem Deckmantel (*gen*). **6.** → **masque. 7.** maskenhaftes Gesicht. **8.** *arch.* Maskaˈron *m* (*Fratzenskulptur*), Maske *f*. **9.** *Kosmetik*: (Gesichts)Maske *f*. **10.** *mil.* Tarnung *f*, Blende *f*. **11.** *zo.* Fangmaske *f* (*der Libellen*). **12.** *TV* (Bildröhren)Maske *f*. **13.** *tech.* (Abdeck)Blende *f*, Maske *f*. **14.** *phot.* Vorsatzscheibe *f*. **II** *v/t* **15.** *j-n* masˈkieren, verkleiden, -mummen. **16.** *fig.* verschleiern, -hüllen, -decken, -bergen, tarnen. **17.** *mil.* a) *e-e Stellung etc* tarnen, *Gelände* masˈkieren, b) *feindliche Truppen* binden, fesseln, c) *die eigene Truppe* behindern (*indem man in ihre Feuerlinie gerät*). **18.** *Licht* abblenden. **19.** *a.* **~ out** *tech.* korriˈgieren, retuˈschieren: **to ~ out a stencil. 20.** *pharm. etc* a) *e-n Geschmack* überˈdecken, b) mit geschmacksverbessernden Zusätzen versehen. **III** *v/i* **21.** e-e Maske tragen.

masked [mɑːskt; *Am.* mæskt] *adj* **1.** masˈkiert: **~ bandits; ~ ball** Maskenball *m*. **2.** verdeckt, -borgen. **3.** *fig.* verschleiert, -hüllt: **~ advertising** *econ.* Schleichwerbung *f*. **4.** *mil.* getarnt: **~ ground** maskiertes Gelände. **5.** *med.* larˈviert, verborgen: **~ disease. 6.** *bot.* masˈkiert, geschlossen (*Blüte*). **7.** *zo.* mit maskenartiger Kopfbildung.

mask·er [ˈmɑːskə; *Am.* ˈmæskər] *s* **1.** Maske *f*, Maskentänzer(in), -spieler(in). **2.** → **mask** 5 a.

mask·ing tape [ˈmɑːskɪŋ; *Am.* ˈmæskɪŋ] *s tech.* Kreppband *n*.

mask·oid [ˈmɑːskɔɪd; *Am.* ˈmæsk-] *s* Maske *f* (*aus Stein od. Holz; an Gebäuden im alten Mexiko u. Peru*).

mas·och·ism [ˈmæsəʊkɪzəm; -sək-] *s psych.* Masoˈchismus *m*. **ˈmas·och·ist** *s* Masoˈchist *m*. **ˌmas·ochˈis·tic** *adj* (*adv* **~ally**) masoˈchistisch.

ma·son [ˈmeɪsn] **I** *s* **1.** Steinmetz *m*, -hauer *m*: **~'s level** Setzwaage *f*. **2.** Maurer *m*. **3.** *oft* **M~** Freimaurer *m*. **II** *v/t* **4.** aus Stein errichten. **5.** mauern. **M~-Dix·on line** [ˌmeɪsnˈdɪksn] *s Grenze zwischen Pennsylvanien u. Maryland, früher Grenzlinie zwischen Staaten mit u. ohne Sklaverei.*

ma·son·ic [məˈsɒnɪk; *Am.* -ˈsɑ-] *adj* (*adv* **~ally**) **1.** Maurer... **2.** *meist* **M~** freimaurerisch, Freimaurer...: **M~ lodge** Freimaurerloge *f*.

ma·son·ry [ˈmeɪsnrɪ] *s* **1.** Steinmetzarbeit *f*. **2.** a) Maurerarbeit *f*, b) Mauerwerk *n*: **bound ~** Quaderwerk *n*. **3.** Maurerhandwerk *n*. **4.** *meist* **M~** Freimaureˈrei *f*.

masque [mɑːsk; *Am.* mæsk] *s* **1.** *thea. hist.* Maskenspiel *n*. **2.** Maskeˈrade *f*.

mas·quer → **masker.**

mas·quer·ade [ˌmæskəˈreɪd] **I** *s* **1.** Maskeˈrade *f*: a) Maskenfest *n*, -ball *m*, b) Masˈkierung *f*, ˈMaskenkoˌstüm *n*, c) *fig.* Theˈater *n*, Verstellung *f*, d) *fig.* Maske *f*, Verkleidung *f*. **II** *v/i* **2.** an e-r Maskeˈrade teilnehmen. **3.** masˈkiert herˈumgehen. **4.** sich masˈkieren *od.* verkleiden. **5.** *fig.* Theˈater spielen, sich verstellen. **6.** *fig.* sich ausgeben (**as** als). **ˌmas·querˈad·er** *s* **1.** Teilnehmer(in) an e-m Maskenzug *od.* -ball. **2.** *fig.* ‚Schauspieler(in)'. **3.** *fig.* ‚Hochstapler(in)'.

mass¹ [mæs] **I** *s* **1.** Masse *f*, Ansammlung *f*: **a ~ of troops** e-e Truppenansammlung. **2.** Masse *f* (*formloser Stoff*): **a ~ of blood** ein Klumpen Blut. **3.** Masse *f*, Stoff *m*, Subˈstanz *f*. **4.** Masse *f*, (große) Menge: **a ~ of data; a ~ of errors** e-e (Un)Menge Fehler. **5.** Gesamtheit *f*: **in ~** → **en masse; in the ~** im großen u. ganzen. **6.** Hauptteil *m*, Mehrzahl *f*: **the ~ of imports** der überwiegende *od.* größere Teil der Einfuhr(en). **7.** *paint. etc* größere einfarbige Fläche. **8. the ~** die Masse, die Allgeˈmeinheit: **the ~es** die (breite) Masse. **9.** *phys.* Masse *f* (*Quotient aus Gewicht u. Beschleunigung*). **10.** *math.* Voˈlumen *n*, Inhalt *m*. **11.** *mil.* geschlossene Formatiˈon. **II** *v/t u. v/i* **12.** (sich) (an)sammeln *od.* (an)häufen. **13.** (sich) zs.-ballen *od.* -ziehen. **14.** *mil.* (sich) masˈsieren *od.* konzenˈtrieren. **III** *adj* **15.** Massen...: **~ demonstration (dismissals, flight, grave, hysteria, murder, psychology, psychosis, suggestion, unemployment,** *etc*).

Mass² [mæs] *s relig.* **1.** (die heilige) Messe. **2.** *oft* **m~** Messe *f*, Meßfeier *f*: **~ was said** die Messe wurde gelesen; **to attend (the) ~, to go to ~** zur Messe gehen; **to hear ~** die Messe hören; **~ for the dead** Toten-, Seelenmesse; → **Low Mass, High Mass. 3.** Messe *f*, ˈMeßliturˌgie *f*. **4.** *mus.* Messe *f*.

mas·sa·cre [ˈmæsəkə(r)] **I** *s* **1.** Gemetzel *n*, Masˈsaker *n*, Blutbad *n*. **II** *v/t* **2.** niedermetzeln, massaˈkrieren, ab-, ˈhinschlachten. **3.** *fig.* a) kaˈputtmachen, b) *sport sl.* ‚auseinˈandernehmen'.

mas·sage [ˈmæsɑːʒ; *Am.* məˈsɑːʒ] **I** *s* Masˈsage *f*, Masˈsieren *n*: **~ machine** Massagegerät *n*; **~ parlo(u)r** a) Massageinstitut *n*, -praxis *f*, b) *euphem.* Massagesalon *m* (*Bordell*). **II** *v/t* masˈsieren. **mas·sag·er** [məˈsɑːʒər] *s Am.* → **masseur.**

Mass| bell *s* Sanktusglocke *f*. **~ book** *s R.C.* Meßbuch *n*, Misˈsale *n*. **m~ com·mu·ni·ca·tion** *s* ˈMassenkommunikaˌtiˌon *f*: **~ media** Massenkommunikationsmittel, Massenmedien. **ˈm~ cult, m~ cul·ture** *s* ˈMassenkulˌtur *f*.

mas·sé [ˈmæseɪ; *Am.* mæˈseɪ] *s Billard*: Kopf-, Masˈséstoß *m*.

ˌmass-ˈen·er·gy| e·qua·tion *s phys.* Masse-Enerˈgie-Gleichung *f*. **~ e·quiv·a·lence** *s* Masse-Enerˈgie-Äquivaˌlenz *f*.

mas·se·ter [mæˈsiːtə(r)] *s anat.* Masˈseter *m*, Kaumuskel *m*.

mas·seur [mæˈsɜː; *Am.* mæˈsɜr] *s* **1.** Masˈseur *m*. **2.** Masˈsagegerät *n*. **masˈseuse** [-ˈsɜːz; *Am. a.* -ˈsuːz] *s* a) Masˈseurin *f*,

Masˈseuse *f*, b) *euphem.* Masˈseuse *f* (*Prostituierte, die in e-m Massagesalon arbeitet*).

mas·si·cot [ˈmæsɪkɒt; *Am.* -ˌkɑt; -ˌkəʊ] *s chem.* Massicot *n*, gelbes ˈBleioˌxyd: **native ~** Arsenikblei *n*, Bleiblüte *f*.

mas·sif [ˈmæsiːf; *bes. Am.* mæˈsiːf] *s geol.* **1.** Geˈbirgsmasˌsiv *n*, -stock *m*. **2.** Scholle *f* (*der Erdrinde*).

mas·sive [ˈmæsɪv] *adj* (*adv* **~ly**) **1.** masˈsiv: a) groß u. schwer, massig, b) gediegen (*Gold etc*), c) *fig.* wuchtig, ‚klotzig', d) *fig.* gewaltig, ‚mächtig', heftig: **~ accusations** massive Beschuldigungen; **~ construction** *arch.* Massivbauweise *f*; **~ research** gewaltige Forschungsarbeiten *pl*; **on a ~ scale** in ganz großem Rahmen. **2.** *fig.* schwer(fällig). **3.** *geol.* masˈsiv. **4.** *min.* dicht. **5.** *psych.* stark, anhaltend (*Sinneseindruck*). ˈ**mas·sive·ness** *s* **1.** (*das*) Masˈsive. **2.** Gewaltigkeit *f*, großes *od.* mächtiges Ausmaß. **3.** Gediegenheit *f* (*von Gold etc*). **4.** *fig.* Wucht *f*.

mass| jump *s aer. mil.* Massenabsprung *m*. **~ me·di·a** *s pl* Massenmedien *pl*. **~ meet·ing** *s* Massenversammlung *f*. **~ num·ber** *s phys.* Massenzahl *f*. **~ ob·ser·va·tion** *s Br.* Massenbeobachtung *f*, Meinungsbefragung *f* der gesamten Bevölkerung. **~ par·ti·cle** *s math. phys.* Masse(n)teilchen *n*. ˈ**~-proˌduce** *v/t* serienmäßig ˈherstellen: **~d articles** Massenware *f*, Serienartikel *pl*. **~ pro·duc·er** *s econ.* ˈMassenˌhersteller *m*. **~ pro·duc·tion** *s econ.* Massenerzeugung *f*, ˈMassen-, ˈSerienproduktiˌon *f*: **standardized ~** Fließarbeit *f*. **~ so·ci·e·ty** *s* Massengesellschaft *f*. **~ spec·tro·graph** *s phys.* ˈMassenspektroˌgraph *m*. **~ spec·trom·e·ter** *s phys.* ˈMassenspektroˌmeter *n*. **~ spec·trum** *s phys.* Massenspektrum *n*. **~ sur·vey** *s med.* ˈReihenunterˌsuchung *f*. **~ u·nit** *s phys.* Masseneinheit *f*.

mass·y [ˈmæsɪ] → **massive** 1 a–c.

mast[1] [mɑːst; *Am.* mæst] **I** *s* **1.** *mar.* (Schiffs)Mast *m*: **to sail before the ~** (als Matrose) zur See fahren. **2.** *mar.* Mast *m* (*stangen- od. turmartiger Aufbau*): **fighting ~** Gefechtsmars *m*; **at (the) ~** auf dem Hauptdeck. **3.** *electr.* (Anˈtennen-, Leitungs- *etc*)Mast *m*. **4.** *aer.* Ankermast *m* (*für Luftschiffe*). **II** *v/t* **5.** bemasten.

mast[2] [mɑːst; *Am.* mæst] *s agr.* Mast (-futter *n*) *f*.

mas·tec·to·my [mæˈstektəmɪ] *s med.* ˈBrustamputatiˌon *f*.

mast·ed [ˈmɑːstɪd; *Am.* ˈmæstəd] *adj mar.* **1.** bemastet. **2.** *in Zssgn* ...mastig: **three-~**; **three-~ schooner** Dreimastschoner *m*.

mas·ter [ˈmɑːstə; *Am.* ˈmæstər] **I** *s* **1.** Meister *m*, Herr *m*, Gebieter *m*: **the M~** *relig.* der Herr (*Christus*); **to be ~ of s.th.** etwas (*a. e-e Sprache etc*) beherrschen; **to be ~ of o.s.** sich in der Gewalt haben; **to be ~ of the situation** Herr der Lage sein; **to be one's own ~** sein eigener Herr sein; **to be ~ in one's own house** der Herr im Hause sein; **to be ~ of one's time** über s-e Zeit (nach Belieben) verfügen können. **2.** Besitzer *m*, Eigentümer *m*, Herr *m*: **to make o.s. ~ of s.th.** etwas in s-n Besitz bringen. **3.** Hausherr *m*. **4.** Meister *m*, Sieger *m*. **5.** *econ.* a) Lehrherr *m*, Meister *m*, Prinziˈpal *m*, b) (Handwerks)Meister *m*: **~ tailor** Schneidermeister, c) *jur.* Arbeitgeber *m*, Dienstherr *m*: **like ~ like man** wie der Herr, so's Gescherr. **6.** Vorsteher *m*, Leiter *m* (*e-r Innung etc*). **7.** *a.* **~ mariner** *mar.* (ˈHandels)Kapiˌtän *m*: **~'s certificate** Kapitänspatent *n*. **8.** *fig.* (Lehr)Meister *m*. **9.** *bes. Br.* Lehrer *m*: **~ in English** Englischlehrer. **10.** *Br.* Rektor *m* (*Titel des Leiters einiger Colleges*). **11.** *paint. etc* Meister *m*, großer Künstler. **12.** *univ.* Maˈgister *m* (*Grad*): **M~ of Arts** Magister Artium, Magister der Geisteswissenschaften; **M~ of Science** Magister der Naturwissenschaften. **13.** junger Herr (*a. als Anrede für Knaben der höheren Schichten bis zu 16 Jahren*). **14.** *Br.* (*in Titeln*) Leiter *m*, Aufseher *m* (*am königlichen Hof etc*): **M~ of (the) Hounds** Master *m*; **M~ of the Horse** Oberstallmeister *m* (*am englischen Königshof*); → **ceremony** 1. **15.** *jur.* protoˈkollführender Gerichtsbeamter: **M~ of the Rolls** Oberarchivar *m* (*Leiter der Archive des* **High Court of Chancery**). **16.** *Scot.* (gesetzmäßiger) Erbe (*e-s Adligen vom Range e-s* **Baron** *od. e-s* **Viscount**). **17.** (ˈSchall-) Plattenmaˌtrize *f*.

II *v/t* **18.** Herr sein *od.* herrschen über (*acc*), beherrschen. **19.** sich zum Herrn machen über (*acc*), besiegen, unterˈwerfen. **20.** *ein Tier* zähmen, bändigen. **21.** *e-e Aufgabe, Schwierigkeit etc, a. ein Gefühl, a. s-n Gegner* meistern, Herr werden (*gen*), bezwingen, *e-e Leidenschaft etc a.* bezähmen, bändigen: **to ~ one's temper** sein Temperament zügeln *od.* im Zaum halten. **22.** *e-e Sprache etc* beherrschen, mächtig sein (*gen*).

III *adj* **23.** Meister..., meisterhaft, meisterlich. **24.** Herren..., Meister...: **~ race** Herrenrasse *f*. **25.** Haupt..., hauptsächlich: **~ bedroom** *Am.* Elternschlafzimmer *n*; **~ container** Sammelbehälter *m*; **~ fuse** *electr.* Hauptsicherung *f*; **~ plan** Gesamtplan *m*; **~ program(me)** Rahmenprogramm *n*; **~ switch** *electr.* Hauptschalter *m*; **~ tape** *tech.* Mutterband *n*. **26.** leitend, führend (*a. fig.*). **27.** vorherrschend: **~ passion**. **28.** *iro.* Erz..., ‚Mords...': **a ~ liar**.

mas·ter| a·gree·ment *s econ. Am.* ˈMantelstaˌrif *m*. ˌ**~-at-ˈarms** *pl* ˌ**mas·ters-at-ˈarms** *s mar.* ˈSchiffsproˌfos *m* (*Polizeibeamter*). **~ build·er** *s* **1.** (*a.* großer) Baumeister. **2.** ˈBauunterˌnehmer *m*. **~ chord** *s mus.* Domiˈnantdreiklang *m*. **~ clock** *s* Zenˈtraluhr *f*. **~ com·pass** *s* Mutterkompaß *m*. **~ cop·y** *s* **1.** Origiˈnalkoˌpie *f* (*von Dokumenten, a. Filmen u. Platten*). **2.** ˈHandexemˌplar *n* (*e-s literarischen etc Werks*). **~ cyl·in·der** *s mot.* ˈHauptˌbremszyˌlinder *m*. **~ file** *s* ˈHaupt-, Zenˈtralkarˌtei *f*.

ˈ**mas·ter·ful** *adj* (*adv* **~ly**) **1.** herrisch, gebieterisch. **2.** willkürlich. **3.** tyˈrannisch, desˈpotisch. **4.** → **masterly**.

mas·ter| ga(u)ge *s tech.* Prüf-, Vergleichs-, Abnahmelehre *f*. **~ gen·er·al of the Ord·nance** *s mil. Br.* Geneˌralˈfeldzeugˌmeister *m*. **~ gun·ner** *s mil.* **1.** *Br.* ˈFeldwebelˌleutnant *m*. **2.** *Am.* ˈOberkanoˌnier *m* (*der Küstenartillerie*). **~ hand** *s* **1.** Meister *m*, (großer) Könner (**at** in *dat*). **2.** *fig.* Meisterhand *f*.

ˈ**mas·ter·hood** → **mastership**.

mas·ter| in chan·cer·y *s jur. hist.* beisitzender Refeˈrent im Kanzˈleigericht. **~ key** *s* **1.** Hauptschlüssel *m*. **2.** *fig.* Schlüssel *m*.

mas·ter·li·ness [ˈmɑːstəlɪnɪs; *Am.* ˈmæstər-] *s* **1.** meisterhafte Ausführung, Meisterhaftigkeit *f*, -schaft *f*. **2.** (*das*) Meisterhafte. ˈ**mas·ter·ly** *adj u. adv* meisterhaft, meisterlich, Meister...

mas·ter| ma·son *s* **1.** Maurermeister *m*. **2.** Meister *m* (*Freimaurer im 3. Grad*). **~ me·chan·ic** *s* Werkmeister *m*, erster Meˈchaniker. ˈ**~mind I** *s* **1.** überˈragender Geist, Geˈnie *n*. **2.** (führender) Kopf. **II** *v/t* **3.** der Kopf (*gen*) sein: **he ~ed the coup** er steckt hinter dem Coup. **~ pat·tern** *s tech.* ˈMuster-, ˈMuttermoˌdell *n*. ˈ**~piece** *s* **1.** Haupt-, Meisterwerk *n*. **2.** Meisterstück *n*. **~ plan** *s* Gesamtplan *m*. **~ ser·geant** *s mil. Am.* (Ober)Stabsfeldwebel *m*.

mas·ter·ship [ˈmɑːstəʃɪp; *Am.* ˈmæstər-] *s* **1.** meisterhafte Beherrschung (**of** *gen*), Meisterschaft *f*: **to attain a ~ in** es zur Meisterschaft bringen in (*dat*). **2.** Herrschaft *f*, Macht *f*, Gewalt *f* (**over** über *acc*). **3.** Vorsteheramt *n*. **4.** *bes. Br.* Lehramt *n*.

mas·ter| sin·ew *s zo.* Hauptsehne *f*. ˈ**~ˌsing·er** *s hist.* Meistersinger *m*. **~ spring** *s tech.* Antriebsfeder *f*. ˈ**~stroke** *s* Meisterstreich *m*, -stück *n*, -zug *m*, -leistung *f*, Glanzstück *n*: **a ~ of diplomacy** ein meisterhafter diplomatischer Schachzug; **your idea is a ~** d-e Idee ist genial. **~ tap** *s tech.* Gewinde-, Origiˈnalbohrer *m*. **~ tooth** *s irr* Eck-, Fangzahn *m*. **~ touch** *s* **1.** Meisterhaftigkeit *f*, -schaft *f*. **2.** Meisterzug *m*. **3.** *mus.* meisterhafter Anschlag. **4.** *tech. u. fig.* letzter Schliff. **~ wheel** *s tech.* Antriebs-, Hauptrad *n*. ˈ**~work** → **masterpiece**.

mas·ter·y [ˈmɑːstərɪ; *Am.* ˈmæs-] *s* **1.** Herrschaft *f*, Gewalt *f*, Macht *f* (**of, over** über *acc*). **2.** Überˈlegenheit *f*, Oberhand *f*: **to gain the ~ over s.o.** über j-n die Oberhand gewinnen. **3.** Beherrschung *f* (*e-r Sprache, von Spielregeln etc*). **4.** Beherrschung *f*, Bändigung *f* (*von Leidenschaften etc*). **5.** Meisterhaftigkeit *f*, -schaft *f*: **to gain the ~ in** (*od.* **of**) es (bis) zur Meisterschaft bringen in (*dat*).

ˈ**mast·head I** *s* **1.** *mar.* Masttopp *m*, -korb *m*, Mars *m*: **~ light** Topplicht *n*. **2.** *print.* Druckvermerk *m*, Imˈpressum *n* (*e-r Zeitung*). **II** *v/t* **3.** *mar. Flagge etc* vollmast hissen.

mas·tic [ˈmæstɪk] *s* **1.** Mastix(harz *n*) *m*. **2.** *bot.* ˈMastixstrauch *m*, -piˌstazie *f*. **3.** Mastik *m*, ˈMastixzeˌment *m*, (Stein-) Kitt *m*.

mas·ti·ca·ble [ˈmæstɪkəbl] *adj* kaubar. ˈ**mas·ti·cate** [-keɪt] *v/t* **1.** (zer)kauen. **2.** zerkleinern, -stoßen, *Gummi* kneten. ˌ**mas·tiˈca·tion** *s* **1.** (Zer)Kauen *n*. **2.** Zerkleinern *n*. ˈ**mas·ti·ca·tor** [-tə(r)] *s* **1.** Kauende(r *m*) *f*. **2.** ˈFleischwolf *m*, -ˌhackmaˌschine *f*. **3.** *tech.* a) ˈMahlmaˌschine *f*, b) ˈKnetmaˌschine *f*. ˈ**mas·ti·ca·to·ry** [-kətərɪ; *Am.* -kəˌtəʊriː; -ˌtɔː-] **I** *adj* Kau..., Freß...: **~ organs**. **II** *s physiol.* Mastikaˈtorium *n*, Kaumittel *n*.

mas·tiff [ˈmæstɪf; *Br. a.* ˈmɑːs-] *s* Mastiff *m*, Bulldogge *f*, englische Dogge.

mas·ti·goph·o·ran [ˌmæstɪˈɡɒfərən; *Am.* -ˈɡɑ-] *zo.* **I** *s* Geißeltierchen *n*. **II** *adj* zu den Geißeltierchen gehörig.

mas·ti·tis [mæˈstaɪtɪs] *s* **1.** *med.* Maˈstitis *f*, Brust(drüsen)entzündung *f*. **2.** *vet.* Entzündung *f* des Euters.

mas·to·car·ci·no·ma [ˈmæstəʊˌkɑː(r)sɪˈnəʊmə] *s med.* ˈMammakarziˌnom *n*, Brustkrebs *m*.

mas·to·don [ˈmæstədɒn; *Am.* -ˌdɑn] *s zo.* Mastodon *n* (*Urelefant*).

mas·toid [ˈmæstɔɪd] *anat.* **I** *adj* mastoˈid, brust(warzen)förmig. **II** *s a.* **~ process** Warzenfortsatz *m* (*des Schläfenbeins*).

mas·tot·o·my [mæˈstɒtəmɪ; *Am.* -ˈstɑ-] *s med.* ˈBrustoperatiˌon *f*.

mas·tur·bate [ˈmæstə(r)beɪt] *v/i* masturˈbieren (*a. v/t*), onaˈnieren. ˌ**mas·turˈba·tion** *s* Masturbatiˈon *f*, Onaˈnie *f*. ˈ**mas·tur·ba·tor** [-tə(r)] *s* Onaˈnist *m*.

mat[1] [mæt] **I** *s* **1.** Matte *f*. **2.** ˈUntersetzer *m*, -satz *m*: **beer ~** Bierdeckel *m*, -filz *m*. **3.** (Zier)Deckchen *n*. **4.** *sport* Matte *f*: **to be on the ~** a) (*Ringen*) auf der Matte sein, b) am Boden sein, c) *fig.* ‚in der Tinte sitzen', d) *fig.* e-e ‚Zigarre verpaßt bekommen'; **to go to the ~ with s.o.** *fig.* mit j-m e-e heftige Auseinandersetzung haben. **5.** Vorleger *m*, Abtreter *m*. **6.** a) grober Sack (*zur Verpackung von Kaffee etc*), b) *ein Handelsgewicht für Kaffee*. **7.** verfilzte Masse (*Haar, Unkraut*). **8.** Gewirr *n*, Geflecht *n*. **9.** *Spitzenweberei*: dichter Spitzengrund. **10.** (glasloser) Wechselrahmen. **II** *v/t* **11.** mit Matten belegen. **12.** *fig.* (wie mit e-r Matte) bedecken. **13.** (mattenartig) verflechten. **14.** verfilzen. **III** *v/i* **15.** sich verfilzen *od.* verflechten.

mat² [mæt] **I** *adj* **1.** matt (*a. phot.*), glanzlos, mat'tiert. **II** *s* **2.** Mat'tierung *f*. **3.** mat'tierte Farbschicht (*auf Glas*). **4.** mat'tierter (*meist* Gold)Rand (e-s Bilderrahmens). **III** *v/t* **5.** mat'tieren.

mat·a·dor ['mætədɔː(r)] *s* Mata'dor *m*: a) *Stierkämpfer*, b) *Haupttrumpf in einigen Kartenspielen*.

match¹ [mætʃ] **I** *s* **1.** (*der, die, das*) gleiche *od.* Ebenbürtige: **his ~** a) seinesgleichen, b) sein Ebenbild, c) j-d, der es mit ihm aufnehmen kann, d) s-e Lebensgefährtin; **to find** (*od.* **meet**) **one's ~** s-n Meister finden; **to be a ~ for s.o.** j-m gewachsen sein; **to be more than a ~ for s.o.** j-m überlegen sein. **2.** (dazu) passende Sache *od.* Per'son, Gegenstück *n*. **3.** (zs.-passendes) Paar, Gespann *n* (*a. fig.*): **they are an excellent ~** sie passen ausgezeichnet zueinander. **4.** *econ.* Ar'tikel *m* gleicher Quali'tät: **exact ~** genaue Bemusterung. **5.** (Wett)Kampf *m*, (Wett)Spiel *n*, Par'tie *f*, Treffen *n*, Match *n*, *m*: **cricket ~** Kricketwettspiel, -partie; **singing ~** Wettsingen *n*. **6.** a) Heirat *f*: **to make a ~** e-e Ehe stiften; **to make a ~ of it** heiraten, b) (*gute etc*) Par'tie: **she is a good ~**.
II *v/t* **7.** a) *j-n* passend verheiraten (**to, with** mit), b) *Tiere* paaren. **8.** *e-r Person od. Sache* etwas Gleiches gegen'überstellen, *j-n od. etwas* vergleichen (**with** mit). **9.** *j-n* ausspielen (**against** gegen). **10.** passend machen, anpassen (**to, with** an *acc*). **11.** *j-m od. e-r Sache* (*a. farblich etc*) entsprechen, passen zu: **the carpet does not ~ the wallpaper** der Teppich paßt nicht zur Tapete; → **well-matched** 2. **12.** zs.-fügen. **13.** etwas Gleiches *od.* Passendes auswählen *od.* finden zu: **can you ~ this velvet for me?** haben Sie etwas Passendes zu diesem Samt(stoff)? **14.** *electr.* angleichen, anpassen. **15.** *j-m* ebenbürtig *od.* gewachsen sein, es aufnehmen mit (*j-m od. e-r Sache*), *e-r Sache* gleichkommen: **not to be ~ed** unerreichbar, unvergleichbar; **the teams are well ~ed** die Mannschaften sind gleich stark. **16.** *Am. colloq.* a) *e-e Münze* hochwerfen, b) knobeln mit (*j-m*).
III *v/i* **17.** *obs.* sich verheiraten (**with** mit). **18.** zs.-passen, über'einstimmen (**with** mit), entsprechen (**to** *dat*): **she bought a brown coat and gloves to ~** sie kaufte e-n braunen Mantel u. dazu passende Handschuhe; **he had nothing to ~** er hatte dem nichts entgegenzusetzen.

match² [mætʃ] *s* **1.** Zünd-, Streichholz *n*. **2.** Zündschnur *f*. **3.** *obs. od. hist.* a) Zündstock *m*, b) Lunte *f*.

'match|·board *tech.* **I** *s* Spundbrett *n* (*für Parkett etc*). **II** *v/t* mit Spundbrettern abdecken. **'~board·ing** *s collect.* gespundete Bretter *pl*. **'~book** *s* Streichholzbrief *m*. **'~box** *s* Streichholzschachtel *f*. **'~cloth** *s econ.* (*ein*) grober Wollstoff.

match game *s sport* Entscheidungsspiel *n*.

match·ing ['mætʃɪŋ] **I** *s* **1.** *electr. u. Computer*: Anpassung *f*. **II** *adj* **2.** (dazu) passend (*farblich etc abgestimmt*). **3.** *electr.* Anpassungs...: **~ transformer**; **~ condenser** Abgleichkondensator *m*. **~ test** *s* Vergleichsprobe *f*.

match joint *s tech.* Verzinkung *f*.

match·less ['mætʃlɪs] *adj* (*adv* **~ly**) unvergleichlich, einzigartig.

'match·lock *s mil. hist.* **1.** Luntenschloß *n* (*der Muskete*). **2.** 'Lunten(schloß)mus,kete *f*.

'match,mak·er *s* **1.** Ehestifter(in), Heiratsvermittler(in). **2.** *contp.* Kuppler(in).

'match,mak·ing *s* **1.** Ehe-, Heiratsvermittlung *f*: **~ agency** Heiratsinstitut *n*. **2.** *contp.* Kuppe'lei *f*.

'match|·mark *s tech.* Mon'tagezeichen *n*. **~plane** *s tech.* Nut- u. Spundhobel *m*. **~play** *s sport* **1.** → **match game**. **2.** *Golf*: Lochspiel *n*. **~ point** *s sport* (für den Sieg) entscheidender Punkt, *Tennis etc*: Matchball *m*. **~ race** *s sport Am.* Wettrennen *n*. **~rope** *s mil. hist.* Zündschnur *f* (*zu e-r Kanone*). **'~stick,** *a.* **'~stalk** *s tech.* Stab *m* e-s Streichhölzchens. **'~wood** *s* **1.** Streichhölzerholz *n*. **2.** *collect.* (Holz)Späne *pl*, Splitter *pl*: **to make ~ of s.th., to smash s.th. to ~** aus etwas Kleinholz machen, etwas kurz u. klein schlagen.

mate¹ [meɪt] **I** *s* **1.** a) ('Arbeits-, 'Werk-) Kame,rad *m*, Genosse *m*, Gefährte *m*, b) (*als Anrede*) Kame'rad *m*, ‚Kumpel' *m*, c) Gehilfe *m*, Handlanger *m*: **driver's ~** Beifahrer *m*. **2.** Lebensgefährte *m*, Gatte *m*, Gattin *f*. **3.** *zo., bes. orn.* Männchen *n od.* Weibchen *n*. **4.** Gegenstück *n* (*von Schuhen etc*), der andere *od.* da'zugehörige (*Schuh etc*). **5.** *Handelsmarine*: 'Schiffsoffi,zier *m* (*unter dem Kapitän*). **6.** *mar.* Maat *m*: **cook's ~** Kochsmaat. **II** *v/t* **7.** zs.-gesellen. **8.** (*paarweise*) verbinden, *bes.* vermählen. **9.** *Tiere* paaren. **10.** *fig.* ein'ander anpassen: **to ~ words with deeds** auf Worte (entsprechende) Taten folgen lassen. **11.** (**to**) *tech. Am.* zs.-bauen (mit), mon'tieren (an *acc*), verbinden (mit). **III** *v/i* **12.** sich (ehelich) verbinden, heiraten. **13.** *zo.* sich paaren. **14.** *tech.* a) (**with**) kämmen (mit), eingreifen (in *acc*) (*Zahnräder*), b) aufein'anderarbeiten: **mating surfaces** Arbeitsflächen.

mate² [meɪt] → **checkmate**.

ma·té ['mɑːteɪ; *Br. a.* 'mæteɪ] *s* **1.** Mate-, Para'guaytee *m*. **2.** *bot.* Matestrauch *m*. **3.** *a.* **~ gourd** *bot.* Flaschenkürbis *m*.

ma·te·lot ['mætləʊ] *s bes. Br. sl.* Ma'trose *m*.

ma·ter ['meɪtə(r)] (*Lat.*) *s ped. Br. sl.* die Mutter. **~ do·lo·ro·sa** [,dɒlə'rəʊsə; *Am.* ,dəʊ-; ,dɑ-] (*Lat.*) *s* (*die*) Schmerzensmutter.

ma·te·ri·al [mə'tɪərɪəl] **I** *adj* (*adv* **~ly**) **1.** materi'ell, physisch, körperlich, substanti'ell: **~ existence** körperliches Dasein. **2.** stofflich, Material...: **~ damage** Sachschaden *m*; → **defect** Materialfehler *m*; **~ fatigue** *tech.* Materialermüdung *f*; **~ goods** *econ.* Sachgüter. **3.** materi'ell, leiblich, körperlich: **~ comfort**; **~ well-being**. **4.** materia'listisch (*Interessen, Anschauung etc*). **5.** materi'ell, wirtschaftlich, re'al: **~ civilization** materielle Kultur; **~ wealth** materieller Wohlstand. **6.** *a. philos.* a) (sachlich) wichtig, gewichtig, von Belang, b) wesentlich, ausschlaggebend (**to** für). **7.** *jur.* erheblich, rele'vant, einschlägig: **~ facts**; **a ~ witness** ein unentbehrlicher Zeuge. **8.** *Logik*: (*nicht verbal od. formal*) sachlich: **~ consequence** sachliche Folgerung. **9.** *math.* materi'ell: **~ point**.
II *s* **10.** Materi'al *n*: a) (*a.* Roh-, Grund-) Stoff *m*, Sub'stanz *f*, b) *tech.* Werkstoff *m*: **~ test(ing)** Materialprüfung *f*; **~s-intensive** materialintensiv; **~s science** Werkstoffkunde *f*, c) (Kleider)Stoff *m*: **dress ~** Stoff für ein Damenkleid. **11.** *collect. od. pl* Materi'al(ien *pl*) *n*, Ausrüstung *f*: **building ~s** Baustoffe; **war ~** Kriegsmaterial; **writing ~s** Schreibmaterial(ien). **12.** *oft pl fig.* Materi'al *n* (*Sammlungen, Urkunden, Belege, Notizen, Ideen etc*), Stoff *m* (**for** zu *e-m Buch etc*), 'Unterlagen *pl*.

ma·te·ri·al·ism [mə'tɪərɪəlɪzəm] *s* Materia'lismus *m*. **ma'te·ri·al·ist I** *s* Materia'list(in). **II** *adj* materia'listisch. **ma,te·ri·al'is·tic** *adj*; **ma,te·ri·al'is·ti·cal** *adj* (*adv* **~ly**) materia'listisch.

ma,te·ri'al·i·ty [-'ælətɪ] *s* **1.** Stofflichkeit *f*, Körperlichkeit *f*. **2.** *a. jur.* Wichtigkeit *f*.

ma·te·ri·al·i·za·tion [mə,tɪərɪəlaɪ'zeɪʃn; *Am.* -lə'z-] *s* **1.** Verkörperung *f*. **2.** *Spiritismus*: Materialisati'on *f* (*von Geistern*). **ma'te·ri·al·ize I** *v/t* **1.** materiali'sieren, verstofflichen, -körperlichen. **2.** *etwas* verwirklichen, reali'sieren. **3.** *bes. Am.* materia'listisch machen: **to ~ thought**. **4.** *Geister* erscheinen lassen. **II** *v/i* **5.** feste Gestalt annehmen, sinnlich wahrnehmbar werden, sich verkörpern (**in** in *dat*). **6.** sich verwirklichen, Tatsache werden, zu'standekommen. **7.** erscheinen, sich materiali'sieren (*Geister*).

ma'te·ri·al·man [-mən] *s irr tech. Am.* Materi'alliefe,rant *m*.

ma·te·ri·a med·i·ca [mə,tɪərɪə'medɪkə] *s pharm.* **1.** *collect.* Arz'neimittel *pl*. **2.** Pharmakolo'gie *f*, Arz'neimittel,lehre *f*.

ma·té·ri·el, ma·te·ri·el [mə,tɪərɪ'el] *s* **1.** *econ.* Materi'al *n*, Ausrüstung *f*. **2.** *mil.* a) 'Kriegsmateri,al *n*, -ausrüstung *f*, b) Versorgungsgüter *pl*.

ma·ter·nal [mə'tɜːnl; *Am.* -'tɜrnl] *adj* (*adv* **~ly**) **1.** mütterlich, Mutter...: **~ love**; **~ instinct**; **~ affection** mütterliche Zuneigung; **~ language** Muttersprache *f*. **2.** *Großvater etc* mütterlicherseits, von mütterlicher Seite: **~ grandfather**; **~ inheritance**. **3.** Mütter...: **~ mortality** Müttersterblichkeit *f*; **~ welfare (work)** Mütterfürsorge *f*.

ma·ter·ni·ty [mə'tɜːnətɪ; *Am.* -'tɜr-] **I** *s* **1.** Mutterschaft *f*. **2.** *med.* Materni'tät *f*. **3.** *Am.* a) Entbindungsklinik *f*, b) Ent'bindungsstati,on *f*, c) 'Umstandskleid *n*. **II** *adj* **4.** Wöchnerin(nen)..., Schwangerschafts..., Umstands...: **~ allowance** (*od.* **benefit**) (*wöchentliche*) Mutterschaftsbeihilfe; **~ dress** Umstandskleid *n*; **~ grant** *Br.* (*einmaliger*) Mutterschaftszuschuß; **~ home** Entbindungsheim *n*; **~ hospital** Entbindungsklinik *f*; **~ leave** Mutterschaftsurlaub *m*; **~ ward** Entbindungsstation *f*.

mate·y, *Br. a.* **mat·y** ['meɪtɪ] **I** *adj* kame'radschaftlich, vertraulich, famili'är. **II** *s Br. colloq.* → **mate¹** 1 b.

math [mæθ] *s Am. colloq.* ‚Mathe' *f* (*Mathematik*).

math·e·mat·i·cal [,mæθə'mætɪkl] *adj* (*adv* **~ly**) **1.** mathe'matisch: **~ expectation** (*Statistik*) mathematische Erwartung; **~ point** gedachter *od.* ideeller Punkt; **~ psychology** mathematische Psychologie. **2.** Mathematik... **3.** *fig.* (mathe'matisch) ex'akt: **with ~ precision**. **4.** *fig.* 'unum,stößlich, defini'tiv: **~ certainty**. **,math·e·ma'ti·cian** [-mə'tɪʃn] *s* Mathe'matiker *m*. **,math·e'mat·ics** [-'mætɪks] *s pl* **1.** (*meist als sg konstruiert*) Mathema'tik *f*: **higher (elementary, pure, new) ~** höhere (elementare, reine, neue) Mathematik. **2.** (*oft als pl konstruiert*) (*j-s*) Rechenkünste *pl*, mathe'matische Berechnungen *pl*.

'math·e·ma·tize [-mətaɪz] *v/t* mathematiˈsieren, in matheˈmatische Form bringen.

maths [mæθs] *s pl* (*meist als sg konstruiert*) *Br. colloq.* ‚Mathe' *f* (*Mathematik*).

mat·in [ˈmætɪn] **I** *s* **1.** *pl* (*als sg od. pl konstruiert*) *oft* **M~s** *relig.* a) *R.C.* (Früh-) Mette *f*; b) (*Church of England*) ˈMorgenliturˌgie *f.* **2.** *poet.* Morgenlied *n* (*der Vögel*). **II** *adj* **3.** *poet.* Morgen..., morgendlich. **ˈmat·in·al** → matin II.

mat·i·nee, mat·i·née [ˈmætɪneɪ; *Am.* ˌmætəˈneɪ] *s* **1.** *thea.* Matiˈnee *f*, *bes.* Nachmittagsvorstellung *f.* **2.** *Am.* Morgenrock *m* (*der Frauen*).

mat·ing [ˈmeɪtɪŋ] *s zo.* Paarung *f*: ~ **season** Paarungszeit *f.*

ma·tri·arch [ˈmeɪtrɪɑː(r)k] *s sociol.* Faˈmilien-, Stam(mes)mutter *f.* **ˌma·triˈar·chal** *adj* matriarˈchalisch. **ˌma·triˈar·chal·ism** *s* matriarˈchalisches Wesen *od.* Syˈstem. **ˈma·tri·arch·ate** [-kɪt; -keɪt] *s* **1.** Mutterschaft *f.* **2.** *sociol.* Matriarˈchat *n.* **ˌma·triˈar·chic** → matriarchal. **ˈma·tri·arch·y** → matriarchate.

ma·tric[1] [ˈmeɪtrɪk; ˈmæt-] *adj math.* Matrix...

ma·tric[2] [məˈtrɪk] *Br. colloq. für* matriculation.

ma·tri·ces [ˈmeɪtrɪsiːz; ˈmæ-] *pl von* matrix.

ma·tri·cid·al [ˌmeɪtrɪˈsaɪdl; ˌmæt-] *adj* muttermörderisch. **ˈma·tri·cide** *s* **1.** Muttermord *m.* **2.** Muttermörder(in).

ma·tric·u·late [məˈtrɪkjʊleɪt] **I** *v/t* (*an e-r Universität*) immatrikuˈlieren. **II** *v/i* sich immatrikuˈlieren (lassen). **III** *s* [-lɪt] Immatrikuˈlierte(r *m*) *f.* **maˌtric·uˈla·tion** *s* **1.** ˌImmatrikulatiˈon *f.* **2.** *hist. Br.* Zulassungsprüfung *f* zum Universiˈtätsstudium.

mat·ri·mo·ni·al [ˌmætrɪˈməʊnjəl] *adj* (*adv* ~**ly**) ehelich, Ehe...: ~ **agency** Heiratsinstitut *n*; ~ **causes** *jur.* Ehesachen; ~ **home** ehelicher Wohnsitz; ~ **law** Eherecht *n*; ~ **offence** (*Am.* **offense**) Eheverfehlung *f*; ~ **troubles** Eheprobleme.

mat·ri·mo·ny [ˈmætrɪmənɪ; *Am.* ˈmætrəˌməʊniː] *s* **1.** *a. jur.* Ehe(stand *m*) *f*: **to enter into holy** ~ in den heiligen Stand der Ehe treten. **2.** a) *ein Kartenspiel*, b) *Trumpfkönig u. -dame*, c) *König u. Dame derselben Farbe.*

ma·trix [ˈmeɪtrɪks; ˈmæt-] *pl* **ˈma·tri·ces** [-trɪsiːz] *od.* **ˈma·trix·es** *s* **1.** Mutter-, Nährboden *m* (*beide a. fig.*), ˈGrundsubˌstanz *f.* **2.** *physiol.* Matrix *f*: a) Mutterboden *m*, b) Gewebeschicht *f*, c) Gebärmutter *f*: **nail** ~ Nagelbett *n*; ~ **of bone** Knochengrundsubstanz *f.* **3.** *bot.* Nährboden *m.* **4.** *min.* a) Grundmasse *f*, b) Ganggestein *n.* **5.** *tech.* Maˈtrize *f* (*Gieß-, Stanz- od. Prägeform, a. e-r Schallplatte; a. print.*). **6.** *math.* Matrix *f*: **system of matrices** Matrizensystem *n*: ~ **algebra** Matrizenrechnung *f.*

ma·tron [ˈmeɪtrən] *s* **1.** ältere (verheiratete) Frau, würdige Dame, Maˈtrone *f*: ~ **of hono(u)r** a) verheiratete Brautführerin, b) verheiratete Hofdame. **2.** Hausmutter *f* (*e-s Internats etc*), Wirtschafterin *f.* **3.** a) Vorsteherin *f*, b) *Br.* Oberschwester *f*, Oberin *f*, c) Aufseherin *f* (*im Gefängnis etc*), d) *Am.* Toiˈletten-, Klofrau *f.* **ˈma·tron·hood** *s* Maˈtronentum *n*, Frauenstand *m.* **ˈma·tron·ize** *v/t* **1.** maˈtronenhaft *od.* mütterlich machen. **2.** a) bemuttern, b) beaufsichtigen. **ˈma·tron·li·ness** [-lɪnɪs] *s* Maˈtronenhaftigkeit *f.* **ˈma·tron·ly I** *adj* maˈtronenhaft, würdig, gesetzt: ~ **duties** hausmütterliche Pflichten. **II** *adv* maˈtronenhaft.

ma·tross [məˈtrɒs; *Am.* -ɑs] *s mil. hist.* ˈUnterkanoˌnier *m.*

mat rush *s bot.* Teichbinse *f.*

matt → mat[2].

matte [mæt] *s metall.* Stein *m*, Lech *m* (*Schmelzprodukt von Kupfer u. Bleisulfiderzen*).

mat·ted[1] [ˈmætɪd] *adj* matˈtiert.

mat·ted[2] [ˈmætɪd] *adj* **1.** mit Matten belegt: **a** ~ **floor.** **2.** verfilzt: ~ **hair.**

mat·ter [ˈmætə(r)] **I** *s* **1.** Maˈterie *f* (*a. philos. u. phys.*), Materiˈal *n*, Subˈstanz *f*, Stoff *m*: **organic** ~ organische Substanz; **gaseous** ~ gasförmiger Körper; → **foreign** 3. **2.** a) *physiol.* Subˈstanz *f*: → **gray matter**, b) *med.* Eiter *m.* **3.** Sache *f* (*a. jur.*), Angelegenheit *f*: **this is a serious** ~; **the** ~ **in** (*od.* **at**) **hand** die vorliegende Angelegenheit; **a** ~ **of course** e-e Selbstverständlichkeit; **as a** ~ **of course** selbstverständlich; **a** ~ **of discretion** e-e Ermessensfrage; **a** ~ **of fact** a) e-e Tatsache, b) *jur. bes. Am.* e-e (*strittige*) Tatfrage; **as a** ~ **of fact** tatsächlich, eigentlich, um die Wahrheit zu sagen; **a** ~ **of form** e-e Formsache; ~ **in controversy** *jur.* Streitgegenstand *m*, Streitfall *m*; ~ **in issue** *jur.* Streitgegenstand *m*, Streitsache *f*; **a** ~ **of taste** (*e-e*) Geschmackssache; **a** ~ **of time** e-e Frage der Zeit, e-e Zeitfrage; **for that** ~, **for the** ~ **of that** was das betrifft, schließlich; **in the** ~ **of** a) hinsichtlich (*gen*), b) *jur.* in Sachen (*A. gegen B.*); **it is a** ~ **of life and death** es geht um Leben u. Tod; **it is a** ~ **of finishing in time** es geht darum, rechtzeitig fertig zu werden; → **fact** 1, **laughing** 3. **4.** *pl* (*ohne Artikel*) die Sache, die Dinge *pl*: **to make** ~**s worse** a) die Sache schlimmer machen, b) (*als feststehende Wendung*) was die Sache noch schlimmer macht; **to carry** ~**s too far** es zu weit treiben; **as** ~**s stand** wie die Dinge liegen; ~**s were in a mess** es war e-e verfahrene Geschichte. **5. the** ~ die Schwierigkeit: **what's the** ~? was ist los?, wo fehlt's?; **what's the** ~ **with it (with him)?** was ist (los) damit (mit ihm)?; **what's the** ~ **with drinking?** was ist (schon) dabei, wenn man trinkt?; **what's the** ~ **now?** was ist denn jetzt schon wieder los?; **there's nothing the** ~ nichts ist los; **no** ~! es hat nichts zu sagen!, nichts von Bedeutung!; **it's no** ~ **whether** es spielt keine Rolle, ob; **no** ~ **what he says** was er auch sagt; ganz gleich, was er sagt; **no** ~ **who** gleichgültig, wer. **6.** (*mit verblaßter Bedeutung*) Sache *f*, Ding *n*: **it's a** ~ **of £5** es kostet 5 Pfund; **in a** ~ **of weeks** in ein paar Wochen; **a** ~ **of three weeks** ungefähr 3 Wochen; **it was a** ~ **of 5 minutes** es dauerte nur 5 Minuten; **it's a** ~ **of common knowledge** es ist allgemein bekannt. **7.** Anlaß *m*, Veranlassung *f* (**for** zu): **a** ~ **for reflection** etwas zum Nachdenken. **8.** (*Ggs. äußere Form*) a) Stoff *m*, Thema *n*, (behandelter) Gegenstand, Inhalt *m* (*e-s Buches etc*), b) (innerer) Gehalt, Subˈstanz *f*: **strong in** ~ **but weak in style** inhaltlich stark, aber stilistisch schwach; ~ **and manner** Gehalt u. Gestalt. **9.** *Literaturgeschichte*: Sagenstoff *m*, -kreis *m*: ~ **of France** matière de France (*um Karl den Großen*); ~ **of Britain** Bretonischer Sagenkreis (*um König Arthur*). **10.** Materiˈal *n*, Stoff *m*, ˈUnterlagen *pl* (**for** für, zu): ~ **for a biography.** **11.** *Logik*: Inhalt *m* (*e-s Satzes*). **12.** *a.* **postal** (*bes. Am.* **mail**) ~ Postsache *f*: → **print** 3. **13.** *print.* a) Manuˈskript *n*, b) (Schrift)Satz *m*: → **dead** 23, **live**[2] 13, **standing** 6. **II** *v/i* **14.** von Bedeutung sein (to für), darauf ankommen (**to s.o.** j-m): **it doesn't** ~ es macht nichts (aus), es tut nichts; **it hardly** ~**s to me** es macht mir nicht viel aus; **it little** ~**s** es spielt kaum e-e Rolle, es ist ziemlich einerlei. **15.** *med.* eitern.

ˌmat·ter|-of-ˈcourse *adj* selbstverständlich, naˈtürlich. **ˌ~-of-ˈfact** *adj* **1.** sich an Tatsachen haltend, sachlich, nüchtern. **2.** proˈsaisch. **ˌ~-of-ˈfact·ness** *s* Sachlichkeit *f*, Nüchternheit *f.*

Mat·thew [ˈmæθjuː] *npr u. s Bibl.* Matˈthäus(evanˌgelium *n*) *m.*

mat·ting[1] [ˈmætɪŋ] *s tech.* **1.** Mattenflechten *n.* **2.** Materiˈal *n* zur ˈHerstellung von Matten. **3.** a) Mattenbelag *m*, b) *collect.* Matten *pl.* **4.** (*ein*) Zierrand *m* (*um Bilder*).

mat·ting[2] [ˈmætɪŋ] *s tech.* **1.** Matˈtierung *f.* **2.** Mattfläche *f.*

mat·tock [ˈmætək] *s* **1.** *tech.* (Breit-) Hacke *f.* **2.** *agr.* Karst *m.*

mat·tress [ˈmætrɪs] *s* **1.** Maˈtratze *f.* **2.** *a.* **air** ~ ˈLuftmaˌtratze *f.* **3.** *tech.* Matte *f*, Strauch-, Packwerk *n.*

mat·u·rate [ˈmætjʊreɪt; *bes. Am.* -tʃə-] *v/i* **1.** reifen (*a. fig.*). **2.** *med.* reifen, zum Eitern kommen (*Abszeß etc*). **ˌmat·uˈra·tion** *s* **1.** *med.* (Aus)Reifung *f*, Eiterung *f.* **2.** *biol.* Reifen *n*, Ausbildung *f* (*e-r Frucht, Zelle*): ~ **division** Reife-, Reduktionsteilung *f.* **3.** *fig.* (Herˈan)Reifen *n*, Entwicklung *f.* **ma·tur·a·tive** [məˈtjʊərətɪv; *Am. a.* -ˈtʊ-; *Br. a.* -ˈtʃʊə-] *adj u. s med.* die Eiterung fördernd(es Mittel).

ma·ture [məˈtjʊə(r); -ˈtʃʊə(r); *Am. a.* -ˈtʊər] **I** *adj* (*adv* ~**ly**) **1.** *biol.* reif, vollentwickelt: ~ **germ cells**; **a** ~ **woman.** **2.** *fig.* reif, gereift: **a** ~ **judg(e)ment**; **a** ~ **mind**; **to be of a** ~ **age** reiferen Alters sein. **3.** *fig.* reiflich erwogen, (ˈwohl)durchˌdacht, ausgereift: ~ **plans**; **upon** ~ **reflection** nach reiflicher Überlegung. **4.** reif, (aus)gereift: ~ **cheese**; ~ **wine.** **5.** *med.* reif: ~ **abscess.** **6.** *econ.* fällig, zahlbar: **a** ~ **bill of exchange.** **7.** *geogr.* a) durch Erosiˈon stark zerklüftet: ~ **land**, b) der Geˈsteinsstrukˌtur folgend: **a** ~ **stream.** **II** *v/t* **8.** *Früchte, Wein, Käse, Geschwür* zur Reife bringen, (aus)reifen lassen. **9.** *fig. Pläne etc* reifen lassen. **III** *v/i* **10.** (herˈan-, aus)reifen (**into** zu), reif werden. **11.** *econ.* fällig werden. **maˈtured** *adj* **1.** (aus)gereift. **2.** abgelagert. **3.** *econ.* fällig. **maˈture·ness** *s* **1.** Reife *f* (*a. fig.*). **2.** *econ.* Fälligkeit *f.*

ma·tur·i·ty [məˈtjʊərətɪ; -ˈtʃʊə-; *Am. a.* -ˈtʊ-] *s* **1.** Reife *f* (*a. fig.*): **to bring (come) to** ~ zur Reife bringen (kommen). **2.** *econ.* Fälligkeit *f*, Verfall(zeit *f*) *m*, Ablauf *m* (**of a bill** e-s Wechsels): **at** (*od.* **on**) ~ bei Verfall, bei Fälligkeit; ~ **date** Fälligkeitstag *m.*

ma·tu·ti·nal [ˌmætjuːˈtaɪnl; *Am.* ˌmætʃʊ-; məˈtjuːtnəl] *adj* morgendlich, Morgen..., früh.

mat·y *Br. Nebenform von* **matey.**

maud [mɔːd] *s* **1.** graugestreifter ˈWollˌüberwurf, Plaid *n*, *m* (*der schottischen Schäfer*). **2.** Reisedecke *f.*

maud·lin [ˈmɔːdlɪn] **I** *s* **1.** → **maudlinism.** **II** *adj* **2.** weinerlich: **a** ~ **voice.** **3.** rührselig: **a** ~ **story.** **4.** gefühlig, gefühlsdus(e)lig: **a** ~ **poet.** **ˈmaud·lin·ism** *s* **1.** Weinerlichkeit *f.* **2.** Rührseligkeit *f.* **3.** Gefühligkeit *f*, Gefühlsduseˈlei *f.*

mau·gre, *a.* **mau·ger** [ˈmɔːgə(r)] *prep obs.* ungeachtet, trotz (*gen*).

maul [mɔːl] **I** *s* **1.** *tech.* Schlegel *m*, schwerer Holzhammer. **II** *v/t* **2.** a) *j-n od. etwas* übel zurichten, roh ˈumgehen mit, b) *j-n* ˈdurchprügeln *od.* mißˈhandeln, c) *j-n* trakˈtieren (**with** mit), d) zerfleischen. **3.** *fig.* ‚herˈunterreißen', verreißen (*Kritiker*).

maul·stick [ˈmɔːlstɪk] *s paint.* Malerstock *m.*

mau-mau [ˈmaʊˌmaʊ] *v/t Am. sl.* terroriˈsieren.

maun·der [ˈmɔːndə(r); *Am. a.* ˈmɑːn-] *v/i*

1. schwafeln, faseln. 2. a) ziellos her'umschlendern, b) gedankenlos handeln.

maun·dy ['mɔːndɪ; *Am. a.* 'mɑːn-] *relig.* I *s* 1. *R.C.* Fußwaschung *f.* 2. *a.* **Royal M~** königliche Almosenverteilung am Grün'donnerstag. II *adj* 3. Gründonners tags...: ~ **money** *Br.* (königliches) Grünonnerstagsalmosen; **M~ Thursday** Gründonnerstag *m.*

Mau·ser ['maʊzə(r)] *s* 'Mausergewehr *n*, -pi,stole *f* (*Markenname u. Typ*).

mau·so·le·um [,mɔːsə'lɪəm; -zə-] *pl* **-'le·ums, -'le·a** [-'lɪə] *s* Mauso'leum *n.*

mauve [məʊv; *Am. a.* 'mɔːv] I *s* Mauve'in *n.* II *adj* malvenfarbig, mauve.

mav·er·ick ['mævərɪk] *s* 1. *Am.* herrenloses (Stück) Vieh ohne Brandzeichen. 2. *Am.* mutterloses Kalb. 3. a) *pol.* (abtrünniger) Einzelgänger, b) *allg.* Außenseiter *m.*

ma·vin ['meɪvɪn] *s Am. sl.* As *n*, Ex'perte *m.*

ma·vis ['meɪvɪs] *s poet. od. dial.* Sing-[drossel *f.*]

ma·vour·neen [mə'vʊə(r)niːn] *s u. interj Ir.* mein Schatz.

maw [mɔː] *s* 1. (Tier)Magen *m*, *bes.* Labmagen *m* (*der Wiederkäuer*). 2. a) *zo.* Rachen *m*, b) *orn.* Kropf *m.* 3. *humor.* Wanst *m.* 4. *fig.* Schlund *m*, Rachen *m* (*des Todes etc*).

mawk·ish ['mɔːkɪʃ] *adj* 1. leicht widerlich, (unangenehm) süßlich (*im Geschmack*). 2. *fig.* rührselig, süßlich, kitschig. **'mawk·ish·ness** *s* 1. Widerlichkeit *f.* 2. Rührseligkeit *f*, (*das*) Süßlich-Sentimen'tale.

maw seed *s* Mohnsame(n) *m.*

'maw·worm *s* 1. *zo.* Maden-, Spulwurm *m.* 2. *fig.* Heuchler *m.*

max·i ['mæksɪ] I *s* 1. Maximode *f*: **to wear ~ maxi** tragen. 2. a) Maximantel *m*, b) Maxikleid *n*, c) Maxirock *m.* II *adj* 3. Maxi...: ~ **coat**, *etc* → **maxicoat**, *etc.* 4. riesig, Riesen...: ~ **savings.**

'max·i|·coat *s* Maximantel *m.* **'~·dress** *s* Maxikleid *n.*

max·il·la [mæk'sɪlə] *pl* **-lae** [-liː] *s* 1. *anat.* (Ober)Kiefer *m*, Ma'xilla *f*: **inferior (superior) ~** Unter-(Ober)kiefer. 2. *zo.* Fußkiefer *m* (*von Krustentieren*), Zange *f.* **max·il·lar·y** [mæk'sɪlərɪ; *Am.* 'mæksə,leriː] I *adj anat.* maxil'lar, (Ober-) Kiefer...: ~ **gland** Backendrüse *f*; ~ **process** Kieferfortsatz *m.* II *s a.* ~ **bone** Oberkieferknochen *m.* **max'il·li·ped** [-ped] *s zo.* Kieferfuß *m.*

max·il·lo·pal·a·tal [mæk,sɪləʊ'pælətl], **max,il·lo'pal·a·tine** [-taɪn] *adj biol.* ,maxillopalati'nal, Kinn u. Gaumen betreffend.

max·im ['mæksɪm] *s* 1. Ma'xime *f*: a) (Haupt)Grundsatz *m* (des Handelns), Lebensregel *f*, b) Sen'tenz *f.* 2. *math.* Axi'om *n.*

max·i·ma ['mæksɪmə] *pl von* **maximum.**

max·i·mal ['mæksɪml] *adj* (*adv* ~**ly**) → **maximum** 4. **'max·i·mal·ist** *s* Maxima'list *m.*

Max·im (gun) ['mæksɪm] *s mil.* 'Maxim-(Ma,schinen)Gewehr *n.*

max·i·mize ['mæksɪmaɪz] *v/t econ. tech.* maxi'mieren, bis zum Höchstmaß steigern.

max·i·mum ['mæksɪməm] I *pl* **-ma** [-mə], **-mums** *s* 1. Maximum *n*, Höchstgrenze *f*, -maß *n*, -stand *m*, -wert *m*, -zahl *f*: **to smoke a ~ of 5 cigarettes a day** maximal 5 Zigaretten am Tag rauchen. 2. *math.* Höchstwert *m* (*e-r Funktion*), Scheitel *m* (*e-r Kurve*). 3. *econ.* Höchstpreis *m*, -angebot *n*, -betrag *m.* II *adj* 4. höchst(er, e, es), maxi'mal, Höchst..., Maximal...: ~ **card** (*Philatelie*) Maximumkarte *f*; ~ **likelihood estimation** (*Statistik*) Schätzung *f* nach dem höchsten Wahrscheinlichkeitswert; ~ **load** *electr.* Höchstbelastung *f* (→ 5); ~ **output** *econ.* (Produktions)Höchstleistung *f*; ~ **performance** Höchst-, Spitzenleistung *f*; ~ **(permissible) speed** (zulässige) Höchstgeschwindigkeit; ~ **and minimum thermometer** Maximum-Minimum-Thermometer *n*; ~ **voltage** *electr.* Maximalspannung *f*; ~ **wages** Höchst-, Spitzenlohn *m.* 5. höchstzulässig: ~ **dose** *med.* Maximaldosis *f*; ~ **(safety) load** (*od.* **stress**) *tech.* zulässige (Höchst)Beanspruchung (→ 4); ~ **punishment** Höchststrafe *f.*

'max·i|,sin·gle *s* Maxisingle *f.* **'~·skirt** *s* Maxirock *m.*

max·well ['mækswəl; -wel] *s electr.* Maxwell *n* (*Einheit des magnetischen Flusses*).

may[1] [meɪ], *obs.* 2. *sg pres* **mayst** [meɪst], 3. *sg pres* **may**, *pret u. optativ* **might** [maɪt] *v irr* (*defektiv, meist Hilfsverb*) 1. (*Möglichkeit, Gelegenheit*) können, mögen: **it ~ happen any time** es kann jederzeit geschehen; **it might happen** es könnte geschehen; **you ~ be right** du magst recht haben, vielleicht hast du recht; **he ~ not come** vielleicht kommt er nicht; es ist möglich, daß er nicht kommt; **come what ~** komme, was da wolle; **he might lose his way** er könnte sich verirren. 2. (*Erlaubnis*) dürfen, können: **you ~ go**; ~ **I ask?** darf ich fragen?; **I wish I might tell you** ich wollte, ich dürfte (es) dir sagen; *selten mit neg*: **he ~ not do it** er darf es nicht tun (*dafür oft* **cannot** *od. eindringlicher* **must not**). 3. *mit* (**as**) **well**, **just as well**: **you ~ well say so** du hast gut reden; **we might as well go** da können wir (auch) ebensogut gehen, gehen wir schon. 4. *ungewisse Frage*: **how old ~ she be?** wie alt mag sie wohl sein?; **I wondered what he might be doing** ich fragte mich, was er wohl tue. 5. (*Wunschgedanke, Segenswunsch*) mögen: ~ **God bless you!**; ~ **you be happy!** sei glücklich!; ~ **it please your Grace** Euer Gnaden mögen geruhen. 6. *als Aufforderung*: **you ~ post this letter for me** du kannst diesen Brief für mich einstecken; **you might help me** du könntest mir (eigentlich) helfen; **you might at least offer to help** du könntest wenigstens d-e Hilfe anbieten. 7. ~ *od.* **might** *als Konjunktionsumschreibung*: *I shall write to him* **so that he ~ know our plans** damit er unsere Pläne erfährt; **though it ~ cost a good deal** obwohl es e-e Menge kosten kann; **difficult as it ~ be** so schwierig es auch sein mag; **we feared they might attack** wir fürchteten, sie würden angreifen. 8. *jur.* (*in Verordnungen*) können.

May[2] [meɪ] *s* 1. Mai *m*, *poet.* Lenz *m*: **in ~** im Mai. 2. *a.* **m~** *fig.* Lenz *m*, Blüte(zeit) *f*, Frühling *m*: **his ~ of youth** sein Jugendlenz. 3. **m~** *bot.* Weißdorn(blüte *f*) *m.* 4. *pl* → **May races.**

may[3] [meɪ] *s poet.* Maid *f.*

Ma·ya[1] ['maɪə] *s* 1. Maya *m, f.* 2. *ling.* Mayasprache *f.*

ma·ya[2] ['maɪə; 'mɑːjə] *s Hinduismus*: Maja *f*: a) (Na'tur)Ma,gie *f*, b) Illusi'on *f.*

Ma·yan ['maɪən] I *adj* zu den Mayas gehörig. II *s* → **Maya**[1].

May bas·ket *s Am.* Mai-, Geschenkkörbchen *n* (*das man s-r Freundin am 1. Mai an die Türklinke hängt*).

may·be ['meɪbiː] *adv* viel'leicht, möglicherweise: *I'm telling you to do it straight away*, **and I don't mean ~!** *bes. Am. colloq.* und ich mein' es ernst!

May|bee·tle → **May bug.** **'~·bloom, ~ blos·som** *s bot.* Weißdornblüte *f.* **~ bug** *s zo.* Maikäfer *m.* **~ Day** *s* der 1. Mai. **'m~·day** *s aer. mar. internationaler Funknotruf.* **'m~,flow·er** *s* 1. *bot. allg.* Maiblume *f*, *z. B.* a) *Br.* Weißdorn *m od.* Wiesenschaumkraut *n*, b) *Am.* Primelstrauch *m od.* Ane'mone *f.* 2. **M~** *hist. Auswandererschiff der* **Pilgrim Fathers** (*1620*). **'m~·fly** *s* 1. *zo.* Eintagsfliege *f.* 2. *Angelsport*: Maifliege *f.*

may·hap ['meɪhæp; *Am. a.* meɪ'hæp] *adv obs.* viel'leicht, möglicherweise.

may·hem ['meɪhem; *Am. a.* 'meɪəm] *s* 1. *jur. hist.* (*strafbare*) *Verstümmelung e-r Person, um sie wehrlos zu machen.* 2. *bes. Am.* a) *jur.* schwere Körperverletzung, b) mutwillige Zerstörung, c) *fig.* destruk'tive Kri'tik. 3. *fig.* Chaos *n*: **to cause** (*od.* **create**) ~ ein Chaos auslösen.

may·o ['meɪəʊ] *pl* **-os** *colloq. für* **mayonnaise.**

may·on·naise [,meɪə'neɪz; 'meɪəneɪz] *s* 1. Mayon'naise *f.* 2. Mayon'naisegericht *n*: **lobster ~** Hummermayonnaise *f.*

may·or ['meə(r); *Am. a.* 'meɪər] *s* Bürgermeister *m*: ~**'s court** *Am.* Bürgermeistergericht *n.* **'may·or·al** *adj* bürgermeisterlich, Bürgermeister...: ~ **candidate** Kandidat *m* für das Amt des Bürgermeisters. **'may·or·al·ty** [-tɪ] *s* 1. Bürgermeisteramt *n.* 2. 'Amtsperi,ode *f* e-s Bürgermeisters: **during his ~** als er (noch) Bürgermeister war. **'may·or·ess** *s* 1. Gattin *f* des Bürgermeisters. 2. *Am.* Bürgermeisterin *f* (= *Br.* **Lady Mayor**). 3. *Br. Dame, die, falls der Bürgermeister ein Junggeselle ist, gewisse repräsentative Verpflichtungen übernimmt, die sonst der Gattin des Bürgermeisters obliegen.*

'may|·pole *s* Maibaum *m.* **'~·pop** *s bot.* (*e-e nordamer.*) Passi'onsblume. **M~ queen** *s* Maikönigin *f.* **M~ rac·es** *s pl Br. Bootsrennen in Cambridge, spät im Mai od. früh im Juni.*

mayst [meɪst] *obs. 2 sg pres von* **may**[1].

'may|·thorn *s bot.* Weißdorn *m.* **'M~·time** *s* Mai(en)zeit *f.*

maz·ard → **mazzard.**

maz·a·rine [,mæzə'riːn; *Am. a.* 'mæzə,riːn] I *adj* 1. maza'rin-, dunkelblau. II *s* 2. *a.* ~ **blue** Maza'rinblau *n.* 3. *obs.* blaues Tuch.

Maz·da·ism ['mæzdəɪzəm] *s hist.* Mazda'ismus *m* (*altpersische Religion Zoroasters*). **Maz·de·an** ['mæzdɪən; *Am. a.* mæz'diːən] *adj* zoro'astrisch. **Maz·de·ism** → **Mazdaism.**

maze [meɪz] *s* 1. Irrgarten *m*, Laby'rinth *n* (*a. fig.*): ~ **of streets** Straßengewirr *n.* 2. *fig.* Verwirrung *f*: **in a ~** → **mazed. mazed** *adj* verdutzt, verwirrt.

ma·zer ['meɪzə(r)] *s* großes Trinkgefäß (*ehemals aus Maserholz*).

ma·zu·ma [mə'zuːmə] *s bes. Am. sl.* ,Mo'neten' *pl* (*Geld*).

ma·zur·ka [mə'zɜːkə; *Am.* mə'zɜrkə; -'zʊərkə] *s mus.* Ma'zurka *f.*

ma·zy ['meɪzɪ] *adj* (*adv* **mazily**) 1. laby'rinthisch, wirr, verworren. 2. verwirrend.

maz·zard ['mæzə(r)d] *s* 1. *bot.* wilde Süßkirsche. 2. *obs.* a) Kopf *m*, b) Gesicht *n.*

Mc·Car·thy·ism [mə'kɑː(r)θɪɪzəm] *s* McCarthy'ismus *m* (*allzu rigorose Untersuchungsmethoden gegen politisch Verdächtige, Treibjagd auf* [*vermeintliche*] *Kommunisten etc*).

Mc·Coy [mə'kɔɪ] *s*: **the real ~** *Am. sl.* der (die, das) Richtige, ,der wahre Jakob'.

'M-day *s mil.* Mo'bilmachungstag *m.*

me [miː; mɪ] I *pron* 1. (*dat*) mir: a) **he gave ~ money**; **he gave it to ~**, b) *obs. od. dial. als ethischer dat*: **I can buy ~ twenty**; **heat ~ these irons** mach mir diese Eisen heiß. 2. (*acc*) mich: a) **he took ~ away** er führte mich weg; **will you open the door for ~** mach mir bitte die Tür auf, b) *reflex* (*nach prep*): **I looked behind ~**, c) *obs. od. dial. reflex*:

I sat ~ **down**. 3. *colloq.* ich: a) **it's** ~ ich bin's, b) *in Ausrufen*: **poor** ~ ich Arme(r); **and** ~ **a widow** wo ich doch Witwe bin. 4. **of** ~ (*statt* **my** *od.* **mine**) *in Wendungen wie*: **not for the life of** ~ unter gar keinen Umständen. **II** *s* 5. *oft* **Me** *psych.* Ich *n*: **the real** ~ mein wahres Ich.

mead[1] [mi:d] *s* Met *m*, Honigwein *m*.

mead[2] [mi:d] *poet. für* **meadow** 1.

mead·ow [ˈmedəʊ] **I** *s* 1. (Heu-, Berg-) Wiese *f*, Matte *f*, Anger *m*. 2. Grasniederung *f* (*in Fluß- od. Seenähe*). 3. Futterplatz *m* für Fische. 4. Wiesengrün *n*. **II** *v/t* 5. zu Wies(en)land machen. ~ **saf·fron** *s bot.* (*bes.* Herbst)Zeitlose *f*. ~ **sax·i·frage** *s bot.* 1. (*ein*) Steinbrech *m*. 2. Wiesensilau *m*. 3. Sesel *m*. ˈ~**sweet** *s bot.* 1. Mädesüß *n*. 2. *Am.* Spierstrauch *m*.

mead·ow·y [ˈmedəʊɪ] *adj* wiesenartig, -reich, Wiesen...

mea·ger, *bes. Br.* **mea·gre** [ˈmi:gə(r)] *adj* (*adv* ~**ly**) 1. mager, dürr: **a** ~ **face** ein hageres Gesicht. 2. *fig.* dürftig, kärglich: **a** ~ **salary**; ~ **fare** magere Kost; ~ **attendance** spärlicher Besuch. 3. *fig.* dürftig, iˈdeenarm. ˈ**mea·ger·ness**, *bes. Br.* ˈ**mea·gre·ness** *s* 1. Magerkeit *f*. 2. *fig.* Dürftigkeit *f*.

meal[1] [mi:l] *s* 1. grobes (Getreide)Mehl, Schrotmehl *n* (*Ggs.* **flour** = *Weiß- od. Weizenmehl*): **rye** ~ Roggenmehl. 2. Hafermehl *n*. 3. *Am.* Maismehl *n*. 4. Mehl *n*, Pulver *n* (*aus Früchten, Mineralen etc*).

meal[2] [mi:l] *s* 1. Mahl(zeit *f*) *n*, Essen *n*: **to have a** ~ e-e Mahlzeit einnehmen; **to take one's** ~**s** s-e Mahlzeiten einnehmen, essen; **to make a** ~ **of s.th.** *fig. colloq.* a) sich in e-e Sache zu sehr ‚hineinknien', b) etwas aufbauschen; **he made a** ~ **of it** *fig. colloq.* er war nicht mehr zu bremsen; **a** ~ **out** ein Essen im Restaurant; **to have a** ~ **out** auswärts *od.* im Restaurant essen; ~**s on wheels** Essen auf Rädern. 2. *agr.* Milchmenge *f* e-r Kuh von ˈeinem Melken.

meal·ie [ˈmi:lɪ] (*S.Afr.*) *s* 1. Maisähre *f*. 2. *meist pl* Mais *m*.

meal·i·ness [ˈmi:lɪnɪs] *s* Mehligkeit *f*.

meal| moth *s zo.* (*ein*) Mehlzünsler *m*. ~**pack** *s Am.* tiefgekühltes ˈFertigmeˌnü. ~**tick·et** *s Am.* 1. Essenbon(s *pl*) *m*. 2. *sl.* a) *b.s.* ‚Ernährer' *m*, b) Einnahmequelle *f*, c) Kapiˈtal *n*: **his voice is his** ~. ˈ~**time** *s* Essens-, Tischzeit *f*: **fixed** ~**s**. ~ **worm** *s zo.* Mehlwurm *m*.

meal·y [ˈmi:lɪ] *adj* 1. mehlig: ~ **potatoes**. 2. mehlhaltig. 3. (wie) mit Mehl bestäubt. 4. blaß (*Gesicht*). 5. → **mealy-mouthed**. 6. (weiß u. grau) gefleckt (*Pferd*). ~ **bug** *s zo.* (*e-e*) Schildlaus. ˈ~**mouthed** [-maʊðd] *adj* schönfärberisch, heuchlerisch, unaufrichtig (*Person, Äußerung etc*), verschlüsselt (*Äußerung etc*): **to be** ~ **about it** um den (heißen) Brei herumreden. ˌ~ˈ**mouth·ed·ness** [-ðɪd-] *s* Schönfärbeˈrei *f*, Heucheˈlei *f*, Unaufrichtigkeit *f*.

mean[1] [mi:n] *pret u. pp* **meant** [ment] **I** *v/t* 1. *etwas* im Sinn *od.* im Auge haben, beabsichtigen, vorhaben, (*tun etc*) wollen, (*zu tun*) gedenken: **I** ~ **to do it** ich will es tun; **he meant to write** er wollte schreiben; **I** ~ **it** es ist mir Ernst damit; **he** ~**s business** er meint es ernst, er macht Ernst; **he meant no harm** er hat es nicht böse gemeint; **no harm meant!** nichts für ungut!; **I** ~ **what I say** ich mein's, wie ich's sage; ich spaße nicht; **I** ~ **to say** ich will sagen; **I didn't** ~ **to disturb you** ich wollte Sie nicht stören; **without** ~**ing it** ohne es zu wollen. 2. (*bes. pass*) bestimmen (**for** für, zu): **they were meant for each other**; **he was meant to be a barrister** er sollte Anwalt werden; **this cake is meant to be eaten** der Kuchen ist zum Essen da; **that remark was meant for you** diese Bemerkung ging auf dich *od.* war an d-e Adresse gerichtet *od.* auf dich abgezielt; **that picture is meant to be Churchill** das Bild soll Churchill sein *od.* darstellen. 3. meinen, sagen wollen: **by 'liberal' I** ~ unter ‚liberal' verstehe ich; **I** ~ **his father** ich meine s-n Vater. 4. bedeuten: **a family** ~**s a lot of work**; **that** ~**s war**; **he** ~**s all the world to me** er bedeutet mir alles. 5. (*von Wörtern u. Worten*) bedeuten, heißen: **what does 'fair'** ~**?**; **does that** ~ **anything to you?** ist Ihnen das ein Begriff? **II** *v/i* 6. **to** ~ **well (ill) by** (*od.* **to**) **s.o.** j-m wohlgesinnt (übel gesinnt) sein. 7. bedeuten (**to** für *od. dat*): **to** ~ **little to s.o.** j-m wenig bedeuten.

mean[2] [mi:n] *adj* (*adv* → **meanly**) 1. gemein, gering, niedrig (*dem Stande nach*): ~ **birth** niedrige Herkunft; ~ **white** *hist. Am.* Weiße(r) *m* (*in den Südstaaten*) ohne Landbesitz. 2. ärmlich, armselig, schäbig: ~ **streets**. 3. schlecht, unbedeutend, gering: **no** ~ **artist** ein recht bedeutender Künstler; **no** ~ **foe** ein nicht zu unterschätzender Gegner. 4. gemein, niederträchtig: → **trick** 2. 5. schäbig, geizig, knauserig, ‚filzig'. 6. *colloq.* (*charakterlich*) schäbig: **to feel** ~ sich schäbig *od.* gemein vorkommen. 7. *bes. Am. colloq.* a) bös(artig), bissig, ‚ekelhaft', b) ‚scheußlich', ‚bös' (*Sache*), c) ‚toll', ‚wüst': **a** ~ **fighter**.

mean[3] [mi:n] **I** *adj* 1. mittel, mittler(er, e, es), Mittel..., ˈdurchschnittlich, Durchschnitts...: ~ **course** *mar.* Mittelkurs *m*; ~ **life** a) mittlere Lebensdauer, b) *phys.* Halbwertzeit *f*; ~ **height** mittlere Höhe (*über dem Meeresspiegel*); ~ **annual temperature** Temperaturjahresmittel *n*; ~ **sea level** Normalnull *n*; ~ **proportional** *math.* mittlere Proportionale; ~ **value theorem** *math.* Mittelwertsatz *m*. 2. daˈzwischenliegend, Zwischen...

II *s* 3. Mitte *f*, (*das*) Mittlere, Mittel *n*, ˈDurchschnitt *m*, Mittelweg *m*: **to hit the happy** ~ die goldene Mitte treffen. 4. *math.* ˈDurchschnittszahl *f*, Mittel(wert *m*) *n*: **arithmetical** ~ arithmetisches Mittel; **to strike a** ~ e-n Mittelwert errechnen; → **golden mean**. 5. *Logik*: Mittelsatz *m*. 6. *meist pl* (*als sg od. pl konstruiert*) (Hilfs)Mittel *n od. pl*, Werkzeug *n*, Weg *m*: **by all (manner of)** ~**s** auf alle Fälle, unbedingt, durchaus; **by any** ~**s** a) etwa, vielleicht, gar, b) überhaupt, c) auf irgendwelche Weise; **by no (manner of)** ~**s, not by any** ~**s** durchaus nicht, keineswegs, auf keinen Fall; **by some** ~**s or other** auf die eine oder die andere Weise; **by** ~**s of** mittels, vermittels(t), durch, mit; **by this** (*od.* **these**) ~**s** hierdurch, damit; **a** ~**s of communication** ein Verkehrsmittel; ~**s of protection** Schutzmittel; ~**s of transport(ation** *Am.*) Beförderungsmittel; **to adjust the** ~**s to the end** die Mittel dem Zwecke anpassen; **to find the** ~**s** Mittel u. Wege finden; → **end** 18. 7. *pl* (Geld)Mittel *pl*, Vermögen *n*, Einkommen *n*: **to live within (beyond) one's** ~**s** s-n Verhältnissen entsprechend (über s-e Verhältnisse) leben; **a man of** ~**s** ein bemittelter Mann; ~**s test** *Br.* a) Bedürftigkeitsermittlung *f*, b) (behördliche) Einkommensermittlung.

me·an·der [mɪˈændə(r)] **I** *s* 1. *bes. pl* verschlungener Pfad, Schlängel-, Irrweg *m*, Windung *f*, Krümmung *f*. 2. *art* Mäˈander(linien *pl*) *m*, Schlangenlinien *pl*, spiˈralförmiges Zierband. **II** *v/i* 3. sich winden, sich schlängeln. 4. ziellos wandern. **III** *v/t* 5. winden. 6. mit verschlungenen Verzierungen versehen. **meˈan·der·ing** *adj* gewunden: ~ **line** Mäander(linie *f*) *m*.

mean·ing [ˈmi:nɪŋ] **I** *s* 1. Sinn *m*, Bedeutung *f*: **full of** ~ bedeutungsvoll, bedeutsam; **what's the** ~ **of this?** was soll das bedeuten?; **words with the same** ~ Wörter mit gleicher Bedeutung. 2. Meinung *f*, Absicht *f*, Wille *m*, Zweck *m*, Ziel *n*: **do you take my** ~**?** verstehst du, was ich meine? **II** *adj* (*adv* ~**ly**) 3. bedeutend. 4. bedeutungsvoll, bedeutsam (*Blick etc*). 5. *in Zssgn* in ... Absicht: → **well-meaning**. ˈ**mean·ing·ful** *adj* (*adv* ~**ly**) bedeutungsvoll. ˈ**mean·ing·less** *adj* (*adv* ~**ly**) 1. sinnlos, bedeutungslos. 2. ausdruckslos (*Gesichtszüge*). ˈ**mean·ing·less·ness** *s* Sinn-, Bedeutungslosigkeit *f*.

mean·ly [ˈmi:nlɪ] *adv* 1. armselig, niedrig. 2. schlecht: ~ **equipped**. 3. schäbig, knauserig, geizig.

mean·ness [ˈmi:nnɪs] *s* 1. Niedrigkeit *f*, niedriger Stand. 2. Ärmlichkeit *f*, Armseligkeit *f*, Schäbigkeit *f*. 3. Gemeinheit *f*, Niederträchtigkeit *f*. 4. Knauserigkeit *f*, Filzigkeit *f*, Schäbigkeit *f*, Geiz *m*. 5. *bes. Am. colloq.* Bösartigkeit *f*, Niedertracht *f*.

meant [ment] *pret u. pp von* **mean**[1].

mean|·time [ˌmi:nˈtaɪm; *bes. Am.* ˈmi:ntaɪm] **I** *adv* inˈzwischen, mittlerˈweile, unterˈdessen, in der Zwischenzeit, zwischenzeitlich. **II** *s* Zwischenzeit *f*: **in the** ~ → I. ~ **time** *s astr.* mittlere (Sonnen-) Zeit. ~**while** [ˌmi:nˈwaɪl; *bes. Am.* ˈmi:nwaɪl] → **meantime**.

mea·sle [ˈmi:zl] *s zo.* Finne *f*, Blasenwurm *m*. ˈ**mea·sled** *adj vet.* finnig.

mea·sles [ˈmi:zlz] *s pl* (*meist als sg konstruiert*) 1. *med.* Masern *pl*: → **German measles**. 2. *vet.* Finnen *pl* (*der Schweine*). **mea·sly** [ˈmi:zlɪ] *adj* 1. *med.* masernkrank. 2. *vet.* finnig. 3. *fig. colloq.* schäbig, dürftig, pop(e)lig, lumpig: **a** ~ **present**.

meas·ur·a·bil·i·ty [ˌmeʒərəˈbɪlətɪ; *Am. a.* ˈmeɪ-] *s* Meßbarkeit *f*. ˈ**meas·ur·a·ble** *adj* (*adv* → **measurably**) 1. meßbar: **within** ~ **distance (of)** in kurzer Entfernung (von), nahe (*dat*). 2. wesentlich, merklich. ˈ**meas·ur·a·ble·ness** → **measurability**. ˈ**meas·ur·a·bly** [-blɪ] *adv* 1. in meßbaren Ausmaßen. 2. *Am.* (bis) zu e-m gewissen Grad.

meas·ure [ˈmeʒə(r); *Am. a.* ˈmeɪ-] **I** *s* 1. Maß(einheit *f*) *n*: **cubic** ~ Körper-, Raum-, Kubikmaß; **lineal** ~, **linear** ~, **long** ~, ~ **of length** Längenmaß; **square** ~, **superficial** ~ Flächenmaß; ~ **of capacity** Hohlmaß; **unit of** ~ Maßeinheit *f*. 2. *fig.* richtiges Maß, Ausmaß *n*: **beyond** (*od.* **out of**) **all** ~ über alle Maßen, außerordentlich; **her joy was beyond** ~ ihre Freude kannte keine Grenzen; **for good** ~ noch dazu, obendrein; **in a great** ~ a) in großem Maße, überaus, b) großenteils; **in some** ~, **in a (certain)** ~ gewissermaßen, bis zu e-m gewissen Grade; **without** ~ ohne Maßen. 3. Messen *n*, Maß *n*: **(made) to** ~ nach Maß (gearbeitet); → **made-to-measure**; **to take the** ~ **of s.th.** etwas abmessen; **to take s.o.'s** ~ a) j-m (*für e-n Anzug*) Maß nehmen, b) *fig.* j-n taxieren *od.* abeinschätzen; **I have his** ~ ich habe ihn durchschaut. 4. Maß *n*, Meßgerät *n*: **to weigh with two** ~**s** *fig.* mit zweierlei Maß messen; → **tape measure**. 5. *fig.* Maßstab *m* (**of** für): **to be a** ~ **of s.th.** e-r Sache als Maßstab dienen; **man is the** ~ **of all things** der Mensch ist das Maß aller Dinge. 6. Anteil *m*, Portiˈon *f*, gewisse Menge. 7. a) *math.* Maß(einheit *f*) *n*, Teiler *m*, Faktor *m*, b) *phys.* Maßeinheit *f*: **2 is a** ~ **of 4** 2 ist Teiler von 4; ~ **of dispersion** Streuungs-, Verteilungsmaß. 8. (abgemessener) Teil, Grenze *f*: **to set a** ~ **to s.th.** etwas begrenzen; **the** ~

of my days *Bibl.* die Dauer m-s Lebens. **9.** *metr.* a) Silbenmaß *n*, b) Versglied *n*, c) Versmaß *n*, Metrum *n*. **10.** *mus.* a) Takt (-art *f*) *m*: **duple ~, two-in-a-~** Zweiertakt, b) Takt *m* (*als Quantität*): **the first** (*od.* **opening**) **~**, c) Zeitmaß *n*, Tempo *n*, d) Takt *m*, Rhythmus *m*, e) Men'sur *f* (*bei Orgelpfeifen*): **to tread a ~** sich im Takt *od.* Tanz bewegen, tanzen. **11.** *poet.* Weise *f*, Melo'die *f*. **12.** *pl geol.* Lager *n*, Flöz *n*. **13.** *chem.* Men'sur *f*, Grad *m* (*e-s graduierten Gefäßes*). **14.** *print.* Zeilen-, Satz-, Ko'lumnenbreite *f*. **15.** *fenc.* Men'sur *f*, Abstand *m*. **16.** Maßnahme *f*, -regel *f*, Schritt *m*: **to take ~s** Maßnahmen treffen *od.* ergreifen; **to take legal ~s** den Rechtsweg beschreiten. **17.** *jur.* gesetzliche Maßnahme, Verfügung *f*.

II *v/t* **18.** (ver)messen, ab-, aus-, zumessen: **to ~ one's length** *fig.* der Länge nach *od.* längelang hinfallen; **to ~ swords** a) die Klingen messen (*vergleichen*), b) *bes. fig.* die Klingen kreuzen, sich messen (**with** mit); **to ~ s.o. (to be** *od.* **get ~d) for a suit (of clothes)** j-m Maß nehmen (sich Maß nehmen lassen) für e-n Anzug. **19. ~ out** ausmessen, die Ausmaße *od.* Grenzen bestimmen, *ein Bergwerk* markscheiden. **20.** *fig.* ermessen. **21.** (ab)messen, abschätzen (**by** an *dat*): **~d by** gemessen an. **22.** beurteilen (**by** nach). **23.** vergleichen, messen (**with** mit): **to ~ one's strength with s.o.** s-e Kräfte mit j-m messen. **24.** *e-e Strecke* durch'messen, zu'rücklegen.

III *v/i* **25.** Messungen vornehmen. **26.** messen, groß sein: **it ~s 7 inches** es mißt 7 Zoll, es ist 7 Zoll lang. **27. ~ up to** a) die Ansprüche (*gen*) erfüllen, gut abschneiden im Vergleich zu, b) *den Ansprüchen etc* gewachsen sein, c) her'anreichen an (*acc*).

meas·ured ['meʒə(r)d; *Am. a.* 'meɪ-] *adj* (*adv* **~ly**) **1.** (ab)gemessen: **~ in the clear** (*od.* **day**) *tech.* im Lichten gemessen; **~ distance** *aer. tech.* Stoppstrecke *f*; **~ value** Meßwert *m*; **a ~ mile** e-e amtlich gemessene *od.* richtige Meile. **2.** richtig proportio'niert. **3.** (ab)gemessen, gleich-, regelmäßig: **~ tread** gemessener Schritt. **4.** 'wohlüber,legt, abgewogen, gemessen: **to speak in ~ terms** sich maßvoll ausdrücken. **5.** gewollt, bewußt, berechnet: **with ~ insolence** mit betonter Frechheit. **6.** rhythmisch. **7.** im Versmaß, metrisch.

meas·ure·less ['meʒə(r)lɪs; *Am. a.* 'meɪ-] *adj* unermeßlich, grenzenlos.

meas·ure·ment ['meʒə(r)mənt; *Am. a.* 'meɪ-] *s* **1.** (Ver)Messung *f*, Messen *n*, 'Meßme,thode *f*: **~ of field intensity** *electr. phys.* Feldstärkemessung. **2.** Maß *n*: **to take s.o.'s ~s for a suit** j-m für e-n Anzug Maß nehmen. **3.** *pl* Abmessungen *pl*, Größe *f*, (Aus)Maße *pl*. **4.** *math.* (Maß)Einheit *f*. **5.** *mar.* Tonnengehalt *m*: → **ton**[1] 2. **6.** 'Maßsy,stem *n*. **~ goods** *s pl econ.* Maß-, Schüttgüter *pl*.

meas·ur·ing ['meʒərɪŋ; *Am. a.* 'meɪ-] **I** *s* Messen *n*, (Ver)Messung *f*. **II** *adj* Meß... **~ bridge** *s electr.* Meßbrücke *f*. **~ di·al** *s* Rundmaßskala *f*. **~ glass** *s* Meßglas *n*. **~ in·stru·ment** *s tech.* Meßgerät *n*. **,~-'off** *s math.* Abtragung *f*, Abmessung *f*. **~ range** *s phys.* Meßbereich *m*. **~ tape** *s tech.* Maß-, Meßband *n*, Bandmaß *n*. **~ volt·age** *s electr.* Meßspannung *f*.

meat [miːt] *s* **1.** Fleisch *n* (*als Nahrung*): **~s** a) Fleischwaren, b) Fleischgerichte; **butcher's ~** Schlachtfleisch; **fresh ~** Frischfleisch; **~ and potatoes** *fig. sl.* solide Grundlage. **2.** *obs.* Speise *f* (*noch in den Wendungen*): **after (before) ~** nach (vor) dem Essen; **~ and drink** Speise u. Trank; **this is ~ and drink to me** *fig.* es ist mir e-e Wonne, das ist ganz mein Fall; **one man's ~ is another man's poison** des e-n Freud, des andern Leid. **3.** *obs. od. dial.* Nahrung *f*. **4.** Fleischspeise *f*, -gericht *n*: **cold ~** a) kalte Platte, b) *Am. sl.* Leiche(n *pl*) *f*. **5.** *a. pl Am.* Fleisch *n* (*von Früchten, Fischen etc*), Kern *m* (*e-r Nuß*): **as full as an egg is of ~** (*a. Br.*) ganz voll. **6.** *Bibl.* Speiseopfer *n*. **7.** *fig.* Sub'stanz *f*, Gehalt *m*, (wesentlicher) Inhalt, I'deen(gut *n*) *pl*: **full of ~** gehaltvoll. **8.** *Am. sl.* → **easy** 1. **,~-and-po'ta·toes** *adj sl.* grundlegend, fundamen'tal: **~ problems**. **~ ax(e)** *s* Schlachtbeil *n*. **'~·ball** *s* **1.** Fleischklößchen *n*. **2.** *Am. sl.* a) ,Heini' *m*, b) Langweiler *m*. **~ broth** *s* Fleischbrühe *f*. **~ chop·per** *s* **1.** Hackmesser *n*. **2.** 'Fleisch,hackma,schine *f*, Fleischwolf *m*. **~ ex·tract** *s* 'Fleischex,trakt *m*. **~ fly** *s zo.* Schmeißfliege *f*. **~ grind·er** → **meat chopper** 2: **to put in a ~** *Am. colloq. j-n od. etwas* ,durch den Wolf drehen'. **'~,head** *s Am. sl.* ,Rindvieh' *n*. **~ in·spec·tion** *s* Fleischbeschau *f*. **~ in·spec·tor** *s* Fleischbeschauer *m*.

meat·less ['miːtlɪs] *adj* fleischlos.

'meat|,man [-,mæn] *s irr Am.* Metzger *m*, Fleischer *m*. **~ meal** *s* Fleischmehl *n*. **~ of·fer·ing** *s Bibl.* Speiseopfer *n*. **~ pack·er** *s* 'Fleischwaren,hersteller *m*, -großhändler *m*. **~ pie** *s* 'Fleischpa,stete *f*. **~ safe** *s Br.* Fliegenschrank *m*.

me·a·tus [mɪ'eɪtəs] *pl* **-tus, -tus·es** *s anat.* Me'atus *m*, Gang *m*, Ka'nal *m*: **auditory ~** Gehörgang.

meat·y ['miːtɪ] *adj* **1.** fleischig. **2.** fleischartig, Fleisch... **3.** *fig.* gehaltvoll (*Buch etc*), fruchtbar (*Diskussion etc*), handfest (*Vorschlag etc*).

Mec·ca ['mekə] *s geogr. relig. u. fig.* Mekka *n*: **a ~ for tourists**.

Mec·can·o, m~ [mɪ'kɑːnəʊ; *Am.* mə'kænəʊ] (*TM*) *pl* **-os** *s* Sta'bilbaukasten *m* (*Spielzeug*).

me·chan·ic [mɪ'kænɪk] **I** *adj* (*adv* **~ally**) → **mechanical**. **II** *s* **1.** a) Me'chaniker *m*, (Auto- *etc*)Schlosser *m*, Maschi'nist *m*, Mon'teur *m*, b) Handwerker *m*. **2.** *pl* (*als sg konstruiert*) *phys.* a) Me'chanik *f*, Bewegungslehre *f*, b) *a.* **practical ~s** Ma'schinenlehre *f*: **~s of fluids** Flüssigkeits-, Hydro-, Strömungsmechanik. **3.** *pl* (*als sg konstruiert*) *tech.* Konstrukti'on *f* von Ma'schinen *etc*. **4.** *pl* (*als sg konstruiert*) *tech. u. fig.* Mecha'nismus *m*: **the ~s of a lathe; the ~s of politics**. **5.** *pl* (*als sg konstruiert*) *fig.* Technik *f*: **the ~s of playwriting**. **6.** *obs. contp.* Rüpel *m*.

me·chan·i·cal [mɪ'kænɪkl] *adj* (*adv* **~ly**) **1.** me'chanisch: a) *phys.* mechanisch begründet, Bewegungs..., b) *tech.* Maschinen..., maschi'nell: **~ly operated** mechanisch betätigt. **2.** *tech.* me'chanisch 'hergestellt. **3.** *tech.* auto'matisch. **4.** *fig.* me'chanisch: a) unwillkürlich, auto'matisch: **a ~ gesture**, b) rou'tine-, scha'blonenmäßig: **~ work**. **5.** a) Handwerks..., Handwerker..., b) Mechaniker...: **~ art** Handwerk *n*; **~ dodge** *colloq.* Handwerkskniff *m*. **6.** technisch veranlagt: **~ genius** technisches Genie; **~ aptitude** technische Begabung. **~ ad·van·tage** *s tech.* **1.** Last-Kraft-Verhältnis *n*. **2.** me'chanische Kraftverstärkung, Kraftgewinn *m*. **~ cen·trif·u·gal ta·chom·e·ter** *s tech.* 'Fliehpendeltacho,meter *n*. **~ curve** *s math.* transzen'dente Kurve. **~ draw·ing** *s* me'chanisches Zeichnen (*Ggs. Freihandzeichnen*). **~ ef·fect** *s tech.* 'Nutzef,fekt *m*. **~ en·gi·neer** *s* Ma'schinenbauingeni,eur *m*. **~ en·gi·neer·ing** *s tech.* Ma'schinenbau *m*. **~ feed press** *s tech.* 'Stanzauto,mat *m*.

me·chan·i·cal·ness [mɪ'kænɪklnɪs] *s* (*das*) Me'chanische.

me·chan·i·cal| pen·cil *s Am.* Drehbleistift *m*. **~ pow·er** *s* **1.** *phys.* me'chanische Leistung. **2.** *tech.* Nutzleistung *f*. **~ wood·pulp** *s* (me'chanischer) Holzschliff.

mech·a·ni·cian [,mekə'nɪʃn] → **mechanic** 1.

mech·a·nism ['mekənɪzəm] *s* **1.** *allg., a. fig.* Mecha'nismus *m*: a) *tech.* me'chanische Ein- *od.* Vorrichtung: **the ~ of a watch; ~ of government** *fig.* Regierungs-, Verwaltungsapparat *m*, b) *a. weitS.* (me'chanische) Arbeits- *od.* Wirkungsweise. **2.** *biol. philos.* Mecha'nismus *m* (*mechanistische Auffassung*). **3.** *med. psych.* Mecha'nismus *m*, me'chanisches Reakti'onsvermögen: **~ of defence** (*Am.* **defense**) Abwehrmechanismus, -reaktion *f*.

mech·a·nis·tic [,mekə'nɪstɪk] *adj* (*adv* **~ally**) **1.** me'chanisch bestimmt. **2.** *philos.* mecha'nistisch. **3.** → **mechanical**.

mech·a·ni·za·tion [,mekənaɪ'zeɪʃn; *Am.* -nə'z-] *s* Mechani'sierung *f*, *mil. a.* Motori'sierung *f*. **'mech·a·nize** *v/t* mechani'sieren, *mil. a.* motori'sieren: **~d division** *mil.* Panzergrenadierdivision *f*.

Mech·lin (lace) ['meklɪn] *s* Mechelner *od.* Bra'banter Spitzen *pl*.

me·con·ic [mɪ'kɒnɪk; *Am.* -'kɑ-; -'kəʊ-] *adj chem.* me'konsauer: **~ acid** Mekonsäure *f*.

me·co·ni·um [mɪ'kəʊnɪəm] *s physiol.* Me'konium *n*, Kindspech *n*.

Med [med] *s colloq. für* **mediterranean** 3.

med·al ['medl] **I** *s* Me'daille *f*: a) Denk-, Schaumünze *f*: **the reverse of the ~** *fig.* die Kehrseite der Medaille, b) Ehrenzeichen *n*, Auszeichnung *f*, Orden *m*: **service ~** Dienstmedaille; **M~ for Merit** *Am.* Verdienstorden; **M~ of Honor** *mil. Am.* Tapferkeitsmedaille; **~ play** (*Golf*) Zähl(wett)spiel *n*; **~ ribbon** Ordensband *n*. **II** *v/t pret u. pp* **-aled,** *bes. Br.* **-alled** *j-n* mit e-r Me'daille auszeichnen: **~(l)ed** ordengeschmückt.

med·al·ist, *bes. Br.* **med·al·list** ['medlɪst] *s* **1.** Medail'leur *m*, Me'daillenschneider *m*. **2.** Me'daillenkenner(in), -liebhaber(in), -sammler(in). **3.** Me'daillengewinner(in): **gold (silver, bronze) ~**. **me·dal·lic** [mɪ'dælɪk] *adj* Medaillen..., Ordens...

me·dal·lion [mɪ'dæljən] *s* **1.** große Denk- *od.* Schaumünze. **2.** Medail'lon *n*. **3.** *Am.* 'Taxili,zenz *f*.

med·al·list *bes. Br. für* **medalist**.

med·dle ['medl] *v/i* **1.** sich (ungefragt) (ein)mischen (**with, in** in *acc*). **2.** sich (unaufgefordert) befassen, sich abgeben, sich einlassen (**with** mit): **do not ~ with him!** gib dich nicht mit ihm ab! **3.** (**with**) her'umhan,tieren, -spielen (mit), sich zu schaffen machen (an *dat*). **4.** *obs.* sich auf e-n Kampf einlassen (**with s.o.** mit j-m). **'med·dler** *s* j-d, der sich in fremde Angelegenheiten (ein)mischt; auf- *od.* zudringlicher Mensch: **he's a terrible ~** der muß s-e Finger überall drinhaben. **'med·dle·some** [-səm] *adj* lästig, auf-, zudringlich. **'med·dle·some·ness** *s* **1.** Sucht *f*, sich einzumischen. **2.** Auf-, Zudringlichkeit *f*. **'med·dling I** *adj* → **meddlesome**. **II** *s* (unerwünschte) Einmischung.

med·e·vac ['medə,væk] *mil. Am.* **I** *s* Sani'tätshubschrauber *m*. **II** *v/t* mit e-m Sani'tätshubschrauber befördern *od.* ausfliegen.

me·di·a[1] ['medɪə; *Am.* 'miːdɪə] *pl* **-di·ae** [-dɪiː] *s* **1.** *ling.* Media *f*, stimmhafter Verschlußlaut. **2.** *anat.* Media *f* (*mittlere Schicht*).

me·di·a[2] ['miːdjə; -ɪə] **I** *pl von* **medium**. **II** *s pl* Medien *pl*: **~ event** Medienereignis *n*: a) *von den Medien inszeniertes od. provoziertes Ereignis*, b) *von den Medien aufgebauschtes Ereignis*, c) *aufsehenerregende Fernsehsendung etc*; **~-shy** medienscheu; → **mixed media**, *etc*.

me·di·a·cy [ˈmiːdɪəsɪ] *s* **1.** Vermittlung *f*. **2.** Zwischenzustand *m*.

me·di·ae [ˈmedɪiː; *Am.* ˈmiː-] *pl von* **media**[1].

me·di·ae·val, *etc* → **medieval**, *etc*.

me·di·al [ˈmiːdjəl; -ɪəl] **I** *adj* (*adv* **~ly**) **1.** mittler(er, e, es), Mittel...: **~ line** Mittellinie *f*. **2.** *ling*. mediˈal, inlautend: **~ sound** Inlaut *m*. **3.** Durchschnitts...: **~ alligation** *math*. Durchschnittsrechnung *f*. **II** *s* → **media**[1] 1.

me·di·an [ˈmiːdjən; -ɪən] **I** *adj* **1.** die Mitte bildend *od*. einnehmend, mittler (-er, e, es), Mittel...: **~ digit** *anat. zo*. Mittelzehe *f*; **~ strip** *Am*. Mittelstreifen *m* (*e-r Autobahn*). **2.** *meist* **~ gray** (*bes. Br*. **grey**) mittelgrau. **3.** *Statistik*: in der Mitte *od*. zenˈtral liegend: **~ salaries** mittlere Gehälter. **4.** *anat. math*. mediˈan: **~ line** a) *anat*. Median-, Mittellinie *f* (*des Körpers*), b) *math*. Mittel- *od*. Halbierungslinie *f*; **~ point** → 5 b. **II** *s* **5.** *math*. a) → **bisector**, b) Mittelpunkt *m*, Schnittpunkt *m* der ˈWinkelhalˌbierenden, c) Mittelwert *m*.

me·di·ant [ˈmiːdjənt; -ɪənt] *s mus*. Mediˈante *f*.

me·di·as·ti·nal [ˌmiːdɪəˈstaɪnl] *adj anat*. mediastiˈnal, Mittelfell...

me·di·ate [ˈmiːdɪeɪt] **I** *v/i* **1.** vermitteln, den Vermittler spielen (**between** zwischen *dat*). **2.** a) e-n mittleren Standpunkt einnehmen, b) ein Bindeglied bilden (**between** zwischen *dat*). **II** *v/t* **3.** a) vermitteln, (durch Vermittlung) zuˈstande bringen: **to ~ an agreement**, b) (durch Vermittlung) beilegen: **to ~ East-West differences**. **4.** (**to**) *Wissen etc* vermitteln (*dat*), weitergeben (an *acc*). **III** *adj* [-dɪət] (*adv* **~ly**) **5.** in der Mitte *od*. daˈzwischen liegend, mittler(er, e, es), Mittel... **6.** ˈindiˌrekt, mittelbar: **~ certainty** mittelbare (*durch Schlüsse erlangte*) Gewißheit. **7.** *jur. hist*. mittelbar, nicht souveˈrän.

me·di·a·tion [ˌmiːdɪˈeɪʃn] *s* **1.** Vermittlung *f*, Fürsprache *f*, *a. relig*. Fürbitte *f*: **through his ~**. **2.** *jur. pol*. Mediatiˈon *f*.

me·di·a·ti·za·tion [ˌmiːdɪətaɪˈzeɪʃn; *Am*. -təˈz-] *s hist*. Mediatiˈsierung *f*.

ˈme·di·a·tize I *v/t* **1.** *hist*. a) mediatiˈsieren (*die Reichsunmittelbarkeit od. Souveränität nehmen*), b) *ein Gebiet* einverleiben. **2.** *fig*. aufsaugen. **II** *v/i* **3.** *hist*. mediatiˈsiert werden, die Reichsunmittelbarkeit verlieren.

me·di·a·tor [ˈmiːdɪeɪtə(r)] *s* **1.** Vermittler *m*. **2.** Fürsprecher *m*: **the M~** *relig*. der Mittler (*Christus*). **3.** *biol*. Amboˈzeptor *m*, Zwischenkörper *m*. **ˌme·di·aˈto·ri·al** [-dɪəˈtɔːrɪəl; *Am. a*. -ˈtəʊ-] *adj* vermittelnd, Vermittler..., Mittler...: **~ proposal** Vermittlungsvorschlag *m*. **ˈme·di·a·tor·ship** *s* Vermitteramt *n*, -rolle *f*, Vermittlung *f*. **ˈme·di·a·to·ry** [-dɪətərɪ; *Am*. -ˌtəʊriː; -ˌtɔː-] → **mediatorial**. **ˈme·di·a·tress** [-eɪtrɪs], **ˌme·diˈa·trix** [-trɪks] *s* Vermittlerin *f*.

med·ic [ˈmedɪk] **I** *adj obs. für* **medical** I. **II** *s colloq*. a) Mediˈziner *m* (*Arzt u. Student*), b) *mil*. Saniˈtäter *m*.

med·i·ca·ble [ˈmedɪkəbl] *adj* heilbar.

Med·i·caid [ˈmedɪˌkeɪd] *s Am. gemeinsames Gesundheitsfürsorgeprogramm der Staaten u. der Bundesregierung für Bedürftige*.

med·i·cal [ˈmedɪkl] **I** *adj* (*adv* **~ly**) **1.** a) mediˈzinisch, ärztlich, Kranken...: **~ association** Ärzteverband *m*; **~ attendance** (*od*. **care, treatment**) ärztliche Behandlung; **~ board** Gesundheitsbehörde *f*; **~ certificate** ärztliches Attest; **on ~ grounds** aus gesundheitlichen Gründen; **~ laboratory technician** medizinisch-technische Assistentin; **~ record** Krankenblatt *n*; **~ retirement** Rücktritt *m* aus gesundheitlichen Gründen; **~ specialist** Facharzt *m*; **~ student** Medizinstudent(in); → **staff**[1] 8, b) interˈnistisch: **~ ward** innere Abteilung (*e-r Klinik*). **2.** behandlungsbedürftig: **a ~ disease**. **3.** heilend, Heil... **4.** *mar. mil*. Sanitäts... **II** *s* **5.** *colloq*. a) Arzt *m*, b) ärztliche Unterˈsuchung. **M~ Corps** *s mil*. Saniˈtätstruppe *f*. **~ di·rec·tor** *s mar. Am*. Maˈrineoberstarzt *m*. **~ ex·am·in·er** *s* **1.** *jur. Am*. ärztlicher Leichenbeschauer. **2.** a) Vertrauensarzt *m* (*e-r Krankenkasse*), b) Amtsarzt *m*. **~ in·spec·tor** *s mar. Am*. Maˈrinearzt *m* zweiten Ranges. **~ ju·ris·pru·dence** *s jur*. Geˈrichtsmediˌzin *f*. **~ man** *s irr* Arzt *m*, ‚Doktor' *m*: **our ~** unser Hausarzt. **~ of·fi·cer** *s* **1.** *a*. **~ of health** Amtsarzt *m*. **2.** *mil*. Saniˈtätsoffiˌzier *m*. **~ prac·ti·tion·er** *s* praktischer Arzt. **~ sci·ence** → **medicine** 2 a.

me·dic·a·ment [meˈdɪkəmənt; mɪˈd-; ˈmedɪk-] **I** *s* Medikaˈment *n*, Heil-, Arzˈneimittel *n*. **II** *v/t* medikamenˈtös behandeln.

Med·i·care [ˈmedɪˌkeər] *s Am. Gesundheitsfürsorgeprogramm der Regierung, bes. für Bürger über 65*.

med·i·cate [ˈmedɪkeɪt] *v/t* **1.** mediˈzinisch behandeln. **2.** mit Arzˈneistoff(en) versetzen *od*. impräˈgnieren: **~d bath** Heil-, Medizinalbad *n*; **~d candle** Räucherkerzchen *n*; **~d cotton (wool)** medizinische Watte; **~d wine** Medizinalwein *m*. **ˌmed·iˈca·tion** *s med*. **1.** Beimischung *f* von Arzˈneistoffen, Impräˈgnieren *n* mit mediˈzinischen Zusätzen. **2.** Medikatiˈon *f*, (Arzˈnei)Verordnung *f*, mediˈzinische *od*. medikamenˈtöse Behandlung. **ˈmed·i·ca·tive** [-kətɪv; -keɪ-], *a*. **ˈmed·i·ca·to·ry** [-kətərɪ; -keɪ-; *Am*. -kəˌtəʊriː; -ˌtɔː-] → **medicinal** 1.

Med·i·ce·an [ˌmedɪˈtʃiːən; -ˈsiːən] *adj* Mediˈceisch, Medici...

me·dic·i·nal [meˈdɪsɪnl] *adj* (*adv* **~ly**) **1.** mediziˈnal, mediˈzinisch, heilkräftig, Heil...: **~ herbs** Arznei-, Heilkräuter; **~ properties** Heilkräfte; **~ spring** Heilquelle *f*. **2.** *fig*. heilsam.

med·i·cine [ˈmedsɪn; *Am*. ˈmedəsən] **I** *s* **1.** Mediˈzin *f*, Arzˈnei *f* (*a. fig*.): **to take one's ~** a) s-e Medizin (ein)nehmen, b) *fig*. ‚in den sauren Apfel beißen', ‚die (bittere) Pille schlucken'; **he was given a taste** (*od*. **dose**) **of his own ~** *fig*. er bekam es in *od*. mit gleicher Münze heimgezahlt. **2.** a) Heilkunde *f*, Mediˈzin *f*, ärztliche Wissenschaft, b) innere Mediˈzin (*Ggs. Chirurgie*). **3.** *obs*. (Zauber-) Trank *m*. **4.** Zauber *m*, Mediˈzin *f* (*bei den Indianern*): **~ bag** Zauberbeutel *m*, Talisman *m*; **he is bad ~** *Am. sl*. dem geht man am besten aus dem Weg; **it is big ~** *Am. sl*. es bedeutet (persönliche) Macht. **5.** → **medicine man**. **II** *v/t* **6.** ärztlich behandeln. **~ ball** *s sport* Mediˈzinball *m*. **~ chest** *s* Arzˈneikasten *m*, ˈHaus-, ˈReiseapoˌtheke *f*. **~ glass** *s med*. Mediˈzin-, Tropfenglas *n*. **~ man** *s irr* Mediˈzinmann *m* (*der Indianer etc*).

med·i·co [ˈmedɪkəʊ] *pl* **-cos** *s colloq*. Mediˈziner *m* (*Arzt u. Student*).

medico- [medɪkəʊ] *Wortelement mit der Bedeutung* medizinisch: **~legal** gerichtsmedizinisch.

me·di·e·val [ˌmedɪˈiːvl; ˌmiːdɪ-] *adj* (*adv* **~ly**) mittelalterlich (*a. colloq. fig. altmodisch, vorsintflutlich*): **M~ Greek** *ling*. Mittelgriechisch *n*. **ˌme·diˈe·val·ism** *s* **1.** Eigentümlichkeit *f od*. Geist *m* des Mittelalters. **2.** Vorliebe *f* für das Mittelalter. **3.** a) Mittelalterlichkeit *f*, b) ˈÜberbleibsel *n* aus dem Mittelalter. **ˌme·diˈe·val·ist** *s* Mediäˈvist(in), Erforscher(in) *od*. Kenner(in) *od*. Verehrer(in) des Mittelalters.

me·di·o·cre [ˌmiːdɪˈəʊkə(r)] *adj* mittelmäßig, zweitklassig. **ˌme·diˈoc·ri·ty** [-ˈɒkrətɪ; *Am*. -ˈɑk-] *s* **1.** Mittelmäßigkeit *f*. **2.** mittelmäßiger *od*. unbedeutender Mensch, kleiner Geist: **he is a ~** er ist nur Mittelmaß.

med·i·tate [ˈmedɪteɪt] **I** *v/i* nachsinnen, -denken, grübeln, mediˈtieren (**on, upon** über *acc*). **II** *v/t* im Sinn haben, planen, vorhaben, erwägen: **to ~ revenge** auf Rache sinnen. **ˌmed·iˈta·tion** *s* **1.** tiefes Nachdenken, Sinnen *n*. **2.** Meditatiˈon *f*, (*bes*. fromme) Betrachtung: **~s** Betrachtungen, Besinnliches *n*; **book of ~s** Erbauungs-, Andachtsbuch *n*.

med·i·ta·tive [ˈmedɪtətɪv; -teɪ-] *adj* (*adv* **~ly**) nachdenklich: a) nachsinnend, b) besinnlich (*a. Buch etc*). **ˈmed·i·ta·tive·ness** *s* Nachdenklichkeit *f*.

med·i·ter·ra·ne·an [ˌmedɪtəˈreɪnjən; -nɪən] **I** *adj* **1.** von Land umˈgeben, binnenländisch. **2. M~** mittelmeerisch, mediterˈran, Mittelmeer...: **M~ Sea** → 3. **II** *s* **3. M~** Mittelmeer *n*, Mittelländisches Meer. **4. M~** Angehörige(r *m*) *f* der mediterˈranen Rasse.

me·di·um [ˈmiːdjəm; -ɪəm] **I** *pl* **-di·a** [-djə; -dɪə], **-di·ums** *s* **1.** *fig*. Mitte *f*, Mittel *n*, Mittelweg *m*: **the just ~** die richtige Mitte, der goldene Mittelweg; **to hit (upon)** (*od*. **find**) **the happy ~** die richtige Mitte treffen. **2.** ˈDurchschnitt *m*, Mittel *n*. **3.** *biol. chem. phys*. Medium *n*, Träger *m*, Mittel *n*: (**culture**) **~** *med*. Nährboden *m*; **refractive ~** *phys*. brechendes Medium. **4.** *paint*. Bindemittel *n*. **5.** *econ*. Medium *n*: a) (*Zahlungs- etc*) Mittel *n*: **~ of exchange** Tauschmittel *od*. Valuta *f*, b) Werbemittel, -träger *m* (*Fernsehen, Zeitung etc*): **media man** *Am*. Media-man *m*, Media-Mann *m* (*Fachmann für Auswahl u. Einsatz von Werbemitteln*); **media research** Medien-, Werbeträgerforschung *f*. **6.** (künstlerisches) Medium, Ausdrucksmittel *n*. **7.** Medium *n*, (Hilfs)Mittel *n*, Werkzeug *n*, Vermittlung *f*: **by** (*od*. **through**) **the ~ of** a) durch, vermittels (*gen*), b) durch Vermittlung (*gen*). **8.** ˈLebenseleˌment *n*, -bedingungen *pl*. **9.** *a*. **social ~** ˈUmwelt *f*, Miliˈeu *n*. **10.** *Hypnose, Parapsychologie*: Medium *n*: **trance (writing) ~** Trance-(Schreib-) medium. **11.** *econ*. Mittelware *f*, -gut *n*. **12.** *print*. Mediˈanpaˌpier *n* (*englisches Druckpapier 18 × 28, Schreibpapier 17½ × 22 Zoll; amer. Druckpapier 19 × 24, Schreibpapier 18 × 23 Zoll*). **13.** *phot*. (*Art*) Lack *m* (*zum Bestreichen der Negative vor dem Retuschieren*). **14.** *thea*. bunter Beleuchtungsschirm. **II** *adj* **15.** mittelmäßig, mittler(er, e, es), Mittel...: **~ talent** mittelmäßige Befähigung *od*. Begabung; **~ quality** mittlere Qualität. **16.** Durchschnitts... **17.** *gastr*. englisch (*Steak*). **ˈ~-ˌdat·ed** *adj econ*. mittelfristig (*Staatspapier*). **ˈ~-faced** *adj print*. halbfett. **~ fre·quen·cy** *s electr*. ˈMittelfreˌquenz *f*, *in Zssgn* Mittelwellen...

me·di·um·is·tic [ˌmiːdjəˈmɪstɪk; -ɪə-] *adj Parapsychologie*: mediˈal (begabt *od*. veranlagt).

me·di·um|plane *s math*. Mittelebene *f*. **ˈ~-priced** *adj econ*. der mittleren Preislage. **ˈ~-range** *adj* für mittlere Reichweite: **~ radar**; **~ flight** *aer*. Mittelstreckenflug *m*; **~ missile** *mil*. Mittelstreckenrakete *f.* ~ **shot** *s Film, TV*: Mittelaufnahme *f.* ~ **size** *s* Mittelgröße *f.* ˈ~**-size(d)** *adj* **1.** mittelgroß: ~ **car** *mot.* Wagen *m* der Mittelklasse, Mittelklassewagen *m.* **2.** *econ.* mittelständisch (*Unternehmen*). ˈ~**-term** *adj* mittelfristig (*Planung etc*). ~ **wave** *s electr.* Mittelwelle *f.*

med·lar [ˈmedlə(r)] *s bot.* **1.** *a.* ~ **tree** Mispelstrauch *m.* **2.** Mispel *f* (*Frucht*).

med·ley [ˈmedlɪ] **I** *s* **1.** Gemisch *n*, *contp.* Mischmasch *m*, Durcheinˈander *n.* **2.** gemischte Gesellschaft. **3.** a) *mus.* Medley *n*, Potpourri *n*, b) *obs.* liteˈrarische Auslese. **4.** *obs.* Handgemenge *n.* **II** *adj* **5.** gemischt, bunt, *contp.* wirr: ~ **relay** a) (*Schwimmen*) Lagenstaffel *f*, b) (*Schwimmen, Laufsport*) Schwellstaffel *f*; ~ **swimming** Lagenschwimmen *n.*

me·dul·la [meˈdʌlə; mɪ-] *s* **1.** *physiol.* a) *a.* ~ **spinalis** Rückenmark *n*, b) (Knochen)Mark *n*: **adrenal** ~ Nebennierenmark. **2.** *bot.* Mark *n.*

med·ul·lar·y [meˈdʌlərɪ; mɪ-; *Am. a.* ˈmedəˌleriː; ˈmedʒə-] *adj biol.* medulˈlär, markig, markhaltig, Mark... ~ **ca·nal** *s anat.* ˈMarkkaˌnal *m.* ~ **mem·brane** *s anat.* Endˈost *n.* ~ **ray** *s bot.* Markstrahl *m* (*des Holzes*). ~ **tube** *s anat.* ˈRückenmarkskaˌnal *m.*

med·ul·li·tis [ˌmedəˈlaɪtɪs] *s med.* Knochenmarkentzündung *f.*

Me·du·sa [mɪˈdjuːzə; -sə; *Am. a.* -ˈduː-] **I** *npr antiq.* Meˈdusa *f*: **head of** ~ Medusenhaupt *n.* **II** *s* **m**~ *pl* **-sas, -sae** [-ziː; -siː] *zo.* Meˈduse *f*, Qualle *f.* **Med·u·sae·an** [ˌmɪdjʊˈsiːən; *Am. a.* -dʊ-] *adj* meˈdusisch, Medusen... **me·du·sal** [mɪˈdjuːsl; -zl; *Am. a.* -ˈduː-], **meˈdu·san** *adj zo.* zu den Quallen gehörig, quallenartig.

meed [miːd] *s poet.* Lohn *m*, Sold *m.*

meek [miːk] *adj* (*adv* ~**ly**) **1.** mild, sanft (-mütig). **2.** demütig: a) bescheiden, b) *contp.* unterˈwürfig, duckmäuserisch: **to be** ~ **and mild** sich alles gefallen lassen. **3.** fromm (*Tier*): (**as**) ~ **as a lamb** *fig.* lammfromm. ˈ**meek·ness** *s* **1.** Sanftmut *f*, Milde *f.* **2.** Demut *f*, *contp.* Duckmäuseˈrei *f*, Unterˈwürfigkeit *f.*

meer·kat [ˈmɪə(r)kæt] *s zo.* **1.** Meerkatze *f.* **2.** → **suricate.**

meer·schaum [ˈmɪə(r)ʃəm; *Am. a.* -ˌʃɔːm] *s* **1.** *min.* Meerschaum *m.* **2.** *a.* ~ **pipe** Meerschaumpfeife *f.*

meet [miːt] **I** *v/t pret u. pp* **met** [met] **1.** a) begegnen (*dat*), zs.-treffen mit, treffen (auf *acc*), antreffen: **to** ~ **each other** einander begegnen, sich treffen; **well met!** schön, daß wir uns treffen!, b) treffen, sich treffen mit. **2.** *j-n* kennenlernen: **when I first met him** als ich s-e Bekanntschaft machte; **pleased to** ~ **you!** *colloq.* sehr erfreut(, Sie kennenzulernen)!; ~ **Mr. Brown** *bes. Am.* darf ich Ihnen Herrn Brown vorstellen? **3.** *j-n* abholen: **to** ~ **s.o. at the station** j-n von der Bahn abholen; **to be met** abgeholt *od.* empfangen werden; **the bus** ~**s all trains** der Omnibus ist zu allen Zügen an der Bahn; **to come (go) to** ~ **s.o.** j-m entgegenkommen (-gehen). **4.** *fig. j-m* entgegenkommen (**halfway** auf halbem Wege). **5.** *a. fig.* gegenˈübertreten (*dat*). **6.** (*feindlich*) zs.-treffen, -stoßen mit, begegnen (*dat*), *sport a.* antreten gegen, treffen auf (*e-n Gegner*): → **fate** 2. **7.** *fig.* entgegentreten (*dat*): a) *e-r Sache* abhelfen, *der Not* steuern, b) *Schwierigkeiten* überˈwinden, *ein Problem* lösen, fertig werden mit, Herr werden (*gen*): **to** ~ **a difficulty**; **to** ~ **the competition** der Konkurrenz begegnen, c) *Einwände* widerˈlegen, entgegnen auf (*acc*): **to** ~ **objections. 8.** *fig.* (an)treffen, finden, erfahren. **9.** *pol.* sich *dem Parlament* vorstellen (*neue Regierung*). **10.** berühren, münden in (*acc*) (*Straßen*), stoßen *od.* treffen auf (*acc*), schneiden (*a. math.*): **to** ~ **s.o.'s eye** a) j-m ins Auge fallen, b) j-s Blick erwidern; **to** ~ **the eye** auffallen; **there is more in it than** ~**s the eye** da steckt mehr dahinter. **11.** versammeln (*bes. pass*): **to be met** sich zs.-gefunden haben, beisammen sein. **12.** *Anforderungen etc* entsprechen, gerecht werden (*dat*), überˈeinstimmen mit: **the supply** ~**s the demand** das Angebot entspricht der Nachfrage; **to be well met** gut zs.-passen; **that won't** ~ **my case** das löst mein Problem nicht, damit komme ich nicht weiter. **13.** *j-s Wünschen* entgegenkommen *od.* entsprechen, *e-e Forderung* erfüllen, *e-r Verpflichtung* nachkommen, *Unkosten* bestreiten *od.* decken, *e-e Rechnung* begleichen: **to** ~ **a demand** a) e-r Forderung nachkommen, b) e-e Nachfrage befriedigen; **to** ~ **s.o.'s expenses** j-s Auslagen decken; **to** ~ **a bill** *econ.* e-n Wechsel honorieren.

II *v/i* **14.** zs.-kommen, -treffen, -treten, sich versammeln, tagen. **15.** sich begegnen, sich (*a. verabredungsgemäß*) treffen: **to** ~ **again** sich wiedersehen. **16.** (*feindlich*) zs.-stoßen, aneinˈandergeraten, *sport* aufeinˈandertreffen, sich begegnen (*Gegner*). **17.** sich kennenlernen, zs.-treffen. **18.** sich vereinigen (*Straßen etc*), sich berühren, in Berührung kommen (*a. Interessen etc*). **19.** genau zs.-treffen, -stimmen, -passen, sich decken: **this skirt does not** ~ dieser Rock ist zu eng *od.* geht nicht zu; → **end** *Bes. Redew.* **20.** ~ **with** a) zs.-treffen mit, b) sich treffen mit, c) (an)treffen, finden, (zufällig) stoßen auf (*acc*), d) erleben, erleiden, erfahren, betroffen *od.* befallen werden von, erhalten, bekommen: **to** ~ **with an accident** e-n Unfall erleiden *od.* haben, verunglücken; **to** ~ **with approval** Billigung *od.* Beifall finden; **to** ~ **with a refusal** auf Ablehnung stoßen; **to** ~ **with success** Erfolg haben; **to** ~ **with a kind reception** freundlich aufgenommen werden.

III *s* **21.** *Am.* a) Treffen *n* (*von Zügen etc*), b) → **meeting** 6 b. **22.** *hunt.* a) Jagdtreffen *n* (*zur Fuchsjagd*), b) Jagdgesellschaft *f*, c) Sammelplatz *m.*

IV *adj obs.* **23.** passend. **24.** angemessen, geziemend: **it is** ~ **that** es schickt sich, daß.

meet·ing [ˈmiːtɪŋ] *s* **1.** Begegnung *f*, Zs.-treffen *n*, -kunft *f*: ~ **of (the) minds** *fig.* völlige Übereinstimmung, *jur.* Konsens *m* (*beim Vertragsabschluß*). **2.** Versammlung *f*, Konfeˈrenz *f*, Sitzung *f*, Tagung *f*: **at a** ~ auf e-r Versammlung; **to call a** ~ **for nine o'clock** e-e Versammlung auf neun Uhr einberufen; ~ **of members** Mitgliederversammlung. **3.** *relig.* gottesdienstliche Versammlung. **4.** Stelldichein *n*, Rendezˈvous *n.* **5.** Zweikampf *m*, Duˈell *n.* **6.** *sport* a) *a.* **race** ~ *Pferdesport*: Rennveranstaltung *f*, b) (*leichtathletisches etc*) Treffen, Wettkampf *m*, (Sport-)Veranstaltung *f.* **7.** Zs.-treffen *n* (*zweier Linien etc*). ˈ~**-house** *s relig.* Andachts-, Bethaus *n.* ~ **place** *s* **1.** Tagungs-, Versammlungsort *m.* **2.** Sammelplatz *m*, Treffpunkt *m.* ~ **room** *s* Sitzungssaal *m.*

meet·ness [ˈmiːtnɪs] *s obs.* Schicklichkeit *f*, Angemessenheit *f.*

meg- [meg], **mega-** [megə] *Wortelement mit den Bedeutungen* a) groß, b) Million.

ˈ**meg·a·bit** *s Computer*: Megabit *n* (*1 Million Bit*).

ˈ**meg·aˌbuck** *s Am. sl.* e-e Milliˈon Dollar: **to make** ~**s** ein ‚Schweinegeld' verdienen.

ˈ**meg·a·byte** *s Computer*: Megabyte *n* (*1 Million Byte*).

ˌ**meg·a·ceˈphal·ic,** ˌ**meg·aˈceph·a·lous** *adj anat.* megalozeˈphal, großköpfig. ˌ**meg·aˈceph·a·ly** *s med.* Megalozephaˈlie *f*, Großköpfigkeit *f.*

ˈ**meg·aˌcy·cle** *s electr.* Megahertz *n* (*1 Million Hertz*).

ˈ**meg·a·death** *s* Tod *m* von e-r Milliˈon Menschen, e-e Milliˈon Tote (*bes. in e-m Atomkrieg*).

Me·gae·ra [mɪˈdʒɪərə] *npr antiq.* Meˈgäre *f.*

ˈ**meg·a·fog** *s mar.* ˈNebelsiˌgnal[(-anlage *f*) *n.*]

ˈ**meg·a·hertz** *s electr.* Megahertz *n* (*1 Million Hertz*).

ˈ**meg·a·lith** *s* Megaˈlith *m.* ˌ**meg·aˈlith·ic** *adj* megaˈlithisch.

megalo- [megələʊ] *Wortelement mit der Bedeutung* groß.

ˌ**meg·a·loˈcar·di·a** *s med.* Kardiomegaˈlie *f*, Herzerweiterung *f.*

ˌ**meg·a·lo·ceˈphal·ic** → **megacephalic.**

meg·a·lo·cyte [ˈmegələʊsaɪt] *s physiol.* Megaloˈzyt *m* (*abnorm großes rotes Blutkörperchen*).

ˌ**meg·a·loˈma·ni·a** *s psych.* Megalomaˈnie *f*, Größenwahn *m.* ˌ**meg·a·loˈma·ni·ac I** *s* Größenwahnsinnige(r *m*) *f*: **to be a** ~ an Größenwahn leiden, größenwahnsinnig sein. **II** *adj* megaloˈmanisch, größenwahnsinnig.

meg·a·lop·o·lis [ˌmegəˈlɒpəlɪs; *Am.* -ˈlɑ-] *s* **1.** Megaˈlopolis *f*, Megaloˈpole *f*, (*aus mehreren Städten bestehende*) Riesenstadt. **2.** Ballungsraum *m*, -gebiet *n* (*um e-e Großstadt*).

ˌ**meg·a·lo·techˈnol·o·gy** *s* Großtechnik *f.*

meg·a·phone [ˈmegəfəʊn] **I** *s* Megaˈphon *n*, Sprachrohr *n*, Schalltrichter *m.* **II** *v/t u. v/i* durch ein Megaˈphon sprechen.

Me·gar·i·an [mɪˈgeərɪən] *adj* meˈgarisch: ~ **school** (*von Euklid um 400 v. Chr. gegründete*) Schule von Megara. **Meˈgar·ic** [-ˈgærɪk] → **Megarian.**

meg·a·scope [ˈmegəskəʊp] *s* **1.** *tech.* Megaˈskop *n.* **2.** *phot.* Vergrößerungskammer *f.* ˌ**meg·aˈscop·ic** [-ˈskɒpɪk; *Am.* -ˈskɑ-] *adj* (*adv* ~**ally**) **1.** *phot.* vergrößert. **2.** mit bloßem Auge wahrnehmbar.

ˈ**meg·aˌseism** [-ˌsaɪzəm] *s geol. phys.* heftiges Erdbeben.

ˌ**meg·a·spoˈran·gi·um** *s irr bot.* Makro-, Megaspoˈrangium *n.* ˈ**meg·a·spore** *s* Makro-, Megaspore *f.* ˌ**meg·aˈspo·ro·phyll** *s* Mega-, Makrosporoˈphyll *n.*

ˈ**meg·aˌstruc·ture** *s* Mammutbau *m.*

ˈ**meg·a·ton** *s* Megatonne *f* (*1 Million Tonnen*): ~ **bomb** Bombe *f* mit der Sprengkraft von 1000 Kilotonnen TNT.

meg·a·ver·si·ty [ˌmegəˈvɜːsətɪ; *Am.* -ˈvɜr-] *s* ˈMammutuniversiˌtät *f.*

ˈ**meg·a·volt** *s electr.* Megavolt *n* (*1 Million Volt*).

ˈ**meg·a·watt** *s electr.* Megawatt *n* (*1 Million Watt*).

meg·ger [ˈmegə(r)] *s electr.* Megohmˈmeter *n*, Isolatiˈonsmesser *m.*

me·gilp [məˈgɪlp] **I** *s* (*ein*) Retuˈschierfirnis *m* (*aus Leinöl u. Mastix*). **II** *v/t* firnissen.

ˈ**meg·ohm** *s electr.* Megˈohm *n* (*1 Million Ohm*).

me·grim [ˈmiːgrɪm] *s* **1.** *med. obs.* Miˈgräne *f.* **2.** *obs.* Grille *f*, Laune *f*, Spleen *m.* **3.** *pl obs.* Schwermut *f*, Melanchoˈlie *f.* **4.** *pl vet.* Koller *m* (*der Pferde*).

mei·o·sis [maɪˈəʊsɪs] *s* **1.** *ling.* a) Liˈtotes *f*, b) Verkleinerung *f.* **2.** *biol.* Meiˈose *f*, Reduktiˈonsteilung *f.*

me·kom·e·ter [mɪˈkɒmɪtə(r); *Am.* -ˈkɑ-] *s mil.* Entfernungsmesser *m.*

me·la·da [mɪˈlɑːdə] *s* roher Zucker, Meˈlasse *f.*

mel·am [ˈmeləm] *s chem.* Melam *n.*

ˈmel·a·mine [-miːn] *s* Melaˈmin *n*, Cyaˈnursäureaˌmid *n*. **ˈmel·a·mine-form**ˈ**al·de·hyde res·ins** *s pl* Melaˈmin-Formaldeˈhyd-Harze *pl*.

mel·an·cho·li·a [ˌmelənˈkəʊljə; -lɪə] *s med*. Melanchoˈlie *f*, Schwermut *f*. ˌ**mel-an**ˈ**cho·li·ac** [-lɪæk], ˌ**mel·an**ˈ**chol·ic** [-ˈkɒlɪk; *Am*. -ˈkɑ-] **I** *adj* → **melancholy** II. **II** *s* Melanˈcholiker(in).

mel·an·chol·y [ˈmelənkəlɪ; *Am*. -ˌkɑliː] **I** *s* **1.** Melanchoˈlie *f*: a) *med*. Depressiˈon *f*, Gemütskrankheit *f*, b) Schwermut *f*, Trübsinn *m*. **II** *adj* **2.** melanˈcholisch: a) schwermütig, trübsinnig, b) *fig*. traurig, düster. **3.** traurig, schmerzlich: **a ~ duty**.

mé·lange, *Am. a.* **me·lange** [meɪˈlɑ̃ːnʒ; melɑ̃ʒ] (*Fr.*) *s* Mischung *f*, Gemisch *n*.

mel·a·nin [ˈmelənɪn] *s biol. chem.* Melaˈnin *n*. ˈ**mel·a·nism** *s* **1.** *biol*. Melaˈnismus *m* (*Entwicklung dunklen Farbstoffs in der Haut etc*). **2.** → **melanosis**.

mel·a·nite [ˈmelənaɪt] *s min*. Melaˈnit *m*.

mel·a·no·blast [ˈmelənəʊblɑːst; *Am*. -ˌblæst; məˈlænə-] *s biol*. Melanoˈblast *m*, (dunkle) Pigˈmentzelle.

mel·a·no·sis [ˌmeləˈnəʊsɪs] *s med*. Melaˈnose *f*, Schwarzsucht *f*.

mel·an·tha·ceous [ˌmelənˈθeɪʃəs] *adj bot*. zu den Zeitlosengewächsen gehörig.

me·las·sic [mɪˈlæsɪk] *adj chem*. Melassin...: **~ acid**.

Mel·ba toast [ˈmelbə] *s* dünne hartgeröstete Brotscheiben *pl*.

meld[1] [meld] (*Kartenspiel*) **I** *v/t u. v/i* melden. **II** *s* zum Melden geeignete Kombinatiˈon.

meld[2] [meld] *v/t u. v/i* (sich) (ver)mischen.

me·lee, *bes. Br.* **mê·lée** [ˈmeleɪ; *Am*. ˈmeɪˌ-] *s* **1.** Handgemenge *n*. **2.** *fig*. Gewühl *n*, Gedränge *n*.

me·le·na [mɪˈliːnə] *s med*. Meˈläna *f*, Blutbrechen *n*.

mel·ic [ˈmelɪk] *adj* **1.** melisch, lyrisch. **2.** für Gesang bestimmt.

mel·i·lot [ˈmelɪlɒt; *Am*. -ˌlɑt] *s bot*. Stein-, Honigklee *m*.

me·line [ˈmiːlaɪn; -lɪn] *zo*. **I** *adj* dachsartig. **II** *s* Dachs *m*.

me·li·o·rate [ˈmiːljəreɪt; -lɪə-] **I** *v/t* **1.** (ver)bessern. **2.** *agr*. *Ackerland* melioˈrieren. **II** *v/i* **3.** besser werden, sich (ver)bessern. ˌ**me·li·o**ˈ**ra·tion** *s* **1.** (Ver)Besserung *f*. **2.** *agr*. Melioratiˈon *f*.

me·li·o·rism [ˈmiːljərɪzəm; -lɪə-] *s philos*. Melioˈrismus *m*: a) *Lehre von der Verbesserungsfähigkeit der Welt*, b) *Streben nach Verbesserung der menschlichen Gesellschaft*.

me·liph·a·gous [meˈlɪfəgəs] *adj zo*. honigfressend.

me·lis·sa [mɪˈlɪsə] *s bot. pharm.* (Ziˈtronen)Meˌlisse *f*.

mel·i·t(a)e·mi·a [ˌmelɪˈtiːmɪə], ˌ**mel·i**ˈ**th(a)e·mi·a** [-ˈθiːmɪə] *s med*. Melishäˈmie *f*, Glykäˈmie *f* (*erhöhter Blutzuckergehalt*).

mell [mel] *v/t u. v/i obs. od. dial.* (sich) mischen, (sich) (ein)mengen.

mel·lif·er·ous [meˈlɪfərəs] *adj* **1.** *bot*. honigerzeugend. **2.** *zo*. Honig tragend *od*. bereitend.

mel·lif·lu·ence [meˈlɪflʊəns; *Am*. -fləwəns] *s* **1.** Honigfluß *m*. **2.** *fig*. Süßigkeit *f*, glattes Daˈhinfließen (*der Worte etc*). **mel**ˈ**lif·lu·ent** *adj* (*adv* **~ly**), **mel**ˈ**lif·lu·ous** *adj* (*adv* **~ly**) honigsüß, lieblich, einschmeichelnd.

mel·lit·ic [meˈlɪtɪk] *adj chem*. Mellith..., Honigstein..., melˈlith-, honigsauer: **~ acid** Mellith-, Honigsäure *f*.

mel·low [ˈmeləʊ] **I** *adj* (*adv* **~ly**) **1.** reif, saftig, mürbe, weich (*Obst*). **2.** *agr*. a) leicht zu bearbeiten(d), locker, b) reich: **~ soil**. **3.** ausgereift, weich, lieblich (*Wein*). **4.** sanft, mild, deˈzent, angenehm: **~ light**; **~ tints** zarte Farbtöne. **5.** *mus*. weich, voll, lieblich. **6.** *fig*. gereift u. gemildert, mild, abgeklärt, heiter: **of ~ age** reiferen *od*. gereiften Alters. **7.** angeheitert, beschwipst. **II** *v/t* **8.** weich *od*. mürbe machen, *den Boden* auflockern. **9.** *fig*. sänftigen, mildern. **10.** (aus)reifen, reifen lassen (*a. fig.*). **III** *v/i* **11.** weich *od*. mürbe *od*. mild *od*. reif werden (*Wein etc*). **12.** *fig*. sich abklären *od*. mildern. ˈ**mel·low·ing** *adj* weich, sanft, schmelzend: **~ voice**. ˈ**mel·low·ness** *s* **1.** Weichheit *f*, Mürbheit *f*. **2.** *agr*. Gare *f*. **3.** Gereiftheit *f*. **4.** Milde *f*, Sanftheit *f*, Weichheit *f*: **~ of colo(u)r**.

me·lo·de·on [mɪˈləʊdjən; -ɪən] *s mus*. **1.** Meˈlodium(orgel *f*) *n* (*ein amer. Harmonium*). **2.** (*Art*) Akˈkordeon *n*. **3.** *obs. Am*. Varieˈtéheˌater *n*.

me·lod·ic [mɪˈlɒdɪk; *Am*. məˈlɑ-] **I** *adj* (*adv* **~ally**) meˈlodisch. **II** *s pl* (*als sg konstruiert*) *mus*. Meloˈdielehre *f*, Meˈlodik *f*.

me·lo·di·ous [mɪˈləʊdjəs; -ɪəs] *adj* (*adv* **~ly**) meˈlodisch, melodiˈös, wohlklingend. **me**ˈ**lo·di·ous·ness** *s* Wohlklang *m*, (*das*) Meˈlodische.

mel·o·dist [ˈmelədɪst] *s* **1.** Liedersänger(in). **2.** a) ˈLiederkompoˌnist *m*, b) Meˈlodiker *m* (*Komponist*).

mel·o·dize [ˈmelədaɪz] **I** *v/t* **1.** meˈlodisch machen. **2.** *Lieder* vertonen. **II** *v/i* **3.** Meloˈdien singen *od*. kompoˈnieren.

mel·o·dra·ma [ˈmeləʊˌdrɑːmə; *Am. a.* -ˌdræmə] *s* Meloˈdram(a) *n*: a) roˈmantisches Sensatiˈonsstück (*mit Musik*), b) *hist*. sensatioˈnelles (Volks)Stück, c) *hist*. Singspiel *n*, d) *fig*. melodraˈmatisches Ereignis *od*. Getue, Rührszene *f*. ˌ**mel·o·dra**ˈ**mat·ic** [-drəˈmætɪk] **I** *adj* (*adv* **~ally**) melodraˈmatisch. **II** *s pl* (*a. als sg konstruiert*) melodraˈmatisches Getue. ˌ**mel·o**ˈ**dram·a·tist** [-ˈdræmətɪst] *s* Meloˈdramenschreiber(in). ˌ**mel·o**ˈ**dram·a·tize** [-ˈdræmətaɪz] *v/t* melodraˈmatisch machen *od*. darstellen: **to ~ s.th.** *fig*. aus e-r Sache ein Melodrama machen.

mel·o·dy [ˈmelədɪ] *s* **1.** *mus*. Meloˈdie *f*: a) meˈlodisches Eleˈment, b) Tonfolge *f*, c) Meloˈdiestimme *f*, d) Lied *n*, Weise *f*, e) Wohllaut *m*, -klang *m*. **2.** *ling*. ˈSprach-, ˈSatzmeloˌdie *f*. **3.** *fig*. (*etwas*) Meˈlodisches: **in ~** ineinander übergehend (*Farben*).

mel·on [ˈmelən] *s* **1.** *bot*. Meˈlone *f*. **2.** *econ. Am. sl.* großer Proˈfit: **to cut a ~** e-e Sonderdividende ausschütten.

melt [melt] **I** *v/i pret u. pp* ˈ**melt·ed**, *pp a.* **mol·ten** [ˈməʊltən] **1.** (zer)schmelzen, flüssig werden, sich auflösen, zergehen: **to ~ down** zerfließen; **to ~ in the mouth** auf der Zunge zergehen; **the crowd melted away** *fig*. die Menge löste sich auf; → **butter** 1. **2.** aufgehen (**into** in *acc*), sich verflüchtigen. **3.** zs.-schrumpfen. **4.** *fig*. zerschmelzen, -fließen (**with** vor *dat*): **to ~ into tears** in Tränen zerfließen. **5.** *fig*. auftauen, weich werden, schmelzen (*Herz, Mensch*). **6.** *Bibl*. verzagen. **7.** verschmelzen, verschwimmen, (ineinˈander) ˈübergehen (*Ränder, Farben etc*): **outlines ~ing into each other** verschwimmende Umrisse. **8.** *a.* **~ away** *fig*. daˈhinschwinden, -schmelzen, zur Neige gehen: **his money had soon ~ed away**. **9.** *humor*. vor Hitze vergehen, zerfließen. **II** *v/t* **10.** schmelzen, lösen. **11.** (zer)schmelzen *od*. (zer)fließen lassen (**into** in *acc*), *Butter* zerlassen. **12.** *tech*. schmelzen: **to ~ down** nieder-, einschmelzen; **to ~ out** ausschmelzen. **13.** *fig*. erweichen, rühren: **to ~ s.o.'s heart**. **14.** *Farben etc* verschmelzen *od*. verschwimmen lassen. **III** *s* **15.** *metall*. Schmelzen *n*. **16.** Schmelze *f*, geschmolzene Masse. **17.** → **melting charge**. ˈ**melt·age** *s* Schmelzen *n*, Schmelze *f*: **~ of ice** Eisschmelze. ˈ**melt·er** *s* **1.** Schmelzer *m*. **2.** *tech*. a) Schmelzofen *m*, b) Schmelztiegel *m*.

melt·ing [ˈmeltɪŋ] **I** *adj* (*adv* **~ly**) **1.** schmelzend, Schmelz...: **~ heat** schwüle Hitze. **2.** *fig*. a) weich, zart, b) schmelzend, schmachtend, rührend: **~ look**; **~ tones**. **II** *s* **3.** Schmelzen *n*, Verschmelzung *f*. **4.** *pl* Schmelzmasse *f*. **~ charge** *s tech*. Schmelzgut *n*, -beschickung *f*, Einsatz *m*. **~ cone** *s phys. tech.* Schmelz-, Brennkegel *m*. **~ fur·nace** *s tech*. Schmelzofen *m*. **~ point** *s phys*. Schmelzpunkt *m*. **~ pot** *s* Schmelztiegel *m* (*a. fig. Land etc*): **to put into the ~** *fig*. von Grund auf ändern, gänzlich ummodeln. **~ stock** *s tech*. Charge *f*, Beschickungsgut *n* (*Hochofen*).

ˈ**melt**ˌ**wa·ter** *s* Schmelzwasser *n*.

mem·ber [ˈmembə(r)] *s* **1.** Mitglied *n*, Angehörige(r *m*) *f* (*e-r Gesellschaft, Familie, Partei etc*): **~ of the armed forces** Angehörige(r) *m* der Streitkräfte; **~ state** (*od.* **nation**) *pol*. Mitgliedstaat *m*. **2.** *parl*. a) *a.* **M~ of Parliament** *Br*. Mitglied *n* des ˈUnterhauses, b) *a.* **M~ of Congress** *Am*. Konˈgreßmitglied *n*. **3.** *tech*. (Bau-) Teil *m*, *n*, Glied *n*. **4.** *math*. a) Glied *n* (*e-r Reihe etc*), b) Seite *f* (*e-r Gleichung*). **5.** *bot*. Einzelteil *m*. **6.** *ling*. Satzteil *m*, -glied *n*. **7.** *anat*. a) Glied(maße *f*) *n*, b) (männliches) Glied.

mem·ber·ship [ˈmembə(r)ʃɪp] *s* **1.** (**of**) Mitgliedschaft *f* (bei), Zugehörigkeit *f* (zu *e-r Vereinigung etc*): **~ card** Mitgliedsausweis *m*; **~ fee** Mitgliedsbeitrag *m*. **2.** Mitgliederzahl *f*: **to have a ~ of 200** 200 Mitglieder haben. **3.** *collect*. Mitgliederschaft *f*, (*die*) Mitglieder *pl*.

mem·brane [ˈmembreɪn] *s* **1.** *anat*. Memˈbran(e) *f*, Häutchen *n*: **drum ~** Trommelfell *n*; **~ of connective tissue** Bindegewebshaut *f*. **2.** Memˈbran *f*, Pergaˈment *n* (*zum Schreiben*). **3.** *phys. tech.* Memˈbran(e) *f*.

mem·bra·ne·ous [memˈbreɪnjəs; -nɪəs], **mem·bra·nous** [memˈbreɪnəs; *bes. Am.* ˈmembrənəs] *adj* (*adv* **~ly**) *anat. bot.* häutig, membraˈnös, Membran...: **~ cartilage** Hautknorpel *m*.

me·men·to [mɪˈmentəʊ] (*Lat.*) *pl* **-tos** *s* Meˈmento *n*: a) Mahnzeichen *n*, Erinnerung *f* (**of an** *acc*): **~ mori** Memento mori *n*, Mahnung *f* an den Tod, b) *R.C.* Bittgebet *n* für Lebende u. Tote.

mem·o [ˈmeməʊ] *pl* **-os** → **memorandum** 1.

mem·oir [ˈmemwɑː(r); -wɔː(r)] *s* **1.** Denkschrift *f*, Abhandlung *f*, Bericht *m*. **2.** *pl* Meˈmoiren *pl*, (Lebens)Erinnerungen *pl*. **3.** wissenschaftliche Unterˈsuchung (**on** über *acc*). ˈ**mem·oir·ist** *s* Meˈmoirenschreiber(in).

mem·o·ra·bil·i·a [ˌmemərəˈbɪlɪə] *s pl* Denkwürdigkeiten *pl*. ˌ**mem·o·ra**ˈ**bil·i·ty** *s* **1.** Denkwürdigkeit *f*. **2.** Einprägsamkeit *f*. ˈ**mem·o·ra·ble** *adj* (*adv* **memorably**) **1.** denkwürdig. **2.** einprägsam. ˈ**mem·o·ra·ble·ness** → **memorability**.

mem·o·ran·dum [ˌmeməˈrændəm] *pl* **-da** [-də], **-dums** *s* **1.** a) Vermerk *m*, Noˈtiz *f*: **to make a ~ of s.th.** etwas notieren; **urgent ~** Dringlichkeitsvermerk, b) ˈAktennoˌtiz *f*, -vermerk *m*. **2.** *econ. jur.* Vereinbarung *f*, Vertragsurkunde *f*: **~ of association** *Br*. Gründungsurkunde *f* (*e-r Aktiengesellschaft*); **~ of deposit** *Br*. Hinterlegungsurkunde *f*. **3.** *econ*. a) Rechnung *f*, Nota *f*, b) Kommissiˈonsnota *f*: **to send on a ~** in Kommission senden. **4.** *jur*. (kurze) Aufzeichnung (*vereinbarter Punkte*). **5.** *pol*. diploˈmatische Note, Denkschrift *f*, Memoˈrandum *n*. **6.** Merkblatt

n. ~ **book** s econ. No'tizbuch n, Kladde f.

me·mo·ri·al [mɪ'mɔːrɪəl; Am. a. -'məʊ-] **I** adj **1.** Gedenk..., Gedächtnis...: ~ **park** Ahnenpark m; ~ **service** Gedenkgottesdienst m; ~ **stone** Gedenkstein m. **II** s **2.** Denk-, Ehrenmal n (**to** für). **3.** Gedenkfeier f. **4.** Andenken n (**to** an acc). **5.** jur. Auszug m (aus e-r Urkunde etc). **6.** Denkschrift f, Eingabe f, Gesuch n. **7.** → **memorandum** 5. **8.** pl → **memoir** 2. **M~ Day** s Am. Heldengedenktag m (30. Mai).

me·mo·ri·al·ist [mɪ'mɔːrɪəlɪst; Am. a. -'məʊ-] s **1.** Me'moirenschreiber(in). **2.** Bittsteller(in). **me'mo·ri·al·ize** v/t **1.** e-e Denk- od. Bittschrift einreichen bei: **to ~ Congress**. **2.** erinnern an (acc). **3.** e-e Gedenkfeier abhalten für, feiern.

mem·o·rize ['meməraɪz] v/t **1.** sich einprägen, auswendig lernen, memo'rieren. **2.** niederschreiben, festhalten.

mem·o·ry ['memərɪ] s **1.** Gedächtnis n, Erinnerung(svermögen n) f: **from ~**, **by ~** aus dem Gedächtnis, auswendig; **to speak from ~** frei sprechen; **to call to ~** sich etwas ins Gedächtnis zurückrufen; **to escape s.o.'s ~** j-s Gedächtnis entfallen; **to have a good (weak) ~** ein gutes (schwaches) Gedächtnis haben; **to have a bad ~ for names** ein schlechtes Namensgedächtnis haben; ~ **image** psych. Erinnerungsbild n; **to retain a clear ~ of s.th.** etwas in klarer Erinnerung behalten; **if my ~ serves me (right)** wenn ich mich recht erinnere; **before ~**, **beyond ~** vor unvordenklichen Zeiten; **to the best of my ~** soweit ich mich erinnern kann; → **commit** 2, **living** 1, **sieve** 1, **sponge** 1. **2.** Andenken n, Erinnerung f: **in ~ of** zum Andenken an (acc); → **blessed** 1. **3.** Reminis'zenz f, Erinnerung f (an Vergangenes): **sad memories**; **childhood memories** Kindheitserinnerungen. **4.** Computer: Speicher m: ~ **bank** Speicherbank f; ~ **unit** Speichereinheit f.

mem·o·ry|lane s: **down ~** colloq. in die Vergangenheit; **a trip** (od. **journey**) **down ~**. **~ span** s psych. Gedächtnisspanne f. **~ trace** s psych. En'gramm n, Erinnerungsbild n.

Mem·phi·an ['memfɪən] adj antiq. memphisch, ä'gyptisch: ~ **darkness** ägyptische Finsternis.

mem·sa·hib ['memˌsɑːhɪb; -sɑːb] s Br. Ind. euro'päische (verheiratete) Frau.

men [men] pl von **man**.

men·ace ['menəs] **I** v/t **1.** bedrohen: a) drohen (dat), b) gefährden. **2.** etwas androhen. **II** v/i **3.** drohen (a. fig.), Drohungen ausstoßen. **III** s **4.** Drohung f, Bedrohung f (**to** gen), fig. a. drohende Gefahr (**to** für). **5.** colloq. ‚Nervensäge' f, Quälgeist m. **'men·ac·ing** adj (adv **~ly**) drohend.

me·nad → **maenad**.

mé·nage [meˈnɑːʒ; bes. Am. meɪ-] s Haushalt(ung f) m. **~ à trois** [-ɑː'trwɑː] s Dreiecksverhältnis n.

me·nag·er·ie [mɪ'nædʒərɪ] s Menage'rie f, Tierschau f, -park m.

me·nar·che [me'nɑːkɪ; Am. 'menˌɑːrkiː] s physiol. Men'arche f (erste Menstruation).

mend [mend] **I** v/t **1.** ausbessern, flicken, repa'rieren: **to ~ boots**; **to ~ stockings** Strümpfe stopfen; → **fence** 1. **2.** (ver-)bessern: **to ~ one's efforts** s-e Anstrengungen verdoppeln; **to ~ the fire** das Feuer schüren, nachlegen; **that won't ~ matters** das macht die Sache auch nicht besser; **to ~ one's pace** den Schritt beschleunigen; **to ~ sails** mar. die Segel losmachen u. besser anschlagen; **to ~ one's ways** sich bessern (Person). **3.** in Ordnung bringen, berichtigen: **to ~ a text**; **least said soonest ~ed** je weniger geredet wird, desto rascher wird alles wieder gut; ~ **or end!** besser machen oder Schluß machen! **4.** a) heilen (a. fig.), b) fig. ‚kitten', ‚repa'rieren': **to ~ a friendship**. **5.** colloq. schlagen, über'treffen (bes. im Erzählen). **II** v/i **6.** sich bessern (a. Person): **it's never too late to ~**. **7.** genesen: **to be ~ing** auf dem Wege der Besserung sein; **the patient is ~ing nicely** der Patient macht gute Fortschritte. **III** s **8.** Besserung f (gesundheitlich u. allg.): **to be on the ~** auf dem Wege der Besserung sein. **9.** ausgebesserte Stelle, Flicken m, Stopfstelle f.

'mend·a·ble adj (aus)besserungsfähig.

men·da·cious [men'deɪʃəs] adj (adv **~ly**) **1.** lügnerisch, verlogen. **2.** lügenhaft, unwahr. **men'dac·i·ty** [-'dæsətɪ] s **1.** Lügenhaftigkeit f, Verlogenheit f. **2.** Lüge f, Unwahrheit f.

Men·de·li·an [men'diːljən; -lɪən] adj biol. Mendelsch(er, e, es), Mendel...: ~ **ratio** Mendelsches Verhältnis. **Men·del·ism** ['mendəlɪzəm] s Mende'lismus m, Mendelsche Regeln pl. **'Men·del·ist** s Anhänger(in) der Lehre Mendels. **'Men·del·ize** v/i mendeln.

Men·del's laws ['mendlz] s pl biol. (die) Mendelschen Gesetze.

mend·er ['mendə(r)] s Ausbesserer m.

men·di·can·cy ['mendɪkənsɪ] s Bette'lei f, Betteln n. **'men·di·cant I** adj **1.** bettelnd, Bettel...: ~ **friar** → 3; ~ **order** Bettelorden m. **II** s **2.** Bettler(in). **3.** Bettelmönch m.

men·dic·i·ty [men'dɪsətɪ] s **1.** Bettelarmut f. **2.** Bettelstand m: **to reduce to ~** an den Bettelstab bringen. **3.** Bette'lei f.

mend·ing ['mendɪŋ] s **1.** a) Ausbessern n, Flicken n: **his boots need ~** s-e Stiefel müssen repariert werden; **invisible ~** Kunststopfen n, b) Flickarbeit f. **2.** pl Stopfgarn n.

'men·folk(s) s pl Mannsvolk n, -leute pl.

men·ha·den [men'heɪdn] s ichth. Men'haden m (ein Heringsfisch).

men·hir ['menˌhɪə(r)] s Menhir m, Dru'idenstein m, Steinsäule f.

me·ni·al ['miːnjəl; -nɪəl] **I** adj (adv **~ly**) **1.** Diener..., Gesinde... **2.** knechtisch, niedrig (Arbeit): ~ **offices** niedrige Dienste. **3.** knechtisch, unter'würfig. **II** s **4.** Diener(in), Knecht m, Magd f, La'kai m (a. fig. contp.): **~s** pl Gesinde n.

me·nin·ge·al [mɪ'nɪndʒɪəl; Am. ˌmenən'dʒiːəl] adj anat. meninge'al, Hirnhaut... **me'nin·ges** [-dʒiːz] pl von **meninx**.

men·in·gi·tis [ˌmenɪn'dʒaɪtɪs] s med. Menin'gitis f, Hirnhautentzündung f.

me·nin·go·cele [me'nɪŋgəʊsiːl] s med. Meningo'zele f, Hirnhautbruch m. **me·ˌnin·go'coc·cal** [-'kɒkəl; Am. -'kɑ-] adj Meningo'kokken betreffend.

me·ninx ['miːnɪŋks] pl **me·nin·ges** [mɪ'nɪndʒiːz] s anat. Meninx f, Hirnhaut f.

me·nis·cus [mɪ'nɪskəs] pl **-ci** [-'nɪsaɪ] s **1.** Me'niskus m: a) halbmondförmiger Körper, b) anat. Gelenkscheibe f, c) phys. Wölbung der Flüssigkeitsoberfläche in Kapillaren. **2.** opt. kon'vex-kon'kave Linse, Me'niskenglas n.

Men·non·ite ['menənaɪt] relig. **I** s Menno'nit(in). **II** adj menno'nitisch.

men·o·pau·sal [ˌmenəʊ'pɔːzl] adj physiol. klimak'terisch. **'men·o·pause** s Meno'pause f, Klimak'terium n, Wechseljahre pl, kritische Jahre pl.

men·or·rha·gi·a [ˌmenə'reɪdʒɪə; -dʒə] s med. Menorrha'gie f, 'übermäßige Regelblutung.

men·sa ['mensə] pl **-sae** [-siː] (Lat.) s Tisch m: **divorce a ~ et thoro** jur. Trennung f von Tisch u. Bett.

men·ses ['mensiːz] s pl physiol. Menses pl, Monatsblutung f, Menstruati'on f.

Men·she·vik ['menʃəvɪk; Am. -tʃə-] s pol. hist. Mensche'wik m. **'Men·she·vism** s Mensche'wismus m. **'Men·she·vist I** s Mensche'wist m. **II** adj mensche'wistisch.

men·stru·a ['menstrʊə; Am. -strəwə; -strə] pl von **menstruum**.

men·stru·al ['menstrʊəl; Am. -strəwəl; -strəl] adj **1.** monatlich, Monats...: ~ **equation** astr. Monatsgleichung f. **2.** physiol. Menstruations...: ~ **cycle** Monatszyklus m; ~ **flow** Monatsblutung f. **'men·stru·ate** [-eɪt] v/i physiol. menstru'ieren. **ˌmen·stru'a·tion** s physiol. Menstruati'on f, (monatliche) Regel, Peri'ode f. **'men·stru·ous** adj physiol. Menstruations...

men·stru·um ['menstrʊəm; Am. -strəwəm; -strəm] pl **-stru·ums, -stru·a** [-strʊə; Am. -strəwə; -strə] s chem. Lösemittel n.

men·sur·a·bil·i·ty [ˌmenʃʊrə'bɪlətɪ; Am. -sərə-; -tʃərə-] s Meßbarkeit f. **'men·sur·a·ble** adj **1.** meßbar. **2.** mus. Mensural...: ~ **music**. **men·su·ral** ['menʃʊrəl; Am. -sərəl; -tʃə-] adj **1.** mensu'ral, Maß... **2.** mus. Mensural...

men·su·ra·tion [ˌmensjʊə'reɪʃn; Am. -sə'r-; -tʃə'r-] s **1.** (Ab-, Aus-, Ver)Messung f. **2.** math. Meßkunst f.

men·tal[1] ['mentl] adj anat. zo. Kinn...

men·tal[2] ['mentl] **I** adj (adv → **mentally**) **1.** geistig, innerlich, intellektu'ell, Geistes...: ~ **arithmetic** Kopfrechnen n; **to make a ~ note of s.th.** sich etwas merken; ~ **power** Geisteskraft f; ~ **reservation** geheimer Vorbehalt, Mentalreservation f; ~ **state** Geisteszustand m; ~ **ratio** Intelligenzquotient m; ~ **test** psychologischer Test; ~ **vigo(u)r** geistige Frische. **2.** (geistig-)seelisch, psychisch: ~ **health**; ~ **hygiene** Psychohygiene f. **3.** a) geisteskrank, -gestört: ~ **disease**, ~ **illness** Geisteskrankheit f; ~ **handicap** geistige Behinderung; ~ **hospital**, ~ **institution** psychiatrische Klinik, Nervenklinik f; ~ **patient** Geisteskranke(r m) f, b) colloq. verrückt: **to go ~** ‚überschnappen'. **II** s **4.** colloq. Verrückte(r m) f.

men·tal|age s psych. Intelli'genzalter n: **she has a ~ of fourteen** sie ist auf dem geistigen Entwicklungsstand e-r Vierzehnjährigen. **~ ca·pac·i·ty** s jur. Zurechnungsfähigkeit f. **~ cru·el·ty** f jur. seelische Grausamkeit (als Scheidungsgrund). **~ de·fec·tive** s med. Geistesschwache(r m) f, -gestörte(r m) f. **~ de·fi·cien·cy** s med. Geistesschwäche f, -störung f. **~ de·range·ment** → **mental deficiency**. **~ heal·er** s Parapsychologie: Geistheiler(in). **~ heal·ing** s Parapsychologie: Geistheilung f.

men·tal·ism ['mentəlɪzəm] s ling. philos. psych. Menta'lismus m.

men·tal·i·ty [men'tælətɪ] s **1.** Mentali'tät f, Geistes-, Denkart f, Gesinnung f. **2.** Wesen n, Na'tur f (e-s Menschen). **3.** geistige Fähigkeiten pl. **men·tal·ly** ['mentəlɪ] adv geistig, geistes...: ~ **deficient** med. geistesgestört; ~ **handicapped** med. geistig behindert; ~ **ill** med. geisteskrank.

men·tal phi·los·o·phy s univ. Am. (die Fächer pl) Psycholo'gie f, Logik f u. Metaphy'sik f.

men·thane ['menθeɪn] s chem. Men'than n.

men·thene ['menθiːn] s chem. Men'then n.

men·thol ['menθɒl; Am. a. -ˌθəʊl] s chem. Men'thol n: ~ **cigarettes**. **men·tho·lat·ed** ['menθəleɪtɪd] adj pharm. mit Men'thol behandelt, Men'thol enthaltend.

men·ti·cide ['mentɪsaɪd] → **brainwashing**.

men·tion [ˈmenʃn] **I** *s* **1.** Erwähnung *f*: **to make ~ of** → 3; **hono(u)rable ~** ehrenvolle Erwähnung; **to give individual ~ to** einzeln erwähnen. **2.** lobende Erwähnung (*in Wettbewerben, Prüfungen etc*). **II** *v/t* **3.** erwähnen (**to** gegenˈüber), anführen: **as ~ed above** wie oben erwähnt; **don't ~ it!** a) gern geschehen!, bitte (sehr)!, (es ist) nicht der Rede wert!, b) (*auf e-e Entschuldigung hin*) bitte!; **not to ~** ganz zu schweigen von; **not worth ~ing** nicht der Rede wert; **to be ~ed in dispatches** *mil. Br.* im Kriegsbericht (lobend) erwähnt werden. **ˈmen·tion·a·ble** *adj* erwähnenswert.

men·tor [ˈmentɔː(r)] *s* Mentor *m*, (weiser u. treuer) Ratgeber.

men·u [ˈmenjuː] *s* **1.** Speise(n)karte *f*. **2.** Speisenfolge *f*.

me·ow [miːˈaʊ] **I** *v/i* miˈauen. **II** *s* Miˈauen *n* (*der Katze*).

Meph·is·to·phe·le·an, Me·phis·to·phe·li·an [ˌmefɪstəˈfiːljən; *Am. a.* məˌfɪstə-] *adj* mephistoˈphelisch, diaˈbolisch.

me·phit·ic [meˈfɪtɪk] *adj bes. med.* meˈphitisch, verpestet, giftig: **~ air** Stickluft *f*. **meˈphi·tis** [-ˈfaɪtɪs] *s* faule Ausdünstung, Stickluft *f*.

merc [mɜːk; *Am.* mɜrk] *colloq. für* **mercenary** II.

mer·can·tile [ˈmɜːkəntaɪl; *Am.* ˈmɜr-; *a.* -tiːl] *adj* **1.** kaufmännisch, handeltreibend, Handels...: **~ agency** a) Kreditauskunftei *f*, b) Handelsvertretung *f*; **~ credit** Handelskredit *m*; **~ law** Handelsrecht *n*; **~ paper** Warenpapier *n*, -wechsel *m*. **2.** *econ. hist.* Merkantil...: **~ system** → **mercantilism** 3.

mer·can·til·ism [ˈmɜːkəntɪlɪzəm; -taɪ-; *Am.* ˈmɜr-] *s* **1.** Handels-, Krämergeist *m*. **2.** kaufmännischer Unterˈnehmergeist. **3.** *econ. hist.* Merkantiˈlismus *m*, Merkanˈtilsyˌstem *n*. **ˈmer·can·til·ist** *econ. hist.* **I** *s* Merkantiˈlist *m*. **II** *adj* merkantiˈlistisch.

mer·ce·nar·i·ly [ˈmɜːsɪnərɪlɪ; *Am.* ˌmɜrsnˈerəliː] *adv* um Lohn, für Geld, aus Gewinnsucht. **ˈmer·ce·nar·i·ness** *s* **1.** Käuflichkeit *f*. **2.** Gewinnsucht *f*. **ˈmer·ce·nar·y** [*Am.* -ˌeriː] **I** *adj* **1.** gedungen, Lohn...: **~ troops** → 4 b. **2.** *fig.* käuflich. **3.** *fig.* Gewinn..., gewinnsüchtig, Geld...: **~ marriage** Geldheirat *f*. **II** *s* **4.** *mil.* a) Söldner *m*, b) *pl* Söldnertruppen *pl*. **5.** *contp.* Mietling *m*.

mer·cer [ˈmɜːsə] *s Br.* Seiden- u. Texˈtilienhändler *m*.

mer·cer·i·za·tion [ˌmɜːsəraɪˈzeɪʃn; *Am.* ˌmɜrsərəˈz-] *s tech.* Merzeriˈsierung *f*. **ˈmer·cer·ize** *v/t* merzeriˈsieren.

mer·cer·y [ˈmɜːsərɪ] *s econ. Br.* **1.** Seiden-, Schnittwaren *pl*. **2.** Seiden-, Schnittwarenhandel *m od.* -handlung *f*.

mer·chan·dise [ˈmɜːtʃəndaɪz; *Am.* ˈmɜr-] **I** *s* **1.** Waren *pl*, Handelsgüter *pl*: **an article of ~** e-e Ware. **II** *v/i* **2.** Handel treiben, Waren vertreiben. **III** *v/t* **3.** *Waren* vertreiben. **4.** Werbung machen für *e-e Ware*, den Absatz *e-r Ware* (durch geeignete Mittel) zu steigern suchen. **ˈmer·chan·dis·ing** *econ.* **I** *s* **1.** Merchandising *n*, Verˈkaufspoliˌtik *f* u. -förderung *f* (*durch Marktforschung, Untersuchung der Verbrauchergewohnheiten, wirksame Gütergestaltung u. Werbung*). **2.** Handel(sgeschäfte *pl*) *m*. **II** *adj* **3.** Handels...

mer·chant [ˈmɜːtʃənt; *Am.* ˈmɜr-] **I** *s* **1.** *econ.* (Groß)Kaufmann *m*, Handelsherr *m*, (Groß)Händler *m*: **the ~s** die Kaufmannschaft, die Handelskreise; **~'s clerk** Handlungsgehilfe *m*; **"The M~ of Venice"** „Der Kaufmann von Venedig" (*Drama von Shakespeare*). **2.** *econ. bes. Am.* Ladenbesitzer *m*, Krämer *m*. **3. ~ of doom** *Br. sl.* ‚Unke' *f*. **4.** *mar. obs.* → **merchantman**. **II** *adj* **5.** *econ.* Handels..., Kaufmanns... **ˈmer·chant·a·ble** *adj econ.* **1.** zum Verkauf geeignet, marktgängig, -fähig. **2.** handelsüblich.

mer·chant| ad·ven·tur·er *pl* **mer·chant(s) ad·ven·tur·ers** *s econ. hist.* **1.** kaufmännischer ˈÜberseespekuˌlant. **2. M~ A~s** *Titel e-r in England eingetragenen Handelsgesellschaft, die vom 14. bis 17. Jh. ein Monopol im Wollexport von England besaß.* **~ bar** *s tech.* Stab-, Stangeneisen *n*. **~ fleet** *s mar.* Handelsflotte *f*. **ˈ~·man** [-mən] *s irr mar.* Kauffahrˈtei-, Handelsschiff *n*. **~ ma·rine, ~ na·vy** *s mar.* ˈHandelsmaˌrine *f*. **~ prince** *s econ.* reicher Kaufherr, Handelsfürst *m*. **~ sea·man** *s irr* Maˈtrose *m* der ˈHandelsmaˌrine. **~ ser·vice** *s mar.* **1.** Handelsschiffahrt *f*. **2.** ˈHandelsmaˌrine *f*. **~ ship** *s* Handelsschiff *n*. **~ tai·lor** *s hist.* (Herren)Schneider *m* (*der ein Stofflager hielt*). **~ ven·tur·er** → **merchant adventurer**.

mer·chet [ˈmɜːtʃɪt; *Am.* ˈmɜr-] *s jur. hist.* Abgabe *f* des Hörigen an s-n Lehnsherrn (*bei Verheiratung s-r Tochter*).

mer·ci·ful [ˈmɜːsɪfʊl; *Am.* ˈmɜr-] *adj* (**to**) barmˈherzig, mitleid(s)voll (gegen), gütig (gegen, zu), gnädig (*dat*). **ˈmer·ci·ful·ly** *adv* **1.** → **merciful**. **2.** glücklicherweise, Gott sei Dank. **ˈmer·ci·ful·ness** *s* Barmˈherzigkeit *f*, Erbarmen *n*, Gnade *f* (*Gottes*). **ˈmer·ci·less** *adj* unbarmherzig, erbarmungs-, mitleid(s)los. **ˈmer·ci·less·ness** *s* Unbarmherzigkeit *f*, Erbarmungslosigkeit *f*.

mer·cu·rate [ˈmɜːkjʊreɪt; *Am.* ˈmɜr-] *v/t chem.* merkuˈrieren, mit Quecksilber (-salz) verbinden *od.* behandeln.

mer·cu·ri·al [mɜːˈkjʊərɪəl; *Am.* mɜr-] **I** *adj* (*adv* **~ly**) **1.** *fig.* a) quecksilb(e)rig, quicklebendig, b) sprunghaft. **2.** *med.* Quecksilber...: **~ poisoning**. **3.** *chem. tech.* quecksilberhaltig, -artig, Quecksilber... **4.** *astr.* dem (*Einfluß des Planeten*) Merˈkur unterˈworfen. **5. M~** *myth.* (den Gott) Merˈkur betreffend: **M~ wand** Merkurstab *m*. **II** *s* **6.** *med.* ˈQuecksilberpräpaˌrat *n*. **merˈcu·ri·al·ism** *s med.* Quecksilbervergiftung *f*. **merˈcu·ri·al·ize** *v/t med. phot.* mit Quecksilber behandeln.

mer·cu·ric [mɜːˈkjʊərɪk; *Am.* mɜr-] *adj chem.* Quecksilber..., Mercuri... **~ chlo·ride** *s chem.* ˈQuecksilberchloˌrid *n*. **~ ful·mi·nate** *s chem.* Knallquecksilber *n*.

mer·cu·rous [ˈmɜːkjʊrəs; *Am.* ˈmɜr-; *a.* mɜrˈkjʊrəs] *adj chem.* Quecksilber..., Mercuro...: **~ chloride** Kalomel *n*.

mer·cu·ry [ˈmɜːkjʊrɪ; *Am.* ˈmɜr-] *npr u. s* **1. M~** *astr. u. myth.* Merˈkur *m*. **2.** *fig.* Bote *m*. **3.** *chem. med.* Quecksilber *n*. **4.** *tech.* Quecksilber(säule *f*) *n*: **the ~ is rising** das Barometer steigt (*a. fig.*). **5.** *bot.* Bingelkraut *n*. **6.** → **mercurial** 6. **~ arc** *s electr.* Quecksilberlichtbogen *m*: **~ lamp** Quecksilberdampflampe *f*. **~ chlo·ride** → **mercuric chloride**. **~ con·vert·er** *s electr.* Quecksilbergleichrichter *m*. **~ ful·mi·nate** → **mercuric fulminate**. **~ poi·son·ing** *s med.* Quecksilbervergiftung *f*. **~ pres·sure ga(u)ge** *s phys.* ˈQuecksilbermanoˌmeter *n*. **ˈ~-ˌva·po(u)r lamp** *s phys.* Quecksilberdampflampe *f*.

mer·cy [ˈmɜːsɪ; *Am.* ˈmɜrsiː] *s* **1.** Barmˈherzigkeit *f*, Mitleid *n*, Erbarmen *n*, Gnade *f*: **to be at the ~ of s.o.** j-m auf Gedeih u. Verderb ausgeliefert sein; **at the ~ of the waves** den Wellen preisgegeben; **to have (no) ~ on s.o.** (kein) Mitleid *od.* Erbarmen mit j-m haben; **Lord have ~ upon us!** Herr, erbarme Dich unser!; **to be left to the tender mercies of s.o.** *iro.* j-m in die Hände fallen; **to show no ~** kein Erbarmen haben, keine Gnade walten lassen; *his death* **was a ~** war e-e Erlösung; → **throw on** 2. **2.** (wahres) Glück, (wahrer) Segen, (wahre) Wohltat: **it is a ~ he didn't come** es ist ein wahres Glück, daß er nicht gekommen ist. **3.** *jur. Am.* Begnadigung *f* (*e-s zum Tode Verurteilten*) zu lebenslänglicher Zuchthausstrafe. **~ kill·ing** *s* Sterbehilfe *f*. **~ seat** *s relig.* **1.** Deckel *m* der Bundeslade. **2.** *fig.* Gottes Gnadenthron *m*.

mere[1] [mɪə(r)] *adj* (*adv* → **merely**) **1.** bloß, nichts als, alˈlein(ig), rein, völlig: **a ~ excuse** nur e-e Ausrede; **~ imagination** bloße *od.* reine Einbildung; **~ nonsense** purer Unsinn; **a ~ trifle** e-e bloße Kleinigkeit; **he is no ~ craftsman, he is an artist** er ist kein bloßer Handwerker, er ist ein Künstler; **the ~st accident** der reinste Zufall. **2.** *jur.* rein, bloß (*ohne weitere Rechte*): **~ right** bloßes Eigentum(srecht).

mere[2] [mɪə] *s Br. dial. od. obs.* Teich *m*, Weiher *m*.

mere[3] [mɪə(r)] *obs.* **I** *s* Grenze *f*: **~ stone** Markstein *m*. **II** *v/t* begrenzen.

mere·ly [ˈmɪə(r)lɪ] *adv* bloß, rein, nur, lediglich.

meres·man [ˈmɪəzmən] *s irr Br. hist.* Grenzabmesser *m*.

mer·e·tri·cious [ˌmerɪˈtrɪʃəs] *adj* (*adv* **~ly**) **1.** *obs.* dirnenhaft, Dirnen... **2.** *fig.* unaufrichtig, falsch. **3.** *fig.* protzig (*Schmuck etc*), bomˈbastisch (*Stil etc*).

mer·gan·ser [mɜːˈgænsə(r); *Am.* mɜr-] *s orn.* (*bes.* Gänse)Säger *m*.

merge [mɜːdʒ; *Am.* mɜrdʒ] **I** *v/t* **1.** (**in**) verschmelzen (mit), aufgehen lassen (in *dat*), vereinigen (mit), einverleiben (*dat*): **to be ~d in s.th.** in etwas aufgehen. **2.** *jur.* tilgen, aufheben. **3.** *econ.* a) fusioˈnieren, b) *Aktien* zs.-legen. **II** *v/i* **4.** (**in**) verschmelzen (mit), aufgehen (in *dat*), sich zs.-schließen (zu). **5.** zs.-laufen (*Straßen*). **6.** sich (in den Verkehr) einfädeln. **ˈmer·gence** *s* Aufgehen *n* (**in** in *dat*), Verschmelzung *f* (**into** mit). **ˈmerg·er** *s* **1.** *econ. jur.* Fusiˈon *f* (durch Aufnahme), Fusioˈnierung *f* (*von Gesellschaften*), *a. allg.* Zs.-schluß *m*, Vereinigung *f*. **2.** *econ.* Zs.-legung *f* (*von Aktien*). **3.** *econ.* Verschmelzung(svertrag *m*) *f*, Aufgehen *n* (*e-s Besitzes od. Vertrages in e-m anderen etc*). **4.** *jur.* Konsumptiˈon *f* (*e-r Straftat durch e-e schwerere*).

me·rid·i·an [məˈrɪdɪən] **I** *adj* **1.** mittägig, Mittags... **2.** *astr.* Kulminations..., Meridian...: **~ circle** Meridiankreis *m* (*a. Instrument*); **~ transit** Meridiandurchgang *m* (*e-s Gestirns*). **3.** *fig.* höchst(er, e, es). **II** *s* **4.** *geogr.* Meridiˈan *m*, Längenkreis *m*: **~ of longitude** Längenkreis; **~ of a place** Ortsmeridian. **5.** *poet.* Mittag(szeit *f*) *m*. **6.** *astr.* Kulminatiˈonspunkt *m*. **7.** *fig.* a) Gipfel *m*, Zeˈnit *m*, Höhepunkt *m*: **the ~ of his career**, b) Blüte(zeit) *f*. **8.** *fig.* geistiger Horiˈzont.

me·rid·i·o·nal [məˈrɪdɪənl] **I** *adj* (*adv* **~ly**) **1.** *astr.* meridioˈnal, Meridian..., Mittags... **2.** südlich, südländisch. **II** *s* **3.** Südländer(in), *bes.* ˈSüdfranˌzose *m*, ˈSüdfranˌzösin *f*. **~ sec·tion** *s math.* Achsenschnitt *m*.

me·ringue [məˈræŋ] *s* Meˈringe *f*, Baiˈser *n*, Schaumgebäck *n*.

me·ri·no [məˈriːnəʊ] *pl* **-nos** *s* **1.** *a.* **~ sheep** *zo.* Meˈrinoschaf *n*. **2.** Meˈrinowolle *f*. **3.** Meˈrino *m* (*Stoff*).

mer·is·mat·ic [ˌmerɪzˈmætɪk; -rɪs-] *adj*: **~ process** *biol.* Fortpflanzungsprozeß *m* durch Teilung (in Zellen).

mer·i·stem [ˈmerɪstem] *s biol.* Meriˈstem *n*, Teilungsgewebe *n*.

mer·it [ˈmerɪt] **I** *s* **1.** Verdienst(lichkeit *f*) *n*: **a man of ~** e-e verdiente Persönlichkeit; **according to one's ~s** nach Verdienst (*belohnen etc*); **~ pay** *econ.* Bezahlung *f* nach Leistung, leistungsgerechte *od.* -bezogene Bezahlung; **~ rating** *econ.* Leistungseinstufung *f*, -beurteilung *f*; **~ system** *pol. Am. auf Fähigkeit allein beruhendes Anstellungs- u. Beförderungssystem im öffentlichen Dienst.* **2.** a) Wert *m*, b) Vorzug *m*: **work of ~** bedeutendes Werk; **of artistic ~** von künstlerischem Wert; **without ~** a) wertlos, b) gehaltlos, nicht fundiert *od.* gültig, sachlich unbegründet; **the observation had some ~** an der Beobachtung war etwas dran. **3. the ~s** *pl jur. u. fig.* die Hauptpunkte *pl*, die wesentlichen Gesichtspunkte *pl*, der sachliche Gehalt: **on its own ~s** aufs Wesentliche gesehen, an u. für sich betrachtet; **to consider a case on its ~s** *jur.* e-n Fall nach materiell-rechtlichen Gesichtspunkten *od.* aufgrund des vorliegenden Tatbestandes behandeln; **to discuss s.th. on its ~s** e-e Sache ihrem wesentlichen Inhalt nach besprechen; **to inquire into the ~s of a case** e-r Sache auf den Grund gehen. **II** *v/t* **4.** *Lohn, Strafe etc* verdienen. **ˈmer·it·ed** *adj* verdient. **ˈmer·it·ed·ly** *adv* verdientermaßen.

ˈmer·itˌmon·ger *s obs. j-d, der sich auf s-e guten Werke beruft, um die Seligkeit zu erlangen.*

mer·i·toc·ra·cy [ˌmerɪˈtɒkrəsɪ; *Am.* -ˈtɑ-] *s* **1.** (herrschende) Eˈlite. **2.** Leistungsgesellschaft *f*.

mer·i·to·ri·ous [ˌmerɪˈtɔːrɪəs; *Am. a.* -ˈtəʊ-] *adj* (*adv* **~ly**) verdienstlich.

mer·lin [ˈmɜːlɪn; *Am.* ˈmɜr-] *s orn.* Merlin-, Zwergfalke *m*.

mer·lon [ˈmɜːlən; *Am.* ˈmɜr-] *s mil. hist.* Mauerzacke *f*, Schartenbacke *f*.

mer·maid [ˈmɜːmeɪd; *Am.* ˈmɜr-], *a.* **ˈmerˌmaid·en** [-dn] *s* Meerjungfrau *f*, -weib *n*, Seejungfrau *f*, Nixe *f*.

mer·man [ˈmɜːmæn; *Am.* ˈmɜrˌ-] *s irr* Wassergeist *m*, Nix *m*.

mero-[1] [merəʊ] *Wortelement mit der Bedeutung* Teil...

mero-[2] [mɪrəʊ] *Wortelement mit der Bedeutung* Schenkel..., Hüfte...

me·ro·cele [ˈmɪrəʊsiːl] *s med.* Schenkelbruch *m*.

mer·o·gen·e·sis [ˌmerəʊˈdʒenɪsɪs] *s biol.* ˈFurchungsproˌzeß *m* (*beim Ei*).

me·rog·o·ny [məˈrɒgənɪ; *Am.* -ˈrɑ-] *s biol.* Merogoˈnie *f*, Ei-Teilentwicklung *f*.

Mer·o·vin·gi·an [ˌmerəʊˈvɪndʒɪən] *hist.* **I** *adj* merowingisch. **II** *s* Merowinger *m*.

mer·ri·ment [ˈmerɪmənt] *s* **1.** Fröhlichkeit *f*, Lustigkeit *f*. **2.** Belustigung *f*, Lustbarkeit *f*, Spaß *m*.

mer·ry [ˈmerɪ] *adj* (*adv* **merrily**) **1.** lustig, heiter, fröhlich, fiˈdel: **(as) ~ as a lark** (*od.* **cricket**) kreuzfidel; **a ~ Christmas (to you)!** fröhliche Weihnachten!; **M~ England** das lustige, gemütliche (alte) England (*bes. zur Zeit Elisabeths I.*); **the M~ Monarch** *volkstümliche Bezeichnung für Karl II.* (*1660–85*); **to make ~** lustig sein, (fröhlich) feiern (→ 2). **2.** spaßhaft, lustig: **to make ~ over** sich belustigen über (*acc*). **3.** *colloq.* beschwipst, angeheitert: **to get ~** ‚sich e-n andudeln'. **~ an·drew** *s* **1.** Hansˈwurst *m*, Spaßmacher *m*. **2.** *hist.* Gehilfe *m* e-s Quacksalbers (auf Jahrmärkten). **~ danc·ers** *s pl phys. Scot.* Nordlicht *n*. **ˈ~-go-ˌround** *s* **1.** Karusˈsell *n*. **2.** *fig.* Wirbel *m*, ‚Hetzjagd' *f*. **ˈ~ˌmak·ing** *s* **1.** Belustigung *f*, Lustbarkeit *f*. **2.** Gelage *n*, Fest *n*. **ˈ~thought** *s bes. Br.* Gabel-, Brustbein *n* (*e-s Huhns etc*).

me·sa [ˈmeɪsə] *s geogr.* Tafelland *n*.

mé·sal·li·ance [meˈzælɪəns; *Am.* ˌmeɪˌzælˈjɑːns] *s* Mesalliˈance *f*, nicht standesgemäße Ehe.

me·sa oak *s bot. Am.* Tischeiche *f*.

mesc [mesk] *bes. Am. colloq. für* **mescaline**.

mes·cal [meˈskæl] *s* **1.** *bot.* Peyˈote-Kaktus *m*. **2.** *bot.* ˈMescal-Aˌgave *f*. **3.** Mesˈkal *m* (*Agavenbranntwein*). **mes·ca·line** [ˈmeskəliːn; -lɪn], *a.* **ˈmes·ca·lin** [-lɪn] *s chem.* Meskaˈlin *n* (*Rauschgift*).

mes·dames [ˈmeɪdæm; *Am.* meɪˈdɑːm; -ˈdæm] *pl von* **madam**.

me·seems [mɪˈsiːmz] *v/impers obs. od. poet.* mich dünkt.

mes·en·ce·phal·ic [ˈmesˌenkəˈfælɪk; *bes. Am.* -ˌensɪˈf-; ˈmez-] *adj anat.* Mittelhirn... **ˌmes·enˈceph·a·lon** [-ˈsefəlɒn; *Am.* -ˌlɑn] *s* Mittelhirn *n*.

mes·en·chyme [ˈmeseŋkaɪm; *Am. a.* ˈmez-] *s biol.* Mesenˈchym *n* (*embryonales Bindegewebe*).

mes·en·ter·ic [ˌmesənˈterɪk; ˌmez-] *adj anat.* mesenteriˈal: **~ artery** Gekrösearterie *f*. **mes·en·ter·y** [ˈmesəntərɪ; ˈmez-; *Am.* -ˌteriː] *s anat.* Gekröse *n*.

mesh [meʃ] **I** *s* **1.** Masche *f* (*e-s Netzes, Siebs etc*). **2.** *pl* Netzwerk *n*, Geflecht *n*. **3.** *tech.* Maschenweite *f*. **4.** *meist pl fig.* Netz *n*, Schlingen *pl*: **to be caught in the ~es of the law** sich in den Schlingen des Gesetzes verfangen (haben). **5.** *tech.* Ineinˈandergreifen *n*, Eingriff *m* (*von Zahnrädern*): **to be in ~** im Eingriff sein. **6.** → **mesh connection**. **II** *v/t* **7.** in e-m Netz fangen, verwickeln. **8.** *tech. Zahnräder* in Eingriff bringen, einrücken. **9.** *fig.* umˈgarnen, im Netz fangen. **10.** *fig.* eng zs.-schließen, (miteinˈander) verzahnen. **III** *v/i* **11.** *tech.* ein-, ineinˈandergreifen (*Zahnräder*; *a. fig.*). **12.** *fig.* a) miteinˈander verzahnt sein, b) sich (eng) verbinden (**with** mit). **~ con·nec·tion** *s electr.* Vieleck-, *bes.* Delta- *od.* Dreieckschaltung *f*.

meshed [meʃt] *adj* netzartig, maschig: **close-~** engmaschig.

mesh stock·ing *s* Netzstrumpf *m*.

me·shu·ga [mɪˈʃʊgə] *adj* meˈschugge.

mesh| volt·age *s electr.* verkettete Spannung, *bes.* Delta- *od.* Dreieckspannung *f*. **ˈ~work** *s* Maschen *pl*, Netzwerk *n*.

me·si·al [ˈmiːzjəl; -ɪəl] *adj* (*adv* **~ly**) **1.** in der Mittelebene (*des Körpers etc*) gelegen. **2.** *Zahnmedizin*: mesiˈal.

mes·mer·ic [mezˈmerɪk; mes-] *adj*; **mesˈmer·i·cal** [-kl] *adj* (*adv* **~ly**) **1.** *med. hist.* mesmerisch, ˈheilmaˌgnetisch. **2.** *fig.* ˈunwiderˌstehlich, fasziˈnierend. **ˈmes·mer·ism** [-mərɪzəm] *s med. hist.* Mesmeˈrismus *m*, aniˈmalischer *od.* tierischer Magneˈtismus. **ˈmes·mer·ist** *s med. hist.* **1.** ˈHeilmagnetiˌseur *m*. **2.** Mesmeriˈaner(in) (*Anhänger des Mesmerismus*). **ˈmes·mer·ize** *v/t* **1.** *med. hist.* (ˈheil)magnetiˌsieren, mesmeriˈsieren. **2.** *fig.* fasziˈnieren: **~d** fasziniert, gebannt, wie hypnotisiert.

mesne [miːn] *adj jur.* Zwischen..., Mittel...: **~ lord** Afterlehnsherr *m*. **~ in·ter·est** *s jur.* Zwischenzins *m*. **~ pro·cess** *s jur.* **1.** Verfahren *n* zur Erwirkung e-r Verhaftung (*wegen Fluchtgefahr*). **2.** während der Verhandlung e-r Rechtssache entstehender ˈNebenproˌzeß. **~ prof·its** *s pl jur.* inˈzwischen bezogene Erträgnisse *pl* (*e-s unrechtmäßigen Landbesitzers*).

meso- [mesəʊ; -z-; -ə] *Wortelement mit der Bedeutung* Zwischen..., Mittel...

ˈmes·o·blast [-blæst] → **mesoderm**.

ˈmes·o·carp [-kɑː(r)p] *s bot.* Mesoˈkarp *n*, mittlere Fruchthaut.

ˈmes·o·derm *s biol. med.* Mesoˈblast *n*, Mesoˈderm *n* (*mittleres Keimblatt des menschlichen u. tierischen Embryos*).

ˈmes·o·labe [-leɪb] *s math.* Mesoˈlabium *n* (*Instrument*).

ˌmes·oˈlith·ic *adj geol.* mesoˈlithisch, mittelsteinzeitlich.

me·sol·o·gy [meˈsɒlədʒɪ; *Am.* -ˈsɑ-] *s biol.* Mesoloˈgie *f*, ˈUmweltlehre *f*.

ˌmes·oˈmor·phic *adj med.* mesoˈmorph. **ˈmes·oˌmor·phy** *s med.* Mesomorˈphie *f* (*Konstitution e-s Menschentypus von muskulöser, knochiger Gestalt*).

mes·on [ˈmiːzɒn; *Am.* ˈmezˌɑn] *s phys.* Meson *n*, Mesoˈtron *n* (*Elementarteilchen, dessen Masse geringer ist als die e-s Protons, jedoch größer als die e-s Leptons*).

ˈmes·o·phyl(l) [-fɪl] *s bot.* Mesoˈphyll *n*, Mittelblatt *n*. **ˈmes·o·phyte** [-faɪt] *s bot.* Mesoˈphyt *m* (*Pflanze mit mittlerem Wasseranspruch*). **ˈmes·o·plast** [-plæst] *s biol.* Zellkern *m*, Samenkern *m*.

Mes·o·po·ta·mi·an [ˌmesəpəˈteɪmjən; -mɪən] *adj* mesopoˈtamisch.

ˈmes·o·scale *adj* mittlerer Größe *od.* Höhe, mittleren ˈUmfangs.

ˈmes·oˌsphere *s meteor.* Mesoˈsphäre *f*.

ˌmes·oˈster·nal *adj anat.* Mittelbrustbein...

ˌmes·oˈtho·rax *s* Mittelbrustring *m* (*der Insekten*).

Mes·o·zo·ic [ˌmesəʊˈzəʊɪk] *geol.* **I** *adj* mesoˈzoisch. **II** *s* Mesoˈzoikum *n*.

mes·quite [meˈskiːt; ˈmeskiːt] *s bot.* **1.** Süßhülsenbaum *m*, Mesˈquitbaum *m*. **2.** a) Gramagras *n*, b) Buffalogras *n*.

mess [mes] **I** *s* **1.** *obs.* Gericht *n*: **~ of pottage** *Bibl.* Linsengericht (*des Esau*). **2.** (Portiˈon *f*) Viehfutter *n*. **3.** Messe *f*: a) *mil.* → **mess hall**, b) *mil.* Messegesellschaft *f*, c) *mar.* Back(mannschaft) *f*: **~ council** Messevorstand *m*; **captain of a ~** Backsmeister *m*; **cooks of the ~** Backschaft *f*; **officers' ~** Offiziersmesse, -kasino *n*. **4.** a) Unordnung *f*, Schmutz *m*, ‚Schweineˈrei' *f*, b) Mischmasch *m*, Manscheˈrei *f*, c) *fig.* Durcheinˈander *n*, d) ‚Schlaˈmassel' *m*, ‚böse Geschichte', e) ‚Patsche' *f*, ‚Klemme' *f*: **in a ~** schmutzig, verwahrlost, in Unordnung, ‚schön' aussehend, *fig.* in e-m schlimmen Zustand, verfahren, ‚in der Klemme'; **to make a ~** Schmutz *od.* e-e ‚Schweinerei' machen; **to make a ~ of** → 6; **you made a nice ~ of it** du hast was Schönes angerichtet; **he was a ~** er sah gräßlich aus, *fig.* er war völlig verkommen *od.* verwahrlost; **a pretty ~!** e-e ‚schöne' Geschichte!; → **matter** 4. **II** *v/t* **5.** *j-n* verpflegen *od.* beköstigen. **6.** *a.* **~ up** a) beschmutzen, übel zurichten, b) in Unordnung *od.* Verwirrung bringen, c) *fig.* verpfuschen, ‚versauen'. **III** *v/i* **7.** a) (*an e-m gemeinsamen Tisch*) essen (**with** mit), b) *mar. mil.* in der Messe essen: **to ~ together** *mar.* zu ˈeiner Back gehören. **8.** manschen, panschen (**in** in *dat*). **9. ~ with** sich einmischen in (*acc*). **10. ~ about, ~ around** a) herˈummurksen, (-)pfuschen, b) sich herˈumtreiben, c) sich einlassen (**with** mit *e-r Frau etc*).

mes·sage [ˈmesɪdʒ] **I** *s* **1.** Botschaft *f* (**to** an *acc*): **can I take a ~?** kann ich etwas ausrichten?; → **presidential** 1. **2.** Mitteilung *f*, Bescheid *m*: **to send a ~ to s.o.** j-m e-e Mitteilung zukommen lassen; **telephone ~** fernmündliche Mitteilung, telephonische Nachricht; **he got the ~** *colloq.* er hat kapiert; **~ unit** *teleph. Am.* Gebühren-, Gesprächseinheit *f*; → **radio message, wireless** 1. **3.** a) *Bibl.* Botschaft *f*, Verkündigung *f*, b) *relig. Am.* Predigt *f*. **4.** *fig.* Botschaft *f*, Anliegen *n*, Aussage *f* (*e-s Dichters etc*). **5.** *physiol.* Imˈpuls *m*, Siˈgnal *n*. **II** *v/t* **6.** melden, mitteilen, senden.

mes·sen·ger [ˈmesɪndʒə(r)] *s* **1.** (Post-,

Eil)Bote *m*: **by** ~ durch Boten; → **express** 7. **2.** (Kabiˈnetts)Kuˌrier *m*: **King's** ~, **Queen's** ~ königlicher Kurier. **3.** *mil.* Melder *m*, *hist.* Kuˈrier *m*. **4.** *fig.* (Vor)Bote *m*, Verkünder *m*. **5.** *pl Br. dial.* kleine Einzelwolken *pl*. **6.** *mar.* a) Anholtau *n*, b) Ankerkette *f*, Kabelar *n*. **7.** ‚Aˈpostel' *m* (*beim Drachensteigenlassen etc*). ~ **boy** *s* Laufbursche *m*, Botenjunge *m*. ~ **ca·ble** *s electr.* Aufhänge-, Führungs-, Tragkabel *n*. ~ **dog** *s* Meldehund *m*. ~ **pi·geon** *s* Brieftaube *f*. ~ **wheel** *s tech.* Treibrad *n*.

mess| gear → **mess kit** 1. ~ **hall** *s mar. mil.* Messe *f*, Kaˈsino(raum *m*) *n*, Speisesaal *m*.

Mes·si·ah [mɪˈsaɪə] *s Bibl.* Mesˈsias *m*, Erlöser *m*. **Mes·si·an·ic** [ˌmesɪˈænɪk] *adj* messiˈanisch.

mess| jack·et *s mar. mil.* kurze Uniˈformjacke, ‚Affenjäckchen' *n*. ~ **kit** *s mar. mil.* **1.** Koch-, Eßgeschirr *n*, Eßgerät *n*. **2.** *Br.* Uniˈform *f* für gesellschaftliche Anlässe. ˈ**~·mate** *s* **1.** *mar. mil.* ˈTisch-, ˈMeßgenosse *m*, -kameˌrad *m*. **2.** → **commensal** 2. **3.** *bot.* (*ein*) Eukaˈlyptusbaum *m*. ~ **pork** *s Am.* gepökeltes Schweinefleisch. ˈ**~·room** → **mess hall**.

Messrs. [ˈmesə(r)z] *s pl* **1.** (*die*) Herren *pl* (*vor mehreren Namen bei Aufzählung*). **2.** *econ.* Firma *f*, *abbr.* Fa.

mess| ser·geant *s mil.* ˈKüchenˌunteroffiˌzier *m*. ~ **stew·ard** *s mar. mil.* ˈMesseordonˌnanz *f*. ˈ**~·tin** *s mar. mil. bes. Br.* Koch-, Eßgeschirr *n*.

mes·suage [ˈmeswɪdʒ] *s jur.* Wohnhaus *n* (*meist mit dazugehörigen Ländereien*), Anwesen *n*.

ˈ**mess-up** *s colloq.* → **mix-up** 1.

mess·y [ˈmesɪ] *adj* **1.** unordentlich, schlampig. **2.** unsauber, schmutzig (*a. fig.*). **3.** *fig.* unangenehm, ‚vertrackt'.

mes·ti·zo [meˈstiːzəʊ] *pl* **-zos, -zoes** *s* **1.** Meˈstize *m*. **2.** *allg.* Mischling *m*.

met [met] *pret u. pp von* **meet**.

met- [met], **meta-** [metə] *Vorsilbe mit den Bedeutungen* a) mit, b) nach, c) höher, d) *med.* hinten, e) *biol. chem.* Meta..., meta..., f) Verwandlungs...

met·a·bol·ic [ˌmetəˈbɒlɪk; *Am.* -ˈbɑ-] *adj* **1.** *biol. physiol.* metaˈbolisch, Stoffwechsel... **2.** sich verwandelnd. **me·tab·o·lism** [meˈtæbəlɪzəm] *s* **1.** *biol.* Metaboˈlismus *m* (*a. chem.*), Verwandlung *f*, Formveränderung *f*. **2.** *physiol.*, *a. bot.* Stoffwechsel *m*: **general** ~, **total** ~ Gesamtstoffwechsel; → **basal metabolism**. **meˈtab·o·lite** [-laɪt] *s physiol.* Metaboˈlit *m*. **meˈtab·o·lize** [-laɪz] *v/t biol. chem.* ˈumwandeln.

ˌ**met·aˈcar·pal** *anat.* **I** *adj* Mittelhand... **II** *s* Mittelhandknochen *m*. ˌ**met·aˈcar·pus** *pl* **-pi** [-paɪ] *s zo.* **1.** Mittelhand *f*. **2.** Vordermittelfuß *m*.

ˈ**met·aˌcen·ter,** *bes. Br.* ˈ**met·aˌcen·tre** *s* **1.** *mar. phys.* Metaˈzentrum *n*. **2.** *mar.* Schwankpunkt *m*.

ˌ**met·aˈchem·is·try** *s* **1.** *philos.* metaˈphysische Cheˈmie. **2.** *chem.* ˈsubatoˌmare Cheˈmie, ˈKerncheˌmie *f*. **3.** *Zweig der Chemie, der sich mit spezifischen Eigenschaften der Atome u. Moleküle befaßt.*

me·tach·ro·nism [meˈtækrənɪzəm] *s* Metachroˈnismus *m* (*Zuweisung in e-e spätere Zeit*).

ˌ**met·aˈchro·sis** [-ˈkrəʊsɪs] *s* Farbenwechsel *m* (*z. B. beim Chamäleon*).

ˌ**met·aˈcy·clic** *adj math. phys.* metaˈzyklisch.

met·age [ˈmiːtɪdʒ] *s* **1.** amtliches Messen (*des Inhalts od. Gewichts von Kohlen etc*). **2.** Meß-, Waagegeld *n*.

ˌ**met·aˈgen·e·sis** *s biol.* Metageˈnese *f* (*Generationswechsel*).

ˌ**met·aˈgrob·o·lize** [-ˈgrɒbəlaɪz; *Am.* -ˈgrɑ-] *v/t humor.* verwirren.

ˌ**met·a·kiˈne·sis** [-kaɪˈniːsɪs; -kɪ-] *s biol.* Metakiˈnese *f*.

met·al [ˈmetl] **I** *s* **1.** *chem. min.* Meˈtall *n*. **2.** *tech.* a) ˈNichteisenmeˌtall *n*, b) Meˈtall-Leˌgierung *f*, *bes.* ˈTypen-, Geˈschützmeˌtall *n*, c) ˈGußmeˌtall *n*: **brittle** ~, **red** ~ Rotguß *m*, Tombak *m*; **fine** ~ Weiß-, Feinmetall; **gray** (*bes. Br.* **grey**) ~ graues Gußeisen; **rolled** ~ Walzblech *n*. **3.** *tech.* a) (Meˈtall)König *m*, Regulus *m*, Korn *n*, b) Lech *m*, (Kupfer)Stein *m*: ~ **of lead** Bleistein. **4.** *Bergbau*: Schieferton *m*. **5.** *tech.* (flüssige) Glasmasse. **6.** *mar.* (*Zahl der*) Geschütze *pl*. **7.** *pl Br.* (Eisenbahn)Schienen *pl*, G(e)leise *pl*: **the train ran off** (*od.* **left, jumped**) **the ~s** der Zug sprang aus den Schienen *od.* entgleiste. **8.** *her.* Meˈtall *n* (*Gold- u. Silberfarbe*). **9.** *Straßenbau*: *Br.* Beschotterung *f*, Schotter *m*. **10.** *fig.* Mut *m*. **11.** *fig.* Materiˈal *n*, Stoff *m*. **II** *v/t pret u. pp* **-aled,** *bes. Br.* **-alled 12.** mit Meˈtall bedecken *od.* versehen. **13.** *Straßenbau*: *Br.* beschottern. **III** *adj* **14.** Metall..., meˈtallen, aus Meˈtall (angefertigt). ~ **age** *s meist* **M~ A~** *hist.* Bronze- u. Eisenzeitalter *n*.

ˈ**met·aˌlan·guage** *s* Metasprache *f*.

met·al| arc *s tech.* Meˈtall-Lichtbogen *m*: ~ **welding** Lichtbogenschweißen *n* mit Metallelektrode. ˈ**~-clad** *adj tech.* **1.** meˈtallplatˌtiert. **2.** *bes. electr.* blechgekapselt. ˈ**~-coat** *v/t* mit Meˈtall überˈziehen, metalliˈsieren. ˈ**~·craft** *s* Meˈtallornaˌmentik *f*. ~ **cut·ting** *s tech.* spanabhebende *od.* zerspanende Meˈtallbearbeitung.

met·aled, *bes. Br.* **met·alled** [ˈmetld] *adj Straßenbau*: *Br.* Schotter...

met·a·lep·sis [ˌmetəˈlepsɪs] *s Rhetorik*: Metaˈlepsis *f* (*Vertauschung des Vorhergehenden mit dem Nachfolgenden*).

met·al| fa·tigue *s tech.* Meˈtallermüdung *f*. ~ **form·ing** *s tech.* spanlose Meˈtallbearbeitung. ~ **found·er** *s* Meˈtallgießer *m*. ~ **ga(u)ge** *s* Blechlehre *f*.

ˌ**met·a·linˈguis·tics** *s pl* (*als sg konstruiert*) ˈMetalinˌguistik *f* (*Zweig der Linguistik, der die Wechselbeziehung zwischen der Sprache u. den anderen Kultursystemen analysiert*).

met·al·ize, *bes. Br.* **met·al·lize** [ˈmetlaɪz] *v/t tech.* metalliˈsieren.

me·tal·lic [mɪˈtælɪk] *adj* (*adv* **~ally**) **1.** meˈtallen, meˈtallisch, Metall...: ~ **cover** a) *tech.* Metallüberzug *m*, b) *econ.* Metalldeckung *f*; ~ **currency** *econ.* Metallwährung *f*, Hartgeld *n*. **2.** meˈtallisch (glänzend *od.* klingend): ~ **voice**; ~ **beetle** Prachtkäfer *m*. **3.** → **metalliferous**. **4.** *fig.* kalt u. hart: ~ **woman**. ~ **ox·ide** *s chem.* Meˈtalloˌxyd *n*. ~ **pa·per** *s tech.* **1.** ˈKreidepaˌpier *n* (*auf dem mit Metallstift geschrieben werden kann*). **2.** Meˈtallpaˌpier *n*. ~ **soap** *s* Meˈtallseife *f*.

met·al·lif·er·ous [ˌmetəˈlɪfərəs] *adj* meˈtallführend, -reich. **met·al·line** [ˈmetəlaɪn; -lɪn] *adj* **1.** meˈtallisch. **2.** meˈtallhaltig.

met·al·lize *bes. Br. für* **metalize**.

me·tal·lo·chrome [meˈtæləʊkrəʊm], **meˈtal·loˌchro·my** *s tech.* chemisch erzeugte Meˈtall(oberflächen)färbung.

met·al·log·ra·phy [ˌmetəˈlɒgrəfɪ; *Am.* ˌmetlˈɑg-] *s* Meˌtallograˈphie *f*: a) Wissenschaft *f* von den Meˈtallen, b) Verzierung *f* von Meˈtallen durch Aufdruck, c) Druck *m* mittels Meˈtallplatten.

met·al·loid [ˈmetəlɔɪd] **I** *adj* metalloˈidisch, meˈtallartig. **II** *s chem.* Metalloˈid *n*, ˈNichtmeˌtall *n*. ˌ**met·alˈloi·dal** → **metalloid** I.

me·tal·lo·phone [meˈtæləfəʊn] *s mus.* Metalloˈphon *n*.

met·al·lur·gic [ˌmetəˈlɜːdʒɪk; *Am.* ˌmetlˈɜr-]; ˌ**met·alˈlur·gi·cal** [-kl] *adj* metallˈurgisch, Hütten... **met·al·lur·gist** [meˈtælədʒɪst; *Am.* ˈmetlˌɜrdʒəst] *s* Metallˈurg(e) *m*. **met·al·lur·gy** [meˈtælədʒɪ; *Am.* ˈmetlˌɜrdʒiː] *s* Metallurˈgie *f*, Hüttenkunde *f*, -wesen *n*.

ˌ**met·aˈlog·ic** *s philos.* **1.** Metaphyˈsik *f* der Logik. **2.** Pseudologik *f*.

ˈ**met·al|ˌplat·ing** *s tech.* (*bes.* Eˈlektro)Platˌtierung *f*. ˈ**~-ˌpro·cess·ing** *adj tech.* meˈtallverarbeitend (*Industrie etc*). ˈ**~·ware** *s econ.* Meˈtallwaren *pl*. ˈ**~-ˌwork·er** *s* Meˈtallbearbeiter *m*, -verarbeiter *m*. ˈ**~ˌwork·ing I** *s* Meˈtallbearbeitung *f*, -verarbeitung *f*. **II** *adj* meˈtallverarbeitend: ~ **industry**.

ˈ**met·aˌmath·eˈmat·ics** *s pl* (*als sg konstruiert*) ˈMetamathemaˌtik *f*.

met·a·mer [ˈmetəmə(r)] *s chem.* metaˈmere Verbindung.

met·a·mere [ˈmetəmɪə(r)] *s zo.* (sekunˈdäres ˈUr)Segˌment, Folgestück *n*. ˌ**metaˈmer·ic** [-ˈmerɪk] *adj chem. zo.* metaˈmer.

met·a·mor·phic [ˌmetəmɔː(r)fɪk] *adj* **1.** *geol.* metaˈmorph. **2.** *biol.* gestaltverändernd. ˌ**met·aˈmor·phism** *s* **1.** *geol.* Metamorˈphismus *m*. **2.** Metamorˈphose *f*.

met·a·mor·phose [ˌmetəˈmɔː(r)fəʊz] **I** *v/t* **1.** (**to, into**) ˈumgestalten (zu), verwandeln (in *acc*). **2.** verzaubern, -wandeln (**to, into** in *acc*). **3.** metamorphiˈsieren, ˈumbilden. **II** *v/i* **4.** *zo.* sich verwandeln.

met·a·mor·pho·sis [ˌmetəˈmɔː(r)fəsɪs] *pl* **-ses** [-siːz] *s* Metamorˈphose *f* (*a. biol. physiol.*), Ver-, ˈUmwandlung *f*. ˈ**met·aˌmorˈphot·ic** [-ˌmɔː(r)ˈfɒtɪk; *Am.* -ˈfɑ-] *adj* metamorˈphotisch.

ˈ**met·a·phase** *s biol.* Metaˈphase *f*, zweite Kernteilungsphase.

met·a·phor [ˈmetəfə(r); *Am. bes.* -ˌfɔːr] *s* Meˈtapher *f*, bildlicher Ausdruck. ˌ**met·aˈphor·ic** [-ˈfɒrɪk; *Am. a.* -ˈfɑ-] *adj*; ˌ**met·aˈphor·i·cal** *adj* (*adv* **~ly**) metaˈphorisch, bildlich. ˈ**met·a·phor·ist** [-fərɪst; *Am. a.* -ˌfɔːrəst] *s* Metaˈphoriker(in).

ˌ**met·aˈphos·phate** *s chem.* metaˈphosphorsaures Salz, Metaphosˈphat *n*.

ˈ**met·a·phrase I** *s* **1.** Metaˈphrase *f*, wörtliche Überˈsetzung. **II** *v/t* **2.** wörtlich überˈsetzen. **3.** *Text* a) abändern, b) verfälschen.

ˌ**met·aˈphys·i·cal** *adj* (*adv* **~ly**) **1.** *philos.* metaˈphysisch. **2.** ˈübersinnlich. ˌ**met·a·phyˈsi·cian** *s philos.* Metaˈphysiker *m*. ˌ**met·aˈphys·ics** *s pl* (*als sg konstruiert*) *philos.* Metaphyˈsik *f*.

met·a·plasm [ˈmetəplæzəm] *s* **1.** *ling.* Metaˈplasmus *m*, ˈWortveränderung *f*, -ˌumbildung *f*. **2.** *biol.* Metaˈplasma *n*. ˈ**met·a·plast** [-plæst] *s ling.* ˈumgebildeter Wortstamm.

ˌ**met·aˈpol·i·tics** *s pl* (*als sg konstruiert*) *oft contp.* poˈlitische Theoˈrie.

ˌ**met·a·psyˈchol·o·gy** *s* **1.** Metapsycholoˈgie *f*. **2.** Parapsycholoˈgie *f*.

me·tas·ta·sis [mɪˈtæstəsɪs] *pl* **-ses** [-siːz] *s* **1.** *med.* a) Metaˈstase *f*, Tochtergeschwulst *f*, b) Metaˈstasenbildung *f*. **2.** *biol.* Subˈstanz-, Stoffwechsel *m*. **3.** *geol.* Verwandlung *f* e-r Gesteinsart. **meˈtas·ta·size** *v/i med.* metastaˈsieren, Tochtergeschwülste bilden.

ˌ**met·aˈtar·sal** *anat.* **I** *adj* metatarˈsal, Mittelfuß... **II** *s* Mittelfußknochen *m*. ˌ**met·aˈtar·sus** *pl* **-si** [-saɪ] *s anat. zo.* Mittelfuß *m*.

me·tath·e·sis [meˈtæθəsɪs] *pl* **-ses** [-siːz] *s* Metaˈthese *f*: a) *ling.* ˈUmstellung *f*, Lautversetzung *f*, b) *biol.* Radiˈkalaustausch *m*.

ˌ**met·aˈtho·rax** *s zo.* hinterer Brustteil (*der Insekten*).
mé·ta·yage [ˌmetəˈjɑːʒ] *s agr.* Halbpacht *f.*
met·a·zo·an [ˌmetəˈzəʊən] *zo.* **I** *adj* metaˈzoisch, vielzellig. **II** *s* Vielzeller *m.*
mete [miːt] **I** *v/t* **1.** *poet.* (ab-, aus-, ˈdurch)messen. **2.** *meist* ~ **out** *a. e-e Strafe* zumessen (to *dat*). **3.** *fig.* ermessen. **II** *s meist pl* **4.** Grenze *f*: **to know one's ~s and bounds** *fig.* s-e Grenzen kennen, Maß u. Ziel kennen.
met·em·pir·ic [ˌmetemˈpɪrɪk], ˌ**met·emˈpir·i·cal** *adj* (*adv* ~**ly**) *philos.* transzendenˈtal, jenseits der Erfahrung liegend. ˌ**met·emˈpir·i·cism** [-sɪzəm] *s* **1.** transzendenˈtaler Ideaˈlismus. **2.** transzendenˈtale Philosoˈphie.
me·tem·psy·cho·sis [ˌmetempsɪˈkəʊsɪs; meˌtem-] *pl* **-ses** [-siːz] *s* Seelenwanderung *f*, Metempsyˈchose *f.*
met·en·ce·phal·ic [ˈmetˌenkəˈfælɪk; *bes. Am.* --ˌensɪ-] *adj anat.* Hinterhirn... ˌ**met·enˈceph·a·lon** [-ˈsefəlɒn; *Am.* -ˌlɑn] *pl* **-la** [-lə] *s* Metenˈzephalon *n*, ˈHinterhirn *n.*
me·te·or [ˈmiːtjə(r); -ɪə(r)] *s astr.* a) Meteˈor *m* (*a. fig.*), b) Sternschnuppe *f*, c) ˈFeuerkugel *f*, -meteˌor *m*: ~ **dust** kosmischer Staub; ~ **steel** *tech.* Meteorstahl *m*; ~ **system** Meteorschwarm *m.*
me·te·or·ic [ˌmiːtɪˈɒrɪk; *Am. a.* -ˈɑ-] *adj* **1.** *astr.* meteˈorisch, Meteor...: ~ **iron** Meteoreisen *n*; ~ **shower** Meteoritenschauer *m*, Steinregen *m.* **2.** *fig.* meteˈorhaft: a) glänzend: ~ **fame**, b) koˈmetenhaft: **his ~ rise to power.**
me·te·or·ite [ˈmiːtjəraɪt; -ɪə-] *s astr.* Meteoˈrit *m*, Meteˈorstein *m.*
me·te·or·o·graph [ˈmiːtjərəgrɑːf; *Am.* ˌmiːtɪˈɔːrəˌgræf; -ˈɑrə-] *s phys.* Meteoroˈgraph *m.* ˌ**me·te·or·oˈgraph·ic** [-ˈgræfɪk] *adj* meteoroˈgraphisch.
me·te·or·o·log·ic [ˌmiːtjərəˈlɒdʒɪk; -tɪə-; *Am.* -ˈlɑ-] *adj* (*adv* ~**ally**) → **meteorological**: ~ **message** *mil.* Barbarameldung *f.* ˌ**me·te·or·oˈlog·i·cal** [-kl] *adj* (*adv* ~**ly**) *phys.* meteoroˈlogisch, Wetter..., Luft...: ~ **conditions** Witterungsverhältnisse; ~ **observation** Wetterbeobachtung *f*; ~ **office** Wetteramt *n*; ~ **satellite** Wettersatellit *m.*
me·te·or·ol·o·gist [ˌmiːtjəˈrɒlədʒɪst; -tɪə-; *Am.* -ˈrɑ-] *s phys.* Meteoroˈloge *m.* ˌ**me·te·orˈol·o·gy** [-dʒɪ] *s phys.* **1.** Meteoroloˈgie *f*, Wetterkunde *f.* **2.** meteoroˈlogische Verhältnisse *pl* (*e-r Gegend*).
me·ter[1], *bes. Br.* **me·tre** [ˈmiːtə(r)] *s* **1.** Meter *m, n* (*Maß*). **2.** *metr.* Metrum *n*, Versmaß *n.* **3.** *mus.* a) Zeit-, Taktmaß *n*, b) Periˈodik *f.*
me·ter[2] [ˈmiːtə(r)] **I** *s* **1.** (*meist in Zssgn*) j-d, der mißt; Messende(r *m*) *f.* **2.** *tech.* Messer *m*, ˈMeßinstruˌment *n*, Zähler *m*: ~ **board** Zählertafel *f*; ~ **candle** *phys.* Meterkerze *f*, Lux *n.* **3.** *mail* a) Freistempler *m*, b) *a.* ~ **impression** Freistempel *m.* **II** *v/t* **4.** (*mit e-m Meßinstrument*) messen: **to ~ out** abgeben, dosieren; ~**ing pump** *tech.* Meßpumpe *f.* **5.** *Post* freistempeln.
ˈ**me·ter-ˈkil·o·gram-ˈsec·ond sys·tem** *s* ˈMeter-Kiloˈgramm-Seˈkunden-Syˌstem *n.*
me·ter maid *s colloq.* Poliˈtesse *f.*
meth·ac·ry·late [meθˈækrɪleɪt] *s chem.* Methacryˈlat *n.* ~ **res·in,** *a.* ~ **plas·tic** *s chem.* Methaˈcrylharz *n* (*Kunststoff*).
met·hae·mo·glo·bin → **methemoglobin.**
meth·ane [ˈmiːθeɪn; *Am.* ˈme-] *s chem.* Meˈthan *n*, Sumpf-, Grubengas *n.*
meth·a·nol [ˈmeθənɒl; *Am. a.* -ˌnəʊl] *s chem.* Methaˈnol *n.*
met·he·mo·glo·bin [metˌhiːməʊˈgləʊbɪn] *s biol.* Methämogloˈbin *n.*
meth·ene [ˈmeθiːn] *s chem.* Methyˈlen *n.*
me·thinks [mɪˈθɪŋks] *pret* **meˈthought** [-ˈθɔːt] *v/impers obs. od. poet.* mich dünkt.
meth·od [ˈmeθəd] *s* **1.** Meˈthode *f* (*a. math.*), Verfahren *n* (*a. chem. tech.*): ~ **of doing s.th.** Art *f* u. Weise *f*, etwas zu tun; **by a ~** nach e-r Methode; ~ **of measuring** Meßverfahren *n*; **business ~s** Geschäftsmethoden; **differential ~** *math.* Differentialmethode; ~ **of compensation** *math.* Ausgleichungsrechnung *f*; ~ **of payment** Zahlungsweise *f*; ~ **of financing** Finanzierungsart *f*; ~ **of operation** a) Verfahrensweise *f*, Arbeitsmethode *f*, b) ‚Handschrift' *f* (*e-s Täters*). **2.** ˈLehrmeˌthode *f.* **3.** Syˈstem *n.* **4.** *philos.* (logische) ˈDenkmeˌthode. **5.** Meˈthode *f*, Planmäßigkeit *f*: **to work with ~** methodisch arbeiten; **there is ~ in his madness** sein Wahnsinn hat Methode (*was er tut, ist nicht so verrückt, wie es aussieht*); **there is ~ in all this** da ist System drin.
me·thod·ic [mɪˈθɒdɪk; *Am.* -ˈθɑ-] *adj*; **meˈthod·i·cal** *adj* (*adv* ~**ly**) **1.** meˈthodisch, planmäßig, systeˈmatisch. **2.** überˈlegt.
meth·od·ism [ˈmeθədɪzəm] *s* **1.** meˈthodisches Verfahren. **2.** M~ *relig.* Methoˈdismus *m.* ˈ**meth·od·ist I** *s* **1.** Meˈthodiker(in). **2.** M~ *relig.* Methoˈdist(in). **II** *adj* **3.** M~ *relig.* methoˈdistisch, Methodisten... ˌ**meth·odˈis·tic** *adj* **1.** streng meˈthodisch. **2.** M~ → **methodist** 3.
meth·od·ize [ˈmeθədaɪz] *v/t* meˈthodisch ordnen.
meth·od·less [ˈmeθədlɪs] *adj* plan-, syˈstemlos.
meth·od·ol·o·gy [ˌmeθəˈdɒlədʒɪ; *Am.* -ˈdɑ-] *s* **1.** Meˈthodik *f.* **2.** Meˈthodenlehre *f*, Methodoloˈgie *f.*
me·thought [mɪˈθɔːt] *pret von* **methinks.**
Me·thu·se·lah [mɪˈθjuːzələ; -ˈθuː-] *npr Bibl.* Meˈthusalem *m*: **(as) old as ~.**
meth·yl [ˈmeθɪl; ˈmiːθaɪl] *s chem.* Meˈthyl *n*: ~ **alcohol** Methylalkohol *m*; ~ **blue** Methylblau *n.* ˈ**meth·yl·ate** [-leɪt] *chem.* **I** *v/t* **1.** methyˈlieren. **2.** denatuˈrieren: ~**d spirits** denaturierter *od.* vergällter Spiritus. **II** *s* **3.** Methyˈlat *n.*
meth·yl·ene [ˈmeθɪliːn] *s chem.* Methyˈlen *n*: ~ **blue** Methylenblau *n.*
me·thyl·ic [məˈθɪlɪk] *adj chem.* Methyl...
me·tic·u·los·i·ty [mɪˌtɪkjʊˈlɒsətɪ; *Am.* -ˈlɑ-] *s* peinliche Genauigkeit, Akriˈbie *f.*
meˈtic·u·lous *adj* (*adv* ~**ly**) peinlich genau, ˈübergenau, aˈkribisch. **meˈtic·u·lous·ness** → **meticulosity.**
mé·tier [ˈmeɪtɪeɪ; ˈmetjeɪ] *s* **1.** Gewerbe *n*, Handwerk *n.* **2.** *fig.* (Speziˈal)Gebiet *n*, Metiˈer *n.*
mé·tis [meˈtiːs; *Am.* meɪ-] *pl* **méˈtis** [-ˈtiːs; -ˈtiːz] *s* Mischling *m*, Meˈstize *m*, *bes. Canad.* Abkömmling *m* von Franˈzosen u. Indiˈanern.
met of·fice [met] *s colloq.* Wetteramt *n.*
met·o·nym [ˈmetənɪm] *s Rhetorik*: Metoˈnym *n.* **me·ton·y·my** [mɪˈtɒnɪmɪ; *Am.* -ˈtɑ-] *s* Metonyˈmie *f* (*Begriffsvertauschung, z. B.* **Heaven** *für* **God**).
met·ope [ˈmetəʊp; *bes. Am.* ˈmetəpiː] *s arch.* Meˈtope *f*, Zwischenfeld *n.* **me·top·ic** [mɪˈtɒpɪk; *Am.* -ˈtɑ-] *adj anat.* meˈtopisch, Stirn...
me·tre *bes. Br. für* **meter**[1].
met·ric [ˈmetrɪk] **I** *adj* (*adv* ~**ally**) **1.** metrisch, Maß...: ~ **method of analysis** *chem.* Maßanalyse *f.* **2.** metrisch, Meter...: ~ **system** metrisches (Maß- u. Gewichts)System; **to go ~** → **metricate** II; → **hundredweight** c, **ton**[1] 1 c. **3.** → **metrical** 2. **II** *s pl* (*als sg konstruiert*). **4.** Metrik *f*, Verslehre *f.* **5.** *mus.* Rhythmik *f*, Taktlehre *f.* ˈ**met·ri·cal** *adj* (*adv* ~**ly**) **1.** → **metric** 1 *u.* 2. **2.** a) metrisch, nach Verssilbenmaß gemessen, b) rhythmisch. ˈ**met·ri·cate** [-keɪt] *Br.* **I** *v/t* auf das metrische Syˈstem ˈumstellen. **II** *v/i* das metrische Syˈstem einführen, sich auf das metrische Syˈstem ˈumstellen. ˌ**met·riˈca·tion** *s Br.* ˈUmstellung *f* auf das metrische Syˈstem.
me·trol·o·gy [mɪˈtrɒlədʒɪ; *Am.* -ˈtrɑ-] *s* Metroloˈgie *f*, Maß- u. Gewichtskunde *f.*
met·ro·nome [ˈmetrənəʊm] *s mus.* Metroˈnom *n*, Taktmesser *m.* ˌ**met·roˈnom·ic** [-ˈnɒmɪk; *Am.* -ˈnɑ-] *adj* **1.** metroˈnomisch: ~ **mark** Metronombezeichnung *f*, Taktvorschrift *f.* **2.** *fig.* monoˈton, regelmäßig.
met·ro·nym·ic [ˌmetrəˈnɪmɪk; *Am. a.* ˌmiːtrə-] *ling.* **I** *adj* matroˈnymisch, Mutter... **II** *s* Matroˈnymikum *n*, Muttername *m.*
me·trop·o·lis [mɪˈtrɒpəlɪs; *Am.* -ˈtrɑ-] *s* **1.** Metroˈpole *f*, Hauptstadt *f*: **the M~** *Br.* London *n*; **commercial ~** Handelsmetropole. **2.** Großstadt *f.* **3.** Zentrum *n.* **4.** *relig.* Sitz *m* e-s Metropoˈliten *od.* Erzbischofs. **5.** *zo.* Hauptfundort *m.*
met·ro·pol·i·tan [ˌmetrəˈpɒlɪtən; *Am.* -ˈpɑ-] **I** *adj* **1.** hauptstädtisch. **2.** *relig.* Metropolitan..., erzbischöflich. **3.** Mutterstadt..., -land... **II** *s* **4.** *relig.* Metropoˈlit *m*: a) *führender Geistlicher in der Ostkirche*, b) *R.C.* (*e-r Kirchenprovinz vorstehender*) Erzbischof. **5.** Bewohner(in) der Hauptstadt. **6.** Großstädter(in).
met·tle [ˈmetl] *s* **1.** Veranlagung *f*, Naturˈrell *n.* **2.** Eifer *m*, Enthusiˈasmus *m*, Mut *m*, Feuer *n*: **a man of ~** ein Mann von echtem Schrot u. Korn; **a horse of ~** ein feuriges Pferd; **to be on one's ~** zeigen wollen, was man kann; vor Eifer brennen; **to put s.o. on his ~** j-n zur Aufbietung aller s-r Kräfte anspornen; **to try s.o.'s ~** j-n auf die Probe stellen. ˈ**met·tled,** ˈ**met·tle·some** [-səm] *adj* feurig, mutig.
mew[1] [mjuː] *s orn.* Seemöwe *f.*
mew[2] [mjuː] → **meow.**
mew[3] [mjuː] **I** *v/t obs.* **1.** *zo. das Geweih, die Haare etc* verlieren: **the bird ~s its feathers** der Vogel mausert sich. **2.** *meist* ~ **up** einsperren. **II** *v/i* **3.** *zo. obs.* sich mausern, federn, haaren. **III** *s* **4.** Mauserkäfig *m* (*bes. für Falken*). **5.** *pl* (*als sg konstruiert*) *bes. Br.* a) Stall *m*: **the Royal M~s** der Königliche Marstall (*in London*), b) *zu Wohnungen od. Garagen umgebaute ehemalige Stallungen.*
mewl [mjuːl] *v/i* **1.** wimmern (*Baby*). **2.** miˈauen.
Mex·i·can [ˈmeksɪkən] **I** *adj* **1.** mexiˈkanisch. **II** *s* **2.** Mexiˈkaner(in). **3.** Azˈteke *m.* **4.** *ling.* die Naˈhuatlsprache. **5.** → **Mexican dollar.** ~ **dol·lar** *s* mexiˈkanischer Dollar.
mez·za·nine [ˈmetsəniːn; *bes. Am.* ˈmez-] *s arch.* **1.** Mezzaˈnin *n*, Zwischen-, Halbgeschoß *n.* **2.** *thea. Br.* Raum *m od.* Boden *m* unter der Bühne.
mez·zo [ˈmedzəʊ; ˈmetsəʊ] **I** *adv* **1.** *mus.* mezzo, mittel, halb: ~ **forte** halbstark. **II** *pl* **-zos** *s* **2.** → **mezzo-soprano. 3.** → **mezzotint** I. ˌ**~-reˈlie·vo,** ˌ**~-riˈlie·vo** *s Bildhauerei*: ˈHalbreliˌef *n.* ˌ**~-soˈpra·no** *mus.* **I** *s* ˈMezzosoˌpran *m*: a) ˈMezzosoˌpranstimme *f*, b) ˈMezzosopraˌnistin *f*, c) ˈMezzosoˌpranparˌtie *f.* **II** *adj* Mezzosopran... ˈ**~·tint I** *s Kupferstecherei*: a) Mezzoˈtinto *n*, Schabkunst *f*, b) Schabkunstblatt *n*: ~ **engraving** Stechkunst *f* in Mezzotintomanier. **II** *v/t* in Mezzoˈtinto graˈvieren.
mho [məʊ] *s electr.* Siemens *n* (*Einheit der Leitfähigkeit*). **mho·me·ter** [ˈməʊˌmiːtə(r)] *s* (*direktanzeigender*) Leitwertmesser.

mi [miː] *s mus.* mi *n* (*Solmisationssilbe*).
mi·aow [miːˈaʊ] → **meow.**
mi·asm [ˈmaɪæzəm], **miˈas·ma** [mɪˈæzmə; maɪ-] *pl* **-ma·ta** [-mətə] *s med.* Miˈasma *n*, Krankheits-, Ansteckungsstoff *m*. **miˈas·mal, ˌmi·asˈmat·ic** [-ˈmætɪk] *adj* **1.** miasˈmatisch, ansteckend. **2.** Miasma...
mi·aul [miːˈaʊl] *v/i* miˈauen.
mi·ca [ˈmaɪkə] *min.* **I** *s* **1.** Glimmer(erde *f*) *m*: **argentine ~** Silberglimmer, Katzensilber *n*; **yellow ~** Goldglimmer, Katzengold *n*. **2.** Fraueneis *n*, Maˈrienglas *n*. **II** *adj* **3.** Glimmer...: **~ capacitor** *electr.* Glimmerkondensator *m*; **~ schist, ~ slate** Glimmerschiefer *m*; **~ sheet** Glimmerblatt *n*. **miˈca·ceous** [-ˈkeɪʃəs] *adj* Glimmer...: **~ iron ore** Eisenglimmer *m*.
Mi·cah [ˈmaɪkə] *npr u. s Bibl.* (das Buch) Micha *m od.* Miˈchäas.
Mi·caw·ber·ism [mɪˈkɔːbərɪzəm] *s* kindlicher Optiˈmismus(, daß alles von alˈlein wieder gut wird) (*nach Mr. Wilkins Micawber in „David Copperfield" von Dickens*). **Miˈcaw·ber·ist** *s* unentwegter Optiˈmist.
mice [maɪs] *pl von* **mouse.**
Mich·ael·mas [ˈmɪklməs] *s bes. Br.* Michaelstag *m*, Michaˈeli(s) *n* (*29. September*). **~ Day** *s* **1.** → **Michaelmas. 2.** *e-r der vier brit. Quartalstage.* **~ term** *s univ. Br.* ˈHerbstseˌmester *n*.
Mick [mɪk] **I** *npr Koseform von* **Michael. II** *s* **m~** *sl. contp.* a) Ire *m*, b) Kaˈthole *m*.
Mick·ey [ˈmɪkɪ] *s* **1.** *aer. Am. sl.* Flugzeug-Bordradar(gerät *n*) *m*: **~ navigator, ~ pilot** Orter *m*. **2. to take the m~ out of s.o.** *bes. Br. colloq.* j-n ‚auf den Arm nehmen' *od.* ‚aufziehen'. **3. m~** → **Mick** II. **4.** → **Mickey Finn. ~ Finn** [fɪn] *s sl.* a) präpaˈrierter Drink, b) Betäubungsmittel *n*. **~ Mouse** *adj bes. Am. sl.* anspruchslos (*Musik, Job etc*).
mick·le [ˈmɪkl] *s obs. od. dial.* Menge *f*: **many a little makes a ~** viele Wenig machen ein Viel.
Mick·y [ˈmɪkɪ] → **Mick** I, **Mickey** 2.
mi·cra [ˈmaɪkrə] *pl von* **micron.**
micro- [maɪkrəʊ] *Wortelement mit den Bedeutungen* a) Mikro..., (sehr) klein, b) (*bei Maßbezeichnungen*) ein Millionstel, c) mikroskopisch.
mi·cro·am·me·ter [ˌmaɪkrəʊˈæmɪtə(r)] *s electr.* ˈMikroˌampereˌmeter *n*.
ˌmi·cro·aˈnal·y·sis *s irr chem.* Mikroanaˈlyse *f*.
mi·crobe [ˈmaɪkrəʊb] *s biol.* Miˈkrobe *f*. **miˈcro·bi·al, miˈcro·bi·an, miˈcro·bic** *adj* miˈkrobisch, Mikroben... **miˈcro·bi·cid·al** [-bɪsaɪdl] *adj* miˈkrobentötend, antibiˈotisch. **miˈcro·bicide** *s* Antibiˈotikum *n*. **ˈmi·croˌbiˈo·log·ic, ˈmi·croˌbi·oˈlog·i·cal** *adj* (*adv* **~ly**) mikrobioˈlogisch. **ˌmi·cro·biˈol·o·gist** *s* Mikrobioˈloge *m*. **ˌmi·cro·biˈol·o·gy** *s* Mikrobioloˈgie *f*. **ˌmi·cro·biˈo·sis** [-baɪˈəʊsɪs] *s med.* Mikrobiˈose *f*, Miˈkrobeninfektiˌon *f*.
ˈmi·cro·card *s* Mikrokarte *f*.
ˌmi·cro·ceˈphal·ic [-keˈfælɪk; *bes. Am.* -sɪˈf-] *adj med.* mikrozeˈphal, kleinköpfig. **ˌmi·croˈceph·a·lism** [-ˈkefəlɪzəm; *bes. Am.* -ˈsef-] *s* Kleinköpfigkeit *f*. **ˌmi·croˈceph·a·lous** → **microcephalic.**
ˌmi·croˈchem·i·cal *adj chem.* mikroˈchemisch. **ˌmi·croˈchem·is·try** *s* Mikrocheˈmie *f*.
ˈmi·cro·chip *s electr.* Mikrochip *m*.
ˈmi·croˌcir·cuit *s electr.* Mikroschaltung *f*, ˈmikrominiaturiˌsierte Schaltung.
ˈmi·croˌcli·mate *s meteor.* Mikroklima *n*.
ˌmi·croˈcoc·cal [-ˈkɒkəl; *Am.* -ˈkɑ-] *adj* Mikrokokken... **ˌmi·croˈcoc·cus** *s irr* Mikroˈkokkus *m*, ˈKugelbakˌterie *f*.
ˈmi·croˌcop·y *s* Mikrokoˈpie *f*.
ˈmi·cro·cosm *s* Mikroˈkosmos *m*: a) *philos.* (*a.* Mensch *m* als) Welt *f* im kleinen, b) kleine Gemeinschaft, c) kleine Darstellung. **ˌmi·croˈcos·mic** *adj* mikroˈkosmisch: **~ salt** *chem.* mikrokosmisches Salz, Phosphorsalz *n*. **ˌmi·crocosˈmog·ra·phy** *s philos.* Beschreibung *f* des Menschen (*als Welt im kleinen*).
ˈmi·croˌcul·ture *s Bakteriologie*: Mikrokulˈtur *f*.
ˈmi·cro·cyte [-saɪt] *s med.* Mikroˈzyt *m* (*kleines rotes Blutkörperchen*).
ˌmi·cro·deˈtec·tor *s* **1.** *tech.* MikrodeˈtekTor *m*. **2.** *electr.* hochempfindliches Galvanoˈmeter.
ˈmi·croˌearth·quake *s geol. phys.* sehr schwaches Erdbeben (*weniger als 2,5 auf der Richter-Skala*).
ˈmi·croˌe·coˈnom·ic *adj econ.* mikroökoˈnomisch. **ˈmi·croˌe·coˈnom·ics** *s pl* (*meist als sg konstruiert*) Mikroökonoˈmie *f*.
ˈmi·croˌe·lecˈtron·ics *s pl* (*als sg konstruiert*) *phys.* Mikroelekˈtronik *f*.
ˈmi·croˌfar·ad *s electr.* Mikrofaˈrad *n*.
ˈmi·cro·fiche *s* Mikrofiche *m*, Mikrofilmkarte *f*.
ˈmi·cro·film *phot.* **I** *s* Mikrofilm *m*. **II** *v/t* auf Mikrofilm aufnehmen.
ˈmi·cro·gram, *bes. Br.* **ˈmi·cro·gramme** *s phys.* Mikroˈgramm *n* (*ein millionstel Gramm*).
ˈmi·cro·graph *s* **1.** *tech.* (*Art*) Storchschnabel *m* (*Instrument zum Zeichnen*). **2.** mikroˈgraphische Darstellung. **3.** *phys.* Mikroˈgraph *m* (*selbstregistrierendes Meßinstrument für kleinste Bewegungen*).
ˈmi·cro·groove *s tech.* **1.** Mikrorille *f* (*e-r Schallplatte*). **2.** Schallplatte *f* mit Mikrorillen.
ˈmi·cro·inch *s* ein milliˈonstel Zoll.
ˌmi·cro·inˈstruc·tion *s Computer*: ˈMikroinstruktiˌon *f*, -befehl *m*.
ˌmi·cro·linˈguis·tics *s pl* (*meist als sg konstruiert*) *ling.* Mikrolinˈguistik *f*.
ˌmi·croˈlog·i·cal *adj* **1.** mikroˈlogisch. **2.** *fig.* peˈdantisch, kleinlich. **mi·crol·o·gy** [maɪˈkrɒlədʒɪ; *Am.* -ˈkrɑ-] *s* **1.** Mikroloˈgie *f*. **2.** *fig.* Kleinigkeitskrämeˈrei *f*, Haarspalteˈrei *f*.
mi·crom·e·ter[1] [maɪˈkrɒmɪtə(r); *Am.* -ˈkrɑ-] *s* **1.** *opt.* Okuˈlar-Mikroˌmeter *n*. **2.** *a.* **~ caliper** Mikroˈmeter *n*, Feinmeßschraube *f*, Schraublehre *f*.
mi·cro·me·ter[2], *bes. Br.* **mi·cro·me·tre** [ˈmaɪkrəʊˌmiːtə(r)] *s phys.* Mikroˈmeter *n* (*ein millionstel Meter*): **~ adjustment** *tech.* Feinsteinstellung *f*.
mi·crom·e·ter screw *s phys.* **1.** → **micrometer**[1] 2. **2.** (Meß-, Schraub)Spindel *f*, Meßschraube *f* (*e-r Schraublehre*).
mi·cro·me·tre *bes. Br. für* **micrometer**[2].
ˌmi·croˈmet·ric, ˌmi·croˈmet·ri·cal *adj phys.* mikroˈmetrisch.
ˌmi·croˈmi·croˌfar·ad *s electr.* Picofaˈrad *n* (= 10^{-12} *Farad*).
ˌmi·croˈmil·liˌme·ter, *bes. Br.* **ˌmi·croˈmil·liˌme·tre** *s* Mikromilliˈmeter *n* (*ein millionstel Millimeter*).
mi·cron [ˈmaɪkrɒn; *Am.* -ˌkrɑn] *pl* **-crons, -cra** [-krə] *s chem. phys.* Mikron *n* (*ein tausendstel Millimeter*).
ˌmi·cro·orˈgan·ic *adj biol.* mikroorˈganisch. **ˌmi·croˈor·gan·ism** *s* Mikroorgaˈnismus *m*.
mi·cro·phone [ˈmaɪkrəfəʊn] *s electr. phys.* **1.** Mikroˈphon *n*: **at the ~** am Mikrophon; **~ key** Mikrophon-, Sprechtaste *f*. **2.** *teleph.* Sprechkapsel *f*. **3.** *colloq.* Radio *n*: **through the ~** durch den Rundfunk. **ˌmi·croˈphon·ics** [-ˈfɒnɪks; *Am.* -ˈfɑ-] *s pl* **1.** (*als sg konstruiert*) *phys.* Mikrophoˈnie *f* (*Lehre von der Verstärkung schwacher Töne*). **2.** (*als pl konstruiert*) *electr.* Mikroˈphoneffˌfekt *m*, aˈkustische Rückkopplung.
ˌmi·croˈpho·to·graph *s phot.* Mikrofoto(graˈfie *f*) *n*. **ˌmi·cro·phoˈtog·ra·phy** *s* Mikrofotograˈfie *f*.
ˌmi·croˈphys·ics *s pl* (*oft als sg konstruiert*) *phys.* Mikrophyˈsik *f*.
mi·cro·phyte [ˈmaɪkrəʊfaɪt] *s biol. med.* Mikroˈphyt *m*, pflanzliche Miˈkrobe.
ˈmi·cro·print *s* Mikrodruck *m*.
ˌmi·croˈpro·ces·sor *s Computer*: ˈMikroproˌzessor *m*.
mi·cro·scope [ˈmaɪkrəskəʊp] *phys.* **I** *s* Mikroˈskop *n*: **compound ~** Verbundmikroskop; **~ stage** Objektivtisch *m*; **to put s.o. (s.th.) under the ~** *fig.* j-n (etwas) genau unter die Lupe nehmen; → **reflect** 2. **II** *v/t* mikroˈskopisch unterˈsuchen. **ˌmi·croˈscop·ic** [-ˈskɒpɪk; *Am.* -ˈskɑ-] *adj*; **ˌmi·croˈscop·i·cal** *adj* (*adv* **~ly**) **1.** mikroˈskopisch: **~ examination; ~ slide** Objektträger *m*. **2.** *fig.* (peinlich) genau, ins kleinste gehend. **3.** mikroˈskopisch klein, verschwindend klein (*a. fig.*). **miˈcros·co·py** [-ˈkrɒskəpɪ; *Am.* -ˈkrɑ-] *s* Mikroskoˈpie *f*.
ˈmi·croˌsec·ond *s* Mikroseˈkunde *f*.
ˈmi·croˌseism *s geol. phys.* leichtes Erdbeben.
mi·cro·some [ˈmaɪkrəʊsəʊm] *s biol.* Mikroˈsom *n*, feinstes Körnchen.
ˌmi·cro·sporˈan·gi·um *s irr bot.* Mikrospoˈrangium *n*, Pollensack *m*. **ˈmi·cro·spore** *s* Mikroˈspore *f*. **ˌmi·croˈspo·ro·phyll** *s* Mikrosporoˈphyll *n*, männliches Sporoˈphyll.
ˈmi·cro·state *s pol.* Zwergstaat *m*.
ˌmi·croˈsur·ger·y *s med.* Mikrochirurˈgie *f*.
mi·cro·tome [ˈmaɪkrəʊtəʊm] *s phys.* Mikroˈtom *m, n* (*Vorrichtung zum Schneiden sehr dünner mikroskopischer Präparate*). **mi·crot·o·my** [maɪˈkrɒtəmɪ; *Am.* -ˈkrɑ-] *s phys.* Mikrotoˈmie *f*.
ˈmi·cro·tone *s mus.* ˈKlein-Interˌvall *n*.
ˈmi·cro·volt *s electr.* Mikrovolt *n*.
ˈmi·cro·wave *s electr.* Mikro-, Deziˈmeterwelle *f*: **~ engineering** Höchstfrequenztechnik *f*; **~ oven** Mikrowellenherd *m*.
mi·cro·zo·a [ˌmaɪkrəʊˈzəʊə] *s pl zo.* Mikroˈzoen *pl*, mikroˈskopisch kleine Tierchen *pl*, Urtiere *pl*.
mic·tu·rate [ˈmɪktjʊəreɪt; *Am. bes.* -tʃə-] *v/i med.* harnen, uriˈnieren. **ˌmic·tuˈri·tion** [-ˈrɪʃn] *s* **1.** Harndrang *m*. **2.** Harnen *n*, Uriˈnieren *n*.
mid[1] [mɪd] *adj* **1.** *attr od. in Zssgn* mittler (-er, e, es), Mittel...: **in ~air** freischwebend, (mitten) in der Luft, über dem Boden; **in ~April** Mitte April; **in ~ morning** am Vormittag; **in the ~ 16th century** in der Mitte des 16. Jhs.; **in ~ocean** auf offener See. **2.** *ling.* halb(offen) (*Vokal*).
mid[2] [mɪd] *prep meist poet.* inˈmitten von (*od. gen*).
Mi·das [ˈmaɪdæs; -dəs] **I** *npr antiq.* Midas *m*: **he has the ~ touch** *fig.* er macht aus allem Geld. **II** *s* **m~** *zo.* Midasfliege *f*.
ˈmid|·brain *s anat.* Mittelhirn *n*. **ˈ~day I** *s* Mittag *m*: **at ~** mittags. **II** *adj* mittägig, Mittag(s)...: **~ meal** Mittagessen *n*.
mid·den [ˈmɪdn] *s obs. od. dial.* a) Misthaufen *m*, b) Abfallhaufen *m*.
mid·dle [ˈmɪdl] **I** *adj* **1.** (*a. zeitlich u. fig.*) mittler(er, e, es), Mittel...: **~ rail; ~ size; ~ C** *mus.* eingestrichenes C; **~ finger** Mittelfinger *m*; **~ life** mittleres Lebensalter; **~ quality** *econ.* Mittelqualität *f*; **in the ~**

fifties Mitte der Fünfziger(jahre). **2.** *ling.* a) Mittel...: **M~ Latin** Mittellatein *n*, b) mediˈal. **II** *s* **3.** Mitte *f*: **in the ~** in der *od.* die Mitte; **in the ~ of** in der Mitte (*gen*), mitten in (*dat*), inmitten (*gen*); **in the ~ of speaking** mitten im Sprechen; **in the ~ of July** Mitte Juli. **4.** Mittelweg *m.* **5.** mittlerer Teil, Mittelstück *n* (*a. e-s Schlachttieres*). **6.** Mittelsmann *m.* **7.** Mitte *f* (*des Leibes*), Taille *f*, Gürtel *m.* **8.** *ling.* Medium *n* (*griechische Verbform*). **9.** *Logik*: Mittelglied *n* (*e-s Schlusses*). **10.** *bes. Fußball*: Flanke(nball *m*) *f.* **11.** *a.* **~ article** *Br.* Feuilleˈton *n.* **12.** *pl econ.* Mittelsorte *f.* **III** *v/t* **13.** in die Mitte plaˈcieren. **14.** *bes. Fußball*: *den Ball* zur Mitte geben.

mid·dle| age *s* **1.** mittleres Alter. **2. the M~ A~s** *pl* das Mittelalter. **ˌM~-ˈAge** *adj* mittelalterlich. **ˌ~-ˈaged** *adj* mittleren Alters. **M~ A·mer·i·ca** *s* die (konservaˈtive) ameriˈkanische Mittelschicht. **M~ At·lan·tic States** *s pl Am.* (*Sammelname für die Staaten*) New York, New Jersey u. Pennsylˈvania. **ˈ~-ˌbrack·et** *adj* zur mittleren Einkommensstufe gehörend: **a ~ income** ein mittleres Einkommen. **ˈ~·brow I** *adj* von ˈdurchschnittlichen geistigen Interˈessen. **II** *s* geistiger ‚Norˈmalverbraucher'. **ˌ~-ˈclass** *adj* zum Mittelstand gehörig, Mittelstands... **~ class·es** *s pl* Mittelstand *m.* **~ course** *s fig.* Mittelweg *m*: **to take** (*od.* **follow**) **a ~** e-n Mittelweg gehen. **~ deck** *s mar.* Mitteldeck *n.* **~ dis·tance** *s* **1.** *paint. phot.* Mittelgrund *m.* **2.** *sport* Mittelstrecke *f.* **ˌ~-ˈdis·tance** *adj sport* Mittelstrecken...: **~ race**; **~ runner** Mittelstreckler(in), Mittelstreckenläufer(in). **~ ear** *s anat.* Mittelohr *n.* **ˈ~-earth** *s obs.* Erde *f* (*als zwischen Himmel u. Hölle liegend betrachtet*). **M~ East** *s geogr.* **1.** (*der*) Mittlere Osten. **2.** *Br.* (*der*) Nahe Osten. **M~ Em·pire** → **Middle Kingdom** 1. **M~ Eng·lish** *s ling.* Mittelenglisch *n.* **M~ Greek** *s ling.* die griechische Sprache des Mittelalters. **~ ground** *s* **1.** → **middle distance** 1. **2.** *mar.* seichte Stelle. **3.** *fig.* mittlerer *od.* neuˈtraler Standpunkt. **M~ High Ger·man** *s ling.* Mittelhochdeutsch *n.* **ˈ~-ˌin·come** *adj* mit mittlerem Einkommen. **M~ Kingdom** *s* **1.** *antiq.* mittleres Königreich Äˈgypten (*etwa 2400 bis 1580 v. Chr.*). **2.** *hist.* Reich *n* der Mitte (*China*). **ˈ~man** [-mæn] *s irr* **1.** Mittelsmann *m.* **2.** *econ.* a) Makler *m*, Zwischenhändler *m*, b) Aˈgent *m*, Vertreter *m.* **3.** *Br.* Feuilletoˈnist *m.* **ˈ~·most** [-məʊst] *adj* ganz in der Mitte (liegend *etc*). **~ name** *s* **1.** zweiter Vorname. **2.** *fig. colloq.* herˈvorstechende Eigenschaft: **inertia is his ~** er ist die Faulheit in Person. **ˌ~-of-the-ˈroad** *adj bes. pol.* gemäßigt: **~ policy.** **ˌ~-of-the-ˈroad·er** *s bes. pol.* Gemäßigte(r) *m.*

ˈmid·dle|-range *adj* **1.** Mittelstrecken... (*a. mil.*). **2.** Mittelklasse...: **~ car.** **3.** *fig.* mittelfristig (*Pläne etc*). **ˈ~-rate** *adj* mittelmäßig. **~ school** *s ped. Br.* Hauptschule *f.* **ˈ~-sized** *adj* (von) mittlerer Größe. **M~ States** → **Middle Atlantic States.** **~ term** → **middle** 9. **ˈ~·weight** *sport* **I** *s* Mittelgewicht(ler *m*) *n.* **II** *adj* Mittelgewichts... **M~ West** *s Am. u. Canad.* Mittelwesten *m*, (*der*) mittlere Westen.

mid·dling [ˈmɪdlɪŋ] **I** *adj* (*adv* **~ly**) **1.** von mittlerer Größe *od.* Güte *od.* Sorte, mittelmäßig (*a. contp.*), Mittel...: *how are you?* **fair to ~** ‚so lala'; **~ quality** Mittelqualität *f.* **2.** leidlich, ‚mittelmäßig' (*Gesundheit*). **3.** ziemlich groß. **II** *adv colloq.* **4.** leidlich, ziemlich, erträglich: **~ good** leidlich gut; **~ large** mittelgroß. **5.** ziemlich *od.* ganz gut. **III** *s* **6.** *meist pl econ.* Ware *f* mittlerer Güte, Mittelsorte *f.* **7.** *pl* a) Mittelmehl *n*, b) (*mit Kleie etc vermischtes*) Futtermehl. **8.** *pl metall.* ˈZwischenproˌdukt *n.*

mid·dy [ˈmɪdɪ] *s* **1.** *colloq. für* **midshipman.** **2.** → **middy blouse.** **~ blouse** *s* Maˈtrosenbluse *f.*

ˈmidˌen·gined *adj* Mittelmotor...

ˌmidˈfield *s bes. Fußball*: Mittelfeld *n*: **in ~** im Mittelfeld; **~ man, ~ player** Mittelfeldspieler *m.*

midge [mɪdʒ] *s* **1.** *zo.* kleine Mücke. **2.** → **midget** 1.

midg·et [ˈmɪdʒɪt] **I** *s* **1.** Zwerg *m*, Knirps *m.* **2.** Winzling *m* (*Person, a. Sache*). **II** *adj* **3.** Zwerg..., Miniatur..., Kleinst...: **~ car** *mot.* Klein(st)wagen *m*; **~ golf** Minigolf *n*; **~ railway** Liliputbahn *f*; **~ submarine** *mar.* Kleinst-U-Boot *n.*

mid·i [ˈmɪdɪ] **I** *s* **1.** Midimode *f*: **to wear ~** midi tragen. **2.** a) Midimantel *m*, b) Midikleid *n*, c) Midirock *m.* **II** *adj* **3.** Midi...: **~ coat,** *etc* → **midicoat,** *etc.* **ˈ~·coat** *s* Midimantel *m.* **ˈ~·dress** *s* Midikleid *n.*

ˈmidˌi·ron *s Golf*: Midiron *m* (*Eisenschläger Nr. 2*).

ˈmid·i·skirt *s* Midirock *m.*

ˈmid|·land [-lənd] **I** *s* **1.** *meist pl* Mittelland *n.* **2. the M~s** *pl* Mittelengland *n.* **II** *adj* **3.** binnenländisch. **4. M~** *geogr.* mittelenglisch. **ˈ~life cri·sis** *s psych.* Midlife-crisis *f*, Krise *f* in der Lebensmitte. **ˈ~line** *s math.* Mittellinie *f*, Ort *m* der Mittelpunkte, Mediˈane *f.* **ˈ~ˌmash·ie** *s Golf*: Midmashie *m* (*Eisenschläger Nr. 3*). **ˈ~·most I** *adj* **1.** ganz *od.* genau in der Mitte (liegend *etc*). **2.** innerst(er, e, es). **II** *adv* **3.** (ganz) im Innern *od.* in der Mitte.

ˈmid·night I *s* Mitternacht *f*: **at ~** um Mitternacht. **II** *adj* mitternächtig, Mitternachts...: **to burn the ~ oil** bis spät in die Nacht arbeiten *od.* aufbleiben. **~ ap·point·ment** *s pol. Am.* Anstellung *f od.* Ernennung *f* von Beˈamten in der letzten Miˈnute (*vor dem Ablauf der Amtsperiode e-r Regierung*). **~ blue** *s* Mitternachtsblau *n* (*Farbe*). **~ sun** *s* **1.** Mitternachtssonne *f.* **2.** *mar.* Nordersonne *f.*

ˈmid|·noon *s* Mittag *m.* **ˌ~-ˈoff (ˌ~-ˈon)** *s* (*Kricket*) **1.** links (rechts) vom Werfer poˈstierter Spieler. **2.** links (rechts) vom Werfer liegende Seite des Spielfelds. **ˈ~·point** *s* **1.** *math.* Mittelpunkt *m* (*e-r Linie*), Halˈbierungspunkt *m.* **2.** *fig.* Hälfte *f*, Mitte *f*: **to reach ~** die Hälfte hinter sich haben. **ˈ~·rib** *s bot.* Mittelrippe *f* (*e-s Blatts*). **ˈ~·riff** *s* **1.** *anat.* Zwerchfell *n.* **2.** a) Mittelteil *m, n* (*e-s Damenkleidungsstücks*), b) *Am.* zweiteiliges Damenkleidungsstück, das die Taille freiläßt. **3.** Obertaille *f*: **~ bulge** ‚Rettungsring' *m* (*Fettwulst um die Taille*). **4.** Magengrube *f*: **a blow in the ~.** **ˈ~·ship** *mar.* **I** *s* Mitte *f* des Schiffs. **II** *adj* Mitschiffs...: **~ section** Hauptspant *m.* **ˈ~·ship·man** [-mən] *s irr mar.* Midshipman *m*: a) *Br. unterster Rang e-s Seeoffiziers,* b) *Am.* ˈSeeoffiˌziersanwärter *m.* **ˈ~·ships** *adv mar.* mittschiffs.

midst [mɪdst] **I** *s* (*das*) Mittelste, Mitte *f* (*nur mit prep*): **from the ~** aus der Mitte; **in the ~ of** inmitten (*gen*), mitten unter (*dat*); **in their (our) ~** mitten unter ihnen (uns); **from our ~** aus unserer Mitte. **II** *prep obs. od. poet. für* **amidst.**

ˌmidˈstream *s* Strommitte *f.*

ˌmidˌsum·mer I *s* **1.** Mitte *f* des Sommers, Hochsommer *m.* **2.** *astr.* Sommersonnenwende *f* (*21. Juni*): **"A M~ Night's Dream"** „Ein Sommernachtstraum" (*Lustspiel von Shakespeare*). **II** *adj* **3.** hochsommerlich, Hochsommer..., im Hochsommer. **M~ Day** *s* **1.** Joˈhanni(stag *m*) *n* (*24. Juni*). **2.** *e-r der 4 brit. Quartalstage.* **~ mad·ness** *s* Wahnsinn *m*, Verrücktheit *f.*

ˌMid|-Vicˈto·ri·an I *adj* die Mitte der viktoriˈanischen Eˈpoche (*Regierungszeit der Königin Victoria 1837–1901*) betreffend *od.* kennzeichnend: **~ ideas; ~ writers.** **II** *s* (*a. typischer*) *Zeitgenosse der Mitte der viktorianischen Epoche.* **ˈm~·way I** *s* **1.** Mitte *f od.* Hälfte *f* des Weges. **2.** *Am.* Haupt-, Mittelstraße *f* (*auf Ausstellungen etc*). **II** *adj* **3.** mittler(er, e, es). **III** *adv* **4.** *a. fig.* auf halbem Wege (**between** zwischen *dat*). **ˈm~·week I** *s* Mitte *f* der Woche. **II** *adj* (in der) Mitte der Woche stattfindend. **ˌm~ˈweek·ly I** *adj* **1.** → **midweek** II. **2.** in der Mitte jeder Woche stattfindend. **II** *adv* **3.** in der Mitte der *od.* jeder Woche. **ˌ~ˈwest** *Am.* **I** *s* → **Middle West.** **II** *adj* den Mittelwesten betreffend. **ˌ~ˈwest·ern·er** *s Am.* Bewohner(in) des Mittelwestens.

mid·wife [ˈmɪdwaɪf] **I** *s irr* **1.** Hebamme *f*, Geburtshelferin *f* (*a. fig.*). **II** *v/i* **2.** Hebammendienste leisten. **III** *v/t* **3.** entbinden. **4.** *fig.* ins Leben rufen helfen. **mid·wife·ry** [ˈmɪdwɪfərɪ; *Am.* -ˌwaɪf-; ˌmɪdˈwɪf-] *s* **1.** Geburtshilfe *f*, Hebammendienst *m.* **2.** *fig.* Bei-, Mithilfe *f.* **ˈmid·wife toad** *s zo.* Geburtshelferkröte *f.*

ˈmid|·wing mon·o·plane *s aer.* Mitteldecker *m.* **ˌ~ˈwin·ter** *s* **1.** Mitte *f* des Winters. **2.** *astr.* Wintersonnenwende *f.* **ˌ~ˈyear I** *adj* **1.** in der Mitte des Jahres vorkommend, in der Jahresmitte: **~ settlement** *econ.* Halbjahresabrechnung *f.* **II** *s* **2.** Jahresmitte *f.* **3.** *Am. colloq.* a) um die Jahresmitte stattfindende Prüfung, b) *pl* Prüfungszeit *f* (um die Jahresmitte).

mien [miːn] *s poet.* a) Miene *f*, (Gesichts)Ausdruck *m*, b) Gebaren *n*, Haltung *f*, c) Aussehen *n*: **a man of haughty ~** ein Mann mit hochmütigem Auftreten; **noble ~** vornehme Haltung.

miff [mɪf] *colloq.* **I** *s* **1.** ˈMißmut *m*, Verstimmung *f.* **2.** belangloser Streit *m.* **II** *v/t* (*meist passiv*) **3.** ärgern: **to be ~ed** → 4. **III** *v/i* **4.** sich auf den Schlips getreten fühlen, beleidigt sein. **ˈmiff·y** *adj colloq.* **1.** leicht beleidigt, miˈmosenhaft. **2.** empfindlich (*Pflanze*).

might¹ [maɪt] *s* **1.** Macht *f*, Gewalt *f*: **~ is (above) right** Gewalt geht vor Recht. **2.** Stärke *f*, Kraft *f*: **with ~ and main, with all one's ~** aus Leibeskräften, mit aller Kraft *od.* Gewalt.

might² [maɪt] *pret von* **may¹**.

ˈmight-have-ˌbeen *s colloq.* a) etwas, was hätte sein können, b) j-d, der es zu etwas hätte bringen können: **oh, for the glorious ~!** es wär' so schön gewesen!

might·i·ly [ˈmaɪtɪlɪ] *adv* **1.** mit Macht, mit Gewalt, heftig, kräftig. **2.** *colloq.* riesig, gewaltig, mächtig, äußerst, sehr. **ˈmight·i·ness** *s* **1.** Macht *f*, Gewalt *f*, Größe *f.* **2. M~** *hist.* (*als Titel*) Hoheit *f*: **your high ~** *iro.* großmächtiger Herr!, Euer Gnaden!

might·y [ˈmaɪtɪ] **I** *adj* (*adv* → **mightily** *u.* II) **1.** mächtig, kräftig, gewaltig, groß, stark: → **high and mighty.** **2.** *fig.* mächtig, gewaltig, riesig, fabelhaft. **II** *adv* **3.** (*vor adj u. adv*) *colloq.* mächtig, eˈnorm, kolosˈsal, riesig, ungeheuer, ˈüberaus: **~ easy** kinderleicht; **~ fine** ‚prima', wunderbar.

mi·gnon·ette [ˌmɪnjəˈnet] *s* **1.** *bot.* Reˈseda *f.* **2.** *a.* **~ green** Reˈsedagrün *n.* **~ lace** *s* Mignoˈnette *f* (*e-e zarte, schmale Zwirnspitze*).

mi·graine [ˈmiːgreɪn; *bes. Am.* ˈmaɪ-] *s med.* Miˈgräne *f*: **ocular ~** Augenmigräne. **ˈmi·grain·ous** *adj* Migräne...

mi·grant [ˈmaɪgrənt] **I** *adj* **1.** Wander..., Zug...: **~ birds** Zugvögel; **~ worker**

econ. Wanderarbeiter *m.* **II** *s* **2.** Wanderer *m*, ˈUmsiedler *m.* **3.** *zo.* a) Zugvogel *m*, b) Wandertier *n.*

mi·grate [maɪˈgreɪt; *Am. bes.* ˈmaɪˌg-] *v/i* **1.** (ab-, aus)wandern, (*a. orn.* fort)ziehen: **to ~ from the country to the town** vom Land in die Stadt übersiedeln. **2.** (*aus e-r Gegend in e-e andere*) wandern. **3.** *univ. Br. in ein anderes College* ˈumziehen.

mi·gra·tion [maɪˈgreɪʃn] *s* **1.** Wanderung *f* (*a. chem. u. zo.*): **~ of (the) peoples** Völkerwanderung; **intramolecular ~** intra- *od.* innermolekulare Wanderung; **~ of ions** Ionenwanderung (*Elektrolyse*). **2.** *a. zo.* Abwandern *n*, Fortziehen *n.* **3.** Zug *m* (*von Menschen od. Wandertieren*). **4.** *orn.* Wanderzeit *f.* **5.** *geol.* naˈtürliche Wanderung von Erdölmassen. **miˈgra·tion·al** *adj* Wander..., Zug...

mi·gra·to·ry [ˈmaɪgrətərɪ; *Am.* -ˌtəʊriː; -ˌtɔː-] *adj* **1.** (aus)wandernd. **2.** *zo.* Zug..., Wander...: **~ animal** Wandertier *n*; **~ bird** Zugvogel *m*; **~ fish** Wanderfisch *m*; **~ instinct** Wandertrieb *m.* **3.** umˈherziehend, noˈmadisch: **~ life** Wanderleben *n*; **~ worker** Wanderarbeiter *m.*

mi·ka·do [mɪˈkɑːdəʊ] *pl* **-dos** *s* Miˈkado *m* (*ehemalige Bezeichnung des Kaisers von Japan*).

Mike[1] [maɪk] → **Mick.**

mike[2] [maɪk] *Br. sl.* **I** *v/i* herˈumlungern. **II** *s*: **to do** (*od.* **have**) **a ~** → I.

mike[3] [maɪk] *s colloq.* ‚Mikro' *n* (*Mikrophon*).

mi·kron → **micron.**

mil [mɪl] *s* **1.** Tausend *n*: **per ~** per Mille. **2.** *tech.* 1/1000 Zoll (*Drahtdurchmesser*). **3.** *mil.* (Teil)Strich *m.*

mil·age → **mileage.**

Mil·a·nese [ˌmɪləˈniːz] **I** *adj* mailändisch, Mailänder. **II** *s sg u. pl* Mailänder(in), Mailänder(innen) *pl.*

milch [mɪltʃ; *Am. a.* mɪlk] *adj* milchgebend, Milch...: **~ cow** a) Milchkuh *f*, b) *fig. colloq.* melkende Kuh, Melkkuh *f* (*einträgliche Geldquelle*). **ˈmilch·er** *s* Milchkuh *f*, -schaf *n*, -ziege *f.*

mild [maɪld] *adj* (*adv* **~ly**) **1.** mild, gelind(e), sanft, leicht, schwach: **~ air** milde Luft; **~ attempt** schüchterner Versuch; **~ climate** mildes Klima; **~ light** sanftes Licht; **~ sarcasm** milder Spott; **~ surprise** gelinde Überraschung; **to put it mild(ly)** a) sich gelinde ausdrücken, b) (*Redew.*) gelinde gesagt; **that's putting it ~ly** das ist gar kein Ausdruck!; → **draw** 37. **2.** mild, sanft, nachsichtig, freundlich: **a ~ disposition**; **a ~ man.** **3.** mild, glimpflich: **~ punishment.** **4.** mild, leicht: **~ drug**; **~ cigar**; **~ wine**; **~ steel** *tech.* Flußstahl *m.*

mil·dew [ˈmɪldjuː; *Am. a.* -ˌduː] **I** *s* **1.** *bot.* Me(h)ltau(pilz) *m*, Brand *m* (*am Getreide*). **2.** Schimmel *m*, Moder *m*: **a spot of ~** ein Moder- *od.* Stockfleck *m* (*in Papier etc*). **II** *v/t* **3.** mit Me(h)ltau *od.* Stock- *od.* Schimmel- *od.* Moderflecken überˈziehen: **to be ~ed** verschimmelt sein (*a. fig.*). **III** *v/i* **4.** brandig *od.* (*a. fig.*) schimm(e)lig *od.* mod(e)rig *od.* stockig werden. **ˈmil·dewed, ˈmil·dew·y** *adj* **1.** brandig, mod(e)rig, schimm(e)lig. **2.** *bot.* von Me(h)ltau befallen, me(h)ltauartig.

mild·ness [ˈmaɪldnɪs] *s* **1.** Milde *f*, Sanftheit *f.* **2.** Sanftmut *f*, Nachsicht *f.*

mile [maɪl] *s* **1.** Meile *f* (*zu Land = 1,609 km*): **Admiralty ~** *Br.* englische Seemeile (*= 1,853 km*); **air ~** Luftmeile (*= 1,852 km*); **geographical ~, nautical ~, sea ~** Seemeile (*= 1,852 km*); → **statute mile**; **~ after ~ of fields, ~s and ~s of fields** meilenweite Felder; **~s apart** meilenweit auseinander, *fig.* himmelweit (voneinander) entfernt; **not to come within a ~ of** *fig.* nicht annähernd herankommen an (*acc*); **there's no one within ~s** (*od.* **a ~**) **of him as a tennis player** *fig.* im Tennis kann ihm niemand (auch nur annähernd) das Wasser reichen; **to make short ~s** *mar.* schnell segeln; **to miss s.th. by a ~** *fig.* etwas (meilen)weit verfehlen; **to run a ~ from s.o.** *fig. colloq.* um j-n e-n großen Bogen machen; **to talk a ~ a minute** *colloq.* reden wie ein Maschinengewehr; **that stands** (*od.* **sticks**) **out a ~** *colloq.* das sieht ja ein Blinder; **she's feeling ~s better today** *colloq.* sie fühlt sich heute wesentlich besser. **2.** *sport* Meilenrennen *n.*

mile·age [ˈmaɪlɪdʒ] *s* **1.** Meilenlänge *f*, -zahl *f.* **2.** zuˈrückgelegte Meilenzahl *od.* Fahrtstrecke, Meilenstand *m*: **a used car with a low ~** ein Gebrauchtwagen mit geringem Meilenstand; **~ indicator, ~ recorder** *mot.* Meilenzähler *m.* **3.** *a.* **~ allowance** Meilengeld *n.* **4.** Fahrpreis *m* per Meile. **5.** *a.* **~ book** *rail. Am.* Fahrscheinheft *n*: **~ ticket** Fahrkarte *f* e-s Fahrscheinhefts. **6.** *colloq.* Nutzen *m*, Gewinn *m*: **to get a ~ out of s.th.** etwas weidlich ausschlachten; **there's no ~ in it** das bringt nichts ein, da schaut nichts dabei raus.

mile·om·e·ter [maɪˈlɒmɪtə(r); *Am.* -ˈlɑ-] *s mot.* Meilenzähler *m.*

mil·er [ˈmaɪlə(r)] *s sport colloq.* **1.** Meiler *m* (*Pferd*). **2.** Meilenläufer *m.*

Mi·le·si·an[1] [maɪˈliːzjən; mɪ-; *Am.* -ʒən; -ʃən] **I** *adj* Miˈlet betreffend, aus Milet. **II** *s* Einwohner(in) von Miˈlet.

Mi·le·si·an[2] [maɪˈliːzjən; mɪ-; *Am.* -ʒən; -ʃən] **I** *adj* irisch. **II** *s* Irländer(in) (*als Abkömmling des sagenhaften Königs Milesius*).

ˈmile·stone *s* **1.** Meilenstein *m.* **2.** *fig.* Meilen-, Markstein *m.*

mil·foil [ˈmɪlfɔɪl] *s bot.* Schafgarbe *f.*

mil·i·ar·i·a [ˌmɪlɪˈeərɪə] *s med.* Miliˈaria *pl*, Frieselfieber *n.*

mil·i·ar·y [ˈmɪljərɪ; *Am.* ˈmɪlɪˌeriː] *adj med.* miliˈar, hirsekornartig: **~ fever** → **miliaria**; **~ gland** Hirsedrüse *f.*

mi·lieu [ˈmiːljɜː; *Am.* miːlˈjɜ; -ˈjuː] *s* Miliˈeu *n*, Umˈgebung *f.*

mil·i·tan·cy [ˈmɪlɪtənsɪ] *s* **1.** Kriegszustand *m*, Kampf *m.* **2.** Angriffs-, Kampfgeist *m.*

mil·i·tant [ˈmɪlɪtənt] **I** *adj* (*adv* **~ly**) miliˈtant: a) streitend, kämpfend, b) streitbar, kriegerisch, kämpferisch. **II** *s* Kämpfer *m*, Streiter *m.* **ˈmil·i·tant·ness** → **militancy.** **ˈmil·i·ta·rist** [-tərɪst] *s* **1.** *pol.* Militaˈrist *m.* **2.** Fachmann *m* in miliˈtärischen Angelegenheiten. **ˌmil·i·taˈris·tic** *adj* militaˈristisch. **ˌmil·i·ta·riˈza·tion** *s* Militariˈsierung *f.* **ˈmil·i·ta·rize** *v/t* militariˈsieren.

mil·i·tar·y [ˈmɪlɪtərɪ; *Am.* -ˌteriː] **I** *adj* **1.** miliˈtärisch, Militär...: **to be of ~ age** in wehrpflichtigem Alter sein; **to be of an old ~ family** aus e-r alten Soldatenfamilie stammen. **2.** Heeres..., Kriegs... **II** *s* (*als pl konstruiert*) **3.** Miliˈtär *n*, Solˈdaten *pl*, Truppen *pl.* **~ a·cad·e·my** *s* **1.** Miliˈtärakadeˌmie *f.* **2.** *Am.* (*zivile*) Schule mit miliˈtärischer Disziˈplin u. Ausbildung. **~ ad·vis·er** *s* Miliˈtärberater *m.* **~ at·ta·ché** *s* Miliˈtärattaˌché *m.* **~ code** *s jur. mil.* Miliˈtärstrafgesetz(buch) *n.* **~ col·lege** *s Am.* Miliˈtärcollege *n.* **M~ Cross** *s mil.* Miliˈtärverdienstkreuz *n* (*England u. Belgien*). **~ dic·ta·tor·ship** *s* Miliˈtärdiktaˌtur *f.* **~ fe·ver** *s med.* (ˈUnterleibs)Typhus *m.* **~ gov·ern·ment** *s* Miliˈtärreˌgierung *f.* **~ heel** *s* Blockabsatz *m* (*an Damenschuhen*). **~ hon·o(u)rs** *s pl* miliˈtärische Ehren *pl.* **~ hos·pi·tal** *s* Lazaˈrett *n.* **~ in·tel·li·gence** *s mil.* **1.** ausgewertete Feindnachrichten *pl.* **2.** a) (*Am.* Heeres)Nachrichtendienst *m*, b) Abwehr (-dienst *m*) *f.* **~ jun·ta** *s* Miliˈtärjunta *f.* **~ man** *s irr* Solˈdat *m*, Miliˈtär *m.* **~ map** *s mil.* Geneˈralstabskarte *f.* **~ po·lice** *s mil.* Miliˈtärpoliˌzei *f.* **~ po·lice·man** *s irr* Miliˈtärpoliˌzist *m.* **~ pro·fes·sion** *s* Solˈdatenstand *m.* **~ prop·er·ty** *s mil.* Heeresgut *n.* **~ school** → **military academy** 2. **~ sci·ence** *s* Miliˈtär-, Wehrwissenschaft *f.* **~ ser·vice** *s* Miliˈtär-, Wehrdienst *m*: **to do one's ~** s-n Wehrdienst ableisten. **~ ser·vice book** *s mil.* Wehrpaß *m.* **~ stores** *s pl* Miliˈtärbedarf *m*, ˈKriegsmateriˌal *n* (*Munition, Proviant etc*). **~ tes·ta·ment** *s jur. mil.* ˈNottestaˌment *n* (von Miliˈtärperˌsonen) (*im Krieg*). **~ ve·hi·cle** *s* Miliˈtärfahrzeug *n.*

mil·i·tate [ˈmɪlɪteɪt] *v/i fig.* (**against**) sprechen (gegen), widerˈstreiten (*dat*), entgegenwirken (*dat*): **to ~ in favo(u)r of** (*od.* **for**) **s.th.** (**s.o.**) für etwas (j-n) sprechen *od.* eintreten; **the facts ~ against this opinion** die Tatsachen sprechen gegen diese Ansicht.

mi·li·tia [mɪˈlɪʃə] *s mil.* Miˈliz *f*, Bürgerwehr *f.* **miˈli·tia·man** [-mən] *s irr mil.* Miˈlizsolˌdat *m.*

mil·i·um [ˈmɪlɪəm] *s med.* Milium *n*, Hautgrieß *m.*

milk [mɪlk] **I** *s* **1.** Milch *f*: **cow in ~** frischmilchende Kuh; **~ for babes** *fig. colloq.* ‚simple Kost' (*für geistig Unbedarfte*); **land of ~ and honey** *fig.* Schlaraffenland *n*; **~ of human kindness** Milch der frommen Denkungsart; **it is no use crying over spilt ~** geschehen ist geschehen; **to come home with the ~** *Br. humor.* ‚sehr früh' nach Hause kommen; → **coconut** 1. **2.** *bot.* (Pflanzen-) Milch *f*, Milchsaft *m.* **3.** Milch *f*, milchartige Flüssigkeit (*a. chem.*): **~ of magnesia** *pharm.* Magnesiummilch; **~ of sulfur** (*bes. Br.* **sulphur**) Schwefelmilch. **4.** *zo.* Austernlaich *m.* **5.** *min.* Wolken *pl* (*in Diamanten*). **II** *v/t* **6.** melken: **to ~ a cow**; **to ~ the pigeon** *colloq.* das Unmögliche versuchen. **7.** *fig.* a) *Nachrichten etc* ‚(herˈaus)holen' (**from** aus), b) *j-n* ‚melken', ‚ausnehmen', c) das letzte herˈausholen aus: **to ~ an enterprise**; **to ~ a joke** einen Witz ‚totreiten'. **8.** *e-e Leitung etc* ‚anzapfen' (*um mitzuhören*). **III** *v/i* **9.** melken. **10.** Milch geben.

milk| and wa·ter *s fig.* saft- u. kraftloses *od.* seichtes Zeug. **ˌ~-and-ˈwa·ter** *adj* saft- u. kraftlos (*Stil etc*), seicht (*Literatur etc*). **~ bar** *s* Milchbar *f.* **~ choc·o·late** *s* ˈVollmilchschokoˌlade *f.* **~ churn** *s Br.* Milchkanne *f.* **~ crust** *s med.* Milchschorf *m.* **~ duct** *s anat.* Milchdrüsengang *m*, ˈMilchkaˌnälchen *n.*

milk·er [ˈmɪlkə(r)] *s* **1.** Melker(in). **2.** *tech.* ˈMelkmaˌschine *f.* **3.** Milchkuh *f*, -schaf *n*, -ziege *f.*

milk| fe·ver *s med. vet.* Milchfieber *n.* **~ float** *s Br.* Milchwagen *m.* **~ glass** *s* Milchglas *n.*

milk·i·ness [ˈmɪlkɪnɪs] *s* **1.** Milchigkeit *f.* **2.** *fig.* Sanft-, Weichheit *f.* **3.** *fig.* Ängstlichkeit *f.*

milk·ing [ˈmɪlkɪŋ] *s* **1.** Melken *n*: **~ machine** *tech.* Melkmaschine *f*; **~ parlor** *Am.* Melkraum *m*, -haus *n*; **~ stool** Melkschemel *m.* **2.** gewonnene Milch.

milk| lake *s econ.* Milchsee *m.* **~ leg** *s* **1.** *med.* Venenentzündung *f* (im Wochenbett). **2.** *vet.* Fußgeschwulst *f* (*bei Pferden*). **ˈ~-ˌliv·ered** *adj fig.* feige, furchtsam. **ˈ~maid** *s* Melkerin *f.* **ˈ~man** [-mən] *s irr* **1.** Milchmann *m.* **2.** Melker *m.* **~ pars·ley** *s bot.* Wilder Eppich. **~ plas·ma** *s biol. chem.* Milchplasma *n.* **~ pow·der** *s* Milchpulver *n*, Trockenmilch *f.* **~**

run *s aer. colloq.* ‚gemütliche Sache', Rouˈtineeinsatz *m*, gefahrloser Einsatz. **~ shake** *s* Milchshake *m* (*Mixgetränk*). **ˈ~shed** *s* Milch-Einzugsgebiet *n* (*e-r Stadt*). **~ sick·ness** *s med. vet.* Milchkrankheit *f*. **ˈ~sop** *s fig.* Weichling *m*, Muttersöhnchen *n*, ‚Schlappschwanz' *m*. **~ sug·ar** *s chem.* Milchzucker *m*, Lakˈtose *f*. **~this·tle** *s bot.* **1.** Maˈriendistel *f*. **2.** Gänsedistel *f*. **~tooth** *s irr* Milchzahn *m*. **ˈ~weed** *s bot.* **1.** Schwalbenwurzgewächs *n*, *bes.* Seidenpflanze *f*. **2.** Wolfsmilch *f*. **3.** Gänsedistel *f*. **4.** → **milk parsley**. **ˈ~-white** *adj* milchweiß: **~ crystal** *min.* Milchquarz *m*.

milk·y [ˈmɪlkɪ] *adj* **1.** milchig: a) milchartig, Milch..., b) milchweiß, c) *min.* wolkig: **a ~ gem. 2.** molkig. **3.** milchreich. **4.** *zo. Am.* voll Milch *od.* Laich: **~ oysters. 5.** *fig.* mild, weich(lich), sanft. **6.** *fig.* ängstlich. **M~ Way** *s astr.* Milchstraße *f*.

mill¹ [mɪl] **I** *s* **1.** *tech.* (Mehl-, Mahl-) Mühle *f*: **the ~s of God grind slowly** Gottes Mühlen mahlen langsam; → **grist¹** 1. **2.** (*Kaffee-, Öl-, Säge- etc*) Mühle *f*, Zerkleinerungsvorrichtung *f*: **to go through the ~** *fig.* e-e harte Schule durchmachen; **to put s.o. through the ~** a) j-n in e-e harte Schule schicken, b) j-n hart rannehmen; **to have been through the ~** viel durchgemacht haben. **3.** *tech.* Hütten-, Hammer-, Walzwerk *n*. **4.** *a.* **spinning ~** *tech.* Spinneˈrei *f*. **5.** *tech.* a) *Münzherstellung*: Spindel-, Prägwerk *n*, b) *Glasherstellung*: Reib-, Schleifkasten *m*. **6.** *print.* Druckwalze *f*. **7.** Faˈbrik *f*, Werk *n*. **8.** *colloq. contp.* ‚Faˈbrik' *f*: **diploma ~. 9.** *colloq.* Prügeˈlei *f*. **II** *v/t* **10.** *Korn etc* mahlen. **11.** *tech. allg.* ver-, bearbeiten, *z. B.* a) *Holz, Metall* fräsen, b) *Papier, Metall* walzen, c) *Münzen* rändeln, d) *Tuch, Leder etc* walken, e) *Seide* mouliˈnieren, fiˈlieren, zwirnen, f) *Schokolade* quirlen, schlagen: **~ed lead** Walzblei *n*. **12.** *obs. colloq.* ‚ˈdurchwalken', (ˈdurch)prügeln. **III** *v/i* **13.** *obs. colloq.* raufen, sich prügeln. **14.** *a.* **~ about, ~ around** herˈumlaufen, ziellos herˈumirren: **~ing crowd** wogende Menge, (Menschen)Gewühl *n*. **15.** *tech.* gefräst *od.* gewalzt werden, sich fräsen *od.* walzen lassen.

mill² [mɪl] *s Am.* Tausendstel *n* (*bes. 1/1000 Dollar*).

mill| bar *s tech.* Plaˈtine *f*. **ˈ~board** *s tech.* starke Pappe, Pappdeckel *m*. **~ cake** *s* Ölkuchen *m*. **ˈ~course** *s tech.* **1.** Mühlengerinne *n*. **2.** Mahlgang *m*. **ˈ~dam** *s* Mühlwehr *n*.

mil·le·nar·i·an [ˌmɪlɪˈneərɪən] **I** *adj* **1.** tausendjährig. **2.** *relig.* das Tausendjährige Reich (Christi) betreffend. **II** *s* **3.** *relig.* Chiliˈast *m*. **ˌmil·leˈnar·i·an·ism** *s relig.* Chiliˈasmus *m* (*Glaube an das Tausendjährige Reich Christi auf Erden*).

mil·le·nar·y [mɪˈlenərɪ; *Am. a.* ˈmɪləˌneriː] **I** *adj* aus tausend (Jahren) bestehend, von tausend Jahren. **II** *s* → **millennium** 1 *u.* 2.

mil·len·ni·al [mɪˈlenɪəl] *adj* **1.** → **millenarian** 1 *u.* 2. **2.** e-e Jahrˈtausendfeier betreffend. **milˈlen·ni·um** [-əm] *pl* **-ni·ums** *od.* **-ni·a** [-ə] *s* **1.** Jahrˈtausend *n*. **2.** Jahrˈtausendfeier *f*, Tausendˈjahrfeier *f*. **3.** *relig.* Tausendjähriges Reich Christi. **4.** *fig.* (zukünftiges) Zeitalter des Glücks u. Friedens, Paraˈdies *n* auf Erden.

mil·le·pede [ˈmɪlɪpiːd], **ˈmil·le·ped** [-ped] *s zo.* Tausendfüß(l)er *m*.

mill·er [ˈmɪlə(r)] *s* **1.** Müller *m*: **to drown the ~** den Teig *od.* Wein *etc* verwässern *od.* ‚pan(t)schen'. **2.** *tech.* a) → **milling machine**, b) → **milling cutter. 3.** *zo.* Müller *m* (*Motte*).

mil·ler·ite [ˈmɪləraɪt] *s min.* Milleˈrit *m*.

mil·les·i·mal [mɪˈlesɪml] **I** *adj* (*adv* **~ly**) **1.** tausendst(er, e, es). **2.** aus Tausendsteln bestehend. **II** *s* **3.** Tausendstel *n*.

mil·let [ˈmɪlɪt] *s bot.* (*bes.* Rispen)Hirse *f*. **~ grass** *s bot.* Flattergras *n*.

milli- [mɪlɪ] *Wortelement mit der Bedeutung* Tausendstel.

ˌmil·liˈam·me·ter *s electr.* ˈMilliamˌpereˌmeter *n*. **ˌmil·liˈam·pere** *s electr.* ˈMilliamˌpere *n*.

mil·li·ard [ˈmɪljɑːd] *s Br.* Milliˈarde *f*.

mil·li·ar·y [ˈmɪljərɪ; *Am.* -lɪˌeriː] *s a.* **~ column** (*römischer*) Meilenstein.

ˈmil·li·bar *s meteor.* Milliˈbar *n*. **ˈmil·liˌcu·rie** *s phys.* Millicuˈrie *n*.

ˈmil·li·gram, *bes. Br.* **ˈmil·li·gramme** *s* Milliˈgramm *n*. **ˈmil·liˌli·ter,** *bes. Br.* **ˈmil·liˌli·tre** *s* Milliˈliter *m, n*. **ˈmil·liˌme·ter,** *bes. Br.* **ˈmil·liˌme·tre** *s* Milliˈmeter *m, n*. **ˈmil·liˌmi·cron** *s* Milliˈmikron *n*.

mil·li·ner [ˈmɪlɪnə(r)] *s* Hut-, Putzmacherin *f*, Moˈdistin *f*: **man ~** a) Putzmacher *m*, b) *fig.* Kleinigkeitskrämer *m*. **ˈmil·li·ner·y** [-nərɪ; *Am.* -əˌneriː] *s* **1.** Putz-, Modewaren *pl*. **2.** ˈHutsaˌlon *m*.

mill·ing [ˈmɪlɪŋ] *s* **1.** Mahlen *n*, Mülleˈrei *f*. **2.** *tech.* a) Walken *n*, b) Rändeln *n*, c) Fräsen *n*, d) Walzen *n*. **3.** *colloq.* Tracht *f* Prügel. **~ cut·ter** *s tech.* Fräser *m*, Fräswerkzeug *n*. **~ i·ron** *s tech.* Rändeleisen *n*. **~ ma·chine** *s tech.* **1.** ˈFräsmaˌschine *f*. **2.** Rändelwerk *n*. **~ plant** *s chem.* Piˈlieranlage *f* (*für Seifenerzeugung*). **~ tool** *s tech.* **1.** Fräswerkzeug *n*. **2.** Rändeleisen *n*.

mil·lion [ˈmɪljən] *s* **1.** Milliˈon *f*: **a ~ times** millionenmal; **two ~ men** 2 Millionen Mann; **by the ~** nach Millionen; **~s of people** *fig.* e-e Unmasse Menschen; **to feel like a ~ dollars** *Am. colloq.* sich ganz prächtig fühlen. **2. the ~** die große Masse, das Volk. **ˌmil·lion·ˈaire** [-ˈneə(r)] *s* Millioˈnär *m*. **ˌmil·lionˈair·ess** *s* Millioˈnärin *f*. **ˈmil·lion·ar·y** [-nərɪ; *Am.* -ˌneriː] **I** *adj* milliˈonenschwer (*Industrieller etc*). **II** *s* → **millionaire. ˈmil·lion·fold** [-fəʊld] *adj u. adv* milliˈonenfach. **mil·lion·naire** *bes. Am. für* **millionaire. ˈmil·lionth** [-jənθ] **I** *adj* milliˈonst(er, e, es). **II** *s* Milliˈonstel *n*.

mil·li·pede [ˈmɪlɪpiːd] → **millepede**.

ˈmil·liˌsec·ond *s* ˈMilliseˌkunde *f*. **ˈmil·li·stere** [-stɪə(r)] *s* Milliˈster *n* (*1/1000 Ster od. 1 Kubikdezimeter = 61.023* **cubic inches**). **ˈmil·li·volt** *s electr. phys.* Millivolt *n*. **ˈmil·li·voltˌme·ter** *s* Millivoltmeter *n*.

ˈmill|ˌown·er *s* **1.** Mühlenbesitzer *m*. **2.** Spinneˈrei-, Faˈbrikbesitzer *m*. **ˈ~pond** *s* Mühlteich *m*: **(as) smooth as a ~** spiegelglatt (*Meer etc*). **ˈ~race** *s tech.* Mühlgerinne *n*. **~ ream** *s tech.* Ries *n* Paˈpier (*von 480 Bogen, von denen die zwei äußeren Bogen schadhaft sind*).

Mills bomb [mɪlz], **Mills gre·nade** *s mil.* ˈEierhandgraˌnate *f*.

ˈmill·stone *s* Mühlstein *m*: **to see through a ~** *fig.* das Gras wachsen hören; **to be between the upper and nether ~** *fig.* zwischen die Mühlsteine geraten sein, zerrieben werden; **to be a ~ round s.o.'s neck** *fig.* a) j-m ein Klotz am Bein sein (*Person*), b) j-m am Bein hängen (*Hypothek etc*). **M~ Grit** *s geol.* Kohlensandstein *m*.

ˈmill·wheel *s* Mühlrad *n*.

mi·lom·e·ter → **mileometer**.

milque·toast [ˈmɪlkˌtəʊst] *s Am.* unterˈwürfiger *od.* duckmäuserischer Mensch.

mil·reis [ˈmɪlreɪs; *Am.* mɪlˈreɪs] *s hist.* Milˈreis *n*: a) *brasilianische Silbermünze zu 1000 Reis; bis 1942*, b) *portugiesische Rechnungsmünze von 1000 Reis; bis 1911*.

milt¹ [mɪlt] *s anat.* Milz *f*.

milt² [mɪlt] *ichth.* **I** *s* Milch *f* (*der männlichen Fische*). **II** *v/t den Rogen* mit Milch befruchten.

milt·er [ˈmɪltə(r)] *s ichth.* Milch(n)er *m* (*männlicher Fisch zur Laichzeit*).

Mil·to·ni·an [mɪlˈtəʊnɪən], **Milˈton·ic** [-ˈtɒnɪk; *Am.* -ˈtɑ-] *adj* milˈtonisch, im Stil Miltons, den englischen Dichter John Milton (*1608–74*) betreffend.

mime [maɪm] **I** *s* **1.** *antiq.* Mimus *m*, Posse(nspiel *n*) *f*. **2.** Mime *m*, Possenspieler *m*. **3.** Possenreißer *m*. **II** *v/t* **4.** mimisch darstellen. **5.** mimen, nachahmen. **III** *v/i* **6.** als Mime auftreten.

mim·e·o·graph [ˈmɪmɪəgrɑːf; *Am.* -ˌgræf] **I** *s* Mimeoˈgraph *m* (*Vervielfältigungsapparat*). **II** *v/t* vervielfältigen. **ˌmim·e·oˈgraph·ic** [-ˈgræfɪk] *adj* (*adv* **~ally**) mimeoˈgraphisch, vervielfältigt.

mi·me·sis [mɪˈmiːsɪs; maɪ-] *s* **1.** *antiq. Rhetorik*: Mimesis *f*, Nachahmung *f*. **2.** a) → **mimicry** 3, b) *bot.* Nachahmung *f*.

mi·met·ic [mɪˈmetɪk; maɪ-] *adj* (*adv* **~ally**) **1.** nachahmend: a) miˈmetisch, b) *contp.* nachäffend, Schein..., c) *ling.* lautmalend. **2.** *biol.* fremde Formen nachbildend.

mim·ic [ˈmɪmɪk] **I** *adj* **1.** mimisch, (durch Gebärden) nachahmend. **2.** Schauspiel...: **~ art** Schauspielkunst *f*. **3.** nachgeahmt, Schein...: **~ warfare** Kriegsspiel *n*. **II** *s* **4.** Nachahmer *m*, Imiˈtator *m*. **5.** *obs.* Mime *m*, Schauspieler *m*. **III** *v/t pret u. pp* **ˈmim·icked,** *pres p* **ˈmim·ick·ing 6.** nachahmen, -äffen. **7.** *bot. zo. fremde Formen od. Farben etc* nachahmen. **ˈmim·ick·er** *s* Nachahmer *m*, -äffer *m*.

mim·ic·ry [ˈmɪmɪkrɪ] *s* **1.** (possenhaftes) Nachahmen (*bes. Gebärden*), Nachäffung *f*, Schauspielern *n*. **2.** Nachahmung *f*, -bildung *f* (*Kunstgegenstand etc*). **3.** *zo.* Mimikry *f*, Schutztracht *f*, Angleichung *f*.

mim·i·ny-pim·i·ny [ˌmɪmɪnɪˈpɪmɪnɪ] *adj* affekˈtiert, geziert, etepeˈtete.

mi·mo·sa [mɪˈməʊzə; -sə; *Am. a.* maɪ-] *s bot.* **1.** Miˈmose *f*. **2.** Echte Aˈkazie.

min·a·ret [ˈmɪnəret; ˌmɪnəˈret] *s arch.* Minaˈrett *n*.

min·a·to·ry [ˈmɪnətərɪ; ˈmaɪn-; *Am.* -ˌtəʊriː; -ˌtɔː-] *adj* drohend.

mince [mɪns] **I** *v/t* **1.** zerhacken, in kleine Stücke (zer)schneiden, zerstückeln: **to ~ meat** Fleisch hacken *od.* durchdrehen, Hackfleisch machen. **2.** *fig.* mildern, beschönigen: **to ~ one's words** geziert *od.* affektiert sprechen; **not to ~ matters** (*od.* **one's words**) kein Blatt vor den Mund nehmen. **3.** geziert tun: **to ~ one's steps** → 5 b. **II** *v/i* **4.** Fleisch, Gemüse *etc* (klein)schneiden, Hackfleisch machen. **5.** a) sich geziert benehmen, b) geziert gehen, trippeln. **III** *s* **6.** *bes. Br. für* **mincemeat** 1. **ˈ~meat** *s* **1.** Hackfleisch *n*, Gehacktes *n*: **to make ~ of** *fig.* a) ‚aus *j-m* Hackfleisch machen', b) *ein Argument, Buch etc* ‚(in der Luft) zerreißen'. **2.** Paˈstetenfüllung *f* (*aus Korinthen, Äpfeln, Rosinen, Zucker, Hammelfett, Rum etc mit od. ohne Fleisch*). **~ pie** *s mit* **mincemeat** *gefüllte Pastete*.

minc·er [ˈmɪnsə(r)] → **mincing machine**.

minc·ing [ˈmɪnsɪŋ] *adj* (*adv* **~ly**) **1.** zerkleinernd, Hack... **2.** geziert, affekˈtiert. **~ ma·chine** *s* ˈHackmaˌschine *f*, Fleischwolf *m*.

mind [maɪnd] **I** *s* **1.** Sinn *m*, Gemüt *n*, Herz *n*: **to have s.th. on one's ~** etwas auf dem Herzen haben; **it was a weight off my ~** mir fiel ein Stein vom Herzen; **that might take his ~ off his worries** das lenkt ihn vielleicht von s-n Sorgen ab. **2.** Seele *f*, Verstand *m*, Geist *m*: **before one's ~'s eye** vor s-m geistigen Auge; **to see s.th. in one's ~'s eye** etwas im Geiste vor sich sehen; **to be of sound ~, to be in one's right ~** bei (vollem) Verstand sein; **anybody in his right ~** jeder halbwegs Normale; **it is all in the ~** das ist rein seelisch bedingt *od.* reine Einbildung (*Krankheit etc*); **of sound ~ and memory** *jur.* im Vollbesitz s-r geistigen Kräfte; **of unsound ~** geistesgestört, unzurechnungsfähig; **to be out of one's ~** nicht (recht) bei Sinnen sein, verrückt sein; **to lose one's ~** den Verstand verlieren; **to close** (*od.* **shut**) **one's ~ to s.th.** sich gegen etwas verschließen; **to have an open ~** unvoreingenommen sein; **to cast back one's ~** sich zurückversetzen (**to** nach, in *acc*); **to enter s.o.'s ~** j-m in den Sinn kommen; **to give** (*od.* **put, set**) **one's ~ to s.th.** sich mit e-r Sache befassen, sich e-r Sache widmen; **to pay no ~ to** nicht achten auf (*acc*); **to put s.th. out of one's ~** sich etwas aus dem Kopf schlagen; **to read s.o.'s ~** j-s Gedanken lesen; **it slipped my ~** es ist mir entfallen; → **presence** 1. **3.** Geist *m* (*a. philos.*): **the human ~**; **things of the ~** geistige Dinge; **history of the ~** Geistesgeschichte *f*; **his is a fine ~** er hat e-n feinen Verstand, er ist ein kluger Kopf; **one of the greatest ~s of his time** *fig.* e-r der größten Geister s-r Zeit; **(the triumph of) ~ over matter** der Sieg des Geistes über die Materie. **4.** Meinung *f*, Ansicht *f*: **in** (*od.* **to**) **my ~** a) m-r Ansicht nach, m-s Erachtens, b) nach m-m Sinn *od.* Geschmack; **to be of s.o.'s ~** j-s Meinung sein; **to change one's ~** sich anders besinnen; **to speak one's ~ (freely)** s-e Meinung frei äußern; **to give s.o. a piece** (*od.* **bit**) **of one's ~** j-m gründlich die Meinung sagen; **to know one's own ~** wissen, was man will; **to be in two ~s about s.th.** mit sich selbst über etwas nicht einig sein; **there can be no two ~s about it** darüber kann es keine geteilte Meinung geben; **many men, many ~s** viele Köpfe, viele Sinne. **5.** Neigung *f*, Lust *f*, Absicht *f*: **to have (half) a ~ to do s.th.** (nicht übel) Lust haben, etwas zu tun; **to have s.th. in ~** a) sich wohl erinnern (**that** daß), b) etwas im Sinne haben; **I have you in ~** ich denke (dabei) an dich; **to have it in ~ to do s.th.** beabsichtigen, etwas zu tun; **to make up one's ~** a) sich entschließen, e-n Entschluß fassen, b) zu dem Schluß *od.* zu der Überzeugung kommen (**that** daß), sich klarwerden (**about** über *acc*); **I can't make up your ~!** du mußt d-e Entscheidung(en) schon selbst treffen! **6.** Erinnerung *f*, Gedächtnis *n*: **to bear** (*od.* **keep**) **s.th. in ~** (immer) an e-e Sache denken, etwas nicht vergessen, etwas bedenken; **to bring back** (*od.* **call**) **s.th. to ~** a) etwas ins Gedächtnis zurückrufen, an e-e Sache erinnern, b) sich etwas ins Gedächtnis zurückrufen, sich an e-e Sache erinnern; **to put s.o. in ~ of s.th.** j-n an etwas erinnern; **nothing comes to ~** nichts fällt e-m (dabei) ein; **time out of ~** seit *od.* vor undenklichen Zeiten. **7.** *Christian Science*: Gott *m*.

II *v/t* **8.** merken, beachten, achtgeben *od.* achten auf (*acc*): **~ you write** *colloq.* denk daran (*od.* vergiß nicht) zu schreiben. **9.** achtgeben auf (*acc*), sich hüten vor (*dat*): **~ the step!** Achtung Stufe!; **~ your head!** stoß dir den Kopf nicht an!; → **step** 1, 7, 9. **10.** sorgen für, sehen nach: **to ~ the fire** nach dem Feuer sehen; **to ~ the children** sich um die Kinder kümmern, die Kinder hüten *od.* beaufsichtigen; **~ your own business!** kümmere dich um d-e eigenen Dinge!; **never ~ him!** kümmere dich nicht um ihn!; **don't ~ me!** lassen Sie sich durch mich nicht stören! **11.** etwas haben gegen, es nicht gern sehen *od.* mögen, sich stoßen an (*dat*): **do you ~ my smoking?** haben Sie etwas dagegen, wenn ich rauche?; **would you ~ coming?** würden Sie so freundlich sein zu kommen?; **I don't ~ it** ich habe nichts dagegen, meinetwegen, von mir aus (gern); **I should not ~ a drink** ich wäre nicht abgeneigt, etwas zu trinken. **12.** *obs.* a) erinnern (**of** an *acc*), b) sich erinnern an (*acc*).

III *v/i* **13.** achthaben, aufpassen, bedenken: **~ (you)!** a) wohlgemerkt!, b) sieh dich vor!; **never ~!** laß es gut sein!, es hat nichts zu sagen!, macht nichts!, schon gut! (→ 14). **14.** etwas daˈgegen haben: **I don't ~** ich habe nichts dagegen, meinetwegen, von mir aus (gern); **I don't ~ if I do** *colloq.* a) ja, ganz gern *od.* ich möchte schon, b) ich bin so frei; **he ~s a great deal** er ist allerdings dagegen, es macht ihm sehr viel aus, es stört ihn schon; **never ~!** mach dir nichts draus! (→ 13). **15. ~ out** *Br.* aufpassen (**for** auf *acc*).

ˈmind|-ˌbend·er *s sl.* **1.** bewußtseinsverändernde Droge. **2.** j-d, der bewußtseinsverändernde Drogen nimmt. **3.** ‚harte Nuß', schwieriges Proˈblem. **4.** j-d, der sich auf subˈtile Beeinflussung versteht. **ˈ~-ˌbend·ing** *adj sl.* **1.** bewußtseinsverändernd (*Droge*). **2.** nahezu unfaßbar *od.* unverständlich. **ˈ~-blow** *v/t irr sl. j-n* ‚vom Stuhl hauen'. **~blow·er** *s sl.* → **mind-bender** 1, 2. **ˈ~ˌblow·ing** *adj sl.* **1.** → **mind-bending** 1. **2.** → **mind-boggling**. **ˈ~-ˌbog·gling** *adj sl.* ˈumwerfend, ‚irr', ‚toll'. **~ cure** *s* psychotheraˈpeutische Behandlung. **~ doc·tor** *s* Psychiˈater *m*.

mind·ed [ˈmaɪndɪd] *adj* **1.** geneigt, gesonnen: **if you are so ~** wenn das d-e Absicht ist. **2.** *bes. in Zssgn* a) ...gesinnt, mit *od.* von e-r ... Gesinnung, zu ... geneigt: → **evil-minded**, *etc*, b) *konventionell, international etc* denkend: **internationally ~**, c) *religiös, technisch etc* veranlagt: **mechanically ~**, d) ...begeistert, interesˈsiert an (*dat*): → **air-minded**, *etc.* **ˈmind·ed·ness** *s in Zssgn* a) Gesinnung *f*, Neigung *f*: → **evil-mindedness**, *etc*, b) Begeisterung *f*: → **air-mindedness**, *etc.*

Min·del [ˈmɪndl] *geol.* **I** *s* Mindeleiszeit *f*. **II** *adj* Mindel...: **~ time** → I.

mind·er [ˈmaɪndə(r)] *s* **1.** Aufseher *m*, Wärter *m*: **machine ~** Maschinenwart *m*. **2.** *Br. hist.* (armes) Kost- *od.* Pflegekind.

ˈmind|-exˌpand·er *s* bewußtseinserweiternde Droge. **ˈ~-exˌpand·ing** *adj* bewußtseinserweiternd (*Droge*).

ˈmind·ful *adj* (*adv* **~ly**) **1.** aufmerksam, achtsam: **to be ~ of** achten auf (*acc*). **2.** eingedenk (**of** *gen*): **to be ~ of** denken an (*acc*). **ˈmind·ful·ness** *s* Achtsamkeit *f*, Aufmerksamkeit *f*.

mind·less [ˈmaɪndlɪs] *adj* (*adv* **~ly**) **1.** (**of**) unbekümmert (um), ohne Rücksicht (auf *acc*), uneingedenk (*gen*). **2.** gedankenlos, blind. **3.** geistlos, ohne Intelliˈgenz. **4.** unbeseelt.

mind| read·er *s* Gedankenleser(in): **I'm not a ~!** ich kann doch keine Gedanken lesen! **~ read·ing** *s* Gedankenlesen *n*.

mine[1] [maɪn] **I** *pron* der, die, das meinige *od.* meine: **it is ~** es ist mein, es gehört mir; **what is ~** was mir gehört, das Meinige; **a friend of ~** ein Freund von mir; **me and ~** ich u. die Mein(ig)en. **II** *adj poet. od. obs.* (*statt* **my** *vor mit Vokal od.* h *anlautenden Wörtern*) mein: **~ eyes**; **~ host** (der) Herr Wirt.

mine[2] [maɪn] **I** *v/i* **1.** miˈnieren. **2.** schürfen, graben (**for** nach). **3.** sich eingraben (*Tiere*). **II** *v/t* **4.** *Erz, Kohlen* abbauen, gewinnen. **5.** graben in (*dat*): **to ~ the earth for ore** nach Erz schürfen. **6.** *mar. mil.* a) verminen, b) miˈnieren. **7.** *fig.* unterˈgraben, untermiˈnieren. **8.** ausgraben. **III** *s* **9.** *oft pl tech.* Mine *f*, Bergwerk *n*, Zeche *f*, Grube *f*. **10.** *mar. mil.* Mine *f*: **to spring a ~** e-e Mine springen lassen (*a. fig.*). **11.** *fig.* Fundgrube *f* (**of** an *dat*): **a ~ of information**. **12.** *biol.* Mine *f*, Fraßgang *m*. **~ bar·ri·er** *s mil.* Minensperre *f*. **~ bomb** *s mil.* Minenbombe *f*. **~ car** *s tech.* Gruben-, Förderwagen *m*, Hund *m*. **~ cham·ber** *s mil. tech.* Sprengkammer *f*. **~ de·tec·tor** *s mil.* Minensuchgerät *n*. **~ dis·as·ter** *s* Grubenunglück *n*. **~ fan** *s tech.* ˈWettermaˌschine *f*, ˈGrubenventiˌlator *m*. **ˈ~-field** *s mil.* Minenfeld *n*. **~ fire** *s tech.* Grubenbrand *m*. **~ fore·man** *s irr* Obersteiger *m*. **~ gal·ler·y** *s mil.* Minenstollen *m*. **~ gas** *s* **1.** → **methane**. **2.** *tech.* Grubengas *n*, schlagende Wetter *pl*. **~ hunt·er** *s mar. mil.* Minensuchboot *n*. **ˈ~ˌlay·er** *s mar. mil.* Minenleger *m*: **cruiser ~** Minenkreuzer *m*.

min·er [ˈmaɪnə(r)] *s* **1.** *tech.* Bergarbeiter *m*, -knappe *m*, -mann *m*, Grubenarbeiter *m*, Kumpel *m*: **~s' association** Knappschaft *f*; **~'s lamp** Grubenlampe *f*; **~'s lung** *med.* (Kohlen)Staublunge *f*. **2.** *mar. mil.* Miˈneur *m*, Minenleger *m*.

min·er·al [ˈmɪnərəl] **I** *s* **1.** *chem. med. min.* Mineˈral *n*. **2.** *pl* Grubengut *n*. **3.** *min. colloq.* Erz *n*. **4.** *bes. pl Br.* Mineˈralwasser *n*. **II** *adj* **5.** mineˈralisch, Mineral... **6.** *chem.* ˈanorˌganisch. **~ blue** *s min.* Bergblau *n*. **~ car·bon** *s min. tech.* Graˈphit *m*. **~ coal** *s min.* Steinkohle *f*. **~ col·o(u)r** *s tech.* Erd-, Mineˈralfarbe *f*. **~ de·pos·it** *s geol.* Erzlagerstätte *f*.

min·er·al·i·za·tion [ˌmɪnərəlaɪˈzeɪʃn; *Am.* -ləˈz-] *s* **1.** *geol. min.* Mineralisatiˈon *f*, Mineˈralbildung *f*, Vererzung *f*. **2.** *med.* Verkalkung *f* (*des Skeletts*). **ˈmin·er·al·ize I** *v/t geol.* **1.** vererzen. **2.** mineraliˈsieren, in ein Mineˈral verwandeln, versteinern. **3.** mit ˈanorˌganischem Stoff durchˈsetzen. **II** *v/i* **4.** nach Mineˈralien suchen.

min·er·al jel·ly *s chem.* Vaseˈline *f*.

min·er·al·og·i·cal [ˌmɪnərəˈlɒdʒɪkl; *Am.* -ˈlɑ-] *adj* mineraˈlogisch. **ˌmin·er·al·o·gist** [-ˈrælədʒɪst] *s* Mineraˈloge *m*. **ˌmin·erˈal·o·gy** [-dʒɪ] *s* Mineraloˈgie *f*.

min·er·al| oil *s chem.* Mineˈral-, Erdöl *n*, Peˈtroleum *n*. **~ pitch** *s tech.* Asˈphalt *m*. **~ spring** *s* Mineˈralquelle *f*, Heilbrunnen *m*. **~ vein** *s geol.* Mineˈralgang *m*, Erzader *f*. **~ wa·ter** *s* Mineˈralwasser *n*. **~ wax** *s min. tech.* Ozokeˈrit *m*, Berg-, Erdwachs *n*.

mine| sur·vey *s tech.* Gruben(ver)messung *f*, Markscheidung *f*. **~ sur·vey·or** *s tech.* Markscheider *m*. **~ sweep·er** *s mar. mil.* Minenräum-, Minensuchboot *n*, Minenräumer *m*.

min·e·ver → **miniver**.

min·gle [ˈmɪŋgl] **I** *v/i* **1.** verschmelzen, sich vermischen, sich vereinigen, sich verbinden (**with** mit): **with ~d feelings** mit gemischten Gefühlen. **2.** a) sich (ein)mischen (**in** in *acc*), b) sich mischen (**among, with** unter *acc*): **to ~ with the crowd**; **to ~ with politicians** mit Politikern verkehren. **II** *v/t* **3.** vermischen, -mengen. **4.** vereinigen. **ˈ~-ˌman·gle** [-ˌmæŋgl] **I** *v/t* durcheinˈanderwerfen, vermengen. **II** *s* Mischmasch *m*, ‚Kuddelmuddel' *m*, *n*.

min·gy [ˈmɪndʒɪ] *adj colloq.* geizig.

mini- [mɪnɪ] *Wortelement mit der Bedeutung* Mini..., Klein(st)...

min·i [ˈmɪnɪ] **I** *s* **1.** Minimode *f*: **to wear**

~ mini tragen. **2.** a) Minimantel *m*, b) Minikleid *n*, c) Minirock *m*. **3.** Kleinstwagen *m*. **II** *adj* **4.** Mini...: ~ **coat**, *etc* → **minicoat**, *etc*.

min·i·ate [ˈmɪnɪeɪt] *v/t* **1.** (*mit Mennige*) rot färben. **2.** *ein Buch* illumiˈnieren.

min·i·a·ture [ˈmɪnətʃə(r); *Am. a.* ˈmɪni:əˌtʃʊər] **I** *s* **1.** Miniaˈtur(gemälde *n*) *f*. **2.** *fig.* Miniaˈturausgabe *f*: in ~ → 5. **3.** Miniaˈtur *f* (*Schachproblem, das aus höchstens 7 Figuren gefügt ist*). **4.** kleine Ordensschnalle. **II** *adj* **5.** Miniatur..., im kleinen, ‚im ˈWestentaschenforˌmat', en miniaˈture: ~ **golf** Minigolf *n*; ~ **grand** *mus.* Stutzflügel *m*; ~ **painting** *print. hist.* Buchmalerei *f*; ~ **railway** (*Am.* **railroad**) Liliput(eisen)bahn *f*; ~ **score** *mus.* Studien-, Taschenpartitur *f*; ~ **valve** *electr.* Liliputröhre *f*. ~ **cam·er·a** *s phot.* Kleinbildkamera *f*.

min·i·a·tur·ist [ˈmɪnəˌtjʊərɪst; *Am. a.* ˈmɪni:əˌtʃʊərəst] *s* **1.** *print. hist.* Miniˈator *m*, Buchmaler *m*. **2.** Miniaˈturenmaler *m*.

min·i·a·tur·i·za·tion [ˌmɪnətʃəraɪˈzeɪʃn; *Am.* ˌmɪni:əˌtʃʊrəˈz-] *s tech.* Miniaturiˈsierung *f*. ˈ**min·i·a·tur·ize** *v/t elektronische Elemente etc* miniaturiˈsieren.

ˈ**min·i|·bus** *s* Kleinbus *m*. ˈ**~·cab** Minicar *m* (*Kleintaxi*).

min·i·cam [ˈmɪnɪkæm], ˈ**min·iˌcam·er·a** *abbr. für* **miniature camera**.

ˈ**min·i|·car** *s* Kleinstwagen *m*. ˈ**~·coat** *s* Minimantel *m*. ˌ**~·comˈput·er** *s electr.* ˈKlein-, ˈMinicomˌputer *m*. ˈ**~·dress** *s* Minikleid *n*.

min·i·fy [ˈmɪnɪfaɪ] *v/t* vermindern.

min·i·kin [ˈmɪnɪkɪn] **I** *adj* **1.** affekˈtiert, geziert. **2.** winzig, zierlich. **II** *s* **3.** kleine Stecknadel. **4.** → **minim** 2.

min·im [ˈmɪnɪm] **I** *s* **1.** *mus.* halbe Note. **2.** (*etwas*) Winziges, Zwerg *m*, Knirps *m*. **3.** *pharm.* 1/60 Drachme *f* (*Apothekergewicht*). **4.** *Kalligraphie*: Grundstrich *m*: ~ **letters** Buchstaben mit Grundstrich (*z. B. m, n*). **5.** **M~** *pl relig.* Miˈnimen *pl*, Pauˈlaner *pl* (*ein Bettelorden*). **II** *adj* **6.** winzig.

min·i·ma [ˈmɪnɪmə] *pl von* **minimum**.

min·i·mal [ˈmɪnɪml] → **minimum** II. ~ **art** *s* Minimal art *f* (*auf elementare Formen reduzierte Kunstrichtung*). ~ **art·ist** *s* Vertreter(in) der Minimal art.

min·i·mal·ism [ˈmɪnɪməlɪzəm] → **minimal art**. ˈ**min·i·mal·ist** *s* Minimaˈlist(in).

ˈ**min·iˌmind·ed** *adj* geistlos.

min·i·mize [ˈmɪnɪmaɪz] *v/t* **1.** auf das Mindestmaß herˈabsetzen, möglichst gering halten: **to** ~ **a loss**. **2.** als geringfügig ˈhinstellen, bagatelliˈsieren, ‚herˈunterspielen': **to** ~ **s.o.'s achievements**.

min·i·mum [ˈmɪnɪməm] **I** *pl* **-ma** [-mə] *s* Minimum *n*: a) Mindestmaß *n*, -betrag *m*, -wert *m*, b) *math.* kleinster Absoˈlutwert (*e-r Funktion*): **at a** ~ auf dem Tiefststand; **with a** ~ **of effort** mit e-m Minimum an *od.* von Anstrengung. **II** *adj* miniˈmal, Minimal..., mindest(er, e, es), Mindest..., kleinst(er, e, es), geringst(er, e, es): ~ **age** Mindestalter *n*; ~ **capacity** *electr.* a) Minimumkapazität *f*, b) Anfangskapazität *f* (*e-s Drehkondensators*); ~ **lending rate** *econ. Br.* Diskontsatz *m*; ~ **output** *tech.* Leistungsminimum *n*; ~ **price** Mindestpreis *m*; ~ **taxation** *econ.* Steuermindestsatz *m*; ~ **value** a) *math.* Kleinst-, Mindest-, Minimal-, Minimumwert *m*, b) *a.* ~ **value of response** *tech.* Ansprechwert *m*; ~ **wage** *econ.* Mindestlohn *m*.

min·i·mus [ˈmɪnɪməs] (*Lat.*) *adj ped. Br.* der jüngste (*von mehreren Brüdern an e-r Schule*): **Miller** ~.

min·ing [ˈmaɪnɪŋ] *tech.* **I** *s* Bergbau *m*, Bergwerk(s)betrieb *m*, Bergwesen *n*. **II** *adj* Bergwerks..., Berg(bau)..., Montan...: ~ **academy** Bergakademie *f*; ~ **claim** a) Grubenfeld *n*, b) Mutungsrecht *n*; ~ **disaster** Grubenunglück *n*; ~ **law** Bergrecht *n*; ~ **partnership** Abbaugesellschaft *f*; ~ **share** (*Am.* **stock**) Kux *m*, Bergwerksaktie *f*. ~ **en·gi·neer** *s econ.* ˈBergingeniˌeur *m*. ~ **in·dus·try** *s* Bergbau *m*.

min·ion [ˈmɪnjən] *s* **1.** Günstling *m*, Favoˈrit *m*. **2.** *contp.* Laˈkai *m*, Speichellecker *m*: ~ **of the law** *oft humor.* Gesetzeshüter *m*. **3.** *print.* Koloˈnel *f* (*Schriftgrad*): **double** ~ Mittelschrift *f*.

ˈ**min·i|·pill** *s med.* Minipille *f*. ˈ**~·ski** *s* Kurzski *m*. ˈ**~·skirt** *s* Minirock *m*. ˈ**~·state** *s pol.* Zwergstaat *m*.

min·is·ter [ˈmɪnɪstə(r)] **I** *s* **1.** *relig.* Geistliche(r) *m*, Pfarrer *m* (*bes. e-r Dissenterkirche*). **2.** *pol. bes. Br.* Miˈnister *m*: **M~ of the Crown** (Kabinetts)Minister; **M~ of Foreign Affairs** Minister des Äußeren, Außenminister; **M~ of Labour** Arbeitsminister; ~ **of state** Staatsminister. **3.** *pol.* Gesandte(r) *m*: ~ **plenipotentiary** bevollmächtigter Minister; ~ **resident** Ministerresident *m*. **4.** *fig.* Diener *m*, Werkzeug *n*. **II** *v/t* **5.** darbieten, -reichen: **to** ~ **the sacraments** *relig.* die Sakramente spenden. **III** *v/i* **6.** (**to**) behilflich *od.* dienlich sein (*dat*), helfen (*dat*), unterˈstützen (*acc*): **to** ~ **to the wants of others** für die Bedürfnisse anderer sorgen. **7.** *fig.* (**to**) dienlich sein (*dat*), fördern (*acc*), beitragen (zu). **8.** als Diener *od.* Geistlicher wirken.

min·is·te·ri·al [ˌmɪnɪˈstɪərɪəl] *adj* (*adv* **~ly**) **1.** amtlich, Verwaltungs...: ~ **officer** Verwaltungs-, Exekutivbeamte(r) *m*. **2.** *relig.* geistlich. **3.** *pol. bes. Br.* ministeriˈell, Ministerial..., Minister...: ~ **benches** Ministerbänke. **4.** *pol. bes. Br.* Regierungs...: ~ **bill** Regierungsvorlage *f*. ˌ**min·isˈte·ri·al·ist** *s pol. bes. Br.* Ministeriˈelle(r) *m*, Anhänger *m* der Reˈgierung.

min·is·trant [ˈmɪnɪstrənt] **I** *adj* **1.** (**to** *dat*) dienend, dienstbar. **II** *s* **2.** Diener(in). **3.** *relig.* Miniˈstrant *m*. ˌ**min·isˈtra·tion** [-ˈstreɪʃn] *s* Dienst *m* (**to** an *dat*), *bes. kirchliches* Amt, Pfarrtätigkeit *f*. ˈ**min·is·tra·tive** [-strətɪv; *Am. a.* -ˌstreɪ-] *adj* **1.** dienend, helfend. **2.** *relig.* miniˈstrierend.

min·is·try [ˈmɪnɪstrɪ] *s* **1.** *relig.* geistliches Amt. **2.** *pol. bes. Br.* a) Miniˈsterium *n* (*a. Amtsdauer u. Gebäude*), b) Miˈnisterposten *m*, -amt *n*, c) Reˈgierung *f*, Kabiˈnett *n*. **3.** *pol.* Amt *n* e-s Gesandten. **4.** *relig.* Geistlichkeit *f*.

ˈ**min·i·track** *s Verfolgen e-s Satelliten in s-r Bahn mittels der von ihm ausgesandten Signale*.

min·i·um [ˈmɪnɪəm] *s* **1.** → **vermilion**. **2.** *chem. min.* Mennige *f*.

min·i·ver [ˈmɪnɪvə(r)] *s* Grauwerk *n*, Feh *n* (*Pelz*).

mink [mɪŋk] *s* **1.** *zo.* Mink *m*, Amer. Nerz *m*. **2.** Nerz(fell *n*) *m*. ˈ**mink·er·y** [-əri:] *s Am.* Nerz(zucht)farm *f*.

min·ne·sing·er [ˈmɪnɪˌsɪŋə(r)] *s hist.* Minnesänger *m*. ˈ**min·ne·song** *s* Minnesang *m*.

min·now [ˈmɪnəʊ] *s* **1.** *ichth.* Elritze *f*. **2.** *mar. mil. Am. sl.* ‚Aal' *m* (*Torpedo*). **3.** *fig.* unbedeutender Mensch: **to be a** ~ ein Niemand sein.

Mi·no·an [mɪˈnəʊən; *Am. a.* maɪ-] *adj* miˈnoisch.

mi·nor [ˈmaɪnə(r)] **I** *adj* **1.** a) kleiner, geringer, b) klein, unbedeutend, geringfügig, c) ˈuntergeordnet (*a. philos.*): ~ **casualty** *mil.* Leichtverwundete(r) *m*; ~ **league** *sport Am.* untere Spielklasse; ~ **offence** (*Am.* **offense**) *jur.* leichtes Vergehen, Übertretung *f*; ~ **part** *thea. etc* kleinere Rolle; ~ **party** *pol.* kleine Partei; ~ **premise** → 8; **the M~ Prophets** *Bibl.* die kleinen Propheten; ~ **sentence** *ling.* unvollständiger Satz; ~ **shareholder** (*bes. Am.* **stockholder**) *econ.* Kleinaktionär *m*; ~ **subject** → 10; ~ **suit** (*Bridge*) geringere Farbe (*Karo od. Kreuz*); ~ **surgery** *med.* kleine Chirurgie; **of** ~ **importance** von zweitrangiger Bedeutung; → **operation** 9. **2.** Neben..., Hilfs..., Unter...: ~ **axis** *math. tech.* kleine Achse, Halb-, Nebenachse *f*; ~ **determinant** *math.* Minor *f*, Unterdeterminante *f*; **a** ~ **group** e-e Untergruppe. **3.** *jur.* minderjährig. **4.** *ped. Br.* jünger: **Smith** ~ Smith der Jüngere. **5.** *mus.* a) klein (*Terz etc*), b) Moll...: **C** ~ c-moll; ~ **key** Moll(tonart *f*) *n*; **in a** ~ **key** *fig.* a) gedämpft, b) im kleinen; ~ **mode** Mollgeschlecht *n*; ~ **scale** Molltonleiter *f*. **II** *s* **6.** *jur.* Minderjährige(r *m*) *f*. **7.** *mus.* a) Moll *n*, b) ˈMollakˌkord *m*, c) Molltonart *f*. **8.** *philos.* ˈUntersatz *m*. **9.** **M~** *relig.* → **Minorite**. **10.** *ped. Am.* Nebenfach *n*. **III** *v/i* **11.** ~ **in** *ped. Am.* als *od.* im Nebenfach stuˈdieren: **to** ~ **in geography**.

Mi·nor·ite [ˈmaɪnəraɪt] *s relig.* Minoˈrit *m*, Franzisˈkaner *m*.

mi·nor·i·ty [maɪˈnɒrətɪ; mɪ-; *Am. a.* -ˈnɑ-] *s* **1.** *jur.* Minderjährigkeit *f*, Unmündigkeit *f*: **he is still in his** ~ er ist noch minderjährig. **2.** Minoriˈtät *f*, Minderheit *f*, -zahl *f*: ~ **government** *pol.* Minderheitsregierung *f*; ~ **group** *pol. sociol.* Minderheitsgruppe *f*; ~ **leader** *parl. Am.* Fraktionsführer *m* der Minderheitspartei; ~ **party** *pol.* Minderheitspartei; ~ **shareholder** (*bes. Am.* **stockholder**) *econ.* Minderheitsaktionär *m*; **you are in a** ~ **of one** du stehst allein gegen alle anderen; **to be in the** (*od.* **a**) ~ in der Minderheit *od.* Minderzahl sein.

Min·o·taur [ˈmaɪnətɔ:(r); ˈmɪn-] *npr antiq.* Minoˈtaurus *m*.

min·ster [ˈmɪnstə(r)] *s relig.* **1.** Klosterkirche *f*. **2.** Münster *n*, Katheˈdrale *f*.

min·strel [ˈmɪnstrəl] *s* **1.** *mus. hist.* a) Spielmann *m*, b) Minnesänger *m*. **2.** *poet.* Sänger *m*, Dichter *m*. **3.** *Varietékünstler* (*bes. Sänger*), *der als Neger geschminkt auftritt*. ˈ**min·strel·sy** [-sɪ] *s* **1.** Musiˈkantentum *n*. **2.** a) Spielmannskunst *f*, -dichtung *f*, b) Minnesang *m*, -dichtung *f*, c) *poet.* Dichtkunst *f*. **3.** Spielleute *pl*.

mint[1] [mɪnt] *s* **1.** *bot.* Minze *f*: ~ **camphor** *pharm.* Menthakampfer *m*, Menthol *n*; ~ **julep** → **julep** 2; ~ **sauce** (saure) Minzsoße. **2.** ˈPfefferminz(liˌkör) *m*.

mint[2] [mɪnt] **I** *s* **1.** Münze *f*: a) Münzstätte *f*, -anstalt *f*, b) Münzamt *n*: ~ **mark** Münzzeichen *n*; ~ **stamp** Münzgepräge *n*; **master of the** ~, **~-master** (Ober-)Münzmeister *m*; ~ **par of exchange** *econ.* Münzpari *n*; ~ **price** Münzfuß *m*, Prägewert *m*; **fresh from the** ~ frischgeprägt. **2.** *fig. colloq.* ‚Heidengeld' *n*: **to earn (make) a** ~. **II** *adj* **3.** (wie) neu, tadellos erhalten, unbeschädigt (*von Briefmarken, Büchern etc*): **in** ~ **condition**. **III** *v/t* **4.** *Geld* münzen, schlagen, prägen. **5.** *fig. Wort* prägen.

mint·age [ˈmɪntɪdʒ] *s* **1.** Münzen *n*, Prägung *f* (*a. fig.*). **2.** (*das*) Geprägte, Geld *n*. **3.** Prägegebühr *f*. **4.** a) Münzgepräge *n*, b) *fig.* Gepräge *n*.

min·u·end [ˈmɪnjʊend] *s math.* Minuˈend *m*.

min·u·et [ˌmɪnjʊˈet] *s mus.* Menuˈett *n*.

mi·nus [ˈmaɪnəs] **I** *prep* **1.** *math.* minus, weniger, abzüglich. **2.** *colloq.* ohne: ~ **his hat**; *after the fight* **he was** ~ **a front tooth** fehlte ihm ein Schneidezahn. **II** *adv* **3.**

minus, unter null (*Temperatur*). **III** *adj* **4.** Minus..., negativ: ~ **amount** Fehlbetrag *m*; ~ **quantity** → 8; ~ **reaction** negative Reaktion; ~ **sign** → 7. **5.** *colloq.* schlecht: **his manners are definitely** ~. **6.** *bot.* minusgeschlechtig. **IV** *s* **7.** Minus(zeichen) *n*. **8.** *math.* negative Größe. **9.** Minus *n*, Mangel *m*.

mi·nus·cule [ˈmɪnəskjuːl; mɪˈnʌs-; *Am. a.* maɪˈn-] **I** *s* **1.** Miˈnuskel *f*, kleiner (Anfangs)Buchstabe. **2.** Karoˈlingische Miˈnuskel. **II** *adj* **3.** Minuskel... **4.** winzig.

min·ute¹ [ˈmɪnɪt] **I** *s* **1.** Miˈnute *f*: **for a** ~ e-e Minute (lang); ~ **hand** Minutenzeiger *m* (*e-r Uhr*); ~ **steak** Minutensteak *n*; **to the** ~ auf die Minute (genau); **(up) to the** ~ *fig.* hypermodern; **I won't be a** ~ ich bin gleich wieder da. **2.** Augenblick *m*: **in a** ~ sofort; **just a** ~! Moment mal!; **come this** ~! komm sofort!; **the** ~ **that** sobald. **3.** *econ.* a) Konˈzept *n*, kurzer Entwurf, b) Noˈtiz *f*, Memoˈrandum *n*, Protoˈkolleintrag *m*: ~ **book** Protokollbuch *n*. **4.** *pl jur. pol.* (ˈSitzungs)Protoˌkoll *n*, Niederschrift *f*: **(the)** ~**s of the proceedings** (das) Verhandlungsprotokoll; **to keep the** ~**s** das Protokoll führen. **5.** *astr. math.* Miˈnute *f* (*60. Teil e-s Kreisgrades*): ~ **of arc** *math.* Bogenminute. **6.** *arch.* Miˈnute *f* (*60. Teil e-s Säulendurchmessers an der Basis*). **II** *v/t* **7.** a) entwerfen, aufsetzen, b) noˈtieren, protokolˈlieren, zu Protoˈkoll nehmen. **8.** mitstoppen, die Zeit (*gen*) nehmen: **to** ~ **a match**.

mi·nute² [maɪˈnjuːt; mɪ-; *Am. a.* -ˈnuːt] *adj* **1.** sehr *od.* ganz klein, winzig: ~ **differences**; **in the** ~**st details** in den kleinsten Einzelheiten. **2.** *fig.* unbedeutend, geringfügig. **3.** sorgfältig, sehr *od.* peinlich genau, minuziˈös: **a** ~ **report**.

min·ute·ly¹ [ˈmɪnɪtlɪ] **I** *adj* jede Miˈnute geschehend, Minuten... **II** *adv* jede Miˈnute, von Minute zu Minute, im Miˈnutenabstand.

mi·nute·ly² [maɪˈnjuːtlɪ; mɪ-; *Am. a.* -ˈnuːt-] *adv von* **minute²**.

min·ute·man [ˈmɪnɪtˌmæn] *s irr Am. hist. Freiwilliger im amer. Unabhängigkeitskrieg, der sich zu unverzüglichem Heeresdienst bei Abruf verpflichtete.*

mi·nute·ness [maɪˈnjuːtnɪs; mɪ-; *Am. a.* -ˈnuːt-] *s* **1.** Kleinheit *f*, Winzigkeit *f*. **2.** peinliche Genauigkeit.

mi·nu·ti·a [maɪˈnjuːʃɪə; mɪ-; *Am. a.* -ˈnuː-] *pl* **-ti·ae** [-ʃɪiː; *Am. a.* -ˌaɪ] (*Lat.*) *s* (kleinste) Einzelheit, Deˈtail *n*.

minx [mɪŋks] *s* (kleines) ‚Biest'.

Mi·o·cene [ˈmaɪəʊsiːn] *geol.* **I** *s* Mioˈzän(periˌode *f*) *n*. **II** *adj* mioˈzän, Miozän...

mir·a·cle [ˈmɪrəkl] *s* **1.** Wunder *n* (*a. fig.*), ˈübernaˌtürliches Ereignis, Wunderwerk *n*, -tat *f*: **economic** ~ Wirtschaftswunder *n*; ~ **man**, ~**-worker** Wundertäter *m*; ~ **drug** *med.* Wundermittel *n*; **a** ~ **of skill** *fig.* ein Wunder an Geschicklichkeit; **to a** ~ überraschend gut, ausgezeichnet; **to work (***od.* **perform)** ~**s** Wunder tun *od.* wirken; **I can't work** ~**s!** ich kann doch nicht hexen *od.* zaubern!; **it would be a** ~ **if** es wäre ein Wunder, wenn; **the age of** ~**s is not past!** *bes. humor.* Wunder über Wunder! **2.** Wunderkraft *f*. **3.** *a.* ~ **play** *hist.* Miˈrakel(spiel) *n*.

mi·rac·u·lous [mɪˈrækjʊləs] **I** *adj* **1.** ˈübernaˌtürlich, wunderbar, Wunder...: ~ **cure** Wunderkur *f*. **2.** *fig.* wunderbar, erstaunlich, unglaublich. **II** *s* **3.** (*das*) Wunderbare. **miˈrac·u·lous·ly** *adv* **1.** (wie) durch ein Wunder. **2.** wunderbar(erweise), erstaunlich(erweise). **miˈrac·u·lous·ness** *s* (*das*) Wunderbare.

mi·rage [ˈmɪrɑːʒ; *Am.* məˈrɑːʒ] *s* **1.** *phys.* Luftspiegelung *f*, Fata Morˈgana *f*. **2.** *fig.* Trugbild *n*, Illusiˈon *f*.

mire [ˈmaɪə(r)] **I** *s* **1.** Schlamm *m*, Sumpf *m*, Kot *m* (*alle a. fig.*). **2.** *fig.* ‚Patsche' *f*, Verlegenheit *f*: **to be deep in the** ~ ‚tief in der Klemme *od.* im Dreck sitzen'; **to drag s.o. through the** ~ j-n in den Schmutz ziehen. **II** *v/t* **3.** in den Schlamm fahren *od.* setzen: **to be** ~**d** im Sumpf *etc* stecken(bleiben). **4.** beschmutzen, besudeln. **5.** *fig.* in Schwierigkeiten bringen. **III** *v/i* **6.** im Sumpf versinken *od.* steckenbleiben. ~ **crow** *s orn. Br.* Lachmöwe *f*. ~ **duck** *s orn. Am.* Hausente *f*.

mir·ror [ˈmɪrə(r)] **I** *s* **1.** Spiegel *m* (*a. fig.*): **to hold up the** ~ **to s.o.** *fig.* j-m den Spiegel vorhalten; **done with** ~**s** *fig.* (wie) durch Zauberei. **2.** spiegelnde (Ober)Fläche: **the** ~ **of the lake**. **3.** *phys. tech.* Rückstrahler *m*, Reˈflektor *m*. **4.** *fig.* Spiegel(bild *n*) *m*. **5.** *orn.* Spiegel *m* (*glänzender Fleck auf den Flügeln*). **II** *v/t* **6.** (ˈwider)spiegeln (*a. fig.*): **to be** ~**ed** sich spiegeln (**in** in *dat*). **7.** (e-n) Spiegel anbringen in (*dat*): ~**ed room** Spiegelzimmer *n*. ~ **carp** *s ichth.* Spiegelkarpfen *m*. ~ **com·par·a·tor** *s tech.* Spiegellehre *f*. ~ **fin·ish** *s tech.* Hochglanz *m*. ~ **im·age** *s* Spiegelbild *n*. ˈ~**-inˌvert·ed** *adj* seitenverkehrt. ~ **sight** *s tech.* ˈSpiegelviˌsier *n*. ~ **sym·me·try** *s math. phys.* ˈSpiegelsymmeˌtrie *f*. ~ **writ·ing** *s* Spiegelschrift *f*.

mirth [mɜːθ; *Am.* mɜrθ] *s* Fröhlichkeit *f*, Frohsinn *m*, Heiterkeit *f*. ˈ**mirth·ful** *adj* (*adv* ~**ly**) fröhlich, heiter, lustig. ˈ**mirth·ful·ness** *s* Fröhlichkeit *f*. ˈ**mirth·less** *adj* freudlos, traurig.

mir·y [ˈmaɪərɪ] *adj* **1.** sumpfig, schlammig, kotig. **2.** *fig.* schmutzig.

mis- [mɪs] *Wortelement mit der Bedeutung* falsch, Falsch..., schlecht, miß..., Miß..., verfehlt, Fehl...

ˌmis·adˈven·ture *s* **1.** Unfall *m*, Unglück(sfall *m*) *n*: **death by** ~ *jur.* Unglücksfall *m* mit tödlichem Ausgang. **2.** ˈMißgeschick *n*: **she's had a** ~ ihr ist ein Mißgeschick passiert.

ˌmis·aˈligned *adj* **1.** *tech.* nichtfluchtend, aus der Flucht, verlagert. **2.** *Radio, TV*: falsch ausgerichtet (*Antenne*). **ˌmis·aˈlign·ment** *s* **1.** *tech.* Flucht(ungs)fehler *m*. **2.** *Radio, TV*: schlechte Ausrichtung.

ˌmis·alˈli·ance → **mésalliance**.

mis·an·thrope [ˈmɪzənθrəʊp; *bes. Am.* ˈmɪs-] *s* Menschenfeind *m*, -hasser *m*, Misanˈthrop *m*. **ˌmis·anˈthrop·ic** [-ˈθrɒpɪk; *Am.* -ˈθrɑ-] *adj*; **ˌmis·anˈthrop·i·cal** *adj* (*adv* ~**ly**) menschenfeindlich, -scheu, misanˈthropisch. **mis·an·thro·pist** [mɪˈzænθrəpɪst; *bes. Am.* mɪˈs-] → **misanthrope**. **misˈan·thro·py** [-pɪ] *s* Menschenhaß *m*, -scheu *f*, Misanthroˈpie *f*.

ˈmisˌap·pliˈca·tion *s* **1.** falsche Verwendung. **2.** → **misappropriation**. **ˌmis·apˈply** *v/t* **1.** falsch anbringen *od.* ver-, anwenden. **2.** → **misappropriate** 1.

ˈmisˌap·preˈhend *v/t* ˈmißverstehen. **ˈmisˌap·preˈhen·sion** *s* ˈMißverständnis *n*, falsche Auffassung: **to be (***od.* **labo[u]r) under a** ~ sich in e-m Irrtum befinden.

ˌmis·apˈpro·pri·ate *v/t jur.* **1.** sich ˈwiderrechtlich aneignen, unterˈschlagen, veruntreuen. **2.** ˈwiderrechtlich verwenden: ~**d capital** *econ.* fehlgeleitetes Kapital. **ˈmis·apˌpro·priˈa·tion** *s* **1.** ˈwiderrechtliche Aneignung. **2.** ˈwiderrechtliche Verwendung, Unterˈschlagung *f*, Veruntreuung *f*.

ˌmis·arˈrange *v/t* falsch *od.* schlecht (an)ordnen.

ˌmis·beˈcome *v/t irr j-m* schlecht zu Gesicht stehen, sich nicht schicken *od.* ziemen für *j-n*. **ˌmis·beˈcom·ing** → **unbecoming** 2.

ˌmis·beˈgot·ten *adj* **1.** unehelich. **2.** unrechtmäßig erworben. **3.** *fig.* schlecht: ~ **plan**.

ˌmis·beˈhave *v/i od. v/reflex* **1.** sich schlecht benehmen *od.* aufführen, sich daˈnebenbenehmen, ungezogen sein (*Kind*): **to** ~ **(o.s.)**; ~**d** ungezogen. **2.** sich einlassen, inˈtim werden (**with** mit). **3. to** ~ **before the enemy** *mil. Am.* sich der Feigheit vor dem Feind schuldig machen. **ˌmis·beˈhav·io(u)r** *s* **1.** schlechtes Benehmen *od.* Betragen, Ungezogenheit *f*. **2.** *mil. Am.* a) schlechte Führung, b) ~ **before the enemy** Feigheit *f* vor dem Feind.

ˌmis·beˈlief *s* Irrglaube *m*: a) irrige Ansicht, b) *relig.* Ketzeˈrei *f*. **ˌmis·beˈlieve** *v/i* irrgläubig sein. **ˌmis·beˈliev·er** *s* Irrgläubige(r *m*) *f*.

ˌmisˈbrand *v/t econ. Waren* falsch benennen *od.* unter falscher Bezeichnung in den Handel bringen.

ˌmisˈcal·cu·late I *v/t* falsch berechnen *od.* (ab)schätzen. **II** *v/i* sich verrechnen, sich verkalkuˈlieren. **ˈmisˌcal·cuˈla·tion** *s* Rechen-, Kalkulatiˈonsfehler *m*, falsche (Be)Rechnung, ˈFehlkalkulaˌtiˌon *f*.

ˌmisˈcall *v/t* falsch *od.* zu Unrecht *od.* fälschlicherweise (be)nennen.

ˌmisˈcar·riage *s* **1.** Fehlschlag(en *n*) *m*, Mißˈlingen *n*: ~ **of justice** Fehlspruch *m*, -urteil *n*, Justizirrtum *m*. **2.** *econ.* Versandfehler *m*. **3.** Fehlleitung *f* (*von Briefen etc*). **4.** *med.* Fehlgeburt *f*: **to have a** ~; **to induce (***od.* **procure) a** ~ **(on s.o.** bei j-m**)** e-e Fehlgeburt herbeiführen, *a.* e-e Schwangerschaftsunterbrechung vornehmen.

ˌmisˈcar·ry *v/i* **1.** mißˈlingen, -ˈglücken, fehlschlagen, scheitern. **2.** verlorengehen (*Brief*). **3.** *med.* e-e Fehlgeburt haben.

ˌmisˈcast *v/t irr thea. etc ein Stück, e-e Rolle* fehlbesetzen: **to be** ~ a) **(as)** e-e Fehlbesetzung sein (als), b) *fig.* s-n Beruf verfehlt haben.

mis·ce·ge·na·tion [ˌmɪsɪdʒɪˈneɪʃn] *s* Rassenmischung *f*.

mis·cel·la·ne·a [ˌmɪsəˈleɪnɪə] *s pl* **1.** Sammlung *f* vermischter Gegenstände, Misˈzellen *pl*. **2.** → **miscellany** 3. **ˌmis·celˈla·ne·ous** [-njəs] *adj* (*adv* ~**ly**) **1.** ge-, vermischt, diˈvers. **2.** verschiedenartig, mannigfaltig. **ˌmis·celˈla·ne·ous·ness** *s* **1.** Gemischtheit *f*. **2.** Vielseitigkeit *f*, Mannigfaltigkeit *f*. **mis·cel·la·ny** [mɪˈselənɪ; *Am.* ˈmɪsəˌleɪniː] *s* **1.** Gemisch *n*. **2.** Sammlung *f*, Sammelband *m*. **3.** vermischte Schriften *pl od.* Aufsätze *pl*, Misˈzellen *pl*: **a book of miscellanies** ein Sammelband von vermischten Schriften *od.* Aufsätzen.

ˌmisˈchance *s* ˈMißgeschick *n*: **by (***od.* **through a)** ~ durch e-n unglücklichen Zufall, unglücklicherweise.

mis·chief [ˈmɪstʃɪf] *s* **1.** Unheil *n*, Unglück *n*, Schaden *m*: **to do** ~ Unheil anrichten; **to mean** ~ auf Unheil sinnen, Böses im Schilde führen; **to make** ~ Zwietracht säen, böses Blut machen (**between** zwischen *dat*); **to do s.o. (some)** ~ j-m Schaden zufügen; **the** ~ **was done** es war schon passiert; **the** ~ **of s.th.** das Schlimme an *od.* bei e-r Sache. **2.** Verletzung *f*, (*körperlicher*) Schaden, Gefahr *f*: **to run into** ~ in Gefahr kommen. **3.** Ursache *f* des Unheils, Übelstand *m*, Unrecht *n*, Störenfried *m*: **the** ~ **was a nail in the tire** (*bes. Br.* **tyre**) die Ursache des Schadens war ein Nagel im Reifen. **4.** Unfug *m*, Possen *m*, Schalkheit *f*: **eyes full of ~** schelmisch *od.* boshaft glitzernde Augen; **to get into ~** ‚etwas anstellen'; **to keep out of ~** keine Dummheiten machen, brav sein; **that will keep you out of ~!** damit du auf keine dummen Gedanken kommst. **5.** Racker *m*, ‚Strick' *m* (*Kind*). **6.** Mutwille *m*, ˈÜbermut *m*, Ausgelassenheit *f*: **to be full of** (*od.* **up to**) **~** immer zu Dummheiten aufgelegt sein. **7.** *euphem.* Teufel *m*: **what (where, why) the ~ ...?** was (wo, warum) zum Teufel ...?; **to play the ~ with s.th.** Schindluder treiben mit etwas. **ˈ~ˌmak·er** *s* Unheil-, Unruhestifter(in), Störenfried *m*.

mis·chie·vous [ˈmɪstʃɪvəs] *adj* (*adv* **~ly**) **1.** schädlich, nachteilig, verderblich. **2.** boshaft, mutwillig, schadenfroh. **3.** schelmisch. **ˈmis·chie·vous·ness** *s* **1.** Schädlichkeit *f*, Nachteiligkeit *f*. **2.** Bosheit *f*, Mutwille *m*. **3.** Schalkhaftigkeit *f*, Ausgelassenheit *f*.

misch met·al [mɪʃ] *s tech.* ˈMischmeˌtall *n*.

mis·ci·bil·i·ty [ˌmɪsɪˈbɪlətɪ] *s* Mischbarkeit *f*. **ˈmis·ci·ble** *adj* mischbar.

ˌmisˈcol·o(u)r *v/t* **1.** falsch färben. **2.** *fig.* entstellen, färben.

ˈmisˌcom·preˈhend *v/t* ˈmißverstehen.

ˌmis·conˈceive I *v/t* falsch auffassen *od.* verstehen, ˈmißverstehen, sich e-n falschen Begriff machen von. **II** *v/i* sich irren. **ˌmis·conˈcep·tion** *s* ˈMißverständnis *n*, falsche Auffassung.

mis·con·duct I *v/t* [ˌmɪskənˈdʌkt] **1.** schlecht führen *od.* verwalten. **2. ~ o.s.** a) sich schlecht betragen *od.* benehmen, b) e-n Fehltritt begehen. **II** *s* [ˌmɪsˈkɒndʌkt; *Am.* -ˈkɑn-] **3.** Ungebühr *f*, schlechtes Betragen *od.* Benehmen. **4.** Verfehlung *f*, Fehltritt *m*, *bes.* Ehebruch *m*: **official ~, ~ in office** *jur.* Amtsvergehen *n*; **professional ~** standeswidriges Verhalten. **5.** schlechte Verwaltung. **6.** *mil.* schlechte Führung.

ˌmis·conˈstruc·tion *s* **1.** ˈMißdeutung *f*, falsche Auslegung: **to be open to ~** mißverständlich sein. **2.** *ling.* falsche (ˈSatz)Konstruktiˌon. **ˌmis·conˈstrue** *v/t* falsch auslegen, mißˈdeuten, ˈmißverstehen.

ˌmis·corˈrect *v/t* falsch verbessern, verschlimmbessern.

ˌmisˈcount I *v/t* falsch (be)rechnen *od.* zählen. **II** *v/i* sich verrechnen. **III** *s* Rechenfehler *m*, falsche Zählung.

mis·cre·ant [ˈmɪskrɪənt] **I** *adj* **1.** ruchlos, gemein, abˈscheulich. **2.** *obs.* irr-, ungläubig. **II** *s* **3.** Schurke *m*, Bösewicht *m*. **4.** *obs.* Irr-, Ungläubige(r *m*) *f*.

ˌmisˈcreed *s poet.* Irr-, Unglaube *m*.

ˌmisˈdate I *v/t* falsch daˈtieren. **II** *s* falsches Datum.

ˌmisˈdeal I *v/t u. v/i irr Kartenspiel*: **to ~ (the cards)** sich vergeben. **II** *s* Vergeben *n*: **to make a ~ → I.**

ˌmisˈdeed *s* Missetat *f*.

ˌmis·deˈliv·er *v/t* falsch (an-, ab)liefern.

ˌmis·deˈmean *v/i od. v/reflex* sich schlecht betragen, sich vergehen: **to ~ (o.s.).** **ˌmis·deˈmean·ant** *s* **1.** Übel-, Missetäter(in). **2.** *jur.* Straffällige(r *m*) *f*, Delinˈquent(in). **ˌmis·deˈmean·o(u)r** *s jur.* Vergehen *n*, minderes Deˈlikt: **~ in office** Amtsvergehen.

ˌmisˈdi·ag·nose *v/t med.* e-e ˈFehldiaˌgnose stellen bei. **ˈmisˌdi·agˈno·sis** *s irr* ˈFehldiaˌgnose *f*.

ˌmisˈdi·al *v/i teleph.* sich verwählen.

ˌmis·diˈrect *v/t* **1.** *j-n od. etwas* fehl-, irreleiten: **~ed charity** falsch angebrachte Wohltätigkeit. **2.** *jur. die Geschworenen* falsch belehren: **the judge ~ed the jury.** **3.** *e-n Brief* falsch adresˈsieren. **ˌmis·diˈrec·tion** *s* **1.** Irreleiten *n*, -führung *f*. **2.** falsche Richtung. **3.** falsche Verwendung. **4.** *jur.* unrichtige Rechtsbelehrung (*der Geschworenen*). **5.** falsche Adresˈsierung.

ˌmisˈdo·ing → misdeed.

ˌmisˈdoubt *v/t obs.* **1.** *etwas* an-, bezweifeln. **2.** *j-n* verdächtigen, *j-m* mißˈtrauen. **3.** befürchten.

mise [mi:z; maɪz] *s* **1.** *bes. jur.* Kosten *pl* u. Gebühren *pl*. **2.** *hist.* Vertrag *m*.

mise en scène [ˌmi:zɑ̃:nˈseɪn; mizɑ̃sɛn] (*Fr.*) *s* **1.** *thea.* a) Bühnenbild *n*, b) Inszeˈnierung *f* (*a. fig.*). **2.** Miliˈeu *n*, ˈUmwelt *f*, ˈHintergrund *m*.

ˌmis·emˈploy *v/t* falsch *od.* schlecht anwenden, mißˈbrauchen: **to ~ one's talents.** **ˌmis·emˈploy·ment** *s* schlechte Anwendung, ˈMißbrauch *m*.

mi·ser [ˈmaɪzə(r)] *s* Geizhals *m*, Geizkragen *m*.

mis·er·a·ble [ˈmɪzərəbl] **I** *adj* (*adv* **miserably**) **1.** elend, jämmerlich, erbärmlich, armselig, kläglich (*alle a. contp.*). **2.** traurig, unglücklich: **to make s.o. ~.** **3.** miseˈrabel: a) schlecht, b) schändlich, gemein. **II** *s* **4.** Elende(r *m*) *f*, Unglückliche(r *m*) *f*.

Mis·e·re·re [ˌmɪzəˈrɪərɪ; -ˈre-; *Am. a.* -ˈreɪˌreɪ] *s* **1.** *mus. relig.* Miseˈrere *n*, Bußpsalm *m*. **2.** *relig.* Gebet *n* um Erbarmen. **3. m~ → misericord(e).**

mis·er·i·cord(e) [mɪˈzerɪkɔ:(r)d] *s* Miseriˈkordie *f* (*Vorsprung an den Klappsitzen des Chorgestühls als Stütze während des Stehens*).

mi·ser·li·ness [ˈmaɪzə(r)lɪnɪs] *s* Geiz *m*. **ˈmi·ser·ly** *adj* geizig, filzig, knick(e)rig.

mis·er·y [ˈmɪzərɪ] *s* **1.** Elend *n*, Not *f*: **to put s.o. out of his ~** *a. iro.* j-n von s-m Leiden erlösen; **everyone to his own ~** jedem sein eigenes, selbstverschuldetes Elend. **2.** Trübsal *f*, Jammer *m*, (seelischer) Schmerz. **3.** *pl* Leiden *pl*, Nöte *pl*, Unannehmlichkeiten *pl*. **4.** *Br. contp.* ‚Miesepeter' *m*.

misˈfea·sance *s jur.* **1.** *unerlaubte Ausführung e-r an sich rechtmäßigen Handlung.* **2.** ˈMißbrauch *m* (der Amtsgewalt), ˈAmtsˌmißbrauch *m*. **misˈfea·sor** [-zə(r)] *s jur.* j-d, der sich e-s ˈAmtsˌmißbrauchs *etc* schuldig macht.

ˌmisˈfile *v/t Briefe etc* falsch ablegen.

ˌmisˈfire I *v/i* **1.** *mil.* versagen (*Waffe*). **2.** *bes. mot.* fehlzünden, aussetzen. **3.** *fig.* ‚daˈnebengehen' (*Witz etc*). **II** *s* **4.** a) Versager *m* (*beim Schießen etc*), b) *mot. etc* Fehlzündung *f*.

mis·fit [ˈmɪsfɪt] *s* **1.** schlechtsitzendes Kleidungsstück. **2.** nichtpassender Gegenstand. **3.** Außenseiter(in).

misˈfor·tune *s* **1.** ˈMißgeschick *n*, Unglück *n*. **2.** Unglücksfall *m*. **3. → mishap 2.**

misˈgive I *v/t irr j-n* Böses ahnen lassen: **my heart ~s me** mir ahnt Böses *od.* nichts Gutes. **II** *v/i* Böses ahnen. **misˈgiv·ing** *s* Befürchtung *f*, böse Ahnung, Zweifel *m*.

misˈgot·ten *adj* unrechtmäßig erworben.

ˌmisˈgov·ern *v/t* schlecht reˈgieren *od.* verwalten. **ˌmisˈgov·ern·ment** *s* ˈMißreˌgierung *f*, schlechte Reˈgierung.

misˈgrowth *s* **1.** ˈMißwuchs *m*. **2.** *fig.* Auswuchs *m*: **~ of patriotism.**

ˌmisˈguid·ance *s* Irreführung *f*, Verleitung *f*. **ˌmisˈguide** *v/t* fehl-, verleiten, irreführen: **we were ~d into thinking that** wir wurden zu der Annahme verleitet, daß. **ˌmisˈguid·ed** *adj* irrig (*Entscheidung etc*), unangebracht (*Optimismus etc*).

ˌmisˈhan·dle *v/t* **1.** mißˈhandeln. **2.** *etwas* falsch behandeln, schlecht handhaben: **to ~ a car.** **3.** *fig.* falsch anpacken, ‚verpatzen'.

mis·hap [ˈmɪshæp; mɪsˈhæp] *s* **1.** Unglück *n*, Unfall *m*, *mot.* (*a. humor. fig.*) Panne *f*. **2.** *euphem.* a) ‚Fehltritt *m* mit Folgen', b) uneheliches Kind.

ˌmisˈhear I *v/t irr* falsch hören. **II** *v/i* sich verhören.

mis·hit *sport* **I** *v/t irr* [ˌmɪsˈhɪt] *den Ball* nicht richtig *od.* voll treffen. **II** *s* [ˈmɪshɪt] Fehlschlag *m*.

mish·mash [ˈmɪʃmæʃ] *s* Mischmasch *m*.

Mish·na(h) [ˈmɪʃnə] *s relig.* Mischna *f* (*1. Teil des Talmuds*).

ˌmis·imˈprove *v/t* **1.** verschlimmbessern. **2.** *Am. od. obs.* mißˈbrauchen.

ˌmis·inˈform *v/t j-n* falsch unterˈrichten. **ˌmis·in·forˈma·tion** *s* falscher Bericht, falsche Auskunft *od.* Informatiˈon.

ˌmis·inˈter·pret *v/t* mißˈdeuten, falsch auffassen *od.* auslegen. **ˈmis·inˌter·preˈta·tion** *s* ˈMißdeutung *f*, falsche Auslegung.

ˌmisˈjoin·der *s jur.* **1.** unzulässige Klagenhäufung. **2.** unzulässige *od.* ungehörige Hinˈzuziehung (*e-s Streitgenossen*).

ˌmisˈjudge *v/t u. v/i* **1.** (*v/t*) falsch beurteilen, verkennen: **~d pass** *sport* verunglückter Paß. **2.** (*v/i*) falsch urteilen. **3.** falsch (ein)schätzen: **I ~d the distance.** **ˌmisˈjudg(e)·ment** *s* irriges Urteil, falsche Beurteilung, Verkennung *f*.

ˌmisˈlay *v/t irr etwas* verlegen: **I have mislaid my gloves.**

ˌmisˈlead *v/t irr* **1.** irreführen, täuschen. **2.** verführen, -leiten (**into doing** zu tun): **to be misled (into doing s.th.)** sich verleiten lassen(, etwas zu tun). **ˌmisˈlead·ing** *adj* irreführend: **to be ~** täuschen.

ˌmisˈlike *obs. für* **dislike.**

ˌmisˈman·age *v/t* schlecht verwalten *od.* führen *od.* handhaben. **ˌmisˈman·age·ment** *s* schlechte Verwaltung *od.* Führung, ˈMißwirtschaft *f*.

ˌmisˈmar·riage *s* ˈMißheirat *f*.

ˌmisˈmatched *adj* nicht *od.* schlecht zs.-passend: **a ~ couple** ein ungleiches Paar.

ˌmisˈmove *s Am.* falscher Schritt (*a. fig.*), falsche Bewegung: **to make a ~.**

ˌmisˈname *v/t* falsch benennen.

mis·no·mer [ˌmɪsˈnəʊmə(r)] *s* **1.** *jur.* Namensirrtum *m* (*in e-r Urkunde*). **2.** falsche Benennung *od.* Bezeichnung.

mi·sog·a·mist [mɪˈsɒgəmɪst; *Am.* -ˈsɑ-] *s* Misoˈgam *m*, Ehefeind *m*. **miˈsog·a·my** *s* Misogaˈmie *f*, Ehescheu *f*.

mi·sog·y·nist [mɪˈsɒdʒɪnɪst; *Am.* -ˈsɑ-] *s* Misoˈgyn *m*, Frauenfeind *m*. **miˌsog·yˈnis·tic, miˈsog·y·nous** *adj* frauenfeindlich. **miˈsog·y·ny** *s* Misogyˈnie *f*, Frauenhaß *m*, -scheu *f*.

mi·sol·o·gist [mɪˈsɒlədʒɪst; *Am.* -ˈsɑ-] *s* Vernunfthasser *m*. **miˈsol·o·gy** *s* Misoloˈgie *f*, Abneigung *f* gegen vernünftige sachliche Auseinˈandersetzung.

mis·o·ne·ism [ˌmɪsəʊˈni:ɪzəm] *s psych.* Misoneˈismus *m*, Neophoˈbie *f*, Haß *m* gegen Neuerung. **ˌmis·oˈne·ist** *s* Neuerungshasser *m*.

ˌmisˈplace *v/t* **1.** *etwas* verlegen. **2.** an e-e falsche Stelle legen *od.* setzen: **to ~ the decimal point** *math.* das Komma falsch setzen; **~d pass** *sport* verunglückter Paß. **3.** *fig.* falsch anbringen: **to be ~d** unangebracht *od.* deplaziert sein. **ˌmisˈplace·ment** *s* **1.** Verlegen *n*. **2.** *fig.* falsches Anbringen.

mis·print I *v/t* [ˌmɪsˈprɪnt] verdrucken. **II** *s* [ˈmɪsprɪnt] Druckfehler *m*.

mis·pri·sion[1] [ˌmɪsˈprɪʒn] *s* **1.** *jur.* Vergehen *n*, Versäumnis *f*. **2.** *jur.* Unter-

ˈlassung *f* der Anzeige: ~ **of felony** Nichtanzeige *f* e-s Verbrechens.
mis·pri·sion[2] [ˌmɪsˈprɪʒn] *s obs.* Geringschätzung *f.*
ˌmisˈprize *v/t* **1.** verachten. **2.** geringschätzen, mißˈachten, unterˈschätzen.
ˌmis·proˈnounce *v/t u. v/i* (ein Wort *etc*) falsch aussprechen. **ˈmis·proˌnun·ciˈa·tion** *s* falsche Aussprache.
ˌmisˈproud *adj obs.* hoffärtig, stolz.
ˌmis·quoˈta·tion *s* falsche Anführung, falsches Ziˈtat. **ˌmisˈquote** *v/t u. v/i* falsch anführen *od.* ziˈtieren.
ˌmisˈread *v/t irr* **1.** falsch lesen. **2.** mißˈdeuten.
ˈmisˌrep·reˈsent *v/t* **1.** falsch *od.* ungenau darstellen. **2.** entstellen, verdrehen. **ˈmisˌrep·re·senˈta·tion** *s* **1.** falsche *od.* ungenaue Darstellung, Verdrehung *f*, falsches Bild. **2.** *jur.* falsche Angabe.
ˌmisˈrule I *v/t* **1.** schlecht reˈgieren. **II** *s* **2.** schlechte Reˈgierung, ˈMißreˌgierung *f.* **3.** Unordnung *f*, Tuˈmult *m.*
miss[1] [mɪs] *s* **1.** **M~** (*mit folgendem Namen*) Fräulein *n*: **M~ Smith** Fräulein Smith; **M~ America** Miß Amerika (*die Schönheitskönigin von Amerika*). **2.** *oft humor. od. contp.* ‚Ding' *n*, Dämchen *n.* **3.** *econ.* junges Mädchen, Teenager *m*: → **junior miss. 4.** (*ohne folgenden Namen*) Fräulein *n* (*Anrede für Lehrerinnen, Kellnerinnen etc*).
miss[2] [mɪs] **I** *v/t* **1.** *e-e Gelegenheit, den Zug, e-e Verabredung etc* verpassen, -säumen, *den Beruf, j-n, das Tor, den Weg, das Ziel etc* verfehlen: **to ~ the bus** (*od.* **boat**) *colloq.* den Anschluß *od.* s-e Chance verpassen; **to ~ one's opportunity (of doing s.th.** *od.* **to do s.th.)** die Gelegenheit verpassen *od.* sich die Gelegenheit entgehen lassen(, etwas zu tun); **to ~ the point (of an argument)** das Wesentliche (e-s Arguments) nicht begreifen; **he didn't ~ much** a) er versäumte nicht viel, b) ihm entging so gut wie nichts; **~ed approach** *aer.* Fehlanflug *m*; **~ed period** *physiol.* ausgebliebene Regel. **2.** *a.* ~ **out** auslassen, überˈgehen, -ˈspringen. **3.** nicht haben, nicht bekommen: **I ~ed my breakfast** ich habe kein Frühstück (mehr) bekommen; → **fire** 9, **footing** 1, **hold**[2] 1, **mark**[1] 12. **4.** a) nicht hören können, überˈhören, b) überˈsehen, nicht bemerken. **5.** vermissen: **we ~ her very much** sie fehlt uns sehr; **he is ~ing his wallet** er vermißt seine Brieftasche; **he won't ~ £100** 100 Pfund ‚tun ihm nicht weh'. **6.** entkommen (*dat*), entgehen (*dat*), vermeiden: **he just ~ed being drowned** er wäre um ein Haar ertrunken; **I just ~ed running him over** um ein Haar hätte ich ihn überfahren.
II *v/i* **7.** nicht treffen: a) daˈnebenschießen, -werfen, -schlagen *etc*, b) fehlgehen, daˈnebengehen (*Schuß etc*). **8.** mißˈglücken, -ˈlingen, fehlschlagen, ‚daˈnebengehen'. **9.** ~ **out** zu kurz kommen: **to ~ out on s.th.** a) etwas verpassen, b) etwas weglassen *od.* nicht berücksichtigen; **he's ~ing out on his private life** sein Privatleben kommt zu kurz.
III *s* **10.** Fehlschuß *m*, -wurf *m*, -schlag *m*, -stoß *m*: **every shot a ~** jeder Schuß ging daneben. **11.** Verpassen *n*, -säumen *n*, -fehlen *n*, Entrinnen *n*: **a ~ is as good as a mile** knapp daneben ist auch vorbei; **to give s.th. a ~** a) etwas vermeiden *od.* nicht nehmen *od.* nicht tun, die Finger lassen von etwas, b) etwas auslassen, verzichten auf etwas. **12.** *Am. colloq.* a) Fehlgeburt *f*, b) *mot.* Fehlzündung *f.*
mis·sal [ˈmɪsl] *relig.* **I** *s* Meßbuch *n.* **II** *adj* Meß...: ~ **sacrifice** Meßopfer *n.*
ˌmisˈshap·en *adj* ˈmißgebildet, ungestalt, unförmig, häßlich.
mis·sile [ˈmɪsaɪl; *Am.* -səl] **I** *s* **1.** (Wurf-)Geschoß *n*, Projekˈtil *n.* **2.** *mil.* Flugkörper *m*, Raˈkete *f.* **II** *adj* **3.** Schleuder..., Wurf... **4.** *mil.* Raketen...: ~ **base** (*od.* **site**) Raketen(abschuß)basis *f*; ~ **carrier** Raketenträger *m.* **ˈ~man** [-mən] *s irr* Raˈketenfachmann *m*, -techniker *m.*
mis·sile·ry [ˈmɪsaɪlrɪ; *Am.* ˈmɪsəlriː] *s* **1.** Raˈketentechnik *f.* **2.** *collect.* Raˈketen (-arseˌnal *n*) *pl*, Flugkörper *pl.*
miss·ing [ˈmɪsɪŋ] *adj* **1.** fehlend, weg, nicht da: **to be ~** a) fehlen, b) verschwunden *od.* weg sein (*Sache*); **the ~ link** a) das fehlende Glied, b) *Darwinismus*: das Missing link, die fehlende Übergangsform bei Primaten. **2.** vermißt (*mil. a.* ~ **in action**), verschollen: **to be ~** vermißt sein *od.* werden; **the ~** die Vermißten *od.* Verschollenen; **to be reported ~** als vermißt gemeldet werden.
mis·sion [ˈmɪʃn] *s* **1.** *pol.* (*Am.* ständige) Gesandtschaft. **2.** *pol.* (Miliˈtär- *etc*)MissiˌON *f* (*im Ausland*): **the head of the ~** der Missionschef. **3.** *bes. pol.* Auftrag *m*, Missiˈon *f*: **on (a) special ~** mit besonderem Auftrag. **4.** *relig.* Missiˈon *f*: a) Sendung *f*, b) Missioˈnarstätigkeit *f*: **foreign (home) ~** äußere (innere) Mission, c) Missiˈonskurse *pl*, -predigten *pl*, d) Missiˈonsgesellschaft *f*, e) Missiˈonsstatiˌon *f.* **5.** Missiˈon *f*, Sendung *f*, (innere) Berufung, Lebenszweck *m*: ~ **in life** Lebensaufgabe *f*; **sense of ~** Sendungsbewußtsein *n.* **6.** *mil.* a) (Einsatz-, Kampf)Auftrag *m*: ~ **accomplished!** Auftrag ausgeführt!, b) *aer.* Feindflug *m*, Einsatz *m.*
mis·sion·ar·y [ˈmɪʃnərɪ; *Am.* ˈmɪʃəˌneriː] **I** *adj* **1.** missioˈnarisch, Missions...: ~ **work**; ~ **position** (*Geschlechtsverkehr*) Missionarsstellung *f.* **II** *s* **2.** Missioˈnar (-in). **3.** *fig.* Bote *m*, Botin *f.*
mis·sis [ˈmɪsɪz] *s colloq.* **1.** ‚gnä' Frau' (*Hausfrau*). **2.** ‚Alte' *f*, ‚bessere Hälfte' (*Ehefrau*): **how's the** (*od.* **your**) **~?**
miss·ish [ˈmɪsɪʃ] *adj* **1.** zimperlich. **2.** geziert, affekˈtiert. **3.** altˈjüngferlich.
mis·sive [ˈmɪsɪv] *s* Sendschreiben *n.*
ˌmisˈspell *v/t a. irr* falsch buchstaˈbieren *od.* schreiben. **ˌmisˈspell·ing** *s* **1.** falsches Buchstaˈbieren. **2.** Rechtschreibfehler.
ˌmisˈspend *v/t irr* falsch verwenden, vergeuden, -schwenden: **misspent youth** vergeudete Jugend.
ˌmisˈstate *v/t* falsch angeben, unrichtig darstellen. **ˌmisˈstate·ment** *s* falsche Angabe *od.* Darstellung.
ˌmisˈstep *s* **1.** Fehltritt *m* (*a. fig.*). **2.** *fig.* Fehler *m*, Dummheit *f.*
mis·sus [ˈmɪsəs; -əz] → **missis.**
miss·y [ˈmɪsɪ] *s colloq. humor.* kleines Fräulein.
mist [mɪst] **I** *s* **1.** *allg.* (feiner) Nebel. **2.** *meteor.* a) leichter Nebel, feuchter Dunst, b) *Am.* Sprühregen *m.* **3.** *fig.* Nebel *m*, Schleier *m* (*a. vor den Augen etc*): **to be in a ~** ganz verwirrt sein; **to see things through a ~** alles wie durch e-n Schleier sehen; **through a ~ of tears** durch e-n Tränenschleier. **4.** *colloq.* Beschlag *m*, Hauch *m* (*auf e-m Glas*). **II** *v/i* **5.** *a.* ~ **over** a) nebeln, neb(e)lig sein (*a. fig.*), b) sich verschleiern, sich umˈfloren, sich trüben (*Augen*), c) (sich) beschlagen (*Glas*). **III** *v/t* **6.** umˈnebeln, umˈwölken, verdunkeln.
mis·tak·a·ble [mɪˈsteɪkəbl] *adj* **1.** (leicht) zu verwechseln(d). **2.** ˈmißverständlich.
mis·take [mɪˈsteɪk] **I** *v/t irr* **1.** a) (**for**) verwechseln (mit), (fälschlich) halten (für), b) verfehlen, nicht erkennen, verkennen: **to ~ s.o.'s character** sich in j-s Charakter *od.* Wesen irren. **2.** falsch verstehen, ˈmißverstehen: **there is no mistaking ...** a) ... ist unverkennbar *od.* unmißverständlich, b) ... steht außer Frage. **II** *v/i* **3.** sich irren, sich versehen. **III** *s* **4.** ˈMißverständnis *n.* **5.** Irrtum *m* (*a. jur.*), Versehen *n*, ˈMißgriff *m*, Fehler *m*: **by ~** irrtümlich, aus Versehen; **to learn from one's ~s** aus s-n Fehlern lernen; **to make a ~** sich irren; **to make a ~ of two pounds** sich um 2 Pfund verrechnen; **to make a ~ about the number** sich in der Nummer irren; **make no ~** damit wir uns nicht falsch verstehen; **and no ~** *colloq.* daran besteht kein Zweifel; **I was scared and no ~ when** *colloq.* ich hatte vielleicht Angst, als. **6.** (Schreib-, Rechen- *etc*)Fehler *m.*
mis·tak·en [mɪˈsteɪkən] **I** *pp von* **mistake. II** *adj* **1.** im Irrtum: **to be ~** sich irren; **unless I am very much ~** wenn ich mich nicht sehr irre, wenn mich nicht alles täuscht; **we were quite ~ in him** wir haben uns in ihm ganz schön getäuscht. **2.** irrig, falsch: **a ~ opinion**; **(case of) ~ identity** (Personen)Verwechslung *f*; **~ kindness** unangebrachte Freundlichkeit. **misˈtak·en·ly** *adv* fälschlicher-, irrtümlicherweise.
mis·ter [ˈmɪstə(r)] *s* **1.** **M~** Herr *m* (*vor Familiennamen od. Titeln, a. mar. mil.*; *meist abbr.* **Mr** *od. Am.* **Mr.**): **Mr** (*od.* **Mr.**) **Smith; Mr. President. 2.** *sl.* (*in der Anrede*): ‚Meister!', ‚Chef!'
mis·ti·gris [ˈmɪstɪgriː; -grɪs] *s* (*Poker*) **1.** Joker *m.* **2.** *Abart des Pokerspiels, bei der Joker verwendet werden.*
ˌmisˈtime *v/t* **1.** a) zur unpassenden Zeit sagen *od.* tun, e-n falschen Zeitpunkt wählen für, b) *sport Paß etc* schlecht timen. **2.** e-e falsche Zeit angeben *od.* annehmen für. **ˌmisˈtimed** *adj* unpassend, unangebracht, zur Unzeit.
mist·i·ness [ˈmɪstɪnɪs] *s* **1.** Nebligkeit *f*, Dunstigkeit *f.* **2.** *fig.* Unklarheit *f*, Verschwommenheit *f.*
mis·tle·toe [ˈmɪsltəʊ] *s bot.* **1.** Mistel *f.* **2.** Mistelzweig *m.*
ˌmis·transˈlate *v/t u. v/i* falsch überˈsetzen. **ˌmis·transˈla·tion** *s* falsche Überˈsetzung, Überˈsetzungsfehler *m.*
ˌmisˈtreat → **maltreat.**
mis·tress [ˈmɪstrɪs] *s* **1.** Herrin *f* (*a. fig.*), Gebieterin *f*, Besitzerin *f*: **you are your own ~** du bist dein eigener Herr; **she is ~ of herself** sie weiß sich zu beherrschen; **M~ of the Sea(s)** Beherrscherin *f* der Meere (*Großbritannien*); **M~ of the World** Herrin der Welt (*das alte Rom*). **2.** Frau *f* des Hauses, Hausfrau *f.* **3.** Leiterin *f*, Vorsteherin *f*: **M~ of the Robes** erste Kammerfrau (*der brit. Königin*). **4.** *bes. Br.* Lehrerin *f*: **chemistry ~** Chemielehrerin. **5.** Kennerin *f*, Meisterin *f*, Exˈpertin *f* (**of** auf dem Gebiet *gen*). **6.** Geliebte *f*, Mäˈtresse *f.* **7.** *poet. od. obs.* geliebte Frau, Geliebte *f.* **8.** → **Mrs.**
ˌmisˈtri·al *s jur.* **1.** fehlerhaft geführter Proˈzeß. **2.** *Am.* ergebnisloser Proˈzeß (*z.B. wenn sich die Geschworenen nicht einigen können*).
ˌmisˈtrust I *s* **1.** ˈMißtrauen *n*, Argwohn *m* (**of gegen**): **to have a (strong) ~ of s.th.** e-r Sache (tief) mißtrauen. **II** *v/t* **2.** *j-m* mißˈtrauen, nicht trauen. **3.** zweifeln an (*dat*). **ˌmisˈtrust·ful** *adj* (*adv* **~ly**) ˈmißtrauisch, argwöhnisch (**of** gegen).
mist·y [ˈmɪstɪ] *adj* (*adv* **mistily**) **1.** (leicht) neb(e)lig, dunstig. **2.** verschleiert (*Augen etc*): **her eyes grew ~** ihr Blick ver-

schleierte sich. **3.** *fig.* unklar, verschwommen: **a ~ idea; ~ memories** e-e schwache *od.* undeutliche Erinnerung.

ˌmis·un·derˈstand *v/t irr* **1.** ˈmißverstehen: **don't ~ me** verstehen Sie mich nicht falsch. **2.** *j-n* nicht verstehen: **his wife ~s him. ˌmis·un·derˈstand·ing** *s* **1.** ˈMißverständnis *n.* **2.** ˈMißhelligkeit *f*, Unstimmigkeit *f*, Diffeˈrenz(en *pl*) *f.* **ˌmis·un·derˈstood I** *pret u. pp von* **misunderstand. II** *adj* **1.** ˈmißverstanden. **2.** verkannt (*Künstler etc*).

ˌmisˈus·age → misuse I.

mis·use I [ˌmɪsˈjuːs; *Am. a.* mɪʃˈuːs] *s* **1.** ˈMißbrauch *m*: **~ of power** Machtmißbrauch. **2.** falscher Gebrauch. **3.** Mißˈhandlung *f.* **II** [ˌmɪsˈjuːz; *Am. a.* mɪʃˈuːz] *v/t* **4.** mißˈbrauchen, falsch *od.* zu unrechten Zwecken gebrauchen. **5.** falsch an- *od.* verwenden. **6.** mißˈhandeln. **ˌmisˈus·er** *s jur.* ˈMißbrauch *m* e-s Rechts *od.* e-r Befugnis.

mite[1] [maɪt] *s zo.* Milbe *f.*

mite[2] [maɪt] *s* **1.** Heller *m* (*kleine Münze*). **2.** sehr kleine Geldsumme. **3.** Scherflein *n*: **to contribute one's ~ to** sein Scherflein beitragen zu. **4.** *colloq.* kleines Ding, Dingelchen *n*: **not a ~** kein bißchen; **a ~ of a child** ein (kleines) Würmchen.

mi·ter, *bes. Br.* **mi·tre** [ˈmaɪtə(r)] **I** *s* **1.** *relig.* a) Mitra *f*, Bischofsmütze *f*, b) *fig.* Bischofsamt *n*, -würde *f.* **2.** *antiq.* (*Art*) Turban *m* (*der jüdischen Hohenpriester*). **3.** *antiq.* Mitra *f*: a) *Kopfbinde der griechischen u. römischen Frauen*, b) *orientalische Mütze.* **4.** *tech.* a) (Gehrungs)Fuge *f*, b) Gehrungsfläche *f*, c) **→ miter joint,** d) **→ miter square. 5.** *zo.* **→ miter shell. II** *v/t* **6.** mit der Mitra schmücken, infuˈlieren, zum Bischof machen. **7.** *tech.* a) auf Gehrung verbinden, b) gehren, auf Gehrung zurichten. **III** *v/i* **8.** *tech.* sich in ˈeinem Winkel treffen. **~ block, ~ box** *s tech.* Gehrlade *f.*

mi·tered, *bes. Br.* **mi·tred** [ˈmaɪtə(r)d] *adj* **1.** infuˈliert, e-e Mitra tragend, *Abt etc* im Bischofsrang. **2.** mitraförmig.

mi·ter gear, *bes. Br.* **mi·tre gear** *s tech.* Kegelradgetriebe *n.* **~ joint** *s tech.* Gehrfuge *f*, -stoß *m.* **~ mush·room** *s bot.* Lorchel *f.* **~ saw** *s tech.* Gehrungssäge *f.* **~ shell** *s zo.* Mitraschnecke *f*, *bes.* Bischofsmütze *f.* **~ square** *s tech.* Gehrdreieck *n*, ˈWinkellineˌal *n* von 45°. **~ valve** *s tech.* ˈKegelvenˌtil *n.* **~ wheel** *s tech.* Kegelrad *n.*

mith·ri·da·tism [ˈmɪθrɪdeɪtɪzəm; *bes. Am.* ˌmɪθrəˈdeɪt-] *s med.* Mithridaˈtismus *m* (*Giftfestigkeit durch Gewöhnung*). **ˈmith·ri·dat·ize** *v/t* (*durch allmählich gesteigerte Dosen*) gegen Gift imˈmun machen.

mit·i·ga·ble [ˈmɪtɪgəbl] *adj* zu lindern(d), zu mildern(d).

mit·i·gate [ˈmɪtɪgeɪt] *v/t Schmerzen etc* lindern, *e-e Strafe etc* mildern, abschwächen, *Zorn etc* besänftigen, mäßigen: **mitigating circumstances** *jur.* mildernde Umstände. **ˌmit·iˈga·tion** *s* **1.** Linderung *f*, Milderung *f.* **2.** Milderung *f*, Abschwächung *f*: **~ of punishment** Strafmilderung; **to plead in ~** *jur.* a) für Strafmilderung plädieren, b) strafmildernde Umstände geltend machen. **3.** Besänftigung *f*, Mäßigung *f.* **4.** mildernder ˈUmstand. **ˈmit·i·ga·tive, ˈmit·i·ga·to·ry** [-geɪtərɪ; *Am.* -gəˌtəʊriː; -ˌtɔː-] *adj* **1.** lindernd, mildernd. **2.** abschwächend, erleichternd. **3.** besänftigend, mäßigend, beruhigend.

mi·to·sis [maɪˈtəʊsɪs; *Br. a.* mɪ-] *pl* **-ses** [-siːz] *s biol.* Miˈtose *f*, ˈindiˌrekte *od.* chromosoˈmale (Zell)Kernteilung. **miˈtot·ic** [-ˈtɒtɪk; *Am.* -ˈtɑ-] *adj biol.* miˈtotisch.

mi·tral [ˈmaɪtrəl] *adj* **1.** Mitra... **2.** miˈtral, bischofsmützenförmig. **3.** *anat.* Mitral...: **~ valve** Mitralklappe *f.*

mi·tre, mi·tred *bes. Br. für* **miter, mitered.**

mitt [mɪt] *s* **1.** Halbhandschuh *m* (*langer Handschuh ohne Finger od. mit halben Fingern*). **2.** *Baseball*: Fanghandschuh *m.* **3. → mitten** 1. **4.** *sl.* ‚Flosse' *f*, ‚Pfote' *f* (*Hand*). **5.** *sl.* Boxhandschuh *m.*

mit·ten [ˈmɪtn] *s* **1.** Fausthandschuh *m*, Fäustling *m*: **to get the ~** *colloq.* a) ‚e-n Korb bekommen', abgewiesen werden, b) ‚hinausfliegen', entlassen werden; **to give a lover the ~** *colloq.* e-m Liebhaber ‚den Laufpaß' geben. **2. → mitt** 1. **3.** *sl.* Boxhandschuh *m.*

mit·ti·mus [ˈmɪtɪməs] *s* **1.** *jur.* Mittimus *n*: a) *richterlicher Befehl an die Gefängnisbehörde zur Aufnahme e-s Häftlings*, b) *Befehl zur Übersendung der Akten an ein anderes Gericht.* **2.** *Br. colloq.* ‚blauer Brief', Entlassung *f.*

mix [mɪks] **I** *v/t pret u. pp* **mixed,** *a.* **mixt 1.** (ver)mischen, vermengen (**with** mit), *e-n Cocktail etc* mixen, mischen, *den Teig* anrühren: **to ~ into** mischen in (*acc*), beimischen (*dat*). **2.** *oft* **~ up** zs.-, durcheinˈandermischen. **3. ~ up** a) gründlich mischen, b) völlig durcheinˈanderbringen, c) verwechseln (**with** mit). **4. to be ~ed up** a) verwickelt sein *od.* werden (**in, with** in *acc*), b) (*geistig*) ganz durcheinˈander sein. **5.** *biol.* kreuzen. **6.** *Stoffe* meˈlieren. **7.** *fig.* verbinden: **to ~ business with pleasure** das Angenehme mit dem Nützlichen verbinden. **8. ~ it (up)** *sl.* sich e-n harten Kampf liefern. **II** *v/i* **9.** sich (ver)mischen. **10.** sich mischen lassen. **11.** *gut etc* auskommen, sich vertragen: **they will not ~ well. 12.** verkehren (**with** mit; **in** in *dat*): **to ~ in the best society. 13.** *biol.* sich kreuzen. **14.** *Am. colloq.* a) sich (ein-)mischen (**into, in** in *acc*), b) sich einlassen (**with s.o.** mit j-m). **III** *s* **15.** Mischung *f*, Gemisch *n.* **16.** *Am.* (koch-, back- *od.* gebrauchsfertige) Mischung: **cake ~** Backmischung. **17.** *colloq.* Durcheinˈander *n*, Mischmasch *m.* **18.** *sl.* Keileˈrei *f.*

mixed [mɪkst] *adj* **1.** gemischt (*a. fig. Gefühle, Gesellschaft, Kommission, Konto, Metapher etc*). **2.** vermischt. **3.** Misch... **4.** *colloq.* verwirrt, konˈfus. **5.** *bot.* gemischt, Misch... **6.** *math.* gemischt: **~ fraction; ~ number; ~ proportion. 7.** ˈunterschiedlich: **of ~ success. ~ bag** *s colloq.* bunte Mischung. **~ bless·ing** *s* zweifelhaftes Vergnügen. **~ blood** *s* **1.** gemischtes Blut, gemischte (rassische) Abstammung. **2.** Mischling *m*, Halbblut *n.* **~ car·go** *s econ.* Stückgutladung *f.* **~ cloth** *s* meˈliertes Tuch. **~ con·struc·tion** *s arch.* Gemischtbauweise *f.* **ˈ~-ˌcy·cle en·gine** *s tech.* Semidieselmotor *m.* **~ dou·ble** *s meist pl Tennis etc*: gemischtes Doppel, Mixed *n*: **a ~s match** ein gemischtes Doppel. **~ e·con·o·my** *s econ.* gemischte Wirtschaftsform. **ˌ~-eˈcon·o·my** *adj econ.* gemischtwirtschaftlich. **~ ed·u·ca·tion** *s ped.* Gemeinschaftserziehung *f*, Koedukatiˈon *f.* **~ farm·ing** *s* Ackerbau *m u.* Viehzucht *f.* **~ grill** *s* Mixed grill *m.* **~ lan·guage** *s* Mischsprache *f.* **~ mar·riage** *s* Mischehe *f.* **~ me·di·a** *s pl* **1.** Multiˈmedia *pl.* **2.** *art* Mischtechnik *f.* **ˌ~-ˈme·di·a** *adj* Mixed-media-..., multimediˈal. **~ pick·les** *s pl* Mixed Pickles *pl*, Mixpickles *pl.* **~ price** *s econ.* Mischpreis *m.* **~ school** *s* Koedukatiˈonsschule *f.* **~ train** *s rail.* gemischter Zug.

ˈmixed-up *adj* verwirrt, konˈfus, durcheinˈander.

mix·en [ˈmɪksn] *s dial.* Misthaufen *m.*

mix·er [ˈmɪksə(r)] *s* **1.** a) Mischer *m*, b) Mixer *m* (*von Cocktails etc*). **2.** Mixer *m* (*Küchengerät*). **3.** *tech.* Mischer *m*, ˈMischmaˌschine *f.* **4.** *electr. TV etc*: Mischpult *n*, Mischer *m.* **5. to be a good (bad) ~** *colloq.* kontaktfreudig (kontaktarm) sein. **~ tube,** *Br.* **~ valve** *s electr.* Mischröhre *f.*

mix·ing [ˈmɪksɪŋ] *adj* Misch...: **~ ratio** *mot. etc* Mischverhältnis *n.*

mixt [mɪkst] *pret u. pp von* **mix.**

mix·ture [ˈmɪkstʃə(r)] *s* **1.** Mischung *f* (*a. von Tee, Tabak etc*), Gemisch *n* (**of ... and** aus ... und). **2.** a) Mischgewebe *n*, b) Meˈlange *f* (*Garn*). **3.** *mot.* Gas-Luft-Gemisch *n.* **4.** *chem.* Gemenge *n*, Gemisch *n.* **5.** *pharm.* Mixˈtur *f.* **6.** *biol.* Kreuzung *f.* **7.** *a.* **~ stop** *mus.* Mixˈtur *f* (*Orgelregister*).

ˈmix-up *s colloq.* **1.** Wirrwarr *m*, Durcheinˈander *n.* **2.** Verwechslung *f.* **3.** Handgemenge *n.*

miz·(z)en [ˈmɪzn] *s mar.* **1.** Beˈsan(segel *n*) *m.* **2. → miz(z)enmast. ˈ~mast** *s* Beˈsan-, Kreuzmast *m.* **ˈ~-ˌroy·al sail** *s* Kreuzoberbramsegel *n.* **ˈ~-sail → miz(z)en** 1. **ˈ~-ˌtopˈgal·lant sail** *s* Kreuzbramsegel *n.*

miz·zle[1] [ˈmɪzl] *dial. od. colloq.* **I** *v/impers* nieseln, fein regnen. **II** *s* Nieseln *n*, Sprühregen *m.*

miz·zle[2] [ˈmɪzl] *v/i bes. Br. sl.* ‚türmen'.

MKS sys·tem *s* MKˈS-Syˌstem *n*, ˈMeter-Kiloˈgramm-Seˈkunde-Syˌstem *n.*

mne·mon·ic [niːˈmɒnɪk; *Am.* -ˈmɑ-] **I** *adj* **1.** mnemoˈtechnisch. **2.** mneˈmonisch, Gedächtnis... **II** *s* **3.** Gedächtnishilfe *f.* **4. → mnemonics** 1. **mneˈmon·ics** *s pl* **1.** (*a. als sg konstruiert*) Mneˈmonik *f*, Mnemoˈtechnik *f*, Gedächtniskunst *f.* **2.** mneˈmonische Zeichen *pl.*

mne·mo·nist [ˈniːmənɪst] *s* Mneˈmoniker(in), Gedächtniskünstler(in). **mne·mo·tech·nics** [ˌniːməʊˈteknɪks] *s pl* (*a. als sg konstruiert*), **ˈmne·moˌtech·ny** *s* **→ mnemonics** 1.

mo [məʊ] *s colloq.* **1.** Moˈment *m*: **wait half a ~!** eine Sekunde! **2.** *Austral.* Schnurrbart *m.*

mo·a [ˈməʊə] *s orn.* Moa *m* (*ausgestorbener Schnepfenstrauß Neuseelands*).

Mo·ab·ite [ˈməʊəbaɪt] *Bibl.* **I** *s* Moaˈbiter(in). **II** *adj* moaˈbitisch.

moan [məʊn] **I** *s* **1.** Stöhnen *n*, Ächzen *n* (*a. fig. des Windes etc*): **to make (one's) ~** *obs.* **→** 4. **II** *v/i* **2.** stöhnen, ächzen. **3.** *fig.* a) ächzen (*Wind etc*), b) (dumpf) rauschen (*Wasser*). **4.** (weh)klagen, jammern. **III** *v/t* **5.** beklagen. **6.** *Worte etc* (herˈvor)stöhnen. **ˈmoan·ful** *adj* (*adv* **~ly**) (weh)klagend.

moat [məʊt] *mil.* **I** *s* (Wall-, Burg-, Stadt)Graben *m.* **II** *v/t* mit e-m Graben umˈgeben.

mob [mɒb; *Am.* mɑb] **I** *s* **1.** Mob *m*, zs.-gerotteter Pöbel(haufen): **~ law** Lynchjustiz *f.* **2.** *sociol.* Masse *f*: **~ psychology** Massenpsychologie *f.* **3.** Pöbel *m*, Gesindel *n.* **4.** *sl.* a) (Verbrecher)Bande *f*, b) *allg.* Bande *f*, Sippschaft *f*, Clique *f.* **II** *v/t* **5.** (lärmend) bedrängen, anpöbeln, ˈherfallen über (*acc*). **6.** (in e-r Rotte) attaˈckieren *od.* angreifen. **7.** *Geschäfte etc* stürmen. **III** *v/i* **8.** sich zs.-rotten.

ˈmob·cap *s hist.* Morgenhaube *f* (*der Frauen*).

mo·bile [ˈməʊbaɪl; *Am. a.* -bəl; -ˌbiːl] **I** *adj* **1.** beweglich. **2.** schnell (beweglich), wendig (*a. fig. Geist etc*). **3.** lebhaft: **~ features. 4.** *chem.* leicht-, dünnflüssig: **~ liquids. 5.** *tech.* fahrbar, beweglich, moˈbil, *mil. a.* motoriˈsiert: **~ artillery** fahrbare Artillerie; **~ crane** *tech.* Autokran *m*; **~ defence** (*Am.* **-se**) *mil.* bewegliche *od.* elastische Verteidigung; ~ **home** Wohnwagen *m*; ~ **library** Wander-, Autobücherei *f*; ~ **troops** *mil.* schnelle *od.* motorisierte Verbände; ~ **unit** a) *tech.* fahrbare Anlage, b) *mil.* (voll)motorisierte Einheit; ~ **warfare** Bewegungskrieg *m*; ~ **workshop** Werkstattwagen *m*. **6.** veränderlich, unstet. **7.** *econ.* flüssig, moˈbil: ~ **funds**. **II** *s* **8.** beweglicher Körper, *bes. tech.* beweglicher Teil (*e-s Mechanismus*). **9.** Mobile *n*.

mo·bil·i·ty [məʊˈbɪlətɪ] *s* **1.** Beweglichkeit *f*. **2.** Wendigkeit *f*. **3.** Veränderlichkeit *f*. **4.** *sociol.* a) Mobiliˈtät *f* (*der Bevölkerung*), b) soziˈale Mobiliˈtät, sozialer Auf- *od.* Abstieg. **5.** *chem.* Leichtflüssigkeit *f*.

mo·bi·li·za·tion [ˌməʊbɪlaɪˈzeɪʃn; *Am.* -ləˈz-] *s* Mobiliˈsierung *f*: a) *mil.* Moˈbilmachung *f*, b) *bes. fig.* Aktiˈvierung *f*, Aufgebot *n* (*der Kräfte etc*), c) *econ.* Flüssigmachung *f*. **ˈmo·bi·lize I** *v/t* mobiliˈsieren: a) *mil.* moˈbil machen, b) *mil. etc* dienstverpflichten, herˈanziehen, c) *fig. Kräfte etc* aufbieten, einsetzen, d) *econ. Kapital* flüssigmachen. **II** *v/i mil.* moˈbil machen.

mob·oc·ra·cy [mɒˈbɒkrəsɪ; *Am.* mɑˈbɑ-] *s* **1.** Pöbelherrschaft *f*. **2.** (herrschender) Pöbel.

mobs·man [ˈmɒbzmən; *Am.* ˈmɑbz-] *s irr* **1.** Gangster *m*. **2.** *Br. sl.* (eleˈganter) Taschendieb.

mob·ster [ˈmɑbstər] *Am. sl. für* **mobsman** 1.

moc·ca·sin [ˈmɒkəsɪn; *Am.* ˈmɑ-] *s* **1.** Mokasˈsin *m* (*absatzloser Schuh der Indianer, a. Damenmodeschuh*). **2.** *zo.* Mokasˈsinschlange *f*.

mo·cha[1] [ˈmɒkə; *Am.* ˈməʊkə] **I** *s* **1.** ˈMokka(kafˌfee) *m*. **2.** Mochaleder *n*. **II** *adj* **3.** Mokka...

mo·cha[2] [ˈmɒkə; *Am.* ˈməʊkə], **Mo·cha stone** *s min.* Mochastein *m*.

mock [mɒk; *Am. a.* mɑk] **I** *v/t* **1.** verspotten, -höhnen, lächerlich machen. **2.** nachäffen. **3.** *poet.* nachahmen. **4.** täuschen, narren. **5.** spotten (*gen*), trotzen (*dat*), Trotz bieten (*dat*), nicht achten. **II** *v/i* **6.** sich lustig machen, spotten (**at** über *acc*). **III** *s* **7.** Spott *m*, Hohn *m*. **8.** → **mockery** 2 *u.* 3. **IV** *adj* **9.** falsch, nachgemacht, Schein..., Pseudo...: ~ **attack** *mil.* Scheinangriff *m*.

mock·er [ˈmɒkə(r); *Am. a.* ˈmɑ-] *s* **1.** Spötter(in). **2.** Nachäffer(in). **3. to put the ~s on s.th.** *Br. sl.* etwas ‚vermasseln'.

mock·er·y [ˈmɒkərɪ; *Am. a.* ˈmɑ-] *s* **1.** Spott *m*, Hohn *m*, Spötteˈrei *f*. **2.** *fig.* Hohn *m* (**of** auf *acc*). **3.** Zielscheibe *f* des Spottes, Gespött *n*: **to make a ~ of** zum Gespött (der Leute) machen. **4.** Nachäffung *f*. **5.** *fig.* Possenspiel *n*, Farce *f*.

ˌmock-heˈro·ic I *adj* (*adv* **~ally**) **1.** ˈkomisch-heˈroisch: ~ **poem** → 2. **II** *s* **2.** ˈkomisch-heˈroisches Gedicht, heˈroische Burˈleske. **3.** ˈkomisch-heˈroisches Getue *od.* Geschwätz.

mock·ing [ˈmɒkɪŋ; *Am. a.* ˈmɑ-] **I** *s* Spott *m*, Gespött *n*. **II** *adj* (*adv* **~ly**) spöttisch. **ˈ~·bird** *s orn.* Spottdrossel *f*.

mock| moon *s astr.* Nebenmond *m*. **~ or·ange** *s bot.* **1.** *Am.* Falscher Jasˈmin. **2.** Karoˈlinischer Kirschlorbeer. **3.** oˈrangenähnlicher Kürbis. **~ priv·et** *s bot.* Steinlinde *f*. **~ sun** *s astr.* Nebensonne *f*. **~ tri·al** *s jur.* ˈScheinproˌzeß *m*. **~ tur·tle** *s gastr.* Kalbskopf *m* en torˈtue. **~ tur·tle soup** *s gastr.* Mockturtlesuppe *f*, falsche Schildkrötensuppe. **ˈ~-up** *s* Moˈdell *n* (in naˈtürlicher Größe), Atˈtrappe *f*. **~ vel·vet** *s* Trippsamt *m*.

Mod[1] [mɒd] *s musikalisches u. literarisches Jahresfest der Hochlandschotten.*

mod[2] [mɒd; *Am.* mɑd] **I** *abbr. für* a) **model**, b) **moderate**, c) **moderation**, d) **modern**, e) **modification**, f) **modulator**. **II** *s* → **mods**.

mod·al [ˈməʊdl] *adj* (*adv* **~ly**) **1.** moˈdal: a) die Art u. Weise *od.* die Form bezeichnend, b) durch Verhältnisse bedingt. **2.** *ling. mus. philos.* moˈdal, Modal...: ~ **auxiliary**, ~ **verb** modales Hilfsverb; ~ **proposition** (*Logik*) Modalsatz *m*. **3.** *Statistik*: häufigst(er, e, es), typisch.

mo·dal·i·ty [məʊˈdælətɪ] *s* **1.** Modaliˈtät *f*, Art *f* u. Weise *f*, Ausführungsart *f*: **modalities of payment** Zahlungsmodalitäten. **2.** *med.* a) Anwendung *f* e-s (physiˈkalisch-technischen) Heilmittels, b) physiˈkalisch-technisches Heilmittel.

mode[1] [məʊd] *s* **1.** (Art *f* u.) Weise *f*, Meˈthode *f*: ~ **of action** *tech.* Wirkungsweise; ~ **of life** Lebensweise; ~ **of payment** Zahlungsweise. **2.** (Erscheinungs-) Form *f*, Art *f*: **heat is a ~ of motion** Wärme ist e-e Form der Bewegung. **3.** *philos.* Modus *m*, Seinsweise *f*. **4.** *Logik*: a) Modaliˈtät *f*, b) Modus *m* (*e-r Schlußfigur*). **5.** *mus.* Modus *m*, Tonart *f*, -geschlecht *n*: **ecclesiastical ~s** Kirchentonarten. **6.** *ling.* Modus *m*, Aussageweise *f*. **7.** *Statistik*: Modus *m*, häufigster Wert.

mode[2] [məʊd] *s* Mode *f*, Brauch *m*: **to be all the ~** (die) große Mode sein.

mod·el [ˈmɒdl; *Am.* ˈmɑdl] **I** *s* **1.** Muster *n*, Vorbild *n* (**for** für): **after** (*od.* **on**) **the ~ of** nach dem Muster von (*od. gen*); **he is a ~ of self-control** er ist ein Muster an Selbstbeherrschung. **2.** (*fig.* ˈDenk-) Moˌdell *n*, Nachbildung *f*: → **working model**. **3.** Muster *n*, Vorlage *f*. **4.** *paint. etc* Moˈdell *n*: **to act as a ~ to a painter** e-m Maler Modell stehen *od.* sitzen. **5.** *Mode*: Mannequin *n*, Vorführdame *f*: **male ~** Dressman *m*. **6.** Moˈdellkleid *n*. **7.** *tech.* a) Bau(weise *f*) *m*, b) (Bau)Muster *n*, Moˈdell *n*, Typ(e *f*) *m*. **8.** Urbild *n*, -typ *m*. **9.** *dial.* Ebenbild *n*. **II** *adj* **10.** vorbildlich, musterhaft, Muster...: ~ **farm** landwirtschaftlicher Musterbetrieb; ~ **husband** Mustergatte *m*; ~ **plant** Musterbetrieb *m*. **11.** Modell...: ~ **airplane**; ~ **house**; ~ **builder** Modellbauer *m*; ~ **construction unit** Modellbaukasten *m*; ~ **dress** → 6; ~ **school** Muster-, Experimentierschule *f*; ~ **tank** *mar.* Versuchstank *m*. **III** *v/t pret u. pp* **-eled,** *bes. Br.* **-elled** **12.** nach Moˈdell formen *od.* ˈherstellen. **13.** modelˈlieren, nachbilden. **14.** Form geben (*dat*). **15.** abformen. **16.** *Mode*: *Kleider etc* vorführen. **17.** *fig.* formen, bilden, gestalten (**after, on, upon** nach [dem Vorbild *gen*]): **to ~ o.s. on** sich *j-n* zum Vorbild nehmen. **IV** *v/i* **18.** ein Moˈdell *od.* Modelle ˈherstellen. **19.** *art* modelˈlieren. **20.** plastische Gestalt annehmen (*Graphik*). **21.** Moˈdell stehen *od.* sitzen (**for** *dat*). **22.** als Mannequin arbeiten.

mod·el·er, *bes. Br.* **mod·el·ler** [ˈmɒdlə(r); *Am.* ˈmɑ-] *s* **1.** Modelˈlierer *m*. **2.** Moˈdell-, Musterbauer *m*. **ˈmod·el·ing,** *bes. Br.* **ˈmod·el·ling I** *s* **1.** Modelˈlieren *n*. **2.** Formgebung *f*, Formung *f*. **3.** *Graphik*: Verleihen *n* e-s plastischen Aussehens. **4.** Moˈdellstehen *n od.* -sitzen *n*. **II** *adj* **5.** Modellier...: ~ **clay**.

mo·dem [ˈməʊdem] *s Computer*: Modem *m* (*Gerät zur Übertragung von Daten über Fernsprechleitungen*).

mod·er·ate [ˈmɒdərət; *Am.* ˈmɑ-] **I** *adj* (*adv* **~ly**) **1.** mäßig: a) gemäßigt (*a. Sprache etc*), zuˈrückhaltend: ~ **in drinking** maßvoll im Trinken, b) einfach, fruˈgal (*Lebensweise*), c) mittelmäßig, d) gering: ~ **interest**, e) vernünftig, angemessen, niedrig: ~ **demands**; ~ **prices**. **2.** *pol.* gemäßigt. **3.** mild: **a ~ winter**; **a ~ punishment**. **II** *s* **4.** Gemäßigte(r *m*) *f* (*a. pol.*). **III** *v/t* [-reɪt] **5.** mäßigen, mildern. **6.** beruhigen. **7.** einschränken. **8.** *phys. tech.* dämpfen, abbremsen. **9.** *e-e Versammlung etc* leiten. **IV** *v/i* **10.** sich mäßigen. **11.** sich beruhigen, nachlassen (*Wind etc*). **~ breeze** *s meteor.* mäßige Brise (*Windstärke 4*). **~ gale** *s meteor.* steifer Wind (*Windstärke 7*).

mod·er·ate·ness [ˈmɒdərətnɪs; *Am.* ˈmɑ-] *s* **1.** Mäßigkeit *f*. **2.** Gemäßigtheit *f*. **3.** Milde *f*. **4.** Mittelmäßigkeit *f*. **5.** Angemessenheit *f*.

mod·er·a·tion [ˌmɒdəˈreɪʃn; *Am.* ˌmɑ-] *s* **1.** Mäßigung *f*, Maß(halten) *n*: **in ~** mit Maßen. **2.** Mäßigkeit *f*. **3.** *pl univ.* erste öffentliche Prüfung für den B.A.-Grad (*in Oxford*).

mod·er·at·ism [ˈmɒdərətɪzəm; *Am.* ˈmɑ-] *s* Mäßigung *f*, gemäßigte Anschauung.

mod·e·ra·to [ˌmɒdəˈrɑːtəʊ; *Am.* ˌmɑ-] *adj u. adv mus.* modeˈrato, mäßig.

mod·er·a·tor [ˈmɒdəreɪtə(r); *Am.* ˈmɑ-] *s* **1.** Mäßiger *m*, Beruhiger *m*. **2.** Beruhigungsmittel *n*. **3.** Schiedsrichter *m*, Vermittler *m*. **4.** Vorsitzende(r) *m*, Diskussiˈonsleiter *m*. **5.** Modeˈrator *m*: a) *Vorsitzender e-s leitenden Kollegiums reformierter Kirchen*, b) *TV Programmleiter*. **6.** *phys. tech.* Modeˈrator *m*: a) Dämpfer *m*, b) Ölzuflußregler *m*, c) Reaktiˈonsbremse *f* (*im Atommeiler*). **7.** *univ.* a) Examiˈnator *m bei den* **moderations** (*in Oxford*), b) *Vorsitzender bei der höchsten Mathematikprüfung* (*in Cambridge*).

mod·ern [ˈmɒdə(r)n; *Am.* ˈmɑ-] **I** *adj* (*adv* **~ly**) **1.** moˈdern, neuzeitlich: ~ **times** die Neuzeit. **2.** moˈdern, (neu)modisch. **3.** *meist* **M~** *ling.* a) moˈdern, Neu..., b) neuer(er, e, es): **M~ Greek** Neugriechisch *n*; ~ **languages** neuere Sprachen; **M~ Languages** (*als Fach*) Neuphilologie *f*. **II** *s* **4.** Moˈderne(r *m*) *f*, Fortschrittliche(r *m*) *f*. **5.** Mensch *m* der Neuzeit: **the ~s** die Neueren. **6.** *print.* neuzeitliche Anˈtiqua. **~ dance** *s* Ausdruckstanz *m*. **M~ Eng·lish** *s ling.* Neuenglisch *n*, das Neuenglische. **M~ Greats** *s pl* (*Oxford*) *Bezeichnung der Fächergruppe Staatswissenschaft, Volkswirtschaft u. Philosophie*.

mod·ern·ism [ˈmɒdə(r)nɪzəm; *Am.* ˈmɑ-] *s* **1.** Moderˈnismus *m*: a) fortschrittliche Einstellung, moˈderner Geschmack, b) *ling.* moˈdernes Wort, moderne Redewendungen *pl*, moderner Gebrauch. **2. M~** *relig.* Moderˈnismus *m*. **ˈmod·ern·ist I** *s* **1.** Moderˈnist(in). **2.** *art* Moˈderne(r *m*) *f*. **3. M~** *relig.* Moderˈnist(in). **II** *adj* **4.** moderˈnistisch.

mo·der·ni·ty [mɒˈdɜːnətɪ; *Am.* mɑˈdɜr-] *s* Moderniˈtät *f*, (*das*) Moˈderne.

mod·ern·i·za·tion [ˌmɒdənaɪˈzeɪʃn; *Am.* ˌmɑdərnəˈz-] *s* Moderniˈsierung *f*. **ˈmod·ern·ize** *v/t* moderniˈsieren.

mod·ern jazz *s* Modern Jazz *m*.

ˈmod·ern·ness *s* Moderniˈtät *f*.

mod·est [ˈmɒdɪst; *Am.* ˈmɑ-] *adj* (*adv* **~ly**) **1.** bescheiden. **2.** anspruchslos, bescheiden (*Person od. Sache*): ~ **income** bescheidenes Einkommen. **3.** sittsam, schamhaft. **4.** maßvoll, bescheiden, vernünftig. **ˈmod·es·ty** *s* **1.** Bescheidenheit *f* (*Person, Einkommen etc*): **in all ~** bei aller Bescheidenheit. **2.** Anspruchslosigkeit *f*, Einfachheit *f*. **3.** Schamgefühl *n*, Sittsamkeit *f*. **4.** *a.* ~ **vest** Spitzeneinsatz *m* (*im Kleiderausschnitt*).

mo·di [ˈməʊdiː; -daɪ] *pl von* **modus**.

mod·i·cum [ˈmɒdɪkəm; *Am.* ˈmɑ-;

ˈməʊ-] *s* kleine Menge, (*ein*) bißchen: **a ~ of sense** ein Funke (von) Verstand; **a ~ of truth** ein Körnchen Wahrheit.

mod·i·fi·a·ble [ˈmɒdɪfaɪəbl; *Am.* ˈmɑ-] *adj* modifiˈzierbar, (ab)änderungsfähig.

mod·i·fi·ca·tion [ˌmɒdɪfɪˈkeɪʃn; *Am.* ˌmɑ-] *s* **1.** *allg.* Modifikatiˈon *f*: a) Abänderung *f*, Abwandlung *f*: **to make a ~ to s.th.** etwas modifizieren, an e-r Sache e-e (teilweise) Änderung vornehmen, b) Abart *f*, modifiˈzierte Form, *tech. a.* abgeänderte Ausführung, c) Einschränkung *f*, nähere Bestimmung, d) *biol.* nichterbliche Abänderung, e) *ling.* nähere Bestimmung, f) *ling.* lautliche Veränderung, *bes.* ˈUmlaut *m*, g) *ling.* teilweise ˈUmwandlung, *bes.* Angleichung *f* (*e-s Lehnwortes*). **2.** Mäßigung *f*, Milderung *f*.

mod·i·fi·ca·tive [ˈmɒdɪfɪkeɪtɪv; *Am.* ˈmɑ-], ˈ**mod·i·fi·ca·to·ry** [-fɪkeɪtərɪ; *Am.* -fɪkəˌtəʊriː; -ˌtɔː-] *adj* modifiˈzierend.

mod·i·fied milk [ˈmɒdɪfaɪd; *Am.* ˈmɑ-] *s Milch von künstlich geänderter Zs.-setzung.*

mod·i·fi·er [ˈmɒdɪfaɪə(r); *Am.* ˈmɑ-] *s* **1.** j-d, der *od.* etwas, was modifiˈziert. **2.** *ling.* a) nähere Bestimmung, b) e-e lautliche Modifikatiˈon anzeigendes diaˈkritisches Zeichen (*Umlautzeichen etc*).

mod·i·fy [ˈmɒdɪfaɪ; *Am.* ˈmɑ-] *v/t* **1.** modifiˈzieren: a) abändern, abwandeln, teilweise ˈumwandeln, b) einschränken, näher bestimmen (*a. ling.*). **2.** *ling. e-n Vokal* ˈumlauten. **3.** mildern, mäßigen, abschwächen.

mod·ish [ˈməʊdɪʃ] *adj* (*adv* **~ly**) **1.** modisch, moˈdern, nach der Mode. **2.** Mode...: **~ lady** Modedame *f*.

mods [mɒdz; *Am.* mɑdz] *s pl* **1.** *colloq. abbr. für* **moderation** 3. **2.** *Br.* Halbstarke *pl* von betont dandyhaftem Äußeren.

mod·u·lar [ˈmɒdjʊlə; *Am.* ˈmɑdʒələr] *adj* **1.** *math.* Modul..., Model... **2.** *tech.* Modul...: **~ design** Modulbauweise *f*. **3.** *fig.* bausteinartig.

mod·u·late [ˈmɒdjʊleɪt; *Am.* ˈmɑdʒə-] **I** *v/t* **1.** abstimmen, reguˈlieren. **2.** anpassen (**to** an *acc*). **3.** dämpfen. **4.** *die Stimme, den Ton etc* moduˈlieren (*a. Funk*): **~d wave** modulierte Welle; **modulating valve** (*od.* **tube**) Modulations-, Steuerröhre *f*. **5.** *Gebet etc* (im Sprechgesang) reziˈtieren. **II** *v/i* **6.** *Funk*: moduˈlieren. **7.** *mus.* a) moduˈlieren (**from** von; **to** nach), die Tonart wechseln, b) (*beim Vortrag*) moduˈlieren. **8.** allˈmählich ˈübergehen (**into** in *acc*). ˌ**mod·u'la·tion** *s* **1.** Abstimmung *f*, Reguˈlierung *f*. **2.** Anpassung *f*. **3.** Dämpfung *f*. **4.** *mus., a. Funk u. Stimme*: Modulatiˈon *f*. **5.** Intonatiˈon *f*, Tonfall *m*. **6.** *arch.* Bestimmung *f* der Proportiˈonen durch den Modul. ˈ**mod·u·la·tor** [-tə(r)] *s* **1.** Regler *m*. **2.** *electr.* Moduˈlator *m*. **3.** *mus.* die Tonverwandtschaft (*nach der Tonic-Solfa-Methode*) darstellende Skala. ˈ**mod·u·la·to·ry** [-lətərɪ; *Am.* -ləˌtəʊriː; -ˌtɔː-] *adj mus.* Modulations...

mod·ule [ˈmɒdjuːl; *Am.* ˈmɑdʒuːl] *s* **1.** Modul *m*, Model *m*, Maßeinheit *f*, Einheits-, Verhältniszahl *f*. **2.** *arch.* Modul *m*. **3.** *Numismatik*: Modul *m*, Model *m* (*Münzdurchmesser*). **4.** *tech.* (Zahn-)Teilungsmodul *m*. **5.** *tech.* Baueinheit *f*: **~ construction** Baukastensystem *n*. **6.** *Raumfahrt*: (*Kommando- etc*)Kapsel *f*: **command ~**; → **lunar module**. **7.** *tech. allg.* Moˈdul *n* (*austauschbare Funktionseinheit*), *electr. a.* Baustein *m*.

mod·u·lus [ˈmɒdjʊləs; *Am.* ˈmɑdʒə-] *pl* **-li** [-laɪ] *s math. phys.* Modul *m*.

mo·dus [ˈməʊdəs] *pl* ˈ**mo·di** [-diː; -daɪ] (*Lat.*) *s* **1.** Modus *m*, Art *f* u. Weise *f*. **2.** *jur.* a) diˈrekter Besitzerwerb, b) *Kirchenrecht*: Ablösung *f* des Zehnten durch Geld. **~ o·pe·ran·di** [-ˌɒpəˈrændiː; -daɪ; *Am.* -ˌɑpə-] (*Lat.*) *s* Modus *m* opeˈrandi, Verfahrensweise *f*. **~ vi·ven·di** [-viːˈvendiː; -daɪ] (*Lat.*) *s* **1.** Modus *m* viˈvendi (*erträgliche Form des Zs.-lebens, Verständigung*). **2.** Lebensweise *f*.

mog [mɒg], **mog·gy** [ˈmɒgɪ] *s Br. sl.* [Katze *f*.]

Mo·gul [ˈməʊgʌl; məʊˈgʌl] *s* **1.** Monˈgole *m*, Monˈgolin *f*. **2.** Mogul *m* (*mongolischer Beherrscher Indiens*): **the** (**Great** *od.* **Grand**) **~** der Großmogul. **3. m~** *fig.* ‚großes Tier', Maˈgnat *m*, König *m*: **movie ~** Filmmagnat; **party ~** Parteibonze *m*.

mo·hair [ˈməʊheə(r)] *s* **1.** Moˈhair *m* (*Angorahaar, -wolle*). **2.** unechter Moˈhair. **3.** Moˈhair(stoff *m od.* -kleidungsstück *n*) *m*.

Mo·ham·med·an [məʊˈhæmɪdən] **I** *adj* mohammeˈdanisch. **II** *s* Mohammeˈdaner(in). **Moˈham·med·an·ism** *s* Mohammedaˈnismus *m*, Isˈlam *m*. **Moˈham·med·an·ize** *v/t* zum Isˈlam bekehren, mohammeˈdanisch machen.

Mo·ha·ve [məʊˈhɑːvɪ] *pl* **-ves,** *bes. collect.* **-ve** *s* Moˈhave-Indiˌaner(in), Moˈhave *m*.

Mo·hawk [ˈməʊhɔːk] *pl* **-hawks,** *bes. collect.* **-hawk** *s* ˈMohawk-Indiˌaner(-in), Mohawk *m*.

Mo·he·gan [məʊˈhiːgən] *pl* **-gans,** *bes. collect.* **-gan** *s* Moˈhegan-Indiˌaner(in), Moˈhegan *m*.

Mo·hi·can [ˈməʊɪkən; *Am.* məʊˈhiː-] **I** *pl* **-cans,** *bes. collect.* **-can** *s* Mohiˈkaner(in). **II** *adj* mohiˈkanisch.

Mo·hock [ˈməʊhɒk; *Am.* -ˌhɑk] *s Mitglied von größtenteils aus Aristokraten bestehenden Banden in London* (*18. Jh.*).

moi·e·ty [ˈmɔɪətɪ] *s* **1.** Hälfte *f*. **2.** Teil *m*.

moil [mɔɪl] *v/i obs. od. dial.* sich schinden, sich abrackern.

moire [mwɑː(r); *Am. a.* ˈmɔɪər] *s* Moiˈré *n*, *m*, moiˈrierter Stoff, Moiˈréseide *f*.

moi·ré [ˈmwɑːreɪ; *Am.* mwɑːˈreɪ; mɔːˈreɪ] **I** *adj* **1.** moiˈriert, gewässert, geflammt, mit Wellenmuster. **2.** mit Wellenlinien auf der Rückseite (*Briefmarke*). **3.** wie moiˈrierte Seide glänzend (*Metall*). **II** *s* **4.** Moiˈré *n*, Wasserglanz *m*. **5.** → **moire**.

moist [mɔɪst] *adj* (*adv* **~ly**) **1.** feucht (**with** von): **~ with tears** tränenfeucht. **2.** *med.* nässend. **3.** *fig.* rührselig.

mois·ten [ˈmɔɪsn] **I** *v/t* an-, befeuchten, benetzen. **II** *v/i* feucht werden.

moist·ness [ˈmɔɪstnɪs] *s* Feuchtheit *f*.

mois·ture [ˈmɔɪstʃə(r)] *s* Feuchtigkeit *f*: **~ meter** Feuchtigkeitsmesser *m*; **~-proof** feuchtigkeitsfest.

mois·tur·ize [ˈmɔɪstʃəraɪz] *v/t* **1.** *Haut* mit e-r Feuchtigkeitscreme behandeln. **2.** *Luft* befeuchten. ˈ**mois·tur·iz·er** *s* **1.** Feuchtigkeitscreme *f*. **2.** *tech.* Luftbefeuchter *m*. ˈ**mois·tur·iz·ing cream** *s* Feuchtigkeitscreme *f*.

moke [məʊk] *s sl.* **1.** *Br.* Esel *m*. **2.** *Am.* Nigger *m*. **3.** *Austral.* Klepper *m*.

mol → **mole**[4].

mo·lar[1] [ˈməʊlə(r)] **I** *s* Backen-, Mahlzahn *m*, Moˈlar *m*. **II** *adj* Mahl..., Backen..., Molar...: **~ tooth** → I.

mo·lar[2] [ˈməʊlə(r)] *adj* **1.** *phys.* Massen...: **~ motion**. **2.** *chem.* moˈlar, Molar..., Mol...: **~ number** Molzahl *f*; **~ weight** Mol-, Molargewicht *n*.

mo·lar[3] [ˈməʊlə(r)] *adj med.* Molen...

mo·las·ses [məʊˈlæsɪz; mə-] *s sg u. pl* **1.** *Am.* Meˈlasse *f*. **2.** (Zucker)Sirup *m*.

mold[1], *bes. Br.* **mould** [məʊld] **I** *s* **1.** *tech.* (Gieß-, Guß)Form *f*: **firing ~** Brennform; **to be cast in the same** (**a different**) **~** *fig.* aus demselben (e-m anderen) Holz geschnitzt sein; **~ candle** gegossene Kerze. **2.** (Körper)Bau *m*, Gestalt *f*, (*äußere*) Form. **3.** Art *f*, Naˈtur *f*, Wesen *n*, Chaˈrakter *m*. **4.** *tech.* a) Hohlform *f*, b) Preßform *f*: (**female**) **~** Matrize *f*; **male ~** Patrize *f*, c) Koˈkille *f*, Hartgußform *f*, d) (ˈForm)Moˌdell *n*, e) Gesenk *n*, f) *Dreherei*: Druckfutter *n*. **5.** *tech.* ˈGußmateriˌal *n*. **6.** *tech.* Guß (-stück *n*) *m*. **7.** *Schiffbau*: Mall *n*: **~ loft** Mall-, Schnürboden *m*. **8.** *arch.* a) Sims *m*, *n*, b) Leiste *f*, c) Hohlkehle *f*. **9.** *gastr.* a) Form *f* (*für Speisen*), b) *in der Form hergestellte Speise*. **10.** *geol.* Abdruck *m* (*e-r Versteinerung*). **II** *v/t* **11.** *tech.* gießen. **12.** (ab)formen, modelˈlieren. **13.** formen (*a. fig. Charakter*), bilden (**out of** aus), gestalten (**on** nach dem Muster von [*od. gen*]). **14.** *Teig etc* formen, kneten. **15.** mit erhabenen Mustern verzieren. **16.** profiˈlieren. **III** *v/i* **17.** Form *od.* Gestalt annehmen, sich formen (lassen).

mold[2], *bes. Br.* **mould** [məʊld] **I** *s* **1.** Schimmel *m*, Moder *m*. **2.** *bot.* Schimmelpilz *m*. **II** *v/i* **3.** (ver)schimmeln, schimm(e)lig werden.

mold[3], *bes. Br.* **mould** [məʊld] *s* **1.** lockere Erde, *bes.* Ackerkrume *f*: **a man of ~** ein Erdenkloß *m*, ein Sterblicher *m*. **2.** Humus(boden) *m*.

mold·a·ble, *bes. Br.* **mould·a·ble** [ˈməʊldəbl] *adj* formbar, bildsam: **~ material** Preßmasse *f*.

ˈ**mold·board,** *bes. Br.* ˈ**mould·board** *s* **1.** *agr.* Streichbrett *n*, -blech *n* (*am Pflug*). **2.** Formbrett *n* (*der Maurer*).

mold·er[1], *bes. Br.* **mould·er** [ˈməʊldə(r)] *s* **1.** Former *m*, Gießer *m*. **2.** Modelˈlierer(in), Bildner(in), Gestalter(in). **3.** ˈFormmaˌschine *f*. **4.** *print.* ˈMuttergalˌvano *n*.

mold·er[2], *bes. Br.* **mould·er** [ˈməʊldə(r)] *v/i a.* **~ away** vermodern, (*zu Staub*) zerfallen, zerbröckeln.

mold·i·ness, *bes. Br.* **mould·i·ness** [ˈməʊldɪnɪs] *s* **1.** Schimm(e)ligkeit *f*, Moder *m*. **2.** Schalheit *f* (*a. fig.*). **3.** *sl.* Fadheit *f*.

mold·ing, *bes. Br.* **mould·ing** [ˈməʊldɪŋ] *s* **1.** Formen *n*, Formung *f*, Formgebung *f*. **2.** Formgießeˈrei *f*. **3.** Modelˈlieren *n*. **4.** (*etwas*) Geformtes, *tech.* Formstück *n*, Preßteil *n*. **5.** *arch.* → **mold**[1] 8. **~ board** *s* **1.** Kuchen-, Nudelbrett *n*. **2.** Modelˈlierbrett *n*. **3.** Formbrett *n*. **4.** geharzte Pappe. **~ clay** *s tech.* Formerde *f*, -ton *m*. **~ ma·chine** *s tech.* **1.** ˈKehl(hobel)maˌschine *f* (*für Holzbearbeitung*). **2.** *Gießerei*: ˈFormmaˌschine *f*. **3.** ˈBlechformmaˌschine *f*. **4.** ˈSpritzmaˌschine *f* (*für Spritzguß etc*). **~ plane** *s tech.* Kehl-, Hohlkehlenhobel *m*. **~ press** *s tech.* Formpresse *f*. **~ sand** *s tech.* Form-, Gießsand *m*.

mold·y, *bes. Br.* **mould·y** [ˈməʊldɪ] *adj* **1.** schimm(e)lig, mod(e)rig. **2.** Schimmel..., schimmelartig: **~ fungi** Schimmelpilze. **3.** muffig, schal (*a. fig.*). **4.** *sl.* fad.

mole[1] [məʊl] *s* **1.** *zo.* Maulwurf *m*: **~ cricket** Maulwurfsgrille *f*; (**as**) **blind as a ~** stockblind. **2.** *tech.* ˈTunnelvortriebsmaˌschine *f*. **3.** *colloq.* ‚Maulwurf' *m* (*Agent, der sich lange im Hintergrund hält*).

mole[2] [məʊl] *s* (kleines) Muttermal, *bes.* Leberfleck *m*.

mole[3] [məʊl] *s* **1.** Mole *f*, Hafendamm *m*. **2.** künstlicher Hafen.

mole[4] [məʊl] *s chem.* Mol *n*, ˈGrammmoleˌkül *n*.

mole[5] [məʊl] *s med.* Mole *f*, Mondkalb *n*.

mo·lec·u·lar [məʊˈlekjʊlə(r); *bes. Am.* məˈlekjə-] *adj* (*adv* **~ly**) *chem. phys.* molekuˈlar, Molekular...: **~ biologist** Molekularbiologe *m*; ~ **biology** Molekularbiologie *f*; ~ **energy** Molekularkraft *f*; ~ **film** (mono)molekulare Schicht; ~ **formula** Molekular-, Molekülformel *f*; ~ **genetics** *pl* Molekulargenetik *f*; ~ **weight** Molekulargewicht *n*.

mo·lec·u·lar·i·ty [məˌlekjʊˈlærətɪ] *s chem. phys.* Molekuˈlarzustand *m*.

mol·e·cule [ˈmɒlɪkjuːl; *Am.* ˈmɑ-] *s* **1.** *chem. phys.* a) Moleˈkül *n*, Moˈlekel *f*, b) → mole⁴. **2.** *fig.* winziges Teilchen.

ˈmole|·head *s mar.* Molenkopf *m*. **ˈ~·hill** *s* Maulwurfshügel *m*: → **mountain** 1. **~ plough,** *bes. Am.* **~ plow** *s agr.* Maulwurfspflug *m*. **~ rat** *s zo.* **1.** Blindmaus *f*. **2.** a) (*e-e*) Maulwurfsratte, b) *a.* **Cape** ~ Sandmull *m*. **ˈ~·skin** *s* **1.** Maulwurfsfell *n*. **2.** Moleskin *m*, *n*, Englischleder *n* (*ein Baumwollgewebe*). **3.** *pl* Kleidungsstücke *pl* (*bes.* Hosen *pl*) aus Moleskin.

mo·lest [məʊˈlest; məˈl-] *v/t* (*a. unsittlich*) belästigen, *j-m* lästig *od.* zur Last fallen. **mo·les·ta·tion** [ˌməʊleˈsteɪʃn] *s* Belästigung *f*.

mo·line [məˈlaɪn; -ˈliːn] *adj her.* kreuzeisenförmig, Anker...

moll [mɒl; *Am. a.* mɑl] *s sl.* **1.** ‚Nutte' *f* (*Prostituierte*). **2.** Gangsterbraut *f*.

mol·lah [ˈmɔːlə] → mullah.

mol·li·fi·ca·tion [ˌmɒlɪfɪˈkeɪʃn; *Am.* ˌmɑ-] *s* **1.** Besänftigung *f*. **2.** Erweichung *f*. **ˈmol·li·fy** [-faɪ] *v/t* **1.** besänftigen, beruhigen, beschwichtigen. **2.** mildern. **3.** weich machen, erweichen.

mol·lusc → mollusk.

mol·lus·can [mɒˈlʌskən; *Am.* mə-; mɑ-] **I** *adj* Weichtier... **II** *s* Weichtier *n*. **molˈlus·coid** *zo.* **I** *adj* **1.** weichtierähnlich. **2.** zu den Muschellingen gehörig. **II** *s* **3.** weichtierähnliches Tier. **4.** Muschelling *m*. **molˈlus·cous** *adj* **1.** *zo.* Weichtier... **2.** schwammig, molˈluskenhaft.

mol·lusk [ˈmɒləsk; *Am.* ˈmɑ-] *s zo.* Molˈluske *f*, Weichtier *n*.

mol·ly [ˈmɒlɪ; *Am.* ˈmɑ-] *sl. für* a) **molly-coddle** I, b) moll.

mol·ly·cod·dle [ˈmɒlɪˌkɒdl; *Am.* ˈmɑliːˌkɑdl] **I** *s* Weichling *m*, Muttersöhnchen *n*, ‚Schlappschwanz' *m*. **II** *v/t* verweichlichen, -zärteln, -hätscheln.

Mol·ly Ma·guire [ˌmɒlɪməˈgwaɪə(r); *Am.* ˌmɑ-] *pl* **Mol·ly Ma·guires** *s* **1.** *Mitglied e-s irischen Landpächter-Geheimbundes um 1843.* **2.** *Mitglied e-s bis 1877 in den Kohlendistrikten von Pennsylvanien tätigen irischen Geheimbundes.*

Mo·loch [ˈməʊlɒk; *Am.* -ˌlɑk; ˈmɑlək] *s* **1.** Moloch *m* (*a. fig.*). **2.** m~ *zo.* Moloch *m*.

Mol·o·tov| bread·bas·ket [ˈmɒlətɒf; *Am. a.* ˈmɑ-; ˈməʊ-] *s aer. mil.* (Brand-)Bombenabwurfgerät *n*. **~ cock·tail** *s mil.* Molotowcocktail *m*.

molt, *bes. Br.* **moult** [məʊlt] **I** *v/i* **1.** (sich) mausern. **2.** sich häuten. **3.** *fig.* sich (ver)ändern. **4.** *fig.* sich wandeln, die Gesinnung ändern. **II** *v/t* **5.** *Federn, Haare, Haut etc* abwerfen, verlieren. **III** *s* **6.** Mauser(ung) *f*. **7.** Häutung *f*. **8.** beim Mausern abgeworfene Federn *pl*, beim Haarwechsel verlorene Haare *pl*, abgestoßene Haut.

mol·ten [ˈməʊltən] **I** *pp von* **melt. II** *adj* **1.** geschmolzen, (schmelz)flüssig. **2.** gegossen, Guß...

mo·ly [ˈməʊlɪ] *s* **1.** *bot.* Goldlauch *m*. **2.** Moly *n* (*zauberabwehrendes Kraut in der Odyssee*).

mo·lyb·date [mɒˈlɪbdeɪt; *bes. Am.* mə-] *s chem.* Molybˈdat *n*, molybˈdänsaures Salz. **moˈlyb·de·nite** [-dɪnaɪt] *s min.* Molybdäˈnit *m*, Molybˈdänglanz *m*.

mo·lyb·de·num [mɒˈlɪbdɪnəm; *bes. Am.* mə-] *s chem.* Molybˈdän *n*. **moˈlyb·dic** [-dɪk] *adj chem.* Molybdän...: ~ **acid.**

mom [mɒm; *Am.* mɑm] *s bes. Am. colloq.* Mami *f*, Mutti *f*.

ˌmom-and-ˈpop store *s Am. colloq.* Tante-Emma-Laden *m*.

mo·ment [ˈməʊmənt] *s* **1.** Moˈment *m*, Augenblick *m*: **wait a** ~!, **one** ~!, **just a** ~! Augenblick mal!; **in a** ~ gleich, sofort, im Nu. **2.** (*bestimmter*) Zeitpunkt, Augenblick *m*: **come here this** ~! komm sofort her!; **the very** ~ **I saw him** in dem Augenblick, in dem ich ihn sah; sobald ich ihn sah; **at the** ~ im Augenblick, gerade (jetzt *od.* damals); **at the last** ~ im letzten Augenblick; **not for the** ~ im Augenblick nicht; **but this** ~ noch eben, gerade; **to the** ~ auf die Sekunde genau, pünktlich; **the** ~ der (geeignete) Augenblick; **the catchword of the** ~ die Losung der Stunde *od.* des Tages; **the** ~ **of truth** die Stunde der Wahrheit; **at this** ~ **in time** *bes. Br.* derzeit, gegenwärtig, augenblicklich. **3.** *fig.* (große) Stunde, großer Augenblick: **he had his** ~. **4.** Punkt *m*, Stadium *n* (*e-r Entwicklung*). **5.** Bedeutung *f*, Tragweite *f*, Belang *m* (to für): **of great (little)** ~ von großer (geringer) Bedeutung *od.* Tragweite. **6.** Moˈment *n*: a) *philos. wesentlicher, unselbständiger Bestandteil*, b) *wesentlicher Umstand.* **7.** *phys.* Moˈment *n*: ~ **of a force** Moment e-r Kraft, Kraftmoment; ~ **of inertia** Trägheitsmoment. **8.** *Statistik*: staˈtistisches Gewicht.

mo·men·ta [məʊˈmentə] *pl von* **momentum.**

mo·men·tal [məʊˈmentl] *adj phys.* Momenten...

mo·men·tar·i·ly [ˈməʊməntərəlɪ; *Am.* ˌməʊmənˈterə-] *adv* **1.** für e-n Augenblick, kurz, vorˈübergehend. **2.** jeden Augenblick. **3.** von Seˈkunde zu Seˈkunde: **danger** ~ **increasing.** **ˈmo·men·tar·y** [-tərɪ; *Am.* -ˌteriː] *adj* (*adv* → **momentarily**) **1.** momenˈtan, augenblicklich. **2.** vorˈübergehend, kurz, flüchtig. **3.** jeden Augenblick geschehend *od.* möglich.

mo·ment·ly [ˈməʊməntlɪ] *adv* **1.** augenblicklich, soˈfort, gleich. **2.** e-n Augenblick lang. **3.** → **momentarily** 3.

mo·men·tous [məʊˈmentəs] *adj* (*adv* ~**ly**) bedeutsam, bedeutend, folgenschwer, von großer Tragweite. **moˈmen·tous·ness** *s* Bedeutung *f*, Wichtigkeit *f*, Tragweite *f*.

mo·men·tum [məʊˈmentəm] *pl* **-ta** [-tə] *s* **1.** Moˈment *n*: a) *phys.* Imˈpuls *m*, Bewegungsgröße *f*, b) *tech.* Triebkraft *f*: ~ **theorem** Momentensatz *m*; ~ **transfer** Impulsübertragung *f*; ~ **of torsion** Drehmoment. **2.** *allg.* Wucht *f*, Schwung *m*, Stoßkraft *f*: **to gather** (*od.* **gain**) ~ in Fahrt kommen, Stoßkraft gewinnen, *fig. a.* an Boden gewinnen (*Bewegung etc*); **to lose** ~ an Schwung verlieren (*a. fig.*).

mon·ac·id [mɒnˈæsɪd; *Am.* ˌmɑn-] → **monoacid.**

mon·ad [ˈmɒnæd; *bes. Am.* ˈməʊ-] *s* **1.** *philos.* Moˈnade *f*. **2.** *allg.* Einheit *f*, Einzahl *f*. **3.** *biol.* Einzeller *m*. **4.** *chem.* einwertiges Eleˈment *od.* Aˈtom *od.* Radiˈkal.

mon·a·del·phous [ˌmɒnəˈdelfəs; *Am.* ˌmɑn-] *adj bot.* einbrüderig.

mo·nad·ic [mɒˈnædɪk; *Am.* məʊ-; mɑ-] *adj* **1.** moˈnadisch, Monaden... **2.** *math.* eingliedrig, -stellig.

mo·nan·drous [mɒˈnændrəs; *Am.* mə-; mɑ-] *adj* **1.** *bot.* monˈandrisch, einmännig, mit nur ˈeinem Staubgefäß. **2.** mit nur ˈeinem Gatten (*Frau*). **3.** Einehen...

mo·nan·dry [mɒˈnændrɪ; *Am.* ˈmɑnˌæn-] *s* **1.** Einehe *f* (*der Frau*). **2.** *bot.* Einmännigkeit *f*.

mon·arch [ˈmɒnə(r)k; *Am.* ˈmɑ-] *s* **1.** Monˈarch(in): a) Herrscher(in), b) *hist.* Alˈleinherrscher(in). **2.** *fig.* König(in), Herr(in). **3.** *zo.* Chryˈsippusfalter *m*.

mo·nar·chal [mɒˈnɑː(r)kl; *Am.* mə-; mɑ-] → **monarchic** 1 *u.* 3. **moˈnar·chic** *adj*; **moˈnar·chi·cal** *adj* (*adv* ~**ly**) **1.** monˈarchisch. **2.** monarˈchistisch. **3.** königlich (*a. fig.*).

mon·arch·ism [ˈmɒnə(r)kɪzəm; *Am.* ˈmɑ-] *s* Monarˈchismus *m*. **ˈmon·arch·ist I** *s* Monarˈchist(in). **II** *adj* monarˈchistisch.

mon·arch·y [ˈmɒnə(r)kɪ; *Am.* ˈmɑ-] *s* **1.** Monarˈchie *f*: **constitutional** ~ konstitutionelle Monarchie. **2.** Alˈleinherrschaft *f*.

mon·as·ter·y [ˈmɒnəstərɪ; *Am.* ˈmɑnəˌsteriː] *s* (Mönchs)Kloster *n*.

mo·nas·tic [məˈnæstɪk] **I** *adj* (*adv* ~**ally**) **1.** klösterlich, Kloster... **2.** mönchisch (*a. fig.*), Mönchs...: ~ **vows** Mönchsgelübde *n*. **3.** *Buchbinderei*: Blinddruck... **II** *s* **4.** Mönch *m*. **moˈnas·ti·cism** [-tɪsɪzəm] *s* **1.** Mönch(s)tum *n*. **2.** Klosterleben *n*, mönchisches Leben, Asˈkese *f*.

mon·a·tom·ic [ˌmɒnəˈtɒmɪk; *Am.* ˌmɑnəˈtɑ-] *adj chem.* ˈeinaˌtomig.

mon·ax·i·al [mɒˈnæksɪəl; *Am.* mɑ-] *adj* einachsig.

Mon·day [ˈmʌndɪ] *s* Montag *m*: **on** ~ (am) Montag; **on** ~**s** montags.

Mo·nel (met·al) [mɒˈnel; *Am.* məʊ-] *s tech.* ˈMonelmeˌtall *n*.

mon·e·tar·y [ˈmʌnɪtərɪ; *Am.* ˈmɑnəˌteriː] *adj econ.* **1.** Währungs...: ~ **reform**; ~ **unit**; ~ **management** Maßnahmen *pl* zur Erhaltung der Währungsstabilität. **2.** Münz...: ~ **standard** Münzfuß *m*. **3.** Geld..., geldlich, finanziˈell: ~ **matters.**

mon·e·tize [ˈmʌnɪtaɪz; *Am.* ˈmɑnə-] *v/t* **1.** zu Münzen prägen. **2.** zum gesetzlichen Zahlungsmittel machen. **3.** den Münzfuß (*gen*) festsetzen.

mon·ey [ˈmʌnɪ] *s econ.* **1.** Geld *n*: ~ **of account** Rechnungsmünze *f*; **in the** ~ *colloq.* ‚gut bei Kasse'; **to be out of** ~ kein Geld (mehr) haben; ~ **due** ausstehendes Geld; ~ **on account** Guthaben *n*; ~ **on hand** verfügbares Geld; **to get one's** ~**'s worth** etwas (*Vollwertiges*) für sein Geld bekommen; **to be (right) on the** ~ *Am. sl.* (genau) ins Schwarze treffen; → **call** 16 b, **ready** 7, **short** 8. **2.** Geld *n*, Vermögen *n*: **to make** ~ Geld machen, gut verdienen (**by** bei, durch); **to marry** ~ Geld heiraten; ~ **for jam** (*od.* **old rope**) *Br. colloq.* guter Profit für wenig Mühe, leichtverdientes Geld; **to have** ~ **to burn** *colloq.* Geld wie Heu haben; **to be in the** ~ *colloq.* reich *od.* vermögend sein. **3.** Geldsorte *f*. **4.** Zahlungsmittel *n* (*jeder Art*). **5.** Geldbetrag *m*, -summe *f*. **6.** *pl jur. od. obs.* Gelder *pl*, (Geld)Beträge *pl*. **ˈ~·bag** *s* **1.** Geldbeutel *m*. **2.** *pl colloq.* a) Geldsäcke *pl*, Reichtum *m*, b) (*als sg konstruiert*) ‚Geldsack' *m* (*reiche Person*). **~ bill** *s pol.* Fiˈnanzvorlage *f*. **~ box** *s* Sparbüchse *f*. **~ bro·ker** *s econ.* Geld-, Fiˈnanzmakler *m*. **ˈ~ˌchang·er** *s* **1.** (Geld)Wechsler *m*. **2.** *bes. Am.* ˈWechselautoˌmat *m*.

mon·eyed [ˈmʌnɪd] *adj* **1.** wohlhabend, reich, vermögend. **2.** Geld...: ~ **assistance** finanzielle Hilfe; ~ **capital** Geldkapital *n*. **~ cor·po·ra·tion** *s econ. Am.* ˈGeld-, Kreˈditinstiˌtut *n*. **~ in·ter·est** *s econ.* Fiˈnanzwelt *f*.

ˈmon·ey|ˌgrub·ber *s* Geldraffer *m*. **ˈ~ˌgrub·bing** *adj* geldraffend, -gierig. **ˈ~ˌlend·er** *s econ.* Geldverleiher *m*. **ˈmon·ey·less** *adj* ohne Geld, mittellos.

mon·ey| let·ter *s econ.* Wertbrief *m*. **~ loan** *s econ.* Bar-, Kassendarlehen *n*. **ˈ~ˌmak·er** *s* **1.** j-d, der es versteht, Geld zu machen; guter Geschäftsmann. **2.** einträgliche Sache, gutes Geschäft. **ˈ~-**

ˌ**mak·ing I** *adj* gewinnbringend, einträglich. **II** *s* Geldmachen *n*, -verdienen *n*. **~ mar·ket** *s econ.* Geldmarkt *m*. **~ or·der** *s econ.* **1.** Zahlungsanweisung *f*. **2.** Postanweisung *f*. **~ spi·der** *s* Glücksspinne *f* (*die Glück bringen soll*). **~ spin·ner** *s bes. Br. für* **moneymaker** 2. ˈ**~wort** *s bot.* Pfennigkraut *n*.

mon·ger [ˈmʌŋgə(r)] *s* (*meist in Zssgn*) **1.** Händler *m*, *bes.* Krämer *m*: **fish~** Fischhändler. **2.** *fig. contp.* → **scandalmonger, scaremonger,** *etc.*

Mon·gol [ˈmɒŋgɒl; *Am.* ˈmɑŋgəl; -ˌgəʊl] **I** *s* **1.** Monˈgole *m*, Monˈgolin *f*. **2.** Mongoˈlide(r *m*) *f*. **3.** *ling.* Monˈgolisch *n*, das Mongolische. **4.** → **Mongolian** 5. **II** *adj* → **Mongolian** I. **Monˈgo·li·an** [-ˈgəʊljən; -ɪən] **I** *adj* **1.** monˈgolisch. **2.** mongoˈlid, gelb (*Rasse*). **3.** *med.* mongoloˈid, an Mongoˈlismus leidend. **II** *s* **4.** → **Mongol** 1. **5.** *med.* an Mongoˈlismus Leidende(r *m*) *f*. **Mon·gol·ism** [ˈmɒŋgɒlɪzəm; *Am.* ˈmɑŋgəˌ-] *s med.* Mongoˈlismus *m*, mongoloˈide Idioˈtie. ˈ**Mon·gol·oid** *a. med.* **I** *adj* mongoloˈid. **II** *s* Mongoloˈide(r *m*) *f*.

mon·goose [ˈmɒŋguːs; *Am.* ˈmɑŋ-] *pl* **-goos·es** *s zo.* **1.** Mungo *m* (*Schleichkatze*). **2.** Mongoz(maki) *m* (*Halbaffe*).

mon·grel [ˈmʌŋgrəl] **I** *s* **1.** *biol.* Bastard *m*, ˈKreuzungsproˌdukt *n*. **2.** Köter *m*, Promeˈnadenmischung *f*. **3.** Mischling *m* (*Mensch*). **4.** Zwischending *n*. **II** *adj* **5.** Bastard...: **~ race** Mischrasse *f*. **6.** ˈundefiˌnierbar.

mongst [mʌnst; mʌŋkst] *abbr. für* **amongst.**

mon·ick·er → **moniker.**

mon·ies [ˈmʌnɪz] *s pl* → **money** 6.

mon·i·ker [ˈmɒnɪkə(r); *Am.* ˈmɑ-] *s sl.* (Spitz)Name *m*.

mon·ism [ˈmɒnɪzəm; *Am.* ˈməʊ-; ˈmɑ-] *s philos.* Moˈnismus *m*.

mo·ni·tion [məʊˈnɪʃn; məˈn-] *s* **1.** (Er-)Mahnung *f*. **2.** Warnung *f*. **3.** *jur.* Vorladung *f*. **4.** *relig.* Mahnbrief *m*.

mon·i·tor [ˈmɒnɪtə(r); *Am.* ˈmɑ-] **I** *s* **1.** (Er)Mahner *m*. **2.** a) Warner *m*, b) Überˈwacher *m*. **3.** *ped.* Monitor *m* (*älterer Schüler, in USA a. Student, der Aufsichts- u. Strafgewalt hat*), *bes.* Klassenordner *m*. **4.** Mahnung *f*. **5.** *mar.* a) Monitor *m*, Turmschiff *n* (*ein Panzerschiff*), b) Feuerlöschboot *n*. **6.** *tech.* Wendestrahlrohr *n*. **7.** *electr. etc* Monitor *m*: a) Abhör-, Mithörgerät *n*, b) Konˈtrollgerät *n*, -schirm *m*. **8.** Warn-, Anzeigegerät *n* (*bes. für Radioaktivität*). **9.** *a.* **~ lizard** *zo.* Waˈran(eidechse *f*) *m*. **II** *v/t* **10.** *electr. teleph. etc, a. Funk*: ab-, mithören, überˈwachen, *die Akustik etc* durch Abhören kontrolˈlieren. **11.** *phys.* auf Radioaktiviˈtät überˈprüfen. **12.** *allg.* überˈwachen. ˌ**mon·iˈto·ri·al** [-ˈtɔːrɪəl; *Am. a.* -ˈtəʊ-] *adj* (*adv* **~ly**) **1.** → **monitory.** **2.** *ped.* Monitor..., Klassenordner... ˈ**mon·i·tor·ing** *adj electr.* Mithör..., Prüf..., Überwachungs...: **~ desk** Misch-, Reglerpult *n*; **~ operator** a) Tonmeister *m*, b) *mil.* Horchfunker *m*. ˈ**mon·i·tor·ship** *s ped.* Stelle *f od.* Funktiˈon *f* e-s Monitors. ˈ**mon·i·to·ry** [-tərɪ; *Am.* -ˌtəʊriː; -ˌtɔː-] *adj* **1.** (er)mahnend, Mahn... **2.** warnend.

monk [mʌŋk] *s* **1.** Mönch *m*. **2.** a) *zo.* Mönchsaffe *m*, b) *ichth.* Engelhai *m*. **3.** *print. bes. Br.* Schmierstelle *f*. ˈ**monk·er·y** [-ərɪ] *s* **1.** *oft contp.* a) Kloster-, Mönchsleben *n*, b) Mönch(s)tum *n*, c) *pl* Mönchspraktiken *pl*. **2.** *collect.* Mönche *pl*. **3.** Mönchskloster *n*.

mon·key [ˈmʌŋkɪ] **I** *s* **1.** *zo.* a) Affe *m*, b) *engS.* kleinerer (langschwänziger) Affe: **to make a ~ (out) of s.o.** *sl.* j-n zum Deppen machen; **to have a ~ on one's back** *sl.* rauschgiftsüchtig sein. **2.** (kleiner) Schlingel. **3.** *tech.* a) Ramme *f*, Rammbock *m*, b) Fallhammer *m*, -bär *m*, -klotz *m*, Hammerbär *m*. **4.** kleiner Schmelztiegel. **5.** *Br. sl.* Wut *f*: **to get** (*od.* **put**) **s.o.'s ~ up** ‚j-n auf die Palme bringen'; **to get one's ~ up** ‚hochgehen', in Wut geraten. **6.** *Br. sl.* Hypoˈthek *f*. **7.** *sl.* a) *Br.* £500, 500 Pfund, b) *Am.* $500, 500 Dollar. **II** *v/i* **8.** **~ about** (*od.* **around**) (herˈum)albern, Unsinn machen. **9.** (**with**) *colloq.* (herˈum)spielen (mit), herˈumpfuschen (an *dat*). **III** *v/t* **10.** nachäffen, verspotten. **~ bread** *s bot.* **1.** → **baobab.** **2.** Affenbrotbaum-Frucht *f*. **~ busi·ness** *s sl.* **1.** ‚krumme Tour', ‚fauler Zauber'. **2.** Blödsinn *m*, Unfug *m*. **~ en·gine** *s tech.* (Pfahl)Ramme *f*. **~ flow·er** *s bot.* Gauklerblume *f*. **~ jack·et** *s mar. mil.* Affenjacke *f*, Affenjäckchen *n*. **~ nut** *Br. für* **peanut.** **~ puz·zle** *s bot.* Schuppentanne *f*. ˈ**~shine** *s meist pl Am. sl.* (dummer *od.* ˈübermütiger) Streich, Unfug *m*, Blödsinn *m*. **~ suit** *s Am. sl.* **1.** *mil.* Uniˈform *f*. **2.** Smoking *m*. **~ trick** *s meist pl sl.* → **monkeyshine.** **~ wrench** *s tech.* Engländer *m*, Univerˈsal(schrauben)schlüssel *m*: **to throw a ~ into s.th.** *Am. colloq.* etwas über den Haufen werfen.

ˈ**monk·fish** *s* **1.** → **angelfish** 1. **2.** → **angler** 2.

Mon-Khmer [ˌməʊnˈkmeə; *Am.* -kəˈmeər] *adj ling.* Mon-Khmer-...

ˈ**monk·hood** *s* **1.** Mönch(s)tum *n*. **2.** *collect.* Mönche *pl*. ˈ**monk·ish** *adj* **1.** Mönchs... **2.** *meist contp.* mönchisch, pfäffisch, Pfaffen...

monk seal *s zo.* Mönchsrobbe *f*.

ˈ**monks·hood** *s bot.* Eisenhut *m*.

mono- [mɒnəʊ; -nə; *Am.* mɑ-] *Wortelement mit der Bedeutung* ein, einzeln, einfach.

mon·o [ˈmɒnəʊ; *Am.* ˈmɑ-] **I** *pl* **-os** *s* **1.** *Radio etc*: Mono *n*: **to broadcast in ~.** **2.** *colloq.* Monogerät *n*. **II** *adj* **3.** *Radio etc*: Mono...: **~ broadcast (record,** *etc*).

ˌ**mon·oˈac·id** *chem.* **I** *adj* einsäurig. **II** *s* einbasige Säure.

ˌ**mon·oˈbas·ic** *adj chem.* einbasisch, einbasig.

ˌ**mon·oˈcar·pel·lar·y** [-ˈkɑː(r)pɪlərɪ; *Am.* -pəˌleriː] *adj bot.* aus nur ˈeinem Fruchtblatt bestehend. ˌ**mon·oˈcar·pic** *adj bot.* nur einmal fruchtend. ˌ**mon·oˈcar·pous** *adj bot.* **1.** einfrüchtig (*Blüte*). **2.** → **monocarpic.**

ˌ**mon·oˈcel·lu·lar** *adj biol.* einzellig.

mo·noc·er·os [məˈnɒsərɒs; *Am.* -ˈnɑsərəs] *s* **1.** *ein Fisch mit e-m hornähnlichen Fortsatz, bes.* → a) **swordfish,** b) **sawfish.** **2.** **M~** *astr.* Einhorn *n* (*Sternbild*).

ˌ**mon·oˈchlo·ride** *s chem.* Monochloˈrid *n*.

ˈ**mon·o·chord** *s mus.* Monoˈchord *n*.

ˌ**mon·o·chroˈmat·ic,** *a.* ˌ**mon·oˈchro·ic** [-ˈkrəʊɪk] *adj phys.* monochroˈmatisch, einfarbig. ˈ**mon·o·chrome I** *s* **1.** einfarbiges Gemälde. **2.** Schwarzˈweißaufnahme *f*. **II** *adj* **3.** monoˈchrom, einfarbig. **4.** Schwarzweiß...: **~ film.** ˈ**mon·o·chrom·ist** *s* Speziaˈlist *m* für einfarbige Maleˈrei.

mon·o·cle [ˈmɒnəkl; *Am.* ˈmɑnɪkəl] *s* Monˈokel *n*. ˈ**mon·o·cled** *adj* ein Monˈokel tragend, mit Monokel.

ˌ**mon·oˈcli·nal** [-ˈklaɪnl] *geol.* **I** *adj* monoˈklin, in nur ˈeiner Richtung geneigt. **II** *s* → **monocline.** ˈ**mon·o·cline** [-klaɪn] *s geol.* monoˈkline Falte. ˌ**mon·oˈclin·ic** [-ˈklɪnɪk] *adj min.* monoˈklin (*Kristall*). ˌ**mon·oˈcli·nous** [-ˈklaɪnəs] *adj bot.* monoˈklin, zwitt(e)rig.

mon·o·coque [ˈmɒnəkɒk; *Am.* ˈmɑnəˌkəʊk; -ˌkɑk] *s aer.* **1.** Schalenrumpf *m*: **~ construction** *tech.* Schalenbau(weise *f*) *m*. **2.** Flugzeug *n* mit Schalenrumpf.

ˈ**mon·oˌcot·yˈle·don** [-ˌkɒtɪˈliːdən; *Am.* -ˌkɑ-] *s bot.* Monokotyleˈdone *f*, Einkeimblättrige *f*.

mo·noc·ra·cy [mɒˈnɒkrəsɪ; *Am.* mɑˈnɑ-; mə-] *s* Monokraˈtie *f*, Alˈleinherrschaft *f*.

mo·noc·u·lar [mɒˈnɒkjʊlə(r); *Am.* mɑˈnɑ-; mə-] *adj* **1.** *selten* einäugig. **2.** monokuˈlar, für nur ˈein Auge, nur mit ˈeinem Auge.

ˈ**mon·oˌcul·ture** *s agr.* ˈMonokulˌtur *f*.

ˈ**mon·oˌcy·cle** *s* Einrad *n*. ˌ**mon·oˈcy·clic** *adj* **1.** *chem. math. phys.* monoˈzyklisch. **2.** *bot. zo.* in nur ˈeinem Kreis angeordnet. **3.** *bot.* → **annual** 2.

mon·o·cyte [ˈmɒnəʊsaɪt; *Am.* ˈmɑnə-] *s med.* Monoˈzyt *m* (*ein weißes Blutkörperchen*).

ˌ**mon·oˈdac·ty·lous** [-ˈdæktɪləs] *adj zo.* einfingrig, einzehig.

mo·nod·ic [mɒˈnɒdɪk; *Am.* məˈnɑ-] *adj mus.* monˈodisch.

ˈ**mon·oˌdra·ma** *s* Monoˈdrama *n*, Einperˈsonenstück *n*.

mon·o·dy [ˈmɒnədɪ; *Am.* ˈmɑ-] *s* Monoˈdie *f*: a) Einzelgesang *m*, b) Klagelied *n*, c) *mus.* unbegleitete Einstimmigkeit, d) *mus.* Mehrstimmigkeit *f* mit Vorherrschaft ˈeiner Meloˈdie, e) *mus.* Homophoˈnie *f*.

mo·noe·cism [mɒˈniːsɪzəm; mə-; *Am. a.* mɑ-] *s biol.* Monöˈzie *f*, Zwittrigkeit *f*.

ˈ**mon·o·film** *s chem. phys.* monomolekuˈlare Schicht.

ˌ**mon·oˈgam·ic** [-ˈgæmɪk] → **monogamous.** **mo·nog·a·mist** [mɒˈnɒgəmɪst; *Am.* məˈnɑ-] *s* Monogaˈmist(in). **moˈnog·a·mous** *adj* monoˈgam, monoˈgamisch. **moˈnog·a·my** *s* Monogaˈmie *f*, Einehe *f*.

ˌ**mon·oˈgen·e·sis** *s* **1.** Monogeˈnese *f*, Gleichheit *f* der Abstammung. **2.** (*Theorie der*) *Entwicklung aller Lebewesen aus ˈeiner Urzelle.* **3.** → **monogenism.** **4.** *biol.* Monogeˈnese *f*: a) *ungeschlechtliche Fortpflanzung,* b) *direkte Entwicklung ohne Metamorphose.* ˌ**mon·o·geˈnet·ic** *adj* monogeˈnetisch. ˌ**mon·oˈgen·ic** *adj* **1.** monoˈgen (*a. geol. math.*), gemeinsamen Ursprungs. **2.** monogeˈnetisch. **3.** *zo.* monoˈgenisch, sich nur auf ˈeine Art fortpflanzend. **mo·nog·e·nism** [mɒˈnɒdʒɪnɪzəm; *Am.* məˈnɑ-] *s* Monogeˈnismus *m* (*Ableitung aller heutigen Menschenrassen aus e-r einzigen Stammform*). **moˈnog·e·ny** *s* **1.** → **monogenism.** **2.** → **monogenesis** 4 a.

mon·o·glot [ˈmɒnəglɒt; *Am.* ˈmɑnəˌglɑt] **I** *adj* einsprachig. **II** *s* einsprachige Perˈson.

mo·nog·o·ny [məˈnɒgənɪ; *Am.* -ˈnɑ-] *s biol.* Monogoˈnie *f*, monoˈgene *od.* ungeschlechtliche Fortpflanzung.

mon·o·gram [ˈmɒnəgræm; *Am.* ˈmɑ-] *s* Monoˈgramm *n*.

mon·o·graph [ˈmɒnəgrɑːf; -græf; *Am.* ˈmɑnəˌgræf] **I** *s* Monograˈphie *f*. **II** *v/t* in e-r Monograˈphie behandeln. **mo·nog·ra·pher** [mɒˈnɒgrəfə(r); *Am.* məˈnɑ-] *s* Verfasser *m* e-r Monograˈphie. ˌ**monoˈgraph·ic** *adj* **1.** monoˈgraphisch, in Einzeldarstellung. **2.** monoˈgrammartig. **mo·nog·ra·phist** [mɒˈnɒgrəfɪst; *Am.* məˈnɑ-] → **monographer.**

mo·nog·y·nous [mɒˈnɒdʒɪnəs; *Am.* məˈnɑ-] *adj* **1.** *bot.* einweibig. **2.** mit nur ˈeiner Ehefrau. **3.** *zo.* mit nur ˈeinem Weibchen. **moˈnog·y·ny** *s* Monogyˈnie *f*, Einweibigkeit *f*.

ˌ**mon·oˈhy·drate** *s chem.* Monohyˈdrat *n*. ˌ**mon·oˈhy·dric** *adj chem.* einwertig: **~ alcohol.**

mon·o·i·de·ism [ˌmɒnəʊaɪˈdiːɪzəm; -ˈaɪdɪ-; *Am.* ˌmɑ-] *s psych.* Monoideˈismus *m* (*krankhaftes Vorherrschen e-r einzigen Leitvorstellung*).

mo·nol·a·try [mɒˈnɒlətrɪ; *Am.* məˈnɑ-] *s* Monolaˈtrie *f* (*Verehrung nur ˈeines Gottes, ohne die Existenz weiterer Götter zu leugnen*).

ˌmon·oˈlin·gual *adj* einsprachig.

mon·o·lith [ˈmɒnəʊlɪθ; *Am.* ˈmɑnə-] *s* **1.** Monoˈlith *m*: a) *großer Steinblock*, b) *aus e-m einzigen Stein hergestelltes Kunstwerk*. **2.** *meist* **M~** (*TM*) Monoˈlith *n* (*steinähnlicher Bodenbelag*). **ˌmon·oˈlith·ic I** *adj* monoˈlith(isch) (*a. arch. electr. u. fig.*). **II** *s electr.* monoˈlithischer Schaltkreis.

mon·o·log·ic [ˌmɒnəˈlɒdʒɪk; *Am.* ˌmɑnlˈɑdʒɪk], **ˌmon·oˈlog·i·cal** *adj* monoˈlogisch. **mo·nol·o·gist** [mɒˈnɒlədʒɪst; *Am.* məˈnɑ-] *s* **1.** Monoˈlogsprecher(in). **2.** j-d, der die Unterˈhaltung alˈlein bestreitet. **moˈnol·o·gize** *v/i* monologiˈsieren, ein Selbstgespräch führen. **mon·o·logue** [ˈmɒnəlɒg; *Am.* ˈmɑnlˌɔːg; -ˌɑg] *s* Monoˈlog *m*: a) *thea. u. weitS.* Selbstgespräch *n*, b) *von ˈeiner Person aufgeführtes dramatisches Gedicht*, c) lange Rede (*in der Unterhaltung*). **ˈmon·o·logu·ist** → monologist 1.

ˌmon·oˈma·ni·a *s psych.* Monomaˈnie *f*, fixe Iˈdee. **ˌmon·oˈma·ni·ac I** *s* Monoˈmane *m*, Monoˈmanin *f*. **II** *adj* monoˈman(isch).

ˈmon·o·mark *s Br. als Identifikationszeichen registrierte Kombination von Buchstaben und/oder Ziffern.*

mon·o·mer [ˈmɒnəmə(r); *Am.* ˈmɑ-] *s chem.* Monoˈmer(e) *n*. **ˌmon·oˈmer·ic** [-ˈmerɪk] *adj* monoˈmer.

ˌmon·oˈmet·al·ism *s econ.* Monometalˈlismus *m* (*Verwendung nur ˈeines Währungsmetalls*).

mo·nom·e·ter [mɒˈnɒmɪtə; *Am.* məˈnɑmətər; mɑ-] *s metr.* Moˈnometer *m*.

mo·no·mi·al [mɒˈnəʊmɪəl; *Am.* mɑ-; mə-] *math.* **I** *adj* moˈnomisch, eingliedrig. **II** *s* Moˈnom *n*, eingliedrige (Zahlen-) Größe.

ˌmon·o·moˈlec·u·lar *adj chem. phys.* monomolekuˈlar.

ˌmon·oˈmor·phic, ˌmon·oˈmor·phous [-fəs] *adj* monoˈmorph, gleichgestaltet.

ˈmon·o·phase, ˌmon·oˈphas·ic *adj electr.* einphasig.

ˌmon·oˈpho·bi·a *s psych.* Monophoˈbie *f*, Angst *f* vor dem Alˈleinsein.

mon·oph·thong [ˈmɒnəfθɒŋ; *Am.* ˈmɑ-] *s Phonetik*: Monoˈphthong *m*, einfacher Selbstlaut. **ˌmon·ophˈthon·gal** [-gl] *adj* monoˈphthongisch. **ˈmon·oph·thong·ize** *v/t* monophthonˈgieren.

ˌmon·o·phyˈlet·ic *adj biol.* monophyˈletisch, einstämmig.

ˌmon·oˈphy·o·dont [-ˈfaɪədɒnt; *Am.* -ˌdɑnt] *zo.* **I** *s* Monophyoˈdont *m*, Tier *n* ohne Zahnwechsel. **II** *adj* monophyoˈdont.

Mo·noph·y·site [mɒˈnɒfɪsaɪt; *Am.* məˈnɑ-] *s relig.* Monophyˈsit *m*.

ˈmon·o·plane *s aer.* Eindecker *m*.

mon·o·pode [ˈmɒnəpəʊd; *Am.* ˈmɑ-] **I** *adj* **1.** einfüßig. **II** *s* **2.** einfüßiges Wesen. **3.** → **monopodium**. **ˌmon·oˈpo·di·um** *pl* **-di·a** [-dɪə] *s bot.* Monoˈpodium *n*, echte Hauptachse.

mo·nop·o·lism [məˈnɒpəlɪzəm; *Am.* -ˈnɑ-] *s econ.* Monoˈpolwirtschaft *f*, -kapitaˌlismus *m*. **moˈnop·o·list** *s econ.* Monopoˈlist *m*, Monoˈpolkapitaˌlist *m*, -inhaber *m*. **moˌnop·oˈlis·tic** *adj* monopoˈlistisch, marktbeherrschend, Monopol...: ~ **position**; ~ **competition** *econ.* monopolistische Konkurrenz. **moˌnop·o·liˈza·tion** *s* Monopoliˈsierung *f*. **moˈnop·o·lize** *v/t* monopoliˈsieren: a) *econ.* ein Monoˈpol erringen *od.* haben für, b) *fig.* an sich reißen: **to ~ the conversation** die Unterhaltung ganz allein bestreiten, c) *fig. j-n od. etwas* mit Beschlag belegen. **moˈnop·o·liz·er** *s* j-d, der (*etwas*) monopoliˈsiert. **moˈnop·o·ly** [-lɪ] *s econ.* **1.** Monoˈpol(stellung *f*) *n*. **2.** (**of**) Monoˈpol *n* (auf *acc*), Alˈleinverkaufs-, Alˈleinbetriebs-, Alˈleinˌherstellungsrecht *n* (für). **3.** Monoˈpol *n*, alˈleiniger Besitz, alˈleinige Beherrschung: ~ **of learning** Bildungsmonopol. **4.** Monoˈpol *n*, (*etwas*) Monopoliˈsiertes. **5.** Monoˈpolgesellschaft *f*.

mo·nop·ter·al [mɒˈnɒptərəl; *Am.* mɑˈnɑ-] *adj zo.* a) einflügelig, b) einflossig.

ˈmon·o·rail *s tech.* **1.** Einschiene *f*. **2.** Einschienenbahn *f*.

ˌmon·o·sylˈlab·ic *adj* **1.** *ling. u. fig.* einsilbig. **2.** monosylˈlabisch (*Sprache*). **ˌmon·oˈsyl·la·bism** *s* Einsilbigkeit *f*. **ˈmon·oˌsyl·la·ble** *s* einsilbiges Wort: **to speak in ~s** einsilbige Antworten geben.

ˈmon·o·theˌism *s relig.* Monotheˈismus *m*. **mon·o·the·ist** [ˈmɒnəʊθiːˌɪst; -ˌθiːɪst; *Am.* ˈmɑnəˌθiːəst] *relig.* **I** *s* Monotheˈist *m*. **II** *adj* monotheˈistisch. **ˌmon·o·theˈis·tic, ˌmon·o·theˈis·ti·cal** *adj* monotheˈistisch.

ˈmon·o·tint → **monochrome**.

mo·not·o·cous [məˈnɒtəkəs; *Am.* -ˈnɑ-] *adj zo.* nur ˈein Junges gebärend.

mon·o·tone [ˈmɒnətəʊn; *Am.* ˈmɑ-] **I** *s* **1.** monoˈtones Geräusch, gleichbleibender Ton, eintönige Wiederˈholung. **2.** monoˈtones Reziˈtieren *od.* Singen. **3.** → **monotony**. **II** *adj* **4.** → **monotonous**. **III** *v/t u. v/i* **5.** in gleichbleibendem Ton reziˈtieren *od.* singen. **ˌmon·oˈton·ic** [-ˈtɒnɪk; *Am.* -ˈtɑ-] *adj mus.* monoˈton, eintönig. **mo·not·o·nous** [məˈnɒtnəs; *Am.* -ˈnɑ-] *adj* (*adv* **~ly**) monoˈton, eintönig, -förmig (*alle a. fig.*). **moˈnot·o·ny** [-tnɪ], *a.* **moˈnot·o·nous·ness** *s* **1.** Monotoˈnie *f*, Eintönigkeit *f* (*a. fig.*). **2.** Einförmigkeit *f*, (ewiges) Einerlei.

ˌmon·oˈtrem·a·tous [-ˈtriːmətəs; -ˈtrem-] *adj zo.* zu den Kloˈakentieren gehörend. **ˈmon·o·treme** [-triːm] *s* Kloˈakentier *n*.

ˈmon·o·type[1] *s print.* **1.** *meist* **M~** (*TM*) Monotype *f* (*Setz- u. Gießmaschine für Einzelbuchstaben*). **2.** a) mit der Monotype ˈhergestellte Letter, b) Monotypesatz *m*. **3.** Monotyˈpie *f* (*Abdruck e-s auf e-e Metallplatte etc gemalten Bildes*).

ˈmon·o·type[2] *s biol.* einziger Vertreter (*e-r Gruppe*), *bes.* einzige Art (*e-r Gattung etc*).

ˌmon·oˈva·lent *adj chem.* monovaˈlent, einwertig.

mon·ox·ide [mɒˈnɒksaɪd; *Am.* məˈnɑ-] *s chem.* ˈMonoˌxyd *n*.

Mon·roe Doc·trine [mənˈrəʊ; *Br. a.* ˈmʌnrəʊ], **Monˈroe·ism** *s pol.* ˈMonroedokˌtrin *f* („*Amerika den Amerikanern*"; *1823 vom Präsidenten James Monroe ausgesprochen*).

mon·soon [mɒnˈsuːn; *Am.* mɑn-] *s* **1.** Monˈsun *m*: **dry ~** Wintermonsun; **wet ~** Sommer-, Regenmonsun. **2.** (sommerliche) Regenzeit (*in Südasien*).

mon·ster [ˈmɒnstə(r); *Am.* ˈmɑn-] **I** *s* **1.** Monster *n*, Ungeheuer *n*, Scheusal *n* (*a. fig.*). **2.** Monstrum *n*: a) ˈMißgeburt *f*, -gestalt *f*, -bildung *f*, b) *fig.* Ungeheuer *n*, (*etwas*) Ungeheuerliches *od.* Unförmiges, Koˈloß *m*. **II** *adj* **3.** ungeheuer(lich), Riesen..., Monster...: ~ **film** Monsterfilm *m*; ~ **meeting** Massenversammlung *f*.

mon·strance [ˈmɒnstrəns; *Am.* ˈmɑn-] *s relig.* Monˈstranz *f*.

mon·stros·i·ty [mɒnˈstrɒsətɪ; *Am.* mɑnˈstrɑs-] *s* **1.** Ungeheuerlichkeit *f*. **2.** → **monster** 2.

mon·strous [ˈmɒnstrəs; *Am.* ˈmɑn-] *adj* (*adv* **~ly**) **1.** monˈströs: a) ungeheuer, riesenhaft, b) ungeheuerlich, fürchterlich, gräßlich, scheußlich, c) ˈmißgestaltet, unförmig, ungestalt. **2.** ˈun-, ˈwidernaˌtürlich. **3.** lächerlich, abˈsurd. **ˈmon·strous·ness** *s* **1.** Ungeheuerlichkeit *f*. **2.** Riesenhaftigkeit *f*. **3.** ˈWidernaˌtürlichkeit *f*.

mon·tage [mɒnˈtɑːʒ; *Am.* mɑn-; məʊn-] *s* **1.** ˈFoto-, ˈBildmonˌtage *f*. **2.** *Film, Rundfunk etc*: Monˈtage *f*.

Mon·tan·an [mɒnˈtænən; *Am.* mɑn-] **I** *s* Bewohner(in) von Monˈtana (*USA*). **II** *adj* aus *od.* von Monˈtana.

mon·tane [ˈmɒnteɪn; *Am.* ˈmɑn-; mɑnˈteɪn] *adj geogr.* Gebirgs..., Berg...: ~ **plants**.

mon·te (bank) [ˈmɑntiː] *s Am.* a) *ein Bauernfängerspiel mit Karten*, b) → **three-card monte**.

monte-jus [ˌmɒntˈdʒuːs; *Am.* ˌmɑnt-] *s tech.* Monteˈjus *m*, Saftheber *m*.

month [mʌnθ] *s* **1.** Monat *m*: **this day ~** a) heute vor e-m Monat, b) heute in e-m Monat; **by the ~** (all)monatlich; **once a ~** einmal im Monat; **a ~ of Sundays** e-e ewig lange Zeit. **2.** *colloq.* vier Wochen *od.* 30 Tage.

month·ly [ˈmʌnθlɪ] **I** *s* **1.** Monatsschrift *f*. **2.** *pl* → **menses**. **II** *adj* **3.** e-n Monat dauernd. **4.** monatlich. **5.** Monats...: ~ **salary**; ~ **season ticket** *rail. etc Br.* Monatskarte *f*. **III** *adv* **6.** monatlich, einmal im Monat, jeden Monat.

month's mind *s* **1.** *relig.* Monatsgedächtnis *n* (*Gedenkmesse*). **2.** *obs. od. dial.* (**to**) Neigung *f* (zu), Verlangen *n* (nach).

mon·ti·cule [ˈmɒntɪkjuːl; *Am.* ˈmɑn-] *s* **1.** (kleiner) Hügel. **2.** Höckerchen *n*.

mon·u·ment [ˈmɒnjʊmənt; *Am.* ˈmɑnjə-] *s* **1.** *a. fig.* Monuˈment *n*, Denkmal *n* (**to** für; **of** *gen*): **to erect a ~ to s.o.'s memory** zum Gedenken an j-n ein Denkmal errichten; **a ~ of literature** ein Literaturdenkmal; **the M~** *e-e hohe Säule in London zur Erinnerung an den großen Brand im Jahre 1666*. **2.** Naˈturdenkmal *n*. **3.** Grabmal *n*, -stein *m*. **4.** Statue *f*.

mon·u·men·tal [ˌmɒnjʊˈmentl; *Am.* ˌmɑnjə-] *adj* (*adv* **~ly**) **1.** monumenˈtal: a) großartig, gewaltig, impoˈsant, b) *art* ˈüberlebensgroß. **2.** herˈvorragend, bedeutend: **a ~ event**. **3.** *colloq.* kolosˈsal, Riesen...: **a ~ error**; ~ **stupidity**. **4.** Denkmal(s)... **5.** Gedenk...: ~ **chapel** Gedenkkapelle *f*. **6.** Grabmal(s)...: ~ **mason** Steinbildhauer *m*. **M~ Cit·y** *s Am.* (*Spitzname für*) Baltimore *n*.

mon·u·men·tal·ize [ˌmɒnjʊˈmentəlaɪz; *Am.* ˌmɑnjə-] *v/t j-m od. e-r Sache* ein Denkmal setzen, *j-n od. etwas* verewigen.

moo [muː] **I** *v/i* **1.** muhen. **II** *s* **2.** Muhen *n*. **3.** *Br. sl. contp.* ‚(blöde) Kuh'.

mooch [muːtʃ] *sl.* **I** *v/i* **1.** *a.* ~ **about** (*od.* **around**) herˈumlungern, -strolchen: **to ~ along** dahinlatschen. **II** *v/t bes. Am.* **2.** ‚abstauben', ‚mitgehen lassen'. **3.** ‚schnorren', ‚ergattern'.

mood[1] [muːd] *s* **1.** Stimmung *f* (*a. art*), Laune *f*: **to be in the (in no) ~ to do** (nicht) dazu aufgelegt sein zu tun, (keine) Lust haben zu tun; **to be in the ~ to work** zur Arbeit aufgelegt sein; **in a good ~** guter Laune, gut aufgelegt; **in no giving ~** nicht in Geberlaune; **I'm in no laughing ~** mir ist nicht nach *od.* zum Lachen zumute; **he's a man of ~s** er ist sehr launenhaft; **change of ~**, *Am. a.* **~ swing** Stimmungsumschwung *m*; **~ music** stimmungsvolle Musik. **2. in a ~** *colloq.* schlechter Laune, schlecht aufgelegt. **3.** Gemüt *n*: **of somber** (*bes.*

Br. **sombre)** ~ von düsterem Gemüt. **4.** *paint. phot.* Stimmungsbild *n.* **5.** *obs.* a) Wut *f*, Ärger *m*, b) Eifer *m*.

mood² [muːd] *s* **1.** *ling.* Modus *m*, Aussageweise *f.* **2.** *mus.* Tonart *f.*

mood·i·ness [ˈmuːdɪnɪs] *s* **1.** Launenhaftigkeit *f.* **2.** Übellaunigkeit *f*, Verstimmtheit *f.* **3.** Niedergeschlagenheit *f.*

mood·y [ˈmuːdɪ] *adj* (*adv* **moodily) 1.** launisch, launenhaft. **2.** übellaunig, verstimmt. **3.** niedergeschlagen, trübsinnig.

moon [muːn] **I** *s* (*als Femininum konstruiert*) **1.** Mond *m*: **there is a** ~ der Mond scheint; **the man in the** ~ der Mann im Mond; **once in a blue** ~ *colloq.* alle Jubeljahre (einmal), höchst selten; **to bay at the** ~ den Mond anbellen; **to cry for the** ~ nach etwas Unmöglichem verlangen; **to promise s.o. the** ~ j-m das Blaue vom Himmel (herunter)versprechen; **to reach for the** ~ nach den Sternen greifen; **to shoot the** ~ *colloq.* bei Nacht u. Nebel ausziehen (*ohne die Miete zu bezahlen*); **to be over the** ~ *colloq.* ganz ‚weg' (*hingerissen*) sein. **2.** *astr.* Mond *m*, Traˈbant *m*, Satelˈlit *m*: **man-made** ~, **baby** ~ (künstlicher *od.* Erd)Satellit. **3.** *poet.* Mond *m*, Monat *m*. **4.** (*bes.* Halb)Mond *m*, (*etwas*) (Halb-)Mondförmiges. **5.** *Alchimie*: Silber *n*. **II** *v/i* **6.** ~ **about** (*od.* **around**) herˈumgeistern, -irren. **7.** a) träumen, dösen, b) schmachten. **III** *v/t* **8.** ~ **away** *die Zeit* vertrödeln, -träumen. ˈ**~·beam** *s* Mondstrahl *m*. ˈ**~-blind** *adj* **1.** *vet.* mondblind (*Pferd*). **2.** *med.* nachtblind. **~ blindness** *s* **1.** *vet.* Mondblindheit *f.* **2.** *med.* Nachtblindheit *f.* ˈ**~·calf** *s irr* **1.** ‚Mondkalb' *n*, Trottel *m*. **2.** Träumer *m*. **3.** → **mole⁵**. ˈ**~·child** *s irr astrol.* Krebs *m* (*im Zeichen Krebs geborener Mensch*). **~ daisy** *s bot.* Margeˈrite *f.*

mooned [muːnd] *adj* **1.** mit e-m (Halb-)Mond geschmückt. **2.** (halb)mondförmig. ˈ**moon·er** *s* **1.** Mondsüchtige(r *m*) *f.* **2.** *fig.* Träumer(in).

ˈ**moon|·eye** *s* **1.** *vet.* a) an Mondblindheit erkranktes Auge, b) Mondblindheit *f.* **2.** *ichth.* Amer. Mondfisch *m*. ˈ**~·faced** *adj* vollmondgesichtig. ˈ**~·light I** *s* **1.** Mondlicht *n*, -schein *m*. **2.** *colloq.* Schwarzarbeit *f.* **II** *adj* **3.** Mondlicht...: **a** ~ **walk** ein Mondscheinspaziergang. **4.** → moonlit. ˈ**~ˌlight·er** *s* **1.** *colloq.* Schwarzarbeiter(in). **2.** *hist.* Mondscheinler *m* (*Teilnehmer an nächtlichen Ausschreitungen gegen Grundbesitzer in Irland*). **3.** → **moonshiner**. ˈ**~·lit** *adj* vom Mond beleuchtet, mondhell. ˈ**~-mad** *adj* wahnsinnig, verrückt. ˈ**~·quake** *s* Mondbeben *n*. ˈ**~ˌrak·er** *s mar.* Mondsegel *n*. ˈ**~·rise** *s* Mondaufgang *m*. ˈ**~·scape** *s* Mondlandschaft *f.* ˈ**~·set** *s* ˈMondˌuntergang *m*. ˈ**~·shine I** *s* **1.** Mondschein *m*. **2.** *fig.* a) ‚fauler Zauber', Schwindel *m*, b) Unsinn *m*, Geschwafel *n*, ‚Quatsch' *m*: **to talk** ~ Unsinn reden. **3.** *Am. sl.* geschmuggelter *od.* schwarzgebrannter Alkohol. **II** *v/i* **4.** *Am. sl.* a) ˈilleˌgal Schnaps brennen, b) Alkohol schmuggeln. ˈ**~ˌshin·er** *s Am. sl.* a) Alkoholschmuggler *m*, b) Schwarzbrenner *m*. ˈ**~·stone** *s min.* Mondstein *m*. ˈ**~·struck** *adj* **1.** mondsüchtig. **2.** → **moon-mad**. **~ walk** *s* ˈMondspaˌziergang *m*.

moon·y [ˈmuːnɪ] *adj* **1.** (halb)mondförmig. **2.** Mond..., Mondes... **3.** a) Mondlicht..., b) mondlichtartig. **4.** mondhell. **5.** verträumt, dösig. **6.** *colloq.* beschwipst. **7.** *colloq.* verrückt.

moor¹ [mʊə(r)] *s* **1.** Moor *n*, *bes.* Hochmoor *n*, Bergheide *f.* **2.** Ödland *n*, *bes.* Heideland *n*. **3.** (*in Cornwall*) Heideland *n* mit Zinnvorkommen.

moor² [mʊə(r)] *mar.* **I** *v/t* **1.** vertäuen, festmachen. **II** *v/i* **2.** festmachen, das Schiff vertäuen. **3.** sich vermuren, festmachen. **4.** festgemacht *od.* vertäut liegen.

Moor³ [mʊə(r)] *s* **1.** Maure *m*, Mohr *m*. **2.** (*in Südindien u. Ceylon*) Mohammeˈdaner *m*. **3.** *Angehöriger e-s in Delaware, USA, lebenden Mischvolks, das durch Mischung zwischen Weißen, Indianern u. Negern entstand.*

moor·age [ˈmʊərɪdʒ] *s mar.* **1.** Vertäuung *f.* **2.** Liegeplatz *m*. **3.** Anlegegebühr *f.*

ˈ**moor|·cock** *s orn.* (*männliches*) Schottisches Moor-Schneehuhn. ˈ**~·fowl, ~ game** *s orn.* Schottisches Moor-Schneehuhn. ˈ**~·hen** *s orn.* **1.** (*weibliches*) Schottisches Moor-Schneehuhn. **2.** Gemeines Teichhuhn.

moor·ing [ˈmʊərɪŋ] *s mar.* **1.** Festmachen *n*. **2.** *meist pl* Vertäuung *f* (*Schiff*). **3.** *pl* Liegeplatz *m*. **~ buoy** *s mar.* Vertäuboje *f.*

moor·ish¹ [ˈmʊərɪʃ] *adj* moorig, sumpfig, Moor...

Moor·ish² [ˈmʊərɪʃ] *adj* maurisch.

ˈ**moor·land** [-lənd; -lænd] *s* Heidemoor(land) *n*.

moor·y [ˈmʊərɪ] → **moorish¹**.

moose [muːs] *pl* **moose** *s* **1.** *zo.* Elch *m*. **2.** M~ *Mitglied des Geheimordens* **Loyal Order of Moose**. ˈ**~ˌber·ry** *s bot. Am.* Erlenblättriger Schneeball.

moot [muːt] **I** *s* **1.** *hist.* (beratende) Volksversammlung. **2.** *jur. univ.* Diskussiˈon *f* hypoˈthetischer (Rechts)Fälle. **II** *v/t* **3.** *e-e Frage* aufwerfen, anschneiden. **4.** erörtern, diskuˈtieren. **III** *adj* **5.** *jur.* hypoˈthetisch, fikˈtiv: **a** ~ **case**. **6.** *fig.* a) strittig: **a** ~ **point**, b) (rein) akaˈdemisch: **a** ~ **question** e-e Streitfrage.

mop¹ [mɒp; *Am.* mɑp] **I** *s* **1.** Mop *m*, Fransenbesen *m*. **2.** Scheuer-, Wischlappen *m*. **3.** (Haar)Wust *m*. **4.** Tupfer *m*, Bausch *m*. **5.** *tech.* Schwabbelscheibe *f.* **II** *v/t* **6.** (*mit dem Mop*) (auf)wischen: **to** ~ **the floor with s.o.** *sl.* ‚mit j-m Schlitten fahren', j-n ‚fertigmachen'; **to** ~ **one's face** sich das Gesicht (ab)wischen. **7.** ~ **up** a) → 6, b) *mil. sl. ein Gebiet* (*vom Feind*) säubern, *e-n Wald etc* ˈdurchkämmen, c) *mil. sl. restliche Feindtruppen* ‚erledigen', d) *sl. e-n Profit etc* ‚schlukken', e) *sl.* völlig ‚erledigen', aufräumen mit, f) *Br. colloq.* austrinken. **8.** mit dem Mop auftragen. **9.** *tech.* schwabbeln.

mop² [mɒp; *Am.* mɑp] **I** *v/i meist* ~ **and mow** Gesichter schneiden. **II** *s* Griˈmasse *f*: **~s and mows** Grimassen.

ˈ**mopˌboard** *s arch. Am.* Fuß-, Scheuerleiste *f.*

mope [məʊp] **I** *v/i* **1.** den Kopf hängenlassen, Trübsal blasen. **2.** ~ **about** (*od.* **around**) mit e-r Jammermiene herumlaufen. **II** *v/t* **3.** ~ **o.s., be ~d** a) → 1, b) sich ‚mopsen' (*langweilen*). **III** *s* **4.** Trübsalbläser(in), Griesgram *m*. **5.** *pl* Trübsinn *m*, trübe Stimmung: **to have (a fit of) the ~s** ‚e-n Moralischen haben'.

mo·ped [ˈməʊped] *s mot. Br.* Moped *n*.

mop·er [ˈməʊpə(r)] → **mope** 4.

ˈ**mop·head** *s* **1.** Mop-Ende *n*. **2.** *colloq.* a) Wuschelkopf *m*, b) Struwwelpeter *m*.

mop·ing [ˈməʊpɪŋ] *adj* (*adv* **~ly**), ˈ**mop·ish** *adj* (*adv* **~ly**) trübselig, aˈpathisch, kopfhängerisch. ˈ**mop·ish·ness** → **mope** 5.

mop·pet [ˈmɒpɪt; *Am.* ˈmɑ-] *s* **1.** langhaariger Schoßhund. **2.** *colloq.* Puppe *f*: a) Kind *n*, b) Mädchen *n*.

mop·ping-up [ˈmɒpɪŋʌp; *Am.* ˈmɑ-] *s mil. sl.* **1.** Aufräumungsarbeiten *pl.* **2.** Säuberung *f* (*vom Feinde*): ~ **operation** Säuberungsaktion *f.*

mo·quette [mɒˈket; *bes. Am.* məʊ-] *s* Moˈkett *m* (*Plüschgewebe*).

mo·raine [mɒˈreɪn; *bes. Am.* mə-] *s geol.* (ˈGletscher)Moˌräne *f*: **lateral** ~ Seitenmoräne; **medial** ~ Mittelmoräne. **moˈrain·ic** *adj* Moränen...

mor·al [ˈmɒrəl; *Am. a.* ˈmɑ-] **I** *adj* (*adv* → **morally**) **1.** moˈralisch, sittlich: ~ **force**; ~ **sense** moralisches *od.* sittliches Empfinden; **M~ Rearmament** Moralische Aufrüstung. **2.** moˈralisch, geistig: ~ **obligation** moralische Verpflichtung; ~ **support** moralische Unterstützung; ~ **victory** moralischer Sieg. **3.** Moral..., Sitten...: ~ **law** Sittengesetz *n*; ~ **theology** Moraltheologie *f.* **4.** moˈralisch, sittenstreng, sittsam, tugendhaft: **a** ~ **life**. **5.** (sittlich) gut: **a** ~ **act**. **6.** innerlich, chaˈrakterlich: **~ly firm** innerlich gefestigt. **7.** moˈralisch, vernunftgemäß: ~ **certainty** moralische Gewißheit. **II** *s* **8.** Moˈral *f*, Lehre *f*, Nutzanwendung *f* (*e-r Geschichte etc*): **to draw the** ~ **from** die Lehre ziehen aus. **9.** moˈralischer Grundsatz: **to point a** ~ den sittlichen Standpunkt betonen. **10.** *pl* Moˈral *f*, Sitten *pl*, sittliches Verhalten: **code of ~s** Sittenkodex *m*; **loose ~s** lockere Sitten. **11.** *pl* (*als sg konstruiert*) Sittenlehre *f*, Ethik *f.* **12.** [mɒˈrɑːl; *Am.* məˈræl] → **morale**. **13.** *sl.* Gegenstück *n*, Ebenbild *n*.

mo·rale [mɒˈrɑːl; *Am.* məˈræl] *s* Moˈral *f*, Stimmung *f*, Haltung *f*, (Arbeits-, Kampf)Geist *m*: **the** ~ **of the army** die (Kampf)Moral *od.* Stimmung der Truppe; **to raise (lower) the** ~ die Moral heben (senken). **moˈrale-ˌboost·ing** *adj* die (ˈArbeits-, ˈKampf- *etc*)Moˌral stärkend, aufrüttelnd (*Rede etc*).

mor·al| fac·ul·ty [ˈmɒrəl; *Am. a.* ˈmɑ-] *s* Sittlichkeitsgefühl *n*. **~ haz·ard** *s Versicherungswesen*: subjekˈtives Risiko (*Risiko falscher Angaben des Versicherten*). **~ in·san·i·ty** *s psych.* moˈralischer Deˈfekt.

mor·al·ism [ˈmɒrəlɪzəm; *Am. a.* ˈmɑ-] *s* **1.** Moˈralspruch *m*. **2.** a) Moˈralpredigt *f*, b) Moraliˈsieren *n*. **3.** Leben *n* nach den Grundsätzen der bloßen Moˈral (*Ggs. religiöses Leben*). ˈ**mor·al·ist** *s* **1.** Moraˈlist *m*, Sittenlehrer *m*. **2.** Ethiker *m*. **3.** (rein) moˈralischer Mensch (*Ggs. gläubiger Mensch*).

mo·ral·i·ty [məˈrælətɪ; mɒ-] *s* **1.** Moˈral *f*, Sittlichkeit *f*, Tugend(haftigkeit) *f.* **2.** Moraliˈtät *f*, sittliche Gesinnung. **3.** Ethik *f*, Sittenlehre *f.* **4.** *pl* moˈralische Grundsätze *pl*, Ethik *f* (*e-r Person etc*): **commercial** ~ Geschäftsmoral *f.* **5.** *contp.* Moˈralpredigt *f.* **6.** *a.* ~ **play** *thea. hist.* Moraliˈtät *f.*

mor·al·ize [ˈmɒrəlaɪz; *Am. a.* ˈmɑ-] **I** *v/i* **1.** moraliˈsieren (**on** über *acc*). **II** *v/t* **2.** moˈralisch auslegen, die Moˈral (*gen*) aufzeigen. **3.** die Moˈral (*gen*) heben. ˈ**mor·al·iz·er** *s* Moˈral-, Sittenprediger(in). ˈ**mor·al·ly** [-rəlɪ] *adv* **1.** moˈralisch (*etc*; → **moral** I). **2.** vom moˈralischen Standpunkt.

mor·al| phi·los·o·phy, ~ sci·ence *s* Moˈralphilosoˌphie *f*, Ethik *f.*

mo·rass [məˈræs] *s* **1.** Moˈrast *m*, Sumpf (-land *n*) *m*. **2.** *fig.* a) Wirrnis *f*, b) ‚Klemme' *f*, schwierige Lage.

mo·rat [ˈmɔːræt; *Am.* ˈməʊˌræt] *s hist. Getränk aus Honig, mit Maulbeeren gewürzt.*

mor·a·to·ri·um [ˌmɒrəˈtɔːrɪəm; *Am. a.* ˌmɑrəˈtəʊ-] *pl* **-ri·a** [-rɪə] *od.* **-ri·ums** *s econ.* Moraˈtorium *n*, Zahlungsaufschub *m*, Stillhalteabkommen *n*, Stundung *f.* ˈ**mor·a·to·ry** [-tərɪ; *Am.* -ˌtəʊriː; -ˌtɔː-] *adj* Moratoriums..., Stundungs...

Mo·ra·vi·an¹ [məˈreɪvjən; -ɪən] **I** *s* **1.** Mähre *m*, Mährin *f.* **2.** *relig.* Herrnhuter(in). **3.** *ling.* Mährisch *n*, das Mährische. **II** *adj* **4.** mährisch. **5.** *relig.* herrnhutisch: ~ **Brethren** Herrnhuter Brüdergemein(d)e *f.*

Mo·ra·vi·an[2] [məˈreɪvjən; -ɪən] *hist.* **I** *s* Einwohner(in) der Grafschaft Moray (*Schottland*). **II** *adj* aus Moray.

mor·bid [ˈmɔː(r)bɪd] *adj* (*adv* **~ly**) **1.** morˈbid, krankhaft, pathoˈlogisch. **2.** *med.* pathoˈlogisch: **~ anatomy.** **3.** grausig, schauerlich. **morˈbid·i·ty** *s* Morbidiˈtät *f*: a) Krankhaftigkeit *f*, b) Erkrankungsziffer *f*.

mor·bif·ic [mɔː(r)ˈbɪfɪk] *adj med.* **1.** krankheitserregend. **2.** krankmachend.

mor·bil·li [mɔː(r)ˈbɪlaɪ] *s pl* (*als sg konstruiert*) *med.* Masern *pl*.

mor·da·cious [mɔː(r)ˈdeɪʃəs] *adj* (*adv* **~ly**) *bes. fig.* beißend, bissig. **morˈdac·i·ty** [-ˈdæsətɪ], **ˈmor·dan·cy** [-dənsɪ] *s bes. fig.* Bissigkeit *f*, beißende Schärfe.

mor·dant [ˈmɔː(r)dənt] **I** *adj* **1.** beißend: a) brennend (*Schmerz*), b) scharf, sarˈkastisch (*Worte etc*). **2.** *tech.* a) beizend, ätzend, b) fiˈxierend (*Farben*). **3.** *med.* weiterfressend: **~ disease.** **II** *s* **4.** *tech.* a) Ätzwasser *n*, b) (*bes. Färberei*) Beize *f*, c) Grund *m*, Kleb(e)stoff *m*.

Mor·de·ca·i [ˌmɔːdɪˈkeɪaɪ; *Am.* ˈmɔːrdɪˌkaɪ] *npr Bibl.* Mardoˈchai *m*.

mor·dent [ˈmɔː(r)dənt; *Am. a.* mɔːrˈdent] *s mus.* Morˈdent *m*, Pralltriller *m* nach unten.

more [mɔː(r); *Am. a.* ˈmaʊər] **I** *adj* **1.** mehr: **~ money**; **~ people**; **(no) ~ than** (nicht) mehr als; **they are ~ than we** sie sind zahlreicher als wir. **2.** mehr, noch (mehr), weiter: **some ~ tea** noch etwas Tee; **one ~ day** noch ein(en) Tag; **two ~ miles** noch zwei Meilen, zwei weitere Meilen; **some ~ children** noch einige Kinder; **so much the ~ courage** um so mehr Mut; **he is no ~** er ist nicht mehr (*ist tot*). **3.** größer (*obs. außer in*): **the ~ fool** der größere Tor; **the ~ part** der größere Teil.

II *adv* **4.** mehr, in höherem Maße: **they work ~** sie arbeiten mehr; **~ in theory than in practice** mehr in der Theorie als in der Praxis; **~ dead than alive** mehr *od.* eher tot als lebendig; **~ and ~** immer mehr; **~ and ~ difficult** immer schwieriger; **~ or less** mehr oder weniger, ungefähr; **the ~** um so mehr; **the ~ so because** um so mehr, da; **all the ~ so** nur um so mehr; **so much the ~ as** um so mehr als; **no** (*od.* **not any**) **~ than** ebensowenig wie; **neither** (*od.* **no**) **~ nor less than stupid** nicht mehr u. nicht weniger als dumm, einfach dumm. **5.** (*zur Bildung des comp*): **~ conscientiously** gewissenhafter; **~ important** wichtiger; **~ often** öfter. **6.** noch: **never ~** niemals wieder; **once ~** noch einmal; **twice ~** noch zweimal; **two hours (miles) ~** noch zwei Stunden (Meilen). **7.** darˈüber hinˈaus, überˈdies: **it is wrong and, ~, it is foolish.**

III *s* **8.** Mehr *n* (**of** an *dat*). **9.** mehr: **~ than one person has seen it** mehr als einer hat es gesehen; **we shall see ~ of you** wir werden dich noch öfter sehen; **and what is ~** und was noch wichtiger ist; **no ~** nichts mehr.

mo·reen [mɔːˈriːn; *Am. a.* mə-] *s* moiˈriertes Woll- *od.* Baumwollgewebe.

more·ish [ˈmɔːrɪʃ; *Am. a.* ˈmaʊ-] *adj*: **it tastes ~** *colloq.* es schmeckt nach (noch) mehr.

mo·rel [mɒˈrel; mə-] *s bot.* **1.** Morchel *f*. **2.** (*bes.* Schwarzer) Nachtschatten. **3.** → **morello.**

mo·rel·lo [məˈreləʊ] *pl* **-los** *s bot.* Moˈrelle *f*, Schwarze Sauerweichsel.

more·o·ver [mɔːˈrəʊvə(r)] *adv* außerdem, überˈdies, ferner, weiter.

mo·res [ˈmɔːriːz; *bes. Am.* -reɪz] *s pl sociol.* Sittenkodex *m*.

Mo·resque [mɔːˈresk] **I** *adj* maurisch. **II** *s* maurischer Stil.

Mor·gan [ˈmɔː(r)gən] *s* Morgan-Pferd *n* (*ein leichtes amer. Zug- u. Reitpferd*).

mor·ga·nat·ic [ˌmɔː(r)gəˈnætɪk] *adj* (*adv* **~ally**) morgaˈnatisch.

morgue [mɔː(r)g] *s* **1.** Leichenschauhaus *n*. **2.** *colloq.* Arˈchiv *n* (*e-s Zeitungsverlages etc*).

mor·i·bund [ˈmɒrɪbʌnd; *Am. a.* ˈmɑr-] *adj* **1.** sterbend, im Sterben liegend, dem Tode geweiht. **2.** *fig.* zum Aussterben verurteilt (*Tradition etc*), zum Scheitern verurteilt (*Plan etc*).

mo·ri·on[1] [ˈmɔːrɪən; *Am.* ˈməʊriˌɑn] *s min.* Morion *m*, dunkler Rauchquarz.

mo·ri·on[2] [ˈmɔːrɪən; *Am.* ˈməʊriˌɑn] *s hist.* Sturmhaube *f*.

Mo·ris·co [məˈrɪskəʊ] **I** *pl* **-cos, -coes** *s* **1.** Maure *m* (*bes. in Spanien*). **2.** **m~** a) maurischer Tanz, b) → **morris.** **II** *adj* **3.** maurisch.

Mor·mon [ˈmɔː(r)mən] *relig.* **I** *s* Morˈmone *m*, Morˈmonin *f*. **II** *adj* morˈmonisch: **~ Church** mormonische Kirche, Kirche Jesu Christi der Heiligen der letzten Tage; **~ State** (*Beiname des Staates*) Utah *n* (*USA*). **ˈMor·mon·ism** *s relig.* Morˈmonentum *n*.

morn [mɔː(r)n] *s poet.* Morgen *m*: **the ~** *Scot. od. obs.* morgen.

morn·ing [ˈmɔː(r)nɪŋ] **I** *s* **1.** Morgen *m*, Vormittag *m*: **in the ~** morgens, am Morgen, vormittags; **early in the ~** frühmorgens, früh am Morgen; **on the ~ of May 5** am Morgen des 5. Mai; **one (fine) ~** e-s (schönen) Morgens; **(on) this ~** an diesem Morgen; **this ~** heute morgen *od.* früh; **tomorrow ~** morgen früh; **the ~ after** am Morgen darauf, am darauffolgenden Morgen; **the ~ after (the night before)** *colloq.* der ‚Katzenjammer', der ‚Kater'; **with (the) ~** *poet.* gegen Morgen; **good ~!** guten Morgen!; **~!** *colloq.* ('n) Morgen! **2.** *fig.* Morgen *m*, Anfang *m*, Beginn *m*. **3.** Morgendämmerung *f*. **4.** **M~** Auˈrora *f*. **II** *adj* **5.** a) Morgen..., Vormittags...: **~ walk,** b) Früh...: **~ train.**

ˌmorn·ing|-ˈaf·ter pill *s med.* Pille *f* daˈnach. **ˌ~ˈaf·ter·ish** *adj colloq.* ‚verkatert'. **~ coat** *s* Cut(away) *m*. **~ dress** *s* **1.** Hauskleid *n* (*der Frau*). **2.** Besuchs-, Konfeˈrenzanzug *m*, ‚Stresemann' *m* (*schwarzer Rock, bes. Cut, mit gestreifter Hose*). **~ gift** *s jur. hist.* Morgengabe *f*. **ˈ~-ˌglo·ry** *s bot.* (*bes.* Purpur)Winde *f*. **~ gown** *s* **1.** (Damen)Morgenrock *m*. **2.** Hauskleid *n*. **~ gun** *s mil.* Weckschuß *m*. **~ per·form·ance** *s* Frühvorstellung *f*, Matiˈnee *f*. **~ prayer** *s relig.* **1.** Morgengebet *n*. **2.** Frühgottesdienst *m*. **~ room** *s* Damenzimmer *n* (*zum Aufenthalt am Morgen*). **~ sick·ness** *s med.* morgendliches Erbrechen (*bei Schwangeren*). **~ star** *s* **1.** *astr.* Morgenstern *m* (*bes. Venus*). **2.** *bot.* Menˈtzelie *f*. **3.** *mil. hist.* Morgenstern *m*. **ˈ~tide** *s poet.* Morgen *m* (*bes. fig.*).

Mo·roc·can [məˈrɒkən; *Am.* -ˈrɑ-] **I** *adj* marokˈkanisch. **II** *s* Marokˈkaner(in).

mo·roc·co [məˈrɒkəʊ; *Am.* -ˈrɑ-] *pl* **-cos** *s* Saffian(leder *n*) *m*, Maroˈquin *m*: **French ~** *ein minderwertiger Saffian.*

mo·ron [ˈmɔːrɒn; *Am.* ˈməʊərˌɑn] *s* **1.** Schwachsinnige(r *m*) *f*. **2.** *contp.* Trottel *m*, Idiˈot *m*. **mo·ron·ic** [mɒˈrɒnɪk; *Am.* məˈrɑ-] *adj* schwachsinnig.

mo·rose [məˈrəʊs] *adj* (*adv* **~ly**) mürrisch, grämlich, verdrießlich. **moˈrose·ness** *s* Verdrießlichkeit *f*, mürrisches Wesen.

-morph [mɔː(r)f] *Wortelement mit der Bedeutung* Form, Gestalt.

mor·pheme [ˈmɔː(r)fiːm] *s ling.* Morˈphem *n*: a) *kleinstes bedeutungstragendes Sprachelement*, b) *gestaltbestimmendes Sprachelement.*

Mor·pheus [ˈmɔː(r)fjuːs; -fɪəs] *npr* Morpheus *m* (*Gott der Träume*): **in the arms of ~** in Morpheus' Armen.

mor·phi·a [ˈmɔː(r)fjə; -fɪə], **mor·phine** [ˈmɔː(r)fiːn] *s chem.* Morphium *n*. **ˈmor·phin·ism** *s* **1.** Morphiˈnismus *m*, Morˈphinsucht *f*. **2.** Morˈphinvergiftung *f*. **ˈmor·phin·ist** *s* Morphiˈnist(in).

mor·pho·gen·e·sis [ˌmɔː(r)fəʊˈdʒenɪsɪs] *s biol.* Morphoˈgenesis *f*, Morphogeˈnese *f*, Gestaltbildung *f*. **ˌmor·pho·geˈnet·ic** [-dʒɪˈnetɪk] *adj* morphogeˈnetisch, gestaltbildend.

mor·pho·log·ic [ˌmɔː(r)fəˈlɒdʒɪk; *Am.* -ˈlɑ-] *adj*; **ˌmor·phoˈlog·i·cal** [-kl] *adj* (*adv* **~ly**) morphoˈlogisch, Form...: **~ element** Formelement *n*. **morˈphol·o·gist** [-ˈfɒlədʒɪst; *Am.* -ˈfɑ-] *s* Morphoˈloge *m*. **morˈphol·o·gy** *s* **1.** Morphoˈloˈgie *f*: a) *biol.* Formen-, Gestaltlehre *f*, -forschung *f*, b) *geogr. Lehre von den Oberflächenformen der Erde*, c) *ling.* Formen- u. Wortbildungslehre *f*. **2.** Gestalt *f*, Form *f*. **mor·pho·sis** [mɔː(r)ˈfəʊsɪs; *Am. bes.* ˈmɔːrfəsəs] *s* Morˈphose *f*, Gestaltbildung *f*.

mor·ris [ˈmɒrɪs; *Am. a.* ˈmɑ-] *s a.* **~ dance** *hist.* Moˈriskentanz *m*. **M~ chair** *s ein Lehnstuhl mit verstellbarer Rückenlehne u. losen Sitzpolstern.*

mor·row [ˈmɒrəʊ; *Am. a.* ˈmɑ-] *s* **1.** *rhet.* morgiger *od.* folgender Tag: **on the ~** am folgenden Tag; **the ~ of** a) der Tag nach, b) *fig.* die Zeit unmittelbar nach; **on the ~ of** *fig.* (in der Zeit) unmittelbar nach; → **thought** 4. **2.** *obs.* Morgen *m*.

Morse[1] [mɔː(r)s] **I** *adj* Morse... **II** *s colloq. für* a) **Morse code**, b) **Morse telegraph.** **III** *v/t u. v/i* **m~** morsen.

morse[2] [mɔː(r)s] *s zo.* Walroß *n*.

Morse| code, *a.* **~ al·pha·bet** *s* ˈMorsealphaˌbet *n*.

mor·sel [ˈmɔː(r)sl] **I** *s* **1.** Bissen *m* (*a. weitS. Imbiß*). **2.** Stückchen *n*, (*das*) bißchen: **a ~ of sense** *fig.* ein Funke Verstand. **3.** Leckerbissen *m* (*a. fig.*). **II** *v/t* **4.** in kleine Stückchen teilen, in kleinen Portiˈonen austeilen.

Morse tel·e·graph *s electr.* ˈMorseteleˌgraf *m*, -appaˌrat *m*.

mort[1] [mɔː(r)t] *s hunt.* (ˈHirsch)ˌTotsiˌgnal *n*.

mort[2] [mɔː(r)t] *s* dreijähriger Lachs.

mor·tal [ˈmɔː(r)tl] **I** *adj* (*adv* **~ly**) **1.** sterblich: **a ~ man** ein Sterblicher. **2.** tödlich, todbringend (**to** für): **a ~ wound.** **3.** tödlich, erbittert: **~ battle** erbitterte Schlacht; **~ enemies** Todfeinde; **~ hatred** tödlicher Haß; **~ offence** (*bes. Am.* **offense**) tödliche Beleidigung. **4.** Tod(es)...: **~ agony** Todeskampf *m*; **~ fear** Todesangst *f*; **~ hour** Todesstunde *f*; → **sin** 1. **5.** menschlich, irdisch, vergänglich, Menschen...: **this ~ life** dieses vergängliche Leben; **~ power** Menschenkraft *f*; **by no ~ means** *colloq.* auf keine menschenmögliche Art; **of no ~ use** *colloq.* völlig zwecklos; **every ~ thing** *colloq.* alles menschenmögliche. **6.** *colloq.* ‚Mords...', ‚mordsmäßig': **I'm in a ~ hurry** ich hab's furchtbar eilig. **7.** *colloq.* ewig, sterbenslangweilig: **three ~ hours** drei endlose Stunden. **8.** *dial.* furchtbar, schrecklich. **II** *s* **9.** Sterbliche(r *m*) *f*: **an ordinary ~** ein gewöhnlicher Sterblicher. **10.** *humor.* Kerl *m*.

mor·tal·i·ty [mɔː(r)ˈtælətɪ] *s* **1.** Sterblichkeit *f*. **2.** die (sterbliche) Menschheit. **3.** *a.* **~ rate** a) Sterblichkeit(sziffer) *f*: **~ table** Sterblichkeitstabelle *f*, b) *tech.* Verschleiß(quote *f*) *m*.

mor·tar[1] [ˈmɔː(r)tə(r)] **I** *s* **1.** Mörser *m*,

Reibschale *f.* **2.** *metall.* Pochtrog *m*, -lade *f.* **3.** *mil.* a) Mörser *m* (*Geschütz*), b) Gra'natwerfer *m.* **4.** Ra'ketenappa,rat *m.* **5.** (Feuerwerks)Böller *m.* **II** *v/t* **6.** *mil.* a) mit Mörsern beschießen, b) mit Gra'natfeuer belegen.

mor·tar[2] ['mɔ:(r)tə(r)] *arch.* **I** *s* Mörtel *m.* **II** *v/t* mörteln, mit Mörtel verbinden.

'**mor·tar|·board** *s* **1.** Mörtelbrett *n* (*der Maurer*). **2.** *univ.* (qua'dratisches) Ba'rett. **~boat, ~ves·sel** *s mar. hist.* Bom'barde *f*, Mörserschiff *n.*

mort·gage ['mɔ:(r)gɪdʒ] *jur.* **I** *s* **1.** Verpfändung *f*: **to give in ~** verpfänden. **2.** Pfandbrief *m.* **3.** Pfandrecht *n.* **4.** Hypo'thek *f*: **by ~** hypothekarisch; **to lend on ~** auf Hypothek (ver)leihen; **to raise a ~** e-e Hypothek aufnehmen (**on** auf *acc*). **5.** Hypo'thekenbrief *m.* **II** *v/t* **6.** *a. fig.* verpfänden (**to** an *acc*). **7.** hypothe'karisch belasten, e-e Hypo'thek aufnehmen auf (*acc*). **~ bond** *s* (Hypo'theken)Pfandbrief *m.* **~ deed** *s jur.* **1.** Pfandbrief *m.* **2.** Hypo'thekenbrief *m.*

mort·ga·gee [,mɔ:(r)gə'dʒi:] *s jur.* Hypothe'kar *m*, Pfand- *od.* Hypo'thekengläubiger *m.* **~ clause** *s* Klausel *f* (*in der Feuerversicherungspolice*) zum Schutz des Hypo'thekengläubigers.

mort·ga·gor [,mɔ:(r)gə'dʒɔ:(r)], *a.* **mort·gag·er** ['mɔ:(r)gɪdʒə(r)] *s jur.* Pfand- *od.* Hypo'thekenschuldner *m.*

mor·tice → **mortise.**

mor·ti·cian [mɔ:r'tɪʃən] *s Am.* Leichenbestatter *m.*

mor·ti·fi·ca·tion [,mɔ:(r)tɪfɪ'keɪʃn] *s* **1.** Demütigung *f*, Kränkung *f.* **2.** Ärger *m*, Verdruß *m.* **3.** Ka'steiung *f.* **4.** Abtötung *f* (*von Leidenschaften*). **5.** *med.* (kalter) Brand, Ne'krose *f.* '**mor·ti·fied** [-faɪd] *adj* **1.** a) gedemütigt, gekränkt, b) verärgert (**at** über *acc*). **2.** *med.* brandig. '**mor·ti·fy** [-faɪ] **I** *v/t* **1.** demütigen, kränken. **2.** ärgern, verdrießen. **3.** *Gefühle* verletzen. **4.** *den Körper, das Fleisch* ka'steien. **5.** *Leidenschaften* abtöten. **6.** *med.* brandig machen, absterben lassen. **II** *v/i* **7.** *med.* brandig werden, absterben.

mor·tise ['mɔ:(r)tɪs] **I** *s* **1.** *tech.* a) Zapfenloch *n*, b) Stemmloch *n*, c) (Keil)Nut *f*, d) Falz *m*, Fuge *f.* **2.** *fig.* fester Halt, feste Stütze. **II** *v/t* **3.** *tech.* a) verzapfen, b) nuten, c) einzapfen (**into** in *acc*), d) einlassen, e) verzinken, -schwalben. **4.** *allg.* fest verbinden, *fig. a.* verankern (**in** in *dat*). **~ chis·el** *s* Stech-, Lochbeitel *m*, Stemmeißel *m.* **~ ga(u)ge** *s* Zapfenstreichmaß *n.* **~ joint** *s tech.* Zapfenverbindung *f*, Verzapfung *f.* **~ lock** *s tech.* Einstemm-, Einsteckschloß *n.* **~ wheel** *s tech.* **1.** Zapfenrad *n*, -getriebe *n.* **2.** Zahnrad *n* mit Winkelzähnen.

mort·main ['mɔ:(r)tmeɪn] *s jur.* unveräußerlicher Besitz, Besitz *m* der Toten Hand: **in ~** unveräußerlich.

mor·tu·ar·y ['mɔ:tjʊərɪ; *Am.* 'mɔ:rtʃə,weri:] **I** *s* Leichenhalle *f.* **II** *adj* Begräbnis..., Leichen..., Toten...

mo·sa·ic[1] [məʊ'zeɪɪk] **I** *s* **1.** Mosa'ik *n* (*a. fig.*). **2.** *aer.* ('Luftbild)Mosa,ik *n*, Reihenbild *n.* **3.** *bot.* Mosa'ikkrankheit *f.* **II** *adj* (*adv* **~ally**) **4.** Mosaik... **5.** mosa'ikartig. **III** *v/t* **6.** mit Mosa'ik schmücken. **7.** zu e-m Mosa'ik zs.-stellen.

Mo·sa·ic[2] [məʊ'zeɪɪk] *adj* mo'saisch.

mo·sa·ic| dis·ease → **mosaic**[1] 3. **~ gold** *s* Mu'sivgold *n.* **~ hy·brid** *s biol.* Mutati'onschi,märe *f.*

mo·sa·i·cist [məʊ'zeɪɪsɪst] *s* Mosai'zist *m* (*Hersteller von Mosaiken*).

mo·sa·ic vi·sion *s zo.* mu'sivisches Sehen (*Sehen mit Facettenaugen*).

mos·cha·tel [,mɒskə'tel; *Am.* ,mas-] *s bot.* Moschuskraut *n.* **mos·chif·er·ous** [mɒs'kɪfərəs; *Am.* mas-] *adj* Moschus erzeugend.

Mo·selle, m~ [məʊ'zel] *s* Mosel (-wein) *m.*

mo·sey ['məʊzi:] *v/i Am. sl.* **1. ~ along** (da'hin)schlendern, -latschen. **2.** ‚abhauen'.

mo·shav [məʊ'ʃɑ:v] *pl* **-sha·vim** [-ʃə'vi:m] *s* Moschaw *m* (*Genossenschaftssiedlung in Israel*).

Mos·lem ['mɒzlem; *Am.* 'mazləm] **I** *s* Moslem *m*, Muselman *m.* **II** *adj* mos'lemisch, muselmanisch, mohamme'danisch. '**Mos·lem·ism** *s relig.* Is'lam *m.*

mosque [mɒsk; *Am.* mask] *s* Mo'schee *f.*

mos·qui·to [mə'ski:təʊ] *pl* **-toes, -tos** *s* **1.** *zo.* a) Mos'kito *m*, b) *allg.* Stechmücke *f.* **2.** *aer.* Mos'kito *m* (*leichter brit. Bomber*). **~ boat, ~ craft** *s mar. mil.* Schnellboot *n.* **~ net** *s* Mos'kitonetz *n.* **M~ State** *s Am.* (*Beiname für*) New Jersey *n* (*USA*).

moss [mɒs] **I** *s* **1.** Moos *n.* **2.** *bot.* Laubmoos *n.* **3.** *bes. Scot.* (Torf)Moor *n.* **II** *v/t u. v/i* **4.** (sich) mit Moos bedecken. **~ ag·ate** *s min.* 'Moosa,chat *m.* **~ an·i·mal** → **bryozoan.** '**~·back** *s* **1.** *alter Fisch etc, dessen Rücken Moos anzusetzen scheint.* **2.** *Am. sl.* a) 'Ultrakonserva,tive(r) *m*, b) altmodischer Kerl, c) 'Hinterwäldler *m.*

Möss·bau·er ef·fect ['mɒs,baʊə(r)] *s phys.* 'Mößbauer-Ef,fekt *m.*

moss| cam·pi·on *s bot.* Stengelloses Leimkraut. '**~-grown** *adj* **1.** moosbewachsen, bemoost. **2.** *fig.* altmodisch. **~ hag** *s Br.* Torfboden *m.*

moss·i·ness ['mɒsɪnɪs] *s* **1.** Moosigkeit *f*, Bemoostheit *f.* **2.** Moosartigkeit *f.*

moss| pink *s bot.* Zwergphlox *m.* **~ rose** *s bot.* Moosrose *f.* '**~,troop·er** *s hist.* Wegelagerer *m* (*an der englisch-schottischen Grenze*).

moss·y ['mɒsɪ] *adj* **1.** moosig, bemoost, moosbewachsen. **2.** moosartig. **3.** Moos...: **~ green** Moosgrün *n.*

most [məʊst] **I** *adj* (*adv* → **mostly**) **1.** meist(er, e, es), größt(er, e, es): **the ~ fear** die meiste *od.* größte Angst; **for the ~ part** größten-, meistenteils. **2.** (*vor e-m Substantiv im pl, meist ohne Artikel*) die meisten: **~ people** die meisten Leute; **(the) ~ votes** die meisten Stimmen. **II** *s* **3.** (*das*) meiste, (*das*) Höchste, (*das*) Äußerste: **the ~ he accomplished** das Höchste, das er vollbrachte; **to make the ~ of s.th.** a) etwas nach Kräften ausnützen, (noch) das Beste aus e-r Sache herausholen, b) (*zum eigenen Vorteil*) etwas ins beste *od.* schlechteste Licht stellen; **at (the) ~** höchstens, bestenfalls. **4.** das meiste, der größte Teil: **he spent ~ of his time there** er verbrachte die meiste Zeit dort. **5.** die meisten *pl*: **better than ~** besser als die meisten; **~ of my friends** die meisten m-r Freunde. **III** *adv* **6.** am meisten: **what ~ tempted me** was mich am meisten lockte; **~ of all** am allermeisten. **7.** (*zur Bildung des sup*): **the ~ important point** der wichtigste Punkt; **~ deeply impressed** am tiefsten beeindruckt; **~ rapidly** am schnellsten, schnellstens. **8.** (*vor adj*) höchst, äußerst, 'überaus: **a ~ indecent story.** **9.** *Am. colloq. od. dial.* fast, beinahe.

'**most-,fa·vo(u)red-'na·tion clause** *s econ. pol.* Meistbegünstigungsklausel *f.*

most·ly ['məʊstlɪ] *adv* **1.** größtenteils, im wesentlichen, in der Hauptsache. **2.** hauptsächlich, meist(ens).

mot [məʊ] *s* Bon'mot *n.*

mote[1] [məʊt] *s* (Sonnen)Stäubchen *n*, winziges Teilchen: **the ~ in another's eye** *Bibl.* der Splitter im Auge des anderen.

mote[2] [məʊt] *v/aux obs.* mag, möge, darf: **so ~ it be** so sei es.

mo·tel [məʊ'tel] *s* Mo'tel *n.*

mo·tet [məʊ'tet] *s mus.* Mo'tette *f.*

moth [mɒθ] *s zo.* **1.** *pl* **moths** Nachtfalter *m.* **2.** *pl* **moths,** *bes. collect.* **moth** (Kleider)Motte *f.* '**~·ball I** *s* **1.** Mottenkugel *f*: **to put in ~s** → II. **II** *v/t* **2.** *Maschinen, Kriegsschiffe etc* ‚einmotten'. **3.** *fig. Plan etc* ‚auf Eis legen'. '**~-,eat·en** *adj* **1.** von Motten zerfressen. **2.** veraltet, anti'quiert.

moth·er[1] ['mʌðə(r)] **I** *s* **1.** Mutter *f* (*a. fig.*): **~'s boy** Muttersöhnchen *n*; **M~ Russia** Mütterchen *n* Rußland. **2.** → **mother superior.** **3.** *a.* **artificial ~** künstliche Glucke. **4.** *bes. Am. vulg.* → **motherfucker.** **II** *adj* **5.** Mutter... **III** *v/t* **6.** *meist fig.* gebären, her'vorbringen. **7.** bemuttern. **8.** die Mutterschaft (*gen*) anerkennen. **9.** *fig.* a) die Urheberschaft (*gen*) anerkennen, b) die Urheberschaft (*gen*) zuschreiben (**on, upon s.o.** j-m): **to ~ a novel on s.o.** j-m e-n Roman zuschreiben.

moth·er[2] ['mʌðə(r)] **I** *s* Essigmutter *f.* **II** *v/i* Essigmutter ansetzen.

Moth·er Car·ey's chick·en ['keərɪz] *s orn.* Sturmschwalbe *f.*

moth·er| cell *s biol.* Mutterzelle *f.* **~ church** *s* **1.** Mutterkirche *f.* **2.** Hauptkirche *f*, *bes.* Kathe'drale *f.* **~ coun·try** *s* **1.** Mutterland *n.* **2.** Vater-, Heimatland *n.* '**~·craft** *s* Kinderpflege *f* u. andere mütterliche Pflichten *pl.* **~ earth** *s* Mutter *f* Erde. **~ fix·a·tion** *s psych.* 'Mutterbindung *f*, -fi,xierung *f.* '**~,fuck·er** *s bes. Am. vulg.* ‚Scheißkerl' *m*, ‚Arschloch' *n.*

moth·er·hood ['mʌðə(r)hʊd] *s* **1.** Mutterschaft *f.* **2.** *collect.* (*die*) Mütter *pl.*

Moth·er Hub·bard ['hʌbə(r)d] *s* (*ein*) weites, loses Frauenkleid.

moth·er·ing ['mʌðərɪŋ] *s Br. die Sitte, am vierten Fastensonntag s-e Eltern zu besuchen u. zu beschenken*: **M~ Sunday.**

'**moth·er-in-law** *pl* '**moth·ers-in-law** *s* Schwiegermutter *f.*

'**moth·er·land** → **mother country.**

moth·er·less ['mʌðə(r)lɪs] *adj* mutterlos.

'**moth·er·li·ness** *s* Mütterlichkeit *f.*

moth·er| liq·uor, *a.* **~ liq·uid** *s chem.* Mutterlauge *f.* **~ lode** *s Bergbau*: Hauptader *f.*

moth·er·ly ['mʌðə(r)lɪ] **I** *adj* **1.** mütterlich. **2.** Mutter...: **~ instincts.** **II** *adv* **3.** *obs.* mütterlich, in mütterlicher Weise.

,**moth·er|-'na·ked** *adj* splitternackt. **M~ of God** *s* Mutter *f* Gottes. ,**~-of-'pearl I** *s* Perl'mutter *f*, Perlmutt *n.* **II** *adj* perl'muttern, Perlmutt... **~ of vin·e·gar** → **mother**[2] I.

Moth·er's Day *s* Muttertag *m.*

moth·er ship *s mar. Br.* Mutterschiff *n.*

moth·er's milk *s* Muttermilch *f*: **to drink** (*od.* **suck, take**) **s.th. in with the ~** *fig.* etwas mit der Muttermilch einsaugen.

moth·er| su·pe·ri·or *s relig.* Oberin *f*, Äb'tissin *f.* **~ tie** *s psych.* Mutterbindung *f.* **~ tongue** *s* **1.** Muttersprache *f.* **2.** *ling.* Stammsprache *f.* **~ wit** *s* Mutterwitz *m.* '**~·wort** *s bot.* **1.** Herzgespann *n.* **2.** Beifuß *m.*

'**moth·proof I** *adj* mottensicher. **II** *v/t* mottensicher machen.

moth·y ['mɒθɪ] *adj* **1.** voller Motten. **2.** mottenzerfressen.

mo·tif [məʊ'ti:f] *s* **1.** *mus.* a) Mo'tiv *n*, kurzes Thema, b) 'Leitmo,tiv *n.* **2.** *Literatur u. Kunst*: Mo'tiv *n*, Vorwurf *m.* **3.** *fig.* a) Leitgedanke *m*, b) Struk'turprin,zip *n.* **4.** *Handarbeit*: Applikati'on *f*, Aufnäharbeit *f.*

mo·tile [ˈməʊtaɪl; *Am. a.* -tl] **I** *adj biol.* freibeweglich. **II** *s psych.* moˈtorischer Mensch. **mo·til·i·ty** [məʊˈtɪlətɪ] *s* Motiliˈtät *f*, selbständiges Bewegungsvermögen.

mo·tion [ˈməʊʃn] **I** *s* **1.** Bewegung *f* (*a. math. mus. phys.*): **to go through the ~s** so tun als ob; **to go through the ~s of doing** *etwas* mechanisch *od.* pro forma *od.* andeutungsweise tun *od.* durchexerzieren. **2.** Gang *m* (*a. tech.*), Bewegung *f*: **to set in ~** in Gang bringen (*a. fig.*), in Bewegung setzen; → **idle** 5, **lost** 1. **3.** (Körper-, Hand)Bewegung *f*, Wink *m*: **~ of the head** Zeichen *n* mit dem Kopf. **4.** Antrieb *m*: **of one's own ~** a) aus eigenem Antrieb, b) freiwillig. **5.** *pl* Schritte *pl*, Tun *n*, Handlungen *pl*: **to watch s.o.'s ~s. 6.** *jur. parl. etc* Antrag *m*: **to bring forward a ~** e-n Antrag stellen; **on the ~ of** auf Antrag von (*od. gen*); → **carry** 14 b. **7.** *tech.* Steuerung *f*: **~ bar** Führungsstange *f*. **8.** *med.* a) Stuhlgang *m*: **to have a ~**, b) *oft pl* Stuhl *m*. **9.** *obs.* a) Puppenspiel *n*, b) Puppe *f*, Marioˈnette *f*. **II** *v/i* **10.** winken (**with** mit; **to** *dat*). **III** *v/t* **11.** *j-m* (zu)winken, *j-n* durch e-n Wink auffordern, *j-m* ein Zeichen geben (**to do** zu tun). ˈ**mo·tion·al** *adj* Bewegungs... ˈ**mo·tion·less** *adj* bewegungs-, regungslos, unbeweglich.

mo·tion| pic·ture *s Am.* Film *m*. ˈ**~-ˌpic·ture** *adj Am.* Film...: **~ camera**; **~ projector** Filmvorführapparat *m*; **~ theater** Filmtheater *n*, Kino *n*. **~ sick·ness** *s med.* Kineˈtose *f*, *bes.* See-, Luft-, Autokrankheit *f*. **~ stud·y** *s econ.* Bewegungsstudie *f*. **~ ther·a·py** *s med.* Beˈwegungstheraˌpie *f*.

mo·ti·vate [ˈməʊtɪveɪt] *v/t* **1.** motiˈvieren, begründen. **2.** anregen, herˈvorrufen. **3.** *j-n* motiˈvieren, anregen, anspornen. ˌ**mo·tiˈva·tion** *s* **1.** Motiˈvierung *f*: a) Begründung *f*, b) Motivatiˈon *f*, Ansporn *m*. **2.** Anregung *f*. **3.** Motivatiˈon *f*, (innere) Bereitschaft, Interˈesse *n*. ˌ**mo·tiˈva·tion·al** *adj* Motiv...: **~ research** *econ. psych.* Motivforschung *f*.

mo·tive [ˈməʊtɪv] **I** *s* **1.** Moˈtiv *n*, Beweggrund *m*, Antrieb *m* (**for** zu). **2.** → **motif** 1 *u.* 2. **3.** *obs.* a) Urheber(in), b) Ursache *f*, c) Vorschlag *m*. **II** *adj* **4.** bewegend, treibend (*a. fig.*): **~ power** Triebkraft *f*. **III** *v/t* **5.** *meist pass* der Beweggrund sein von (*od. gen*), veranlassen, bestimmen: **an act ~d by hatred** e-e von Haß bestimmte Tat.

mo·tiv·i·ty [məʊˈtɪvətɪ] *s* Bewegungsfähigkeit *f*, -kraft *f*.

mot juste, *pl* **mots justes** [ˌməʊˈʒuːst; moʒyst] (*Fr.*) *s* passender *od.* treffender Ausdruck.

mot·ley [ˈmɒtlɪ; *Am.* ˈmɑ-] **I** *adj* **1.** bunt (*a. fig. Menge etc*), scheckig. **II** *s* **2.** *hist.* Narrenkleid *n*: **to wear the ~** *fig.* den Narren spielen. **3.** *fig.* buntes Gemisch, Kunterbunt *n*.

mo·to·cross [ˈməʊtəkrɒs; *Am.* -təʊˌk-] *s sport* Moto-ˈCross *n*.

mo·tor [ˈməʊtə(r)] **I** *s* **1.** *tech.* Motor *m*, *bes.* a) Verbrennungsmotor *m*, b) Eˈlektromotor *m*. **2.** *fig.* treibende Kraft, Motor *m*. **3.** a) Kraftwagen *m*, Auto(moˈbil) *n*, b) Motorfahrzeug *n*. **4.** *anat.* a) Muskel *m*, b) moˈtorischer Nerv. **5.** *pl econ.* Automoˈbilaktien *pl*. **II** *adj* **6.** bewegend, (an)treibend. **7.** Motor... **8.** Auto... **9.** *physiol.* moˈtorisch, Bewegungs...: **~ muscle. III** *v/i* **10.** (*in e-m Kraftfahrzeug*) fahren. **IV** *v/t* **11.** in e-m Kraftfahrzeug befördern. **~ ac·ci·dent** *s* Autounfall *m*. **~ am·bu·lance** *s* Krankenwagen *m*, Ambuˈlanz *f*. **~ bi·cy·cle** *s* **1.** Motorrad *n*. **2.** *Am.* a) Moped *n*, b) Mofa *n*. ˈ**~bike** *colloq. für* **motor bicycle.** ˈ**~boat** *s* Motorboot *n*. ˈ**~ˌboat·ing** *s* **1.** Motorbootfahren *n*, -sport *m*. **2.** *electr.* Blubbern *n*. ˈ**~bus** *s* Autobus *m*, Omnibus *m*. ˈ**~cab** *s* Taxe *f*, Taxi *n*. ˈ**~cade** [-keɪd] *s* ˈAuto-, ˈWagenkoˌlonne *f*, Auto-, Wagenkorso *m*. ˈ**~car** *s* **1.** (Kraft-)Wagen *m*, Kraftfahrzeug *n*, Auto(moˈbil) *n*: **~ industry** Auto(mobil)industrie *f*. **2.** *rail.* Triebwagen *m*. **~ car·a·van** *s Br.* ˈWohnmoˌbil *n*. **~ coach** → **motorbus. ~ court** → **motel.** ˈ**~ˌcy·cle I** *s* Motorrad *n*. **II** *v/i* a) Motorrad fahren, b) mit dem Motorrad fahren. ˈ**~ˌcy·cle trac·tor** *s mil.* Ketten(kraft)rad *n*. ˈ**~ˌcy·clist** *s* Motorradfahrer(in). ˈ**~-ˌdriv·en** *adj* mit Motorantrieb, Motor... ˈ**~drome** [-drəʊm] *s* Motoˈdrom *n*, Auto- *od.* Motorrad(rund)rennstrecke *f*.

mo·tored [ˈməʊtə(r)d] *adj tech.* **1.** motoriˈsiert, mit e-m Motor *od.* mit Moˈtoren (versehen). **2.** ...motorig.

mo·tor| en·gine *s tech.* ˈKraftmaˌschine *f*. **~ fit·ter** *s* Autoschlosser *m*. **~ gen·er·a·tor** *s tech.* ˈMotorgeneˌrator *m*. **~ home** *s* ˈWohn-, ˈReisemoˌbil *n*.

mo·to·ri·al [məʊˈtɔːrɪəl; *Am. a.* -ˈtəʊ-] → **motor** 6 *u.* 9.

mo·tor·ing [ˈməʊtərɪŋ] **I** *s* **1.** Autofahren *n*: **school of ~** Fahrschule *f*. **2.** Motorsport *m*. **3.** Kraftfahrzeugwesen *n*. **II** *adj* **4.** Verkehrs..., Auto...: **~ accident**; **~ offence** (*bes. Am.* **offense**) Verkehrsdelikt *n*. ˈ**mo·tor·ist** *s* Kraft-, Autofahrer(in).

mo·tor·i·za·tion [ˌməʊtəraɪˈzeɪʃn; *Am.* -rəˈz-] *s* Motoriˈsierung *f*. ˈ**mo·tor·ize** *v/t* motoriˈsieren: **~d division** *mil.* leichte Division; **~d unit** *mil.* (voll)motorisierte Einheit.

mo·tor launch *s* ˈMotorbarˌkasse *f*.

mo·tor·less [ˈməʊtə(r)lɪs] *adj* motorlos: **~ flight** *aer.* Segelflug *m*.

mo·tor| lor·ry *s Br.* Lastkraftwagen *m*. ˈ**~man** [-mən] *s irr* Wagenführer *m* (*e-s elektrischen Triebwagens*). **~ me·chan·ic** *s* ˈAutomeˌchaniker *m*. **~ nerve** *s physiol.* moˈtorischer Nerv, Bewegungsnerv *m*. **~ oil** *s tech.* Motoröl *n*. **~ point** *s physiol.* moˈtorischer Nervenpunkt, Reizpunkt *m*. **~ pool** *s mil.* Fahrbereitschaft *f*. **~ road** *s* Autostraße *f*. **~ scoot·er** *s* Motorroller *m*. **~ ship** *s mar.* Motorschiff *n*. **~ show** *s* Automoˈbilausstellung *f*, Automoˈbilsaˌlon *m*. **~ start·er** *s electr.* (Motor)Anlasser *m*. **~ tor·pe·do boat** *s mar. mil.* Schnellboot *n*, E-Boot *n*. **~ trac·tor** → **tractor** 1. **~ truck** *s bes. Am.* Last(kraft)wagen *m*. **~ van** *s Br.* (kleiner) Lastkraftwagen, Lieferwagen *m*. **~ ve·hi·cle** *s* Kraftfahrzeug *n*. ˈ**~way** *s Br.* Autobahn *f*.

mot·tle [ˈmɒtl; *Am.* ˈmɑtl] **I** *v/t* **1.** sprenkeln, marmoˈrieren. **II** *s* **2.** (Farb)Fleck *m*. **3.** Sprenkelung *f*. **III** *adj* → **mottled.** ˈ**mot·tled** *adj* gesprenkelt, gefleckt, bunt. ˈ**mot·tling** *s* Sprenkelung *f*, Tüpfelung *f*.

mot·to [ˈmɒtəʊ; *Am.* ˈmɑ-] *pl* **-toes, -tos** *s* **1.** Motto *n*: a) Denk-, Sinnspruch *m*, b) Wahlspruch *m*, c) Kennwort *n*. **2.** *mus.* Leitthema *n*. **3.** Scherzspruch *m* (*als Beilage zu Karnevalsartikeln etc*). **mot·toed** [ˈmɒtəʊd; *Am.* ˈmɑ-] *adj* mit e-m Motto versehen.

mouf·(f)lon [ˈmuːflɒn; *Am.* muːˈfləʊn] *s zo.* Mufflon *m* (*Wildschaf*).

mouil·la·tion [mwiːˈeɪʃn; *Am.* muːˈj-] *s ling.* palataliˈsierte Aussprache, Mouilˈlierung *f*. **mouil·lé** [ˈmwiːeɪ; *Am.* muːˈjeɪ] *adj* palataliˈsiert.

mou·jik → **muzhik.**

mould[1] *bes. Br. für* **mold**[1-3].

mould[2] [məʊld] *s mar. Br. sl.* ‚Aal' *m*, Torˈpedo *m*.

mould·a·ble, mould·er, mould·i·ness, mould·ing, mould·y[1] *bes. Br. für* **moldable,** *etc.*

mould·y[2] [ˈməʊldɪ] → **minnow** 2.

mou·lin [ˈmuːlɪn; *Am.* muːˈlæ̃] *s geol.* Gletschermühle *f*.

mou·li·net [ˌmuːlɪˈnet; ˈmuːlɪnet] *s* **1.** *tech.* a) Haspelwelle *f*, b) Dreh-, Windebaum *m* (*e-s Krans etc*). **2.** *mil. hist.* Armbrustwinde *f*. **3.** *fenc.* Mouliˈnet *m* (*kreisförmiges Schwingen des Degens*).

moult *bes. Br. für* **molt.**

mound[1] [maʊnd] **I** *s* **1.** Erdwall *m*, -hügel *m*. **2.** Damm *m*. **3.** Grabhügel *m*. **4.** (*natürlicher*) Hügel: **M~ Builders** Moundbuilders (*nordamer. Indianerstämme*). **5.** *Baseball*: (*leicht erhöhte*) Abwurfstelle. **II** *v/t* **6.** mit e-m Erdwall umˈgeben *od.* versehen. **7.** auf-, zs.-häufen.

mound[2] [maʊnd] *s hist.* Reichsapfel *m*.

mount[1] [maʊnt] **I** *v/t* **1.** *e-n Berg, ein Pferd etc, fig. den Thron* besteigen. **2.** *Treppen* hinˈaufgehen, ersteigen. **3.** *e-n Fluß* hinˈauffahren. **4.** beritten machen: **to ~ troops**; **~ed police** berittene Polizei. **5.** errichten, *a. e-e Maschine* aufstellen, monˈtieren. **6.** anbringen, einbauen, befestigen. **7.** *ein Bild, Papier etc* aufkleben, -ziehen, *Briefmarken etc* einkleben. **8.** zs.-stellen, arranˈgieren. **9.** *phot. TV etc*: monˈtieren. **10.** *mil.* a) *ein Geschütz* in Stellung bringen, b) *Posten* aufstellen, c) *Posten* beziehen: → **guard** 9. **11.** *mar. mil.* ausgerüstet *od.* bewaffnet sein mit, *Geschütze etc* führen, haben. **12.** *tech.* a) *e-n Edelstein* fassen, b) *ein Gewehr* anschäften, c) *ein Messer etc* stielen, mit e-m Griff versehen, d) *ein Werkstück* einspannen. **13.** *thea. u. fig.* in Szene setzen, inszeˈnieren, *fig. a.* aufziehen. **14.** *scient.* a) *ein Versuchsobjekt* präpaˈrieren, b) *ein Präparat* (im Mikroˈskop) fiˈxieren. **15.** *zo.* decken, bespringen, begatten. **16.** *ein Tier* (in naˈtürlicher Haltung) ausstopfen *od.* präpaˈrieren. **17.** *etwas* ausstellen, zeigen.

II *v/i* **18.** (auf-, emˈpor-, hinˈauf-, hoch)steigen. **19.** aufsitzen, aufs Pferd steigen. **20.** *fig.* steigen, (an)wachsen, zunehmen, sich auftürmen: **~ing debts (difficulties, suspense)** wachsende Schulden (Schwierigkeiten, Spannung). **21.** *oft* **~ up** sich belaufen (**to** auf *acc*): **it ~s up** ‚es läppert sich zusammen'.

III *s* **22.** a) Gestell *n*, Ständer *m*, Träger *m*, b) Fassung *f*, c) Gehäuse *n*, d) ˈAufziehkarˌton *m*, -leinwand *f*, e) Passeparˈtout *n*, Wechselrahmen *m*. **23.** *mil.* (Geˈschütz)Laˌfette *f*. **24.** Reittier *n*, *bes.* Pferd *n*. **25.** Obˈjektträger *m* (*am Mikroskop*). **26.** *Philatelie*: Klebefalz *m*. **27.** *colloq.* Ritt *m*: **to have a ~** reiten dürfen.

mount[2] [maʊnt] *s* **1.** *poet.* a) Berg *m*, b) Hügel *m*. **2.** **M~** (*in Eigennamen*) Berg *m*: **M~ Sinai. 3.** *Handlesekunst*: (Hand)Berg *m*: → **Venus** 1.

moun·tain [ˈmaʊntɪn] **I** *s* **1.** Berg *m* (*a. fig. von Arbeit etc*), *pl a.* Gebirge *n*: **a ~ of work**; **~ of butter** *econ.* Butterberg; **to make a ~ out of a molehill** aus e-r Mücke e-n Elefanten machen. **2.** *a.* **~ wine** heller Goldmalaga. **3. the M~** *hist.* der Berg (*Jakobinerpartei der französischen Nationalversammlung*). **II** *adj* **4.** Berg..., Gebirgs...: **~ artillery** Gebirgsartillerie *f*. **~ ash** *s bot.* **1.** (*e-e*) Eberesche. **2.** *ein australischer Fieberbaum.* **~ blue** *s* Bergblau *n* (*Farbe*). **~boom·er** *s zo. Am.* Rothörnchen *n*. **~ chain** *s* Berg-, Gebirgskette *f*. **~ cock** *s orn.* Auerhahn *m*. **~ crys·tal** *s min.* ˈBergkriˌstall *m*. **~ dew** *s colloq.* schwarzgebrannter Whisky.

moun·tained [ˈmaʊntɪnd] *adj* bergig, gebirgig.

moun·tain·eer [ˌmaʊntɪˈnɪə(r)] **I** *s*

1. Berg-, Gebirgsbewohner(in). 2. Bergsteiger(in). **II** *v/i* **3.** bergsteigen. **ˌmoun·tainˈeer·ing I** *s* Bergsteigen *n.* **II** *adj* bergsteigerisch.

moun·tain·ous [ˈmaʊntɪnəs] *adj* **1.** bergig, gebirgig. **2.** Berg..., Gebirgs... **3.** *fig.* riesig, gewaltig: ~ **waves** haushohe Wellen.

moun·tain| pride *s bot.* Schaftbaum *m.* ~ **rail·way** *s* Bergbahn *f.* ~ **range** *s* Gebirgszug *m*, -kette *f.* ~ **sheep** *s zo.* **1.** Dickhornschaf *n.* **2.** Bergschaf *n* (*Hausschafrasse*). ~ **sick·ness** *s med.* Berg-, Höhenkrankheit *f.* ˈ~**side** *s* Berg(ab)hang *m*, Berglehne *f.* ~ **slide** *s* Bergrutsch *m.* **M~ State** *s Am.* (*Beiname für*) a) Monˈtana *n*, b) West Virˈginia *n* (*USA*). ~ **tal·low** *s min.* Bergtalg *m.* ~ **tea** *s bot.* Gaulˈtherie *f.* **M~ time** *s Standardzeit der Rocky-Mountains-Staaten* (*Basis*: *105° W*). ~ **troops** *s pl mil.* Gebirgstruppen *pl.* ~ **wood** *s min.* ˈHolzasˌbest *m.*

moun·tant [ˈmaʊntənt] **I** *s tech.* Klebstoff *m.* **II** *adj obs.* hoch.

moun·te·bank [ˈmaʊntɪbæŋk] *s* **1.** Quacksalber *m.* **2.** Marktschreier *m.* **3.** Scharlatan *m.* ˈ**moun·te·bank·er·y** [-ərɪ], ˈ**moun·te·bank·ism** *s* Scharlataneˈrie *f.*

mount·ing [ˈmaʊntɪŋ] *s* **1.** *tech.* a) Einbau *m*, Aufstellung *f*, Monˈtage *f* (*a. phot. TV etc*), b) Gestell *n*, Fassung *f*, Rahmen *m*, c) Befestigung *f*, Aufhängung *f*, d) (Auf)Lagerung *f*, Einbettung *f*, e) Armaˈtur *f*, f) Fassung *f* (*e-s Edelsteins*), g) Garniˈtur *f*, Ausstattung *f*, h) *pl* Fenster-, Türbeschläge *pl*, i) *pl* Gewirre *n* (*an Türschlössern*), j) *Weberei*: Geschirr *n*, Zeug *n.* **2.** *electr.* (Ver)Schaltung *f*, Installatiˈon *f.* **3.** *mil.* a) Laˈfette *f*, b) Ausrüstung *f.* **4.** (An-, Auf)Steigen *n.* ~ **brack·et** *s* Befestigungsschelle *f.*

mourn [mɔː(r)n; *Am. a.* ˈməʊərn] **I** *v/i* **1.** trauern, klagen (**at, over** über *acc*; **for, over** um). **2.** Trauer(kleidung) tragen, trauern. **II** *v/t* **3.** *j-n* betrauern, beklagen, trauern um (*j-n*). **4.** *etwas* beklagen. **5.** traurig *od.* klagend sagen *od.* singen. ˈ**mourn·er** *s* **1.** Trauernde(r *m*) *f*, Leidtragende(r *m*) *f.* **2.** *relig. Am.* Büßer(in) (*j-d, der öffentlich s-e Sünden bekennt*): ~**'s bench** Büßerbank *f.*

ˈ**mourn·ful** *adj* (*adv* ~**ly**) **1.** trauervoll, düster, Trauer... **2.** traurig. ˈ**mourn·ful·ness** *s* Traurigkeit *f.*

mourn·ing [ˈmɔː(r)nɪŋ; *Am. a.* ˈməʊr-] **I** *s* **1.** Trauer *f*, Trauern *n*: **day of national** ~ Staatstrauertag *m.* **2.** Trauer(kleidung) *f*: **in** ~ a) in Trauer(kleidung), b) *sl.* mit ‚Trauerrändern', schmutzig (*Fingernägel*). **II** *adj* (*adv* ~**ly**) **3.** trauernd, traurig, trauervoll. **4.** Trauer...: ~ **band** Trauerband *n*, -flor *m.* ~ **bor·der** *s* Trauerrand *m.* ~ **dove** *s orn.* Trauertaube *f.* ~ **pa·per** *s* Paˈpier *n* mit Trauerrand.

mouse I *s* [maʊs] *pl* **mice** [maɪs] **1.** *zo.* Maus *f.* **2.** *fig.* Feigling *m*, Angsthase *m.* **3.** *colloq.* ‚Maus' *f*, ‚Häs-chen' *n* (*Mädchen*). **4.** *sl.* blaues Auge, ‚Veilchen' *n.* **5.** *tech.* Zugleine *f* mit Gewicht. **II** *v/i* [maʊz] **6.** mausen, Mäuse fangen: **to go mousing** auf Mäusejagd gehen. **7.** herˈumschnüffeln, herˈumschleichen. ˈ~**-ˌcol·o(u)red,** ˈ~**-dun** *adj* mausfarbig, -grau. ˈ~**-ear** *s bot.* **1.** Mausöhrlein *n.* **2.** (*ein*) Hornkraut *n.* **3.** Vergißmeinnicht *n.* ˈ~**-trap** *s* **1.** Mausefalle *f*: ~ **cheese** billiger Käse. **2.** *fig.* Falle *f.* **3.** *fig.* ‚Loch' *n*, winziges Häus-chen. **4.** *econ. Am. sl.* Verkaufsschlager *m.*

mous·que·taire [ˌmuːskəˈteə(r)] *s* **1.** *mil. hist.* Muskeˈtier *m.* **2.** *a.* ~ **glove** Stulpenhandschuh.

mousse [muːs] *s* Schaumspeise *f.*

mousse·line [ˈmuːslɪn; *bes. Am.* ˌmuːsˈliːn] *s* Musseˈlin *m* (*Gewebe*).

mous·tache, *Am.* **mus·tache** [məˈstɑːʃ; *Am.* ˈmʌsˌtæʃ; məsˈtæʃ] *s* **1.** Schnurrbart *m.* **2.** *zo.* Schnurrbart *m*, Schnurrhaare *pl.* **mousˈtached,** *Am.* **mus·tached** [-ʃt] *adj* mit Schnurrbart, schnurrbärtig.

Mous·t(i)e·ri·an [muːˈstɪərɪən] *adj geol.* zum Moustériˈen (*letzte ältere Altsteinzeit*) gehörend, Moustérien...

mous·y [ˈmaʊsɪ] *adj* **1.** von Mäusen heimgesucht. **2.** mauseartig, Mäuse..., Mause... **3.** mausgrau. **4.** *fig.* grau, farblos. **5.** a) unscheinbar, b) furchtsam. **6.** leise, still.

mouth I *s* [maʊθ] *pl* **mouths** [maʊðz] **1.** Mund *m*: **to give** ~ Laut geben, anschlagen (*Hund*); **to give** ~ **to one's thoughts** s-n Gedanken Ausdruck verleihen; **to keep one's** ~ **shut** *colloq.* den Mund halten; **to place** (*od.* **put**) **words into s.o.'s** ~ a) j-m Worte in den Mund legen, b) j-m erklären, was er sagen soll; **to take the words out of s.o.'s** ~ j-m das Wort aus dem Mund nehmen; **down in the** ~ *colloq.* deprimiert; **from s.o.'s** ~ aus j-s Munde; **from** ~ **to** ~ von Mund zu Mund; **in everybody's** ~ in aller Munde; → **shut** 1, **stop** 8, **word** *Bes. Redew.*, **wrong** 2. **2.** *zo.* Maul *n*, Schnauze *f*, Rachen *m.* **3.** Mündung *f* (*e-s Flusses, e-r Schußwaffe etc*). **4.** Öffnung *f* (*e-r Flasche, e-s Sackes etc*). **5.** Ein-, Ausgang *m* (*e-r Höhle, Röhre etc*). **6.** Ein-, Ausfahrt *f* (*Hafen etc*). **7.** → **mouthpiece** 1. **8.** Griˈmasse *f.* **9.** *sl.* a) Gimpel *m*, Narr *m*, b) Schwätzer *m.* **10.** *tech.* a) Mundloch *n*, b) Schnauze *f*, c) Mündung *f*, Öffnung *f*, d) Gichtöffnung *f* (*des Hochofens*), e) Abstichloch *n* (*am Hoch-, Schmelzofen*), f) *pl* Rostfeuerungen *pl*, g) (Schacht)Mundloch *n*, (Schacht-)Mündung *f.* **11.** (*beim Pferd*) Maul *n* (*Art der Reaktion auf Zügelhilfen*): **with a good** ~ weichmäulig.

II *v/t* [maʊð] **12.** *etwas* affekˈtiert *od.* gespreizt (aus)sprechen. **13.** a) (aus-)sprechen, b) *Worte* (*unhörbar*) mit den Lippen formen. **14.** in den Mund *od.* ins Maul nehmen. **15.** sorgfältig kauen, im Mund herˈumwälzen.

III *v/i* **16.** (laut *od.* affekˈtiert) sprechen. **17.** Griˈmassen schneiden (**at** *dat*).

ˈ**mouth·ful** *s* **1.** (*ein*) Mundvoll *m*, Bissen *m*, Brocken *m*: **I can't eat another** ~ ich bringe keinen Bissen mehr hinunter. **2.** kleine Menge. **3.** ‚Bandwurm' *m*, ‚ellenlanges' Wort. **4.** ‚Zungenbrecher' *m.* **5.** *bes. Am. colloq.* großes Wort: **you've said a** ~! du sprichst ein großes Wort gelassen aus!

mouth| gag *s med.* Mundöffner *m*, -sperrer *m.* ~ **or·gan** *s mus.* a) Panflöte *f*, b) ˈMundharˌmonika *f.* ˈ~**piece** *s* **1.** *mus.* Mundstück *n*, Ansatz *m* (*beim Blasinstrument*). **2.** *tech.* a) Schalltrichter *m*, Sprechmuschel *f*, b) Mundstück *n* (*a. der Tabakspfeife*), Tülle *f.* **3.** *fig.* Sprachrohr *n* (*a. Person*), Wortführer *m*, Orˈgan *n.* **4.** Gebiß *n* (*des Pferdezaumes*). **5.** *Boxen*: Mund-, Zahnschutz *m.* **6.** *mil.* (Atem-)Mundstück *n* (*der Gasmaske*). **7.** *jur. sl.* (Straf)Verteidiger *m.* ˈ~**pipe** *s mus.* **1.** Labiˈalpfeife *f* (*der Orgel*). **2.** Anblasröhre *f* (*bei Blasinstrumenten*). ˌ~**-to-**ˈ~ **res·pi·ra·tion** *s med.* Mund-zu-Mund-Beatmung *f.* ˈ~**wash** *s med.* Mundwasser *n.* ˈ~ˌ**wa·ter·ing** *adj* appeˈtitlich, lecker: **it smells really** ~ da läuft einem das Wasser im Mund zusammen.

mouth·y [ˈmaʊðɪ; *Am. a.* -θiː] *adj* **1.** schwülstig, bomˈbastisch. **2.** geschwätzig.

mov·a·bil·i·ty [ˌmuːvəˈbɪlətɪ] *s* Beweglichkeit *f*, Bewegbarkeit *f.*

mov·a·ble [ˈmuːvəbl] **I** *adj* (*adv* **movably**) **1.** beweglich (*a. jur. u. tech.*), bewegbar: ~ **crane** Laufkran *m*; ~ **feast** *relig.* beweglicher Feiertag; ~ **goods,** ~ **property** → 4; ~ **kidney** *med.* Wanderniere *f.* **2.** *tech.* a) verschiebbar, verstellbar, b) fahrbar. **II** *s* **3.** *pl* Möbel *pl.* **4.** *pl jur.* Moˈbilien *pl*, bewegliche Habe. ˈ**mov·a·ble·ness** *s* Beweglichkeit *f*, Bewegbarkeit *f.*

move [muːv] **I** *v/t* **1.** fortbewegen, -ziehen, -rücken, -tragen, von der Stelle bewegen, verschieben, transporˈtieren: **to** ~ **up** a) *mil. Truppen* heranbringen *od.* vorziehen, b) *ped. Br. Schüler* versetzen; **to** ~ **down** *ped. Br. Schüler* zurückstufen; → **heaven** 1. **2.** a) entfernen, fortbringen, -schaffen, b) *den Wohnsitz, e-e Militäreinheit etc* verlegen: **to** ~ **house** umziehen. **3.** bewegen, in Bewegung *od.* in Gang setzen *od.* halten, (an)treiben: **to** ~ **on** vorwärtstreiben. **4.** *fig.* bewegen, rühren, ergreifen: **to be** ~**d to tears** zu Tränen gerührt sein. **5.** *j-n* veranlassen, bewegen, treiben, ˈhinreißen (**to** zu): **to** ~ **s.o. from an opinion** j-n von e-r Ansicht abbringen; **to** ~ **s.o. to anger** j-n erzürnen. **6.** *Schach etc*: e-n Zug machen mit. **7.** *den Appetit, ein Organ etc* anregen: → **bowel** 1 b. **8.** *j-n* erregen, aufregen. **9.** *etwas* beantragen, (e-n) Antrag stellen auf (*acc*), vorschlagen: **to** ~ **an amendment** *parl.* e-n Abänderungsantrag stellen. **10.** *e-n Antrag* stellen, einbringen. **11.** *econ.* absetzen, verkaufen.

II *v/i* **12.** sich bewegen, sich rühren, sich regen: ~ **it!** Tempo!, mach(t) schon!, los! **13.** sich fortbewegen, gehen, fahren: **to** ~ **on** weitergehen; ~ **along, please** bitte weitergehen!; **to** ~ **in** a) anrücken (*Polizei etc*), b) vorgehen (**on** gegen *Demonstranten etc*), c) *fig.* ins Haus stehen (*Veränderungen etc*) (**on** *dat*); **to** ~ **forward** *fig.* Fortschritte machen, vorankommen; **to** ~ **with the times** mit der Zeit gehen. **14.** ˈumziehen (**to** nach): **to** ~ **to** ziehen nach; **to** ~ **in** einziehen; **to** ~ **away** wegziehen, fortziehen; **if** ~**d** falls verzogen. **15.** *fig.* vorˈan-, fortschreiten: **the plot of the novel** ~**s swiftly**; **things began to** ~ die Sache kam in Gang, es tat sich etwas. **16.** laufen, in Gang sein (*Maschine etc*). **17.** (weg)gehen, sich entfernen, abziehen. **18.** verkehren, sich bewegen: **to** ~ **in good society.** **19.** vorgehen, Schritte unterˈnehmen, handeln (**in s.th.** in e-r Sache; **against** gegen): **he** ~**d quickly** er handelte rasch, er packte zu. **20.** ~ **for** beantragen, (e-n) Antrag stellen auf (*acc*): **to** ~ **for an adjournment.** **21.** *Schach etc*: e-n Zug machen, ziehen. **22.** *med.* sich entleeren (*Darm*): **his bowels have** ~**d** er hat Stuhlgang gehabt. **23.** *econ.* a) ‚gehen', Absatz finden (*Ware*), b) ~ **up** anziehen, steigen (*Preise*). **24.** *Bibl.* leben: **to** ~ **in God.**

III *s* **25.** (Fort)Bewegung *f*, Aufbruch *m*: **on the** ~ a) in Bewegung, b) auf den Beinen; **get a** ~ **on!** Tempo!, mach(t) schon!, los!; **to make a** ~ a) aufbrechen, b) sich (von der Stelle) rühren, c) *fig.* handeln. **26.** ˈUmzug *m.* **27.** a) *Schach etc*: Zug *m*, b) *fig.* Schritt *m*, Maßnahme *f*: **a clever** ~ ein kluger Schachzug *od.* Schritt; **to make the first** ~ den ersten Schritt tun; **to make one's** ~ handeln.

move·a·bil·i·ty, move·a·ble, move·a·ble·ness → **movability**, *etc.*

move·ment [ˈmuːvmənt] *s* **1.** Bewegung *f* (*a. fig. paint. pol. relig. etc*): **free** ~ Freizügigkeit *f* (*der Arbeitskräfte etc*). **2.** *meist pl* Handeln *n*, Tun *n*, Schritte *pl*, Maßnahmen *pl.* **3.** (rasche) Entwicklung, Fortschreiten *n* (*von Ereignissen*), Fortgang *m* (*e-r Handlung etc*). **4.** Bestrebung *f*, Ten'denz *f*, Richtung *f*. **5.** mo'derne Richtung: **to be in the ~** mit der Zeit (mit)gehen. **6.** Rhythmus *m*, rhythmische Bewegung (*von Versen etc*). **7.** *mus.* a) Satz *m*: **a ~ of a sonata**, b) Tempo *n*. **8.** *mil.* (Truppen- *od.* Flotten)Bewegung *f*: **~by air** Lufttransport *m*; **~ order** Marschbefehl *m*. **9.** *tech.* a) Bewegung *f*, b) Lauf *m* (*e-r Maschine*), c) Gang-, Gehwerk *n* (*der Uhr*), 'Antriebsmecha,nismus *m*. **10.** (Hand)Griff *m*: **with two ~s. 11.** *physiol.* a) Stuhlgang *m*, b) Stuhl *m*. **12.** *econ.* a) Bewegung *f*: **upward ~** Steigen *n*, Aufwärtsbewegung (*der Preise*), b) 'Umsatz *m*.

mov·er ['mu:və(r)] *s* **1.** *fig.* treibende Kraft, Triebkraft *f*, Antrieb *m* (*Person od. Sache*). **2.** *tech.* Triebwerk *n*, Motor *m*: → **prime mover. 3.** Antragsteller(in). **4.** *Am.* a) Spedi'teur *m*, b) (Möbel)Packer *m*.

mov·ie ['mu:vɪ] *bes. Am. colloq.* **I** *s* **1.** Film(streifen) *m*. **2.** *pl* a) Film(branche *f*) *m*, b) Kino *n*, c) Kinovorstellung *f*: **to go to the ~s** ins Kino gehen. **II** *adj* **3.** Film..., Kino...: **~ camera** Filmkamera *f*; **~ film** Kinofilm *m*. **'~-,go·er** *s bes. Am. colloq.* Kinobesucher(in). **'~-land** *s bes. Am. colloq.* Filmwelt *f*.

mov·ing ['mu:vɪŋ] *adj* (*adv* **~ly**) **1.** beweglich, sich bewegend: **~ traffic** fließender Verkehr; *to fall* **from a ~ train** aus e-m fahrenden Zug. **2.** beweglich, bewegend, treibend: **~ power** treibende Kraft. **3.** *fig.* a) rührend, bewegend, ergreifend, b) eindringlich, packend. **~ av·er·age** *s Statistik*: gleitender 'Durchschnitt. **~ coil** *s electr.* Drehspule *f*. **'~-,i·ron me·ter** *s electr.* Dreheisenmeßwerk *n*. **~ mag·net** *s electr.* 'Drehma,gnet *m*. **~ man** *s irr Am.* **1.** Spedi'teur *m*. **2.** (Möbel)Packer *m*. **~ pic·ture** *colloq. für* **motion picture. ~ sand** *s geol.* Wandersand *m*. **~ stair·case, ~ stair·way** *s* Rolltreppe *f*. **~ van** *s* Möbelwagen *m*.

mow[1] [məʊ] *pret* **mowed,** *pp* **mowed** *od.* **mown** [məʊn] **I** *v/t* (ab)mähen, schneiden: **to ~ down** niedermähen (*a. fig.*). **II** *v/i* mähen.

mow[2] [məʊ] *s* **1.** Heu-, Getreidevorrat *m* (*in der Scheune*). **2.** Heu-, Getreideboden *m* (*der Scheune*).

mow[3] [maʊ; *Am. a.* məʊ] **I** *s* Gri'masse *f*. **II** *v/i* Gri'massen schneiden.

mow·er ['məʊə(r)] *s* **1.** Mäher(in), Schnitter(in). **2.** *tech.* 'Mähma,schine *f*. **3.** *tech.* Rasenmäher *m*.

mow·ing ['məʊɪŋ] **I** *s* Mähen *n*, Mahd *f*. **II** *adj* Mäh...: **~ machine.**

mown [məʊn] *pp von* **mow**[1].

Mr., Mr → **mister** 1.

Mrs., Mrs ['mɪsɪz] *s* Frau *f* (*Anrede für verheiratete Frauen, mit folgendem Familiennamen*): **~ Smith** Frau Smith.

Ms., Ms [mɪz] *Anrede* (*mit folgendem Familiennamen*) *für Frauen, deren Familienstand man nicht kennt od. die nicht als ‚Mrs.' etc tituliert werden wollen.*

mu [mju:; *Am. a.* mu:] *s* My *n* (*griechischer Buchstabe*).

much [mʌtʃ] *comp* **more** [mɔ:(r); *Am. a.* 'məʊər] *sup* **most** [məʊst] **I** *adj* **1.** viel: **~ money; he is too ~ for me** *colloq.* ich werde nicht mit ihm fertig. **2.** *obs.* a) viele *pl*, b) groß, c) gewaltig.

II *s* **3.** Menge *f*, große Sache, Besonderes *n*: **nothing ~** nichts Besonderes; **it did not come to ~** es kam nicht viel dabei heraus; **to think ~ of** viel halten von, e-e hohe Meinung haben von, große Stücke halten auf (*acc*); **he is not ~ of a dancer** er ist kein großer *od.* ‚berühmter' Tänzer; **I'm not ~ of a drinker** ich mach' mir nicht viel aus Alkohol; **he's not ~ of a scholar** mit s-r Bildung ist es nicht weit her; **it is ~ of him even to come** schon allein daß er kommt, will viel heißen; → **make** 27.

III *adv* **4.** sehr: **we ~ regret** wir bedauern sehr; **~ to my regret** sehr zu m-m Bedauern; **~ to my surprise** zu m-r großen Überraschung. **5.** (*in Zssgn*) viel...: **~-admired. 6.** (*vor comp*) viel, weit: **~ stronger** viel stärker. **7.** (*vor sup*) bei weitem, weitaus: **~ the oldest. 8.** fast, annähernd, ziemlich (genau): **he did it in ~ the same way** er tat es auf ungefähr die gleiche Weise; **it is ~ the same thing** es ist ziemliche dasselbe.

Besondere Redewendungen:

as ~ a) so viel, b) so sehr, c) ungefähr, etwa; **as ~ as** so viel wie; **(as) ~ as I would like** so gern ich auch möchte; **as ~ more** (*od.* **again**) noch einmal soviel; **he said as ~** das war (ungefähr) der Sinn s-r Worte; **this is as ~ as to say** das soll so viel heißen wie, das heißt mit anderen Worten; **as ~ as to say** als wenn er *etc* sagen wollte; **I thought as ~** das habe ich mir gedacht; **he, as ~ as any** er so gut wie irgendeiner; **so ~** a) so sehr, b) so viel, c) lauter, nichts als; **so ~ the better** um so besser; **so ~ for today** soviel für heute; **so ~ for our plans** soviel (wäre also) zu unseren Plänen (zu sagen); **not so ~ as** nicht einmal; **without so ~ as to move** ohne sich auch nur zu bewegen; **so ~ so** (und zwar) so sehr; **~ less** a) viel weniger, b) geschweige denn; **not ~** *colloq.* (*als Antwort*) wohl kaum; **~ like a child** ganz wie ein Kind.

much·ly ['mʌtʃlɪ] *adv obs. od. humor.* sehr, viel, besonders.

much·ness ['mʌtʃnɪs] *s* große Menge: **much of a ~** *colloq.* ziemlich *od.* praktisch dasselbe; **they are much of a ~** *colloq.* sie sind praktisch einer wie der andere.

mu·cic ['mju:sɪk] *adj biol.* schleimig.

mu·ci·lage ['mju:sɪlɪdʒ] *s* **1.** *bot.* (Pflanzen)Schleim *m*. **2.** *bes. Am.* Klebstoff *m*, Gummilösung *f*. **3.** klebrige Masse. **mu·ci·lag·i·nous** [,mju:sɪ'lædʒɪnəs] *adj* **1.** *bot.* a) schleimig, b) Schleim absondernd: **~ cell** Schleimzelle *f*. **2.** klebrig.

mu·cin ['mju:sɪn] *s biol. chem.* Mu'cin *n*, Schleimstoff *m*.

muck [mʌk] **I** *s* **1.** Mist *m*, Dung *m*. **2.** Kot *m*, Dreck *m*, Unrat *m*, Schmutz *m* (*a. fig.*). **3.** *colloq.* ekelhaftes Zeug. **4.** *bes. Br. colloq.* Quatsch *m*, Blödsinn *m*, ‚Mist' *m*: **to make a ~ of** → 11. **5.** *contp.* (schnödes) Geld, Mammon *m*. **6.** *geol.* Sumpferde *f*. **7.** *Bergbau*: Kohlengrus *m*. **II** *v/t* **8.** düngen. **9.** *a.* **~ out** ausmisten. **10.** *oft* **~ up** *colloq.* beschmutzen, besudeln. **11.** *bes. Br. colloq.* verpfuschen, ‚vermasseln', ‚verhunzen'. **III** *v/i* **12.** *meist* **~ about, ~ around** *bes. Br. colloq.* a) her'umgammeln, b) her'umpfuschen (**with** an *dat*), c) her'umalbern, -blödeln. **13. ~ in** *colloq.* mit anpacken.

muck·er ['mʌkə(r)] *s* **1.** *Bergbau*: Lader *m*. **2.** *bes. Br. sl.* a) ‚Kumpel' *m*, Freund *m*, b) ‚Bauer' *m*, ungehobelter Kerl. **3.** *sl.* a) schwerer Sturz, b) *fig.* ‚Reinfall' *m*: **to come a ~** auf die ‚Schnauze' fallen, *fig.* ‚reinfallen'.

'muck|·heap, '~·hill *s* Mist-, Dreckhaufen *m*. **~ rake** *s* Mistharke *f*. **'~·rake** *v/i* **1.** Skan'dale aufdecken. **2.** *fig.* im Schmutz wühlen. **'~·rak·ing** *adj*: **~ newspaper** Skandalblatt *n*.

muck·y ['mʌkɪ] *adj* **1.** schmutzig (*a. fig.*). **2.** *bes. Br. colloq.* ‚dreckig', ekelhaft. **3.** *fig.* niederträchtig, gemein.

mu·coid ['mju:kɔɪd] *biol. chem.* **I** *adj* schleimig, schleimartig. **II** *s* Muco'id *n* (*ein Glykoproteid*).

mu·co·pro·te·in [,mju:kəʊ'prəʊti:n; *Am.* -kə'p-] *s biol. chem.* 'Mucoprote,id *n*.

mu·cos·i·ty [mju:'kɒsətɪ; *Am.* -'kɑ-] *s* **1.** Schleimigkeit *f*. **2.** Schleimartigkeit *f*.

mu·cous ['mju:kəs] *adj* **1.** schleimig. **2.** Schleim absondernd: **~ membrane** *anat.* Schleimhaut *f*.

mu·cro ['mju:krəʊ] *pl* **-cro·nes** [,-'krəʊni:z] *s bot. zo.* Spitze *f*, Fortsatz *m*, Stachel *m*.

mu·cus ['mju:kəs] *s biol.* Schleim *m*.

mud [mʌd] **I** *s* **1.** Schlamm *m*, Matsch *m*: **~ and snow tires** (*bes. Br.* **tyres**) *mot.* Matsch-und-Schnee-Reifen. **2.** Mo'rast *m*, Kot *m*, Schmutz *m* (*alle a. fig.*): **to drag s.o.('s name) in the ~** *fig.* j-n in den Schmutz ziehen; **to stick in the ~** a) im Schlamm stecken(bleiben), b) *fig.* aus dem Dreck nicht mehr herauskommen; **to sling** (*od.* **throw**) **~ at s.o.** *fig.* j-n mit Schmutz bewerfen; **his name is ~ with me** er ist für mich erledigt; **(here's) ~ in your eye!** *colloq.* Prost!; **~ sticks!** *fig.* etwas bleibt immer hängen!; → **clear** 1. **II** *v/t* **3.** schlammig machen, trüben. **4.** mit Schlamm beschmieren.

mud|bath *s med.* Moor-, Schlammbad *n*. **~ boat** *s mar.* Baggerschute *f*. **'~·cap** *s Bergbau*: (ab)gedeckte Oberflächensprengung. **~ cat** *s ichth. Am.* (*ein*) Katzenwels *m*. **M~ Cat State** *s Am.* (*Beiname für*) Missis'sippi *n*.

mud·di·ness ['mʌdɪnɪs] *s* **1.** Schlammigkeit *f*, Trübheit *f* (*a. des Lichts*). **2.** Schmutzigkeit *f*.

mud·dle ['mʌdl] **I** *s* **1.** Durchein'ander *n*, Unordnung *f*, Wirrwarr *m*: **to make a ~ of s.th.** etwas durcheinanderbringen *od.* verpfuschen *od.* ‚vermasseln'; **to get into a ~** in Schwierigkeiten geraten. **2.** Verwirrung *f*, Verworrenheit *f*, Unklarheit *f*: **to be in a ~** verwirrt *od.* in Verwirrung sein. **II** *v/t* **3.** *Gedanken etc* verwirren. **4.** *a.* **~ up** verwechseln, durchein'anderwerfen. **5.** in Unordnung bringen, durchein'anderbringen. **6.** ‚benebeln' (*bes. durch Alkohol*): **to ~ one's brains** sich benebeln. **7.** verpfuschen, -derben: **to ~ away** ‚verplempern'. **8.** *Wasser* trüben. **9.** *Am. Getränke* auf-, 'umrühren. **III** *v/i* **10.** pfuschen, stümpern, ‚wursteln': **to ~ about** (*od.* **around**) ‚herumwursteln'; **to ~ along** (*od.* **on**) ‚weiterwursteln'; **to ~ through** sich ‚durchwursteln'.

mud·dle·dom ['mʌdldəm] *s humor.* Durchein'ander *n*.

'mud·dle|·head *s* Wirrkopf *m*. **'~-,head·ed** *adj* wirr(köpfig), kon'fus. **'~-,head·ed·ness** *s* Wirrköpfigkeit *f*.

mud·dler ['mʌdlə(r)] *s* **1.** *Am.* Rührlöffel *m*, Rührstab *m*. **2.** a) Wirrkopf *m*, b) Pfuscher *m*, c) j-d, der sich ‚'durchwurstelt'.

mud·dy ['mʌdɪ] **I** *adj* (*adv* **muddily**) **1.** schlammig, trüb(e) (*a. Licht*): **to fish in ~ waters** *fig. colloq.* im trüben fischen. **2.** schmutzig, verdreckt. **3.** *fig.* unklar, verworren, -schwommen, kon'fus. **4.** blaß, verwaschen (*Farbe*). **5.** im Schlamm lebend, Schlamm... **II** *v/t* **6.** → **mud** II. **'~-,head·ed** *adj* wirr(köpfig), kon'fus.

mud| eel *s ichth.* **1.** Armmolch *m*. **2.** Schlammaal *m*. **~ flat** *s geol.* Schlammzone *f* (*e-r Küste*). **'~·guard** *s tech.* **1.** Kotflügel *m*. **2.** Schutzblech *n*. **3.** Schmutzfänger *m*. **'~·hole** *s* **1.** Schlammloch *n*. **2.** *tech.* Schlammablaß *m*. **~·lark** *s sl.* Gassenjunge *m*. **~ la·va** *s geol.* Schlammlava *f*. **~ min·now** *s ichth.* Hundsfisch *m*. **~ pack** *s med.* Fangopackung *f*. **'~,sling·er** *s* Verleumder(in). **'~,sling·ing I** *s* Beschmutzung *f*, Verleumdung *f*. **II** *adj* verleumderisch. **'~-**

ˌ**suck·er** *s* **1.** *orn.* Schlamm-Wasservogel *m.* **2.** *ichth.* Kaliˈfornischer Schlammfisch. **~ tor·toise, ~ tur·tle** *s zo. Am. e-e amer. Schildkröte, bes.* a) Klappschildkröte *f,* b) Alliˈgatorschildkröte *f.*

muen·ster [ˈmʊnstə(r); *Am. a.* ˈmʌn-] *s* Münsterkäse *m.*

mues·li [ˈmjuːzlɪ] *s* Müsli *n.*

mu·ez·zin [muːˈezɪn] *s relig.* Muˈezzin *m.*

muff [mʌf] **I** *s* **1.** Muff *m.* **2.** *sport u. fig. colloq.* ‚Patzer' *m.* **3.** *colloq.* ‚Flasche' *f,* Stümper *m.* **4.** *tech.* a) Stutzen *m,* b) Muffe *f,* Flanschstück *n,* c) *Glasherstellung*: Walze *f.* **5.** *orn.* Federbüschel *n (am Kopf).* **II** *v/t* **6.** *sport u. fig. colloq.* ‚verpatzen'. **III** *v/i* **7.** *colloq.* stümpern, ‚patzen'.

muf·fin [ˈmʌfɪn] *s* Muffin *n (Gebäck).*

muf·fin·eer [ˌmʌfɪˈnɪə(r)] *s* **1.** Schüssel *f* zum Warmhalten gerösteter Muffins. **2.** Salz- *od.* Zuckerstreuer *m.*

muf·fle [ˈmʌfl] **I** *v/t* **1.** *oft* **~ up** einhüllen, -wickeln, -mumme(l)n. **2.** *den Ton etc* dämpfen (*a. fig.*). **3.** *fig.* zum Schweigen bringen. **II** *s* **4.** dumpfer *od.* gedämpfter Ton. **5.** (Schall)Dämpfer *m.* **6.** a) *metall.* Muffel *f*: **~ furnace** Muffelofen *m,* b) *tech.* Flaschenzug *m.* **7.** *zo.* Muffel *f,* Windfang *m (Teil der Tierschnauze).*

muf·fler [ˈmʌflə(r)] *s* **1.** (dicker) Schal *m.* **2.** *tech.* a) Schalldämpfer *m,* b) *mot. Am.* Auspufftopf *m.* **3.** *mus.* Dämpfer *m.*

muf·ti [ˈmʌftɪ; *Am. a.* ˈmʊf-] *s* **1.** Mufti *m (mohammedanischer Rechtsgelehrter).* **2.** *bes. mil.* Ziˈvil(kleidung *f*) *n*: **in ~** in Zivil.

mug [mʌg] **I** *s* **1.** Kanne *f,* Krug *m.* **2.** Becher *m.* **3.** *sl.* a) Viˈsage *f,* Gesicht *n*: **~ shot** Kopfbild *n (bes. für das Verbrecheralbum); Film etc*: Groß-, Nahaufnahme *f,* b) ‚Fresse' *f,* Mund *m,* c) Griˈmasse *f*: **to pull ~s** Grimassen schneiden, d) *Br.* Trottel *m,* Gimpel *m*: **to be a ~'s game** nichts (ein)bringen, e) *Br.* ‚Büffler' *m,* Streber *m,* f) *Am.* Boxer *m,* g) *Am.* Gaˈnove *m.* **II** *v/t sl.* **4.** *bes. Verbrecher* fotograˈfieren. **5.** *colloq.* überˈfallen u. ausrauben. **6.** *a.* **~ up** *Br. etwas* ‚büffeln', ‚ochsen'. **III** *v/i sl.* **7.** Griˈmassen schneiden. **8.** *Br.* ‚büffeln', ‚ochsen'. **9.** *Am.* ‚schmusen'. **10.** **~ up** ‚sich anmalen'.

mug·ger[1] [ˈmʌgə(r)] *s sl.* **1.** Straßenräuber *m.* **2.** *Am.* ˈSchmierenkomödiˌant *m.*

mug·ger[2] [ˈmʌgə(r)] *s zo.* ˈSumpfkroˌkodil *n.*

mug·gi·ness [ˈmʌgɪnɪs] *s* **1.** Schwüle *f.* **2.** Muffigkeit *f.*

mug·ging [ˈmʌgɪŋ] *s* ˈRaubˌüberfall *m* (auf der Straße).

mug·gins [ˈmʌgɪnz] *pl* ˈ**mug·gins** *s* **1.** *sl.* Trottel *m.* **2.** *Art Dominospiel.* **3.** *ein Kartenspiel (für Kinder).*

mug·gy [ˈmʌgɪ] *adj* **1.** schwül (*Wetter*). **2.** dumpfig, muffig.

mug·wump [ˈmʌgwʌmp] *s* **1.** *colloq.* ‚hohes Tier', Bonze *m.* **2.** *pol. sl.* a) Unabhängige(r) *m,* Einzelgänger *m,* b) Abtrünnige(r) *m,* c) ‚Reˈbell' *m,* d) ‚unsicherer Kantoˈnist'.

Mu·ham·mad·an [mʊˈhæmədən; *Am. bes.* məʊ-], **Muˈham·med·an** [-mɪ-] → **Mohammedan.**

mu·lat·to [mjuːˈlætəʊ; *Am. a.* mʊ-] **I** *pl* **-toes,** *a.* **-tos** *s* Muˈlatte *m.* **II** *adj* Mulatten...

mul·ber·ry [ˈmʌlbərɪ; *Am. a.* -ˌberiː] *s* **1.** *bot.* Maulbeerbaum *m.* **2.** Maulbeere *f.* **3.** dunkler Purpur (*Farbton*).

mulch [mʌltʃ; *Br. a.* mʌlʃ] *agr.* **I** *s* Mulch *m.* **II** *v/t Boden* mulchen.

mulct [mʌlkt] **I** *s* **1.** Geldstrafe *f.* **II** *v/t* **2.** mit e-r Geldstrafe belegen: **he was ~ed £50** er mußte 50 Pfund Strafe bezahlen. **3.** a) *j-n* betrügen (**of** um), b) *Geld etc* ‚abknöpfen' (**from s.o.** j-m).

mule[1] [mjuːl] *s* **1.** *zo.* a) Maultier *n,* b) Maulesel *m*: **(as) stubborn** (*od.* **obstinate) as a ~** (so) störrisch wie ein Maulesel. **2.** *biol.* Bastard *m,* Hyˈbride *f (bes. von Kanarienvögeln).* **3.** *fig.* sturer Kerl, Dickkopf *m.* **4.** *tech.* a) (Motor)Schlepper *m,* Traktor *m,* b) ˈFörderlokomoˌtive *f,* c) *Spinnerei*: ˈMulemaˌschine *f,* Selfˈaktor *m.*

mule[2] [mjuːl] *s* Panˈtoffel *m.*

ˈ**mule|·back** *s*: **to go on** (*od.* **by**) **~** auf e-m Maultier reiten. **~ deer** *s zo.* Maultierhirsch *m.* ˈ**~-ˌjen·ny** → **mule**[1] 4c. **~ skin·ner** *s Am. colloq.* Maultiertreiber *m.*

mu·le·teer [ˌmjuːlɪˈtɪə(r)] *s* Maultiertreiber *m.*

mule| track *s* Saumpfad *m.* **~ twist** *s tech.* Einschuß-, Mulegarn *n.*

mu·ley saw [ˈmjuːlɪ; *Am. a.* ˈmuː-] *s tech.* Blockbandsäge *f.*

mul·ish [ˈmjuːlɪʃ] *adj (adv* **~ly**) *fig.* störrisch, stur. ˈ**mul·ish·ness** *s* Störrigkeit *f,* Sturheit *f.*

mull[1] [mʌl] **I** *s* **1.** *Br. colloq.* a) Wirrwarr *m,* b) Fehlschlag *m*: **to make a ~ of** → 4. **2.** Torfmull *m.* **II** *v/t* **3.** **~ over** nachdenken *od.* -grübeln über (*acc*). **4.** *Br. colloq.* verpfuschen, ‚verpatzen'. **III** *v/i* **5.** nachdenken, -grübeln (**over** über *acc*).

mull[2] [mʌl] *v/t ein Getränk* heiß machen u. (süß) würzen: **~ed wine** (*od.* **claret**) Glühwein *m.*

mull[3] [mʌl] *s* (*med.* Verband)Mull *m.*

mull[4] [mʌl] *s Scot.* Vorgebirge *n.*

mull[5] [mʌl] *s Scot.* Schnupftabaksdose *f.*

mul·la → **mullah.**

mul·lah [ˈmʌlə; ˈmʊlə] *s relig.* Mulla *m.*

mul·lein [ˈmʌlɪn] *s bot.* Königskerze *f.*

mull·er [ˈmʌlə(r)] *s tech.* **1.** Reibstein *m,* Läufer *m.* **2.** ˈMahl-, ˈSchleifappaˌrat *m.*

mul·let[1] [ˈmʌlɪt] *s ichth.* **1.** *a.* **gray** (*bes. Br.* **grey**) **~** Meeräsche *f.* **2.** *a.* **red ~** Seebarbe *f.*

mul·let[2] [ˈmʌlɪt] *s her.* fünf- *od.* sechszackiger Stern.

mul·ley [ˈmjuːlɪ; ˈmuː-] *adj u. s Am.* hornlos(es Rind).

mul·li·gan [ˈmʌlɪgən] *s Am.* Eintopfgericht *n.*

mul·li·ga·taw·ny [ˌmʌlɪgəˈtɔːnɪ; *Am. a.* -ˈtɑ-] *s* Currysuppe *f.*

mul·li·grubs [ˈmʌlɪgrʌbz] *s pl colloq.* **1.** Bauchweh *n.* **2.** miese Laune.

mul·lion [ˈmʌlɪən; -jən] *arch.* **I** *s* Mittelpfosten *m (am Fenster etc).* **II** *v/t* mit Mittelpfosten versehen.

mul·lock [ˈmʌlək] *s* **1.** *geol. Austral.* taubes Gestein, Abgang *m (ohne Goldgehalt)*: **to poke ~ at** *colloq.* verspotten. **2.** *bes. Br. dial.* Abfall *m.*

mul·tan·gu·lar [mʌlˈtæŋgjʊlə(r)] *adj* vielwink(e)lig, -eckig.

mul·te·i·ty [mʌlˈtiːətɪ] *s* Vielheit *f.*

multi- [mʌltɪ] *Wortelement mit der Bedeutung* viel..., mehr..., ...reich, Mehrfach..., Multi...

ˌ**mul·tiˈan·gu·lar** → **multangular.**

ˈ**mul·tiˌax·le drive** *s tech.* Mehrachsenantrieb *m.* ˈ**mul·ti·break** *s electr.* Serienschalter *m.* ˌ**mul·tiˈcel·lu·lar** *adj biol.* mehr-, vielzellig. ˌ**mul·tiˈchan·nel** *adj* ˈmehrkaˌnalig, Mehrkanal... (*Fernsehen etc*).

ˈ**mul·ti·cide** [-saɪd] *s* Massenmord *m.*

ˌ**mul·tiˈcol·o(u)r,** ˌ**mul·tiˈcol·o(u)red** *adj* mehrfarbig, Mehrfarben...

ˌ**mul·tiˈen·gine(d)** *adj tech.* ˈmehrmoˌtorig.

mul·ti·far·i·ous [ˌmʌltɪˈfeərɪəs] *adj (adv* **~ly**) **1.** mannigfaltig. **2.** *bot.* vielreihig. **3.** *jur.* verschiedene ungleichartige Ansprüche in sich vereinigend (*Klageschrift*).

ˈ**mul·ti·fold** *adj* viel-, mehrfach.

ˈ**mul·ti·form** *adj* vielförmig, -gestaltig. ˌ**mul·tiˈfor·mi·ty** *s* Vielförmigkeit *f,* -gestaltigkeit *f.*

ˈ**mul·ti·graph** *print.* **I** *s* Verˈvielfältigungsmaˌschine *f.* **II** *v/t u. v/i* vervielfältigen. ˈ**mul·ti·grid tube** *s electr.* Mehrgitterröhre *f.* ˌ**mul·tiˈhand·i·capped** *adj med. psych.* mehrfach behindert. ˌ**mul·tiˈlam·i·nate** *adj* aus vielen dünnen Plättchen *od.* Schichten bestehend. ˌ**mul·tiˈlat·er·al** *adj* **1.** vielseitig (*a. fig.*). **2.** *pol.* multilateˈral, mehrseitig. **3.** *biol.* allseitwendig. ˌ**mul·tiˈlin·gual** *adj* mehrsprachig. ˌ**mul·tiˈme·di·a I** *s* Multiˈmedia *pl,* Medienverbund *m.* **II** *adj* multimediˈal, Multimedia... ˌ**mul·ti·mil·lionˈaire** *s* mehrfacher Millioˈnär, ˈMultimillioˌnär *m.* ˌ**mul·tiˈmod·al** *adj math.* mehrgipflig, mit mehreren Exˈtremwerten. ˌ**mul·ti·moˈlec·u·lar** *adj biol.* vielzellig. ˌ**mul·tiˈna·tion·al** *econ.* **I** *adj* multinatioˈnal (*Konzern*). **II** *s colloq.* ‚Multi' *m (multinationaler Konzern).* ˈ**mul·ti·pack** *s* Multipack *n, m.*

mul·tip·a·ra [mʌlˈtɪpərə] *pl* **-rae** [-riː], **-ras** *s* **1.** *med.* Mulˈtipara *f (Frau, die mehrmals geboren hat).* **2.** *zo.* Tier, das mehrere Junge gleichzeitig wirft. **mulˈtip·a·rous** *adj* **1.** *med.* mehrmals geboren habend: **~ woman** → **multipara** 1. **2.** *zo.* mehrere Junge gleichzeitig werfend. **3.** *bot.* mehrere Achsen *od.* Äste treibend.

ˌ**mul·tiˈpar·tite** *adj* **1.** vielteilig. **2.** → **multilateral** 2. ˈ**mul·ti·phase** *adj electr.* mehrphasig: **~ current** Mehrphasenstrom *m.* ˈ**mul·ti·plane** *s aer.* Mehr-, Vieldecker *m.*

mul·ti·ple [ˈmʌltɪpl] **I** *adj (adv* **multiply**) **1.** viel-, mehrfach. **2.** mannigfaltig. **3.** mehrere, viele: **~ functions.** **4.** *biol. med.* mulˈtipel. **5.** *electr. tech.* a) Mehr(fach)..., Vielfach..., b) Parallel...: **~ connection** → 9. **6.** *ling.* zs.-gesetzt: **~ clause.** **7.** vielseitig, mehrere Funktiˈonen (gleichzeitig) ausübend: **~ executive.** **II** *s* **8.** *a. math.* (*das*) Vielfache. **9.** *electr.* Paralˈlelanordnung *f,* -schaltung *f*: **in ~** parallel (geschaltet). **~ al·leles** *s pl biol.* mulˈtiple Alˈlele *pl.* **~ birth** *s med.* Mehrlingsgeburt *f.* **~ ca·ble** *s electr.* Vielfachkabel *n.* ˌ**~-ˈchoice** *adj* Multiple-choice-... **~ con·tact switch** *s electr.* Mehrfach-, Stufenschalter *m.* **~ cropping** *s agr.* mehrfache Bebauung (*e-s Feldes im selben Jahr*). **~ die** *s tech.* Mehrfachwerkzeug *n*: **~ press** Stufenpresse *f.* ˈ**~-disk clutch** *s tech.* Laˈmellenkupplung *f.* **~ dwell·ing** *s* ˈMehrfaˌmilienhaus *n.* **~ fac·tors** *s pl biol.* polyˈmere Gene *pl.* **~ fruit** *s bot.* Sammelfrucht *f.* **~ neu·ri·tis** *s med.* Polyneuˈritis *f.* ˌ**~-ˈpar·ty** *adj pol.* Mehrparteien...: **~ system.** **~ per·son·al·i·ty** *s psych.* mulˈtiple Perˈsönlichkeit. **~ pro·duc·tion** *s econ.* ˈSerienˌherstellung *f.* **~ root** *s math.* mehrwertige Wurzel. **~ scle·ro·sis** *s med.* mulˈtiple Skleˈrose. **~ store** *s econ. bes. Br.* Ketten-, Filiˈalgeschäft *n.* **~ sus·pen·sion** *s tech.* Vielfachaufhängung *f.* **~ switch** *s electr.* Mehrfach-, Vielfachschalter *m.* **~ tan·gent** *s math.* mehrfache Tanˈgente. **~ thread** *s tech.* mehrgängiges Gewinde. **~ trans·mis·sion** *s electr.* ˈVielfachüberˌtragung *f,* Mehrfachbetrieb *m.* **~ valve** *s electr.* Mehrfachröhre *f.*

mul·ti·plex [ˈmʌltɪpleks] **I** *adj* **1.** mehr-, vielfach. **2.** *electr.* Mehr(fach)...: **~ system** Mehrfachbetrieb *m*; **~ telegraphy** Mehrfachtelegrafie *f.* **II** *v/t* **3.** *electr.* a) gleichzeitig senden, b) in Mehrfachschaltung betreiben.

mul·ti·pli·a·ble [ˈmʌltɪplaɪəbl], ˈ**mul·ti·pli·ca·ble** [-plɪkəbl] *adj* multipliˈzierbar. ˌ**mul·ti·pliˈcand** [-ˈkænd] *s math.* Multipliˈkand *m.* ˈ**mul·ti·pli·cate** [-keɪt] *adj selten* mehr-, vielfach.
mul·ti·pli·ca·tion [ˌmʌltɪplɪˈkeɪʃn] *s* **1.** Vermehrung *f* (*a. bot.*).**2.** *math.* a) Multiplikatiˈon *f*, b) Vervielfachung *f*: ~ **sign** Mal-, Multiplikationszeichen *n*; ~ **table** Einmaleins *n.* **3.** *tech.* (Geˈtriebe-) Überˌsetzung *f.*
mul·ti·pli·ca·tive [ˌmʌltɪˈplɪkətɪv; ˈmʌltɪplɪkeɪtɪv] **I** *adj* **1.** vervielfältigend. **2.** *math.* multiplikaˈtiv. **II** *s* **3.** *ling.* Multiplikaˈtivum *n*, Vervielfältigungs-Zahlwort *n.* ˌ**mul·tiˈplic·i·ty** [-ˈplɪsətɪ] *s* **1.** Vielfältigkeit *f*, Vielfalt *f.* **2.** Mannigfaltigkeit *f.* **3.** Menge *f*, Vielzahl *f.* **4.** *math.* a) Mehrwertigkeit *f*, b) Mehrfachheit *f.*
mul·ti·pli·er [ˈmʌltɪplaɪə(r)] *s* **1.** Vermehrer *m.* **2.** *math.* a) Multipliˈkator *m*, b) Multipliˈziermaˌschine *f.* **3.** *phys.* a) Verstärker *m*, Vervielfacher *m*, b) Vergrößerungslinse *f*, -lupe *f.* **4.** *electr.* ˈVor- *od.* ˈNebenˌwiderstand *m*, Shunt *m* (*für Meßgeräte*). **5.** *tech.* Überˈsetzung *f.* **6.** *bot.* Brutzwiebel *f.*
mul·ti·ply [ˈmʌltɪplaɪ] **I** *v/t* **1.** vermehren (*a. biol.*), vervielfältigen: ~**ing glass** *opt.* Vergrößerungsglas *n*, -linse *f.* **2.** *math.* multipliˈzieren, malnehmen (**by** mit): **6 multiplied by 5 is 30** 6 mal 5 ist 30. **3.** *electr.* vielfachschalten. **II** *v/i* **4.** sich vermehren (*a. biol.*), sich vervielfachen. **5.** *math.* multipliˈzieren, malnehmen.
ˌ**mul·tiˈpo·lar** *adj* **1.** *electr.* viel-, mehrpolig, multipoˈlar. **2.** *med.* multi-, pluripoˈlar (*Nervenzelle*). ˌ**mul·tiˈpro·cess·ing** *s Computer*: Simulˈtanverarbeitung *f.* ˌ**mul·tiˈpro·gram·ming** *s Computer*: Proˈgrammverzahnung *f*, Multiˈprogramming *n.* ˌ**mul·tiˈpur·pose** *adj* Mehrzweck...: ~ **furniture**. ˌ**mul·tiˈra·cial** *adj* gemischtrassisch, Vielvölker...: **a** ~ **state**. ˈ**mul·tiˌseat·er** *s aer.* Mehrsitzer *m.* ˈ**mul·ti·speed trans·mis·sion** *s tech.* Mehrganggetriebe *n.* ˈ**mul·ti·stage** *adj tech.* mehrstufig, Mehrstufen...: ~ **rocket**. ˈ**mul·tiˌsto·r(e)y I** *adj* vielstöckig: ~ **building** Hochhaus *n*; ~ **car park** Park(hoch)haus *n.* **II** *s* Park(hoch)haus *n.* ˈ**mul·tiˌsyl·la·ble** *s* vielsilbiges Wort.
mul·ti·tude [ˈmʌltɪtjuːd; *Am. a.* -ˌtuːd] *s* **1.** große Zahl, Menge *f.* **2.** Vielheit *f.* **3.** Menschenmenge *f*: **the** ~ der große Haufen, die Masse. ˌ**mul·tiˈtu·di·nism** *s* Prinˈzip *n* des Vorrechts der Masse (*vor dem Individuum*). ˌ**mul·tiˈtu·di·nous** *adj* (*adv* ~**ly**) **1.** zahlreich. **2.** *selten* mannigfaltig, vielfältig. **3.** *poet.* dichtbevölkert.
ˌ**mul·tiˈva·lence** *s chem.* Mehr-, Vielwertigkeit *f.* ˌ**mul·tiˈva·lent** *adj* mehr-, vielwertig.
mul·ti·ver·si·ty [ˌmʌltɪˈvɜrsətɪ] *s Am.* ˈMammutuniversiˌtät *f.*
mul·tiv·o·cal [mʌlˈtɪvəkl] **I** *adj* vieldeutig. **II** *s* vieldeutiges Wort.
ˈ**mul·ti·way** *adj electr. tech.* mehrwegig: ~ **plug** Vielfachstecker *m.*
mul·ture [ˈmʌltʃə(r)] *s* Mahlgeld *n.*
mum[1] [mʌm] *colloq.* **I** *interj* pst!, still!: ~'**s the word!** Mund halten!, kein Wort darüber! **II** *adj* still, stumm: **to keep** ~ den Mund halten, nichts verraten (**about, on** von).
mum[2] [mʌm] *v/i* **1.** sich vermummen. **2.** Mummenschanz treiben.
mum[3] [mʌm] *s hist.* Mumme *f* (*süßliches dickes Bier*).
mum[4] [mʌm] *s bes. Br. colloq.* Mami *f*, Mutti *f.*
mum·ble [ˈmʌmbl] **I** *v/t u. v/i* **1.** murmeln. **2.** mummeln, knabbern. **II** *s* **3.** Gemurmel *n.* ˈ~**-the-ˌpeg** *s Am.* Messerwerfen *n* (*ein Spiel*).
Mum·bo Jum·bo [ˌmʌmbəʊˈdʒʌmbəʊ] *s* **1.** Schutzgeist *m* (*bei den Sudannegern*). **2.** *a.* **m**~ **j**~ Schreckgespenst *n*, Popanz *m.* **3.** **m**~ **j**~ Hokusˈpokus *m*, fauler Zauber. **4.** **m**~ **j**~ Kauderwelsch *n.*
mum·chance [ˈmʌmtʃɑːns; *Am.* -ˌtʃæns] *adj* sprachlos.
mum·mer [ˈmʌmə(r)] *s* **1.** Vermummte(r *m*) *f*, Maske *f* (*Person*). **2.** *humor.* Komödiˈant(in). ˈ**mum·mer·y** *s contp.* **1.** Mummenschanz *m.* **2.** Hokusˈpokus *m.*
mum·mi·fi·ca·tion [ˌmʌmɪfɪˈkeɪʃn] *s* **1.** Mumifiˈzierung *f.* **2.** *med.* trockener Brand. ˈ**mum·mi·fied** [-faɪd] *adj* **1.** mumifiˈziert. **2.** vertrocknet, -dörrt (*oft fig.*). **3.** *med.* trocken brandig. ˈ**mum·mi·fy** [-faɪ] **I** *v/t* mumifiˈzieren. **II** *v/i* vertrocknen, -dorren, (ver-, ein-) schrumpeln.
mum·my[1] [ˈmʌmɪ] **I** *s* **1.** Mumie *f* (*a. fig.*). **2.** Brei *m*, breiige Masse: **to beat s.o. to a** ~ *fig.* j-n zu Brei schlagen. **3.** *paint.* Mumie *f* (*braune Farbe*). **4.** verschrumpelte Frucht. **II** *v/t* → **mummify** I.
mum·my[2] [ˈmʌmɪ] *s bes. Br. colloq.* Mami *f*, Mutti *f.*
mump [mʌmp] *v/i obs.* **1.** schmollen, schlecht gelaunt sein. **2.** *colloq.* ‚schnorren', betteln. ˈ**mump·ish** *adj* (*adv* ~**ly**) mürrisch, grämlich.
mumps [mʌmps] *s pl* **1.** (*als sg konstruiert*) *med.* Mumps *m*, Ziegenpeter *m.* **2.** ‚miese' *od.* schlechte Laune.
mump·si·mus [ˈmʌmpsɪməs] *s* **1.** hartnäckiger Irrtum. **2.** j-d, der sich nicht von e-m hartnäckigen Irrtum abbringen läßt.
munch [mʌntʃ] *v/t u. v/i* geräuschvoll *od.* schmatzend kauen, ‚mampfen'.
Mun·chau·sen [mʌnˈtʃɔːzn; *Am.* ˈmʌnˌtʃaʊzən] **I** *adj* phanˈtastisch, ‚toll', frei erfunden. **II** *s* → **Munchausenism**. **Munˈchau·sen·ism** *s* phanˈtastische Geschichte, Münchhausiˈade *f.*
mun·dane [ˌmʌnˈdeɪn; ˈmʌndeɪn] *adj* (*adv* ~**ly**) **1.** weltlich, Welt... **2.** irdisch, weltlich: ~ **poetry** weltliche Dichtung. **3.** Welten..., Weltall... **4.** *astr.* Horizont... **5.** proˈsaisch, sachlich-nüchtern.
mung·a [ˈmʌŋgə] *s Austral. sl.* ‚Futter' *n* (*Essen*).
mun·go[1] [ˈmʌŋgəʊ] *s bot.* Schlangenwurz *f.*
mun·go[2] [ˈmʌŋgəʊ] *s econ.* Mungo *m*, Reißwollgarn *n*, -gewebe *n.*
mu·nic·i·pal [mjuːˈnɪsɪpl] *adj* (*adv* ~**ly**) **1.** städtisch, Stadt..., kommuˈnal, Gemeinde...: ~ **elections** Kommunalwahlen. **2.** Selbstverwaltungs...: ~ **town** → **municipality** 1. **3.** Land(es)...: ~ **law** Landesrecht *n.* ~ **bank** *s econ.* Kommuˈnalbank *f.* ~ **bonds** *s pl econ.* Kommuˈnalobligatiˌonen *pl.* ~ **cor·po·ra·tion** *s* **1.** Gemeindebehörde *f.* **2.** Körperschaft *f* des öffentlichen Rechts.
mu·nic·i·pal·i·ty [mjuːˌnɪsɪˈpælətɪ] *s* **1.** Stadt *f* mit Selbstverwaltung. **2.** Stadtbehörde *f*, -verwaltung *f.*
mu·nic·i·pal·i·za·tion [mjuːˌnɪsɪpəlaɪˈzeɪʃn; *Am.* -ləˈz-] *s* **1.** Verwandlung *f* in e-e poˈlitische Gemeinde mit Selbstverwaltung. **2.** Kommunaliˈsierung *f* (*e-s Betriebs etc*). **muˈnic·i·pal·ize** *v/t* **1.** *e-e Stadt* mit Obrigkeitsgewalt ausstatten. **2.** *e-n Betrieb etc* in städtischen Besitz ˈüberführen, kommunaliˈsieren.
mu·nic·i·pal|loan *s econ.* Kommuˈnalanleihe *f*, städtische Anleihe. ~ **rates,** ~ **tax·es** *s pl econ.* Gemeindesteuern *pl*, -abgaben *pl.*
mu·nif·i·cence [mjuːˈnɪfɪsns] *s* Freigebigkeit *f*, Großzügigkeit *f.* **muˈnif·i·cent** *adj* (*adv* ~**ly**) freigebig, großzügig (*a. Geschenk etc*).
mu·ni·ment [ˈmjuːnɪmənt] *s* **1.** *pl jur.* Rechtsurkunde *f.* **2.** Urkundensammlung *f*, Arˈchiv *n.* **3.** *obs.* Schutzmittel *n*, -waffe *f.*
mu·ni·tion [mjuːˈnɪʃn] **I** *s* **1.** *meist pl mil.* ˈKriegsmateriˌal *n*, -vorräte *pl*, *bes.* Munitiˈon *f*: ~ **plant** Rüstungsfabrik *f*; ~ **worker** Munitionsarbeiter(in). **2.** *allg.* Ausrüstung *f.* **3.** *obs.* Bollwerk *n.* **II** *v/t* **4.** ausrüsten, mit Materiˈal *od.* Munitiˈon versehen.
munt·jac, *a.* **munt·jak** [ˈmʌntdʒæk] *s zo.* **1.** Muntjak(hirsch) *m*, *bes.* Indischer Muntjak. **2.** Schopfhirsch *m.*
mu·on [ˈmjuːɒn; *Am.* -ˌɑn] *s phys.* My-Meson *n* (*Elementarteilchen*).
mu·ral [ˈmjʊərəl] **I** *adj* **1.** Mauer..., Wand... **2.** mauerartig, steil. **3.** *anat.* muˈral. **II** *s* **4.** *a.* ~ **painting** Wandgemälde *n.*
Mu·ra·nese [ˌmjʊərəˈniːz; *Am.* ˌmuː-] *adj* Murano..., aus Muˈrano.
mur·der [ˈmɜːdə; *Am.* ˈmɜrdər] **I** *s* **1.** (**of**) Mord *m* (an *dat*), Ermordung *f* (*gen*): **first-degree (second-degree)** ~ *jur. Am.* Mord (Totschlag *m*); ~ **squad** *Br.* Mordkommission *f*; ~ **trial** Mordprozeß *m*; ~ **will out** *fig.* die Sonne bringt es an den Tag; **the** ~ **is out** *fig.* das Geheimnis ist gelüftet; **to cry blue** ~ *colloq.* zetermordio schreien; **it was** ~! *colloq.* es war fürchterlich!; **that will be** ~! *colloq.* das ist glatter Selbstmord!; **to get away with** ~ *colloq.* sich alles erlauben können. **2.** *obs.* Gemetzel *n.* **II** *v/t* **3.** (er)morden. **4.** ˈhinschlachten, -morden. **5.** *fig. a. e-e Sprache* verschandeln, ‚verhunzen'. **6.** *sport colloq.* ‚auseinˈandernehmen'. ˈ**mur·der·er** *s* Mörder *m.* ˈ**mur·der·ess** [-rɪs] *s* Mörderin *f.* ˈ**mur·der·ous** *adj* (*adv* ~**ly**) **1.** mörderisch (*a. fig. Hitze, Tempo etc*). **2.** Mord...: ~ **intent** Mordabsicht *f*; ~ **weapon** Mordwaffe *f.* **3.** tödlich, todbringend. **4.** blutdürstig, mordgierig.
mure [mjʊə(r)] *v/t* **1.** einmauern. **2.** *a.* ~ **up** einsperren.
mu·rex [ˈmjʊəreks] *pl* **-rex·es** *od.* **-ri·ces** [-rɪsiːz] *s zo.* Stachelschnecke *f.*
mu·ri·ate [ˈmjʊərɪət; *bes. Am.* -ˌɪeɪt] *s chem.* **1.** Muriˈat *n*, Hydrochloˈrid *n.* **2.** ˈKaliumchloˌrid *n* (*ein Düngemittel*). ˈ**mu·ri·at·ed** *adj* muriˈatisch, *bes.* kochsalzhaltig, Kochsalz... ˌ**mu·riˈat·ic** [-ˈætɪk] *adj* muriˈatisch, salzsauer: ~ **acid** Salzsäure *f.*
mu·ri·ces [ˈmjʊərɪsiːz] *pl von* **murex**.
mu·rine [ˈmjʊəraɪn; -rɪn] *zo.* **I** *adj* zu den Mäusen gehörig. **II** *s* Maus *f.*
murk [mɜːk; *Am.* mɜrk] *adj poet.* **1.** dunkel, düster. **2.** trüb(e). **3.** dicht (*Nebel*). ˈ**murk·i·ness** *s* **1.** Dunkelheit *f*, Düsterkeit *f.* **2.** Nebligkeit *f.* ˈ**murk·y** *adj* (*adv* **murkily**) **1.** dunkel, düster, trüb(e) (*alle a. fig.*). **2.** voller Nebel, dunstig. **3.** dicht (*Nebel etc*).
mur·mur [ˈmɜːmə; *Am.* ˈmɜrmər] **I** *s* **1.** Murmeln *n*, (leises) Rauschen (*von Wasser, Wind etc*). **2.** Gemurmel *n.* **3.** Murren *n*: *he obeyed* **without a** ~ ohne zu murren. **4.** *med.* (Atem-, Herz)Geräusch *n.* **5.** *a.* ~ **vowel** *ling.* Murmellaut *m.* **II** *v/i* **6.** murmeln: a) leise sprechen, b) leise rauschen (*Wasser etc*). **7.** murren (**at, against** gegen). **III** *v/t* **8.** *etwas* murmeln. ˈ**mur·mur·ous** *adj* (*adv* ~**ly**) **1.** murmelnd. **2.** gemurmelt (*Worte*). **3.** murrend.
mur·phy [ˈmɜːfɪ; *Am.* ˈmɜrfiː] *s sl.* Karˈtoffel *f.* **M**~ **bed** *s Am.* Schrankbett *n.*
mur·rain [ˈmʌrɪn; *Am. a.* ˈmɜrən] *s* **1.** *vet.* Viehseuche *f.* **2.** *obs.* Pest *f.*

mur·rey [ˈmʌrɪ; *Am. a.* ˈmɜri:] *s her.* Braunrot *n.*

mu·sa·ceous [mju:ˈzeɪʃəs] *adj bot.* zu den Baˈnanengewächsen gehörig.

mus·ca·del [ˌmʌskəˈdel] → **muscatel.**

mus·ca·dine [ˈmʌskədɪn; -daɪn], **mus·cat** [ˈmʌskət; *Am. a.* -ˌkæt], ˌ**mus·caˈtel** [-ˈtel] *s* **1.** Muskaˈteller(traube *f*) *m.* **2.** Muskaˈteller(wein) *m.*

mus·cle [ˈmʌsl] **I** *s* **1.** *anat.* Muskel *m*: ~ **fibre** (*bes. Am.* **fiber**) Muskelfaser *f*; ~ **sense** *psych.* Muskelsinn *m*; **not to move a** ~ *fig.* sich nicht rühren, nicht mit der Wimper zucken. **2.** (Muskel)Fleisch *n*, Muskeln *pl*: **to be all** ~ nur aus Muskeln bestehen. **3.** *fig.* Macht *f*, Einfluß *m.* **4.** *Am. sl.* a) Muskelprotz *m*, b) ‚Schläger' *m.* **II** *v/i* **5.** *colloq.* sich mit Gewalt e-n Weg bahnen: **to** ~ **in** *fig.* sich rücksichtslos hineindrängen (**on** in *acc*). ˈ**~-bound** *adj* **1. to be** ~ *med.* Muskelkater haben. **2.** *fig.* starr.

mus·cled [ˈmʌsld] *adj* **1.** *anat.* mit Muskeln. **2.** *in Zssgn* ...muskelig.

ˈ**mus·cle|·man** [-mæn] *s irr* **1.** Muskelmann *m*, ‚ˈMuskelpaˌket' *n.* **2.** ‚Schläger' *m* (*e-r Bande etc*). ~ **pill** *s med. colloq.* Muskelpille *f.*

Mus·co·vite [ˈmʌskəʊvaɪt; *bes. Am.* -kəˌv-] **I** *s* **1.** a) Moskoˈwiter(in), b) Russe *m*, Russin *f.* **2. m~** *min.* Muskoˈwit *m*, Kaliglimmer *m.* **II** *adj* **3.** a) moskoˈwitisch, b) russisch.

Mus·co·vy [ˈmʌskəʊvɪ] *s hist.* Rußland *n.* ~ **duck** *s orn.* Moschusente *f.*

mus·cu·lar [ˈmʌskjʊlə(r)] *adj* (*adv* **~ly**) **1.** Muskel...: ~ **strength**; ~ **atrophy** Muskelschwund *m.* **2.** muskuˈlös, (muskel)stark, kräftig. **3.** *fig.* kraftvoll. ˌ**mus·cuˈlar·i·ty** [-ˈlærətɪ] *s* muskuˈlöser Körperbau. ˈ**mus·cu·la·ture** [-lətʃə(r)] *s physiol.* Muskulaˈtur *f.*

muse[1] [mju:z] **I** *v/i* **1.** (nach)sinnen, (-)denken, (-)grübeln (**on, upon** über *acc*). **2.** in Gedanken versunken sein, träumen. **3.** nachdenklich blicken (**on, upon** auf *acc*). **II** *v/t* **4.** *obs.* nachdenken über (*acc*). **5.** nachdenklich sagen.

Muse[2] [mju:z] *s* **1.** *myth.* Muse *f*: **son of the ~s** *humor.* Musensohn *m.* **2.** *a.* **m~** Muse *f* (*e-s Dichters*). **3. m~** *poet.* Dichter *m.*

mu·se·ol·o·gy [ˌmju:zɪˈɒlədʒɪ; *Am.* -ˈɑl-] *s* Muˈseumskunde *f.*

mus·er [ˈmju:zə(r)] *s* Träumer(in), Sinnende(r *m*) *f.*

mu·sette [mju:ˈzet] *s* **1.** *mus.* Muˈsette *f*: a) *kleiner Dudelsack*, b) *Zungenregister der Orgel*, c) *langsamer ländlicher Tanz in dreiteiligem Takt*, d) *trioartiger Zwischensatz, bes. in der Gavotte.* **2.** → **musette bag.** ~ **bag** *s mil. Am.* Brotbeutel *m.*

mu·se·um [mju:ˈzɪəm] *s* Muˈseum *n*: ~ **piece** Museumsstück *n* (*a. fig.*).

mush[1] [mʌʃ] *s* **1.** weiche Masse, Brei *m*, Mus *n.* **2.** *Am.* (Maismehl)Brei *m.* **3.** *colloq.* a) Gefühlsduseˈlei *f*, b) sentimenˈtales Zeug. **4.** *Radio*: Knistergeräusch *n*: ~ **area** (*Radar*) Störgebiet *n.* **5.** *sl.* ‚Fresse' *f* (*Mund, Gesicht*).

mush[2] [mʌʃ] *Am.* **I** *v/i* a) durch den Schnee stapfen, b) mit Hundeschlitten fahren. **II** *v/t die Schlittenhunde* anfeuern.

mush[3] [mʌʃ] *s sl.* Regenschirm *m.*

mush·room [ˈmʌʃrʊm; -ru:m] **I** *s* **1.** *bot.* a) Ständerpilz *m*, b) *allg.* eßbarer Pilz, *bes.* (Wiesen)Champignon *m*: **to grow like ~s** wie Pilze aus dem Boden schießen; ~ **growth** rapides Wachstum. **2.** *fig.* Emˈporkömmling *m.* **3.** (*etwas*) Pilzförmiges, *bes.* a) *sl.* Regenschirm *m*, b) *colloq. ein* (*Damen*)*Hut*, c) flachgedrückte (*Gewehr- etc*)Kugel, d) *Am. ein Wegweiser*, e) Exploˈsionspilz *m*, -wolke *f.* **II** *adj* **4.** Pilz...: **a** ~ **dish.** **5.** pilzförmig: ~ **anchor** *mar.* Pilz-, Schirmanker *m*; ~ **bulb** *electr.* Pilzbirne *f*; ~ **cloud** Atompilz *m*; ~ **head** *tech.* Pilzkopf *m* (*Niet*); ~ **insulator** *electr.* Pilzisolator *m*; ~ **valve** (pilzförmiges) Tellerventil. **6.** *fig.* a) (über Nacht) aus dem Boden geschossen, b) kurzlebig: ~ **fame.** **III** *v/i* **7.** Pilze sammeln. **8.** *fig.* a) wie Pilze aus dem Boden schießen, b) sich ausbreiten, wachsen, c) pilzförmige Gestalt annehmen. **IV** *v/t* **9.** *colloq. e-e Zigarette* ausdrücken.

mush·y [ˈmʌʃɪ] *adj* (*adv* **mushily**) **1.** breiig, weich. **2.** *fig.* weichlich, schlapp. **3.** *colloq.* gefühlsduselig, sentimenˈtal. **4.** *tech. Am. sl.* ‚müde'.

mu·sic [ˈmju:zɪk] *s* **1.** Muˈsik *f*, Tonkunst *f*: **to set** (*od.* **put**) **s.th. to** ~ etwas vertonen; **that's ~ to my ears** das ist Musik in m-n Ohren; **to face the** ~ *colloq.* die Suppe(, die man sich eingebrockt hat,) auslöffeln, dafür geradestehen. **2.** a) Muˈsikstück *n*, Kompositiˈon *f*, b) *collect.* Kompositiˈonen *pl.* **3.** Noten(blatt *n*) *pl*: **to play from** ~ vom Blatt spielen. **4.** *collect.* Musiˈkalien *pl*: ~ **shop** → **music house.** **5.** *fig.* Muˈsik *f*, Wohllaut *m*, Gesang *m*: **the** ~ **of the birds** der Gesang der Vögel. **6.** Musikaliˈtät *f.* **7.** *hunt.* Geläute *n*, Gebell *n* der Jagdhunde. **8.** Lärm *m*, Getöse *n*: **rough** ~ a) Krach *m*, b) Katzenmusik *f.* **9.** (Muˈsik-)Kaˌpelle *f*, Orˈchester *n.*

mu·si·cal [ˈmju:zɪkl] **I** *adj* (*adv* **~ly**) **1.** Musik...: ~ **history**; ~ **instrument.** **2.** wohlklingend, meˈlodisch. **3.** musiˈkalisch. **II** *s* **4.** Musical *n.* **5.** *colloq. für* **musical film.** ~ **art** *s* (Kunst *f* der) Muˈsik, Tonkunst *f.* ~ **box** *s bes. Br.* Spieldose *f.* ~ **chairs** *s pl* (*als sg konstruiert*) Reise *f* nach Jeˈrusalem (*Gesellschaftsspiel*). ~ **com·e·dy** *s* musiˈkalische Koˈmödie. ~ **crit·ic** *s* Muˈsikkritiker(in).

mu·si·cale [ˌmju:zɪˈkæl; -ˈkɑ:l] *s mus. Am.* ˈHauskonˌzert *n.*

mu·si·cal| film *s* Muˈsikfilm *m.* ~ **glass·es** *s pl mus.* Glasharfe *f.*

mu·si·cal·i·ty [ˌmju:zɪˈkælətɪ], **mu·si·cal·ness** [ˈmju:zɪklnɪs] *s* **1.** Musikaliˈtät *f.* **2.** Wohlklang *m*, (*das*) Musiˈkalische.

ˈ**mu·sic-apˌpre·ciˈa·tion rec·ord** *s* Schallplatte *f* mit muˈsikkundlichem Kommenˈtar.

mu·si·cas·sette [ˈmju:zɪkæˌset] *s* ˈMusicasˌsette *f*, Muˈsikkasˌsette *f.*

mu·sic| book *s* Notenheft *n*, -buch *n.* ~ **box** *s bes. Am.* **1** → **musical box.** **2.** → **jukebox.** ~ **case** *s* Notenmappe *f.* ~ **cen·ter,** *bes. Br.* ~ **cen·tre** *s* Komˈpaktanlage *f.* ~ **de·my** *s ein Papierformat* (*20 3/4 × 14 3/8 Zoll*). ~ **dra·ma** *s mus.* Muˈsikdrama *n.* ~ **hall** *s bes. Br.* Varieˈté(theˌater) *n.* ~ **house** *s* Musiˈkalienhandlung *f.*

mu·si·cian [mju:ˈzɪʃn] *s* **1.** (*bes.* Berufs-)Musiker(in): **to be a good** ~ a) gut spielen *od.* singen, b) sehr musikalisch sein. **2.** Musiˈkant *m.* **muˈsi·cian·ship** *s* musiˈkalisches Können.

mu·si·co·log·i·cal [ˌmju:zɪkəˈlɒdʒɪkl; *Am.* -ˈlɑ-] *adj* muˈsikwissenschaftlich.

mu·si·col·o·gist [ˌmju:zɪˈkɒlədʒɪst; *Am.* -ˈkɑ-] *s* Muˈsikwissenschaftler(in). ˌ**mu·siˈcol·o·gy** *s* Muˈsikwissenschaft *f.*

mu·si·co·ther·a·py [ˌmju:zɪkəʊˈθerəpɪ] *s med. psych.* Muˈsiktheraˌpie *f.*

mu·sic| pa·per *s* ˈNotenpaˌpier *n.* ~ **rack** *s* Notenhalter *m.* ~ **stand** *s* Notenständer *m.* ~ **stool** *s* Klaˈvierstuhl *m.* ~ **teach·er** *s* Muˈsiklehrer(in). ~ **wire** *s mus.* **1.** Saitendraht *m.* **2.** Draht-, Stahlsaite *f.*

mus·ing [ˈmju:zɪŋ] **I** *s* **1.** Sinnen *n*, Grübeln *n*, Nachdenken *n*, Betrachtung *f.* **2.** *pl* Träumeˈreien *pl.* **II** *adj* (*adv* **~ly**) **3.** nachdenklich, in Gedanken (versunken), versonnen.

musk [mʌsk] *s* **1.** Moschus *m*, Bisam *m.* **2.** Moschusgeruch *m.* **3.** → **musk deer.** **4.** *bot.* Moschuspflanze *f.* ~ **bag** *s zo.* Moschusbeutel *m.* ~ **ca·vy** *s zo.* (*e-e*) Baumratte. ~ **deer** *s zo.* Moschustier *n.*

mus·keg [ˈmʌskeg; *Am. a.* -ˌkeɪg] *s* **1.** *Am. od. Canad.* (Tundra)Moor *n.* **2.** *bot.* Torf-, Sumpfmoos *n.*

mus·kel·lunge [ˈmʌskəlʌndʒ] *pl* ˈ**mus·kel·lunge** *s ichth.* Muskalunge *m.*

mus·ket [ˈmʌskɪt] *s mil. hist.* Musˈkete *f*, Flinte *f.* ˌ**mus·ketˈeer** [-ˈtɪə(r)] *s* Muskeˈtier *m.* ˈ**mus·ket·ry** [-rɪ] *s* **1.** *hist. collect.* a) Musˈketen *pl*, b) Muskeˈtiere *pl.* **2.** *hist.* Musˈketenschießen *n.* **3.** ˈSchießˌunterricht *m*: ~ **manual** Schießvorschrift *f.*

musk| ox *s irr zo.* Moschusochse *m.* ~ **plant** *s bot.* Moschus-Gauklerblume *f.* ˈ**~rat** *s* **1.** *zo.* Bisamratte *f.* **2.** Bisam *m* (*Fell*). ~ **rose** *s bot.* Moschusrose *f.* ~ **sheep** → **musk ox.** ~ **shrew** *s zo.* Moschusspitzmaus *f.*

musk·y [ˈmʌskɪ] *adj* (*adv* **muskily**) **1.** nach Moschus riechend. **2.** moschusartig, Moschus...

Mus·lem [ˈmʊslem; ˈmʊz-; ˈmʌz-], *a.* ˈ**Mus·lim** [-lɪm] → **Moslem.**

mus·lin [ˈmʌzlɪn] *s* **1.** Musseˈlin *m.* **2.** *Am. Bezeichnung verschiedener schwererer Baumwollgewebe.* **3.** *sl.* a) *mar.* Segel *pl*, b) *obs.* Frauen *pl*: **a bit of** ~ ein ‚Weib(errock' *m*) *n.*

mus·mon [ˈmʌsmɒn; *Am.* -ˌmɑn] → **mouf(f)lon.**

mus·o [ˈmju:zəʊ] *pl* **-os** *s colloq.* (*bes.* Berufs)Musiker(in).

mus·quash [ˈmʌskwɒʃ; *Am. a.* -ˌkwɑʃ] → **muskrat.**

mus·quaw [ˈmʌskwɔ:] *s zo.* Baribal *m*, Amer. Schwarzbär *m.*

muss [mʌs] *Am.* **I** *s* **1.** a) Durcheinˈander *n*, Unordnung *f*, b) Plunder *m.* **2.** Krach *m*, Streit *m.* **II** *v/t oft* ~ **up** **3.** in Unordnung bringen, durcheinˈanderbringen, *Haar* zerwühlen. **4.** ‚vermasseln', ‚vermurksen'. **5.** beschmutzen, ‚versauen'. **6.** zerknittern.

mus·sel [ˈmʌsl] *s zo.* (*e-e*) zweischalige Muschel, *bes.* a) Miesmuschel *f*, b) Flußmuschel *f.*

Mus·sul·man [ˈmʌslmən] **I** *pl* **-mans,** *a.* **-men** *s* Muselman(n) *m.* **II** *adj* muselmanisch.

muss·y [ˈmʌsi:] *adj Am. colloq.* **1.** unordentlich, schlampig. **2.** schmutzig. **3.** verknittert.

must[1] [mʌst] **I** *v/aux 3. sg pres* **must,** *pret* **must,** *inf u. Partizipien fehlen.* **1.** *er, sie, es* muß, *du* mußt, *wir, sie, Sie* müssen, *ihr* müßt: **all men** ~ **die** alle Menschen müssen sterben; **I** ~ **go now** ich muß jetzt gehen; ~ **he do that?** muß er das tun?; **he** ~ **be over eighty** er muß über achtzig (Jahre alt) sein; **it** ~ **look strange** es muß (*notwendigerweise*) merkwürdig aussehen; **you** ~ **have heard it** du mußt es gehört haben. **2.** (*mit Negationen*) *er, sie, es* darf, *du* darfst, *wir, sie, Sie* dürfen, *ihr* dürft: **you** ~ **not smoke here** du darfst hier nicht rauchen. **3.** (*als pret*) *er, sie, es* mußte, *du* mußtest, *wir, sie, Sie* mußten, *ihr* mußtet: **it was too late now, he** ~ **go on** es war bereits zu spät, er mußte weitergehen; **just as I was busiest, he** ~ **come** gerade als ich am meisten zu tun hatte, mußte er kommen. **4.** (*als pret mit Negationen*) *er, sie, es* durfte, *du* durftest, *wir, sie, Sie* durften, *ihr* durftet. **II** *adj* **5.** unerläßlich, unbedingt zu erledigen(d) (*etc*), absoˈlut notwendig: **a** ~ **book** ein Buch, das man

(unbedingt) lesen *od.* gelesen haben muß. **III** *s* **6.** Muß *n*, Unerläßlichkeit *f*, unbedingtes Erfordernis: **it is a ~** es ist unerläßlich *od.* unbedingt erforderlich; **this place is a ~ for tourists** diesen Ort muß man (als Tourist) gesehen haben.
must[2] [mʌst] *s* Most *m*.
must[3] [mʌst] *s* **1.** Moder *m*, Schimmel *m*. **2.** Dumpfigkeit *f*, Modrigkeit *f*.
must[4] [mʌst] **I** *s* Brunst *f*, Wut *f* (*männlicher Elefanten od. Kamele*). **II** *adj* brünstig, wütend.
mus·tache, mus·tached *Am. für* **moustache,** *etc.*
mus·ta·chi·o [məˈstɑːʃɪəʊ; *Am. a.* məsˈtæʃ-] *pl* **-chi·os** *s* Schnauzbart *m*.
mus·tang [ˈmʌstæŋ] *s* **1.** *zo.* Mustang *m* (*halbwildes Präriepferd*). **2. M~** *aer.* Mustang *m* (*amer. Jagdflugzeugtyp im 2. Weltkrieg*).
mus·tard [ˈmʌstə(r)d] **I** *s* **1.** Senf *m*, Mostrich *m*: → **keen**[1] 13. **2.** Senfmehl *n*. **3.** *bot.* (*ein*) Senf *m*. **4.** *Am. sl.* a) ‚Mordskerl' *m*, b) ‚tolle Sache', c) Schwung *m*. **5.** Senfgelb *n*. **II** *adj* **6.** senfgelb. **~ gas** *s chem. mil.* Senfgas *n*, Gelbkreuz *n*. **~ oil** *s chem.* äˈtherisches Senföl. **~ plas·ter** *s med.* Senfpflaster *n*. **~ seed** *s* **1.** *bot.* Senfsame *m*: **grain of ~** *Bibl.* Senfkorn *n*. **2.** *hunt.* Vogelschrot *m, n*.
mus·te·line [ˈmʌstɪlaɪn; -lɪn] *zo.* **I** *adj* **1.** zu den Mardern gehörig. **2.** wieselartig. **II** *s* **3.** marderartiges Raubtier.
mus·ter [ˈmʌstə(r)] **I** *v/t* **1.** *mil.* a) (zum Apˈpell) antreten lassen, versammeln, b) mustern, die Anwesenheit (*gen*) feststellen, c) aufbieten: **to ~ in** *Am.* (*zum Wehrdienst*) einziehen; **to ~ out** *Am.* entlassen, ausmustern. **2.** zs.-rufen, -bringen, versammeln. **3.** *j-n od. etwas* auftreiben. **4.** *a.* **~ up** *fig. s-e Kraft, s-n Mut etc* aufbieten, zs.-nehmen: **to ~ up sympathy** Mitleid aufbringen *od.* fühlen; → **courage.** **5.** sich belaufen auf (*acc*), zählen, ausmachen. **II** *v/i* **6.** sich versammeln, *mil. a.* antreten. **7. ~ into** *Am.* eintreten in (*das Heer, den Staatsdienst etc*). **III** *s* **8.** *mar. mil.* a) (Antreten *n* zum) Apˈpell *m*, b) Inspektiˈon *f*, Musterung *f*, Paˈrade *f*: **to pass ~** *fig.* durchgehen, Zustimmung finden (**with** bei). **9.** *mil. u. fig.* Aufgebot *n*. **10.** → **muster roll.** **11.** *econ. selten* Muster *n*. **~ book** *s mil.* Stammrollenbuch *n*. **ˈ~-ˈout** *pl* **ˈ~s-ˈout** *s mil. Am.* Entlassung *f*, Ausmusterung *f*. **~ roll** *s* **1.** *mar.* Musterrolle *f*. **2.** *mil.* Stammrolle *f*.
mus·ti·ness [ˈmʌstɪnɪs] *s* **1.** Muffigkeit *f*. **2.** Modrigkeit *f*. **3.** Schalheit *f* (*a. fig.*). **4.** *fig.* Verstaubtheit *f*.
mus·ty [ˈmʌstɪ] *adj* (*adv* **mustily**) **1.** muffig. **2.** mod(e)rig. **3.** schal (*a. fig.*), abgestanden. **4.** *fig.* a) verstaubt, antiˈquiert, b) fad(e), abgedroschen.
mu·ta·bil·i·ty [ˌmjuːtəˈbɪlətɪ] *s* **1.** Veränderlichkeit *f*. **2.** *fig.* Unbeständigkeit *f*. **3.** *biol.* Mutatiˈonsfähigkeit *f*. **ˈmu·ta·ble** *adj* (*adv* **mutably**) **1.** veränderlich, wechselhaft. **2.** *fig.* unbeständig, wankelmütig. **3.** *biol.* mutatiˈonsfähig.
mu·tant [ˈmjuːtənt] *biol.* **I** *adj* **1.** muˈtierend. **2.** mutatiˈonsbedingt. **II** *s* **3.** Variˈante *f*, Muˈtant *m*.
mu·tate [mjuːˈteɪt; *Am. a.* ˈmjuːˌteɪt] **I** *v/t* **1.** verändern. **2.** *ling.* ˈumlauten: **~d vowel** Umlaut *m*. **II** *v/i* **3.** sich ändern, wechseln. **4.** *ling.* ˈumlauten. **5.** *biol.* muˈtieren.
mu·ta·tion [mjuːˈteɪʃn] *s* **1.** (Ver)Änderung *f*. **2.** ˈUmwandlung *f*: **~ of energy** *phys.* Energieumformung *f*. **3.** *biol.* a) Mutatiˈon *f*, b) Mutatiˈonsproˌdukt *n*. **4.** *ling.* ˈUmlaut *m*. **5.** *mus.* a) Mutatiˈon *f*, b) *a.* **~ stop** ˈObertonreˌgister *n*. **muˈta·tion·al** *adj* Mutations…, Änderungs…
mu·ta·tive [ˈmjuːtətɪv; *Am. a.* -ˌteɪ-; *Br. a.* mjuːˈteɪtɪv] *adj* mutaˈtiv: a) *biol.* sich sprunghaft ändernd, b) *ling.* e-e Veränderung ausdrückend.
mute [mjuːt] **I** *adj* (*adv* **~ly**) **1.** stumm. **2.** *weitS.* stumm: a) still, schweigend, b) wort-, sprachlos: **to stand ~** stumm *od.* sprachlos dastehen; **to stand ~ (of malice)** *jur.* die Antwort verweigern. **3.** *ling.* stumm: **a ~ letter; ~ sound** → 7b. **II** *s* **4.** Stumme(r *m*) *f*. **5.** *thea.* Staˈtist(in). **6.** *mus.* Dämpfer *m*. **7.** *ling.* a) stummer Buchstabe, b) Verschlußlaut *m*. **III** *v/t* **8.** *das Instrument* dämpfen. **ˈmute·ness** *s* **1.** Stummheit *f*. **2.** Lautlosigkeit *f*.
mute swan *s orn.* Höckerschwan *m*.
mu·tic [ˈmjuːtɪk] *adj* **1.** *zo.* unbewaffnet. **2.** *bot.* stachel-, dornlos. **ˈmu·ti·cous** → **mutic** 2.
mu·ti·late [ˈmjuːtɪleɪt] *v/t* verstümmeln (*a. fig.*). **ˌmu·ti·ˈla·tion** *s* Verstümmelung *f*.
mu·ti·neer [ˌmjuːtɪˈnɪə(r)] **I** *s* Meuterer *m*. **II** *v/i* meutern. **ˈmu·ti·nous** *adj* (*adv* **~ly**) **1.** meuterisch. **2.** aufrührerisch, reˈbellisch, *weitS. a.* aufsässig. **3.** wild: **~ passions.**
mu·ti·ny [ˈmjuːtɪnɪ] **I** *s* **1.** Meuteˈrei *f*: **M~ Act** *Br. hist.* Militärstrafgesetz *n*. **2.** Auflehnung *f*, Rebelliˈon *f*. **3.** *fig.* Tuˈmult *m*. **II** *v/i* **4.** meutern.
mut·ism [ˈmjuːtɪzəm] *s* **1.** Stummheit *f*. **2.** *psych.* Muˈtismus *m*.
mutt [mʌt] *s sl.* **1.** Trottel *m*, Schaf(s)kopf *m*. **2.** Köter *m*.
mut·ter [ˈmʌtə(r)] **I** *v/i* **1.** murmeln, brummen: **to ~ (away) to o.s.** vor sich hin murmeln. **2.** murren (**at** über *acc*; **against** gegen). **II** *v/t* **3.** murmeln. **III** *s* **4.** Gemurmel *n*. **5.** Murren *n*.
mut·ton [ˈmʌtn] *s* **1.** Hammel-, Schaffleisch *n*: **leg of ~** Hammelkeule *f*; **to be ~ dressed (up) as lamb** auf jung machen; → **dead** 1. **2.** *bes. humor.* Schaf *n*: **to our ~s!** *fig.* zurück zur Sache! **ˌ~ˈchop** *s* **1.** ˈHammelkoteˌlett *n*: **~ whiskers** → 2. **2.** *pl* Koteˈletten *pl* (*Backenbart*). **ˈ~head** *s sl.* Schaf(s)kopf *m*.
mut·ton·y [ˈmʌtnɪ] *adj* Hammel(fleisch)…
mu·tu·al [ˈmjuːtʃʊəl; *Am.* -tʃəwəl] *adj* (*adv* **~ly**) **1.** gegen-, wechselseitig: **~ aid** gegenseitige Hilfe; **~ aid association, ~ benefit society** Unterstützungsverein *m* auf Gegenseitigkeit; **~ building association** Baugenossenschaft *f*; **~ conductance** *electr.* Gegenkapazität *f*, Steilheit *f*; **by ~ consent** in gegenseitigem Einvernehmen; **~ contributory negligence** *jur.* beiderseitiges Verschulden; **~ fund** *econ. Am.* Investmentfonds *m*; **~ improvement society** Fortbildungsverein *m*; **~ insurance (company)** Versicherung(sverein *m*) *f* auf Gegenseitigkeit; **~ investment trust** *econ. Am.* Investmentfonds *m*; **~ savings bank** *bes. Am.* Sparkasse *f* (auf genossenschaftlicher Grundlage); **~ will** *jur.* gegenseitiges Testament; **it's ~!** *colloq.* das beruht auf Gegenseitigkeit! **2.** (*inkorrekt, aber oft gebraucht*) gemeinsam: **our ~ friends; ~ efforts.**
mu·tu·al·ism [ˈmjuːtjʊəlɪzəm; -tʃʊə-; *Am.* -tʃəwəˌl-] *s biol. sociol.* Mutuaˈlismus *m*.
mu·tu·al·i·ty [ˌmjuːtjʊˈælətɪ; -tʃʊˈæ-; *Am.* -tʃəˈwæ-] *s* **1.** Gegenseitigkeit *f*. **2.** (Austausch *m* von) Gefälligkeiten *pl od.* Vertraulichkeiten *pl*. **ˈmu·tu·al·ize** [-əlaɪz] *v/t* **1.** auf die Grundlage der Gegenseitigkeit stellen. **2.** *econ. Am. ein Unternehmen so umgestalten, daß die Angestellten od. Kunden die Mehrheit der Anteile besitzen.*
Mu·zak [ˈmjuːzæk] (*TM*) *s* funktioˈnelle Muˈsik (*psychologisch gezielte Klangberieselung*).
mu·zhik, mu·zjik [ˈmuːʒɪk; *Am.* muːˈʒiːk] *s* Muschik *m* (*russischer Bauer*).
muz·zle [ˈmʌzl] **I** *s* **1.** *zo.* Maul *n*, Schnauze *f*. **2.** Maulkorb *m* (*a. fig.*). **3.** *mil.* Mündung *f* (*e-r Feuerwaffe*): **~ blast (burst, flash, report)** Mündungsdruck *m* (-krepierer *m*, -feuer *n*, -knall *m*). **4.** *tech.* Tülle *f*, Mündung *f*. **II** *v/t* **5.** e-n Maulkorb anlegen (*dat*), *fig. a. die Presse etc* knebeln, mundtot machen, *j-m* den Mund stopfen. **III** *v/i* **6.** (*mit der Schnauze*) herˈumwühlen, -schnüffeln. **~ brake** *s mil.* Mündungsbremse *f*. **~ guide** *s mil.* Rohrklaue *f*. **ˈ~-ˌload·er** *s mil. hist.* Vorderlader *m*. **~ sight** *s mil.* Korn *n* (*Visier*). **~ ve·loc·i·ty** *s Ballistik*: Anfangs-, Mündungsgeschwindigkeit *f*.
muz·zy [ˈmʌzɪ] *adj* **1.** a) verwirrt, zerstreut, b) dus(e)lig, benommen, c) (*vom Alkohol*) ‚benebelt'. **2.** verschwommen. **3.** stumpfsinnig.
my [maɪ] *possessive pron* mein, meine: **I must wash ~ face** ich muß mir das Gesicht waschen; **(oh) ~!** *colloq.* (du) meine Güte!
my·al·gi·a [maɪˈældʒɪə; *Am. a.* -dʒə] *s med.* Muskelschmerz *m*, ˈMuskelrheuma(ˌtismus *m*) *n*, Myalˈgie *f*.
my·all[1] [ˈmaɪɔːl; -əl], *a.* **~ wood** *s bot.* Vioˈlettholz *n*.
my·all[2] [ˈmaɪɔːl; -əl] *s Austral.* (*wilder*) Eingeborener.
my·ce·li·um [maɪˈsiːlɪəm] *pl* **-li·a** [-ə] *s bot.* Myˈzel *n*, Pilzgeflecht *n*.
my·ce·to·ma [ˌmaɪsɪˈtəʊmə] *pl* **-ma·ta** [-tə] *s med.* Myzeˈtom *n*.
my·ce·to·zo·an [maɪˌsiːtəʊˈzəʊən; *Am.* -təˈz-] *bot.* **I** *adj* Schleimpilz… **II** *s* Schleimpilz *m*.
my·co·log·ic [ˌmaɪkəˈlɒdʒɪk; *Am.* -ˈlɑ-], **ˌmy·co·ˈlog·i·cal** [-kl] *adj* mykoˈlogisch. **myˈcol·o·gist** [-ˈkɒlədʒɪst; *Am.* -ˈkɑ-] *s* Mykoˈloge *m*, Pilzforscher *m*. **myˈcol·o·gy** [-dʒɪ] *s bot.* **1.** Pilzkunde *f*, Mykoloˈgie *f*. **2.** Pilzflora *f*, Pilze *pl* (*e-s Gebiets*).
my·cose [ˈmaɪkəʊs] *s chem.* Myˈkose *f*.
my·co·sis [maɪˈkəʊsɪs] *s med.* Pilzkrankheit *f*, Myˈkose *f*.
my·dri·a·sis [mɪˈdraɪəsɪs; maɪ-] *s med.* Myˈdriasis *f*, Puˈpillenerweiterung *f*.
my·e·la·troph·i·a [ˌmaɪələˈtrəʊfɪə] *s med.* Rückenmarksschwindsucht *f*.
my·e·lin [ˈmaɪəlɪn] *s biol.* Myeˈlin *n*.
my·e·lit·ic [ˌmaɪəˈlɪtɪk] *adj med.* myeˈlitisch. **ˌmy·eˈli·tis** [-ˈlaɪtɪs] *s* Myeˈlitis *f*: a) Rückenmarkentzündung *f*, b) Knochenmarkentzündung *f*.
my·e·loid [ˈmaɪəlɔɪd] *adj physiol.* myeloˈid: a) Rückenmark…, b) Knochenmark…, markartig.
my·e·lon [ˈmaɪəlɒn; *Am.* -ˌlɑn] *s physiol.* Rückenmark *n*.
my·ia·sis [ˈmaɪəsɪs; *Am.* maɪˈaɪə-; miːˈaɪə-] *s med.* Myiˈasis *f*, Madenfraß *m*, -krankheit *f*.
myn·heer [maɪnˈhɪə(r); -ˈheə(r); məˈnɪə(r)] *s colloq.* Mijnˈheer *m*, Holländer *m*.
my·o·car·di·o·gram [ˌmaɪəʊˈkɑː(r)dɪəgræm; *Am.* ˌmaɪəˈk-] *s med.* Elektrokardioˈgramm *n*. **ˌmy·oˈcar·di·o·graph** [-græf; *Br. a.* -grɑːf] *s med.* Elektrokardioˈgraph *m*, EKˈG-Appaˌrat *m*.
my·o·car·di·tis [ˌmaɪəʊkɑː(r)ˈdaɪtɪs; *Am.* ˌmaɪə-] *s med.* Myokarˈditis *f*, Herzmuskelentzündung *f*. **ˌmy·oˈcar·di·um** [-dɪəm] *s physiol.* Herzmuskel *m*, Myoˈkard(ium) *n*.
my·o·dy·nam·ics [ˌmaɪəʊdaɪˈnæmɪks] *s pl* (*als sg u. pl konstruiert*) *med.* Physioloˈgie *f* der Muskeltätigkeit.

my·o·gram [ˈmaɪəgræm] *s med.* Myoˈgramm *n*, Muskelkurve *f*.

my·o·log·ic [ˌmaɪəˈlɒdʒɪk; *Am.* -ˈlɑ-], **ˌmy·oˈlog·i·cal** [-kl] *adj* myoˈlogisch. **myˈol·o·gist** [-ˈɒlədʒɪst; *Am.* -ˈɑl-] *s* Myoˈloge *m*. **myˈol·o·gy** [-dʒɪ] *s* Myoloˈgie *f*, Muskelkunde *f*, -lehre *f*.

my·o·ma [maɪˈəʊmə] *pl* **-ma·ta** [-tə] *od.* **-mas** *s med.* Muskelgeschwulst *f*, Myˈom *n*. **myˈom·a·tous** [-təs] *adj* myomaˈtös.

my·ope [ˈmaɪəʊp] *s med.* Kurzsichtige(r *m*) *f*.

my·o·phys·ics [ˌmaɪəʊˈfɪzɪks] *s pl (meist als sg konstruiert)* Phyˈsik *f* der Muskeltätigkeit.

my·o·pi·a [maɪˈəʊpjə; -pɪə] *s med.* Myoˈpie *f*, Kurzsichtigkeit *f (a. fig.)*. **myˈop·ic** [-ˈɒpɪk; *Am.* -ˈəʊ-; -ˈɑ-] *adj* kurzsichtig. **ˈmy·o·py** [-əpɪ] → **myopia**.

my·o·sin [ˈmaɪəsɪn] *s biol. chem.* Muskeleiweiß *n*, Myoˈsin *n*.

my·o·sis [maɪˈəʊsɪs] *s med. (krankhafte)* Puˈpillenverengerung, Miˈosis *f*.

my·o·si·tis [ˌmaɪəʊˈsaɪtɪs; *Am.* -əˈs-] *s med.* Muskelentzündung *f*, Myoˈsitis *f*.

my·o·so·tis [ˌmaɪəʊˈsəʊtɪs; *Am.* -əˈs-], *a.* **ˈmy·o·sote** *s bot.* Vergißmeinnicht *n*.

my·ot·ic [maɪˈɒtɪk; *Am.* -ˈɑ-] *med.* **I** *adj* puˈpillenverengernd, miˈotisch. **II** *s* Miˈotikum *n*.

myri- [mɪrɪ], **myria-** [mɪrɪə] *Wortelement mit der Bedeutung* zehntausend.

myr·i·ad [ˈmɪrɪəd] **I** *s* Myriˈade *f*: a) *Anzahl von 10 000*, b) *fig.* Unzahl *f*. **II** *adj* unzählig, zahllos.

ˈmyr·i·a·gram(me) *s* Myriaˈgramm *n (10 000 Gramm)*.

ˈmyr·i·a·pod [-pɒd; *Am.* -ˌpɑd] *s zo.* Tausendfüß(l)er *m*.

myr·in·gi·tis [ˌmɪrɪnˈdʒaɪtɪs] *s med.* Myrinˈgitis *f*, Trommelfellentzündung *f*.

myr·me·cobe [ˈmɜːmɪkəʊb; *Am.* ˈmɜr-] *s zo.* Ameisenbär *m*.

myr·me·col·o·gy [ˌmɜːmɪˈkɒlədʒɪ; *Am.* ˌmɜrməˈkɑ-] *s* Myrmekoloˈgie *f*, Ameisenkunde *f*.

myr·me·co·phile [ˈmɜːmɪkəʊfaɪl; *Am.* ˈmɜrməkəˌf-] *s zo.* Ameisengast *m (Insekt)*.

myr·mi·don [ˈmɜːmɪdən; *Am.* ˈmɜrməˌdɑn] *s* Scherge *m*, Häscher *m*, Helfershelfer *m*: ~ **of law** Hüter *m* des Gesetzes.

myrrh [mɜː; *Am.* mɜr] *s bot.* Myrrhe *f*: a) Süßdolde *f*, b) *Harz e-s Balsambaums*.

myr·tle [ˈmɜːtl; *Am.* ˈmɜrtl] *s bot.* **1.** Myrte *f*. **2.** *Am.* a) Immergrün *n*, b) Kaliˈfornischer Berglorbeer. **3.** *a.* ~ **green** Myrtengrün *n*.

my·self [maɪˈself; mɪ-] *pl* **our·selves** [ˌaʊə(r)ˈselvz] *pron* **1.** *intens* (ich) selbst: I **did it** ~ ich habe es selbst getan; **I** ~ **wouldn't do it** ich (persönlich) würde es sein lassen. **2.** *reflex* mir *(dat)*, mich *(acc)*: **I cut** ~ ich habe mich geschnitten. **3.** mir selbst, mich selbst: **I brought it for** ~ ich habe es für mich (selbst) mitgebracht.

mys·te·ri·ous [mɪˈstɪərɪəs] *adj* mysteriˈös: a) geheimnisvoll, b) rätsel-, schleierhaft, unerklärlich. **mysˈte·ri·ous·ly** *adv* auf mysteriˈöse Weise. **mysˈte·ri·ous·ness** *s* Rätselhaftigkeit *f*, Unerklärlichkeit *f*, *(das)* Geheimnisvolle *od.* Mysteriˈöse.

mys·ter·y¹ [ˈmɪstərɪ; -trɪ] *s* **1.** Geheimnis *n*, Rätsel *n* (**to** für *od. dat*): **it is a (complete)** ~ **to me** es ist mir (völlig) schleierhaft; **to make a** ~ **of s.th.** aus etwas ein Geheimnis machen, etwas in geheimnisvolles Dunkel hüllen. **2.** Rätselhaftigkeit *f*, Unerklärlichkeit *f*: **wrapped in** ~ in geheimnisvolles Dunkel gehüllt. **3.** Geheimniskrämeˈrei *f*. **4.** *relig.* Myˈsterium *n*, geoffenbarte Glaubenswahrheit. **5.** *R.C.* a) heilige Messe, b) (heilige) Wandlung *(von Brot u. Wein)*, c) Sakraˈment *n*, d) Geheimnis *n (des Rosenkranzes)*. **6.** *pl* Geheimlehre *f*, -kunst *f*, Myˈsterien *pl*. **7.** *pl iro.* Geheimnisse *pl (e-s Berufs)*. **8.** *hist.* Myˈsterienspiel *n*. **9.** *bes. Am.* → **mystery novel**.

mys·ter·y² [ˈmɪstərɪ; -trɪ] *s obs.* **1.** Handwerk *n*, Beruf *m*. **2.** Gilde *f*, Zunft *f*.

mys·ter·y|mod·el *s mot.* ‚Erlkönig' *m*. ~ **nov·el** *s* Krimiˈnal-, Detekˈtivroˌman *m*. ~ **play** → **mystery**¹ 8. ~ **ship** *s mar.* U-Boot-Falle *f*. ~ **sto·ry** → **mystery novel**. ~ **tour** *s* Fahrt *f* ins Blaue.

mys·tic [ˈmɪstɪk] **I** *adj (adv* ~**ally) 1.** mystisch. **2.** esoˈterisch, geheim. **3.** → **mysterious**. **4.** Zauber...: ~ **formula** Zauberformel *f*. **5.** *jur. Am.* versiegelt, geheim *(Testament)*. **6.** → **mystical** 1. **II** *s* **7.** Mystiker(in). **8.** Schwärmer(in).

mys·ti·cal [ˈmɪstɪkl] *adj (adv* ~**ly) 1.** symˈbolisch, mystisch, sinnbildlich. **2.** *relig.* mystisch, intuiˈtiv. **3.** → **mysterious**.

mys·ti·cism [ˈmɪstɪsɪzəm] *s* **1.** *philos. relig.* a) Mystiˈzismus *m*, Glaubensschwärmeˈrei *f*, b) Mystik *f*. **2.** vage Mutmaßung.

mys·ti·fi·ca·tion [ˌmɪstɪfɪˈkeɪʃn] *s* **1.** Täuschung *f*, Irreführung *f*, Mystifikatiˈon *f*. **2.** Foppeˈrei *f*. **3.** Verwirrung *f*, -blüffung *f*. **ˈmys·ti·fied** [-faɪd] *adj* verwirrt, -blüfft. **ˈmys·ti·fy** [-faɪ] *v/t* **1.** täuschen, hinters Licht führen, anführen, foppen. **2.** verwirren, -blüffen. **3.** in Dunkel hüllen.

mys·tique [mɪˈstiːk] *s* Aura *f*, geheimnisvoller Nimbus.

myth [mɪθ] *s* **1.** (Götter-, Helden)Sage *f*, Mythos *m*, Mythus *m*, Mythe *f*. **2.** a) Märchen *n*, erfundene Geschichte, b) *collect.* Sagen *pl*, Mythen *pl*: **realm of** ~ Sagenwelt *f*. **3.** Phantaˈsiegebilde *n*. **4.** *pol. sociol.* Mythos *m*: **the** ~ **of racial superiority**. **5.** *fig.* Mythus *m*: a) mythische Gestalt, legenˈdär gewordene Perˈson, b) legenˈdär gewordene Sache, c) Nimbus *m*. **ˈmyth·ic** *adj*; **ˈmyth·i·cal** *adj (adv* ~**ly) 1.** mythisch, sagenhaft, legenˈdär *(alle a. fig.)*. **2.** Sagen... **3.** mythisch: ~ **literature**. **4.** *fig.* erdichtet, fikˈtiv. **ˈmyth·i·cism** [-sɪzəm] *s* Mythiˈzismus *m*. **ˈmyth·i·cist** *s* Mythoˈloge *m*.

my·thog·ra·pher [mɪˈθɒgrəfə(r); *Am.* -ˈθɑ-] *s* Mythenschreiber *m*. **myˈthog·ra·phy** *s* **1.** Mythendarstellung *f*. **2.** beschreibende Mytholoˈgie.

myth·o·log·i·cal [ˌmɪθəˈlɒdʒɪkl], *a.* **ˌmyth·oˈlog·ic** *adj* mythoˈlogisch.

my·thol·o·gist [mɪˈθɒlədʒɪst; *Am.* -ˈθɑ-] *s* Mythoˈloge *m*. **myˈthol·o·gize** *v/t* mythologiˈsieren: a) mythoˈlogisch erklären, b) e-n Mythos *od.* e-e Sage machen aus. **myˈthol·o·gy** [-dʒɪ] *s* **1.** Mytholoˈgie *f*, Götter- u. Heldensagen *pl*. **2.** Sagenforschung *f*, -kunde *f*.

myth·o·ma·ni·a [ˌmɪθəʊˈmeɪnjə; *Am.* -θəˈm-] *s psych.* Mythomaˈnie *f (krankhafter Hang zur Übertreibung)*. **ˌmyth·oˈma·ni·ac** [-nɪæk] *s* an Mythomaˈnie Leidende(r *m*) *f*.

myth·o·pe·ic, *etc bes. Am. für* **mythopoeic,** *etc.*

myth·o·poe·ic [ˌmɪθəʊˈpiːɪk; *Am.* -θəˈp-] *adj* Mythen schaffend. **ˌmyth·oˈpoe·ism** *s* Mythen-, Sagenschöpfung *f*. **ˌmyth·oˈpoe·ist** *s* Mythenschöpfer *m*. **ˌmyth·o·poˈet·ic** → **mythopoeic**.

myx·(o)e·de·ma [ˌmɪksɪˈdiːmə] *s med.* Myxöˈdem *n*.

myx·o·ma [mɪkˈsəʊmə] *pl* **-ma·ta** [-tə] *s med.* Gallertgeschwulst *f*, Myˈxom *n*.

myx·o·ma·to·sis [ˌmɪksəʊməˈtəʊsɪs; *Am.* mɪkˌsəʊməˈt-] *s med. vet.* Myxomaˈtose *f*.

myx·o·my·cete [ˌmɪksəʊmaɪˈsiːt; *Am.* *a.* -ˈmaɪˌsiːt] *s bot.* Schleimpilz *m*, Myxomyˈzet *m*.

N

N, n [en] **I** *pl* **N's, Ns, n's, ns** [enz] *s* **1.** N, n (*Buchstabe*). **2. n** *math.* n (*unbestimmte Konstante*). **3.** *print.* → **en** 3. **4.** *chem.* N *n* (*Stickstoff*). **5. N** N *n*, N-förmiger Gegenstand. **II** *adj* **6.** vierzehnt(er, e, es). **7. N** N-..., N-förmig.

'n [ən; n] *dial. für* **than**: **more'n = more than.**

nab¹ [næb] **I** *v/t colloq.* **1.** ‚schnappen', erwischen. **2.** (sich) *etwas* ‚schnappen'. **II** *s sl.* **3.** ‚Bulle' *m* (*Polizist*). **4.** Verhaftung *f.*

nab² [næb] *s tech.* Schließblech *n.*

na·bob [ˈneɪbɒb; *Am.* -ˌbɑb] *s* **1.** Nabob *m* (*in Indien*): a) *Abgeordneter des Großmoguls*, b) *Statthalter e-r Provinz.* **2.** *fig.* Nabob *m*, Krösus *m.*

na·celle [næˈsel; nə-] *s aer.* **1.** (Motor- *od.* Luftschiff)Gondel *f.* **2.** (Flugzeug-) Rumpf *m.* **3.** Balˈlonkorb *m.*

na·cre [ˈneɪkə(r)] *s* **1.** Perlˈmutter *f, n*, Perlmutt *n.* **2.** Perlmuschel *f.* **ˈna·cre·ous** [-krɪəs], **ˈna·crous** *adj* **1.** perlˈmutterartig. **2.** Perlmutt(er)...

na·dir [ˈneɪˌdɪə(r); -də(r)] *s* **1.** *astr. geogr.* Naˈdir *m*, Fußpunkt *m.* **2.** *fig.* tiefster Stand, Tief-, Nullpunkt *m*: **his spirits sank to their ~** s-e Stimmung sank auf den Nullpunkt. **ˈna·dir·al** *adj* Nadir..., im Naˈdir befindlich.

nae·vus → **nevus.**

nag¹ [næg] **I** *v/t* **1.** herˈumnörgeln an (*dat*), ‚herˈumhacken' auf (*j-m*). **2. to ~ s.o. into (doing) s.th.** j-m so lange zusetzen, bis er etwas tut; **she ~ged him into leaving the house** sie ekelte ihn aus dem Haus. **II** *v/i* **3.** nörgeln, keifen, ‚meckern': **to ~ at** → 1. **4.** nagen, bohren (*Schmerz etc*). **III** *s* **5.** Nörgler(in).

nag² [næg] *s* **1.** kleines Reitpferd, Pony *n.* **2.** *colloq. contp.* Gaul *m*, Klepper *m.*

nag·ger [ˈnægə(r)] *s* Nörgler(in). **ˈnag·ging I** *s* **1.** Nörgeˈlei *f*, Gekeife *n.* **II** *adj* **2.** nörgelnd, ‚meckernd', keifend. **3.** *fig.* nagend: **~ doubt. ˈnag·gy** *adj* nörg(e)lig, zänkisch.

Na·hum [ˈneɪhəm] *npr u. s Bibl.* (das Buch) Nahum *m.*

nai·ad [ˈnaɪæd; *Am. a.* ˈneɪəd] *pl* **-ads** *od.* **-a·des** [-ədiːz] *s* **1.** *antiq. myth.* Naˈjade *f*, Wassernymphe *f.* **2.** *fig.* (Bade)Nixe *f.*

na·ïf [nɑːˈiːf] → **naïve.**

nail [neɪl] **I** *s* **1.** (Finger-, Zehen)Nagel *m.* **2.** *tech.* Nagel *m.* **3.** *zo.* a) Nagel *m*, b) Klaue *f*, Kralle *f*, c) Nagel *m* (*harte, hornige Platte auf der Schnabelspitze einiger Entenvögel*). **4.** *brit. Längenmaß* (= *5,715 cm*).

Besondere Redewendungen:

a ~ in s.o.'s coffin *fig.* ein Nagel zu j-s Sarg; **on the ~** auf der Stelle, sofort; **to pay on the ~** bar bezahlen; **to the ~** bis ins letzte, vollendet; **(as) hard as ~s** a) von eiserner Gesundheit, b) eisern, unerbittlich; **(as) right as ~s** ganz recht *od.* richtig; → **bed** *Bes. Redew.*, **hit** 10.

II *v/t* **5.** (an)nageln (**on** auf *acc*; **to** an *acc*): **~ed to the spot** *fig.* wie angenagelt; → **color** 12. **6.** benageln, mit Nägeln beschlagen. **7.** *a.* **~ up** vernageln. **8.** *fig.* *j-n* festhalten (**to** an *dat*) (*Pflicht etc*). **9.** *fig. die Augen etc* heften, *s-e Aufmerksamkeit* richten (**to** auf *acc*). **10.** → **nail down** 2. **11.** *colloq. Verbrecher etc* ‚schnappen', erwischen. **12.** *colloq.* (sich) ‚schnappen', festhalten. **13.** *colloq.* a) *j-n* zur Rede stellen (**about** wegen), b) *j-n* in die Enge treiben. **14.** *colloq.* ‚klauen', sich ‚unter den Nagel reißen'. **15.** *colloq. etwas* ‚spitzkriegen', entdecken.

Verbindungen mit Adverbien:

nail| down *v/t* **1.** ver-, zunageln. **2.** *fig. j-n* festnageln (**to** auf *acc*), beim Wort nehmen. **3.** *fig.* a) *ein Argument etc* endgültig beweisen, b) *e-n Streit etc* endgültig beilegen. **~ up** *v/t* **1.** zs.-nageln. **2.** zu-, vernageln. **3.** *fig.* zs.-basteln: **a nailed-up drama.**

nail| bed *s anat.* Nagelbett *n.* **~ bit** *s tech.* Nagelbohrer *m.* **ˈ~-ˌbit·ing I** *s* Nägelkauen *n.* **II** *adj* atemberaubend, atemlos (*Spannung etc*). **~ brush** *s* Nagelbürste *f.* **~ en·am·el** *s bes. Am.* Nagellack *m.*

nail·er [ˈneɪlə(r)] *s* **1.** Nagelschmied *m*: **to work like a ~** *colloq.* wie besessen arbeiten. **2.** (Zu)Nagler *m.* **3.** *sl.* ‚Kaˈnone' *f*, As *n*, Könner *m.*

nail| file *s* Nagelfeile *f.* **ˈ~·head** *s tech.* Nagelkopf *m.* **~ pol·ish** *s* Nagellack *m.* **~ pull·er** *s tech.* Nagelzange *f.* **~ scis·sors** *s pl* Nagelschere *f.* **~ var·nish** *s bes. Br.* Nagellack *m.*

na·ïve, *a.* **na·ive** [nɑːˈiːv] *adj* (*adv* **~ly**) naˈiv: a) naˈtürlich, unbefangen: **~ painting** *art* naive Malerei, b) kindlich, c) einfältig, töricht, d) arglos. **naˈïve·té,** *a.* **naˈive·te** [-teɪ] *s* Naiviˈtät *f.*

na·ked [ˈneɪkɪd] *adj* (*adv* **~ly**) **1.** nackt, bloß, unbekleidet, unbedeckt. **2.** bloß, nackt: **with the ~ eye. 3.** nackt, blank: **~ sword. 4.** nackt, kahl: **~ rocks; ~ walls; a ~ room** ein kahler Raum. **5.** entblößt (**of** von): **a tree ~ of leaves** ein entlaubter Baum; **~ of all provisions** bar aller Vorräte. **6.** a) schutz-, wehrlos, b) preisgegeben, ausgeliefert (**to** *dat*). **7.** nackt, ungeschminkt, unverblümt: **~ facts; the ~ truth; ~ hatred** nackter *od.* blanker Haß. **8.** bloß, einfach: **~ belief. 9.** *jur.* bloß, ohne Rechtsanspruch, unbestätigt: **~ debenture** *Br.* ungesicherte Schuldverschreibung; **~ confession** unbestätigtes Geständnis; **~ possession** tatsächlicher Besitz (*ohne Rechtsanspruch*). **10.** *bot.* nackt, unbehaart, blattlos: **~ lady** Herbstzeitlose *f.* **11.** *zo.* nackt: a) unbehaart, b) federlos, c) ohne Schale *od.* Haus.

na·ked·ness [ˈneɪkɪdnɪs] *s* **1.** Nacktheit *f*, Blöße *f.* **2.** Kahlheit *f.* **3.** Schutz-, Wehrlosigkeit *f.* **4.** Armut *f*, Mangel *m* (**of an** *dat*). **5.** Ungeschminktheit *f.*

nam·a·ble [ˈneɪməbl] *adj* **1.** benennbar. **2.** nennenswert.

nam·by-pam·by [ˌnæmbɪˈpæmbɪ] **I** *adj* **1.** seicht, abgeschmackt. **2.** geziert, affekˈtiert, etepeˈtete. **3.** sentimenˈtal. **4.** verweichlicht, verzärtelt. **II** *s* **5.** sentimenˈtales Zeug, Kitsch *m.* **6.** sentimenˈtale Perˈson. **7.** Mutterkind *n*, (*Junge, Mann a.*) Muttersöhnchen *n.*

name [neɪm] **I** *v/t* **1.** (be)nennen (**after**, *Am. a.* **for** nach), e-n Namen geben (*dat*): **~d** genannt, namens. **2.** mit Namen nennen, beim Namen nennen. **3.** nennen, erwähnen, anführen: **he was ~d in the report; to ~ but one** um nur einen zu nennen. **4.** a) ernennen zu, b) nomiˈnieren, vorschlagen (**for** für), c) wählen zu, d) benennen, bekanntgeben. **5.** *ein Datum etc* festsetzen, bestimmen. **6.** *parl. Br.* zur Ordnung rufen. **II** *v/i* **7. ~!** a) *parl. Br.* zur Ordnung rufen! (*Aufforderung an den Speaker*), b) Namen nennen! **III** *adj* **8.** Namen(s)... **9.** *Am. colloq.* berühmt, anerkannt gut. **IV** *s* **10.** Name *m*: **what is your ~?** wie heißen Sie? **11.** Name *m*, Bezeichnung *f*, Benennung *f.* **12.** Schimpfname *m*: **to call s.o. ~s** j-n mit Schimpfnamen belegen, j-n beschimpfen. **13.** Name *m*, Ruf *m*: **a bad ~. 14.** (berühmter) Name, (guter) Ruf, Ruhm *m*: **a man of ~** ein Mann von Ruf. **15.** Name *m*, Berühmtheit *f*, berühmte Perˈsönlichkeit: **the great ~s of our century. 16.** a) Sippe *f*, Geschlecht *n*, Faˈmilie *f*, b) Rasse *f*, c) Volk *n.*

Besondere Redewendungen:

by ~ a) mit Namen, namentlich, b) namens, c) dem Namen nach; **to call s.th. by its proper ~** etwas beim richtigen Namen nennen; **to mention by ~** namentlich erwähnen; **to know s.o. by ~** a) j-n mit Namen kennen, b) j-n nur dem Namen nach kennen; **by** (*od.* **under**) **the ~ of A.** unter dem Namen A.; **a man by** (*od.* **of**) **the ~ of A.** ein Mann namens A.; **in ~ only** nur dem Namen nach; **in all** (*od.* **everything**) **but ~** wenn auch nicht dem Namen nach; **in the ~ of** a) um (*gen*) willen, b) im Namen (*gen*), c) unter dem Namen (*gen*), d) auf den Namen (*gen*); **in the ~ of the law** im Namen des Gesetzes; **in one's own ~** in eigenem Namen; **I haven't a penny to my ~** ich besitze keinen Pfennig; **to give one's ~** s-n Namen nennen; **give it a ~!** *colloq.* (he)raus damit!, sagen Sie, was Sie wollen!; **to give s.o. a bad ~** j-n in Verruf bringen; **give a dog a bad ~ (and hang him)** einmal in Verruf, immer in Verruf; **to have a ~ for being a coward** im Rufe stehen *od.* dafür bekannt sein, ein Feigling zu sein; **to make**

one's ~, to make a ~ for o.s., to make o.s. a ~ sich e-n Namen machen (as als; by durch); to put one's ~ down for a) kandidieren für, b) sich anmelden für, c) sich vormerken lassen für; to send in one's ~ sich (an)melden; what's in a ~? was bedeutet schon ein Name?, Namen sind Schall u. Rauch; that's the ~ of the game! a) darum dreht es sich!, b) so läuft das!

name·a·ble → namable.

ˈname|-ˌcall·ing *s* Geschimpfe *n*, gegenseitige Beschimpfung. **ˈ~-child** *s irr nach j-m benanntes Kind*: my ~ das nach mir benannte Kind.

named [neɪmd] *adj* **1.** genannt, namens: ~ Peter. **2.** genannt, erwähnt: ~ above oben genannt; last-~ letztgenannt.

name| day *s* **1.** *R.C.* Namenstag *m*. **2.** *econ. Br.* Abrechnungs-, Skonˈtrierungstag *m*. **ˈ~-drop** *v/i colloq.* dadurch Eindruck schinden, daß man ständig (angebliche) promiˈnente Bekannte erwähnt. **ˈ~-ˌdrop·per** *s colloq.* j-d, der dadurch Eindruck schindet, daß er ständig (angebliche) promiˈnente Bekannte erwähnt: he's a ~ er muß ständig erwähnen, wen er alles kennt. **ˈ~-ˌdrop·ping** *s colloq.* Eindruckschinden *n* durch ständige Erwähnung (angeblicher) promiˈnenter Bekannter.

name·less [ˈneɪmlɪs] *adj* (*adv* ~ly) **1.** namenlos, unbekannt, obˈskur. **2.** ungenannt, unerwähnt: a person who shall be ~ j-d, der ungenannt bleiben soll. **3.** anoˈnym. **4.** unehelich (*Kind*). **5.** namenlos, unbeschreiblich: ~ fear. **6.** unaussprechlich, abˈscheulich: ~ atrocities.

name·ly [ˈneɪmlɪ] *adv* nämlich.

name| part *s thea.* ˈTitelrolle *f*, -parˌtie *f*. **~ plate** *s* **1.** Tür-, Firmen-, Namensschild *n*. **2.** *tech.* Typen-, Leistungsschild *n*. **ˈ~sake** *s* Namensvetter *m*, -schwester *f*: she is her grandmother's ~ sie ist nach ihrer Großmutter benannt. **ˈ~tape** *s* Wäschezeichen *n*.

nam·ing [ˈneɪmɪŋ] *s* Namengebung *f*.

nan [næn], **nan·(n)a** [ˈnænə] *s* Oma *f*, Omi *f*.

na·na [ˈnɑːnə] *s Austral. sl.* ‚Birne' *f* (*Kopf*): to do one's ~ ‚hochgehen', aufbrausen; off one's ~ ‚übergeschnappt', verrückt.

nan·cy, *a.* ~ boy [ˈnænsɪ] *s sl.* **1.** Weichling *m*, Muttersöhnchen *n*. **2.** ‚Homo' *m*, ‚Schwule(r)' *m*.

NAND cir·cuit [nænd] *s Computer*: NAND-Schaltung *f*.

na·nism [ˈneɪnɪzəm; ˈnæ-] *s med.* Naˈnismus *m*, Zwergwuchs *m*. **ˌna·ni'za·tion** [-naɪˈzeɪʃn; *Am.* -nəˈz-] *s bot.* künstlich herˈbeigeführter Zwergwuchs.

nan·keen [nænˈkiːn; næŋ-] *s* **1.** Nanking *m* (*rötlichgelbes, festes Baumwollzeug*). **2.** *pl* Nankinghosen *pl*. **3.** Rötlichgelb *n*. **4.** N~, *a.* N~ porcelain *weißes chinesisches Porzellan mit blauem Muster*.

nan·ny [ˈnænɪ] *s* **1.** Kindermädchen *n*. **2.** *a.* ~ goat Geiß *f*, weibliche Ziege. **3.** Oma *f*, Omi *f*.

na·no [ˈnænəʊ; *Am.* -nə] *s math. phys.* Nano *n* (10^{-9}). **ˈ~ˌsec·ond** *s* Nanoseˈkunde *f*.

nap¹ [næp] **I** *v/i* **1.** ein Schläfchen *od.* ein Nickerchen machen. **2.** *fig.* ‚schlafen', nicht auf der Hut sein: to catch s.o. ~ping j-n überrumpeln. **II** *s* **3.** Schläfchen *n*, Nickerchen *n*: to have (*od.* take) a ~ → 1.

nap² [næp] **I** *s* **1.** Haar(seite *f*) *n* (*e-s Gewebes*). **2.** a) *Spinnerei*: Noppe *f*, b) *Weberei*: (Gewebe)Flor *m*. **3.** *pl* rauhe Stoffe *pl*. **II** *v/t u. v/i* **4.** noppen.

nap³ [næp] **I** *s* **1.** a) Naˈpoleon *n* (*ein Kartenspiel*), b) *Ansagen aller 5 Stiche in diesem Spiel*: a ~ hand *fig.* e-e aussichtsreiche Lage, gute Chance(n); to go ~ die höchste Zahl von Stichen ansagen, *fig.* das höchste Risiko eingehen, alles auf ˈeine Karte setzen. **2.** *Pferderennen*: (ˈhundertproˌzentiger) Tip. **II** *v/t* **3.** *Pferderennen*: *ein Pferd* zum Favoˈriten erklären.

na·palm [ˈneɪpɑːm; *Am. a.* -ˌpɑːlm] **I** *s* Napalm *n*: ~ bomb Napalmbombe *f*. **II** *v/t* mit Napalmbomben belegen *od.* angreifen.

nape [neɪp] *s meist* ~ of the neck Genick *n*, Nacken *m*.

na·per·y [ˈneɪpərɪ] *s Scot.* Weißzeug *n*, *bes.* Tischleinen *n*.

naph·tha [ˈnæfθə; ˈnæpθə] *s chem.* **1.** Naphtha *n*, ˈLeuchtpeˌtroleum *n*. **2.** (ˈSchwer)Benˌzin *n*: cleaner's ~ Waschbenzin *n*; painter's ~ Testbenzin *n*. **ˈnaph·tha·lene** [-liːn] *s* Naphthaˈlin *n*. **ˌnaph·thaˈlen·ic** [-ˈlenɪk] *adj* naphthaˈlinsauer: ~ acid Naphthalsäure *f*. **ˈnaph·tha·lin** [-θəlɪn], **ˈnaph·tha·line** [-liːn] → naphthalene. **ˈnaph·tha·lize** *v/t* naphthaliˈsieren. **ˈnaph·thene** [-θiːn] *s* Naphˈthen *n*. **ˈnaph·thol** [-θɒl; *Am. a.* -ˌθəʊl] *s* Naphˈthol *n*. **ˈnaph·thyl** [-θaɪl; *bes. Am.* -θɪl] *s* Naphˈthyl *n*.

Na·pier·i·an [nəˈpɪərɪən; neɪ-] *adj math.* Napiersch(er, e, es): ~ logarithm.

nap·kin [ˈnæpkɪn] *s* **1.** *a.* table ~, dinner ~ Serviˈette *f*: ~ ring Serviettenring *m*. **2.** Wischtuch *n*. **3.** *bes. Br.* Windel *f*. **4.** *meist* sanitary ~ Damen-, Monatsbinde *f*.

nap·less [ˈnæplɪs] *adj* **1.** ungenoppt, glatt (*Stoff*). **2.** fadenscheinig.

na·po·le·on [nəˈpəʊljən] *s* **1.** Naˈpoleon *m*, Napoleonˈdor *m* (*20-Franc-Stück in Gold*). **2.** → nap³ 1 a. **3.** *Am.* Cremeschnitte *f* aus Blätterteig. **Naˌpo·leˈon·ic** [-lɪˈɒnɪk; *Am.* -ˈɑnɪk] *adj* napoleˈonisch.

na·poo [nɑːˈpuː] *mil. Br. sl.* **I** *adj u. interj* kaˈputt(!), futsch(!), fertig(!), erledigt(!), alle(!). **II** *v/t j-n* ‚erledigen', ‚ˈumlegen' (*töten*).

nap·pa [ˈnæpə] *s* Nappa(leder) *n*.

nappe [næp] *s* **1.** *geol.* (Schub-, Überˈschiebungs)Decke *f*. **2.** *math.* Schale *f* (*Teil e-s Kegelmantels*).

napped [næpt] *adj* gerauht, genoppt.

nap·per¹ [ˈnæpə(r)] *s tech.* Tuchnopper *m* (*Maschine od. Arbeiter*).

nap·per² [ˈnæpə] *s Br. sl. od. dial.* ‚Birne' *f* (*Kopf*).

nap·ping [ˈnæpɪŋ] *s tech.* **1.** Ausnoppen *n* (*der Wolle*). **2.** Rauhen *n* (*des Tuches*): ~ comb Aufstreichkamm *m*; ~ mill Rauhmaschine *f*.

nap·py¹ [ˈnæpɪ] *adj Br.* stark, berauschend (*Bier etc*).

nap·py² [ˈnæpɪ] *s bes. Br. colloq.* Windel *f*.

narc [nɑːrk] *s Am. sl.* Beamte(r) *m* des ˈRauschgiftdezerˌnats: ~s *pl* Rauschgiftdezernat *n*.

nar·ce·ine [ˈnɑː(r)siːn; *bes. Am.* -sɪɪn] *s chem.* Narceˈin *n* (*ein Opiumalkaloid*).

nar·cis·si [nɑː(r)ˈsɪsaɪ] *pl von* narcissus.

nar·cis·sism [nɑːˈsɪsɪzəm; *bes. Am.* ˈnɑː(r)sɪsɪzəm] *s psych.* Narˈzißmus *m*. **nar·cis·sist** [nɑːˈsɪsɪst; *bes. Am.* ˈnɑː(r)sɪsɪst] Narˈzißt(in). **ˌnar·cisˈsis·tic** *adj* narˈzißtisch.

nar·cis·sus [nɑː(r)ˈsɪsəs] *pl* **-ˈcis·sus·es** *od.* **-ˈcis·si** [-saɪ] *s bot.* Narˈzisse *f*.

nar·co·hyp·no·sis [ˌnɑː(r)kəʊhɪpˈnəʊsɪs] *s psych.* Narkohypˈnose *f*.

nar·co·lep·sy [ˈnɑː(r)kəˌlepsɪ] *s med.* Narkolepˈsie *f*.

nar·co·sis [nɑː(r)ˈkəʊsɪs] *pl* **-ses** [-siːz] *s med.* Narˈkose *f*.

nar·co·syn·the·sis [ˌnɑː(r)kəʊˈsɪnθɪsɪs] *s psych.* Narkosynˈthese *f* (*Freisetzung unterdrückter Affekte mit Hilfe von Arzneimitteln*).

nar·co·ther·a·py [ˌnɑː(r)kəʊˈθerəpɪ] *s psych.* Psychotheraˈpie *f* mit Hilfe von Beruhigungsmitteln.

nar·cot·ic [nɑː(r)ˈkɒtɪk; *Am.* -ˈkɑ-] **I** *adj* (*adv* ~ally) a) *med. u. fig.* narˈkotisch, betäubend, einschläfernd, b) Rausch...: ~ drug Rauschgift *n*; ~ addiction Rauschgiftsucht *f*. **II** *s* a) *med.* Narˈkotikum *n*, Betäubungsmittel *n* (*a. fig.*), b) Rauschgift *n*: ~s squad Rauschgiftdezernat *n*.

nar·co·tism [ˈnɑː(r)kətɪzəm] *s* **1.** Narkoˈtismus *m* (*Sucht nach Narkosemitteln*). **2.** narˈkotischer Zustand *od.* Rausch, Narˈkose *f*.

nar·co·tize [ˈnɑː(r)kətaɪz] *v/t* narkotiˈsieren.

nard [nɑː(r)d] *s* **1.** *bot.* Narde *f*. **2.** Nardensalbe *f*.

nar·es [ˈneəriːz] *pl von* naris.

nar·ghi·le, nar·gi·le(h) [ˈnɑː(r)gɪlɪ; *Am. a.* -ˌle] *s* Nargiˈleh *f, n* (*Wasserpfeife*).

nar·i·al [ˈneərɪəl] *adj anat.* Nasenloch...

nar·is [ˈneərɪs] *pl* **-es** [-iːz] *s anat.* Naris *f*, Nasenloch *n*.

nark¹ [nɑːk] *Br. sl.* **I** *s* **1.** (Poliˈzei-)Spitzel *m*, Denunziˈant *m*. **II** *v/t* **2.** bespitzeln. **3.** ärgern: to feel ~ed sich ärgern (at über *acc*). **III** *v/i* **4.** sich als (Poliˈzei)Spitzel betätigen. **5.** herˈumjammern.

nark² → narc.

nark·y [ˈnɑːkɪ] *adj Br. sl.* **1.** gereizt. **2.** grantig.

nar·rate [nəˈreɪt; næ-; *Am. a.* ˈnærˌeɪt] *v/t u. v/i* erzählen. **narˈra·tion** *s* **1.** Erzählung *f*, Geschichte *f*. **2.** Erzählen *n*. **3.** *Rhetorik*: Darstellung *f* der Tatsachen.

nar·ra·tive [ˈnærətɪv] **I** *s* **1.** Erzählung *f*, Geschichte *f*. **2.** Bericht *m*, Schilderung *f*. **II** *adj* **3.** erzählend: ~ poem; ~ perspective Erzählerperspektive *f*. **4.** Erzählungs...: ~ skill Erzählungsgabe *f*. **ˈnar·ra·tive·ly** *adv* als *od.* in Form e-r Erzählung. **nar·ra·tor** [nəˈreɪtə(r); næ-; *Am. a.* ˈnærˌeɪtər] *s* Erzähler(in). **nar·ra·to·ry** [ˈnærətərɪ; *Am.* -ˌtəʊriː; -ˌtɔː-] *adj* erzählend.

nar·row [ˈnærəʊ] **I** *adj* (*adv* ~ly) **1.** eng, schmal: the ~ seas *geogr.* der Ärmelkanal u. die Irische See. **2.** eng (*a. fig.*), (*räumlich*) beschränkt, knapp: the ~ bed *fig.* das Grab; within ~ bounds in engen Grenzen; in the ~est sense im engsten Sinne. **3.** zs.-gekniffen (*Augen*). **4.** eingeschränkt, beschränkt. **5.** → narrow-minded. **6.** knapp, dürftig, kärglich: a ~ income; ~ resources. **7.** knapp: ~ majority; by a ~ margin mit knappem Vorsprung; they won ~ly but deservedly sie gewannen knapp, aber verdient; → escape 10, shave 11, squeak 8, squeeze 22. **8.** gründlich, eingehend, (peinlich) genau: ~ investigations. **II** *v/i* **9.** enger *od.* schmäler werden, sich verengen ([in]to zu): his eyes ~ed to slits. **10.** knapp(er) werden, zs.-schrumpfen (to auf *acc*). **11.** *fig.* sich annähern: our positions have ~ed. **III** *v/t* **12.** enger *od.* schmäler machen, verenge(r)n, *die Augen* zs.-kneifen, *sport den Schußwinkel* verkürzen: to ~ the angle. **13.** ein-, beengen. **14.** *a.* ~ down a) be-, einschränken (to auf *acc*), b) *fig.* eingrenzen. **15.** verringern, vermindern. **16.** *Maschen* abnehmen. **17.** engstirnig machen. **IV** *s* **18.** Enge *f*, enge *od.* schmale Stelle. **19.** *meist pl* a) (Meer)Enge *f*, b) *bes. Am.* Engpaß *m*.

ˈnar·row|ˌcast·ing *s TV Am.* ˈKabelfernsehüberˌtragungen *pl*. **~ cloth** *s econ.* schmalliegendes Tuch (*weniger als 52 Zoll breit*). **~ ga(u)ge** *s rail.* Schmalspur *f*. **ˈ~-ga(u)ge, *a.* ˈ~-ga(u)ged** *adj* **1.** *rail.* schmalspurig, Schmalspur...

2. *fig. contp.* ‚Schmalspur...‘, beschränkt. **ˌ~-ˈmind·ed** *adj* engstirnig, borˈniert, beschränkt. **ˌ~-ˈmind·ed·ness** *s* Engstirnigkeit *f*, Borˈniertheit *f*, Beschränktheit *f*.

ˈnar·row·ness *s* **1.** Enge *f*, Schmalheit *f*. **2.** Knappheit *f*. **3.** → **narrow-mindedness**. **4.** Gründlichkeit *f*.

nar·thex [ˈnɑː(r)θeks] *s arch.* Narthex *m*, innere Kirchenvorhalle.

nar·whal [ˈnɑː(r)wəl; *Am. a.* -ˌhwɑl], *a.* **ˈnar·wal** [-wəl], **ˈnar·whale** [-weɪl; -hweɪl] *s zo.* Narwal *m*, Einhornwal *m*.

nar·y [ˈneəriː] *adj (aus* **never a**) *Am. od. dial.* kein: ~ **a one** kein einziger.

na·sal [ˈneɪzl] **I** *adj (adv* → **nasally**) **1.** *anat.* Nasen...: ~ **bone** → 4; ~ **cavity** Nasenhöhle *f*; ~ **concha** Nasenmuschel *f*; ~ **septum** Nasenscheidewand *f*; ~ **spray** *med. pharm.* Nasenspray *m, n*. **2.** *ling.* naˈsal, Nasal...: ~ **twang** Näseln *n*, nasale Aussprache. **II** *s* **3.** *ling.* Naˈsal (-laut) *m*. **4.** *anat.* Nasenbein *n*. **naˈsal·i·ty** [-ˈzælətɪ] *s* Nasaliˈtät *f*.

na·sal·i·za·tion [ˌneɪzəlaɪˈzeɪʃn; *Am.* -ləˈz-] *s* **1.** Nasaˈlierung *f*, naˈsale Aussprache. **2.** Näseln *n*. **ˈna·sal·ize I** *v/t* nasaˈlieren. **II** *v/i* näseln, durch die Nase sprechen. **ˈna·sal·ly** *adv* **1.** naˈsal, durch die Nase. **2.** näselnd.

nas·cen·cy [ˈnæsnsɪ; ˈneɪ-] *s* Entstehen *n*, Werden *n*, Geburt *f*.

nas·cent [ˈnæsnt; ˈneɪ-] *adj* **1.** werdend, entstehend, aufkommend: ~ **suspicion** aufkommendes Mißtrauen; **in the ~ state** im Entwicklungszustand, im Werden. **2.** *chem.* freiwerdend, in statu nasˈcendi, nasˈzierend: ~ **state**, ~ **condition** Status *m* nascendi.

nase·ber·ry [ˈneɪzˌberɪ] *s bot.* Sapoˈtillbaum *m*.

ˌna·soˈfron·tal [ˌneɪzəʊ-] *adj* nasofronˈtal, Nasen- u. Stirn...

nas·ti·ness [ˈnɑːstɪnɪs; *Am.* ˈnæs-] *s* **1.** Schmutzigkeit *f*. **2.** Ekligkeit *f*, Widerlichkeit *f*. **3.** Unflätigkeit *f*. **4.** Gefährlichkeit *f*. **5.** a) Gehässigkeit *f*, Bosheit *f*, b) Gemeinheit *f*, c) Übellaunigkeit *f*.

nas·tur·tium [nəˈstɜːʃəm; *Am.* -ˈstɜr-] *s bot.* Kapuˈzinerkresse *f*.

nas·ty [ˈnɑːstɪ; *Am.* ˈnæs-] **I** *adj (adv* **nastily**) **1.** schmutzig, dreckig. **2.** ekelhaft, eklig, widerlich, übel: **a ~ taste**. **3.** abstoßend, unangenehm: **a ~ habit**. **4.** *fig.* schmutzig, zotig: **a ~ book**. **5.** böse, schlimm, gefährlich, tückisch: ~ **accident** böser Unfall. **6.** a) häßlich *(Benehmen, Charakter)*, boshaft, bös, gehässig, garstig (**to** zu, gegen): **he has a ~ temper** mit ihm ist nicht gut Kirschen essen, b) gemein, niederträchtig, ‚fies‘: **a ~ trick**, c) übelgelaunt, übellaunig, ‚eklig‘, d) ekelhaft: ~ **fellow**. **II** *s* **7.** *colloq.* pornoˈgraphische *od.* gewaltverherrlichende ˈVideokasˌsette.

na·tal[1] [ˈneɪtl] *adj* Geburts...

na·tal[2] [ˈneɪtl] *adj anat.* Gesäß...

na·tal·i·ty [neɪˈtælətɪ] *s bes. Am.* Geburtenziffer *f*.

na·tant [ˈneɪtənt] *adj* schwimmend. **na·ta·tion** [nəˈteɪʃn; *Am.* neɪ-; næ-] *s* Schwimmen *n*. **na·ta·to·ri·al** [ˌnætəˈtɔːrɪəl; *Am. a.* ˌneɪtəˈtəʊ-] *adj* Schwimm...: ~ **bird**. **na·ta·to·ry** [ˈneɪtətərɪ; nəˈteɪtərɪ; *Am.* ˈneɪtəˌtəʊriː; -ˌtɔː-] *adj* Schwimm...

Natch·ez [ˈnætʃɪz] *s sg u. pl* Natchez *m (Angehöriger e-s Indianerstammes)*.

na·tion [ˈneɪʃn] *s* **1.** Natiˈon *f*: a) Volk *n*, b) Staat *m*. **2.** (Einzel)Stamm *m (e-s Bundes von Indianerstämmen)*. **3.** *univ. obs.* Landsmannschaft *f*. **4.** große Zahl, Menge *f*.

na·tion·al [ˈnæʃənl] **I** *adj (adv* **~ly**) **1.** natioˈnal, National..., Landes..., Volks...: ~ **champion** *sport* Landesmeister *m*; ~ **championship** *sport* Landesmeisterschaft *f*; ~ **costume** Landestracht *f*; ~ **currency** *econ.* Landeswährung *f*; ~ **health** Volksgesundheit *f*; ~ **hero** Volksheld *m*; ~ **language** Landessprache *f*; ~ **pride** Nationalstolz *m*; ~ **record** *sport* Landesrekord *m*; ~ **team** *sport* Nationalmannschaft *f*. **2.** staatlich, öffentlich, Staats... **3.** a) landesweit *(Streik etc)*, ˈüberregioˌnal *(Zeitung, Sender etc)*, b) Bundes... *(bei Bundesstaaten)*, c) inländisch: ~ **call** *teleph.* Inlandsgespräch *n*. **4.** *pol.* (ein)heimisch. **5.** vaterländisch, patriˈotisch. **II** *s* **6.** Staatsangehörige(r *m*) *f*. **7.** ˈüberregioˌnale Zeitung. **~ an·them** *s* Natioˈnalhymne *f*. **~ as·sem·bly** *s pol.* Natioˈnalversammlung *f*. **~ bank** *s econ.* Landes-, Natioˈnalbank *f*. **~ con·ven·tion** *s pol. Am.* Natioˈnalkonˌvent *m*, -parˌteitag *m (e-r Partei, um den Präsidentschaftskandidaten aufzustellen, das Wahlprogramm festzulegen etc)*. **~ debt** *s econ.* öffentliche Schuld, Staatsschuld *f*. **~ e·con·o·my** *s econ.* Natioˈnalökonoˌmie *f*, Volkswirtschaft *f*. **N~ Gi·ro** *s* Postscheckdienst *m (in Großbritannien)*: ~ **account** Postscheckkonto *n*. **N~ Guard** *s Am.* Natioˈnalgarde *f (Art Miliz)*. **N~ Health Ser·vice** *s* staatlicher Gesundheitsdienst *(in Großbritannien)*. **~ in·come** *s econ.* Volkseinkommen *n*. **N~ In·sur·ance** *s* Soziˈalversicherung *f (in Großbritannien)*.

na·tion·al·ism [ˈnæʃnəlɪzəm] *s* **1.** Natioˈnalgefühl *n*, -bewußtsein *n*. **2.** *pol.* a) Nationaˈlismus *m*, b) natioˈnale Poliˈtik. **3.** *econ. Am.* Verˈstaatlichungspoliˌtik *f*. **ˈna·tion·al·ist I** *s pol.* Nationaˈlist(in). **II** *adj* nationaˈlistisch.

na·tion·al·i·ty [ˌnæʃəˈnælətɪ] *s* **1.** Nationaliˈtät *f*, Staatsangehörigkeit *f*. **2.** natioˈnale Eigenart, Natioˈnalchaˌrakter *m*. **3.** natioˈnale Einheit *od.* Unabhängigkeit. **4.** Natiˈon *f*. **5.** Natioˈnalgefühl *n*.

na·tion·al·i·za·tion [ˌnæʃnəlaɪˈzeɪʃn; *Am.* -ləˈz-] *s* **1.** *bes. Am.* Einbürgerung *f*, Naturaliˈsierung *f*. **2.** *econ.* Verstaatlichung *f*. **3.** Verwandlung *f* in e-e *(einheitliche, unabhängige etc)* Natiˈon. **ˈna·tion·al·ize** *v/t* **1.** einbürgern, naturaliˈsieren. **2.** *econ.* verstaatlichen. **3.** zu e-r Natiˈon machen. **4.** *etwas* zur Sache der Natiˈon machen: **to ~ a holiday** e-n Feiertag zum Nationalfeiertag erheben.

na·tion·al| mon·u·ment *s* Natioˈnaldenkmal *n*. **~ park** *s* Natioˈnalpark *m (Naturschutzgebiet)*. **~ prod·uct** *s econ.* Soziˈalproˌdukt *n*. **~ ser·vice** *s bes. Br.* **1.** Wehr-, Miliˈtärdienst *m*: **to do one's ~** s-n Wehrdienst ableisten. **2.** Wehrpflicht *f*. **N~ So·cial·ism** *s pol.* Natioˈnalsoziaˌlismus *m*. **N~ So·cial·ist** *pol.* **I** *s* Natioˈnalsoziaˌlist(in). **II** *adj* natioˈnalsoziaˌlistisch.

ˈna·tion·hood *s* (natioˈnale) Souveräniˈtät, Status *m* e-r Natiˈon.

ˈna·tion|-state *s pol.* Natioˈnalstaat *m*. **ˈ~-wide** *adj* allgemein, das ganze Land umˈfassend, natioˈnal, landesweit.

na·tive [ˈneɪtɪv] **I** *adj (adv* **~ly**) **1.** angeboren (**to s.o.** j-m), naˈtürlich: ~ **ability**; ~ **right**. **2.** eingeboren, Eingeborenen...: ~ **quarter** Eingeborenenviertel *n*; **to go ~** a) unter den *od.* wie die Eingeborenen leben, b) *fig.* verwildern; **N~ American** Indianer(in). **3.** (ein)heimisch, inländisch, Landes...: ~ **plant** einheimische Pflanze; ~ **product** Landesprodukt *n*. **4.** heimatlich, Heimat...: ~ **country** Heimat *f*, Vaterland *n*; ~ **language** Muttersprache *f*; ~ **town** Heimat-, Vaterstadt *f*; ~ **place** Geburtsort *m*, Heimat *f*. **5.** ursprünglich, urwüchsig, naˈturhaft: ~ **beauty**. **6.** ursprünglich, eigentlich: **the ~ sense of a word**. **7.** *Bergbau*: gediegen (vorkommend), bergfein *(Metall etc)*. **8.** *min.* a) roh, Jungfern..., b) naˈtürlich vorkommend. **9.** *obs.* a) nahe verwandt (**to** *dat*), b) (erb)rechtlich. **II** *s* **10.** Eingeborene(r *m*) *f*. **11.** Einheimische(r *m*) *f*, Landeskind *n*: **a ~ of Berlin** ein gebürtiger Berliner. **12.** *Austral.* in Auˈstralien geborener Brite. **13.** *bot. u. zo.* einheimisches Gewächs *od.* Tier. **14.** Naˈtive *f (künstlich gezüchtete Auster)*. **15.** *obs.* unfrei Geborene(r *m*) *f*.

ˈna·tive|-born *adj* gebürtig: **a ~ American**. **~ cod** *s ichth.* Neuˈengland-Kabeljau *m*. **~ speak·er** *s* Muttersprachler(in).

na·tiv·ism [ˈneɪtɪvɪzəm] *s* **1.** *pol. bes. Am.* Begünstigung *f* der Einheimischen vor den Einwanderern. **2.** *philos.* Natiˈvismus *m*.

na·tiv·i·ty [nəˈtɪvətɪ; *Am. a.* neɪ-] *s* **1.** Geburt *f (a. fig.)*. **2.** Geburt *f*, ˈHerkunft *f*. **3.** **N~** *relig.* a) **the N~** die Geburt Christi *(a. paint. etc)*, b) Weihnachten *n u. pl*, c) Maˈriä Geburt *f (8. September)*: ~ **play** Krippenspiel *n*. **4.** *astr.* Naliviˈtät *f*, (Geˈburts)Horoˌskop *n*.

na·tron [ˈneɪtrən; *Am. a.* -ˌtrɑn] *s min.* kohlensaures Natron.

nat·ter [ˈnætə(r)] *bes. Br. colloq.* **I** *v/i* **1.** schwatzen, plaudern. **2.** *dial.* ‚mekkern‘, schimpfen (**about** über *acc*). **II** *s* **3.** Plausch *m*, Schwatz *m*: **to have a ~** e-n Plausch *od.* Schwatz halten.

nat·ti·ness [ˈnætɪnɪs] *s* **1.** *(das)* Schmucke, Sauberkeit *f*. **2.** Gewandtheit *f*. **ˈnat·ty** *adj (adv* **nattily**) **1.** schick, eleˈgant, geschniegelt, schmuck, sauber: **he is a ~ dresser** er ist immer piekfein angezogen. **2.** gewandt, schwungvoll.

nat·u·ral [ˈnætʃrəl] **I** *adj (adv* → **naturally**) **1.** naˈtürlich, Natur...: ~ **law** Naturgesetz *n*; **a ~ disaster** e-e Naturkatastrophe; **to die a ~ death** e-s natürlichen Todes sterben; → **person** 1. **2.** naˈturgemäß, der menschlichen Naˈtur entsprechend. **3.** naˈturbedingt, den Naˈturgesetzen entsprechend *od.* folgend. **4.** angeboren, naˈtürlich, eigen (**to** *dat*): ~ **talent** natürliche Begabung. **5.** geboren: **a ~ leader**. **6.** reˈal, wirklich, physisch. **7.** selbstverständlich, naˈtürlich: **it comes quite ~ to him** es fällt ihm leicht. **8.** naˈtürlich, ungezwungen, ungekünstelt *(Benehmen etc)*. **9.** üblich, norˈmal, naˈtürlich: **it is ~ for him to get drunk** es ist ganz normal, daß er sich betrinkt. **10.** naˈturgetreu, naˈtürlich wirkend *(Nachahmung, Bild etc)*. **11.** unbearbeitet, Natur..., Roh... **12.** naˈturhaft, urwüchsig. **13.** fleischfarben. **14.** unehelich: ~ **child**; ~ **father**. **15.** *bot.* in der Naˈtur *od.* wild wachsend. **16.** *math.* naˈtürlich: ~ **number**. **17.** *mus.* a) ohne Vorzeichen, b) mit e-m Auflösungszeichen (versehen) *(Note)*, c) Vokal...: ~ **music**. **II** *s* **18.** *obs.* Idiˈot *m*, Schwachsinnige(r *m*) *f*. **19.** Art *f*, Naˈtur *f*, Veranlagung *f*. **20.** *colloq.* a) Naˈturtaˌlent *n (Person)*, b) (sicherer) Erfolg *(a. Person)*, *(e-e)* ‚klare Sache‘ (**for s.o.** für j-n). **21.** *mus.* a) Auflösungszeichen *n*, b) aufgelöste Note, c) Stammton *m*, d) weiße Taste *(e-r Klaviatur)*.

ˈnat·u·ral|-born *adj* von Geburt, geboren: ~ **genius** geborenes Genie. **~ child·birth** *s med.* naˈtürliche Geburt. **~ day** *s* naˈtürlicher Tag *(zwischen dem Auf- u. Untergang der Sonne)*.

nat·u·ral·esque [ˌnætʃrəˈlesk] *adj paint. etc* naturaˈlistisch.

nat·u·ral| fre·quen·cy *s phys.* ˈEigenfreˌquenz *f*. **~ gas** *s geol.* Erdgas *n*. **~ gen·der** *s ling.* naˈtürliches Geschlecht. **~ his·to·ry** *s* Naˈturgeschichte *f*.

nat·u·ral·ism [ˈnætʃrəlɪzəm] *s* **1.** *philos. art* Naturaˈlismus *m*. **2.** *relig.* Naˈturglaube *m*. **ˈnat·u·ral·ist I** *s* **1.** Naˈturkundige(r *m*) *f*, -wissenschaftler(in), -forscher(in), *bes.* Zooˈloge *m od.* Boˈtaniker *m.* **2.** *philos. art* Naturaˈlist *m.* **3.** *relig.* Naˈturgläubige(r *m*) *f.* **4.** *Br.* a) Tierhändler *m*, b) ˈTierpräpaˌrator *m.* **5.** Naˈturschützer(in). **II** *adj* **6.** naturaˈlistisch. ˌ**nat·u·ralˈis·tic** *adj* **1.** *philos. art* naturaˈlistisch. **2.** *relig.* naˈturgläubig. **3.** naˈturkundlich, -geschichtlich.

nat·u·ral·i·za·tion [ˌnætʃrəlaɪˈzeɪʃn; *Am.* -ləˈz-] *s* **1.** *pol.* Naturaliˈsierung *f*, Einbürgerung *f* (*a. fig.*). **2.** Akklimatiˈsierung *f.* ˈ**nat·u·ral·ize I** *v/t* **1.** naturaliˈsieren, einbürgern. **2.** *fig.* einbürgern: a) *ling. etc* aufnehmen, einführen, b) *bot. zo.* heimisch machen. **3.** akklimatiˈsieren (*a. fig.*). **4.** *etwas* naˈtürlich machen *od.* gestalten. **II** *v/i* **5.** eingebürgert *od.* naturaliˈsiert werden. **6.** sich akklimatiˈsieren.

nat·u·ral·ly [ˈnætʃrəlɪ] *adv* **1.** von Naˈtur (aus). **2.** instinkˈtiv, sponˈtan: **learning comes ~ to him** das Lernen fällt ihm leicht. **3.** auf naˈtürlichem Wege, natürlich. **4.** *a. interj* naˈtürlich.

ˈ**nat·u·ral·ness** *s allg.* Naˈtürlichkeit *f.*

nat·u·ral| or·der *s* **1.** naˈtürliche (An-)Ordnung. **2.** *bot.* Ordnung *f* des naˈtürlichen ˈPflanzensyˌstems. **~ phi·los·o·pher** *s* **1.** Naˈturphiloˌsoph *m*, -forscher *m.* **2.** Physiker *m.* **~ phi·los·o·phy** *s* **1.** Naˈturphilosoˌphie *f*, -kunde *f.* **2.** Physik *f.* **~ re·li·gion** *s* Naˈturreligiˌon *f.* **~ rights** *s pl jur. pol.* Naˈturrechte *pl* (*der Menschen*). **~ scale** *s* **1.** *mus.* Stammtonleiter *f*, Naˈturskala *f.* **2.** *math.* Achse *f* der naˈtürlichen Zahlen. **~ sci·ence** *s* Naˈturwissenschaft *f.* **~ sci·en·tist** *s* Naˈturwissenschaftler(in). **~ se·lec·tion** *s biol.* naˈtürliche Auslese. **~ sign** *s mus.* Auflösungszeichen *n*, Auflöser *m.* **~ steel** *s metall.* Renn-, Roh-, Wolfsstahl *m.* **~ vow·el** *s ling.* Naˈturvoˌkal *m* (*unbetonter Vokal mittlerer Zungenstellung, bes. der Schwa-Laut*).

na·ture [ˈneɪtʃə(r)] *s* **1.** *allg.* Naˈtur *f*: a) Schöpfung *f*, Weltall *n*, b) *a.* **N~** Naˈturkräfte *pl*: **law of ~** Naturgesetz *n*; → **debt** 1, c) naˈtürliche Landschaft: **the beauty of ~** die Schönheit der Natur; **~ Conservancy** *Br.* Naturschutzbehörde *f*, d) Naˈturzustand *m*: **back to ~** zurück zur Natur; **~ cure** Naturheilverfahren *n*; → **state** 4, e) Konstitutiˈon *f* (*des Menschen etc*): → **ease** 10, **relieve** 1, f) Wirklichkeit *f*: **from ~** *paint.* nach der Natur; → **true** 4. **2.** Naˈtur *f*: a) Chaˈrakter *m*, (Eigen)Art *f*, Wesen *n*, Veranlagung *f*: **by ~** von Natur (aus); **it is in her ~** es liegt in ihrem Wesen; → **alien** 6, **human** 1, **second**[1] 1, b) (Gemüts)Art *f*, Natuˈrell *n*, Wesen *n*: **her sunny ~**; **of good ~** gutherzig, -mütig, c) *collect.* naˈtürliche Triebe *pl od.* Inˈstinkte *pl.* **3.** Freundlichkeit *f*, Liebe *f.* **4.** Art *f*, Sorte *f*: **things of this ~** Dinge dieser Art; **~ of the business** *econ.* Gegenstand *m* der Firma; **of a business ~** geschäftlicher Art; **of** (*od.* **in**) **the ~ of a trial** nach Art *od.* in Form e-s Verhörs; **of a grave ~** ernster Natur; **it is in the ~ of things** es liegt in der Natur der Sache. **5.** (naˈtürliche) Beschaffenheit: **the ~ of the gases.**

-natured [neɪtʃə(r)d] *in Zssgn* geartet, ...artig, ...mütig: → **good-natured**, *etc.*

na·ture| god *s* Naˈturgottheit *f.* **~ myth** *s* Naˈturmythus *m.* **~ print·ing** *s* Naˈturselbstdruck *m.* **~ re·serve** *s* Naˈturschutzgebiet *n.* **~ spir·it** *s myth.* Elementargeist *m.* **~ stud·y** *s ped.* Naˈturlehre *f*, -kunde *f* (*als Lehrfach*). **~ trail** *s* Naˈturlehrpfad *m.* **~ wor·ship** *s relig.* Naˈturanbetung *f.*

na·tur·ism [ˈneɪtʃərɪzəm] *s* **1.** *Theorie, nach welcher die früheste Religion e-e Naturreligion war.* **2.** → **nudism** 1.

na·tur·o·path [ˈneɪtʃərəpæθ; *Am. a.* nəˈtjʊrə-] *s med.* **1.** Naˈturarzt *m.* **2.** Naˈturheilkundige(r) *m* (*Nichtarzt*). **na·tur·op·a·thy** [ˌneɪtʃəˈrɒpəθɪ; *Am.* -ˈrɑ-] *s med.* **1.** Naˈturheilverfahren *n.* **2.** Naˈturheilkunde *f.*

naught [nɔːt; *Am. a.* nɑːt] **I** *s* **1.** Null *f.* **2.** Verderben *n*: **to bring (come) to ~** zunichte machen (werden). **3.** *poet. od. obs.* nichts: **to care ~ for** nichts übrig haben für; **to set at ~** *etwas* ignorieren, in den Wind schlagen; **all for ~** alles umsonst. **II** *adj* **4.** *obs.* a) wertlos, b) verloren, vernichtet, c) böse, schlecht, sündhaft. **III** *adv* **5.** *obs.* keineswegs.

naugh·ti·ness [ˈnɔːtɪnɪs; *Am. a.* ˈnɑː-] *s* Ungezogenheit *f*, Unartigkeit *f.* ˈ**naugh·ty** *adj* (*adv* **naughtily**) **1.** frech, ungezogen, unartig: **a ~ child**; **~, ~!** aber, aber! **2.** ungehörig: **~ manners.** **3.** unanständig, schlimm: **~ words.**

nau·se·a [ˈnɔːsjə; -zɪə; *Am. a.* -ʃə; -ʒə] *s* **1.** Übelkeit *f*, Brechreiz *m.* **2.** Seekrankheit *f.* **3.** *fig.* Ekel *m.* ˈ**nau·se·ant** *med.* **I** *adj* Übelkeit erregend. **II** *s* Brechmittel *n.* ˈ**nau·se·ate** [-sɪeɪt; -zɪ-; *Am. a.* -ʒɪˌeɪt; -ʃɪ-] **I** *v/i* **1.** (e-n) Brechreiz empfinden, sich ekeln (**at** vor *dat*). **II** *v/t* **2.** sich ekeln vor (*dat*). **3.** mit Ekel erfüllen, anekeln, *j-m* Übelkeit erregen: **to be ~d (at)** → 1. ˈ**nau·se·at·ing** *adj* ekelerregend, widerlich. ˌ**nau·seˈa·tion** *s* **1.** Übelsein *n.* **2.** Ekel *m.* **3.** Anekeln *n.* ˈ**nau·se·ous** [-sjəs; *Am.* -zɪəs; -ʃəs] *adj a. fig.* ekelhaft, Übelkeit erregend, widerlich, abˈscheulich.

nautch [nɔːtʃ] *s Br. Ind.* Natsch-Tanz *m*: **~ girl** Bajadere *f*, Natsch-Mädchen *n.*

nau·tic [ˈnɔːtɪk] → **nautical.**

nau·ti·cal [ˈnɔːtɪkl; *Am. a.* ˈnɑːt-] *adj* (*adv* **~ly**) *mar.* nautisch, Schiffs..., Marine..., See(fahrts)...: **~ school** Seefahrtsschule *f.* **~ al·ma·nac** *s mar.* nautisches Jahrbuch. **~ chart** *s mar.* Seekarte *f.*

nau·ti·lus [ˈnɔːtɪləs; *Am. a.* ˈnɑː-] *pl* **-lus·es** *od.* **-li** [-laɪ] *s ichth.* Nautilus *m.*

na·val [ˈneɪvl] *adj mar.* **1.** Flotten..., (Kriegs)Marine... **2.** See..., Schiffs... **~ a·cad·e·my** *s mar.* **1.** Maˈrineakadeˌmie *f.* **2.** Navigatiˈonsschule *f.* **~ ar·chi·tect** *s mar.* ˈSchiffbauingeniˌeur *m.* **~ ar·chi·tec·ture** *s* Schiffbau *m.* **~ at·ta·ché** *s mar. pol.* Maˈrineattaˌché *m.* **~ base** *s mar.* Flottenstützpunkt *m*, -basis *f.* **~ bat·tle** *s mar.* Seeschlacht *f.* **~ ca·det** *s mar.* ˈSeekaˌdett *m.* **~ con·struc·tor** *s mar. mil. Am.* Schiffbaufachmann *m*, ˈSchiffbauoffiˌzier *m.* **~ ex·er·cis·es** *s pl mar. mil.* ˈFlottenmaˌnöver *n.* **~ forc·es** *s pl mar.* Seestreitkräfte *pl.* **~ gun** *s mar.* Schiffsgeschütz *n.* **~ in·tel·li·gence** *s mar.* Maˈrinenachrichtendienst *m.* **~ of·fi·cer** *s mar.* **1.** *mil.* Maˈrineoffiˌzier *m.* **2.** *Am.* (höherer) Hafenzollbeamter. **~ pow·er** *s mar. pol.* Seemacht *f*: **the ~s** die Seemächte. **~ stores** *s pl mar.* Schiffsbedarf *m.*

nave[1] [neɪv] *s arch.* Mittel-, Hauptschiff *n*: **~ of a cathedral.**

nave[2] [neɪv] *s* **1.** *tech.* (Rad)Nabe *f*: **~ box** Nabenbüchse *f.* **2.** *obs.* Nabel *m.*

na·vel [ˈneɪvl] *s* **1.** *anat.* Nabel *m.* **2.** *fig.* Nabel *m*, Mittelpunkt *m.* **3.** *her.* Mittelpunkt *m* des Feldes. **4.** ˈNaveloˌrange *f.* **~ or·ange** *s* ˈNaveloˌrange *f.* **~ string** *s anat.* Nabelschnur *f.*

nav·i·cert [ˈnævɪsɜːt; *Am.* -ˌsɜrt] *s econ. mar.* Navicert *n* (*Geleitschein für neutrale [Handels]Schiffe im Krieg*).

na·vic·u·la [nəˈvɪkjʊlə] *pl* **-lae** [-liː] *s relig.* Weihrauchgefäß *n.* **naˈvic·u·lar I** *adj* **1.** nachen-, boot-, kahnförmig: **~ bone** → 3. **2.** *bot.* kahnförmig. **II** *s* **3.** *anat.* Kahnbein *n.*

nav·i·ga·bil·i·ty [ˌnævɪgəˈbɪlətɪ] *s* **1.** *mar.* a) Schiffbarkeit *f*, Befahrbarkeit *f*: **~ of a canal**, b) Fahrtüchtigkeit *f*: **~ of a ship.** **2.** *aer.* Lenkbarkeit *f.* ˈ**nav·i·ga·ble** *adj* **1.** *mar.* a) schiffbar, (be-)fahrbar, b) fahrtüchtig. **2.** *aer.* lenkbar (*Luftschiff*). ˈ**nav·i·ga·ble·ness** → **navigability.**

nav·i·gate [ˈnævɪgeɪt] **I** *v/i* **1.** (zu Schiff) fahren, segeln. **2.** *bes. aer. mar.* naviˈgieren, steuern, orten (**to** nach). **II** *v/t* **3.** *mar.* a) befahren, beschiffen, b) durchˈfahren: **to ~ the seas.** **4.** *aer.* durchˈfliegen. **5.** *aer. mar.* steuern, lenken, naviˈgieren.

nav·i·gat·ing of·fi·cer [ˈnævɪgeɪtɪŋ] *s aer. mar.* Navigatiˈonsoffiˌzier *m.*

nav·i·ga·tion [ˌnævɪˈgeɪʃn] *s* **1.** *mar.* Schiffahrt *f*, Seefahrt *f.* **2.** Navigatiˈon *f*: a) *mar.* Nautik *f*, Schiffahrtskunde *f*, b) *aer.* Flugzeugführung *f*, *engS.* Navigatiˈonskunde *f*, c) *aer. mar.* Ortung *f.* **3.** *obs.* a) Schiffe *pl*, b) (künstlicher) Wasserweg. **N~ Act** *s hist.* Navigatiˈonsakte *f* (*1651*). ˌ**nav·iˈga·tion·al** [-ʃənl] *adj* Navigations...: **~ aid**; **~ chart.**

nav·i·ga·tion| chan·nel *s mar.* Fahrwasser *n.* **~ chart** *s* Navigatiˈonskarte *f.* **~ guide** *s aer. mar.* Bake *f.* **~ head** *s mar.* Schiffbarkeitsgrenze *f*, Endhafen *m.* **~ light** *s aer.* Positiˈonslicht *n.* **~ sat·el·lite** *s* Navigatiˈonssatelˌlit *m.*

nav·i·ga·tor [ˈnævɪgeɪtə(r)] *s* **1.** *mar.* a) Seefahrer *m*, b) Nautiker *m*, c) Steuermann *m*, d) *Am.* Navigatiˈonsoffiˌzier *m.* **2.** *aer.* a) Naviˈgator *m*, b) Beobachter *m.* **3.** → **navvy** 1.

nav·vy [ˈnævɪ] *s Br.* **1.** a) Kaˈnal-, Erd-, Streckenarbeiter *m*, b) Bauarbeiter *m.* **2.** *tech.* a) ˈAusschachtmaˌschine *f*, Exkaˈvator *m*, b) Trocken-, Löffelbagger *m.*

na·vy [ˈneɪvɪ] *s mar.* **1.** *meist* **N~** ˈKriegsmaˌrine *f*: **the Royal (British) N~.** **2.** *mar.* Kriegsflotte *f.* **3.** *obs. allg.* Flotte *f.* **~ blue** *s* Maˈrineblau *n.* **N~ Board** *s mar. Br.* Admiraliˈtät *f.* **N~ Cross** *s mar. Am. ein Tapferkeitsorden für Verdienste im Seekrieg.* **~ cut** *s* Maˈrineschnitt *m* (*Tabak*). **N~ De·part·ment** *s Am.* Marineamt *n*, -miniˌsterium *n.* **~ league** *s* Flottenverein *m.* **N~ List** *s mar.* MaˈrineˌRangliste *f.* **~ plug** *s* (starker, dunkler) Plattentabak. **N~ Reg·is·ter** *s mar. Am.* (*jährlich erscheinende*) *Liste der Offiziere u. Schiffe der US-Marine.* **~ yard** *s mar.* Maˈrinewerft *f.*

na·wab [nəˈwɑːb] *s* **1.** **N~** Naˈwab *m* (*Fürsten- od. Ehrentitel in Indien*). **2.** Nabob *m*, in Indien reich gewordener Engländer.

nay [neɪ] **I** *adv* **1.** *obs.* nein (*als Antwort*): **to say (s.o.) ~** (j-m) s-e Zustimmung verweigern. **2.** *obs.* ja soˈgar: **it is enough, ~, too much.** **II** *s* **3.** *parl. etc* Nein(stimme *f*) *n*: **the ~s have it!** der Antrag ist abgelehnt! **4.** *obs.* Nein *n.*

Naz·a·rene [ˌnæzəˈriːn] *s* Nazaˈrener *m*: a) *Bewohner von Nazareth*, b) *Christus*, c) *Anhänger Christi*, d) *streng judenchristlicher Sektierer.*

naze [neɪz] *s* Landspitze *f*, Vorgebirge *n.*

Na·zi [ˈnɑːtsɪ; *Am. a.* ˈnætsiː] *pol. hist.* **I** *s* ‚Naziʻ *m*, Natioˈnalsoziaˌlist *m.* **II** *adj a.* **n~** Nazi... ˈ**Na·zism,** *a.* ˈ**Na·zi·ism** *s* Naˈzismus *m.*

Ne·an·der·thal [nɪˈændə(r)tɑːl; *Am.* -ˌtɔːl; -ˌθɔːl] *adj* Neandertal...: **~ man** Neandertaler *m.*

neap [niːp] **I** *adj* niedrig, abnehmend (*Flut*). **II** *s a.* **~ tide** Nippflut *f.* **III** *v/i* zuˈrückgehen (*Flut*).

Ne·a·pol·i·tan [nɪəˈpɒlɪtən; *Am.* -ˈpɑ-] **I** *adj* neapoliˈtanisch: ~ **ice-cream** Fürst-Pückler-Eis *n*. **II** *s* Neapoliˈtaner(in).

near [nɪə(r)] **I** *adv* **1.** nahe, (ganz) in der Nähe, dicht daˈbei. **2.** nahe (bevorstehend) (*Zeitpunkt, Ereignis etc*), vor der Tür: ~ **upon five o'clock** ziemlich genau um 5 Uhr. **3.** nahe (herˈan), näher: **he stepped** ~. **4.** *colloq.* annähernd, nahezu, beinahe, fast: **not** ~ **so bad** nicht annähernd so schlecht, bei weitem nicht so schlecht. **5.** *fig.* sparsam: **to live** ~ sparsam *od.* kärglich leben. **6.** *fig.* eng (verwandt, befreundet *etc*), innig (vertraut). **7.** *mar.* hart (*am Winde*): **to sail** ~ **to the wind.**
Besondere Redewendungen:
~ **at hand** a) → 1, b) → 2; ~ **by** → **nearby** I; **to come** (*od.* **go**) ~ **to** a) sich ungefähr belaufen auf (*acc*), b) *e-r Sache* sehr nahe- *od.* fast gleichkommen, fast (*etwas*) sein; **to come** (*od.* **go**) ~ **to doing s.th.** etwas fast *od.* beinahe tun; **not to come** ~ **to s.th.** in keinem Verhältnis stehen zu etwas; → **draw near.**
II *adj* (*adv* → **nearly**) **8.** nahe(gelegen), in der Nähe: **the** ~**est place** der nächstgelegene Ort. **9.** kurz, nahe: **the** ~**est way** der kürzeste Weg; ~ **miss** a) *mil.* Nachkrepierer *m*, b) *fig.* fast ein Erfolg, c) *aer.* Beinahezusammenstoß *m*. **10.** nahe (*Zeit, Ereignis*): **Christmas is** ~; **the** ~ **future.** **11.** nahe (verwandt): **the** ~**est relations** die nächsten Verwandten. **12.** eng (befreundet *od.* vertraut), inˈtim, nahestehend (**s.o.** j-m): **a** ~ **friend** ein naher Freund. **13.** von unmittelbarem Interˈesse, aˈkut, brennend: **a** ~ **problem.** **14.** knapp: **a** ~ **race; that was a** ~ **thing** *colloq.* ‚das hätte ins Auge gehen können', das ist gerade noch einmal gutgegangen. **15.** genau, wörtlich, wortgetreu: **a** ~ **translation.** **16.** sparsam, geizig. **17.** nachgemacht, Imitations...: ~ **beer** Dünnbier *n*; ~ **leather** Imitationsleder *n*; ~ **silk** Halbseide *f*.
III *prep* **18.** nahe (*dat*), in der Nähe von (*od. gen*), nahe an (*dat*) *od.* bei, unweit (*gen*): ~ **our garden;** ~ **s.o.** in j-s Nähe; ~ **completion** der Vollendung nahe; ~ **here** nicht weit von hier; ~ **doing s.th.** nahe daran, etwas zu tun. **19.** (*zeitlich*) nahe, nicht weit von.
IV *v/t u. v/i* **20.** sich nähern, näherkommen (*dat*): **to be** ~**ing completion** der Vollendung entgegengehen.

near·by I *adv* [ˌnɪə(r)ˈbaɪ] in der Nähe, nahe. **II** *adj* [ˈnɪə(r)baɪ] → **near** 8.

Ne·arc·tic [nɪˈɑː(r)ktɪk; *Am. a.* -ˈɑːrtɪk] *adj geogr.* neˈarktisch (*zum gemäßigten u. arktischen Nordamerika gehörend*).

ˌnear|-ˈdeath ex·pe·ri·ence *s* Sterbeerlebnis *n*. **N~ East** *s geogr. pol.* **1.** *Br. obs.* (*die*) Balkanstaaten *pl*. **2.** (*der*) Nahe Osten.

near·ly [ˈnɪə(r)lɪ] *adv* **1.** beinahe, fast. **2.** annähernd: **he is not** ~ **so stupid** er ist bei weitem nicht so dumm. **3.** genau, gründlich, eingehend. **4.** nahe, eng (*verwandt etc*).

near·ness [ˈnɪə(r)nɪs] *s* **1.** Nähe *f*. **2.** Innigkeit *f*, Vertrautheit *f*. **3.** große Ähnlichkeit. **4.** Knauserigkeit *f*.

near|point *s opt.* Nahpunkt *m*. **ˈ~side** *s mot.* Beifahrerseite *f*: ~ **door** Beifahrertür *f*. **ˌ~ˈsight·ed** *adj* kurzsichtig. **ˌ~ˈsight·ed·ness** *s* Kurzsichtigkeit *f*.

neat[1] [niːt] *adj* (*adv* ~**ly**) **1.** sauber: a) ordentlich, reinlich, gepflegt: (**as**) ~ **as a pin** blitzsauber, b) hübsch, gefällig, nett, aˈdrett, geschmackvoll, c) sorgfältig: ~ **style** gewandter Stil, d) ˈübersichtlich, e) geschickt: **a** ~ **solution** e-e saubere *od.* ‚elegante' Lösung, f) tadellos: **a** ~ **job.** **2.** raffiˈniert, schlau: ~ **plans.** **3.** ‚hübsch', ‚schön': **a** ~ **profit.** **4.** treffend: **a** ~ **answer.** **5.** *bes. Am. sl.* ‚klasse', ‚prima'. **6.** a) rein: ~ **silk,** b) pur: **to drink one's whisky** ~.

neat[2] [niːt] **I** *s sg u. pl* **1.** *collect.* Rind-, Hornvieh *n*, Rinder *pl*. **2.** Ochse *m*, Rind *n*. **II** *adj* **3.** Rind(er)...: ~ **leather** Rind(s)leder *n*.

'neath, neath [niːθ] *prep poet. od. dial.* unter (*dat*), ˈunterhalb (*gen*).

ˈneat-ˌhand·ed *adj* behend(e), geschickt, flink.

ˈneat·herd *s* Kuhhirte *m*.

neat·ness [ˈniːtnɪs] *s* **1.** Ordentlichkeit *f*, Sauberkeit *f*. **2.** Gefälligkeit *f*, Nettigkeit *f*. **3.** schlichte Eleˈganz, Klarheit *f* (*des Stils etc*). **4.** a) Gewandtheit *f*, b) Schlauheit *f*. **5.** Reinheit *f*.

ˈneat's-foot oil *s* Klauenfett *n*.

Ne·bras·kan [nɪˈbræskən] **I** *adj* aus *od.* von Neˈbraska. **II** *s* Bewohner(in) von Neˈbraska.

neb·u·la [ˈnebjʊlə] *pl* **-lae** [-liː] *od.* **-las** *s* **1.** *astr.* Nebel(fleck) *m*. **2.** *med.* a) Wolke *f*, Trübheit *f* (*im Urin*), b) Hornhauttrübung *f*. **ˈneb·u·lar** *adj astr.* **1.** Nebel(fleck)..., Nebular... **2.** nebelartig.

neb·u·lé [ˈnebjʊleɪ; -lɪ] *adj* **1.** *her.* wellig. **2.** *arch.* Wellen...

neb·u·lize [ˈnebjʊlaɪz] **I** *v/t Flüssigkeiten* zerstäuben. **II** *v/i* zerstäubt werden. **ˈneb·u·liz·er** *s* Zerstäuber *m*.

neb·u·los·i·ty [ˌnebjʊˈlɒsətɪ; *Am.* -ˈlɑ-] *s* **1.** Neb(e)ligkeit *f*. **2.** Trübheit *f*. **3.** *fig.* Verschwommenheit *f*. **4.** *astr.* a) Nebelhülle *f*, b) Nebel(fleck) *m*.

neb·u·lous [ˈnebjʊləs] *adj* (*adv* ~**ly**) **1.** neb(e)lig, wolkig. **2.** trüb, wolkig (*Flüssigkeit*). **3.** *fig.* verschwommen, nebelhaft. **4.** *astr.* a) nebelartig, b) Nebel...: ~ **star** Nebelstern *m*.

nec·es·sar·i·ly [ˈnesəsərəlɪ; *bes. Am.* ˌnesəˈserəlɪ] *adv* **1.** notwendigerweise. **2.** unbedingt: **you need not** ~ **do it.**

nec·es·sar·y [ˈnesəsərɪ; *Am.* -ˌseriː] **I** *adj* **1.** notwendig, nötig, erforderlich (**to** für): **it is** ~ **for me to do it** ich muß es tun; **a** ~ **evil** ein notwendiges Übel; **if** ~ nötigenfalls. **2.** unvermeidlich, zwangsläufig, notwendig: **a** ~ **consequence.** **3.** ˈunumˌstößlich: **a** ~ **truth.** **II** *s* **4.** Erfordernis *n*, Bedürfnis *n*: **necessaries of life** lebensnotwendiger Bedarf, Lebensbedürfnisse, *a. jur.* für den Lebensunterhalt notwendige Dinge *od.* Aufwendungen. **5.** *econ.* Beˈdarfsarˌtikel *m*.

ne·ces·si·tar·i·an [nɪˌsesɪˈteərɪən] *philos.* **I** *s* Determiˈnist *m*. **II** *adj* determiˈnistisch. **neˌces·siˈtar·i·an·ism** *s* Determiˈnismus *m*.

ne·ces·si·tate [nɪˈsesɪteɪt] *v/t* **1.** *etwas* notwendig *od.* nötig machen, erfordern, verlangen. **2.** *j-n* zwingen, nötigen. **neˌces·siˈta·tion** *s* Nötigung *f*.

ne·ces·si·tous [nɪˈsesɪtəs] *adj* (*adv* ~**ly**) **1.** bedürftig, notleidend. **2.** dürftig, ärmlich (*Umstände*).

ne·ces·si·ty [nɪˈsesətɪ] *s* **1.** Notwendigkeit *f*: a) Erforderlichkeit *f*: **as a** ~, **of** ~ notwendigerweise, zwangsläufig, notgedrungen, b) ˈUnumˌgänglichkeit *f*, Unvermeidlichkeit *f*, c) Zwang *m*: **to be under the** ~ **of doing** gezwungen sein zu tun. **2.** (dringendes) Bedürfnis: **necessities of life** lebensnotwendiger Bedarf. **3.** Not *f*, Zwangslage *f*: ~ **is the mother of invention** Not macht erfinderisch; ~ **knows no law** Not kennt kein Gebot; **in case of** ~ im Notfall; → **virtue** 3. **4.** Not(lage) *f*, Bedürftigkeit *f*. **5.** *jur.* Notstand *m*.

neck [nek] **I** *s* **1.** Hals *m* (*a. weitS. e-r Flasche, am Gewehr, am Saiteninstrument*). **2.** Nacken *m*, Genick *n*: **to break one's** ~ a) sich das Genick brechen, b) *fig. colloq.* sich ‚umbringen'. **3.** a) (Land-, Meer)Enge *f*, b) Engpaß *m*. **4.** → **neckline.** **5.** Hals-, Kammstück *n* (*von Schlachtvieh*). **6.** *anat.* Hals *m* (*bes. e-s Organs*): ~ **of a tooth** Zahnhals; ~ **of the uterus** Gebärmutterhals. **7.** *geol.* Stiel(gang) *m*, Schlotgang *m*. **8.** *arch.* Halsglied *n* (*e-r Säule*). **9.** *tech.* a) (Wellen)Hals *m*, b) Schenkel *m* (*e-r Achse*), c) (abgesetzter) Zapfen, d) Füllstutzen *m*, e) Ansatz *m* (*e-r Schraube*). **10.** *print.* Konus *m* (*der Type*).
Besondere Redewendungen:
~ **of the woods** *colloq.* Nachbarschaft *f*, Gegend *f*; ~ **and** ~ Kopf an Kopf (*a. fig.*); **to be** ~ **and** ~ Kopf an Kopf liegen; **to win by a** ~ um e-e Halslänge (*fig.* um e-e Nasenlänge) gewinnen; ~ **and crop** mit Stumpf u. Stiel; ~ **and heel** a) ganz u. gar, b) fest, sicher (*binden*); **to get** (*od.* **catch**) **it in the** ~ *colloq.* ‚eins aufs Dach bekommen'; ~ **or nothing** a) (*adv*) auf Biegen oder Brechen, b) (*attr*) tollkühn, verzweifelt; **it is** ~ **or nothing** jetzt geht es aufs Ganze, jetzt geht es um alles oder nichts; **on** (*od.* **in**) **the** ~ **of** unmittelbar nach; **to be up to one's** ~ **in debt** bis über die Ohren in Schulden stecken; **to have s.o. round one's** ~ j-n am Hals haben; **to risk one's** ~ Kopf u. Kragen riskieren; **to save one's** ~ den Kopf aus der Schlinge ziehen; **to stick one's** ~ **out** viel riskieren, den Kopf hinhalten (**for** für); **to tread on s.o.'s** ~ j-m den Fuß in den Nacken setzen, j-n unterjochen; → **dead** 1.
II *v/t* **11.** *e-m Huhn etc* den Hals ˈumdrehen *od.* den Kopf abschlagen. **12.** *colloq.* ‚(ab)knutschen', ‚knutschen' *od.* ‚schmusen' mit. **13.** *a.* ~ **out** *tech.* aushalsen: **to** ~ **down** absetzen (*Durchmesser nahe dem Ende verringern*).
III *v/i* **14.** *colloq.* ‚knutschen', [‚schmusen'.]

ˌneck|-and-ˈneck *adj* Kopf-an-Kopf... (*a. fig.*): **a** ~ **race.** **ˈ~band** *s* Halsbund *m*. **ˈ~cloth** *s* Halstuch *n*.

-necked [nekt] *adj* ...halsig, ...nackig.

neck·er·chief [ˈnekə(r)tʃɪf] *s* Halstuch *n*.

neck·ing [ˈnekɪŋ] *s* **1.** *arch.* Säulenhals *m*. **2.** *tech.* a) Aushalsen *n* (*e-s Hohlkörpers*), b) Querschnittverminderung *f*. **3.** *colloq.* ‚Geknutsche' *n*, ‚Geschmuse' *n*.

neck·lace [ˈneklɪs] *s* **1.** Halskette *f*, -schmuck *m*. **2.** Halsband *n*: ~ **microphone** Kehlkopfmikrophon *n*.

neck·let [ˈneklɪt] → **necklace.**

neck| le·ver *s Ringen*: Nackenhebel *m*. **ˈ~line** *s* Ausschnitt *m* (*am Kleid*). **ˈ~mo(u)ld, ~ mo(u)ld·ing** *s arch.* Halsring *m* (*e-r Säule*). **ˈ~piece** *s* **1.** Pelzkragen *m*. **2.** *tech.* Kehle *f*, Hals(stück *n*) *m*. **~ scis·sors** *s pl* (*als sg konstruiert*) *Ringen*: Halsschere *f*. **ˈ~tie** *s Am.* **1.** Kraˈwatte *f*, Schlips *m*. **2.** *sl.* Schlinge *f* (*des Henkers*): ~ **party** Lynchen *n* durch (Auf)Hängen. **ˈ~wear** *s collect.* Kraˈwatten *pl*, Kragen *pl*, Halstücher *pl*.

ne·crol·o·gist [neˈkrɒlədʒɪst; *Am.* -ˈkrɑ-] *s* Schreiber *m* von Nekroˈlogen.

nec·ro·logue [ˈnekrəlɒg; *Am. a.* -ˌlɑg] *s* Nekroˈlog *m*, Nachruf *m*. **neˈcrol·o·gy** [-dʒɪ] *s* **1.** Toten-, Sterbeliste *f* (*in Klöstern etc*). **2.** → **necrologue.**

nec·ro·man·cer [ˈnekrəʊmænsə(r)] *s* **1.** Geister-, Totenbeschwörer *m*. **2.** *allg.* Schwarzkünstler *m*. **ˈnec·ro·man·cy** *s* **1.** Geister-, Totenbeschwörung *f*, Nekroˈmanˈtie *f*. **2.** *allg.* Schwarze Kunst.

nec·ro·man·tic [ˌnekrəʊˈmæntɪk] *adj* (*adv* ~**ally**) **1.** nekroˈmantisch, geisterbeschwörend. **2.** Zauber...

ne·croph·i·lism [neˈkrɒfɪlɪzəm; *Am.* -ˈkrɑ-] *s med. psych.* Nekrophiˈlie *f*: a) krankhafte Vorliebe für Leichen, b) Leichenschändung *f*. **neˈcroph·i·lous** *adj zo.* aasliebend.

nec·ro·pho·bi·a [ˌnekrəʊˈfəʊbɪə] *s med.*

psych. Nekropho'bie *f*, krankhafte Angst vor dem Tod *od.* vor Toten.

ne·crop·o·lis [ne'krɒpəlɪs; *Am.* -'krɑ-] *pl* **-o·lis·es** *od.* **-o·leis** [-leɪs] *s* **1.** *antiq.* Ne'kropolis *f*, Totenstadt *f.* **2.** (großer) Friedhof.

nec·rop·sy ['nekrɒpsɪ; *Am.* -ˌrɑp-], **ne·cros·co·py** [ne'krɒskəpɪ; *Am.* -'krɑ-] *s med.* Nekrop'sie *f*, Leichenschau *f*, -öffnung *f.*

ne·crose [ne'krəʊs; 'nekrəʊs] *bot. med.* **I** *v/i* brandig werden, absterben, nekroti'sieren (*Zellgewebe*). **II** *v/t* brandig machen, nekroti'sieren. **ne'cro·sis** [-sɪs] *s* **1.** *med.* Ne'krose *f*, Brand *m*: ~ **of the bone** Knochenfraß *m.* **2.** *bot.* Brand *m.* **ne'crot·ic** [-'krɒtɪk; *Am.* -'krɑ-] *adj bot. med.* brandig, ne'krotisch, Brand...

nec·tar ['nektə(r)] *s* **1.** *myth. u. fig.* Nektar *m*, Göttertrank *m.* **2.** *bot.* Nektar *m*: ~ **gland** Honig-, Nektardrüse *f.*

nec·tar·e·an [nek'teərɪən], **nec'tar·e·ous** *adj* **1.** Nektar... **2.** nektarsüß, köstlich.

nec·tar·if·er·ous [ˌnektə'rɪfərəs] *adj* Nektar tragend *od.* liefernd.

nec·tar·ine[1] ['nektərɪn; *Am.* ˌnektə'ri:n] *s bot.* Nekta'rine *f*, Nekta'rinenpfirsich *m.*

nec·tar·ine[2] ['nektərɪn] → **nectarean.**

nec·ta·ry ['nektərɪ] *s bot. zo.* Nek'tarium *n*, Honigdrüse *f.*

ned·dy ['nedɪ] *s* Esel *m.*

nee, *Br.* **née** [neɪ] *adj* geborene (*vor dem Mädchennamen e-r verheirateten Frau*): **Mrs Jones, ~ Good.**

need [ni:d] **I** *s* **1.** (of, for) (dringendes) Bedürfnis (nach), Bedarf *m* (an *dat*): **to be** (*od.* **stand**) **in ~ of s.th.** etwas dringend brauchen, etwas sehr nötig haben; **in ~ of repair** reparaturbedürftig; **to have no ~ to do** kein Bedürfnis haben zu tun; **to fill a ~** e-m Bedürfnis entgegenkommen. **2.** Mangel *m* (**of, for** an *dat*), Fehlen *n*: **to feel the ~ of** (*od.* **for**) **s.th.** etwas vermissen, Mangel an e-r Sache verspüren. **3.** dringende Notwendigkeit: **there is no ~ for you to come** es ist nicht notwendig, daß du kommst; du brauchst nicht zu kommen; **to have no ~ to do** keinen Grund haben zu tun; **to have ~ to do** tun müssen. **4.** Not(lage) *f*, Bedrängnis *f*: **in ~** in Bedrängnis; **in case of ~, if ~ be, if ~ arise** nötigenfalls, im Notfall. **5.** Armut *f*, Elend *n*, Not *f.* **6.** *pl* Erfordernisse *pl*, Bedürfnisse *pl*: **basic ~s** Grundbedürfnisse.

II *v/t* **7.** benötigen, nötig haben, brauchen, bedürfen (*gen*). **8.** erfordern: **it ~s all your strength; it ~ed doing** es mußte (einmal) getan werden.

III *v/i* **9.** *meist impers* nötig sein: **it ~s not that** (*od.* **it does not ~ that**) es ist nicht nötig, daß; **there ~s no excuse** e-e Entschuldigung ist nicht nötig.

IV *v/aux* **10.** müssen, brauchen: **it ~s to be done** es muß getan werden; **it ~s but to become known** es braucht nur bekannt zu werden. **11.** (*vor e-r Verneinung u. in Fragen, ohne* **to**; *3. sg pres* **need**) brauchen, müssen: **she ~ not do it** sie braucht es nicht zu tun; **you ~ not have come** du hättest nicht zu kommen brauchen; **~ he do it?** muß er es tun?

need·ful ['ni:dfʊl] **I** *adj* (*adv* **~ly**) nötig, notwendig. **II** *s* (*das*) Nötige: **the ~** *colloq.* das nötige Kleingeld. **'need·ful·ness** *s* Notwendigkeit *f.*

need·i·ness ['ni:dɪnɪs] *s* Bedürftigkeit *f*, Armut *f.*

nee·dle ['ni:dl] **I** *s* **1.** (*Näh-, Strick- etc*) Nadel *f*: **(as) sharp as a ~** *fig.* äußerst intelligent, ‚auf Draht'; **to get** (*od.* **take**) **the ~** *colloq.* ‚hochgehen', die Wut kriegen; **to give the ~** → 12; **a ~ in a haystack** *fig.* e-e Stecknadel im Heuhaufen *od.* Heuschober; **to be on the ~** *bes. Am. sl.* ‚an der Nadel hängen', ‚fixen'. **2.** *fig.* ‚Spitze' *f*, boshafte *od.* sar'kastische Bemerkung. **3.** *tech.* a) (Abspiel-, Grammo'phon-, Ma'gnet)Nadel *f*, b) Ven'tilnadel *f*, c) *mot.* Schwimmernadel *f* (*im Vergaser*), d) Zeiger *m*, e) Zunge *f* (*der Waage*), f) *Bergbau*: Räumnadel *f*, g) *Weberei*: Rietnadel *f* (*beim Jacquardstuhl*), h) *Gravierkunst*: Ra'diernadel *f.* **4.** *bot.* Nadel *f.* **5.** (Fels)Nadel *f*, Felsspitze *f.* **6.** Obe'lisk *m.* **7.** *min.* Kri'stallnadel *f.* **II** *v/t* **8.** (*mit e-r Nadel*) nähen. **9.** durch'stechen. **10.** *med.* punk'tieren. **11.** *fig.* anstacheln. **12.** *colloq. j-n* ‚aufziehen', reizen, aufbringen, sticheln gegen. **13.** *colloq.* e-n Schuß Alkohol hin'zufügen zu *e-m Getränk.* **14.** (*wie e-e Nadel*) hin'durchschieben, hin u. her bewegen: **to ~ one's way through** sich hindurchschlängeln. **15.** *e-e Erzählung etc* würzen (**with humo[u]r** mit Hu'mor). **~ bath** *s* Strahldusche *f.* **~ beam** *s arch.* Querbalken *m* (*e-r Brückenbahn*). **~ bear·ing** *s tech.* Nadellager *n.* **'~·book** *s* Nadelbuch *n.* **~ gun** *s mil.* Zündnadelgewehr *n.* **'~·like** *adj* nadelartig. **~ ore** *s min.* Nadelerz *n.* **~ point** *s* **1.** → **needle-point lace. 2.** Petit point *n* (*feine Nadelarbeit*). **'~-point lace** *s* Nadelspitze *f* (*Ggs. Klöppelspitze*).

need·less ['ni:dlɪs] *adj* unnötig, 'überflüssig: **~ to say** selbstredend, selbstverständlich. **'need·less·ly** *adv* unnötig(erweise). **'need·less·ness** *s* Unnötigkeit *f*, 'Überflüssigkeit *f.*

'nee·dle|·stone *s min.* Nadelstein *m.* **'~·talk** *s* Nadelgeräusch *n* (*beim Plattenspieler etc*). **~ tel·e·graph** *s electr.* 'Zeigertele,graf *m.* **~ ther·a·py** *s med.* Akupunk'tur *f.* **~ valve** *s tech.* 'Nadelven,til *n.* **'~,wom·an** *s irr* Näherin *f.* **'~·work** *s* Handarbeit *f*, *bes.* Nähe'rei *f*: **~ magazine** Handarbeitsheft *n*; **~ shop** (*bes. Am.* **store**) Handarbeitsgeschäft *n.*

need·ments ['ni:dmənts] *s pl* Dinge *pl* des per'sönlichen Bedarfs.

needs [ni:dz] *adv* unbedingt, notwendigerweise, 'durchaus (*meist mit* **must** *gebraucht*): **if you must ~ do it** wenn du es unbedingt tun willst.

need·y ['ni:dɪ] *adj* (*adv* **needily**) arm, bedürftig, notleidend.

ne'er [neə(r)] *bes. poet. für* **never. '~-do-,well I** *s* Taugenichts *m.* **II** *adj* nichtsnutzig.

ne·fan·dous [nɪ'fændəs] *adj* unaussprechlich, ab'scheulich.

ne·far·i·ous [nɪ'feərɪəs] *adj* (*adv* **~ly**) ruchlos, gemein, schändlich, böse. **ne'far·i·ous·ness** *s* Ruchlosigkeit *f.*

ne·gate [nɪ'geɪt] *v/t* **1.** verneinen, ne'gieren, leugnen. **2.** annul'lieren, unwirksam machen, aufheben. **ne'ga·tion** *s* **1.** Verneinung *f*, Verneinen *n*, Ne'gieren *n.* **2.** Verwerfung *f*, Annul'lierung *f*, Aufhebung *f.* **3.** *philos.* a) *Logik*: Negati'on *f*, b) Nichts *n.*

neg·a·tive ['negətɪv] **I** *adj* (*adv* **~ly**) **1.** negativ: a) verneinend: **~ outlook on life** negative Lebenseinstellung, b) abschlägig, ablehnend: **a ~ reply; ~!** *bes. mil.* nein!, c) erfolglos, ergebnislos: **~!** *bes. mil.* Fehlanzeige!, d) ohne positive Werte. **2.** *fig.* farblos. **3.** *biol. chem. electr. math. med. phot. phys.* negativ: **~ electricity; ~ image. II** *s* **4.** Verneinung *f*, Ne'gierung *f*: **to answer in the ~** verneinen. **5.** abschlägige Antwort. **6.** *ling.* Negati'on *f*, Verneinung *f*, Verneinungssatz *m*, -wort *n.* **7.** a) Einspruch *m*, Veto *n*, b) ablehnende Stimme. **8.** negative Eigenschaft, Nega'tivum *n.* **9.** *electr.* negativer Pol. **10.** *math.* a) Minuszeichen *n*, b) negative Zahl. **11.** *phot.* Negativ *n.* **III** *v/t* **12.** ne'gieren, verneinen. **13.** verwerfen, ablehnen. **14.** wider'legen. **15.** unwirksam machen, neutrali'sieren. **~ ac·cel·er·a·tion** *s phys.* Verzögerung *f*, negative Beschleunigung. **~ con·duc·tor** *s electr.* Minusleitung *f.* **~ e·lec·trode** *s electr.* negative Elek'trode, Ka'thode *f.* **~ feed·back** *s electr.* Gegenkopplung *f.* **~ lens** *s opt.* Zerstreuungslinse *f.*

'neg·a·tive·ness *s* (*das*) Negative, negativer Cha'rakter.

neg·a·tive| pole *s* negativer Pol: a) *electr.* Minuspol *m*, b) *phys.* Südpol *m* (*e-s Magneten*). **~ pro·ton** *s phys.* Antiproton *n.* **~ sign** *s math.* Minuszeichen *n*, negatives Vorzeichen.

neg·a·tiv·ism ['negətɪvɪzəm] *s a. philos. psych.* Negati'vismus *m.*

neg·a·tiv·i·ty [ˌnegə'tɪvətɪ] → **negativeness, negativism.**

ne·ga·tor [nɪ'geɪtə(r)] *s* Verneiner *m*; j-d, der verneint *od.* ablehnt. **neg·a·to·ry** ['negətərɪ; *Am.* -ˌtəʊri:; -ˌtɔ:-] *adj* verneinend, ablehnend, negativ.

ne·glect [nɪ'glekt] **I** *v/t* **1.** vernachlässigen, nicht sorgen für, schlecht behandeln: **~ed appearance** ungepflegte Erscheinung; **~ed child** verwahrlostes Kind. **2.** mißachten, geringschätzen. **3.** versäumen, verfehlen, unter'lassen (**to do** *od.* **doing** zu tun), außer acht lassen. **4.** über'sehen, -'gehen. **II** *s* **5.** Vernachlässigung *f*, Hint'ansetzung *f.* **6.** 'Mißachtung *f.* **7.** Unter'lassung *f*, Versäumnis *n*: **~ of duty** Pflichtversäumnis. **8.** Über'gehen *n*, -'sehen *n*, Auslassung *f.* **9.** Nachlässigkeit *f*, Unter'lassung *f.* **10.** Verwahrlosung *f*: **to be in a state of ~** vernachlässigt *od.* verwahrlost sein.

ne'glect·ful [-fʊl] *adj* (*adv* **~ly**) → **negligent** 1. **ne'glect·ful·ness** → **negligence** 1.

neg·li·gee, neg·li·gé(e) ['negli:ʒeɪ; *Am.* ˌneglə'ʒeɪ] *s* Negli'gé *n*: a) *saloppe Kleidung*, b) *eleganter Morgenmantel.*

neg·li·gence ['neglɪdʒəns] *s* **1.** Nachlässigkeit *f*, Unachtsamkeit *f*, Gleichgültigkeit *f.* **2.** *jur.* Fahrlässigkeit *f*: → **contributory** 4. **'neg·li·gent** *adj* (*adv* **~ly**) **1.** nachlässig, unachtsam, gleichgültig (**of** gegen): **to be ~ of s.th.** etwas vernachlässigen, etwas außer acht lassen. **2.** *jur.* fahrlässig. **3.** lässig, sa'lopp, ungezwungen.

neg·li·gi·ble ['neglɪdʒəbl] *adj* (*adv* **negligibly**) **1.** nebensächlich, unwesentlich. **2.** geringfügig, unbedeutend: → **quantity** 4.

ne·go·ti·a·bil·i·ty [nɪˌgəʊʃjə'bɪlətɪ; -ʃɪə-] *s econ.* **1.** Verkäuflichkeit *f*, Handelsfähigkeit *f.* **2.** Begebbarkeit *f.* **3.** Bank-, Börsenfähigkeit *f.* **4.** Über'tragbarkeit *f.* **5.** Verwertbarkeit *f.*

ne·go·ti·a·ble [nɪ'gəʊʃjəbl; -ʃɪə-] *adj* (*adv* **negotiably**) **1.** *econ.* a) 'umsetzbar, verkäuflich, veräußerlich, b) verkehrsfähig, c) bank-, börsenfähig, d) (durch Indossa'ment) über'tragbar, begebbar, e) verwertbar: **not ~** nur zur Verrechnung; **~ instrument** begebbares Wertpapier. **2.** begehbar (*Weg*), befahrbar (*Straße*), über'windbar (*Hindernis*). **3.** auf dem Verhandlungsweg erreichbar: **salary ~** Gehalt nach Vereinbarung; **not to be ~** kein Diskussionsgegenstand sein, nicht zur Diskussion stehen.

ne·go·ti·ate [nɪ'gəʊʃɪeɪt] **I** *v/i* **1.** ver-, unter'handeln, in Verhandlung stehen (**with** mit; **for, about** um, wegen, über *acc*): **negotiating position** Verhandlungsposition *f*; **negotiating table** Verhandlungstisch *m.* **II** *v/t* **2.** *e-n Vertrag etc* (auf dem Verhandlungsweg) zu'stande bringen, aushandeln. **3.** verhandeln über (*acc*). **4.** *econ.* a) *e-n Wechsel* begeben, 'unterbringen: **to ~ back** zurück-

begeben, b) ˈumsetzen, verkaufen. **5.** *e-e Straße etc* pasˈsieren, *ein Hindernis etc* überˈwinden, *e-e Kurve* nehmen.
ne·go·ti·a·tion [nɪˌgəʊʃɪˈeɪʃn] *s* **1.** Ver-, Unterˈhandlung *f*: **to enter into ~s** in Verhandlungen eintreten; **by way of ~** auf dem Verhandlungsweg. **2.** Aushandeln *n* (*e-s Vertrags*). **3.** *econ.* Begebung *f*, Überˈtragung *f*, ˈUnterbringung *f* (*e-s Wechsels etc*): **further ~** Weiterbegebung. **4.** Pasˈsieren *n*, Überˈwindung *f*, Nehmen *n*: **~ of a curve (a hill,** *etc*).
ne·go·ti·a·tor [nɪˈgəʊʃɪeɪtə(r)] *s* **1.** ˈUnterhändler *m.* **2.** Vermittler *m.*
Ne·gress [ˈniːgrɪs] *s* Negerin *f.*
Ne·gril·lo [neˈgrɪləʊ; nɪ-] *pl* **-los** *od.* **-loes** *s* Pygˈmäe *m*, Buschmann *m* (*Afrikas*).
Ne·gri·to [neˈgriːtəʊ; nɪ-] *pl* **-tos** *od.* **-toes** *s* Pygˈmäe *m*, Neˈgrito *m* (*Südostasien*).
ne·gri·tude [ˈnegrɪtjuːd; ˈniː-; *Am. bes.* -ˌtuːd] *s* Negriˈtude *f* (*Rückbesinnung der Afrikaner u. Afroamerikaner auf afrikanische Kulturtraditionen*).
Ne·gro [ˈniːgrəʊ] **I** *pl* **-groes** *s* Neger *m.* **II** *adj* Neger...: **~ question** Negerfrage *f*, -problem *n.*
ˈne·gro·head *s* **1.** starker schwarzer Priemtabak. **2.** minderwertiges Gummi.
ne·groid [ˈniːgrɔɪd] **I** *adj* **1.** neˈgrid (*die eigentlichen Neger, Papua-Melanesier u. Negritos umfassend*). **2.** negroˈid, negerartig. **II** *s* **3.** Angehörige(r *m*) *f* der neˈgriden Rasse.
ne·gro·ism [ˈniːgrəʊɪzəm] *s* **1.** Spracheigentümlichkeit *f* des Neger-Englisch. **2.** *pol.* Förderung *f* der Negerbewegung.
ne·gro·phile [ˈniːgrəʊfaɪl], *a.* **ˈne·gro·phil** [-fɪl] **I** *s* Negerfreund(in). **II** *adj* negerfreundlich. **ne·groph·i·lism** [niːˈgrɒfɪlɪzəm; *Am.* -ˈgrɑ-] *s* Negerfreundlichkeit *f.*
ne·gro·phobe [ˈniːgrəʊfəʊb] **I** *s* Negerfeind(in), -hasser(in). **II** *adj* negerfeindlich. **ˌne·groˈpho·bi·a** [-bjə; -bɪə] *s* **1.** Negerhaß *m.* **2.** Angst *f* vor Negern.
Ne·gus[1] [ˈniːgəs] *s* Negus *m* (*äthiopischer Königstitel*).
ne·gus[2] [ˈniːgəs] *s* Glühwein *m.*
Ne·he·mi·ah [ˌniːɪˈmaɪə; ˌniːhɪ-; ˌniːə-], **ˌNe·heˈmi·as** [-əs] *npr u. s Bibl.* (das Buch) Neheˈmia *m.*
neigh [neɪ] **I** *v/i* wiehern (*Pferd*). **II** *s* Gewieher *n*, Wiehern *n.*
neigh·bor, *bes. Br.* **neigh·bour** [ˈneɪbə(r)] **I** *s* **1.** Nachbar(in): **~ at table** Tischnachbar(in). **2.** Nächste(r *m*) *f*, Mitmensch *m.* **II** *adj* **3.** benachbart, angrenzend, Nachbar...: **~ states. III** *v/t* **4.** (an)grenzen an (*acc*). **IV** *v/i* **5.** benachbart sein, in der Nachbarschaft wohnen. **6.** (an)grenzen (**on, upon** an *acc*). **7. ~ with** *Am.* gutˈnachbarliche Beziehungen unterˈhalten zu. **ˈneigh·bor·hood,** *bes. Br.* **ˈneigh·bour·hood** *s* **1.** *a. fig.* Nachbarschaft *f*, Umˈgebung *f*, Nähe *f*: **in the ~ of** a) in der Umgebung von (*od. gen*), b) *colloq.* ungefähr, etwa, um (... herum). **2.** *collect.* Nachbarn *pl*, Nachbarschaft *f.* **3.** Gegend *f*: **a fashionable ~. ˈneigh·bor·ing,** *bes. Br.* **ˈneigh·bour·ing** *adj* **1.** benachbart, angrenzend. **2.** Nachbar... **ˈneigh·bor·li·ness,** *bes. Br.* **ˈneigh·bour·li·ness** *s* **1.** (gut)ˈnachbarliches Verhalten. **2.** Freundlichkeit *f.* **ˈneigh·bor·ly,** *bes. Br.* **ˈneigh·bour·ly** *adj u. adv* **1.** (gut-) ˈnachbarlich. **2.** freundlich, gesellig.
neigh·bour, *etc bes. Br. für* **neighbor,** *etc.*
nei·ther [ˈnaɪðə(r); *bes. Am.* ˈniːðə(r)] **I** *adj u. pron* **1.** kein(er, e, es) (von beiden): **on ~ side** auf keiner der beiden Seiten; **~ of you** keiner von euch (beiden). **II** *conj* **2.** weder: **~ they nor we have done it** weder sie noch wir haben es getan; **~ you nor he knows** weder du weißt es noch er; **~ more nor less** nicht mehr u. nicht weniger. **3.** noch (auch), auch nicht, ebensowenig: **he does not know, ~ do I** er weiß es nicht, und ich auch nicht.
nek [nek] *s S.Afr.* (Gebirgs)Paß *m.*
nek·ton [ˈnektɒn; *Am.* -tən; -ˌtɑn] *s biol.* Nekton *n* (*im Wasser aktiv schwimmende Lebewesen, z.B. Fische*).
nel·ly[1] [ˈnelɪ] *s orn.* Rieseneismöwe *f.*
nel·ly[2] [ˈnelɪ] *s*: **not on your ~** *Br. colloq.* nie und nimmer!, nie im Leben!
nel·son [ˈnelsn] *s Ringen*: Nelson *m*, Nackenhebel *m.*
nem·a·to·da [ˌneməˈtəʊdə] *s pl zo.* Fadenwürmer *pl*, Nemaˈtoden *pl.* **ˈnem·a·tode** [-təʊd] *s* Fadenwurm *m*, Nemaˈtode *f.*
nem con [ˌnemˈkɒn; *Am.* -ˈkɑn] *adv* einstimmig, ohne Gegenstimme.
Ne·me·an [nɪˈmiːən; *Am. a.* ˈniːmɪən] *adj antiq.* neˈmeisch.
nem·e·sis, *a.* **N~** [ˈnemɪsɪs] *pl* **-e·ses** [-siːz] *s myth. u. fig.* Nemesis *f*, (die Göttin der) Vergeltung *f.*
ne·mo [ˈniːməʊ] *pl* **-mos** *s Rundfunk, TV*: ˈAußenreporˌtage *f.*
neo- [niːəʊ] *Wortelement mit der Bedeutung* neu, jung, neo..., Neo...
ˌne·o·arsˈphen·a·mine [-ɑː(r)sˈfenəmɪn; -miːn] *s chem. med.* Neosalvarˈsan *n*, Neoarsphenaˈmin *n.*
ˌNe·o-ˈCath·o·lic *relig.* **I** *s* ˈNeo-KathoˌIik *m* (*bes. Anglikaner, der sehr stark der römisch-katholischen Kirche zuneigt*). **II** *adj* ˈneo-kaˌtholisch.
Ne·o·cene [ˈniːəsiːn] *geol.* **I** *s* Neoˈzän *n.* **II** *adj* neoˈzän.
ˌne·oˈclas·sic *adj bes. mus.* neoklassiˈzistisch. **ˌne·oˈclas·si·cism** *s* NeoklassiˈZismus *m.*
ˌne·o·coˈlo·ni·al *pol.* **I** *adj* neokoloniaˈlistisch. **II** *s* neokoloniaˈlistische Macht. **ˌne·o·coˈlo·ni·al·ism** *s* Neokoloniaˈlismus *m.*
ˌNe·o-ˈDar·win·ism *s* Neodarwiˈnismus *m.*
ˌne·oˈfas·cism *s pol.* Neofaˈschismus *m.* **ˌne·oˈfas·cist I** *s* Neofaˈschist(in). **II** *adj* neofaˈschistisch.
Ne·o·gae·a [ˌniːəʊˈdʒiːə] *s Biogeographie*: Neoˈgäa *f*, neoˈtropische Regiˈon.
ˌNe·o-ˈGoth·ic *adj* neugotisch.
ˌne·o·gramˈmar·i·an *s ling. hist.* ˈJunggramˌmatiker *m.*
ˌNe·o-ˈGreek I *adj* neugriechisch. **II** *s ling.* Neugriechisch *n*, das Neugriechische.
ˌNe·o-ˈHel·len·ism *s* ˈNeuhelleˌnismus *m.*
ˌne·o·imˈpres·sion·ism *s paint.* Neoimpressioˈnismus *m.*
ˌNe·o-ˈLat·in I *s* **1.** a) *ling.* Roˈmanisch *n*, das Romanische, b) Roˈmane *m*, Roˈmanin *f.* **2.** *ling.* ˈNeulaˌtein *n*, das Neulateinische. **II** *adj* **3.** roˈmanisch. **4.** ˈneulaˌteinisch.
ne·o·lith [ˈniːəʊlɪθ; *Am.* ˈniːəl-] *s* jungsteinzeitliches Gerät. **ˌne·oˈlith·ic** *adj* jungsteinzeitlich, neoˈlithisch: **N~ Period** Jungsteinzeit *f*, Neoˈlithikum *n.*
ne·ol·o·gism [niːˈɒlədʒɪzəm; *Am.* -ˈɑl-] *s* **1.** *ling.* a) Neoloˈgismus *m*, Wortneubildung *f*, b) neue Bedeutung (*e-s Worts*). **2.** *relig.* Neuerung *f*, Neoloˈgismus *m*, *bes.* Rationaˈlismus *m.* **neˌol·oˈgis·tic** *adj* (*adv* **~ally**) neoloˈgistisch. **neˈol·o·gize** *v/i* **1.** *ling.* neue Wörter bilden. **2.** *relig.* neue Lehren verkünden *od.* annehmen. **neˈol·o·gy** [-dʒɪ] *s* **1.** *ling.* a) Neoloˈgie *f*, Bildung *f* neuer Wörter, b) → **neologism 1. 2.** → **neologism 2.**
ne·on [ˈniːən; -ɒn; *Am.* -ˌɑn] *s chem.* Neon *n* (*Edelgas*): **~ lamp** Neonlampe *f*; **~ sign** Neon-, Leuchtreklame *f.*
ˌne·o-ˈNa·zi *pol.* **I** *s* Neoˈnazi *m*, Neonaˈzist *m.* **II** *adj* neonaˈzistisch. **ˌne·o-ˈNa·zism** *s* Neonaˈzismus *m.*
ˌne·oˈpa·gan·ism *s* Neuheidentum *n.*
ˌne·oˈpho·bi·a *s* Neophoˈbie *f*, Neuerungsscheu *f.*
ne·o·phyte [ˈniːəʊfaɪt] *s* **1.** Neoˈphyt(in): a) Neugetaufte(r *m*) *f*, b) Neubekehrte(r *m*) *f* (*a. fig.*), Konverˈtit(in). **2.** *R.C.* a) Jungpriester *m*, b) Noˈvize *m*, *f.* **3.** *fig.* Neuling *m*, Anfänger(in).
ne·o·plasm [ˈniːəʊplæzəm] *s med.* Neoˈplasma *n*, Gewächs *n.*
ne·o·plas·ty [ˈniːəʊplæstɪ] *s med.* Neubildung *f* durch plastische Operatiˈon.
ˌNe·o-ˈPla·to·nism *s* ˈNeuplatoˌnismus *m.* **ˌNe·o-ˈPla·to·nist** *s* ˈNeuplaˌtoniker *m.*
ne·o·ter·ic [ˌniːəʊˈterɪk] *adj* (*adv* **~ally**) neoˈterisch, neuzeitlich, moˈdern.
ne·ot·er·ism [nɪˈɒtərɪzəm; *Am.* -ˈɑt-] *s* neues Wort *od.* neuer Ausdruck, Neoteˈrismus *m.* **neˈot·er·ist** *s* Sprachneuerer *m.* **neˈot·er·ize** *v/i* neue Wörter *od.* Ausdrücke einführen.
ˌNe·oˈtrop·i·cal *adj* neoˈtropisch (*zu den Tropen der Neuen Welt gehörend*).
Ne·o·zo·ic [ˌniːəʊˈzəʊɪk] *geol.* **I** *s* Neoˈzoikum *n*, Neuzeit *f.* **II** *adj* neoˈzoisch.
nep [nep] *tech. Am.* **I** *s* Knoten *m* (*in Baumwollfasern*). **II** *v/t Baumwollfasern* knotig machen.
Nep·a·lese [ˌnepɔːˈliːz; *bes. Am.* -pəˈl-] **I** *s* Nepaˈlese *m*, Bewohner(in) von Neˈpal. **II** *adj* nepaˈlesisch.
ne·pen·the [neˈpenθɪ; nɪ-], *a.* **Neˈpen·thes** [-θiːz] *s poet.* Neˈpenthes *n* (*Trank des Vergessens*). **neˈpen·the·an** *adj* Vergessen bringend.
neph·e·line [ˈnefɪlɪn; -liːn], **ˈneph·e·lite** *s min.* Nepheˈlin *m*, Fettstein *m.*
neph·ew [ˈnevjuː; *bes. Am.* ˈnef-] *s* **1.** Neffe *m.* **2.** *obs.* a) Enkel(in), b) Nichte *f*, c) Vetter *m.*
neph·o·log·i·cal [ˌnefəˈlɒdʒɪkl; *Am.* -ˈlɑ-] *adj* wolkenkundlich. **ne·phol·o·gy** [nɪˈfɒlədʒɪ; *Am.* neˈfɑ-] *s* Wolkenkunde *f.*
neph·o·scope [ˈnefəskəʊp] *s* Nephoˈskop *n*, Wolkenmesser *m.*
ne·phral·gi·a [neˈfrældʒə; nɪ-] *s med.* Nephralˈgie *f*, Nierenschmerz *m.*
ne·phrec·to·my [nɪˈfrektəmɪ] *s med.* Nephrektoˈmie *f* (*chirurgische Entfernung e-r Niere*).
neph·ric [ˈnefrɪk] *adj* Nieren...
neph·rite [ˈnefraɪt] *s min.* Neˈphrit *m.*
ne·phrit·ic [nɪˈfrɪtɪk] *adj med.* Nieren..., neˈphritisch.
ne·phri·tis [neˈfraɪtɪs; nɪ-] *s med.* Neˈphritis *f*, Nierenentzündung *f.*
neph·ro·cele [ˈnefrəʊsiːl] *s med.* Nierenbruch *m.*
neph·roid [ˈnefrɔɪd] *adj* nierenförmig.
neph·ro·lith [ˈnefrəlɪθ] *s med.* Nierenstein *m.*
ne·phrol·o·gist [neˈfrɒlədʒɪst; nɪ-; *Am.* -ˈfrɑ-] *s med.* Nierenfacharzt *m*, Uroˈloge *m.* **neˈphrol·o·gy** [-dʒɪ] *s* Nephroloˈgie *f*, Nierenkunde *f.*
ne·phrot·o·my [neˈfrɒtəmɪ; nɪ-; *Am.* -ˈfrɑ-] *s* Nephrotoˈmie *f*, Nierenschnitt *m.*
ne·pot·ic [nɪˈpɒtɪk; *Am.* -ˈpɑ-] *adj* **1.** Neffen..., Vettern... **2.** Vetternwirtschaft treibend. **nep·o·tism** [ˈnepətɪzəm] *s* Nepoˈtismus *m*, Vetternwirtschaft *f.*
Nep·tune [ˈneptjuːn; *Am. a.* -ˌtuːn] **I** *npr antiq.* Nepˈtun *m* (*Gott des Meeres*). **II** *s astr.* Nepˈtun *m* (*Planet*). **Nepˈtu·ni·an I** *adj* **1.** Neptun..., Meeres... **2. n~** *geol.* nepˈtunisch. **II** *s* **3.** *astr.* Nepˈtunbewohner *m.* **ˈnep·tun·ism** *s geol.* Neptuˈnismus *m.*

nerd [nɜrd] *s Am. sl.* Trottel *m.* ˈ**nerd·y** *adj Am. sl.* vertrottelt.

Ne·re·id [ˈnɪərɪɪd] *pl* **-i·des** [nəˈriːədiːz] *s antiq. myth.* Nereˈide *f*, See-, Wassernymphe *f.*

ne·ri·um [ˈnɪərɪəm] *s bot.* Oleˈander *m.*

Nernst lamp [neə(r)nst] *s phys.* Nernstlampe *f.*

ner·va·tion [nɜːˈveɪʃn; *Am.* ˌnɜr-], ˈ**ner·va·ture** [-vətʃə(r)] *s* **1.** *anat.* Anordnung *f* der Nerven. **2.** *bot. zo.* Äderung *f*, Nervaˈtur *f.*

nerve [nɜːv; *Am.* nɜrv] **I** *s* **1.** Nerv(enfaser *f*) *m*: **to get on s.o.'s ~s** j-m auf die Nerven gehen *od.* fallen; **to rob s.o. of his ~** j-m den Nerv rauben; **a bundle** (*od.* **bag**) **of ~s** ein Nervenbündel; **to have ~s of iron** Nerven wie Drahtseile *od.* Stricke haben. **2.** *fig.* a) Lebensnerv *m*, b) Kraft *f*, Stärke *f*, Enerˈgie *f*, c) Seelenstärke *f*, (Wage)Mut *m*, innere Ruhe, Selbstbeherrschung *f*, Nerven *pl*, d) *sl.* Frechheit *f*, Unverfrorenheit *f*, ‚Nerven' *pl*: **to lose one's ~** die Nerven verlieren; **to have the ~ to do s.th.** den ‚Nerv' haben, etwas zu tun; **he has (got) a ~** *colloq.* ‚der hat (vielleicht) Nerven!' **3.** *pl* Nervosiˈtät *f*: **a fit of ~s** e-e Nervenkrise; **to get ~s** Nerven bekommen; **he doesn't know what ~s are** er kennt keine Nerven. **4.** *bot.* Nerv *m*, Ader *f* (*vom Blatt*). **5.** *zo.* Ader *f* (*am Insektenflügel*). **6.** *arch.* (*Gewölbe*)Rippe *f.* **7.** Sehne *f* (*obs. außer in*): **to strain every ~** *fig.* alle Nerven anspannen, s-e ganze Kraft zs.-nehmen. **II** *v/t* **8.** *fig.* a) (*körperlich*) stärken, b) (*seelisch*) stärken, ermutigen: **to ~ o.s.** sich aufraffen. **~ block** *s med.* ˈLeitungsanästheˌsie *f.* **~ cell** *s anat.* Nervenzelle *f.* **~ cen·ter,** *bes. Br.* **~ cen·tre** *s anat. u. fig.* Nervenzentrum *n.* **~ cord** *s anat.* Nervenstrang *m.*

nerved [nɜːvd; *Am.* nɜrvd] *adj* **1.** nervig (*meist in Zssgn*): **strong-~** mit starken Nerven, nervenstark. **2.** *bot. zo.* gerippt, geädert.

nerve| fi·ber, *bes. Br.* **~ fi·bre** *s anat.* Nervenfaser *f.* **~ gas** *s mil.* Nervengas *n.* **~ im·pulse** *s* Nervenreiz *m.*

ˈ**nerve·less** *adj* (*adv* **~ly**) **1.** *fig.* kraft-, enerˈgielos, schlapp. **2.** ohne Nerven, kaltblütig. **3.** *bot.* ohne Adern, nervenlos.

nerve| poi·son *s* Nervengift *n.* ˈ**~-ˌ(w)rack·ing** *adj* nervenaufreibend.

ner·vine [ˈnɜːviːn; *Am.* ˈnɜr-] *med.* **I** *adj* **1.** nervenberuhigend, -stärkend. **2.** Nerven... **II** *s* **3.** nervenstärkendes Mittel.

ner·vous [ˈnɜːvəs; *Am.* ˈnɜr-] *adj* (*adv* **~ly**) **1.** Nerven..., nerˈvös: **~ excitement** nervöse Erregung; **~ system** Nervensystem *n*; → **breakdown** 1. **2.** nerˈvös: a) nervenschwach, erregbar, b) aufgeregt, c) gereizt, d) ängstlich, scheu, unsicher: **he feels** (*od.* **is**) **~ of her** sie macht ihn nervös. **3.** aufregend. **4.** *obs.* a) sehnig, kräftig, nervig, b) markig (*Stil etc*). ˈ**nervous·ness** *s* **1.** Nervosiˈtät *f.* **2.** *obs.* Nervigkeit *f*, Sehnigkeit *f*, Kraft *f.*

ner·vure [ˈnɜːvjʊə; *Am.* ˈnɜrvjər] → **nerve** 4–6.

nerv·y [ˈnɜːvɪ; *Am.* ˈnɜr-] *adj* (*adv* **nervily**) **1.** a) kühn, mutig, b) *colloq.* dreist, keck. **2.** *Br. colloq.* nerˈvös, aufgeregt. **3.** *colloq.* nervenaufreibend. **4.** *obs.* → **nervous** 4 a.

nes·ci·ence [ˈnesɪəns] *s* (vollständige) Unwissenheit. ˈ**nes·ci·ent** *adj* **1.** unwissend (**of** in *dat*). **2.** aˈgnostisch.

ness [nes] *s* Vorgebirge *n.*

nest [nest] **I** *s* **1.** *orn. zo.* Nest *n*: → **befoul**. **2.** *fig.* a) Nest *n*, behagliches Heim, b) Zufluchtsort *m.* **3.** *fig.* a) Schlupfwinkel *m*, Versteck *n*, b) Brutstätte *f*: **~ of vice** Lasterhöhle *f.* **4.** Brut *f* (*junger Tiere*): **to take a ~** ein Nest ausnehmen. **5.** *mil.* (*Widerstands-, Schützen-, Maschinengewehr*)Nest *n*: **a ~ of machine guns.** **6.** Serie *f*, Satz *m* (*ineinanderpassender Dinge, wie Schüsseln, Tische etc*). **7.** *geol.* Nest *n*, geschlossenes Gesteinslager: **~ of ore** Erznest. **8.** *tech.* Satz *m*, Gruppe *f* (*miteinander arbeitender Räder, Flaschenzüge etc*): **~ of boiler tubes** Heizrohrbündel *n.* **II** *v/i* **9.** a) ein Nest bauen, b) nisten. **10.** sich einnisten, sich niederlassen. **11.** Vogelnester suchen u. ausnehmen. **III** *v/t* **12.** ˈunterbringen. **13.** *Töpfe etc* ineinˈanderstellen, -setzen.

nest| box *s* Nistkasten *m.* **~ egg** *s* **1.** Nestei *n.* **2.** *fig.* Not-, Spargroschen *m.*

nes·tle [ˈnesl] **I** *v/i* **1.** *a.* **~ down** sich behaglich niederlassen, es sich gemütlich machen. **2.** sich anschmiegen *od.* kuscheln (**to, against** an *acc*). **3.** sich einnisten. **II** *v/t* **4.** schmiegen, kuscheln (**on, to, against** an *acc*). **nest·ling** [ˈnestlɪŋ; ˈneslɪŋ] *s* **1.** *orn.* Nestling *m*: **~ feather** Erstlings-, Nestdune *f.* **2.** *fig.* Nesthäkchen *n.*

Nes·tor [ˈnestɔː(r); -tə(r)] *s* Nestor *m* (*weiser alter Mann od. Ratgeber*).

net[1] [net] **I** *s* **1.** Netz *n*: **tennis ~.** **2.** *fig.* Falle *f*, Netz *n*, Garn *n*, Schlinge(n *pl*) *f.* **3.** netzartiges Gewebe, Netz *n* (*Tüll, Gaze etc*). **4.** (*Straßen-, Leitungs-, Sender- etc*) Netz *n.* **5.** *math.* (Koordiˈnaten)Netz *n.* **6.** *Tennis etc*: Netzball *m.* **II** *v/t* **7.** mit e-m Netz fangen. **8.** *fig.* einfangen: **she's ~ted (herself) a rich husband** sie hat sich e-n reichen Mann geangelt. **9.** mit e-m Netz umˈgeben *od.* bedecken. **10.** mit Netzen abfischen. **11.** in Fiˈlet arbeiten, knüpfen. **12.** *Tennis etc*: *den Ball* ins Netz schlagen. **III** *v/i* **13.** Netz- *od.* Fiˈletarbeit machen. **14.** *Tennis etc*: den Ball ins Netz schlagen.

net[2] [net] **I** *adj* **1.** *econ.* netto, Netto..., Rein..., Roh... **2.** *tech.* Nutz...: **~ efficiency** Nutzleistung *f.* **3.** End...: **~ result.** **II** *v/t* **4.** *econ.* netto einbringen, e-n Reingewinn von ... abwerfen. **5.** *econ.* netto verdienen, e-n Reingewinn haben von. **III** *s* **6.** *econ.* a) Nettoeinkommen *n*, b) Reingewinn *m*, c) Nettogewicht *n.*

net| a·mount *s econ.* Nettobetrag *m*, Reinertrag *m.* **~ bal·ance** *s* ˈNettobiˌlanz *f*, ˈNettoˌüberschuß *m.* **~ ball** → **net**[1] 6. ˈ**~·ball** *s sport* Korbball(spiel *n*) *m.* **~ cash** *s econ.* netto Kasse, ohne Abzug gegen bar: **~ in advance** netto Kasse im voraus. **~ cur·tain** *s* Store *m.*

neth·er [ˈneðə(r)] *adj* **1.** unter(er, e, es), Unter... **2.** nieder(er, e, es), Nieder...

Neth·er·land·er [ˈneðə(r)ləndə(r); *Am. a.* -ˌlæn-] *s* Niederländer(in). ˈ**Neth·er·land·ish** *adj* niederländisch.

neth·er·most [ˈneðə(r)məʊst] *adj* tiefst(er, e, es), unterst(er, e, es).

neth·er| re·gions *s pl*, **~ world** *s* ˈUnterwelt *f.*

net| in·come *s econ.* Nettoeinkommen *n.* **~ load** *s tech.* Nutzlast *f.* **~ price** *s econ.* Nettopreis *m.* **~ pro·ceeds** *s pl econ.* Rein-, Nettoeinnahme(n *pl*) *f*, -erlös *m*, -ertrag *m.* **~ prof·it** *s econ.* Reingewinn *m.* ˈ**net-shaped e·lec·trode** *s electr.* ˈNetzelekˌtrode *f.*

nett → **net**[2].

net·ted [ˈnetɪd] *adj* **1.** netzförmig, maschig. **2.** mit Netzen umˈgeben *od.* bedeckt. **3.** *bot. zo.* netzartig geädert.

net·ting [ˈnetɪŋ] *s* **1.** Netzstricken *n*, Fiˈletarbeit *f.* **2.** Netz(werk) *n*, Geflecht *n* (*a. aus Draht*), *mil.* Tarngeflecht *n*, -netze *pl.*

net·tle [ˈnetl] **I** *s* **1.** *bot.* Nessel *f*: **to grasp** (*od.* **seize**) **the ~** *fig.* den Stier bei den Hörnern packen. **II** *v/t* **2.** mit *od.* an Nesseln brennen. **3.** *fig.* ärgern, reizen: **to be ~d at** aufgebracht sein über (*acc*). **~ cloth** *s econ.* Nesseltuch *n.* **~ rash** *s med.* Nesselausschlag *m.*

net| weight *s econ.* Netto-, Rein-, Eigen-, Trockengewicht *n.* ˈ**~·work** *s* **1.** Netz-, Maschenwerk *n*, Geflecht *n*, Netz *n.* **2.** Fiˈlet *n*, Netz-, Fiˈletarbeit *f.* **3.** *fig.* (*a. Eisenbahn-, Fluß-, Straßen- etc*)Netz *n*: **~ of roads**; **social ~** soziales Netz; **~ of intrigues** Netz von Intrigen. **4.** *electr.* a) (Leitungs-, Verteilungs)Netz *n*, b) *Rundfunk*: Sendernetz *n*, -gruppe *f*, c) *Schaltungstechnik*: Netzwerk *n.* **~ yield** *s econ.* effekˈtive Renˈdite *od.* Verzinsung, Nettoertrag *m.*

neume [njuːm; *Am. a.* nuːm] *s mus.* Neume *f* (*mittelalterliches Notenzeichen*).

neu·ral [ˈnjʊərəl; *Am. a.* ˈnʊrəl] *adj anat.* **1.** neuˈral, Nerven...: **~ axis** Nervenachse *f.* **2.** Rücken...: **~ arch** oberer Wirbelbogen; **~ spine** Dornfortsatz *m* e-s Wirbels.

neu·ral·gia [ˌnjʊəˈrældʒə; *Am. a.* nʊˈr-] *s med.* Neuralˈgie *f*, Nervenschmerz *m.* ˌ**neuˈral·gic** *adj* (*adv* **~ally**) neurˈalgisch.

neu·ras·the·ni·a [ˌnjʊərəsˈθiːnjə; -nɪə; *Am. a.* ˌnʊr-] *s med.* Neurastheˈnie *f*, Nervenschwäche *f.* ˌ**neu·rasˈthen·ic** [-ˈθenɪk] *med.* **I** *adj* (*adv* **~ally**) neuraˈsthenisch, nervenschwach. **II** *s* NeuraˈstheniKer(in).

neu·ra·tion [ˌnjʊəˈreɪʃn; *Am. a.* nʊˈr-] → **nervation**.

neu·rec·to·my [ˌnjʊəˈrektəmɪ; *Am. a.* nʊˈr-] *s med.* Neurektoˈmie *f*, ˈNervenexstirpatiˌon *f.*

neu·ri·lem·ma [ˌnjʊərɪˈlemə; *Am. a.* ˌnʊrə-] *s anat.* Neuriˈlemm *n*, Nervenscheide *f.*

neu·rine [ˈnjʊəriːn; -rɪn; *Am. a.* ˈnuː-; ˈnʊr-] *s biol. chem.* Neuˈrin *n.*

neu·rit·ic [ˌnjʊəˈrɪtɪk; *Am. a.* nʊˈr-] *adj med.* neuˈritisch. ˌ**neuˈri·tis** [-ˈraɪtɪs] *s* Neuˈritis *f*, Nervenentzündung *f.*

neuro- [njʊərəʊ; *Am. a.* nʊrə] *Wortelement mit der Bedeutung* Nerven..., die Nerven betreffend.

ˈ**neu·ro·blast** [-blæst] *s biol.* Neuroˈblast *m*, unausgereifte Nervenzelle.

neu·rog·li·a [ˌnjʊəˈrɒglɪə; *Am.* -ˈrɑ-; *a.* nʊˈr-] *s anat.* Neuroˈglia *f*, Nervenstützgewebe *n.*

neu·ro·log·i·cal [ˌnjʊərəˈlɒdʒɪkl; *Am.* -ˈlɑ-; *a.* ˌnʊrə-] *adj med.* neuroˈlogisch. ˌ**neuˈrol·o·gist** [-ˈrɒlədʒɪst; *Am.* -ˈrɑ-] *s* Neuroˈloge *m*, Nervenarzt *m.* ˌ**neuˈrol·o·gy** [-dʒɪ] *s* Neuroloˈgie *f.*

neu·rol·y·sis [ˌnjʊəˈrɒlɪsɪs; *Am.* -ˈrɑ-; *a.* nʊˈr-] *s med.* Neuroˈlyse *f.*

neu·ro·ma [njʊəˈrəʊmə; *Am. a.* nʊˈr-] *pl* **-ma·ta** [-tə] *s med.* Nervengeschwulst *f*, Neuˈrom *n.*

ˈ**neu·ro·path** [-pæθ] *s med.* Nervenleidende(r *m*) *f.* ˌ**neu·roˈpath·ic,** ˌ**neu·roˈpath·i·cal** *adj* neuroˈpathisch: a) nerˈvös (*Leiden etc*), b) nervenkrank, -leidend. ˌ**neuˈrop·a·thist** [-ˈrɒpəθɪst; *Am.* -ˈrɑ-] → **neurologist**. ˌ**neu·ro·paˈthol·o·gy** *s* Neuropatholoˈgie *f.* ˌ**neuˈrop·a·thy** *s* Nervenleiden *n.*

ˈ**neu·roˌphys·i·ol·o·gy** *s med.* Neurophysioloˈgie *f.*

ˌ**neu·ro·psyˈchi·a·try** *s* Neuropsychiaˈtrie *f.*

ˌ**neu·ro·psyˈcho·sis** *s med.* Neuropsyˈchose *f.*

neu·rop·ter·an [ˌnjʊəˈrɒptərən; *Am.* -ˈrɑ-; *a.* nʊˈr-] *zo.* **I** *adj* Netzflügler... **II** *s* Netzflügler *m.*

neu·ro·sis [ˌnjʊəˈrəʊsɪs; *Am. a.* nʊˈr-] *pl* **-ses** [-siːz] *s med.* Neuˈrose *f.*

ˌ**neu·roˈsur·geon** *s med.* ˈNervenchirˌurg *m.*

neu·rot·ic [ˌnjʊəˈrɒtɪk; *Am.* -ˈrɑ-; *a.* nʊˈr-] **I** *adj* (*adv* **~ally**) **1.** neuˈrotisch: a) nervenleidend, -krank, b) Neurosen... **2.** nerˈvös, Nerven...: **~ disease.** **3.** Nerven...: ~ medicament → 5. **II** *s* **4.** Neuˈrotiker(in). **5.** Nervenmittel *n.*

neu·rot·o·my [ˌnjʊəˈrɒtəmɪ; *Am.* -ˈrɑ-; *a.* nʊˈr-] *s med.* **1.** ˈNervenanatoˌmie *f.* **2.** Nervenschnitt *m.*

neu·ter [ˈnjuːtə(r); *Am. a.* ˈnuː-] **I** *adj* **1.** *ling.* a) sächlich, b) intransitiv (*Verb*). **2.** *biol.* a) geschlechtslos, nicht fortpflanzungsfähig, b) mit nur rudimenˈtären Geˈschlechtsorˌganen. **3.** *obs.* neuˈtral. **II** *s* **4.** *ling.* a) Neutrum *n*, sächliches Hauptwort, b) intransitives Verb, Intransiˈtivum *n.* **5.** *bot.* Blüte *f* ohne Staubgefäße u. Stempel. **6.** *zo.* geschlechtsloses *od.* kaˈstriertes Tier. **III** *v/t* **7.** *Katzen etc* kaˈstrieren.

neu·tral [ˈnjuːtrəl; *Am. a.* ˈnuː-] **I** *adj* (*adv* **~ly**) **1.** neuˈtral, parˈteilos, ˈunparˌteiisch, unbeteiligt: ~ **ship** neutrales Schiff. **2.** neuˈtral, unbestimmt, farblos. **3.** neuˈtral (*a. chem. electr.*), gleichgültig, ˈindiffeˌrent (to gegenˈüber). **4.** → **neuter** 2. **5.** *mot.* a) Ruhe..., Null... (*Lage*), b) Leerlauf... (*Gang*). **II** *s* **6.** Neuˈtrale(r *m*) *f*, Parˈteilose(r *m*) *f.* **7.** *pol.* a) neuˈtraler Staat, b) Angehörige(r *m*) *f* e-s neuˈtralen Staates. **8.** *mot. tech.* a) Ruhelage *f*, b) Leerlaufstellung *f* (*des Getriebes*): **to put the car in** ~ den Gang herausnehmen. **~ ax·is** *s math. phys. tech.* neuˈtrale Achse, Nullinie *f.* **~ con·duc·tor** *s electr.* Mittel-, Neuˈtralleiter *m.* **~ e·qui·lib·ri·um** *s phys.* ˈindiffeˌrentes Gleichgewicht. **~ gear** *s mot. tech.* Leerlauf *m.*

neu·tral·ism *s pol.* Neutraˈlismus *m*, Neutraliˈtätspoliˌtik *f.* ˈ**neu·tral·ist I** *s* Neutraˈlist *m*, Neuˈtrale(r) *m.* **II** *adj* neutraˈlistisch.

neu·tral·i·ty [njuːˈtrælətɪ; *Am. a.* nuː-] *s a. chem. u. pol.* Neutraliˈtät *f.*

neu·tral·i·za·tion [ˌnjuːtrəlaɪˈzeɪʃn; *Am.* -ləˈz-; *a.* ˌnuː-] *s* **1.** Neutraliˈsierung *f*, Ausgleich *m*, (gegenseitige) Aufhebung. **2.** *chem.* Neutralisatiˈon *f.* **3.** *pol.* Neutraliˈtätserklärung *f* (*e-s Staates etc*). **4.** *electr.* Entkopplung *f*, Neutralisatiˈon *f.* **5.** *mil.* Niederhaltung *f*, Lahmlegung *f*: ~ **fire** Niederhaltungsfeuer *n.* ˈ**neu·tral·ize** *v/t* **1.** neutraliˈsieren (*a. chem.*), ausgleichen, aufheben: **to ~ each other** sich gegenseitig aufheben. **2.** *pol.* für neuˈtral erklären. **3.** *electr.* neutraliˈsieren, entkoppeln. **4.** a) *mil.* niederhalten, -kämpfen, b) *sport Gegenspieler* ‚kaltstellen', c) *mil. Kampfstoffe* entgiften.

neu·tral| line *s* **1.** *math. phys.* Neuˈtrale *f*, neuˈtrale Linie. **2.** *phys.* Nullinie *f.* **3.** → **neutral axis.** **~ po·si·tion** *s tech.* Nullstellung *f*, Leerlaufstellung *f*, Ruhelage *f*, Ausgangsstellung *f.* **~ wire** *s electr.* Nulleiter *m.*

neu·tret·to [njuːˈtretəʊ; *Am. a.* nuː-] *pl* **-tos** *s phys.* Neuˈtretto *n* (*neutrales Meson*).

neu·tri·no [njuːˈtriːnəʊ; *Am. a.* nuː-] *pl* **-nos** *s phys.* Neuˈtrino *n* (*neutrales Elementarteilchen*).

neu·tro·dyne [ˈnjuːtrədaɪn; *Am. a.* ˈnuː-] *s electr.* Neutroˈdyn *n*: ~ **capacitor** Entkopplungskondensator *m*; ~ **receiver** Neutrodynempfänger *m.*

neu·tron [ˈnjuːtrɒn; *Am.* -ˌtrɑn; *a.* ˈnuː-] *s phys.* Neutron *n*: ~ **bomb** *mil.* Neutronenbombe *f*; ~ **number** Neutronenzahl *f*; ~ **star** *astr.* Neutronenstern *m*; ~ **weapon** *mil.* Neutronenwaffe *f.*

Ne·vad·an [neˈvɑːdən; nə-; *Am. a.* -ˈvæ-] *adj* von *od.* aus Neˈvada.

né·vé [ˈneveɪ; *Am.* neɪˈveɪ] *s geol.* Firn (-feld *n*) *m.*

nev·er [ˈnevə(r)] *adv* **1.** nie, niemals, nimmer(mehr). **2.** durchˈaus nicht, (ganz u. gar) nicht, nicht im geringsten. **3.** *colloq.* doch nicht, (doch) wohl nicht: **you ~ mean to tell me that.**

Besondere Redewendungen:

~ **fear** nur keine Bange!, keine Sorge!; **well, I ~!** *colloq.* nein, so was!, das ist ja unerhört!; ~ **so** auch noch so, so sehr auch; **were he ~ so bad** mag er auch noch so schlecht sein; **~ so much** noch so sehr *od.* viel; **~ so much as** nicht einmal, sogar nicht; **he ~ so much as answered** er hat noch nicht einmal geantwortet; **~ ever** garantiert nie, nie u. nimmer; → **die**[1] 1, **mind** 14.

ˈ**nev·er|-do-ˌwell** *s* Taugenichts *m*, Tunichtgut *m.* ˈ**~-ˌend·ing** *adj* endlos, unaufhörlich, nicht enden wollend: ~ **discussions.** ˈ**~-ˌfail·ing** *adj* **1.** unfehlbar, untrüglich. **2.** nie versiegend. ˌ**~ˈmore** *adv* nimmermehr, nie wieder. ˌ**~-ˈnev·er** *s* **1.** *Br. colloq.* ‚Stottern' *n* (*Ratenzahlung*): **to buy on the ~** ‚abstottern', auf Pump kaufen. **2.** *a.* **~ land** a) Auˈstralischer Busch, b) *fig.* Wolkenˈkuckucksheim *n.*

ˌ**nev·er·theˈless** *adv* nichtsdestoˈweniger, dessenˈungeachtet, dennoch.

ne·vus [ˈniːvəs] *pl* **-vi** [-vaɪ] *s physiol.* Muttermal *n*, Leberfleck *m*: **congenital ~** Blutmal *n*; **vascular ~** Feuermal *n.*

new [njuː; *Am. a.* nuː] **I** *adj* (*adv* → **newly**) **1.** *allg.* neu: **nothing ~** nichts Neues; **that is not ~ to me** das ist mir nichts Neues; **what's ~?** was gibt es Neues?; → **broom** 1, **leaf** 4. **2.** *ling.* neu, moˈdern. **3.** *bes. contp.* neumodisch. **4.** neu (*Kartoffeln, Obst etc*), frisch (*Brot, Milch etc*). **5.** neu (-entdeckt *od.* -erschienen *od.* -erstanden *od.* -geschaffen): **a ~ book; a ~ star; ~ moon** Neumond *m*; **~ publications** Neuerscheinungen; **the ~ woman** die Frau von heute, die moderne Frau. **6.** unerforscht: ~ **ground** Neuland *n* (*a. fig.*). **7.** neu(gewählt, -ernannt): **the ~ president.** **8.** (to) a) (*j-m*) unbekannt, b) nicht vertraut (mit *e-r Sache*), unerfahren *od.* ungeübt (in *dat*), c) (*j-m*) ungewohnt. **9.** neu, ander(er, e, es), besser: **to feel a ~ man** sich wie neugeboren fühlen; **to lead a ~ life** ein neues (*besseres*) Leben führen. **10.** neu, erneut: **a ~ start** ein neuer Anfang. **11.** (*bes. bei Ortsnamen*) Neu... **II** *adv* **12.** neuerlich, erneut. **13.** neu, frisch (*bes. in Zssgn*): **~-built** neuerbaut.

new| birth *s bes. fig. relig.* ˈWiedergeburt *f.* ˈ**~born** *adj* neugeboren. **~ chum** *s bes. Austral. sl.* Neuling *m*, Neuankömmling *m.* ˈ**~come** *adj* neuangekommen. ˈ**~ˌcom·er** *s* **1.** Neuankömmling *m*, Fremde(r *m*) *f.* **2.** Neuling *m* (**to a subject** auf e-m Gebiet). **N~ Deal** *s* New Deal *m* (*Wirtschafts- u. Sozialpolitik des Präsidenten F. D. Roosevelt*). **N~ E·gyp·tian** *s ling.* Koptisch *n*, das Koptische.

new·el [ˈnjuːəl; *Am. a.* ˈnuːəl] *s tech.* **1.** Spindel *f* (*e-r Wendeltreppe, Gußform etc*). **2.** Endpfosten *m* (*e-r Geländerstange*).

New Eng·land boiled din·ner → **boiled dinner.**

ˈ**new|ˌfan·gled** *adj contp.* neumodisch. ˌ**~-ˈfash·ioned** *adj* modisch, moˈdern. ˈ**~-fledged** *adj* **1.** *orn.* flügge geworden, seit kurzem flügge. **2.** *fig.* neugebacken. ˈ**~-found** *adj* **1.** neugefunden, neuerfunden. **2.** neuentdeckt.

New·found·land (dog) [njuːˈfaʊndlənd; *Am. a.* nuː-; ˈnuːfənd-] *s zo.* Neuˈfundländer *m* (*Hund*).

New·found·land·er [ˈnjuːfəndləndə(r); *Am. a.* ˈnuː-] *s* **1.** Neuˈfundländer(in). **2.** *mar.* Neuˈfundlandfahrer *m* (*Fischereifahrzeug*). **3.** *zo.* Neuˈfundländer *m* (*Hund*).

new·ish [ˈnjuːɪʃ; *Am. a.* ˈnuːɪʃ] *adj* ziemlich neu.

New| Je·ru·sa·lem Church *s relig. die auf den Lehren Emanuel Swedenborgs fußende Kirche.* ˈ**n~-laid** *adj* frischgelegt (*Eier*). **~ Left** *s pol.* (*die*) neue Linke. **n~ light** *s relig.* Moderˈnist *m*, Libeˈrale(r) *m.* **~ Look** *s* New Look *m* (*neue Linie*).

new·ly [ˈnjuːlɪ; *Am. a.* ˈnuː-] *adv* **1.** neulich, kürzlich, jüngst: **~-married** jung-, frisch-, neuvermählt. **2.** von neuem: ~ **raised hope** neuerweckte Hoffnung. **3.** anders: ~ **arranged furniture** umgestellte Möbel. ˈ**~·weds** *s pl* Neuvermählte *pl*, Jungverheiratete *pl.*

new·ness [ˈnjuːnɪs; *Am. a.* ˈnuː-] *s* **1.** (*Zustand der*) Neuheit *f*, (*das*) Neue. **2.** (*das*) Neue, (*etwas*) Neues. **3.** *fig.* Unerfahrenheit *f.*

ˈ**new-rich I** *adj* neureich. **II** *s* Neureiche(r *m*) *f*, Parveˈnü *m.*

news [njuːz; *Am. a.* nuːz] *s pl* (*als sg konstruiert*) **1.** (*das*) Neue, Neuigkeit(en *pl*) *f*, (*etwas*) Neues, Nachricht(en *pl*) *f*: **a piece** (*od.* **bit**) **of ~** e-e Neuigkeit *od.* Nachricht; **at this ~** bei dieser Nachricht; **good** (**bad**) **~** gute (schlechte) Nachricht(en); **commercial ~** *econ.* Handelsteil *m* (*e-r Zeitung*); **to have ~ from s.o.** von j-m Nachricht haben; **what('s the) ~?** was gibt es Neues?; **it is ~ to me** das ist mir (ganz) neu; **ill ~ flies apace** schlechte Nachrichten erfährt man bald; **no ~ is good ~** keine Nachricht ist gute Nachricht; → **bad**[1] 8, **good** 17. **2.** neueste (Zeitungs- *etc*)Nachrichten *pl*: **to be in the ~** (in der Öffentlichkeit) von sich reden machen. **~ a·gen·cy** *s* ˈNachrichtenagenˌtur *f*, -büˌro *n.* **~ a·gent** *s* Zeitungshändler *m.* **~ black·out** *s* Nachrichtensperre *f*: **to order a ~ on s.th.** über etwas eine Nachrichtensperre verhängen. ˈ**~boy** *s* Zeitungsjunge *m.* ˈ**~ˌbreak** *s Am.* (*für Zeitungsleser*) interesˈsantes Ereignis. **~ bul·le·tin** *s Rundfunk, TV*: Kurznachricht(en *pl*) *f.* **~ butch·er** *s Am.* Verkäufer *m* von Zeitungen, Süßigkeiten *etc* (*in Eisenbahnzügen*). ˈ**~cast** *s Rundfunk, TV*: Nachrichtensendung *f.* ˈ**~ˌcast·er** *s Rundfunk, TV*: Nachrichtensprecher(in). **~ cin·e·ma** *s* Aktualiˈtätenkino *n*, Aki *n.* **~ con·fer·ence** *s* ˈPressekonfeˌrenz *f.* **~ deal·er** *s Am.* Zeitungshändler *m.* **~ flash** *s Rundfunk, TV*: Kurzmeldung *f.* ˈ**~ˌhawk** *s Am. colloq.* ˈZeitungsreˌporter(in). **~ head·lines** *s pl* Kurznachrichten *pl*, Nachrichten *pl* in Schlagzeilen. ˈ**~ˌhound** → **newshawk.**

news·ie → **newsy** I.

news·i·ness [ˈnjuːzɪnɪs; *Am. a.* ˈnuː-] *s colloq.* ˈÜberfülle *f* von Nachrichten *od.* Neuigkeiten.

ˈ**news|ˌlet·ter** *s* **1.** (Nachrichten)Rundschreiben *n*, (inˈternes) Mitteilungsblatt. **2.** *hist.* geschriebene Zeitung. **~ mag·a·zine** *s* ˈNachrichtenmagaˌzin *n.* ˈ**~ˌmak·er** *s Am.* j-d, der Schlagzeilen macht. ˈ**~man** [-mən] *s irr* **1.** a) Zeitungshändler *m*, b) Zeitungsmann *m*, -austräger *m.* **2.** Journaˈlist *m.* **~ me·di·a** *s pl* Medien *pl* (*Presse, Funk, Fernsehen*). ˈ**~ˌmon·ger** *s* Klatschmaul *n.*

ˈ**newsˌpa·per** [ˈnjuːs-; ˈnjuːz-; *Am. bes.* ˈnuːz-] *s* **1.** Zeitung *f*: **commercial ~** Börsenblatt *n*, Wirtschaftszeitung. **2.** ˈZeitungspaˌpier *n.* **~ clip·ping** *s Am.*, **~ cut·ting** *s Br.* Zeitungsausschnitt *m.* ˈ**~man** [-mæn] *s irr* **1.** Zeitungsverkäufer *m.* **2.** a) Reˈporter *m*, b) (ˈZeitungs-) Redakˌteur *m*, c) Journaˈlist *m.* **3.** Zeitungsverleger *m.*

ˈ**new·speak** *s als bewußt mehrdeutig u. irreführend empfundene Sprache der Bürokraten u. Politiker* (*nach G. Orwells „1984"*).

ˈ**news|·print** *s* ˈZeitungspaˌpier *n.* ˈ**~ˌread·er** *Br. für* **newscaster.** ˈ**~reel** *s Film*: Wochenschau *f.* ˈ**~room** *s* **1.** ˈNachrichtenraum *m*, -zenˌtrale *f* (*e-r Nachrichtenagentur, Zeitung, Rundfunk- od. Fernsehstation*). **2.** Zeitschriftenlesesaal *m.* **3.** *Am.* Zeitungsladen *m*, -kiosk *m.* ~ **ser·vice** *s* Nachrichtendienst *m.* ˈ~**-sheet** *s* Informatiˈonsblatt *n.* ~**stall** *s Br.*, ˈ~**-stand** *s* Zeitungskiosk *m*, -stand *m.* ~ **the·a·ter,** *bes. Br.* ~ **the·a·tre** *s* Aktualiˈtätenkino *n*, Aki *n.*

New Style *s.* neue Zeitrechnung (nach dem Gregoriˈanischen Kaˈlender).

news| val·ue *s* ‚Nachrichtenwert' *m*, Interesˈsantheit *f*, Aktualiˈtät *f.* ~**ven·dor** *s* Zeitungsverkäufer *m.* ˈ~ˌ**wor·thy** *adj* von Interˈesse für den Zeitungsleser, berichtenswert, aktuˈell.

news·y [ˈnjuːzɪ; *Am. a.* ˈnuːziː] *colloq.* **I** *s* **1.** *Am.* Zeitungsjunge *m.* **II** *adj* **2.** voller Neuigkeiten. **3.** geschwätzig, schwatzhaft.

newt [njuːt; *Am. a.* nuːt] *s zo.* Wassermolch *m.*

New| Tes·ta·ment *s Bibl.* (*das*) Neue Testaˈment. ~ **Thought** *s relig. e-e moderne religiöse Bewegung, die an die Macht des Geistes glaubt, den Körper zu beherrschen u. Krankheiten fernzuhalten od. zu heilen.*

new·ton [ˈnjuːtn; *Am. a.* ˈnuːtn] *s phys.* Newton *n* (*physikalische Krafteinheit*).

New·to·ni·an [njuːˈtəʊnjən; -ɪən; *Am. a.* nuː-] **I** *adj* **1.** Newton(i)sch: ~ **force (mechanics)** Newtonsche Kraft (Mechanik). **II** *s* **2.** Anhänger *m* Newtons. **3.** *a.* ~ **telescope** *phys.* Newton(i)scher Reˈflektor.

new|town *s* Satelˈliten-, Traˈbantenstadt *f.* ~ **wave** *s* neue Welle (*Film etc*). **N~ World** *s* (*die*) Neue Welt (*Amerika*). ˌ**~-ˈworld** *adj* (aus) der Neuen Welt. ~ **year** *s* **1.** Neujahr *n*, (*das*) neue Jahr. **2. N~ Y~** Neujahrstag *m.* **N~ Year's Day** *s* Neujahrstag *m.* **N~ Year's Eve** *s* Silˈvesterabend *m.*

next [nekst] **I** *adj* **1.** (*Ort, Lage*) nächst(er, e, es), erst(er, e, es) nach ..., dicht *od.* nahe bei ... (*befindlich*), nächststehend: **the ~ house;** → **door** *Bes. Redew.* **2.** (*Zeit, Reihenfolge*) nächst(er, e, es), (*unmittelbar*) folgend, gleich nach: ~ **month** nächsten Monat; ~ **time** das nächste Mal, ein andermal, in Zukunft; **(the) ~ day** am nächsten *od.* folgenden Tag. **3.** unmittelbar vorˈhergehend *od.* folgend: ~ **in size** nächstgrößer(er, e, es) *od.* nächstkleiner (-er, e, es). **4.** (*an Rang*) nächst(er, e, es). **5.** *Am. sl.* inforˈmiert, im Bilde (**to** über *acc*).
Besondere Redewendungen:
~ **to** a) gleich neben, b) gleich nach (*Rang, Reihenfolge*), c) beinahe, fast *unmöglich etc*, so gut wie *nichts etc*; ~ **to last** zweitletzt(er, e, es); ~ **to the** (*od.* **one's**) **skin** auf der bloßen Haut; ~ **but one** übernächst(er, e, es); **the ~ best thing to** das nächstbeste; **(the) ~ moment** im nächsten Augenblick; **the ~ man** der erste beste; **the river ~** (*od.* **the ~ river**) **to the Thames in length** der nächstlängste Fluß nach der Themse; **not till ~ time** *humor.* nie mehr bis zum nächsten Mal; → **what** *Bes. Redew.*
II *adv* **6.** (*Ort, Zeit etc*) als nächste(r) *od.* nächstes, gleich darˈauf: **to come ~** als nächster (nächste, nächstes) folgen. **7.** nächstens, demnächst, das nächste Mal: **when I saw him ~** als ich ihn das nächste Mal sah. **8.** (*bei Aufzählung*) dann, darˈauf.
III *prep* **9.** gleich neben *od.* bei *od.* an (*dat*). **10.** (*an Rang*) gleich nach.
IV *s* **11.** (*der, die, das*) Nächste: **the ~ to come** der Nächste; **to be continued in our ~** Fortsetzung folgt; **in my ~** *obs.* in m-m nächsten Schreiben.

ˌ**next|-ˈdoor** *adj* im Nebenhaus, benachbart, nebenˈan: **the ~ baker** der Bäcker nebenan; ~ **house** Nachbar-, Nebenhaus *n*; **we are ~ neighbo(u)rs** wir wohnen Tür an Tür. ~ **friend** *s jur.* Proˈzeßpfleger *m* (*e-s Minderjährigen etc*). ~ **of kin** *s sg u. pl* (*der od. die*) nächste Verwandte, (*die*) nächsten Angehörigen *pl od.* Verwandten *pl.* ~ **world** *s* Jenseits *n.*

nex·us [ˈneksəs] *pl* **-us** (*Lat.*) *s* Nexus *m*, Verknüpfung *f*, Zs.-hang *m.*

n-gon [ˈenɡɒn; *Am.* ˈenˌɡɑn] *s math.* n-Eck *n.*

NHS| frame *s* (*abbr. für* **National Health Service**) *Br.* Kassengestell *n.* ~ **glass·es** *s pl Br.* Kassenbrille *f.* ~ **treat·ment** *s med. Br.* Behandlung *f* auf Krankenschein.

nib [nɪb] **I** *s* **1.** *orn.* Schnabel *m.* **2.** (Gold-, Stahl)Spitze *f* (*e-r Schreibfeder*). **3.** Schreibfeder *f.* **4.** *tech.* (*getrenntes, verstellbares*) Glied e-s Kombinatiˈonsschlüssels. **5.** *pl* Kaffee- *od.* Kaˈkaobohnenstückchen *pl.* **6.** Knoten *m* (*in Wolle od. Seide*). **II** *v/t* **7.** *Füllfeder etc* mit e-r Spitze versehen. **8.** *etwas* spitz(er) machen, anspitzen.

nib·ble [ˈnɪbl] **I** *v/t* **1.** nagen *od.* knabbern an (*dat*), anfressen: **to ~ off** abbeißen, abfressen. **2.** *den Köder* vorsichtig anbeißen (*Fisch*). **II** *v/i* **3.** a) nagen, knabbern (**at** an *dat*): **to ~ at one's food** im Essen herumstochern, b) ‚knabbern', naschen (*beim Fernsehen etc*). **4.** (fast) anbeißen (*Fisch; a. fig. Käufer*). **5.** *fig.* kritteln, nörgeln. **III** *s* **6.** Nagen *n*, Knabbern *n.* **7.** (vorsichtiges) Anbeißen (*der Fische*). **8.** (kleiner) Bissen, Happen *m.*

Ni·be·lungs [ˈniːbəlʊŋz] *npr pl* (*die*) Nibelungen *pl.*

nib·lick [ˈnɪblɪk] *s Golf*: *obs.* Niblick *m* (*Eisenschläger Nr. 9*).

nibs [nɪbz] *s pl* (*als sg konstruiert*) *colloq.* ‚großes Tier': **his ~** ‚seine Hoheit'.

nice [naɪs] *adj* (*adv* → **nicely**) **1.** fein, zart. **2.** fein, lecker (*Speise etc*). **3.** nett, freundlich (**to s.o.** zu j-m). **4.** nett, hübsch, schön (*alle a. iro.*): **a ~ girl;** ~ **weather** schönes Wetter; **a ~ mess** *iro.* e-e schöne Bescherung; ~ **and fat** schön fett; ~ **and warm** hübsch *od.* schön warm. **5.** heikel, wählerisch (**about** in *dat*). **6.** fein, scharf, genau: **a ~ distinction** ein feiner Unterschied; ~ **judg(e)ment** feines Urteilsvermögen; **to have a ~ ear** ein scharfes Ohr haben. **7.** (peinlich) genau, sorgfältig, gewissenhaft, pünktlich. **8.** *fig.* heikel, ‚kitzlig', schwierig: **a ~ question** e-e heikle Frage. **9.** (*meist mit* **not**) anständig: **not a ~ song** ein unanständiges Lied.

nice·ly [ˈnaɪslɪ] *adv* **1.** fein, nett: ~ **written** nett geschrieben. **2.** gut, fein, ausgezeichnet: **that will do ~** a) das genügt vollauf, b) das paßt ausgezeichnet; **she is doing ~** *colloq.* es geht ihr gut *od.* besser, sie macht gute Fortschritte; **to talk ~ to s.o.** j-m gute Worte geben. **3.** sorgfältig, genau. **4.** *iro.* schön: **I was done ~** *sl.* ich wurde ganz schön ‚reingelegt'.

Ni·cene Creed [ˌnaɪˈsiːn; ˈnaɪsiːn] *s relig.* Niˈzänum *n*, Niˈzäisches Glaubensbekenntnis.

nice·ness [ˈnaɪsnɪs] *s* **1.** Feinheit *f* (*des Geschmacks etc*), Schärfe *f* (*des Urteils*). **2.** Nettheit *f*, (*das*) Nette. **3.** Nettigkeit *f*, Freundlichkeit *f.* **4.** → **nicety** 2.

ni·ce·ty [ˈnaɪsətɪ] *s* **1.** Feinheit *f*, Schärfe *f* (*des Urteils etc*). **2.** peinliche Genauigkeit, Pünktlichkeit *f*: **to a ~** äußerst (*od.* peinlich) genau. **3.** Spitzfindigkeit *f.* **4.** *pl* feine ˈUnterschiede *pl*, Feinheiten *pl*: **not to stand upon niceties** es nicht so genau nehmen. **5.** wählerisches Wesen. **6.** *meist pl* Annehmlichkeit *f*: **the niceties of life** die Annehmlichkeiten des Lebens.

niche [nɪtʃ; niːʃ] **I** *s* **1.** *arch.* Nische *f.* **2.** *fig.* Platz *m*, wo man ˈhingehört: **he finally found his ~ in life** er hat endlich s-n Platz im Leben gefunden. **3.** *fig.* (ruhiges) Plätzchen. **II** *v/t* **4.** mit e-r Nische versehen. **5.** in e-e Nische stellen.

ni·chrome [ˈnaɪkrəʊm] *s tech.* Nickelchrom *n.*

Nick[1] [nɪk] *npr* **1.** *Koseform von* **Nicholas.** **2.** *meist* **Old ~** *colloq.* der Teufel.

nick[2] [nɪk] **I** *s* **1.** Kerbe *f*, Einkerbung *f*, Einschnitt *m.* **2.** Kerbholz *n.* **3.** *tech.* Einschnitt *m*, Schlitz *m* (*am Schraubenkopf*). **4.** *print.* Signaˈtur(rinne) *f.* **5.** (*rechter*) Zeitpunkt: **in the ~ of time** a) im richtigen Augenblick, wie gerufen, b) im letzten Moment. **6.** *Würfelspiel etc*: (hoher) Wurf, Treffer *m.* **7.** *Br. sl.* a) ‚Kittchen' *n* (*Gefängnis*): **in the ~,** b) Poliˈzeireˌvier *n.* **8. to be in good ~** *colloq.* gut ‚in Schuß' sein. **II** *v/t* **9.** (ein)kerben, einschneiden: **to ~ out** auszacken; **to ~ o.s. while shaving** sich beim Rasieren schneiden. **10.** *etwas* glücklich treffen: **to ~ the time** gerade den richtigen Zeitpunkt treffen. **11.** *e-n Zug etc* (gerade noch) erwischen. **12.** *Br. sl.* a) *j-n* ‚schnappen', festnehmen, b) *j-n* ‚einlochen', einsperren. **13.** *Br. sl.* ‚klauen', stehlen. **14.** *Am. sl.* ‚übers Ohr hauen', betrügen (**for** um). **III** *v/i* **15.** ~ **in** sich vordrängen (*bes. durch Kurvenschneiden*). **16.** ~ **off** *Austral. colloq.* sich aus dem Staub machen.

nick·el [ˈnɪkl] **I** *s* **1.** *chem. min.* Nickel *n*: **antimonial ~** Nickelspießglanzerz *n*; **arsenical ~** Arseniknickel; **chloride of ~** Nickelchlorid *n.* **2.** *Am. colloq.* ‚Nickel' *m*, Fünfˈcentstück *n*: **not worth a plugged ~** keinen Pfifferling wert. **II** *adj* **3.** Nickel... **III** *v/t* **4.** vernickeln. ~ **bloom** *s min.* Nickelblüte *f.* ~ **glance** *s min.* Nickelglanz *m.*

nick·el·ic [nɪˈkelɪk] *adj chem. min.* nickelhaltig, Nickel... **nick·el·if·er·ous** [ˌnɪkəˈlɪfərəs] *adj min.* nickelhaltig. ˈ**nick·el·ize** *v/t* vernickeln.

nick·el·o·de·on [ˌnɪkəˈləʊdɪən] *s Am.* **1.** *hist.* billiges (ˈFilm-, Varieˈté)Theˌater. **2.** → **juke box.**

ˈ**nick·el|-plate** *v/t tech.* vernickeln. ˈ**~-ˌplat·ed** *adj* vernickelt, ˈnickelplatˌtiert. ˈ**~-ˌplat·ing** *s* Vernickelung *f.* ~ **sil·ver** *s* Neusilber *n.* ~ **steel** *s* Nickelstahl *m.*

nick·er[1] [ˈnɪkə(r)] *v/i* **1.** wiehern. **2.** kichern.

nick·er[2] [ˈnɪkə] *pl* ˈ**nick·er** *s Br. sl.* Pfund *n* (Sterling): **it cost me 20 ~.**

nick·nack → **knickknack.**

nick·name [ˈnɪkneɪm] **I** *s* **1.** Spitzname *m.* **2.** Kosename *m.* **3.** *mil.* Deckname *m.* **II** *v/t* **4.** mit e-m Spitznamen *etc* bezeichnen, *j-m* e-n *od.* den Spitznamen ... geben.

nic·o·tin·a·mide [ˌnɪkəˈtiːnəmaɪd; -ˈtɪn-] *s chem.* Nikoˈtinaˌmid *n.*

nic·o·tine [ˈnɪkətiːn] *s chem.* Nikoˈtin *n.* ~ **con·tent** *s* Nikoˈtingehalt *m*: **of low ~** nikotinarm. ˈ**~-stained** *adj* nikoˈtingelb (*Finger*).

nic·o·tin·ic [ˌnɪkəˈtiːnɪk; -ˈtɪ-] *adj* nikoˈtinisch, Nikotin...

nic·o·tin·ism [ˈnɪkətiːnɪzəm; -tɪn-] *s med.* Nikoˈtinvergiftung *f.* ˈ**nic·o·tin·ize** *v/t chem.* mit Nikoˈtin sättigen *od.* vergiften.

nic·tate [ˈnɪkteɪt], **nic·ti·tate** [ˈnɪktɪteɪt] *v/i* blinzeln: **nictitating membrane** *anat.* Blinzel-, Nickhaut *f.*

nic·ti·ta·tion [ˌnɪktɪˈteɪʃn] *s med.* Niktitatiˈon *f*, krampfhaftes Blinzeln.

ni·dal [ˈnaɪdl] *adj zo.* Nest... **nid·a·men·tal** [ˌnaɪdəˈmentl] *adj zo.* nidamenˈtal. **ni·da·tion** [naɪˈdeɪʃn] *s* **1.** *physiol.* Nidatiˈon *f*, Einnisten *n* des Eies. **2.** *med.* Sich-ˈFestsetzen *n* von Erregern.

nid·dle-nod·dle [ˈnɪdlˌnɒdl; *Am.* -ˌnɑdl] **I** *v/i* wackeln. **II** *v/t* wackeln mit (*dem Kopf*). **III** *adj* wackelnd.

nide [naɪd] *s* (Faˈsanen)Nest *n*, Brut *f.*

ni·di [ˈnaɪdaɪ] *pl von* **nidus**.

nid·i·fi·cate [ˈnɪdɪfɪkeɪt; *Am. a.* naɪˈdɪ-], **nid·i·fy** [ˈnɪdɪfaɪ] *v/i* ein Nest bauen, nisten.

nid-nod [ˈnɪdnɒd; *Am.* -ˌnɑd] *v/i* ständig *od.* mehrmals nicken.

ni·dus [ˈnaɪdəs] *pl* **-di** [-daɪ] *s* **1.** *zo.* Nest *n*, Brutstätte *f*. **2.** *fig.* Lagerstätte *f*, Sitz *m*. **3.** *med.* Herd *m*, Nest *n* (*e-r Krankheit*).

niece [ni:s] *s* **1.** Nichte *f*. **2.** *obs.* Enkelin *f*.

ni·el·lo [nɪˈeləʊ] **I** *pl* **-li** [-lɪ] *od.* **-los** *s* **1.** Niˈello *n*, Schwarzschmelz *m* (*schwarz ausgefüllte Metallgravierung*). **2.** *a.* **~ work** Niˈello(arbeit *f*) *n*. **II** *v/t* **3.** nielˈlieren.

Nie·tzsche·an [ˈni:tʃɪən] **I** *s* Nietzscheanhänger(in). **II** *adj* Nietzsches Lehre betreffend. ˈ**Nie·tzsche·an·ism** *s* Philosoˈphie *f* Friedrich Nietzsches.

nieve [ni:v] *s dial.* Faust *f*.

niff [nɪf] *s Br. sl.* Gestank *m*. ˈ**niff·y** *adj Br. sl.* stinkend: **to be ~** stinken.

nif·ty [ˈnɪftɪ] *adj colloq.* **1.** ‚sauber': a) hübsch, schick, fesch, b) ‚prima', c) raffiˈniert. **2.** *Br.* stinkend.

nig·gard [ˈnɪgə(r)d] **I** *s* ‚Knicker(in)', Geizhals *m*, ‚Filz' *m*. **II** *adj* → **niggardly**. ˈ**nig·gard·li·ness** *s* ‚Knauseˈrei' *f*, Geiz *m*. ˈ**nig·gard·ly** *adj u. adv* **1.** schäbig, kümmerlich: **a ~ gift**. **2.** geizig, ‚knaus(e)rig', ‚knick(e)rig'.

nig·ger [ˈnɪgə(r)] *s* **1.** *colloq. contp.* ‚Nigger' *m*, Neger(in), Schwarze(r *m*) *f*: **~ in the woodpile** *colloq.* a) geheime (böse) Absicht, b) (*der*) Haken an der Sache; **to work like a ~** wie ein Pferd arbeiten, schuften. **2.** *zo.* Larve *f*. **~heav·en** *s thea. Am. colloq.* → **god** 5.

nig·gle [ˈnɪgl] **I** *v/i* **1.** a) (peˈdantisch) ‚herˈumtüfteln', b) peˈdantisch sein. **2.** (herˈum)trödeln. **3.** (herˈum)nörgeln (**about, over** an *dat*). ˈ**nig·gler** *s* **1.** a) Tüftler *m*, b) Peˈdant *m*. **2.** Trödler *m*. **3.** Nörgler *m*. ˈ**nig·gling** *adj* a) ‚tüftelig', b) peˈdantisch.

nigh [naɪ] *obs. od. poet.* **I** *adv* **1.** (*Zeit u. Ort*) nahe (**to** *dat od.* an *dat*): **~ to** (*od.* **unto**) **death** dem Tode nahe; **~ but** beinahe; **to draw ~** to sich nähern (*dat*). **2.** *meist* **well ~** beinahe, nahezu. **II** *prep* **3.** nahe (bei) (*dat*), neben. **III** *adj* **4.** nahe.

night [naɪt] *s* **1.** Nacht *f*: **at ~, by ~, in the ~** bei Nacht, nachts, des Nachts; **to bid** (*od.* **wish**) **s.o. good ~** j-m gute Nacht wünschen; **~'s lodging** Nachtquartier *n*. **2.** Abend *m*: **last ~** gestern abend; **the ~ before last** vorgestern abend; **a ~ of Wagner** ein Wagnerabend; **on the ~ of May 5th** am Abend des 5. Mai. **3.** *fig.* Nacht *f*, Dunkel *n*, Dunkelheit *f*.

Besondere Redewendungen:

~ and day Tag u. Nacht; **they are like ~ and day** sie sind so verschieden wie Tag u. Nacht; **late at ~** (tief) in der Nacht, spät abends; **over ~** über Nacht; **~ out** freier Abend; **to have a ~ out** (*od.* **off**) a) e-n Abend lang ausspannen, b) ausgehen; **to have an early (a late) ~** früh (spät) schlafen gehen; **to have a good (bad) ~** gut (schlecht) schlafen; **to make a ~ of it** bis zum (nächsten) Morgen durchfeiern, ‚sich die Nacht um die Ohren schlagen'; **to stay the ~ at** übernachten in (*e-m Ort*) *od.* bei (*j-m*); **to turn ~ into day** die Nacht zum Tage machen.

night| at·tack *s mil.* Nachtangriff *m*. **~ bell** *s* Nachtglocke *f*. **~ bird** *s* **1.** *orn.* Nachtvogel *m*. **2.** *fig.* a) Nachtmensch *m*, ‚Nachteule' *f*, b) Nachtschwärmer *m*. ˈ**~-blind** *adj med.* nachtblind. **~ blind·ness** *s med.* Nachtblindheit *f*. ˈ**~-ˌbloom·ing** *adj bot.* nachtblütig. ˈ**~-ˌbloom·ing ce·re·us** *s bot.* Königin *f* der Nacht. ˈ**~cap** *s* **1.** Nachtmütze *f*, -haube *f*. **2.** *fig.* Schlummertrunk *m*. **3.** *sport Am. colloq.* letzter Wettkampf des Tages. **~ cel·lar** *s Br.* (*bes.* anrüchiges) ˈKellerloˌkal. **~ chair** *s* Nachtstuhl *m*. ˈ**~churr** → **nightjar**. **~ club** *s* Nachtklub *m*, ˈNachtloˌkal *n*. **~ com·bat** *s mil.* Nachtgefecht *n*. ˈ**~dress** *s* Nachthemd *n* (*für Frauen u. Kinder*). **~ ef·fect** *s Radar etc*: ˈNacht-, ˈDämmerungsefˌfekt *m*. **~ ex·po·sure** *s phot.* Nachtaufnahme *f*. ˈ**~fall** *s* Einbruch *m* der Nacht *od.* Dunkelheit: **at ~**. **~ fight·er** *s aer. mil.* Nachtjagdflugzeug *n*, Nachtjäger *m*. ˈ**~gear** *s* Nachtzeug *n*. **~ glass** *s* Nachtfernrohr *n*, -glas *n*. ˈ**~gown** → **nightdress**. ˈ**~hawk** *s* **1.** *orn.* Ameriˈkanischer Ziegenmelker. **2.** → **night owl** 2.

night·ie [ˈnaɪtɪ] *s colloq.* (Damen-, Kinder)Nachthemd *n*.

night·in·gale [ˈnaɪtɪŋgeɪl; *Am. a.* -tənˌg-] *s orn.* Nachtigall *f*.

ˈ**night|·jar** *s orn.* Ziegenmelker *m*. **~ latch** *s* Nachtschloß *n* (*Schnappschloß*). **~ leave** *s mil.* Urlaub *m* bis zum Wecken. **~ let·ter(·gram)** *s Am.* (verbilligtes) ˈNachtteleˌgramm. **~ life** *s* Nachtleben *n*. **~ light** *s* Nachtlicht *n* (*für Kinder etc*). **~ line** *s* Nacht-, Grundangel *f*. ˈ**~long I** *adj* e-e *od.* die ganze Nacht dauernd. **II** *adv* die ganze Nacht (hinˈdurch).

night·ly [ˈnaɪtlɪ] **I** *adj* **1.** nächtlich, Nacht... **2.** jede Nacht *od.* jeden Abend stattfindend, allˈnächtlich *od.* allˈabendlich. **II** *adv* **3.** a) (all)ˈnächtlich, jede Nacht, b) jeden Abend, (all)ˈabendlich. **4.** nachts.

night| mail *s* **1.** Nachtpost *f*. **2.** Nacht-(post)zug *m*. **~ man** *s irr* **1.** Nachtarbeiter *m*. **2.** Nachtwächter *m*.

night·mare [ˈnaɪtmeə(r)] *s* **1.** Nachtmahr *m* (*böser Geist*). **2.** *med.* Alp(drükken *n*) *m*, böser Traum (*a. fig.*). **3.** *fig.* a) Schreckgespenst *n*, b) Alpdruck *m*, -traum *m*, Grauen *n*. ˈ**night·mar·ish** *adj* beklemmend, schauerlich.

night| nurse *s* Nachtschwester *f*. **~ owl** *s* **1.** *orn.* Nachteule *f*. **2.** *colloq.* a) ‚Nachteule' *f*, Nachtmensch *m*, b) Nachtschwärmer *m*. **~ per·son** *s* Nachtmensch *m*. **~ piece** *s* **1.** *paint.* Nachtstück *n*. **2.** Nachtszene *f* (*Beschreibung*). **~ por·ter** *s* ˈNachtportiˌer *m*. **~ rid·er** *s hist. Am. Mitglied e-r berittenen Terroristenbande*. **~ robe** *s Am.* (Damen)Nachthemd *n*.

nights [naɪts] *adv colloq.* bei Nacht, nachts: **to work ~** *a.* Nachtschicht haben.

night| safe *s* ˈNachtsafe *m*, -treˌsor *m*: **~ container** Geldbombe *f*. **~ school** *s* Abend-, Fortbildungsschule *f*, (*Art*) Volkshochschule *f*. ˈ**~shade** *s bot.* **1.** Nachtschatten *m*. **2.** *a.* **deadly ~** Tollkirsche *f*. **~ shift** *s* Nachtschicht *f*: **to be** (*od.* **work**) **on ~** Nachtschicht haben. ˈ**~shirt** *s* Nachthemd *n* (*für Männer u. Knaben*). ˈ**~side** *s astr.* Nachtseite *f*, *fig. a.* geheimnisvolle Seite. **~ sky** *s* Nachthimmel *m*, nächtlicher Himmel. ˈ**~spot** *colloq. für* **night club**. ˈ**~ˌstand** *s Am.* Nachttisch *m*. ˈ**~ˌstick** *s Am.* Gummiknüppel *m*, Schlagstock *m* (*der Polizei*). ˈ**~stool** *s* Nachtstuhl *m*. **~ sweat** *s med.* Nachtschweiß *m*. **~ ta·ble** → **nightstand**. **~ ter·ror** *s med.* Nachtangst *f* (*nächtliches Aufschrecken bei Kindern*). ˈ**~tide** *s* **1.** *poet.* Nachtzeit *f*. **2.** *mar.* Flut *f* zur Nachtzeit. ˈ**~time** *s* Nacht(zeit) *f*: **at ~** zur Nachtzeit, nachts. **~ vi·sion** *s* **1.** nächtliche Erscheinung. **2.** *med.* Nachtsehvermögen *n*. ˈ**~ˌwalk·er** *s* Strichmädchen *n*. **~ watch** *s* **1.** Nachtwache *f*. **2.** Nachtwächter *m*. **~ watch·man** *s irr* Nachtwächter *m*. ˈ**~wear** *s* Nachtzeug *n*. ˈ**~work** *s* Nachtarbeit *f*.

night·y [ˈnaɪtɪ] → **nightie**.

ni·gres·cence [naɪˈgresns] *s* **1.** Schwarzwerden *n*. **2.** Dunkelheit *f*. **niˈgres·cent** *adj* **1.** schwarzwerdend. **2.** schwärzlich, dunkel.

nig·ri·tude [ˈnɪgrɪtju:d; *Am. a.* ˈnaɪ-; -ˌtu:d] *s* Schwärze *f*.

ni·hil·ism [ˈnaɪɪlɪzəm; *Am. a.* ˈni:ə-] *s philos. pol.* Nihiˈlismus *m*. ˈ**ni·hil·ist I** *s* Nihiˈlist(in). **II** *adj* → **nihilistic**. ˌ**ni·hilˈis·tic** *adj* nihiˈlistisch.

nil [nɪl] *s* Nichts *n*, Null *f* (*bes. in Spielresultaten*): **two goals to ~** (2–0) *bes. Br.* zwei zu null (2 : 0); **~ report** (*od.* **return**) Fehlanzeige *f*; **his influence is ~** sein Einfluß ist gleich Null.

nill [nɪl] *v/t u. v/i obs.* nicht wollen.

Ni·lot·ic [naɪˈlɒtɪk; *Am.* -ˈlɑ-] *adj* Nil...

nil·po·tent [ˈnɪlpətənt; *Am.* -ˌpəʊ-] *adj math.* nilpoˈtent.

nim·bi [ˈnɪmbaɪ] *pl von* **nimbus**.

nim·ble [ˈnɪmbl] *adj* (*adv* **nimbly**) **1.** flink, hurtig, gewandt, beˈhend(e). **2.** *fig.* geistig beweglich, ‚fix': **~ mind** beweglicher Geist, rasche Auffassungsgabe. ˈ**~-ˌfin·gered** *adj* **1.** geschickt, fingerfertig. **2.** langfingerig, diebisch. ˈ**~-ˌfoot·ed** *adj* leicht-, schnellfüßig.

nim·ble·ness [ˈnɪmblnɪs] *s* **1.** Beˈhendigkeit *f*, Gewandtheit *f*, Flinkheit *f*. **2.** *fig.* geistige Beweglichkeit.

ˈ**nim·ble-ˌwit·ted** *adj* schlagfertig.

nim·bus [ˈnɪmbəs] *pl* **-bi** [-baɪ] *od.* **-bus·es** *s* **1.** *a.* **~ cloud** *meteor.* Nimbus *m*, graue Regenwolke. **2.** Nimbus *m*: a) Heiligenschein *m*, Strahlenkranz *m* (*auf Gemälden etc*), b) *fig.* Ruhm(esglanz) *m*, Geltung *f*.

ni·mi·e·ty [nɪˈmaɪətɪ] *s selten* Zuˈviel *n*.

nim·i·ny-pim·i·ny [ˌnɪmɪnɪˈpɪmɪnɪ] *adj* affekˈtiert, geziert, etepeˈtete.

Nim·rod [ˈnɪmrɒd; *Am.* -ˌrɑd] *npr Bibl. u. s fig.* Nimrod *m* (*großer Jäger*).

nin·com·poop [ˈnɪnkəmpu:p] *s* Einfaltspinsel *m*, Trottel *m*.

nine [naɪn] **I** *adj* **1.** neun. **II** *s* **2.** Neun *f*, Neuner *m* (*Zahl, Spielkarte etc*): **the ~ of hearts** die Herzneun; **by ~s** immer neun auf einmal. **3. the N~** *pl* die neun Musen. **4.** *sport Am.* Baseballmannschaft *f*.

Besondere Redewendungen:

~ times out of ten in neun von zehn Fällen, fast immer; **to the ~s** in höchstem Maße; **dressed (up) to the ~s** piekfein gekleidet, ‚in Schale'; **casting out the ~s** *math.* Neunerprobe *f*; → **wonder** 1.

nine·fold [ˈnaɪnfəʊld] **I** *adj u. adv* neunfach. **II** *s* (*das*) Neunfache.

ˈ**nine·pin** *s* **1.** Kegel *m*. **2.** *pl* (*als sg konstruiert*) Kegeln *n*: **to play ~s** Kegel spielen, kegeln.

nine·teen [ˌnaɪnˈti:n] **I** *adj* neunzehn: → **dozen** 2. **II** *s* Neunzehn *f*. ˌ**nineˈteenth** [-ˈti:nθ] **I** *adj* **1.** neunzehnt(er, e, es): **the ~ hole** (*Golf*) *colloq.* ‚das neunzehnte Loch' (*Bar des Golfplatzes*). **2.** neunzehntel. **II** *s* **3.** (*der, die, das*) Neunzehnte. **4.** Neunzehntel *n*.

nine·ti·eth [ˈnaɪntɪɪθ] **I** *adj* **1.** neunzigst(er, e, es). **2.** neunzigstel. **II** *s* **3.** (*der, die, das*) Neunzigste. **4.** Neunzigstel *n*.

ˌ**nine-to-ˈfive I** *adj* mit geregelter Arbeitszeit: **a ~ job**. **II** *s a.* **nine-to-fiver** *colloq.* j-d, der e-e geregelte Arbeitszeit hat.

nine·ty [ˈnaɪntɪ] **I** *s* Neunzig *f*: **he is in his nineties** er ist in den Neunzigern; **in the nineties** in den neunziger Jahren (*e-s Jahrhunderts*). **II** *adj* neunzig.

nin·ny [ˈnɪnɪ], *a.* ˈ**nin·nyˌham·mer** [-ˌhæmə(r)] *s* Dummkopf *m*, Dussel *m*. ˈ**nin·ny·ish** *adj* dußlig.

ninth [naɪnθ] **I** *adj* **1.** neunt(er, e, es): **in the ~ place** neuntens, an neunter Stelle. **2.** neuntel. **II** *s* **3.** (*der, die, das*) Neunte: **the ~ of May** der 9. Mai. **4.** Neuntel *n*. **5.** *mus.* None *f*: **~ chord** Nonenakkord *m*. ˈ**ninth·ly** *adv* neuntens.

ni·o·bic [naɪˈəʊbɪk] *adj chem.* Niob...: ~ acid.

ni·o·bi·um [naɪˈəʊbɪəm] *s chem.* Niˈob *n*, Niˈobium *n*.

nip[1] [nɪp] **I** *v/t* **1.** kneifen, zwicken: **to ~ off** abzwicken, abkneifen, abbeißen; **~ped by the ice** vom Eis eingeschlossen (*Schiff*). **2.** *durch Frost etc* beschädigen, vernichten: → **bud**[1] 3. **3.** *sl.* a) ‚klauen', stehlen, b) ‚schnappen', verhaften. **II** *v/i* **4.** zwicken, schneiden, beißen (*Kälte, Wind*). **5.** *tech.* klemmen (*Maschine*). **6.** *colloq.* sausen, ‚flitzen': **to ~ in** hineinschlüpfen; **to ~ on ahead** nach vorn flitzen. **III** *s* **7.** Kneifen *n*, Biß *m*. **8.** *tech.* Knick *m* (*in e-m Draht etc*). **9.** *mar.* Einpressung *f* (*e-s Schiffs*). **10.** Abkneifen *n*, Abzwicken *n*. **11.** Beschädigung *f* (*durch Frost etc*), Frostbrand *m*. **12.** Schneiden *n* (*des Windes*), scharfer Frost.

nip[2] [nɪp] **I** *v/i u. v/t* nippen (an *dat*), ein Schlückchen nehmen (von). **II** *s* Schlückchen *n*: **a ~ of whisky**.

Nip[3] [nɪp] *s sl. contp.* ‚Japs' *m*, Jaˈpaner(in).

nip| and tuck *adv* Kopf an Kopf (*a. fig.*): **to be ~** Kopf an Kopf liegen. **ˌ~-and-ˈtuck** *adj* Kopf-an-Kopf-... (*a. fig.*): **a ~ race**.

nip·per [ˈnɪpə(r)] *s* **1.** *bes. Br. colloq.* a) ‚Stift' *m*, Handlanger *m* (*e-s Straßenhändlers*), b) Dreiˈkäsehoch *m*. **2.** *zo.* a) Vorder-, Schneidezahn *m* (*bes. vom Pferd*), b) Schere *f* (*vom Krebs etc*). **3.** *meist pl*, *a.* **pair of ~s** *tech.* a) (Kneif)Zange *f*, b) Pinˈzette *f*, c) Auslösungshaken *m*. **4.** *mar.* (Kabelar)Zeising *f*. **5.** *pl* Kneifer *m*. **6.** *pl colloq.* Handschellen *pl*.

nip·ping [ˈnɪpɪŋ] *adj* (*adv* **~ly**) **1.** kneifend. **2.** beißend, schneidend (*Kälte, Wind; a. fig. Spott etc*). **3.** *fig.* bissig.

nip·ple [ˈnɪpl] *s* **1.** *anat.* Brustwarze *f*. **2.** (Saug)Hütchen *n*, (Gummi)Sauger *m* (*e-r Saugflasche*). **3.** *tech.* (Speichen- *od.* Schmier)Nippel *m*. **~ shield** *s med.* (Brust)Warzenhütchen *n* (*für stillende Mütter*). **ˈ~·wort** *s bot.* Hasenkohl *m*.

Nip·pon·ese [ˌnɪpəˈniːz] **I** *s* a) Jaˈpaner(in), b) *pl* Jaˈpaner *pl*. **II** *adj* jaˈpanisch.

nip·py [ˈnɪpɪ] **I** *adj* **1.** → **nipping** 2 *u.* 3. **2.** *colloq.* a) schnell, ‚fix', b) spritzig (*Wagen*). **II** *s* **3.** *Br. colloq.* Kellnerin *f*.

Nir·va·na [ˌnɪə(r)ˈvɑːnə; nɜːˈv-; *Am.* nɜr-] *s relig. u. fig.* Nirˈwana *n*.

ni·sei [niːˈseɪ; ˈniːseɪ] *pl* **-sei, -seis** *s* Jaˈpaner(in) geboren in den USˈA.

ni·si [ˈnaɪsaɪ] (*Lat.*) *conj jur.* wenn nicht: **decree ~** vorläufiges Scheidungsurteil.

Nis·sen hut [ˈnɪsn] *s mil.* Nissenhütte *f*, ˈWellblechbaˌracke *f* (mit Zeˈmentboden).

ni·sus [ˈnaɪsəs] *pl* **-sus** *s* **1.** Bestreben *n*. **2.** *biol.* periˈodisch auftretender Fortpflanzungstrieb.

nit[1] [nɪt] *s zo.* Nisse *f*, Niß *f* (*Ei e-r Laus od. anderer Insekten*).

nit[2] [nɪt] *s Br. colloq.* Schwachkopf *m*.

nit[3] [nɪt] *s*: **to keep ~** *Austral. colloq.* ‚Schmiere stehen', aufpassen.

ni·ter, *bes. Br.* **ni·tre** [ˈnaɪtə(r)] *s chem.* Salˈpeter *m*: **~ cake** Natriumkuchen *m*.

ni·ton [ˈnaɪtɒn; *Am.* -ˌɑn; *a.* ˈniːt-] *s chem.* Niton *n*.

ˈnit|-ˌpick·er *s colloq.* ‚Koˈrinthenkacker' *m*, ‚pingeliger' *od.* kleinlicher Mensch. **ˈ~-ˌpick·ing** *colloq.* **I** *adj* ‚pingelig', kleinlich. **II** *s* ‚Koˌrinthenkackeˈrei' *f*.

ni·trate [ˈnaɪtreɪt] **I** *s chem.* Niˈtrat *n*, salˈpetersaures Salz: **~ of silver** salpetersaures Silber(oxyd), Höllenstein *m*; **~ of soda** (*od.* **sodium**) salpetersaures Natron. **II** *v/t* niˈtrieren, mit Salˈpetersäure behandeln. **ˈni·trat·ed** *adj* **1.** *chem.* salˈpetersauer. **2.** *phot.* mit salˈpetersaurem ˈSilberoˌxyd präpaˈriert (*Platte etc*).

ni·tra·tion [naɪˈtreɪʃn] *s chem.* Niˈtrierung *f*.

ni·tre *bes. Br. für* **niter**.

ni·tric [ˈnaɪtrɪk] *adj chem.* salˈpetersauer, Salpeter..., Stickstoff... **~ ac·id** *s chem.* Salˈpetersäure *f*. **~ ox·ide** *s chem.* ˈStickstoffoˌxyd *n*. **~ per·ox·ide** *s chem.* ˈStickstofftetroˌxyd *n*.

ni·tride [ˈnaɪtraɪd] *chem.* **I** *s* Niˈtrid *n*. **II** *v/t* niˈtrieren. **niˈtrif·er·ous** [-ˈtrɪfərəs] *adj* **1.** stickstoffhaltig. **2.** salˈpeterhaltig. **ˌni·tri·fiˈca·tion** [-fɪˈkeɪʃn] *s* Niˈtrierung *f*. **ˈni·tri·fy** [-faɪ] **I** *v/t* niˈtrieren. **II** *v/i* sich in Salˈpeter verwandeln.

ni·trite [ˈnaɪtraɪt] *s* Niˈtrit *n*, salˈpetrigsaures Salz.

nitro- [naɪtrəʊ] *Wortelement mit der Bedeutung* Nitro..., Salpeter...

ˌni·tro·bacˈte·ri·um *s irr med.* ˈStickstoffbakˌterie *f*.

ˌni·troˈben·zene, ˌni·troˈben·zol(e) *s chem.* Nitrobenˈzol *n*.

ˌni·troˈcel·lu·lose *s chem.* Nitrozelluˈlose *f*, Schießbaumwolle *f*: **~ lacquer** Nitro(zellulose)lack *m*.

ˌni·troˈgel·a·tin(e) *s chem.* Nitrogelaˈtine *f*, Gelaˈtinedynaˌmit *n*.

ni·tro·gen [ˈnaɪtrədʒən] *s chem.* Nitroˈgen *n*, Stickstoff *m*. **~ fix·a·tion** *s chem.* **1.** ˈUmwandlung *f* des freien Stickstoffs (*in technisch verwertbare Verbindungen*). **2.** Assimilatiˈon *f* des Luftstickstoffs (*durch bestimmte Bodenbakterien*).

ni·tro·gen·ize [naɪˈtrɒdʒɪnaɪz; *Am.* -ˈtrɑ-; *a.* ˈnaɪtrədʒəˌn-] *v/t chem.* mit Stickstoff verbinden *od.* anreichern: **~d foods** stickstoffhaltige Nahrungsmittel.

ni·trog·e·nous [naɪˈtrɒdʒɪnəs; *Am.* -ˈtrɑ-] *adj chem.* stickstoffhaltig.

ˌni·troˈglyc·er·in(e) *s chem.* Nitroglyceˈrin *n*.

ˈni·troˌhy·droˈchlo·ric *adj chem.* Salpetersalz...: **~ acid**.

ni·tro pow·der *s chem.* rauchschwaches Pulver.

ni·trous [ˈnaɪtrəs] *adj chem.* Salpeter..., salˈpeterhaltig, salˈpetrig. **~ ac·id** *s* salˈpetrige Säure. **~ an·hy·dride** *s* Salˈpetrigsäureanhyˌdrid *n*, Stickstoffˈtrioˌxyd *n*. **~ ox·ide** *s* ˈStickstoffoxyˌdul *n*, Lachgas *n*.

ni·trox·yl [naɪˈtrɒksɪl; *Am.* -ˈtrɑk-], **ni·tryl** [ˈnaɪtrɪl] *s chem. das Radikal* -NO_2.

nit·ty[1] [ˈnɪtɪ] *adj* voller Nissen.

nit·ty[2] [ˈnɪtɪ] *adj colloq.* blöd, dumm.

nit·ty-grit·ty [ˌnɪtɪˈgrɪtɪ] *s*: **to get down** (*od.* **come**) **to the ~** *colloq.* zur Sache kommen.

nit·wit [ˈnɪtwɪt] *s* Schwachkopf *m*.

ni·val [ˈnaɪvl] *adj bot.* niˈval, im Schnee wachsend.

nix[1] [nɪks] *s* Nix *m*, Wassergeist *m*.

nix[2] [nɪks] *Am. colloq.* **I** *pron u. interj* **1.** ‚nix', nichts. **II** *adv u. interj* **2.** nein: **to say ~ to s.th.** **III** *v/t* **3.** a) ablehnen, b) verhindern, c) verbieten. **IV** *s* **4.** a) Ablehnung *f*, b) Verhinderung *f*, c) Verbot *f*. **5.** → **nixie**[2].

nix·e [ˈnɪksə], *a.* **nix·ie**[1] [ˈnɪksɪ] *s* (Wasser)Nixe *f*.

nix·ie[2] [ˈnɪksiː] *s Am. colloq.* unzustellbare Postsache.

no[1] [nəʊ] **I** *adv* **1.** nein: **to answer ~** nein sagen; **to say ~ to** nein sagen zu. **2.** (*nach or am Ende e-s Satzes*) nicht (*jetzt meist* **not**): **whether or ~** ob oder nicht; **permitted or ~** erlaubt oder nicht. **3.** (*beim comp*) um nichts, nicht: **~ better a writer** kein besserer Schriftsteller; **~ longer (ago) than yesterday** erst gestern. **II** *pl* **noes** *s* **4.** Nein *n*, verneinende Antwort, Absage *f*, Weigerung *f*: **a clear ~ to** ein klares Nein auf (*acc*). **5.** *parl.* Gegenstimme *f*: **the ayes and ~es** die Stimmen für u. wider; **the ~es have it** die Mehrheit ist dagegen, der Antrag ist abgelehnt. **III** *adj* **6.** kein(e): **~ success** kein Erfolg; **~ hope** keine Hoffnung; **~ one** keiner; **at ~ time** nie; **in ~ time** im Nu, im Handumdrehen; → **way**[1] *Bes. Redew.* **7.** kein, alles andere als ein(e): **he is ~ artist; he is ~ Englishman** er ist kein (typischer) Engländer. **8.** *vor ger*: → **deny** 1, **knowing** 5, **please** 2, **saying** 1.

no[2] [nəʊ] *s sg u. pl* No *n* (*e-e altjapanische Dramengattung*).

ˌno-acˈcount *adj Am. dial.* unbedeutend (*bes. Person*).

No·a·chi·an [nəʊˈeɪkɪən], *a.* **Noˈach·ic** [-ˈækɪk; -ˈeɪkɪk] *adj* **1.** *Bibl.* Noah u. s-e Zeit betreffend, noaˈchitisch. **2.** vorsintflutlich.

No·ah's ark [ˈnəʊəz] *s* **1.** *Bibl.* Arche *f* Noah(s) *od.* Noä. **2.** *meteor.* paralˈlele Federwolken *pl od.* -streifen *pl*. **3.** *zo.* Archenmuschel *f*. **4.** *bot.* Frauenschuh *m*.

nob[1] [nɒb; *Am.* nɑb] *s colloq.* ‚Birne' *f* (*Kopf*).

nob[2] [nɒb; *Am.* nɑb] *s bes. Br. colloq.* ‚feiner Pinkel', ‚großes Tier', vornehmer Mann.

ˌno-ˈball *s Kricket*: ungültiger Ball.

nob·ble [ˈnɒbl] *v/t Br. colloq.* **1.** ‚reinlegen', betrügen. **2.** *j-n* auf s-e Seite ziehen, ‚herˈumkriegen'. **3.** bestechen. **4.** ‚sich unter den Nagel reißen', ‚schnappen', ‚klauen'. **5.** *sport ein Rennpferd* (*durch Drogen etc*) ‚müde machen'. **ˈnob·bler** *s Br. colloq.* **1.** a) Betrüger *m*, b) Helfershelfer *m* (*beim Bauernfängerspiel*). **2.** Schlag *m* (auf den Kopf).

nob·by[1] [ˈnɒbɪ; *Am.* ˈnɑ-] *adj bes. Br. colloq.* (piek)fein, schick.

nob·by[2] [ˈnɒbɪ; *Am.* ˈnɑ-] *s mar.* kraˈweelgebautes Fischerboot.

No·bel prize [nəʊˈbel] *s* Noˈbelpreis *m*: **Nobel peace prize** Friedensnobelpreis; **~ winner** Nobelpreisträger(in).

no·bil·i·ar·y [nəʊˈbɪljərɪ; *Am. a.* -lɪˌeriː] *adj* adlig, Adels...

no·bil·i·ty [nəʊˈbɪlətɪ] *s* **1.** *fig.* Adel *m*, Größe *f*, Würde *f*, Vornehmheit *f*: **~ of mind** → **noble-mindedness**; **~ of soul** Seelenadel, -größe. **2.** a) Adel(sstand) *m*, (*die*) Adligen *pl*, b) (*bes. in England*) hoher Adel: **the ~ and gentry** der hohe u. niedere Adel. **3.** Adel *m*, adlige Abstammung.

no·ble [ˈnəʊbl] **I** *adj* (*adv* **nobly**) **1.** adlig, von Adel: **to be of ~ birth** adliger Abstammung sein. **2.** edel, erlaucht: **the Most N~** ... *Titel e-s Herzogs*. **3.** *fig.* edel, Edel..., erhaben, groß(mütig), nobel, vorˈtrefflich: **the ~ art** (*od.* **science**) die edle Kunst der Selbstverteidigung (*Boxen*). **4.** prächtig, stattlich: **a ~ edifice**. **5.** prächtig geschmückt (**with** mit). **6.** *phys.* Edel...: **~ gas**; **~ metals**. **II** *s* **7.** Edelmann *m*, (hoher) Adliger: **the ~s** der Adel, die Adligen. **8.** *hist.* Nobel *m* (*alte englische Goldmünze*). **9.** *Am. sl.* Anführer *m* von Streikbrechern. **~ fir** *s bot.* Riesen-, Silbertanne *f*. **~ hawk** *s orn.* Edelfalke *m*. **ˈ~·man** [-mən] *s irr* **1.** (hoher) Adliger, Edelmann *m*. **2.** *Br.* Peer *m*. **3.** *pl Schach*: Offiˈziere *pl*. **ˌ~-ˈmind·ed** *adj* edeldenkend, edelmütig, vornehm. **ˌ~-ˈmind·ed·ness** *s* Edelmut *m*, vornehme Denkungsart.

no·ble·ness [ˈnəʊblnɪs] *s* **1.** Adel *m*, hohe *od.* adlige Abstammung. **2.** *fig.* → **noble-mindedness**.

ˈno·bleˌwom·an *s irr* Adlige *f*, Edelfrau *f*.

no·bod·y [ˈnəʊbədɪ; -ˌbɒdɪ; *Am.* -ˌbɑ-] **I** *s*

fig. unbedeutende Per'son, ‚Niemand' *m*, ‚Null' *f*: **to be (a) ~** nichts sein, nichts zu sagen haben; **they are ~ in particular** es sind keine besonderen Leute, es sind ganz gewöhnliche Menschen. **II** *adj pron* niemand, keiner.
no·ci·as·so·ci·a·tion [ˈnəʊsɪəˌsəʊsɪˈeɪʃn] *s med.* Entladung *f* von ner'vöser Spannung.
nock [nɒk; *Am.* nɑk] **I** *s* **1.** *Bogenschießen*: Kerbe *f* (*für den Pfeil*). **2.** Nuß *f* (*e-r Armbrust*). **II** *v/t* **3.** *den Pfeil* auf die Kerbe legen. **4.** *e-n Bogen* einkerben.
ˌno-ˈclaim(s) bo·nus *s Haftpflichtversicherung*: 'Schadenfreiheitsraˌbatt *m*.
noc·tam·bu·la·tion [nɒkˌtæmbjʊˈleɪʃn; *Am.* nɑk-], *a.* **nocˈtam·bu·lism** [-lɪzəm] *s med.* Somnambu'lismus *m*, Schlaf-, Nachtwandeln *n*. **nocˈtam·bu·list** *s* Somnam'bule(r *m*) *f*, Schlaf-, Nachtwandler(in).
noc·ti·lu·ca [ˌnɒktɪˈluːkə; *Am.* ˌnɑk-] *pl* **-cae** [-siː] *s zo.* Meerleuchte *f*.
noc·to·graph [ˈnɒktəgrɑːf; *bes. Am.* -græf] *s* Schreibrahmen *m* für Blinde.
noc·tu·id [ˈnɒktjʊɪd; *Am.* ˈnɑktʃəwəd] *s zo.* Eule *f* (*Nachtschmetterling*).
noc·tule [ˈnɒktjuːl; *Am.* ˈnɑktʃuːl] *s zo.* Abendsegler *m*, Frühfliegende Fledermaus.
noc·turn [ˈnɒktɜːn; *Am.* ˈnɑkˌtɜrn] *s R.C.* Nachtmette *f*. **nocˈtur·nal** [-nl] *adj* (*adv* **~ly**) **1.** nächtlich, Nacht...: **~ comfort** Schlafkomfort *m*. **2.** *bot.* sich nur bei Nacht entfaltend. **3.** *zo.* 'nachtakˌtiv.
noc·turne [ˈnɒktɜːn; *Am.* ˈnɑkˌtɜrn] *s* **1.** *paint.* Nachtstück *n*. **2.** *mus.* Noc'turne *n*, *f*, Not'turno *n*.
noc·u·ous [ˈnɒkjʊəs; *Am.* ˈnɑkjəwəs] *adj* (*adv* **~ly**) **1.** schädlich. **2.** giftig (*Schlangen*).
nod [nɒd; *Am.* nɑd] **I** *v/i* **1.** (mit dem Kopf) nicken: **to ~ to s.o.** j-m zunicken; **~ding acquaintance** oberflächliche(r) Bekannte(r), Grußbekanntschaft *f*, flüchtige Bekanntschaft (*a. fig.* **with** mit); **to have a ~ding acquaintance with s.o.** j-n flüchtig kennen; **we are on ~ding terms** wir stehen auf dem Grüßfuß. **2.** *weitS.* nicken, sich neigen, wippen (*Blumen, Hutfedern etc*). **3.** *fig.* sich (in Demut) neigen (**to** vor *dat*). **4.** nicken, (*im Sitzen*) schlafen: **to ~ off** einnicken. **5.** *fig.* ‚schlafen', unaufmerksam sein: **Homer sometimes ~s** zuweilen schlummert auch Homer. **II** *v/t* **6.** nicken mit: **to ~ one's head** → 1. **7.** a) (durch Nicken) andeuten: **to ~ one's assent** beifällig (zu)nicken, b) **to ~ s.o. out** j-n hinauswinken. **III** *s* **8.** (Kopf)Nicken *n*: **to give s.o. a ~** j-m zunicken; **~s of approval** beifälliges *od.* zustimmendes Nicken; **a ~ is as good as a wink (to a blind horse)** ein kurzer Wink (*od.* e-e Andeutung) genügt; **on the ~** *colloq.* a) *Br.* formlos, b) *Br.* stillschweigend, c) auf Pump, auf Kredit. **9.** Nickerchen *n*: **to go to the land of N~** einnicken, einschlafen.
nod·al [ˈnəʊdl] *adj* Knoten... **~ curve** *s math.* Knoten(punkts)kurve *f*. **~ point** *s* **1.** *mus. phys.* Schwingungsknoten *m*. **2.** *math. phys.* Knotenpunkt *m*.
nod·dle [ˈnɒdl; *Am.* ˈnɑ-] *s colloq.* **1.** ‚Birne' *f* (*Kopf*). **2.** ‚Grips' *m* (*Verstand*): **use your ~!** streng deinen Grips an!
node [nəʊd] *s* **1.** *allg.* Knoten *m* (*a. astr. bot. math.*; *a. fig. im Drama etc*): **~ of a curve** *math.* Knotenpunkt *m* e-r Kurve. **2.** *med.* Knoten *m*, Knötchen *n*, 'Überbein *n*: **gouty ~** Gichtknoten; **singer's ~** Stimmbandknötchen; **vital ~** Lebensknoten. **3.** *phys.* Schwingungsknoten *m*.
no·di [ˈnəʊdaɪ] *pl von* **nodus**.
no·dose [ˈnəʊdəʊs; nəʊˈdəʊs] *adj* knotig (*a. med.*), voller Knoten. **noˈdos·i·ty** [-ˈdɒsətɪ; *Am.* -ˈdɑ-] *s* **1.** knotige Beschaffenheit. **2.** Knoten *m*.
nod·u·lar [ˈnɒdjʊlə; *Am.* ˈnɑdʒələr] *adj* knoten-, knötchenförmig: **~-ulcerous** *med.* tubero-ulzerös.
nod·ule [ˈnɒdjuːl; *Am.* ˈnɑdʒuːl] *s* **1.** *bot. med.* Knötchen *n*: **lymphatic ~** Lymphknötchen. **2.** *geol. min.* Nest *n*, Niere *f*.
no·dus [ˈnəʊdəs] *pl* **-di** [-ðaɪ] *s fig.* verzwickte Lage.
no·e·sis [nəʊˈiːsɪs] *s philos.* No'esis *f*: a) geistiges Erfassen, b) Sinneneinheit *f* e-r Wahrnehmung. **noˈet·ic** [-ˈetɪk] *adj* no'etisch, (rein) intellektu'ell.
ˌno-ˈfrill(s) *adj* ohne besonderen Service (*Flug etc*), ohne besondere Ausstattung, einfach (*Wohnung etc*).
nog[1] [nɒg; *Am.* nɑg] *s* Flip *m* (*alkoholisches Mischgetränk mit Ei*).
nog[2] [nɒg; *Am.* nɑg] **I** *s* **1.** Holznagel *m*, -klotz *m*. **2.** *arch.* a) Holm *m* (*querliegender Balken*), b) *Maurerei*: (*in die Wand eingelassener*) Holzblock, Riegel *m*. **II** *v/t* **3.** mit e-m Holznagel befestigen. **4.** *Mauerwerk* mit Holzbarren einfassen, *Fachwerk* ausmauern.
nog·gin [ˈnɒgɪn; *Am.* ˈnɑ-] *s* **1.** kleiner (Holz)Krug. **2.** *kleines Flüssigkeitsmaß* (= 1/4 *pint*): **what about a ~?** wie wär's mit e-m Schluck? **3.** *colloq.* ‚Birne' *f*, Kopf *m*.
nog·ging [ˈnɒgɪŋ; *Am.* ˈnɑgən; -ɪŋ] *s arch.* Riegelmauer *f*, (ausgemauertes) Fachwerk.
ˌno-ˈgo a·re·a *s Stadtteil, der aus Furcht vor Feindseligkeiten s-r Bewohner von Leuten anderer Stadtteile nicht betreten wird.*
ˌno-ˈgood *Am. colloq.* **I** *s* Nichtsnutz *m*, Taugenichts *m*. **II** *adj* nichtsnutzig.
ˌno-ˈhop·er *s Austral. colloq.* ‚Flasche' *f*, Versager *m*, Niete *f*.
no·how [ˈnəʊhaʊ] *adv colloq.* **1. not ... ~** einfach nicht: **I can't learn this ~.** **2.** nichtssagend, unansehnlich: **to look ~** nach nichts aussehen. **3.** unwohl: **to feel ~** nicht auf der Höhe sein.
noil [nɔɪl] *s sg u. pl tech.* Kämmling *m*, Kurzwolle *f*.
ˌno-ˈi·ron *adj* bügelfrei (*Hemd etc*).
noise [nɔɪz] **I** *s* **1.** Lärm *m*, Getöse *n*, Krach *m*, Geschrei *n*: **~ of battle** Gefechtslärm; **~ abatement, ~ control** a) Lärmbekämpfung *f*, b) *civ.eng.* Schallschutz *m*; **~ nuisance** Lärmbelästigung *f*; **hold your ~!** *colloq.* halt den Mund!; **big ~** → **bigwig**. **2.** Geräusch *n*: **a small ~** ein leises Geräusch. **3.** Rauschen *n* (*a. electr. Störung*), Summen *n*: **~ factor, ~ figure** Rauschfaktor *m*. **4.** *fig.* ‚Krach' *m*, Streit *m*: **to make a ~** Krach machen (**about** wegen) (→ 5). **5.** *fig.* Aufsehen *n*, Geschrei *n*: **to make a ~** viel Tamtam machen (**about** wegen); **to make a great ~ in the world** großes Aufsehen erregen, viel von sich reden machen. **6.** *obs.* Gerücht *n*. **II** *v/i* **7. ~ it** lärmen. **III** *v/t* **8. ~ abroad, ~ about** verbreiten; **it's being ~d about that** man erzählt sich, daß. **~ di·ode** *s electr.* 'Rauschdiˌode *f*. **~ field in·ten·si·ty** *s electr.* Störfeldstärke *f*.
noise·less [ˈnɔɪzlɪs] *adj* (*adv* **~ly**) geräuschlos (*a. tech.*), lautlos, still. **ˈnoise·less·ness** *s* Geräuschlosigkeit *f*.
noise| lev·el *s* **1.** Lärmpegel *m* (*Auto etc*). **2.** *Radio*: Rausch-, Störpegel *m*. **3.** *Akustik*: Lärm-, Störpegel *m*. **~ lim·it·er** *s electr.* Störbegrenzer *m*. **ˈ~ˌmak·er** *s Am.* 'Lärminstruˌment *n*. **~ me·ter** *s electr.* Geräuschmesser *m*. **~ pol·lu·tion** *s* Lärmbelästigung *f*. **~ spec·trum** *s Radio*: Rauschspektrum *n*. **~ sup·pres·sion, ~ sup·pres·sor** *s electr.* Störschutz *m*.
noi·sette[1] [nwɑːˈzet; *Am.* nwə-] *s meist pl gastr.* zartes Fleischstückchen, *bes.* Nuß *f*.
noi·sette[2] [nwɑːˈzet; *Am.* nwə-] *s bot. e-e Rosensorte.*
noise volt·age *s electr.* Stör-, Geräuschspannung *f*.
nois·i·ness [ˈnɔɪzɪnɪs] *s* **1.** → **noise** 1. **2.** lärmendes Wesen.
noi·some [ˈnɔɪsəm] *adj* (*adv* **~ly**) **1.** schädlich, ungesund. **2.** widerlich (*Geruch*). **ˈnoi·some·ness** *s* **1.** Schädlichkeit *f*. **2.** Widerlichkeit *f*.
nois·y [ˈnɔɪzɪ] *adj* (*adv* **noisily**) **1.** geräuschvoll (*a. tech.*), laut: **a ~ street.** **2.** lärmend, laut: **~ child.** **3.** *fig.* tobend, kra'keelend: **~ fellow** Krakeeler *m*, Schreier *m*. **4.** *fig.* a) grell, schreiend (*Farben etc*), b) ‚laut', aufdringlich.
no·li me tan·ge·re [ˈnəʊlɪˌmeɪˈtæŋgərɪ; *Am.* ˌnəʊliːmiːˈtændʒəriː; -ˌlaɪ-] (*Lat.*) *s* **1.** *paint.* 'Nolime'tangere *n* (*Darstellung des der Maria Magdalena erscheinenden auferstandenen Christus*). **2.** *bot.* Rührmichnichtan *n*. **3.** *med.* Ulcus *m* rodens, Lupus *m* (*Hauterkrankung*).
nol·le [ˈnɑlɪ], **ˌnol·leˈpros** [-ˈprɑs] (*Lat.*) *jur. Am.* **I** *v/t* a) die Zu'rücknahme *der* (*Zivil*)*Klage* einleiten, b) *das* (*Straf*)*Verfahren* einstellen. **II** *s* → **nolle prosequi**.
nol·le pros·e·qui [ˌnɒlɪˈprɒsɪkwaɪ; *Am.* ˌnɑliːˈprɑ-] (*Lat.*) *s jur.* **1.** Zu'rücknahme *f* der (*Zivil*)Klage. **2.** Einstellung *f* des (*Straf*)Verfahrens.
ˌno-ˈload *s electr.* Leerlauf *m*: **~ speed** Leerlaufdrehzahl *f*.
no·lo con·ten·de·re [ˌnəʊləʊkənˈtendəriː] (*Lat.*) *s jur. Am.* Aussage *f* (*e-s Angeklagten*) ohne ausdrückliches Eingeständnis e-r Schuld (*die zwar zu s-r Verurteilung führt, ihn aber berechtigt, in e-m Parallelverfahren s-e Schuld zu leugnen*).
nol-pros [ˌnɑlˈprɑs] → **nolle** I.
no·ma [ˈnəʊmə] *s med.* Noma *f*, Gesichtsbrand *m*.
no·mad [ˈnəʊmæd] **I** *adj* no'madisch, Nomaden... **II** *s* No'made *m*, No'madin *f*. **noˈmad·ic** *adj* (*adv* **~ally**) **1.** → **nomad** I. **2.** *fig.* unstet. **ˈno·mad·ism** *s* No'madentum *n*, Wanderleben *n*. **ˈno·mad·ize I** *v/i* **1.** nomadi'sieren, ein Wanderleben führen. **II** *v/t* **2.** zu No'maden machen. **3.** No'maden seßhaft machen in (*dat*).
ˈno-man's-land *s* **1.** herrenloses Gebiet. **2.** *mil. u. fig.* Niemandsland *n*.
nom·bril [ˈnɒmbrɪl; *Am.* ˈnɑm-] *s her.* Nabel *m* (*des Wappenschilds*).
nom de plume *pl* **noms de plume** [ˌnɔ̃mdəˈpluːm; ˌnɒm-; *Am.* ˌnɑmdɪˈpluːm] *s* Pseudo'nym *n*, Schriftstellername *m*.
no·men·cla·ture [nəʊˈmenklətʃə(r); *bes. Am.* ˈnəʊmənkleɪ-] *s* **1.** Nomenkla'tur *f*: a) (*wissenschaftliche*) Namengebung, b) Namenverzeichnis *n*. **2.** (fachliche) Terminolo'gie, Fachsprache *f*. **3.** *collect.* Namen *pl*, Bezeichnungen *pl*. **4.** *math.* Benennung *f*, Bezeichnung *f*.
nom·ic [ˈnəʊmɪk] *adj* gebräuchlich, üblich (*bes. Schreibweise*).
nom·i·nal [ˈnɒmɪnl; *Am.* ˈnɑ-] *adj* (*adv* **~ly**) **1.** Namen... **2.** nur dem Namen nach, nomi'nell, Nominal...: **~ consideration** *jur.* formale Gegenleistung (*z. B. $ 1*); **~ rank** Titularrang *m*; **a ~ fine** e-e nomi'nelle (*sehr geringe*) Geldstrafe. **3.** *ling.* nomi'nal, Nominal... **4.** *electr. tech.* Nenn..., Soll..., Nominal... **~ ac·count** *s econ.* Sachkonto *n*. **~ ca·pac·i·ty** *s electr. tech.* 'Nennleistung *f*, -kapaziˌtät *f*. **~ cap·i·tal** *s econ.* 'Gründungs-, 'Grund-, 'Stammkapiˌtal *n*. **~ cur·rent** *s electr.* Nennstrom *m*. **~ fre·quen·cy** *s*

electr. ˈSollfreˌquenz *f.* ~ **in·ter·est** *s econ.* Nomiˈnalzinsfuß *m.*

ˈnom·i·nal·ism *s philos.* Nominaˈlismus *m.* **ˈnom·i·nal·ist** *s* Nominaˈlist(in). **ˌnom·i·nalˈis·tic** *adj* nominaˈlistisch.

nom·i·nal| out·put *s tech.* Nennleistung *f.* ~ **par** *s econ.* Nenn-, Nomiˈnalwert *m.* ~ **par·i·ty** *s econ.* ˈNennwertpariˌtät *f.* ~ **price** *s econ.* nomiˈneller Kurs (*Preis*). ~ **speed** *s electr.* Nenndrehzahl *f.* ~ **stock** → **nominal capital.** ~ **val·ue** *s econ.* Nomiˈnal-, Nennwert *m.*

nom·i·nate I *v/t* [ˈnɒmɪneɪt; *Am.* ˈnɑ-] **1.** (to) berufen, ernennen (zu), einsetzen (in *ein Amt*): ~**d (as) executor** als Testamentsvollstrecker eingesetzt. **2.** nomiˈnieren, (zur Wahl) vorschlagen, als Kandiˈdaten aufstellen. **3.** *obs.* (be)nennen, bezeichnen. **II** *adj* [-nɪt] **4.** berufen, ernannt, nomiˈniert.

nom·i·na·tion [ˌnɒmɪˈneɪʃn; *Am.* ˌnɑ-] *s* **1.** (to) Berufung *f*, Ernennung *f* (zu), Einsetzung *f* (in *acc*): **in** ~ vorgeschlagen (**for** für). **2.** Vorschlagsrecht *n.* **3.** Aufstellung *f*, Nomiˈnierung *f*, Vorwahl *f* (*e-s Kandidaten*): ~ **day** Wahlvorschlagstermin *m.*

nom·i·na·tive [ˈnɒmɪnətɪv; *Am.* ˈnɑ-] **I** *adj* (*adv* ~**ly**) **1.** *ling.* nominativ, nominaˈtivisch: ~ **case** → 3. **2.** durch Ernennung eingesetzt. **II** *s* **3.** *ling.* Nominativ *m*, erster Fall.

nom·i·na·tor [ˈnɒmɪneɪtə(r); *Am.* ˈnɑ-] *s* Ernennende(r) *m.* **ˌnom·iˈnee** [-ˈniː] *s* **1.** (*für ein Amt etc*) Vorgeschlagene(r *m*) *f*, Desiˈgnierte(r *m*) *f*, Kandiˈdat(in). **2.** *econ.* Begünstigte(r *m*) *f*, Empfänger(in) (*e-r Rente etc*).

no·mism [ˈnəʊmɪzəm] *s relig.* Noˈmismus *m.*

nom·o·gram [ˈnəʊməgræm; *Br. a.* ˈnɒ-; *Am. a.* ˈnɑ-], *a.* **ˈnom·o·graph** [-grɑːf; *bes. Am.* -græf] *s math.* Nomoˈgramm *n.*

non- [nɒn; *Am.* nɑn] *Wortelement mit der Bedeutung* nicht..., Nicht..., un...

ˌnon·acˈcept·ance *s* Annahmeverweigerung *f*, Nichtannahme *f.*

ˌnon·aˈchiev·er *s* j-d, der es zu nichts bringt, *a.* Versager *m.*

ˌnonˈad·dict *s* nicht abhängiger ˈDrogenkonsuˌment.

non·age [ˈnəʊnɪdʒ; *Br. a.* ˈnɒ-; *Am. a.* ˈnɑ-] *s* **1.** Unmündigkeit *f*, Minderjährigkeit *f.* **2.** *fig.* a) Kindheit *f*, b) Unreife *f.*

non·a·ge·nar·i·an [ˌnəʊnədʒɪˈneərɪən; *Br. a.* ˌnɒn-; *Am. a.* ˌnɑn-] **I** *adj* a) neunzigjährig, b) in den Neunzigern. **II** *s* Neunziger(in), Neunzigjährige(r *m*) *f.*

ˌnon·agˈgres·sion *s* Nichtangriff *m*: ~ **pact** Nichtangriffspakt *m.*

non·a·gon [ˈnɒnəgɒn; *Am.* ˈnəʊnəˌgɑn] *s math.* Nonaˈgon *n*, Neuneck *n.*

ˈnonˌal·coˈhol·ic *adj* alkoholfrei.

ˌnon·aˈligned *pol.* **I** *adj* blockfrei. **II** *s* blockfreies Land: **the** ~ *collect.* die Blockfreien *pl.* **ˌnon·aˈlign·ment** *s* Blockfreiheit *f*: **policy of** ~ Neutralitätspolitik *f.*

ˌnon·apˈpear·ance *s* Nichterscheinen *n* (*vor Gericht etc*).

no·na·ry [ˈnəʊnərɪ] **I** *adj* auf neun aufgebaut (*Zählsystem*). **II** *s* Neunergruppe *f.*

ˌnon·asˈsess·a·ble *adj econ.* nicht steuerpflichtig, steuerfrei.

ˌnon·atˈtend·ance *s* Nichterscheinen *n.*

ˌnon·beˈliev·er *s* **1.** Ungläubige(r *m*) *f*, Atheˈist(in). **2.** j-d, der nicht an e-e Sache glaubt: **a** ~ **in ghosts.**

ˌnon·belˈlig·er·ent I *adj* nicht kriegführend. **II** *s* nicht am Krieg teilnehmende Perˈson *od.* Natiˈon.

ˌnonˈbreak·a·ble *adj* unzerbrechlich.

nonce [nɒns; *Am.* nɑns] *s* (*nur in*): **for the** ~ a) für das ˈeine Mal, nur für diesen Fall, b) einstweilen. ~ **word** *s ling.* Adˈhoc-Bildung *f.*

non·cha·lance [ˈnɒnʃələns; *Am.* ˌnɑnʃəˈlɑːns; ˈnɑnʃəl-] *s* Nonchaˈlance *f*, Lässigkeit *f*, Unbekümmertheit *f.* **non·cha·lant** *adj* (*adv* ~**ly**) nonchaˈlant, unbekümmert, ungezwungen, lässig.

ˌnon·colˈle·gi·ate *adj univ.* **1.** *Br.* keinem College angehörend. **2.** nicht akaˈdemisch (*Studien*). **3.** nicht aus Colleges bestehend (*Universität*).

non·com [ˈnɒnkɒm; *Am.* ˈnɑnˌkɑm] *colloq. abbr. für* a) **noncommissioned officer**, b) *Am.* **noncommissioned.**

ˌnonˈcom·bat·ant *mil.* **I** *s* ˈNichtkämpfer *m*, -kombatˌtant *m.* **II** *adj* am Kampf nicht beteiligt.

ˌnon·comˈmis·sioned *adj* **1.** unbestallt, nicht bevollmächtigt. **2.** *mil.* im ˈUnteroffiˌziersrang. ~ **of·fi·cer** *s mil.* ˈUnteroffiˌzier *m.*

ˌnon·comˈmit·tal I *adj* **1.** unverbindlich, nichtssagend, neuˈtral. **2.** zuˈrückhaltend: **to be** ~ sich nicht festlegen wollen. **II** *s* **3.** Unverbindlichkeit *f.*

ˌnon·comˈmit·ted *adj pol.* blockfrei.

ˌnon·comˈpli·ance *s* **1.** Zuˈwiderhandlung *f* (**with** gegen), Weigerung *f*, Nichtbefolgung *f.* **2.** Nichterfüllung *f*, Nichteinhaltung *f* (**with** von *od. gen*).

non com·pos (men·tis) [ˌnɒnˈkɒmpəs (ˈmentɪs); *Am.* ˌnɑnˈkɑm-] (*Lat.*) *adj jur.* unzurechnungsfähig.

ˌnon·conˈduc·tor *s electr.* Nichtleiter *m.*

ˌnon·conˈform·ing *adj* nonkonforˈmistisch: a) individuaˈlistisch, b) *relig.* Dissidenten... **ˌnon·conˈform·ist I** *s* Nonkonforˈmist(in): a) (poˈlitischer *od.* soziˈaler) Einzelgänger, b) *relig. Br.* Dissiˈdent(in) (*Angehörige[r] e-r protestantischen Freikirche*). **II** *adj* → **nonconforming.** **ˌnon·conˈform·i·ty** *s* **1.** mangelnde Überˈeinstimmung (**with** mit) *od.* Anpassung (**to** an *acc*). **2.** Nonkonforˈmismus *m*, individuaˈlistische Haltung. **3.** *relig.* Dissiˈdententum *n*: a) Zugehörigkeit *f* zu e-r Freikirche, b) freikirchliche Gesinnung.

ˌnonˈcon·tact *adj sport* körperlos: ~ **game.**

ˌnon·conˈtent *s parl. Br.* Neinstimme *f* (*im Oberhaus*).

ˌnon·conˈten·tious *adj* nicht strittig: ~ **litigation** *jur.* freiwillige Gerichtsbarkeit.

ˌnon·conˈtrib·u·to·ry *adj* beitragsfrei (*Organisation*).

ˈnon·coˌop·erˈa·tion *s* Verweigerung *f* der Zuˈsammen- *od.* Mitarbeit, *pol.* passiver ˈWiderstand.

ˌnon·corˈro·sive *adj tech.* **1.** korrosiˈonsfrei. **2.** rostbeständig (*Stahl*). **3.** säurefest.

ˌnonˈcreas·ing *adj* knitterfrei, -fest.

ˌnonˈcu·mu·la·tive *adj econ.* ˈnichtkumulaˌtiv: ~ **stock.**

ˌnonˈcut·ting *adj tech.* spanlos: ~ **shaping** spanlose Formung.

ˌnonˈcy·cli·cal *adj econ.* keinen Konjunkˈturschwankungen unterˈworfen, konjunkˈturunabhängig.

ˌnonˈdanc·er *s* Nichttänzer(in).

ˌnonˈdaz·zling *adj tech.* blendfrei.

ˌnon·deˈliv·er·y *s* **1.** *econ. jur.* Nichtauslieferung *f.* **2.** *mail* Nichtzustellung *f.*

ˈnon·deˌnom·i·nˈa·tion·al *adj* nicht konfessiˈonsgebunden: ~ **school** Simultan-, Gemeinschaftsschule *f.*

non·de·script [ˈnɒndɪskrɪpt; *Am.* ˌnɑndɪˈs-] **I** *adj* **1.** schwer zu beschreiben(d) *od.* ˈunterzubringen(d), nicht klassifiˈzierbar, unbestimmbar. **2.** unbedeutend, nichtssagend. **II** *s* **3.** unbedeutende *od.* nichtssagende Perˈson *od.* Sache, (*etwas*) ˈUndefiˌnierbares.

ˌnon·diˈrec·tion·al *adj Radio*: ungerichtet: ~ **aerial** (*bes. Am.* **antenna**) Rundstrahlantenne *f.*

none [nʌn] **I** *pron u. s* (*meist als pl konstruiert*) kein(er, e, es), niemand: ~ **of them are** (*od.* **is**) **here** keiner von ihnen ist hier; **I have** ~ ich habe keine(n); ~ **but fools** nur Narren. **II** *adv* in keiner Weise, nicht im geringsten: ~ **too high** keineswegs zu hoch.

Besondere Redewendungen:

~ **of the clearest** keineswegs klar; ~ **other than** kein anderer als; ~ **more so than he** keiner mehr als er; **we** ~ **of us believe it** keiner von uns glaubt es; **here are** ~ **but friends** hier sind lauter *od.* nichts als Freunde; ~ **of your tricks!** laß deine Späße!; ~ **of that** nichts dergleichen; **he will have** ~ **of me** er will von mir nichts wissen; **I will have** ~ **of it** das lasse ich keinesfalls zu; ~ **the less** nichtsdestoweniger; ~ **too soon** kein bißchen zu früh, im letzten Augenblick; ~ **too pleasant** nicht gerade angenehm; **he was** ~ **too pleased** er war gar nicht erfreut, er war wenig entzückt; → **business** 9, **second**[1] 2, **wise**[1] 2.

ˌnonˈearth·ly *adj* außerirdisch.

ˌnon·efˈfec·tive I *adj* **1.** wirkungslos. **2.** *mar. mil.* dienstuntauglich. **II** *s* **3.** *mar. mil.* Dienstuntaugliche(r) *m.*

ˌnon·efˈfi·cient *adj u. s mil.* nicht genügend ausgebildet(er Solˈdat).

ˌnonˈe·go *s philos.* Nicht-Ich *n.*

non·en·ti·ty [nɒˈnentətɪ; *Am.* nɑ-] *s* **1.** Nicht(da)sein *n.* **2.** etwas, was nicht exiˈstiert. **3.** Unding *n*, Fiktiˈon *f*, Nichts *n.* **4.** *fig. contp.* ‚Null' *f*, unbedeutender Mensch.

nones [nəʊnz] *s pl* (*a. als sg konstruiert*) **1.** *antiq.* Nonen *pl* (*9. Tag vor den Iden im altrömischen Kalender*). **2.** *R.C.* ˈMittagsofˌfizium *n.*

ˌnon·esˈsen·tial I *adj* unwesentlich. **II** *s* unwesentliche Sache, Nebensächlichkeit *f*: ~**s** nicht lebensnotwendige Dinge.

none·such [ˈnʌnsʌtʃ] **I** *adj* **1.** unvergleichlich. **II** *s* **2.** Perˈson *od.* Sache, die nicht ihresgleichen hat. **3.** *bot.* a) Brennende Liebe, b) Nonpaˈreilleapfel *m.*

ˌnone·theˈless *adv* nichtsdestoweniger, dennoch.

ˌnon·eˈvent *s colloq.* ‚Reinfall' *m*, ‚Pleite' *f.*

ˌnon·exˈist·ence *s* **1.** Nicht(da)sein *n.* **2.** (*das*) Fehlen. **ˌnon·exˈist·ent** *adj* nicht exiˈstierend.

ˌnon·exˈpend·a·ble sup·plies *s pl mil.* Gebrauchsgüter *pl.*

ˌnonˈfad·ing *adj* lichtecht.

ˌnonˈfea·sance *s jur.* (pflichtwidrige) Unterˈlassung.

ˌnonˈfer·rous *adj* **1.** nicht eisenhaltig. **2.** Nichteisen...: ~ **metal.**

ˌnonˈfic·tion *s* Sachbücher *pl.*

ˌnonˈfis·sion·a·ble *adj chem. phys.* nichtspaltbar.

ˌnonˈflam·ma·ble *adj* nicht entzündbar *od.* entflammbar.

ˌnonˈfreez·ing *adj* kältebeständig: ~ **mixture** Frostschutzmittel *n.*

ˌnon·fulˈfil(l)·ment *s* Nichterfüllung *f.*

nong [nɒŋ] *s Austral. colloq.* **1.** Trottel *m.* **2.** ‚Flasche' *f*, Versager *m.*

ˌnonˈglare *adj* spiegelfrei (*Glas*).

ˌnonˈha·lat·ing *adj phot.* lichthoffrei.

ˌnonˈhu·man *adj* nicht zur menschlichen Rasse gehörig.

ˌnon·iˈden·ti·cal *adj* **1.** nicht iˈdentisch. **2.** *biol.* zweieiig (*Zwillinge*).

no·nil·lion [nəʊˈnɪljən] *s math.* **1.** *Am.* Quintilliˈon *f* (10^{30}). **2.** *Br.* Nonilliˈon *f* (10^{54}).

ˌnon·inˈduc·tive *adj electr.* induktiˈonsfrei.
ˌnon·inˈflam·ma·ble *adj* nicht entflammbar *od.* entzündbar.
ˈnonˈin·terˌcourse *s Am. hist.* Aufhebung *f* der Handelsbeziehungen mit der Außenwelt.
ˌnon-ˈin·ter·est-ˌbear·ing *adj econ.* zinslos, unverzinslich.
ˈnonˌin·terˈfer·ence *s pol.* Nichteinmischung *f.*
ˈnonˌin·terˈven·tion *s pol.* Nichteinmischung *f.*
ˌnonˈi·ron *adj* bügelfrei (*Hemd etc*).
no·ni·us [ˈnəʊnɪəs] *s math. tech.* Nonius (-teilung *f*) *m.*
ˌnonˈju·ror *s* Eidesverweigerer *m.*
ˌnonˈju·ry *adj jur.* ohne Hinˈzuziehung von Geschworenen: ~ **trial** summarisches Verfahren.
ˌnonˈlad·der·ing *adj bes. Br.* maschenfest, laufmaschensicher.
ˌnonˈlead·ed [-ˈledɪd] *adj chem.* bleifrei (*Benzin*).
ˌnonˈlin·e·ar *adj electr. math. phys.* ˈnichtlineˌar.
ˈnonˌmem·ber *s* Nichtmitglied *n.*
ˌnonˈmet·al *s chem.* ˈNichtmeˌtall *n* (*Element*). **ˌnon·meˈtal·lic** *adj* ˈnichtmeˌtallisch: ~ **element** Metalloid *n.*
ˈnonˌmi·croˈphon·ic *adj electr.* klingfrei (*Röhre etc*).
ˌnonˈmo·ral *adj* ˈamoˌralisch.
ˌnon·neˈgo·ti·a·ble *adj econ.* **1.** nicht überˈtragbar, nicht begebbar: ~ **bill (check,** *Br.* **cheque)** Rektawechsel *m* (-scheck *m*). **2.** nicht börsen- *od.* bankfähig.
ˌnonˈnu·cle·ar I *adj* **1.** ohne Aˈtomwaffen (*Land*). **2.** *mil.* konventioˈnell (*Kriegführung*). **3.** *tech.* ohne Aˈtomkraft (*Antriebssystem*). **II** *s* **4.** Land *n* ohne Aˈtomwaffen.
ˈno-ˌno *pl* **-os, -o's** *s Am. sl.* etwas (strikt) Verbotenes: **sweets are ~s (with him)** Süßigkeiten sind tabu (für ihn).
ˌnon·obˈjec·tive *adj art* abˈstrakt, gegenstandslos.
ˌnon·obˈserv·ance *s* Nichtbeachtung *f.*
ˌno-ˈnon·sense *adj* sachlich, nüchtern.
non·pa·reil [ˈnɒnpərəl; *Am.* ˌnɑnpəˈrel] **I** *adj* **1.** unvergleichlich, ohneˈgleichen. **II** *s* **2.** unvergleichliche Perˈson *od.* Sache. **3.** *econ.* Nonpaˈreille *f* (*Obstsorte etc*). **4.** *print.* Nonpaˈreille(schrift) *f.* **5.** *Am.* a) Liebesperlen *pl*, b) mit Liebesperlen verziertes Schokoˈladenplätzchen. **6.** *orn. Am.* Papstfink *m.*
ˌnon·parˈtic·i·pat·ing *adj* **1.** nicht teilhabend *od.* -nehmend. **2.** *econ.* ohne Gewinnbeteiligung (*Versicherungspolice*).
ˌnonˈpar·ti·san *adj* **1.** *pol.* parˈteiunabhängig, ˈüberparˌteilich, nicht parˈteigebunden. **2.** unvoreingenommen, objekˈtiv, ˈunparˌteiisch.
ˌnonˈpar·ty → **nonpartisan.**
ˌnonˈpay·ment *s bes. econ.* Nicht(be)zahlung *f.*
ˌnon·perˈform·ance *s* Nichtleistung *f*, -erfüllung *f.*
ˌnonˈper·ish·a·ble *adj* haltbar (*Lebensmittel*).
ˌnonˈper·son *s* **1.** ˈUnperˌson *f* (*aus dem öffentlichen Bewußtsein eliminierte Person*). **2.** Perˈson *f* ohne Ansehen.
ˌnonˈplus I *v/t pret u. pp* **-ˈplused,** *bes. Br.* **-ˈplussed** *j-n* (völlig) verwirren, irremachen, verblüffen: **to be ~(s)ed** verdutzt *od.* ratlos sein. **II** *s* Verlegenheit *f*, ‚Klemme' *f*: **at a ~, brought to a ~** (völlig) ratlos *od.* verdutzt.
ˌnonˈpoi·son·ous *adj* ungiftig.
ˌnon·poˈlit·i·cal *adj* **1.** ˈunpoˌlitisch. **2.** ˈunpoˌlitisch, an Poliˈtik ˈuninteresˌsiert. **3.** ˈunparˌteiisch.
ˌnon·polˈlut·ing *adj* ˈumweltfreundlich, ungiftig.
ˌnon·proˈduc·tive *adj bes. econ.* **1.** ˈunprodukˌtiv (*Arbeit, Angestellter etc*). **2.** unergiebig (*Ölquelle etc*).
ˌnon·proˈfes·sion·al I *adj* **1.** nicht fachmännisch, amaˈteurhaft. **2.** nicht berufsmäßig *od.* professioˈnell, als Amaˈteur. **3.** ohne (*bes.* akaˈdemische) Berufsausbildung. **II** *s* **4.** Amaˈteur *m*, Nichtfachmann *m.*
ˌnonˈprof·it, *Br.* **ˌnon-ˈprof·it-ˌmak·ing** *adj* gemeinnützig: **a ~ institution.**
ˈnon·proˌlif·erˈa·tion *s pol.* Nichtweitergabe *f* von Aˈtomwaffen: ~ **treaty** Atomsperrvertrag *m.*
non-pros [ˌnɒnˈprɒs; *Am.* ˌnɑnˈprɑs] *v/t jur. e-n Kläger* (wegen Nichterscheinens) abweisen. **non pros·e·qui·tur** [ˌnɒnprəʊˈsekwɪtə(r); *Am.* ˌnɑnprəˈs-] (*Lat.*) *s* Abweisung *f* (*e-s Klägers*) (wegen Nichterscheinens).
ˌnon·proˈvid·ed *adj ped. Br.* ˈnichtsubventioˌniert (*Schule*).
ˌnonˈquo·ta *adj bes. econ.* nicht kontingenˈtiert: ~ **imports.**
ˌnon·reˈcur·ring *adj* einmalig: ~ **payment.**
ˈnonˌrep·re·senˈta·tion·al *adj art* gegenstandslos, abˈstrakt.
ˌnonˈres·i·dent I *adj* **1.** außerhalb des Amtsbezirks wohnend, abwesend (*Amtsperson*). **2.** nicht ansässig. **3.** auswärtig (*Klubmitglied etc*): ~ **traffic** Durchgangsverkehr *m.* **II** *s* **4.** Abwesende(r *m*) *f.* **5.** Nichtansässige(r *m*) *f*, Auswärtige(r *m*) *f*, nicht im Hause Wohnende(r *m*) *f.* **6.** *econ.* Deˈvisenausländer(in).
ˌnon·reˈsist·ance *s* ˈWiderstandslosigkeit *f.*
ˌnon·reˈturn·a·ble *adj* Einweg...: ~ **bottle.**
ˌnonˈrig·id *adj aer. tech.* unstarr (*Luftschiff etc*; *a. phys. Molekül*).
ˌnonˈrun *adj bes. Am.* maschenfest, laufmaschensicher.
ˌnonˈsched·uled *adj* **1.** außerplanmäßig (*Flug etc*). **2.** *aer.* Charter...: ~ **airline.**
non·sense [ˈnɒnsəns; *Am.* ˈnɑn-] **I** *s* **1.** Nonsens *m*, Unsinn *m*, dummes Zeug: **to talk ~. 2.** Unsinn *m*, ‚Mätzchen' *pl*, abˈsurdes Benehmen, Frechheit(en *pl*) *f*: **to stand no ~** sich nichts gefallen lassen; **there is no ~ about him** er ist ein ganz kühler *od.* sachlicher Typ. **3.** Un-, ˈWidersinnigkeit *f*: **to make ~ of** a) ad absurdum führen, b) illusorisch machen. **4.** Kleinigkeiten *pl*, Kinkerlitzchen *pl.* **II** *interj* **5.** Unsinn!, Blödsinn! **III** *adj* **6.** → **nonsensical**: ~ **verses** Nonsensverse; ~ **word** Nonsenswort *n.*
non·sen·si·cal [nɒnˈsensɪkl; *Am.* nɑn-] *adj* (*adv* **~ly**) unsinnig, sinnlos, abˈsurd.
non se·qui·tur [ˌnɒnˈsekwɪtə(r); *Am.* nɑn-] (*Lat.*) *s* Trugschluß *m*, irrige Folgerung.
ˌnonˈskid, ˌnonˈslip *adj* rutschsicher, -fest: ~ **chain** Gleitschutzkette *f*; ~ **road surface** schleuderfreie Straßenoberfläche; ~ **tire** (*bes. Br.* **tyre**) Gleitschutzreifen *m*; ~ **tread** Gleitschutzprofil *n* (*am Reifen*).
ˌnonˈsmok·er *s* **1.** Nichtraucher(in). **2.** *rail.* ˈNichtraucher(abˌteil *n*) *m.* **ˌnonˈsmok·ing** *adj* Nichtraucher...
ˌnonˈstand·ard *adj ling.* nicht hoch- *od.* schriftsprachlich, ˈumgangssprachlich.
ˌnonˈstart·er *s*: **to be a ~** keine *od.* kaum e-e Chance haben (*Person u. Sache*).
ˌnonˈstick *adj* mit Antiˈhaftbeschichtung (*Pfanne etc*).
ˌnonˈstop I *adj* ohne Halt, pausenlos, Nonstop..., ˈdurchgehend (*Zug*), ohne Zwischenlandung (*Flug*): ~ **flight** Nonstopflug *m*; ~ **run** *mot.* Ohnehaltfahrt *f*; ~ **operation** *tech.* 24-Stunden-Betrieb *m.* **II** *adv* nonˈstop: **to fly ~ to New York.**
non·such → **nonesuch.**
ˌnonˈsuit *jur.* **I** *s* **1.** (*erzwungene*) Zuˈrücknahme e-r Klage. **2.** Abweisung *f* e-r Klage. **II** *v/t* **3.** *den Kläger* mit der Klage abweisen. **4.** *e-e Klage* (*wegen Versäumnis des Klägers*) abweisen.
ˌnon·supˈport *s jur.* Nichterfüllung *f* e-r ˈUnterhaltsverpflichtung.
ˌnonˈswim·mer *s* Nichtschwimmer(in).
ˌnon-ˈtax-ˌpaid *adj econ. Am.* (noch) unversteuert: ~ **liquor.**
ˌnonˈtech·ni·cal *adj* **1.** *allg.* nicht technisch. **2.** nicht fachlich. **3.** volkstümlich, nicht fachsprachlich.
ˌnon-ˈU *adj Br. colloq.* unfein, nicht vornehm, nicht dem Sprachgebrauch der Oberschicht entsprechend.
ˌno-ˈnukes move·ment *s bes. Am. sl.* Antiˈkernwaffenbewegung *f.*
ˌnonˈu·ni·form *adj phys.* ungleichmäßig (*a. math.*), ungleichförmig (*Bewegung*).
ˌnonˈun·ion *adj econ.* **1.** keiner Gewerkschaft angehörig, nicht organiˈsiert: ~ **shop** *Am.* gewerkschaftsfreier Betrieb. **2.** gewerkschaftsfeindlich. **ˌnonˈun·ion·ism** *s econ.* Gewerkschaftsfeindlichkeit *f.* **ˌnonˈun·ion·ist** *s econ.* **1.** nicht organiˈsierter Arbeiter. **2.** Gewerkschaftsgegner *m*, -feind *m.*
non·u·plet [ˈnɒnjʊplɪt; *Am.* ˈnɑ-; *a.* -nʊ-] *s* **1.** Neunergruppe *f.* **2.** *mus.* Noveˈmole *f.*
ˌnonˈus·er *s jur.* Nichtausübung *f* e-s Rechts.
ˌnonˈva·lent *adj chem. math. phys.* nullwertig.
ˌnonˈval·ue bill *s econ.* Geˈfälligkeitsakˌzept *n*, -wechsel *m.*
ˌnonˈvi·o·lence *s* Gewaltlosigkeit *f.* **ˌnonˈvi·o·lent** *adj* gewaltlos: ~ **demonstration.**
ˌnonˈvot·er *s pol.* Nichtwähler(in). **ˌnonˈvot·ing** *adj econ. pol.* nicht stimmberechtigt.
ˌnonˈwar·ran·ty *s jur.* Haftungsausschluß *m.*
ˌnonˈwhite I *s* Farbige(r *m*) *f.* **II** *adj* farbig: ~ **population.**
noo·dle[1] [ˈnuːdl] *s colloq.* **1.** ‚Esel' *m*, ‚Dussel' *m*, Trottel *m.* **2.** *Am.* ‚Birne' *f*, Schädel *m.*
noo·dle[2] [ˈnuːdl] *s* Nudel *f*: ~ **soup** Nudelsuppe *f.*
nook [nʊk] *s* **1.** Winkel *m*, Ecke *f*: **to search for s.th. in every ~ and cranny** nach etwas in jedem Winkel *od.* in allen Ecken suchen; **a shady ~** ein schattiges Plätzchen *od.* Fleckchen. **2.** *arch.* Nische *f.*
noon [nuːn], *a.* **ˈ~day, ˈ~tide, ˈ~time I** *s* **1.** Mittag(szeit *f*) *m*: **at ~** zu *od.* am Mittag; **at high ~** am hellen Mittag, um 12 Uhr mittags. **2.** *fig.* Höhepunkt *m.* **II** *adj* **3.** mittägig, Mittags...
noose [nuːs] **I** *s* **1.** Schlinge *f* (*a. fig.*): **running ~** Lauf-, Gleitschlinge; **to slip one's head out of the hangman's ~** mit knapper Not dem Galgen entgehen; **to put one's head in(to) the ~** *fig.* den Kopf in die Schlinge stecken; (**matrimonial) ~** *humor.* Ehejoch *n.* **II** *v/t* **2.** knüpfen, schlingen (**over** über *acc*; **round** um). **3.** in *od.* mit e-r Schlinge fangen.
no·pal [ˈnəʊpəl; *Am. a.* nəʊˈpɑːl] *s bot.* Nopalpflanze *f*, Feigenkaktus *m.*
ˌno-ˈpar *adj econ.* nennwertlos: ~ **share.**
nope [nəʊp] *adv colloq.* nein.
nor [nɔː(r); nə(r)] *conj* **1.** (*meist nach neg*) noch: **neither ... ~** (*obs. od. poet.* **nor ... nor**) weder ... noch. **2.** (*nach e-m verneinten Satzglied od. zum Beginn e-s an-*

gehängten verneinten Satzes) und nicht, auch nicht(s): ~ **(am** *od.* **do** *od.* **have,** *etc*) I ich auch nicht.

nor' [nɔː(r)] *abbr. für* **north** (*in Zssgn*).

NOR cir·cuit *s Computer*: NOR-Schaltung *f*, WEDER-NOCH-Schaltung *f*.

Nor·dic [ˈnɔː(r)dɪk] **I** *adj* nordisch (*nordeuropäisch*): ~ **combined** (*Skisport*) Nordische Kombination. **II** *s* nordischer Mensch *od.* Typ.

Nor·folk jack·et [ˈnɔː(r)fək] *s e-e lose Jacke mit Gürtel.*

norks [nɔːks] *s pl Austral. sl.* ,Titten' *pl* [(*Busen*).]

nor·land [ˈnɔː(r)lənd] *poet.* **I** *s* Nordland *n.* **II** *adj* Nordland...

norm [nɔː(r)m] *s* **1.** Norm *f* (*a. econ. math.*), Regel *f*, Richtschnur *f.* **2.** *biol.* Typus *m.* **3.** *bes. ped.* ˈDurchschnittsleistung *f.*

nor·mal [ˈnɔː(r)ml] **I** *adj* (*adv* → **normally**) **1.** norˈmal (*a. biol. chem. med. phys.*), Normal..., gewöhnlich, üblich: **it is quite ~ for him to come home late** er kommt meistens spät nach Hause. **2.** *math.* norˈmal: a) richtig: ~ **error curve** normale Fehlerkurve, b) lot-, senkrecht: ~ **line** → 6 a; ~ **plane** → 6 b. **II** *s* **3.** norˈmale Perˈson *od.* Sache. **4.** (*das*) Norˈmale, Norˈmalzustand *m*: **to be back to ~** sich normalisiert haben. **5.** Norˈmaltyp *m.* **6.** *math.* a) Norˈmale *f*, Senkrechte *f*, b) senkrechte Ebene, Norˈmalebene *f.* ~ **ac·cel·er·a·tion** *s math. phys.* Norˈmalbeschleunigung *f.*

nor·mal·cy [ˈnɔː(r)mlsɪ] *s* Normaliˈtät *f*, Norˈmalzustand *m*: **to return to ~** sich normalisieren.

nor·mal·i·ty [nɔː(r)ˈmælətɪ] *s* Normaliˈtät *f* (*a. math.*).

nor·mal·i·za·tion [ˌnɔː(r)məlaɪˈzeɪʃn; *Am.* -ləˈz-] *s* **1.** Normaliˈsierung *f*: ~ **of diplomatic relations. 2.** Normung *f*, Vereinheitlichung *f.* **ˈnor·mal·ize** *v/t* **1.** normaliˈsieren. **2.** normen, vereinheitlichen. **3.** *tech.* norˈmalglühen. **ˈnor·mal·ly** *adv* **1.** norˈmal. **2.** norˈmalerweise, (für) gewöhnlich.

nor·mal| out·put, ~ pow·er *s tech.* Norˈmalleistung *f.* ~ **school** *s hist. Am.* Lehrerbildungsanstalt *f.* ~ **speed** *s tech.* **1.** Norˈmalgeschwindigkeit *f.* **2.** Betriebsdrehzahl *f.*

Nor·man [ˈnɔː(r)mən] **I** *s* **1.** *hist.* Norˈmanne *m*, Norˈmannin *f.* **2.** Bewohner (-in) der Normanˈdie. **3.** *ling.* Norˈmannisch *n*, das Normannische. **II** *adj* **4.** norˈmannisch: ~ **architecture,** ~ **style** normannischer Rundbogenstil; **the ~ Conquest** die normannische Eroberung (*von England, 1066*). **ˌ~-ˈFrench I** *adj* anglofranˈzösisch. **II** *s ling.* Anglonorˈmannisch *n*, -franˈzösisch *n*, das Anglonormannische.

nor·ma·tive [ˈnɔː(r)mətɪv] *adj* normaˈtiv (*a. ling.*): ~ **grammar.**

Norn [nɔː(r)n] *s myth.* Norne *f.*

Nor·roy [ˈnɒrɔɪ] *s her. der dritte der 3 englischen Wappenkönige.*

Norse [nɔː(r)s] **I** *adj* **1.** skandiˈnavisch. **2.** altnordisch. **3.** (*bes.* alt)norwegisch. **II** *s* **4.** *ling.* a) Altnordisch *n*, das Altnordische, b) das (*bes.* Alt)Norwegische. **5.** *collect.* a) (*die*) Skandiˈnavier *pl*, b) (*die*) Norweger *pl.*

Norse·man [ˈnɔː(r)smən] *s irr hist.* Nordländer *m*, *bes.* Norweger *m.*

north [nɔː(r)θ] **I** *s* **1.** Norden *m*: **in the ~ of** im Norden von; **to the ~ of** → 7; **from the ~** aus dem Norden. **2.** *a.* **N~** Norden *m*, nördlicher Landesteil: **the N~ of Germany** Norddeutschland *n*; **the N~** a) *Br.* Nordengland *n*, b) *Am.* der Norden, die Nordstaaten *pl.* **3.** *poet.* Nord(wind) *m.* **II** *adj* **4.** nördlich, Nord... **III** *adv* **5.** nach Norden, nordwärts. **6.** aus dem Norden (*bes. Wind*). **7.** ~ **of** nördlich von. **IV** *v/i* **8.** nach Norden gehen *od.* fahren.

N~ A·mer·i·can I *adj* ˈnordameriˌkanisch. **II** *s* ˈNordameriˌkaner(in). **N~ At·lan·tic Trea·ty** *s pol.* Nordatˈlantikpakt *m.* **ˈ~-bound** *adj* nach Norden gehend *od.* fahrend. **N~ Brit·ain** *s* Schottland *n.* ~ **by east** *s* Nordnordˈost *m.* ~ **by west** *s* Nordnordˈwest *m.* ~ **coun·try** *s* **1.** (*der*) Norden e-s Landes. **2. the N~ C~** *Br.* Nordengland *n.* **ˌ~-ˈcoun·try·man** [-mən] *s irr Br.* Nordengländer *m.* **~-east** [ˌnɔː(r)θˈiːst; *mar.* nɔːrˈiːst] **I** *s* Nordˈosten *m.* **II** *adj* nordˈöstlich, Nordost...: **N~ Passage** *geogr.* Nordostpassage *f.* **III** *adv* nordˈöstlich, nach Nordˈosten. **ˌ~ˈeast·er** *s* Nordˈostwind *m.* **ˌ~ˈeast·er·ly I** *adj* nordˈöstlich, Nordost... **II** *adv* von *od.* nach Nordˈosten. **ˌ~ˈeast·ern** → **northeast** II. **ˌ~ˈeast·ward I** *adj u. adv* nordˈöstlich, nach Nordˈosten. **II** *s* nordˈöstliche Richtung. **ˌ~ˈeast·ward·ly** *adj u. adv* nordˈostwärts (gelegen *od.* gerichtet).

north·er [ˈnɔː(r)ðə(r)] **I** *s* **1.** Nordwind *m.* **II** *v/i* **2.** nach Norden drehen (*Wind*). **3.** → **north** 8.

ˈnorth·er·ly I *adj* nördlich, Nord... **II** *adv* von *od.* nach Norden.

north·ern [ˈnɔːðn; *Am.* ˈnɔːrðərn] *adj* **1.** nördlich, Nord...: **N~ Cross** *astr.* Kreuz *n* des Nordens; **N~ Europe** Nordeuropa *n*; ~ **lights** *pl* Nordlicht *n.* **2.** nordwärts, Nord...: ~ **course** Nordkurs *m.*

ˈnorth·ern·er *s* **1.** Bewohner(in) des Nordens (*e-s Landes*). **2. N~** Nordstaatler(in) (*in den USA*).

ˈnorth·ern·ly → **northerly.**

ˈnorth·ern·most *adj* nördlichst(er, e, es).

north·ing [ˈnɔː(r)θɪŋ; -ðɪŋ] *s* **1.** *astr.* nördliche Deklinatiˈon (*e-s Planeten*). **2.** *mar.* Weg *m od.* Diˈstanz *f* nach Norden, nördliche Richtung.

ˈnorth|·land [-lənd] *s bes. poet.* Nordland *n.* **N~·man** [-mən] *s irr* Nordländer *m.*

ˈnorth·most → **northernmost.**

north|-north·east [ˌnɔː(r)θnɔː(r)θˈiːst; *mar.* ˌnɔː(r)nɔːrˈiːst] **I** *adj* nordnordˈöstlich, Nordnordost... **II** *adv* nach *od.* aus Nordnordˈosten. **III** *s* Nordnordˈost *m.* **ˌ~-northˈwest I** *adj* nordnordˈwestlich, Nordnordwest... **II** *adv* nach *od.* aus Nordnordˈwesten. **III** *s* Nordnordˈwest *m.*

north| point *s phys.* Nordpunkt *m.* **N~ Pole** *s* Nordpol *m.* **N~ Sea** *s* Nordsee *f.* **N~ Star** *s astr.* Poˈlarstern *m.*

ˈnorth·ward *adj u. adv* nördlich, nordwärts, nach Norden: **in a ~ direction** Richtung Norden. **ˈnorth·wards** *adv* → **northward.**

north|·west [ˌnɔː(r)θˈwest; *mar.* nɔː(r)ˈwest] **I** *s* Nordˈwesten *m.* **II** *adj* nordˈwestlich, Nordwest...: **N~ Passage** *geogr.* Nordwestpassage *f.* **III** *adv* nach *od.* aus Nordˈwesten. **ˌ~ˈwest·er** *s* **1.** Nordˈwestwind *m.* **2.** *mar. Am.* Ölzeug *n.* **ˌ~ˈwest·er·ly I** *adj* nordˈwestlich, Nordwest... **II** *adv* von *od.* nach Nordˈwesten. **ˌ~ˈwest·ern** → **northwest** II. **ˌ~ˈwest·ward I** *adj u. adv* nordˈwestlich, nach Nordˈwesten. **II** *s* nordˈwestliche Richtung. **ˌ~ˈwest·ward·ly** *adj u. adv* nordˈwestwärts (gelegen *od.* gerichtet).

Nor·way| pine *s bot.* Amer. Rotkiefer *f.* ~ **rat** *s zo.* Wanderratte *f.* ~ **spruce** *s bot.* Gemeine Fichte, Rottanne *f.*

Nor·we·gian [nɔː(r)ˈwiːdʒən] **I** *adj* **1.** norwegisch. **II** *s* **2.** Norweger(in). **3.** *ling.* Norwegisch *n*, das Norwegische.

nor'west·er [nɔː(r)ˈwestə(r)] → **northwester.**

nose [nəʊz] **I** *s* **1.** *anat.* Nase *f.* **2.** *fig.* Nase *f*, ,Riecher' *m* **(for** für). **3.** Aˈroma *n*, starker Geruch (*von Tee, Heu etc*). **4.** *bes. tech.* a) Nase *f*, Vorsprung *m*, (*mil.* Geschoß)Spitze *f*, Schnabel *m*, b) Mündung *f*, c) Schneidkopf *m* (*e-s Drehstahls etc*). **5.** (Schiffs)Bug *m.* **6.** *mot.* ,Schnauze' *f* (*Vorderteil des Autos*). **7.** *aer.* Nase *f*, (Rumpf)Bug *m*, Kanzel *f.* **8.** *sl.* Spiˈon(in), (*a.* Poliˈzei)Spitzel *m.*

Besondere Redewendungen:

to bite (*od.* **snap) s.o.'s ~ off** j-n ,anschnauzen' *od.* anfahren; **to cut off one's ~ to spite one's face** sich ins eigene Fleisch schneiden; **to follow one's ~** a) immer der Nase nach gehen, b) s-m Instinkt folgen; **to get ~ of** *colloq.* Wind bekommen von; **to keep one's ~ clean** sich nichts zuschulden kommen lassen; **to lead s.o. by the ~** j-n völlig beherrschen; **to look down one's ~** ein verdrießliches Gesicht machen; **to look down one's ~ at** die Nase rümpfen über (*acc*), auf *j-n od. etwas* herabblicken; **to pay through the ~** sich ,dumm u. dämlich' zahlen; **to poke** (*od.* **put, stick, thrust) one's ~ into** s-e Nase in *e-e Sache* stecken; **to put s.o.'s ~ out of joint** a) j-n ausstechen, b) j-n vor den Kopf stoßen; **to see no further than (the end of) one's ~** a) kurzsichtig sein, b) *fig.* e-n engen (*geistigen*) Horizont haben; **to turn up one's ~ (at)** die Nase rümpfen (über *acc*); **(as) plain as the ~ in your face** sonnenklar; **on the ~** *bes. Am. colloq.* (ganz) genau, pünktlich; **under s.o.'s (very) ~** a) direkt vor j-s Nase, b) vor j-s Augen; → **grindstone** 1, **thumb** 5.

II *v/t* **9.** riechen, spüren, wittern. **10.** beschnüffeln. **11.** mit der Nase berühren *od.* stoßen. **12.** *fig.* a) *s-n Weg* vorsichtig suchen: **the car ~d its way through the fog** das Auto tastete sich durch den Nebel, b) *ein Auto etc* vorsichtig fahren: **to ~ the car out of the garage. 13.** durch die Nase *od.* näselnd aussprechen. **14.** *colloq.* → **nose out** 2.

III *v/i* **15.** *a.* ~ **about,** ~ **around** ,(herˈum)schnüffeln' **(after, for** nach). **16.** ~ **into** s-e Nase stecken in (*acc*). **17. the car ~d through the fog** das Auto tastete sich durch den Nebel. **18.** ~ **on** *sl. j-n* ,ˈhinhängen' (*denunzieren*).

Verbindungen mit Adverbien:

nose| down *aer.* **I** *v/t das Flugzeug* andrücken. **II** *v/i* andrücken, im Steilflug niedergehen. ~ **out** *v/t* **1.** ,ausschnüffeln', ˈausspioˌnieren, herˈausbekommen. **2.** um e-e Nasenlänge schlagen. ~ **o·ver** *v/i aer.* sich überˈschlagen, e-n ,Kopfstand' machen. ~ **up** *aer.* **I** *v/t das Flugzeug* hochziehen. **II** *v/i* steil hochgehen.

nose| ape *s zo.* Nasenaffe *m.* ~ **bag** *s* Freß-, Futterbeutel *m* (*für Pferde*). **ˈ~-band** *s* Nasenriemen *m* (*am Zaumzeug*). **ˈ~-bleed** *s med.* Nasenbluten *n*: **to have a ~** Nasenbluten haben. ~ **can·dy** *s Am. sl.* ,Koks' *m*, ,Schnee' *m* (*Kokain*). ~ **cone** *s* Raˈketenspitze *f.*

nosed [nəʊzd] *adj* (*meist in Zssgn*) mit e-r *dicken etc* Nase, ...nasig.

nose| dive *s* **1.** *aer.* Sturzflug *m.* **2.** *econ. colloq.* (Preis- *etc*)Sturz *m*: **prices took a ~** die Preise ,purzelten'. **ˈ~-dive** *v/i* **1.** *aer.* e-n Sturzflug machen. **2.** *econ. colloq.* ,purzeln', raˈpid fallen (*Kurs, Preis*). ~ **drops** *s pl med. pharm.* Nasentropfen *pl.* ~ **flute** *s mus.* Nasenflöte *f.* **ˈ~-gay** *s* Sträußchen *n.* **ˈ~-ˌheav·y** *adj aer.* vorderlastig. **ˈ~-piece** *s* **1.** *hist.* Nasenteil *m*, *n* (*e-s Helms*). **2.** *tech.* Mundstück *n* (*vom Blasebalg, Schlauch etc*). **3.** *tech.* Reˈvolver *m* (*Objektivende e-s Mikroskops*). **4.** Steg *m* (*e-r Brille*). **~ pipe** *s tech.* Balgrohr *n*, Düse *f*.

nos·er [ˈnəʊzə(r)] *s obs.* **1.** Schlag *m* auf die Nase. **2.** *mar.* starker Gegenwind.

nose| rag *s sl.* ‚Rotzfahne' *f* (*Taschentuch*). **~ ring** *s* Nasenring *m*. **~ spray** *s med. pharm.* Nasenspray *m, n*. **~ tur·ret** *s aer. mil.* vordere Kanzel. **~ wheel** *s aer.* Bugrad *n*.

nos·ey → **nosy**.

nosh [nɒʃ; *Am.* nɑʃ] *sl.* **I** *s* **1.** *bes. Br.* a) Essen *n*: **to have a ~** (etwas) essen, b) Küche *f*: **Chinese ~**. **2.** *Am.* Bissen *m*, Happen *m*: **to have a ~** e-n Happen essen. **II** *v/i* **3.** *bes. Br.* essen. **4.** *Am.* e-n Bissen *od.* Happen essen.

ˌ**no-ˈshow** *s bes. Am. colloq. j-d, der etwas Gebuchtes od. Bestelltes nicht in Anspruch nimmt.*

ˈ**nosh-up** *s bes. Br. sl.* reichhaltiges Essen: **to have a ~** sich satt essen.

ˌ**no-ˈside** *s Rugby*: ˈSpielˌende *n*.

nos·ing [ˈnəʊzɪŋ] *s arch.* Nase *f*, Ausladung *f*: **~ of the steps** (*od.* **of a staircase**) Treppenkante *f*. **~ o·ver** *s aer.* ‚Kopfstand' *m* (*beim Landen*).

no·sog·ra·pher [nɒˈsɒgrəfə(r); *Am.* nəʊˈsɑ-] *s med.* Nosoˈgraph *m*. **nos·o·graph·ic** [ˌnɒsəˈgræfɪk; *Am.* ˌnɑ-] *adj* nosoˈgraphisch. **noˈsog·ra·phy** [-fɪ] *s* Nosograˈphie *f*, Krankheitsbeschreibung *f*.

nos·o·log·i·cal [ˌnɒsəˈlɒdʒɪkl; *Am.* ˌnəʊsəˈlɑ-] *adj med.* nosoˈlogisch. **no·sol·o·gist** [nɒˈsɒlədʒɪst; *Am.* nəʊˈsɑ-] *s* Nosoˈloge *m*. **noˈsol·o·gy** *s* Nosoloˈgie *f*, Krankheitslehre *f*.

nos·tal·gi·a [nɒˈstældʒɪə; -dʒə; *Am.* nɑ-] *s* **1.** *med.* Nostalˈgie *f*, Heimweh *n*. **2.** Heimweh(gefühl) *n*. **3.** Nostalˈgie *f*, Sehnsucht *f* (**for** nach *etwas Vergangenem etc*). **4.** Wehmut *f*, wehmütige Erinnerung. **nosˈtal·gic** *adj* (*adv* **~ally**) **1.** an Heimweh leidend, Heimweh... **2.** noˈstalgisch, sehnsüchtig. **3.** wehmütig.

nos·tril [ˈnɒstrəl; *Am.* ˈnɑs-] *s* Nasenloch *n*, *bes. zo.* Nüster *f*: **it stinks in one's ~s** es ekelt einen an.

nos·trum [ˈnɒstrəm; *Am.* ˈnɑs-] *s* **1.** *med.* Geheimmittel *n*, ˈQuacksalbermediˌzin *f*. **2.** *fig.* (*soziales od. politisches*) Heilmittel, Paˈtentreˌzept *n*.

nos·y [ˈnəʊzɪ] *adj* **1.** *colloq.* neugierig: **~ parker** *bes. Br.* neugierige Person, Schnüffler(in). **2.** *obs.* a) übelriechend, muffig, b) aroˈmatisch, duftend (*bes. Tee*).

not [nɒt; *Am.* nɑt] *adv* **1.** nicht: → **yet** 1, 2. **2. ~ a** kein(e): **~ a few** nicht wenige. **3. ~ that** nicht, daß; nicht als ob.

Besondere Redewendungen:

I think ~ ich glaube nicht; **I know ~** *obs. od. poet.* ich weiß (es) nicht; **~ I** ich nicht, ich denke nicht daran; **it is wrong, is it ~** (*od. colloq.* **isn't it**)? es ist falsch, nicht wahr?; **he is ~ an Englishman** er ist kein Engländer; **~ if I know it** nicht, wenn es nach mir geht.

no·ta [ˈnəʊtə] *pl von* **notum**.

no·ta·bil·i·a [ˌnəʊtəˈbɪlɪə] (*Lat.*) *s pl das Bemerkenswerte.*

no·ta·bil·i·ty [ˌnəʊtəˈbɪlətɪ] *s* **1.** wichtige *od.* promiˈnente Perˈsönlichkeit, ˈStandesperˌson *f*, *pl* (*die*) Honoratiˈoren *pl*, (*die*) Promiˈnenz. **2.** herˈvorragende Eigenschaft, Bedeutung *f*.

no·ta·ble [ˈnəʊtəbl] **I** *adj* (*adv* **notably**) **1.** beachtens-, bemerkenswert, denkwürdig, wichtig. **2.** ansehnlich, beträchtlich: **a ~ difference**. **3.** angesehen, herˈvorragend: **a ~ scientist**. **4.** *chem.* merklich. **5.** *obs.* häuslich. **II** *s* → **notability** 1.

no·tar·i·al [nəʊˈteərɪəl] *adj* (*adv* **~ly**) *jur.* **1.** notariˈell, Notariats... **2.** notariˈell (beglaubigt).

no·ta·rize [ˈnəʊtəraɪz] *v/t jur.* notariˈell beurkunden *od.* beglaubigen.

no·ta·ry [ˈnəʊtərɪ] *s meist* **~ public** *jur.* (öffentlicher) Noˈtar (*in Großbritannien u. USA nur zur Vornahme von Beglaubigungen, Beurkundungen u. zur Abnahme von Eiden berechtigt*).

no·tate [nəʊˈteɪt; *Am.* ˈnəʊˌt-] *v/t mus.* noˈtieren, in Notenschrift schreiben *od.* aufzeichnen.

no·ta·tion [nəʊˈteɪʃn] *s* **1.** Aufzeichnung *f*: a) Noˈtierung *f*, b) Noˈtiz *f*. **2.** *bes. chem. math.* Beˈzeichnungssyˌstem *n*, Schreibweise *f*, Bezeichnung *f*: **chemical ~** chemisches Formelzeichen. **3.** *mus.* a) Notenschrift *f*, b) Notatiˈon *f*, Aufzeichnen *n* in Notenschrift.

notch [nɒtʃ; *Am.* nɑtʃ] **I** *s* **1.** Kerbe *f*, Einschnitt *m*, Aussparung *f*, Falz *m*, Nut(e) *f*. **2.** *Zimmerei*: Kamm *m*. **3.** *print.* Signaˈtur(rinne) *f*. **4.** *mil. tech.* (Viˈsier-) Kimme *f*: **~ and bead sights** Kimme u. Korn. **5.** *geol. Am.* a) Engpaß *m*, b) Kehle *f*. **6.** *colloq.* Grad *m*, Stufe *f*: **to be a ~ above** e-e Klasse besser sein als. **II** *v/t* **7.** *bes. tech.* (ein)kerben, (ein)schneiden, einfeilen. **8.** *tech.* ausklinken. **9.** *tech.* nuten, falzen. **10.** *oft* **~ up** *colloq.* *e-n Sieg, Einnahmen etc* erzielen: **to ~ s.o. s.th.** j-m etwas einbringen.

notched [nɒtʃt; *Am.* nɑtʃt] *adj* **1.** *tech.* (ein)gekerbt, mit Nuten (versehen). **2.** *bot.* grob gezähnt (*Blatt*).

NOT cir·cuit [nɒt; *Am.* nɑt] *s Computer*: NICHT-Glied *n*, Negatiˈonsschaltung *f*, NICHT-Schaltung *f*.

note [nəʊt] **I** *s* **1.** (Kenn)Zeichen *n*, Merkmal *n*. **2.** *fig.* Ansehen *n*, Ruf *m*, Bedeutung *f*: **man of ~** bedeutender Mann; **nothing of ~** nichts von Bedeutung; **worthy of ~** beachtenswert. **3.** Noˈtiz *f*, Kenntnisnahme *f*, Beachtung *f*: **to take ~ of s.th.** von etwas Notiz *od.* etwas zur Kenntnis nehmen. **4.** *meist pl* Noˈtiz *f*, Aufzeichnung *f*: **to make a ~ of s.th.** sich etwas notieren *od.* vormerken; **to speak without ~s** frei sprechen; **to take ~s (of s.th.)** sich (über etwas) Notizen machen; → **compare** 3. **5.** (diploˈmatische) Note: **exchange of ~s** Notenwechsel *m*. **6.** Briefchen *n*, Zettel(chen *n*) *m*. **7.** *print.* a) Anmerkung *f*, b) Satzzeichen *n*. **8.** *econ.* a) Nota *f*, Rechnung *f*: **as per ~** laut Nota, b) (Schuld)Schein *m*: **~ of hand** → **promissory note**; **bought and sold ~** Schlußschein *m*; **customs' ~** Zollvormerkschein *m*; **~s payable (receivable)** *Am.* Wechselverbindlichkeiten (-forderungen), c) *a.* **bank ~** Banknote *f*, Geldschein *m*: **~ issue** Notenausgabe *f*, -kontingent *n*, d) Vermerk *m*, Noˈtiz *f*: **urgent ~** Dringlichkeitsvermerk, e) Mitteilung *f*: **advice ~** Versandanzeige *f*; **~ of exchange** Kursblatt *n*. **9.** *mus.* a) Note *f*: **whole ~** *Am.* ganze Note, b) Ton *m*, c) Taste *f*: **to strike the ~s** die Tasten anschlagen. **10.** *poet.* Klang *m*, Meloˈdie *f*, *bes.* (Vogel)Gesang *m*. **11.** *fig.* Ton(art *f*) *m*: **to strike the right ~** den richtigen Ton treffen; **to strike a false ~** a) sich im Ton vergreifen, b) sich danebenbenehmen; ***he closed his speech on this (encouraging) ~*** mit diesen (ermunternden) Worten; → **change** 1. **12.** *fig.* a) Ton *m*, Beiklang *m*: **with a ~ of irritation** mit e-m Unterton von Ärger, b) Note *f*, Eleˈment *n*, Faktor *m*: **a ~ of realism** e-e realistische Note. **13.** Brandmal *n*, Schandfleck *m*. **14.** *Am. colloq.* a) ‚tolles Ding', b) ‚böse' Sache.

II *v/t* **15.** bemerken. **16.** (besonders) beachten *od.* achten auf (*acc*). **17.** *oft* **~ down** niederschreiben, noˈtieren, vermerken, aufzeichnen. **18.** *econ. Wechsel* proteˈstieren lassen: **bill (of exchange) ~d for protest** protestierter Wechsel. **19.** *bes. Preise* angeben.

note| bank *s econ.* Notenbank *f*. ˈ**~book** *s* **1.** Noˈtizbuch *n*. **2.** *econ. jur.* Kladde *f*. **~ bro·ker** *s econ. Am.* Wechselmakler *m*. ˈ**~case** *s Br.* Brieftasche *f*.

not·ed [ˈnəʊtɪd] *adj* **1.** bekannt, berühmt (**for** wegen). **2.** *econ.* noˈtiert: **~ before official hours** vorbörslich (*Kurs*). ˈ**not·ed·ly** *adv* ausgesprochen, deutlich, besonders.

note| pa·per *s* ˈBriefpaˌpier *n*. **~ press** *s econ.* ˈBanknotenpresse *f*, -druckeˌrei *f*. **~ row** *s Zwölftonmusik*: Reihe *f*. **~ shav·er** *s econ. Am. sl.* wucherischer Wechselmakler. **~ val·ue** *s mus.* Zeitwert *m*.

ˈ**noteˌwor·thy** *adj* bemerkenswert: **a ~ book**.

ˌ**not-for-ˈprof·it** *adj Am.* gemeinnützig: **a ~ institution**.

NOT gate → **NOT circuit**.

noth·ing [ˈnʌθɪŋ] **I** *pron* **1.** nichts (**of** von): **~ much** nicht (sehr) viel, nichts Bedeutendes. **II** *s* **2.** Nichts *n*: **to ~** zu *od.* in nichts; **for ~** umsonst. **3.** *fig.* Nichts *n*, Unwichtigkeit *f*. **4.** Kleinigkeit *f*, Nichts *n*. **5.** *pl* Nichtigkeiten *pl*, leere Redensarten *pl*: **to say sweet** (*od.* **soft**) **~s** Süßholz raspeln. **6.** Null *f* (*a. Person*). **III** *adv* **7.** *colloq.* durchˈaus nicht, keineswegs: **~ like so bad as** bei weitem nicht so schlecht wie; **~ like complete** alles andere als *od.* längst nicht vollständig. **IV** *interj* **8.** (*in Antworten*) *colloq.* nichts dergleichen!, keine Spur!, Unsinn!

Besondere Redewendungen:

good for ~ zu nichts zu gebrauchen; **next to ~** fast nichts; **~ additional** nichts weiter, außerdem nichts; **~ doing** *colloq.* a) das kommt nicht in Frage, b) nichts zu machen!; **~ but** nichts als, nur; **~ if not courageous** sehr mutig; **not for ~** nicht umsonst, nicht ohne Grund; **that is ~ to what we have seen** das ist nichts gegen das, was wir gesehen haben; **that's ~** a) das ist *od.* macht *od.* bedeutet gar nichts, b) das gilt nicht; **that's ~ to** das ist nichts im Vergleich zu; **that's ~ to me** das bedeutet mir nichts; **that is ~ to you** das geht dich nichts an; **he is ~ to me** er bedeutet mir nichts, er ist mir gleichgültig; **there is ~ to** (*od.* **in**) **it** a) da ist nichts dabei, das ist ganz einfach, b) an der Sache ist nichts dran; **there is ~ like** es geht nichts über (*acc*); **to end in ~** sich in nichts auflösen; **to feel like ~ on earth** sich hundeelend fühlen; **to make ~ of s.th.** a) nicht viel Wesens von etwas machen, b) sich nichts aus etwas machen; **I can make ~ of him (it)** ich kann mit ihm (damit) nichts anfangen, ich werde aus ihm (daraus) nicht schlau; **to say ~ of** ganz zu schweigen von; **to think ~ of** nichts halten von, *a.* sich nichts machen aus; **to think ~ of doing s.th.** nichts dabei finden, etwas zu tun; → **have** *Bes. Redew.*

noth·ing·ar·i·an [ˌnʌθɪŋˈeərɪən] **I** *adj* religiˈös gleichgültig, freigeistig. **II** *s* Freigeist *m*.

ˈ**noth·ing·ness** *s* **1.** Nichts *n*: a) Nichtsein *n*, b) Nichtigkeit *f*. **2.** Leere *f*: **a feeling of ~**.

no·tice [ˈnəʊtɪs] **I** *s* **1.** Beobachtung *f*, Wahrnehmung *f*: **to avoid ~** (*Redew.*) um Aufsehen zu vermeiden; **to bring s.th. to s.o.'s ~** j-m etwas zur Kenntnis bringen; **to come under s.o.'s ~** j-m bekanntwerden; **to escape ~** unbemerkt bleiben; **to escape s.o.'s ~** j-m *od.* j-s Aufmerksamkeit entgehen; **to take (no) ~ of** (keine) Notiz nehmen von *j-m od. etwas*, (nicht) beachten; **not worth a person's ~** nicht beachtenswert; **~!** zur

Beachtung! **2.** No'tiz *f*, Nachricht *f*, Anzeige *f*, Meldung *f*, Ankündigung *f*, Kunde *f*: ~ **of an engagement** Verlobungsanzeige *f*; **this is to give ~ that** es wird hiermit bekanntgemacht, daß; **to give s.o. ~ of s.th.** j-n von etwas benachrichtigen (→ 4). **3.** Anzeige *f*, Ankündigung *f*, 'Hinweis *m*, Bekanntgabe *f*, Benachrichtigung *f*, Mitteilung *f*, Bericht *m*, Anmeldung *f*: ~ **of assessment** *econ.* Steuerbescheid *m*; ~ **of a loss** Verlustanzeige; **to give ~ of appeal** *jur.* Berufung anmelden *od.* einlegen; **to give ~ of motion** a) e-n Antrag anmelden, b) *parl.* e-n Initiativantrag stellen; **to give ~ of a patent** ein Patent anmelden; **to serve ~ upon s.o.** *jur.* j-m e-e Vorladung zustellen, j-n vorladen. **4.** Warnung *f*, Kündigung(sfrist) *f*: **subject to a month's ~** mit monatlicher Kündigung; **to give s.o. ~ (for Easter)** j-m (zu Ostern) kündigen; **to give s.o. three months' ~** j-m 3 Monate vorher kündigen; **we have ~ to quit** uns ist (die Wohnung) gekündigt worden; **I am under ~ to leave** mir ist gekündigt worden; **at a day's ~** binnen e-s Tages; **at a moment's ~** jeden Augenblick, sogleich, jederzeit; **at short ~** a) kurzfristig, auf Abruf, b) sofort, auf Anhieb; **it's a bit short ~** *colloq.* das kommt etwas plötzlich; **till** (*od.* **until**) **further ~** bis auf weiteres; **without ~** fristlos (*entlassen etc*). **5.** schriftliche Bemerkung, (*a. Presse-, Zeitungs*)No'tiz *f*, (*bes.* kurze kritische) Rezensi'on, (Buch-) Besprechung *f*.

II *v/t* **6.** bemerken: **to ~ s.o. doing s.th.** bemerken, daß j-d etwas tut; j-n etwas tun sehen. **7.** (besonders) beachten *od.* achten auf (*acc*). **8.** *ein Buch* besprechen. **9.** anzeigen, melden, bekanntmachen. **10.** *jur.* benachrichtigen.

'no·tice·a·ble *adj* (*adv* **noticeably**) **1.** wahrnehmbar, merklich, sichtlich: ~ **results** spürbare Folgen. **2.** bemerkenswert, beachtlich. **3.** auffällig, ins Auge fallend.

no·tice| board *s bes. Br.* **1.** Anschlagtafel *f*, Schwarzes Brett. **2.** Warnungstafel *f*, Warnschild *n*. ~ **pe·ri·od** *s* Kündigungsfrist *f*.

no·ti·fi·a·ble ['nəʊtɪfaɪəbl] *adj* meldepflichtig (*bes. Krankheit*).

no·ti·fi·ca·tion [ˌnəʊtɪfɪ'keɪʃn] *s* **1.** (*förmliche*) Anzeige, Meldung *f*, (*a. amtliche*) Mitteilung, Bekanntmachung *f*, Benachrichtigung *f*. **2.** schriftliche Ankündigung.

no·ti·fy ['nəʊtɪfaɪ] *v/t* **1.** (*förmlich*) bekanntgeben, anzeigen, avi'sieren, melden, (amtlich) mitteilen (**s.th. to s.o.** j-m etwas). **2.** (**of**) *j-n* benachrichtigen, in Kenntnis setzen (von, über *acc*; **that** daß), *j-n* unter'richten (von).

no·tion ['nəʊʃn] *s* **1.** Begriff *m* (*a. math. philos.*), Gedanke *m*, I'dee *f*, Vorstellung *f*, *weitS. a.* Ahnung *f* (**of** von): **not to have the vaguest ~ of s.th.** nicht die leiseste Ahnung von etwas haben; **I had no ~ of this** davon war mir nichts bekannt; **I have a ~ that** ich denke mir, daß. **2.** Meinung *f*, Ansicht *f*: **to fall into the ~ that** auf den Gedanken kommen, daß. **3.** Neigung *f*, Lust *f*, Absicht *f*, Im'puls *m*: **he hasn't a ~ of doing it** es fällt ihm gar nicht ein, es zu tun. **4.** Grille *f*, verrückte I'dee: **to take the ~ of doing s.th.** auf die Idee kommen, etwas zu tun. **5.** *pl Am.* a) Kurzwaren *pl*, b) Kinkerlitzchen *pl*.

no·tion·al ['nəʊʃənl] *adj* (*adv* ~**ly**) **1.** begrifflich, Begriffs... **2.** *philos.* rein gedanklich, spekula'tiv (*nicht empirisch*). **3.** theo'retisch. **4.** imagi'när, fik'tiv, angenommen: **a ~ amount.**

no·to·chord ['nəʊtəkɔː(r)d] *s anat. zo.* Rückenstrang *m*.

No·to·gae·a [ˌnəʊtə'dʒiːə] *s zo.* Noto'gäa *f* (*tiergeographische Region der südlichen Halbkugel*).

no·to·ri·e·ty [ˌnəʊtə'raɪətɪ] *s* **1.** allgemeine Bekanntheit, *a. contp.* (traurige) Berühmtheit, schlechter Ruf: **to achieve** (*od.* **gain**) ~ traurige Berühmtheit erlangen. **2.** *contp.* Berüchtigtsein *n*, (*das*) No'torische. **3.** all- *od.* weltbekannte Per'son *od.* Sache (*a. contp.*).

no·to·ri·ous [nəʊ'tɔːrɪəs; *Am. a.* -'təʊ-] *adj* (*adv* ~**ly**) no'torisch: a) offenkundig, all-, welt-, wohlbekannt (*alle a. contp.*), *iro.* bekannt wie ein bunter Hund, b) *contp.* berüchtigt (**for** wegen): **a ~ swindler. no'to·ri·ous·ness** → **notoriety** 1 *u.* 2.

ˌno-'trump (*Bridgespiel*) **I** *adj* **1.** ohne Trumpf. **II** *s* **2.** ‚Ohne-Trumpf'-Ansage *f*. **3.** ‚Ohne-Trumpf'-Spiel *n*.

no·tum ['nəʊtəm] *pl* **-ta** [-tə] *s zo.* Rükken(platte *f*) *m* (*bei Insekten*).

not·with·stand·ing [ˌnɒtwɪθ'stændɪŋ; -wɪð-; *Am.* ˌnɑt-] **I** *prep* ungeachtet, unbeschadet, trotz (*gen*): ~ **the objections** ungeachtet *od.* trotz der Einwände; **his great reputation** ~ trotz s-s hohen Ansehens. **II** *conj a.* ~ **that** ob'gleich. **III** *adv* nichtsdesto'weniger, dennoch.

nou·gat ['nuːgɑː; *Am. bes.* -gət] *s* N(o)ugat *m, n*.

nought [nɔːt; *Am. a.* nɑːt] → **naught**.

nou·me·non ['nuːmɪnən; 'naʊ-; *Am.* -ˌnɑn] *pl* **-na** [-nə] *s philos.* No'umenon *n*, Ding *n* an sich, reines Gedankending, bloße I'dee.

noun [naʊn] *ling.* **I** *s* Hauptwort *n*, Substantiv *n*. **II** *adj* substan'tivisch.

nour·ish ['nʌrɪʃ; *Am. bes.* 'nɜrɪʃ] *v/t* **1.** (er)nähren, erhalten (**on** von). **2.** *fig.* nähren, hegen: **to ~ a feeling. 3.** *fig.* (be)stärken, aufrechterhalten. **'nour·ish·ing** *adj* nahrhaft, Nähr...: ~ **power** Nährkraft *f*, -wert *m*. **'nour·ish·ment** *s* **1.** Ernährung *f*. **2.** Nahrung *f* (*a. fig.*), Nahrungsmittel *n*: **to take ~** Nahrung zu sich nehmen.

nous [naʊs; *Am. bes.* nuːs] *s* **1.** *philos.* Vernunft *f*, Verstand *m*. **2.** *colloq.* ‚Grips' *m*, ‚Grütze' *f*, Verstand *m*.

nou·veau riche [ˌnuːvəʊ'riːʃ] **I** *pl* **nouveaux riches** [ˌnuːvəʊ'riːʃ] (*Fr.*) *s* Neureiche(r *m*) *f*. **II** *adj* (typisch) neureich.

no·va ['nəʊvə] *pl* **-vae** [-viː], **-vas** *s astr.* Nova *f*, neuer Stern.

no·va·tion [nəʊ'veɪʃn] *s jur.* Novati'on *f*: a) Forderungsablösung *f*, b) 'Forderungsüberˌtragung *f*.

nov·el ['nɒvl; *Am.* 'nɑvəl] **I** *adj* **1.** neu (-artig). **2.** ungewöhnlich. **II** *s* **3.** Ro'man *m*: **the ~** der Roman (*als Gattung*); **short ~** Kurzroman; ~ **of manners** Sittenroman; ~ **writer** → **novelist.**

nov·el·ese [ˌnɒvə'liːz; *Am.* ˌnɑ-] *s contp.* 'Groschenroˌmanstil *m*.

nov·el·ette [ˌnɒvə'let; *Am.* ˌnɑ-] *s* **1.** a) kurzer Ro'man, b) *bes. Br. contp.* 'Groschenroˌman *m*, seichter *od.* kitschiger Unter'haltungsroˌman. **2.** *mus.* Ro'manze *f*. **ˌnov·el'et·tish** *adj bes. Br. contp.* a) seicht, b) rührselig, kitschig.

nov·el·ist ['nɒvəlɪst; *Am.* 'nɑ-] *s* Ro'manschriftsteller(in), Romanci'er *m*. **ˌnov·el'is·tic** *adj* ro'manhaft, Roman...

nov·el·i·za·tion [ˌnɒvəlaɪ'zeɪʃn; *Am.* ˌnɑvələ'z-] *s* Darstellung *f* in Ro'manform: ~**s of films** nachträgliche Romanfassungen von Filmen. **'nov·el·ize** *v/t* in Ro'manform darstellen.

no·vel·la [nəʊ'velə] *pl* **-las, -le** [-liː; -leɪ] *s* No'velle *f*.

nov·el·ty ['nɒvltɪ; *Am.* 'nɑ-] *s* **1.** Neuheit *f*: a) (*das*) Neue (*e-r Sache*): **the ~ had soon worn off** der Reiz des Neuen war bald verflogen, b) (*etwas*) Neues. **2.** (*etwas*) Ungewöhnliches. **3.** *pl* ‚Krimskrams' *m*, billige Neuheiten. **4.** Neuerung *f*.

No·vem·ber [nəʊ'vembə(r)] *s* No'vember *m*: **in ~** im November.

no·ve·na [nəʊ'viːnə] *pl* **-nae** [-niː; -neɪ] *s R.C.* No'vene *f*, neuntägige Andacht.

nov·ice ['nɒvɪs; *Am.* 'nɑ-] **I** *s* **1.** Anfänger(in), Neuling *m* (**at** auf *e-m Gebiet*). **2.** *R.C.* No'vize *m*, No'vizin *f* (*e-s Ordens*). **3.** *Bibl.* Neubekehrte(r *m*) *f*. **II** *adj* **4. he's a ~ swimmer** er hat gerade erst schwimmen gelernt. **5.** noch nie prämi'iert (*z.B. Hund bei e-r Ausstellung*).

no·vi·ti·ate, *a.* **no·vi·ci·ate** [nəʊ'vɪʃɪət; -ɪeɪt; *Am. a.* -'vɪʃət] *s* **1.** Lehrzeit *f*, Lehre *f*. **2.** *R.C.* a) Novizi'at *n*, Probezeit *f*, b) → **novice** 1 *u.* 2.

now [naʊ] **I** *adv* **1.** nun, gegenwärtig, jetzt: **from ~** von jetzt an; **up to ~** bis jetzt. **2.** so'fort, bald. **3.** eben, so'eben: **just ~** gerade eben, (erst) vor ein paar Minuten. **4.** (*in der Erzählung*) nun, dann, darauf, damals. **5.** (*nicht zeitlich*) nun (aber): ~ **I hold quite different opinions. II** *conj* **6.** *a.* ~ **that** nun aber da, nun da, da nun, jetzt wo: ~ **he is gone** nun da er fort ist. **III** *s* **7.** *poet.* Jetzt *n*. **IV** *adj* **8.** *sl.* mo'dern: **it's a ~ tendency to do s.th.** es ist gerade ‚in', etwas zu tun.

Besondere Redewendungen:

before ~ a) schon einmal, schon früher, b) früher, eher, vorher; **by ~** mittlerweile, jetzt, inzwischen; ~ **if** wenn (nun) aber; **how ~?** nun?, was gibt's?, was soll das heißen?; **what is it ~?** was ist jetzt schon wieder los?; **now ... now** bald ... bald; ~ **and again,** ~ **and then,** (**every**) ~ **and then** von Zeit zu Zeit, hie(r) u. da, dann u. wann, gelegentlich; ~ **then** (nun) also; **what ~?** was nun?; **it's ~ or never** jetzt oder nie.

now·a·day ['naʊədeɪ] → **nowadays** I, II.

now·a·days ['naʊədeɪz] **I** *adv* heutzutage, jetzt. **II** *adj* heutig. **III** *s* Jetzt *n*, Gegenwart *f*.

'no·way(s) *adv bes. Am.* keineswegs, in keiner Weise.

now·el ['nəʊəl; 'naʊəl] *s Gießerei*: (großer) Kern.

'no·where I *adv* **1.** nirgend, nirgendwo: **to come (in)** (*od.* **finish, be**) ~ *sport* unter „ferner liefen" *od.* im geschlagenen Feld enden. **2.** nirgendwohin: **to get ~ (fast)** überhaupt nicht weiterkommen, überhaupt keine Fortschritte machen; **to get ~ in life** es im Leben zu nichts bringen; **this will get you ~** damit kommst du auch nicht weiter, das bringt dich auch nicht weiter; **£10 goes ~** mit £10 kommt man nicht sehr weit *od.* kann man nicht sehr viel anfangen. **3.** ~ **near** bei weitem nicht, auch nicht annähernd: **£100 is ~ near enough. II** *s* **4.** Nirgendwo *n*, *weitS.* Wildnis *f*, Abgelegenheit *f*: **to appear from** (*od.* **out of**) ~ aus dem Nichts auftauchen; **miles from ~** in e-r gottverlassenen Gegend; *the train stopped* **in the middle of ~** auf freier Strecke.

'noˌwheres *adv Am. dial.* nirgends.

'no·wise → **noway(s)**.

nox·ious ['nɒkʃəs; *Am.* 'nɑ-] *adj* (*adv* ~**ly**) schädlich: a) verderblich, b) ungesund (**to** für): ~ **substances** *chem.* Schadstoffe. **'nox·ious·ness** *s* Schädlichkeit *f*.

no·yade [nwɑː'jɑːd] *s* No'yade *f*, ('Hinrichtung *f* durch) Ertränken *n*.

noz·zle ['nɒzl; *Am.* 'nɑzəl] *s* **1.** *obs.* Schnauze *f*, Rüssel *m*. **2.** *sl.* ‚Rüssel' *m* (*Nase*). **3.** *tech.* Schnauze *f*, Tülle *f*, Schnabel *m*, Mundstück *n*, Ausguß *m*, Röhre *f* (*an Gefäßen etc*). **4.** *tech.* Stutzen *m*, Mündung *f*, Ausström(ungs)öffnung *f* (*an Röhren etc*). **5.** *tech.* (*Kraftstoff- etc*) Düse *f*, Zerstäuber *m*: ~ **angle** Anstellwinkel *m* der Düse; ~ **ring** a) Düsenring *m*, b) Leitkranz *m*. **6.** *a.* **pistol-grip** ~ *tech.* Zapfpistole *f*.

nth [enθ] *adj math.* n-te(r), n-te(s): ~ **degree** n-ter Grad, beliebiger bestimmter Grad; **to the** ~ **degree** a) *math.* bis zum n-ten Grade, b) *fig.* im höchsten Maße; **for the** ~ **time** *fig.* zum hundertsten Mal.

nu [njuː; *Am. a.* nuː] *s* **1.** Ny *n*: a) *griechischer Buchstabe*, b) *bes. math. 13. Glied e-r Reihe etc.* **2. N**~ *astr.* Stern *m* von dreizehntem Helligkeitsgrad.

nu·ance [njuːˈɑːns; *Am.* ˈnjuːˌɑːns; ˈnuː-] *s* Nuˈance *f*: a) Schatˈtierung *f*, Feinheit *f*, feiner ˈUnterschied, b) Spur *f*, Kleinigkeit *f*.

nub [nʌb] *s* **1.** Knopf *m*, Knötchen *n*, Auswuchs *m*. **2.** (kleiner) Klumpen, Nuß *f* (*Kohle etc*). **3.** **the** ~ *colloq.* der springende Punkt (**of** bei *e-r Sache*).

nub·bin [ˈnʌbən] *s Am.* unvollkommen ausgebildete Frucht, *bes.* kleiner *od.* verkümmerter Maiskolben.

nub·ble [ˈnʌbl] → **nub** 1. **ˈnub·bly** [-blɪ] *adj* knotig.

nu·bec·u·la [njuːˈbekjʊlə; *Am. a.* nuː-] *pl* **-lae** [-liː] *s astr.* Nebelfleck *m*.

Nu·bi·an [ˈnjuːbjən; -ɪən; *Am. a.* ˈnuː-] **I** *adj* **1.** nubisch. **II** *s* **2.** Nubier(in). **3.** *ling.* Nubisch *n*, das Nubische.

nu·bile [ˈnjuːbaɪl; *Am. a.* ˈnuːbəl] *adj* **1.** mannbar, heiratsfähig, *jur.* ehemündig. **2.** ‚sexy' (*attraktiv*). **nuˈbil·i·ty** *s* Mannbarkeit *f*, Heiratsfähigkeit *f*, *jur.* Ehemündigkeit *f*.

nu·cel·lar [njuːˈselə(r); *Am. a.* nuː-] *adj bot.* den Eikern betreffend. **nuˈcel·lus** [-ləs] *pl* **-li** [-laɪ] *s* Knospen-, Eikern *m*.

nu·cha [ˈnjuːkə; *Am. a.* ˈnuː-] *pl* **-chae** [-kiː] *s zo.* Nacken *m*. **ˈnu·chal** *adj* Nacken...

nu·cif·er·ous [njuːˈsɪfərəs; *Am. a.* nuː-] *adj bot.* nüssetragend. **ˈnu·ci·form** [-fɔː(r)m] *adj* nußförmig.

nu·cle·al [ˈnjuːklɪəl; *Am. a.* ˈnuː-] → **nuclear**.

nu·cle·ar [ˈnjuːklɪə(r); *Am. a.* ˈnuː-] **I** *adj* **1.** kernförmig, Kern...: ~ **division** *biol.* Kernteilung *f*. **2.** *phys.* nukleˈar, Nuklear..., (Atom)Kern..., Atom..., atoˈmar: ~ **test** Atomtest *m*; ~ **weapons** Kernwaffen; ~ **deterrent** *pol.* atomare Abschreckung. **3.** *a.* ~**-powered** aˈtomgetrieben, mit Aˈtomantrieb, Atom...: ~ **submarine** Atom-U-Boot *n*. **II** *s* **4.** Kernwaffe *f*, *bes.* Aˈtomraˌkete *f*. **5.** *pol.* Aˈtom-, Nukleˈarmacht *f*. ~ **age** *s* Aˈtomzeitalter *n*. ~ **bomb** *s* Aˈtombombe *f*. ~ **charge** *s phys.* Kernladung *f*. ~ **chem·is·try** *s chem.* ˈKerncheˌmie *f*. ~ **dis·in·te·gra·tion** *s phys.* Kernzerfall *m*. ~ **e·lec·tron** *s phys.* Kernelektron *n*. ~ **en·er·gy** *s phys.* **1.** ˈKernenerˌgie *f*. **2.** *allg.* Aˈtomenerˌgie *f*. ~ **fam·i·ly** *s sociol.* ˈKernfaˌmilie *f*. ~ **fis·sion** *s phys.* Kernspaltung *f*. **ˈ~-free** *adj* aˈtomwaffenfrei: ~ **zone**. ~ **fu·el** *s phys.* Kernbrennstoff *m*. ~ **fu·el rod** *s phys.* (Kern-)Brennstab *m*. ~ **fu·sion** *s phys.* ˈKernfusiˌon *f*, -verschmelzung *f*. ~ **mat·ter** *s phys.* ˈKernmaˌterie *f*. ~ **med·i·cine** *s med.* Nukleˈarmediˌzin *f*. ~ **mem·brane** *s biol.* ˈKernmemˌbran *f*. ~ **mi·gra·tion** *s biol.* ˈKernˌübertritt *m*. ~ **mod·el** *s phys.* ˈKernmoˌdell *n*. ~ **par·ti·cle** *s phys.* Kernteilchen *n*. ~ **phys·i·cist** *s phys.* Kernphysiker *m*. ~ **phys·ics** *s pl* (*als sg konstruiert*) *phys.* ˈKernphyˌsik *f*. ~ **po·lym·er·ism** *s chem.* ˈKernpolymeˌrie *f*. ~ **pow·er** *s* **1.** *phys.* Aˈtomkraft *f*. **2.** *pol.* Aˈtom-, Nukleˈarmacht *f*. ~ **pow·er plant** *s* Aˈtomkraftwerk *n*. ~ **re·ac·tion** *s phys.* ˈKernreaktiˌon *f*. ~ **re·ac·tor** *s phys.* ˈKernreˌaktor *m*. ~ **ship** *s* Reˈaktorschiff *n*. ~ **the·o·ry** *s phys.* ˈKerntheoˌrie *f*. ~ **war(·fare)** *s* Aˈtomkrieg(führung *f*) *m*. ~ **war·head** *s mil.* Aˈtomsprengkopf *m*. ~ **waste** *s* Aˈtommüll *m*.

nu·cle·ase [ˈnjuːklɪeɪz; -eɪs; *Am. a.* ˈnuː-] *s chem.* Nukleˈase *f*.

nu·cle·ate [ˈnjuːklɪeɪt; *Am. a.* ˈnuː-] *phys.* **I** *v/t* zu e-m Kern bilden. **II** *v/i* e-n Kern bilden. **III** *adj* [-ɪət; -ɪeɪt] e-n Kern besitzend, Kern... **ˈnu·cle·at·ed** *adj* **1.** kernhaltig. **2.** e-n Kern bildend: ~ **village** Haufendorf *n*. **ˌnu·cleˈa·tion** *s* Kernbildung *f*.

nu·cle·i [ˈnjuːklɪaɪ; *Am. a.* ˈnuː-] *pl von* **nucleus**.

nu·cle·ic [ˈnjuːklɪɪk; *Am.* nʊˈkliːɪk; -ˈkleɪ-] *adj chem.* Nuklein...: ~ **acid**.

nu·cle·in [ˈnjuːklɪɪn; *Am. a.* ˈnuː-] *s chem.* Nukleˈin *n*.

nu·cle·ole [ˈnjuːklɪəʊl; *Am. a.* ˈnuː-] → **nucleolus**.

nu·cle·o·lus [ˌnjuːklɪˈəʊləs; *bes. Am.* njuːˈkliːələs; *a.* nuː-] *pl* **-li** [-laɪ] *s biol.* Nukleˈole *f*, Nuˈkleolus *m*, Kernkörperchen *n*.

nu·cle·on [ˈnjuːklɪɒn; *Am.* -ˌɑn; *a.* ˈnuː-] *s chem. phys.* Nukleon *n*, (Aˈtom)Kernbaustein *m* (*Proton od. Neutron*). **ˌnu·cleˈon·ics** *s pl* (*als sg konstruiert*) Nukleˈonik *f*.

nu·cle·o·plasm [ˈnjuːklɪəplæzəm; *Am. a.* ˈnuː-] *s biol.* (Zell)Kernplasma *n*.

nu·cle·o·pro·te·in [ˌnjuːklɪəʊˈprəʊtiːn; *Am. a.* ˌnuː-] *s biol. chem.* Nukleoproteˈin *n*.

nu·cle·us [ˈnjuːklɪəs; *Am. a.* ˈnuː-] *pl* **-cle·i** [-aɪ], *a.* **-cle·us·es** *s* **1.** *allg.* (*a. phys.* Aˈtom-, *astr.* Koˈmeten-, *biol.* Zell-) Kern *m*. **2.** *fig.* Kern *m*: a) Mittelpunkt *m*, b) Grundstock *m*. **3.** *opt.* Kernschatten *m*. **4.** *math.* Kern *m*: ~ **of an integral equation**. **5.** *geol.* Kerngebiet *n*.

nu·clide [ˈnjuːklaɪd; *Am. a.* ˈnuː-] *s phys.* Nuˈklid *n*.

nud·dy [ˈnʌdɪ] *s*: **in the** ~ *bes. Br. u. Austral. colloq.* nackt.

nude [njuːd; *Am. a.* nuːd] **I** *adj* **1.** nackt, bloß: ~ **beach** Nacktbadestrand *m*, FKˈK-Strand *m*; ~ **swimming** Nacktbaden *n*. **2.** *fig.* nackt: ~ **fact**. **3.** *jur.* unverbindlich, nicht bindend, nichtig (*falls nicht formell beglaubigt*): ~ **contract**. **4.** nackt, kahl: ~ **hillside**. **5.** fleischfarben. **II** *s* **6.** *art* Akt *m*. **7.** **the** ~ nackter Zustand, Nacktheit *f*: **in the** ~ nackt; **study from the** ~ *art* Aktstudie *f*. **ˈnude·ness** *s* Nacktheit *f*.

nudge[1] [nʌdʒ] **I** *v/t* **1.** *j-n* anstoßen, ‚stupsen' (*a. fig.*): **to** ~ **s.o.'s memory** *fig.* j-s Gedächtnis ein bißchen nachhelfen. **2.** *fig.* nahe herˈankommen an (*acc*): **to** ~ **the two-million mark**; **to** ~ **the impossible** so gut wie *od.* praktisch unmöglich sein. **II** *v/i* **3.** *fig.* sich vorsichtig e-n Weg bahnen: **to** ~ **through the crowd**. **III** *s* **4.** ‚Stups' *m*, ‚Stupser' *m* (*a. fig.*): **to give s.o. a** ~ *a.* j-n ‚stupsen'.

nudge[2] [nʊdʒ] *s Am. sl.* ‚Nervensäge' *f*, lästiger Mensch.

nu·di·bran·chi·ate [ˌnjuːdɪˈbræŋkɪeɪt; *Am. bes.* -kɪət; *a.* ˌnuː-] *zo.* **I** *adj* nacktkiemig. **II** *s* Nacktkiemer *m* (*Schnecke*).

nu·die [ˈnjuːdɪ; *Am. a.* ˈnuː-] *colloq.* **I** *s* a) Nacktfilm *m*, b) *thea.* Nacktstück *n*, c) ˈNacktmagaˌzin *n*. **II** *adj* Nackt...: ~ **film**.

nu·dism [ˈnjuːdɪzəm; *Am. a.* ˈnuː-] *s* Nuˈdismus *m*, ˈFreikörper-, ˈNacktkulˌtur *f*. **ˈnu·dist** *s* Nuˈdist(in), Anhänger(in) der ˈFreikörperkulˌtur, FKˈK-Anhänger(in): ~ **beach** Nacktbadestrand *m*, FKK-Strand *m*.

nu·di·ty [ˈnjuːdətɪ; *Am. a.* ˈnuː-] *s* **1.** Nacktheit *f*, Blöße *f*. **2.** *fig.* Armut *f*. **3.** Kahlheit *f*. **4.** *art* ˈAkt(fiˌgur *f*) *m*.

nudzh → **nudge**[2].

nu·ga·to·ry [ˈnjuːgətərɪ; *Am.* -ˌtəʊriː; -ˌtɔː-; *a.* ˈnuː-] *adj* **1.** wertlos, albern. **2.** unwirksam, nichtig (*beide a. jur.*), wirkungslos, eitel, leer.

nug·get [ˈnʌgɪt] *s* **1.** Nugget *m* (*Goldklumpen*). **2.** *fig.* Brocken *m*, Bruchstück *n*: ~ **of information** bruchstückhafte Information. **3.** *Austral. colloq.* unterˈsetzter *od.* stämmiger Mensch. **ˈnug·get·y** *adj Austral. colloq.* unterˈsetzt, stämmig.

nui·sance [ˈnjuːsns; *Am. a.* ˈnuː-] *s* **1.** (*etwas*) Lästiges *od.* Unangenehmes, Ärgernis *n*, Plage *f*, Last *f*, Belästigung *f*, Unfug *m*, ˈMißstand *m*: **dust** ~ Staubplage; **it's a** ~ **to us** es ist uns e-e (große) Plage *od.* Last; **what a** ~! wie ärgerlich!, ‚das ist ja zum Auswachsen!'; **to abate a** ~ e-n Unfug *etc* abstellen. **2.** ‚Landplage' *f*, ‚Nervensäge' *f*, Quälgeist *m*, lästiger Mensch: **to be a** ~ **to s.o.** j-m lästig fallen, j-n nerven; **to make a** ~ **of o.s.** anderen Leuten auf die Nerven gehen *od.* fallen; **don't be a** ~! nerv' mich nicht! **3.** *jur.* Poliˈzeiwidrigkeit *f*, Störung *f*: **commit no** ~! das Verunreinigen (dieses Ortes) ist verboten!; **public** ~ a) Störung *f od.* Gefährdung *f* der öffentlichen Sicherheit *od.* Ordnung, b) *bes. fig.* öffentliches Ärgernis; **private** ~ Besitzstörung *f*; **to cause** ~ **to s.o.** j-n im Besitz stören. ~ **raid** *s aer. mil.* Störangriff *m*. ~ **tax** *s colloq.* lästige (Verbrauchs)Steuer.

nuke [njuːk; *Am. a.* nuːk] *bes. Am. sl.* **I** *s* **1.** Kernwaffe *f*. **2.** ˈKernreˌaktor *m*. **II** *v/t* **3.** mit Kernwaffen angreifen.

null [nʌl] **I** *adj* **1.** fehlend, nicht vorˈhanden. **2.** *math.* leer. **3.** *bes. jur.* (null u.) nichtig, ungültig: **to declare** ~ **and void** für null u. nichtig erklären. **4.** leer, wert-, ausdrucks-, gehaltlos, nichtssagend, unbedeutend. **II** *s* **5.** *electr. math.* Null *f*: ~ **balance** *electr.* Nullabgleich *m*; ~ **hypothesis** (*Statistik*) Nullhypothese *f*; ~ **method** *electr.* Nullpunktmethode *f*; ~ **set** (*Mengenlehre*) Nullmenge *f*. **6.** *electr.* a) (*bei Funkpeilgeräten*) Minimum *n*, Peilnull *f*, b) (*bei Empfangsgeräten*) toter Punkt (*auf der Frequenzskala*).

nul·li·fi·ca·tion [ˌnʌlɪfɪˈkeɪʃn] *s* **1.** Aufhebung *f*, Nichtigerklärung *f*. **2.** Zuˈnichtemachen *n*.

nul·li·fid·i·an [ˌnʌlɪˈfɪdɪən] **I** *s* Ungläubige(r *m*) *f* (*a. relig.*), Zweifler(in). **II** *adj* ungläubig, zweiflerisch.

nul·li·fy [ˈnʌlɪfaɪ] *v/t* **1.** ungültig machen, (für) null u. nichtig erklären, aufheben. **2.** zuˈnichte machen.

nul·lip·a·ra [nʌˈlɪpərə] *pl* **-rae** [-riː], **-ras** *s med.* Nulˈlipara *f* (*Frau, die noch nicht geboren hat*). **nulˈlip·a·rous** [-rəs] *adj* noch nicht geboren habend: ~ **woman** → **nullipara**.

nul·li·ty [ˈnʌlətɪ] *s* **1.** Unwirksamkeit *f* (*a. jur.*). **2.** *bes. jur.* Ungültigkeit *f*, Nichtigkeit *f*: **decree of** ~ (**of a marriage**) Nichtigkeitsurteil *n od.* Annullierung *f* e-r Ehe; ~ **suit** Nichtigkeitsklage *f*; **to be a** ~ (null u.) nichtig sein. **3.** Nichts *n*. **4.** ‚Null' *f* (*Person*).

numb [nʌm] **I** *adj* **1.** starr, erstarrt (**with** vor *Kälte etc*), taub (*empfindungslos*): ~ **fingers**; ~ **with fear** starr vor Angst. **2.** *fig.* a) betäubt: ~ **with grief** wie betäubt vor Schmerz, b) abgestumpft. **II** *v/t* **3.** starr *od.* taub machen, erstarren lassen. **4.** *fig.* a) betäuben, b) abstumpfen.

num·ber [ˈnʌmbə(r)] **I** *s* **1.** *math.* Zahl *f*, Zahlenwert *m*, Ziffer *f*: **law of** ~**s** Gesetz *n* der Zahlen; **theory of** ~**s** Zahlentheorie *f*; **to be good at** ~**s** gut im Rechnen sein. **2.** (*Auto-, Haus-, Telefon-, Zimmer- etc*)

Nummer *f*: **by ~s** nummernweise; **~ engaged** *teleph.* besetzt!; **to have (got) s.o.'s ~** *colloq.* j-n durchschaut haben; **his ~ is up** *colloq.* s-e Stunde hat geschlagen, jetzt ist er ‚dran'; → **number one**. **3.** (An)Zahl *f*: **a ~ of people** mehrere Leute; **a great ~ of people** sehr viele Leute; **five in ~** fünf an der Zahl; **~s of times** zu wiederholten Malen; **times without ~** unzählige Male; **five times the ~ of people** fünfmal so viele Leute; **in large ~s** in großen Mengen, in großer Zahl; **in round ~s** rund; **one of their ~** e-r aus ihrer Mitte; **to win by (force of) ~s** aufgrund zahlenmäßiger Überlegenheit gewinnen. **4.** *econ.* a) (An)Zahl *f*, Nummer *f*: **to raise to the full ~** komplettieren, b) Ar'tikel *m*, Ware *f*. **5.** Heft *n*, Nummer *f*, Ausgabe *f* (*e-r Zeitschrift etc*), Lieferung *f* (*e-s Werks*): **to appear in ~s** in Lieferungen erscheinen; → **back number**. **6.** *ling.* Numerus *m*, Zahl *f*: **in the singular ~** im Singular, in der Einzahl. **7.** *poet.* a) Silben-, Versmaß *n*, b) *pl* Verse *pl*, Poe'sie *f*. **8.** *thea. etc* (Pro'gramm)Nummer *f*: **to do a ~ on s.o.** *bes. Am. sl.* a) j-n ‚bescheißen', b) j-n ‚verarschen', c) mit j-m flirten. **9.** *mus.* a) Nummer *f* (*abgeschlossener Satz*), b) Mu'sikstück *n*, c) *colloq.* Schlager *m*, Tanznummer *f*. **10.** *colloq.* a) ‚Geschäft' *n* (*Notdurft*): **to do ~ one (two)** sein kleines (großes) Geschäft machen, b) **to do ~ three** ‚bumsen' (*Geschlechtsverkehr haben*). **11.** *sl.* ‚Käfer' *m*, ‚Mieze' *f* (*Mädchen*). **12. N~s** *Bibl.* Numeri *pl*, (*das*) Vierte Buch Mose. **13.** *colloq.* (Kleidungs)Stück *n*. **14.** *pl* (*a. als sg konstruiert*) → **number pool**.

II *v/t* **15.** (zs.-)zählen, aufrechnen: **to ~ off** abzählen; **his days are ~ed** s-e Tage sind gezählt. **16.** *math.* zählen, rechnen (*a. fig.* **among, in, with** zu *od.* unter *acc*). **17.** nume'rieren: **to ~ consecutively** durchnumerieren; **~ed account** Nummernkonto *n*. **18.** zählen, sich belaufen auf (*acc*). **19.** *Jahre* zählen, alt sein.

III *v/i* **20.** zählen. **21.** *fig.* zählen (**among** zu *j-s Freunden etc*). **22. ~ off** abzählen.

'num·ber·ing *s* Nume'rierung *f*. **~ stamp** *s* Zahlenstempel *m*.

'num·ber·less *adj* unzählig, zahllos.

num·ber| nine *s mil. Br. colloq.* Abführpille *f*. **~ one I** *adj* **1.** a) erstklassig, b) (aller)höchst: **of ~ priority**. **II** *s* **2.** Nummer *f* Eins; der, die, das Erste. **3.** erste Klasse. **4.** *colloq.* die eigene Per'son, das liebe Ich: **to look after ~** auf s-n eigenen Vorteil bedacht sein, nur an sich (selbst) denken. **5.** → **number** 10 a. **'~plate** *s bes. Br.* Nummernschild *n*, Kennzeichen *n*. **~ pol·y·gon** *s math.* 'Zahlenvieleck *n*, -poly,gon *n*. **~ pool** *s Am.* (*Art*) Zahlenlotto *n*. **~ se·ries** *s sg u. pl math.* Zahlenreihe(n *pl*) *f*. **~ square** *s math.* 'Zahlenqua,drat *n*, -viereck *n*. **~ sym·bol** *s math.* Zahlzeichen *n*. **~ sym·bol·ism** *s* 'Zahlensym,bolik *f*. **~ work** *s math.* Rechnen *n*: **to do ~** rechnen.

'numb·ness *s* **1.** Erstarrung *f*, Starrheit *f*, Taubheit *f*. **2.** *fig.* Betäubung *f*.

'numb·skull → **numskull**.

nu·mer·a·ble ['nju:mərəbl; *Am. a.* 'nu:-] *adj* zählbar.

nu·mer·a·cy ['nju:mərəsɪ; *Am. a.* 'nu:-] *s bes. Br.* rechnerische Fähigkeiten *pl*.

nu·mer·al ['nju:mərəl; *Am. a.* 'nu:-] **I** *adj* **1.** nu'merisch, Zahl(en)...: **~ language** Ziffernsprache *f*; **~ script** Ziffernschrift *f*. **II** *s* **2.** *math.* Ziffer *f*, Zahlzeichen *n*: **Arabic ~s** arabische Ziffern. **3.** *ling.* Nume'rale *n*, Zahlwort *n*.

nu·mer·ar·y ['nju:mərərɪ; *Am.* -,reri:; *a.* 'nu:-] *adj* Zahl(en)...

nu·mer·ate I *adj* ['nju:mərət; *Am. a.* 'nu:-] rechenkundig: **to be ~** rechnen können. **II** *v/t* [-reɪt] aufzählen. **,nu·mer'a·tion** [-'reɪʃn] *s* **1.** *math.* Zählen *n*: **decimal ~** Dezimal(zahlen)system *n*. **2.** Zähl-, Rechenkunst *f*. **3.** Nume'rierung *f*. **4.** (Auf)Zählung *f*. **'nu·mer·a·tive** [-rətɪv; *Am. a.* -,reɪ-] *adj* zählend, Zahl(en)...: **~ system** Zahlensystem *n*. **'nu·mer·a·tor** [-reɪtə(r)] *s math.* Zähler *m* (*e-s Bruches*).

nu·mer·i·cal [nju:'merɪkl; *Am. a.* nʊ-] *adj* (*adv* **~ly**) **1.** *math.* nu'merisch, Zahlen...: **~ equation**; **~ analysis** numerische Analyse, Ziffernwertung *f*; **~ order** Zahlen-, Nummernfolge *f*; **~ value** Zahlenwert *m*. **2.** nu'merisch, zahlenmäßig: **~ superiority**.

nu·mer·ol·o·gy [,nju:mə'rɒlədʒɪ; *Am.* -'rɑ-; *a.* ,nu:-] *s* Zahlenmystik *f*.

nu·mer·ous ['nju:mərəs; *Am. a.* 'nu:-] *adj* (*adv* **~ly**) zahlreich: **a ~ assembly**; **~ly attended** stark besucht; **~ people** zahlreiche *od.* (sehr) viele Leute. **'nu·mer·ous·ness** *s* große Zahl, Menge *f*, Stärke *f*.

Nu·mid·i·an [nju:'mɪdɪən; *Am. a.* nʊ-] **I** *adj* **1.** nu'midisch. **II** *s* **2.** Nu'midier(in). **3.** *ling.* Nu'midisch *n*, das Numidische.

nu·mis·mat·ic [,nju:mɪz'mætɪk; *Am. a.* ,nu:-] *adj* numis'matisch, Münz(en)... **,nu·mis'mat·ics** *s pl* (*als sg konstruiert*) Numis'matik *f*, Münzkunde *f*. **nu'mis·ma·tist** [-'mɪzmətɪst], **nu,mis·ma'tol·o·gist** [-'tɒlədʒɪst; *Am.* -'tɑ-] *s* Numis'matiker(in): a) Münzkenner(in), b) Münzsammler(in). **nu,mis·ma'tol·o·gy** [-dʒɪ] → **numismatics**.

num·ma·ry ['nʌmərɪ] *adj* Münz(en)... **'num·mu·lar** [-jʊlə(r)] *adj* **1.** Münz(en)... **2.** *med.* münzenartig.

num·skull ['nʌmskʌl] *s* Dummkopf *m*, ‚Trottel' *m*.

nun [nʌn] *s* **1.** *relig.* Nonne *f*. **2.** Einsiedlerin *f*. **3.** *orn.* a) *Br.* Blaumeise *f*, b) Schleiertaube *f*, c) → **nunbird**. **'~bird** *s orn.* (*ein*) Faulvogel *m*. **~ buoy** *s mar.* Spitztonne *f*, -boje *f*.

Nunc Di·mit·tis [,nʌŋkdɪ'mɪtɪs] (*Lat.*) *s* **1.** *relig.* Nunc Di'mittis *n*, Hymne *f* Simeons (*Lukas 2, 29–32*). **2.** *fig.* Verabschiedung *f*; Erlaubnis *f*, sich zu entfernen; Abschied *m*.

nun·ci·a·ture ['nʌnsɪətʃə(r); *Am. a.* -,tʃʊr; -,tʊr] *s R.C.* Nuntia'tur *f*. **nun·ci·o** ['nʌnʃɪəʊ; -sɪəʊ] *pl* **-os** *s R.C.* Nuntius *m*.

nun·cu·pa·tion [,nʌŋkjʊ'peɪʃn] *s* Abgabe *f* e-r mündlichen Erklärung, mündliche testamen'tarische Verfügung. **'nun·cu·pa·tive** *adj jur.* mündlich: **~ will** mündliches Testament, *bes. mil.* Not-, *mar.* Seetestament *n*.

'nun·hood *s* **1.** Nonnentum *n*. **2.** *collect.* Nonnen *pl*. **'nun·like** *adj* nonnenhaft.

nun·ner·y ['nʌnərɪ] *s* Nonnenkloster *n*.

nup·tial ['nʌpʃl; -tʃəl] **I** *adj* hochzeitlich, Hochzeit(s)..., Ehe..., Braut...: **~ bed** Brautbett *n*; **~ ceremony** Trauungsfeierlichkeit *f*; **~ flight** Hochzeitsflug *m* (*der Bienen*); **~ plumage** *orn.* Sommer-, Hochzeitskleid *n*. **II** *s meist pl* Hochzeit *f*.

nup·ti·al·i·ty [,nʌpʃɪ'ælətɪ] *s* Zahl *f* der Eheschließungen.

nurse [nɜ:s; *Am.* nɜrs] **I** *s* **1.** *meist* **wet ~** (Säug)Amme *f*. **2.** *a.* **dry ~** Säuglingsschwester *f*. **3.** Krankenschwester *f*, -pfleger(in). **4.** a) Stillen *n*, Stillzeit *f*, b) Pflege: **at ~** in Pflege; **to put out to ~** *Kinder* in Pflege geben. **5.** *fig.* Nährerin *f*, Nährmutter *f*. **6.** *zo.* Arbeiterin *f*, Arbeitsbiene *f*. **7.** *agr.* Strauch *od.* Baum, der e-e junge Pflanze schützt. **8.** *zo.* Amme *f* (*ungeschlechtlicher Organismus*).

II *v/t* **9.** a) *ein Kind* säugen, nähren, stillen, *e-m Kind* die Brust geben, b) *ein Kind* in den Armen wiegen. **10.** *ein Kind* auf-, großziehen. **11.** *Kranke* pflegen. **12.** a) *e-e Krankheit* 'ausku,rieren: **to ~ one's cold**, b) *etwas* schonen: **to ~ one's voice**. **13.** *das Knie, den Nacken etc* schützend (*mit verschlungenen Händen*) um'fassen. **14.** *fig. Gefühle etc* a) hegen, nähren, b) entfachen. **15.** *fig.* nähren, fördern. **16.** *fig.* streicheln, hätscheln. **17.** sparsam *od.* schonend 'umgehen mit (*Geld etc*): **to ~ a glass of wine** sich an e-m Glas Wein ‚festhalten'. **18.** sich eifrig kümmern um, sich *etwas*, *a. pol. den Wahlkreis* ‚warmhalten': **to ~ one's constituency**. **19.** *sport den Ball* am Fuß ‚halten'.

III *v/i* **20.** säugen, stillen. **21.** die Brust nehmen (*Säugling*). **22.** als (Kranken-)Pfleger(in) tätig sein.

nurse| cell *s biol.* Nähr-, Saftzelle *f*. **~ child** *s irr* Pflege-, Ziehkind *n*. **~ crop** *s agr.* 'Untersaat *f*. **~ frog** *s zo.* Geburtshelferkröte *f*.

nurse·ling → **nursling**.

'nurse·maid *s* Kindermädchen *n*.

nurs·er·y ['nɜ:sərɪ; *Am.* 'nɜr-] *s* **1.** Kinderzimmer *n*. **2.** Kindertagesstätte *f*. **3.** Pflanz-, Baumschule *f*, Schonung *f*. **4.** Fischpflege *f*, Streckteich *m*. **5.** *fig.* Pflanzstätte *f*, Schule *f*. **6.** *a.* **~ stakes** *sport* (Pferde)Rennen *n* für Zweijährige. **~ gov·ern·ess** *s* Kinderfräulein *n*. **'~maid** *s* Kindermädchen *n*: **to play ~ to s.o.** Krankenschwester bei j-m spielen (*j-n trösten etc*). **'~man** [-mən] *s irr* Pflanzenzüchter *m*, Baum-, Kunst-, Handelsgärtner *m*. **~ plant** *s agr.* Setzling *m*. **~ rhyme** *s* Kinderlied *n*, -reim *m*, -vers *m*. **~ school** *s* Kindergarten *m* (*für Kinder unter 5 Jahren*). **~ slope** *s Skisport*: ‚Idi'otenhügel' *m*, Anfängerhügel *m*. **~ tale** *s* Ammenmärchen *n*.

nurs·ing ['nɜ:sɪŋ; *Am.* 'nɜr-] **I** *s* **1.** Säugen *n*, Stillen *n*. **2.** *a.* **sick ~** Krankenpflege *f*. **II** *adj* **3.** Nähr..., Pflege..., Kranken... **~ ben·e·fit** *s* Stillgeld *n*. **~ bot·tle** *s bes. Am.* (Säuglings-, Saug)Flasche *f*. **~ fa·ther** *s* Pflegevater *m*. **~ fee** *s med.* Pflegekosten *pl*. **~ home** *s* **1.** *bes. Br.* a) Pri'vatklinik *f*, b) pri'vate Entbindungsklinik. **2.** Pflegeheim *n*. **~ moth·er** *s* **1.** stillende Mutter. **2.** Pflegemutter *f*. **~ pe·ri·od** *s* Stillzeit *f*. **~ staff** *s* 'Pflegeperso,nal *n*. **~ treat·ment** *s* Pflege(behandlung) *f*.

nurs·ling ['nɜ:slɪŋ; *Am.* 'nɜrs-] *s* **1.** Säugling *m*. **2.** Pflegling *m*. **3.** *fig.* Liebling *m*, Hätschelkind *n*. **4.** *fig.* Schützling *m*.

nur·ture ['nɜ:tʃə; *Am.* 'nɜrtʃər] **I** *v/t* **1.** (er)nähren. **2.** auf-, erziehen. **3.** *fig. Gefühle etc* hegen. **II** *s* **4.** Nahrung *f*. **5.** Pflege *f*, Erziehung *f*.

nut [nʌt] **I** *s* **1.** *bot.* Nuß *f*. **2.** *tech.* a) (Schrauben)Mutter *f*: **the ~s and bolts** *colloq.* die praktischen Grundlagen, die grundlegenden Fakten, b) Triebel *m*, c) Radnabenmutter *f*, d) Türschloßnuß *f*. **3.** *mus.* a) Frosch *m* (*am Bogen*), b) Saitensattel *m*. **4.** *pl econ.* Nußkohle *f*. **5.** *fig.* a) schwierige Sache: **a hard ~ to crack** ‚e-e harte Nuß', b) Kern *m* (*e-s Problems etc*). **6.** *colloq.* a) ‚Birne' *f* (*Kopf*): **to be (go) off one's ~** verrückt sein (werden), b) Dandy *m*, Geck *m*, c) *contp.* ‚Heini' *m*, Kerl *m*, d) komischer Kauz, ‚Spinner' *m*, e) Idi'ot *m*: **to be ~s** verrückt *od.* ‚bekloppt' sein, *a.* verrückt sein (**on** nach), ‚wild' *od.* ‚scharf' sein (**on** auf *acc*); **to drive ~s** verrückt machen; **to go ~s** überschnappen; **~s!** du bist wohl verrückt!; **~s (to you)!** rutsch mir den Buckel runter!, du ‚kannst mich mal'!; **he is ~s about her** er ist in sie ‚total verschossen'; **to do one's ~(s)** *Br. sl.* a) alles versuchen *od.* tun, b) ‚auf hundert sein' (*wütend sein*), c) ‚hochgehen' (*wütend werden*). **7.** *pl vulg.* ‚Eier' *pl* (*Hoden*). **8.** *colloq.* **not for ~s** überhaupt nicht; **he can't play for ~s** er spielt miserabel. **II** *v/i* **9.** Nüsse pflücken.

nu·ta·tion [njuːˈteɪʃn; *Am. a.* nuː-] *s* **1.** (*med.* krankhaftes) Nicken. **2.** *astr. bot. phys. tech.* Nutatiˈon *f.*

nut| bolt *s tech.* **1.** Mutterbolzen *m.* **2.** Bolzen *m od.* Schraube *f* mit Mutter. **ˈ~brown** *adj* nußbraun. **~ but·ter** *s* Nußbutter *f.* **ˈ~case** *s sl.* Verrückte(r *m*) *f,* ‚Spinner(in)'. **ˈ~ˌcrack·er** *s* **1.** *a. pl* Nußknacker *m.* **2.** *orn.* a) Nußknacker *m,* Tannenhäher *m,* b) → **nuthatch**. **ˈ~gall** *s* Gallapfel *m*: **~ ink** Gallustinte *f.* **ˈ~hatch** *s orn.* (*ein*) Kleiber *m, bes.* Spechtmeise *f.* **ˈ~house** *s bes. Br. sl.* ‚Klapsmühle' *f* (*Nervenheilanstalt*). **~ i·ron** *s tech.* Gewindeeisen *n.*

nut·meg [ˈnʌtmeg] *s bot.* **1.** Musˈkatnuß *f.* **2.** → **nutmeg tree**. **~ but·ter** *s* Musˈkatbutter *f.* **N~ State** *s Am.* (*Beiname für*) Conˈnecticut *n* (*USA*). **~ tree** *s bot.* Echter Musˈkatnußbaum.

nut| oil *s* Nußöl *n.* **ˈ~ˌpeck·er** → **nuthatch**. **~ pine** *s bot.* **1.** Pinie *f.* **2.** *e-e Kiefer mit eßbarem Samen.*

nu·tri·a [ˈnjuːtrɪə; *Am. a.* ˈnuː-] *s* **1.** *zo.* Biberratte *f,* Nutria *f.* **2.** Nutriafell *n.*

nu·tri·ent [ˈnjuːtrɪənt; *Am. a.* ˈnuː-] **I** *adj* **1.** nährend, nahrhaft. **2.** Ernährungs..., Nähr...: **~ base** *biol.* Nährsubstrat *n*; **~ medium** *biol.* Nährsubstanz *f*; **~ solution** *biol.* Nährlösung *f.* **II** *s* **3.** Nährstoff *m.* **4.** *biol.* Baustoff *m.*

nu·tri·ment [ˈnjuːtrɪmənt; *Am. a.* ˈnuː-] *s* Nahrung *f,* Nährstoff *m* (*a. fig.*).

nu·tri·tion [njuːˈtrɪʃn; *Am. a.* nʊ-] *s* **1.** Ernährung *f.* **2.** Nahrung *f*: **~ cycle** Nahrungskreislauf *m.* **nuˈtri·tion·al** *adj* Ernährungs...: **~ deficiency** *med.* Mangelernährung *f*; **~ disorder** *med.* Ernährungsstörung *f.* **nuˈtri·tion·ist** *s* Ernährungswissenschaftler *m,* Diäˈtetiker *m.*

nu·tri·tious [njuːˈtrɪʃəs; *Am. a.* nʊ-] *adj* (*adv* **~ly**) nährend, nahrhaft. **nuˈtri·tious·ness** *s* Nahrhaftigkeit *f.*

nu·tri·tive [ˈnjuːtrətɪv; *Am. a.* ˈnuː-] *adj* (*adv* **~ly**) **1.** nährend, nahrhaft: **~ value** Nährwert *m.* **2.** Ernährungs..., ernährend: **~ medium** Nährboden *m*; **~ tract** Ernährungsbahn *f.* **ˈnu·tri·tive·ness** *s* Nahrhaftigkeit *f.*

nuts [nʌts] *interj* → **nut** 6.

ˌnuts-and-ˈbolts *adj* **1.** praxisbezogen, praktisch. **2.** grundlegend, fundamenˈtal.

ˈnut·shell *s* **1.** *bot.* Nußschale *f.* **2.** *fig.* winziges Ding: **in a ~** in knapper Form, in aller Kürze; **to put it in a ~** (*Redew.*) um es ganz kurz zs.-zufassen, mit ˈeinem Wort.

nut·ter [ˈnʌtə] *s Br. colloq.* Verrückte(r *m*) *f,* ‚Spinner(in)'.

nut tree *s bot.* **1.** (Wal)Nußbaum *m.* **2.** Haselnußstrauch *m.*

nut·ty [ˈnʌtɪ] *adj* **1.** voller Nüsse. **2.** nußartig, Nuß... **3.** schmackhaft, piˈkant. **4.** *colloq.* verrückt (**on** nach).

nux vom·i·ca [ˌnʌksˈvɒmɪkə; *Am.* -ˈvɑ-] *s* **1.** *pharm.* Brechnuß *f.* **2.** *bot.* Brechnußbaum *m.*

nuz·zle [ˈnʌzl] **I** *v/t* **1.** *den Boden* mit der Schnauze aufwühlen (*Schwein*). **2.** mit der Schnauze *od.* der Nase *od.* dem Kopf reiben (an *dat*): **to ~ o.s.** → 6. **3.** *e-m Schwein etc* e-n Ring durch die Nase ziehen. **4.** *ein Kind* liebkosen, hätscheln. **II** *v/i* **5.** mit der Schnauze im Boden wühlen, stöbern (**in** in *dat*; **for** nach). **6.** a) den Kopf drücken (**at** an *acc*; **against** gegen), b) sich (an)schmiegen *od.* kuscheln (**to** an *acc*).

nyc·ta·lo·pi·a [ˌnɪktəˈləʊpɪə] *s med.* Nyktaloˈpie *f*: a) Nachtblindheit *f,* b) Tagblindheit *f.*

nyc·ti·trop·ic [ˌnɪktɪˈtrɒpɪk; *Am.* -ˈtrɑ-] *adj bot.* nyktiˈtropisch: **~ movement** Schlafbewegung *f.*

ny·lon [ˈnaɪlɒn; *Am.* -ˌlɑn] *s* **1.** Nylon *n.* **2.** *pl, a.* **~ stockings** Nylons *pl,* Nylonstrümpfe *pl.*

nymph [nɪmf] *s* **1.** *antiq.* Nymphe *f.* **2.** Nymphe *f*: a) *poet.* schönes Mädchen, b) *iro.* ‚leichtes Mädchen'. **3.** *zo.* a) Puppe *f,* b) Nymphe *f* (*Insektenlarve mit unvollständiger Verwandlung*).

nym·pha [ˈnɪmfə] *pl* **-phae** [-fiː] *s* **1.** *zo.* → **nymph** 3 b. **2.** *pl anat.* kleine Schamlippen *pl.*

nym·phae·a·ceous [ˌnɪmfɪˈeɪʃəs] *adj bot.* zu den See- *od.* Wasserrosen gehörig.

nym·phe·an [ˈnɪmfɪən; nɪmˈfiːən] *adj* Nymphen...

nymph·et [nɪmˈfet; ˈnɪmfɪt] *s* ‚Nymphchen' *n* (*frühreifes Mädchen*).

ˈnymph·ish *adj* nymphenhaft.

nym·pho [ˈnɪmfəʊ] *pl* **-phos** *s colloq. für* **nymphomaniac** II.

nym·pho·lep·sy [ˈnɪmfəˌlepsɪ] *s psych.* **1.** Verzückung *f.* **2.** krankhafter Drang nach etwas Unerreichbarem.

nym·pho·ma·ni·a [ˌnɪmfəʊˈmeɪnɪə] *s psych.* Nymphomaˈnie *f,* Mannstollheit *f.*

ˌnym·phoˈma·ni·ac [-nɪæk] **I** *adj* nymphoˈman, mannstoll. **II** *s* Nymphoˈmanin *f,* mannstolles Weib.

nys·tag·mus [nɪˈstægməs] *s med.* Nyˈstagmus *m,* Augenzittern *n.*

O

O¹, o [əʊ] **I** *pl* **O's, Os, Oes, o's, os, oes** [əʊz] *s* **1.** O, o *n* (*Buchstabe*). **2.** O Null *f* (*Ziffer, a. teleph.*). **3.** O O *n*, O-förmiger Gegenstand. **II** *adj* **4.** fünfzehnt(er, e, es).

O², o [əʊ] *interj* (*in direkter Anrede u. von e-m Komma gefolgt, ist die Schreibung* Oh, oh) o(h)!, ah!, ach!

O' [əʊ; ə] *Ir.* (*Präfix bei Eigennamen*) Enkel *m od.* Abkömmling *m* von: O'Neill, O'Brian.

o' [ə] *abbr. für die Präpositionen* of *u.* on: two ~clock zwei Uhr; twice ~ Sundays *obs.* zweimal am Sonntag.

oaf [əʊf] *pl* **oafs,** *selten* **oaves** [əʊvz] *s* **1.** Dummkopf *m*, ‚Hornochse' *m*, ‚Esel' *m*. **2.** Lümmel *m*, Flegel *m*. **ˈoaf·ish** *adj* **1.** einfältig, dumm. **2.** lümmel-, flegelhaft. **ˈoaf·ish·ness** *s* **1.** Einfältigkeit *f*, Dummheit *f*. **2.** Lümmel-, Flegelhaftigkeit *f*.

oak [əʊk] **I** *s* **1.** *bot.* Eiche *f*, Eichbaum *m*: **barren ~** Schwarzeiche; → **heart** 4. **2.** *poet.* Eichenlaub *n*. **3.** Eichenholz *n*. **4.** *univ. Br.* äußere Tür (*e-r Doppeltür in Colleges in Oxford u. Cambridge*): **to sport one's ~** nicht zu sprechen sein. **5. the O~s** *sport berühmtes Stutenrennen in Epsom.* **II** *adj* **6.** eichen, Eichen... **~ ap·ple** *s bot.* Gallapfel *m*. **~ bark** *s bot.* Eichen-, Lohrinde *f*. **~ beau·ty** *s zo.* Eichenspanner *m*.

oak·en [ˈəʊkən] *adj* **1.** *bes. poet.* Eichen... **2.** → **oak** 6.

oak| fern *s bot.* Eichenfarn *m*. **~ gall** *s bot.* Gallapfel *m*. **ˈ~-leaf clus·ter** *s mil. bes. Am.* Eichenlaub *n* (*an Orden*).

oak·let [ˈəʊklɪt], **ˈoak·ling** [-lɪŋ] *s bot.* junge *od.* kleine Eiche.

oa·kum [ˈəʊkəm] *s* **1.** Werg *n*: **to pick ~** a) Werg zupfen, b) *colloq.* ‚Tüten kleben', ‚Knast schieben' (*im Gefängnis sitzen*). **2.** *mar.* Kalˈfaterwerg *n*.

ˈoak·wood *s* **1.** Eichenholz *n*. **2.** Eichenwald(ung *f*) *m*.

oar [ɔː(r); *Am. a.* əʊr] **I** *v/t* **1.** rudern: **to ~ one's way** dahinrudern, -gleiten. **II** *v/i* **2.** rudern. **III** *s* **3.** *mar. sport* Ruder *n* (*a. zo.*), Riemen *m*. **4.** *bes. sport* Ruderer *m*: **a good ~**. **5.** *Brauerei*: Krücke *f*.
Besondere Redewendungen:
to boat the ~s die Riemen einziehen; **to be chained to the ~s** schwer schuften müssen; **not to have both ~s in the water** *bes. Am. colloq.* ‚nicht alle Tassen im Schrank haben'; **to lie on one's** (*od.* **the**) **~s** a) die Riemen glatt legen, b) *fig.* die Hände in den Schoß legen; **to put** (*od.* **shove, stick**) **one's ~ in** *colloq.* sich einmischen, ‚s-n Senf dazugeben'; **to rest (up)on one's ~s** *fig.* ausspannen; **to ship the ~s** die Riemen klarmachen; **ship your ~s!** die Ruder einlegen!

oared [ɔː(r)d; *Am. a.* əʊrd] *adj* **1.** mit Rudern (versehen), Ruder... **2.** *in Zssgn* ...ruderig.

ˈoarˌlock *s mar. Am.* Ruder-, Riemendolle *f*.

oars·man [ˈɔː(r)zmən; *Am. a.* ˈəʊrz-] *s irr bes. sport* Ruderer *m*. **ˈoars·man·ship** *s* Ruderkunst *f*.

ˈoarsˌwom·an *s irr bes. sport* Ruderin *f*.

o·a·sis [əʊˈeɪsɪs] *pl* **-ses** [-siːz] *s* Oˈase *f* (*a. fig.*): **an ~ in the desert** *fig.* a) e-e willkommene Abwechslung, b) ein kleiner Lichtblick.

oast [əʊst] *s Brauerei*: a) Darrofen *m*, b) *a.* **~ house** Darre *f*.

oat [əʊt] *s* **1.** *meist pl bot.* Hafer *m*: **he feels his ~s** *colloq.* a) ihn sticht der Hafer, b) er ist groß in Form; **to sow one's (wild) ~s** sich die Hörner abstoßen; **to be off one's ~s** *colloq.* keinen Appetit haben; **to get one's ~s** *sl.* ‚bumsen' (*Geschlechtsverkehr haben*). **2.** *poet.* Pfeife *f* (*aus e-m Haferhalm*). **ˈ~cake** *s* Haferkuchen *m*.

oat·en [ˈəʊtn] *adj* **1.** aus Haferhalmen. **2.** Hafer(mehl)...

oat| flakes *s pl* Haferflocken *pl*. **~ grass** *s bot.* Wilder Hafer.

oath [əʊθ; *pl* əʊðz] *s* **1.** Eid *m*, Schwur *m*: **~ of allegiance** a) Treueid, b) *mil.* Fahneneid; **~ of disclosure** *jur.* Offenbarungseid; **~ of office** Amts-, Diensteid. **2.** Fluch *m*, Verwünschung *f*.
Besondere Redewendungen:
to bind by ~ eidlich verpflichten; **on ~, upon ~** unter Eid, eidlich; **upon my ~!** das kann ich beschwören!; **to administer** (*od.* **tender**) **an ~ to s.o., to give s.o. the ~, to put s.o. to** (*od.* **on**) **his ~** j-m den Eid abnehmen, j-n schwören lassen; **to swear** (*od.* **take**) **an ~** e-n Eid leisten *od.* ablegen, schwören (**on, to** auf *acc*); **in lieu of an ~** an Eides Statt; **under ~** unter Eid, eidlich verpflichtet; **to be on ~** unter Eid stehen.

ˈoat·meal *s* **1.** Hafermehl *n*, -grütze *f*. **2.** Haferschleim *m*.

oaves [əʊvz] *pl von* **oaf**.

O·ba·di·ah [ˌəʊbəˈdaɪə] *npr u. s Bibl.* (das Buch) Oˈbadja *m od.* Abˈdias *m*.

ob·bli·ga·to [ˌɒblɪˈgɑːtəʊ; *Am.* ˌɑb-] *mus.* **I** *adj* **1.** obliˈgat, hauptstimmig. **II** *pl* **-tos** *s* **2.** obliˈgate *od.* selbständige Begleitstimme. **3.** *fig.* Beˈgleitmuˌsik *f*.

ob·con·ic [ɒbˈkɒnɪk; *Am.* ɑbˈkɑ-] *adj biol.* verkehrt kegelförmig. **ob·cor·date** [ɒbˈkɔː(r)deɪt; *Am.* ɑb-] *adj* verkehrt herzförmig.

ob·du·ra·cy [ˈɒbdjʊrəsɪ; *Am.* ˈɑbdə-; -djə-; ɑbˈdʊ-] *s* **1.** Verstocktheit *f*, Halsstarrigkeit *f*. **2.** Hartherzigkeit *f*. **ob·du·rate** [-rət] *adj* (*adv* **~ly**) **1.** verstockt, halsstarrig. **2.** hartherzig. **ob·du·rate·ness** → **obduracy**.

o·be·ah [ˈəʊˌbɪə] *s* **1.** Obikult *m* (*Zauberkult, bes. der westindischen Neger*). **2.** *colloq.* Obi *m*, Fetisch *m*.

o·be·di·ence [əˈbiːdjəns; -ɪəns; *Am. a.* əʊˈb-] *s* **1.** Gehorsam *m* (**to** gegen). **2.** *fig.* Abhängigkeit *f* (**to** von): **in ~ to s.o.** auf Verlangen von j-m; **in ~ to** in Übereinstimmung mit, gemäß (*dat*). **3.** Herrschaft *f*, Autoriˈtät *f*. **4.** *relig.* a) Obediˈenz *f*, Gehorsam(spflicht *f*) *m*, b) Obrigkeitssphäre *f*.

o·be·di·ent [əˈbiːdjənt; -ɪənt; *Am. a.* əʊˈb-] *adj* (*adv* **~ly**) **1.** gehorsam (**to** *dat*): **to be ~** folgsam sein, folgen (**to** *dat*). **2.** unterˈwürfig, ergeben (**to** *dat*): **Your ~ servant** hochachtungsvoll (*Amtsstil*). **3.** *fig.* abhängig (**to** von).

o·bei·sance [əʊˈbeɪsəns; *Am. a.* -ˈbiːs-] *s* **1.** Verbeugung *f*: **to make one's ~ to s.o.** *obs.* sich vor j-m verbeugen. **2.** Ehrerbietung *f*, Huldigung *f*: **to do** (*od.* **make** *od.* **pay**) **~ to s.o.** j-m huldigen. **oˈbei·sant** *adj* huldigend, unterˈwürfig.

ob·e·li [ˈɒbɪlaɪ; *Am.* ˈɑb-] *pl von* **obelus**.

ob·e·lisk [ˈɒbəlɪsk; *Am.* ˈɑb-] *s* **1.** Obeˈlisk *m*, Spitzsäule *f*. **2.** *print.* a) → **obelus** 1, b) Kreuz *n*, Verweisungszeichen *n* (*für Randbemerkungen etc*).

ob·e·lize [ˈɒbəlaɪz; *Am.* ˈɑb-] *v/t print.* mit e-m Obeˈlisk versehen, als fragwürdig kennzeichnen.

ob·e·lus [ˈɒbɪləs; *Am.* ˈɑb-] *pl* **-li** [-laɪ] *s print.* **1.** Obeˈlisk *m* (*Zeichen für fragwürdige Stellen*). **2.** → **obelisk** 2 b.

o·bese [əʊˈbiːs] *adj* **1.** fett(leibig), korpuˈlent. **2.** *fig.* fett, dick: **an ~ wallet** e-e dicke Brieftasche. **oˈbese·ness, oˈbes·i·ty** *s* Fettleibigkeit *f*, Korpuˈlenz *f*.

o·bey [əˈbeɪ; əʊ-] **I** *v/t* **1.** *j-m* (*a. fig. dem Steuer etc*) gehorchen, folgen. **2.** Folge leisten (*dat*), befolgen (*acc*): **to ~ an order.** **II** *v/i* **3.** gehorchen, folgen (**to** *dat*).

ob·fus·cate [ˈɒbfʌskeɪt; *Am.* ˈɑbfəˌskeɪt; ɑbˈfʌs-] *v/t* **1.** verdunkeln, verfinstern, trüben (*a. fig.*). **2.** *fig. j-s Urteil etc* trüben, verwirren. **3.** *fig. die Sinne* benebeln. **ˌob·fusˈca·tion** *s* **1.** Verdunkelung *f*, Trübung *f*. **2.** *fig.* Verwirrung *f*. **3.** *fig.* Benebelung *f*.

o·bi¹ [ˈəʊbɪ] → **obeah**.

o·bi² [ˈəʊbɪ] *s* Obi (*kunstvoller Gürtel zum japanischen Kimono*).

o·bit [ˈɒbɪt; *Am.* əʊˈbɪt; ˈəʊbət] *s* **1.** *relig.* a) Gottesdienst *m* bei der ˈWiederkehr des Todestages, b) Seelenmesse *f*. **2.** Nachruf *m* (*in der Zeitung*). **3.** *obs.* a) Tod *m*, b) Trauerfeierlichkeit *f*.

o·bit·u·ar·y [əˈbɪtjʊərɪ; *Am.* -tʃəˌweriː] **I** *s* **1.** Todesanzeige *f*. **2.** Nachruf *m*. **3.** *R.C.* Nekroˈlogion *n*. **II** *adj* **4.** Toten..., Todes...: **~ notice** → 1.

ob·ject¹ [əbˈdʒekt] **I** *v/t* **1.** *fig.* einwenden, vorbringen (**to** gegen). **2.** vorhalten, vorwerfen (**to, against** *dat*). **II** *v/i* **3.** Einwendungen machen, Einspruch erheben, proteˈstieren (**to, against** gegen): **I ~** ich erhebe Einspruch. **4.** etwas einwenden, etwas daˈgegen haben: **to ~ to s.th.** etwas beanstanden, etwas gegen e-e Sache (einzuwenden) haben; **do you ~ to my smoking?** haben Sie etwas dagegen, wenn ich rauche?; **if you don't ~** wenn Sie nichts dagegen haben.

ob·ject[2] [ˈɒbdʒɪkt; *Am.* ˈɑb-] *s* **1.** Obˈjekt *n* (*a. art*), Gegenstand *m* (*a. fig. des Denkens, des Mitleids etc*), Ding *n*: **a round ~**; **the ~ of his study**; **~ of invention** Erfindungsgegenstand; **money is no ~** Geld spielt keine Rolle; **salary no ~** Gehalt Nebensache. **2.** *iro.* komische *od.* scheußliche Perˈson *od.* Sache: **what an ~ you are!** wie sehen Sie denn aus!; **a pretty ~ it looked** es sah ‚schön' aus. **3.** Ziel *n*, Zweck *m*, Absicht *f*: **with the ~ of doing s.th.** mit der Absicht, etwas zu tun; **to make it one's ~ to do s.th.** es sich zum Ziel setzen, etwas zu tun; **there is no ~ in doing that** es hat keinen Zweck *od.* Sinn, das zu tun. **4.** *ling.* a) Obˈjekt *n*: → **direct** 18, b) von e-r Präpositiˈon abhängiges Wort. **5.** *philos.* Nicht-Ich *n*, Obˈjekt *n*.

ˈob·ject| ball *s Billard*: Zielball *m*. **~ clause** *s ling.* Obˈjektsatz *m*. **~ draw·ing** *s bes. tech.* Zeichnen *n* nach Vorlagen *od.* Moˈdellen. **ˈ~-ˌfind·er** *s phot.* (Objekˈtiv)Sucher *m*. **~ glass** *s opt.* Objekˈtiv(linse *f*) *n*.

ob·jec·ti·fi·ca·tion [əbˌdʒektɪfɪˈkeɪʃn] *s philos.* Objektiˈvierung *f*. **ob·jec·ti·fy** [ɒbˈdʒektɪfaɪ; *Am.* əb-] *v/t* objektiˈvieren.

ob·jec·tion [əbˈdʒekʃn] *s* **1.** a) Einwendung *f*, -spruch *m*, -wand *m* (*alle a. jur.*), Einwurf *m*, Bedenken *n* (**to** gegen), b) Abneigung *f*, ˈWiderwille *m* (**against** gegen): **I have no ~ to him** ich habe nichts gegen ihn, ich habe an ihm nichts auszusetzen; **to make** (*od.* **raise**) **an ~ to s.th.** gegen etwas e-n Einwand erheben; **he raised no ~ to my going there** er hatte nichts dagegen (einzuwenden), daß ich dorthin ging *od.* gehe; **to take ~ to s.th.** gegen etwas Protest erheben *od.* protestieren. **2.** Reklamatiˈon *f*, Beanstandung *f*. **obˈjec·tion·a·ble** *adj* (*adv* **objectionably**) **1.** nicht einwandfrei: a) zu beanstanden(d), abzulehnen(d), b) anrüchig. **2.** unerwünscht. **3.** unangenehm (**to** *dat od.* für). **4.** anstößig.

ob·jec·tive [əbˈdʒektɪv; *Am. a.* ɑb-] **I** *adj* (*adv* **~ly**) **1.** *philos.* objekˈtiv, konˈkret, gegenständlich: **~ method** induktive Methode. **2.** objekˈtiv, sachlich, ˈunperˌsönlich, vorurteilslos. **3.** *ling.* Objekts...: **~ case** → 6; **~ genitive** objektiver Genitiv; **~ verb** transitives Verb. **4.** Ziel...: **~ point** *mil.* Operations-, Angriffsziel *n*. **II** *s* **5.** *opt.* Objekˈtiv(linse *f*) *n*. **6.** *ling.* Obˈjektskasus *m*. **7.** (*bes. mil.* Kampf-, Angriffs)Ziel *n*. **obˈjec·tive·ness** → **objectivity**. **obˈjec·tiv·ism** *s philos. art* Objektiˈvismus *m*. **ob·jec·tiv·i·ty** [ˌɒbdʒekˈtɪvətɪ; *Am.* ˌɑb-] *s* Objektiviˈtät *f*. **obˈjec·tiv·ize** → **objectify**.

ˈob·ject| lan·guage *s ling.* Obˈjektsprache *f*. **~ lens** *s opt.* Objekˈtiv(linse *f*) *n*.

ˈob·ject·less *adj* gegenstands-, zweck-, ziellos.

ˈob·ject les·son *s* **1.** *ped. u. fig.* ˈAnschauungsˌunterricht *m*. **2.** *fig.* Schulbeispiel *n*. **3.** *fig.* Denkzettel *m*.

ob·jec·tor [əbˈdʒektə(r)] *s* **1.** Gegner(in) (**to** *gen*), Oppoˈnent(in). **2.** Proteˈstierende(r *m*) *f*: → **conscientious objector**.

ˈob·ject| plate, ~ slide *s tech.* Obˈjektträger *m* (*am Mikroskop etc*). **~ pro·gram(me)** *s Computer*: Obˈjekt-, ˈZielproˌgramm *n*. **~ stage** *s tech.* Obˈjekttisch *m*. **~ teach·ing** *s* ˈAnschauungsˌunterricht *m*.

ob·jet d'art *pl* **ob·jets d'art** [ˌɒbʒeɪˈdɑː(r); ɔbʒɛdar] (*Fr.*) *s* (*oft* kleiner) Kunstgegenstand.

ob·jet trou·vé *pl* **ob·jets trou·vés** [ˈɒbʒeɪˌtruːˈveɪ; ɔbʒɛtruve] (*Fr.*) *s art* Obˈjet *n* trouˈvé (*ohne jede Veränderung in e-m Kunstwerk präsentierter Gebrauchsgegenstand*).

ob·jur·gate [ˈɒbdʒɜːgeɪt; *Am.* ˈɑbdʒər-] *v/t* tadeln, schelten. **ˌob·jurˈga·tion** *s* Tadel *m*, Schelte(n *n*) *f*. **ob·jur·ga·to·ry** [ɒbˈdʒɜːgətərɪ; *Am.* əbˈdʒɜrgəˌtəʊriː; -ˌtɔː-] *adj* tadelnd, scheltend.

ob·late[1] [ˈɒbleɪt; *Am.* ɑbˈleɪt; ˈɑbˌl-] *adj math. phys.* (*an den Polen*) abgeflacht, abgeplattet, sphäroˈid.

ob·late[2] [ˈɒbleɪt; *Am.* ˈɑb-] *s R.C.* Obˈlat(in) (*Laienbruder od. -schwester*).

ob·la·tion [əʊˈbleɪʃn; əˈb-] *s* **1.** *relig.* Opferung *f*, Darbringung *f* (*bes. von Brot u. Wein*). **2.** *relig.* Opfer(gabe *f*) *n*. **3.** Gabe *f*.

ob·li·gate [ˈɒblɪgeɪt; *Am.* ˈɑb-] **I** *v/t a. jur. j-n* verpflichten, binden (**to do** zu tun). **II** *adj* [*a.* -gət] *biol.* Zwangs...

ob·li·ga·tion [ˌɒblɪˈgeɪʃn; *Am.* ˌɑb-] *s* **1.** Verpflichten *n*, Verpflichtung *f*. **2.** Verpflichtung *f*, Verbindlichkeit *f*, Obliegenheit *f*, Pflicht *f*: **of ~** obligatorisch; **days of ~** *relig.* strenge Fasttage; **to be under an ~ to s.o.** j-m (zu Dank) verpflichtet sein; **to place an ~ on s.o. to do s.th.** j-n (dazu) verpflichten, etwas zu tun; **to feel an ~ to do s.th.** sich verpflichtet fühlen, etwas zu tun. **3.** *econ.* a) Schuldverpflichtung *f*, -verschreibung *f*, Obligatiˈon *f*, b) Verpflichtung *f*, Verbindlichkeit *f*: **financial ~**, **~ to pay** Zahlungsverpflichtung; **joint ~** Gesamtverbindlichkeit; **~ to buy** Kaufzwang *m*; **~ to disclose** Anzeigepflicht *f*; **no ~**, **without ~** unverbindlich, freibleibend.

ob·li·ga·to → **obbligato**.

ob·lig·a·to·ry [əˈblɪgətərɪ; *Am.* -ˌtəʊriː; -ˌtɔː-; ɑˈb-] *adj* (*adv* **obligatorily**) verpflichtend, bindend, (rechts)verbindlich, obligaˈtorisch (**on, upon** für), Zwangs..., Pflicht...: **~ agreement** bindende Abmachung; **~ investment** *econ.* Pflichteinlage *f*.

o·blige [əˈblaɪdʒ] **I** *v/i* **1.** (**with**) *colloq. ein Lied etc* vortragen *od.* zum besten geben: **to ~ with a song**. **2.** erwünscht sein: **an early reply will ~** um baldige Antwort wird gebeten. **II** *v/t* **3.** nötigen, zwingen: **I was ~d to do** ich sah mich *od.* war genötigt *od.* gezwungen zu tun, ich mußte tun. **4.** *fig.* a) verpflichten, b) *j-n* zu Dank verpflichten: **much ~d** sehr verbunden!, danke bestens!; **I am ~d to you for it** a) ich bin Ihnen dafür sehr verbunden, b) ich habe es Ihnen zu verdanken; **will you ~ me by doing this?** wären Sie so freundlich, das zu tun? **5.** *j-m* gefällig sein, e-n Gefallen tun, *j-n* erfreuen (**with a song** mit e-m Lied): **to ~ you** Ihnen zu Gefallen; **anything to ~ you!** selbstverständlich, wenn ich Ihnen damit e-n Gefallen erweise!; (**will you**) **~ me by leaving the room!** würden Sie gefälligst das Zimmer verlassen! **6.** *jur. j-n durch Eid etc* binden (**to an** *acc*): **to ~ o.s.** sich verpflichten.

ob·li·gee [ˌɒblɪˈdʒiː; *Am.* ˌɑb-] *s econ. jur.* Forderungsberechtigte(r *m*) *f*, (Obligatiˈons)Gläubiger(in).

o·blig·ing [əˈblaɪdʒɪŋ] *adj* (*adv* **~ly**) verbindlich, gefällig, zuˈvor-, entgegenkommend. **oˈblig·ing·ness** *s* Gefälligkeit *f*, Zuˈvorkommenheit *f*.

ob·li·gor [ˌɒblɪˈgɔː(r); *Am.* ˌɑb-] *s econ. jur.* (Obligatiˈons)Schuldner(in).

o·blique [əˈbliːk; *Am. a.* əʊˈb-; -ˈblaɪk] *adj* (*adv* **~ly**) **1.** *bes. math.* schief, schiefwink(e)lig, schräg: **~ angle** *math.* schiefer Winkel; **at an ~ angle to** im spitzen Winkel zu; **~ fire** *mil.* Steil-, Schrägfeuer *n*; **~ photograph** *mil. phot.* Schrägaufnahme *f*; **~ stroke** Schrägstrich *m*; **~ triangle** *math.* schiefwink(e)liges Dreieck. **2.** ˈindiˌrekt, versteckt, verblümt: **~ accusation**; **~ glance** Seitenblick *m*. **3.** unaufrichtig, falsch. **4.** *ling.* abhängig, ˈindiˌrekt: **~ case** Beugefall *m*, Kasus *m* obliquus; **~ speech** indirekte Rede. **oˈblique·ness** → **obliquity**.

o·bliq·ui·ty [əˈblɪkwətɪ; *Am. bes.* əʊˈb-] *s* **1.** Schiefe *f* (*a. astr.*), schiefe Lage *od.* Richtung, Schrägheit *f*. **2.** *fig.* Schiefheit *f*, Verirrung *f*: **moral ~** Unredlichkeit *f*; **~ of conduct** abwegiges Verhalten; **~ of judg(e)ment** Schiefe *f* des Urteils.

o·blit·er·ate [əˈblɪtəreɪt; *Am. a.* əʊˈb-] *v/t* **1.** auslöschen, tilgen (*beide a. fig.*), *Schrift a.* ausstreichen, ˈwegraˌdieren, löschen (**from** aus). **2.** *Briefmarken* entwerten. **3.** *fig.* a) verwischen, unkenntlich machen, b) zerstören, vernichten. **4.** *med.* obliteˈrieren, veröden. **oˌblit·erˈa·tion** *s* **1.** Verwischung *f*, Auslöschung *f*. **2.** *fig.* Vernichtung *f*, Vertilgung *f*, Zerstörung *f*. **3.** Verwischtsein *n*, Undeutlichkeit *f*. **4.** *med.* Verödung *f*.

o·bliv·i·on [əˈblɪvɪən; *Am. a.* əʊˈb-; ɑˈb-] *s* **1.** Vergessenheit *f*: **to commit** (*od.* **consign**) **to ~** der Vergessenheit überlassen; **to fall** (*od.* **sink**) **into ~** in Vergessenheit geraten. **2.** Vergessen *n*, Vergeßlichkeit *f*. **3.** *jur. pol.* Straferlaß *m*: (**Act of**) **O~** *hist.* Amnestie *f*.

o·bliv·i·ous [əˈblɪvɪəs; *Am.* əʊˈb-; ɑˈb-] *adj* (*adv* **~ly**) vergeßlich: **to be ~ of s.th.** etwas vergessen (haben); **to be ~ to s.th.** blind sein gegen etwas, etwas nicht beachten. **oˈbliv·i·ous·ness** *s* Vergeßlichkeit *f*.

ob·long [ˈɒblɒŋ; *Am.* ˈɑb-] **I** *adj* **1.** länglich: **~ hole** *tech.* Langloch *n*. **2.** *math.* rechteckig. **II** *s* **3.** *math.* Rechteck *n*.

ob·lo·quy [ˈɒbləkwɪ; *Am.* ˈɑb-] *s* **1.** Verleumdung *f*, Schmähung *f*: **to cast ~ upon s.o.** j-m Schlechtes nachsagen; **to fall into ~** in Verruf kommen. **2.** Schmach *f*.

ob·nox·ious [əbˈnɒkʃəs; *Am.* -ˈnɑk-; *a.* ɑbˈn-] *adj* (*adv* **~ly**) **1.** anstößig, anrüchig, verhaßt, abˈscheulich. **2.** (**to**) unbeliebt (bei), verhaßt, unangenehm (*dat*). **3.** *selten* unterˈworfen, preisgegeben, ausgesetzt (**to** *dat*). **4.** *obs.* strafwürdig. **obˈnox·ious·ness** *s* **1.** Anstößigkeit *f*, Anrüchigkeit *f*. **2.** Verhaßtheit *f*.

o·boe [ˈəʊbəʊ] *s* **1.** *mus.* Oˈboe *f*. **2.** *meist* **O~** *mil.* ˈHobo-Syˌstem *n*, Raˈdarsyˌstem *n* für blinden Bombenabwurf. **ˈo·bo·ist** *s* Oboˈist(in).

ob·ol [ˈɒbɒl; *Am.* ˈɑbəl; ˈəʊ-] *s antiq.* Obolus *m* (*altgriechische Münze*).

ob·o·vate [ɒbˈəʊveɪt; *Am.* ɑb-] *adj bot.* verkehrt eirund, oboˈval.

ob·scene [əbˈsiːn; *Am. a.* ɑb-] *adj* (*adv* **~ly**) **1.** unzüchtig (*a. jur.*), unanständig, zotig, obˈszön: **~ libel** *jur.* Veröffentlichung *f* unzüchtiger Schriften; **~ talker** Zotenreißer *m*. **2.** widerlich, abˈscheulich. **ob·scen·i·ty** [əbˈsenətɪ; *Am. a.* ɑb-] *s* **1.** Unanständigkeit *f*, Zote *f*, Obszöniˈtät *f*: **obscenities** Obszönitäten, Zoten. **2.** Widerlichkeit *f*.

ob·scur·ant [ɒbˈskjʊərənt; *Am.* ɑb-] *s* Bildungsfeind *m*, Dunkelmann *m*.

ob·scur·ant·ism [ˌɒbskjʊəˈræntɪzəm; *Am.* ˌɑb-; *a.* ɑbˈskjʊrənˌtɪzəm] *s* Obskuranˈtismus *m*, Kulˈturfeindlichkeit *f*, Bildungshaß *m*. **ob·scur·ant·ist** [ˌɒbskjʊəˈræntɪst; *Am.* ˌɑb-; *a.* ɑbˈskjʊrəntɪst] **I** *s* → **obscurant**. **II** *adj* obskuˈrantisch.

ob·scu·ra·tion [ˌɒbskjʊəˈreɪʃn; *Am.* ˌɑb-] *s* **1.** Verdunkelung *f* (*a. astr. u. fig.*). **2.** *med.* Verschattung *f*.

ob·scure [əbˈskjʊə(r); *Am. a.* ɑb-] **I** *adj* **1.** dunkel, finster, düster, trübe. **2.** unscharf (*Bild*), matt (*Farbe*). **3.** *poet.* nächtlich, Nacht... **4.** *fig.* dunkel: a) unklar: **~ words** dunkle Worte; **~ motives** undurchsichtige Motive, b) undeutlich:

an ~ feeling. 5. *fig.* obˈskur, unbekannt, unbedeutend: **an ~ writer; an ~ disease** e-e unbekannte Krankheit. 6. schwach: **~ pulse; ~ voice.** 7. *fig.* einsam, verborgen: **to live an ~ life.** 8. *fig.* unauffällig. **II** *s* 9. → **obscurity. III** *v/t* 10. verdunkeln, verfinstern, trüben. 11. *fig.* verkleinern, in den Schatten stellen. 12. *fig.* unverständlich *od.* undeutlich machen. 13. verbergen (**to** *dat*). 14. *ling. Vokal, Laut* abschwächen. **obˈscure·ly** *adv fig.* dunkel, auf unklare *od.* geheimnisvolle Weise.

ob·scu·ri·ty [əbˈskjʊərətɪ; *Am. a.* ɑb-] *s* 1. Dunkelheit *f* (*a. fig.*). 2. *fig.* Unklarheit *f*, Undeutlichkeit *f*, Unverständlichkeit *f*. 3. *fig.* (*das*) Unbedeutende, Unbekanntheit *f*, Obskuriˈtät *f*, Niedrigkeit *f* (*der Herkunft*): **to retire into ~** sich vom öffentlichen *od.* gesellschaftlichen Leben *etc* zurückziehen; **to be lost in ~** vergessen sein. 4. obˈskure *od.* dunkle Person *od.* Sache. 5. *paint.* dunkler Fleck.

ob·se·crate [ˈɒbsɪkreɪt; *Am.* ˈɑb-] *v/t obs. j-n* flehentlich bitten, *etwas* erflehen. **ˌob·seˈcra·tion** *s* flehentliche Bitte.

ob·se·qui·al [ɒbˈsiːkwɪəl; *Am.* əb-; ɑb-] *adj* Begräbnis...

ob·se·quies [ˈɒbsɪkwɪz; *Am.* ˈɑb-] *s pl* Trauerfeierlichkeit(en *pl*) *f*.

ob·se·qui·ous [əbˈsiːkwɪəs; *Am. a.* ɑb-] *adj* (*adv* **~ly**) unterˈwürfig (**to** gegen), serˈvil, kriecherisch. **obˈse·qui·ous·ness** *s* Unterˈwürfigkeit *f*, Serviliˈtät *f*.

ob·serv·a·ble [əbˈzɜːvəbl; *Am.* -ˈzɜr-] *adj* (*adv* **observably**) 1. bemerkbar, wahrnehmbar, merklich. 2. beachtens-, bemerkenswert. 3. zu beachten(d).

ob·ser·vance [əbˈzɜːvns; *Am.* -ˈzɜr-] *s* 1. Befolgung *f*, Beachtung *f*, Einhaltung *f*: **~ of rules.** 2. Heilighaltung *f*, Feiern *n*: **~ of the Sabbath.** 3. ˈHerkommen *n*, Brauch *m*, Sitte *f*. 4. Regel *f*, Vorschrift *f*. 5. *relig.* Ordensregel *f*, Obserˈvanz *f*. 6. *obs.* Beobachtung *f*, Sorgsamkeit *f*. 7. *Br. obs.* Ehrerbietung *f*. **obˈser·van·cy** *selten für* **observance.**

ob·ser·vant [əbˈzɜːvnt; *Am.* -ˈzɜr-] *adj* (*adv* **~ly**) 1. beachtend, befolgend (**of** *acc*): **to be very ~ of forms** sehr auf Formen halten. 2. aufmerksam, achtsam: **to be ~ of** achten auf (*acc*).

ob·ser·va·tion [ˌɒbzə(r)ˈveɪʃn; *Am.* ˌɑb-] **I** *s* 1. (*a. wissenschaftliche*) Beobachtung, Überˈwachung *f*, Wahrnehmung *f*: **to keep s.o. under ~** j-n beobachten (lassen); **to fall under s.o.'s ~** von j-m bemerkt *od.* wahrgenommen werden; **series** (*od.* **sequence**) **of ~s** *scient.* Beobachtungsreihe *f*; **to take an ~** *mar.* das Besteck nehmen. 2. Bemerkung *f*: **final ~** Schlußbemerkung. 3. Beobachtungsgabe *f*, -vermögen *n*. 4. *selten für* **observance** 1. **II** *adj* 5. Beobachtungs..., Aussichts... **ˌob·serˈva·tion·al** [-ʃənl] *adj* (*adv* **~ly**) 1. Beobachtungs... 2. beobachtend, auf Beobachtung(en) gegründet.

ob·ser·va·tion| bal·loon *s aer.* 1. Beˈobachtungsbalˌlon *m*. 2. ˈFesselbalˌlon *m*. **~ car, ~ coach** *s rail. etc* Aussichtswagen *m*. **~ deck** *s mar.* Peildeck *n*. **~ port** *s* 1. *tech.* Guckloch *n*, Konˈtrollfenster *n*. 2. *mil.* Sehklappe *f*. **~ post** *s bes. mil.* Beobachtungsstelle *f*, -stand *m*, -posten *m*. **~ tow·er** *s* Beobachtungswarte *f*, Aussichtsturm *m*.

ob·ser·va·to·ry [əbˈzɜːvətrɪ; *Am.* əbˈzɜrvəˌtəʊriː; -ˌtɔː-] *s* Observaˈtorium *n*: a) (Wetter)Warte *f*, b) *astr.* Sternwarte *f*.

ob·serve [əbˈzɜːv; *Am.* əbˈzɜrv] **I** *v/t* 1. beobachten: a) überˈwachen, b) betrachten, verfolgen, stuˈdieren, c) (be-) merken, wahrnehmen, sehen. 2. *surv.* messen: **to ~ an angle.** 3. *mar.* peilen. 4. *fig.* beobachten: a) *e-e Vorschrift etc* einhalten, befolgen, beachten: **to ~ a rule,** b) *e-n Brauch etc* (ein)halten, üben, *Feste etc* feiern, begehen: **to ~ a custom; to ~ the Sabbath; to ~ silence** Stillschweigen beobachten *od.* bewahren. 5. bemerken, sagen, äußern. **II** *v/i* 6. aufmerksam sein. 7. Beobachtungen machen. 8. Bemerkungen machen, sich äußern (**on, upon** über *acc*). **obˈserv·er** *s* 1. Beobachter(in) (*a. pol.*), Zuschauer(in). 2. Befolger(in): **he is an ~ of the Sabbath** er hält den Sonntag heilig. 3. *aer.* a) Beobachter *m* (*im Flugzeug*), b) *Flugmeldedienst*: Luftspäher *m*. **obˈserv·ing** → **observant.**

ob·sess [əbˈses] *v/t j-n* quälen, heimsuchen, verfolgen: **~ed by** (*od.* **with**) **an idea** besessen von e-r Idee; **like an ~ed (man)** wie ein Besessener; **an ~ed angler** ein passionierter Angler.

ob·ses·sion [əbˈseʃn; *Am. a.* ɑb-] *s* Besessenheit *f*, fixe Iˈdee, Verranntheit *f*, *psych.* Zwangsvorstellung *f*, Obsessiˈon *f*. **obˈses·sive** [-sɪv] *adj psych.* zwanghaft, Zwangs...: **~ neurosis.**

ob·sid·i·an [ɒbˈsɪdɪən; *Am.* əb-] *s min.* Obsidiˈan *m*.

ob·so·lesce [ˌɒbsəʊˈles; *Am.* ˌɑbsəˈles] *v/i* veralten. **ˌob·soˈles·cence** *s* Veralten *n*: **planned ~** *econ. tech.* künstliche Veralterung (*von Gütern*). **ˌob·soˈles·cent** *adj* 1. veraltend. 2. *biol.* rudimenˈtär, verkümmernd.

ob·so·lete [ˈɒbsəliːt; *Am.* ˈɑbsə-; ˌɑbsəˈl-] *adj* (*adv* **~ly**) 1. veraltet, überˈholt, ˈunmoˌdern: **~ equipment; an ~ theory.** 2. a) abgenutzt, verbraucht, b) verwischt. 3. *biol.* a) zuˈrückgeblieben, rudimenˈtär, b) fehlend. **ob·so·lete·ness** *s* 1. Überˈholtheit *f*, (*das*) Veraltete. 2. Abgenutztheit *f*. 3. *biol.* unvollkommene Entwicklung. **ˈob·so·let·ism** *s* 1. (*etwas*) Veraltetes, *bes.* veraltetes Wort *od.* veraltete Redewendung. 2. → **obsoleteness.**

ob·sta·cle [ˈɒbstəkl; *Am.* ˈɑbstɪkəl] *s* Hindernis *n* (**to** für) (*a. fig.*): **to put ~s in s.o.'s way** *fig.* j-m Hindernisse in den Weg legen; **~ course** *mil.* Hindernisbahn *f*; **~ race** *sport* Hindernisrennen *n*.

ob·stet·ric [ɒbˈstetrɪk; *Am.* əb-; ɑb-], **obˈstet·ri·cal** [-kl] *adj med.* Geburts(hilfe)..., Geburtshelfer..., geburtshilflich, Entbindungs...: **obstetric forceps** Entbindungszange *f*; **obstetrical toad** *zo.* Geburtshelferkröte *f*; **obstetric ward** Entbindungsstation *f*.

ob·ste·tri·cian [ˌɒbsteˈtrɪʃn; *Am.* ˌɑbstə-] *s med.* Geburtshelfer *m*. **ob·stet·rics** [ɒbˈstetrɪks; *Am.* əb-; ɑb-] *s pl* (*a. als sg konstruiert*) Geburtshilfe *f*.

ob·sti·na·cy [ˈɒbstɪnəsɪ; *Am.* ˈɑb-] *s* 1. Hartnäckigkeit *f*, Halsstarrigkeit *f*, Eigensinn *m*. 2. *fig.* Hartnäckigkeit *f*.

ob·sti·nate [ˈɒbstənət; *Am.* ˈɑb-] *adj* (*adv* **~ly**) 1. hartnäckig, halsstarrig, eigensinnig. 2. *fig.* hartnäckig: **~ disease; ~ resistance. ˈob·sti·nate·ness** → **obstinacy.**

ob·sti·pa·tion [ˌɒbstɪˈpeɪʃn; *Am.* ˌɑb-] → **constipation.**

ob·strep·er·ous [əbˈstrepərəs; *Am. a.* ɑb-] *adj* (*adv* **~ly**) 1. ungebärdig, ˈwiderspenstig: **an ~ child.** 2. lärmend, geräuschvoll, turbuˈlent. **obˈstrep·er·ous·ness** *s* 1. Toben *n*, Lärm(en *n*) *m*. 2. ˈWiderspenstigkeit *f*.

ob·struct [əbˈstrʌkt; *Am. a.* ɑb-] **I** *v/t* 1. *Straße, Durchgang etc* blocˈkieren, versperren, verstopfen, *Kanal, Röhre, a. med. Arterie* verstopfen. 2. *Aussicht etc* versperren, die Sicht versperren auf (*acc*): **to ~ s.o.'s view** j-m die Sicht nehmen. 3. *Straßenverkehr, fig. Fortschritt, Entwicklung etc* (be)hindern, hemmen, aufhalten, zum Erliegen bringen, *Gesetzesvorlage etc* blocˈkieren, sich *e-m Plan etc* in den Weg stellen. 4. *sport Gegenspieler* behindern, sperren, *jur. Amtsperson* behindern (**in** *dat* bei): **to ~ a policeman in the execution of his duty** e-n Polizisten an der Ausübung s-r Pflicht hindern. **II** *v/i* 5. *pol.* Obstruktiˈon treiben.

ob·struc·tion [əbˈstrʌkʃn; *Am. a.* ɑb-] *s* 1. Blocˈkierung *f*, Versperrung *f*, Verstopfung *f* (*a. med.*). 2. Behinderung *f*, Hemmung *f*: **~ of justice** *jur.* Verdunk(e)lung *f*. 3. Hindernis *n* (**to** für). 4. *pol.* Obstruktiˈon *f*: **policy of ~** → **obstructionism; to practice ~** Obstruktion treiben. 5. *sport* Sperren *n*. **obˈstruc·tion·ism** [-ʃənɪzəm] *s pol.* Obstruktiˈonspoliˌtik *f*. **obˈstruc·tion·ist** *pol.* **I** *s* Obstruktiˈonspoˌlitiker *m*; j-d, der ständig Obstruktiˈon treibt. **II** *adj* Obstruktions...

ob·struc·tive [əbˈstrʌktɪv; *Am. a.* ɑb-] **I** *adj* (*adv* **~ly**) 1. blocˈkierend, versperrend, verstopfend. 2. hinderlich, hemmend (**of, to** für): **to be ~ of s.th.** etwas behindern. 3. *pol.* Obstruktions... **II** *s* 4. → **obstructionist** I. 5. Hindernis *n*, Hemmnis *n*.

ob·stru·ent [ˈɒbstrʊənt; *Am.* ˈɑbztrəwənt; ˈɑbs-] *adj u. s bes. med.* verstopfend(es Mittel).

ob·tain [əbˈteɪn; *Am. a.* ɑb-] **I** *v/t* 1. erlangen, erhalten, bekommen, erwerben, sich verschaffen: **to ~ a passport; to ~ by flattery** sich erschmeicheln; **to ~ s.th. by false pretences** (*Am.* **pretenses**) *jur.* sich etwas erschleichen; **to ~ legal force** Rechtskraft erlangen; **details can be ~ed from** Näheres ist zu erfahren bei. 2. *s-n Willen, s-e Wünsche etc* ˈdurchsetzen. 3. erreichen. 4. *econ. Preis* erzielen. **II** *v/i* 5. (vor)herrschen, bestehen, üblich sein: **the custom ~s** es besteht die Sitte, es ist üblich. 6. in Geltung sein, Geltung haben, in Kraft sein. 7. *obs.* siegen, Erfolg haben. **obˈtain·a·ble** *adj* 1. erreichbar, erlangbar. 2. *bes. econ.* erhältlich, zu erhalten(d) (**at** bei): **~ on order** auf Bestellung erhältlich.

ob·trude [əbˈtruːd; *Am. a.* ɑb-] **I** *v/t* aufdrängen, -nötigen, -zwingen (**upon, on** *dat*): **to ~ one's opinion (up)on s.o.** j-m s-e Ansicht aufzwingen; **to ~ o.s. (up)on** → II. **II** *v/i* sich aufdrängen (**upon, on** *dat*). **obˈtrud·er** *s* Auf-, Zudringliche(r *m*) *f*.

ob·trun·cate [ɒbˈtrʌŋkeɪt; *Am.* ɑb-] *v/t* köpfen.

ob·tru·sion [əbˈtruːʒn; *Am. a.* ɑb-] *s* 1. Aufdrängen *n*, Aufnötigung *f*: **the ~ of one's opinion (up)on others** wenn man s-e Ansicht anderen aufzwingen will. 2. Aufdringlichkeit *f*. **obˈtru·sive** [-sɪv] *adj* (*adv* **~ly**) 1. auf-, zudringlich (*Person*). 2. aufdringlich, auffällig, unangenehm auffallend (*Sache*). **obˈtru·sive·ness** *s* Aufdringlichkeit *f*.

ob·tu·rate [ˈɒbtjʊəreɪt; *Am.* ˈɑbtə-; -tjə-] *v/t* 1. ver-, zustopfen, verschließen. 2. *tech.* (ab)dichten, lidern. **ˌob·tuˈra·tion** *s* 1. Verstopfung *f*, Verschließung *f*. 2. *tech.* (Ab)Dichtung *f*, Liderung *f*. **ˈob·tu·ra·tor** [-tə(r)] *s* 1. Schließvorrichtung *f*, Verschluß *m*. 2. *tech.* (Ab)Dichtung(smittel *n*) *f*. 3. *med.* Obtuˈrator *m*.

ob·tuse [əbˈtjuːs; *Am. a.* ɑb-; -ˈtuːs] *adj* (*adv* **~ly**) 1. stumpf, abgestumpft. 2. *math.* a) stumpf: **~ angle,** b) stumpfwink(e)lig: **~ triangle.** 3. begriffsstutzig, beschränkt. 4. dumpf: **~ sound; ~ pain. obˌtuse-ˈan·gled** *adj* stumpfwink(e)lig. **obˈtuse·ness** *s* 1. Stumpfheit *f*. 2. Begriffsstutzigkeit *f*, Beschränktheit *f*.

OB van [ˌəʊˈbiː] *s Rundfunk, TV*: Überˈtragungswagen *m* (*aus* **outside broadcast**).

ob·verse [ˈɒbvɜːs; *Am.* ˈɑbˌvɜrs; *a.* ɑbˈv-] **I** *s* **1.** Bild-, Vorderseite *f*, Aˈvers *m*: **~ of a coin. 2.** Vorderseite *f*. **3.** Gegenstück *n*, (*die*) andere Seite, Kehrseite *f*. **4.** *Logik*: ˈumgekehrter Schluß. **II** *adj* [*Am. bes.* ɑbˈvɜrs] **5.** Vorder..., dem Betrachter zugekehrt. **6.** entsprechend. **7.** *bot.* nach der Spitze zu breiter werdend. **obˈverse·ly** *adv* ˈumgekehrt.

ob·vert [ɒbˈvɜːt; *Am.* ɑbˈvɜrt] *v/t Logik*: ˈumkehren.

ob·vi·ate [ˈɒbvɪeɪt; *Am.* ˈɑb-] *v/t* **1.** *e-r Sache* begegnen, zuˈvorkommen, vorbeugen, *etwas* verhindern, verhüten, abwenden. **2.** beseitigen. **3.** erübrigen, ˈüberflüssig machen. **ˌob·viˈa·tion** *s* **1.** Vorbeugen *n*, Verhütung *f*. **2.** Beseitigung *f*. **3.** Erübrigung *f*.

ob·vi·os·i·ty [ˌɒbvɪˈɒsətɪ; *Am.* ˌɑbvɪˈɑ-] *s* Binsenwahrheit *f*, -weisheit *f*.

ob·vi·ous [ˈɒbvɪəs; *Am.* ˈɑb-] *adj* (*adv* **~ly**) **1.** offensichtlich, augenfällig, klar, deutlich, naheliegend, einleuchtend, *iro.* ˈdurchsichtig: **to be ~ (to the eye)** in die Augen springen, einleuchten; **to make ~** deutlich machen; **it is ~ that** es liegt auf der Hand, daß; **it was the ~ thing to do** es war das Nächstliegende; **it should have been ~ to him that** es hätte ihm klar sein müssen, daß; **he was the ~ choice** kein anderer kam dafür in Frage; **to labo(u)r** (*od.* **stress**) **the ~** e-e Binsenwahrheit aussprechen. **2.** auffällig: **the dress was somewhat ~. ˈob·vi·ous·ness** *s* Offensichtlichkeit *f*, Augenfälligkeit *f*, Deutlichkeit *f*.

oc·a·ri·na [ˌɒkəˈriːnə; *Am.* ˌɑk-] *s mus.* Okaˈrina *f* (*Blasinstrument*).

Oc·cam's ra·zor → **Ockham's razor.**

oc·ca·sion [əˈkeɪʒn] **I** *s* **1.** (günstige) Gelegenheit, günstiger Augenblick: **to take ~ to do s.th.** die Gelegenheit ergreifen, etwas zu tun. **2.** (**of**) Gelegenheit *f* (zu), Möglichkeit *f* (*gen*). **3.** (besondere) Gelegenheit, Anlaß *m*: **on this ~** bei dieser Gelegenheit; **on the ~ of** anläßlich, bei Gelegenheit (*gen*); **on ~** a) bei Gelegenheit, gelegentlich, b) wenn nötig; **for the ~** für diese besondere Gelegenheit, eigens zu diesem Anlaß *od.* Zweck. **4.** (*bes.* festliches) Ereignis: **a great ~; to celebrate the ~** a) das Ereignis feiern, b) (*Redew.*) zur Feier des Tages; **to rise to the ~** sich der Lage gewachsen zeigen; → **mark**[1] 32. **5.** Anlaß *m*, Anstoß *m*: **to give ~ to s.th., to be the ~ of s.th.** etwas veranlassen, den Anstoß geben zu etwas, etwas hervorrufen. **6.** (**for**) Grund *m* (zu), Ursache *f* (*gen*), Veranlassung *f* (zu): **there is no ~ to be afraid** es besteht kein Grund zur Besorgnis. **7.** *pl obs.* Geschäfte *pl*, Angelegenheiten *pl*: **to go about one's ~s** s-n Geschäften nachgehen. **II** *v/t* **8.** veranlassen, verursachen, bewirken: **to ~ s.o. s.th., to ~ s.th. to s.o.** j-m etwas verursachen; **this ~ed him to go** dies veranlaßte ihn zu gehen.

oc·ca·sion·al [əˈkeɪʒənl] *adj* (*adv* → **occasionally**) **1.** gelegentlich, Gelegenheits-...: **~ fits** gelegentliche Anfälle; **~ labo(u)r** Gelegenheitsarbeit *f*; **~ poem** Gelegenheitsgedicht *n*; **~ strollers** vereinzelte Spaziergänger; **~ writer** Gelegenheitsschriftsteller *m*; **to pay s.o. the ~ visit** j-n hin u. wieder besuchen. **2.** für (die) besondere(n) ˈUmstände: **~ table** Beistelltisch *m*. **3.** zufällig. **4.** veranlassend: **~ cause** Anlaß *m*.

oc·ca·sion·al·ly [əˈkeɪʒnəlɪ] *adv* gelegentlich, hin u. wieder.

Oc·ci·dent [ˈɒksɪdənt; *Am.* ˈɑk-; *a.* -ˌdent] *s* **1.** Okzident *m*, Westen *m*, Abendland *n*. **2. o~** Westen *m*. **ˌOc·ciˈden·tal** [-ˈdentl] **I** *adj* **1.** abendländisch, westlich. **2. o~** westlich. **II** *s* **3.** Abendländer(in). **ˌOc·ciˈden·tal·ism** *s* abendländische Kulˈtur. **ˌOc·ciˈden·tal·ize** *v/t* verwestlichen.

oc·cip·i·ta [ɒkˈsɪpɪtə; *Am.* ɑk-] *pl von* **occiput.**

oc·cip·i·tal [ɒkˈsɪpɪtl; *Am.* ɑk-] *anat. zo.* **I** *adj* okzipiˈtal, Hinterhaupt(s)...: **~ bone** → II. **II** *s* ˈHinterhauptsbein *n*.

oc·ci·put [ˈɒksɪpʌt; *Am.* ˈɑk-] *pl* **ocˈcip·i·ta** [-ˈsɪpɪtə] *s anat. zo.* ˈHinterkopf *m*.

oc·clude [ɒˈkluːd; *Am.* ə-; ɑ-] **I** *v/t* **1.** verstopfen, verschließen. **2.** a) einschließen, b) ausschließen, c) abschließen (**from** von). **3.** *chem.* okkluˈdieren, absorˈbieren, binden. **4. ~d front** → **occlusion** 4c. **II** *v/i* **5.** *med.* schließen (*untere u. obere Zähne*).

oc·clu·sion [ɒˈkluːʒn; *Am.* ə-] *s* **1.** Verstopfung *f*, Verschließung *f*. **2.** Verschluß *m*. **3.** a) Einschließung *f*, b) Ausschließung *f*, c) Abschließung *f*. **4.** Okklusiˈon *f*: a) Biß *m*, (norˈmale) Schlußbißstellung (*der Zähne*): **abnormal ~** Bißanomalie *f*, b) *chem.* Absorptiˈon *f*, c) *meteor. Zs.-treffen von Kalt- u. Warmfront.* **ocˈclu·sive** [-sɪv] *adj* **1.** verschließend, Verschluß... **2.** *med.* Okklusiv...

oc·cult [ɒˈkʌlt; *Am.* ə-; ɑ-] **I** *adj* [*Am. a.* ˈɑkˌʌlt] **1.** okˈkult: a) geheimnisvoll, verborgen (*a. med.*), b) magisch, ˈübersinnlich, c) geheim, Geheim...: **~ sciences** okkulte Wissenschaften. **2.** *scient. hist.* geheim. **II** *s* **3. the ~** das Okˈkulte. **III** *v/t* **4.** verbergen, verdecken, *astr.* verfinstern. **IV** *v/i* **5.** verdeckt werden. **oc·cult·ism** [ˈɒkəltɪzəm; *Am.* ˈɑkˌʌl-; əˈkʌl-] *s* Okkulˈtismus *m*. **oc·cult·ist** [ˈɒkəltɪst; *Am.* ˈɑkˌʌl-; əˈkʌl-] **I** *s* Okkulˈtist(in). **II** *adj* okkulˈtistisch.

oc·cu·pan·cy [ˈɒkjʊpənsɪ; *Am.* ˈɑk-] *s* **1.** Besitzergreifung *f* (*a. jur.*), Bezug *m* (*e-r Wohnung etc*). **2.** Innehaben *n*, Besitz *m*: **during his ~ of the post** solange er die Stelle innehat. **3.** Inˈanspruchnahme *f* (*von Raum etc*). **ˈoc·cu·pant** *s* **1.** *bes. jur.* Besitzergreifer(in). **2.** Besitzer(in), Inhaber(in). **3.** Bewohner(in), Insasse *m*, Insassin *f*: **the ~s of the house** die Bewohner des Hauses; **the ~s of the car** die Insassen des Wagens.

oc·cu·pa·tion [ˌɒkjʊˈpeɪʃn; *Am.* ˌɑk-] **I** *s* **1.** Besitz *m*, Innehaben *n*. **2.** Besitznahme *f*, -ergreifung *f*. **3.** *mil. pol.* Besetzung *f*, Besatzung *f*, Okkupatiˈon *f*: **army of ~** Besatzungsarmee *f*. **4.** Beschäftigung *f*: **without ~** beschäftigungslos. **5.** Beruf *m*, Gewerbe *n*: **by ~** von Beruf; **chief ~** Hauptberuf; **employed in an ~** berufstätig; **in** (*od.* **as a**) **regular ~** hauptberuflich. **II** *adj* **6.** *mil. pol.* Besatzungs...: **~ troops.**

oc·cu·pa·tion·al [ˌɒkjuːˈpeɪʃənl; *Am.* ˌɑkjə-] *adj* **1.** beruflich, Berufs... **2.** Beschäftigungs... **~ ac·ci·dent** *s* Arbeitsunfall *m*. **~ dis·ease** *s* Berufskrankheit *f*. **~ group** *s econ.* Berufsgruppe *f*. **~ haz·ard** *s* Berufsrisiko *n*. **~ med·i·cine** *s* ˈArbeitsmediˌzin *f*. **~ psy·chol·o·gy** *s* ˈArbeitspsycholoˌgie *f*. **~ ther·a·pist** *s med.* Beˈschäftigungstheraˌpeut(in). **~ ther·a·py** *s med.* Beˈschäftigungstheraˌpie *f*. **~ train·ing** *s econ.* Fachausbildung *f*.

oc·cu·pa·tion| bridge *s private Verbindungsbrücke zwischen Grundstücken, die durch e-e Straße etc getrennt sind.* **O~ Day** *s* **1.** *Jahrestag der Landung amer. Truppen in Puerto Rico am 25. Juli 1898.* **2.** *Jahrestag der Besetzung Manilas durch amer. Truppen am 13. August 1898.*

oc·cu·pi·er [ˈɒkjʊpaɪə(r); *Am.* ˈɑk-] *s* **1.** Besitzergreifer(in). **2.** Besitzer *m*, (nutzender) Inhaber. **3.** *Br.* Pächter(in).

oc·cu·py [ˈɒkjʊpaɪ; *Am.* ˈɑk-] *v/t* **1.** *Land etc* in Besitz nehmen, Besitz ergreifen von. **2.** *mil.* besetzen. **3.** besitzen, innehaben. **4.** *fig. ein Amt etc* bekleiden, innehaben: **to ~ the chair** den Vorsitz führen. **5.** bewohnen. **6.** *Raum* einnehmen: **to ~ too much space. 7.** *Zeit* in Anspruch nehmen: **it occupied all my time. 8.** *j-n* beschäftigen, anstellen: **to ~ o.s.** sich beschäftigen *od.* befassen (**with** mit); **to be occupied with** (*od.* **in**) **doing s.th.** damit beschäftigt *od.* befaßt sein, etwas zu tun. **9.** *fig. j-s Geist* beschäftigen.

oc·cur [əˈkɜː; *Am.* əˈkɜr] *v/i* **1.** sich ereignen, vorfallen, vorkommen, eintreten, geschehen: **demonstrations ~red** es kam zu Demonstrationen. **2.** vorkommen, sich finden: **it ~s in Shakespeare** es kommt bei Shakespeare vor, es begegnet einem bei Shakespeare; **black sheep ~ in all families** schwarze Schafe gibt es in jeder Familie. **3.** zustoßen (**to** *dat*). **4.** einfallen *od.* in den Sinn kommen (**to s.o.** j-m): **it ~red to me that** mir fiel ein *od.* mir kam der Gedanke, daß; **it has never ~red to me** darauf bin ich noch nie gekommen. **5.** begegnen, vorkommen, pasˈsieren (**to s.o.** j-m): **this has never ~red to me. oc·cur·rence** [əˈkʌrəns; *Am.* əˈkɜrəns] *s* **1.** Vorkommen *n*, Auftreten *n*: **to be of frequent ~** häufig vorkommen. **2.** Ereignis *n*, Vorfall *m*, Vorkommnis *n*.

o·cean [ˈəʊʃn] *s* **1.** Ozean *m*, Meer *n*: **~ chart** Seekarte *f*; **~ climate** Meeres-, Seeklima *n*; **~ disposal** *Am.*, **~ dumping** Verklappung *f*; **~ lane** Schiffahrtsroute *f*; **~ liner** Ozean-, *bes.* Passagierdampfer *m*; **~ traffic** Seeverkehr *m*; **~ yacht** Hochseejacht *f*. **2.** *fig.* Meer *n*, riesige Fläche: **an ~ of flowers** ein Blumenmeer. **3.** *colloq.* e-e Unmenge (**of** von): **~s of beer** Bier in Strömen.

o·cean·ar·i·um [ˌəʊʃəˈneərɪəm] *pl* **-i·ums** *od.* **-i·a** [-ɪə] *s* Ozeaˈnarium *n* (*großes Meerwasseraquarium*).

o·cean| bill of lad·ing *s econ.* Konnosseˈment *n*, Seefrachtbrief *m*. **ˈ~-ˌgo·ing** *adj* hochseetüchtig, Hochsee...: **~ steamer** Hochseedampfer *m*. **~ green** *s* Meergrün *n*. **~ grey·hound** *s* schnellfahrendes Schiff, Schnelldampfer *m*.

O·ce·an·i·an [ˌəʊʃɪˈeɪnjən; -ɪən; *Am. a.* -ˈæn-] **I** *adj* ozeˈanisch (*von Ozeanien*). **II** *s* Ozeˈanier(in).

o·ce·an·ic [ˌəʊʃɪˈænɪk] **I** *adj* **1.** ozeˈanisch, Ozean..., Meer(es)...: **~ fauna** Meeresfauna *f*. **2.** *fig.* riesig, ungeheuer, gewaltig. **3. O~** → **Oceanian** I. **II** *s pl* (*meist als sg konstruiert*) **4.** Meereskunde *f*.

O·ce·a·nid [əʊˈsɪənɪd] *pl* **-nids** *od.* **-an·i·des** [ˌəʊsɪˈænɪdiːz] *s antiq.* Ozeaˈnide *f*, Meeresnymphe *f*.

o·ce·a·nog·ra·pher [ˌəʊʃjəˈnɒgrəfə(r); *Am.* -ʃəˈnɑ-] *s* Ozeanoˈgraph *m*, Meeresforscher *m*.

o·ce·a·no·graph·ic [ˌəʊʃjənəʊˈgræfɪk; *Am.* -ʃənəˈg-] *adj* ozeanoˈgraphisch. **ˌo·ce·aˈnog·ra·phy** [-ˈnɒgrəfɪ; *Am.* -ˈnɑ-] *s* Ozeanograˈphie *f*, Meereskunde *f*.

o·ce·a·no·log·ic [ˌəʊʃjənəʊˈlɒdʒɪk; *Am.* -ʃənəˈlɑ-] *adj* ozeanoˈlogisch. **ˌo·ce·aˈnol·o·gist** [-ˈnɒlədʒɪst; *Am.* -ˈnɑ-] *s* Ozeanoˈloge *m*, Meeresforscher *m*. **ˌo·ce·aˈnol·o·gy** [-dʒɪ] *s* Ozeanoloˈgie *f*, Meereskunde *f*.

o·cel·lar [əʊˈselə(r)] *adj zo.* Punktaugen...

oc·el·la·tion [ˌɒsɪˈleɪʃn; *Am.* ˌəʊsə-] *s zo.* augenförmige Zeichnung.

o·cel·lus [əʊˈseləs] *pl* **-li** [-laɪ] *s zo.* **1.** Oˈzelle *f*, Punktauge *n*. **2.** Faˈcette *f*. **3.** Augenfleck *m*.

o·ce·lot [ˈəʊsɪlɒt; *Am.* -ˌlɑt; *a.* ˈɑ-] *s zo.* Ozelot *m*.

o·cher, *bes. Br.* **o·chre** [ˈəʊkə(r)] **I** *s* **1.** *min.* Ocker *m*, *n*: **antimonial ~,** antimony ~ Spießglanz-, Antimonocker; **blue** (*od.* **iron**) ~ Eisenocker; **brown** ~, **spruce** ~ brauner Eisenocker. **2.** Ockerfarbe *f, bes.* Ockergelb *n.* **II** *adj* **3.** ockerfarben, ockergelb. **III** *v/t* **4.** mit Ocker färben.

o·cher·ous [ˈəʊkərəs], *bes. Br.* **o·chre·ous** [ˈəʊkrɪəs] *adj* **1.** Ocker... **2.** ockerhaltig. **3.** ockerartig. **4.** ockerfarben.

och·loc·ra·cy [ɒkˈlɒkrəsɪ; *Am.* ɑkˈlɑk-] *s* Ochlokraˈtie *f,* Pöbelherrschaft *f.*

och·lo·pho·bi·a [ˌɒkləˈfəʊbjə; -bɪə; *Am.* ˌɑk-] *s med.* krankhafte Furcht vor Menschenmassen.

o·chra·ceous [əʊˈkreɪʃəs] → **ocherous.**

o·chre, o·chre·ous *bes. Br. für* **ocher, ocherous.**

o·chroid [ˈəʊkrɔɪd] *adj* ockergelb.

o·chrous [ˈəʊkrəs] → **ocherous.**

Ock·ham's ra·zor [ˈɒkəmz; *Am.* ˈɑk-] *s*: **to apply** ~ sich auf das Wesentliche beschränken.

o'clock [əˈklɒk; *Am.* əˈklɑk] Uhr (*bei Zeitangaben*): **four** ~ vier Uhr.

oc·re·a [ˈɒkrɪə; *Am.* ˈɑk-; ˈəʊ-] *pl* **-re·ae** [-rɪiː] *s* **1.** *bot.* Ochrea *f,* Röhrenblatt *n.* **2.** *zo.* Hülle *f,* Scheide *f.*

oc·ta·chord [ˈɒktəkɔː(r)d; *Am.* ˈɑk-] *s mus.* **1.** achtsaitiges Instruˈment. **2.** ˈAchttonsyˌstem *n.*

oc·tad [ˈɒktæd; *Am.* ˈɑk-] *s* **1.** Achtzahl *f,* Achtergruppe *f.* **2.** *chem.* achtwertiges Eleˈment *od.* Aˈtom *od.* Radiˈkal.

oc·ta·gon [ˈɒktəgən; *Am.* ˈɑktəˌgɑn] **I** *s math.* Achteck *n.* **II** *adj* → **octagonal.**

oc·tag·o·nal [ɒkˈtægənl; *Am.* ɑk-] *adj* **1.** achteckig, -seitig, -kantig. **2.** Achtkant...

oc·ta·he·dral [ˌɒktəˈhedrəl; *Am.* ˌɑktəˈhiːdrəl] *adj math. min.* oktaˈedrisch, achtflächig. **ˌoc·taˈhe·dron** [-drən] *pl* **-drons** *od.* **-dra** [-drə] *s math. min.* Oktaˈeder *n,* Achtflach *n,* Achtflächner *m.*

oc·tal| base [ˈɒktəl; *Am.* ˈɑk-] *s electr.* Okˈtalsockel *m.* ~ **dig·it** *s Computer*: Okˈtalziffer *f.* ~ **no·ta·tion** *s Computer*: Okˈtalschreibweise *f.*

oc·tam·er·ous [ɒkˈtæmərəs; *Am.* ɑk-] *adj* **1.** achtteilig. **2.** *bot.* achtzählig. **ocˈtam·e·ter** [-mɪtə(r)] *metr.* **I** *adj* achtfüßig. **II** *s* achtfüßiger Vers.

oc·tane [ˈɒkteɪn; *Am.* ˈɑk-] *s chem.* Okˈtan *n.* ~ **num·ber,** ~ **rat·ing** *s chem. tech.* Okˈtanzahl *f* (*des Kraftstoffs*).

oc·tan·gle [ˈɒkˌtæŋgl; *Am.* ˈɑk-] *s math.* Achteck *n.* **ocˈtan·gu·lar** [-ˈtæŋgjʊlə(r)] *adj* achteckig.

oc·tant [ˈɒktənt; *Am.* ˈɑk-] *s* **1.** *math.* Okˈtant *m* (*achter Teil des Kreises od. der Kugel*): ~ **of a circle** Achtelkreis *m.* **2.** *math.* (ˈRaum)Okˌtant *m.* **3.** *mar.* Okˈtant *m* (*Winkelmeßinstrument*). **4.** *astr.* Okˈtilschein *m.*

oc·ta·va·lent [ˌɒktəˈveɪlənt; *Am.* ˌɑk-] *adj chem.* achtwertig.

oc·tave [ˈɒktɪv; *Am.* ˈɑk-; *a.* -ˌteɪv] **I** *s* **1.** *electr. mus. phys.* Okˈtave *f.* **2.** Achtergruppe *f,* Satz *m* von acht Dingen. **3.** (*der, die, das*) Achte (*e-r Reihe*). **4.** *metr.* Okˈtave *f* (*achtzeiliger Verssatz*). **5.** [-teɪv; *Am. a.* -tɪv] *relig.* Okˈtav(e) *f* (*der 8. Tag bzw. die Woche nach e-m Festtag*). **6.** *fenc.* Okˈtav *f.* **II** *adj* **7.** aus acht Stück *etc* bestehend. **8.** achtzeilig (*Strophe*). **9.** *mus.* Oktav..., e-e Okˈtave höher klingend. ~ **coup·ler** *s mus.* Okˈtavkoppel *f* (*an Orgel u. Cembalo*). ~ **flute** *s mus.* **1.** Pikkoloflöte *f.* **2.** Okˈtavflöte *f* (*Orgelregister*).

oc·ta·vo [ɒkˈteɪvəʊ; *Am.* ɑk-; -ˈtɑː-] *print.* **I** *pl* **-vos** *s* **1.** Okˈtav(forˌmat) *n*: **large** ~ Großoktav. **2.** Okˈtavband *m.* **II** *adj* **3.** Oktav...: ~ **volume** → 2.

oc·ten·ni·al [ɒkˈtenjəl; -nɪəl; *Am.* ɑk-] *adj* **1.** achtjährlich. **2.** achtjährig.

oc·tet(te) [ɒkˈtet; *Am.* ɑk-] *s* **1.** *mus.* Okˈtett *n.* **2.** *metr.* a) achtzeilige Strophe, b) Okˈtett *n* (*e-s Sonetts*). **3.** *phys.* Okˈtett *n.* **4.** Achtergruppe *f,* Satz *m* von acht Dingen.

oc·til·lion [ɒkˈtɪljən; *Am.* ɑk-] *s math.* **1.** *Br.* Oktilliˈon *f* (10^{48}). **2.** *Am.* Quadrilliˈarde *f* (10^{27}).

Oc·to·ber [ɒkˈtəʊbə(r); *Am.* ɑk-] *s* Okˈtober *m*: **in** ~ im Oktober. ~ **Rev·o·lu·tion** *s hist.* (bolscheˈwistische) Okˈtoberrevolutiˌon (*1917*).

oc·tode [ˈɒktəʊd; *Am.* ˈɑk-] *s electr.* Okˈtode *f,* Achtpolröhre *f.*

oc·to·dec·i·mo [ˌɒktəʊˈdesɪməʊ; *Am.* ˌɑktəˈd-] *print.* **I** *pl* **-mos** *s* **1.** Oktoˈdez (-forˌmat) *n.* **2.** Oktoˈdezband *m.* **II** *adj* **3.** Oktodez...: ~ **volume** → 2.

oc·to·ge·nar·i·an [ˌɒktəʊdʒɪˈneərɪən; *Am.* ˌɑktədʒə-], **oc·tog·e·nar·y** [ɒkˈtɒdʒɪnərɪ; *Am.* ɑkˈtɑdʒəˌneriː] **I** *adj* a) achtzigjährig, b) in den Achtzigern. **II** *s* Achtzigjährige(r *m*) *f,* Achtziger(in) (*a. Person in den Achtzigern*).

oc·to·nar·i·an [ˌɒktəʊˈneərɪən; *Am.* ˌɑktəˈn-] *metr.* **I** *adj* achtfüßig. **II** *s* Oktoˈnar *m.*

oc·to·nar·y [ˈɒktənərɪ; *Am.* ˈɑktəˌneriː] **I** *adj* **1.** Acht(er)... **2.** mit der Zahl acht als Grundlage, auf 8 aufgebaut, Achter... **II** *s* **3.** → **octave** 2. **4.** *metr.* Achtzeiler *m.*

oc·to·pi [ˈɒktəpaɪ; *Am.* ˈɑk-] *pl von* **octopus.**

oc·to·pod [ˈɒktəpɒd; *Am.* ˈɑktəˌpɑd] *s zo.* Oktoˈpode *m,* Krake *m.*

oc·to·pus [ˈɒktəpəs; *Am.* ˈɑk-] *pl* **-pus·es** *od.* **-pi** [-paɪ] *od.* **ocˈtop·o·des** [-ˈtɒpədiːz; *Am.* -ˈtɑ-] *s* **1.** *zo.* Krake *m,* ˈSeepoˌlyp *m.* **2.** → **octopod. 3.** *fig.* Poˈlyp *m.*

oc·to·roon [ˌɒktəˈruːn; *Am.* ˌɑk-] *s* Mischling *m* mit e-m Achtel Negerblut.

oc·to·syl·lab·ic [ˌɒktəʊsɪˈlæbɪk; *Am.* ˌɑktəsə-] **I** *adj* achtsilbig. **II** *s* achtsilbiger Vers, Achtsilb(l)er *m.* **oc·to·syl·la·ble** [ˈɒktəʊˌsɪləbl; *Am.* ˈɑktəˌs-; ˌɑktəˈs-] *s* **1.** achtsilbiges Wort. **2.** → **octosyllabic** II.

oc·troi [ˈɒktrwɑː; *Am.* ˌɑktrəˈwɑː] *s hist.* **1.** städtische Steuer, Stadtzoll *m.* **2.** städtische Steuerbehörde.

oc·tu·ple [ˈɒktjuːpl; *Am.* ˈɑk-; *a.* -ˈtuː-] **I** *adj* **1.** achtfach. **II** *s* **2.** (*das*) Achtfache. **III** *v/t* **3.** verachtfachen. **4.** achtmal so groß *od.* so viel sein wie. **IV** *v/i* **5.** sich verachtfachen.

oc·tu·plet [ˈɒktjʊplɪt; *Am.* ɑkˈtʌ-] *s* **1.** Achtergruppe *f.* **2.** *mus.* Okˈtole *f.*

oc·tu·pli·cate [ɒkˈtjuːplɪkeɪt; *Am.* ɑk-; *a.* -ˈtuː-] **I** *v/t* **1.** verachtfachen. **2.** *ein Dokument* achtfach ausfertigen. **II** *adj* [-kət] **3.** achtfach. **III** *s* [-kət] **4.** achtfache Ausfertigung: **in** ~. **5.** *e-s von 8 (gleichen) Dingen*: ~**s** 8 Exemplare.

oc·u·lar [ˈɒkjʊlə(r); *Am.* ˈɑk-] **I** *adj* **1.** Augen...: ~ **movement**; ~ **witness** Augenzeuge *m.* **2.** augenähnlich. **3.** sichtbar, augenfällig: ~ **proof** sichtbarer Beweis. **II** *s* **4.** *phys.* Okuˈlar *n.* **ˈoc·u·lar·ly** *adv* **1.** augenscheinlich. **2.** durch Augenschein, mit eigenen Augen.

oc·u·list [ˈɒkjʊlɪst; *Am.* ˈɑk-] *s* Augenarzt *m.*

oculo- [ɒkjʊləʊ; *Am.* ɑk-] *Wortelement mit der Bedeutung* Augen...

od [ɒd; *Am.* ɑd] *s hist.* Od *n* (*hypothetische Naturkraft*).

OD [ˌəʊˈdiː] *sl.* **I** *s* ˈÜberdosis *f* (*Rauschgift*): **to take an** ~. **II** *v/i pret u. pp* **OD'd** *od.* **ODed** [-ˈdiːd] an e-r ˈÜberdosis sterben.

o·da·lisk, *meist* **o·da·lisque** [ˈəʊdəlɪsk] *s* Odaˈliske *f* (*weiße Haremssklavin*).

odd [ɒd; *Am.* ɑd] **I** *adj* (*adv* → **oddly**) **1.** sonderbar, seltsam, merkwürdig, komisch, eigenartig: **an** ~ **fish** (*od.* **fellow**) ein sonderbarer Kauz; **the** ~ **thing about it is that** das Merkwürdige daran ist, daß. **2.** (*nach Zahlen etc*) und etliche, (und) einige *od.* etwas (darˈüber): **50** ~ über 50, einige 50; **300** ~ **pages** einige 300 Seiten, etwas über 300 Seiten; **fifty thousand** ~ etwas über 50 000; **fifty** ~ **thousand** zwischen 50 000 u. 60 000; ~ **lot** *econ.* a) gebrochener Börsenschluß (*z. B. weniger als 100 Aktien*), b) *Am.* geringe Menge, kleiner Effektenabschnitt. **3.** (*bei Geldsummen etc*) und etwas: **it cost five pounds** ~ es kostete etwas über 5 Pfund; **three dollars and some** ~ **cents** 3 Dollar u. noch ein paar Cents. **4.** (*noch*) übrig, ˈüberzählig, restlich. **5.** ungerade: ~ **number**; ~ **and even** gerade u. ungerade; ~ **years** Jahre mit ungerader Jahreszahl. **6.** (*bei Zweiteilung*) (als Rest) übrigbleibend: **the** ~ **man** der Mann mit der entscheidenden Stimme (*bei Stimmengleichheit*) (→ 9); ~ **man out** a) Ausscheiden *n* (*durch Abzählen*), b) *fig.* Überzählige(r) *m,* c) *fig.* fünftes Rad am Wagen. **7.** Einzel..., einzeln: **an** ~ **shoe** ein einzelner Schuh. **8.** ausgefallen (*Kleidergröße etc*). **9.** gelegentlich, Gelegenheits...: ~ **jobs** Gelegenheitsarbeiten, gelegentliche kleine Arbeiten; **at** ~ **times** (*od.* **moments**) dann und wann, zwischendurch, gelegentlich; ~ **man** Gelegenheitsarbeiter *m* (→ 6).

II *s* **10.** (*das*) Seltsame, (*das*) Sonderbare. **11.** *Golf*: a) *Br.* Vorgabeschlag *m,* b) ˈüberzähliger Schlag: **to have played the** ~ e-n Schlag mehr gebraucht haben als der Gegner. **12.** → **odds.**

ˈodd|·ball *bes. Am. colloq.* **I** *s* sonderbarer Kauz. **II** *adj* sonderbar, kauzig, verschroben. **ˌ~-come-ˈshort** *s* **1.** ˈÜberbleibsel *n,* (*bes.* Stoff)Rest *m.* **2.** *pl* Restchen *pl,* Abfälle *pl.* **3.** *colloq.* ‚Knirps' *m.* **ˌ~-come-ˈshort·ly** *s*: **one of these odd-come-shortlies** dieser Tage einmal, bald einmal. **O~ Fel·lows, ˈO~ˌfel·lows** *s pl ein geheimer Wohltätigkeitsorden.*

ˈodd·ish *adj* etwas seltsam.

ˈodd·i·ty *s* **1.** a) → **odd** 10, b) Merkwürdigkeit *f,* Wunderlichkeit *f,* Eigenartigkeit *f.* **2.** seltsamer Kauz, Origiˈnal *n.* **3.** seltsame *od.* kuriˈose Sache.

ˌodd|-ˈjob·man [-mən] *s irr,* **ˌ~-ˈjob·ber** *s* Gelegenheitsarbeiter *m, bes. im Haus*: ‚Mädchen *n* für alles'. **ˈ~-ˌlook·ing** *adj* eigenartig aussehend.

ˈodd·ly *adv* **1.** seltsam (*etc*; → **odd** 1). **2.** auf seltsame Weise. **3.** *a.* ~ **enough** seltsamerweise.

ˈodd·ment *s* **1.** Rest(chen *n*) *m,* ˈÜberbleibsel *n.* **2.** *pl* Reste *pl,* Abfälle *pl,* Krimskrams *m.* **3.** (*übriggebliebenes*) Einzelstück. **odd·ments count·er** *s* Wühl-, ‚Grabbeltisch' *m* (*in Kaufhäusern etc*).

ˈodd·ness *s* **1.** Ungeradheit *f* (*e-r Zahl*). **2.** → **oddity** 1 *u.* 3.

ˈodd|-ˌnum·bered *adj* ungeradzahlig. **ˈ~-ˌpin·nate** *adj bot.* unpaarig gefiedert.

odds [ɒdz; *Am.* ɑdz] *s pl* (*häufig als sg konstruiert*) **1.** Ungleichheit *f,* Verschiedenheit *f*: **to make** ~ **even** die Ungleichheit(en) beseitigen. **2.** *colloq.* ˈUnterschied *m*: **what's the** ~? was macht es (schon) aus?; **it is** (*od.* **makes**) **no** ~ es spielt keine Rolle; **what** ~ **is it to him?** was geht es ihn an? **3.** Vorteil *m,* Überˈlegenheit *f,* ˈÜbermacht *f*: **the** ~ **are in our favo(u)r, the** ~ **lie on our side** der Vorteil liegt auf unserer Seite; **the** ~ **are against us** wir sind im Nachteil; **against long** ~ gegen große Übermacht, mit wenig Aussicht auf Erfolg; **by** (**long** *od.* **all**) ~ bei weitem, in jeder Hinsicht.

4. Vorgabe *f* (*im Spiel*): **to give s.o. ~** j-m e-e Vorgabe geben; **that won't make any ~** das bringt nichts. **5.** ungleiche Wette: **to lay (the) ~ of three to one** drei gegen eins wetten; **to lay (the) long ~** den größeren Einsatz machen; **to take the ~** e-e ungleiche Wette eingehen. **6.** (Gewinn)Chancen *pl*: **the ~ are 5 to 1** die Chancen stehen 5 gegen 1; **the ~ are** (*od.* **it is ~**) **that he will come** es ist sehr wahrscheinlich, daß er kommen wird; **the ~ are on him** er hat die besten Chancen, alles spricht für ihn; **the ~ are against him** er hat kaum e-e Chance, s-e Aussichten sind gering. **7.** Uneinigkeit *f* (*bes. in den Wendungen*): **at ~ with** im Streit mit, uneins mit; **to set at ~** uneinig machen, gegeneinander hetzen. **8.** Kleinigkeiten *pl*, einzelne Stücke *pl*, Reste *pl*: **~ and ends** a) allerlei Kleinigkeiten, Krimskrams *m*, b) Reste, Restchen, Abfälle; **~ and sods** *Br.* a) Krimskrams *m*, b) ‚Hansel(n)' (*Leute*). **~-'on I** *adj* (sehr) aussichtsreich: **~ candidate**; **~ horse**; **to start ~** als hoher *od.* klarer Favorit starten; **it's ~ that** es sieht ganz so aus, als ob; es ist so gut wie sicher, daß; **~ certainty** sichere Sache; **he is an ~ certainty** er hat die größten Chancen, sein Sieg steht so gut wie fest. **II** *s* gute Chance.

ode [əʊd] *s* Ode *f*: **Horatian ~**.

O·din [ˈəʊdɪn] *npr myth.* Odin *m*.

o·di·ous [ˈəʊdjəs; -ɪəs] *adj* (*adv* **~ly**) **1.** verhaßt, hassenswert, abˈscheulich. **2.** widerlich, ekelhaft. **ˈo·di·ous·ness** *s* **1.** Verhaßtheit *f*, Abˈscheulichkeit *f*. **2.** Widerlichkeit *f*, Ekelhaftigkeit *f*.

o·di·um [ˈəʊdjəm; -ɪəm] *s* **1.** Verhaßtheit *f*, äußerste Unbeliebtheit. **2.** Odium *n*, Makel *m*, Schimpf *m*. **3.** Haß *m*, Abscheu *m*.

o·dom·e·ter [əʊˈdɒmɪtə(r); *Am.* -ˈdɑ-] *s* **1.** Hodoˈmeter *n*, Wegmesser *m*. **2.** *mot.* Meilenzähler *m*.

o·don·tal·gi·a [ˌɒdɒnˈtældʒɪə; *Am.* ˌəʊˌdɑn-] *s med.* Odontalˈgie *f*, Zahnschmerz *m*. **ˌo·donˈti·a·sis** [-ˈtaɪəsɪs] *s* Zahnen *n*. **oˈdon·tic** *adj* Zahn...: **~ nerve**.

o·don·to·blast [ɒˈdɒntəblɑːst; -blæst; *Am.* əʊˈdɑntəˌblæst] *s physiol.* Zahnbeinbildner *m*.

o·don·to·log·i·cal [ɒˌdɒntəˈlɒdʒɪkl; *Am.* əʊˌdɑntəˈlɑ-] *adj* odontoˈlogisch.

o·don·tol·o·gy [ˌɒdɒnˈtɒlədʒɪ; *Am.* əʊˌdɑnˈtɑ-] *s* Odontoloˈgie *f*: a) *Lehre von den Zähnen*, b) Zahnheilkunde *f*.

o·dor, *bes. Br.* **o·dour** [ˈəʊdə(r)] *s* **1.** Geruch *m*. **2.** Duft *m*, Wohlgeruch *m*. **3.** *fig.* Geruch *m*, Ruf *m*: **the ~ of sanctity** der Geruch der Heiligkeit; **to be in good (bad, ill) ~ with s.o.** bei j-m in gutem (schlechtem) Rufe stehen, bei j-m gut (schlecht) angeschrieben sein. **4.** *fig.* Geruch *m*, Anhauch *m* (**of** von).

o·dor·ant [ˈəʊdərənt], **ˌo·dorˈif·er·ous** [-ˈrɪfərəs] *adj* **1.** wohlriechend, duftend. **2.** *allg.* riechend, e-n Geruch ausströmend.

o·dor·less, *bes. Br.* **o·dour·less** [ˈəʊdə(r)lɪs] *adj* geruchlos. **ˈo·dor·ous → odorant. ˈo·dor·ous·ness** *s* Wohlgeruch *m*, Duft *m*.

o·dour, o·dour·less *bes. Br. für* odor, odorless.

Od·ys·se·an [ˌɒdɪˈsiːən; *Am.* ˌɑdəˈs-] *adj* Odyssee..., odysˈseisch. **Od·ys·sey** [ˈɒdɪsɪ; *Am.* ˈɑd-] *s* Odysˈsee *f* (*a. fig. Irrfahrt*).

oec·o·log·i·cal, oe·col·o·gist, oe·col·o·gy → ecologic, *etc.*

oec·u·men·i·cal, *etc* **→ ecumenical**, *etc.*

oe·de·ma, oe·dem·a·tous, oe·dem·a·tose *bes. Br. für* edema, *etc.*

oe·di·pal [ˈiːdɪpəl; *Am. a.* ˈedə-] *adj psych.* ödiˈpal, Ödipus...

Oe·di·pus com·plex [ˈiːdɪpəs; *Am. a.* ˈedə-] *s psych.* ˈÖdipuskomˌplex *m*.

oeil-de-boeuf *pl* **oeils-de-boeuf** [œjdəbœf] (*Fr.*) *s arch.* Rundfenster *n*.

oe·no·log·i·cal [ˌiːnəˈlɒdʒɪkl; *Am.* -ˈlɑ-] *adj* önoˈlogisch. **oe·nol·o·gist** [iːˈnɒlədʒɪst; *Am.* -ˈnɑ-] *s* Önoˈloge *m*. **oeˈnol·o·gy** *s* Önoloˈgie *f*, Wein(bau)kunde *f*.

o'er [ˈəʊə(r)] *poet. od. dial. für* **over**.

oer·sted [ˈɜːsted; *Am.* ˈɜr-] *s phys.* Oersted *n* (*Einheit der magnetischen Erregung*).

oe·soph·a·ge·al [iːˌsɒfəˈdʒiːəl; *Am.* ɪˌsɑ-] *adj anat.* Speiseröhren..., Schlund...: **~ orifice** Magenmund *m*. **oe·soph·a·gus** [iːˈsɒfəgəs; *Am.* ɪˈsɑ-] *pl* **-gi** [-gaɪ] *od.* **-gus·es** *s anat.* Speiseröhre *f*.

oes·tri·ol [ˈiːstrɪɒl; ˈes-; *Am.* ˈestraɪˌɔːl; eˈstraɪ-] *s biol. chem.* Östriˈol *n*.

oes·tro·gen [ˈiːstrəʊdʒən; *Am.* ˈestrə-] *s biol. chem.* Östroˈgen *n* (*weibliches Sexualhormon*).

oes·trone [ˈiːstrəʊn; *Am.* ˈes-] *s biol. chem.* Öˈstron *n*, Folˈlikelhorˌmon *n*.

oes·trous [ˈiːstrəs; *Am.* ˈes-] *adj biol.* östrisch, öˈstral, Brunst...: **~ cycle** östrischer *od.* östraler Zyklus.

oeu·vre [œvr(ə)] (*Fr.*) *s* Œuvre *n*, (Lebens)Werk *n*.

of [ɒv; əv; *Am.* əv; ɑv] *prep* **1.** *allg.* von. **2.** *zur Bezeichnung des Genitivs*: **the tail ~ the dog** der Schwanz des Hundes; **the tail ~ a dog** der Hundeschwanz; **the folly ~ his action** die Dummheit s-r Handlung. **3.** *Ort*: bei: **the Battle ~ Hastings**. **4.** *Entfernung, Trennung, Befreiung*: a) von: **south ~ London** südlich von London; **within ten miles ~ London** im Umkreis von 10 Meilen um London; **to cure (rid) ~ s.th.** von etwas heilen (befreien), b) (*gen*) **robbed ~ his purse** s-r Börse beraubt, c) um: **to cheat s.o. ~ s.th.** **5.** *Herkunft*: von, aus: **~ good family** aus e-r guten Familie; **Mr. X ~ London** Mr. X aus London. **6.** *Teil*: von *od. gen*: **the best ~ my friends**; **a friend ~ mine** ein Freund von mir, e-r m-r Freunde; **that red nose ~ his** s-e rote Nase. **7.** *Eigenschaft*: von, mit: **a man ~ courage** ein mutiger Mann, ein Mann mit Mut; **a man ~ no importance** ein unbedeutender Mensch; **a fool ~ a man** ein (ausgemachter) Narr. **8.** *Stoff*: aus, von: **a dress ~ silk** ein Kleid aus *od.* von Seide, ein Seidenkleid; **(made) ~ steel** aus Stahl (hergestellt), stählern, Stahl... **9.** *Urheberschaft, Art u. Weise*: von: **the works ~ Byron**; **it was clever ~ him**; **~ o.s.** von selbst, von sich aus; **beloved ~ all** von allen geliebt. **10.** *Ursache, Grund*: a) von, an (*dat*): **to die ~ cancer** an Krebs sterben, b) aus: **~ charity**, c) vor (*dat*): **→ afraid**, d) auf (*acc*): **proud ~**, e) über (*acc*): **ashamed ~**, f) nach: **to smell ~**. **11.** *Beziehung*: ˈhinsichtlich (*gen*): **to be quick ~ eye** scharfe Augen haben; **nimble ~ foot** leichtfüßig; **it is true ~ every case** das trifft in jedem Fall zu. **12.** *Thema*: a) von, über (*acc*): **to speak ~ s.th.**, b) an (*acc*): **to think ~ s.th.** **13.** *Apposition, im Deutschen nicht ausgedrückt*: a) **the city ~ London** die Stadt London; **the month ~ April** der Monat April, b) *Maß*: **a piece ~ meat** ein Stück Fleisch. **14.** *Genitivus objectivus*: a) zu: **the love ~ God**, b) vor (*dat*): **the fear ~ God** die Furcht vor Gott, die Gottesfurcht, c) bei: **an audience ~ the king** e-e Audienz beim König. **15.** *Zeit*: a) an (*dat*), in (*dat*): **~ an evening** e-s Abends; **~ late years** in den letzten Jahren, b) von: **your letter ~ March 3rd** Ihr Schreiben vom 3. März, c) *Am. colloq.* vor (*bei Zeitangaben*): **ten minutes ~ three**.

off [ɒf] **I** *adv* **1.** (*meist in Verbindung mit Verben*) fort, weg, daˈvon: **to be ~** a) weg *od.* fort sein, b) (weg)gehen, sich davonmachen, (ab)fahren, c) weg müssen; **be ~!, ~ you go!, ~ with you!** fort mit dir!, pack dich!, weg!; **where are you ~ to?** wo gehst du hin? **2.** ab(*-brechen, -kühlen, -rutschen, -schneiden etc*), herˈunter(...), los(...): **the apple is ~** der Apfel ist ab; **to dash ~** losrennen; **to have one's shoes ~** s-e *od.* die Schuhe ausgezogen haben; **~ with your hat!** herunter mit dem Hut! **3.** weg, entfernt: **3 miles ~**. **4.** *Zeitpunkt*: von jetzt an, hin: **Christmas is a week ~** bis Weihnachten ist es e-e Woche; **~ and on** a) ab u. zu, hin u. wieder, b) ab u. an, mit (kurzen) Unterbrechungen. **5.** abgezogen, ab(züglich). **6.** *tech.* aus(-geschaltet), abgeschaltet, abgestellt (*Maschine, Radio etc*), (ab)gesperrt (*Gas etc*), zu (*Hahn etc*): **~!** aus! **7.** *fig.* aus, vorˈbei, abgebrochen, gelöst (*Verlobung*): **the bet is ~** die Wette gilt nicht mehr; **the whole thing is ~** die ganze Sache ist ‚abgeblasen' *od.* ‚ins Wasser gefallen'. **8.** aus(gegangen), ‚alle', (aus-)verkauft, nicht mehr vorrätig: **oranges are ~**. **9.** frei (*von Arbeit*): **to take a day ~** sich e-n Tag frei nehmen. **10.** ganz, zu Ende: **→** *die Verbindungen mit den verschiedenen Verben*. **11.** *econ.* flau: **the market is ~**. **12.** nicht mehr frisch, (leicht) verdorben (*Nahrungsmittel*): **the milk is ~** die Milch ‚hat e-n Stich'. **13.** *sport* nicht in Form. **14.** *bes. Am.* im Irrtum: **you are ~ on that point** ‚da bist du auf dem Holzweg'. **15.** *meist* **a little ~** *colloq.* ‚nicht ganz bei Trost'. **16.** *mar.* vom Lande *etc* ab. **17. well (badly) ~** gut (schlecht) d(a)ran *od.* gestellt *od.* situiert; **how are you ~ for ...?** wie sieht es bei dir mit ... aus?

II *prep* **18.** weg von, fort von, von (... weg *od.* ab *od.* herˈunter): **to climb ~ the horse** vom Pferd (herunter)steigen; **to take s.th. ~ the table** etwas vom Tisch (weg)nehmen; **he drove them ~ the seas** er vertrieb sie von den Weltmeeren; **to eat ~ a plate** von e-m Teller essen; **to cut a slice ~ the loaf** e-e Scheibe vom Laib abschneiden; **to take 5 percent** (*Br.* **per cent**) **~ the price** 5 Prozent vom Preis abziehen. **19.** weg von, entfernt von, abseits von (*od. gen*), von ... ab: **~ the street**; **a street ~ Piccadilly** e-e Seitenstraße von Piccadilly; **~ the point** nicht zur Sache gehörig; **~ one's balance** aus dem Gleichgewicht; **~ form** *bes. sport* nicht in Form; **to sing ~ the note** falsch singen. **20.** frei von: **~ duty** nicht im Dienst, dienstfrei. **21.** a) sich enthaltend (*gen*), b) ‚kuˈriert' von: **to be ~ smoking** nicht (mehr) rauchen; **→ drug** 2. **22.** *mar.* auf der Höhe von *Trafalgar etc*, vor *der Küste etc*: **three miles ~ shore**. **23.** von: **→ dine** 1.

III *adj* **24.** (weiter) entfernt. **25.** Seiten..., Neben...: **~ street**. **26.** *fig.* Neben..., sekunˈdär, nebensächlich. **27.** recht(er, e, es) (*von Tieren, Fuhrwerken etc*): **the ~ hind leg** das rechte Hinterbein; **the ~ horse** das rechte Pferd, das Handpferd. **28.** *Kricket*: abseitig (*rechts vom Schlagmann*). **29.** *mar.* weiter von der Küste entfernt, seewärts gelegen. **30.** ab(-), los(gegangen), weg: **the button is ~** der Knopf ist ab. **31.** (arbeits-, dienst)frei: **an ~ day** ein freier Tag (→ 32). **32.** schlecht: **an ~ day** ein schlechter Tag (*an dem alles mißlingt*) (→ 31); **this is an ~ day for me** heute geht mir alles schief; **an ~ year for fruit** ein schlechtes Obstjahr. **33.** *bes. econ.*

flau, still, tot: ~ **season**. **34.** *bes. econ.* minderwertig, von schlechter Quali'tät: ~ **shade** Fehlfarbe *f.* **35.** abweichend von, nicht entsprechend (*dat*): **to be ~ size** vom Maß abweichen. **36.** unwohl: **I am feeling rather ~ today** ‚ich bin heute nicht ganz auf der Höhe'. **37.** *fig.* schwach, entfernt: → **chance** 3.
IV *v/t* **38.** *colloq. etwas* ‚abblasen'. **39.** *Am. sl.* ‚'umlegen', 'umbringen.
V *v/i* **40.** sich da'vonmachen: **to ~ it** *colloq.* ‚sich verdrücken'.
VI *interj* **41.** fort!, weg!, raus!: **hands ~!** Hände weg! **42.** her'unter!, ab!: **hats ~!** herunter mit dem Hut!, Hut ab!
VII *s* **43. from the ~** *Br.* von Anfang an.

of·fal ['ɒfl; *Am. a.* 'ɑfəl] *s* **1.** Abfall *m.* **2.** (*als sg od. pl konstruiert*) a) Fleischabfall *m* (*bes. Gedärme*), b) Inne'reien *pl.* **3.** *Müllerei*: Abfall *m*, *bes.* Kleie *f.* **4.** billige *od.* minderwertige Fische *pl.* **5.** Aas *n.* **6.** *fig.* a) Schund *m*, b) Abschaum *m.*

ˌoff|-'bal·ance *adj u. adv* aus dem Gleichgewicht, *fig. a.* nicht ausgewogen: **to catch s.o. ~** *fig.* j-n überrumpeln. **'~beat I** *s mus.* **1.** Auftakt *m*, unbetonter Taktteil. **2.** *Jazz*: Off-Beat *m*, gegen den Grundschlag gesetzte Ak'zente *pl.* **II** *adj* **3.** *colloq.* ausgefallen, extrava'gant: ~ **advertising**; ~ **colo(u)rs**. **'~-book fund** *s* Geheimfonds *m.* **'~cast I** *adj* verworfen, abgetan. **II** *s* → **castoff** I. **ˌ~-'cen·ter,** *bes. Br.* **ˌ~-'cen·tre** *adj* **1.** verrutscht, nicht genau ausgerichtet. **2.** *tech.* außermittig, ex'zentrisch, Exzenter... **3.** *fig.* ex'zentrisch, ausgefallen. **ˌ~-'col·o(u)r** *adj* **1.** a) farblich abweichend, b) nicht lupenrein (*Edelstein*). **2.** nicht (ganz) in Ordnung (*a. unpäßlich*). **3.** zweideutig, schlüpfrig, nicht sa'lonfähig: ~ **jokes**. **'~cut** *s meist pl* Rest *m*: **~s from a factory** Fabrikreste.

of·fence, *Am.* **of·fense** [ə'fens] *s* **1.** *allg.* Vergehen *n*, Verstoß *m* (**against** gegen). **2.** *jur.* a) *a.* **criminal** (*od.* **punishable**) ~ Straftat *f*, strafbare Handlung, De'likt *n*: *this is* **not a penal ~** nicht strafbar, b) *a.* **lesser** (*od.* **minor**) ~ Über'tretung *f.* **3.** Anstoß *m*, Ärgernis *n*, Kränkung *f*, Beleidigung *f*: **to give ~** Anstoß *od.* Ärgernis erregen (**to** bei); **to take ~ (at)** Anstoß nehmen (an *dat*), beleidigt *od.* gekränkt sein (durch, über *acc*), (*etwas*) übelnehmen: **he is quick** (*od.* **swift**) **to take ~** er ist schnell beleidigt; **no ~ (meant** *od.* **intended)** nichts für ungut!, es war nicht bös gemeint!; **no ~ (taken)** (ist) schon gut!; **an ~ against good taste** e-e Beleidigung des guten Geschmacks; **this is an ~ to the eye** das beleidigt das Auge. **4.** Angriff *m*, Aggressi'on *f*: **arms of ~** Angriffswaffen; **~ is the best defence** Angriff ist die beste Verteidigung. **5.** *bes.* **rock of ~** *Bibl.* Stein *m* des Anstoßes.
of'fence·less, *Am.* **of'fense·less** *adj* harmlos.

of·fend [ə'fend] **I** *v/t* **1.** verletzen, beleidigen, kränken, *j-m* zu nahe treten: **to be ~ed at** (*od.* **by**) **s.th.** sich durch etwas beleidigt fühlen; **to be ~ed with** (*od.* **by**) **s.o.** sich durch j-n beleidigt fühlen; **to ~ s.o.'s delicacy** j-s Zartgefühl verletzen; **it ~s his sense of hono(u)r** es verletzt sein Ehrgefühl; **it ~s the eye (ear)** es beleidigt das Auge (Ohr). **2.** *Bibl. j-m* ein Stein des Anstoßes sein: **if thy right eye ~ thee** wenn dich dein rechtes Auge ärgert. **3.** *obs.* a) sündigen gegen, b) sich vergehen an (*dat*). **II** *v/i* **4.** verletzen, beleidigen, kränken. **5.** Anstoß erregen. **6. (against)** sündigen (an *dat*, gegen), sich vergehen (an *dat*), verstoßen (gegen).
of'fend·ed·ly [-ɪdlɪ] *adv* verletzt, beleidigt, *bes.* in beleidigtem Ton. **of'fend·er** *s* **1.** Übel-, Missetäter(in). **2.** *jur.* Straffällige(r *m*) *f*: **first ~** nicht Vorbestrafte(r *m*) *f*, Ersttäter(in); **habitual** (*od.* **persistent**) ~ Gewohnheitsverbrecher *m*; **second ~** Vorbestrafte(r *m*) *f*. **of'fend·ing** *adj* **1.** verletzend, beleidigend, kränkend. **2.** anstößig.

of·fense, of·fense·less *Am. für* **offence, offenceless**.

of·fen·sive [ə'fensɪv] **I** *adj* (*adv* **~ly**) **1.** beleidigend, anstößig, anstoß- *od.* ärgerniserregend, ungehörig: ~ **words**; **they got ~** sie wurden ausfallend. **2.** unangenehm, übel, 'widerwärtig, ekelhaft: **an ~ smell**; **~ mood** üble Laune. **3.** angreifend, offen'siv: ~ **war** Angriffs-, Offensivkrieg *m*; **~ reconnaissance** *mil.* bewaffnete Aufklärung; **~ weapons** *mil.* Angriffswaffen; **~ play** *sport* Angriffs-, Offensivspiel *n.* **II** *s* **4.** Offen'sive *f*: a) Angriff *m*: **to take the ~** die Offensive ergreifen, zum Angriff übergehen; **the ~ is the safest defence** (*Am.* **defense**) Angriff ist die beste Verteidigung, b) *fig.* Kam'pagne *f*, Bewegung *f*: **peace ~**. **of'fen·sive·ness** *s* **1.** (*das*) Beleidigende, Anstößigkeit *f.* **2.** 'Widerwärtigkeit *f.*

of·fer ['ɒfə(r); *Am. a.* 'ɑf-] **I** *v/t* **1.** anbieten: **to ~ s.o. a cigarette**; **to ~ battle to** e-e Schlacht anbieten (*dat*), sich *dem Feind* zur Schlacht stellen; **to ~ violence** gewalttätig werden (**to** gegenüber); → **insult** 2, **resistance** 1. **2.** a) *econ. e-e Ware* anbieten, offe'rieren: **to ~ for sale** zum Verkauf anbieten; **~ed price** (*Börse*) Briefkurs *m*, b) *econ. e-n Preis, e-e Summe* bieten, c) *Preis, Belohnung* aussetzen. **3.** vorbringen, äußern: **to ~ an opinion** *a.* sich äußern; **he ~ed no apology** er brachte keine Entschuldigung vor. **4.** (dar)bieten: **the search ~ed some difficulties** die Suche bot einige Schwierigkeiten; **no opportunity ~ed itself** es bot sich keine Gelegenheit; **this window ~s a fine view** von diesem Fenster hat man e-e schöne Aussicht. **5.** sich bereit erklären, sich erbötig machen (**to do** zu tun). **6.** Anstalten machen (*od.* sich anschicken) (**to do** zu tun): **he did not ~ to defend himself** er machte keine Anstalten, sich zu wehren. **7.** *ped.* (als Prüfungsfach) wählen. **8.** *oft* **~ up** a) *ein Opfer, Gebet, Geschenk* darbringen, b) *Tiere etc* opfern (**to** *dat*).
II *v/i* **9.** sich (dar)bieten: **no opportunity ~ed** es ergab sich keine Gelegenheit. **10.** *relig.* opfern.
III *s* **11.** *allg.* Angebot *n*, Anerbieten *n*: **~ of assistance** Unterstützungsangebot; **she's had an ~ (of marriage)** sie hat e-n (Heirats)Antrag bekommen. **12.** *econ.* a) (An)Gebot *n*, Of'fert(e *f*) *n*: **an ~ for sale** ein Verkaufsangebot; **on ~** zu verkaufen, verkäuflich; **£200 or near ~** Verhandlungsbasis, b) *Börse*: Brief. **13.** Vorbringen *n*: **~ of a suggestion**. **14.** Vorschlag *m.* **15.** *obs.* Versuch *m*, Anstalten *pl.*

'of·fer·er *s* **1.** Anbietende(r *m*) *f.* **2.** *relig.* Opfernde(r *m*) *f.* **'of·fer·ing** *s* **1.** *relig.* a) Opfern *n*, Opferung *f*, Darbringung *f*, b) (*dargebrachtes*) Opfer: **bloody (bloodless) ~** (un)blutiges Opfer. **2.** *bes. relig.* Spende *f*, Gabe *f.* **3.** → **offer** 11.

of·fer·to·ry ['ɒfə(r)tərɪ; *Am.* -ˌtəʊriː; -ˌtɔː-; *a.* 'ɑf-] *s relig.* **1.** *meist* **O~** Offer'torium *n*: a) *R.C.* Opferung *f* (*von Brot u. Wein*), b) Opfergebet *n od.* -gesang *m.* **2.** Kol'lekte *f*, Geldsammlung *f.* **3.** Opfer(geld) *n.*

ˌoff|-'face *adj* stirnfrei (*Damenhut*). **'~-ˌfla·vo(u)r** *s* Geschmacksabweichung *f*, (unerwünschter) Beigeschmack. **'~-grade** *adj* von minderer Quali'tät, von niederer Sorte, Ausfall... **ˌ~'hand I** *adv* **1.** aus dem Stegreif *od.* Kopf, auf Anhieb, (so) ohne weiteres: **I could not say ~**. **II** *adj* **2.** unvorbereitet, improvi'siert, Stegreif...: **an ~ speech**. **3.** lässig (*Art etc*), 'hingeworfen (*Bemerkung*): **to be ~ about s.th.** a) über etwas hinweggehen, b) etwas leichtnehmen. **4.** freihändig: **~ shooting** stehend freihändiges Schießen. **ˌ~'hand·ed** *adj* (*adv* **~ly**) → **offhand** II. **ˌ~'hand·ed·ness** *s* Lässigkeit *f.*

of·fice ['ɒfɪs; *Am. a.* 'ɑfəs] *s* **1.** Bü'ro *n*, Dienststelle *f*, Kanz'lei *f*, Kon'tor *n*, Amt *n*, Geschäfts-, Amtszimmer *n od.* -gebäude *n*: **lawyer's ~** (Rechts)Anwaltskanzlei, -büro. **2.** Behörde *f*, Amt *n*, Dienststelle *f*: **the ~ of the Court** *jur.* die Geschäftsstelle des Gerichts. **3.** *meist* **O~** Mini'sterium *n*, (Ministeri'al)Amt *n* (*bes. in Großbritannien*): **Foreign O~** *Br.* Außenministerium; **O~ of Education** Unterrichtsbehörde *f* (*in USA*). **4.** *bes. econ.* Zweigstelle *f*, Fili'ale *f*: **our Liverpool ~**. **5.** *econ.* (*bes.* Versicherungs)Gesellschaft *f.* **6.** (*bes.* öffentliches *od.* staatliches) Amt, Posten *m*: **to enter upon an ~** ein Amt antreten; **to be in ~** a) im Amt sein, b) an der Macht sein (*Regierung*); **to hold an ~** ein Amt bekleiden *od.* innehaben; **to leave** (*od.* **resign**) **one's ~** zurücktreten, sein Amt niederlegen; **to take ~** sein Amt antreten *od.* übernehmen. **7.** Funkti'on *f* (*a. e-r Sache*), Aufgabe *f*, Pflicht *f*: **it is my ~ to advise him** es ist m-e Aufgabe, ihn zu beraten. **8.** Dienst *m*, Gefälligkeit *f*: **to do s.o. a good (bad) ~** j-m e-n guten (schlechten) Dienst erweisen; → **good offices**. **9.** Ehrendienst *m*, Ehre *f*: **to perform the last ~s to** *e-m Toten* die letzte Ehre erweisen. **10.** *relig.* a) Gottesdienstordnung *f*, Litur'gie *f*, b) Gottesdienst *m*: **O~ of Baptism** Taufgottesdienst. **11.** *a.* **divine ~** *relig.* Bre'vier *n*: **to say ~** das Brevier beten. **12.** *relig.* a) Abend- *od.* Morgengebet *n* (*in der anglikanischen Kirche*), b) In'troitus *m*, c) Messe *f*. **13.** *pl bes. Br.* Wirtschaftsteil *m*, -raum *m od.* -räume *pl od.* -gebäude *n od. pl*: **the ~s of an estate**. **14.** *colloq.* Ab'ort *m*, Klo *n.* **15.** *sl.* Tip *m*: **to give s.o. the ~** j-m e-n Tip geben; **to take the ~** e-n Tip befolgen.

of·fice| ac·tion *s* (Prüfungs)Bescheid *m* (*des Patentamtes*). **'~ˌbear·er** *s* Amtsinhaber(in). **~ block** *s* Bü'rogebäude *n*, -haus *n.* **~ build·ing** *s* Bü'rogebäude *n*, -haus *n.* **~ clerk** *s* Bü'roangestellte(r *m*) *f*, Handlungsgehilfe *m.* **~ cli·mate** *s* Betriebsklima *n.* **~ com·plex** *s* Bü'rokomˌplex *m*, -block *m.* **~ e·quip·ment** *s* Bü'roeinrichtung *f.* **~ girl** *s* Bü'rogehilfin *f.* **'~ˌhold·er** *s* Amtsinhaber(in), (Staats)Beamte(r) *m.* **~ hours** *s pl* Dienststunden *pl*, Geschäftszeit *f.* **~ hunt·er** *s* Postenjäger *m.* **~ job** *s* Bü'roposten *m.*

of·fi·cer ['ɒfɪsə(r); *Am. a.* 'ɑf-] **I** *s* **1.** *bes. mil.* Offi'zier *m*: **~ of the day** Offizier vom (Tages)Dienst; **~ of the guard** Offizier vom Ortsdienst (OvO); **first ~** (*Handelsmarine*) erster Offizier; **~ cadet** Fähnrich *m*, Offiziersanwärter *m.* **2.** Poli'zist *m*, Poli'zeibeamte(r) *m*: **O~!** Herr Wachtmeister! **3.** Beamte(r) *m*, Beamtin *f*, Funktio'när(in), Amtsträger(in) (*im öffentlichen od. privaten Dienst*): **public ~** Beamter im öffentlichen Dienst; **O~ of the Household** Haushofmeister *m* (*am englischen Hof*); **O~ of Health** *Br.* Beamter des Gesundheitsdienstes; **~ of state** Minister *m.* **4.** Vorstandsmitglied *n* (*e-s Klubs, e-r Gesellschaft etc*). **II** *v/t* **5.** *mil.* a) mit Offi'zieren versehen, Offiziere stellen (*dat*), b) *e-e Einheit etc* als Offi'zier befehligen (*meist pass*): to be ~ed by befehligt werden von. **6.** *fig.* leiten, führen.

Of·fi·cers' Train·ing Corps *s mil. Br.* Offiˈziersausbildungskorps *n* (*für Angehörige des Mannschaftsstands*).

of·fice| seek·er *s bes. Am.* **1.** Stellensuchende(r *m*) *f.* **2.** Postenjäger(in). **~ sup·plies** *s pl* Büˈrobedarf *m.* **~ tow·er** *s* Büˈrohochhaus *n.*

of·fi·cial [əˈfɪʃl] **I** *adj* (*adv* ~ly) **1.** offiziˈell, amtlich, Amts..., Dienst..., dienstlich, behördlich: ~ act Amtshandlung *f*; ~ business *mail* Dienstsache *f*; ~ call *teleph.* Dienstgespräch *n*; ~ car Dienstwagen *m*; ~ duties Amts-, Dienstpflichten; ~ family *Am.* (*Journalistensprache*) Kabinett *n* des Präsidenten der USA; ~ language Amtssprache *f*; ~ oath Amts-, Diensteid *m*; ~ powers *pl* Amtsgewalt *f*, -vollmacht *f*; ~ residence Amtssitz *m*; ~ secrecy Amtsverschwiegenheit *f*; ~ secret Amts-, Dienstgeheimnis *n*; ~ trip Dienstreise *f*; ~ use Dienstgebrauch *m*; → channel 7. **2.** offiziˈell, amtlich (bestätigt *od.* autoriˈsiert): an ~ report; is this ~? ist das amtlich? **3.** offiziˈell, amtlich (bevollmächtigt): an ~ representative. **4.** offiziˈell, forˈmell, förmlich: an ~ dinner ein offizielles Essen; ~ manner förmliches Benehmen. **5.** *pharm.* offiziˈnell. **II** *s* **6.** Beamte(r) *m*, Beamtin *f*: minor (senior, higher) ~ unterer (mittlerer, höherer) Beamter. **7.** (Geˈwerkschafts)Funktioˌnär(in). **8.** *oft* ~ principal *relig.* Offiziˈal *m* (*als Richter fungierender Vertreter des Bischofs*). **ofˈfi·cial·dom** *s* **1.** Beamtenstand *m*, -tum *n*, (*die*) Beamten *pl.* **2.** → officialism 2. **ofˌfi·cialˈese** [-ʃəˈliːz] *s* Amtsdeutsch *n*, Behördensprache *f.* **ofˈfi·cial·ism** *s* **1.** ˈAmtsmeˌthoden *pl*, behördliches Syˈstem. **2.** Paraˈgraphenreiteˌrei *f*, Bürokraˈtie *f*, Amtsschimmel *m.* **3.** → officialdom 1. **ofˌfi·ciˈal·i·ty** [-ʃɪˈælətɪ] *s* **1.** offiziˈeller *od.* amtlicher Chaˈrakter. **2.** *Kirchenrecht*: Offiziaˈlat *n*: a) *bischöfliche Gerichtsbehörde*, b) *Amt e-s Offizials.* **ofˈfi·cial·ize** *v/t* **1.** amtlich machen, amtlichen Chaˈrakter geben (*dat*). **2.** reglemenˈtieren.

of·fi·ci·ant [əˈfɪʃɪənt] *s* amˈtierender Geistlicher.

of·fi·ci·ar·y [əˈfɪʃɪərɪ; *Am.* -ˌeriː] *adj* amtlich, offiziˈell.

of·fi·ci·ate [əˈfɪʃɪeɪt] *v/i* **1.** amˈtieren, funˈgieren (as als): to ~ as president. **2.** den Gottesdienst leiten: to ~ at a marriage e-e Trauung vornehmen.

of·fic·i·nal [ˌɒfɪˈsaɪnl; ɒˈfɪsɪnl; *Am. a.* ˌɑfəˈs-; ɑˈfɪ-] *pharm.* **I** *adj* **1.** offiziˈnell, amtlich anerkannt *od.* zugelassen (*Heilmittel*). **2.** Arznei..., Heil...: ~ drug → 4 a; ~ herb → 4 b; ~ plant → 4 c. **II** *s* **3.** offiziˈnelles Heilmittel. **4.** a) Arzˈneidroge *f*, b) Heilkraut *n*, c) Heilpflanze *f.*

of·fi·cious [əˈfɪʃəs] *adj* (*adv* ~ly) **1.** aufdringlich, überˈtrieben diensteifrig. **2.** offiziˈös, halbamtlich: an ~ statement. **3.** *obs.* gefällig. **ofˈfi·cious·ness** *s* Aufdringlichkeit *f*, überˈtriebener Diensteifer.

of·fing [ˈɒfɪŋ; *Am. a.* ˈɑf-] *s mar.* Räumte *f*, Seeraum *m*, offene See (*wo kein Lotse benötigt wird*): to be in the ~ a) auf offener See sein, b) *fig.* (nahe) bevorstehen, sich abzeichnen, in Sicht sein; to get the ~ die offene See gewinnen; to hold out in the ~ See halten; to keep a good ~ from the coast von der Küste gut freihalten.

off·ish [ˈɒfɪʃ] *adj colloq.* reserˈviert, unnahbar, kühl, steif. **ˈoff·ish·ness** *s colloq.* Reserˈviertheit *f*, Unnahbarkeit *f*, ablehnende Haltung.

ˌoff|-ˈkey *adj mus.* falsch. **ˈ~·let** *s tech.* Abzugsrohr *n.* **ˈ~-ˌli·cence** *s Br.* **1.** ˈSchankkonzessiˌon *f* über die Straße. **2.** Wein- u. Spirituˈosenhandlung *f.* **ˈ~-line** *adj Computer*: rechnerunabhängig: ~ processing Off-line-Verarbeitung *f.* **ˌ~ˈload** *v/t fig.* abladen (on auf *j-n*). **ˈ~-peak** *adj* abfallend, unter der Spitze liegend, außerhalb der Spitzen(belastungs)zeit: ~ hours verkehrsschwache Stunden; ~ load *electr.* Belastungstal *n*; ~ tariff Nacht(strom)tarif *m.* **~ po·si·tion** *s tech.* Ausschalt-, Nullstellung *f.* **ˈ~-print I** *s* Sonder(ab)druck *m*, Sepaˈrat(ab)druck *m* (from aus). **II** *v/t* e-n Sonder(ab)druck anfertigen von. **ˈ~-ˌput·ting** *adj Br. colloq.* a) unangenehm, störend, b) ˈunsymˌpathisch (*Person, Wesen*). **ˈ~-sale I** *s* Verkauf *m* von Wein u. Spirituˈosen über die Straße. **II** *adj* nur zum Verkauf von Wein u. Spirituˈosen über die Straße berechtigt. **ˈ~·scape** *s* ˈHintergrund *m.* **ˈ~ˌscour·ing** *s oft pl* **1.** Kehricht *m, n*, Schmutz *m.* **2.** *bes. fig.* Abschaum *m*: the ~s of humanity.

off·set [ˈɒfset] **I** *s* **1.** Ausgleich *m*, Kompensatiˈon *f*: as an ~ zum Ausgleich, als Ausgleich (to für). **2.** *econ.* Verrechnung *f*: ~ account Verrechnungskonto *n.* **3.** Aufbruch *m* (*Reise etc*). **4.** *bot.* a) Ableger *m*, b) kurzer Ausläufer. **5.** → offshoot 2 *u.* 3. **6.** *print.* a) Offsetdruck *m*, b) Abziehen *n*, Abliegen *n* (*bes. noch feuchten Druckes*), c) *Lithographie*: Abzug *m*, Paˈtrize *f.* **7.** a) *tech.* Kröpfung *f*, b) *Bergbau*: kurze Sohle, kurzer Querschlag, c) *electr.* (Ab)Zweigleitung *f.* **8.** *surv.* Ordiˈnate *f.* **9.** (*Mauer- etc*)Absatz *m.* **10.** *geol.* gangartiger Fortsatz (*von Intrusivkörpern*). **II** *adj* **11.** *print.* Offset...: ~ press Offsetpresse *f.* **12.** *tech.* versetzt: ~ carrier *TV* versetzter Träger. **III** *v/t irr* **13.** ausgleichen, aufwiegen, wettmachen: the gains ~ the losses. **14.** *econ. bes. Am.* a) auf-, verrechnen, b) ausgleichen, kompenˈsieren. **15.** *print.* im Offsetverfahren drucken. **16.** *tech. Rohr, Stange etc* kröpfen. **17.** *arch. e-e Mauer etc* absetzen. **IV** *v/i* **18.** (scharf) abzweigen. **~ bulb** *s bot.* Brutzwiebel *f.* **~ li·thog·ra·phy** → photo-offset I. **~ sheet** *s print.* ˈDurchschußbogen *m.*

ˈoff|·shoot *s* **1.** *bot.* Sprößling *m*, Ausläufer *m*, Ableger *m* (*a. fig.*). **2.** Abzweigung *f* (*e-s Flusses, e-r Straße etc*), Ausläufer *m* (*e-s Gebirges*). **3.** *fig.* Seitenzweig *m*, -linie *f* (*e-s Stammbaums etc*). **ˌ~ˈshore I** *adv* **1.** von der Küste ab *od.* her. **2.** in einiger Entfernung von der Küste. **II** *adj* **3.** küstennah: ~ fishing; ~ drilling Off-shore-Bohrung *f.* **4.** ablandig: ~ breeze Landwind *m.* **5.** Auslands..., im Ausland (getätigt *od.* stattfindend): ~ order *Am.* Off-shore-Auftrag *m*; ~ purchase *Am.* Off-shore-Kauf *m.* **ˌ~ˈside I** *s* **1.** *sport* ˈAbseits(stellung *f*, -positiˌon *f*) *n.* **2.** *mot.* Fahrerseite *f*: ~ door Fahrertür *f.* **II** *adj u. adv* **3.** *sport* abseits: to be ~ abseits stehen, im Abseits stehen; ~ position Abseitsstellung *f*, -position *f*; ~ rule Abseitsregel *f*; ~ trap Abseitsfalle *f.* **ˈ~·size** *s tech.* Maßabweichung *f.* **ˈ~·spring** *s* **1.** Nachkommen(schaft *f*) *pl.* **2.** *pl* offspring Ab-, Nachkömmling *m*, Nachkomme *m*, Kind *n*, Sprößling *m.* **3.** *fig.* Ergebnis *n*, Frucht *f*, Resulˈtat *n.* **ˌ~ˈstage** *adj u. adv* hinter der Bühne, hinter den Kuˈlissen (*a. fig.*). **ˈ~-street** *adj* in Nebenstraßen: ~ parking. **ˈ~·take** *s* **1.** *econ.* a) Abzug *m*, b) Abnahme *f*, Einkauf *m.* **2.** *tech.* Abzug(srohr *n*) *m.* **ˌ~-the-ˈface** → off-face. **ˌ~-the-ˈjob** *adj* **1.** (ˈarbeits)theoˌretisch: ~ study Arbeitsstudie *f.* **2.** entlassen, arbeitslos. **ˌ~-the-ˈpeg** *adj bes. Br.*, **ˌ~-the-ˈrack** *adj* von der Stange, Konfektions...: ~ suit. **ˌ~-the-ˈrec·ord** *adj* nicht für die Öffentlichkeit bestimmt, ˈinoffiziˌell. **ˌ~-the-ˈroad** *adj mot.* Gelände...: ~ operation Geländefahrt *f.* **ˌ~-the-ˈshelf** *adj* Standard...: ~ accessories. **ˌ~-the-ˈshoul·der** *adj* trägerlos, schulterfrei: ~ dress. **ˌ~-the-ˈwall** *Am. sl.* **I** *adj* ungewöhnlich, ‚komisch': ~ questions. **II** *adv* ‚irre': ~ funny. **ˌ~-ˈtype** *adj* untypisch, abweichend. **ˌ~-ˈwhite** *adj* gebrochen weiß. **~ year** *s* **1.** schlechtes Jahr. **2.** *pol. Am. Jahr, in dem keine Wahlen auf nationaler Ebene, bes. keine Präsidentschaftswahlen stattfinden.*

oft [ɒft] *adv obs. od. poet.* oft: many a time and ~ oft; (*nicht obs. in Zssgn wie*) ~-told oft erzählt; ~-recurring oft wiederkehrend.

of·ten [ˈɒfn; ˈɒftən] **I** *adv* oft(mals), häufig: ~ and ~, as ~ as not, ever so ~ sehr oft; more ~ than not meistens. **II** *adj obs.* häufig. **ˈ~·times,** *a.* **ˈoft·times** *adv obs. od. poet.* oft(mals).

og·am → ogham.

o·gee [ˈəʊdʒiː] *s* **1.** S-Kurve *f*, S-förmige Linie. **2.** *arch.* a) Karˈnies *n*, Glocken-, Rinnleiste *f*, b) *a.* ~ arch Eselsrücken *m* (*Bogenform*).

og·ham [ˈɒgəm; *Am.* ˈəʊəm; ˈɑgəm] *s* **1.** Og(h)am(schrift *f*) *n* (*altirische Schrift*). **2.** Og(h)aminschrift *f.*

o·give [ˈəʊdʒaɪv] *s* **1.** *arch.* a) diagoˈnale Gratrippe (*e-s gotischen Gewölbes*), b) Spitzbogen *m.* **2.** *mil.* Geschoßkopf *m*: false ~ Geschoßhaube *f.* **3.** *Statistik*: Häufigkeitsverteilungskurve *f.*

o·gle [ˈəʊgl] **I** *v/t* **1.** liebäugeln mit, *j-m* ‚Augen machen'. **2.** beäugen, ‚anlinsen'. **II** *v/i* **3.** ~ at liebäugeln mit, *j-m* ‚Augen machen'. **III** *s* **4.** verliebter *od.* liebäugelnder Blick.

o·gre [ˈəʊgə(r)] *s* **1.** Oger *m*, (menschenfressendes) Ungeheuer, *bes.* Riese *m* (*im Märchen*). **2.** Scheusal *n*, Ungeheuer *n*, Unmensch *m.* **ˈo·gre·ish** [-gərɪʃ] *adj* mörderisch, schrecklich. **ˈo·gress** [-grɪs] *s* Menschenfresserin *f*, Riesin *f* (*im Märchen*). **ˈo·grish** [-grɪʃ] → ogreish.

oh [əʊ] **I** *interj* oh! **II** *s* Oh *n.*

oh·dee [ˌəʊˈdiː] *v/i sl.* an e-r ˈÜberdosis (*Rauschgift*) sterben.

O·hi·o·an [əʊˈhaɪəwən] **I** *adj* Ohio..., aus Oˈhio. **II** *s* Einwohner(in) von Oˈhio.

ohm [əʊm] *s electr.* Ohm *n* (*Einheit des elektrischen Widerstands*). **ˈohm·age** *s* Ohmzahl *f.* **ˈohm·ic** *adj* ohmsch(er, e, es), Ohmsch(er, e, es): ~ resistance Ohmscher Widerstand. **ohm·me·ter** [ˈəʊmˌmiːtə(r)] *s electr.* Ohmmeter *n.* **Ohm's Law** [əʊmz] *s phys.* Ohmsches Gesetz.

o·ho, o(h) ho [əʊˈhəʊ] *interj* **1.** (*überrascht*) oˈho! **2.** (*frohlockend*) ah!, aˈha!

-oid [ɔɪd] *Wortelement mit der Bedeutung* ähnlich: spheroid Sphäroid *n.*

oil [ɔɪl] **I** *s* **1.** Öl *n*: to pour ~ on the fire (*od.* flames) *fig.* Öl ins Feuer gießen; to pour ~ on the waters (*od.* on troubled waters) *fig.* Öl auf die Wogen gießen *od.* schütten, die Gemüter beruhigen; to smell of ~ *fig.* mehr Fleiß als Geist *od.* Talent verraten; to strike ~ a) Erdöl finden, auf Öl stoßen, b) *colloq.* Glück *od.* Erfolg haben, *a.* fündig werden; ~ and vinegar (wie) Feuer u. Wasser; → midnight II. **2.** *meist pl* Ölfarbe *f*: to paint in ~s in Öl malen. **3.** *meist pl* Ölgemälde *n.* **4.** *meist pl* Ölzeug *n*, -haut *f.* **II** *v/t* **5.** *tech.* (ein)ölen, einfetten, schmieren: to ~ one's tongue *fig.* schmeicheln; to ~ the wheels *fig.* für e-n reibungslosen Ablauf sorgen; → palm[1] 1.

oil| bag *s* **1.** *zo.* Fettdrüse *f.* **2.** Ölpreßbeutel *m.* ~ **bath** *s tech.* Ölbad *n:* ~ **lubrication** Tauchschmierung *f.* ˈ~-ˌ**bear·ing** *adj geol.* ölhaltig, ölführend. ˈ~**berg** *s* **1.** *mar.* Riesentanker *m.* **2.** Ölteppich *m.* ~ **box** *s tech.* Schmierbüchse *f.* ~ **brake** *s mot.* Öldruckbremse *f.* ˈ~-**break switch** *s electr.* Öl(trenn)schalter *m.* ~ **burn·er** *s tech.* Ölbrenner *m.* ˈ~ˌ**burn·ing** *adj* Öl...(*-lampe etc*). ~ **cake** *s* Ölkuchen *m.* ˈ~**can** *s* Ölkanne *f*, Ölkännchen *n.* ~ **change** *s mot.* Ölwechsel *m:* **to do an** ~ e-n Ölwechsel machen. ˈ~**cloth** *s* **1.** Wachstuch *n*, -leinwand *f.* **2.** → oilskin. ~ **col·o(u)r** *s* Ölfarbe *f.* ~ **cri·sis** *s irr econ.* Ölkrise *f.* ˈ~**cup** *s tech.* Öler *m*, Schmierbüchse *f.* ~ **der·rick** *s* Derrick *m* (*Öl-Bohrturm*). ~ **dip·stick** *s mot.* Ölmeßstab *m.* ~ **drum** *s* Ölfaß *n.*

oiled [ɔɪld] *adj* **1.** (ein)geölt: → **wheel** 1. **2.** *bes.* **well** ~ *colloq.* (ziemlich) ‚angesäuselt'.

oil·er [ˈɔɪlə(r)] *s* **1.** *mar. tech.* Öler *m*, Schmierer *m* (*Person od. Vorrichtung*). **2.** *tech.* Öl-, Schmierkanne *f.* **3.** *pl Am. colloq. für* **oilskin** 2. **4.** Ölquelle *f.* **5.** *mar.* (Öl)Tanker *m.*

oil| feed·er *s tech.* **1.** Selbstschmierer *m*, -öler *m.* **2.** *mot.* Spritzkännchen *n.* ˈ~-**field** *s* Ölfeld *n.* ~ **fill·er tube** *s tech.* Öleinfüllstutzen *m.* ~ **fil·ter** *s tech.* Ölfilter *m*, *n.* ˈ~**fired** *adj* ölbetrieben, Öl...: ~ **central heating** Ölzentralheizung *f.* ~ **fu·el** *s* **1.** Heiz-, Brennöl *n.* **2.** Treiböl *n*, Öltreibstoff *m.* ~ **gage** → **oil gauge**. ~ **gas** *s* Ölgas *n.* ~ **gauge** *s tech.* Ölstandsanzeiger *m.* ~ **gland** *s orn.* Öl-, Bürzeldrüse *f.*

oil·i·ness [ˈɔɪlɪnɪs] *s* **1.** ölige Beschaffenheit, Fettigkeit *f*, Schmierfähigkeit *f.* **2.** *fig.* Glattheit *f*, aalglattes Wesen. **3.** *fig.* salbungsvolles *od.* schmeichlerisches Wesen.

oil| lamp *s* Öl-, Peˈtroleumlampe *f.* ~ **lev·el** *s mot.* Ölstand *m.* ˈ~**man** [-mən] *s irr* **1.** Unterˈnehmer *m* in der Ölbranche. **2.** Ölhändler *m.* **3.** Arbeiter *m* in e-r ˈÖlfaˌbrik. **4.** Öler *m*, Schmierer *m.* ~ **meal** *s* gemahlener Ölkuchen. ~ **mill** *s* Ölmühle *f.* ~ **nut** *s bot.* **1.** *allg.* Ölnuß *f.* **2.** Fettnuß *f.* **3.** *Am.* Butternuß *f.* ~ **paint** *s* Ölfarbe *f.* ~ **paint·ing** *s* **1.** Ölmaleˈrei *f.* **2.** Ölgemälde *n:* **she's no** ~ *colloq.* sie ist keine strahlende Schönheit. **3.** *tech.* Ölanstrich *m.* ~ **palm** *s bot.* Ölpalme *f.* ~ **pan** *s mot.* Ölwanne *f.* ˈ~ˌ**pa·per** *s* ˈÖlpaˌpier *n.* ˈ~-**proˌduc·ing coun·try** *s* Ölförderland *n.* ˈ~**proof** *adj bes. tech.* ölbeständig, öldicht, ˈölˌunˌdurchlässig. ~ **pump** *s tech.* Ölpumpe *f.* ~ **re·fin·ing** *s* **1.** ˈÖlraffiˌnierung *f.* **2.** *a.* ~ **plant** ˈÖlraffineˌrie *f.* ~ **res·er·voir** *s* Ölvorkommen *n*, ölführende Schicht. ~ **rig** *s* (Öl)Bohrinsel *f.* ~ **ring** *s tech.* Öldichtungsring *m*, Schmierring *m:* ~ **bearing** Ringschmierlager *n.* ~ **seal** *s tech.* **1.** Öldichtung *f.* **2.** *a.* ~ **ring** Simmerring *m.* ˈ~-**sealed** *adj* öldicht. ~ **sheik(h)** *s* Ölscheich *m.* ˈ~-**skin** *s* **1.** Öltuch *n*, Ölleinwand *f.* **2.** *pl* Ölzeug *n*, Ölkleidung *f.* ~ **slick** *s* **1.** *tech.* Ölschlick *m.* **2.** Ölteppich *m* (*auf der Wasseroberfläche etc*). ~ **spring** *s tech.* (*natürliche*) Ölquelle. ˈ~**stock** *s relig.* Amˈpulle *f* (*Chrisma-Gefäß*). ˈ~**stone** *s tech.* Ölstein *m.* ˈ~**stove** *s* Ölofen *m.* ~ **sump** *s mot.* Ölwanne *f.* ~ **switch** *s tech.* Ölschalter *m.* ~ **tank·er** *s mar.* (Öl)Tanker *m.* ˈ~**tight** *adj tech.* öldicht. ~ **tree** *s bot.* **1.** Wunderbaum *m.* **2.** → **oil palm**. ~ **var·nish** *s* Öllack *m.* ~ **well** *s* Ölquelle *f.*

oil·y [ˈɔɪlɪ] *adj* **1.** ölig, ölhaltig, Öl... **2.** fettig, schmierig, schmutzig. **3.** *fig.* glatt(züngig), aalglatt, schmeichlerisch. **4.** salbungsvoll, ölig.

oint·ment [ˈɔɪntmənt] *s pharm.* Salbe *f.*

Oir·each·tas [ˈerəkθəs; ˈerəx-] *s Ir.* **1.** gesetzgebende Körperschaft von Eire. **2.** *jährliches Fest zur Pflege der irischen Sprache in Irland.*

o·jo [ˈoxo] (*Span.*) *s* (*Südwesten der USA*) **1.** *a.* ~ **caliente** heiße Quelle. **2.** (*Art*) Oˈase *f.*

O.K., OK, o·kay [ˌəʊˈkeɪ] *colloq.* **I** *adj* **1.** richtig, gut, genehmigt, in Ordnung. **2.** ‚prima', erstklassig: **he is** ~ er ist ‚in Ordnung' *od.* ‚richtig'. **II** *interj* **3.** gemacht!, einverstanden!, schön!, gut!, in Ordnung!, O. K.!, o. k.! **III** *v/t* **4.** genehmigen, billigen, *e-r Sache* zustimmen. **IV** *s* **5.** Zustimmung *f*, Genehmigung *f:* **to give one's** ~ zustimmen.

oke [əʊk] → **O.K.** I.

o·key-doke [ˈəʊkɪdəʊk; *Am.* ˌəʊkɪˈdəʊk], ˌ**o·key-**ˈ**do·key** [ˌ-ˈdəʊkɪ] → **O.K.**

o·kie [ˈəʊkiː] *s Am.* **1.** *landwirtschaftlicher Wanderarbeiter, ursprünglich aus Oklahoma.* **2.** *sl.* (*Spitzname für e-n*) Bewohner von Oklaˈhoma.

o·kra [ˈəʊkrə] *s* **1.** *bot.* Eßbarer Eibisch, Rosenpappel *f*, Gumbo *m.* **2.** → **gumbo** 1.

old [əʊld] **I** *adj comp* **old·er** [ˈəʊldə(r)], *a.* **eld·er** [ˈeldə(r)], *sup* **old·est** [ˈəʊldɪst], *a.* **eld·est** [ˈeldɪst] **1.** alt, betagt: **to grow** ~ alt werden; **you're only as** ~ **as you feel** man ist nur so alt, wie man sich fühlt; ~ **moon** abnehmender Mond; ~ **people's home** Alters-, Altenheim *n;* → **hill** 1, **young** 1. **2.** *zehn Jahre etc* alt: **ten years** ~; **a ten-year-~ boy** ein zehnjähriger Junge; **five-year-~s** Fünfjährige *pl.* **3.** alt(ˈhergebracht): ~ **tradition; an** ~ **name** ein altbekannter Name. **4.** vergangen, früher, alt: **to call up** ~ **memories** alte Erinnerungen wachrufen; **the** ~ **country** die *od.* s-e alte Heimat; **the** ~ **year** das alte *od.* vergangene Jahr; **the good** ~ **times** die gute alte Zeit; **O~ London** Alt-London *n.* **5.** alt (-bekannt, -bewährt): **an** ~ **friend;** → **old boy, old master**, *etc.* **6.** alt, abgenutzt, verbraucht: ~ **equipment;** ~ **clothes** alte *od.* (ab)getragene Kleider. **7.** alt(modisch), *fig.* ‚verkalkt': ~ **fog(e)y** *sl.* alter Knacker. **8.** alt(erfahren), gewiegt, gewitz(ig)t: ~ **bachelor** eingefleischter Junggeselle; **he is** ~ **in crime (folly)** er ist ein abgefeimter Verbrecher (unverbesserlicher Tor); ~ **offender** alter Sünder; → **hand** 12. **9.** alt, ältlich, altklug: **an** ~ **face; he has an** ~ **head on young shoulders** er ist gescheit für sein Alter. **10.** *colloq.* (guter) alter, lieber: ~ **chap; nice** ~ **boy** ‚netter alter Knabe'; ~ **bean,** ~ **egg,** ~ **fellow,** ~ **fruit,** ~ **thing,** ~ **top** *Br. sl.* ‚altes Haus', ‚alter Schwede', ‚alter Knabe'; ~ **lady** a) ‚alte Dame' (*Mutter*), b) *a.* ~ **woman** ‚Alte' *f* (*Ehefrau*); → **old man**. **11.** *colloq.* (*verstärkend*) **to have a fine** ~ **time** sich köstlich amüsieren; **a jolly** ~ **row** ein ‚Mordskrach' *m;* **any** ~ **thing** irgend etwas (*gleichgültig was*); **I can use any** ~ **thing** ich hab' für alles Verwendung; **come any** ~ **time** komm, wann es dir gerade paßt; **any** ~ **how** a) ganz egal wie, b) achtlos.

II *s* **12. the** ~ *pl* die Alten *pl.* **13.** *adjektivisch od. adverbial:* **of** ~ a) ehedem, vor alters, b) von jeher; **from of** ~ seit altersher; **times of** ~ alte Zeiten.

old| age *s* (hohes) Alter: **in one's** ~ auf s-e alten Tage. ˈ~-**age** *adj* Alt..., Alters...: ~ **insurance** Altersversicherung *f;* ~ **pension** (*Am. a.* **benefit**) (Alters)Rente *f*, Pension *f*, Ruhegeld *n;* ~ **pensioner** (Alters)Rentner(in), Pensionär(in), Ruhegeldempfänger(in). **O~ Bai·ley** [ˈbeɪlɪ] *s* Old Bailey (*oberster Strafgerichtshof Großbritanniens*). ~ **boy** *s* **1.** *Br.* ehemaliger Schüler, Ehemalige(r) *m:* ~ **network** *colloq. Bevorzugung von ehemaligen Mitschülern od. Kommilitonen bei der Vergabe von Posten etc.* **2.** *colloq.* ‚alter Junge'. **O~ Cath·o·lic I** *s* ˈAltkathoˌlik(in). **II** *adj* ˈaltkaˌtholisch. ˌ~-ˈ**clothes·man** [-mæn] *s irr* Altkleiderhändler *m.* **O~ Do·min·ion** *s* (*Beiname für*) Virˈginia *n.*

old·en [ˈəʊldən] *Br. obs. od. poet.* **I** *adj* alt: **in** ~ **days** (*od.* **times**) in alten Zeiten. **II** *v/t u. v/i* alt machen (werden).

Old Eng·lish *s ling.* Altenglisch *n*, das Altenglische (*etwa 450–1150*).

ˌ**old-es**ˈ**tab·lished** *adj* alteingesessen (*Firma etc*), alt (*Brauch etc*).

old·e-world·e [ˌəʊldɪˈwɜːldɪ; *Am.* -ˈwɜr-] *adj* **1.** auf alt gemacht *od.* ‚getrimmt'. **2.** → **old-world**.

ˈ**old|**ˌ**fan·gled** *adj contp.* altmodisch. ˌ~-ˈ**fash·ioned I** *adj* **1.** altmodisch: ~ **ideas; an** ~ **butler** ein Butler der alten Schule. **2.** altklug (*Kind*). **3.** *Br. colloq.* mißˈbilligend (*Blick*): **she gave him an** ~ **look** sie sah ihn mißbilligend an, sie warf ihm e-n mißbilligenden Blick zu. **II** *s* **4.** *Am.* (*ein*) Cocktail *m.* ˌ~-ˈ**fo·g(e)y·ish** *adj* altmodisch, ‚verknöchert', ‚verkalkt'. ~ **girl** *s* **1.** *Br.* ehemalige Schülerin. **2.** *colloq.* ‚altes Mädchen'. **O~ Glo·ry** *s* (*Beiname für*) das Sternenbanner (*Flagge der USA*). ~ **gold** *s* Altgold *n* (*Farbton*). **O~ Guard** *s* **1.** *hist. die kaiserliche Garde in Frankreich* (*begründet von Napoleon I.*). **2.** ‚alte Garde': a) *Am. der ultrakonservative Flügel der Republikaner*, b) *allg. streng konservative Gruppe.* ~ **hat** *s colloq.* ‚ein alter Hut': **that's** ~! *a.* das hat so'n Bart! **O~ Hick·o·ry** *s* (*Spitzname für*) Andrew Jackson (*Präsident der USA von 1829–37*). **O~ High Ger·man** *s ling.* Althochdeutsch *n*, das Althochdeutsche. **O~ Ice·lan·dic** *s ling.* Altisländisch *n*, das Altisländische.

old·ie [ˈəʊldɪ] *s colloq.* **1.** Oldie *m* (*alter Schlager*). **2.** ‚alte Kaˈmellen' *pl*, alter Witz.

old·ish [ˈəʊldɪʃ] *adj* ältlich.

Old| La·dy of Thread·nee·dle Street [ˌθredˈniːdl] *s* (*Spitzname für die*) Bank von England. ~ **Lat·in** *s ling.* ˈAltlaˌtein *n*, das ˈAltlaˌteinische. ~ **Light** *s bes. relig.* Konservaˈtive(r *m*) *f.*

ˈ**old|-line** *adj* **1.** der alten Schule angehörend, konservaˈtiv. **2.** altˈhergebracht, traditioˈnell. **3.** e-r alten Linie entstammend. ~ **maid** *s* **1.** alte Jungfer. **2.** *colloq.* altjüngferliche Perˈson. **3.** *ein Kartenspiel.* **4.** *bot.* Rosenrotes Singrün. ˌ~-ˈ**maid·ish** *adj* altjüngferlich. ~ **man** *s irr* **1.** *colloq.* a) ‚Alte(r)' *m* (*Vater, Ehemann*): **my** ~ mein alter Herr (*Vater*), b) ‚(der) Alte' (*der Chef od. mar. der Kapitän*), c) ‚Alter!', ‚alter Junge!' (*vertrauliche Anrede*). **2.** alter Mann, Greis *m.* **3. the** ~ *relig.* der Alte Adam. **4.** *Austral. colloq. ausgewachsenes männliches Känguruh.* **5.** *orn.* Regenkuckuck *m.* **O~ Man Riv·er** *s Am.* (*Beiname für den*) Missisˈsippi. ~ **man's head** *s bot.* Greisenhaupt *n* (*Kaktus*). ~ **mas·ter** *s paint.* alter Meister (*Künstler od. Gemälde*). **O~ Nick** → **Nick**[1] 2. **O~ Norse** *s ling.* **1.** Altnorwegisch *n*, das Altnorwegische. **2.** → **Old Icelandic**. **O~ Pre·tend·er** *s hist.* Alter Prätenˈdent (*Jakob Eduard, Sohn Jakobs II. von England*). ˈ~-**rose** *adj* altrosa. **O~ Sax·on** *s ling.* Altsächsisch *n*, das Altsächsische. ~ **school** *s fig.* alte Schule: **a gentleman of the** ~ ein Herr der alten Schule. ˈ~-**school** *adj* nach der alten Schule, altmodisch. ~ **school tie** → **school tie**.

old·ster [ˈəʊldstə(r)] *s* **1.** *colloq.* ‚alter

Knabe', alter Herr: **the ~s** *sport* die alten Herren, die Senioren. **2.** *mar. Br.* (*schon 4 Jahre dienender*) ˈSeekaˌdett. **3.** *colloq.* ‚alter Hase'.

old| style *s* **1.** Zeitrechnung *f* nach dem Juliˈanischen Kaˈlender (*in England bis 1752*). **2.** *print.* Mediäˈval(schrift) *f.* **O~ Tes·ta·ment** *s Bibl.* (*das*) Alte Testaˈment. **ˈ~-time** *adj* aus alter Zeit, alt: **the ~ sailing ships.** **ˌ~-ˈtim·er** *s colloq.* **1.** → **oldster** 1 *u.* 3. **2.** altmodische Perˈson *od.* Sache. **~ wives' tale** *s* Altˈweibergeschichte *f*, Ammenmärchen *n.* **ˌ~-ˈwom·an·ish** *adj* altˈweiberhaft. **O~ World** *s* **1.** (*die*) Alte Welt (*Europa, Asien u. Afrika*). **2.** (*die*) östliche Hemiˈsphäre. **ˌ~-ˈworld** *adj* **1.** altertümlich, anheimelnd, malerisch (*Städtchen etc*). **2.** altertümlich, alt (*Inschrift etc*). **3.** alt, anˈtik (*Einrichtung etc*). **4.** altmodisch, überˈholt, ˈunmoˌdern.

o·le·ag·i·nous [ˌəʊlɪˈædʒɪnəs] *adj* **1.** ölartig, ölig, Öl... **2.** ölhaltig.

o·le·an·der [ˌəʊlɪˈændə(r); *Am. a.* ˈəʊlɪˌæ-] *s bot.* Oleˈander *m.*

o·le·as·ter [ˌəʊlɪˈæstə(r); *Am. a.* ˈəʊlɪˌæ-] *s bot.* **1.** Schmalblättrige Ölweide. **2.** Oleˈaster *m*, Wilder Ölbaum.

o·le·ate [ˈəʊlɪeɪt] *s chem.* ölsaures Salz, Oleiˈnat *n*: **~ of potash** ölsaures Kali.

o·le·fi·ant [ˈəʊlɪfaɪənt; əʊˈliːfɪənt] *adj chem.* ölbildend: **~ gas.**

o·le·ic [əʊˈliːɪk] *adj chem.* Ölsäure...: **~ amide; ~ acid** Ölsäure *f.*

o·le·if·er·ous [ˌəʊlɪˈɪfərəs] *adj bot.* ölhaltig.

o·le·in [ˈəʊlɪɪn] *s chem.* **1.** Oleˈin *n*, Elaˈin *n.* **2.** *flüssiger Bestandteil e-s Fettes.* **3.** handelsübliche Ölsäure.

oleo- [əʊlɪəʊ] *Wortelement mit der Bedeutung* Öl...

o·le·o [ˈəʊlɪəʊ] *pl* **-os** *colloq. für* **oleomargarine.**

o·le·o·graph [ˈəʊlɪəʊgrɑːf; *Am.* -ˌgræf] *s* Öldruck *m* (*Bild*). **o·le·og·ra·phy** [ˌəʊlɪˈɒgrəfɪ; *Am.* -ˈɑg-] *s tech.* Öldruck(verfahren *n*) *m.*

ˌo·le·oˈmar·ga·rin(e) *s bes. Am.* Margaˈrine *f.*

o·le·om·e·ter [ˌəʊlɪˈɒmɪtə(r); *Am.* -ˈɑm-] *s* Ölmesser *m*, Ölwaage *f.*

ˌo·le·oˈres·in *s chem.* Oleoreˈsin *n*, Fettharz *n*, Terpenˈtin *n.*

o·le·o strut *s aer.* Ölfederbein *n*, hyˈdraulischer Stoßdämpfer.

ol·er·a·ceous [ˌɒləˈreɪʃəs; *Am.* ˌɑl-] *adj* Gemüse...: **~ plants.**

O lev·el [ˈəʊˌlevl] *s Br.* **1.** *ped.* (*etwa*) mittlere Reife: **he has three ~s** er hat die mittlere Reife in drei Fächern gemacht. **2.** *colloq. euphem.* Oˈralverkehr *m.*

ol·fac·tion [ɒlˈfækʃn; *Am.* ɑl-] *s* **1.** Geruchssinn *m.* **2.** Riechen *n.* **olˈfac·to·ry** *adj* Geruchs...: **~ nerves; ~ tubercle** Riechwulst *m.*

o·lib·a·num [ɒˈlɪbənəm; *Am.* əʊ-] *s* Weihrauch *m*, Oliˈbanum *n.*

ol·id [ˈɒlɪd; *Am.* ˈɑləd] *adj* übelriechend.

ol·i·garch [ˈɒlɪgɑː(r)k; *Am.* ˈɑlə-] *s* Oligˈarch *m* (*Mitglied e-r Oligarchie*). **ˌol·iˈgar·chic** *adj* oligˈarchisch. **ˈol·i·gar·chy** *s* Oligarˈchie *f.*

ol·i·gist [ˈɒlɪdʒɪst; *Am.* ˈɑlə-] *s min.* Hämaˈtit *m.*

Ol·i·go·cene [ɒˈlɪgəʊsiːn; *Am.* ˈɑlɪgəʊˌsiːn] *geol.* **I** *adj* oligoˈzän. **II** *s* Oligoˈzän *n* (*drittälteste Stufe des Tertiärs*).

ol·i·gop·o·ly [ˌɒlɪˈgɒpəlɪ; *Am.* ˌɑləˈgɑ-] *s econ.* Oligoˈpol *n* (*Marktbeherrschung durch einige wenige Großunternehmen*).

ol·i·gop·so·ny [ˌɒlɪˈgɒpsənɪ; *Am.* ˌɑləˈgɑ-] *s econ.* Oligopˈson *n* (*Vorhandensein nur weniger Nachfrager auf dem Markt*).

ol·i·go·troph·ic [ˌɒlɪgəʊˈtrɒfɪk; *Am.* ˌɑlɪgəʊˈtrəʊfɪk] *adj biol.* oligoˈtroph, nährstoffarm (*Böden, Gewässer*).

o·li·o [ˈəʊlɪəʊ] *pl* **-os** *s* **1.** *gastr.* a) Raˈgout *n*, b) → **olla¹** 2. **2.** *fig.* Gemisch *n*, Mischmasch *m.* **3.** *mus.* Potpourri *n.* **4.** Sammelband *m.*

ol·ive [ˈɒlɪv; *Am.* ˈɑl-] **I** *s* **1.** *a.* **~ tree** *bot.* Oˈlive *f*, Ölbaum *m*: **Mount of O~s** *Bibl.* Ölberg *m.* **2.** Oˈlive *f* (*Frucht*): **~ oil** Olivenöl *n.* **3.** Ölzweig *m.* **4.** Oˈlivgrün *n.* **5.** oˈlivenförmiger Gegenstand (*z. B. Knopf*). **6.** *anat.* Oˈlive *f*, Oˈlivkörper *m* (*im Gehirn*). **7.** *orn. Br.* Austernfischer *m.* **8.** Fleischröllchen *n*, kleine Rouˈlade. **II** *adj* **9.** oˈlivenartig, Oliven... **10.** oˈlivgrau, -grün.

ol·ive| branch *s* Ölzweig *m*: a) *Symbol des Friedens*, b) *fig.* Friedenszeichen *n*: **to hold out the ~** s-n Versöhnungswillen bekunden. **ˈ~-ˌcol·o(u)red** *adj* oˈliv(en)farben, oˈliv(grün). **~ drab** *s* **1.** Oˈlivgrün *n.* **2.** *Am.* oˈlivgrünes Uniˈformtuch. **~ green** *s* Oˈlivgrün *n.*

ol·i·ver [ˈɒlɪvə(r); *Am.* ˈɑlə-] *s tech.* Tritthammer *m.*

ol·i·vine [ˌɒlɪˈviːn; *Am.* ˈɑləˌviːn] *s min.* **1.** → **chrysolite.** **2.** grüner Graˈnat. **ˌol·iˈvin·ic** [-ˈvɪnɪk] *adj* Olivin...

ol·la¹ [ˈɒlə; *Am.* ˈɑlə] *s* **1.** irdener Topf, Krug *m.* **2.** Olla poˈdrida *f* (*stark gewürztes Eintopfgericht aus Fleisch u. Gemüse*).

ol·la² [ˈɒlə] *s Br. Ind. zum Schreiben hergerichtetes od. beschriebenes Palmblatt.*

ol·la po·dri·da [ˌɒləpɒˈdriːdə; *Am.* ˌɑləpə-] *s* **1.** → **olla¹** 2. **2.** → **olio** 1 a *u.* 2.

ol·o·gy [ˈɒlədʒɪ; *Am.* ˈɑl-] *s humor.* **1.** Wissenschaftszweig *m.* **2.** Wissensgebiet *n.*

ol·y·cook, *a.* **ol·y·koek** [ˈɑləˌkʊk] *s Am. dial.* (*ein*) Schmalzgebäck *n.*

O·lym·pi·ad [əʊˈlɪmpɪæd; əˈl-] *s* **1.** *antiq.* Olympiˈade *f* (*Zeitraum von 4 Jahren zwischen zwei Olympischen Spielen*). **2.** Oˈlympische Feier. **3.** Olympiˈade *f*, Oˈlympische Spiele *pl.* **4.** (*Schach- etc*)Olympiˈade *f.*

O·lym·pi·an [əʊˈlɪmpɪən; əˈl-] **I** *adj* **1.** *antiq.* oˈlympisch. **2.** *fig.* a) himmlisch, b) erhaben, majeˈstätisch. **3.** → **Olympic** I. **II** *s* **4.** *antiq.* Oˈlympier *m* (*griechische Gottheit*). **5.** *bes. Am.* Oˈlympiaˌteilnehmer(in). **Oˈlym·pic I** *adj* oˈlympisch, Olympia...: **~ Games** → II; **Summer (Winter) ~ Games** Olympische Sommer-(Winter)spiele; **~ champion** Olympiasieger(in). **II** *s pl* Oˈlympische Spiele *pl.*

O·lym·pus [əʊˈlɪmpəs; əˈl-] **I** *npr antiq.* Oˈlymp *m* (*Sitz der griechischen Götter*). **II** *s fig.* Oˈlymp *m*, Himmel *m.*

O·ma·ha [ˈəʊməhɑː; *Am. a.* -ˌhɔː] *s* ˈOmahaindiˌaner *m.*

o·ma·sum [əʊˈmeɪsəm] *pl* **-sa** [-sə] *s* Oˈmasus *m*, Blättermagen *m* (*der Wiederkäuer*).

om·ber, *bes. Br.* **om·bre** [ˈɒmbə(r); *Am.* ˈɑm-] *s* L'hombre *n* (*altes Kartenspiel*).

om·buds·man [ˈɒmbʊdzmən; *Am.* ˈɑm-] *s irr* **1.** *pol.* Ombudsmann *m* (*Beauftragter des Parlaments für Beschwerden von Staatsbürgern*). **2.** Beschwerdestelle *f*, Schiedsrichter *m.*

o·me·ga [ˈəʊmɪgə; *Am.* əʊˈmegə; -ˈmiː-] *s* **1.** Omega *n* (*langes O u. griechischer Buchstabe*). **2.** *fig.* Ende *n.*

om·e·let(te) [ˈɒmlɪt; *Am.* ˈɑm-] *s* Omeˈlett *n*: **you cannot make an ~ without breaking eggs** *fig.* wo gehobelt wird, (da) fallen Späne.

o·men [ˈəʊmen; *bes. Am.* -mən] **I** *s* Omen *n*, Vorzeichen *n* (**for** für): **ill ~** böses Omen. **II** *v/t* deuten auf (*acc*), ahnen lassen, propheˈzeien, (ver)künden. **ˈo·mened** *adj* verheißend; → **ill-omened.**

o·men·ta [əʊˈmentə] *pl von* **omentum.**

o·men·tal [əʊˈmentl] *adj anat.* Netz...

o·men·tum [əʊˈmentəm] *pl* **-ta** [-tə] *s anat.* Oˈmentum *n*, (Darm)Netz *n.*

o·mi·cron [əʊˈmaɪkrən; *Am.* ˈɑməˌkrɑn] *s* Omikron *n* (*kurzes O u. griechischer Buchstabe*).

om·i·nous [ˈɒmɪnəs; *Am.* ˈɑm-] *adj* (*adv* **~ly**) unheilvoll, verhängnisvoll, omiˈnös, drohend, bedenklich: **that's ~** das läßt nichts Gutes ahnen. **ˈom·i·nous·ness** *s* (*bes.* üble) Vorbedeutung, (*das*) Omiˈnöse.

o·mis·si·ble [əʊˈmɪsɪbl] *adj* auszulassen(d), auslaßbar.

o·mis·sion [əˈmɪʃn; əʊ-] *s* **1.** Aus-, Weglassung *f.* **2.** Unterˈlassung *f*, Versäumnis *n*: **sin of ~** Unterlassungssünde *f.* **3.** Überˈgehung *f.* **o·mis·sive** [əʊˈmɪsɪv] *adj* **1.** aus-, weglassend, Unterlassungs... **2.** nachlässig.

o·mit [əˈmɪt; əʊ-] *v/t* **1.** aus-, weglassen (**from** aus): **to ~ a dividend** *econ.* e-e Dividende ausfallen lassen. **2.** unterˈlassen, versäumen: **to ~ doing** (*od.* **to do**) **s.th.** (es) versäumen *od.* vergessen, etwas zu tun.

om·ma·te·um [ˌɒməˈtiːəm; *Am.* ˌɑm-] *pl* **-te·a** [-ˈtiːə] *s zo.* Faˈcettenauge *n* (*von Insekten u. Gliederfüßern*). **ˌom·maˈtid·i·um** [-ˈtɪdɪəm] *pl* **-i·a** [-ɪə] *s* Ommaˈtidium *n*, Augenkeil *m* (*im Facettenauge*).

om·mat·o·phore [ɒˈmætəfɔː; *Am.* əˈmætəˌfəʊər] *s zo.* Augenstiel *m* (*der Schnecken*).

omni- [ɒmnɪ; *Am.* ɑmnɪ] *Wortelement mit der Bedeutung* All..., all...

ˌom·niˈbear·ing *adj electr.* Allrichtungs...: **~ navigation system** Polarkoordinatennavigation *f*; **~ indicator** automatischer Azimutanzeiger; **~ selector** Kurswähler *m.*

om·ni·bus [ˈɒmnɪbəs; *Am.* ˈɑm-] **I** *s* **1.** *mot.* Omnibus *m*, (Auto)Bus *m.* **2.** *a.* **~ book** Sammelband *m*, Antholoˈgie *f*, (Gedicht- *etc*)Sammlung *f.* **3.** → **omnibus box.** **II** *adj* **4.** Sammel..., Gesamt..., Haupt..., Rahmen... **~ ac·count** *s econ.* Sammelkonto *n.* **~ bar** *s electr.* Sammelschiene *f.* **~ bill** *s parl.* (Vorlage *f* zu e-m) Mantelgesetz *n.* **~ box** *s thea.* Proˈszeniumsloge *f.* **~ clause** *s econ.* Sammelklausel *f.*

ˌom·niˈcom·pe·tent *adj* auf allen Gebieten kompeˈtent.

ˌom·ni·diˈrec·tion·al *adj electr.* rundstrahlend: **~ aerial** (*bes. Am.* **antenna**) Rundstrahlantenne *f*; **~ microphone** Allrichtungsmikrophon *n*; **~ range** → **omnirange.**

ˌom·niˈfac·et·ed *adj* alle Aˈspekte e-s Proˈblems betrachtend, ein Problem von allen Seiten betrachtend: **an ~ study.**

om·ni·far·i·ous [ˌɒmnɪˈfeərɪəs; *Am.* ˌɑm-] *adj* von aller(lei) Art, vielseitig, mannigfaltig. **ˌom·niˈfar·i·ous·ness** *s* Mannigfaltigkeit *f.*

om·nif·ic [ɒmˈnɪfɪk; *Am.* ɑm-] *adj* allschaffend.

om·nip·o·tence [ɒmˈnɪpətəns; *Am.* ɑm-] *s* **1.** Allmacht *f.* **2.** *meist* **O~** (*der*) Allˈmächtige (*Gott*). **omˈnip·o·tent I** *adj* (*adv* **~ly**) allˈmächtig, allgewaltig. **II** *s* **the O~** → **omnipotence** 2.

ˌom·niˈpres·ence *s* Allˈgegenwart *f.* **ˌom·niˈpres·ent** *adj* allˈgegenwärtig, überˈall (befindlich *od.* zu finden[d]).

ˈom·ni·range *s aer.* Drehfunkfeuer *n.*

om·nis·ci·ence [ɒmˈnɪsɪəns; *Am.* ɑmˈnɪʃəns] *s* **1.** Allˈwissenheit *f.* **2.** umˈfassendes *od.* enzykloˈpädisches Wissen. **omˈnis·ci·ent I** *adj* (*adv* **~ly**) allˈwissend. **II** *s* **the O~** der Allˈwissende (*Gott*).

ˌ**om·niˈton·al** *adj mus.* pantoˈnal (*wie die Zwölftonmusik*).
om·ni·um [ˈɒmnɪəm; *Am.* ˈɑm-] *s econ. Br.* Omnium *n*, Gesamtwert *m* (*e-r fundierten öffentlichen Anleihe*). ˌ**~-ˈgath·er·um** [-ˈgæðərəm] *s* **1.** Sammelˈsurium *n.* **2.** gemischte *od.* bunte Gesellschaft.
om·niv·o·ra [ɒmˈnɪvərə; *Am.* ɑm-] *s pl zo.* Allesfresser *pl*, Omniˈvoren *pl.* ˈ**om·ni·vore** [-nɪvɔː(r); *Am. a.* -ˌvəʊər] *s* Allesfresser *m*, Omniˈvor *m.* **omˈniv·o·rous** *adj* **1.** alles fressend, omniˈvor. **2.** *fig.* alles verschlingend.
o·moph·a·gous [əʊˈmɒfəgəs; *Am.* -ˈmɑ-] *adj* rohes Fleisch essend.
o·mo·plate [ˈəʊməpleɪt] *s anat.* Schulterblatt *n.*
om·pha·li [ˈɒmfəlaɪ; *Am.* ˈɑm-] *pl von* **omphalos.**
om·phal·ic [ɒmˈfælɪk; *Am.* ɑm-] *adj anat.* Nabel...
om·pha·lo·cele [ˈɒmfələʊsiːl; *Am.* ˈɑm-] *s med.* Nabel(ring)bruch *m.* ˈ**om·pha·loid** [-lɔɪd] *adj bot.* nabelartig.
om·pha·los [ˈɒmfəlɒs; *Am.* ˈɑmfəˌlɑs] *pl* **-li** [-laɪ] *s* **1.** *anat.* Nabel *m.* **2.** *antiq.* Schildbuckel *m.* **3.** *fig.* Nabel *m.*
om·pha·lo·skep·sis [ˌɒmfələʊˈskepsɪs; *Am.* ˌɑm-] *s* Omphaloskoˈpie *f*, Nabelschau *f* (*zur mystischen Versenkung*).
on [ɒn; *Am. a.* ɑn] **I** *prep* **1.** *meist* auf (*dat od. acc*) (*siehe die mit* **on** *verbundenen Wörter*). **2.** (*getragen von*) auf (*dat*), an (*dat*), in (*dat*): **the scar ~ the face** die Narbe im Gesicht; **a ring ~ one's finger** ein Ring am Finger; **have you a match ~ you?** haben Sie ein Streichholz bei sich? **3.** (*festgemacht od. sehr nahe*) an (*dat*): **the dog is ~ the chain**; **~ the Thames**; **~ the wall.** **4.** (*Richtung, Ziel*) auf (*acc*) ... (hin), an (*acc*), zu: **a blow ~ the chin** ein Schlag ans Kinn; **to drop s.th. ~ the floor** etwas auf den Fußboden *od.* zu Boden fallen lassen; **to hang s.th. ~ a peg** etwas an e-n Haken hängen. **5.** *fig.* (*auf der Grundlage von*) auf (*acc*) ... (hin): **based ~ facts** auf Tatsachen gegründet; **to live ~ air** von (der) Luft leben; **money to marry ~** Geld, um daraufhin zu heiraten; **a scholar ~ a foundation** ein Stipendiat (e-r Stiftung); **to borrow ~ jewels** sich auf Schmuck(stücke) Geld borgen; **a duty ~ silk** (ein) Zoll auf Seide; **interest ~ one's capital** Zinsen auf sein Kapital. **6.** (*aufeinander folgend*) auf (*acc*), über, nach: **loss ~ loss** Verlust auf *od.* über Verlust, ein Verlust nach dem andern. **7.** (*gehörig*) zu, (*beschäftigt*) bei, in (*dat*), an (*dat*): **to be ~ a committee (the jury, the general staff)** zu e-m Ausschuß (zu den Geschworenen, zum Generalstab) gehören; **to be ~ the "Daily Mail"** bei der „Daily Mail" (beschäftigt) sein. **8.** (*Zustand*) in (*dat*), auf (*dat*), zu: **to put s.o. ~ doing s.th.** j-n zu etwas anstellen; **to be ~ s.th.** etwas (*ein Medikament etc*) (ständig) nehmen. **9.** (*gerichtet*) auf (*acc*): **an attack ~ s.o.** *od.* **s.th.**; **a joke ~ me** ein Spaß auf m-e Kosten; **to shut (open) the door ~ s.o.** j-m die Tür verschließen (öffnen); **the strain tells severely ~ him** die Anstrengung nimmt ihn sichtlich mit; **this is ~ me** *colloq.* das geht auf m-e Rechnung, das zahle ich; **to have nothing ~ s.o.** *colloq.* a) j-m nichts voraus haben, b) j-m nichts anhaben können; **to have s.th. ~ s.o.** *colloq.* e-e Handhabe gegen j-n haben, etwas Belastendes über j-n wissen. **10.** (*Thema*) über (*acc*): **agreement (lecture, opinion) ~ s.th.**; **to talk ~ a subject.** **11.** (*Zeitpunkt*) an (*dat*): **~ Sunday**; **~ the 1st of April** (*od.* **~ April 1st**); **~ the next day**; **~ or before April 1st** bis (spätestens) zum 1. April; **~ being asked** als ich *etc* (danach) gefragt wurde.
II *adv* **12.** (*a. in Zssgn mit Verben*) (dar)ˈauf(*-legen, -schrauben etc*): **to place (screw,** *etc*) **~.** **13.** *bes. Kleidung*: a) an(*-haben, -ziehen*): **to have (put) a coat ~**, b) auf: **to keep one's hat ~.** **14.** (*a. in Zssgn mit Verben*) weiter(*-gehen, -sprechen etc*): **to talk (walk,** *etc*) **~**; **and so ~** und so weiter; **~ and ~** immer weiter; **~ and off** a) ab und zu, b) ab und an, mit Unterbrechungen; **from that day ~** von dem Tage an; **~ with the show!** weiter im Programm!; **~ to ... auf** (*acc*) ... (hinauf *od.* hinaus).
III *adj pred* **15. to be ~** a) im Gange sein (*Spiel etc*), vor sich gehen: **what's ~?** was ist los?; **what's ~ in London?** was ist in London los?, was tut sich in London?; **have you anything ~ tomorrow?** haben Sie morgen etwas vor?; **that's not ~!** das ist nicht ‚drin'!, b) an sein (*Licht, Radio, Wasser etc*), an-, eingeschaltet sein, laufen, auf sein (*Hahn*): **~ — off** *tech.* An — Aus; **the light is ~** das Licht brennt *od.* ist an(geschaltet); **the brakes are ~** die Bremsen sind angezogen, c) *thea.* gegeben werden (*Stück*), laufen (*Film*), *Rundfunk, TV*: gesendet werden (*Programm*), d) d(a)ran (*an der Reihe*) sein, e) (mit) dabeisein, mitmachen. **16. to be ~ to** *colloq. etwas* ‚spitzgekriegt' haben, über *j-n od. etwas* im Bilde sein. **17. to be a bit ~** *colloq.* e-n Schwips haben. **18. he's always ~ at me** *colloq.* er bearbeitet mich ständig, er liegt mir dauernd in den Ohren (**about** wegen).
on·a·ger [ˈɒnəgə; *Am.* ˈɑnɪdʒər] *pl* **-gri** [-graɪ], **-gers** *s* **1.** *zo.* Onager *m*, Persischer Halbesel. **2.** *hist.* Onager *m*, ˈWurfmaˌschine *f.*
o·nan·ism [ˈəʊnənɪzəm] *s med. psych.* **1.** Coitus *m* interˈruptus. **2.** Onaˈnie *f*, Selbstbefriedigung *f.* ˈ**o·nan·ist** *s* **1.** *j-d, der den Coitus interruptus praktiziert.* **2.** Onaˈnist *m.*
ˈ**on·board** *adj aer.* bordeigen, an Bord befindlich: **~ computer**; **~ food service** Bordverpflegung *f.*
ˌ**on-ˈcam·er·a** *adj u. adv Film, TV*: vor der Kamera.
once [wʌns] **I** *adv* **1.** einmal: **~ and again, ~ or twice** ein paarmal, einige Male, ab u. zu; **~ again, ~ more** noch einmal; **~ a day** einmal täglich; **~ in a while** (*od.* **way**) von Zeit zu Zeit, hin u. wieder, dann u. wann; **~ (and) for all** ein für allemal, zum ersten u. (zum) letzten Mal; **~ bit twice shy** gebranntes Kind scheut das Feuer; → **moon** 1. **2.** je(mals), überˈhaupt (*in bedingenden od. verneinenden Sätzen*): **if ~ he should suspect** wenn er jemals mißtrauisch werden sollte; **not ~** nicht ein *od.* kein einziges Mal, nie(mals). **3.** (früher *od.* später) einmal, einst: **~ (upon a time) there was** es war einmal (*Märchenanfang*); **a ~-famous doctrine** e-e einst(mals) berühmte Lehre.
II *s* **4.** (*das*) ˈeine *od.* einzige Mal: **every ~ in a while** von Zeit zu Zeit; **for ~, this** (*od.* **that**) **~** dieses ˈeine Mal, (für) diesmal (*ausnahmsweise*); **~ is no custom** einmal ist keinmal. **5. at ~** auf einmal, zuˈgleich, gleichzeitig: **don't all speak at ~!** *a. iro.* redet nicht alle auf einmal *od.* durcheinander!; **at ~ a soldier and a poet** Soldat u. Dichter zugleich. **6. at ~** soˈgleich, soˈfort, schnellstens: **all at ~** plötzlich, mit ˈeinem Male, schlagartig.
III *conj* **7.** soˈbald *od.* wenn ... (einmal), wenn nur *od.* erst: **~ that is accomplished, all will be well** wenn das erst (einmal) geschafft ist, ist alles gut; **~ he hesitates** sobald er zögert.
IV *adj* **8.** *selten* einstig, ehemalig: **my ~ master.**
ˈ**once-ˌo·ver** *s colloq.* **1.** rascher abschätzender Blick, kurze Musterung, flüchtige Überˈprüfung: **to give** (*s.o. od. s.th.*) **the** (*od.* **a**) **~** *j-n* mit ˈeinem Blick abschätzen, *j-n od. etwas* (rasch) mal ansehen, *ein Buch etc* (flüchtig) durchsehen. **2. to give s.o. the** (*od.* **a**) **~** j-n ‚in die Mache nehmen' (*verprügeln*).
on·cer [ˈwʌnsə(r)] *s* **1.** *colloq. j-d, der etwas nur einmal tut.* **2.** *Br. sl.* Einˈpfundschein *m.*
on·co·gen·ic [ˌɒŋkəʊˈdʒenɪk; *Am.* ˌɑŋ-] *adj med.* onkoˈgen, bösartige Geschwülste erzeugend.
on·col·o·gy [ɒŋˈkɒlədʒɪ; *Am.* ɑŋˈkɑl-; *a.* ɑn-] *s* Onkoloˈgie *f*, Geschwulstlehre *f.*
on·com·ing [ˈɒnˌkʌmɪŋ; *Am. a.* ˈɑn-] **I** *adj* **1.** (herˈan)nahend, entgegenkommend: **~ car**; **~ traffic** Gegenverkehr *m.* **2.** *fig.* kommend: **the ~ generation**; **the ~ year**; **an ~ visit** ein bevorstehender Besuch. **II** *s* **3.** Nahen *n*, Herˈankommen *n*: **the ~ of spring.**
ˈ**on-cost** *econ. Br.* **I** *s* **1.** Gemein-, Reˈgiekosten *pl.* **II** *adj* **2.** Gemeinkosten verursachend. **3.** nach Zeit bezahlt: **~ mine worker.**
on·cot·o·my [ɒŋˈkɒtəmɪ; *Am.* ɑŋˈkɑt-; *a.* ɑn-] *s med.* Onkotoˈmie *f*, Eröffnen *n* e-s Tumors.
on dit *pl* **on dits** [õdi] (*Fr.*) *s* Onˈdit *n*, Gerücht *n.*
on·do·graph [ˈɒndəʊgrɑːf; *Am.* ˈɑndəˌgræf] *s electr. phys.* Ondoˈgraph *m*, Wellenschreiber *m.*
one [wʌn] **I** *adj* **1.** ein, eine, ein: **~ apple** ˈein Apfel; **~ hundred** (ein)hundert; **~ man in ten** einer von zehn; **~ or two** ein oder zwei, ein paar. **2.** (*emphatisch*) ein, eine, ein, ein einziger, eine einzige, ein einziges: **all were of ~ mind** sie waren alle ˈeiner Meinung; **to be made ~** ehelich verbunden werden; **for ~ thing** zunächst einmal; **no ~ man could do it** allein könnte das niemand schaffen; **his ~ thought** sein einziger Gedanke; **the ~ way to do it** die einzige Möglichkeit(, es zu tun); **my ~ and only hope** m-e einzige Hoffnung; **the ~ and only Mr. X** der unvergleichliche *od.* einzigartige Mr. X. **3. all ~** *nur pred* alles eins, ein u. dasˈselbe: **it is all ~ to me** es ist mir (ganz) egal; **it's ~ fine job** es ist e-e einmalig schöne Arbeit. **4.** ein gewisser, eine gewisse, ein gewisses, ein, eine, ein: **~ day** eines Tages (*in Zukunft od. Vergangenheit*); **~ of these days** irgendwann (ein)mal; **~ John Smith** ein gewisser John Smith.
II *s* **5.** Eins *f*, eins: **~ is half of two** eins ist die Hälfte von zwei; **a Roman ~** e-e römische Eins; **~ and a half** ein(und)einhalb, anderthalb; **I bet ten to ~ (that)** ich wette zehn zu eins(, daß); **at ~ o'clock** um ein Uhr; **~-ten** ein Uhr zehn, zehn nach eins; **in the year ~** Anno dazumal; **to be ~ up on s.o.** j-m (um e-e Nasenlänge) voraus sein; → **number one.** **6.** (*der, die*) einzelne, (*das*) einzelne (Stück): **the all and the ~** die Gesamtheit u. der einzelne; **~ by ~, ~ after another, ~ after the other** einer nach dem andern; **~ with another** eins zum anderen gerechnet; **by ~s and twos** einzeln u. zu zweien *od.* zweit; **I for ~** ich zum Beispiel. **7.** Einheit *f*: **to be at ~ with s.o.** mit j-m ˈeiner Meinung *od.* einig sein; **all in ~** a) alle gemeinsam, b) alles in ˈeinem. **8.** Ein(s)er *m*, *bes.* Einˈdollarnote *f.*
III *pron* **9.** ein(er), eine, ein(es), jemand: **like ~ dead** wie ein Toter; **~ of the poets** einer der Dichter; **~ who** einer, der; **the ~ who** der(jenige), der *od.*

welcher; ~ **so cautious** j-d, der so vorsichtig ist, ein so vorsichtiger Mann; **to help ~ another** einander *od.* sich gegenseitig helfen; **have you heard the ~ about ...?** kennen Sie den (*Witz*) schon von ...? **10.** (*Stützwort, meist unübersetzt*): **a sly ~** ein ganz Schlauer; **the little ~s** die Kleinen (*Kinder*); **that ~** der, die, das da (*od.* dort); **a red pencil and a blue ~** ein roter Bleistift u. ein blauer; **the portraits are fine ~s** die Porträts sind gut; **the picture is a realistic ~** das Bild ist realistisch; → **anyone, each** I, **many** 1. **11.** man: ~ **knows. 12.** ~**'s** sein, seine, sein: **to break ~'s leg** sich das Bein brechen; **to lose ~'s way** sich verirren. **13.** *colloq.* a) ‚ein anständiges Ding' (*hervorragende Sache, bes. tüchtiger Schlag*), b) ‚Kaˈnone' *f*, Könner *m*: ~ **in the eye** *fig.* ein ordentlicher Schlag, ein Denkzettel; **that's a good ~!** nicht schlecht!; **you are a ~!** du bist mir vielleicht einer!; → **land** 17.

ˈone|-act play *s thea.* Einakter *m.* **ˌ~-ˈarmed** *adj* einarmig: ~ **bandit** *colloq.* ‚einarmiger Bandit' (*Spielautomat*). **ˌ~-ˈcir·cuit set** *s electr.* Einkreiser *m* (*Empfänger*). **ˈ~-crop ag·ri·cul·ture, ˈ~-crop sys·tem** *s agr.* ˈMonokulˌtur *f.* **ˌ~-ˈcyl·in·der** *adj tech.* ˈeinzyˌlindrig, Einzylinder... **ˌ~-ˈdig·it** *adj math.* einstellig (*Zahl*): ~ **adder** (*Computer*) Halbaddierer *m.* **ˌ~-ˈeyed** *adj* einäugig. **ˈ~-fold** [-fəʊld] **I** *adj* **1.** *a. adv* einzeln, einfach. **2.** *fig.* treuherzig, naˈiv. **II** *s* **3.** (*das*) Einfache. **ˌ~-ˈhand·ed** *adj* **1.** einhändig, mit (nur) ˈeiner Hand. **2.** mit (nur) ˈeiner Hand zu bedienen(d). **ˌ~-ˈhorse** *adj* **1.** einspännig. **2.** *colloq.* armselig, klein: **this ~ town** dieses ‚Nest' *od.* ‚Kaff'. **ˌ~-iˈde·aed, ˌ~-iˈde·a'd** *adj* von nur ˈeinem Gedanken beherrscht, monoˈman.

o·nei·ric [əʊˈnaɪərɪk] *adj* Traum...: ~ **image** Traumbild *n.* **oˌnei·roˈcrit·ic** [-rəʊˈkrɪtɪk] *s* Traumdeuter(in). **oˌnei·roˈcrit·i·cal** *adj* traumdeutend, traumdeuterisch. **oˈnei·ro·man·cy** [-mænsɪ] *s* Traumdeutung *f.*

ˈone|-knob tun·ing *s electr.* Einknopfabstimmung *f*, -bedienung *f.* **ˌ~-ˈlane** *adj* einspurig (*Fahrbahn*). **ˌ~ˈleg·ged** [-ˈlegɪd; -ˈlegd] *adj* **1.** einbeinig. **2.** *fig.* unzulänglich, einseitig. **ˈ~-line business** *s econ.* Fachgeschäft *n.* **ˌ~-ˈman** *adj* Einmann...: ~ **band** Einmannkapelle *f*; ~ **bus** Einmannbus *m*; ~ **business** *Br. econ.* Einmannbetrieb *m*; ~ **dog** Hund, der nur ˈeiner Person gehorcht; ~ **play** *thea.* Einpersonenstück *n*; ~ **show** a) One-man-Show *f*, b) Ausstellung *f* der Werke ˈeines Künstlers. **ˌ~-ˈmast·er** *s mar.* Einmaster *m.*

one·ness [ˈwʌnnɪs] *s* **1.** Einheit *f.* **2.** Gleichheit *f*, Identiˈtät *f.* **3.** Einigkeit *f*, Überˈeinstimmung *f*, Einklang *m.* **4.** Einzigartigkeit *f.*

ˈone|-night stand *s* **1.** *thea.* einmaliges Gastspiel. **2.** *colloq.* a) einmalige Angelegenheit, ‚einmaliges Gastspiel' (*sexuelles Abenteuer*), b) Mädchen *n etc* für ˈeine Nacht. **ˈ~-off** *Br.* **I** *adj* a) einmalig: **a ~ affair**, b) zum einmaligen Gebrauch (bestimmt). **II** *s* a) etwas Einmaliges, b) zum einmaligen Gebrauch bestimmter Gegenstand. **ˌ~-ˈone** *adj math. u. Logik*: **1.** ˈumkehrbar eindeutig (gerichtet). **2.** → **one-to-one. ˌ~-ˈpar·ent child** *s irr* Kind, das mit nur ˈeinem Elternteil aufwächst. **ˌ~-ˈpar·ty** *adj pol.* Einparteien...: ~ **system. ˌ~-ˈper·son** *adj* Einpersonen...: ~ **household. ˌ~-ˈpiece** *adj* **1.** einteilig: ~ **bathing suit. 2.** *tech.* aus ˈeinem Stück: ~ **wheel** Vollrad *n.* **ˌ~-ˈplace** *adj math.* einstellig, eingleid(e)rig. **ˈ~-price shop** *s* Einheitspreisladen *m.*

on·er [ˈwʌnə] *s Br. colloq.* **1.** ‚Kaˈnone' *f*, Könner *m* (**at** in *dat*). **2.** ‚Pfund' *n* (*wuchtiger Schlag*).

on·er·ous [ˈɒnərəs; ˈəʊ-; *Am.* ˈɑn-] *adj* (*adv* ~**ly**) lästig, drückend, beschwerlich (**to** für): ~ **act** *jur.* Auflage *f*; ~ **property** *econ.* belastete Vermögensteile *pl.* **ˈon·er·ous·ness** *s* Beschwerlichkeit *f*, Last *f.*

oneˈself *pron* **1.** *reflex* sich (selbst *od.* selber): **by ~** aus eigener Kraft, von selbst; **to cut ~** sich schneiden. **2.** (*emphatisch*) (sich) selbst *od.* selber: **the greatest victory is to conquer ~** der größte Sieg ist der Sieg über sich selbst. **3.** *meist* **one's self** man (selbst *od.* selber): **how different others are from ~** wie verschieden andere von einem selbst sind.

ˈone-shot *bes. Am. für* **one-off. ~ cam·er·a** *s phot.* **1.** Einbelichtungskamera *f.* **2.** Dreiˈfarben-, Technicoˈlorkamera *f.*

ˌone|-ˈsid·ed *adj* (*adv* ~**ly**) einseitig (*a. fig.*). **ˌ~-ˈsid·ed·ness** *s* Einseitigkeit *f.* **ˈ~-star** *adj* Ein-Sterne-...: ~ **general**; ~ **restaurant. ˈ~-term(ed)** *adj math.* eingleid(e)rig (*Ausdruck*). **ˈ~time I** *adj* einstmalig, ehemalig. **II** *adv* einstmals, ehemals. **ˌ~-to-ˈone** *adj math. u. Logik*: isoˈmorph (*einander in verschiedenen Systemen entsprechend*). **ˈ~-track** *adj* **1.** *rail.* eingleisig. **2.** *fig.* einseitig, ‚verbohrt': **you have a ~ mind** du hast (doch) immer nur dasselbe im Kopf. **ˈ~-ˌtrip con·tain·er** *s econ. Am.* Einwegbehälter *m.* **ˌ~-ˈtwo** *s Fußball*: Doppelpaß *m.* **ˌ~-ˈup** *v/t j-m* (um e-e Nasenlänge) vorˈaus sein. **ˌ~-ˈup·man·ship** *s humor.* die Kunst, dem anderen immer (um e-e Nasenlänge) vorˈaus zu sein. **ˈ~-ˌval·ued** *adj math.* einwertig. **ˈ~-way** *adj* **1.** Einweg(e)..., einbahnig, Einbahn...: ~ **cock** *tech.* Einwegehahn *m*; ~ **glass panel** Spionglasscheibe *f*; ~ **street** Einbahnstraße *f*; ~ **switch** *tech.* Einwegeschalter *m*; ~ **ticket** *Am.* a) einfache Fahrkarte, b) *aer.* einfaches Ticket; ~ **traffic** Einbahnverkehr *m.* **2.** einseitig: ~ **agreement.**

ˈon·fall *s* **1.** Angriff *m*, ˈÜberfall *m.* **2.** *bes. Scot.* Eintritt *m*, Einbruch *m* (*der Nacht etc*).

ˈonˌgo·ing I *adj* laufend (*Projekte etc*). **II** *s pl* Vorgänge *pl*, Tun *n* u. Treiben *n.*

on·ion [ˈʌnjən] *s* **1.** *bot.* Zwiebel *f*: **to know one's ~s** *colloq.* sein Geschäft verstehen, etwas können. **2.** *sl.* ‚Kürbis' *m*, Kopf *m*: **off one's ~** (total) verrückt *od.* übergeschnappt. **3.** *aer.* ˈLeuchtraˌkete *f.* **~ dome** *s arch.* Zwiebelkuppel *f* (*e-r Kirche*). **ˈ~skin** *s* **1.** Zwiebelschale *f.* **2.** ˈFlorpost(paˌpier *n*) *f.*

ˈon-line *adj Computer*: rechnerabhängig: ~ **processing** On-line-Verarbeitung *f.*

ˈonˌlook·er *s* Zuschauer(in) (**at** bei). **ˈonˌlook·ing** *adj* zuschauend.

on·ly [ˈəʊnlɪ] **I** *adj* **1.** einzig(er, e, es), alˈleinig: **the ~ son** der einzige Sohn; **he's an ~ child** er ist ein Einzelkind; → **begotten** II, **one** 2. **2.** einzigartig. **II** *adv* **3.** nur, bloß: **not ~ ... but (also)** nicht nur ..., sondern auch; **if ~** a) wenn nur, b) wenn auch nur. **4.** erst: ~ **yesterday** erst gestern, gestern noch; ~ **just** eben erst, gerade, kaum. **III** *conj* **5.** jeˈdoch, nur (daß). **6.** ~ **that** nur daß, außer wenn. **~ bill** *s econ.* Sola-, Eigenwechsel *m.*

ˌon-ˈoff switch *s electr.* Ein-Aus-Schalter *m.*

on·o·ma·si·ol·o·gy [ˌɒnəʊmeɪsɪˈɒlədʒɪ; *Am.* ˌɑnəˌmeɪsɪˈɑl-] *s ling.* **1.** Onomasioloˈgie *f*, Bezeichnungslehre *f.* **2.** → **onomastic** II.

on·o·mas·tic [ˌɒnəʊˈmæstɪk; *Am.* ˌɑnə-] **I** *adj* **1.** *ling.* onoˈmastisch. **2.** *jur.* von der Handschrift der Urkunde abweichend (*Unterschrift*). **II** *s pl* (*als sg konstruiert*) **3.** Onoˈmastik *f*, Namenkunde *f.*

on·o·mat·o·poe·ia [ˌɒnəʊmætəʊˈpiːə; *Am.* ˌɑnəˌmætə-] *s ling.* Onomatopöˈie *f*, Laut-, Schallnachahmung *f*, Lautmaleˈrei *f.* **ˌon·o·mat·o·ˈpoe·ic, ˌon·o·mat·o·poˈet·ic** [-pəʊˈetɪk] *adj* onomatopoˈetisch, laut-, schallnachahmend, lautmalerisch.

on|po·si·tion *s tech.* Einschaltstellung *f.* **ˈ~rush** *s* Ansturm *m* (*a. fig.*). **ˈ~-sale** *adj* zum Verkauf *od.* Ausschank von Wein u. Spirituˈosen berechtigt. **ˈ~set** *s* **1.** *mil.* Angriff *m*, Sturm *m*, Atˈtacke *f.* **2.** Anfang *m*, Beginn *m*, Einbruch *m* (*des Winters etc*), Einsetzen *n*: **at the first ~** gleich beim ersten Anlauf. **3.** *med.* Ausbruch *m* (*e-r Krankheit*). **ˈ~ˌset·ter** *s Bergbau*: Anschläger *m.* **ˈ~shore** *adj u. adv* **1.** landwärts: ~ **wind** auflandiger Wind. **2.** a) in Küstennähe, b) an Land, an der Küste. **3.** *econ.* Inlands...: ~ **purchases. ˌ~-ˈside** *adj u. adv sport* nicht abseits: **to be ~** nicht abseits stehen, nicht im Abseits stehen. **ˈ~slaught** *s* (heftiger) Angriff *od.* Ansturm (*a. fig.*): **to make an ~ on s.o.** *fig.* j-n attackieren.

ˌon-the|-ˈjob *adj* praktisch: ~ **training. ˌ~-ˈspot** *adj* an Ort u. Stelle: **our ~ reporter** unser Reporter vor Ort; ~ **examination** a) Untersuchung *f* am Tatort, *a.* Unfallaufnahme *f*, b) Lokaltermin *m.*

ˈon·to *prep* **1.** auf (*acc*): ~ **the floor. 2. to be ~ s.th.** hinter etwas gekommen sein, etwas ‚spitzgekriegt' haben; **he's ~ you** er ist dir auf die Schliche gekommen, er hat dich durchschaut.

on·to·gen·e·sis [ˌɒntəʊˈdʒenɪsɪs; *Am.* ˌɑntə-] *s biol.* Ontogeˈnese *f.* **ˌon·to·geˈnet·ic** [-dʒɪˈnetɪk] *adj* ontogeˈnetisch. **on·tog·e·ny** [ɒnˈtɒdʒɪnɪ; *Am.* ɑnˈtɑ-] *s* **1.** → **ontogenesis. 2.** Keimesentwicklung *f.*

on·to·log·i·cal [ˌɒntəʊˈlɒdʒɪkl; *Am.* ˌɑntəˈlɑ-] *adj* (*adv* ~**ly**) *philos.* ontoˈlogisch: ~ **argument** ontologischer Gottesbeweis. **on·tol·o·gy** [ɒnˈtɒlədʒɪ; *Am.* ɑnˈtɑ-] *s* Ontoloˈgie *f.*

o·nus [ˈəʊnəs] (*Lat.*) *s* **1.** *fig.* Last *f*, Bürde *f*, Verpflichtung *f.* **2.** (**of**) Verantwortung *f* (für), Schuld *f* (an *dat*). **3.** *a.* ~ **of proof** *jur.* Beweislast *f*: **the ~ rests with him** die Beweislast trifft ihn. **~ pro·ban·di** [prəʊˈbændɪ] (*Lat.*) → **onus** 3.

on·ward [ˈɒnwə(r)d; *Am. a.* ˈɑn-] **I** *adv* **1.** vorwärts, weiter: **from the tenth century ~** vom 10. Jahrhundert an. **2.** weiter vorn: **it lies farther ~** es liegt noch ein Stück weiter. **II** *adj* **3.** vorwärtsgerichtet, vorwärts-, fortschreitend: **an ~ course** (ein) Kurs nach vorn (*a. fig.*). **ˈon·wards** → **onward** I.

on·y·cha [ˈɒnɪkə; *Am.* ˈɑ-] *s Bibl.* Balsam *m.*

on·yx [ˈɒnɪks; *Am.* ˈɑ-] *s* **1.** *min.* Onyx *m.* **2.** *med.* Nagelgeschwür *n* der Hornhaut, Onyx *m.*

o·o·blast [ˈəʊəblɑːst; *Am.* -ˌblæst] *s biol.* Eikeim *m.* **o·o·cyst** [ˈəʊəsɪst] *s* Ooˈzyste *f.* **o·o·cyte** [ˈəʊəsaɪt] *s* Ooˈzyte *f*, unreife Eizelle.

oo·dles [ˈuːdlz] *s pl colloq.* Unmengen *pl*, ‚Haufen' *m*: **he has ~ of money** er hat Geld wie Heu; ~ **of time** jede Menge *od.* massenhaft Zeit.

oof [uːf] *s Br. sl.* ‚Kies' *m* (*Geld*).

o·og·a·mous [əʊˈɒgəməs; *Am.* -ˈɑg-] *adj biol.* ooˈgam (*mit unbeweglichen weiblichen Gameten*): ~ **reproduction** Oogamie *f.*

o·o·gen·e·sis [ˌəʊəˈdʒenɪsɪs] *s* Oogeˈnese *f*, Ovogeˈnese *f*, Eientwicklung *f.*

o·o·ki·ne·sis [ˌəʊəkaɪˈniːsɪs] *s biol.* Eireifung *f.*

o·o·lite [ˈəʊəlaɪt] *s geol.* **1.** Ooˈlith *m*, Rogenstein *m*. **2.** O~ Dogger *m* (*e-e Juraformation*). ˌ**o·oˈlit·ic** [-ˈlɪtɪk] *adj* Oolith...

oo·mi·ak → **umiak**.

oomph [ʊmf] *s sl.* **1.** Pep *m*, Schwung *m*. **2.** Sex(-Apˈpeal) *m*: **to have ~** ‚sexy' sein.

o·oph·o·ron [əʊˈɒfərən; *Am.* əʊˈɑfəˌrɑn] *s anat.* Eierstock *m*.

oops [ʊps; uːps] *interj* hoppla!

o·o·sperm [ˈəʊəspɜːm; *Am.* -ˌspɜrm] *s biol.* befruchtetes Ei *od.* befruchtete Eizelle, Zyˈgote *f*.

ooze [uːz] **I** *v/i* **1.** sickern: **to ~ in (through)** einsickern (durchsickern), eindringen (durchdringen) (*a. Licht, Geräusche etc*); **to ~ away** a) versickern, b) *fig.* dahinschwinden; **his courage ~d away** sein Mut schwand; **to ~ out** a) aussickern, b) entweichen (*Luft, Gas*), c) *fig.* ˈdurchsickern; **the secret ~d out** das Geheimnis sickerte durch. **2. ~ with** → 3 *u.* 4. **II** *v/t* **3.** *oft* **~ out** ausströmen, (aus)schwitzen, triefen von. **4.** *fig.* a) ausstrahlen, voll *Optimismus etc* sein: **oozing optimism (good cheer,** *etc*), b) *iro.* triefen von: **oozing charm (sarcasm,** *etc*). **III** *s* **5.** Sickern *n*. **6.** Saft *m*, Flüssigkeit *f*. **7.** *tech.* Lohbrühe *f*: **~ leather** lohgares Leder. **8.** a) Schlick *m*, Mudd *m*, b) Moˈrast *m*, Schlamm(boden) *m*.

ooz·y [ˈuːzɪ] *adj* (*adv* **oozily**) **1.** schlammig, schlick(er)ig: **~ bank** *mar.* Muddbank *f*; **~ bottom** *mar.* Schlickgrund *m*. **2.** schleimig. **3.** feucht.

o·pac·i·ty [əʊˈpæsətɪ] *s* **1.** ˈUnˌdurchsichtigkeit *f*, Opaziˈtät *f*. **2.** Dunkelheit *f* (*a. fig.*). **3.** *fig.* a) Unverständlichkeit *f*, b) Verständnislosigkeit *f*, Beschränktheit *f*. **4.** *phys.* (ˈLicht)ˌUnˌdurchlässigkeit *f*, Absorptiˈonsvermögen *n*. **5.** *med.* Trübung *f*: **~ of the lens**. **6.** *tech.* Deckfähigkeit *f* (*von Farben*).

o·pal [ˈəʊpl] *s min.* Oˈpal *m*: **~ blue** Opalblau *n*; **~ glass** Opal-, Milchglas *n*; **~ lamp** Opallampe *f*. ˌ**o·palˈesce** [-pəˈles] *v/i* opaliˈsieren, bunt schillern. ˌ**o·palˈes·cence** *s* Opaliˈsieren *n*, Schillern *n*, Farbenspiel *n*. ˌ**o·palˈes·cent**, ˌ**o·palˈesque** [-ˈlesk] *adj* opaliˈsierend, schillernd. **o·pal·ine I** *adj* [ˈəʊpəlaɪn; *Am. a.* -ˌliːn] oˈpalartig, Opal... **II** *s* [ˈəʊpəliːn] Oˈpalglas *n*. ˈ**o·pal·ize** *v/i u. v/t* opaliˈsieren *od.* schillern (lassen).

o·paque [əʊˈpeɪk] **I** *adj* **1.** ˈunˌdurchsichtig, nicht ˈdurchscheinend, oˈpak: **~ colo(u)r** Deckfarbe *f*; **~ projector** *Am.* Episkop *n* (*Projektor für undurchsichtige Bilder*). **2.** ˈunˌdurchlässig (**to** für *Strahlen*): **~ to infrared (rays)** infrarotundurchlässig; **~ meal** *med.* Kontrastmahlzeit *f* (*vor der Röntgenaufnahme*); **~ rubber** Bleigummi *n*. **3.** dunkel, glanzlos, trüb. **4.** *fig.* a) unklar, dunkel, unverständlich, b) unverständig, dumm. **II** *s* **5.** Dunkel *n*, (*etwas*) Dunkles. **6.** *phot.* a) Abdecklack *m*, b) (norˈmaler) Abzug (*Ggs. Dia*). **oˈpaque·ness** → **opacity**.

op| art [ɒp; *Am.* ɑp] *s art* Op-art *f*. **~ art·ist** *s* Op-Artist *m*, Vertreter *m* der Op-art.

o·pen [ˈəʊpən] **I** *s* **1. the ~** a) das offene Land, b) die offene (*od.* hohe) See, c) der freie Himmel: **in the ~** im Freien, unter freiem Himmel, *Bergbau*: über Tag. **2. the ~** die Öffentlichkeit: **to bring into the ~** an die Öffentlichkeit bringen; **to come into the ~** *fig.* a) sich zeigen, hervorkommen, b) sich erklären, offen reden, Farbe bekennen, c) (**with s.th.** mit etwas) an die Öffentlichkeit treten; **to draw s.o. into the ~** j-n hervorlocken, j-n aus s-m Versteck locken. **3.** offenes Turˈnier *etc* (*für Amateure u. Berufsspieler*).

II *adj* (*adv* **~ly**) **4.** *allg.* offen: **~ book (bottle, window,** *etc*); **~ chain** *chem.* offene Kette; **~ prison** *jur.* offenes Gefängnis; **~ town** *mil.* offene Stadt; **the door is ~** die Tür ist *od.* steht offen, die Tür ist geöffnet *od.* auf; **to keep one's eyes ~** *fig.* die Augen offenhalten; **with ~ eyes** mit offenen Augen (*a. fig.*); → **arm**[1] *Bes. Redew.*, **book** 1, **bowel** 1 b, **door** *Bes. Redew.*, **order** 5, **punctuation** 1. **5.** *med.* offen: **~ wound**; **~ tuberculosis**. **6.** offen, frei, zugänglich: **~ country** offenes Gelände; **~ field** freies Feld; **~ sea** offenes Meer, hohe See; **~ spaces** öffentliche Plätze (*Parkanlagen etc*). **7.** frei, bloß, offen: **an ~ car** ein offener Wagen; **~ motor** *electr.* offener *od.* ungeschützter Motor; → **lay open**. **8.** offen, eisfrei: **~ harbo(u)r**; **~ water**; **~ weather**; **~ winter** frostfreier Winter; **~ visibility** *mar.* klare Sicht. **9.** geöffnet, offen, *pred a.* auf: **the shop (theatre,** *etc*) **is ~**. **10.** *fig.* offen (**to** für), öffentlich, (jedem) zugänglich: **~ tournament** → 3; **~ competition** freier Wettbewerb; **~ market** *econ.* offener *od.* freier Markt; **~ position** freie *od.* offene (Arbeits)Stelle; **~ sale** öffentliche Versteigerung; **~ session** öffentliche Sitzung; **~ for subscription** *econ.* zur Zeichnung aufgelegt; **~ to the traffic** für den Verkehr freigegeben; **in ~ court** *jur.* in öffentlicher Sitzung *od.* Verhandlung. **11.** *fig.* zugänglich, aufgeschlossen (**to** für *od. dat*): **to be ~ to conviction (to an offer)** mit sich reden (handeln) lassen; → **mind** 2. **12.** *fig.* ausgesetzt, unterˈworfen (**to** *der Kritik etc*): **~ to question** anfechtbar; **~ to temptation** anfällig gegen die Versuchung; **to lay o.s. ~ to criticism** sich der Kritik aussetzen; **to leave o.s. wide ~ to s.o.** sich j-m gegenüber e-e (große) Blöße geben; **that is ~ to argument** darüber läßt sich streiten; **to be ~ to different interpretations** verschiedene Deutungen zulassen. **13.** offen(kundig), unverhüllt: **~ contempt**; **an ~ secret** ein offenes Geheimnis. **14.** offen, freimütig: **an ~ character**; **~ letter** offener Brief; **I will be ~ with you** ich will ganz offen mit Ihnen reden. **15.** freigebig: **with an ~ hand**; **to keep ~ house** ein offenes Haus führen, gastfrei sein. **16.** unentschieden, offen: **~ claim (fight, question, verdict)**. **17.** *fig.* frei (*ohne Verbote*): **~ pattern** *jur.* ungeschütztes Muster; **~ season** Jagd-, Fischzeit *f* (*Ggs. Schonzeit*); **~ town** *Am.* ‚großzügige' Stadt (*mit lockeren Bestimmungen bezüglich Glücksspiel, Prostitution etc*). **18.** frei (*Zeit*): **to keep a day ~** sich e-n Tag freihalten. **19.** lückenhaft (*Gebiß etc*): **~ population** geringe Bevölkerungsdichte. **20.** durchˈbrochen (*Gewebe, Handarbeit*): **~ texture**; **~ work**. **21.** *econ.* laufend (*Konto, Kredit, Rechnung*): **~ account**; **~ check** (*Br.* **cheque**) Barscheck *m*. **22.** *ling.* offen (*Silbe, Vokal*): **~ consonant** Reibelaut *m*. **23.** *mus.* a) weit (*Lage, Satz*), b) leer (*Saite etc*): **~ harmony** weiter Satz; **~ note** Grundton *m* (*e-r Saite etc*). **24.** *print.* licht: **~ matter** lichter *od.* weitdurchschossener Satz; **~ type** Konturschrift *f*.

III *v/t* **25.** *allg.* öffnen, aufmachen, *die Augen, ein Buch a.* aufschlagen: **to ~ the circuit** *electr.* den Stromkreis ausschalten *od.* unterbrechen; **to ~ one's mouth** *fig.* ‚den Mund aufmachen'; → **bowel** 1 b, **door** *Bes. Redew.*, **eye** 1. **26.** eröffnen (**an account** *econ.* ein Konto; **a business** *econ.* ein Geschäft; **a credit** *econ.* e-n Kredit *od.* ein Akkreditiv; **the debate** die Debatte; **fire** *mil.* das Feuer [**at, on** auf *acc*]; **a prospect** e-e Aussicht): **to ~ the case** *jur.* die Verhandlung (*durch Vortrag des eigenen Standpunkts*) eröffnen; **to ~ new markets** *econ.* neue Märkte erschließen; **to ~ negotiations** Verhandlungen anknüpfen, in Verhandlungen eintreten; **to ~ a road to the traffic** e-e Straße dem Verkehr übergeben; **to ~ diplomatic relations** *pol.* diplomatische Beziehungen aufnehmen. **27.** aufschneiden, -stechen, öffnen (*a. med.*): **to ~ an abscess**. **28.** *Gefühle, Gedanken* enthüllen, *s-e Absichten* entdecken *od.* kundtun: **to ~ o.s. to s.o.** sich j-m mitteilen; → **heart** *Bes. Redew.* **29.** *jur.* in der Schwebe lassen: **to ~ a judg(e)ment** beschließen, e-e nochmalige Verhandlung über e-e bereits gefällte Entscheidung zuzulassen. **30.** *bes. mar.* (*ein bisher verdecktes Objekt*) in Sicht bekommen.

IV *v/i* **31.** sich öffnen *od.* auftun, aufgehen (*Tür etc*). **32.** (**to**) *fig.* sich (*dem Auge, Geist etc*) erschließen *od.* zeigen *od.* auftun. **33.** führen, gehen (*Tür, Fenster*) (**onto** auf *acc* [... hinˈaus]): **a door that ~ed onto a garden**. **34.** *fig.* a) anfangen, beginnen (*Börse, Schule etc*), b) öffnen, aufmachen (*Laden, Büro etc*), c) (e-n Brief, s-e Rede) beginnen: **he ~ed with a compliment**. **35.** a) *allg.* öffnen, b) das Buch aufschlagen: **let us ~ at page 50**. **36.** *mar.* in Sicht kommen.

Verbindungen mit Adverbien:

o·pen| out I *v/t* **1.** ausbreiten, *Stadtplan etc* auseinˈanderfalten. **II** *v/i* **2.** sich ausbreiten *od.* ausdehnen *od.* ausweiten, sich erweitern. **3.** aufgehen, sich öffnen (*Blumen*). **4.** *mot.* ‚aufdrehen', Gas geben. **5.** ‚auftauen', mitteilsam werden. **~ up I** *v/t* **1.** aufmachen, aufschließen. **2.** erschließen: **to ~ new markets (opportunities,** *etc*). **3.** *sport die Verteidigung* aufreißen. **II** *v/i* **4.** aufmachen, aufschließen. **5.** *mil.* das Feuer eröffnen (**at, on** auf *acc*). **6.** *fig.* a) ‚loslegen' (**with** mit *Worten, Schlägen etc*), b) ‚auftauen', mitteilsam werden. **7.** sich zeigen, sich auftun (*Möglichkeiten etc*). **8.** *sport* an Farbe gewinnen (*Spiel*).

ˌ**o·pen|-ˈac·cess li·brar·y** *s Br.* ˈFreihandbiblioˌthek *f*. **~ ac·count** *s econ.* **1.** laufendes Konto. **2.** (noch) offenstehende Rechnung. ˌ**~-ˈair** *adj* Freiluft..., Freilicht...: **~ swimming pool** Freibad *n*; **~ meeting** Versammlung *f* im Freien *od.* unter freiem Himmel; **~ theatre** (*Am.* **theater**) Freilichttheater *n*; **~ festival** Open-air-Festival *n*. ˌ**~-and-ˈshut** *adj* simpel, ganz einfach, sonnenklar. ˌ**~-ˈarmed** *adj* warm, herzlich (*Empfang*). ˈ**~-book ex·am·i·na·tion** *s ped.* Prüfung *f*, bei der Nachschlagewerke benutzt werden dürfen. ˈ**~cast** *adj bes. Br.* über Tag: **~ mining** Tagebau *m*. ˈ**~-ˌcir·cuit** *adj electr.* Arbeitsstrom...: **~ operation** Arbeitsstrom-Betrieb *m*; **~ voltage** Leerlaufspannung *f*; **~ television** öffentliches (*Ggs. z.B. innerbetriebliches*) Fernsehen. ˈ**~cut** *bes. Am.* → **opencast**. ˈ**~-date I** *s* **1.** Abpackdatum *n*. **2.** Haltbarkeitsdatum *n*. **II** *v/t* **3.** mit e-m Abpack- *od.* Haltbarkeitsdatum versehen. **~ day** *s* Tag *m* der offenen Tür. ˈ**~-door** *adj* frei zugänglich: **~ policy** (Handels)Politik *f* der offenen Tür. ˈ**~-end** *adj* **1.** *econ.* mit nicht begrenzter Zahl von auszugebenden Anteilen (*Investmentgesellschaft*). **2.** *electr.* (am Ende) offen, leerlaufend. **3. ~ wrench** *tech.* Gabelschlüssel *m*. ˌ**~-ˈend·ed** *adj* **1.** → **open-end**. **2.** a) mit unbegrenzter Laufzeit: **~ contract**, b) zeitlich unbegrenzt: **~ discussion** Open-end-Diskussion *f*. **3.** ausbaufähig: **~ programme**.

o·pen·er [ˈəʊpnə(r)] *s* **1.** (*Büchsen- etc*)

Öffner *m* (*Gerät*). **2.** *Baumwollspinnerei*: Öffner *m*, (Reiß)Wolf *m*. **3.** Eröffnende(r *m*) *f* (*e-s Spiels etc*). **4.** *bes. Am.* a) *sport* Eröffnungsspiel *n*, b) Eröffnungsnummer *f* (*e-r Show etc*).

ˌo·pen|-ˈeyed *adj* **1.** mit großen Augen, staunend. **2.** *fig.* wachsam, mit offenen Augen. **ˌ~-ˈfaced** *adj* **1.** mit offenem Gesichtsausdruck. **2.** ohne Sprungdeckel (*Uhr*). **ˌ~ˈhand·ed** *adj* (*adv* **~ly**) freigebig. **ˌ~ˈhand·ed·ness** *s* Freigebigkeit *f*. **ˈ~heart** *adj med.* am offenen Herzen: **~ surgery** Offenherzchirurgie *f*. **ˌ~ˈheart·ed** *adj* (*adv* **~ly**) offen(herzig), aufrichtig. **ˌ~ˈheart·ed·ness** *s* Offenheit *f*, Offenherzigkeit *f*, Aufrichtigkeit *f*. **ˈ~hearth** *adj tech.* Siemens-Martin-... **~ hous·ing** *s Am.* Verbot *n* rassischer *od.* religiˈöser Diskrimiˈnierung bei Verkauf *od.* Vermietung von Häusern *etc*.

o·pen·ing [ˈəʊpnɪŋ] **I** *s* **1.** (*das*) Öffnen, Eröffnung *f*. **2.** Öffnung *f*, Erweiterung *f*, Lücke *f*, Loch *n*, Bresche *f*, Spalt *m*. **3.** ˈDurchfahrt *f*, ˈDurchlaß *m*. **4.** *a. tech.* (Spann)Weite *f*. **5.** freie Stelle. **6.** *Am.* (Wald)Lichtung *f*. **7.** *fig.* Eröffnung *f* (*e-s Akkreditivs, e-s Kontos, e-s Testaments, e-s Unternehmens etc*): **~ of a letter of credit (of an account, of a last will, of an enterprise,** *etc*); **~ of diplomatic relations** *pol.* Aufnahme *f* diplomatischer Beziehungen. **8.** *tech.* Inbeˈtriebnahme *f*, *a.* (*feierliche*) Einweihung: **~ of a bridge**. **9.** *fig.* Erschließung *f*: **~ of new markets**. **10.** Eröffnung *f* (*des Kampfes etc; a. beim Schach*), Beginn *m*, einleitender Teil (*a. jur.*). **11.** *thea.* Eröffnungsvorstellung *f*. **12.** Gelegenheit *f*, (*econ.* Absatz)Möglichkeit *f*. **II** *adj* **13.** Öffnungs...: **~ time; ~ time is at ...** das Geschäft *etc* ist ab ... geöffnet. **14.** Eröffnungs...: **~ ceremony; ~ speech; ~ gun** *fig.* (**of**) Startschuß *m* (zu), Eröffnung *f* (*gen*); **~ night** *thea.* Eröffnungsvorstellung *f*; **~ price** *econ.* Eröffnungskurs *m*.

ˈo·pen|-ˌmar·ket *adj econ.* Freimarkt...: **~ paper** marktgängiges *od.* im Freiverkehr gehandeltes Wertpapier; **~ policy** Offenmarktpolitik *f*. **ˌ~-ˈmind·ed** *adj* (*adv* **~ly**) aufgeschlossen, vorurteilslos. **ˌ~-ˈmind·ed·ness** *s* Aufgeschlossenheit *f*. **ˌ~ˈmouthed** *adj* **1.** mit offenem Mund, *weitS. a.* gaffend (*vor Erstaunen*). **2.** *fig.* gierig. **ˌ~-ˈnecked** *adj* mit offenem Kragen (*Hemd etc*). **ˈ~-plan** *adj*: **~ office** Großraumbüro *n*; **~ schoolroom** *Br.* Unterrichtssaal *m* (*für mehrere Klassen*). **~ pol·i·cy** *s econ.* offene (Verˈsicherungs)Poˌlice, Pauˈschalpoˌlice *f*. **~ pri·ma·ry** *s pol. Am. Aufstellung von Wahlkandidaten, an der sich alle Wähler ohne Angabe der Parteizugehörigkeit beteiligen können.* **~ sand·wich** *s* belegtes Brot. **~ schol·ar·ship** *s ped. Br.* offenes Stiˈpendium (*um das sich jeder bewerben kann*). **~ ses·a·me** *s* Sesam öffne dich *n*. **ˈ~-ˌshelf li·brar·y** *s Am.* ˈFreihandbibliˌthek *f*. **~ shop** *s econ. Betrieb, der auch Nichtgewerkschaftsmitglieder beschäftigt.* **~ sight** *s mil.* offenes Viˈsier. **~ skies** *s pl pol.* gegenseitige ˈLuftinspekˌtiˌon. **ˈ~-ˌstack li·brar·y** → **open-shelf library**. **ˌ~ˈtop** *adj mot. Am.* offen, ohne Verdeck. **O~ U·ni·ver·si·ty** *s Br.* ˈFern(seh)universiˌtät *f* (*deren Kurse a. ohne entsprechenden Schulabschluß belegt werden können*). **~ war·fare** *s mil.* Bewegungskrieg *m*. **ˈ~work** *s* ˈDurchbrucharbeit *f*. **ˈ~work(ed)** *adj* durchˈbrochen (*gearbeitet*). **~ work·ing** *s* Tagebau *m*.

op·er·a[1] [ˈɒpərə; *Am.* ˈɑ-] **I** *s* **1.** *mus.* Oper *f*. **2.** Opernhaus *n*, Oper *f*. **II** *adj* **3.** Opern...: **~ composer**.

op·er·a[2] [ˈɒpərə; *Am.* ˈəʊ-; ˈɑ-] *pl von* **opus**.

op·er·a·ble [ˈɒpərəbl; *Am.* ˈɑ-] *adj* **1.** ˈdurchführbar. **2.** *tech.* betriebsfähig. **3.** *med.* opeˈrierbar, opeˈrabel.

o·pé·ra bouffe *pl* **-ra(s) bouffes** [ˌɒpərəˈbuːf; *Am.* ˌɑ-; ɔperabuf] (*Fr.*) *s mus.* Opera *f* buffa, komische Oper.

op·er·a cloak *s* Abendmantel *m*.

o·pé·ra co·mique *pl* **-ra(s) -miques** [ˌɒpərəkɒˈmiːk; *Am.* ˌɑpərəˈkɑ-; ɔperakɔmik] (*Fr.*) *s mus.* Opéra *f* coˈmique.

op·er·a| glass(·es *pl*) *s* Opernglas *n*. **~ hat** *s* ˈKlappzyˌlinder *m*, Chapeau *m* claque. **~ house** → **opera** 2.

op·er·and [ˈɒpərænd; *Am.* ˌɑpəˈrænd] *s Computer*: Opeˈrand *m*, Rechengröße *f*.

op·er·ant [ˈɒpərənt; *Am.* ˈɑ-] *adj* **1.** wirksam. **2.** *psych.* opeˈrant, nicht reizgebunden: **~ conditioning** operante Konditionierung.

op·er·a pump *s Am.* (glatter) Pumps.

op·er·ate [ˈɒpəreɪt; *Am.* ˈɑ-] **I** *v/i* **1.** *bes. tech.* arbeiten, in Betrieb *od.* Tätigkeit sein, funktioˈnieren, laufen (*Maschine etc*), ansprechen (*Relais*): **to ~ on batteries** von Batterien betrieben werden; **to ~ at a deficit** *econ.* mit Verlust arbeiten. **2.** wirksam werden *od.* sein, (ein)wirken (**on, upon** auf *acc*), ˈhinwirken (**for** auf *acc*): **to ~ to the prejudice of** sich zum Nachteil (*gen*) auswirken. **3.** *med.* opeˈrieren ([**up**]**on s.o.** j-n): **to be ~d on for appendicitis** am Blinddarm operiert werden. **4.** *econ.* spekuˈlieren: **to ~ for a fall (rise)** auf Baisse (Hausse) spekulieren. **5.** *mil.* opeˈrieren, straˈtegische Bewegungen ˈdurchführen. **II** *v/t* **6.** bewirken, verursachen, schaffen, (mit sich) bringen. **7.** *tech. e-e Maschine* laufen lassen, bedienen, *ein Gerät* handhaben, *e-n Schalter, e-e Bremse etc* betätigen, *e-n Arbeitsvorgang* steuern, reguˈlieren, *ein Auto etc* lenken, fahren: **safe to ~** betriebssicher. **8.** *ein Unternehmen od. Geschäft* betreiben, führen, *etwas* aus-, ˈdurchführen.

op·er·at·ic [ˌɒpəˈrætɪk; *Am.* ˌɑ-] *adj* (*adv* **~ally**) opernhaft (*a. fig. contp.*), Opern...: **~ composer** Opernkomponist *m*; **~ singer** Opernsänger(in).

ˈop·er·at·ing *adj* **1.** *bes. tech.* in Betrieb befindlich, Betriebs..., Arbeits...: **~ characteristic** Laufeigenschaft *f*; **~ circuit** Arbeitsstromkreis *m*; **~ conditions** (*od.* **data**) Betriebsdaten; **~ instructions** Bedienungsanleitung *f*, Betriebsanweisung *f*; **~ lever** Betätigungshebel *m*; **~ speed** Betriebsdrehzahl *f*, Ansprechgeschwindigkeit *f* (*e-s Relais*) (→ 2); **~ time** Schaltzeit *f*; **~ voltage** Betriebsspannung *f*. **2.** *econ.* Betriebs..., betrieblich: **~ assets** Vermögenswerte; **~ company** *Am.* a) Betriebsgesellschaft *f* (*Ggs.* **holding company**), b) Transportunternehmen *n*; **~ costs** (*od.* **expenses**) Betriebs-, Geschäftsunkosten; **~ efficiency** betriebliche Leistungsfähigkeit; **~ loss** Betriebsverlust *m*; **~ profit** Betriebsgewinn *m*; **~ speed** Arbeitsgeschwindigkeit *f* (→ 1); **~ statement** Gewinn- u. Verlustrechnung *f*, Betriebsbilanz *f*. **3.** *med.* opeˈrierend, Operations...: **~ room** *Am.*, **~ theatre** *Br.* Operationssaal *m*; **~ surgeon** → **operator** 6; **~ table** Operationstisch *m*.

op·er·a·tion [ˌɒpəˈreɪʃn; *Am.* ˌɑ-] *s* **1.** Wirken *n*, Wirkung *f* (**on** auf *acc*). **2.** *bes. jur.* (Rechts)Wirksamkeit *f*, Geltung *f*: **by ~ of law** kraft Gesetzes; **to come into ~** wirksam werden, in Kraft treten; **to be in ~** in Kraft *od.* wirksam sein. **3.** *tech.* Betrieb *m*, Tätigkeit *f*, Lauf *m* (*e-r Maschine etc*): **in ~** in Betrieb; **to put** (*od.* **set**) **in (out of) ~** in (außer) Betrieb setzen; **ready for ~** betriebsfähig. **4.** *bes. tech.* a) Wirkungs-, Arbeitsweise *f*, b) Arbeits(vor)gang *m*, Verfahren *n*, (ˈArbeits)Proˌzeß *m*: **~ of thinking** *fig.* Denkvorgang, -prozeß; **chemical ~** chemischer Prozeß; **~s research** *econ.* Unternehmensforschung *f*; **~s scheduling** Arbeitsvorbereitung *f*, zeitliche Arbeitsplanung. **5.** *tech.* Inbeˈtriebsetzung *f*, Handhabung *f*, Bedienung *f* (*e-r Maschine etc*), Betätigung *f* (*e-r Bremse, e-s Schalters etc*). **6.** Arbeit *f*: **building ~s** Bauarbeiten. **7.** *econ.* a) Betrieb *m*: **continuous ~** durchgehender (Tag- u. Nacht)Betrieb; **in ~** in Betrieb, b) Unterˈnehmen *n*, -ˈnehmung *f*, Betrieb *m*: **commercial ~**, c) Geschäft *n*: **trading ~** Tauschgeschäft, d) *Börse*: Transaktiˈon *f*: **forward ~s** Termingeschäfte. **8.** *math.* Operatiˈon *f*, Ausführung *f* (*e-r Rechenvorschrift*). **9.** *med.* Operatiˈon *f*, (chirˈurgischer) Eingriff: **~ for appendicitis** Blinddarmoperation; **~ on** (*od.* **to**) **the neck** Halsoperation; **to perform an ~ (on s.o.)** (an j-m) e-n (chirurgischen) Eingriff vornehmen; **major (minor) ~** a) größere (kleinere *od.* harmlose) Operation, b) *colloq.* große Sache, ‚schwere Geburt' (Kleinigkeit *f*). **10.** *mil.* Operatiˈon *f*, Einsatz *m*, Unterˈnehmung *f*, (ˈAngriffs)Unterˌnehmen *n*: **airborne** (*bes. Am.* **airlanded**) **~** Luftlandeunternehmen; **base of ~s** Operationsbasis *f*; **theater** (*bes. Br.* **theatre**) **of ~s** Einsatz-, Operationsgebiet *n*, Kriegsschauplatz *m*.

op·er·a·tion·al [ˌɒpəˈreɪʃənl; *Am.* ˌɑ-] *adj* **1.** *tech.* a) Funktions..., Betriebs..., Arbeits...: **~ electrode** Arbeitselektrode *f*, b) betriebsbereit. **2.** *econ.* betrieblich, Betriebs...: **~ research** Unternehmensforschung *f*. **3.** *mil.* Einsatz..., Operations..., einsatzfähig: **~ aircraft** Einsatzflugzeug *n*; **~ area** Einsatzgebiet *n*; **~ fatigue** Kriegsneurose *f*; **~ height** Einsatzflughöhe *f*. **4.** *mar.* klar, fahrbereit.

op·er·a·tion·al·ism [ˌɒpəˈreɪʃnəlɪzəm; *Am.* ˌɑ-] *s* Operationaˈlismus *m*. **op·er·ˌa·tion·alˈist·ic** *adj* operationaˈlistisch.

op·er·a·tive [ˈɒpərətɪv; ˈɒpəreɪ-; *Am.* ˈɑ-] **I** *adj* **1.** wirkend, treibend: **an ~ cause**; **the ~ date** das maßgebliche Datum; **the ~ point** der springende Punkt; **the ~ word** das Wort, auf das es ankommt, *jur. a.* das rechtsbegründende Wort. **2.** wirksam: **an ~ dose; to become ~** in Kraft treten, (rechts)wirksam werden; **to be ~** in Kraft *od.* wirksam sein. **3.** praktisch: **the ~ part of the work**. **4.** *econ. tech.* Arbeits..., Betriebs..., betrieblich, betriebsfähig: **~ condition** betriebsfähiger Zustand; **~ position** Arbeitslage *f*. **5.** *med.* operaˈtiv, chirˈurgisch, Operations...: **~ treatment** operative Behandlung; **~ dentistry** Zahn- u. Kieferchirurgie *f*. **6.** arbeitend, tätig, beschäftigt. **II** *s* **7.** Werktätige(r) *m*, *bes.* a) Facharbeiter *m*, b) angelernter Arbeiter, c) Handwerker *m*, d) Meˈchaniker *m*. **8.** *Am.* Priˈvatdetekˌtiv *m*.

op·er·a·tize [ˈɒpərətaɪz; *Am.* ˈɑ-] *v/t* e-e Oper machen aus.

op·er·a·tor [ˈɒpəreɪtə(r); *Am.* ˈɑ-] *s* **1.** (*der, die, das*) Wirkende. **2.** *tech.* Beˈdienungsmann *m*, -perˌson *f*, Arbeiter(in), (*Kran- etc*)Führer *m*: **crane ~; engine ~** Maschinist *m*; **~'s license** *Am.* Führerschein *m*. **3.** a) Telegraˈfist(in), b) Telefoˈnist(in), Fräulein *n* (vom Amt): **~-connected call** handvermitteltes Gespräch. **4.** a) Filmvorführer *m*, b) Kameramann *m*. **5.** *econ.* a) Unterˈnehmer *m*, b) *a.* **market ~** (*Börse*) (berufsmäßiger) Spekuˈlant: **~ for a fall** Baissespekulant *m*; **~ for a rise** Haussespekulant *m*. **6.** *med.* Operaˈteur *m*, opeˈrierender Arzt.

7. *math. u. Logik*: Opeˈrator *m.* **8.** *Computer*: Opeˈrator *m*: **logical ~** Boolescher Operator. **9. a smooth** (*od.* **clever**) **~** *colloq.* ein raffinierter Kerl.

o·per·cu·lar [əʊˈpɜːkjʊlə(r); *Am.* -ˈpɜr-] *adj* **1.** *bot. zo.* Deckel... **2.** *ichth.* Kiemendeckel... **oˈper·cu·lum** [-ləm] *pl* **-la** [-lə] *s* **1.** *bot.* Deckel *m.* **2.** a) *zo.* Deckel *m*, Oˈperculum *n* (*der Schnecken*), b) *ichth.* Kiemendeckel *m* (*der Fische*).

o·pe·re ci·ta·to [ˌɒpəriːsaɪˈteɪtəʊ; *Am.* -reɪ-; *a.* -kəˈtɑː-] (*Lat.*) *adv* am angegebenen Ort, in dem ziˈtierten Werk (*abbr.* **op. cit.**).

op·er·et·ta [ˌɒpəˈretə; *Am.* ˌɑp-] *s* Opeˈrette *f.* ˌ**op·erˈet·tist** *s* Opeˈrettenkompoˌnist *m.*

op·er·on [ˈɒpərɒn; *Am.* ˈɑpəˌrɑn] *s Genetik*: Operon *n* (*Einheit der Genregulation*).

o·phid·i·an [ɒˈfɪdɪən; *Am.* əʊ-] **I** *adj* schlangenartig, Schlangen... **II** *s* Schlange *f.*

oph·i·ol·a·try [ˌɒfɪˈɒlətrɪ; *Am.* ˌɑfiˈɑl-] *s* Ophiolaˈtrie *f*, Schlangenanbetung *f*, -kult *m.* ˌ**oph·iˈol·o·gy** [-dʒɪ] *s* Schlangenkunde *f.*

oph·ite [ˈəʊfaɪt; *Am. a.* ˈɑf-] *s min.* Oˈphit *m.*

oph·thal·mi·a [ɒfˈθælmɪə; *Am.* ɑf-] *s med.* Augenentzündung *f*, Ophthalˈmie *f.* **ophˈthal·mic** *adj* ophˈthalmisch, Augen...: **~ hospital** Augenklinik *f.* ˌ**oph·thalˈmi·tis** [-ˈmaɪtɪs] → **ophthalmia.**

oph·thal·mol·o·gist [ˌɒfθælˈmɒlədʒɪst; *Am.* ˌɑfˌθælˈmɑ-] *s* Augenarzt *m*, Ophthalmoˈloge *m.* ˌ**oph·thalˈmol·o·gy** [-dʒɪ] *s* Augenheilkunde *f*, Ophthalmoloˈgie *f.*

oph·thal·mo·scope [ɒfˈθælməskəʊp; *Am.* ɑf-] *s med.* Ophthalmoˈskop *n*, Augenspiegel *m.* ˌ**oph·thalˈmos·co·py** [-ˈmɒskəpɪ; *Am.* -ˈmɑs-] *s med.* Ophthalmoskoˈpie *f*, Ausspiegelung *f* des ˈAugenˌhintergrundes. **ophˌthal·mo·toˈnom·e·ter** [-mətəʊˈnɒmɪtə(r); *Am.* -ˈnɑ-] *s* (Augen)Druckmesser *m.*

o·pi·ate [ˈəʊpɪət; -eɪt] *pharm.* **I** *s* **1.** Opiˈat *n*, ˈOpiumpräpaˌrat *n.* **2.** Schlafmittel *n.* **3.** Beruhigungs-, Betäubungsmittel *n* (*a. fig.*): **~ for the people** *fig.* Opium *n* fürs Volk. **II** *adj* **4.** opiumhaltig. **5.** einschläfernd. **6.** beruhigend, betäubend (*a. fig.*).

o·pine [əʊˈpaɪn] *v/t* daˈfürhalten, meinen.

o·pin·ion [əˈpɪnjən] *s* **1.** Meinung *f*, Ansicht *f*, Stellungnahme *f*: **in my ~** m-s Erachtens, nach m-r Meinung *od.* Ansicht; **to be of the ~ that** der Meinung sein, daß; **that is a matter of ~** das ist Ansichtssache; **to ask s.o.'s ~** j-n nach s-r Meinung fragen; **I am entirely of your ~** ich bin (voll u.) ganz Ihrer Meinung. **2.** *meist* **public ~** die öffentliche Meinung: **~-forming** meinungsbildend; **~ leader** Meinungsbildner *m*; **~ poll** Meinungsbefragung *f*, -umfrage *f*; **~ research** Meinungsforschung *f*; **~ scale** Meinungs-, Einstellungsskala *f.* **3.** Meinung *f*: **to form an ~ of s.o.** sich e-e Meinung von j-m bilden; **to have a high** (**low** *od.* **poor**) **~ of** e-e (keine) hohe Meinung haben von; **she has no ~ of Frenchmen** sie hält nichts *od.* nicht viel von (den) Franzosen. **4.** (schriftliches) Gutachten (**on** über *acc*): **to render an ~** ein Gutachten abgeben; **counsel's ~** Rechtsgutachten; **expert ~** Sachverständigengutachten; **medical ~** das Gutachten des medizinischen Sachverständigen. **5.** *meist pl* Überˈzeugung *f*: **to act up to one's ~s, to have the courage of one's ~(s)** zu s-r Überzeugung stehen, nach s-r Überzeugung handeln. **6.** *jur.* Urteilsbegründung *f.*

o·pin·ion·aire [əˌpɪnjəˈneə(r)] *s bes. Am.* Fragebogen *m* für Meinungsforschung.

oˈpin·ion·at·ed [-neɪtɪd], **oˈpin·ion·a·tive** [-nətɪv; *Am.* -ˌneɪ-] *adj* (*adv* **~ly**) **1.** starr-, eigensinnig, eigenwillig, dogˈmatisch. **2.** schulmeisterlich, überˈheblich.

op·i·som·e·ter [ˌɒpɪˈsɒmɪtə(r); *Am.* ˌɑpɪˈsɑm-] *s* Kurvenmesser *m.*

o·pis·tho·branch [əˈpɪsθəbræŋk], **oˌpis·thoˈbran·chi·ate** [-kɪeɪt; -kɪɪt] *s zo.* ˈHinterkiemer *m* (*Schnecke*).

o·pi·um [ˈəʊpjəm; -ɪəm] *s* Opium *n*: **~ den** Opiumhöhle *f*; **~ eater** Opiumesser *m*; **~ habit** → **opiumism** 1; **~ poppy** *bot.* Schlafmohn *m*; **O~ War** *hist.* Opiumkrieg *m.* **ˈo·pi·um·ism** *s med.* **1.** Opiumsucht *f*, Morphiˈnismus *m.* **2.** (chronische) Opiumvergiftung.

o·pos·sum [əˈpɒsəm; *Am.* əˈpɑ-] *s* **1.** *zo.* Nordamer. Oˈpossum *n*, (Virˈginische) Beutelratte. **2.** *zo.* a) **ursine ~** bärenartiger Beutelmarder, b) **vulpine ~** Fuchskusu *m*, Austral. Oˈpossum *n.* **3.** a) Oˈpossum(fell) *n*, b) Oˈpossum(pelz) *m.*

op·pi·dan [ˈɒpɪdən; *Am.* ˈɑ-] **I** *adj* städtisch, Stadt... **II** *s* Städter(in).

op·pi·late [ˈɒpɪleɪt; *Am.* ˈɑ-] *v/t bes. med.* verstopfen.

op·po [ˈɒpəʊ; *Am.* ˈɑ-] *pl* **-pos** *s colloq.* (ˈAmts)Kolˌlege *m* (*e-s Ministers etc*).

op·po·nen·cy [əˈpəʊnənsɪ] *s* Gegensatz *m*, Gegnerschaft *f.* **opˈpo·nent I** *adj* **1.** → **opposing** 1. **2.** entgegenstehend, -gesetzt (**to** *dat*), gegnerisch. **II** *s* **3.** Gegner(in) (*a. jur. sport*), ˈWidersacher(in), Gegenspieler(in) (*a. sport*), Oppoˈnent(in).

op·por·tune [ˈɒpətjuːn; *Am.* ˌɑpərˈtjuːn; -ˈtuːn] *adj* **1.** günstig, passend, angebracht, zweckmäßig, gelegen, opporˈtun. **2.** rechtzeitig. **op·por·tune·ly** *adv* **1.** → **opportune.** **2.** im richtigen Augenblick. **op·por·tune·ness** *s* **1.** Zweckmäßigkeit *f.* **2.** Rechtzeitigkeit *f.*

op·por·tun·ism [ˈɒpətjuːnɪzəm; *Am.* ˌɑpərˈtjuː-; -ˈtuː-] *s* **1.** Opportuˈnismus *m.* **2.** *sport* ˈAbstauberqualiˌtäten *pl.* **op·por·tun·ist** [ˈɒpətjuːnɪst; *Am.* ˌɑpərˈtjuː-; -ˈtuː-] **I** *s* **1.** Opportuˈnist(in). **2.** *sport* Abstauber(in). **II** *adj* **3.** opportuˈnistisch. **4.** *sport* Abstauber...: **~ goal.**

op·por·tu·ni·ty [ˌɒpəˈtjuːnətɪ; *Am.* ˌɑpərˈtjuː-; -ˈtuː-] *s* (*günstige*) Gelegenheit, Möglichkeit *f* (**of doing, to do** zu tun; **for s.th.** für *od.* zu etwas): **to afford** (*od.* **give**) **s.o. an ~** j-m (die) Gelegenheit bieten *od.* geben; **to miss** (*od.* **lose**) **the ~** die Gelegenheit verpassen; **to seize** (*od.* **take**) **an ~** e-e Gelegenheit ergreifen (*od.* nutzen); **to seize the ~** die Gelegenheit beim Schopf ergreifen; **at the first** (*od.* **earliest**) **~** bei der erstbesten Gelegenheit; **at your earliest ~** so bald wie möglich; **~ makes the thief** Gelegenheit macht Diebe. **~ cost** *s econ.* Opportuniˈtätskosten *pl.*

op·pose [əˈpəʊz] *v/t* **1.** (*vergleichend*) gegenˈüberstellen. **2.** entgegensetzen, -stellen (**to** *dat*). **3.** *j-m od. e-r Sache* entgegentreten *od.* -arbeiten, sich widerˈsetzen (*dat*), angehen gegen, bekämpfen, oppoˈnieren gegen. **4.** *jur. Am.* gegen *e-e Patentanmeldung* Einspruch erheben. **5.** *e-r Sache* entgegenstehen, hemmen (*acc*). **opˈposed** *adj* **1.** entgegengesetzt (**to** *dat*) (*a. math.*), gegensätzlich, grundverschieden, unvereinbar. **2.** (**to**) abgeneigt (*dat*), feind (*dat*), feindlich (gegen): **to be ~ to** *j-m od. e-r Sache* feindlich *od.* ablehnend gegenüberstehen, gegen *j-n od. etwas* sein. **3.** *tech.* Gegen...: **~ ions** Gegenionen; **~ piston engine** Gegenkolben-, Boxermotor *m.* **opˈpos·er** *s* **1.** → **opponent** 3. **2.** *jur. Am. j-d, der gegen die Erteilung e-s Patents od. Gebrauchsmusters Einspruch erhebt.* **opˈpos·ing** *adj* **1.** gegenˈüberliegend, -stehend. **2.** (sich) widerˈsetzend, oppoˈnierend, gegnerisch. **3.** → **opposed** 1. **4.** *a. phys. tech.* entgegenwirkend, Gegen...: **~ force** *phys.* Gegenkraft *f.*

op·po·site [ˈɒpəzɪt; *Am.* ˈɑ-] **I** *adj* (*adv* **~ly**) **1.** gegenˈüberliegend, -stehend (**to** *dat*), Gegen...: **~ angle** Gegen-, Scheitelwinkel *m*; **~ edge** Gegenkante *f*; **two sides and the angle ~ to the third** zwei Seiten u. der eingeschlossene Winkel. **2.** ˈumgekehrt, entgegengesetzt: **~ directions**; **~ signs** *math.* entgegengesetzte Vorzeichen; **in ~ phase** *tech.* gegenphasig; **of ~ sign** *math.* ungleichnamig; **~ pistons** gegenläufige Kolben; **~ polarity** *electr.* Gegenpolung *f.* **3.** gegensätzlich, entgegengesetzt, gegenteilig, (grund)verschieden, ander(er, e, es): **the ~ sex** das andere Geschlecht; **words of ~ meaning** Wörter mit entgegengesetzter Bedeutung. **4.** gegnerisch, Gegen...: **~ number** a) (Amts)Kollege *m* (*e-s Ministers etc*), b) Pendant *n*, Gegenstück *n* (*Person u. Sache*); **~ side, ~ team** *sport* Gegenpartei *f*, gegnerische Mannschaft. **5.** *bot.* gegenständig (*Blätter*). **II** *s* **6.** Gegenteil *n* (*a. math.*), Gegensatz *m*: **the very ~ of** das genaue Gegenteil von (*od. gen*); **quite the ~!** ganz im Gegenteil! **III** *adv* **7.** gegenˈüber. **IV** *prep* **8.** gegenˈüber (*dat*): **~ the house**; **to play ~ X** (*sport, Film etc*) (der, die) Gegenspieler(in) von X sein. **9.** gegenˈüber (*dat*), im Vergleich zu.

op·po·si·tion [ˌɒpəˈzɪʃn; *Am.* ˌɑ-] *s* **1.** ˈWiderstand *m* (**to** gegen): **to offer a determined ~** entschlossen(en) Widerstand leisten (**to** gegen *od. dat*); **to meet with** (*od.* **to face**) **stiff ~** auf heftigen Widerstand stoßen. **2.** Gegensatz *m*, ˈWiderspruch *m*: **to act in ~ to** zuwiderhandeln (*dat*); **to be in ~ to** in Gegensatz stehen zu. **3.** *Logik*: Gegensatz *m.* **4.** Oppositiˈon *f*: a) *pol.* Oppositiˈonsparˌtei(en *pl*) *f*: **to be in ~** in der Opposition sein, b) *astr.* Gegenstellung *f.* **5.** Gegenˈüberstellung *f.* **6.** (*das*) Gegenˈüberstehen *od.* -liegen. **7.** *tech.* Gegenläufigkeit *f.* **8.** *jur.* a) ˈWiderspruch *m*, b) *Am.* Einspruch *m* (**to** gegen *e-e Patentanmeldung*). ˌ**op·poˈsi·tion·al** *adj* **1.** *pol.* oppositioˈnell, Oppositions... **2.** gegensätzlich, Widerstands... ˌ**op·poˈsi·tion·ist I** *s* Oppositioˈnelle(r *m*) *f.* **II** *adj* → **oppositional.**

op·press [əˈpres] *v/t* **1.** *seelisch* bedrükken. **2.** unterˈdrücken, niederdrücken, tyranniˈsieren, schikaˈnieren. **3.** *fig.* lasten auf (*dat*): **he felt ~ed with** (*od.* **by**) **the heat** die Hitze lastete schwer auf ihm. **opˈpres·sion** *s* **1.** Unterˈdrückung *f*, Tyranniˈsierung *f.* **2.** a) *a. jur.* Schiˈkane(n *pl*) *f*, b) *jur.* ˈMißbrauch *m* der Amtsgewalt. **3.** Druck *m*, Bedrängnis *f*, Not *f.* **4.** (*seelische*) Bedrücktheit. **5.** *med.* Beklemmung *f.* **opˈpres·sive** [-sɪv] *adj* (*adv* **~ly**) **1.** *seelisch* bedrückend: **~ sorrow**; **~ thoughts.** **2.** drückend: **~ taxes.** **3.** tyˈrannisch, hart, grausam. **4.** *jur.* schikaˈnös. **5.** (drückend) schwül, drükkend. **opˈpres·sive·ness** *s* **1.** Druck *m.* **2.** Schwere *f*, Schwüle *f.* **opˈpres·sor** [-sə(r)] *s* Bedrücker *m*, Unterˈdrücker *m*, Tyˈrann *m.*

op·pro·bri·ous [əˈprəʊbrɪəs] *adj* (*adv* **~ly**) **1.** schmähend, Schmäh...: **~ language** Schmährede *f.* **2.** schmählich, schändlich, inˈfam, gemein: **~ conduct.** **opˈpro·bri·um** [-əm] *s* **1.** Schmach *f*, Schande *f* (**to** für). **2.** Schmähung(en *pl*) *f.*

op·pugn [ɒˈpjuːn; *Am.* ə-; ɑ-] *v/t* anfechten, bestreiten.

op·ster [ˈɑpstər] *Am. sl.* → **op artist.**

opt [ɒpt; *Am.* ɑpt] *v/i* **1.** wählen (**between** zwischen *dat*), sich entscheiden (**to do** zu tun, **in favo[u]r of, for** für): **to ~ out** a) sich dagegen entscheiden, b) ‚abspringen', zurücktreten (**of** von), c) ‚aussteigen' (**of** aus *der Gesellschaft etc*). **2.** *pol.* opˈtieren (*sich für e-e bestimmte Staatsangehörigkeit entscheiden*).

ˈop·tant *s pol.* Opˈtant *m.* **ˈop·ta·tive** [ˈɒptətɪv; *Am.* ˈɑp-] **I** *adj* **1.** Wunsch... **2.** *ling.* optaˈtivisch: **~ mood** → 3. **II** *s* **3.** *ling.* Optativ *m*, Wunschform *f.*

op·tic [ˈɒptɪk; *Am.* ˈɑp-] **I** *adj* (*adv* **~ally**) **1.** Augen..., Seh..., Gesichts...: **~ angle** Seh-, Gesichts(feld)winkel *m*; **~ axis** → **optical axis**; **~ light filter** *TV* Graufilter *m, n*, -scheibe *f*; **~ nerve** Sehnerv *m*; **~ surgery** Augenchirurgie *f*; **~ thalamus** Sehhügel *m* (*im Gehirn*). **2.** → **optical**. **II** *s* **3.** *meist pl humor.* Auge *n*. **4.** *pl* (*als sg konstruiert*) *phys.* Optik *f*, Lichtlehre *f.*

op·ti·cal [ˈɒptɪkl; *Am.* ˈɑp-] *adj* (*adv* **~ly**) *anat. phys.* optisch: **~ bench** optische Bank; **~ character reader** (*Computer*) optischer Klarschriftleser; **~ character recognition** (*Computer*) optische Zeichenerkennung; **~ density** optische Dichte; **~ fiber** (*bes. Br.* **fibre**) → **glass fiber**; **~ flat** (*od.* **plane**) optische Ebene; **~ glass** optisches Glas; **~ illusion** optische Täuschung; **~ microscope** Lichtmikroskop *n*; **~ sound** Lichtton *m*; **~ sound recorder** Gerät *n* zur optischen Schallaufzeichnung. **~ art** → **op art**. **~ ax·is** *s irr phys.* **1.** optische Achse. **2.** Sehachse *f.*

op·ti·cian [ɒpˈtɪʃn; *Am.* ɑp-] *s* Optiker *m.*

op·ti·ma [ˈɒptɪmə; *Am.* ˈɑp-] *pl von* **optimum** I.

op·ti·mal [ˈɒptɪml; *Am.* ˈɑp-] → **optimum** II.

op·ti·mism [ˈɒptɪmɪzəm; *Am.* ˈɑp-] *s* Optiˈmismus *m*. **ˈop·ti·mist** *s* Optiˈmist (-in). **ˌop·tiˈmis·tic** *adj*; **ˌop·tiˈmis·ti·cal** *adj* (*adv* **~ly**) optiˈmistisch, zuversichtlich. **ˈop·ti·mize I** *v/i* (ein) Optiˈmist sein. **II** *v/t econ. tech.* optiˈmieren.

op·ti·mum [ˈɒptɪməm; *Am.* ˈɑp-] **I** *pl* **-ma** [-mə] *s* Optimum *n*, günstigster Fall, Bestfall *m*, Bestwert *m*, günstigste Bedingungen *pl*. **II** *adj* optiˈmal, günstigst(er, e, es), bestmöglich, Best...

op·tion [ˈɒpʃn; *Am.* ˈɑp-] *s* **1.** Wahlfreiheit *f*, freie Wahl *od.* Entscheidung, Entscheidungsfreiheit *f*: **~ of a fine** Recht *n*, e-e Geldstrafe (*an Stelle der Haft*) zu wählen; **local ~** Recht *n* unterer Instanzen, den Verkauf von Wein u. Spirituosen zu verbieten. **2.** Wahl *f*: **at one's ~** nach Wahl; **to make one's ~** s-e Wahl treffen; **to leave** (*od.* **keep**) **one's ~s open** sich alle Möglichkeiten offenlassen. **3.** Alternaˈtive *f*, gebotene Möglichkeit: **none of the ~s is satisfactory**; **I had no ~ but to** ich mußte, ich hatte keine andere Wahl als, mir blieb nichts anderes übrig als. **4.** *econ.* Optiˈon *f*, Vorkaufs-, Optiˈonsrecht *n*: **call ~** a) Kaufoption, b) (*Börse*) Vorprämie(ngeschäft *n*) *f*; **put ~** a) Verkaufsoption, b) (*Börse*) Rückprämie(ngeschäft *n*) *f*; **~ rate** Prämiensatz *m*; **to take up** (**abandon**) **an ~** ein Optionsrecht (nicht) ausüben; → **buyer** 1, **seller** 1. **5.** *Versicherung*: Optiˈon *f* (*Wahlmöglichkeit des Versicherungsnehmers in bezug auf die Form der Versicherungsleistung*). **ˈop·tion·al** [-ʃənl] *adj* (*adv* **~ly**) **1.** freigestellt, wahlfrei, freiwillig, fakultaˈtiv, nach Wahl: **~ bonds** *Am.* kündbare Obligationen; **~ insurance** fakultative Versicherung; **~ studies** fakultative Studien(fächer); **~ subject** *ped.* Wahlfach *n*. **2.** *econ.* Options...: **~ clause**; **~ bargain** Prämiengeschäft *n.*

op·tom·e·ter [ɒpˈtɒmɪtə(r); *Am.* ɑpˈtɑ-] *s med.* Optoˈmeter *n*, Sehweitemesser *m*. **opˈtom·e·trist** [-trɪst] *s* Optoˈmetriker *m*. **opˈtom·e·try** [-trɪ] *s* **1.** Optomeˈtrie *f*, Sehkraft-, Sehweitemessung *f*. **2.** Sehprüfung *f*, ˈAugenunterˌsuchung *f.*

op·to·phone [ˈɒptəfəʊn; *Am.* ˈɑp-] *s* **1.** Optoˈphon *n* (*Leseapparat für Blinde, der Buchstaben mit Hilfe der Selenzelle in Töne umsetzt*). **2.** *electr.* Lichtsprechgerät *n.*

op·u·lence [ˈɒpjʊləns; *Am.* ˈɑp-] *s* (großer) Reichtum, (ˈÜber)Fülle *f*, ˈÜberfluß *m*, Opuˈlenz *f*: **to live in ~** im Überfluß leben. **ˈop·u·lent** *adj* (*adv* **~ly**) **1.** wohlhabend, (sehr) reich (*a. fig.*). **2.** üppig, opuˈlent: **~ meal**. **3.** *bot.* blütenreich, farbenprächtig.

o·pus [ˈəʊpəs] *pl* **op·e·ra** [ˈɒpərə; *Am.* ˈəʊ-] (*Lat.*) *s* (*einzelnes*) Werk, Opus *n*: **~ number** *mus.* Opusnummer *f*; → **magnum opus**. **o·pus·cule** [ɒˈpʌskjuːl; *Am.* əʊ-] *s* kleines (liteˈrarisches *od.* musiˈkalisches) Werk.

or[1] [ɔː(r)] *conj* **1.** oder: **in a day ~ two** in ein bis zwei Tagen; **~ so I believe** glaube ich zumindest. **2.** **~ else** oder, sonst, andernfalls: → **else** 3. **3.** (*nach neg*) noch, und kein, und auch nicht.

or[2] [ɔː(r)] *obs. od. poet.* **I** *conj* ehe (daß), bevor: **~ ever**, **~ e'er**, **~ ere** bevor, ehe (daß). **II** *prep* vor.

or[3] [ɔː(r)] *s her.* Gold *n*, Gelb *n.*

o·ra [ˈɔːrə; *Am. a.* ˈəʊrə] *s hist. alte englische Rechnungsmünze.*

or·ach, or·ache [ˈɒrɪtʃ; *Am. a.* ˈɑ-] *s bot.* Melde *f.*

or·a·cle [ˈɒrəkl; *Am. a.* ˈɑ-] **I** *s* **1.** *antiq.* Oˈrakel *n*: **the ~ of Apollo at Delphi**; **to work the ~** *Br. colloq.* die Sache ‚(hin-)drehen'. **2.** Oˈrakel(spruch *m*) *n*: a) oˈrakelhafter Ausspruch, b) Weissagung *f*. **3.** *meist pl relig.* Wort *n* Gottes, Bibel *f*. **4.** *relig.* (*das*) Allerˈheiligste (*im jüdischen Tempel*). **5.** *fig.* weiser Mann, Proˈphet *m*, unfehlbare Autoriˈtät. **II** *v/t u. v/i* **6.** oˈrakeln. **o·rac·u·lar** [ɒˈrækjʊlə(r); *Am. a.* əˈr-] *adj* **1.** oˈrakelhaft (*a. fig. dunkel, rätselhaft*), Orakel... **2.** weise (*Person*). **oˌrac·uˈlar·i·ty** [-ˈlærətɪ] *s* Oˈrakelhaftigkeit *f.*

o·ral [ˈɔːrəl; *Am. a.* ˈəʊ-; ˈɑ-] **I** *adj* (*adv* **~ly**) **1.** mündlich: **~ contract**; **~ examination**; **~ interpretation** Interpretation *f* durch Vortrag (*von Werken der Literatur*). **2.** *anat.* oˈral (*a. ling. Laut*), Mund...: **~ cavity** Mundhöhle *f*; **~ intercourse** Oralverkehr *m*; **for ~ use** zum innerlichen Gebrauch; **~ vaccine** Schluckimpfstoff *m*. **3.** *psych.* oˈral, Oral...: **~ eroticism**, **~ erotism** Oralerotik *f*; **~ stage** orale Phase. **II** *s* **4.** *ped. colloq.* mündliche Prüfung, (*das*) Mündliche.

o·rang [ˈɔːrəŋ; *Am.* əˈræŋ] → **orangoutang**.

or·ange[1] [ˈɒrɪndʒ; *Am. a.* ˈɑr-] **I** *s* **1.** *a.* **sweet ~** *bot.* Oˈrange *f*, Apfelˈsine *f*: **bitter ~** Pomeranze *f*; **to squeeze** (*od.* **suck**) **the ~ dry** *colloq.* ihn *od.* sie *od.* es ausquetschen *od.* -saugen wie e-e Zitrone; **sucked ~** *sl.* ‚trübe Tasse'. **2.** Oˈrange(nbaum *m*) *f*. **3.** Oˈrange *n* (*Farbe*). **II** *adj* **4.** Orangen... **5.** oˈrange(nfarben).

Or·ange[2] [ˈɒrɪndʒ; *Am. a.* ˈɑr-] **I** *npr hist.* Oˈranien *n*: **Prince of ~** Prinz von Oranien (*bes. Wilhelm III. von England*). **II** *adj* oˈranisch.

or·ange·ade [ˌɒrɪndʒˈeɪd; *Am. a.* ˌɑr-] *s* Oranˈgeade *f* (*Getränk*).

or·ange| blos·som *s* Oˈrangenblüte *f* (*a. Staatsblume von Florida*). **ˈ~-ˌcol·o(u)red** *adj* oˈrange(nfarben). **~ grove** *s* Oˈrangenplanˌtage *f.*

Or·ange·ism [ˈɒrɪndʒɪzəm; *Am. a.* ˈɑr-] *s hist.* Oranˈgismus *m* (*politischer Protestantismus in Nordirland*).

or·ange| lead [led] *s tech.* Oˈrangemennige *f*, Bleisafran *m*. **~ mad·der** *s* ˈKrapp-Oˌrange *n* (*Farbe*). **ˈO~·man** [-mən] *s irr hist.* Oranˈgist *m* (*Mitglied des* **Orange Order**). **O~·men's Day** [-mənz] *s der 12. Juli* (*nordirischer Gedenktag, an dem man der Schlachten an der Boyne, 1. 7. 1690, u. bei Aughrim, 12. 7. 1691, gedenkt*). **O~ Or·der** *s hist. 1795 mit dem Ziel gegründeter Geheimbund, die Vormachtstellung des Protestantismus in Nordirland aufrechtzuerhalten.* **~ peel** *s* **1.** Oˈrangen-, Apfelˈsinenschale *f*: **candied ~** Orangeat *n*. **2.** *a.* **~ effect** Oˈrangenschalenstrukˌtur *f* (*Lackierung*).

or·an·ge·ry [ˈɒrɪndʒərɪ; *Am. a.* ˈɑr-] *s* Orangeˈrie *f.*

or·ange stick *s* Maniˈkürestäbchen *n.*

o·rang·ou·tang [ɔːˌræŋuːˈtæŋ; *Am.* əˈræŋəˌtæŋ], **oˌrang·uˈtan** [-ˈtæn] *s zo.* ˈOrang-ˈUtan *m.*

o·rate [ɔːˈreɪt] *v/i* **1.** e-e Rede halten (**to** vor *dat*). **2.** *humor. u. contp.* (lange) Reden halten *od.* ‚schwingen', reden. **oˈra·tion** *s* **1.** (offiziˈelle *od.* feierliche) Rede. **2.** *ling.* Rede *f*: **direct ~** direkte Rede; **indirect** (*od.* **oblique**) **~** indirekte Rede. **or·a·tor** [ˈɒrətə(r); *Am. a.* ˈɑ-] *s* **1.** Redner *m*: **Public O~** Sprecher *m* u. Vertreter *m* der Universität (*Oxford u. Cambridge*). **2.** *jur. Am.* Kläger *m* (*in* **equity**-*Prozessen*).

or·a·tor·i·cal [ˌɒrəˈtɒrɪkl; *Am. a.* ˌɑrəˈtɑr-] *adj* (*adv* **~ly**) rednerisch, Redner..., oraˈtorisch, rheˈtorisch, Rede...

or·a·to·ri·o [ˌɒrəˈtɔːrɪəʊ; *Am.* -ˈtəʊ-; *a.* ˌɑr-] *pl* **-ri·os** *s mus.* Oraˈtorium *n.*

or·a·to·ry[1] [ˈɒrətərɪ; *Am.* -ˌtəʊriː; -ˌtɔː-; *a.* ˈɑ-] *s* Redekunst *f*, Beredsamkeit *f*, Rheˈtorik *f.*

or·a·to·ry[2] [ˈɒrətərɪ; *Am.* -ˌtəʊriː; -ˌtɔː-; *a.* ˈɑ-] *s relig.* **1.** Kaˈpelle *f*, Andachtsraum *m*. **2.** **O~** *R.C. hist.* Oraˈtorium *n* (*Name verschiedener Kongregationen von Weltgeistlichen ohne Klostergelübde*).

orb [ɔː(r)b] **I** *s* **1.** Kugel *f*, Ball *m*. **2.** *poet.* Gestirn *n*, Himmelskörper *m*. **3.** *obs.* Erde *f* (*Planet*). **4.** *poet.* a) Augapfel *m*, b) Auge *n*. **5.** *hist.* Reichsapfel *m*. **6.** *poet.* a) Kreis *m*, b) Ring *m*, c) Rad *n*, d) Scheibe *f*. **7.** *fig.* Welt *f*, (organiˈsiertes) Ganzes. **8.** *astr.* Einflußgebiet *n* (*e-s Planeten etc*). **II** *v/t* **9.** zu e-m Kreis *od.* e-r Kugel formen. **10.** *poet.* umˈringen. **III** *v/i* **11.** *selten* a) sich im Kreis bewegen. b) sich runden. **orbed** [ɔː(r)bd] *adj* rund, kreis-, kugelförmig.

or·bic·u·lar [ɔː(r)ˈbɪkjʊlə(r)] *adj* **1.** kugelförmig. **2.** rund, kreis-, scheibenförmig. **3.** ringförmig, Ring...

or·bic·u·late [ɔː(r)ˈbɪkjʊlət] *adj* kreisförmig, (fast) rund.

or·bit [ˈɔː(r)bɪt] **I** *s* **1.** (*astr.* Kreis-, ˈUmlauf-, *phys.* Elekˈtronen)Bahn *f*: **to get** (**put**) **into ~** in e-e Umlaufbahn gelangen (bringen). **2.** *fig.* a) Bereich *m*, Wirkungskreis *m*, b) *pol.* (Macht)Bereich *m*, Einflußsphäre *f*: **the Russian ~**. **3.** *aer.* Wartekreis *m*. **4.** *anat. zo.* a) Augenhöhle *f*, b) Auge *n*. **5.** *orn.* Augen(lider)haut *f*. **II** *v/t* **6.** *die Erde etc* umˈkreisen. **7.** *Satelliten etc* auf e-e ˈUmlaufbahn bringen. **III** *v/i* **8.** die Erde *etc* umˈkreisen, sich auf e-r ˈUmlaufbahn bewegen. **9.** *aer.* (*vor dem Landen über dem Flugplatz*) kreisen.

or·bit·al [ˈɔː(r)bɪtl] **I** *adj* **1.** *anat. zo.* orbiˈtal, Augenhöhlen...: **~ cavity** Augenhöhle *f*. **2.** *astr. phys.* Bahn...: **~ electron** Bahnelektron *n*; **~ velocity** Umlaufgeschwindigkeit *f*. **II** *s* **3.** *chem. phys.* Orbiˈtal *n, m*. **4.** *Br.* Ringstraße *f* (*um e-e Stadt*).

orc [ɔː(r)k] *s* **1.** → **grampus**. **2.** (Meeres-)

Ungeheuer *n.* **ˈor·ca** [-kə] → **killer whale.**

Or·ca·di·an [ɔː(r)ˈkeɪdjən; -dɪən] **I** *adj* Orkney… **II** *s* Bewohner(in) der Orkney-Inseln.

or·chard [ˈɔː(r)tʃə(r)d] *s* a) Obstgarten *m*, b) ˈObstplanˌtage *f.* **ˈor·chard·ing** *s* **1.** Obstbau *m.* **2.** *collect. Am.* ˈObstkulˌturen *pl.* **ˈor·chard·ist** *s*, *a.* **ˈor·chard·man** [-mən] *s irr* Obstzüchter *m*, Obstgärtner *m.*

or·ches·tic [ɔː(r)ˈkestɪk] **I** *adj* orˈchestisch, Tanz… **II** *s pl* Orˈchestik *f* (*höhere Tanzkunst*).

or·ches·tra [ˈɔː(r)kɪstrə] *s* **1.** *mus.* Orˈchester *n.* **2.** *thea.* a) *a.* ~ **pit** Orˈchester (-raum *m*, -graben *m*) *n*, b) ~ **stall** Orchestersessel *m.* **3.** *antiq.* Orˈchestra *f.*

or·ches·tral [ɔː(r)ˈkestrəl] *adj mus.* **1.** Orchester…: ~ **concert. 2.** orcheˈstral.

or·ches·trate [ˈɔː(r)kɪstreɪt] *v/t* **1.** *a. v/i mus.* orcheˈstrieren, instrumenˈtieren. **2.** *fig. Am. Gedanken etc* ordnen, *Geschichte etc* aufbauen. **3.** *fig. Am. Kampagne etc* inszeˈnieren.

or·ches·tra·tion [ˌɔː(r)keˈstreɪʃn] *s mus.* Orcheˈstrierung *f*, Instrumentatiˈon *f.*

or·ches·tri·na [ˌɔː(r)kɪˈstriːnə], **or·ches·tri·on** [ɔː(r)ˈkestrɪən] *s mus.* Orˈchestrion *n* (*automatische Orgel*).

or·chid [ˈɔː(r)kɪd] *s bot.* Orchiˈdee *f.* **ˌor·chiˈda·ceous** [-ˈdeɪʃəs] *adj bot.* Orchideen… **ˈor·chid·ist** *s* Orchiˈdeenzüchter(in). **ˌor·chidˈol·o·gy** [-ˈdɒlədʒɪ; *Am.* -ˈdɑ-] *s bot.* Orchiˈdeenkunde *f.*

or·chis [ˈɔː(r)kɪs] *s bot.* Orchiˈdee *f*, *bes.* Knabenkraut *n.*

or·chi·tis [ɔː(r)ˈkaɪtɪs] *s med.* Orˈchitis *f*, Hodenentzündung *f.*

OR cir·cuit *s Computer*: ODER-Schaltung *f.*

or·dain [ɔː(r)ˈdeɪn] *v/t* **1.** *relig.* ordiˈnieren, (*zum Priester*) weihen. **2.** bestimmen, fügen (*Gott, Schicksal*). **3.** anordnen, verfügen.

or·deal [ɔː(r)ˈdiːl] *s* **1.** *hist.* Gottesurteil *n*: ~ **by battle** Gottesurteil durch Zweikampf; ~ **by fire** Feuerprobe *f*; ~ **by water** Wasserprobe *f.* **2.** *fig.* Zerreiß-, Feuerprobe *f*, schwere Prüfung. **3.** *fig.* Qual *f*, Nervenprobe *f*, Marˈtyrium *n*, Torˈtur *f.*

or·der [ˈɔː(r)də(r)] **I** *s* **1.** Ordnung *f*, geordneter Zustand: **love of** ~ Ordnungsliebe *f*; **to keep** ~ Ordnung halten, die Ordnung wahren; → *Bes. Redew.* **2.** (öffentliche) Ordnung: ~ **was restored** die Ordnung wurde wiederhergestellt. **3.** Ordnung *f* (*a. biol. Kategorie*), Syˈstem *n* (*a. bot.*): **social** ~ Sozialordnung; **the old** ~ **was upset** die alte Ordnung wurde umgestoßen. **4.** (An)Ordnung *f*, Reihenfolge *f*: **in alphabetical** ~; ~ **of priority** Dringlichkeitsstufe *f*; ~ **of merit** (*od.* **precedence**) Rangordnung. **5.** Ordnung *f*, Aufstellung *f*: **in close (open)** ~ *mil.* in geschlossener (geöffneter) Ordnung; ~ **of battle** a) *mil.* Schlachtordnung, Gefechtsaufstellung, b) *mar.* Gefechtsformation *f.* **6.** *mil.* vorschriftsmäßige Uniˈform u. Ausrüstung: → **marching** I. **7.** *parl. etc* (Geschäfts)Ordnung *f*: **a call to** ~ ein Ordnungsruf; **to call to** ~ zur Ordnung rufen; **to rise to (a point of)** ~ zur Geschäftsordnung sprechen; **to rule s.o. out of** ~ j-m das Wort entziehen; **O~! O~!** zur Ordnung!; ~ **of the day**, ~ **of business** Tagesordnung (→ 10); **to be the** ~ **of the day** *fig.* an der Tagesordnung sein; **to pass to the** ~ **of the day** zur Tagesordnung übergehen. **8.** Zustand *m*: **in bad** ~ nicht in Ordnung, in schlechtem Zustand; **in good** ~ in Ordnung, in gutem Zustand. **9.** *ling.* (Satz)Stellung *f*, Wortfolge *f.* **10.** *oft pl* Befehl *m* (*a. beim Computer*), Instruktiˈon *f*, Anordnung *f*: **O~ in Council** *pol. Br.* Kabinettsbefehl; **to give** ~**s** (*od.* **an** ~ *od.* **the** ~) **for s.th. to be done** (*od.* **that s.th. [should] be done**) Befehl geben, etwas zu tun *od.* daß etwas getan werde; ~ **of the day** *mil.* Tagesbefehl (→ 7); → **marching** I. **11.** Verfügung *f*, Befehl *m*, Auftrag *m*: ~ **to pay** Zahlungsbefehl, -anweisung *f*; ~ **of remittance** Überweisungsauftrag. **12.** *jur.* (Gerichts)Beschluß *m*, Verfügung *f*, Befehl *m*: **release** ~ Freilassungsbeschluß. **13.** Art *f*, Klasse *f*, Grad *m*, Rang *m*: **of a high** ~ von hohem Rang; **of quite another** ~ von ganz anderer Art. **14.** *math.* Ordnung *f*, Grad *m*: **equation of the first** ~ Gleichung *f* ersten Grades. **15.** (Größen-) Ordnung *f*: **of** (*od.* **in**) **the** ~ **of** in der Größenordnung von. **16.** Klasse *f*, (Gesellschafts)Schicht *f*: **the military** ~ der Soldatenstand. **17.** a) Orden *m* (*Gemeinschaft von Personen*), b) (geistlicher) Orden: **the Franciscan O~** der Franziskanerorden, c) *a.* ~ **of knighthood** *hist.* (Ritter)Orden *m.* **18.** Orden *m*: **Knight of the O~ of the Garter** Ritter *m* des Hosenbandordens. **19.** Ordenszeichen *n*: → **bath**[2] 7, **order of merit** 1. **20.** *relig.* a) Weihe(stufe) *f*: **major** ~**s** höhere Weihen, b) *pl*, *meist* **holy** ~**s** (heilige) Weihen *pl*, Priesterweihe *f*: **to take (holy)** ~**s** die heiligen Weihen empfangen, in den geistlichen Stand treten; **to be in (holy)** ~**s** dem geistlichen Stand angehören. **21.** *relig.* Ordnung *f* (*der Messe etc*): ~ **of confession** Beichtordnung. **22.** Ordnung *f*, Chor *m* (*der Engel*): **O~ of the Seraphim. 23.** *arch.* (Säulen-) Ordnung *f*: **Doric** ~ dorische Säulenordnung. **24.** *arch.* Stil *m.* **25.** *econ.* Bestellung *f* (*a. Ware*), Auftrag *m* (**for** für): **to give** (*od.* **place**) **an** ~ e-n Auftrag erteilen, e-e Bestellung aufgeben *od.* machen; **to make to** ~ a) auf Bestellung anfertigen, b) nach Maß anfertigen; **shoes made to** ~ Maßschuhe; **a large** (*od.* **tall**) ~ *colloq.* e-e (arge) Zumutung, (zu)viel verlangt. **26.** a) Bestellung *f* (*im Restaurant*): **last** ~**s, please** Polizeistunde!, b) *colloq.* Portiˈon *f.* **27.** *econ.* Order *f* (*Zahlungsauftrag*): **to pay to s.o.'s** ~ an j-s Order zahlen; **pay to the** ~ **of** (*Wechselindossament*) für mich an (*acc*); **payable to** ~ zahlbar an Order; **own** ~ eigene Order; **check** (*Br.* **cheque**) **to** ~ Orderscheck *m.* **28.** *bes. Br.* Einlaßschein *m*, *bes.* Freikarte *f.*

Besondere Redewendungen:

at the ~ *mil.* Gewehr bei Fuß; **by** ~ a) befehls- *od.* auftragsgemäß, b) im Auftrag (*abbr.* i. A.; *vor der Unterschrift*); **by** (*od.* **on**) ~ **of** a) auf Befehl von (*od. gen*), b) im Auftrag von (*od. gen*), c) *econ.* auf Order von (*od. gen*); **in** ~ a) in Ordnung (*a. fig. gut, richtig*), b) der Reihe nach, in der richtigen Reihenfolge, c) in Übereinstimmung mit der Geschäftsordnung, zulässig, d) angebracht; **in** ~ **to** um zu; **in** ~ **that** damit; **in short** ~ *Am. colloq.* sofort, unverzüglich; **to keep in** ~ in Ordnung halten, instand halten; **to put in** ~ in Ordnung bringen; **to set in** ~ ordnen; **in running** ~ betriebsfähig; **on** ~ *econ.* a) auf *od.* bei Bestellung, b) bestellt, in Auftrag; **on the** ~ **of** a) nach Art von (*od. gen*), b) *econ.* auf Bestellung von (*od. gen*), c) auf Befehl von (*od. gen*); **out of** ~ nicht in Ordnung: a) in Unordnung, b) defekt, c) *med.* gestört, d) im Widerspruch zur Geschäftsordnung, unzulässig; **I know I am out of** ~ **in saying** ich weiß, es ist unangebracht, wenn ich sage; **till further** ~**s** bis auf weiteres; **to** ~ a) befehlsgemäß, b) auftragsgemäß, c) → 25, d) → 27; **to be under** ~**s to do s.th.** Befehl *od.* Order haben, etwas zu tun.

II *v/t* **29.** *j-m od. e-e Sache* befehlen, *etwas* anordnen: **he** ~**ed the bridge to be built** er befahl, die Brücke zu bauen; **he** ~**ed him to come** er befahl ihm zu kommen, er ließ ihn kommen. **30.** *j-n* schicken, beordern (**to** nach): **to** ~ **s.o. home** j-n nach Hause schicken; **to** ~ **s.o. out of one's house** j-n aus s-m Haus weisen; **to** ~ **s.o. off the field** *sport* j-n vom Platz stellen. **31.** *med. j-m etwas* verordnen: **he** ~**ed him quinine**; **to** ~ **s.o. to (stay in) bed** j-m Bettruhe verordnen. **32.** bestellen: **he** ~**ed 5 books**; **I** ~**ed a glass of beer. 33.** regeln, leiten, führen. **34.** *mil. das Gewehr* bei Fuß stellen: ~ **arms!** Gewehr ab! **35.** ordnen: **to** ~ **one's affairs** s-e Angelegenheiten in Ordnung bringen, sein Haus bestellen.

III *v/i* **36.** befehlen, Befehle geben. **37.** Aufträge erteilen, Bestellungen machen.

Verbindungen mit Adverbien:

or·der| a·bout, ~ **a·round** *v/t* herˈumkommanˌdieren. ~ **a·way** *v/t* **1.** weg-, fortschicken. **2.** abführen lassen. ~ **back** *v/t* zuˈrückbeordern. ~ **in** *v/t* herˈeinkommen lassen. ~ **off** *v/t sport* vom Platz stellen. ~ **out** *v/t* **1.** hinˈausschicken, -beordern. **2.** hinˈausweisen. **3.** *Militär, Polizei* aufbieten.

or·der| bill *s econ.* Orderwechsel *m.* ~ **bill of lad·ing** *s econ. mar.* ˈOrderkonnosseˌment *n.* ~ **book** *s* **1.** *econ.* a) Bestell-, Auftragsbuch *n*, b) *fig.* Auftragsbestand *m.* **2.** *parl. Br.* Liste *f* der angemeldeten Anträge. **3.** *mar. mil.* Paˈrolebuch *n.* ~ **check,** *Br.* ~ **cheque** *s econ.* Orderscheck *m.* ~ **form** *s econ.* Bestellschein *m.* ~ **in·stru·ment** *s econ.* ˈOrderpaˌpier *n.*

ˈor·der·less → **disorderly** I.

or·der·li·ness [ˈɔː(r)də(r)lɪnɪs] *s* **1.** Ordnung *f*, Regelmäßigkeit *f.* **2.** Ordentlichkeit *f.*

ˈor·der·ly I *adj* **1.** ordentlich, (wohl)geordnet. **2.** geordnet, plan-, regelmäßig, meˈthodisch. **3.** *fig.* ruhig, gesittet, friedlich: **an** ~ **citizen. 4.** *mar. mil.* a) im *od.* vom Dienst, diensthabend, -tuend, b) Ordonnanz…: **on** ~ **duty** auf Ordonnanz. **II** *adv* **5.** ordnungsgemäß, planmäßig. **III** *s* **6.** *mil.* a) Ordonˈnanz *f*, b) Saniˈtätsˌunteroffiˌzier *m*, Krankenträger *m*, Saniˈtäter *m*, c) (Offiˈziers)Bursche *m.* **7.** Krankenpfleger *m.* ~ **book** *s mil.* Befehls-, Paˈrolebuch *n.* ~ **of·fi·cer** *s mil.* **1.** Ordonˈnanzoffiˌzier *m.* **2.** Offiˈzier *m* vom Dienst. ~ **room** *s mil.* Geschäftszimmer *n*, Schreibstube *f.*

or·der| num·ber *s econ.* Bestellnummer *f.* ~ **of mer·it** *s* **1.** Verdienstorden *m.* **2. Order of Merit** *Br.* Verdienstorden *m* (*für militärische, wissenschaftliche, künstlerische u. berufliche Verdienste verliehen*). **O~ of the Brit·ish Em·pire** *s* Orden *m* des Brit. Reiches (*brit. Verdienstorden*). **O~ of the Gar·ter** *s* Hosenbandorden *m* (*der höchste brit. Orden*). ~ **pad** *s* Bestell(schein)block *m.* ~ **pa·per** *s* **1.** ˈSitzungsproˌgramm *n*, (schriftliche) Tagesordnung. **2.** *econ.* ˈOrderpaˌpier *n.* ~ **po·si·tion** *s econ.* Auftragslage *f.* ~ **slip** *s* Bestellzettel *m.*

or·di·nal [ˈɔː(r)dɪnl; *Am. a.* ˈɔːrdnəl] **I** *adj* **1.** *math.* Ordnungs…, Ordinal…: ~ **number** → 3. **2.** *bot. zo.* Ordnungs… **II** *s* **3.** *math.* Ordiˈnal-, Ordnungszahl *f.* **4.** *relig.* a) Ordiˈnale *n* (*Regelbuch für die Ordinierung anglikanischer Geistlicher*), b) *oft* **O~** Ordiˈnarium *n* (*Ritualbuch od. Gottesdienstordnung*).

or·di·nance [ˈɔː(r)dɪnəns; -dn-] *s* **1.** (*amtliche*) Verordnung, Verfügung *f*, Erlaß *m.*

2. *relig.* a) (*festgesetzter*) Brauch, Ritus *m*, b) Sakraˈment *n*.

or·di·nand [ˌɔː(r)dɪˈnænd] *s relig.* Ordiˈnandus *m*.

or·di·nar·i·ly [ˈɔːdnrəlɪ; *Am.* ˌɔːrdnˈer-] *adv* **1.** norˈmalerweise, gewöhnlich. **2.** wie gewöhnlich, wie üblich.

or·di·nar·y [ˈɔː(r)dnrɪ; *Am.* -ˌeriː] **I** *adj* (*adv* → **ordinarily**) **1.** üblich, gewöhnlich, norˈmal: **in ~ speech** im landläufigen Sinne, im allgemeinen Sprachgebrauch. **2.** gewöhnlich, allˈtäglich, Durchschnitts..., mittelmäßig: **an ~ face** ein Alltagsgesicht *n*. **3.** *a. jur.* ordentlich, ständig: **~ court** ordentliches Gericht; **~ member** ordentliches Mitglied. **II** *s* **4.** (*das*) Übliche, (*das*) Norˈmale: **education above the ~** überdurchschnittliche *od.* außergewöhnliche Bildung; **out of the ~** ungewöhnlich; **nothing out of the ~** nichts Ungewöhnliches. **5. in ~** ordentlich, von Amts wegen: **judge in ~** ordentlicher Richter; **physician in ~ (of a king)** Leibarzt *m* (e-s Königs). **6.** *relig.* Ordiˈnarium *n*, Gottesdienst-, *bes.* Meßordnung *f*. **7.** *a.* **O~** *relig.* Ordiˈnarius *m* (*Bischof od. Erzbischof mit ordentlicher Jurisdiktionsgewalt*). **8.** *jur.* a) ordentlicher Richter, b) **O~**, *a.* **Lord O~** (*in Schottland*) *e-r der 5 Richter des* **Court of Session** (→ **session** 3 a), *die das* **Outer House** *bilden*, c) *Am.* Nachlaßrichter *m*. **9.** *her.* einfaches Heroldsstück. **10.** *hist. Am.* Hochrad *n* (*frühe Form des Fahrrads*). **11.** *Br. obs.* a) Alltags-, Hausmannskost *f*, b) Tagesgericht *n* (*in Wirtshäusern etc*). **12.** *Br. obs.* Wirtshaus *n*, Gaststätte *f*. **~ cred·i·tor** *s econ.* gewöhnlicher *od.* nicht bevorrechtigter Gläubiger. **O~ lev·el** → **O level** 1. **~ life in·sur·ance** *s econ.* Großlebensversicherung *f*. **~ sea·man** *s irr mar.* ˈLeichtmaˌtrose *m*. **~ share** *s econ. bes. Br.* Stammaktie *f*.

or·di·nate [ˈɔː(r)dnət; *Am. a.* -ˌeɪt] *s math.* Ordiˈnate *f*.

or·di·na·tion [ˌɔː(r)dɪˈneɪʃn] *s* **1.** *relig.* Priesterweihe *f*, Ordinatiˈon *f*. **2.** Bestimmung *f*, Ratschluß *m* (*Gottes etc*).

ord·nance [ˈɔː(r)dnəns] *s mil.* **1.** Artilleˈrie *f*, Geschütze *pl*: **a piece of ~** ein Geschütz *n*. **2.** ˈFeldzeugmateriˌal *n*. **3.** Feldzeugwesen *n*: **Royal Army O~ Corps** Feldzeugkorps *n* des brit. Heeres. **~ da·tum** *s surv.* mittlere Höhe über Norˈmalnull. **O~ De·part·ment** *s mil. Am.* Zeug-, Waffenamt *n*. **~ de·pot** *s mil.* ˈFeldzeug-, *bes.* Artilleˈrie(ˌausrüstungs)deˌpot *n*. **~ map** *s mil.* **1.** *Am.* Geneˈralstabskarte *f*. **2.** *Br.* Meßtischblatt *n*. **~ of·fi·cer** *s* **1.** *mar. Am.* Artilleˈrieoffiˌzier *m*. **2.** Offiˈzier *m* der Feldzeugtruppe. **3.** ˈWaffenoffiˌzier *m*. **~ park** *s mil.* **1.** Artilleˈrieausrüstungs-, Geschützpark *m*. **2.** Feldzeugpark *m*. **~ ser·geant** *s mil.* ˈWaffen-, Geˈräteˌunteroffiˌzier *m*. **O~ Sur·vey** *s Br.* amtliche Landesvermessung: **~ map** a) Meßtischblatt *n*, b) (1:100000) Generalstabskarte *f*. **~ tech·ni·cian** *s mil.* Feuerwerker *m*.

Or·do·vi·ci·an [ˌɔː(r)dəʊˈvɪʃɪən; *Am.* -ʃən] *geol.* **I** *s* Ordoˈvizium *n* (*untere Abteilung des Silurs*). **II** *adj* ordoˈvizisch.

or·dure [ˈɔːˌdjʊə; *Am.* ˈɔːrdʒər] *s* Kot *m*, Schmutz *m*, Unflat *m* (*a. fig.*).

ore [ɔː(r)] *s min.* Erz *n*. **ˈ~-ˌbear·ing** *adj geol.* erzführend, -haltig.

o·rec·tic [ɒˈrektɪk; *Am.* əʊˈr-] *adj ped.* oˈrektisch.

o·re·ga·no [ˌɒrɪˈgɑːnəʊ; *bes. Am.* əˈregənəʊ] *s* Oˈrigano *n*, Oˈregano *n*.

Or·e·go·ni·an [ˌɒrɪˈgəʊnjən; -ɪən; *Am. a.* ˌɑ-] **I** *s* Bewohner(in) von Oregon. **II** *adj* aus Oregon, Oregon...

ore| ham·mer *s* Erzhammer *m*, Pochschlegel *m*. **~ hearth** *s tech.* Schmelzherd *m*. **~ mill** *s* Erzmühle *f*. **~ sieve** *s* Erzsieb *n*, ˈÜberhebsieb *n*. **~ smelt·ing** *s* (Kupfer)Rohschmelzen *n*. **~ wash·ing** *s* Erzschlämmen *n*.

orf(e) [ɔː(r)f] *s ichth.* (Gold)Orfe *f*.

org [ɔː(r)g] *colloq. für* **organization**.

or·gan [ˈɔː(r)gən] *s* **1.** *allg.* Orˈgan *n*: a) *anat. Körperwerkzeug*: **~ of sense** Sinnesorgan; **~ of sight** Sehorgan; **~s of speech** Sprechwerkzeuge, b) Werkzeug *n*, Instruˈment *n*, Hilfsmittel *n*, Sprachrohr *n* (*Zeitschrift*): **party ~** Parteiorgan, c) Stimme *f*: **his loud ~** sein lautes Organ; **influential ~s of public opinion** maßgebliche Stimmen der Öffentlichkeit. **2.** *mus.* a) *a.* **~ pipe** Orgel *f*: **theater** (*bes. Br.* **theatre**) **~** Kinoorgel *f*; → **great organ**, b) Werk *n* (*e-r Orgel*), c) *a.* **American ~** (*ein*) Harˈmonium *n*, d) → **barrel organ**, e) *obs. od. Bibl.* (Muˈsik-, *bes.* ˈBlas)Instruˌment *n*.

or·ga·na [ˈɔː(r)gənə] *pl von* **organon**.

or·gan| bel·lows *s pl mus.* Orgelbalg *m*, Blasebalg *m* e-r Orgel. **~ blow·er** *s mus.* **1.** Bälgetreter *m* (*der Orgel*). **2.** eˈlektrisch betriebenes Windwerk (*an der Orgel*).

or·gan·die, *bes. Am.* **or·gan·dy** [ˈɔː(r)gəndɪ] *s* Orˈgandy *m* (*feines Baumwollgewebe*).

ˈor·gan-ˌgrind·er *s* Drehorgelspieler *m*, Leierkastenmann *m*.

or·gan·ic [ɔː(r)ˈgænɪk] *adj* (*adv* **~ally**) *allg.* orˈganisch (*a. fig. u. philos.*): **~ act** (*od.* **law**) *jur. pol.* Grundgesetz *n*; **~ analysis** *chem.* Elementaranalyse *f*; **~ chemistry** organische Chemie; **~ disease** organische Krankheit; **~ electricity** tierische Elektrizität; **~ growth** organisches Wachstum; **an ~ whole** ein organisches Ganzes.

or·gan·i·cism [ɔː(r)ˈgænɪsɪzəm] *s biol. sociol.* Organiˈzismus *m*.

or·gan·ism [ˈɔː(r)gənɪzəm] *s biol. u. fig.* Orgaˈnismus *m*. **or·gan·is·mal** [ˌɔː(r)gəˈnɪzməl], **ˌor·ganˈis·mic** *adj* orgaˈnismisch.

or·gan·ist [ˈɔː(r)gənɪst] *s mus.* Orgaˈnist(in).

or·gan·i·za·tion [ˌɔː(r)gənaɪˈzeɪʃn; *Am.* -nəˈz-] *s* **1.** Organisatiˈon *f*: a) Organiˈsierung *f*, Bildung *f*, Gründung *f*, b) (orˈganischer *od.* systeˈmatischer) Aufbau, (Aus)Gestaltung *f*, Gliederung *f*, Anordnung *f*, c) Zs.-schluß *m*, Verband *m*, Gesellschaft *f*, Körperschaft *f*: (**administrative**) **~** Verwaltungsapparat *m*; (**party**) **~** *pol.* (Partei)Organisation. **2.** Orgaˈnismus *m*, organiˈsiertes Ganzes, Syˈstem *n*. **ˌor·gan·iˈza·tion·al** *adj* organisaˈtorisch, Organisations...

or·gan·i·za·tion| chart *s* Organisatiˈonsplan *m*. **~ man** *s irr* **1.** (guter) Organiˈsator, Organisatiˈonstaˌlent *n*. **2.** j-d, der zuviel Wert auf Organisatiˈon legt.

or·gan·ize [ˈɔː(r)gənaɪz] **I** *v/t* **1.** organiˈsieren: a) einrichten, aufbauen, b) gründen, ins Leben rufen, schaffen, c) veranstalten, *Sportveranstaltung a.* ausrichten: **~d tour** Gesellschaftsreise *f*, d) gestalten, anordnen. **2.** in ein Syˈstem bringen: **to ~ facts**; **~d crime** das organisierte Verbrechen; **I must get** (**myself**) **~d** ich muß Ordnung in mein Leben bringen; **she is very ~d** (*od. a very* **~d person**) sie hat alles gut im Griff. **3.** (gewerkschaftlich) organiˈsieren: **~d labo(u)r**. **II** *v/i* **4.** sich (gewerkschaftlich) organiˈsieren. **ˈor·gan·iz·er** *s* Organiˈsator *m*, *sport etc a.* Veranstalter *m*, *sport a.* Ausrichter *m*. **ˈor·gan·iz·ing** *adj* **1.** Organisations...: **~ committee**. **2. ~ principle** Ordnungsprinzip *n*.

or·gan| loft *s mus.* Orgelchor *m*. **~ meat** *s Schlächterei*: Inneˈreien *pl*.

or·gan·o·gen·e·sis [ˌɔː(r)gənəʊˈdʒenɪsɪs; *Am. a.* ɔːrˌgænə-] *s biol.* Organogeˈnese *f*, Proˈzeß *m* der Orˈganbildung.

or·gan·og·ra·phy [ˌɔː(r)gəˈnɒgrəfɪ; *Am.* -ˈnɑg-] *s* Organograˈphie *f*: a) *biol. med.* Beschreibung *f* der Orˈgane, b) *bot.* Erforschung *f* der ˈPflanzenorˌgane.

or·gan·ol·o·gy [ˌɔː(r)gəˈnɒlədʒɪ; *Am.* -ˈnɑl-] *s* Organoloˈgie *f*, Lehre *f* von den Orˈganen.

or·gan·o·me·tal·lic [ɔː(r)ˌgænəʊmɪˈtælɪk] *adj chem.* meˈtallorˌganisch.

or·ga·non [ˈɔː(r)gənɒn; *Am.* -ˌnɑn] *pl* **-na** [-nə] *od.* **-nons** *s philos.* Organon *n* (*Denkwerkzeug od. Denkfähigkeit, a. Logik*).

or·ga·nop·a·thy [ˌɔː(r)gəˈnɒpəθɪ; *Am.* -ˈnɑp-] *s med.* Orˈganerkrankung *f*, orˈganisches Leiden.

or·ga·no·ther·a·py [ˌɔː(r)gənəʊˈθerəpɪ; *Am. a.* ɔːrˌgænə-] *s med.* Organotheraˈpie *f*.

ˈor·gan|-piˌan·o *s mus.* Melopiˈano *n*. **~ pipe** *s mus.* Orgelpfeife *f*. **~ screen** *s arch.* Orgellettner *m*. **~ stop** *s mus.* ˈOrgelreˌgister *n*, -zug *m*.

or·gan·zine [ˈɔː(r)gənziːn] *s* Organˈsin (-seide *f*) *m*, *n*.

or·gasm [ˈɔː(r)gæzəm] *s* **1.** *med.* Orˈgasmus *m*, Höhepunkt *m* (*der geschlechtlichen Erregung*). **2.** *selten* heftige Erregung. **orˈgas·tic** *adj* orˈgastisch.

or·gy [ˈɔː(r)dʒɪ] *s* Orgie *f* (*a. fig.*).

o·ri·el [ˈɔːrɪəl; *Am. a.* ˈəʊ-] *s arch.* **1.** Chörlein *n*, Erker *m*. **2.** *a.* **~ window** Erkerfenster *n*.

o·ri·ent [ˈɔːrɪənt; *Am. a.* ˈəʊ-; -ˌent] **I** *s* **1.** Osten *m*: a) östliche Länder *pl*, b) *poet.* Sonnenaufgang *m*, östliche Himmelsgegend. **2. the O~** *geogr.* der Orient, das Morgenland. **3.** a) Perle *f* von hohem Glanz, b) Wasser *n* (*e-r Perle*). **II** *adj* **4.** aufgehend: **the ~ sun**. **5.** *obs.* → **oriental** 1. **6.** orienˈtalisch, von hohem Glanz (*Perlen, Edelsteine*). **7.** glänzend. **III** *v/t* [ˈɔːrɪent; *Am. a.* ˈəʊ-] **8.** *e-e Kirche etc* osten. **9.** orten, die Lage *od.* die Richtung bestimmen von (*od. gen*). **10.** a) *chem. phys.* orienˈtieren, b) *tech.* ausrichten, einstellen. **11.** *e-e Landkarte* einnorden. **12.** *fig. geistig* (aus)richten, orienˈtieren (**to** nach): **to ~ o.s.** sich orientieren (**by** an *dat*, nach); **psychology-~ed research** psychologisch ausgerichtete Forschung. **13.** *neue Mitarbeiter etc* einführen. **IV** *v/i* **14.** (**by**) sich orienˈtieren (an *dat*, nach), sich (aus-) richten (nach).

o·ri·en·tal [ˌɔːrɪˈentl; *Am. a.* ˌəʊ-] **I** *adj* **1.** *meist* **O~** orienˈtalisch, morgenländisch, östlich: **O~ carpet** (*od.* **rug**) Orient-, Perserteppich *m*; **~ sore** *med.* Orientbeule *f*; **~ stitch** (*Stickerei*) enger Fischgrätenstich; **O~ studies** Orientalistik *f*. **2.** *bes. arch.* östlich. **II** *s* **3.** Orienˈtale *m*, Orienˈtalin *f*.

o·ri·en·tal·ism, *oft* **O~** [ˌɔːrɪˈentəlɪzəm; *Am.* ˌəʊ-] *s* **1.** Orientaˈlismus *m*: a) orienˈtalisches Wesen, b) orienˈtalische Spracheigenheit. **2.** *paint. hist.* Oriˈentmaleˌrei *f*. **ˌo·riˈen·tal·ist,** *oft* **O~** *s* Orientaˈlist(in).

O·ri·en·tal·ize, *a.* **o~** [ˌɔːrɪˈentəlaɪz; *Am.* ˌəʊ-] *v/t u. v/i* (sich) orientaliˈsieren.

o·ri·en·tate [ˈɔːrɪenteɪt; *Am. a.* ˈəʊ-] → **orient** III *u.* IV.

o·ri·en·ta·tion [ˌɔːrɪenˈteɪʃn; *Am. a.* ˌəʊ-] *s* **1.** Ostung *f* (*e-r Kirche*). **2.** Anlage *f*, Richtung *f*. **3.** Orienˈtierung *f* (*a. chem.*), Ortung *f*, Richtungs-, Lagebestimmung *f*, Ausrichtung *f* (*a. fig.*). **4.** Orienˈtierung *f*, (Sich)Zuˈrechtfinden *n* (*bes. fig.*). **5.** Orienˈtierungssinn *m*. **6.** Einführung *f*. **~ course** *s*

Einführungslehrgang *m.* **~ talk** *s* Einführungsgespräch *n.*

o·ri·en·teer [ˌɔːrɪenˈtɪə(r); *Am. a.* ˌəʊ-] *s sport* Orienˈtierungsläufer(in). ˌ**o·ri·en-ˈteer·ing** *s* Orienˈtierungslauf *m.*

or·i·fice [ˈɒrɪfɪs; *Am. a.* ˈɑr-] *s* Öffnung *f* (*a. anat. tech.*), Mündung *f*: **body ~** Körperöffnung; **aortic ~** Aortenostium *n.*

or·i·flamme [ˈɒrɪflæm; *Am. a.* ˈɑr-] *s* **1.** *hist.* Oriflamme *f* (*Kriegsfahne der Könige von Frankreich*). **2.** Banner *n*, Fahne *f.* **3.** *fig.* Faˈnal *n.*

o·ri·ga·mi [ˌɒrɪˈgɑːmɪ] *s* Oriˈgami *n*, Paˈpierfaltkunst *f.*

or·i·gan [ˈɒrɪgən] *s bot.* (*bes.* Roter) Dost, Wilder Majoran.

or·i·gin [ˈɒrɪdʒɪn; *Am. a.* ˈɑr-] *s* **1.** Ursprung *m*: a) Quelle *f* (*e-s Flusses*), b) Abstammung *f*, ˈHerkunft *f*: **a word of Latin ~** ein Wort lateinischen Ursprungs; **a man of Spanish ~** ein Mann spanischer Herkunft; **country of ~** *econ.* Ursprungsland *n*; **certificate of ~** *econ.* Ursprungszeugnis *n*; **indication of ~** *econ.* Ursprungsbezeichnung *f*, c) Anfang *m*, Entstehung *f*: **the ~ of species** der Ursprung der Arten; **the date of ~** das Entstehungsdatum. **2.** *math.* Koordiˈnatennullpunkt *m*, -ursprung *m.*

o·rig·i·nal [əˈrɪdʒənl] **I** *adj* (*adv* → **originally**) **1.** origiˈnal, Original..., Ur..., ursprünglich, echt: **the ~ picture** das Originalbild; **the ~ text** der Ur- *od.* Originaltext. **2.** erst(er, e, es), ursprünglich, Ur...: **~ bill** *econ. Am.* Primawechsel *m*; **~ capital** *econ.* Gründungskapital *n*; **~ copy** Erstausfertigung *f*; **the ~ inventor** der ursprüngliche Erfinder; **~ jurisdiction** *jur.* erstinstanzliche Zuständigkeit; **~ share** *econ. bes. Br.* Stammaktie *f*; → **sin** 1. **3.** origiˈnell, neu: **an ~ idea. 4.** selbständig, unabhängig: **an ~ thinker; ~ research. 5.** schöpferisch, ursprünglich: **~ genius** Originalgenie *n*, Schöpfergeist *m.* **6.** ureigen, urwüchsig, Ur...: **~ behavio(u)r** urwüchsiges Benehmen; **~ nature** Urnatur *f.* **7.** geboren: **an ~ thief. II** *s* **8.** Origiˈnal *n*: a) Urbild *n*, Urstück *n*, b) Urfassung *f*, Urtext *m*: **in the ~** im Original, im Urtext, *a.* in der Ursprache, *jur.* urschriftlich. **9.** Origiˈnal *n* (*exzentrischer Mensch*). **10.** *bot. zo.* Stammform *f.*

o·rig·i·nal·i·ty [əˌrɪdʒəˈnælətɪ] *s* **1.** Originaliˈtät *f*: a) Ursprünglichkeit *f*, Echtheit *f*, b) Eigentümlichkeit *f*, Eigenart *f*, origiˈneller Chaˈrakter, c) Neuheit *f.* **2.** Unabhängigkeit *f*, Selbständigkeit *f.* **3.** (*das*) Schöpferische.

o·rig·i·nal·ly [əˈrɪdʒənəlɪ] *adv* **1.** ursprünglich, zuˈerst. **2.** hauptsächlich, eigentlich. **3.** von Anfang an, schon immer. **4.** origiˈnell.

o·rig·i·nate [əˈrɪdʒəneɪt] **I** *v/i* **1.** (**from**) entstehen, entspringen (aus), s-n Ursprung *od.* s-e Ursache haben (in *dat*), ˈherstammen (von *od.* aus), ausgehen (von). **2.** ausgehen (**with, from** von *j-m*). **3.** *Am.* ausgehen (**in** von) (*Zug etc*). **II** *v/t* **4.** herˈvorbringen, verursachen, erzeugen, schaffen, ins Leben rufen. **5.** den Anfang machen mit, den Grund legen zu. **o**ˌ**rig·iˈna·tion** *s* **1.** Herˈvorbringung *f*, Erzeugung *f*, (Er)Schaffung *f.* **2.** → **origin** 1 b *u.* c. **oˈrig·i·na·tive** *adj* erschaffend, schöpferisch. **oˈrig·i·na·tor** [-tə(r)] *s* Urheber(in), Begründer (-in), Schöpfer(in).

o·ri·ole [ˈɔːrɪəʊl; *Am. a.* ˈəʊ-] *s orn.* Piˈrol *m*, Goldamsel *f.*

or·i·son [ˈɒrɪzən; *Am. a.* -sən; *a.* ˈɑ-] *s poet.* Gebet *n.*

orle [ɔː(r)l] *s her.* Innenbord *m.*

or·lop [ˈɔː(r)lɒp; *Am.* -ˌlɑp] *s mar.* Plattform-, Raum-, Orlopdeck *n.*

or·mer [ˈɔː(r)mə(r)] *s zo.* Seeohr *n.*

or·mo·lu [ˈɔː(r)məʊluː] *s* Ormulu *m*: a) Malergold *n*, b) Goldbronze *f.*

or·na·ment I *s* [ˈɔː(r)nəmənt] **1.** Ornaˈment *n*, Verzierung *f* (*a. mus.*), Schmuck *m*: **by way of ~** zur *od.* als Verzierung. **2.** *fig.* Zier(de) *f* (**to** für *od. gen*): **he was an ~ to the club. 3.** *collect.* Ornaˈmente *pl*, Ornaˈmentik *f*, Verzierungen *pl*, schmückendes Beiwerk: **rich in ~** reich verziert. **4.** *oft pl relig.* Kirchengerät *n.* **II** *v/t* [-ment] **5.** verzieren, schmücken. ˌ**or·naˈmen·tal** [-ˈmentl] *adj* (*adv* **~ly**) ornamenˈtal, schmückend, dekoraˈtiv, Zier...: **~ castings** Kunstguß *m*; **~ plants** Zierpflanzen; **~ type** Zierschrift *f.* ˌ**or·naˈmen·tal·ism** *s* Vorliebe *f* für Verzierungen. ˌ**or·na·menˈta·tion** *s* Ornamenˈtierung *f*, Ausschmückung *f*, Verzierung *f.* ˈ**or·na·ment·ist** *s* Dekoraˈteur *m*, *bes.* Dekoratiˈonsmaler *m.*

or·nate [ɔː(r)ˈneɪt] *adj* (*adv* **~ly**) **1.** reichverziert *od.* -geschmückt. **2.** überˈladen (*Stil etc*). **3.** blumig (*Sprache*).

or·ner·y [ˈɔː(r)nərɪ] *adj colloq. od. dial.* **1.** → **ordinary. 2.** *bes. Am.* ‚ekelhaft', übellaunig. **3.** *bes. Am.* störrisch, unfolgsam.

or·nis [ˈɔː(r)nɪs] *s* Vogelwelt *f.*

or·ni·tho·log·ic [ˌɔː(r)nɪθəˈlɒdʒɪk; *Am.* -ˈlɑ-] *adj*; ˌ**or·ni·thoˈlog·i·cal** [-kl] *adj* (*adv* **~ly**) ornithoˈlogisch. ˌ**or·niˈthol·o·gist** [-ˈθɒlədʒɪst; *Am.* -ˈθɑ-] *s* Ornithoˈloge *m.* ˌ**or·niˈthol·o·gy** [-dʒɪ] *s* Ornitholoˈgie *f*, Vogelkunde *f.*

or·ni·tho·man·cy [ˈɔː(r)nɪθəʊˌmænsɪ] *s* Ornithomanˈtie *f*, ˈVogelwahrsageˌrei *f.*

or·ni·thop·ter [ˈɔː(r)nɪθɒptə(r); *Am.* -ˌθɑp-] *a. aer.* Schwingenflügler *m.*

or·ni·tho·rhyn·chus [ˌɔː(r)nɪθəʊˈrɪŋkəs] *s orn.* Schnabeltier *n.*

or·ni·tho·sis [ˌɔː(r)nɪˈθəʊsɪs] *s vet.* Orniˈthose *f*, Papaˈgeienkrankheit *f.*

o·rog·ra·phy [ɒˈrɒgrəfɪ; *Am.* -ˈrɑg-] *s* Orograˈphie *f*, Beschreibung *f* (des Reliˈefs) der Erdoberfläche.

o·rol·o·gy [ɒˈrɒlədʒɪ; *Am.* -ˈrɑ-] *s* Oroloˈgie *f*, Gebirgskunde *f.*

o·rom·e·ter [ɒˈrɒmɪtə(r); *Am.* -ˈrɑ-] *s meteor.* ˈHöhenbaroˌmeter *n.*

o·ro·pha·ryn·ge·al [ˈɒrəʊˌfærɪnˈdʒiːəl; *Am. a.* ˈəʊrəʊ-] *adj med.* Mundrachen...

o·ro·tund [ˈɒrəʊtʌnd; *Am. a.* ˈɑ-; ˈəʊ-] *adj* **1.** volltönend: **~ voice. 2.** bomˈbastisch, pomˈpös: **~ style.**

or·phan [ˈɔː(r)fn] **I** *s* (Voll)Waise *f*, Waisenkind *n*: **~s' home** Waisenhaus *n.* **II** *adj* Waisen..., verwaist: **an ~ child** → 1. **III** *v/t* zur Waise machen: **to be ~ed** zur Waise werden, verwaisen; **~ed** verwaist. **or·phan·age** [ˈɔː(r)fənɪdʒ] *s* **1.** Waisenhaus *n.* **2.** Verwaistheit *f.* ˈ**or·phan·hood** → **orphanage** 2. ˈ**or·phan·ize** → **orphan** III.

Or·phe·an [ɔːˈfiːən; *Am.* ˈɔːrfiːən] *adj* **1.** → **Orphic** 1. **2.** verzaubernd, bannend, wundersam: **~ music.**

Or·phic [ˈɔː(r)fɪk] *adj* **1.** *antiq.* orphisch. **2.** *a.* **o~** mystisch, geheimnisvoll. **3.** → **Orphean** 2.

or·phrey [ˈɔː(r)frɪ] *s* **1.** (Gold)Borte *f.* **2.** *hist.* Goldstickeˈrei *f.*

or·rer·y [ˈɒrərɪ; *Am. a.* ˈɑ-] *s astr.* Planeˈtarium *n.*

or·ris[1] [ˈɒrɪs; *Am. a.* ˈɑ-] *s bot.* **1.** Florenˈtiner Schwertlilie *f.* **2.** *a.* **~root** Veilchenwurzel *f.*

or·ris[2] [ˈɒrɪs; *Am. a.* ˈɑ-] *s* **1.** Gold-, Silberborte *f od.* -spitze *f.* **2.** Gold-, Silberstickeˈrei *f.*

ortho- [ɔː(r)θəʊ] *Wortelement mit den Bedeutungen*: a) recht, korrekt, richtig, b) (senk)recht, c) gerade, d) *chem.* ortho..., e) *phys.* ortho... (*parallelen Spin bezeichnend*).

ˌ**or·tho·chroˈmat·ic** *adj* (*adv* **~ally**) *phot.* orthochroˈmatisch, farb(wert)richtig.

or·tho·clase [ˈɔː(r)θəʊkleɪs; -kleɪz] *s min.* Orthoˈklas *m.*

ˌ**or·tho·diˈag·o·nal** *math.* **I** *s a.* **~ axis** Orthoachse *f*, ˈOrthodiagoˌnale *f.* **II** *adj* ˈorthodiagoˌnal.

or·tho·don·ti·a [ˌɔː(r)θəʊˈdɒntɪə; *Am.* -ˈdɑntʃə] *s*; ˌ**or·thoˈdon·tics** [-tɪks] *s pl* (*als sg od. pl konstruiert*) *med.* Orthodonˈtie *f*, ˈKieferorthopäˌdie *f.*

or·tho·dox [ˈɔː(r)θədɒks; *Am.* -ˌdɑks] *adj* (*adv* **~ly**) **1.** *relig.* orthoˈdox: a) streng-, rechtgläubig, b) **O~** ˈgriechisch-orthoˌdox: **O~ Church** griechisch-orthodoxe Kirche, c) *Am.* die Dreiˈfaltigkeitslehre vertretend. **2.** *allg.* orthoˈdox: **~ opinion. 3.** *fig.* anerkannt, konventioˈnell, üblich. **4. ~ sleep** *psych.* orthodoxer Schlaf. ˈ**or·tho·dox·y** *s* Orthodoˈxie *f*: a) *relig.* Recht-, Strenggläubigkeit *f*, b) *allg.* orthoˈdoxes Denken, c) orthoˈdoxer *od.* konventioˈneller Chaˈrakter.

or·tho·ep·y [ˈɔː(r)θəʊepɪ; *Am.* -θəˌwepiː] *s ling.* Orthoeˈpie *f*: a) *Lehre von der richtigen Aussprache*, b) *richtige Aussprache.*

ˌ**or·thoˈgen·e·sis** *s* Orthogeˈnese *f*: a) *biol. geradlinige Stammesentwicklung*, b) *sociol. Lehre von der Gleichförmigkeit sozialer Entwicklung in jeder Kulturepoche.*

or·thog·o·nal [ɔː(r)ˈθɒgənl; *Am.* -ˈθɑg-] *adj math.* orthogoˈnal, rechtwink(e)lig: **~ projection** → **orthographic projection.**

ˌ**or·thoˈgraph·ic** *adj*; ˌ**or·thoˈgraph·i·cal** *adj* (*adv* **~ly**) **1.** orthoˈgraphisch, Rechtschreib(ungs)... **2.** *math.* rechtwink(e)lig, orthogoˈnal.

or·tho·graph·ic pro·jec·tion *s math.* Orthogoˈnalprojektiˌon *f*, orthoˈgraphische Projektiˈon.

or·thog·ra·phy [ɔː(r)ˈθɒgrəfɪ; *Am.* -ˈθɑg-] *s* **1.** Orthograˈphie *f*, Rechtschreibung *f.* **2.** *tech.* richtig projiˈzierte Zeichnung.

or·tho·p(a)e·dic [ˌɔː(r)θəʊˈpiːdɪk] *adj med.* orthoˈpädisch. ˌ**or·thoˈp(a)e·dics** *s pl* (*oft als sg konstruiert*) *med.* Orthopäˈdie *f.* ˌ**or·thoˈp(a)e·dist** *s* Orthoˈpäde *m.* ˈ**or·tho·p(a)e·dy** → **orthop(a)edics.**

ˌ**or·tho·psyˈchi·a·try** *s* vorbeugende Psychiaˈtrie.

or·thop·ter [ɔː(r)ˈθɒptə(r); *Am.* -ˈθɑp-] *s* **1.** *aer.* → **ornithopter. 2.** *zo.* → **orthopteron. orˈthop·ter·on** [-rɒn; *Am.* -rən] *s* Geradflügler *m.*

or·thop·tic [ɔː(r)ˈθɒptɪk; *Am.* -ˈθɑp-] **I** *adj* **1.** *med.* norˈmalsichtig, Normalsicht...: **~ exercises** mechanische Sehübungen. **II** *s* **2.** *mil.* Okuˈlar-Lochscheibe *f.* **3.** *pl* (*als sg konstruiert*) *med.* Orthˈoptik *f* (*Behandlung des Schielens durch Augenmuskeltraining*).

ˌ**or·thoˈpyr·a·mid** *s math.* Orthopyraˈmide *f.*

or·tho·scope [ˈɔː(r)θəʊskəʊp] *s med. hist.* Orthoˈskop *n.* ˌ**or·thoˈscop·ic** [-ˈskɒpɪk; *Am.* -ˈskɑ-] *adj* orthoˈskopisch, tiefenrichtig, verzeichnungs-, verzerrungsfrei.

ˈ**or·tho·tone** *adj ling.* den Eigenton bewahrend, nicht enˈklitisch (*Wort*).

or·to·lan [ˈɔː(r)tələn] *s orn.* Ortoˈlan *m*, Gartenammer *f.*

Os·can [ˈɒskən; *Am.* ˈɑs-] **I** *s* **1.** Osker(in) (*Angehörige[r] der ältesten samnitischen Bevölkerung Kampaniens*). **2.** *ling.* Oskisch *n*, das Oskische. **II** *adj* **3.** oskisch.

Os·car[1] [ˈɒskə; *Am.* ˈɑskər] *s* Oscar *m* (*alljährlich in den USA verliehener Filmpreis in Form e-r Statuette*).

os·car[2] [ˈɒskə; *Am.* ˈɑskər] *s Austral. sl.* ‚Kröten' *pl* (*Geld*).

os·cil·late [ˈɒsɪleɪt; *Am.* ˈɑ-] **I** *v/i* **1.** *bes. math. phys.* oszilˈlieren, schwingen, pendeln, viˈbrieren. **2.** *fig.* (hin u. her) schwanken. **3.** *electr.* a) ˈhochfreˌquente Schwingungen ausführen *od.* erzeugen, b) unbeabsichtigt *od.* wild schwingen. **II** *v/t* **4.** in Schwingungen versetzen. **ˈos·cil·lat·ing** *adj* **1.** oszilˈlierend, schwingend, pendelnd, viˈbrierend: **~ axle** *mot.* Schwingachse *f*; **~ beacon** *aer.* Pendelfeuer *n*; **~ circuit** *electr.* Schwingkreis *m*; **~ current** *electr.* oszillierender Strom, Schwingstrom *m*; **~ mirror** Schwing-, Kippspiegel *m*; **~ universe theory** *geol.* Oszillationstheorie *f.* **2.** *fig.* schwankend, unschlüssig.

os·cil·la·tion [ˌɒsɪˈleɪʃn; *Am.* ˌɑ-] *s* **1.** *bes. math. phys.* Oszillatiˈon *f*, Schwingung *f*, Pendelbewegung *f*, Schwankung *f.* **2.** *fig.* Schwanken *n*, Unschlüssigkeit *f.* **3.** *electr.* a) (*einzelner*) Ladungswechsel, b) Stoßspannung *f*, Imˈpuls *m*, c) Periˈode *f*, volle Schwingung. **ˈos·cil·la·tor** [-tə(r)] *s* **1.** *electr.* Oszilˈlator *m.* **2.** *fig.* Schwankende(r *m*) *f.*

os·cil·la·to·ry [ˈɒsɪlətərɪ; *Am.* ˈɑsələˌtəʊriː; -ˌtɔː-] → **oscillating** 1.

os·cil·lo·gram [əˈsɪləʊgræm; *Am.* ɑˈs-] *s electr. phys.* Oszilloˈgramm *n.* **osˈcil·lo·graph** [-grɑːf; *Am.* -ˌgræf] *s* Oszilloˈgraph *m*: **~ tube** → **oscilloscope.**

os·cil·lo·scope [əˈsɪləʊskəʊp; *Am.* ɑˈs-] *s electr. phys.* Oszilloˈskop *n*, Kaˈthodenstrahlröhre *f.*

os·cu·lant [ˈɒskjʊlənt; *Am.* ˈɑs-] *adj* **1.** sich berührend, gemeinsame Chaˈrakterzüge aufweisend. **2.** *zo.* enganhaftend. **3.** *biol.* ein Zwischenglied (*zwischen zwei Gruppen*) bildend. **ˈos·cu·lar** *adj* **1.** *math.* oskuˈlär (*e-e Berührung höherer Ordnung betreffend*). **2.** Kuß...

os·cu·late [ˈɒskjʊleɪt; *Am.* ˈɑs-] *v/t u. v/i* **1.** *bes. humor.* (sich) küssen. **2.** *math.* oskuˈlieren, e-e Oskulatiˈon bilden.

ˈos·cu·lat·ing| cir·cle *s math.* Oskulatiˈons-, Schmiegungskreis *m.* **~ curve** *s* oskuˈlierende Kurve. **~ plane** *s* Schmiegungsebene *f.*

os·cu·la·tion [ˌɒskjʊˈleɪʃn; *Am.* ˌɑs-] *s* **1.** *obs.* a) Kuß *m*, b) Küssen *n.* **2.** *math.* Oskulatiˈon *f*, Berührung *f* zweier Kurven: **point of ~** Berührungspunkt *m.*

os·cu·la·to·ry [ˈɒskjʊlətərɪ; *Am.* ˈɑskjələˌtəʊriː; -ˌtɔː-] *adj* **1.** küssend, Kuß... **2.** *math.* oskuˈlierend, Oskulations...

o·sier [ˈəʊʒə(r)] *s* **1.** *bot.* Korbweide *f*: **~ bed** Weidenpflanzung *f.* **2.** Weidenrute *f*: **~ basket** Weidenkorb *m*; **~ furniture** Korbmöbel *pl.*

Os·man·li [ɒzˈmænlɪ; *Am.* ɑz-] **I** *s* **1.** Osmanˈli *m*, Osˈmane *m.* **2.** *a.* **~ Turkish** *ling.* Osˈmanisch *n*, das Osmanische. **II** *adj* **3.** osˈmanisch.

os·mic [ˈɒzmɪk; *Am.* ˈɑz-] *adj chem.* Osmium...

os·mi·um [ˈɒzmɪəm; *Am.* ˈɑz-] *s chem.* Osmium *n.*

os·mo·sis [ɒzˈməʊsɪs; *Am.* ɑz-] *s phys.* Osˈmose *f.* **osˈmot·ic** [-ˈmɒtɪk; *Am.* -ˈmɑ-] *adj* (*adv* **~ally**) osˈmotisch.

os·mund [ˈɒzmənd; *Am.* ˈɑz-] *s bot.* Rispenfarn *m.*

Os·na·burg, o~ [ˈɒznəbɜːg; *Am.* ˈɑznəˌbɜrg] *s* Osnaˈbrücker Leinwand *f.*

os·prey [ˈɒsprɪ; *Am.* ˈɑs-] *s* **1.** *orn.* Fischadler *m.* **2.** Reiherfeder *f.*

os·se·in [ˈɒsɪɪn; *Am.* ˈɑ-] *s biol. chem.* Osseˈin *n*, Knochenleim *m.*

os·se·ous [ˈɒsɪəs; *Am.* ˈɑ-] *adj* knöchern, Knochen...

os·si·cle [ˈɒsɪkl; *Am.* ˈɑ-] *s anat.* Knöchelchen *n.*

os·sif·er·ous [ɒˈsɪfərəs; *Am.* ɑˈs-] *adj* (*bes.* fosˈsile) Knochen enthaltend.

os·si·fi·ca·tion [ˌɒsɪfɪˈkeɪʃn; *Am.* ˌɑ-] *s med.* Verknöcherung *f.* **ˈos·si·fied** [-faɪd] *adj med.* verknöchert (*a. fig.*), ossifiˈziert.

os·si·frage [ˈɒsɪfrɪdʒ; *Am.* ˈɑ-] *s orn. obs.* **1.** → **osprey. 2.** → **lammergeier.**

os·si·fy [ˈɒsɪfaɪ; *Am.* ˈɑ-] **I** *v/t* **1.** ossifiˈzieren, verknöchern (lassen). **2.** *fig.* verknöchern, überˈtrieben konventioˈnell machen. **II** *v/i* **3.** ossifiˈzieren, verknöchern. **4.** *fig.* verknöchern, in Konventiˈonen erstarren.

os·su·ar·y [ˈɒsjʊərɪ; *Am.* ˈɑʃəˌweriː] *s* Osˈsarium *n*: a) Beinhaus *n*, b) Gebeinurne *f* (*in der Antike*).

os·te·al [ˈɒstɪəl; *Am.* ˈɑs-] → **osseous.**

os·te·i·tis [ˌɒstɪˈaɪtɪs; *Am.* ˌɑs-] *s med.* Osteˈitis *f*, Knochenentzündung *f.*

os·ten·si·ble [ɒˈstensəbl; *Am.* ɑˈs-] *adj* (*adv* **ostensibly**) **1.** scheinbar. **2.** an-, vorgeblich. **3.** vorgeschoben: **~ partner** Strohmann *m.* **osˈten·sive** *adj* (*adv* **~ly**) **1.** ostenˈsiv: a) (auf)zeigend, anschaulich machend, darlegend, b) *fig.* herˈausfordernd, prahlerisch. **2.** → **ostensible. osˈten·so·ry** [-sərɪ] *s relig.* Monˈstranz *f.*

os·ten·ta·tion [ˌɒstenˈteɪʃn; *Am.* ˌɑs-] *s* **1.** (protzige) Zurˈschaustellung. **2.** Protzeˈrei *f*, Prahleˈrei *f.* **3.** Gepränge *n*, Prachtentfaltung *f.* **ˌos·tenˈta·tious** *adj* (*adv* **~ly**) **1.** großtuerisch, prahlerisch, protzend: **to be ~ about s.th.** etwas protzig zur Schau stellen, mit etwas protzen. **2.** (bewußt) herˈausfordernd, ostentaˈtiv, betont, demonstraˈtiv. **3.** prunkhaft, prächtig.

osteo- [ɒstɪəʊ; *Am.* ɑs-] *Wortelement mit der Bedeutung* Knochen...

ˌos·te·o·arˈthri·tis *s med.* Osteoarˈthritis *f*, Knochen- u. Gelenkentzündung *f.*

os·te·o·blast [ˈɒstɪəʊblæst; *Am.* ˈɑstɪə-] *s physiol.* Osteoˈblast *m*, Knochenbildner *m.*

os·te·oc·la·sis [ˌɒstɪˈɒkləsɪs; *Am.* ˌɑstɪˈɑk-] *s med.* **1.** Osteoklaˈsie *f*, (chirˈurgische) ˈKnochenfrakˌtur. **2.** Knochengewebszerstörung *f.* **os·te·o·clast** [ˈɒstɪəʊklæst; *Am.* ˈɑs-] *s* Osteoˈklast *m*: a) *Instrument zum Zerbrechen von Knochen*, b) *Knochen resorbierende Riesenzelle.*

ˌos·te·oˈgen·e·sis *s* Osteogeˈnese *f*, Knochenbildung *f.* **ˌos·te·o·geˈnet·ic, ˌos·te·oˈgen·ic** [-ˈdʒenɪk], **os·te·og·e·nous** [ˌɒstɪˈɒdʒɪnəs; *Am.* ˌɑstɪˈɑdʒə-] *adj* osteoˈgen, knochenbildend. **ˌos·teˈog·e·ny** → **osteogenesis.**

os·te·ol·o·gist [ˌɒstɪˈɒlədʒɪst; *Am.* ˌɑstɪˈɑlə-] *s* Osteoˈloge *m.* **ˌos·teˈol·o·gy** *s* Osteoloˈgie *f*, Knochenlehre *f.*

os·te·o·ma [ˌɒstɪˈəʊmə; *Am.* ˌɑs-] *pl* **-mas** *od.* **-ma·ta** [-mətə] *s med.* Osteˈom *n*, gutartige Knochengeschwulst. **ˌos·te·o·maˈla·ci·a** [-məˈleɪʃɪə] *s med.* Knochenerweichung *f.*

ˈos·te·oˌmy·eˈli·tis *s med.* Osteomyeˈlitis *f*, Knochenmarkentzündung *f.*

os·te·o·path [ˈɒstɪəpæθ; *Am.* ˈɑs-] *s med.* Osteoˈpath *m.* **ˌos·teˈop·a·thy** [-ˈɒpəθɪ; *Am.* -ˈɑpə-] *s med.* Chiroˈpraktik *f.*

os·te·o·plas·tic [ˌɒstɪəˈplæstɪk; *Am.* ˌɑs-] *adj* **1.** *physiol.* osteoˈplastisch, knochenbildend. **2.** *med.* knochenplastisch. **ˈos·te·oˌplas·ty** [-ˌplæstɪ] *s* Knochenplastik *f.*

os·te·o·po·ro·sis [ˌɒstɪəʊpɔːˈrəʊsɪs; *Am.* ˌɑstɪəʊpə-] *s med.* Osteopoˈrose *f*, Knochengewebeschwund *m.*

os·te·o·tome [ˈɒstɪətəʊm; *Am.* ˈɑs-] *s med.* Osteoˈtom *n*, Knochenmeißel *m.*

os·te·ot·o·my [ˌɒstɪˈɒtəmɪ; *Am.* ˌɑstɪˈɑ-] *s* Osteotoˈmie *f*, Knochenzerschneidung *f.*

os·ti·ar·y [ˈɒstɪərɪ; *Am.* ˈɑstɪˌeriː] *s relig.* **1.** *R.C.* Ostiˈarius *m* (*Inhaber der niedersten der 4 niederen Weihen*). **2.** Pförtner *m.*

ost·ler [ˈɒslə; *Am.* ˈɑslər] *s hist.* Stallknecht *m.*

os·tra·cism [ˈɒstrəsɪzəm; *Am.* ˈɑs-] *s* **1.** *antiq.* Scherbengericht *n.* **2.** *fig.* a) Verbannung *f*, b) Ächtung *f.* **ˈos·tra·cize** *v/t* **1.** *antiq.* (durch das Scherbengericht) verbannen. **2.** *fig.* a) verbannen, b) ächten, (aus der Gesellschaft) ausstoßen, verfemen.

os·tra·cod [ˈɒstrəkɒd; *Am.* ˈɑstrəˌkɑd] *s zo.* Muschelkrebs *m.*

os·tre·i·cul·ture [ˈɒstrɪɪˌkʌltʃə(r); *Am.* ˈɑs-] *s* Austernzucht *f.*

os·trich [ˈɒstrɪtʃ; *Am.* ˈɑs-] **I** *s orn.* Strauß *m*: **to behave like an ~** den Kopf in den Sand stecken; **to have the digestion of an ~** e-n Magen wie ein Pferd haben. **II** *adj* Strauß(en)...: **~ feather** (*od.* **plume**) Straußenfeder *f.* **~ fern** *s bot.* Straußfarn *m.* **~ pol·i·cy** *s fig.* Vogel-ˈStrauß-Poliˌtik *f.*

Os·tro·goth [ˈɒstrəʊgɒθ; *Am.* ˈɑstrəˌgɑθ] *s* Ostgote *m.* **ˌOs·troˈgoth·ic** *adj* ostgotisch.

Os·ty·ak [ˈɒstɪæk; *Am.* ˈɑs-] *s* **1.** Ostˈjake *m*, Ostˈjakin *f* (*finnisch-ugrisches Volk*). **2.** *ling.* Ostˈjakisch *n*, das Ostjakische.

o·tal·gi·a [əʊˈtældʒɪə; -dʒə] *s med.* Otalˈgie *f*, Ohrenschmerz *m.*

o·ta·ry [ˈəʊtərɪ] *s zo.* Ohrenrobbe *f.*

oth·er [ˈʌðə(r)] **I** *adj* **1.** ander(er, e, es): **~ people think otherwise** andere Leute denken anders; **there is no ~ place to go to** man kann sonst nirgends hingehen; **~ things being equal** bei sonst gleichen Bedingung(en); **the ~ side** *jur.* die Gegenseite. **2.** (*vor s im pl*) andere, übrige: **the ~ guests. 3.** ander(er, e, es), weiter(er, e, es), sonstig(er, e, es): **many ~ things; one ~ person** e-e weitere Person, (noch) j-d anders; **the ~ two** die anderen beiden, die beiden anderen; **any ~ questions?** sonst noch Fragen? **4.** anders (than als): **I would not have him ~ than he is** ich möchte ihn nicht anders haben, als er ist; **no person ~ than yourself** niemand außer dir. **5.** (from, than) anders (als), verschieden (von): **far ~ from ours** ganz anders als der unsere. **6.** zweit(er, e, es) (*obs. außer in*): **every ~** jeder (jede, jedes) zweite: **every ~ year** jedes zweite Jahr, alle zwei Jahre; **every ~ day** jeden zweiten Tag. **7.** vorˈhergehend (*obs. außer in*): **the ~ day** neulich, kürzlich; **the ~ night** neulich abend. **II** *pron* **8.** ander(er, e, es): **the ~** der *od.* die *od.* das andere; **each ~, one an~** einander, sich; **~s say** andere sagen; **the two ~s** die beiden anderen; **of all ~s** vor allen anderen; **no** (*od.* **none**) **~ than** kein anderer als; **someone or ~** irgendwer, irgend jemand; **some day** (*od.* **time**) **or ~** e-s Tages, irgendeinmal; **some way or ~** irgendwie, auf irgendeine Weise; **some singer or ~** irgend so ein Sänger. **III** *adv* **9.** anders (than als): **you can't get there ~ than by car** man kommt nur mit dem Wagen (dort)hin.

ˌoth·er-diˈrect·ed *adj* konforˈmistisch, fremdbestimmt.

oth·er·ness [ˈʌðə(r)nɪs] *s* Anderssein *n*, Verschiedenheit *f.*

ˈoth·er·where *adv poet.* **1.** anderswo. **2.** ˈanderswoˌhin, woˈandershin.

oth·er·wise [ˈʌðə(r)waɪz] **I** *adv* **1.** (*a. conj*) sonst, andernfalls: **~ you will not get it. 2.** sonst, im übrigen: **stupid but ~ harmless; this ~ excellent dictionary. 3.** anderweitig: **~ occupied; unless you are ~ engaged** wenn du nichts anderes vorhast. **4.** anders (than als): **we think ~; not ~ than** nicht anders als, genauso wie; **X., ~ (called) Y.** X., auch Y. genannt; X. alias Y. **5.** (*nach* **or** *od.* **and** *zum Ausdruck des Gegenteils*): **the advantages or ~ of s.th.** die Vor- oder Nachteile e-r Sache; **berries edible and ~**

eßbare und nichteßbare Beeren. **II** *adj* **6.** sonstig: **his ~ rudeness** s-e sonstige Grobheit; **his political enemies, his ~ friends** s-e politischen Gegner, sonst aber s-e Freunde. **7.** anders: **can it be ~ than beautiful?**; **rather tall than ~** eher groß als klein.

oth·er|world *s* Jenseits *n*. **ˈ~·world** *adj* jenseitig. **ˌ~ˈworld·li·ness** *s* **1.** Jenseitigkeit *f*. **2.** Jenseitsgerichtetheit *f*. **3.** *fig.* Weltfremdheit *f*. **ˌ~ˈworld·ly** *adj* **1.** jenseitig, unirdisch, Jenseits... **2.** auf das Jenseits gerichtet. **3.** *fig.* weltfremd.

o·tic [ˈəʊtɪk] *adj anat.* Ohr...

o·ti·ose [ˈəʊʃɪəʊs] *adj* **1.** müßig, träg(e), untätig. **2.** müßig, zwecklos. **ˌo·tiˈos·i·ty** [-ˈɒsətɪ; *Am.* -ˈɑ-] *s* **1.** Muße *f*, Müßiggang *m*. **2.** Zwecklosigkeit *f*.

o·ti·tis [əʊˈtaɪtɪs] *s med.* Oˈtitis *f*, Ohr(en)entzündung *f*: **~ media** Mittelohrentzündung.

o·to·lar·yn·gol·o·gist [ˈəʊtəʊˌlærɪŋˈɡɒlədʒɪst; *Am.* -ˈɡɑ-] *s med.* Hals-Nasen-Ohren-Arzt *m*. **ˈo·toˌlar·ynˈgol·o·gy** *s* Hals-, Nasen- u. Ohrenheilkunde *f*.

o·tol·o·gist [əʊˈtɒlədʒɪst; *Am.* -ˈtɑ-] *s med.* Otoˈloge *m*, Facharzt *m* für Ohrenleiden. **oˈtol·o·gy** *s* Otoloˈgie *f*, Ohrenheilkunde *f*.

o·to·rhi·no·lar·yn·gol·o·gist [ˈəʊtəʊˌraɪnəʊˌlærɪŋˈɡɒlədʒɪst; *Am.* -ˈɡɑ-] → **otolaryngologist**. **ˈo·toˌrhi·noˌlar·ynˈgol·o·gy** → **otolaryngology**.

o·to·scope [ˈəʊtəskəʊp] *s med.* Otoˈskop *n*, Ohr(en)spiegel *m*.

ot·ta·va ri·ma [əʊˌtɑːvəˈriːmə] *s metr.* Ottaveˈrime *pl*, Stanze *f*, Okˈtave *f* (*Strophe aus 8 fünfhebigen jambischen Versen mit dem Reimschema abababcc*).

ot·ter [ˈɒtə; *Am.* ˈɑtər] *s* **1.** *pl* **-ters,** *bes. collect.* **-ter** *zo.* Otter *m*. **2.** Otterfell *n*, -pelz *m*. **3.** *zo.* Larve *f* des Hopfenspinners. **4.** (*ein*) Fischfanggerät *n*. **5.** → **paravane**. **ˈ~·hound** *s hunt.* Otterhund *m*.

Ot·to en·gine [ˈɒtəʊ; *Am.* ˈɑtəʊ] *s mot.* Ottomotor *m*.

Ot·to·man [ˈɒtəʊmən; *Am.* ˈɑtə-] **I** *adj* **1.** osˈmanisch, türkisch. **II** *pl* **-mans** *s* **2.** Osˈmane *m*, Türke *m*. **3. o~** Ottoˈmane *f*: a) *Art Sofa*, b) Polsterhocker *m*. **4. o~** Ottoˈman *m* (*Gewebe*).

ou·bli·ette [ˌuːblɪˈet] *s* Oubliˈette *f*, (Burg)Verlies *n*.

ouch[1] [aʊtʃ] *interj* autsch!, au!

ouch[2] [aʊtʃ] *s hist.* Spange *f*.

ought[1] [ɔːt] **I** *v/aux* (*nur pres u. pret; mit folgendem inf mit* **to**, *obs. od. poet. a. ohne* **to**) *ich, er, sie, es* sollte, *du* solltest, *ihr* solltet, *wir, sie, Sie* sollten: **he ~ to do it** er sollte es (eigentlich) tun; **he ~ (not) to have seen it** er hätte es (nicht) sehen sollen; **you ~ to have known better** du hättest es besser wissen sollen *od.* müssen. **II** *s* Soll *n*, (moˈralische) Pflicht.

ought[2] [ɔːt] *s* Null *f*.

ought[3] → **aught** II.

Oui·ja (board) [ˈwiːdʒɑː; -dʒə] *s* Alphaˈbettafel *f* (*für spiritistische Sitzungen*).

ounce[1] [aʊns] *s* **1.** Unze *f* (*als Handelsgewicht* = *28,35 g; als Troygewicht* = *31,1 g; abbr.* **oz.**, *im pl* **ozs.**): **by the ~** nach (dem) Gewicht. **2.** → **fluid ounce**. **3.** *hist.* Unze *f* (*Maß u. Gewicht sehr verschiedenen Wertes*). **4.** *fig.* Körnchen *n*, Funken *m*, *ein* bißchen: **an ~ of common sense** ein Funken gesunden Menschenverstandes; **not an ~ of truth** nicht ein Körnchen Wahrheit; **an ~ of practice is worth a pound of theory** Probieren geht über Studieren.

ounce[2] [aʊns] *s zo.* **1.** Irbis *m*, ˈSchneeleoˌpard *m*. **2.** *poet.* Luchs *m*.

our [ˈaʊə(r)] *poss adj* unser: **~ books**; **O~ Father** *relig.* das Vaterunser; → **lady** 7.

ours [ˈaʊə(r)z] *poss pron* (*ohne folgendes s od. pred*) **1.** (*der, die, das*) uns(e)re: **I like ~ better** mir gefällt das unsere besser; **a friend of ~** ein Freund von uns, e-r von unseren Freunden; **this world of ~** diese unsere Welt; **that house of ~** unser Haus; **Smith of ~** *Br.* Smith von unserem Regiment *etc*; **~ is a small group** unsere Gruppe ist klein. **2.** unser, (*der, die, das*) uns(e)re: **it is ~** es gehört uns, es ist unser; **it became ~** es wurde unser, es gelangte in unseren Besitz.

our·self [ˌaʊə(r)ˈself] *pron* (*sg von* **ourselves**, *beim Pluralis Majestatis gebraucht*) **1.** Uns (selbst). **2.** (höchst)selbst: **We O~** Wir höchstselbst.

our·selves [ˌaʊə(r)ˈselvz] *pron* **1.** *reflex* uns (selbst): **we blame ~** wir geben uns (selbst) die Schuld. **2.** (*verstärkend*) *wir* selbst: **we ~ will go there, we will go there ~**; **let us do it ~** machen wir es selbst. **3.** uns (selbst): **good for the others, not for ~**.

ou·sel → **ouzel**.

oust [aʊst] *v/t* **1.** vertreiben, entfernen, verdrängen, hinˈauswerfen (**from** aus): **to ~ s.o. from office** j-n aus s-m Amt entfernen *etc*, j-n s-s Amtes entheben; **to ~ from the market** *econ.* vom Markt verdrängen; **to ~ from the lead** *sport* von der Spitze verdrängen. **2.** *etwas* verdrängen. **3.** *jur. j-n* enteignen, um den Besitz bringen. **4.** berauben (**of** *gen*). **ˈoust·er** *s* **1.** a) Entfernung *f* (aus dem Amt), (Amts)Enthebung *f*, b) *allg.* Hinˈauswurf *m*. **2.** *jur.* a) Enteignung *f*, b) Besitzentziehung *f*.

out [aʊt] **I** *adv* **1.** (*a. in Verbindung mit Verben*) a) hinˈaus(*-gehen, -werfen etc*): **go ~!** geh hinaus!, b) herˈaus(*-kommen, -schauen etc*): **come ~!** komm heraus!, c) aus(*-brechen, -pumpen, -sterben etc*): **to die ~**, d) aus(*-probieren, -rüsten etc*): **to fit ~** ausstatten; **voyage ~** Ausreise *f*; **way ~** Ausgang *m*; **on the way ~** beim Hinausgehen; **to have a tooth ~** sich e-n Zahn ziehen lassen; **to insure ~ and home** *econ.* hin u. zurück versichern; **~ with him!** hinaus *od.* ‚raus' mit ihm!; **~ with it!** hinaus *od.* heraus damit! (→ 10); **that's ~!** das kommt nicht in Frage!; **to have it ~ with s.o.** *fig.* die Sache mit j-m ausfechten; **~ of** → 42. **2.** außen, draußen, fort: **he is ~** er ist draußen; **~ and about** (wieder) auf den Beinen; **he is away ~ in Canada** er ist (draußen) in Kanada; **he has been ~ for a walk** er hat e-n Spaziergang gemacht. **3.** nicht zu Hause, ausgegangen: **to be ~ on business** geschäftlich unterwegs *od.* verreist sein; **an evening ~** ein Ausgeh-Abend; **we had an evening ~** wir sind am Abend ausgegangen. **4.** von der Arbeit abwesend: **to be ~ on account of illness** wegen Krankheit der Arbeit fernbleiben; **a day ~** ein freier Tag. **5.** im *od.* in den Streik, ausständig (*Arbeiter*): **to be ~** streiken; **to go ~** in den Streik treten. **6.** a) ins Freie, b) draußen, im Freien, c) *mar.* draußen, auf See, d) *mil.* im Felde. **7.** als Hausangestellte beschäftigt. **8.** ‚raus', (*aus dem Gefängnis etc*) entlassen: **~ on bail** gegen Bürgschaft auf freiem Fuß. **9.** herˈaus, veröffentlicht, an der *od.* an die Öffentlichkeit: **(just) ~** (soeben) erschienen (*Buch*); **it came ~ in June** es kam im Juni heraus, es erschien im Juni; **the girl is not yet ~** das Mädchen ist noch nicht in die Gesellschaft eingeführt (worden). **10.** herˈaus, ans Licht, zum Vorschein, entdeckt, -hüllt, -faltet: **the chickens are ~** die Küken sind ausgeschlüpft; **the flowers are ~** a) die Blumen sind heraus *od.* blühen, b) die Blüten sind entfaltet; **the secret is ~** das Geheimnis ist enthüllt *od.* gelüftet (worden); **~ with it!** heraus damit!, heraus mit der Sprache! (→ 1). **11. ~ for** auf *e-e Sache* aus, auf der Jagd *od.* Suche nach *e-r Sache*: **~ for prey** auf Raub aus. **12. to be ~ for s.th.** sich für etwas einsetzen *od.* erklären. **13. to be ~ to do s.th.** darauf aus sein *od.* darauf abzielen, etwas zu tun. **14.** weit u. breit, in der Welt (*bes. zur Verstärkung des sup*): **the best thing ~**; **~ and away** bei weitem. **15.** *sport* aus, draußen: a) nicht (mehr) im Spiel, b) im Aus, außerhalb des Spielfelds. **16.** *Boxen*: ausgezählt, k.ˈo., kampfunfähig: **~ on one's feet** a) stehend k.o., b) *fig.* ‚schwer angeschlagen', ‚erledigt'. **17.** *pol.* draußen, ‚raus', nicht (mehr) im Amt, nicht (mehr) am Ruder: **the Democrats are ~**. **18.** aus der Mode: **boogie woogie is ~**. **19.** aus, vorˈüber, vorˈbei, zu Ende: **school is ~** *Am.* die Schule ist aus; **before the week is ~** vor Ende der Woche. **20.** aus, erloschen: **the fire is ~**; **the lights are ~**. **21.** aus(gegangen), verbraucht, ‚alle': **the potatoes are ~**. **22.** aus der Übung: **my fingers are ~**. **23.** zu Ende, bis zum Ende, ganz: → **hear** 3, **sit out** 1; **tired ~** vollständig erschöpft; **~ and ~** durch u. durch, ganz u. gar. **24.** nicht an der richtigen Stelle *od.* im richtigen Zustand, *z.B.* a) verrenkt (*Arm etc*), b) geistesgestört, verrückt, von Sinnen, c) über die Ufer getreten (*Fluß*). **25.** löch(e)rig, zerrissen, ˈdurchgescheuert: → **elbow** 1. **26.** ärmer um: **to be $10 ~**. **27.** a) verpachtet, vermietet, b) verliehen, ausgeliehen (*Geld, a. Buch*): **land ~ at rent** verpachtetes Land; **~ at interest** auf Zinsen ausgeliehen (*Geld*). **28.** unrichtig, im Irrtum (befangen): **his calculations are ~** s-e Berechnungen stimmen nicht; **to be (far) ~** sich (gewaltig) irren, ‚(ganz) auf dem Holzweg sein'. **29.** entzweit, ‚verkracht': **to be ~ with s.o.** **30.** verärgert, ärgerlich. **31.** in ärmlichen Verhältnissen: **to be down and ~** heruntergekommen sein. **32.** laut: **to laugh ~** laut (heraus)lachen; **speak ~!** a) sprich lauter!, b) heraus damit!

II *adj* **33.** Außen...: **~ edge**; **~ islands** entlegene *od.* abgelegene Inseln. **34.** *Kricket*: nicht schlagend: **the ~ side** → 48. **35.** *sport* Auswärts...: **~ match**. **36.** *pol.* nicht (mehr) im Amt *od.* am Ruder (befindlich): **~ party** Oppositionspartei *f*. **37.** abgehend: **~ train**. **38.** ˈübernorˌmal, Über...: → **outsize**.

III *prep* **39.** (herˈaus *od.* herˈvor) aus (*obs. außer nach* **from**): **from ~ the house** aus dem Haus heraus. **40.** aus, herˈaus *od.* hinˈaus aus *od.* zu: **~ the window** zum Fenster hinaus, aus dem Fenster. **41.** *Am. colloq.* a) hinˈaus, b) draußen an (*dat*) *od.* in (*dat*): **to drive ~ Main Street** die Hauptstraße (entlang) hinausfahren; **to live ~ Main Street** (weiter) draußen an der Hauptstraße wohnen. **42. ~ of** a) aus (... herˈaus): **~ of the bottle (house,** *etc*), b) zu ... hinˈaus: **~ of the window (house,** *etc*), c) aus, von: **two ~ of three Americans** zwei von drei Amerikanern, d) außerhalb, außer *Reichweite, Sicht etc*: **~ of reach**, e) außer *Atem, Übung etc*: **~ of breath (practice,** *etc*); **to be ~ of s.th.** etwas nicht (mehr) haben; **we are ~ of oil** uns ist das Öl ausgegangen, f) aus *der Mode, Richtung etc*: **~ of fashion**; **~ of drawing** verzeichnet; **to be ~ of it** *colloq.* ‚weg vom Fenster sein'; → **alignment** 2, **focus** 1, **question** 4, g) außerhalb (*gen od.* von): **five miles ~ of Oxford**; **to be ~ of it** *fig.* nicht dabeisein (dürfen); **to feel ~ of it** sich ausgeschlossen fühlen; → **door** *Bes. Redew.*, h) um *etwas betrügen*: **to cheat**

s.o. ~ of s.th., i) von, aus: **to get s.th. ~ of s.o.** etwas von j-m bekommen; **he got more (pleasure) ~ of it** er hatte mehr davon, j) (ˈhergestellt) aus: **made ~ of paper**, k) *fig.* aus *Bosheit, Furcht, Mitleid etc*: **~ of spite (fear, pity, etc)**, l) *zo.* abstammend von, aus (*e-r Stute etc*).

IV *interj* **43.** hinˈaus!, ‚raus!': **~ with** → 1 *u.* 10. **44.** **~ (up)on** *obs.* pfui *od.* Schande über (*acc*): **~ upon you!**

V *s* **45.** *Am.* Außenseite *f*: → **in** 32. **46.** *bes. Am.* Ausweg *m* (*a. fig.*). **47.** *Tennis etc*: Ausball *m.* **48.** **the ~s** (*Kricket etc*) *die Mannschaft, die nicht am Schlagen ist.* **49.** **the ~s** *pol.* die Oppositiˈon, die nicht reˈgierende Parˈtei. **50.** *pl Br.* Ausgaben *pl*, ausgegebene Beträge *pl.* **51.** *pl Am.* Streit *m*: **at ~s** (*od.* **on the ~s**) **with** im Streit mit, auf gespanntem Fuße mit. **52.** *Am. colloq.* a) *schlechte etc* Leistung: **a poor ~**, b) Schönheitsfehler *m.* **53.** *print.* Auslassung *f*, ‚Leiche' *f.* **54.** *pl econ. Am.* ausgegangene Bestände *pl od.* Waren *pl.* **55.** *Br. dial. od. Am. colloq.* Ausflug *m.*

VI *v/t* **56.** hinˈauswerfen, verjagen. **57.** *sport* a) ausschalten, elimiˈnieren (*in e-m Turnier*), b) *Kricket*: *den Schläger* ‚aus' machen. **58.** *Br. sl.* a) k.ˈo. schlagen, b) ˈumbringen, ‚kaltmachen'. **59.** *Tennis etc*: *den Ball* ins Aus schlagen.

VII *v/i* **60.** ans Licht *od.* zum Vorschein kommen: → **blood** 4, **murder** 1. **61.** *colloq.* herˈausrücken (**with** mit *Geld, e-r Geschichte etc*). **62.** *Tennis etc*: den Ball ins Aus schlagen.

ˌout|·aˈchieve *v/t j-n* überˈtreffen. **ˌ~ˈact** *v/t thea. etc* ‚an die Wand spielen'.

out·age [ˈaʊtɪdʒ] *s* **1.** fehlende *od.* verlorene Menge (*z.B. aus e-m Behälter*), Schwund *m.* **2.** *tech.* Ausfall *m*, Versagen *n.*

ˌout|-and-ˈout I *adv* durch u. durch, ganz u. gar, völlig, absoˈlut. **II** *adj* absoˈlut, ausgesprochen, Erz...: **an ~ villain** ein Erzschurke. **ˌ~-and-ˈout·er** *s sl.* **1.** Hundertˈfünfzigproˌzentige(r *m*) *f*, Radiˈkale(r *m*) *f.* **2.** (*etwas*) ˈHundertproˌzentiges *od.* ganz Typisches (*s-r Art*). **ˌ~aˈsight** *adj u. interj colloq.* ‚toll', ‚super'. **ˈ~·back** *Austral.* **I** *s* **the ~** das Hinterland, der (*bes.* austral.) Busch. **II** *adj u. adv* im *od.* in den *od.* aus dem Busch: **~ life** das Leben im Busch. **ˌ~ˈbal·ance** *v/t* überˈwiegen, -ˈtreffen. **ˌ~ˈbid** *v/t irr* (*bei Auktionen, Kartenspielen*) überˈbieten (*a. fig.*). **ˈ~·board** *mar.* **I** *adj* **1.** Außenbord...: **~ motor.** **II** *adv* **2.** außenbords. **III** *s* **3.** Außenbordmotor *m.* **4.** Außenborder *m* (*Boot*). **ˈ~·bound** *adj mar.* a) auslaufend, b) auf der Ausreise befindlich: **~ cargo** (*od.* **freight**) Hin-, Ausgangsfracht *f.* **ˌ~ˈbox** *v/t* (*im Boxen*) schlagen, ausboxen. **ˌ~ˈbrave** *v/t* **1.** trotzen *od.* Trotz bieten (*dat*). **2.** an Tapferkeit *od.* Kühnheit *od.* Glanz überˈtreffen. **ˈ~·break** *s* **1.** *allg.* Ausbruch *m*: **~ of an epidemic; at the ~ of war** bei Kriegsausbruch; **~ of anger** Zornausbruch. **2.** Aufruhr *m.* **ˈ~·bred** *adj biol.* aus der Kreuzung entfernt verwandter *od.* nicht zuchtverwandter Indiˈviduen gezüchtet. **ˈ~ˌbuild·ing** *s* Nebengebäude *n.* **~·burst I** *s* [ˈ-bɜːst; *Am.* ˈ-ˌbɜrst] Ausbruch *m* (*a. fig.*): **(emotional) ~** Gefühlsausbruch. **II** *v/i* [ˌ-ˈbɜːst; *Am.* ˌ-ˈbɜrst] *fig.* ausbrechen (**into** in *acc*). **ˈ~·cast I** *adj* **1.** verstoßen, verbannt, (*von der Gesellschaft*) ausgestoßen. **2.** a) verfemt, verächtlich, b) abgetan. **II** *s* **3.** Ausgestoßene(r *m*) *f.* **4.** (*etwas*) Verfemtes. **5.** Abfall *m*, Ausschuß *m.* **~·caste** [ˈ-kɑːst; *Am.* ˈ-ˌkæst] **I** *s* a) aus der Kaste Ausgestoßene(r *m*) *f*, b) Kastenlose(r *m*) *f* (*bes. in Indien*). **II** *adj* a) kastenlos, b) (*aus der Kaste*) ausgestoßen. **III** *v/t* (*aus der Kaste*) ausstoßen. **ˌ~ˈclass** *v/t j-m od. e-r Sache* weit überˈlegen sein, *j-n od. etwas* weit überˈtreffen, *sport a. j-n* deklasˈsieren. **ˈ~ˌclear·ance** *s mar.* ˈAusklaˌrieren *n* (*aus e-m Hafen*). **ˈ~ˌclear·ing** *s econ. Br.* Gesamtbetrag *m* der Wechsel- u. Scheckforderungen e-r Bank an das Clearinghaus. **ˈ~ˌcol·lege** *adj* außerhalb des College wohnend, exˈtern (*Student*). **ˈ~·come** *s* **1.** Ergebnis *n*, Resulˈtat *n*, Folge *f*, Proˈdukt *n*: **what was the ~ of the talks?** was ist bei den Gesprächen herausgekommen? **2.** Schluß(folgerung *f*) *m.* **~·crop I** *s* [ˈ-krɒp; *Am.* ˈ-ˌkrɑp] **1.** *geol.* a) Zuˈtageliegen *n*, Anstehen *n*, b) Ausgehendes *n*, Ausbiß *m.* **2.** *fig.* Zuˈtagetreten *n.* **II** *v/i* [ˌ-ˈkrɒp; *Am.* ˌ-ˈkrɑp] **3.** *geol.* zuˈtage liegen *od.* treten, ausbeißen, anstehen. **4.** *fig.* zuˈtage treten. **ˈ~ˌcross·ing** *s biol.* Kreuzen *n* von nicht miteinˈander verwandten Tieren *od.* Pflanzen innerhalb derˈselben Abart *od.* Rasse. **ˈ~·cry** *s* **1.** Aufschrei *m*, Schrei *m* der Entrüstung. **2.** *econ.* a) Versteigerung *f*, b) Ausrufen *n.* **ˌ~ˈdare** *v/t* **1.** Trotz bieten *od.* trotzen (*dat*). **2.** mehr wagen als (*j-d*). **ˌ~ˈdat·ed** *adj* überˈholt, veraltet. **ˌ~ˈdis·tance** *v/t* **1.** (weit) überˈholen *od.* hinter sich lassen (*a. fig.*). **2.** *fig.* überˈflügeln. **ˌ~ˈdo** *v/t irr* **1.** überˈtreffen, ausstechen, es (*j-m*) zuˈvortun: **to ~ o.s.** sich selbst übertreffen; **he is not to be outdone in efficiency** er ist an Tüchtigkeit nicht zu übertreffen. **2.** schlagen, besiegen. **ˈ~·door** *adj* Außen..., außerhalb des Hauses, im Freien (befindlich *od.* sich ereignend), draußen: **~ advertising** Außen-, Straßenreklame *f*; **~ aerial** (*bes. Am.* **antenna**) Außen-, Frei-, Hochantenne *f*; **~ dress** Straßenkleid *n*; **~ exercise** Bewegung *f* im Freien; **~ games** Spiele für draußen; **~ garments** Straßenkleidung *f*; **~ performance** *thea.* Freilichtaufführung *f*; **~ season** *bes. sport* Freiluftsaison *f*; **~ shot** *phot.* Außenaufnahme *f.* **ˌ~ˈdoors I** *adv* **1.** draußen, im Freien. **2.** hinˈaus, ins Freie. **II** *s* **3.** das Freie: **the great ~** die freie Natur, Gottes freie Natur. **ˌ~ˈdrink** *v/t irr* ‚unter den Tisch trinken', mehr vertragen als (*j-d*).

out·er [ˈaʊtə(r)] **I** *adj* **1.** Außen...: **~ city** *Am.* Außenbezirke *pl* (*e-r Stadt*); **~ cover** *aer.* Außenhaut *f*; **~ diameter** Außendurchmesser *m*; **~ garments** Oberbekleidung *f*, Überkleidung *f*; **~ harbo(u)r** *mar.* Außen-, Vorhafen *m*; **the ~ man** die äußere Erscheinung, das Äußere; **~ office** Vorzimmer *n*; **~ skin** Oberhaut *f*, Epidermis *f*; **~ space** Weltraum *m*; **~ surface** Außenfläche *f*, -seite *f*, Oberfläche *f*; **~ world** Außenwelt *f.* **2.** äußerst(er, e, es), fernst(er, e, es). **II** *s* **3.** *Bogenschießen*: äußerer Ring (*der Scheibe*). **4.** *sport Austral.* ˈunüberˌdachte (Zuschauer)Ränge *pl*: **on the ~** *fig.* vernachlässigt. **ˈ~·most** [-məʊst] *adj* äußerst(er, e, es). **~ parts, ~ voic·es** *s pl mus.* Ober- u. ˈUnterstimme *f* (*Sopran u. Baß*). **ˈ~·wear** *s* Oberbekleidung *f*, ˈÜberkleidung *f.*

ˌout|ˈface *v/t* **1.** Trotz bieten *od.* trotzen (*dat*), mutig *od.* gefaßt begegnen (*dat*): **to ~ a situation** e-r Lage Herr werden. **2.** *j-n* mit e-m Blick *od.* mit Blicken aus der Fassung *od.* zum Schweigen bringen. **ˈ~·fall** *s* Mündung *f* (*e-s Flusses etc*), Austrittsöffnung *f* (*e-s Rohrs etc*). **ˈ~·field** *s* **1.** *Baseball u. Kricket*: a) Außenfeld *n*, b) Außenfeldspieler *pl.* **2.** weitabliegende Felder *pl* (*e-r Farm*). **ˈ~ˌfield·er** *s* Außenfeldspieler(in). **ˌ~ˈfight** *v/t irr* niederkämpfen, schlagen. **ˈ~ˌfight·er** *s sport* Diˈstanzboxer *m.* **ˈ~·fit I** *s* **1.** Ausrüstung *f*, Ausstattung *f* (*für e-e Reise etc*), *tech. a.* Gerät(e *pl*) *n*, Werkzeug(e *pl*) *n*, Utenˈsilien *pl*: **travel(l)ing ~** Reiseausrüstung; **cooking ~** Küchengeräte, Kochutensilien; **puncture ~** *mot.* Reifenflickzeug *n*; **the whole ~** *colloq.* der ganze Krempel. **2.** *colloq.* a) ‚Verein' *m*, ‚Laden' *m*, Gesellschaft *f*, Gruppe *f* (*von Personen*), b) *mil.* ‚Haufen' *m*, Einheit *f*, c) (Arbeits)Gruppe *f*, d) Gruppe *f*, Organisatiˈon *f.* **II** *v/t* **3.** ausrüsten *od.* ausstatten (**with** mit). **ˈ~ˌfit·ter** *s* **1.** Herrenausstatter *m.* **2.** ˈAusrüstungsliefeˌrant *m.* **3.** Fachhändler *m*: **electrical ~** Elektrohändler *m.* **ˌ~ˈflank** *v/t* **1.** *mil.* die Flanke (*des Feindes*) umˈfassen, umˈgehen (*a. fig.*): **~ing attack** Umfassungsangriff *m.* **2.** *fig.* überˈlisten. **ˈ~·flow** *s* Ausfluß *m* (*a. med.*): **~ of gold** *econ.* Goldabfluß *m.* **ˌ~ˈfly** *v/t irr* weiter *od.* schneller fliegen als. **ˌ~ˈfoot** *v/t* **1.** schneller fahren als (*Boot*). **2.** ein besserer Läufer, Tänzer *etc* sein als (*j-d*). **ˌ~ˈfox** *v/t* überˈlisten. **ˌ~ˈgen·er·al** *v/t pret u. pp* **-aled**, *bes. Br.* **-alled** **1.** ein besserer Straˈtege *od.* Taktiker sein als (*j-d*). **2.** → **outmaneuver.** **~·go I** *v/t irr* [ˌ-ˈgəʊ] **1.** *fig.* überˈtreffen. **II** *s* [ˈ-gəʊ] *pl* **-goes** **2.** *econ.* (Gesamt)Ausgaben *pl*, (Geld)Auslagen *pl.* **3.** Ausströmen *n*, -bruch *m*, -fluß *m.* **ˈ~ˌgo·ing I** *adj* **1.** weg-, fortgehend. **2.** abtretend, ausscheidend: **~ partner** *econ.* ausscheidender Zeit) Gesellschafter; **the ~ president** der aus dem Amt scheidende Präsident. **3.** *mar. rail. etc, a. electr. teleph.* abgehend: **~ trains (boats)**; **~ call** (*od.* **message**); **~ circuit** *electr.* abgehende Leitung, Ausgangsleitung *f*; **~ traffic** *aer.* Abgangsverkehr *m*; **~ mail** Postausgang *m.* **4.** zuˈrückgehend (*Flut*): **the ~ tide.** **5.** *psych.* aus sich herˈausgehend, mitteilsam, extraverˈtiert. **II** *s* **6.** Ausgehen *n*, Ausgang *m.* **7.** *meist pl bes. Br.* (Geld-) Ausgaben *pl.* **8.** Ab-, Ausfluß *m.* **ˈ~·group** *s sociol.* Outgroup *f* (*Gruppe, der man sich nicht zugehörig fühlt u. von der man sich distanziert*). **ˌ~ˈgrow** *v/t irr* **1.** größer werden als, schneller wachsen als, hinˈauswachsen über (*acc*). **2.** *j-m* über den Kopf wachsen. **3.** herˈauswachsen aus (*Kleidern*). **4.** *fig. e-e Gewohnheit* (mit der Zeit) ablegen, herˈauswachsen aus, entwachsen (*dat*): **to ~ childish habits.** **ˈ~·growth** *s* **1.** naˈtürliche Entwicklung *od.* Folge, Ergebnis *n.* **2.** Nebenerscheinung *f.* **3.** Herˈaus-, Herˈvorwachsen *n.* **4.** *med.* Auswuchs *m.* **ˈ~·guard** *s mil.* Vorposten *m*, vorgeschobener Posten, Feldwache *f.* **ˌ~ˈguess** *v/t j-s* Absichten durchˈschauen *od.* zuˈvorkommen. **ˌ~ˈgun** *v/t colloq.* ‚ausstechen', überˈtreffen. **ˈ~·gush** *s* **1.** Ausfluß *m.* **2.** *fig.* Ausbruch *m*, Erguß *m.* **ˌ~-ˈHer·od** [-ˈherəd] *v/t*: **to ~ Herod** noch schlimmer wüten als Herodes. **ˈ~·house** *s* **1.** Nebengebäude *n.* **2.** *bes. Am.* ˈAußenabˌort *m.*

out·ing [ˈaʊtɪŋ] *s* **1.** Ausflug *m*: **to go for an ~** e-n Ausflug machen; **works ~, company ~** Betriebsausflug. **2.** *sport bes. Am.* a) Spiel *n*, b) Kampf *m.* **~ flan·nel** *s Am.* leichter ˈBaumwollflaˌnell.

ˌout|ˈjock·ey → **outmaneuver.** **ˌ~ˈjump** *v/t* besser *od.* höher *od.* weiter springen als. **ˈ~ˌland·er** *s* **1.** *bes. poet.* Ausländer(in), Fremde(r *m*) *f.* **2.** *S.Afr.* → **uitlander.** **~ˈland·ish** *adj* (*adv* **~ly**) **1.** fremdartig, seltsam, exˈotisch, ausgefallen. **2.** a) ˈunkultiˌviert, b) rückständig. **3.** abgelegen. **4.** *bes. poet.* ausländisch. **ˌ~ˈlast** *v/t* überˈdauern, -ˈleben.

ˈout·law I *s* **1.** *jur. hist.* Geächtete(r) *m*, Vogelfreie(r) *m.* **2.** Banˈdit *m*, Verbrecher *m.* **3.** *Am.* bösartiges Pferd. **II** *v/t* **4.** *jur. hist.* ächten, für vogelfrei erklären. **5.** *jur. Am.* für verjährt erklären: **~ed claim** verjährter Anspruch. **6.** verbieten, für ungesetzlich erklären. **7.** *Krieg etc* ächten, verfemen. **III** *adj* **8.** ungesetzlich, gesetzeswidrig: **~ strike.** **'out·law·ry** [-rɪ] *s* **1.** *jur. hist.* a) Acht *f* (u. Bann *m*), b) Ächtung *f.* **2.** Verbot *n.* **3.** *jur.* Ge'setzesmiß,achtung *f.* **4.** Verbrechertum *n.* **5.** *jur. Am.* Ausschluß *m* (*e-r Klage etc wegen Verjährung etc*). **6.** Ächtung *f,* Verfemung *f.*

out|·lay I *v/t irr* [-'leɪ] *Geld* auslegen, -geben (**on** für). **II** *s* ['-leɪ] (Geld)Auslage(n *pl*) *f,* Ausgabe(n *pl*) *f*: **initial ~** Anschaffungskosten *pl.* **~let** ['aʊtlet] *s* **1.** Auslaß *m,* Austritt *m,* Abzug *m,* Abzugs-, Abflußöffnung *f,* 'Durchlaß *m.* **2.** *mot.* Abluftstutzen *m.* **3.** *electr.* a) *a.* **~ box** Anschluß(punkt) *m,* Steckdose *f,* b) *weitS.* Stromverbraucher *m.* **4.** *Radio*: 'Sendestati,on *f.* **5.** *fig.* Ven'til *n,* Betätigungsfeld *n*: **to find an ~ for one's emotions** s-n Gefühlen Luft machen können; **to seek an ~ for one's creative instincts** ein Betätigungsfeld für s-n Schöpfungstrieb suchen. **6.** *econ.* a) Absatzmarkt *m,* -möglichkeit *f,* -gebiet *n,* b) Einzelhandelsgeschäft *n,* Verkaufsstelle *f.* **'~,li·er** [-,laɪə(r)] *s* **1.** j-d, der *od.* etwas, was sich außerhalb befindet. **2.** Auswärtige(r *m*) *f,* Pendler(in). **3.** *geol.* Ausleger *m.* **'~·line I** *s* **1.** a) 'Umriß(linie *f*) *m,* b) *meist pl* 'Umrisse *pl,* Kon'turen *pl,* Silhou'ette *f*: **the ~s of trees were still visible.** **2.** a) Kon'turzeichnung *f,* b) 'Umriß-, Kon'turlinie *f*: **in ~** a) in Konturzeichnung, b) im Grundriß. **3.** Entwurf *m,* Skizze *f.* **4.** (**of**) (*allgemeiner*) 'Umriß (von) *od.* 'Überblick (über *acc*): **in rough ~** in groben Zügen. **5.** Abriß *m,* Auszug *m,* Grundzüge *pl*: **an ~ of history** ein Abriß der Geschichte. **6.** *print.* Kon'turschrift *f.* **II** *v/t* **7.** um'reißen, entwerfen, skiz'zieren, *fig. a.* in 'Umrissen darlegen, e-n 'Überblick geben über (*acc*), in groben Zügen darstellen: **he ~d his plan to them.** **8.** die 'Umrisse *od.* Kon'turen zeigen von: **~d (against)** scharf abgehoben (von), sich (als Silhouette) abzeichnend (gegen) *od.* abhebend (von). **,~'live** *v/t* über'leben: a) länger leben als *j-d,* b) *etwas* über'dauern, c) *etwas* über'stehen, hin'wegkommen über (*acc*). **'~·look** *s* **1.** (Aus)Blick *m,* (Aus)Sicht *f.* **2.** (*a.* Welt)Anschauung *f,* Auffassung *f,* Ansicht(en *pl*) *f,* Einstellung *f,* Standpunkt *m, pol. a.* Zielsetzung *f*: **his ~ (up)on life** s-e Lebensanschauung *od.* -auffassung *od.* -einstellung. **3.** (Zukunfts)Aussicht(en *pl*) *f*: **the political ~**; **further ~** *meteor.* weitere Aussichten. **4.** Ausguck *m,* Ausschau *f,* Warte *f*: **on the ~ for** *fig.* auf der Suche nach, Ausschau haltend nach. **5.** Wacht *f,* Wache *f.* **'~,ly·ing** *adj* **1.** außerhalb *od.* abseits gelegen, abgelegen, entlegen, Außen...: **~ district** Außenbezirk *m.* **2.** auswärtig. **3.** *fig.* am Rande liegend, nebensächlich. **,~'man** *v/t* **1.** → **outnumber.** **2.** männlicher sein als. **,~·ma'neu·ver,** *bes. Br.* **,~·ma'noeu·vre** *v/t* 'ausmanö,vrieren (*a. fig. überlisten*). **,~'march** *v/t* schneller mar'schieren als. **'~,mar·riage** → **exogamy.** **,~'match** *v/t* über'treffen, über'flügeln, (aus dem Felde) schlagen. **,~'mode** *v/t* aus der Mode bringen, verdrängen. **,~'mod·ed** *adj* 'unmo,dern, veraltet, über'holt. **'~·most** [-məʊst] *adj* äußerst(er, e, es) (*a. fig.*).

out·ness ['aʊtnɪs] *s philos.* Sein *n* außerhalb des Wahrnehmenden.

,out'num·ber *v/t* an Zahl *od.* zahlenmäßig über'treffen, *j-m* an Zahl *od.* zahlenmäßig über'legen sein: **to be ~ed** in der Minderheit sein.

,out-of|-'bal·ance *adj tech.* unausgeglichen, ex'zentrisch: **~ force** Unwuchtkraft *f*; **~ load** *electr.* unsymmetrische Belastung, Schieflast *f.* **,~-'bod·y ex·pe·ri·ence** *s Parapsychologie*: außerkörperliches Erlebnis. **,~-'bounds** *adj*: **~ park (to)** Park *m,* dessen Betreten (für, *dat*) verboten ist; **~ area** Sperrgebiet *n,* -bezirk *m.* **,~-'court** *adj* außergerichtlich: **~ settlement.** **,~-'date** *adj* veraltet, 'unmo,dern. **,~-'door** → **outdoor.** **,~-'doors** → **outdoors** I. **,~-'fo·cus** *adj* **1.** außerhalb des Brennpunkts gelegen (*a. fig.*). **2.** *phot.* unscharf. **,~-'place** *adj* unangebracht, depla'ciert. **,~-'pock·et** *adj* bar bezahlt: **~ expenses** Barauslagen. **,~-'print I** *adj* vergriffen. **II** *s* vergriffener Titel. **,~-'round** *adj tech.* unrund. **,~-'school** *adj* außerschulisch: **~ activities.** **,~-the-'way** *adj* **1.** abgelegen. **2.** ungewöhnlich, ausgefallen. **,~-'town** *adj* auswärtig (*a. econ.*): **~ bank**; **~ bill** Distanzwechsel *m.* **,~-'turn** *adj* unangebracht, taktlos, vorlaut. **,~-'work I** *adj* arbeitslos: **~ pay** Arbeitslosenunterstützung *f.* **II** *s* Arbeitslose(r *m*) *f.*

,out|'pace *v/t* über'holen, *j-n* hinter sich lassen. **'~,pa·tient** *s med.* ambu'lanter Pati'ent: **~s' department** Ambulanz *f*; **~ treatment** ambulante Behandlung; **to receive ~ treatment** ambulant behandelt werden. **,~·per'form** *v/t* besser arbeiten als, mehr leisten als, über'treffen. **'~,pick·et** *s mil.* vorgeschobener Posten. **,~'play** *v/t sport j-m* spielerisch über'legen sein, besser spielen als. **,~'point** *v/t* **1.** a) *bes. sport* mehr Punkte erzielen *od.* bekommen als, b) *sport* auspunkten, nach Punkten besiegen *od.* schlagen, Punktsieger werden über (*acc*). **2.** → **outdo.** **3.** *mar.* dichter am Wind segeln als. **'~·port** *s* **1.** *mar.* Außen-, Vorhafen *m.* **2.** Ex'port-, Ausreisehafen *m.* **'~·post** *s* **1.** *mil.* a) Vor-, Außenposten *m,* vorgeschobener Posten, b) Stützpunkt *m* (*a. fig.*). **2.** *fig.* a) Vorposten *m,* b) Grenze *f.* **3.** entlegene Zweigstelle *etc.* **~·pour I** *s* ['-pɔː(r); *Am. a.* '-,paʊər] **1.** Her'vorströmen *n.* **2.** Guß *m,* Strom *m.* **3.** *fig.* Ausbruch *m,* Erguß *m.* **II** *v/t* [,-'pɔː(r); *Am. a.* ,-'paʊər] **4.** ausschütten, ausgießen. **'~,pour·ing** *s* (*bes.* Gefühls)Erguß *m.* **'~·put I** *s* **1.** Output *m*: a) *econ. tech.* Arbeitsertrag *m,* -leistung *f,* b) *econ.* Ausstoß *m,* Ertrag *m,* Produkti'on *f,* c) *Bergbau*: Förderung *f,* Fördermenge *f,* d) *electr.* Ausgangsleistung *f,* e) *electr.* Ausgang *m* (*an Geräten*), f) *Computer*: (Daten)Ausgabe *f.* **II** *adj* **2.** *tech.* Leistungs...: **~ capacity** Leistungsfähigkeit *f, e-r Maschine a.* Stückleistung *f*; **~ device** (*Computer*) Ausgabegerät *n.* **3.** *electr.* Ausgangs...

out·rage ['aʊtreɪdʒ] **I** *s* **1.** Frevel(tat *f*) *m,* Greuel(tat *f*) *m,* Ausschreitung *f,* Verbrechen *n.* **2.** *bes. fig.* (**on, upon**) Gewalttat *f,* Frevel(tat *f*) *m,* Ungeheuerlichkeit *f* (an *dat*), Vergewaltigung *f* (*gen*), Atten'tat *n* (auf *acc*): **an ~ upon decency** e-e grobe Verletzung des Anstands; **an ~ upon justice** e-e Vergewaltigung der Gerechtigkeit. **3.** Schande *f,* Schmach *f.* **4.** *a.* **sense of ~** Em'pörung *f,* Entrüstung *f* (at über *acc*). **II** *v/t* **5.** sich vergehen an (*dat*), Gewalt antun (*dat*), vergewaltigen (*a. fig.*). **6.** *Gefühle, den Anstand etc* mit Füßen treten, gröblich verletzen *od.* beleidigen: **to ~ s.o.'s feelings.** **7.** miß'handeln. **8.** verschandeln. **9.** *j-n* schok'kieren, em'pören. **out'ra·geous** [-dʒəs] *adj* (*adv* **~ly**) **1.** frevelhaft, ab'scheulich, verbrecherisch: **an ~ deed.** **2.** schändlich, em'pörend, unerhört: **~ behavio(u)r**; **~ prices** unerhörte *od.* unverschämte Preise; **an ~ assertion** e-e ungeheuerliche Behauptung. **3.** ab'scheulich, gräßlich: **~ weather.** **out'ra·geous·ness** *s* **1.** Frevelhaftigkeit *f,* (*das*) Ab'scheuliche. **2.** Schändlichkeit *f,* Unerhörtheit *f,* Unverschämtheit *f,* Ungeheuerlichkeit *f.*

,out|'range *v/t* **1.** *mil.* e-e größere Reichweite haben als. **2.** *fig.* hin'ausreichen über (*acc*). **3.** *fig.* über'treffen, über'steigen. **,~'rank** *v/t* **1.** im Rang *od.* rangmäßig höher stehen als. **2.** wichtiger sein als, Vorrang haben vor (*dat*).

ou·tré ['uːtreɪ; *Am.* uː'treɪ] *adj* ausgefallen, über'spannt, extrava'gant.

,out|'reach *v/t* **1.** *Boxen*: *j-m* an Reichweite über'legen sein. **2.** → **outrange** 2 *u.* 3. **~·ride I** *v/t irr* [,-'raɪd] **1.** a) besser *od.* schneller reiten als, *j-m* da'vonreiten, b) besser *od.* schneller Fahr- *od.* Motorrad fahren als, *j-m* da'vonfahren. **2.** *mar. e-n Sturm* ausreiten, über'stehen (*a. fig.*). **II** *s* [*Am.* '-,raɪd] **3.** *metr.* unbetonte freie Silbe(n *pl*). **'~,rid·er** *s* **1.** Vorreiter *m.* **2.** Mitglied *n* e-r motori'sierten Poli'zeies,korte. **'~,rig·ger** *s* **1.** *mar.* Ausleger *m* (*a. tech. e-s Krans etc*). **2.** *Rudern*: Ausleger *m.* **3.** Auslegerboot *n.* **4.** *mil.* (La'fetten)Holm *m*: **~ (type) gun mount** Kreuzlafette *f.* **~·right I** *adj* ['-raɪt] **1.** völlig, gänzlich, to'tal: **an ~ loss** ein totaler Verlust; **an ~ lie** e-e glatte Lüge. **2.** vorbehaltlos, offen, ausgesprochen: **~ acceptance** vorbehaltlose Annahme; **an ~ refusal** e-e glatte Weigerung. **3.** di'rekt: **an ~ course**; **his ~ manner** s-e direkte Art. **II** *adv* [-'raɪt] **4.** gänzlich, völlig, to'tal, ganz u. gar, ausgesprochen. **5.** vorbehaltlos, ohne Vorbehalt, ganz: **to refuse ~** glatt *od.* rundweg ablehnen; **to sell ~** ganz *od.* fest verkaufen. **,~'ri·val** *v/t* über'treffen, über'bieten (**in** an *od.* in *dat*), ausstechen. **~·run I** *v/t irr* [,-'rʌn] **1.** schneller laufen als, *j-m* da'vonlaufen. **2.** *fig.* über'treffen, über'steigen, hin'ausgehen über (*acc*): **his imagination ~s the facts** s-e Phantasie geht mit ihm durch. **3.** *j-m od. e-r Sache* entrinnen. **II** *s* ['-rʌn] **4.** *Skisport*: Auslauf *m.* **'~,run·ner** *s* **1.** (Vor)Läufer *m* (*Bedienter*). **2.** Leithund *m* (*bei Hundeschlitten*). **,~'sail** *v/t mar.* (*beim Segeln*) über'holen, tot-, aussegeln. **,~'sell** *v/t irr* **1.** a) mehr verkaufen als, b) ein besserer Verkäufer sein als. **2.** a) sich besser verkaufen als, b) *obs.* e-n höheren Preis erzielen als.

out·sert ['aʊtsɜːt; *Am.* -,sɜrt] *s print.* Beischaltblatt *n od.* -blätter *pl.*

'out|·set *s* **1.** Anfang *m,* Beginn *m*: **at the ~** am Anfang; **from the ~** gleich von Anfang an. **2.** Aufbruch *m* (*zu e-r Reise*). **3.** → **outsert.** **4.** *mar.* zu'rückgehender Gezeitenstrom. **,~'shine** *v/t irr* über'strahlen, *fig. a.* in den Schatten stellen. **,~'shoot** *v/t irr* **1.** besser schießen als. **2.** *fig.* hin'ausschießen über (*acc*).

out·side [,aʊt'saɪd] **I** *s* **1.** Außenseite *f,* (*das*) Äußere: **from the ~** von außen; **to judge s.th. from the ~** etwas als Außenstehender beurteilen; **on the ~** außen; **on the ~ of** a) an der Außenseite (*gen*), b) jenseits (*gen*). **2.** *fig.* (*das*) Äußere, (äußere) Erscheinung, Oberfläche *f,* (*das*) Vordergründige. **3.** Außenwelt *f.* **4.** *colloq.* (*das*) Äußerste, äußerste Grenze: **at the (very) ~** (aller)höchstens, äußerstenfalls. **5.** Straßenseite *f* (*e-s Radwegs etc*). **6.** *sport* Außenstürmer *m*: **~ right** Rechtsaußen *m.* **7.** *pl* Außenblätter *pl* (*e-s Ries*).

II *adj* **8.** äußer(er, e, es), Außen..., an der Außenseite befindlich, von außen kommend: ~ **aerial** (*bes. Am.* **antenna**) Außenantenne *f*; ~ **broadcast** (*Rundfunk, TV*) Außenübertragung *f*; ~ **diameter** äußerer Durchmesser, Außendurchmesser *m*; ~ **influences** äußere Einflüsse; ~ **interference** Einmischung *f* von außen; ~ **lane** *sport* Außenbahn *f*; ~ **lavatory** Außentoilette *f*; ~ **loop** *aer.* Looping *m* vorwärts; ~ **pressure** Druck *m* von außen (*a. fig.*); ~ **seat** Außensitz *m*; ~ **track** *sport* Außenbahn *f* (*äußerer Teil der Bahn*). **9.** im Freien getan: ~ **work**. **10.** außenstehend, exˈtern: ~ **broker** *econ.* freier Makler; ~ **capital** *econ.* Fremdkapital *n*; ~ **help** fremde Hilfe; ~ **market** *econ.* Freiverkehr *m*; **an** ~ **opinion** die Meinung e-s Außenstehenden; **an** ~ **person** ein Außenstehender. **11.** äußerst: **an** ~ **estimate**; **to quote the** ~ **prices** die äußersten Preise angeben. **12.** außerberuflich, *univ.* ˈaußerakaˌdemisch: ~ **activities**. **13.** ~ **chance** a) kleine *od.* geringe Chance, b) *sport* Außenseiterchance *f.*

III *adv* **14.** draußen, außerhalb: **he is somewhere** ~; **he's** ~ **again** *colloq.* er ist wieder auf freiem Fuß; ~ **of** a) außerhalb (*gen*), b) *Am. colloq.* außer, ausgenommen. **15.** herˈaus, hinˈaus: **come** ~! komm heraus!; ~ (**with you**)! ‚raus' (mit dir)! **16.** (von) außen, an der Außenseite: **painted red** ~.

IV *prep* **17.** außerhalb, jenseits (*gen*) (*a. fig.*): ~ **the garden**; **it is** ~ **his own experience** es liegt außerhalb s-r eigenen Erfahrung. **18.** außer: **no one knows** ~ **you and me**.

out·sid·er [ˌaʊtˈsaɪdə(r)] *s* **1.** Außenseiter(in): a) Außenstehende(r *m*) *f*, b) Eigenbrötler(in), c) Außenseiter(in) der Gesellschaft, d) Nichtfachmann *m*, Laie *m*, e) *sport Wettkampfteilnehmer(in) mit geringen Siegeschancen.* **2.** *econ.* freier Makler (*an der Börse*).

ˌ**out|ˈsit** *v/t irr* länger sitzen (bleiben) als. ˈ**~size I** *s* ˈÜbergröße *f* (*a. Kleidungsstück*): ~ **department** Abteilung *f* für Übergrößen. **II** *adj* ˈübergroß, ˈüberdimensioˌnal. ˈ**~sized** → **outsize** II. ˈ**~skirts** *s pl* nähere Umˈgebung (*e-r Stadt etc*), Stadtrand *m*, *a. fig.* Rand (-gebiet *n*) *m*, Peripheˈrie *f* (*e-s Themas, Faches etc*). ˌ**~ˈsleep** *v/t irr* verschlafen (*a. fig.*). ˌ**~ˈsmart** *v/t colloq.* → **outwit**. ˈ**~sole** *s* Lauf-, Außensohle *f* (*e-s Schuhs*). ˌ**~ˈspan** *v/t S.Afr. Tiere* ausspannen. ˌ**~ˈspeak** *v/t irr* ein besserer Redner sein als (*j-d*). ˌ**~ˈspeed** *v/t* schneller sein als. ˌ**~ˈspend** *v/t irr* mehr ausgeben als: **to** ~ **one's income** über s-e Verhältnisse leben. ˌ**~ˈspo·ken** *adj* (*adv* **~ly**) **1.** offen(herzig), freimütig: **to be** ~ kein Blatt vor den Mund nehmen; **she was very** ~ **about it** sie äußerte sich sehr offen darüber. **2.** unverblümt, ungeschminkt: ~ **criticism**; ~ **novel** realistischer Roman. ˌ**~ˈspo·ken·ness** *s* **1.** Offenheit *f*, Freimut *m*, Freimütigkeit *f.* **2.** Unverblümtheit *f.* **~stand·ing I** *adj* [ˌ-ˈstændɪŋ] (*adv* **~ly**) **1.** *bes. fig.* herˈvorragend (**for** durch, wegen *gen*): ~ **achievement** (**player, quality,** *etc*); **an** ~ **personality** e-e prominente Persönlichkeit. **2.** *bes. econ.* unerledigt, rückständig, ausstehend (*Forderung etc*): ~ **debts** → 4; ~ **interest** unbezahlte (Aktiv)Zinsen *pl.* **3.** *econ.* ausgegeben: ~ **capital stock**. **II** *s* [ˈ-ˌstændɪŋ] **4.** *pl econ.* unbeglichene Rechnungen *pl*, ausstehende Gelder *pl*, Außenstände *pl*, Forderungen *pl.* ˌ**~ˈstare** *v/t* mit e-m Blick *od.* mit Blicken aus der Fassung *od.* zum Schweigen bringen. ˈ**~ˌsta·tion** *s* ˈAußenstatiˌon *f.* ˌ**~ˈstay** *v/t* länger bleiben als: → **welcome** 2. ˌ**~ˈstep** *v/t* überˈschreiten (*a. fig.*): **to** ~ **the truth** übertreiben. ˌ**~ˈstretch** *v/t* **1.** ausstrecken. **2.** hinˈausreichen über (*acc*). **3.** (aus)strecken, (aus)dehnen. ˌ**~ˈstrip** *v/t* **1.** überˈholen, hinter sich lassen (*a. fig.*). **2.** *fig.* überˈtreffen, -ˈflügeln, (aus dem Feld) schlagen: **to** ~ **all expectations** alle Erwartungen übertreffen. ˌ**~ˈtalk** *v/t* **1.** in Grund u. Boden reden. **2.** (mit Worten) ‚überˈfahren'. ˌ**~ˈtell** *v/t irr* mehr aussagen *od.* aussagekräftiger sein als. ˌ**~ˈthink** *v/t irr* **1.** *j-m* geistig überˈlegen sein. **2.** schneller ‚schalten' als (*j-d*). ˌ**~-to-ˈout** *adj* von ˈeinem Ende zum andern (gemessen). ˈ**~tray** *s* Postˈausgangskorb *m*. ˈ**~turn** *s econ.* **1.** Ertrag *m*. **2.** Ausstoß *m*, Produktiˈon *f.* **3.** Ausfall *m*: ~ **sample** Ausfallmuster *n*. ˌ**~ˈval·ue** *v/t* wertvoller sein als (*a. fig.*). ˌ**~ˈvie** *pres p* **-ˈvy·ing** *v/t* überˈtreffen, -ˈbieten. ˌ**~ˈvote** *v/t j-n* überˈstimmen, *e-e Gesetzesvorlage etc* zu Fall bringen: **to be ~d** e-e Abstimmungsniederlage erleiden.

out·ward [ˈaʊtwə(r)d] **I** *adj* **1.** äußer(er, e, es), sichtbar, Außen...: **the** ~ **events** das äußer(lich)e *od.* vordergründige Geschehen; **to** ~ **seeming** dem Anschein nach. **2.** *a. med. u. fig. contp.* äußerlich: (**mere**) ~ **beauty**; **for** ~ **application** *med.* zur äußerlichen Anwendung; **the** ~ **man** a) *relig.* der äußerliche Mensch, b) *humor.* der äußere Adam. **3.** nach (dr)außen gerichtet *od.* führend, Aus(wärts)..., Hin...: ~ **angle** *math.* Außenwinkel *m*; ~ **cargo**, ~ **freight** *mar.* ausgehende Ladung, Hinfracht *f*; ~ **journey** Aus-, Hinreise *f*; ~ **room** Außenzimmer *n*; ~ **trade** *econ.* Ausfuhrhandel *m*. **II** *s* **4.** (*das*) Äußere. **5.** materiˈelle Welt. **III** *adv* **6.** (nach) auswärts, nach außen: **to clear** ~ *mar.* ausklarieren; **to travel** ~ **via X.** über X. ausreisen; → **bound**[2]. **7.** → **outwardly**. ˈ**out·ward·ly** *adv* **1.** äußerlich. **2.** nach außen (hin), auswärts. **3.** außen, an der Oberfläche. ˈ**out·ward·ness** *s* **1.** äußere Form. **2.** Außenlage *f.* **3.** Äußerlichkeit *f.* ˈ**outwards** → **outward** III.

ˈ**out|·wash** *s geol.* Sander *m*. ˌ**~ˈwear** *v/t irr* **1.** abnutzen. **2.** *fig.* erschöpfen, aufreiben. **3.** überˈdauern, haltbarer *od.* dauerhafter sein als. ˌ**~ˈweigh** *v/t* **1.** mehr wiegen *od.* schwerer sein als. **2.** *fig.* a) überˈwiegen, gewichtiger sein als, b) *e-e Sache* aufwiegen. ˌ**~ˈwit** *v/t* überˈlisten, ‚reinlegen', schlauer sein als. ˈ**~work** *s* **1.** *mil.* Außenwerk *n*. **2.** *fig.* Bollwerk *n*. **3.** Außenarbeit *f.* **4.** Heimarbeit *f.* ˈ**~ˌwork·er** *s* **1.** Außenarbeiter(in). **2.** Heimarbeiter(in). ˈ**~worn** *adj* **1.** abgetragen, abgenutzt. **2.** überˈholt: ~ **ideas**. **3.** veraltet. **4.** erschöpft. ˌ**~ˈwrite** *v/t irr* **1.** e-n besseren Stil schreiben als (*j-d*). **2.** *s-n Zorn etc* durch Schreiben ˈabreaˌgieren.

ou·zel [ˈuːzl] *s orn.* Amsel *f*, (Schwarz-) Drossel *f.*

o·va [ˈəʊvə] *pl von* **ovum**.

o·val [ˈəʊvl] **I** *adj* (*adv* **~ly**) **1.** oˈval, eirund, eiförmig. **II** *s* **2.** Oˈval *n*: **the O~** *Br.* das Kennington-Oval (*Kricketplatz*). **3.** *colloq.* ‚Ei' *n* (*eiförmiger Lederball*).

ov·al·bu·min [əʊˈvælbjʊmɪn; *Am.* ˌɑːvælˈbjuːmən; *a.* ˌəʊ-] *s biol. chem.* Ovalbuˈmin *n*, Hühnereiweiß *n*.

o·var·i·an [əʊˈveərɪən] *adj* **1.** *anat.* Eierstock... **2.** *bot.* Fruchtknoten...

o·var·i·ec·to·my [əʊˌveərɪˈektəmɪ] *s med.* Ovar(i)ektoˈmie *f*, Eierstockentfernung *f.* **oˌvar·iˈot·o·my** [-ˈɒtəmɪ; *Am.* -ˈɑ-] *s* Ovariotoˈmie *f*, Eierstockspaltung *f.* **o·va·ri·tis** [ˌəʊvəˈraɪtɪs] *s med.* Eierstockentzündung *f.*

o·va·ry [ˈəʊvərɪ] *s* **1.** *anat.* Eierstock *m*. **2.** *bot.* Fruchtknoten *m*.

o·vate [ˈəʊveɪt] *adj* eiförmig.

o·va·tion [əʊˈveɪʃn] *s* Ovatiˈon *f*, begeisterte Huldigung, Beifallssturm *m*: **to give s.o. a standing** ~ j-m stehend e-e Ovation bereiten.

ov·en [ˈʌvn] *s* **1.** Backofen *m*, -röhre *f.* **2.** Heißluft-, *bes.* Trockenkammer *f.* **3.** *tech.* (kleiner) Ofen (*zum Rösten, Schmelzen etc*). **4.** ˈHeißluft-Sterili̩sierappaˌrat *m*. **~ cloth** *s* Topflappen *m*. **~ coke** *s tech.* Ofenkoks *m*. ˈ**~-dry** *adj tech.* ofentrocken. **~ glove** *s* Topfhandschuh *m*. ˈ**~-ˌread·y** *adj* bratfertig. ˌ**~-to-ˈta·ble ware,** ˈ**~ware** *s* feuerfestes Geschirr.

o·ver [ˈəʊvə(r)] **I** *prep* **1.** (*Grundbedeutung*) über (*dat od. acc*). **2.** (*Lage*) über (*dat*): **the lamp** ~ **his head**; **a letter** ~ **his own signature** ein von ihm selbst unterzeichneter Brief. **3.** (*Richtung, Bewegung*) über (*acc*), über (*acc*) ... hin, über (*acc*) ... (hin)ˈweg: **to jump** ~ **the fence**; **the bridge** ~ **the Danube** die Brücke über die Donau; **he escaped** ~ **the border** er entkam über die Grenze; ~ **the ears** bis über die Ohren; **he will get** ~ **it** *fig.* er wird darüber hinwegkommen. **4.** durch: ~ **the air**. **5.** über (*dat*), jenseits (*gen*), auf der anderen Seite von (*od. gen*): ~ **the sea** in Übersee, jenseits des Meeres; ~ **the street** über der Straße, auf der anderen (Straßen)Seite; ~ **the way** gegenüber. **6.** über (*dat*), bei: **he fell asleep** ~ **his work** er schlief über s-r Arbeit ein; ~ **a cup of tea** bei e-r Tasse Tee. **7.** über (*acc*), wegen (*gen od. dat*): **to worry** ~ **s.th.** **8.** (*Herrschaft, Autorität, Rang*) über (*dat od. acc*): **to be** ~ **s.o.** über j-m stehen; **to reign** ~ **a kingdom** über ein Königreich herrschen; **he set him** ~ **the others** er setzte ihn über die anderen. **9.** vor (*dat*): **preference** ~ **the others** Vorzug vor den andern. **10.** über (*acc*), mehr als: ~ **a mile**; ~ **10 dollars**; ~ **a week** über e-e Woche, länger als e-e Woche; ~ **and above** zusätzlich zu, außer (→ 26). **11.** über (*acc*), während (*gen*): ~ **the weekend**; ~ **many years** viele Jahre hindurch. **12.** durch: **he went** ~ **his notes** er ging s-e Notizen durch.

II *adv* **13.** hinˈüber, darˈüber: **he jumped** ~. **14.** hinˈüber (to zu): **he ran** ~ **to his mother**. **15.** *fig.* über, zur anderen Seite *od.* Parˈtei: **they went** ~ **to the enemy** sie liefen zum Feind über. **16.** herˈüber: **come** ~! **17.** drüben: ~ **by the tree** drüben beim Baum; ~ **in Canada** (drüben) in Kanada; ~ **there** a) da drüben, b) *Am. colloq.* (drüben) in Europa; ~ **against** gegenüber (*dat*) (*a. fig. im Gegensatz zu*). **18.** (genau) darˈüber: **the bird is directly** ~. **19.** über (*acc*) ... darˈüber (...), überˈ... (*-decken etc*): **to paint s.th.** ~ etwas übermalen. **20.** (*meist in Verbindung mit Verben*) a) überˈ...(*-geben etc*): **to hand s.th.** ~, b) ˈüber...(*-kochen etc*): **to boil** ~. **21.** (*oft in Verbindung mit Verben*) a) ˈum...(*-fallen, -werfen etc*): **to fall** (**throw**) ~, b) herˈum...(*-drehen etc*): **to turn** ~; **see** ~! siehe umstehend! **22.** ˈdurch(weg), von Anfang bis (zum) Ende: **one foot** ~ ein Fuß im Durchmesser; **covered** (**all**) ~ **with red spots** ganz *od.* über u. über mit roten Flecken bedeckt; **the world** ~ a) in der ganzen Welt, b) durch die ganze Welt. **23.** (gründlich) überˈ...(*-legen, -denken etc*): **to think s.th.** ~. **24.** nochmals, wieder: (**all**) ~ **again** nochmal, (ganz) von vorn; ~ **and** ~ **again** immer (u. immer) wieder; **to do s.th.** ~ etwas nochmals tun; **ten times** ~ zehnmal hintereinander. **25.** ˈübermäßig, allzu, ˈüber...: ~**economical** allzu sparsam. **26.** dar-

ˈüber, mehr: **children of ten years and ~** Kinder von 10 Jahren u. darüber; 10 **ounces and ~** 10 Unzen u. mehr; **~ and above** außerdem, obendrein, überdies (→ 10). **27.** übrig, über: **to have s.th. ~** etwas übrig haben. **28.** (*zeitlich, im Deutschen oft unübersetzt*) a) ständig, b) länger: **we stayed ~ till Monday** wir blieben bis Montag. **29.** zu Ende, vorˈüber, vorˈbei: **the lesson is ~**; **~!** Over!, Ende! (*Ende e-r Teildurchsage*); **~ and out!** Over and out! (*Ende des Gesamtgesprächs*); **all ~** ganz vorbei; **all ~ with** erledigt, vorüber; **it's all ~ with him** es ist aus u. vorbei mit ihm, er ist endgültig ‚erledigt'; **all ~ and done with** total erledigt.

III *adj* **30.** ober(er, e, es), Ober... **31.** äußer(er, e, es), Außen... **32.** Über... **33.** ˈüberzählig, ˈüberschüssig, übrig.

IV *s* **34.** ˈÜberschuß *m*: **~ of exports** Exportüberschuß. **35.** *Kricket*: Over *n* (*Spieleinheit, bestehend aus 6 Würfen*).

ˌo·ver|·aˈbun·dant *adj* (*adv* **~ly**) ˈüberreich(lich), ˈübermäßig. **ˌ~·aˈchieve** *v/i* mehr leisten als erwartet, (*in e-r Prüfung*) besser abschneiden als erwartet. **ˌ~·aˈchiev·er** *s* j-d, der mehr leistet *od.* besser abschneidet als erwartet. **ˌ~ˈact** *thea. etc* **I** *v/t e-e Rolle* überˈziehen, überˈtreiben, überˈtrieben spielen. **II** *v/i* überˈtreiben (*a. fig.*). **ˌ~ˈac·tive** *adj* ˈübermäßig tätig *od.* geschäftig *od.* akˈtiv.

o·ver·age[1] [ˈəʊvərɪdʒ] *s econ.* (*bes.* ˈWaren)ˌÜberschuß *m*.

o·ver·age[2] [ˌəʊvə(r)ˈeɪdʒ] *adj* **1.** *bes. ped.* älter als der ˈDurchschnitt. **2.** zu alt.

o·ver|·all I *adj* [ˈəʊvərɔːl] **1.** gesamt, Gesamt...: **~ efficiency** *tech.* Gesamtnutzeffekt *m*; **~ length** Gesamtlänge *f*; **~ title** Sammeltitel *m* (*e-r Reihe*). **2.** toˈtal, gloˈbal. **II** *adv* [ˌəʊvərˈɔːl] **3.** allgemein, insgesamt. **III** *s* [ˈəʊvərɔːl] **4.** *pl* Arbeits-, Monˈteur-, Kombinatiˈonsanzug *m*, Overall *m*. **5.** *Br.* a) Kittelschürze *f*, Hauskleid *n*, b) Kittel *m*: **doctor's ~** Arztkittel. **6.** *pl obs.* ˈÜberzieh-, Arbeitshose *f*. **ˌ~·amˈbi·tious** *adj* (*adv* **~ly**) überˈtrieben *od.* allzu ehrgeizig. **ˌ~-and-ˈun·der I** *adj* doppelläufig (*Gewehr, Flinte*). **II** *s* Zwilling *m*. **ˌ~ˈanx·ious** *adj* (*adv* **~ly**) **1.** ˈüberängstlich. **2.** ˈüberbegierig: **to be ~ to do s.th.** sich ‚überschlagen', um etwas zu tun; **not to be (exactly) ~ to do s.th.** nicht (unbedingt) scharf darauf sein, etwas zu tun. **ˌ~ˈarch** *v/t* überˈwölben, -ˈspannen. **ˈ~·arm** *adj Baseball, Kricket etc*: mit ˈdurchgestrecktem Arm über die Schulter ausgeführt (*Wurf etc*). **ˈ~·arm stroke** *s Schwimmen*: Hand-über-ˈHand-Stoß *m*. **ˌ~ˈawe** *v/t* **1.** tief beeindrucken. **2.** einschüchtern. **ˌ~ˈbal·ance I** *v/t* **1.** *a. fig.* überˈwiegen, das ˈÜbergewicht haben über (*acc*). **2.** aus dem Gleichgewicht bringen, ˈumstoßen, ˈumkippen. **II** *v/i* **3.** ˈum-, ˈüberkippen, das ˈÜbergewicht bekommen, das Gleichgewicht verlieren. **III** *s* **4.** ˈÜbergewicht *n*.

ˌo·verˈbear *v/t irr* **1.** niederdrücken, zu Boden drücken. **2.** *Widerstand etc* überˈwinden. **3.** *fig.* schwerer wiegen als. **4.** tyranniˈsieren, unterˈjochen. **ˌo·verˈbear·ance** *s* Anmaßung *f*, herrisches Wesen, Arroˈganz *f*. **ˌo·verˈbear·ing** *adj* (*adv* **~ly**) **1.** anmaßend, arroˈgant, hochfahrend, herrisch. **2.** von überˈragender Bedeutung.

o·ver|·bid [ˌ-ˈbɪd] **I** *v/t irr* **1.** *econ.* a) überˈbieten, mehr bieten als, b) zuˈviel bieten für. **2.** *Bridge*: a) überˈreizen, b) zu hoch reizen mit (*e-m Blatt*). **II** *v/i* **3.** *econ.* zuˈviel bieten. **4.** *econ.* mehr bieten, ein höheres Angebot machen. **III** *s* [ˈ-bɪd] **5.** *econ.* a) Mehrgebot *n*, b) ˈÜberangebot *n*. **ˈ~·bite** *s Zahnmedizin*: ˈÜberbiß *m*. **ˈ~·blouse** *s* Kasackbluse *f*. **ˌ~ˈblown** *adj* **1.** verblühend, am Verblühen. **2.** *mus.* überˈblasen (*Ton*). **3.** *metall.* ˈübergar: **~ steel**. **4.** geschwollen, hochtrabend, schwülstig (*Ausdrucksweise etc*). **ˈ~·board** *adv mar.* über Bord: **man ~!** Mann über Bord!; **to fall ~** über Bord gehen; **to throw ~** über Bord werfen (*a. fig.*). **ˌ~ˈbook** *v/t Flug, Hotel etc* überˈbuchen. **ˌ~ˈbrim** *v/i u. v/t* ˈüberfließen (lassen). **ˌ~ˈbuild** *v/t irr* **1.** überˈbauen, bebauen. **2.** zu dicht bebauen. **3.** zu groß *od.* zu prächtig (er)bauen: **to ~ o.s.** sich ‚verbauen'. **ˌ~ˈbur·den** *v/t* überˈladen, -ˈlasten (*a. fig.*). **ˌ~ˈbus·y** *adj* **1.** zu sehr beschäftigt. **2.** ˈübergeschäftig. **ˌ~ˈbuy** *irr* **I** *v/t* **1.** zuˈviel (ein)kaufen von. **2.** teurer (ein)kaufen als (*j-d*): **to ~ s.o.** **3.** *etwas* zu teuer einkaufen. **II** *v/i* **4.** zu teuer *od.* über Bedarf (ein)kaufen. **ˌ~ˈcall** *v/t Kartenspiel*: überˈbieten. **ˌ~·caˈpac·i·ty** *s econ.* ˈÜberkapaziˌtät *f*. **ˌ~ˈcap·i·tal·ize** *v/t econ.* **1.** e-n zu hohen Nennwert für das ˈStammkapiˌtal (*e-s Unternehmens*) angeben: **to ~ a firm**. **2.** das Kapiˈtal überˈschätzen von. **3.** ˈüberkapitaliˌsieren. **~·cast I** *adj* [ˈəʊvə(r)kɑːst; *Am.* -ˌkæst] **1.** bewölkt, bedeckt: **~ sky**. **2.** trüb(e), düster (*a. fig.*). **3.** überˈwendlich (genäht): **~ stitch** Schlingstich *m*. **4.** *geol.* überˈkippt, liegend (*tektonische Falte*). **II** *v/t irr* [ˌ-ˈkɑːst; *Am.* ˌ-ˈkæst] **5.** (*mit Wolken*) überˈziehen, bedecken, *a. fig.* umˈwölken, verdunkeln, trüben. **6.** [*Am.* ˈ-ˌkæst] (um-) ˈsäumen, umˈstechen. **III** *v/i* **7.** sich bewölken, sich beziehen, sich überˈziehen (*Himmel*). **ˌ~ˈcau·tious** *adj* überˈtrieben vorsichtig, ˈübervorsichtig. **ˌ~ˈcau·tious·ness** *s* überˈtriebene Vorsicht. **ˈ~ˌcer·ti·fiˈca·tion** *s econ.* Bestätigung *f* e-s Überˈziehungsschecks. **ˌ~ˈcharge I** *v/t* **1.** *j-m* zuˈviel berechnen *od.* abverlangen. **2.** *e-n Betrag* zuˈviel verlangen: **he ~d two pounds**. **3.** *etwas* zu hoch berechnen. **4.** ˈüberbelasten, *electr. tech. a.* überˈladen (*a. fig.*). **II** *v/i* **5.** zuˈviel verlangen (**for** für). **III** *s* [*Am.* ˈəʊvərˌtʃɑːrdʒ] **6.** zu hohe Berechnung. **7.** *econ.* a) ˈÜberpreis *m*, b) Überˈforderung *f*, -ˈteuerung *f*, c) Mehrbetrag *m*, Aufschlag *m*: **~ for arrears** Säumniszuschlag *m*. **8.** *electr. tech.* Überˈladung *f* (*a. fig.*). **ˌ~ˈcloud I** *v/t* **1.** → **overcast** 5. **II** *v/i* **2.** → **overcast** 7. **3.** *fig.* sich umˈwölken, sich trüben. **ˌ~ˈcloy** *v/t* überˈladen, -ˈsättigen (*a. fig.*). **ˈ~·coat** *s* Mantel *m*. **ˌ~ˈcome I** *v/t irr* überˈwältigen, -ˈwinden, -ˈmannen, bezwingen (*alle a. fig.*): **to ~ dangers** Gefahren bestehen; **to ~ an obstacle** ein Hindernis nehmen; **to ~ s.o.'s opposition** j-s Widerstand überwinden; **he was ~ with** (*od.* **by**) **emotion** er wurde von s-n Gefühlen übermannt. **II** *v/i* siegreich sein, siegen. **ˌ~ˈcom·pen·sate** *v/t bes. psych. Komplexe etc* ˈüberkompenˌsieren. **ˈ~ˌcom·penˈsa·tion** *s bes. psych.* ˈÜberkompensatiˌon *f*. **ˌ~·comˈpound** *v/t electr.* ˈüberkompounˌdieren. **ˌ~ˈcon·fi·dent** *adj* (*adv* **~ly**) **1.** überˈtrieben selbstbewußt. **2.** allzuˈsehr vertrauend (**of** *auf acc*). **3.** zu optiˈmistisch: **to be ~ of victory** zu siegessicher sein. **ˌ~ˈcon·fi·dence** *s* **1.** überˈsteigertes Selbstvertrauen *od.* -bewußtsein. **2.** zu großes Vertrauen (**in** auf *acc*). **3.** zu großer Optiˈmismus. **ˌ~ˈcrit·i·cal** *adj* ˈüberkritisch, allzu kritisch (**of** gegenˈüber). **ˌ~ˈcrop** *v/t agr.* Raubbau treiben mit, zuˈgrunde wirtschaften. **ˌ~ˈcrow** *v/t* **1.** triumˈphieren über (*acc*). **2.** überˈtreffen. **ˌ~ˈcrowd** *v/t* überˈfüllen (*bes. mit Menschen*): **~ed profession** überlaufener Beruf; **~ed region** Ballungsgebiet *n*. **ˌ~ˈcrust** *v/t* überˈkrusten. **ˈ~ˌcur·rent** *s electr.* ˈÜberstrom *m*. **ˌ~ˈcut·ting** *s* Überˈschneiden *n* (*von Schallplattenrillen*). **ˌ~ˈdel·i·ca·cy** *s* **1.** ˈübergroße Zartheit *od.* Empfindlichkeit. **2.** überˈtriebenes Fein- *od.* Zartgefühl. **ˌ~·deˈvel·op** *v/t bes. phot.* ˈüberentwickeln. **ˌ~·disˈcharge** *electr.* **I** *s* ˈübermäßige Entladung (*e-r Batterie*), ˈÜberbelastung *f*. **II** *v/t* ˈübermäßig entladen, ˈüberbelasten. **ˌ~ˈdo** *v/t irr* **1.** überˈtreiben, zu weit treiben. **2.** *fig.* zu weit gehen mit *od.* in (*dat*), *etwas* zu arg treiben, ˈüberbeanspruchen, überˈfordern: **to ~ it** (*od.* **things**) a) zu weit gehen, b) des Guten zuviel tun. **3.** zu stark *od.* zu lange kochen *od.* braten: **overdone** *a.* übergar. **~·dose I** *s* [ˈ-dəʊs] **1.** ˈÜberdosis *f*, zu starke Dosis. **2.** *fig.* Zuˈviel *n* (**of** an *dat*). **II** *v/t* [ˌ-ˈdəʊs] **3.** *j-m* e-e zu starke Dosis geben: **to be ~d on s.th.** *fig.* mit etwas übersättigt sein. **4.** *etwas* ˈüberdoˌsieren. **III** *v/i* **5.** a) e-e ˈÜberdosis *od.* ˈÜberdosen (*Rauschgift*) nehmen, b) an e-r ˈÜberdosis sterben. **6.** **~ on** *fig. Gefühle etc* ˈüberbetonen, überˈtreiben. **ˈ~·draft** *s* **1.** *tech.* Oberzug *m*. **2.** *econ.* a) (ˈKonto-) ÜberˌziehungF, b) Überˈziehung *f*, überˈzogener Betrag: **to have an ~ of £100** sein Konto um £ 100 überzogen haben, c) Rückbuchung *f* e-s überˈzogenen Betrags (*durch die Bank*). **ˌ~ˈdram·a·tize** *v/t fig.* ˈüberdramatiˌsieren. **ˈ~·draught** *bes. Br. für* **overdraft** 1. **ˌ~ˈdraw I** *v/t irr* **1.** *econ. ein Konto* überˈziehen: **I'm ~n** ich habe mein Konto überzogen, mein Konto ist überzogen. **2.** *e-n Bogen* überˈspannen. **3.** *fig.* überˈtreiben, *Forderungen etc* überˈziehen, *thea. etc Personen* überˈzeichnen. **II** *v/i* **4.** *econ.* sein Konto überˈziehen. **ˌ~ˈdress** *v/t u. v/i* (sich) zu vornehm anziehen. **ˌ~·drive I** *v/t irr* [ˌ-ˈdraɪv] **1.** abschinden, hetzen. **2.** zu weit treiben, überˈtreiben. **3.** *electr. e-e Röhre* überˈsteuern. **4.** *a.* **~ the headlamps** *mot.* bei Dunkelheit zu schnell fahren. **II** *s* [ˈ-draɪv] **5.** *tech.* Overdrive *m*, Schongang *m*. **ˌ~ˈdue** *adj* **1.** *a. econ. mar. rail. etc* ˈüberfällig: **she's ~** sie müßte schon längst hier sein!; **the train is ~** der Zug hat Verspätung; **an ~ bill** *econ.* ein überfälliger Wechsel. **2.** *a.* **long ~** *fig.* längst fällig. **3.** *fig.* ˈübermäßig. **ˌ~ˈea·ger** *adj* ˈübereifrig. **ˌ~ˈea·ger·ness** *s* ˈÜbereifer *m*. **ˌ~ˈeat** *v/i irr* (*a.* **~ o.s.**) sich überˈessen. **ˌ~ˈem·pha·sis** *s* ˈÜberbetonung *f*: **to put an ~ on → overemphasize**. **ˌ~ˈem·pha·size** *v/t* ˈüberbetonen, zu großen Nachdruck legen auf (*acc*). **ˌ~·emˈploy·ment** *s econ.* ˈÜberbeschäftigung *f*. **ˌ~·es·ti·mate I** *v/t* [ˌ-ˈestɪmeɪt] überˈschätzen, ˈüberbewerten. **II** *s* [ˌ-ˈestɪmət] Überˈschätzung *f*, ˈÜberbewertung *f*. **ˈ~ˌes·tiˈma·tion → overestimate** II. **ˌ~·exˈcite** *v/t* **1.** zu sehr aufregen. **2.** überˈreizen. **3.** *electr.* ˈübererregen. **ˌ~·exˈert** *v/t* (**o.s.** sich) überˈanstrengen. **ˌ~·exˈer·tion** *s* Überˈanstrengung *f*. **ˌ~·exˈploit** *v/t* Raubbau treiben mit. **ˈ~ˌex·ploiˈta·tion** *s* Raubbau *m* (**of** an *dat*). **ˌ~·exˈpose** *v/t phot.* ˈüberbelichten. **ˌ~·exˈpo·sure** *s phot.* ˈÜberbelichtung *f*. **ˌ~·exˈtend** *v/t*: **to ~ o.s.** (*financially, etc*) sich (finanziell *etc*) übernehmen. **ˈ~·fall** *s* **1.** *mar.* a) *pl* ˈüberbrechende Seen *pl* (*an Klippen etc*), b) Abfall *m* (*im Boden e-s Gewässers*). **2.** *tech.* ˈÜberfall *m*, -lauf *m* (*e-r Schleuse etc*). **ˌ~ˈfa·tigue I** *v/t* überˈmüden, überˈanstrengen. **II** *s* Überˈmüdung *f*, Überˈanstrengung *f*. **ˈ~·fault** *s geol.* ˈwidersinnige Verwerfung. **ˌ~ˈfeed** *v/t irr* überˈfüttern, ˈüberernähren. **ˌ~ˈfeed·ing** *s* Überˈfütterung *f*, ˈÜberer-

nährung *f.* ˈ**~flight** *s aer.* Überˈfliegen *n.*
o·ver|·flow [ˌ-ˈfləʊ] **I** *v/i* **1.** ˈüberlaufen, -fließen, -strömen (*Flüssigkeit, Gefäß etc*), sich ergießen (**into** in *acc*). **2.** ˈüberquellen (**with** von): **a room ~ing with people; an ~ing harvest** e-e überreiche Ernte. **3.** *fig.* ˈüberquellen, -strömen, -fließen (**with** von): **a heart ~ing with gratitude**. **4.** im ˈÜberfluß vorˈhanden sein. **II** *v/t* **5.** überˈfluten, -ˈschwemmen. **6.** hinˈwegfluten über (*acc*), laufen *od.* fließen über (*acc*): **to ~ the brim**. **7.** zum ˈÜberlaufen bringen. **8.** nicht mehr Platz finden in (*dat*): **the crowd ~ed the room**. **III** *s* [ˈ-fləʊ] **9.** Überˈschwemmung *f*, ˈÜberfließen *n.* **10.** ˈÜberschuß *m*, ˈüberfließende Menge: **~ of population** Bevölkerungsüberschuß; **~ meeting** Parallelversammlung *f* (*nicht mehr Platz findender Personen*). **11.** *tech.* a) *a. electr.* ˈÜberlauf *m*, b) *a.* **~ pipe** ˈÜberlaufrohr *n*, c) *a.* **~ basin** ˈÜberlaufbasˌsin *n*: **~ drain** Überlaufkanal *m*; **~ valve** Überlaufventil *n.* **12.** *metr.* Enjambeˈment *n*, Versbrechung *f.* ˌ**~ˈflow·ing I** *adj* **1.** ˈüberfließend, -laufend, -strömend. **2.** *fig.* ˈüberquellend, -strömend: **~ heart (kindness**, *etc*). **3.** *fig.* ˈüberreich. **II** *s* **4.** ˈÜberfließen *n*, -strömen *n*: **full to ~** voll zum Überlaufen, *weitS.* zum Platzen voll.
ˌ**o·ver|ˈfly** *v/t irr* überˈfliegen. **~fold** *geol.* **I** *s* [ˈ-fəʊld] überˈkippte Falte. **II** *v/t* [ˌ-ˈfəʊld] überˈkippen. ˌ**~ˈfond** *adj*: **to be ~ of doing s.th.** etwas nur zu gern tun. ˈ**~freight** *s econ.* **1.** ˈÜberfracht *f.* **2.** *rail.* Ladung *f* ohne Frachtbrief *od.* Frachtliste. ˌ**~fulˈfil(l)** *v/t econ. ein Soll* ˈübererfüllen. ˌ**~fulˈfil(l)·ment** *s econ.* ˈÜbererfüllung *f.* ˈ**~ˌgar·ment** *s* Oberbekleidung *f.* ˈ**~gear** *s tech.* Überˈsetzungsgetriebe *n* (*Ggs. Untersetzungsgetriebe*). **~glaze** [ˈ-gleɪz] (*Keramik*) **I** *s* ˈÜberglaˌsur *f*, zweite Glaˈsur. **II** *adj* Überglasur... **III** *v/t* [ˌ-ˈgleɪz] glaˈsieren. ˈ**~ground** *adj* über der Erde (befindlich), oberirdisch. ˌ**~ˈgrow** *irr* **I** *v/t* **1.** überˈwachsen, -ˈwuchern. **2.** hinˈauswachsen über (*acc*), zu groß werden für. **II** *v/i* **3.** zu groß werden. **~grown** [ˌ-ˈgrəʊn; *attr.* ˈ-grəʊn] *adj* **1.** überˈwachsen, -ˈwuchert. **2.** ˈübergroß. ˈ**~growth** *s* **1.** Überˈwucherung *f.* **2.** ˈübermäßiges Wachstum. ˈ**~hand I** *adj u. adv* **1.** *Schlag etc* von oben (kommend *od.* ausgeführt): **~ blow**. **2.** *sport* ˈüberhand, mit der Handfläche nach unten: **~ stroke** (*bes. Tennis*) Überhandschlag *m*; **~ service** Hochaufschlag *m.* **3.** **~ stroke** (*Schwimmen*) Hand-über-Hand-Stoß *m.* **4.** *Kricket etc*: → **overarm**. **5.** *Näherei*: überˈwendlich: **~ stitch**. **II** *s* **6.** *bes. Tennis*: ˈÜberhandschlag *m.* **III** *v/t u. v/i* **7.** überˈwendlich nähen. **~hang** [ˌ-ˈhæŋ] **I** *v/t irr* **1.** hängen über (*dat*). **2.** herˈvorstehen *od.* -ragen *od.* ˈüberhängen über (*acc*). **3.** *fig.* (drohend) schweben über (*dat*), drohen (*dat*). **II** *v/i* **4.** ˈüberhängen, herˈvorstehen, -kragen (*a. arch.*). **III** *s* [ˈ-hæŋ] **5.** ˈÜberhang *m* (*a. arch. mar.*), *tech. a.* Ausladung *f.* **6.** *aer.* ˈÜberhang *m*, vorstehendes Tragflächenende. ˌ**~ˈhappy** *adj* ˈüberglücklich. ˈ**~haste** *s* ˈÜbereile *f.* ˌ**~ˈhast·y** *adj* überˈeilt, voreilig. **~haul I** *v/t* [ˌ-ˈhɔːl] **1.** *e-e Maschine etc* überˈholen, (gründlich) überˈprüfen (*a. fig.*) u. inˈstandsetzen. **2.** *mar. Tau, Taljen etc* überˈholen. **II** *s* [ˈ-hɔːl] **3.** (Geneˈral-) Überˌholung *f*, gründliche Überˈprüfung (*a. fig.*).
o·ver·head I *adv* [ˌ-ˈhed] **1.** (dr)oben: **the stars ~** die Sterne droben; **there is an artist living ~** oben *od.* (im Stockwerk) darüber wohnt ein Künstler; **works ~!** Vorsicht, Dacharbeiten! **2.** *tech.* (*a.* von) oben: **the material enters and leaves ~**. **II** *adj* [ˈ-hed] **3.** oberirdisch, Frei..., Hoch...: **~ aerial** (*bes. Am.* **antenna**) *electr.* Hochantenne *f*; **~ cable** *electr.* Freileitungs-, Luftkabel *n*; **~ line** *electr.* Frei-, Oberleitung *f*; **~ projector** Arbeitsprojektor *m*, Tageslichtschreiber *m*; **~ railway** *bes. Br.* Hochbahn *f*; **~ tank** Hochbehälter *m.* **4.** *mot.* a) obengesteuert: **~ valve; ~-valve engine** *Br.* kopfgesteuerter Motor, b) obenliegend: **~ camshaft**. **5.** allgemein, Gesamt..., Pauschal...: **~ cost, ~ expenses** → 7; **~ price** *econ.* Pauschalpreis *m.* **6.** *sport* Überkopf...: **~ stroke** → 8; **~ kick** (*Fußball*) (Fall)Rückzieher *m.* **III** *s* [ˈ-hed] **7.** *econ. Br. meist pl* allgemeine Unkosten *pl*, laufende Geschäftskosten. **8.** *bes. Tennis*: Überˈkopfball *m.*
ˌ**o·ver|ˈhear** *v/t irr ein Gespräch etc* (zufällig) belauschen, (mitˈan)hören, ‚aufschnappen'. ˌ**~ˈheat I** *v/t Motor* überˈhitzen, *Raum* überˈheizen: **to ~ o.s.** → II; **~ed** überhitzt (*a. fig.*), überheizt. **II** *v/i tech.* heißlaufen. ˈ**~house** *adj* Dach... (*-antenne etc*). ˌ**~ˈhung I** *pret u. pp von* **overhang**. **II** *adj* [*attr. a.* ˈ-hʌŋ] **1.** ˈüberhängend. **2.** (von oben) herˈabhängend, *tech.* fliegend (angeordnet), freitragend: **~ door** hängende Schiebetür. ˌ**~inˈdulge I** *v/t* **1.** zu nachsichtig behandeln, *j-m* zuˈviel ˈdurchgehen lassen. **2.** *e-r Leidenschaft etc* ˈübermäßig frönen. **II** *v/i* **3.** des Guten zuˈviel tun: **to ~ in** sich allzusehr ergehen in (*dat*). **4.** zu sehr zusprechen (**in** *dat*). ˌ**~inˈdul·gence** *s* **1.** allzugroße Nachsicht. **2.** ˈübermäßiger Genuß. ˌ**~inˈdul·gent** *adj* allzu nachsichtig. ˌ**~inˈsur·ance** *s econ.* ˈÜberversicherung *f.* ˌ**~inˈsure** *v/t u. v/i* (sich) ˈüberversichern. ˌ**~ˈis·sue** *econ.* **I** *s* Mehrausgabe *f*, ˈÜberemissiˌon *f.* **II** *v/t* zuˈviel *Aktien etc* ausgeben. **~joyed** [ˌ-ˈdʒɔɪd] *adj* außer sich vor Freude, ˈüberglücklich (**at, by** über *acc*). ˈ**~kill** *s* **1.** *mil.* Overkill *n* (*Fähigkeit e-s Staates, mit e-m vorhandenen* [*bes. Atom*]*Waffenpotential mehr Gegner vernichten zu können, als tatsächlich vorhanden sind*). **2.** *fig.* ˈÜbermaß *n*, Zuˈviel *n* (**of** an *dat*). ˈ**~knee** *adj* über die Knie reichend: **~ boots** Kniestiefel. ˌ**~ˈlad·en** *adj* überˈladen (*a. fig.*), überˈlastet (*a. electr.*), ˈüberbelastet. **~land I** *adv* [ˌ-ˈlænd; ˈ-lænd] über Land, auf dem Landweg, zu Lande. **II** *adj* [ˈ-lænd] (Über)Land...: **~ route** Landweg *m*; **~ transport** Überland-, Fernverkehr *m.* **~lap** [ˌ-ˈlæp] **I** *v/t* **1.** ˈübergreifen auf (*acc*) *od.* in (*acc*), sich überˈschneiden, teilweise zs.-fallen mit. **2.** hinˈausgehen über (*acc*). **3.** *tech.* überˈlappen. **4.** *Film*: überˈblenden. **II** *v/i* **5.** sich *od.* einˈander überˈschneiden, teilweise zs.-fallen, sich teilweise decken, auf- *od.* ineinˈander ˈübergreifen. **6.** *tech.* überˈlappen, ˈübergreifen. **III** *s* [ˈ-læp] **7.** ˈÜbergreifen *n*, Überˈschneiden *n.* **8.** Überˈschneidung *f.* **9.** *tech.* a) Überˈlappung *f*, b) *a. geol. phys.* Überˈlagerung *f.*
ˌ**o·verˈlay**[1] *pret von* **overlie**.
o·ver·lay[2] **I** *v/t irr* [ˌ-ˈleɪ] **1.** darˈüberlegen *od.* -breiten, obenˈauflegen. **2.** bedecken, überˈziehen, belegen: **overlaid with gold** mit Gold überzogen. **3.** *print.* zurichten. **II** *s* [ˈ-leɪ] **4.** Bedeckung *f.* **5.** Auflage *f*, ˈÜberzug *m*: **an ~ of gold** e-e Goldauflage. **6.** *print.* a) Auflegemaske *f*, b) Zurichtung *f*, c) Zurichtebogen *m.* **7.** Planpause *f.*
ˌ**o·ver|ˈleaf** *adv* ˈumstehend, ˈumseitig: **see ~** siehe umseitig. ˌ**~ˈleap** *v/t irr* **1.** springen über (*acc*), überˈspringen (*a. fig.*). **2.** *sein Ziel* überˈspringen, hinˈausspringen über (*acc*). ˌ**~ˈlie** *v/t irr* **1.** liegen auf *od.* über (*dat*). **2.** *geol.* überˈlagern. **~load I** *v/t* [ˌ-ˈləʊd] überˈladen, -ˈlasten (*a. electr.*), ˈüberbelasten. **II** *s* [ˈ-ləʊd] Überˈladung *f*, -ˈlastung *f* (*a. electr.*), ˈÜberbelastung *f*: **~ capacity** *electr.* Überlastbarkeit *f*; **~ circuit breaker** Maximalausschalter *m.* ˌ**~ˈlong** *adj u. adv* ˈüberlang, zu lang. **~look I** *v/t* [ˌ-ˈlʊk] **1.** überˈsehen: **to ~ a word**. **2.** *fig.* (geflissentlich) überˈsehen, hinˈwegsehen über (*acc*), nicht beachten, ignoˈrieren: **let us ~ her mistake**. **3.** (von oben) überˈblicken. **4.** überˈblicken, Aussicht gewähren auf (*acc*). **5.** überˈwachen, beaufsichtigen. **6.** (*bes. prüfend od. lesend*) ˈdurchsehen. **II** *s* [ˈ-ˌlʊk] **7.** *Am.* Aussichtspunkt *m.* ˈ**~lord** *s* **1.** Oberherr *m.* **2.** *fig.* (ˈunumˌschränkter) Herrscher. ˈ**~lord·ship** *s* **1.** Oberherrschaft *f.* **2.** *fig.* (ˈunumˌschränkte) Herrschaft.
o·ver·ly [ˈəʊvə(r)lɪ] *adv* ˈübermäßig, allzu(ˈsehr): **he was not ~ enthusiastic** s-e Begeisterung hielt sich in Grenzen.
ˌ**o·ver|ˈly·ing** *adj* **1.** darˈüberliegend. **2.** *geol.* ˈübergelagert (*Schicht*). **~man I** *s irr* [ˈ-mæn] **1.** Aufseher *m*, Vorarbeiter *m.* **2.** Schiedsrichter *m.* **3.** *Bergbau*: Steiger *m.* **4.** *philos.* ˈÜbermensch *m.* **II** *v/t* [ˌ-ˈmæn] **5.** *ein Schiff etc* zu stark bemannen: **~ned** a) zu stark bemannt, b) (personell) überbesetzt. ˈ**~ˌman·tel** *s* Kaˈminaufsatz *m.* ˌ**~ˈman·y** *adj* (all)zu viele. ˌ**~ˈmark** *v/t sport* ˈüberbewerten. ˌ**~ˈmas·ter** *v/t* überˈwältigen, -ˈmannen, bezwingen. ˌ**~ˈmuch I** *adj* allzuˈviel. **II** *adv* allzu(ˈsehr, -ˈviel), ˈübermäßig. ˌ**~ˈnice** *adj* ˈüberfein: **~ distinctions**. **~night I** *adv* [ˌ-ˈnaɪt] über Nacht, die Nacht über, während der Nacht: **he became famous ~** er wurde über Nacht berühmt. **II** *adj* [ˌ-ˈnaɪt; ˈ-naɪt] Nacht..., Übernachtungs...: **~ bag** Reisetasche *f*; **~ case** Handkoffer *m*; **~ guests** Übernachtungsgäste; **~ lodging** Nachtquartier *n*; **~ stop** (*od.* **stay**) Übernachtung *f.* ˌ**~ˈnour·ished** *adj* ˈüberernährt. ˌ**~ˈnour·ish·ment**, ˌ**~nuˈtri·tion** *s* ˈÜberernährung *f.* ˌ**~ˈoc·cu·pied** *adj* ˈüberbelegt (*Haus etc*). **~pass I** *v/t* [ˌ-ˈpɑːs; *Am.* ˌ-ˈpæs] *pret u. pp* **-ˈpassed** *od.* **-ˈpast** **1.** überˈqueren. **2.** *fig.* überˈtreffen, -ˈsteigen. **II** *s* [ˈ-pɑːs; *Am.* ˈ-ˌpæs] **3.** (ˈStraßen-, ˈEisenbahn)Überˌführung *f.* ˌ**~ˈpay** *v/t irr* **1.** zu teuer bezahlen, überˈzahlen. **2.** *j-n* ˈüberbezahlen. **3.** ˈüberreichlich belohnen. ˌ**~ˈpay·ment** *s* ˈÜberbezahlung *f.* ˌ**~ˈpeo·pled** *adj* überˈvölkert. ˌ**~perˈsuade** *v/t* überˈreden. ˌ**~ˈplay I** *v/t* **1.** → **overact** I. **2.** **to ~ one's hand** *fig.* sich überreizen *od.* übernehmen, zu hoch reizen. ˈ**~plus I** *s* ˈÜberschuß *m* (**of** an *dat*). **II** *adj* ˈüberschüssig. ˌ**~ˈpop·u·late** *v/t* überˈvölkern. ˈ**~ˌpop·uˈla·tion** *s* **1.** Überˈvölkerung *f.* **2.** ˈÜberbevölkerung *f.* ˌ**~ˈpow·er** *v/t a. fig.* überˈwältigen, -ˈmannen, bezwingen: **~ing** *fig.* überwältigend. **~pres·sure** [ˌ-ˈpreʃə; *Am.* ˈ-ˌpreʃər] *s* **1.** Überˈbürdung *f*, -ˈanstrengung *f.* **2.** *tech.* ˈÜberdruck *m*: **~ valve** Überdruck- *od.* Sicherheitsventil *n.* ˌ**~ˈprice** *v/t econ. etwas* überˈteuert anbieten. **~print I** *v/t* [ˌ-ˈprɪnt] **1.** *print.* a) überˈdrucken, b) e-e zu große Auflage drukken von. **2.** *phot.* ˈüberkoˌpieren. **II** *s* [ˈ-prɪnt] **3.** *print.* a) ˈÜber-, Aufdruck *m*, b) ˈÜberschuß *m* an gedruckten Exemˈplaren. **4.** a) Aufdruck *m* (*auf Briefmarken*), b) Briefmarke *f* mit Aufdruck. ˌ**~proˈduce** *v/t econ.* ˈüberproduˌzieren. ˌ**~proˈduc·tion** *s econ.* ˈÜberproduktiˌon *f*: **agricultural ~** Überproduktion landwirtschaftlicher Güter. ˌ**~ˈproof** *adj* ˈüberproˌzentig (*Spirituosen*). ˌ**~proˈpor·tion I** *s* ˈÜberproportiˌon *f*,

ˈÜbergröße *f.* **II** *v/t* ˈüberproportioˌnieren. ˌ**~·proˈtect** *v/t Kind* zu sehr behüten. ˌ**~·proˈtec·tive** *adj* ˈüberfürsorglich (*Eltern*). ˌ**~ˈproud** *adj* ˈüberstolz (**of** auf *acc*; **to** *inf* zu *inf*). ˌ**~ˈrate** *v/t* **1.** überˈschätzen, ˈüberbewerten (*a. sport*). **2.** *econ.* zu hoch veranschlagen. ˌ**~ˈreach I** *v/t* **1.** überˈragen (*a. fig.*). **2.** *fig.* hinˈausschießen über (*acc*), zu weit gehen für: **to ~ one's purpose** *fig.* über sein Ziel hinausschießen; **to ~ o.s.** sich übernehmen. **3.** überˈvorteilen, -ˈlisten. **II** *v/i* **4.** *fig.* zu weit gehen. ˌ**~·reˈact** *v/i* ˈüberreaˌgieren, überˈtrieben reaˈgieren (**to** auf *acc*). ˌ**~·reˈac·tion** *s* ˈÜberreaktiˌon *f*, überˈtriebene Reaktiˈon (**to** auf *acc*). ˌ**~ˈride** *v/t irr* **1.** reiten durch *od.* über (*acc*). **2.** überˈreiten, *j-n* niederreiten. **3.** *ein Pferd* überˈanstrengen. **4.** *fig.* hinˈweggehen *od.* sich hinˈwegsetzen über (*acc*). **5.** *fig.* ˈumstoßen, aufheben, nichtig machen: **to ~ a veto** ein Veto umstoßen. **6.** *fig.* den Vorrang haben vor (*dat*). **7.** *bes. med.* sich schieben über (*acc*). ˈ**~ˌrid·er** *s mot. Br.* Stoßstangenhorn *n*. ˌ**~ˈrid·ing** *adj* überˈwiegend, hauptsächlich: **~ claim** *jur.* vorrangiger Anspruch; **of ~ importance** von überragender Bedeutung. ˌ**~ˈripe** *adj* ˈüberreif. ˈ**~·roll bar** *s mot.* ˈÜberrollbügel *m*. ˌ**~ˈrule** *v/t* **1.** verwerfen, ablehnen, zuˈrückweisen: **to ~ a proposal.** **2.** *j-n* überˈstimmen. **3.** *ein Urteil* ˈumstoßen, aufheben. **4.** *fig.* die Oberhand gewinnen über (*acc*). ˌ**~ˈrul·ing** *adj* beherrschend, ˈübermächtig.

o·ver|·run I *v/t irr* [ˌ-ˈrʌn] **1.** a) *Land etc* überˈfluten, -ˈschwemmen (*a. fig.*), b) *mil.* einfallen in (*acc*), ˈherfallen über (*acc*), überˈrollen (*a. fig.*). **2.** überˈlaufen: **to be ~ with** überlaufen sein *od.* wimmeln von. **3.** überˈwuchern. **4.** *fig.* rasch um sich greifen in (*dat*). **5.** *print.* umˈbrechen. **6.** *rail. Signal* überˈfahren. **7. to ~ the allotted time** (*bes. Rundfunk, TV*) überziehen (**by** um). **II** *v/i* **8.** *bes. Rundfunk, TV* überˈziehen (**by** um). **III** *s* [ˈ-rʌn] **9.** Überˈflutung *f etc*; → I *u.* II. **10.** *bes. Rundfunk, TV* Überˈziehung *f* (**of** um). ˌ**~ˈrun·ning** *adj tech.* Freilauf..., Überlauf...: **~ clutch**; **~ brake** Auflaufbremse *f* (*des Anhängers*). ˌ**~ˈscore** *v/t* aus-, ˈdurchstreichen. ˌ**~ˈscru·pu·lous** *adj* allzu gewissenhaft, ˈübergenau. ˌ**~ˈseas,** ˌ**~ˈsea I** *adv* nach *od.* in ˈÜbersee. **II** *adj* ˈüberseeisch, Übersee...

ˌ**o·verˈsee** *v/t irr* beaufsichtigen, überˈwachen. ˈ**o·verˌse·er** *s* **1.** Aufseher *m*, Inˈspektor *m*. **2.** Vorarbeiter *m*. **3.** *Bergbau*: Steiger *m*. **4.** *meist* **~ of the poor** *Br. hist.* Armenpfleger *m*.

ˌ**o·ver|ˈsell** *v/t irr* **1.** *econ. Ware* über die Lieferungsfähigkeit hinˈaus verkaufen. **2.** *econ.* durch betont aggresˈsive Meˈthoden verkaufen. **3.** *fig.* überˈtrieben anpreisen, ‚hochjubeln'. ˌ**~ˈsen·si·tive** *adj* ˈüberempfindlich (**to** gegen). ˌ**~ˈset I** *v/t irr* **1.** a) ˈumwerfen, ˈumstürzen, ˈumkippen, b) *fig.* durcheinˈanderbringen. **2.** (*gesundheitlich od. geistig*) zerrütten. **II** *v/i* **3.** ˈumstürzen. **~·sew** [ˈ-səʊ; ˌ-ˈsəʊ] *v/t irr* überˈwendlich nähen. ˌ**~ˈsexed** *adj* **1.** sexbesessen: **to be ~** unersättlich sein. **2.** mannstoll, nymphoˈmanisch. ˌ**~ˈshad·ow** *v/t* **1.** *fig.* in den Schatten stellen, (*bes.* an Bedeutung) überˈragen. **2.** *bes. fig.* überˈschatten, e-n Schatten werfen auf (*acc*), verdüstern, trüben. ˈ**~·shoe** *s* ˈÜberschuh *m*. ˌ**~ˈshoot** *v/t irr* hinˈausschießen über (*ein Ziel*) (*a. fig.*): → **mark**[1] 13. ˈ**~·shot** *adj* **1.** *tech.* oberschlächtig. **2.** *med.* mit vorstehendem Oberkiefer. **~·side** [ˈ-saɪd; ˌ-ˈsaɪd] *mar.* **I** *adv* über Schiffsseite. **II** *adj* Überbord...: **~ delivery** Überbord-Auslieferung *f*. ˈ**~·sight** *s* **1.** Versehen *n*: **by** (*od.* **through an**) **~** aus Versehen. **2.** Aufsicht *f*. ˈ**~ˌsim·pli·fiˈca·tion** *s* (zu) grobe Vereinfachung, Vergröberung *f*. ˌ**~ˈsim·pli·fy** *v/t* (zu) grob vereinfachen, vergröbern. **~·size I** *adj* [ˌ-ˈsaɪz] ˈübergroß, ˈüberdimensioˌnal. **II** *s* [ˈ-saɪz] ˈÜbergröße *f* (*a. Gegenstand*). **~·sized** [ˈ-saɪzd; ˌ-ˈsaɪzd] → **oversize** I. **~·slaugh** [ˈ-slɔː] **I** *v/t* **1.** *Br. mil.* ˈabkommanˌdieren. **2.** [ˌ-ˈslɔː] *Am.* (*bes.* bei der Beförderung) überˈgehen. **II** *s* **3.** *Br. mil.* Dienstbefreiung *f* zwecks Abordnung zu e-m höheren Komˈmando. ˌ**~ˈsleep** *irr* **I** *v/t* **1.** *e-n Zeitpunkt* verschlafen. **2. ~ o.s.** → 3. **II** *v/i* **3.** (sich) verschlafen. ˈ**~·sleeve** *s* Ärmelschoner *m*. ˈ**~·soul** *s philos.* ˈÜberseele *f*. ˌ**~ˈspeed** *v/t irr den Motor* überˈdrehen. ˌ**~ˈspend** *irr* **I** *v/i* **1.** zuˈviel ausgeben, sich ˈübermäßig verausgaben. **II** *v/t* **2.** mehr ausgeben als, *e-e bestimmte Ausgabensumme* überˈschreiten: **to ~ one's income** → 3. **3. ~ o.s.** über s-e Verhältnisse leben. ˈ**~·spill** *s* (Beˈvölkerungs-) ˌÜberschuß *m*: **~ town** Entlastungsstadt *f*. ˌ**~ˈspread** *v/t irr* **1.** überˈziehen, sich ausbreiten über (*acc*). **2.** überˈziehen, bedecken (**with** mit). **3.** darˈüberbreiten. ˌ**~ˈstaffed** *adj* (persoˈnell) ˈüberbesetzt. ˌ**~ˈstate** *v/t* überˈtreiben, überˈtrieben darstellen: **to ~ one's case** in s-n Behauptungen zu weit gehen, zu stark auftragen. ˌ**~ˈstate·ment** *s* Überˈtreibung *f*, überˈtriebene Darstellung. ˌ**~ˈstay** *v/t* länger bleiben als, *e-e Zeit* überˈschreiten, *Urlaub* überˈziehen: **to ~ one's time** über s-e Zeit hinaus bleiben; → **welcome** 2. ˌ**~ˈsteer** *v/i mot.* überˈsteuern (*Auto*). ˌ**~ˈstep** *v/t* überˈschreiten (*a. fig.*): → **mark**[1] 13. ˌ**~ˈstock I** *v/t* **1.** ˈüberreichlich eindecken. **2.** *econ.* ˈüberbeliefern, *den Markt* überˈschwemmen: **to ~ o.s.** → 4. **3.** in zu großen Mengen auf Lager halten. **II** *v/i* **4.** sich zu reichlich eindecken. **~·strain I** *v/t* [ˌ-ˈstreɪn] überˈanstrengen, ˈüberbeanspruchen, ˈüberstrapaˌzieren (*a. fig.*): **to ~ o.s.** sich übernehmen; **to ~ one's conscience** übertriebene Skrupel haben. **II** *s* [*a.* ˈ-streɪn] Überˈanstrengung *f*. ˌ**~ˈstretch** *v/t* überˈdehnen, -ˈspannen. ˌ**~ˈstride** *v/t irr* **1.** überˈschreiten (*a. fig.*). **2.** mit gespreizten Beinen stehen über (*dat*). **~·strung** *adj* **1.** [ˌ-ˈstrʌŋ] überˈreizt (*Nerven od. Person*). **2.** [ˈ-strʌŋ] *mus.* kreuzsaitig (*Klavier*). ˌ**~·subˈscribe** *v/t* **1.** *econ. e-e Anleihe* überˈzeichnen. **2. the play was ~d** es konnten bei weitem nicht alle Kartenwünsche berücksichtigt werden. ˌ**~·subˈscrip·tion** *s econ.* Überˈzeichnung *f*. ˌ**~ˈsub·tle** *adj* **1.** ˈüberfein. **2.** ˈüberschlau, allzu raffiˈniert. ˌ**~·supˈply** *s* **1.** (**of**) ˈüberreichliche Versorgung (mit), zu großer Vorrat (an *dat*). **2.** ˈÜberangebot *n* (**of** an *dat*).

o·vert [ˈəʊvɜːt; *Am.* əʊˈvɜrt] *adj* (*adv* **~ly**) **1.** offen(kundig): **~ act** offenkundige Handlung; **~ hostility** offene *od.* unverhohlene Feindschaft; **market ~** *econ.* offener Markt. **2.** *her.* geöffnet.

ˌ**o·ver|ˈtake** *irr* **I** *v/t* **1.** einholen (*a. fig.*). **2.** *bes. Br.* überˈholen. **3.** überˈraschen, -ˈfallen: **to be ~n by darkness** von der Dunkelheit überrascht werden. **4.** *Versäumtes* nach-, aufholen. **II** *v/i* **5.** *bes. Br.* überˈholen: **do not ~** Überholen verboten. ˌ**~ˈtask** → **overtax** 3. ˌ**~ˈtax** *v/t* **1.** zu hoch besteuern, ˈüberbesteuern. **2.** zu hoch einschätzen. **3.** überˈfordern, -ˈbürden, ˈüberbeanspruchen, zu hohe Anforderungen stellen an (*acc*), *Geduld etc* ˈüberstrapaˌzieren: **to ~ one's strength** sich (kräftemäßig) übernehmen. ˌ**~·taxˈa·tion** *s* ˈÜberbesteuerung *f etc*; → **overtax**. ˌ**~-the-ˈcount·er** *adj* **1.** *econ.* freihändig (*Effektenverkauf*), freihändig verkauft (*Wertpapiere*): **~ market** Freiverkehrsmarkt *m*; **~ sale** Freihandverkauf *m*. **2.** reˈzeptfrei (*Medikament*). **~·throw I** *v/t irr* [ˌ-ˈθrəʊ] **1.** *a. fig. e-e Regierung etc* (ˈum)stürzen. **2.** niederwerfen, besiegen, schlagen. **3.** niederreißen, vernichten. **4.** den Geist zerrütten. **II** *s* [ˈ-θrəʊ] **5.** (ˈUm)Sturz *m*, Niederlage *f* (*e-r Regierung etc*). **6.** ˈUntergang *m*, Vernichtung *f*. **~·time** [ˈ-taɪm] **I** *s* **1.** *econ.* a) ˈÜberstunden *pl*: **to be on** (*od.* **do**) **~** Überstunden machen, b) ˈÜberstundenlohn *m*, Mehrarbeitszuschlag *m*. **2.** *allg.* zusätzliche (Arbeits)Zeit. **3.** *sport Am.* Verlängerung *f*: **the game went into ~** das Spiel ging in die Verlängerung. **II** *adv* **4.** über die Zeit (hinˈaus): **to work ~** a) Überstunden machen, b) *fig.* sich ranhalten; **the game went ~** *sport Am.* das Spiel ging in die Verlängerung. **III** *adj* **5.** *econ.* Überstunden..., Mehrarbeits...: **~ pay** → 1 b. **IV** *v/t* [ˌ-ˈtaɪm] **6.** *phot.* ˈüberbelichten. ˌ**~ˈtire** *v/t* überˈmüden. ˈ**~·tone** *s* **1.** *mus.* Oberton *m*. **2.** *fig.* a) ˈUnterton *m*, b) *pl* Neben-, Zwischentöne *pl*, Beigeschmack *m*: **it had ~s of** es schwang darin etwas von ... mit. ˌ**~ˈtop** *v/t* **1.** überˈragen (*a. fig.*). **2.** sich hinˈwegsetzen über (*acc*). ˌ**~ˈtrade** *v/i econ.* über die eigenen (Zahlungs- *od.* Verkaufs)Möglichkeiten hinˈaus Handel treiben. ˌ**~ˈtrain** *sport* **I** *v/i* zuˈviel *od.* zu hart traiˈnieren. **II** *v/t* ˈübertraiˌnieren. **~·trump** [ˈ-trʌmp; ˌ-ˈtrʌmp] *v/t u. v/i* überˈtrumpfen.

o·ver·ture [ˈəʊvə(r)ˌtjʊə(r); *bes. Am.* -ˌtʃʊə(r)] *s* **1.** *mus.* Ouverˈtüre *f* (**to** zu). **2.** *fig.* Einleitung *f*, Vorspiel *n* (**to** zu). **3.** (forˈmeller Heirats-, Friedens)Antrag, Vorschlag *m*, Angebot *n*: **peace ~s** *pl* Friedensangebot. **4.** *pl* Annäherungsversuche *pl* (**to** bei).

o·ver|·turn [ˌ-ˈtɜːn; *Am.* ˌ-ˈtɜrn] **I** *v/t* **1.** (ˈum)stürzen (*a. fig.*), ˈumstoßen (*a. jur. Urteil etc*), ˈumkippen. **2.** vernichten, zuˈgrunde richten. **II** *v/i* **3.** ˈumkippen, ˈumschlagen, ˈumstürzen, kentern. **III** *s* [ˈ-tɜːn; *Am.* ˈ-ˌtɜrn] **4.** (ˈUm)Sturz *m*. ˌ**~-ˈun·der** → **over-and-under**. ˌ**~ˈuse I** *v/t* zu häufig gebrauchen. **II** *s* zu häufiger Gebrauch. ˌ**~ˈval·ue** *v/t* zu hoch einschätzen, ˈüberbewerten. ˈ**~·view** *s fig. bes. Am.* ˈÜberblick *m*: **to take an ~ of** sich e-n Überblick verschaffen über (*acc*). ˌ**~ˈween·ing** *adj* **1.** anmaßend, arroˈgant, eingebildet, überˈheblich. **2.** maßlos. ˌ**~ˈweigh** *v/t* **1.** schwerer sein als. **2.** niederdrücken (*a. fig.*). **~·weight I** *s* [ˈ-weɪt] ˈÜbergewicht *n* (*a. fig.*). **II** *adj* [ˌ-ˈweɪt] ˈübergewichtig (*Mensch*), mit ˈÜber- *od.* Mehrgewicht: **~ luggage** (*Am.* **baggage**) Übergepäck *n*. ˌ**~ˈwhelm** *v/t* **1.** *bes. fig.* überˈwältigen, -ˈmannen: **~ed by emotion.** **2.** *bes. fig.* überˈschütten, -ˈhäufen: **to ~ s.o. with questions.** **3.** erdrücken. **4.** (unter sich) begraben. ˌ**~ˈwhelm·ing** *adj* (*adv* **~ly**) überˈwältigend. **~·wind** [ˌ-ˈwaɪnd] *v/t irr* zu stark aufziehen, überˈdrehen: **to ~ one's watch.** ˌ**~ˈwin·ter** *v/i* überˈwintern (**in, at** in *dat*). **~·work** [ˌ-ˈwɜːk; *Am.* ˌ-ˈwɜrk] **I** *v/t a. irr* **1.** überˈanstrengen, mit Arbeit überˈlasten, ˈüberstrapaˌzieren (*a. fig.*): **~ed** *sport* überlastet (*Hintermannschaft etc*); **to ~ o.s.** → 2. **II** *v/i* **2.** sich überˈarbeiten. **III** *s* **3.** ˈArbeitsüberˌlastung *f*. **4.** Überˈarbeitung *f*. **5.** [ˈ-wɜːk; *Am.* ˈ-ˌwɜrk] Mehrarbeit *f*. ˌ**~ˈwrought** *adj* **1.** überˈarbeitet, erschöpft. **2.** überˈreizt. **3.** überˈladen, gekünstelt (*Stil etc*). ˌ**~ˈzeal·ous** *adj* (*adv* **~ly**) ˈübereifrig.

O·vid·i·an [ɒˈvɪdɪən; əʊ-; *Am.* ɑˈv-] *adj* oˈvidisch, des Oˈvid.

o·vi·duct [ˈəʊvɪdʌkt] *s anat.* Eileiter *m*, Ovidukt *m*. **o·vi·form** [ˈəʊvɪfɔː(r)m] *adj* eiförmig.

o·vine [ˈəʊvaɪn] *adj zo.* **1.** Schaf(s)... **2.** schafartig.

o·vip·a·rous [əʊˈvɪpərəs] *adj* (*adv* ~**ly**) *zo.* oviˈpar, eierlegend. **o·vi·pos·it** [ˌəʊvɪˈpɒzɪt; *Am.* -ˈpɑ-] *v/i* Eier ablegen. ˌ**o·vi·poˈsi·tion** [-pəˈzɪʃn] *s* Eiablage *f*. ˌ**o·viˈpos·i·tor** [-ˈpɒzɪtə(r); *Am.* -ˈpɑ-] *s* Oviˈpositor *m*, Legeröhre *f* (*der Insekten u. Fische*).

o·vi·sac [ˈəʊvɪsæk] *s zo.* Eiersack *m*.

o·vo·gen·e·sis [ˌəʊvəʊˈdʒenɪsɪs] *s med. zo.* Eibildung *f*.

o·void [ˈəʊvɔɪd] *adj u. s* eiförmig(er Körper).

o·vo·vi·vip·a·rous [ˌəʊvəʊvɪˈvɪpərəs; *bes. Am.* -vaɪˈvɪ-] *adj zo.* ovoviviˈpar (*Eier mit voll entwickelten Embryonen ablegend*).

o·vu·lar [ˈəʊvjʊlə(r)], *a.* ˈ**o·vu·lar·y** [-lərɪ; *Am.* -ˌleriː] *adj biol.* ovuˈlär, Ovular..., Ei... **o·vu·la·tion** [ˌɒvjʊˈleɪʃn; ˌəʊ-; *Am.* ˌɑv-] *s* Ovulatiˈon *f*, Eisprung *m*. **o·vule** [ˈəʊvjuːl; *Am. a.* ˈɑv-] *s* **1.** *biol.* Ovulum *n*, Ei *n*. **2.** *bot.* Samenanlage *f*. **o·vum** [ˈəʊvəm] *pl* **o·va** [ˈəʊvə] *s biol.* Ovum *n*, Ei(zelle *f*) *n*.

owe [əʊ] **I** *v/t* **1.** schulden, schuldig sein (s.th. to s.o., s.o. s.th. j-m etwas): **to** ~ **s.o. money (respect, an explanation,** *etc*); **you** ~ **that to yourself (to your reputation)** das bist du dir (d-m Namen) schuldig; → **grudge** 5. **2.** bei *j-m* Schulden haben (**for** für): **he** ~**s not any man** er schuldet niemandem etwas. **3.** *etwas* verdanken, zu verdanken haben (*dat*), *j-m* Dank schulden für: **to this circumstance we** ~ **our lives** diesem Umstand verdanken wir unser Leben; **I** ~ **him much** ich habe ihm viel zu verdanken. **4.** *obs.* besitzen. **II** *v/i* **5.** Schulden haben: **how much does he** ~**?** wieviel Schulden hat er?; **he still** ~**s for his house** er zahlt noch immer an sein Haus ab. **6.** die Bezahlung schuldig sein (**for** für).

ow·el·ty [ˈəʊəltɪ] *s jur.* Gleichheit *f*, Ausgleichsschuld *f*: ~ **of exchange** Wertausgleich *m* bei Grundstückstausch.

ow·ing [ˈəʊɪŋ] *adj* **1.** geschuldet: **the amount** ~ der unbezahlte Betrag; **to be** ~ zu zahlen sein, noch offenstehen; **to have** ~ ausstehen haben. **2.** ~ **to** inˈfolge (*gen*), wegen (*gen*), dank (*dat*): ~ **to his efforts**; **to be** ~ **to** zurückzuführen sein auf (*acc*), zuzuschreiben sein (*dat*).

owl [aʊl] *s* **1.** *orn.* Eule *f*: **a wise old** ~ *iro.* ein kluges Kerlchen. **2.** *a.* ~ **pigeon** *orn. e-e Haustaubenrasse.* **3.** *fig.* a) → **night owl** 2, b) ‚alte Eule' (*dumme od. feierliche od. langweilige Person*).

owl·et [ˈaʊlɪt] *s* **1.** *orn.* junge Eule, Eulchen *n*. **2.** *orn.* kleine Eule, *bes.* Steinkauz *m*. **3.** *a.* ~ **moth** *zo.* Eule *f* (*Nachtfalter*). ˈ**owl·ish** *adj* (*adv* ~**ly**) eulenhaft (*Aussehen etc*).

own [əʊn] **I** *v/t* **1.** besitzen: **he** ~**s a car**; ~**ed by his uncle** im Besitz s-s Onkels. **2.** als eigen anerkennen, die Urheberschaft *od.* den Besitz (*gen*) zugeben. **3.** zugeben, (ein)gestehen, einräumen: **to** ~ **o.s. defeated** sich geschlagen bekennen. **II** *v/i* **4.** sich bekennen (**to** zu): **to** ~ **to** *s.th.* → 3. **5.** ~ **up** es zugeben: **to** ~ **up to doing s.th.** zugeben *od.* gestehen, etwas getan zu haben. **III** *adj* **6.** eigen: **my** ~ **garden; my** ~ **country** mein Vaterland; **she saw it with her** ~ **eyes** sie sah es mit eigenen Augen; **my** ~ **self** ich selbst. **7.** eigen(artig), besonder(er, e, es): **it has a value all its** ~ es hat e-n ganz besonderen *od.* eigenen Wert. **8.** selbst: **I cook my** ~ **breakfast** ich mache mir das Frühstück selbst; **name your** ~ **day** setze den Tag selbst fest. **9.** (*bes. im Vokativ*) (innig) geliebt, einzig: **my** ~ **child!**; **my** ~**!** mein Schatz! **10.** (*absolut gebraucht*) a) Eigen *n*, Eigentum *n*, b) Angehörige *pl*: **it is my** ~ es ist mein eigen, es gehört mir; **may I have it for my** ~**?** darf ich es haben *od.* behalten? **11.** (*ohne Possessivum gebraucht*) *selten* leiblich, nahe blutsverwandt: **an** ~ **brother** ein leiblicher Bruder.
Besondere Redewendungen:
let me have my ~ gebt mir, was mir zukommt; **to come into one's** ~ a) s-n rechtmäßigen Besitz erlangen; das erlangen, was e-m zusteht, b) zur Geltung kommen, c) (wieder) zu s-m Recht kommen; **she has a car of her** ~ sie hat ein eigenes Auto; **he has a way of his** ~ er hat e-e eigene Art; **on one's** ~ *colloq.* a) selbständig, unabhängig, b) von sich aus, aus eigenem Antrieb, c) ohne fremde Hilfe, d) auf eigene Verantwortung; **to be left on one's** ~ *colloq.* sich selbst überlassen sein; → **get back** 2, **hold**[2] 21.

-owned [əʊnd] *adj in Zssgn* gehörig, gehörend (*dat*), in *j-s* Besitz: **state-**~ in Staatsbesitz (befindlich), Staats..., staatlich, staatseigen.

ˈ**own·er** *s* **1.** *a.* **absolute** ~ *jur.* Eigentümer(in). **2.** *allg.* Eigentümer(in), Besitzer(in), Inhaber(in): ~**-driver** *j-d, der sein eigenes Auto fährt*; ~**-occupation** Eigennutzung *f* (*von Eigentumswohnung od. Haus*); ~**-occupied** eigengenutzt; ~**-occupied house** Eigenheim *n*; ~**-occupier** Eigenheimbesitzer *m*; **at** ~**'s risk** *econ.* auf eigene Gefahr. ˈ**own·er·less** *adj* herrenlos: ~ **dogs**. ˈ**own·er·ship** *s* **1.** *jur.* Eigentum(srecht) *n*. **2.** *weitS.* a) Besitzerschaft *f*, b) Besitz *m*.

ox [ɒks; *Am.* ɑks] *pl* ˈ**ox·en** [-ən] *s* **1.** Ochse *m*. **2.** (Haus)Rind *n*.

ox·a·late [ˈɒksəleɪt; -lɪt; *Am.* ˈɑk-] *s chem.* Oxaˈlat *n*.

ox·al·ic [ɒkˈsælɪk; *Am.* ɑk-] *adj chem.* Oxal..., oˈxalsauer: ~ **acid** Oxal-, Kleesäure *f*.

ox·a·lis [ˈɒksəlɪs; *Am.* ɑkˈsæ-] *s bot.* Sauerklee *m*.

ox·am·ic ac·id [ɒkˈsæmɪk; *Am.* ɑk-] *s chem.* Oxaˈmid-, Oxaˈminsäure *f*.

ˈ**ox|·bane** *s bot.* Rindsgift *n*. ˈ~**·blood (red)** *s* Ochsenblut(farbe *f*) *n*. ˈ~**·bow** [-bəʊ] *s* **1.** Halsbogen *m* (*des Ochsenjochs*). **2.** *a.* ~ **lake** → **cutoff** 2.

Ox·bridge [ˈɒksbrɪdʒ; *Am.* ˈɑks-] *s* (die Universiˈtäten) Oxford u. Cambridge *pl*.

ˈ**ox·cart** *s* Ochsenkarren *m*.

ox·en [ˈɒksən; *Am.* ˈɑk-] *pl von* **ox**.

ox·er [ˈɒksə; *Am.* ˈɑksər] *s Springreiten*: Oxer *m*.

ˈ**ox·eye** *s* **1.** Ochsenauge *n* (*a. Fenster*). **2.** *bot.* a) *a.* **white** ~ Margeˈrite *f*, b) *a.* **yellow** ~ Gelbe Wucherblume, c) Ochsen-, Rindsauge *n*, d) *Am.* Sonnenauge *n*. **3.** *orn. Am.* a) Kiebitz-Regenpfeifer *m*, b) *dial.* (*bes.* Kohl)Meise *f*.

Ox·ford [ˈɒksfə(r)d; *Am.* ˈɑks-] **I** *npr* **1.** Oxford *n* (*englische Universitätsstadt*). **II** *s* **2.** → **Oxford Down**. **3.** *a.* **o**~ (Schnür)Halbschuh *m*. **4.** *a.* **o**~ Oxford *n* (*ein* [*Hemden*]*Stoff aus Baumwolle od. Kunstseide*). ~ **ac·cent** *s* Oxforder Akˈzent *m*. ~ **bags** *s pl Br.* sehr weite Hose. ~ **blue** *s* Oxforder Blau *n* (*ein Dunkelblau mit violettem Ton*). ~ **clay** *s geol.* Oxfordton *m*. ~ **Down** *s zo.* Oxford(shire)schaf *n*. ~ **Eng·lish** *s* Oxford-Englisch *n*. ~ **frame** *s Br. Bilderrahmen mit sich an den Ecken kreuzenden u. etwas vorstehenden Leisten.* ~ **Group (move·ment)** → **Buchmanism**. ~ **man** *s irr* Absolˈvent der Universiˈtät Oxford. ~ **mix·ture** *s* Oxford *n* (*ein Herrenanzugstoff*). ~ **move·ment** *s relig.* Oxfordbewegung *f*. ~ **shoe,** *Am. a.* ~ **tie** → **Oxford** 3.

ˈ**ox·hide** *s* **1.** Ochsenhaut *f*. **2.** Rindsleder *n*. **3.** *agr.* Hufe *f* (*Landmaß*).

ox·id [ˈɒksɪd; *Am.* ˈɑk-] → **oxide**.

ox·i·dant [ˈɒksɪdənt; *Am.* ˈɑksə-] *s chem.* Oxydatiˈonsmittel *n*. ˈ**ox·i·dase** [-deɪs] *s biol. chem.* Oxyˈdase *f* (*Enzym*).

ox·i·date [ˈɒksɪdeɪt; *Am.* ˈɑksə-] → **oxidize**. ˌ**ox·iˈda·tion** *s chem.* Oxydatiˈon *f*, Oxyˈdierung *f*.

ox·ide [ˈɒksaɪd; *Am.* ˈɑk-] *s chem.* Oˈxyd *n*.

ox·i·diz·a·ble [ˈɒksɪdaɪzəbl; *Am.* ˈɑk-] *adj chem.* oxyˈdierbar.

ox·i·dize [ˈɒksɪdaɪz; *Am.* ˈɑk-] *chem.* **I** *v/t* **1.** oxyˈdieren: a) mit Sauerstoff verbinden, b) dehyˈdrieren, c) *e-m Atom od. Ion* Elekˈtronen entziehen. **2.** *metall.* passiˈvieren (*mit e-r dünnen Oxydschicht überziehen*). **II** *v/i* **3.** oxyˈdieren. ˈ**ox·i·diz·er** *s chem.* Oxydatiˈonsmittel *n*.

ˈ**ox·lip** *s bot.* Hohe Schlüsselblume.

Ox·o·ni·an [ɒkˈsəʊnjən; -nɪən; *Am.* ɑk-] **I** *adj* **1.** von *od.* aus Oxford. **II** *s* **2.** Stuˈdent(in) an der *od.* Absolˈvent(in) der Universiˈtät Oxford. **3.** Einwohner (-in) von Oxford.

ˈ**oxˌpeck·er** *s orn.* Rhiˈnozerosvogel *m*.

ˈ**ox·tail** *s* Ochsenschwanz *m*: ~ **soup**.

ˈ**ox·weld** *v/t tech.* autoˈgen schweißen.

oxy- [ɒksɪ; *Am.* ɑksɪ] *Wortelement mit den Bedeutungen*: a) Sauerstoff..., b) scharf, sauer.

ˌ**ox·y·aˈcet·y·lene** *adj chem. tech.* Sauerstoff-Azetylen...: ~ **blowpipe** Sauerstoff-Azetylen-Gebläse *n*; ~ **burner** (*od.* **torch**) Schneidbrenner *m*; ~ **welding** Autogenschweißen *n*.

ˌ**ox·yˈac·id** *s chem.* **1.** → **oxygen acid**. **2.** Oxysäure *f*.

ox·y·car·pous [ˌɒksɪˈkɑː(r)pəs; *Am.* ˌɑk-] *adj bot.* spitzfrüchtig.

ox·y·gen [ˈɒksɪdʒən; *Am.* ˈɑk-] *s chem.* Sauerstoff *m*: ~ **apparatus** Atemgerät *n*; ~ **debt** (*Sportmedizin*) Sauerstoffschuld *f*; ~ **mask** *med.* Sauerstoffmaske *f*; ~ **tent** *med.* Sauerstoffzelt *n*.

ˌ**ox·y·gen-a·cet·y·lene| cut·ting** *s tech.* Autoˈgenschneiden *n*. ~ **weld·ing** *s* Autoˈgenschweißen *n*.

ox·y·gen ac·id *s chem.* Sauerstoffsäure *f*.

ox·y·gen·ant [ɒkˈsɪdʒənənt; *Am.* ɑk-] *s chem.* Oxydatiˈonsmittel *n*. **ox·y·gen·ate** [ɒkˈsɪdʒəneɪt; *Am.* ˈɑksɪdʒəˌneɪt] *v/t* **1.** oxyˈdieren, mit Sauerstoff verbinden *od.* behandeln. **2.** mit Sauerstoff anreichern *od.* sättigen.

ˌ**ox·yˈgen·er·a·tor** *s* ˈSauerstofferzeuger *m*, -geneˌrator *m*.

ˌ**ox·y·gen-ˈhy·dro·gen weld·ing** *s tech.* Knallgasschweißen *n*.

ox·yg·e·nous [ɒkˈsɪdʒənəs; *Am.* ɑk-] *adj chem.* **1.** Sauerstoff... **2.** sauerstoffhaltig.

ˌ**ox·yˌh(a)e·moˈglo·bin** *s biol. chem.* Oxyhämogloˈbin *n*. ˌ**ox·yˈhy·drate** *s chem.* Hydroˈxyd *n*. ˌ**ox·yˈhy·dro·gen** *chem. tech.* **I** *adj* Hydrooxygen..., Knallgas... **II** *s a.* ~ **gas** Knallgas *n*.

ox·y·mel [ˈɒksɪmel; *Am.* ˈɑksə-] *s pharm. hist.* Oxymel *n*, Sauerhonig *m*.

ox·y·mo·ron [ˌɒksɪˈmɔːrɒn; *Am.* ˌɑksɪˈməʊərˌɑn] *pl* **-mo·ra** [-rə] *s* Oˈxymoron *n* (*rhetorische Figur durch Verbindung zweier sich widersprechender Begriffe*).

ox·y·tone [ˈɒksɪtəʊn; *Am.* ˈɑk-] *ling.* **I** *s* Oˈxytonon *n* (*ein Wort mit Hochton auf der Endsilbe*). **II** *adj* oxytoˈniert, endsilbenbetont.

o·yer [ˈɔɪə(r)] *s jur.* **1.** *hist.* gerichtliche Unterˈsuchung. **2.** → **oyer and terminer**. ~ **and ter·mi·ner** [ˈtɜːmɪnə(r); *Am.* ˈtɜr-] *s jur.* **1.** *hist.* gerichtliche Unterˈsuchung u. Entscheidung. **2.** *hist. Br. meist* **commission** (*od.* **writ**) **of** ~ *königliche Ermächtigung an die Richter der*

Assisengerichte, Gericht zu halten. **3.** *Am. Bezeichnung einiger höherer Gerichtshöfe für Strafsachen.*

o·yez, *a.* **o·yes** [əʊˈjes; *Am. bes.* əʊˈjeɪ] *interj* hört (zu)! (*meist dreimal geäußerter Ruf der Gerichtsdiener, Herolde etc*).

oys·ter [ˈɔɪstə(r)] **I** *s* **1.** *zo.* Auster *f*: **~s on the shell** frische Austern; **he thinks the world is his ~** *fig.* er meint, er kann alles haben; **that's just his ~** *fig.* das ist genau sein Fall. **2.** *austernförmiges Stück Fleisch in der Höhlung des Beckenknochens von Geflügel.* **3.** *colloq.* ‚zugeknöpfter' Mensch. **II** *adj* **4.** Austern...: **~ knife; ~ tongs. ~ bank → oyster bed. ~bar** *s* ˈAusternbüˌfett *n* (*in Restaurants etc*). **~ bay** *s Am.* ˈAusternrestauˌrant *n.* **~bed** *s* Austernbank *f.* **~catch·er** *s orn.* Austernfischer *m.* **~crack·er** *s Am. gesalzener Keks, der zu Austerngerichten gereicht wird.* **ˈ~-ˌcul·tur·ist** *s* Austernzüchter *m.* **~dredge** *s* Austernschaber *m.* **~ farm** *s* Austernpark *m.*

ˈoys·ter·ing *s* **1.** Austernfischeˈrei *f.* **2.** *Möbelherstellung*: a) Austernmuster *n*, b) Zs.-passung *f* der Musterung (*bei Schranktüren etc*).

o·zo·ce·rite [əʊˈzəʊsəraɪt; *Am.* ˌəʊzəʊˈsɪərˌaɪt], **o·zo·ke·rite** [-kə-; *Am.* -ˈkɪər-] *s min.* Ozokeˈrit *m*, Erdwachs *n.*

o·zo·na·tion [ˌəʊzəʊˈneɪʃn] → **ozonization.**

o·zone [ˈəʊzəʊn] *s* **1.** *chem.* Oˈzon *n.* **2.** *colloq.* Oˈzon *m*, reine, frische Luft. **3.** *fig.* belebender Einfluß.

o·zon·er [ˈəʊˌzəʊnər] *s Am. sl.* Autokino *n.*

o·zon·ic [əʊˈzɒnɪk; *Am.* -ˈzəʊ-; -ˈzɑ-] *adj* **1.** oˈzonisch, Ozon... **2.** oˈzonhaltig.

o·zo·nif·er·ous [ˌəʊzəʊˈnɪfərəs] *adj* **1.** oˈzonhaltig. **2.** oˈzonerzeugend.

o·zo·ni·za·tion [ˌəʊzəʊnaɪˈzeɪʃn; *Am.* -nəˈz-] *s chem.* Ozoniˈsierung *f.* **ˈo·zo·nize I** *v/t* ozoniˈsieren: a) in Oˈzon verwandeln, b) mit Oˈzon behandeln. **II** *v/i* sich in Oˈzon verwandeln. **ˈo·zo·niz·er** *s* Ozoniˈsator *m.*

o·zo·nom·e·ter [ˌəʊzəʊˈnɒmɪtə(r); *Am.* -ˈnɑ-] *s chem. phys.* Ozonoˈmeter *n*, Oˈzonmesser *m.*

P

P, p [piː] **I** *pl* **P's, Ps, p's, ps** [piːz] *s* **1.** P, p *n* (*Buchstabe*): **to mind one's p's and q's** ‚schwer aufpassen' (was man tut *od.* sagt). **2.** P P *n*, P-förmiger Gegenstand. **II** *adj* **3.** sechzehnt(er, e, es). **4.** P-..., P-förmig.

pa [pɑː] *s colloq.* Pa'pa *m*, Vati *m*.

pab·u·lum ['pæbjʊləm] *s selten* Nahrung *f* (*a. fig.*): **mental ~.**

pace[1] [peɪs] **I** *s* **1.** (Marsch)Geschwindigkeit *f*, Tempo *n* (*a. sport*; *a. fig. e-r Handlung etc*): **to go** (*od.* **hit**) **the ~** a) ein scharfes Tempo anschlagen, b) *fig.* flott leben; **to set the ~** das Tempo angeben (*a. fig.*), *sport* das Tempo machen; **to stand** (*od.* **stay**) **the ~** Schritt halten, mithalten (*a. fig.*); **at a great ~** in schnellem Tempo. **2.** Schritt *m* (*a. fig.*): **~ for ~** Schritt für Schritt; **to keep ~ with** Schritt halten *od.* mitkommen mit (*a. fig.*); **to keep ~ with the times** mit der Zeit gehen. **3.** Schritt *m* (*als Maß*): **geometrical** (*od.* **great**) **~** Doppelschritt (*5 Fuß = 1,524 m*); **military ~** Militärschritt. **4.** Gang(art *f*) *m*, Schritt *m*: **ordinary ~** *mil.* Marschschritt; **quick ~** *mil.* Geschwindschritt. **5.** Gangart *f* (*bes. des Pferdes*): **to put a horse through its ~s** ein Pferd alle Gangarten machen lassen; **to put s.o. through his ~s** *fig.* j-n auf Herz u. Nieren prüfen. **6.** Paßgang *m* (*des Pferdes*). **II** *v/t* **7.** *sport* Schrittmacher sein für, *j-m* Schrittmacherdienste leisten: **to ~ s.o. 8.** *fig.* a) das Tempo (*gen*) bestimmen, b) Schritt halten mit, c) vor'angehen (*dat*). **9.** *a.* **~ out** (*od.* **off**) ab-, ausschreiten. **10.** *ein Zimmer etc* durch'schreiten, -'messen: **to ~ the room. 11.** a) *e-m Pferd etc* bestimmte Gangarten beibringen, b) *ein Pferd* im Paßgang gehen lassen. **III** *v/i* **12.** (ein'her-)schreiten. **13. ~ around** (*od.* **about**) hin u. her laufen: **to ~ up and down** auf u. ab gehen. **14.** im Paßgang gehen (*Pferd*).

pa·ce[2] ['peɪsɪ] (*Lat.*) *prep* ohne *j-m* nahetreten zu wollen: **~ Mr. Brown.**

paced [peɪst] *adj* **1.** mit (*bestimmter*) Gangart, *langsam etc* gehend, schreitend: **slow-~. 2.** *sport* mit Schrittmacher gefahren *od.* gelaufen: **~ rider** (*Radsport*) Steher *m*; **~ race** (*Radsport*) Steherrennen *n*.

pace|lap *s Motorsport*: Aufwärmrunde *f*. '**~,mak·er** *s* **1.** *sport* Schrittmacher *m* (*a. fig.*): **to act as ~ to s.o.** → **pace**[1] 7. **2.** *med.* (Herz)Schrittmacher *m*. '**~,mak·ing** *s sport* Schrittmacherdienste *pl* (*a. fig.*): **to do the ~ for s.o.** j-m Schrittmacherdienste leisten.

pac·er ['peɪsə(r)] *s* **1.** → **pacemaker** 1. **2.** Paßgänger *m* (*Pferd*).

'**pace|,set·ter** → **pacemaker** 1. '**~,set·ting** → **pacemaking.**

pa·cha → **pasha.**

pa·chi·si [pə'tʃiːzɪ] *s ein dem Backgammon ähnliches Spiel.*

pach·y·derm ['pækɪdɜːm; *Am.* -,dɜrm] *s zo.* Dickhäuter *m*. **,pach·y'der·ma·tous** [-mətəs], **,pach·y'der·mous** *adj* **1.** *zo.* dickhäutig. **2.** *fig.* ‚dickhäutig', ‚dickfellig'. **3.** *bot.* dickwandig.

pa·cif·ic [pə'sɪfɪk] **I** *adj* (*adv* **~ally**) **1.** friedlich, friedfertig, friedliebend. **2.** versöhnlich, Friedens...: **~ policy. 3.** ruhig, friedlich. **4. P~** pa'zifisch, Pazifisch: **the P~ islands** die Pazifischen Inseln. **II** *s* **5. the P~ (Ocean)** der Pa'zifik, der Pa'zifische *od.* Stille *od.* Große Ozean.

pac·i·fi·ca·tion [,pæsɪfɪ'keɪʃn] *s* **1.** Befriedung *f*. **2.** Beruhigung *f*, Besänftigung *f*, Beschwichtigung *f*. **3.** Aussöhnung *f*.

pa·cif·i·ca·to·ry [pə'sɪfɪkətərɪ; *Am.* -,təʊriː; -,tɔː-] *adj* versöhnlich, friedlich.

Pa·cif·ic| O·cean → **pacific** 5. **~ (stand·ard) time** *s* Pa'zifik-Nor'malzeit *f*. **~ States** *s pl* Pa'zifikstaaten *pl* (*Washington, Oregon, Kalifornien*).

pac·i·fi·er ['pæsɪfaɪə(r)] *s* **1.** Friedensstifter(in). **2.** (*etwas*) Beruhigendes, *a.* Beruhigungsmittel *n*. **3.** *Am.* (*für Kleinkinder*) a) Schnuller *m*, b) Beißring *m*.

pac·i·fism ['pæsɪfɪzəm] *s* Pazi'fismus *m*. '**pac·i·fist I** *s* Pazi'fist(in). **II** *adj* pazi'fistisch.

pac·i·fy ['pæsɪfaɪ] *v/t* **1.** *ein Land* befrieden. **2.** beruhigen, besänftigen, beschwichtigen. **3.** aussöhnen. **4.** versöhnlich stimmen.

pack [pæk] **I** *s* **1.** Pack(en) *m*, Ballen *m*, Bündel *n*. **2.** *Am.* Packung *f*, Schachtel *f* (*Zigaretten*), Päckchen *n*, Pa'ket *n*. **3.** *mil.* a) Tor'nister *m*, b) Rückentrage *f* (*für Kabelrollen etc*), c) Fallschirmpackhülle *f*. **4.** *a.* **~ of films** *phot.* Filmpack *m*. **5.** *a.* **~ of cards** Spiel *n* Karten. **6.** *a.* **power ~** *electr.* Netzteil *n*. **7.** Pack *n* (*englisches Gewicht für Mehl, Wolle od. Garne*). **8.** (Schub *m*) Kon'serven *pl*. **9.** Verpackung(sweise) *f*, Konser'vierung(sme,thode) *f*. **10.** Menge *f*, Haufen *m*: **a ~ of lies** ein Haufen Lügen, ein Sack voll Lügen; **a ~ of nonsense** lauter Unsinn. **11.** Pack *n*, Bande *f*: **a ~ of thieves** e-e Räuberbande. **12.** Meute *f*, Koppel *f* (*von Hunden*). **13.** Rudel *n* (*von Wölfen etc*; *a. mil. von U-Booten etc*). **14.** *Rugby*: Stürmer *pl*, Sturm *m*. **15.** Packeis *n*. **16.** *med. u. Kosmetik*: Packung *f*: **face ~.**

II *v/t* **17.** *oft* **~ up** ein-, zs.-, ab-, verpacken. **18.** a) zs.-pressen, b) *Tabak* stopfen. **19.** zs.-pferchen, *meist* **~ in** hin'einpferchen (**at** in *acc*): → **sardine. 20.** vollstopfen, *meist* **~ out** *Stadion, Konzertsaal etc* bis auf den letzten Platz füllen: **a ~ed house** *thea.* ein ausverkauftes Haus; **~ed with** voll von, voll(er) *Autos etc*. **21.** (voll)packen: **to ~ the trunks** die Koffer packen; **I am ~ed** ich habe gepackt. **22.** *die Geschworenenbank, e-n Ausschuß etc* mit s-n (eigenen) Leuten besetzen. **23.** konser'vieren, *bes.* eindosen. **24.** *tech.* (ab)dichten. **25.** bepacken, beladen. **26.** *Am. e-e Last etc* tragen. **27.** *Am. colloq.* (bei sich) tragen: **to ~ a gun**; **to ~ a hard punch** *colloq.* a) (*Boxen*) e-n harten Schlag haben, b) *fig.* e-e scharfe Klinge führen. **28.** *Am. colloq.* enthalten: **the book ~s a wealth of information. 29.** *meist* **~ off** (rasch) fortschicken, (eilig) wegbringen, fortjagen: **he ~ed his children off to bed** er verfrachtete s-e Kinder ins Bett; **to ~ s.o. back** j-n zurückschicken. **30.** *meist* **~ up** (*od.* **in**) *colloq.* aufhören *od.* Schluß machen mit, ‚aufstecken': **~ it in!** hör endlich auf (damit)! **31.** *med.* einpacken.

III *v/i* **32.** *oft* **~ up** (zs.-)packen: **to ~ up (and go home)** *fig. colloq.* ‚einpacken' (*es aufgeben*). **33.** sich *gut etc* verpacken *od.* konser'vieren lassen: **to ~ well. 34.** a) sich zs.-drängen *od.* zs.-scharen, b) sich drängen (**into** in *acc*). **35.** fest werden, sich fest zs.-ballen, backen: **wet snow ~s easily. 36.** *meist* **~ off** ‚sich packen', sich da'vonmachen: **to send s.o. ~ing** j-n fortjagen. **37.** a) *meist* **~ up**, **~ in** aufhören, Feierabend machen, b) *meist* **~ up, ~ in** es ‚aufstecken', c) **~ up** ‚absterben', ‚verrecken' (*Motor*): **the engine ~ed up on me** mir ist der Motor abgestorben.

pack·age ['pækɪdʒ] **I** *s* **1.** Pa'ket *n*, Pack *m*, Ballen *m*, Frachtstück *n*. **2.** Packung *f*: **a ~ of spaghetti. 3.** Verpackung *f*: a) Verpacken *n*, b) Embal'lage *f*. **4.** *tech.* (betriebsfertige) Baueinheit, (Geräte-)Baugruppe *f*. **5.** a) *bes. Am.* (als Ganzes *od.* im Block verkauftes) ('Fernseh- *etc*) Pro,gramm, b) *econ. pol.* Pa'ket *n* (*a. fig.*), *pol. a.* Junktim *n*. **6.** *Computer*: Pa'ket *n*, Kom'plex *m* (*von Programmen etc*). **7.** *Am. sl.* 'Vorstrafenre,gister *n*. **II** *v/t* **8.** (ver-, ab)packen, pake'tieren. **9.** *fig.* a) zs.-stellen, b) verbinden, vereinigen (**with** mit), c) en bloc anbieten *od.* verkaufen: **~d tour** → **package tour. ~ car** *s rail.* 'Stückgutwag,gon *m*. **~ deal** *s* **1.** Kopplungsgeschäft *n*. **2.** *pol.* Junktim *n*. **3.** Pau'schalarrange,ment *n*. **~ in·sert** *s pharm.* Packungsbeilage *f*. **~ store** *s Am.* Wein- u. Spiritu'osenhandlung *f*. **~ tour** *s* Pau'schalreise *f*.

'**pack·ag·ing I** *s* (Einzel)Verpackung *f*. **II** *adj* Verpackungs...: **~ machine**; **~ line** Packstraße *f* (*in e-r Fabrik*).

pack| an·i·mal *s* Pack-, Last-, Tragtier *n*. '**~cloth** *s* Packtuch *n*, -leinwand *f*. **~ drill** *s mil.* 'Strafexer,zieren *n* in voller Marschausrüstung.

pack·er ['pækə(r)] *s* **1.** (Ver)Packer(in). **2.** *econ.* a) Ab-, Verpacker *m*, Großhändler *m*: **tea ~**, b) *Am.* Kon'serven,hersteller *m*: **meat ~s. 3.** Ver'packungsma,schine *f*. **4.** *tech.* Stampfgerät *n*.

pack·et [ˈpækɪt] **I** *s* **1.** a) kleines Paˈket, Päckchen *n*: **a ~ of cigarettes** e-e Schachtel *od.* Packung Zigaretten, b) *Computer*: ˈDatenpaˌket *n*. **2. to sell s.o. a ~** *colloq.* j-n ‚anschmieren' *od.* hinters Licht führen. **3.** *mar.* Postschiff *n*, Paˈketboot *n*. **4.** *Br. sl.* Haufen *m* Geld: **a nice ~** e-e ‚hübsche Stange Geld'; **to make a ~** ein ‚Schweinegeld' verdienen; **to cost a ~** ein ‚Heidengeld' kosten. **5. to catch** (*od.* **get, cop, stop**) **a ~** *Br. sl.* a) e-e (Kugel) ‚verpaßt bekommen', b) in ‚Schwulitäten' kommen, c) ‚sein Fett (ab)kriegen'. **II** *v/t* **6.** (zu e-m Paˈket) verpacken, pakeˈtieren. **~ boat, ~ ship** → packet 3. **~ switch·ing** *s Computer*: Paˈketvermittlung *f*.

ˈpack|·horse *s* **1.** Pack-, Lastpferd *n*. **2.** *fig.* Last-, Packesel *m*: **I'm not your ~!** ich bin doch nicht dein Lastesel! **ˈ~·house** *s econ.* **1.** Lagerhaus *n*. **2.** *Am.* Abpackbetrieb *m*. **~ ice** *s* Packeis *n*.

ˈpack·ing *s* **1.** Packen *n*: **to do one's ~** packen. **2.** Verpacken *n*. **3.** Verpackung *f*: **in original ~** in Originalverpackung. **4.** Konserˈvierung *f*. **5.** *tech.* a) (Ab)Dichtung *f*, Packung *f*, b) Dichtung *f*, c) ˈDichtungsmateriˌal *n*, d) ˈFüllmateriˌal *n*, Füllung *f*. **6.** *Computer*: Verdichtung *f* (*von Informationen*). **7.** Zs-ballen *n*. **~ box** *s* **1.** Packkiste *f*. **2.** *tech.* Stopfbüchse *f*. **~ case** *s* Packkiste *f*. **~ den·si·ty** *s Computer*: (Informatiˈons-, Packungs)Dichte *f*. **~ de·part·ment** *s* Packeˈrei *f* (*e-r Firma*). **~ house** → packhouse. **~ nee·dle** *s* Packnadel *f*. **~ pa·per** *s* ˈPackpaˌpier *n*. **~ press** *s tech.* Bündel-, Packpresse *f*. **~ ring** *s tech.* Dichtungsring *m*, Manˈschette *f*. **~ sheet** *s* **1.** (großes Stück) Packleinwand *f*. **2.** *med.* Einschlagtuch *n*.

ˈpack|·man [-mən] *s irr* Hauˈsierer *m*. **~ rat** *s zo.* Packratte *f*. **ˈ~ˌsack** *s Am.* Rucksack *m*, Torˈnister *m*. **ˈ~ˌsad·dle** *s* Pack-, Saumsattel *m*. **ˈ~·thread** → pack twine. **~ train** *s* ˈTragtierkoˌlonne *f*. **~ twine** *s* Packzwirn *m*.

pact [pækt] *s* Pakt *m*, Vertrag *m*: **to make a ~ with s.o.** mit j-m e-n Pakt schließen.

pad[1] [pæd] **I** *s* **1.** Polster *n*, (Stoß)Kissen *n*, Wulst *m*, Bausch *m*: **electrically heated ~** Heizkissen *n*. **2.** *sport* (*Knie- etc*)Schützer *m*, Schutzpolster *n*. **3.** Reit-, Sitzkissen *n*. **4.** a) *allg.* ˈUnterlage *f*, b) *tech.* Konˈsole *f* (*für Hilfsgeräte*). **5.** (ˈLöschpaˌpier-, Schreib-, Brief)Block *m*: **writing ~**. **6.** *a.* **ink ~** Stempelkissen *n*. **7.** *zo.* (Fuß)Ballen *m*. **8.** *hunt.* Pfote *f* (*des Fuchses, Hasen etc*). **9.** *aer.* a) Rampe *f* zum Warmlaufenlassen der Maˈschinen, b) Start- *od.* Aufsetzfläche *f* (*der Startbahn*), c) Hubschrauber-Start- u. Landeplatz *m*. **10.** Abschußrampe *f* (*für Raketen*). **11.** kleine Fläche. **12.** *electr.* Dämpfungsglied *n*. **13.** *sl.* a) Bett *n*, b) Schlafzimmer *n*, c) ‚Bude' *f* (*Wohnung od. Zimmer*). **14.** *Am. sl.* a) (*an ein Racket gezahlte*) ‚Schutzgelder' *pl*, b) (*an Polizisten gezahlte*) ‚Schmiergelder' *pl*: **to be on the ~** Schmiergelder kassieren. **II** *v/t* **15.** *a.* **~ out** (aus)polstern, ausstopfen, watˈtieren: **~ded cell** Gummizelle *f* (*in e-r Heilanstalt*). **16.** *oft* **~ out** *e-e Rede etc* ‚aufblähen'. **17.** *Papierblätter* zu e-m Block zs.-kleben.

pad[2] [pæd] **I** *s* **1.** (leises) Tappen, Trotten *n*. **2.** *obs. od. dial.* daˈhintrottendes Pferd. **3.** *bes. Br. dial.* Straße *f*, Weg *m*: **gentleman** (*od.* **knight, squire**) **of the ~** Straßenräuber *m*. **II** *v/t* **4. to ~ it, to ~ the hoof** *bes. Br. sl.* ‚auf Schusters Rappen' (*zu Fuß*) reisen. **III** *v/i* **5.** *a.* **~ along** (daˈhin)trotten, (-)latschen. **6.** (*leise*) tappen. **7.** wandern: **to ~ around the country** durchs Land wandern.

pad·der [ˈpædə(r)] *s electr.* ˈPadding-(Reihen)-Kondenˌsator *m*.

ˈpad·ding *s* **1.** (Aus)Polstern *n*, Watˈtieren *n*. **2.** Polsterung *f*, Watˈtierung *f*. **3.** ˈPolstermateriˌal *n*, (Polster)Füllung *f*. **4.** *fig.* ˈüberflüssiges Beiwerk, leeres Füllwerk, (Zeilen)Füllsel *pl*. **~ ca·pac·i·tor** → padder.

pad·dle[1] [ˈpædl] **I** *s* **1.** Paddel *n*: **single-bladed ~** Stechpaddel. **2.** *mar.* a) Schaufel *f* (*e-s Schaufelrades*), b) Schaufelrad *n* (*e-s Flußdampfers*), c) → **paddle steamer**. **3.** *tech.* a) Schaufel *f* (*e-s unterschlächtigen Wasserrades*), b) Schütz *n*, Falltor *n* (*an Schleusen*). **4.** *agr.* schmaler Spaten (*zum Reinigen der Pflugschar*). **5.** Waschbleuel *m*, -schlegel *m*. **6.** *tech.* Kratze *f*, Rührstange *f*. **7.** *zo.* Flosse *f* (*e-s Wals etc*). **8.** Tischtennisschläger *m*. **II** *v/i* **9.** paddeln (*a. schwimmen*). **III** *v/t* **10.** paddeln: → **canoe** 2. **11.** *Wäsche* bleuen. **12.** *tech.* (*mit e-r Rührstange*) rühren. **13.** *Am. colloq. j-m* ‚den Hintern versohlen'.

pad·dle[2] [ˈpædl] *v/i* **1.** (*im Wasser etc*) (herˈum)planschen. **2.** watscheln.

pad·dle| board *s* (Rad)Schaufel *f*. **~ box** *s mar.* Radkasten *m*. **ˈ~ˌfoot** *s irr mil. Am. sl.* **1.** ‚Landser' *m*, Infanteˈrist *m*. **2.** *aer.* ‚Heini' *m* vom ˈBodenpersoˌnal.

ˈpad·dler *s* Paddler(in).

pad·dle| steam·er *s mar.* Raddampfer *m*. **~ ten·nis** *s Art Tennisspiel mit Holzschlägern u. Schaumgummiball*. **~ wheel** *s mar., a. tech.* Schaufelrad *n*.

ˈpad·dling pool *s* Planschbecken *n*.

pad·dock[1] [ˈpædək] *s* **1.** (*bes.* Pferde-)Koppel *f*. **2.** *Pferderennsport*: Sattelplatz *m*. **3.** *Motorsport*: Fahrerlager *n*.

pad·dock[2] [ˈpædək] *s zo. obs. od. Br. dial.* **1.** Frosch *m*. **2.** Kröte *f*.

Pad·dy[1] [ˈpædɪ] *s* Paddy *m*, (*Spitzname für*) Ire *m*, Irländer *m*.

pad·dy[2] [ˈpædɪ] *s* **1.** Reis *m*, *bes.* Reis *m* auf dem Halm. **2.** *econ.* Paddy *m*, ungeschälter Reis. **3.** *a.* **~ field** Reisfeld *n*.

pad·dy[3] [ˈpædɪ] *s Br. colloq.* ‚Koller' *m*, Wutanfall *m*: **she's in one of her paddies** sie hat wieder mal e-n Koller.

pad·dy[4] [ˈpædɪ] *s* Patschhand *f*.

pad·dy| wag·on *s Am. colloq.* ‚grüne Minna' (*Polizeigefangenenwagen*). **ˈ~·whack** *s colloq.* **1.** *Br.* → **paddy**[3]. **2.** a) ‚Haue' *f*, Schläge *pl*, b) Klatsch *m*, Klaps *m*.

pad·lock [ˈpædlɒk; *Am.* -ˌlɑk] **I** *s* **1.** Vorhängeschloß *n*. **II** *v/t* **2.** ein Vorhängeschloß anbringen an (*dat*), mit e-m Vorhängeschloß verschließen. **3.** *Am. Theater etc* behördlich schließen.

pa·dre [ˈpɑːdrɪ; *Am. a.* -reɪ] *s* **1.** Pater *m*, Vater *m* (*Priester*). **2.** *mar. mil. colloq.* Kaˈplan *m*, Geistliche(r) *m*.

pae·an [ˈpiːən] *s* **1.** *antiq.* Päˈan *m*. **2.** *allg.* Freuden-, Lobgesang *m*. **3.** *fig.* ˈüberschwengliches Lob: **the film received a ~ from the critics** der Film wurde von der Kritik begeistert aufgenommen.

paed·er·ast, *etc* → **pederast,** *etc.*

pae·di·at·ric, *etc bes. Br. für* **pediatric,** *etc.*

pae·do·gen·e·sis, *etc bes. Br. für* **pedogenesis,** *etc.*

pae·do·log·i·cal, *etc bes. Br. für* **pedological**[1], *etc.*

pae·do·phile, *etc bes. Br. für* **pedophile,** *etc.*

pa·gan [ˈpeɪgən] **I** *s* Heide *m*, Heidin *f* (*a. fig.*). **II** *adj* heidnisch. **ˈpa·gan·dom** *s* Heidentum *n*: a) *collect.* (*die*) Heiden *pl*, b) heidnisches Wesen. **ˈpa·gan·ism** *s* **1.** → **pagandom**. **2.** Gottlosigkeit *f*. **ˈpa·gan·ize** *v/t u. v/i* heidnisch machen (werden).

page[1] [peɪdʒ] **I** *s* **1.** Seite *f*: **the article is on ~ 22** der Artikel steht auf Seite 22. **2.** *fig.* Chronik *f*, Bericht *m*, Buch *n*. **3.** *fig.* Blatt *n*: **a glorious ~ in Roman history** ein Ruhmesblatt in der römischen Geschichte. **4.** *print.* Schriftseite *f*, (ganzseitige) Koˈlumne: **~ (tele)printer** *tel.* Blattschreiber *m*. **II** *v/t* **5.** → **paginate**. **III** *v/i* **6. ~ through** *Buch etc* ˈdurchblättern.

page[2] [peɪdʒ] **I** *s* **1.** *hist.* Page *m*, Edelknabe *m*. **2.** Page *m*, junger (*engS.* Hoˈtel)Diener. **II** *v/t* **3.** *j-n* (per Lautsprecher *od.* durch e-n Pagen) ausrufen lassen. **4.** mit *j-m* über e-n Funkrufempfänger Konˈtakt aufnehmen, *j-n* ‚anpiepsen'.

pag·eant [ˈpædʒənt] *s* **1.** a) (*bes.* hiˈstorischer) ˈUmzug, Festzug *m*, b) (hiˈstorisches) Festspiel. **2.** Prunk *m*, Gepränge *n*, Pomp *m*. **3.** *fig.* a) (prächtiges, wechselvolles) Bild, b) *contp.* leerer Prunk, c) *contp.* hohler Schein. **ˈpag·eant·ry** [-trɪ] → **pageant** 2 *u.* 3.

ˈpage·boy *s* **1.** → **page**[2] 2. **2.** Pagenschnitt *m*, *engS.* Innenrolle *f* (*Damenfrisur*).

pag·er [ˈpeɪdʒə(r)] *s* Funkrufempfänger *m*, ‚Piepser' *m*.

ˈpageˌturn·er *s colloq.* spannendes Buch.

pag·i·nal [ˈpædʒɪnl] *adj* Seiten...: **a ~ reprint** ein seitenweiser Nachdruck. **ˈpag·i·nate** [-neɪt] *v/t* pagiˈnieren. **ˌpag·iˈna·tion,** *a.* **pag·ing** [ˈpeɪdʒɪŋ] *s* Pagiˈnierung *f*, ˈSeitennumeˌrierung *f*.

pa·go·da [pəˈgəʊdə] *s* Paˈgode *f*: a) *Tempel in China etc*, b) *alte ostindische Goldmünze*. **~ tree** *s bot.* Soˈphore *f*.

pah [pɑː] *interj* **1.** pfui! **2.** *contp.* pah!

paid [peɪd] **I** *pret u. pp von* **pay**[1]. **II** *adj* bezahlt: **~ check**; **~ official**; **~ vacation**; **fully ~** voll eingezahlt *od.* einbezahlt; **~ for** bezahlt, vergütet; **~ in** → **paid-in**; **~ up** → **paid-up**; **to put ~ to** *bes. Br. colloq.* ein Ende machen (*dat*), *Hoffnungen etc* zunichte machen; **that puts ~ to his dirty tricks** damit ist es Schluß *od.* hat es sich mit s-n gemeinen Tricks. **ˌ~-ˈin** *adj* **1.** *econ.* (voll) eingezahlt: **~ capital** Einlagekapital *n*; **~ surplus** Reservekapital, das aus dem Verkauf von Aktien stammt. **2.** → **paid-up** 2. **ˌ~-ˈup** *adj* **1.** → **paid-in** 1: **~ insurance** voll eingezahlte Versicherung(sprämie). **2. fully ~ member** Mitglied *n* ohne Beitragsrückstände, *weitS. u. fig.* vollwertiges Mitglied; **~ membership** zahlende Mitglieder *pl*. **3.** getilgt, abbezahlt: **~ debts**.

pail [peɪl] *s* Eimer *m*, Kübel *m*. **ˈpail·ful** [-fʊl] *s* (*ein*) Eimer(voll) *m*: **by ~s** eimerweise; **a ~ of water** ein Eimer (voll) Wasser.

pail·lasse [ˈpælɪæs; *bes. Am.* pælˈjæs] *s* Strohsack *m*, (ˈStroh)Maˌtratze *f*.

pail·lette [pælˈjet; *Am.* paɪˈet; peɪˈjet] *s* Pailˈlette *f*, Flitterblättchen *n*.

pain [peɪn] **I** *s* **1.** Schmerz(en *pl*) *m*: **to be in (great) ~** (große) Schmerzen haben; **I have a ~ in my stomach** mir tut mein Magen weh; **he (it) is** (*od.* **gives me**) **a ~ (in the neck)** *colloq.* er (es) geht mir auf die Nerven, er (es) nervt mich. **2.** Schmerz(en *pl*) *m*, Leid *n*, Kummer *m*: **to give** (*od.* **cause**) **s.o. ~** j-m Kummer machen. **3.** *pl* Mühe *f*, Bemühungen *pl*: **to be at ~s, to take ~s** sich Mühe geben, sich bemühen, sich anstrengen; **to go to great ~s** sich große Mühe geben; **to spare no ~s** keine Mühe scheuen; **all he got for his ~s** der (ganze) Dank (für s-e Mühe). **4.** *pl med.* (Geburts)Wehen *pl*. **5.** Strafe *f* (*obs. außer in*): **(up)on** (*od.* **under**) **~ of** unter Androhung von (*od. gen*), bei Strafe von; **on** (*od.* **under**) **~ of death** bei Todesstrafe. **II** *v/t* **6.** *j-n* schmerzen, *j-m* Schmerzen bereiten, *j-m* weh tun, *fig. a. j-n* schmerzlich berühren, *j-n* peinigen.

7. *colloq.* ‚fuchsen', ärgern. **pained** *adj* 1. gequält, schmerzlich (*Gesichtsausdruck etc*). 2. peinlich (*Schweigen etc*).

ˈpain·ful *adj* 1. schmerzend, schmerzhaft: ~ **point** *med.* (Nerven)Druckpunkt *m.* 2. a) schmerzlich, quälend, b) peinlich: **to produce a** ~ **impression** peinlich wirken. 3. mühsam, beschwerlich. **ˈpain·ful·ly** *adv* 1. → **painful**. 2. peinlich, überˈtrieben: **she is** ~ **particular** sie nimmt alles peinlich *od.* übertrieben genau. 3. in peinlicher Weise. **ˈpain·ful·ness** *s* 1. Schmerzhaftigkeit *f.* 2. Schmerzlichkeit *f.* 3. Peinlichkeit *f.* 4. Beschwerlichkeit *f.*

ˈpainˌkill·er, *a.* **ˈpainˌkill·ing drug** *s med. pharm.* schmerzstillendes Mittel, Schmerzmittel *n.*

ˈpain·less *adj* (*adv* ~**ly**) 1. schmerzlos. 2. *fig. colloq.* leicht, einfach (*Methode etc*).

ˈpainsˌtak·ing I *adj* sorgfältig, gewissenhaft. **II** *s* Sorgfalt *f*, Gewissenhaftigkeit *f.*

paint [peɪnt] **I** *v/t* 1. *ein Bild* malen: **to** ~ **s.o.'s portrait** j-n malen. 2. anmalen, bemalen. 3. (an)streichen, tünchen, *ein Auto etc* lacˈkieren: **to** ~ **out** übermalen; **to** ~ **o.s. into a corner** *fig.* sich in e-e ausweglose Situation manövrieren; → **lily** 1. 4. *fig.* (aus)malen, schildern. 5. *fig.* darstellen, malen: **to** ~ **black** schwarzmalen; **to** ~ **the town red** *colloq.* ‚auf den Putz hauen', ‚(schwer) einen draufmachen'; → **black** 6. 6. *med. e-e Salbe etc* auftragen, *den Hals, e-e Wunde* (aus-)pinseln: **to** ~ **with iodine** jodieren. 7. schminken: **to** ~ **one's face** → 10. **II** *v/i* 8. malen. 9. streichen. 10. sich schminken, sich ‚anmalen'. **III** *s* 11. (Anstrich)Farbe *f*, Tünche *f*, (Auto-*etc*)Lack *m.* 12. *a.* **coat of** ~ (Farb)Anstrich *m*: **(as) fresh as** ~ *colloq.* frisch u. munter; **wet** ~! frisch gestrichen! 13. Farbe *f* (*in fester Form*), (Tusch)Farbe *f.* 14. Make-ˈup *n*, Schminke *f.* 15. *med. pharm.* Tinkˈtur *f.* 16. *Am.* Scheck(e) *m* (*Pferd*). **ˈ~·box** *s* 1. Farb(en)-, Mal-, Tuschkasten *m.* 2. Schminkdose *f.* **ˈ~·brush** *s* (Maler-, Tusch)Pinsel *m.*

paint·ed [ˈpeɪntɪd] *adj* 1. gemalt, bemalt, gestrichen, lacˈkiert. 2. *bes. bot. zo.* bunt, scheckig. 3. *fig.* gefärbt, verfälscht. ~ **bun·ting** *s orn.* 1. Papstfink *m.* 2. Bunte Spornammer. ~ **cup** *s bot.* 1. Scharlachrote Kastilˈlea. 2. Kastilˈlea *f* (*Emblem von Wyoming, USA*). ~ **la·dy** *s* 1. *zo.* Distelfalter *m.* 2. *bot.* Rote Wucherblume. ~ **wom·an** *s irr* ‚Flittchen' *n.*

paint·er¹ [ˈpeɪntə(r)] *s* 1. (Kunst)Maler (-in): ~ **to the Marquis of X.** Hofmaler des Marquis von X. 2. Maler *m*, Anstreicher *m*: ~**'s colic** *med.* Bleikolik *f*; ~**'s shop** a) Malerwerkstatt *f*, b) (Auto- *etc*) Lackiererei *f.* 3. (ˈAuto- *etc*)LacˌKierer *m.*

paint·er² [ˈpeɪntə(r)] *s mar.* Fang-, Vorleine *f*: **to cut the** ~ a) die Fangleine kappen, b) *fig.* alle Brücken hinter sich abbrechen.

paint·er³ [ˈpeɪntə(r)] → **cougar**.

paint·ing [ˈpeɪntɪŋ] *s* 1. Malen *n*, Maleˈrei *f*: ~ **in oil** Ölmalerei; ~ **on glass** Glasmalerei. 2. Gemälde *n*, Bild *n.* 3. a) Malerarbeit(en *pl*) *f*, b) (Farb)Anstrich *m*, Bemalung *f*, c) Lacˈkieren *n.* 4. Schminken *n.*

paint| re·fresh·er *s tech.* ˈNeuglanzpoliˌtur *f.* ~ **re·mov·er** *s tech.* (Farben-)Abbeizmittel *n.*

paint·ress [ˈpeɪntrɪs] *s* Malerin *f.*

ˈpaint|-ˌspray·ing pis·tol *s tech.* (ˈAnstreich)ˌSpritzpiˌstole *f.* **ˈ~·work** *s* 1. → **painting** 3. 2. Lack *m* (*e-s Autos etc*).

pair [peə(r)] **I** *s* 1. Paar *n*: **a** ~ **of boots (eyes, legs,** *etc***)**: *they arrived, etc,* **in pairs** paarweise; **I've got only one** ~ **of hands** *colloq.* ich hab' (schließlich) nur zwei Hände, ich kann nicht mehr als arbeiten. 2. *etwas Zweiteiliges, meist unübersetzt*: **a** ~ **of bellows (compasses, scales, scissors, spectacles)** ein Blasebalg (ein Zirkel, e-e Waage, e-e Schere, e-e Brille); **a** ~ **of trousers** ein Paar Hosen, e-e Hose. 3. Paar *n*, Pärchen *n* (*Mann u. Frau, zo. Männchen u. Weibchen*): ~ **skating** *Eiskunstlauf*: Paarlauf(en *n*) *m.* 4. *pol.* a) *zwei Mitglieder verschiedener Parteien, die ein Abkommen getroffen haben, bei bestimmten Entscheidungen sich der Stimme zu enthalten od. der Sitzung fernzubleiben,* b) *dieses Abkommen,* c) *e-r dieser Partner.* 5. Partner *m*, Gegenstück *n*, (*der, die, das*) andere *od.* zweite (*von e-m Paar*): **where is the** ~ **to this shoe?** 6. (Zweier-)Gespann *n*: **a** ~ **of horses,** *a.* **a** ~**-horse** *od.* **a** ~ ein (Zweier)Gespann; **carriage and** ~ Zweispänner *m.* 7. *Rudern*: Zweier *m* (*Mannschaft*): → **coxed, pair-oar**. 8. *a.* **kinematic** ~ *tech.* Eleˈmentenpaar *n*: **sliding** ~ Prismen-, Ebenenpaar. 9. *Kartenspiel*: a) Paar *n*, Pärchen *n* (*zwei gleichwertige Karten*), b) Paar *n* (*zwei Spieler, die als Partner spielen*). 10. *Bergbau*: Kameˈradschaft *f* (*Arbeitsgruppe*). 11. ~ **of stairs** (*od.* **steps**) *Br.* Treppe *f*: **two** ~ **front** (Raum *m od.* Mieter *m*) im zweiten Stock nach vorn hinaus.

II *v/t* 12. *a.* ~ **off** paarweise anordnen: **to** ~ **off** a) in Zweiergruppen einteilen, b) *colloq.* verheiraten (**with** mit). 13. *Tiere* paaren (**with** mit).

III *v/i* 14. zs.-passen, ein schönes Paar bilden. 15. sich verbinden, sich vereinigen (**with s.o.** mit j-m). 16. sich paaren (*Tiere*). 17. *a.* ~ **off** *pol.* (*mit e-m Mitglied e-r anderen Partei*) ein Abkommen treffen (→ 4). 18. ~ **off** a) Paare bilden, b) paarweise weggehen, c) *colloq.* sich verheiraten (**with** mit).

paired [peə(r)d] *adj* gepaart, paarig, paarweise: → **associate** 17.

ˈpair·ing *s* 1. *biol. zo.* Paarung *f*: ~ **of chromosomes** Chromosomenpaarung; ~ **season,** ~ **time** Paarungszeit *f.* 2. *sport* Paarung *f.*

ˈpair-oar *s Rudern*: Zweier *m* (*Boot*).

pais [peɪ] *s*: **trial in** (*od.* **by**) ~ *jur.* Verhandlung *f* vor e-m *od.* durch ein Schwurgericht.

pa·ja·ma *Am. für* **pyjama**.

pa·ja·mas *Am. für* **pyjamas**.

Pak·i [ˈpækɪ] *s Br. sl.* (*bes. ein in Großbritannien ansässiger*) Pakiˈstani *m.*

Pak·i·stan·i [ˌpɑːkɪˈstɑːnɪ; *Am. bes.* ˌpækɪˈstæniː] **I** *adj* pakiˈstanisch. **II** *s* Pakiˈstani *m*, Pakiˈstaner(in).

pal [pæl] *colloq.* **I** *s* ‚Kumpel' *m*, ‚Spezi' *m*, Freund *m*, Kameˈrad *m*, Kumˈpan *m.* **II** *v/i meist* ~ **up** sich anfreunden (**with s.o.** mit j-m).

pal·ace [ˈpælɪs] *s* 1. Schloß *n*, Paˈlast *m*, Paˈlais *n.* 2. Paˈlast *m* (*stattliches Gebäude*): ~ **of justice** Justizpalast. 3. Paˈlast *m* (*großes Vergnügungslokal, Kino etc*). ~ **car** *s rail. Am.* Saˈlonwagen *m.* ~ **guard** *s* 1. Paˈlastwache *f.* 2. *fig. contp.* Clique *f* um e-n Reˈgierungschef *etc*, Kamaˈrilla *f.* ~ **rev·o·lu·tion** *s pol.* Paˈlastrevoluˌtion *f.*

pal·a·din [ˈpælədɪn] *s* 1. *hist. u. fig.* Palaˈdin *m.* 2. (fahrender) Ritter.

palaeo- *bes. Br. für* **paleo-**.

pa·lae·o·an·throp·ic, *etc* → **paleoanthropic,** *etc.*

Pa·lae·o·gae·a [ˌpæliəʊˈdʒiːə; *Am. bes.* ˌpeɪ-] *s Biogeographie*: Alte Welt (*Europa, Asien u. Afrika*).

pa·lae·og·ra·pher → **paleographer**.

pal·a·fitte [ˈpæləfɪt] *s* Pfahlbau *m.*

pal·a·ma [ˈpæləmə] *s orn.* Schwimmhaut *f.*

pal·an·quin, *a.* **pal·an·keen** [ˌpælənˈkiːn] *s* Palanˈkin *m* (*ostindische Sänfte*).

pal·at·a·ble [ˈpælətəbl] *adj* (*adv* **palatably**) wohlschmeckend, schmackhaft (*a. fig.*): **to make s.th.** ~ **to s.o.**

pal·a·tal [ˈpælətl] **I** *adj* 1. Gaumen... 2. *ling.* a) mouilˈliert, erweicht (*Konsonant; mit Nebenartikulation e-s* [j]), b) palaˈtal (*am harten Gaumen gebildet*): ~ **vowel**. **II** *s* 3. *anat.* Gaumenknochen *m.* 4. *ling.* Palaˈtal(laut) *m*, Vordergaumenlaut *m.* **ˈpal·a·tal·ize** [-təlaɪz] *v/t e-n Laut* palataliˈsieren.

pal·ate [ˈpælət] *s* 1. *anat.* Gaumen *m*, Paˈlatum *n*: **bony** (*od.* **hard**) ~ harter Gaumen, Vordergaumen; **cleft** ~ *med.* Wolfsrachen *m*; **soft** ~ weicher Gaumen, Gaumensegel *n.* 2. *fig.* (**for**) Gaumen *m* (für), Geschmack *m* (an *dat*): **to have no** ~ **for s.th.** keinen Sinn für etwas haben.

pa·la·tial [pəˈleɪʃl] *adj* paˈlastartig, Palast..., Schloß..., Luxus...: ~ **hotel** Luxushotel *n.*

pa·lat·i·nate [pəˈlætɪnət] **I** *s* 1. *hist.* Pfalzgrafschaft *f.* 2. **the P~** die (Rhein-)Pfalz. **II** *adj* 3. **P~** Pfälzer(...), pfälzisch: **P~ wine**.

pal·a·tine¹ [ˈpælətaɪn] **I** *adj* 1. *hist.* Pfalz...: **count** ~ Pfalzgraf *m*; **county** ~ Pfalzgrafschaft *f*; **County P~** *Br.* (*das Gebiet der ehemaligen*) Pfalzgrafschaft Lancashire u. Cheshire. 2. pfalzgräflich. 3. **P~** → **palatinate** 3. **II** *s* 4. Pfalzgraf *m.* 5. **P~** Pfälzer(in) (*Einwohner der Rheinpfalz*). 6. **P~, P~ Hill** Palaˈtin(ischer Hügel) *m* (*in Rom*).

pal·a·tine² [ˈpælətaɪn] *anat.* **I** *adj* Gaumen...: ~ **arch** Gaumendach *n*, -gewölbe *n*; ~ **tonsil** (Gaumen-, Hals)Mandel *f.* **II** *s* Gaumenbein *n.*

palato- [pælətəʊ] *Wortelement mit der Bedeutung* Gaumen...

pa·lav·er [pəˈlɑːvə(r); *Am. a.* -ˈlæ-] **I** *s* 1. Paˈlaver *n* (*Unterhandlung zwischen od. mit afrikanischen Eingeborenen*). 2. Unterˈhandlung *f*, -ˈredung *f*, Konfeˈrenz *f.* 3. *contp.* ‚Paˈlaver' *n*, Geschwätz *n.* 4. *colloq.* ‚Wirbel' *m*, ‚Theˈater' *n.* **II** *v/i* 5. unterˈhandeln. 6. *contp.* ‚paˈlavern', ‚quasseln'. **III** *v/t* 7. a) *j-m* schmeicheln, b) *j-n* beschwatzen (**into** zu).

pale¹ [peɪl] **I** *s* 1. *a. her.* Pfahl *m.* 2. *bes. fig.* umˈgrenzter Raum, Bereich *m*, (enge) Grenzen *pl*, Schranken *pl*: **beyond the** ~ *fig.* jenseits der Grenzen des Erlaubten; **within the** ~ **of the Church** im Schoß der Kirche. 3. *hist.* Gebiet *n*, Gau *m*: **the (English** *od.* **Irish) P~** *der einst englischer Gerichtsbarkeit unterstehende östliche Teil Irlands*; **the English P~** *das ehemals englische Gebiet um Calais.* **II** *v/t* 4. *a.* ~ **in** a) einpfählen, -zäunen, b) *fig.* umˈschließen, einschließen. 5. *hist.* pfählen.

pale² [peɪl] **I** *adj* (*adv* ~**ly**) 1. blaß, bleich, fahl: **to turn** ~ → 3; ~ **with fright** bleich vor Schreck, schreckensbleich; **(as)** ~ **as ashes (clay, death)** aschfahl (kreidebleich, totenbleich, -blaß). 2. hell, blaß, matt (*Farben*): ~ **ale** helles Bier; ~ **green** Blaß-, Zartgrün *n*; ~ **pink** (Blaß)Rosa *n*; **a** ~ **imitation** *fig.* ein Abklatsch. **II** *v/i* 3. blaß *od.* bleich werden, erbleichen, erblassen (**at** bei). 4. *fig.* verblassen (**before, beside, by the side of** neben *dat*). **III** *v/t* 5. bleich machen, erbleichen lassen.

pale³ [peɪl] → **palea**.

pa·le·a [ˈpeɪlɪə] *pl* **-le·ae** [-lɪiː] *s bot.* 1. Spreublättchen *n.* 2. Vorspelze *f.*

Pa·le·arc·tic [ˌpælɪˈɑː(r)ktɪk; *Am. bes.* ˌpeɪ-] (*Biogeographie*) **I** *adj* paläˈarktisch, altarktisch. **II** *s* paläˈarktische Regiˈon.

ˌpa·le·eth'nol·o·gy [ˌpælɪ-; *Am. bes.* ˌpeɪlɪ-] *s* Paläethnoloˈgie *f* (*völkerkundliche Auswertung vorgeschichtlicher Funde*).

ˈ**pale·face** *s* Bleichgesicht *n* (*Ggs. Indianer*).
ˈ**pale·ness** *s* Blässe *f*.
paleo- [pælɪəʊ; *Am. bes.* peɪ-], *vor Vokalen a.* **pale-** [pælɪ; *Am. bes.* peɪ-] *Wortelement mit der Bedeutung* alt..., ur..., Ur...
ˌ**pa·le·o·an**ˈ**throp·ic** [-ænˈθrɒpɪk; *Am.* -ˈθrɑ-] *adj* Urmenschen...
ˌ**pa·le·o**ˈ**bot·a·ny** *s bot.* Paläoboˈtanik *f* (*Wissenschaft von den fossilen Pflanzen*).
Pa·le·o·cene [ˈpælɪəʊsiːn; *Am. bes.* ˈpeɪ-] *geol.* **I** *s* Paleoˈzän *n* (*älteste Abteilung des Tertiärs*). **II** *adj* paleoˈzän.
ˈ**pa·le·o**ˌ**cli·ma**ˈ**tol·o·gy** *s* Paläoklimatoloˈgie *f* (*Wissenschaft von den Klimaten der Erdgeschichte*).
Pa·le·o·gene [ˈpælɪəʊdʒiːn; *Am. bes.* ˈpeɪ-] *geol.* **I** *s* Paläoˈgen *n*, ˈAlttertiˌär *n*. **II** *adj* paläoˈgen.
ˌ**pa·le·o·ge**ˈ**og·ra·phy** *s* Paläogeograˈphie *f* (*Wissenschaft von der Gestaltung der Erdoberfläche in früheren Zeiten*).
pa·le·og·ra·pher [ˌpælɪˈɒgrəfə(r); *Am. bes.* ˌpeɪlɪˈɑ-] *s* Paläoˈgraph *m* (*Handschriftenkundler*). ˌ**pa·le·o**ˈ**graph·ic** [-əʊˈgræfɪk] *adj* paläoˈgraphisch. ˌ**pa·le**ˈ**og·ra·phist** → **paleographer**. ˌ**pa·le**ˈ**og·ra·phy** *s* **1.** alte Schriftarten *pl*, alte Schriftdenkmäler *pl od.* Texte *pl*. **2.** Paläograˈphie *f* (*Handschriftenkunde*).
pa·le·o·lith [ˈpælɪəʊlɪθ; *Am. bes.* ˈpeɪ-] *s* Paläoˈlith *m* (*Werkzeug der Altsteinzeit*).
ˌ**pa·le·o**ˈ**lith·ic I** *adj meist* **P~** paläoˈlithisch, altsteinzeitlich. **II** *s* **P~** Paläoˈlithikum *n*, ältere Steinzeit, Altsteinzeit *f*.
ˈ**pa·le**ˌ**on·to**ˈ**log·i·cal** *adj* paläontoˈlogisch. ˌ**pa·le·on**ˈ**tol·o·gist** [-ˈtɒlədʒɪst; *Am.* -ˈtɑ-] *s* Paläontoˈloge *m*. ˌ**pa·le·on**ˈ**tol·o·gy** *s* Paläontoloˈgie *f*, Versteinerungskunde *f*.
ˌ**Pa·le·o**ˈ**trop·i·cal I** *adj* paläoˈtropisch. **II** *s* paläoˈtropische Regiˈon, Paläoˈtropis *f*.
Pa·le·o·zo·ic [ˌpælɪəʊˈzəʊɪk; *Am. bes.* ˌpeɪ-] *geol.* **I** *adj* paläoˈzoisch: **~ era** → II. **II** *s* Paläoˈzoikum *n*, Erdaltertum *n*.
ˌ**pa·le·o·zo**ˈ**ol·o·gy** *s* Paläozooloˈgie *f* (*Wissenschaft von den fossilen Tieren*).
Pal·es·tin·i·an [ˌpæləˈstɪnɪən] **I** *adj* palästiˈnensisch. **II** *s* Palästiˈnenser(in).
pal·e·tot [ˈpæltəʊ; *Am. a.* ˈpæləˌtəʊ] *s* Paletot *m* (*dreiviertellanger Damen- od. Herrenmantel*).
pal·ette [ˈpælət] *s* **1.** Paˈlette *f*: a) *paint.* Malerscheibe *f*, b) *fig.* Farbenskala *f*. **2.** *tech.* Brustplatte *f* (*am Drillbohrer*). **3.** *mil. hist.* Achselgrubenplatte *f* (*der Rüstung*). **~ knife** *s irr paint.* Streichmesser *n*, Spachtel *m*, *f*.
pal·frey [ˈpɔːlfrɪ] *s* Zelter *m*, (Damen-) Reitpferd *n*.
Pa·li [ˈpɑːlɪ] *s* Pali *n* (*mittelindische Schriftsprache, in der ein Teil der buddhistischen Literatur abgefaßt ist*).
pal·i·mo·ny [ˈpælɪmənɪ] *s Am. sl. Unterhaltszahlungen od. Abfindung an den Partner, mit dem man zs.-gelebt hat.*
pal·imp·sest [ˈpælɪmpsest; *Am. a.* pəˈlɪmp-] *s* Palimˈpsest *m*, *n* (*doppelt beschriebenes Pergament*): **double ~** zweimal neu beschriebenes Blatt.
pal·in·drome [ˈpælɪndrəʊm] *s* Palinˈdrom *n* (*e-e Lautreihe, die, vor- u. rückwärts gelesen, denselben Sinn ergibt, z. B. Otto*). ˌ**pal·in**ˈ**drom·ic** [-ˈdrɒmɪk; *Am.* -ˈdrəʊ-] *adj* (*adv* **~ally**) palinˈdromisch.
pal·ing [ˈpeɪlɪŋ] *s* **1.** Umˈpfählung *f*, Pfahlzaun *m*, Staˈket *n*, Lattenzaun *m*, Pfahlwerk *n*. **2.** Holzpfähle *pl*, Pfahlholz *n*. **3.** (Zaun)Pfahl *m*. **~ board** *s tech. Br.* Schalbrett *n*.
pal·in·gen·e·sis [ˌpælɪnˈdʒenɪsɪs] *s* Palingeˈnese *f*: a) *relig.* ˈWiedergeburt *f*, b) *biol. Wiederholung stammesgeschichtlicher Vorstufen während der Keimesentwicklung.*
pal·i·node [ˈpælɪnəʊd] *s* Palinoˈdie *f* (*Gedicht, das die Aussage e-s früheren widerruft*).
pal·i·sade [ˌpælɪˈseɪd] **I** *s* **1.** Paliˈsade *f*, Pfahlsperre *f*, Zaun *m*. **2.** Schanz-, Paliˈsadenpfahl *m*. **3.** *meist pl Am.* Reihe *f* steiler Klippen, Steilufer *n*. **II** *v/t* **4.** mit Pfählen *od.* e-r Paliˈsade umˈgeben.
pal·i·san·der [ˌpælɪˈsændə(r)] *s* Paliˈsander(holz *n*) *m*.
pal·ish [ˈpeɪlɪʃ] *adj* bläßlich.
pall[1] [pɔːl] *s* **1.** Bahr-, Sarg-, Leichentuch *n*. **2.** *fig.* Mantel *m*, Hülle *f*, Decke *f*: **~ of smoke** a) Dunst-, Rauchglocke *f*, b) Rauchwolke *f*. **3.** *relig.* a) → **pallium** 2, b) Palla *f*, Kelchdecke *f*, c) Alˈtartuch *n*, *bes.* Meß-, Hostientuch *n*. **4.** *obs.* Mantel *m*. **5.** *her.* Gabel(kreuz *n*) *f*.
pall[2] [pɔːl] **I** *v/i* **1. ~ (up)on** a) jeden Reiz verlieren für, b) *j-n* kaltlassen, langweilen, anöden. **2.** schal *od.* fad(e) *od.* langweilig werden, s-n Reiz verlieren. **II** *v/t* **3.** *a. fig.* überˈsättigen, *den Appetit etc* verderben.
pal·la·di·a [pəˈleɪdɪə] *pl von* **palladium**.
Pal·la·di·an[1] [pəˈleɪdjən; -dɪən] *adj* **1.** die Pallas Aˈthene betreffend. **2.** *fig.* a) gelehrt, b) weise, klug.
Pal·la·di·an[2] [pəˈleɪdjən; -dɪən; *Am. a.* -ˈlɑːdɪən] *adj arch.* palladiˈanisch (*den Stil des A. Palladio, gestorben 1580, betreffend*).
pal·la·di·um[1] [pəˈleɪdjəm; -dɪəm] *pl* **-di·a** [-dɪə] *s* **1. P~** *antiq.* Palˈladium *n* (*Statue der Pallas Athene*). **2.** *fig.* Hort *m*, Schutz *m*.
pal·la·di·um[2] [pəˈleɪdjəm; -dɪəm] *s chem.* Palˈladium *n* (*Element*).
ˈ**pall**ˌ**bear·er** *s* Sargträger *m*.
pal·let[1] [ˈpælɪt] *s* (Stroh)Lager *n*, Strohsack *m*, Pritsche *f*, *Am. a.* (Schlaf)Decke *f* (*auf dem Fußboden*).
pal·let[2] [ˈpælɪt] *s* **1.** *Töpferei*: a) Streichmesser *n*, b) Dreh-, Töpferscheibe *f*. **2.** *paint.* Paˈlette *f*. **3.** Trockenbrett *n* (*für Keramik, Ziegel etc*). **4.** Paˈlette *f* (*für Gabelstapler etc*). **5.** *tech.* Klaue *f* (*e-r Sperrklinke*). **6.** *a.* **~ of escapement** Hemmung *f* (*Uhr*). **7.** *Orgel*: a) (ˈKegel)Venˌtil *n*, b) Sperrklappe *f*. **8.** *Buchbinderei*: Vergoldestempel *m*.
ˈ**pal·let·ize** *v/t* **1.** paletˈtieren: a) auf e-e Paˈlette packen, b) mittels Paˈlette verstauen *od.* befördern. **2.** *ein Lagerhaus etc* auf Gabelstaplerbetrieb ˈumstellen.
pal·let truck *s* Gabelstapler *m*.
pal·li·a [ˈpælɪə] *pl von* **pallium**.
pal·li·asse [ˈpælɪæs; *bes. Am.* pælˈjæs] *bes. Br. für* **paillasse**.
pal·li·ate [ˈpælɪeɪt] *v/t* **1.** *med.* lindern: **to ~ a pain (disease**, *etc*). **2.** *fig.* bemänteln, beschönigen: **to ~ a mistake**. ˌ**pal·li**ˈ**a·tion** *s* **1.** *med.* Linderung *f*. **2.** *fig.* Bemäntelung *f*, Beschönigung *f*. ˈ**pal·li·a·tive** [-ɪətɪv; *Am. a.* -ɪˌeɪtɪv] **I** *adj* **1.** *med.* lindernd, palliaˈtiv. **2.** *fig.* bemäntelnd, beschönigend. **II** *s* **3.** *med. pharm.* Palliaˈtiv *n*, Linderungsmittel *n*. ˈ**pal·li·a·to·ry** [-ətərɪ; *Am.* -əˌtəʊriː; -ˌtɔː-] → **palliative** I.
pal·lid [ˈpælɪd] *adj* (*adv* **~ly**) blaß (*a. fig.*), bleich, farblos (*a. bot. u. fig.*): **a ~ face**; **a ~ performance** e-e schwache Leistung. ˈ**pal·lid·ness,** *a.* **pal·lid·i·ty** [pəˈlɪdətɪ] *s* Blässe *f*.
pal·li·um [ˈpælɪəm] *pl* **-li·a** [-lɪə], **-li·ums** *s* **1.** *antiq.* Pallium *n*, Philoˈsophenmantel *m*. **2.** *R.C.* Pallium *n* (*Schulterband der Erzbischöfe*). **3.** *relig.* Alˈtartuch *n*, Palla *f*. **4.** *anat.* (Ge)Hirnmantel *m*. **5.** *zo.* Mantel *m* (*der Weichtiere*).
pall-mall [ˌpælˈmæl; ˌpelˈmel; *Am. a.* ˌpɔːlˈmɔːl] *s* **1.** *hist.* a) Mailspiel *n* (*Art Krocket*), b) Mailbahn *f*. **2. P~ M~** *berühmte Londoner Straße, Zentrum des Klublebens.*
pal·lor [ˈpælə(r)] *s* Blässe *f*.
pal·ly [ˈpælɪ] *adj colloq.* befreundet (**with** mit): **they're very ~** sie sind dicke Freunde.
palm[1] [pɑːm; *Am. a.* pɑːlm] **I** *s* **1.** (innere) Handfläche, Handteller *m*, hohle Hand: **to grease** (*od.* **oil**) **s.o.'s ~** *colloq.* j-n ‚schmieren', j-n bestechen; **to have an itching** (*od.* **itchy**) **~** e-e ‚offene Hand' haben (*bestechlich sein*); **to hold** (*od.* **have**) **s.o. in the ~ of one's hand** j-n völlig in der Hand *od.* in s-r Gewalt haben. **2.** Innenhand(fläche) *f* (*des Handschuhs*). **3.** *zo.* Vorderfußsohle *f* (*von Affen, Bären*). **4.** Handbreit *f* (*Längenmaß*). **5.** *mar.* a) (Ruder)Blatt *n*, b) Ankerflunke *f*, -flügel *m*. **6.** *hunt.* Schaufel *f* (*vom Elch u. Damhirsch*). **II** *v/t* **7.** (*mit der flachen Hand*) betasten, streicheln. **8.** a) (in der Hand) verschwinden lassen, palˈmieren, b) *colloq.* ‚klauen', verschwinden lassen. **9.** *colloq.* **to ~ s.th. off as** etwas ‚an den Mann bringen' als; **to ~ s.th. off (up)on s.o.** j-m etwas ‚andrehen' *od.* ‚aufhängen'; **to ~ s.o. off with s.th.** a) j-m etwas ‚andrehen' *od.* ‚aufhängen', b) j-n mit etwas ‚abspeisen'; **to ~ o.s. off as** sich ausgeben als. **10. ~ out** *Ball* abklatschen (*Tormann*): **~ed-out shot** Abklatscher *m*.
palm[2] [pɑːm; *Am. a.* pɑːlm] *s* **1.** *bot.* Palme *f*. **2.** Palmwedel *m*, -zweig *m*. **3.** *fig.* Siegespalme *f*, Krone *f*, Sieg *m*: **the ~ of martyrdom** die Krone des Märtyrertums; **to bear** (*od.* **win**) **the ~** den Sieg davontragen *od.* erringen; **to yield the ~ (to s.o.)** sich (j-m) geschlagen geben.
pal·mar [ˈpælmə(r)] *adj anat.* palˈmar, Handflächen..., Handteller...
pal·mate [ˈpælmɪt; *bes. Am.* -meɪt] *adj* (*adv* **~ly**), *a.* ˈ**pal·mat·ed** [-meɪtɪd] *adj* **1.** *bot.* handförmig (gefingert *od.* geteilt): **palmately veined** hand-, strahlennervig. **2.** *zo.* schwimmfüßig. **3.** *zo.* handförmig: **~ antler** → **palm**[1] 6.
palm but·ter → **palm oil** 1.
pal·mette [pælˈmet; ˈpælmet] *s arch.* Palˈmette *f* (*palmblattähnliche Verzierung*).
pal·met·to [pælˈmetəʊ] *pl* **-to(e)s** *s bot.* a) (*e-e*) Kohlpalme, b) Fächerpalme *f*, c) *a.* **blue ~** Stachelrutenpalme *f*, d) Palˈmito *m*, Zwergpalme *f*. **P~ State** *s Am.* (*Beiname für*) ˈSüd-Karoˌlina *n*.
palm| grease *s colloq.* ‚Schmiergelder' *pl*. **~ hon·ey** *s* Palmhonig *m*.
pal·mi·ped [ˈpælmɪped], ˈ**pal·mi·pede** [-piːd] *orn.* **I** *adj* schwimmfüßig. **II** *s* Schwimmfüßer *m*.
palm·ist [ˈpɑːmɪst; *Am. a.* ˈpɑːlm-] *s* Handleser(in). ˈ**palm·is·try** [-trɪ] *s* Chiromanˈtie *f*, Handlesekunst *f*.
palm| kale *s agr.* Stengel-, Palmkohl *m*. **~ oil** *s* **1.** Palmbutter *f*, -öl *n*. **2.** → **palm grease**. **~ sug·ar** *s* Palmzucker *m*. **P~ Sun·day** *s relig.* Palmˈsonntag *m*. **~ tree** *s* Palme *f*, Palmbaum *m*. **~ wine** *s* Palmwein *m*.
palm·y [ˈpɑːmɪ; *Am. a.* ˈpɑːlmiː] *adj* **1.** Palmen tragend, palmenreich: **~ shore**. **2.** *fig.* blühend, glorreich, glücklich: **~ days** Glanz-, Blütezeit *f*. **3.** palmenartig.
pa·loo·ka [pəˈluːkə] *s Am. sl.* **1.** *Boxen*: ‚Niete' *f*, ‚Flasche' *f*. **2.** ‚Hornochse' *m*, Dummkopf *m*.
palp [pælp] *s zo.* Palpe *f*, (Mund)Taster *m*, Fühler *m*.
pal·pa·bil·i·ty [ˌpælpəˈbɪlətɪ] *s* **1.** Fühl-, Greif-, Tastbarkeit *f*. **2.** *fig.* Augenfälligkeit *f*, Deutlichkeit *f*. **3.** *fig.* Handgreiflichkeit *f*, Offensichtlichkeit *f*. ˈ**pal·pa·ble** *adj* (*adv* **palpably**) **1.** fühl-, greif-, tastbar. **2.** *fig.* augenfällig, deutlich. **3.** *fig.* handgreiflich, offensichtlich: **a ~ lie**.
pal·pate [ˈpælpeɪt] *v/t* befühlen, be-, ab-

tasten (*a. med.*). **pal'pa·tion** *s* Be-, Abtasten *n* (*a. med.*).

pal·pe·bra ['pælpɪbrə] *pl* **-brae** [-briː] *s anat.* Augenlid *n*: **lower ~** Unterlid; **upper ~** Oberlid.

pal·pi·tant ['pælpɪtənt] *adj* klopfend, pochend. **'pal·pi·tate** [-teɪt] *v/i* **1.** klopfen, pochen: **my heart ~s. 2.** (er)zittern, (er)beben (**with** vor). ˌ**pal·pi'ta·tion** *s* Klopfen *n*, (heftiges) Schlagen: **~ (of the heart)** *med.* Herzklopfen *n*.

pals·grave ['pɔːlzgreɪv] *s hist.* Pfalzgraf *m*. **'pals·graˌvine** [-grəˌviːn] *s* Pfalzgräfin *f*.

pal·sied ['pɔːlzɪd] *adj* **1.** gelähmt. **2.** zitt(e)rig, wack(e)lig.

pal·stave ['pɔːlsteɪv] *s hist.* (Bronze)Kelt *m*.

pal·sy ['pɔːlzɪ] **I** *s* **1.** *med.* Lähmung *f*: **Bell's ~** Fazialislähmung; **cerebral ~** Gehirnlähmung; **painter's ~** Bleilähmung; **wasting ~** progressive Muskelatrophie; **shaking ~** Schüttellähmung; → **writer** 1. **2.** *fig.* lähmender Einfluß, Lähmung *f*, Ohnmacht *f*. **II** *v/t* **3.** lähmen (*a. fig.*).

pal·sy-wal·sy [ˌpælzɪ'wælzɪ] *adj colloq.* → **pally**.

pal·ter ['pɔːltə(r)] *v/i* **1.** (**with s.o.**) gemein handeln (an j-m), sein Spiel treiben (mit j-m). **2.** schachern, feilschen (**about s.th.** um etwas).

pal·tri·ness ['pɔːltrɪnɪs] *s* Armseligkeit *f*, Wertlosigkeit *f*, Schäbigkeit *f*. **pal·try** ['pɔːltrɪ] *adj* (*adv* **paltrily**) **1.** armselig, karg: **a ~ sum. 2.** wert-, nutzlos: **~ rags. 3.** jämmerlich, dürftig, fadenscheinig: **a ~ excuse. 4.** schäbig, schofel, gemein: **a ~ fellow**; **a ~ lie** e-e gemeine Lüge; **a ~ two pounds** lumpige zwei Pfund.

pa·lu·dal [pə'ljuːdl; 'pæljʊdl; *Am.* pə'luːdl] *adj* **1.** sumpfig, Sumpf... **2.** *med.* Malaria...

pa·lu·di·cole [pə'ljuːdɪkəʊl; *Am.* -'luː-], **pal·u·dic·o·lous** [ˌpæljʊ'dɪkələs] *adj* Sümpfe bewohnend, Sumpf... **pal·u·di·nal** [ˌpæljʊ'daɪnl; pə'ljuːdɪnl; *Am.* -'luː-], **'pal·u·dine** [-dɪn; -daɪn], **pa·lu·di·nous** [pə'ljuːdɪnəs; *Am.* -'luː-] *adj* sumpfig.

pam·pas ['pæmpəz; -pəs] *s pl* Pampas *pl* (*südamer. Grasebene*). **~ cat** *s zo.* Pampaskatze *f*. **~ deer** *s zo.* Pampashirsch *m*. **~ grass** *s bot.* Pampasgras *n*.

pam·per ['pæmpə(r)] *v/t* **1.** verwöhnen, verzärteln, (ver)hätscheln. **2.** *fig.* *s-n Stolz etc* nähren, ‚hätscheln'. **3.** *e-m Gelüst etc* frönen.

pam·pe·ro [pæm'peərəʊ; pɑːm-] *pl* **-ros** *s* Pam'pero *m*, Pampaswind *m*.

pam·phlet ['pæmflɪt] *s* **1.** Bro'schüre *f*, Druckschrift *f*, Heft *n*. **2.** Flugblatt *n*, -schrift *f*. **3.** (kurze, kritische) Abhandlung, Aufsatz *m*. ˌ**pam·phlet'eer** [-'tɪə(r)] *s* Verfasser *m* von Flugschriften *etc.*

Pan¹ [pæn] *npr antiq.* Pan *m* (*Gott*).

pan² [pæn] **I** *s* **1.** Pfanne *f*, Tiegel *m*: → **frying pan. 2.** *tech.* Pfanne *f*, Tiegel *m*, Becken *n*, Mulde *f*, Trog *m*, Schale *f*, (*bes. Br. a.* Klo'sett)Schüssel *f*. **3.** Schale *f* (*e-r Waage*). **4.** Mulde *f* (*im Erdboden*). **5.** *oft* **~ grinder** *tech.* Kollergang *m*. **6.** *tech.* a) Rührwäsche *f* (*zur Aufbereitung von Goldsand*), b) Setzkasten *m*. **7.** *tech.* Türangelpfanne *f*. **8.** *mil. hist.* Pfanne *f* (*e-s Vorderladers*): → **flash** 2. **9.** a) Wasserloch *n*, b) Salzteich *m*, c) künstliches Salz(wasser)loch (*zur Gewinnung von Siedesalz*). **10.** *anat.* a) Hirnschale *f*, b) Kniescheibe *f*. **11.** (treibende) Eisscholle. **12.** *sl.* ‚Fresse' *f*, ‚Vi'sage' *f* (*Gesicht*). **13.** *colloq.* ‚Verriß' *m*, vernichtende Kri'tik: **to have s.o. on the ~** j-n ‚fertigmachen'. **II** *v/t* **14.** *oft* **~ out, ~ off** *Goldsand* (aus)waschen, *Gold* auswaschen. **15.** *Salz* durch Sieden gewinnen. **16.** *colloq.* ‚verreißen', vernichtend kriti'sieren. **III** *v/i* **17. ~ out** a) ergiebig sein (*an Gold*), b) *colloq.* sich bezahlt machen, ‚klappen': **to ~ out well** ‚hinhauen', ‚einschlagen'.

pan³ [pæn] **I** *v/t* **1.** *die Filmkamera* schwenken, fahren. **II** *v/i* **2.** panora'mieren, die (Film)Kamera fahren *od.* schwenken. **3.** schwenken (*Kamera*). **III** *s* **4.** *Film*: Schwenk *m*. **5.** *phot.* panchro'matischer Film.

pan⁴ [pæn] *s arch.* **1.** Fach *n*. **2.** Wandplatte *f*.

pan⁵ [pæn; *Am.* pɑːn] *s* **1.** *bot.* Betelpfefferblatt *n*. **2.** Betel *m* (*Reiz- u. Genußmittel*).

pan- [pæn] *Wortelement mit der Bedeutung* all..., ganz..., gesamt...

pan·a·ce·a [ˌpænə'sɪə] *s* All'heilmittel *n*, *fig. a.* Pa'tentreˌzept *n*. ˌ**pan·a'ce·an** *adj* all'heilend.

pa·nache [pə'næʃ; -'nɑːʃ] *s* **1.** Helm-, Federbusch *m*. **2.** *fig.* Großtue'rei *f*.

pa·na·da [pə'nɑːdə] *s gastr.* Pa'nade *f*.

ˌ**Pan-'Af·ri·can** *adj* panafri'kanisch.

pan·a·ma [ˌpænə'mɑː; *Am.* 'pænˌəmɑː; *a.* -ˌmɔː], **'P~ hat** *s* Panamahut *m*.

ˌ**Pan-A'mer·i·can** *adj* panameri'kanisch: **~ Congress**; **~ Day** Panamer. Tag *m* (*14. April*; *Gedenktag der Gründung der Panamer. Union*); **~ Union** *hist.* Panamer. Union *f* (*Organisation der 21 amer. Republiken*).

pan·a·tel·(l)a [ˌpænə'telə] *s* lange, [dünne Zi'garre.]

'pan·cake I *s* **1.** Pfann-, Eierkuchen *m*. **2.** Leder *n* minderer Quali'tät (*aus Resten hergestellt*). **3.** a) *a.* **~ ice** Scheibeneis *n*, b) (dünne) Eisscholle. **4.** *a.* **~ landing** *aer.* Landung, bei der das Flugzeug vor dem Aufsetzen 'durchsackt. **5.** *a.* **~ make-up** festes 'Puder-Make-ˌup. **II** *v/i u. v/t* **6.** *aer.* bei der Landung 'durchsacken (lassen). **III** *adj* **7. ~ Day** *colloq.* Fastnachtsdienstag *m*. **8.** flach, Flach...: **~ coil** Flachspule *f*.

Pan·chen La·ma ['pɑːntʃən] *s relig.* Pantschen-Lama *m*.

pan·chro·mat·ic [ˌpænkrəʊ'mætɪk] *adj mus. phot.* panchro'matisch: **~ film**; **~ filter** *phot.* Panfilter *n*, *m*. **pan'chro·ma·tism** [-'krəʊmətɪzəm] *s* Panchroma'sie *f*.

pan·crat·ic [pæn'krætɪk] *adj* **1.** *antiq.* pan'kratisch. **2.** ath'letisch. **3.** *fig.* voll'kommen. **4.** *phys.* mit veränderlicher Vergrößerungskraft (*Objektiv*).

pan·cre·as ['pæŋkrɪəs] *s anat.* Bauchspeicheldrüse *f*, Pankreas *n*. **~·pty·a·lin** ['taɪəlɪn] *s physiol.* Ptya'lin *n*.

pan·cre·at·ic [ˌpæŋkrɪ'ætɪk] *adj physiol.* Bauchspeicheldrüsen...: **~ juice** Pankreassaft *m*, Bauchspeichel *m*. **'pan·cre·a·tin** [-krɪətɪn] *s pharm. physiol.* Pankrea'tin *n*.

pan·da ['pændə] *s zo.* **1.** *a.* **lesser ~** Panda *m*, Katzenbär *m*. **2.** *a.* **giant ~** Riesenpanda *m*. **P~ car** *s Br.* (Funk)Streifenwagen *m*. **P~ cross·ing** *s Br.* 'Fußgängerˌüberweg *m* mit Druckampel.

Pan·de·an [pæn'diːən; *Am.* 'pændɪən] *adj* den (Gott) Pan betreffend: **~ pipe(s)** Panflöte *f*.

pan·de·mi·an [pæn'diːmɪən] → **pandemic** 3. **pan'dem·ic** [-'demɪk] **I** *adj* **1.** *med.* pan'demisch, sich weit ausbreitend. **2.** *fig.* allgemein. **3.** sinnlich (*Liebe*). **II** *s* **4.** *med.* Pande'mie *f*.

pan·de·mo·ni·um [ˌpændɪ'məʊnjəm; -nɪəm] *s* **1.** *meist* **P~** Pandä'monium *n* (*Aufenthaltsort der Dämonen*). **2.** Hölle *f*. **3.** *fig.* a) In'ferno *n*, Hölle *f*, b) Höllenlärm *m*, Tu'mult *m*.

pan·der ['pændə(r)] **I** *s* **1.** a) Kuppler(in), b) Zuhälter *m*. **2.** *fig.* j-d, der aus den Schwächen u. Lastern anderer Kapi'tal schlägt. **II** *v/t* **3.** verkuppeln. **III** *v/i* **4.** kuppeln. **5.** (**to**) (*e-m Laster etc*) Vorschub leisten, (*e-e Leidenschaft etc*) nähren, stärken: **to ~ to s.o.'s ambition** j-s Ehrgeiz anstacheln. **'pan·der·er** → **pander** 1.

Pan·do·ra¹ [pæn'dɔːrə; *Am. a.* -'dəʊrə] *npr antiq.* Pan'dora *f*: **~'s box** die Büchse der Pandora.

pan·do·ra² [pæn'dɔːrə; *Am. a.* -'dəʊrə], **'pan·dore** [-dɔː(r); *Am. bes.* -ˌdəʊər] *s mus. hist.* Pan'dora *f* (*Laute*).

pan·dow·dy [pæn'daʊdiː] *s Am.* (*ein*) Apfelauflauf *m*.

pan·dy ['pændɪ] *s ped. sl.* ‚Tatze' *f* (*Schlag auf die Hand*).

pane [peɪn] **I** *s* **1.** (Fenster)Scheibe *f*: **window ~. 2.** (rechteckige) Fläche, Feld *n*, Fach *n*, Platte *f*, Tafel *f*, (Tür)Füllung *f*, Kas'sette *f* (*e-r Decke*): **a ~ of glass** e-e Tafel Glas. **3.** ebene Seitenfläche, *bes.* Finne *f* (*des Hammers*), Fa'cette *f* (*e-s Edelsteins*), Kante *f* (*e-r Schraubenmutter*). **II** *v/t* **4.** Scheiben einsetzen in (*acc*), *Fenster* verglasen. **paned** *adj* **1.** aus verschiedenfarbigen Streifen zs.-gesetzt (*Kleid*). **2.** mit (...) Scheiben (versehen). **3.** *in Zssgn* ...seitig: **a six-~ nut** e-e Sechskantmutter.

pan·e·gyr·ic [ˌpænɪ'dʒɪrɪk] **I** *s* (**on, upon**) Lobrede *f*, Lobeshymne *f* (auf *acc*), Lobpreisung *f* (*gen*), Lobschrift *f* (über *acc*). **II** *adj* → **panegyrical**. ˌ**pan·e'gyr·i·cal** *adj* (*adv* **~ly**) lobredend, -preisend, Lob- u. Preis... ˌ**pan·e'gyr·ist** *s* Pane'gyriker *m*, Lobredner *m*. **'pan·e·gy·rize** [-dʒɪraɪz] *v/t* (lob)preisen, verherrlichen, ‚in den Himmel heben'.

pan·el ['pænl] **I** *s* **1.** *arch.* Pa'neel *n*, (vertieftes) Feld, Fach *n*, (*Tür*)Füllung *f*, Verkleidung *f*, (*Wand*)Täfelung *f*. **2.** *arch.* 'Fensterquaˌdrat *n*. **3.** Tafel *f* (*Holz*), Platte *f* (*Blech etc*). **4.** *paint.* Holztafel *f*, Gemälde *n* auf Holz. **5.** *electr. tech.* a) Brett *n*, Instru'menten-, Arma'turenbrett *n*, b) Schalttafel(feld *n*) *f*, Feld *n*, c) *Radio etc*: Feld *n*, Einschub *m*, d) Frontplatte *f* (*e-s Instruments*): **~(-type) meter** Einbauinstrument *n*; **~ view** Vorderansicht *f* (*e-s Instruments*). **6.** *phot.* schmales hohes For'mat, Bild *n* im 'Hochforˌmat. **7.** (farbiger) Einsatzstreifen (*am Kleid*). **8.** *aer.* a) *mil.* Flieger-, Si'gnaltuch *n*, b) Hüllenbahn *f* (*am Luftschiff*), c) Stoffbahn *f* (*am Fallschirm*), d) Streifen *m* der Bespannung (*vom Flugzeugflügel*), Verkleidung(sblech *n*) *f*. **9.** ('Bau)Abˌteilung *f*, (-)Abschnitt *m*. **10.** *Bergbau*: a) (Abbau)Feld *n*, b) Haufen *m* zubereiteter Erze. **11.** *Buchbinderei*: Titelfeld *n*. **12.** Blatt *n* Perga'ment. **13.** *jur.* a) Liste *f* der Geschworenen, b) (*die*) Geschworenen *pl*, c) *Scot.* Angeklagte(r *m*) *f*: **in** (*od.* **on**) **the ~** *Scot.* angeklagt. **14.** ('Unter)Ausschuß *m*, Forum *n*, Gremium *n*, Kommissi'on *f*, Kammer *f*. **15.** a) (*die*) Diskussi'onsteilnehmer *pl*, b) → **panel discussion**. **16.** *Markt-, Meinungsforschung*: Befragtengruppe *f*, Testgruppe *f*. **17.** *econ.* (fortlaufende) Reihe von 'Werbeillustratiˌonen. **18.** Buchserie *f*, *z. B.* Trilo'gie *f*. **19.** *Br. hist.* a) Liste *f* der Kassenärzte, b) (Verzeichnis *n* der) 'Kassenpatiˌenten *pl*. **II** *v/t pret u. pp* **-eled**, *bes. Br.* **-elled 20.** täfeln, panee'lieren, in Felder einteilen. **21.** (als Scheiben) einsetzen. **22.** *ein Kleid* mit Einsatzstreifen verzieren. **23.** *jur.* a) in die Geschworenenliste eintragen, b) *Scot.* anklagen.

pan·el| beat·er *s* Autospengler *m*. **~ board** *s* **1.** Füllbrett *n*, Wand- *od.* Par'kettafel *f*. **2.** *electr.* Schaltbrett *n*, -tafel *f*. **~ dis·cus·sion** *s* 'Podiumsdiskussiˌon *f*,

-gespräch *n* (*über ein festgesetztes Thema mit ausgewählten Teilnehmern*). **~ game** *s TV etc* Ratespiel *n*, ˈQuiz(proˌgramm) *n* (*mit ausgewählten Teilnehmern*). **~ heat·er** *s* Flächenheizkörper *m*.

pan·el·ing, *bes. Br.* **pan·el·ling** [ˈpænlɪŋ] *s* Täfelung *f*, Verkleidung *f*.

pan·el·ist, *bes. Br.* **pan·el·list** [ˈpænlɪst] *s* **1.** Diskussiˈonsteilnehmer(in), -redner(in). **2.** *TV etc* Teilnehmer(in) an e-m ˈQuizproˌgramm.

pan·el| mount·ing *s tech.* Paˈneelmonˌtage *f*. **~ pin** *s* Stift *m*. **~ ra·di·a·tor** → panel heater. **~ saw** *s* Laubsäge *f*. **~ sys·tem** *s* ˈListensyˌstem *n* (*für die Auswahl von Delegierten etc*). **~ truck** *s Am.* Lieferwagen *m*. **~ wall** *s arch.* Füll-, Verbindungswand *f*. **ˈ~·work** *s* Tafel-, Fachwerk *n*.

pang [pæŋ] *s* **1.** stechender Schmerz, Stich *m* (*a. fig.*), Stechen *n*: **death ~s** Todesqualen; **~s of hunger** nagender Hunger; **~s of love** Liebesschmerz *m*; **~ of conscience, ~s of remorse** Gewissensbisse.

ˌPan-ˈGer·man *hist.* **I** *adj* pangerˈmanisch, all-, großdeutsch. **II** *s* Pangermaˈnist *m*. **ˌPan-ˈGer·man·ism** *s* Pangermaˈnismus *m*.

pan·gram [ˈpæŋgræm] *s Satz, in dem alle Buchstaben des Alphabets vorkommen.*

pan·han·dle [ˈpænˌhændl] **I** *s* **1.** Pfannenstiel *m*. **2.** *Am.* schmaler Fortsatz (*bes. e-s Staatsgebiets*): **P~ State** (*Beiname für*) West Virginia *n*. **II** *v/t u. v/i* **3.** *Am. sl.* (*j-n* an-, *etwas* er)betteln, (*etwas*) ‚schnorren'. **ˈpanˌhan·dler** *s Am. sl.* Bettler *m*, ‚Schnorrer' *m*.

pan·ic[1] [ˈpænɪk] *s bot.* (*e-e*) (Kolben-) Hirse.

pan·ic[2] [ˈpænɪk] **I** *adj* **1.** panisch: **~ fear**; **~ haste** wilde *od.* blinde Hast; **~ braking** *mot.* scharfes Bremsen; **~ buying** Angstkäufe *pl*; **to be at ~ stations** ‚rotieren'. **2.** Not...: **~ button; to push the ~ button** *fig. colloq.* panisch reagieren. **II** *s* **3.** Panik *f*, panischer Schrecken: **to be in (get into) a ~** in Panik sein (geraten). **4.** *Börse*: Börsenpanik *f*, Kurssturz *m*. **5.** *Am. sl.* etwas zum Totlachen. **III** *v/t pret u. pp* **ˈpan·icked 6.** in Panik *od.* panischen Schrecken versetzen, eine Panik auslösen unter (*dat*). **7.** *Am. sl. das Publikum* ˈhinreißen. **IV** *v/i* **8.** von panischem Schrecken erfaßt *od.* ergriffen werden, in Panik geraten: **don't ~!** *colloq.* nur keine Aufregung *od.* Panik! **9.** sich zu e-r Kurzschlußhandlung ˈhinreißen lassen, ‚ˈdurchdrehen'.

pan·ic grass → panic[1].

pan·ick·y [ˈpænɪkɪ] *adj colloq.* **1.** ˈüberängstlich, -nerˌvös. **2.** in Panik.

pan·i·cle [ˈpænɪkl] *s bot.* Rispe *f*.

ˈpan·ic|ˌmon·ger *s* Bange-, Panikmacher(in). **ˈ~·proof** *adj econ.* krisensicher. **~ re·ac·tion** *s* Kurzschlußhandlung *f*. **ˈ~-ˌstrick·en, ˈ~-struck** *adj* von panischem Schrecken erfaßt *od.* ergriffen. **~ switch** *s aer.* Bedienungsknopf *m* für e-n Schleudersitz.

pan·jan·drum [pænˈdʒændrəm] *s humor.* Wichtigtuer *m*.

pan·lo·gism [ˈpænlədʒɪzəm] *s philos.* Panloˈgismus *m* (*Lehre von der logischen Struktur des Universums*).

pan·mix·i·a [pænˈmɪksɪə] *s biol.* Panmiˈxie *f* (*Mischung durch zufallsbedingte Paarung*).

pan·nage [ˈpænɪdʒ] *s Br.* **1.** *jur.* Mastrecht *n*, -geld *n*. **2.** Eichel-, Buchenmast *f* (*der Schweine*).

panne [pæn] *s* Panne *m*, Glanzsamt *m*.

pan·nier [ˈpænɪə(r); -njə(r)] *s* **1.** (Trag-) Korb *m*: **a pair of ~s** e-e Satteltasche (*am* Fahr-, *Motorrad*). **2.** *hist.* a) Reifrock *m*, b) Reifrockgestell *n*.

pan·ni·kin [ˈpænɪkɪn] *s* **1.** Pfännchen *n*. **2.** kleines Trinkgefäß aus Meˈtall.

pan·ning [ˈpænɪŋ] *s Film*: Panoraˈmierung *f*, (Kamera)Schwenkung *f*: **~ shot** Schwenk *m*.

pan·o·plied [ˈpænəplɪd] *adj* **1.** vollständig gerüstet (*a. fig.*). **2.** (prächtig) geschmückt. **ˈpan·o·ply** [-plɪ] *s* **1.** vollständige Rüstung. **2.** *fig.* a) (prächtige) Aufmachung, b) prächtige Umˈrahmung, Schmuck *m*. **3.** *fig.* Schutz (-wall) *m*.

pan·op·ti·con [pænˈɒptɪkən; *Am.* pæˈnɑptəˌkɑn] *s* **1.** panˈoptisches Syˈstem (*Gefängnisanlage*). **2.** Panˈoptikum *n*.

pan·o·ra·ma [ˌpænəˈrɑːmə; *Am. a.* -ˈræmə] *s* **1.** Panoˈrama *n*, Rundblick *m*. **2.** a) *paint.* Rundgemälde *n*, b) vorˈbeiziehender Bildstreifen. **3.** a) *Film*: Schwenk *m*, b) *phot.* Panoˈrama-, Rundblickaufnahme *f*: **~ head** Schwenkkopf *m*; **~ lens** Weitwinkelobjektiv *n*. **4.** dauernd wechselndes Bild. **5.** *fig.* Folge *f* von Bildern (*vor dem geistigen Auge*). **6.** *fig.* vollständiger ˈÜberblick (**of** über *acc*). **~ ra·dar** *s aer.* ˈRund(um)suchgerät *n*. **~ wind·shield** *s mot. Am.* Panoˈrama-, Rundsichtscheibe *f*.

pan·o·ram·ic [ˌpænəˈræmɪk] *adj* (*adv* **~ally**) panoˈramisch, Rundblick...: **~ camera** *phot.* Panoramakamera *f*; **~ photograph** → **panorama** 3b; **~ reception** *electr.* Panoramaempfang *m*; **~ screen** (*Film*) Panoramaleinwand *f*; **~ sight** *mil.* Rundblick-, Panoramafernrohr *n*; **~ view** → **panorama** 6.

ˈPan·pipe *s oft pl mus.* Panflöte *f*.

ˌPanˈslav·ism *s hist.* Panslaˈwismus *m*.

pan·sy [ˈpænzɪ] *s* **1.** *bot.* Stiefmütterchen *n*. **2.** *a.* **~ boy** *colloq.* a) ‚Bubi' *m* (*Weichling*), b) ‚Homo' *m*, ‚Schwule(r)' *m* (*Homosexueller*).

pant[1] [pænt] **I** *v/i* **1.** keuchen (*a. fig. Zug etc*), japsen, schnaufen: **to ~ for breath** nach Luft schnappen. **2.** keuchen(d rennen). **3.** *fig.* lechzen, dürsten, gieren (**for** *od.* **after** nach). **II** *v/t* **4.** **~ out** *Worte* (herˈvor)keuchen, japsen. **III** *s* **5.** Keuchen *n*, Japsen *n*, Schnaufen *n*.

pant[2] [pænt] *bes. Am.* **I** *adj* Hosen...: **~ leg.** **II** *s* Hosenbein *n*.

pan·ta·let(te)s [ˌpæntəˈlets] *s pl* (*a.* **pair of ~**) *bes. Am.* **1.** *hist.* Biedermeierhosen *pl* (*für Damen*). **2.** Schlüpfer *m* mit langem Bein.

pan·ta·loon [ˌpæntəˈluːn] *s* **1.** *thea.* Hansˈwurst *m*, dummer August. **2.** *pl a.* **pair of ~s** *hist.* Pantaˈlons *pl* (*Herrenhose*).

ˈpant·dress *s bes. Am.* Kleid *n* mit Hosenrock.

pan·tech·ni·con [pænˈteknɪkən] *s Br.* **1.** Möbellager *n*. **2.** Möbelwagen *m*.

pan·the·ism [ˈpænθiːɪzəm] *s philos.* Pantheˈismus *m* (*Lehre, in der Gott u. die Welt identisch sind*). **ˈpan·the·ist I** *s* Pantheˈist(in). **II** *adj* pantheˈistisch. **ˌpan·theˈis·tic** *adj*; **ˌpan·theˈis·ti·cal** *adj* (*adv* **~ly**) → **pantheist** II.

pan·the·on [ˈpænθɪən; *Am.* -θiːˌɑn] *s* **1.** *antiq.* Pantheon *n* (*Tempel*). **2.** Pantheon *n*, Ehrentempel *m*. **3.** Pantheon *n* (*Gesamtheit der Gottheiten*).

pan·ther [ˈpænθə(r)] *pl* **-thers,** *bes. collect.* **-ther** *s zo.* Panther *m*: a) Leoˈpard *m*, b) *a.* **American ~** Puma *m*, c) Jaguar *m*. **ˈpan·ther·ess** *s zo.* Pantherweibchen *n*.

pan·ties [ˈpæntɪz] *s pl*, *a.* **pair of ~** **1.** Kinderhös-chen *n*. **2.** (Damen)Slip *m*, (-)Schlüpfer *m*.

pan·ti·hose [ˈpæntɪhəʊz] *s* Strumpfhose *f*.

pan·tile [ˈpæntaɪl] *s* Dachziegel *m*, -pfanne *f*.

pan·ti·soc·ra·cy [ˌpæntɪˈsɒkrəsɪ; *Am.* -ˈsɑk-] *s Gemeinschaft, Gruppe etc, in der alle gleich sind.*

pan·to [ˈpæntəʊ] *pl* **-tos** *s Br. colloq. für* **pantomime** 2–5.

pan·to·graph [ˈpæntəʊgrɑːf; *bes. Am.* -təgræf] *s* **1.** *electr.* Scherenstromabnehmer *m*. **2.** *tech.* Storchschnabel *m*, Pantoˈgraph *m* (*Zeichengerät*).

pan·to·mime [ˈpæntəmaɪm] **I** *s* **1.** *antiq.* Pantoˈmimus *m*. **2.** *thea.* Pantoˈmime *f* (*stummes Spiel*). **3.** *Br.* (Laien)Spiel *n*, englisches Weihnachtsspiel. **4.** Mienen-, Gebärdenspiel *n*. **5.** *bes. Br. colloq.* ‚Theˈater' *n*. **II** *v/t* **6.** durch Gebärden ausdrücken, pantoˈmimisch darstellen, mimen. **III** *v/i* **7.** sich durch Gebärden ausdrücken. **ˌpan·toˈmim·ic** [-ˈmɪmɪk] *adj* (*adv* **~ally**) pantoˈmimisch.

pan·try [ˈpæntrɪ] *s* **1.** Speise-, Vorratskammer *f*, Speiseschrank *m*. **2.** Anrichteraum *m* (*für kalte Speisen*). **ˈ~·man** [-mən] *s irr* im Anrichteraum Beschäftigte(r) *m*.

pants [pænts] *s pl* **1.** *a.* **pair of ~** *bes. Am.* lange (Herren)Hose: **kick in the ~** *colloq.* a) Tritt *m* in den ‚Hintern', b) *fig.* ‚Ziˈgarre' *f*, ‚Rüffel' *m*, c) *fig.* Rückschlag *m*; **to catch s.o. with his ~ down** *colloq.* j-n überrumpeln; **by the seat of one's ~** *colloq.* über den Daumen gepeilt; **in long (short) ~** *colloq.* (noch nicht) erwachsen; **to bore (scare) the ~ off s.o.** *colloq.* j-n ‚zu Tode' langweilen (erschrecken); **to talk the ~ off s.o.** *colloq.* j-m ‚ein Loch *od.* Löcher in den Bauch reden'; → **wear**[1] 1. **2.** *a.* **pair of ~** *Br.* ˈHerrenˌunterhose *f*. **3.** *aer. colloq.* Fahrwerkverkleidung *f* in Stromlinienform.

ˈpant|·skirt *s bes. Am.* Hosenrock *m*. **ˈ~·suit** *s bes. Am.* Hosenanzug *m*.

pan·ty| gir·dle [ˈpæntɪ] *s* Miederhöschen *n*. **~ hose** → **pantihose**. **ˈ~ˌwaist** *s Am.* **1.** (*Art*) Hemdhös-chen *n*. **2.** *sl.* ‚halbe Portiˈon', Weichling *m*.

pan·zer [ˈpæntzə(r); ˈpænzə(r)] *mil.* **I** *adj* Panzer...: **~ division**. **II** *s pl colloq.* Panzer(verbände) *pl*.

pap[1] [pæp] *s* **1.** *anat. obs. od. dial.* Brustwarze *f*. **2.** *meist pl* Kegel(berg) *m*.

pap[2] [pæp] *s* **1.** Brei *m*, Papp *m*, Mus *n*. **2.** a) Gefasel *n*, b) seichte Unterˈhaltungslekˌtüre. **3.** *pol. Am. colloq.* Protektiˈon *f*.

pa·pa·cy [ˈpeɪpəsɪ] *s* **1.** päpstliches Amt, päpstliche Würde. **2.** **P~** Papsttum *n*. **3.** Pontifiˈkat *n*, Amtszeit *f* e-s Papstes: **during the ~ of ...** unter Papst ...

pa·pal [ˈpeɪpl] *adj* (*adv* **~ly**) **1.** päpstlich. **2.** römisch-kaˈtholisch.

pa·pal·ism [ˈpeɪpəlɪzəm] *s* Papsttum *n*. **ˈpa·pal·ist** *s* Paˈpist(in), Anhänger(in) des Papsttums. **ˈpa·pal·ize I** *v/t* päpstlich machen, zum römisch-kaˈtholischen Glauben bekehren. **II** *v/i* päpstlich (gesinnt) werden.

Pa·pal States *s pl hist.* Kirchenstaat *m*.

pa·pav·er·a·ceous [pəˌpeɪvəˈreɪʃəs; *Am.* -ˌpæ-] *adj bot.* zu den Mohngewächsen gehörig. **paˈpav·er·ine** [-riːn; -rɪn] *s chem.* Papaveˈrin *n* (*Alkaloid des Opiums*).

pa·paw[1] [pəˈpɔː] *s bes. Br. für* **papaya**.

pa·paw[2] [ˈpɑːpɔː; ˈpɔːpɔː] *s bot. Am.* a) (*ein*) Papau *m*, (*ein*) Papaw(baum) *m*, b) (*eßbare*) Papaufrucht *f*.

pa·pay·a [pəˈpaɪə] *s bot.* **1.** Paˈpaya *m*, Meˈlonenbaum *m*. **2.** Paˈpayafrucht *f*.

pa·per [ˈpeɪpə(r)] **I** *s* **1.** *tech.* a) Paˈpier *n*, b) Pappe *f*, c) Taˈpete *f*. **2.** Paˈpier *n* (*als Schreibmaterial*): **~ does not blush** Papier ist geduldig; **on ~** *fig.* auf dem Papier: a) theoretisch, b) noch im Planungsstadium; **it, etc, is not worth the ~ it is written on** es ist schade um das

Papier, das dafür verschwendet wurde; → **commit** 2. **3.** Blatt *n* Paˈpier. **4.** *pl* a) (Persoˈnal-, ˈAusweis)Paˌpiere *pl*, Beˈglaubigungs-, Legitimatiˈonspaˌpiere *pl*, b) Urkunden *pl*, Dokuˈmente *pl*: **(ship's) ~s** Schiffspapiere; **officer's ~s** Offizierspatent *n*; **to send in one's ~s** s-n Abschied nehmen, c) Schriftstücke *pl*, Akten *pl*, (*amtliche*) ˈUnterlagen *pl*: **to move for ~s** *bes. parl.* die Vorlage der Unterlagen (*e-s Falles*) beantragen. **5.** *econ.* a) (ˈWert)Paˌpier *n*, b) Wechsel *m*: **best ~s** erstklassige Wechsel; **~ credit** Wechselkredit *m*, c) Paˈpiergeld *n*: **convertible ~** (*in Gold*) einlösbares Papiergeld; **~ currency** Papier(geld)währung *f*. **6.** a) schriftliche Prüfung, b) Prüfungsarbeit *f*. **7.** Aufsatz *m*, (wissenschaftliche) Abhandlung, Vortrag *m*, Vorlesung *f*, Refeˈrat *n*, Paˈpier *n* (**on** über *acc*): **to read a ~** e-n Vortrag halten, referieren. **8.** Zeitung *f*, Blatt *n*: **to be in the ~s** in der Zeitung stehen. **9.** Brief *m*, Heft *n*, Büchlein *n* (*mit Nadeln etc*). **10.** *thea. colloq.* Freikarte(n-inhaber *m od. pl*) *f*.
II *adj* **11.** aus Paˈpier *od.* Pappe (gemacht), paˈpieren, Papier..., Papp...: **~ cup** Pappbecher *m*. **12.** paˈpierähnlich, (hauch)dünn: **~ walls**. **13.** nur auf dem Paˈpier vorˈhanden: **~ city**.
III *v/t* **14.** in Paˈpier einwickeln. **15.** mit Paˈpier ausschlagen. **16.** tapeˈzieren: **to ~ a room**. **17.** mit Paˈpier versehen. **18.** *oft* **~ up** *Buchbinderei*: das ˈVorsatzpaˌpier einkleben in (*acc*). **19.** mit ˈSandpaˌpier poˈlieren. **20.** **~ over** überˈkleben, *fig. Differenzen etc* (notdürftig) überˈtünchen. **21.** *thea. colloq. das Haus* durch Verteilung von Freikarten füllen.

ˈpa·per|·back I *s* Paperback *n*, Taschenbuch *n*: **in ~** als Taschenbuch. **II** *adj* broˈschiert, Taschenbuch...: **~ edition**. **III** *v/t bes. Br.* als Taschenbuch herˈausbringen. **ˈ~·backed** → **paperback** II. **~ bag** *s* (Paˈpier)Tüte *f*. **~ battle** *s* ‚Paˈpierkrieg' *m*. **ˈ~·board I** *s* Pappe *f*, Papp(en)deckel *m*. **II** *adj* Papp(en)-deckel..., Papp...: **~ stock** Graupappe *f*. **ˈ~·bound** → **paperback** II. **ˈ~·boy** *s* Zeitungsjunge *m*. **~ chase** *s* Schnitzeljagd *f*. **~ clip** *s* Büˈro-, Heftklammer *f*. **~ coal** *s* Blätter-, Paˈpierkohle *f* (*schlechte Braunkohle*). **~ cut·ter** *s tech.* **1.** Paˈpierˌschneidemaˌschine *f*. **2.** → **paper knife**. **~ ex·er·cise** *s mil.* Planspiel *n*. **~ fast·en·er** *s* Heftklammer *f*. **~ gold** *s econ.* Sonderziehungsrechte *pl* (beim Internatioˈnalen Währungsfonds). **~ hand·ker·chief** *s* Paˈpiertaschentuch *n*. **ˈ~ˌhang·er** *s* **1.** Tapeˈzierer *m*. **2.** *Am. sl.* Scheckbetrüger(in). **ˈ~ˌhang·ing** *s* **1.** Tapeˈzieren *n*. **2.** *pl obs.* Taˈpete(n *pl*) *f*. **~ knife** *s irr* **1.** *tech.* Paˈpiermesser *n*, (Falz)Bein *n*. **2.** Brieföffner *m*. **~ mill** *s* Paˈpierfaˌbrik *f*, -mühle *f*. **~ mon·ey** *s* Paˈpiergeld *n*, Banknoten *pl*. **~ nap·kin** *s* Paˈpierserviˌette *f*. **~ nau·ti·lus** *s ichth.* Paˈpierboot *n*, -nautilus *m* (*Tintenfisch*). **~ of·fice** *s hist.* ˈStaatsarˌchiv *n*. **~ prof·it** *s econ.* rechnerischer Gewinn. **~ stain·er** *s* Taˈpetenmaler *m*, -macher *m*. **~ tape** *s Computer*: Lochstreifen *m*. **ˈ~-thin** *adj* hauchdünn (*a. fig. Mehrheit etc*). **~ ti·ger** *s fig.* Paˈpiertiger *m*, (*Person a.*) Gummilöwe *m*. **~ war(·fare)** *s* **1.** Pressekrieg *m*, -fehde *f*, Federkrieg *m*. **2.** ‚Paˈpierkrieg' *m*. **ˈ~·weight I** *s* **1.** Briefbeschwerer *m*. **2.** *sport* Paˈpiergewicht(ler *m*) *n*. **II** *adj* **3.** *sport* Papiergewichts... **ˈ~·work** *s* Schreibarbeit(en *pl*) *f*.

pa·per·y [ˈpeɪpərɪ] *adj* paˈpierähnlich, -dünn.

pa·pier-mâ·ché [ˌpæpjeɪˈmæʃeɪ; *Am.* ˌpeɪpərməˈʃeɪ] **I** *s* Papiˌermaˈché *n*, ˈPappmaˌché *n*. **II** *adj* Papiermaché..., Pappmaché...

pa·pil·i·o·na·ceous [pəˌpɪlɪəˈneɪʃəs] *adj bot.* schmetterlingsblütig.

pa·pil·la [pəˈpɪlə] *pl* **-lae** [-liː] *s* **1.** *anat. bot.* Paˈpille *f*, Wärzchen *n*. **2.** *anat.* Geˈschmackspaˌpille *f*.

pap·il·lar·y [pəˈpɪlərɪ; *Am.* ˈpæpəˌleriː], *a.* **pap·il·lose** [ˈpæpɪləʊs] *adj anat. bot.* **1.** warzenartig, -förmig, papilˈlär. **2.** mit Paˈpillen (versehen), warzig.

pa·pism [ˈpeɪpɪzəm] → **papistry**. **ˈpa·pist I** *s contp.* Paˈpist(in), ‚Kaˈthole' *m*. **II** *adj* → **papistic**. **pa·pis·tic** [pəˈpɪstɪk] *adj*; **paˈpis·ti·cal** *adj* (*adv* **~ly**) **1.** päpstlich. **2.** *contp.* paˈpistisch. **pa·pist·ry** [ˈpeɪpɪstrɪ] *s contp.* Paˈpismus *m*.

pa(p)·poose [pəˈpuːs] *s* **1.** Indiˈanerbaby *n*. **2.** *Am. humor.* kleines Kind, ‚Balg' *m*, *n*.

pap·pus [ˈpæpəs] *pl* **ˈpap·pi** [-aɪ] *s* **1.** *bot.* a) Haarkrone *f*, b) Federkelch *m*. **2.** Flaum *m*.

pap·py¹ [ˈpæpɪ] *adj* breiig, pappig.

pap·py² [ˈpæpiː] *s Am. colloq.* Paˈpa *m*, Vati *m*.

pa·pri·ka [ˈpæprɪkə; *bes. Am.* pæˈpriːkə] *s* Paprika *m* (*Pflanze od. Gewürz*).

Pap| test, ~ smear [pæp] *s med.* Abstrich *m*.

Pap·u·an [ˈpɑːpʊən; ˈpæpjʊən; *Am.* ˈpæpjəwən] **I** *adj* **1.** papuˈanisch. **II** *s* **2.** Papua *m*, Papuaneger(in). **3.** *ling.* Papuasprache *f*, das Papua.

pap·u·lar [ˈpæpjʊlə(r)] *adj anat.* papuˈlös, knötchenförmig. **ˈpap·ule** [-pjuːl] *s* Papel *f*, (Haut)Bläs-chen *n*, Knötchen *n*.

pa·py·rus [pəˈpaɪərəs] *pl* **-ri** [-raɪ] *s* **1.** *bot.* Paˈpyrus(staude *f*) *m*. **2.** *antiq.* Paˈpyrus(rolle *f od.* -text *m*) *m*.

par [pɑː(r)] **I** *s* **1.** *econ.* Nennwert *m*, Pari *n*: **at ~** zum Nennwert, al pari; **above (below)** **~** über (unter) pari *od.* dem Nennwert (→ 4); **issue ~** Emissionskurs *m*; **nominal** (*od.* **face**) **~** Nennbetrag *m*, Nominalwert *m* (*e-r Aktie*); **(commercial) ~ of exchange** Wechselpari(tät *f*), Parikurs *m*. **2.** Ebenbürtigkeit *f*: **to be on a ~ with** gleich *od.* ebenbürtig *od.* gewachsen sein (*dat*), entsprechen (*dat*); **to put on a ~ with** gleichstellen mit. **3.** norˈmaler Zustand: **above ~** in bester Form *od.* Verfassung; **to be up to (below) ~** *colloq.* (*gesundheitlich etc*) (nicht) auf der Höhe sein; **on a ~** *Br.* im Durchschnitt. **4.** *Golf*: Par *n*, festgesetzte Schlagzahl: **above (below) ~** über (unter) Par; **that's ~ for the course** *colloq.* das ist ganz normal. **II** *adj* **5.** *econ.* pari, (dem Nennwert) gleich: **~ clearance** *Am.* Clearing *n* zum Pariwert; **~ rate of exchange** Wechsel-, Währungsparität *f*; **~ value** Pari-, Nennwert *m*. **6.** norˈmal, ˈdurchschnittlich: **~ line (of stock)** *econ.* Aktienmittelwert *m*.

pa·ra¹ [ˈpærə] *s colloq.* **1.** *mil.* Fallschirmjäger *m*. **2.** *print.* Absatz *m*.

pa·ra² [ˈpɑːrə] *pl* **-ras, -ra** *s* Para *m*: a) *türkische Münze* ($^1/_{40}$ *Piaster*), b) *jugoslawische Münzeinheit* ($^1/_{100}$ *Dinar*).

para-¹ [pærə] *Wortelement mit den Bedeutungen* **1.** neben, über ... hinaus. **2.** falsch. **3.** ähnlich. **4.** *chem.* a) neben, ähnlich, b) *gewisse Benzolderivate u. Verbindungen ähnlicher Struktur bezeichnend.* **5.** *med.* a) fehlerhaft, gestört, b) ergänzend, c) umgebend.

para-² [pærə] *Wortelement mit den Bedeutungen* a) Schutz..., b) Fallschirm...

par·a·ble [ˈpærəbl] *s* Paˈrabel *f*, (*a. Bibl.*) Gleichnis *n*: **to speak in ~s** in Gleichnissen sprechen.

pa·rab·o·la [pəˈræbələ] *s math.* Paˈrabel *f*: (*a.* **pair of**) **~ compasses** Parabelzirkel *m*.

par·a·bol·ic [ˌpærəˈbɒlɪk; *Am.* -ˈbɑ-] *adj* (*adv* **~ally**) **1.** → **parabolical**. **2.** *math.* paraˈbolisch, Parabel...: **~ arc**. **3.** *tech.* paˈrabelförmig, paraˈbolisch: **~ mirror** Parabolspiegel *m*. **ˌpar·aˈbol·i·cal** *adj* (*adv* **~ly**) paraˈbolisch, gleichnishaft.

pa·rab·o·list [pəˈræbəlɪst] *s* Paˈrabeldichter *m*, -erzähler *m*. **paˈrab·o·lize** *v/t* **1.** durch e-e Paˈrabel *od.* Parabeln ausdrücken. **2.** *tech.* paraˈbolisch machen.

pa·rab·o·loid [pəˈræbəlɔɪd] *s math.* Paraboloˈid *n*. **paˌrab·oˈloi·dal** *adj* paraboloˈid.

ˈpar·a·brake *s aer.* Bremsfallschirm *m*.

ˌpar·aˈcen·tric *adj math.* paraˈzentrisch.

par·a·chute [ˈpærəʃuːt] **I** *s* **1.** *aer.* Fallschirm *m*: **~ jump** Fallschirmabsprung *m*; **~ jumper** Fallschirmspringer(in). **2.** *bot.* Schirmflieger *m*. **3.** *zo.* Flug-, Fallschirm-, Flatterhaut *f*, Paˈtagium *n*. **4.** *tech. e-e Halte- od. Sicherheitsvorrichtung, z. B.* Fangvorrichtung *f* (*für e-n Aufzug od. Förderkorb*). **II** *v/t* **5.** mit dem Fallschirm absetzen *od.* abwerfen. **III** *v/i* **6.** mit dem Fallschirm abspringen. **7.** (wie) mit e-m Fallschirm schweben. **~ boat** *s aer.* Einmann-Gummiboot *n* (*im Fallschirmgepäck*). **~ flare** *s mil.* Leuchtfallschirm *m*. **~ mine** *s mil.* Fallschirmmine *f*. **~ troops** *s pl mil.* Fallschirmtruppen *pl*.

ˈpar·a·chut·ist *s aer.* **1.** Fallschirmspringer(in). **2.** *mil.* Fallschirmjäger *m*.

Par·a·clete [ˈpærəkliːt] *s relig.* Paraˈklet *m* (*der Heilige Geist*).

par·ac·me [pæˈrækmɪ] *s biol.* allˈmählicher Niedergang, Entartung *f*.

par·a·cros·tic [ˌpærəˈkrɒstɪk; *Am.* -ˈkrɑ-] *s metr.* Paraˈkrostichon *n*.

pa·rade [pəˈreɪd] **I** *s* **1.** (Zur)ˈSchaustellen *n*, Vorführung *f*, Paˈrade *f*: **to make (a) ~ of** → 7 *u.* 8. **2.** *mil.* a) Paˈrade *f* (*Truppenschau od. Vorbeimarsch*) (**before** vor *dat*): **to be on ~** e-e Parade abhalten, b) Apˈpell *m*: **~ rest!** Rührt euch!, c) *a.* **~ ground** *mil.* Paˈrade-, Exerˈzierplatz *m*. **3.** (Auf-, Vorˈbei)Marsch *m*, (ˈUm)Zug *m*. **4.** *bes. Br.* (ˈStrand)Promeˌnade *f*. **5.** *fenc.* Paˈrade *f*. **II** *v/t* **6.** zur Schau stellen, vorführen. **7.** *fig.* zur Schau tragen, prunken *od.* protzen *od.* sich brüsten mit. **8.** ˈauf- *od.* vorˈbeimarˌschieren *od.* paraˈdieren lassen. **9.** *e-e Straße* entˈlangstolˌzieren, auf u. ab marˈschieren. **III** *v/i* **10.** promeˈnieren, sich zur Schau stellen, stolˈzieren. **11.** *mil.* paraˈdieren, (in Paˈradeformatiˌon) (vorˈbei)marˌschieren. **12.** a) e-n ˈUmzug veranstalten, durch die Straßen ziehen, b) vorˈbeiziehen.

par·a·digm [ˈpærədaɪm; *Am. a.* -ˌdɪm] *s* Paraˈdigma *n*: a) Beispiel *n*, Muster *n*, b) *ling.* ˈdurchflekˌtiertes Musterwort. **ˌpar·a·digˈmat·ic** [-dɪgˈmætɪk] *adj* (*adv* **~ally**) paradigˈmatisch (*a. fig.*).

par·a·di·sa·ic [ˌpærədɪˈseɪɪk; *Am.* -ˌdaɪˈs-], **ˌpar·a·diˈsa·i·cal** [-kl] *adj* paraˈdiesisch.

par·a·dise [ˈpærədaɪs] *s* **1.** (*Bibl.* **P~**) Paraˈdies *n*: a) Garten *m* Eden, b) Himmel *m*, c) *fig.* (siebenter) Himmel: **an earthly ~** ein Paradies auf Erden; **holiday** (*bes. Am.* **vacation**) **~** Urlaubsparadies; **bird of ~** *orn.* Paradiesvogel *m*; → **fool's paradise**. **2.** (*orientalischer*) Lustgarten. **~ ap·ple** *s bot.* Paraˈdiesapfel *m*. **~ fish** *s* Paraˈdiesfisch *m*.

par·a·dis·i·ac [ˌpærəˈdɪsɪæk], **ˌpar·a·diˈsi·a·cal** [-dɪˈsaɪəkl; *Am. a.* -ˌdaɪ-] *adj* paraˈdiesisch (*a. fig.*).

par·a·dos [ˈpærədɒs; *Am.* -ˌdɑs; -ˌdəʊs] *s mil.* Rückenwehr *f*.

par·a·dox [ˈpærədɒks; *Am.* -ˌdɑks] *s* Paˈradoxon *n*, Paraˈdox *n*. **ˌpar·aˈdox·i-**

cal *adj* (*adv* ~**ly**) paraˈdox: ~ **sleep** *psych.* REM-Schlaf *m*, paradoxer Schlaf. ˈ**par·aˌdox·iˈcal·i·ty** [-sɪˈkælətɪ] *s* Paradoˈxie *f*. ˈ**par·a·dox·ist** *s* Freund(in) paraˈdoxer Ausdrucksweise. ˈ**par·a·dox·y** *s* Paradoˈxie *f*.

ˈ**par·a·drop** → **airdrop**.

par·af·fin [ˈpærəfɪn], ˈ**par·af·fine** [-fiːn; *Am. a.* -fɪn] **I** *s* **1.** Parafˈfin *n*: **liquid** ~ Paraffinöl *n*; **solid** ~ Erdwachs *n*; ~ **wax** Paraffin (*für Kerzen*). **2.** *a.* ~ **oil** *Br.* Parafˈfin(öl) *n*: a) Leucht-, Brenn-, Heizöl *n*, b) Schmieröl *n*. **II** *v/t* **3.** mit Parafˈfin behandeln, paraffiˈnieren.

par·a·go·ge [ˌpærəˈgəʊdʒɪ; *Am. a.* ˈpærəˌg-] *s ling.* Paraˈgoge *f* (*Endverlängerung e-s Worts, z. B.* **among-st**).

par·a·gon [ˈpærəgən; *Am. a.* -ˌgɑn] **I** *s* **1.** Muster *n*, Vorbild *n*: ~ **of virtue** Muster *od.* (*iro.*) Ausbund *m* an Tugend. **2.** ˈhundertkaˌrätiger Soliˈtär (*fehlerloser Diamant*). **3.** *print.* Text *f* (*Schriftgrad*). **II** *v/t* **4.** *obs. od. poet.* vergleichen (**with** mit).

par·a·graph [ˈpærəgrɑːf; *bes. Am.* -græf] **I** *s* **1.** *print.* a) Absatz *m*, Abschnitt *m*, Paraˈgraph *m*, b) (*ein p-ähnliches*) Verweis- *od.* Absatzzeichen. **2.** kurzer (ˈZeitungs)Arˌtikel. **II** *v/t* **3.** in Absätze einteilen. **4.** e-n (kurzen ˈZeitungs)Arˌtikel schreiben über (*acc*). ˈ**par·a·graph·er** *s* **1.** Verfasser(in) kurzer ˈZeitungsarˌtikel. **2.** ˈLeitarˌtikler *m* (*e-r Zeitung*).

par·a·graph·i·a [ˌpærəˈgrɑːfɪə; *Am.* -ˈgræ-] *s med.* Paragraˈphie *f* (*Störung des Schreibvermögens*).

Par·a·guay·an [ˌpærəˈgwaɪən; -ˈgweɪən] **I** *adj* paraˈguayisch. **II** *s* Paraˈguayer (-in).

par·a·keet [ˈpærəkiːt] *s orn.* Sittich *m*.

par·a·kite [ˈpærəkaɪt] *s* **1.** *aer.* Fallschirmdrachen *m*. **2.** Drachen *m* (*mit Registriergeräten für wissenschaftliche Beobachtungen*).

par·al·de·hyde [pəˈrældɪhaɪd] *s chem.* Paraldeˈhyd *n*.

ˌ**par·a·linˈguis·tic** *ling.* **I** *adj* paralinˈguistisch. **II** *s pl* (*meist als sg konstruiert*) Paralinˈguistik *f*.

par·a·lip·sis [ˌpærəˈlɪpsɪs] *pl* **-ses** [-siːz] *s ling.* Paraˈlipse *f* (*rhetorische Figur, durch die man das betont, was man angeblich übergehen will, z. B. ‚ganz zu schweigen von'*).

par·al·lac·tic [ˌpærəˈlæktɪk] *adj* (*adv* ~**ally**) *astr. phys.* paralˈlaktisch: ~ **motion** parallaktische Verschiebung. ˈ**par·al·lax** [-læks] *s* Paralˈlaxe *f*.

par·al·lel [ˈpærəlel] **I** *adj* **1.** *math. mus. tech.* paralˈlel (**with, to** zu, mit): ~ **bars** (*Turnen*) Barren *m*; **at the** ~ **bars** am Barren; ~ **computer** Simultanrechenanlage *f*, -rechner *m*; ~ **cousins** Kinder zweier Brüder *od.* zweier Schwestern; ~ **connection** → 6; ~ **slalom** (*Skisport*) Parallelslalom *m*; ~ **stroke milling** *tech.* Zeilenfräsen *n*; ~ **turn** (*Skisport*) Parallelschwung *m*; **to run** ~ **to** parallel verlaufen zu. **2.** *fig.* paralˈlel, gleich(gerichtet, -laufend): ~ **case** Parallelfall *m*; **research work on** ~ **lines** Forschungsarbeit *f* in der gleichen Richtung; ~ **passage** gleichlautende Stelle, Parallele *f* (*in e-m Text*). **II** *s* **3.** *math. u. fig.* Paralˈlele *f*: **to draw a** ~ **to** e-e Parallele ziehen zu; **to draw a** ~ **between** *fig.* e-e Parallele ziehen zwischen, (miteinander) vergleichen; **in** ~ **with** parallel zu. **4.** *math.* Paralleliˈtät *f* (*a. fig. Gleichheit*). **5.** *a.* ~ **of latitude** *geogr.* Breitenkreis *m*. **6.** *electr.* Paralˈlel-, Nebeneinˈanderschaltung *f*: **in** ~ parallel(-), nebeneinander(geschaltet). **7.** Gegenstück *n*, Entsprechung *f*: **to have no** ~ nicht seinesgleichen haben, einzigartig sein; **without** ~ ohnegleichen. **8.** *mil.* Paralˈlele *f*, Quergraben *m*. **9.** *print.* (*aus 2 senkrechten Strichen bestehendes*) Verweiszeichen. **III** *v/t pret u. pp* **-leled,** *bes. Br.* **-lelled 10.** (**with**) gegenˈüberstellen (*dat*), vergleichen (mit). **11.** anpassen, angleichen (**with, to** *dat*). **12.** gleichkommen *od.* entsprechen (*dat*). **13.** etwas Gleiches *od.* Entsprechendes finden zu (*e-r Sache od. j-m*). **14.** *bes. Am. colloq.* paralˈlel (ver)laufen zu, laufen neben (*dat*). **15.** *electr.* paralˈlelschalten.

par·al·lel·e·pi·ped [ˌpærəleˈlepɪped; ˈpærəˌleləˈpaɪped; *Am. a.* -ˈpɪpəd] *s math.* Paralˈlelflach *n*, Paralˌlelepiˈped *n*.

ˈ**par·al·lel·ism** *s* **1.** *math.* Paralleˈlismus *m*, Paralleliˈtät *f* (*a. fig.*). **2.** *philos.* (psychoˈphysischer) Paralleˈlismus. **3.** *ling.* Paralleˈlismus *m* (*formale u. inhaltliche Übereinstimmung zwischen aufeinanderfolgenden Teilstücken od. Versen*).

par·al·lel·o·gram [ˌpærəˈleləʊgræm; *bes. Am.* -ˈlelə-] *s math.* Paralleloˈgramm *n*: ~ **linkage system** *tech.* Parallelogrammgestänge *n*; ~ **of forces** *phys.* Kräfteparallelogramm.

pa·ral·o·gism [pəˈrælədʒɪzəm] *s philos.* Paraloˈgismus *m*, Trugschluß *m*. **pa**ˈ**ral·o·gize** *v/i* falsche Schlüsse ziehen.

par·a·lyse *bes. Br. für* **paralyze**.

pa·ral·y·sis [pəˈrælɪsɪs] *pl* **-ses** [-siːz] *s* **1.** *med.* Paraˈlyse *f*, Lähmung *f*: → **general paralysis**. **2.** *fig.* Lähmung *f*: a) Lahmlegung *f*, b) Daˈniederliegen *n*, c) Ohnmacht *f*. **par·a·lyt·ic** [ˌpærəˈlɪtɪk] **I** *adj* (*adv* ~**ally**) **1.** *med.* paraˈlytisch: a) Lähmungs..., lähmend, b) gelähmt (*a. fig.*). **2.** *Br. colloq.* ‚sternhagelˈvoll' (*sehr betrunken*). **II** *s* **3.** *med.* Paraˈlytiker(in), Gelähmte(r *m*) *f*. ˈ**par·a·lyz·ant** [-laɪzənt] *s med.* Lähmungsmittel *n* (*z. B. Curare*). ˌ**par·a·lyˈza·tion** [-laɪˈzeɪʃn; *Am.* -ləˈz-] *s* **1.** *med.* Lähmung *f* (*a. fig.*). **2.** *fig.* Lahmlegung *f*. ˈ**par·a·lyze,** *bes. Br.* ˈ**par·a·lyse** *v/t* **1.** *med.* paralyˈsieren, lähmen. **2.** *fig.* a) *den Verkehr etc* lähmen, lahmlegen, zum Erliegen bringen, b) *Anstrengungen etc* zuˈnichte machen, c) *j-n* entnerven, zermürben.

ˌ**par·a·magˈnet·ic** *adj phys.* paramaˈgnetisch. ˌ**par·aˈmag·net·ism** *s* Paramagneˈtismus *m*.

ˈ**par·aˌmed·ic** *s Am.* **1.** Arzt, der sich über abgelegenen Gegenden mit dem Fallschirm absetzen läßt. **2.** a) ärztlicher Assiˈstent (*der Spritzen verabreicht, Röntgenaufnahmen macht etc*), b) Saniˈtäter *m* (*z. B. im Notarztwagen*).

pa·ram·e·ter [pəˈræmɪtə(r)] *s math.* a) Paˈrameter *m* (*a. min.*), b) Hilfs-, Nebenveränderliche *f*.

par·a·met·ric[1] [ˌpærəˈmetrɪk] *adj math.* paraˈmetrisch, Parameter...

par·a·me·tric[2] [ˌpærəˈmiːtrɪk; -ˈmet-] *adj anat.* paraˈmetrisch, zum Beckenzellgewebe gehörig.

ˌ**par·aˈmil·i·tar·y** *adj* ˈparamiliˌtärisch.

par·a·mount [ˈpærəmaʊnt] **I** *adj* **1.** höher stehend (**to** als), oberst(er, e, es), ˈübergeordnet, höchst(er, e, es): **lord** ~ *hist.* oberster (Lehns)Herr. **2.** *fig.* an erster Stelle *od.* an der Spitze stehend, größt(er, e, es), überˈragend, ausschlaggebend: **of** ~ **importance** von (aller-)größter Bedeutung. **II** *s* **3.** (oberster) Herrscher.

par·a·mour [ˈpærəˌmʊə(r)] *s obs.* Buhle *m u. f*, Geliebte(r *m*) *f*, Mäˈtresse *f*.

par·a·noi·a [ˌpærəˈnɔɪə] *s med. psych.* Paraˈnoia *f*. ˌ**par·aˈnoi·ac** [-æk] **I** *adj* paraˈnoisch. **II** *s* Paraˈnoiker(in). ˈ**par·a·noid** *adj* paranoˈid.

ˌ**par·aˈnor·mal** *adj Parapsychologie*: paranorˈmal, ˈübersinnlich.

ˈ**par·aˌop·erˈa·tion** *s mil.* ˈFallschirm-, ˈLuftˌlandeunterˌnehmen *n*.

par·a·pet [ˈpærəpɪt; -pet] *s* **1.** *mil.* Brustwehr *f*, Wall *m*. **2.** *arch.* (Brücken)Geländer *n*, (Balˈkon-, Fenster)Brüstung *f*. ˈ**par·a·pet·ed** *adj* mit e-r Brustwehr *etc* (versehen).

par·aph [ˈpærəf; *Am. a.* pəˈræf] *s* Paˈraphe *f*, (ˈUnterschrifts)Schnörkel *m*.

ˈ**par·a·phase** *adj electr.*: ~ **amplifier** Paraphasenverstärker *m*; ~ **coupling** Gegentaktschaltung *f* mit Phasenumkehr.

par·a·pher·na·li·a [ˌpærəfəˈneɪljə; *Am. a.* -fər-] *s pl* **1.** perˈsönlicher Besitz, ‚Siebensachen' *pl*. **2.** (*a. als sg konstruiert*) Zubehör *n, m*, Ausrüstung *f*, Utenˈsilien *pl*, ‚Drum u. Dran' *n*. **3.** *jur.* Parapherˈnalgut *n* (*der Ehefrau*).

par·a·phrase [ˈpærəfreɪz] **I** *s* **1.** *bes. ped.* Interpretatiˈon *f*, freie ˈWiedergabe (*e-s Textes*). **2.** Paraˈphrase *f* (*a. mus.*), Umˈschreibung *f*. **II** *v/t u. v/i* **3.** paraphraˈsieren (*a. mus.*), interpreˈtieren, (*e-n Text*) frei ˈwiedergeben. **4.** umˈschreiben.

par·a·phras·tic [ˌpærəˈfræstɪk] *adj* (*adv* ~**ally**) paraˈphrastisch, umˈschreibend.

ˌ**par·aˈphys·ics** *s pl* (*meist als sg konstruiert*) Paraphyˈsik *f*.

par·a·ple·gia [ˌpærəˈpliːdʒə; *Am. a.* -dʒɪə] *s med.* Parapleˈgie *f*, doppelseitige Lähmung. ˌ**par·aˈple·gic** *adj* paraˈplegisch.

ˌ**par·aˈpsy·chic** *adj*; ˌ**par·aˈpsy·chi·cal** *adj* (*adv* ~**ly**) paraˈpsychisch, ˈübersinnlich.

ˈ**par·aˌpsy·choˈlog·i·cal** *adj* parapsychoˈlogisch. ˌ**par·a·psyˈchol·o·gist** *s* Parapsychoˈloge *m*, Parapsychoˈlogin *f*. ˌ**par·a·psyˈchol·o·gy** *s* Parapsychoˈlogie *f*.

par·a·quet [ˈpærəket] → **parakeet**.

Pa·rá rub·ber [pəˈrɑː; ˈpɑːrə] *s* Parakautschuk *m*, -gummi *m, n*.

par·a·sab·o·teur [ˈpærəˌsæbəˈtɜː; *Am.* -ˈtɜr; -ˈtjʊər] *s mil.* mit Fallschirm (*hinter den feindlichen Linien*) abgesprungener Aˈgent. ˌ**par·aˈscend·ing** [-ˈsendɪŋ] *s* Fallschirmsport *m*, -springen *n*.

par·a·se·le·ne [ˌpærəsɪˈliːnɪ] *pl* **-nae** [-niː; *Am. a.* -ˌnaɪ] *s astr.* Nebenmond *m*.

par·a·sit·al [ˈpærəsaɪtl; ˌpærəˈs-] *adj* paraˈsitisch (*a. fig.*).

par·a·site [ˈpærəsaɪt] **I** *s* **1.** *biol. u. fig.* Schmaˈrotzer *m*, Paraˈsit *m*: **external** ~ Außenparasit *m*. **2.** *fig.* Schmeichler *m*, Speichellecker *m*. **3.** *ling.* paraˈsitischer Laut. **II** *adj* **4.** *tech.* → **parasitic** 4.

par·a·sit·ic [ˌpærəˈsɪtɪk] *adj* (*adv* ~**ally**) **1.** *biol.* paraˈsitisch (*a. ling.*), schmaˈrotzend, *fig. a.* schmaˈrotzerhaft. **2.** *med.* paraˈsitisch, parasiˈtär. **3.** *fig.* schmeichlerisch. **4.** *electr. tech.* schädlich, störend, parasiˈtär: ~ **current** Fremdstrom *m*; ~ **drag** *aer.* schädlicher (Luft)Widerstand; ~ **loss** Kriechverlust *m*; ~ **oscillation** Streu-, Störschwingung *f*; ~ **suppressor** Schwingschutzwiderstand *m*. **5.** *ling.* paraˈsitisch. ˌ**par·aˈsit·i·cal** *adj* (*adv* ~**ly**) → **parasitic** 1–3.

par·a·sit·i·cide [ˌpærəˈsɪtɪsaɪd] *adj u. s* paraˈsitentötend(es Mittel). ˈ**par·a·sit·ism** [-saɪtɪzəm] *s* Parasiˈtismus *m* (*a. med.*), Schmaˈrotzertum *n* (*a. fig.*).

par·a·sol [ˈpærəsɒl; *Am. a.* -ˌsɑl] *s* (Damen)Sonnenschirm *m*, Paraˈsol *m*.

ˈ**par·a·suit** *s* ˈFallschirmkombinatiˌon *f*.

par·a·syn·e·sis [ˌpærəˈsɪnɪsɪs] *s ling.* ˈvolksetymoˌlogische ˈUmmodelung (*e-s* [*Fremd*]*Worts*).

ˌ**par·aˈtac·tic** *adj* (*adv* ~**ally**) *ling.* paraˈtaktisch, nebenordnend. ˌ**par·aˈtax·is** *s* Paraˈtaxe *f*, Nebenordnung *f* (*von Sätzen od. Satzgliedern*).

ˌ**par·aˈthy·roid (gland)** *s anat.* Nebenschilddrüse *f.*
ˌ**par·aˈton·ic** *adj biol.* **1.** wachstumshemmend. **2.** *bot.* paraˈtonisch (*sich auf Umweltreize hin bewegend*).
ˈ**par·a·troop** *mil.* **I** *adj* Fallschirmjäger..., Luftlande... **II** *s pl* Fallschirmtruppen *pl.* ˈ**par·aˌtroop·er** *s* Fallschirmjäger *m.*
ˌ**par·aˈty·phoid (fe·ver)** *s med.* Paratyphus *m.*
par·a·vane [ˈpærəveɪn] *s mar. mil.* Minenabweiser *m*, Ottergerät *n.*
par a·vion [paravjõ] (*Fr.*) *adv* mit Luftpost.
par·boil [ˈpɑː(r)bɔɪl] *v/t* **1.** halbgar kochen, ankochen. **2.** *fig.* überˈhitzen.
par·buck·le [ˈpɑː(r)ˌbʌkl] **I** *s* **1.** Schrot-Tau *n* (*zum Ab- u. Aufladen von Fässern*). **2.** Doppelschlinge *f* (*um ein Faß etc*). **II** *v/t* **3.** schroten.
par·cel [ˈpɑː(r)sl] **I** *s* **1.** Bündel *n.* **2.** Paˈket *n*, Päckchen *n*: ~ **of shares** Aktienpaket; ~ **room** Handgepäckaufbewahrung *f*; **to do up in ~s** einpacken. **3.** *pl* Stückgüter *pl.* **4.** *econ.* Posten *m*, Parˈtie *f* (*Ware*): **in ~s** in kleinen Posten, stück-, packweise. **5.** *contp.* Haufe(n) *m.* **6.** *a.* ~ **of land** Parˈzelle *f.* **II** *v/t pret u. pp* **-celed,** *bes. Br.* **-celled 7.** *meist* ~ **out** auf-, aus-, abteilen, *Land* parzelˈlieren. **8.** *a.* ~ **up** einpacken, (ver)packen. **9.** *mar. Tau* (be-)schmarten. **III** *adj u. adv* **10.** halb, teilweise: **~-gilt** teilvergoldet. ~ **bomb** *s* Paˈketbombe *f.* ~ **de·liv·er·y** *s* **1.** Paˈketausgabe *f.* **2.** Paˈketzustellung *f.* ~ **of·fice** *s* Gepäckannahmestelle *f*, -abfertigung *f.* ~ **post** *s* Paˈketpost *f.*
par·ce·nar·y [ˈpɑː(r)sɪnərɪ; *Am.* -ˌeriː] *s jur.* Mitbesitz *m* (*durch Erbschaft*). ˈ**parce·ner** *s* Miterbe *m.*
parch [pɑː(r)tʃ] **I** *v/t* **1.** rösten, dörren. **2.** ausdörren, -trocknen, (ver)sengen: **to be ~ed (with thirst)** am Verdursten sein. **II** *v/i* **3.** ausdörren, -trocknen. **4.** rösten, schmoren. ˈ**parch·ing** *adj* sengend: ~ **heat.**
parch·ment [ˈpɑː(r)tʃmənt] *s* **1.** Pergaˈment *n.* **2.** *a.* **vegetable** ~ Pergaˈmentpaˌpier *n.* **3.** Pergaˈment(urkunde *f*) *n*, Urkunde *f.*
par·close [ˈpɑː(r)kləʊz] *s* Gitter *n* (*um Altar od. Grabmal*).
pard [pɑːrd], ˈ**pard·ner** [-nər] *s Am. colloq.* Partner *m*, ‚Kumpel' *m.*
par·don [ˈpɑː(r)dn] **I** *v/t* **1.** *j-m od. e-e Sache* verzeihen, *j-n od. etwas* entschuldigen: ~ **me** Verzeihung!, Entschuldigung!, entschuldigen Sie *od.* verzeihen Sie bitte!; ~ **me for interrupting you** verzeihen *od.* entschuldigen Sie, wenn ich Sie unterbreche! **2.** *e-e Schuld* vergeben. **3.** *j-m* das Leben schenken, *j-m* die Strafe erlassen, *j-n* begnadigen. **II** *s* **4.** Verzeihung *f*: **a thousand ~s** ich bitte (Sie) tausendmal um Entschuldigung; **to beg** (*od.* **ask**) **s.o.'s** ~ j-n um Verzeihung *od.* Entschuldigung bitten; **I beg your** ~ a) entschuldigen Sie *od.* verzeihen Sie bitte!, Verzeihung!, Entschuldigung!, b) *colloq. a.* ~? wie sagten Sie (doch eben)?, wie bitte?, c) erlauben Sie mal!, ich muß doch sehr bitten! **5.** Vergebung *f* (**for** *gen*). **6.** Begnadigung *f*, Straferlaß *m*, Amneˈstie *f*: → **general pardon. 7.** Parˈdon *m*, Gnade *f.* **8.** *R.C.* Ablaß *m.*
ˈ**par·don·a·ble** *adj* (*adv* **pardonably**) verzeihlich (*Fehler*), läßlich (*Sünde*). ˈ**par·don·er** *s R.C. hist.* Ablaßprediger *m*, *contp.* Ablaßkrämer *m.*
pare [peə(r)] *v/t* **1.** schälen: **to ~ apples; to ~ off** (ab)schälen (*a. tech.*). **2.** (be-)schneiden, stutzen (*a. fig.*): **to ~ one's nails** sich die (Finger)Nägel schneiden; → **claw** 1. **3.** ~ **down** a) abnagen (**to** bis auf *acc*), b) *fig.* beschneiden, einschränken.
par·e·gor·ic [ˌpærəˈgɒrɪk; *Am. a.* -ˈgɑ-; -ˈgəʊ-] *adj u. s med. pharm.* schmerzstillend(es Mittel).
par·en·ceph·a·lon [ˌpærenˈsefəlɒn; -lən; *Am.* -ɪnˈsefəˌlɑn] *s anat.* Kleinhirn *n.*
pa·ren·chy·ma [pəˈreŋkɪmə] *s* **1.** Parenˈchym *n*: a) *biol. bot.* Grundgewebe *n*, b) *anat.* Orˈgangewebe *n.* **2.** *med.* Tumorgewebe *n.*
par·ent [ˈpeərənt; *Am.* ˈpær-; ˈper-] **I** *s* **1.** *pl* Eltern *pl*: **~-teacher association** *ped.* Elternbeirat *m*; **~-teacher meeting** *ped.* Elternabend *m.* **2.** *bes. jur.* Elternteil *m*: a) Vater *m*, b) Mutter *f.* **3.** Vorfahr *m*, Stammvater *m*: **our first ~s, Adam and Eve** unsere Voreltern, Adam u. Eva. **4.** *biol.* Elter *n*, *m.* **5.** *fig.* a) Urheber *m*, b) Ursprung *m*, Ursache *f*: **idleness is the ~ of vice** Müßiggang ist aller Laster Anfang. **6.** *econ.* ‚Mutter' *f* (*Muttergesellschaft*). **II** *adj* **7.** *biol.* Stamm..., Mutter...: ~ **cell** Mutterzelle *f.* **8.** ursprünglich, Ur...: ~ **form** Urform *f.* **9.** *fig.* Mutter..., Stamm...: ~ **atom** *phys.* Ausgangsatom *n*; ~ **company** *econ.* Stammhaus *n*, Muttergesellschaft *f*; ~ **frequencies** Primärfrequenzen; ~ **lattice** *phys.* Hauptgitter *n*; ~ **material** a) Urstoff *m*, b) *geol.* Mutter-, Ausgangsgestein *n*; ~ **organization** Dachorganisation *f*; ~ **patent** *jur.* Stammpatent *n*; ~ **rock** *geol.* Mutter-, Ausgangsgestein *n*; ~ **ship** *mar. mil.* Mutterschiff *n*; ~ **unit** *mil.* Stammtruppenteil *m.* ˈ**par·ent·age** *s* **1.** Abkunft *f*, Abstammung *f*, Faˈmilie *f*: **of noble ~; of unknown ~** unbekannter Herkunft. **2.** Elternschaft *f.* **3.** *fig.* Ursprung *m.*
pa·ren·tal [pəˈrentl] *adj* (*adv* **~ly**) elterlich, Eltern...: ~ **authority** (*od.* **power**) *jur.* elterliche Gewalt.
pa·ren·the·sis [pəˈrenθɪsɪs] *pl* **-the·ses** [-siːz] *s* **1.** *ling.* Parenˈthese *f*, Einschaltung *f*: **by way of ~** beiläufig. **2.** *meist pl* (runde) Klammer(n *pl*): **to put in parentheses** einklammern. **3.** Zwischenspiel *n*, Epiˈsode *f.* **paˈren·the·size** *v/t* **1.** *Worte* einschalten, -flechten. **2.** *print.* einklammern. **3.** *e-e Rede* mit eingeschalteten Erklärungen spicken. **paren·thet·ic** [ˌpærənˈθetɪk] *adj*; ˌ**parenˈthet·i·cal** *adj* (*adv* **~ly**) **1.** parenˈthetisch: a) eingeschaltet, b) beiläufig. **2.** Klammer..., eingeklammert. **3.** zu Parenˈthesen neigend.
ˈ**par·ent·hood** *s* Elternschaft *f.* ˈ**parent·less** *adj* elternlos.
par·er [ˈpeərə(r)] *s* Schälmesser *n*, Schäler *m.*
pa·re·sis [pəˈriːsɪs; ˈpærɪsɪs] *s med.* **1.** Paˈrese *f*, unvollständige Lähmung. **2.** *oft* **general** ~ progresˈsive Paraˈlyse.
pa·ret·ic [pəˈretɪk] *med.* **I** *adj* paˈretisch, Parese... **II** *s* an Paˈrese Leidende(r *m*) *f.*
par·get [ˈpɑː(r)dʒɪt] **I** *s* **1.** Gips(stein) *m.* **2.** Verputz *m*, Bewurf *m.* **3.** Stuck *m.* **II** *v/t pret u. pp* **-get·ed,** *bes. Br.* **-get·ted 4.** verputzen. **5.** mit Stuck verzieren. ˈ**par·get·(t)ing** *s* Stuckarbeit(en *pl*) *f*, Stuck(verzierung *f*) *m.*
par·he·li·a [pɑː(r)ˈhiːljə] *pl von* **parhelion.**
par·he·li·a·cal [ˌpɑː(r)hiːˈlaɪəkl] *adj astr.* parˈhelisch, Nebensonnen...
par·he·li·on [pɑː(r)ˈhiːljən] *pl* **-li·a** [-ljə] *s* Nebensonne *f*, Parˈhelion *n.*
pa·ri·ah [ˈpærɪə; *bes. Am.* pəˈraɪə] *s* Paria *m* (*a. fig. Ausgestoßener*). ~ **dog** *s* Pariahund *m.*
Par·i·an [ˈpeərɪən; *Am.* ˈpær-; ˈper-] **I** *adj* **1.** parisch: ~ **marble. 2.** *tech.* Parian... **II** *s* **3.** *tech.* Pariˈan *n*, ˈElfenbeinporzelˌlan *n.*
pa·ri·e·tal [pəˈraɪɪtl] **I** *adj* **1.** *bes. anat.* parieˈtal: a) *a. biol. bot.* wandständig, Wand...: ~ **cell** Wandzelle *f*, b) seitlich, c) Scheitel(bein)...: ~ **lobe** Scheitellappen *m* (*des Gehirns*). **2.** *ped. Am.* inˈtern, Haus...: ~ **board** *Aufsichtsrat e-s College.* **II** *s* **3.** *a.* ~ **bone** *anat.* Scheitelbein *n.*
par·i·mu·tu·el [ˌpærɪˈmjuːtʃʊəl; *Am.* -tʃəwəl; -tʃəl] *adj*: ~ **machine** (*Pferdesport*) *bes. Am.* Totalisator *m.*
par·ing [ˈpeərɪŋ] *s* **1.** Schälen *n.* **2.** (Be-)Schneiden *n*, Stutzen *n* (*a. fig.*). **3.** *pl* a) Schalen *pl*: **potato ~s**, b) *tech.* Späne *pl*, Schabsel *pl*, Schnitzel *pl.* ~ **chis·el** *s tech.* Ball(en)eisen *n.* ~ **gouge** *s tech.* Hohlbeitel *m.* ~ **knife** *s irr tech.* **1.** Schälmesser *n* (*für Obst etc*). **2.** Beschneidmesser *n.*
pa·ri pas·su [ˌpærɪˈpæsuː; ˌpɑːrɪˈpɑː-] (*Lat.*) *adv jur.* gleichrangig, -berechtigt.
par·i·pin·nate [ˌpærɪˈpɪnɪt; *bes. Am.* -neɪt] *adj bot.* paarig gefiedert.
Par·is [ˈpærɪs] *adj* Paˈriser. ~ **blue** *s* Paˈriser *od.* Berˈliner Blau *n.* ~ **dai·sy** *s bot.* ˈStrauchmargeˌrite *f.* ~ **green** *s* Paˈriser *od.* Schweinfurter Grün *n.*
par·ish [ˈpærɪʃ] **I** *s* **1.** *relig.* a) Kirchspiel *n*, Pfarrbezirk *m*, b) *a. collect.* Gemeinde *f.* **2.** *a.* **civil ~, poor-law ~** *pol. bes. Br.* (poˈlitische) Gemeinde: **to go** (*od.* **be**) **on the ~** *hist.* der Gemeinde zur Last fallen, von der Gemeinde unterhalten werden. **3.** *pol. Am.* (*Louisiana*) Kreis *m.* **II** *adj* **4.** Kirchen..., Pfarr...: ~ **church** Pfarrkirche *f*; ~ **clerk** Küster *m*; ~ **house** Pfarrhaus *n*; ~ **register** Kirchenbuch *n*, -register *n.* **5.** *pol.* Gemeinde...: ~ **council** Gemeinderat *m.* **6.** *contp.* Dorf...: **~-pump politics** Kirchturmpolitik *f.* **pa·rish·ion·er** [pəˈrɪʃənə(r)] *s* Gemeinde(mit)glied *n.*
Pa·ri·sian [pəˈrɪzjən; *Am.* pəˈrɪʒən] **I** *s* Paˈriser(in). **II** *adj* Paˈriser.
Par·is white *s* Paˈriser Weiß *n*, Schlämmkreide *f.*
par·i·syl·lab·ic [ˌpærɪsɪˈlæbɪk] *ling.* **I** *adj* parisylˈlabisch, gleichsilbig. **II** *s* Pariˈsyllabum *n.*
par·i·ty [ˈpærətɪ] *s* **1.** Gleichheit *f*: ~ **of pay** Lohngleichheit. **2.** *econ.* a) Pariˈtät *f*, b) ˈUmrechnungskurs *m*: **at the ~ of** zum Umrechnungskurs von; ~ **clause** Paritätsklausel *f*; ~ **price** Parikurs *m.* **3.** *bes. relig.* Pariˈtät *f*, gleichberechtigte Stellung.
park [pɑː(r)k] **I** *s* **1.** Park *m*, (Park)Anlagen *pl.* **2.** Naˈturschutzgebiet *n*, Park *m*: **national ~** Nationalpark. **3.** *jur. Br.* (*königlicher*) Wildpark. **4.** *bes. mil.* (Fahrzeug-, Geschütz-, Saniˈtäts- *etc*)Park *m.* **5.** *Am.* Parkplatz *m.* **6.** *a*) *Am.* (Sport-)Platz *m*, b) **the ~** *Br. colloq.* der Fußballplatz. **II** *v/t* **7.** *mot.* parken, abstellen: **a ~ed car** ein parkendes Fahrzeug; **he's ~ed over there** er parkt dort drüben; **to ~ o.s.** *colloq.* sich ‚hinhocken', sich ‚pflanzen'. **8.** *colloq.* abstellen, lassen: **to ~ one's bag at the station; to ~ one's children with the neighbo(u)rs** die Kinder bei den Nachbarn lassen. **III** *v/i* **9.** parken: **a place to ~** ein Parkplatz. **10.** einparken.
par·ka [ˈpɑː(r)kə] *s* Parka *m, f.*
par·kin [ˈpɑː(r)kɪn] *s* (*Art*) Pfefferkuchen *m.*
park·ing [ˈpɑː(r)kɪŋ] *s* **1.** Parken *n*: **no ~** Parkverbot *n*, Parken verboten; ~ **was very difficult** es war sehr schwierig, e-n Parkplatz zu finden. **2.** Parkplätze *pl*, Parkfläche *f*: **there is ample ~ available** es stehen genügend Parkplätze zur Verfügung. ~ **brake** *s mot.* Feststellbremse *f.* ~ **disc** *s* Parkscheibe *f.* ~ **fee** *s* Parkgebühr *f.* ~ **ga·rage** *s* Park(hoch)haus *n.* ~ **light** *s* Standlicht *n*, Parkleuchte *f*, Parklicht *n.* ~ **lot** *s Am.* Parkplatz *m.* ~ **me·ter** *s tech.* Park(zeit)uhr *f.* ~ **or·bit** *s Raumfahrt*: Parkbahn *f.* ~

place *s* Parkplatz *m*, Parklücke *f*. ~ **space** *s* **1.** → **parking place. 2.** Abstellfläche *f*. ~ **tick·et** *s* Strafzettel *m* (wegen falschen Parkens).

Par·kin·son's| dis·ease [ˈpɑː(r)kɪnsnz] *s med.* Parkinsonsche Krankheit, Schüttellähmung *f*. ~ **law** *s humor.* Parkinsonsches Gesetz.

ˈ**park|ˌkeep·er** *s* Parkwächter *m*. ˈ~**land** *s* Parklandschaft *f*. ˈ~ˌ**way** *s Am.* **1.** Promeˈnade *f*, Alˈlee *f*. **2.** *landschaftlich reizvoll gelegene Autostraße, die nur für Touristenverkehr bestimmt ist.*

park·y[1] [ˈpɑːkɪ] *adj Br. colloq.* kühl, frisch (*Luft etc*).

park·y[2] [ˈpɑːkɪ] *s Br. colloq.* Parkwächter *m*.

par·lance [ˈpɑː(r)ləns] *s* Ausdrucksweise *f*, Sprache *f*: **in common** ~ einfach *od.* verständlich ausgedrückt, auf gut deutsch; **in legal** ~ in der Rechtssprache, juristisch ausgedrückt; **in modern** ~ im modernen Sprachgebrauch.

par·lay [ˈpɑːrˌleɪ; -liː] *Am.* **I** *v/t* **1.** *Wett-, Spielgewinn* wieder einsetzen. **2.** *fig.* aus *j-m od. e-r Sache* ‚Kapiˈtal schlagen'. **3.** *fig.* erweitern, ausbauen (**into** zu). **II** *v/i* **4.** e-n *od.* den Spielgewinn wieder einsetzen. **III** *s* **5.** erneuter Einsatz e-s Gewinns. **6.** *fig.* Erweiterung *f*, Ausbau *m*.

par·ley [ˈpɑː(r)lɪ] **I** *s* **1.** Gespräch *n*, Unterˈredung *f*, Verhandlung *f*, Konfeˈrenz *f*. **2.** *bes. mil.* (Waffenstillstands)Verhandlung(en *pl*) *f*, Unterˈhandlungen *pl*: **to beat** (*od.* **sound**) **a** ~ *hist.* Schamade schlagen (*zum Zeichen der Waffenstreckung*). **II** *v/i* **3.** sich besprechen (**with** mit). **4.** *bes. mil.* ver-, unterˈhandeln (**with** mit): **to** ~ **with the rebels. III** *v/t* **5.** *bes. humor.* parˈlieren: **to** ~ **French.**

par·ley·voo [ˌpɑː(r)lɪˈvuː] *colloq. oft humor.* **I** *s* **1.** Franˈzösisch *n*. **2.** Franˈzose *m*. **II** *v/i* **3.** franˈzösisch parˈlieren.

par·lia·ment [ˈpɑː(r)ləmənt] *s* **1.** Parlaˈment *n*, Volksvertretung *f*. **2.** *meist* **P~** das (*Brit.*) Parlaˈment: **to enter** (*od.* **get into** *od.* **go into**) **P~** ins Parlament gewählt werden; **Houses of P~** Parlament(sgebäude *n*); **Member of P~** Mitglied *n* des Unterhauses, Abgeordnete(r *m*) *f*; → **act** 3. **P~ Act** *s Br. hist. der die Macht des Oberhauses stark einschränkende Parlamentsbeschluß von 1911.*

par·lia·men·tar·i·an [ˌpɑː(r)ləmenˈteərɪən] *pol.* **I** *s* **1.** (erfahrener) Parlamenˈtarier. **2. P~** *hist.* Anhänger *m* des englischen Parlaˈments (*im Bürgerkrieg*). **3.** *Am.* Verhandlungs-, Sitzungsleiter *m*. **II** *adj* → **parliamentary.** ˌ**par·lia·menˈtar·i·an·ism,** ˌ**par·liaˈmen·ta·rism** [-ˈmentərɪzəm] *s* parlamenˈtarisches Syˈstem, Parlamentaˈrismus *m*.

ˌ**par·liaˈmen·ta·ry** [-tərɪ] *adj* **1.** parlamenˈtarisch, Parlaments...: ~ **debate**; **P~ Commissioner** *Br.* → **ombudsman** 1; ~ **group** (*od.* **party**) Fraktion *f*; ~ **party leader** Fraktionsvorsitzende(r) *m*. **2.** parlamenˈtarisch reˈgiert, demoˈkratisch: ~ **state.**

par·lor, *bes. Br.* **par·lour** [ˈpɑː(r)lə(r)] **I** *s* **1.** *obs.* Wohnzimmer *n*. **2.** *obs.* Besuchszimmer *n*, Saˈlon *m*. **3.** Empfangs-, Sprechzimmer *n* (*a. im Kloster*). **4.** Klub-, Gesellschaftszimmer *n* (*e-s Hotels*). **5.** *Am.* Geschäftsraum *m*, (*Schönheits- etc*)Saˈlon *m*: **beauty** ~; **ice-cream** ~ Eisdiele *f*. **II** *adj* **6.** *obs.* Wohnzimmer...: ~ **furniture. 7.** *fig.* Salon...: ~ **radical** (*od.* **red**) *pol.* Salonbolschewist *m*. ~ **car** *s rail. Am.* Saˈlonwagen *m*. ~ **game** *s* Gesellschaftsspiel *n*. ˈ~**maid** *s* Stuben-, Hausmädchen *n*.

par·lour, *etc bes. Br. für* **parlor,** *etc.*

par·lous [ˈpɑː(r)ləs] *obs.* **I** *adj* **1.** preˈkär (*Lage etc*). **2.** gerissen, schlau. **II** *adv* **3.** arg, ‚schrecklich'.

pa·ro·chi·al [pəˈrəʊkjəl; -ɪəl] *adj* (*adv* ~**ly**) **1.** parochiˈal, Pfarr..., Kirchen..., Gemeinde...: ~ **church council** Kirchenvorstand *m*; ~ **school** *Am.* kirchliche Privatschule. **2.** *fig.* beschränkt, eng(stirnig): ~ **politics** Kirchturmpolitik *f*. **paˈro·chi·al·ism** *s fig.* Beschränktheit *f*.

par·o·dist [ˈpærədɪst] *s* Paroˈdist(in).

par·o·dy [ˈpærədɪ] **I** *s* **1.** Paroˈdie *f* (**of** auf *acc*). **2.** Paroˈdierung *f*. **3.** *fig.* Abklatsch *m* (**of** *gen*). **II** *v/t* **4.** paroˈdieren.

pa·roe·mi·a [pəˈriːmɪə] *s ling.* Paröˈmie *f*, Sprichwort *n*.

pa·rol [pəˈrəʊl; *Am. a.* ˈpærəl] **I** *s bes. jur.* mündliche Erklärung: **by** ~ mündlich, auf mündliche Vereinbarung, durch mündliche Erklärung. **II** *adj jur.* a) (bloß) mündlich, b) unbeglaubigt, ungesiegelt: ~ **contract** formloser (*mündlicher od. schriftlicher*) Vertrag; ~ **evidence** Zeugenbeweis *m*.

pa·role [pəˈrəʊl] **I** *s* **1.** *jur.* a) bedingte Haftentlassung *od.* bedingte Strafaussetzung (*bei weiterer Polizeiaufsicht*), b) Hafturlaub *m*: ~ **board** Kommission *f* für (bedingte) Haftentlassungen; **he is out on** ~ a) er wurde bedingt entlassen, s-e Strafe wurde bedingt ausgesetzt, b) er hat Hafturlaub; **to put s.o. on** ~ → 4. **2.** *a.* ~ **of hono(u)r** *bes. mil.* Ehrenwort *n*, Wort *n*: **on** ~ auf Ehrenwort. **3.** *mil.* Paˈrole *f*, Kennwort *n*. **II** *v/t* **4. to** ~ **s.o.** *jur.* a) j-n bedingt entlassen, j-s Strafe bedingt aussetzen, b) j-m Hafturlaub gewähren.

pa·rol·ee [pərəʊˈliː; *Am. a.* pəˌrəʊˈliː; ˌpærəˈliː] *s jur.* a) bedingt Haftentlassene(r *m*) *f*, b) j-d auf Hafturlaub.

par·o·nym [ˈpærənɪm] *s ling.* **1.** Paroˈnym *n*, Wortableitung *f*. **2.** ˈLehnüberˌsetzung *f*. **pa·ron·y·mous** [pəˈrɒnɪməs; *Am.* -ˈrɑnə-] *adj* **1.** (stamm)verwandt (*Wort*). **2.** ˈlehnüberˌsetzt (*Wort*). **paˈron·y·my** [-mɪ] *s* Paronyˈmie *f*, Wortableitung *f*.

par·o·quet [ˈpærəket] → **parakeet.**

pa·rot·id [pəˈrɒtɪd; *Am.* -ˈrɑ-] *anat.* **I** *adj* vor dem Ohr liegend, Parotis...: ~ **gland** → II. **II** *s* Ohrspeicheldrüse *f*. **paˌrot·iˈdi·tis** [-ˈdaɪtɪs], **par·o·ti·tis** [ˌpærəʊˈtaɪtɪs] *s* Paroˈtitis *f*, Ziegenpeter *m*, Mumps *m*.

par·ox·ysm [ˈpærəksɪzəm] *s* **1.** *med.* Paroˈxysmus *m*, Krampf *m*, Anfall *m*: ~ **of laughing** Lachkrampf, -anfall. **2.** *oft pl fig.* (heftiger Gefühls)Ausbruch, Anfall *m*: ~**s of rage** Wutanfall. **3.** *fig.* Höhepunkt *m*, Krise *f*. ˌ**par·oxˈys·mal** [-ˈsɪzməl] *adj* krampfartig.

par·ox·y·tone [pəˈrɒksɪtəʊn; *Am.* pærˈɑk-] *s ling.* Paroˈxytonon *n* (*auf der vorletzten Silbe betontes Wort*).

par·quet I *v/t* [ˈpɑːkeɪ; *Am.* pɑːrˈkeɪ] **1.** parketˈtieren, mit Parˈkett auslegen. **II** *s* [ˈpɑː(r)keɪ; *Am. a.* pɑːrˈkeɪ] **2.** Parˈkett(fußboden *m*) *n*. **3.** *thea. bes. Am.* Parˈkett *n*. **par·quet·ry** [ˈpɑː(r)kɪtrɪ] *s* Parˈkett(arbeit *f*) *n*.

parr [pɑː(r)] *pl* **parrs,** *bes. collect.* **parr** *s ichth.* junger Lachs.

par·ri·cid·al [ˌpærɪˈsaɪdl] *adj* vater-, muttermörderisch. ˈ**par·ri·cide** *s* **1.** Vater-, Muttermörder(in). **2.** Vater-, Muttermord *m*.

par·rot [ˈpærət] **I** *s* **1.** *orn.* Papaˈgei *m*: ~'**s perch** Papageienschaukel *f* (*Foltermethode*). **2.** *fig.* ‚Papaˈgei' *m*, Nachschwätzer(in). **II** *v/t* **3.** (wie ein Papaˈgei) nachplappern. ~ **cry** *s* nachgeplappertes Geschwätz. ~ **dis·ease** *s med.* Papaˈgeienkrankheit *f*. ˈ~ˌ**fash·ion** *adv*: **to learn s.th.** ~ etwas mechanisch *od.* stur lernen; **to repeat s.th.** ~ etwas (wie ein Papagei) nachplappern. ~ **fe·ver** → **parrot disease.** ~ **fish** *s ichth.* **1.** Papaˈgeifisch *m*. **2.** (*ein*) Lippfisch *m*.

par·ry [ˈpærɪ] **I** *v/t Schlag, Stoß* paˈrieren, abwehren: **to** ~ **a question** e-e Frage parieren. **II** *v/i* paˈrieren (*a. fig.*). **III** *s fenc.* Paˈrade *f*, Abwehr *f*.

parse [pɑː(r)z; *Am. a.* pɑːrs] *v/t ling. e-n Satz* gramˈmatisch zergliedern, *e-n Satzteil* analyˈsieren, *ein Wort* grammatisch defiˈnieren.

par·sec [ˈpɑː(r)sek] *s astr.* Parˈsek *n*, Sternweite *f* (*3,26 Lichtjahre*).

Par·see [ˌpɑːˈsiː; *Am.* ˈpɑːrˌsiː] *s relig.* Parse *m* (*Anhänger der altpersischen Religion Zoroasters*).

par·si·mo·ni·ous [ˌpɑː(r)sɪˈməʊnjəs; -nɪəs] *adj* (*adv* ~**ly**) **1.** sparsam, geizig, knauserig (**of** mit). **2.** armselig, kärglich. ˌ**par·siˈmo·ni·ous·ness** → **parsimony. par·si·mo·ny** [ˈpɑː(r)sɪmənɪ; *Am.* -ˌməʊniː] *s* Sparsamkeit *f*, Geiz *m*, Knauseˈrei *f*.

pars·ley [ˈpɑː(r)slɪ] *s bot.* Peterˈsilie *f*.

pars·nip [ˈpɑː(r)snɪp] *s bot.* Pastinak *m*, Pastiˈnake *f*: **fine words butter no** ~**s** mit Worten allein ist nicht geholfen.

par·son [ˈpɑː(r)sn] *s* **1.** Pastor *m*, Pfarrer *m*. **2.** *colloq. contp.* ‚Pfaffe' *m*: ~'**s nose** Bürzel *m* (*e-r Gans etc*). ˈ**par·son·age** *s* Pfarrhaus *n*, Pfarˈrei *f*.

part [pɑː(r)t] **I** *s* **1.** (Bestand)Teil *m*, *n*, Stück *n*: **to be** ~ **and parcel of s.th.** e-n wesentlichen Bestandteil von etwas bilden; ~ **of speech** *ling.* Wortart *f*; **in** ~ teilweise, zum Teil, auszugsweise, in gewissem Grade; ~ **of the year** (nur) während e-s Teils des Jahres; **for the best** ~ **of the year** fast das ganze Jahr (hindurch), die meiste Zeit im Jahr; **that is** (**a**) ~ **of my life** das gehört zu m-m Dasein; **payment in** ~ Abschlagszahlung *f*. **2.** *phys.* (An)Teil *m*: ~ **by volume** (**weight**) Raumanteil (Gewichtsanteil); **three** ~**s of water** drei Teile Wasser. **3.** *math.* Bruchteil *m*: **three** ~**s** drei Viertel. **4.** *tech.* (Bau-, Einzel)Teil *n*: ~**s list** Ersatzteil-, Stückliste *f*. **5.** Anteil *m*: **to take** ~ (**in**) teilnehmen *od.* sich beteiligen (an *dat*), mitmachen (bei); **to have a** ~ **in s.th.** an etwas teilhaben; **to have neither** ~ **nor lot in s.th.** nicht das geringste mit e-r Sache zu tun haben; **he wanted no** ~ **of the proposal** er wollte von dem Vorschlag nichts wissen. **6.** (Körper)Teil *m*, *n*, Glied *n*: **soft** ~ Weichteil; **the** (**privy**) ~**s** die Scham- *od.* Geschlechtsteile. **7.** *Buchhandel*: Lieferung *f*: **the book appears in** ~**s** das Werk erscheint in Lieferungen. **8.** *fig.* Teil *m*, *n*, Seite *f*: **the most** ~ die Mehrheit, das meiste (*von etwas*); **for my** ~ ich für mein(en) Teil; **for the most** ~ in den meisten Fällen, meistenteils, größtenteils; **on the** ~ **of** von seiten, seitens (*gen*); **to take s.th. in bad** (**good**) ~ etwas (nicht) übelnehmen. **9.** Seite *f*, Parˈtei *f*: **he took my** ~ er ergriff m-e Partei. **10.** Pflicht *f*: **to do one's** ~ das Seinige *od.* s-e Schuldigkeit tun. **11.** *thea. u. fig.* Rolle *f*: **to act** (*od. fig.* **play**) **a** ~ e-e Rolle spielen (**in** bei); **the Government's** ~ **in the strike** die Rolle, die die Regierung bei dem Streik spielte. **12.** *mus.* (Sing- *od.* Instrumenˈtal)Stimme *f*, Parˈtie *f*: **to sing in** ~**s** mehrstimmig singen; **for** (*od.* **in** *od.* **of**) **several** ~**s** mehrstimmig. **13.** *pl* (geistige) Fähigkeiten *pl*, Taˈlent *n*: **he is a man of** (**many**) ~**s** er ist ein fähiger Kopf, er ist vielseitig begabt. **14.** Gegend *f*, Teil *m* (*e-s Landes, der Erde*): **in these** ~**s** hier(zulande); **in foreign** ~**s** im Ausland. **15.** *Am.* (Haar)Scheitel *m*.

II v/t 16. a) (ab-, ein-, zer)teilen: → company 1, b) *Vorhang* aufziehen. 17. *a. Feinde od. Freunde* trennen: he's not easily ~ed from his money er trennt sich nur ungern von s-m Geld. 18. *Metalle* scheiden. 19. *das Haar* scheiteln.

III v/i 20. a) sich lösen, abgehen (*Knopf etc*), aufgehen (*Naht etc*), b) aufgehen (*Vorhang*). 21. *mar.* brechen (*Ankerkette od. Tau*): to ~ from the anchor den Anker verlieren. 22. ausein'andergehen, sich trennen: to ~ friends in Freundschaft auseinandergehen. 23. ~ with *etwas* aufgeben, sich von *j-m od. etwas* trennen: to ~ with money Geld ‚herausrücken' *od.* ‚lockermachen'. 24. *euphem.* verscheiden, sterben.

IV *adj* 25. Teil...: ~ damage Teilschaden *m*; ~ delivery *econ.* Teillieferung *f*.

V *adv* 26. teilweise, zum Teil: made ~ of iron, ~ of wood teils aus Eisen, teils aus Holz (bestehend); ~ truth zum Teil wahr; ~-done zum Teil erledigt; ~-finished halbfertig.

par·take [pɑː(r)ˈteɪk; *Am. a.* pər-] I *v/i irr* 1. teilnehmen, -haben (in an *dat*). 2. ~ of etwas (an sich) haben (von): his manner ~s of insolence es ist etwas Unverschämtes in s-m Benehmen. 3. ~ of mitessen, *j-s Mahlzeit* teilen. 4. ~ of essen, einnehmen, zu sich nehmen: she partook of her solitary meals. II *v/t* 5. *obs.* teilen, teilhaben an (*dat*).

par·terre [pɑː(r)ˈteə(r)] *s* 1. franˈzösischer Garten. 2. *thea. bes. Am.* zweites Parˈkett, Parˈterre *n*.

part| ex·change *s*: to take s.th. in ~ etwas in Zahlung nehmen. ˈ**~-fiˌnance** *v/t* ˈteilfinanˌzieren.

par·the·no·gen·e·sis [ˌpɑː(r)θɪnəʊˈdʒenɪsɪs] *s* Parthenogeˈnese *f*: a) *bot.* Jungfernfrüchtigkeit *f*, b) *zo.* Jungfernzeugung *f*, c) *relig.* Jungfrauengeburt *f*. ˌ**par·the·no·geˈnet·ic** [-dʒɪˈnetɪk] *adj* parthenogeˈnetisch.

Par·thi·an [ˈpɑː(r)θjən; -ɪən] *adj* parthisch: ~ shot *fig.* letzte boshafte Bemerkung (*beim Abschied*).

par·tial [ˈpɑː(r)ʃl] I *adj* (*adv* → partially) 1. teilweise, partiˈell, Teil...: ~ acceptance *econ.* Teilakzept *n*; ~ amount Teilbetrag *m*; ~ delivery *econ.* Teillieferung *f*; ~ eclipse *astr.* partielle Finsternis; ~ fraction *math.* Partialbruch *m*; ~ payment Teilzahlung *f*; ~ product *math.* Teilprodukt *n*; ~ view Teilansicht *f*. 2. parˈteiisch, eingenommen (to für), einseitig: to be ~ to s.th. *colloq.* e-e Schwäche (*od.* besondere Vorliebe) haben für etwas. II *s* 3. *mus. phys.* Teilton *m*: upper ~ Oberton *m*. ˌ**par·tiˈal·i·ty** [-ʃɪˈælətɪ; *Am. a.* -ˈʃæl-] *s* 1. Parˈteilichkeit *f*, Voreingenommenheit *f*. 2. Vorliebe *f*, Schwäche *f* (for für). ˈ**par·tial·ly** [-ʃəlɪ] *adv* teilweise, zum Teil.

par·ti·ble [ˈpɑː(r)təbl] *adj* teil-, trennbar.

par·tic·i·pant [pɑː(r)ˈtɪsɪpənt; *Am. a.* pər-] I *adj* teilnehmend, Teilnehmer..., (mit)beteiligt. II *s* Teilnehmer(in) (in an *dat*).

par·tic·i·pate [pɑː(r)ˈtɪsɪpeɪt; *Am. a.* pər-] I *v/t* 1. teilen, gemeinsam haben (with mit). II *v/i* 2. (in) teilnehmen *od.* sich beteiligen (an *dat*), mitmachen (bei). 3. beteiligt sein (in an *dat*): to ~ in s.th. with s.o. etwas mit j-m teilen *od.* gemeinsam haben. 4. am Gewinn beteiligt sein. 5. ~ of etwas (an sich) haben (von). **parˈtic·i·pat·ing** *adj* 1. *econ.* gewinnberechtigt, mit Gewinnbeteiligung: ~ insurance policy; ~ rights Gewinnbeteiligungsrechte; ~ share dividendenberechtigte Aktie. 2. → participant I. **parˌtic·iˈpa·tion** *s* 1. Teilnahme *f*, Beteiligung *f*, Mitwirkung *f*: ~ show Rundfunk- *od.* Fernsehveranstaltung *f* mit Beteiligung des Publikums. 2. *econ.* Teilhaberschaft *f*, (Gewinn)Beteiligung *f*: ~ in the profits; ~s Anteile. **parˈtic·i·pa·tor** [-tə(r)] *s* Teilnehmer(in) (in an *dat*).

par·ti·cip·i·al [ˌpɑː(r)tɪˈsɪpɪəl] *adj* (*adv* ~ly) *ling.* partizipiˈal: ~ adjective. ˈ**par·ti·ci·ple** [-sɪpl] *s ling.* Partiˈzip *n*, Mittelwort *n*.

par·ti·cle [ˈpɑː(r)tɪkl] *s* 1. Teilchen *n*, Stückchen *n*. 2. *fig.* Fünkchen *n*, Spur *f*: not a ~ of truth in it nicht ein wahres Wort daran. 3. *phys.* Parˈtikel *f*, (Masse-, Stoff)Teilchen *n*: ~ accelerator Teilchenbeschleuniger *m*. 4. *ling.* Parˈtikel *f*. 5. *R.C.* (kleine) Hostie für die Gläubigen (*bei der Kommunion*). ~ **phys·i·cist** *s* ˈHochenerˌgiephysiker *m*. ~ **phys·ics** *s pl* (*meist als sg konstruiert*) ˈHochenerˌgie-, Elemenˈtarteilchenphyˌsik *f*.

ˈ**par·ti-ˌcol·o(u)red** *adj* bunt, vielfarbig.

par·tic·u·lar [pə(r)ˈtɪkjʊlə(r)] I *adj* (*adv* → particularly) 1. besonder(er, e, es), einzeln, speziˈell, Sonder...: for no ~ reason aus keinem besonderen Grund; this ~ case dieser spezielle Fall. 2. indiviˈduˈell, ausgeprägt, ureigen. 3. ins einzelne gehend, ˈumständlich, ausführlich. 4. peinlich, genau, eigen: to be ~ in (*od.* about) s.th. es sehr genau mit etwas nehmen, Wert legen auf (*acc*). 5. heikel, wählerisch (in, about, as to in *dat*): not too ~ *iro.* nicht gerade wählerisch (*in s-n Methoden etc*). 6. eigentümlich, seltsam, sonderbar, merkwürdig. 7. *philos.* begrenzt. 8. *jur.* a) dem Besitzer nur beschränkt gehörig, b) nur beschränkten Besitz genießend: ~ tenant. II *s* 9. a) Einzelheit *f*, einzelner Punkt, besonderer ˈUmstand, b) *pl* nähere ˈUmstände *pl od.* Angaben *pl*, (*das*) Nähere: in ~ insbesondere; to enter into ~s sich auf Einzelheiten einlassen, ins einzelne gehen; further ~s from Näheres (zu erfahren) bei. 10. *pl* Persoˈnalien *pl*, Angaben *pl* (*zur Person*). 11. *colloq.* Spezia∣iˈtät *f*: a London ~ e-e Londoner Spezialität, etwas für London Typisches. ~ **av·er·age** *s jur. mar.* besondere Havaˈrie.

parˈtic·u·lar·ism *s* Partikulaˈrismus *m*: a) Sonderbestrebungen *pl*, b) *pol.* Kleinstaateˈrei *f*, c) *relig.* Lehre *f* von der Gnadenwahl.

par·tic·u·lar·i·ty [pə(r)ˌtɪkjʊˈlærətɪ] *s* 1. Besonderheit *f*, Eigentümlichkeit *f*. 2. besonderer ˈUmstand, Einzelheit *f*. 3. Ausführlichkeit *f*. 4. Genauigkeit *f*, Eigenheit *f*, Peinlichkeit *f*. **parˌtic·u·lar·iˈza·tion** [-ləraɪˈzeɪʃn; *Am.* -rəˈz-] *s* Detailˈlierung *f*, Spezifiˈzierung *f*. **parˈtic·u·lar·ize** I *v/t* 1. spezifiˈzieren, einzeln anführen, ausführlich angeben. 2. eingehend darstellen. 3. ˈumständlich anführen. II *v/i* 4. auf Einzelheiten eingehen, ins einzelne gehen. **parˈtic·u·lar·ly** *adv* 1. besonders, im besonderen: not ~ nicht sonderlich. 2. ungewöhnlich, auf besondere Weise. 3. ausdrücklich.

ˈ**part·ing** I *adj* 1. Trennungs..., Abschieds...: ~ gift; ~ kiss; ~ breath letzter Atemzug. 2. trennend, abteilend, Trenn...: ~ tool *tech.* Trennwerkzeug *n*, Einstichstahl *m*; ~ wall Trennwand *f*. II *s* 3. Abschied *m*, Scheiden *n*, Trennung *f*. 4. *euphem.* Tod *m*. 5. a) Trennlinie *f*, b) Gabelung *f*, c) (Haar)Scheitel *m*: ~ of the ways Weggabelung, *fig.* Scheideweg *m*; after the ~ of the ways nachdem sich ihre *etc* Wege getrennt hatten. 6. *chem. phys.* Scheidung *f*: ~ silver Scheidesilber *n*. 7. *Gießerei*: a) *a.* ~ sand Streusand *m*, trockener Formsand, b) *a.* ~ line Teilfuge *f* (*e-r Gußform*). 8. *geol.* Trennschicht *f*. 9. *mar.* Bruch *m*, Reißen *n*. ~ **cup** *s* 1. zweihenk(e)liger Trinkkrug. 2. Abschiedstrunk *m*. ~ **shot** *s fig.* letzte boshafte Bemerkung (*beim Abschied*).

par·ti·san[1] [ˌpɑːtɪˈzæn; *Am.* ˈpɑːrtəzən] I *s* 1. Parˈteigänger(in), Anhänger(in), Unterˈstützer(in): ~ of peace Friedenskämpfer(in). 2. *mil.* a) Führer *m* e-s Freikorps, b) Freischärler *m*, Partiˈsan *m*. II *adj* 3. parˈteigängerisch, Partei...: ~ spirit Parteigeist *m*. 4. parˈteiisch. 5. *mil.* Partisanen..., Freikorps...: ~ warfare Partisanenkrieg *m*.

par·ti·san[2] [ˈpɑːtɪzæn; *Am.* ˈpɑːrtəzən] *s mil. hist.* Partiˈsane *f* (*Stoßwaffe*).

par·ti·san·ship [ˌpɑːtɪˈzænʃɪp; *Am.* ˈpɑːrtəzənˌʃɪp] *s* 1. *pol.* Parˈteigängertum *n*. 2. parˈteiische Haltung. 3. *fig.* Parˈtei-, Vetternwirtschaft *f*.

par·tite [ˈpɑː(r)taɪt] *adj* 1. geteilt (*a. bot.*). 2. *in Zssgn* ...teilig: bipartite.

par·ti·tion [pɑː(r)ˈtɪʃn] I *s* 1. (Ver-, Auf-) Teilung *f*: the first ~ of Poland die erste Teilung Polens. 2. *jur.* (ˈErb)Auseinˌandersetzung *f*. 3. Trennung *f*, Absonderung *f*. 4. Scheide-, Querwand *f*, Fach *n* (*im Schrank etc*): ~ wall Trennwand; wall of ~ *fig.* Trennungslinie *f*. 5. *arch.* (Bretter)Verschlag *m*. II *v/t* 6. (ver-, auf)teilen. 7. *jur.* e-e *Erbschaft* auseinˈandersetzen. 8. ~ off abteilen, abtrennen.

par·ti·tive [ˈpɑː(r)tɪtɪv] I *adj* 1. teilend, Teil... 2. *ling.* partiˈtiv: ~ genitive. II *s* 3. *ling.* Partiˈtivum *n*.

par·ti·zan → partisan[1] *u.* [2].

ˈ**part·ly** *adv* zum Teil, teilweise, teils: ~..., ~ ... teils ..., teils ...

part·ner [ˈpɑː(r)tnə(r)] I *s* 1. *allg.* (*a. sport, a. Tanz*)Partner(in): ~ swapping Partnertausch *m*. 2. *econ.* Gesellschafter *m*, (Geschäfts)Teilhaber *m*, Sozius *m*, Kompagnon *m*: general (*od.* ordinary) ~ Komplementär *m*, unbeschränkt haftender Gesellschafter; limited (*Am.* special) ~ Kommanditist *m*; senior ~ Seniorpartner *m*, Hauptteilhaber; sleeping (*od.* dormant, *Am.* silent) ~ stiller Teilhaber mit unbeschränkter Haftung. 3. ˈLebenskameˌrad(in), -gefährte *m*, -gefährtin *f*, Gatte *m*, Gattin *f*. 4. *pl mar.* Fischung *f* (*e-s Mastes*). II *v/t* 5. vereinigen, zs.-bringen. 6. sich zs.-tun *od.* assoziˈieren *od.* vereinigen mit (*j-m*): to be ~ed with s.o. j-n zum Partner haben. ˈ**part·ner·ship** *s* 1. Teilhaberschaft *f*, Partnerschaft *f*, Mitbeteiligung *f* (in an *dat*): sleeping (*od.* dormant, *Am.* silent) ~ *econ.* stille Teilhaberschaft mit voller Haftung; to go into ~ with sich zs.-tun mit. 2. *econ.* a) Perˈsonen-, Persoˈnalgesellschaft *f*, b) *a.* general (*od.* ordinary) ~ offene Handelsgesellschaft; limited (*Am.* special) ~ Kommanditgesellschaft; deed of ~ → 3; to enter into a ~ with s.o. → partner 6. 3. Gesellschaftsvertrag *m*. 4. *fig.* Zs.-arbeit *f*, Zs.-wirken *n*.

part| own·er *s* 1. Miteigentümer(in). 2. *mar.* Mitreeder *m*. ~ **pay·ment** *s* Teil-, Abschlagszahlung *f*: in ~ auf *od.* in Raten.

par·tridge [ˈpɑː(r)trɪdʒ] *pl* ˈ**par·tridg·es,** *collect. a.* ˈ**par·tridge** *s orn.* 1. Rebhuhn *n*. 2. Steinhuhn *n*, *bes.* Rothuhn *n*. 3. *Am.* (*ein*) Waldhuhn *n*.

part| sing·ing *s mus.* mehrstimmiger Gesang. ~ **song** *s mus.* mehrstimmiges Lied. ˈ**~-time** I *adj* Teilzeit..., Halbtags...(*-beschäftigung etc*): ~ job Teilzeitbeschäftigung *f*; ~ worker → part-timer. II *adv* halbtags: to work ~. ˌ**~-**

-ˈtim·er *s* Teilzeitbeschäftigte(r *m*) *f*, Halbtagskraft *f*.

par·tu·ri·ent [pɑː(r)ˈtjʊərɪənt; *Am. a.* -ˈtʊr-] *adj* **1.** a) gebärend, kreißend, b) Gebär..., Geburts...: ~ **pangs** Geburtswehen. **2.** *fig.* (*mit e-r Idee*) schwanger. **parˌtu·ri'fa·cient** [-ˈfeɪʃnt] *med.* **I** *adj* wehenanregend. **II** *s* Wehenmittel *n*. **ˌpar·tuˈri·tion** *s* Gebären *n*.

part| work *s print.* Lieferungswerk *n*, -ausgabe *f*. **~ writ·ing** *s mus.* polyˈphoner Satz.

par·ty [ˈpɑː(r)tɪ] **I** *s* **1.** Parˈtei *f*: **political** ~ politische Partei; **within the** ~ innerparteilich, parteiintern, Partei...(*-disziplin etc*). **2.** Trupp *m*: a) *mil.* Abˈteilung *f*, Komˈmando *n*, b) (Arbeits)Gruppe *f*, c) (*Rettungs- etc*)Mannschaft *f*: **my** ~ *bes. Am. sl.* m-e Leute. **3.** Parˈtie *f*, Gesellschaft *f*: **hunting** ~; **a** ~ **of mountaineers** e-e Gruppe von Bergsteigern; **we were a** ~ **of three** wir waren zu dritt; **to make one of the** ~ sich anschließen, mitmachen, dabeisein. **4.** Einladung *f*, Gesellschaft *f*, Party *f*: **to give a** ~; **at a** ~ auf e-r Gesellschaft *od.* Party; **the** ~ **is over!** *fig.* die schönen Tage sind vorüber!; **it's your** ~**!** *Am. sl.* das ist dein Bier! **5.** *jur.* (*Prozeß- etc*)Parˈtei *f*: **contracting** ~, **to a contract** Vertragspartei, Kontrahent(in); **a third** ~ ein Dritter. **6.** Teilnehmer(in) (*a. teleph.*), Beteiligte(r *m*) *f*: **to be a** ~ **to s.th.** an e-r Sache beteiligt sein, etwas mitmachen, mit etwas zu tun haben; **parties interested** *econ.* Interessenten; **the parties concerned** die Beteiligten. **7.** *sl.* ‚Kunde' *m*, ‚Knülch' *m*, Indiˈviduum *n*. **8.** *sport* Aufgebot *n*: **provisional** ~ vorläufiges Aufgebot. **II** *adj* **9.** Partei...: ~ **discipline**; ~ **spirit**; ~ **card** Parteibuch *n*; ~ **headquarters** Parteizentrale *f*. **10.** Party...: ~ **girl** Partygirl *n*, -mädchen *n*. **11.** *her.* in gleiche Teile geteilt.

par·ty| line *s* **1.** *teleph.* Gemeinschaftsanschluß *m*. **2.** *jur.* Grenze *f* zwischen benachbarten Grundstücken. **3.** *pol.* Parˈteilinie *f*, -direkˌtiven *pl*: **to follow the** ~ linientreu sein; **voting was on** ~**s** bei der Abstimmung herrschte Fraktionszwang. **~ lin·er** *s pol.* linientreues Parˈteimitglied. **~ man** *s irr pol.* Parˈteimann *m*, -gänger *m*. **~ per fess** *adj her.* waagerecht geteilt. **~ per pale** *adj her.* der Länge nach geteilt. **~ piece** → **party trick**. **~ pol·i·tics** *s pl* (*als sg konstruiert*) Parˈteipoliˌtik *f*. **~ slo·gan** *s pol.* Parˈteipaˌrole *f*. **~ tick·et** *s* **1.** Gruppenfahrkarte *f*. **2.** *pol. Am.* (Kandiˈdaten)Liste *f* e-r Parˈtei. **~ trick** *s bes. sport* Kabiˈnettstückchen *n*: **he went through one of his** ~**s** er zeigte eines s-r Kabinettstückchen. **~ wall** *s arch.* **1.** gemeinsame Wand *od.* Mauer. **2.** Brandmauer *f*. **~ wire** → **party line** 1.

par·ve·nu [ˈpɑː(r)vənjuː; *Am. a.* -ˌnuː] **I** *s* Emˈporkömmling *m*, Parveˈnü *m*. **II** *adj* parveˈnühaft.

par·vis [ˈpɑː(r)vɪs] *s arch.* Vorhof *m* e-r Kirche.

pas [pɑː] *pl* **pas** [pɑːz] *s* **1.** *obs.* Vortritt *m*: **to give the** ~ **to s.o.** j-m den Vortritt geben *od.* lassen. **2.** Pas *m*, Tanzschritt *m*.

pas·cal [ˈpæskəl] *s phys.* Pasˈcal *n* (*Einheit des Drucks*).

Pasch [pɑːsk; *bes. Am.* pæsk], *a.* **ˈPas·cha** [-kə] *s relig. obs.* Passah *n*, Osterfest *n* (*der Juden*).

ˈpas·chal *relig.* **I** *adj* **1.** Oster..., Passah...: ~ **lamb** a) Osterlamm *n*, b) *her.* weißes schreitendes Lamm, das ein silbernes Banner mit rotem Kreuz trägt. **II** *s* **2.** Osterkerze *f*. **3.** Ostermahl *n*. **~ flow·er** → **pasqueflower**.

pas de deux [pɑdədø] (*Fr.*) *pl* **pas de deux** *s Ballett*: Pas de ˈdeux *m*.

pa·sha [ˈpɑːʃə; ˈpæʃə; pəˈʃɑː] *s hist.* Pascha *m*.

pa·so do·ble [ˌpæsəʊˈdəʊbleɪ] *s mus.* Paso doble *m*.

ˈpasqueˌflow·er [ˈpɑːsk-; *bes. Am.* ˈpæsk-] *s bot.* Küchenschelle *f*.

pas·quin·ade [ˌpæskwɪˈneɪd] *s* Pasˈquill *n*, (anoˈnyme) Schmähschrift.

pass[1] [pɑːs; *Am.* pæs] *s* **1.** (Eng)Paß *m*, Zugang *m*, ˈDurchgang *m*, -fahrt *f*: **to hold the** ~ die Stellung halten (*a. fig.*); **to sell the** ~ *fig.* die Stellung *od.* alles verraten. **2.** Joch *n*, (Berg)Sattel *m*. **3.** schiffbarer Kaˈnal. **4.** Fischgang *m* (*an Schleusen*).

pass[2] [pɑːs; *Am.* pæs] **I** *v/t* **1.** *etwas* pasˈsieren, vorˈbei-, vorˈübergehen, -fahren, -fließen, -kommen, -reiten, -ziehen an (*dat*): **we** ~**ed the post office**. **2.** vorˈbeifahren an (*dat*), überˈholen (*a. mot.*): **we** ~**ed his car**. **3.** *fig.* überˈgehen, -ˈspringen, keine Noˈtiz nehmen von. **4.** *econ. e-e Dividende* ausfallen lassen. **5.** *e-e Schranke, ein Hindernis* pasˈsieren: **to** ~ **the gate**. **6.** durch-, überˈschreiten, durchˈqueren, -ˈreiten, -ˈreisen, -ˈziehen, pasˈsieren: **to** ~ **a river** e-n Fluß überqueren. **7.** durchˈschneiden (*Linie*). **8.** a) *ein Examen* bestehen, b) *e-n Prüfling* bestehen *od.* ˈdurchkommen lassen, c) *etwas* ˈdurchgehen lassen. **9.** hinˈausgehen über (*acc*), überˈsteigen, -ˈschreiten, -ˈtreffen (*alle a. fig.*): **it** ~**es my comprehension** es geht über m-n Verstand *od.* Horizont; **just** ~**ing seventeen** gerade erst siebzehn Jahre alt. **10.** (*durch etwas*) hinˈdurchleiten, -führen (*a. tech.*), *a. die Hand* gleiten lassen: **to** ~ **a wire through a hole**; **he** ~**ed his hand over his forehead** er fuhr sich mit der Hand über die Stirn. **11.** *durch ein Sieb* pasˈsieren, ˈdurchseihen. **12.** vorˈbei-, ˈdurchlassen, pasˈsieren lassen. **13.** *Zeit* ver-, zubringen: **to** ~ **the time reading** sich die Zeit mit Lesen vertreiben. **14.** *e-n Gegenstand* reichen, geben, (*a. jur. Falschgeld*) weitergeben, *Geld* in ˈUmlauf setzen *od.* bringen: ~ **me the salt, please** reichen Sie mir bitte das Salz; → **buck**[1] 9, **hat** *Bes. Redew.* **15.** überˈsenden, *a. e-n Funkspruch* befördern. **16.** *sport den Ball* abspielen, -geben, passen (**to** zu). **17.** *jur. Eigentum, e-n Rechtstitel* überˈtragen, *letztwillig* zukommen lassen. **18.** *e-n Vorschlag* ˈdurchbringen, -setzen, *ein Gesetz* verabschieden, *e-e Resolution* annehmen. **19.** abgeben, überˈtragen: **to** ~ **the chair** den Vorsitz abgeben (**to s.o.** an j-n). **20.** rechtskräftig machen. **21.** (als gültig) anerkennen, gelten lassen, genehmigen. **22.** *e-e Meinung* äußern, aussprechen (**on, upon** über *acc*), *e-e Bemerkung* fallenlassen *od.* machen, *ein Kompliment* machen: **to** ~ **criticism on** Kritik üben an (*dat*). **23.** *ein Urteil* abgeben, fällen, *jur. a.* (aus)sprechen. **24.** *med.* a) *Eiter, Nierensteine etc* ausscheiden: **to** ~ **a kidney stone**, b) *den Darm* entleeren, c) *Wasser* lassen. **25.** *ein Türschloß* öffnen.

II *v/i* **26.** sich (fort)bewegen, (*von e-m Ort zu e-m andern*) gehen, reiten, fahren, ziehen *etc.* **27.** vorˈbei-, vorˈübergehen, -fahren, -ziehen *etc* (**by** an *dat*): **do not** ~ *mot.* Überholen verboten. **28.** ˈdurchgehen, pasˈsieren (**through** durch): **it just** ~**ed through my mind** *fig.* es ging mir eben durch den Kopf. **29.** *in andere Hände* ˈübergehen, überˈtragen werden (**to** auf *acc*), kommen, geraten, fallen (**to** an *acc*): **it** ~**es to the heirs** es geht auf die Erben über, es fällt an die Erben. **30.** *unter j-s Aufsicht* kommen, geraten. **31.** ˈübergehen: **to** ~ **from a solid (in)to a liquid state** vom festen in den flüssigen Zustand übergehen. **32.** vergehen, vorˈübergehen (*Zeit etc, a. Schmerz etc*), verstreichen (*Zeit*): **the pain will** ~ der Schmerz wird vergehen; **fashions** ~ Moden kommen u. gehen. **33.** *euphem.* verscheiden, sterben. **34.** sich zutragen, sich abspielen, vor sich gehen, pasˈsieren: **it came to** ~ **that** *bes. Bibl.* es begab sich *od.* es geschah, daß; **to bring s.th. to** ~ etwas bewirken. **35.** herˈumgereicht werden, von Hand zu Hand gehen, im ˈUmlauf sein: **the hat** ~**ed round** der Hut ging herum; **harsh words** ~**ed between them** es fielen harte Worte bei ihrer Auseinandersetzung. **36.** (**for, as**) gelten (für, als), gehalten werden (für), angesehen werden (für): **this** ~**es for gold** das soll angeblich Gold sein. **37.** ˈdurchkommen: a) das Hindernis *etc* bewältigen, b) (die Prüfung) bestehen. **38.** a) an-, ˈhingehen, leidlich sein, b) ˈdurchgehen, unbeanstandet bleiben, geduldet werden: **let that** ~ reden wir nicht mehr davon. **39.** *parl. etc* ˈdurchgehen, bewilligt *od.* zum Gesetz erhoben werden, Rechtskraft erlangen. **40.** angenommen werden, gelten, (als gültig) anerkannt werden. **41.** gangbar sein, Geltung finden (*Grundsätze, Ideen*). **42.** *jur.* gefällt werden, ergehen (*Urteil, Entscheidung*). **43.** *med.* abgehen, abgeführt *od.* ausgeschieden werden. **44.** *sport* (den Ball) abspielen *od.* abgeben *od.* passen (**to** zu). **45.** *Kartenspiel*: passen: **I** ~**!** *a. fig.* ich passe!; **I** ~ **on that!** *fig.* da muß ich passen! **46.** *fenc.* ausfallen.

III *s* **47.** (Reise)Paß *m*, (Persoˈnal)Ausweis *m*. **48.** a) Pasˈsier-, Erlaubnisschein *m*, b) *bes.* **free** ~ (Dauer)Freikarte *f*, *rail. etc* (Dauer)Freifahrkarte *f*, -schein *m*. **49.** *mil.* a) Urlaubsschein *m*, b) Kurzurlaub *m*: **on** ~ auf (Kurz)Urlaub. **50.** *ped. univ.* a) bestandenes Exˈamen, b) (gutes) ˈDurchkommen, Bestehen *n*, c) (Prüfungs)Note *f*, Zeugnis *n*, d) *Br.* einfacher Grad (*unterster akademischer Grad*). **51.** Genehmigung *f*, *tech. a.* Abnahme *f*. **52.** kritische Lage: **things have come to such a** ~ die Dinge haben sich derart zugespitzt; **to be at a desperate** ~ hoffnungslos sein; **a pretty** ~ ‚e-e schöne Geschichte'. **53.** Handbewegung *f*, (Zauber)Trick *m*. **54.** Bestreichung *f*, Strich *m* (*beim Hypnotisieren etc*). **55.** *Maltechnik*: Strich *m*. **56.** *Baseball*: Recht *n* auf freien Lauf zum ersten Mal nach vier Bällen. **57.** *sport* Paß *m*, (Ball)Abgabe *f*, Vorlage *f*, Zuspiel *n*: ~ **back** a) Rückpaß *m*, b) Rückgabe *f* (*zum Tormann*). **58.** *Kartenspiel*: Passen *n*. **59.** *fenc.* Ausfall *m*, Stoß *m*. **60.** *colloq.* Annäherungsversuch *m*, Zudringlichkeit *f*: **to make a** ~ **at** *e-r Frau etc* gegenüber zudringlich werden. **61.** *tech.* ˈDurchlauf *m*, -gang *m*, Arbeitsgang *m*. **62.** *electr.* Paß *m* (*frequenzabhängiger Vierpol*).

Verbindungen mit Präpositionen:

pass| be·yond *v/i* hinˈausgehen über (*acc*) (*a. fig.*). **~ by** *v/i* **1.** vorˈüber- *od.* vorˈbeigehen an (*dat*), pasˈsieren. **2.** unter dem Namen ... bekannt sein. **~ for** → **pass**[2] 36. **~ in·to I** *v/t* **1.** *etwas* einführen in (*acc*). **II** *v/i* **2.** (hinˈein)gehen *etc* in (*acc*): **to** ~ **history** in die Geschichte eingehen. **3.** ˈübergehen in (*acc*): **to** ~ **law** (zum) Gesetz werden, Rechtskraft erlangen. **~ on** *v/t* **1.** *j-m etwas* ˈunterschieben, ‚andrehen'. **2.** *ein Urteil* fällen *od.* sprechen über (*acc*). **~ o·ver** *v/i* überˈgehen, ignoˈrieren. **~ through I** *v/t* **1.** durch ... führen *od.* leiten *od.* stecken. **2.** durch ... schleusen. **II** *v/i* **3.** durchˈfahren, -ˈqueren, -ˈreisen, -ˈschreiten *etc*, durch ... gehen *etc*, durchˈfließen. **4.** durch ... führen (*Draht, Tunnel etc*). **5.** durchˈbohren. **6.** ˈdurchmachen, erleben. **7.** *Seiten etc* überˈfliegen. **~ up·on** → **pass on**.

Verbindungen mit Adverbien:

pass| a·long *v/i:* ~, please bitte durchgehen! (*im Bus*). **~ a·way I** *v/t* **1.** *Zeit* ver-, zubringen: to ~ **the time reading** sich die Zeit mit Lesen vertreiben. **II** *v/i* **2.** vor'über-, vor'beigehen, vergehen (*Zeit, Schmerz etc*). **3.** *euphem.* verscheiden, sterben. **~ by I** *v/i* **1.** vor'übergehen: s.o. **passing by** ein Passant. **2.** → **pass away** 2. **II** *v/t* **3.** vor'über-, vor'beigehen an (*dat*) (*a. fig.*): **life has passed her by. 4.** a) *etwas od. j-n* über'gehen (**in silence** stillschweigend), b) *j-n* ‚schneiden'. **~ down I** *v/t* (**to**) *Tradition etc* weitergeben (*dat od.* an *acc*), *Bräuche etc* über'liefern (*dat*). **II** *v/i* → **pass along. ~ in** *v/t* **1.** einlassen. **2.** einreichen, einhändigen: → **check** 12. **~ off I** *v/t* **1.** *j-n od. etwas* ausgeben (**for, as** für, als). **II** *v/i* **2.** *gut etc* vor'bei-, vor'übergehen, von'statten gehen, verlaufen. **3.** vergehen (*Schmerz etc*). **4.** 'durchgehen (**as** als). **~ on I** *v/t* **1.** a) weiterleiten, -geben, -reichen (**to** *dat od.* an *acc*), befördern, b) 'durch-, weitersagen, c) *Krankheit etc* über'tragen, *Erbfaktor etc* weitergeben. **2.** *econ.* abwälzen (**to** auf *acc*): **to ~ wage increases. II** *v/i* **3.** weitergehen. **4.** 'übergehen (**to** zu). **5.** → **pass away** 3. **~ out I** *v/i* **1.** hin'ausgehen, -fließen. **2.** *colloq.* ohnmächtig werden, ‚'umkippen'. **II** *v/t* **3.** *Getränke etc* spen'dieren, *Proben etc* ver-, austeilen. **~ o·ver I** *v/i* **1.** hin'übergehen, über'queren. **2.** hin'überführen (**to** zu). **3.** 'überleiten (**to** zu). **4.** → **pass by** 3. **II** *v/t* **5.** über'tragen (**to** *dat*): → **baby** 1. **6.** *etwas* aus-, weglassen. **7.** *j-n* über'gehen. **8.** sich *e-e Chance etc* entgehen lassen, *e-e Chance etc* verpassen. **~ through** *v/i* **1.** hin'durchgehen, -reisen *etc*: **to be passing through** auf der Durchreise sein. **2.** hin'durchführen. **~ up** *v/t colloq.* **1.** → **pass over** 8. **2.** *j-n* igno'rieren, ‚schneiden'.

'pass·a·ble *adj* (*adv* **passably**) **1.** pas'sierbar: **~ roads. 2.** 'umlauffähig: **~ counterfeit money. 3.** pas'sabel, leidlich.

pas·sade [pæ'seɪd] *s Reiten:* Pas'sade *f.*

pas·sage[1] ['pæsɪdʒ] *s* **1.** Her'ein-, Her'aus-, Vor'über-, 'Durchgehen *n*, 'Durchgang *m*, -reise *f*, -fahrt *f*, -fließen *n*: **no ~!** kein Durchgang!, keine Durchfahrt!; → **bird of passage. 2.** Pas'sage *f*, 'Durch-, Verbindungsgang *m*. **3.** a) Furt *f*, b) Ka'nal *m*. **4.** *bes. Br.* Gang *m*, Korridor *m*. **5.** (See-, Flug)Reise *f*, (See-, 'Über-)Fahrt *f*, Flug *m*: **to book a ~** e-e Schiffskarte lösen (**to** nach); **to work one's ~** s-e Überfahrt abarbeiten. **6.** *tech.* 'Durchtritt *m*, -laß *m*. **7.** Vergehen *n*, -streichen *n*, Ablauf *m*: **the ~ of time. 8.** *parl.* 'Durchgehen *n*, -kommen *n*, Annahme *f*, In'krafttreten *n* (*e-s Gesetzes*). **9.** *econ.* ('Waren)Tran,sit *m*, 'Durchgang *m*. **10.** *pl* Beziehungen *pl*, Ausein'andersetzung *f*, (*geistiger*) Austausch. **11.** Wortwechsel *m*. **12.** (Text)Stelle *f*, Passus *m* (*in e-m Buch etc*). **13.** *mus.* Pas'sage *f*, Lauf *m*. **14.** *a. fig.* 'Übergang *m*, 'Übertritt *m* (**from ... to, into** von ... in *acc*, zu). **15.** a) *physiol.* (Darm)Entleerung *f*, Stuhlgang *m*, b) *anat.* (*Gehör- etc*)Gang *m*, (*Harn- etc*)Weg(e *pl*) *m*: **auditory ~; urinary ~. 16.** Über'tragung *f*, 'Übergang *m*.

pas·sage[2] ['pæsɪdʒ] (*Reiten*) **I** *v/i* seitwärts gehen. **II** *v/t das Pferd* pas'sieren lassen. **III** *s* Pas'sage *f.*

pas·sage| at arms *s* **1.** Waffengang *m*. **2.** *fig.* Wortgefecht *n*, 'Rededu,ell *n*, ‚Schlagabtausch' *m*. **~ bed** *s geol.* 'Übergangsschicht *f*. **~ boat** *s mar.* Fährboot *n*. **'~·way** *s* 'Durchgang *m*, Korridor *m*, Pas'sage *f.*

pas·sant ['pæsənt] *adj her.* schreitend.

'pass|·band *s electr.* 'Durchlaßbereich *m*: **~ amplifier** Bandpaßverstärker *m*; **~ attenuation** Durchlaß-, Lochdämpfung *f*. **'~·book** *s* **1.** Kontobuch *n*, *a.* Sparbuch *n*. **2.** Buch *n* über kredi'tierte Waren. **~ check** *s Am.* Pas'sierschein *m*. **~ de·gree** → **pass**[2] 50 d.

pas·sé *m*, **pas·sée** *f* ['pɑːseɪ; 'pæ-; *Am.* pæ'seɪ; pɑse] (*Fr.*) *adj* pas'sé: a) vergangen, b) veraltet, über'holt, c) verblüht: **a passée belle** e-e verblühte Schönheit.

pas·sel ['pæsəl] *s bes. Am. colloq.* Gruppe *f*, Reihe *f.*

passe·ment ['pæsmənt] *s* Tresse *f*, Borte *f*. **passe'men·te·rie** [-'mentrɪ] *s* Posa'menten *pl.*

pas·sen·ger ['pæsɪndʒə(r)] **I** *s* **1.** Passa'gier *m*, Fahr-, Fluggast *m*, Reisende(r *m*) *f*, (*Auto- etc*)Insasse *m*: **~ cabin** *aer.* Fluggastraum *m*. **2.** *colloq.* a) ‚Schma'rotzer' *m*, 'unproduk,tives *od.* unnützes Mitglied (*e-r Gruppe*), b) Drückeberger *m*, c) *sport* ‚Flasche' *f*, ‚Ausfall' *m*. **II** *adj* **3.** Passagier...: **~ boat; ~ list. ~ car** *s* **1.** *rail. Am.* Per'sonenwagen *m*. **2.** Per'sonen(kraft)wagen *m*, Pk'w *m*. **~ lift** *s Br.* Per'sonenaufzug *m*. **~ mile** *s* Passa'giermeile *f* (*Rechnungseinheit bei Beförderungskosten*). **~ pi·geon** *s orn.* Wandertaube *f*. **~ plane** *s aer.* Passa'gierflugzeug *n*. **~ ter·mi·nal** *s aer.* Abfertigungsgebäude *n* (*e-s Flughafens*). **~ traf·fic** *s* Per'sonenverkehr *m*. **~ train** *s* Per'sonenzug *m*.

passe-par·tout ['pæspɑːtuː; *Am.* ,pæspər'tuː; pɑspartu] (*Fr.*) *s* **1.** Hauptschlüssel *m*. **2.** Passepar'tout *n* (*Bildumrandung aus leichter Pappe*).

,pass·er-'by *pl* **,pass·ers-'by** *s* Vor'bei-, Vor'übergehende(r *m*) *f*, Pas'sant (-in).

pas·ser·i·form ['pæsərɪfɔː(r)m; *Am. a.* pə'serə,f-] *adj orn.* sperlingartig. **'pas·ser·ine** [-raɪn] **I** *adj* zu den Sperlingsvögeln gehörig. **II** *s* Sperlingsvogel *m*.

pass ex·am·i·na·tion *s univ. Br.* unterstes Universi'täts-'Abschlußex,amen.

pas·si·bil·i·ty [,pæsɪ'bɪlətɪ] *s* Empfindungsvermögen *n*. **'pas·si·ble** *adj* (*adv* **passibly**) empfindungsfähig.

pas·sim ['pæsɪm] (*Lat.*) *adv* passim, hie(r) u. da, an verschiedenen Orten *od.* Stellen (*in Büchern*).

pas·sim·e·ter [pə'sɪmətər] *s Am. vom Schalter aus betätigtes Drehkreuz in U-Bahnhöfen.*

pass·ing ['pɑːsɪŋ; *Am.* 'pæs-] **I** *adj* **1.** vor'bei-, vor'über-, 'durchgehend: **~ axle** *tech.* durchgehende Achse; **~ contact** *electr.* Wischkontakt *m*. **2.** vor'übergehend, flüchtig, vergänglich. **3.** flüchtig, beiläufig, oberflächlich. **4.** *ped.* befriedigend: **a ~ grade** *Am.* die Note „befriedigend". **II** *adv* **5.** *obs.* 'überaus, sehr. **III** *s* **6.** Vor'bei-, 'Durch-, Hin'übergehen *n*: **in ~** im Vorbeigehen, *fig.* beiläufig, nebenbei. **7.** Über'holen *n*: **no ~!** *mot.* Überholverbot! **8.** Da'hinschwinden *n*. **9.** *euphem.* Verscheiden *n*, Ableben *n*. **10.** 'Übergang *m*: **~ of title** *jur.* Eigentumsübertragung *f*. **11.** *pol.* Annahme *f*, 'Durchgehen *n* (*e-s Gesetzes*). **~ beam** *s mot.* Abblendlicht *n*. **~ bell** *s* Totenglocke *f*. **~ lane** *s mot.* Über'holspur *f*. **~ note** *s mus.* 'Durchgangston *m*. **~ place** *s mot.* Ausweichstelle *f*. **~ shot, ~ stroke** *s Tennis:* Pas'sierschlag *m*. **~ tone** *s Am.* → **passing note. ~ zone** *s Staffellauf:* Wechselzone *f.*

pas·sion ['pæʃn] **I** *s* **1.** Leidenschaft *f*, heftige Gemütsbewegung *od.* -erregung, leidenschaftlicher (Gefühls)Ausbruch: **she broke into a ~ of tears** sie brach in heftiges Weinen aus; → **heat** 4. **2.** Wut *f*, Zorn *m*: **to fly into a ~** e-n Wutanfall bekommen. **3.** Leidenschaft *f*, heftige Liebe *od.* Neigung, heißes (e'rotisches) Verlangen. **4.** Leidenschaft *f*: a) heißer Wunsch, b) Passi'on *f*, Vorliebe *f* (**for** für): **it became a ~ with him** es ist ihm zur Leidenschaft geworden, er tut es leidenschaftlich gern(e), c) Liebhabe'rei *f*, Passi'on *f*: **fishing is his ~**, d) große Liebe (*Person*). **5. P~** *relig.* a) Passi'on *f* (*a. mus. paint. u. fig.*), Leiden *n* Christi, b) Passi'on(sgeschichte) *f*, Leidensgeschichte *f*, c) *obs.* Mar'tyrium *n*. **II** *v/t* **6.** mit Leidenschaft erfüllen.

pas·sion·al ['pæʃənl] *s* Passio'nal *n* (*Sammlung von Märtyrergeschichten*).

'pas·sion·ate [-nət] *adj* (*adv* **~ly**) **1.** leidenschaftlich (*a. fig.*). **2.** heftig, hitzig, jähzornig. **'pas·sion·ate·ness** *s* Leidenschaftlichkeit *f.*

'pas·sion|,flow·er *s bot.* Passi'onsblume *f*. **~ fruit** *s bot.* Passi'onsfrucht *f.*

'pas·sion·less *adj* (*adv* **~ly**) leidenschaftslos.

Pas·sion| play *s relig.* Passi'onsspiel *n*. **~ Sun·day** *s* Passi'onssonntag *m*. **~ Week** *s* **1.** Karwoche *f*. **2.** Woche *f* zwischen Passi'onssonntag u. Palm'sonntag.

pas·si·vate ['pæsɪveɪt] *v/t chem. tech.* passi'vieren.

pas·sive ['pæsɪv] **I** *adj* (*adv* **~ly**) **1.** *ling.* pas'sivisch, passiv: **~ noun** passivisches Substantiv (*z. B.* **employee**); **~ verb** passiv konstruiertes Verb; **~ voice** Passiv *n*, Leideform *f*. **2.** *allg., a. electr. med. sport* passiv: **~ obedience** blinder Gehorsam; **~ resistance** passiver Widerstand; **~ satellite** (*Raumforschung*) Passivsatellit *m*; **~ smoking** passives Rauchen; **~ vocabulary** passiver Wortschatz. **3.** *econ.* untätig, nicht zinstragend, passiv: **~ debt** unverzinsliche Schuld; **~ trade** Passivhandel *m*. **4.** *chem.* träge, 'indiffe,rent. **II** *s* **5.** *ling.* Passiv *n*, Leideform *f*. **'pas·sive·ness, pas'siv·i·ty** *s* Passivi'tät *f*, Teilnahmslosigkeit *f*, 'Widerstandslosigkeit *f.*

'pass·key *s* **1.** Hauptschlüssel *m*. **2.** Drücker *m*. **3.** Nachschlüssel *m*.

'pass·man *s irr ped. Br. Student, der sich auf den* **pass degree** *vorbereitet.*

pas·som·e·ter [pæ'sɒmɪtə(r); *Am.* -'sɑ-] *s tech.* Schrittmesser *m*.

Pass·o·ver [*Br.* 'pɑːs,əʊvə(r); *Am.* 'pæs-] *s* **1.** *relig.* Passah *n*, jüdisches Osterfest. **2. p~** Osteropfer *n*, -lamm *n*.

pass·port ['pɑːspɔːt; *Am.* 'pæs,pəʊərt; -,pɔːrt] *s* **1.** (Reise)Paß *m*: **~ control** (*od.* **inspection**) Paßkontrolle *f*; **~ (size) photograph** Paßbild *n*. **2.** *econ.* Pas'sierschein *m* (*zur zollfreien Ein- u. Ausfuhr*). **3.** *fig.* Weg *m*, Schlüssel *m* (**to** zu).

pass| shoot·ing *s Am.* Jagd *f* auf ziehende Vögel (*bes. Wildenten*) über feststehende Strecken. **'~·way** *s* 'Durchgang *m*, Engpaß *m*. **'~·word** *s* Pa'role *f*, Losung *f*, Kennwort *n*.

past [pɑːst; *Am.* pæst] **I** *adj* **1.** vergangen, verflossen, ehemalig, *pred* vor'über: **those days are ~** die(se) Zeiten sind vorüber; **for some time ~** seit einiger Zeit; **that's (all) ~ history** *colloq.* das gehört der Vergangenheit an, das ist Schnee von gestern. **2.** *ling.* Vergangenheits...: **~ participle** Partizip *n* Perfekt, Mittelwort *n* der Vergangenheit; **~ perfect** Plusquamperfekt *n*, Vorvergangenheit *f*; **~ tense** Vergangenheit *f*, Präteritum *n*. **3.** vorig(er, e, es), früher(er, e, es), ehemalig(er, e, es): **the ~ president. II** *s* **4.** Vergangenheit *f*. **5.** (*persönliche, oft dunkle*) Vergangenheit, Vorleben *n*: **a woman with a ~** e-e Frau mit Vergangenheit. **6.** *ling.* Vergangenheit(sform) *f.*

III *adv* **7.** daˈhin, vorˈbei, vorˈüber: **to run ~** vorbeilaufen. **IV** *prep* **8.** (*Zeit*) nach, über (*acc*): **half ~ seven** halb acht; **she is ~ forty** sie ist über vierzig. **9.** an ... (*dat*) vorˈbei *od.* vorˈüber: **he ran ~ the house.** **10.** über ... (*acc*) hinˈaus: **they are ~ caring** sie kümmert das alles nicht mehr; **I would not put it ~ him** *colloq.* das traue ich ihm glatt *od.* ohne weiteres zu; **I would not put it ~ him to forget it** *colloq.* er ist imstande u. vergißt es; **to be ~ it** *colloq.* zu alt sein (dafür); **to be getting ~ it** *colloq.* allmählich alt werden.

pas·ta [ˈpæstə; *bes. Am.* ˈpɑːstə] *s* Teigwaren *pl.*

ˌpast-ˈdue *adj bes. econ.* ˈüberfällig: **~ bill; ~ interest** Verzugszinsen *pl.*

paste [peɪst] **I** *s* **1.** Teig *m*, (*Batterie-, Fisch-, Zahn- etc*)Paste *f*, breiige Masse, Brei *m*: **~ solder** *tech.* Lötpaste. **2.** Kleister *m*, Klebstoff *m*, Papp *m.* **3.** *tech.* Glasmasse *f.* **4.** *min.* (Ton)Masse *f.* **5.** a) Paste *f* (*zur Diamantenherstellung*), b) Simili *n, m*, künstlicher Edelstein. **6.** *tech.* (*Ton-, Gips- etc*)Brei *m* (*in der Porzellan- u. Steingutherstellung*). **II** *v/t* **7.** (fest-, zs.-) kleben, kleistern, pappen. **8.** bekleben (**with** mit). **9.** *meist* **~ up** a) auf-, ankleben (**on** auf, an *acc*), einkleben (**in** in *acc*), b) verkleistern (*Loch*), c) *print.* e-n ˈKlebeˌumbruch machen von. **10.** *electr. tech. Akkuplatten* paˈstieren. **11.** *sl.* (ˈdurch-) hauen: **he ~d him one** er ‚klebte' ihm eine. **ˈ~board I** *s* **1.** Pappe *f*, Papp(en)deckel *m*, Karˈton *m.* **2.** *sl.* a) Viˈsitenkarte *f*, b) Spielkarte *f*, c) Eintrittskarte *f.* **3.** *Am.* Nudelbrett *n.* **II** *adj* **4.** Papp(en)..., Karton..., aus Pappe. **5.** *fig.* unecht, wertlos, kitschig. **ˈ~down** *s Buchbinderei*: Vorsatz *m*, Vorsatzblatt *n.* **~ job** *s contp.* zs.-gestoppeltes Machwerk.

pas·tel [pæˈstel; ˈpæstel; *Br. attr.* ˈpæstl] **I** *s* **1.** *bot.* Färberwaid *m.* **2.** Waidblau *n* (*Farbe*). **3.** Paˈstellstift *m.* **4.** Paˈstellmaleˌrei *f.* **5.** Paˈstell(zeichnung *f*) *n.* **6.** Paˈstellfarbe *f*, -ton *m.* **II** *adj* **7.** Pastell...: **a ~ drawing.** **8.** Pastell..., paˈstellfarbig, zart, duftig (*Farbe*). **pas·tel·(l)ist** [pæˈstelɪst; *Br. a.* ˈpæstəlɪst] *s* Paˈstellmaler(in).

past·er [ˈpeɪstər] *s Am.* Aufklebzettel *m*, ˈKlebstreifen *m*, -paˌpier *n.*

pas·tern [ˈpæstɜːn; *Am.* -tərn] *s zo.* Fessel *f* (*vom Pferd*): **~ joint** Fesselgelenk *n.*

ˈpaste-up *s print.* ˈKlebeˌumbruch *m.*

pas·teur·i·za·tion [ˌpæstəraɪˈzeɪʃn; *Am.* -rəˈz-; *a.* -tʃərəˈz-] *s chem.* Pasteuriˈsierung *f.* **ˈpas·teur·ize** *v/t* pasteuriˈsieren, keimfrei machen.

pas·tic·cio [pæˈstɪtʃəʊ] *pl* **-cios, -ci** [-tʃɪ] → **pastiche.**

pas·tiche [pæˈstiːʃ] *s* **1.** Paˈstiche *m*, Paˈsticcio *n*: a) *paint. im Stil e-s anderen Malers angefertigtes Bild*, b) *mus. aus Stücken verschiedener Komponisten zs.-gesetzte Oper.* **2.** *fig.* Mischmasch *m.*

pas·tille [ˈpæstəl; *bes. Am.* pæˈstiːl] *s* **1.** Räucherkerzchen *n.* **2.** *pharm.* Paˈstille *f.*

pas·time [ˈpɑːstaɪm; *Am.* ˈpæs-] *s* Zeitvertreib *m*, Freizeitbeschäftigung *f*: **reading is his favo(u)rite ~; as a ~** zum Zeitvertreib.

past·i·ness [ˈpeɪstɪnɪs] *s* **1.** breiiger Zustand, breiiges *od.* teigiges Aussehen. **2.** *fig.* ‚käsiges' Aussehen.

past·ing [ˈpeɪstɪŋ] *s* **1.** Kleistern *n*, Kleben *n.* **2.** Klebstoff *m.* **3.** *sl.* ‚Dresche' *f*, (Tracht *f*) Prügel *pl.*

past mas·ter *s* Altmeister *m*, wahrer Meister *od.* Künstler (in s-m Fach), großer Könner: **to be a ~ in** (*od.* **of**) nicht zu übertreffen sein in (*dat*).

pas·tor [ˈpɑːstə; *Am.* ˈpæstər] *s* Pfarrer *m*, Pastor *m*, Seelsorger *m.* **ˈpas·to·ral I** *adj* **1.** Schäfer..., Hirten..., iˈdyllisch, ländlich. **2.** *relig.* pastoˈral, seelsorgerisch: **~ responsibility; ~ letter** → 6 a; **~ staff** Bischofs-, Krummstab *m.* **II** *s* **3.** Schäfer-, Hirtengedicht *n*, Iˈdylle *f.* **4.** *bes. paint.* ländliche Szene. **5.** *mus.* a) Schäferspiel *n*, b) ländliche Kanˈtate, c) Pastoˈrale *n, f.* **6.** *relig.* a) Hirtenbrief *m* (*e-s Bischofs*), b) *pl, a.* **P~ Epistles** Pastoˈralbriefe *pl* (*des Apostels Paulus*).

pas·to·ra·le [ˌpæstəˈrɑːlɪ; *Am. bes.* -ˈrɑːl; -ˈræl] *pl* **-ra·li** [-ˈrɑːliː] *od.* **-ˈra·les** [-lɪz] *s mus.* Pastoˈrale *n, f.*

pas·tor·ate [*Br.* ˈpɑːstərət; *Am.* ˈpæs-] *s* **1.** Pastoˈrat *n*, Pfarr-, Seelsorgeramt *n.* **2.** *collect.* (die) Geistlichen *pl*, Geistlichkeit *f.* **3.** *Am.* Pfarrhaus *n.*

pas·try [ˈpeɪstrɪ] *s* **1.** a) *collect.* Konˈditorwaren *pl*, Feingebäck *n*, b) Kuchen *m*, Torte *f.* **2.** (Kuchen-, Torten)Teig *m.* **~ cook** *s*, **ˈ~man** [-mən] *s irr* Konˈditor *m.* **~ fork** *s* Kuchengabel *f.*

pas·tur·age [ˈpɑːstjʊrɪdʒ; *Am.* ˈpæstʃər-] *s* **1.** Weiden *n* (*von Vieh*). **2.** Weidegras *n*, Grasfutter *n.* **3.** Weide(land *n*) *f.* **4.** Bienenzucht *f* u. -fütterung *f.*

pas·ture [ˈpɑːstʃə; *Am.* ˈpæstʃər] **I** *s* **1.** Weideland *n*: **to seek greener ~s** *fig.* sich nach besseren Möglichkeiten umsehen; **to retire to ~** abtreten (*in den Ruhestand treten*). **2.** → **pasturage** 2. **II** *adj* **3.** Weide... **III** *v/i* **4.** grasen, weiden. **IV** *v/t* **5.** weiden, auf die Weide treiben. **6.** *Land* als Weideland verwenden. **7.** abweiden.

past·y¹ [ˈpeɪstɪ] *adj* **1.** breiig, teigig, kleist(e)rig. **2.** bläßlich, ‚käsig'.

past·y² [ˈpæstɪ; *Br. a.* ˈpɑːstɪ] *s* (ˈFleisch-) Paˌstete *f.*

pat¹ [pæt] **I** *s* **1.** *Br.* (*leichter*) Schlag, Klaps *m*: **~ on the back** *fig.* Schulterklopfen *n*, Lob *n*, Anerkennung *f*, Glückwunsch *m*; **he gave himself a ~ on the back** er gratulierte sich (selbst) dazu. **2.** (*Butter*)Klümpchen *n.* **3.** Getrappel *n*, Tapsen *n*, Patschen *n*: **the ~ of bare feet on the floor.** **4.** *mus.* ˈNegertanzmeloˌdie *f.* **II** *adj* **5.** a) paˈrat, bereit: **to have s.th. ~**, b) fließend: **to know s.th. off ~, to have it down ~** *colloq.* ‚etwas (wie) am Schnürchen können', c) passend, treffend: **~ answer** schlagfertige Antwort; **~ solution** Patentlösung *f*, d) (allzu) glatt, gekonnt: **~ style.** **6.** fest, unbeweglich: **to stand ~** festbleiben, sich nicht beirren lassen. **7.** gerade recht, rechtzeitig, günstig. **III** *adv* **8.** im rechten Augenblick, wie gerufen. **IV** *v/t* **9.** *Br.* klopfen, tätscheln, e-n Klaps geben (*dat*): **to ~ s.o. on the back** j-m (anerkennend) auf die Schulter klopfen, *fig.* j-n beglückwünschen. **10.** **~ down** *Haare etc* andrücken, *Erde etc* festklopfen: **to ~ s.o. down for weapons** *Am.* j-n nach Waffen abklopfen. **V** *v/i* **11.** tapsen, tappen, patschen. **12.** klatschen, klopfen (**on** an, auf *acc*).

Pat² [pæt] *s* Ire *m*, Irländer *m* (*Spitzname*).

ˈpat-a-cake *s* backe, backe Kuchen (*Kinderspiel*).

pa·ta·gi·um [pəˈteɪdʒɪəm] *pl* **-gi·a** [-ə] *s* Flughaut *f* (*der Fledermäuse*), Windfang *m* (*von Vögeln*).

ˈpat-ball *s sport contp.* ‚lahmes' Kricket *od.* Tennis.

patch [pætʃ] **I** *s* **1.** Fleck *m*, Flicken *m*, Stück *n* Stoff *etc*, Lappen *m*: **that's not a ~ on** *colloq.* das ist gar nicht zu vergleichen mit *od.* gar nichts gegen. **2.** *mil. etc* Tuchabzeichen *n.* **3.** Schönheitspflästerchen *n.* **4.** *med.* a) (Heft)Pflaster *n*, b) Augenbinde *f*, -klappe *f.* **5.** Fleck *m*, Stück *n* Land *od.* Rasen, Stelle *f*: **a ~ of beans** ein mit Bohnen bepflanztes Stückchen Land. **6.** Stelle *f*, Abschnitt *m* (*in e-m Buch*). **7.** *zo. etc* (Farb)Fleck *m.* **8.** a) Stück(chen) *n*, Brocken *m*: **~ of fog** Nebelschwaden *m*, b) *pl* Bruchstücke *pl*, (*etwas*) Zs.-gestoppeltes: **in ~es** stellenweise; **to strike** (*od.* **hit, be in**) **a bad ~** e-e ‚Pechsträhne' *od.* kein Glück *od.* e-n schwarzen Tag haben. **9.** *Computer*: Diˈrektkorrekˌtur *f.* **II** *v/t* **10.** flicken, (e-n) Flicken einsetzen in (*acc*), ausbessern. **11.** mit Flecken *od.* Stellen versehen: **a hillside ~ed with grass** ein stellenweise mit Gras bewachsener Hügel. **12.** **~ up** *bes. fig.* a) *Auto, Verletzten etc* ‚zs.-flikken', *Ehe etc* ‚kitten', b) *Buch etc* zs.-stoppeln, c) *Streit etc* beilegen, d) *Differenzen etc* überˈtünchen, beschönigen. **13.** *electr.* a) (ein)stöpseln, b) zs.-schalten. **ˈ~board** *s Computer*: Schalt-, Steckbrett *n*, Schaltplatte *f.* **~ card** *s Computer*: Änderungs-, Korrekˈturkarte *f.* **ˈ~cord** *s electr.* Steckschnur *f.* **~ kit** *s* Flickzeug *n.*

patch·ou·li [ˈpætʃʊlɪ; *Am. a.* pəˈtʃuːliː] *s* Patschuli *n* (*Pflanze od. Parfüm*).

patch| pock·et *s* aufgesetzte Tasche. **~ test** *s med.* Einreib-, Tuberkuˈlinprobe *f.* **ˈ~word** *s ling.* Flickwort *n.* **ˈ~work I** *s* **1.** *fig. contp.* Flickwerk *n.* **2.** Patchwork *n.* **3.** *fig.* Mischmasch *m.* **II** *adj* **4.** flickenartig, Flicken..., zs.-gestückelt, Patchwork...: **~ quilt.** **5.** *fig.* zs.-gestoppelt.

ˈpatch·y *adj* (*adv* **patchily**) **1.** voller Flicken. **2.** *fig.* zs.-gestoppelt. **3.** fleckig. **4.** *fig.* uneinheitlich, ungleich-, unregelmäßig.

ˈpat-ˌdown search *s Am.* Abklopfen *n*, ˈLeibesvisitatiˌon *f.*

pate [peɪt] *s colloq.* ‚Birne' *f*, Schädel *m*: **bald ~** ‚Platte' *f* (*Glatze*).

pâte [pɑːt] (*Fr.*) *s tech.* (Porzelˈlan)Paste *f.*

pâ·té [ˈpæteɪ; *Am.* pɑːˈteɪ; pæ-; pɑte] (*Fr.*) *s gastr.* Paˈstete *f.*

-pated [peɪtɪd] *in Zssgn* ...köpfig.

pâ·té de foie gras [pɑte də fwa grɑ] (*Fr.*) *s gastr.* ˈGänseleberpaˌstete *f.*

pa·tel·la [pəˈtelə] *pl* **-lae** [-liː] (*Lat.*) *s anat.* Paˈtella *f*, Kniescheibe *f.*

pat·en [ˈpætən] *s relig.* Paˈtene *f*, Hostienteller *m.*

pa·ten·cy [ˈpeɪtənsɪ] *s* **1.** Offenkundigkeit *f.* **2.** *med.* Offensein *n*, ˈDurchgängigkeit *f* (*e-s Ganges, Kanals etc*).

pat·ent [ˈpeɪtənt; *bes. Am.* ˈpæ-] **I** *adj* (*adv* **~ly**) **1.** offen: **letters ~** → 7 *u.* 8. **2.** [ˈpeɪtənt] offen(kundig): **to be ~** auf der Hand liegen; **to become ~ from** klar hervorgehen aus (*dat*). **3.** mit offiziˈellen Priviˈlegien ausgestattet. **4.** patenˈtiert, gesetzlich geschützt: **~ article** Markenartikel *m*; **~ fuel** Preßkohlen *pl.* **5.** Patent...: **~ agent** (*Am.* **attorney**) Patentanwalt *m*; **~ application** Patentanmeldung *f*; **~ claim** Patentanspruch *m*; **~ law** (*objektives*) Patentrecht; **P~ Office** Patentamt *n*; **~ right** (*subjektives*) Patentrecht; **~ roll** *Br.* Patentregister *n*; **~ specification** Patentbeschreibung *f*, -schrift *f.* **6.** *Br. colloq.* ‚paˈtent', (äußerst) praktisch: **~ methods.** **II** *s* **7.** Paˈtent *n*, Priviˈleg *n*, Freibrief *m*, Bestallung *f.* **8.** Paˈtent *n* (*für e-e Erfindung*) (**on** auf *acc*), Paˈtenturkunde *f*: **~ of addition** Zusatzpatent; **to take out a ~ for** → 11; **~ applied for, ~ pending** (zum) Patent angemeldet. **9.** *Br. colloq.* ‚Speziˈalreˌzept' *n* (**for** für, gegen). **III** *v/t* **10.** patenˈtieren, gesetzlich schützen, ein Paˈtent erteilen auf (*acc*). **11.** *etwas* patenˈtieren lassen. **12.** *tech.* patenˈtieren, glühen. **ˈpat·ent·a·ble** *adj jur.* paˈtentfähig. **ˌpat·entˈee** [-ˈtiː] *s* Paˈtentinhaber(in).

pat·ent| leath·er *s tech.* Lack-, Glanzleder *n*: **~ shoes** Lackschuhe. **~ log** *s mar.* Paˈtentlog *n.* **~ med·i·cine** *s pharm.* (reˈzeptfreie) ˈMarkenmediˌzin.

pa·ter [ˈpeɪtə(r)] *s ped. colloq.* ‚alter Herr' (*Vater*). **ˌpa·ter·faˈmil·i·as** [-fəˈmɪlɪæs; *Am.* -əs] *pl* ˌ**pa·tres·faˈmil·i·as** [ˌpeɪtriːz-; ˌpɑːtreɪz-] *s* Faˈmilienoberhaupt *n*, -vater *m*.

pa·ter·nal [pəˈtɜːnl; *Am.* -ˈtɜr-] *adj* (*adv* ~ly) **1.** väterlich. **2.** von der *od.* auf der Seite des Vaters: ~ **grandfather** Großvater *m* väterlicherseits. **paˈter·nal·ism** *s bes. pol.* Paternaˈlismus *m*, Bevormundung *f* (durch den Staat). **paˈter·nal·ist, paˌter·nalˈis·tic** *adj bes. pol.* paternaˈlistisch, bevormundend.

pa·ter·ni·ty [pəˈtɜːnətɪ; *Am.* -ˈtɜr-] *s* **1.** Vaterschaft *f* (*a. fig.*): **to declare** ~ *jur.* die Vaterschaft feststellen; ~ **suit** *jur.* Vaterschaftsprozeß *m*; ~ **test** *jur. med.* (Blutgruppen)Test *m* zur Feststellung der Vaterschaft. **2.** *fig.* Urheberschaft *f*.

pa·ter·nos·ter [ˌpætəˈnɒstə; *Am.* ˈpætərˌnɑstər; ˌpɑːtərˈnɑ-] **I** *s* **1.** *relig.* Paterˈnoster *n*, Vaterˈunser *n*. **2.** *R.C.* a) Vaterˈunserperle *f*, b) *obs.* Paterˈnosterschnur *f* (*Rosenkranz*). **3.** *arch.* Perlstab *m*. **4.** *a.* ~ **line** Angelschnur *f* mit Haken in Zwischenräumen u. kugelförmigen Senkern. **5.** Zauberspruch *m*: **black** ~ Anrufung *f* der bösen Geister. **6.** *tech.* Paterˈnoster (-aufzug) *m*. **II** *adj* **7.** *tech.* Paternoster...

path [pɑːθ; *Am.* pæθ], *pl* **paths** [-ðz; *Am. a.* -θs] *s* **1.** (Fuß)Pfad *m*, (-)Weg *m*. **2.** *fig.* Pfad *m*, Weg *m*, Bahn *f*: **to stand in s.o.'s** ~ j-m im Weg stehen; → **cross** 27, **tread** 11. **3.** *phys. tech.* Bahn *f*: ~ **of current** Stromweg *m*; ~ **of discharge** *electr.* Entladungsstrecke *f*; ~ **of electrons** Elektronenbahn. **4.** *astr.* Bahn *f*.

Pa·than [pəˈtɑːn] *s* Paschˈtun *m*.

pa·thet·ic [pəˈθetɪk] **I** *adj* (*adv* ~ally) **1.** *obs.* paˈthetisch, überˈtrieben gefühlvoll. **2.** bemitleidenswert, mitleiderregend: **a** ~ **sight** ein Bild des Jammers. **3. the** ~ **fallacy** die Vermenschlichung der Natur (*in der Literatur etc*). **4.** *Br.* kläglich (*Versuch etc*), erbärmlich, miseˈrabel (*Leistung etc*): **to be** ~ zu nichts zu gebrauchen sein. **II** *s* **5.** *pl* Mitleid heischendes Verhalten.

ˈ**pathˌfind·er** *s* **1.** Forschungs-, Entdeckungsreisende(r) *m*. **2.** *aer. mil.* Pfadfinder *m* (*Flugzeug*). **3.** *fig.* Bahnbrecher *m*, Wegbereiter *m*.

path·ic [ˈpæθɪk] *s* **1.** Leidtragende(r *m*) *f*, Opfer *n*. **2.** Lustknabe *m*.

ˈ**path·less** *adj* pfad-, weglos.

path·o·gen [ˈpæθədʒen] *s med.* Krankheitserreger *m*.

path·o·gen·e·sis [ˌpæθəˈdʒenɪsɪs] *s med.* Pathogeˈnese *f* (*Entstehung e-r Krankheit*). ˌ**path·o·geˈnet·ic** [-dʒɪˈnetɪk], ˌ**path·oˈgen·ic, pa·thog·e·nous** [pəˈθɒdʒɪnəs; *Am.* -ˈθɑ-] *adj* pathoˈgen, krankheitserregend. **paˈthog·e·ny** → **pathogenesis**.

pa·thog·no·my [pəˈθɒgnəmɪ; *Am.* -ˈθɑ-] *s med.* Pathoˈgnomik *f*, -ˈgnostik *f*, Symˈptomenlehre *f*.

path·o·log·i·cal [ˌpæθəˈlɒdʒɪkl; *Am.* -ˈlɑ-] *adj* (*adv* ~ly) *med.* pathoˈlogisch: a) krankhaft, b) die Krankheitslehre betreffend. **pa·thol·o·gist** [pəˈθɒlədʒɪst; *Am.* -ˈθɑ-] *s med.* Pathoˈloge *m*. **paˈthol·o·gy** [-dʒɪ] *s* **1.** Patholoˈgie *f*, Krankheitslehre *f*. **2.** pathoˈlogischer Befund.

pa·thos [ˈpeɪθɒs; *Am.* -ˌθɑs] *s* **1.** *obs.* Pathos *n*, Geˈfühlsˌüberschwang *m*. **2.** (*das*) Mitleiderregende. **3.** Mitleid *n*.

ˈ**path·way** → **path** 1 *u.* 2.

pa·tience [ˈpeɪʃns] *s* **1.** Geduld *f*: a) Ausdauer *f*, b) Nachsicht *f*, Langmut *f*: **to lose one's** ~ die Geduld verlieren; **to be out of** ~ **with s.o.** j-n nicht mehr ertragen können; **to have no** ~ **with s.o.** nichts übrig haben für j-n; **to try s.o.'s** ~ j-s Geduld auf die Probe stellen. **2.** *bot.* Gartenampfer *m*. **3.** *bes. Br.* Patiˈence *f* (*Kartenspiel*).

pa·tient [ˈpeɪʃnt] **I** *adj* (*adv* ~ly) **1.** geduldig: a) ausdauernd, beharrlich: ~ **efforts**; **to be** ~ **of s.th.** etwas (geduldig) ertragen, b) nachsichtig: **to be** ~ **with** *a.* Geduld haben mit. **2.** zulassend, gestattend: ~ **of two interpretations**. **II** *s* **3.** Patiˈent(in), Kranke(r *m*) *f*. **4.** *jur. Br.* Geistesgestörte(r *m*) *f* (*in e-r Heil- u. Pflegeanstalt*). **5.** *obs.* Leidtragende(r *m*) *f*, Opfer *n*. ˈ**pa·tient·hood** *s* Krankenstand *m*, Kranksein *n*: **during his** ~ **at the hospital** während s-s Krankenhausaufenthalts.

pat·i·na [ˈpætɪnə; *Am. a.* pəˈtiːnə] *s* **1.** Patina *f* (*a. fig.*), Edelrost *m*. **2.** Altersfärbung *f*. ˈ**pat·i·nate** [-neɪt] **I** *v/t* patiˈnieren. **II** *v/i* Patina ansetzen (*a. fig.*). ˈ**pat·i·nous** *adj* patiˈniert.

pa·ti·o [ˈpætɪəʊ] *pl* **-os** *s* **1.** *arch.* Patio *m*, Innenhof *m*. **2.** Veˈranda *f*, Terˈrasse *f*.

pa·tois [ˈpætwɑː; patwa] (*Fr.*) *s* Paˈtois *n*.

pa·tri·al [ˈpeɪtrɪəl] *s jur. Br. j-d, der durch Abstammung, langjährigen Wohnsitz od. Ehe Anrecht auf brit. Staatsbürgerschaft hat.*

pa·tri·arch [ˈpeɪtrɪɑː(r)k] *s* **1.** *relig.* Patriˈarch *m*: a) *Bibl.* Erzvater *m*, b) Oberbischof *m*. **2.** *fig.* ehrwürdiger alter Mann. **3.** Faˈmilien-, Stammesoberhaupt *n*. ˌ**pa·triˈar·chal** [-ˈɑː(r)kl] *adj* patriarˈchalisch (*a. fig. ehrwürdig*). ˈ**pa·tri·arch·ate** [-kɪt; -keɪt] *s* Patriarˈchat *n*. ˈ**pa·tri·arch·y** *s* Patriarˈchat *n*, patriarˈchalische Reˈgierungsform.

pa·tri·cian [pəˈtrɪʃn] **I** *adj* **1.** paˈtrizisch, Patrizier... **2.** *fig.* aristoˈkratisch. **II** *s* **3.** Paˈtrizier(in).

pat·ri·cid·al [ˌpætrɪˈsaɪdl] *adj* vatermörderisch. ˈ**pat·ri·cide** *s* **1.** Vatermord *m*. **2.** Vatermörder(in).

pat·ri·mo·ni·al [ˌpætrɪˈməʊnjəl; -ɪəl] *s* **1.** Patriˈmonium *n*, Erbvermögen *n*, väterliches Erbteil. **2.** Vermögen *n* (*a. fig.*). **3.** Kirchengut *n*.

pa·tri·ot [ˈpætrɪət; *bes. Am.* ˈpeɪ-] *s* Patriˈot(in). ˌ**pa·tri·oˈteer** *s contp.* Hurˈrapatriˌot(in). ˌ**pa·triˈot·ic** [-ˈɒtɪk; *Am.* -ˈɑtɪk] *adj* (*adv* ~ally) patriˈotisch. ˈ**pa·tri·ot·ism** *s* Patrioˈtismus *m*, Vaterlandsliebe *f*.

pa·tris·tic [pəˈtrɪstɪk] *adj relig.* paˈtristisch, die Kirchenväter betreffend.

pa·trol [pəˈtrəʊl] **I** *v/i* **1.** patrouilˈlieren (*Soldaten*), *aer.* Paˈtrouille fliegen, auf Streife sein (*Polizisten*), s-e Runde machen (*Wachmann*). **2.** *mil.* auf Spähdienst sein. **II** *v/t* **3.** ˈabpatrouilˌlieren, *aer. Strecke* abfliegen, auf Streife sein in (*dat*), s-e Runde machen in (*dat*). **III** *s* **4.** Paˈtrouille *f*, Streife *f*, Runde *f*: **on** ~ auf Patrouille, auf Streife. **5.** a) *mil.* Paˈtrouille *f*, Späh-, Stoßtrupp *m*, b) (Poliˈzei)Streife *f*: ~ **activity** Spähtrupptätigkeit *f*; ~ **car** (Funk)Streifenwagen *m*, *mil.* (Panzer)Spähwagen *m*; ~ **vessel** *mar.* Küstenwachboot *n*; ~ **wagon** *Am.* (Polizei)Gefangenenwagen *m*. **6.** ~ **mission** *aer.* Paˈtrouillen-, Streifenflug *m*. **paˈtrol·man** [-mæn; -mən] *s irr* **1.** *bes. Am.* Poliˈzeistreife *f*, Poliˈzist *m* auf Streife. **2.** *Br.* motoriˈsierter Pannenhelfer (*e-s Automobilklubs*).

pa·tron [ˈpeɪtrən] *s* **1.** Paˈtron *m*, Schutz-, Schirmherr *m*. **2.** Gönner *m*, Mäˈzen *m*: ~ **of the fine arts** Förderer *m* der schönen Künste. **3.** *relig.* a) ˈKirchenpaˌtron *m*, b) → **patron saint**. **4.** a) (Stamm)Kunde *m*, b) Stammgast *m*, (ständiger) Besucher (*a. thea.*).

pa·tron·age [ˈpætrənɪdʒ; *Am. a.* ˈpeɪ-] *s* **1.** Schirmherrschaft *f*: **under the** ~ **of**. **2.** Gönnerschaft *f*, Mäzeˈnatentum *n*, Förderung *f*. **3.** *jur.* Patroˈnatsrecht *n*. **4.** Kundschaft *f*. **5.** gönnerhaftes *od.* herˈablassendes Benehmen. **6.** *Am.* Recht *n* der Ämterbesetzung.

pa·tron·ess [ˈpeɪtrənɪs] *s* **1.** Paˈtronin *f*, Schutz-, Schirmherrin *f*. **2.** Gönnerin *f*, Förderin *f*. **3.** *relig.* Schutzheilige *f*.

pa·tron·ize [ˈpætrənaɪz; *Am. a.* ˈpeɪ-] *v/t* **1.** beschirmen, beschützen. **2.** fördern, unterˈstützen. **3.** (Stamm)Kunde *od.* Stammgast sein bei, *ein Theater etc* regelmäßig besuchen. **4.** gönnerhaft *od.* herˈablassend behandeln. ˈ**pa·tron·iz·er** *s* **1.** Förderer *m*, Gönner *m*. **2.** regelmäßiger Besucher, (Stamm)Kunde. ˈ**pa·tron·iz·ing** *adj* (*adv* ~ly) gönnerhaft, herˈablassend: ~ **air** Gönnermiene *f*.

pa·tron saint *s relig.* Schutzheilige(r *m*) *f*.

pat·ro·nym·ic [ˌpætrəˈnɪmɪk] *ling.* **I** *adj* patroˈnymisch (*e-n von den Vorfahren abgeleiteten Namen tragend od. betreffend*): ~ **name** → II. **II** *s* Patroˈnymikum *n*.

pat·sy [ˈpætsiː] *s Am. sl.* **1.** Zielscheibe *f* des Spotts. **2.** Sündenbock *m*. **3.** gutgläubiger Trottel: **I'm not your** ~! ich lass' mich doch von dir nicht verschaukeln!

pat·té(e) [ˈpæteɪ; -tɪ; *Am.* pəˈteɪ] *adj her.* mit verbreiterten Enden: **cross** ~ Schaufelkreuz *n*.

pat·ten [ˈpætn] *s* **1.** Holzschuh *m*. **2.** Stelzschuh *m*. **3.** *arch.* Säulenfuß *m*.

pat·ter[1] [ˈpætə(r)] **I** *v/i* **1.** schwatzen, plappern. **2.** (e-n) Jarˈgon sprechen. **3.** a) das Gebet *etc* ‚herˈunterleiern', b) *thea.* den Text ‚herˈunterrasseln'. **II** *v/t* **4.** plappern, schwatzen. **5.** *e-n Text* ‚herˈunterrasseln', *ein Gebet etc* ‚herˈunterleiern'. **III** *s* **6.** Geplapper *n*. **7.** ˈFachjarˌgon *m*, (*Soziologen- etc*)Chiˈnesisch *n*: **thieves'** ~ Gaunersprache *f*. **8.** *thea.* a) ‚Reˈvolverschnauze' *f* (*e-s Komikers*), b) ~ **song** humorvolles Lied *etc*, dessen Text ‚heruntergerasselt' wird.

pat·ter[2] [ˈpætə(r)] **I** *v/i* **1.** prasseln (*Regen etc*). **2.** trappeln (*Füße*). **II** *s* **3.** Prasseln *n* (*des Regens etc*). **4.** (Fuß)Getrappel *n*. **5.** Klappern *n*, Schlagen *n*.

pat·tern [ˈpætə(r)n] **I** *s* **1.** (*a.* Schnitt-, Strick)Muster *n*, Vorlage *f*, Moˈdell *n*. **2.** *econ.* Muster *n*: a) (Waren)Probe *f*, Musterstück *n*, b) Desˈsin *n*, Moˈtiv *n* (*von Stoffen*): **by** ~ **post** *mail* als Muster ohne Wert. **3.** *fig.* Muster *n*, Vorbild *n*, Beispiel *n*: **on the** ~ **of** nach dem Muster von (*od. gen*). **4.** *Am.* Stoff *m* zu e-m Kleid *etc*. **5.** ˈProbemoˌdell *n* (*e-r Münze*). **6.** *tech.* a) Schaˈblone *f*, b) ˈGußmoˌdell *n*, c) Lehre *f*. **7.** (*a.* oszilloˈgraphisches) Bild, (*a. Eisblumen*)Muster *n*. **8.** (Schuß-, Treffer)Bild *n*: ~ **of a gun**. **9.** *Eiskunstlauf*: Zeichnung *f*. **10.** (*a. künstlerische*) Gestaltung, Anlage *f*, Strukˈtur *f*, Kompositiˈon *f*, Schema *n*, Gesamtbild *n*, Muster *n*, (gefügte) Form: **the** ~ **of a novel** die Anlage *od.* der Aufbau e-s Romans. **11.** Verhaltensweise *f*, (*Denk- etc*)Gewohnheiten *pl*: **thinking** ~**s**; **behavio(u)r** ~ Verhaltensmuster *n*. **12.** *meist pl* Gesetzmäßigkeit(en *pl*) *f*: **historical** ~**s**. **II** *v/t* **13.** (nach)bilden, gestalten, formen (**after** nach): **to** ~ **one's conduct on s.o.** sich (in s-m Benehmen) ein Beispiel an j-m nehmen. **14.** mit Muster(n) verzieren, mustern. **15.** nachahmen. **III** *v/i* **16.** ein Muster bilden. **IV** *adj* **17.** Muster..., vorbildlich. **18.** typisch.

pat·tern| bomb·ing *s aer. mil.* (Bomben)Flächenwurf *m*, Bombenteppich(e *pl*) *m*. ~ **book** *s econ.* Musterbuch *n*. ~ **mak·er** *s tech.* Moˈdellmacher *m*. ~ **mak·ing** *s tech.* Moˈdellanfertigung *f*. ~ **paint·ing** *s mil.* Tarnanstrich *m*.

pat·ty [ˈpætɪ] *s* **1.** Paˈstetchen *n*: ~ **shell** ungefüllte Blätterteigpastete. **2.** vorgeformte Portiˈon Rinderhack (*für Hamburger etc*). ˈ~**pan** *s* kleine Paˈsteten- *od.* Kuchenform.

patz·er [ˈpɑːtsər] *s Am. sl.* dilet'tantischer Schachspieler.
pau·ci·ty [ˈpɔːsətɪ] *s* geringe Zahl *od.* Menge.
Paul [pɔːl] *npr* Paul *m*: ~ **Pry** Naseweis *m.*
Paul·ine [ˈpɔːlaɪn] *adj relig.* pau'linisch. **'Paul·in·ism** [-lɪnɪzəm] *s relig.* Pauli'nismus *m*, pau'linische Theolo'gie.
paunch [pɔːntʃ; *Am. a.* pɑːntʃ] *s* **1.** (dicker) Bauch, Wanst *m.* **2.** *zo.* Pansen *m* (*der Wiederkäuer*). **3.** *mar.* Stoßmatte *f.* **'paunch·y** *adj* dickbäuchig.
pau·per [ˈpɔːpə(r)] **I** *s* **1.** Arme(r *m*) *f*: ~**'s grave** Armengrab *n.* **2.** *Am.* Unter'stützungsempfänger(in). **3.** *jur. Am.* a) unter Armenrecht Klagende(r *m*) *f*, b) Beklagte(r *m*) *f*, der *od.* die das Armenrecht genießt. **II** *adj* **4.** Armen... **'pau·per·ism** *s* **1.** Verarmung *f*, (dauernde *od.* Massen)Armut. **2.** *collect.* die Armen *pl.* **'pau·per·ize** *v/t* arm machen, an den Bettelstab bringen.
pause [pɔːz] **I** *s* **1.** Pause *f*, Unter'brechung *f*, Innehalten *n*: **to make a** ~ → 6; **a** ~ **to take breath** e-e Atempause; ~ **for effect** Kunstpause. **2.** Zögern *n*: **it gives one** ~ es gibt einem zu denken, es stimmt einen nachdenklich. **3.** *print.* Gedankenstrich *m*: ~ **dots** Auslassungspunkte. **4.** *mus.* Fer'mate *f*: → **general pause. 5.** Absatz *m*, Zä'sur *f.* **II** *v/i* **6.** e-e Pause machen *od.* einlegen, pau'sieren, innehalten: **to** ~ **for effect** e-e Kunstpause machen. **7.** zögern. **8.** aushalten, verweilen (**on, upon** bei): **to** ~ **upon a word**; **to** ~ **upon a note** (*od.* **tone**) *mus.* e-n Ton aushalten. ~ **switch** *s tech.* Pausentaste *f* (*e-s Kassettenrecorders*).
pa·van(e) [ˈpævən; *bes. Am.* pəˈvæn; pəˈvɑːn] *s mus.* Pa'vane *f* (*Tanz*).
pave [peɪv] *v/t e-e Straße* pflastern, *den Boden* belegen (**with** mit): **to** ~ **the way for** *fig.* den Weg ebnen für; ~**d runway** *aer.* befestigte Start- u. Landebahn; **the way to Hell is** ~**d with good intentions** der Weg zur Hölle ist mit guten Vorsätzen gepflastert. **'pave·ment** *s* **1.** (Straßen)Pflaster *n.* **2.** *Br.* Bürgersteig *m*, Trot'toir *n*: ~ **artist** Pflastermaler *m*; ~ **café** Straßencafé *n*; ~ **pounder** *colloq.* ‚Bordsteinschwalbe' *f*, Strichmädchen *n.* **3.** *Am.* Fahrbahn *f.* **4.** Pflasterung *f*, Fußboden(belag) *m.* **'pav·er** *s* **1.** Pflasterer *m.* **2.** Fliesen-, Plattenleger *m.* **3.** Pflasterstein *m*, Fußbodenplatte *f.* **4.** *Am.* 'Straßenbeˌtonmischer *m.*
pa·vil·ion [pəˈvɪljən] **I** *s* **1.** (großes) Zelt. **2.** Zeltdach *n.* **3.** *arch.* Pavillon *m*, Gartenhäus-chen *n.* **4.** *arch.* Seitenflügel *m*, Anbau *m.* **5.** *econ.* (Messe)Pavillon *m.* **6.** *sport Br.* Sportplatzgebäude *n.* **II** *v/t* **7.** mit Zelten versehen *od.* bedecken. ~ **chi·nois** [ʃiːˈnwɑː] *s mil. mus.* Schellenbaum *m.*
pav·ing [ˈpeɪvɪŋ] *s* **1.** Pflastern *n*, (Be-)Pflasterung *f.* **2.** Straßenpflaster *n*, -decke *f.* **3.** (Fuß)Bodenbelag *m.* ~ **bee·tle** *s tech.* Pflaster-, Handramme *f.* ~ **stone** *s* Pflasterstein *m.* ~ **tile** *s* Fliese *f.*
pav·ior, *bes. Br.* **pav·iour** [ˈpeɪvjə(r)] *s* Pflasterer *m.*
pav·is(e) [ˈpævɪs] *s mil. hist.* Pa'vese *f* (*großer Schild*).
paw [pɔː] **I** *s* **1.** Pfote *f*, Tatze *f.* **2.** *colloq.* a) ‚Pfote' *f* (*Hand*): ~**s off!** Pfoten weg!, b) ‚Klaue' *f* (*Handschrift*). **II** *v/t* **3.** (*mit dem Vorderfuß od. der Pfote*) scharren in (*dat*). **4.** *colloq.* ‚betatschen': a) derb *od.* ungeschickt anfassen, b) tätscheln, ‚begrabschen': **to** ~ **the air** (wild) in der Luft herumfuchteln. **III** *v/i* **5.** scharren, stampfen. **6.** *a.* ~ **about** (*od.* **around**) *colloq.* ‚(her'um)fummeln'.
pawk·y [ˈpɔːkɪ] *adj bes. Scot.* trocken (*Humor*).

pawl [pɔːl] *s* **1.** *tech.* Sperrhaken *m*, -klinke *f*, Klaue *f.* **2.** *mar.* Pall *n.*
pawn[1] [pɔːn; *Am. a.* pɑːn] **I** *s* **1.** Pfand (-gegenstand *m*, -sache *f*) *n*, 'Unterpfand *n* (*a. fig.*), *jur. u. fig. a.* Faustpfand *n*: **in** (*od.* **at**) ~ verpfändet, versetzt; **to put in** ~ → 2. **II** *v/t* **2.** verpfänden (*a. fig.*), versetzen. **3.** *econ. Wertpapiere* lombar'dieren.
pawn[2] [pɔːn; *Am. a.* pɑːn] *s* **1.** *Schachspiel*: Bauer *m.* **2.** *fig.* (bloße) 'Schachfiˌgur.
'pawnˌbro·ker *s* Pfandleiher *m.* **'pawnˌbro·king** *s* Pfandleihgeschäft *n.*
pawn·ee [ˌpɔːˈniː] *s jur.* Pfandinhaber *m*, -nehmer *m.* **'pawn·er, 'pawn·or** [-nə(r)] *s* Pfandschuldner *m.*
'pawn|·shop *s* Leihhaus *n*, Pfandhaus *n*, -leihe *f.* ~ **tick·et** *s* Pfandschein *m.*
pax [pæks] **I** *s* **1.** *relig.* Pax *f*, Kuß-, Paxtafel *f.* **2.** Friedenskuß *m.* **II** *interj* **3.** *ped. Br. colloq.* Friede!
pay[1] [peɪ] **I** *s* **1.** Bezahlung *f.* **2.** (Arbeits-)Lohn *m*, Löhnung *f*, Gehalt *n*, Bezahlung *f*, Besoldung *f*, Sold *m* (*a. fig.*), *mil.* (Wehr)Sold *m*: **in the** ~ **of s.o.** bei j-m beschäftigt, in j-s Sold (*bes. contp.*); → **full pay. 3.** *fig.* Belohnung *f*, Lohn *m.* **4. he is good** ~ *colloq.* er ist ein guter Zahler. **5.** *min. Am.* ertragreiches Erz.
II *v/t pret u. pp* **paid,** *obs.* **payed 6.** *etwas* (ab-, aus)zahlen, entrichten, abführen, *e-e Rechnung* (be)zahlen, begleichen, *e-e Hypothek* ablösen, *e-n Wechsel* einlösen: **to** ~ **into** einzahlen auf (*ein Konto*); **to** ~ **one's way** a) ohne Verlust arbeiten, b) s-n Verbindlichkeiten nachkommen, c) auskommen (mit dem, was man hat). **7.** *j-n* bezahlen: **they paid the waiter; let me** ~ **you for the book** laß mich dir das Buch bezahlen; **I cannot** ~ **him for his loyalty** ich kann ihm s-e Treue nicht (be)lohnen. **8.** *fig.* (be)lohnen, vergelten (**for** für): **to** ~ **home** heimzahlen. **9.** *Aufmerksamkeit* schenken, *e-n Besuch* abstatten, *Ehre* erweisen, *ein Kompliment* machen (*etc, siehe die Verbindungen mit den verschiedenen Substantiven*). **10.** entschädigen (**for** für). **11.** sich lohnen für (*j-n*), *j-m* nützen, *j-m* etwas einbringen.
III *v/i* **12.** zahlen, Zahlung leisten (**for** für): **to** ~ **for** *etwas* bezahlen (*a. fig. büßen*), die Kosten tragen für; **he had to** ~ **dearly for it** *fig.* er mußte es bitter büßen, es kam ihn teuer zu stehen; **to** ~ **by check** (*Br.* **cheque**) per Scheck zahlen; **to** ~ **cash** (in) bar bezahlen. **13.** sich lohnen, sich ren'tieren, sich bezahlt machen: **crime doesn't** ~.
Verbindungen mit Adverbien:
pay| back → **repay**; → **coin** 1. ~ **down** *v/t* **1.** bar bezahlen. **2.** e-e Anzahlung machen von. ~ **in** *v/t* **1.** (*a. v/i*) einzahlen. **2.** → **pay up** 2. ~ **off I** *v/t* **1.** *j-n* auszahlen, *Seeleute* abmustern. **2.** a) *etwas* ab(be)zahlen, tilgen, abtragen, b) *Gläubiger* befriedigen. **3. to** ~ **s.o.'s meanness, to pay s.o. off for his meanness** *bes. Am.* j-m s-e Gemeinheit heimzahlen. **4.** *e-e Schnur etc* ausgeben, laufen lassen. **5.** *mar.* leewärts steuern. **6.** *colloq. j-m* Bestechungs- *od.* ‚Schmier'-gelder zahlen. **II** *v/i* **7.** *colloq. für* **pay**[1] 13. ~ **out** *v/t* **1.** auszahlen. **2.** *colloq.* → **pay off** 3. **3.** *pret u. pp* **payed** *mar. Tau, Kette etc* (aus)stecken, auslegen, abrollen. ~ **up I** *v/t* **1.** *j-n od. etwas* voll *od.* so'fort bezahlen. **2.** *econ. Anteile, Versicherungsprämie etc* voll einzahlen: → **paid-up. 3.** *e-e Schuld etc* tilgen, abbezahlen. **II** *v/i* **4.** zahlen: **to make s.o.** ~ j-n ‚zur Kasse bitten'.
pay[2] [peɪ] *pret u. pp* **payed,** *selten* **paid** *v/t mar.* auspichen, teeren.

pay·a·ble [ˈpeɪəbl] *adj* **1.** zu zahlen(d), (ein)zahlbar, schuldig, fällig: **to make a check** (*Br.* **cheque**) ~ **to s.o.** e-n Scheck auf j-n ausstellen. **2.** *econ.* ren'tabel, lohnend, gewinnbringend.
ˌpay|-as-you-'earn *s Br.* Lohnsteuerabzug *m.* **ˌ~-as-you-'see tel·e·vi·sion** *s* Münzfernsehen *n.* **'~·back** *s* **1.** Rückzahlung *f*, (-)Erstattung *f.* **2.** *a.* ~ **period** Tilgungszeit *f.* ~ **bed** *s* Pri'vatbett *n* (*in e-r Klinik*). ~ **book** *s mil.* Soldbuch *n.* **'~·box** *s Br.* Kassenhäuschen *n.* ~ **brack·et** *s* Lohn-, Gehaltsgruppe *f.* ~ **check** *s Am.* Lohn-, Gehaltsscheck *m.* ~ **claim** *s* Lohn-, Gehaltsforderung *f.* ~ **clerk** *s* **1.** Lohnauszahler *m.* **2.** *mar. mil. Am.* Rechnungsführer *m.* **'~·day** *s* **1.** Zahltag *m.* **2.** *Terminbörse*: *Br.* Abrechnungstag *m.* ~ **desk** *s econ.* Kasse *f* (*im Kaufhaus*). ~ **dif·fer·en·tial** *s* Lohngefälle *n.* ~ **dirt** *s* **1.** *geol.* erzreiches Erdreich. **2.** *fig. Am.* a) Geld *n*, Gewinn *m*, b) Erfolg *m*, c) Nutzen *m*, Gewinn *m*: **to strike** (*od.* **hit**) ~ Erfolg haben.
pay·ee [peɪˈiː] *s* **1.** Zahlungsempfänger (-in). **2.** Wechselnehmer(in), Remit'tent (-in).
pay en·ve·lope *s Am.* Lohntüte *f.*
pay·er [ˈpeɪə(r)] *s* **1.** (Aus-, Be)Zahlende(r *m*) *f*, Zahler(in). **2.** (*Wechsel*)Bezogene(r *m*) *f*, Tras'sat(in).
'pay·ing I *adj* lohnend, einträglich, lukra'tiv, ren'tabel: **not** ~ unrentabel. **II** *s* Zahlung *f*: ~ **back** Rückzahlung; ~ **in** Einzahlung; ~ **off** Abzahlung, Abtragung *f*; ~ **out** Auszahlung, Abführung *f.* ~ **guest** *s* zahlender Gast (*in e-m Privathaus*). **ˌ~-'in slip** *s* Einzahlungsschein *m.*
pay| load *s econ.* **1.** Nutzlast *f* (*e-s Flugzeugs etc*): ~ **capacity** Ladefähigkeit *f.* **2.** *mil.* Sprengladung *f* (*im Gefechtskopf e-s Geschosses*). **3.** *econ. Am.* Lohnanteil *m*, (*die*) Löhne *pl* (*e-s Unternehmens*). **'~·mas·ter** *s* **1.** *mil.* Zahlmeister *m*: ~ **general** a) *mil.* Generalzahlmeister *m*, b) *Br.* Generalzahlmeister *m* des englischen Schatzamtes. **2.** *colloq.* ‚Brötchengeber' *m* (*Arbeitgeber*).
'pay·ment *s* **1.** (Be-, Ein-, Aus)Zahlung *f*, Entrichtung *f*, Abtragung *f* (*von Schulden*), Einlösung *f* (*e-s Wechsels*): ~ **in cash** Barzahlung; ~ **in kind** Sachleistung *f*; ~ **of duty** Verzollung *f*; **on** ~ **(of)** nach Eingang (*gen*), gegen Zahlung (von *od. gen*); **to accept in** ~ in Zahlung nehmen. **2.** gezahlte Summe, Bezahlung *f.* **3.** → **pay**[1] 2. **4.** *fig.* Lohn *m*, Belohnung *f.*
pay·nim [ˈpeɪnɪm] *s obs.* Heide *m*, Heidin *f*, *bes.* Mohamme'daner(in).
'pay|·off *s colloq.* **1.** (Lohn-, Gewinn-) Auszahlung *f.* **2.** Abzahlung *f*, Tilgung *f.* **3.** Verteilung *f* (*e-r Beute etc*). **4.** *fig.* Abrechnung *f*, Rache *f.* **5.** *fig.* Höhepunkt *m*, Clou *m*, (*e-s Witzes a.*) Pointe *f.* **6.** *colloq.* Bestechungs-, ‚Schmier'gelder *pl.* ~ **of·fice** *s* **1.** Zahlstelle *f.* **2.** 'Lohnbüˌro *n.*
pay·o·la [peɪˈəʊlə] *s sl.* **1.** Bestechung *f.* **2.** (*bes. an e-n Discjockey od. e-e Rundfunkanstalt gezahlte*) Bestechungs- *od.* ‚Schmier'gelder *pl.*
pay| pack·et *s Br.* Lohntüte *f.* ~ **phone** *colloq. für* **pay telephone.** ~ **pol·i·cy** *s* 'Lohnpoliˌtik *f.* **'~·roll** *s* Lohnliste *f*: **to have** (*od.* **keep**) **s.o. on one's** ~ j-n (bei sich) beschäftigen; **he is no longer on our** ~ er arbeitet nicht mehr für *od.* bei uns; **to be off the** ~ entlassen *od.* arbeitslos sein; **the firm has a huge** ~ die Firma hat enorm hohe Lohnkosten. **'~·roll tax** *s Am.* Lohnsummensteuer *f.* ~ **round** *s* Lohnrunde *f.* ~ **sheet** → **payroll.** ~ **slip** *s* Lohn-, Gehaltsstreifen *m.* ~ **sta·tion** *s Am.* Münz-

fernsprecher *m.* **~tel·e·phone** *s* Münzfernsprecher *m.* **~tel·e·vi·sion** *s* Münzfernsehen *n.*

pea [pi:] **I** *s* **1.** *bot.* Erbse *f*: **they are as like as two ~s (in a pod)** sie gleichen sich wie ein Ei dem anderen. **2.** *bot.* Ackererbse *f.* **3.** kleines Kohlen- *od.* Erzstück. **II** *adj* **4.** erbsengroß, -förmig: **~ coal** Erbskohle *f.*

peace [pi:s] **I** *s* **1.** Friede(n) *m*: **at ~** im Frieden, im Friedenszustand; **the two countries are at ~** zwischen den beiden Ländern herrscht Frieden; **to make ~** Frieden schließen (**with** mit). **2.** *a.* **King's** (*od.* **Queen's**) **~, public ~** *jur.* Landfrieden *m*, öffentliche Sicherheit, öffentliche Ruhe u. Ordnung: **breach of the ~** Friedensbruch *m*, öffentliche Ruhestörung; **to keep the ~** die öffentliche Sicherheit wahren; → **disturb** 1. **3.** *fig.* Friede(n) *m*, (innere) Ruhe: **~ of mind** Seelenfrieden; **to hold one's ~** sich ruhig verhalten, den Mund halten; **to leave in ~** in Ruhe *od.* Frieden lassen; **to live in ~ and quiet** in Ruhe u. Frieden leben; **to be at ~** *euphem.* in Frieden ruhen (*tot sein*). **4.** Versöhnung *f*, Eintracht *f*: **to make one's ~ with s.o.** s-n Frieden mit j-m machen, sich mit j-m aus- *od.* versöhnen; **to make (one's) ~ with o.s.** mit sich selbst ins reine kommen. **II** *interj* **5.** pst!, still!, sei(d) ruhig! **III** *adj* **6.** Friedens...: **~ conference; ~ initiative; ~ movement; ~ offensive; ~ offer; ~ symbol; ~ treaty.**

peace·a·ble [ˈpi:səbl] *adj* (*adv* **peaceably**) **1.** friedlich, friedfertig, friedliebend. **2.** ruhig, friedlich (*Diskussion etc*). **ˈpeace·a·ble·ness** *s* Friedlichkeit *f*, Friedfertigkeit *f.*

peace feel·er *s meist pl* Friedensfühler *m*: **to put out ~s** Friedensfühler ausstrecken.

ˈpeace·ful *adj* (*adv* **~ly**) friedlich: **the demonstration passed off ~ly** die Demonstration verlief ohne Zwischenfälle. **ˈpeace·ful·ness** *s* Friedlichkeit *f.*

ˈpeace|ˌkeep·er *s* Friedenswächter *m.* **ˈ~ˌkeep·ing I** *s* Friedenssicherung *f.* **II** *adj* Friedens...: **~ force** Friedenstruppe *f.* **ˈ~-ˌlov·ing** *adj* friedliebend. **ˈ~ˌmak·er** *s* Friedensstifter(in).

peace·nik [ˈpi:snɪk] *s Am. sl.* **1.** Kriegsgegner(in). **2.** Teilnehmer(in) an Antiˈkriegsdemonstratiˌonen.

peace| of·fer·ing *s* **1.** *relig.* Sühneopfer *n.* **2.** a) Versöhnungsgeschenk *n*, b) versöhnliche Geste. **~ of·fi·cer** *s* Sicherheitsbeamte(r) *m*, ˈSchutzpoliˌzist *m.* **~ pipe** *s* Friedenspfeife *f*: **to smoke the ~.** **~ re·search** *s* Friedensforschung *f.* **~ sign** *s* **1.** Friedenszeichen *n*: **to give the ~** das Friedenszeichen machen. **2.** ˈFriedenssymˌbol *n.* **ˈ~·time I** *s* Friedenszeiten *pl*: **in ~** im Frieden. **II** *adj* in Friedenszeiten, Friedens...

peach[1] [pi:tʃ] *s* **1.** *bot.* a) Pfirsich *m*, b) Pfirsichbaum *m.* **2.** *Am. für* **peach brandy. 3.** Pfirsichfarbe *f.* **4.** *sl.* ‚prima' *od.* ‚klasse' Perˈson *od.* Sache: **a ~ of a fellow** ein ‚Prachtkerl'; **a ~ of a girl** ein süßes *od.* bildhübsches Mädchen.

peach[2] [pi:tʃ] *v/i*: **to ~ against** (*od.* **on**) *sl. e-n Komplizen* ‚verpfeifen', *e-n Schulkameraden* verpetzen.

ˈpeach|ˌblos·som I *s* Pfirsichblütenfarbe *f.* **II** *adj* pfirsichblütenfarbig. **ˈ~·blow** *s* **1.** purpurne *od.* rosarote Glaˈsur. **2.** Purpur *m*, Rosarot *n* (*Farbe*). **~ bran·dy** *s* ˈPfirsichliˌkör *m.*

peach·er·i·no [ˌpi:tʃəˈri:nəʊ] *pl* **-nos** *Am. sl. für* **peach**[1] 4.

ˈpea·chick *s orn.* junger Pfau.

ˈpeach·y *adj* **1.** pfirsichartig, -weich. **2.** *sl.* ‚prima', ‚klasse', ‚toll'.

ˈpea·coat → **pea jacket.**

pea·cock [ˈpi:kɒk; *Am.* -ˌkɑk] **I** *s* **1.** *orn.* Pfau *m.* **2.** *fig.* (eitler) Pfau *od.* ‚Fatzke'. **II** *v/t* **3. ~ it, ~ o.s.** ‚angeben', ‚sich dicktun'. **III** *v/i* **4.** sich aufblähen, wie ein Pfau einˈherstolˌzieren. **~ blue** *s* Pfauenblau *n* (*Farbe*). **~ but·ter·fly** *s zo.* Tagpfauenauge *n.*

ˈpea·cock·ish *adj* stolz, aufgeblasen, ‚affig'.

ˈpea|·cod *s bot. dial.* Erbsenschote *f*, -hülse *f.* **ˈ~·fowl** *s orn.* Pfau *m.* **~ green** *s* Erbsen-, Maigrün *n* (*Farbe*). **ˈ~·hen** *s orn.* Pfauhenne *f.* **~ jack·et** *s mar.* Koˈlani *m.*

peak[1] [pi:k] **I** *s* **1.** Spitze *f.* **2.** a) Bergspitze *f*, b) Horn *n*, spitzer Berg. **3.** *fig.* Gipfel *m*, Höhepunkt *m*: **at the ~ of happiness** auf dem Gipfel des Glücks; **to be at a ~** a) e-e Blüte erleben, b) ‚in' sein; **to bring a team to its ~** *sport* e-e Mannschaft in Höchstform bringen. **4.** *math. phys.* Höchst-, Scheitelwert *m*, Scheitel(punkt) *m.* **5.** (*Leistungs- etc*)Spitze *f*, Höchststand *m*: **~ of oscillation** Schwingungsmaximum *n*; **to reach the ~** *tech.* den Höchststand erreichen. **6.** Hauptbelastung *f*, Stoßzeit *f* (*e-s Elektrizitäts-, Gas- od. Verkehrsnetzes*). **7.** *econ.* Maxiˈmal-, Höchstpreis *m.* **8.** Mützenschild *m*, -schirm *m.* **9.** *mar.* Piek *f* (*engerer Teil des Schiffsraums an den Enden des Schiffs*). **II** *adj* **10.** Spitzen..., Maximal..., Höchst-..., Haupt...: **~ current** *electr.* Spitzenstrom *m*; **~ factor** Scheitelfaktor *m*; **~ (traffic) hours** Hauptverkehrszeit *f*, Stoßzeit *f*; **~ load** Spitzen-, Maximalbelastung *f* (*a. electr.*); **~ season** Hochsaison *f*, -konjunktur *f*; **~ time** a) Hochkonjunktur *f*, b) Stoßzeit *f*, Hauptverkehrszeit *f*; **~ value** Scheitelwert *m.* **III** *v/i* **11.** den Höchststand erreichen.

peak[2] [pi:k] *v/i* **1.** abmagern, kränkeln. **2.** spitz aussehen.

peaked [pi:kt] *adj* **1.** spitz(ig). **2.** *fig.* ‚spitz', kränklich aussehend.

ˈpeak·ing *s* **1.** *phys. etc* Spitzenwertbildung *f.* **2.** *TV* Entzerrung *f.* **3.** *electr.* Anheben *n* des Siˈgnals.

ˈpeak·y *adj* **1.** gebirgig, gipf(e)lig. **2.** spitz(ig). **3.** → **peaked** 2.

peal [pi:l] **I** *s* **1.** (Glocken)Läuten *n.* **2.** Glockenspiel *n.* **3.** (*Donner*)Schlag *m*, Dröhnen *n*, Getöse *n*: **~s of laughter** schallendes Gelächter. **II** *v/i* **4.** läuten. **5.** erschallen, dröhnen, schmettern. **III** *v/t* **6.** erschallen lassen.

ˈpea·nut I *s* **1.** *bot.* Erdnuß *f.* **2.** *Am. sl.* a) Wicht *m*, ‚halbe Portiˈon', b) ‚kleines Würstchen' (*unbedeutender Mensch*), c) *pl* ‚kleine Fische' *pl*, lächerliche Summe *etc.* **II** *adj* **3.** *Am. sl.* klein, unbedeutend, lächerlich: **a ~ politician. ~ but·ter** *s* Erdnußbutter *f.* **~ oil** *s* Erdnußöl *n.* **~ tube** *s electr. Am.* Kleinströhre *f.*

pear [peə(r)] *s* **1.** *bot.* a) Birne *f*, b) *a.* **~ tree** Birnbaum *m.* **2.** Birne *f*, birnenförmiger Gegenstand.

pearl [pɜ:l; *Am.* pɜrl] **I** *s* **1.** Perle *f* (*a. fig.*): **to cast ~s before swine** Perlen vor die Säue werfen. **2.** Perlˈmutt(er *f*) *n.* **3.** *pharm.* Perle *f*, Kügelchen *n.* **4.** *print.* Perl(schrift) *f*, -druck *m.* **II** *v/i* **5.** Perlen bilden, perlen, tropfen. **6.** nach Perlen suchen. **III** *adj* **7.** Perl(en)..., Perlmutt(er)... **8.** geperlt, perlenförmig. **~ ash** *s chem.* Perlasche *f.* **~ bar·ley** *s* Perlgraupen *pl.* **~ div·er** *s* Perlentaucher *m.*

pearled *adj* **1.** mit Perlen besetzt. **2.** perlfarbig.

pearl| fish·er *s* Perlenfischer *m.* **~ gray** (*bes. Br.* **grey**) *s* Perl-, Blaßgrau *n* (*Farbe*). **~ stitch** *s Stickerei*: Perlstich *m.* **~ white** *s* Perl-, Schminkweiß *n.*

ˈpearl·y I *adj* **1.** Perl(en)..., perlenartig, perlˈmutt(er)artig. **2.** perlenfarbig. **II** *s* **3.** *Br.* a) *pl* Perlˈmutt(er)knöpfe *pl*, b) *pl* mit Perlˈmutt(er)knöpfen besetzte Kleidungsstücke *pl*, c) *Londoner Straßenhändler(in), der/die bei festlichen Gelegenheiten mit Perlmutt(er)knöpfen besetzte Kleidungsstücke trägt.* **~ gates** *s pl* **1. P~ G~** *Bibl.* (*die*) zwölf Himmelstüren *pl.* **2.** *Br. sl.* ‚Beißerchen' *pl* (*Zähne*). **~ king, ~ queen** → **pearly** 3 c.

pear·main [ˈpɜ:meɪn; ˈpeə-; *Am.* ˈpeərˌm-] *s* Parˈmäne *f* (*Apfelsorte*).

pear| push *s electr.* Schnurschalter *m* mit Druckknopf. **~ quince** *s bot.* Echte Quitte, Birnenquitte *f.* **ˈ~-shaped** *adj* birnenförmig.

peas·ant [ˈpeznt] **I** *s* **1.** Kleinbauer *m*: **P~s' Revolt** Bauernaufstand *m* (*bes. der in England, 1381*); **P~s' War** Bauernkrieg *m* (*in Deutschland, 1524–25*). **2.** *fig. colloq.* ‚Bauer' *m.* **II** *adj* **3.** kleinbäuerlich, Kleinbauern...: **~ woman** Kleinbäuerin *f.* **ˈpeas·ant·ry** [-trɪ] *s* **1.** Kleinbauernstand *m.* **2.** *collect.* (*die*) Kleinbauern *pl.*

pease [pi:z] *s pl obs. od. bes. Br. dial.* Erbsen *pl.* **~pud·ding** *s* Erbs(en)brei *m.*

ˈpea|-shoot *v/t u. v/i irr* mit e-m Blasrohr schießen. **ˈ~shoot·er** *s* **1.** Blas-, Pusterohr *n.* **2.** *Am.* Kataˈpult *n*, *m.* **3.** *sl.* (kleine) Piˈstole. **~soup** *s* **1.** Erbs(en)suppe *f.* **2.** → **peasouper** 1. **ˌ~ˈsoup·er** *s colloq.* **1.** ‚Waschküche' *f* (*dicker, gelber Nebel*). **2.** *Canad.* ˈFrankokaˌnadier(in). **ˌ~ˈsoup·y** *adj colloq.* dicht u. gelb (*Nebel*).

peat [pi:t] *s* **1.** Torf *m*: **to cut** (*od.* **dig**) **~** Torf stechen; **~ bath** *med.* Moorbad *n*; **~ coal** Torfkohle *f*, Lignit *m*; **~ gas** Torfgas *n*; **~ moss** Torfmoos *n.* **2.** Torfstück *n*, -sode *f.* **ˈpeat·er·y** [-ərɪ] *s* Torfmoor *n.* **ˈpeat·y** *adj* torfig.

peb·ble [ˈpebl] **I** *s* **1.** Kiesel(stein) *m*: **you are not the only ~ on the beach** *colloq.* man (*od.* ich) kann auch ohne dich auskommen; **there are plenty of other ~s on the beach** (*od.* **shore**) *colloq.* es gibt noch mehr Jungen *od.* Mädchen auf der Welt. **2.** Aˈchat *m.* **3.** ˈBergkriˌstall *m.* **4.** *phys.* Linse *f* aus ˈBergkriˌstall. **II** *v/t* **5.** mit Kies bestreuen, kiese(l)n. **6.** *tech. Leder* krispeln. **ˈpeb·bled** *adj* gekiest, kieselig.

peb·ble| dash *s tech.* Rauh-, Edelputz *m.* **ˈ~-dashed** *adj* mit Rauh- *od.* Edelputz (versehen). **~ leath·er** *s tech.* gekrispeltes Leder.

pe·can [prˈkæn; *Am. a.* -ˈkɑ:n] *s bot.* **1.** Peˈcanobaum *m.* **2.** *a.* **~ nut** Peˈkannuß *f.*

pec·ca·dil·lo [ˌpekəˈdɪləʊ] *pl* **-los** *u.* **-loes** *s* **1.** kleine Sünde. **2.** geringfügiges Vergehen, Kavaˈliersdeˌlikt *n.*

pec·can·cy [ˈpekənsɪ] *s* Sündhaftigkeit *f.* **ˈpec·cant** *adj* **1.** sündig, böse, verderbt. **2.** *med.* krankhaft, faul.

pec·ca·vi [peˈkɑ:vi:] *s* Schuldbekenntnis *n*: **to cry ~** sich schuldig bekennen.

peck[1] [pek] *s* **1.** Peck *n*, Viertelscheffel *m* (*Trockenmaß; Br. 9,1, Am. 8,8 Liter*). **2.** *fig.* Menge *f*, Haufe(n) *m.*

peck[2] [pek] **I** *v/t* **1.** (*mit dem Schnabel od. e-m Werkzeug*) (auf)picken, (-)hacken. **2.** *a.* **~ out** *ein Loch* picken. **3.** *Körner etc* aufpicken. **4.** *colloq. j-m* e-n flüchtigen Kuß geben. **II** *v/i* **5.** (**at**) hacken, picken (nach), einhacken (auf *acc*): **to ~ at s.o.** *fig.* auf j-m ‚herumhacken', an j-m herumnörgeln; **to ~ at one's food** (lustlos) im Essen herumstochern. **6.** *colloq.* ‚futtern', essen. **III** *s* **7. to give s.o. a ~** nach j-m hacken. **8.** (aufgehacktes) Loch. **9.** *colloq.* ‚Futter' *n*, Essen *n.* **10.** *colloq.* flüchtiger Kuß.

peck·er [ˈpekə(r)] *s* **1.** Picke *f*, Hacke *f.* **2.** *tech.* Abfühlnadel *f.* **3.** *sl.* a) ‚Zinken' *m* (*Nase*), b) *Am.* ‚Schwanz' *m* (*Penis*). **4.** *sl.*

guter Mut: **to keep one's ~ up** die Ohren steifhalten.
peck·ing or·der [ˈpekɪŋ] *s orn. u. fig.* Hackordnung *f.*
ˈ**peck·ish** *adj colloq.* **1.** *bes. Br.* hungrig. **2.** *Am.* nörglerisch, reizbar.
peck or·der → **pecking order.**
Peck's bad boy [peks] *s Am.* Enˈfant *n* terˈrible *n.*
Peck·sniff·i·an [pekˈsnɪfɪən] *adj* scheinheilig, heuchlerisch (*nach Pecksniff in „Martin Chuzzlewit" von Dickens*).
pec·ten [ˈpektən] *s zo.* **1.** *orn.* Kammhaut *f.* **2.** Kammuschel *f.* **3.** kammartiger Körperanhang.
pec·tic [ˈpektɪk] *adj chem.* Pektin...
ˈ**pec·tin** [-tɪn] *s* Pekˈtin *n.*
pec·tin·e·al [pekˈtɪnɪəl] *adj anat.* **1.** Schambein... **2.** Kammuskel...
pec·to·ral [ˈpektərəl] **I** *adj* **1.** Brust... **2.** *anat. med.* Brust..., pektoˈral. **II** *s* **3.** Brustplatte *f* (*der Rüstung*). **4.** *R.C.* Pektoˈrale *n*, Brustkreuz *n* (*des Bischofs*). **5.** *pharm.* Brust-, Hustenmittel *n.* **6.** *anat.* Brustmuskel *m.* **7.** *a.* ~ **fin** *ichth.* Brustflosse *f.*
pec·u·late [ˈpekjʊleɪt] **I** *v/i* öffentliche Gelder *etc* unterˈschlagen, Unterˈschlagungen begehen. **II** *v/t* veruntreuen, unterˈschlagen. ˌ**pec·uˈla·tion** *s* Unterˈschlagung *f*, Veruntreuung *f.* ˈ**pec·u·la·tor** [-tə(r)] *s* Veruntreuer *m.*
pe·cul·iar [pɪˈkjuːljə(r)] **I** *adj* (*adv* → **peculiarly**) **1.** eigen(tümlich) (*to dat*): ~ **institution** *Am. hist.* Sklaverei *f.* **2.** eigen(-artig), seltsam, abˈsonderlich, ‚komisch'. **3.** besonder(er, e, es): ~ **people** *relig.* a) (*das*) auserwählte Volk, b) *e-e englische Sekte.* **II** *s* **4.** ausschließliches Eigentum. **5.** Kirche, die nicht der Gerichtsbarkeit des Bischofs unterˈsteht.
pe·cu·li·ar·i·ty [pɪˌkjuːlɪˈærətɪ] *s* **1.** Eigenheit *f*, Eigentümlichkeit *f*, Besonderheit *f.* **2.** Seltsamkeit *f*, Eigenartigkeit *f.*
peˈcul·iar·ly *adv* **1.** eigentümlich, -artig. **2.** eigenartigerweise.
pe·cu·ni·ar·y [pɪˈkjuːnjərɪ; *Am.* -nɪˌeriː] *adj* geldlich, Geld..., pekuniˈär: ~ **advantage** Vermögensvorteil *m*; ~ **aid** finanzielle Unterstützung.
ped·a·gog·ic [ˌpedəˈgɒdʒɪk; *Am.* -ˈgɑ-; -ˈgəʊ-] *adj*; ˌ**ped·aˈgog·i·cal** [-kl] *adj* (*adv* ~**ly**) pädaˈgogisch, erzieherisch. ˌ**ped·aˈgog·ics** *s pl* (*als sg konstruiert*) Pädaˈgogik *f.* ˈ**ped·a·gogue** [-gɒg; *Am.* -ˌgɑg] *s* **1.** Pädaˈgoge *m*, Erzieher *m.* **2.** *fig.* Peˈdant *m*, Schulmeister *m.* ˈ**ped·a·go·gy** [-gɒdʒɪ; -gɒgɪ; *Am.* -ˌgəʊdʒiː; -ˌgɑ-] *s* Pädaˈgogik *f.*
ped·al [ˈpedl] **I** *s* **1.** Peˈdal *n* (*am Klavier, Fahrrad etc*), Fußhebel *m*, Tretkurbel *f.* **2.** *a.* ~ **note** *mus.* a) Peˈdalton *m*, b) Orgelton *m.* **II** *v/i pret u. pp* **-aled,** *bes. Br.* **-alled 3.** *mus. tech.* das Peˈdal treten. **4.** ‚strampeln', radfahren. **III** *adj* **5.** Pedal..., Fuß...: ~ **bin** Treteimer *m*; ~ **board** *mus.* Pedalklaviatur *f*; ~ **boat** Tretboot *n*; ~ **brake** Fußbremse *f*; ~ **car** Tretauto *n*; ~ **control** Fußschaltung *f*, *aer.* Pedalsteuerung *f*; ~**-operated pump** Fußpumpe *f*; ~ **point** *mus.* a) lange Pedalnote, b) Orgelpunkt *m*; ~ **pushers** *Am.* dreiviertellange (Sport)Hose (*für Mädchen*); ~ **switch** Fußschalter *m.*
ped·a·lo [ˈpedələʊ] *pl* **-los, -loes** *s* Tretboot *n.*
ped·ant [ˈpedənt] *s* Peˈdant(in), Kleinigkeitskrämer(in). **pe·dan·tic** [pɪˈdæntɪk] *adj* (*adv* ~**ally**) peˈdantisch.
ped·ant·ry [ˈpedəntrɪ] *s* Pedanteˈrie *f.*
ped·dle [ˈpedl] **I** *v/i* **1.** hauˈsieren gehen. **2.** *fig.* sich mit Kleinigkeiten abgeben, tändeln (**with** mit). **II** *v/t* **3.** hauˈsieren gehen mit (*a. fig.*): **to ~ new ideas. 4. to ~ drugs** mit Drogen *od.* Rauschgift handeln. ˈ**ped·dler,** *bes. Br.* ˈ**ped·lar** [-lə(r)] *s* **1.** Hauˈsierer *m.* **2.** Drogen-, Rauschgifthändler *m.* ˈ**ped·dling I** *adj* **1.** unbedeutend, nichtig, wertlos. **2.** kleinlich. **II** *s* **3.** Hauˈsierhandel *m*, Hauˈsieren *n.* **4.** Drogenhandel *m.*
ped·er·ast [ˈpedəræst] *s* Pädeˈrast *m.* ˌ**ped·erˈas·tic** *adj* pädeˈrastisch. ˈ**ped·er·as·ty** *s* Päderaˈstie *f*, Knabenliebe *f.*
ped·es·tal [ˈpedɪstl] *s* **1.** *arch.* Piedeˈstal *n*, Sockel *m*, Postaˈment *n*, Säulenfuß *m*: **to place** (*od.* **put, set**) **s.o. on a ~** *fig.* j-n aufs Podest erheben; **to knock s.o. off his ~** *fig.* j-n von s-m Sockel stoßen. **2.** *tech.* a) ˈUntergestell *n*, Sockel *m*, b) (Lager)Bock *m*: ~ **ashtray** Standascher *m.*
pe·des·tri·an [pɪˈdestrɪən] **I** *adj* **1.** zu Fuß, Fuß... **2.** Fußgänger...: ~ **crossing** *Br.* Fußgängerüberweg *m*; ~ **island** (*od.* **refuge**) Verkehrs-, Fußgängerinsel *f*; ~ **precinct** Fußgängerzone *f.* **3.** Spazier... **4.** *fig.* proˈsaisch, trocken, langweilig: **a ~ style. II** *s* **5.** Fußgänger(in). **peˈdes·tri·an·ize** *v/t* in e-e Fußgängerzone ˈumwandeln.
pe·di·at·ric [ˌpiːdiːˈætrɪk] *adj med. Am.* pädiˈatrisch, Kinderheilkunde... ˌ**pe·di·aˈtri·cian** [-diːəˈtrɪʃən] *s Am.* Kinderarzt *m*, -ärztin *f.* ˌ**pe·diˈat·rics** *s pl Am.* (*als sg konstruiert*) Kinderheilkunde *f*, Pädiaˈtrie *f.* ˌ**pe·diˈat·rist** → **pediatrician.** ˌ**pe·dˈi·at·ry** → **pediatrics.**
ped·i·cel [ˈpedɪsel] *s* **1.** *bot.* Blütenstiel *m*, -stengel *m.* **2.** *anat. zo.* Stiel *m.*
ped·i·cle [ˈpedɪkl] *s* **1.** *bot.* Blütenstengel *m.* **2.** *med.* Stiel *m* (*e-s Tumors*).
pe·dic·u·lar [pɪˈdɪkjʊlə(r)], **peˈdic·u·lous** *adj* lausig, verlaust.
ped·i·cure [ˈpedɪˌkjʊə(r)] *s* Pediˈküre *f*: a) Fußpflege *f*, b) Fußpflegerin *f.*
ped·i·gree [ˈpedɪgriː] **I** *s* **1.** Stammbaum *m* (*a. zo. u. fig.*), Ahnentafel *f.* **2.** Ab-, ˈHerkunft *f.* **3.** lange Ahnenreihe. **II** *adj* **4.** mit e-m Stammbaum, reinrassig, Zucht...: ~ **race** Zuchtstamm *m*, -rasse *f.*
ˈ**ped·i·greed** → **pedigree** 4.
ped·i·ment [ˈpedɪmənt] *s* **1.** *arch.* a) Giebel(feld *n*) *m*, b) Ziergiebel *m.* **2.** *geogr.* Pediˈment *n.* ˌ**ped·iˈmen·tal** [-ˈmentl], ˈ**ped·i·ment·ed** [-men-] *adj* Giebel..., Pediment...
ped·lar *bes. Br. für* **peddler.**
pe·do·gen·e·sis [ˌpiːdəʊˈdʒenɪsɪs] *s biol. Am.* Pädogeˈnese *f*, Fortpflanzung *f* im Larvenstadium. ˌ**pe·do·geˈnet·ic** [-dʒɪˈnetɪk] *adj* pädogeˈnetisch.
ped·o·log·i·cal[1] [ˌpiːdəˈlɒdʒɪkl; *Am.* -ˈlɑ-] *adj Am.* pädoˈlogisch.
ped·o·log·i·cal[2] [ˌpiːdəˈlɒdʒɪkl; *Am.* ˌpedəˈlɑ-] *adj* pedoˈlogisch, bodenkundlich.
pe·dol·o·gist[1] [pɪˈdɒlədʒɪst; *Am.* piːˈdɑ-] *s Am.* Pädoˈloge *m.*
pe·dol·o·gist[2] [pɪˈdɒlədʒɪst; *Am.* -ˈdɑ-; *a.* pe-] *s* Pedoˈloge *m*, Bodenkundler *m.*
pe·dol·o·gy[1] [pɪˈdɒlədʒɪ; *Am.* piːˈdɑ-] *s Am.* Pädoloˈgie *f*, Lehre *f* vom Kinde.
pe·dol·o·gy[2] [pɪˈdɒlədʒɪ; *Am.* -ˈdɑ-; *a.* pe-] *s* Pedoloˈgie *f*, Bodenkunde *f.*
pe·dom·e·ter [pɪˈdɒmɪtə(r); *Am.* -ˈdɑ-] *s* Pedoˈmeter *n*, Schrittzähler *m.*
pe·do·phile [ˈpiːdəʊfaɪl] *med. psych. Am.* **I** *adj* pädoˈphil. **II** *s* Pädoˈphile(r) *m.* ˌ**pe·doˈphil·i·a** [-ˈfɪlɪə] *s Am.* Pädophiˈlie *f* (*sexuelle Zuneigung Erwachsener zu Kindern*). ˌ**pe·doˈphil·i·ac** [-ˈfɪlɪæk] → **pedophile.**
pe·dun·cle [pɪˈdʌŋkl] *s* **1.** *bot.* Blütenstandstiel *m*, Blütenzweig *m.* **2.** *zo.* Stiel *m*, *anat.* Schaft *m.* **3.** *anat.* Zirbel-, Hirnstiel *m.* **peˈdun·cled** *adj* gestielt. **peˈdun·cu·lar** [-kjʊlə(r)] *adj* **1.** *bot.* Blütenstandstiel... **2.** *zo.* Stiel... **3.** *anat.* Stiel..., gestielt.
pee[1] [piː] *s* P, p *n* (*Buchstabe*).
pee[2] [piː] *sl.* **I** *v/i* **1.** ‚pissen', ‚pinkeln'. **II** *s* **2.** ‚Pisse' *f.* **3. to have (to go for) a ~** ‚pinkeln' (gehen).
peek[1] [piːk] **I** *v/i* **1.** gucken, spähen (**into** in *acc*). **2.** ~ **out** vorgucken (*a. fig.*). **3.** ~ **at** e-n Blick werfen auf (*acc*). **II** *s* **4.** flüchtiger *od.* heimlicher Blick.
peek[2] [piːk] *s* Piepsen *n.*
peek·a·boo [ˈpiːkəˌbuː] *bes. Am.* **I** *s* ‚Guck-Guck-Spiel' *n*, Versteckspiel *n.* **II** *adj* a) mit Lochstickeˈrei (versehen): ~ **blouse,** b) ˈdurchsichtig: ~ **negligee.**
peel[1] [piːl] **I** *v/t* **1.** *e-e Frucht, Kartoffeln, Bäume* schälen: **to ~ (off)** abschälen, abentrinden, *Folie, Tapete etc* abziehen, ablösen; ~**ed barley** Graupen *pl*; **keep your eyes ~ed!** *colloq.* halt die Augen offen! **2.** *a.* ~ **off** *Kleider* abstreifen, ausziehen. **II** *v/i* **3.** *a.* ~ **off** sich abschälen, abblättern, abbröckeln, (ab)schilfern. **4.** *colloq.* ‚sich entblättern' (*sich ausziehen*). **5.** ~ **off** *aer. mil.* (*aus e-m Verband*) ausscheren. **6.** ~ **out** *mot. Am. sl.* e-n Kavaˈlierstart machen *od.* ˈhinlegen. **III** *s* **7.** Schale *f*, Rinde *f*, Haut *f.*
peel[2] [piːl] *s tech.* **1.** Backschaufel *f*, Brotschieber *m.* **2.** *print.* Aufhängekreuz *n.* **3.** *Papierherstellung*: Rieshänge *f.*
peel[3] [piːl] *s* Wehrturm *m.*
peel·er[1] [ˈpiːlə(r)] *s* **1.** (*Kartoffel- etc*) Schäler *m* (*Gerät u. Person*): **potato ~. 2.** *bes. Am. sl.* Stripperin *f.*
peel·er[2] [ˈpiːlə] *s Br. sl. obs.* ‚Poˈlyp' *m*, Poliˈzist *m.*
ˈ**peel·ing** *s* **1.** Schälen *n.* **2.** (*abgeschälte*) Schale, Rinde *f*, Haut *f*: **potato ~s** Kartoffelschalen.
peen [piːn] *tech.* **I** *s* Finne *f*, Hammerbahn *f.* **II** *v/t* mit der Finne bearbeiten.
peep[1] [piːp] **I** *v/i* **1.** piep(s)en (*Vogel, a. Kind etc*): **he never dared ~ again** er wagte nie wieder ‚piep' zu sagen. **II** *s* **2.** Piep(s)en *n.* **3.** *sl.* ‚Piepser' *m* (*Ton*).
peep[2] [piːp] **I** *v/i* **1.** gucken, lugen, neugierig *od.* verstohlen blicken (**into** in *acc*). **2.** *oft* ~ **out** herˈvorgucken, -schauen, -lugen (*a. fig. sich zeigen, zum Vorschein kommen*). **3.** ~ **at** e-n Blick werfen auf (*acc*). **II** *s* **4.** neugieriger *od.* verstohlener Blick: **to have** (*od.* **take**) **a ~ (at)** → 1 *u.* 3. **5.** Blick *m* (**of** in *acc*), (ˈDurch)Sicht *f.* **6. at ~ of day** bei Tagesanbruch.
peep·er[1] [ˈpiːpə(r)] *s* **1.** ‚Piepmatz' *m* (*Vogel*). **2.** *zo. Am.* Zirpfrosch *m.*
peep·er[2] [ˈpiːpə(r)] *s* **1.** Spitzel *m*, ‚Schnüffler' *m.* **2.** *meist pl colloq.* ‚Gucker' *m* (*Auge*).
ˈ**peep·hole** *s* Guckloch *n*, Sehspalt *m.*
Peep·ing Tom [ˌpiːpɪŋˈtɒm; *Am.* -ˈtɑm] *s* ‚Spanner' *m* (*Voyeur*).
peep|show *s* **1.** Guckkasten *m.* **2.** Peep-Show *f.* ~**sight** *s mil. tech.* ˈLochviˌsier *n.* ˈ~ˌ**stone** *s Am. die Zauberbrille, mit der Joseph Smith das „Buch Mormon" entziffert haben will.* ˈ~**-toe** *adj* zehenfrei (*Schuh etc*).
peer[1] [pɪə(r)] *v/i* **1.** gucken, spähen, schauen, starren (**into** in *acc*): **to ~ at** (sich) *j-n od. etwas* genau ansehen *od.* begucken, *j-n od. etwas* anstarren. **2.** *poet.* sich zeigen, erscheinen, zum Vorschein kommen. **3.** herˈvorgucken, -lugen.
peer[2] [pɪə(r)] **I** *s* **1.** Gleiche(r *m*) *f*, Ebenbürtige(r *m*) *f*, Gleichrangige(r *m*) *f*: **without a ~** ohnegleichen, unvergleichlich; **he associates with his ~s** er gesellt sich zu seinesgleichen; **in song he has no ~** im Singen kommt ihm keiner gleich; **to be the ~(s) of** den Vergleich aushalten mit; ~ **group** *psych. sociol.* Peer-group *f* (*Bezugsgruppe e-s Individuums, die aus Personen gleichen Alters, gleicher od. ähnlicher Interessenlage u. ähnlicher sozialer Herkunft besteht u. es in bezug auf Handeln u. Urteilen stark be-*

einflußt). **2.** Angehörige(r) *m* des (*brit.*) Hochadels: ~ **of the realm** *Br.* Peer *m* (*Mitglied des Oberhauses*); **spiritual (temporal)** ~ geistlicher (weltlicher) Peer. **II** *v/t* **3.** gleichkommen (*dat*).

peer·age [ˈpɪərɪdʒ] *s* **1.** Peerage *f*: a) Peerswürde *f*, b) Hochadel *m*, *collect. a.* (*die*) Peers *pl*: **he was raised to the** ~ er wurde in den (*höheren*) Adelsstand erhoben. **2.** ˈAdelskaˌlender *m*. ˈ**peer·ess** *s* Peereß *f*: a) Gemahlin *f* e-s Peers, b) hohe Adlige (*die selbst den Titel trägt*): ~ **in her own right** Peereß im eigenen Recht. ˈ**peer·less** *adj* (*adv* ~**ly**) unvergleichlich, einzig(artig), beispiellos. ˈ**peer·less·ness** *s* Unvergleichlichkeit *f*.

peeve [piːv] *v/t colloq.* (ver)ärgern. **peeved** *adj colloq.* verärgert, ärgerlich (**about, at** über *acc*), ‚eingeschnappt'.

ˈ**pee·vish** *adj* (*adv* ~**ly**) grämlich, mürrisch, gereizt, übellaunig, verdrießlich. ˈ**pee·vish·ness** *s* Verdrießlichkeit *f*.

pee·wee [ˈpiːwiː] *Am.* **I** *s* **1.** (*etwas*) Winziges. **2.** Cowboystiefel *m* mit niederem Schaft. **II** *adj* **3.** winzig.

peg [peg] **I** *s* **1.** a) (Holz-, *surv.* Absteck)Pflock *m*, b) (Holz)Nagel *m*, (Holz-, Schuh)Stift *m*, c) *tech.* Dübel *m*, Zapfen *m*, d) *tech.* Keil *m*, Splint *m*, e) *tech.* Knagge *f*, Mitnehmer *m*, f) *teleph.* Stöpsel *m*, g) *mount.* (Kletter)Haken *m*: **to take s.o. down a** ~ **(or two)** *colloq.* ‚j-m e-n Dämpfer aufsetzen'; **to come down a** ~ *colloq.* ‚zurückstecken'; **a round** ~ **in a square hole, a square** ~ **in a round hole** ein Mensch am falschen Platz. **2.** Kleiderhaken *m*: **off the** ~ von der Stange (*Anzug*). **3.** (Wäsche)Klammer *f*. **4.** (Zelt)Hering *m*. **5.** *mus.* Wirbel *m* (*an Saiteninstrumenten*). **6.** *fig.* ‚Aufhänger' *m* (*im Journalismus etc*): **a good** ~ **on which to hang a story**; **a** ~ **to hang one's claims on** ein Vorwand für s-e Ansprüche. **7.** *Br.* Gläs-chen *n* (Alkohol), *bes.* Whisky *m* mit Soda. **8.** *colloq.* a) → **peg leg**, b) *humor.* ‚Stampfer' *m* (*Bein*). **II** *v/t* **9.** *a.* ~ **down** mit e-m Pflock *od.* mit Pflöcken befestigen, anpflocken. **10.** *tech.* (an-, ver)dübeln. **11.** *meist* ~ **out** *surv. Land* abstecken: **to** ~ **out one's claim** *fig.* s-e Ansprüche geltend machen. **12.** *a.* ~ **down** *Preise etc* festlegen (**at** auf *acc*), stützen: ~**ged price** Stützkurs *m*. **13.** *Wäsche* (fest)klammern. **14.** *colloq.* ‚schmeißen' (**at** nach): **to** ~ **stones at s.o. 15. to** ~ **s.o. down to s.th.** *colloq.* j-n auf etwas ‚festnageln'. **III** *v/i* **16.** *meist* ~ **away**, ~ **along** *colloq.* a) dranbleiben (**at** an *e-r Arbeit*), b) schuften. **17.** *colloq.* ‚sausen', ‚rasen'. **18.** ~ **out** *colloq.* a) ‚zs.-klappen' (*e-n Schwächeanfall erleiden*), b) ‚den Löffel weglegen' (*sterben*).

Peg·a·sus [ˈpegəsəs] *pl* **-si** [-saɪ] *s* **1.** Pegasus *m*, Flügelroß *n* der Musen. **2.** *astr.* Pegasus *m* (*Sternbild*).

ˈ**peg|·board** *s* **1.** Spielbrett *n*. **2.** Aufhängeplatte *f* (*für Ausstellungsstücke, Werkzeuge etc*). **3.** *electr.* Stecktafel *f*. ˈ~**box** *s mus.* Wirbelkasten *m*. ~ **leg** *s* (*colloq.* Mensch *m* mit e-m) Holzbein *n*. ~ **switch** *s electr.* ˈUmschalter *m*. ~ **top** *s* **1.** Kreisel *m*. **2.** *pl* Kaˈrottenhose *f*. ˈ~**-top** *adj* über den Hüften weit u. unten eng.

peign·oir [ˈpeɪnwɑː; *Am.* peɪnˈwɑːr; pen-] *s* Morgenrock *m*, Négliˈgé *n*.

pe·jo·ra·tive [ˈpiːdʒərətɪv; pɪˈdʒɒrətɪv; *Am. a.* -ˈdʒɑr-; ˈpedʒəˌreɪ-] **I** *adj* (*adv* ~**ly**) abschätzig, herˈabsetzend, pejoraˈtiv. **II** *s ling.* abschätziges Wort, Pejoraˈtivum *n*.

peke [piːk] *colloq. für* **Pekingese** 2.

Pe·kin [ˌpiːˈkɪn], ˌ**Peˈkin duck, Pe·kin·ese** [ˌpiːkɪˈniːz] → **Peking, Peking duck, Pekingese.**

Pe·king [ˌpiːˈkɪŋ], *a.* ~ **duck** *s orn.* Peking-Ente *f*.

Pe·king·ese [ˌpiːkɪŋˈiːz] *pl* **-ese** *s* **1.** Bewohner(in) von Peking. **2.** Pekiˈnese *m* (*Hund*).

Pe·king man [ˌpiːˈkɪŋ] *s* Pekingmensch *m*.

pe·koe [ˈpiːkəʊ] *s* Pekoe(tee) *m*.

pel·age [ˈpelɪdʒ] *s zo.* Körperbedeckung *f* der Säugetiere.

pe·la·gi·an[1] [peˈleɪdʒɪən] **I** *adj* ˈhochmaˌrin, ozeˈanisch, peˈlagisch, See... **II** *s* Seebewohner *m* (*Tier*).

Pe·la·gi·an[2] [peˈleɪdʒɪən] *relig.* **I** *s* Pelagiˈaner *m*. **II** *adj* pelagiˈanisch.

pel·ar·gon·ic [ˌpelə(r)ˈgɒnɪk; *Am.* -ˈgɑ-; -ˈgəʊ-] *adj chem.* Pelargon... ˌ**pel·arˈgo·nium** [-ˈgəʊnjəm; -ɪəm] *s bot.* Pelarˈgonie *f*.

pel·er·ine [ˈpeləriːn; *Am.* -rən; ˌpeləˈriːn] *s* Peleˈrine *f* (*Umhang*).

pelf [pelf] *s contp.* (schnöder) Mammon, Geld *n*.

pel·ham [ˈpeləm] *s* Pelham *m* (*Zaumzeug aus Kandare u. beweglichem Trensenmundstück*).

pel·i·can [ˈpelɪkən] *s orn.* Pelikan *m*: ~ **in her piety** *fig.* Pelikan, der sich die Brust aufreißt, um s-e Jungen mit s-m Blut zu füttern (*Sinnbild Christi od. der Nächstenliebe*). ~ **cross·ing** *s* ˈAmpelˌübergang *m*. **P**~ **State** *s Am.* (*Beiname für*) Louisiˈana *n*.

pe·lisse [peˈliːs] *s* (*langer*) Damen- *od.* Herrenmantel (*mit Pelzbesatz*).

pel·la·gra [pəˈleɪgrə; -ˈlæg-] *s med.* Pellagra *n* (*e-e Vitaminmangelkrankheit*).

pel·let [ˈpelɪt] *s* **1.** Kügelchen *n*. **2.** *pharm.* Kügelchen *n*, Pille *f*, ˈMikrodraˌgée *n*. **3.** Schrotkorn *n* (*Munition*). **4.** Kugelverzierung *f*: ~ **mo(u)lding** *arch.* Kugelfries *m*. **5.** *orn.* Gewölle *n*.

pel·li·cle [ˈpelɪkl] *s* Häutchen *n*, Memˈbran *f*. **pelˈlic·u·lar** [-ˈlɪkjʊlə(r)] *adj* häutchenförmig, memˈbranartig.

pel·li·to·ry [ˈpelɪtərɪ; *Am.* -ˌtəʊriː; -ˌtɔː-] *s bot.* **1.** Mauerkraut *n*. **2.** Mutterkraut *n*. **3.** Speichelwurz *f*. **4.** Schafgarbe *f*.

pell-mell [ˌpelˈmel] **I** *adv* **1.** (wild) durcheinˈander, ‚wie Kraut u. Rüben'. **2.** ˈunterschiedslos. **3.** Hals über Kopf, blindlings. **II** *adj* **4.** verworren, kunterbunt. **5.** hastig, überˈeilt. **III** *s* **6.** Durcheinˈander *n*, Wirrwarr *m*.

pel·lu·cid [peˈljuːsɪd; -ˈluː-; *Am.* pəˈluː-] *adj* ˈdurchsichtig, klar (*a. fig.*).

pel·met [ˈpelmɪt] *s* **1.** Blend-, Vorhangleiste *f*. **2.** Querbehang *m* (*der die Gardinenstange verdeckt*).

pelt[1] [pelt] *s* **1.** Fell *n*, (rohe) Haut, (Tier-) Pelz *m*. **2.** *humor.* ‚Fell' *n*, Haut *f* (*des Menschen*).

pelt[2] [pelt] **I** *v/t* **1.** *j-n* (*mit Steinen etc*) bewerfen, werfen nach *j-m*, (*a. fig. mit Fragen etc*) bombarˈdieren: **to** ~ **s.o. with questions. 2.** *j-n* verprügeln, *j-m* das Fell gerben. **II** *v/i* **3.** mit Steinen *etc* werfen (**at** nach). **4.** *a.* ~ **down** (nieder)prasseln (*Regen etc*): ~**ing rain** Platzregen *m*; **it was** ~**ing with rain** es goß in Strömen. **5.** stürmen, stürzen. **III** *s* **6.** Schlag *m*, Wurf *m*. **7.** Prasseln *n*, Klatschen *n* (*von Regen, Schlägen*). **8.** Eile *f*: (**at**) **full** ~ mit voller Geschwindigkeit, mit ‚Karacho'.

pel·tate [ˈpelteɪt] *adj bot.* **1.** mit dem Stengel in der Mitte (angewachsen). **2.** schildförmig (*Blatt*).

Pel·ti·er| ef·fect [ˈpeltɪeɪ] *s phys.* Peltiˈer-Efˌfekt *m*. ~ **el·e·ment** *s electr.* Peltiˈer-Eleˌment *n*.

pelt·ry [ˈpeltrɪ] *s* **1.** Rauch-, Pelzwaren *pl*. **2.** Fell *n*, Haut *f*.

pelt wool *s tech.* Sterblingswolle *f*.

pel·vic [ˈpelvɪk] *adj anat.* Becken...: ~ **arch**, ~ **girdle** Beckengürtel *m*; ~ **cavity** Beckenhöhle *f*; ~ **fin** *ichth.* Bauchflosse *f*; ~ **presentation** *med.* Becken(end)lage *f*.

pel·vis [ˈpelvɪs] *pl* **-ves** [-viːz] *s anat.* Becken *n*, Pelvis *f*.

pem·mi·can [ˈpemɪkən] *s* **1.** Pemmikan *m* (*gepreßtes Dörrfleisch*). **2.** gepreßte Mischung von Trockenobst. **3.** *fig.* Zs.-fassung *f*.

pen[1] [pen] **I** *s* **1.** Gehege *n*, Pferch *m*, (Schaf)Hürde *f*, Verschlag *m* (*für Geflügel etc*), Hühnerstall *m*. **2.** Laufstall *m* (*für Kleinkinder*). **3.** (Stau)Damm *m*. **4.** *Am. sl.* ‚Kittchen' *n* (*Gefängnis*). **5.** *mar. mil.* U-Boot-Bunker *m*. **II** *v/t pret u. pp* **penned** *od.* **pent 6.** *a.* ~ **in**, ~ **up** a) einpferchen, -schließen, b) *fig. j-s* Aktiˈonsradius *etc* einengen: **to feel** ~**ned in** sich eingeengt fühlen.

pen[2] [pen] **I** *s* **1.** a) (Schreib)Feder *f*, b) Federhalter *m*, c) Füller *m*, d) Kugelschreiber *m*: **to take** ~ **in hand, to take up one's** ~ zur Feder greifen; **to set** ~ **to paper** die Feder ansetzen; ~ **and ink** Schreibzeug *n*; ~ **friend**, ~ **pal** Brieffreund(in); ~ **friendship** Brieffreundschaft *f*; **the** ~ **is mightier than the sword** die Feder ist mächtiger als das Schwert. **2.** *fig.* Feder *f*, Stil *m*: **he has a sharp** ~ er führt e-e spitze Feder. **3.** *fig.* a) Schriftstelleˈrei *f*, b) Schriftsteller(in). **II** *v/t* **4.** (auf-, nieder)schreiben. **5.** ab-, verfassen.

pen[3] [pen] *s orn.* weiblicher Schwan.

pe·nal [ˈpiːnl] *adj* (*adv* ~**ly**) **1.** Straf...: ~ **code** Strafgesetzbuch *n*; ~ **colony** (*od.* **settlement**) Sträflingskolonie *f*; ~ **duty** Strafzoll *m*; ~ **institution** Straf(vollzugs)anstalt *f*, Justizvollzugsanstalt *f*; ~ **law** Strafrecht *n*; ~ **reform** Strafrechtsreform *f*; ~ **servitude** *Br. hist.* Zuchthaus(strafe *f*) *n*; ~ **sum** Vertrags-, Konventionalstrafe *f*. **2.** strafbar, sträflich: ~ **act** strafbare Handlung. ˌ**pe·nal·iˈza·tion** [-nəlaɪˈzeɪʃn; *Am.* -ləˈz-] *s* Bestrafung *f*. ˈ**pe·nal·ize** *v/t* **1.** bestrafen, mit e-r Strafe belegen. **2.** ‚bestrafen', belasten, benachteiligen. **3.** *etwas* unter Strafe stellen.

pen·al·ty [ˈpenltɪ] *s* **1.** (gesetzliche) Strafe: **on** (*od.* **under**) ~ **of** bei Strafe von; **on** ~ **of death** bei Todesstrafe; **the extreme** ~ die Todesstrafe; **penalties** Strafbestimmungen; **to pay** (*od.* **bear**) **the** ~ **of s.th.** etwas büßen. **2.** (Geld-, *a.* Vertrags)Strafe *f*, Buße *f*: ~ **envelope** *Am.* Umschlag frei durch Ablösung, frankierter Dienstumschlag. **3.** *fig.* Nachteil *m*: **the** ~ **of fame** der Fluch des Ruhms. **4.** *sport* a) Strafe *f*, b) Strafpunkt *m*, c) (*Fußball*) Elfˈmeter *m*, d) (*Hockey*) Siebenˈmeter *m*, e) (*Eishockey*) Penalty *m*. ~ **a·re·a** *s Fußball*: Strafraum *m*. ~ **box** *s* **1.** → **penalty area. 2.** *Eishockey*: Strafbank *f*: **to be in the** ~ auf der Strafbank sitzen. ~ **cor·ner** *s Hockey*: Strafecke *f*. ~ **goal** *s Fußball*: Elfˈmetertor *n*. ~ **kick** *s* **1.** *Fußball*: Strafstoß *m*. **2.** *Rugby*: Straftritt *m*. ~ **kick mark** *s Fußball*: Strafstoßmarke *f*. ~ **kill·er** *s* **1.** *Fußball*: Elfˈmetertöter *m*. **2.** *Eishockey*: Penaltykiller *m* (*Spieler, der immer bei zahlenmäßiger Unterlegenheit eingesetzt wird*). ~ **rate** *s econ. Am.* Zulage *f* (*für Überstunden etc*). ~ **shot 1.** *Eishockey*: Strafschuß *m*. **2.** *Golf*: Strafschlag *m*. **3.** *Basketball*: *Am.* Freiwurf *m*. ~ **spot** *s* **1.** *Fußball*: Elfˈmeterpunkt *m*. **2.** *Hockey*: Siebenˈmeterpunkt *m*. ~ **stroke** *s Hockey*: Strafschlag *m*.

pen·ance [ˈpenəns] *s* **1.** *relig.* Buße *f*, Reue *f*: **to do** ~ (**for s.th.**) a) (für etwas) Buße tun, b) *fig.* (etwas) büßen. **2.** *relig. oft* **P**~ (Sakraˈment *n* der) Buße *f od.* Beichte *f*. **3.** *fig.* Strafe *f*: **it's a** ~ **for** ... das ist die Strafe für ...

ˌ**pen-and-ˈink I** *adj* Feder..., Schreiber..., Schriftsteller...: ~ **drawing** Federzeichnung *f*; ~ **man** Schriftsteller *m*. **II** *s* Federzeichnung *f*.

pe·na·tes [peˈnɑːteɪz; *bes. Am.* pəˈneɪtiːz] *s pl antiq.* Peˈnaten *pl*, Hausgötter *pl*.

pence [pens] *pl von* **penny**.

pen·chant [ˈpɑ̃ːŋʃɑ̃ːŋ; *Am.* ˈpentʃənt] *s* (**for**) Neigung *f*, Hang *m* (zu), Vorliebe *f* (für).

pen·cil [ˈpensl] **I** *s* **1.** (Blei-, Zeichen-, Farb)Stift *m*: **red** ~ Rotstift; **in** ~ mit Bleistift. **2.** a) *obs.* (Maler)Pinsel *m*, b) *fig.* Mal-, Zeichenkunst *f*, c) *fig.* Stil *m* (*e-s Zeichners*), d) *rhet.* Griffel *m*, Stift *m*. **3.** *med. tech. Kosmetik*: Stift *m*. **4.** *zo.* Büschel *n*. **5.** *math. phys.* (Strahlen)Bündel *n*, Büschel *n*: ~ **of light** Lichtbündel; ~ **of planes** Ebenenbüschel; ~ **beam** Schmalbündel, bleistiftförmiges Strahlenbündel. **II** *v/t pret u. pp* **-ciled,** *bes. Br.* **-cilled 6.** zeichnen, entwerfen. **7.** mit e-m Bleistift aufschreiben *od.* anzeichnen *od.* anstreichen. **8.** mit e-m Stift behandeln, *die Augenbrauen etc* nachziehen. ˈ**pen·ciled,** *bes. Br.* ˈ**pen·cilled** *adj* **1.** fein gezeichnet *od.* gestrichelt. **2.** mit Bleistift gezeichnet *od.* geschrieben *od.* angestrichen. **3.** büschelig (*a. phys.*). **4.** *math. phys.* gebündelt (*Strahlen etc*).

pen·cil|push·er *s humor.* ‚Büˈrohengst' *m*. ~**sharp·en·er** *s* (Bleistift)Spitzer *m*.

ˈ**pen·craft** *s* **1.** Schreibkunst *f*. **2.** a) Schriftstelleˈrei *f*, Schriftstellerhandwerk *n*, b) schriftstellerisches Können.

pend [pend] *v/t e-e Entscheidung etc* in der Schwebe lassen.

pen·dant [ˈpendənt] **I** *s* **1.** (Ohr- *etc*) Gehänge *n*, Anhänger *m* (*e-r Halskette etc*). **2.** Behang *m* (*z. B. an Kronleuchtern*). **3.** *a.* ~ **lamp** Hängeleuchter *m*, -lampe *f*. **4.** *a.* ~ **bow** Bügel *m*, Gehänge *n* (*e-r Uhr*). **5.** *fig.* Anhang *m* (*e-s Buches etc*), Anhängsel *n*. **6.** [*a.* ˈpɑ̃ːdɑ̃ː] Penˈdant *n*, Seiten-, Gegenstück *n* (**to** zu). **7.** *mar.* → **pennant** 1. **8.** *arch.* herˈabhängender Schlußstein. **II** *adj* **9.** → **pendent** I: ~ **cord** *electr.* Hängeschnur *f*; ~ **switch** Schnurschalter *m*.

pen·den·cy [ˈpendənsɪ] *s bes. jur.* Schweben *n*, Anhängigkeit *f*: **during the** ~ **of a suit** → **pendente lite**.

pen·dent [ˈpendənt] **I** *adj* **1.** (herˈab-) hängend, Hänge... **2.** ˈüberhängend. **3.** *fig. jur.* → **pending** 3. **4.** *ling.* unvollständig. **II** *s* → **pendant** I.

pen·den·te li·te [penˌdentɪˈlaɪtɪ] (*Lat.*) *adv jur.* bei schwebendem Verfahren, während der Anhängigkeit des Verfahrens.

pen·den·tive [penˈdentɪv] *s arch.* **1.** Hänge-, Strebebogen *m*. **2.** Pendenˈtif *n* (*Gewölbezwickel*).

pend·ing [ˈpendɪŋ] **I** *adj* **1.** hängend. **2.** bevorstehend, *a.* drohend. **3.** *fig. bes. jur.* schwebend, anhängig, (noch) unentschieden: **cases** ~ **before the Court** (vor dem Gericht) anhängige Sachen. **4.** anstehend: **matters** ~. **II** *prep* **5.** a) während, b) bis zu: ~ **further information** bis weitere Auskünfte vorliegen.

pen·du·late [ˈpendjʊleɪt; *Am.* -dʒə-; -də-] *v/i* **1.** pendeln. **2.** *fig.* fluktuˈieren, schwanken. ˌ**pen·duˈla·tion** *s* **1.** Pendeln *n*. **2.** *fig.* Schwanken *n*. ˈ**pen·du·line** [-laɪn; *Am. a.* -lɪn] *adj u. s orn.* Hängenester bauend(er Vogel).

pen·du·lous [ˈpendjʊləs; *Am.* -dʒə-; -də-] *adj* (herˈab)hängend, pendelnd: ~ **abdomen** Hängebauch *m*; ~ **breasts** *pl* Hängebusen *m*; ~ **motion** Pendelbewegung *f*.

pen·du·lum [ˈpendjʊləm; *Am.* -dʒə-; -də-] **I** *s* **1.** *math. phys.* Pendel *n*. **2.** *tech.* a) Pendel *n*, Perpenˈdikel *n*, *m* (*e-r Uhr*), b) Schwunggewicht *n*. **3.** *fig.* Pendelbewegung *f*, Pendel *n*, wechselnde Stimmung *od.* Haltung: **the** ~ **of public opinion. II** *adj* **4.** Pendel...: ~ **clock** (**contact, saw, weight,** *etc*); ~ **wheel** Unruh *f*.

pen·e·tra·bil·i·ty [ˌpenɪtrəˈbɪlətɪ] *s* Durchˈdringbarkeit *f*, -ˈdringlichkeit *f*.

ˈ**pen·e·tra·ble** *adj* (*adv* **penetrably**) durchˈdringlich, erfaßbar, erreichbar.

pen·e·tra·li·a [ˌpenɪˈtreɪljə; -lɪə] *s pl* **1.** (*das*) Innerste, (*das*) Allerˈheiligste. **2.** *fig.* Geheimnisse *pl*, inˈtime Dinge *pl*.

pen·e·trate [ˈpenɪtreɪt] **I** *v/t* **1.** durchˈdringen, eindringen in (*acc*), durchˈbohren, -ˈschlagen, (*a. mil. taktisch*) durchˈstoßen, dringen durch: **to** ~ **a woman** e-e Frau penetrieren. **2.** *aer. mil.* einfliegen, -dringen in (*acc*). **3.** *fig.* a) (*seelisch*) durchˈdringen, erfüllen, ergreifen, b) (*geistig*) eindringen in (*acc*), erforschen, ergründen, durchˈschauen: **to** ~ **s.o.'s disguise** j-n durchschauen. **II** *v/i* **4.** (**into, to**) eindringen (in *acc*), ˈdurchdringen (zu): **to** ~ **into a secret** *fig.* ein Geheimnis ergründen. **5.** ˈdurch-, vordringen, sich e-n Weg bahnen (**to** bis zu, zu). **6. the idea has** ~**d** *fig.* ‚der Groschen ist gefallen'. ˈ**pen·e·trat·ing** *adj* (*adv* ~**ly**) **1.** *allg.* ˈdurchdringend: ~ **glance** (**shriek, wind**); ~ **intellect** scharfer Verstand; ~ **odo(u)r** penetranter Geruch; ~ **power** → **penetration** 2. **2.** scharfsinnig. **3.** durchˈbohrend (*a. fig. Blick*). ˈ**pen·e·trat·ing·ness** *s* **1.** Eindringlichkeit *f*. **2.** Scharfsinn *m*.

pen·e·tra·tion [ˌpenɪˈtreɪʃn] *s* **1.** Ein-, ˈDurchdringen *n*, Durchˈbohren *n*, -ˈstoßen *n*, *mil.* ˈDurch-, Einbruch *m*, *aer.* Einflug *m*, Peneˈtrierung *f* (*e-r Frau*). **2.** Eindringungsvermögen *n*, ˈDurchschlagskraft *f*, Tiefenwirkung *f*. **3.** *opt. phys.* Schärfe *f*, Auflösungsvermögen *n*. **4.** *fig.* Ergründung *f*. **5.** *fig.* Durchˈdringung *f*, Ein-, Vordringen *n*, Einflußnahme *f*: **peaceful** ~ **of a country** friedliche Durchdringung e-s Landes. **6.** *fig.* Scharfsinn *m*, scharfer Verstand.

pen·e·tra·tive [ˈpenɪtrətɪv; *bes. Am.* -treɪtɪv] *adj* (*adv* ~**ly**) **1.** ˈdurchdringend, Eindringungs...: ~ **effect** Eindringungstiefe *f* (*e-s Geschosses*). **2.** → **penetrating. 3.** eindringlich.

pen feath·er *s orn.* Schwungfeder *f*.

pen·guin [ˈpeŋgwɪn; *Am. a.* ˈpen-] *s* **1.** *orn.* Pinguin *m*. **2.** *aer.* Übungsflugzeug *n*. ~ **suit** *s colloq. Raumfahrt*: Raumanzug *m*.

ˈ**penˌhold·er** *s* Federhalter *m*. ~ **grip** *s Tischtennis*: Penholdergriff *m*.

pe·ni·al [ˈpiːnɪəl] *adj anat.* Penis...

pen·i·cil·late [ˌpenɪˈsɪlɪt; -leɪt] *adj bot. zo.* **1.** pinselförmig. **2.** streifig.

pen·i·cil·lin [ˌpenɪˈsɪlɪn] *s med.* Peniciˈllin *n*.

pe·nile [ˈpiːnaɪl] *adj anat.* Penis...

pen·in·su·la [pɪˈnɪnsjʊlə; *Am.* -sələ; -tʃələ] *s* Halbinsel *f*: **the (Iberian) P**~ die Pyrenäenhalbinsel. **penˈin·su·lar I** *adj* **1.** Halbinsel..., peninsuˈlar(isch): **the P**~ **War** der Peninsular-, Halbinselkrieg (*Napoleons gegen die Spanier*; *1808–14*); **the P**~ **campaign** *Am.* McClellands Feldzug *m* gegen Richmond im amer. Bürgerkrieg (*1862*); **the P**~ **State** *Am.* (der Staat) Florida *n*. **2.** halbinselförmig. **II** *s* **3.** Bewohner(in) e-r Halbinsel.

pe·nis [ˈpiːnɪs] *pl* **-nis·es, -nes** [-niːz] *s anat.* Penis *m*, männliches Glied. ~**en·vy** *s psych.* Penisneid *m*.

pen·i·tence [ˈpenɪtəns] *s* Buße *f*: a) *relig.* Bußfertigkeit *f*, b) Reue *f*, Zerknirschung *f*. ˈ**pen·i·tent I** *adj* (*adv* ~**ly**) **1.** a) *relig.* bußfertig, b) reuig, zerknirscht. **II** *s* **2.** *relig.* Bußfertige(r *m*) *f*, Büßer(in). **3.** *R.C.* Beichtkind *n*, Pöniˈtent(in). ˌ**pen·i-ˈten·tial** [-ˈtenʃl] **I** *adj* (*adv* ~**ly**) **1.** → **penitent** 1. **2.** *relig.* als Buße auferlegt, Buß...: ~ **psalm** Bußpsalm *m*. **II** *s* **3.** *a.* ~ **book** *R.C.* Buß-, Pöniˈtenzbuch *n*.

pen·i·ten·tia·ry [ˌpenɪˈtenʃərɪ] **I** *s* **1.** *relig.* Pönitentiˈar *m*, Bußpriester *m*, Beichtvater *m*. **2.** *relig.* (*päpstliches*) Bußgericht: **Grand P**~ *Kardinal, der dem päpstlichen Bußgericht vorsteht*. **3.** *Am.* (Staats)Gefängnis *n*. **4.** *Br. hist.* Besserungsanstalt *f* für Prostituˈierte. **II** *adj* **5.** *relig.* Buß...: ~ **priest**; ~ **pilgrim** Bußpilger *m*. **6.** ~ **crime** *Am.* Verbrechen, auf das e-e Gefängnisstrafe steht.

ˈ**pen|·knife** *s irr* Feder-, Taschenmesser *n*. ˈ~**man** [-mən] *s irr* **1.** Schreiber *m*. **2.** Schönschreiber *m*, Kalliˈgraph *m*. **3.** Mann *m* der Feder, Liteˈrat *m*. ˈ~**man·ship** *s* **1.** Schreibkunst *f*, Kalligraˈphie *f*. **2.** Stil *m*. **3.** a) schriftstellerisches Können, Kunst *f* des Schreibens, b) schriftstellerische Leistung. ~ **name** *s* Schriftstellername *m*, Pseudoˈnym *n*.

pen·nant [ˈpenənt] *s* **1.** *mar.* Wimpel *m*, Stander *m*, kleine Flagge. **2.** (Lanzen-) Fähnchen *n*. **3.** *sport Am.* Siegeswimpel *m*. **4.** *mus. Am.* Fähnchen *n*.

pen·ni·form [ˈpenɪfɔː(r)m] *adj* federförmig.

pen·ni·less [ˈpenɪlɪs] *adj* ohne e-n Pfennig (Geld), mittellos, arm: **to be** ~ keinen Pfennig Geld haben.

pen·non [ˈpenən] *s* **1.** *bes. mil.* Fähnlein *n*, Wimpel *m* (*a. mar.*), Lanzenfähnchen *n*. **2.** Fittich *m*, Schwinge *f*.

Penn·syl·va·ni·a Dutch [ˌpensɪlˈveɪnjə; -nɪə] *s* **1.** *collect.* Pennsylˈvanisch-Deutsche *pl*, in Pennsylˈvania lebende ˈDeutschameriˌkaner *pl*. **2.** *ling.* Pennsylˈvanisch-Deutsch *n*.

ˌ**Penn·sylˈva·ni·an I** *adj* pennsylˈvanisch. **II** *s* Pennsylˈvanier(in).

pen·ny [ˈpenɪ] *pl* **-nies** *od. collect.* **pence** [pens] *s* **1.** *a.* **new** ~ *Br.* Penny *m* (*1/100 Pfund*): **in pennies** in (einzelnen) Kupfermünzen; **in for a** ~, **in for a pound** wer A sagt, muß auch B sagen; **to spend a** ~ *Br. euphem.* ‚mal verschwinden'; **take care of the pence, and the pounds will take care of themselves** wer den Pfennig nicht ehrt, ist des Talers nicht wert; **the** ~ **dropped** *bes. Br. humor.* ‚der Groschen ist gefallen'; **they are two** (*od.* **ten**) **a** ~ *Br. colloq.* a) sie sind spottbillig, man bekommt sie nachgeworfen, b) es gibt sie wie Sand am Meer. **2.** *fig.* Pfennig *m*, Heller *m*, Kleinigkeit *f*: **he hasn't a** ~ **to bless himself with** er hat keinen roten Heller; **a** ~ **for your thoughts** ich gäb' was dafür, wenn ich wüßte, woran Sie jetzt denken. **3.** *fig.* Geld *n*: **a pretty** (*od.* **tidy**) ~ *colloq.* ein hübsches Sümmchen, e-e Stange Geld; → **honest** 3. **4.** *Am.* Cent(stück *n*) *m*.

ˌ**pen·ny|-a-ˈlin·er** *s selten* (schlechtbezahlter) Zeitungsschreiber, Schreiberling *m*, Zeilenschinder *m*. ~ **an·te** *s Am.* **1.** Pokerspiel *n*, bei dem der (erste) Einsatz e-n Cent beträgt. **2.** *fig.* ‚kleine Fische' *pl* (*unbedeutende Sache*). ~**ar·cade** *s* ˈSpielsaˌlon *m*. **P**~ **Black** *s Philatelie*: (*die*) schwarze Queen Vicˈtoria. ~ **dread·ful** *pl* **-fuls** *s Br. colloq.* **1.** ˈGroschen-, ˈSchauerroˌman *m*. **2.** ‚Reˈvolverblatt' *n*. ~ **far·thing** *s hist. Br.* Hochrad *n* (*frühe Form des Fahrrads*). ˈ~**-pinch** *v/t colloq.* j-n (mit Geld) knapp-, kurzhalten. ˈ~**-ˌpinch·er** *s colloq.* Knicker(in), Pfennigfuchser(in). ˈ~**-ˌpinch·ing** *s colloq.* Knickeˈrei *f*, Pfennigfuchseˈrei *f*. ~ˈ**roy·al** *s bot.* Poleiminze *f*, Flohkraut *n*. ˈ~**weight** *s* (*englisches*) Pennygewicht (*1/20 Unze* =

1,555 g). ˌ**~-ˈwise** *adj* am falschen Ende sparsam: **~ and pound-foolish** im Kleinen sparsam, im Großen verschwenderisch. ˈ**~-wort** *s bot.* **1.** Nabelkraut *n.* **2.** Wassernabel *m.* **3.** (*e-e*) Sibˈthorpie. **4.** Zymbelkraut *n.* **~-worth** [ˈpenəθ; ˈpenɪwəθ; *Am.* ˈpeniːˌwɜrθ] *s* **1.** *was man für e-n Penny kaufen kann*: **a ~ of sweets** für e-n Penny Bonbons. **2.** (*bes.* guter) Kauf: **a good ~** sehr preisgünstig. **3. not a ~ of sense** nicht für fünf Pfennig Verstand.

pe·no·log·ic [ˌpiːnəˈlɒdʒɪk; *Am.* -ˈlɑ-] *adj*; ˌ**pe·noˈlog·i·cal** [-kl] *adj* (*adv* **~ly**) krimiˈnalkundlich, *bes.* Strafvollzugs... **peˈnol·o·gy** [-ˈnɒlədʒɪ; *Am.* -ˈnɑ-] *s* Krimiˈnalstrafkunde *f*, *bes.* ˈStrafvollˌzugslehre *f.*

ˈ**penˌpush·er** *s colloq.* **1.** ‚Büˈrohengst' *m.* **2.** Schreiberling *m.*

pen·sile [ˈpensaɪl] *adj* (herˈab)hängend, Hänge...

pen·sion¹ [ˈpenʃn] **I** *s* **1.** Rente *f*, Pensiˈon *f*, Ruhegeld *n*: **to be (to go) on (a) ~** in Rente *od.* Pension sein (gehen); **~ fund** Pensionskasse *f*; **~ plan** (*od.* **scheme**) (Alters)Versorgungsplan *m.* **2.** Jahr-, Kostgeld *n.* **II** *v/t* **3. ~ off** a) *j-n* pensioˈnieren, in den Ruhestand versetzen, b) *fig. Maschine etc* ˈausranˌgieren.

pen·sion² [ˈpɑ̃ːŋsɪɔ̃ːŋ; *Am.* pɑːnsˈjəʊn] *s* **1.** Pensiˈon *f*, Fremdenheim *n.* **2.** Pensiˈon *f*, ˈUnterkunft u. Verpflegung: **full ~** Vollpension.

pen·sion·a·ble [ˈpenʃənəbl] *adj* pensiˈonsfähig, -berechtigt: **of ~ age** im Renten- *od.* Pensionsalter.

pen·sion·ar·y [ˈpenʃənərɪ; *Am.* -ˌneriː] **I** *adj* **1.** Pensions... **2.** pensioˈniert, im Ruhestand. **II** *s* **3.** *selten für* **pensioner** 1. **4.** *contp.* Mietling *m.*

pen·sion·er [ˈpenʃənə(r)] *s* **1.** Rentner(in), Pensioˈnär(in), Ruhegeldempfänger(in). **2.** *Br.* Stuˈdent (*in Cambridge*), der für Kost u. Wohnung im College bezahlt.

pen·sive [ˈpensɪv] *adj* (*adv* **~ly**) **1.** nachdenklich, sinnend, gedankenvoll. **2.** ernst, tiefsinnig. ˈ**pen·sive·ness** *s* **1.** Nachdenklichkeit *f.* **2.** Tiefsinn *m.*

ˈ**pen·stock** *s tech.* **1.** Schützenwehr *n*, Stauanlage *f.* **2.** *Am.* Mühlgraben *m.* **3.** *Am.* Rohrzuleitung *f*, Druckrohr *n.*

pent [pent] *adj* eingeschlossen, -gepfercht: → **pent-up**.

pen·ta·bas·ic [ˌpentəˈbeɪsɪk] *adj chem.* fünfbasisch: **~ acid**.

pen·ta·cle [ˈpentəkl] → **pentagram**.

pen·tad [ˈpentæd] *s* **1.** Fünfergruppe *f.* **2.** *chem.* fünfwertiges Eleˈment *od.* Radiˈkal. **3.** Penˈtade *f*, Zeitraum *m* von fünf Jahren.

pen·ta·gon [ˈpentəgən; *Am.* -ˌgɑn] *s* **1.** *math.* Fünfeck *n.* **2. the P~** *Am.* das Pentagon: a) *das Gebäude des amer. Verteidigungsministeriums*, b) *das amer. Verteidigungsministerium.* **penˈtag·o·nal** [-ˈtægənl] *adj math.* fünfeckig.

pen·ta·gram [ˈpentəgræm] *s* Pentaˈgramm *n*, Drudenfuß *m.*

pen·ta·he·dral [ˌpentəˈhiːdrəl] *adj math.* fünfflächig. ˌ**pen·taˈhe·dron** [-drɒn; *bes. Am.* -drən] *pl* **-drons** *od.* **-dra** [-drə] *s* Pentaˈeder *n.*

pen·tam·e·ter [penˈtæmɪtə(r)] *s metr.* Penˈtameter *m.*

pen·tane [ˈpenteɪn] *s chem.* Penˈtan *n.*

pen·ta·syl·lab·ic [ˌpentəsɪˈlæbɪk] *adj metr.* fünfsilbig.

Pen·ta·teuch [ˈpentətjuːk; *Am. a.* -ˌtuːk] *s Bibl.* Pentaˈteuch *m* (*die 5 Bücher Mose*).

pen·tath·lete [penˈtæθliːt] *s sport* Fünfkämpfer(in). **penˈtath·lon** [-lɒn; *Am.* -ˌlɑn] *s* Fünfkampf *m.*

pen·ta·tom·ic [ˌpentəˈtɒmɪk; *Am.* -ˈtɑ-] *adj chem.* **1.** ˈfünfaˌtomig. **2.** fünfwertig.

pen·ta·ton·ic [ˌpentəˈtɒnɪk; *Am.* -ˈtɑ-] *adj mus.* pentaˈtonisch (*fünftönig*): **~ scale**.

pen·ta·va·lence [ˌpentəˈveɪləns], ˌ**pen·taˈva·len·cy** *s chem.* Fünfwertigkeit *f.* ˌ**pen·taˈva·lent** *adj chem.* fünfwertig.

Pen·te·cost [ˈpentɪkɒst; *Am. a.* -ˌkɑst] *s relig.* **1.** Pfingsten *n od. pl*, Pfingstfest *n.* **2.** jüdisches Erntefest. ˌ**Pen·teˈcos·tal** *adj* pfingstlich, Pfingst...

pent·house [ˈpenthaʊs] *s arch.* **1.** Wetter-, Vor-, Schutzdach *n.* **2.** Penthouse *n*, Penthaus *n*, ˈDachterˌrassenwohnung *f.* **3.** Anbau *m*, Nebengebäude *n.*

pen·tode [ˈpentəʊd] *s electr.* Pentˈode *f*, Fünfpolröhre *f.*

pent·ste·mon [pentˈstemən; *bes. Am.* -ˈstiː-] *s bot.* Bartfaden *m.*

ˌ**pent-ˈup** *adj* **1.** eingepfercht. **2.** *fig.* angestaut: **~ feelings**; **~ demand** *Am.* Nachholbedarf *m.*

pe·nult [peˈnʌlt; *Am.* ˈpiːˌn-] *s ling. metr.* vorletzte Silbe. **pe·nul·ti·mate** [peˈnʌltɪmət; *Am.* pɪ-] **I** *adj* vorletzt(er, e, es): **~ stage** Vorstufe *f* (*e-s Senders*). **II** *s* → **penult**.

pe·num·bra [pɪˈnʌmbrə] *pl* **-brae** [-briː] *od.* **-bras** *s* **1.** *phys.* Halbschatten *m* (*a. fig.*). **2.** *astr.* Penˈumbra *f.* **3.** *paint.* ˈÜbergang *m* von hell zu dunkel. **peˈnum·bral** *adj* halbdunkel, Halbschatten...

pe·nu·ri·ous [pɪˈnjʊərɪəs; *Am. a.* -ˈnʊr-] *adj* (*adv* **~ly**) **1.** karg. **2.** arm. **3.** geizig, knauserig. **pen·u·ry** [ˈpenjʊrɪ] *s* **1.** Armut *f*, Not *f.* **2.** Knappheit *f*, Mangel *m* (**of** an *dat*).

pe·on [ˈpiːən] *s* **1.** [*Br. bes.* pjuːn] Solˈdat *m od.* Poliˈzist *m od.* Bote *m* (*in Indien u. Ceylon*). **2.** Peˈon *m*: a) Tagelöhner *m* (*in Südamerika*), b) (*durch Geldschulden*) zu Dienst verpflichteter Arbeiter (*Mexiko*). **3.** *Am.* zu Arbeit herˈangezogener Sträfling. ˈ**pe·on·age,** ˈ**pe·on·ism** *s* **1.** Dienstbarkeit *f*, Leibeigenschaft *f.* **2.** *Am.* Peoˈnage *f*, Syˈstem *n* der Verdingung von Sträflingen an Unterˈnehmer.

pe·o·ny [ˈpɪənɪ] *s bot.* Pfingstrose *f.*

peo·ple [ˈpiːpl] **I** *s* **1.** *collect.* (*als pl konstruiert*) die Menschen *pl*, die Leute *pl*: **English ~** (die) Engländer; **London ~** die Londoner (Bevölkerung); **literary ~** Literaten; **country ~** Landleute, -bevölkerung *f*; **town ~** Städter *pl*; **a great many ~** sehr viele Leute; **some ~** manche (Leute); **I don't like to keep ~ waiting** ich lasse die Leute nicht gern warten. **2.** man: **~ say** man sagt. **3.** Leute *pl*, Perˈsonen *pl*: **there were ten ~ present**; **he of all ~** ausgerechnet er. **4.** (*mit Possessivpronomen*) *colloq.* Leute *pl*, Faˈmilie *f*, Angehörige(n) *pl*: **my ~**. **5.** Leute *pl* (*Untergeordnete*): **he treated his ~ well.** **6. the ~** a) (*a. als sg konstruiert*) das (*gemeine*) Volk, die Masse (des Volkes), b) die Bürger *pl od.* Wähler *pl*, die Bevölkerung: **the P~'s Party** *Am. hist.* die Volkspartei (*1891 gegründete Partei der* **Populists**); **~'s front** Volksfront *f*; **~'s man** Mann *m* des Volkes; **~'s democracy** Volksdemokratie *f*; **~'s republic** Volksrepublik *f.* **7.** *pl* **peoples** Volk *n*, Natiˈon *f*: **the ~s of Europe**; **the chosen ~** das auserwählte Volk. **8.** *fig.* Volk *n*: **the bee ~** das Bienenvolk.
II *v/t* **9.** besiedeln, bevölkern (**with** mit).

pep [pep] *colloq.* **I** *s* Eˈlan *m*, Schwung *m*, ‚Schmiß' *m*, Pep *m*: **~ pill** Aufputschpille *f*; **~ talk** Anfeuerung *f*, anfeuernde *od.* aufmunternde Worte. **II** *v/t meist* **~ up** a) *j-n* ‚aufmöbeln', in Schwung bringen, b) *j-n* anfeuern, c) *etwas* in Schwung bringen, Leben bringen in (*acc*), *e-e Geschichte etc* ‚pfeffern', würzen.

pep·per [ˈpepə(r)] **I** *s* **1.** a) Pfeffer *m* (*Gewürz*): **black (white) ~**, b) Paprikaschote *f.* **2.** *bot.* Pfefferstrauch *m*, *bes.* a) Spanischer Pfeffer, b) Roter Pfeffer, Caˈyennepfeffer *m*, c) Paprika *m.* **3.** pfefferähnliches, scharfes Gewürz (*z. B. Ingwer*): **~ cake** Gewürz-, Pfefferkuchen *m.* **4.** *fig.* ‚Pfeffer' *m*, (*etwas*) Beißendes *od.* Scharfes. **II** *v/t* **5.** pfeffern. **6.** *allg.* würzen. **7.** *fig.* bestreuen, sprenkeln, überˈsäen. **8.** *fig. e-e Rede, den Stil etc* würzen, ‚pfeffern'. **9.** ‚bepfeffern' (*a. fig.*), (*mit Fragen etc*) bombarˈdieren. **10.** verprügeln. ˌ**~-and-ˈsalt I** *adj* **1.** pfeffer-und--salzfarben, graugetüpfelt *od.* -gesprenkelt (*Stoff*). **2.** ˈgraumeˌliert (*Haar*). **II** *s* **3.** a) Pfeffer u. Salz *n* (*Stoff*), b) Anzug *m* in Pfeffer u. Salz. **4.** Pfeffer-und-Salz-Farbe *f od.* -Muster *n.* ˈ**~-box, ~cast·er** *s* Pfefferstreuer *m.* ˈ**~-corn** *s* **1.** Pfefferkorn *n*: **white ~s** weißer Pfeffer. **2.** *a.* **~ rent** nomiˈneller Pachtzins. **~ mill** *s* Pfeffermühle *f.*

pep·per·mint [ˈpepə(r)mɪnt] *s* **1.** *bot.* Pfefferminze *f.* **2.** *a.* **~ oil** Pfefferminzöl *n.* **3.** *a.* **~ drop** (*od.* **lozenge**) ˈPfefferminzpaˌstille *f*, -plätzchen *n*, -bonˌbon *m*, *n.* **~ cam·phor** *s chem.* Menˈthol *n.*

pep·per pot *s* **1.** Pfefferstreuer *m.* **2.** *westindisches, stark gewürztes Gericht.* **3.** *a.* **Philadelphia ~** *Am. stark gepfefferte Suppe mit Kaldaunen.* **4.** *fig.* Hitzkopf *m.*

pep·per·y [ˈpepərɪ] *adj* **1.** pfefferig, pfefferartig, scharf, beißend. **2.** *fig.* jähzornig, hitzig. **3.** *fig.* ‚gepfeffert', scharf, beißend: **~ style**.

pep·py [ˈpepɪ] *adj colloq.* ‚schmissig', schwungvoll, forsch.

pep·sin [ˈpepsɪn] *s chem.* Pepˈsin *n.*

pep·tic [ˈpeptɪk] *med.* **I** *adj* **1.** Verdauungs...: **~ gland** Magendrüse *f*; **~ ulcer** Magengeschwür *n.* **2.** verdauungsfördernd, peptisch: **~ sauce**. **3.** e-e gute Verdauung habend. **II** *s* **4.** *pl humor.* Verˈdauungsorˌgane *pl.*

pep·ti·za·tion [ˌpeptaɪˈzeɪʃn; *Am.* -təˈz-] *s chem.* Peptiˈsierung *f* (*Überführung in kolloide Lösungen*).

pep·tone [ˈpeptəʊn] *s physiol.* Pepˈton *n.* ˌ**pep·to·niˈza·tion** [-tənaɪˈzeɪʃn; *Am.* -nəˈz-] *s* Peptonisatiˈon *f.*

per [pɜː; pə; *Am.* pɜr; pər] *prep* **1.** per, durch: **~ bearer** durch Überbringer; **~ post** durch die Post, auf dem Postwege; **~ rail** per Bahn. **2.** pro, für: **~ annum** pro Jahr, jährlich; **~ capita** pro Kopf *od.* Person; **~ capita income** Pro-Kopf-Einkommen *n*; **~ capita quota** Kopfquote *f*; **~ cent** pro *od.* vom Hundert (→ **percent**); **~ mille** pro Tausend, pro mille; **~ second** in der *od.* pro Sekunde; → **per contra, per diem**. **3.** *a.* **as ~** *econ.* a) laut, gemäß, b) nach dem Stande vom (*1. Januar etc*): → **usual** I.

per·ac·id [pɜːrˈæsɪd] *s chem.* Persäure *f.*

per·ad·ven·ture [pərədˈventʃə(r); *Am.* ˈpɜrədˌv-] **I** *adv* **1.** *obs.* vielˈleicht, zufällig. **II** *s* **2.** Zufall *m.* **3.** Zweifel *m.*

per·am·bu·late [pəˈræmbjʊleɪt] **I** *v/t* **1.** durchˈwandern, -ˈreisen, -ˈziehen. **2.** bereisen, besichtigen. **3.** die Grenzen (*e-s Gebiets*) abschreiten. **II** *v/i* **4.** umˈherwandern. **perˌam·buˈla·tion** *s* **1.** Durchˈwandern *n.* **2.** Bereisen *n*, Besichtigung(sreise) *f.* **3.** Grenzbestimmung *f* durch Begehen. **4.** *jur.* Besichtigungs-, Gerichtssprengel *m.* **perˈam·bu·la·tor** [-tə(r)] *s* **1.** *bes. Br.* Kinderwagen *m.* **2.** (Durch)ˈWanderer *m.* **3.** *tech.* Wegmesser *m*, Meßrad *n.*

per·cale [pə(r)ˈkeɪl; *Am. a.* ˈpɜrˌk-] *s* Perˈkal *m* (*ein Baumwollgewebe*). **per·ca·line** [ˈpɜːkəliːn; *Am.* ˌpɜrkəˈl-] *s* Perkaˈlin *n.*

per·ceiv·a·ble [pə(r)ˈsiːvəbl] *adj* (*adv* **perceivably**) **1.** wahrnehmbar, merklich, spürbar. **2.** verständlich. **per·ˈceive** *v/t* **1.** wahrnehmen, empfinden, (be)merken, spüren. **2.** verstehen, erkennen, begreifen.

per·cent, *Br.* **per cent** [pə(r)ˈsent] **I** *adj* **1.** ...prozentig: **a four ~ share.** **II** *s* **2.** Proˈzent *n* (%): **~ by volume** Volumen-, Raumprozent. **3.** *pl* ˈWertpaˌpiere *pl* mit feststehendem Zinssatz: **three per cents** dreiprozentige Wertpapiere.

per·cent·age [pə(r)ˈsentɪdʒ] **I** *s* **1.** Proˈzentsatz *m*: a) *math.* Hundertsatz *m*, b) *allg.* Anteil *m*, Teil *m* (**of** an *dat*). **2.** Proˈzentgehalt *m*: **~ by weight** Gewichtsprozent *n*. **3.** *econ.* Proˈzente *pl*. **4.** Gewinnanteil *m*, Provisiˈon *f*, Tantiˈeme *f*, Proˈzente *pl*. **5.** *fig.* (*statistische*) Wahrˈscheinlichkeit. **II** *adj* **6.** Prozentual...: **~ increase. per'cen·tal** → **percentile** I. **per'cen·tile** [-taɪl] **I** *adj* in Proˈzenten (ausgedrückt), Prozent..., prozentuˈal. **II** *s math. phys. statistischer Wert, der durch n % e-r großen Reihe von Messungen nicht, dagegen von 100-n % erreicht wird.*

per·cept [ˈpɜːsept; *Am.* ˈpɜr-] *s philos.* wahrgenommener Gegenstand.

per·cep·ti·bil·i·ty [pə(r)ˌseptəˈbɪlətɪ] *s* Wahrnehmbarkeit *f*. **per'cep·ti·ble** *adj* (*adv* **perceptibly**) wahrnehmbar, merklich.

per·cep·tion [pə(r)ˈsepʃn] *s* **1.** (sinnliche *od.* geistige) Wahrnehmung, Empfindung *f*: **~ of light** Lichtempfindung. **2.** Wahrnehmungsvermögen *n*. **3.** Auffassung(sgabe) *f*. **4.** Vorstellung *f*, Begriff *m*, Erkenntnis *f*. **per'cep·tion·al** [-ʃənl] *adj* Wahrnehmungs... **per'cep·tive** [-tɪv] *adj* **1.** wahrnehmend, Wahrnehmungs... **2.** auffassungsfähig, scharfsichtig. **per·cep·tiv·i·ty** [ˌpɜːsepˈtɪvətɪ; *Am.* ˌpɜr-], **per'cep·tive·ness** → **perception** 2.

per·cep·tu·al [pə(r)ˈseptjʊəl; *Am.* -tʃəwəl; -tʃəl] *adj philos.* Wahrnehmungs...

perch[1] [pɜːtʃ; *Am.* pɜrtʃ] *pl* **ˈperch·es** [-ɪz] *od. collect.* **perch** *s ichth.* Flußbarsch *m*.

perch[2] [pɜːtʃ; *Am.* pɜrtʃ] **I** *s* **1.** (Sitz-) Stange *f* (*für Vögel*), Hühnerstange *f*. **2.** *fig.* ‚Thron' *m*, hoher (sicherer) Sitz: **to knock s.o. off his ~** *colloq.* j-n von s-m Sockel herunterstoßen, j-n von s-m hohen Roß herunterholen; **to hop the ~** *sl.* ‚abkratzen' (*sterben*); **come off your ~!** *colloq.* komm herunter von d-m hohen Roß! **3.** *surv.* Meßstange *f*. **4.** Rute *f* (*Längenmaß* = $16^1/_2$ *feet* = *5,029 m*). **5.** *a.* **square ~** *Flächenmaß von* $30^1/_4$ *square yards*. **6.** *mar.* Pricke *f*, Stangenseezeichen *n*. **7.** Lang-, Lenkbaum *m* (*e-s Wagens*). **II** *v/i* **8.** (**on**) sich setzen *od.* niederlassen (auf *acc*), sitzen (auf *dat*) (*Vögel*). **9.** *fig.* hoch sitzen, ‚thronen'. **III** *v/t* **10.** (*auf etwas Hohes*) setzen: **to ~ o.s.** sich setzen; **to be ~ed** sitzen.

per·chance [pəˈtʃɑːns; *Am.* pərˈtʃæns] *adv poet.* vielˈleicht, zufällig.

perch·er [ˈpɜːtʃə; *Am.* ˈpɜrtʃər] *s orn.* Sitzfüßer *m*, -vogel *m*.

Per·che·ron [ˈpɜːʃərɒn; *Am.* ˈpɜrtʃəˌrɑn] *s* Percheˈron(pferd *n*) *m*.

per·chlo·rate [pə(r)ˈklɔːreɪt; *Am. a.* -ˈkləʊə-; -rət] *s chem.* ˈüberchlorsaures Salz, Perchloˈrat *n*. **per'chlo·ric** *adj* ˈüberchlorig: **~ acid** Über- *od.* Perchlorsäure *f*. **per'chlo·ride** [-raɪd] *s* Perchloˈrid *n*.

per·chlo·ri·nate [pə(r)ˈklɔːrɪneɪt; *Am. a.* -ˈkləʊrə-] *v/t chem.* perchloˈrieren.

per·chro·mate [pə(r)ˈkrəʊmeɪt] *s chem.* Perchroˈmat *n* (*überchromsaures Salz*). **per'chro·mic** *adj* Perchrom...

per·cip·i·ence [pə(r)ˈsɪpɪəns] *s* **1.** Wahrnehmung *f*. **2.** Wahrnehmungsvermögen *n*. **per'cip·i·ent** **I** *adj* (*adv* **~ly**) **1.** wahrnehmend, Wahrnehmungs... **2.** scharfsichtig. **II** *s* **3.** Wahrnehmer(in).

per·co·late [ˈpɜːkəleɪt; *Am.* ˈpɜr-] **I** *v/t* **1.** *Kaffee etc* filtern, filˈtrieren, ˈdurchseihen, ˈdurchsickern lassen. **2.** (ˈdurch-) sickern durch (*a. fig.*). **II** *v/i* **3.** ˈdurchsintern, -sickern, -laufen, versickern: **percolating tank** Sickertank *m*. **4.** gefiltert werden. **5.** *fig.* ˈdurchsickern, bekanntwerden. **6.** *fig.* eindringen (**into** in *acc*). **III** *s* **7.** Perkoˈlat *n*, Filˈtrat *n*. **ˌper·coˈla·tion** *s* **1.** ˈDurchseihung *f*, Filtratiˈon *f*. **2.** *fig.* ˈDurchsickern *n*, Eindringen *n*. **ˈper·co·la·tor** [-tə(r)] *s* **1.** Filˈtrierappaˌrat *m*, Perkoˈlator *m*. **2.** ˈKaffeemaˌschine *f*.

per con·tra [ˌpɜːˈkɒntrə; *Am.* ˌpɜrˈkɑn-; pərˈk-] (*Lat.*) *adv* **1.** *econ.* auf der Gegenseite (*der Bilanz*), als Gegenforderung *od.* -leistung. **2.** im Gegenteil, ˈumgekehrt.

per·cuss [pə(r)ˈkʌs] *v/t med.* perkuˈtieren, abklopfen.

per·cus·sion [pə(r)ˈkʌʃn] **I** *s* **1.** Schlag *m*, Stoß *m*, Erschütterung *f*. **2.** *fig.* Wirkung *f*: **to have ~** nicht ohne Wirkung bleiben. **3.** *med.* a) Perkussiˈon *f*, Abklopfen *n*, b) ˈKlopfmasˌsage *f*. **4.** *mus. collect.* ˈSchlaginstruˌmente *pl*, -zeug *n*. **II** *adj* **5.** Schlag..., Stoß...: **~ cap** Zündhütchen *n*; **~ drill** *tech.* Schlag-, Stoßbohrer *m*; **~ fuse** *mil.* Aufschlagzünder *m*; **~ instrument** *mus.* Schlaginstrument *n*; **~ wave** Stoßwelle *f*; **~ welding** *tech.* Schlag-, Stoßschweißen *n*. **III** *v/t* **6.** *med.* a) perkuˈtieren, abklopfen, b) durch Beklopfen masˈsieren. **per'cus·sion·ist** [-ʃənɪst] *s mus.* Schlagzeuger *m*. **per'cus·sive** [-sɪv] *adj* **1.** schlagend, Schlag..., Stoß...: **~ drill** *tech.* Schlag-, Stoßbohrer *m*; **~ welding** *tech.* Schlag-, Stoßschweißen *n*. **2.** *fig.* heftig, wirkungsvoll.

per·cu·ta·ne·ous [ˌpɜːkjuːˈteɪnjəs; -nɪəs; *Am.* ˌpɜr-] *adj med.* perkuˈtan, durch die Haut hinˈdurch(gehend).

per di·em [ˌpɜːˈdaɪem; -ˈdiːem; *Am.* ˌpɜr-; pər-] **I** *adv u. adj* **1.** täglich, pro Tag: **~ rate** Tagessatz *m*. **2.** tagweise (festgelegt *od.* bezahlt): **~ assignment.** **II** *s* **3.** Tagegeld *n*.

per·di·tion [pə(r)ˈdɪʃn] *s* **1.** *obs.* Verderben *n*, Vernichtung *f*. **2.** ewige Verdammnis. **3.** Hölle *f*.

per·du(e) [pɜːˈdjuː; *Am.* pɜrˈduː] *adj* im ˈHinterhalt, auf der Lauer, versteckt: **to lie ~.**

per·dur·a·ble [pə(r)ˈdjʊərəbl; *Am. a.* -ˈdʊr-] *adj* **1.** dauernd, immerwährend. **2.** dauerhaft, unverwüstlich.

per·e·gri·nate [ˈperɪgrɪneɪt] **I** *v/i* wandern, umˈherreisen. **II** *v/t* durchˈwandern, bereisen. **ˌper·e·griˈna·tion** *s* **1.** Wandern *n*, Wanderschaft *f*. **2.** Wanderung *f*, Reise *f*. **3.** *fig.* weitschweifige Behandlung (*e-s Themas*) *od.* Rede.

per·e·grine [ˈperɪgrɪn; -griːn] *s a.* **~ falcon** *orn.* Wanderfalke *m*.

per·emp·to·ri·ness [pəˈremptərɪnɪs] *s* **1.** Entschiedenheit *f*, Bestimmtheit *f*. **2.** gebieterische Art, herrisches Wesen. **3.** Endgültigkeit *f*. **per'emp·to·ry** [-tərɪ] *adj* (*adv* **peremptorily**) **1.** entschieden, bestimmt. **2.** entscheidend, endgültig. **3.** bestimmt, zwingend, definiˈtiv: **~ command.** **4.** herrisch, gebieterisch. **5.** *jur.* absprechend: **~ exception, ~ plea** Einrede, die gegen das Klagerecht selbst gerichtet ist. **6.** *colloq.* plötzlich.

per·en·ni·al [pəˈrenjəl; -nɪəl] **I** *adj* (*adv* **~ly**) **1.** das Jahr *od.* Jahre hinˈdurch dauernd, beständig: **~ river** dauernd wasserführender Fluß. **2.** immerwährend, anhaltend. **3.** *bot.* perenˈnierend, überˈdauernd, winterhart. **II** *s* **4.** *bot.* perenˈnierende Pflanze: **hardy ~** *fig.* ewiges Problem.

per·fect [ˈpɜːfɪkt; *Am.* ˈpɜr-] **I** *adj* (*adv* → **perfectly**) **1.** vollˈkommen, vollˈendet, fehler-, tadel-, makellos, ideˈal, perˈfekt: **a ~ crime** ein perfektes Verbrechen; **to make ~** vervollkommnen. **2.** perˈfekt, gründlich ausgebildet (**in** in *dat*). **3.** gänzlich, vollständig, genau: **a ~ circle** ein vollkommener Kreis; **~ strangers** wildfremde Leute. **4.** *colloq.* rein, ‚komˈplett': **~ nonsense**; **a ~ fool** ein kompletter *od.* ausgemachter Narr. **5.** *ling.* vollˈendet: **~ participle** Partizip *n* Perfekt, Mittelwort *n* der Vergangenheit; **~ tense** Perfekt *n*. **6.** *mus.* vollˈkommen: **~ interval** reines Intervall; **~ pitch** absolutes Gehör. **7.** *math.* ganz: **~ number** ganze Zahl. **II** *s* **8.** Perfekt *n*. **III** *v/t* [pə(r)ˈfekt] **9.** zur Vollˈendung bringen, vervollkommnen, perfektioˈnieren. **10.** vervollständigen. **11.** *j-n* vervollkommnen: **to ~ o.s. in** sich vervollkommnen in (*dat*).

per'fect·i·ble *adj* vervollkommnungsfähig, perfektioˈnierbar.

per·fec·tion [pə(r)ˈfekʃn] *s* **1.** Vervollkommnung *f*, Vollˈendung *f*. **2.** Vollˈkommenheit *f*, Perfektiˈon *f*: **to bring to ~** vervollkommnen. **3.** Vollˈendung *f*, Gipfel *m*, Krone *f*: **to ~** vollkommen, meisterlich. **4.** Vorˈtrefflichkeit *f*, Makel-, Fehlerlosigkeit *f*. **5.** *pl* Fertigkeiten *pl*.

per'fec·tion·ism *s philos. u. fig.* Perfektioˈnismus *m*. **per'fec·tion·ist** **I** *s* **1.** *philos.* Perfektioˈnist(in). **2.** j-d, der (*bei jeder Arbeit*) nach Vollˈkommenheit strebt, Perfektioˈnist(in). **II** *adj* **3.** perfektioˈnistisch.

ˈper·fect·ly *adv* **1.** ˈvollkommen, fehlerlos, gänzlich, völlig. **2.** *colloq.* ganz, absoˈlut, geradeˈzu: **~ wonderful** einfach wunderbar.

per·fer·vid [pɜːˈfɜːvɪd; *Am.* pərˈfɜr-; ˌpɜr-] *adj fig.* glühend, heiß, inbrünstig.

per·fid·i·ous [pə(r)ˈfɪdɪəs; *Am. a.* ˌpɜr-] *adj* (*adv* **~ly**) treulos, verräterisch, falsch, ˈhinterlistig, heimtückisch, perˈfid. **per'fid·i·ous·ness, per·fi·dy** [ˈpɜːfɪdɪ; *Am.* ˈpɜr-] *s* Treulosigkeit *f*, Falschheit *f*, (Heim)Tücke *f*, Perfiˈdie *f*, Verrat *m*.

per·fo·rate **I** *v/t* [ˈpɜːfəreɪt; *Am.* ˈpɜr-] **1.** durchˈbohren, -ˈlöchern, lochen, perfoˈrieren: **~d disk** *tech.* (Kreis)Lochscheibe *f*; **~d plate** *tech.* Siebblech *n*; **~d stamps** gezähnte Briefmarken; **~d tape** *bes. Am.* Lochstreifen *m*. **II** *adj* [-rɪt; *Am. a.* -ˌreɪt] **2.** durchˈbohrt, -ˈlöchert, gelocht, perfoˈriert, gezähnt. **3.** *her.* durchˈbrochen. **ˌper·foˈra·tion** *s* **1.** Durchˈbohrung *f*, -ˈlöcherung *f*, Lochung *f*, Perforatiˈon *f*: **~ of the stomach** *med.* Magendurchbruch *m*, -perforation. **2.** Perfoˈrierung *f*, (kleine) Löcher *pl*, Zähnung *f*. **ˈper·fo·ra·tor** [-tə(r)] *s* **1.** Locher *m* (*Person u. Instrument*). **2.** *tech.* Perfoˈriermaˌschine *f*.

per·force [pə(r)ˈfɔː(r)s; *Am. a.* -ˈfəʊərs] *adj* notgedrungen, gezwungenerˈmaßen, wohl oder übel.

per·form [pə(r)ˈfɔː(r)m] **I** *v/t* **1.** *e-e Arbeit, e-n Dienst etc* leisten, verrichten, machen, tun, ˈdurch-, ausführen, vollˈbringen, *e-e Pflicht, a. e-n Vertrag* erfüllen, *e-r Verpflichtung* nachkommen, *e-e Operation* ˈdurchführen (**on** bei). **2.** vollˈziehen: **he ~ed the ceremony.** **3.** *ein Theaterstück, Konzert etc* geben, aufführen, spielen, *e-e Rolle* spielen, darstellen, *e-n Trick etc* vorführen, zeigen. **4.** (*auf e-m Instrument*) spielen, vortragen. **II** *v/i* **5.** s-e Aufgabe erfüllen, etwas tun *od.* leisten *od.* ausführen: **to ~ well** a) *bes. sport* e-e gute Leistung bringen, b) *ped.* gut abschneiden; **she ~ed well**

colloq. sie war gut (*im Bett*); **he couldn't ~** *colloq.* ‚er konnte nicht'. **6.** *tech.* funktioˈnieren, arbeiten (*Maschine etc*): *this car* **~s better** leistet mehr. **7.** *jur.* s-n Verpflichtungen *etc* nachkommen: **failure to ~** Nichterfüllung *f.* **8.** *thea. etc* e-e Vorstellung geben, auftreten, spielen: **to ~ on the piano** Klavier spielen, etwas auf dem Klavier vortragen; **to ~ on television** im Fernsehen auftreten. **9.** Kunststücke machen (*Tier*). **perˈform·a·ble** *adj* aus-, aufführbar.

per·form·ance [pə(r)ˈfɔː(r)məns] *s* **1.** Verrichtung *f*, ˈDurch-, Ausführung *f*, Leistung *f* (*a. sport*), Erfüllung *f* (*e-r Pflicht*, *e-s Versprechens*): **in the ~ of his duty** in Ausübung s-r Pflicht; **~-oriented** leistungsorientiert; **~ principle** *sociol.* Leistungsprinzip *n*; **~ test** *ped. psych.* Leistungsprüfung *f.* **2.** *jur.* Leistung *f*, (Vertrags)Erfüllung *f*: **~ in kind** Sachleistung. **3.** Vollˈziehung *f.* **4.** *mus. thea.* a) Aufführung *f*, Vorstellung *f*, Vortrag *m*, b) Darstellung(skunst) *f*, Vortrag(skunst *f*) *m*, Spiel *n.* **5.** (*literarische*) Leistung *od.* Arbeit. **6.** *tech.* a) (Arbeits)Leistung *f* (*e-r Maschine etc*), b) Arbeitsweise *f*, Betrieb *m*: **~ characteristic** (Leistungs)Kennwert *m*; **~ chart** Leistungsdiagramm *n*; **~ data** Leistungswerte; **~ standard** Gütenorm *f.* **7.** *econ.* a) (*gute etc*) Leistung (*z. B. Produkt e-s Unternehmens*), b) Güte *f*, Qualiˈtät *f* (*e-s Produkts*). **8.** *ling.* Perforˈmanz *f.* **9.** *colloq.* schlechtes Benehmen: **what a ~!** der *etc* hat sich vielleicht aufgeführt!

perˈform·er *s* **1.** Ausführende(r *m*) *f*, Vollˈbringer(in). **2.** Schauspieler(in), Darsteller(in), Künstler(in), Musiker (-in), Vortragende(r *m*) *f*, Tänzer(in). **perˈform·ing** *adj* **1.** Aufführungs...: **~ rights.** **2.** dresˈsiert: **~ seal.** **3.** darstellend: **the ~ arts.**

per·fume I *v/t* [pə(r)ˈfjuːm] **1.** durchˈduften, mit Duft erfüllen, parfüˈmieren (*a. fig.*): **the flowers ~d the whole room** der Duft der Blumen erfüllte den ganzen Raum. **II** *s* [ˈpɜːfjuːm; *Am.* ˈpɜr-] **2.** Duft *m*, Wohlgeruch *m.* **3.** Parˈfüm *n*, Duftstoff *m.* **4.** *fig.* Aura *f*, Atmoˈsphäre *f.* **perˈfum·er** *s* Parfümeˈriehändler *m od.* -ˌhersteller *m*, Parfüˈmeur *m.* **perˈfum·er·y** [-ərɪ] *s* **1.** Parfümeˈrie(n *pl*) *f.* **2.** Parˈfümˌherstellung *f.* **3.** Parˈfümfaˌbrik *f.* **4.** Parfümeˈrie(geschäft *n*) *f.*

per·func·to·ri·ness [pə(r)ˈfʌŋktərɪnɪs] *s* Oberflächlichkeit *f*, Flüchtigkeit *f.* **perˈfunc·to·ry** *adj* (*adv* **perfunctorily**) **1.** oberflächlich, nachlässig, flüchtig. **2.** meˈchanisch. **3.** nichtssagend.

per·go·la [ˈpɜːgələ; *Am.* ˈpɜr-; pərˈgəʊlə] *s* Pergola *f*, Laube *f*, überˈwachsener Laubengang.

per·haps [pə(r)ˈhæps; præps] **I** *adv* vielˈleicht, etwa, möglicherweise. **II** *s* Vielˈleicht *n*: **the great P~** das große Fragezeichen (*Fortleben nach dem Tod*).

pe·ri [ˈpɪərɪ] *s myth.* Peri *m, f*, Elf *m*, Elfe *f*, Fee *f* (*Persien*).

peri- [perɪ] *Wortelement mit den Bedeutungen* a) um ... herum, rund um, b) *bes. med.* umgebend, c) nahe bei.

per·i·anth [ˈperɪænθ] *s bot.* Periˈanth(ium) *n*, Blütenhülle *f.*

per·i·blast [ˈperɪblɑːst; *Am.* -ˌblæst] *s biol.* Zellplasma *n* (*außerhalb des Kerns*).

per·i·car·di·tis [ˌperɪkɑː(r)ˈdaɪtɪs] *s med.* Herzbeutelentzündung *f*, Perikarˈditis *f.* **ˌper·iˈcar·di·um** [-djəm; -ɪəm] *pl* **-di·a** [-djə; -ɪə] *s anat.* **1.** Herzbeutel *m*, Periˈkard(ium) *n.* **2.** Herzfell *n.*

per·i·carp [ˈperɪkɑː(r)p] *s bot.* Periˈkarp *n*, Fruchthülle *f.*

per·i·clase [ˈperɪkleɪs] *s min.* Periˈklas *m.*

Per·i·cle·an [ˌperɪˈkliːən] *adj antiq.* periˈkleisch.

ˌper·iˈcra·ni·um *pl* **-ni·a** *s anat.* (Hirn)Schädelhaut *f*, Periˈkranium *n.*

per·i·gee [ˈperɪdʒiː] *s astr.* Erdnähe *f*, Periˈgäum *n.*

ˌper·iˈglot·tis *s anat.* Zungen(schleim)haut *f.*

per·i·gon [ˈperɪgən] *s math.* Vollwinkel *m.*

ˌper·iˈhe·li·on [-ˈhiːljən] *pl* **-li·a** [-ə] *s astr.* Periˈhel(ium) *n*, Sonnennähe *f.*

per·il [ˈperɪl] **I** *s* Gefahr *f*, Risiko *n* (*a. econ.*): **to be in ~ of one's life** in Lebensgefahr sein *od.* schweben; **at one's ~** auf eigene Gefahr *od.* eigenes Risiko; **at the ~ of** auf die Gefahr hin, daß. **II** *v/t* gefährden.

per·il·ous [ˈperɪləs] *adj* (*adv* **~ly**) gefährlich, gefahrvoll.

pe·rim·e·ter [pəˈrɪmɪtə(r)] *s* **1.** Peripheˈrie *f*: a) *math.* ˈUmkreis *m*, b) *allg.* Rand *m*, äußere Umˈgrenzungslinie: **~ defence** (*Am.* **defense**) *mil.* Rundumverteidigung *f*; **~ position** *mil.* Randstellung *f.* **2.** *med. phys.* Periˈmeter *n* (*Instrument zur Bestimmung des Gesichtsfeldes*). **peˈrim·e·try** [-trɪ] *s med. phys.* Perimeˈtrie *f*, Gesichtsfeldmessung *f.*

per·i·ne·um [ˌperɪˈniːəm] *pl* **-ne·a** [-ə] *s anat.* Periˈneum *n*, Damm *m.*

per·i·neu·ri·um [ˌperɪˈnjʊərɪəm; *Am. a.* -ˈnʊr-] *pl* **-ri·a** [-ə] *s anat.* Periˈneurium *n*, Nervenscheide *f.*

pe·ri·od [ˈpɪərɪəd] **I** *s* **1.** Periˈode *f*, Zyklus *m*, regelmäßige ˈWiederkehr. **2.** Periˈode *f*, Zeit(dauer *f*, -raum *m*, -spanne *f*) *f*, Frist *f*: **~ of appeal** Berufungsfrist; **~ of exposure** *phot.* Belichtungszeit; **~ of incubation** *med.* Inkubationszeit; **~ of office** Amtsdauer *f*; **the Reformation ~** die Reformationszeit; **for a ~** für einige Zeit; **for a ~ of** für die Dauer von; **~ of validity** Gültigkeitsdauer *f.* **3.** a) Zeit (-alter *n*) *f*: **glacial ~** *geol.* Eiszeit, b) (*das*) gegenwärtige Zeitalter, (*die*) Gegenwart: **the fashion of the ~** die augenblickliche Mode; **a girl of the ~** ein modernes Mädchen. **4.** *astr.* ˈUmlaufzeit *f.* **5.** *ped.* a) ˈUnterrichtsstunde *f*, b) (Dauer *f* e-r) Vorlesung *f.* **6.** *sport* Spielabschnitt *m*, *z. B. Eishockey*: Drittel *n.* **7.** *electr. phys.* Periˈode *f*, Schwingdauer *f.* **8.** *math.* Periˈode *f* (*wiederkehrende Gruppe von Ziffern im Dezimalbruch*). **9.** *mus.* (*bes.* ˈAchttakt)Periˌode *f.* **10.** *a.* **monthly ~** *physiol.* Periˈode *f* (*der Frau*): → **miss**[2] 1. **11.** (Sprech)Pause *f*, Absatz *m.* **12.** *ling.* a) *bes. Am.* Punkt *m*, b) Gliedersatz *m*, Satzgefüge *n*, c) *allg.* wohlgefügter Satz. **II** *adj* **13.** a) zeitgeschichtlich, -genössisch, hiˈstorisch, Zeit..., b) Stil...: **a ~ play** ein Zeitstück *n*; **~ furniture** Stilmöbel *pl*; **~ house** Haus *n* im Zeitstil; **~ dress** historisches Kostüm.

pe·ri·od·ic[1] [ˌpɪərɪˈɒdɪk; *Am.* -ˈɑ-] *adj* (*adv* **~ally**) **1.** periˈodisch, Kreis..., regelmäßig ˈwiederkehrend: → **periodic law**, *etc.* **2.** *ling.* wohlgefügt, rheˈtorisch (*Satz*).

per·i·od·ic[2] [ˌpɜːraɪˈɒdɪk; *Am.* -ˈɑ-] *adj chem.* perjod-, ˈüberjodsauer.

pe·ri·od·i·cal [ˌpɪərɪˈɒdɪkl; *Am.* -ˈɑ-] **I** *adj* (*adv* **~ly**) **1.** → **periodic**[1] 1. **2.** regelmäßig erscheinend. **3.** Zeitschriften... **II** *s* **4.** Zeitschrift *f.*

pe·ri·o·dic·i·ty [ˌpɪərɪəˈdɪsətɪ] *s* **1.** Periodiziˈtät *f* (*a. med.*). **2.** *chem.* Stellung *f* e-s Eleˈments im periˈodischen Syˈstem. **3.** *electr. phys.* Freˈquenz *f.*

pe·ri·od·ic| law [ˌpɪərɪˈɒdɪk; *Am.* -ˈɑ-] *s chem.* Gesetz *n* der Periodiziˈtät der Eigenschaften bei den chemischen Eleˈmenten. **~ sys·tem** *s* periˈodisches Syˈstem der Eleˈmente. **~ ta·ble** *s* Taˈbelle *f* des periˈodischen Syˈstems.

per·i·os·te·um [ˌperɪˈɒstɪəm; *Am.* -ˈɑs-] *pl* **-te·a** [-ə] *s anat.* Knochenhaut *f.* **ˌper·i·osˈti·tis** [-ˈstaɪtɪs] *s med.* Perioˈstitis *f*, Knochenhautentzündung *f.*

per·i·o·tic [ˌperɪˈəʊtɪk] *anat. zo.* **I** *adj* periˈotisch, das innere Ohr umˈgebend. **II** *s* Periˈoticum *n.*

per·i·pa·tet·ic [ˌperɪpəˈtetɪk] **I** *adj* (*adv* **~ally**) **1.** (umˈher)wandernd, Wander... **2.** **P~** *philos.* peripaˈtetisch, aristoˈtelisch. **3.** *ped. bes. Br.* an mehreren Schulen unterˈrichtend. **II** *s* **4.** **P~** *philos.* Peripaˈtetiker *m.* **5.** *humor.* Wanderer *m.*

per·i·pe·te·ia [ˌperɪpɪˈtaɪə; -ˈtiːə], **ˌper·i·peˈti·a** [-ˈtaɪə] *s thea.* Peripeˈtie *f*, (*fig.* plötzlicher) ˈUmschwung.

pe·riph·er·al [pəˈrɪfərəl] **I** *adj* (*adv* **~ly**) **1.** *a. fig.* periˈpherisch, an der Peripheˈrie (befindlich), Rand...: **a ~ figure** *fig.* e-e Randfigur. **2.** *phys. tech.* periˈpherisch, Umfangs...: **~ velocity.** **3.** *anat. zo.* periˈpher. **4.** **~ device** (*od.* **unit**) → 5. **II** *s* **5.** *Computer*: periˈpheres Gerät, Peripheˈriegerät *n*, periˈphere Einheit. **peˈriph·er·y** [-ərɪ] *s* Peripheˈrie *f*, *fig. a.* Rand *m*, Grenze *f.*

pe·riph·ra·sis [pəˈrɪfrəsɪs] *pl* **-ses** [-siːz] *s* Umˈschreibung *f*, Periˈphrase *f.* **ˌper·iˈphras·tic** [-ˈfræstɪk] *adj* (*adv* **~ally**) umˈschreibend, periˈphrastisch.

per·i·scope [ˈperɪskəʊp] *s* **1.** *tech.* Periˈskop *n*, Sehrohr *n* (*bes. e-s Unterseeboots od. Panzers*). **2.** *mil.* Beobachtungsspiegel *m.* **ˌper·iˈscop·ic** [-ˈskɒpɪk; *Am.* -ˈskɑ-] *adj* **1.** *phys.* periˈskopisch, konˈkav(o)-konˈvex. **2.** periˈskopähnlich. **3.** Rundsicht...

per·ish [ˈperɪʃ] **I** *v/i* **1.** ˈumkommen, zuˈgrunde gehen, sterben (**by, of** durch, an *dat*; **with** vor *dat*), ˈuntergehen, (*tödlich*) verunglücken: **to ~ by cold** erfrieren; **to ~ by drowning** ertrinken; **we nearly ~ed with fright** wir kamen vor Schrekken fast um; **~ the thought!** Gott bewahre *od.* behüte! **2.** brüchig werden, verschleißen (*Material*), verderben, schlecht werden (*Lebensmittel*). **II** *v/t* **3.** *meist pass* zuˈgrunde richten, vernichten: **to be ~ed with** *colloq.* (fast) umkommen vor (*Hunger, Kälte etc*); **~ed** *colloq.* halbtot vor Hunger *od.* Kälte. **4.** *Material* brüchig machen, verschleißen, *Lebensmittel* verderben. **ˈper·ish·a·ble I** *adj* leichtverderblich: **~ goods.** **II** *s pl* leichtverderbliche Waren *pl.*

per·ish·er [ˈperɪʃə(r)] *s bes. Br. sl.* Lump *m*, ‚Mistkerl' *m.* **ˈper·ish·ing I** *adj* (*adv* **~ly**) **1.** vernichtend, tödlich (*a. fig.*). **2.** *Br. colloq.* ‚saukalt'. **3.** *colloq.* verdammt. **II** *adv* **4.** *colloq.* a) verflixt, verteufelt, scheußlich: **~ cold**, b) verdammt, äußerst.

pe·ris·sad [pəˈrɪsæd] *s chem.* Eleˈment *n* von ungerader Wertigkeit.

pe·ris·so·dac·tyl(e) [pəˌrɪsəʊˈdæktɪl] *zo.* **I** *adj* unpaarzehig. **II** *s* unpaarzehiges Huftier.

pe·ris·ta·lith [pəˈrɪstəlɪθ] *s hist.* Reihe *f* von aufrecht stehenden, e-n Grabhügel umˈgebenden Steinen.

per·i·stal·sis [ˌperɪˈstælsɪs; *Am. a.* -ˈstɔːl-; -ˈstɑːl-] *pl* **-ses** [-siːz] *s physiol.* Periˈstaltik *f*, periˈstaltische Bewegung (*des Darms*). **ˌper·iˈstal·tic** [-tɪk] *adj* (*adv* **~ally**) *electr. physiol.* periˈstaltisch.

per·i·style [ˈperɪstaɪl] *s arch.* Periˈstyl *n*, Säulengang *m.*

per·i·to·n(a)e·al [ˌperɪtəʊˈniːəl] *adj anat.* peritoneˈal, Bauchfell...: **~ cavity** Bauchhöhle *f.* **ˌper·i·toˈn(a)e·um** [-əm] *pl* **-ne·a** [-ə] *s anat.* Peritoˈneum *n*, Bauchfell *n.*

per·i·to·ni·tis [ˌperɪtəʊˈnaɪtɪs] *s med.* Peritoˈnitis *f*, Bauchfellentzündung *f*.
per·i·wig [ˈperɪwɪg] *hist.* **I** *s* Peˈrücke *f*. **II** *v/t j-m* e-e Peˈrücke aufsetzen.
per·i·win·kle[1] [ˈperɪˌwɪŋkl] *s bot.* Immergrün *n*.
per·i·win·kle[2] [ˈperɪˌwɪŋkl] *s zo.* (*eßbare*) Strandschnecke.
per·jure [ˈpɜːdʒə; *Am.* ˈpɜrdʒər] *v/t*: ~ **o.s.** a) e-n Meineid leisten, meineidig werden, b) eidbrüchig werden; ~**d** meineidig, eidbrüchig. ˈ**per·jur·er** *s* Meineidige(r *m*) *f*. ˈ**per·ju·ry** *s* Meineid *m*: **to commit** ~ e-n Meineid leisten.
perk[1] [pɜːk; *Am.* pɜrk] **I** *v/i* **1.** sich aufrichten, (lebhaft) den Kopf recken. **2.** den Kopf *od.* die Nase hochtragen, selbstbewußt *od.* forsch *od.* überˈheblich *od.* dreist auftreten. **3.** ~ **up** a) sich erholen, wieder in Form kommen, b) (wieder) munter werden, c) *Austral. sl.* ‚kotzen' (*brechen*). **II** *v/t* **4.** *den Kopf* recken, *die Ohren* spitzen: **to** ~ **(up) one's ears.** **5.** *meist* ~ **up** schmücken, (auf)putzen: **to** ~ **o.s. (up)** sich schönmachen. **6.** ~ **up** *j-n* ‚aufmöbeln', munter machen. **III** *adj* **7.** → **perky.**
perk[2] [pɜːk] *s meist pl Br. colloq. für* **perquisite** 1.
perk[3] [pɜːk; *Am.* pɜrk] *colloq.* **I** *v/t Kaffee* filtern. **II** *v/i* ˈdurchlaufen.
perk·i·ness [ˈpɜːkɪnɪs; *Am.* ˈpɜr-] *s* **1.** Lebhaftigkeit *f*. **2.** Keckheit *f*, forsche Art.
ˈ**perk·y** *adj* (*adv* **perkily**) **1.** munter, lebhaft. **2.** flott, forsch, keck, selbstbewußt, dreist, ‚naßforsch'.
perle [pɜːl; *Am.* pɜrl] *s pharm.* Gelaˈtinekapsel *f*, Perle *f*.
perm[1] [pɜːm; *Am.* pɜrm] *s elektromagnetische Maßeinheit* (= *1 Maxwell/Amperewindung*).
perm[2] [pɜːm; *Am.* pɜrm] *colloq.* **I** *s* Dauerwelle *f* (*abbr. für* **permanent wave**): **to give s.o. a** ~ j-m e-e Dauerwelle machen. **II** *v/t* Dauerwellen machen in (*acc*): **to** ~ **s.o.'s hair** j-m e-e Dauerwelle machen. **III** *v/i*: **my hair doesn't** ~ **very well** Dauerwellen halten bei mir nicht sehr gut.
per·ma·nence [ˈpɜːmənəns; *Am.* ˈpɜr-] *s* Permaˈnenz *f* (*a. phys.*), Beständigkeit *f*, Dauerhaftigkeit *f*. ˈ**per·ma·nen·cy** *s* **1.** → **permanence: it has no** ~ es ist nicht von Dauer. **2.** (*etwas*) Dauerhaftes *od.* Bleibendes. **3.** Lebens-, Dauerstellung *f*, feste Anstellung. ˈ**per·ma·nent** [-nənt] **I** *adj* (*adv* ~**ly**) **1.** permaˈnent, (fort)dauernd, fortwährend, anhaltend, bleibend, ständig (*Ausschuß, Bauten, Personal, Wohnsitz etc*), dauerhaft, Dauer...: ~ **assets** *econ.* feste Anlagen, Anlagevermögen *n*; ~ **call** *teleph.* Dauerbelegung *f*; ~ **condition** Dauerzustand *m*; **P**~ **Court of Arbitration** Ständiger Schiedsgerichtshof (*in Den Haag*); ~ **deformation** bleibende Verformung; ~ **echo** (*Radar*) Festzeichen *n*; ~ **effect** Dauerwirkung *f*; ~ **magnet** *phys.* Permanentmagnet *m*; ~ **memory** permanenter Speicher (*im Computer*); ~ **position** → **permanency** 3; ~**-press** bügelfrei, formbeständig; ~ **secretary** *pol. Br.* ständiger (*fachlicher*) Staatssekretär; ~ **situation** → **permanency** 3; ~ **solution** Dauerlösung *f*; ~ **wave** Dauerwelle *f*; ~ **white** *chem.* Permanent-, Barytweiß *n*; ~ **way** *rail. Br.* Bahnkörper *m*, Oberbau *m*. **2.** *mil.* ortsfest: ~ **emplacement.** **II** *s* **3.** → **permanency** 2. **4.** *Am.* Dauerwelle *f*.
per·man·ga·nate [pɜːˈmæŋɡəneɪt; *Am.* pər-; ˌpɜr-] *s chem.* Permangaˈnat *n*: ~ **of potash, potassium** ~ Kaliumpermanganat. **per·man·gan·ic** [ˌpɜːmæŋˈgænɪk; *Am.* ˌpɜr-] *adj* Übermangan...: ~ **acid.**
per·me·a·bil·i·ty [ˌpɜːmjəˈbɪlətɪ; *Am.* ˌpɜrmɪə-] *s* ˈDurchlässigkeit *f*, Durchˈdringbarkeit *f*, *bes. phys.* Permeabiliˈtät *f*: ~ **to gas(es)** *phys.* Gasdurchlässigkeit. ˈ**per·me·a·ble** *adj* (*adv* **permeably**) durchˈdringbar, ˈdurchlässig, *bes. phys.* permeˈabel (to für).
per·me·ance [ˈpɜːmjəns; *Am.* ˈpɜrmɪ-] *s* **1.** Durchˈdringung *f*. **2.** *phys.* maˈgnetischer Leitwert. ˈ**per·me·ant** *adj* ˈdurchdringend.
per·me·ate [ˈpɜːmɪeɪt; *Am.* ˈpɜr-] **I** *v/t* durchˈdringen. **II** *v/i* dringen (**into** in *acc*), sich verbreiten (**among** unter *dat*), ˈdurchsickern (**through** durch). ˌ**per·meˈa·tion** *s* Eindringen *n*, Durchˈdringung *f*.
Per·mi·an [ˈpɜːmɪən; *Am.* ˈpɜr-] *geol.* **I** *adj* permisch: ~ **formation** Permformation *f*; ~ **limestone** Zechsteinkalk *m*. **II** *s* Perm *n*, ˈPermformatiˌon *f*, Dyas *f*.
per·mis·si·ble [pə(r)ˈmɪsəbl] **I** *adj* (*adv* **permissibly**) zulässig, statthaft, erlaubt: ~ **deviation** (*od.* **variation**) *tech.* Toleranz(bereich *m*) *f*, zulässige Abweichung; ~ **expenses** *econ.* abzugsfähige Unkosten. **II** *s tech. Am.* zulässiger (Wetter)Sprengstoff.
per·mis·sion [pə(r)ˈmɪʃn] *s* Erlaubnis *f*, Genehmigung *f*, Zulassung *f*: **with** (*od.* **by**) **the** ~ **of s.o.** mit j-s Erlaubnis; **with your** ~ wenn Sie gestatten; **by special** ~ mit besonderer Erlaubnis; **to ask s.o. for** ~, **to ask s.o.'s** ~ j-n um Erlaubnis bitten; ~ **to land** *aer.* Landeerlaubnis.
per·mis·sive [pə(r)ˈmɪsɪv] *adj* (*adv* ~**ly**) **1.** zulässig, erlaubt. **2.** toleˈrant, libeˈral. **3.** (sexuˈell) freizügig: ~ **society** tabufreie Gesellschaft. **4.** *jur.* fakultaˈtiv. **perˈmis·sive·ness** *s* **1.** Zulässigkeit *f*. **2.** Toleˈranz *f*. **3.** (sexuˈelle) Freizügigkeit.
per·mit[1] [pə(r)ˈmɪt] **I** *v/t* **1.** erlauben, gestatten, zulassen, dulden: **will you** ~ **me to say** gestatten Sie mir zu bemerken; **to** ~ **o.s. s.th.** sich etwas erlauben *od.* gönnen. **II** *v/i* **2.** (es) erlauben, (es) gestatten: **if circumstances** ~ wenn es die Umstände erlauben; **weather (time)** ~**ting** wenn es das Wetter (die Zeit) erlaubt. **3.** ~ **of** *etwas* zulassen: **the rule** ~**s of no exception.** **III** *s* [ˈpɜːmɪt; *Am.* ˈpɜr-; pərˈmɪt] **4.** Genehmigung *f*, Liˈzenz *f*, Zulassung *f*, Erlaubnis-, Zulassungsschein *m*, -karte *f* (to für). **5.** *econ.* Aus-, Einfuhrerlaubnis *f*. **6.** Aus-, Einreiseerlaubnis *f*. **7.** Pasˈsierschein *m*: ~ **of transit** *econ.* Transitschein. **8.** Ausweis *m*.
per·mit[2] [ˈpɜrˌmɪt] *s ichth. Am.* Pompano *m*.
per·mit·tiv·i·ty [ˌpɜːmɪˈtɪvətɪ; *Am.* ˌpɜr-] *s electr.* Dielektriziˈtätskonˌstante *f*.
per·mu·ta·tion [ˌpɜːmjuːˈteɪʃn; *Am.* ˌpɜrmjʊ-] *s* **1.** Vertauschung *f*, Versetzung *f*: ~ **lock** Vexierschloß *n*. **2.** *math.* Permutatiˈon *f*. **per·mute** [pə(r)ˈmjuːt] *v/t bes. math.* permuˈtieren, vertauschen.
pern [pɜːn; *Am.* pɜrn] *s orn.* Wespenbussard *m*.
per·ni·cious [pə(r)ˈnɪʃəs] *adj* (*adv* ~**ly**) **1.** verderblich, schädlich (to für). **2.** *med.* bösartig, perniziˈös: ~ **an(a)emia** perniziöse Anämie. **perˈni·cious·ness** *s* **1.** Schädlichkeit *f*. **2.** Bösartigkeit *f*.
per·nick·et·i·ness [pə(r)ˈnɪkətɪnɪs] *s colloq.* ‚Pingeligkeit' *f*, Kleinlichkeit *f*, Pedanteˈrie *f*. **perˈnick·et(y)**, *a.* **perˈnick·it·y** *adj colloq.* **1.** ‚pingelig', heikel, kleinlich, wählerisch, peˈdantisch (**about** mit). **2.** ‚kitz(e)lig', heikel (*Sache*).
per·o·rate [ˈperəreɪt] *v/i* **1.** *iro.* e-e langatmige Rede halten. **2.** e-e Rede abschließen. ˌ**per·oˈra·tion** *s* (zs.-fassender) Redeschluß.
per·ox·ide [pəˈrɒksaɪd; *Am.* -ˈrɑk-] **I** *s chem.* **1.** ˈSuperoˌxyd *n*: ~ **of sodium** Natriumsuperoxyd. **2.** *weitS.* ˈWasserstoffˌsuperoˌxyd *n*: ~ **blonde** *colloq.* ‚Wasserstoffblondine' *f*. **II** *v/t* **3.** *Haar* mit ˈWasserstoffˌsuperoˌxyd bleichen. **perˈox·i·dize** [-ˈrɒksɪdaɪz; *Am.* -ˈrɑk-] *v/t u. v/i* peroxyˈdieren.
per·pend[1] [pə(r)ˈpend] *obs. od. humor.* **I** *v/t* erwägen. **II** *v/i* nachdenken.
per·pend[2] [ˈpɜːpənd; *Am.* ˈpɜr-] *s a.* ~ **stone** *arch.* Vollbinder *m*.
per·pen·dic·u·lar [ˌpɜːpənˈdɪkjʊlə(r); *Am.* ˌpɜr-] **I** *adj* (*adv* ~**ly**) **1.** senk-, lotrecht (to zu). **2.** rechtwink(e)lig (to auf *dat*). **3.** *Bergbau*: seiger. **4.** steil, abschüssig. **5.** aufrecht (*a. fig.*). **6.** **P**~ *arch.* perpendikuˈlar, spätgotisch: **P**~ **style** Perpendikularstil *m*, englische Spätgotik. **II** *s* **7.** (Einfalls)Lot *n*, Senkrechte *f*: **out of (the)** ~ schief, nicht senkrecht; **to raise (let fall, drop) a** ~ **on a line** ein Lot errichten (fällen). **8.** *tech.* (Senk)Lot *n*, Senkwaage *f*. **9.** aufrechte Stellung *od.* Haltung (*a. fig.*). **10.** *pl mar. tech.* Perpenˈdikel *pl*, Lote *pl*: **length between** ~**s** Gesamtschiffslänge *f*. ˈ**per·penˌdic·uˈlar·i·ty** [-ˈlærətɪ] *s* Senkrechtstehen *n*, senkrechte Richtung *od.* Haltung.
per·pe·trate [ˈpɜːpɪtreɪt; *Am.* ˈpɜr-] *v/t* **1.** *ein Verbrechen etc* begehen, verüben. **2.** *humor.* ‚verbrechen': **to** ~ **a book.** ˌ**per·peˈtra·tion** *s* Begehung *f*, Verübung *f*. ˈ**per·pe·tra·tor** [-tə(r)] *s* Täter *m*.
per·pet·u·al [pəˈpetʃʊəl; *Am.* pərˈpetʃəwəl; -tʃəl] *adj* (*adv* ~**ly**) **1.** fort-, immerwährend, unaufhörlich, (be)ständig, andauernd, ewig: ~ **calendar** ewiger Kalender; ~ **check** Dauerschach *n*; ~ **inventory** *econ.* permanente *od.* laufende Inventur; ~ **motion** beständige Bewegung; ~ **motion machine** Perpetuum mobile *n*; ~ **offence** (*Am.* **offense**) *jur.* Dauerverbrechen *n*; ~ **snow** ewiger Schnee, Firn *m*. **2.** lebenslänglich, unabsetzbar: ~ **chairman.** **3.** *econ. jur.* unablösbar, unkündbar: ~ **lease.** **4.** *bot.* a) perenˈnierend, b) immerblühend.
per·pet·u·ate [pəˈpetʃʊeɪt; *Am.* pərˈpetʃəˌweɪt] *v/t* immerwährend erhalten *od.* fortsetzen, fortbestehen lassen, verewigen: **to** ~ **evidence** *jur.* Beweise sichern. **perˌpet·uˈa·tion** *s* Fortdauer *f*, endlose Fortsetzung, Verewigung *f*.
per·pe·tu·i·ty [ˌpɜːpɪˈtjuːətɪ; *Am.* ˌpɜr-; *a.* -ˈtuː-] *s* **1.** (stete) Fortdauer, unaufhörliches Bestehen, Unaufhörlichkeit *f*, Ewigkeit *f*: **in** (*od.* **to** *od.* **for**) ~ auf ewig. **2.** *jur.* unbegrenzte Dauer. **3.** *jur.* Unveräußerlichkeit(sverfügung) *f*. **4.** *econ.* ewige *od.* lebenslängliche (Jahres)Rente. **5.** *econ. Anzahl der Jahre, in denen die einfachen Zinsen die Höhe des Kapitals erreichen.*
per·plex [pə(r)ˈpleks] *v/t* **1.** *j-n* verwirren, verblüffen, bestürzt *od.* verlegen machen. **2.** *etwas* verwirren, kompliˈzieren. **perˈplexed** *adj* **1.** verwirrt, verblüfft, bestürzt, verdutzt (*Person*). **2.** verworren, verwickelt (*Sache*). **perˈplex·i·ty** *s* **1.** Verwirrung *f*, Bestürzung *f*, Verlegenheit *f*. **2.** Verwick(e)lung *f*, Verworrenheit *f*.
per·qui·site [ˈpɜːkwɪzɪt; *Am.* ˈpɜr-] *s* **1.** *meist pl bes. Br.* a) Nebeneinkünfte *pl*, -verdienst *m*, b) Vergünstigung *f*. **2.** Vergütung *f*. **3.** Trinkgeld *n*, Sondervergütung *f*. **4.** perˈsönliches Vorrecht.
per·qui·si·tion [ˌpɜːkwɪˈzɪʃn; *Am.* ˌpɜr-] *s* (*gründliche*) Durchˈsuchung. **perˈquis·i·tor** [pə(r)ˈkwɪzɪtə(r)] *s jur.* erster Erwerber.
per·ron [ˈperən; *Am. a.* peˈrəʊn] *s arch.* Freitreppe *f*.
per·ry [ˈperɪ] *s* Birnenmost *m*.

perse [pɜːs; *Am.* pɜrs] **I** *adj* graublau. **II** *s* Graublau *n*.

per se [ˌpɜːˈseɪ; *Am.* ˌpɜr-] (*Lat.*) *adv* als solch(er, e, es), an sich.

per·se·cute [ˈpɜːsɪkjuːt; *Am.* ˈpɜr-] *v/t* **1.** *pol. relig.* verfolgen. **2.** a) plagen, belästigen, b) drangsaˈlieren, schikaˈnieren, peinigen. **ˌper·seˈcu·tion** *s* **1.** (*bes. politische od. religiöse*) Verfolgung: **mania** (*od.* **delusion**) **of** ~ *psych.* Verfolgungswahn *m*; **to have a ~ complex** an Verfolgungswahn leiden. **2.** a) Plage *f*, Belästigung *f*, b) Drangsaˈlierung *f*, Schiˈkane(n *pl*) *f*. **ˌper·seˈcu·tion·al** [-ʃənl] *adj* Verfolgungs...: ~ **mania** *psych.* Verfolgungswahn *m*. **ˈper·se·cu·tor** [-tə(r)] *s* **1.** Verfolger(in). **2.** Peiniger(in).

per·se·i·ty [ˌpɜːˈseɪətɪ; *Am.* ˌpɜr-; *a.* -ˈsiː-] *s philos.* Durch-sich-ˈselbst-Sein *n*, Perseiˈtät *f*.

Per·seus [ˈpɜːsjuːs; *Am.* ˈpɜrˌsuːs; -sɪəs] *npr antiq. u. s astr.* Perseus *m*.

per·se·ver·ance [ˌpɜːsɪˈvɪərəns; *Am.* ˌpɜr-] *s* **1.** Beharrlichkeit *f*, Ausdauer *f*. **2.** *a.* **final** ~, ~ **of the saints** (*Kalvinismus*) Beharren *n* in der Gnade. **ˌper·seˈver·ant** *adj* beharrlich, ausdauernd.

per·sev·er·ate [pə(r)ˈsevəreɪt] *v/i* **1.** *psych.* persevеˈrieren, ständig ˈwiederkehren (*Gedanken etc*). **2.** immer ˈwiederkehren (*Melodie, Motiv*). **perˌsev·erˈa·tion** *s psych.* Perseveratiˈon *f*: a) *Tendenz seelischer Erlebnisse u. Inhalte, im Bewußtsein zu verharren*, b) *krankhaftes Verweilen bei ein u. demselben Denkinhalt.*

per·se·vere [ˌpɜːsɪˈvɪə(r); *Am.* ˌpɜr-] *v/i* **1.** (**in**) beharren (auf *dat*, bei), ausharren (bei), fortfahren (mit), festhalten (an *dat*): **to** ~ **in doing s.th.** (unbeirrt) mit etwas fortfahren. **2.** auf s-m Standpunkt beharren. **ˌper·seˈver·ing** *adj* (*adv* **~ly**) beharrlich, standhaft.

Per·sian [ˈpɜːʃən; *Am.* ˈpɜrʒən] **I** *adj* **1.** persisch. **II** *s* **2.** Perser(in). **3.** *ling.* Persisch *n*, das Persische. **~ blinds** *s pl* Jalouˈsien *pl*. **~ car·pet** *s* Perser(teppich) *m*. **~ cat** *s zo.* Perserkatze *f*.

per·si·ennes [ˌpɜːsɪˈenz; *Am.* ˌpɜrzɪ-] *s pl* Jalouˈsien *pl*.

per·si·flage [ˌpɜːsɪˈflɑːʒ; *Am.* ˈpɜrsɪˌflɑːʒ; ˈper-] *s* Persiˈflage *f*, (*feine*) Verspottung.

per·sim·mon [pɜːˈsɪmən; *Am.* pər-] *s bot.* Persiˈmone *f*: a) Dattelpflaumenbaum *m*, b) Dattel-, Kakipflaume *f*.

per·sist [pə(r)ˈsɪst] *v/i* **1.** (**in**) verharren (auf *dat*, bei), (fest) bleiben (bei), hartnäckig bestehen (auf *dat*), beharren (auf *dat*, bei): **he ~ed in doing so** er fuhr (unbeirrt) damit fort; **he ~s in saying** er bleibt bei s-r Behauptung, er behauptet ‚steif u. fest'. **2.** weiterarbeiten (**with** an *dat*). **3.** fortdauern, fort-, weiterbestehen, anhalten. **perˈsist·ence, perˈsist·en·cy** *s* **1.** Beharren *n* (**in** auf *dat*, bei), Beharrlichkeit *f*, Fortdauer *f*. **2.** Hartnäckigkeit *f*, Ausdauer *f*, beharrliche Versuche *pl*, hartnäckiges Fortfahren (**in** in *dat*). **3.** *phys.* Beharrung(szustand *m*) *f*, Nachwirkung *f*, Wirkungsdauer *f*: ~ **of force** Erhaltung *f* der Kraft; ~ **of motion** Beharrungsvermögen *n*; ~ (**of vision**) *opt.* Augenträgheit *f*. **4.** *TV* Nachleuchtdauer *f*. **perˈsist·ent** *adj* (*adv* **~ly**) **1.** beharrlich, ausdauernd, nachhaltig, hartnäckig: ~ **efforts**. **2.** anhaltend (*Nachfrage, Regen etc*): ~ **thief** Gewohnheitsdieb(in); ~ **unemployment** Dauerarbeitslosigkeit *f*. **3.** *chem.* a) schwerflüchtig: ~ **gas**, b) *mil.* seßhaft: ~ (**chemical warfare**) **agent** seßhafter Kampfstoff. **4.** *bot. zo.* ausdauernd.

per·son [ˈpɜːsn; *Am.* ˈpɜrsn] *s* **1.** Perˈson *f* (*a. contp.*), (Einzel)Wesen *n*, Indiˈviduum *n*: **in** ~ in (eigener) Person, persönlich; **juristic** (**natural**) ~ *jur.* juristische (natürliche) Person; **no** ~ niemand; **third** ~ a) *jur.* (*ein*) Dritter, b) *ling.* dritte Person, c) *relig.* dritte göttliche Person, (*der*) Heilige Geist. **2.** (*das*) Äußere, Körper *m*, Leib *m*: **to carry s.th. on** (*od.* **about**) **one's** ~ etwas bei sich tragen; **search of the** ~ Leibesvisitation *f*. **3.** → **persona** 1.

per·so·na [pɜːˈsəʊnə; *Am.* pər-] *gen od. pl* **-nae** [-niː] (*Lat.*) *s* **1.** a) *thea.* Perˈson *f*, Chaˈrakter *m*, Rolle *f*, b) Fiˈgur *f*, Gestalt *f* (*in der Literatur*): → **dramatis personae**. **2.** Perˈsönlichkeit *f*: ~ (**non**) **grata** *bes. pol.* Persona (non) grata, (nicht) genehme Person.

per·son·a·ble [ˈpɜːsnəbl; *Am.* ˈpɜrs-] *adj* a) symˈpathisch (*bes. Mann*), b) von symˈpathischem *od.* angenehmem Äußeren.

per·son·age [ˈpɜːsnɪdʒ; *Am.* ˈpɜrs-] *s* **1.** (hohe *od.* bedeutende) Perˈsönlichkeit. **2.** → **persona** 1. **3.** *bes. contp.* Perˈson *f*.

per·son·al [ˈpɜːsnl; *Am.* ˈpɜrsnəl] **I** *adj* (*adv* **~ly**) **1.** perˈsönlich, Personen..., Personal...: ~ **account** *econ.* Privatkonto *n*; ~ **call** *teleph.* Voranmeldung(sgespräch *n*) *f* (→ 2); ~ **column** Persönliches *n* (*in der Zeitung*); ~ **credit** Personalkredit *m*; ~ **damage** (*od.* **injury**) Körperbeschädigung *f*; Personenschaden *m*; ~ **data** Personalien; ~ **equation** persönliche Gleichung; ~ **file** Personalakte *f*; ~ **income** Privateinkommen *n*; ~ **liberty** persönliche Freiheit; ~ **record** Personalakte *f*; ~ **status** Personen-, Familienstand *m*; ~ **tax** Personal-, Personensteuer *f*; ~ **union** *econ. pol.* Personalunion *f*. **2.** perˈsönlich, priˈvat, vertraulich: ~ **letter**; ~ **call** *teleph.* Privatgespräch *n* (→ 1); ~ **life** Privatleben *n*; ~ **matter** Privatsache *f*; ~ **opinion** eigene *od.* persönliche Meinung. **3.** äußer(er, e, es), körperlich: ~ **charms** *pl* (persönliche) Ausstrahlung; ~ **hygiene** Körperpflege *f*. **4.** perˈsönlich, anzüglich: ~ **remarks**; **to become** ~ anzüglich *od.* persönlich werden. **5.** *philos. relig.* perˈsönlich: **a** ~ **God**. **6.** *jur.* perˈsönlich, beweglich: ~ **estate** (*od.* **property**) → **personalty**. **7.** *ling.* perˈsönlich: ~ **pronoun** → 9. **II** *s pl* **8.** *Am.* Perˈsönliches *n* (*in der Zeitung*). **9.** *ling.* perˈsönliches Fürwort, Persoˈnalproˌnomen *n*.

per·so·na·li·a [ˌpɜːsəˈneɪljə; *Am.* ˌpɜr-] *s pl* **1.** Perˈsönliches *n* (*biographische Notizen, Anekdoten*). **2.** Priˈvatsachen *pl*.

per·son·al·ism [ˈpɜːsnəlɪzəm; *Am.* ˈpɜrs-] *s philos. psych.* Personaˈlismus *m*.

per·son·al·i·ty [ˌpɜːsəˈnælətɪ; *Am.* ˌpɜr-] *s* **1.** Perˈsönlichkeit *f*, Perˈson *f*: ~ **cult** *pol.* Personenkult *m*. **2.** → **personage** 1. **3.** Perˈsönlichkeit *f* (*a. psych.*), Chaˈrakter *m*, Mentaliˈtät *f*: ~ **development** *psych.* Persönlichkeitsentwicklung *f*; ~ **disorder** *psych.* Persönlichkeitsstörung *f*; ~ **inventory** *psych.* Persönlichkeitsfragebogen *m*; ~ **structure** *psych.* Persönlichkeitsstruktur *f*; ~ **test** *psych.* Persönlichkeitstest *m*; ~ **type** *psych.* Persönlichkeitstyp *m*. **4.** (ausgeprägte) Individualiˈtät, perˈsönliche Ausstrahlung, Perˈsönlichkeit *f*. **5.** *pl* Perˈsönliches *n*, Anzüglichkeiten *pl*, anzügliche *od.* perˈsönliche Bemerkungen *pl*. **6.** *jur.* Perˈsönlichkeit *f*.

per·son·al·ize [ˈpɜːsnəlaɪz; *Am.* ˈpɜrs-] *v/t* **1.** personifiˈzieren. **2.** verkörpern. **3.** *e-r Sache* e-e perˈsönliche Note verleihen.

per·son·al·ty [ˈpɜːsnltɪ; *Am.* ˈpɜrsnəl-] *s jur.* bewegliches Vermögen.

per·son·ate [ˈpɜːsəneɪt; *Am.* ˈpɜr-] **I** *v/t* **1.** vor-, darstellen. **2.** personifiˈzieren, verkörpern, nachmachen, nachahmen. **3.** *jur.* sich (fälschlich) ausgeben für *od.* als. **II** *v/i* **4.** *thea.* e-e Rolle spielen. **ˌper·sonˈa·tion** *s* **1.** Vor-, Darstellung *f*. **2.** Personifikatiˈon *f*, Verkörperung *f*. **3.** Nachahmung *f*. **4.** *jur.* fälschliches Sichˈausgeben (*für e-n anderen*).

per·son·hood [ˈpɜːsnhʊd; *Am.* ˈpɜr-] *s* Perˈsönlichkeit *f* (*a. psych.*).

per·son·i·fi·ca·tion [pɜːˌsɒnɪfɪˈkeɪʃn; *Am.* pərˌsɑn-] *s* **1.** Personifikatiˈon *f*, Verkörperung *f*. **2.** Vermenschlichung *f* (*der Natur etc in der Sprache*). **perˈson·i·fy** [-faɪ] *v/t* **1.** personifiˈzieren, verkörpern, versinnbildlichen: **to be avarice personified** der Geiz in Person sein. **2.** vermenschlichen.

per·son·nel [ˌpɜːsəˈnel; *Am.* ˌpɜr-] **I** *s* **1.** a) Persoˈnal *n*, Belegschaft *f* (*e-s Betriebs etc*), b) *mil.* Mannschaften *pl*, *bes. mar.* Besatzung *f* (*e-s Schiffs etc*): ~ **bomb** *mil.* Bombe *f* für lebende Ziele; ~ **carrier** Mannschafts(transport)wagen *m*. **2.** *econ.* Persoˈnalabˌteilung *f*. **II** *adj* **3.** Personal...: ~ **department** → 2; ~ **files** Personalakten; ~**-intensive** personalintensiv; ~ **manager** Personalchef *m*.

ˌper·son-to-ˈper·son call *s teleph.* Voranmeldung(sgespräch *n*) *f*.

per·spec·tive [pə(r)ˈspektɪv] **I** *s* **1.** *math. paint. etc* Perspekˈtive *f*: **in** (**true**) ~ in richtiger Perspektive, perspektivisch (richtig) (→ 3). **2.** perspekˈtivische Zeichnung. **3.** Perspekˈtive *f*: a) Aussicht *f*, Ausblick *m* (*beide a. fig.*), ˈDurchblick *m*, b) *fig.* Blick *m* für die Dinge im richtigen Verhältnis: **he has no** ~ er sieht die Dinge nicht im richtigen Verhältnis (zueinander); **in** ~ in Aussicht, *weitS.* im richtigen Verhältnis; **to put s.th. into** ~ etwas in die richtige Perspektive rücken. **II** *adj* **4.** perspekˈtivisch: ~ **drawing**; ~ **formula** *chem.* Spiegelbild-Isomerie *f*.

Per·spec·tiv·ism [pə(r)ˈspektɪvɪzəm] *s philos.* Perspektiˈvismus *m*.

per·spec·to·graph [pə(r)ˈspektəgrɑːf; *bes. Am.* -græf] *s tech.* Perspektoˈgraph *m* (*Zeicheninstrument*).

per·spex [ˈpɜːspeks] (*TM*) *s chem. Br.* Sicherheits-, Plexiglas *n*.

per·spi·ca·cious [ˌpɜːspɪˈkeɪʃəs; *Am.* ˌpɜr-] *adj* (*adv* **~ly**) **1.** scharfsinnig. **2.** ˈdurchdringend: ~ **intellect**. **ˌper·spiˈcac·i·ty** [-ˈkæsətɪ] *s* Scharfblick *m*, -sinn *m*.

per·spi·cu·i·ty [ˌpɜːspɪˈkjuːɪtɪ; *Am.* ˌpɜr-] *s* Deutlichkeit *f*, Klarheit *f*, Verständlichkeit *f*. **per·spic·u·ous** [pə(r)ˈspɪkjʊəs; *Am.* -jəwəs] *adj* (*adv* **~ly**) deutlich, klar, (leicht)verständlich.

per·spi·ra·tion [ˌpɜːspəˈreɪʃn; *Am.* ˌpɜr-] *s* **1.** Ausdünsten *n*, Ausdünstung *f*, Schwitzen *n*, Transpiˈrieren *n*. **2.** Schweiß *m*. **per·spir·a·to·ry** [pə(r)ˈspaɪərətərɪ; *Am.* -ˌtəʊriː; -ˌtɔː-] *adj* Transpirations..., Schweiß...: ~ **gland** *anat.* Schweißdrüse *f*. **per·spire** [pə(r)ˈspaɪə(r)] **I** *v/i* schwitzen, transpiˈrieren. **II** *v/t* ausschwitzen.

per·suad·a·ble [pə(r)ˈsweɪdəbl] *adj* zu überˈreden(d).

per·suade [pə(r)ˈsweɪd] *v/t* **1.** *j-n* überˈreden, bereden, bewegen (**to do, into doing** zu tun): **to** ~ **s.o. out of s.th.** j-m etwas ausreden. **2.** *j-n* überˈzeugen (**of** von; **that** daß): **he ~d himself** a) er hat sich überzeugt, b) er hat sich eingeredet *od.* eingebildet. **perˈsuad·er** *s* **1.** Überˈreder *m*: → **hidden** 1. **2.** *colloq.* ‚Überˈredungsmittel' *n* (*a. Knüppel, Pistole etc*). **perˈsua·si·ble** [-səbl] → **persuadable**.

per·sua·sion [pə(r)ˈsweɪʒn] *s* **1.** Überˈredung *f*. **2.** *a.* **power of** ~ Überˈredungsgabe *f*, -kunst *f*, Überˈzeugungskraft *f*. **3.** Überˈzeugung *f*, (fester) Glaube, (feste) Meinung: **he is of the** ~ er ist der Überzeugung *od.* Meinung. **4.** *relig.* Glaube *m*, Glaubensrichtung *f*: **politicians of all ~s** Politiker aller Richtungen. **5.** *colloq. humor.* a) Art *f*, Sorte *f*, b) Geschlecht *n*: **female** ~. **perˈsua·sive** [-sɪv] **I** *adj* (*adv* **~ly**) **1.** a) überˈredend, b) überˈzeugend: ~ **power** →

persuasion 2. **II** *s* **2.** *jur.* über'zeugender Beweisgrund. **3.** Über'redungsmittel *n.*
per'sua·sive·ness *s* **1.** über'zeugende Art. **2.** → **persuasion** 2.
per·sul·fate, *bes. Br.* **per·sul·phate** [pɜː'sʌlfeɪt; *Am.* ˌpɜr-] *s chem.* 'Per-, 'Übersulˌphat *n.*
pert [pɜːt; *Am.* pɜrt] *adj* (*adv* **~ly**) keck (*a. fig. Hut etc*), naseweis, vorlaut, frech.
per·tain [pɜː'teɪn; *Am.* pər-] *v/i* **1.** gehören (to *dat od.* zu). **2.** (to) betreffen (*acc*), sich beziehen (auf *acc*): **~ing to** betreffend (*acc*).
per·ti·na·cious [ˌpɜːtɪ'neɪʃəs; *Am.* ˌpɜr-] *adj* (*adv* **~ly**) **1.** hartnäckig, zäh. **2.** beharrlich, standhaft. **ˌper·ti'nac·i·ty** [-'næsətɪ] *s* **1.** Hartnäckigkeit *f*, Zähigkeit *f.* **2.** Beharrlichkeit *f*, Standhaftigkeit *f.*
per·ti·nence ['pɜːtɪnəns; *Am.* 'pɜr-], *a.* **'per·ti·nen·cy** [-sɪ] *s* **1.** Angemessenheit *f.* **2.** Sachdienlichkeit *f*, Zweckmäßigkeit *f*, Rele'vanz *f.* **'per·ti·nent** *adj* (*adv* **~ly**) **1.** angemessen, passend, richtig. **2.** zur Sache gehörig, einschlägig, rele'vant, sach-, zweckdienlich: **to be ~ to** Bezug haben *od.* sich beziehen auf (*acc*).
pert·ness ['pɜːtnɪs; *Am.* 'pɜrt-] *s* Keckheit *f*, schnippisches Wesen, vorlaute Art.
per·turb [pə'tɜːb; *Am.* pər'tɜrb] *v/t* beunruhigen, stören (*a. astr.*), verwirren, ängstigen. **per·tur·ba·tion** [ˌpɜːtə(r)'beɪʃn; *Am.* ˌpɜr-] *s* **1.** Beunruhigung *f*, Störung *f*, Unruhe *f*, Bestürzung *f*, Verwirrung *f.* **2.** *astr.* Perturbati'on *f.*
per·tus·sal [pə(r)'tʌsl] *adj med.* keuchhustenähnlich. **per'tus·sis** [-sɪs] *s* Keuchhusten *m.*
pe·ruke [pə'ruːk] *s hist.* Pe'rücke *f.*
pe·rus·al [pə'ruːzl] *s* sorgfältiges 'Durchlesen, 'Durchsicht *f*, Prüfung *f*: **for ~** zur Einsicht. **pe'ruse** *v/t* **1.** (sorgfältig) 'durchlesen. **2.** *allg.* ('durch)lesen, *weitS.* 'durchgehen, prüfen.
Pe·ru·vi·an [pə'ruːvjən; -ɪən] **I** *adj* peru'anisch. **II** *s* Peru'aner(in). **~ bark** *s pharm.* Chinarinde *f.*
per·vade [pə(r)'veɪd] *v/t a. fig.* durch'dringen, -'ziehen, erfüllen. **per'va·sion** [-ʒn] *s* Durch'dringung *f* (*a. fig.*). **per'va·sive** [-sɪv] *adj* (*adv* **~ly**) **1.** 'durchdringend. **2.** *fig.* 'überall vor'handen, vor-, beherrschend.
per·verse [pə'vɜːs; *Am.* pər'vɜrs; 'pɜrˌv-] *adj* (*adv* **~ly**) **1.** verkehrt, falsch, Fehl... **2.** verderbt, schlecht, böse. **3.** verdreht, wunderlich. **4.** launisch, zänkisch. **5.** verstockt, ‚bockbeinig'. **6.** *psych.* per'vers, 'widernaˌtürlich. **per'verse·ness** → **perversity**. **per'ver·sion** [-ʃn; *Am. a.* -ʒən] *s* **1.** Verdrehung *f*, 'Umkehrung *f*, Entstellung *f*: **~ of justice** *jur.* Rechtsbeugung *f*; **~ of history** Geschichtsklitterung *f.* **2.** *bes. relig.* Verirrung *f*, Abkehr *f* (*vom Guten etc*). **3.** *psych.* Perversi'on *f.* **4.** *math.* 'Umkehrung *f* (*e-r Figur*). **per'ver·si·ty** *s* **1.** Verkehrtheit *f.* **2.** Verdrehtheit *f*, Wunderlichkeit *f.* **3.** Eigensinn *m*, Halsstarrigkeit *f.* **4.** Verderbtheit *f.* **5.** *psych.* 'Widernaˌtürlichkeit *f*, Perversi'tät *f.* **per'ver·sive** *adj* verderblich (**of** für).
per·vert I *v/t* [pə'vɜːt; *Am.* pər'vɜrt] **1.** verdrehen, verkehren, entstellen, fälschen, perver'tieren (*a. psych.*): **to ~ the course of justice** *jur.* das Recht beugen. **2.** *j-n* verderben, verführen. **II** *s* ['pɜːvɜːt; *Am.* 'pɜrˌvɜrt] **3.** *bes. relig.* Abtrünnige(r *m*) *f.* **4.** *a.* **sex(ual) ~** *psych.* per'verser Mensch. **per'vert·ed** → **perverse** 1–3, 6. **per'vert·er** *s* **1.** Verdreher(in). **2.** Verführer(in).
per·vi·ous ['pɜːvjəs; *Am.* 'pɜrvɪəs] *adj* (*adv* **~ly**) **1.** 'durchlässig (*a. phys. tech.*), durch'dringbar (**to** für): **~ to light** lichtdurchlässig. **2.** *fig.* (**to**) zugänglich (für), offen (*dat*). **3.** *tech.* undicht. **'per·vi·ous·ness** *s* 'Durchlässigkeit *f.*
pe·se·ta [pə'seɪtə] *s* Pe'seta *f* (*spanische Münze u. Währungseinheit*).
pes·ky ['peskiː] *Am. colloq.* **I** *adj* (*adv* **peskily**) ‚verteufelt', ‚verdammt', (*Problem etc a.*) vertrackt. **II** *adv* ‚verdammt', sehr.
pe·so ['peɪsəʊ; *Am. a.* 'pe-] *pl* **-sos** *s* Peso *m* (*Silbermünze u. Währungseinheit süd- u. mittelamer. Staaten u. der Philippinen*).
pes·sa·ry ['pesərɪ] *s med.* Pes'sar *n*: a) (Gebär)Mutterring *m*, b) *Muttermundverschluß zur Empfängnisverhütung.*
pes·si·mism ['pesɪmɪzəm] *s* Pessi'mismus *m*, Schwarzsehe'rei *f.* **'pes·si·mist I** *s* Pessi'mist(in), Schwarzseher(in). **II** *adj, a.* **ˌpes·si'mis·tic** *adj* (*adv* **~ally**) pessi'mistisch: **to be pessimistic about s.th.** für etwas schwarzsehen.
pest [pest] *s* **1.** Pest *f*, *a. fig.* Seuche *f*, Plage *f*: **~ hole** Seuchenherd *m*; **the ~ of corruption** *fig.* die Seuche der Korruption. **2.** *fig.* a) ‚Ekel' *n*, ‚Nervensäge' *f*, lästiger Mensch, b) lästige Sache, Plage *f.* **3.** *a.* **insect ~** *biol.* Schädling *m*: **~ control** Schädlingsbekämpfung *f.*
pes·ter ['pestə(r)] *v/t j-n* belästigen, quälen, plagen, nerven, *j-m* auf die Nerven gehen: **to ~ s.o. for s.th.** j-m wegen etwas keine Ruhe lassen; **to ~ s.o. to do s.th.** j-n drängeln, etwas zu tun; **to ~ s.o. into doing s.th.** j-n so lange quälen, bis er etwas tut; **to ~ the life out of s.o.** *colloq.* a) j-m hart zusetzen, b) j-n (mit Bitten, Fragen *etc*) bis aufs Blut peinigen.
pes·ti·cid·al [ˌpestɪ'saɪdl] *adj* schädlingsbekämpfend. **'pes·ti·cide** *s chem.* Pesti'zid *n*, Schädlingsbekämpfungsmittel *n.*
pes·tif·er·ous [pe'stɪfərəs] → **pestilent**.
pes·ti·lence ['pestɪləns] *s* Seuche *f*, Pest *f*, Pesti'lenz *f* (*a. fig.*). **'pes·ti·lent** *adj* (*adv* **~ly**) **1.** pestbringend, verpestend, ansteckend. **2.** verderblich, schädlich. **3.** *oft humor.* pestartig, pestilenzi'alisch, ‚ekelhaft', ab'scheulich. **ˌpes·ti'len·tial** [-'lenʃl] *adj* (*adv* **~ly**) → **pestilent**.
pes·tle ['pesl; -tl] **I** *s* **1.** Mörserkeule *f*, Stößel *m.* **2.** *chem.* Pi'still *n.* **II** *v/t* **3.** zerstoßen, -stampfen.
pes·tol·o·gist [pe'stɒlədʒɪst; *Am.* -'stɑ-] *s* Sachverständige(r) *m* für Schädlingsbekämpfung.
pet[1] [pet] **I** *s* **1.** Heimtier *n.* **2.** gehätscheltes Tier *od.* Kind, Liebling *m*, ‚Schatz' *m*, ‚Schätzchen' *n*: **the teacher's ~** der Liebling des Lehrers. **II** *adj* **3.** Lieblings...: **~ dog** Schoßhund *m*; **~ form** Koseform *f*; **~ mistake (theory)** Lieblingsfehler *m* (-theorie *f*); **~ name** Kosename *m*; → **abomination** 3, **aversion** 3, **hate** 6. **4.** Tier...: **~ food**; **~ shop** Tierhandlung *f*, Zoogeschäft *n.* **III** *v/t* **5.** (ver)hätscheln. **6.** streicheln, liebkosen. **IV** *v/i* **7.** *colloq.* Petting machen.
pet[2] [pet] *s* Verdruß *m*, schlechte Laune: **in a ~** verärgert, schlecht gelaunt.
pet·al ['petl] *s bot.* Blumenblatt *n.*
pe·tard [pe'tɑː(r)d; pɪ-] *s* **1.** *mil. hist.* Pe'tarde *f*, Sprengbüchse *f*: → **hoist[2]** II. **2.** Schwärmer *m* (*Feuerwerkskörper*).
Pe·ter[1] ['piːtə(r)] *npr* Peter *m*, Petrus *m*: (**the Epistles of**) **~** *Bibl.* die Petrusbriefe *pl*; **~'s pence** *R.C.* Peterspfennig *m*; **to rob ~ to pay Paul** ein Loch stopfen u. ein anderes aufreißen.
pe·ter[2] ['piːtə(r)] *v/i* **~ out** versickern (*Bach etc*), all'mählich zu Ende gehen (*Vorräte etc*), versanden (*Unterhaltung etc*), sich verlieren (*Erinnerung etc*), sich totlaufen (*Verhandlungen etc*), *sport* verflachen (*Spiel etc*).
pe·ter[3] ['piːtə(r)] *s sl.* **1.** a) Geldschrank *m*, b) Ladenkasse *f*, c) 'Geldkasˌsette *f.* **2.** Gefängniszelle *f.* **3.** *jur.* Zeugenstand *m.*
pe·ter[4] ['piːtə(r)] *s sl.* ‚Zipfel' *m* (*Penis*).
'pe·ter·man [-mən] *s irr sl.* ‚Schränker' *m*, Geldschrankknacker *m.*
pet·i·o·lar ['petɪəʊlə(r)] *adj bot.* Blattstiel... **'pet·i·o·late** [-leɪt], *a.* **'pet·i·o·lat·ed** *adj bot. med.* gestielt. **'pet·i·ole** [-əʊl] *s bot.* Blattstiel *m.*
pet·it ['petɪ] → **petty** 1.
pe·tite [pə'tiːt] *adj* zierlich (*Frau*).
pet·it four [ˌpetɪ'fɔː(r); *Am. a.* -'fəʊər; pətifur] *pl* **pet·its fours** [ˌpetɪ'fɔː(r)z; *Am. a.* -'fəʊərz; pətifur] (*Fr.*) *s* Petits fours *pl* (*feines Kleinbackwerk*).
pe·ti·tion [pɪ'tɪʃn] **I** *s* **1.** Bitte *f*, Bittschrift *f*, Petiti'on *f*, Eingabe *f* (*a. Patentrecht*), Gesuch *n*, *jur.* (schriftlicher) Antrag: **P~ of Right** *Br. hist.* Bittschrift um Herstellung des Rechts (*1628*); **to file a ~ for divorce** *jur.* e-e Scheidungsklage einreichen; **~ for clemency** (*od.* **mercy, pardon**) *jur.* Gnadengesuch; **~ in lunacy** *jur.* Antrag auf Entmündigung; → **bankruptcy** 1. **II** *v/t* **2.** *j-n* bitten, ersuchen, schriftlich einkommen bei. **3.** bitten um, nachsuchen um. **III** *v/i* **4.** (**for**) bitten, nach-, ansuchen, einkommen, e-e Bittschrift *od.* ein Gesuch einreichen (um), (e-n) Antrag stellen (auf *acc*): **to ~ for divorce** die Scheidungsklage einreichen. **pe'ti·tion·er** *s* Antragsteller(in): a) Bitt-, Gesuchsteller(in), Pe'tent(in), b) *jur.* (Scheidungs)Kläger (-in).
Pe·trar·chan son·net ['petrɑːkən; *bes. Am.* pɪ'trɑː(r)-; pe't-] *s* Pe'trarkisches So'nett.
pet·rel ['petrəl; *Am. a.* 'piː-] *s orn.* Sturmvogel *m.*
pet·ri·fac·tion [ˌpetrɪ'fækʃn] *s* **1.** Versteinerung *f* (*Vorgang*) (*a. fig.*). **2.** Versteinerung *f* (*Ergebnis*), Petre'fakt *n.*
pet·ri·fy ['petrɪfaɪ] **I** *v/t* **1.** versteinern. **2.** *fig.* versteinern: a) verhärten, b) erstarren lassen (**with** vor *Schreck etc*): **petrified with horror** vor Schreck wie versteinert, starr *od.* wie gelähmt vor Schreck. **II** *v/i* **3.** *a. fig.* sich versteinern, zu Stein werden.
Pe·trine ['piːtraɪn] *adj relig.* pe'trinisch, [Petrus...]
pet·ro·chem·i·cal [ˌpetrəʊ'kemɪkl] **I** *adj* petro'chemisch. **II** *s* petro'chemisches Pro'dukt. **ˌpet·ro'chem·is·try** *s* Petroche'mie *f.*
pet·ro·dol·lar ['petrəʊˌdɒlə; *Am.* -ˌdɑlər] *s econ.* Petrodollar *m.*
pet·ro·glyph ['petrəglɪf] *s* Petro'glyphe *f*, Felszeichnung *f.*
pe·trog·ra·pher [pɪ'trɒgrəfə(r); *Am.* -'trɑ-] *s* Petro'graph *m*, Gesteinskundler *m.* **pe'trog·ra·phy** [-fɪ] *s* Petrogra'phie *f*, beschreibende Gesteinskunde.
pet·rol ['petrəl] *Br.* **I** *s mot.* Ben'zin *n*, Kraft-, Treibstoff *m*: **~ bomb** Molotowcocktail *m*; **~ cap** Tankdeckel *m*; **~ coupon** Benzingutschein *m*; **~ engine** Benzin-, Vergasermotor *m*; **~ ga(u)ge** Kraftstoffanzeige *f*, Benzinuhr *f*; **~ level** Benzinstand *m*; **~ pipe** Kraftstoff-, Benzinleitung *f*; **~ pump** Kraftstoff-, Benzinpumpe *f*, *weitS.* Tank-, Zapfsäule *f*; **~ station** Tankstelle *f.* **II** *v/t* auftanken.
pet·ro·la·tum [ˌpetrə'leɪtəm] *s* **1.** *chem.* Vase'lin *n*, Vase'line *f*, Petro'latum *n.* **2.** *pharm.* Paraf'finöl *n.*
pe·tro·le·um [pɪ'trəʊljəm; -ɪəm] *s chem.* Pe'troleum *n*, Erd-, Mine'ralöl *n*: **~ burner** Petroleumbrenner *m.* **~ e·ther** *s chem.* Pe'troläther *m.* **~ jel·ly** → **petrolatum** 1. **~ re·fin·er·y** *s chem.* 'Erdölraffineˌrie *f.*
pe·trol·ic [pɪ'trɒlɪk; *Am.* -'trɑ-] *adj chem.*

Petrol..., peˈtrolsauer: ~ **acid** Petrolsäure *f.*
pe·trol·o·gy [pɪˈtrɒlədʒɪ; *Am.* -ˈtrɑ-] *s min.* Petroloˈgie *f*, Gesteinskunde *f.*
pet·rous [ˈpetrəs; ˈpiː-] *adj* **1.** steinhart, felsig. **2.** *anat.* peˈtrös, Felsenbein...
pet·ti·coat [ˈpetɪkəʊt] **I** *s* **1.** a) Petticoat *m* (*versteifter Taillenunterrock*), b) ˈUnterrock *m*: **she is a Cromwell in ~s** sie ist ein weiblicher Cromwell. **2.** *fig. meist humor.* Frauenzimmer *n*, ‚Weibsbild' *n.* **3.** Kinderröckchen *n.* **4.** *Bogenschießen*: *Raum außerhalb der als Treffer geltenden Ringe auf der Zielscheibe.* **5.** *electr.* a) *a.* ~ **insulator** ˈGlockenisoˌlator *m*, b) Isoˈlierglocke *f.* **II** *adj* **6.** Weiber...: ~ **government** Weiberregiment *n.* **7.** *tech.* Glocken...
pet·ti·fog [ˈpetɪfɒg; *Am. a.* -ˌfɑg] **I** *v/i* **1.** den ˈWinkeladvoˌkaten spielen. **2.** Kniffe *od.* Schiˈkanen anwenden. **II** *v/t* **3.** *etwas durch Sophisterei, Ausflüchte etc* verschleppen, ausweichen (*dat*). ˈ**pet·ti·fog·ger** *s* **1.** ˈWinkeladvoˌkat *m*, Rechtsverdreher *m*, Rabuˈlist *m.* **2.** Haarspalter *m.* ˈ**pet·ti·fog·ger·y** [-ərɪ] *s* Rabuˈlistik *f*, Anwendung *f* von Schlichen *od.* Schiˈkanen. ˈ**pet·ti·fog·ging I** *adj* **1.** rechtsverdrehend, rabuˈlistisch, schikaˈnös. **2.** lumpig, gemein. **II** *s* **3.** Rabuˈlistik *f*, Rechtskniffe *pl*, Haarspalteˈrei *f.*
pet·ti·ness [ˈpetɪnɪs] *s* **1.** Geringfügigkeit *f.* **2.** Kleinlichkeit *f.*
pet·ting [ˈpetɪŋ] *s colloq.* Petting *n.*
pet·tish [ˈpetɪʃ] *adj* (*adv* **~ly**) empfindlich, reizbar, mürrisch. ˈ**pet·tish·ness** *s* Verdrießlichkeit *f*, Gereiztheit *f.*
pet·ti·toes [ˈpetɪtəʊz] *s pl gastr.* Schweinsfüße *pl.*
pet·to [ˈpetəʊ] *s*: **in ~** in petto, im geheimen; **to have s.th. in ~** etwas in petto *od.* ‚auf Lager' haben.
pet·ty [ˈpetɪ] *adj* (*adv* **pettily**) **1.** unbedeutend, geringfügig, klein, Klein..., Bagatell...: ~ **cash** *econ.* a) geringfügige Beträge, b) kleine Kasse, Hand-, Portokasse *f*; ~ **prince** Duodezfürst *m*; ~ **offence** (*bes. Am.* **offense**) (leichtes) Vergehen, Bagatelldelikt *n*; ~ **wares**, ~ **goods** *econ.* Kurzwaren. **2.** engstirnig, kleinlich. ~ **av·er·age** *s jur. mar.* kleine Havaˈrie. ~ **bour·geois** *s* Kleinbürger *m.* ˌ~-ˈ**bour·geois** *adj* kleinbürgerlich. ~ **bour·geoi·sie** *s* Kleinbürgertum *n.* ~ **ju·ry** *s jur.* Urteilsjury *f.* ~ **lar·ce·ny** *s jur. Am.* leichter Diebstahl. ~ **of·fi·cer** *s mar. mil.* Maat *m* (*Unteroffizier*). ~ **ses·sions** *s pl jur. Br.* → **magistrates' court** (**magistrate** 1).
pet·u·lance [ˈpetjʊləns; *Am.* -tʃə-] *s* Verdrießlichkeit *f*, Gereiztheit *f.* ˈ**pet·u·lant** *adj* (*adv* **~ly**) verdrießlich, gereizt, ungeduldig.
pe·tu·ni·a [pɪˈtjuːnjə; *Am. a.* -ˈtuːnjə] *s* **1.** *bot.* Peˈtunie *f.* **2.** Vioˈlett *n* (*Farbe*).
pe·tun·(t)se, *a.* **pe·tun·tze** [pɪˈtʌntsɪ; -ˈtʊn-] *s* Peˈtuntse *f* (*feiner Ton*).
pew [pjuː] *s* **1.** (Kirchen)Bank *f*, Bankreihe *f*, Kirchenstuhl *m*: **family ~** Familienstuhl *m.* **2.** *Br. colloq.* Sitz *m*, Platz *m*: **to take a ~** sich ‚platzen'. ˈ**pew·age** *s* **1.** Kirchengestühl *n.* **2.** Gebühr(en *pl*) *f* für e-n Kirchenstuhl.
pe·wit [ˈpiːwɪt; *Am. a.* ˈpjuːət] *s orn.* **1.** Kiebitz *m.* **2.** Lachmöwe *f.*
pew·ter [ˈpjuːtə(r)] **I** *s* **1.** Hartzinn *n*, brit. Schüsselzinn *n.* **2.** *collect.* Zinngeschirr *n.* **3.** Zinnkrug *m*, -gefäß *n.* **4.** *bes. sport Br. sl.* Poˈkal *m.* **II** *adj* **5.** (Hart-) Zinn..., zinnern. ˈ**pew·ter·er** *s* Zinngießer *m.*
pe·yo·te [peɪˈəʊtɪ], **peˈyo·tl** [-tl] *s* **1.** → **mescal** 1. **2.** → **mescaline.**
phae·ton [ˈfeɪtn], *Am. a.* **pha·e·ton** [ˈfeɪətn] *s* Phaeton *m*: a) *leichter vierrädriger Zweispänner*, b) *mot. obs.* Tourenwagen *m.*
phag·o·cyte [ˈfægəʊsaɪt] *s biol. med.* Phagoˈzyt *m*, Freßzelle *f.*
phal·ange [ˈfælændʒ; *Am.* ˈfeɪˌl-; fəˈlændʒ] *s* **1.** → **phalanx** 3. **2.** *bot.* Staubfädenbündel *n.* **3.** *zo.* Tarsenglied *n.*
pha·lan·ges [fæˈlændʒiːz] *pl von* **phalanx.**
pha·lanx [ˈfælæŋks; *Am.* ˈfeɪ-] *pl* **-lanx·es** *od.* **-lan·ges** [fæˈlændʒiːz] *s* **1.** *antiq. mil.* Phalanx *f*, geschlossene Schlachtreihe. **2.** *fig.* Phalanx *f*, geschlossene Front: **in ~** geschlossen, einmütig. **3.** *anat.* Phalanx *f*, Finger-, Zehenglied *n.* **4.** → **phalange** 2. ˈ**pha·lanxed** *adj* e-e Phalanx bildend, geschlossen.
phal·a·rope [ˈfælərəʊp] *s orn.* Wassertreter *m*: **red ~** Thorshühnchen *n.*
phal·li [ˈfælaɪ] *pl von* **phallus.**
phal·lic [ˈfælɪk] *adj* phallisch: ~ **cult** Phalluskult *m*; ~ **stage** *psych.* phallische Phase; ~ **symbol** Phallussymbol *n.* ˈ**phal·li·cism** [-sɪzəm], ˈ**phal·lism** *s* Phalluskult *m.*
phal·lo·crat [ˈfæləʊkræt] *s* männlicher Chauviˈnist.
phal·lus [ˈfæləs] *pl* **-li** [-laɪ] *s* Phallus *m.*
phan·er·o·gam [ˈfænərəʊgæm] *s bot.* Phaneroˈgame *f*, Blütenpflanze *f*, Samenpflanze *f.*
phan·o·tron [ˈfænəʊtrɒn; *Am.* -nəˌtrɑn] *s electr.* Phanoˈtron *n*, ungesteuerte Gleichrichterröhre.
phan·tasm [ˈfæntæzəm] *s* **1.** Phanˈtom *n*, Trugbild *n*, Wahngebilde *n*, Hirngespinst *n.* **2.** (Geister)Erscheinung *f.*
phan·tas·ma·go·ri·a [ˌfæntæzməˈgɒrɪə; *Am.* fænˌtæzməˈgəʊrɪə; -ˈgɔː-] *s* **1.** Phantasmagoˈrie *f*, Gaukelbild *n*, Truggebilde *n*, Blendwerk *n.* **2.** *fig.* bunter Wechsel. **phan·tas·ma·go·ri·al** [ˌfæntæzməˈgɒrɪəl; *Am.* fænˌtæzməˈgəʊrɪəl; -ˈgɔː-], **phan·tas·ma·gor·ic** [ˌfæntæzməˈgɒrɪk; *Am.* fænˌtæzməˈgəʊrɪk; -ˈgɔː-; -ˈgɑ-] *adj* phantasmaˈgorisch, traumhaft, gespensterhaft, trügerisch.
phan·tas·mal [fænˈtæzml] *adj* (*adv* **~ly**) **1.** Phantasie..., halluzinaˈtorisch, eingebildet. **2.** gespenster-, geisterhaft. **3.** illuˈsorisch, unwirklich, trügerisch.
phan·ta·sy → **fantasy.**
phan·tom [ˈfæntəm] **I** *s* **1.** Phanˈtom *n*: a) Erscheinung *f*, Gespenst *n*, Geist *m*, b) Wahngebilde *n*, Trugbild *n*, Hirngespinst *n*, c) *fig.* Alptraum *m*, Schreckgespenst *n*: ~ **of war. 2.** *fig.* Schatten *m*, Schein *m*: ~ **of authority** Scheinautorität *f*; ~ **of a king** Schattenkönig *m.* **3.** *med.* Phanˈtom *n*, anaˈtomisches Moˈdell. **II** *adj* **4.** Geister..., Gespenster..., gespenstisch. **5.** scheinbar, illuˈsorisch, eingebildet: ~ **pregnancy** Scheinschwangerschaft *f.* **6.** fikˈtiv, falsch. **III** *v/t* **7.** *electr.* zum Phanˈtom- *od.* Viererkreis schalten. ~ **cir·cuit** *s electr.* Phanˈtom-, Viererkreis *m*, Duplexleitung *f.* ~ **(limb) pain** *s med. psych.* Phanˈtomschmerz *m.* ~ **ship** *s* Geisterschiff *n.* ~ **tu·mo(u)r** *s med.* Scheingeschwulst *f.* ~ **view** *s tech.* ˈDurchsichtszeichnung *f.*
Phar·aon·ic [feəˈrɒnɪk], *Am.* ˌ**Phar·aˈon·ic** [ˌfereɪˈɑ-; ˌfæ-] *adj* pharaˈonisch.
phare [feə(r)] *s* Leuchtturm *m.*
phar·i·sa·ic [ˌfærɪˈseɪɪk] *adj*; ˌ**phar·iˈsa·i·cal** [-kl] *adj* (*adv* **~ly**) phariˈsäisch, selbstgerecht, scheinheilig, heuchlerisch. ˈ**phar·i·sa·ism** [-seɪɪzəm] *s* **1.** Phariˈsäertum *n*, Scheinheiligkeit *f.* **2. P~** *relig.* phariˈsäische Lehre. ˈ**Phar·i·see** [-siː] *s* **1.** *relig.* Phariˈsäer *m.* **2. p~** *fig.* Phariˈsäer(in), Selbstgerechte(r *m*) *f*, Scheinheilige(r *m*) *f*, Heuchler(in). ˈ**phar·i·see·ism** → **pharisaism.**
phar·ma·ceu·tic [ˌfɑːməˈsjuːtɪk; *Am.* ˌfɑːrməˈsuː-] *adj*; ˌ**phar·maˈceu·ti·cal** [-kl] *adj* (*adv* **~ly**) pharmaˈzeutisch, arzˈneikundlich, Apotheker...: ~ **chemist** pharmazeutischer Chemiker. ˌ**pharˈma·ceu·tics** *s pl* (*als sg konstruiert*) Pharmaˈzeutik *f*, Pharmaˈzie *f*, Arzˈneimittelkunde *f.* ˈ**phar·ma·cist** [-məsɪst], *a.* ˌ**phar·maˈceu·tist** *s* Pharmaˈzeut *m*: a) Apoˈtheker *m*, b) pharmaˈzeutischer Chemiker.
phar·ma·co·dy·nam·ics [ˌfɑː(r)məkəʊdaɪˈnæmɪks] *s pl* (*als sg konstruiert*) *med. pharm.* Pharmakodyˈnamik *f.*
phar·ma·cog·no·sy [ˌfɑː(r)məˈkɒgnəsɪ; *Am.* -ˈkɑg-] *s med. pharm.* Pharmakognoˈsie *f*, Drogenkunde *f.*
phar·ma·co·log·i·cal [ˌfɑː(r)məkəˈlɒdʒɪkl; *Am.* -ˈlɑ-] *adj* pharmakoˈlogisch. ˌ**phar·maˈcol·o·gist** [-ˈkɒlədʒɪst; *Am.* -ˈkɑl-] *s* Pharmakoˈloge *m.* ˌ**phar·maˈcol·o·gy** *s* Pharmakoloˈgie *f*, Arzˈneimittellehre *f.* ˌ**phar·ma·coˈpoe·ia** [-kəˈpiːə] *s med.* **1.** Pharmakoˈpöe *f*, amtliche Arzˈneimittelliste, Arzˈneibuch *n.* **2.** Bestand *m od.* Vorrat *m* an Arzˈneimitteln.
phar·ma·cy [ˈfɑː(r)məsɪ] *s* **1.** → **pharmaceutics. 2.** Apoˈtheke *f.*
pha·ros [ˈfeərɒs; *Am.* ˈferˌɑs] *s* **1.** Leuchtturm *m.* **2.** Leuchtfeuer *n.*
pha·ryn·ge·al [ˌfærɪnˈdʒiːəl; *Am. a.* fəˈrɪndʒiːəl], *a.* **pha·ryn·gal** [fəˈrɪŋgl] *adj* **1.** *anat.* Schlund..., Rachen...: ~ **bone** Schlundknochen *m*; ~ **tonsil** Rachenmandel *f.* **2.** *ling.* Rachen...: ~ **sound.**
pha·ryn·ges [fəˈrɪndʒiːz] *pl von* **pharynx.**
phar·yn·gi·tis [ˌfærɪnˈdʒaɪtɪs] *s med.* Pharynˈgitis *f*, ˈRachenkaˌtarrh *m.*
pha·ryn·go·log·i·cal [ˌfærɪŋgəˈlɒdʒɪkl; *Am.* fəˌrɪŋgəˈlɑ-] *adj med.* pharyngoˈlogisch. **phar·yn·gol·o·gy** [ˌfærɪŋˈgɒlədʒɪ; *Am.* -ˈgɑ-] *s* Pharyngoloˈgie *f.* **phaˌryn·goˈna·sal** [-ˈneɪzl] *adj* Rachen u. Nase betreffend, Nasen-Rachen-...
pha·ryn·go·scope [fəˈrɪŋgəskəʊp] *s med.* Pharyngoˈskop *n*, Schlundspiegel *m.*
phar·ynx [ˈfærɪŋks] *pl* **pha·ryn·ges** [fəˈrɪndʒiːz] *od.* ˈ**phar·ynx·es** *s anat.* Pharynx *m*, Schlund *m*, Rachen(höhle *f*) *m.*
phase [feɪz] **I** *s* **1.** Phase *f*: **~s of the moon** *astr.* Mondphasen; ~ **advancer** *electr.* Phasenverschieber *m*; **~-corrected** *electr.* phasenkorrigiert; **in ~** (**out of ~**) *electr. phys.* phasengleich (phasenverschoben); ~ **lag (lead)** *electr. phys.* Phasennacheilung *f* (-voreilung *f*); ~ **opposition** *electr. math. phys.* Gegenphasigkeit *f*; ~ **rule** *chem. phys.* (Gibbssche) Phasenregel; ~ **shift(ing)** *electr.* Phasenverschiebung *f*; ~ **voltage** Phasenspannung *f*; **gas (liquid, solid) ~** (*Thermodynamik*) Gasphase *f* (flüssige, feste Phase); **three-~ current** Dreiphasen(wechsel)strom *m*, Drehstrom *m.* **2.** (Entwicklungs)Stufe *f*, Stadium *n*, Phase *f*: **final ~** Endphase, -stadium; ~ **line** *mil.* (Angriffs)Zwischenziel *n.* **3.** Aˈspekt *m*, Seite *f*, Gesichtspunkt *m*: **the ~s of a question. 4.** *mil.* (Front)Abschnitt *m.* **II** *v/t* **5.** *electr. phys.* in Phase bringen. **6.** aufeinˈander abstimmen, *Maschinen etc* gleichschalten, synchroniˈsieren. **7.** stufenweise ˈdurchführen. **8.** (nach den Erfordernissen) stufenweise planen, staffeln. **9.** ~ **down** einstellen, beenden, abschließen. **10.** ~ **in** stufenweise einführen *od.* eingliedern. **11.** ~ **out** a) die ˈHerstellung von *etwas* stufenweise einstellen, allˈmählich aus dem Verkehr ziehen, auslaufen lassen, b) stufenweise zum Abschluß bringen *od.* abwickeln. **III** *v/i*

12. ~ in stufenweise eingeführt *od.* eingegliedert werden. **13.** ~ **out** a) stufenweise aufhören, b) sich stufenweise zuˈrückziehen (**of** aus).

ˈphase|-down *s* Einstellung *f*, Beendigung *f*, Abschluß *m*. **ˈ~-out** *s* schritt- *od.* stufenweiser Rückzug.

phas·ic [ˈfeɪzɪk] *adj* phasisch, Phasen...

pha·si·tron [ˈfeɪzɪtrɒn; *Am.* -ˌtrɑn] *s electr.* ˈPhasenmoduˌlatorröhre *f*.

pheas·ant [ˈfeznt] *s orn.* Faˈsan *m*. **ˈpheas·ant·ry** [-trɪ] *s* Fasaneˈrie *f*. **ˈpheas·ant's-eye** *s bot.* **1.** Aˈdonisröschen *n*. **2.** *a.* ~ **pink** Federnelke *f*.

phe·nan·threne [fɪˈnænθriːn] *s chem.* Phenanˈthren *n*.

phene [fiːn], **phe·nene** [ˈfiːniːn] *s chem.* Benˈzol *n*.

phe·nic [ˈfiːnɪk; ˈfenɪk] *adj chem.* karˈbolsauer, Karbol...: ~ **acid** → **phenol**.

phe·nix *Am. für* **phoenix**.

phe·no·bar·bi·tone [ˌfiːnəʊˈbɑː(r)bɪtəʊn] *s chem. pharm.* Phenobarbiˈtal *n*, Lumiˈnal *n* (*TM*).

phe·nol [ˈfiːnɒl; *Am. a.* -ˌnəʊl] *s chem.* Pheˈnol *n*, Karˈbolsäure *f*. **phe·no·late** [ˈfiːnəleɪt] *s* Phenoˈlat *n*. **phe·no·lic** [fɪˈnɒlɪk; *Am.* -ˈnəʊ-; -ˈnɑ-] **I** *adj* Phenol..., phenoˈplastisch: ~ **resin** → II. **II** *s* Pheˈnolharz *n*.

phe·nol·o·gy [fɪˈnɒlədʒɪ; *Am.* -ˈnɑl-] *s* Phänoloˈgie *f* (*Wissenschaft von den jahreszeitlich bedingten Erscheinungsformen bei Tier u. Pflanze*).

phe·nol·phtha·lein [ˌfiːnɒlˈfθælɪɪn; *Am.* ˌfiːnlˈθælɪən] *s chem.* Phenolphthaleˈin *n*.

phe·nom·e·na [fəˈnɒmɪnə; *Am.* fɪˈnɑm-] *pl von* **phenomenon**. **pheˈnom·e·nal** [-mɪnl] *adj* (*adv* ~**ly**) phänomeˈnal: a) *philos.* Erscheinungs...: ~ **world**, b) *fig.* unglaublich, ‚phanˈtastisch'. **pheˈnom·e·nal·ism** *s philos.* Phänomenaˈlismus *m*. **pheˈnom·e·nal·ist I** *s* Phänomenaˈlist *m*. **II** *adj* phänomenaˈlistisch.

phe·nom·e·nol·o·gy [fəˌnɒmɪˈnɒlədʒɪ; *Am.* fɪˌnɑməˈnɑl-] *s philos.* Phänomenoloˈgie *f*.

phe·nom·e·non [fəˈnɒmɪnən; *Am.* fɪˈnɑmɪnən; -ˌnɑn] *pl* **-na** [-nə] *s* **1.** *a. philos. phys.* Phänoˈmen *n*, Erscheinung *f*. **2.** *pl* **-nons** *fig.* Phänoˈmen *n*: a) (*ein*) wahres Wunder (*Sache od. Person*), b) *a.* **infant** ~ Wunderkind *n*.

phe·no·plast [ˈfiːnəʊplæst] → **phenolic** II. **ˌphe·noˈplas·tic** → **phenolic** I.

phe·no·type [ˈfiːnəʊtaɪp] *s biol.* Phänoˈtyp(us) *m*, (*umweltbedingtes*) Erscheinungsbild. **ˌphe·noˈtyp·ic** [-ˈtɪpɪk] *adj* phänoˈtypisch.

phe·nyl [ˈfenɪl; ˈfiːnɪl; *Br. a.* ˈfiːnaɪl] *s* Pheˈnyl *n* (*einwertige Atomgruppe* C_6H_5). **phen·yl·ene** [ˈfenɪliːn] *s* Phenyˈlen *n* (*zweiwertige Atomgruppe* C_6H_4). **phe·nyl·ic** [fɪˈnɪlɪk] *adj* Phenyl..., karˈbolsauer, pheˈnolisch: ~ **acid** → **phenol**.

phe·on [ˈfiːɒn; *Am.* -ˌɑn] *s her.* Pfeilspitze *f*.

phew [fjuː; pfjuː] *interj* puh!

phi [faɪ] *s* Phi *n* (*griechischer Buchstabe*).

phi·al [ˈfaɪəl] *s* Phiˈole *f*, (*bes.* Arzˈnei-) Fläschchen *n*.

Phi Be·ta Kap·pa [ˌfaɪˌbeɪtəˈkæpə] *s univ. Am.* a) *studentische Vereinigung hervorragender Akademiker*, b) *ein Mitglied dieser Vereinigung*.

Phil·a·del·phi·a law·yer [ˌfɪləˈdelfjə] *s Am.* gerissener Juˈrist *od.* Anwalt.

phi·lan·der [fɪˈlændə(r)] *v/i* tändeln, schäkern, den Frauen nachlaufen. **phiˈlan·der·er** *s* Schürzenjäger *m*, Schwerenöter *m*.

phil·an·thrope [ˈfɪlənθrəʊp] → **philanthropist** I.

phil·an·throp·ic [ˌfɪlənˈθrɒpɪk; *Am.* -ˈθrɑ-] *adj*; **ˌphil·anˈthrop·i·cal** [-kl] *adj* (*adv* ~**ly**) philanˈthropisch, menschenfreundlich, menschlich. **phi·lan·thro·pism** [fɪˈlænθrəpɪzəm] *s* Philanthroˈpie *f*, Menschenliebe *f*. **phiˈlan·thro·pist I** *s* Philanˈthrop *m*, Menschenfreund *m*. **II** *adj* → **philanthropic**. **phiˈlan·thro·py** *s* Philanthroˈpie *f*, Menschenliebe *f*, Menschlichkeit *f*.

phil·a·tel·ic [ˌfɪləˈtelɪk] *adj* Briefmarken..., philateˈlistisch. **phi·lat·e·list** [fɪˈlætəlɪst] **I** *s* Philateˈlist *m*: a) Briefmarkensammler *m*, b) Briefmarkenkundler *m*. **II** *adj* → **philatelic**. **phiˈlat·e·ly** *s* Philateˈlie *f*: a) Briefmarkensammeln *n*, b) Briefmarkenkunde *f*.

Phi·le·mon [fɪˈliːmɒn; faɪ-; *Am.* -mən] *npr u. s Bibl.* (Brief *m* des Paulus an) Phiˈlemon *m*.

phil·har·mon·ic [ˌfɪlɑː(r)ˈmɒnɪk; ˌfɪlə(r)-; *Am.* -ˈmɑnɪk] *adj* philharˈmonisch: ~ **concert**; ~ **orchestra**; ~ **society** Philharmonie *f*.

Phi·lip·pi·ans [fɪˈlɪpɪənz] *s pl* (*als sg konstruiert*) *Bibl.* (Brief *m* des Paulus an die) Phiˈlipper, Phiˈlipperbrief *m*.

phi·lip·pic [fɪˈlɪpɪk] *s* Phiˈlippika *f*, Strafpredigt *f*.

phil·ip·pi·na [ˌfɪlɪˈpiːnə] *s* **1.** Vielˈliebchen *n* (*Spiel*). **2.** Vielˈliebchengeschenk *n*.

Phil·ip·pine [ˈfɪlɪpiːn] *adj* **1.** philipˈpinisch, Philippinen... **2.** Filipino...

Phil·is·tine [ˈfɪlɪstaɪn; *Am.* -ˌstiːn] **I** *s* **1.** *Bibl.* Phiˈlister *m*. **2.** *fig.* Phiˈlister *m*, Spießbürger *m*, Spießer *m*, Baˈnause *m*. **II** *adj* **3.** *fig.* phiˈlisterhaft, spießbürgerlich, baˈnausisch. **ˈphil·is·tin·ism** [-stɪnɪzəm] *s* Phiˈlistertum *n*, Philisteˈrei *f*, Spießbürgertum *n*, Baˈnausentum *n*.

Phil·lips curve [ˈfɪlɪps] *s Statistik*: Phillips-Kurve *f* (*graphische Darstellung des Verhältnisses von Inflation u. Arbeitslosigkeit*).

phil·o·den·dron [ˌfɪləˈdendrən] *pl* **-drons** *od.* **-dra** [-drə] *s bot.* Philoˈdendron *m, n*.

phi·log·y·ny [fɪˈlɒdʒɪnɪ; *Am.* -ˈlɑ-] *s* Philogyˈnie *f*, Frauenliebe *f*.

phi·lol·o·ger [fɪˈlɒlədʒə(r); *Am.* -ˈlɑ-] → **philologist**.

phil·o·log·i·cal [ˌfɪləˈlɒdʒɪkl; *Am.* -ˈlɑ-] *adj* (*adv* ~**ly**) **1.** philoˈlogisch. **2.** sprachwissenschaftlich. **phiˈlol·o·gist** [-ˈlɒlədʒɪst; *Am.* -ˈlɑ-] *s* **1.** Philoˈloge *m*, Philoˈlogin *f*. **2.** Sprachwissenschaftler(in), Linguˈist(in). **phiˈlol·o·gy** *s* **1.** Philoloˈgie *f*, Literaˈtur- u. Sprachwissenschaft *f*. **2.** Sprachwissenschaft *f*, Linguˈistik *f*.

phil·o·mel [ˈfɪləmel], **ˌphil·oˈme·la** [-əʊˈmiːlə] *s poet.* Philoˈmele *f*, Nachtigall *f*.

phil·o·poe·na [ˌfɪləˈpiːnə] → **philippina**.

phi·los·o·pher [fɪˈlɒsəfə(r); *Am.* -ˈlɑs-] *s* **1.** Philoˈsoph *m*: **moral** ~ Moralphilosoph; **natural** ~ Naturphilosoph; ~**'s stone** Stein *m* der Weisen. **2.** *fig.* Philoˈsoph *m*, Lebenskünstler *m*.

phil·o·soph·ic [ˌfɪləˈsɒfɪk; *Am.* -ˈsɑf-] *adj*; **ˌphil·oˈsoph·i·cal** [-kl] *adj* (*adv* ~**ly**) philoˈsophisch (*a. fig. weise, gleichmütig*): ~ **analysis** analytische Philosophie. **phi·los·o·phist** [fɪˈlɒsəfɪst; *Am.* -ˈlɑs-] *s contp.* Soˈphist *m*, Philosoˈphaster *m*. **phiˈlos·o·phize I** *v/t* philoˈsophisch behandeln, philosoˈphieren über (*acc*). **II** *v/i* philosoˈphieren (**about, on** über *acc*).

phi·los·o·phy [fɪˈlɒsəfɪ; *Am.* -ˈlɑs-] *s* **1.** Philosoˈphie *f*: **moral** ~ Moralphilosophie; **natural** ~ Naturphilosophie; ~ **of history** Geschichtsphilosophie. **2.** *a.* ~ **of life** (ˈLebens)Philosoˌphie *f*, Welt-, Lebensanschauung *f*. **3.** *fig.* Gleichmut *m*, (philoˈsophische) Gelassenheit. **4.** *Am.* Iˈdee *f*, ˈDenkmoˌdell *n*.

phil·ter, *bes. Br.* **phil·tre** [ˈfɪltə(r)] *s* **1.** Liebestrank *m*. **2.** Zaubertrank *m*.

phi·mo·sis [faɪˈməʊsɪs; *Am. a.* fəˈm-] *s med.* Phiˈmose *f*, Vorhautverengung *f*.

phiz [fɪz], *a.* **phiz·og** [ˈfɪzɒg; *Am.* -ˌɑg] *s sl.* ‚Viˈsage' *f*, Gesicht *n*.

phle·bi·tis [flɪˈbaɪtɪs] *s med.* Phleˈbitis *f*, Venenentzündung *f*.

phle·bot·o·my [flɪˈbɒtəmɪ; *Am.* -ˈbɑ-] *s med.* Phlebotoˈmie *f*, Veneneröffnung *f*.

phlegm [flem] *s* **1.** *physiol.* Phlegma *n*, Schleim *m*. **2.** *fig.* Phlegma *n*, (stumpfe) Gleichgültigkeit, (geistige) Trägheit.

phleg·mat·ic [flegˈmætɪk] *adj* (*adv* ~**ally**) **1.** *physiol. zo.* a) phlegˈmatisch, schleimhaltig, -blütig, b) schleimerzeugend. **2.** phlegˈmatisch, gleichgültig, träge, stumpf.

phleg·mon [ˈflegmɒn; *Am.* -ˌmɑn] *s med.* Phlegˈmone *f*, Zellgewebsentzündung *f*.

phlo·em [ˈfləʊem] *s bot.* Phloˈem *n*, Siebteil *m* (*der Leitbündel*).

phlo·gis·tic [flɒˈdʒɪstɪk; *Am.* fləʊ-] *adj med.* entzündlich. **phloˈgis·ton** [-tən] *s chem. hist.* Phlogiston *n* (*hypothetischer Stoff, der bei der Verbrennung entweicht*).

phlox [flɒks; *Am.* flɑks] *s bot.* Phlox *m, f*, Flammenblume *f*.

pho·bi·a [ˈfəʊbjə; -bɪə] *s psych.* Phoˈbie *f*, krankhafte Angst (**about** vor).

pho·co·me·li·a [ˌfəʊkəʊˈmiːljə; -lɪə] *s med.* Phokomeˈlie *f*, ˈGliedmaßenˌmißbildung *f*.

Phoe·be [ˈfiːbɪ] **I** *npr antiq.* Phöbe *f*. **II** *s poet.* Mond *m*.

Phoe·bus [ˈfiːbəs] **I** *npr antiq.* Phöbus *m*. **II** *s poet.* Phöbus *m*, Sonne *f*.

Phoe·ni·ci·an [fɪˈnɪʃɪən; *Am.* -ˈnɪʃən] **I** *s* **1.** Phöˈnizier(in). **2.** *ling.* Phöˈnikisch *n*, das Phönikische. **II** *adj* **3.** phöˈnikisch.

phoe·nix [ˈfiːnɪks] *s* **1.** Phönix *m* (*sagenhafter Wundervogel*). **2.** *fig.* (wahres) Wunder (*Person od. Sache*). **3.** *fig.* Phönix *m* (aus der Asche) (*etwas Wiedererstandenes*). **4.** **P**~ *gen* **-ni·cis** [fɪˈniːsɪs; ˈfiːnɪsiːz] *astr.* Phönix *m* (*Sternbild*).

phon [fɒn; *Am.* fɑn] *s phys.* Phon *n* (*Maßeinheit der Lautstärke*): ~ **scala** Phon-Skala *f*.

pho·nate [fəʊˈneɪt; *Am.* ˈfəʊˌn-] *v/i* phoˈnieren, Laute bilden. **phoˈna·tion** *s* Lautbildung *f*.

phone[1] [fəʊn] *s ling.* (Einzel)Laut *m*.

phone[2] [fəʊn] *s, v/t u. v/i colloq. für* **telephone**: **to give s.o. a** ~, **to** ~ **s.o. up** j-n anrufen.

ˈphone-in *s Rundfunk, TV*: Sendung *f* mit teleˈfonischer Zuhörer- *od.* Zuschauerbeteiligung, (*Rundfunk a.*) Hörer-, Funksprechstunde *f*: ~ **request program(me)** Telefonwunschkonzert *n*.

pho·neme [ˈfəʊniːm] *s* **1.** *ling.* Phoˈnem *n* (*bedeutungsunterscheidende Lautkategorie e-r Sprache*). **2.** → **phone**[1]. **phoˈne·mic** [fəʊ-; fə-] *adj* **1.** Phonem... **2.** phoneˈmatisch, beˈdeutungsunterˌscheidend. **phoˈne·mics** [fəʊ-; fə-] *s pl* (*als sg konstruiert*) Phoˈnemik *f*.

pho·net·ic [fəʊˈnetɪk; fə-] *adj* (*adv* ~**ally**) phoˈnetisch, lautlich: ~ **alphabet** a) phonetisches Alphabet, b) *mil. teleph. etc* Buchstabieralphabet *n*; ~ **character** Lautzeichen *n*; ~ **spelling**, ~ **transcription** Lautschrift *f*; ~ **value** Lautwert *m*. **pho·ne·ti·cian** [ˌfəʊnɪˈtɪʃn] *s* Phoˈnetiker(in). **pho·net·i·cism** [fəʊˈnetɪsɪzəm; fəˈn-] *s* lautschriftliche ˈWiedergabe. **phoˈnet·i·cist** *s* Phoˈnetiker(in). **phoˈnet·i·cize** *v/t* phoˈnetisch darstellen. **phoˈnet·ics** *s pl* (*meist als sg konstruiert*) **1.** Phoˈnetik *f*, Laut(bildungs)-

lehre *f.* **2.** ˈLautsyˌstem *n* (*e-r Sprache*).

pho·ney → **phony.**

phon·ic [ˈfəʊnɪk; ˈfɒ-; *Am.* ˈfɑnɪk] *adj* **1.** lautlich, aˈkustisch. **2.** phoˈnetisch. **3.** *tech.* phonisch. **ˈphon·ics** *s pl* (*als sg konstruiert*) **1.** *ped.* Lauˈtierkurs *m.* **2.** → **phonetics.**

ˌpho·noˈcar·di·o·gram [ˌfəʊnə-] *s med.* ˈTonkardioˌgramm *n*, Herztonaufzeichnung *f.*

pho·no·deik [ˈfəʊnədaɪk] *s tech.* Schallwellenaufzeichner *m.*

pho·no·gen·ic [ˌfəʊnəˈdʒenɪk] *adj* **1.** zu klanglicher ˈWiedergabe geeignet: ~ **scores. 2.** mit guter Aˈkustik: ~ **hall.**

pho·no·gram [ˈfəʊnəgræm] *s* **1.** Lautzeichen *n.* **2.** *tech.* Phonoˈgramm *n*, (Schall)Aufzeichnung *f*, Schallplatte *f.* **3.** *teleph.* zugesprochenes Teleˈgramm. **ˈpho·no·graph** [-grɑːf; *bes. Am.* -græf] *s* **1.** *tech. hist.* Phonoˈgraph *m*, ˈSprechmaˌschine *f.* **2.** *Am.* Plattenspieler *m*, Grammoˈphon *n*: ~ **record** Schallplatte *f.* **3.** *ling.* Lautzeichen *n.* **ˌpho·noˈgraph·ic** [-ˈgræfɪk] *adj* (*adv* ~**ally**) phonoˈgraphisch. **pho·nog·ra·phy** [fəʊˈnɒgrəfɪ; fəˈn-; *Am.* -ˈnɑg-] *s* **1.** Kurzschrift *f* auf phoˈnetischer Grundlage, *bes.* Pitmans Stenograˈphie. **2.** *ling.* phoˈnetische (Recht)Schreibung.

pho·nol·o·gy [fəʊˈnɒlədʒɪ; fəˈn-; *Am.* -ˈnɑl-] *s ling.* Phonoloˈgie *f*, Lautlehre *f.*

pho·nom·e·ter [fəʊˈnɒmɪtə(r); fəˈn-; *Am.* -ˈnɑm-] *s phys.* Phonoˈmeter *n*, Schall(stärke)messer *m.* **phoˈnom·e·try** [-trɪ] *s* Phonomeˈtrie *f*, Schall(stärke)messung *f.*

pho·non [ˈfəʊnɒn; *Am.* -ˌnɑn] *s phys.* Phonon *n*, Schallquant *n.*

pho·nus bo·lo·nus [ˌfəʊnəsbəˈləʊnəs] *s Am. humor.* **1.** Humbug *m*, Mumpitz *m.* **2.** Gauneˈrei *f.*

pho·ny [ˈfəʊnɪ] *sl.* **I** *adj* **1.** falsch: a) gefälscht (*Paß, Geld etc*), b) unecht (*Schmuck, Gefühle etc*), c) erfunden (*Geschichte etc*), ‚faul' (*Sache, Entschuldigung etc*), Schein..., Schwindel...(*-firma etc*), d) verlogen (*Moral etc*): **there's s.th.** ~ **about it** an der Geschichte ist etwas faul; ~ **war** *hist.* ‚Sitzkrieg' *m* (*an der Westfront 1939–40*). **II** *s* **2.** Schwindler(in), ‚Schauspieler(in)', Heuchler(in): **he's a** ~ er ist nicht ‚echt'. **3.** Fälschung *f*, Schwindel *m*, ‚fauler Zauber'.

phoo·ey [ˈfuːɪ] *interj Am.* pfui!, Schande!

phor·mi·um [ˈfɔː(r)mɪəm] *s bot.* Neuˈseeländischer Flachs.

phos·gene [ˈfɒzdʒiːn; *Am.* ˈfɑz-] *s chem.* Phosˈgen *n*, ˈKohlensäurechloˌrid *n.*

phos·phate [ˈfɒsfeɪt; *Am.* ˈfɑs-] *s chem.* **1.** Phosˈphat *n*: ~ **of lime** phosphorsaurer Kalk. **2.** *agr.* Phosˈphat(düngemittel) *n.* **ˈphos·phat·ed** *adj* phosˈphatisch. **phosˈphat·ic** [-ˈfætɪk] *adj* phosˈphathaltig.

phos·pha·tize [ˈfɒsfətaɪz; *Am.* ˈfɑs-] *v/t tech.* **1.** *Seide* phosphaˈtieren. **2.** *metall.* phosphaˈtieren, parkeriˈsieren. **3.** in ein Phosˈphat verwandeln.

phos·phene [ˈfɒsfiːn; *Am.* ˈfɑs-] *s med.* Phosˈphen *n*, Lichterscheinung *f* im Auge.

phos·phide [ˈfɒsfaɪd; *Am.* ˈfɑs-] *s chem.* Phosˈphid *n.* **ˈphos·phine** [-fiːn] *s chem.* **1.** Phosˈphin *n*, Phosphorwasserstoff *m.* **2.** Deriˈvat *n* des Phosphorwasserstoffs. **3.** Akriˈdin-Gelb *n* (*synthetischer Farbstoff*). **ˈphos·phite** [-faɪt] *s* **1.** *chem.* Phosˈphit *n.* **2.** *min.* ˈPhosphormeˌtall *n.*

phos·phor [ˈfɒsfə; *Am.* ˈfɑsfər; -ˌfɔːr] **I** *s* → **phosphorus. II** *adj* Phosphor...: ~ **bronze. ˈphos·pho·rate** [-fəreɪt] *v/t chem.* **1.** phosphoriˈsieren. **2.** phosphoresˈzierend machen.

phos·pho·resce [ˌfɒsfəˈres; *Am.* ˌfɑs-] *v/i* phosphoresˈzieren, (nach)leuchten. **ˌphos·phoˈres·cence** *s* **1.** *chem. phys.* Chemolumineszˈzenz *f.* **2.** *phys.* Phosphoresˈzenz *f*, Nachleuchten *n*, Phosphoresˈzieren *n.* **ˌphos·phoˈres·cent** *adj* phosphoresˈzierend.

phos·pho·ri [ˈfɒsfəraɪ; *Am.* ˈfɑs-] *pl von* **phosphorus.**

phos·phor·ic [fɒsˈfɒrɪk; *Am.* fɑsˈfɔːrɪk; -ˈfɑr-] *adj* phosphorig, phosphorsauer, -haltig, Phosphor...: ~ **acid** Phosphorsäure *f.*

phos·pho·rize [ˈfɒsfəraɪz; *Am.* ˈfɑs-] → **phosphorate.**

phos·pho·rous [ˈfɒsfərəs; *Am.* ˈfɑs-] *adj chem.* phosphorig(sauer): ~ **acid** phosphorige Säure.

phos·pho·rus [ˈfɒsfərəs; *Am.* ˈfɑs-] *pl* **-ri** [-raɪ] *s* **1.** *chem.* Phosphor *m.* **2.** *phys.* (ˈLeucht)Phosˌphore *f*, Leuchtmasse *f*, -stoff *m.* **3. P**~ *astr. poet.* Phosˈphoros *m*, Morgenstern *m.*

phos·phu·ret·(t)ed [ˈfɒsfjʊretɪd; *Am.* ˈfɑs-] *adj chem.* mit (einwertigem) Phosphor verbunden.

phot [fɒt; *bes. Am.* fəʊt] *s phys.* Phot *n* (*Einheit der spezifischen Lichtausstrahlung*).

pho·tic [ˈfəʊtɪk] *adj* **1.** Licht... **2.** *zo.* Licht ausstrahlend. **3.** *biol.* lichtabhängig, photisch: ~ **zone** photische Region (*des Meeres*).

pho·to [ˈfəʊtəʊ] *colloq.* **I** *pl* **-tos** *s* Foto *n*, Bild *n*: ~ **album** Fotoalbum *n*; ~ **safari** Fotosafari *f.* **II** *v/t u. v/i* fotograˈfieren, ‚knipsen'.

photo- [fəʊtəʊ] *Wortelement mit den Bedeutungen* a) Licht..., b) Fotografie..., fotografisch.

ˌpho·to·acˈtin·ic *adj phys.* photoakˈtinisch (strahlend).

ˌpho·to·biˈol·o·gy *s* Photobioloˈgie *f.*

ˌpho·to·biˈot·ic *adj biol.* lichtbedürftig.

ˈpho·to·call *s Br.* ˈFototerˌmin *m.*

ˈpho·to·cell *s electr.* Photozelle *f*, photoeˈlektrische Zelle.

ˌpho·toˈchem·i·cal *adj chem.* photoˈchemisch. **ˌpho·toˈchem·is·try** *s* Photocheˈmie *f.*

ˈpho·toˌchro·my [-ˌkrəʊmɪ] *s hist.* ˈFarbfotograˌfie *f.*

ˌpho·to·comˈpose *v/t print.* im Fotosatz ˈherstellen. **ˌpho·to·comˈpos·ing ma·chine,** *a.* **ˌpho·to·comˈpos·er** *s* ˈFotoˌsetzmaˌschine *f.* **ˈpho·toˌcom·poˈsi·tion** *s* Fotosatz *m.*

ˈpho·toˌcon·ducˈtiv·i·ty *s phys.* photoeˈlektrische Leitfähigkeit.

ˈpho·toˌcop·i·er *s phot.* Fotokoˈpiergerät *n.* **ˈpho·toˌcop·y I** *v/t u. v/i* fotokoˈpieren, ablichten. **II** *s* Fotokoˈpie *f*, Ablichtung *f.*

ˈpho·toˌcur·rent *s phys.* ˈPhoto(emisˈsiˌons)strom *m.* **ˈpho·to·disˌin·teˈgra·tion** *s Atomphysik*: ˈKernˌphotoefˌfekt *m*, Lichtzerfall *m.* **ˈpho·to·disˌso·ciˈa·tion** *s chem. phys.* Photoˈlyse *f.*

ˈpho·toˌdra·ma *s* Filmdrama *n.*

ˌpho·to·eˈlec·tric *adj*; **ˌpho·to·eˈlec·tri·cal** *adj* (*adv* ~**ly**) *phys.* photoeˈlektrisch, ˈlichteˌlektrisch: ~ **barrier** *electr.* Lichtschranke *f*; ~ **cell** → **photocell.**

ˌpho·to·eˈlec·tron *s phys.* Photoelektron *n.*

ˌpho·to·eˈlec·tro·type *s tech.* photoeˈlektrisches Drucknegativ.

ˌpho·to·eˈmis·sion *s phys.* Photoemisˈsiˈon *f.* **ˌpho·to·enˈgrav·ing** *s print.* Lichtdruck(verfahren *n*) *m*, ˈPhotograˌvüre *f.*

pho·to fin·ish *s sport* **1.** Fotofinish *n* (*Finish, dessen Sieger nur durch Zielfotografie ermittelt werden kann*). **2.** äußerst knappe Entscheidung. **ˈPho·to·fit (pic·ture)** (*TM*) *s* Phanˈtombild *n* (*aus verschiedenen Fotos zs.-gesetzt*). **ˈpho·to·flash (lamp)** *s* Blitzlicht(birne *f*) *n.* **ˈpho·to·flood (lamp)** *s* Foto-, Heimlampe *f.*

ˌpho·toˈgel·a·tin *adj phot. print.* Lichtdruck... ~ **pro·cess** *s* ˈPhotogelaˌtineverfahren *n*, Phototyˈpie *f.*

pho·to·gen [ˈfəʊtəʊdʒen] *s* **1.** *chem.* Photoˈgen *n*, ˈBraunkohlenbenˌzin *n.* **2.** *biol.* a) ˈLeuchtorgaˌnismus *m*, b) Leuchtstoff *m* (*e-s Leuchtorganismus*). **ˈpho·to·gene** [-dʒiːn] *s* **1.** *med.* Nachbild *n.* **2.** → **photogen** 1.

pho·to·gen·ic [ˌfəʊtəʊˈdʒenɪk] *adj* **1.** fotoˈgen, bildwirksam. **2.** *biol.* lichterzeugend, Leucht...: ~ **bacteria** Leuchtbakterien.

pho·to·gram·me·try [ˌfəʊtəʊˈgræmɪtrɪ] *s* Photogrammeˈtrie *f*, Meßbildverfahren *n.*

pho·to·graph [ˈfəʊtəgrɑːf; *bes. Am.* -græf] **I** *s* Fotograˈfie *f*, (Licht)Bild *n*, Aufnahme *f*: **to take a** ~ **of** → II. **II** *v/t* fotograˈfieren, aufnehmen, e-e Aufnahme machen von (*od. gen*). **III** *v/i* fotograˈfieren, fotografiert werden: **he does not** ~ **well** er läßt sich schlecht fotografieren, er wird nicht gut auf Bildern.

pho·tog·ra·pher [fəˈtɒgrəfə(r); *Am.* -ˈtɑg-] *s* Fotoˈgraf(in). **ˌpho·toˈgraph·ic** [-ˈgræfɪk] *adj* (*adv* ~**ally**) **1.** fotoˈgrafisch, Bild...: ~ **library** Bildarchiv *n*; ~ **memory** fotografisches Gedächtnis; ~ **safari** Fotosafari *f*; ~ **sound** Lichtton *m*; ~ **sound recorder** optischer Tonschreiber. **2.** *fig.* fotoˈgrafisch genau. **pho·tog·ra·phy** [fəˈtɒgrəfɪ; *Am.* -ˈtɑg-] *s* Fotograˈfie *f*, Lichtbildkunst *f.*

ˌpho·to·graˈvure *s print.* ˈPhotograˌvüre *f* (→ **heliogravure**).

ˌpho·toˈjour·nal·ism *s* ˈBildjournaˌlismus *m.* **ˌpho·toˈjour·nal·ist** *s* ˈBildjournaˌlist(in).

ˌpho·toˈlith·o *pl* **-os** *s abbr. für* **photolithograph** I, **photolithoprint**, *etc.* **ˌpho·toˈlith·o·graph** *print.* **I** *s* Photolithograˈphie *f* (*Bild*). **II** *v/t* photolithograˈphieren. **ˌpho·to·liˈthog·ra·phy** *s* Photolithograˈphie *f*, Lichtsteindruck *m.* **ˌpho·toˈlith·o·print** *s* Photolithograˈphie *f* (*Bild*).

pho·tol·y·sis [fəʊˈtɒlɪsɪs; *Am.* -ˈtɑl-] *s chem.* Photoˈlyse *f.*

ˈpho·to·map *s* **1.** photogramˈmetrische Karte, Luftbildkarte *f.* **2.** *astr.* fotoˈgrafische Sternkarte.

ˌpho·to·meˈchan·i·cal *adj print.* photomeˈchanisch.

pho·tom·e·ter [fəʊˈtɒmɪtə(r); *Am.* -ˈtɑm-] *s phys.* Photoˈmeter *n*, Lichtstärkemesser *m.* **phoˈtom·e·try** *s* PhotomeˈTrie *f*, Lichtstärkemessung *f.*

ˌpho·toˈmi·cro·graph *s* Mikrofotograˈfie *f* (*Bild*). **ˈpho·toˌmi·croˈgraph·ic** *adj* mikrofotoˈgrafisch. **ˌpho·to·miˈcrog·ra·phy** *s* Mikrofotograˈfie *f.*

ˌpho·to·monˈtage *s* ˈFotomonˌtage *f.*

ˌpho·toˈmu·ral *s phot.* Riesenvergrößerung *f* (*als Wandschmuck*), *a.* ˈFototaˌpete *f.*

pho·ton [ˈfəʊtɒn; *Am.* -ˌtɑn] *s* Photon *n*: a) *phys.* Lichtquant *n*, b) *opt.* Troland *n* (*Einheit der Beleuchtungsstärke auf der Netzhaut*).

ˌpho·toˈneu·tron *s phys.* Photoneutron *n.*

ˈpho·toˌnov·el *s* ˈFotoroˌman *m.*

ˌpho·to-ˈoff·set *print.* **I** *s* fotoˈgrafischer Offsetdruck. **II** *v/t irr* abziehen.

pho·to op·por·tu·ni·ty *Am.* → **photocall.**

ˌpho·toˈpho·bi·a *s med.* Photophoˈbie *f*, Lichtscheu *f.*

pho·to·phone [ˈfəʊtəfəʊn] *s tech.* Photo'phon *n* (*mit Photozelle arbeitende Form des Telefons*).

'pho·to·play *s* Filmdrama *n*, verfilmtes Buch *od.* Stück. **'pho·to·print** *s print.* foto'grafischer Druck *od.* Abzug, Lichtdruckätzung *f.* **'pho·to,pro·cess** *s print.* photome'chanisches Druckverfahren. **,pho·to'ra·di·o·gram** *s tech.* Funkbild *n.* **,pho·to're·al·ism** *s art* 'Fotorea,lismus *m.*

,pho·to·re'con·nais·sance *s aer. mil.* Bildaufklärung *f.*

,pho·to'sen·si·tive *adj* lichtempfindlich. **,pho·to'sen·si·tize** *v/t* lichtempfindlich machen.

'pho·to·set, *etc* → **photocompose,** *etc.*

'pho·to,sphere *s* Photosphäre *f*, Lichtkreis *m* (*bes. der Sonne*).

pho·to·stat ['fəʊtəʊstæt] *phot.* **I** *s* **1.** Fotoko'pie *f*, Ablichtung *f.* **2. P~** (*TM*) Photo'stat *m* (*Fotokopiergerät*). **II** *v/t u. v/i* **3.** fotoko'pieren, ablichten. **,pho·to'stat·ic** *adj* Kopier..., Ablichtungs...: ~ **copy** → **photostat** 1.

,pho·to'syn·the·sis *s biol. chem.* Photosyn'these *f.*

,pho·to'tel·e·graph *s* **1.** 'Bildtele,graf *m.* **2.** 'Bildtele,gramm *n.*

,pho·to'tel·e·scope *s astr.* 'Phototele,skop *n.*

,pho·to'ther·a·py *s med.* Photothera'pie *f*, Lichtheilverfahren *n.*

,pho·to'tro·pism *s bot.* Phototro'pismus *m* (→ **heliotropism**).

'pho·to·tube *s phys.* Photoröhre *f*, Vakuum-Photozelle *f.*

'pho·to·type *print.* **I** *s* Lichtdruck(bild *n*, -platte *f*) *m*, Phototy'pie *f.* **II** *v/t* im Lichtdruckverfahren vervielfältigen.

,pho·to'type·set, *etc* → **photocompose,** *etc.*

phrase [freɪz] **I** *s* **1.** (Rede)Wendung *f*, Redensart *f*, (idio'matischer) Ausdruck: ~ **book** a) Sammlung *f* von Redewendungen, b) Sprachführer *m*; ~ **of civility** Höflichkeitsfloskel *f*; **as the ~ goes** wie man so schön sagt; **he can turn a noble ~** er ist ein Meister im Formulieren. **2.** Phrase *f*, Schlagwort *n*: **~monger** Phrasendrescher *m.* **3.** *ling.* a) Wortverbindung *f*, b) kurzer Satz. **4.** *Phonetik*: Sprechtakt *m.* **5.** *mus.* Phrase *f*, Satz *m.* **II** *v/t* **6.** ausdrücken, formu'lieren. **III** *v/i* **7.** *mus.* phra'sieren.

phra·se·o·gram ['freɪzɪəgræm] *s Stenographie*: Satz-, Wortgruppenkürzel *n.*

'phra·se·o·graph [-grɑːf; *bes. Am.* -græf] *s* Kürzelsatz *m*, -gruppe *f.*

phra·se·o·log·i·cal [,freɪzɪə'lɒdʒɪkl; *Am.* -'lɑ-] *adj* (*adv* **~ly**) **1.** phraseo'logisch. **2.** phrasenhaft. **,phra·se'ol·o·gist** [-'ɒlədʒɪst; *Am.* -'ɑl-] *s* **1.** *ling.* Phraseo'loge *m.* **2.** Phrasendrechsler *m.* **3.** Phrasendrescher *m.* **,phra·se'ol·o·gy** *s* **1.** Phraseolo'gie *f*: a) Stil *m*, Ausdrucksweise *f*, b) Sammlung *f* von Redewendungen. **2.** *iro.* Sprachregelung *f.*

phre·net·ic *obs. für* **frenetic.**

phren·ic ['frenɪk] *anat.* **I** *adj* phrenisch, Zwerchfell... **II** *s* Zwerchfell *n.*

phren·o·log·i·cal [,frenə'lɒdʒɪkl; *Am.* -'lɑ-] *adj* (*adv* **~ly**) phreno'logisch. **phre'nol·o·gist** [-'nɒlədʒɪst; *Am.* -'nɑl-] *s* Phreno'loge *m.* **phre'nol·o·gy** *s* Phrenolo'gie *f*, Schädellehre *f.*

Phryg·i·an ['frɪdʒɪən; *Am. a.* -dʒən] **I** *s* **1.** Phryger(in). **2.** *ling.* Phrygisch *n*, das Phrygische. **II** *adj* **3.** *ling. mus.* phrygisch.

phthal·ate ['θæleɪt; 'fθæl-] *s chem.* Phtha'lat *n.* **phtha·lein** ['θælɪɪn; 'fθæl-] *s* Phthale'in(farbstoff *m*) *n.* **phthal·ic** ['θælɪk; 'fθælɪk] *adj* Phthal...: ~ **acid.**

phthis·ic ['θaɪsɪk; 'fθaɪ-; *Am.* 'tɪzɪk] *adj*; **'phthis·i·cal** [-kl] *adj* (*adv* **~ly**) *med.* tuberku'lös, schwindsüchtig, phthisisch.

phthi·sis ['θaɪsɪs; 'fθaɪ-; *Am. bes.* 'taɪ-; 'tɪ-] *s* Tuberku'lose *f*, Schwindsucht *f.*

phut [fʌt] **I** *interj* fft! (*lautmalend*). **II** *adv*: **to go ~** *colloq.* a) ‚kaputtgehen' (*a. fig. Ehe etc*), b) *fig.* ‚platzen' (*Plan etc*).

phy·col·o·gy [faɪ'kɒlədʒɪ; *Am.* -'kɑ-] *s* Phykolo'gie *f*, Algenkunde *f.*

phy·la ['faɪlə] *pl von* **phylon** *u.* **phylum.**

phy·lac·ter·y [fɪ'læktərɪ] *s* **1.** *relig.* Phylak'terion *n*, Gebetsriemen *m* (*der Juden*). **2.** Re'liquienkästchen *n.* **3.** *fig.* frommes Getue.

phy·let·ic [faɪ'letɪk] *adj biol.* phy'letisch, rassisch, Stammes...

phyl·lo·pod ['fɪləʊpɒd; *Am.* -lə,pɑd] *zo.* **I** *adj* Blattfüßer... **II** *s* Blattfüßer *m.*

phyl·lo·tax·y ['fɪləʊ,tæksɪ], *a.* **,phyl·lo'tax·is** [-'tæksɪs] *s* Blattstellung *f.*

phyl·lox·e·ra [,fɪlɒk'sɪərə; *Am.* -,ɑk-] *pl* **-rae** [-riː] *s zo.* Reblaus *f.*

phy·lo·gen·e·sis [,faɪləʊ'dʒenɪsɪs] → **phylogeny.** **,phy·lo·ge'net·ic** [-dʒɪ'netɪk] *adj* (*adv* **~ally**) phyloge'netisch, stammesgeschichtlich. **phy'log·e·ny** [-'lɒdʒənɪ; *Am.* -'lɑ-] *s* Phyloge'nese *f*, Stammesgeschichte *f.*

phy·lon ['faɪlɒn; *Am.* -,lɑn] *pl* **-la** [-lə] *s biol.* Stamm *m.*

phy·lum ['faɪləm] *pl* **-la** [-lə] *s* **1.** *biol.* 'Unterab,teilung *f*, Ordnung *f* (*des Tier- od. Pflanzenreichs*). **2.** → **phylon.** **3.** *ling.* Sprachstamm *m.*

phys·ic ['fɪzɪk] **I** *s* **1.** *selten* Arz'nei(mittel *n*) *f*, Medi'zin *f*, *bes.* Abführmittel *n.* **2.** *obs.* Heilkunde *f.* **3.** *obs. für* **physics.** **II** *v/t pret u. pp* **'phys·icked** [-ɪkt] **4.** *obs.* ärztlich behandeln. **5.** *obs.* a) *j-m* ein Abführmittel geben, b) abführend wirken bei (*j-m*). **6.** *obs.* heilen, ku'rieren (*a. fig.*). **7.** *tech. geschmolzenes Metall* frischen, feinen.

phys·i·cal ['fɪzɪkl] **I** *adj* (*adv* → **physically**) **1.** physisch, körperlich: ~ **condition** Gesundheitszustand *m* (→ 2); ~ **culture** Körperkultur *f*; ~ **education** *ped.* Leibeserziehung *f*; ~ **examination** ärztliche Untersuchung, *mil.* Musterung *f*; ~ **fitness** a) körperliche Tauglichkeit, b) Fitness *f*; ~ **force** physische Gewalt; ~ **handicap** Körperbehinderung *f*; ~ **inventory** *econ.* Bestandsaufnahme *f*; ~ **jerks** *Br. colloq.* Gymnastik *f*; ~ **possession** *jur.* tatsächlicher *od.* physischer Besitz; ~ **stock** *econ.* Lagerbestand *m*; ~ **strength** Körperkraft *f*; ~ **training** *ped.* Leibeserziehung *f.* **2.** physi'kalisch: ~ **chemistry**; ~ **anthropology** biologische Anthropologie; ~ **condition** Aggregatzustand *m* (→ 1); ~ **geography** physikalische Geographie, Physiogeographie *f*; ~ **medicine,** ~ **therapy** → **physiotherapy.** **3.** na'turwissenschaftlich. **4.** na'turgesetzlich, physisch: ~ **impossibility** *colloq.* völlige Unmöglichkeit. **5.** na'türlich. **6.** sinnlich, fleischlich. **7.** materi'ell. **II** *s* **8.** ärztliche Unter'suchung, *mil.* Musterung *f.* **'phys·i·cal·ly** *adv* → **physical**: ~ **handicapped** *med.* körperbehindert; ~ **impossible** *colloq.* völlig unmöglich.

phys·i·cal sci·ence *s* **1.** Phy'sik *f.* **2.** na'turwissenschaftliches Fach. **3.** Na'turwissenschaften *pl.*

phy·si·cian [fɪ'zɪʃn] *s* Arzt *m* (*a. fig.*).

phys·i·cism ['fɪzɪsɪzəm] *s philos.* Materia'lismus *m.*

phys·i·cist ['fɪzɪsɪst] *s* **1.** Physiker *m.* **2.** Na'turforscher *m.* **3.** *philos.* Materia'list *m.*

,phys·i·co'chem·i·cal [,fɪzɪkəʊ-] *adj* (*adv* **~ly**) physiko'chemisch.

phys·ics ['fɪzɪks] *s pl* (*meist als sg konstruiert*) Phy'sik *f.*

phys·i·oc·ra·cy [,fɪzɪ'ɒkrəsɪ; *Am.* -'ɑk-] *s* **1.** Physiokra'tie *f*, Na'turherrschaft *f.* **2.** → **physiocratism.**

phys·i·oc·ra·tism [,fɪzɪ'ɒkrətɪzəm; *Am.* -'ɑk-] *s hist.* Physiokra'tismus *m* (*Lehre, nach der Boden- u. Landwirtschaft die alleinigen Reichtumsquellen sind*).

phys·i·og·e·ny [,fɪzɪ'ɒdʒənɪ; *Am.* -'ɑ-] *s biol.* Entstehung *f* u. Entwicklung *f* der 'Lebensfunkti,onen.

phys·i·og·nom·ic [,fɪzɪə'nɒmɪk; *Am.* -'nɑm-; -'gnɑm-] *adj*; **,phys·i·og'nom·i·cal** [-kl] *adj* (*adv* **~ly**) physio'gnomisch. **,phys·i'og·no·mist** [-'ɒnəmɪst; *Am.* -'ɑn-; -'ɑgn-] *s* Physio'gnom(iker) *m.* **,phys·i'og·no·my** *s* **1.** Physiogno'mie *f*: a) Gesichtsausdruck *m*, -züge *pl*, b) *fig.* äußere Erscheinung, Struk'tur *f.* **2.** *sl.* Gesicht *n.* **3.** Physio'gnomik *f* (*Deutung der Wesensart aus der leiblichen Erscheinung*).

phys·i·og·ra·phy [,fɪzɪ'ɒgrəfɪ; *Am.* -'ɑg-] *s* **1.** physi'kalische Geogra'phie, Physiogeogra'phie *f.* **2.** Geomorpholo'gie *f.* **3.** Na'turbeschreibung *f.*

phys·i·o·log·ic [,fɪzɪə'lɒdʒɪk; *Am.* -'lɑ-] *adj*; **,phys·i·o'log·i·cal** [-kl] *adj* (*adv* **~ly**) physio'logisch: ~ **psychology.** **,phys·i'ol·o·gist** [-'ɒlədʒɪst; *Am.* -'ɑl-] *s med.* Physio'loge *m.* **,phys·i'ol·o·gy** *s* Physiolo'gie *f.*

,phys·i·o'ther·a·pist [,fɪzɪəʊ-] *s med.* physi'kalischer Thera'peut, Fachmann *m* in physikalischer Thera'pie, *weitS.* 'Heilgym,nastiker(in). **,phys·i·o'ther·a·py** *s* Physiothera'pie *f*, physi'kalische Thera'pie, 'Heilgym,nastik *f.*

phy·sique [fɪ'ziːk] *s* Körper(bau) *m*, Körperbeschaffenheit *f*, Konstituti'on *f*, Sta'tur *f.*

phy·to·gen·e·sis [,faɪtəʊ'dʒenɪsɪs] *s bot.* Pflanzenentstehungslehre *f.* **phy·to·gen·ic** [,faɪtəʊ'dʒenɪk], **phy'tog·e·nous** [-'tɒdʒɪnəs; *Am.* -'tɑ-] *adj* phyto'gen, pflanzlichen Ursprungs. **phy'tog·e·ny** → **phytogenesis.**

,phy·to·ge'og·ra·phy *s* Phytogeogra'phie *f*, Standortlehre *f.*

phy·tog·ra·phy [faɪ'tɒgrəfɪ; *Am.* -'tɑg-] *s* Pflanzenbeschreibung *f.*

phy·to·lite ['faɪtəlaɪt], **'phy·to·lith** [-lɪθ] *s geol.* Phyto'lith *m* (*Sedimentgestein, das ausschließlich od. größtenteils aus Pflanzenresten entstanden ist*).

phy·to·log·i·cal [,faɪtə'lɒdʒɪkl; *Am.* -'lɑ-] *adj bot.* phyto'logisch. **phy'tol·o·gy** [-'tɒlədʒɪ; *Am.* -'tɑl-] *s* Phytolo'gie *f*, Pflanzenkunde *f.*

phy·to·pa·thol·o·gy [,faɪtəʊpə'θɒlədʒɪ; *Am.* -'θɑl-] *s* Phytopatholo'gie *f.*

phy·tot·o·my [faɪ'tɒtəmɪ; *Am.* -'tɑ-] *s bot.* Phytoto'mie *f*, 'Pflanzenanato,mie *f.*

phy·to·zo·ic plant [,faɪtə'zəʊɪk] *s biol.* Tierpflanze *f.*

pi[1] [paɪ] *s* **1.** Pi *n* (*griechischer Buchstabe*). **2.** *math.* π *n*, (die Zahl) Pi *n* (*Verhältnis des Kreisumfanges zum Durchmesser*).

pi[2] [paɪ] *adj bes. Br. sl.* fromm.

pi[3] → **pie**[4].

PI [,piː'aɪ] *s phys.* (*abbr. von* **performance index**) effek'tiver Paral'lel,widerstand: **~-controller** PI-Regler *m.*

pi·affe [pɪ'æf; pjæf] (*Dressurreiten*) **I** *v/i* piaf'fieren. **II** *s* Pi'affe *f.*

pi·a ma·ter ['paɪə,meɪtə(r); *Am. a.* 'piːə,mɑːtər] *s anat.* Pia Mater *f*, weiche Hirnhaut.

pi·a·nette [pɪə'net] *s mus.* Pia'nette *f* (*niedriges Kleinklavier*). **pi·a'ni·no** [-'niːnəʊ] *pl* **-nos** *s mus.* Pia'nino *n*, kleines Kla'vier. **pi·a·nis·si·mo** [pjæ'nɪsɪməʊ; *Am.* ,piːə'n-] *mus.* **I** *adj u. adv* pia'nissimo, sehr leise. **II** *pl* **-mos** *s* Pia'nissimo *n.* **pi·a·nist** ['pɪənɪst; pɪ'ænɪst] *s* Pia'nist(in).

pi·an·o[1] [pɪ'ænəʊ; pɪ'ɑː-] *pl* **-os** *s mus.*

Kla'vier *n*: **at the ~** am Klavier; **on the ~** auf dem Klavier; ~ **accordion** Akkordeon *n*; ~ **stool** Klavierstuhl *m*, -hocker *m*; ~ **wire** *tech.* Stahldraht *m*.

pi·a·no² ['pjɑːnəʊ; pɪ'ɑː-] *mus.* **I** *pl* **-nos** *s* Pi'ano *n* (*leises Spiel*): ~ **pedal** Pianopedal *n*, linkes Pedal. **II** *adj u. adv* pi'ano, leise.

pi·an·o·for·te [ˌpjænəʊ'fɔː(r)tɪ; *Am. a.* piː'ænəˌfəʊərt] *s mus.* Piano'forte *n*, Kla'vier *n*.

pi·a·no·la [pɪə'nəʊlə] *s* **1.** P~ (*TM*) *mus.* Pia'nola *n* (*Klavierspielapparat*). **2.** *sl.* a) *Kartenspiel*: ,Bombenkarte' *f*, b) ,Kinderspiel' *n*, kinderleichte Sache.

pi·an·o play·er *s* **1.** Kla'vierspieler(in). **2.** → **pianola** 1.

pi·as·sa·va [ˌpiːə'sɑːvə], *a.* ˌ**pi·as'sa·ba** [-bə] *s* **1.** *a.* ~ **fiber**, *bes. Br.* ~ **fibre** Pias'save(faser) *f*. **2.** *bot.* Pias'sava-Palme *f*.

pi·as·ter, pi·as·tre [pɪ'æstə(r)] *s* Pi'aster *m*: a) *Währungseinheit Ägyptens, des Libanons u. der Türkei*, b) *hist. Bezeichnung der spanischen Pesostücke.*

pi·az·za [pɪ'ætsə; pɪ'ɑːtsə] *s* **1.** Pi'azza *f*, öffentlicher Platz. **2.** [piː'æzə; -'ɑːzə] *Am.* (große) Ve'randa.

pi·broch ['piːbrɒk; *Am.* -ˌbrɑk] *s mus.* schottische 'Dudelsackvariatiˌonen *pl*.

pic [pɪk] *pl* **pics** *od.* **pix** [pɪks] *s colloq.* **1.** Foto *n*. **2.** (Spiel)Film *m*. **3.** *pl* Kino *n*.

pi·ca¹ ['paɪkə] *s print.* Cicero *f*, Pica *f* (*Schriftgrad*).

pi·ca² ['paɪkə] *s med. psych.* Pika'zismus *m* (*abnormes Verlangen nach ausgefallenen Speisen, bes. bei Schwangeren, od. nach ungenießbaren Stoffen, bes. bei Geisteskranken*).

pic·a·dor ['pɪkədɔː(r)] *s Stierkampf*: Pica'dor *m*.

pic·a·mar ['pɪkəmɑː(r)] *s chem.* Pika'mar *n*, Teerbitter *n*.

pic·a·resque [ˌpɪkə'resk] *adj* pika'resk, pi'karisch: ~ **novel** Schelmenroman *m*.

pic·a·roon [ˌpɪkə'ruːn] **I** *s* **1.** Gauner *m*. **2.** Abenteurer *m*. **3.** Pi'rat *m*. **II** *v/i* **4.** seeräubern.

pic·a·yune [ˌpɪkɪ'juːn; -'uːn] *Am.* **I** *s* **1.** Fünf'centstück *n*. **2.** *meist fig.* Pfennig *m*, Groschen *m*. **3.** *fig.* Lap'palie *f*, Kleinigkeit *f*. **4.** *fig.* ,Null' *f*, unbedeutender Mensch. **II** *adj* → **picayunish**. ˌ**pic·a'yun·ish** *adj Am. colloq.* **1.** unbedeutend, klein, schäbig. **2.** engstirnig, kleinlich.

pic·ca·lil·li ['pɪkəlɪlɪ] *s* scharfgewürztes Essiggemüse, Pickles *pl*.

pic·ca·nin·ny → **pickaninny**.

pic·co·lo ['pɪkələʊ] **I** *pl* **-los** *s mus.* Pikkoloflöte *f*. **II** *adj* klein: ~ **flute** Pikkoloflöte *f*; ~ **piano** Kleinklavier *n*. '**pic·co·lo·ist** *s* 'Pikkoloflöˌtist *m*.

pick¹ [pɪk] **I** *s* **1.** *tech.* a) Spitz-, Kreuzhacke *f*, Picke *f*, Pickel *m*, b) *Bergbau*: (Keil)Haue *f*. **2.** Hacken *n*, Schlag *m*. **3.** Auswahl *f*, Wahl *f*: **take your ~** suchen Sie sich etwas aus, Sie haben die Wahl; **he was our ~** unsere Wahl fiel auf ihn. **4.** Auslese *f*, (*der, die, das*) Beste: **the ~ of the basket** (*od.* **bunch**) das (Aller)Beste, das Beste vom Besten. **5.** *print.* Spieß *m* (*mitdruckendes Ausschlußstück*). **6.** *agr. econ.* Ernte (*die gepflückt wird*). **7.** *mus.* → **plectrum**.

II *v/t* **8.** aufhacken, -picken. **9.** *ein Loch* hacken: → **hole** 1. **10.** *Körner* aufpicken. **11.** auflesen, sammeln. **12.** *Blumen, Obst* pflücken. **13.** *Beeren* abzupfen. **14.** *Gemüse* verlesen, säubern. **15.** *Hühner* rupfen. **16.** *Wolle* zupfen. **17.** *Knochen* abnagen: → **bone¹** 1. **18.** *metall.* scheiden, (aus)klauben: **to ~ ore. 19.** (mit den Fingernägeln) abkratzen: **to ~ a scab. 20.** bohren *od.* stochern in (*dat*): **to ~ one's nose** in der Nase bohren, ,popeln'; **to ~ one's teeth** in den Zähnen (herum)stochern. **21.** *colloq.* lustlos essen, her'umstochern in (*dat*). **22.** *ein Türschloß* (mit e-m Dietrich *etc*) öffnen, ,knacken': **to ~ a lock**; **to ~ s.o.'s pocket** j-m die Tasche ,ausräumen'; → **brain** 2. **23.** *e-n Streit* vom Zaun brechen: **to ~ a quarrel with s.o.** mit j-m anbändeln *od.* Streit suchen. **24.** *fig.* (sorgfältig) auswählen, aussuchen: **you've ~ed the wrong time** du hast dir die falsche Zeit ausgesucht; **to ~ one's way** (*od.* **steps**) sich e-n *od.* s-n Weg suchen *od.* bahnen, *fig.* sich durchlavieren; **to ~ a winner** *fig.* das Große Los ziehen; **to ~ one's words** s-e Worte (sorgfältig) wählen. **25.** ausfasern, zerpflücken, zerreißen (*a. fig.*): → **piece** 2. **26.** *mus. Am. Saiten* zupfen, *Banjo etc* spielen.

III *v/i* **27.** hacken, picke(l)n. **28.** lustlos essen, im Essen her'umstochern. **29.** sorgfältig wählen: **to ~ and choose** a) wählerisch sein, b) sich bei der Auswahl Zeit lassen. **30.** *a.* ~ **and steal** ,klauen', stehlen.

Verbindungen mit Präpositionen:

pick| at *v/i* **1. to ~ one's food** im Essen herumstochern. **2.** a) her'ummäkeln *od.* -nörgeln an (*dat*), b) ,her'umhacken' auf (*j-m*). ~ **on** *v/i* **1.** → **pick at** 2. **2.** *j-n* (*für etwas Unangenehmes*) aussuchen: **why ~ me?** warum ausgerechnet ich?

Verbindungen mit Adverbien:

pick| off *v/t* **1.** (ab)pflücken, abreißen, abrupfen. **2.** (einzeln) abschießen, ,wegputzen'. ~ **out** *v/t* **1.** (sich) *etwas* auswählen. **2.** ausmachen, erkennen. **3.** *fig. den Sinn etc* her'ausbekommen *od.* -finden, ,her'auskriegen'. **4.** (schnell) her'ausfinden: **to ~ the thief from (among) a group. 5.** sich *e-e Melodie* (*auf dem Klavier etc*) zs.-suchen. **6.** *mit e-r anderen Farbe* absetzen, durch 'Farbkonˌtrast her'vorheben. **7.** *fig.* her'vorheben. ~ **o·ver** *v/t* (gründlich) 'durchsehen, -gehen, auslesen. ~ **up I** *v/t* **1.** *den Boden* aufhacken. **2.** a) aufheben, -nehmen, -lesen, in die Hand nehmen, packen, ergreifen, b) aufpicken (*Vogel*): → **gauntlet¹** 2. **3.** *colloq.* a) aufnehmen: **the train stops to ~ passengers**, b) abholen: **I'll pick you up at your house. 4.** *colloq.* ,auflesen': a) *ein Mädchen* ,aufgabeln', ,aufreißen', b) *j-n* aus dem Wasser ziehen, c) sich *e-e Krankheit etc* holen. **5.** *colloq. j-n* aufgreifen, ,hochnehmen' (*verhaften*). **6.** *e-e Spur* aufnehmen: **to ~ a trail. 7.** *Strickmaschen* aufnehmen. **8.** *e-n Rundfunksender* bekommen, ,(rein)kriegen'. **9.** *e-e Sendung* empfangen, (ab)hören, *e-n Funkspruch etc* auffangen. **10.** in Sicht bekommen. **11.** in den Scheinwerfer bekommen. **12.** ergattern, erstehen, ,aufgabeln': **to ~ an old painting in a village**; **to ~ a few dollars** sich (mit Gelegenheitsarbeiten *etc*) ein paar Dollar verdienen. **13.** ,mitbekommen', ,mitkriegen', zufällig erfahren *od.* hören, ,aufschnappen': **to ~ a slang expression**; **to ~ a knowledge of French** ein bißchen Französisch lernen. **14.** *Mut, Kraft etc* 'wiedererlangen: **to ~ courage** Mut fassen. **15.** gewinnen, einheimsen: **to ~ profit** Profit machen; **to ~ victories** *bes. sport* (ständig) Siege ernten *od.* einheimsen. **16.** gewinnen *od.* zunehmen an *Macht, Stärke etc*: **to ~ speed** → 24. **17. to pick o.s. up** sich ,hochrappeln': a) aufstehen, b) (wieder) hochkommen, sich erholen. **18.** *e-e Erzählung etc* wieder'aufnehmen. **19.** *colloq.* ,mitgehen lassen', stehlen. **20.** *Am. colloq. e-e Rechnung* über'nehmen (u. bezahlen): **to ~ a bill. 21.** *sport e-n Spieler* aufs Korn nehmen. **II** *v/i* **22.** *fig.* wieder auf die Beine kommen, *a. econ.* sich (wieder) erholen. **23.** Bekanntschaft schließen, sich anfreunden (**with** mit). **24.** Geschwindigkeit aufnehmen, schneller werden, auf Touren *od.* in Fahrt kommen. **25.** *fig.* stärker werden.

pick² [pɪk] **I** *v/t Weberei*: *Schützen* werfen. **II** *s* a) Schützenschlag *m* (*Bewegung des Weberschiffchens*), b) Schuß *m* (*einzelner Querfaden*).

pick·a·back ['pɪkəbæk] **I** *adj u. adv* huckepack: **to carry s.o. ~. II** *s*: **to give s.o. a ~** j-n huckepack tragen. ~ **plane** *s aer.* Huckepackflugzeug *n*.

pick·a·nin·ny ['pɪkənɪnɪ; ˌpɪkə'n-] *s* kleines (*bes.* Neger)Kind.

'**pick·ax(e)** *tech.* **I** *s* (Breit- *od.* Spitz-) Hacke *f*, Pickel *m*. **II** *v/t* aufhacken. **III** *v/i* hacken, pickeln.

picked [pɪkt] *adj* (besonders) ausgewählt, ausgesucht, auserlesen: ~ **troops** *mil.* Kerntruppen.

pick·er·el ['pɪkərəl] *pl* **-els** *od. bes. collect.* **-el** *s ichth.* (*Br.* junger) Hecht.

pick·et ['pɪkɪt] **I** *s* **1.** Pflock *m*. **2.** Zaunlatte *f*, Pfahl *m*: ~ **fence** Lattenzaun *m*. **3.** Weidepflock *m*. **4.** Streikposten *m*: ~ **line** Streikpostenkette *f*. **5.** *mil.* a) *a.* **outlying ~** Vorposten *m*, Feldwache *f*, b) *a.* **inlying ~** 'Vorpostenreˌserve *f*. **6.** *mil. hist.* Pfahlstehen *n* (*als Strafe*). **II** *v/t* **7.** einpfählen. **8.** mit Pfählen befestigen. **9.** *ein Pferd* anpflocken. **10.** a) Streikposten aufstellen vor (*dat*), durch Streikposten bloc'kieren, mit Streikposten besetzen, b) (als Streikposten) anhalten *od.* belästigen. **11.** *mil.* a) (durch Vorposten) sichern, b) als Feldwache ausstellen. **III** *v/i* **12.** Streikposten stehen. '**~·boat** *s* **1.** *mil.* Vorposten-, Wachboot *n*. **2.** Pa'trouillenboot *n* (*der Hafenpolizei*).

'**pick·et·er** *s* Streikposten *m*.

pick ham·mer *s tech.* **1.** Spitzhaue *f*, -hammer *m*. **2.** Brechhammer *m*.

pick·ing ['pɪkɪŋ] *s* **1.** Auflesen *n*, Sammeln *n*: **it's there for the ~** *fig.* es liegt auf der Straße, man braucht nur zuzugreifen. **2.** Pflücken *n*: **of one's own ~** selbstgepflückt. **3.** *pl* Nachlese *f*, 'Überbleibsel *pl*, Reste *pl*. **4.** *pl*, *a.* **~s and stealings** a) unehrlich erworbene Nebeneinkünfte, unehrlicher Gewinn, b) (Diebes)Beute *f*, Fang *m*. **5.** *pl* Pro'fit *m*.

pick·le ['pɪkl] **I** *s* **1.** Essig-, Gewürzgurke *f*, saure Gurke. **2.** *meist pl* Pickles *pl*, Eingepökelte(s) *n*: → **mixed pickles**. **3.** Essigsoße *f* (*zum Einlegen*), saure Würztunke, Essigbrühe *f*. **4.** (Salz)Lake *f*, Pökel *m*. **5.** *metall.* Beize *f*. **6.** *meist* **sad ~, sorry ~, nice ~** *colloq.* ,Patsche' *f*, mißliche Lage: **I was in a nice ~** ich saß ganz schön in der Patsche. **7.** *colloq.* ,Balg' *m*, *n*, ,Früchtchen' *n*, Gör *n* (*freches Kind*). **II** *v/t* **8.** in Essig einlegen, mari'nieren: **~d cucumber** → 1. **9.** einlegen, (ein)pökeln. **10.** *tech. Metall* (ab)beizen, *Bleche* deka'pieren: **pickling agent** Abbeizmittel *n*. **11.** *agr. Saatgut* beizen. '**pick·led** *adj* **1.** gepökelt, eingesalzen, Essig..., Salz...: ~ **herring** Salzhering *m*. **2.** *colloq.* ,blau', betrunken.

'**pick|·lock** *s* **1.** Einbrecher *m*. **2.** Dietrich *m*. '**~-me-up** *s colloq.* **1.** Stärkung *f*, *bes.* Schnäps-chen *n*. **2.** *fig.* Stärkung *f*. '**~-ˌoff** *adj tech. Am.* abnehmbar. '**~ˌpock·et I** *s* Taschendieb *m*. **II** *v/t*: **to be ~ed** von Taschendieben bestohlen werden. '**~·thank** *s obs.* Schmeichler *m*.

'**pick·up** *s* **1.** *colloq.* a) zufällige Bekanntschaft, Straßen-, Reisebekanntschaft *f*, b) ,Flittchen' *n* (*Dirne*), c) ,Anhalter' *m*. **2.** *sl.* a) Verhaftung *f*, b) Verhaftete(r *m*) *f*. **3.** *sl. für* **pick-me-up**. **4.** kleiner Lieferwagen. **5.** *mot.* Beschleunigung(svermögen *n*) *f*, ˈAnzugsmoˌment *n*. **6.** *Radio, TV* a) ˈAufnahme- u. Überˈtragungsapparaˌtur *f*, b) Aufnahme *f* (*von Veranstaltungen außerhalb des Sendehauses*). **7.** *electr.* Tonabnehmer *m*, Pick-up *m*: ~ **arm** Tonarm *m*; ~ **cartridge** Tonabnehmerkopf *m*. **8.** *electr.* Schalldose *f*. **9.** Geber *m* (*am Meßgerät*): ~ **element** Aufnahmeorgan *n*. **10.** *TV* a) Abtasten *n*, Aufnahme *f*, b) Abtastgerät *n*. **11.** *electr.* Ansprechen *n* (*e-s Relais*): ~ **voltage** Ansprechspannung *f*. **12.** *colloq.* (*etwas*) zufällig Aufgelesenes, Fund *m*. **13.** *colloq.* (*etwas*) Improviˈsiertes: ~ **(dinner)** improvisierte Mahlzeit. **14.** *agr. tech.* Aufnehmer *m*, Greifer *m* (*Zusatzgerät am Mähdrescher*): ~**baler** Aufnehmerpresse *f*. **15.** *econ.* Erholung *f*, (ˈWieder)Belebung *f*: ~ **(in prices)** Anziehen *n* der Preise.

Pick·wick·i·an [pɪkˈwɪkɪən] *adj meist humor.* Pickwicksch (*nach Samuel Pickwick in den „Pickwick Papers" von Dickens*): **a word used in a ~ sense** ein nicht wörtlich zu nehmender Ausdruck.

pick·y [ˈpɪkɪ] *adj* heikel, mäkelig.

pic·nic [ˈpɪknɪk] **I** *s* **1.** a) Picknick *n*, Mahlzeit *f* im Freien, b) Ausflug *m* (mit Picknick): **to go on** (*od.* **for) a ~** ein Picknick machen; ~ **hamper** Picknickkorb *m*. **2.** *colloq.* a) Vergnügen *n*, b) Kinderspiel *n*: **it's no ~ (doing s.th.)** es ist kein Honiglecken(, etwas zu tun). **3.** *tech. Am. Standardgröße für Konservenbüchsen*. **4.** *a.* ~ **ham** (*od.* **shoulder)** *gastr. Am.* Schweineschulter *f*. **5.** *bes. Austral. colloq.* unangenehmes Erlebnis. **II** *v/i pret u. pp* **ˈpic·nicked 6.** ein Picknick *etc* machen, picknicken. **ˈpic·nick·er** *s* Teilnehmer(in) an e-m Picknick. **ˈpic·nick·y** *adj colloq.* picknickartig, improviˈsiert.

pico- [piːkəʊ] *Wortelement mit der Bedeutung* ein Billionstel: ~**farad** Pikofarad *n*.

pi·cot [ˈpiːkəʊ; piːˈkəʊ] *s* Piˈcot *m* (*Zierschlinge an Spitzen etc*).

pic·quet → picket.

pic·ric ac·id [ˈpɪkrɪk] *s chem.* Piˈkrinsäure *f*.

Pict [pɪkt] *s hist.* Pikte *m* (*Kelte in Nordschottland*). **ˈPict·ish** *adj* piktisch.

pic·to·gram [ˈpɪktəʊgræm] *s* Piktoˈgramm *n*.

pic·to·graph [ˈpɪktəʊgrɑːf; *bes. Am.* -græf] *s* **1.** Piktoˈgramm *n*. **2.** Bilderschriftzeichen *n*, Ideoˈgramm *n*. **3.** piktoˈgraphische Inschrift. **picˈtog·ra·phy** [-ˈtɒgrəfɪ; *Am.* -ˈtɑ-] *s* Piktograˈphie *f*, Bilderschrift *f*.

pic·to·ri·al [pɪkˈtɔːrɪəl; *Am. a.* -ˈtəʊ-] **I** *adj* (*adv* ~**ly**) **1.** malerisch, Maler...: ~ **art** Malerei *f*. **2.** bildlich, Bilder..., illuˈstriert: ~ **advertising** Bildwerbung *f*; ~ **representation** bildliche Darstellung. **3.** *fig.* malerisch, bildhaft. **II** *s* **4.** Illuˈstrierte *f* (*Zeitung*). **5.** *mail* Bildermarke *f*.

pic·ture [ˈpɪktʃə(r)] **I** *s* **1.** Bild *n* (*a. TV*): *he isn't* **in the ~** auf dem Bild. **2.** Abbildung *f*, Illustratiˈon *f*. **3.** Bild *n*, Gemälde *n*: **to sit for one's ~** sich malen lassen. **4.** (geistiges) Bild, Vorstellung *f*: **to form a ~ of s.th.** sich von etwas ein Bild machen. **5.** *colloq.* Bild *n*, Verkörperung *f*: **he looks the very ~ of health** er sieht aus wie das blühende Leben; **to look the ~ of misery** ein Bild des Jammers bieten. **6.** Ebenbild *n*: **the child is the ~ of his father.** **7.** *fig.* anschauliche Darstellung *od.* Schilderung, Bild *n*, (Sitten)Gemälde *n* (*in Worten*): **Gibbon's ~ of ancient Rome.** **8.** *colloq.* bildschöne Sache *od.* Perˈson: **she is a perfect ~** sie ist bildschön; **the hat is a ~** der Hut ist ein ‚Gedicht'. **9.** *colloq.* Blickfeld *n*: **to be in the ~** a) sichtbar sein, e-e Rolle spielen, b) im Bilde (*informiert*) sein; **to come into the ~** in Erscheinung treten; **to drop out of the ~** (von der Bildfläche) verschwinden; **to put s.o. in the ~** j-n ins Bild setzen; **to keep s.o. in the ~** j-n auf dem laufenden halten; **out of the ~** a) nicht von Interesse, ohne Belang, b) ‚weg vom Fenster'. **10.** *phot.* Aufnahme *f*, Bild *n*: ~ **of the family** Familienbild. **11.** a) Film *m*, b) *pl bes. Br.* Kino *n*: **to go to the ~s** ins Kino gehen, c) *pl bes. Br.* Film *m* (*Filmwelt*). **12.** *a.* **clinical ~** *med.* klinisches Bild, Krankheitsbild *n*, Befund *m*: **blood ~** Blutbild *n*.
II *v/t* **13.** abbilden, darstellen, malen. **14.** *fig.* anschaulich schildern, beschreiben, (in Worten) ausmalen. **15.** *a.* ~ **to oneself** *fig.* sich ein Bild machen von, sich *etwas* ausmalen *od.* vorstellen. **16.** *e-e Empfindung etc* ausdrücken, erkennen lassen, spiegeln, zeigen.
III *adj* **17.** Bilder...: ~ **frame** Bilderrahmen *m*. **18.** Film...: ~ **play** Filmdrama *n*.

pic·ture| book *s* **1.** Bilderbuch *n*. **2.** Bildband *m*. ~ **card** *s Kartenspiel*: Bildkarte *f*, Bild *n*. ~ **com·po·si·tion** *s art* ˈBildkompositiˌon *f*.

ˈpic·ture·dom *s* Filmwelt *f*.

ˈpic·ture|·drome *s Br. obs.* ˈFilmpaˌlast *m*. ~ **ed·i·tor** *s* ˈBildredakˌteur(in). ~ **fre·quen·cy** *s TV* ˈBildfreˌquenz *f*. ~ **gal·ler·y** *s* ˈBilder-, Geˈmäldegaleˌrie *f*. **ˈ~go·er** *s Br. obs.* (*bes.* häufiger) Kinobesucher. ~ **hat** *s* breitkrempiger (federgeschmückter, schwarzer) Damenhut. ~ **house** *s Br. obs.* Lichtspielhaus *n*. ~ **li·brar·y** *s* ˈFilmarˌchiv *n*. ~ **pal·ace** *s Br. obs.* ˈFilmpaˌlast *m*. **ˈ~phone** *colloq. für* **picture telephone.** ~ **post·card** *s* Ansichtskarte *f*. ~ **puz·zle** *s* **1.** Veˈxierbild *n*. **2.** Bilderrätsel *n*. ~ **qual·i·ty** *s TV* ˈBildqualiˌtät *f*. ~ **show** *s* **1.** Film(vorführung *f*) *m*. **2.** Gemäldeausstellung *f*.

pic·tur·esque [ˌpɪktʃəˈresk] **I** *adj* (*adv* ~**ly**) **1.** *a. fig.* malerisch, pittoˈresk. **2.** *fig.* bildhaft, anschaulich (*Sprache*). **II** *s* **3.** (*das*) Malerische. **ˌpic·turˈesque·ness** *s* (*das*) Malerische.

pic·ture| tel·e·graph *s* ˈBildteleˌgraf *m*. ~ **te·leg·ra·phy** *s* ˈBildtelegraˌfie *f*. ~ **tel·e·phone** *s* ˈBildteleˌfon *n*. ~ **the·a·tre** *s Br. obs.* ˈFilmtheˌater *n*. ~ **trans·mis·sion** *s electr.* ˈBildüberˌtragung *f*, Bildfunk *m*. ~ **trans·mit·ter** *s electr.* ˈBild(überˌtragungs)sender *m*. ~ **tube** *s TV* Bildröhre *f*. ~ **win·dow** *s* Panoˈramafenster *n*. ~ **writ·ing** *s* Bilderschrift *f*.

pic·tur·ize [ˈpɪktʃəraɪz] *v/t* **1.** *Am.* verfilmen. **2.** mit Bildern ausstatten, bebildern. **3.** bildlich darstellen.

pic·ul [ˈpɪkəl] *pl* **ˈpic·ul** *od.* **ˈpic·uls** *s econ.* Pikul *m*, *n* (*ostasiatisches Handelsgewicht; reichlich 60 kg*).

pid·dle [ˈpɪdl] **I** *v/i* **1.** *a.* ~ **about** (*od.* **around)** tändeln, (s-e Zeit ver)trödeln. **2.** *colloq.* ‚Piˈpi' machen, ‚pinkeln'. **II** *v/t* **3.** ~ **away** *s-e Zeit* vertrödeln. **III** *s* **4.** *colloq.* ‚Piˈpi' *n*. **ˈpid·dler** *s* Trödler (-in). **ˈpid·dling** [-dlɪŋ] *adj* unbedeutend, belanglos, ‚lumpig'.

pidg·in [ˈpɪdʒɪn] *s* **1.** *Br. colloq. obs.* Angelegenheit *f*, Sache *f*: **that is your ~.** **2.** Mischsprache *f*, *contp.* Kauderwelsch *n*. ~ **Eng·lish** *s* Pidgin-Englisch *n* (*Verkehrssprache zwischen Europäern u. Eingeborenen, bes. Ostasiaten*).

pie[1] [paɪ] *s* **1.** *orn. obs. od. dial.* Elster *f*. **2.** *zo.* Schecke *m*, *f*, geschecktes Tier.

pie[2] [paɪ] *s* **1.** (*Fleisch- etc*)Paˈstete *f*, Pie *f*: → **finger** 1, **humble** I. **2.** Torte *f*, (gefüllter) Kuchen: **cream ~** Sahnetorte; ~ **in the sky** a) Luftschlösser *pl*, b) leere Versprechungen *pl*; **to promise s.o. ~ in the sky** a) j-m ‚das Blaue vom Himmel (herunter) versprechen', b) j-m den Himmel auf Erden versprechen. **3.** *colloq.* a) ‚Kinderspiel' *n*: **it's as easy as ~** es ist kinderleicht, b) (e-e) feine Sache, (ein) ‚gefundenes Fressen', c) ‚Kuchen' *m*: **a share in** (*od.* **a slice of) the ~** ein Stück vom Kuchen. **4.** *pol. Am. sl.* a) Protektiˈon *f*, b) Bestechung *f*: ~ **counter** ‚Futterkrippe' *f*.

pie[3] [paɪ] **I** *s* **1.** *print.* Zwiebelfisch(e *pl*) *m*. **2.** *fig.* Wirrwarr *m*, Durcheinˈander *n*. **II** *v/t* **3.** *print. den Satz* zs.-werfen. **4.** *fig.* durcheinˈanderwerfen.

pie[4] [paɪ] *s kleine indische Münze.*

pie[5] [paɪ] *s relig. hist. vor der Reformation in England benutztes liturgisches Regelbuch.*

pie·bald [ˈpaɪbɔːld] **I** *adj* **1.** scheckig, gescheckt, bunt: ~ **horse** Scheck(e) *m*. **2.** *fig. contp.* buntscheckig. **II** *s* **3.** scheckiges Tier, *bes.* Scheck(e) *m* (*Pferd*).

piece [piːs] **I** *s* **1.** Stück *n*: **all of a ~** aus ˈeinem Guß; **to be all of a ~ with** a) (ganz) genau passen zu, b) (ganz) typisch sein für; *twenty pounds* **a ~** das Stück; **a ~ of land** ein Stück Land, ein Grundstück; ~ **by ~** Stück für Stück; **by the ~** a) stückweise *verkaufen*, b) im (Stück)Akkord *arbeiten od. bezahlt werden*; ~ **of cake** *colloq.* ‚Kinderspiel' *n*, Kleinigkeit *f*. **2.** (Bruch)Stück *n*: **in ~s** in Stücke(n), entzwei, ‚kaputt', in Scherben; **to break** (*od.* **fall) to ~s** zerbrechen, entzweigehen; **to go to ~s** a) in Stücke gehen (*a. fig.*), b) *fig.* zs.-brechen (*Person*); **to pull** (*od.* **pick, tear) to ~s** a) in Stücke reißen, b) *fig. e-e Äußerung etc* zerpflücken; **pick up the ~s!** *humor.* nun steh schon wieder auf! **3.** Teil *m*, *n* (*e-r Maschine etc*): **to take to ~s** auseinandernehmen, zerlegen. **4.** Beispiel *n*, Fall *m*: **a ~ of advice** ein Rat (-schlag); **a ~ of folly** e-e Dummheit; **a ~ of good luck** ein glücklicher Zufall; → **mind** 4, **news** 1. **5.** *zur Bezeichnung der (handels)üblichen Mengeneinheit*: a) Stück *n* (*Einzelteil*): **a ~ of furniture** ein Möbelstück; **a ~ of money** ein Geldstück; **a ~ of silver** ein Silberstück, e-e Silbermünze, b) Ballen *m*: **a ~ of cotton cloth** ein Ballen Baumwollstoff, c) Rolle *f*: **a ~ of wallpaper** e-e Rolle Tapete, d) Stückfaß *n*, Stück *n*, Faß *n*: **a ~ of wine.** **6.** Teil *m*, *n* (*e-s Services etc*): **two-~ set** zweiteiliger Satz. **7.** *mil.* Geschütz *n*, Stück *n*. **8.** (Geld)Stück *n*, Münze *f*: ~ **of eight** *hist.* Peso *m*. **9.** *a.* ~ **of work** Stück *n* Arbeit, Werkstück *n*: **he's a nasty ~ of work** *colloq.* er ist ein ‚übler Kunde'. **10.** (Kunst)Werk *n*: a) *paint.* Stück *n*, Gemälde *n*, b) kleines (*literarisches*) Werk, c) (Bühnen)Stück *n*, d) (Muˈsik-) Stück *n*: **to say one's ~** *colloq.* sagen, was man auf dem Herzen hat. **11.** *contp. od. humor.* Stückchen *n*: **he is a ~ of a philosopher** er ist ein kleiner Philosoph. **12.** *sl.* a) **a nice ~** ein ‚sexy Zahn', b) ‚Nummer' *f* (*Geschlechtsverkehr*): **to have a ~** e-e Nummer machen *od.* schieben; → **arse** 4. **13.** (ˈSpiel)Fiˌgur *f*, *bes.* a) *Schachspiel*: Fiˈgur *f*, Offiˈzier *m*: **minor ~s** leichtere Figuren (*Läufer u. Springer*), b) *Brettspiel*: Stein *m*. **14.** *colloq.* a) Weilchen *n*, b) kleines Stück, Stück *n* Wegs.
II *v/t* **15.** *a.* ~ **up** (zs.-)flicken, ausbessern, zs.-stückeln. **16.** *a.* ~ **out** vervollständigen, ergänzen. **17.** *a.* ~ **out** ein Stück *od.* Stücke ansetzen an (*acc*) *od.* einsetzen in (*acc*). **18.** ~ **out** vergrößern, verlängern, ‚strecken' (*a. fig.*). **19.** *oft* ~ **together** *a. fig.* zs.-setzen, zs.-stückeln.

piece cost *s econ.* Stückkosten *pl*.

pièce de ré·sis·tance [pjɛs də rezistɑ̃s] (*Fr.*) *s* **1.** Hauptgericht *n* (*e-r Mahlzeit*). **2.** Krönung *f*, Höhepunkt *m* (*e-r Veranstaltung etc*), Glanz-, Schmuckstück *n* (*e-r Sammlung etc*).

piece| goods *s pl* Meter-, Schnittware *f.* **ˈ~·meal I** *adv* **1.** stückweise, Stück für Stück, allˈmählich. **2.** in Stücke: **to tear s.th. ~. II** *adj* **3.** stückchenweise, allˈmählich: **~ tactics** Salamitaktik *f.* **4.** ˈunsysteˌmatisch: **~ approach. ~rate** *s* Akˈkordsatz *m.* **~ wag·es** *s pl* Akˈkord-, Stücklohn *m.* **ˈ~·work** *s* Akˈkordarbeit *f:* **to do ~** im Akkord arbeiten. **ˈ~ˌwork·er** *s* Akˈkordarbeiter(in).

pie chart *s Statistik:* ˈKreisdiaˌgramm *n.*

ˈpie·crust *s* leere *od.* ungefüllte Paˈstete, Paˈstetenkruste *f.*

pied [paɪd] *adj* **1.** *bes. zo.* gescheckt, bunt(scheckig), Scheck..., Bunt... **2.** buntgekleidet: **P~ Piper (of Hamelin)** (*der*) Rattenfänger von Hameln; **~ piper** *fig.* Rattenfänger *m.*

pied-à-terre *pl* **pieds-à-terre** [ˌpjeɪtɑːˈteə(r)] *s* (kleine) Zweitwohnung.

pied·mont [ˈpiːdmənt; *Am.* -ˌmɑnt] *s geol.* Piedmontfläche *f* (*Fläche am Fuß e-s Gebirges*).

pie-dog → **pye-dog.**

ˈpie|-ˌeat·er *s Austral. colloq.* ‚Null' *f* (*unbedeutender Mensch*). **ˌ~-ˈeyed** *adj sl.* ‚blau' (*betrunken*). **ˈ~-ˌfling·ing** *s* Tortenschlacht *f.* **ˌ~-in-the-ˈsky** *adj* ˈunreaˌlistisch (*Vorstellung*), unerfüllbar (*Versprechen*). **ˈ~·man** [-mən] *s irr obs.* Paˈstetenverkäufer *m.* **ˈ~ˌplant** *s bot. Am.* Rhaˈbarber *m.*

pier [pɪə(r)] *s* **1.** Pier *m, mar. a. f* (*Landungsbrücke*). **2.** Landungssteg *m.* **3.** Mole *f,* Hafendamm *m.* **4.** Kai *m.* **5.** (Brükken- *od.* Tor- *od.* Stütz)Pfeiler *m.* **6.** *Mauerstück zwischen Fenstern.* **ˈpier·age** *s* Kaigeld *n.*

pierce [pɪə(r)s] **I** *v/t* **1.** durchˈbohren, -ˈdringen, -ˈstoßen, -ˈstechen. **2.** *fig.* durchˈdringen: **a cry ~d the air** ein Schrei zerriß die Stille; **the cold ~d him to the bone** die Kälte drang ihm bis ins Mark. **3.** *tech.* durchˈlöchern, lochen, perfoˈrieren. **4.** *bes. mil.* a) durchˈstoßen, -ˈbrechen, b) eindringen *od.* -brechen in (*acc*): **to ~ the enemy's lines. 5.** *fig.* durchˈschauen, ergründen, eindringen in (*acc*): **to ~ the mystery. 6.** *fig. j-n, j-s Herz od. Gefühle* tief bewegen, verwunden. **II** *v/i* **7.** (ein)dringen (**into** in *acc*), dringen (**through** durch). **ˈpierc·er** *s tech.* Bohrer *m,* Locher *m.* **ˈpierc·ing** *adj* (*adv* **~ly**) ˈdurchdringend, scharf, schneidend, stechend: **~ cold** schneidende Kälte; **~ eyes** stechende Augen, durchdringender Blick; **~ pain** stechender Schmerz; **~ shriek** durchdringender *od.* gellender Schrei.

pier| glass *s* Pfeilerspiegel *m.* **ˈ~·head** *s* Molenkopf *m.*

Pi·er·rot [ˈpɪərəʊ] *s* **1.** Pierˈrot *m* (*Lustspielfigur*). **2. p~** Hansˈwurst *m.*

pier ta·ble *s* Pfeiler-, Spiegeltisch *m.*

pi·e·tà [ˌpɪeˈtɑː; *Am.* ˌpiːeɪˈtɑː] *s* Pieˈtà *f.*

pi·e·tism [ˈpaɪətɪzəm] *s relig.* **1. P~** *hist.* Pieˈtismus *m.* **2.** → **piety. 3.** *contp.* Frömmeˈlei *f.* **ˈpi·e·tist I** *s* **1. P~** *hist.* Pieˈtist (-in). **2.** frommer Mensch. **3.** *contp.* Frömmler(in). **II** *adj* → **pietistic. ˌpi·eˈtis·tic** *adj* **1. P~** *hist.* pieˈtistisch. **2.** fromm. **3.** *contp.* frömmelnd.

pi·e·ty [ˈpaɪətɪ] *s* **1.** Frömmigkeit *f.* **2.** (to) Pieˈtät *f* (gegenˈüber), Ehrfurcht *f* (vor *dat*).

piˌe·zo·eˈlec·tric [paɪˌiːzəʊ-; *Am.* piːˌeɪzəʊ-] *adj phys.* piˈezo-, ˈdruckeˌlektrisch: **~ effect** Piezoeffekt *m.*

pi·e·zom·e·ter [ˌpaɪɪˈzɒmɪtə; *Am.* ˌpiːəˈzɑmətər] *s phys.* Piezoˈmeter *n,* Druckmesser *m.*

pif·fle [ˈpɪfl] *colloq.* **I** *v/i* **1.** ‚quatschen', ‚Blech' *od.* Unsinn reden. **2.** ‚Quatsch' machen. **II** *s* **3.** Unsinn *m,* ‚Quatsch' *m,* ‚Blech' *n:* **to talk ~** → 1. **ˈpif·fler** [-flə(r)] *s colloq.* ‚Quatschkopf' *m.* **ˈpif·fling** *adj colloq.* albern.

pig [pɪg] **I** *pl* **pigs** *od. bes. collect.* **pig** *s* **1.** Schwein *n, bes.* Ferkel *n:* **sow in ~** trächtiges Mutterschwein; **sucking ~** Spanferkel; **to buy a ~ in a poke** *fig.* die Katze im Sack kaufen; **to carry ~s to market** *fig.* Geschäfte machen wollen; **~s might fly** *iro.* ‚man hat schon Pferde kotzen sehen'; **please the ~s** *humor.* wenn alles klappt; **in a ~'s eye** (*od.* **ear**)! *sl.* ‚Quatsch!', ‚von wegen!' **2.** *colloq. contp.* ‚Schwein' *n:* a) ‚Freßsack' *m,* b) ‚Ferkel' *n,* ‚Sau' *f,* ‚Schweinigel' *m* (*unanständiger od. schmutziger Mensch*): **to make a ~ of o.s.** ‚fressen' *od.* ‚saufen' (wie ein Schwein). **3.** *colloq. contp.* a) Ekel *n,* ‚Brechmittel' *n,* b) Dickschädel *m,* sturer Kerl, c) gieriger Kerl, Egoˈist(in). **4.** *sl.* a) ‚Bulle' *m* (*Polizist*), b) *Am.* ‚Nutte' *f* (*Prostituierte*). **5.** *tech.* a) Massel *f,* (Roheisen)Barren *m,* b) Roheisen *n,* c) Block *m,* Mulde *f* (*bes. Blei*). **6.** *chem.* Schweinchen *n* (*zum Trennen der Fraktionen beim Destillieren*). **7.** *rail. Am. sl.* Lok *f.* **II** *v/i* **8.** frischen, ferkeln (*Junge werfen*). **9.** → 11 b. **III** *v/t* **10.** *Ferkel* werfen. **11.** a) zs.-pferchen, b) **~ it** *colloq.* ‚aufeinˈanderhocken', eng zs.-hausen. **ˈ~ˌboat** *s mar. Am. sl.* U-Boot *n.*

pi·geon[1] [ˈpɪdʒɪn] **I** *s* **1.** *pl* **-geons** *od. bes. collect.* **-geon** Taube *f:* → **milk** 6. **2.** *sl.* ‚Gimpel' *m:* **to pluck a ~** e-n Dummen ‚übers Ohr hauen'. **3.** → **clay pigeon. 4.** *Am. sl.* ‚(dufte) Puppe', (nettes) Mädel. **5.** *colloq.* Sache *f,* Angelegenheit *f:* **that's not my ~** a) das ist nicht mein ‚Bier', b) das ist nicht mein Fall (*es gefällt mir nicht*). **II** *v/t* **6.** *sl. j-n beim Spiel* betrügen, ‚bemogeln' (**of s.th.** um etwas), ‚rupfen'.

pi·geon[2] → **pidgin.**

pi·geon| breast *s med.* Hühnerbrust *f.* **ˈ~-ˌbreast·ed** *adj* hühnerbrüstig. **ˈ~-gram** *s* Brieftaubennachricht *f.* **ˈ~-hole I** *s* **1.** (Ablege-, Schub)Fach *n* (*im Schreibtisch etc*). **2.** Taubenloch *n.* **3.** *fig.* ‚Kaˈbuff' *n* (*enger, kleiner Raum*). **II** *v/t* **4.** in Fächer einteilen, mit Fächern versehen. **5.** in ein Schubfach legen, einordnen, *Akten* ablegen. **6.** *fig.* a) beiˈseite legen, zuˈrückstellen: **to ~ a report,** b) zu den Akten legen, c) ‚auf die lange Bank schieben', die Erledigung (*e-r Sache*) verschleppen, *e-n Plan etc* ‚auf Eis legen'. **7.** *fig. j-n od. etwas* abstempeln, (ein)ordnen, klassifiˈzieren. **ˈ~-ˌheart·ed** *adj* furchtsam, feige. **~ house** → **pigeonry. ˈ~-ˌliv·ered** → **pigeon-hearted. ~ post** *s* Brieftaubenpost *f.*

pi·geon·ry [ˈpɪdʒɪnrɪ] *s* Taubenhaus *n,* -schlag *m.*

ˈpi·geon-toed *adj:* **to walk ~** ‚über den großen Onkel' gehen.

ˈpig-eyed *adj* schweinsäugig.

pig·ger·y [ˈpɪgərɪ] *s* **1.** Schweinezucht *f.* **2.** Schweinestall *m, fig. contp. a.* Saustall *m.* **3.** Schweine(herde *f*) *pl.*

pig·gie → **piggy.**

pig·gish [ˈpɪgɪʃ] *adj* **1.** schweinisch, unflätig. **2.** gierig, gefräßig. **3.** dickköpfig, ‚stur'. **4.** dreckig, schmutzig.

pig·gy [ˈpɪgɪ] **I** *s* **1.** *Kindersprache:* Schweinchen *n,* Ferkel(chen) *n.* **II** *adj* **2.** Schweins...(*-augen etc*). **3.** → **piggish** 2. **ˈ~·back I** *adj* → **pickaback. II** *v/t Am. fig.* anhängen (**on, onto** an *acc*). **III** *v/i Am. fig.* sich anhängen (**on, onto** an *acc*). **~ bank** *s* Sparschwein(chen) *n.*

ˌpig|ˈhead·ed *adj* dickköpfig, ‚stur', (borˈniert u.) eigensinnig. **ˌ~ˈhead·ed·ness** *s* Dickköpfigkeit *f,* ‚Sturheit' *f.* **~ i·ron** *s tech.* Massel-, Roheisen *n.* **~ Lat·in** *s Kindergeheimsprache, die durch systematische Wortveränderungen gebildet wird.* **~ lead** [led] *s tech.* Blockblei *n.*

pig·let [ˈpɪglɪt], **ˈpig·ling** [-lɪŋ] *s* (Span-)Ferkel *n,* Schweinchen *n.*

ˈpig|·man [-mən] *s irr* Schweinehirt *m.* **ˈ~·meat** *s Br.* a) Schweinefleisch *n,* b) Schinken *m,* c) Speck *m.*

pig·ment [ˈpɪgmənt] **I** *s* **1.** *a. biol.* Pigˈment *n.* **2.** Farbe *f,* Farbstoff *m,* -körper *m.* **II** *v/t u. v/i* **3.** (sich) pigmenˈtieren, (sich) färben. **ˈpig·men·tar·y** [-tərɪ; *Am.* -ˌteriː], *a.* **pigˈmen·tal** [-ˈmentl] *adj* Pigment... **ˌpig·menˈta·tion** *s* **1.** *biol.* Pigmentatiˈon *f,* Färbung *f.* **2.** *med.* Pigmenˈtierung *f.*

pig·my → **pygmy.**

pig·no·rate [ˈpɪgnəreɪt] *v/t* **1.** verpfänden. **2.** als Pfand nehmen.

ˈpig|·nut *s bot.* **1.** ˈErdkaˌstanie *f.* **2.** *Am.* Schweins-Hickory *f.* **ˈ~·pen** → **pigsty.**

pig's ear *s Br. sl.* **1.** *Cockney:* Bier *n.* **2. to make a ~ of s.th.** etwas ‚vermasseln'.

ˈpig|·skin I *s* **1.** Schweinehaut *f.* **2.** Schweinsleder *n.* **3.** *Am. colloq.* a) Sattel *m,* b) ‚Leder' *n* (*Ball*). **II** *adj* **4.** schweinsledern. **ˈ~ˌstick·er** *s* **1.** Wildschweinjäger *m.* **2.** *sl.* Schweineschlächter *m.* **3.** a) Saupieß *m,* Saufeder *f,* b) Hirschfänger *m,* c) Schlachtmesser *n.* **ˈ~ˌstick·ing** *s* **1.** Wildschweinjagd *f* (mit Saufeder), Sauhatz *f.* **2.** Schweineschlachten *n.* **ˈ~·sty** *s* Schweinestall *m, fig. contp. a.* Saustall *m.* **ˈ~·swill** *s* **1.** Schweinefutter *n.* **2.** *fig. contp.* ‚Spülwasser' *n* (*dünner Kaffee etc*). **ˈ~·tail** *s* **1.** aufgerollter (Kau)Tabak. **2.** (Haar-)Zopf *m.* **ˈ~·wash** → **pigswill. ˈ~·weed** *s bot.* **1.** Gänsefuß *m.* **2.** Fuchsschwanz *m.*

pi-jaw [ˈpaɪdʒɔː] *s Br. sl.* Moˈralpredigt *f.*

pike[1] [paɪk] *pl* **pikes** *od. bes. collect.* **pike** *s ichth.* Hecht *m.*

pike[2] [paɪk] **I** *s mil. hist.* Pike *f,* (Lang-)Spieß *m.* **II** *v/t* durchˈbohren, (auf-)spießen.

pike[3] [paɪk] *s* (*a.* Speer- *etc*)Spitze *f,* Stachel *m.*

pike[4] [paɪk] *s* **1.** Schlagbaum *m* (*Mautstraße*). **2.** Maut *f,* Straßenbenutzungsgebühr *f.* **3.** Mautstraße *f,* gebührenpflichtige Straße.

pike[5] [paɪk] *s Br. dial.* Bergspitze *f.*

pike[6] [paɪk] *v/i:* **to ~ off** *sl.* ‚abhauen'.

pike[7] [paɪk] *s Wasserspringen, Turnen:* Hechtsprung *m.*

pike·let [ˈpaɪklɪt] *s Br. dial.* (*dünnes, rundes*) Teegebäck.

ˈpike·man [-mən] *s irr* **1.** *mil. hist.* Pikeˈnier *m.* **2.** *Bergbau:* Hauer *m.* **3.** Mauteinnehmer *m.*

pike pole *s Am.* **1.** Einreißhaken *m* (*der Feuerwehr*). **2.** Hakenstange *f* (*der Flößer*).

pik·er [ˈpaɪkə(r)] *s sl.* **1.** *Am.* vorsichtiger Spieler. **2.** *Am.* Geizhals *m.* **3.** *Am.* Waisenknabe *m* (**compared to** gegen). **4.** *Austral.* Faulenzer *m,* Drückeberger *m.*

ˈpike·staff *pl* **-staves** *s mil. hist.* Pikenschaft *m:* **as plain as a ~** *fig.* sonnenklar.

pi·laf(f) [ˈpɪlæf; *Am.* pɪˈlɑːf] → **pilau.**

pi·las·ter [pɪˈlæstə(r); *Am. bes.* ˈpaɪˌlæstər] *s arch.* Piˈlaster *m,* (*viereckiger*) Stützpfeiler.

pi·lau [pɪˈlaʊ], **pi·law** [pɪˈlɔː] *s* Piˈlau *m* (*orientalisches Reisgericht*).

pilch [pɪltʃ] *s* dreieckige Flaˈnellwindel (*über der Mullwindel*).

pil·chard [ˈpɪltʃə(r)d] *s ichth.* **1.** Pilchard *m.* **2.** (Kaliˈfornische) Sarˈdine.

pilch·er [ˈpɪltʃə(r)] → **pilch.**

pile[1] [paɪl] **I** *s* **1.** Haufen *m:* **a ~ of stones. 2.** Stapel *m,* Stoß *m:* **a ~ of books; a ~ of arms** e-e Gewehrpyramide; **a ~ of wood** ein Holzstoß. **3.** *a.* **funeral ~** Scheiterhaufen *m.* **4.** a) großes Gebäude, b) Geˈbäudekomˌplex *m.* **5.** *colloq.* ‚Haufen' *m:* **a ~ of work. 6.** *colloq.* ‚Haufen' *m* *od.* ‚Masse' *f* (Geld): **to make a** (*od.* **one's**) ~ e-e Menge Geld machen, ein Vermögen verdienen, sich ‚gesundstoßen'; **to make a ~ of money** e-e Stange Geld verdienen; **he has ~s of money** er hat Geld wie Heu. **7.** *electr.* (gal'vanische, vol'taische) Säule: **galvanic (voltaic) ~; thermo-electrical ~** Thermosäule. **8.** *a.* **atomic ~** (A'tom-)Meiler *m*, ('Kern)Re,aktor *m*. **9.** *metall.* 'Schweiß(eisen)pa,ket *n*. **II** *v/t* **10.** *a.* **~ up** (*od.* **on**) (an-, auf)häufen, (auf)stapeln, aufschichten: → **arm**[2] *Bes. Redew.* **11.** aufspeichern (*a. fig.*). **12.** ‚schaufeln', laden (**on** auf *acc*): **to ~ the food on one's plate**. **13.** über'häufen, -'laden (*a. fig.*): **to ~ a table with food**. **14.** *colloq.* aufhäufen: **to ~ it on** dick auftragen; **to ~ on the pressure** für Druck sorgen (*a. sport*); → **agony** 1. **15. ~ up** *colloq.* a) *mar. das Schiff* auflaufen lassen, b) *sein Auto* ‚ka'puttfahren', c) mit *dem Flugzeug* ‚Bruch machen'. **III** *v/i* **16.** *meist* **~ up** sich (auf- *od.* an)häufen, sich ansammeln, sich stapeln (*a. fig.*). **17. ~ up** *colloq.* a) *mar.* auflaufen, stranden, b) *mot.* auf-ein'ander auffahren, c) *aer.* ‚Bruch machen'. **18.** *colloq.* sich drängen *od.* zwängen: **to ~ out (of)** (sich) herausdrängen (aus); **to ~ into** a) (sich) (hinein)drängen in (*acc*), b) sich stürzen auf (*Gegner etc*), c) sich hermachen über (*sein Essen etc*).

pile[2] [paɪl] **I** *s* **1.** *tech.* (*a. her.* Spitz)Pfahl *m*. **2.** (Stütz)Pfahl *m*, (Eisen- *etc*)Pfeiler *m*: **~ pier** Pfahljoch *n*; **~ plank** Spundpfahl. **3.** *antiq. hist.* Wurfspieß *m*. **II** *v/t* **4.** ver-, unter'pfählen, durch Pfähle verstärken *od.* stützen. **5.** Pfähle (hin'ein-)treiben *od.* (ein)rammen in (*acc*).

pile[3] [paɪl] **I** *s* **1.** Flaum *m*. **2.** Wolle *f*, Pelz *m*, Haar *n* (*des Fells*). **3.** *Weberei*: a) Samt *m*, Ve'lours *m*, Felbel *m*, b) Flor *m*, Pol *m* (*samtartige Oberfläche*): **~ weaving** Samtweberei *f*. **II** *adj* **4.** ...fach gewebt: **a three-~ carpet**.

pile[4] [paɪl] *sg von* **piles**.

pi·le·ate ['paɪlɪeɪt; -lɪət; 'pɪl-] *adj* **1.** *bot.* behutet. **2.** *orn.* Schopf..., Hauben...

pile| bridge *s tech.* (Pfahl)Jochbrücke *f*. **~ driv·er** *s tech.* **1.** (Pfahl)Ramme *f*. **2.** Rammklotz *m*, Bär *m*. **3.** *fig. colloq.* ‚Mordsschlag' *m*. **~ dwell·ing** *s* Pfahlbau *m*.

piles [paɪlz] *s pl med.* Hämorrho'iden *pl*: **bleeding ~** Hämorrhoidalblutung *f*.

'pile-up *s mot. colloq.* 'Massenkarambo,lage *f*.

pil·fer ['pɪlfə(r)] *v/t u. v/i* ‚klauen', sti'bitzen, stehlen. **'pil·fer·age** *s* geringfügiger Diebstahl, Diebe'rei *f*. **'pil·fer·er** *s* Dieb(in).

pil·grim ['pɪlgrɪm] *s* **1.** Pilger(in), Wallfahrer(in). **2.** *fig.* (Erden)Pilger *m*, Wanderer *m*. **3. P~** *hist.* Pilgervater *m*: **the P~ Fathers** die Pilgerväter (*1620 nach New England ausgewanderte englische Puritaner*). **4.** erster (An)Siedler. **5. the P~ of Great Britain** (*od.* **of the U.S.**) *die Gesellschaften zur Förderung der anglo-amer. Freundschaft.* **'pil·grim·age I** *s* **1.** Pilger-, Wallfahrt *f* (*a. fig.*): **~ church** Wallfahrtskirche *f*; **place of ~** Wallfahrtsort *m*. **2.** *fig.* a) irdische Pilgerfahrt, Erdenleben *n*, b) (lange) Wanderschaft *od.* Reise. **II** *v/i* **3.** pilgern, wallfahr(t)en.

pi·lif·er·ous [paɪ'lɪfərəs] *adj bot. zo.* behaart. **pil·i·form** ['paɪlɪfɔː(r)m; 'pɪl-] *adj bot.* haarförmig, -artig.

pill [pɪl] **I** *s* **1.** Pille *f* (*a. fig.*): **a bitter ~ to swallow** *fig.* e-e bittere Pille; **to gild** (*od.* **sugar** *od.* **sweeten**) **the ~** die bittere Pille versüßen; **to swallow the ~** a) die (bittere) Pille schlucken, b) in den sauren Apfel beißen. **2.** *sl.* ‚Brechmittel' *n*, ‚Ekel' *n* (*Person*). **3.** *sport sl.* (Golf- *etc*)Ball *m*: **a game of ~s** *Br.* e-e Partie Billard. **4.** *mil. sl. od. humor.* ‚blaue Bohne' (*Gewehrkugel*), ‚Ei' *n*, ‚Koffer' *m* (*Granate, Bombe*). **5.** *sl.* ‚Stäbchen' *n* (*Zigarette*). **6. the ~** *med. pharm. colloq.* die (Anti'baby)Pille: **to be** (*od.* **go**) **on the ~** die Pille nehmen. **7.** *pl vulg.* ‚Eier' *pl* (*Hoden*). **II** *v/t* **8.** *sl. j-n* (*bei e-r Wahl*) ablehnen, 'durchfallen lassen: **he was ~ed** er fiel durch.

pil·lage ['pɪlɪdʒ] **I** *v/t* **1.** (aus)plündern. **2.** rauben, erbeuten. **II** *v/i* **3.** plündern. **III** *s* **4.** Plünderung *f*, Plündern *n*. **5.** Beute *f*. **'pil·lag·er** *s* Plünderer *m*.

pil·lar ['pɪlə(r)] **I** *s* **1.** Pfeiler *m*, Ständer *m*: **to run from ~ to post** *fig.* von Pontius zu Pilatus laufen. **2.** *arch.* Säule *f*. **3.** (Rauch-, Wasser- *etc*)Säule *f*: **a ~ of smoke**. **4.** *fig.* Säule *f*, Stütze *f*: **the ~s of society; the ~s of wisdom** die Säulen der Weisheit; **he was a ~ of strength** er stand da wie ein Fels in der Brandung. **5.** *bes. tech.* Sockel *m*, Stütze *f*, Sup'port *m*. **6.** *Bergbau*: (Abbau)Pfeiler *m*: **~ of coal** Kohlenpfeiler. **7.** *Reitsport*: Ständer *m*. **II** *v/t* **8.** mit Pfeilern *od.* Säulen versehen *od.* stützen *od.* schmücken. **~ box** *s Br.* Briefkasten *m* (in Säulenform): **~ red** Knallrot *n*.

pil·lared ['pɪlə(r)d] *adj* **1.** mit Säulen *od.* Pfeilern (versehen). **2.** säulenförmig.

'pill|·box *s* **1.** Pillenschachtel *f*. **2.** *mil. sl.* Bunker *m*. **3.** *a.* **~ hat** Pillbox *f* (*kleiner, runder Damenhut*). **'~·head** *s sl.* Ta'blettensüchtige(r *m*) *f*.

pil·lion ['pɪljən] **I** *s* **1.** leichter (Damen-)Sattel. **2.** Sattelkissen *n* (*für e-e zweite Person*). **3.** *a.* **~ seat** *mot.* Soziussitz *m*: **~ rider** Sozius *m*. **II** *adv* **4. to ride ~** auf dem Soziussitz (mit)fahren.

pil·li·winks ['pɪlɪwɪŋks] *s pl* (*a. als sg konstruiert*) *hist.* Daumenschrauben *pl*.

pil·lo·ry ['pɪlərɪ] **I** *s* **1.** *hist.* Pranger *m* (*a. fig.*): **to be in the ~** am Pranger stehen. **II** *v/t* **2.** an den Pranger stellen. **3.** *fig.* anprangern.

pil·low ['pɪləʊ] **I** *s* **1.** (Kopf)Kissen *n*, Polster *n*: **to take counsel of one's ~** die Sache (noch einmal) beschlafen. **2.** Klöppelkissen *n*. **3.** *tech.* (Zapfen)Lager *n*, Pfanne *f*. **II** *v/t* **4.** auf (ein) (Kopf)Kissen legen *od.* betten. **5. ~ up** hoch betten, mit (Kopf)Kissen stützen. **6.** als Kissen dienen für. **~ block** *s tech.* Lagerblock *m*, Pfanne *f*. **'~case** *s* (Kopf)Kissenbezug *m*. **~ fight** *s* **1.** Kissenschlacht *f*. **2.** *fig.* Scheingefecht *n*. **~ lace** *s* Klöppel-, Kissenspitzen *pl*. **~ sham** *s bes. Am.* Kissendecke *f*. **~ slip → pillowcase**. **~ talk** *s* Bettgeflüster *n*.

'pill·wort *s bot.* Pillenkraut *n*.

pi·lose ['paɪləʊs] *adj bot. zo.* behaart.

pi·lot ['paɪlət] **I** *s* **1.** *mar.* Lotse *m*: **licensed ~** seeamtlich befähigter Lotse. **2.** *aer.* Pi'lot *m*: a) Flugzeugführer *m*, b) Bal'lonführer *m*: **~ instructor** Fluglehrer *m*; **second ~** Kopilot; **~'s licence** (*Am.* **license**) Flug-, Pilotenschein *m*. **3.** *bes. fig.* a) Führer *m*, Leiter *m*, Wegweiser *m*, b) Berater *m*: **to drop the ~** den Berater in die Wüste schicken. **4.** *rail. Am.* Schienenräumer *m*. **5.** *tech.* a) Be'tätigungsele,ment *n*, Kraftglied *n*, b) Führungszapfen *m*. **6. → pilot wire**. **7.** a) *Rundfunk, TV* Pi'lotsendung *f*, b) *TV* Pi'lotfilm *m*. **II** *v/t* **8.** *mar.* lotsen (*a. mot.*), *fig. a.* führen, leiten: **to ~ through** durchlotsen (*a. fig.*); **to ~ a bill through Congress** e-n Gesetzentwurf durch den Kongreß bringen. **9.** *aer.* steuern, lenken, fliegen. **III** *adj* **10.** Versuchs..., Probe...: **~ experiment** Vorversuch *m*; **~ film** *TV* Pilotfilm *m*; **~ model** Versuchsmodell *n*; **~ scheme** Versuchs-, Pilotprojekt *n*; **~ study** Pilot-, Leitstudie *f*. **11.** Hilfs...: **~ parachute → pilot chute**. **12.** *tech.* Steuer..., Kontroll..., Leit... **'pi·lot·age** *s* **1.** *mar.* Lotsen(dienste *pl*) *n*: **certificate of ~** Lotsenpatent *n*; **compulsory ~** Lotsenzwang *m*. **2.** Lotsengebühr *f*, -geld *n*. **3.** *aer.* a) Fliege'rei *f*, b) 'Bodennavigati,on *f*. **4.** *fig.* Leitung *f*.

pi·lot| bal·loon *s aer.* Pi'lotbal,lon *m*. **~ beam** *s tech.* Leitstrahl *m*. **~ bis·cuit** *s* Schiffszwieback *m*. **~ boat** *s mar.* Lotsenboot *n*. **~ burn·er** *s tech.* Zündbrenner *m*. **~ ca·ble** *s electr.* Leitkabel *n*. **~ cell** *s electr.* Prüfzelle *f*. **~ chute** *s aer.* Hilfs-, Ausziehfallschirm *m*. **~ cloth** *s* dunkelblauer Fries (*für Marinekleidung*). **~ en·gine** *s rail.* 'Leerfahrtlokomo,tive *f*. **~ fish** *s ichth.* **1.** Lotsen-, Pi'lotfisch *m*. **2.** *Am.* Silberfelchen *m*. **~ flag** *s mar.* Lotsenflagge *f*. **~ flame** *s tech.* Zündflamme *f*. **'~house** *s mar.* Brücken-, Ruderhaus *n* (*der gedeckte Teil der Kommandobrücke*). **~ lamp** *a. tech.* Si'gnallampe *f*, Kon'trollampe *f*.

pi·lot·less ['paɪlətlɪs] *adj* führerlos, unbemannt: **a ~ plane**.

pi·lot| light *s* **1. → pilot burner**. **2. → pilot lamp**. **3.** Zündflamme *f* (*e-s Gasboilers etc*). **~ mo·tor** *s electr.* Kleinstmotor *m*. **~ nut** *s tech.* Führungsmutter *f*. **~ of·fi·cer** *s aer. mil.* Fliegerleutnant *m*. **~ plant** *s* **1.** Versuchs-, Pi'lotanlage *f*. **2.** Musterbetrieb *m*. **~ train** *s rail.* Vor'aus-, Leerzug *m*. **~ train·ee** *s aer.* Flugschüler(in). **~ valve** *s tech.* 'Steuerven,til *n*. **~ wire** *s electr.* **1.** Steuerleitung *f*. **2.** Meßader *f*. **3.** Hilfsleiter *m*. **4.** (Kabel-)Prüfdraht *m*.

pi·lous ['paɪləs] **→ pilose**.

pil·u·lar ['pɪljʊlə(r)] *adj pharm.* pillenartig, Pillen...

pil·ule ['pɪljuːl] *s pharm.* kleine Pille.

pil·y[1] ['paɪlɪ] *adj* haarig, wollig.

pil·y[2] ['paɪlɪ] *adj her.* durch Spitzpfähle abgeteilt.

pim·e·lode ['pɪmələʊd] *s ichth. Br.* Schlankwels *m*.

pi·men·to [pɪ'mentəʊ] *pl* **-tos** *s bot. bes. Br.* **1.** Pi'ment *m, n*, Nelkenpfeffer *m*. **2.** Pi'mentbaum *m*.

pimp[1] [pɪmp] **I** *s* a) Kuppler *m*, b) Zuhälter *m*. **II** *v/i* a) sich als Kuppler betätigen, b) von Zuhälte'rei leben: **to ~ for s.o.** j-s Zuhälter sein.

pimp[2] [pɪmp] *sl. bes. Austral.* **I** *s* Spitzel *m*, Infor'mant(in). **II** *v/i* **~ on** *j-n* denun'zieren.

pim·per·nel ['pɪmpə(r)nel] *s bot.* Pimper'nell *m*.

pimp·er·y ['pɪmpərɪ] *s* Zuhälte'rei *f*.

pim·ple ['pɪmpl] *med.* **I** *s* Pustel *f*, Pickel *m*. **II** *v/i* pick(e)lig werden. **'pim·pled, 'pim·ply** *adj* pick(e)lig.

pin [pɪn] **I** *s* **1.** (Steck)Nadel *f*: **~s and needles** ‚Kribbeln' *n* (*in eingeschlafenen Gliedern*); **to sit on ~s and needles** ‚wie auf Kohlen sitzen', ‚kribbelig' sein; **for two ~s I'd hit him** *colloq.* dem hau' ich jetzt bald eine runter!; → **care** 8, **neat**[1] 1. **2.** (Schmuck-, Haar-, Hut)Nadel *f*. **3.** (Ansteck)Nadel *f*, Abzeichen *n*. **4.** *Am. dial.* nadelförmige (Berg)Spitze. **5.** *tech.* Pflock *m*, Dübel *m*, Bolzen *m*, Zapfen *m*, Stift *m*, Pinne *f*: **~ with thread** Gewindezapfen *m*; **split ~** Splint *m*; **~ base** *electr.* Stiftsockel *m*; **~ bearing** Nadel-, Stiftlager *n*; **~ drill** Zapfenbohrer *m*. **6.** *tech.* Dorn *m*. **7.** *tech.* Achsnagel *m* (*e-s Wagens*). **8.** *mil. tech.* (Auf-, Vor-)Räumer *m* (*e-s Gewehrs*). **9.** *electr.* (Iso'lator)Stütze *f*. **10.** *mar.* Pinne *f*: **~ of a compass** Kompaßpinne *od.* -spitze *f*. **11.** *a.* **drawing ~** Reißnagel *m*, -zwecke *f*. **12.** *a.* **clothes~** *bes. Am.* Wäscheklammer *f*. **13.** *a.* **rolling ~** Nudelholz *n*. **14.** *pl colloq.* ‚Gestell' *n* (*Beine*): **that knocked him off his ~s** das hat ihn ‚umgeschmis-

sen'. **15.** *mus.* Wirbel *m* (*an Saiteninstrumenten*). **16.** *Golf*: Flaggenstock *m.* **17.** a) *Kegeln*: Kegel *m*, b) *Bowling*: Pin *m.* **18.** *Schach*: Fesselung *f.*
II *v/t* **19.** *a.* ~ **up** (**to**, **on**) heften, stecken (an *acc*), festmachen, befestigen (an *dat*): **to ~ a rose on a dress**; **to ~ up** hoch-, aufstecken; **to ~ the blame on s.o.** j-m die Schuld in die Schuhe schieben; **to ~ a murder on s.o.** *colloq.* j-m e-n Mord ‚anhängen'; **to ~ one's hopes on** s-e (ganze) Hoffnung setzen auf (*acc*), bauen auf (*acc*); → **faith** 1. **20.** pressen, drücken (**against**, **to** gegen, an *acc*), festhalten: **to ~ s.o.'s ears back** *colloq.* a) j-n verprügeln, b) j-n ‚herunterputzen', j-n anschnauzen. **21.** *a.* ~ **down** a) zu Boden pressen, b) *fig. j-n* ‚festnageln' (**to** auf *e-e Aussage, ein Versprechen etc*), c) *mil. Feindkräfte* fesseln (*a. Schach*), d) *etwas* genau bestimmen *od.* defi'nieren. **22.** *tech.* verbolzen.

pi·na·ceous [paɪ'neɪʃəs] *adj bot.* zu den Kieferngewächsen gehörig.

pin·a·fore ['pɪnəfɔː(r); *Am. a.* -ˌfəʊər] *s* **1.** Schürze *f.* **2.** Kittel *m.* ~ **dress** *s Br.* Trägerkleid *n*, -rock *m.*

pi·nas·ter [paɪ'næstə(r)] *s bot.* Strandföhre *f.*

'**pin·ball** *s* Flippern *n*: **to play ~** flippern. ~ **ma·chine** *s* Flipper *m.*

pin| **bit** *s tech.* Bohrspitze *f.* ~ **bolt** *s tech.* Federbolzen *m.*

pince-nez *pl* **pince-nez** ['pæ̃ːnsneɪ; *Am.* pæn'sneɪ] *s* Kneifer *m.*

pin·cer ['pɪnsə(r)] *adj* Zangen...: ~ **movement** *mil.* Zangenbewegung *f.*

pin·cers ['pɪnsə(r)z] *s pl* **1.** [*Am.* 'pɪntʃərz] *tech.* (Kneif-, Beiß)Zange *f*: **a pair of ~** e-e Kneifzange. **2.** *mil.* Zange *f*, zangenförmige Um'fassung (*des Gegners*). **3.** *med. print.* Pin'zette *f.* **4.** *zo.* a) Krebsschere *f*, b) Schwanzzange *f.*

pinch [pɪntʃ] **I** *v/t* **1.** zwicken, kneifen, quetschen, (ein)klemmen: **to ~ one's fingers in the door** sich die Finger in der Tür klemmen; **to ~ off** abzwicken, abkneifen; **to ~ s.o.'s arm** j-n in den Arm zwicken. **2.** drücken (*Schuh etc*). **3.** beengen, einengen, hin'einzwängen. **4.** *fig.* (be)drücken, beengen, beschränken: **to be ~ed for time** wenig Zeit haben; **to be ~ed** in Bedrängnis sein, Not leiden, knapp sein (**for**, **in**, **of** an *dat*); **to be ~ed for money** ‚knapp bei Kasse sein'; **~ed circumstances** beschränkte Verhältnisse. **5.** *fig.* beißen (*bes. Kälte*), plagen, quälen (*Durst, Hunger etc*): **to be ~ed with cold** durchgefroren sein; **to be ~ed with hunger** ausgehungert sein; **a ~ed face** ein schmales *od.* spitzes *od.* abgehärmtes Gesicht. **6.** *sl.* a) *etwas* ‚klemmen', ‚klauen' (*stehlen*), b) *j-n* ‚schnappen' (*verhaften*).
II *v/i* **7.** drücken (*Schuh, a. fig. Not etc*), kneifen, zwicken: **~ing want** drückende Not; → **shoe** *Bes. Redew.* **8.** *fig.* quälen (*Durst etc*). **9.** *a.* ~ **and scrape** (*od.* **save**) knausern, darben, sich nichts gönnen. **10.** *sl.* ‚klauen' (*stehlen*).
III *s* **11.** Kneifen *n*, Zwicken *n*, Quetschen *n*: **to give s.o. a ~** j-n kneifen *od.* zwicken. **12.** *fig.* Druck *m*, Qual *f*, Notlage *f*: **the ~ of hunger** der quälende Hunger; **at** (*od.* **on**, *Am. meist* **in**) **a ~** im Notfall, zur Not, notfalls; **if it comes to the ~** wenn es zum Äußersten kommt. **13.** Prise *f* (*Salz, Tabak etc*): → **salt**[1] 1. **14.** Quentchen *n*: **a ~ of butter.** **15.** *sl.* Festnahme *f*, Verhaftung *f.*

pinch·beck ['pɪntʃbek] **I** *s* **1.** Tombak *m*, Talmi *n* (*a. fig.*). **II** *adj* **2.** Talmi... (*a. fig.*). **3.** unecht, nachgemacht.

'**pinch·cock** *s chem.* Quetschhahn *m.*

pin cher·ry *s bot.* Amer. Weichselkirsche *f.*

'**pinch**|**-ˌhit** *v/i irr Baseball u. fig. Am.* einspringen (**for s.o.** für j-n). ~ **hit·ter** *s sport u. fig. Am.* Ersatz(mann) *m.*

'**pinchˌpen·ny** **I** *adj* knaus(e)rig, knick(e)rig. **II** *s* Knauser(in), Knicker (-in).

'**pinˌcush·ion** *s* Nadelkissen *n.*

Pin·dar·ic [pɪn'dærɪk] **I** *adj* **1.** pin'darisch, Pindar...: ~ **ode** → 2. **II** *s metr.* **2.** pin'darische Ode. **3.** *meist pl* pin'darisches Versmaß.

pine[1] [paɪn] *s* **1.** *bot.* Kiefer *f*, Föhre *f*, Pinie *f*: **Austrian ~** Schwarzkiefer; **Brazilian ~** (*e-e*) Schirmtanne. **2.** Kiefernholz *n.* **3.** *colloq.* Ananas *f.*

pine[2] [paɪn] *v/i* **1.** sich (sehr) sehnen, schmachten (**after**, **for** nach). **2.** *meist* ~ **away** verschmachten, vor Gram vergehen. **3.** sich grämen *od.* abhärmen (**at** über *acc*).

pin·e·al bod·y (*od.* **gland**) ['pɪnɪəl; *Am. a.* 'paɪ-] *s anat.* Zirbeldrüse *f.*

pine·ap·ple ['paɪnˌæpl] *s* **1.** *bot.* Ananas *f.* **2.** *sl.* a) (kleinere) Dyna'mitbombe, b) 'Handgraˌnate *f.*

pine| **bar·rens** *s pl Hügelketten, die mit Georgia-Kiefern bewachsen sind* (*im Süden der USA*). ~ **beau·ty** *s zo.* (*e-e*) Eule (*Nachtfalter*). ~ **cone** *s bot.* Kiefernzapfen *m* (*Wahrzeichen des Staates Maine der USA*). ~ **mar·ten** *s zo.* Baummarder *m.* ~ **nee·dle** *s bot.* Kiefernnadel *f.* ~ **oil** *s* Kiefernnadelöl *n.*

pin·er·y ['paɪnərɪ] *s* **1.** Treibhaus *n* für Ananas. **2.** Kiefernpflanzung *f.*

pine| **squir·rel** *s zo.* Amer. Eichhörnchen *n.* ~ **tar** *s* Kienteer *m.* ~ **tree** → **pine**[1] 1. **P~ Tree State** *s Am.* (*Beiname für*) Maine *n.*

pi·ne·tum [paɪ'niːtəm] *pl* **-ta** [-tə] *s* Pi'netum *n* (*Baumschule für Kiefern etc*), Nadelholzschonung *f.*

'**pin**|ˌ**feath·er** *s orn.* Stoppelfeder *f.* '**~fold** *s* **1.** Schafhürde *f.* **2.** Pfandstall *m* für verirrtes Vieh.

ping [pɪŋ] **I** *v/i* **1.** pfeifen, zischen (*Kugel*), schwirren (*Mücke etc*). **2.** *mot.* klingeln. **II** *s* **3.** Peng *n.* **4.** Pfeifen *n*, Schwirren *n.* **5.** *mot.* Klingeln *n.*

ping-pong ['pɪŋpɒŋ; *Am. a.* -ˌpɑŋ] *s* Pingpong *n* (*Tischtennis*).

pin·guid ['pɪŋgwɪd] *adj* **1.** fettig, ölig. **2.** fett, ergiebig: ~ **soil.**

pin·guin ['pɪŋgwɪn] *s bot.* Pinguin-Ananas *f.*

'**pin**|**·head** *s* **1.** (Steck)Nadelkopf *m.* **2.** *fig.* Kleinigkeit *f.* **3.** *colloq.* Dummkopf *m.* ˌ**~'head·ed** *adj colloq.* dumm, ‚doof'. '**~head sight** *s* Perl- *od.* Rundkorn *n* (*des Gewehrvisiers*). '**~ˌhold·er** *s* Blumenigel *m.* '**~hole** *s* **1.** Nadelloch *n.* **2.** *opt. phot.* Nadelstich *m*: ~ **camera** Lochkamera *f*; ~ **diaphragm** Lochblende *f.*

pi·nic ['paɪnɪk; 'pɪn-] *adj chem.* Fichtenharz... ~ **ac·id** *s* Pi'ninsäure *f.*

pin·ion[1] ['pɪnjən] *s tech.* **1.** Ritzel *n*, Antriebs(kegel)rad *n*: **gear ~** Getriebezahnrad *n*; ~ **drive** Ritzelantrieb *m*; ~ **shaft** Ritzelwelle *f.* **2.** Kammwalze *f.*

pin·ion[2] ['pɪnjən] **I** *s* **1.** *orn.* a) Flügelspitze *f*, b) *a.* ~ **feather** (Schwung)Feder *f.* **2.** *poet.* Schwinge *f*, Fittich *m*, Flügel *m.* **II** *v/t* **3.** die Flügel stutzen (*dat*) (*a. fig.*). **4.** *j-m* die Hände fesseln (*a. fig.*). **5.** fesseln (**to** an *acc*).

pink[1] [pɪŋk] **I** *s* **1.** *bot.* Nelke *f*: **plumed** (*od.* **feathered** *od.* **garden**) ~ Federnelke. **2.** Blaßrot *n*, Rosa *n.* **3.** *bes. Br.* a) Scharlachrot *n*, b) (scharlach)roter Jagdrock, c) Rotrock *m* (*Teilnehmer e-r Fuchsjagd*). **4.** *oft* **P~** *pol. Am. colloq.* ‚rot *od.* kommu'nistisch Angehauchte(r' *m*) *f*, ‚Sa'lonbolscheˌwist(in)'. **5.** *fig.* Muster (-beispiel) *n*, Gipfel *m*, Krone *f*, höchster Grad: **the ~ of fashion** die allerneueste Mode; **in the ~ of health** bei bester Gesundheit; **the ~ of perfection** die höchste Vollendung; **the ~ of politeness** der Gipfel der Höflichkeit; **he is the ~ of politeness** er ist die Höflichkeit in Person; **to be in the ~** (**of condition**) in ‚Hochform' sein. **II** *adj* **6.** rosa(farben), blaßrot, rötlich: **to see ~ elephants** *humor.* weiße Mäuse sehen; ~ **slip** *Am. colloq.* ‚blauer Brief' (*Kündigungsschreiben*). **7.** *oft* **P~** *pol. colloq.* ‚rot *od.* kommu'nistisch angehaucht', ‚rötlich'.

pink[2] [pɪŋk] *s paint.* gelbe *od.* grünlichgelbe Lack- *od.* La'surfarbe.

pink[3] [pɪŋk] *v/t* **1.** *a.* ~ **out** auszacken, (kunstvoll) ausschneiden. **2.** durch'bohren, -'stechen. **3.** mit e-m Lochmuster verzieren.

pink[4] [pɪŋk] *s mar.* Pinke *f*: a) *dreimastiger Küstensegler*, b) *ein Fischerboot.*

pink[5] [pɪŋk] *v/i* klopfen (*Motor*).

'**pink·eye** *s* **1.** *med. vet.* ansteckende Bindehautentzündung. **2.** *vet.* (*Art*) Influ'enza *f* (*der Pferde*).

pink·ie[1] ['pɪŋkɪ] *s Scot. u. Am.* (*der*) kleine Finger.

pink·ie[2] ['pɪŋkiː] *s mar. Am. schonergetakeltes Fischereifahrzeug.*

pink·ing ['pɪŋkɪŋ] *s tech.* Klopfen *n* (*des Motors*). ~ **shears** *s pl* Zickzackschere *f.*

pink·ish ['pɪŋkɪʃ] *adj* rötlich (*a. pol. colloq.*), blaßrosa.

pink·ness ['pɪŋknɪs] *s* Rosa(rot) *n.*

pink·o ['pɪŋkəʊ] *pl* **-os, -oes** *s Am. colloq.* → **pink**[1] 4.

'**pink-ˌslip** *v/t Am. colloq. j-m* den ‚blauen Brief' schicken (*j-m kündigen*).

Pink·ster ['pɪŋkstər] *Am. dial.* **I** *s* Pfingsten *n od. pl.* **II** *adj* Pfingst...

pink tea *s Am. colloq.* **1.** steife (Tee-) Gesellschaft. **2.** ‚steife' *od.* ‚hochfeine' Angelegenheit.

pink·y[1] ['pɪŋkɪ] *s* **1.** → **pinkie**[1] *u.* [2]. **2.** → **pink**[4].

pink·y[2] ['pɪŋkɪ] *adj* rötlich, rosa.

pin mon·ey *s* **1.** Taschengeld *n* (der Hausfrau). **2.** selbstverdientes Taschengeld (der Hausfrau).

pin·na ['pɪnə] *pl* **-nas** *s* **1.** *anat.* Ohrmuschel *f.* **2.** *zo.* a) Feder *f*, Flügel *m*, b) Flosse *f.* **3.** *bot.* Fieder(blatt *n*) *f.*

pin·nace ['pɪnɪs] *s mar.* Pi'nasse *f.*

pin·na·cle ['pɪnəkl] **I** *s* **1.** *arch.* a) Fi'ale *f*, Spitzturm *m*, b) Zinne *f.* **2.** (Fels-, Berg-) Spitze *f*, Gipfel *m.* **3.** *fig.* Gipfel *m*, Spitze *f*, Höhepunkt *m*: **on the ~ of fame** auf dem Gipfel des Ruhms. **II** *v/t* **4.** *arch.* mit Zinnen *etc* versehen. **5.** erhöhen. **6.** den Gipfel bilden von, krönen (*a. fig.*).

pin·nate ['pɪnɪt; -neɪt] *adj bot. orn.* gefiedert.

pin·ner ['pɪnə(r)] *s* **1.** Schürze *f.* **2.** *meist pl hist.* Flügelhaube *f.*

pin·ni·grade ['pɪnɪgreɪd], '**pin·ni·ped** [-ped] *zo.* **I** *adj* flossen-, schwimmfüßig. **II** *s* Flossen-, Schwimmfüßer *m.*

pin·nule ['pɪnjuːl] *s* **1.** Federchen *n.* **2.** *zo.* a) sechsstrahlige Kalknadel (*bei Schwämmen*), b) Seitenast *m* (*e-s Haarsternarmes*). **3.** *zo.* Flössel *n.* **4.** *bot.* Fiederblättchen *n.* **5.** Vi'sier *n* (*e-s Astrolabiums etc*).

pin·ny ['pɪnɪ] *colloq. für* **pinafore.**

pi·noch·le, pi·noc·le ['piːnʌkl] *s* Bi'nokel *n* (*Kartenspiel*).

pi·no·le [pɪ'nəʊliː] *s Am. aus gerösteten Pinolekörnern gemahlenes Mehl.*

'**pin**|**·point** **I** *s* **1.** Nadelspitze *f.* **2.** winziger Punkt. **3.** Winzigkeit *f.* **4.** *mil.* a) (*strategischer etc*) Punkt, b) Punktziel *n.* **II** *v/t* **5.** *mil.* a) *das Ziel* (haar)genau festlegen *od.* bestimmen *od.* bombarˈdieren *od.* treffen, b) einzeln bombarˈdieren *od.* ‚wegputzen'. **6.** *fig.* genau festlegen *od.* bestimmen. **7.** *fig.* klar herˈvortreten lassen, ein Schlaglicht werfen auf (*acc*). **III** *adj* **8.** *mil.* (haar)genau, Punkt...: ~ **attack** Punktzielangriff *m*; ~ **bombing** Bombenpunktwurf *m*, gezielter Bombenwurf; ~ **target** Punktziel *n*. **9.** *fig.* genau, detailˈliert: ~ **planning**. **10.** ~ **strike** *econ.* Schwerpunktstreik *m*. **ˈ~·prick I** *s* **1.** Nadelstich *m* (*a. fig.*): **policy of ~s** Politik *f* der Nadelstiche. **2.** *fig.* Sticheˈlei *f*, spitze Bemerkung. **II** *v/t* **3.** *j-m* Nadelstiche versetzen, *j-m* mit Stichelreden zusetzen. **ˈ~-striped** *adj* mit Nadelstreifen: **a ~ suit.**

pint [paɪnt] *s* **1.** Pint *n*, *etwa* halber Liter (*Br. 0,568 l, Am. 0,473 l*). **2.** *Br. colloq.* Halbe *m, f, n* (Bier): **he's gone out for a ~** er ist ein Bier trinken gegangen.

pin·ta [ˈpaɪntə] *s Br. colloq. ungefähr* ein halber Liter Milch *od.* Bier.

pin ta·ble → **pinball machine.**

pin·ta·do [pɪnˈtɑːdəʊ] *pl* **-dos** *s* **1.** *a.* ~ **petrel** *orn.* Kaptaube *f*. **2.** *orn.* Perlhuhn *n*. **3.** *ichth.* Spanische Maˈkrele.

ˈpin·tail *pl* **-tails,** *bes. collect.* **-tail** *s orn.* Spießente *f*.

pin·tle [ˈpɪntl] *s* **1.** *tech.* (Dreh)Bolzen *m*, Zapfen *m*. **2.** *mot.* (Einspritz)Düsennadel *f*.

pin·to [ˈpɪntəʊ] *Am.* **I** *pl* **-tos** *s* **1.** Scheck(e) *m*, Schecke *f* (*Pferd*). **2.** *a.* ~ **bean** *bot.* gefleckte Feldbohne. **II** *adj* **3.** scheckig, gescheckt.

ˈpint-size(d) *adj colloq.* winzig: ~ **company** Zwergfirma *f*.

ˈpin|-up I *s* **1.** *a.* ~ **girl** Pin-ˈup-Girl *n*. **2.** Pin-ˈup-Foto *n* (*a. e-s Mannes*). **II** *adj* **3.** *Am.* Wand...: ~ **lamp.** **ˈ~·wheel** *s* **1.** *Am.* Windrädchen *n* (*Kinderspielzeug*). **2.** Feuerrad *n* (*Feuerwerkskörper*).

Pinx·ter → **Pinkster.**

pin·y [ˈpaɪnɪ] *adj* **1.** mit Kiefern bewachsen. **2.** Kiefern...

pi·o·let [pjəʊˈleɪ; ˌpɪə-] *s* Eispickel *m* (*der Bergsteiger*).

pi·on [ˈpaɪɒn; *Am.* -ˌɑn] *s phys.* Pion *n* (*Elementarteilchen*).

pi·o·neer [ˌpaɪəˈnɪə(r)] **I** *s* **1.** *mil.* Pioˈnier (-solˌdat) *m*. **2.** *fig.* Pioˈnier *m* (*Erschließer von Neuland etc*), Vorkämpfer *m*, Bahnbrecher *m*, Wegbereiter *m*, Vorreiter *m*: **a ~ in cancer research** ein Pionier (in) der Krebsforschung. **II** *v/i* **3.** Pioˈnier sein (*a. fig.*). **4.** *fig.* den Weg bahnen *od.* ebnen, bahnbrechende Arbeit leisten. **III** *v/t* **5.** den Weg bahnen *od.* bereiten für (*a. fig.*). **6.** *fig.* bahnbrechende Arbeit leisten für. **7.** als erste(r) herˈausbringen *od.* schaffen, einführen: **to ~ a new model.** **8.** führen, lenken. **IV** *adj* **9.** Pionier...: ~ **work.** **10.** *fig.* bahnbrechend, wegbereitend, Versuchs..., erst(er, e, es): ~ **model** Erstmodell *n*. **11.** *Am. hist.* Siedler..., Grenzer...

pi·ous [ˈpaɪəs] *adj* (*adv* **~ly**) **1.** fromm (*a. iro.*), gottesfürchtig: ~ **fraud** *fig.* frommer Betrug; ~ **literature** fromme Literatur; ~ **hope** *fig.* frommer Wunsch. **2.** andächtig (*a. fig.*): **a ~ hush.** **3.** *colloq.* lobenswert: **a ~ effort** ein gutgemeinter Versuch. **4.** *obs.* fromm, brav (*Kind*).

pip¹ [pɪp] **I** *s* **1.** *vet.* Pips *m* (*Geflügelkrankheit*). **2.** *Br. colloq.* ‚miese' Laune: **to give s.o. the ~** → 3. **II** *v/t* **3.** *Br. colloq. j-m* auf die Nerven gehen, *j-n* nerven.

pip² [pɪp] *s* **1.** *bes. Br.* Auge *n* (*auf Spielkarten*), Punkt *m* (*auf Würfeln etc*). **2.** (Obst)Kern *m*. **3.** *bot.* a) Einzelfrucht *f* (der Ananas), b) Einzelblüte *f*. **4.** *mil. bes. Br. colloq.* Stern *m* (*Schulterabzeichen der Offiziere*). **5.** *Radar*: Blip *m*, Bildspur *f*. **6.** *Br.* (*kurzer, hoher*) Ton (*e-s Pausen- od. Zeitzeichens*). **7.** *teleph. etc Br.* ‚Paula', P *n*: **five o'clock ~ emma** (*p.m.*) fünf Uhr nachmittags.

pip³ [pɪp] *Br. colloq.* **I** *v/t* **1.** a) ˈdurchfallen lassen (*bei e-r Prüfung etc*), b) durchfallen bei. **2.** *fig. j-n* knapp besiegen *od.* schlagen: **to ~ s.o. at the post** a) *sport* j-n im Ziel abfangen, b) *fig.* j-m um Haaresbreite zuvorkommen. **3.** ‚abknallen', erschießen. **4.** *j-n* ächten *od.* auf die schwarze Liste setzen. **II** *v/i* **5.** *a.* ~ **out** ‚abkratzen' (*sterben*).

pipe [paɪp] **I** *s* **1.** *tech.* a) Rohr *n*, Röhre *f*, b) (Rohr)Leitung *f*. **2.** *a.* **flexible ~** *tech.* Schlauch *m*. **3.** a) Pfeife *f* Tabak (*Menge*), b) *a.* **tobacco ~** (Tabaks)Pfeife *f*: ~ **of peace** Friedenspfeife; **put that in your ~ and smoke it!** *colloq.* ob dir das nun paßt oder nicht! **4.** *mus.* a) Pfeife *f*, (einfache) Flöte, b) *a.* **organ ~** Orgelpfeife *f*, c) *meist pl* Dudelsack *m*, d) (ˈHolz)ˌBlasinstruˌment *n*. **5.** *mar.* Bootsmannspfeife *f*. **6.** Pfeifen *n* (*e-s Vogels*), Piep(s)en *n*. **7.** Stimme *f*. **8.** *colloq.* a) Luftröhre *f*: **to clear one's ~** sich räuspern, b) *meist pl* Stimmband *n*. **9.** *bot.* hohler (Pflanzen)Stengel. **10.** *geol.* Schlot *m*. **11.** *metall.* Lunker *m*. **12.** *Bergbau*: (Wetter)Lutte *f*. **13.** *econ.* Pipe *f* (*meist 105 Gallonen*), längliches Öl- *od.* Weinfaß. **14.** Glasbläserpfeife *f*. **15.** *Br. hist.* Rolle *f*: ~ **roll** Schatzkammerabrechnung *f*. **16.** *sl.* a) ‚kleine Fische' *pl*, ‚Kinderspiel' *n*, b) todsichere Sache, c) → **pipe dream.**
II *v/t* **17.** (durch ein Rohr *od.* Rohre *od.* e-e Rohrleitung) (weiter)leiten. **18.** *weitS.* (*durch ein Kabel etc*) leiten, *weitS.* befördern, pumpen, schleusen, *e-e Radiosendung etc* überˈtragen: **~d music** *contp.* Musik *f* aus dem Lautsprecher, Musikberies(e)lung *f*. **19.** Rohre *od.* Röhren *od.* e-e Rohrleitung legen in (*acc*). **20.** pfeifen, flöten, auf e-r Pfeife *od.* Flöte (vor-)spielen *od.* blasen: **to ~ a song** ein Lied anstimmen. **21.** *mar. die Mannschaft* zs.-pfeifen: **to ~ side** Seite pfeifen (*zur Begrüßung hoher Vorgesetzter*). **22.** piep(s)en, quieken. **23.** *e-e Torte etc* spritzen, mit feinem Guß verzieren. **24.** *Kleider* paspeˈlieren, mit Biesen besetzen. **25.** *bot.* absenken. **26.** **to ~ one's eye** *Br. sl.* ‚flennen' (*weinen*). **27.** *sl.* a) betrachten, b) bemerken.
III *v/i* **28.** pfeifen (*a. Wind, Kugel etc*), auf e-r Pfeife *od.* Flöte blasen, flöten. **29.** a) pfeifen, piep(s)en (*Vogel etc*), b) piepsen, piepsend sprechen *od.* singen, c) zirpen: **to ~ down** *colloq.* ‚die Luft anhalten', ‚den Mund halten'; **to ~ up** a) ‚loslegen' (*Sänger, Band etc*), b) ‚den Mund aufmachen', losreden.

pipe| bend *s tech.* Rohrknie *n*. **~ bowl** *s* Pfeifenkopf *m*. **~ burst** *s* Rohrbruch *m*. **~ clamp** → **pipe clip.** **ˈ~·clay I** *s* **1.** *min.* Pfeifen-, Töpferton *m*. **II** *v/t* **2.** mit Pfeifenton weißen. **3.** *fig. Konten etc* in Ordnung bringen. **~ clean·er** *s* Pfeifenreiniger *m*. **~ clip** *s tech.* Rohrschelle *f*. **~ dream** *s colloq.* Luftschloß *n*, Hirngespinst *n*. **ˈ~·fish** *s ichth.* Seenadel *f*. **~ fit·ter** *s* Rohrleger *m*. **~ knife** *s irr* Pfeifenbesteck *n*. **ˈ~ˌlay·er** *s* Rohrleger *m*. **ˈ~·line I** *s* **1.** Rohrleitung *f*, (*für Erdöl, Erdgas etc*) Pipeline *f*: **in the ~** *fig.* in Vorbereitung (*Pläne etc*), im Kommen (*Entwicklung etc*), ‚im Anrollen' (*Aktion etc*); **to have in the ~** *fig.* zu erwarten haben, rechnen können mit. **2.** *fig.* (geheimer) ‚Draht', (geheime) Verbindung *od.* (Informatiˈons)Quelle. **3.** (*Versorgungs- etc*)Syˈstem *n*: **equipment ~.** **II** *v/t* **4.** in Pipelines transporˈtieren. **5.** e-e Pipeline *od.* Pipelines verlegen in (*dat*). **~ ma·jor** *s mil. mus.* Führer *m* e-r ˈDudelsackkaˌpelle. **~ or·gan** *s mus.* Orgel *f*.

pip·er [ˈpaɪpə(r)] *s* **1.** Pfeifer *m*: a) Dudelsackpfeifer *m*, b) Flötenspieler *m*: **to pay the ~** *fig.* die Zeche bezahlen, *weitS.* der Dumme sein; **he who pays the ~ calls the tune** wer bezahlt, darf auch bestimmen. **2.** ‚Lungenpfeifer' *m* (*engbrüstiges Pferd*). **3.** *zo.* a) Knurrhahn *m*, b) Halbschnabel *m*. **4.** junger Vogel, *bes.* junge Taube. **5.** *Br.* Lockhund *m* (*bei der Entenjagd*).

pipe| rack *s* Pfeifenständer *m*. **~ stem** *s* Pfeifenstiel *m*. **ˈ~·stone** *s min.* (*Art*) roter Tonstein, Pfeifenstein *m*. **~ stop·per** *s* Pfeifenstopfer *m*. **~ tool** *s* Pfeifenbesteck *n*.

pi·pette, *a.* **pi·pet** [pɪˈpet; *Am.* paɪ-] *s chem.* Piˈpette *f* (*Stechheber*).

pipe| vine *s bot.* Pfeifenwinde *f*. **ˈ~·work** *s* **1.** *mus.* Pfeifenwerk *n* (*der Orgel*). **2.** Röhrenwerk *n*, Röhren *pl*. **~ wrench** *s tech.* Rohrzange *f*.

pip·ing [ˈpaɪpɪŋ] **I** *s* **1.** *tech.* Rohrleitung *f*, -netz *n*, Röhrenwerk *n*. **2.** *tech.* Rohrverlegung *f*. **3.** *metall.* a) Lunker *m*, b) Lunkerbildung *f*. **4.** ˈDudelsack- *od.* ˈFlötenmuˌsik *f*. **5.** Pfiff *m*. **6.** Pfeifen *n*, Piep(s)en *n*. **7.** Schnurbesatz *m*, Paspel *f* (*an Uniformen*), Biese *f*. **8.** *gastr.* feiner (Zucker)Guß, (Kuchen)Verzierung *f*. **II** *adj* **9.** pfeifend, schrill. **10.** *obs.* friedlich, iˈdyllisch: **in the ~ time(s) of peace** in tiefsten Friedenszeiten. **III** *adv* **11.** zischend: ~ **hot** kochend heiß.

pip·is·trelle [ˌpɪpɪˈstrel] *s zo.* Zwergfledermaus *f*.

pip·it [ˈpɪpɪt] *s orn.* (*bes.* Wasser)Pieper *m*.

pip·kin [ˈpɪpkɪn] *s* irdenes Töpfchen.

pip·pin [ˈpɪpɪn] *s* **1.** Pippinapfel *m*. **2.** *sl.* a) ‚tolle Sache', b) ‚toller Kerl'.

ˈpip·squeak *s colloq. contp.* ‚Würstchen' *n* (*Person*).

pip·y [ˈpaɪpɪ] *adj* **1.** röhrenartig, -förmig. **2.** piep(s)end.

pi·quan·cy [ˈpiːkənsɪ; *Am. a.* ˈpɪkwənsiː] *s* **1.** Piˈkantheit *f*, (*das*) Piˈkante, Pikanteˈrie *f*. **2.** piˈkantes Gericht, Delikaˈtesse *f*. **ˈpi·quant** *adj* (*adv* **~ly**) piˈkant (*Soße, a. fig. Witz etc*), würzig, prickelnd (*a. fig.*).

pique¹ [piːk] **I** *v/t* **1.** (auf)reizen, sticheln, ärgern, kränken, verstimmen, *j-s Stolz etc* verletzen: **to be ~d** pikiert *od.* verärgert sein (**at** über *acc*). **2.** *Neugier etc* reizen, wecken. **3.** ~ **o.s.** (**on, upon**) sich etwas einbilden (auf *acc*), sich brüsten (mit). **II** *s* **4.** Groll *m*. **5.** Gereiztheit *f*, Verstimmungˈ *f*, Ärger *m*, Gekränktheit *f*: **in a (fit of) ~** verärgert.

pique² [piːk] (*Pikettspiel*) **I** *s* Dreißiger *m*. **II** *v/i* dreißig Punkte gewinnen. **III** *v/t j-m* dreißig Punkte abgewinnen.

pi·qué [ˈpiːkeɪ; *Am. a.* pɪˈkeɪ] *s* Piˈkee *m* (*Gewebe*).

pi·quet¹ [pɪˈket; pɪˈkeɪ] *s* Piˈkett *n* (*Kartenspiel*).

pi·quet² [ˈpɪkɪt] → **picket.**

pi·ra·cy [ˈpaɪərəsɪ] *s* **1.** Seeräubeˈrei *f*, Pirateˈrie *f*. **2.** a) *allg.* Plagiˈat *n*, b) Raubdruck *m*, unerlaubter Nachdruck, Copyright-Verletzung *f*, c) Raubpressung *f* (*e-r Schallplatte*). **3.** Paˈtentverletzung *f*.

pi·ra·gua [pɪˈrɑːgwə; -ˈræg-] *s mar.* **1.** Piˈragua *f* (*Einbaum*). **2.** zweimastiges flaches Segelboot.

pi·rate [ˈpaɪərət] **I** *s* **1.** Piˈrat *m*, Seeräuber *m*. **2.** Piˈraten-, Seeräuberschiff *n*. **3.** a) *allg.* Plagiˈator *m*, b) Raubdrucker *m*, c) Raubpresser *m*. **4.** j-d, der sich e-r Paˈtentverletzung schuldig macht. **5.** j-d, der e-n Piˈratensender betreibt. **II** *adj* **6.** Piraten...: ~ **ship.** **7.** Raub...: ~ **record** Raubpressung *f*, -platte *f*; ~ **edition** Raubdruck *m*. **8.** Schwarz...: ~ **listener**; ~ **(radio) station** Piraten-,

Schwarzsender *m.* **III** *v/t* **9.** kapern, (aus)plündern (*a. weitS.*). **10.** plagiˈieren, unerlaubt nachdrucken *od.* nachpressen: **~d edition** Raubdruck *m*; **~d record** Raubplatte *f*, -pressung *f*. **IV** *v/i* **11.** Seeräubeˈrei (be)treiben. **12.** plündern. **pi·rat·i·cal** [paɪˈrætɪkl] *adj* (*adv* **~ly**) **1.** seeräuberisch, Seeräuber..., Piraten... **2.** Raub...: **~ edition** Raubdruck *m*. **3.** *fig.* piˈratenhaft.

pi·rogue [pɪˈrəʊg; *Am. bes.* ˈpiːˌr-] → **piragua** 1.

pir·ou·ette [ˌpɪrʊˈet; *Am.* -rəˈwet] **I** *s* Pirouˈette *f*. **II** *v/i* pirouetˈtieren, e-e Pirouˈette ausführen.

pis·ca·ry [ˈpɪskərɪ] *s* **1.** *a.* **common of ~** Fischeˈreiberechtigung *f* (*in fremden Gewässern*). **2.** Fischgründe *pl*, Fanggebiet *n*, -platz *m*. ˌ**pis·caˈto·ri·al** [-ˈtɔːrɪəl; *Am. a.* -ˈtəʊ-], ˈ**pis·ca·to·ry** [-tərɪ; *Am.* -ˌtəʊriː; -ˌtɔː-] *adj* Fischerei..., Fischer...

Pis·ces [ˈpɪsiːz; ˈpaɪ-] *s pl* (*als sg konstruiert*) *astr.* Fische *pl* (*Sternbild u. Tierkreiszeichen*): **to be (a) ~** Fisch sein.

pis·ci·cul·ture [ˈpɪsɪkʌltʃə(r); *Am. a.* ˈpaɪsəˌk-] *s* Fischzucht *f*. ˌ**pis·ciˈcul·tur·ist** *s* Fischzüchter *m*.

pis·ci·na [pɪˈsiːnə; -ˈsaɪ-] *pl* **-nae** [-niː], **-nas** *s* **1.** *antiq.* Pisˈcina *f*: a) Fischteich *m*, b) Schwimm-, Wasserbecken *n*. **2.** *relig. hist.* Pisˈcina *f*: a) Taufbecken *n*, b) Wasserablauf *m* (*am Altar*). **pis·cine** **I** *s* [ˈpɪsiːn; *Am.* pəˈsiːn] Schwimmbecken *n*, -bad *n*. **II** *adj* [ˈpɪsaɪn; *Am. a.* ˈpaɪˌsiːn] Fisch... **pis·civ·o·rous** [pɪˈsɪvərəs] *adj* fischfressend.

pi·sé [piːˈzeɪ] *s arch.* **1.** Piˈsee *m*, Stampfmasse *f*. **2.** Piˈseebau *m*.

pish [pɪʃ; pʃ] *interj* **1.** pfui!, puh! **2.** pah!, ‚Quatsch!'

pi·shogue [pɪˈʃəʊg] *s Ir.* Hexeˈrei *f*.

pi·si·form [ˈpɪsɪfɔː(r)m; *bes. Am.* ˈpaɪ-] **I** *adj* erbsenförmig, Erbsen... **II** *s a.* **~ bone** *anat.* Erbsenbein *n*.

piss [pɪs] *vulg.* **I** *v/i* **1.** ‚pissen', ‚schiffen' (*urinieren*): **to ~ on s.th.** *fig.* auf etwas ‚scheißen'. **2.** **~ off** (*meist als imp*) *bes. Br.* ‚sich verpissen' (*verschwinden*). **3.** **~ about** (*od.* **around**) a) herˈumblödeln, b) herˈumgammeln. **4.** *impers* ‚schütten' (*stark regnen*). **II** *v/t* **5.** ‚anpissen', ‚bepissen', ‚pissen' *od.* ‚schiffen' in (*acc*): **to ~ the bed.** **6.** **~ o.s.** sich (halb) totlachen, sich vor Lachen in die Hosen machen. **7.** **~ off** *j-n* ‚ankotzen' (*Arbeit etc*): **to be ~ed off** ‚stocksauer' sein; **to be ~ed off with** ‚die Schnauze voll haben' von. **III** *s* **8.** ‚Pisse' *f*, ‚Schiffe' *f*: **to take the ~ out of s.o.** j-n ‚verarschen' (*veralbern*). **9.** ‚Pissen' *n*, ‚Schiffen' *n*: **to have (to go for) a ~** ‚pissen' *od.* ‚schiffen' (gehen). **10.** *Austral.* Bier *n*. **pissed** [pɪst] *adj vulg.* **1.** *Br.* ‚blau' (*betrunken*): **(as) ~ as a newt, ~ out of one's head** (*od.* **mind**) ‚sternhagelvoll'. **2.** *Am.* ‚stocksauer' (*wütend*).

pis·ta·chi·o [pɪˈstɑːʃɪəʊ; -ˈstæʃ-] *pl* **-os** *s* **1.** *bot.* Piˈstazie *f* (*Baum u. Frucht*). **2.** *a.* **~ green** Piˈstaziengrün *n*.

piste [piːst] *s* **1.** *Skisport*: Piste *f*. **2.** *fenc.* Planche *f*.

pis·til [ˈpɪstɪl] *s bot.* Piˈstill *n*, Stempel *m*, Griffel *m*. ˈ**pis·til·late** [-lət; -leɪt] *adj* mit Stempel(n) (versehen), weiblich (*Blüte*).

pis·tol [ˈpɪstl] **I** *s* Piˈstole *f*: **to hold a ~ to s.o.'s head** *fig.* j-m die Pistole auf die Brust setzen. **II** *v/t pret u. pp* **-toled,** *bes. Br.* **-tolled** mit e-r Piˈstole erschießen.

pis·tole [pɪˈstəʊl] *s* Piˈstole *f* (*alte Goldmünze*).

pis·tol| grip *s tech.* Piˈstolengriff *m*. **~ point** *s*: **at ~** mit vorgehaltener Pistole *od.* Waffe, mit Waffengewalt. **~ shot** *s* **1.** Piˈstolenschuß *m*. **2.** *Am.* Piˈstolenschütze *m*. ˈ**~-ˌwhip** *v/t Am. j-n* mit e-r Piˈstole schlagen.

pis·ton [ˈpɪstən] *s* **1.** *tech.* Kolben *m*. **2.** *a.* **~ valve** *mus.* Piˈston *n*, (ˈGleit)Venˌtil *n* (*bei Blasinstrumenten*). **3.** *a.* **~ knob** *mus.* Kombinatiˈonsknopf *m* (*der Orgel*). **~ dis·place·ment** *s* Kolbenverdrängung *f*, Hubraum *m*. **~ drill** *s* ˈKolbenˌbohrmaˌschine *f*. **~ en·gine** *s* Kolbenmotor *m*. **~ pump** *s* Kolbenpumpe *f*. **~ ring** *s* Kolbenring *m*. **~ rod** *s* Kolben-, Pleuelstange *f*. **~ stroke** *s* Kolbenhub *m*. **~ valve** *s* **1.** ˈKolbenvenˌtil *n*. **2.** → **piston** 2.

pit[1] [pɪt] **I** *s* **1.** Grube *f* (*a. anat.*), Loch *n*, Vertiefung *f*: **inspection ~** *mot. tech.* Schmiergrube; **refuse ~** Müllgrube; **~ of the stomach** *anat.* Magengrube. **2.** Fallgrube *f*, Falle *f*: **to dig a ~ for s.o.** *fig.* j-m e-e Falle stellen. **3.** Abgrund *m* (*a. fig.*): **the ~s** *Am. sl.* ‚das Letzte'. **4.** *a.* **bottomless ~, ~ of hell** (Abgrund *m* der) Hölle *f*, Höllenschlund *m*. **5.** *Bergbau*: a) (*bes.* Kohlen)Grube *f*, Zeche *f*, b) (*bes.* Kohlen)Schacht *m*: **~ bottom** Füllort *m* (*im Schacht*). **6.** *med.* (Pocken-, Blattern-) Narbe *f*. **7.** *metall.* (Korrosiˈons)Narbe *f*, (Rost)Grübchen *n*. **8.** *tech.* a) (Arbeits-, Wartungs)Grube *f*, b) *Gießerei*: Dammgrube *f*, c) (Kies- *etc*)Grube *f*: **gravel ~**, d) Abstichherd *m*, Schlackengrube *f*. **9.** *mil.* a) Schützenloch *n*, b) (Werfer-) Grube *f*, c) Anzeigerdeckung *f* (*beim Schießstand*). **10.** *thea. bes. Br.* a) (erstes) Parˈkett: **~ stalls** zweites Parkett, Parterre *n*, b) → **orchestra** 2a. **11.** *Am.* Börse *f*, Maklerstand *m* (*der Produktenbörse*): **grain ~** Getreidebörse. **12.** Kampfplatz *m* (*bes. für Hahnenkämpfe*). **13.** *meist pl Motorsport*: Box *f*: **~ road** Boxenstraße *f*; **~ stop** Boxenstopp *m*. **14.** *agr.* (Rüben- *etc*)Miete *f*. **15.** *Leichtathletik*: Sprunggrube *f*. **16.** *bot.* Tüpfel *m* (*dünne Stelle in e-r Zellwand*). **17.** *Br. sl.* a) Bett *n*, b) Schlafzimmer *n*. **II** *v/t* **18.** Gruben *od.* Löcher *od.* Vertiefungen bilden in (*dat*) *od.* graben in (*acc*), *metall.* (*durch Korrosion*) an-, zerfressen. **19.** mit Narben bedecken: **~ted with smallpox** pockennarbig. **20.** *agr. Rüben etc* einmieten. **21.** (**against**) a) (*feindlich*) gegenˈüberstellen (*dat*), (als Gegner) aufstellen (gegen), b) *j-n* ausspielen (gegen), c) *s-e Kraft etc* messen (mit) *od.* aufbieten (gegen), *ein Argument etc* ins Feld führen (gegen). **III** *v/i* **22.** Löcher *od.* Vertiefungen bilden, sich aushöhlen. **23.** (pocken-, blatter)narbig werden. **24.** sich festfressen (*Kolben*). **25.** *med.* (*auf Fingerdruck*) e-e Druckstelle hinterˈlassen.

pit[2] [pɪt] *bes. Am.* **I** *s* (Obst)Stein *m*, Kern *m*. **II** *v/t* entsteinen, -kernen.

pit·a·pat [ˌpɪtəˈpæt] **I** *adv* ticktack, klippklapp: **his heart went ~** sein Herz klopfte heftig. **II** *s* Getrappel *n*.

pitch[1] [pɪtʃ] **I** *s* **1.** *min.* Pech *n*: → **mineral pitch.** **2.** *bot.* (rohes Terpenˈtin-) Harz. **II** *v/t* **3.** (ver)pechen, (-)pichen: **~ed thread** Pechdraht *m*.

pitch[2] [pɪtʃ] **I** *v/t* **1.** *das Zelt, das Lager, e-n Verkaufsstand etc* aufschlagen, -stellen, *e-e Leiter etc* anlegen, *das Lager etc* errichten. **2.** *e-n Pfosten etc* einrammen, -schlagen, befestigen: **to ~ wickets** (*Kricket*) Dreistäbe einschlagen. **3.** (*gezielt*) werfen, schleudern: **to ~ a spear; to ~ a coin** e-e Münze hochwerfen (*zum Knobeln etc*). **4.** *Heu etc* (auf)laden, (-)gabeln. **5.** in Schlachtordnung aufstellen: **~ed battle** regelrechte *od.* offene (Feld-) Schlacht. **6.** (*der Höhe od. dem Wert etc nach*) festsetzen, -legen: **to ~ one's expectations too high** s-e Erwartungen zu hoch schrauben, zuviel erwarten; **to ~ one's hopes too high** s-e Hoffnungen zu hoch stecken. **7.** *fig. e-e Rede etc* abstimmen (**on** auf *acc*), (*auf bestimmte Weise*) ausdrücken. **8.** *mus.* a) *ein Instrument* (*auf e-e bestimmte Tonhöhe*) stimmen, b) *ein Lied etc* (*in bestimmter Tonhöhe*) anstimmen *od.* singen *od.* spielen, die Tonhöhe festsetzen *od.* anschlagen für (*ein Lied etc*): **to ~ the voice high** hoch anstimmen *od.* singen; **his voice was well ~ed** er hatte e-e gute Stimmlage. **9.** a) *Baseball*: *den Ball* (dem Schläger zu)werfen, b) *Kricket*: *den Ball* (gegen das Mal) werfen, c) *Golf*: *den Ball* pitchen. **10.** *fig. den Sinn etc* richten (**toward** auf *acc*). **11.** *e-e Straße* (be-) schottern, (mit unbehauenen Steinen) pflastern, *e-e Böschung* (mit unbehauenen Steinen) verpacken. **12.** *Kartenspiel*: *e-e Farbe* durch Ausspielen zum Trumpf machen, *die Trumpffarbe* durch Ausspielen festlegen. **13.** *Ware* a) zum Verkauf anbieten, ausstellen, feilhalten, b) anpreisen. **14.** *sl. e-e Geschichte etc* ‚auftischen': **to ~ a yarn** *fig.* ‚ein Garn spinnen'.

II *v/i* **15.** (*bes. kopfüber*) (ˈhin)stürzen, ˈhinschlagen. **16.** aufschlagen, -prallen (*Ball etc*). **17.** taumeln. **18.** *mar.* stampfen (*Schiff*). **19.** werfen. **20.** a) *Baseball*: den Ball dem Schläger zuspielen, b) *Baseball*: als Werfer spielen, werfen, c) *Golf*: pitchen, e-n Pitch schlagen *od.* spielen. **21.** sich neigen (*Dach etc*). **22.** a) ein Zelt *od.* Lager aufschlagen, (sich) lagern, b) e-n (Verkaufs)Stand aufschlagen. **23.** (**on, upon**) sich entscheiden (für), verfallen (auf *acc*). **24.** **~ in** *colloq.* a) sich (tüchtig) ins Zeug legen, loslegen, sich ranmachen, b) tüchtig zulangen (*essen*), c) (**with** mit) einspringen, aushelfen, d) (**with** bei) mit anpacken. **25.** **~ into** *colloq.* a) losgehen auf *j-n*, ˈherfallen über *j-n* (*a. mit Worten etc*), b) ˈherfallen über *das Essen*, c) sich (mit Schwung) an *die Arbeit* machen. **26.** *colloq.* a) *allg. sport* spielen, b) *fig.* kämpfen.

III *s* **27.** Wurf *m* (*a. sport*): **to queer s.o.'s ~** *colloq.* j-m ‚die Tour vermasseln', j-m e-n Strich durch die Rechnung machen; **what's the ~?** *Am. sl.* was ist los?; **I get the ~** *Am. sl.* ich kapiere. **28.** *mar.* Stampfen *n*. **29.** Neigung *f*, Gefälle *n* (*e-s Daches etc*). **30.** Höhe *f*. **31.** *mus.* Tonhöhe *f*: **~ level** Ton- *od.* Stimmlage *f*; **~ name** absoluter Notenname; **~ number** Schwingungszahl *f* (*e-s Tones*). **32.** *mus.* a) (*tatsächliche, absolute*) Stimmung (*e-s Instruments*), b) richtige Tonhöhe (*in der Ausführung*): **above (below) ~** zu hoch (tief); **to sing true to ~** tonrein singen. **33.** *a.* **standard ~** *mus.* Norˈmalton(höhe *f*) *m*, Kammerton *m*: → **concert pitch.** **34.** *a.* **sense of ~** *mus.* Tonbewußtsein *n*: **to have absolute** (*od.* **perfect**) **~** das absolute Gehör haben. **35.** Grad *m*, Stufe *f*, Höhe *f* (*a. fig.*): **~ of an arch** Bogenhöhe; **to fly a high ~** hoch fliegen. **36.** *fig.* äußerster (*höchster od. tiefster*) Punkt, höchster Grad, Gipfel *m*: **to the highest ~** aufs äußerste. **37.** *bes. Br.* Stand *m* (*e-s Straßenhändlers etc*). **38.** *econ. Br.* (Waren)Angebot *n*. **39.** *sl.* a) Anpreisung *f*, b) Verkaufsgespräch *n*, c) Werbeanzeige *f*. **40.** *sl.* ‚Platte' *f*, ‚Masche' *f*, Geschwätz *n*. **41.** *sport* a) *allg.* Spielfeld *n*, b) *Kricket*: (Mittel)Feld *n*, c) *Kricket*: Aufprall *m*, d) *Golf*: Pitch (shot) *m* (*kurzer Annäherungsschlag zur Fahne*). **42.** *tech.* a) Teilung *f* (*e-s Gewindes, Zahnrads etc*), b) *aer.* (Blatt)Steigung *f* (*e-r Luftschraube*), c) Schränkung *f* (*e-r Säge*). **43.** a) Lochabstand *m* (*beim Film*), b) Rillenabstand *m* (*der Schallplatte*).

pitch| ac·cent *s ling.* musiˈkalischer (ˈTon)Akˌzent. ˌ**~-and-ˈtoss** *s* Kopf *m* oder Wappen *n* (*Spiel*). ~ **an·gle** *s* Steigungswinkel *m*. ˌ~-ˈ**black** *adj* pechschwarz. ˈ~**blende** [-blend] *s min.* (Uˈran)Pechblende *f*. ~ **cir·cle** *s tech.* Teilkreis *m* (*e-s Zahnrads*). ~ **coal** *s* Pechkohle *f*. ˌ~-ˈ**dark** *adj* pechschwarz, stockdunkel (*Nacht*).

pitch·er[1] [ˈpɪtʃə(r)] *s* **1.** *Baseball*: Werfer *m*. **2.** *bes. Br.* Straßenhändler *m*. **3.** Pflasterstein *m*. **4.** *Golf*: Pitcher *m* (*Eisenschläger Nr. 7*).

pitch·er[2] [ˈpɪtʃə(r)] *s* (irdener) Krug (*mit Henkel*): **the ~ goes to the well once too often** der Krug geht so lange zum Brunnen, bis er bricht.

ˈ**pitch·fork I** *s* **1.** *agr.* Heu-, Mistgabel *f*: **to rain ~s** ‚schütten' (*stark regnen*). **II** *v/t* **2.** mit e-r Heu- *od.* Mistgabel werfen, gabeln. **3.** *fig.* drängen, ‚schubsen' (into in *acc*): **to ~ troops into a battle** Truppen in die Schlacht werfen.

pitch·ing [ˈpɪtʃɪŋ] *s* **1.** Werfen *n*, Schleudern *n*. **2.** Aufstellen *n*, Errichten *n* (*e-s Zeltes etc*). **3.** *econ.* Ausstellung *f* (*von Waren*). **4.** *Straßenbau*: Pflasterung *f*. **5.** *Wasserbau*: Steinpackung *f*. **6.** *mar.* Stampfen *n* (*e-s Schiffs*). ~ **mo·ment** *s tech.* ˈKippmoˌment *n*. ~ **nib·lick** *s Golf*: Pitching-Niblick *m* (*Eisenschläger Nr. 8*). ~ **wedge** *s Golf*: Pitching-Wedge *m* (*Schläger für kurze Annäherungsschläge*).

pitch| line *s tech.* Teilungslinie *f*. ˈ~**man** [-mən] *s irr Am. colloq.* **1.** Straßenhändler *m*. **2.** ‚Werbefritze' *m*, Anpreiser *m*. ~ **pine** *s bot.* Amer. Pechkiefer *f*. ~ **pipe** *s mus.* Stimmpfeife *f*. ~ **point** *s tech.* Berührungspunkt *m* auf dem Teilkreis. ~ **shot** → **pitch**[2] 41 d. ˈ~**stone** *s geol.* Pechstein *m*.

pitch·y [ˈpɪtʃɪ] *adj* **1.** teerig, voll(er) Pech *od.* Teer. **2.** pech-, teerartig. **3.** pechschwarz (*a. fig.*).

pit| clo·sure *s* Zechenstillegung *f*. ~ **coal** *s* Steinkohle *f*. ~ **dis·as·ter** *s* Grubenunglück *n*.

pit·e·ous [ˈpɪtɪəs] *adj* (*adv* ~**ly**) mitleiderregend, herzzerreißend, *a. contp.* erbärmlich, jämmerlich, kläglich.

ˈ**pit·fall** *s* Falle *f* (*a. fig.*), (Fall)Grube *f*, *fig.* Fallstrick *m*.

pit fire *s* Grubenbrand *m*.

pith [pɪθ] **I** *s* **1.** *bot.* Mark *n*. **2.** (Rücken-, Knochen)Mark *n*. **3.** *a.* ~ **and marrow** *fig.* Mark *n*, Kern *m*, ˈQuintesˌsenz *f*. **4.** *fig.* Kraft *f*, Präˈgnanz *f*, Eindringlichkeit *f*. **5.** *fig.* Gewicht *n*, Bedeutung *f*. **II** *v/t* **6.** *ein Tier* durch Durchˈbohren des Rückenmarks töten. **7.** *bot.* das Mark entfernen aus (*e-r Pflanze*). ~ **ball** *s phys.* Hoˈlundermarkkügelchen *n*: ~ **electroscope** Holundermarkelektroskop *n*.

ˈ**pit·head** *s* (*Bergbau*) **1.** Füllort *m*, Schachtöffnung *f*. **2.** Fördergerüst *n*. ~ **work** *s* Arbeit *f* über Tage.

pith·e·can·thro·pus [ˌpɪθɪkænˈθrəʊpəs; -ˈkænθrəpəs] *s* Pithekˈanthropus *m*, Javamensch *m*.

pith·e·coid [ˈpɪθɪkɔɪd; pɪˈθiːkɔɪd] *adj* pithekoˈid, affenähnlich.

pith|hel·met, *a.* ~**hat** *s* Tropenhelm *m*.

pith·i·ness [ˈpɪθɪnɪs] *s* **1.** (*das*) Markige, Markigkeit *f*. **2.** *fig.* Kernigkeit *f*, Präˈgnanz *f*, Kraft *f*. ˈ**pith·less** *adj* **1.** marklos. **2.** *fig.* kraftlos, schwach.

pith pa·per *s* ˈReispaˌpier *n*.

pith·y [ˈpɪθɪ] *adj* (*adv* pithily) **1.** markig, markartig. **2.** voller Mark. **3.** *fig.* markig, kernig, präˈgnant, kraftvoll: **a ~ saying** ein Kernspruch.

pit·i·a·ble [ˈpɪtɪəbl] *adj* (*adv* **pitiably**) **1.** bemitleidens-, bedauernswert, mitleiderregend, *a. contp.* erbärmlich, elend, jämmerlich, kläglich. **2.** *fig. contp.* armselig, dürftig.

pit·i·ful [ˈpɪtɪfʊl] *adj* **1.** *obs.* mitleidig, mitleid(s)voll. **2.** → **pitiable.** ˈ**pit·i·ful·ness** *s* **1.** *obs.* Mitleid *n*. **2.** Erbärmlichkeit *f*, Jämmerlichkeit *f*.

pit·i·less [ˈpɪtɪlɪs] *adj* (*adv* ~**ly**) unbarmherzig, mitleid(s)-, erbarmungslos. ˈ**pit·i·less·ness** *s* Unbarmherzigkeit *f*.

ˈ**pit·man** [-mən] *s* **1.** *irr* Bergmann *m*, Knappe *m*, Kumpel *m*, Grubenarbeiter *m*. **2.** *pl* **-mans** *tech. Am.* → **connecting rod.**

pi·tom·e·ter [pɪˈtɒmɪtə; *Am.* -ˈtɑmətər] *s tech.* Pitoˈmeter *n* (*Gerät zur Messung der Strömungsgeschwindigkeit*).

pi·ton [ˈpiːtɔ̃ːn; -tɒn; *Am.* -ˌtɑn] *s* (Kletter)Haken *m* (*der Bergsteiger*).

ˌ**Pi·tot-ˈstat·ic tube** [ˌpiːtəʊ-] *s phys.* **1.** statisches Piˈtotrohr, Drucksonde *f*. **2.** → **Pitot tube. Pi·tot tube** *s phys.* Piˈtotrohr *n* (*Staudruckmesser*).

pit·pan [ˈpɪtˌpæn] *s mar. Am.* (*Art*) flaches Flußboot.

pit| po·ny *s Br.* Grubenpony *n*. ~ **prop** *s Bergbau*: (Gruben)Stempel *m*, (-)Holz *n*. ~ **saw** *s tech.* Schrotsäge *f*.

pit·tance [ˈpɪtəns] *s* **1.** Hungerlohn *m*, ‚paar Pfennige' *pl*. **2.** (kleines) bißchen, Häppchen *n*: **the small ~ of learning** das kümmerliche Wissen.

ˈ**pit·ter-ˌpat·ter I** *adv* tripptrapp, klippklapp: **his heart went ~** sein Herz klopfte heftig. **II** *s* Tripptrapp *n*, Trippeln *n*, Plätschern *n* (*von Regen etc*).

pit·ti·cite [ˈpɪtɪsaɪt] *s min.* Eisenpecherz *n*.

pit·ting [ˈpɪtɪŋ] *s* **1.** a) (Aus)Graben *n*, Aushöhlen *n*, b) Grübchenbildung *f*. **2.** *metall.* Körnung *f*, Lochfraß *m*, ˈGrübchenkorrosiˌon *f*, Angefressensein *n* (*der inneren Kesselfläche*). **3.** *collect.* Narben *pl*, Grübchen *pl*, Löcher *pl*. **4.** *Bergbau*: Schachtbau *m*.

pit·tos·po·rum [pɪˈtɒspərəm; *Am.* -ˈtɑs-] *s bot.* Klebsame *m*.

pi·tu·i·tar·y [pɪˈtjʊɪtərɪ; *Am.* pəˈtjuːəˌteriː; -ˈtuːə-] *adj physiol.* pituiˈtär, schleimabsondernd, Schleim…: ~ **extract** Hypophysenpräparat *n*. ~ **bod·y,** ~ **gland** *s anat.* Hypoˈphyse *f*, Hirnanhang(sdrüse *f*) *m*.

pi·tu·i·trin [pɪˈtjʊɪtrɪn; *Am.* pəˈtjuːə-; -ˈtuːə-] *s physiol.* Pituiˈtrin(präpaˌrat) *n*.

pit·y [ˈpɪtɪ] **I** *s* **1.** Mitleid *n*, Erbarmen *n*, (mitleidiges) Bedauern, Mitgefühl *n*: **to feel ~ for, to have** (*od.* **take**) **~ on** Mitleid haben mit; **for ~'s sake!** um Himmels willen! **2.** traurige Tatsache, Jammer *m*: **it is a (great) ~** es ist (sehr) schade; **what a ~!** wie schade!; **more's the ~!** um so schlimmer!; **it is a thousand pities** es ist jammerschade; **the ~ of it is that** es ist nur schade *od.* ein Jammer, daß; der (einzige) Nachteil (dabei) ist, daß. **II** *v/t* **3.** bemitleiden, bedauern, Mitleid haben mit: **I ~ you** du tust mir leid (*a. iro.*). ˈ**pit·y·ing** *adj* (*adv* ~**ly**) mitleid(s)voll, mitleidig.

pit·y·ri·a·sis [ˌpɪtɪˈraɪəsɪs] *s med.* Pityˈriasis *f*, Schuppenkrankheit *f*.

piv·ot [ˈpɪvət] **I** *s* **1.** *tech.* a) (Dreh)Punkt *m*, b) (Dreh)Zapfen *m*, c) Stift *m*, d) Spindel *f*, e) Achse *f* (*e-r Waage etc*): **to turn on a ~** sich um e-n Zapfen drehen. **2.** (Tür)Angel *f*. **3.** *mil.* innerer Flügelmann, Schwenkungspunkt *m*. **4.** *fig.* a) Dreh-, Angelpunkt *m*, b) Mittelpunkt *m*, c) ˈSchlüsselfiˌgur *f*, *Fußball*: ˈSchaltstatiˌon *f* (*Spieler*). **5.** *Basketball*: Sternschritt *m*. **II** *v/t* **6.** *tech.* a) mit e-m Zapfen *etc* versehen, b) drehbar lagern, c) (ein-)schwenken, drehen: **to be ~ed on** sich drehen um (*a. fig.*); ~**ed** → 11; ~**ed lever** Schwenkhebel *m*. **III** *v/i* **7.** sich (wie) um e-e Achse *etc* drehen. **8.** *meist fig.* sich drehen (**upon, on** um). **9.** *mil.* schwenken. **10.** *Basketball*: e-n Sternschritt ausführen. **IV** *adj* **11.** *tech.* Zapfen…, auf Zapfen gelagert, Schwenk…, schwenkbar. **12.** → **pivotal.**

piv·ot·al [ˈpɪvətl] *adj* (*adv* ~**ly**) **1.** Zapfen…, Angel…: ~ **point** Angelpunkt *m* (*a. fig.*). **2.** *fig.* zenˈtral, Kardinal…, Haupt…, Schlüssel…: ~ **question** zentrale Frage; ~ **man** → **pivot** 4 c; ~ **position** Schlüsselposition *f*.

piv·ot| bear·ing *s tech.* Schwenk-, Zapfenlager *n*. ~ **bolt** *s mil. tech.* Drehbolzen *m*. ~ **bridge** *s tech.* Drehbrücke *f*. ~ **gun** *s mil.* Piˈvotgeschütz *n*. ~ **man** *s irr* → **pivot** 4 c. ˈ~-ˌ**mount·ed** *adj tech.* schwenkbar. ~ **pin** *s tech.* Kipp-, Lagerzapfen *m*. ~ **sus·pen·sion** *s tech.* Spitzenaufhängung *f*. ~ **tooth** *s irr med.* Stiftzahn *m*.

pix[1] → **pyx.**

pix[2] [pɪks] *pl von* **pic.**

pix·el [ˈpɪksl] *s TV* ˈBildeleˌment *n*, Bild-, Rasterpunkt *m*.

pix·ie → **pixy.**

pix·i·lat·ed [ˈpɪksɪleɪtɪd] *adj bes. Am. colloq.* **1.** ‚verdreht', ‚nicht ganz richtig', leicht verrückt. **2.** schrullig, verschroben. **3.** schelmisch. **4.** ‚blau' (*betrunken*).

pix·y [ˈpɪksɪ] *s* Fee *f*, Elf *m*, Elfe *f*, Kobold *m*. ~ **stool** *s Br.* (Gift)Pilz *m*.

pi·zazz → **pizzazz.**

piz·za [ˈpiːtsə] *s gastr.* Pizza *f*.

piz·zazz [pəˈzæz] *s Am. sl.* **1.** ‚Schmiß' *m*, Pep *m*. **2.** ‚Knalligkeit' *f*, Protz *m*.

piz·ze·ri·a [ˌpiːtsəˈriːə] *s* Pizzeˈria *f*.

piz·zi·ca·to [ˌpɪtsɪˈkɑːtəʊ] *mus.* **I** *adj u. adv* pizziˈcato, gezupft. **II** *pl* **-ˈca·ti** [-tɪ] *od.* **-ˈca·tos** *s* Pizziˈcato *n*.

piz·zle [ˈpɪzl] *s* **1.** *zo.* Fiesel *m* (*Ochsenpenis*). **2.** Ochsenziemer *m*.

plac·a·bil·i·ty [ˌplækəˈbɪlətɪ; ˌpleɪk-] → **placableness.** ˈ**plac·a·ble** *adj* (*adv* **placably**) versöhnlich, nachgiebig. ˈ**plac·a·ble·ness** *s* Versöhnlichkeit *f*.

plac·ard [ˈplækɑː(r)d; *Am. a.* -kərd] **I** *s* **1.** a) Plaˈkat *n*, b) Transpaˈrent *n*. **II** *v/t* **2.** mit Plaˈkaten bekleben. **3.** a) durch Plaˈkate bekanntgeben, anschlagen, b) Plaˈkatwerbung machen für.

pla·cate [pləˈkeɪt; *Am.* ˈpleɪkˌeɪt; ˈplæk-] *v/t* beschwichtigen, besänftigen, versöhnlich stimmen. **pla·ca·to·ry** [pləˈkeɪtərɪ; *Am.* ˈpleɪkəˌtəʊriː; -ˌtɔː-; ˈplæk-] *adj* beschwichtigend, versöhnlich, Versöhnungs…

place [pleɪs] **I** *s* **1.** Ort *m*, Stelle *f*, Platz *m*: **from ~ to ~** von Ort zu Ort; **in all ~s** überall; **in ~s** stellenweise; **to take ~** stattfinden. **2.** (*mit adj*) Stelle *f*: **a wet ~ on the floor. 3.** (*eingenommene*) Stelle: **to take s.o.'s ~** j-s Stelle einnehmen, j-n vertreten; **to take the ~ of** ersetzen, an die Stelle treten von (*od. gen*); **in ~ of** an Stelle von (*od. gen*); **if I were in your ~ I would** ich an Ihrer Stelle würde; **put yourself in my ~!** versetzen Sie sich (doch einmal) in m-e Lage! **4.** Platz *m* (*Raum*): **to give ~** (to) Platz machen (für *od. dat*) (*a. fig.*), nachgeben (*dat*). **5.** (*richtiger od. ordnungsgemäßer*) Platz: **to find one's ~** sich zurechtfinden; **in** (**out of**) **~** (nicht) am (richtigen) Platz; **this remark was out of ~** diese Bemerkung war deplaciert *od.* unangebracht; **this is no ~ for** das *od.* hier ist nicht der (geeignete) Ort für. **6.** Ort *m*, Stätte *f*: ~ **of amusement** Vergnügungsstätte; ~ **of birth** Geburtsort; ~ **of employment** Arbeitsplatz *m*, -stelle *f*, -stätte; ~ **of interest** Sehenswürdigkeit *f*; ~ **of worship** a) Kultstätte, b) Gotteshaus *n*; **to go ~s** *Am.* a) ausgehen, (verschiedene) Vergnügungsstätten aufsuchen, b) sich die Sehenswürdigkeiten (*e-s Ortes*) ansehen, c) es weit bringen (im Leben). **7.** *econ.* Ort *m*, Platz *m*, Sitz *m*: ~ **of**

business Geschäftssitz; ~ **of delivery** Erfüllungsort; ~ **of payment** Zahlungsort; **from this** ~ ab hier; **in** (*od.* **of**) **your** ~ dort. **8.** Wohnsitz *m*, Haus *n*, Wohnung *f*: **at his** ~ bei ihm (zu Hause). **9.** Wohnort *m*, Ort(schaft *f*) *m*: **his native** ~ sein Heimatort; **in this** ~ hier. **10.** Gegend *f*: **of this** ~ hiesig. **11.** Welt *f*. **12.** *thea.* Ort *m* (der Handlung). **13.** *colloq.* Lo'kal *n*. **14.** *mar.* Platz *m*, Hafen *m*: ~ **for tran(s)shipment** Umschlagplatz; ~ **of call** Anlaufhafen. **15.** *mil.* fester Platz, Festung *f*. **16.** Raum *m* (*Ggs. Zeit*). **17.** Stelle *f* (*in e-m Buch*): **to lose one's** ~ a) die Stelle verblättern, b) die Zeile verlieren. **18.** *math.* (Dezi'mal)Stelle *f*: **of many** ~**s** vielstellig; ~ **value** Stellenwert *m*. **19.** Platz *m*, Stelle *f* (*in e-r Reihenfolge*): **in the first** ~ a) an erster Stelle, erstens, zuerst, als erst(er, e, es), b) in erster Linie, c) überhaupt (erst), d) ursprünglich; **why did you do it in the first** ~? warum haben Sie es überhaupt getan?; **you should have omitted it in the first** ~ Sie hätten es von vornherein bleibenlassen sollen; **in the last** ~ an letzter Stelle, zuletzt, als letzt(er, e, es), schließlich. **20.** *sport* Platz *m*: **in third** ~ auf dem dritten Platz. **21.** (Sitz)Platz *m*, Sitz *m*: **take your** ~**s!** nehmen Sie Ihre Plätze ein! **22.** a) (An)Stellung *f*, (Arbeits)Stelle *f*, Posten *m*: **out of** ~ stellenlos, b) *a.* **university** ~ Studienplatz *m*. **23.** Amt *n*: a) Dienst *m*: **in** ~ im Amt (*Minister etc*), im Staatsdienst, b) *fig.* Aufgabe *f*, Pflicht *f*: **it is not my** ~ **to do this** es ist nicht m-s Amtes, dies zu tun. **24.** (*soziale*) Stellung, Stand *m*, Rang *m*: **to keep s.o. in his** ~ j-n in s-n Schranken *od.* Grenzen halten; **to know one's** ~ wissen, wohin man gehört; **to put s.o. in his** ~ j-n in s-e Schranken weisen. **25.** *fig.* Grund *m*: **there's no** ~ **for doubt** hier ist kein Raum für Zweifel, es besteht kein Grund zu zweifeln.

II *v/t* **26.** stellen, setzen, legen (*a. fig.*): **to** ~ **a call** ein (Telefon)Gespräch anmelden; **to** ~ **a coffin** e-n Sarg aufbahren; **to** ~ **in order** zurechtstellen, ordnen; **to** ~ **on record** aufzeichnen, (schriftlich) festhalten; **he** ~**d a ring on her finger** er steckte ihr e-n Ring an den Finger; (*siehe die Verbindungen mit den entsprechenden Substantiven*). **27.** *Posten etc* aufstellen: **to** ~ **o.s.** sich aufstellen *od.* postieren. **28.** *j-n* ,'unterbringen' (*identifizieren*): **I can't** ~ **him** ich weiß nicht, wo ich ihn unterbringen *od.* ,hintun' soll. **29.** *j-n*, *a. e-e Waise etc* ,'unterbringen', *j-m* Arbeit *od.* e-e (An)Stellung verschaffen. **30.** *j-n* ein-, anstellen. **31.** *j-n* ernennen *od.* in ein Amt einsetzen. **32.** (der Lage nach) näher bestimmen. **33.** *econ.* a) *e-e Anleihe, Kapital* 'unterbringen, b) (**with**) *Aufträge* erteilen (*dat*), vergeben (an *acc*), *e-e Bestellung* aufgeben (bei), c) *e-n Vertrag, e-e Versicherung* abschließen: **to** ~ **a contract**; **to** ~ **an issue** e-e Emission unterbringen *od.* placieren. **34.** *Ware* absetzen. **35.** *sport* pla'cieren: **to be** ~**d** sich placieren, placiert sein, unter den ersten drei sein. **36.** *sport* a) *den Ball* pla'cieren, b) *Rugby*: *ein Tor* mit e-m Platztritt schießen. **37.** *electr.* schalten: **to** ~ **in parallel** parallel schalten.

place bet *s Pferdesport*: Platzwette *f*.

pla·ce·bo [plə'siːbəʊ] *pl* **-bos** *od.* **-boes** *s* **1.** [*Am.* plɑː'tʃeɪbəʊ] *R.C. Vesperhymnus für die Toten.* **2.** *med. pharm.* Pla'cebo *n*, 'Scheinarz,nei *f*, 'Leer-, 'Blindpräpa,rat *n*. **3.** *fig.* Beruhigungspille *f*. ~ **ef·fect** *s med.* Pla'ceboef,fekt *m*.

place| brick *s tech.* Weichbrand *m*, Kreuzstein *m*. ~ **card** *s* Platz-, Tischkarte *f*. ~ **hunt·er** *s* Postenjäger *m*. ~ **hunt·ing** *s* Postenjäge'rei *f*. ~ **kick** *s* **1.** *Fußball*: Stoß *m* auf den ruhenden Ball. **2.** *Rugby*: Platztritt *m*. '~**man** [-mən] *s irr bes. Br. contp.* ,Pöstcheninhaber' *m*, ,'Futterkrippenpo,litiker' *m*. ~ **mat** *s* Set *n, m*, Platzdeckchen *n*.

place·ment ['pleɪsmənt] *s* **1.** ('Hin-, Auf)Stellen *n*, Setzen *n*, Legen *n*. **2.** a) Einstellung *f* (*e-s Arbeitnehmers*), b) Vermittlung *f* (*e-s Arbeitsplatzes*), c) Einsatz *m* (*e-s Arbeitnehmers*). **3.** Stellung *f*, Lage *f*. **4.** Anordnung *f*. **5.** *econ.* Anlage *f*, 'Unterbringung *f* (*e-r Anleihe, von Kapital etc*), Pla'cieren *n* (*von Geldern*), Erteilung *f*, Vergabe *f* (*von Aufträgen*). **6.** 'Unterbringung *f* (*e-r Waise etc*). **7.** *ped. Am.* Einstufung *f*: ~ **test** Einstufungs-, Aufnahmeprüfung *f*. **8.** *sport* a) Pla'cieren *n* (*des Balles*), b) *a.* ~ **shot** (*Tennis*) ,tödlich' pla'cierter Ball.

place name *s* Ortsname *m*.

pla·cen·ta [plə'sentə] *pl* **-tae** [-tiː], **-tas** *s* **1.** *physiol.* Pla'zenta *f*, Mutter-, Fruchtkuchen *m*, Nachgeburt *f*. **2.** *bot.* Samenleiste *f*. **pla'cen·tal** *adj* **1.** *physiol.* plazen'tar, Mutterkuchen... **2.** *bot.* Samenträger...

plac·er ['plæsə(r)] *s min.* **1.** *bes. Am.* (*Gold- etc*)Seife *f*. **2.** seifengold- *od.* erzseifenhaltige Stelle. ~ **gold** *s* Seifen-, Waschgold *n*. ~ **min·ing** *s bes. Am.* Goldwaschen *n*.

place set·ting *s* Gedeck *n*.

pla·cet ['pleɪset] (*Lat.*) *s* Plazet *n*, Zustimmung *f*, Ja-Stimme *f*, Ja *n*.

plac·id ['plæsɪd] *adj* (*adv* ~**ly**) **1.** ruhig, friedlich. **2.** mild, sanft. **3.** gelassen, (seelen)ruhig, ,gemütlich'. **4.** selbstgefällig. **pla·cid·i·ty** [plæ'sɪdətɪ] *s* Milde *f*, Gelassenheit *f*, (Seelen)Ruhe *f*.

plack·et ['plækɪt] *s* **1.** *a.* ~ **hole** Schlitz *m* (*an e-m Kleid*). **2.** Tasche *f* (*bes. in e-m Frauenrock*). **3.** *obs.* a) 'Unterrock *m*, b) *fig.* ,Frauenzimmer' *n*.

plac·oid ['plækɔɪd] *ichth.* **I** *adj* **1.** plattenförmig (*Schuppen*). **2.** mit Plako'idschuppen (*Fisch*). **II** *s* **3.** Plako'idschupper *m* (*Fisch*).

pla·gal ['pleɪgəl] *adj mus. hist.* pla'gal.

pla·gia·rism ['pleɪdʒjərɪzəm; *Am.* -dʒə-] *s* Plagi'at *n*, Diebstahl *m* geistigen Eigentums. '**pla·gia·rist** *s* Plagi'ator *m*. '**pla·gia·rize I** *v/t* plagi'ieren. **II** *v/i* ein Plagi'at begehen, plagi'ieren, abschreiben. '**pla·gia·ry** [-ərɪ; *Am. a.* -dʒɪ,eriː] *s obs.* **1.** → **plagiarism**. **2.** → **plagiarist**.

pla·gi·o·trop·ic [,pleɪdʒɪəʊ'trɒpɪk; *Am.* -dʒə'trəʊ-; -'trɑ-] *adj bot.* plagio'trop, seitwärts wachsend.

plague [pleɪg] **I** *s* **1.** *med.* Seuche *f*, Pest *f*: **pneumonic** ~ Lungenpest; ~ **boil** Pestbeule *f*; **to avoid like the** ~ wie die Pest meiden. **2.** *bes. fig.* Plage *f*, Heimsuchung *f*, Geißel *f*: **the ten** ~**s** *Bibl.* die Zehn Plagen; **a** ~ **on it!** hol's der Teufel! **3.** *colloq.* a) Plage *f*, b) Quälgeist *m*, ,Nervensäge' *f* (*Mensch*). **II** *v/t* **4.** plagen, quälen. **5.** *colloq.* belästigen. '**plague·some** *adj colloq.* ,verflixt'.

plague spot *s a. fig.* Pestbeule *f*.

pla·guy ['pleɪgɪ] *adj u. adv colloq.* ,verflixt', ,verteufelt'.

plaice [pleɪs] *pl* **plaice** *s ichth.* Gemeine Scholle, Goldbutt *m*.

plaid [plæd] **I** *s* (schottisches) Plaid (*buntkarierter Wollstoff*). **II** *adj* 'buntka,riert. '**plaid·ed** *adj* **1.** Plaid... **2.** → **plaid II**.

plain[1] [pleɪn] **I** *adj* (*adv* ~**ly**) **1.** einfach, gewöhnlich, schlicht: ~ **aerial** (*bes. Am.* **antenna**) *electr.* Einfachantenne *f*; ~ **clothes** *pl* Zivil(kleidung *f*) *n*; **in** ~ **clothes** in Zivil; ~ **cooking** gutbürgerliche Küche; ~ **fare** Hausmannskost *f*; ~ **living** schlichte *od.* einfache Lebensweise; ~ **paper** unlin(i)iertes Papier; ~ **postcard** gewöhnliche Postkarte; ~ **scale** natürlicher Maßstab. **2.** schlicht, schmucklos, kahl (*Zimmer etc*), ungemustert, einfarbig (*Stoff*), 'unkolo,riert (*Fotos etc*), glatt (*Spitzen etc*): ~ **knitting** Rechts-, Glattstrickerei *f*; ~ **sewing** Weißnäherei *f*. **3.** unscheinbar, farb-, reizlos, wenig anziehend: **a** ~ **girl** ein reizloses Mädchen. **4.** klar (u. deutlich), unmißverständlich, offen: ~ **talk**; **in** ~ **terms** rundheraus (gesagt); **the** ~ **truth** die nackte Wahrheit. **5.** klar, offensichtlich, offenbar, -kundig, deutlich, leichtverständlich: (**as**) ~ **as** ~ **can be** sonnenklar; **in** ~ **language** a) ohne Umschweife, klipp u. klar, b) *tel. etc* im Klartext, offen, unverschlüsselt; **to make s.th.** ~ **to s.o.** a) j-m etwas klarmachen, b) j-m etwas klar zu verstehen geben. **6.** unverdünnt, pur (*alkoholisches Getränk*). **7.** ausgesprochen, rein, bar: ~ **nonsense**; ~ **folly** heller Wahnsinn; **a** ~ **agnostic** ein Agnostiker, wie er im Buche steht. **8.** offen (u. ehrlich): ~ **dealing** Redlichkeit *f*; **to be** ~ **with s.o.** j-m gegenüber offen sein. **9.** mittelmäßig, unbedeutend, Durchschnitts... **10.** *metall.* 'unle,giert: ~ **steel**. **11.** *bes. Am.* eben, flach, *a. tech.* glatt: ~ **country** flaches Land; ~ **bearing** Gleitlager *n*; ~ **fit** Schlichtpassung *f*; ~ **roll** Glattwalze *f*. **II** *adv* **12.** klar, deutlich, 'unum,wunden. **13.** offen (u. ehrlich). **14.** völlig: ~ **wrong**. **III** *s* **15.** Ebene *f*, Flachland *n*. **16.** **the P**~**s** *Am.* die Prä'rien *pl*.

plain[2] [pleɪn] *v/i obs. od. poet.* (weh-) klagen.

plain| chart *s mar.* Plankarte *f*, gleichgradige Seekarte. ~ **choc·o·late** *s* zartbittere Schoko'lade. '~**clothes man** *s irr* Poli'zist *m od.* Krimi'nalbe,amte(r) *m* in Zi'vil.

'**plain·ness** *s* **1.** Einfachheit *f*, Schlichtheit *f*. **2.** Deutlichkeit *f*, Klarheit *f*. **3.** Offenheit *f*, Ehrlichkeit *f*. **4.** Ebenheit *f*. **5.** Unansehnlichkeit *f*, Reizlosigkeit *f*.

plain| peo·ple, *a.* **P**~ **Peo·ple** *s pl Am. Bezeichnung für verschiedene Sektierer, die e-n einfachen Lebensstil haben.*

'**plains·man** [-mən] *s irr Am.* Prä'riebewohner *m*.

'**plain|·song** *s mus.* **1.** (*alter einstimmiger, nicht rhythmisierter, bes. Gregorianischer*) Kirchen-, Cho'ralgesang, Cantus *m* planus. **2.** (*bes.* Gregori'anische) Cho'ralmelo,die. **3.** Cantus *m* firmus. ~ **speak·ing** *s* Aufrichtigkeit *f*, Offenheit *f*. ,~**-'spo·ken** *adj* offen, freimütig: **to be** ~ *a.* geradeheraus sein; sagen, was man denkt.

plaint [pleɪnt] *s* **1.** Beschwerde *f*, Klage *f*. **2.** *obs. od. poet.* (Weh)Klage *f*. **3.** *jur.* Klage(schrift) *f*.

plain·tiff ['pleɪntɪf] *s jur.* (Zi'vil)Kläger (-in): **party** ~ klägerische Partei. **plain·tive** ['pleɪntɪv] *adj* (*adv* ~**ly**) traurig, klagend, wehmütig, Klage...: ~ **song**; ~ **voice** wehleidige Stimme.

plait [plæt; *Am. a.* pleɪt] **I** *s* **1.** Zopf *m*. **2.** (Haar-, Stroh)Geflecht *n*. **3.** Falte *f*. **II** *v/t* **4.** *Haar, Matte etc* flechten. **5.** verflechten. **6.** falten.

plan [plæn] **I** *s* **1.** (Spiel-, Wirtschafts-, Arbeits)Plan *m*, Entwurf *m*, Pro'jekt *n*, Vorhaben *n*: ~ **of action** Schlachtplan (*a. fig.*); **according to** ~ planmäßig; *if all goes* **according to** ~ nach Plan; **to make** ~**s** (**for the future**) (Zukunfts)Pläne schmieden; **to remain below** ~ das Planziel nicht erreichen. **2.** Plan *m*, Absicht *f*. **3.** Verfahren *n*, Me'thode *f*. **4.** (Zahlungs)Plan *m*, Zahlungsmodus *m*. **5.** (Lage-, Stadt)Plan *m*: **general** ~

Übersichtsplan; ~ **position indicator** *aer.* Sternschreiber *m*, PPI-Sichtgerät *n*. **6.** Grundriß *m*: ~ **view** Draufsicht *f*; **in ~ form** im Grundriß. **7.** *tech.* (Maß)Zeichnung *f*, Riß *m*: **to lay out a ~** e-n Plan aufreißen. **8.** Verti'kalebene *f* (*beim perspektivischen Zeichnen*). **II** *v/t* **9.** planen, entwerfen, e-n Plan ausarbeiten *od.* entwerfen für *od.* zu: **to ~ s.th. ahead** etwas vorausplanen; **~ned economy** Planwirtschaft *f*; **~ned parenthood** Familienplanung *f*; **~ promotion** Regelbeförderung *f*; **~ned retreat** planmäßiger Rückzug; **~ning board** Planungsamt *n*; **~ning engineer** Arbeitsvorbereiter *m*. **10.** planen, beabsichtigen: **to ~ a visit**. **11.** graphisch darstellen. **III** *v/i* **12.** planen, Pläne machen: **to ~ ahead** vorausplanen.

pla·nar ['pleɪnə(r)] *adj phys.* pla'nar: ~ **diode** planparallele Diode; ~ **process** (*Halbleitertechnologie*) Planartechnik *f*.

pla·nar·i·an [plə'neərɪən] *s zo.* Süßwasser-Plattwurm *m*, Pla'narie *f*.

planch [plɑːnʃ; *Am.* plæntʃ] *s* **1.** (Me'tall-*etc*)Platte *f*. **2.** *dial.* a) Planke *f*, b) Fußboden *m*. **plan'chette** [-'ʃet] → **Ouija (board)**.

Planck('s) con·stant [plæŋk(s)] *s phys.* Plancksche Kon'stante.

plane¹ [pleɪn] *s bot.* Pla'tane *f*.

plane² [pleɪn] **I** *adj* **1.** flach, eben. **2.** *tech.* plan, Plan...: ~ **mirror** Planspiegel *m*. **3.** *math.* eben: ~ **figure**; ~ **curve** einfach gekrümmte Kurve; ~ **polarization** lineare Polarisation. **II** *s* **4.** Ebene *f*, (ebene) Fläche: ~ **of projection** *math.* Rißebene; ~ **of reference** *bes. math.* Bezugsebene; ~ **of refraction** *phys.* Brechungsebene; **on the upward ~** *fig.* im Anstieg, ansteigend. **5.** *fig.* (*a.* Bewußtseins)Ebene *f*, (Wertigkeits)Stufe *f*, Ni'veau *n*, Bereich *m*: **on the same ~ as** auf dem gleichen Niveau wie. **6.** *Bergbau*: Förderstrecke *f*. **7.** *tech.* Hobel *m*. **III** *v/t* **8.** (ein)ebnen, glätten, pla'nieren, *tech. a.* schlichten, *Bleche* abrichten. **9.** *tech.* hobeln: **to ~ away** (*od.* **off**) *Kanten etc* ab-, glatthobeln; **to ~ down** *Brett etc* abhobeln. **10.** *print.* bestoßen.

plane³ [pleɪn] *aer.* **I** *s* **1.** Flugzeug *n*: **by ~** auf dem Luftweg, mit dem Flugzeug. **2.** Tragfläche *f*: **main ~ unit** Tragwerk *n*; **elevating (depressing) ~** Höhen-(Flächen)steuer *n*. **II** *v/i* **3.** gleiten, segeln. **4.** fliegen.

plane| an·gle *s math.* Flächenwinkel *m*. **~ chart** *s mar.* Plankarte *f* (*gleichgradige Seekarte*). **~ ge·om·e·try** *s math.* Planime'trie *f*.

plan·er ['pleɪnə(r)] *s tech.* **1.** 'Hobel(-ma,schine *f*) *m*. **2.** *print.* Klopfholz *n*. **3.** Streichbrett *n* (*der Former*).

plane sail·ing *s mar.* Plansegeln *n*.

plan·et¹ ['plænɪt] *s astr.* Pla'net *m*: **the inferior (superior) ~s** die inneren (äußeren) Planeten; **minor ~s** Asteroiden; **primary ~** Hauptplanet; **secondary ~** Planetenmond *m*.

plan·et² ['plænɪt], **pla·ne·ta** [plə'niːtə] *pl* **-tae** [-tiː] *s R.C.* Pla'neta *f*, Kasel *f*.

plane ta·ble *s tech.* Meßtisch *m*: ~ **map** Meßtischblatt *n*.

plan·e·tar·i·um [,plænɪ'teərɪəm] *pl* **-i·ums, -i·a** [-ə] *s astr.* Plane'tarium *n*. **'plan·e·tar·y** [-tərɪ; *Am.* -,teriː] *adj* **1.** *astr.* plane'tarisch, Planeten...: ~ **nebula** planetarischer Nebel. **2.** *fig.* umherirrend, unstet. **3.** a) irdisch, weltlich, b) glo'bal, weltweit. **4.** *tech.* Planeten...: ~ **gear**, ~ **gears**, ~ **gearing** Planeten-, Umlaufgetriebe *n*; ~ **wheel** Umlaufrad *n*.

plan·e·tes·i·mal [,plænɪ'tesɪməl] *s astr.* kleiner mete'orähnlicher Körper.

plan·et·oid ['plænɪtɔɪd] *s astr.* Planeto'id *m*, Astero'id *m*.

plan·e·to·log·i·cal [,plænɪtə'lɒdʒɪkl; *Am.* ,plænətl'ɑ-] *adj astr.* planeto'logisch. **,plan·e'tol·o·gist** [-'tɒlədʒɪst; *Am.* -'tɑ-] *s* Planeto'loge *m*. **,plan·e'tol·o·gy** *s* Planetolo'gie *f*.

plan·gen·cy ['plændʒənsɪ] *s* **1.** lautes Anschlagen, Schallen *n*. **2.** Tonfülle *f*, -stärke *f*. **'plan·gent** *adj* **1.** schallend. **2.** getragen (*Melodie etc*).

pla·ni·dor·sate [,plænɪ'dɔː(r)seɪt; *Am. a.* ,pleɪ-] *adj zo.* mit flachem Rücken.

plan·i·fi·ca·tion [,plænɪfɪ'keɪʃn] *s bes. Am.* syste'matische Planung. **'plan·i·fy** [-faɪ] *v/t bes. Am.* syste'matisch planen.

pla·nim·e·ter [plæ'nɪmɪtə(r); *Am.* pleɪ-; plə-] *s tech.* Plani'meter *n*, Flächenmesser *m*. **pla'nim·e·try** [-trɪ] → **plane geometry**.

plan·ing ['pleɪnɪŋ] *s* **1.** Hobeln *n*. **2.** Pla'nieren *n*. **~ bench** *s tech.* Hobelbank *f*. **~ ma·chine** *s tech.* 'Hobel-, 'Schlichtma,schine *f*.

plan·ish ['plænɪʃ] *v/t tech.* **1.** glätten, (ab)schlichten, pla'nieren. **2.** *Holz* glatthobeln. **3.** *Metall* glatthämmern, ausbeulen: **~ing hammer** Schlichthammer *m*. **4.** po'lieren.

plan·i·sphere ['plænɪ,sfɪə(r); *Am. a.* 'pleɪ-] *s astr.* **1.** Plani'glob(ium) *n*, -'sphäre *f* (*ebene Darstellung e-r Halbkugel*). **2.** Plani'sphäre *f* (*altes astronomisches Gerät*).

plank [plæŋk] **I** *s* **1.** (*a.* Schiffs)Planke *f*, Bohle *f*, (Fußboden)Diele *f*, Brett *n*: ~ **flooring** Bohlenbelag *m*; **to walk the ~** *mar. hist.* über e-e Schiffsplanke ins Meer getrieben werden, ertränkt werden; **to make s.o. walk the ~** *fig.* j-n ‚abschießen'. **2.** *fig.* Halt *m*, Stütze *f*. **3.** *pol. bes. Am.* (Pro'gramm)Punkt *m* (*e-s Parteiprogramms*). **4.** *Bergbau*: Schwarte *f*. **II** *v/t* **5.** mit Planken *etc* belegen, beplanken, dielen. **6.** *tech.* verschalen, *Bergbau*: verzimmern. **7.** *e-e Speise* (*meist garniert*) auf e-m Brett ser'vieren. **8.** ~ **down** a) ,'hinknallen', unsanft absetzen, b) *Geld* ,'hinlegen', ,blechen', (bar) auf den Tisch legen. **~ bed** *s* (Holz)Pritsche *f* (*im Gefängnis etc*).

plank·ing ['plæŋkɪŋ] *s* **1.** Beplanken *n*, Verschalen *n*. **2.** *collect.* Planken *pl*. **3.** Beplankung *f*, (Holz)Verschalung *f*, (Bretter)Verkleidung *f*, Bohlenbelag *m*.

plank·ton ['plæŋktən] *s zo.* Plankton *n*. **plank'ton·ic** [-'tɒnɪk; *Am.* -'tɑn-] *adj* plank'tonisch.

'plan·less *adj* planlos.

plan·ner ['plænə(r)] *s* Planer(in). **'plan·ning** *s* Planen *n*, Planung *f*: ~ **stage** Planungsstadium *n*; ~ **permission** *Br.* Baugenehmigung *f*.

pla·no-con·cave [,pleɪnəʊ'kɒnkeɪv; *Am.* -'kɑn-] *adj phys.* 'plankon,kav (*Linse*). **,pla·no-'con·vex** [-'kɒnveks; *Am.* -'kɑn-] *adj phys.* 'plankon,vex (*Linse*).

pla·no·graph ['pleɪnəgrɑːf; *bes. Am.* -græf] **I** *s* Flachdruck *m*. **II** *v/t* im Flachdruck 'herstellen.

pla·nom·e·ter [plæ'nɒmɪtə(r); *Am.* -'nɑ-] *s tech.* Plano'meter *n*, Richtplatte *f*.

plant [plɑːnt; *Am.* plænt] **I** *s* **1.** *bot.* Pflanze *f*, Gewächs *n*: ~ **animal** → **zoophyte**. **2.** *bot.* Setzling *m*, Steckling *m*. **3.** Wachstum *n*: **in ~** im Wachstum befindlich; **to miss ~** nicht aufgehen *od.* keimen. **4.** (Betriebs-, Fa'brik)Anlage *f*, Werk *n*, Fa'brik *f*, Betrieb *m*: ~ **engineer** Betriebsingenieur *m*; ~ **manager** Betriebsleiter *m*. **5.** Ma'schinenanlage *f*, Aggre'gat *n*, Appara'tur *f*: **electric ~** elektrische Anlage. **6.** Betriebseinrichtung *f*, (Be'triebs)Materi,al *n*, Inven'tar *n*, Gerätschaften *pl*: ~ **equipment** Werksausrüstung *f*. **7.** *Regeltechnik*: Regelstrecke *f*. **8.** *Am.* (*Schul-, Krankenhaus- etc*)Anlage(n *pl*) *f*. **9.** *Bergbau*: (Schacht-, Gruben)Anlage *f*. **10.** *sl.* a) (*etwas*) Eingeschmuggeltes (*z. B. falsches Beweisstück*), (*a.* Poli'zei)Falle *f*, Schwindel *m*, b) (Poli'zei)Spitzel *m*, (eingeschleuster) Ge'heima,gent.

II *v/t* **11.** (ein-, an)pflanzen: **to ~ out** aus-, um-, verpflanzen. **12.** *Land* a) bepflanzen (*a. fig.*), b) besiedeln, koloni'sieren: **to ~ a river with fish** Fische in e-n Fluß setzen. **13.** *e-n Garten etc* anlegen. **14.** *e-e Kolonie etc* gründen. **15.** *e-e Fischbrut* aussetzen, *Austern* verpflanzen. **16.** *bes. fig. Ideen* (ein)pflanzen, einimpfen, Wurzeln schlagen lassen. **17.** (o.s. sich) aufpflanzen, (auf)stellen, *j-n* po'stieren. **18.** *die Faust, den Fuß* setzen, ‚pflanzen': **he ~ed his dagger in her back** er stieß ihr den Dolch in den Rücken. **19.** *sl. e-n Schlag* ‚landen', ‚verpassen', versetzen, *e-n Schuß* setzen, ‚knallen'. **20.** *sl. Spitzel etc* einschleusen. **21.** *sl. etwas Belastendes od. Irreführendes* (ein)schmuggeln, ‚depo'nieren': **to ~ s.th. on s.o.** j-m etwas ‚unterschieben'. **22.** *j-n* im Stich lassen.

plan·tain¹ ['plæntɪn] *s bot.* Wegerich *m*.

plan·tain² ['plæntɪn] *s bot.* **1.** Pi'sang *m*, Para'diesfeige *f*. **2.** Ba'nane *f* (*Frucht*): ~ **eater** (*od.* **cutter**) *orn.* Bananenfresser *m*.

plan·tar ['plæntə(r)] *adj anat.* plan'tar, Fußsohlen...

plan·ta·tion [plæn'teɪʃn] *s* **1.** Pflanzung *f*, Plan'tage *f*. **2.** (Wald)Schonung *f*. **3.** *fig.* Gründung *f*. **4.** Besied(e)lung *f*. **5.** *hist.* Ansiedlung *f*.

plant·er ['plɑːntə; *Am.* 'plæntər] *s* **1.** Pflanzer *m*, Plan'tagenbesitzer *m*. **2.** *hist.* (*bes.* erster) Siedler *od.* Kolo'nist. **3.** *fig.* Gründer *m*. **4.** *agr.* 'Pflanzma,schine *f*. **5.** 'Übertopf *m*.

plan·ti·grade ['plæntɪgreɪd] *zo.* **I** *adj* auf den Fußsohlen gehend. **II** *s* Sohlengänger *m* (*Mensch, Bär etc*).

plant·let ['plɑːntlɪt; *Am.* 'plænt-] *s* Pflänzchen *n*.

plant louse *s irr zo.* Blattlaus *f*.

planx·ty ['plæŋkstɪ] *s irische Harfenweise*.

plaque [plɑːk; *bes. Am.* plæk] *s* **1.** (Schmuck)Platte *f*. **2.** *a.* **commemorative ~** Gedenktafel *f*. **3.** A'graffe *f*, (Ordens)Schnalle *f*, Spange *f*. **4.** *med. zo.* Fleck *m*. **5.** *Zahnmedizin*: Zahnbelag *m*.

pla·quette [plæ'ket] *s* Pla'kette *f*, kleine (Reli'ef)Platte.

plash¹ [plæʃ] *v/t u. v/i* (Zweige) zu e-r Hecke verflechten.

plash² [plæʃ] **I** *v/i* **1.** platschen, plätschern: **~!** platsch! **2.** *im Wasser* planschen. **II** *v/t* **3.** platschen *od.* klatschen auf (*acc*). **4.** bespritzen, besprengen. **III** *s* **5.** Platschen *n*, Plätschern *n*, Spritzen *n*. **6.** Pfütze *f*.

plash·y ['plæʃɪ] *adj* **1.** plätschernd, klatschend, spritzend. **2.** sumpfig, matschig, feucht, voller Pfützen.

plasm ['plæzəm] → **plasma**.

plas·ma ['plæzmə] *s* **1.** *biol.* (Milch-, Blut-, Muskel)Plasma *n*: **dried ~** Trokkenplasma. **2.** *biol.* Proto'plasma *n*. **3.** *min.* Plasma *n*, grüner Chalce'don. **4.** *phys.* Plasma *n* (*leuchtendes Gasgemisch, das bei der Ionisation entsteht*): ~ **jet** Plasmastrom *m*; ~ **physicist** Plasmaphysiker *m*; ~ **physics** Plasmaphysik *f*; ~ **torch** *tech.* Plasmabrenner *m*. **plas'mat·ic** [-'mætɪk], **'plas·mic** *adj biol.* (proto)plas'matisch, Plasma...

plas·mo·cyte ['plæzməsaɪt] *s physiol.* Plasmazelle *f*.

plas·mol·y·sis [plæz'mɒlɪsɪs; *Am.*

-ˈmɑl-] *s biol.* Plasmoˈlyse *f*, Zellschrumpfung *f*.
plas·mo·some [ˈplæzməsəʊm] *s biol.* Mikroˈsom *n*, Zellkern *m*.
plas·ter [ˈplɑːstə; *Am.* ˈplæstər] **I** *s* **1.** *med.* (Heft-, Senf)Pflaster *n*. **2.** *a.* ~ **of Paris** *med.* Gips *m*: **a leg in** ~ ein Gipsbein. **3.** *a.* ~ **of Paris** a) (gebrannter) Gips, b) Stuck *m*, (feiner) Gipsmörtel. **4.** *arch.* Mörtel *m*, (Ver)Putz *m*, Bewurf *m*, Tünche *f*. **II** *v/t* **5.** vergipsen, verputzen, tünchen: **to** ~ **over** (*od.* **up**) übertünchen (*a. fig.*). **6.** dick auftragen, (*mit e-r Schicht*) bedecken. **7.** *med.* bepflastern, ein Pflaster legen auf (*acc*). **8.** *fig.* ein Pflästerchen legen auf (*acc*), *e-n Schmerz etc* lindern. **9.** a) *mit Plakaten etc* bekleben, ‚bepflastern', b) *ein Plakat etc* kleben (**on**, **to** an *od. auf acc*). **10.** *colloq. mit Bomben, Steinen etc* ‚bepflastern'. **11.** *fig.* überˈhäufen, überˈschütten: **to** ~ **s.o. with praise**. **12.** ~ **down** *colloq.* sich *das Haar* anklatschen. **13.** *sport colloq.* ‚überˈfahren' (*hoch besiegen*). ~**band·age** *s med.* Gipsbinde *f*. ˈ~**board** *s tech.* Fasergipsplatte *f*. ~ **cast** *s* **1.** Gipsabdruck *m*, -abguß *m*. **2.** *med.* Gipsverband *m*.
plas·tered [ˈplɑːstə(r)d; *Am.* ˈplæs-] *adj colloq.* ‚blau' (*betrunken*): **to get** ~ sich vollaufen lassen.
plas·ter·er [ˈplɑːstərə; *Am.* ˈplæstərər] *s* Stukkaˈteur *m*, Stuck-, Gipsarbeiter *m*.
ˈ**plas·ter·ing** *s* **1.** (Ver)Putz *m*, Bewurf *m*. **2.** Stuck *m*. **3.** Stuckarbeit *f*, Stukkaˈtur *f*. **4.** Gipsen *n*.
plas·ter saint *s fig.* Heilige(r *m*) *f*.
plas·tic [ˈplæstɪk] **I** *adj* (*adv* ~**ally**) **1.** plastisch, bildend: ~ **art** bildende Kunst, Plastik *f*. **2.** formgebend, gestaltend. **3.** (ver)formbar, modelˈlier-, knetbar, plastisch: ~ **clay** plastischer *od.* bildfähiger Ton. **4.** *tech.* Kunststoff..., Plastik...: ~ **bag** Plastiktüte *f*, Plastikbeutel *m*; ~ **bullet** Plastikgeschoß *n*; (**synthetic**) ~ **material** → 10; ~ **money** Kreditkarten. **5.** *med.* plastisch: ~ **operation**; → **plastic surgery**. **6.** *biol.* plastisch. **7.** *fig.* bildungsfähig, prägbar, formbar: **the** ~ **mind of youth**. **8.** *fig.* plastisch, anschaulich. **9.** ~ **bomb** *mil.* Plastikbombe *f*. **II** *s* **10.** *tech.* a) Kunst-, Plastikstoff *m*: ~**-coated** kunststoffbeschichtet, b) (Kunstharz)Preßstoff *m*.
plas·ti·cat·ed [ˈplæstɪkeɪtɪd] *adj bes. fig.* künstlich.
plas·ti·cine [ˈplæstɪsiːn] *s* Plastiˈlin *n*, Knetmasse *f*.
plas·tic·i·ty [plæˈstɪsətɪ] *s* Plastiziˈtät *f*: a) *tech.* (Ver)Formbarkeit *f*, b) *fig.* Bildhaftigkeit *f*, Anschaulichkeit *f*, plastische Gestaltung.
plas·ti·cize [ˈplæstɪsaɪz] *v/t tech.* plastifiˈzieren, plastisch machen. ˈ**plas·ti·ciz·er** *s* Weichmacher *m*.
plas·tics [ˈplæstɪks] **I** *s pl* **1.** Kunststoffe *pl*. **2.** (*als sg konstruiert*) → **plastic surgery**. **II** *adj* **3.** Kunststoff..., Plastik...: ~ **industry** Kunststoffindustrie *f*.
plas·tic| sur·geon *s med.* Facharzt *m* für plastische Chirurˈgie. ~ **sur·ger·y** *s med.* plastische Chirurˈgie, Plastik *f*.
plas·tron [ˈplæstrən] *s* **1.** Plaˈstron *m*, *n*: a) *mil. hist.* Brustplatte *f*, b) *fenc.* Brustpolster *n*. **2.** Plaˈstron *m*, *n*: a) breiter Seidenschlips, b) Brustlatz *m* (*an Frauentrachten*). **3.** *zo.* Plaˈstron *m*, *n*, Bauchpanzer *m* (*der Schildkröten*).
plat[1] [plæt] *Am.* → **plot** 1.
plat[2] [plæt] → **plait**.
plat·an [ˈplætən] → **plane**[1].
plat·band [ˈplætbænd] *s* **1.** *Gartenbau*: Raˈbatte *f*, Einfassungsbeet *n*. **2.** *arch.* Streifen *m*, Borte *f*, Kranzleiste *f*.
plate [pleɪt] **I** *s* **1.** Teller *m*: **a** ~ **of soup** ein Teller Suppe; **to have a lot on one's** ~ *fig. colloq.* viel am Hals haben; **to hand** (*od.* **give**) **s.o. s.th. on a** ~ *fig. colloq.* j-m etwas ‚auf e-m Tablett servieren'. **2.** *Am.* Gedeck *n* für e-e Perˈson. **3.** Platte *f*: **a** ~ **of fish** *gastr.* e-e Fischplatte. **4.** (Kolˈlekten)Teller *m*. **5.** (Namens-, Firmen-, Tür-) Schild *n*, Tafel *f*. **6.** (Bild)Tafel *f* (*Buchillustration*). **7.** (fotoˈgrafische) Platte. **8.** *bes. tech.* a) (Glas-, Meˈtall)Platte *f*, b) Plattenglas *n*. **9.** *electr. tech.* a) Anˈode *f* (*e-r Elektronenröhre etc*): ~ **voltage** Anodenspannung *f*, b) Platte *f*, Elekˈtrode *f* (*e-s Akkumulators*). **10.** *tech.* a) Scheibe *f*, Laˈmelle *f* (*e-r Kupplung etc*): **finger** ~ Wählscheibe *f*, b) Deckel *m*. **11.** *print.* (Druck-, Stereoˈtyp)Platte *f*. **12.** *tech.* Plattenabdruck *m*: **etched** ~ Radierung *f*. **13.** *art* a) (Stahl-, Kupfer)Stich *m*, b) Holzschnitt *m*. **14.** *tech.* a) (Grob)Blech *n*, b) Blechtafel *f*. **15.** *tech.* Teller-, Hartzinn *n*. **16.** platˈtierte Ware. **17.** (Gold-, Silber-, Tafel)Besteck *n*. **18. German** ~ Neusilber *n*. **19. dental** ~ a) (künstliches) Gebiß, b) Platte *f*. **20.** *Baseball*: Heimmal *n*. **21.** *sport* a) Poˈkal *m* (*bes. bei Pferderennen*), b) Poˈkalrennen *n*. **22.** *her.* silberner Kreis, Silberpfennig *m*. **23.** ~**s** *pl* (**of meat**) *Br. sl.* Plattfüße *pl*. **II** *v/t tech.* **24.** mit Platten belegen, panzern. **25.** platˈtieren, duˈblieren, (mit Meˈtall) überˈziehen. **26.** *Papier* kaˈlandern, satiˈnieren. **27.** *print.* a) stereotyˈpieren, b) Druckplatten ˈherstellen von.
plate ar·mo(u)r *s* **1.** *hist.* Plattenpanzer *m*. **2.** *mar. tech.* Plattenpanzer(ung *f*) *m*.
pla·teau [ˈplætəʊ; plæˈtəʊ] *pl* **-teaux**, **-teaus** [-təʊz] *s* **1.** Plaˈteau *n*, Hochebene *f*. **2.** a) *zeitweiliger Zustand der Stabilität in e-r Aufwärtsentwicklung*, b) *flache Stelle in e-r* (*bes. Intelligenz*)*Kurve*. **3.** Tafelaufsatz *m*. **4.** Plaˈkette *f*. **5.** flacher Damenhut.
plate| bas·ket *s Br.* Besteckkorb *m*. ~ **cir·cuit** *s electr.* Anˈodenkreis *m*.
plat·ed [ˈpleɪtɪd] *adj* **1.** mit (Meˈtall)Platten belegt, gepanzert. **2.** *tech.* platˈtiert, meˈtallüberˌzogen, versilbert, vergoldet, duˈbliert. **3.** *Textilwesen*: platˈtiert: ~ **fabric**.
ˈ**plate|·ful** [-fʊl] *pl* **-fuls** *s ein* Teller(voll) *m*. ~ **glass** *s* Tafel-, Spiegelglas *n*. ˌ~-ˈ**glass** *adj*: ~ **universities** *nach 1950 gegründete britische Universitäten*. ˈ~ˌ**hold·er** *s phot.* (ˈPlatten)Kasˌsette *f*. ~ **i·ron** *s tech.* Eisenblech *n*, Walzeisen *n*, -blech *n*. ˈ~ˌ**lay·er** *s rail. Br.* Streckenarbeiter *m*. ~ **ma·chine** *s* **1.** *tech.* Dreh-, Töpferscheibe *f* (*mit Maschinenantrieb*). **2.** *phys.* ˈScheibenelektriˌsiermaˌschine *f*. ~ **mark** → **hallmark**.
plat·en [ˈplætən] *s print.* **1.** Platte *f*, (Druck)Tiegel *m*: ~ **press** Tiegeldruckpresse *f*. **2.** (ˈSchreibmaˌschinen)Walze *f*. **3.** ˈDruckzyˌlinder *m* (*der Rotationsmaschine*).
plate| pa·per *s tech.* ˈKupferdruckpaˌpier *n*. ~ **pow·der** *s* Putzpulver *n* (*für Tafelsilber*). ~ **press** *s print.* Tiegeldruckpresse *f*. ~ **print·ing** *s print.* **1.** Kupferdruck *m*. **2.** Plattendruck *m* (*für Textilien*).
plat·er [ˈpleɪtə(r)] *s sport* minderwertiges Rennpferd.
plate| rack *s* Geschirrständer *m*. ~ **shears** *s pl tech.* Blechschere *f*. ~ **spring** *s tech.* Blattfeder *f*. ~ **tec·ton·ics** *s pl* (*meist als sg konstruiert*) *geol.* ˈPlattentekˌtonik *f*.
plat·form [ˈplætfɔː(r)m] *s* **1.** Plattform *f*, (ˈRedner)Triˌbüne *f*, Podium *n*. **2.** *fig.* öffentliches Forum (*Diskussion*). **3.** a) (*bes.* parˈteipoˌlitische) Grundsätze *pl*, b) *pol.* Parˈteiproˌgramm *n*, Plattform *f*, c) *bes. Am.* programˈmatische Wahlerklärung. **4.** *tech.* Rampe *f*, (Lauf-, Steuer)Bühne *f*: **lifting** (*od.* **raising**) ~ Hebebühne. **5.** *rail.* a) Bahnsteig *m*, b) *Am.* Plattform *f* (*am Waggonende*), Perˈron *m* (*Br. bes. am Bus etc*). **6.** a) Treppenabsatz *m*, b) Absatz *m* (*an e-r Felswand*). **7.** Terˈrasse *f*. **8.** *geol.* a) Hochebene *f*, b) Terˈrasse *f*. **9.** a) *a.* ~ **sole** Plaˈteausohle *f*, b) *pl a.* ~ **shoes** Schuhe *pl* mit Plateausohle. **10.** ˈRaumstatiˌon *f*. ~**car** *bes. Am.* → **flatcar**. ~ **crane** *s tech.* Laufkran *m*.
plat·form·ing [ˈplætfɔː(r)mɪŋ] *s tech. ein Benzinveredelungsprozeß mittels Platinkatalysator*.
plat·form| scale *s tech.* Brückenwaage *f*. ~ **spring** *s tech.* (*e-e*) Wagenfeder. ~ **tick·et** *s* Bahnsteigkarte *f*.
plat·ing [ˈpleɪtɪŋ] *s* **1.** Panzerung *f*. **2.** Panzerplatten *pl*. **3.** *tech.* Beplattung *f*, Meˈtallauflage *f*, Verkleidung *f* (*mit Metallplatten*). **4.** Platˈtieren *n*, Versilberung *f*.
plat·i·nif·er·ous [ˌplætɪˈnɪfərəs] *adj* platinhaltig.
plat·i·nize [ˈplætɪnaɪz] *v/t* **1.** *tech.* platiˈnieren, mit Platin überˈziehen. **2.** *chem.* mit Platin verbinden.
plat·i·noid [ˈplætɪnɔɪd] *chem.* **I** *adj* **1.** platinartig. **II** *s* **2.** ˈPlatinmeˌtall *n*. **3.** Platinoˈid *n* (*Legierung*).
plat·i·no·type [ˈplætɪnəʊtaɪp] *s phot.* Platindruck(verfahren *n*) *m*.
plat·i·nous [ˈplætɪnəs] *adj chem.* platinhaltig (*mit zweiwertigem Platin*): ~ **chloride** Platinchlorür *n*.
plat·i·num [ˈplætɪnəm] *s chem.* Platin *n*: ~ **hair** platinblondes Haar. ~ **black** *s chem.* Platinschwarz *n*. ~ **blonde** *s colloq.* Platinblonde *f*, platinblonde Frau. ~ **point** *s electr.* ˈPlatinspitze *f*, -konˌtakt *m*.
plat·i·tude [ˈplætɪtjuːd; *Am. a.* -ˌtuːd] *s fig.* Plattheit *f*, Gemeinplatz *m*, Platiˈtüde *f*. ˈ**plat·iˌtu·diˈnar·i·an** [-dɪˈneərɪən] **I** *s* Phrasendrescher(in), Schwätzer(in). **II** *adj* → **platitudinous**. ˌ**plat·iˈtu·di·nize** *v/i* sich in Phrasen *od.* Gemeinplätzen ergehen. ˌ**plat·iˈtu·di·nous** *adj* (*adv* ~**ly**) platt, seicht, phrasenhaft.
Pla·ton·ic [pləˈtɒnɪk; *Am.* -ˈtɑn-] **I** *s* **1.** Plaˈtoniker *m*. **2.** *oft* **p**~**s** *pl* plaˈtonische Liebe. **II** *adj* **3.** Plaˈtonisch, Plato... **4.** *oft* **p**~ plaˈtonisch, rein geistig: ~ **love** platonische Liebe. ~ **bod·ies** *s pl math.* plaˈtonische Körper *pl* (*die 5 regulären Polyeder*). ~ **year** *s astr.* plaˈtonisches Jahr (*etwa 26000 Jahre*), Weltjahr *n*.
Pla·to·nism [ˈpleɪtəʊnɪzəm; -tən-] *s* Platoˈnismus *m*, plaˈtonische Philosoˈphie. ˈ**Pla·to·nist** *s* Plaˈtoniker *m*.
pla·toon [pləˈtuːn] *s* **1.** *mil.* Zug *m*: **in** ~**s**, **by** ~**s** zugweise. **2.** Poliˈzeiaufgebot *n*. **3.** *mil. hist.* Peloˈton *n*.
plat·ter [ˈplætə(r)] *s* **1.** (Serˈvier)Platte *f*, (*großer, meist* Holz)Teller *m*: **to hand** (*od.* **give**) **s.o. s.th. on a** ~ *fig. colloq.* j-m etwas ‚auf e-m Tablett servieren'. **2.** *Am. sl.* (Schall)Platte *f*.
plat·y·ceph·a·lous [ˌplætɪˈsefələs] *adj anat.* flach-, breitköpfig.
plat·y·hel·minth [ˌplætɪˈhelmɪnθ] *s zo.* Plattwurm *m*.
plat·y·pus [ˈplætɪpəs] *pl* **-pus·es** *s zo.* Schnabeltier *n*.
plat·y(r)·rhine [ˈplætɪraɪn] *zo.* **I** *adj* breitnasig. **II** *s* Breitnase *f* (*Affe*).
plau·dit [ˈplɔːdɪt] *s meist pl* Beifall *m* (*a. fig.*), Apˈplaus *m*.
plau·si·bil·i·ty [ˌplɔːzəˈbɪlətɪ] *s* **1.** Glaubwürdigkeit *f*, Wahrˈscheinlichkeit *f*. **2.** einnehmendes Wesen. **plau·si·ble** [ˈplɔːzəbl] *adj* (*adv* **plausibly**) **1.** glaubhaft, einleuchtend, (durchˈaus) möglich, plauˈsibel: **a** ~ **story**. **2.** einnehmend, gewinnend (*Wesen*). **3.** vertrauenerweckend, glaubwürdig, überˈzeugend.

4. geeignet, möglich. **5.** geschickt: **a ~ liar.**

play [pleɪ] **I** *s* **1.** (Glücks-, Wett-, Unter'haltungs)Spiel *n* (*a. sport*). **2.** Spiel(en) *n*: **to be at ~** a) spielen, b) *Kartenspiel*: am Ausspielen sein, c) *Schach*: am Zug sein; **it is your ~** Sie sind am Spiel; **in (out of) ~** *sport* (*noch*) im Spiel (im Aus) (*Ball*); **to hold in ~** *fig.* beschäftigen. **3.** Spiel(weise *f*) *n*: **that was pretty ~** das war gut (gespielt); **fair ~** faires Spiel, *a. fig.* Fairneß *f*, Fair play *n*, Anständigkeit *f*; → **foul play**. **4.** *fig.* Spiel *n*, Spiele'rei *f*: **a ~ of words** ein Spiel mit Worten; **a ~ (up)on words** ein Wortspiel. **5.** Kurzweil *f*, Vergnügen *n*, Zeitvertreib *m*. **6.** Scherz *m*, Spaß *m*: **in ~** im Scherz. **7.** a) Schauspiel *n*, (The'ater-, Bühnen)Stück *n*, b) Vorstellung *f*: **at the ~** im Theater; **to go to the ~** ins Theater gehen; **as good as a ~** äußerst amüsant *od.* interessant. **8.** *mus.* Spiel *n*, Vortrag *m*. **9.** (*Liebes*)Spiel(e *pl*) *n*, (*erotisches*) Spiel: **sexual ~.** **10.** *fig.* Spiel *n* (*von Licht auf Wasser etc*): **~ of colo(u)rs (muscles)** Farben-(Muskel)spiel. **11.** (flinke) Handhabung (*meist in Zssgn*): → **swordplay**. **12.** Tätigkeit *f*, Bewegung *f*, Gang *m*: **to bring** (*od.* **put) into ~** a) in Gang bringen, b) ins Spiel *od.* zur Anwendung bringen; **to come into ~** ins Spiel kommen; **to make ~** a) Wirkung haben, b) s-n Zweck erfüllen; **to make ~ with** zur Geltung bringen, sich brüsten mit; **to make great ~ of s.th.** viel Aufheben(s) (*od.* Wesens) von etwas machen; **in full ~** in vollem Gange; **lively ~ of fantasy** lebhafte Phantasie. **13.** a) *tech.* Spiel *n*: **half an inch of ~**, b) *a. fig.* Bewegungsfreiheit *f*, Spielraum *m*: **full ~ of the mind** freie Entfaltung des Geistes; **to allow** (*od.* **give) full** (*od.* **free) ~ to** *e-r Sache, s-r Phantasie etc* freien Lauf lassen. **14.** *Am. sl.* ‚Ma'növer' *n*, Trick *m*, Schachzug *m*: **to make a ~ for** sich bemühen um, es abgesehen haben auf (*acc*). **15.** *Am. sl.* a) Beachtung *f*, b) Publizi'tät *f*, Propa'ganda *f*.

II *v/i* **16.** a) spielen (*a. mus. sport thea. u. fig.*) (**for** um *Geld etc*), b) mitspielen (*a. fig. mitmachen*): **to ~ at** *Ball, Karten etc* spielen, *fig.* sich nur so nebenbei mit *etwas* beschäftigen; **to ~ at business** ein bißchen in Geschäften machen; **to ~ at keeping shop** Kaufmann spielen; **to ~ for time** a) Zeit zu gewinnen suchen, b) *sport* auf Zeit spielen; **to ~ to win** auf Sieg spielen; **what do you think you are ~ing at?** was soll denn das?; **to ~ (up)on** a) *mus.* auf *e-m Instrument* spielen, b) mit *Worten* spielen, c) *fig. j-s Schwächen* (geschickt) ausnutzen; **to ~ with** spielen mit (*a. fig. e-m Gedanken, j-s Gefühlen etc*; *a. engS. herumfingern an*); **to ~ up to** a) *j-n* unterstützen, b) *j-m* schöntun; **to ~ safe** kein Risiko eingehen, ‚auf Nummer Sicher gehen'; **he will not ~ again this season** *sport* er fällt für den Rest der Saison aus; → **fair**[1] 19, **false** II, **gallery** 3 a. **17.** a) *Kartenspiel*: ausspielen, b) *Schach*: am Zug sein, ziehen: **white to ~** Weiß zieht *od.* ist am Zuge. **18.** a) ‚her'umspielen', sich amü'sieren, b) Unsinn treiben, c) scherzen. **19.** a) sich tummeln, b) flattern, gaukeln, c) spielen (*Lächeln, Licht etc*) (**on** auf *dat*), d) schillern (*Farbe*), e) in Betrieb sein (*Springbrunnen*). **20.** a) schießen, b) spritzen, c) strahlen, streichen: **to ~ on** gerichtet sein auf (*acc*), bespritzen (*Schlauch, Wasserstrahl*), anstrahlen, absuchen, bestreichen (*Scheinwerfer*). **21.** *tech.* a) Spiel(raum) haben, b) sich bewegen (*Kolben etc*). **22. to be ~ing well** *sport* gut bespielbar sein (*Platz*).

III *v/t* **23.** *Karten, Tennis etc, a. mus. thea. Rolle od. Stück, a. fig.* spielen, *sport Spiel* austragen: **to ~ (s.th. on) the piano** (etwas auf dem) Klavier spielen; **to ~ shop (pirates)** Kaufmann (Piraten) spielen; **to ~ both ends against the middle** *fig.* vorsichtig lavieren, raffiniert vorgehen; **to ~ it safe** a) kein Risiko eingehen, ‚auf Nummer Sicher gehen', b) (*Redew.*) um (ganz) sicher zu gehen; **to ~ it differently** es anders handhaben *od.* machen; **to ~ it low down** *sl.* ein gemeines Spiel treiben (**on** mit *j-m*); **to ~ the races** bei (Pferde)Rennen wetten; **~ed out** *fig.* a) ‚erledigt', ‚fertig', erschöpft, b) verbraucht (*Talent etc*), ‚abgetakelt' (*Schauspieler etc*), c) abgedroschen (*Witz*), überstrapaziert (*These etc*); (*siehe die Verbindungen mit den entsprechenden Substantiven*). **24.** *sport* a) antreten *od.* spielen gegen, b) *e-n Spieler* aufstellen, in die Mannschaft (auf)nehmen. **25.** a) *e-e Karte* ausspielen (*a. fig.*), b) *e-e Schachfigur* ziehen. **26.** spielen *od.* Vorstellungen geben in (*dat*): **to ~ the larger cities.** **27.** *ein Geschütz, e-n Scheinwerfer, e-n Licht- od. Wasserstrahl etc* richten (**on** auf *acc*): **to ~ a hose on s.th.** etwas bespritzen; **to ~ colo(u)red lights on s.th.** etwas bunt anstrahlen.

Verbindungen mit Präpositionen:

play| at → **play** 16. **~ (up·)on** *v/i* **1.** → **play** 16, 19, 20, 27. **2.** wirken auf (*acc*). **~ up to** → **play** 16.

Verbindungen mit Adverbien:

play| a·bout → **play around**. **~ a·long I** *v/i* ‚mitziehen', mitmachen: **to ~ with** sich arrangieren mit. **II** *v/t* ein falsches Spiel treiben mit. **~ a·round** *v/i* **1.** ‚her'umspielen', sich amü'sieren. **2.** sich abgeben (**with** mit). **~ a·way I** *v/t* **1.** verspielen: **to ~ a fortune.** **2.** *fig. Zeit etc* vergeuden. **II** *v/i* **3.** drauf'losspielen. **~ back** *v/t* **1.** *ein Tonband* abspielen: **to play s.th. back to s.o.** j-m etwas vorspielen. **2.** *sport Ball* zu'rückspielen (**to** zu). **~ down** *v/t* bagatelli'sieren, ‚her'unterspielen'. **~ in** *v/t das neue Jahr etc* musi'kalisch begrüßen. **~ off I** *v/t* **1.** a) *ein Spiel* beenden, b) *sport* ein Entscheidungsspiel austragen um *e-e Meisterschaft etc.* **2.** *fig. j-n* ausspielen (**against** gegen). **II** *v/i* **3.** ein Entscheidungsspiel austragen. **~ on** *v/i sport* weiterspielen: **the referee ordered them to ~.** **~ out** *v/t* **1.** *thea. Szene etc* darstellen: **to be played out** sich abspielen (*Romanze etc*). **2.** *Spiel* beenden: **to ~ time** *sport* über die Zeit kommen. **3.** *Vorräte etc* erschöpfen: **played out** → **play** 23. **4.** *das alte Jahr etc* musi'kalisch verabschieden. **~ up I** *v/i* **1.** lauter spielen. **2.** *sport colloq.* ‚aufdrehen' (*das Tempo steigern etc*): **~!** Tempo! **3.** *Br. colloq.* ‚verrückt spielen', Schwierigkeiten machen (*Auto, Bein etc*). **4. ~ to** → **play** 16. **II** *v/t* **5.** aufbauschen, ‚hochspielen'. **6. to play s.o. up** *Br. colloq.* a) j-n ‚auf die Palme bringen' (*wütend machen*), b) j-m Schwierigkeiten machen (*Bein etc*).

pla·ya ['plaɪə] *s geol. Am.* Playa *f*, Salztonebene *f*.

play·a·ble ['pleɪəbl] *adj* **1.** spielbar. **2.** *thea.* bühnenreif, -gerecht. **3.** *sport* bespielbar (*Platz etc*).

'play|·act *v/i contp.* ‚schauspielern', ‚so tun als ob'. **~·ac·tor** *s meist contp.* Schauspieler *m*. **'~·back** *s* **1.** 'Wiedergabe *f*, Abspielen *n*: **~ head** Wiedergabe-, Tonabnehmerkopf *m*. **2.** *a.* **~ machine** 'Wiedergabegerät *n*. **3.** *TV etc*: Playback *n*: **she did not sing live, it was a ~** sie hat Playback gesungen. **'~·bill** *s* **1.** The'aterpla,kat *n*. **2.** *Am.* Pro'gramm(heft) *n*. **'~·book** *s* **1.** *thea.* Textbuch *n*. **2.** *sport* Lehrbuch *n*. **'~·box** *s bes. Br.* Spielzeugkasten *m*, -schachtel *f*. **'~·boy** *s* Playboy *m*. **'~,clothes** *s pl Am.* Sport- *od.* Freizeitkleidung *f*. **'~·day** *s* schulfreier Tag.

play·er ['pleɪə(r)] *s* **1.** *sport, a. mus.* Spieler(in). **2.** (Glücks)Spieler *m*. **3.** Schauspieler(in). **4.** *sport Br.* Berufsspieler *m*. **~ pi·an·o** *s mus.* me'chanisches Kla'vier.

'play,fel·low → **playmate**.

play·ful ['pleɪfʊl] *adj* (*adv* **~ly**) **1.** spielerisch. **2.** verspielt: **a ~ kitten.** **3.** ausgelassen, munter, schelmisch, neckisch: **to be in a ~ mood** zu Späßen aufgelegt sein. **'play·ful·ness** *s* **1.** Munterkeit *f*, Ausgelassenheit *f*. **2.** Verspieltheit *f*.

'play|·girl *s* Playgirl *n*. **'~,go·er** *s* The'aterbesucher(in). **'~·ground** *s* **1.** Spiel-, Tummelplatz *m* (*a. fig.*). **2.** Schulhof *m*. **~ group** → **playschool**. **'~·house** *s* **1.** *thea.* Schauspielhaus *n*. **2.** a) Spielhütte *f*, b) Spielhaus *n*.

play·ing| card ['pleɪɪŋ] *s* Spielkarte *f*. **~ field** *s* Sport-, Spielplatz *m*.

play·let ['pleɪlɪt] *s* kurzes Schauspiel.

'play|,mak·er *s sport* Spielmacher(in). **'~·mate** *s* **1.** 'Spielkame,rad(in). **2.** Gespiele *m*, Gespielin *f*. **'~·off** *s sport* Entscheidungsspiel *n*. **'~·pen** *s* Laufgitter *n*, -stall *m*. **'~·pit** *s* Sandkasten *m*. **~ read·ing** *s thea.* szenische Lesung. **'~·room** *s* Spielzimmer *n*. **'~·school** *s* Spielgruppe *f*.

play·some ['pleɪsəm] → **playful**.

'play|·suit *s* Spielhös-chen *n*. **'~·thing** *s* Spielzeug *n* (*fig. a. Person*). **'~·time** *s* **1.** Freizeit *f*, Zeit *f* zum Spielen. **2.** *ped.* große Pause.

'play·wright *s* Dra'matiker *m*, Bühnenautor *m*, -schriftsteller *m*, -dichter *m*.

pla·za ['plɑːzə; 'plæzə] *s* **1.** öffentlicher Platz, Marktplatz *m* (*in Städten*). **2.** *bes. Am.* Einkaufszentrum *n*.

plea [pliː] *s* **1.** Vorwand *m*, Ausrede *f*: **on** (*od.* **under) the ~ of** (*od.* **that)** unter dem Vorwand (*gen*) *od.* daß. **2.** *jur.* a) Verteidigung *f*, b) Einlassung *f* des Angeklagten: **~ of guilty** Schuldgeständnis *n*. **3.** *jur.* Einspruch *m*, (Rechts)Einwand *m*, Einrede *f*: **to enter** (*od.* **put in) a ~** e-e Einrede erheben; **to make a ~** Einspruch erheben; **~ in bar, peremptory ~** *Am.* peremptorische Einrede, Antrag *m* auf Sachabweisung; **~ for annulment** Nichtigkeitsklage *f*; **~ in abatement** *Am.* Antrag *m* auf Prozeßabweisung; **~ of the crown** *Br.* Strafklage *f*. **4.** *fig.* (**for**) a) (dringende) Bitte, Gesuch *n* (um), b) Befürwortung *f* (*gen*).

plea bar·gain·ing *s jur. inoffizielle Absprache, nach der ein Angeklagter durch Schuldbekenntnis dem Gericht Prozeßzeit erspart u. dafür e-e milde Strafe zugesichert bekommt.*

plead [pliːd] **I** *v/i pret u. pp* **'plead·ed** [-ɪd] *od.* **plead** [pled], *bes. Scot. u. Am.* **pled** [pled] **1.** *jur.* a) plä'dieren (**for** für; *a. fig.*), e-n *od.* den Fall (vor Gericht) vertreten, b) e-n *od.* den Fall erörtern, Beweisgründe vorbringen (**for** für; **against** gegen), c) sich zu s-r Verteidigung äußern: **to ~ (not) guilty** sich (nicht) schuldig bekennen (**to** *gen*); **to ~ guilty to doing s.th.** sich schuldig bekennen, etwas getan zu haben. **2.** flehentlich *od.* inständig bitten (**for** um; **with s.o.** j-n). **3.** sich einsetzen *od.* verwenden (**with** bei; **for** für). **4.** einwenden *od.* geltend machen (**that** daß): **his youth ~s for him** s-e Jugend spricht für ihn. **II** *v/t* **5.** *jur. u. fig.* als Verteidigung *od.* Entschuldigung anführen, sich berufen auf (*acc*), *etwas* vorschützen: **to ~ ignorance.** **6.** *jur.* erörtern. **7.** *e-e Sache* vertreten, verteidigen, sich einsetzen für: **to ~ s.o.'s cause.** **8.** *jur.* (als Beweisgrund) vorbringen, anführen. **'plead-**

a·ble *adj jur.* **1.** rechtsgültig, rechtlich vertretbar, triftig. **2.** zu erörtern(d). **ˈplead·er** *s* **1.** *jur. u. fig.* Anwalt *m*, Sachwalter *m.* **2.** *fig.* Fürsprecher *m.* **ˈplead·ing I** *s* **1.** *jur.* a) Plädoˈyer *n*, b) Pläˈdieren *n*, Führen *n* e-r Rechtssache, c) Parˈteivorbringen *n*, d) *pl* (gerichtliche) Verhandlungen *pl.* **2.** *pl jur. bes. Br.* vorbereitende Schriftsätze *pl*, Vorverhandlung *f.* **3.** Eintreten *n* (**for** für), Fürsprache *f.* **4.** Bitten *n* (**for** um). **II** *adj* (*adv* **~ly**) **5.** flehend, bittend, inständig.

pleas·ance [ˈplezəns] *s obs. od. poet.* **1.** Lustgarten *m.* **2.** Wonne *f*, Vergnügen *n.*

pleas·ant [ˈpleznt] *adj* (*adv* **~ly**) **1.** angenehm (*a. Arbeit, Geruch, Geschmack, Leben, Nachricht, Traum*), erfreulich, wohltuend (*Nachricht etc*), vergnüglich: **a ~ breeze** e-e angenehme *od.* wohltuende Brise; **~ to the taste** angenehm im Geschmack. **2.** freundlich (*Wetter, Person, Zimmer*): **please look ~!** bitte recht freundlich! **3.** angenehm, liebenswürdig, freundlich: **a ~ person; ~ manners; to make o.s. ~ to** nett zu *j-m* sein. **4.** vergnügt, lustig, heiter. **ˈpleas·ant·ness** *s* **1.** (*das*) Angenehme *od.* Erfreuliche. **2.** Freundlichkeit *f*, Liebenswürdigkeit *f.* **3.** Heiterkeit *f* (*a. fig.*). **ˈpleas·ant·ry** [-trɪ] *s* **1.** Heiterkeit *f*, Lustigkeit *f.* **2.** Scherz *m*, Witz *m.* **3.** (scherzhafte) Hänseˈlei. **4.** Höflichkeit *f*: **they exchanged pleasantries.**

please [pliːz] **I** *v/t* **1.** *j-m* gefallen *od.* angenehm sein *od.* zusagen, *j-n* erfreuen: **it ~s me, I am ~d with it** es gefällt mir; **I shall** (*od.* **will**) **be ~d** es wäre mir ein Vergnügen; **I am only too ~d to do it** ich tue es mit dem größten Vergnügen; **to be ~d with** a) befriedigt sein von, b) Vergnügen haben an (*dat*), c) Gefallen finden an (*dat*); **to be ~d at** erfreut sein über (*acc*); **he was (as) ~d as Punch** *colloq.* ‚er freute sich wie ein Schneekönig', ‚er strahlte wie ein Honigkuchenpferd'; **to be ~d to say** sich freuen, sagen zu können; **I am ~d to hear** ich freue mich *od.* es freut mich zu hören. **2.** befriedigen, zuˈfriedenstellen: **I am ~d with you** ich bin mit Ihnen zufrieden; **to ~ o.s.** tun (u. lassen), was man will; **~ yourself** a) bitte bedienen Sie sich, b) (ganz) wie Sie wünschen; **only to ~ you** nur Ihnen zuliebe; **there is no pleasing him** man kann es ihm einfach nicht recht machen; → **hard** 3. **3.** *a. iro.* geruhen, belieben (**to do** zu tun): **take as many as you ~** nehmen Sie so viele *od.* wie viele Sie wollen *od.* für richtig halten; **~ God** so Gott will. **II** *v/i* **4.** a) gefallen, angenehm sein, Anklang finden, b) zuˈfriedenstellen, befriedigen: **anxious to ~** (sehr) beflissen *od.* eifrig. **5.** wollen, für gut befinden: **as you ~** wie Sie wünschen; **go where you ~!** gehen Sie, wohin Sie Lust haben!

Besondere Redewendungen:

~ bitte; **(yes,) ~** a) (ja,) bitte, b) (oh ja,) gerne; **pretty ~!** bitte, bitte!; **~ come here** komm bitte her; **if you ~** a) *a. iro.* wenn ich bitten darf, wenn es Ihnen recht ist, b) *iro.* gefälligst, c) man stelle sich vor!, denken Sie nur!

pleas·ing [ˈpliːzɪŋ] *adj* (*adv* **~ly**) angenehm, wohltuend, gefällig: **~ design** gefällige *od.* ansprechende Form.

pleas·ur·a·ble [ˈpleʒərəbl; *Am. a.* ˈpleɪ-] *adj* (*adv* **pleasurably**) angenehm, wohltuend, vergnüglich, ergötzlich.

pleas·ure [ˈpleʒə(r); *Am. a.* ˈpleɪ-] **I** *s* **1.** Vergnügen *n*, Freude *f*: **it's a ~!** es ist mir ein Vergnügen!; **with ~!** mit Vergnügen!; **for ~** zum Vergnügen; **we had the ~ of meeting him** wir hatten das Vergnügen, ihn kennenzulernen; **may I have the ~?** darf ich bitten?; **to give s.o. ~** *j-m* Vergnügen *od.* Freude bereiten, j-m Spaß machen; **to take ~ in** (*od.* **at**) Vergnügen *od.* Freude finden an (*dat*); **he takes (a) ~ in contradicting** es macht ihm Spaß zu widersprechen; **to take one's ~** sich vergnügen; **my ~** gern geschehen. **2.** (sinnlicher) Genuß, (Sinnen)Lust *f*: **a man of ~** ein Genußmensch; **a lady of ~** e-e ‚Gunstgewerblerin'. **3.** Gefallen *m*, Gefälligkeit *f*: **to do s.o. a ~** j-m e-n Gefallen tun, j-m e-e Gefälligkeit erweisen. **4.** Belieben *n*, Gutdünken *n*, Ermessen *n*: **at ~** nach Belieben; **at the Court's ~** nach dem Ermessen des Gerichts; **what is your ~?** womit kann ich dienen?; **it is our ~** wir belieben *od.* geruhen (*Formel vor Beschlüssen hoher Würdenträger*); **during Her (His) Majesty's ~** *Br.* auf unbestimmte Zeit (*Haftstrafe*); **they will not consult his ~** sie werden nicht fragen, was ihm genehm ist; **to make known one's ~** s-n Willen kundtun. **5.** (*sexueller*) Genuß, Befriedigung *f*: **he took his ~ of her** er hat sich mit ihr vergnügt. **II** *v/t* **6.** *j-m* Freude machen *od.* bereiten. **7.** *j-m* (*sexuellen*) Genuß verschaffen, *j-n* befriedigen. **III** *v/i* **8.** sich erfreuen *od.* vergnügen, Freude haben (**in** an *dat*). **9.** *colloq.* ‚bummeln', sich vergnügen. **IV** *adj* **10.** Vergnügungs...

pleas·ure| boat *s* Vergnügungs-, Ausflugsdampfer *m.* **~ ground** *s* **1.** (Park-) Anlage(n *pl*) *f.* **2.** Vergnügungspark *m.* **ˈ~-ˌlov·ing** *adj* lebenslustig. **ˈ~-ˈpain** *s psych.* Lust-Unlust *f.* **~ prin·ci·ple** *s psych.* ˈLustprinˌzip *n.* **ˈ~-ˌseek·er** *s* Vergnügungssüchtige(r *m*) *f.* **ˈ~-ˌseek·ing** *adj* vergnügungssüchtig. **~ trip** *s* Vergnügungsreise *f.*

pleat [pliːt] **I** *s* (*Rock- etc*)Falte *f*, Bügelfalte *f.* **II** *v/t* falten, fälteln, plisˈsieren: **~ed skirt** Plissee-, Faltenrock *m.*

pleb [pleb] *colloq. für* **plebeian** II.

pleb·by [ˈplebɪ] *adj Br. colloq.* primiˈtiv (*Person etc*).

plebe [pliːb] *s Am. colloq. Student der untersten Klasse in West Point od. der Marineakademie in Annapolis.*

ple·be·ian [plɪˈbiːən] **I** *adj* **1.** pleˈbejisch. **II** *s* **2.** Pleˈbejer(in). **3.** *contp.* Proˈlet *m.* **pleˈbe·ian·ism** *s* Pleˈbejertum *n*, pleˈbejische Art. **pleˈbe·ian·ize** *v/t* pleˈbejisch machen.

ple·bis·ci·ta·ry [pləˈbɪsɪtərɪ; *Am.* -ˌteriː; ˌplebəˈsaɪtəriː] *adj* Volksabstimmungs... **pleb·i·scite** [ˈplebɪsɪt; -saɪt] *s* Plebisˈzit *n*, Volksabstimmung *f*, -entscheid *m.*

plec·trum [ˈplektrəm] *pl* **-trums, -tra** [-trə] *s mus.* Plektron *n.*

pled [pled] *bes. Scot. u. Am. pret u. pp von* **plead.**

pledge [pledʒ] **I** *s* **1.** a) (Faust-, ˈUnter-) Pfand *n*, Pfandgegenstand *m*, b) Verpfändung *f*, c) Bürgschaft *f*, Sicherheit *f*, d) *hist.* Bürge *m*, Geisel *f*, *m*: **in ~ of** als Pfand für, *fig.* als Beweis für, als Zeichen (*gen*); **to hold in ~** als Pfand halten; **to put in ~** verpfänden; **to take out of ~** *ein Pfand* auslösen. **2.** Versprechen *n*, feste Zusage, Gelübde *n*, Gelöbnis *n*: **to take** (*od.* **sign**) **the ~** dem Alkohol abschwören. **3.** *he told me that* **under (the) ~ of secrecy** unter dem Siegel der Verschwiegenheit. **4.** *a.* **~ of love** *fig.* Pfand *n* der Liebe (*Kind*). **5.** Zutrinken *n*, Toast *m.* **6.** *bes. univ. Am.* a) Versprechen *n*, e-r Verbindung *od.* e-m (Geheim)Bund beizutreten, b) Anwärter(in) auf solche Mitgliedschaft. **II** *v/t* **7.** verpfänden (**s.th. to s.o.** j-m etwas), ein Pfand bestellen für, e-e Sicherheit leisten für, als Sicherheit *od.* zum Pfand geben: **to ~ one's word** *fig.* sein Wort verpfänden; **~d article** Pfandobjekt *n*; **~d merchandise** sicherungsübereignete Ware(n); **~d securities** lombardierte Effekten. **8.** *j-n* verpflichten (**to** zu, auf *acc*): **to ~ o.s.** geloben, sich verpflichten. **9.** *j-m* zutrinken, auf *j-s* Wohl trinken. **ˈpledge·a·ble** *adj* verpfändbar. **pledg·ee** [pleˈdʒiː] *s* Pfandnehmer(in), -inhaber (-in), -gläubiger(in). **pledge·or** [pleˈdʒɔː(r); *Am. a.* ˈpledʒər] *s jur.*, **ˈpledg·er** *s* Pfandgeber(in), -schuldner(in).

pledg·et [ˈpledʒɪt] *s med.* (Watte)Bausch *m*, Tupfer *m.*

pledg·or → **pledgeor.**

Ple·iad [ˈplaɪəd; *Am.* ˈpliːəd] *pl* **ˈPle·ia·des** [-diːz] *s astr. u. fig.* Siebengestirn *n.*

Pleis·to·cene [ˈplaɪstəʊsiːn; -stəs-] *geol.* **I** *s* Pleistoˈzän *n*, Diˈluvium *n.* **II** *adj* Pleistozän...

ple·na·ry [ˈpliːnərɪ; ˈplen-] *adj* (*adv* **plenarily**) **1.** voll(ständig), Voll..., Plenar...: **~ session** (*od.* **sitting**) Plenarsitzung *f.* **2.** voll(kommen), uneingeschränkt: **~ indulgence** *R.C.* vollkommener Ablaß; **~ powers** (*od.* **authority**) unbeschränkte Vollmacht, Generalvollmacht *f.*

plen·i·po·ten·ti·ar·y [ˌplenɪpəʊˈtenʃərɪ; *Am.* -pəˈtentʃəriː; -tʃɪˌeriː] **I** *s* **1.** (GeneˈralBevollmächtigte(r) *m*, bevollmächtigter Gesandter *od.* Miˈnister. **II** *adj* **2.** bevollmächtigt, uneingeschränkte Vollmacht besitzend. **3.** absoˈlut, unbeschränkt.

plen·i·tude [ˈplenɪtjuːd; *Am. a.* -ˌtuːd] *s* **1.** → **plenty** 1. **2.** Vollkommenheit *f.*

plen·te·ous [ˈplentjəs; -ɪəs] *adj* (*adv* **~ly**) *meist poet.* **1.** reich(lich). **2.** ergiebig, fruchtbar (**in, of** an *dat*). **ˈplen·te·ous·ness** → **plenty** 1.

plen·ti·ful [ˈplentɪfʊl] *adj* (*adv* **~ly**) **1.** reich(lich), im ˈÜberfluß (vorˈhanden). **2.** fruchtbar, ergiebig. **ˈplen·ti·ful·ness** → **plenty** 1.

plen·ty [ˈplentɪ] **I** *s* **1.** Fülle *f*, ˈÜberfluß *m*, Menge *f*, Reichtum *m* (**of** an *dat*): **to have ~ of s.th.** mit etwas reichlich versehen sein, etwas in Hülle u. Fülle haben; **in ~** im Überfluß; **~ of money (time)** e-e *od.* jede Menge *od.* viel *od.* massenhaft Geld (Zeit); **~ of times** sehr oft; → **horn** 6. **II** *adj* **2.** *Am.* reichlich. **3.** *Am. Scot. od. dial.* viel(e), massenhaft, jede Menge. **III** *adv* **4.** *colloq.* wirklich, bei weitem: **~ good enough.** **5.** *colloq. Am.* ‚mächtig', ‚ganz schön': **he was ~ mad.**

ple·num [ˈpliːnəm; *Am. a.* ˈple-] *pl* **-nums** *s* **1.** Plenum *n*, Vollversammlung *f.* **2.** *phys.* a) (vollkommen) ausgefüllter Raum, b) mit kompriˈmierter Luft gefüllter Raum: **~ chamber** Luftkammer *f.*

ple·o·nasm [ˈpliːəʊnæzəm] *s ling.* Pleoˈnasmus *m.* **ˌple·oˈnas·tic** [-ˈnæstɪk] *adj* (*adv* **~ally**) pleoˈnastisch.

ple·ro·ma [plɪˈrəʊmə] *s* **1.** Pleˈroma *n*: a) *philos. relig.* Fülle *f* der göttlichen Kraft, b) *Gnostizismus*: Fülle *f* der ideˈalen Welt. **2.** → **plerome.**

ple·rome [ˈplɪərəʊm] *s bot.* Pleˈrom *n*, Füllgewebe *n.*

ples·sor [ˈplesə(r)] → **plexor.**

pleth·o·ra [ˈpleθərə] *s* **1.** *med.* Pleˈthora *f*, Blutandrang *m.* **2.** *fig.* ˈÜberfülle *f*, -maß *n*, Zuˈviel *n* (**of** an *dat*). **pleˈthor·ic** [-ˈθɒrɪk; *Am. a.* -ˈθɑr-] *adj* (*adv* **~ally**) **1.** *med.* pleˈthorisch. **2.** *fig.* ˈübervoll, überˈladen.

pleu·ra [ˈplʊərə] *pl* **-rae** [-riː] *s anat. zo.* Brust-, Rippenfell *n*, Pleura *f.* **ˈpleu·ral** *adj* Brustfell..., Rippenfell...

pleu·ri·sy [ˈplʊərəsɪ] *s med.* Pleuˈritis *f*, Brustfell-, Rippenfellentzündung *f.* **ˌpleuˈrit·ic** [-ˈrɪtɪk] *adj* pleuˈritisch. **ˌpleuˈri·tis** [-ˈraɪtɪs] → **pleurisy.**

pleu·ro·car·pous [ˌplʊərəʊˈkɑː(r)pəs] *adj bot.* pleuroˈkarp, seitenfrüchtig.

pleu·ro·cele [ˈplʊərəʊsiːl] *s med.* Rippenfellhernie *f.*

pleu·ro·pneu·mo·ni·a [ˌplʊərəʊnjuːˈməʊnjə; *Am. a.* -nʊˈm-] *s* **1.** *med.* Lungen- u. Brustfellentzündung *f.* **2.** *vet.* Lungen- u. Brustseuche *f.*

plex·or [ˈpleksə(r)] *s med.* Perkussiˈonshammer *m.*

plex·us [ˈpleksəs] *pl* **-us·es** *s* **1.** *anat.* Plexus *m*, (Nerven)Geflecht *n.* **2.** *fig.* Flechtwerk *n*, Netz *n*, Komˈplex *m.*

pli·a·bil·i·ty [ˌplaɪəˈbɪlətɪ] *s* Biegsamkeit *f*, Geschmeidigkeit *f* (*a. fig.*). **ˈpli·a·ble** *adj* (*adv* **pliably**) **1.** biegsam, geschmeidig (*a. fig.*). **2.** *fig.* nachgiebig, fügsam, gefügig, leicht zu beeinflussen(d).

pli·an·cy [ˈplaɪənsɪ] → **pliability**. **ˈpli·ant** *adj* (*adv* **~ly**) → **pliable**.

pli·ca [ˈplaɪkə] *pl* **-cae** [-siː] *s* **1.** *a.* **~ polonica** *med.* Weichselzopf *m.* **2.** *anat.* (Haut)Falte *f.* **ˈpli·cate** [-keɪt], **ˈpli·cat·ed** [-tɪd] *adj bot. geol. zo.* faltig, fächerförmig. **pliˈca·tion** [plaɪ-], **plic·a·ture** [ˈplɪkətʃə(r); *Am. a.* ˈplaɪk-] *s* **1.** Falten(bildung *f*) *n.* **2.** Falte *f* (*a. geol.*).

pli·ers [ˈplaɪə(r)z] *s pl* (*a. als sg konstruiert*) *tech.* (Draht-, Kneif)Zange *f*: **a pair of ~** e-e Zange.

plight[1] [plaɪt] *s* (unerfreulicher, bedauernswerter) Zustand, mißliche Lage, Not-, Zwangslage *f*, Miˈsere *f.*

plight[2] [plaɪt] *bes. poet.* **I** *v/t* **1.** *sein Wort, s-e Ehre* verpfänden, *Treue* geloben: **to ~ one's faith** Treue schwören (**to** *dat*); **~ed troth** gelobte Treue. **2.** (**o.s.** sich) verloben, *s-e Tochter* versprechen (**to** *dat*). **II** *s* **3.** *obs.* Gelöbnis *n*, feierliches Versprechen. **4.** *a.* **~ of faith** Eheversprechen *n*, Verlobung *f.*

Plim·soll (line *od.* **mark)** [ˈplɪmsəl] *s mar.* (gesetzliche) Höchstlademarke.

plim·solls [ˈplɪmsəlz] *s pl Br.* Turnschuhe *pl.*

plinth [plɪnθ] *s arch.* **1.** Plinthe *f*, Säulenplatte *f.* **2.** Sockel *m.* **3.** Fußleiste *f* e-r Wand.

Pli·o·cene [ˈplaɪəʊsiːn; -əs-] *geol.* **I** *s* Plioˈzän *n.* **II** *adj* Pliozän...

plis·sé [ˈpliːseɪ; ˈplɪs-; *Am.* plɪˈseɪ] **I** *s* Plisˈsee *n.* **II** *adj* plisˈsiert.

plod [plɒd; *Am.* plɑd] **I** *v/i* **1.** *a.* **~ along, ~ on** sich daˈhinschleppen, (einˈher)stapfen. **2.** **~ away** *fig.* sich abmühen *od.* abplagen *od.* ‚abplacken' (**at** mit), ‚schuften'. **II** *v/t* **3. to ~ one's way** → 1. **III** *s* **4.** schleppender *od.* schwerfälliger Gang. **5.** Stapfen *n.* **6.** ‚Plackeˈrei' *f*, ‚Schufteˈrei' *f.* **ˈplod·der** *s* **1.** *fig.* ‚Arbeitstier' *n.* **2.** *tech.* Strangpresse *f.* **ˈplod·ding I** *adj* (*adv* **~ly**) **1.** schwerfällig (gehend), stapfend. **2.** angestrengt, unverdrossen (arbeitend). **3.** *fig.* schwerfällig, langweilig, ‚stur'. **II** *s* **4.** ‚Plackeˈrei' *f*, ‚Schufteˈrei' *f.*

plonk[1] [plɒŋk; *Am. a.* plɑŋk] **I** *v/t* **1.** *a.* **~ down** *etwas* ‚(hin)schmeißen', (-)knallen: **to ~ o.s. into a chair** sich in e-n Sessel schmeißen. **2.** *Saite*(*ninstrument*) zupfen, zupfen auf (*dat*). **II** *v/i* **3.** *a.* **~ down** knallen (**on** auf *acc*). **III** *s* **4.** hartes Geräusch, Knall *m.* **IV** *adv* **5.** hart, knallend. **6.** (haar)genau: **~ in the middle**. **V** *interj* **7.** peng!

plonk[2] [plɒŋk] *s Br. u. Austral. colloq.* billiger (u. schlechter) Wein.

plonk·o [ˈplɒŋkəʊ] *pl* **-os** *s Austral. sl.* Weinsäufer(in).

plop [plɒp; *Am.* plɑp] **I** *v/i* plumpsen, (*bes. ins Wasser*) platschen: **to ~ into a chair** sich in e-n Sessel plumpsen lassen. **II** *v/t* plumpsen *od.* platschen lassen: **to ~ the tray on the table** das Tablett auf den Tisch knallen. **III** *s* Plumps(en *n*) *m*, Platsch(en *n*) *m.* **IV** *adv* mit e-m Plumps *od.* Platsch, plumpsend, platschend. **V** *interj* plumps!, platsch!

plo·sion [ˈpləʊʒn] *s ling.* Verschluß(-sprengung *f*) *m.* **ˈplo·sive** [-sɪv] **I** *adj* Verschluß... **II** *s* Verschlußlaut *m.*

plot [plɒt; *Am.* plɑt] **I** *s* **1.** Stück(chen) *n* (Land), Parˈzelle *f*, Grundstück *n*: **vegetable ~** Gemüseecke *f* (*im Garten*). **2.** *bes. Am.* (Lage-, Bau)Plan *m*, (Grund)Riß *m*, Diaˈgramm *n*, graphische Darstellung. **3.** *mil.* a) *Artillerie*: Zielort *m*, b) *Radar*: Standort *m.* **4.** (geheimer) Plan, Komˈplott *n*, Anschlag *m*, Verschwörung *f*, Inˈtrige *f*: **to lay a ~** ein Komplott schmieden. **5.** Handlung *f*, Fabel *f* (*e-s Romans, Dramas etc*), *a.* Inˈtrige *f*, Verwick(e)lung *f* (*e-r Komödie*): → **thicken** 10. **II** *v/t* **6.** e-n Plan anfertigen von (*od. gen*), *etwas* planen, entwerfen. **7.** *e-e Position etc* in e-n Plan einzeichnen. **8.** *a. tech.* aufzeichnen, regiˈstrieren, schreiben (*Gerät*): **~ted fire** *mil.* Planfeuer *n*; **to ~ a curve** e-e Kurve graphisch darstellen *od.* bestimmen *od.* auswerten, e-e Kennlinie aufnehmen. **9.** *aer. mar. den Kurs* abstecken, ermitteln. **10.** *Luftbilder* auswerten. **11.** trasˈsieren, abstecken: **to ~ out a line**. **12.** *a.* **~ out** *Land* parzelˈlieren. **13.** *e-e Verschwörung* planen, aushecken, *e-e Meuterei* anzetteln. **14.** *e-e Romanhandlung etc* entwickeln, ersinnen. **III** *v/i* **15.** (**against**) Ränke *od.* ein Komˈplott schmieden, intriˈgieren, sich verschwören (gegen), e-n Anschlag verüben (auf *acc*).

ˈplot·less *adj thea.* handlungsarm, ohne rechten Aufbau.

plot·ter [ˈplɒtə; *Am.* ˈplɑtər] *s* **1.** Planzeichner(in). **2.** *aer. mil.* Auswerter *m.* **3.** *Computer*: Plotter *m*, Kurvenschreiber *m*, -zeichner *m.* **4.** Anstifter(in). **5.** Ränkeschmied *m*, Intriˈgant(in), Verschwörer(in).

plot·ting [ˈplɒtɪŋ; *Am.* ˈplɑ-] *s* **1.** Planzeichnen *n.* **2.** *aer. mil.* Auswertung *f.* **3.** *tech.* Aufzeichnung *f*, Regiˈstrierung *f.* **4.** *Radar*: Mitkoppeln *n.* **5.** Ränkeschmieden *n*, Intriˈgieren *n.* **~ board** *s* **1.** *mil.* Auswertetisch *m.* **2.** *mar.* Koppeltisch *m.* **3.** *Computer*: Funktiˈonstisch *m.* **~ pa·per** *s math. tech.* ˈZeichenpaˌpier *n* (*für graphische Darstellungen*), Milliˈmeterpaˌpier *n.*

plough, *bes. Am.* **plow** [plaʊ] **I** *s* **1.** *agr.* Pflug *m*: **to put** (*od.* **set**) **one's hand to the ~** *fig.* Hand ans Werk legen. **2. P~** *astr.* (*der*) Große Bär *od.* Wagen. **3.** *Tischlerei*: Falzhobel *m.* **4.** *Buchbinderei*: Beschneidhobel *m.* **5.** *electr.* Stromabnehmer *m* (für e-e ˈunterirdische Stromschiene). **6.** → **pluck** 5. **II** *v/t* **7.** (ˈum)pflügen: **to ~ back** a) ein-, unterpflügen, b) *fig. e-n Gewinn* wieder in das Geschäft stecken; **to ~ under** unterpflügen (*a. fig.*); **to ~ a lonely furrow** *fig.* (ganz) allein auf weiter Flur stehen; → **sand** 2. **8.** *fig.* a) *das Wasser etc* (durch)ˈfurchen, *Wellen* pflügen, b) *das Gesicht* (zer)furchen, c) sich *e-n Weg* bahnen: **to ~ one's way**. **9.** *bes. Br. sl. e-n Prüfling* ‚ˈdurchrasseln' *od.* ‚ˈdurchfallen' lassen: **to get ~ed** → 13. **III** *v/i* **10.** pflügen, ackern. **11.** sich (ˈum)pflügen (lassen). **12.** *fig.* sich (mühsam) e-n Weg bahnen: **to ~ through a book** *colloq.* ein Buch durchackern; **to ~ ahead** unverdrossen weitermachen, stetig vorankommen. **13.** *bes. Br. sl.* (in e-r Prüfung) ‚ˈdurchrasseln' *od.* ‚ˈdurchfallen'. **ˈ~·boy** *s* **1.** Gespannführer *m.* **2.** Bauernjunge *m.* **~·horse** *s* Ackerpferd *n.* **ˈ~·land** *s* Ackerland *n.* **ˈ~·man** [-mən] *s irr* Pflüger *m*: **~'s lunch** Imbiß *m* aus Brot, Käse *etc.* **~ plane** *s tech.* Nuthobel *m.* **~ press** *s Buchbinderei*: Beschneidpresse *f.* **ˈ~·share** *s agr.* Pflugschar *f.* **ˈ~·tail** *s agr.* Pflugsterz *m.*

plov·er [ˈplʌvə(r); *Am. a.* ˈpləʊ-] *s orn.* **1.** (*ein*) Regenpfeifer *m.* **2.** Gelbschenkelwasserläufer *m.* **3.** Kiebitz *m.*

plow, *etc bes. Am. für* **plough,** *etc.*

ploy[1] [plɔɪ] *s bes. Scot.* **1.** Beschäftigung *f.* **2.** Zeitvertreib *m.*

ploy[2] [plɔɪ] *s* **1.** (Kriegs)List *f* (*a. fig.*). **2.** *fig.* ‚Masche' *f*, ‚Tour' *f*, Trick *m.*

pluck [plʌk] **I** *s* **1.** Rupfen *n*, Zupfen *n*, Zerren *n*, Reißen *n.* **2.** Ruck *m*, Zug *m.* **3.** Geschlinge *n*, Inneˈreien *pl* (*der Schlachttiere*). **4.** *fig.* Schneid *m*, Mut *m*, ‚Mumm' *m.* **5.** *bes. Br. sl.* ‚ˈDurchrasseln' *n*, ‚ˈDurchfallen' *n* (*in e-r Prüfung*). **II** *v/t* **6.** *Obst, Blumen etc* pflücken, abreißen. **7.** *Federn, Haar, Unkraut etc* ausreißen, auszupfen, *Geflügel* rupfen: → **crow**[1] 1. **8.** zupfen, ziehen, zerren, reißen: **to ~ s.o. by the sleeve** j-n am Ärmel zupfen; → **courage**. **9.** *Wolle* verlesen. **10.** *mus. Saiten* zupfen. **11.** *colloq.* j-n ‚rupfen', ‚ausnehmen', prellen. **12.** *bes. Br. sl. e-n Prüfling* ‚ˈdurchrasseln' *od.* ‚ˈdurchfallen' lassen: **to get ~ed** durchrasseln, durchfallen. **III** *v/i* **13.** (**at**) zupfen, ziehen, zerren, reißen (an *dat*), schnappen, greifen (nach).

plucked *adj* **1.** gerupft, gepflückt. **2. ~ instrument** *mus.* Zupfinstrument *n.* **3.** → **plucky** 1. **ˈpluck·i·ness** → **pluck** 4. **ˈpluck·y** *adj* (*adv* **pluckily**) **1.** mutig, schneidig, forsch. **2.** *phot. sl.* scharf, klar.

plug [plʌg] **I** *s* **1.** Pflock *m*, Stöpsel *m*, Dübel *m*, Zapfen *m*, (Faß)Spund *m.* **2.** *med.* (Blut-, Watte- *etc*)Pfropf(en) *m.* **3.** (Zahn)Plombe *f.* **4.** *electr.* Stecker *m*, Stöpsel *m*: **~ and socket** Steck(er)verbindung *f*; **~-ended cord** Stöpselschnur *f*; **to pull the ~** a) *med.* aktive Sterbehilfe leisten, b) *fig.* die Sache *etc* sterben lassen. **5.** *mot.* (Zünd)Kerze *f.* **6.** Hyˈdrant *m.* **7.** Verschlußschraube *f*, (Hahn-, Venˈtil-) Küken *n.* **8.** (Kloˈsett)Spülvorrichtung *f.* **9.** Priem *m* (*Stück Kautabak*). **10.** *colloq.* a) Empfehlung *f*, Tip *m*, Hinweis *m*, b) *Rundfunk, TV, Zeitung*: Werbung *f.* **11.** *econ. sl.* ‚Ladenhüter' *m.* **12.** *Am. sl.* alter Klepper. **13.** *Am. sl.* falsches Geldstück. **14.** *sl.* a) ‚blaue Bohne', Kugel *f*, b) Schuß *m.* **15.** *sl.* a) (Faust)Schlag *m*: **to take a ~ at** → 22 a, b) *Am.* (*das*) Boxen, (*der*) Boxsport. **16.** → **plugger** 3. **17.** → **plug hat**. **II** *v/t* **18.** *a.* **~ up** zu-, verstopfen, zupfropfen, zustöpseln, *ein Faß* verspunden: **to ~ up a hole**. **19.** *e-n Zahn* plomˈbieren. **20.** **~ in** *electr. ein Gerät* einstecken, einstöpseln, (*durch Steckkontakt*) anschließen. **21.** *colloq.* (ständig) Werbung machen für, herˈausstreichen. **22.** *sl.* a) j-m ‚ein Ding' (*e-n Schlag od. e-e Kugel*) verpassen', b) *Hasen etc* ‚abknallen' (*erschießen*). **III** *v/i* **23.** *a.* **~ up** verstopfen (*Rohr etc*). **24.** *a.* **~ away (at)** *colloq.* ‚sich abplacken' (mit), ‚schuften' (an *dat*). **25.** **~ for** *colloq.* Werbung machen für.

ˈplug|·board *s electr.* Schalttafel *f.* **~ box** *s* ˈSteckdose *f*, -konˌtakt *m.* **~ fuse** *s* Stöpselsicherung *f.*

plug·ger [ˈplʌgə(r)] *s* **1.** *med.* Stopfer *m* (*zum Zahnfüllen*). **2.** *colloq.* a) Reˈklamemacher *m*, b) begeisterter Anhänger, Fan *m.* **3.** *Am. sl.* ‚Arbeitstier' *n*, ‚sturer' Arbeiter *od.* Büffler.

plug| hat *s Am. sl.* ‚Angströhre' *f*, Zyˈlinder(hut) *m.* **ˈ~·hole** *s* Verschluß-, Spundloch *n.* **ˈ~-in** *adj tech.* (Auf-) Steck..., Einsteck..., einschiebbar: **~ unit** Steckeinheit *f*, Einschub *m.*

plug·o·la [plʌˈgəʊlə] *s Am. sl.* **1.** *an Rundfunksprecher für Schleichwerbung gezahlte Bestechungs- od.* ‚*Schmier*'*gelder.* **2.** einseitige Berichterstattung.

plug| switch *s electr.* Steck-, Stöpselschalter *m.* **ˈ~-ˌug·ly I** *s Am. sl.* ‚Schläger' *m*, Rowdy *m.* **II** *adj colloq.* abgrundhäßlich. **~ valve** *s tech.* ˈKegelvenˌtil *n.* **~**

weld *s tech.* Lochschweißung *f.* **~ wrench** *s tech.* (Zünd)Kerzenschlüssel *m.*

plum [plʌm] *s* **1.** Pflaume *f*, Zwetsch(g)e *f*: **dried ~** Backpflaume. **2.** → **plum tree** 1. **3.** *bot. Baum od. Frucht mehrerer pflaumenartiger Gewächse, z. B.* Dattelpflaume *f.* **4.** Roˈsine *f* (*im Pudding u. Backwerk*): **~ cake** Rosinenkuchen *m.* **5.** *fig.* ‚Roˈsine' *f* (*das Beste, a. aus e-m Buch*). **6.** *a.* **~ job** *colloq.* ruhiger, gutbezahlter Posten. **7.** *Am. sl.* Belohnung *f* (für Unterˈstützung bei der Wahl *etc*). **8.** *Am. sl.* ‚plötzlicher Reichtum', unverhoffter Gewinn, *econ.* ˈSonderdiviˌdende *f.* **9.** *Br. obs. sl.* £ 100000. **10.** Pflaumenblau *n.*

plum·age [ˈpluːmɪdʒ] *s orn.* Gefieder *n.* ˈ**plum·aged** *adj* gefiedert.

plumb [plʌm] **I** *s* **1.** Bleigewicht *n.* **2.** *tech.* (Blei)Lot *n*, Senkblei *n*: **out of ~, off ~** aus dem Lot, nicht (mehr) senkrecht. **3.** *mar.* (Echo)Lot *n.* **II** *adj* **4.** lot-, senkrecht. **5.** *bes. Am. colloq.* völlig, glatt, rein: **this is ~ nonsense.** **III** *adv* **6.** lot-, senkrecht. **7.** *fig.* (haar)genau: **~ in the middle.** **8.** *bes. Am. colloq.* ‚komˈplett', ‚toˈtal': **~ crazy.** **IV** *v/t* **9.** lotrecht machen. **10.** *mar. die Meerestiefe* (ab-, aus)loten, sonˈdieren. **11.** *fig.* sonˈdieren, erforschen, ergründen. **12.** *tech.* (mit Blei) verlöten, verbleien. **13.** Wasser- *od.* Gasleitungen legen in (*e-m Haus*). **V** *v/i* **14.** *colloq.* klempnern.

plum·ba·go [plʌmˈbeɪɡəʊ] *s* **1.** *min.* a) Graˈphit *m*, Reißblei *n*, b) Bleiglanz *m.* **2.** *bot.* Bleiwurz *f.*

plumb bob → **plumb** 2.

plum·be·ous [ˈplʌmbɪəs] *adj* **1.** bleiern, bleiartig. **2.** bleifarben. **3.** *Keramik*: mit Blei glaˈsiert.

plumb·er [ˈplʌmə(r)] *s* **1.** Klempner *m*, Installaˈteur *m*, Rohrleger *m.* **2.** Bleiarbeiter *m.* ˈ**plumb·er·y** *s* **1.** Klempnerwerkstatt *f.* **2.** → **plumbing** 1.

plum·bic [ˈplʌmbɪk] *adj chem.* Blei...: **~ chloride** Bleitetrachlorid *n.* **plumˈbif·er·ous** [-ˈbɪfərəs] *adj* bleihaltig.

plumb·ing [ˈplʌmɪŋ] *s* **1.** Klempner-, Rohrleger-, Installaˈteurarbeit *f.* **2.** a) Rohr-, Wasser-, Gasleitung *f*, b) saniˈtäre Installatiˈon: **to have a look at the ~** *colloq. euphem.* ‚austreten', ‚mal verschwinden'. **3.** Blei(gießer)arbeit *f.* **4.** *arch. mar.* Ausloten *n.*

plum·bism [ˈplʌmbɪzəm] *s med.* Bleivergiftung *f.*

plumb·less [ˈplʌmlɪs] *adj* unermeßlich (tief), bodenlos (*a. fig.*).

plumb| line *s* **1.** Senkschnur *f*, -blei *n.* **2.** → **plumb rule.** ˈ**~-line** *v/t* **1.** *arch., a. mar.* ausloten. **2.** *fig.* sonˈdieren.

plumbo- [plʌmbəʊ] *chem. min. Wortelement mit der Bedeutung* Blei...: **plumbosolvent** bleizersetzend.

plum·bous [ˈplʌmbəs] *adj* **1.** bleihaltig. **2.** *chem.* Blei...: **~ sulfate** Bleisulfat *n.*

plumb rule *s tech.* Lot-, Senkwaage *f.*

plume [pluːm] **I** *s* **1.** große Feder: **~ of an ostrich** Straußenfeder; **to adorn o.s. with borrowed ~s** *fig.* sich mit fremden Federn schmücken. **2.** (Hut-, Schmuck-) Feder *f.* **3.** Feder-, Helmbusch *m.* **4.** *poet.* a) Feder *f*, b) Federkleid *n*, Gefieder *n.* **5.** Siegesfeder *f* (*im Turnier*): **to win the ~** den Sieg davontragen (*a. fig.*). **6.** *fig. federähnliches Gebilde*: a) *a.* **~ of cloud** Federwolke *f*, b) *a.* **~ of smoke** Rauchfahne *f.* **II** *v/t* **7.** mit Federn schmücken. **8.** *orn. das Gefieder* putzen. **9.** **~ o.s. (up)on** sich brüsten mit, sich etwas einbilden auf (*acc*).

plumed [pluːmd] *adj* **1.** gefiedert. **2.** mit Federn geschmückt: **~ hat** Federhut *m.*

ˈ**plume·less** *adj* federlos, ungefiedert.

plum·met [ˈplʌmɪt] **I** *s* **1.** (Blei)Lot *n*, Senkblei *n.* **2.** *tech.* Senkwaage *f.* **3.** (Blei)Senker *m* (*zum Fischen*). **II** *v/i* **4.** (herˈab)stürzen (*Flugzeug etc*). **5.** *fig.* stürzen (*Preise, Kurse etc*), absacken (*Blutdruck etc, a. Person*).

plum·my [ˈplʌmɪ] *adj* **1.** pflaumenartig, Pflaumen... **2.** reich an Pflaumen *od.* Roˈsinen. **3.** *colloq.* ‚prima', ‚toll', *bes.* ruhig u. gutbezahlt (*Posten*). **4.** volltönend, soˈnor: **~ voice.**

plu·mose [ˈpluːməʊs] *adj* **1.** *orn.* gefiedert. **2.** *bot. zo.* federartig.

plump[1] [plʌmp] **I** *adj* **1.** prall, drall, mollig, ‚pummelig', rundlich. **2.** dick, feist, pausbackig: **~ cheeks** Pausbacken. **3.** fleischig (*Ente etc*). **II** *v/t* **4.** *oft* **~ up, ~ out** a) prall *od.* fett machen, b) *Kissen etc* aufschütteln. **III** *v/i* **5.** *oft* **~ up, ~ out** (Fett) ansetzen, rundlich werden.

plump[2] [plʌmp] **I** *v/i* **1.** *a.* **~ down** (ˈhin)plumpsen, fallen, sich (*in e-n Sessel etc*) fallen lassen. **2.** *pol.* kumuˈlieren: **to ~ for** a) *e-m Wahlkandidaten* s-e Stimme ungeteilt geben, b) *j-n* rückhaltlos unterstützen, c) sich ohne zu zögern entscheiden für, sofort nehmen *od.* wählen. **II** *v/t* **3.** *a.* **~ down** plumpsen lassen. **4.** *colloq.* herˈausplatzen mit (*s-r Meinung etc*), unverblümt *od.* geradeherˈaus sagen. **5.** *Am. sl.* loben, herˈausstreichen. **III** *s* **6.** Plumps(en *n*) *m.* **IV** *adv* **7.** plumpsend, mit e-m Plumps: **to fall ~ into the water.** **8.** *colloq.* unverblümt, geradeherˈaus. **V** *adj* (*adv* **~ly**) **9.** plump (*Lüge etc*). **10.** deutlich, glatt (*Ablehnung etc*).

plump·er[1] [ˈplʌmpə(r)] *s* Bausch *m.*

plump·er[2] [ˈplʌmpə(r)] *s* **1.** Plumps *m.* **2.** *pol.* ungeteilte (Wahl)Stimme. **3.** plumpe *od.* ‚dicke' Lüge.

ˈ**plump·ness** *s* **1.** Drall-, Prallheit *f*, Rundlichkeit *f*, Pausbackigkeit *f.* **2.** Plumpheit *f.* **3.** *colloq.* Offenheit *f.*

plum| pud·ding *s Br.* Plumpudding *m.* **~ tree** *s* **1.** *bot.* Pflaumen-, Zwetsch(g)enbaum *m.* **2.** *Am. sl.* (*politische etc*) Beziehungen *pl*: **to shake the ~** s-e Beziehungen spielen lassen.

plu·mule [ˈpluːmjuːl] *s* **1.** *orn.* Flaumfeder *f.* **2.** *bot.* Plumula *f*, Sproßknospe *f* (*des Keimlings*).

plum·y [ˈpluːmɪ] → **plumose.**

plun·der [ˈplʌndə(r)] **I** *v/t* **1.** plündern: **to ~ a town.** **2.** *Waren* rauben, stehlen. **3.** *j-n* ausplündern. **II** *v/i* **4.** plündern, räubern. **III** *s* **5.** Plünderung *f*, Plündeˈrei *f*, Diebstahl *m.* **6.** Beute *f*, Raub *m* (*a. fig. Gewinn etc*). **7.** *Am. colloq.* Plunder *m*, Kram *m*, Siebensachen *pl.* ˈ**plun·der·age** *s jur.* **1.** Plünderung *f.* **2.** Unterˈschlagen *n* (*von Waren auf Schiffen*). **3.** Plündergut *n.* ˈ**plun·der·er** *s* Plünderer *m.*

plunge [plʌndʒ] **I** *v/t* **1.** (ein)tauchen (**in, into** in *acc*) (*a. fig.*): **to ~ the room in darkness** *fig.* das Zimmer in Dunkel tauchen *od.* hüllen. **2.** *e-e Waffe* stoßen (**into s.o.'s heart** j-m ins Herz). **3.** **~ into** *fig.* a) *j-n* in *Schulden etc* stürzen: **to ~ o.s. into debts**, b) *e-e Nation* in *e-n Krieg* stürzen *od.* treiben: **to ~ a nation into war.** **II** *v/i* **4.** (ein)tauchen (**in, into** in *acc*). **5.** stürzen, stürmen: **to ~ into the room.** **6.** *fig.* sich stürzen (**into** in *Schulden, e-e Tätigkeit etc*). **7.** *mar.* stampfen (*Schiff*). **8.** sich nach vorn werfen (*Pferd etc*). **9.** (ab)stürzen, steil abfallen (*Klippe etc*). **10.** stürzen (*Preise, Kurse etc*). **11.** *sl.* etwas risˈkieren, alles auf ˈeine Karte setzen. **III** *s* **12.** (Ein)Tauchen *n.* **13.** *Schwimmen*: (Kopf)Sprung *m*: **to take the ~** *fig.* es wagen, den Sprung *od.* den entscheidenden Schritt wagen. **14.** Sturz *m*, (*a.* Vorwärts)Stürzen *n.* **15.** Sprung-, Tauchbecken *n.* **~ bath** *s* Voll-, Tauchbad *n.* **~ bat·ter·y** *s electr.* ˈTauchbatteˌrie *f.*

plung·er [ˈplʌndʒə(r)] *s* **1.** Taucher *m.* **2.** *a.* **~ piston** *tech.* Tauchkolben *m*: **~ pump** Plungerpumpe *f.* **3.** *tech.* Stempel *m*, Stößel *m.* **4.** *electr.* (Tauch)Kern *m*, Tauchbolzen *m*: **~ coil, ~ solenoid** Tauchkernspule *f.* **5.** *electr.* Tauchspule *f.* **6.** *mot.* Venˈtilkolben *m.* **7.** *mil.* Schlagbolzen *m.* **8.** *sl.* Hasarˈdeur *m*, (waghalsiger) Spieler, wilder Spekuˈlant.

plung·ing| bat·ter·y [ˈplʌndʒɪŋ] → **plunge battery.** **~ fire** *s mil.* Steil-, Senkfeuer *n.* **~ neck·line** *s* tiefer Ausschnitt.

plunk [plʌŋk] → **plonk**[1].

plu·per·fect [ˌpluːˈpɜːfɪkt; *Am.* -ˈpɜr-] *s a.* **~ tense** *ling.* Plusquamperfekt *n*, Vorvergangenheit *f.*

plu·ral [ˈplʊərəl] **I** *adj* (*adv* **~ly**) **1.** mehrfach, aus mehreren bestehend: **~ executive** *Am.* Vorstand(skollegium *n*) *m*: **~ marriage** Mehrehe *f*; **~ scattering** *phys.* Mehrfachstreuung *f*; **~ society** *sociol.* pluralistische Gesellschaft; **~ voting** *pol.* Mehrstimmenwahlrecht *n.* **2.** *ling.* Plural..., Mehrzahl..., im Plural, in der Mehrzahl, pluˈralisch: **~ number** → 3. **II** *s* **3.** *ling.* Plural *m*, Mehrzahl *f.* ˈ**plu·ral·ism** *s* **1.** Vielheit *f*, Vielfalt *f*, Vielzahl *f.* **2.** a) Besitz *m* mehrerer Ämter, b) → **plurality** 5. **3.** *philos. sociol.* Pluraˈlismus *m.* ˈ**plu·ral·ist I** *adj philos. sociol.* pluraˈlistisch. **II** *s philos.* Pluraˈlist(in). ˌ**plu·ralˈist·ic** *adj* → **pluralist** I.

plu·ral·i·ty [ˌplʊəˈrælətɪ] *s* **1.** Mehrheit *f*, ˈÜber-, Mehrzahl *f.* **2.** Vielzahl *f*, große Anzahl *od.* Menge. **3.** *sociol.* pluraˈlistische Strukˈtur. **4.** *pol.* (*Am. bes.* relaˈtive) Stimmenmehrheit. **5.** *a.* **~ of benefices** *relig.* Besitz *m* mehrerer Pfründen *od.* Ämter. ˈ**plu·ral·ize I** *v/t ling.* **1.** in den Plural setzen. **2.** als *od.* im Plural gebrauchen, im Plural ausdrücken. **II** *v/i* **3.** *relig.* mehrere Pfründen *od.* Ämter innehaben.

plu·ri·ax·i·al [ˌplʊərɪˈæksɪəl] *adj bes. bot.* mehrachsig. ˌ**plu·riˈlin·gual** [-ˈlɪŋɡwəl] *adj ling.* mehrsprachig.

plu·rip·a·ra [ˌplʊəˈrɪpərə] *pl* **-rae** [-riː], **-ras** *s* **1.** *med.* Pluˈripara *f* (*Frau, die mehrmals geboren hat*). **2.** *zo.* Tier, das mehrere Junge gleichzeitig wirft.

plus [plʌs] **I** *prep* **1.** plus, und. **2.** *bes. econ.* zuzüglich (*gen*): **a sum ~ interest** ein Betrag zuzüglich (der) Zinsen. **3.** *colloq.* mit: **~ a coat.** **II** *adj* **4.** Plus..., *a.* extra, Extra...: **~ pressure** *tech.* Atmosphärenüberdruck *m* (*abbr.* atü); **~ sign** a) *math.* Pluszeichen *n*, b) *fig.* gutes Zeichen; **~ or minus 5%** plus-minus 5%; **~ factor** *fig.* Pluspunkt *m.* **5.** *electr. math.* positiv, Plus...: **~ quantity** positive Größe. **III** *s* **6.** Plus(zeichen) *n.* **7.** Plus *n*, Mehr *n*, ˈÜberschuß *m.* **8.** *fig.* Plus(punkt *m*) *n.* **~ fours** *s pl* (*weite*) Knickerbocker- *od.* Golfhose.

plush [plʌʃ] **I** *s* **1.** Plüsch *m.* **II** *adj* **2.** Plüsch... **3.** *colloq.* (stink)vornehm, feuˈdal, Nobel...: **a ~ restaurant.**

plush·y [ˈplʌʃɪ] *adj* **1.** plüschartig. **2.** → **plush** 3.

plus·(s)age [ˈplʌsɪdʒ] *s Am.* Mehrbetrag *m*, ˈÜberschuß *m.*

plu·tar·chy [ˈpluːtɑː(r)kɪ] → **plutocracy.**

plute [pluːt] *Am. sl. abbr. für* **plutocrat.**

Plu·to [ˈpluːtəʊ] *npr* **1.** *myth.* Pluto *m* (*Gott*). **2.** *astr.* Pluto *m* (*Planet*).

plu·toc·ra·cy [pluːˈtɒkrəsɪ; *Am.* -ˈtɑk-] *s* **1.** Plutokraˈtie *f*, Geldherrschaft *f.* **2.** *collect.* ˈGeldaristokraˌtie *f*, Plutoˈkraten *pl.* **plu·to·crat** [ˈpluːtəʊkræt] *s* Plutoˈkrat *m*, Kapitaˈlist *m.* ˌ**plu·toˈcrat·ic** *adj* (*adv* **~ally**) plutoˈkratisch.

ˌ**plu·to·deˈmoc·ra·cy** *s* ˈPlutodemokraˌtie *f.*

plu·ton [ˈpluːtɒn; *Am.* -ˌtɑn] *s geol.* Pluˈton *m.*
Plu·to·ni·an [pluːˈtəʊnjən; -ɪən] *adj myth.* pluˈtonisch, Pluto... **pluˈton·ic** [-ˈtɒnɪk; *Am.* -ˈtɑ-] *adj geol.* pluˈtonisch: ~ **action** vulkanische Tätigkeit; ~ **rocks** plutonische Gesteine; ~ **theory** Plutonismus *m.*
plu·to·ni·um [pluːˈtəʊnjəm; -ɪəm] *s chem.* Pluˈtonium *n*: ~ **breeder** (*Atomphysik*) Plutonium-Brutreaktor *m.*
plu·ton·o·my [pluːˈtɒnəmɪ; *Am.* -ˈtɑn-] *s* Volkswirtschaftslehre *f.*
plu·vi·al [ˈpluːvjəl; -ɪəl] *adj* **1.** regnerisch, regenreich, Regen... **2.** *geol.* durch Regen verursacht.
plu·vi·om·e·ter [ˌpluːvɪˈɒmɪtə(r); *Am.* -ˈɑm-] *s meteor.* Pluvioˈmeter *n*, Regenmesser *m.*
ply¹ [plaɪ] **I** *v/t* **1.** *Arbeitsgerät* handhaben, hanˈtieren *od.* ˈumgehen mit: **to ~ a needle. 2.** *ein Gewerbe* betreiben, ausüben: **to ~ one's trade** s-m Gewerbe nachgehen (*Prostituierte*). **3.** (**with**) bearbeiten (mit) (*a. fig.*), *fig. j-m* (mit *Fragen etc*) zusetzen, *j-n* (mit *etwas*) überˈhäufen: **to ~ the horses with a whip** (dauernd) mit der Peitsche auf die Pferde einschlagen; **to ~ s.o. with a drink** j-n zum Trinken nötigen. **4.** in Gang halten, (ständig) versehen (**with** mit): **to ~ a fire with fresh fuel. 5.** *e-e Strecke* regelmäßig befahren, verkehren auf (*dat*): **the ferryboat plies the river. II** *v/i* **6.** verkehren, ˈhin- u. ˈherfahren, pendeln (**between** zwischen). **7.** *mar.* laˈvieren, aufkreuzen. **8.** *bes. Br.* auf Beschäftigung warten, s-n Stand(platz) haben: **a taxi driver ~ing for hire** ein auf Kunden wartender Taxifahrer.
ply² [plaɪ] **I** *s* **1.** Falte *f.* **2.** (Garn)Strähne *f.* **3.** (Stoff-, Sperrholz- *etc*)Lage *f*, Schicht *f*: **three-~** a) dreifach (*Garn etc*), b) dreifach gewebt (*Teppich*). **4.** *fig.* Hang *m*, Neigung *f*: **to take a** (*od.* **one's**) ~ e-e Richtung einnehmen. **II** *v/t* **5.** biegen, falten. **6.** *Garn etc* fachen, in Strähnen legen.
ˈply·wood *s* Sperr-, Furˈnierholz *n.*
pneu·ma [ˈnjuːmə; *Am. a.* ˈnuːmə] *s* Pneuma *n*: a) *philos. ätherische Substanz, die als Lebensprinzip angesehen wurde*, b) *relig.* Heiliger Geist.
pneu·mat·ic [njuːˈmætɪk; *Am. a.* nʊˈm-] **I** *adj* (*adv* **~ally**) **1.** *bes. phys. tech.* pneuˈmatisch, Luft..., *tech.* Druck(luft)..., Preßluft...: ~ **tool** Preßluftwerkzeug *n.* **2.** *zo.* lufthaltig: ~ **bones** Luftknochen. **3.** *philos. relig.* pneuˈmatisch. **4.** *colloq.* ‚kurvenreich' (*Mädchen*). **II** *s* **5.** → **pneumatic tire. 6.** Fahrzeug *n* mit Luftbereifung. **~ ac·tion** *s mus.* pneuˈmatische Trakˈtur (*der Orgel*). **~ brake** *s tech.* pneuˈmatische Bremse, Druckluftbremse *f.* **~ dis·patch** *s* Rohrpost *f.* **~ drill** *s tech.* Preßluftbohrer *m.* **~ el·e·va·tor** *s Am.* pneuˈmatischer Aufzug. **~ float** *s* Floßsack *m.* **~ gun** *s mil.* Preßluftgeschütz *n.* **~ ham·mer** *s tech.* Preßlufthammer *m.* [*phys.* Pneuˈmatik *f.*]
pneuˈmat·ics *s pl* (*als sg konstruiert*)
pneu·mat·ic| switch *s tech.* Druckluftschalter *m.* **~ tire** (*bes. Br.* **tyre**) *s tech.* Luftreifen *m*, *pl a.* Luftbereifung *f.* **~ tube** *s tech.* pneuˈmatische Röhre, *weitS.* Rohrpost *f.*
pneumato- [njuːmətəʊ-; *Am. a.* nuː-] *Wortelement mit den Bedeutungen* a) Luft..., b) Atem...
ˈpneu·ma·to·cyst *s orn. zo.* Luftsack *m.*
pneu·ma·tol·o·gy [ˌnjuːməˈtɒlədʒɪ; *Am.* -ˈtɑ-; *a.* ˌnuː-] *s* **1.** *relig.* Pneumatoloˈgie *f*: a) Lehre *f* von den Engeln u. Däˈmonen, b) Lehre *f* vom Heiligen Geist. **2.** *obs.* → **pneumatics.**
pneu·ma·to·sis [ˌnjuːməˈtəʊsɪs; *Am. a.* ˌnuː-] *s med.* Pneumaˈtose *f*, Bildung *f* von Gas- *od.* Luftzysten.
ˈpneu·ma·toˌther·aˈpeu·tics *s pl* (*als sg konstruiert*), **ˌpneu·ma·toˈther·a·py** *s* Pneumatotheraˈpie *f*, pneuˈmatische Theraˈpie.
pneu·mec·to·my [njuːˈmektəmɪ; *Am. a.* nuː-] *s med.* Pneumektoˈmie *f*, ˈLungenresektiˌon *f.*
pneu·mo·dy·nam·ics [ˌnjuːməʊdaɪˈnæmɪks; *Am. a.* ˌnuː-] → **pneumatics.**
pneu·mo·nec·to·my [ˌnjuːməʊˈnektəmɪ; *Am. a.* ˌnuːməˈn-] *s med.* Pneumonektoˈmie *f*: a) operaˈtive Entfernung e-s Lungenflügels, b) ˈLungenresektiˌon *f.*
pneu·mo·ni·a [njuːˈməʊnjə; *Am. a.* nʊˈm-] *s med.* Lungenentzündung *f*, Pneumoˈnie *f*: **bronchial ~** Bronchopneumonie; **double ~** doppelseitige Lungenentzündung. **pneuˈmon·ic** [-ˈmɒnɪk; *Am.* -ˈmɑn-; *a.* nʊˈm-] *adj* pneuˈmonisch, die Lunge *od.* Lungenentzündung betreffend.
po [pəʊ] *pl* **pos** *s Br. colloq.* (Nacht)Topf *m.*
po·a [ˈpəʊə] *s bot.* Rispengras *n.*
poach¹ [pəʊtʃ] **I** *v/t* **1.** *den Boden* zertrampeln, aufwühlen. **2.** (zu e-m Brei) anrühren. **3.** wildern, unerlaubt jagen *od.* fangen. **4.** räubern, stehlen. **5.** *Arbeitskräfte* abwerben. **6.** *Tennis, Badminton*: (*dem Doppelpartner zugedachte*) *Bälle* wegnehmen. **7.** *Papier* bleichen. **II** *v/i* **8.** weich *od.* ‚matschig' *od.* zertrampelt werden (*Boden*). **9.** (**on**) a) unbefugt eindringen (in *acc*), b) *fig.* ˈübergreifen (auf *acc*): → **preserve** 8. **10.** wildern.
poach² [pəʊtʃ] *v/t Eier* poˈchieren: **~ed egg** pochiertes *od.* verlorenes Ei.
poach·er¹ [ˈpəʊtʃə(r)] *s* **1.** Wilderer *m*, Wilddieb *m.* **2.** *sl.* ‚Freibeuter' *m.* **3.** *Papierfabrikation*: Bleichholländer *m.*
poach·er² [ˈpəʊtʃə(r)] *s* Poˈchierpfanne *f.*
poach·ing [ˈpəʊtʃɪŋ] *s* Wildern *n*, Wildeˈrei *f.*
poach·y [ˈpəʊtʃɪ] *adj* sumpfig.
po·chard [ˈpəʊtʃə(r)d] *pl* **-chards,** *bes. collect.* **-chard** *s orn.* Tafelente *f.*
po·chette [pɒˈʃet; *Am.* pəʊ-] *s* **1.** Handtäschchen *n.* **2.** *Philatelie*: Klemmtasche *f.*
pock [pɒk; *Am.* pɑk] *s med.* **1.** Pocke *f*, Blatter *f*, (Pocken)Pustel *f.* **2.** Pockennarbe *f.*
pock·et [ˈpɒkɪt; *Am.* ˈpɑ-] **I** *s* **1.** (Hosen- *etc*)Tasche *f*: **to have s.o. in one's ~** *fig.* j-n ‚in der Tasche' *od.* Gewalt haben; **to put s.o. in one's ~** *fig.* j-n ‚in die Tasche stecken', mit j-m fertig werden; **to put one's pride in one's ~** s-n Stolz überwinden. **2.** a) Geldbeutel *m* (*a. fig.*), b) *fig.* (Geld)Mittel *pl*, Fiˈnanzen *pl*: **out of one's ~** aus der eigenen Tasche; **to put one's hand in one's ~** tief in die Tasche greifen; **to be in ~** gut bei Kasse sein; **to be 5 dollars in (out of) ~** 5 Dollar profitiert (verloren) haben; **he will suffer in his ~** *fig.* es wird ihm an den Geldbeutel gehen; **to suit all ~s** für jeden Geldbeutel; → **line²** 4. **3.** Sack *m*, Beutel *m.* **4.** *Br.* Sack *m* (*Hopfen, Wolle etc, als Maß = 168 lb.*). **5.** *anat. zo.* Tasche *f.* **6.** *geol.* Einschluß *m.* **7.** *Bergbau*: Erz-, *bes.* Goldnest *n.* **8.** *Billard*: Tasche *f*, Loch *n.* **9.** *Verpackungstechnik*: Tasche *f* (*e-s Transportbandes*). **10.** *a.* **air ~** Luftloch *n*, Fallbö *f.* **11.** *mil.* Kessel *m*: **~ of resistance** Widerstandsnest *n.* **12.** *sport* ungünstige Positiˈon (e-s eingeschlossenen Läufers *etc*). **13.** (vereinzelte) Gruppe *od.* (vereinzelter) Gebietsteil: **~ of unemployment** Gebiet *n* mit hoher Arbeitslosigkeit.
II *adj* **14.** Taschen...: **~ lamp** (*od.* **torch**) Taschenlampe *f*; **~ lighter** Taschenfeuerzeug *n*; **~ size** Taschenformat *n.* **15.** finanziˈell, Geld... **16.** gekürzt, Kurz...: **~ lecture. 17.** vereinzelt.
III *v/t* **18.** in die Tasche stecken, einstecken (*beide a. fig. einheimsen*). **19.** *fig.* an sich reißen. **20.** *fig.* a) *e-e Kränkung etc* einstecken, ˈhinnehmen, b) *Gefühle* unterˈdrücken, hinˈunterschlucken: **to ~ one's pride** s-n Stolz überwinden. **21.** *die Billardkugel* einlochen. **22.** *pol. Am. e-e Gesetzesvorlage* nicht unterˈschreiben, sein Veto einlegen gegen (*Präsident, Gouverneur*). **23.** *mil. den Gegner* einkesseln. **24.** *sport Läufer etc* einschließen.
ˈpock·et|·book *s* **1.** Taschen-, Noˈtizbuch *n.* **2.** a) Brieftasche *f*, b) *Am.* Geldbeutel *m* (*beide a. fig.*): **the average ~** der Durchschnittsgeldbeutel, das Normaleinkommen; **this is beyond my ~** das kann ich mir nicht leisten. **3.** *Am.* Handtasche *f.* **4.** Taschenbuch *n*: **~ edition** Taschenausgabe *f.* **~ bil·liards** *s pl* (*meist als sg konstruiert*) Poolbillard *n.* **~ bor·ough** *s Br. hist.* winziger Wahlflecken (*durch e-n einzigen Grundbesitzer vertreten*). **~ cal·cu·la·tor** *s* Taschenrechner *m.* **~ e·di·tion** *s* Taschenausgabe *f* (*e-s Buchs*).
ˈpock·et·ful [-fʊl] *s e-e* Tasche(voll): **a ~ of money** e-e Tasche voll Geld.
pock·et| hand·ker·chief *s* Taschentuch *n.* **ˈ~-ˌhand·ker·chief** *adj* ‚im ˈWestentaschenforˌmat': **a ~ garden. ˈ~knife** *s irr* Taschenmesser *n.*
ˈpock·et·less *adj* taschenlos.
pock·et| mon·ey *s* Taschengeld *n.* **~ mouse** *s irr zo.* Taschenspringmaus *f.* **~ piece** *s* Glücksmünze *f*, -pfennig *m.* **~ pis·tol** *s* **1.** ˈTaschenpiˌstole *f.* **2.** *humor.* ‚Flachmann' *m* (*kleine, flache Schnapsflasche*). **ˈ~-size(d)** *adj* **1.** im ˈTaschenforˌmat. **2.** *fig.* ‚im ˈWestentaschenforˌmat': **a ~ garden. ~ ve·to** *s pol. Am.* Zuˈrückhalten *n od.* Verzögerung *f* e-s Gesetzentwurfs (*durch den Präsidenten od. e-n Gouverneur*).
ˈpock·mark I *s* Pockennarbe *f.* **II** *v/t* (*fig.* wie) mit Pockennarben bedecken, *fig.* verschandeln.
pock·y [ˈpɒkɪ; *Am.* ˈpɑ-] *adj* pockig, pockennarbig.
po·co·cu·ran·te [ˌpəʊkəʊkjʊəˈræntɪ; *Am. a.* -kʊˈr-] *adj u. s* gleichgültig(er Mensch).
pod¹ [pɒd; *Am.* pɑd] *s zo.* Herde *f* (*Wale, Robben*), Schwarm *m* (*Vögel*).
pod² [pɒd; *Am.* pɑd] **I** *s* **1.** *bot.* Hülse *f*, Schale *f*, Schote *f.* **2.** *bes. zo.* (Schutz-) Hülle *f*, *a.* Koˈkon *m* (*der Seidenraupe*), Beutel *m* (*des Moschustiers*). **3.** *a.* **~ net** Ringnetz *n* (*zum Aalfang*). **4.** *aer.* Behälter *m.* **5.** *sl.* ‚Wampe' *f*, ‚Wanst' *m*, dicker Bauch: **in ~** ‚dick' (*schwanger*). **II** *v/i* **6.** Hülsen ansetzen. **7. ~ up** *sl.* ‚e-n dicken Bauch kriegen' (*schwanger sein*). **III** *v/t* **8.** *Erbsen etc* aushülsen.
po·dag·ra [pəʊˈdægrə; pəˈd-] *s med.* Podagra *n*: a) Fußgicht *f*, b) Gicht *f* der großen Zehe.
pod| au·ger *s tech.* Hohlbohrer *m.* **~ bit** *s* Schneide *f* e-s Hohlbohrers.
podg·i·ness [ˈpɒdʒɪnɪs; *Am.* ˈpɑ-] *s* Unterˈsetztheit *f.* **ˈpodg·y** *adj* unterˈsetzt, klein u. dick, dicklich: **~ fingers** Wurstfinger.
po·di·a·trist [pəˈdaɪətrɪst; pəʊ-] *s Am.* Fußpfleger(in). **poˈdi·a·try** [-triː] *s Am.* Fußpflege *f*, Pediˈküre *f.*
po·di·um [ˈpəʊdɪəm] *pl* **-di·a** [-dɪə] *s* **1.** *arch.* Podium *n* (*a. mus. des Dirigenten*), Poˈdest *n, m.* **2.** *arch. antiq.* a) erhöhte Sitzreihe (*im Amphitheater*), b) Podiumsockel *m* (*e-s Tempels*). **3.** ˈdurchgehende Bank (*rund um e-n Raum*). **4.** *zo.* (Saug-) Fuß *m.*

pod pep·per *s bot.* Schotenpfeffer *m*, Paprika *m*.
Po·dunk [ˈpəʊˌdʌŋk] *s Am.* ‚Krähwinkel' *n* (*typische Kleinstadt*).
po·em [ˈpəʊɪm] *s* **1.** Gedicht *n*, Dichtung *f*. **2.** *fig.* ‚Gedicht' *n* (*etwas Schönes*).
po·e·sy [ˈpəʊɪzɪ] *s obs.* **1.** Poeˈsie *f*, Dichtkunst *f*. **2.** Dichtung *f*, Gedicht *n*.
po·et [ˈpəʊɪt] *s* Dichter *m*, Poˈet *m*: **P~s' Corner** a) Dichterwinkel *m* (*Ehrenplatz der in der Westminsterabtei beigesetzten Dichter*), b) *humor.* literarische Ecke (*in der Zeitung*); → **poet laureate**. **po·et·as·ter** [ˌpəʊɪˈtæstə(r); *Am.* ˈpəʊətˌæ-] *s* Poeˈtaster *m*, Dichterling *m*. **ˈpo·et·ess** *s* Dichterin *f*, Poˈetin *f*.
po·et·ic [pəʊˈetɪk] **I** *adj* (*adv* **~ally**) poˈetisch: a) dichterisch, b) in Gedicht- *od.* Versform, c) roˈmantisch, stimmungsvoll: **~ justice** *fig.* ausgleichende Gerechtigkeit; **~ licence** (*Am.* **license**) dichterische Freiheit. **II** *s meist pl* (*als sg konstruiert*) Poˈetik *f*, Lehre *f* von der Dichtkunst. **poˈet·i·cal** *adj* (*adv* **~ly**) → poetic I.
po·et·i·cize [pəʊˈetɪsaɪz], **po·et·ize** [ˈpəʊɪtaɪz] **I** *v/i* **1.** dichten. **II** *v/t* **2.** dichterisch gestalten, in Verse bringen. **3.** (im Gedicht) besingen.
po·et lau·re·ate *pl* **po·ets lau·re·ate** (*Lat.*) *s* Poˈeta *m* laureˈatus: a) Dichterfürst *m*, b) *Br.* Hofdichter *m*, c) *in einigen Staaten der USA e-m Dichter verliehener Ehrentitel*.
po·et·ry [ˈpəʊɪtrɪ] *s* **1.** Poeˈsie *f*, Dichtkunst *f*. **2.** Dichtung *f*, *collect.* Dichtungen *pl*, Gedichte *pl*: **dramatic ~** dramatische Dichtung. **3.** Poeˈsie *f* (*Ggs. Prosa*): **prose ~** dichterische Prosa. **4.** Poeˈsie *f*: a) dichterisches Gefühl: **he has much ~**, b) *fig.* Roˈmantik *f*, Stimmung *f*.
po-faced [ˌpəʊˈfeɪst] *adj Br. colloq.* streng, mit verkniffenem Gesicht.
pog·a·mog·gan [ˌpɒgəˈmɒgən; *Am.* ˌpɑgəˈmɑ-] *s keulenartige Waffe der nordamer. Indianer*.
pog·gy [ˈpɒgɪ; *Am.* ˈpɑgiː] *pl* **-gies,** *bes. collect.* **-gy** *s zo.* kleiner Wal.
po·grom [ˈpɒgrəm; *Am.* ˈpəʊ-; pəˈgrɑm] *s* Poˈgrom *m, n*, (*bes.* Juden)Verfolgung *f*.
poi [pɔɪ; ˈpəʊɪ] *s* Poi *m* (*in Hawaii; Brei aus vergorenen Tarowurzeln*).
poign·an·cy [ˈpɔɪnənsɪ; ˈpɔɪnj-] *s* **1.** Schärfe *f* (*von Gerüchen etc*), ˈdurchdringender Geschmack *od.* Geruch. **2.** *fig.* Schärfe *f*, Bitterkeit *f*, Heftigkeit *f*. **3.** Schmerzlichkeit *f*. **ˈpoign·ant** *adj* (*adv* **~ly**) **1.** scharf, beißend (*Geruch, Geschmack*): **~ perfume** aufdringliches Parfüm. **2.** piˈkant (*a. fig.*). **3.** *fig.* bitter, quälend: **~ hunger** quälender Hunger; **~ regret** bittere Reue. **4.** *fig.* brennend (*Interesse*). **5.** *fig.* ergreifend: **a ~ scene**. **6.** *fig.* beißend, bissig, scharf: **~ wit**. **7.** *fig.* treffend, präˈgnant, genau: **~ observation**. **8.** scharf, ˈdurchdringend: **a ~ look**.
poi·ki·lit·ic [ˌpɔɪkɪˈlɪtɪk] *adj geol.* **1.** bunt, gefleckt. **2.** Buntsandstein...
poi·ki·lo·ther·mal [ˌpɔɪkɪləʊˈθɜːml; *Am.* -ˈθɜrməl], *a.* **ˌpoi·ki·loˈther·mic** [-mɪk] *adj zo.* **1.** wechselwarm, poikiloˈtherm. **2.** kaltblütig.
poin·set·ti·a [pɔɪnˈsetɪə] *s bot.* Weihnachtsstern *m*.
point [pɔɪnt] **I** *s* **1.** (*Nadel-, Messer-, Schwert-, Bleistift- etc*)Spitze *f*: **not to put too fine a ~ upon s.th.** etwas nicht gerade gewählt ausdrücken; **at the ~ of the pistol** mit vorgehaltener Pistole *od.* Waffe; **at the ~ of the sword** *fig.* unter Zwang, mit Gewalt. **2.** *obs.* Dolch *m*, Schwert *n*. **3.** *tech.* spitzes Instruˈment, *bes.* a) Stecheisen *n*, b) Grabstichel *m*, Griffel *m*, c) Raˈdier-, Ätznadel *f*, d) Ahle *f*. **4.** *geogr.* a) Landspitze *f*, b) Bergspitze *f*. **5.** *hunt.* (Geweih)Ende *n*, Sprosse *f*. **6.** *pl* Gliedmaßen *pl* (*bes. von Pferden*). **7.** *a.* **full ~** *ling.* Punkt *m* (*am Satzende*). **8.** *print.* a) Punkˈtur *f*, b) (typoˈgraphischer) Punkt (= *0,376 mm*), c) Punkt *m* (*Blindenschrift*). **9.** *math.* (*geometrischer*) Punkt: **~ of intersection** Schnittpunkt. **10.** *math.* (Deziˈmal)Punkt *m*, Komma *n*: **(nought) ~ three** (*in Ziffern*: 0·3 *od.* 0.3 *od.* .3) null Komma drei (0,3); 9 **~s** *fig.* 90⁰/₀, fast das Ganze; **possession is nine ~s of the law**, sei im Besitze, und du wohnst im Recht'. **11.** *a.* **~ of the compass** Kompaßstrich *m*. **12.** Punkt *m*: a) bestimmte Stelle, b) *phys.* Grad *m* (*e-r Skala*), Stufe *f* (*a. tech. e-s Schalters*): 4 **~s below zero** 4 Grad unter Null; **~ of action** (*od.* **application**) Angriffspunkt (der Kraft); **~ of contact** Berührungspunkt; **~ of impact** *mil.* Aufschlag-, Auftreffpunkt; **~ of no return** a) *aer.* Gefahrenmitte *f*, Umkehrgrenzpunkt *m*, b) *fig.* Punkt, von dem es kein Zurück mehr gibt; **up to a ~** *fig.* bis zu e-m gewissen Grad; → **boiling point, freezing** 1, *etc.* **13.** *geogr.* Himmelsrichtung *f*. **14.** Punkt *m*, Stelle *f*, Ort *m*: **~ of destination** Bestimmungsort; **~ of entry** *econ.* Eingangshafen *m*; **~ of lubrication** *tech.* Schmierstelle *f*, Schmiernippel *m*. **15.** Anschluß-, Verbindungspunkt *m*, *bes.* a) *electr.* Konˈtakt(punkt) *m*, b) *electr. Br.* ˈSteckkonˌtakt *m*. **16.** Grenz-, Höhe-, Gipfelpunkt *m*, Grenze *f*: **~ of culmination** Kulminations-, Höhepunkt; **frankness to the ~ of insult** *fig.* Offenheit, die schon an Beleidigung grenzt; **it gave a ~ to their day** das setzte ihrem Tag ein Glanzlicht auf. **17.** a) *a.* **~ of time** Zeitpunkt *m*, Augenblick *m*, b) kritischer Punkt, entscheidendes Stadium: **when it came to the ~** als es so weit war, als es darauf ankam; **at this ~** in diesem Augenblick, *weitS.* an dieser Stelle, hier (*in e-r Rede etc*); **at the ~ of death** im Sterben, im Augenblick des Todes; **to be (up)on the ~ of doing s.th.** im Begriff sein, etwas zu tun; **at that ~ in time** *Am.* damals; **at this ~ in time** *Am.* jetzt. **18.** Punkt *m* (*e-r Tagesordnung etc*), (Einzel-, Teil)Frage *f*: **a case in ~** ein einschlägiger Fall, ein (typisches) Beispiel; **at all ~s** in allen Punkten, in jeder Hinsicht; **to differ on several ~s** in etlichen Punkten nicht übereinstimmen; **a ~ of interest** e-e interessante Einzelheit; **~ of order** (Punkt der) Tagesordnung *f*, *a.* Verfahrensfrage *f*; **on a ~ of order!** ich möchte zur Tagesordnung sprechen!; → **order** 7. **19.** entscheidender *od.* springender Punkt, Kernpunkt *m*, -frage *f*: **to come (speak) to the ~** zur Sache kommen (sprechen); **beside the ~** a) nicht zur Sache gehörig, abwegig, b) unwichtig, unerheblich; **to the ~** zur Sache (gehörig), sachdienlich, sachlich, (zu)treffend, exakt; **to make a ~** ein Argument anbringen, s-e Ansicht durchsetzen; **to make a ~ of s.th.** a) Wert *od.* Gewicht auf etwas legen, auf e-r Sache bestehen, b) sich etwas zum Prinzip machen; **that is the ~** das ist die Frage *od.* der springende Punkt; **the ~ is that** die Sache ist die, daß; **that's the ~ I wanted to make** darauf wollte ich hinaus; **you have a ~ there** es ist etwas dran an dem, was Sie sagen; **I take your ~** ich verstehe, was Sie meinen. **20.** Pointe *f* (*e-s Witzes etc*). **21.** *a.* **~ of view** Stand-, Gesichtspunkt *m*, Ansicht *f*: **from a political ~ of view** vom politischen Standpunkt aus (gesehen), politisch gesehen; **to make s.th. a ~ of hono(u)r** etwas als Ehrensache betrachten; **it's a ~ of hono(u)r to him** das ist Ehrensache für ihn; **in ~ of** hinsichtlich (*gen*); **in ~ of fact** tatsächlich; → **miss²** 1, **press** 13, **stretch** 11. **22.** Ziel *n*, Zweck *m*, Absicht *f*: **to carry** (*od.* **make**) **one's ~** sich *od.* s-e Ansicht durchsetzen, sein Ziel erreichen; **what's your ~ in doing that?** was bezweckst du damit?; **there is no ~ in going** es hat keinen Zweck *od.* es ist sinnlos hinzugehen. **23.** Nachdruck *m*: **to give ~ to one's words** s-n Worten Gewicht *od.* Nachdruck verleihen. **24.** herˈvorstechende Eigenschaft, (Chaˈrakter)Zug *m*, Vorzug *m*: **a noble ~ in her** ein edler Zug an ihr; **strong ~** starke Seite, Stärke *f*; **weak ~** wunder Punkt, schwache Seite; **it has its ~s** es hat so s-e Vorzüge. **25.** *Tierzucht*: besonderes Rassenmerkmal. **26.** Punkt *m* (*e-s Bewertungs- od. Rationierungssystems*): **~ rationing** Punktrationierung *f*. **27.** *econ. Börsensprache*: Punkt *m*, Point *m*, Einheit *f* (*bei Kursschwankungen*). **28.** *sport* Punkt *m*: **to win (lose) on ~s** nach Punkten gewinnen (verlieren); **~s win** Punktsieg *m*, Sieg *m* nach Punkten; **winner on ~s** Punktsieger *m*; **to beat s.o. on ~s** j-n nach Punkten schlagen; **to give ~s to s.o.** a) j-m vorgeben, b) *fig.* j-m überlegen sein; **to be ~s better than s.o.** j-m hoch überlegen sein. **29.** *sport* a) *Kricket*: *Platz rechts vom Schläger*, b) (Zwischenziel *n* im) Crosslauf *m*. **30.** *Boxen*: ‚Punkt' *m*, Kinnspitze *f*. **31.** *Würfel-, Kartenspiel*: Auge *n*, Punkt *m*. **32.** *Handarbeit*: a) Näh-, Nadelspitze *f* (*Ggs. Klöppelspitze*), b) Handarbeitsspitze *f*, c) → **point lace**, d) Stickstich *m*. **33.** *mus.* a) Stacˈcatopunkt *m*, b) WiederˈHolungszeichen *n*, c) charakteˈristisches Moˈtiv, d) Imitatiˈonsmoˌtiv *n*, e) (Themen)Einsatz *m*. **34.** *mil.* a) Spitze *f* (*e-r Vorhut*), b) Ende *n* (*e-r Nachhut*). **35.** *hunt.* Stehen *n* (*des Hundes*): **to make** (*od.* **come to**) **a ~** (vor)stehen (*vor dem Wild*). **36.** *rail.* a) Weiche *f*, b) *Br.* Weichenschiene *f*. **37.** *her.* Feld *n* (*e-s Wappens*). **38. potatoes and ~** *sl.* Karˈtoffeln mit ohne was dazu.

II *v/t* **39.** (an-, zu)spitzen: **to ~ a pencil**. **40.** *fig.* poinˈtieren, betonen: **to ~ one's words**. **41.** *e-e Waffe etc* richten (**at** auf *acc*): **to ~ one's finger at s.o.** a) (mit dem Finger) auf j-n deuten *od.* zeigen, b) *a.* **to ~ a** (*od.* **the**) **finger at s.o.** *fig.* mit Fingern *od.* dem Finger auf j-n zeigen; **to ~ (up)on** *s-e Augen, Gedanken etc* richten auf (*acc*); **to ~ to** *den Kurs, die Aufmerksamkeit* lenken auf (*acc*), *j-n* bringen auf (*acc*). **42. ~ out** a) zeigen, b) *fig.* ˈhinweisen *od.* aufmerksam machen auf (*acc*), betonen, c) *fig.* aufzeigen (*a. Fehler*), klarmachen, d) *fig.* ausführen, darlegen. **43.** *a.* **~ up** *fig.* betonen, unterˈstreichen: **to ~ one's remarks with illustrations**. **44.** *math. Dezimalstellen* durch e-n Punkt *od.* ein Komma trennen: **to ~ off places** Stellen abstreichen. **45. ~ up** a) *arch.* verfugen, b) *tech. e-e Fuge* glattstreichen. **46.** *hunt. e-m Wild* vorstehen.

III *v/i* **47.** (mit dem Finger) deuten, weisen (**at, to** auf *acc*). **48. ~ to** nach *e-r Richtung* weisen *od.* liegen (*Haus*). **49. ~ to** a) ˈhinweisen, -deuten auf (*acc*): **everything ~s to his guilt**, b) ab-, ˈhinzielen auf (*acc*). **50.** *mar.* hart am Wind segeln. **51.** *hunt.* vorstehen (*Jagdhund*). **52.** *med.* reifen (*Abszeß etc*).
ˌpoint|-ˈblank I *adv* **1.** schnurgerade, diˈrekt. **2.** *fig.* ˈrundherˌaus, klipp u. klar, schlankweg: **to tell s.o. s.th. ~**. **II** *adj* **3.** schnurgerade. **4.** *mil.* a) raˈsant: **~ trajectory**, b) Kernschuß...: **~ range** Kernschuß(weite *f*) *m*; **at ~ range** aus kürzester Entfernung; **~ shot** Kernschuß

m, (*Artillerie*) Fleckschuß *m*. **5.** *fig*. unverblümt, offen, glatt: **a ~ refusal** e-e glatte Abfuhr. **~ con·tact** *s electr*. ˈSpitzenkonˌtakt *m*. **~ dis·charge** *s electr*. Spitzenentladung *f*. **~ du·ty** *s bes. Br*. Postendienst *m* (*e-s Verkehrspolizisten*).

pointe [pɔɪnt] *s* (Stellung *f* auf der) Fußspitze *f* (*beim Ballett*).

point·ed [ˈpɔɪntɪd] *adj* (*adv* **~ly**) **1.** spitz(ig). **2.** spitz (zulaufend), zugespitzt: **~ arch** *arch*. Spitzbogen *m*; **~ file** Spitzfeile *f*; **~ roof** (*gotisches*) Spitzdach; **~ style** gotischer Stil, Spitzbogenstil *m*. **3.** *fig*. scharf, poinˈtiert (*Stil, Bemerkung*), anzüglich. **4.** *fig*. treffend, deutlich. **~ fox** *s* unechter Silberfuchs.

ˈpoint·ed·ness *s* **1.** Spitzigkeit *f*, Schärfe *f*. **2.** *fig*. Schärfe *f*, Anzüglichkeit *f*, Spitze *f*. **3.** *fig*. Deutlichkeit *f*, (*das*) Treffende.

point·er [ˈpɔɪntə(r)] *s* **1.** *mil. bes. Am*. ˈRichtschütze *m*, -kanoˌnier *m*. **2.** Zeiger *m* (*e-r Uhr od. e-s Meßgeräts*). **3.** Zeigestock *m*. **4.** Raˈdier-, Ätznadel *f*. **5.** *hunt*. a) Vorsteh-, Hühnerhund *m*, b) *in Zssgn* ...ender *m*: **twelve-~** Zwölfender. **6.** (guter) Tip, Fingerzeig *m*: **to give s.o. a ~.**

poin·til·lism [ˈpwæ̃ntiːjɪzəm; ˈpɔɪntɪlɪ-] *s paint*. Pointilˈlismus *m*, Punktmaleˈrei *f*. **ˈpoin·til·list** *s* Pointilˈlist *m*.

point lace *s* **1.** genähte Spitze(n *pl*), Bändchenspitze *f*. **2.** Bändchenarbeit *f*.

ˈpoint·less *adj* (*adv* **~ly**) **1.** ohne Spitze, stumpf. **2.** *a. sport* punktlos. **3.** *fig*. sinn-, zwecklos. **4.** witzlos, ohne Pointe (*Witz*). **5.** nichtssagend.

point| po·lice·man *s irr* Verˈkehrsschutzmann *m*, -poliˌzist *m*. **ˈ~s·man** [-mən] *s irr Br*. **1.** → **point policeman**. **2.** *rail*. Weichensteller *m*. **~ source** *s phys*. Punktquelle *f*, punktförmige (Licht)Quelle. **~ sys·tem** *s* **1.** ˈPunktsyˌstem *n* (*zur Leistungsbewertung; a. sport*). **2.** *print*. ˈPunktsyˌstem *n* (*Einteilung der Schriftgröße nach Punkten*). **3.** Punktschrift *f* (*für Blinde*). **ˌ~-to-ˈpoint I** *s Pferdesport*: Geländejagdrennen *n*. **II** *adj*: **~ (radio) communication** Funkverkehr *m* zwischen zwei festen Punkten; **~ race** → I.

point·y-head [ˈpɔɪntiːˌhed] *s Am. colloq. meist contp*. ‚Eierkopf' *m* (*Intellektueller*).

poise [pɔɪz] **I** *s* **1.** Gleichgewicht *n*. **2.** Schwebe(zustand *m*) *f*. **3.** (Körper-, Kopf)Haltung *f*. **4.** *fig*. a) (innere) Ausgeglichenheit, Gelassenheit *f*, b) sicheres Auftreten, Sicherheit *f*, Haltung *f*. **5.** *fig*. Schwebe *f*, Unentschiedenheit *f*: **to hang at ~** sich in der Schwebe befinden. **6.** Gewicht *n* (*der Schnellwaage od. der Uhr*). **II** *v/t* **7.** a) ins Gleichgewicht bringen, b) im Gleichgewicht halten, c) *etwas* balanˈcieren: **to be ~d** a) im Gleichgewicht sein, *fig*. gelassen *od*. ausgeglichen sein, b) *fig*. schweben: **the sick man is ~d between life and death**; **to be ~d for action** *mil*. angriffsbereit stehen. **8.** *den Kopf, e-e Waffe etc* halten. **III** *v/i* **9.** (in der Luft) schweben.

poi·son [ˈpɔɪzn] **I** *s* **1.** Gift *n* (*a. fig.*): **meat is ~ for you; the ~ of hatred; what is your ~?** *colloq*. was wollen Sie trinken? **II** *v/t* **2.** (**o.s.** sich) vergiften, *e-m Getränk etc* Gift beimischen. **3.** *med*. infiˈzieren: **to ~ one's hand** sich die Hand infizieren. **4.** *phys*. die Wirkung zerstören von (*od. gen*). **5.** *fig*. *Atmosphäre etc* vergiften: **to ~ s.o.'s mind against s.o.** j-n gegen j-n aufhetzen. **III** *adj* **6.** Gift...: **~ cabinet** Giftschrank *m*. **ˈpoi·son·er** *s* **1.** Giftmörder(in), -mischer(in). **2.** *fig*. ‚Giftspritze' *f*.

poi·son| fang *s zo*. Giftzahn *m*. **~ fish** *s ichth*. Gift-, Stachelrochen *m*. **~ gas** *s mil*. Giftgas *n*, Kampfstoff *m*. **~ gland** *s zo*. Giftdrüse *f*.

poi·son·ing [ˈpɔɪznɪŋ] *s* **1.** Vergiftung *f*. **2.** Giftmord *m*.

poi·son| i·vy *s bot*. Giftsumach *m*. **~ nut** *s bot*. Brechnuß *f*.

poi·son·ous [ˈpɔɪznəs] *adj* (*adv* **~ly**) **1.** giftig, Gift... **2.** *fig*. a) zersetzend, verderblich, b) giftig, bösartig: **a ~ tongue** e-e giftige Zunge. **3.** *colloq*. ‚ekelhaft'.

poi·son| pen *s* Schreiber(in) verleumderischer *od*. obˈszöner anoˈnymer Briefe. **ˈ~-pen let·ter** *s* verleumderischer *od*. obˈszöner anoˈnymer Brief.

Pois·son| dis·tri·bu·tion [ˈpwɑːsən; *Am*. pwɑːˈsəʊn] *s Wahrscheinlichkeitsrechnung*: Poisˈson-Verteilung *f*. **~'s ra·ti·o** *s phys. tech*. Kontraktiˈonskoeffiziˌent *m*.

poi·trel [ˈpɔɪtrəl] *s mil. hist*. Brustharnisch *m* (*der Pferde*).

poke[1] [pəʊk] **I** *v/t* **1.** a) stoßen, puffen, knuffen: **to ~ s.o. in the ribs** j-m e-n Rippenstoß geben; **to ~ in** hineinstoßen; **to ~ s.o.'s eye out** j-m das Auge ausstoßen *od*. ausschlagen, b) *colloq*. *j-m* e-n (Faust)Schlag versetzen. **2.** *ein Loch* stoßen (**in** in *acc*): **to ~ a hole in the wallpaper**. **3.** *a*. **~ up** *das Feuer* schüren. **4.** *den Kopf* vorstrecken: → **nose** *Bes. Redew*. **5.** **to ~ fun at s.o.** sich über j-n lustig machen. **II** *v/i* **6.** stoßen, stechen (**at** nach), stochern (**in** in *dat*). **7.** suchen, tasten: **to ~ about** (*od*. **around**) **for** (herum)suchen *od*. (-)tappen nach. **8.** *a*. **~ about** (*od*. **around**) (herˈum)stöbern, (-)wühlen. **9.** *fig*. a) *a*. **~ and pry** (herˈum)schnüffeln, (-)spioˌnieren, b) sich einmischen (**into** in *fremde Angelegenheiten*). **10.** *Kricket*: langsam u. vorsichtig schlagen. **11.** **~ about** (*od*. **around**) *colloq*. (herˈum)trödeln, bummeln. **III** *s* **12.** a) (Rippen)Stoß *m*, Puff *m*, Knuff *m*, b) *colloq*. (Faust)Schlag *m*. **13.** *Am*. → **slowpoke**.

poke[2] [pəʊk] *s obs. od. dial*. Beutel *m*, kleiner Sack: → **pig** 1.

ˈpoke|ˌber·ry *s bot*. Kermesbeere *f*. **~ bon·net** *s* Kiepenhut *m*, Schute *f*.

pok·er[1] [ˈpəʊkə(r)] *s* Feuer-, Schürhaken *m*: **to walk (as) stiff as a ~** ‚e-n (Lade-)Stock verschluckt haben', steif wie ein Stock gehen.

pok·er[2] [ˈpəʊkə(r)] *s* Poker(spiel) *n*.

pok·er| face *s* Pokergesicht *n*, Pokerface *n* (*undurchdringliches, unbewegtes Gesicht; a. Person*). **ˈ~-faced** *adj* mit unbewegtem Gesicht.

pok·er work *s* Brandmaleˈrei *f*.

pok·y[1] [ˈpəʊkɪ] *adj* **1.** eng, winzig: **~ room; a ~ (little) place** ein ‚Nest' *od*. ‚Kaff'. **2.** ˈuneleˌgant, ˈunmoˌdern: **~ dress**. **3.** langweilig. **4.** ‚lahm', phlegˈmatisch.

pok·y[2] [ˈpəʊkiː] *s Am. sl*. ‚Kittchen' *n*.

Po·lack [ˈpəʊlæk; *Am*. -ˌlɑk] *s* **1.** *obs*. Pole *m*. **2.** *contp*. ‚Poˈlack(e)' *m* (*Pole*).

po·lar [ˈpəʊlə(r)] **I** *adj* **1.** poˈlar, Polar...: **~ air** *meteor*. Polarluft *f*, polare Kaltluft; **~ angle** *astr. math*. Polarwinkel *m*; **~ lights** *astr*. Polarlicht *n*; **~ night** Polarnacht *f*; **~ projection** (*Kartographie*) Polarprojektion *f*; **~ regions** *pl* Polargebiet *n*; **P~ Sea** Polar-, Eismeer *n*; **~ star** Polarstern *m*. **2.** *math. phys*. poˈlar: **~ line** → 5. **3.** *fig*. poˈlar, genau entgegengesetzt (wirkend). **4.** *fig*. zenˈtral, bestimmend: **a ~ principle**. **II** *s* **5.** *aer. math*. Poˈlare *f*. **~ ax·is** *s astr. math*. Poˈlarachse *f*. **~ bear** *s zo*. Eisbär *m*. **~ bod·y, ~ cell** *s biol*. Polkörperchen *n* (*der Zelle*). **~ cir·cle** *s geogr*. Poˈlarkreis *m*. **~ co·or·di·nates** *s pl math*. Poˈlarkoordiˌnaten(syˌstem *n*) *pl*. **~ curve** *s math*. Poˈlarkurve *f*. **~ dis·tance** *s astr. math*. ˈPoldiˌstanz *f*. **~ e·qua·tion** *s math*. Gleichung *f* in Poˈlarkoordiˌnaten. **~ fox** *s zo*. Poˈlar-, Blaufuchs *m*. **~ front** *s meteor*. Poˈlarfront *f*.

po·lar·im·e·ter [ˌpəʊləˈrɪmɪtə(r)] *s phys*. Polariˈmeter *n*.

po·lar·i·scope [pəʊˈlærɪskəʊp] *s phys*. Polariˈskop *n*.

po·lar·i·ty [pəʊˈlærətɪ] *s phys*. Polariˈtät *f* (*a. fig. Gegensätzlichkeit*). **po·lar·i·za·tion** [ˌpəʊləraɪˈzeɪʃn; *Am*. -rəˈz-] *s* **1.** *electr. phys*. Polarisatiˈon *f* (*a. fig. Spaltung*). **2.** *fig*. Ausrichtung *f* (**towards** auf *acc*). **ˈpo·lar·ize I** *v/t* **1.** *electr. phys*. polariˈsieren: **~d relay** polarisiertes *od*. gepoltes Relais. **2.** *fig*. polariˈsieren, spalten (**into** in *zwei Lager etc*). **3.** *fig*. ausrichten (**towards** auf *acc*): **to be ~d towards profit** gewinnorientiert sein. **II** *v/i* **4.** *fig*. sich polariˈsieren, sich spalten (**into** in *acc*). **ˈpo·lar·iz·er** *s phys*. Polariˈsator *m*.

po·lar·og·ra·phy [ˌpəʊləˈrɒgrəfɪ; *Am*. -ˈrɑg-] *s* Polarograˈphie *f* (*elektrochemische Analysenmethode*).

Po·lar·oid [ˈpəʊlərɔɪd] (*TM*) *s* Polaroˈid *n* (*Licht polarisierendes Material*): **~ camera**.

pol·der [ˈpɒldə; *Am*. ˈpəʊldər; ˈpɑl-] *s* Polder *m* (*eingedeichtes Marschland*).

pole[1] [pəʊl] **I** *s* **1.** Pfosten *m*, Pfahl *m*. **2.** (*Bohnen-, Zelt- etc*)Stange *f*, (*Leichtathletik*: *a*. Sprung)Stab *m*: **to be up the ~** *colloq*. a) ‚in der Tinte sitzen', b) e-e Stinkwut haben, c) e-n ‚Klaps' haben, verrückt sein. **3.** (Leitungs)Mast *m*. **4.** (Wagen)Deichsel *f*. **5.** *mar*. a) Flaggenmast *m*, b) Staken *m*, c) Winterbramstänge *f*: **under (bare) ~s** vor Topp u. Takel. **6.** a) Rute *f* (*Längenmaß = 5,029 m*), b) Quaˈdratrute *f* (*Flächenmaß = 25,293 qm*). **II** *v/t* **7.** *ein Boot* staken. **8.** *Bohnen etc* stängen.

pole[2] [pəʊl] *s* **1.** *astr. geogr*. (Erd-, Himmels)Pol *m*: **celestial ~** Himmelspol; **from ~ to ~** durch die ganze Welt. **2.** *math*. Pol *m*: a) *Endpunkt der Achse durch Kreis od. Kugel*, b) *fester Punkt, auf den andere Punkte Bezug haben*. **3.** *electr. phys*. Pol *m*: **like ~s** gleiche *od*. gleichnamige Pole; **unlike (opposite) ~s** ungleiche (entgegengesetzte) Pole. **4.** *biol*. Pol *m* (*in gedachter Achse, bes. in der Eizelle bei der Reifeteilung*). **5.** *med*. Pol *m* (*der Nervenzelle*). **6.** **they are ~s apart** (*od*. **asunder**) *fig*. zwischen ihnen liegen Welten, sie trennen Welten.

Pole[3] [pəʊl] *s* Pole *m*, Polin *f*.

ˈpole|·ax(e) I *s* **1.** *hist*. Streitaxt *f*. **2.** *mar*. a) *hist*. Enterbeil *n*, b) Kappbeil *n*. **3.** Schlächterbeil *n*. **II** *v/t* **4.** *ein Tier* (mit dem Beil) schlachten, mit der Axt erschlagen: **he feels like poleaxed** ‚er fühlt sich wie erschlagen'. **~ bean** *s bot*. Stangenbohne *f*. **ˈ~cat** *s zo*. **1.** Iltis *m*. **2.** *Am*. Skunk *m*. **~ chang·er** *s electr*. Polwechsler *m*. **~ chang·ing** *s electr*. Polwechsel *m*, ˈUmpolen *n*. **~ charge** *s mil*. gestreckte Ladung. **~ jump,** *etc* → **pole vault**, *etc*.

po·lem·ic [pɒˈlemɪk; *bes. Am*. pəˈl-] **I** *adj* (*adv* **~ally**) **1.** poˈlemisch, Streit... **II** *s* **2.** Poˈlemiker(in). **3.** Poˈlemik *f*, Auseinˈandersetzung *f*, Fehde *f*. **po·lem·i·cal** *adj* (*adv* **~ly**) → **polemic**. **po·lem·i·cist** [-sɪst] *s* Poˈlemiker *m*. **po·lem·ics** *s pl* (*als sg konstruiert*) **1.** Poˈlemik *f*, Polemiˈsieren *n*. **2.** *relig*. poˈlemische Theoloˈgie. **pol·e·mist** [ˈpɒlɪmɪst; *Am*. ˈpɑ-; pəˈlem-] *s* Poˈlemiker *m*.

po·lem·o·log·i·cal [pəˌleməˈlɒdʒɪkl; *Am*. -ˈlɑ-] *adj* polemoˈlogisch. **po·le·mol·o·gy** [ˌpɒlɪˈmɒlədʒɪ; *Am*. ˌpəʊləˈmɑ-] *s* Polemoloˈgie *f*, Konˈflikt-, Kriegsforschung *f*.

pole| po·si·tion *s* **1.** *Motorsport*: ˈPole-

-po₍sition *f* (*vorderste Startposition des Trainingsschnellsten*). **2.** *fig.* führende Stellung. **~ star** *s* **1.** *astr.* Poˈlarstern *m.* **2.** *fig.* Leitstern *m.* **~ vault** *s Leichtathletik*: Stabhochsprung *m.* **ˈ~-vault** *v/i* stabhochspringen. **~ vault·er** *s* Stabhochspringer *m.*

po·lice [pəˈliːs] **I** *s* **1.** Poliˈzei(behörde, -verwaltung) *f.* **2.** Poliˈzei(truppe, -mannschaft) *f.* **3.** *collect.* (*als pl konstruiert*) Poliˈzei *f*, Poliˈzisten *pl*: **there are many ~ in this town** es gibt viel Polizei in dieser Stadt; **five ~** fünf Polizisten; **to help the ~ with their inquiries** *bes. Br. euphem.* vorläufig festgenommen sein. **4.** *bes. mil. Am.* Ordnungsdienst *m*: **kitchen ~** Küchendienst. **II** *v/t* **5.** (poliˈzeilich) überˈwachen. **6.** *ein Land etc* unter (Poliˈzei)Gewalt halten. **7.** *fig.* überˈwachen, kontrolˈlieren. **8.** *mil. Am.* in Ordnung bringen *od.* halten, säubern. **III** *adj* **9.** Polizei..., poliˈzeilich. **~ blot·ter** *s Am.* Dienstbuch *n* (*e-r Polizeistation*). **~ ca·det** *s* Poliˈzeischüler *m.* **~ con·sta·ble** *s Br.* Poliˈzist *m*, Wachtmeister *m.* **~ court** → **magistrates' court** (**magistrate** 1). **~ dog** *s* **1.** Poliˈzeihund *m.* **2.** (deutscher) Schäferhund. **~ force** *s* Poliˈzei(truppe) *f.* **~ head·quar·ters** *s pl* (*oft als sg konstruiert*) Poliˈzeiprä₍sidium *n.*

poˈlice|·man [-mən] *s irr* **1.** Poliˈzist *m*, Schutzmann *m.* **2.** *zo.* Solˈdat *m* (*Ameise*). **~ of·fense** *s jur. Am.* Überˈtretung *f.* **~ of·fi·cer** *s* Poliˈzeibe₍amte(r) *m*, Poliˈzist *m.* **~ pow·er** *s* **1.** Poliˈzeigewalt *f.* **2.** *Am. Staatsgewalt zum Schutz der Öffentlichkeit gegen Übergriffe von Einzelpersonen.* **~ pro·tec·tion** *s* Poliˈzeischutz *m.* **~ rec·ord** *s jur.* ˈStrafre₍gister *n*: **to have a ~** vorbestraft sein. **~ state** *s* Poliˈzeistaat *m.* **~ sta·tion** *s* Poliˈzeiwache *f*, -re₍vier *n.* **~ van** *s* Gefangenenwagen *m* (*der Polizei*).

poˈlice₍wom·an *s irr* Poliˈzistin *f.*

pol·i·clin·ic [₍pɒlɪˈklɪnɪk; *Am.* ₍pɑlə-] *s* Poliklinik *f*, Ambuˈlanz *f* (*e-s Krankenhauses*).

pol·i·cy¹ [ˈpɒləsɪ; *Am.* ˈpɑl-] *s* **1.** Verfahren(sweise *f*) *n*, Taktik *f*, Poliˈtik *f*: **marketing ~** *econ.* Absatzpolitik (*e-r Firma*); **the best ~ would be (to go)** das beste *od.* klügste wäre (zu gehen); **it is our ~** es ist unser Grundsatz, wir haben es uns zur Regel gemacht; → **honesty** 1. **2.** Poliˈtik *f* (*Wege u. Ziele der Staatsführung*), poˈlitische Linie: **~ adviser** politischer Berater. **3. public ~** *jur.* Rechtsordnung *f*: **against public ~** sittenwidrig. **4.** Klugheit *f*, Zweckmäßigkeit *f*: **the ~ of this act is doubtful** es fragt sich, ob dieses Vorgehen klug ist. **5.** Erfahrung *f*, (Welt)Klugheit *f.* **6.** Schlauheit *f*, Gerissenheit *f.* **7.** *obs.* a) Reˈgime *n*, Staatswesen *n*, b) Staatswissenschaft *f.* **8.** *Scot.* Park(anlagen *pl*) *m* (*e-s Landhauses*).

pol·i·cy² [ˈpɒləsɪ; *Am.* ˈpɑl-] *s* **1.** (Verˈsicherungs)Po₍lice *f*, Versicherungsschein *m*: **~ broker** Versicherungsagent *m*; **~ holder** Versicherungsnehmer(in), Policeninhaber(in). **2.** *Am.* Zahlenlotto *n.*

pol·i·gar [ˈpɒlɪgɑː(r); *Am.* ˈpɑ-] *s Br. Ind.* Poligar *m* (*südindischer Stammeshäuptling*).

po·li·o [ˈpəʊlɪəʊ] *s colloq.* **1.** *med.* Polio *f.* **2.** Polio-Fall *m*, ˈPolio-Pati₍ent(in).

po·li·o·my·e·li·tis [₍pəʊlɪəʊmaɪəˈlaɪtɪs] *s med.* Poliomyeˈlitis *f*, spiˈnale Kinderlähmung.

pol·ish¹ [ˈpɒlɪʃ; *Am.* ˈpɑ-] **I** *v/t* **1.** poˈlieren, glätten. **2.** *Schuhe* putzen, wichsen. **3.** *tech.* (ab-, glanz)schleifen, (ab)schmirgeln. **4.** *fig.* abschleifen, (aus)feilen, verfeinern, verschönern: **to ~ off** *colloq.* a) *Gegner* ‚abservieren' (*besiegen od. töten*), b) *e-e Arbeit* ‚wegschaffen' (*schnell erledigen*), c) *Essen* ‚wegputzen', ‚verdrücken'; **to ~ up** aufpolieren (*a. fig. Wissen auffrischen*). **II** *v/i* **5.** glatt *od.* glänzend werden, sich poˈlieren lassen. **III** *s* **6.** Poliˈtur *f*, (Hoch)Glanz *m*, Glätte *f.* **7.** Poˈlieren *n*: **to give s.th. a ~** etwas polieren. **8.** Poˈlier-, Glanzmittel *n*, Poliˈtur *f*: a) Schuhcreme *f*, b) ˈMöbelpoli₍tur *f*, c) Poˈlierpaste *f*, d) *tech.* Poˈliersand *m*, e) Bohnerwachs *n.* **9.** *fig.* ‚Schliff' *m*, feine Sitten *pl*: **he lacks ~** er hat keinen Schliff. **10.** *fig.* Glanz *m*, Volˈlkommenheit *f.*

Pol·ish² [ˈpəʊlɪʃ] **I** *adj* **1.** polnisch. **II** *s* **2.** *ling.* Polnisch *n*, das Polnische. **3.** *orn.* Poˈlacke *m* (*Haushuhnrasse*).

pol·ished [ˈpɒlɪʃt; *Am.* ˈpɑ-] *adj* **1.** poˈliert, glatt, glänzend: **highly ~** spiegelblank (*Fußboden*). **2.** *fig.* geschliffen: a) höflich, b) gebildet, fein, eleˈgant, c) brilˈlant. **ˈpol·ish·er** *s* **1.** Poˈlierer *m*, Schleifer *m.* **2.** *tech.* a) Poˈlierfeile *f*, -stahl *m*, -scheibe *f*, -bürste *f*, b) Poˈlierma₍schine *f.* **3.** → **polish¹** 8. **ˈpol·ish·ing I** *s* Poˈlieren *n*, Glätten *n*, Schleifen *n.* **II** *adj* Polier..., Putz...: **~ file** Polierfeile *f*; **~ powder** Polier-, Schleifpulver *n*; **~ wax** Bohnerwachs *n.*

Pol·it·bu·ro [ˈpɒlɪt₍bjʊərəʊ; *Am.* ˈpɑ-; ˈpəʊ-] *s pol.* Poˈlitbü₍ro *n.*

po·lite [pəˈlaɪt] *adj* (*adv* **~ly**) **1.** höflich, artig (**to** gegen). **2.** kultiˈviert, gebildet, fein: **~ arts** schöne Künste; **~ letters** schöne Literatur, Belletristik *f*; **~ society** feine Gesellschaft. **poˈlite·ness** *s* Höflichkeit *f*, Artigkeit *f.*

pol·i·tesse [₍pɒlɪˈtes; *Am. a.* ₍pɑ-] *s* (ausgesuchte) Höflichkeit, Artigkeit *f.*

pol·i·tic [ˈpɒlɪtɪk; *Am.* ˈpɑl-] *adj* (*adv* **~ally**) **1.** diploˈmatisch, staatsklug. **2.** *fig.* a) diploˈmatisch, (welt)klug, b) schlau, berechnend, poˈlitisch. **3.** *obs.* poˈlitisch, staatlich: → **body** 7.

po·lit·i·cal [pəˈlɪtɪkl] *adj* (*adv* **~ly**) **1.** poˈlitisch, staatskundig, -männisch. **2.** (parˈtei)po₍litisch: **a ~ campaign**; **a ~ issue** (*od.* **factor**) ein Politikum. **3.** poˈlitisch (tätig) (*Partei etc*). **4.** staatlich, Staats..., Regierungs...: **~ system** Regierungssystem *n.* **5.** staatsbürgerlich: **~ freedom**; **~ rights.** **~ e·con·o·mist** *s* Volkswirtschaftler(in). **~ e·con·o·my** *s* Volkswirtschaft *f.* **~ ge·og·ra·phy** *s* poˈlitische Geograˈphie. **~ sci·ence** *s* Poliˈtikwissenschaft *f*, Politoloˈgie *f.* **~ sci·en·tist** *s* Poliˈtikwissenschaftler *m*, Politoˈloge *m.*

pol·i·ti·cian [₍pɒlɪˈtɪʃn; *Am.* ₍pɑlə-] *s* **1.** Poˈlitiker *m.* **2.** a) (Parˈtei)Po₍litiker *m* (*a. contp.*), b) *bes. Am.* poˈlitischer Opportuˈnist. **po·lit·i·cize** [pəˈlɪtɪsaɪz] **I** *v/i* politiˈsieren: a) über Poliˈtik diskuˈtieren, b) sich poˈlitisch betätigen. **II** *v/t* politiˈsieren: a) zu poˈlitischer Aktiviˈtät bringen, b) unter poˈlitischen Gesichtspunkten behandeln. **pol·i·tick** [ˈpɒlɪtɪk; *Am.* ˈpɑlə-] → **politicize** I.

po·lit·i·co [pəˈlɪtɪ₍kəʊ] *pl* **-₍cos** *od.* **-₍coes** *s Am. colloq. für* **politician** 2.

politico- [pəlɪtɪkəʊ] *Wortelement mit der Bedeutung* politisch-...: **~-economical** a) wirtschaftspolitisch, b) volkswirtschaftlich; **~-scientific** a) politisch-wissenschaftlich, b) staatswissenschaftlich.

pol·i·tics [ˈpɒlɪtɪks; *Am.* ˈpɑlə-] *s pl* (*oft als sg konstruiert*) **1.** Poliˈtik *f*, Staatskunst *f*, -führung *f.* **2.** → **political science.** **3.** (Parˈtei-, ˈStaats)Poli₍tik *f*: **in ~** in der Politik; **to talk ~** politisieren. **4.** (parˈtei)po₍litisches Leben: **to go into ~** in die Politik gehen. **5.** (*als pl konstruiert*) poˈlitische Überˈzeugung *od.* Einstellung: **what are his ~?** wie ist er politisch eingestellt? **6.** *fig.* (Interˈessen)Poli₍tik *f*: **college ~.** **7.** *bes. Am.* poˈlitische Machenschaften *pl*: **to play ~** Winkelzüge machen, manipulieren.

pol·i·ty [ˈpɒlətɪ; *Am.* ˈpɑ-] *s* **1.** Reˈgierungsform *f*, Verfassung *f*, poˈlitische Ordnung. **2.** Staats-, Gemeinwesen *n*, Staat *m.*

pol·ka [ˈpɒlkə; *bes. Am.* ˈpəʊl-] **I** *s* **1.** *mus.* Polka *f.* **2.** *a.* **~ jacket** (*e-e*) Damen-(strick)jacke *f.* **II** *v/i* **3.** Polka tanzen. **~ dot** [*Am.* ˈpəʊkə] *s* Punktmuster *n* (*auf Textilien*).

poll¹ [pəʊl] **I** *s* **1.** *bes. humor. od. dial.* (ˈHinter)Kopf *m*, Schädel *m.* **2.** breites, flaches Ende (*des Hammers etc*). **3.** (ˈEinzel)Per₍son *f.* **4.** *pol.* Wahl *f*, Stimmabgabe *f*, Abstimmung *f*: **heavy (poor) ~** starke (geringe) Wahlbeteiligung. **5.** Stimm(en)zählung *f.* **6.** a) Wählerliste *f*, b) Steuerliste *f.* **7.** Wahlergebnis *n*, Stimmenzahl *f.* **8.** *meist pl* ˈWahllo₍kal *n*: **to go to the ~s** zur Wahl(urne) gehen. **9.** (Ergebnis *n* e-r) (ˈMeinungs)₍Umfrage *f.* **II** *v/t* **10.** *Haar etc* stutzen, *ein Tier, Haare etc* scheren. **11.** *e-n Baum* kappen, *e-e Pflanze* köpfen, *e-m Rind* die Hörner stutzen. **12.** *jur. e-e Urkunde* gleichmäßig (*ohne Indentation*) zuschneiden. **13.** in e-e Wähler- *od.* Steuerliste eintragen. **14.** *Wahlstimmen* a) erhalten, auf sich vereinigen (*Wahlkandidat*), b) abgeben (*Wähler*). **15.** *die Bevölkerung* befragen: **to ~ the country.** **III** *v/i* **16.** wählen, (ab)stimmen, s-e Stimme abgeben: **to ~ for** stimmen für.

poll² [pɒl] *s Br.* (*Universität Cambridge*) **1. the P~** *collect. Studenten, die sich nur auf den* **poll degree** *vorbereiten.* **2.** *a.* **~ examination** (leichteres) Bakkalaureˈatsex₍amen: **~ degree** *durch Bestehen dieses Examens erlangter Grad.*

poll³ [pəʊl] **I** *adj* hornlos: **~ cattle.** **II** *s* hornloses Rind.

poll·a·ble [ˈpəʊləbl] *adj* wählbar.

pol·lack [ˈpɒlək; *Am.* ˈpɑ-] *pl* **-lacks,** *bes. collect.* **-lack** *s ichth.* Pollack *m* (*Schellfisch*). Irische Maˈräne.

pol·lan [ˈpɒlən; *Am.* ˈpɑ-] *s ichth.*

pol·lard [ˈpɒləd; *Am.* ˈpɑlərd] **I** *s* **1.** gekappter Baum. **2.** *zo.* a) hornloses Tier, b) Hirsch, der sein Geweih abgeworfen hat, Kahlhirsch *m.* **3.** (Weizen-)Kleie *f.* **II** *v/t* **4.** *e-n Baum etc* kappen.

ˈpoll·book [ˈpəʊl-] *s* Wählerliste *f.*

poll·ee [pəʊˈliː] *s bes. Am.* Befragte(r *m*) *f.*

pol·len [ˈpɒlən; *Am.* ˈpɑ-] **I** *s bot.* Pollen *m*, Blütenstaub *m.* **II** *v/t* mit Blütenstaub bedecken, bestäuben. **~ brush** *s zo.* Pollenbürste *f* (*der Bienen*). **~ ca·tarrh** *s med.* Heuschnupfen *m.* **~ cell** *s bot.* Pollenzelle *f.* **~ sac** *s bot.* Pollensack *m.* **~ tube** *s bot.* Pollenschlauch *m.*

poll e·vil [pəʊl] *s vet.* Kopfgeschwulst *f* (*bei Pferden*).

pol·lex [ˈpɒleks; *Am.* ˈpɑ-] *pl* **-li·ces** [-lɪsiːz] *s anat.* Daumen *m.*

pol·li·nate [ˈpɒləneɪt; *Am.* ˈpɑ-] *v/t bot.* bestäuben, (mit Blütenstaub) befruchten. **₍pol·liˈna·tion** *s* **1.** Ausstreuen *n* des Blütenstaubes. **2.** Bestäubung *f.*

poll·ing [ˈpəʊlɪŋ] **I** *s* **1.** Wählen *n*, Wahl *f*: **heavy (poor) ~** starke (geringe) Wahlbeteiligung. **II** *adj* **2.** wählend. **3.** Wahl...: **~ book** Wählerliste *f*; **~ booth** Wahlkabine *f*, -zelle *f*; **~ clerk** Wahlprotokollführer *m*; **~ district** Wahlbezirk *m*; **~ place** *Am.*, **~ station** *bes. Br.* Wahllokal *n.*

pol·lin·ic [pəˈlɪnɪk] *adj bot.* Blütenstaub... **pol·li·nif·er·ous** [₍pɒlɪˈnɪfərəs; *Am.* ₍pɑlə-] *adj bot.* **1.** Blütenstaub erzeugend. **2.** pollentragend.

pol·li·wog [ˈpɒlɪwɒg; *Am.* ˈpɑlɪ₍wɑg] *s zo. Br. dial. od. Am.* Kaulquappe *f.*

poll man [pɒl] *s irr* (*Universität Cambridge*) Kandiˈdat *m* für den **poll degree** (→ **poll²** 2).

pol·lock *bes. Br. für* **pollack.**
pol·loi [pəˈlɔɪ] → **hoi polloi** 1.
poll| par·rot [pɒl; *Am. a.* pɑl] *s* **1.** zahmer Papaˈgei. **2.** *fig.* Papaˈgei *m* (*j-d, der alles nachplappert*). **ˈ~-ˌpar·rot** *v/t u. v/i* (nach)plappern.
poll·ster [ˈpəʊlstə(r)] *s* Meinungsforscher *m*, Interˈviewer *m*.
poll tax [pəʊl] *s* Kopfsteuer *f*.
pol·lu·tant [pəˈluːtənt] *s* Schadstoff *m*.
pol·lute [pəˈluːt] *v/t* **1.** *a. fig.* beflecken, besudeln, beschmutzen. **2.** *fig.* in den Schmutz ziehen. **3.** *Wasser etc* verunreinigen, verschmutzen. **4.** *relig.* entweihen. **5.** (*moralisch*) verderben. **polˈlut·er** *s* ˈUmweltverschmutzer *m*. **polˈlu·tion** *s* **1.** Befleckung *f*, Verunreinigung *f* (*a. fig.*). **2.** (Luft-, Wasser-, ˈUmwelt)Verschmutzung *f*: ~ **control** Umweltschutz *m*. **3.** *fig.* Entweihung *f*, Schändung *f*. **4.** *physiol.* Pollutiˈon *f*, (unwillkürlicher) Samenerguß.
pol·ly·wog → **polliwog.**
po·lo [ˈpəʊləʊ] *s* **1.** *sport* Polo *n*: ~ **coat** Kamelhaarmantel *m*; ~ **shirt** Polohemd *n*; ~ **stick** Polostock *m*. **2.** → **water polo. 3.** *a.* ~ **neck** a) Rollkragen *m*, b) ˈRollkragenpullˌover *m*. **ˈpo·lo·ist** *s sport* Polospieler(in).
pol·o·naise [ˌpɒləˈneɪz; *Am.* ˌpɑ-; ˌpəʊ-] *s mus.* Poloˈnaise *f*, *a.* Poloˈnäse *f*.
po·lo·ni·um [pəˈləʊnjəm; -ɪəm] *s chem.* Poˈlonium *n* (*Radiumelement*).
po·lo·ny [pəˈləʊnɪ] *s Br.* grobe Zerveˈlatwurst.
pol·ter·geist [ˈpɒltəgaɪst; *Am.* ˈpəʊltərˌg-] *s* Polter-, Klopfgeist *m*.
pol·troon [pɒlˈtruːn; *Am.* pɑl-] *s* Feigling *m*. **polˈtroon·er·y** [-ərɪ] *s* Feigheit *f*.
poly- [pɒlɪ; *Am.* pɑ-] *Wortelement mit der Bedeutung* viel, mehr: **polyangular** *bes. math.* vieleckig, Vielecks...; **polyanthous** *bot.* vielblütig; **polyaxial** mehr-, vielachsig; **polydimensional** mehrdimensional.
pol·y [ˈpɒlɪ; *Am.* ˈpɑliː] *s colloq. für* **polytechnic** II.
ˌpol·yˈac·id *s chem.* Polysäure *f*.
pol·y·ad [ˈpɒlɪæd; *Am.* ˈpɑ-] *adj u. s chem.* vielwertig(es Eleˈment).
ˌpol·yˈam·id(e) *s chem.* Polyaˈmid *n*.
ˌpol·yˈan·drous [-ˈændrəs] *adj* polyˈandrisch: a) *bot.* vielmännig, b) *zo.* mit mehreren Männchen, c) *sociol.* mit mehreren Männern in ehelicher Gemeinschaft lebend. **ˈpol·y·an·dry** [-ændrɪ] *s* Polyanˈdrie *f*, Vielmänneˈrei *f*.
ˌpol·yˈan·thus [-ˈænθəs] *s bot.* **1.** Hohe Schlüsselblume. **2.** Taˈzette *f*.
ˌpol·yˈcar·pic [-ˈkɑː(r)pɪk], **ˌpol·yˈcar·pous** [-pəs] *adj bot.* polyˈkarp(isch): a) mit vielen Fruchtblättern, b) ausdauernd (*wiederholt fruchtend u. blühend*).
ˌpol·yˈcen·trism [-ˈsentrɪzəm] *s pol.* Polyzenˈtrismus *m* (*Machtbereich, in dem die Vorherrschaft von mehreren Zentren ausgeht*).
ˌpol·y·chroˈmat·ic *adj* (*adv* ~**ally**) viel-, mehrfarbig, polyˈchrom: ~ **process** *phot.* Kohledruck *m*.
ˈpol·y·chrome I *adj* **1.** viel-, mehr-, buntfarbig, bunt: ~ **printing** Bunt-, Mehrfarbendruck *m*. **2.** bunt(bemalt). **II** *s* **3.** a) vielfarbiger (*bes.* Kunst)Gegenstand, b) buntbemalte Plastik. **4.** Vielfarbigkeit *f*.
ˌpol·yˈclin·ic *s* allgemeines Krankenhaus.
ˈpol·yˌcot·yˈle·don *s bot.* Pflanze *f* mit mehr als zwei Keimblättern.
ˌpol·yˈcrot·ic [-ˈkrɒtɪk; *Am.* -ˈkrɑ-] *adj med.* polyˈkrot (*Puls*).
ˌpol·yˈes·ter *s chem.* Polyˈester *m*. **ˌpol·yˈe·ther** *s* Polyˈäther *m*. **ˌpol·yˈeth·y·lene** *s* Polyäthyˈlen *n*.
ˌpol·yˈgam·ic [-ˈgæmɪk] → **polygamous. po·lyg·a·mist** [pəˈlɪgəmɪst] *s* Polygaˈmist(in). **poˈlyg·a·mous** *adj* **1.** polyˈgam. **2.** *bot.* polyˈgamisch. **poˈlyg·a·my** *s* Polygaˈmie *f* (*a. zo.*), Vielehe *f*, Vielweibeˈrei *f*.
ˌpol·yˈgen·e·sis *s* Polygeˈnese *f*, *a. biol.* Polyˈgenesis *f* (*Ursprung aus verschiedenen Quellen*). **ˌpol·y·geˈnet·ic** *adj* (*adv* ~**ally**) **1.** polygeˈnetisch, aus verschiedenen Quellen *od.* Zeiten stammend. **2.** *biol.* a) die Polyˈgenesis betreffend, b) von verschiedenartigen Zellen abstammend. **ˌpol·yˈgen·ic** *adj* **1.** polygeˈnetisch, verschiedener ˈHerkunft. **2.** *biol.* polyˈgen, von mehreren Genen abhängig. **3.** *chem.* mehrere Wertigkeiten habend.
po·lyg·e·nism [pəˈlɪdʒənɪzəm] *s* Lehre *f* von der Abstammung der Menschenrassen von verschiedenen Stammeltern. **poˈlyg·e·ny** *s bes. biol.* **1.** → **polygenism. 2.** *Genetik*: Polygeˈnie *f* (*Ausbildung e-s Merkmals durch viele verschieden wirkende Gene*).
pol·y·glot [ˈpɒlɪglɒt; *Am.* ˈpɑlɪˌglɑt] **I** *adj* **1.** polyˈglott, vielsprachig. **II** *s* **2.** Polyˈglotte *f* (*Buch, bes. Bibel, in mehreren Sprachen*). **3.** Polyˈglotte(r *m*) *f*, vielsprachiger Mensch. **4.** Sprachengemisch *n*, *contp.* Sprachengewirr *n*.
pol·y·gon [ˈpɒlɪgɒn; *Am.* ˈpɑlɪˌgɑn] *s math.* a) Polyˈgon *n*, Vieleck *n*, b) Polygoˈnalzahl *f*: ~ **of forces** *phys. tech.* Kräftepolygon; ~ **connection** *electr.* Vieleckschaltung *f*.
po·lyg·o·nal [pɒˈlɪgənl; *Am.* pəˈl-] *adj* polygoˈnal, vieleckig.
ˈpol·y·graph [-grɑːf; *bes. Am.* -græf] **I** *s* Polyˈgraph *m*, *bes.* ˈLügendeˌtektor *m*. **II** *v/t* e-m ˈLügendeˌtektortest unterˈziehen.
po·lyg·y·ny [pəˈlɪdʒɪnɪ] *s* Polygyˈnie *f*: a) Vielweibeˈrei *f*, b) *bot.* Vielweibigkeit *f* (*Blüte mit vielen Stempeln*), c) *zo.* Zs.-leben *n* mit mehreren Weibchen.
ˌpol·yˈhe·dral [-ˈhedrəl; *bes. Am.* -ˈhiː-], **ˌpol·yˈhe·dric** [-drɪk] *adj* **1.** *math.* polyˈedrisch, vielflächig, Polyeder... **2.** vielförmig. **ˌpol·yˈhe·dron** [-drən] *pl* **-drons, -dra** [-drə] *s* Polyˈeder *n*, Vielflach *n*.
ˈpol·y·math [-mæθ] *s* Univerˈsalgelehrte(r) *m*.
ˌpol·yˈme·li·a [-ˈmiːljə; -lɪə] *s med. zo.* Polymeˈlie *f*, Vorˈhandensein *n* ˈüberzähliger Gliedmaßen.
pol·y·mer [ˈpɒlɪmə; *Am.* ˈpɑləmər] *s chem.* Polyˈmer(e) *n*, polyˈmerer Körper. **ˌpol·yˈmer·ic** [-ˈmerɪk] *adj* polyˈmer. **po·lym·er·ism** [pəˈlɪmərɪzəm] *s* Polymeˈrie *f*. **po·lym·er·i·za·tion** [pəˌlɪməraɪˈzeɪʃn; *Am.* -rəˈz-] *s chem.* Polymerisatiˈon *f*. **ˈpol·y·mer·ize** *chem.* **I** *v/t* polymeriˈsieren. **II** *v/i* polyˈmere Körper bilden.
ˌpol·y·moˈlec·u·lar *adj chem.* ˈpolymolekuˌlar, ˈhochmolekuˌlar.
ˈpol·y·morph *s* **1.** *chem.* polyˈmorpher Körper. **2.** *biol.* vielgestaltige Art. **ˌpol·yˈmor·phic** *adj* polyˈmorph, vielgestaltig. **ˌpol·yˈmor·phism** *s* Polymorˈphismus *m*, Polymorˈphie *f*, Vielgestaltigkeit *f*. **ˌpol·yˈmor·phous** → **polymorphic.**
Pol·y·ne·sian [ˌpɒlɪˈniːzjən; *Am.* ˌpɑləˈniːʒən] **I** *adj* **1.** polyˈnesisch. **II** *s* **2.** Polyˈnesier(in). **3.** *ling.* Polyˈnesisch *n*, das Polynesische.
ˌpol·y·neuˈri·tis *s med.* Polyneuˈritis *f*.
po·lyn·i·a [pəˈlɪnɪə; *Am.* ˌpɑːlənˈjɑː] *s geogr.* eisfreie Stelle (*im Fluß od. Meer*).
ˌpol·yˈno·mi·al [-ˈnəʊmjəl; -ɪəl] **I** *adj* **1.** *math.* polyˈnomisch, vielglied(e)rig. **2.** *bot. zo.* vielnamig. **II** *s* **3.** *math.* Polyˈnom *n*.
ˌpol·yˈnu·cle·ar *adj med.* polynukleˈär, vielkernig (*Zellen etc*).
pol·yp(e) [ˈpɒlɪp; *Am.* ˈpɑləp] *s* **1.** *zo.* Poˈlyp *m* (*festsitzende Form der Hohltiere*). **2.** *med.* Poˈlyp *m* (*Wucherung*).
ˈpol·y·phase *adj bes. electr.* mehr-, verschiedenphasig, Mehrphasen...: ~ **current** Mehrphasen-, Drehstrom *m*.
pol·y·phon·ic [ˌpɒlɪˈfɒnɪk; *Am.* ˌpɑləˈfɑ-] *adj* **1.** vielstimmig, mehrtönig. **2.** *mus.* polyˈphon, *bes.* kontraˈpunktisch. **3.** *ling.* phoˈnetisch mehrdeutig. **pol·y·pho·nist** [ˈpɒlɪfəʊnɪst; *Am.* pəˈlɪfənɪst] *s mus.* Polyˈphoniker *m*, Kontraˈpunktiker *m*. **po·lyph·o·ny** [pəˈlɪfənɪ] *s* **1.** Viel-, Mehrtönigkeit *f*, Vielklang *m*. **2.** *mus.* Polyphoˈnie *f*, Kontraˈpunktik *f*. **3.** *ling.* lautliche Mehrdeutigkeit (*e-s Schriftzeichens*).
ˈpol·y·pod [-pɒd; *Am.* -ˌpɑd] **I** *adj* mit vielen Beinen *od.* Füßen. **II** *s zo.* Vielfüßer *m*.
pol·yp·tych [ˈpɒlɪptɪk; *Am.* ˈpɑl-; pəˈlɪptɪk] *s* Poˈlyptychon *n* (*mehrteilige, zs.-klappbare Tafel, bes. Altar mit mehr als 3 Flügeln*).
pol·y·pus [ˈpɒlɪpəs; *Am.* ˈpɑl-] *pl* **-pi** [-paɪ] → **polyp(e)** 2.
ˈpol·y·style *adj arch.* vielsäulig.
ˌpol·yˈsty·rene [-ˈstaɪriːn] *s chem.* Polystyˈrol *n*, *bes.* Styroˈpor *n* (*TM*).
ˌpol·y·sylˈlab·ic *adj* (*adv* ~**ally**) *ling.* mehr-, vielsilbig. **ˌpol·yˈsyl·la·bism** *s* **1.** Vielsilbigkeit *f*. **2.** Verwendung *f od.* Bildung *f* vielsilbiger Wörter. **ˈpol·yˌsyl·la·ble** *s* vielsilbiges Wort.
ˌpol·yˈsyn·the·sis *s ling.* Polysynˈthese *f* (*Zs.-fassung mehrerer Satzteile zu e-m einzigen Wort*). **ˌpol·y·synˈthet·ic** *adj*; **ˌpol·y·synˈthet·i·cal** *adj* (*adv* ~**ly**) polysynˈthetisch: ~ **languages.**
ˌpol·yˈtech·nic [-ˈteknɪk] **I** *adj* polyˈtechnisch. **II** *s a.* ~ **school** Polyˈtechnikum *n*, polyˈtechnische Schule.
ˈpol·y·the·ism *s* Polytheˈismus *m*, Vielgötteˈrei *f*. **ˈpol·y·the·ist** *s* Polytheˈist(in). **ˌpol·y·theˈis·tic** *adj*; **ˌpol·y·theˈis·ti·cal** *adj* (*adv* ~**ly**) polytheˈistisch.
ˈpol·y·thene [-θiːn] *s chem.* Polyäthyˈlen *n* (*Kunststoff*).
ˌpol·y·toˈnal·i·ty *s mus.* Polytonaliˈtät *f*.
ˌpol·yˈtrop·ic [-ˈtrɒpɪk; *Am.* -ˈtrɑ-] *adj biol. math. med.* polyˈtrop(isch).
ˌpol·yˈva·lence *s biol. chem.* Polyvaˈlenz *f*, Mehrwertigkeit *f*. **ˌpol·yˈva·lent** *adj* polyvaˈlent, mehrwertig.
pol·y·ver·si·ty [ˌpɑːlɪˈvɜrsətiː] *s Am.* ˈMammutuniversiˌtät *f*.
ˌpol·yˈvi·nyl *adj chem.* polymeriˈsierte Viˈnylverbindungen betreffend, Polyvinyl...: ~ **chlorid(e)** Polyvinylchlorid *n*.
ˌpol·yˈzo·on [-ˈzəʊɒn; *Am.* -ˌɑn] *pl* **-ˈzo·a** [-ə] *s* Moostierchen *n*.
pom[1] [pɒm; *Am.* pɑm] *colloq. für* **Pomeranian** 3.
pom[2] [pɒm] → **pommy.**
pom·ace [ˈpʌmɪs] *s* **1.** (Apfel)Fruchtmasse *f*, (-)Trester *pl*. **2.** Brei *m*, zerstampfte Masse. **~ fly** *s zo.* Obstfliege *f*.
po·made [pəˈmɑːd; *Am.* pəʊˈmeɪd] **I** *s* (ˈHaar)Poˌmade *f*. **II** *v/t* pomadiˈsieren, mit Poˈmade einreiben.
po·man·der [pəʊˈmændə(r); *Am. a.* ˈpəʊˌm-] *s hist.* Parˈfüm-, Ambrakugel *f*.
po·ma·tum [pəʊˈmeɪtəm; -ˈmɑː-] → **pomade** I.
pome [pəʊm] *s* **1.** *bot.* Apfel-, Kernfrucht *f*. **2.** *hist.* Reichsapfel *m*. **3.** *R.C.* *mit heißem Wasser gefüllte Metallkugel zum Wärmen der Hände.*
pom·e·gran·ate [ˈpɒmɪˌgrænɪt; *Am.* ˈpɑm-] *s bot.* **1.** *a.* ~ **tree** Graˈnatapfelbaum *m*. **2.** *a.* ~ **apple** Graˈnatapfel *m*.
pom·e·lo [ˈpɒmɪləʊ; *Am.* ˈpɑm-] *pl* **-los** *s bot. bes. Am.* Grapefruit *f*, Pampelˈmuse *f*.

Pom·er·a·ni·an [ˌpɒməˈreɪnjən; -ɪən; *Am.* ˌpɑ-] **I** *adj* **1.** pommer(i)sch. **II** *s* **2.** Pommer(in). **3.** *a.* ~ **dog** Spitz *m.*

pom·fret [ˈpʌmfrɪt; *Am. a.* ˈpɑm-] *s ichth.* **1.** ˈBrachsenmaˌkrele *f.* **2.** Butterfisch *m.* ~ **cake** *s Br.* Laˈkritzenplätzchen *n.*

po·mi·cul·ture [ˈpɒmɪkʌltʃə(r); *Am.* ˈpəʊ-] *s* Obstbaumzucht *f.*

pom·mel [ˈpʌml] **I** *s* [*Br. bes.* ˈpɒml; *Am. a.* ˈpɑməl] **1.** (Degen-, Sattel-, Turm-) Knopf *m*, Knauf *m.* **2.** *Gerberei*: Krispelholz *n.* **3.** *Turnen*: (Pferd)Pausche *f*: ~ **horse** Seitpferd *n.* **II** *v/t pret u. pp* **-meled,** *bes. Br.* **-melled 4.** (mit den Fäusten) eintrommeln auf (*acc*). **5.** *Gerberei*: krispeln.

pom·my [ˈpɒmɪ] *s sl.* brit. Einwanderer *m* (in Auˈstralien *od.* Neuˈseeland).

po·mol·o·gy [pɒˈmɒlədʒɪ; *Am.* pəʊˈmɑ-] *s* Pomoloˈgie *f*, Obst(bau)kunde *f.*

pomp [pɒmp; *Am.* pɑmp] *s* Pomp *m*, Prunk *m*, Gepränge *n*, (*a.* eitle *od.* leere) Pracht.

Pom·pe·ian [pɒmˈpiːən; *Am.* pɑmˈpeɪ-] **I** *adj* pomˈpejisch, pompeˈjanisch: ~ **red** pompejanisch-, ziegelrot. **II** *s* Pompeˈjaner(in).

pom-pom [ˈpɒmpɒm; *Am.* ˈpɑmˌpɑm] *s mil.* Pompom *n* (*automatisches Schnellfeuergeschütz*).

pom·pon [ˈpɔ̃ːmpɔ̃ːŋ; ˈpɒmpɒn; *Am.* ˈpɑmˌpɑn] *s* Pomˈpon *m*, (*ballförmige*) Quaste.

pom·pos·i·ty [pɒmˈpɒsətɪ; *Am.* pɑmˈpɑs-] *s* **1.** Prunk *m*, Pomp *m.* **2.** Wichtigtueˈrei *f*, Aufgeblasenheit *f.* **3.** Schwülstigkeit *f*, Bomˈbast *m* (*im Ausdruck*). ˈ**pomp·ous** *adj* (*adv* ~**ly**) **1.** pomˈpös, prunkvoll. **2.** wichtigtuerisch, aufgeblasen. **3.** bomˈbastisch, schwülstig (*Sprache*).

'pon [pɒn; *Am.* pɑn] *poet. abbr. für* **upon.**

ponce [pɒns] *Br. sl.* **I** *s* **1.** Zuhälter *m.* **2.** ‚Schwule(r)' *m*, ‚Homo' *m* (*Homosexueller*). **II** *v/i* **3.** von Zuhälteˈrei leben: **to** ~ **for s.o.** j-s Zuhälter sein. **4.** ~ **about** (*od.* **around**) herˈumtänzeln.

pon·ceau [pɒnˈsəʊ; *Am.* pɑn-] *s* **1.** *bot.* Klatschmohn *m.* **2.** Ponˈceau *n*: a) Hochrot *n*, b) *chem. scharlachroter Farbstoff.*

pon·cho [ˈpɒntʃəʊ; *Am.* ˈpɑn-] *pl* **-chos** *s* **1.** Poncho *m* (*ärmelloser Umhang der südamer. Indianer*). **2.** ˈRegenˌumhang *m.*

ponc·ing [ˈpɒnsɪŋ] *s Br. sl.* Zuhälteˈrei *f.* ˈ**ponc·y** *adj Br. sl.* **1.** ‚schwul' (*homosexuell*). **2.** ‚tuntig' (*Getue*), tänzelnd (*Gang*).

pond [pɒnd; *Am.* pɑnd] **I** *s* **1.** (*Br. bes.* künstlicher) Teich, Weiher *m*, Tümpel *m*: **horse** ~ Pferdeschwemme *f.* **2.** → **herring pond. II** *v/t* **3.** *Wasser* (*in e-m Teich*) sammeln, *e-n Bach* (zu e-m Teich) stauen. **III** *v/i* **4.** e-n Teich *od.* Tümpel bilden.

pond ap·ple *s bot.* Alliˈgatorapfel *m.*

pon·der [ˈpɒndə; *Am.* ˈpɑndər] **I** *v/i* nachdenken, -sinnen, (nach)grübeln (**on, upon, over** über *acc*): **to** ~ **over s.th.** etwas überlegen. **II** *v/t* erwägen, überˈlegen, nachdenken über (*acc*): **to** ~ **one's words** s-e Worte abwägen. ˌ**pon·der·aˈbil·i·ty** *s* Wägbarkeit *f.* ˈ**pon·der·a·ble** *adj* wägbar, ab-, einschätzbar. ˈ**pon·der·ing** *adj* (*adv* ~**ly**) nachdenklich, grüblerisch: ~ **silence** nachdenkliches Schweigen.

pon·der·os·i·ty [ˌpɒndəˈrɒsətɪ; *Am.* ˌpɑndəˈrɑs-] *s* **1.** Gewicht *n*, Schwere *f*, Gewichtigkeit *f.* **2.** *fig.* Schwerfälligkeit *f.*

pon·der·ous [ˈpɒndərəs; *Am.* ˈpɑn-] *adj* (*adv* ~**ly**) **1.** schwer, massig, gewichtig. **2.** *fig.* schwerfällig, plump: **a** ~ **style. 3.** *fig.* langweilig. ˈ**pon·der·ous·ness** → **ponderosity.**

pond lil·y → **water lily.**

pone¹ [pəʊn] *s a.* ~ **bread** *Am.* Maisbrot *n.*

po·ne² [ˈpəʊnɪ; pəʊn] *s* (*Kartenspiel*) **1.** Vorhand *f.* **2.** Spieler, der abhebt.

pong¹ [pɒŋ; *Am. a.* pɑŋ] **I** *s* dumpfer Klang. **II** *v/i* dröhnen.

pong² [pɒŋ] *Br. sl.* **I** *s* Gestank *m.* **II** *v/i* stinken.

pong³ [pɒŋ; *Am.* pɑŋ] *v/i thea. bes. Br. sl.* improviˈsieren.

pon·gee [pɒnˈdʒiː; *Am.* pɑn-; ˈpɑnˌdʒiː] *s* Ponˈgé *m*, Japanseide *f.*

pon·iard [ˈpɒnjəd; *Am.* ˈpɑnjərd] **I** *s* Dolch *m.* **II** *v/t* erdolchen, erstechen.

pon·tage [ˈpɒntɪdʒ; *Am.* ˈpɑn-] *s bes. hist.* Brückenzoll *m.*

pon·tiff [ˈpɒntɪf; *Am.* ˈpɑn-] *s* **1.** *antiq.* Pontifex *m*, Oberpriester *m.* **2.** Hohepriester *m.* **3.** *R.C.* Papst *m.*

pon·tif·i·cal [pɒnˈtɪfɪkl; *Am.* pɑnˈt-] **I** *adj* (*adv* ~**ly**) **1.** *antiq.* (ober)priesterlich. **2.** *R.C.* pontifiˈkal: a) bischöflich: **P~ College** Bischofskollegium *n*; **P~ Mass** Pontifikalamt *n*, b) *bes.* päpstlich. **3.** hohepriesterlich. **4.** *fig.* a) feierlich, würdevoll, b) dogˈmatisch, päpstlich, überˈheblich. **II** *s* **5.** Pontifiˈkale *n* (*Zeremonienbuch der Bischöfe*). **6.** *pl* → **pontificalia.**

pon·tif·i·ca·li·a [ˌpɒntɪfɪˈkeɪljə; -ɪə; *Am.* pɑnˌtɪfəˈkeɪ-] (*Lat.*) *s pl* Pontifiˈkalien *pl* (*bischöfliche od. päpstliche Amtstracht u. Insignien*).

pon·tif·i·cate [pɒnˈtɪfɪkeɪt; *Am.* pɑn-] **I** *v/i* **1.** als (Hoher)ˈPriester *od.* Bischof *od.* in päpstlicher Würde amˈtieren. **2.** *R.C.* ein Pontifiˈkalamt halten. **3.** *fig.* a) sich päpstlich gebärden, sich für unˈfehlbar halten, b) sich dogˈmatisch auslassen (**on** über *acc*). **II** *s* [*Br. bes.* -kɪt; *Am. a.* -kət] **4.** *antiq. u. R.C.* Pontifiˈkat *n, m.*

pon·ti·fy [ˈpɒntɪfaɪ; *Am.* ˈpɑn-] → **pontificate** 3.

pon·toon¹ [pɒnˈtuːn; *Am.* pɑn-] **I** *s* **1.** Ponˈton *m*, Brückenkahn *m*: ~ **bridge** Ponton-, Schiffsbrücke *f*; ~ **train** Brükkenkolonne *f.* **2.** *mar.* Kielleichter *m*, Prahm *m.* **3.** *aer.* Schwimmer *m* (*e-s Wasserflugzeugs*). **II** *v/t* **4.** *e-n Fluß* mit Ponˈtons *od.* e-r Ponˈtonbrücke überˈqueren.

pon·toon² [pɒnˈtuːn] *s Br.* Siebzehnundˈvier *n* (*Kartenglücksspiel*).

po·ny [ˈpəʊnɪ] **I** *s* **1.** Pony *n*: a) kleines Pferd, b) *Am. a.* Mustang *m*, (halb)wildes Pferd. **2.** *pl sl.* Rennpferde *pl*: **to bet on the ponies. 3.** *Br. sl.* £25. **4.** *ped. Am. sl.* a) ‚Eselsbrücke' *f*, ‚Klatsche' *f* (*Übersetzungshilfe*), b) Spickzettel *m.* **5.** a) kleines (*Schnaps- etc*)Glas, b) Gläs-chen *n* (*Schnaps etc*). **6.** *Am.* (*etwas*) ‚im ˈWestentaschenforˌmat', Miniatur..., *bes.* a) *thea. sl.* ‚Balˈlettratte' *f*, b) Kleinauto *n*, c) (Buch *n od.* Zeitschrift *f* in) Miniaˈturausgabe *f*: ~ **edition. II** *v/t Am. sl.* **7.** *e-e Übersetzung* mit Hilfe e-r ‚Klatsche' anfertigen. **8.** ~ **up** *e-e Rechnung etc* ‚berappen', ‚blechen', bezahlen. ~ **car** *s Am.* Mittelklassewagen *m.* ~ **en·gine** *s Am.* kleine Ranˈgierlokomoˌtive. ~ **ex·press** *s erster Schnellpostdienst im Westen der USA* (*1860–61*). ~ **mo·tor** *s electr.* Anwurfs-, Hilfsmotor *m.* ~ **tail** *s* Pferdeschwanz *m* (*Frisur*). ~ **trek·king** *s* Ponyreiten *n* (*bes. organisierte Gruppenausritte*).

pooch [puːtʃ] *s sl.* ‚Köter' *m.*

poo·dle [ˈpuːdl] **I** *s zo.* Pudel *m.* **II** *v/t e-n Hund* im Pudelschnitt scheren.

poof [puːf] *s Br. sl.* ‚Schwule(r)' *m*, ‚Homo' *m* (*Homosexueller*).

pooh [puː; pʊ] *interj contp.* pah!

Pooh-Bah [ˌpuːˈbɑː; *Am.* ˈpuːˌbɑː] *s humor. j-d, der viele Ämter innehat*: a) ‚Bonze' *m*, b) Wichtigtuer *m* (*nach e-r Gestalt aus „Mikado" von Gilbert u. Sullivan*).

pooh·pooh [ˌpuːˈpuː] **I** *v/t* geringschätzig behandeln, *etwas* als unwichtig abtun, die Nase rümpfen *od.* geringschätzig hinˈweggehen über (*acc*). **II** *v/i* die Nase rümpfen, geringschätzig tun.

poo·ja(h) → **puja.**

pool¹ [puːl] **I** *s* **1.** Pfuhl *m*, Teich *m*, Weiher *m*, Tümpel *m.* **2.** Pfütze *f*, Lache *f*: ~ **of blood** Blutlache. **3.** a) (Schwimm)Becken *n*, Basˈsin *n*, b) → **swimming pool. 4.** a) *tiefe, unbewegte Stelle e-s Flusses*, b) **the P~** *Teil der Themse unterhalb der London Bridge.* **5.** *geol.* peˈtroleumhaltige Geˈsteinsparˌtie. **6.** *med.* Blutansammlung *f* (*durch Kreislaufstörung*). **7.** *Schweißtechnik*: Schmelzbad *n*: ~ **cathode** flüssige Kathode. **II** *v/t* **8.** *Gestein* unterminˈnieren.

pool² [puːl] **I** *s* **1.** *Kartenspiel*: a) Gesamteinsatz *m*, b) (Spiel)Kasse *f.* **2.** *meist pl* (Fußball- *etc*)Toto *n, m*: **he must have won on the ~s** der muß im Lotto gewonnen haben. **3.** *Billard*: a) *Br.* Poulespiel *n*, b) *Am.* Poolbillard *n.* **4.** *fenc.* Ausscheidungsrunde *f.* **5.** *econ.* a) Pool *m*, Karˈtell *n*, Ring *m*, Interˈessengemeinschaft *f*, -verband *m*, b) *a.* **working** ~ Arbeitsgemeinschaft *f*, c) (Preis- *etc*)Abkommen *n*, d) gemeinsamer Fonds, gemeinsame Kasse. **6.** ~ **of players** *sport a)* (Spieler-) Kader *m*, b) Aufgebot *n.* **II** *v/t* **7.** a) *Geld, Kapital, a. Unternehmen* zs.-legen: **to** ~ **funds** zs.-schießen, b) *den Gewinn* untereinˈander verteilen, c) *das Geschäftsrisiko* verteilen. **8.** *fig. Kräfte etc* vereinen. **9.** e-r Interˈessengemeinschaft unterˈwerfen: **the traffic was ~ed. III** *v/i* **10.** ein Karˈtell bilden.

ˈ**pool**|ˌ**room** *s Am.* **1.** Billardzimmer *n.* **2.** ˈSpielsaˌlon *m.* **3.** Wettannahmestelle *f.* ~ **ta·ble** *s Am.* Billardtisch *m.*

poop¹ [puːp] *mar.* **I** *s* **1.** Heck *n*: ~ **lantern** Hecklicht *n.* **2.** *a.* ~ **deck** (erhöhtes) Achterdeck: ~ **cabin** Kajüte *f* unter dem Achterdeck. **3.** *obs.* (Achter)Hütte *f.* **II** *v/t* **4.** *das Schiff* von hinten treffen: **to be ~ed** e-e Sturzsee von hinten bekommen.

poop² [puːp] **I** *v/i* **1.** donnern (*Geschütz*). **2.** tuten, hupen. **3.** *vulg.* ‚pupen', ‚e-n fahren lassen'. **4.** ~ **out** *bes. sport Am. sl.* ‚aussteigen' (*aufgeben*). **II** *v/t* **5.** *Am. sl. j-n* ‚schlauchen' (*erschöpfen*): **~ed (out)** ‚geschlaucht', ‚fertig'.

poop³ [puːp] *s sl.* Einfaltspinsel *m*, Trottel *m.*

poor [pʊə(r); *Am. a.* pəʊər] **I** *adj* (*adv* → **poorly** II) **1.** arm, mittellos, (unterˈstützungs)bedürftig: ~ **person** *jur.* Arme(r *m*) *f*; **P~ Persons Certificate** *jur.* Armenrechtszeugnis *n.* **2.** arm, ohne ˈGeldreˌserven, ˈschlechtfunˌdiert (*Staat, Verein etc*). **3.** arm(selig), ärmlich, dürftig, kümmerlich: **a** ~ **breakfast**; **a** ~ **life**; ~ **dresses** ärmliche Kleidung. **4.** mager (*Boden, Erz, Vieh etc*), schlecht, unergiebig (*Boden, Ernte etc*): ~ **soil. 5.** *fig.* arm (**in** an *dat*), schlecht, mangelhaft, schwach (*Gesundheit, Leistung, Spieler, Sicht, Verständigung etc*): ~ **consolation** schwacher Trost; **he's a** ~ **eater** er ist ein schlechter Esser; **a** ~ **lookout** schlechte Aussichten; **a** ~ **night** e-e schlechte Nacht; ~ **in spirit** *Bibl.* arm im Geiste, geistlich arm. **6.** *contp.* jämmerlich, traurig: **a** ~ **creature. 7.** *colloq.* arm, bedauerns-, bemitleidenswert (*oft humor.*): ~ **me!** ich Ärmste(r)!; **my** ~ **mother** m-e arme (*oft* verstorbene) Mutter; **in my** ~ **opinion** *iro.* m-r unmaßgeblichen Meinung nach; → **opinion** 3. **II** *s* **8. the** ~ die Armen *pl.*

poor|**box** *s hist.* Armen-, Almosenbüchse *f.* ˈ~**house** *s hist.* Armenhaus *n.* ~ **law** *s jur. hist.* Armengesetz(gebung *f*) *n*, öffentliches Fürsorgerecht.

ˈ**poor·ly I** *adj* **1.** *bes. colloq.* kränklich, unpäßlich: **he looks** ~ er sieht schlecht aus. **II** *adv* **2.** arm(selig), dürftig: **he is ~ off** es geht ihm schlecht. **3.** *fig.* schlecht, schwach, dürftig, mangelhaft: **~ gifted** schwachbegabt; **to think ~ of** nicht viel halten von.

ˌpoor-man's-ˈcab·bage *s bot.* Winterkresse *f.*

ˈpoor·ness *s* **1.** Armut *f,* Mangel *m,* Armseligkeit *f,* Ärmlichkeit *f,* Dürftigkeit *f.* **2.** *agr.* Magerkeit *f (des Bodens), a. min.* Unergiebigkeit *f.*

poor| rate *s hist.* Armensteuer *f.* **~ relief** *s hist.* Armenfürsorge *f,* -pflege *f.* **ˌ~-ˈspir·it·ed** *adj* **1.** feig(e). **2.** mutlos, verzagt.

poort [pʊə(r)t; *Am. a.* pəʊərt] *s* enger Paß (*in Südafrika*).

poove [puːv] *s Br. sl.* ‚Schwule(r)' *m,* ‚Homo' *m (Homosexueller).* **ˈpoov·y** *adj Br. sl.* ‚schwul'.

pop[1] [pɒp; *Am.* pɑp] **I** *v/i* **1.** knallen, losgehen (*Flaschenkork, Feuerwerk etc*). **2.** aufplatzen, aufspringen (*Kastanien, Mais*). **3.** *colloq.* ‚ballern', schießen (**at** auf *acc*). **4.** ‚flitzen', huschen, plötzlich auftauchen: **to ~ along** entlanghuschen, -flitzen; **to ~ in** ‚hereinplatzen', auf e-n Sprung vorbeikommen (*Besuch*); **to ~ off** *colloq.* a) ‚abhauen', ‚sich aus dem Staub machen', plötzlich verschwinden, b) einnicken, einschlafen, c) ‚abkratzen' (*sterben*), d) ‚das Maul aufreißen', loslegen; **to ~ off at s.o.** *colloq.* j-m ‚ein paar Freundlichkeiten sagen'; **to ~ up** (plötzlich) auftauchen (*a. fig. Schwierigkeit etc*). **5.** *a.* **~ out** herˈaustreten, aus den Höhlen treten (*Augen*): **his eyes were almost ~ping out** ihm gingen die Augen über.

II *v/t* **6.** a) knallen *od.* platzen lassen: **to ~ corn** *Am.* Mais rösten, b) *Br.* mit Druckknöpfen befestigen. **7.** *colloq.* a) *das Gewehr etc* abfeuern, b) abknallen, (ab)schießen: **to ~ off rabbits. 8.** schnell (weg)stecken *od. wohin* tun: **to ~ one's head in the door** (plötzlich) den Kopf zur Tür hereinstecken; **to ~ away** schnell wegstecken; **to ~ on** *den Hut* aufstülpen; **to ~ out** a) hinausstecken, b) *das Licht* auslöschen; **to ~ pills** *sl.* pillensüchtig sein. **9.** herˈausplatzen mit (*e-r Frage etc*): **to ~ the question** *colloq. e-r Frau* e-n Heiratsantrag machen. **10.** *Br. sl.* (*im Leihhaus*) versetzen: **to ~ one's watch.**

III *s* **11.** Knall *m,* Puff *m.* **12.** *colloq.* Schuß *m*: **to take a ~ at** a) ‚ballern' auf (*acc*), b) *fig.* es versuchen mit. **13.** *Am.* ‚Schießeisen' *n,* Piˈstole *f.* **14.** *colloq.* ‚Limo' *f (Limonade).* **15. in ~** *Br. sl.* versetzt, im Leihhaus.

IV *interj* **16.** puff!, paff! **17.** husch!, zack!

V *adv* **18.** a) mit e-m Knall, b) plötzlich: **to go ~** knallen, platzen.

pop[2] [pɒp; *Am.* pɑp] **I** *s* **1.** *a.* **~ music** a) ˈSchlagermuˌsik *f,* b) ˈPop(muˌsik *f*) *m.* **II** *adj* **2.** volkstümlich, für alle: **~ concert. 3.** Schlager...: **~ singer; ~ song** Schlager *m.* **4.** Pop...: **~ concert; ~ festival; ~ group; ~ singer.**

pop[3] [pɒp; *Am.* pɑp] *s colloq.* **1.** Paˈpa *m,* Vati *m.* **2.** ‚Opa' *m.*

pop[4] [pɑp] → **popsicle.**

pop| art *s* Pop-art *f.* **~ art·ist** *s* Vertreter(in) der Pop-art.

ˈpop·corn *s* Popcorn *n,* Puffmais *m.*

pope[1] [pəʊp] *s* **1.** *meist* **P~** *R.C.* Papst *m*: **~'s nose** *bes. Am. colloq.* Bürzel *m (e-r Gans etc).* **2.** *fig.* Papst *m,* Autoriˈtät *f.*

pope[2] [pəʊp] *s relig.* Pope *m (Priester).*

pope[3] [pəʊp] *s ichth.* Kaulbarsch *m.*

pope·dom [ˈpəʊpdəm] *s* Papsttum *n.*

pop·er·y [ˈpəʊpərɪ] *s contp.* Papisteˈrei *f,* Pfaffentum *n.*

ˈpop|-eyed *adj colloq.* glotzäugig, mit herˈausquellenden Augen: **to be ~** ‚Stielaugen machen' (**with** vor *dat*). **ˈ~-eyes** *s pl colloq.* Glotzaugen *pl.* **ˈ~gun** *s* Kindergewehr *n,* Knallbüchse *f (a. fig. schlechtes Gewehr).*

pop·in·jay [ˈpɒpɪndʒeɪ; *Am.* ˈpɑp-] *s* **1.** *fig. obs.* ‚Fatzke' *m,* Geck *m,* Laffe *m.* **2.** *obs. u. her.* Papaˈgei *m.*

pop·ish [ˈpəʊpɪʃ] *adj (adv* **~ly***) contp.* paˈpistisch.

pop·lar [ˈpɒplə; *Am.* ˈpɑplər] *s bot.* Pappel *f.*

pop·lin [ˈpɒplɪn; *Am.* ˈpɑp-] *s* Popeˈlin *m,* Popeˈline *f (Stoff).*

pop·lit·e·al [pɒpˈlɪtɪəl; ˌpɒplɪˈtiːəl; *Am.* ˌpɑpləˈt-] *adj anat.* Kniekehlen...: **~ artery** Ende *n* der Oberschenkelarterie; **~ nerve** Ende *n* des Ischiasnervs.

pop·o·ver [ˈpɑpˌəʊvər] *s Am. rasch ausgebackenes, stark aufgehendes Backwerk.*

pop·pa [ˈpɒpə; *Am.* ˈpɑpə] → **pop**[3].

pop·per [ˈpɒpə] *s Br.* Druckknopf *m.*

pop·pet [ˈpɒpɪt; *Am.* ˈpɑ-] *s* **1.** *obs. od. dial.* Püppchen *n (a. als Kosewort).* **2.** *tech.* a) *a.* **~head** Docke *f (e-r Drehbank),* b) *a.* **~valve** ˈSchnüffelvenˌtil *n.* **3.** *mar.* Schlittenständer *m.*

pop·ping [ˈpɒpɪŋ; *Am.* ˈpɑ-] *adj* lebhaft, leˈbendig. **~ crease** *s Kricket*: Schlagmallinie *f.*

pop·py [ˈpɒpɪ; *Am.* ˈpɑpiː] *s* **1.** *bot.* Mohn (-blume *f*) *m.* **2.** Mohnsaft *m.* **3.** *a.* **~ red** Mohnrot *n.* **ˈ~cock** *s colloq.* ‚Quatsch' *m,* dummes Zeug. **P~ Day** *s Br. colloq.* Volkstrauertag *m (Sonntag vor od. nach dem 11. November).* **ˈ~head** *s bot.* Mohnkapsel *f (a. arch.).* **~ oil** *s* Mohnöl *n.* **~ seed** *s* Mohn(samen) *m.* **ˈ~seed cake** *s* Mohnkuchen *m.*

pops [pɒps; *Am.* pɑps] *s colloq.* → **pop**[3].

ˈpop·shop *s Br. sl.* Leih-, Pfandhaus *n.*

pop·si·cle [ˈpɑpˌsɪkəl] (*TM*) *s Am.* Eis *n* am Stiel.

pop·ster [ˈpɑpstər] *s Am. sl. für* **pop artist.**

pop·sy [ˈpɒpsɪ; *Am.* ˈpɑpsiː] *s colloq.* **1.** ‚Puppe' *f (Mädchen).* **2.** ‚Mädchen' (*Freundin*). **3.** Schatz *m.*

pop·u·lace [ˈpɒpjʊləs; *Am.* ˈpɑp-] *s* **1.** Pöbel *m.* **2.** (*das*) (gemeine) Volk, (*der*) große Haufen, (*die*) Masse(n *pl*) *f.*

pop·u·lar [ˈpɒpjʊlə; *Am.* ˈpɑpjələr] *adj (adv* → **popularly***)* **1.** Volks..., öffentlich: **~ election** allgemeine Wahl; **~ front** *pol.* Volksfront *f*; **~ government** Volksherrschaft *f*; **the ~ voice** die Stimme des Volkes. **2.** allgemein, weitverbreitet: **~ discontent; a ~ error. 3.** popuˈlär, (allgemein) beliebt (**with** bei): **to make o.s. ~ with** sich bei *j-m* beliebt machen; **to be ~ with** bei *j-m* gut angeschrieben sein; **the ~ hero** der Held des Tages. **4.** a) popuˈlär, volkstümlich, b) (all)gemein- *od.* leichtverständlich, Populär...: **~ etymology** *ling.* Volksetymologie *f*; **~ magazine** populäre Zeitschrift; **~ music** volkstümliche Musik; **~ science** Populärwissenschaft *f*; **~ writer** Volksschriftsteller(in). **5.** volkstümlich, (für jeden) erschwinglich, Volks...: **~ edition** Volksausgabe *f*; **~ prices** volkstümliche Preise.

pop·u·lar·i·ty [ˌpɒpjʊˈlærətɪ; *Am.* ˌpɑpjəˈl-] *s* Populariˈtät *f,* Volkstümlichkeit *f,* Beliebtheit *f* (**with** bei; **among** unter *dat*). **ˌpop·u·lar·iˈza·tion** [-ləraɪˈzeɪʃn; *Am.* -rəˈz-] *s* **1.** allgemeine Verbreitung. **2.** Populariˈsierung *f,* Darstellung *f* in leichtverständlicher Form. **ˈpop·u·lar·ize** [-ləraɪz] *v/t* **1.** popuˈlär machen, (*beim Volk*) einführen. **2.** populariˈsieren, volkstümlich *od.* (all)gemeinverständlich darstellen.

ˈpop·u·lar·ly *adv* **1.** vom ganzen Volk, allgemein: **~ understood. 2.** popuˈlär, volkstümlich, (all)gemeinverständlich. **3.** im Volksmund, landläufig.

pop·u·late [ˈpɒpjʊleɪt; *Am.* ˈpɑp-] *v/t* **1.** bevölkern, besiedeln. **2.** *meist pass* bewohnen.

pop·u·la·tion [ˌpɒpjʊˈleɪʃn; *Am.* ˌpɑp-] *s* **1.** Bevölkerung *f,* Einwohnerschaft *f.* **2.** Bevölkerungs-, Einwohnerzahl *f.* **3.** (*bes.* staˈtistische) Gesamtzahl, (*Fahrzeug-, Schweine-, Wild- etc*)Bestand *m (e-s Landes)*: **car ~; swine ~. 4.** *biol. collect.* Populatiˈon *f*: a) *in der Natur begrenzte, kreuzungsfähige Individuenmenge,* b) Bewohner *pl,* (Art)Bestand *m (e-s bestimmten Lebensraums).* **~ counter** *s tech.* Gesamtheitszähler *m (Qualitätskontrolle).* **~ den·si·ty** *s* Bevölkerungsdichte *f.* **~ ex·plo·sion** *s* Beˈvölkerungsexplosiˌon *f.* **~ ge·net·ics** *s pl (als sg konstruiert)* Populatiˈons-, Huˈmangeˌnetik *f.* **~ pa·ram·e·ter** *s sociol.* staˈtistische Hilfs- *od.* Querschnittzahl.

Pop·u·lism [ˈpɒpjʊlɪzəm; *Am.* ˈpɑp-] *s pol.* **1.** *Am. hist.* Prinˈzipien *pl* der **People's Party. 2.** Popuˈlismus *m.* **ˈPop·u·list** *s pol.* **1.** *Am. hist.* Anhänger(in) des **Populism,** Mitglied *n* der **People's Party. 2.** Popuˈlist(in).

pop·u·lous [ˈpɒpjʊləs; *Am.* ˈpɑp-] *adj (adv* **~ly***)* dichtbesiedelt, -bevölkert. **ˈpop·u·lous·ness** *s* dichte Besied(e)lung, Bevölkerungsdichte *f.*

ˈpop-up *adj* autoˈmatisch (*Toaster*).

pop valve *s tech.* ˈSicherheitsvenˌtil *n.*

pop wine *s Am.* süßer, aromatiˈsierter Wein.

por·bea·gle [ˈpɔː(r)ˌbiːgl] *s ichth.* Heringshai *m.*

por·ce·lain [ˈpɔː(r)səlɪn; *Am. a.* ˈpəʊr-] **I** *s* Porzelˈlan *n.* **II** *adj* Porzellan... **~ ce·ment** *s* Porzelˈlankitt *m.* **~ clay** *s min.* Porzelˈlanerde *f,* Kaoˈlin *m, n.* **~ en·am·el** *s* (Porzelˈlan)Eˌmail *n.*

ˈpor·ce·lain·ize *v/t* zu Porzelˈlan brennen.

por·ce·lain jas·per *s min.* Porzelˈlanjaspis *m,* Porzellaˈnit *m.*

porch [pɔː(r)tʃ; *Am. a.* pəʊrtʃ] *s* **1.** Porˈtal *n,* überˈdachte Vorhalle, Vorbau *m.* **2.** *bes. Am.* Veˈranda *f*: **~ climber** *sl.* ‚Klettermaxe' *m,* Einsteigdieb *m.* **3. the P~** *antiq.* die Stoa.

por·cine [ˈpɔː(r)saɪn] *adj* **1.** *zo.* zur Faˈmilie der Schweine gehörig. **2.** schweineartig. **3.** *fig.* schweinisch.

por·cu·pine [ˈpɔː(r)kjʊpaɪn] *s* **1.** *zo.* Stachelschwein *n.* **2.** *Spinnerei*: Igel *m,* Nadel-, Kammwalze *f.*

pore[1] [pɔː(r); *Am. a.* pəʊr] *v/i* **1.** (**over**) (*etwas*) eifrig stuˈdieren, vertieft sein (in *acc*), brüten (über *dat*): **to ~ over one's books** über s-n Büchern hocken. **2.** (nach)grübeln (**on, upon** über *acc*).

pore[2] [pɔː(r); *Am. a.* pəʊr] *s biol. etc* Pore *f*: **he was sweating at every ~** der Schweiß brach ihm aus allen Poren.

porge [pɔː(r)dʒ] *v/t ein Schlachttier (nach jüdischem Ritus)* koscher machen.

por·gy [ˈpɔː(r)dʒɪ] *pl* **-gies,** *bes. collect.* **-gy** *s ichth.* **1.** *meist* **red ~** Amer. Goldbrassen *m.* **2.** (*ein*) Rotbrassen *m.*

po·rif·er·ous [pɔːˈrɪfərəs] *adj* **1.** porig, mit Poren (versehen). **2.** *zo.* Poriferen...

po·rism [ˈpɔːrɪzəm] *s math.* **1.** Poˈrisma *n (Problem, das mehrere Lösungen hat).* **2.** gefolgerter Satz.

pork [pɔː(r)k; *Am. a.* pəʊrk] *s* **1.** Schweinefleisch *n.* **2.** *Am. colloq. von der Regierung aus politischen Gründen gewährte (finanzielle) Begünstigung od. Stellung.* **~ bar·rel** *s Am. colloq. (politisch berechnete)* Geldzuwendung (*der Regierung*). **ˈ~burg·er** *s Am.* (Brötchen *n od.* Sandwich *n* mit gebratenem) Schweinehack *n.* **~ butch·er** *s* Schweineschlächter *m.* **~ chop** *s* ˈSchweinekoteˌlett *n.* **~ cut·let** *s* Schweineschnitzel *n.*

ˈpork·er *s* Mastschwein *n,* -ferkel *n.*

ˈpork·ling [-lɪŋ] *s* Ferkel *n.*
pork pie *s* ˈSchweinefleischpaˌstete *f.*
ˈpork·pie (hat) *s* **1.** *Br.* runder, flacher Damenhut (*mit hochstehender Krempe*). **2.** flacher Herren(filz)hut.
ˈpork·y¹ *adj* **1.** fett(ig). **2.** nach Schweinefleisch: ~ **smell. 3.** *colloq.* fett, dick.
ˈpor·ky² *s Am. colloq.* Stachelschwein *n.*
porn [pɔ:(r)n] → **porno.**
por·no [ˈpɔ:(r)nəʊ] *sl.* **I** *pl* **-nos** *s* **1.** ‚Porno' *m* (*Pornographie*): **hard** ~ harter Porno; **soft** ~ Softporno. **2.** Porno(-film) *m.* **3.** Verfasser *m* pornoˈgraphischer Schriften. **II** *adj* **4.** Porno...: ~ **film**; ~ **shop** Pornoshop *m*, -laden *m.*
por·nog·ra·pher [pɔ:ˈnɒgrəfə; *Am.* pɔ:rˈnɑgrəfər] *s* PornoˈGraph *m*, Verfasser *m* pornoˈgraphischer Schriften. **ˌpor·noˈgraph·ic** [-nəˈgræfɪk] *adj* (*adv* **~ally**) pornoˈgraphisch. **porˈnog·ra·phy** *s* **1.** *collect.* Pornograˈphie *f.* **2.** pornoˈgraphische Darstellung: ~ **of violence** nackte Darstellung brutaler Gewalt.
porn·y [ˈpɔ:(r)nɪ] *adj sl.* pornoˈgraphisch, Porno...
po·ros·i·ty [pɔ:ˈrɒsətɪ; *Am.* pəˈrɑs-] *s* **1.** Porosiˈtät *f*, (ˈLuft-, ˈWasser)ˌDurchlässigkeit *f.* **2.** Pore *f*, poˈröse Stelle.
po·rous [ˈpɔ:rəs; *Am. a.* ˈpəʊrəs] *adj* poˈrös.
por·phy·rite [ˈpɔ:(r)fɪraɪt] *s min.* Porphyˈrit *m.* **ˌpor·phyˈrit·ic** [-ˈrɪtɪk] *adj* porphyrartig, -haltig.
por·phy·ry [ˈpɔ:(r)fɪrɪ] *s geol.* Porphyr *m.*
por·poise [ˈpɔ:(r)pəs] **I** *pl* **-pois·es,** *bes. collect.* **-poise** *s ichth.* **1.** Tümmler *m*, Meerschwein *n.* **2.** Schnabelfisch *m.* **3.** Delˈphin *m.* **II** *v/i* **4.** *aer.* wellenförmig landen *od.* aufsteigen.
por·rect [pəˈrekt] **I** *v/t* **1.** ausstrecken. **2.** *jur. relig.* darreichen, überˈreichen. **II** *adj* **3.** *bot. zo.* ausgestreckt. **porˈrec·tion** *s jur. relig.* Darreichung *f.*
por·ridge [ˈpɒrɪdʒ; *Am. a.* ˈpɑr-] *s* **1.** Porridge *m, n*, Haferbrei *m*, -grütze *f*: **to do (one's)** ~ *Br. sl.* ‚Knast schieben' (*e-e Gefängnisstrafe verbüßen*). **2.** (dicker) Brei, Grütze *f*: **pease** ~ Erbs(en)brei; **to keep one's breath to cool one's** ~ den Mund halten.
por·ri·go [pəˈraɪgəʊ] *s med.* (Kopf-)Grind *m.*
por·rin·ger [ˈpɒrɪndʒə(r); *Am. a.* ˈpɑr-] *s* Suppennapf *m.*
port¹ [pɔ:(r)t; *Am. a.* pəʊrt] *s* **1.** *aer. mar.* (See-, Flug)Hafen *m*: **free** ~ Freihafen; **inner** ~ Binnenhafen; **naval** ~ Kriegshafen; ~ **admiral** Hafenadmiral *m* (*e-s Kriegshafens*); ~ **of call** a) *mar.* Anlaufhafen, b) *aer.* Anflughafen; ~ **of delivery** (*od.* **discharge**) Löschhafen, -platz *m*; ~ **of departure** a) *mar.* Abgangshafen, b) *aer.* Abflughafen; ~ **of destination** a) *mar.* Bestimmungshafen, b) *aer.* Zielflughafen; ~ **of distress** Nothafen; ~ **of entry** Einlaufhafen (→ 3); ~ **of registry** Heimathafen; ~ **of tran(s)shipment** Umschlaghafen; **to call** (*od.* **touch**) **at a** ~ a) *mar.* e-n Hafen anlaufen, b) *aer.* e-n Flughafen anfliegen; **to clear a** ~ aus e-m Hafen auslaufen; **any** ~ **in a storm** *fig.* in der Not frißt der Teufel Fliegen. **2.** Hafenstadt *f.* **3.** *econ. bes. Am.* ˈGrenz-, ˈZollkonˌtrollstelle *f*: ~ **of entry** Einfuhr(zoll)stelle (→ 1). **4.** *fig.* (sicherer) Hafen, Ziel *n.*
port² [pɔ:(r)t; *Am. a.* pəʊrt] *aer. mar.* **I** *s* Backbord *n*: **on the** ~ **bow!** *mar.* Backbord achteraus!; **on the** ~ **quarter!** *mar.* Backbord voraus!; **to cast to** ~ *mar.* nach Backbord fallen. **II** *adj* Backbord... **III** *adv* a) nach Backbord, b) backbord(s). **IV** *v/t u. v/i* nach Backbord halten.
port³ [pɔ:(r)t; *Am. a.* pəʊrt] *s* **1.** *bes. Scot.* Tor *n*, Pforte *f*: **city** ~ Stadttor. **2.** *mar.* a) (Lade)Luke *f*, (-)Pforte *f*, b) (Pfort)Deckel *m*, (-)Luke *f*, c) Bullauge *n*, d) Schießloch *n*: **anchor** ~ Ankerpforte. **3.** *mil.* Schießscharte *f* (*a. am Panzer*). **4.** *tech.* (Auslaß-, Einlaß)Öffnung *f*, Abzug *m.*
port⁴ [pɔ:(r)t; *Am. a.* pəʊrt] *s* Portwein *m.*
port⁵ [pɔ:(r)t; *Am. a.* pəʊrt] **I** *v/t* **1.** *obs.* tragen. **2.** → **arm²** *Bes. Redew.* **II** *s* **3.** *obs.* (äußere) Haltung.
port·a·ble [ˈpɔ:(r)təbl; *Am. a.* ˈpəʊrt-] **I** *adj* **1.** tragbar: ~ **radio (set)** a) → 3 a, b) *mil.* Tornisterfunkgerät *n*; ~ **record player** → 3 c; ~ **tape recorder** → 3 d; ~ **television set** → 3 b; ~ **typewriter** → 4. **2.** transporˈtabel, (orts)beweglich: ~ **aerial** (*bes. Am.* **antenna**) ortsveränderliche Antenne; ~ **derrick** fahrbarer Kran; ~ **fire extinguisher** Handfeuerlöscher *m*; ~ **railway** (*Am.* **railroad**) Feldbahn *f*; ~ **searchlight** Handscheinwerfer *m.* **II** *s* **3.** a) Kofferradio *n*, b) Portable *n*, tragbares Fernsehgerät, c) Phonokoffer *m*, d) Koffertonbandgerät *n.* **4.** ˈReiseˌschreibmaˌschine *f.* **~ en·gine** *s tech.* Lokomoˈbile *f.* **~ fire·arm** *s mil.* Handfeuerwaffe *f.*
por·tage [ˈpɔ:(r)tɪdʒ; *Am. a.* ˈpəʊrt-] **I** *s* **1.** (*bes.* ˈTrage)Transˌport *m.* **2.** *econ.* Fracht *f*, Rollgeld *n*, Träger-, Zustellgebühr *f.* **3.** *mar.* a) Porˈtage *f*, Trageplatz *m*, b) Tragen *n* (*von Kähnen etc*) über e-e Porˈtage. **II** *v/t* **4.** *e-n Kahn etc* über e-e Porˈtage tragen.
por·tal¹ [ˈpɔ:(r)tl; *Am. a.* ˈpəʊrtl] *s* **1.** *arch.* Porˈtal *n*, (Haupt)Eingang *m*, Tor *n*: ~ **crane** *tech.* Portalkran *m.* **2.** *fig. u. poet.* Pforte *f*, Tor *n*: ~ **of heaven** Himmelspforte, -tor.
por·tal² [ˈpɔ:(r)tl; *Am. a.* ˈpəʊrtl] *anat.* **I** *adj* Pfort(ader)... **II** *s* Pfortader *f.*
ˌpor·tal|-to-ˈpor·tal pay *s econ. Arbeitslohn, berechnet für die Zeit vom Betreten der Fabrik etc bis zu ihrem Verlassen.* **~ vein** *s anat.* Pfortader *f.*
por·ta·men·to [ˌpɔ:(r)təˈmentəʊ; *Am. a.* ˌpəʊrtə-] *pl* **-ti** [-ti:] *s mus.* Portaˈment(o) *n.*
por·ta·tive [ˈpɔ:(r)tətɪv; *Am. a.* ˈpəʊrtə-] **I** *adj phys.* tragfähig: ~ **force** Tragkraft *f.* **II** *s a.* ~ **organ** *mus.* Portaˈtiv *n.*
ˌport|ˈcray·on *s* Zeichenstift-, Bleistifthalter *m.* **ˌ~ˈcul·lis** [-ˈkʌlɪs] *s* **1.** *mil. hist.* Fallgitter *n.* **2.** *her.* Gitter *n.*
porte-co·chere [ˌpɔ:(r)tkɒˈʃeə; *Am.* -kəʊˈʃeər; *a.* ˌpəʊrt-] *s* **1.** Wagenauffahrt *f.* **2.** *Am.* Schutzdach *n* (*vor Hauseingängen*).
por·tend [pɔ:(r)ˈtend; *Am. a.* pəʊr-] *v/t* (vor)bedeuten, ankündigen, anzeigen.
por·tent [ˈpɔ:(r)tent; *Am. a.* ˈpəʊr-] *s* **1.** Vorbedeutung *f.* **2.** (*bes.* schlimmes) (Vor-, An)Zeichen, (*bes.* böses) Omen. **3.** Wunder *n* (*Sache od. Person*). **porˈten·tous** [-təs] *adj* (*adv* **~ly**) **1.** omiˈnös, verhängnis-, unheilvoll. **2.** ungeheuer, gewaltig, wunderbar, *a. humor.* unheimlich. **porˈten·tous·ness** *s* **1.** (*das*) Omiˈnöse. **2.** (*das*) Gewaltige *od.* Wunderbare.
por·ter¹ [ˈpɔ:(r)tə(r); *Am. a.* ˈpəʊr-] *s* a) Pförtner *m*, b) *bes. Br.* Portiˈer *m.*
por·ter² [ˈpɔ:(r)tə(r); *Am. a.* ˈpəʊr-] *s* **1.** (Gepäck)Träger *m*, Dienstmann *m.* **2.** *rail. Am.* (Saˈlon- *od.* Schlafwagen-)Schaffner(in).
por·ter³ [ˈpɔ:(r)tə(r); *Am. a.* ˈpəʊr-] *s* Porter(bier *n*) *m.*
ˈpor·ter·age *s* **1.** Tragen *n* (von Gepäckstücken). **2.** Trägerlohn *m.*
ˈpor·ter·house *s* **1.** *obs.* Bier-, Speisehaus *n.* **2.** *a.* ~ **steak** *gastr.* Porterhousesteak *n.*
ˈport|ˌfire *s mil.* langsam brennender Zünder, Zeitzündschnur *f.* **ˌ~ˈfo·li·o** *pl* **-os** *s* **1.** a) Aktentasche *f*, Mappe *f*, b) Porteˈfeuille *n* (*für Staatsdokumente*). **2.** *fig.* (MiˈNister)Porteˌfeuille *n*: **without** ~ ohne Geschäftsbereich. **3.** *econ.* (ˈWechsel)Porteˌfeuille *n.* **ˈ~hole** *s* **1.** *mar.* a) (Pfort)Deckel *m*, (-)Luke *f*, b) Bullauge *n.* **2.** *tech.* → **port³** 4.
por·ti·co [ˈpɔ:(r)tɪkəʊ; *Am. a.* ˈpəʊrt-] *pl* **-cos** *s arch.* Säulengang *m.*
por·tion [ˈpɔ:(r)ʃn; *Am. a.* ˈpəʊrʃən] **I** *s* **1.** (An)Teil *m* (**of** an *dat*). **2.** Portiˈon *f* (*Essen*). **3.** Teil *m, n*, Stück *n* (*e-s Buches, e-s Gebiets, e-r Strecke etc*). **4.** Menge *f*, Quantum *n.* **5.** *jur.* a) Mitgift *f*, Aussteuer *f*, b) Erbteil *n*: **legal** ~ Pflichtteil *m, n.* **6.** *fig.* Los *n*, Schicksal *n.* **II** *v/t* **7.** aufteilen: **to** ~ **out** aus-, verteilen (**among** unter *acc*). **8.** zuteilen. **9.** *e-e Tochter* ausstatten, aussteuern. **10.** *ein Schicksal* zuˈteil werden lassen. **ˈpor·tion·ist** *s* **1.** *relig.* Besitzer *m* e-r Teilpfründe. **2.** Stipendiˈat *m* am Merton College (*Oxford*).
port·li·ness [ˈpɔ:(r)tlɪnɪs; *Am. a.* ˈpəʊrt-] *s* **1.** *obs.* Stattlichkeit *f*, würdiges Aussehen. **2.** Wohlbeleibtheit *f*, Korpuˈlenz *f.*
ˈport·ly *adj* **1.** *obs.* stattlich, würdevoll, gemessen. **2.** wohlbeleibt, korpuˈlent.
port·man·teau [ˌpɔ:(r)tˈmæntəʊ; *Am. a.* pəʊrt-] *pl* **-teaus, -teaux** [-təʊz] *s* **1.** *bes. Br.* Handkoffer *m.* **2.** *obs.* Mantelsack *m.* **3.** *meist* ~ **word** *ling.* Kurzwort *n* (*z. B.* **smog** *aus* **smoke** *u.* **fog**).
por·trait [ˈpɔ:(r)trɪt; -treɪt; *Am. a.* ˈpəʊr-] *s* **1.** a) Porˈträt *n*, Bild(nis) *n*, b) *phot.* Porˈträt(aufnahme *f*) *n*: ~ **lens** *phot.* Porträtlinse *f*; **to take s.o.'s** ~ j-n porträtieren, ein Porträt von j-m machen; ~ **bust** Porträtbüste *f.* **2.** *fig.* Bild *n*, (lebenswahre) Darstellung, Schilderung *f.* **ˈpor·trait·ist** *s* Porträˈtist(in), Porˈträtmaler(in), -fotoˌgraf(in).
por·trai·ture [ˈpɔ:(r)trɪtʃə(r); *Am. a.* -ˌtʃʊər; ˈpəʊr-] *s* **1.** → **portrait** 1 *u.* 2. **2.** a) Porˈträtmaleˌrei *f*, b) *phot.* Porˈträtfotograˌfie *f.*
por·tray [pɔ:(r)ˈtreɪ; *Am. a.* pəʊr-] *v/t* **1.** porträˈtieren, (ab)malen. **2.** *fig.* schildern, (leˈbendig) darstellen. **porˈtray·al** *s* **1.** Porträˈtieren *n.* **2.** Porˈträt *n.* **3.** *fig.* Schilderung *f*, Darstellung *f.* **porˈtray·er** *s* **1.** (Porˈträt)Maler(in). **2.** *fig.* Schilderer *m.*
port·reeve [ˈpɔ:tri:v] *s Br.* **1.** *hist.* Bürgermeister *m.* **2.** Stadtamtmann *m.*
port| risk in·sur·ance *s econ. mar.* Hafenrisiko-Versicherung *f.* **~ side** *s mar.* Backbord(seite *f*) *n.* **~ tax·es** *s pl mar.* Hafengebühren *pl.*
Por·tu·guese [ˌpɔ:tjʊˈgi:z; *Am.* ˌpɔ:rtʃə-; ˌpəʊrtʃə-] **I** *pl* **-guese** *s* **1.** Portuˈgiese *m*, Portuˈgiesin *f.* **2.** *ling.* Portuˈgiesisch *n*, das Portugiesische. **II** *adj* **3.** portuˈgiesisch.
port wine *s* Portwein *m.*
pose¹ [pəʊz] **I** *v/t* **1.** auf-, ˈhinstellen, e-e Pose einnehmen lassen: **to** ~ **a model for a photograph. 2.** a) *ein Problem, e-e Frage* aufwerfen, b) *e-e Bedrohung etc* darstellen. **3.** *e-e Behauptung* aufstellen, *e-n Anspruch* erheben. **4.** (**as**) ˈhinstellen (als), ausgeben (für, als). **II** *v/i* **5.** sich in Posiˈtur setzen (*od.* werfen). **6.** a) *paint.* Moˈdell stehen *od.* sitzen, b) sich fotograˈfieren lassen, c) als ˈMaler- *od.* ˈFotomoˌdell arbeiten. **7.** poˈsieren, e-e Pose einnehmen. **8.** auftreten, sich ausgeben (**as** als). **III** *s* **9.** Pose *f* (*a. fig.*), Posiˈtur *f*, Haltung *f*, Stellung *f.*
pose² [pəʊz] *v/t durch Fragen* verwirren, in Verlegenheit bringen.
pos·er¹ [ˈpəʊzə(r)] → **poseur.**
pos·er² [ˈpəʊzə(r)] *s* knifflige Frage, ‚harte Nuß'.

po·seur [pəʊˈzɜː; *Am.* -ˈzɜr] *s* Poˈseur *m*, ‚Schauspieler' *m*.
posh [pɒʃ; *Am.* pɑʃ] *s sl.* ‚piekfein', ‚feuˈdal', ‚todschick', eleˈgant.
pos·it [ˈpɒzɪt; *Am.* ˈpɑzət] *philos.* **I** *v/t* postuˈlieren. **II** *s* Postuˈlat *n*.
po·si·tion [pəˈzɪʃn] **I** *s* **1.** a) Positiˈon *f* (*a. astr.*), Lage *f*, Stand(ort) *m*: **geographical** ~ geographische Lage; ~ **of the sun** Sonnenstand *m*; **in (out of)** ~ (nicht) in der richtigen Lage, b) *bes. sport* Position *f*, Platz *m*: **to be in third** ~ in dritter Position *od.* auf dem dritten Platz liegen. **2.** *aer. mar.* Positiˈon *f*, *mar. a.* Besteck *n*: ~ **lights** a) *aer. mar.* Positionslichter, b) *mot.* Begrenzungslichter. **3.** (*körperliche*) Lage, Stellung *f*: **horizontal** ~; **upright** ~ aufrechte (Körper)Haltung. **4.** *med.* a) (anaˈtomische *od.* richtige) Lage (*e-s Organs od. Gliedes*), b) (Kinds-) Lage *f* (*im Mutterleib*). **5.** *tech.* (Schalt- *etc*)Stellung *f*: ~ **of rest** Ruhelage *f*, -stellung. **6.** *mil.* (Verteidigungs)Stellung *f*: ~ **warfare** Stellungskrieg *m*. **7.** *mus.* Lage *f* (*von Akkordtönen*): **first** (*od.* **root**) ~ Grundstellung *f*, -lage; **close (open)** ~ enge (weite) Lage. **8.** *mus.* a) Lage *f* (*bestimmtes Gebiet des Griffbretts bei Saiteninstrumenten*), b) Zugstellung *f* (*bei der Posaune*). **9.** *Computer*: (Wert)Stelle *f*. **10.** Positiˈon *f*, Situatiˈon *f*, Lage *f*: **to put** (*od.* **place**) **s.o. in an awkward** ~; **to be in a** ~ **to do s.th.** in der Lage sein, etwas zu tun. **11.** (Sach)Lage *f*, Stand *m* (*der Dinge*): **financial** ~ Finanzlage, Vermögensverhältnisse *pl*; **legal** ~ Rechtslage. **12.** soziˈale Stellung, gesellschaftlicher Rang: **people of** ~ Leute von Rang. **13.** Positiˈon *f*, Stellung *f*, Amt *n*, Posten *m*: **to hold a (responsible)** ~ e-e (verantwortliche) Stelle innehaben. **14.** *fig.* (Ein)Stellung *f*, Standpunkt *m*, Haltung *f*: **to define one's** ~ s-n Standpunkt darlegen; **to take up a** ~ **on a question** zu e-r Frage Stellung nehmen. **15.** *math. philos.* (Grund-, Lehr)Satz *m*, Behauptung *f*.
II *v/t* **16.** in die richtige Lage *od.* Stellung bringen, an den rechten Platz stellen, aufstellen, *tech. a.* (ein)stellen, anbringen. **17.** *Polizisten etc* poˈstieren.
po·si·tion·al [pəˈzɪʃənl] *adj* Positions..., Stellungs..., Lage...: ~ **notation** (*Computer*) Stellenschreibweise *f*; ~ **play** *sport* Stellungsspiel *n*; ~ **warfare** Stellungskrieg *m*.
po·si·tion| find·er *s* **1.** *mil.* Richtvorrichtung *f*. **2.** a) *aer. mar. tech.* Ortungsgerät *n*, b) *electr.* Funkortungsgerät *n*. ~ **pa·per** *s pol.* ˈGrundsatzpaˌpier *n*.
pos·i·tive [ˈpɒzətɪv; *Am.* ˈpɑz-] **I** *adj* (*adv* ~**ly**) **1.** bestimmt, ausdrücklich (*Befehl etc*), definiˈtiv, fest (*Angebot, Versprechen etc*), unbedingt: ~ **order**; ~ **offer**; ~ **law** *jur.* positives Recht. **2.** sicher, eindeutig, feststehend, ˈunumˌstößlich: **a** ~ **proof**; ~ **facts**. **3.** positiv, tatsächlich, auf Tatsachen beruhend: ~ **fraud** *jur.* (vorsätzlicher) Betrug. **4.** konˈkret, wirklich. **5.** positiv, bejahend, zustimmend: **a** ~ **answer**; **to be** ~ e-e positive Lebenseinstellung haben. **6.** überˈzeugt, (absoˈlut) sicher: **to be** ~ **about s.th.** e-r Sache (absolut) sicher sein, etwas felsenfest glauben *od.* behaupten; **to feel** ~ **that** sicher sein, daß. **7.** selbstbewußt, hartnäckig, rechthaberisch. **8.** *philos.* positiv: a) ohne Skepsis, b) emˈpirisch, c) nur wissenschaftlich Beweisbares gelten lassend: ~ **philosophy** → **positivism**. **9.** positiv, positive Eigenschaften besitzend. **10.** ausgesprochen, absoˈlut: **a** ~ **fool** ein ausgemachter *od.* kompletter Narr. **11.** *math.* positiv (*größer als Null*): ~ **sign** positives Vorzeichen, Pluszeichen *n*. **12.** *biol. electr. phot. phys.* positiv: ~ **electricity**; ~ **electrode** Anode *f*; ~ **electron** → **positron**; ~ **feedback** Mitkopplung *f*, positive Rückkopplung; ~ **plate** Plusplatte *f*; ~ **pole** Pluspol *m*, *electr.* Anode *f*. **13.** *tech.* zwangsläufig, Zwangs...: ~ **drive**. **14.** *med.* (reaktiˈons-) positiv: **a** ~ **test**. **15.** *ling.* im Positiv stehend: ~ **degree** Positiv *m*. **II** *s* **16.** Positivum *n*, (*etwas*) Positives, positive Eigenschaft. **17.** *phot.* Positiv *n*. **18.** *ling.* Positiv *m*. ˈ**pos·i·tive·ness** *s* **1.** Bestimmtheit *f*, Wirklichkeit *f*, Gewißheit *f*. **2.** *fig.* Hartnäckigkeit *f*.
pos·i·tiv·ism [ˈpɒzɪtɪvɪzəm; *Am.* ˈpɑzə-] *s philos.* Positiˈvismus *m*. ˈ**pos·i·tiv·ist** **I** *s* Positiˈvist(in). **II** *adj* → **positivistic**. ˌ**pos·i·tivˈis·tic** *adj* (*adv* ~**ally**) positiˈvistisch.
pos·i·tron [ˈpɒzɪtrɒn; *Am.* ˈpɑzəˌtrɑn] *s phys.* Positron *n*, positives Elektron.
po·sol·o·gy [pəˈsɒlədʒɪ; *Am.* -ˈsɑl-] *s med.* Posoloˈgie *f*, Doˈsierungslehre *f*.
pos·se [ˈpɒsɪ; *Am.* ˈpɑsiː] *s* **1.** *meist* ~ **comitatus** *Am.* Aufgebot *n* (*e-s Sheriffs*). **2.** (Poliˈzei- *etc*)Aufgebot *n*. **3.** *allg.* Haufen *m*, Schar *f*.
pos·sess [pəˈzes] *v/t* **1.** *allg.*, *a. fig. Eigenschaften, Mut, Kenntnisse etc* besitzen, haben. **2.** im Besitz haben, (inne)haben: → **possessed** 1. **3.** *a. weitS. e-e Sprache etc* beherrschen, Gewalt haben über (*acc*): **to** ~ **one's soul in patience** sich in Geduld fassen. **4.** *fig.* (*geistig*) beherrschen, erfüllen (**with** mit). **5.** *j-n* in den Besitz bringen *od.* zum Besitzer machen (**of, with** von *od. gen*): **to be** ~**ed of s.th.** etwas besitzen; **to** ~ **o.s. of s.th.** etwas in Besitz nehmen, sich e-r Sache bemächtigen.
pos·sessed [pəˈzest] *adj* **1.** im Besitz (**of** *gen od.* von). **2.** besessen, wahnsinnig, toll: ~ **with** (*od.* **by**) **the devil (an idea)** vom Teufel (von e-r Idee) besessen; **like a man** ~ wie ein Besessener, wie verrückt, wie toll. **3.** beherrscht, ruhig. **4.** *ling.* mit e-m Genitiv verbunden (*Substantiv*).
pos·ses·sion [pəˈzeʃn] *s* **1.** (*abstrakter*) Besitz (*a. jur.*): **actual** ~ tatsächlicher *od.* unmittelbarer Besitz; **in the** ~ **of s.th.** im Besitz von (*od. gen*); **in** ~ **of s.th.** im Besitz e-r Sache; **to put in** ~ a) in den Besitz einweisen, b) *j-n* versehen (**of** mit); **to take** ~ **of** Besitz ergreifen von, in Besitz nehmen; → **adverse** 5, **naked** 9. **2.** Besitz(tum *n*) *m*, Habe *f*. **3.** *pl* Besitzungen *pl*, Liegenschaften *pl*: **foreign** ~**s** auswärtige Besitzungen. **4.** *fig.* Besessenheit *f*. **5.** *fig.* Beherrscht-, Erfülltsein *n* (**by** von *e-r Idee etc*). **6.** beherrschende Leidenschaft, Wahn *m*. **7.** *meist* **self-**~ Fassung *f*, (Selbst)Beherrschung *f*.
pos·ses·sive [pəˈzesɪv] **I** *adj* (*adv* ~**ly**) **1.** Besitz... **2.** besitzgierig, -betonend: ~ **instinct** Besitztrieb *m*, -streben *n*. **3.** besitzergreifend: ~ **mother**; ~ **wife** *a.* krankhaft eifersüchtige (Ehe)Frau; ~ **love** selbstsüchtige *od.* tyrannische Liebe. **4.** *ling.* possesˈsiv, besitzanzeigend: ~ **adjective** attributives Possessivpronomen; ~ **pronoun** substantivisches Possessivpronomen; ~ **case** → 5 b. **II** *s* **5.** *ling.* a) Possesˈsivproˌnomen *n*, besitzanzeigendes Fürwort, b) Genitiv *m*, zweiter Fall. **posˈses·sive·ness** *s* **1.** Besitzgier *f*. **2.** selbstsüchtige *od.* tyˈrannische Art *od.* Liebe.
pos·ses·sor [pəˈzesə(r)] *s* Besitzer(in), Inhaber(in). **posˈses·so·ry** [-ərɪ] *adj* Besitz...: ~ **action** Besitz(schutz)klage *f*; ~ **right** Besitzrecht *n*.
pos·set [ˈpɒsɪt; *Am.* ˈpɑsət] *s Getränk aus heißer Milch mit Bier od. Wein u. Gewürzen.*
pos·si·bil·i·ty [ˌpɒsəˈbɪlətɪ; *Am.* ˌpɑsə-] *s* **1.** Möglichkeit *f* (**of** zu, für): **there is no** ~ **of doing s.th.** es besteht keine Möglichkeit, etwas zu tun; **there is no** ~ **of his coming** es besteht keine Möglichkeit, daß er kommt; **there is still a** ~ **that** es besteht nach wie vor die Möglichkeit, daß. **2.** Möglichkeit *f*; j-d, der *od.* etwas, was in Frage kommt: **to be a** ~ im Bereich des Möglichen liegen. **3.** *pl* a) Möglichkeiten *pl*, (Zukunfts)Aussichten *pl*, b) (Entwicklungs)Möglichkeiten *pl*, (-)Fähigkeiten *pl*.
pos·si·ble [ˈpɒsəbl; *Am.* ˈpɑsəbəl] **I** *adj* **1.** möglich (**with** bei; **to** *dat*; **for** für): **this is** ~ **with him** das ist bei ihm möglich; **highest** ~ größtmöglich; **least** ~ geringstmöglich. **2.** eventuˈell, etwaig, denkbar. **3.** *colloq.* annehmbar, pasˈsabel, erträglich, leidlich. **II** *s* **4. the** ~ das (Menschen)Mögliche, das Beste: **he did his** ~ er tat, was er konnte. **5.** *sport* (*die*) höchste Punktzahl. **6.** in Frage kommender Kandiˈdat *od.* Gewinner *od.* Konkurˈrent *od. sport* Spieler (*in e-r Mannschaft*). ˈ**pos·si·bly** [-blɪ] *adv* **1.** möglicherˈweise, vielˈleicht. **2.** (irgend) möglich: **if I** ~ **can** wenn ich irgend kann; **I cannot** ~ **do this** ich kann das unmöglich *od.* auf keinen Fall tun; **how can I** ~ **do it?** wie kann ich es nur *od.* bloß machen?
pos·sum [ˈpɒsəm; *Am.* ˈpɑs-] *s colloq. abbr. für* **opossum**: **to play** ~ sich nicht rühren, sich tot- *od.* krank *od.* schlafend *od.* dumm stellen.
post[1] [pəʊst] **I** *s* **1.** Pfahl *m*, (*a.* Tür-, Tor)Pfosten *m*, Ständer *m*, (*Telegrafen- etc*)Stange *f*, (-)Mast *m*, Säule *f*: → **deaf** 1. **2.** Anschlagsäule *f*. **3.** *sport* (Start- *od.* Ziel)Pfosten *m*, Start- (*od.* Ziel)linie *f*: **to be beaten at the** ~ kurz vor dem *od.* im Ziel abgefangen werden. **4.** *Bergbau*: a) Streckenpfeiler *m*, b) Vertiˈkalschicht *f* aus Kohle *od.* Sandstein. **II** *v/t* **5.** *a.* ~ **up** *ein Plakat etc* anschlagen, ankleben. **6.** *e-e Mauer* mit Plaˈkaten *od.* Zetteln bekleben. **7.** *etwas* (durch Aushang *od.* in e-r Liste) bekanntgeben. **8.** öffentlich anprangern. **9.** *aer. mar. ein Flugzeug etc* (als vermißt *od.* ˈüberfällig) melden: **to** ~ **an airliner as missing (as overdue)**. **10.** *Am.* (durch Verbotstafeln) vor unbefugtem Zutritt schützen: ~**ed property** Besitz, zu dem der Zutritt verboten ist.
post[2] [pəʊst] **I** *s* **1.** *mil.* a) Posten *m*, Standort *m*, Stellung *f*: **advanced** ~ vorgeschobener Posten, b) Standort *m*, Garniˈson *f*: **P**~ **Exchange** (*abbr.* **PX**) *Am.* Einkaufsstelle *f*; ~ **headquarters** *pl* (*oft als sg konstruiert*) Standortkommandantur *f*, c) Standort-, Statioˈnierungstruppe *f*, d) (Wach)Posten *m*. **2.** *mil. Br.* (ˈHorn-) Siˌgnal *n*: **first** ~ Wecken *n*; **last** ~ Zapfenstreich *m*. **3.** Posten *m*, Platz *m*, Stand (-platz) *m*: **to remain at one's** ~ auf s-m Posten bleiben; → **first-aid**. **4.** Posten *m*, (An)Stellung *f*, Stelle *f*, Amt *n*: ~ **of a secretary** Stelle als Sekretär(in). **5.** Handelsniederlassung *f*. **6.** *econ.* Makler-, Börsenstand *m*. **II** *v/t* **7.** *Polizisten etc* aufstellen, poˈstieren. **8.** *bes. Br. Beamten etc* versetzen, *mil. Offizier etc* ˈabkommanˌdieren (**to** nach): **he has been** ~**ed away** er ist abkommandiert worden.
post[3] [pəʊst] **I** *s* **1.** *bes. Br.* Post *f*: a) *als Institution*, b) *Br.* Postamt *n*, c) *Br.* Post-, Briefkasten *m*: **by** ~ mit der *od.* per Post. **2.** *bes. Br.* Post *f*: a) Postzustellung *f*, b) Postsendungen *pl*, -sachen *pl*, c) Nachricht *f*: **today's** ~ die heutige Post; → **general post**. **3.** *hist.* a) Postkutsche *f*, b) ˈPoststatiˌon *f*, c) Eilbote *m*, Kuˈrier *m*. **4.** *bes. Br.* ˈBriefpaˌpier *n* (*Format 16″ × 20″*). **II** *v/i* **5.** *hist.* mit der Post(kutsche) reisen. **6.** (daˈhin)eilen. **III** *v/t* **7.** *Br.* zur Post geben, aufgeben, in den Briefkasten

werfen *od.* stecken, mit der Post (zu)senden. **8.** *a.* ~ **up** *colloq. j-n* inforˈmieren, unterˈrichten: **to keep s.o. ~ed** j-n auf dem laufenden halten; **well ~ed** gut unterrichtet. **9.** *econ.* eintragen, verbuchen, *ein Konto* (ins Hauptbuch) überˈtragen: **to ~ up** *das Hauptbuch* nachtragen, *die Bücher* in Ordnung bringen.

post- [pəʊst] *Wortelement mit der Bedeutung* nach, hinter; Nach...

post·age [ˈpəʊstɪdʒ] *s a.* ~ **charges** *pl* Porto *n*, Postgebühr *f*, -spesen *pl*: **additional ~**, **extra ~** Nachgebühr, Strafporto; ~ **free**, ~ **paid** portofrei, franko; **what is the ~ for a letter to ...?** wieviel kostet ein Brief nach ...? **ˈ~-due** *s* Nachgebühr *f*, Strafporto *n*. **~ me·ter** *s Am.* Franˈkiermaˌschine *f*. **~ stamp** *s* Briefmarke *f*, Postwertzeichen *n*.

post·al [ˈpəʊstəl] **I** *adj* poˈstalisch, Post...: ~ **card** → II; ~ **cash order** Postnachnahme *f*; ~ **code** → **postcode**; ~ **delivery zone** *Am.* Postzustellzone *f*; ~ **district** Postzustellbezirk *m*; ~ **meter** *Am.* Frankiermaschine *f*; ~ **money order** Postanweisung *f*; ~ **order** *Br.* Postanweisung *f* (*für kleine Beträge*); ~ **shopping** Versandhandel *m*; ~ **vote** *pol. Br.* Briefwahl *f*; ~ **voter** *pol. Br.* Briefwähler(in); → **universal** 6. **II** *s Am.* Postkarte *f*.

ˈpost|·bag *s* **1.** Postsack *m*, -beutel *m*. **2.** Leser-, Hörer-, Zuschauerpost *f* (*anläßlich e-s bestimmten Ereignisses*). **ˈ~box** *s bes. Br.* Briefkasten *m*. **ˈ~card** *s* **1.** Postkarte *f*. **2.** Ansichtskarte *f*. **~ chaise** *s hist.* Postkutsche *f*. **ˈ~code** *s Br.* Postleitzahl *f*.

ˌpostˈdate *v/t* **1.** *e-n Brief etc* vorˈausdaˌtieren. **2.** nachträglich *od.* später daˈtieren.

ˌpost·diˈlu·vi·al *adj* **1.** *geol.* ˈpostdiluviˌal, nacheiszeitlich. **2.** → **postdiluvian**. **ˌpost·diˈlu·vi·an** *adj* nachsintflutlich.

ˌpostˈdoc·tor·al *adj* nach der Promotiˈon.

ˈpostˌen·try *s* **1.** *econ.* nachträgliche (Ver)Buchung. **2.** *econ.* nachträgliche Zollerklärung. **3.** *sport* Nachnennung *f*.

post·er [ˈpəʊstə(r)] *s* **1.** *a.* ~ **sticker** Plaˈkatankleber *m*. **2.** Plaˈkat *n*: ~ **paint** (*od.* **colo[u]r**) Plakatfarbe *f*; ~ **stamp** (*od.* **seal**) *mail Am.* Wohlfahrtsmarke *f*. **3.** Poster *m, n*.

poste res·tante [ˌpəʊstˈrestɑ̃ːnt; *Am.* -resˈtɑːnt] **I** *adv* postlagernd. **II** *s* Aufbewahrungs- u. Ausgabestelle *f* für postlagernde Sendungen.

pos·te·ri·or [pɒˈstɪərɪə; *Am.* pəʊˈstɪrɪər; pɑˈst-] **I** *adj* (*adv* **~ly**) **1.** a) später (**to** als), b) hinter: **to be ~ to** *zeitlich od. örtlich* kommen nach, folgen auf (*acc*). **2.** *anat. bot.* hinter(er, e, es), Hinter... **II** *s* **3.** *oft pl* ˈHinterteil *n*, (*der*) Hintern. **posˌte·ri·ˈor·i·ty** [-ˈɒrətɪ; *Am. a.* -ˈɑr-] *s* späteres Ein- *od.* Auftreten.

pos·ter·i·ty [pɒˈsterətɪ; *Am.* pɑ-] *s* **1.** Nachkommen(schaft *f*) *pl*. **2.** Nachwelt *f*.

pos·tern [ˈpəʊstɜːn; *Am.* -tərn; *a.* ˈpɑs-] *s a.* ~ **door**, ~ **gate** ˈHinter-, Neben-, Seitentür *f*.

postero- [pɒstərəʊ; *Am.* pɑs-] *Wortelement mit der Bedeutung* hinten: **posterolateral** hinten (u.) seitlich liegend.

ˌpost-ˈfree *adj u. adv bes. Br.* portofrei, franko.

ˌpostˈgrad·u·ate I *adj* nach dem ersten akaˈdemischen Grad: ~ **studies**; ~ **student** → II. **II** *s* j-d, der nach dem ersten akaˈdemischen Grad ˈweiterstuˌdiert.

ˌpostˈhaste *adv* eiligst, schnellstens, Hals über Kopf.

post| horn *s hist.* Posthorn *n*. **~ horse** *s hist.* Postpferd *n*. **ˈ~house** *s hist.* Posthalteˈrei *f*, ˈPoststatiˌon *f*.

post·hu·mous [ˈpɒstjʊməs; *Am.* ˈpɑstʃəməs] *adj* (*adv* **~ly**) postˈhum, poˈstum: a) *nach des Vaters Tod geboren*: ~ **son**, b) nachgelassen, hinterˈlassen: ~ **volume of poems**, c) nach dem Tod fortdauernd: ~ **fame** Nachruhm *m*, d) nachträglich: ~ **conferment of a medal**.

ˌpost·hypˈnot·ic *adj* ˈposthypˌnotisch: ~ **suggestion**.

pos·tiche [pɒˈstiːʃ] **I** *adj* **1.** nachgemacht, künstlich. **2.** *arch.* nachträglich hinˈzugefügt (*Ornament etc*). **II** *s* **3.** Nachahmung *f*. **4.** (hinˈzugefügter) Zierat. **5.** a) Peˈrücke *f*, b) Haar(ersatz)teil *n*, c) künstliche Locke.

post·ie [ˈpəʊstɪ] *s Austral. colloq.* Briefträger *m*, Postbote *m*.

pos·til [ˈpɒstɪl; *Am.* ˈpɑs-] *s relig.* Poˈstille *f*, Predigtbuch *n*, -sammlung *f*.

ˌpost·imˈpres·sion·ism *s paint.* ˈNachimpressioˌnismus *m*.

post·ing [ˈpəʊstɪŋ] *s* Versetzung *f* (*e-s Beamten etc*), *mil.* ˈAbkommanˌdierung *f*.

post·li·min·i·um [ˌpəʊstlɪˈmɪnɪəm], *a.* **postˈlim·i·ny** [-ˈlɪmɪnɪ] *s jur.* Postliˈminium *n* (*Wiederherstellung des früheren Rechtszustandes*).

ˈpost·lude [-luːd] *s* **1.** *mus.* Postˈludium *n*, Nachspiel *n*. **2.** *fig.* a) Schlußphase *f*, b) Epiˈlog *m*.

ˈpost|·man [-mən] *s irr bes. Br.* Briefträger *m*, Postbote *m*: **to do a ~'s job between** *fig.* als ‚Briefträger' fungieren zwischen (*dat*). **ˈ~mark I** *s* Poststempel *m*: → **date²** 4. **II** *v/t Briefe etc* (ab-) stempeln.

ˈpostˌmas·ter *s* **1.** Postamtsvorsteher *m*, Postmeister *m*. **2.** *univ.* (*Merton College, Oxford*) Stipendiˈat *m*. **P~ Gen·er·al** *pl* **P~s Gen·er·al** *s* ˈPostmiˌnister *m*.

ˌpost·meˈrid·i·an *adj* Nachmittags...

post me·rid·i·em [ˌpəʊstməˈrɪdɪəm] (*Lat.*) *adv* (*abbr.* **p.m.**) nachmittags: **3 p.m.** 3 Uhr nachmittags, 15 Uhr; **10 p.m.** 10 Uhr abends, 22 Uhr.

ˌpost·milˈlen·ni·al·ism *s relig.* Lehre *f* von der ˈWiederkehr Christi nach tausend Jahren.

ˈpostˌmis·tress *s* Postamtsvorsteherin *f*, Postmeisterin *f*.

ˌpost-ˈmor·tem [-ˈmɔː(r)tem; -təm] *jur. med.* **I** *adj* **1.** Leichen..., nach dem Tode (eintretend *od.* stattfindend). **II** *adv* **2.** nach dem Tode. **III** *s* **3.** *a.* ~ **examination** Leichenöffnung *f*, Autopˈsie *f*, Obduktiˈon *f*: **to hold a ~** e-e Obduktion durchführen. **4.** *fig.* Maˈnöverkriˌtik *f*, nachträgliche Diskussiˈon *od.* Anaˈlyse: **to hold a ~ on s.th.** etwas nachträglich analysieren.

ˌpostˈna·tal *adj* postnaˈtal, nach der Geburt (stattfindend). **ˌpostˈnup·tial** *adj* nach der Hochzeit (stattfindend).

post oak *s bot.* Pfahleiche *f*.

ˌpost-ˈo·bit (bond) *s econ.* nach dem Tode e-r dritten Perˈson fälliger Schuldschein.

post of·fice *s* **1.** Post(amt *n*) *f*: **the P~ O~** die Post (*Institution*); **P~ O~ Department** *Am.* Postministerium *n*; → **General Post Office**. **2.** *Am. ein Gesellschaftsspiel*.

ˈpost-ˌof·fice| box (*abbr.* **P.O.B.**) Post(schließ)fach *n*. **~ en·gi·neer** *s* Fernmeldetechniker *m*. **~ guide** *s* Postbuch *n* (*mit Angaben über Bestimmungen, Tarife etc*). **~ or·der** *s* Postanweisung *f*. **~ sav·ings bank** *s* Postsparkasse *f*.

ˌpostˈop·er·a·tive *adj med.* postoperaˈtiv: ~ **complications** nachträgliche Komplikationen.

ˌpostˈpaid *adj u. adv* freigemacht, franˈkiert.

ˌpostˈpal·a·tal *adj* postpalaˈtal: a) *anat.* hinter dem Gaumen liegend, b) *Phonetik*: zwischen Zunge u. hinterem Gaumenteil gebildet.

post·pone [ˌpəʊstˈpəʊn] **I** *v/t* **1.** verschieben, auf-, hinˈausschieben. **2.** *j-n od. etwas* ˈunterordnen (**to** *dat*), hintˈansetzen. **3.** *ling. das Verb etc* nachstellen. **II** *v/i* **4.** *med.* verspätet ein- *od.* auftreten. **ˌpostˈpone·ment** *s* **1.** Verschiebung *f*, Aufschub *m*. **2.** *tech.* Verzögerung *f*, Nachstellung *f* (*a. ling.*).

ˌpost·poˈsi·tion *s* **1.** Nachstellung *f*, -setzung *f*. **2.** *ling.* a) Nachstellung *f*, b) Postpositiˈon *f*, nachgestelltes (Verhältnis)Wort. **ˌpostˈpos·i·tive** *adj ling.* nachgestellt.

ˌpostˈpran·di·al *adj* nach dem Essen, nach Tisch: ~ **speech** Tischrede *f*; ~ **walk** Verdauungsspaziergang *m*.

ˌpost·reˈcord *v/t Film*: ˈnachsynchroniˌsieren.

ˈpost·script *s* **1.** Postˈskriptum *n* (*zu e-m Brief*), Nachschrift *f*. **2.** Nachtrag *m* (*zu e-m Buch*). **3.** Nachbemerkung *f* (*zu e-r Rede etc*).

ˌpostˈsyn·chro·nize *v/t Film, TV*: ˈnachsynchroniˌsieren.

post town *s* Postort *m*.

ˌpostˈtreat·ment *adj med.* nach der Behandlung (erfolgend *od.* stattfindend): ~ **examination** Nachuntersuchung *f*.

pos·tu·lant [ˈpɒstjʊlənt; *Am.* ˈpɑstʃə-] *s* **1.** Antragsteller(in). **2.** *R.C.* Postuˈlant (-in) (*Ordenskandidat[in] in der Probezeit*).

ˈpos·tu·late [-leɪt] **I** *v/t* **1.** fordern, verlangen. **2.** postuˈlieren, (als gegeben) vorˈaussetzen. **3.** *relig. j-n* postuˈlieren, vorbehaltlich der Zustimmung e-r höheren Inˈstanz ernennen. **II** *v/i* **4.** verlangen (**for** nach). **III** *s* [-lət; -leɪt] **5.** Postuˈlat *n*, Vorˈaussetzung *f*, (Grund)Bedingung *f*. **ˌpos·tuˈla·tion** *s* **1.** Gesuch *n*, Forderung *f*. **2.** *Logik*: Postuˈlat *n*, unentbehrliche Annahme.

pos·tur·al [ˈpɒstʃərəl; *Am.* ˈpɑs-] *adj* Haltungs...: ~ **exercises**.

pos·ture [ˈpɒstʃə(r); *Am.* ˈpɑs-] **I** *s* **1.** (Körper)Haltung *f*, Stellung *f*. **2.** *a. paint. thea.* Pose *f*, Posiˈtur *f*. **3.** *fig.* Haltung *f* (**on** in *dat*, zu). **4.** Lage *f* (*a. fig.*). **II** *v/t* **5.** e-e bestimmte Haltung *od.* Stellung geben (*dat*), aufstellen. **III** *v/i* **6.** sich in Posiˈtur setzen (*od.* werfen). **7.** poˈsieren, e-e Pose einnehmen. **8.** *fig.* sich ausgeben, auftreten (**as** als). **ˈpos·tur·er** *s* **1.** Schlangenmensch *m* (*Artist*). **2.** Poˈseur *m*.

ˌpost·voˈcal·ic *adj ling.* postvoˈkal, nach e-m Voˈkal (stehend).

ˌpostˈwar *adj* Nachkriegs...

ˈpostˌwom·an *s irr bes. Br.* Briefträgerin *f*, Postbotin *f*.

po·sy [ˈpəʊzɪ] *s* **1.** Sträußchen *n*. **2.** *obs.* Motto *n*, Denkspruch *m* (*im Ring etc*).

pot¹ [pɒt; *Am.* pɑt] **I** *s* **1.** (*Blumen-, Koch-, Nacht- etc*)Topf *m*: **to set** (*od.* **put**) **a child on the ~** ein Kind aufs ‚Töpfchen' setzen; **the ~ calls the kettle black** ein Esel schilt den andern Langohr; **big ~** *sl.* ‚großes Tier'; **to go to ~** *sl.* a) ‚vor die Hunde gehen', ‚auf den Hund kommen' (*Person*), b) ‚kaputtgehen' (*Sache*), c) ‚ins Wasser fallen' (*Pläne, Vorhaben etc*); **to keep the ~ boiling** a) sich über Wasser halten, b) die Sache in Schwung halten; **a ~ of money** *sl.* ‚ein Heidengeld'; **he has ~s of money** *sl.* er hat Geld wie Heu. **2.** a) Kanne *f*, b) Bierkanne *f*, Bierkrug *m*, c) Kännchen *n*, Portiˈon *f* (*Tee etc*). **3.** *tech.* Tiegel *m*, Gefäß *n*: ~ **annealing** Kastenglühen *n*; ~ **galvanization** Feuerverzinkung *f*. **4.** *sport sl.* Poˈkal *m*. **5.** (Spiel)Einsatz *m*. **6.** *Fischfang*: a) (*e-e*) Reuse *f*, b) Hummerkorb *m*, -falle *f*. **7.** → **pot shot**. **8.** *sl.* ‚Pot' *n*: a) ‚Hasch' *n* (*Haschisch*), b) ‚Grass' *n* (*Marihuana*).

II *v/t* **9.** a) in e-n Topf tun, *Pflanzen* eintopfen: **~ted flower** Topfblume *f*, b) (in e-m Topf) kochen. **10.** *Fleisch* einlegen, einmachen: **~ted meat** Fleischkonserven *pl*; **~ted ham** Büchsenschinken *m*. **11.** *colloq. ein Kind* aufs ‚Töpfchen' setzen. **12.** *hunt. Wild* ‚abknallen', (*unsportlich*) schießen. **13.** *colloq.* einheimsen, erbeuten. **14.** *den Billardball* einlochen. **15.** *e-e Keramik* ˈherstellen. **16.** *fig. colloq.* a) *Stoff* kondenˈsieren, mundgerecht machen, b) *Musik etc* aufzeichnen, ‚konserˈvieren'. **III** *v/i* **17.** *colloq.* ‚(los)ballern', schießen (**at** auf *acc*).

pot² [pɒt; *Am.* pɑt] *s colloq. für* **potentiometer.**

po·ta·ble [ˈpəʊtəbl] **I** *adj* trinkbar, Trink... **II** *s* Getränk *n*.

po·tage [pɒˈtɑːʒ] *s* (dicke) Suppe.

pot ale *s* Schlempe *f* (*Brennereirückstand*).

po·tam·ic [pəˈtæmɪk] *adj* poˈtamisch.

po·ta·mol·o·gy [ˌpɒtəˈmɒlədʒɪ; *Am.* ˌpɑtəˈmɑ-] *s* Potamoloˈgie *f* (*Erforschung von Flüssen*).

pot·ash [ˈpɒtæʃ; *Am.* ˈpɑtˌæʃ] *s chem.* **1.** Pottasche *f*, ˈKaliumkarboˌnat *n*: **bicarbonate of ~** doppeltkohlensaures Kali; **~ fertilizer** Kalidünger *m*; **~ mine** Kalibergwerk *n*. **2.** *a.* **caustic ~** Ätzkali *n*. **3.** ˈKaliumoˌxyd *n*. **4.** Kalium *n* (*nur in gewissen Ausdrücken*): **~ lye** Kalilauge *f*; **~ salts** Kalisalze.

po·tas·sic [pəˈtæsɪk] *adj chem.* Kalium..., Kali...

po·tas·si·um [pəˈtæsjəm; -ɪəm] *s chem.* Kalium *n*. **~ car·bon·ate** *s* ˈKaliumkarboˌnat *n*, Pottasche *f*. **~ chlo·rate** *s* ˈKaliumchloˌrat *n*. **~ cy·a·nide** *s* ˈKaliumcyaˌnid *n*, Zyanˈkali *n*. **~ hy·drox·ide** *s* ˈKaliumhydroˌxyd *n*, Ätzkali *n*. **~ ni·trate** *s* ˈKaliumniˌtrat *n*.

po·ta·tion [pəʊˈteɪʃn] *s* **1.** Trinken *n*. **2.** *meist pl* a) Zechen *n*, b) Zecheˈrei *f*. **3.** (*bes.* alkoˈholisches) Getränk. **4.** Schluck *m*, Zug *m*.

po·ta·to [pəˈteɪtəʊ] *pl* **-toes** *s* Karˈtoffel *f*: **to drop like a hot ~** *fig. j-n od. etwas* wie e-e heiße Kartoffel fallenlassen; **hot ~** *colloq.* ‚heißes Eisen'. **~ bee·tle** *s zo.* Karˈtoffelkäfer *m*. **~ blight** → **potato disease.** **~ bug** *bes. Am.* → **potato beetle.** **~ chips** *s pl* **1.** *Br.* Pommes ˈfrites *pl*. **2.** *Am.* Karˈtoffelchips *pl*. **~ crisps** *s pl Br.* Karˈtoffelchips *pl*. **~ dis·ease** *s* Karˈtoffelkrankheit *f*, -fäule *f*. **~ mash·er** *s* Karˈtoffelstampfer *m*. **~ rot** → **potato disease.** **~ trap** *s sl.* ‚Klappe' *f*, ‚Maul' *n*.

pot| bar·ley *s* Graupen *pl*. **ˈ~ˌbel·lied** *adj* **1.** schmerbäuchig. **2.** mit aufgetriebenem Bauch. **ˈ~ˌbel·ly** *s* **1.** Schmerbauch *m*. **2.** aufgetriebener Bauch. **3.** *Am.* Kaˈnonenofen *m*. **ˈ~ˌboil·er** *s colloq.* rein kommerziˈell ausgerichtete (künstlerische) Arbeit. **ˈ~bound** *adj* in e-m zu kleinen Topf (*Pflanze*). **ˈ~boy** *s obs.* Bier-, Schankkellner *m*. **~ cheese** *Am.* → **cottage cheese.** **~ com·pan·ion** *s obs.* ˈZechkumˌpan *m*.

po·teen [pɒˈtiːn; -ˈtʃiːn; *Am.* pə-] *s* schwarzgebrannter Whisky (*in Irland*).

po·ten·cy [ˈpəʊtənsɪ], *a.* **ˈpo·tence** *s* **1.** Stärke *f*, Macht *f* (*a. fig. Einfluß*). **2.** a) Wirksamkeit *f*, Kraft *f*, b) Stärke *f*, (*berauschende, giftige, chemische etc*) Wirkung, c) Poˈtenz *f* (*Grad der Verdünnung*). **3.** *physiol.* Poˈtenz *f*: a) Zeugungsfähigkeit *f*, b) *Fähigkeit e-s Mannes, den Geschlechtsakt zu vollziehen.*

po·tent¹ [ˈpəʊtənt] *adj* (*adv* **~ly**) **1.** mächtig, stark. **2.** einflußreich. **3.** wirksam, ˈdurchschlagend. **4.** zwingend, überˈzeugend: **~ arguments.** **5.** stark: **a ~ drug; a ~ drink.** **6.** *physiol.* poˈtent: a) zeugungsfähig, b) *fähig, den Geschlechtsakt zu vollziehen.* **7.** (geistig) poˈtent, schöpferisch. **8.** poˈtent, fiˈnanzstark.

po·tent² [ˈpəʊtənt] *adj her.* mit krückenförmigen Enden: **cross ~** Krükkenkreuz *n*.

po·ten·tate [ˈpəʊtənteɪt] *s* Potenˈtat *m*, Machthaber *m*, Herrscher *m*.

po·ten·tial [pəʊˈtenʃl; pəˈt-] **I** *adj* (*adv* → **potentially**) **1.** möglich, eventuˈell, potentiˈell, laˈtent (vorˈhanden): **~ market** *econ.* potentieller Markt; **~ murderer** potentieller Mörder. **2.** *ling.* Möglichkeits...: **~ mode, ~ mood** → 4. **3.** *phys.* potentiˈell, gebunden: **~ energy** potentielle Energie, Energie *f* der Lage. **II** *s* **4.** *ling.* Potentiˈalis *m*, Möglichkeitsform *f*. **5.** a) *phys.* Potentiˈal *n* (*a. electr.*), b) *electr.* Spannung *f*. **6.** (*Industrie-, Kriegs-, Menschen- etc*)Potentiˈal *n*, Reˈserven *pl*. **7.** Leistungsfähigkeit *f*, Kraftvorrat *m*. **~ dif·fer·ence** *s math. phys.* Potentiˈaldiffeˌrenz *f*, *electr.* ˈSpannungsˌunterschied *m*. **~ e·qua·tion** *s math.* Potentiˈalgleichung *f*. **~ flow** *s phys.* Potentiˈalströmung *f*. **~ func·tion** *s math.* Potentiˈalfunktiˌon *f*.

po·ten·ti·al·i·ty [pəʊˌtenʃɪˈælətɪ; pəˌt-] *s* **1.** Potentialiˈtät *f*, (Entwicklungs)Möglichkeit *f*. **2.** Wirkungsvermögen *n*, innere *od.* laˈtente Kraft. **poˈten·tial·ly** [-ʃəlɪ] *adv* möglicherweise, potentiˈell.

po·ten·ti·ate [pəʊˈtenʃɪeɪt; pəˈt-] *v/t* **1.** wirksam(er) machen. **2.** *pharm. die Wirkung e-r Droge* (durch Zusatz e-r zweiten Droge) verstärken.

po·ten·til·la [ˌpəʊtənˈtɪlə] *s bot.* Fingerkraut *n*.

po·ten·ti·om·e·ter [pəʊˌtenʃɪˈɒmɪtə; *Am.* pəˌtentʃiːˈɑmətər] *s electr.* **1.** Potentioˈmeter *n*. **2.** *Radio*: Spannungsteiler *m*.

ˈpot·head *s sl.* ‚Hascher' *m* (*Haschischraucher*).

poth·er [ˈpɒðə; *Am.* ˈpɑðər] **I** *s* **1.** Tuˈmult *m*, Aufruhr *m*, Lärm *m*. **2.** *colloq.* Aufregung *f*, ‚Theˈater' *n*: **to be in a ~ about s.th.** e-n großen Wirbel um etwas machen. **3.** Rauch-, Staubwolke *f*, Stickluft *f*. **II** *v/t* **4.** verwirren, aufregen. **III** *v/i* **5.** sich aufregen.

ˈpot|·herb *s* Küchenkraut *n*. **ˈ~hole I** *s* **1.** (ˈunterirdische) Höhle. **2.** *geol.* a) Strudelloch *n*, b) Gletschertopf *m*, Strudelkessel *m*. **3.** *mot.* Schlagloch *n*. **II** *v/i* **4.** *Br.* als Hobby Höhlen erforschen. **ˈ~hol·er** *s Br.* Hobbyhöhlenforscher (-in). **ˈ~hook** *s* **1.** Topf-, Kesselhaken *m*. **2.** a) Schnörkel *m* (*bes. beim Schreibenlernen geübt*): **~s and hangers** Schnörkel u. Schlingen, b) *pl* Gekritzel *n*. **ˈ~house** *s obs.* Wirtshaus *n*. **ˈ~ˌhunt·er** *s* **1.** Aasjäger *m*, unweidmännischer Jäger. **2.** *sport colloq.* Troˈphäenjäger *m*. **3.** Amaˈteurarchäoˌloge *m*.

po·tion [ˈpəʊʃn] *s* (Arzˈnei-, Gift-, Zauber)Trank *m*.

pot·latch, *a.* **pot·lach(e)** [ˈpɒtlætʃ; *Am.* ˈpɑtˌl-] *s* **1.** *bei nordamer. Indianern*: a) feierliche Geschenkverteilung (*anläßlich des Potlach*), b) *a.* **P~** Potlach *m* (*von Häuptlingsanwärtern veranstaltetes Winterfest*). **2.** *Am. colloq.* (wilde) Party.

ˌpot|ˈluck *s*: **to take ~** a) mit dem vorliebnehmen, was es gerade (zu essen) gibt, b) sich aufs Geratewohl entscheiden, c) es aufs Geratewohl probieren. **ˈ~man** [-mən] *s irr* → **potboy.** **~ met·al** *s* Schmelzfarbglas *n*. **ˈ~pie** *s bes. Am.* **1.** (*e-e*) ˈFleischpaˌstete *f*. **2.** ˈKalbs- *od.* Geˈflügelfrikasˌsee *n* mit Klößen. **~ plant** *s* Topfpflanze *f*.

pot·pour·ri [ˌpəʊˈpʊriː; *bes. Am.* -pʊˈriː] *pl* **-ris** *s* Potpourri *n*: a) Riech-, Dufttopf *m*, b) *mus. Zs.-stellung verschiedener Musikstücke*, c) *fig.* Kunterbunt *n*, Allerˈlei *n*.

pot| roast *s* Schmorfleisch *n*. **ˈ~sherd** *s* *Archäologie*: (Topf)Scherbe *f*. **~ shot** *s* **1.** unweidmännischer Schuß. **2.** Nahschuß *m*, ˈhinterhältiger Schuß. **3.** (wahllos *od.* aufs Irgendwohl abgegebener) Schuß: **to take ~s at** ‚knallen' auf (*acc*). **4.** *fig.* Seitenhieb *m*: **to take a ~ at s.o.** j-m e-n Seitenhieb versetzen.

pot·tage [ˈpɒtɪdʒ; *Am.* ˈpɑt-] *s obs.* dicke Gemüsesuppe (mit Fleisch).

pot·ted [ˈpɑtəd] *adj Am. sl.* ‚blau', betrunken.

pot·ter¹ [ˈpɒtə; *Am.* ˈpɑtər] *s* Töpfer(in): **~'s clay** (*od.* **earth**) Töpferton *m*; **~'s lathe** Töpferscheibentisch *m*; **~'s wheel** Töpferscheibe *f*.

pot·ter² [ˈpɒtə; *Am.* ˈpɑtər] **I** *v/i oft* **~ about** (*od.* **around**) **1.** herˈumwerkeln, -hanˌtieren: **she's ~ing about (in) the house.** **2.** herˈumtrödeln. **3.** herˈumpfuschen (**at** an *dat*). **4.** (herˈum)stöbern (*Hund*). **II** *v/t* **5.** **~ away** *Zeit* vertrödeln.

pot·ter's field *s Am. Friedhof für Arme u. Nichtidentifizierte.*

pot·ter·y [ˈpɒtərɪ; *Am.* ˈpɑ-] *s* **1.** Töpfer-, Tonware(n *pl*) *f*, Steingut *n*, Keˈramik *f*. **2.** Töpfeˈrei *f*, Töpferwerkstatt *f*: **the Potteries** *Zentrum der keramischen Industrie in Nord-Staffordshire.* **3.** Töpfeˈrei *f*, Keˈramik(ˌherstellung) *f*.

pot·ting shed [ˈpɒtɪŋ; *Am.* ˈpɑ-] *s* (Geräte- *etc*)Schuppen *m*.

pot·tle [ˈpɒtl; *Am.* ˈpɑtl] *s* Obstkörbchen *n*.

Pott's dis·ease [pɒts; *Am.* pɑts] *s med.* Pottsche Krankheit, ˈWirbeltuberkuˌlose *f*.

pot·ty¹ [ˈpɒtɪ; *Am.* ˈpɑtiː] *adj bes. Br. colloq.* **1.** verrückt (**about** nach). **2.** klein, unbedeutend: **a ~ (little) place** ein ‚Nest' *od.* ‚Kaff'.

pot·ty² [ˈpɒtɪ; *Am.* ˈpɑtiː] *s* ‚Töpfchen' *n*. **ˈ~-trained** *adj* sauber (*Kind*).

ˈpot|-ˌval·iant *adj* vom Trinken mutig: **he is ~** er hat sich Mut angetrunken. **ˈ~-ˌval·o(u)r** *s* angetrunkener Mut.

pouch [paʊtʃ] **I** *s* **1.** (*Geld-, Tabaks- etc*)Beutel *m*, (*Leder-, Trag-, a. Post-*)Tasche *f*, (kleiner) Sack. **2.** *mil.* a) Paˈtronentasche *f*, b) *hist.* Pulverbeutel *m*. **3.** (Verpackungs)Beutel *m* (*aus Zellophan etc*). **4.** *pol. Am.* Kuˈriersack *m*, -tasche *f*. **5.** *anat.* (Tränen)Sack *m*. **6.** *zo.* a) Beutel *m* (*der Beuteltiere*), b) Kehlhautsack *m* (*des Pelikans*), c) Backentasche *f* (*der Taschenratten etc*). **7.** *bot.* Sack *m*, Beutel *m*. **II** *v/t* **8.** in e-n Beutel *etc* tun *od.* stecken. **9.** *fig.* einstecken, in die Tasche stecken. **10.** beuteln, bauschen. **III** *v/i* **11.** sich bauschen. **12.** sackartig fallen (*Kleid*). **pouched** [-tʃt] *adj zo.* Beutel...: **~ frog; ~ rat** Beutel-, Taschenratte *f*.

pouf(fe) [puːf] *s* **1.** a) Haarrolle *f*, -knoten *m*, b) Einlage *f*, Polster *n* (*zum Ausfüllen e-s Haarknotens*). **2.** Puff *m*, (rundes) Sitzpolster. **3.** Turˈnüre *f* (*Gesäßpolster unter Damenkleidern*). **4.** *Br. sl.* → **poove.**

pou·lard(e) [ˈpuːlɑːd; *Am.* puˈlɑːrd] *s* Pouˈlarde *f*.

poulp(e) [puːlp] → **octopus.**

poult [pəʊlt] *s orn.* a) junger Truthahn, b) junges Huhn, c) junger Faˈsan. **ˈpoult·er·er** *s* Geflügelhändler *m*.

poul·tice [ˈpəʊltɪs] *med.* **I** *s* ˈBreiˌumschlag *m*, -packung *f*. **II** *v/t* e-n ˈBreiˌumschlag auflegen auf (*acc*), e-e Pakkung legen um.

poul·try [ˈpəʊltrɪ] *s* (Haus)Geflügel *n*, Federvieh *n*: **~ farm** Geflügelfarm *f*. **ˈ~man** [-mən] *s irr* Geflügelzüchter *m od.* -händler *m*.

pounce¹ [paʊns] **I** *v/i* **1.** *a. fig.* a) (**at**) sich stürzen (auf *acc*), ˈherfallen (über *acc*), b) herˈabstoßen (**on, upon** auf *acc*) (*Raubvogel*). **2.** (plötzlich) stürzen: **to ~**

into a room. **3.** *fig.* (**on, upon**) sich stürzen (auf *e-n Fehler, e-e Gelegenheit etc*). **4.** *fig.* zuschlagen, (plötzlich) loslegen. **II** *s* **5.** *orn.* Fang *m*, Klaue *f* (*e-s Raubvogels*). **6.** a) Satz *m*, Sprung *m*, b) Her'abstoßen *n* (*e-s Raubvogels*): **on the ~** sprungbereit.

pounce[2] [paʊns] **I** *s* **1.** Glättpulver *n*, *bes.* Bimssteinpulver *n*. **2.** Pauspulver *n*, *bes.* Holzkohlepulver *n* (*zum Durchpausen perforierter Muster*). **3.** 'durchgepaustes (*bes.* Stick)Muster. **II** *v/t* **4.** (mit Bimssteinpulver *etc*) abreiben, glätten. **5.** (mit Pauspulver) 'durchpausen.

pounce| box *s* **1.** Streusandbüchse *f*. **2.** Pauspulverbüchse *f*. **~pa·per** *s* 'Pauspaˌpier *n*.

poun·cet (box) ['paʊnsɪt] *s* **1.** *poet.* Par'füm-, Riechdös-chen *n*. **2.** → **pounce box.**

pound[1] [paʊnd] **I** *v/t* **1.** (zer)stoßen, (-)stampfen, zermalmen: **to ~ sugar to powder** Zucker zu Pulver zerstoßen; **to ~ the ear** *Am. sl.* ‚pennen', schlafen. **2.** trommeln *od.* hämmern auf (*acc*) *od.* an (*acc*) *od.* gegen, mit den Fäusten bearbeiten, schlagen: **to ~ the piano** auf dem Klavier (herum)hämmern; **to ~ sense into s.o.** j-m Vernunft einhämmern. **3.** (fest)stampfen, rammen. **4.** *meist* **~ out** a) glatthämmern, b) *e-e Melodie* her'unterhämmern (*auf dem Klavier*). **II** *v/i* **5.** hämmern (*a. Herz*), trommeln, schlagen: **to ~ on** (*od.* **at**) **a door. 6. ~ along** stampfen, wuchtig (ein'her)gehen. **7.** stampfen (*Maschine etc*). **8. ~ (away) at** *mil.* unter schweren (Dauer)Beschuß nehmen. **III** *s* **9.** schwerer Stoß *od.* Schlag. **10.** Stampfen *n*.

pound[2] [paʊnd] *pl* **pounds,** *collect.* **pound** *s* **1.** Pfund *n* (*Gewichtseinheit*; *abbr. lb.*): a) **avoirdupois**, *a.* **~ avoirdupois** = *16 ounces* = *453,39 g*: **a ~ of cherries** ein Pfund Kirschen; **to get** (*od.* **have**) **one's ~ of flesh** *fig.* das bekommen, was einem zusteht, b) **troy ~**, *a.* **~ troy** = *12 ounces* = *373,2418 g*. **2. ~ sterling** (*Zeichen* £ *vor der Zahl od. l. nach der Zahl*) Pfund *n* (Sterling) (*Währungseinheit in Großbritannien*): **5 ~s** (£5 *od.* 5 l.) 5 Pfund (Sterling); **to pay 5 p. in the ~** 5% Zinsen zahlen; **to pay twenty shillings in the ~** *fig. obs.* voll bezahlen. **3.** *andere Währungseinheiten*: Pfund *n*: a) (**Egyptian**) **~** Ä'gyptisches Pfund (= *100 Piaster*), b) (**Syrian**) **~** Syrisches Pfund (= *100 Piaster*), c) (**Israeli**) **~** Isra'elisches Pfund (*alte Währungseinheit in Israel*).

pound[3] [paʊnd] **I** *s* **1.** a) Tierheim *n*, b) Abstellplatz *m* für (poli'zeilich) abgeschleppte Fahrzeuge. **2.** *obs.* Hürde *f* für verlaufenes Vieh. **3.** (Vieh-, *bes.* Schaf-) Hürde *f*, Pferch *m*. **4.** *hunt.* Hürdenfalle *f*. **5.** Fischfalle *f*. **II** *v/t* **6.** *oft* **~ up** einsperren, -pferchen.

pound·age ['paʊndɪdʒ] *s* **1.** Anteil *m od.* Gebühr *f* pro Pfund (*Sterling*). **2.** Bezahlung *f* pro Pfund (*Gewicht*). **3.** Gewicht *n* in Pfund.

pound·al ['paʊndəl] *s phys. alte englische Maßeinheit der Kraft* (*etwa* = *0,002 PS od.* = *0,144 mkg/sec*).

pound cake *s Am.* reichhaltiger Früchtekuchen.

-pound·er *s in Zssgn* ...pfünder *m*.

ˌpound-'fool·ish *adj* unfähig, mit großen Summen *od.* Pro'blemen 'umzugehen: → **penny-wise.**

pound·ing ['paʊndɪŋ] *s* **1.** *mil.* schwerer (Dauer)Beschuß: **to take a ~** schwer bombardiert werden. **2.** *sport colloq.* ‚schwere Schlappe': **they took a ~** sie mußten e-e schwere Schlappe einstecken.

pour [pɔː(r); *Am. a.* pəʊr] **I** *s* **1.** Strömen *n*. **2.** (Regen)Guß *m*. **3.** *metall.* Einguß *m*. **II** *v/t* **4.** gießen, schütten (**from, out of** aus; **into, in** in *acc*; **on, upon** auf *acc*). **5.** *a.* **~ forth, ~ out** a) ausgießen, (aus-) strömen lassen, b) *fig. sein Herz* ausschütten, *sein Leid* klagen *od.* ausbreiten: **to ~ out one's heart (woe)**, c) *s-n Spott etc* ausgießen (**on** über *acc*), d) *Flüche etc* aus-, her'vorstoßen: **to be ~ed** fließen (**into** in *acc*); **the river ~s itself into the lake** der Fluß ergießt sich in den See; **to ~ out drinks** Getränke eingießen, einschenken; **to ~ off** abgießen; **to ~ it on** *colloq.* ‚schwer rangehen', *mot.* Vollgas geben. **III** *v/i* **6.** strömen, rinnen (**into** in *acc*; **from** aus): **to ~ down** (her)nieder-, hinunterströmen; **it ~s with rain** es gießt in Strömen; **it never rains but it ~s** *fig.* es kommt immer gleich knüppeldick, *engS.* ein Unglück kommt selten allein. **7. ~ forth** sich ergießen, (aus)strömen (**from** aus). **8.** *fig.* strömen (*Menschenmenge etc*): **to ~ in** hereinströmen (*a. fig. Aufträge, Briefe etc*). **9.** *tech.* (*in die Form*) gießen: **to ~ from the bottom (top)** steigend (fallend) gießen. **'pour·a·ble** *adj tech.* vergießbar: **~ compound** Gußmasse *f*.

pour·boire ['pʊəbwɑː; *Am.* pʊərb'wɑːr] [*s* Trinkgeld *n*.]

pour·ing ['pɔːrɪŋ; *Am. a.* 'pəʊr-] **I** *adj* **1.** strömend: **~ rain. 2.** *tech.* Gieß..., Guß...: **~ gate** Gießtrichter *m*. **II** *adv* **3.** triefend: **~ wet. III** *s* **4.** *metall.* (Ver-) Gießen *n*.

pour·par·ler [ˌpʊə(r)'pɑːleɪ; *Am.* -pɑːr'leɪ] *s* Pourpar'ler *n*, vorbereitendes Gespräch.

pour point *s phys.* Fließpunkt *m*.

pour·point ['pʊə(r)pɔɪnt] *s hist.* Wams *n*.

pour test *s chem. tech.* Stockpunktbestimmung *f*.

pout[1] [paʊt] **I** *v/i* **1.** die Lippen spitzen *od.* aufwerfen. **2.** a) e-e Schnute *od.* e-n Flunsch ziehen, b) *fig.* schmollen. **3.** vorstehen (*Lippen*). **II** *v/t* **4.** *die Lippen, den Mund* (*schmollend*) aufwerfen, (*a. zum Kuß*) spitzen. **5.** *etwas* schmollen(d sagen). **III** *s* **6.** Schnute *f*, Flunsch *m*, Schmollmund *m*. **7.** Schmollen *n*: **to have the ~s** schmollen, im Schmollwinkel sitzen.

pout[2] [paʊt] *pl* **pouts,** *bes. collect.* **pout** *s* (*ein*) Schellfisch *m*.

pout·er ['paʊtə(r)] *s* **1.** *a.* **~ pigeon** *orn.* Kropftaube *f*. **2.** → **pout**[2].

pov·er·ty ['pɒvə(r)tɪ; *Am.* 'pɑ-] *s* **1.** Armut *f*, Not *f*, Mangel *m* (**of, in** an *dat*): **to live in ~** in Armut leben; **~ in vitamins** Vitaminmangel. **2.** *fig.* Armut *f*, Dürftigkeit *f*, Armseligkeit *f*: **~ of ideas** Ideen-, Gedankenarmut. **3.** Unergiebigkeit *f* (*des Bodens etc*). **~ line** *s sociol.* Armutsgrenze *f*. **'~-ˌstrick·en** *adj* **1.** in Armut lebend, notleidend, verarmt. **2.** *fig.* arm (-selig). **~ wage** *s* Hungerlohn *m*.

pow·der ['paʊdə(r)] **I** *s* **1.** a) (*Schieß-, Back- etc*)Pulver *n* (*a. pharm.*): **black ~, miner's ~** Schwarz-, Sprengpulver; **not to be worth ~ and shot** *colloq.* ‚keinen Schuß Pulver wert sein'; **the smell of ~** Kriegserfahrung *f*; **keep your ~ dry!** ‚halt dein Pulver trocken'!, sei auf der Hut!; **to take a ~** *Am. sl.* ‚türmen' (*flüchten*), b) → **powder snow. 2.** (*Gesichts-etc*)Puder *m*: **face ~. 3.** *fig. colloq.* a) ‚Dyna'mit' *n*, Zündstoff *m*, b) Schwung *m*, ‚Mumm' *m*. **II** *v/t* **4.** pulveri'sieren: **~ed milk** Trockenmilch *f*; **~ed sugar** Puderzucker *m*. **5.** (be-, über)'pudern, einpudern: **to ~ one's nose** a) sich die Nase pudern, b) *euphem.* ‚mal kurz verschwinden'. **6.** (**with** mit) a) bestäuben, bestreuen, b) über'säen. **III** *v/i* **7.** zu Pulver werden, (in Staub) zerfallen. **~ blue** *s* Taubenblau *n*, Graublau *n* (*Farbe*). **~ box** *s* Puderdose *f*. **~ burn** *s med.* 'Pulverimprägnatiˌon *f* (*in die Haut*). **~ down** *s zo.* Puderdune *f*. **~ flask, ~ horn** *s mil. hist.* Pulverflasche *f*, -horn *n*. **~ keg** *s* Pulverfäßchen *n*, Pulverfaß *n* (*bes. Am. a. fig.*): **to sit on a ~. ~ met·al·lur·gy** *s tech.* 'Sintermetallurˌgie *f*. **~ mill** *s* 'Pulvermühle *f*, -faˌbrik *f*. **~ mon·key** *s* **1.** *mar. hist.* Pulverjunge (*der das Pulver aus der Munitionskammer holte*). **2.** Sprengstoffverwalter *m* (*in Steinbrüchen etc*). **~ post** *s* Holzzersetzung *f*. **~ puff** *s* Puderquaste *f*. **'~-ˌpuff** *adj Am. colloq.* Frauen..., Damen...: **~ soccer. ~ room** *s* **1.** 'Damentoiˌlette *f*. **2.** Badezimmer *n*. **~ snow** *s* Pulverschnee *m*.

'pow·der·y *adj* **1.** pulverig, Pulver...: **~ snow** Pulverschnee *m*. **2.** staubig, bestäubt. **3.** (leicht) zerreibbar.

pow·er ['paʊə(r)] **I** *s* **1.** Kraft *f*, Stärke *f*, Macht *f*, Vermögen *n*: **it was out of** (*od.* **not in**) **his ~ to** es stand nicht in s-r Macht, zu; **more ~ to you** (*od.* **to your elbow**)! *colloq.* viel Erfolg!, nur (immer) zu!; **to do all in one's ~** alles tun, was in s-r Macht steht; **it is beyond my ~** es übersteigt m-e Kraft. **2.** (*a. physische*) Kraft, Ener'gie *f*. **3.** Wucht *f*, Gewalt *f*, Kraft *f*. **4.** *meist pl* a) (*hypnotische etc*) Kräfte *pl*, b) (geistige) Fähigkeiten *pl*, Ta'lent *n*. **5.** Macht *f*, Gewalt *f*, Autori'tät *f*, Herrschaft *f* (**over** über *acc*): **absolute ~** unbeschränkte Macht; **to be in ~** an der Macht *od.* ‚am Ruder' sein; **to be in s.o.'s ~** in j-s Gewalt sein; **to come into ~** an die Macht kommen, zur Macht gelangen; **to have s.o. in one's ~** j-n in seiner Gewalt haben; **to have (no) ~ over s.o.** (keinen) Einfluß auf j-n haben. **6.** *jur.* (Handlungs-, Vertretungs)Vollmacht *f*, Befugnis *f*: **to have full ~** Vollmacht haben; **~ of testation** Testierfähigkeit *f*; → **attorney** 2. **7.** *pol.* Gewalt *f* (*als Staatsfunktion*): **legislative ~. 8.** *pol.* (Macht)Befugnis *f*, (Amts)Gewalt *f*. **9.** *oft pl pol.* Macht *f*, Staat *m*: **great ~s** Großmächte. **10.** *oft pl* Machtfaktor *m*, einflußreiche Stelle *od.* Per'son: **the ~s that be** die maßgeblichen (Regierungs-) Stellen; **~ behind the throne** graue Eminenz. **11.** *meist pl* höhere Macht: **the heavenly ~s** die himmlischen Mächte. **12. P~s** *pl relig.* Mächte *pl* (*6. Ordnung der Engel*). **13.** *colloq.* Masse *f*, große Zahl: **a ~ of people; it did him a ~ of good** es hat ihm ‚unwahrscheinlich' gutgetan. **14.** *math.* Po'tenz *f*: **~ series** Potenzreihe *f*; **to raise to the third ~** in die dritte Potenz erheben. **15.** *electr. phys.* Kraft *f*, Leistung *f*, Ener'gie *f*: **~ per unit surface** (*od.* **area**) Flächenleistung. **16.** *electr.* (Stark)Strom *m*: **~ demand** Energiebedarf *m*; **~ economy** Energiewirtschaft *f*. **17.** *Rundfunk, TV*: Sendestärke *f*. **18.** *tech.* a) me'chanische Kraft, Antriebskraft *f*, b) → **horsepower**: **~-assisted** Servo...(*-lenkung etc*); **~-propelled** kraftbetrieben, Kraft...; **~ on** a) mit laufendem Motor, b) (mit) Vollgas; **~ off** mit abgestelltem Motor, im Leerlauf; **under one's own ~** mit eigener Kraft, *fig. a.* unter eigener Regie. **19.** *opt.* Vergrößerungskraft *f*, (Brenn)Stärke *f* (*e-r Linse*).

II *v/t* **20.** *tech.* mit (*mechanischer etc*) Kraft betreiben, antreiben, (*mit Motor*) ausrüsten: **rocket-~ed** raketengetrieben.

III *v/i* **21.** *tech.* mit Motorkraft fahren.

pow·er| am·pli·fi·er *s* **1.** *Radio*: Kraft-, Endverstärker *m*. **2.** *Film*: Hauptverstärker *m*. **~ base** *s pol.* Machtbasis *f*. **'~·boat** *s* Motor-, Rennboot *n*. **~ brake** *s mot.* Servobremse *f*. **~ bro·ker** *s Am.* **1.** Drahtzieher *m*. **2.** Zünglein *n* an der Waage. **~ ca·ble** *s electr.* Starkstromkabel *n*. **~ cir·cuit** *s electr.* Starkstrom-, Kraftstromkreis *m.* ~ **con·sump·tion** *s electr.* Strom-, Ener'gieverbrauch *m.* ~ **cur·rent** *s electr.* Stark-, Kraftstrom *m.* ~**cut** *s electr.* **1.** Stromsperre *f.* **2.** Strom-, Netzausfall *m.* ~ **dive** *s aer.* Vollgassturzflug *m.* '~**-dive** *v/i aer.* e-n Sturzflug ohne Motordroßlung ausführen. ~ **drill** *s tech.* e'lektrische 'Bohrma,schine. ~ **drive** *s tech.* Kraftantrieb *m.* '~**-,driv·en** *adj tech.* kraftbetrieben, Kraft..., Motor... ~ **en·gi·neer·ing** *s electr.* Starkstromtechnik *f.* ~ **fac·tor** *s electr. phys.* Leistungsfaktor *m* (*cos Ä*). ~ **fail·ure** *s electr.* Strom-, Netzausfall *m.* ~ **feed** *s tech.* Kraftvorschub *m.*

pow·er·ful ['pauə(r)fʊl] **I** *adj* (*adv* ~**ly**) **1.** mächtig, stark, gewaltig, kräftig: **a** ~ **blow (body, man,** *etc*); ~ **engine** starker Motor; ~ **lens** *opt.* starke Linse; ~ **solvent** starkes Lösungsmittel. **2.** 'durchschlagend, wirkungsvoll: ~ **arguments. 3.** *fig.* wuchtig: ~ **style;** ~ **plot** packende Handlung. **4.** *colloq.* ‚massig', gewaltig: **a** ~ **lot of money** ‚e-e Masse Geld'. **II** *adv* **5.** *Am. dial. od. colloq.* ‚mächtig', sehr.

pow·er| gas *s* Treibgas *n.* ~ **gen·er·a·tion** *s electr.* Stromerzeugung *f.* ~ **glid·er** *s aer.* Motorsegler *m.* '~**house** *s* **1.** *electr. tech.* a) → **power station,** b) Ma'schinenhaus *n.* **2.** *Am. sl.* a) *pol.* Machtgruppe *f,* b) *sport* ‚Bombenmannschaft' *f,* c) *sport u. weitS.* ‚Ka'none' *f* (*Könner*), d) bärenstarker Kerl, e) ‚Wucht' *f,* ‚tolle' Per'son *od.* Sache. **3.** *sl.* dy'namischer Kerl, Ener'giebündel *n.* '~**-,hun·gry** *adj* machthungrig, -gierig. ~ **lathe** *s tech.* Hochleistungsdrehbank *f.*

'**pow·er·less** *adj* (*adv* ~**ly**) kraft-, machtlos, ohnmächtig, hilflos. '**pow·er·less·ness** *s* Kraft-, Machtlosigkeit *f,* Ohnmacht *f,* Hilflosigkeit *f.*

pow·er|lift·ing *s sport* Kraftdreikampf *m.* ~ **line** *s electr.* **1.** Starkstromleitung *f.* **2.** 'Überlandleitung *f.* ~ **loom** *s tech.* me'chanischer Webstuhl. ~ **loss** *s electr. phys.* **1.** Leistungs-, Ener'gieverlust *m.* **2.** Verlustleistung *f.* '~**-loss fac·tor** *s electr. phys.* Verlustfaktor *m.* ~ **loud·speak·er** *s* Groß(flächen)lautsprecher *m.* ~**mow·er** *s* Motorrasenmäher *m.* '~**-,op·er·at·ed** *adj tech.* kraftbetätigt, -betrieben: ~ **brake** *mot.* Servobremse *f.* ~ **out·put** *s electr. tech.* Ausgangs-, Nennleistung *f,* Leistungsabgabe *f.* ~ **pack** *s electr.* Netzteil *n.* ~ **plant** *s* **1.** → **power station. 2.** Ma'schinensatz *m,* Aggre'gat *n,* Triebwerk(anlage *f*) *n.* ~ **play** *s sport* Powerplay *n.* ~ **point** *s electr. Br.* Steckdose *f.* ~ **pol·i·ti·cian** *s* 'Machtpo,litiker *m.* ~ **pol·i·tics** *s pl* (*als sg konstruiert*) 'Machtpoli,tik *f.* ~ **re·ac·tor** *s Atomphysik*: 'Leistungsre,aktor *m.* ~ **shar·ing** *s* Teilhabe *f* an der Macht. ~ **shov·el** *s tech.* Löffelbagger *m.* ~ **sta·tion** *s electr.* Elektrizi'täts-, Kraftwerk *n*: **long-distance** ~ Überlandzentrale *f.* ~ **steer·ing** *s mot.* Servolenkung *f.* ~ **stroke** *s tech.* Arbeitshub *m,* -takt *m.* ~ **struc·ture** *s bes. Am.* **1.** 'Machtstruk,tur *f.* **2.** 'Machte,lite *f* (*innerhalb e-r Institution*). ~ **strug·gle** *s pol.* Machtkampf *m.* ~ **sup·ply** *s electr.* **1.** Ener'gieversorgung *f,* Netz(anschluß *m*) *n.* **2.** *a.* ~ **pack** (*od.* **unit**) Netzteil *n.* ~ **trans·form·er** *s electr.* **1.** 'Netztransfor,mator *m,* ‚Netztrafo' *m.* **2.** 'Leistungstransfor,mator *m.* ~ **trans·mis·sion** *s tech.* 'Leistungs-, 'Kraftüber,tragung *f.* ~ **tube** *s electr. Am.* (Groß)Leistungsröhre *f.* ~ **u·nit** *s* **1.** → **power station. 2.** → **power plant** 2. ~ **valve** *Br. für* **power tube.**

pow·wow ['paʊwaʊ] **I** *s* **1.** a) indi'anische Feste *pl,* b) Ratsversammlung *f,* c) indi'anischer Medi'zinmann, d) Beschwörung *f* (*zur Abwehr von Krankheiten*). **2.** *Am. colloq.* a) lärmende Versammlung, b) po'litische Versammlung, c) Konfe'renz *f,* Besprechung *f,* Beratung *f,* d) Geschwätz *n,* Pa'laver *n.* **II** *v/i* **3.** (*bei Indianern*) Krankheiten beschwören. **4.** *Am. colloq.* a) e-e Versammlung *etc* abhalten, b) debat'tieren.

pox [pɒks; *Am.* pɑks] *med.* **I** *s* **1.** a) Pocken *pl,* Blattern *pl,* b) *allg.* Pusteln *pl.* **2.** *colloq.* ‚Syph' *f* (*Syphilis*): **to give s.o. the** ~ → 3. **II** *v/t* **3.** *colloq. j-m* ‚e-e Syph anhängen'.

P.P. fac·tor, PP fac·tor *s* (*abbr. für* **pellagra-preventive factor**) *biol. chem.* PP-Faktor *m,* Anti'pellagra-Vita,min *n.*

praam [prɑːm] → **pram**[1].

prac·ti·ca·bil·i·ty [,præktɪkə'bɪlətɪ] *s* **1.** 'Durch-, Ausführbarkeit *f.* **2.** Anwendbarkeit *f,* Brauchbarkeit *f.* **3.** Pas'sierbarkeit *f.* '**prac·ti·ca·ble** *adj* (*adv* **practicably**) **1.** 'durch-, ausführbar, möglich. **2.** anwendbar, verwendbar, brauchbar. **3.** pas'sierbar (*Straße etc*). **4.** *thea.* prakti'kabel (*Dekoration*). '**prac·ti·ca·ble·ness** → **practicability.**

prac·ti·cal ['præktɪkl] *adj* (*adv* → **practically**) **1.** praktisch, angewandt (*Ggs. theoretisch*): ~ **agriculture** praktische Landwirtschaft; ~ **chemistry** angewandte Chemie; ~ **knowledge** praktisches Wissen, praktische Kenntnisse *pl.* **2.** praktisch: **a** ~ **question; the** ~ **application of a rule** die praktische Anwendung e-r Regel. **3.** praktisch, zweckmäßig, nützlich, brauchbar: **a** ~ **method; a** ~ **suggestion. 4.** praktisch, in der Praxis tätig, ausübend: **a** ~ **man** ein Mann der Praxis. **5.** praktisch: a) praktisch denkend *od.* veranlagt (*Person*), b) aufs Praktische gerichtet (*Denken*). **6.** praktisch, faktisch, tatsächlich: **he is a** ~ **atheist** er ist praktisch ein Atheist; **he has** ~ **control of** er hat praktisch die Kontrolle über (*acc*). **7.** sachlich. **8.** praktisch ausgebildet (*nicht staatlich geprüft*): ~ **nurse. 9.** handgreiflich, grob: ~ **joke** Streich *m*; **to play a** ~ **joke on s.o.** j-m e-n Streich spielen; ~ **joker** Witzbold *m.* **10.** *thea.* → **practicable** 4. ,**prac·ti'cal·i·ty** [-'kælətɪ] *s* (*das*) Praktische: a) praktisches Wesen, b) praktische Anwendbarkeit.

prac·ti·cal·ly ['præktɪklɪ] *adv* praktisch, so gut wie: **he knows** ~ **nothing.**

prac·ti·cal·ness ['præktɪklnɪs] → **practicality.**

prac·tice ['præktɪs] **I** *s* **1.** Brauch *m,* Gewohnheit *f,* Praxis *f,* übliches Verfahren: **to make a** ~ **of s.th.** sich etwas zur Gewohnheit machen; **it is common** ~ es ist allgemein üblich. **2.** a) Übung *f* (*a. mil. u. mus.*): ~ **makes perfect** Übung macht den Meister; **to be in (out of)** ~ in (aus) der Übung sein; **to keep in** ~ in der Übung bleiben, b) *Motorsport etc*: Training *n.* **3.** Praxis *f* (*Ggs. Theorie*): **in** ~ in der Praxis; **to put in(to)** ~ in die Praxis *od.* Tat umsetzen; ~**-orient(at)ed** praxisorientiert. **4.** (*Arzt- etc*)Praxis *f*: **he has a large** ~; **to be in** ~ praktizieren, e-e Praxis haben. **5.** a) Handlungsweise *f,* Praktik *f,* b) *oft pl contp.* (unsaubere) Praktiken *pl,* Machenschaften *pl,* Schliche *pl,* (verwerfliches) Treiben. **6.** *jur.* Verfahren(sregeln *pl*) *n,* for'melles Recht. **7.** *tech.* Verfahren *n,* Technik *f*: **welding** ~ Schweißtechnik. **8.** *math.* welsche *od.* itali'enische Praktik (*e-e Rechnungsart*). **II** *adj* **9.** Übungs...: ~ **alarm** Probealarm *m*; ~ **alert** *mil.* Übungsalarm *m*; ~ **ammunition** Übungsmunition *f*; ~ **cartridge** Exerzierpatrone *f*; ~ **flight** *aer.* Übungsflug *m*; ~ **run** *mot.* Trainingsfahrt *f.* **III** *v/t bes. Br.* '**prac·tise** [-tɪs] **10.** üben, (gewohnheitsmäßig) tun *od.* (be)treiben: **to** ~ **politeness** Höflichkeit üben; ~ **what you preach** übe selbst, was du predigst. **11.** *als Beruf* ausüben, tätig sein als *od.* in (*dat*), *ein Geschäft etc* betreiben, *als Arzt od. Anwalt* prakti'zieren: **to** ~ **medicine (law). 12.** (ein)üben, sich üben in (*dat*), *mus. etwas auf e-m Instrument* üben: **to** ~ **dancing** sich im Tanzen üben; **to** ~ **a piece of music** ein Musikstück (ein)üben. **13.** *j-n* üben, schulen, ausbilden. **14.** verüben: **to** ~ **a fraud on s.o.** j-n arglistig täuschen. **IV** *v/i* **15.** handeln, tun, verfahren. **16.** prakti'zieren (*als Arzt, Jurist*): **practicing** (*bes. Br.* **practising) Catholic** praktizierender Katholik. **17.** (sich) üben: **to** ~ **on the piano** (sich auf dem) Klavier üben. **18.** ~ **(up)on** a) *j-n* ‚bearbeiten', b) *j-s Schwächen etc* ausnützen, sich zu'nutze machen, miß'brauchen.

prac·ticed, *bes. Br.* **prac·tised** ['præktɪst] *adj* geübt (**in** in *dat*) (*Person, a. Auge, Hand*).

prac·tise *bes. Br. für* **practice** III *u.* IV.

prac·tised *bes. Br. für* **practiced.**

prac·ti·tion·er [præk'tɪʃnə(r)] *s* Praktiker *m*: **general** (*od.* **medical**) ~ praktischer Arzt; **legal** ~ Rechtsanwalt *m.*

prae·ci·pe ['priːsɪpɪ; *Am. a.* 'pres-] *s jur. gerichtlicher Befehl, etwas zu tun od. den Grund des Unterlassens anzugeben.*

prae·di·al ['priːdɪəl] *adj jur.* prädi'al, Prädial... (*ein unbewegliches Gut betreffend*).

prae·pos·tor [,priː'pɒstə(r); *Am.* -'pɑ-] *s* Klassenführer *m* (*Schüler mit Disziplinargewalt an bestimmten englischen* **Public Schools**).

prae·tor ['priːtə(r)] *s antiq.* Prätor *m.* **prae'to·ri·al** [-'tɔːrɪəl; *Am. a.* -'təʊ-] → **praetorian** I. **prae'to·ri·an I** *adj* **1.** prä'torisch (*e-n Prätor betreffend*). **2.** *oft* **P**~ prätori'anisch: **P**~ **cohort. II** *s* **3.** Prätori'aner *m.*

prag·mat·ic [præg'mætɪk] **I** *adj* (*adv* ~**ally**) **1.** *philos. pol.* prag'matisch: ~ **sanction** → 6. **2.** prag'matisch: a) belehrend, lehrhaft, b) praktisch (denkend), sachlich, nüchtern. **3.** geschäftig, eifrig, tätig. **4.** a) 'übereifrig, auf-, zudringlich, b) starrsinnig, rechthaberisch, von sich eingenommen. **II** *s* **5.** → **pragmatist** 3 *u.* 4. **6.** *hist.* prag'matische Sankti'on, Grundgesetz *n.* **prag'mat·i·cal** *adj* (*adv* ~**ly**) → **pragmatic** I.

prag·ma·tism ['prægmətɪzəm] *s* **1.** 'Übereifer *m,* Auf-, Zudringlichkeit *f.* **2.** rechthaberisches Wesen, Eigensinn *m.* **3.** *philos.* Pragma'tismus *m.* **4.** nüchterne, praktische Betrachtungs- *od.* Handlungsweise, Sachlichkeit *f.* '**prag·ma·tist** *s* **1.** *philos.* Prag'matiker *m,* Anhänger *m* des Pragma'tismus. **2.** praktischer *od.* nüchterner Mensch. **3.** auf- *od.* zudringliche Per'son, 'Übereifrige(r *m*) *f.* **4.** rechthaberische Per'son. '**prag·ma·tize** *v/t* **1.** als re'al darstellen. **2.** vernunftmäßig erklären, rationali'sieren.

prai·rie ['preərɪ] *s* **1.** Grasebene *f,* Steppe *f.* **2.** Prä'rie *f* (*in Nordamerika*). **3.** *Am.* grasbewachsene (Wald)Lichtung. ~ **dog** *s zo.* Prä'riehund *m.* ~ **fox** *s zo.* Kittfuchs *m.* ~ **hare** *s zo. Am.* Weißschwanz-Eselhase *m.* ~ **oys·ter** *s* Prä'rieauster *f* (*scharf gewürztes Mixgetränk aus Eigelb u. Weinbrand*). **P**~ **Prov·inc·es** *s pl Beiname der westkanadischen Provinzen Manitoba, Saskatchewan u. Alberta.* ~ **schoon·er** *s Am.* Planwagen *m* (*der frühen Siedler*). **P**~ **State** *s Am.* **1.** (*Beiname der Staaten*) Illinois *n* u. North Da'kota *n.* **2. p**~ **s**~ Prä'riestaat *m.* ~ **wolf** *s irr* Prä'riewolf *m,* Co'yote *m.*

praise [preɪz] **I** *v/t* **1.** loben, rühmen, preisen: → **sky** 2, **term** 2. **2.** *bes. Gott* (lob)preisen, loben. **II** *s* **3.** Lob *n*: **to damn with faint ~** auf die sanfte Art ‚zerreißen'; **to be loud in one's ~ of** laute Loblieder singen auf (*acc*); **to sing s.o.'s ~** j-s Lob singen; **in ~ of s.o., in s.o.'s ~** zu j-s Lob; **above** (*od.* **beyond**) **~** über alles Lob erhaben. **4.** Lobpreisung *f*. ˈ**praiseˌwor·thi·ness** *s* Löblichkeit *f*, lobenswerte Eigenschaft. ˈ**praiseˌwor·thy** *adj* lobenswert, löblich.

Pra·krit [ˈprɑːkrɪt] *s ling.* Prakrit *n* (*alte mittelindische Dialekte*).

pra·line [ˈprɑːliːn] *s* Praˈline *f* mit Nußfüllung.

pram[1] [prɑːm; *Am. a.* præm] *s mar.* Prahm *m*, Leichter *m*.

pram[2] [præm] *s bes. Br. colloq.* (*abbr. für* **perambulator**) Kinderwagen *m*.

prance [prɑːns; *Am.* præns] **I** *v/i* **1.** a) sich bäumen, steigen, b) tänzeln (*Pferd*). **2.** *fig.* (einˈher)stolˌzieren, paraˈdieren. **3.** *a.* **~ about** (*od.* **around**) *colloq.* herˈumhüpfen, -tanzen. **II** *v/t* **4.** *das Pferd* steigen *od.* tänzeln lassen. **III** *s* **5.** Tänzeln *n*. **6.** Stolˈzieren *n*, Paraˈdieren *n*. **7.** *colloq.* Herˈumhüpfen *n*, -tanzen *n*. ˈ**pranc·er** *s* tänzelndes Pferd.

pran·di·al [ˈprændɪəl] *adj* Essens..., Tisch...

prang [præŋ] *bes. Br. colloq.* **I** *s* **1.** *aer.* Bruchlandung *f*. **2.** *mot.* schwerer Unfall. **3.** *aer. mil.* Luftangriff *m*. **4.** *fig.* (große) Leistung. **II** *v/t* **5.** *aer.* ‚Bruch machen mit'. **6.** *Auto* zu Schrott fahren. **7.** *aer. mil. Stadt etc* zs.-bomben.

prank[1] [præŋk] *s* **1.** Streich *m*, Possen *m*, Ulk *m*, Jux *m*: **to play a ~ on s.o.** j-m e-n Streich spielen. **2.** Kapriˈole *f*, Faxe *f* (*e-r Maschine etc*).

prank[2] [præŋk] **I** *v/t meist* **~ out** (*od.* **up**) herˈausputzen, schmücken. **II** *v/i* prunken, prangen.

ˈ**prank·ish** *adj* zu Streichen aufgelegt.

prank·ster [ˈpræŋkstə(r)] *s* Witzbold *m*.

p'raps [præps] *colloq. für* **perhaps**.

prase [preɪz] *s min.* Prasem *m* (*lauchgrüner Quarz*).

prat [præt] *sl.* **I** *s* **1.** Hintern *m*, ˈHinterteil *n*. **2.** *Br.* Trottel *m*. **II** *v/t* **3. ~ away** mit dem Hintern wegschubsen.

prate [preɪt] **I** *v/i* faseln, schwafeln. **II** *v/t etwas* daˈherfaseln *od.* -schwafeln. **III** *s* Gefasel *n*, Geschwafel *n*. ˈ**prat·er** *s* Fas(e)ler *m*, Schwaf(e)ler *m*.

ˈ**prat·fall** *s sl.* **1.** Sturz *m* auf den Hintern: **he had a ~** er setzte sich auf den Hintern. **2.** *fig.* ‚Bauchlandung' *f*: **he had a ~** er machte e-e Bauchlandung, er hat sich blamiert.

pra·ties [ˈpreɪtɪz] *s pl Ir. colloq.* Karˈtoffeln *pl*.

prat·in·cole [ˈprætɪŋkəʊl; *Am. a.* ˈpreɪ-] *s orn.* Brachschwalbe *f*.

prat·ing [ˈpreɪtɪŋ] **I** *adj* (*adv* **~ly**) faselnd, schwafelnd. **II** *s* → **prate** III.

pra·tique [ˈprætiːk; *bes. Am.* præˈtiːk] *s mar.* Praktika *f*, Verkehrserlaubnis *f* (*zwischen Schiff u. Hafen nach Vorzeigen des Gesundheitspasses*): **to admit to ~** j-m Verkehrserlaubnis erteilen.

prat·tle [ˈprætl] **I** *v/i* plappern. **II** *v/t etwas* daˈherplappern. ˈ**prat·tler** *s* Plappermaul *n*.

prav·i·ty [ˈprævətɪ] *s obs.* Verderbtheit *f*.

prawn [prɔːn; *Am. a.* prɑːn] **I** *s ichth.* Garˈnele *f*. **II** *v/i* Garˈnelen fangen.

prax·is [ˈpræksɪs] *s* **1.** Praxis *f*, Ausübung *f*. **2.** Brauch *m*, Gewohnheit *f*.

pray [preɪ] **I** *v/t* **1.** *j-n* inständig bitten, anflehen (**for** um): **~, consider!** *obs.* bitte bedenken Sie doch! **2.** *Gott etc* anflehen, flehen zu. **3.** *etwas* inständig erbitten, erflehen. **4.** *ein Gebet* beten. **II** *v/i* **5.** (**for**) bitten, ersuchen (um), beantragen (*acc*). **6.** *relig.* beten (**to** zu): **he is past ~ing for** a) er ist unheilbar krank, b) *fig.* bei ihm ist Hopfen u. Malz verloren.

prayer[1] [preə(r)] *s* **1.** Gebet *n*: **to put up a ~ to God** ein Gebet an Gott richten *od.* zu Gott emporsenden; **to say one's ~(s)** beten, s-e Gebete verrichten; **he doesn't have a ~** *Am. sl.* er hat nicht die geringste Chance. **2.** *oft pl* Andacht *f*: **evening ~** Abendandacht. **3.** inständige Bitte, Flehen *n*. **4.** Gesuch *n*, Ersuchen *n*, *jur. a.* Antrag *m*, Klagebegehren *n*.

pray·er[2] [ˈpreɪə(r)] *s* Beter(in), Betende(r *m*) *f*.

prayer|**bead** *s R.C.* Rosenkranzperle *f*. **~ book** *s* **1.** Gebetbuch *n*. **2. P~ B~** → **Book of Common Prayer**.

prayer·ful [ˈpreə(r)fʊl] *adj* (*adv* **~ly**) **1.** fromm, andächtig. **2.** inständig.

prayer| **mat** → **prayer rug**. **~ meet·ing** *s* Gebetsversammlung *f*. **~ rug** *s* Gebetsteppich *m*. **~ shawl** *s* Gebetsmantel *m*. **~ wheel** *s* Gebetsmühle *f*.

pray·ing|**in·sect, ~man·tis** [ˈpreɪɪŋ] *s zo.* Gottesanbeterin *f*.

pre- [priː; prɪ] *Wortelement mit den Bedeutungen*: a) (*zeitlich*) vor, vorher, früher als, b) (*räumlich*) vor, davor.

preach [priːtʃ] **I** *v/i* **1.** (**to**) predigen (zu *od.* vor *e-r Gemeinde etc*), e-e Predigt halten (*dat od.* vor *dat*): **to ~ to the converted** *fig.* offene Türen einrennen. **2.** *fig.* ‚predigen': **to ~ at s.o.** j-m e-e (Moral)Predigt halten. **II** *v/t* **3.** *etwas* predigen: **to ~ the gospel** das Evangelium predigen *od.* verkündigen; **to ~ a sermon** e-e Predigt halten. **4.** *etwas* predigen, lehren, ermahnen zu (*etwas*): **to ~ charity** Nächstenliebe predigen. **5. ~ down** predigen gegen, ˈherziehen über (*acc*). **6. ~ up** predigen für, (in Predigten) loben *od.* (an)preisen. **III** *s* **7.** *colloq.* Predigt *f*, Serˈmon *m*. ˈ**preach·er** *s* **1.** Prediger(in). **2. P~** *Bibl.* Koˈhelet *m*, (*der*) Prediger Salomo (*Buch des Alten Testaments*). ˈ**preach·i·fy** [-ɪfaɪ] *v/i colloq.* salˈbadern, (*bes.* Moˈral) predigen. ˈ**preach·ing** *s* **1.** Predigen *n*. **2.** Predigt *f*. **3.** Lehre *f*. **4.** *contp.* Salbadeˈrei *f*. ˈ**preach·ment** *s contp.* Salˈbadern *n*, Serˈmon *m*, (*langweilige*) Moˈralpredigt. ˈ**preach·y** *adj* (*adv* **preachily**) *colloq.* salˈbadernd, moraliˈsierend.

ˌ**pre·ad·oˈles·cent** *adj* Voradoleszenz...

pre·am·ble [priːˈæmbl; *Am. a.* ˈpriːˌæm-] **I** *s* **1.** Präˈambel *f* (*a. jur.*), Einleitung *f* (**to** zu). **2.** Kopf *m* (*e-s Funkspruchs etc*). **3.** Oberbegriff *m* (*e-r Patentschrift*). **4.** *fig.* Einleitung *f*, Vorspiel *n*, Auftakt *m* (**to** zu). **II** *v/i* **5.** e-e Präˈambel verfassen, mit e-r Einleitung beginnen. **III** *v/t* **6.** präambuˈlieren, e-e Präˈambel verfassen zu.

preˈamp *s colloq. für* **preamplifier**.

preˈam·pli·fi·er *s electr.* Vorverstärker *m*.

ˌ**pre·anˈnounce** *v/t* vorher anzeigen *od.* ankündigen. ˌ**pre·anˈnounce·ment** *s* Vorankündigung *f*, Voranzeige *f*.

ˌ**pre·arˈrange** *v/t* **1.** vorher abmachen *od.* anordnen *od.* bestimmen. **2.** (planmäßig) vorbereiten. ˌ**pre·arˈrange·ment** *s* **1.** vorˈherige Bestimmung *od.* Abmachung. **2.** Vorbereitung *f*.

preˈau·di·ence *s jur. Br. das Recht* (*e-s Anwalts*), *zuerst zu sprechen od. zu plädieren.*

preb·end [ˈprebənd] *s* **1.** Präˈbende *f*, Pfründe *f*. **2.** → **prebendary**. **pre·ben·dal** [prɪˈbendl] *adj* **1.** Pfründen... **2.** e-e Pfründe innehabend. ˈ**preb·en·dar·y** [-dərɪ; *Am.* -ˌderiː] *s* Präbenˈdar *m*, Pfründner *m*.

ˌ**preˈcal·cu·late** *v/t* vorˈausberechnen.

ˌ**Pre-ˈCam·bri·an** *geol.* **I** *adj* präˈkambrisch. **II** *s* Präˈkambrium *n*.

pre·car·i·ous [prɪˈkeərɪəs] *adj* (*adv* **~ly**) **1.** preˈkär, unsicher, bedenklich: **a ~ situation**; **~ state of health** bedenklicher Gesundheitszustand. **2.** gefährlich, risˈkant. **3.** anfechtbar, fragwürdig: **a ~ assumption**. **4.** *jur.* ˈwiderruflich, aufkündbar, auf ˈWiderruf (eingeräumt *od.* zugeteilt). **preˈcar·i·ous·ness** *s* **1.** Unsicherheit *f*. **2.** Gefährlichkeit *f*. **3.** Fragwürdigkeit *f*.

ˌ**preˈcast** *v/t irr Betonteile etc* ˈvorfabriˌzieren.

prec·a·to·ry [ˈprekətərɪ; *Am.* -ˌtəʊriː; -ˌtɔː-] *adj* e-e Bitte enthaltend, Bitt...: **in ~ words** (*in Testamenten*) als Bitte (*nicht als Auftrag*) formuliert; **~ trust** (*testamentarische*) Bitte, die als bindend gilt.

pre·cau·tion [prɪˈkɔːʃn] *s* **1.** Vorkehrung *f*, Vorsichtsmaßregel *f*, -maßnahme *f*: **to take ~s** Vorsichtsmaßregeln *od.* Vorsorge treffen; **as a ~** vorsichtshalber, vorsorglich. **2.** Vorsicht *f*. **preˈcau·tion·ar·y** [-ʃnərɪ; *Am.* -ʃəˌneriː] *adj* **1.** vorbeugend, Vorsichts...: **~ measure** → **precaution** 1. **2.** Warn(ungs)...: **~ signal** Warnsignal *n*.

pre·cede [ˌpriːˈsiːd; prɪ-] **I** *v/t* **1.** *a. fig.* (*a. zeitlich*) vorˈaus-, vorˈangehen (*dat*): **the words that ~ this paragraph**; **the years preceding his death** die Jahre vor s-m Tod. **2.** den Vorrang *od.* Vortritt *od.* Vorzug haben vor (*dat*), vorgehen (*dat*), ranˈgieren vor (*dat*). **3.** (**by, with s.th.**) (durch etwas) einleiten, (*e-r Sache* etwas) vorˈausschicken: **he ~d his measures by an explanation**. **II** *v/i* **4.** vorˈan-, vorˈausgehen. **5.** den Vorrang *od.* Vortritt haben.

prec·e·dence [ˌpriːˈsiːdəns; prɪ-; ˈpresɪd-] *s* **1.** Vorˈan-, Vorˈhergehen *n*, Prioriˈtät *f*: **to have the ~ of s.th.** e-r Sache (zeitlich) vorangehen. **2.** Vorrang *m*, Vorzug *m*, Vortritt *m*, Vorrecht *n*: **to take ~ of** (*od.* **over**) → **precede** 2. **3.** *a.* **order of ~** Rangordnung *f*. **prec·e·den·cy** [-sɪ] → **precedence**.

prec·e·dent[1] [ˈpresɪdənt] *s jur.* Präzeˈdenzfall *m* (*a. fig.*), Präjuˈdiz *n*: **without ~** ohne Beispiel, noch nie dagewesen; **to set a ~** e-n Präzedenzfall schaffen; **to take s.th. as a ~** etwas als Präzedenzfall betrachten.

prec·e·dent[2] [prɪˈsiːdənt; ˈpresɪ-] *adj* (*adv* **~ly**) vorˈhergehend, vorˈaus-, vorˈangehend: **condition ~** a) Vorbedingung *f*, b) aufschiebende Bedingung.

prec·e·dent·ed [ˈpresɪdəntɪd] *adj* e-n Präzeˈdenzfall habend, schon einmal dagewesen.

pre·ced·ing [ˌpriːˈsiːdɪŋ; prɪ-] *adj* vorˈhergehend: **~ endorser** *econ.* Vorder-, Vormann *m* (*beim Wechsel*); **the days ~ the election** die Tage vor der Wahl.

pre·cen·sor [ˌpriːˈsensə(r)] *v/t* e-r ˈVorzenˌsur unterˈwerfen.

pre·cen·tor [ˌpriːˈsentə(r); prɪ-] *s mus.* Präˈzentor *m*, Kantor *m*, Vorsänger *m*.

pre·cept [ˈpriːsept] *s* **1.** (*a.* göttliches) Gebot. **2.** Regel *f*, Richtschnur *f*. **3.** Vorschrift *f*. **4.** Lehre *f*, Unterˈweisung *f*. **5.** *jur.* a) Gerichtsbefehl *m*, b) (schriftliche gerichtliche) Weisung *od.* Anordnung, c) Einziehungs- *od.* Zahlungsbefehl *m*, d) Vorladung *f*. **pre·cep·tive** [prɪˈseptɪv] *adj* **1.** befehlend, verordnend. **2.** lehrhaft, diˈdaktisch. **preˈcep·tor** [-tə(r)] *s* Lehrer *m*.

ˌ**preˈcer·e·bral** *adj anat.* Vorderhirn...

pre·ces·sion [prɪˈseʃn] *s* Präzessiˈon *f*: a) *tech. die Bewegung des Kreisels infolge e-s äußeren Drehmoments*, b) *a.* **~ of the equinoxes** *astr. Vorrücken der Tagundnachtgleichen.*

ˌ**pre-ˈChris·tian** *adj* vorchristlich.

pre·cinct [ˈpriːsɪŋkt] *s* **1.** eingefriedeter Bezirk (*Br. bes. um e-e Kirche*): **cathedral ~s** Domfreiheit *f.* **2.** *Am.* Bezirk *m, bes.* a) (Poliˈzei)Reˌvier *n*, b) Wahlbezirk *m*, -kreis *m*: **~ captain** (*od.* **leader**) Wahlkreisleiter *m* (*e-r Partei*). **3.** *pl* Umˈgebung *f*, Bereich *m.* **4.** *pl fig.* Bereich *m*, Grenzen *pl*: **within the ~s of** innerhalb der Grenzen von (*od. gen*), innerhalb (*gen*).

pre·ci·os·i·ty [ˌpreʃɪˈɒsətɪ; *Am.* -ˈɑs-] *s* Preziosiˈtät *f*, Geziertheit *f*, Affekˈtiertheit *f.*

pre·cious [ˈpreʃəs] **I** *adj* (*adv* **~ly**) **1.** *a. fig.* kostbar, wertvoll: **~ memories. 2.** edel (*Steine etc*): **~ metals** Edelmetalle. **3.** *iro.* schön, nett, fein: **a ~ mess** e-e schöne Schweinerei. **4.** *colloq.* ‚schön', beträchtlich: **a ~ lot better than** bei weitem besser als. **5.** *fig.* preziˈös, überˈfeinert, affekˈtiert, geziert: **~ style. II** *adv* **6.** *colloq.* reichlich, ‚herzlich': **~ little. III** *s* **7.** Schatz *m*, Liebling *m.* **ˈpre·cious·ness** *s* **1.** Köstlichkeit *f*, Kostbarkeit *f.* **2.** → **preciosity.**

prec·i·pice [ˈpresɪpɪs] *s* **1.** (jäher) Abgrund. **2.** *fig.* a) Abgrund *m*: **to stand on the edge of a ~,** b) Klippe *f.*

pre·cip·i·ta·ble [prɪˈsɪpɪtəbl] *adj chem.* abscheidbar, niederschlagbar, fällbar.

pre·cip·i·tan·cy [prɪˈsɪpɪtənsɪ], *a.* **pre·ˈcip·i·tance** *s* **1.** Eile *f*: **with the utmost ~** in größter Eile. **2.** Hast *f*, Überˈeilung *f*, -ˈstürzung *f.*

pre·cip·i·tant [prɪˈsɪpɪtənt] **I** *adj* (*adv* **~ly**) **1.** (steil) abstürzend, jäh. **2.** *fig.* hastig, eilig, jäh. **3.** *fig.* überˈeilt, -ˈstürzt, voreilig. **4.** *chem.* sich als Niederschlag absetzend. **II** *s* **5.** *chem.* Fällungsmittel *n.*

pre·cip·i·tate [prɪˈsɪpɪteɪt] **I** *v/t* **1.** hinˈabwerfen, -stürzen (*a. fig.*). **2.** *fig.* herˈaufbeschwören, (plötzlich) herˈbeiführen, beschleunigen: **to ~ a crisis. 3.** *j-n* (hinˈein)stürzen (**into** *in acc*): **to ~ a country into war. 4.** *chem.* (aus)fällen, niederschlagen. **II** *v/i* **5.** *chem. u. meteor.* sich niederschlagen. **III** *adj* [-tət] (*adv* **~ly**) **6.** jäh(lings) hinˈabstürzend, steil abfallend: **~ labo(u)r** *med.* Sturzgeburt *f.* **7.** *fig.* überˈstürzt, -ˈeilt, voreilig. **8.** eilig, hastig. **9.** jäh, plötzlich. **IV** *s* [-teɪt; -tət] **10.** *chem.* ˈFällproˌdukt *n*, Niederschlag *m.* **pre·ˈcip·i·tate·ness** *s* Überˈstürzung *f.*

pre·cip·i·ta·tion [prɪˌsɪpɪˈteɪʃn] *s* **1.** jäher Sturz, (Herˈab-, Hinˈunter)Stürzen *n.* **2.** *fig.* Überˈstürzung *f*, -ˈeilung *f*, (ungestüme) Eile, Hast *f.* **3.** *chem.* Fällung *f*, Niederschlagen *n.* **4.** *meteor.* (atmoˈsphärischer) Niederschlag: **~ activity** Niederschlagstätigkeit *f.* **5.** *Spiritismus*: Materialisatiˈon *f* (*von Geistern*). **preˈcip·i·ta·tor** [-tə(r)] *s chem. phys.* a) → **precipitant** 5, b) ˈAusfällappaˌrat *m.*

pre·cip·i·tous [prɪˈsɪpɪtəs] *adj* (*adv* **~ly**) **1.** jäh, steil (abfallend), abschüssig. **2.** *fig.* überˈstürzt, -ˈeilt, voreilig.

pré·cis [ˈpreɪsiː; *Am. a.* preɪˈsiː] **I** *pl* **pré·cis** [-iːz] *s* (kurze) ˈÜbersicht, Zs.-fassung *f.* **II** *v/t* kurz zs.-fassen.

pre·cise [prɪˈsaɪs] *adj* **1.** präˈzis(e), genau, klar: **~ directions; a ~ answer. 2.** präˈzis(e), exˈakt, (peinlich) genau, korˈrekt, *contp.* peˈdantisch. **3.** genau, richtig: **the ~ moment; ~ amount. 4.** ˈübergenau, peˈdantisch, steif, streng. **5.** *relig. hist.* puriˈtanisch. **preˈcise·ly** *adv* **1.** → **precise. 2.** gerade, genau, ausgerechnet. **3.** (*als Antwort*) genau (das meinte ich)! **preˈcise·ness** *s* **1.** Pedanteˈrie *f*, (überˈtriebene) Genauigkeit. **2.** (ängstliche) Gewissenhaftigkeit. **3.** Strenge *f* (*bes. in religiösen Dingen*).

pre·ci·sian [prɪˈsɪʒn] *s* **1.** Rigoˈrist(in), Peˈdant(in). **2.** *relig. hist.* Puriˈtaner(in).

pre·ci·sion [prɪˈsɪʒn] **I** *s* Genauigkeit *f*, Exˈaktheit *f* (*a. tech.*), *tech. a.* Genauigkeitsgrad *m*: **arm of ~** *mil.* Präzisionswaffe *f.* **II** *adj tech.* Präzisions..., Fein...: **~ adjustment** a) Feineinstellung *f*, b) *Artillerie*: genaues Einschießen; **~ balance** Präzisions-, Feinwaage *f*; **~ bombing** gezielter Bombenwurf, Punktzielbombenwurf *m*; **~ instrument** Präzisionsinstrument *n*, feinmechanisches Instrument; **~ mechanics** Feinmechanik *f*; **~ tool** Präzisionswerkzeug *n.* **preˈci·sion·ist** *s* **1.** Peˈdant(in), ˈÜbergenaue(r *m*) *f.* **2.** Puˈrist(in), Sprachreiniger(in).

preˈci·sion-made *adj tech.* Präzisions...

ˌpreˈclin·i·cal *adj med.* vorklinisch.

pre·clude [prɪˈkluːd] *v/t* **1.** ausschließen (**from** von). **2.** *etwas* verhindern, ausschalten, -schließen, *e-r Sache* vorbeugen *od.* zuˈvorkommen, *Einwände etc* vorˈwegnehmen. **3.** *j-n* hindern (**from** an *dat*; **from doing** zu tun).

pre·clu·sion [prɪˈkluːʒn] *s* **1.** Ausschließung *f*, Ausschluß *m* (**from** von). **2.** Verhinderung *f.* **preˈclu·sive** [-sɪv] *adj* (*adv* **~ly**) (**of** *acc*) a) ausschließend, b) (ver)hindernd: **to be ~ of s.th.** etwas ausschließen *od.* verhindern.

pre·co·cial [prɪˈkəʊʃl] *adj orn.* frühentwickelt: **~ birds** Nestflüchter.

pre·co·cious [prɪˈkəʊʃəs] *adj* (*adv* **~ly**) **1.** frühreif, vor-, frühzeitig (entwickelt). **2.** *fig.* frühreif, altklug: **a ~ child. 3.** *bot.* a) vor den Blättern erscheinend (*Blüte*), b) frühblühend *od.* früh Frucht tragend. **preˈco·cious·ness, preˈcoc·i·ty** [-ˈkɒsətɪ; *Am.* -ˈkɑ-] *s* **1.** Frühreife *f*, -zeitigkeit *f.* **2.** *fig.* (*geistige*) Frühreife, Altklugheit *f.*

ˌpre·cogˈni·tion *s* **1.** *Parapsychologie*: Präkognitiˈon *f* (*Vorauswissen zukünftiger Vorgänge*). **2.** *jur. Scot.* ˈVorunterˌsuchung *f.*

ˌpre·conˈceive *v/t* (sich) vorher ausdenken, sich vorher vorstellen: **~d opinion** → **preconception. ˌpre·conˈcep·tion** *s* vorgefaßte Meinung, *a.* Vorurteil *n.*

pre·con·cert [ˌpriːkənˈsɜːt; *Am.* -ˈsɜrt] *v/t* vorher verabreden *od.* vereinbaren: **~ed** verabredet, *contp.* abgekartet.

ˌpre·conˈdemn *v/t* im voraus *od.* vorschnell verurteilen *od.* verdammen.

ˌpre·conˈdi·tion I *s* **1.** Vorbedingung *f*, Vorˈaussetzung *f*: **on ~ that** unter der Voraussetzung, daß. **II** *v/t* **2.** *Material etc* vorbehandeln. **3.** a) *j-n* (entsprechend) vorbereiten *od.* einstimmen, b) *j-n* in die entsprechende Stimmung versetzen.

pre·co·ni·za·tion [ˌpriːkənaɪˈzeɪʃn; *Am.* -nəˈz-] *s R.C.* Präkonisatiˈon *f.* **ˈpre·co·nize** *v/t* **1.** öffentlich verkündigen. **2.** *R.C. e-n Bischof* präkoniˈsieren, die Ernennung feierlich verkündigen.

preˈcon·scious *psych.* **I** *adj* vorbewußt. **II** *s* **the ~** das Vorbewußte.

preˈcon·tract *s jur.* Vorvertrag *m.*

preˈcook *v/t* vorkochen.

preˈcool *v/t* vorkühlen.

pre·cor·dial [prɪˈkɔːdjəl; *Am.* -ˈkɔːrdʒəl] *adj anat.* präkordiˈal, epiˈgastrisch: **~ anxiety** *med.* Präkordialangst *f*, Angstgefühl *n.*

pre·cur·sor [ˌpriːˈkɜːsə; *Am.* -ˈkɜrsər] *s* **1.** Vorläufer *m*: **the ~ of modern science. 2.** a) Vorbote *m*: **the ~ of spring,** b) (erstes) Anzeichen: **the ~ of a cold. 3.** (Amts)Vorgänger(in). **ˌpreˈcur·so·ry** [-sərɪ] *adj* **1.** vorˈher-, vorˈausgehend. **2.** einleitend, vorbereitend.

pre·da·ceous, *bes. Br.* **pre·da·cious** [prɪˈdeɪʃəs] *adj zo.* räuberisch: **~ animal** Raubtier *n*; **~ instinct** Raub(tier)instinkt *m.*

ˌpreˈdate *v/t* **1.** zuˈrückdaˌtieren, ein früheres Datum setzen auf (*acc*). **2.** (*zeitlich*) vorˈan-, vorˈausgehen (*dat*).

pre·da·tion [prɪˈdeɪʃn] *s* **1.** *selten* Plünderung *f*, Raub *m.* **2.** *Ökologie*: räuberisches Verhalten (*von Tieren etc*): **~ pressure** predatorischer Druck.

pred·a·tor [ˈpredətə(r)] *s* **1.** raubgieriger Mensch. **2.** *biol.* räuberisches (Lebe)Wesen. **ˈpred·a·to·ry** [-tərɪ; *Am.* -ˌtəʊriː; -ˌtɔː-] *adj* (*adv* **predatorily**) räuberisch, Raub...: **~ animal** Raubtier *n*; **~ bird** Raubvogel *m*; **~ excursion** Raubzug *m*; **~ war** Raubkrieg *m.*

ˌpre·deˈcease I *v/t* früher sterben als (*j-d*), sterben vor (*j-m*): **to ~ s.o. II** *v/i* früher sterben: **~d parent** *jur.* vorverstorbener Elternteil. **III** *s* vorzeitiger *od.* vorher erfolgter Tod.

pre·de·ces·sor [ˈpriːdɪsesə(r); ˌpriːdɪˈs-] *s* **1.** Vorgänger(in): **~ in office** Amtsvorgänger(in). **2.** Vorfahr *m.*

ˌpre·deˈfine *v/t* vorher abgrenzen *od.* bestimmen.

pre·del·la [prɪˈdelə] *pl* **-le** [-liː; -leɪ] *s* Preˈdella *f*: a) Sockel *m* e-s Alˈtarschreins *od.* -aufsatzes, b) Bild *n* auf e-m Alˈtaraufsatz.

pre·des·ti·nar·i·an [priːˌdestɪˈneərɪən] *relig.* **I** *s* Anhänger(in) der Prädestinatiˈonslehre. **II** *adj* die Prädestinatiˈonslehre betreffend. **preˌdes·tiˈnar·i·an·ism** *s* Prädestinatiˈonslehre *f.*

pre·des·ti·nate [ˌpriːˈdestɪneɪt] **I** *v/t relig. u. weitS.* prädestiˈnieren, aus(er)wählen, ausersehen, (vorˈher)bestimmen (**to** für, zu). **II** *adj* [-nət; -neɪt] prädestiˈniert, auserwählt, vorˈherbestimmt. **preˌdes·tiˈna·tion** *s* **1.** Vorˈherbestimmung *f.* **2.** *relig.* Prädestinatiˈon *f*, Auserwählung *f* (*durch Gott*), Gnadenwahl *f.* **ˌpreˈdes·tine** [-tɪn] → **predestinate** I.

ˌpre·deˈter·mi·nate *adj* vorˈausbestimmt. **ˈpre·deˌter·miˈna·tion** *s* **1.** *relig.* Vorˈherbestimmung *f.* **2.** vorˈheriger Beschluß, vorˈherige Bestimmung. **3.** vorgefaßter Entschluß.

ˌpre·deˈter·mine *v/t* **1.** vorher festsetzen *od.* bestimmen: **to ~ the cost of a building; to ~ s.o. to s.th.** j-n für etwas vorbestimmen. **2.** *tech.* vorˈherbestimmen, vorˈausberechnen. **3.** *relig.* vorˈherbestimmen. **ˌpre·deˈter·min·ism** *s philos.* Prädetermiˈnismus *m.*

pre·di·al → **praedial.**

pred·i·ca·ble [ˈpredɪkəbl] **I** *adj* aussagbar, *j-m* beilegbar *od.* zuzuschreiben(d). **II** *s pl philos.* Prädikaˈbilien *pl*, Aussageweisen *pl*, Allgeˈmeinbegriffe *pl.*

pre·dic·a·ment [prɪˈdɪkəmənt] *s* **1.** *philos.* a) Prädikaˈment *n*, Grundform *f* der Aussage, Kategoˈrie *f* (*des Aristoteles*), b) Ordnung *f*, Klasse *f*, Kategoˈrie *f.* **2.** mißliche Lage, Zwangslage *f.*

pred·i·cant [ˈpredɪkənt] *adj relig.* predigend, Prediger...

pred·i·cate I *v/t* [ˈpredɪkeɪt] **1.** behaupten, aussagen. **2.** *philos.* prädiˈzieren, aussagen. **3.** gründen, baˈsieren (**on, upon** auf *dat*): **to be ~d on** beruhen *od.* basieren auf (*dat*), *etwas* voraussetzen. **II** *s* [-kət] **4.** *philos.* Aussage *f.* **5.** *ling.* Prädiˈkat *n*, Satzaussage *f.* **III** *adj* [-kət] **6.** *ling.* Prädikat(s)..., prädikaˈtiv: **~ adjective** prädikatives Adjektiv; **~ noun** (*od.* **nominative**) Prädikatsnomen *n.* **7. ~ calculus** (*Logik*) Prädikatenkalkül *n.*

pred·i·ca·tion [ˌpredɪˈkeɪʃn] *s* Aussage *f* (*a. ling. im Prädikat*), Behauptung *f.*

pre·dic·a·tive [prɪˈdɪkətɪv; *Am.* ˈpredɪkətɪv; -ˌkeɪ-] *adj* (*adv* **~ly**) **1.** aussagend, Aussage... **2.** *ling.* prädikaˈtiv: **~ adjective.**

pred·i·ca·to·ry [ˈpredɪkətərɪ; *Am.*

-kəˌtəʊriː; -ˌtɔː-] *adj* **1.** predigend, Prediger... **2.** gepredigt.

pre·dict [prɪˈdɪkt] *v/t* vorˈher-, vorˈaus-, weissagen, propheˈzeien: **~ed firing** *mil.* Feuer(n) *n* mit Vorhalten. **preˈdict·a·ble** *adj* vorˈaussagbar, vorˈherzusagen(d), kalkuˈlierbar: **he's quite ~** bei ihm weiß man genau, wie er reagiert; er ist leicht auszumachen. **preˈdict·a·bly** *adv* a) wie vorˈherzusehen war, b) man kann jetzt schon sagen, daß.

pre·dic·tion [prɪˈdɪkʃn] *s* Vorˈher-, Vorˈaussage *f*, Weissagung *f*, Propheˈzeiung *f*. **preˈdic·tive** [-tɪv] *adj* vorˈher-, weissagend, propheˈzeiend (**of** *acc*). **preˈdic·tor** [-tə(r)] *s* **1.** Proˈphet (-in). **2.** *aer. tech.* Komˈmandogerät *n*.

ˌpre·diˈgest *v/t* **1.** (künstlich) vorverdauen. **2.** *fig.* a) *Lehrstoff etc* ‚vorkauen', b) *Stoff etc* verdaulicher machen, leichtfaßlich darstellen.

pre·di·lec·tion [ˌpriːdɪˈlekʃn; *Am. a.* ˌpredəˈl-] *s* Vorliebe *f* (**for** für).

ˌpre·disˈpose *v/t* **1.** *j-n* (im voraus) geneigt *od.* empfänglich machen (**to** für): **to ~ s.o. in favo(u)r of s.o. (s.th.)** j-n für j-n (etwas) einnehmen. **2.** *bes. med.* prädispoˈnieren, empfänglich *od.* anfällig machen (**to** für). **ˈpreˌdis·poˈsi·tion** *s* (**to**) Verˈanlagung *f*, Neigung *f* (zu), Empfänglichkeit *f*, Anfälligkeit *f* (für) (*alle a. med.*).

preˈdom·i·nance, *a.* **preˈdom·i·nan·cy** *s* **1.** Vorherrschaft *f*, Vormacht(stellung) *f*. **2.** *fig.* Vorherrschen *n*, Überˈwiegen *n*, ˈÜbergewicht *n* (**in** in *dat*; **over** über *acc*). **3.** Überˈlegenheit *f*. **preˈdom·i·nant** *adj* (*adv* **~ly**) **1.** vorherrschend, überˈwiegend, vorwiegend: **to be ~** vorherrschen, überwiegen, vorwiegen. **2.** überˈlegen.

preˈdom·i·nate *v/i* **1.** vorherrschen, überˈwiegen, vorwiegen. **2.** (*zahlenmäßig, geistig, körperlich etc*) überˈlegen sein. **3.** die Oberhand *od.* das ˈÜbergewicht haben (**over** über *acc*). **4.** herrschen, die Herrschaft haben (**over** über *acc*). **preˈdom·i·nat·ing** → **predominant**.

ˌpre-eˈlec·tion I *s obs.* Vorwahl *f*, Auswahl *f* im voraus. **II** *adj* vor der Wahl (gegeben *od.* stattgefunden): **~ pledge** Wahlversprechen *n*.

pree·mie [ˈpriːmiː] *s bes. Am. sl.* Frühgeburt *f* (*Kind*).

ˌpre-ˈem·i·nence *s* **1.** Herˈvorragen *n*, Überˈlegenheit *f* (**above, over** über *acc*). **2.** Vorrang *m*, Vorzug *m* (**over** vor *dat*). **3.** herˈvorragende Stellung. **ˌpre-ˈem·i·nent** *adj* (*adv* **~ly**) herˈvorragend, überˈragend: **to be ~** hervorstechen, sich hervortun (**in** in *dat*; **among** unter *dat*).

ˌpre-ˈem·pha·sis *s Radio*: Vorverzerrung *f*.

ˌpre-ˈempt I *v/t* **1.** *Land* durch Vorkaufsrecht erwerben. **2.** *Am. hist.* sich durch Bewirtschaftung das Vorkaufsrecht (*von Staatsland*) sichern. **3.** *Platz etc* (im voraus) mit Beschlag belegen. **4.** zuˈvorkommen (*dat*), *Forderung etc* unterˈlaufen. **5.** *bes. Am. Rundfunk-, Fernsehprogramm* verschieben. **II** *v/i* **6.** Land durch Vorkaufsrecht erwerben. **7.** *Bridge, Whist*: zwingend ansagen. **ˌpre-ˈemp·tion** *s* Vorkauf(srecht *n*) *m*. **ˌpre-ˈemp·tive** *adj* **1.** Vorkaufs...: **~ price; ~ right. 2. ~ bid** (*Bridge, Whist*) *Ansage, die* (*durch ihre Höhe*) *weitere Ansagen ausschließt*. **3.** *mil.* Präventiv...: **~ war; ~ strike** Präventivschlag *m*. **ˌpre-ˈemp·tor** *s* Vorkaufsberechtigte(r *m*) *f*.

preen [priːn] *v/t* **1.** *das Gefieder etc* putzen: **to ~ o.s.** sich putzen (*a. Person*). **2.** ˈherrichten, zuˈrechtmachen: **to ~ one's hair. 3. ~ o.s.** sich etwas einbilden (**on** auf *acc*).

ˌpre-enˈgage *v/t* **1.** im voraus (vertraglich, *bes.* zur Ehe) verpflichten. **2.** im voraus in Anspruch nehmen. **3.** *econ.* vorbestellen. **ˌpre-enˈgage·ment** *s* vorher eingegangene Verpflichtung, frühere Verbindlichkeit.

ˌpre-ˈEng·lish *ling.* **I** *s* **1.** Vorenglisch *n* (*hypothetische altgermanische Mundart, aus der sich das Englische entwickelte*). **2.** *die in Britannien vor der angelsächsischen Periode gesprochene Sprache.* **II** *adj* **3.** vorenglisch.

ˌpre-exˈist *v/i* vorher vorˈhanden sein *od.* exiˈstieren. **ˌpre-exˈist·ence** *s bes. relig.* früheres Dasein *od.* Leben, Präexiˈstenz *f*. **ˌpre-exˈist·ent** *adj* vorher exiˈstierend *od.* vorˈhanden.

pre·fab [ˈpriːfæb] *colloq.* **I** *adj abbr. für* **prefabricated. II** *s* Fertighaus *n*.

ˌpreˈfab·ri·cate *v/t* ˈvorfabriˌzieren, (*genormte*) Fertigteile ˈherstellen für (*Häuser etc*). **ˌpreˈfab·ri·cat·ed** *adj* vorgefertigt, zs.-setzbar, Fertig...: **~ house** Fertighaus *n*. **ˈpreˌfab·riˈca·tion** *s* Vorfertigung *f*.

pref·ace [ˈprefɪs] **I** *s* **1.** Vorwort *n*, Vorrede *f*, Einleitung *f*, Geleitwort *n* (**to** zu). **2.** *fig.* Einleitung *f*, Vorspiel *n* (**to** zu). **3.** *meist* **P~** *R.C.* Präfatiˈon *f*, Lob- u. Dankgebet *n*. **II** *v/t* **4.** *e-e Rede etc* einleiten (*a. fig.*), ein Vorwort *etc* schreiben zu *e-m Buch etc.* **5.** die Einleitung sein zu.

pref·a·to·ry [ˈprefətərɪ; *Am.* -ˌtəʊriː; -ˌtɔː-] *adj* (*adv* **prefatorily**) einleitend, Einleitungs...

pre·fect [ˈpriːfekt] *s* Präˈfekt *m*: a) (*im alten Rom*) Statthalter *m*, Befehlshaber *m*, b) (*in Frankreich*) leitender Reˈgierungsbeamter: **~ of police** Polizeipräsident *m* (*von Paris*), c) *R.C.* Vorsteher *m* (*e-s Jesuitenkollegs etc*), d) *ped. bes. Br.* Aufsichts-, Vertrauensschüler *m*. **ˌpre·fecˈto·ri·al** [-ˈtɔːrɪəl; *Am. a.* -ˈtəʊ-] *adj* Präfekten..., Aufsichts... **ˈpre·fect·ship** *s* Amt *n* e-s Präˈfekten (*an englischen Schulen*).

pre·fec·ture [ˈpriːfekˌtjʊə; *Am.* -ˌfektʃər] *s* Präfekˈtur *f*.

pre·fer [prɪˈfɜː; *Am.* -ˈfɜr] *v/t* **1.** (es) vorziehen, bevorzugen, lieber haben *od.* mögen *od.* sehen *od.* tun: **I ~ to go today** ich gehe lieber heute; **he ~red to die rather than pay** er wäre lieber gestorben, als daß er gezahlt hätte; **to ~ wine to beer** Wein (dem) Bier vorziehen; **I should ~ you not to go** mir wäre es lieber, wenn Sie nicht gingen. **2.** befördern (**to [the rank of]** zum). **3.** *jur. Gläubiger* begünstigen, *a. e-e Forderung* bevorzugt befriedigen. **4.** *ein Gesuch, jur. e-e Klage* einreichen (**to** bei; **against** gegen): **to ~ a petition (a charge); to ~ claims against s.o.** Ansprüche gegen j-n erheben. **pref·er·a·ble** [ˈprefərəbl] *adj* **1.** (**to**) vorzuziehen(d) (*dat*), vorˈzüglicher *od.* besser (als). **2.** wünschenswert. **ˈpref·er·a·bly** [-blɪ] *adv* vorzugsweise, lieber, besser, möglichst.

pref·er·ence [ˈprefərəns] *s* **1.** Bevorzugung *f*, Vorzug *m* (**above, before, over, to** vor *dat*). **2.** Vorliebe *f* (**for** für): **by ~** mit (besonderer) Vorliebe, lieber. **3.** Wahl *f*: **of s.o.'s ~** nach (j-s) Wahl. **4.** *econ. jur.* Vor(zugs)recht *n*, Prioriˈtät(srecht *n*) *f*, Bevorrechtigung *f*: **~ as to dividends** Dividendenbevorrechtigung; **~ bond** Prioritätsobligation *f*; **~ dividend** Vorzugsdividende *f*; **~ share** *Br.* Vorzugsaktie *f*. **5.** *econ.* a) Vorzug *m*, Vergünstigung *f*, b) ˈVorzugs-, ˈMeistbegünstigungstaˌrif *m* (*Br. bes. zwischen Mutterland u. Commonwealth*). **6.** *econ. jur.* bevorzugte Befriedigung (*a. im Konkurs*): **fraudulent ~** Gläubigerbegünstigung *f*.

pref·er·en·tial [ˌprefəˈrenʃl] *adj* (*adv* → **preferentially**) **1.** Vorzugs..., bevorzugt: **~ treatment. 2.** *econ. jur.* Vorzugs..., bevorrechtigt: **~ claim; ~ creditor** bevorrechtigter Gläubiger; **~ duty** Vorzugszoll *m*; **~ share** *Br.* Vorzugsaktie *f*; **~ tariff** Vorzugstarif *m*. **ˌpref·erˈen·tial·ism** [-ʃəlɪzəm] *s econ.* Präfeˈrenzsyˌstem *n* (*handelspolitische Verbindung von Ländern durch Vorzugszölle etc*). **ˌpref·erˈen·tial·ly** *adv* vorzugsweise.

pref·er·en·tial| shop *s econ. Am.* Betrieb *m*, in dem Gewerkschaftsmitglieder (*bes. bei der Anstellung*) bevorzugt werden. **~ vot·ing** *s pol.* ˈVorzugsˌwahlsyˌstem *n* (*bei dem der Wähler 2 od. mehr Kandidaten für ein Amt wählt, wodurch e-e Majoritätsentscheidung bei e-m einzigen Wahlgang ermöglicht wird*).

pre·fer·ment [prɪˈfɜːmənt; *Am.* -ˈfɜr-] *s* **1.** Beförderung *f*, Ernennung *f* (**to** zu). **2.** höheres Amt, Ehrenamt *n* (*bes. relig.*). **3.** *jur.* Einreichung *f* (*e-r Klage*).

pre·ferred [prɪˈfɜːd; *Am.* -ˈfɜrd] *adj* bevorzugt, Vorzugs..., *econ. a.* bevorrechtigt: **~ creditor** bevorrechtigter Gläubiger; **~ dividend** *Am.* Vorzugsdividende *f*; **~ stock** *Am.* Vorzugsaktie *f*.

preˌfig·u·ra·tion *s* **1.** Vor-, Urbild *n*. **2.** vorˈherige *od.* vorbildhafte Darstellung. **3.** *fig.* Vorgriff *m* (**of** auf *acc*).

ˌpreˈfig·ure *v/t* **1.** vorbilden, vorbildhaft darstellen. **2.** vorher bildlich darstellen, sich vorher ausmalen. **3.** andeuten, ahnen lassen.

pre·fix I *v/t* [ˌpriːˈfɪks; ˈpriːfɪks] **1.** vorˈanstellen, vorˈausgehen lassen (**to** *dat*). **2.** *a. ling. ein Wort, e-e Silbe vorsetzen* (**to** *dat*). **II** *s* [ˈpriːfɪks] **3.** *ling.* Präˈfix *n*, Vorsilbe *f*. **4.** (*dem Namen*) vorˈangestellter Titel. **5.** *a.* **call ~** *teleph.* Vorwahl *f*, Vorwählnummer *f*.

ˌpre·forˈma·tion *s biol.* Präformatiˈon *f*, Vorˈherbildung *f* im Keim. **ˌpreˈform·a·tive I** *adj* **1.** vorˈherbildend. **2.** *ling.* vorˈan-, vorgestellt, Präfix... **II** *s* **3.** *ling.* vorgesetzte Parˈtikel (*im Hebräischen etc*).

preg [preg] *adj colloq.* schwanger.

ˌpreˈgen·i·tal *adj psych.* prägeniˈtal (*sexuelle Entwicklungsphase*).

preg·gers [ˈpregə(r)z] *adj bes. Br. colloq.* schwanger.

ˌpreˈgla·cial *adj geol.* präglaziˈal, voreiszeitlich.

preg·na·ble [ˈpregnəbl] *adj* einnehmbar (*Stadt etc*).

preg·nan·cy [ˈpregnənsɪ] *s* **1.** a) Schwangerschaft *f* (*der Frau*), b) Trächtigkeit *f* (*bei Tieren*): **~ test** Schwangerschaftstest *m*. **2.** Fruchtbarkeit *f* (*des Bodens*). **3.** *fig.* Fruchtbarkeit *f*, Schöpferkraft *f*, Gedankenfülle *f*, Iˈdeenreichtum *m*. **4.** *fig.* Bedeutungsgehalt *m*, -schwere *f*, tiefer Sinn.

preg·nant [ˈpregnənt] *adj* (*adv* **~ly**) **1.** a) schwanger, in anderen ˈUmständen (*Frau*): **to be six months ~** im 6. Monat schwanger sein, b) trächtig (*Tier*), c) *hunt.* beschlagen (*Edelwild*). **2.** *fig.* fruchtbar, reich (**in** an *dat*). **3.** *fig.* iˈdeen-, einfalls-, geistreich. **4.** *fig.* bedeutungsvoll, schwerwiegend, gewichtig: **~ with meaning** bedeutungsschwer.

ˌpreˈheat *v/t tech.* vorwärmen, *mot.* vorglühen, *Bratröhre* vorheizen.

pre·hen·sile [prɪˈhensaɪl; *Am. a.* -səl] *adj zo.* zum Greifen geeignet, Greif...: **~ organ** Greif-, Haftorgan *n*.

ˌpre·hisˈtor·ic *adj*; **ˌpre·hisˈtor·i·cal** *adj* (*adv* **~ly**) ˈprähiˌstorisch, vorgeschichtlich. **ˌpreˈhis·to·ry** *s* **1.** Ur-, Vorgeschichte *f*. **2.** *fig.* Vorgeschichte *f*.

ˌpre·igˈni·tion *s mot.* Frühzündung *f*.

ˌpre·inˈcar·nate *adj relig.* vor der Menschwerdung exiˈstierend (*Christus*). **ˌpreˈjudge** *v/t* im voraus *od.* vorschnell be- *od.* verurteilen.
prej·u·dice [ˈpredʒʊdɪs; -dʒə-] **I** *s* **1.** Vorurteil *n*, Voreingenommenheit *f*, vorgefaßte Meinung, *jur.* Befangenheit *f*. **2.** *a. jur.* Nachteil *m*, Schaden *m*: **to the ~ of** zum Nachteil (*gen*); **without ~** ohne Verbindlichkeit; **without ~ to** ohne Schaden für, unbeschadet (*gen*). **II** *v/t* **3.** *j-n* mit e-m Vorurteil erfüllen, (günstig *od.* ungünstig) beeinflussen, *j-n* einnehmen (**in favo[u]r of** für; **against** gegen). **4.** *a. jur.* beeinträchtigen, benachteiligen, *j-m od. e-r Sache* schaden, *e-r Sache* Abbruch tun. **ˈprej·u·diced** [-st] *adj* **1.** (vor)eingenommen (**against** gegen [-ˈüber]; **in favo[u]r of** für). **2.** *jur.* befangen. **3.** vorgefaßt (*Meinung*). **ˌprej·uˈdi·cial** [-ˈdɪʃl] *adj* (*adv* **~ly**) nachteilig, schädlich (**to** für): **to be ~ to** a) *j-m* schaden, b) *e-r Sache* abträglich sein.
prel·a·cy [ˈpreləsɪ] *s relig.* **1.** Präläˈtur *f*: a) Präˈlatenwürde *f*, b) Amtsbereich *m* e-s Präˈlaten. **2.** *collect.* Präˈlaten(stand *m*, -tum *n*) *pl.* **ˈprel·ate** [-lɪt] *s* Präˈlat *m*: **domestic ~** *R.C.* (päpstlicher) Hausprälat.
preˈlaw *adj univ. Am.* in die Rechtswissenschaft einführend, auf das Rechtsstudium vorbereitend: **~ course** Kurs, der auf das Rechtsstudium vorbereitet; **~ student** Student(in), der/die e-n **~ course** besucht.
pre·lect [prɪˈlekt] *v/i* lesen, e-e Vorlesung *od.* Vorlesungen halten (**on, upon** über *acc*; **to** vor *dat*). **preˈlec·tion** [-kʃn] *s* Vorlesung *f*, Vortrag *m*. **preˈlec·tor** [-tɔː(r); -tə(r)] *s bes. Br.* (Universiˈtäts-) Lektor *m*, Doˈzent *m*.
pre·lim [ˈpriːlɪm; prɪˈlɪm] *colloq.* **1.** *abbr. für* **preliminary examination**. **2.** *pl print.* Titeˈlei *f*, Titelbogen *m*.
pre·lim·i·nar·i·ly [prɪˈlɪmɪnərəlɪ; *Am.* prɪˌlɪməˈnerəliː] *adv* **1.** einleitend, als Einleitung, zuˈvor. **2.** vorläufig. **3.** **~ to** vor (*dat*).
pre·lim·i·nar·y [prɪˈlɪmɪnərɪ; *Am.* -ˌneriː] **I** *adj* **1.** einleitend, vorbereitend, vorˈausgehend, Vor...: **~ discussion** Vorbesprechung *f*; **~ matter** *print.* Titelei *f*, Titelbogen *m*; **~ measures** vorbereitende Maßnahmen; **~ remarks** Vorbemerkungen; **~ round** *sport* Vorrunde *f*; **~ work** Vorarbeit *f*; **~ to** vor (*dat*); **to be ~ to s.th.** e-r Sache vorausgehen. **2.** vorläufig, Vor...: **~ dressing** *med.* Notverband *m*. **II** *s* **3.** *meist pl* Einleitung *f*, Vorbereitung(en *pl*) *f*, vorbereitende Maßnahmen *pl*, Prälimiˈnarien *pl* (*a. jur. pol. e-s Vertrages*), *jur. pol.* Vorverhandlungen *pl.* **4.** → **preliminary examination**. **~ ex·am·i·na·tion** *s univ.* **1.** Aufnahmeprüfung *f*. **2.** a) Vorprüfung *f*, b) *med.* Physikum *n*.
preˈload *s tech.* Vorspannung *f*, Vorbelastung *f*.
prel·ude [ˈpreljuːd; *Am. a.* ˈpreɪˌluːd] **I** *s* **1.** Vorspiel *n*, Einleitung *f* (*beide a. fig.*), *fig.* Auftakt *m* (**to** zu). **2.** *mus.* Präˈludium *n*. **II** *v/t* **3.** *mus.* a) (mit e-m Präˈludium) einleiten, b) als Präˈludium spielen. **4.** *bes. fig.* einleiten, das Vorspiel *od.* der Auftakt sein zu. **III** *v/i* **5.** *mus.* a) präluˈdieren, ein Präˈludium spielen, b) als Vorspiel dienen (**to** für, zu). **6.** *fig.* das Vorspiel *od.* die Einleitung bilden (**to** zu).
pre·lu·sive [prɪˈljuːsɪv; *Am. a.* -ˈluː-] *adj* **1.** *mus. u. fig.* einleitend. **2.** *fig.* warnend.
ˌpreˈmar·i·tal *adj* vorehelich.
ˌpre·maˈter·ni·ty *adj med.* vor der Entbindung, für werdende Mütter: **~ medical care** Mutterschaftsvorsorgeuntersuchung *f*.
pre·ma·ture [ˌpreməˈtjʊə(r); -ˈtʃʊə(r); ˌpriːmə-; *Am. a.* -ˈtʊər] *adj* (*adv* **~ly**) **1.** früh-, vorzeitig, verfrüht: **~ birth** Frühgeburt *f*; **~ child** Frühgeburt *f*; **~ death** frühzeitiger Tod; **~ ignition** *mot.* Frühzündung *f*. **2.** *fig.* voreilig, -schnell, überˈeilt: **a ~ decision**. **3.** frühreif. **ˌpre·maˈture·ness, ˌpre·maˈtur·i·ty** *s* **1.** Frühreife *f*. **2.** Früh-, Vorzeitigkeit *f*. **3.** Voreiligkeit *f*, Überˈeiltheit *f*.
pre·max·il·lar·y [ˌpriːmækˈsɪlərɪ; *Am.* -ˈmæksəˌleriː] *anat.* **I** *adj* prämaxilˈlar, Zwischenkiefer(knochen)... **II** *s* Zwischenkiefer(knochen) *m*.
pre·med [ˌpriːˈmed] *adj, s colloq. abbr. für* a) **premedical**, b) **premedication**, c) **premedical student**.
ˌpreˈmed·ic *colloq. abbr. für* **premedical student**. **ˌpreˈmed·i·cal** *adj univ. Am.* in die Mediˈzin einführend, auf das Mediˈzinstudium vorbereitend: **~ course** Kurs, der auf das Medizinstudium vorbereitet; **~ student** Student(in), der/die e-n **~ course** besucht. **ˌpre·med·iˈca·tion** *s med.* Vorbehandlung *f* (*vor e-r Operation*).
ˌpre·me·diˈe·val *adj* vormittelalterlich.
ˌpreˈmed·i·tate *v/t u. v/i* vorher überˈlegen: **~d murder** vorsätzlicher Mord. **ˌpreˈmed·i·tat·ed·ly** [-ɪdlɪ] *adv* mit Vorbedacht, vorsätzlich. **preˌmed·iˈta·tion** *s* Vorbedacht *m*, Vorsatz *m*.
pre·mie → **preemie**.
pre·mier [ˈpremjə; *Am.* prɪˈmjɪər; ˈpriːmiːər] **I** *adj* **1.** rangältest(er, e, es). **2.** vornehmst(er, e, es), oberst(er, e, es), Haupt... **3.** erst(er, e, es), frühest(er, e, es). **II** *s* **4.** Premiˈer(miˌnister) *m*, Miˈnisterpräsiˌdent *m*.
pre·mière [ˈpremɪeə; *Am.* prɪˈmjeər; prɪˈmɪər] *thea.* **I** *s* **1.** Premiˈere *f*, Uraufführung *f*. **2.** a) erste Darstellerin (*e-s Ensembles*), b) *a.* **~ danseuse** Primaballeˈrina *f*. **II** *v/t* **3.** ur-, erstaufführen.
ˈpre·mier·ship *s* Amt *n od.* Würde *f* des Premiˈermiˌnisters.
ˈpreˌmil·leˈnar·i·an *adj relig.* **1.** vor dem Milˈlennium *od.* Tausendjährigen Reich. **2.** die Lehre von der ˈWiederkunft Christi vor dem Milˈlennium betreffend.
pre·mise¹ [prɪˈmaɪz; *Am. bes.* ˈpremɪs] *v/t* **1.** vorˈausschicken, vorher erwähnen. **2.** *philos.* postuˈlieren.
prem·ise² [ˈpremɪs] *s* **1.** *philos.* Präˈmisse *f*, Vorˈaussetzung *f*, Vordersatz *m* (*e-s Schlusses*): **major (minor) ~** Ober-(Unter)satz *m*. **2.** *jur.* a) *pl* (*das*) Obenerwähnte (*in Urkunden*), b) obenerwähntes Grundstück *od.* Haus *etc*: **in the ~s** im Vorstehenden; **in these ~s** in Hinsicht auf das eben Erwähnte. **3.** *pl* a) Grundstück *n*, b) Haus *n* nebst Zubehör *n* (*Nebengebäude, Grund u. Boden*), c) Loˈkal *n*, Räumlichkeiten *pl*: **on the ~s** an Ort u. Stelle, auf dem Grundstück, im Hause *od.* Lokal; **business ~s** a) Fabrik-, Werksgelände *n*, b) Geschäftsräume; **licensed ~** Schanklokal.
pre·mi·um [ˈpriːmjəm; -mɪəm] *s* **1.** (Leistungs- *etc*)Prämie *f*, Bonus *m*, Belohnung *f*, Preis *m*, Zugabe *f*: **~ (savings) bonds** *econ. Br. zinslose Staatsobligationen, die an e-r wöchentlichen Ziehung teilnehmen*; **~ offers** *pl econ.* Verkauf *m* mit Zugaben; **~ system** *econ.* Prämienlohnsystem *n*; **to put** (*od.* **place**) **a ~ on** e-n Preis aussetzen für. **2.** (Versicherungs)Prämie *f*: **~ of insurance**; **~ reserve** Prämienreserve *f*, Deckungskapital *n*; **free of ~** prämienfrei. **3.** *econ.* Aufgeld *n*, Agio *n*: **at a ~** a) über pari, b) *fig.* hoch im Kurs (stehend), sehr gefragt; **to sell at a ~** a) (*v/i*) über pari stehen, b) (*v/t*) mit Gewinn verkaufen; **to put** (*od.* **place**) **at a ~** *fig.* großen Wert legen auf (*acc*). **4.** Lehrgeld *n* (*e-s Lehrlings*), ˈAusbildungshonoˌrar *n*. **5.** *Börse*: Prämie *f*, Reuegeld *n* (*bei Termingeschäften*). **6.** *a.* **~ gasoline** *mot. Am.* ˈSuper(benˌzin) *n*.
ˌpreˈmo·lar *s anat.* Prämoˈlar *m*, Vorbackenzahn *m*.
ˌpre·moˈni·tion *s* **1.** (Vor)Warnung *f*. **2.** (Vor)Ahnung *f*, (Vor)Gefühl *n*. **ˌpreˈmon·i·to·ry** *adj* warnend: **~ symptom** *med.* Frühsymptom *n*.
ˌpreˈmo·tion *s relig.* erster Antrieb (*des Weltlaufs durch Gottes Willen*).
ˌpreˈna·tal *med.* **I** *adj* vor der Geburt, vorgeburtlich, pränaˈtal: **~ care** Mutterschaftsvorsorge *f*; **~ clinic** Schwangerenberatungsstelle *f*; **~ examination** Mutterschaftsvorsorgeuntersuchung *f*; **~ exercises** Schwangerschaftsgymnastik *f*. **II** *s colloq.* ˈMutterschaftsvorsorgeunterˌsuchung *f*.
pren·tice [ˈprentɪs] **I** *s obs. für* **apprentice**. **II** *adj* Lehr(lings)..., Anfänger...: **in my ~ years** *fig.* in m-n Lehrjahren.
ˌpreˈnup·tial *adj* vorehelich.
ˌpreˈoc·cu·pan·cy *s* **1.** a) frühere Besitznahme, b) Recht *n* der früheren Besitznahme. **2.** (**in**) Beschäftigtsein *n* (mit), Vertieftsein *n* (in *acc*), Konzentratiˈon *f* (auf *acc*).
preˌoc·cuˈpa·tion *s* **1.** vorˈherige Besitznahme. **2.** (**with**) Beschäftigtsein *n* (mit), Vertieftsein *n* (in *acc*), Konzentratiˈon *f* (auf *acc*). **3.** Zerstreutheit *f*. **4.** Hauptbeschäftigung *f*, -tätigkeit *f*.
ˌpreˈoc·cu·pied *adj* **1.** (**with**) in Anspruch genommen (von), (anderweitig) beschäftigt (mit). **2.** vertieft (**with** in *acc*), gedankenverloren, geistesabwesend. **ˌpreˈoc·cu·py** *v/t* **1.** vorher *od.* vor anderen in Besitz nehmen. **2.** *j-n* (völlig) in Anspruch nehmen, *j-s Gedanken od. j-n* ausschließlich beschäftigen, erfüllen.
ˌpre·orˈdain *v/t* vorˈherbestimmen: **he was ~ed to succeed** (*od.* **to success**) sein Erfolg war ihm vorherbestimmt. **ˌpre·orˈdain·ment, ˈpreˌor·diˈna·tion** *s* Vorˈherbestimmung *f*.
prep [prep] *sl.* (*Schülersprache*) **I** *s* **1.** a) → **preparatory school**, b) *Am.* Schüler(in) e-r **preparatory school**. **2.** *Br. abbr. für* **preparation** 10. **II** *adj* **3.** *abbr. für* **preparatory** I: **~ school** → **preparatory school**. **III** *v/i* **4.** *Am.* sich vorbereiten (**for** auf *acc*): **to ~ for college**. **IV** *v/t* **5.** *Am.* vorbereiten.
ˌpreˈpack, ˌpreˈpack·age *v/t* abpacken: **prepacked fruit**.
ˌpreˈpaid *adj* vorˈausbezahlt, *mail* franˈkiert, (porto)frei.
ˌpreˈpal·a·tal *adj* **1.** *anat.* vor dem Gaumen (liegend). **2.** *ling.* am vorderen Teil des (harten) Gaumens gebildet.
prep·a·ra·tion [ˌprepəˈreɪʃn] *s* **1.** Vorbereitung *f* (**for** für): **in ~ for** als Vorbereitung auf (*acc*); **to make ~s** Vorbereitungen *od.* Anstalten treffen; **~s for war, warlike ~s** Kriegsvorbereitungen; **artillery ~** *mil.* Artillerievorbereitung, Vorbereitungsfeuer *n*. **2.** Bereitschaft *f*, Vorbereitetsein *n*. **3.** ˈHerstellung *f*, (Zu-) Bereitung *f* (*von Tee, Speisen etc*). **4.** *Bergbau*: Aufbereitung *f*: **~ of ores**. **5.** Vorbehandlung *f*, Präpaˈrieren *n*, Imprägˈnieren *n* (*von Holz etc*). **6.** *pharm.* Präpaˈrat *n*, Arzˈnei(mittel *n*) *f*: **pharmaceutical ~s**. **7.** *biol. med.* (mikroˈskopisches Unterˈsuchungs)Präpaˌrat. **8.** Abfassung *f* (*e-r Urkunde*), Ausfüllen *n* (*e-s Formulars*). **9.** *relig.* Vorbereitung(sgottesdienst *m*) *f*. **10.** *ped. Br.* Vorberei-

tung *f*: a) (Anfertigung *f* der) Hausaufgaben *pl*, b) Vorbereitungsstunde *f*: **to do one's ~** Hausaufgaben machen; **supervised ~** Hausaufgabenüberwachung *f*. **11.** *mus.* a) (Dissoˈnanz)Vorbereitung *f*, b) ˈEinleitung(sfiˌgur) *f*.

pre·par·a·tive [prɪˈpærətɪv] **I** *adj* → **preparatory** I. **II** *s* Vorbereitung *f* (**for** für, auf *acc*), vorbereitende Maßnahme (**to** zu). **preˈpar·a·tive·ly** *adv* als Vorbereitung (**to** zu, für, auf *acc*).

pre·par·a·tor [ˈprepəreɪtə; *Am.* prɪˈpærətər] *s* **1.** Vorbereiter(in). **2.** Präpaˈrator *m*.

pre·par·a·to·ry [prɪˈpærətərɪ; *Am.* -ˌtəʊriː; -ˌtɔː-] **I** *adj* (*adv* **preparatorily**) **1.** vorbereitend, als Vorbereitung dienend: **to be ~ to** als Vorbereitung dienen für *od.* zu *od.* auf (*acc*); **~ to** a) im Hinblick auf (*acc*), b) vor (*dat*); **~ to my journey** vor m-r Reise; **~ to doing s.th.** bevor *od.* ehe man etwas tut. **2.** *bes. ped.* Vor(bereitungs)... **II** *s* **3.** → **preparative** II. **4.** *Br.* → **preparatory school. ~ school** *s* Vor(bereitungs)schule *f*: a) *Am. auf ein* **College** *vorbereitende (Privat)Schule*, b) *Br. auf e-e* **Public School** *vorbereitende Schule*.

pre·pare [prɪˈpeə(r)] **I** *v/t* **1.** (vor-, zu-) bereiten, zuˈrecht-, fertigmachen, (ˈher-) richten: **to ~ (the) dinner** das Essen zubereiten; **to ~ s.th. for eating** etwas tischfertig zubereiten; **to ~ a festival** ein Fest vorbereiten. **2.** (aus)rüsten, bereitstellen: **to ~ an expedition** e-e Expedition ausrüsten. **3.** *j-n* (*seelisch*) vorbereiten (**to do** zu tun; **for** auf *acc*): **to ~ o.s. to do s.th.** sich anschicken, etwas zu tun; **to ~ o.s. for s.th.** sich auf etwas gefaßt machen; **to ~ s.o. for bad news** j-n auf e-e schlechte Nachricht vorbereiten. **4.** *e-e Rede, Schularbeiten, e-n Schüler etc* vorbereiten: **to ~ a speech**; **to ~ one's lessons** sich für den Unterricht vorbereiten. **5.** anfertigen, ausarbeiten, *e-n Plan* entwerfen, *ein Schriftstück* abfassen. **6.** *chem. tech.* a) anfertigen, ˈherstellen, b) präpaˈrieren, zurichten. **7.** *Kohle* aufbereiten. **8.** *chem.* darstellen. **9.** *mus.* a) *e-e Dissonanz* vorbereiten, b) *e-n Triller etc* einleiten. **II** *v/i* **10.** (**for**) sich vorbereiten (auf *acc*), sich anschicken *od.* rüsten (zu), Vorbereitungen *od.* Anstalten treffen (für): **to ~ for war** (sich) zum Krieg rüsten: **~ to ...!** *mil.* Fertig zum ...! **11.** sich gefaßt machen (**for** auf *acc*). **preˈpared** *adj* **1.** vorbereitet, bereit, fertig. **2.** zubereitet, ˈhergestellt. **3.** präpaˈriert, impräˈgniert. **4.** *fig.* bereit, gewillt, willens: **to be ~ to do s.th. 5.** (**for**) vorbereitet (auf *acc*), gefaßt (auf *acc*), gerüstet (für). **6.** *mus.* vorbereitet (*Dissonanz*). **preˈpar·ed·ly** [-ˈpeə(r)dlɪ; *Am. bes.* -rɪd-] *adv.* **ˈpreˈpar·ed·ness** [-ˈpeə(r)dnɪs; *Am. bes.* -rɪd-] *s* **1.** Bereitschaft *f*. **2.** Vorbereitetsein *n* (**for** auf *acc*).

ˌpre·paˈren·tal *adj* für zukünftige Eltern: **~ teaching.**

ˌpreˈpa·tent *adj med.* (noch) laˈtent: **~ period** Latenzzeit *f*.

ˌpreˈpay *v/t irr* vorˈausbezahlen, *e-n Brief etc* franˈkieren, freimachen. **ˌpreˈpay·a·ble** *adj* im voraus zahlbar *od.* zu (be)zahlen(d). **ˌpreˈpay·ment** *s* Vorˈaus(be)zahlung *f*, Franˈkierung *f* (*von Briefen*).

pre·pense [prɪˈpens] *adj jur.* vorsätzlich, vorbedacht: → **malice** 5. **preˈpense·ly** *adv* vorsätzlich.

pre·pon·der·ance [prɪˈpɒndərəns; *Am.* -ˈpɑn-], *a.* **preˈpon·der·an·cy** [-sɪ] *s* **1.** ˈÜbergewicht *n* (*a. fig.* **over** über *acc*). **2.** *fig.* Überˈwiegen *n* (*an Zahl*) (**over** über *acc*), überˈwiegende Zahl. **preˈpon·der·ant** *adj* (*adv* **~ly**) vorwiegend, überˈwiegend, entscheidend.

pre·pon·der·ate [prɪˈpɒndəreɪt; *Am.* -ˈpɑn-] *v/i* **1.** *fig.* vorherrschen, -wiegen, überˈwiegen: **to ~ over** (an Zahl) übersteigen, überlegen sein (*dat*). **2.** sich neigen (*Waage, a. fig.*).

prep·o·si·tion [ˌprepəˈzɪʃn] *s ling.* Präpositiˈon *f*, Verhältniswort *n*. **ˌprep·oˈsi·tion·al** [-ʃənl] *adj* (*adv* **~ly**) präpositioˈnal: **~ object** präpositionales Objekt. **pre·pos·i·tive** [prɪˈpɒzətɪv; *Am.* -ˈpɑz-] *adj ling.* vorˈangesetzt, -stehend, Präfix...

ˌpre·posˈsess *v/t j-n, j-s Geist* einnehmen: **~ed** voreingenommen; **to be ~ed in favo(u)r of** eingenommen *od.* beeindruckt sein von. **ˌpre·posˈsess·ing** *adj* (*adv* **~ly**) einnehmend, gewinnend, anziehend, symˈpathisch. **ˌpre·posˈses·sion** *s* **1.** Voreingenommenheit *f* (**in favo[u]r of** für), vorgefaßte (günstige) Meinung (**for** von). **2.** Vorurteil *n*.

pre·pos·ter·ous [prɪˈpɒstərəs; *Am.* -ˈpɑs-] *adj* (*adv* **~ly**) **1.** abˈsurd, un-, ˈwidersinnig, ˈwidernaˌtürlich, verdreht. **2.** lächerlich, lachhaft, groˈtesk. **preˈpos·ter·ous·ness** *s* **1.** Unsinnigkeit *f*. **2.** Lächerlichkeit *f*.

preˈpo·tence, preˈpo·ten·cy *s* **1.** Vorherrschaft *f*, ˈÜbermacht *f*, Überˈlegenheit *f*. **2.** *biol.* stärkere Fortpflanzungs- *od.* Vererbungskraft. **preˈpo·tent** *adj* (*adv* **~ly**) **1.** vorherrschend, (an Kraft) überˈlegen, stärker. **2.** (ˈüber)mächtig. **3.** *biol.* sich stärker fortpflanzend *od.* vererbend.

prep·pie [ˈprepiː] *s ped. Am. sl.* Schüler(in) e-r **preparatory school.**

ˌpreˈpref·er·ence *adj econ. Br.* vor den Vorzugsaktien ranˈgierend: **~ shares.**

pre·print I *s* [ˈpriːprɪnt] **1.** Vorabdruck *m* (*e-s Buches etc*). **2.** Teilausgabe *f* (*e-s Gesamtwerks*). **II** *v/t* [ˌpriːˈprɪnt] **3.** vorˈabdrucken, im voraus veröffentlichen.

ˌpreˈpro·gram, *Br. a.* **ˌpreˈpro·gramme** *v/t* ˈvorprogramˌmieren.

ˌpreˈpu·ber·tal *adj psych.* ˈvorpuberˌtär. **ˌpreˈpu·ber·ty** *s* ˈVorpuberˌtät *f*.

ˈpreˌpub·liˈca·tion *s* Vorabdruck *m*.

pre·puce [ˈpriːpjuːs] *s anat.* Vorhaut *f*.

Pre-Raph·a·el·ite [ˌpriːˈræfəlaɪt; *bes. Am.* -ˈræfɪə-] **I** *adj* präraffaeˈlitisch: **~ Brotherhood** (*1848 gegründete*) Präraffaelitische Bruderschaft (*Gruppe von Malern, die in den Vorläufern Raffaels ihr Vorbild sahen*). **II** *s* Präraffaeˈlit *m*. **ˌPre-ˈRaph·a·el·it·ism** [-laɪtɪzəm] *s* Stil *m od.* Grundsätze *pl* der Präraffaeˈliten.

ˌpre·reˈcord·ed *adj* **1.** vorher aufgenommen: **~ broadcast** Aufnahme *f*, Aufzeichnung *f*. **2.** bespielt (*Tonband etc*): **~ tape.**

ˌpreˈreq·ui·site I *adj* vorˈauszusetzen(d), erforderlich (**for, to** für). **II** *s* Vorbedingung *f*, (ˈGrund)Vorˌaussetzung *f* (**for, to** für).

pre·rog·a·tive [prɪˈrɒgətɪv; *Am.* -ˈrɑg-] **I** *s* Präroga'tiv(e *f*) *n*, Priviˈleg(ium) *n*, Vorrecht *n*: **royal ~** Hoheitsrecht *n*; **~ of mercy** Begnadigungsrecht *n*. **II** *adj* bevorrechtigt: **~ right** Vorrecht *n*. **~ court** *s jur. Br. hist. u. Am.* Nachlaßgericht *n*.

pres·age [ˈpresɪdʒ] **I** *v/t* [*a.* prɪˈseɪdʒ] **1.** *meist Böses* ahnen. **2.** (vorher) anzeigen *od.* ankündigen, ˈhindeuten auf (*acc*). **3.** weissagen, propheˈzeien. **II** *s* **4.** Omen *n*, Warn(ungs)-, Vor-, Anzeichen *n*. **5.** (Vor)Ahnung *f*, Vorgefühl *n*. **6.** Vorbedeutung *f*: **of evil ~.**

pres·by·o·pi·a [ˌprezbɪˈəʊpjə; -pɪə] *s* Presbyoˈpie *f*, Alters(weit)sichtigkeit *f*. **ˌpres·byˈop·ic** [-ˈɒpɪk; *Am.* -ˈəʊ-; -ˈɑ-] *adj* alters(weit)sichtig.

pres·by·ter [ˈprezbɪtə(r); *Am. a.* ˈpres-] *s relig.* **1.** (Kirchen)Älteste(r) *m*. **2.** (Hilfs-) Geistliche(r) *m*, (-)Priester *m* (*in Episkopalkirchen*). **presˈbyt·er·al** → **presbyterial. presˈbyt·er·ate** [-rət; -reɪt] *s* **1.** Amt *n* e-s Kirchenältesten. **2.** → **presbytery** 1.

pres·by·te·ri·al [ˌprezbɪˈtɪərɪəl; *Am. a.* ˌpres-] *adj* presbyteriˈal, Presbyterial..., von Kirchenältesten ausgehend *od.* geleitet. **ˌPres·byˈte·ri·an I** *adj* presbyteriˈanisch: **~ Church. II** *s* Presbyteriˈaner(in). **ˌPres·byˈte·ri·an·ism** *s* Presbyteriˈanertum *n*, -lehre *f*.

pres·by·ter·y [ˈprezbɪtərɪ; *Am.* -ˌteriː; *a.* ˈpres-] *s* **1.** Presbyˈterium *n*: a) *collect. hist.* (*die*) Kirchenältesten *pl*, b) *Art Kreissynode in Presbyterianerkirchen*, c) Chor (-raum) *m* (*Altarplatz*). **2.** Sprengel *m*, Pfarrbezirk *m*. **3.** *R.C.* Pfarrhaus *n*.

pre·school *ped.* **I** *adj* [ˌpriːˈskuːl] vorschulisch, vor dem schulpflichtigen Alter: **~ age** vorschulpflichtiges Alter; **~ child** noch nicht schulpflichtiges Kind. **II** *s* [ˈpriːskuːl] (*kindergartenähnliche*) Vorschule.

pre·sci·ence [ˈpresɪəns; ˈpreʃɪ-; *Am. a.* ˈpriːʃɪ-; -sɪ-] *s* Vorˈherwissen *n*, Vorˈaussicht *f*. **ˈpre·sci·ent** *adj* (*adv* **~ly**) vorˈherwissend, -sehend (**of** *acc*).

ˈpreˌsci·enˈtif·ic *adj* vorwissenschaftlich.

pre·scind [prɪˈsɪnd] **I** *v/t fig.* (**from**) absondern, (ab)trennen (von), ausklammern (aus). **II** *v/i* absehen, Abstand nehmen (**from** von).

ˌpreˈscore *v/t Film*: ˈvorsynchroniˌsieren.

pre·scribe [prɪˈskraɪb] **I** *v/t* **1.** vorschreiben (**s.th. to s.o.** j-m etwas), *etwas* anordnen: (**as**) **~d** (wie) vorgeschrieben, vorschriftsmäßig. **2.** *med.* verschreiben, verordnen (**s.th. for s.o.** j-m etwas; **for s.th.** gegen etwas). **II** *v/i* **3.** Vorschriften machen, Anordnungen treffen. **4.** a) etwas verschreiben *od.* verordnen (**to, for** *dat*), b) ein Reˈzept ausstellen (**for s.o.** j-m): **to ~ for s.o.** *allg.* j-n ärztlich behandeln. **5.** *jur.* a) verjähren, b) Verjährung *od. a.* Ersitzung geltend machen (**to, for** für, auf *acc*).

pre·script [ˈpriːskrɪpt] *s* Vorschrift *f*, Anordnung *f*.

pre·scrip·tion [prɪˈskrɪpʃn] *s* **1.** Vorschrift *f*, Verordnung *f*. **2.** *med.* a) Reˈzept *n*, b) verordnete Mediˈzin: **to take one's ~** s-e Arznei einnehmen; **available only on ~** rezeptpflichtig; **~ charge** Rezeptgebühr *f*; **~ drug** rezeptpflichtiges Medikament; **~ form** Rezept *n* (*Formular*); **~ glasses** *pl* ärztlich verordnete *od.* vom Arzt verschriebene Brille; **~ pad** Rezeptblock *m*. **3.** *jur.* a) (**negative**) **~** (Verlust *m* e-s Rechtes durch) Verjährung *f*, b) (**positive**) **~** Ersitzung *f*.

pre·scrip·tive [prɪˈskrɪptɪv] *adj* (*adv* **~ly**) **1.** verordnend, vorschreibend, präskripˈtiv (*a. ling.*): **~ grammar. 2.** *jur.* a) ersessen: **~ right**, b) Verjährungs...: **~ period**; **~ debt** verjährte Schuld. **3.** (ˈalt)ˌherkömmlich.

ˌpre·seˈlect *v/t* vorher (aus)wählen. **ˌpre·seˈlec·tion** *s* **1.** *tech.* Vorwahl *f* (*a. teleph.*), Voreinstellung *f*. **2.** *Radio*: ˈVorselektiˌon *f*. **ˌpre·seˈlec·tive** *adj mot. tech.* Vorwähler...: **~ transmission** *mot.* Vorwählergetriebe *n*. **ˌpre·seˈlec·tor** *s* **1.** *mot. tech. teleph.* Vorwähler *m*: **~ gear** *mot.* Vorwählergetriebe *n*. **2.** *a.* **~ stage** (*Radio*) HF-Eingangsstufe *f*.

ˌpreˈsem·i·nal *adj biol.* vor der Befruchtung, noch nicht befruchtet (*Ei*).

pres·ence [ˈprezns] *s* **1.** a) Gegenwart *f*, Anwesenheit *f*, Präˈsenz *f*: **in the ~ of, in s.o.'s ~** in Gegenwart *od.* in Anwesenheit *od.* im Beisein von (*od. gen*); **in the ~ of witnesses** vor Zeugen; **~ of mind** Geistesgegenwart *f*; → **save**[1] 9, b) *mil. pol.* mili'tärische Prä'senz. **2.** (unmittelbare) Nähe, Vor'handensein *n*: **to bring s.o. into the ~ of the king** j-n vor den König bringen; **to be admitted into the ~** (zur Audienz) vorgelassen werden; **action of ~** *chem.* Kontaktwirkung *f*; **in the ~ of danger** angesichts der Gefahr. **3.** *bes. Br.* hohe Per'sönlichkeit(en *pl*). **4.** a) (*das*) Äußere, Aussehen *n*, (stattliche) Erscheinung, b) Auftreten *n*, Haltung *f*, c) (per'sönliche) Ausstrahlung (*e-s Schauspielers etc*), d) (*das*) Eindrucksvolle, Wirksamkeit *f*. **5.** Anwesenheit *f* e-s unsichtbaren Geistes: **to feel a ~**. **~cham·ber, ~room** *s bes. Br.* Audi'enz-, Empfangssaal *m*.

ˌpre'se·nile *adj med.* präse'nil. **ˌpre·se'nil·i·ty** *s* Präsenili'tät *f*, vorzeitiges Altern.

pres·ent[1] ['preznt] **I** *adj* (*adv* → **presently**) **1.** (*räumlich*) gegenwärtig, anwesend (**in a place** an e-m Ort; **at** bei *e-r Feier etc*), vor'handen (*a. chem. etc*): **were you ~?** warst du da(bei)?; **those ~, ~ company** die Anwesenden; **to be ~ at** teilnehmen an (*dat*), *e-r Sache* beiwohnen, bei (*e-m Fest etc*) zugegen sein; **~!** (*bei Namensaufruf*) hier! **2.** (*zeitlich*) gegenwärtig, augenblicklich, jetzig, momen'tan: **the ~ time** (*od.* **day**) die Gegenwart; **the ~ Parliament** das gegenwärtige Parlament; **~ value** Gegenwarts-, *econ.* Tageswert *m*. **3.** heutig (*bes. Tag*), laufend (*bes. Jahr, Monat*). **4.** *fig.* (**to**) gegenwärtig *od.* vor Augen (*dat*), le'bendig (in *dat*): **it is ~ to my mind** es ist mir gegenwärtig. **5.** vorliegend: **the ~ case; the ~ document; the ~ writer** der Schreiber *od.* Verfasser (dieser Zeilen). **6.** *ling.* prä'sentisch, im Präsens *od.* in der Gegenwart (stehend *od.* gebraucht): **~ participle** Partizip *n* Präsens, Mittelwort *n* der Gegenwart; **~ perfect** Perfekt *n*, zweite Vergangenheit; **~ tense** Präsens *n*, Gegenwart *f*. **II** *s* **7.** Gegenwart *f*: **at ~** im Augenblick, augenblicklich, gegenwärtig, jetzt, momentan; **for the ~** vorläufig, für den Augenblick, einstweilen. **8.** *ling.* (Verb *n* im) Präsens *n*, (Zeitwort *n* in der) Gegenwart *f*. **9.** *pl jur.* (vorliegendes) Schriftstück *od.* Doku'ment: **by these ~s** hiermit, hierdurch; **know all men by these ~s** hiermit jedermann kund u. zu wissen.

pre·sent[2] [prɪ'zent] **I** *v/t* **1.** *j-n* beschenken, (*mit e-m Preis etc*) bedenken: **to ~ s.o. with s.th.** j-m etwas schenken *od.* verehren; **to be ~ed with a prize** e-n Preis (überreicht) bekommen. **2.** darbieten, (über)'reichen, *etwas* schenken: **to ~ s.th. to s.o.** j-m etwas schenken; **to ~ a message** e-e Botschaft überbringen; **to ~ one's compliments to s.o.** sich j-m empfehlen. **3.** *j-n* vorstellen (**to s.o.** j-m), einführen (**at** bei): **to ~ o.s.** a) sich vorstellen, b) sich einfinden, erscheinen, sich melden (**for** zu), c) *fig.* sich bieten (*Möglichkeit etc*). **4.** bei Hof vorstellen *od.* einführen: **to be ~ed**. **5.** bieten: **to ~ difficulties**; **to ~ a problem** ein Problem darstellen; **to ~ an appearance (of)** erscheinen (als); **to ~ a smiling face** ein lächelndes Gesicht zeigen. **6.** *econ. e-n Wechsel, Scheck* (zur Zahlung) vorlegen, präsen'tieren: **to ~ a bill for acceptance** e-n Wechsel zum Akzept vorlegen. **7.** *ein Gesuch, e-e Klage* einreichen, vorlegen, unter'breiten. **8.** *e-e Bitte, Klage, ein Argument etc* vorbringen, *e-n Gedanken, Wunsch* äußern, unter'breiten: **to ~ a case** e-n Fall vortragen *od.* vor Gericht vertreten. **9.** *jur.* a) Klage *od.* Anzeige erstatten gegen, b) *ein Vergehen* anzeigen. **10.** *ein Theaterstück, e-n Film etc* darbieten, geben, zeigen, *a. e-e Sendung* bringen, *e-e Sendung* mode'rieren. **11.** *e-e Rolle* spielen, verkörpern. **12.** *fig.* vergegenwärtigen, vor Augen führen, schildern, darstellen. **13.** *j-n* (*für ein Amt*) vorschlagen. **14.** *mil.* a) *das Gewehr* präsen'tieren, b) *e-e Waffe* in Anschlag bringen, anlegen, richten (**at** auf *acc*): → **arm**[2] *Bes. Redew.* **II** *s* **15.** *mil.* a) Präsen'tiergriff *m*, b) (Gewehr)Anschlag *m*: **at the ~** in Präsentierhaltung; **~ arms** Präsentierstellung *f*.

pres·ent[3] ['preznt] *s* Geschenk *n*, Prä'sent *n*, Gabe *f*: **to make s.o. a ~ of s.th., to make a ~ of s.th. to s.o.** j-m etwas zum Geschenk machen *od.* schenken.

pre·sent·a·ble [prɪ'zentəbl] *adj* (*adv* **presentably**) **1.** präsen'tabel, als Geschenk *od.* zum Anbieten geeignet. **2.** annehmbar: **in ~ form**. **3.** ‚präsen'tabel' (*Erscheinung*), anständig angezogen. **4.** ansehnlich, stattlich. **5.** darstellbar, auszudrücken(d).

pres·en·ta·tion [ˌprezən'teɪʃn; *Am. a.* ˌpriː-] *s* **1.** Schenkung *f*, (feierliche) Über'reichung *od.* 'Übergabe: **~ copy** Widmungs-, Freiexemplar *n*. **2.** Gabe *f*, Geschenk *n*: **~ case** Geschenketui *n* (*für Uhr etc*). **3.** Vorstellung *f* (*e-r Person*), Einführung *f*. **4.** Vorstellung *f*, Erscheinen *n*. **5.** Darstellung *f*, Schilderung *f*, Behandlung *f*: **~ of a problem**. **6.** *med.* Demonstrati'on *f* (*im Kolleg*). **7.** *thea. Film*: Darbietung *f*, Vor-, Aufführung *f*, *Rundfunk, TV*: Moderati'on *f* (*e-r Sendung*). **8.** (Zur)'Schaustellung *f*. **9.** *econ.* (Waren)Aufmachung *f*, Ausstattung *f*. **10.** Einreichung *f* (*e-s Gesuchs*), Vorlage *f*, Eingabe *f*. **11.** *econ.* (Wechsel)Vorlage *f*: **(up)on ~** gegen Vorlage; **payable on ~** zahlbar bei Sicht; **to mature (up)on ~** bei Sicht fällig werden. **12.** a) Vorschlag(srecht *n*) *m*, b) Ernennung *f* (*relig. Br. bes. für ein geistliches Amt*). **13.** *med.* (Kinds)Lage *f* (*im Uterus*): **~ of the f(o)etus**. **14.** *philos. psych.* a) Wahrnehmung *f*, b) Vorstellung *f*. **15.** **P~** *relig.* a) **P~ of the Virgin Mary** Darstellung *f* Ma'riä (*21. November*), b) **P~ of Christ in the Temple** Darstellung *f* Christi im Tempel, Ma'riä Lichtmeß *f* (*2. Februar*).

ˌpres·ent-'day *adj* heutig, gegenwärtig, jetzig, mo'dern.

pres·en·tee [ˌprezən'tiː] *s* **1.** *bes. relig.* (*für ein geistliches Amt*) Vorgeschlagene(r) *m*. **2.** *j-d, dem etwas präsentiert od. vorgelegt wird.*

pre·sent·er [prɪ'zentə(r)] *s* **1.** *econ.* Über'bringer *m* (*e-s Schecks*). **2.** *Rundfunk, TV*: *Br.* Mode'rator *m*.

pre·sen·tient [prɪ'senʃɪənt; -ʃənt] *adj* im voraus fühlend, ahnend (**of** *acc*).

pre·sen·ti·ment [prɪ'zentɪmənt] *s* (Vor)Gefühl *n*, (*meist* böse Vor)Ahnung.

pre·sen·tive [prɪ'zentɪv] *adj bes. ling.* anschaulich, begrifflich (*Wort*).

pres·ent·ly ['prezntlɪ] *adv* **1.** in Kürze, bald. **2.** gleich *od.* bald dar'auf. **3.** *Am.* jetzt, gegenwärtig, momen'tan, derzeit. **4.** *obs.* so'fort.

pre·sent·ment [prɪ'zentmənt] *s* **1.** Darstellung *f*, 'Wiedergabe *f*, Bild *n*. **2.** *thea. etc* Darstellung *f*, -bietung *f*, Aufführung *f*. **3.** Einreichung *f*, Vorlage *f*. **4.** *econ.* (Wechsel- *etc*)Vorlage *f*. **5.** *jur.* Anklage *f od. a.* Unter'suchung *f* von Amts wegen, *bes.* von der Anklagejury verfaßte Anklageschrift. **6.** *relig.* Klage *f* beim visi'tierenden Bischof *od.* Archidia'kon. **7.** *philos. psych.* Vorstellung *f*.

pre·serv·a·ble [prɪ'zɜːvəbl; *Am.* -'zɜr-] *adj* erhaltbar, zu erhalten(d), konser'vierbar.

pres·er·va·tion [ˌprezə(r)'veɪʃn] *s* **1.** Bewahrung *f*, (Er)Rettung *f*, Schutz *m* (**from** vor *dat*): **~ of natural beauty** Naturschutz *m*. **2.** Erhaltung *f* (*a. fig.*), Konser'vierung *f*: **in good ~** gut erhalten; **~ of area** *math.* Flächentreue *f*; **~ of evidence** *jur.* Beweis-, Spurensicherung *f*. **3.** Einmachen *n*, -kochen *n*, Konser'vierung *f* (*von Früchten etc*).

pre·serv·a·tive [prɪ'zɜːvətɪv; *Am.* -'zɜr-] **I** *adj* **1.** schützend, bewahrend, Schutz... **2.** erhaltend, konser'vierend. **II** *s* **3.** Konser'vierungsmittel *n* (*a. tech.*).

pre·serve [prɪ'zɜːv; *Am.* -'zɜrv] **I** *v/t* **1.** bewahren, behüten, (er)retten, (be-)schützen (**from** vor *dat*). **2.** erhalten, vor dem Verderb schützen: **well ~d** gut erhalten. **3.** aufbewahren, -heben. **4.** konser'vieren (*a. tech.*), *Obst etc* einkochen, -machen, -legen: **~d meat** Büchsenfleisch *n*, *collect.* Fleischkonserven *pl*. **5.** *hunt. bes. Br. Wild, Fische* hegen. **6.** *fig. e-e Haltung, Ruhe, Andenken etc* (be)wahren. **II** *s* **7.** *meist pl* (*das*) Eingemachte, Kon'serve(n *pl*) *f*. **8.** *oft pl* a) *hunt. bes. Br.* ('Wild)Reserˌvat *n*, Wildpark *m*, (Jagd-, Fisch)Gehege *n*, b) *fig.* Gehege *n*, Reich *n*: **to break into** (*od.* **to poach on**) **s.o.'s ~s** j-m ins Gehege kommen. **pre'serv·er** *s* **1.** Bewahrer(in), (Aufrecht)Erhalter(in), (Er)Retter(in). **2.** → **preservative** 3. **3.** *bes. Br.* Heger *m*, Wildhüter *m*.

ˌpre'set *v/t irr tech.* voreinstellen.

ˌpre'sex·u·al *adj med.* vor dem geschlechtsreifen Alter.

ˌpre'shrink *v/t irr e-n Stoff* sanfori'sieren, einlaufen lassen, krumpfen.

pre·side [prɪ'zaɪd] *v/i* **1.** die Aufsicht *od.* den Vorsitz haben *od.* führen (**at** bei; **over** über *acc*), präsi'dieren: **to ~ over** (*od.* **at**) **a meeting** e-e Versammlung leiten. **2.** *mus. u. fig.* führen. **3.** *fig.* herrschen: **to ~ over** beherrschen. **4.** **~ over** *fig. etwas* mit ansehen müssen.

pres·i·den·cy ['prezɪdənsɪ] *s* **1.** Prä'sidium *n*, Vorsitz *m*, (Ober)Aufsicht *f*. **2.** *oft* **P~** Präsi'dentschaft *f*, Präsi'dentenamt *n* (*bes. in USA*). **3.** Amtszeit *f od.* -bereich *m* (*e-s Präsidenten*). **4.** *relig.* a) lo'kale Mor'monenbehörde, b) **First P~** (*die aus dem Propheten u. zwei Beiräten bestehende*) oberste Mor'monenbehörde. **5.** *oft* **P~** *Br. hist.* Präsi'dentschaft *f* (*e-e der ehemaligen brit.-indischen Provinzen Bengalen, Bombay u. Madras*).

pres·i·dent ['prezɪdənt] *s* **1.** Präsi'dent (-in), Vorsitzende(r *m*) *f*, Vorsteher(in), Vorstand *m* (*e-r Körperschaft*), *a.* (Gene'ral)Diˌrektor *m*. **2.** *oft* **P~** Präsi'dent *m* (*Staatsoberhaupt e-r Republik*). **3.** *Br.* Präsi'dent *m* (*e-s* **Board**), Mi'nister *m*: **P~ of the Board of Trade** Handelsminister. **4.** *univ. bes. Am.* Rektor *m*. **5.** *relig.* Oberhaupt *n* (*der Mormonenkirche*).

ˌpres·i·dent-e'lect *s* (*der*) gewählte Präsi'dent (*vor Amtsantritt*).

pres·i·den·tial [ˌprezɪ'denʃl] *adj* (*adv* **~ly**) **1.** Präsidenten..., Präsidentschafts-...: **~ address** Ansprache *f* des Präsidenten *od.* Vorsitzenden; **~ chair** *fig.* Präsidentenstuhl *m od.* -amt *n*; **~ election** Präsidentenwahl *f*; **~ message** *Am.* Botschaft *f* des Präsidenten an den Kongreß; **~ system** Präsidialsystem *n*; **~ term** Amtsperiode *f* des Präsidenten; **~ year** *Am. colloq.* Jahr *n* der Präsidentenwahl. **2.** den Vorsitz *od.* die (Ober)Aufsicht führend, vorsitzend. **~ pri·ma·ry** *s pol. Am.* Vorwahl *f* zur Nomi'nierung des Präsi'dentschaftskandiˌdaten (*innerhalb e-r Partei*).

pre·sid·i·ar·y [prɪ'sɪdɪərɪ; *Am.* -ˌeriː] *adj hist.* Besatzungs..., Garnison(s)...

pre·si·di·o [prɪ'sɪdɪəʊ] *pl* **-os** *s* fester Platz, Garni'son *f*.

'pre·soak *s* Einweichmittel *n*.

press [pres] **I** *v/t* **1.** (zs.-)pressen, (-)drükken: **to ~ s.o.'s hand** j-m die Hand drücken. **2.** drücken auf (*acc*): **to ~ the button** auf den Knopf drücken. **3.** niederdrücken, drücken auf (*acc*). **4.** *Saft, e-e Frucht etc* (aus)pressen, (-)quetschen. **5.** *bes. tech. a. Schallplatten* pressen. **6.** *Kleider* plätten, bügeln. **7.** (zs.-, vorwärts-, weg- *etc*)drängen, (-)treiben: **to ~ on** weiterdrängen, -treiben. **8.** *mil.* (hart) bedrängen. **9.** *j-n* bedrängen: a) in die Enge treiben, Druck ausüben auf (*acc*): **to ~ s.o. for money** von j-m Geld erpressen, b) *j-n* bestürmen, *j-m* zusetzen: **to ~ s.o. to do s.th.**; **to ~ s.o. for s.th.** j-n dringend um etwas bitten; **to be ~ed for money** in Geldverlegenheit sein; **to be ~ed for time** unter Zeitdruck stehen, es eilig haben; → **hard** 24. **10.** *j-n, ein Tier* drängen, antreiben, hetzen: **to ~ a horse. 11.** *mar. mil. hist.* zwangsausheben, zum Kriegsdienst pressen, *Matrosen a.* schangˈhaien. **12.** (**[up]on** *j-m*) *etwas* aufdrängen, -nötigen. **13.** Nachdruck legen auf (*acc*): **to ~ one's point** auf s-r Forderung *od.* Meinung nachdrücklich bestehen; **to ~ home** a) *e-e Forderung etc* durchsetzen, b) *e-n Angriff* energisch durchführen, c) *e-n Vorteil* ausnutzen. **II** *v/i* **14.** pressen, drücken, *fig.* Druck ausüben. **15.** plätten, bügeln. **16.** drängen, presˈsieren: **time ~es** die Zeit drängt. **17.** (**for**) dringen *od.* drängen (auf *acc*), fordern (*acc*): **to ~ for money. 18.** (sich) drängen (zu, nach): **to ~ forward** (sich) vordrängen; **to ~ in (up-) on s.o.** auf j-n eindringen, *fig.* auf j-n einstürmen (*Probleme etc*); **to ~ on** vorwärtsdrängen, weitereilen; **to ~ ahead** (*od.* **forward, on**) *fig.* weitermachen (**with** mit). **III** *s* **19.** *tech.* (*a. Frucht- etc*)Presse *f.* **20.** *print.* (Drucker)Presse *f.* **21.** *print.* a) Druckeˈrei(raum *m*) *f*, b) Druckeˈrei (-anstalt) *f*, c) Druckeˈrei(wesen *n*) *f*, d) Druck *m*, Drucken *n*: **to correct the ~** Korrektur lesen; **to go to (the) ~** in Druck gehen, gedruckt werden; **to send to (the) ~** in Druck geben; **in the ~** im Druck (befindlich); **coming from the ~** neu erschienen (*bes. Buch*); **ready for the ~** druckfertig. **22. the ~** die Presse (*das Zeitungswesen, a. collect. die Zeitungen od. die Presseleute*). **23.** ˈPresse(kommenˌtar *m*, -kriˌtik *f*) *f*: **to have a good (bad) ~** e-e gute (schlechte) Presse haben. **24.** Spanner *m* (*für Skier od. Tennisschläger*). **25.** (*Bücher-, Kleider-, bes. Wäsche-*) Schrank *m.* **26.** a) Drücken *n*, Pressen *n*, b) Plätten *n*, Bügeln *n*: **to give s.th. a ~** etwas drücken *od.* pressen *od.* bügeln. **27.** Andrang *m*, Gedränge *n*, Menschenmenge *f.* **28.** *fig.* a) Druck *m*, Hast *f*, b) Dringlichkeit *f*, Drang *m* (*der Geschäfte*): **the ~ of business. 29. ~ of sail, ~ of canvas** *mar.* a) (Segel)Preß *m* (*Druck sämtlicher gesetzter Segel*), b) Prangen *n* (*Beisetzen sämtlicher Segel*): **to carry a ~ of sail** Segel pressen; **under a ~ of canvas** mit vollen Segeln. **30.** *mar. mil. hist.* Zwangsaushebung *f.*

press| a·gen·cy *s* ˈPresseagenˌtur *f*, ˈNachrichtenbüˌro *n*. **~ a·gent** *s* ˈPresseaˌgent *m*. **~ as·so·ci·a·tion** *s Am.* Presseverband (*der den Zeitungen Nachrichten übermittelt*). **~ at·ta·ché** *s* ˈPresseattaˌché *m*. **~ bar·on** *s* Pressezar *m*. **ˈ~·board** *s* Preßspan *m*. **~ box** *s* ˈPressetriˌbüne *f*. **~ bu·reau** *s* → **press agency**. **~ but·ton** *s electr.* (Druck)Knopf *m*. **~ cam·paign** *s* ˈPressekamˌpagne *f*, -feldzug *m*. **~ card** *s* Presseausweis *m*. **~ cen·ter** (*bes. Br.* **cen·tre**) *s* Pressezentrum *n*. **~ clip·ping** *s bes. Am.* Zeitungsausschnitt *m*. **~ con·fer·ence** *s* ˈPressekonfeˌrenz *f*. **~ cop·y** *s* **1.** (*mit der Kopierpresse gemachter*) ˈDurchschlag. **2.** Rezensiˈonsexemˌplar *n*. **~ cor·rec·tor** *s print.* Korˈrektor *m*, Korrekˈtorin *f*. **P~ Coun·cil** *s Br.* Presserat *m*. **~ cut·ting** *bes. Br. für* **press clipping.**

pressed [prest] *adj* gepreßt, Preß...

press·er [ˈpresə(r)] *s* **1.** Presser(in): a) *Glasindustrie, keramische Industrie*: Formenpresser(in), b) Tuchpresser(in). **2.** *print.* Drucker *m*. **3.** Bügler(in). **4.** *tech.* Preßvorrichtung *f*. **5.** *print. etc* Druckwalze *f*.

press| fil·ter *s tech.* Druck-, Preßfilter *n*, *m*. **ˈ~-forge** *v/t tech.* preßschmieden. **~ gal·ler·y** *s* ˈPressetriˌbüne *f* (*bes. im Parlament*). **~ gang** *s mar. hist.* ˈPreßpaˌtrouille *f*. **ˈ~-gang** *v/t*: **to ~ s.o. into doing s.th.** j-n drängen, etwas zu tun.

pres·sie [ˈprezɪ] *s Austral. colloq.* Geschenk *n*.

ˈpress·ing I *adj* (*adv* **~ly**) **1.** pressend, drückend. **2.** *fig.* a) (be)drückend: **~ need**, b) dringend, dringlich: **~ danger** drohende Gefahr. **II** *s* **3.** (Aus)Pressen *n*. **4.** *tech.* a) Stanzen *n*, b) *Papierfabrikation*: Satiˈnieren *n*, Glätten *n*. **5.** *tech.* Preßling *m*. **6.** *Schallplattenfabrikation*: a) Preßplatte *f*, b) Pressung *f*, c) Auflage *f*. **~ roll·er** *s tech.* **1.** *Spinnerei*: Druck-, Lederwalze *f*. **2.** *Papierfabrikation*: a) Satiˈnierwalze *f*, b) *pl* Satiˈnierwalzwerk *n*.

press| key *s electr.* Drucktaste *f*. **~ kit** *s* Pressemappe *f*. **~ lord** *s* Pressezar *m*. **ˈ~·man** [-mæn; -mən] *s irr* **1.** (Buch-) Drucker *m*. **2.** *bes. Br.* Zeitungsmann *m*, Pressevertreter *m*, Journaˈlist *m*, Reˈporter *m*. **ˈ~·mark I** *s* Signaˈtur *f*, Biblioˈtheksnummer *f* (*e-s Buches*). **II** *v/t u. v/i* siˈgnieren. **~ of·fice** *s* Presseamt *n*, -stelle *f*. **~ of·fi·cer** *s* ˈPressechef *m*, -refeˌrent *m*.

pres·sor [ˈpresə(r); -sɔː(r)] *adj med.* blutdruckerhöhend.

ˈpress|·pack *v/t* mittels e-r Presse packen. **~ pho·tog·ra·pher** *s* ˈPressefotoˌgraf(in). **~ proof** *s print.* letzte Korrekˈtur, Maˈschinenrevisiˌon *f*. **~ re·lease** *s* Pressemitteilung *f*, -verlautbarung *f*. **ˈ~·room** *s print.* Druckeˈrei(raum *m*) *f*, Maˈschinensaal *m*. **ˈ~-show** *v/t irr Fernsehspiel etc* der Presse vorˈab vorführen. **~ spokes·man** *s irr* Pressesprecher *m*. **~ stud** *s bes. Br.* Druckknopf *m*. **ˌ~-to-ˈtalk but·ton** (*od.* **switch**) *s electr.* Sprechtaste *f*. **ˈ~-up** *s sport Br.* Liegestütz *m*: **to do a ~** e-n Liegestütz machen.

pres·sur·al [ˈpreʃərəl] *adj* Druck...

pres·sure [ˈpreʃə(r)] **I** *s* **1.** Drücken *n*, Pressen *n*, Druck *m*: → **blood pressure. 2.** *phys. tech.* Druck *m*: **~ per unit area** Flächendruck; **low ~** Niederdruck (→ 3); **~ boiler (lever, pump, valve)** Druckkessel *m* (-hebel *m*, -pumpe *f*, -ventil *n*); **to work at high ~** mit Hochdruck arbeiten (*a. fig.*); **~ of axle** *mot. tech.* Achsdruck. **3.** *meteor.* (Luft)Druck *m*: **high (low) ~** Hoch-(Tief)druck. **4.** *fig.* Druck *m*, Last *f*: **~ of taxation** Steuerlast; **the ~ of business** der Drang *od.* Druck der Geschäfte. **5.** *fig.* (moˈralischer) Druck, Zwang *m*: **to bring ~ to bear upon s.o.** auf j-n Druck ausüben; **to put** (*od.* **place**) **~ (up)on s.o.** j-n unter Druck setzen. **6.** Bedrängnis *f*, Not *f*, Drangsal *f*: **financial ~**; **~ of conscience** Gewissensnot. **II** *v/t* **7.** a) → **pressurize** 1, 2, b) → **pressure-cook. 8.** unter Druck setzen (*a. fig.*). **9.** *fig. j-n* treiben *od.* zwingen (**into doing** dazu, etwas zu tun).

pres·sure| al·ti·tude *s meteor.* baroˈmetrische Höhe. **~ cab·in** *s aer.* ˈDruck(ˌausgleichs)kaˌbine *f*. **ˈ~-cook** *v/t u. v/i* im Schnellkochtopf kochen. **~ cook·er** *s* Schnellkochtopf *m*. **~ e·qual·i·za·tion** *s* Druckausgleich *m*. **~ ga(u)ge** *s tech.* Druckmesser *m*, Manoˈmeter *n*. **~ gra·di·ent** *s meteor.* (*atmosphärischer*) ˈDruckgradiˌent, speˈzifisches Druckgefälle. **~ greas·ing** *s tech.* Hochdruckschmierung *f*. **~ group** *s pol.* Interˈessengruppe *f*. **~ head** *s* **1.** *phys.* Staudruck(messer) *m*, Druckgefälle *n*, -höhe *f*. **2.** *tech.* Förderhöhe *f* (*e-r Pumpe*). **~ lu·bri·ca·tion** *s tech.* ˈDruck(ˌumlauf)schmierung *f*. **~ pipe** *s tech.* Druckrohr *n*, -leitung *f*. **~ point** → **pressure spot. ˈ~-proof** *adj aer.* druckfest (*Flugzeugkabine*). **ˈ~-ˌsen·si·tive** *adj med. etc* druckempfindlich. **~ spot** *s med.* Druckpunkt *m*, druckempfindlicher Punkt. **~ suit** *s aer.* Druckanzug *m*. **~ tank** *s tech.* Druckbehälter *m*. **~ tube** *s tech.* Druckmeß-, Staurohr *n*. **~ wave** *s phys.* Druckwelle *f*. **~ weld·ing** *s tech.* Preßschweißen *n*.

pres·sur·ize [ˈpreʃəraɪz] *v/t* **1.** unter ˈÜberdruck halten, *bes. aer.* druckfest machen: **~d cabin** → **pressure cabin. 2.** *chem. tech.* unter Druck setzen, (*durch Druckluftzufuhr*) belüften: **~d water reactor** Druckwasserreaktor *m*. **3.** *fig. bes. Br. j-n* unter Druck setzen. **ˈpres·sur·iz·er** *s aer.* Druckanlage *f*.

ˈpress·work *s print.* **1.** Druck(arbeit *f*) *m*. **2.** Druckerzeugnis *n*.

pres·ti·dig·i·ta·tion [ˌprestɪˌdɪdʒɪˈteɪʃn] *s* **1.** Fingerfertigkeit *f*. **2.** Taschenspielerkunst *f*. **ˌpres·tiˈdig·i·ta·tor** [-tə(r)] *s* Taschenspieler *m* (*a. fig.*).

pres·tige [preˈstiːʒ; *Am. a.* -ˈstiːdʒ] *s* Preˈstige *n*, Geltung *f*, Ansehen *n*: **~ hotel** Renommierhotel *n*.

pres·tig·ious [preˈstɪdʒəs] *adj* berühmt, renomˈmiert (*Schule, Autor etc*).

pres·tis·si·mo [preˈstɪsɪməʊ] *mus.* **I** *adv* preˈstissimo, äußerst schnell. **II** *pl* **-mos** *s* Preˈstissimo *n*.

prest mon·ey *s Br. hist.* Handgeld *n* (*für Rekruten*).

pres·to [ˈprestəʊ] **I** *adv* **1.** *mus.* presto, (sehr) schnell. **2.** schnell, geschwind: **hey ~(, pass)!** (*Zauberformel*) Hokuspokus (Fidibus)!, Simsalabim! **II** *adj* **3.** blitzschnell. **III** *pl* **-tos** *s* **4.** *mus.* Presto *n*.

ˌpreˈstressed *adj tech.* vorgespannt: **~ concrete** Spannbeton *m*.

pre·sum·a·ble [prɪˈzjuːməbl; *bes. Am.* -ˈzuːm-] *adj* (*adv* **presumably**) vermutlich, mutmaßlich, wahrˈscheinlich.

pre·sume [prɪˈzjuːm; *bes. Am.* -ˈzuːm] **I** *v/t* **1.** annehmen, vermuten, schließen (**from** aus), vorˈaussetzen. **2.** *jur.* (*mangels Gegenbeweises*) als wahr annehmen: **~d dead** verschollen. **3.** sich *etwas* erlauben *od.* herˈausnehmen, sich erdreisten *od.* anmaßen, (es) wagen (**to do** zu tun). **4.** vermuten, mutmaßen: **I ~** (wie) ich vermute, vermutlich. **II** *v/i* **5.** anmaßend sein: **ignorance ~s where knowledge is timid** Unwissenheit ist dreist, wo Klugheit zögert. **6.** (**on, upon**) ausnutzen *od.* mißˈbrauchen (*acc*): **they ~d too much on his generosity. preˈsum·ed·ly** [-mɪdlɪ] *adv* mutmaßlich, vermutlich. **preˈsum·ing** *adj* (*adv* **~ly**) vermessen, anmaßend.

pre·sump·tion [prɪˈzʌmpʃn; -ˈzʌmʃn] *s* **1.** Vermutung *f*, Annahme *f*, Mutmaßung *f*. **2.** *jur.* Vermutung *f*, Präsumtiˈon *f*: **~ of death** Todesvermutung, Verschollenheit *f*; **~ of a fact** Tatsachenvermutung; **~ of law** Rechtsvermutung, gesetzliche Vermutung (*der Wahrheit bis zum Beweis des Gegenteils*). **3.** Wahrˈscheinlichkeit *f*, (Grund *m* zu der) Annahme *f*: **the ~ is**

that he will come es ist anzunehmen, daß er kommt; **there is a strong ~ of his death** es ist mit Sicherheit anzunehmen, daß er tot ist. **4.** Vermessenheit *f*, Anmaßung *f*. **5.** Dünkel *m*.

pre·sump·tive [prɪˈzʌmptɪv; -ˈzʌmtɪv] *adj* (*adv* **~ly**) vermutlich, mutmaßlich, präsumˈtiv: **~ evidence** *jur*. Indizienbeweis *m*; **~ proof** Wahrscheinlichkeitsbeweis *m*; **~ title** *jur*. präsumtives Eigentum; → **heir**.

pre·sump·tu·ous [prɪˈzʌmptjʊəs; -ˈzʌmt-; *Am*. -tʃəwəs] *adj* (*adv* **~ly**) **1.** anmaßend, vermessen, dreist. **2.** eingebildet, dünkelhaft, überˈheblich. **preˈsump·tu·ous·ness** → **presumption** 3.

ˌpre·supˈpose *v/t* vorˈaussetzen: a) im voraus annehmen (*Person*), b) zur Vorˈaussetzung haben (*Sache*). **ˌpre·sup·poˈsi·tion** *s* Vorˈaussetzung *f*.

ˌpreˈtax *adj econ*. vor Abzug der Steuern, *a*. Brutto...: **~ income**.

ˌpre-ˈteen *adj u. s bes. Am*. (Kind *n*) im Alter zwischen 10 u. 12.

pre·tence, *Am*. **pre·tense** [prɪˈtens; *Am. a*. ˈpriːˌt-] *s* **1.** Anspruch *m*: **to make no ~ to** keinen Anspruch erheben auf (*acc*). **2.** Vortäuschung *f*, Vorwand *m*, Scheingrund *m*: → **false pretences**. **3.** *fig*. Anschein *m*, Maske *f*, Verstellung *f*: **to make a ~ of order** den Anschein von Ordnung erwecken; **to abandon the ~** die Maske fallen lassen; **to make ~ of doing s.th.** sich den Anschein geben, als tue man etwas; **she made ~ of being asleep** sie stellte sich schlafend. **4.** → **pretentiousness** 2.

pre·tend [prɪˈtend] **I** *v/t* **1.** vorgeben, -täuschen, -schützen, heucheln, sich stellen, so tun als ob: **to ~ to be sick** vorgeben, krank zu sein; krank spielen. **2.** sich erdreisten, sich anmaßen. **3.** behaupten. **4.** wagen, sich erlauben. **II** *v/i* **5.** sich verstellen, heucheln, so tun als ob: **he is only ~ing** er tut nur so. **6.** Anspruch erheben (**to** auf *acc*): **to ~ to the throne**. **preˈtend·ed** *adj* (*adv* **~ly**) vorgetäuscht, an-, vorgeblich. **preˈtend·er** *s* **1.** Beanspruchende(r *m*) *f*, Bewerber(in). **2.** j-d, der Ansprüche stellt (**to** auf *acc*). **3.** *a*. **~ to the throne** (ˈThron-) Präteˌdent *m*, Thronbewerber *m*. **4.** Heuchler(in).

pre·tense *Am. für* **pretence**.

pre·ten·sion [prɪˈtenʃn] *s* **1.** Anspruch *m* (**to** auf *acc*): **of great ~s** anspruchsvoll; **of no ~s** anspruchslos. **2.** *meist pl* Absichten *pl*, Ambitiˈonen *pl*. **3.** → **pretentiousness**.

pre·ten·tious [prɪˈtenʃəs] *adj* (*adv* **~ly**) **1.** anmaßend. **2.** prätentiˈös, anspruchsvoll, ‚hochgestochen'. **3.** protzig, snoˈbistisch, ehrgeizig, ambitiˈös. **preˈten·tious·ness** *s* **1.** Anmaßung *f*, Dünkel *m*. **2.** (*das*) Prätentiˈöse *od*. Anspruchsvolle, ‚hochgestochene' Art.

pre·ter·hu·man [ˌpriːtə(r)ˈhjuːmən] *adj* ˈübermenschlich.

pret·er·it, *bes. Br*. **pret·er·ite** [ˈpretərɪt] *ling*. **I** *adj* Vergangenheits...: **~ tense** → II. **II** *s* Präˈteritum *n*, (erste) Vergangenheit, (Verb *n* im) Imperfekt *n*.

ˌpret·er·ite-ˈpres·ent *bes. Br. für* **preterit-present**.

pre·ter·i·tive [priːˈterɪtɪv] *adj ling*. **1.** nur im Präˈteritum gebräuchlich. **2.** → **preterit** I.

pre·ter·i·to-pre·sen·tial [priːˌterɪtəʊprɪˈzenʃl] → **preterit-present** I.

ˌpret·er·it-ˈpres·ent *ling*. **I** *adj* präˈterito-präˌsentisch: **~ tense** als Präsens gebrauchtes Präteritum; **~ verbs** Präteritopräsentia. **II** *s* Präˈteritopräsens *n*.

pre·ter·nat·u·ral [ˌpriːtə(r)ˈnætʃrəl] *adj* (*adv* **~ly**) **1.** ˈunnaˌtürlich, abˈnorm, außergewöhnlich. **2.** ˈübernaˌtürlich. **ˌpreterˈsen·su·al** *adj* ˈübersinnlich.

pre·text [ˈpriːtekst] **I** *s* Vorwand *m*, Ausrede *f*, Ausflucht *f*: **under** (*od*. **upon** *od*. **on**) **the ~ of** unter dem Vorwand (*gen*). **II** *v/t* vorschützen: **to ~ sickness**.

ˌpre-ˈti·tles se·quence *s Film, TV*: Vorspannszene *f*, einleitende Szene.

ˌpreˈton·ic *adj ling*. vortonig, vor dem Hauptton liegend.

ˌpreˈtreat *v/t* vorbehandeln. **ˌpreˈtreat·ment** *s* Vorbehandlung *f*.

ˈpreˌtri·al *jur*. **I** *s* Vorverhandlung *f*. **II** *adj* vor der (Haupt)Verhandlung, Untersuchungs...: **~ detention** *Am*. Untersuchungshaft *f*.

pret·ti·fy [ˈprɪtɪfaɪ] *v/t oft iro*. verschönern, hübsch machen.

pret·ti·ly [ˈprɪtɪlɪ] *adv* **1.** hübsch, nett. **2.** *Kindersprache*: artig, brav.

pret·ti·ness [ˈprɪtɪnɪs] *s* **1.** Hübschheit *f*, Nettigkeit *f*, Niedlichkeit *f*. **2.** Anmut *f*. **3.** Geziertheit *f* (*bes. im Ausdruck*). **4.** (*etwas*) Hübsches.

pret·ty [ˈprɪtɪ] **I** *adj* (*adv* → **prettily**) **1.** hübsch, nett, niedlich: (**as**) **~ as a picture** bildhübsch. **2.** anmutig. **3.** bezaubernd, charˈmant. **4.** *a. iro*. schön, fein, sauber: **a ~ stroke**; **a ~ mess!** e-e schöne Geschichte! **5.** *colloq*. ‚(ganz) schön', ‚hübsch', beträchtlich: **a ~ way off** ein ganz schönes Stück weg von hier. **6.** geziert, affekˈtiert. **7.** geschickt. **8.** treffend. **II** *adv* **9.** a) ganz, ziemlich, b) einigermaßen, leidlich: **~ cold** ‚ganz schön' kalt; **~ good** recht gut, nicht schlecht; **~ near** nahe daran, ziemlich nahe; **~ close to perfection** nahezu vollkommen; **this is ~ much** (*od*. **well**) **the same** das ist (so) ziemlich *od*. fast dasselbe; **to sit ~** *colloq*. (*finanziell etc*) gut dastehen. **III** *s* **10.** Hübsche *f*, hübsches Mädchen. **11.** hübsche Sache. **12.** *pl* schöne Sachen *pl od*. Kleider *pl*, *bes*. a) Schmuck(sachen *pl*) *m*, b) *Am*. Krimskrams *m*. **13.** *Golf*: *colloq. für* **fair green**. **IV** *v/t* **14.** **~ up** *etwas* hübsch machen, verschönern, *Theaterstück etc* ‚ˈaufpoˌlieren'. **ˈpret·ty·ism** *s* Geziertheit *f*, Affekˈtiertheit *f*.

ˈpret·ty|-ˌpret·ty *colloq*. **I** *pl* **ˈ~-ˌpret·ties** *s meist pl* **1.** → **pretty** 12 b. **2.** Nippsachen *pl*. **II** *adj* **3.** (allzu) niedlich.

pret·zel [ˈpretsəl] *s* (Salz)Brezel *f*.

pre·vail [prɪˈveɪl] *v/i* **1.** vorherrschen, überˈwiegen, (weit) verbreitet sein: **dark hair ~s among Italians**; **silence ~ed** es herrschte Schweigen. **2.** a) (*a. jur*.) obsiegen, die Oberhand *od*. das ˈÜbergewicht gewinnen *od*. haben (**over** über *acc*), b) *fig*. überˈwiegen, den Ausschlag geben, maß- *od*. ausschlaggebend sein. **3.** überˈhandnehmen. **4.** sich Geltung verschaffen, sich ˈdurchsetzen *od*. behaupten (**against** gegen). **5.** **~ (up)on s.o. to do s.th.** j-n dazu bewegen *od*. bringen, etwas zu tun; **he could not be ~ed upon** er war nicht dazu zu bewegen; **to ~ (up)on o.s.** es über sich *od*. übers Herz bringen. **preˈvail·ing** *adj* (*adv* **~ly**) **1.** die Oberhand habend, überˈlegen: **the ~ party** *jur*. die obsiegende Partei. **2.** (vor)herrschend, allgemein (geltend *od*. gültig), maßgebend: **the ~ opinion** die herrschende Meinung; **under the ~ circumstances** unter den obwaltenden Umständen; **~ tone** *bes. econ*. Grundstimmung *f*.

prev·a·lence [ˈprevələns] *s* **1.** Vorherrschen *n*, Überˈwiegen *n*, weite Verbreitung. **2.** Überˈhandnehmen *n*. **ˈprev·a·lent** *adj* (*adv* **~ly**) **1.** (vor)herrschend, häufig, weitverbreitet: **to be ~** herrschen, verbreitet sein, grassieren (*Krankheit etc*). **2.** → **prevailing** 1.

pre·var·i·cate [prɪˈværɪkeɪt] *v/i* **1.** Ausflüchte machen, die Wahrheit verdrehen, schwindeln. **2.** wider Pflicht u. Gewissen handeln. **3.** *jur*. a) ein Vergehen verheimlichen *od*. verdunkeln, b) *obs*. Parˈteiverrat begehen (*Anwalt*). **preˌvar·iˈca·tion** *s* **1.** Ausflucht *f*, Tatsachenverdrehung *f*, Winkelzug *m*. **2.** *obs. jur*. Anwaltstreubruch *m*, Parˈteiverrat *m*. **preˈvar·i·ca·tor** [-tə(r)] *s* Ausflüchtemacher(in), Schwindler(in), Wortverdreher(in).

pre·ven·ient [prɪˈviːnjənt] *adj* vorˈher-, vorˈangehend.

pre·vent [prɪˈvent] *v/t* **1.** verhindern, -hüten, *e-r Sache* vorbeugen *od*. zuˈvorkommen. **2.** (**from**) *j-n* hindern (an *dat*), ab-, fernhalten (von): **to ~ s.o. from coming** j-n am Kommen hindern, j-n vom Kommen abhalten. **3.** *obs. od. Bibl*. *j-m* (schützend) vorˈangehen, mit *j-m* sein: **God's grace ~s us**. **preˈvent·a·ble** *adj* verhütbar, abwendbar. **preˈvent·a·tive** → **preventive**. **preˈvent·er** *s* **1.** Verhüter(in). **2.** Vorbeugungs-, Verhütungs-, Schutzmaßnahme *f*, -mittel *n*. **3.** *mar*. ‚Priˈwenter' *m*, Sicherungstau *n*.

pre·vent·i·ble → **preventable**.

pre·ven·tion [prɪˈvenʃn] *s* **1.** Verhinderung *f*, Verhütung *f*: **~ of accidents** Unfallverhütung. **2.** *bes. med*. Vorbeugung *f*, Prophyˈlaxe *f*: **~ is better than cure** Vorbeugen ist besser als Heilen.

pre·ven·tive [prɪˈventɪv] **I** *adj* (*adv* **~ly**) **1.** verhütend, *bes. jur. med*. vorbeugend, prävenˈtiv, Vorbeugungs..., Schutz..., *med*. prophyˈlaktisch: **~ arrest** Schutzhaft *f*; **~ detention** a) *Br*. Sicherungsverwahrung *f*, b) *Am*. Vorbeugungs-, Vorbeugehaft *f*; **~ inoculation** Schutzimpfung *f*; **~ measure** → 3; **~ medicine** Präventivmedizin *f*; **P~ Service** *Br*. Küstenschutzdienst *m*; **~ treatment** Präventivbehandlung *f*; **~ war** Präventivkrieg *m*. **II** *s* **2.** Vorbeugungs-, Schutzmittel *n*, *med. a*. Prävenˈtivmittel *n*. **3.** Schutz-, Vorsichtsmaßnahme *f*.

ˈpre·view I *s* **1.** *Film*: a) Voraufführung *f*, b) (Proˈgramm)Vorschau *f*. **2.** Vorbesichtigung *f* (*e-r Ausstellung etc*), *paint*. Vernisˈsage *f*. **3.** Vorbesprechung *f* (*e-s Buches*). **4.** *Rundfunk, TV*: Probe *f*. **5.** *allg*. Vor(ˈaus)schau *f* (**of** auf *acc*). **II** *v/t* **6.** vorher sehen *od*. zeigen *od*. vorführen. **7.** e-e Vor(ˈaus)schau geben auf (*acc*).

pre·vi·ous [ˈpriːvjəs; -vɪəs] **I** *adj* **1.** vorˈher-, vorˈausgehend, Vor...: **~ action** *jur*. Vorausklage *f*; **~ conviction** *jur*. Vorstrafe *f*; **he has had no ~ convictions** er ist nicht vorbestraft; **~ endorser**, **~ holder** *econ*. Vor(der)mann *m*; **~ examination** *univ*. Vorexamen *n* (*erste Prüfung für den Grad e-s B.A.*; *in Cambridge*); **~ knowledge** Vorkenntnisse; **~ owner** Vorbesitzer(in); **~ question** *parl*. Vorfrage *f*, ob ohne weitere Debatte abgestimmt werden soll; **to move the ~ question** Übergang zur Tagesordnung beantragen; **~ year** Vorjahr *n*; **without ~ notice** ohne vorherige Ankündigung. **2.** *meist* **too ~** *colloq*. verfrüht, voreilig. **II** *adv* **3.** **~ to** bevor, vor (*dat*). **ˈpre·vi·ous·ly** *adv* vorher, zuˈvor, früher: **~ convicted** *jur*. vorbestraft; **~ owned** aus zweiter Hand.

ˌpreˈvi·sion *s* Vorˈhersehen *n*, Vorˈaussicht *f*.

ˌpre·voˈca·tion·al *adj* vorberuflich: **~ training** Berufsschulausbildung *f*.

pre·vue → **preview**.

pre·war [ˌpriːˈwɔː(r)] *adj* Vorkriegs...: **~ prices**.

prex·y [ˈpreksiː], *a*. **prex** [preks] *s univ*. *Am. sl*. ‚Rex' *m* (*Präsident od. Rektor e-s College*).

prey [preɪ] **I** *s* **1.** *zo. u. fig.* Raub *m*, Beute *f*, Opfer *n*: **fish of ~** Raubfisch *m*; → **beast** 2, **bird of prey**; **to fall a ~ to** *j-m od. e-r Sache* zum Opfer fallen, die Beute (*gen*) werden; **to fall a ~ to circumstances** ein Opfer der Verhältnisse werden; **to fall a ~ to doubts** von Zweifeln befallen werden. **II** *v/i* **2.** auf Raub *od.* Beute ausgehen. **3. (on, upon)** a) *zo.* Jagd machen (auf *acc*), erbeuten, fressen (*acc*), b) *fig.* berauben, ausplündern (*acc*), c) *fig.* ausbeuten, -saugen (*acc*), d) nagen, zehren (an *dat*): **it ~ed upon his mind** (*od.* **upon him**) es ließ ihm keine Ruhe, der Gedanke quälte *od.* verfolgte ihn.

prez·zie → **pressie.**

pri·ap·ic [praɪˈæpɪk; -ˈeɪ-] *adj* phallisch.

pri·a·pism [ˈpraɪəpɪzəm] *s med.* Priaˈpismus *m*, schmerzhafte ˈDauererektiˌon.

price [praɪs] **I** *s* **1.** *econ.* a) (Kauf)Preis *m*, Kosten *pl*, b) *Börse*: Kurs(wert) *m*: **adjustable** (*od.* **graduated**) **~** Staffelpreis; **asked ~** a) geforderter Preis, b) *Börse*: Briefkurs; **bid** (*od.* **offered**) **~** a) gebotener Preis, b) *Börse*: Geldkurs; **share** (*bes. Am.* **stock**) **~** (*Börse*) Aktienkurs; **~ of issue, issue ~** Zeichnungs-, Emissionspreis; **~ per unit** Stückpreis; **to secure** (*od.* **get**) **a good ~** e-n guten Preis erzielen; **to operate at a low ~** mit niedrigen Preisen arbeiten; **every man has his ~** *fig.* jeder hat s-n Preis; **beyond** (*od.* **without**) **~** von unschätzbarem Wert, unbezahlbar; **at a ~** für entsprechendes Geld, ‚wenn man das nötige Kleingeld hat'; **at a** (*od.* **the**) **~ of** zum Preis von. **2.** (Kopf)Preis *m*: **to set a ~ on s.o.'s head** e-n Preis auf j-s Kopf aussetzen. **3.** Lohn *m*, Belohnung *f*, Preis *m*. **4.** *fig.* Preis *m*, Opfer *n*: **at a (heavy) ~** um e-n hohen Preis, unter schweren Opfern; **(not) at any ~** um jeden (keinen) Preis; **that is too high a ~ to pay for freedom** das ist ein zu hoher Preis für die Freiheit. **5.** (Wett-, Gewinn-) Chance(n *pl*) *f*: **what ~ ...?** *sl.* a) welche Chancen hat ...?, b) was nützt ...?, c) wie steht es mit ...? **II** *v/t* **6.** *econ.* a) den Preis festsetzen für, b) auszeichnen: **to ~ goods**; **to ~ o.s. out of the market** durch überhöhte Preise nicht mehr konkurrenzfähig sein; → **priced. 7.** bewerten: **to ~ s.th. high (low)** e-r Sache großen (geringen *od.* wenig) Wert beimessen. **8.** *colloq.* nach dem Preis (*e-r Ware*) fragen.

price| a·gree·ment *s* Preisvereinbarung *f*, -absprache *f*. **~ bat·tle** *s* Preiskrieg *m*. **~ ceil·ing** *s* Preisgrenze *f*, Höchstpreis *m*. **ˈ~-ˌcon·scious** *adj* preisbewußt. **~ con·trol** *s* ˈPreiskonˌtrolle *f*, -überˌwachung *f*, -bindung *f*. **ˈ~-conˌtrolled** *adj* preisgebunden. **~ cur·rent** *pl* **pric·es cur·rent** *s oft pl* Preisliste *f*. **~ cut** *s* Preissenkung *f*. **~ cut·ting** *s* Preisdrückeˈrei *f*.

priced [praɪst] *adj* **1.** mit Preisangabe (versehen). **2.** *in Zssgn* zu ... Preisen: **low-~** niedrig im Preis, billig, Niedrigpreis...

price| dis·crim·i·na·tion *s* ˈPreisdiskrimiˌnierung *f*. **~-ˈearn·ings ra·ti·o** *s* Kurs-Gewinn-Verhältnis *n* (*bei Aktien*). **~ fix·ing** *s bes. Am.* **1.** Preisvereinbarung *f*, -absprache *f*. **2.** ˈPreiskonˌtrolle *f*, -überˌwachung *f*, -bindung *f*. **3.** Preisbindung *f* der zweiten Hand. **~ freeze** *s* Preisstopp *m*. **~ in·dex** *s* Preisindex *m*.

ˈprice·less *adj* (*adv* **~ly**) **1.** von unschätzbarem Wert, unbezahlbar. **2.** *fig. colloq.* zu komisch, zum Schreien: **you look ~ in those trousers!**

price| lev·el *s* ˈPreisniˌveau *n*. **~ lim·it** *s* (Preis)Limit *n*, Preisgrenze *f*. **~ list** *s* **1.** Preisliste *f*. **2.** *Börse*: Kurszettel *m*. **ˈ~-mainˌtained** *adj* preisgebunden. **~ main·te·nance** *s* Preisbindung *f* der zweiten Hand. **~ mar·gin** *s* Preisspanne *f*. **~ pol·i·cy** *s* ˈPreispoliˌtik *f*. **~ range** *s* **1.** Preisskala *f*. **2.** ˈPreisklasse *f*, -kategoˌrie *f* (*e-s Hotels etc*). **~ ring** *s* ˈPreiskarˌtell *n*. **~ rise** *s* Preiserhöhung *f*. **~ sta·bil·i·ty** *s* ˈPreisstabiliˌtät *f*. **~ sup·port** *s Am.* Preisstützung *f*. **~ tag, ~ tick·et** *s* Preisschild *n*. **~ war** *s* Preiskrieg *m*.

price·y [ˈpraɪsɪ] *adj colloq.* teuer.

prick [prɪk] **I** *s* **1.** (Inˈsekten-, Nadel-*etc*)Stich *m*. **2.** Stich *m*, Stechen *n*, stechender Schmerz: **~s of conscience** *fig.* Gewissensbisse. **3.** spitzer Gegenstand. **4.** *tech.* Stichel *m*, Pfriem(en) *m*, Ahle *f*. **5.** Dorn *m*, Stachel *m* (*a. fig.*). **6.** *obs.* Stachelstock *m*: **to kick against the ~s** *Bibl.* wider den Stachel löcken. **7.** (Hasen)Fährte *f*. **8.** *vulg.* a) ‚Schwanz' *m* (*Penis*), b) *a.* **stupid ~** ‚Arschloch' *n* (*Person*).

II *v/t* **9.** (ein-, ˈdurch)stechen, ‚pieken': **to ~ one's finger** sich in den Finger stechen; **his conscience ~ed him** *fig.* sein Gewissen plagte ihn, er hatte Gewissensbisse; *his misdemeano(u)r* **~ed his conscience** bereitete ihm Gewissensbisse. **10.** *obs.* anstacheln, anspornen, antreiben. **11.** punkˈtieren, lochen. **12.** *a.* **~ out** *ein Muster* ausstechen. **13.** *oft* **~ off** a) *den Kurs, e-e Entfernung etc* (auf der Karte) abstecken, *mar.* pricken, b) (mit dem Stechzirkel) abstechen. **14. ~ up one's ears** die Ohren spitzen (*a. fig.*). **15.** *agr. Pflanzen* piˈkieren: **to ~ in (out** *od.* **off)** ein-(aus)pflanzen. **16.** prickeln auf *od.* in (*dat*).

III *v/i* **17.** stechen (*a. schmerzen*). **18. ~ up** sich aufrichten (*Ohren*). **19.** *obs. od. hist.* a) (dem Pferd) die Sporen geben, b) sprengen, jagen.

ˈprick-eared *adj* **1.** *zo.* spitzohrig. **2.** mit auffallenden Ohren.

prick·er [ˈprɪkə(r)] *s* **1.** *tech.* Stecheisen *n*, *bes.* a) Pfriem(en) *m*, Ahle *f*, b) *Lederfabrikation*: Locheisen *n*. **2.** *metall.* Schieß-, Räumnadel *f*. **3.** *hist.* leichter Reiter. **4.** *Am.* Stachel *m*, Dorn *m*.

prick·et [ˈprɪkɪt] *s* **1.** (Kerzenhalter *m* mit) Dorn *m*. **2.** *zo. bes. Br.* Spießer *m*, Spießbock *m*.

prick·ing [ˈprɪkɪŋ] *s* Stechen *n* (*Schmerz*): **~s of conscience** Gewissensbisse.

prick·le [ˈprɪkl] **I** *s* **1.** Stachel *m*, Dorn *m*. **2.** Prickeln *n*, Kribbeln *n* (*der Haut*). **II** *v/t* **3.** stechen, lochen. **4.** prickeln *od.* kribbeln auf (*der Haut*). **III** *v/i* **5.** prickeln, kribbeln, jucken. **ˈ~back** *s ichth.* Stichling *m*. **~ cell** *s anat.* Stachelzelle *f* (*der Oberhaut*).

prick·ly [ˈprɪklɪ] *adj* **1.** stach(e)lig, dornig. **2.** stechend, prickelnd. **3.** *fig.* reizbar. **4.** *fig.* kompliˈziert, verzwickt. **~ ash** *s bot.* Gelbholzbaum *m*. **~ heat** *s med.* Frieselausschlag *m* (*Miliaria*). **~ pear** *s bot.* Feigenkaktus *m* (*u. dessen Frucht*), indische Feige.

pric·y → **pricey.**

pride [praɪd] **I** *s* **1.** Stolz *m*, Hochmut *m*: **~ goes before a fall** Hochmut kommt vor dem Fall. **2.** Stolz *m*, Selbstgefühl *n*: **civic ~** Bürgerstolz; **~ of place** a) Ehrenplatz *m*, b) *fig.* Vorrang *m*, c) *contp.* Standesdünkel *m*; **to take ~ of place** *fig.* den Vorrang haben, die erste Stelle einnehmen; **to take (a) ~ in** stolz sein auf (*acc*). **3.** Stolz *m* (*Gegenstand des Stolzes*): **he is the ~ of his family. 4.** Höhe *f*, Blüte *f*: **in the ~ of his years** in s-n besten Jahren; **in the ~ of manhood** im besten Mannesalter; **in the ~ of the season** in der besten Jahreszeit. **5.** *obs. od. rhet.* Pracht *f*, Zierde *f*, Schmuck *m*. **6.** Schar *f*, Rudel *n* (*bes. von Löwen*). **7. in his ~** *her.* radschlagend (*Pfau*). **8.** *obs.* a) Vollkraft *f*, b) ˈÜbermut *m*, c) *bes. zo.* Brunst *f*. **II** *v/t* **9. ~ o.s. (on, upon)** stolz sein (auf *acc*), sich rühmen (*gen*), sich brüsten (mit), sich etwas einbilden (auf *acc*).

prie-dieu [ˈpriːdjɜː] *s* Betpult *n*, Betschemel *m*.

pri·er [ˈpraɪə(r)] *s* neugierige Perˈson.

priest [priːst] *s* **1.** *allg.* Priester *m*. **2.** *relig.* Geistliche(r) *m*: a) *anglikanische Kirche*: Pfarrer *m*: **~ vicar** *Br. niederer Geistlicher an Kathedralen*, b) *R.C.* Priester *m*, Pfarrer *m*. **3.** *Br.* kleiner Hammer (*zum Töten gefangener Fische*; *bes. in Irland*). **ˈ~craft** *s contp.* Pfaffenlist *f*.

priest·ess [ˈpriːstɪs] *s* Priesterin *f*.

ˈpriest·hood *s* **1.** Priesteramt *n*, -würde *f*: **to enter the ~** Priester werden. **2.** *collect.* Priesterschaft *f*, Geistlichkeit *f*.

ˈpriest·ly *adj* priesterlich, Priester...

ˈpriest-ˌrid·den *adj* unter Priester- *od. contp.* Pfaffenherrschaft (stehend), klerikaˈlistisch.

ˈpriest's-hood *s bot.* Aronstab *m*.

prig[1] [prɪg] *s* **1.** (selbstgefälliger) Peˈdant. **2.** von sich *od.* s-r (*geistigen*) Überˈlegenheit überˈzeugter Mensch, selbstgefälliger *od.* eingebildeter Mensch. **3.** Tugendbold *m*.

prig[2] [prɪg] *bes. Br. sl.* **I** *v/t* ‚klauen'. **II** *s* ‚Langfinger' *m* (*Dieb*).

prig·ger·y [ˈprɪgərɪ] *s* **1.** Pedanteˈrie *f*. **2.** Einbildung *f*, Dünkel *m*. **3.** tugendhaftes Getue.

prig·gish [ˈprɪgɪʃ] *adj* (*adv* **~ly**) **1.** selbstgefällig, affekˈtiert, eingebildet, besserwisserisch. **2.** peˈdantisch. **3.** tugendhaft.

ˈprig·gish·ness, prig·gism [ˈprɪgɪzəm] → **priggery.**

prill [prɪl] *s* **1.** *min.* Scheide-, Stufferz *n*. **2.** *metall.* Meˈtallklumpen *m*, (Meˈtall-) König *m*.

pril·lion [ˈprɪljən] *s Bergbau*: Schlackenzinn *n*.

prim [prɪm] **I** *adj* (*adv* **~ly**) **1.** (peˈdantisch) sauber, ordentlich. **2.** steif, forˈmell. **3.** affekˈtiert, gekünstelt. **4.** spröde, geziert, zimperlich, ‚etepeˈtete', gouverˈnantenhaft. **5.** → **priggish. II** *v/t* **6.** *den Mund, das Gesicht* affekˈtiert verziehen.

pri·ma [ˈpraɪmə] (*Lat.*) *s print.* **1.** Prime *f* (*erste Kolumne od. Seite e-s Druckbogens*). **2.** erstes Wort (*auf e-r neuen Seite*).

pri·ma bal·le·ri·na [ˈpriːmə] *pl* **pri·ma bal·le·ri·nas** *s* Primaballeˈrina *f*.

pri·ma·cy [ˈpraɪməsɪ] *s* **1.** Priˈmat *m*, *n*, Vorrang *m*. **2.** *relig.* Priˈmat *m*, *n*: a) *Würde od. Sprengel e-s Primas*, b) *Vorrangstellung od. Gerichtsbarkeit des Papstes.*

pri·ma don·na [ˌpriːməˈdɒnə; *Am.* -ˈdɑnə] *pl* **pri·ma don·nas** *s* Primaˈdonna *f* (*a. fig.*). **ˌpri·maˈdon·na·ish** *adj* primaˈdonnenhaft.

pri·mae·val → **primeval.**

pri·ma fa·cie [ˌpraɪməˈfeɪʃiː] (*Lat.*) *adj u. adv* auf den ersten Blick, dem ersten Anschein nach: **~ case** *jur.* Fall *m*, bei dem der Tatbestand einfach liegt; **~ evidence** a) glaubhafter Beweis, b) Beweis *m* des ersten Anscheins.

pri·mal [ˈpraɪml] *adj* (*adv* **~ly**) **1.** erst(er, e, es), frühest(er, e, es), ursprünglich: **~ scream** Urschrei *m*. **2.** wichtigst(er, e, es), Haupt...

pri·ma·ri·ly [ˈpraɪmərəlɪ; *bes. Am.* praɪˈmerəlɪ] *adv* **1.** zuˈerst, ursprünglich, anfänglich. **2.** in erster Linie, vor allem, priˈmär.

pri·ma·ry [ˈpraɪmərɪ; *Am. a.* -ˌmeriː] **I** *adj* **1.** erst(er, e, es), ursprünglich, anfänglich, Erst..., Anfangs..., Ur...: **~ infection** *med.* Erstansteckung *f*; **~**

instinct Urinstinkt *m*; ~ **matter** Urstoff *m*, Urmaterie *f*; ~ **rocks** Urgestein *n*, Urgebirge *n*; ~ **tumo(u)r** Primärtumor *m* (*bes. des Krebses*). **2.** priˈmär, hauptsächlich, wichtigst(er, e, es), Haupt...: ~ **accent** (*od.* **stress**) *ling.* Hauptakzent *m*; ~ **concern** Hauptsorge *f*; ~ **evidence** *jur.* a) gesetzliches Beweismittel, b) Beweis *m* des ersten Anscheins; ~ **group** *sociol.* Primärgruppe *f*; ~ **liability** *jur.* unmittelbare Haftung; ~ **literature** Primärliteratur *f*; ~ **quality** Haupteigenschaft *f*; ~ **road** Straße *f* erster Ordnung; **of** ~ **importance** von höchster Wichtigkeit. **3.** grundlegend, elemenˈtar, Grund...: ~ **education** a) *Am.* Grundschul-, *Br.* Volksschul(aus)bildung *f*, b) *Am.* Grundschul-, *Br.* Volksschulwesen *n*; ~ **school** a) *Br.* Volksschule *f*, b) *Am.* Grundschule *f*; ~ **industry** Grundstoffindustrie *f*; ~ **ingredient**, ~ **component** Grund-, Hauptbestandteil *m*; ~ **meaning** Ur-, Grundbedeutung *f*; ~ **product** a) *econ.* Grundstoff *m*, b) Urprodukt *n*. **4.** *geol.* a) paläoˈzoisch, b) zuˈerst *od.* ursprünglich entstanden: ~ **ore**. **5.** *chem.* a) priˈmär, sauer, b) Primär... **6.** *ling.* a) priˈmär (*aus e-r unabgeleiteten Form*) abgeleitet (*Ableitung*), b) zu e-r Hauptzeit gehörig, *bes.* auf Präsens *od.* Fuˈtur bezüglich.

II *s* **7.** (*der, die, das*) Erste *od.* Wichtigste, Hauptsache *f*. **8.** *a.* ~ **colo(u)r** Priˈmär-, Grundfarbe *f*. **9.** *zo.* a) *a.* ~ **quill** (*od.* **feather**) *orn.* Haupt-, Schwungfeder *f* erster Reihe, b) *a.* ~ **wing** Vorderflügel *m* (*von Insekten*). **10.** *electr.* a) *a.* ~ **circuit** Priˈmär(strom)kreis *m*, b) *a.* ~ **winding** Priˈmärwicklung *f*. **11.** *a.* ~ **planet** *astr.* ˈHauptplaˌnet *m*. **12.** *pol. Am.* a) *a.* ~ **election** Vorwahl *f* (zur Aufstellung von ˈWahlkandiˌdaten), b) *a.* ~ **meeting** Versammlung *f* zur Nomiˈnierung der ˈWahlkandiˌdaten.

pri·mate *s* **1.** [ˈpraɪmət; -meɪt] *relig. Br.* Primas *m*: **P~ of England** *Titel des Erzbischofs von York*; **P~ of All England** *Titel des Erzbischofs von Canterbury*. **2.** [ˈpraɪmeɪt] *zo.* Priˈmat *m*, Herrentier *n*.

pri·ma·tes [praɪˈmeɪtiːz] *s pl zo.* Priˈmaten *pl*, Herrentiere *pl*.

pri·ma·tial [praɪˈmeɪʃl] *adj* (erz-) bischöflich: ~ **rank** Rang *m* e-s Primas.

pri·ma·tol·o·gy [ˌpraɪməˈtɒlədʒɪ; *Am.* -ˈtɑ-] *s zo.* Primatoloˈgie *f* (*Erforschung der Herrentiere*).

prime [praɪm] **I** *adj* (*adv* ~**ly**) **1.** erst(er, e, es), wichtigst(er, e, es), wesentlichst(er, e, es), Haupt...: ~ **reason** Hauptgrund *m*; **of** ~ **importance** von höchster Wichtigkeit. **2.** erstklassig, vorˈzüglich, ‚prima': ~ **investment**; ~ **quality**; ~ **bill** vorzüglicher Wechsel. **3.** priˈmär, grundlegend. **4.** erst(er, e, es), Erst..., Ur...: ~ **father** Urvater *m*. **5.** *math.* a) unteilbar: ~ **factor** Primfaktor *m*; ~ **number** Primzahl *f*; ~ **power** Primzahlpotenz *f*, b) *a.* ~ **to each other** teilerfremd, ohne gemeinsamen Teiler: **31 is** ~ **to 63** 31 ist teilerfremd zu 63.

II *s* **6.** Anfang *m*, Beginn *m*: ~ **of the day (year)** Tagesanbruch *m* (Frühling *m*). **7.** *fig.* Blüte(zeit) *f*: **in the** ~ **of youth (life)** in der Blüte der Jugend (des Lebens); **in his** ~ in der Blüte s-r Jahre, im besten (Mannes)Alter; **in the** ~ **of his career** auf dem Höhepunkt s-r Laufbahn. **8.** (*das*) Beste, höchste Vollˈkommenheit. **9.** *econ.* Primasorte *f*, auserlesene Qualiˈtät. **10. P~** *relig.* Prim *f*, erste Gebetsstunde *od.* zweite kaˈnonische Stunde. **11.** *math.* a) Primzahl *f*, b) Primfaktor *m*, c) Strich *m*, (Zeichen *n* für) ˈBogenmiˌnute *f* [ˈ]: **x** ~ (**x**ˈ) x Strich (xˈ). **12.** *mus.* a) *a.* ~ **interval** ˈPrim(interˌvall *n*) *f*, b) *a.* ~ **tone** Prim(ton *m*) *f*. **13.** *fenc.* Prim *f*.

III *v/t* **14.** vorbereiten. **15.** *mil. e-e Waffe* laden, *Bomben, Munition* scharf machen: ~**d** schuß-, zündfertig. **16.** *paint. tech.* grunˈdieren. **17.** *tech. e-e Pumpe* anlassen, angießen: **to** ~ **the pump** *econ.* die Wirtschaft ankurbeln. **18.** *mot.* a) *Kraftstoff* vorpumpen, b) Anlaßkraftstoff einspritzen in (*e-n Motor*). **19.** *electr.* vorspannen. **20.** mit Strichindex versehen. **21.** *fig.* instruˈieren, vorbereiten, inforˈmieren, ‚präpaˈrieren'. **22.** *sl. j-n* ‚besoffen' machen: ~**d** ‚besoffen'.

prime| con·duc·tor *s electr.* Hauptleiter *m*. ~ **cost** *s econ.* **1.** Selbstkosten (-preis *m*) *pl*, Gestehungskosten *pl*. **2.** Einkaufspreis *m*, Anschaffungskosten *pl*. ~ **me·rid·i·an** *s astr. geogr.* ˈNull-, ˈAnfangsmeridiˌan *m*. ~ **min·is·ter** *s* Premiˈermiˌnister *m*, Miˈnisterpräsiˌdent *m*. ~ **mov·er** *s* **1.** *phys.* Priˈmärkraft *f*, bewegende Kraft. **2.** *tech.* a) ˈAntriebsmaˌschine *f*, b) ˈZugmaˌschine *f* (*Sattelschlepper etc*), (*a. mil.* Geschütz)Schlepper *m*, Triebwagen *m* (*e-r Straßenbahn*). **3.** *fig.* Triebfeder *f*, treibende Kraft. **4.** *philos.* a) primus motor *m*, b) **P~ M~** Gott *m*, höhere Macht.

prim·er¹ [ˈpraɪmə(r)] *s* **1.** *mil. tech.* Zündvorrichtung *f*, -hütchen *n*, -pille *f*, Sprengkapsel *f*. **2.** *mil.* Zündbolzen *m* (*am Gewehr*). **3.** *Bergbau*: Zünddraht *m*. **4.** *bes. mot.* Einspritzvorrichtung *f*: ~ **pump** Anlaßeinspritzpumpe *f*; ~ **valve** Anlaßventil *n*. **5.** *tech.* Grunˈdier-, Spachtelmasse *f*.

prim·er² [ˈpraɪmə(r); *bes. Am.* ˈprɪmə(r)] *s* **1.** a) Fibel *f*, Abˈc-Buch *n*, b) Elemenˈtarbuch *n*, (Anfangs)Lehrbuch *n*, c) *fig.* Leitfaden *m*. **2.** [ˈprɪmə(r)] *print. Bezeichnung für Schriftgrößen*: **great** ~ a) (*etwa*) Doppelborgis(schrift) *f* (*18 Punkt*), b) (*etwa*) Tertia(schrift) *f* (*16 Punkt*); **long** ~ Korpus(schrift) *f* (*10 Punkt*).

prime rate *s econ. Am.* Vorzugszins *m* für erstklassige Kreˈditnehmer, *a.* Eckzins *m*.

pri·me·ro [prɪˈmeərəʊ; -ˈmɪə-] *s obs.* Primenspiel *n* (*Kartenglücksspiel*).

prime time *s TV* Haupteinschaltzeit *f*.

pri·me·val [praɪˈmiːvl] *adj* (*adv* ~**ly**) uranfänglich, urzeitlich, Ur...: ~ **forest** Urwald *m*; ~ **times** Urzeiten.

prim·ing [ˈpraɪmɪŋ] *s* **1.** *mil. tech.* Zündsatz *m*, -masse *f*, Zündung *f*. **2.** *mot.* Einspritzen *n* von Anlaßkraftstoff. **3.** *tech.* a) Grunˈdierung *f*, Grunˈdieren *n*: ~ **coat** Grundieranstrich *m*; ~ **colo(u)r** Grundierfarbe *f*, b) *a.* ~ **material** Spachtelmasse *f*. **4.** *a.* ~ **of the tide** verfrühtes Eintreten der Flut. **5.** *fig.* Vorbereitung *f*, Instruktiˈon *f*. ~ **charge** *s* **1.** *mil. tech.* Zünd-, Initiˈalladung *f*. **2.** *mil.* Aufladung *f* (*bei Pioniersprengmitteln*). ~ **nee·dle** *s mil.* Zündnadel *f*, -bolzen *m*.

pri·mip·a·ra [praɪˈmɪpərə] *pl* **-rae** [-riː], **-ras** *s med.* Priˈmipara *f*, Erstgebärende *f*. **priˈmip·a·rous** *adj* erstmalig gebärend: ~ **woman** → **primipara**.

prim·i·tive [ˈprɪmɪtɪv] **I** *adj* (*adv* ~**ly**) **1.** erst(er, e, es), ursprünglich, Ur...: **P~ Church** *relig.* Urkirche *f*; ~ **races** Ur-, Naturvölker; ~ **rocks** Urgestein *n*; **P~ Germanic** *ling.* Urgermanisch *n*. **2.** *allg.*, *a. contp.* primiˈtiv (*Kultur, Mensch*; *a. fig. Denkweise, Konstruktion etc*): ~ **peasant**; ~ **tools**; ~ **ideas**; ~ **feelings**. **3.** altmodisch. **4.** *ling.* Stamm...: ~ **verb**. **5.** *math.* a) Grund..., Ausgangs...: ~ **figure**, b) primiˈtiv: ~ **root**; ~ **group**. **6.** *biol.* a) primordiˈal, b) primiˈtiv, niedrig entwickelt, c) Ur...: ~ **brain** Urhirn *n*; ~ **segment** Ursegment *n*. **II** *s* **7.** (*der, die, das*) Primiˈtive: **the** ~**s** die Primitiven (*Naturvölker*). **8.** a) *contp.* primiˈtiver Mensch, b) einfacher Mensch, Naˈturbursche *m*. **9.** *art* a) primiˈtiver *od.* naˈiver Künstler, b) Frühmeister *m* (*e-r Kunstrichtung*), c) Früher Meister (*des späten Mittelalters od. der Frührenaissance*, *a. Bild*). **10.** *ling.* Stammwort *n*. ~**col·o(u)r** *s* Grund-, Priˈmärfarbe *f*.

prim·i·tiv·ism [ˈprɪmɪtɪvɪzəm] *s* **1.** Primitiviˈtät *f*. **2.** *art* Primitiˈvismus *m*.

prim·ness [ˈprɪmnɪs] *s* **1.** (ˈÜber)Korˌrektheit *f*, Förmlichkeit *f*, Steifheit *f*. **2.** Sprödigkeit *f*, Zimperlichkeit *f*.

pri·mo [ˈpriːməʊ] **I** *pl* **-mos, -mi** [-mɪ] *s mus.* **1.** erste Stimme (*im Duett etc*). **2.** Primo *n*, Disˈkantpart *m*, -parˌtie *f* (*beim Vierhändigspielen*). **II** *adj* **3.** *mus.* erst(er, e, es). **III** *adv* **4.** zuˈerst, erstens [1°].

pri·mo·gen·i·tal [ˌpraɪməʊˈdʒenɪtl], **ˌpri·moˈgen·i·tar·y** *adj* Erstgeburts-...: ~ **right**. **ˌpri·moˈgen·i·tor** [-tə(r)] *s* (Ur)Ahn *m*, Stammvater *m*, Vorfahr *m*. **ˌpri·moˈgen·i·ture** [-tʃə(r); -ˌtʃʊə(r)] *s* **1.** Erstgeburt *f*. **2.** *jur.* Primogeniˈtur *f*, Erstgeburtsrecht *n*.

pri·mor·di·al [praɪˈmɔː(r)djəl; -ɪəl] *adj* (*adv* ~**ly**) **1.** primordiˈal, ursprünglich, uranfänglich, Ur...: ~ **matter** Urstoff *m*. **2.** *biol.* a) primordiˈal, im Ansatz vorˈhanden, Ur..., b) *Embryologie*: im Keime angelegt, Ur..., c) Anfangs..., Jugend...: ~ **leaf** Jugendblatt *n*.

prim·rose [ˈprɪmrəʊz] **I** *s* **1.** *bot.* a) Primel *f*, Gelbe Schlüsselblume, Himmel(s)schlüssel *m*, b) *a.* **evening** ~ Nachtkerze *f*. **2.** *meist* ~ **yellow** Blaßgelb *n*. **II** *adj* **3.** a) primelartig, b) blaßgelb. **4.** sinnenfreudig: ~ **path** süßes Leben (mit bitterem Ausgang). **5. P~** *Br.* zur **P~ League** gehörend: **P~ dame (knight)** Angehörige(r *m*) *f* der **P~ League**. **P~ Day** *s Br.* Primeltag *m* (*19. April*; *Todestag Disraelis*). **P~ League** *s Br. konservative Vereinigung, 1883 gegründet und nach der angeblichen Lieblingsblume Disraelis benannt.*

prim·u·la [ˈprɪmjʊlə] *s bot.* Primel *f*.

pri·mum mo·bi·le [ˌpraɪməmˈməʊbɪlɪ] (*Lat.*) *s* **1.** *astr. hist. äußerste der 10 Sphären des Universums.* **2.** erster Beweggrund, Urkraft *f*. **3.** *fig.* Triebkraft *f*, -feder *f*.

pri·mus¹ [ˈpraɪməs] **I** *adj* **1.** erster: ~ **inter pares** Primus inter pares, der Erste unter Gleichen. **2.** *bes. ped. Br.* der erste: **Smith** ~ Smith eins. **II** *s* **3.** *relig.* Primus *m*, präsiˈdierender Bischof (*der schottischen Episkopalkirche*).

pri·mus² [ˈpraɪməs], *a.* ~ **stove**, ~ **heater** *s* Primuskocher *m*.

prince [prɪns] *s* **1.** Fürst *m*, Landesherr *m*, Herrscher *m*. **2.** Prinz *m* (*Sohn od. männlicher Angehöriger e-s Herrscherhauses*): **P~ of Denmark**; ~ **of the blood** Prinz von (königlichem) Geblüt; **the P~ of Wales** der Prinz von Wales (*Titel des brit. Thronfolgers*); **P~ Imperial** Kronprinz (*e-s Kaiserreichs*); ~ **royal** Kronprinz; ~ **regent** Prinzregent *m*. **3.** a) Fürst *m* (*Adelstitel*), b) Prinz *m* (*Höflichkeitsanrede für e-n Herzog, Marquis od. Earl*): **P~-elector** *hist.* (*deutscher*) Kurfürst. **4.** *fig.* Fürst *m*, Herrscher *m*: **P~ of Darkness** Fürst der Finsternis, Höllenfürst (*der Satan*); **P~ of Peace** Friedensfürst (*Christus*); ~ **of the (Holy Roman) Church** Kirchenfürst (*Titel e-s Kardinals*). **5.** *fig.* König *m*, Erste(r) *m*: **P~s of the Apostles** Apostelfürsten (*Petrus u. Paulus*); ~ **of poets** Dichterfürst *m*; **merchant** ~ Kaufherr *m*. **P~ Al·bert** *s hist. Am.* Gehrock *m*. ~**-ˈbish·op** *s hist.* Fürstbischof *m*. ~ **con·sort** *s* Prinzgemahl *m*.

ˈprince·dom *s* **1.** Fürstenstand *m*, -würde *f*. **2.** Fürstentum *n*.

ˈprince·kin [-kɪn], **ˈprince·ling** [-lɪŋ] *s contp.* **1.** kleiner Prinz, Prinzchen *n.* **2.** Duoˈdezfürst *m.*

ˈprince·ly *adj a. fig.* fürstlich, königlich: **of ~ birth**; **a ~ gift** ein fürstliches Geschenk.

prin·ceps [ˈprɪnseps] **I** *pl* **-ci·pes** [-sɪpiːz] *s* **1.** *antiq.* (*römischer*) Prinzeps, Staatslenker *m.* **2.** *a.* **~ edition** *print.* Erst-, Origiˈnalausgabe *f.* **II** *adj* **3.** Erst..., Original...

prin·cess [prɪnˈses; *attr. u. Am.* ˈprɪnses] **I** *s* **1.** Prinˈzessin *f*: **~ royal** *älteste Tochter e-s Herrschers.* **2.** Fürstin *f.* **II** *adj* **3.** *Damenmode*: Prinzeß...: **~ dress**.

prin·ci·pal [ˈprɪnsəpl] **I** *adj* (*adv* → **principally**) **1.** erst(er, e, es), hauptsächlich, Haupt...: **~ actor** a) *thea. etc* Hauptdarsteller *m*, b) Haupttäter *m*, c) *fig.* Hauptakteur *m*; **~ axis** *math. tech.* Hauptachse *f*; **~ boy** *Darstellerin, die in e-r* **pantomime** *die männliche Hauptrolle spielt*; **~ clause** *ling.* Hauptsatz *m*; **~ creditor (debtor)** *econ. jur.* Hauptgläubige(r) *m* (-schuldner *m*); **~ matrix** *math.* Hauptdiagonale *f*; **~ meridian** *surv. Am.* Meridianlinie *f*; **~ office**, **~ place of business** *econ.* Hauptgeschäftsstelle *f*, -niederlassung *f*; **~ parts** a) Hauptteile, b) *ling.* Stammformen (*e-s Verbs*); **~ plane (of symmetry)** *math.* Symmetrieebene *f*; **~ point** *math.* Augenpunkt *m*; **~ visual ray** *phys.* Sehstrahl *m.* **2.** a) *ling. mus.* Haupt..., Stamm...: **~ chord** Stammakkord *m*; **~ key** Haupttonart *f*, b) *mus.* erst(er, e, es), Solo...: **~ horn.** **3.** *econ.* Kapital...: **~ amount.** **II** *s* **4.** ˈHaupt(perˌson *f*) *n.* **5.** *ped.* Diˈrektor *m*, Direkˈtorin *f*, Rektor *m*, Rekˈtorin *f*, Schulleiter(in). **6.** Chef(in). **7.** a) Anführer(in), Rädelsführer(in), b) *jur.* Haupttäter(in), -schuldige(r *m*) *f*: **~ in the first degree** Haupttäter; **~ in the second degree** Mittäter. **8.** *jur.* a) Vollmacht-, Auftraggeber(in), b) Manˈdant (-in). **9.** Duelˈlant *m* (*Ggs. Sekundant*). **10.** *econ.* (ˈGrund)Kapiˌtal *n*, Hauptsumme *f*: **~ and interest** Kapital u. Zins(en). **11.** *econ.* (Besitz-, Nachlaß- *etc*)Masse *f.* **12.** *mus.* a) *a.* **~ part** Hauptsatz *m od.* -stimme *f*, b) *a.* **~ theme** Hauptthema *n*, *a.* Dux *m*, Führer *m* (*in der Fuge*), c) *a.* **~ stop** Prinziˈpal *n* (*Orgelregister*), d) (Orˈchester)SoˌIist(in). **13.** *Ballett*: SoˈIist(in), Solotänzer(in). **14.** Hauptsache *f.* **15.** *a.* **~ beam** Haupt-, Stützbalken *m.* **16.** *art* a) ˈHauptmoˌtiv *n*, b) Origiˈnal *n.*

prin·ci·pal·i·ty [ˌprɪnsɪˈpælətɪ] *s* **1.** Fürstentum *n*: **the P~ of Monaco.** **2.** Fürstenwürde *f*, -herrschaft *f.* **3.** **the P~** *Br.* Wales *n.* **4.** *pl relig.* Fürsten *pl* (*e-e der neun Rangstufen der Engel*).

prin·ci·pal·ly [ˈprɪnsəplɪ] *adv* hauptsächlich, in der Hauptsache.

prin·cip·i·a [prɪnˈsɪpɪə] (*Lat.*) *s pl* ˈGrundprinˌzipien *pl*, Grundlagen *pl.*

prin·ci·ple [ˈprɪnsəpl] *s* **1.** Prinˈzip *n*, Grundsatz *m*: **a man of ~s** ein Mann mit Grundsätzen; **~ of efficiency** Leistungsprinzip. **2.** (ˈGrund)Prinˌzip *n*, (-)Regel *f*, Leitsatz *m*: **~ of law** Rechtsgrundsatz *m*; **in ~** im Prinzip, an sich; **on ~** aus Prinzip, grundsätzlich; **on the ~ that** nach dem Grundsatz, daß. **3.** Grundwahrheit *f*, -begriff *m*, -lehre *f*, Prinˈzip *n*: **the ~s of the Stoics.** **4.** *scient.* Prinˈzip *n*, (Naˈtur)Gesetz *n*, Satz *m*: **~ of averages** Mittelwertsatz *m*; **~ of causality** Kausalitätsprinzip; **~ of least action** Prinzip der geringsten Wirkung; **~ of relativity** Relativitätstheorie *f*, -lehre *f* (*Einsteins*); **~ of sums** Summensatz. **5.** Grund(lage *f*) *m*, Quelle *f*, Ursprung *m*, treibende Kraft. **6.** Grundzug *m*, Charakteˈristikum *n.* **7.** *chem.* Grundbestandteil *m.* ˈ**prin·ci·pled** *adj meist in Zssgn* mit *hohen etc* Grundsätzen: **high-~.**

prink [prɪŋk] *colloq.* **I** *v/i a.* **~ up** sich (herˈaus)putzen, sich feinmachen. **II** *v/t* (herˈaus)putzen: **to ~ o.s. (up)** → I.

print [prɪnt] **I** *v/t* **1.** drucken (lassen), in Druck geben: **to ~ in italics** kursiv drukken; **to ~ waste** makulieren. **2.** *ein Buch etc* verlegen, herˈausgeben. **3.** (ab)drukken: **~ed form** Vordruck *m*, Formular *n*; **~ed matter**, **~ed paper(s)** *mail* Drucksache(n *pl*) *f*; **~ed circuit** *electr.* gedruckte Schaltung. **4.** bedrucken: **~ed (wall)paper** bedruckte Tapete(n); **~ed goods** Druckstoffe. **5.** in Druckschrift schreiben: **to ~ one's name**; **~ed characters** Druckbuchstaben. **6.** *e-n Stempel etc* (auf)drücken (**on** *dat*), *e-n Eindruck, e-e Spur* hinterˈlassen (**on** auf *dat*), *ein Muster etc* ab-, aufdrucken, drücken (**in** in *acc*). **7.** **~ itself** sich einprägen (**on s.o.'s mind** j-m). **8.** **~ out** a) *a.* **~ off** *phot.* abziehen, koˈpieren, b) *Computer*: ausdrucken.

II *v/i* **9.** drucken: a) Bücher *etc* verlegen *od.* veröffentlichen, b) Abdrucke machen, c) Drucker sein. **10.** gedruckt werden, sich im Druck befinden: **the book is ~ing.** **11.** in Druckschrift schreiben. **12.** sich drucken (*od. phot.* sich abziehen) lassen: **to ~ badly** *phot.* schlechte Abzüge liefern.

III *s* **13.** *print.* Druck *m*: **in ~** a) im Druck (erschienen), b) vorrätig (*Buch*); **out of ~** vergriffen. **14.** *print.* Druck *m* (*Schriftart*): **in cold ~** *fig.* schwarz auf weiß. **15.** Druckschrift *f*, -buchstaben *pl.* **16.** Drucksache *f*, -schrift *f*, *bes. Am.* Zeitung *f*, Blatt *n*: **daily ~s** *bes. Am.* Tageszeitungen; **the ~s** *pl bes. Am.* die Presse; **to rush into ~** sich in die Öffentlichkeit flüchten; **to appear in ~** im Druck erscheinen. **17.** Aufdruck *m.* **18.** (Ab)Druck *m* (*Bild, Holzschnitt*): **colo(u)red ~** Farbdruck. **19.** Druck *m*: a) (Stahl-, Kupfer)Stich *m*, Raˈdierung *f*, b) Holzschnitt *m*, c) Lithograˈphie *f.* **20.** ˈZeitungspaˌpier *n.* **21.** (*etwas*) Geformtes, Stück *n* (geformte) Butter. **22.** (*Finger- etc*)Abdruck *m*, Eindruck *m*, Spur *f*, Mal *n* (*von Nägeln, Zähnen etc*): **~s of steps** Fußspuren *od.* -(s)tapfen; **~ of a wheel** Radspur; **~ of a fox** Fuchsfährte *f.* **23.** Druckmuster *n.* **24.** bedruckter Katˈtun, Druckstoff *m*: **~ dress** Kattunkleid *n.* **25.** *phot.* Abzug *m*, Koˈpie *f.* **26.** Lichtpause *f.* **27.** *tech.* a) Stempel *m*, Form *f*: **~ cutter** Formenschneider *m*, b) Form *f*, Model *m*: **butter ~**, c) Gesenk *n* (*zum Formen von Metall*).

ˈ**print·a·ble** *adj* **1.** druckfähig: **his answer was not ~** s-e Antwort war nicht druckreif. **2.** druckfertig, -reif (*Manuskript*).

ˈ**print·er** *s* **1.** (Buch- *etc*)Drucker *m*: **~'s devil** Setzerjunge *m*; **~'s error** Druckfehler *m*; **~'s flower** Vignette *f*; **~'s ink** Druckerschwärze *f*; **~'s mark** Druckerzeichen *n*; **~'s pie** Zwiebelfisch *m.* **2.** Druckeˈreibesitzer *m.* **3.** *tech.* ˈDruck-, Koˈpierappaˌrat *m*, Drucker *m* (*a. des Computers*). **4.** → **printing telegraph.**

ˈ**print·er·y** *s bes. Am.* Druckeˈrei *f.*

ˈ**print·ing** *s* **1.** Drucken *n.* **2.** (Buch-)Druck *m*, Buchdruckerkunst *f.* **3.** (*etwas*) Gedrucktes, Drucksache *f.* **4.** Auflage (-ziffer) *f.* **5.** *pl* ˈDruckpaˌpier *n.* **6.** Tuchdruck *m.* **7.** *phot.* Abziehen *n*, Koˈpieren *n.* **~ block** *s* Druckform *f*, Kliˈschee *n.* **~ frame** *s phot.* Koˈpierrahmen *m.* ˌ**~-ˈin** *s phot.* Hinˈeinkoˌpieren *n.* **~ ink** *s* Druckerschwärze *f*, -farbe *f.* **~ machine** *s tech. bes. Br.* Schnellpresse *f*, (ˈBuch)Druckmaˌschine *f.* **~ of·fice** *s* (Buch)Druckeˈrei *f*: **lithographic ~** lithographische Anstalt. ˈ**~-out** *adj phot.* Kopier...: **~ paper.** **~ pa·per** *s* **1.** ˈDruckpaˌpier *n.* **2.** ˈLichtpauspaˌpier *n.* **3.** Koˈpierpaˌpier *n.* **~ press** *s* Drukkerpresse *f*: **~ type** Letter *f*, Type *f.* **~ tel·e·graph** *s* ˈDrucktelegraf *m*, -empfänger *m.* **~ works** *s pl* (*oft als sg konstruiert*) → **printing office.**

print| jour·nal·ist *s* ˈZeitungsjournaˌlist(in). ˈ**~·line** *s print.* (Druck)Zeile *f.* ˈ**~ˌmak·er** *s* Graphiker(in). ˈ**~·out** *s Computer*: Ausdruck *m.* **~ run** *s* Auflage *f.* **~ sell·er** *s* Graphikhändler *m.* **~shop** *s* **1.** Graphikhandlung *f.* **2.** Drukkeˈrei *f.*

pri·or[1] [ˈpraɪə(r)] **I** *adj* **1.** (to) früher, älter (als), vorˈausgehend (*dat*): **~ art** (*Patentrecht*) Stand *m* der Technik, Vorwegnahme *f*; **~ patent** älteres Patent; **~ holder** früherer Inhaber, Vorbesitzer *m*; **~ redemption** *econ.* vorzeitige Tilgung; **~ use** Vorbenutzung *f*; **conception is ~ to creation** die Idee geht der Gestaltung voraus; → **subject** 16. **2.** vordringlich, Vorzugs...: **~ right** (*od.* **claim**) Vorzugsrecht *n*; **~ condition** erste Voraussetzung; **~ preferred stock** *econ. Am.* Sondervorzugsaktien. **II** *adv* **3.** **~ to** vor (*dat*) (*zeitlich*): **~ to the war.**

pri·or[2] [ˈpraɪə(r)] *s relig.* Prior *m* (*Vorsteher e-s Klosters*).

pri·or·ate [ˈpraɪərət] *s* Prioˈrat *n*: a) Amt *n od.* Amtszeit *f* e-s Priors, b) *Klostergemeinschaft, die e-m Prior untersteht.*

ˈ**pri·or·ess** [-rɪs] *s* Priˈorin *f.*

pri·or·i·tize [praɪˈɒrətaɪz; *Am. a.* -ˈɑr-] **I** *v/t* **1.** Prioriˈtäten setzen bei. **2.** *etwas* vorrangig behandeln. **II** *v/i* **3.** Prioriˈtäten setzen, Schwerpunkte bilden.

pri·or·i·ty [praɪˈɒrətɪ; *Am. a.* -ˈɑr-] *s* **1.** Prioriˈtät *f* (*a. jur.*), Vorrang *m* (*a. e-s Anspruchs etc*), Vorzug *m* (**over**, **to** vor *dat*): **to take ~ of** den Vorrang haben *od.* genießen vor (*dat*); **to set** (*od.* **establish**) **priorities** Prioritäten setzen, Schwerpunkte bilden. **2.** Dringlichkeit(sstufe) *f*: **~ call** *teleph.* Vorrangsgespräch *n*; **~ list** Dringlichkeitsliste *f*; **to be high on the ~ list** ganz oben auf der Dringlichkeitsliste stehen; **~ rating** Dringlichkeitseinstufung *f*; **of first** (*od.* **top**) **~** von größter Dringlichkeit; **to give ~ treatment to** *etwas* vorrangig behandeln; **to give high ~ to** *etwas* besonders vordringlich behandeln; **to have high ~** dringend anstehen. **3.** vordringliche Sache: **~ project** vordringliches Projekt. **4.** Prioriˈtät *f*, (zeitliches) Vorˈhergehen: **~ of birth** Erstgeburt *f.* **5.** *mot.* Vorfahrt(srecht *n*) *f*: **~ road** Vorfahrtsstraße *f*; **~ rule** Vorfahrtsregel *f.*

pri·o·ry [ˈpraɪərɪ] *s relig.* Prioˈrei *f.*

prise → **prize**[3].

prism [ˈprɪzəm] *s math. min. phys.* Prisma *n* (*a. fig.*): **~ binoculars** Prismen(fern)glas *n*; **~ view finder** *phot.* Prismensucher *m.*

pris·mat·ic [prɪzˈmætɪk] *adj* (*adv* **~ally**) **1.** prisˈmatisch, Prismen...: **~ colo(u)rs** Regenbogenfarben; **~ spectrum** Brechungsspektrum *n.* **2.** *min.* orthoˈrhombisch.

pris·ma·toid [ˈprɪzmətɔɪd] *s math.* Prismatoˈid *n*, Körperstumpf *m.*

pris·on [ˈprɪzn] **I** *s* **1.** Gefängnis *n* (*a. fig.*), Strafanstalt *f*: **~ psychosis** Haftpsychose *f*; **to put into ~**, **to send to ~** ins Gefängnis werfen *od.* ‚stecken'; **in ~** im Gefängnis. **2.** *poet. od. fig.* Kerker *m.* **3.** *a.* **state ~** *bes. Am.* Staatsgefängnis *n.* **II** *v/t* **4.** *poet.* a) einkerkern, b) gefangenhalten. **~bird** → **jailbird.** **~ breach**, **~ breaking** *s* Ausbruch *m* aus dem Gefängnis. **~ camp** *s* **1.** *mil.* (Kriegs)Gefangenenlager *n.* **2.** ,offenes' Gefängnis (*für besserungsfähige Häftlinge*).

pris·on·er [ˈprɪznə(r)] *s* Gefangene(r *m*) *f* (*a. fig.*), Häftling *m*: ~ **of conscience** politischer Häftling; ~ **on remand** Untersuchungsgefangene(r *m*) *f*; ~ **of State, State** ~ Staatsgefangene(r), politischer Häftling; ~ **of war** Kriegsgefangene(r); **to hold** (*od.* **keep**) (**take**) **s.o.** ~ j-n gefangenhalten (-nehmen); **to give o.s. up as a** ~ sich gefangengeben; **he is a** ~ **to** *fig.* er ist gefesselt an (*acc*); ~**'s base** Barlauf(spiel *n*) *m*.

pris·on|of·fi·cer *s* Strafvollzugsbeamte(r) *m*. ~ **sen·tence** *s* Gefängnis-, Freiheitsstrafe *f*. ~ **staff** *s* Vollˈzugsbedienstete *pl*, -persoˌnal *n*.

pris·sy [ˈprɪsɪ] *adj colloq.* **1.** zimperlich, ,etepeˈtete', gouverˈnantenhaft. **2.** kleinlich, peˈdantisch.

pris·tine [ˈprɪstaɪn; *bes. Am.* -tiːn] *adj* **1.** a) ursprünglich, b) urtümlich, unverfälscht, unverdorben. **2.** ehemalig.

prith·ee [ˈprɪðɪ] *interj obs.* bitte.

pri·va·cy [ˈprɪvəsɪ; *bes. Am.* ˈpraɪ-] *s* **1.** Zuˈrückgezogenheit *f*, Ungestörtheit *f*, Abgeschiedenheit *f*, Einsamkeit *f*, Alˈleinsein *n*, Ruhe *f*: **to disturb s.o.'s** ~ j-n stören; **he lived in absolute** ~ er lebte völlig zurückgezogen. **2.** a) Priˈvatleben *n*, b) *jur.* Inˈtim-, Priˈvatsphäre *f*: **invasion of** ~ Eingriff *m* in die Privatsphäre; **right of** ~ Persönlichkeitsrecht *n*. **3.** Heimlichkeit *f*, Geheimhaltung *f*: **to talk to s.o. in** ~ mit j-m unter vier Augen sprechen; **in strict** ~ streng vertraulich.

pri·vate [ˈpraɪvɪt] **I** *adj* (*adv* → **privately**) **1.** priˈvat, Privat..., eigen(er, e, es), Eigen..., perˈsönlich: ~ **account** Privatkonto *n*; ~ **affair** (*od.* **concern**) Privatsache *f*, -angelegenheit *f*; ~ **bill** *pol.* Antrag *m* e-s Abgeordneten; ~ **citizen** Privatmann *m*; ~ **consumption** Eigenverbrauch *m*; ~ **gentleman** Privatier *m*; ~ **law** *jur.* Privatrecht *n*; ~ **liability** persönliche Haftung; ~ **life** Privatleben *n*; ~ **patient** *med. Br.* Privatpatient(in); ~ **person** Privatperson *f*; ~ **property** Privateigentum *n*, -besitz *m*; ~ **secretary** Privatsekretär(in); ~ **treatment** *med. Br.* Behandlung *f* als Privatpatient(in). **2.** priˈvat, nicht öffentlich: **to sell by** ~ **bargain** (*od.* **contract**) unter der Hand verkaufen; **at** ~ **sale** unter der Hand (verkauft *etc*); ~ **beach** eigener Strand (*e-s Hotels*); ~ **(limited) company** *econ. Br.* Gesellschaft *f* mit beschränkter Haftung; ~ **corporation** a) *jur.* privatrechtliche Körperschaft, b) *econ. Am.* Gesellschaft *f* mit beschränkter Haftung; ~ **eye** *bes. Am. colloq.*, ~ **investigator** (*od.* **detective**) Privatdetektiv *m*; ~ **firm** Einzelfirma *f*; ~ **industry** Privatindustrie *f*, -wirtschaft *f*; ~ **lessons** Privatunterricht *m*; ~ **road** Privatweg *m*; ~ **school** Privatschule *f*; ~ **theater** (*bes. Br.* **theatre**) Liebhabertheater *n*; ~ **view** → **preview** 2; → **nuisance** 3. **3.** alˈlein, zuˈrückgezogen, für sich allein, ungestört, einsam (*Person od. Ort*): **to wish to be** ~ den Wunsch haben, allein zu sein; ~ **prayer** stilles Gebet. **4.** priˈvat, der Öffentlichkeit nicht bekannt, nicht für die Öffentlichkeit bestimmt: ~ **reasons** a) private Gründe, b) Hintergründe. **5.** geheim, heimlich: **to keep s.th.** ~ etwas geheimhalten *od.* vertraulich behandeln; ~ **negotiations** geheime Verhandlungen; ~ **parts** → 12. **6.** vertraulich: ~ **information**; **this is for your** ~ **ear** dies sage ich Ihnen ganz im Vertrauen; **to be** ~ **to s.th.** in etwas eingeweiht sein, über etwas Bescheid wissen. **7.** nicht amtlich *od.* öffentlich, außeramtlich (*Angelegenheit*). **8.** nichtbeamtet: ~ **member** *parl.* nichtbeamtetes Parlamentsmitglied. **9.** *jur.* außergerichtlich: ~ **arrangement** gütlicher Vergleich. **10.** *mil.* ohne Dienstgrad: ~ **soldier** → 11. **II** *s* **11.** *mil.* gewöhnlicher *od.* gemeiner Solˈdat: ~ **1st class** *Am.* Obergefreite(r) *m*. **12.** *pl* Geschlechtsteile *pl*. **13. in** ~ a) im Priˈvatleben, priˈvat(im), b) insgeheim, c) unter vier Augen (*sprechen*).

pri·va·teer [ˌpraɪvəˈtɪə(r)] **I** *s* **1.** Freibeuter *m*, Kaperschiff *n*. **2.** Kapiˈtän *m* e-s Kaperschiffes. **3.** *pl* Mannschaft *f* e-s Kaperschiffes. **II** *v/i* **4.** Kapeˈrei treiben.

ˈpri·vate·ly *adv* **1.** priˈvat, als Priˈvatperˌson: ~ **owned** in Privatbesitz; **to settle s.th.** ~ etwas privat *od.* intern regeln. **2.** perˈsönlich, vertraulich. **3.** heimlich, insgeheim.

pri·va·tion [praɪˈveɪʃn] *s* **1.** Wegnahme *f*, Beraubung *f*, Entziehung *f*. **2.** Not *f*, Entbehrung *f*.

priv·a·tive [ˈprɪvətɪv] **I** *adj* (*adv* ~**ly**) **1.** entziehend, beraubend. **2.** *bes. ling. philos.* privaˈtiv, verneinend, negativ. **II** *s* **3.** *ling.* a) Verˈneinungsparˌtikel *f*, b) privaˈtiver Ausdruck.

pri·vat·ize [ˈpraɪvətaɪz] *v/t staatlichen Betrieb etc* privatiˈsieren.

priv·et [ˈprɪvɪt] *s bot.* Liˈguster *m*.

priv·i·lege [ˈprɪvɪlɪdʒ] **I** *s* **1.** Priviˈleg *n*, Sonder-, Vorrecht *n*, Vergünstigung *f*: **breach of** ~ a) Übertretung *f* der Machtbefugnis, b) *parl.* Vergehen *n* gegen die Vorrechte des Parlaments; ~ **of Parliament** Immunität *f* (e-s Abgeordneten); ~ **from arrest** *jur.* persönliche Immunität; ~ **of self-defence** (*Am.* **-defense**) *jur.* (Recht *n* der) Notwehr *f*; **with kitchen** ~**s** mit Küchenbenutzung; ~ **tax** *econ.* Konzessionssteuer *f*; **Committee of P**~**s** *jur.* Ausschuß *m* zur Untersuchung von Rechtsübergriffen (*gegenüber dem Parlament*); **bill of** ~ *Br.* Antrag *m* e-s Peers auf Aburteilung durch seinesgleichen. **2.** *fig.* (besonderer) Vorzug: **to have the** ~ **of being admitted** den Vorzug haben, zugelassen zu werden; **it is a** ~ **to converse with him** es ist e-e besondere Ehre, mit ihm sprechen zu dürfen. **3.** *Am.* (verbürgtes *od.* verfassungsmäßiges) Recht, Grundrecht *n*: **this is his** ~ das ist sein gutes Recht; **it is my** ~ **to** ... es steht mir frei zu ... **4.** *Börse*: Prämien- *od.* Stellgeschäft *n*: ~ **broker** *Am.* Prämienmakler *m*. **II** *v/t* **5.** priviˈleˈgieren, bevorrechtigen, bevorzugen, *j-m* das Vorrecht einräumen (**to** zu): **to be** ~**d to do** die Ehre *od.* den Vorzug haben zu tun. **6.** ausnehmen, befreien (**from** von).

ˈpriv·i·leged *adj* priviˈleˈgiert, bevorrechtigt: **the** ~ **classes** die privilegierten Stände; ~ **communication** *jur.* vertrauliche Mitteilung; ~ **creditor** bevorrechtigter Gläubiger; ~ **debt** bevorrechtigte (Schuld)Forderung; ~ **motion** *pol.* Dringlichkeitsantrag *m*.

priv·i·ly [ˈprɪvɪlɪ] *adv obs.* insgeheim.

priv·i·ty [ˈprɪvətɪ] *s* **1.** *jur.* a) (Interˈessen)Gemeinschaft *f*, b) Beteiligung *f*: ~ **in estate** gemeinsames Eigentum, *a.* Erbengemeinschaft. **2.** *jur.* Rechtsbeziehung *f*. **3.** *jur.* Rechtsnachfolge *f*. **4.** (*bes.* vertrauliches) Mitwissen, Mitwisserschaft *f*: **with his** ~ **and consent** mit s-m Wissen u. Einverständnis.

priv·y [ˈprɪvɪ] **I** *adj* (*adv* → **privily**) **1.** a) eingeweiht (**to** in *acc*), b) vertraulich: **many persons were** ~ **to it** viele waren darin eingeweiht, viele wußten darum; **he was made** ~ **to it** er wurde (mit) ins Vertrauen gezogen. **2.** *jur.* (mit)beteiligt (**to** an *dat*). **3.** *meist poet.* heimlich, geheim: ~ **parts** Scham-, Geschlechtsteile; ~ **stairs** *pl* Hintertreppe *f*. **II** *s* **4.** *jur.* Beteiligte(r *m*) *f*, ˈMitinteresˌsent(in) (**to** an *dat*). **5.** (*bes.* ˈAußen)Abˌort *m*, Abtritt *m*. ~ **coun·cil** *s meist* **P**~ **C**~ *Br.* (Geheimer) Staats-, Kronrat: **Judicial Committee of the P**~ **C**~ Justizausschuß *m* des Staatsrats (*höchste Berufungsinstanz für die Dominions*). **P**~ **Coun·cil·lor** *s Br.* Geheimer (Staats-) Rat (*Person*). ~ **purse** *s* **1.** königliche Priˈvatschaˌtulle. **2.** (**Keeper of the**) **P**~ **P**~ *Br.* Intenˈdant *m* der Ziˈvilliste. ~ **seal** *s Br.* **1.** Geheimsiegel *n*, (*das*) Kleine Siegel. **2.** → **Lord Privy Seal.**

prize[1] [praɪz] **I** *s* **1.** (Sieger)Preis *m* (*a. fig.*), Prämie *f*, Auszeichnung *f*: **school** ~ Schulpreis; **the** ~**s of a profession** die höchsten Stellungen in e-m Beruf. **2.** (*a.* Lotteˈrie)Gewinn *m*: **the first** ~ das Große Los. **3.** Lohn *m*, Belohnung *f*. **4.** (*der, die, das*) Beste. **II** *adj* **5.** preisgekrönt, prämiˈiert. **6.** Preis...: ~ **medal. 7.** erstklassig. **8.** *contp.* Riesen...: ~ **idiot. III** *v/t* **9.** (hoch)schätzen, würdigen: **to** ~ **s.th. more than** etwas höher (ein)schätzen als.

prize[2] [praɪz] **I** *s* (Kriegs)Beute *f*, Fang *m* (*a. fig.*), *bes. jur. mar.* Prise *f* (*aufgebrachtes Schiff*), Seebeute *f*: **to make** ~ **of** → II. **II** *v/t mar.* aufbringen, kapern.

prize[3] [praɪz] *bes. Br.* **I** *v/t* **1.** (auf)stemmen: **to** ~ **open** (mit e-m Hebel) aufbrechen; **to** ~ **up** hochwuchten *od.* -stemmen. **2. to** ~ **a secret out of s.o.** j-m ein Geheimnis entreißen. **II** *s* **3.** Hebelwirkung *f*, -kraft *f*. **4.** Hebel *m*.

prize| com·pe·ti·tion *s* Preisausschreiben *n*. ~ **court** *s mar.* Prisengericht *n*. ~ **crew** *s mar.* ˈPrisenkomˌmando *n*. ~ **fight** *s obs.* Preisboxkampf *m*. ~ **fight·er** *s obs.* Preis-, Berufsboxer *m*. ~ **giv·ing** *s ped. Br.* Verteilung *f* der Schulpreise. ~ **list** *s* Gewinnliste *f*. **ˈ**~**·man** [-mən] *s irr bes. univ.* Preisträger *m*, Gewinner *m* e-s Preises. ~ **mon·ey** *s* **1.** *mar.* Prisengeld(er *pl*) *n*. **2.** Geldpreis *m*. ~ **ring** *s obs.* **1.** *Boxen*: a) Ring *m*, b) *weitS.* (*das*) Berufsboxen. **2.** Berufsboxer *pl* u. deren Anhänger *pl*. ~ **win·ner** *s* Preisträger(in). **ˈ**~**ˌwin·ning** *adj* preisgekrönt, prämiˈiert.

pro- [prəʊ] *Wortelement mit den Bedeutungen* a) (eintretend) für, pro..., ...freundlich: ~**-German**, b) stellvertretend, Vize..., Pro..., c) vor (*räumlich u. zeitlich*).

pro[1] [prəʊ] **I** *pl* **pros** *s* **1.** Ja-Stimme *f*, Stimme *f* daˈfür. **2.** Für *n*, Pro *n*: **the** ~**s and cons** das Für u. Wider, das Pro u. Kontra. **3.** *colloq.* Befürworter(in). **II** *adv* **4.** (da)ˈfür.

pro[2] [prəʊ] (*Lat.*) *prep* für, pro, per: ~ **hac vice** (nur) für dieses ˈeine Mal; ~ **tanto** soweit, bis dahin; → **pro forma, pro rata.**

pro[3] [prəʊ] *colloq.* **I** *s* **1.** *sport* ,Profi' *m* (*a. fig.*): **to turn** ~ ins Profilager überwechseln. **2.** *Br.* ,Nutte' *f* (*Prostituierte*). **II** *adj* **3.** *sport* Profi...: ~ **player.** ~**-ˈam** [-ˈæm] *adj sport colloq.* für ,Profis' u. Amaˈteure, offen: ~ **tournament.**

prob·a·bil·ism [ˈprɒbəbɪlɪzəm; *Am.* ˈprɑ-] *s philos. relig.* Probabiˈlismus *m*.

prob·a·bil·i·ty [ˌprɒbəˈbɪlətɪ; *Am.* ˌprɑ-] *s* **1.** Wahrˈscheinlichkeit *f* (*a. math.*): **in all** ~ aller Wahrscheinlichkeit nach, höchstwahrscheinlich; **theory of** ~, ~ **calculus** *math.* Wahrscheinlichkeitsrechnung *f*; **the** ~ **is that** es ist zu erwarten *od.* anzunehmen, daß. **2.** → **probable** 5.

prob·a·ble [ˈprɒbəbl; *Am.* ˈprɑ-] **I** *adj* (*adv* **probably**) **1.** wahrˈscheinlich, vermutlich, mutmaßlich: ~ **cause** *jur.* hinreichender (Tat)Verdacht. **2.** wahrˈscheinlich, glaubhaft, glaubwürdig, einleuchtend. **II** *s* **3.** wahrˈscheinlicher

Kandiˈdat *od.* (*sport*) Teilnehmer. **4.** *mil.* wahrˈscheinlicher Abschuß. **5.** (*etwas*) Wahrˈscheinliches, Wahrˈscheinlichkeit *f.*
pro·band [ˈprəʊbænd] *s Genealogie*: Proˈband *m.*
pro·bang [ˈprəʊbæŋ] *s med.* Schlundsonde *f.*
pro·bate [ˈprəʊbeɪt; *Br. a.* -bɪt] *jur.* **I** *s* **1.** gerichtliche (*bes.* Testaˈments)Bestätigung. **2.** Testaˈmentseröffnung *f.* **3.** Abschrift *f* e-s gerichtlich bestätigten Testaˈments. **II** *v/t* **4.** *Am. ein Testament* a) bestätigen, b) eröffnen u. als rechtswirksam bestätigen lassen. **~ court** *s* Nachlaßgericht *n*, (*in USA a. zuständig in Sachen der freiwilligen Gerichtsbarkeit, bes. als*) Vormundschaftsgericht *n.* **~ dis·pute** *s* Erbstreitigkeit *f.* **~ du·ty** *s* Erbschaftssteuer *f.*
pro·ba·tion [prəˈbeɪʃn; *Am.* prəʊ-] *s* **1.** (*bes.* Eignungs)Prüfung *f*, Probe *f.* **2.** Probezeit *f*: **on ~** auf Probe; **year of ~** Probejahr *n.* **3.** *jur.* a) Bewährungsfrist *f*, b) bedingte Freilassung: **to put** (*od.* **place**) **s.o. on ~** a) j-m Bewährungsfrist zubilligen, b) j-n unter Zubilligung e-r Bewährungsfrist freilassen; **~ officer** Bewährungshelfer(in). **4.** *relig.* Noviziˈat *n.* **proˈba·tion·ar·y** [-ʃnərɪ; *Am.* -ʃəˌneri:], *a.* **proˈba·tion·al** *adj* **1.** Probe... **2.** *jur.* a) bedingt freigelassen, b) Bewährungs...: **~ period** Bewährungsfrist *f.*
proˈba·tion·er *s* **1.** ˈProbekandiˌdat (-in), Angestellte(r *m*) *f* auf Probe, *z.B.* Lernschwester *f.* **2.** *fig.* Neuling *m.* **3.** *relig.* Noˈvize *m*, *f.* **4.** *jur.* a) j-d, dessen Strafe zur Bewährung ausgesetzt ist, b) auf Bewährung bedingt Strafentlassene(r *m*) *f.*
pro·ba·tive [ˈprəʊbətɪv] *adj* als Beweis dienend (**of** für): **to be ~ of** beweisen; **~ facts** *jur.* beweiserhebliche Tatsachen; **~ force** Beweiskraft *f.*
probe [prəʊb] **I** *v/t* **1.** *med.* sonˈdieren (*a. fig.*). **2.** *fig.* eindringen in (*acc*), erforschen, (gründlich) unterˈsuchen, *a. j-n* aushorchen. **II** *v/i* **3.** *fig.* (forschend) eindringen (**into** in *acc*): **to ~ into the subconscious mind**; **to ~ deep into a matter** e-r Angelegenheit auf den Grund gehen. **III** *s* **4.** *med.* Sonde *f*: **~ scissors** Wundschere *f.* **5.** *tech.* Sonde *f*, Tastkopf *m.* **6.** (*Mond- etc*)Sonde *f*, Verˈsuchsraˌkete *f*, ˈForschungssatelˌlit *m*: **lunar ~**; **space ~** Raumsonde. **7.** *fig.* Sonˈdierung *f.* **8.** *fig. bes. Am.* Unterˈsuchung *f.*
prob·i·ty [ˈprəʊbətɪ] *s* Rechtschaffenheit *f*, Redlichkeit *f.*
prob·lem [ˈprɒbləm; *Am.* ˈprɑ-] **I** *s* **1.** Proˈblem *n*, probleˈmatische *od.* schwierige Aufgabe *od.* Frage, Schwierigkeit *f*: **this poses a ~ for me** das stellt mich vor ein Problem; **we are facing a ~** wir sehen uns vor ein Problem gestellt. **2.** *math.* Aufgabe *f*, Proˈblem *n* (*a. philos. Schach etc*): **to set a ~** e-e Aufgabe stellen. **3.** *fig.* Rätsel *n*: **it is a ~ to me** es ist mir unverständlich *od.* ein Rätsel. **II** *adj* **4.** probleˈmatisch: **~ child** Problemkind *n*; **~ drama** Problemdrama *n*; **~ drinker** *euphem.* Alkoholiker(in); **~ novel** Problemroman *m*; **~-orient(at)ed** problemorientiert; **~ play** Problemstück *n.*
prob·lem·at·ic [ˌprɒbləˈmætɪk; *Am.* ˌprɑ-] *adj*; **ˌprob·lemˈat·i·cal** [-kl] *adj* (*adv* **~ly**) **1.** probleˈmatisch, zweifelhaft. **2.** fragwürdig, dunkel: **of ~ origin.**
pro·bos·cis [prəʊˈbɒsɪs; *Am.* prəˈbɑ-] *pl* **-cis·es** [-sɪsi:z] *s* **1.** *zo.* a) (Eleˈfanten- *etc*)Rüssel *m*, b) (Inˈsekten-, Stech-) Rüssel *m.* **2.** *fig. humor.* ‚Rüssel' *m* (*Nase*). **~ mon·key** *s zo.* Nasenaffe *m.*
pro·caine [ˈprəʊkeɪn] *s chem.* Prokaˈin *n.*
pro·cam·bi·um [prəʊˈkæmbɪəm] *s bot.* Proˈcambium *n* (*Bildungsgewebe der Leitbündel*).
pro·ce·dur·al [prəˈsi:dʒərəl] *adj* **1.** *jur.* prozessuˈal, verfahrensrechtlich: **~ law** Verfahrensrecht *n.* **2.** Verfahrens...: **~ motion** *parl.* Antrag *m* zur Geschäftsordnung.
pro·ce·dure [prəˈsi:dʒə(r)] *s* **1.** *allg.* Verfahren *n* (*a. tech.*), Vorgehen *n.* **2.** *jur.* (*bes.* proˈzeßrechtliches) Verfahren: **rules of ~** Prozeßvorschriften, Verfahrensbestimmungen. **3.** Handlungsweise *f*, Verhalten *n*, (eingeschlagener) Weg.
pro·ceed **I** *v/i* [prəˈsi:d; prəʊ-] **1.** weitergehen, -fahren *etc*, sich begeben (**to** nach). **2.** *fig.* weitergehen (*Handlung etc*), fortschreiten: **the play will now ~** das Spiel geht jetzt weiter. **3.** vor sich gehen, vonˈstatten gehen. **4.** vor(wärts)gehen, vorrücken, *fig. a.* Fortschritte machen, vorˈankommen. **5.** fortfahren, weitermachen (**with, in** mit, in *s-r Rede etc*): **to ~ with one's work** s-e Arbeit fortsetzen; **to ~ on one's journey** s-e Reise fortsetzen, weiterreisen. **6.** fortfahren (zu sprechen): **he ~ed to say** er fuhr (in s-r Rede) fort, dann sagte er. **7.** (*bes. nach e-m Plan*) vorgehen, verfahren: **to ~ with s.th.** etwas durchführen *od.* in Angriff nehmen; **to ~ on the assumption that** davon ausgehen, daß. **8.** schreiten *od.* ˈübergehen (**to** zu), sich machen (**to** an *acc*), sich anschicken (**to do** zu tun): **to ~ to attack** zum Angriff übergehen; **to ~ to business** an die Arbeit gehen, anfangen, beginnen; **to ~ to the election** zur Wahl schreiten; **to ~ to another subject** das Thema wechseln. **9.** (**from**) ausgehen, ˈherrühren, kommen (von) (*Geräusch, Hoffnung, Resultat, Krankheit etc*), (*e-r Hoffnung etc*) entspringen. **10.** *jur.* (gerichtlich) vorgehen, e-n Proˈzeß anstrengen, prozesˈsieren (**against** gegen). **11.** *Br.* promoˈvieren (**to** zum), e-n akaˈdemischen Grad erlangen: **he ~ed to (the degree of) M.A.** er erlangte den Grad e-s Magisters. **II** *s* [ˈprəʊsi:d] → **proceeds.**
proˈceed·ing *s* **1.** a) Vorgehen *n*, Verfahren *n*, b) Maßnahme *f*, Handlung *f.* **2.** *pl jur.* Verfahren *n*, (Gerichts)Verhandlung(en *pl*) *f*: **to institute** (*od.* **take**) **~s against** ein Verfahren einleiten *od.* gerichtlich vorgehen gegen. **3.** *pl* (Tätigkeits-, Sitzungs)Berichte *pl*, (*jur.* Proˈzeß)Akten *pl.*
pro·ceeds [ˈprəʊsi:dz] *s pl* **1.** Erlös *m* (**from a sale** aus e-m Verkauf), Ertrag *m*, Gewinn *m.* **2.** Einnahmen *pl.*
pro·cess¹ [ˈprəʊses; *Am. a.* ˈprɑ-] **I** *s* **1.** *a. tech.* Verfahren *n*, Proˈzeß *m*: **~ of manufacture** a) Herstellungsverfahren, b) Herstellungsprozeß, -vorgang *m*, Werdegang *m*; **in ~ of construction** im Bau (befindlich); **~ annealing** *metall.* Zwischenglühung *f*; **~ average** mittlere Fertigungsgüte; **~ automation** Prozeß-Automatisierung *f*; **~ chart** *econ.* Arbeitsablaufdiagramm *n*; **~ control** (*Computer*) Prozeßsteuerung *f*; **~ engineering** Verfahrenstechnik *f*; **~ steam** *tech.* Betriebsdampf *m*; **~ variable** (*Verfahrenstechnik*) Prozeßvariable *f*; **~ water** *tech.* Betriebswasser *n.* **2.** Vorgang *m*, Verlauf *m*, Proˈzeß *m* (*a. phys.*): **~ of combustion** Verbrennungsvorgang; **mental ~** Denkprozeß. **3.** Arbeitsgang *m.* **4.** Fortgang *m*, -schreiten *n*, (Ver)Lauf *m* (*der Zeit*): **in ~ of time** im Laufe der Zeit; **to be in ~** im Gange sein, sich abwickeln; **in ~ of** im Verlauf von (*od. gen*); **the machine was damaged in the ~** dabei wurde die Maschine beschädigt. **5.** *chem.* a) → 1 *u.* 2: **~ butter** Prozeßbutter *f* (*entranzte Butter*), b) Reaktiˈonsfolge *f.* **6.** *print.* photomeˈchanisches Reproduktiˈonsverfahren: **~ printing** Drei- *od.* Vierfarbendruck *m.* **7.** *phot.* Übereinˈanderkoˌpieren *n.* **8.** *jur.* a) Zustellung(en *pl*) *f*, *bes.* Vorladung *f*, b) Rechtsgang *m*, (Gerichts)Verfahren *n*: **due ~ of law** ordentliches Verfahren, rechtliches Gehör. **9.** *anat.* Fortsatz *m.* **10.** *bot.* Auswuchs *m.* **11.** *fig.* Vorsprung *m.* **12.** *math.* Auflösungsverfahren *n* (*e-r Aufgabe*). **II** *v/t* **13.** bearbeiten, behandeln, e-m Verfahren unterˈwerfen. **14.** verarbeiten, *Lebensmittel* haltbar machen, *Milch etc* steriliˈsieren, (chemisch) behandeln, *Stoff* imprägˈnieren: **to ~ into** verarbeiten zu; **to ~ information** Daten verarbeiten; **~(ed) cheese** Schmelzkäse *m.* **15.** *jur.* a) vorladen, b) gerichtlich belangen. **16.** *phot.* (photomeˈchanisch) reproduˈzieren *od.* vervielfältigen. **17.** *fig. Am.* a) *j-n* ‚ˈdurchschleusen', abfertigen, b) *j-s Fall etc* bearbeiten.
pro·cess² [prəˈses] *v/i bes. Br.* **1.** in e-r Prozessiˈon (mit)gehen. **2.** ziehen.
pro·cess art *s* Proˈzeßkunst *f* (*in deren Mittelpunkt die Vermittlung künstlerischer Prozesse steht*).
pro·cess·ing [ˈprəʊsesɪŋ; *Am. a.* ˈprɑ-] *s* **1.** *tech.* Veredelung *f*: **~ industry** weiterverarbeitende Industrie. **2.** *tech.* Verarbeitung *f*: **~ program(me)** (*Computer*) Verarbeitungsprogramm *n*; **~ unit** (*Computer*) Recheneinheit *f.* **3.** *bes. fig. Am.* Bearbeitung *f.*
pro·ces·sion [prəˈseʃn] **I** *s* **1.** Prozessiˈon *f*, (feierlicher) (Auf-, ˈUm)Zug: **to go in ~** → 5; **funeral ~** Leichenzug. **2.** Reihe *f*, Reihenfolge *f.* **3.** *a.* **~ of the Holy Spirit** *relig.* Ausströmen *n* des Heiligen Geistes. **4.** *Rennsport*: müdes Rennen. **II** *v/i* **5.** e-e Prozessiˈon *etc* abhalten, in e-r Prozession gehen. **III** *v/t* **6.** in (e-r) Prozessiˈon ziehen durch. **proˈces·sion·al** [-ʃənl] **I** *s relig.* a) Prozessiˈonsbuch *n*, b) Prozessiˈonshymne *f.* **II** *adj* Prozessions...
proˈces·sion·ar·y [-ʃnərɪ; *Am.* -ʃəˌneri:] **I** *s* **1.** → **processional** I. **II** *adj* **2.** → **processional** II. **3.** *zo.* Prozessions..., Wander...: **~ caterpillar.**
pro·ces·sor [ˈprəʊsesə(r); *Am. a.* ˈprɑ-] *s* **1.** *tech.* a) Verarbeiter *m*, b) ˈHersteller *m.* **2.** *fig. Am.* (Sach)Bearbeiter *m.* **3.** *Computer*: Proˈzessor *m*, Zenˈtraleinheit *f.* **4.** *art* Vertreter(in) der Proˈzeßkunst.
pro·claim [prəˈkleɪm; prəʊ-] *v/t* **1.** proklaˈmieren, (öffentlich) verkünd(ig)en, kundgeben: **to ~ war** den Krieg erklären; **to ~ s.o. a traitor** j-n zum Verräter erklären; **to ~ s.o. king** j-n zum König ausrufen. **2.** erweisen als, kennzeichnen: **the dress ~s the man** Kleider machen Leute. **3.** a) den Ausnahmezustand verhängen über (*ein Gebiet etc*), b) unter Quaranˈtäne stellen. **4.** in die Acht erklären. **5.** *e-e Versammlung etc* verbieten.
proc·la·ma·tion [ˌprɒkləˈmeɪʃn; *Am.* ˌprɑ-] *s* **1.** Proklamatiˈon *f* (**to** an *acc*), (öffentliche *od.* feierliche) Verkündigung *od.* Bekanntmachung, Aufruf *m*: **~ of martial law** Verhängung *f* des Standrechts. **2.** Erklärung *f*, Ausrufung *f* (*zum König etc*). **3.** Verhängung *f od.* Erklärung *f* des Ausnahmezustandes *od.* des Bannes. **pro·clam·a·to·ry** [prəˈklæmətərɪ; *Am.* -ˌtəʊri:; -ˌtɔ:-] *adj* verkündend, proklaˈmierend.
pro·clit·ic [prəʊˈklɪtɪk] *ling.* **I** *adj* proˈklitisch. **II** *s* proˈklitisches Wort.
pro·cliv·i·ty [prəˈklɪvətɪ; prəʊ-] *s* Neigung *f*, Hang *m* (**to, towards** zu).
pro·con·sul [ˌprəʊˈkɒnsəl; *Am.* -ˈkɑn-] *s* **1.** *antiq.* (*römischer*) Proˈkonsul, Statthalter *m* (*e-r Provinz*). **2.** Statthalter *m* (*e-r Kolonie etc*). **ˌproˈcon·su·late**

[-ˈkɒnsjʊlət; *Am.* -ˈkɑnsələt] *s* Prokonsuˈlat *n*, Statthalterschaft *f*.

pro·cras·ti·nate [prəʊˈkræstɪneɪt] **I** *v/i* zaudern, zögern. **II** *v/t* hinˈauszögern, verschleppen. **proˌcras·tiˈna·tion** *s* Verzögerung *f*, Verschleppung *f*. **proˈcras·ti·na·tor** [-tə(r)] *s* **1.** Zauderer *m*, Zögerer *m*. **2.** Verschlepper *m*.

pro·cre·ant [ˈprəʊkrɪənt] *adj* (er)zeugend, erschaffend. **ˈpro·cre·ate** [-eɪt] *v/t* **1.** *a. fig.* (er)zeugen, herˈvorbringen: to ~ **offspring**; to ~ **one's kind** sich fortpflanzen. **2.** *fig.* ins Leben rufen. **ˌpro·creˈa·tion** *s* (Er)Zeugung *f*, Herˈvorbringen *n* (*a. fig.*), Fortpflanzung *f*. **ˈpro·cre·a·tive** *adj* **1.** zeugungsfähig, Zeugungs...: ~ **capacity** Zeugungsfähigkeit *f*. **2.** fruchtbar. **ˈpro·cre·a·tor** [-tə(r)] *s* Erzeuger *m*.

Pro·crus·te·an [prəʊˈkrʌstɪən] *adj* **1.** Prokrustes...: ~ **bed** Prokrustesbett *n* (*a. fig.*). **2.** *fig.* gewaltsam, Zwangs...

proc·to·cele [ˈprɒktəʊsiːl; *Am.* ˈprɑktəˌs-] *s med.* Proktoˈzele *f*, Mastdarmvorfall *m*.

proc·tol·o·gy [prɒkˈtɒlədʒɪ; *Am.* prɑkˈtɑ-] *s med.* Proktoloˈgie *f* (*Lehre von den Funktionen u. Erkrankungen des Mastdarms u. des Afters*).

proc·tor [ˈprɒktə; *Am.* ˈprɑktər] **I** *s* **1.** *univ.* a) *Br.* Disziplinarbeamte(r) *m*, b) Aufsichtführende(r) *m* (*bes. bei Prüfungen*). **2.** *jur.* Anwalt *m* (*vor geistlichen u. Seerechtsgerichten*). **3.** *a.* **King's** (*od.* **Queen's**) ~ *jur. Br. Beamter der* **Family Division**, *der verpflichtet ist, bei vermuteter Kollusion der Parteien in das Verfahren einzugreifen.* **II** *v/t* **4.** a) beaufsichtigen, b) die Aufsicht führen bei (*e-r Prüfung*).

proc·to·scope [ˈprɒktəskəʊp; *Am.* ˈprɑ-] *s med.* Rektoˈskop *n*, Mastdarmspiegel *m*. **procˈtot·o·my** [-ˈtɒtəmɪ; *Am.* -ˈtɑ-] *s* Mastdarmeinschnitt *m*, Proktotoˈmie *f*.

pro·cur·a·ble [prəˈkjʊərəbl] *adj* beschaffbar, erhältlich, zu beschaffen(d): **easily** ~.

proc·u·ra·tion [ˌprɒkjʊəˈreɪʃn; *Am.* ˌprɑkjəˈr-] *s* **1.** → **procurement** 1 *u.* 3. **2.** (Stell)Vertretung *f*. **3.** Bevollmächtigung *f*. **4.** *econ. jur.* Proˈkura *f*, Vollmacht *f*: **to give** ~ Prokura *od.* Vollmacht erteilen; **by** ~ per Prokura; **joint** ~ Gesamthandlungsvollmacht; **single** (*od.* **sole**) ~ Einzelprokura. **5.** *a.* ~ **fee**, ~ **money** *econ.* Makler-, Vermittlungsgebühr *f*. **6.** *jur.* → **procuring** 2.

proc·u·ra·tor [ˈprɒkjʊəreɪtə(r); *Am.* ˈprɑkjə-] *s jur.* **1.** Anwalt *m*: **P~ General** *Br.* Königlicher Anwalt des Schatzamtes; ~ **fiscal** *Scot.* Staatsanwalt. **2.** Sachwalter *m*, Bevollmächtigte(r) *m*.

pro·cure [prəˈkjʊə(r)] **I** *v/t* **1.** (sich) be- *od.* verschaffen, (sich) besorgen: **to** ~ **s.th. for s.o.** (*od.* **s.o. s.th.**) j-m etwas beschaffen *etc*; **to** ~ **evidence** Beweise liefern *od.* beibringen. **2.** erwerben, erlangen: **to** ~ **wealth**. **3.** *Mädchen* verkuppeln, ‚besorgen' (**for s.o.** j-m). **4.** bewirken, veranlassen, herˈbeiführen, bewerkstelligen: **to** ~ **s.o. to commit a crime** j-n zu e-r Straftat anstiften. **II** *v/i* **5.** a) kuppeln, b) Zuhälteˈrei treiben. **proˈcure·ment** *s* **1.** Besorgung *f*, Beschaffung *f*: ~ **of capital** Kapitalbeschaffung. **2.** Erwerbung *f*: ~ **of a patent**. **3.** Vermittlung *f*. **4.** Veranlassung *f*, Bewerkstelligung *f*. **proˈcur·er** *s* **1.** Beschaffer(in), Vermittler(in). **2.** a) Kuppler *m*, b) Zuhälter *m*. **proˈcur·ess** [-rɪs] *s* Kupplerin *f*. **proˈcur·ing** *s* **1.** → **procurement**. **2.** a) Kuppeˈlei *f*, b) Zuhälteˈrei *f*.

prod¹ [prɒd; *Am.* prɑd] **I** *v/t* **1.** stechen, stoßen, ‚piken'. **2.** *fig.* anstacheln, anspornen, antreiben (**into** zu): **to** ~ **s.o.'s memory** j-s Gedächtnis (*energisch*) nachhelfen. **II** *s* **3.** Stich *m*, Stechen *n*, Stoß *m* (*a. fig.*). **4.** *fig.* Ansporn *m*. **5.** spitzes Werkzeug, *bes.* Ahle *f*. **6.** Stachelstock *m*.

Prod² [prɒd] *s Ir. contp.* ‚Evanˈgele' *m* (*Protestant*).

pro·de·li·sion [ˌprəʊdɪˈlɪʒn; *Am.* ˌprɑd-] *s ling.* Weglassen *n* des ˈAnfangsvoˌkals (*z. B. in* **I'm** *für* **I am**).

prod·i·gal [ˈprɒdɪgl; *Am.* ˈprɑd-] **I** *adj* (*adv* ~**ly**) **1.** verschwenderisch (**of** mit): **to be** ~ **of** → **prodigalize**; **the** ~ **son** *Bibl.* der verlorene Sohn. **II** *s* **2.** Verschwender(in) (*a. jur.*). **3.** reuiger Sünder. **ˌprod·iˈgal·i·ty** [-ˈgælətɪ] *s* **1.** Verschwendung(ssucht) *f*. **2.** Üppigkeit *f*, (verschwenderische) Fülle (**of** an *dat*). **ˈprod·i·gal·ize** [-gəlaɪz] *v/t* verschwenden, verschwenderisch ˈumgehen mit: **to** ~ **one's money**.

pro·di·gious [prəˈdɪdʒəs] *adj* (*adv* ~**ly**) **1.** erstaunlich, wunderbar, großartig: **he's got a** ~ **memory** er hat ein ‚sagenhaftes' Gedächtnis. **2.** gewaltig, ungeheuer.

prod·i·gy [ˈprɒdɪdʒɪ; *Am.* ˈprɑ-] *s* **1.** Wunder *n* (*meist Sache od. Person*) (**of** *gen od.* an *dat*): **a** ~ **of learning** ein Wunder der *od.* an Gelehrsamkeit; **the prodigies of the human race** die Wunder(werke) der Menschen. **2.** *meist* **child** (*od.* **infant**) ~ Wunderkind *n*: **musical** ~ musikalisches Wunder(kind). **3.** *contp.* Ausgeburt *f*, Monstrum *n*.

prod·ro·mal [ˈprɒdrəml; *bes. Am.* prəʊˈdrəʊməl] *adj med.* (*e-m Krankheitsausbruch etc*) vorˈausgehend, prodroˈmal. **pro·drome** [ˈprəʊdrəʊm] *s med.* Proˈdrom *n*, Prodroˈmalsymˌptom *n*.

pro·duce [prəˈdjuːs; *Am. a.* -ˈduːs] **I** *v/t* **1.** *allg.* erzeugen: a) *Kinder, Werke etc* herˈvorbringen, *Werke etc* schaffen, machen, b) *fig.* herˈvorrufen, -bringen, bewirken, zeitigen, schaffen, *e-e Wirkung* erzielen: **to** ~ **an effect**; **to** ~ **a smile** ein Lächeln hervorrufen. **2.** *Waren etc* produˈzieren, erzeugen, ˈherstellen, fertigen, *ein Buch* herˈausbringen *od.* verfassen, *Erz, Kohle etc* gewinnen, fördern. **3.** *bot. Früchte etc* herˈvorbringen. **4.** *econ. e-n Gewinn etc* (ein)bringen, (-)tragen, abwerfen, erzielen: **capital** ~**s interest** Kapital trägt *od.* bringt Zinsen. **5.** herˈaus-, herˈvorziehen, -holen (**from** aus *der Tasche etc*). **6.** *s-n Ausweis etc* (vor)zeigen, vorlegen. **7.** *Zeugen, Beweis etc* beibringen: **to** ~ **evidence** (**witnesses**). **8.** *Gründe* vorbringen, anführen, aufwarten mit. **9.** *e-n Film* produˈzieren, herˈausbringen, *ein Theaterstück, Hör- od. Fernsehspiel* a) aufführen, b) ˈeinstuˌdieren, inszeˈnieren, *thea., Rundfunk*: *Br.* Reˈgie führen bei: **to** ~ **o.s.** *fig.* sich produzieren. **10.** *e-n Schauspieler* herˈausbringen. **11.** *math. e-e Linie* verlängern. **II** *v/i* **12.** produˈzieren. **13.** *bot.* (Früchte) tragen. **14.** *econ.* Gewinn(e) abwerfen. **III** *s* **prod·uce** [ˈprɒdjuːs; *Am.* ˈprɑduːs] (*nur sg*) **15.** (*bes.* ˈBoden-, ˈLandes)Proˌdukte *pl*, (Naˈtur)Erzeugnis(se *pl*) *n*: ~ **exchange** Produktenbörse *f*; ~ **market** Waren-, Produktenmarkt *m*. **16.** Ertrag *m*, Gewinn *m*. **17.** *tech.* (Erz-) Ausbeute *f*. **18.** *tech.* Leistung *f*, Ausstoß *m*: **daily** ~.

pro·duc·er [prəˈdjuːsə(r); *Am. a.* -ˈduː-] *s* **1.** Erzeuger(in), ˈHersteller(in) (*beide a. econ.*): ~ **country** *econ.* Erzeugerland *n*. **2.** *econ.* Produˈzent *m*, Fabriˈkant *m*: ~**('s) goods** Produktionsgüter. **3.** a) *Film*: Produˈzent *m*, Produktiˈonsleiter *m*, b) *thea., Rundfunk*: *Br.* Regisˈseur *m*, Spielleiter *m*. **4.** *tech.* Geneˈrator *m*: ~ **gas** Generatorgas *n*. **proˈduc·i·ble** *adj* **1.** erzeugbar, ˈherstellbar, produˈzierbar. **2.** vorzuzeigen(d), beizubringen(d), aufweisbar. **proˈduc·ing** *adj* Produktions..., Herstellungs...

prod·uct [ˈprɒdʌkt; *Am.* ˈprɑdəkt] *s* **1.** Proˈdukt *n*, Erzeugnis *n* (*a. econ. tech.*): **intermediate** ~ Zwischenprodukt; ~ **engineering** Fertigungstechnik *f*; ~ **liability** *Am.* Produzentenhaftung *f*; ~ **line** a) Herstellungsprogramm *n*, b) Erzeugnisgruppe *f*; ~ **patent** Stoffpatent *n*. **2.** *chem. math.* Proˈdukt *n*. **3.** *fig.* (*a.* ˈGeistes)Proˌdukt *n*, Ergebnis *n*, Resulˈtat *n*, Frucht *f*, Werk *n*. **4.** *fig.* Proˈdukt *n* (*Person*): **he was the** ~ **of his time**.

pro·duc·tion [prəˈdʌkʃn] *s* **1.** (*z. B. Kälte-, Strom*)Erzeugung *f*, (*z. B. Rauch*)Bildung *f*: ~ **of current** (**smoke**). **2.** *econ.* Produktiˈon *f*, ˈHerstellung *f*, Erzeugung *f*, Fabrikatiˈon *f*, Fertigung *f*: ~ **planning** Fertigungsplanung *f*; **to be in** ~ serienmäßig hergestellt werden; **to be in good** ~ genügend hergestellt werden; **to go into** ~ a) die Produktion aufnehmen (*Fabrik*), b) in Produktion gehen (*Ware*). **3.** a) *chem. min. Bergbau*: Gewinnung *f*: ~ **of gold**, b) *Bergbau*: Förderleistung *f*. **4.** (Arbeits)Erzeugnis *n*, (*a.* Naˈtur)Proˌdukt *n*, Fabriˈkat *n*. **5.** *fig.* (*meist* liteˈrarisches) Proˈdukt, Ergebnis *n*, Werk *n*, Schöpfung *f*, Frucht *f*. **6.** Herˈvorbringen *n*, Entstehung *f*. **7.** Vorlegung *f*, -zeigung *f*, -lage *f* (*e-s Dokuments etc*), Beibringung *f* (*e-s Zeugen*), Erbringen *n* (*e-s Beweises*), Vorführen *n*, Aufweisen *n*. **8.** Herˈvorholen *n*, -ziehen *n*. **9.** Verlängerung *f* (*a. bot. math. zo.*). **10.** *thea. etc* Aufführung *f*, Inszeˈnierung *f*: **to make a** ~ (**out**) **of s.th.** *fig. colloq.* viel Theater um etwas machen. **11.** a) *Film, TV*: Produktiˈon *f*, b) *thea., Rundfunk*: *Br.* Reˈgie *f*, Spielleitung *f*. **proˈduc·tion·al** [-ʃənl] *adj* Produktions...

pro·duc·tion| ca·pac·i·ty *s* Produktiˈonskapaziˌtät *f*, Leistungsfähigkeit *f*. **~ car** *s mot.* Serienwagen *m*. **~ con·trol** *s* Produktiˈonskonˌtrolle *f*. **~ costs** *s pl* Gestehungskosten *pl*. **~ di·rec·tor** *s Rundfunk, TV*: Sendeleiter *m*. **~ en·gi·neer** *s* Beˈtriebsingeniˌeur *m*. **~ goods** *s pl econ.* Produktiˈonsgüter *pl*. **~ line** *s tech.* Fertigungsstraße *f*, Fließband *n*. **~ man·ag·er** *s econ.* ˈHerstellungsleiter *m*. **~ part** *s* Fertigungsteil *m, n*.

pro·duc·tive [prəˈdʌktɪv] *adj* (*adv* ~**ly**) **1.** herˈvorbringend, erzeugend, schaffend (**of** *acc*): **to be** ~ **of** erzeugen, führen zu. **2.** produkˈtiv, ergiebig, ertragreich, fruchtbar, renˈtabel: ~ **capital** *econ.* gewinnbringendes Kapital; ~ **labo(u)r** produktive (*unmittelbar am Fabrikationsprozeß beteiligte*) Arbeitskräfte *pl*. **3.** produˈzierend, ˈherstellend, leistungsfähig: ~ **bed** (*Bergbau*) abbauwürdige Lagerstätte. **4.** *fig.* produkˈtiv, fruchtbar, schöpferisch: **a** ~ **writer**. **proˈduc·tive·ness, pro·duc·tiv·i·ty** [ˌprɒdʌkˈtɪvətɪ; *Am.* ˌprɑ-; prəʊˌdʌkˈt-] *s* Produktiviˈtät *f* (*a. fig.*), Ergiebigkeit *f*, Ertragsfähigkeit *f*, Fruchtbarkeit *f* (*a. fig.*), Rentabiliˈtät *f*.

pro·em [ˈprəʊem] *s* Einleitung *f* (*a. fig.*), Vorrede *f* (**to** zu).

ˈpro-ˌEu·roˈpe·an I *adj* **1.** proeuroˈpäisch. **2.** die Zugehörigkeit Großbriˈtanniens zur Euroˈpäischen Gemeinschaft befürwortend. **II** *s* **3.** Proeuroˈpäer(in). **4.** Befürworter(in) der britischen Zugehörigkeit zur Euroˈpäischen Gemeinschaft.

prof [prɒf; *Am.* prɑf] *s colloq.* ‚Prof' *m* (*Professor*).

prof·a·na·tion [ˌprɒfəˈneɪʃn; *Am.* ˌprɑ-; ˌprəʊ-] *s* Entweihung *f*, Profaˈnierung *f*.

pro·fane [prəˈfeɪn; *Am. a.* prəʊ-] **I** *adj* (*adv* ~**ly**) **1.** weltlich, proˈfan, nicht geistlich, ungeweiht: ~ **building** Profanbau *m*; ~ **history** Profangeschichte *f*; ~ literature weltliche Literatur. **2.** (gottes-) lästerlich, gottlos, gemein. **3.** unheilig, heidnisch: ~ **rites**. **4.** uneingeweiht (**to** in *acc*), nicht zugelassen (**to** zu), außenstehend. **5.** gewöhnlich, proˈfan. **II** *v/t* **6.** entweihen, herˈabwürdigen, profaˈnieren, *e-n Feiertag etc* entheiligen. **pro·ˈfan·i·ty** [-ˈfænətɪ] *s* **1.** Gott-, Ruchlosigkeit *f*. **2.** Weltlichkeit *f*. **3.** a) Fluchen *n*, b) *pl* Flüche *pl*, Lästerungen *pl*.

pro·fess [prəˈfes] *v/t* **1.** (*a.* öffentlich) erklären, *Interesse, Reue etc* bekunden, sich ˈhinstellen *od.* bezeichnen (**to be** als): **to ~ o.s. a communist** sich zum Kommunismus bekennen. **2.** beteuern, versichern, *contp. a.* zur Schau tragen, heucheln. **3.** sich bekennen zu (*e-m Glauben etc*) *od.* als (*Christ etc*): **to ~ christianity**. **4.** eintreten für, *Grundsätze etc* vertreten: **to ~ principles**. **5.** (*als Beruf*) ausüben, betreiben: **to ~ surgery** (von Beruf) Chirurg sein. **6.** a) Fachmann sein in (*dat*), *ein Fachgebiet* beherrschen, b) sich als Fachmann ausgeben in (*dat*). **7.** *bes. Br.* Proˈfessor sein für, lehren: **he ~es chemistry**. **8.** *relig.* in e-n Orden aufnehmen. **proˈfessed** [-st] *adj* **1.** erklärt, ausgesprochen: **a ~ enemy of liberalism**; **~ Christian** Bekenntnischrist(in). **2.** angeblich, vorgeblich, Schein... **3.** Berufs..., von Beruf, berufsmäßig. **4.** *relig.* (in e-n Orden) aufgenommen: **~ monk** Profeß *m*. **proˈfess·ed·ly** [-sɪdlɪ; *Am. a.* -ˈfestli:] *adv* **1.** angeblich. **2.** erklärtermaßen, nach eigener Angabe. **3.** offenkundig.

pro·fes·sion [prəˈfeʃn] *s* **1.** (*bes.* akaˈdemischer *od.* freier) Beruf, Stand *m*: **learned ~** gelehrter Beruf; **the military ~** der Soldatenberuf; **the ~s** die akademischen Berufe; **by ~** von Beruf; **the oldest ~ in the world** *euphem.* das älteste Gewerbe der Welt. **2. the ~** *collect.* der Beruf *od.* Stand, die (gesamten) Vertreter *pl od.* Angehörigen *pl* e-s Berufes *od.* Standes: **the medical ~** die Ärzteschaft, die Mediziner *pl*. **3.** (Glaubens-) Bekenntnis *n*. **4.** Bekundung *f*, (*a.* falsche) Versicherung *od.* Behauptung, Erklärung *f*, Beteuerung *f*: **~ of faith** Treuebekenntnis *n*; **~ of friendship** Freundschaftsbeteuerung. **5.** *relig.* Proˈfeß *f*: a) (Ordens)Gelübde *n*, b) Ablegung *f* des (Ordens)Gelübdes.

pro·fes·sion·al [prəˈfeʃənl] **I** *adj* (*adv* **~ly**) **1.** Berufs..., beruflich, Amts..., Standes...: **~ association** Berufsgenossenschaft *f*; **~ discretion** Schweigepflicht *f* (*des Arztes etc*); **~ ethics** Berufsethos *n*; **~ hono(u)r** Berufsehre *f*; **~ jealousy** Brot-, Konkurrenzneid *m*; **~ pride** Standesdünkel *m*; **~ secrecy** Berufsgeheimnis *n*, Schweigepflicht *f*. **2.** Fach..., Berufs..., fachlich: **~ school** Fach-, Berufsschule *f*; **~ studies** Fachstudium *n*; **in a ~ way** berufsmäßig, professionell; **~ man** Mann *m* vom Fach (→ 4). **3.** Berufs..., professioˈnell (*a. sport*): **~ player**; **~ beauty** Bühnen- *od.* Filmschönheit *f*. **4.** freiberuflich, akaˈdemisch: **~ man** Angehörige(r) *m* e-s freien Berufes, Akademiker *m*, Geistesarbeiter *m* (→ 2); **the ~ classes** die höheren Berufsstände. **5.** fachlich ausgebildet, gelernt: **~ gardener**. **6.** unentwegt, *contp.* ‚Berufs...': **~ patriot**. **7.** a) (**very**) **~** (ausgesprochen) gekonnt, b) *contp.* routiˈniert: **his ~ smile**. **II** *s* **8.** *sport* Berufssportler(in) *od.* -spieler(in), ‚Profi' *m*: **to turn ~** ins Profilager überwechseln. **9.** Berufskünstler(in), Künstler(in) vom Fach. **10.** Fachmann *m*. **11.** Geistesarbeiter *m*. **12.** Prostituˈierte *f*. **proˈfes·sion·al·ism** [-ʃnəlɪzəm] *s* **1.** Berufssportlertum *n*, -spielertum *n*, Professionaˈlismus *m*, ‚Profitum' *n*. **2.** Routiˈniertheit *f*. **proˈfes·sion·al·ize I** *v/i* **1.** Berufssportler(in) *etc* werden. **2.** zum Beruf werden. **II** *v/t* **3.** berufsmäßig ausüben, zum Beruf machen.

pro·fes·sor [prəˈfesə(r)] *s* **1.** Proˈfessor *m*, Profesˈsorin *f*: → **adjunct** 5, **assistant** 2, **associate** 9, **full professor**. **2.** *Am.* Hochschullehrer *m*. **3.** Fachmann *m*, Lehrmeister *m* (*a. humor.*). **4.** *bes. Am. od. Scot.* (*a.* Glaubens)Bekenner *m*. **proˈfes·sor·ate** [-rɪt] *s* **1.** → **professorship**. **2.** *collect.* (*die*) Profesˈsoren *pl*, Profesˈsorenschaft *f* (*e-r Universität etc*). **pro·fes·so·ri·al** [ˌprɒfɪˈsɔːrɪəl; *Am.* ˌprəʊfəˈsəʊ-; ˌprɑ-] *adj* (*adv* **~ly**) professoˈral, profesˈsorenhaft, e-s Proˈfessors, Professoren...: **~ chair** Lehrstuhl *m*, Professur *f*; **~ socialist** Kathedersozialist *m*. ˌ**pro·fesˈso·ri·ate** [-rɪət] *s* **1.** → **professorate** 2. **2.** → **professorship**. **proˈfes·sor·ship** *s* Profesˈsur *f*, Lehrstuhl *m*: **to be appointed to a ~** e-n Lehrstuhl bekommen.

prof·fer [ˈprɒfə; *Am.* ˈprɑfər] **I** *s selten* Anerbieten *n*, Angebot *n*. **II** *v/t* (an)bieten. **III** *v/i* sich erbieten *od.* anbieten (**to do** zu tun).

pro·fi·cien·cy [prəˈfɪʃnsɪ] *s* (*nur sg*) (hohes) ˈLeistungsniˌveau, (gute) Leistungen *pl*, Können *n*, Tüchtigkeit *f*, Fertigkeit *f*. **proˈfi·cient I** *adj* (*adv* **~ly**) tüchtig, geübt, bewandert, erfahren (**in, at** in *dat*). **II** *s obs.* Fachmann *m*, Meister *m*, Könner *m*.

pro·file [ˈprəʊfaɪl] **I** *s* **1.** Proˈfil *n*: a) Seitenansicht *f*, -bild *n*, b) ˈUmriß (-linien *pl*) *m*, Konˈtur *f*: **in ~** im Profil; **to keep a low ~** *fig.* Zurückhaltung üben. **2.** *a. arch. tech.* Proˈfil *n*, Längsschnitt *m*, (*bes.* senkrechter) ˈDurchschnitt. **3.** Querschnitt *m* (*a. fig.*). **4.** ˈKurzbiograˌphie *f*, bioˈgraphische Skizze. **5.** (*historische etc*) Skizze. **6.** (*bes.* Perˈsönlichkeits-, ˈLeistungs)Diaˌgramm *n*, Kurve *f*. **II** *v/t* **7.** im Proˈfil darstellen, profiˈlieren. **8.** *tech.* im Quer- *od.* Längsschnitt zeichnen. **9.** *tech.* a) profiˈlieren, fassoˈnieren, b) koˈpierfräsen. **10.** *fig.* e-e ˈKurzbiograˌphie schreiben über (*acc*). **~ cut·ter** *s tech.* Fasˈsonfräser *m*. **~ drag** *s aer.* Proˈfilˌwiderstand *m* (*der Tragfläche*). **~ mill·ing** *s* Fasˈson-, ˈUmrißfräsen *n*.

pro·fil·er [ˈprəʊfaɪlə(r)], ˈ**pro·fil·ing ma·chine** *s tech.* Koˈpierˌfräsmaˌschine *f*.

prof·it [ˈprɒfɪt; *Am.* ˈprɑ-] **I** *s* **1.** (*econ. oft pl*) Gewinn *m*, Proˈfit *m*: **to leave a ~** (e-n) Gewinn abwerfen; **to make a ~ on** (*od.* **out of**) **s.th.** aus etwas (e-n) Gewinn ziehen; **to sell at a ~** mit Gewinn verkaufen; **~ and loss account** Gewinn- u. Verlustkonto *n*, Erfolgsrechnung *f*; **~ sharing** Gewinnbeteiligung *f*. **2.** *oft pl* a) Ertrag *m*, Erlös *m*, b) Reinertrag *m*. **3.** *jur.* Nutzung *f*, Früchte *pl* (*aus Land*). **4.** (*a. geistiger*) Gewinn, Nutzen *m*, Vorteil *m*: **to turn s.th. to ~** aus etwas Nutzen ziehen; **to his ~** zu s-m Vorteil. **II** *v/i* **5.** (**by, from**) (e-n) Nutzen *od.* Gewinn ziehen (aus), profiˈtieren (von): **to ~ by** sich *etwas* zunutze machen, *e-e Gelegenheit* ausnutzen. **6.** nutzen, nützen *od.* vorteilhaft sein. **III** *v/t* **7.** *j-m* nützen *od.* nutzen, von Nutzen *od.* Vorteil sein für. ˌ**prof·it·aˈbil·i·ty** → **profitableness**. ˈ**prof·it·a·ble** *adj* (*adv* **profitably**) **1.** gewinnbringend, einträglich, lohnend, renˈtabel: **to be ~** sich rentieren. **2.** vorteilhaft, nützlich (**to** für), nutzbringend. ˈ**prof·it·a·ble·ness** *s* **1.** Einträglichkeit *f*, Rentabiliˈtät *f*. **2.** Nützlichkeit *f*.

prof·it·eer [ˌprɒfɪˈtɪə(r); *Am.* ˌprɑfəˈt-] **I** *s* Proˈfitmacher *m*, (Kriegs- *etc*)Gewinnler *m*, ‚Schieber' *m*, Wucherer *m*. **II** *v/i* ‚Schieber-' *od.* Wuchergeschäfte machen, ‚schieben'. ˌ**prof·itˈeer·ing** *s* ‚Schieber-', Wuchergeschäfte *pl*.

pro·fit·er·ole [prəˈfɪtərəʊl] *s gastr.* (*Art*) Mohrenkopf *m*.

ˈ**prof·it·less** *adj* **1.** nicht einträglich, ohne Gewinn, ˈunrenˌtabel. **2.** nutzlos.

prof·li·ga·cy [ˈprɒflɪgəsɪ; *Am.* ˈprɑf-] *s* **1.** Lasterhaftigkeit *f*, Verworfenheit *f*, Liederlichkeit *f*. **2.** Verschwendung(ssucht) *f*. ˈ**prof·li·gate** [-gət] **I** *adj* (*adv* **~ly**) **1.** lasterhaft, verworfen, liederlich, ausschweifend. **2.** verschwenderisch. **II** *s* **3.** lasterhafter Mensch, ‚Liederjan' *m*. **4.** Verschwender(in).

pro for·ma [ˌprəʊˈfɔː(r)mə] (*Lat.*) *adj u. adv* **1.** pro forma, (nur) der Form halber, zum Schein. **2.** *econ.* Proforma...: **~ invoice**; **~ bill** Proforma-, Gefälligkeitswechsel *m*.

pro·found [prəˈfaʊnd] **I** *adj* **1.** tief (*meist fig.*): **~ bow** (**peace, sigh, sleep,** *etc*). **2.** tiefschürfend, -gründig, -sinnig, inhaltsschwer, scharfsinnig, gründlich, proˈfund: **~ knowledge** profundes Wissen. **3.** *fig.* unergründlich, dunkel: **~ poems**. **4.** *bes. fig.* tief, groß: **~ indifference** vollkommene Gleichgültigkeit; **~ interest** starkes Interesse; **~ pain** heftiger *od.* großer Schmerz; **~ respect** große *od.* größte Hochachtung. **II** *s* **5.** *poet.* Tiefe *f*, Abgrund *m*: **the ~** die Tiefe, das (tiefe) Meer. **proˈfound·ly** *adv* **1.** tief (*etc*; → **profound** I). **2.** äußerst, höchst: **~ glad**. **3.** völlig: **~ deaf**. **proˈfound·ness** → **profundity**.

pro·fun·di·ty [prəˈfʌndətɪ] *s* **1.** (große) Tiefe, Abgrund *m* (*a. fig.*). **2.** Tiefgründigkeit *f*, Tiefsinnigkeit *f*. **3.** Scharfsinn *m*, durchˈdringender Verstand. **4.** *pl* tiefgründige Proˈbleme *pl od.* Theoˈrien *pl*. **5.** *oft pl* Weisheit *f*, proˈfunder Ausspruch. **6.** Stärke *f*, hoher Grad (*der Erregung etc*).

pro·fuse [prəˈfjuːs] *adj* (*adv* **~ly**) **1.** (ˈüber)reich (**of, in** an *dat*), ˈüberfließend, üppig, ausgiebig. **2.** (*oft* allzu) freigebig, großzügig, verschwenderisch (**of, in** mit): **to be ~ in one's thanks** überschwenglich danken; **~ly illustrated** reich illustriert. **proˈfuse·ness, pro·ˈfu·sion** [-ˈfjuːʒn] *s* **1.** (ˈÜber)Fülle *f*, ˈÜberfluß *m* (**of an** *dat*): **in profusion** in Hülle u. Fülle. **2.** Verschwendung *f*, Luxus *m*, allzu große Freigebigkeit.

prog[1] [prɒg] *Br. colloq. für* **progressive** 8.

prog[2] [prəʊg] *Br. colloq. für* **program**[1] I.

pro·gen·i·tive [prəʊˈdʒenɪtɪv] *adj* **1.** Zeugungs...: **~ act**. **2.** zeugungsfähig. **proˈgen·i·tor** [-tə(r)] *s* **1.** Vorfahr *m*, Ahn *m*. **2.** *fig.* Vorläufer *m*. **proˈgen·i·tress** [-trɪs] *s* Ahne *f*.

pro·gen·i·ture [prəʊˈdʒenɪtʃə(r)] *s* **1.** Zeugung *f*. **2.** Nachkommenschaft *f*.

prog·e·ny [ˈprɒdʒənɪ; *Am.* ˈprɑ-] *s* **1.** Nachkommenschaft *f* (*a. bot.*), Nachkommen *pl*, Kinder *pl*, *zo.* (*die*) Jungen *pl*, Brut *f*. **2.** *fig.* Frucht *f*, Proˈdukt *n*, Ergebnis *n*. **3.** *fig.* Anhänger *pl*, Jünger *pl*.

pro·ge·ri·a [prəʊˈdʒɪərɪə] *s med.* Progeˈrie *f*, vorzeitige Vergreisung.

pro·ges·ter·one [prəʊˈdʒestərəʊn] *s biol.* Progesteˈron *n* (*Gelbkörperhormon*).

prog·nath·ic [prɒgˈnæθɪk; *Am.* prɑg-; *a.* -ˈneɪ-] → **prognathous**. ˈ**prog·na·thism** [-nəθɪzəm] *s med.* a) Prognaˈthie *f*, Vorstehen *n* des Oberkiefers, b) Progeˈnie *f*, Vorstehen *n* des ˈUnterkiefers. **prog·na·thous** [prɒgˈneɪθəs; ˈprɒgnəθəs; *Am.* -ɑg-] *adj* a) proˈgnathisch, mit vorstehendem Oberkiefer, b) proˈgenisch, mit vorstehendem ˈUnterkiefer. ˈ**prog·na·thy** [-nəθɪ] → **prognathism**.

prog·no·sis [prɒgˈnəʊsɪs; *Am.* prɑg-] *pl* **-ses** [-siːz] *s bes. med.* Proˈgnose *f*, Vorˈaus-, Vorˈhersage *f*: **to make a ~** e-e

Prognose stellen. **progˈnos·tic** [-ˈnɒstɪk; *Am.* -ˈnɑs-] **I** *adj* **1.** *bes. med.* proˈgnostisch. **2.** vorˈher-, vorˈaussagend (**of** *acc*): ~ **chart** Wetter(vorhersage)karte *f.* **3.** warnend, vorbedeutend. **II** *s* **4.** Vorˈaus-, Vorˈhersage *f,* Propheˈzeiung *f.* **5.** (An-, Vor)Zeichen *n, bes. med.* Proˈgnostikum *n.* **progˈnos·ti·cate** [-keɪt] *v/t* **1.** vorˈher-, vorˈaussagen, prognostiˈzieren, propheˈzeien. **2.** anzeigen, ankündigen. **progˌnos·tiˈca·tion** *s* **1.** Vorˈher-, Vorˈaussage *f,* Proˈgnose *f* (*a. med.*). **2.** Propheˈzeiung *f.* **3.** Vorzeichen *n.* **progˈnos·ti·ca·tor** [-tə(r)] *s* Weissager(in).

pro·gram¹, *bes. Br.* **pro·gramme** [ˈprəʊɡræm] **I** *s* **1.** (ˈStudien-, Parˈtei- *etc*)Proˌgramm *n,* Plan *m* (*a. fig.*): **what is the ~ for today?** *colloq.* was steht heute auf dem Programm? **2.** *thea. etc* Proˈgramm *n*: a) Spielplan *m,* b) Proˈgrammheft *n,* c) Darbietung *f*: ~ **music** Programmusik *f*; ~ **picture** Beifilm *m.* **3.** *Rundfunk, TV*: Proˈgramm *n*: a) Sendefolge *f,* b) Sendung *f*: ~ **director** Programmdirektor *m*; ~ **policy** Programmpolitik *f*; ~ **slot** Programmplatz *m.* **4.** Tanzkarte *f.* **5.** (ˈSchul- *etc*)Proˌspekt *m.* **II** *v/t* **6.** ein Proˈgramm aufstellen für. **7.** auf das Proˈgramm setzen, planen, ansetzen.

pro·gram², *Br. a.* **pro·gramme** [ˈprəʊɡræm] (*Computer*) **I** *s* Proˈgramm *n*: ~**-controlled** programmgesteuert; ~ **exit** Ausgang *m*; ~ **library** Programmbibliothek *f*; ~ **sequence** Programmfolge *f*; ~ **step** Programmschritt *m.* **II** *v/t* programˈmieren (*a. fig.*): ~**med instruction** *ped.* programmierter Unterricht.

pro·gram·ma·ble [ˈprəʊɡræməbl; prəʊˈɡr-] *adj Computer*: programˈmierbar: ~ **calculator**; ~ **read only memory** programmierbarer Festwertspeicher. **ˌpro·gramˈmat·ic** [-ɡrəˈmætɪk] *adj* (*adv* ~**ally**) **1.** programˈmatisch. **2.** proˈgrammuˌsikartig. **pro·gramme** → **program¹** *u.* **²**. **ˈpro·gram·mer** *s* Programˈmierer *m* (*e-s Computers*). **ˈpro·gram·ming I** *s* **1.** *Rundfunk, TV*: Proˈgrammgestaltung *f.* **2.** *Computer*: Programˈmierung *f.* **II** *adj* **3.** ~ **language** (*Computer*) Programmier-, Computersprache *f.*

prog·ress I *s* [ˈprəʊɡres; *Am.* ˈprɑɡ-] (*nur sg außer 8*) **1.** *fig.* Fortschritt *m,* -schritte *pl*: **to make** ~ → 11; ~ **chart** Ist-Leistungskurve *f*; ~ **engineer** Entwicklungsingenieur *m*; ~ **report** Tätigkeits-, Zwischenbericht *m.* **2.** *fig.* fortschreitende Entwicklung: **in** ~ im Werden (begriffen) (→ 5). **3.** Fortschreiten *n,* Vorrücken *n.* **4.** *mil.* Vordringen *n,* -gehen *n.* **5.** Fortgang *m,* (Ver)Lauf *m*: **to be in ~** im Gange sein; **in ~ of time** im Laufe der Zeit. **6.** Überˈhandnehmen *n,* ˈUmsichgreifen *n*: **the disease made rapid ~** die Krankheit griff schnell um sich. **7.** *obs.* Reise *f,* Fahrt *f*: **"The Pilgrim's P~"** „Die Pilgerreise" (*Buch von J. Bunyan*). **8.** *meist hist. Br.* Rundreise *f* (*e-s Herrschers, Richters etc*). **II** *v/i* **pro·gress** [prəʊˈɡres; prəˈɡ-] **9.** fortschreiten, weitergehen, s-n Fortgang nehmen. **10.** sich (fort-, weiter)entwickeln, gedeihen (**to** zu) (*Vorhaben etc*): **to ~ towards completion** s-r Vollendung entgegengehen. **11.** *fig.* Fortschritte machen, vorˈan-, vorwärtskommen.

pro·gres·sion [prəʊˈɡreʃn] *s* **1.** Vorwärts-, Fortbewegung *f.* **2.** Weiterentwicklung *f,* Verlauf *m.* **3.** (Aufeinˈander)Folge *f.* **4.** Progressiˈon *f*: a) *math.* Reihe *f,* b) Staffelung *f* (*e-r Steuer etc*). **5.** *mus.* a) Seˈquenz *f* (*Motivversetzung*), b) Fortschreitung *f* (*Stimmbewegung*).

proˈgres·sion·al [-ʃənl] *adj* **1.** fortschreitend. **2.** Fortschritts... **proˈgres·sion·ist** [-ʃnɪst], **prog·ress·ist** [prəʊˈɡresɪst; *Am.* ˈprɑɡrəs-] *s bes. pol.* Fortschrittler *m.*

pro·gres·sive [prəʊˈɡresɪv] **I** *adj* **1.** fortschrittlich (*Person od. Sache*), progresˈsiv (*beide a. pol.*): ~ **party** Fortschrittspartei *f*; ~ **jazz** progressiver Jazz. **2.** fortschreitend, fortlaufend, sich weiterentwickelnd, progresˈsiv: **a ~ step** *fig.* ein Schritt nach vorn; ~ **assembly** (*od.* **operations**) *tech.* fließende Fertigung, Fließbandmontage *f*; ~ **scanning** *TV* Zeile-für-Zeile-Abtastung *f*; ~ **wave** *math. phys.* fortschreitende Welle; ~ **whist** progressives Whist. **3.** vorwärtsgerichtet, (allˈmählich) vorrückend: ~ **movement** Vorwärtsbewegung *f.* **4.** gestaffelt, progresˈsiv: ~ **tax** *econ.* Progressivsteuer *f*; ~ **total** Staffelsumme *f.* **5.** (fort)laufend: ~ **numbers**. **6.** *a. med.* zunehmend, fortschreitend, progresˈsiv: ~ **deterioration**; ~ **paralysis**. **7.** *ling.* progresˈsiv: ~ **assimilation** Anpassung an den vorangehenden Konsonanten; ~ **form** Verlaufsform *f.* **II** *s* **8.** *a. pol.* Progresˈsive(r) *m,* Fortschrittler *m.* **proˈgres·sive·ly** *adv* schritt-, stufenweise, nach u. nach, zunehmend, in zunehmendem Maße. **proˈgres·sive·ness** *s* Fortschrittlichkeit *f.* **proˈgres·siv·ism** *s* Grundsätze *pl* der Fortschrittˈler.

pro·hib·it [prəˈhɪbɪt; prəʊˈh-] *v/t* **1.** verbieten, unterˈsagen (**s.th.** etwas; **s.o. from doing** j-m *etwas* zu tun): ~**ed** verboten, unzulässig; ~**ed area** Sperrgebiet *n.* **2.** verhindern, unterˈbinden (**s.th. being done** daß etwas geschieht). **3.** hindern (**s.o. from doing s.th.** j-n daran, etwas zu tun). **pro·hi·bi·tion** [ˌprəʊɪˈbɪʃn] *s* **1.** Verbot *n.* **2.** (*hist. Am. meist* **P~**) Prohibitiˈon *f,* Alkoholverbot *n.* **3.** → **writ¹** 1. **ˌpro·hiˈbi·tion·ist** *s* Prohibitioˈnist *m,* Verfechter *m* des Alkoholverbots.

pro·hib·i·tive [prəˈhɪbɪtɪv; prəʊˈh-] *adj* (*adv* ~**ly**) **1.** verbietend, unterˈsagend. **2.** *econ.* Prohibitiv..., Schutz..., Sperr...: ~ **duty** (*od.* **tariff**) Prohibitivzoll *m*; ~ **system** Prohibitivzollsystem *n*; ~ **tax** Prohibitivsteuer *f.* **3.** unerschwinglich: ~ **prices**; ~ **cost** untragbare Kosten. **proˈhib·i·to·ry** [-tərɪ; *Am.* -ˌtəʊriː; -ˌtɔː-] → **prohibitive**.

pro·ject [prəˈdʒekt] **I** *v/t* **1.** planen, entwerfen, projekˈtieren. **2.** werfen, schleudern. **3.** *Bild, Licht, Schatten etc* werfen, projiˈzieren. **4.** *chem. math.* projiˈzieren: ~**ing plane** Projektionsebene *f.* **5.** *fig.* projiˈzieren: **to ~ o.s.** (*od.* **one's thoughts**) **into** sich (hinein)versetzen in (*acc*); **to ~ one's feelings into** s-e Gefühle übertragen auf (*acc*). **6.** darlegen, aufzeigen, vermitteln. **7.** vorspringen lassen: ~**ed piers** *arch.* Vorlagen, Gurtbogen. **II** *v/i* **8.** vorspringen, -stehen, -ragen (**over** über *acc*): **to ~ into** hineinragen in (*acc*). **9.** *Am. colloq.* sich herˈumtreiben. **III** *s* **proj·ect** [ˈprɒdʒekt; *Am.* ˈprɑ-] **10.** Proˈjekt *n,* Plan *m,* (*a.* Bau-) Vorhaben *n,* Entwurf *m*: ~ **engineer** Projektingenieur *m.* **11.** *ped. bes. Am.* Proˈjekt *n,* Planaufgabe *f* (*die den Schülern freie Gestaltungsmöglichkeit bietet*).

pro·jec·tile [prəʊˈdʒektaɪl; *Am.* prəˈdʒektəl] **I** *s* **1.** *mil.* Geschoß *n,* Projekˈtil *n.* **2.** (Wurf)Geschoß *n.* **II** *adj* **3.** (an)treibend, Stoß..., Trieb...: ~ **force**. **4.** Wurf...: ~ **anchor** *mar.* Ankerrakete *f.*

pro·jec·tion [prəˈdʒekʃn] *s* **1.** Vorsprung *m,* vorspringender Teil *od.* Gegenstand. **2.** *arch. etc* Auskragung *f,* Ausladung *f,* ˈÜberhang *m.* **3.** Vorstehen *n,* (Her)ˈVorspringen *n,* -ragen *n.* **4.** Fortsatz *m.* **5.** Werfen *n,* Schleudern *n,* (Vorwärts-, Vor)Treiben *n.* **6.** Wurf *m,* Stoß *m,* Schub *m.* **7.** *math.* Projektiˈon *f*: **upright ~** Aufriß *m.* **8.** (ˈKarten)Projektiˌon *f.* **9.** *phot.* Projektiˈon *f*: a) Projiˈzieren *n* (*von Lichtbildern*), b) Lichtbild *n.* **10.** Vorführen *n* (*von Filmen*): ~ **booth** (*od.* **room**) Vorführkabine *f,* -raum *m*; ~ **screen** Bild-, Projektionswand *f,* Bildschirm *m.* **11.** *psych.* Projektiˈon *f*: a) Hinˈausverlegung *f* (*von Empfindungen etc*), Vergegenständlichen *n* (*von Vorstellungen etc*), b) Überˈtragung *f* von Schuldgefühlen *etc* (*auf andere*). **12.** *fig.* ˈWiderspieg(e)lung *f.* **13.** Planen *n,* Entwerfen *n.* **14.** Entwurf *m.* **15.** (Ein)Schätzung *f,* Zukunftsbild *n* (*auf Grund der herrschenden Tendenz*). **16.** *Meinungsforschung, Statistik*: Hochrechnung *f.* **proˈjec·tion·al** [-ʃənl] *adj* Projektions... **proˈjec·tion·ist** [-ʃnɪst] *s* Filmvorführer *m.*

pro·jec·tive [prəˈdʒektɪv] *adj* **1.** projekˈtiv: ~ **geometry**; ~ **relation**. **2.** Projektions...: ~ **plane**. **3.** projiˈzierend (*a. psych.*): ~ **test** *psych.* Projektionstest *m* (*zur Erfassung der Gesamtpersönlichkeit*).

pro·jec·tor [prəˈdʒektə(r)] *s* **1.** Projektiˈonsappaˌrat *m,* (Licht)Bildwerfer *m,* Proˈjektor *m.* **2.** *tech.* Paraˈbolspiegel *m,* Scheinwerfer *m.* **3.** a) Planer *m,* b) *contp.* Pläneschmied *m,* Proˈjektemacher *m,* c) Schwindler *m.*

pro·jet [ˈprɒʒeɪ; *Am.* prəʊˈʒeɪ] *s* **1.** → **project** 10. **2.** *Völkerrecht*: Vertragsskizze *f.*

pro·lapse *med.* **I** *s* [ˈprəʊlæps] Vorfall *m,* Proˈlaps(us) *m.* **II** *v/i* [prəʊˈlæps] vorfallen, prolaˈbieren. **proˈlap·sus** [-səs] → **prolapse** I.

pro·late [ˈprəʊleɪt] *adj math.* gestreckt, flach.

pro·la·tive [prəʊˈleɪtɪv] *adj ling.* prolaˈtiv (*den Infinitiv erweiternd*).

prole [prəʊl] *s bes. Br. colloq. contp.* Proˈlet(in).

pro·le·gom·e·non [ˌprəʊleˈɡɒmɪnən; *Am.* -lɪˈɡɑm-] *pl* **-e·na** [-nə] *s meist pl* Vorbemerkungen *pl,* Einführung *f* (**to** zu).

pro·lep·sis [prəʊˈlepsɪs] *pl* **-ses** [-siːz] *s Rhetorik*: Proˈlepsis *f*: a) Vorˈausbeantwortung *f* (*möglicher Einwände*), b) *Vorwegnahme e-s Satzgliedes, bes. des Subjekts e-s Gliedsatzes.*

pro·le·tar·i·an [ˌprəʊlɪˈteərɪən] **I** *adj* proleˈtarisch, Proletarier... **II** *s* Proleˈtarier(in). **ˌpro·leˈtar·i·at(e)** [-rɪət] *s* **1.** Proletariˈat *n,* Proleˈtarier *pl*: → **dictatorship**. **2.** *selten* Proletariˈat *n* (*im alten Rom*).

pro·li·cide [ˈprəʊlɪsaɪd] *s* Tötung *f* der Leibesfrucht, Abtreibung *f.*

pro·lif·er·ate [prəʊˈlɪfəreɪt; prəˈl-] *biol.* **I** *v/i* **1.** wuchern, prolifeˈrieren. **2.** sich fortpflanzen (*durch Zellteilung etc*). **3.** sich stark vermehren *od.* ausbreiten. **II** *v/t* **4.** (in schneller Folge) herˈvorbringen. **proˌlif·erˈa·tion** *s* **1.** Proliferatiˈon *f*: a) (Gewebs)Wucherung *f,* b) *bot.* (Aus)Sprossung *f.* **2.** Prolifeˈrieren *n,* Wuchern *n,* (starke) Vermehrung *od.* Ausbreitung.

pro·lif·ic [prəʊˈlɪfɪk; prəˈl-] *adj* (*adv* ~**ally**) **1.** (*bes. biol.* ˈüberaus) fruchtbar. **2.** *fig.* reich (**of, in** an *dat*). **3.** *fig.* fruchtbar, (sehr) produkˈtiv: **a ~ writer**. **proˈlif·i·ca·cy** [-kəsɪ], **pro·li·fic·i·ty** [ˌprəʊlɪˈfɪsətɪ] *s* **1.** (große) Fruchtbarkeit. **2.** *fig.* Reichtum *m* (**of** an *dat*). **3.** *fig.* Produktiviˈtät *f.*

pro·lix [ˈprəʊlɪks; prəʊˈlɪks] *adj* weitschweifig. **proˈlix·i·ty** *s* Weitschweifigkeit *f.*

pro·loc·u·tor [prəʊˈlɒkjʊtə(r); *Am.* -ˈlɑk-] *s* Wortführer *m,* Vorsitzende(r) *m.*

pro·log *bes. Am. für* **prologue.**

pro·log·ize [ˈprəʊlɒgaɪz; *Am. a.* -ˌlɑg-; -ləˌdʒ-] *bes. Am. für* **prologuize.**

pro·logue [ˈprəʊlɒg; *Am. a.* -ˌlɑg] **I** *s* **1.** *bes. thea.* Proˈlog *m*, Einleitung *f* (**to** zu). **2.** *fig.* Einleitung *f*, Vorspiel *n*, Auftakt *m* (**to** zu). **II** *v/t* **3.** mit e-m Proˈlog einleiten. ˈ**pro·logu·ize** *v/i* e-n Proˈlog verfassen *od.* sprechen.

pro·long [prəʊˈlɒŋ; prəˈl-] *v/t* **1.** verlängern, (aus)dehnen: **~ed** anhaltend (*Applaus, Regen etc*), ausgedehnt, länger (*Zeitraum*); **for a ~ed period** längere Zeit. **2.** *econ. e-n Wechsel etc* prolonˈgieren.

pro·lon·ga·tion [ˌprəʊlɒŋˈgeɪʃn] *s* **1.** Verlängerung *f*, (Aus)Dehnung *f*. **2.** Prolonˈgierung *f* (*e-s Wechsels etc*), Fristverlängerung *f*, Aufschub *m*: **~ business** (*Börse*) Prolongationsgeschäft *n*.

pro·lu·sion [prəʊˈluːʒn] *s* **1.** Einführung *f*, Vorwort *n* (**to** zu). **2.** kurze Abhandlung. **3.** Vorspiel *n* (**to** zu).

prom [prɒm; *Am.* prɑm] *s* **1.** *Am. colloq.* High-School-, College-Ball *m*. **2.** *bes. Br.* a) (ˈStrand)Promeˌnade *f*, b) → **promenade concert.**

pro me·mo·ri·a [ˌprəʊmɪˈmɔːrɪə; *Am. a.* -ˈməʊ-] (*Lat.*) *pl* **pro me·mo·ri·a** *s pol.* Denkschrift *f*.

prom·e·nade [ˌprɒməˈnɑːd; *Am.* ˌprɑ-; *a.* -ˈneɪd] **I** *s* **1.** Promeˈnade *f*: a) Spaˈziergang *m*, -fahrt *f*, -ritt *m*, b) Spaˈzierweg *m*, Wandelhalle *f*, *bes. Br.* ˈStrandpromeˌnade *f*. **2.** feierlicher Einzug der (Ball-) Gäste, Poloˈnaise *f*. **3.** Promeˈnade *f* (*Tanzfigur*). **4.** → **prom** 1. **5.** → **promenade concert. II** *v/i* **6.** promeˈnieren, spaˈzierengehen, -fahren, -reiten. **III** *v/t* **7.** promeˈnieren *od.* (herˈum-) spaˌzieren in (*dat*) *od.* auf (*dat*). **8.** spaˈzierenführen, (umˈher)führen. **~ concert** *s mus. Konzert in ungezwungener Atmosphäre.* **~ deck** *s mar.* Promeˈnadendeck *n*.

ˌ**prom·eˈnad·er** *s* Spaˈziergänger(in).

Pro·me·the·an [prəˈmiːθjən; -ɪən] **I** *adj* promeˈtheisch (*a. fig.*). **II** *s fig.* Proˈmetheus *m*.

pro·me·thi·um [prəˈmiːθɪəm] *s chem.* [Proˈmethium *n*.]

prom·i·nence [ˈprɒmɪnəns; *Am.* ˈprɑmə-] *s* **1.** (Her)ˈVorragen *n*, -stehen *n*, -springen *n*. **2.** deutliche Sichtbarkeit, Auffälligkeit *f*. **3.** *fig.* Bedeutung *f*, Berühmtheit *f*: **to bring into ~** a) berühmt machen, b) klar herausstellen, hervorheben; **to come into ~** in den Vordergrund rücken, hervortreten; **to give ~ to s.th.** etwas hervorkehren. **4.** Vorsprung *m*, (Vor)Wölbung *f*, auffälliger Gegenstand, in die Augen fallende Stelle. **5.** *astr.* Protubeˈranz *f*. ˈ**prom·i·nent** *adj* (*adv* **~ly**) **1.** vorstehend, -springend: **~ cheekbones** vorstehende Backenknochen; **the most ~ peak** der höchste Gipfel. **2.** marˈkant, auffallend, in die Augen fallend, herˈvorstechend (*Eigenschaft*). **3.** promiˈnent: a) führend (*Persönlichkeit*), herˈvorragend, b) berühmt.

prom·is·cu·i·ty [ˌprɒmɪˈskjuːətɪ; *Am.* ˌprɑməsˈk-] *s* **1.** Vermischt-, Verworrenheit *f*, Durcheinˈander *n*. **2.** Wahllosigkeit *f*. **3.** Promiskuiˈtät *f*, wahllose *od.* ungebundene Geschlechtsbeziehungen *pl*.

pro·mis·cu·ous [prəˈmɪskjʊəs; *Am.* -kjəwəs] *adj* **1.** gemischt, verworren, bunt (-gewürfelt). **2.** wahl-, ˈunterschiedslos: **~ sexual relations** → **promiscuity** 3. **3.** gemeinsam (*beider Geschlechter*): **~ bathing. 4.** nicht festgelegt, ungebunden: **in a ~ sense** bald in diesem, bald in jenem Sinne. **5.** *colloq.* zufällig. **proˈmis·cu·ous·ly** *adv* **1.** (kunter)bunt durcheinˈander, in buntem Gemisch. **2.** wahllos.

prom·ise [ˈprɒmɪs; *Am.* ˈprɑ-] **I** *s* **1.** Versprechen *n*, Zusage *f* (**to s.o.** j-m gegenˈüber): **a ~ is a ~** versprochen ist versprochen; **~ of** (*od.* **to**) **help** Versprechen zu helfen; **conditional (absolute) ~** (un)bedingtes Versprechen; **~ to pay** Zahlungsversprechen; **to break (keep) one's ~** sein Versprechen brechen (halten); **to make a ~** ein Versprechen geben; **breach of ~** Bruch *m* des Eheversprechens; **Land of P~** → **Promised Land. 2.** *fig.* Hoffnung *f*, Aussicht *f* (**of** auf *acc*, zu *inf*), Erwartung *f*: **a youth of (great) ~** ein vielversprechender *od.* hoffnungsvoller junger Mann; **to show some ~** gewisse Ansätze zeigen. **II** *v/t* **3.** versprechen, zusagen, in Aussicht stellen (**s.o. s.th., s.th. to s.o.** j-m etwas): **I ~ you** a) das kann ich Ihnen versichern, b) ich warne Sie; **to be ~d** (in die Ehe) versprochen sein. **4.** *fig.* versprechen, erwarten *od.* hoffen lassen, ankündigen: **to ~ o.s. s.th.** sich etwas versprechen *od.* erhoffen. **III** *v/i* **5.** versprechen, zusagen, ein Versprechen geben, Versprechungen machen. **6.** *fig.* Hoffnungen erwecken: **he ~s well** er läßt sich gut an; **the weather ~s fine** das Wetter verspricht gut zu werden.

Prom·ised Land [ˈprɒmɪst; *Am.* ˈprɑ-] *s Bibl. u. fig.* (*das*) Gelobte Land, Land *n* der Verheißung.

prom·is·ee [ˌprɒmɪˈsiː; *Am.* ˌprɑ-] *s jur.* Versprechensempfänger(in), Berechtigte(r *m*) *f*.

ˈ**prom·is·ing** *adj* (*adv* **~ly**) **1.** versprechend. **2.** *fig.* vielversprechend, hoffnungs-, verheißungsvoll, aussichtsreich, günstig.

prom·i·sor [ˈprɒmɪsɔː; ˌprɒmɪˈsɔː; *Am.* ˌprɑməˈsɔːər] *s jur.* Versprechensgeber (-in), Verpflichtete(r *m*) *f*.

prom·is·so·ry [ˈprɒmɪsərɪ; *Am.* ˈprɑməˌsəʊriː; -ˌsɔː-] *adj* versprechend: **to be ~ of s.th.** etwas versprechen. **~ note** *s econ. jur.* Proˈmesse *f*, Schuldschein *m*, Eigen-, Solawechsel *m*.

pro·mo [ˈprəʊməʊ] *bes. Am. colloq.* **I** *adj* Werbe..., Reklame...: **~ leaflet. II** *pl* **-mos** *s Rundfunk, TV*: (Werbe)Spot *m*, *Zeitung etc*: Anzeige *f*.

prom·on·to·ry [ˈprɒməntrɪ; *Am.* ˈprɑmənˌtəʊriː; -ˌtɔː-] *s* **1.** Vorgebirge *n*. **2.** *anat.* vorspringender (Körper)Teil.

pro·mote [prəˈməʊt] *v/t* **1.** fördern, unterˈstützen. **2.** *contp.* Vorschub leisten (*dat*), fördern, verschlimmern. **3.** befördern: **to be ~d** a) befördert werden, avancieren, b) *sport* aufsteigen (**to** in *acc*); **he was ~d (to be) colonel, he was ~d to the rank of colonel** er wurde zum Oberst befördert. **4.** *Schach*: *e-n Bauern* verwandeln. **5.** *pol. e-n Gesetzesantrag* a) unterˈstützen, b) einbringen. **6.** *econ. e-e Gesellschaft* gründen. **7.** *econ.* a) *den Verkauf* (durch Werbung) steigern *od.* fördern, b) werben für. **8.** *sport e-n Boxkampf etc* veranstalten. **9.** *jur. ein Verfahren* einleiten. **10.** *ped. Am. e-n Schüler* versetzen. **11.** *Am. sl.* ‚organiˈsieren': **to ~ a bottle of wine. proˈmot·er** *s* **1.** Förderer *m*, Befürworter *m*. **2.** *econ.* Gründer *m*: **~s' shares** Gründeraktien. **3.** *contp.* Anstifter(in). **4.** Proˈmoter *m*, Veranstalter *m* (*e-s Boxkampfes etc*). **proˈmo·tion** *s* **1.** a) Beförderung *f*: **~ list** Beförderungsliste *f*; **to get one's ~** befördert werden, b) *sport* Aufstieg *m* (**to** in *acc*): **to gain ~** aufsteigen. **2.** Förderung *f*, Begünstigung *f*, Befürwortung *f*: **export ~** *econ.* Exportförderung. **3.** *econ.* Gründung *f*. **4.** *econ.* a) Verkaufsförderung *f*, b) Werbung *f*: **~ manager** Werbeleiter *m*. **5.** *Schach*: ˈUmwandlung *f* (*e-s Bauern in e-e Dame etc*). **proˈmo·tion·al** [-ʃənl] *adj* **1.** Beförderungs... **2.** fördernd. **3.** *econ.* Reklame..., Werbe...: **~ campaign; ~ material. proˈmo·tive** *adj* fördernd, begünstigend (**of** *acc*).

prompt [prɒmpt; prɒmt; *Am.* prɑ-] **I** *adj* (*adv* **~ly**) **1.** unverzüglich, prompt, soˈfortig, ˈumgehend: **~ action; a ~ reply** e-e prompte *od.* umgehende Antwort; **assistance was ~** (die) Hilfe ließ nicht auf sich warten. **2.** schnell, rasch, prompt. **3.** bereit(willig). **4.** *econ.* a) pünktlich, b) bar, c) soˈfort liefer- u. zahlbar: **for ~ cash** gegen sofortige Kasse. **II** *adv* **5.** pünktlich. **III** *v/t* **6.** *j-n* (an)treiben, bewegen, *a. etwas* veranlassen (**to** zu; **to do** zu tun). **7.** *Gedanken, Gefühle etc* eingeben, wecken. **8.** *j-m* das Stichwort geben, ein-, vorsagen, nachhelfen, einblasen. **9.** *thea. j-m* soufˈflieren. **IV** *v/i* **10.** soufˈflieren. **V** *s* **11.** *econ.* a) Ziel *n*, Zahlungsfrist *f*: **at a ~ of 2 months** gegen Zweimonatsziel, b) Kaufvertrag *m* mit Zahlungsziel. **12.** (erinnernde) Mahnung. **13.** *thea.* Soufˈflieren *n*. ˈ**~book** *s thea.* Soufˈflierbuch *n*. **~ box** *s thea.* Soufˈfleurkasten *m*. **~copy** → **promptbook.**

ˈ**prompt·er** *s* **1.** *thea.* Soufˈfleur *m*, Soufˈfleuse *f*. **2.** Vorsager(in), Einbläser(in). **3.** Anreger(in), Urheber(in). **4.** *contp.* Anstifter(in). ˈ**prompt·ing** *s* **1.** Vorsagen *n*. **2.** *thea.* Soufˈflieren *n*. **3.** Eingebung *f* (*e-s Gefühls etc*), Stimme *f* (*des Herzens*).

promp·ti·tude [ˈprɒmptɪtjuːd; ˈprɒmtɪ-; *Am.* ˈprɑm-; *a.* -ˌtuːd], ˈ**prompt·ness** *s* **1.** Promptheit *f*, Schnelligkeit *f*. **2.** Bereitwilligkeit *f*. **3.** Pünktlichkeit *f*.

prompt| note *s econ. Verkaufsnota mit Angabe der zu zahlenden Summe u. der Zahlungsfrist.* **~ side** *s* (*Br. rechte, Am. linke*) *Bühnenseite, auf der der Souffleur sitzt.*

pro·mul·gate [ˈprɒmlgeɪt; *Am.* ˈprɑməlˌgeɪt; prəʊˈmʌl-] *v/t* **1.** *ein Gesetz etc* (öffentlich) bekanntmachen *od.* verkünd(ig)en, veröffentlichen: **to ~ a law. 2.** *e-e Lehre etc* verbreiten: **to ~ a doctrine.** ˌ**pro·mulˈga·tion** *s* **1.** (öffentliche) Bekanntmachung *od.* -gabe, Verkünd(ig)ung *f*, Veröffentlichung *f*. **2.** Verbreitung *f*. ˈ**pro·mul·ga·tor** [-tə(r)] *s* **1.** Verkünd(ig)er *m*. **2.** Verbreiter *m*.

prone [prəʊn] *adj* (*adv* **~ly**) **1.** (vornˈüber-) geneigt *od.* (-)gebeugt. **2.** *fig.* (**to**) neigend, veranlagt (zu), anfällig (für). **3.** auf dem Bauch *od.* mit dem Gesicht nach unten liegend, (flach) ˈhingestreckt (auf dem Bauch liegend): **~ position** a) *a. sport* Bauchlage *f*, b) *mil. etc* Anschlag *m* liegend. **4.** *physiol.* mit nach unten gedrehter Handfläche. **5.** abschüssig. ˈ**prone·ness** *s* (**to**) Neigung *f*, Hang *m* (zu), Anfälligkeit *f* (für).

prong [prɒŋ; *Am. a.* prɑŋ] **I** *s* **1.** Zinke *f* (*e-r Heugabel etc*), Zacke *f*, Spitze *f*, Dorn *m*. **2.** Geweihsprosse *f*: **~ of antler** Geweihzacken *m*, -ende *n*. **3.** Horn *n*. **4.** (Heu-, Mist- *etc*)Gabel *f*, Forke *f*. **II** *v/t* **5.** mit e-r Gabel stechen *od.* heben. **6.** aufspießen. ˈ**~buck** *s zo.* **1.** Springbock *m*. **2.** → **pronghorn.**

pronged [prɒŋd; *Am. a.* prɑŋd] *adj* gezinkt, zackig.

prong| hoe *s agr.* Karst *m*. ˈ**~horn** *s a.* **~ antelope** *zo.* ˈGabelantiˌlope *f*.

pro·nom·i·nal [prəʊˈnɒmɪnl; *Am.* -ˈnɑ-] *adj* (*adv* **~ly**) *ling.* pronomiˈnal, Pronominal...

pro·noun [ˈprəʊnaʊn] *s ling.* Proˈnomen *n*, Fürwort *n*.

pro·nounce [prəˈnaʊns] **I** *v/t* **1.** *a. ling.* aussprechen: **pronouncing dictionary** Aussprachewörterbuch *n*. **2.** erklären für, bezeichnen als: **to ~ s.o. dead** j-n für tot erklären. **3.** *ein Urteil* aussprechen, (feierlich) verkünden, *den Segen* erteilen: **to ~ sentence of death** das Todesurteil fällen, auf Todesstrafe erkennen. **4.** behaupten (**that** daß). **II** *v/i* **5.** Stellung nehmen, s-e Meinung äußern (**on** zu): **to ~ in favo(u)r of (against) s.th.** sich für (gegen) etwas aussprechen. **6.** e-e (*gute etc*) Aussprache haben: **to ~ well. pro-ˈnounce·a·ble** *adj* aussprechbar, auszusprechen(d). **proˈnounced** [-st] *adj* **1.** ausgesprochen, (scharf) ausgeprägt, deutlich (*Tendenz etc*). **2.** bestimmt, entschieden: **to have very ~ views. pro-ˈnounced·ly** [-stlɪ; -ɪdlɪ] *adv* ausgesprochen (*gut, schlecht etc*). **pro-ˈnounce·ment** *s* **1.** Äußerung *f*, Ausspruch *m*. **2.** (*a.* öffentliche) Erklärung, (*jur.* Urteils)Verkünd(ig)ung *f*. **3.** Entscheidung *f*.

pron·to [ˈprɒntəʊ; *Am.* ˈprɑn-] *adv colloq.* ‚fix', schnell, ‚aber dalli'.

pro·nu·cle·us [ˌprəʊˈnjuːklɪəs; *Am. a.* -ˈnuː-] *pl* **-cle·i** [-klɪaɪ] *s biol.* Urzellkern *m*.

pro·nun·ci·a·men·to [prəˌnʌnsɪəˈmentəʊ; *Am.* prəʊˌn-] *pl* **-tos** *od.* **-toes** *s* **1.** Aufruf *m*. **2.** (revolutioˈnäres) Maniˈfest.

pro·nun·ci·a·tion [prəˌnʌnsɪˈeɪʃn] *s* Aussprache *f*: **~ difficulties** Ausspracheschwierigkeiten.

proof [pruːf] **I** *adj* **1.** fest (**against, to** gegen), ˈunˌdurchlässig, (*wasser- etc*) dicht, (*hitze*)beständig, (*kugel*)sicher. **2.** gefeit, gewappnet: **they are ~ against such weather** ein solches Wetter kann ihnen nichts anhaben. **3.** *a. fig.* unzugänglich: **~ against bribes** unbestechlich; **~ against entreaties** unerbittlich. **4.** Probe..., Prüf...: **~ load** Probebelastung *f*; **~ stress** Prüfspannung *f*. **5.** *chem.* probehaltig, norˈmalstark (*alkoholische Flüssigkeit*). **6.** *Am. Feingold od. -silber betreffend, das die Münzämter der USA als Standard benutzen.* **II** *s* **7.** Beweis *m*, Nachweis *m*: **in ~ of** ... zum *od.* als Beweis (*gen*); **~ to the contrary** Gegenbeweis; **to give ~ of** *etwas* beweisen, unter Beweis stellen; **~ positive** eindeutiger Beweis. **8.** *jur.* Beweis(mittel *n od. pl*, -stück *n*) *m*, Beleg(e *pl*) *m*. **9.** *jur.* (schriftliche) (Beweis-, Zeugen)Aussage. **10.** Probe *f* (*a. math.*), (*a. tech.* Materiˈal-) Prüfung *f*: **to put to (the) ~** auf die Probe stellen; **the ~ of the pudding is in the eating** Probieren geht über Studieren. **11.** *print.* a) Korrekˈturfahne *f*, -bogen *m*, b) Probedruck *m*, -abzug *m* (*a. phot.*): **clean ~** Revisionsbogen; **foul ~** unkorrigierter Abzug; **to correct ~s, to read ~** Korrektur lesen. **12.** *Münzkunde*: Prohbeprägung *f*. **13.** Norˈmalstärke *f* (*alkoholischer Getränke*). **14.** *mil.* Prüfstelle *f* (*für Waffen etc*). **III** *v/t* **15.** (*wasser- etc*)dicht *od.* (*hitze- etc*)beständig *od.* (*kugel- etc*)fest machen, impräˈgnieren. **16.** → **proofread** II.

proof|charge *s mil.* Versuchsladung *f*. **~ mark** *s* Probestempel *m*, Stempelplatte *f* (*auf Gewehren*). **~ pa·per** *s* ˈAbzieh-, Koˈpierpaˌpier *n*. **~ plane** *s electr.* Prüfplatte *f*. **~ press** *s print.* Abziehpresse *f*. **ˈ~·read** *irr* **I** *v/i* Korrekˈtur lesen. **II** *v/t ein Buch etc* Korrekˈtur lesen. **ˈ~ˌread·er** *s* Korˈrektor *m*. **ˈ~ˌread·ing** *s* Korrekˈturlesen *n*. **~ sheet** → **proof** 11. **~ spir·it** *s econ.* Norˈmal-, Probeweingeist *m*.

prop¹ [prɒp; *Am.* prɑp] **I** *s* **1.** Stütze *f* (*a. mar.*), (Stütz)Pfahl *m*. **2.** *fig.* Stütze *f*, Halt *m*: **~ word** *ling.* Stützwort *n*. **3.** *arch. tech.* Stempel *m*, Stützbalken *m*, Strebe *f*. **4.** *tech.* Drehpunkt *m* (*e-s Hebels*). **5.** *pl sl.* ‚Stelzen' *pl* (*Beine*). **II** *v/t* **6.** stützen. **7.** *a.* **~ up** a) (ab)stützen, *tech. a.* absteifen, verstreben, *mot.* aufbocken, b) *sich, etwas* lehnen (**against** gegen), c) *fig. Währung etc* stützen.

prop² [prɒp; *Am.* prɑp] *s thea.* Requiˈsit *n* (*a. fig.*).

prop³ [prɒp; *Am.* prɑp] *s aer. colloq.* Proˈpeller *m*: **~ plane** Propellermaschine *f*; → **propjet.**

pro·pae·deu·tic [ˌprəʊpiːˈdjuːtɪk; *Am. a.* -ˈduː-] **I** *adj* propäˈdeutisch, einführend (*wissenschaftlicher Kurs etc*). **II** *s* Propäˈdeutik *f*, Einführung *f* (**to** in *acc*). **ˌpro·paeˈdeu·ti·cal** → **propaedeutic** I.

prop·a·gan·da [ˌprɒpəˈgændə; *Am.* ˌprɑ-; ˌprəʊ-] *s* **1.** *a. contp.* Propaˈganda *f*. **2.** *econ.* Werbung *f*, Reˈklame *f*: **~ week** Werbewoche *f*. **3.** **P~**, *a.* **Congregation of P~** *R.C.* Propaˈgandakongregatiˌon *f* (*Kardinalskongregation, Zentrale für Weltmission*).

prop·a·gan·dism [ˌprɒpəˈgændɪzəm; *Am.* ˌprɑ-; ˌprəʊ-] *s* Propaˈganda *f*: a) propaganˈdistische Tätigkeit, b) Propaˈgandawesen *n*. **ˌprop·aˈgan·dist I** *s* Propaganˈdist(in): a) j-d, der Propaˈganda macht, b) *econ.* Werbefachmann *m*. **II** *adj* propaganˈdistisch. **ˌprop·a-ganˈdis·tic** *adj* (*adv* **~ally**) propaganˈdistisch. **ˌprop·aˈgan·dize I** *v/t* **1.** Propaˈganda machen für, propaˈgieren. **2.** Propaˈganda machen in (*e-m Lande etc*). **3.** durch Propaˈganda beˈeinflussen. **II** *v/i* **4.** Propaˈganda machen.

prop·a·gate [ˈprɒpəgeɪt; *Am.* ˈprɑ-] **I** *v/t* **1.** *biol., a. phys. Ton, Bewegung, Licht* fortpflanzen: **to ~ o.s., to be ~d** → 4. **2.** *e-e Lehre etc* verbreiten, *etwas* propaˈgieren. **3.** *e-e Krankheit, Bewegung etc* überˈtragen. **II** *v/i* **4.** sich fortpflanzen *od.* vermehren. **5.** sich aus-, verbreiten. **ˌprop·aˈga·tion** *s* **1.** Fortpflanzung *f*, Vermehrung *f*. **2.** Ver-, Ausbreitung *f* (*e-r Lehre etc*). **3.** Fortpflanzung *f* (*e-r Bewegung etc*), Überˈtragung *f* (*e-r Krankheit etc*): **~ time** Laufzeit *f* (*e-s elektronischen Signals etc*). **ˈprop·a·ga·tive** *adj* **1.** Fortpflanzungs..., (sich) fortpflanzend. **2.** ver-, ausbreitend. **ˈprop·a·ga·tor** [-tə(r)] *s* **1.** Fortpflanzer *m*. **2.** Verbreiter *m*, Propaganˈdist *m*.

pro·pane [ˈprəʊpeɪn] *s chem.* Proˈpan *n*.

pro·par·ox·y·tone [ˌprəʊpəˈrɒksɪtəʊn; *Am.* -ˈrɑk-] *s ling.* Paroparoˈxytonon *n* (*auf der drittletzten Silbe betontes Wort*).

pro·pel [prəˈpel] *v/t* (an-, vorwärts)treiben (*a. tech. u. fig.*). **proˈpel·lant I** *s* **1.** *mil. tech.* Treibstoff *m*, -mittel *n*: **~ (charge)** Treibladung *f* (*e-r Rakete etc*); **~ cutoff** Brennschluß *m*. **2.** *mil.* Treibladung *f*. **3.** *fig.* → **propellent** 2. **II** *adj* → **propellent** I. **proˈpel·lent I** *adj* **1.** (an-, vorwärts)treibend: **~ gas** Treibgas *n*; **~ power** Antriebs-, Triebkraft *f*. **II** *s* **2.** *fig.* treibende Kraft. **3.** → **propellant** 1 *u.* 2.

pro·pel·ler [prəˈpelə(r)] *s* **1.** Proˈpeller *m*: a) Luftschraube *f*, b) Schiffsschraube *f*, c) *tech.* ˈAntriebsgerät *n*, -aggreˌgat *n*: **~-driven** mit (Luft)Schraubenantrieb. **2.** Schiff *n* mit Schraubenantrieb. **~ blade** *s* **1.** *aer.* Luftschraubenblatt *n*. **2.** *mar.* Schraubenflügel *m*. **~ disk** *s aer. mar.* Proˈpeller-, Schraubenkreis *m*. **~ pitch** *s aer. mar.* Proˈpellersteigung *f*. **~ pump** *s tech.* Flügel-, Rotatiˈonspumpe *f*. **~ shaft** *s* **1.** *aer. mar.* Proˈpellerwelle *f*. **2.** *tech. Am.* Karˈdanwelle *f*. **~ tur·bine** *s aer. mar.* Proˈpeller-Turbotriebwerk *n*.

pro·pel·ling [prəˈpelɪŋ] *adj* Antriebs..., Treib..., Trieb...: **~ charge** Treibladung *f*, -satz *m* (*e-r Rakete etc*); **~ nozzle** Schubdüse *f*; **~ pencil** *Br.* Drehbleistift *m*.

pro·pense [prəˈpens; *Am.* prəʊ-] *adj obs.* neigend *od.* e-e Neigung habend (**to** zu).

pro·pen·si·ty [prəˈpensətɪ] *s fig.* Hang *m*, Neigung *f* (**for, to** zu): **~ to consume** *econ.* Konsumneigung.

prop·er [ˈprɒpə; *Am.* ˈprɑpər] **I** *adj* **1.** richtig, passend, geeignet, angebracht, angemessen, zweckmäßig, ordnungsgemäß: **~ adjustment** richtige Einstellung; **in ~ form** in gebührender *od.* angemessener Form; **in the ~ place** am rechten Platz; **in ~ time** rechtzeitig, termingerecht; **all in its ~ time** alles zu s-r Zeit; **do as you think (it) ~** tun Sie, was Sie für richtig halten. **2.** wirklich, echt, richtig (-gehend): **~ fraction** *math.* echter Bruch. **3.** anständig, schicklich, korˈrekt, einwandfrei (*Benehmen etc*): **it is ~** es (ge-) ziemt *od.* schickt sich; **~ people** anständige *od.* feine Leute. **4.** a) tugendhaft, b) zimperlich, ‚etepeˈtete'. **5.** eigentümlich, eigen (**to** *dat*), besonder(er, e, es): **every animal has its ~ instincts; electricity ~ to vitreous bodies** Elektrizität, die Gegenständen aus Glas eigen ist. **6.** genau, exˈakt: **in the ~ meaning of the word** strenggenommen. **7.** (*meist nachgestellt*) eigentlich: **philosophy ~** die eigentliche Philosophie; **in the Middle East ~** im Mittleren Osten selbst; **round ~** *sport* (Pokal- *etc*)Hauptrunde *f*. **8.** gewöhnlich, norˈmal. **9.** maßgebend, zuständig: **the ~ authorities. 10.** *bes. Br. colloq.* ‚ordentlich', ‚anständig', ‚tüchtig', ‚gehörig', ‚gründlich', ‚richtig': **a ~ licking** e-e gehörige Tracht Prügel. **11.** *colloq.* ausgesprochen, ‚richtig': **he is a ~ rascal. 12.** *ling.* a) Eigen...: **~ name** (*od.* **noun**) Eigenname *m*, b) von e-m Eigennamen abgeleitet: **'Bostonian' is a ~ adjective. 13.** *astr.* Eigen...: **~ motion. 14.** *her.* in naˈtürlichen Farben: **an eagle ~. 15.** *relig.* nur für besondere (Fest)Tage bestimmt (*Psalm etc*). **16.** eigen(er, e, es): **with my own ~ eyes. II** *adv* **17.** *dial. od. sl.* ‚ordentlich', ‚richtig(gehend)', sehr: **I am ~ glad. III** *s* **18.** *relig.* Ofˈfizium *n od.* Psalm *m etc* für e-n besonderen (Fest-) Tag. **ˈprop·er·ly** *adv* richtig (*etc*; → **proper** I): **to behave ~** sich (anständig) benehmen; **~ speaking** eigentlich, strenggenommen.

prop·er·tied [ˈprɒpətɪd; *Am.* ˈprɑpər-] *adj* besitzend, begütert: **the ~ classes** die besitzenden Schichten, *contp. a.* das Besitzbürgertum.

prop·er·ty [ˈprɒpə(r)tɪ; *Am.* ˈprɑ-] *s* **1.** Eigentum *n*, Vermögen *n*, Besitztum *n*, Besitz *m*, (Hab *n* u.) Gut *n*: **law of ~** Sachenrecht *n*; **man of ~** begüterter Mann; **damage to ~** Sachschaden *m*; **common ~** Gemeingut *n*; **intellectual ~** geistiges Eigentum; **left ~** Hinterlassenschaft *f*, Nachlaß *m*; **lost ~** Fundsache *f*; **personal ~** → **personalty**; → **industrial property, literary** 2. **2.** a) *a.* **landed** (*od.* **real**) **~** Grundbesitz *m*, -eigentum *n*, Landbesitz *m*, Liegenschaften *pl*, b) Grundstück *n*. **3.** *jur.* Eigentum(srecht) *n*: **beneficial ~** Nießbrauch *m*. **4.** *phys.* Eigenschaft *f*: **~ of material** Werkstoffeigenschaft. **5.** Fähigkeit *f*, Vermögen *n*: **insulating ~** *electr.* Isolationsvermögen; **sliding ~** *tech.* Gleitfähigkeit. **6.** Eigenheit *f*, -art *f*, Merkmal *n* (*a. philos.*). **7.** *meist pl* a) *thea.* Requiˈsit(en *pl*) *n*, b) *TV Am.* Deˈkors *pl*. **~ as·sets** *s pl econ.* Vermögenswerte *pl*. **~ crime** *s jur.* ˈEigentumsdeˌlikt *n*. **~ de·vel·op·er** *s* Bauträger *m*. **ˈ~ˌin·cre·ment tax** *s* Vermögenszuwachssteuer *f*. **~ in·sur·ance** *s econ.* Sachversicherung *f*. **~ lev·y** *s econ.* Vermögensabgabe *f*. **~ man** *s irr thea.* Requisiˈteur *m*. **~ mar·ket** *s econ.* Grundstücks-, Immoˈbilienmarkt *m*. **~ mas·ter** → **property man. ~ room** *s thea.* Requiˈsitenkammer *f*. **~ tax** *s econ.* **1.** Vermögenssteuer *f*. **2.** Grundsteuer *f*.

pro·phase [ˈprəʊfeɪz] *s biol.* Prophase *f* (*bei der Zellteilung*).

proph·e·cy [ˈprɒfɪsɪ; *Am.* ˈprɑ-] *s* Propheˈzeiung *f* (*a. fig.*), Weissagung *f*. **ˈproph·e·sy** [-saɪ] *a. fig.* **I** *v/t* propheˈzeien, weis-, vorˈaussagen (**s.th. for s.o.** j-m etwas). **II** *v/i* Propheˈzeiungen machen.

proph·et [ˈprɒfɪt; *Am.* ˈprɑ-] *s* **1.** Proˈphet *m* (*a. fig.*): **no ~ is accepted in his own country** ein Prophet gilt nichts in s-m Vaterlande; **the P~s** *Bibl.* die Propheten (*Schriften des Alten Testaments*); **the Major (Minor) P~s** *Bibl.* die großen (kleinen) Propheten. **2. the P~** der Proˈphet: a) *Mohammed, Stifter des Islams*, b) *Joseph Smith, Gründer der Mormonen-Kirche.* **ˈproph·et·ess** *s* Proˈphetin *f*.

pro·phet·ic [prəˈfetɪk] *adj*; **pro·phet·i·cal** [-kl] *adj* (*adv* **~ly**) proˈphetisch (*a. fig.*): **to be prophetic of s.th.** etwas prophezeien *od.* ankündigen.

pro·phy·lac·tic [ˌprɒfɪˈlæktɪk; *Am.* ˌprəʊ-] **I** *adj* **1.** *bes. med.* prophyˈlaktisch, vorbeugend, Vorbeugungs..., Schutz...: **~ station** *Am.*, **~ aid centre** *Br.* Sanierungsstelle *f*. **II** *s* **2.** *med.* Prophyˈlaktikum *n*, vorbeugendes Mittel. **3.** vorbeugende Maßnahme. **4.** *bes. Am.* Präservaˈtiv *n*. **ˌpro·phyˈlax·is** [-ˈlæksɪs] *s med.* Prophyˈlaxe *f*, Prävenˈtivbehandlung *f*, Vorbeugung *f*.

pro·phyll [ˈprəʊfɪl] *s bot.* Vorblatt *n*.

pro·pine [prəˈpaɪn; *Am. a.* -ˈpiːn] *s Scot. od. obs.* **1.** Trinkgeld *n*. **2.** Geschenk *n*.

pro·pin·qui·ty [prəˈpɪŋkwətɪ] *s* **1.** Nähe *f*. **2.** nahe Verwandtschaft. **3.** Ähnlichkeit *f*.

pro·pi·ti·ate [prəˈpɪʃɪeɪt; *Am. a.* prəʊ-] *v/t* **1.** versöhnen, besänftigen. **2.** geneigt machen, günstig stimmen. **proˌpi·tiˈa·tion** *s* **1.** Versöhnung *f*, Besänftigung *f*. **2.** *obs.* (Sühn)Opfer *n* (*bes. Christi*), Sühne *f*. **proˈpi·ti·a·tor** [-tə(r)] *s* Versöhner *m*, Mittler *m*. **proˈpi·ti·a·to·ry** [-ʃɪətərɪ; *Am.* -ˌtəʊriː; -ˌtɔː-] *adj* (*adv* **propitiatorily**) versöhnend, sühnend: **~ sacrifice** Sühnopfer *n*.

pro·pi·tious [prəˈpɪʃəs] *adj* (*adv* **~ly**) (**to**) **1.** günstig, vorteilhaft (für). **2.** gnädig, geneigt (*dat*). **proˈpi·tious·ness** *s* **1.** Günstigkeit *f*, Vorteilhaftigkeit *f*. **2.** Gunst *f*, Geneigtheit *f*.

ˈprop·jet *s aer.* **1.** *a.* **~ engine** Proˈpellerturˌbine(n-Triebwerk *n*) *f*, Proˈpeller-Düsentriebwerk *n*. **2.** *a.* **~ plane** Flugzeug *n* mit Proˈpellerturˌbine(n).

ˈprop·man [-mæn] *s irr thea.* Requisiˈteur *m*.

prop·o·lis [ˈprɒpəlɪs; *Am.* ˈprɑ-] *s* Propolis *f* (*Wabenbaustoff der Bienen*).

pro·po·nent [prəˈpəʊnənt] *s* **1.** Vorschlagende(r *m*) *f*, Antragsteller(in). **2.** *jur.* präsumˈtiver Testaˈmentserbe. **3.** Befürworter(in), Verfechter(in).

pro·por·tion [prəˈpɔː(r)ʃn; *Am. a.* -ˈpəʊr-] **I** *s* **1.** Verhältnis *n*: **in ~ as** in dem Maß wie, je nachdem wie; **in ~ to** im Verhältnis zu; **to be out of all ~ to** in keinem Verhältnis stehen zu. **2.** richtiges Verhältnis, Gleich-, Ebenmaß *n*. **3.** (verhältnismäßiger) Anteil: **in ~** anteilig. **4.** *chem. math.* Proportiˈon *f*, Verhältnis *n*: **law of multiple ~s** Gesetz *n* der multiplen Proportionen. **5.** *math.* a) Verhältnisgleichung *f*, Proportiˈon *f*, b) *a.* **rule of ~** Dreisatz(rechnung *f*) *m*, Regeldeˈtri *f*, c) *a.* **geometric ~** Verhältnisgleichheit *f*. **6.** *meist pl* Ausmaß(e *pl*) *n*, Größe(nverhältnisse *pl*) *f*, Dimensiˈonen *pl*. **7.** *mus.* a) Schwingungsverhältnis *n*, b) Rhythmus *m*. **8.** *fig.* a) Symmeˈtrie *f*, b) Harmoˈnie *f*. **II** *v/t* **9.** (**to**) in das richtige Verhältnis bringen (mit, zu), anpassen (*dat*). **10.** verhältnis- *od.* anteilmäßig verteilen. **11.** symˈmetrisch *od.* harˈmonisch gestalten: **well ~ed** ebenmäßig, wohlgestaltet, -proportioniert. **12.** proportioˈnieren, bemessen, dimensioˈnieren. **proˈpor·tion·al** [-ʃənl] **I** *adj* (*adv* **~ly**) **1.** → **proportionate** I. **2.** proportioˈnal (*a. math.*), verhältnismäßig, Proportions...: **~ compasses** (*od.* **dividers**) Reduktionszirkel *m*; **~ control(ler)** *tech.* Proportional-Regler *m*, P-Regler *m*; **~ number** *Statistik*: Verhältniszahl *f*; **~ representation** *pol.* Verhältniswahl(system *n*) *f*. **3.** anteil-, mengenmäßig: **~ distribution. 4.** proportioˈnal, im (gleichen) Verhältnis stehend (**to** mit, zu). **5.** *math.* Proportionalitäts...: **~ calculus. II** *s* **6.** *math.* Proportioˈnale *f*.

proˌpor·tionˈal·i·ty [-ʃəˈnælətɪ] *s* **1.** Verhältnismäßigkeit *f*, Proportionaliˈtät *f*: **~ factor** Verhältniszahl *f*. **2.** Angemessenheit *f*.

pro·por·tion·ate I *adj* [prəˈpɔː(r)ʃnət; *Am. a.* -ˈpəʊr-] (*adv* **~ly**) (**to**) im richtigen Verhältnis (stehend) (zu), angemessen, entsprechend (*dat*), proportioˈnal: **~ share** *econ.* Verhältnisanteil *m*, anteilmäßige Befriedigung, Quote *f*. **II** *v/t* [-neɪt] angemessen machen, proportioˈnal zuteilen. **proˈpor·tion·ment** *s* **1.** verhältnismäßige (Ver)Teilung. **2.** Abmessung *f*, Bemessung *f*.

pro·pos·al [prəˈpəʊzl] *s* **1.** Vorschlag *m*, *a. econ.* Angebot *n*, Antrag *m*: **~s of** (*od.* **for**) **peace** Friedensangebote. **2.** (Heirats)Antrag *m*: **she had a ~** sie bekam e-n Heiratsantrag.

pro·pose [prəˈpəʊz] **I** *v/t* **1.** vorschlagen (**s.th. to s.o.** j-m etwas; **s.o. for** j-n für *od.* als): **to ~ marriage** e-n Heiratsantrag machen (**to** *dat*). **2.** *pol.* a) (als Kandiˈdaten) vorschlagen, aufstellen, b) unterˈbreiten, beantragen, *e-e Resolution* einbringen, *ein Mißtrauensvotum* stellen *od.* beantragen. **3.** beabsichtigen, vorhaben, sich vornehmen, gedenken (**to do** zu tun): **the ~d voyage** die geplante Seereise. **4.** *ein Rätsel* aufgeben, *e-e Frage* stellen. **5.** e-n Trinkspruch *od.* Toast ausbringen auf (*acc*), trinken auf *etwas od.* auf *j-s* Wohl: → **health** 3. **II** *v/i* **6.** planen: **man ~s (but) God disposes** der Mensch denkt, Gott lenkt. **7.** e-n Heiratsantrag machen (**to** *dat*), anhalten (**for** um *j-n od. j-s Hand*). **proˈpos·er** *s* Antragsteller *m*.

prop·o·si·tion [ˌprɒpəˈzɪʃn; *Am.* ˌprɑ-] **I** *s* **1.** Vorschlag *m*, Antrag *m*: **to make s.o. a ~** a) j-m e-n Vorschlag machen, b) j-m (*e-m Mädchen etc*) e-n unsittlichen Antrag machen. **2.** (vorgeschlagener) Plan, Proˈjekt *n*, Vorhaben *n*. **3.** *econ.* Angebot *n*. **4.** Behauptung *f*. **5.** *colloq.* ‚Sache' *f*: **an easy ~** ‚kleine Fische', e-e Kleinigkeit; **a tough ~** ‚e-e harte Nuß', ein schwieriger Fall; **he is a tough ~** er ist ein harter Bursche, mit ihm ist nicht gut Kirschen essen. **6.** *colloq.* Geschäft *n*, Unterˈnehmen *n*. **7.** *Rhetorik*: Protasis *f*, Vor-, Hauptsatz *m*. **8.** *Logik*: Satz *m*, Behauptung *f*. **9.** *math.* (Lehr)Satz *m*, Theoˈrem *n*. **10.** *Dichtkunst*: Eingang *m* (*in dem der Autor das Thema angibt*). **11.** *obs.* Darbringung *f*: **altar of ~** Opferaltar *m*; **loaves of ~** *Bibl.* Schaubrote. **II** *v/t* **12.** *j-m* e-n Vorschlag machen, *bes. e-m Mädchen etc* e-n unsittlichen Antrag machen. **ˌprop·oˈsi·tion·al** [-ʃənl] *adj math. etc* Satz...

pro·pound [prəˈpaʊnd] *v/t* **1.** *e-e Frage etc* vorlegen, -tragen (**to** *dat*). **2.** vorschlagen. **3. to ~ a will** *jur. Br.* auf Anerkennung e-s Testaˈments klagen.

pro·pri·e·tar·y [prəˈpraɪətərɪ; *Am.* -ˌteriː] **I** *adj* **1.** Eigentums..., Vermögens...: **~ right** Eigentumsrecht *n*. **2.** Eigentümer..., Besitzer..., Inhaber...: **~ company** *econ.* a) *Am.* Holding-, Dachgesellschaft *f*, b) *Br.* Familiengesellschaft *f*. **3.** besitzend, begütert: **the ~ classes** die besitzenden Schichten, *contp. a.* das Besitzbürgertum. **4.** *econ.* gesetzlich geschützt (*Arznei, Ware*): **~ article** Markenartikel *m*; **~ name** Markenbezeichnung *f*. **II** *s* **5.** Eigentümer *m od. pl*: **the landed ~** die Grundbesitzer. **6.** Eigentum *n*, Besitz *m*: **landed ~** Grundbesitz. **7.** *jur.* Eigentumsrecht *n*. **8.** *pharm.* a) mediˈzinischer ˈMarkenarˌtikel, b) nicht reˈzeptpflichtiges Medikaˈment. **9.** *hist. Br.* Gouverˈneur *m* über e-e Koloˈnie (*in den heutigen USA*): **~ colony** *Kolonie, deren Verwaltung von der brit. Krone Privatpersonen übertragen wurde.*

pro·pri·e·tor [prəˈpraɪətə(r)] *s* **1.** Eigentümer *m*, Besitzer *m*, (Geschäfts)Inhaber *m*: **sole ~** a) Alleininhaber *m*, b) *econ. Am.* Einzelkaufmann *m*. **2.** Anteilseigner *m*, Gesellschafter *m*. **3.** → **proprietary** 9. **proˌpri·eˈto·ri·al** [-ˈtɔːrɪəl; *Am. a.* -ˈtəʊ-] → **proprietary** 1 *u.* 2. **proˈpri·e·tor·ship** *s* **1.** Eigentum(srecht) *n* (**in** an *dat*). **2.** Verlagsrecht *n*. **3.** *Bilanz*: ˈEigenkapiˌtal *n*. **4. sole ~** a) alleiniges Eigentumsrecht, b) *econ. Am.* Einzelunternehmen *n*. **proˈpri·e·tress** [-trɪs] *s* Eigentümerin *f*.

pro·pri·e·ty [prəˈpraɪətɪ] *s* **1.** Schicklichkeit *f*, Anstand *m*. **2.** *pl* Anstandsformen *pl*, -regeln *pl*, gute Sitten *pl*: **it is not in keeping with the proprieties** es schickt sich nicht. **3.** Angemessenheit *f*, Richtigkeit *f*. **4.** *obs.* a) Priˈvatbesitz *m*, b) Eigentumsrecht *n*.

props [prɒps; *Am.* prɑps] *s pl* (*als sg konstruiert*) *thea. sl.* Requisiˈteur *m*.

pro·pul·sion [prəˈpʌlʃn] *s* **1.** *tech.* Antrieb *m* (*a. fig.*), Antriebskraft *f*: **~ nozzle** Rückstoßdüse *f*. **2.** Fortbewegung *f*. **proˈpul·sive** [-sɪv] *adj* (an-, vorwärts-) treibend (*a. fig.*): **~ charge** Treibsatz *m*; **~ force** Triebkraft *f*; **~ jet** Treibstrahl *m*; **proˈpul·sor** [-sə(r)] *s tech.* Treibmittel *n*, -satz *m*.

pro·pyl [ˈprəʊpɪl] *s chem.* Proˈpyl *n*.

prop·y·la [ˈprɒpɪlə; *Am.* ˈprɑ-] *pl von* **propylon**.

prop·y·lae·um [ˌprɒpɪˈliːəm; *Am.* ˌprɑ-; ˌprəʊ-] *pl* **-lae·a** [-ˈliːə] *s antiq. arch.* **1. the Propylaea** *pl* die Propyˈläen *pl* (*der Akropolis*). **2.** → **propylon**.

pro·pyl·ene [ˈprəʊpɪliːn] *s chem.* Propyˈlen *n*.

prop·y·lon [ˈprɒpɪlɒn; *Am.* ˈprɑpəˌlɑn] *pl* **-lons, -la** [-lə] *s antiq. arch.* Propylon *n* (*Tempeleingang etc*).

pro ra·ta [ˌprəʊˈrɑːtə; -ˈreɪtə] (*Lat.*) *adj u. adv* verhältnis-, anteilmäßig, anteilig, pro ˈrata.

pro·rate *bes. Am.* **I** *v/t* [prəʊˈreɪt; ˈprəʊreɪt] anteilmäßig ver- *od.* aufteilen. **II** *s* [ˈprəʊreɪt] anteilige Prämie, Anteil *m*. **proˈra·tion** [-ˈreɪʃn] *s bes. Am.* **1.** anteilmäßige Ver- *od.* Aufteilung. **2.** Beschränkung *f* der produˈzierten Öl- *od.* Gasmenge auf e-n Bruchteil (der Erˈzeugungskapaziˌtät).

pro·rec·tor [prəʊˈrektə(r)] *s univ.* Prorektor *m*.

pro·ro·ga·tion [ˌprəʊrəˈgeɪʃn; -rəʊˈg-] *s pol.* Vertagung *f*. **pro·rogue** [prəˈrəʊg] **I** *v/t* vertagen. **II** *v/i* sich vertagen, vertagt werden.

pro·sa·ic [prəʊˈzeɪɪk] *adj* (*adv* **~ally**) **1.** Prosa... **2.** *fig.* proˈsaisch, allˈtäglich, phantaˈsielos, nüchtern, trocken. **proˈsa·i·cism** [-sɪzəm], **pro·sa·ism** [ˈprəʊzeɪɪzəm] *s* Prosaˈismus *m*: a) pro-

ˈsaischer Chaˈrakter, b) proˈsaischer Ausdruck *od.* Stil. **ˈpro·sa·ist** *s* Proˈsaiker(in): a) Prosaschriftsteller(in), b) *fig.* nüchterner Mensch.
pro·sce·ni·um [prəʊˈsiːnjəm; -ɪəm] *pl* **-ni·a** [-njə; -nɪə], **-ni·ums** *s thea.* **1.** Proˈszenium *n*, Vorderbühne *f.* **2.** *antiq.* Bühne *f.* **~ box** *s* Proˈszeniumsloge *f.*
pro·scribe [prəʊˈskraɪb] *v/t* **1.** ächten, für vogelfrei erklären, proskriˈbieren. **2.** *meist fig.* verbannen. **3.** *fig.* verurteilen, verbieten. **proˈscrip·tion** [-ˈskrɪpʃn] *s* **1.** Ächtung *f*, Acht *f*, Proskriptiˈon *f* (*meist hist.*). **2.** Verbannung *f.* **3.** *fig.* Verbot *n*, Beschränkung *f* (*von Rechten etc*). **proˈscrip·tive** [-tɪv] *adj* (*adv* **~ly**) **1.** ächtend, Ächtungs... **2.** verbietend, Verbots...
prose [prəʊz] **I** *s* **1.** Prosa *f.* **2.** *fig.* Prosa *f*, Nüchternheit *f*, Allˈtäglichkeit *f.* **3.** *fig.* langweiliges *od.* allˈtägliches Gerede. **4.** *ped. bes. Br.* Überˈsetzung *f* (*in e-e Fremdsprache*). **II** *adj* **5.** Prosa...: **~ drama**; **~ writer** Prosaschriftsteller(in). **6.** *fig.* proˈsaisch, allˈtäglich, nüchtern. **III** *v/t* **7.** in Prosa schreiben. **8.** langweilig erzählen.
pro·sec·tor [prəʊˈsektə(r)] *s med.* Proˈsektor *m*, pathoˈlogischer Anaˈtom.
pros·e·cute [ˈprɒsɪkjuːt; *Am.* ˈprɑs-] **I** *v/t* **1.** *e-n Plan etc* verfolgen, weiterführen: **to ~ an action** *jur.* e-n Prozeß führen *od.* betreiben. **2.** *ein Gewerbe, Studien etc* betreiben. **3.** *e-e Untersuchung* ˈdurchführen: **to ~ an investigation**. **4.** unterˈsuchen, erforschen: **to ~ a topic**. **5.** *jur.* a) strafrechtlich verfolgen, b) gerichtlich verfolgen, belangen, anklagen (**for** wegen), c) *e-e Forderung etc* einklagen: **to ~ a claim**; **prosecuting attorney** (*Br.* **counsel**) Anklagevertreter *m*, Staatsanwalt *m*; **prosecuting witness** a) Nebenkläger(in), b) Belastungszeuge *m*, -zeugin *f.* **II** *v/i* **6.** *jur.* gerichtlich vorgehen. **7.** *jur.* als Kläger auftreten, die Anklage vertreten: **Mr. N. prosecuting said** Herr N., der Vertreter der Anklage, sagte.
pros·e·cu·tion [ˌprɒsɪˈkjuːʃn; *Am.* ˌprɑs-] *s* **1.** Verfolgung *f*, Fortsetzung *f*, ˈDurchführung *f* (*e-s Planes etc*). **2.** Betreiben *n* (*e-s Gewerbes, von Studien etc*). **3.** Unterˈsuchung *f*, Erforschung *f*: **~ of research problems**. **4.** *jur.* a) strafrechtliche Verfolgung, Strafverfolgung *f*, Anklage *f*, b) Einklagen *n* (*e-r Forderung etc*): **liable to ~** strafbar; **Director of Public P~s** Leiter *m* der Anklagebehörde. **5. the ~** *jur.* die Staatsanwaltschaft, die Anklage(behörde): → **witness** 1. **ˈpros·e·cu·tor** [-tə(r)] *s jur.* (An)Kläger *m*: **public ~** Staatsanwalt *m*, öffentlicher Ankläger.
pros·e·lyte [ˈprɒsɪlaɪt; *Am.* ˈprɑs-] **I** *s* **1.** Proseˈlyt(in), Neubekehrte(r *m*) *f* (*a. fig.*), Converˈtit(in). **2.** *Bibl.* Proseˈlyt(in), zum Judentum ˈÜbergetretene(r *m*) *f.* **II** *v/t* **3.** bekehren, zu(m) Proseˈlyten machen. **4.** *fig.* gewinnen (**to** für). **III** *v/i* **5.** Anhänger gewinnen (*a. fig.*). **ˈpros·e·lyt·ism** [-ɪlɪtɪzəm; *Am. a.* -laɪ-] *s* Proselyˈtismus *m*: a) Bekehrungseifer *m*, *contp.* Proseˈlytenmacheˌrei *f*, b) Proseˈlytentum *n.* **ˈpros·e·lyt·ize** [-ɪlɪtaɪz] → **proselyte** II *u.* III. **ˈpros·e·lyt·iz·er** *s* Proseˈlytenmacher(in), Bekehrer(in).
pro·sem·i·nar [prəʊˈsemɪnɑː(r)] *s univ.* ˈPro-, ˈVorsemiˌnar *n.*
ˈprosˌen·ceˈphal·ic [ˈprɒs-; *Am.* ˈprɑs-] *adj anat.* Vorderhirn... **ˌpros·enˈceph·a·lon** *pl* **-a·la** [-lə] *s* Prosenˈzephalon *n*, Vorderhirn *n.*
pros·en·chy·ma [prɒsˈeŋkɪmə; *Am.* prɑˈs-] *s bot.* Prosenˈchym *n*, Fasergewebe *n.*
pros·er [ˈprəʊzə(r)] *s* langweiliger Erzähler.
pros·i·fy [ˈprəʊzɪfaɪ] **I** *v/t* proˈsaisch machen, in Prosa (ˈum)schreiben. **II** *v/i* (in) Prosa schreiben.
pros·i·ness [ˈprəʊzɪnɪs] *s* **1.** proˈsaischer Chaˈrakter, Nüchternheit *f.* **2.** Langweiligkeit *f*, Weitschweifigkeit *f.*
pro·sod·ic [prəˈsɒdɪk; *Am.* -ˈsɑd-] *adj*; **proˈsod·i·cal** [-kl] *adj* (*adv* **~ly**) prosˈodisch.
pros·o·dist [ˈprɒsədɪst; *Am.* ˈprɑs-] *s* Prosoˈdiekundige(r *m*) *f.* **ˈpros·o·dy** [-dɪ] *s* Prosoˈdie *f* (*Silbenmessungslehre*).
pro·so·po·poe·ia [ˌprɒsəpəˈpiːə; *Am.* prəˌsəʊ-] *s Rhetorik*: Prosopopöˈie *f*: a) *Personifizierung lebloser Dinge*, b) *Einführung e-r abwesenden Person.*
pros·pect [ˈprɒspekt; *Am.* ˈprɑs-] **I** *s* **1.** (Aus)Sicht *f*, (-)Blick *m* (**of** auf *acc*). **2.** *fig.* Aussicht *f* (**of** auf *acc*; **of being** zu sein): **to be in ~** in Aussicht stehen, zu erwarten sein; **to hold out a ~ of** in Aussicht stellen; **to have s.th. in ~** etwas in Aussicht haben; **no ~ of success** keine Erfolgsaussichten; **there is a ~ that** es besteht Aussicht, daß; **at the ~ of** in Erwartung (*gen*). **3.** Landschaft *f.* **4.** *fig.* Vor(ˈaus)schau *f* (**of** auf *acc*): **a ~ of future events**. **5.** a) *econ. etc* Interesˈsent *m*, Reflekˈtant *m*, b) *econ.* möglicher *od.* potentiˈeller Kunde *od.* Käufer, c) möglicher Kandiˈdat. **6.** *Bergbau*: a) (Erz- *etc*)Anzeichen *n*, b) Schürfprobe *f*, c) Stelle *f* mit (Erz- *etc*)Anzeichen, d) Schürfstelle *f*, Lagerstätte *f*, e) Schürfbetrieb *m.* **7.** *obs. fig.* ˈÜberblick *m* (**of** über *acc*): **on nearer ~** bei näherer Betrachtung. **II** *v/t* [*Br. meist* prəˈspekt] **8.** *ein Gebiet* durchˈforschen, unterˈsuchen (**for** nach *Gold etc*): **to ~ a district** e-e Gegend auf das Vorhandensein von Lagerstätten untersuchen. **9.** *min. e-e Fundstelle etc* versuchsweise erschürfen, auf Erz-, Goldhaltigkeit *etc* unterˈsuchen. **10.** *fig. auf Erfolgsaussichten hin* prüfen, unterˈsuchen. **III** *v/i* [*Br. meist* prəˈspekt] **11.** *min.* suchen *od.* schürfen *od.* graben (**for** nach): **to ~ for oil** nach Öl bohren; **~ing licence** (*Am.* **license**) Schürfrecht *n.* **12.** *min.* sich (*gut, schlecht*) (zur Ausbeute) eignen. **13.** *fig.* suchen, ˈUm- *od.* Ausschau halten (**for** nach).
pro·spec·tive [prəˈspektɪv] *adj* (*adv* **~ly**) **1.** (zu)künftig, angehend, vorˈaussichtlich: **~ buyer** Kaufinteressent *m*, potentieller Käufer; **the ~ professor** der angehende Professor; **he is my ~ son-in-law** er ist mein zukünftiger Schwiegersohn; **~ mother** werdende Mutter. **2.** *fig.* vorˈausschauend.
pros·pec·tor [prəˈspektə(r); *Am.* ˈprɑsˌp-] *s* Proˈspektor *m*, Schürfer *m*, Goldsucher *m*: **oil ~** Ölsucher.
pro·spec·tus [prəˈspektəs] *s* Proˈspekt *m*: a) Werbeschrift *f*, b) Ankündigung *f* (*e-s Buches etc*), c) *econ.* Subskriptiˈonsanzeige *f*, d) *Br.* ˈSchul-, Universiˈtätsproˌspekt *m.*
pros·per [ˈprɒspə; *Am.* ˈprɑspər] **I** *v/i* **1.** Glück *od.* Erfolg haben (**in** bei), vorwärtskommen. **2.** gedeihen (*a. bot.*), floˈrieren, blühen (*Unternehmen etc*): **a ~ing industry**. **3.** glücken, von Erfolg begleitet sein: **his venture ~ed**. **II** *v/t* **4.** begünstigen, *j-m* hold *od.* gewogen sein, *etwas* gelingen *od.* gedeihen lassen. **5.** segnen, *j-m* gnädig sein (*Gott*). **prosˈper·i·ty** [-ˈsperətɪ] *s* **1.** Wohlstand *m*, Gedeihen *n*, Glück *n.* **2.** *econ.* Wohlstand *m*, Prosperiˈtät *f*, Blüte(zeit) *f*, Aufschwung *m*, Konjunkˈtur *f*: **peak ~** Hochkonjunktur; **~ index** Wohlstandsindex *m*; **~ phase** Konjunkturperiode *f.* **3.** *pl selten* glückliche Zeiten *pl.* **ˈpros·per·ous** *adj* (*adv* **~ly**) **1.** gedeihend, blühend, erfolgreich, glücklich: **~ years** Jahre des Wohlstands. **2.** wohlhabend. **3.** günstig.
pros·tate [ˈprɒsteɪt; *Am.* ˈprɑs-] *anat.* **I** *s a.* **~ gland** Prostata *f*, Vorsteherdrüse *f.* **II** *adj* → **prostatic**.
pros·ta·tec·to·my [ˌprɒstəˈtektəmɪ; *Am.* ˌprɑs-] *s med.* Prostatektoˈmie *f*, (teilweise) Entfernung der Vorsteherdrüse.
pros·tat·ic [prɒˈstætɪk; *Am.* prɑ-] *adj anat.* Prostata...: **~ cancer**.
pros·ta·ti·tis [ˌprɒstəˈtaɪtɪs; *Am.* ˌprɑs-] *s med.* Prostaˈtitis *f*, Prostataentzündung *f.*
pro·ster·num [prəʊˈstɜːnəm; *Am.* -ˈstɜr-] *s* Vorderbrust(schild *m*) *f* (*e-s Insekts*).
pros·the·sis [ˈprɒsθɪsɪs; prɒsˈθiː-; *Am.* ˈprɑs-; prɑsˈθ-] *pl* **-ses** [-siːz] *s* **1.** *med.* Proˈthese *f*, künstliches Glied: **dental ~** Zahnprothese. **2.** *med.* Anfertigung *f* e-r Proˈthese. **3.** *ling.* Prosˈthese *f* (*Vorsetzen e-s Buchstabens od. e-r Silbe vor ein Wort*). **prosˈthet·ic** [-ˈθetɪk] *adj* **1.** *med.* proˈthetisch, Prothesen...: **~ dentistry** → **prosthodontia**. **2.** *ling.* prosˈthetisch, vorgesetzt (*Buchstabe od. Silbe*). **prosˈthet·ics** *s pl* (*a. als sg konstruiert*) *med.* Proˈthetik *f*, Glieder-, Zahnersatzkunde *f.* **pros·the·tist** [prɒsˈθiː-; *Am.* ˈprɑsθə-] *s* Proˈthetiker *m.*
pros·tho·don·ti·a [ˌprɒsθəʊˈdɒnʃjə; -ʃə; *Am.* ˌprɑsθəˈdɑntʃɪə; -tʃə] *s*, **ˌpros·thoˈdon·tics** [-tɪks] *s pl* (*a. als sg konstruiert*) *med.* zahnärztliche Proˈthetik, Zahnersatzkunde *f.* **ˌpros·thoˈdon·tist** [-tɪst] *s* ˈZahnproˌthetiker *m.*
pros·ti·tute [ˈprɒstɪtjuːt; *Am.* ˈprɑs-; *a.* -ˌtuːt] **I** *s* **1.** a) Prostituˈierte *f*, b) (**male**) **~** Strichjunge *m.* **II** *v/t* **2.** prostituˈieren: **to ~ o.s.** sich prostituieren *od.* verkaufen (*a. fig.*). **3.** *fig.* (für ehrlose Zwecke) ˈher-, preisgeben, entwürdigen, *sein Talent etc* wegwerfen. **ˌpros·tiˈtu·tion** *s* **1.** Prostitutiˈon *f*, gewerbsmäßige Unzucht. **2.** *fig.* Entwürdigung *f*, Preisgabe *f.*
pros·trate I *v/t* [prɒˈstreɪt; *Am.* ˈprɑsˌt-] **1.** zu Boden werfen *od.* strecken, niederwerfen: **to ~ o.s.** *fig.* sich in den Staub werfen, sich demütigen (**before** vor *dat*). **2.** *fig.* unterˈwerfen, niederzwingen. **3.** entkräften, erschöpfen. **4.** *fig.* niederschmettern. **II** *adj* [ˈprɒstreɪt; *Am.* ˈprɑs-] **5.** ˈhingestreckt. **6.** *fig.* erschöpft (**with** vor *dat*), daˈniederliegend, kraftlos: **a ~ country** ein am Boden liegendes *od.* zugrunde gerichtetes Land; **~ with grief** gramgebeugt. **7.** *fig.* unterˈworfen, -ˈwürfig, demütig. **8.** *fig.* fußfällig, im Staube liegend. **9.** *bot. zo.* (nieder)liegend.
prosˈtra·tion *s* **1.** Niederwerfen *n*, -fallen *n.* **2.** Fußfall *m* (*a. fig.*). **3.** *fig.* Niederwerfung *f*, Unterˈwerfung *f*, Demütigung *f.* **4.** *nervöse etc* Erschöpfung: **heat ~** Hitzschlag *m.* **5.** *fig.* Niedergeschlagenheit *f.*
pro·style [ˈprəʊstaɪl] *s antiq. arch.* Prostylos *m*, (Tempel)Bau *m* mit offener Säulenvorhalle.
pros·y [ˈprəʊzɪ] *adj* (*adv* **prosily**) **1.** langweilig, weitschweifig. **2.** nüchtern, proˈsaisch.
pro·syl·lo·gism [prəʊˈsɪlədʒɪzəm] *s philos.* Prosylloˈgismus *m*, Einleitungs-, Vorschluß *m.*
pro·tag·o·nist [prəʊˈtægənɪst] *s* **1.** *thea.* ˈHauptfiˌgur *f*, Held(in), Träger(in) der Handlung. **2.** *fig.* Protagoˈnist(in): a) ˈHauptperˌson *f*, b) Vorkämpfer(in).
pro·ta·mine [ˈprəʊtəmiːn], *a.* **ˈpro·ta·min** [-mɪn] *s biol.* Protaˈmin *n.*
pro·ta·no·pi·a [ˌprəʊtəˈnəʊpjə; -pɪə] *s med.* Protanoˈpie *f*, Rotblindheit *f.*

prot·a·sis [ˈprɒtəsɪs; *Am.* ˈprɑt-] *pl* **-ses** [-siːz] *s* Protasis *f*: a) *ling.* Vordersatz *m*, (vorgestellter) Bedingungssatz, b) *antiq. thea.* Vorspiel *n*.

pro·te·an [prəʊˈtiːən; ˈprəʊtɪən] *adj* **1. P~** proˈteisch, Proteus... **2.** *fig.* proˈteisch, wandelhaft, vielgestaltig. **3.** *zo.* aˈmöbenartig: **~ animalcule** Amöbe *f*.

pro·te·ase [ˈprəʊtɪeɪs] *s biol. chem.* Proteˈase *f*.

pro·tect [prəˈtekt] *v/t* **1.** (be)schützen (**from** vor *dat*; **against** gegen): **~ed area** Naturschutzgebiet *n*; **~ed by copyright** urheberrechtlich geschützt; **~ed by letters patent** patentrechtlich geschützt; **~ed state** *pol.* Schutzstaat *m*; → **interest** 7. **2.** *econ. e-n Industriezweig etc* (*durch Schutzzölle*) schützen. **3.** *econ.* a) *e-n Wechsel mit Laufzeit* schützen, akzepˈtieren, b) *e-n Sichtwechsel* einlösen, honoˈrieren. **4.** *tech.* (ab)sichern, schützen, abschirmen: **~ed switch** Schutzschalter *m*. **5.** schonen. **6.** *e-e Schachfigur* decken.

pro·tec·tion [prəˈtekʃn] *s* **1.** Schutz *m*, Beschützung *f* (**from** vor *dat*), Sicherheit *f*: **~ of interests** Interessenwahrung *f*. **2.** *econ. jur.* (Rechts)Schutz *m*: **~ of industrial property** gewerblicher Rechtsschutz; **legal ~ of registered designs** Gebrauchsmusterschutz; **~ against dismissal** Kündigungsschutz. **3.** *econ.* Schutzzoll *m*. **4.** *econ.* ˈSchutzzoll(poliˌtik *f*, -syˌstem *n*) *m*. **5.** *econ.* Honoˈrierung *f* (*e-s Wechsels*): **to find due ~** honoriert werden; **to give ~ to a bill** e-n Wechsel honorieren. **6.** *jur. mar. Am.* Schutz-, Geleitbrief *m*. **7.** Protektiˈon *f*, Gönnerschaft *f*. **8.** a) ‚Protektiˈon' *f* (*Schutz gegen Verfolgung durch Polizei od. Gangster*), b) *a.* **~ money** ‚Schutzgebühr' *f*. **9.** *tech.* Schutz *m*. **proˈtec·tion·ism** [-ʃənɪzəm] *s econ.* Protektioˈnismus *m*: a) ˈSchutzzollpoliˌtik *f*, b) ˈSchutzzollsyˌstem *n*. **proˈtec·tion·ist I** *s* **1.** Protektioˈnist *m*, Verfechter *m* der ˈSchutzzollpoliˌtik. **2.** Naˈturschützer *m*. **II** *adj* **3.** protektioˈnistisch, Schutzzoll...

pro·tec·tive [prəˈtektɪv] *adj* (*adv* **~ly**) **1.** Schutz..., (be)schützend, schutzgewährend: **~ coating** Schutzüberzug *m*, -anstrich *m*; **~ coloration** *zo.* Schutzfärbung *f*; **~ conveyance** *jur.* Sicherungsübereignung *f*; **~ custody** Schutzhaft *f*; **~ duty** (*od.* **tariff**) Schutzzoll *m*; **~ goggles** Schutzbrille *f*. **2.** *econ.* Schutzzoll...: **~ system**. **3.** fürsorglich, beschützerisch (**toward[s]** gegenˈüber).

pro·tec·tor [prəˈtektə(r)] *s* **1.** Beschützer *m*, Schutz-, Schirmherr *m*, Gönner *m*. **2.** *tech. etc* Schutz(vorrichtung *f*, -mittel *n*) *m*, Schützer *m*, Schoner *m*. **3.** *hist.* a) Proˈtektor *m*, Reichsverweser *m*, b) → **Lord Protector**. **proˈtec·tor·al** *adj* Protektor..., schutzherrlich. **proˈtec·tor·ate** [-rət] *s* Protektoˈrat *n*: a) Schutzherrschaft *f*, b) Schutzgebiet *n*, c) Proˈtektorwürde *f*, d) **P~** *hist. Regierungszeit Oliver u. Richard Cromwells als* **Lord Protector**. **proˈtec·to·ry** *s* (Kinder-) Fürsorgeheim *n*. **proˈtec·tress** *s* Beschützerin *f*, Schutz-, Schirmherrin *f*.

pro·té·gé [ˈprəʊteʒeɪ] *s* Schützling *m*, Günstling *m*, Proteˈgé *m*.

pro·teid [ˈprəʊtiːd; -tiːɪd], **ˈpro·teide** [-taɪd; -tɪaɪd] *s biol. chem.* Proteˈid *n*.

pro·te·i·form [prəʊˈtiːɪfɔː(r)m] → **protean**.

pro·tein [ˈprəʊtiːn; -tiːɪn] (*Biochemie*) **I** *s* Proteˈin *n*, Eiweiß(körper *m od. pl*) *n*. **II** *adj* proteˈinartig, -haltig, Protein...

pro tem·po·re [ˌprəʊˈtempərɪ] (*Lat.*), **pro tem** *adv* einstweilen, vorläufig.

pro·te·ol·y·sis [ˌprəʊtɪˈɒlɪsɪs; *Am.* -ˈɑlə-] *s biol. chem.* Proteoˈlyse *f*, Eiweißabbau *m*.

Prot·er·o·zo·ic [ˌprɒtərəʊˈzəʊɪk; *Am.* ˌprɑtərəˈz-] *geol.* **I** *adj* proteroˈzoisch. **II** *s* Proteroˈzoikum *n*.

pro·test I *s* [ˈprəʊtest] **1.** Proˈtest *m*, Ein-, ˈWiderspruch *m*, Verwahrung *f*: **in ~** aus Protest (**at, over** gegen); **to enter** (*od.* **lodge**) **a ~** Protest erheben *od.* Verwahrung einlegen (**with** bei; **against** gegen); **under ~** unter Protest; **without ~** widerspruchslos; **~ march** Protestmarsch *m*; **~ meeting** Protestversammlung *f*. **2.** *econ. jur.* (ˈWechsel)Proˌtest *m*. **3.** *a.* **extended ~, ship's ~** *jur. mar.* ˈSeeproˌtest *m*, Verklarung *f*: **to extend ~** Verklarung ablegen. **4.** *Br.* ˈMinderheitsproˌtest *m* (*im Oberhaus, gegen e-n Antrag*). **II** *v/i* [prəˈtest] **5.** (**against** gegen) proteˈstieren, Einspruch erheben, Verwahrung einlegen, sich verwahren. **6.** a) e-e (feierliche) Erklärung abgeben, b) die Wahrheit (s-r Worte *etc*) beteuern. **III** *v/t* [prəˈtest] **7.** proteˈstieren *od.* Einspruch erheben *od.* Verwahrung einlegen gegen. **8.** *econ. jur. e-n Wechsel* proteˈstieren: **to have a bill ~ed** e-n Wechsel zu Protest gehen lassen. **9.** beteuern (**s.th.** etwas; **that** daß): **to ~ one's loyalty**.

Prot·es·tant [ˈprɒtɪstənt; *Am.* ˈprɑ-] *relig.* **I** *s* Proteˈstant(in). **II** *adj* proteˈstantisch. **~ E·pis·co·pal Church** *s die anglikanische Kirche in den USA*. **~ eth·ic** *s Religionssoziologie*: proteˈstantische Ethik (*ethisch-religiöse Entstehungsgrundlage der kapitalistischen Wirtschaftsgesinnung*).

ˈProt·es·tant·ism *s* Protestanˈtismus *m*. **ˈProt·es·tant·ize** *v/t u. v/i* proteˈstantisch machen (werden), (sich) zum Protestanˈtismus bekehren.

prot·es·ta·tion [ˌprəʊteˈsteɪʃn; *Am. a.* ˌprɑtəsˈt-] *s* **1.** Beteuerung *f*: **~s of innocence** Unschuldsbeteuerungen. **2.** Proˈtest *m* (**against** gegen).

pro·test·er [prəˈtestə(r)] *s* Proteˈstierende(r *m*) *f*.

Pro·teus [ˈprəʊtjuːs; -tɪəs; *Am. a.* -ˌtuːs] **I** *npr* **1.** *myth.* Proteus *m* (*Meergott*). **II** *s* **2.** *fig.* ˈProteus(naˌtur *f*) *m*, wandlungsfähiger *od.* wetterwendischer Mensch. **3. p~** *zo.* Olm *m*. **4. p~** Proteus *m* (*Bakteriengattung*).

pro·tha·la·mi·um [ˌprəʊθəˈleɪmɪəm] *pl* **-mi·a** [-ə] *s* Hochzeitsgedicht *n*.

pro·thal·li·um [prəʊˈθælɪəm] *pl* **-li·a** [-lɪə] *s bot.* Proˈthallium *n*, Vorkeim *m*.

proth·e·sis [ˈprɒθɪsɪs; *Am.* ˈprɑ-] → **prosthesis** 3.

proˈtho·rax *s zo.* erster Brustring (*der Insekten*), Proˈthorax *m*.

pro·tist [ˈprəʊtɪst] *s biol.* Proˈtist *m*, Einzeller *m*. **proˈtis·ta** [-tə] *s pl* Proˈtisten *pl*, Einzeller *pl*.

pro·ti·um [ˈprəʊtjəm; -ɪəm; *Am. a.* -ʃɪəm] *s chem.* Protium *n* (*leichtes Wasserstoffisotop*).

proto- [prəʊtəʊ; -tə] *Wortelement mit den Bedeutungen* a) erst(er, e, es), b) Urform von ..., Ur..., Proto...

pro·to·blast [ˈprəʊtəblæst] *s biol.* memˈbranlose Zelle.

pro·to·col [ˈprəʊtəkɒl; *Am. a.* -ˌkɑl] **I** *s* **1.** (Verˈhandlungs)Protoˌkoll *n*, Sitzungsbericht *m*: **to record in ~** → 5. **2.** *pol.* Protoˈkoll *n*: a) *diplomatische Etikette*, b) Vorvertrag *m*, vorläufige Vereinbarungen *pl*. **3.** *pol.* Einleitungs- u. Schlußformeln *pl* (*e-r Urkunde etc*). **II** *v/i* **4.** das Protoˈkoll führen. **III** *v/t* **5.** protokolˈlieren, zu Protoˈkoll nehmen. **~ state·ment** *s scient.* Protoˈkollsatz *m*.

ˌpro·toˈfas·cist *adj pol.* faschistoˈid.

pro·to·gen·ic [ˌprəʊtəˈdʒenɪk] *adj geol.* proˈtoˈgen, priˈmär.

ˌpro·to-Gerˈman·ic *ling.* **I** *adj* ˈurgerˌmanisch. **II** *s* ˈUrgerˌmanisch *n*, das Urgermanische.

ˌpro·toˈhis·to·ry *s* Urgeschichte *f*.

ˌpro·toˈhu·man I *s* Urmensch *m*. **II** *adj* urmenschlich.

ˌpro·toˈlan·guage *s* Ursprache *f*.

ˌpro·to·meˈtal·lic *adj chem. phys.* ˈprotomeˌtallisch.

pro·to·morph [ˈprəʊtəmɔː(r)f] *s biol.* Urform *f*. **ˌpro·toˈmor·phic** *adj* priˈmär, primiˈtiv, ursprünglich.

pro·ton [ˈprəʊtɒn; *Am.* -ˌtɑn] *s phys.* Proton *n* (*positiv geladenes Elementarteilchen*): **~ number** Protonenzahl *f*; **~ ray** Protonenstrahl *m*; **~ synchrotron** Protonensynchrotron *n*.

pro·to·path·ic [ˌprəʊtəˈpæθɪk] *adj physiol.* protoˈpathisch.

pro·to·phyte [ˈprəʊtəfaɪt] *s bot.* Proˈtophyton *n*, Protoˈphyte *f* (*einfachste einzellige Pflanze*).

pro·to·plasm [ˈprəʊtəʊplæzəm] *s biol.* **1.** Protoˈplasma *n* (*Grundsubstanz der Zelle*). **2.** Urschleim *m*. **ˌpro·toˈplas·mic** [-mɪk] *adj* protoplasˈmatisch.

ˈpro·to·plast [-plæst] *s biol.* Protoˈplast *m* (*Plasmakörper der Zelle*).

ˈpro·to·salt *s chem.* Meˈtallsalz *n* (*der 1. Oxidationsstufe*).

ˌpro·toˈtroph·ic *adj biol.* autoˈtroph (*durch Photosynthese ernährbar*).

ˌpro·toˈtyp·al → **prototypical**.

ˈpro·to·type *s* Prototyp *m* (*a. biol.*): a) Urbild *n*, Urtyp *m*, Urform *f*, b) Urmuster *n*, c) *tech.* (ˈRicht)Moˌdell *n*, Ausgangsbautyp *m*. **ˌpro·toˈtyp·i·cal** *adj* protoˈtypisch, Ur...

pro·tox·ide [prəʊˈtɒksaɪd; *Am.* -ˈɑk-] *s chem.* Protoˈxid *n* (*erste od. unterste Oxidationsstufe e-s Elements*): **~ of iron** Eisen(II)-Oxid *n*.

pro·to·zo·a [ˌprəʊtəʊˈzəʊə] *s pl zo.* Protoˈzoen *pl*, Einzeller *pl*, Urtiere *pl*. **ˌpro·toˈzo·an** *zo.* **I** *adj* Protozoen... **II** *s* → **protozoon**. **ˌpro·toˈzo·ic** *adj geol.* protoˈzoisch. **ˌpro·to·zoˈol·o·gy** [-ˈɒlədʒɪ; *Am.* -ˈɑl-] *s zo.* Protozooloˈgie *f*. **ˌpro·toˈzo·on** [-ən; -ɒn; *Am.* -ˌɑn] *pl* **-ˈzo·a** [-ə] *s zo.* Protoˈzoon *n*, Urtierchen *n*, Einzeller *m*.

pro·tract [prəˈtrækt; *Am. a.* prəʊ-] *v/t* **1.** in die Länge ziehen, hinˈausziehen, -zögern, verschleppen: **~ed illness** langwierige Krankheit; **~ed defence** (*Am.* **defense**) *mil.* hinhaltende Verteidigung; **~ed stay in hospital** längerer Krankenhausaufenthalt. **2.** *math.* mit e-m Winkelmesser *od.* maßstab(s)getreu zeichnen *od.* auftragen. **3.** *Krallen* aus-, vorstrecken. **proˈtrac·tile** [-taɪl; *Am. a.* -tl] *adj zo.* aus-, vorstreckbar. **proˈtrac·tion** *s* **1.** Hinˈausschieben *n*, ˈHinziehen *n*, Verschleppen *n*. **2.** *math.* maßstab(s)getreue *od.* winkeltreue Zeichnung. **3.** *zo.* (Her-) ˈVorstrecken *n*. **4.** *metr.* Silbendehnung *f*. **proˈtrac·tor** [-tə(r)] *s* **1.** *math. surv.* Transporˈteur *m*, Gradbogen *m*, Winkelmesser *m*. **2.** *anat.* Vorzieh-, Streckmuskel *m*.

pro·trude [prəˈtruːd; *Am.* prəʊ-] **I** *v/i* herˈaus-, (her)ˈvorstehen, -ragen, -treten: **protruding chin** vorspringendes Kinn. **II** *v/t* herˈausstrecken, (her)ˈvortreten lassen. **proˈtru·si·ble** [-səbl], **proˈtru·sile** [-saɪl; *Am. a.* -səl] *adj* vor-, ausstreckbar, verlängerungsfähig. **proˈtru·sion** [-ʒn] *s* **1.** Herˈausragen *n*, Herˈvorstehen *n*, -treten *n*, Vorspringen *n*. **2.** Vorwölbung *f*, -sprung *m*, Ausbuchtung *f*, (her)ˈvorstehender Teil. **proˈtru·sive** *adj* vorstehend, herˈvortretend.

pro·tu·ber·ance [prəˈtjuːbərəns; *Am.* prəʊ-; *a.* -ˈtuː-] *s* **1.** (her)ˈvortretende Stelle, Vorsprung *m*. **2.** Auswuchs *m*,

Beule *f*, Höcker *m*, Protube'ranz *f*. **3.** *astr.* Protube'ranz *f*. **4.** (Her)'Vortreten *n*, -stehen *n*. **pro'tu·ber·ant** *adj* (*adv* ~**ly**) (her)'vorstehend, -tretend, -quellend.

proud [praʊd] **I** *adj* (*adv* ~**ly**) **1.** stolz (of auf *acc*; to *inf* zu *inf*): **that is nothing to be ~ of** darauf kann man sich wirklich nichts einbilden. **2.** dünkelhaft, hochmütig, eingebildet: (**as**) ~ **as a peacock** *fig.* stolz *od.* eitel wie ein Pfau. **3.** stolz (machend), mit Stolz erfüllend: **a ~ day** ein stolzer Tag (*für uns etc*). **4.** stolz, prächtig: **a ~ ship**. **5.** selbstbewußt. **6.** üppig *od.* wild (wachsend), wuchernd (*a. med.*): ~ **flesh** *med.* ‚wildes Fleisch', Granulationsgewebe *n*. **7.** *bes. Am. colloq. dial.* sehr erfreut. **8.** *poet.* feurig (*Pferd*). **9.** *obs. od. dial.* a) geil, lüstern, b) *zo.* brunftig. **II** *adv colloq.* **10. to do s.o. ~** a) j-m alle Ehre machen, b) j-n königlich bewirten; **to do o.s. ~** es sich gutgehen lassen.

prov·a·ble ['pru:vəbl] *adj* (*adv* **prov·ably**) nachweisbar, beweisbar.

prove [pru:v] **I** *v/t pret u. pp* **proved,** *pp a.* '**prov·en 1.** er-, nach-, beweisen: **to ~ adultery** beweisen, daß Ehebruch vorliegt; **to ~ one's alibi** sein Alibi nachweisen; **to ~ one's case** beweisen, daß man recht hat; **to ~ by chemical tests** chemisch nachweisen. **2.** *jur. ein Testament* bestätigen (lassen). **3.** bekunden, unter Beweis stellen, zeigen. **4.** *a. tech.* prüfen, erproben, e-r (Materi'al)Prüfung unter'ziehen: **a ~d remedy** ein erprobtes *od.* bewährtes Mittel; **to ~ o.s.** a) sich bewähren, b) sich erweisen als; → **proving** 1. **5.** *math.* die Probe machen auf (*acc*). **II** *v/i* **6.** sich her'ausstellen *od.* erweisen als: **to ~ (to be) necessary**; **he will ~ (to be) the heir** es wird sich herausstellen, daß er der Erbe ist; **to ~ true (false)** a) sich als richtig (falsch) herausstellen, b) sich (nicht) bestätigen (*Voraussage etc*). **7.** sich bestätigen *od.* bewähren als. **8.** ausfallen, sich ergeben: **it will ~ otherwise** es wird anders kommen *od.* ausfallen. **9.** aufgehen (*Teig*).

prov·en ['pru:vən] *adj* **1.** be-, erwiesen, nachgewiesen: **not ~** *jur. Scot.* Schuldbeweis nicht erbracht. **2.** bewährt, erprobt.

prov·e·nance ['prɒvənəns; *Am.* 'prɑv-] *s* 'Herkunft *f*, Ursprung *m*, Proveni'enz *f*.

Prov·en·çal [ˌprɒvɑ̃:n'sɑ:l; *Am.* ˌprɑvən-; ˌprəʊ-] **I** *s* **1.** Proven'zale *m*, Proven'zalin *f*. **2.** *ling.* Proven'zalisch *n*, das Provenzalische. **II** *adj* **3.** proven'zalisch.

prov·en·der ['prɒvɪndə(r); *Am.* 'prɑv-] *s* **1.** *agr.* (Trocken)Futter *n*. **2.** *colloq. humor.* ‚Futter' *n* (*Lebensmittel*).

pro·ve·nience [prə'vi:njəns] → **provenance**.

pro·ven·tric·u·lus [ˌprəʊven'trɪkjʊləs] *pl* **-u·li** [-laɪ] *s zo.* **1.** Kaumagen *m* (*der Insekten*). **2.** Drüsenmagen *m* (*der Vögel*).

prov·erb ['prɒvɜ:b; *Am.* 'prɑvˌɜrb] *s* **1.** Sprichwort *n*: **he is a ~ for shrewdness** *fig.* s-e Schlauheit ist sprichwörtlich *od.* (*contp.*) berüchtigt. **2. the (Book of) P~s** *pl Bibl.* die Sprüche *pl* (Salo'monis). **pro·ver·bi·al** [prə'vɜ:bjəl; *Am.* -'vɜrbɪəl] *adj* (*adv* ~**ly**) sprichwörtlich (*a. fig.*).

pro·vide [prə'vaɪd] **I** *v/t* **1.** versorgen, ausstatten, beliefern (**with** mit): **the car is ~d with a radio** der Wagen hat ein Radio *od.* ist mit e-m Radio ausgestattet; **~d with illustrations** illustriert, mit Illustrationen versehen. **2.** ver-, beschaffen, besorgen, liefern, zur Verfügung stellen, (bereit)stellen: **to ~ material**; **he ~s maintenance for them** er sorgt für ihren Unterhalt; **to ~ payment** *econ.* Deckung anschaffen, für Zahlung sorgen; **to ~ an opportunity** e-e Gelegenheit schaffen *od.* bieten. **3.** *jur.* a) vorsehen, -schreiben, bestimmen (*a. Gesetz, Vertrag etc*), b) den Vorbehalt machen (that daß): **providing (that)** → **provided**. **II** *v/i* **4.** Vorsorge *od.* Vorkehrungen *od.* (geeignete) Maßnahmen treffen, vorsorgen, sich sichern (**against** vor *dat*, gegen): **to ~ against** a) (sich) schützen vor (*dat*), b) *etwas* unmöglich machen, verhindern. **5.** sorgen: **to ~ for** a) sorgen für (*j-n od. j-s Lebensunterhalt*), b) *Maßnahmen* vorsehen, c) *e-r Sache* Rechnung tragen, *Bedürfnisse* befriedigen, d) *Gelder etc* bereitstellen. **6. unless otherwise ~d** *jur.* sofern nichts Gegenteiliges bestimmt ist.

pro·vid·ed [prə'vaɪdɪd] *conj a.* ~ **that 1.** vor'ausgesetzt (daß); unter der Vor'aussetzung *od.* Bedingung, daß. **2.** so'fern, wenn (über'haupt). ~ **school** *s Br.* Gemeindeschule *f*.

prov·i·dence ['prɒvɪdəns; *Am.* 'prɑ-] *s* **1.** (göttliche) Vorsehung *od.* Fügung: **by divine ~** a) von Gottes Gnaden, b) durch göttliche Fügung. **2. P~** die Vorsehung, Gott *m*. **3.** Sparsamkeit *f*. **4.** Vorsorge *f*, (weise) Vor'aussicht.

'**prov·i·dent** *adj* (*adv* ~**ly**) **1.** vor'ausblickend, vor-, fürsorglich: **God's ~ care** die göttliche Fürsorge; ~ **bank** Sparkasse *f*; ~ **fund** Unterstützungs-, Hilfskasse *f*; ~ **society** Versicherungsverein *m* auf Gegenseitigkeit. **2.** haushälterisch, sparsam.

prov·i·den·tial [ˌprɒvɪ'denʃl; *Am.* ˌprɑ-] *adj* **1.** durch die (göttliche) Vorsehung bestimmt *od.* bewirkt, schicksalhaft, göttlich. **2.** günstig, glücklich, gnädig (*Geschick etc*). ˌ**prov·i'den·tial·ly** [-ʃəlɪ] *adv* **1.** durch (göttliche) Fügung, schicksalhaft. **2.** glücklicher'weise, durch die Gunst des Schicksals.

pro·vid·er [prə'vaɪdə(r)] *s* **1.** Versorger(in), Ernährer *m* (*der Familie*): **good ~** *colloq.* treusorgende(r) Mutter (Vater). **2.** *econ.* Liefe'rant *m*.

prov·ince ['prɒvɪns; *Am.* 'prɑ-] *s* **1.** Pro'vinz *f*, (*großer*) (Verwaltungs)Bezirk. **2. the P~s** a) die Pro'vinz (*Ggs. Stadt*), b) *Am. colloq.* Kanada *n*. **3.** Gebiet *n*, Land(strich *m*) *n*, Gegend *f*. **4.** *relig.* a) 'Kirchenproˌvinz *f* (*erzbischöflicher Gerichtsbezirk*), b) 'Ordensproˌvinz *f*. **5.** (*größeres*) (Wissens)Gebiet, Fach *n*: **this is quite another ~**. **6.** Fach *n*, Aufgabenbereich *m*, Wirkungskreis *m*, Amt *n*: **that is not within my ~** a) das schlägt nicht in mein Fach, b) es ist nicht m-s Amtes.

pro·vin·cial [prə'vɪnʃl] **I** *adj* (*adv* ~**ly**) **1.** Provinz..., provinzi'ell: ~ **bank** Provinz-, Provinzialbank *f*; ~ **town** Provinzstadt *f*. **2.** Provinz... (*Ggs. städtisch*), provinzi'ell, kleinstädtisch, ländlich, pro'vinzlerisch: ~ **press** Provinzpresse *f*. **3.** *fig.* provinzi'ell, engstirnig, beschränkt, spießbürgerlich. **4.** *fig.* pro'vinzlerisch, ungebildet, ‚ungehobelt': ~ **manners**. **II** *s* **5.** Pro'vinzbewohner(in), j-d aus der Pro'vinz. **6.** *fig. contp.* Pro'vinzler(in). **7.** *relig.* ('Ordens)Provinziˌal *m*. **pro'vin·cial·ism** [-ʃəlɪzəm] *s* Provinzia'lismus *m*: a) provinzi'elle Eigenart, b) mundartlicher Ausdruck, c) provinzi'elle Beschränktheit, d) Kleingeiste'rei *f*, Pro'vinzlertum *n*, e) linkisches Benehmen *od.* Wesen. **proˌvin·ci'al·i·ty** [-ʃɪ'ælətɪ] → **provincialism**. **pro'vin·cial·ize** [-ʃəlaɪz] *v/t* provinzi'ell machen, pro'vinzlerischen Cha'rakter geben (*dat*).

prov·ing ['pru:vɪŋ] *s* **1.** Prüfen *n*, Erprobung *f*: ~ **flight** Aufklärungsflug *m* (*zur Umweltkontrolle*); ~ **ground** *tech.* Versuchsfeld *n* (*a. fig.*), -gelände *n*. **2.** ~ **of a will** *jur.* Eröffnung *f* u. Bestätigung *f* e-s Testa'ments.

pro·vi·sion [prə'vɪʒn] **I** *s* **1.** a) Vorkehrung *f*, Vorsorge *f*, (vorsorgliche) Maßnahme, b) Vor-, Einrichtung *f*: **to make ~** vorsorgen *od.* Vorkehrungen treffen (**for** für), sich schützen (**against** vor *dat od.* gegen). **2.** *jur.* Bestimmung *f*, Vorschrift *f*: **to come within the ~s of the law** unter die gesetzlichen Bestimmungen fallen. **3.** *jur.* Bedingung *f*, Vorbehalt *m*: **under usual ~s** unter üblichem Vorbehalt. **4.** Beschaffung *f*, Besorgung *f*, Bereitstellung *f*: ~ **of funds** *econ.* Kapitalbeschaffung, Deckung *f*. **5.** *pl* (Lebensmittel)Vorräte *pl*, (-)Vorrat *m* (**of** an *dat*), Nahrungs-, Lebensmittel *pl*, Provi'ant *m*: ~ **dealer** (*od.* **merchant**) Lebensmittel-, Feinkosthändler *m*. **6.** *oft pl* Rückstellungen *pl*, -lagen *pl*, Re'serven *pl*, (angelegter) Vorrat (**of** an *dat*). **7.** *econ.* a) Anschaffung *f* von Ri'messen, Deckung *f*, b) Ri'messe *f*. **II** *v/t* **8.** mit Lebensmitteln *od.* Provi'ant versorgen, verprovian'tieren.

pro·vi·sion·al [prə'vɪʒənl] **I** *adj* **1.** provi'sorisch, vorläufig, einstweilig, behelfsmäßig, Behelfs...: ~ **agreement** vorläufige *od.* einstweilige Anordnung, Provisorium *n*; ~ **law** Übergangsgesetz *n*; ~ **patent** vorläufiges Patent; ~ **receipt** Interimsquittung *f*; ~ **regulations** Übergangsbestimmungen; ~ **result** *sport* vorläufiges *od.* inoffizielles Endergebnis; ~ **solution** Übergangslösung *f*. **II** *s* **2.** Provi'sorium *n* (*Briefmarke*). **3. P~** *pol. Ir.* Mitglied *n* der provi'sorischen irisch-republi'kanischen Ar'mee. **pro'vi·sion·al·ly** [-ʒnəlɪ] *adv* provi'sorisch, vorläufig, einstweilen, bis auf weiteres. **pro'vi·sion·ar·y** [-ʒnərɪ; *Am.* -ʒəˌneri:] → **provisional** I.

pro·vi·so [prə'vaɪzəʊ] *pl* **-sos** *s jur.* Bedingung *f*, (Bedingungs)Klausel *f*, Vorbehalt *m*: **with the ~ that** unter der Bedingung *od.* mit der Maßgabe, daß; **to make it a ~ that** zur Bedingung machen, daß; ~ **clause** Vorbehaltsklausel *f*.

pro·vi·sor [prə'vaɪzə(r)] *s* **1.** *R.C.* Pro'visor *m* (*Inhaber e-r provisorischen Ernennung zu e-r Pfründe*). **2. (Statue of) P~s** *hist. Statut, das dem Papst das Recht auf Pfründenbesetzung nehmen soll.*

pro·vi·so·ri·ly [prə'vaɪzərəlɪ] *adv* **1.** bedingt, unter *od.* mit Vorbehalt. **2.** → **provisory** 2. **pro'vi·so·ry** [-rɪ] *adj* **1.** bedingend, bedingt, vorbehaltlich. **2.** provi'sorisch, vorläufig, einstweilig.

Pro·vo ['prəʊvəʊ] *pl* **-vos** *s colloq. für* **provisional** 3.

prov·o·ca·tion [ˌprɒvə'keɪʃn; *Am.* ˌprɑ-] *s* **1.** Her'ausforderung *f*, Provokati'on *f* (*a. jur.*). **2.** Aufreizung *f*, (An)Reiz *m*, Erregung *f*, Provokati'on *f*. **3.** Verärgerung *f*, (*a.* Grund *m* zum) Ärger *m*: **at the slightest ~** beim geringsten Anlaß.

pro·voc·a·tive [prə'vɒkətɪv; *Am.* -'vɑk-] **I** *adj* (*adv* ~**ly**) **1.** (*a. sexuell*) her'ausfordernd, aufreizend (**of** zu), erregend, provo'zierend (wirkend): **to be ~ of** → **provoke** 2; ~ **test** *med.* Reizprobe *f*. **2.** *fig.* a) anregend, stimu'lierend, b) reizvoll, interes'sant, c) kühn, provo'zierend: **a ~ novel**. **II** *s* **3.** Reiz(mittel *n*) *m*, Stimulans *n*, Antrieb *m* (**of, for** zu). **pro'voc·a·tive·ness** *s* her'ausforderndes *od.* aufreizendes Wesen.

pro·voke [prə'vəʊk] *v/t* **1.** *j-n* reizen, erzürnen, (ver)ärgern, aufbringen, provo'zieren: **to be ~d** aufgebracht sein. **2.** *etwas* her'vorrufen, her'aufbeschwören, provo'zieren, *ein Gefühl a.* erregen. **3.** *j-n* (*zum Handeln*) bewegen, provo'zieren, reizen, her'ausfordern: **to ~ s.o.**

into doing s.th. (*od.* to do s.th.) a) j-n dazu bewegen, etwas zu tun, b) j-n so provozieren, daß er etwas tut; to ~ s.o. into s.th. j-n zu etwas provozieren. **pro'vok·ing** *adj* (*adv* ~ly) **1.** → provocative 1. **2.** unerträglich, unaus'stehlich.

pro·vost[1] ['prɒvəst; *Am.* 'prɑ-; 'prəʊˌvəʊst] *s* **1.** *hist.* Vorsteher *m.* **2.** *univ.* Pro'vost *m*: a) *Br. Rektor gewisser Colleges*, b) *Am. hoher Verwaltungsbeamter.* **3.** *colloq.* Propst *m.* **4.** *a.* **Lord P~** *Scot.* Bürgermeister *m.*

pro·vost[2] ['prɒvəst; *Am.* 'prɑ-, 'prəʊˌvəʊst] *s mil.* Offi'zier *m* der Mili'tärpoliˌzei, Pro'fos *m.*

pro·vost| mar·shal [prə'vəʊ; *Am.* 'prəʊvəʊ] *s mil.* Komman'deur *m* der Mili'tärpoliˌzei. **~ ser·geant** *s mil.* Feldwebel *m* der Mili'tärpoliˌzei.

prow[1] [praʊ] *s* **1.** *mar.* Bug *m*, Schiffsschnabel *m.* **2.** *aer.* Nase *f*, Bug *m* (*e-s Flugzeugs*). **3.** *poet.* Kiel *m.*

prow[2] [praʊ] *adj obs.* tapfer, kühn.

prow·ess ['praʊɪs] *s* **1.** Tapferkeit *f*, (Helden)Mut *m.* **2.** Heldentat *f.* **3.** über'ragendes Können, Tüchtigkeit *f.*

prowl [praʊl] **I** *v/i a.* ~ **about** (*od.* **around**) her'umschleichen, -streichen. **II** *v/t* durch'streifen, streichen durch. **III** *s* Her'umstreifen *n*: **to be on the ~** a) → I, b) auf Raub ausgehen (*Raubtier etc*), c) auf Streife sein (*Polizei*): ~ **car** *Am.* (Funk)Streifenwagen *m*, d) *colloq.* auf Frauen- *od.* Männerfang sein. **'prowl·er** *s* Her'umtreiber *m*, (-)Lungerer *m.*

prox·i·mal ['prɒksɪml; *Am.* 'prɑksəməl] *adj* (*adv* ~ly) *anat.* proxi'mal (*dem zentralen Teil e-s Gliedes, der Körpermitte zu gelegen*).

prox·i·mate ['prɒksɪmət; *Am.* 'prɑ-] *adj* (*adv* ~ly) **1.** nächst(er, e, es), folgend(er, e, es), sich (unmittelbar) anschließend, unmittelbar: ~ **cause** unmittelbare Ursache. **2.** naheliegend. **3.** kurz bevorstehend: ~ **event. 4.** annähernd: ~ **estimate** ungefähre Schätzung; ~ **analysis** *chem.* quantitative Analyse; ~ **principles** (*od.* **substances**) *chem.* ungefähre *od.* approximative Grundsubstanzen.

prox·i·me ac·ces·sit [ˌprɒksɪmɪæk'sesɪt; *Am.* ˌprɑ-] (*Lat.*) *wörtlich*: ‚*er kam sehr nahe*' (*bei Wettkämpfen etc*): **he was (got a)** ~ er war (wurde) Zweiter.

prox·im·i·ty [prɒk'sɪmətɪ; *Am.* prɑk-] *s* **1.** Nähe *f*, Nachbarschaft *f*: **close** ~ nächste *od.* unmittelbare Nähe; ~ **fuse** (*bes. Am.* **fuze**) Annäherungszünder *m.* **2.** *a.* ~ **of blood** Blutsverwandtschaft *f.*

prox·i·mo ['prɒksɪməʊ; *Am.* 'prɑk-] *adv* (*abbr.* **prox.**) (des) nächsten Monats: **on the 1st ~.**

prox·y ['prɒksɪ; *Am.* 'prɑk-] *s* **1.** (Stell-)Vertretung *f*, (Handlungs)Vollmacht *f*: **by ~** in Vertretung, auf Grund e-r Vollmacht (→ 2); **marriage by ~** Ferntrauung *f.* **2.** (Stell)Vertreter(in), Bevollmächtigte(r *m*) *f*: **by ~** durch e-n Bevollmächtigten (→ 1); **to stand ~ for s.o.** als Stellvertreter(in) fungieren für j-n. **3.** Vollmacht(surkunde) *f.*

prude [pru:d] *s* prüder Mensch: **to be a ~** prüde sein.

pru·dence ['pru:dns] *s* **1.** Klugheit *f*, Vernunft *f.* **2.** 'Um-, Vorsicht *f*, Besonnenheit *f*, Über'legtheit *f*: **ordinary ~** *jur.* die im Verkehr erforderliche Sorgfalt. **3.** Maß-, Haushalten *n.*

pru·dent ['pru:dnt] *adj* (*adv* → **prudently**) **1.** klug, vernünftig. **2.** 'um-, vorsichtig, besonnen, über'legt.

pru·den·tial [prʊ'denʃl] **I** *adj* (*adv* ~ly) **1.** → **prudent** 1 *u.* 2. **2.** (*a.* sach)verständig: ~ **committee** *Am.* beratender Ausschuß. **II** *s* **3.** *pl* wohlzuerwägende Dinge *pl.* **4.** *pl* kluge Erwägungen *pl.*

pru·dent·ly ['pru:dntlɪ] *adv* kluger-, vernünftigerweise, wohlweislich.

prud·er·y ['pru:dərɪ] *s* Prüde'rie *f*, Sprödigkeit *f.*

prud·ish ['pru:dɪʃ] *adj* (*adv* ~ly) prüde, (*bes. Mädchen*) spröd(e). **'prud·ish·ness** → **prudery.**

prune[1] [pru:n] *s* **1.** *bot.* Pflaume *f.* **2.** Back-, Dörrpflaume *f.* **3.** *fig.* 'Purpurkarˌmin *n.* **4.** *sl.* ‚blöder Heini', ‚Blödmann' *m.* **5.** ~**s and prisms** affek'tierte Redeweise.

prune[2] [pru:n] *v/t* **1.** *Bäume etc* ausputzen, beschneiden. **2.** *a.* ~ **off**, ~ **away** wegschneiden, abhauen. **3.** zu(ˈrecht)stutzen, von 'Überflüssigem befreien, befreien (**of** von), säubern, *e-n Text etc* zs.-streichen, straffen. **4.** *fig. Bürokratie etc* beschneiden, *Ausgaben etc* kürzen.

pru·nel·la[1] [prʊ'nelə] *s econ.* Pru'nell *m*, Lasting *m* (*ein Kammgarngewebe*).

pru·nel·la[2] [prʊ'nelə] *s med. obs.* Halsbräune *f.*

pru·nelle [prʊ'nel] *s* Prü'nelle *f* (*getrocknete, entsteinte Pflaume*).

pru·nel·lo [prʊ'neləʊ] *s* **1.** → **prunelle. 2.** → **prunella**[1].

prun·ing ['pru:nɪŋ] *s* **1.** Ausputzen *n*, Beschneiden *n* (*von Bäumen etc*). **2.** *pl* Reisholz *n* (*beschnittener Bäume*). ~ **hook** *s* Heckensichel *f.* ~ **knife** *s irr* Baum-, Gartenmesser *n.* ~ **shears** *s pl* Baumschere *f.*

prunt [prʌnt] *s* a) Glasschmuckperle *f* (*als Zierde für Vasen etc*), b) *Werkzeug zu ihrer Anbringung.*

pru·ri·ence ['prʊərɪəns], **'pru·ri·en·cy** [-sɪ] *s* **1.** Geilheit *f*, Lüsternheit *f*, Laszivi'tät *f.* **2.** Gier *f* (**for** nach), (Sinnen)Kitzel *m.* **'pru·ri·ent** *adj* (*adv* ~ly) geil, lüstern, las'ziv.

pru·rig·i·nous [prʊə'rɪdʒɪnəs] *adj med.* juckend. **pru'ri·go** [-'raɪgəʊ] *s* Pru'rigo *m, f*, juckender Hautausschlag. **pru'ri·tus** [-'raɪtəs] *s* Pru'ritus *m*, (krankhaftes) Hautjucken.

Prus·sian ['prʌʃn] **I** *adj* preußisch. **II** *s* Preuße *m*, Preußin *f.* ~ **blue** *s* Preußischblau *n.*

Prus·sian·ism ['prʌʃənɪzəm] *s* Preußentum *n*, preußisches Wesen. **'Prus·sian·ize** *v/t* preußisch machen.

prus·si·ate ['prʌʃɪət; *Am.* -sɪˌeɪt] *s chem.* Prussi'at *n.* ~ **of i·ron** *s chem.* Ber'linerblau *n.* ~ **of pot·ash** *s chem.* 'Kaliumferrozyaˌnid *n.*

prus·sic ac·id ['prʌsɪk] *s chem.* Blausäure *f*, Zy'anwasserstoff(säure *f*) *m.*

pry[1] [praɪ] **I** *v/i* (neugierig) spähen, neugierig gucken *od.* sein: **to ~ about** (*od.* **around**) herumschnüffeln; **to ~ into s.th.** a) etwas zu erforschen suchen, b) *contp.* s-e Nase in etwas stecken, sich in j-s Angelegenheiten mischen. **II** *s* neugierige Per'son.

pry[2] [praɪ] *bes. Am. für* **prize**[3].

pry·er ['praɪə(r)] *s* neugierige Per'son.

'pry·ing *adj* (*adv* ~ly) neugierig, naseweis, (her'um)schnüffelnd.

psalm [sɑ:m; *Am. a.* sɑ:lm] *s* **1.** Psalm *m.* **2. the (Book of) P~s** *pl Bibl.* die Psalmen *pl.* **'~·book** *s* Psalmenbuch *n*, Psalter *m.* **'psalm·ist** *s* Psal'mist *m*: **the P~** der Psalmist (*bes. David*).

psal·mod·ic [sæl'mɒdɪk; *Am.* -'mɑ-] *adj* psal'modisch. **psal·mo·dist** ['sælmədɪst; 'sɑ:m-; *Am. a.* 'sɑ:lm-] *s* **1.** Psalmo'dist *m*, Psalmensänger *m.* **2.** Psal'mist *m.* **'psal·mo·dize** *v/i* psalmo'dieren. **'psal·mo·dy** *s* **1.** Psalmo'die *f*, Psalmensingen *n*, -gesang *m.* **2.** *collect.* Psalmen *pl.*

Psal·ter ['sɔ:ltə(r)] *s* Psalter *m*, (Buch *n* der) Psalmen *pl.* **psal'te·ri·um** [-'tɪərɪəm] *pl* **-ri·a** [-rɪə] *s zo.* Psalter *m*, Blättermagen *m* (*der Wiederkäuer*). **'psal·ter·y** [-tərɪ] *s mus. hist.* Psal'terium *n*, Psalter *m* (*Hackbrett*).

psam·mite ['sæmaɪt] *s geol.* Psam'mit *m*, Sandstein *m.*

pse·phol·o·gy [se'fɒlədʒɪ; *Am.* sɪ'fɑl-] *s* (wissenschaftliche) Ana'lyse von Wahlergebnissen *od.* Wahltrends.

pseud [sju:d; *bes. Am.* su:d] *colloq.* **I** *s* Angeber(in). **II** *adj* → **pseudo.**

pseu·do ['sju:dəʊ; *bes. Am.* 'su:-] *adj colloq.* falsch, unecht.

pseu·do·carp ['sju:dəʊkɑ:(r)p; *Am.* 'su:-] *s bot.* Scheinfrucht *f.*

ˌpseu·do'clas·sic *adj* pseudoklassisch, klassi'zistisch. **ˌpseu·do'clas·si·cism** *s* Pseudoklassik *f*, Klassi'zismus *m.*

pseu·do·graph ['sju:dəʊgrɑ:f; *Am.* 'su:dəʊˌgræf] *s* (lite'rarische) Fälschung, fälschlich zugeschriebenes Werk.

'pseu·do·morph *s min.* Pseudomor'phose *f.*

pseu·do·nym ['sju:dənɪm; *bes. Am.* 'su:-] *s* Pseudo'nym *n*, Deckname *m.* **ˌpseu·do'nym·i·ty** *s* **1.** Pseudonymi'tät *f*, Erscheinen *n* unter e-m Pseudo'nym. **2.** Führen *n* e-s Pseudo'nyms. **pseu'don·y·mous** [-'dɒnɪməs; *Am.* -'dɑn-] *adj* (*adv* ~ly) pseudo'nym.

pseu·do·pod ['sju:dəʊpɒd; *Am.* 'su:dəˌpɑd], **ˌpseu·do'po·di·um** [-'pəʊdɪəm] *pl* **-di·a** [-dɪə] *s zo.* Pseudo'podium *n*, Scheinfüßchen *n.*

pshaw [pʃɔ:; ʃɔ:] **I** *interj* pah! **II** *s* Pah *n.* **III** *v/i* ‚pah' sagen. **IV** *v/t* ‚pah' sagen über (*acc*) *od.* zu, verächtlich abtun.

psi [psaɪ; *Am. a.* saɪ] *s* **1.** Psi *n* (*griechischer Buchstabe*). **2.** Psi *n* (*Symbol für Parapsychisches*): ~ **phenomena** Psiphänomene.

psi·lan·thro·py [saɪ'lænθrəpɪ] *s relig.* Psilanthro'pismus *m* (*Lehre, daß Christus nur ein Mensch war*).

psi·lo·sis [saɪ'ləʊsɪs] *s* **1.** *med.* Psi'losis *f*, Haarausfall *m.* **2.** → **sprue**[2]. **3.** *ling.* Psi'lose *f* (*Schwund des anlautenden h im Griechischen*).

psi par·ti·cle *s phys.* Psiteilchen *n.*

psit·ta·co·sis [ˌpsɪtə'kəʊsɪs; *bes. Am.* ˌsɪtə'k-] *s med.* Psitta'kose *f*, Papa'geienkrankheit *f.*

pso·as ['səʊəs] *s anat.* Psoas *m*, Lendenmuskel *m.*

pso·ra ['sɔ:rə; *Am.* 'səʊrə] *s med.* juckende Hautkrankheit, *bes.* a) → **scab** 1 *u.* 2, b) → **psoriasis.**

pso·ri·a·sis [sɒ'raɪəsɪs; *bes. Am.* sə'r-] *s med.* Pso'riasis *f*, Schuppenflechte *f.*

pso·ric ['sɔ:rɪk; *Am.* 'səʊ-] *adj med.* krätzig.

pso·ro·sis [sə'rəʊsɪs] *s bot.* Gummifluß *m* (*bei Citrus-Arten*).

psy- [saɪ] *mil. Am. Kurzform für* **psychological**: ~**war** psychologische Kriegführung.

psych [saɪk] *colloq.* **I** *v/t* **1.** (psycho-)analy'sieren, psychoana'lytisch behandeln *od.* unter'suchen. **2.** *meist* ~ **out** a) *j-n, etwas* durch'schauen, b) *j-n* psycho'logisch ‚fertigmachen'. **3.** *meist* ~ **up** auf-, hochputschen. **II** *v/i* **4.** *meist* ~ **out** ausflippen. **5.** *meist* ~ **up** sich (innerlich) vorbereiten, sich einstimmen (**for** auf *acc*).

psy·chas·the·ni·a [ˌsaɪkæs'θi:njə; -nɪə] *s psych.* Psychasthe'nie *f* (*schwächliche seelische Veranlagung*).

Psy·che[1] ['saɪkɪ] *s* **1.** *antiq.* Psyche *f* (*Personifikation der Seele*). **2. p~** Psyche *f*: a) Seele *f*, b) Geist *m.* **3. p~** *zo.* Sackträger *m* (*Schmetterling*).

psyche[2] [saɪk] → **psych.**

psy·che·del·ic [ˌsaɪkɪ'delɪk] **I** *adj* **1.** psyche'delisch, bewußtseinsverändernd.

II *s* **2.** bewußtseinsverändernde Droge. **3.** j-d, der nach bewußtseinsverändernden Drogen süchtig ist.

psy·chi·at·ric [ˌsaɪkɪˈætrɪk] *adj*; ˌ**psy·chiˈat·ri·cal** [-kl] *adj* (*adv* ~**ly**) a) psychiˈatrisch, b) psychisch (*Störung etc*). **psyˈchi·a·trist** [-ˈkaɪətrɪst; səˈk-] *s med.* Psychiˈater *m.* **psyˈchi·a·try** [-trɪ] *s med.* Psychiaˈtrie *f.*

psy·chic [ˈsaɪkɪk] **I** *adj* (*adv* ~**ally**) **1.** psychisch, seelisch(-geistig), Seelen...: ~ **determinism** psychischer Determinismus; ~ **energizer** *bes. Am.* Antidepressivum *n.* **2.** ˈübersinnlich: ~ **forces**; ~ **phenomena** parapsychische Phänomene. **3.** parapsychoˈlogisch: ~ **research** Para-Forschung *f.* **4.** mediˈal (begabt *od.* veranlagt). **II** *s* **5.** mediˈal begabter *od.* veranlagter Mensch, Medium *n.* **6.** (*das*) Psychische. **7.** *pl* (*als sg konstruiert*) a) Psycholoˈgie *f,* b) Parapsycholoˈgie *f.* ˈ**psy·chi·cal** [-kl] → **psychic** I.

psycho- [saɪkəʊ] *Wortelement mit den Bedeutungen* a) Seelen..., Geistes..., b) psychisch.

psy·cho [ˈsaɪkəʊ] **I** *pl* **-chos** *s colloq. für* **psychopath. II** *adj colloq. für* **psychopathic** I.

ˌ**psy·choˈac·tive** *adj med.* psychoˈtrop.

ˌ**psy·cho·aˈnal·y·sis** *f* Psychoanaˈlyse *f.* ˌ**psy·choˈan·a·lyst** *s* Psychoanaˈlytiker *m.* ˌ**psy·choˈan·a·lyze** *v/t* psychoanalyˈsieren, psychoanaˈlytisch behandeln *od.* unterˈsuchen.

ˌ**psy·cho·biˈol·o·gy** *s psych.* Psychobioloˈgie *f.*

ˌ**psy·choˈchem·i·cal** *s med.* Psychoˈpharmakon *n.*

ˌ**psy·choˈdra·ma** *s psych.* Psychoˈdrama *n* (*psychotherapeutische Methode, die Patienten ihre Konfliktsituationen schauspielerisch darstellen zu lassen*).

ˌ**psy·cho·dyˈnam·ics** *s pl* (*als sg konstruiert*) *psych.* Psychodyˈnamik *f.*

ˌ**psy·choˈgen·e·sis** *s* **1.** *med.* Psychogeˈnie *f* (*psychologisch bedingte Krankheit*). **2.** *psych.* Psychogeˈnese *f.*

ˌ**psy·choˈgen·ic** *adj* psychoˈgen, seelisch bedingt.

psy·chog·no·sis [saɪˈkɒgnəsɪs; *Am.* ˌsaɪkəgˈnəʊsəs] *s* **1.** Psychognoˈsie *f* (*Deuten u. Erkennen von Seelischem*). **2.** Psychoˈgnostik *f* (*Menschenkenntnis auf Grund psychologischer Untersuchungen*).

psy·chog·o·ny [saɪˈkɒgənɪ; *Am.* -ˈkɑ-] → **psychogenesis** 2.

psy·cho·gram [ˈsaɪkəʊgræm; -kə-] *s* **1.** *Spiritismus*: Mitteilung *f* e-s Geistes. **2.** → **psychograph** 1. ˈ**psy·cho·graph** [-grɑːf; *bes. Am.* -græf] *s* **1.** *psych.* Psychoˈgramm *n* (*graphische Darstellung von Fähigkeiten u. Eigenarten e-r Persönlichkeit*). **2.** *Spiritismus*: Psychoˈgraph *m* (*Gerät zur Aufzeichnung der Mitteilungen von Geistern*).

ˌ**psy·choˈhis·to·ry** *s Darstellung u. Deutung e-r historischen Persönlichkeit od. e-s historischen Ereignisses mit den Mitteln der Psychoanalyse.*

ˌ**psy·cho·kiˈne·sis** *s Parapsychologie*: Psychokiˈnese *f.*

ˌ**psy·cho·linˈguis·tics** *s pl* (*meist als sg konstruiert*) *ling.* Psycholinˈguistik *f.*

psy·cho·log·ic [ˌsaɪkəˈlɒdʒɪk; *Am.* -ˈlɑ-] → **psychological.** ˌ**psy·choˈlog·i·cal** [-kl] *adj* (*adv* ~**ly**) psychoˈlogisch: **the** ~ **moment** der (psychologisch) richtige Augenblick; ~ **terror** Psychoterror *m*; ~ **warfare** a) psychologische Kriegführung, b) *fig.* Nervenkrieg *m.*

psy·chol·o·gism [saɪˈkɒlədʒɪzəm; *Am.* -ˈkɑ-] *s* Psycholoˈgismus *m* (*Überbewertung der Psychologie als Grundwissenschaft*).

psy·chol·o·gist [saɪˈkɒlədʒɪst; *Am.* -ˈkɑ-] *s* Psychoˈloge *m,* Psychoˈlogin *f.*

psy·chol·o·gize [saɪˈkɒlədʒaɪz; *Am.* -ˈkɑ-] *v/t* psychologiˈsieren, nach psychoˈlogischen Gesichtspunkten aufschlüsseln.

psy·chol·o·gy [saɪˈkɒlədʒɪ; *Am.* -ˈkɑ-] *s* **1.** Psycholoˈgie *f* (*Wissenschaft*): **that might be good** ~ das wäre vielleicht psychologisch richtig. **2.** Psycholoˈgie *f,* Seelenleben *n,* Mentaliˈtät *f*: **the** ~ **of the juvenile.**

psy·chom·e·try [saɪˈkɒmɪtrɪ; *Am.* -ˈkɑmə-] *s* **1.** *Parapsychologie*: Psychomeˈtrie *f.* **2.** *psych.* Psychomeˈtrie *f,* (zeitliche) Messung geistiger Vorgänge.

ˌ**psy·choˈmo·tor** *adj physiol.* psychomoˈtorisch.

ˈ**psy·choˌneuˈro·sis** *s irr med. psych.* Psychoneuˈrose *f.*

psy·cho·path [ˈsaɪkəʊpæθ; -kə-] *s* Psychoˈpath(in). ˌ**psy·choˈpath·ic I** *adj* psychoˈpathisch. **II** *s* Psychoˈpath(in).

ˌ**psy·cho·paˈthol·o·gy** *s* Psychopatholoˈgie *f.*

psy·chop·a·thy [saɪˈkɒpəθɪ; *Am.* -ˈkɑ-] *s* Psychopaˈthie *f*: a) seelische Abnormiˈtät, b) seelisches Leiden.

ˌ**psy·choˈphys·i·cal** *adj* psychoˈphysisch, seelisch-leiblich. ˌ**psy·choˈphys·ics** *s pl* (*meist als sg konstruiert*) *psych.* Psychophyˈsik *f.*

ˈ**psy·choˌphys·iˈol·o·gy** *s* Psychophysioloˈgie *f.*

ˌ**psy·choˈre·al·ism** *s Literatur*: psychoˈlogischer Reaˈlismus.

ˌ**psy·choˈsex·u·al** *adj* psychosexuˈell.

psy·cho·sis [saɪˈkəʊsɪs] *pl* **-cho·ses** [-siːz] *s med. psych.* Psyˈchose *f.*

ˌ**psy·cho·soˈmat·ic** *adj med.* psychosoˈmatisch. ˌ**psy·cho·soˈmat·ics** *s pl* (*als sg konstruiert*) *med.* Psychosoˈmatik *f.*

ˌ**psy·choˈsur·ger·y** *s med.* **1.** Psychochirurˈgie *f* (*Gehirnchirurgie zur Behandlung von Geisteskrankheiten*). **2.** *engS.* Leukotoˈmie *f.*

ˈ**psy·choˌther·aˈpeu·tic** *adj med.* psychotheraˈpeutisch. ˈ**psy·choˌther·aˈpeu·tics** *s pl* (*meist als sg konstruiert*) *med.* Psychotheraˈpeutik *f.*

ˌ**psy·choˈther·a·pist** *s med.* Psychotheraˈpeut(in). ˌ**psy·choˈther·a·py** *s* Psychotheraˈpie *f.*

psy·chot·ic [saɪˈkɒtɪk; *Am.* -ˈkɑ-] *psych.* **I** *adj* psyˈchotisch. **II** *s* Psyˈchotiker(in).

psy·cho·trop·ic [ˌsaɪkəʊˈtrɒpɪk; *Am.* -kəˈtrɑ-] *adj med.* psychoˈtrop.

psy·chrom·e·ter [saɪˈkrɒmɪtə(r); *Am.* -ˈkrɑ-] *s phys.* Psychroˈmeter *n* (*Luftfeuchtigkeitsmesser*).

psy·chro·phil·ic [ˌsaɪkrəʊˈfɪlɪk] *adj biol.* psychroˈphil, kälteliebend.

psy·chro·phyte [ˈsaɪkrəʊfaɪt] *s bot.* Psychroˈphyt *m,* kälteliebende Pflanze.

ptar·mi·gan [ˈtɑː(r)mɪgən] *pl* **-gans,** *bes. collect.* **-gan** *s orn.* Schneehuhn *n.*

PT boat *s mar. Am.* Schnellboot *n.*

pter·i·dol·o·gy [ˌterɪˈdɒlədʒɪ; *Am.* -ˈdɑl-] *s bot.* Farnkunde *f.*

pter·o·dac·tyl [ˌterəʊˈdæktɪl; ˌterəˈd-] *s zo.* Pteroˈdaktylus *m,* Flugsaurier *m.*

pter·o·pod [ˈterəʊpɒd; *Am.* ˈterəˌpɑd] *s zo.* Flügelschnecke *f.*

pter·o·saur [ˈterəʊsɔː; *Am.* ˈterəˌsɔːr] → **pterodactyl.**

pte·ryg·i·um [təˈrɪdʒɪəm] *s anat.* Pteˈrygium *n,* Flügelfell *n* (*am Auge*).

pter·y·goid [ˈterɪgɔɪd] **I** *adj* **1.** flügelförmig. **2.** *anat.* Flügel... **II** *s* **3.** *anat.* a) *a.* ~ **bone** Flügel-, Keilbein *n,* b) *a.* ~ **muscle** Flügelmuskel *m,* c) ˈFlügelarˌterie *f.*

ptis·an [tɪˈzæn; ˈtɪzn] *s* **1.** Ptiˈsane *f,* Gerstenschleim *m.* **2.** (schwacher) Heiltrank.

Ptol·e·ma·ic [ˌtɒlɪˈmeɪɪk; *Am.* ˌtɑlə-] *adj* ptoleˈmäisch.

pto·maine [ˈtəʊmeɪn; təʊˈm-] *s chem.* Ptomaˈin *n* (*Leichengift*).

pto·sis [ˈtəʊsɪs] *s med.* Ptosis *f,* Augenlidlähmung *f.*

pty·a·lin [ˈtaɪəlɪn] *s biol. chem.* Ptyaˈlin *n* (*Speichelenzym*). ˈ**pty·a·lism** *s med.* Speichelfluß *m.*

pub [pʌb] *colloq.* **I** *s* **1.** *bes. Br.* Pub *n,* ‚Kneipe' *f.* **2.** *Austral.* Hoˈtel *n.* **II** *v/i* **3. to go** ~**bing** *bes. Br.* a) in die Kneipe gehen, b) e-n Kneipenbummel machen. ˈ~**-crawl** *bes. Br. colloq.* **I** *s* Kneipenbummel *m,* ‚Sauftour' *f.* **II** *v/i* e-n Kneipenbummel machen.

pu·ber·al [ˈpjuːbərəl], **pu·ber·tal** [ˈpjuːbə(r)tl] *adj* Pubertäts...

pu·ber·ty [ˈpjuːbə(r)tɪ] *s* Puberˈtät *f*: a) Geschlechtsreife *f,* b) *a.* **age of** ~ Pubertätsalter *n.* ~ **vo·cal change** *s* Stimmbruch *m.*

pu·bes [ˈpjuːbiːz] *s anat.* a) Pubes *f,* Schamgegend *f,* b) Schamhaare *pl.*

pu·bes·cence [pjuːˈbesns] *s* **1.** Geschlechtsreife *f.* **2.** *bot. zo.* feine Behaarung, Flaumhaar *n.* **puˈbes·cent** *adj* **1.** pubesˈzent, geschlechtsreif (werdend). **2.** Pubertäts... **3.** *bot. zo.* feinbehaart.

pu·bic [ˈpjuːbɪk] *adj anat.* Scham...: ~ **arch** Schambogen *m*; ~ **bone** Schambein *n*; ~ **hair** Schamhaare *pl*; ~ **symphysis** Schambeinfuge *f.*

pu·bis [ˈpjuːbɪs] *pl* **-bes** [-biːz] *s anat.* Schambein *n.*

pub·lic [ˈpʌblɪk] **I** *adj* (*adv* → **publicly**) **1.** öffentlich (*stattfindend*): ~ **meeting**; ~ **proceedings**; ~ **protest**; ~ **notice** öffentliche Bekanntmachung, Aufgebot *n*; ~ **sale** öffentliche Versteigerung, Auktion *f*; **in the** ~ **eye** im Lichte der Öffentlichkeit. **2.** öffentlich, allgemein bekannt: **a** ~ **character**; ~ **figure** Prominente(r *m*) *f,* Persönlichkeit *f* des öffentlichen Lebens; **to make** ~ bekanntmachen, publik machen. **3.** a) öffentlich: ~ **bath (credit, institution, morals, road, safety,** *etc*), b) Staats..., staatlich: ~ **agency (bond, education, loan, official, subsidy,** *etc*); **at the** ~ **expense** auf Kosten des Steuerzahlers, c) Volks...: ~ **library**; → **public health,** d) Gemeinde..., Stadt...: ~ **assistance** *Am.* Sozialhilfe *f*; ~ **charge** Sozialhilfeempfänger (-in); ~ **(limited) company** *econ. Br.* Aktiengesellschaft *f*; ~ **economy** Volkswirtschaft(slehre) *f*; ~ **enemy** Staatsfeind(in); ~ **gallery** Zuschauertribüne *f* (*bes. im Parlament*); ~ **holiday** staatlicher Feiertag; ~ **information** Unterrichtung *f* der Öffentlichkeit; ~ **law** a) öffentliches Recht, b) internationales Recht; ~ **spirit** Gemein-, Bürgersinn *m*; ~ **television** nichtkommerzielles Fernsehen; ~ **transport** a) öffentliches Verkehrswesen, b) öffentliche Verkehrsmittel *pl*; **to go** ~ a) sich an die Öffentlichkeit wenden, b) *econ.* Publikumsgesellschaft werden, *a.* sich in e-e Aktiengesellschaft umwandeln; → **nuisance** 3, **policy**[1] 3, **prosecutor. 4.** natioˈnal: ~ **disaster. 5.** ˈinternatioˌnal. **6.** (*Oxford, Cambridge*) der gesamten Universiˈtät (*u. nicht nur e-s College etc*): **a** ~ **lecture. II** *s* **7.** Öffentlichkeit *f*: **in** ~ in der Öffentlichkeit, öffentlich. **8.** (*sg u. pl konstruiert*) (*die*) Öffentlichkeit, (*das*) Volk, (*die*) Leute *pl,* (*das*) Publikum, Kreise *pl,* Welt *f*: **to appear before the** ~ an die Öffentlichkeit treten; **to exclude the** ~ *jur.* die Öffentlichkeit ausschließen. **9.** Staat *m,* Natiˈon *f.*

pub·lic ac·count·ant *s econ. Am.* Buch-, Wirtschaftsprüfer *m*: → **certified public accountant.** ˌ~**-adˈdress sys·tem** *s* Lautsprecheranlage *f.*

pub·li·can [ˈpʌblɪkən] *s* **1.** *bes. Br.*

(Gast)Wirt *m.* **2.** *hist., bes. Bibl.* Zöllner *m.*
pub·li·ca·tion [ˌpʌblɪˈkeɪʃn] *s* **1.** Bekanntmachung *f*, -gabe *f.* **2.** Veröffentlichung *f*: a) Herˈausgabe *f* (*von Druckwerken*), b) Publikatiˈon *f*, Verlagswerk *n*, (Druck)Schrift *f*: **monthly ~** Monatsschrift; **new ~s** Neuerscheinungen, neuerschienene Werke; **~ price** Ladenpreis *m.*
pub·lic| con·ven·ience *s Br.* öffentliche Bedürfnisanstalt. **~ cor·po·ra·tion** *s jur.* öffentlich-rechtliche Körperschaft. **~ debt** *s econ. Am.* öffentliche Schuld, Staatsschuld *f.* **~ de·fend·er** *s jur. Am.* Pflichtverteidiger *m* (*für Unbemittelte*). **~ do·main** *s jur. Am.* **1.** ˈStaatsländeˌreien *pl.* **2.** öffentliches Eigentum: **to be in the ~** nicht mehr (*durch Copyright od. Patent*) geschützt sein. **~ funds** *s pl econ.* **1.** öffentliche Mittel *od.* Gelder *pl.* **2.** *Br.* funˈdierte Staatsschuld. **~ health** *s* **1.** Volksgesundheit *f*, öffentliche Gesundheit. **2.** öffentliches Gesundheitswesen. **P~ Health Ser·vice** *s* öffentlicher Gesundheitsdienst. **~ house** → **pub** 1.
pub·li·cist [ˈpʌblɪsɪst] *s* **1.** Publiˈzist *m.* **2.** *jur.* Völkerrechtler *m.* **3.** ˈWerbeaˌgent *m.*
pub·lic·i·ty [pʌbˈlɪsətɪ] *s* **1.** Publiziˈtät *f*, Öffentlichkeit *f* (*a. jur. des Verfahrens*): **to give s.th. ~** etwas allgemein bekanntmachen, etwas publik machen; **to avoid ~** öffentliches Aufsehen vermeiden. **2.** *econ. u. allg.* Reˈklame *f*, Werbung *f*, Puˈblicity *f.* **3.** Bekanntheit *f*, Berühmtheit *f*: **to seek ~** bekannt werden wollen. **~ a·gen·cy** *s* ˈWerbeagenˌtur *f.* **~ a·gent** *s* ˈWerbeaˌgent *m.* **~ cam·paign** *s* Werbefeldzug *m.* **~ de·part·ment** *s econ.* ˈWerbeabˌteilung *f.* **~ film** *s* Werbefilm *m.* **~ man** *s irr* Werbefachmann *m.* **~ man·ag·er** *s* Werbeleiter *m.*
pub·li·cize [ˈpʌblɪsaɪz] *v/t* **1.** publiˈzieren, (öffentlich) bekanntmachen. **2.** Reˈklame *od.* Werbung machen für, propaˈgieren.
pub·lic·ly [ˈpʌblɪklɪ] *adv* **1.** öffentlich, in der Öffentlichkeit. **2.** von der Öffentlichkeit, vom Volk. **3.** für die Öffentlichkeit, für das Volk.
pub·lic| own·er·ship *s econ. Br.* Staatseigentum *n.* **ˌ~-ˈpri·vate** *adj econ.* gemischtwirtschaftlich. **~ re·la·tions I** *s pl* Public Reˈlations *pl*, Öffentlichkeitsarbeit *f.* **II** *adj* Presse..., Werbe..., Public-Relations... **~ rev·e·nue** *s* Staatseinkünfte *pl*, -einnahmen *pl.* **~ school** *s* **1.** *Am.* staatliche Schule. **2.** *Br.* Public School *f* (*höhere, reichdotierte Privatschule, meist mit Internat*). **~ ser·vant** *s* **1.** a) Staatsbeamte(r) *m*, b) Angestellte(r) *m* im öffentlichen Dienst. **2.** *Am.* ˈEinzelperˌson *f od.* Körperschaft *f*, die der Öffentlichkeit Dienste leistet. **~ ser·vice** *s* **1.** Staatsdienst *m*, öffentlicher Dienst. **2.** öffentliche Versorgung (*Gas, Elektrizität, Wasser etc*). **ˌ~-ˈser·vice cor·po·ra·tion** *Am.* → **public utility** 1. **ˌ~-ˈspir·it·ed** *adj* gemeinsinnig, soziˈal gesinnt. **ˌ~-ˈspir·it·ed·ness** *s* Gemeinsinn *m.* **~ u·til·i·ty** *s* **1.** *a.* **~ company** (*od.* **corporation**) öffentlicher Versorgungsbetrieb (*Gas-, Wasser-, Elektrizitätswerk etc*), *pl a.* Stadtwerke *pl.* **2.** *pl econ.* Aktien *pl* öffentlicher Versorgungsbetriebe. **~ works** *s pl* öffentliche (Bau)Arbeiten *pl.*
pub·lish [ˈpʌblɪʃ] **I** *v/t* **1.** (offiziˈell) bekanntmachen, -geben, kundtun. **2.** (forˈmell) verkünd(ig)en. **3.** publiˈzieren, veröffentlichen. **4.** *Bücher etc* verlegen, herˈausbringen: **just ~ed** (so)eben erschienen; **~ed by Methuen** im Verlag *od.* bei Methuen erschienen; **~ed by the author** im Selbstverlag; **~ed quarterly** erscheint vierteljährlich. **5.** *jur.* a) *e-e Beleidigung* (vor Dritten) äußern, verbreiten: **to ~ an insult**, b) *e-e Fälschung* in Verkehr bringen: **to ~ a forgery. II** *v/i* **6.** erscheinen, herˈauskommen (*Buch etc*). **ˈpub·lish·a·ble** *adj* **1.** zu veröffentlichen(d). **2.** zur Veröffentlichung geeignet.
pub·lish·er [ˈpʌblɪʃə(r)] *s* **1.** Verleger *m*, Herˈausgeber *m.* **2.** *pl* Verlag *m*, Verlagsanstalt *f*, -haus *n.* **3.** *bes. Am.* Zeitungsverleger *m.* **4.** *jur.* Verbreiter(in) von Beleidigungen.
pub·lish·ing [ˈpʌblɪʃɪŋ] **I** *s* Verlagswesen *n.* **II** *adj* Verlags... **~ busi·ness** *s* Verlagsgeschäft *n*, -buchhandel *m.* **~ house** → **publisher** 2.
puce [pjuːs] **I** *adj* braunrot. **II** *s* Braunrot *n.*
puck [pʌk] *s* **1.** Kobold *m.* **2.** *fig.* Schelm *m*, Witzbold *m.* **3.** *Eishockey*: Puck *m*, Scheibe *f.* **4.** Andrückrolle *f* (*beim Tonbandgerät*).
puck·a → **pukka**.
puck·er [ˈpʌkə(r)] **I** *v/t oft* **~ up** **1.** runzeln, fälteln, Runzeln *od.* Falten bilden in (*dat*). **2.** *den Mund, die Lippen* schürzen, spitzen, *a. die Stirn, e-n Stoff* kräuseln, *die Stirn* runzeln, *die Augen* zs.-kneifen. **II** *v/i* **3.** sich kräuseln, sich zs.-ziehen, sich falten, Falten werfen, Runzeln bilden. **4.** die Stirn runzeln. **III** *s* **5.** Runzel *f*, Falte *f.* **6.** Bausch *m.* **7.** *fig. colloq.* Aufregung *f* (**about** über *acc*, wegen). **ˈpuck·er·y** [-ərɪ] *adj* **1.** runz(e)lig, faltig. **2.** leicht Falten bildend: **~ cloth.**
puck·ish [ˈpʌkɪʃ] *adj* koboldhaft, mutwillig, boshaft.
puck·ster [ˈpʌkstə(r)] *s colloq.* Eishockeyspieler.
pud[1] [pʊd] *s* (*Kindersprache*) **1.** (Patsch-)Händchen *n.* **2.** Pfote *f.*
pud[2] [pʊd] *s* **1.** *colloq. für* **pudding** 1, 2. **2.** *vulg.* ‚Schwanz' *m* (*Penis*).
pud·den·ing [ˈpʊdənɪŋ; ˈpʊdnɪŋ] *s mar.* Tauwulst *m.*
pud·ding [ˈpʊdɪŋ] *s* **1.** a) (*feste*) Süßspeise, Nachspeise *f*, -tisch *m*, b) Pudding *m*, c) (*Art*) ˈFleischpaˌstete *f*; → **proof** 10. **2.** (*Art*) Wurst *f*: **white ~** (*Art*) Preßsack *m*; **black ~** Blutwurst. **3.** *mar.* → **puddening. ~ club** *s*: **to be in the ~** *colloq.* ein Kind ‚kriegen'. **~ face** *s* ‚Vollmondgesicht' *n.* **ˈ~-faced** *adj* mit e-m ‚Vollmondgesicht'. **ˈ~head** *s sl.* Dummkopf *m*, ‚Schafskopf' *m.* **~ stone** *s min.* Puddingstein *m.*
pud·dle [ˈpʌdl] **I** *s* **1.** Pfütze *f*, Lache *f.* **2.** Lehmstrich *m*, -schlag *m.* **3.** *colloq.* Durcheinˈander *n*, Wirrwarr *m.* **4.** *fig.* Sumpf *m.* **II** *v/t* **5.** mit Pfützen bedecken. **6.** in Matsch verwandeln: **a field ~d by cattle.** **7.** *Wasser* trüben (*a. fig.*). **8.** *obs. fig.* verwirren. **9.** *Lehm* zu Lehmstrich verarbeiten. **10.** mit Lehm(strich) abdichten. **11.** *metall.* puddeln, im Flammofen frischen: **~(d) steel** Puddelstahl *m.* **III** *v/i* **12.** *a.* **~ about** (*od.* **around**) in Pfützen herˈumplanschen *od.* -waten. **13.** *fig.* herˈumpfuschen (**at** an *dat*). **~ ball** *s tech.* Luppe *f.* **~ i·ron** *s tech.* Puddeleisen *n.* **~ jump·er** *s sl.* **1.** ‚Klapperkasten' *m* (*altes Fahrzeug*). **2.** *aer. mil.* Aufklärungsflugzeug *n.* **3.** Motorboot *n* mit Außenbordmotor.
pud·dler [ˈpʌdlə(r)] *s metall.* Puddler *m* (*Arbeiter od. Gerät*).
pud·dling [ˈpʌdlɪŋ] *s* **1.** *metall.* Puddeln *n*, Puddelverfahren *n.* **2.** *tech.* a) Lehm-, Tonschlag *m*, b) → **puddle** 2. **~ fur·nace** *s tech.* Puddelofen *m.*
pu·den·cy [ˈpjuːdənsɪ] *s* Verschämtheit *f.*
pu·den·dal [pjuːˈdendl] *adj anat.* Scham...: **~ cleft** Schamspalte *f.* **pu·ˈden·dum** [-dəm] *pl* **-da** [-də] *s* (*meist im pl gebraucht*) *anat.* (*bes.* weibliche) äußere Geschlechtsteile *pl*, (weibliche) Scham, Vulva *f.*
pu·dent [ˈpjuːdnt] *adj* verschämt.
pudge [pʌdʒ] *s bes. Am. colloq.* ‚Stöpsel' *m*, Dickerchen *n.* **ˈpudg·y** *bes. Am. für* **podgy.**
pu·dic [ˈpjuːdɪk] → **pudendal.**
pueb·lo [pʊˈebləʊ; ˈpwe-] *pl* **-los** *s* **1.** Puˈeblo *m* (*Indianerdorf od. kleiner Ort*). **2.** **P~** Puˈeblo-Indiˌaner(in).
pu·er·ile [ˈpjʊəraɪl; *Am. a.* -rəl] *adj* (*adv* **~ly**) **1.** pueˈril, knabenhaft, kindlich. **2.** *contp.* kindisch. **ˈpu·er·il·ism** [-rɪlɪzəm] *s psych.* Pueriˈlismus *m* (*kindisches Verhalten von Erwachsenen*). **ˌpu·erˈil·i·ty** [-ˈrɪlətɪ] *s* **1.** Puerilˈtät *f*: a) kindliches Wesen, b) kindisches Wesen. **2.** Kindeˈrei *f.*
pu·er·per·al [pjuːˈɜːpərəl; *Am.* -ˈɜr-] *adj* Kindbett...: **~ fever** (*od.* **sepsis**) Kindbettfieber *n*; **~ psychosis** Kindbettpsychose *f.* **ˌpu·erˈpe·ri·um** [-ə(r)ˈpɪərɪəm] *s med.* Puerˈperium *n*, Wochenbett *n.*
Puer·to Ri·can [ˌpwɜːtəʊˈriːkən; *Am.* ˌpɔːrtəˈr-; ˌpɔːr-] **I** *adj* portoriˈkanisch. **II** *s* Portoriˈkaner(in).
puff [pʌf] **I** *s* **1.** a) kurzer Atemzug, ‚Schnaufer' *m*, b) Atem *m*: **out of ~** außer Atem. **2.** leichter Windstoß, Hauch *m.* **3.** Zug *m* (*beim Rauchen*): **to have a ~ at** e-n Zug machen an (*dat*). **4.** Paffen *n* (*der Pfeife etc*). **5.** leichter Knall. **6.** (Rauch-, Dampf)Wölkchen *n*: **~ of smoke.** **7.** Schwellung *f*, Beule *f.* **8.** a) marktschreierische Anpreisung, aufdringliche Reˈklame, b) lobhudelnde Kriˈtik: **~ is part of the trade** Klappern gehört zum Handwerk; **to give s.o. a ~** j-n ‚hochjubeln'. **9.** *sl.* ‚Schwule(r)' *m*, ‚Homo' *m* (*Homosexueller*). **10.** a) leichtes Backwerk, *bes.* Windbeutel *m*, b) *Am. alkoholisches Mischgetränk.* **11.** Puderquaste *f.* **12.** Bausch *m*, Puffe *f* (*an Kleidern*). **13.** Steppdecke *f.* **II** *v/i* **14.** paffen (**at** an *e-r Zigarre etc*). **15.** Rauch- *od.* Dampfwölkchen ausstoßen. **16.** blasen, pusten. **17.** schnauben, schnaufen, keuchen, pusten: **to ~ and blow** keuchen u. schnaufen. **18.** (daˈhin- *etc*)keuchen: **the train ~ed out of the station** der Zug dampfte aus dem Bahnhof. **19.** *meist* **~ out** (*od.* **up**) sich (auf)blähen. **III** *v/t* **20.** blasen, pusten. **21.** *e-e Zigarre etc* paffen. **22.** (auf)blähen, aufblasen: **~ed eyes** geschwollene Augen; **~ed sleeve** Puffärmel *m.* **23.** *meist* **~ out** außer Atem bringen: **~ed** außer Atem. **24.** überˈtrieben loben. **25.** marktschreierisch anpreisen. **26.** pudern. **27.** den Preis (*gen*) künstlich in die Höhe treiben (*auf Auktionen*).

Verbindungen mit Adverbien:

puff| a·way I *v/t* **1.** wegblasen. **II** *v/i* **2.** draufˈlospaffen. **3.** abdampfen (*Zug*). **~ out I** *v/t* **1.** hinˈausblasen. **2.** *e-e Kerze etc* ausblasen, -pusten. **3.** → **puff** 22: **puffed out with pride** *fig.* stolzgeschwellt. **4.** *Worte* (herˈvor)keuchen. **II** *v/i* **5.** hinˈausdampfen (*Zug*). **6.** → **puff** 19. **~ up I** *v/t* **1.** aufblähen, -blasen. **2.** *fig.* ‚aufgeblasen' machen: **puffed up with pride** stolzgeschwellt. **II** *v/i* **3.** in Wölkchen hochsteigen. **4.** hinˈaufkeuchen (*a. Zug*). **5.** → **puff** 19.
puff| ad·der *s zo.* Puffotter *f.* **ˈ~ball** *s bot.* **1.** Bofist *m.* **2.** *colloq.* Federkrone *f* (*des Löwenzahns*). **~ box** *s* Puderdose *f.*
puff·er [ˈpʌfə(r)] *s* **1.** Paffer *m.* **2.** Marktschreier *m.* **3.** Lobhudler *m.* **4.** Preistreiber *m*, Scheinbieter *m* (*bei Auktionen*). **ˈpuff·er·y** [-ərɪ] *s* **1.** Lobhudeˈlei *f.* **2.** marktschreierische Anpreisung.

puf·fin [ˈpʌfɪn] *s orn.* Lund *m.*
puff·i·ness [ˈpʌfɪnɪs] *s* **1.** Kurzatmigkeit *f.* **2.** Aufgeblähtheit *f,* Aufgeblasenheit *f* (*a. fig.*). **3.** (Auf)Gedunsenheit *f.* **4.** *fig.* Schwülstigkeit *f.*
puff·ing [ˈpʌfɪŋ] *s* **1.** Aufbauschung *f,* Aufblähung *f.* **2.** → **puff** 8 a. **3.** Scheinbieten *n* (*bei Auktionen*), Preistreibeˈrei *f.*
puff| paste *s* Blätterteig *m.* **~ pas·try** *s* Blätterteiggebäck *n.* **ˈ~-puff** *s Br.* (*Kindersprache*) **1.** Lokomoˈtive *f.* **2.** Puffpuff *f* (*Zug*). **~ sleeve** *s* Puffärmel *m.*
puff·y [ˈpʌfɪ] *adj* (*adv* **puffily**) **1.** böig (*Wind*). **2.** kurzatmig, keuchend. **3.** aufgebläht, (an)geschwollen. **4.** bauschig, gebauscht. **5.** aufgedunsen, dick. **6.** *fig.* schwülstig, bomˈbastisch. **7.** *fig.* aufgeblasen.
pug[1] [pʌg] *s* **1.** *a.* **~ dog** Mops *m.* **2.** *in Tierfabeln*: a) Fuchs *m,* b) *dial.* Lamm *n,* Hase *m,* Eichhörnchen *n.* **3.** *Br.* kleine Lokomoˈtive.
pug[2] [pʌg] **I** *v/t* **1.** *Lehm etc* mischen u. kneten, schlagen. **2.** mit Lehmschlag *od.* Mörtel *etc* ausfüllen *od.* abdichten (*bes. zur Schalldämpfung*). **3.** mit Wasser knetbar machen. **II** *s* **4.** gekneteter *od.* geschlagener Lehm.
pug[3] [pʌg] *s sl.* Boxer *m.*
pu·gi·lism [ˈpjuːdʒɪlɪzəm] *s* Boxen *n,* Faustkampf *m.* **ˈpu·gi·list** *s* (Berufs-)Boxer *m,* Faustkämpfer *m.* **ˌpu·giˈlis·tic** *adj* (*adv* **~ally**) Box..., Boxer..., boxerisch.
ˈpug·mill *s tech.* Mischmühle *f.*
pug·na·cious [pʌgˈneɪʃəs] *adj* (*adv* **~ly**) **1.** kampflustig, kämpferisch. **2.** streitsüchtig. **pugˈna·cious·ness, pugˈnac·i·ty** [-ˈnæsətɪ] *s* **1.** Kampf(es)lust *f.* **2.** Streitsucht *f.*
pug| nose *s* Stupsnase *f.* **ˈ~-nosed** *adj* stupsnasig.
puis·ne [ˈpjuːnɪ] **I** *adj jur.* **1.** jünger. **2.** rangjünger, ˈuntergeordnet: **~ judge** → 5. **3.** nachgeordnet. **II** *s* **4.** (*bes.* Rang-)Jüngere(r) *m.* **5.** *jur.* a) *Br.* einfacher Richter am **High Court of Justice,** b) *Am.* beisitzender Richter, Beisitzer *m.*
pu·is·sance [ˈpjuːɪsns; ˈpwɪsns] *s* **1.** *poet.* Macht *f,* Gewalt *f.* **2.** *obs.* Kriegsmacht *f,* Heer *n.* **3.** [ˈpwiːsɑ̃ːns] *Springreiten*: Mächtigkeitsspringen *n.* **ˈpu·is·sant** *adj* (*adv* **~ly**) *poet.* mächtig, gewaltig.
pu·ja [ˈpuːdʒɑː] *s* **1.** *Hinduismus*: a) Anbetung *f,* b) religiˈöses Fest. **2.** *meist pl Br. Ind. sl.* Gebete *pl.*
puke [pjuːk] *sl.* **I** *v/i* **1.** ‚kotzen': **it makes me ~** es ist zum Kotzen. **II** *v/t* **2.** ‚auskotzen'. **III** *s* **3.** ‚Kotze' *f.* **4.** *fig.* ‚Brechmittel' *n.*
puk·ka [ˈpʌkə] *adj bes. Br. Ind.* **1.** echt, wirklich: **~ sahib** ein wirklicher Herr. **2.** erstklassig, tadellos.
pul·chri·tude [ˈpʌlkrɪtjuːd; *Am. a.* -ˌtuːd] *s poet.* Schönheit *f.* **ˌpul·chriˈtu·di·nous** [-dɪnəs] *adj poet.* (*körperlich*) schön.
pule [pjuːl] *v/i* winseln, wimmern. **ˈpul·ing** *adj* **1.** winselnd, jammernd. **2.** wehleidig. **3.** kümmerlich.
Pu·litz·er prize [ˈpjuːlɪtsə(r)] *s* Pulitzerpreis *m* (*jährlich verliehener amer. Preis für hervorragende Leistungen in Literatur od. Journalistik*).
pull [pʊl] **I** *s* **1.** Ziehen *n,* Zerren *n.* **2.** Zug *m,* Ruck *m*: **to give a strong ~ (at)** kräftig ziehen (an *dat*). **3.** *tech.* Zug(kraft *f*) *m.* **4.** Anziehungskraft *f* (*a. fig.*): **her charm has lost its ~** *fig.* ihr Charme zieht (*od.* greift) nicht mehr. **5.** *fig.* Zugkraft *f,* Werbewirksamkeit *f.* **6.** *electr.* Anzugskraft *f* (*e-s Relais*). **7.** Zug *m,* Schluck *m* **(at** aus). **8.** Zug(griff *m,* -leine *f*) *m*: **bell ~** Glockenzug. **9.** a) ˈRuderparˌtie *f,* Bootsfahrt *f,* b) Ruderschlag *m*: **to go for a ~** e-e Ruderpartie machen. **10.** *Golf*: Pull *m* (*Schlag, bei dem der Ball an e-m Punkt landet, der in e-r der Schlaghand entgegengesetzten Richtung vom Ziel liegt*). **11.** Zügeln *n,* Verhalten *n* (*e-s Pferdes*). **12.** ermüdende Steigung. **13.** (**long ~** große) Anstrengung, ‚Schlauch' *m, fig. a.* Durststrecke *f.* **14.** Vorteil *m* (**over,** of vor *dat,* gegenˈüber). **15.** *colloq.* (**with**) (*heimlicher*) Einfluß (auf *acc*), Beziehungen *pl* (zu): **he has some ~ with the Almighty** er hat e-n Draht zum lieben Gott. **16.** *print.* Fahne *f,* erster Abzug, Probeabzug *m.* **II** *v/t* **17.** ziehen. **18.** zerren (an *dat*), zupfen (an *dat*): **to ~ s.o.'s ears, to ~ s.o. by the ears** j-n an den Ohren ziehen; **to ~ a muscle** sich e-e Muskelzerrung zuziehen; *siehe a. die Verbindungen mit den entsprechenden Substantiven, z. B.* **face** 2, **leg** *Bes. Redew.* **19.** reißen: **to ~ apart** a) auseinanderreißen, b) auseinandernehmen, c) *fig.* ‚verreißen'; → **piece** 2. **20.** *a.* **~ out** *e-e Pflanze* ausreißen. **21.** *a.* **~ out** *e-n Zahn* ziehen. **22.** *Blumen, Äpfel etc* pflücken. **23.** *Flachs* raufen, zupfen. **24.** a) *e-e Gans etc* rupfen, b) *Leder* enthaaren. **25.** *a.* **~ out** *e-e Bonbonmasse etc* (aus)ziehen. **26.** *Unterstützung, Kundschaft* gewinnen, sich sichern. **27.** *Golf*: *den Ball* pullen (→ 10). **28.** a) *das Pferd* zügeln, b) *ein Rennpferd* ‚pullen', verhalten. **29. to ~ one's punches** (*Boxen*) verhalten schlagen, *fig.* sich zurückhalten; **not to ~ one's punches** *fig.* vom Leder ziehen, kein Blatt vor den Mund nehmen. **30.** *mar.* rudern: **to ~ a boat; to ~ a good oar** gut rudern; → **weight** 3. **31.** Riemen haben: **the boat ~s 4 oars** das Boot führt 4 Riemen. **32.** *print. Fahnen* abziehen. **33.** *Am. sl. das Messer etc* ziehen: **to ~ a pistol on s.o.** j-n mit der Pistole bedrohen. **34.** *sl. etwas* ‚drehen', ausführen: → **fast**[1] 1, **job**[1] 6. **35.** *sl. etwas* tun, hinter sich bringen, *Wache* ‚schieben'. **36.** *sl. s-n Rang etc* betonen, ‚raushängen' (**on s.o.** j-m gegenˈüber). **37.** *a.* **~ in** *Zuschauer etc* anziehen, anlocken. **38.** *Am. sl.* a) *e-n Streik* ausrufen, b) *e-n Betrieb* zum Streik aufrufen: **to ~ a plant. 39.** *sl.* a) → **pull in** 4, b) e-e Razzia machen in (*dat*), *e-e Spielhölle etc* ausheben.
III *v/i* **40.** ziehen (**at** an *dat*). **41.** zerren, reißen (**at** an *dat*). **42.** am Zügel reißen (*Pferd*). **43.** ziehen, saugen (**at** an *der Pfeife etc*). **44.** e-n Zug machen, trinken (**at** aus). **45.** sich vorwärtsbewegen *od.* -arbeiten, sich schieben: **to ~ up the hill; to ~ into the station** *rail.* (in den Bahnhof) einfahren; **to ~ to the kerb** (*bes. Am.* **curb**) an den Bordstein heranfahren. **46.** *Golf*: pullen, e-n Pull schlagen *od.* spielen (→ 10). **47.** *sl.* ‚ziehen', Zugkraft haben (*Reklame etc*).
Verbindungen mit Adverbien:
pull| a·bout *v/t* herˈumzerren. **~ a·head** *v/i* vorˈbeiziehen (**of** an *dat*) (*Auto etc*) (*a. fig.*). **~ a·round** → **pull about. ~ a·side** *v/t* zur Seite schieben: **the cloak of secrecy was pulled aside** *fig.* der Schleier des Geheimnisses wurde gelüftet. **~ a·way I** *v/t* **1.** wegziehen, wegreißen. **II** *v/i* **2.** anfahren (*Bus etc*). **3.** sich losreißen (**from** von). **4.** sich absetzen (**from** von), *sport a.* sich freimachen. **~ back I** *v/t* **1.** zuˈrückziehen (*a. mil.*). **2.** *fig.* hemmen, aufhalten. **3.** *sport ein Tor etc* aufholen. **II** *v/i* **4.** *bes. mil.* sich zuˈrückziehen, *fig. a.* e-n Rückzieher machen: **to ~ from an offer** ein Angebot zurückziehen. **5.** *fig.* sich einschränken, kürzertreten. **~ down** *v/t* **1.** herˈunterziehen, -reißen: **to pull one's hat down over one's eyes** sich den Hut über die Augen ziehen. **2.** *Gebäude etc* ab-, niederreißen. **3.** *fig.* a) ‚verreißen', b) herˈabsetzen. **4.** (*meist im pp*) a) schwächen, b) entmutigen. **5.** *Preise etc* drücken. **6.** *Am. sl. e-n Lohn etc* ‚kasˈsieren', beziehen. **~ in I** *v/t* **1.** herˈeinziehen. **2.** einziehen: **to pull o.s. in** den Bauch einziehen; → **horn** 2. **3.** *das Pferd* zügeln, paˈrieren. **4.** *bes. Br. sl. j-n* ‚hochnehmen', verhaften. **5.** *sl.* → **pull down** 6. **II** *v/i* **6.** anhalten, stehenbleiben. **7.** (**at**) ankommen (in *dat,* an *dat*), *bes.* einfahren (*Zug*) (in *acc*). **~ off I** *v/t* **1.** wegziehen, wegreißen. **2.** *den Hut* abnehmen (**to** vor *dat*), *die Schuhe etc* ausziehen: **to ~ one's clothes** sich die Kleider vom Leib reißen. **3.** *e-n Preis* gewinnen, *a. e-n Sieg* daˈvontragen. **4.** *colloq.* zuˈwege bringen, ‚schaffen', ‚schaukeln'. **5. to pull o.s. off** *vulg.* ‚wichsen', ‚sich e-n runterholen' (*masturbieren*). **II** *v/i* **6.** sich in Bewegung setzen, abfahren. **7.** abstoßen (*Boot*). **~ on** *v/t ein Kleid etc* an-, ˈüberziehen. **~ out I** *v/t* **1.** a) herˈausziehen, *Buchseite etc a.* herˈaustrennen: → **chestnut** 1, **fire** 1, b) *Tisch etc* ausziehen. **2.** *aer. das Flugzeug* hochziehen, *aus dem Sturzflug* abfangen. **3.** dehnen. **4.** *fig.* in die Länge ziehen. **5.** *mil. Truppen* abziehen. **II** *v/i* **6.** abfahren (*Zug etc*): **to ~ of the station** den Bahnhof verlassen. **7.** ausscheren (*Fahrzeug*). **8.** *mil.* abziehen. **9.** *fig.* sich zuˈrückziehen, (*a. sport*) ‚aussteigen' (**of** aus). **~ o·ver** *v/t u. v/i* (s-n Wagen) an die *od.* zur Seite fahren. **~ round I** *v/t* **1.** herˈumdrehen. **2.** a) *j-n* wieder zu sich bringen, b) *j-n* wieder auf die Beine bringen (*Kognak etc*), c) *e-n Kranken* wieder ‚ˈhinkriegen', ˈdurchbringen. **II** *v/i* **3.** a) wieder zu sich kommen, b) wieder auf die Beine kommen, c) ˈdurchkommen. **~ through I** *v/t* **1.** ˈdurchziehen. **2.** *Gewehrlauf etc* reinigen. **3.** *e-n Kranken* wieder ‚ˈhinkriegen', (*a. e-e Firma, e-n Prüfling etc*) ˈdurchbringen. **4.** *etwas* erfolgreich ˈdurchführen. **II** *v/i* **5.** ˈdurchkommen, (*a. Firma etc*) wieder auf die Beine kommen, sich erholen. **~ to·geth·er I** *v/t* **1. pull o.s. together** sich zs.-reißen, -nehmen. **2.** *Partei etc* zuˈsammenschweißen. **II** *v/i* **3.** (gut) zs.-arbeiten, harmoˈnieren, an ˈeinem Strang ziehen. **~ un·der** *v/t Schwimmer* unter Wasser *od.* nach unten ziehen. **~ up I** *v/t* **1.** (her)ˈauf-, hochziehen, *mar. Flagge* hissen. **2.** *das Flugzeug* hochziehen. **3.** ausreißen. **4.** *das Pferd, Fahrzeug* anhalten. **5.** zuˈrückhalten, *j-m* Einhalt gebieten. **6.** *j-n* zur Rede stellen, zuˈrechtweisen (**about, over** wegen). **II** *v/i* **7.** (an)halten. **8.** *fig.* bremsen. **9.** *sport* sich nach vorn schieben: **to ~ on s.o.** j-m gegenüber Boden gutmachen; **to ~ with** (*od.* **to**) **s.o.** j-n einholen. **10.** *aer.* abheben. **11.** *electr.* ansprechen (*Magnet*), anziehen (*Relais*).
ˈpull|·back *s* **1.** Hemmnis *n.* **2.** *bes. mil.* Rückzug *m.* **3.** *Am.* Reaktioˈnär *m.* **4.** *tech.* Rücksteller *m*: **~ spring** Rückholfeder *f.* **~ box** *s electr.* Anschlußkasten *m.* **~ cord** *s* Zugleine *f,* -schnur *f.* **~ date** *s* Haltbarkeitsdatum *n* (*auf Lebensmittelpackungen*).
pulled| bread [pʊld] *s* gebähte Brotbrocken *pl.* **~ chick·en** *s* Hühnerfleisch *n* in weißer Soße. **~ figs** *s pl* getrocknete Tafelfeigen *pl.*
pull·er [ˈpʊlə(r)] *s* **1.** *tech.* Ausziehvorrichtung *f,* (Korken- *etc*)Zieher *m*: **~ air-screw** *aer.* Zugschraube *f*; **~ screw** *tech.* Abziehschraube *f.* **2.** Puller *m* (*Pferd, das am Zaum nach vorn reißt*). **3.** *econ. sl.* Zugpferd *n,* ‚Schlager' *m.* **ˈ~-ˈin** *s Am. colloq.* Anreißer(in), Kundenfänger(in).
pul·let [ˈpʊlɪt] *s* Hühnchen *n.*

pul·ley [ˈpʊlɪ] *tech.* **I** *s* **1.** Rolle *f* (*bes. e-s Flaschenzugs*): **rope ~** Seilrolle; → **block** 11. **2.** Flasche *f* (*Verbindung mehrerer Rollen*). **3.** Flaschenzug *m*. **4.** *mar.* Talje *f*. **5.** (Transmissiˈons)Scheibe *f*: **belt ~** Riemenscheibe. **II** *v/t* **6.** mittels Flaschenzug *od.* Rollen bewegen. **~ block** *s tech.* (Roll)Kloben *m*. **~ chain** *s tech.* Flaschenzugkette *f*. **~ drive** *s tech.* Riemenscheibenantrieb *m*.

ˈpull-ˌfas·ten·er *s* Reißverschluß *m*.

ˈpull-in *s* **1.** *Br.* Rasthaus *n* (*bes. für Fernfahrer*). **2.** → **drive-in** 2.

Pull·man (car), p~ [ˈpʊlmən] *pl* **-mans** *s rail.* Pullmanwagen *m* (*Salon- u. Schlafwagen*).

ˈpull|-off I *s* **1.** *aer.* Lösen *n* des Fallschirms (*beim Absprung*). **2.** (*leichter etc*) Abzug (*bei Schußwaffen*). **II** *adj* **3.** *tech.* Abzieh...: **~ spring**. **ˈ~-on I** *adj* Überzieh... **II** *s* Kleidungsstück *n* (*ohne Knöpfe etc*) zum ˈÜberziehen. **ˈ~-out I** *s* **1.** a) Faltblatt *n* (*e-s Buches etc*), b) herˈaustrennbare Seite. **2.** *aer.* Hochziehen *n* (*aus dem Sturzflug*). **3.** *mil.* (Truppen)Abzug *m*. **II** *adj* **4.** ausziehbar: **~ seat** Schiebesitz *m*. **5.** a) Falt...: **~ map**, b) herˈaustrennbar. **ˈ~ˌo·ver I** *s* Pullˈover *m*. **II** *adj* Überzieh... **~ sta·tion** *s* Feuermelder *m*. **~ strap** *s* (Zug)Schlaufe *f*, (Stiefel)Strippe *f*. **~ switch** *s electr.* Zugschalter *m*. **ˈ~-through** *s tech.* Reinigungskette *f* (*für Schußwaffen*).

pul·lu·late [ˈpʌljʊleɪt] *v/i* **1.** (herˈvor-) sprossen, knospen. **2.** Knospen treiben. **3.** keimen (*Samen*). **4.** *biol.* sich rasch vermehren. **5.** *fig.* wuchern, sich rasch ausbreiten, grasˈsieren. **6.** *fig.* wimmeln (**with** von *dat*). **ˌpul·luˈla·tion** *s* **1.** Sprossen *n*, Knospen *n*. **2.** Keimen *n*. **3.** *biol.* rasche Vermehrung. **4.** *fig.* Wucherung *f*.

ˈpull-up *s* **1.** *Br.* → **pull-in** 1. **2.** *sport* Klimmzug *m*: **to do a ~** e-n Klimmzug machen. **3.** *aer.* (kurzes) Hochziehen (*des Flugzeugs*).

ˈpul·ly-haul [ˈpʊlɪ-] *v/i Br. colloq.* ziehen u. zerren.

pul·mo·bran·chi·a [ˌpʌlməʊˈbræŋkɪə] *pl* **-chi·ae** [-kɪiː] *s zo.* Traˈcheen-, Fächerlunge *f*.

pul·mo·nar·y [ˈpʌlmənərɪ; *Am.* -ˌneriː; *a.* ˈpʊl-] *adj* Lungen...: **~ disease**; **~ artery** *anat.* Lungenschlagader *f*; **~ circulation** *physiol.* Lungenkreislauf *m*, kleiner Blutkreislauf; **~ infarct(ion)** *med.* Lungeninfarkt *m*.

pul·mo·nate [ˈpʌlmənət; -neɪt] *zo.* **I** *adj* Lungen..., mit Lungen (ausgestattet): **~ mollusc** → II. **II** *s* Lungenschnecke *f*.

pul·mon·ic [pʌlˈmɒnɪk; *Am.* -ˈmɑn-; *a.* pʊlˈm-] *adj* Lungen...

pulp [pʌlp] **I** *s* **1.** Fruchtfleisch *n*: **orange ~**. **2.** *bot.* Stengelmark *n*. **3.** weicher *od.* fleischiger Teil. **4.** *a.* **dental ~** *anat.* (Zahn)Pulpa *f*. **5.** Brei *m*, breiige Masse: **to reduce** (*od.* **crush**) **to** (a) **~** a) → 10, b) *fig. a.* **to beat to a ~** zu Brei schlagen; **to be reduced to a ~** *fig.* ‚völlig am Boden zerstört sein'. **6.** *Papierherstellung*: a) Pulpe *f*, Paˈpierbrei *m*, *bes.* Ganzzeug *n*, b) Zellstoff *m*: **~ factory** Holzschleiferei *f*. **7.** *Bergbau*: a) Schlich *n*, Wascherz *n*, b) Scheide-, Guterz *n* (*trokken aufbereitetes, zerkleinertes Erz*). **8.** Maische *f*, Schnitzel *pl* (*Zucker*). **9.** *bes. Am. colloq.* a) *a.* **~ magazine** billige Zeitschrift, Schundblatt *n*, b) Schund *m*. **II** *v/t* **10.** in Brei verwandeln. **11.** *Druckerzeugnisse* einstampfen. **12.** *Früchte* entfleischen. **III** *v/i* **13.** breiig werden. **ˈ~board** *s* Zellstoffpappe *f*. **~ cav·i·ty** *s anat.* Pulpahöhle *f*. **~ en·gine** *s Papierherstellung*: (Ganzzeug)Holländer *m*.

ˈpulp·er *s* **1.** → **pulp engine**. **2.** *agr.* (Rüben)Breimühle *f*.

pulp·i·ness [ˈpʌlpɪnɪs] *s* **1.** Weichheit *f* u. Saftigkeit *f*. **2.** Fleischigkeit *f*. **3.** Schwammigkeit *f*. **4.** Matschigkeit *f*.

pul·pit [ˈpʊlpɪt] *s* **1.** Kanzel *f*: **in the ~** auf der Kanzel; **~ orator** Kanzelredner *m*. **2.** **the ~** *collect.* a) die Unterˈweisung in der Schrift, b) die Geistlichkeit. **3.** *fig.* Kanzel *f*, Plattform *f*. **4.** *tech.* Bedienungsstand *m*. **ˌpul·pitˈeer** [-ˈtɪə(r)] *oft contp.* **I** *s* Prediger *m*. **II** *v/i* predigen.

pulp·ous [ˈpʌlpəs] → **pulpy**.

ˈpulp·wood *s* Paˈpier-, Faserholz *n*.

pulp·y [ˈpʌlpɪ] *adj* (*adv* **pulpily**) **1.** weich u. saftig. **2.** fleischig. **3.** schwammig, quallig. **4.** breiig, matschig.

pul·que [ˈpʊlkɪ; -keɪ] *s* Pulque *m* (*gegorener Agavensaft; berauschendes mexikanisches Getränk*).

pul·sar [ˈpʌlsə; *bes. Am.* -sɑː(r)] *s astr.* Pulˈsar *m* (*Quelle kosmischer Strahlungen*).

pul·sate [pʌlˈseɪt; *bes. Am.* ˈpʌlseɪt] *v/i* **1.** pulˈsieren (*a. electr.*), (rhythmisch) pochen *od.* schlagen. **2.** viˈbrieren. **3.** *fig.* pulˈsieren.

pul·sa·tile [ˈpʌlsətaɪl; *Am. a.* -təl] *adj* **1.** pulˈsierend. **2.** *mus.* Schlag...

pul·sat·ing [pʌlˈseɪtɪŋ; *bes. Am.* ˈpʌlseɪt-] *adj* **1.** pulˈsierend (*a. electr. Strom etc*), stoßweise: **~ current**; **~ load** *electr.* stoßweise Belastung. **2.** *fig.* pulˈsierend: **~ rhythm** beschwingter Rhythmus; **~ tunes** beschwingte Weisen. **3.** *fig.* aufregend, spannend.

pul·sa·tion [pʌlˈseɪʃn] *s* **1.** Pulˈsieren *n* (*a. electr. u. fig.*), Pochen *n*, Schlagen *n*. **2.** Pulsschlag *m* (*a. fig.*). **3.** Viˈbrieren *n*.

pul·sa·to·ry [ˈpʌlsətərɪ; *Am.* -ˌtəʊriː; -ˌtɔː-] → **pulsating**.

pulse[1] [pʌls] **I** *s* **1.** Puls(schlag) *m* (*a. fig.*): **rapid ~**, **quick ~** schneller Puls; **~ rate** *med.* Pulszahl *f*; **to feel** (*od.* **take**) **s.o.'s ~** j-m den Puls fühlen (*a. fig. j-s Gesinnung, Meinung zu ergründen suchen*); **to keep one's finger on the ~ of** *fig.* die Hand am Puls (*gen*) haben. **2.** Pulˈsieren *n* (*a. fig.*). **3.** *electr. phys.* Imˈpuls *m*, (Strom-) Stoß *m*: **~ generator** Impulsgenerator *m*, -geber *m*; **~-modulated** impulsmoduliert; **~ shaping circuit** Impulsformerschaltung *f*; **~ train** Impulsserie *f*. **4.** *fig.* Vitaliˈtät *f*, Schwung *m*. **II** *v/i* **5.** → **pulsate**. **III** *v/t* **6.** *electr.* imˈpulsweise (aus)strahlen *od.* senden.

pulse[2] [pʌls] *s* Hülsenfrüchte *pl*.

ˈpulse|-jet en·gine *s aer.* intermitˈtierendes Luftstrahltriebwerk, IL-Triebwerk *n*. **~ ra·dar** *s electr.* Pulsradar *n*.

pul·sim·e·ter [pʌlˈsɪmɪtə(r)] *s med.* Pulsmesser *m*.

pul·som·e·ter [pʌlˈsɒmɪtə(r); *Am.* -ˈsɑm-] *s* **1.** → **pulsimeter**. **2.** Pulsoˈmeter *n* (*kolbenlose Dampfdruckpumpe*).

pul·ver·a·ble [ˈpʌlvərəbl] → **pulverizable**.

pul·ver·iz·a·ble [ˈpʌlvəraɪzəbl] *adj* **1.** pulveriˈsierbar. **2.** zerstäubbar. **ˌpul·ver·iˈza·tion** [-aɪˈz-; *Am.* -əˈz-] *s* **1.** Pulveriˈsierung *f*, (Feinst)Mahlung *f*. **2.** Zerstäubung *f* (*von Flüssigkeiten*). **3.** *fig.* Zermalmung *f*.

pul·ver·ize [ˈpʌlvəraɪz] **I** *v/t* **1.** pulveriˈsieren, (*zu Staub*) zermahlen, -stoßen, -reiben. **2.** *Flüssigkeit* zerstäuben. **3.** *mil.* zermalmen, aufreiben, *sport Gegner*, *a. Argumente* auseinˈandernehmen, *Redner, Einwände etc* niedermachen. **II** *v/i* **4.** (in Staub) zerfallen, zu Staub werden. **ˈpul·ver·iz·er** *s* **1.** Zerkleinerer *m*, Pulveriˈsiermühle *f*, Mahlanlage *f*. **2.** *agr.* Krümelegge *f*. **3.** Zerstäuber *m*.

pul·ver·u·lent [pʌlˈverʊlənt] *adj* **1.** (fein)pulverig. **2.** (leicht) zerbröckelnd. **3.** staubig.

pu·ma [ˈpjuːmə; *Am. a.* ˈpuːmə] *s* **1.** *zo.* Puma *m*. **2.** Pumafell *n*.

pum·ice [ˈpʌmɪs] **I** *s a.* **~ stone** Bimsstein *m*. **II** *v/t* mit Bimsstein abreiben *od.* glätten, (ab)bimsen.

pum·mel → **pommel**.

pump[1] [pʌmp] **I** *s* **1.** Pumpe *f*: (**dispensing**) **~** *mot.* Zapfsäule *f*. **2.** Pumpen (-stoß *m*) *n*. **3.** *colloq.* ‚Pumpe' *f* (*Herz*). **4.** *fig.* Ausfrager(in), ‚Ausholer(in)'. **II** *v/t* **5.** pumpen: **to ~ dry** aus-, leerpumpen; **to ~ out** auspumpen (*a. fig. erschöpfen*); **to ~ up** a) hochpumpen, b) *e-n Reifen etc* aufpumpen; **to ~ money into** *econ.* Geld in *etwas* hineinpumpen; **to ~ bullets into s.o.** j-n ‚mit Blei vollpumpen'; **~ed storage station** Pumpspeicherwerk *n*. **6.** a) *j-n* ‚ausholen', ausfragen, b) *Informationen* herˈausholen (**out of** aus). **7.** → **pump-handle**. **8.** betätigen, *bes. Pedale* treten. **III** *v/i* **9.** pumpen (*a. fig. Herz etc*). **10.** (**for**) krampfhaft suchen *od.* forschen (nach), (*bes. Informationen*) zu erhalten suchen.

pump[2] [pʌmp] *s* **1.** Pumps *m* (*leichter Halbschuh*). **2.** *Br.* Turnschuh *m*.

pump at·tend·ant *s* Tankwart *m*.

pum·per·nick·el [ˈpʊmpə(r)nɪkl; ˈpʌm-] *s* Pumpernickel *m*.

pump|gun *s* (*Jagd*)*Gewehr mit halbautomatischem Nachladeschloß*. **~ han·dle** *s* **1.** Pumpenschwengel *m*. **2.** *colloq.* ˈüberschwenglicher Händedruck. **ˈ~-ˌhan·dle** *v/t colloq. j-s Hand* ˈüberschwenglich schütteln.

pump·kin [ˈpʌmpkɪn; *Am. a.* ˈpʌŋkən] *s* **1.** *bot.* (*bes.* Garten)Kürbis *m*. **2.** *colloq.* Tolpatsch *m*. **3.** *meist* **some ~s** *Am. colloq.* ‚(ein) großes Tier'.

pump|prim·ing *s econ.* Ankurbelung *f* der Wirtschaft. **~ rod** *s tech.* Pumpenstange *f*. **~ room** *s* **1.** Pumpenhaus *n*. **2.** Trinkhalle *f* (*in Kurbädern*). **~ storage sta·tion** *s tech.* Pumpspeicherwerk *n*.

pun[1] [pʌn] **I** *s* Wortspiel *n* (**on** über *acc*, mit). **II** *v/i* Wortspiele *od.* ein Wortspiel machen (**on** über *acc*), witzeln.

pun[2] [pʌn] *v/t Br.* (fest)stampfen.

punch[1] [pʌntʃ] **I** *s* **1.** (Faust)Schlag *m*: **verbal ~es** *fig.* Seitenhiebe; **with one ~** mit ˈeinem Schlag (*a. fig.*); → **pull** 29. **2.** Schlag(kraft *f*) *m*: → **pack** 28. **3.** *fig.* Schlagkraft *f*, Wucht *f*, Schwung *m*, Schmiß *m*. **4.** → **punch line**. **II** *v/t* **5.** (*mit der Faust*) schlagen, boxen, e-n Schlag versetzen (*dat*): **he's got a face I'd like to ~** er hat ein (richtiges) Ohrfeigengesicht. **6.** (ein)hämmern auf (*acc*): **to ~ the typewriter**. **7.** *Am. Rinder* treiben.

punch[2] [pʌntʃ] *tech.* **I** *s* **1.** Stanzwerkzeug *n*, -stempel *m*, Lochstanze *f*, -eisen *n*, ˈDurchschlag *m*. **2.** Lochzange *f*. **3.** (Paˈpier)Locher *m*. **4.** Prägestempel *m*. **5.** Paˈtrize *f*. **6.** Lochung *f*, Stanzung *f*. **II** *v/t* **7.** a) durchˈschlagen, lochen, b) *Zahlen, Buchstaben* punzen, stempeln, prägen, einschlagen, c) *a.* **~ out** aus-, lochstanzen, d) (an)körnen. **8.** *e-e (Fahr- etc)Karte* lochen, knipsen, zwicken. **9.** *auf Lochkarten* aufnehmen: **to ~ data**; **~ed card** Lochkarte *f*; **~ed-card accounting department** Lochkartenabteilung *f*; **~ed tape** Lochstreifen *m*. **10.** *die Kontroˌluhr* stechen: **to ~ the time clock**. **11.** *e-n Nagel, Stift* treiben: **to ~ in** (*od.* **down**) eintreiben. **12.** durchˈbohren. **13.** **~ up** *Geldbetrag* eintippen.

punch[3] [pʌntʃ] *s* (*Art*) Punsch *m* (*Getränk*).

Punch[4] [pʌntʃ] *s* Punch *m*, Kasperle *n*, *m*, Hansˈwurst *m*: **~-and-Judy show** Kasperletheater *n*; → **please** 1.

punch[5] [pʌntʃ] *s Br.* **1.** kurzbeiniges,

schweres Zugpferd. **2.** *dial.* ‚Stöpsel' *m* (*kleiner, dicker Mensch*).

ˈpunch|·ball *s Boxen*: Punchingball *m*, (Mais)Birne *f*. **ˈ~·board** *s* (*Art*) Lotteˈriebrett *n*. **~ bowl** *s* **1.** Punschbowle *f*. **2.** *geogr.* Schüssel *f*. **~ card** *s Am.* Lochkarte *f*. **ˌ~-ˈdrunk** *adj* **1.** (von vielen Boxschlägen) blöde (geworden). **2.** *fig.* verwirrt, durcheinˈander.

pun·cheon[1] [ˈpʌntʃən] *s* **1.** (Holz-, Stütz)Pfosten *m*. **2.** *tech.* → **punch[2]** 1.

pun·cheon[2] [ˈpʌntʃən] *s hist.* Puncheon *n* (*großes Faß, 324–540 l enthaltend*).

punch·er [ˈpʌntʃə(r)] *s* **1.** Schläger *m*, (*Boxen a.*) Puncher *m*. **2.** *tech.* Locheisen *n*, Locher *m*. **3.** *Am. colloq.* Cowboy *m*.

ˈpunch·ing| bag *Am. für* **punching ball**. **~ ball** *s Boxen*: Punchingball *m*, (Mais)Birne *f*. **~ die** *s tech.* ˈStanzmaˌtrize *f*. **~ pow·er** *s Boxen*: Schlagkraft *f*. **~ press** → **punch press**.

punch| la·dle *s* Punschlöffel *m*. **~ line** *s* ˈKnallefˌfekt *m*, Pointe *f*. **~ pli·ers** *s pl* Lochzange *f*. **~ press** *s tech.* Loch-, Stanzpresse *f*. **ˈ~-up** *s Br. colloq.* Schlägeˈrei *f*, Raufeˈrei *f*.

punch·y[1] [ˈpʌntʃɪ] → **podgy**.

punch·y[2] [ˈpʌntʃɪ] *adj colloq.* **1.** *fig.* flott, schwungvoll. **2.** → **punch-drunk**.

punc·tate [ˈpʌŋkteɪt], **ˈpunc·tat·ed** [-tɪd] *adj* **1.** punkˈtiert (*a. bot. zo.*). **2.** punktförmig. **3.** *med.* durch Pünktchen *od.* Tüpfelchen gekennzeichnet.

punc·ta·tion [pʌŋkˈteɪʃn] *s* **1.** Punkˈtierung *f*. **2.** Tüpfelung *f*. **3.** Punkt *m*, Tüpfel *m*, *n*. **4.** *jur.* Punktatiˈon *f* (*nichtbindende Vereinbarung*).

punc·til·i·o [pʌŋkˈtɪlɪəʊ] *pl* **-i·os** *s* **1.** kleine Förmlichkeit, Punkt *m* (*der Etikette*), Feinheit *f* (*des Benehmens etc*). **2.** heikler Punkt. **3.** Förmlichkeit *f*, peˈdantische Genauigkeit: **~ of hono(u)r** Ehrenpunkt *m*. **puncˈtil·i·ous** *adj* (*adv* **~ly**) **1.** peinlich genau, peˈdantisch. **2.** spitzfindig. **3.** (überˈtrieben) förmlich. **puncˈtil·i·ous·ness** → **punctilio** 3.

punc·tu·al [ˈpʌŋktjʊəl; *Am.* -tʃəwəl] *adj* (*adv* **~ly**) **1.** pünktlich: **~ payment**; **~ to the minute** auf die Minute pünktlich; **to be ~ in doing s.th.** etwas pünktlich tun. **2.** *math.* punktförmig, Punkt...: **~ coordinate** Punktkoordinate *f*. **ˌpunc·tuˈal·i·ty** [-ˈælətɪ] *s* Pünktlichkeit *f*.

punc·tu·ate [ˈpʌŋktjʊeɪt; -tʃʊ-; *Am.* -tʃəˌweɪt] **I** *v/t* **1.** interpunkˈtieren, Satzzeichen setzen in (*acc*). **2.** *fig.* (**with**) unterˈbrechen (durch, mit), durchˈsetzen (mit). **3.** unterˈstreichen, betonen. **II** *v/i* **4.** Satzzeichen setzen. **ˌpunc·tuˈa·tion** *s* **1.** Interpunktiˈon *f*, Zeichensetzung *f*: **close ~** strikte Zeichensetzung; **open ~** weniger strikte Zeichensetzung; **~ mark** Satzzeichen *n*. **2.** Voˈkal- u. Zeichensetzung *f* (*im Hebräischen*). **3.** *fig.* Unterˈbrechung *f*, Durchˈsetzung *f*. **4.** Herˈvorhebung *f*, Unterˈstreichung *f*. **ˈpunc·tu·a·tive** [-eɪtɪv] *adj* Interpunktions...

punc·ture [ˈpʌŋktʃə(r)] **I** *v/t* **1.** durchˈstechen, -ˈbohren. **2.** *mot.* ein Loch bekommen in (*dat od. acc*): **he ~d the new tire** (*bes. Br.* **tyre**). **3.** *electr.* *e-e Isolation* ˈdurchschlagen. **4.** *med.* punkˈtieren. **II** *v/i* **5.** ein Loch bekommen, platzen (*Reifen*). **6.** *electr.* ˈdurchschlagen. **III** *s* **7.** (Ein)Stich *m*, (kleines) Loch. **8.** Reifenpanne *f*: **~ outfit** Flickzeug *n*. **9.** *electr.* ˈDurchschlag *m*. **10.** *med.* Punktiˈon *f*, Punkˈtur *f*. **~ nee·dle** *s med.* Punktiˈonsnadel *f*. **ˈ~proof** *adj* **1.** nagel-, pannensicher (*Reifen*). **2.** *electr.* ˈdurchschlagsicher. **~ strength** *s electr.* ˈDurchschlagfestigkeit *f*.

pun·dit [ˈpʌndɪt] *s* **1.** Pandit *m* (*brahmanischer Gelehrter*). **2.** *bes. humor.* a) ‚gelehrtes Haus', Gelehrte(r) *m*, b) weiser Mann, großer Exˈperte. **ˈpun·dit·ry** [-rɪ] *s* (brahˈmanische) Gelehrsamkeit.

pung [pʌŋ] *s Am.* Kastenschlitten *m*.

pun·gen·cy [ˈpʌndʒənsɪ] *s* Schärfe *f* (*a. fig.*). **ˈpun·gent** *adj* (*adv* **~ly**) **1.** scharf (*im Geschmack*). **2.** stechend, beißend, ätzend (*Geruch etc*). **3.** *fig.* beißend, sarˈkastisch, scharf. **4.** *fig.* a) stechend (*Schmerz*), b) bitter (*Reue etc*). **5.** *fig.* prickelnd, piˈkant. **6.** *bes. bot.* stach(e)lig, spitzig.

Pu·nic [ˈpjuːnɪk] *adj* **1.** punisch. **2.** *fig.* verräterisch, treulos: **~ faith** punische Treue, Treulosigkeit *f*.

pu·ni·ness [ˈpjuːnɪnɪs] *s* **1.** Schwächlichkeit *f*. **2.** Kleinheit *f*. **3.** Armseligkeit *f*.

pun·ish [ˈpʌnɪʃ] *v/t* **1.** *j-n* (be)strafen (**for** für, wegen). **2.** *ein Vergehen etc* bestrafen, ahnden. **3.** *colloq.* a) *e-n Boxer, a. allg. j-n* übel zurichten, b) arg ‚mitnehmen', ‚schlauchen', strapaˈzieren, ‚fertigmachen'. **4.** *colloq.* ‚reinhauen' in (*e-e Speise etc*). **ˈpun·ish·a·ble** *adj* (*adv* **punishably**) strafbar: **murder is ~ by death** auf Mord steht die Todesstrafe. **ˈpun·ish·ing** *adj* hart, vernichtend (*Kritik etc*), mörderisch, zermürbend (*Rennen etc*). **ˈpun·ish·ment** *s* **1.** Bestrafung *f* (**by** durch). **2.** Strafe *f* (*a. jur.*): **for** (*od.* **as**) **a ~** als *od.* zur Strafe. **3.** *colloq.* a) grobe Behandlung, b) *Boxen*: ‚Prügel' *pl*: **to take a ~** e-e Menge ‚einstecken' müssen, c) Straˈpaze *f*, ‚Schlauch' *m*: **to be subjected to heavy ~** arg mitgenommen *od.* strapaziert werden.

pu·ni·tive [ˈpjuːnətɪv] *adj* **1.** strafend, Straf...: **~ expedition**; **~ damages** *jur.* (zusätzliche) Buße (*über den Schadenersatz hinaus*); **~ justice** Strafjustiz *f*; **~ law** Strafgesetz *n*. **2.** exˈtrem hoch (*Steuern etc*).

pu·ni·to·ry [ˈpjuːnətərɪ; *Am.* -ˌtəʊriː; -ˌtɔː-] → **punitive**.

Pun·ja·bi [ˌpʌnˈdʒɑːbiː] *s* **1.** Bewohner(-in) des Pandschˈab. **2.** *ling.* Pandschˈabi *n* (*vorderindische Sprache*).

punk [pʌŋk] **I** *s* **1.** Zunderholz *n*, verfaultes Holz. **2.** a) Zunder *m*, b) Wundschwamm *m*. **3.** *sl.* a) Anfänger *m*, b) ‚Flasche' *f*, ‚Niete' *f*, c) ‚Knülch' *m*, ‚Heini' *m*, Kerl *m*, d) kleiner *od.* junger Gaˈnove, e) ‚Quatschkopf' *m*, ‚Blödmann' *m*. **4.** *obs.* a) Homosexuˈelle(r) *m*, b) Dirne *f*. **5.** *sl.* ‚Mist' *m*: a) Schund *m*, b) ‚Quatsch' *m*. **6.** Punk *m* (*Bewegung u. Anhänger*). **7.** *mus.* a) Punk *m*, b) Punker *m*. **II** *adj* **8.** *sl.* miseˈrabel, elend, ‚billig'. **9.** Punk... (*a. mus.*). **~ rock** *s mus.* Punkrock *m*. **~ rock·er** *s mus.* Punkrocker *m*.

pun·net [ˈpʌnɪt] *s* Körbchen *n*, Schale *f* (*als Verkaufsmenge für Erdbeeren etc*).

pun·ster [ˈpʌnstə(r)] *s* j-d, der ständig Wortspiele macht.

punt[1] [pʌnt] **I** *s bes. Br.* **1.** Punt *n*, Stakkahn *m*: **~ gun** Entenflinte *f*. **II** *v/t* **2.** *ein Boot* staken. **3.** in e-m Punt befördern. **III** *v/i* **4.** im Punt fahren.

punt[2] [pʌnt] (*Rugby, American Football*) **I** *s* Falltritt *m*. **II** *v/t u. v/i* (den Ball) aus der Hand (ab)schlagen.

punt[3] [pʌnt] *v/i* **1.** *Kartenspiel*: gegen die Bank setzen. **2.** *colloq.* a) (*auf ein Pferd*) setzen, b) *allg.* wetten.

punt·er[1] [ˈpʌntə(r)] *s* Puntfahrer(in); j-d, der ein Boot stakt.

punt·er[2] [ˈpʌntə(r)] *s* **1.** ˈBörsenspekuˌlant *m*. **2.** a) Poinˈteur (*der gegen den Bankhalter spielt*), b) kleiner (berufsmäßiger) Wetter.

pu·ny [ˈpjuːnɪ] *adj* (*adv* **punily**) **1.** schwächlich. **2.** klein, winzig. **3.** kümmerlich, armselig.

pup [pʌp] **I** *s* **1.** junger Hund: **in ~** trächtig (*Hündin*); **to sell s.o. a ~** *colloq.* ‚j-m etwas andrehen'. **2.** a) junger Seehund, b) junger Otter. **3.** *oft* **young ~** *fig.* → **puppy** 3. **4.** *Am. sl.* ‚Niete' *f* (*wertlose Kapitalanlage etc*). **II** *v/t u. v/i* **5.** (Junge) werfen.

pu·pa [ˈpjuːpə] *pl* **-pae** [-piː], **-pas** *s zo.* Puppe *f*. **ˈpu·pal** *adj zo.* Puppen...

pu·pate [ˈpjuːpeɪt] *v/i zo.* sich verpuppen. **puˈpa·tion** *s zo.* Verpuppung *f*.

pu·pil[1] [ˈpjuːpl; -pɪl] *s* **1.** Schüler(in). **2.** *econ.* Praktiˈkant(in). **3.** *fig.* Schüler(in), Jünger(in). **4.** *jur.* Mündel *m*, *n* (*Junge unter 14, Mädchen unter 12*).

pu·pil[2] [ˈpjuːpl; -pɪl] *s anat.* Puˈpille *f*.

pu·pil·(l)age [ˈpjuːpɪlɪdʒ] *s* **1.** Schulzeit *f*. **2.** *jur.* Unmündigkeit *f*.

pu·pil·(l)ar [ˈpjuːpɪlə(r)], **ˈpu·pi(l)·lar·y** [-lərɪ; *Am.* -ˌleriː] *adj* **1.** *jur.* Mündel... **2.** *anat.* Pupillen...: **~ reflex** Pupillarreflex *m*.

Pu·pin coil [pjuːˈpiːn] *s electr.* Puˈpinspule *f*.

pu·pin·ize [pjuːˈpiːnaɪz] *v/t electr.* pupiniˈsieren.

pu·pip·a·rous [pjuːˈpɪpərəs] *adj zo.* puppengebärend.

pup·pet [ˈpʌpɪt] *s a. fig.* Marioˈnette *f*, Puppe *f*: **~ government** Marionettenregierung *f*; **~ show** (*od.* **play**) Marionetten-, Puppenspiel *n*; **~ state** Marionettenstaat *m*; **~ valve** *tech.* Tellerventil *n*. **ˌpup·petˈeer** [-ˈtɪə(r)] *s* Puppenspieler(in). **ˈpup·pet·ry** [-trɪ] *s* **1.** Puppenspielkunst *f*. **2.** *obs. fig.* Mummenschanz *m*. **3.** *Literatur*: konstruˈierte (*blutlose*) Charakˈtere *pl*.

pup·py [ˈpʌpɪ] *s* **1.** junger Hund. **2.** (*das*) Junge (*verschiedener anderer Tiere*). **3.** *fig.* (junger) ‚Schnösel' *od.* Springinsfeld, eingebildeter ‚Fatzke'. **~ dog** *s Kindersprache*: junger Hund.

pup·py·dom [ˈpʌpɪdəm] *s* **1.** Jugend-, Flegeljahre *pl*. **2.** Albernheit *f*.

pup·py fat *s colloq.* ‚Babyspeck' *m*.

ˈpup·py·hood → **puppydom**.

pup·py love → **calf love**.

pup tent *s* (*kleines*) Schutzzelt.

pur → **purr**.

pur·blind [ˈpɜːblaɪnd; *Am.* ˈpɜrˌbl-] **I** *adj* **1.** *fig.* kurzsichtig, borˈniert, dumm. **2.** halbblind. **3.** *obs.* blind. **II** *v/t* **4.** *fig.* kurzsichtig machen, verblenden. **ˈpur·blind·ness** *s* **1.** *fig.* Kurzsichtigkeit *f*. **2.** Halbblindheit *f*. **3.** *obs.* Blindheit *f*.

pur·chas·a·ble [ˈpɜːtʃəsəbl; *Am.* ˈpɜr-] *adj* käuflich (*a. fig.*).

pur·chase [ˈpɜːtʃəs; *Am.* ˈpɜr-] **I** *v/t* **1.** kaufen, erstehen, (käuflich) erwerben. **2.** erkaufen, erringen (**with** mit, durch): **dearly ~d** teuer erkauft. **3.** *fig.* ‚kaufen' (*bestechen*). **4.** *jur.* erwerben (*außer durch Erbschaft*). **5.** *mar. tech.* a) hochwinden, -ziehen, b) (mit Hebelkraft) heben *od.* bewegen. **II** *s* **6.** (An-, Ein)Kauf *m*: **by ~** durch Kauf, käuflich; **to make a ~ of s.th.** etwas kaufen; **to make ~s** Einkäufe machen. **7.** ˈKauf(obˌjekt *n*) *m*, Anschaffung *f*. **8.** *Bilanz*: Wareneingänge *pl*. **9.** *jur.* Erwerbung *f* (*außer durch Erbschaft*). **10.** (Jahres)Ertrag *m*: **at ten years' ~** zum Zehnfachen des Jahresertrags; **his life is not worth a day's ~** er lebt keinen Tag mehr, er macht es nicht mehr lange. **11.** Hebevorrichtung *f*, *bes.* a) Flaschenzug *m*, b) *mar.* Talje *f*. **12.** Hebelkraft *f*, -wirkung *f*. **13.** guter Angriffs- *od.* Ansatzpunkt. **14.** *fig.* a) einflußreiche Positiˈon, Machtstellung *f*, b) Machtmittel *n*, Handhabe *f*. **~ ac·count** *s econ.* Wareneingangskonto *n*. **~ book, ~ jour·nal** *s econ.* Wareneingangsbuch *n*. **~ mon·ey** *s* Kaufsumme *f*: **~ mortgage** *Am.* (Rest-)Kaufgeldhypothek *f*. **~ price** *s* Kaufpreis *m*.

ˈpur·chas·er *s* **1.** Käufer(in), *econ. a.* Abnehmer(in). **2.** *jur.* Erwerber *m* (*außer durch Erbschaft*). **3.** → **purchasing agent**.

pur·chase tax *s Br. hist.* Erwerbs-, Kaufsteuer *f.*

ˈ**pur·chas·ing**| **a·gent** *s econ.* Einkäufer *m (e-r Firma).* ~ **as·so·ci·a·tion** *s* Einkaufsgenossenschaft *f.* ~ **de·part·ment** *s* Einkauf *m.* ~ **pow·er** *s* Kaufkraft *f*: **excessive** ~ Kaufkraftüberhang *m.*

pure [pjʊə(r)] *adj (adv →* **purely**) **1.** a) pur, unvermischt, rein: ~ **silk**; ~ **alcohol** reiner Alkohol; ~ **gold** reines *od.* pures Gold; ~ **white** reines Weiß, b) lupenrein (*Diamant*). **2.** rein, makellos: ~ **Italian** reines Italienisch; **a** ~ **friendship** e-e reine Freundschaft. **3.** rein, sauber: ~ **hands. 4.** (*moralisch*) rein: a) unschuldig, unbefleckt, b) unberührt, keusch: **a** ~ **girl. 5.** rein, unverfälscht. **6.** *mus.* a) (ton)rein, b) obertonfrei. **7.** klar: ~ **style. 8.** *biol.* a) reinrassig, -blütig, b) homozyˈgot, reinerbig: ~ **line** reine Abstammungslinie. **9.** rein, theoˈretisch: ~ **science** reine Wissenschaft. **10.** rein (*Kunst*). **11.** pur, rein, völlig: ~ **nonsense**; **laziness** ~ **and simple** reine Faulheit. **12.** rein, pur (*Zufall*): **by** ~ **accident** rein zufällig. **13.** rein (*Sprachlaut*).

ˈ**pure**|**·blood I** *adj* **1.** → **purebred** I. **II** *s* **2.** → **purebred** II. **3.** *Am.* ˈVollblutindiˌaner(in). ˌ~ˈ**blood·ed** → **purebred** I. ˈ~**bred I** *adj* reinrassig, rasserein. **II** *s* reinrassiges Tier. ~ **cul·ture** *s biol.* ˈReinkulˌtur *f.*

pu·rée [ˈpjʊəreɪ; *Am.* pjʊˈreɪ] **I** *s* **1.** Püˈree *n.* **2.** (Püˈree)Suppe *f.* **II** *v/t* **3.** püˈrieren.

pure·ly [ˈpjʊə(r)lɪ] *adv* **1.** rein. **2.** rein, bloß, ganz: ~ **accidental. 3.** ausschließlich. ˈ**pure·ness** *s* Reinheit *f.*

pur·fle [ˈpɜːfl; *Am.* ˈpɜrfəl] *v/t* **1.** *bes. ein Kleid* mit e-r Schmuckborte verzieren. **2.** *bes. arch.* (am Rand) mit Ornaˈmenten verzieren.

pur·ga·tion [pɜːˈgeɪʃn; *Am.* ˌpɜrˈg-] *s* **1.** *bes. relig. u. fig., a. jur. hist.* Reinigung *f.* **2.** *med.* Darmentleerung *f*, Entschlackung *f.* ˈ**pur·ga·tive** [-gətɪv] **I** *adj (adv* ~**ly**) **1.** reinigend (*a. jur. hist.*). **2.** *med.* purˈgierend, abführend, Abführ...: **to have a** ~ **effect** abführend wirken. **II** *s* **3.** *pharm.* Abführmittel *n.* ˌ**pur·gaˈto·ri·al** [-ˈtɔːrɪəl; *Am. a.* -ˈtəʊ-] *adj relig.* **1.** Reinigungs..., Sühne... **2.** Fegefeuer...

pur·ga·to·ry [ˈpɜːgətərɪ; *Am.* ˈpɜrgəˌtəʊriː; -ˌtɔː-] *s relig.* Fegefeuer *n*, *fig. a.* die Hölle.

purge [pɜːdʒ; *Am.* pɜrdʒ] **I** *v/t* **1.** reinigen, säubern, befreien (**of, from** von). **2.** *fig. j-n* reinigen (**of, from** von), von Schuld *od.* Verdacht freisprechen: **to** ~ **o.s. of a suspicion** sich von e-m Verdacht reinigen. **3.** *e-e Flüssigkeit* klären, läutern. **4.** *med.* a) *bes. den Darm* entleeren, entschlacken, b) *j-m* (ein) Abführmittel geben. **5.** *ein Verbrechen* sühnen. **6.** *pol.* a) *e-e Partei etc* säubern, b) *j-n* (aus der Parˈtei *etc*) ausschließen, c) *j-n* liquiˈdieren (*töten*). **II** *v/i* **7.** sich läutern. **8.** *med.* a) abführen (*Medikament*), b) Stuhlgang haben. **III** *s* **9.** Reinigung *f*, Säuberung *f.* **10.** *med.* Darmentleerung *f*, Entschlakkung *f.* **11.** *pol.* ˈSäuberung(saktiˌon) *f.* **12.** *pharm.* Abführmittel *n.* **purgˈee** [-ˈdʒiː] *s pol.* Opfer *n* e-r ˈSäuberungsaktiˌon.

pu·ri·fi·ca·tion [ˌpjʊərɪfɪˈkeɪʃn] *s* **1.** Reinigung *f* (*a. relig.*): **P**~ **(of the Virgin Mary)** Mariä Lichtmeß *f*, Mariä Reinigung (*2. Februar*). **2.** *tech.* Reinigung *f* (*a. metall.*), Klärung *f*, (Ab)Läuterung *f*, *a.* Regeneˈrierung *f* (*von Altöl*). ~ **plant** *s* Kläranlage *f.*

pu·ri·fi·ca·tor [ˈpjʊərɪfɪkeɪtə(r)] *s* **1.** Reiniger *m.* **2.** *relig.* Purifikaˈtorium *n* (*Tuch zur Reinigung des Kelches*).

pu·rif·i·ca·to·ry [*Br.* ˈpjʊərɪfɪkeɪtərɪ; *Am.* pjʊrˈɪfɪkəˌtəʊriː; -ˌtɔː-] *adj* reinigend, Reinigungs...

pu·ri·fi·er [ˈpjʊərɪfaɪə(r)] *s* **1.** Reiniger (-in). **2.** *tech.* a) Reinigungsmittel *n*, Reiniger *m*, b) ˈReinigungsappaˌrat *m.*

pu·ri·fy [ˈpjʊərɪfaɪ] **I** *v/t* **1.** *a. fig.* reinigen (**of, from** von). **2.** *tech.* reinigen, läutern, klären, aufbereiten, raffiˈnieren: ~**ing plant** Reinigungsanlage *f*; **purified steel** Frischstahl *m.* **II** *v/i* **3.** sich läutern.

Pu·rim [ˈpjʊərɪm; *bes. Am.* ˈpʊərɪm] *s* Puˈrimfest *n* (*jüdisches Freudenfest*).

pu·rin [ˈpjʊərɪn], **pu·rine** [ˈpjʊəriːn] *s chem.* Puˈrin *n.*

pur·ism [ˈpjʊərɪzəm] *s bes. ling. u. Kunst*: Puˈrismus *m.* ˈ**pur·ist** *s* Puˈrist *m*, *bes.* Sprachreiniger *m.*

Pu·ri·tan [ˈpjʊərɪtən] **I** *s* **1.** *hist.* Puriˈtaner(in). **2.** *meist* **p**~ *fig.* Puriˈtaner(in), sehr sittenstrenger Mensch. **II** *adj* **3.** *hist.* puriˈtanisch. **4.** *oft* **p**~ → **puritanical.** ˌ**pu·riˈtan·i·cal** [-ˈtænɪkl] *adj (adv* ~**ly**) puriˈtanisch, (überˈtrieben) sittenstreng. ˈ**Pu·ri·tan·ism** *s* **1.** *hist.* Puritaˈnismus *m.* **2.** *oft* **p**~ *fig.* Puritaˈnismus *m*, Sittenstrenge *f.*

pu·ri·ty [ˈpjʊərətɪ] *s* **1.** Reinheit *f.* **2.** Keuschheit *f.*

purl[1] [pɜːl; *Am.* pɜrl] **I** *v/i* **1.** murmeln, plätschern (*Bach*). **2.** wirbeln, sich kräuseln. **II** *s* **3.** Murmeln *n*, Plätschern *n.*

purl[2] [pɜːl; *Am.* pɜrl] **I** *v/t* **1.** → **purfle** 1. **2.** (um)ˈsäumen, einfassen. **3.** *etwas* links stricken. **II** *v/i* **4.** links stricken. **III** *s* **5.** Gold- *od.* Silberdrahtlitze *f.* **6.** a) Zäckchen(borte *f*) *n*, b) Häkelkante *f*, c) Linksstricken *n.* **7.** *a.* ~ **stitch** linke Masche.

purl[3] [pɜːl; *Am.* pɜrl] **I** *v/i* **1.** *oft* ~ **round** herˈumwirbeln. **2.** *colloq.* a) ˈumkippen, b) kentern (*Boot*), c) vom Pferd stürzen. **II** *v/t* **3.** *colloq.* a) ˈumkippen, -werfen, b) *e-n Reiter* abwerfen. **III** *s colloq.* **4.** Stoß *m.* **5.** (schwerer) Sturz.

purl[4] [pɜːl; *Am.* pɜrl] *s hist.* **1.** Wermutbier *n.* **2.** gewürztes Warmbier mit Gin.

purl·er [ˈpɜːlə; *Am.* ˈpɜrlər] *s bes. Br. colloq.* schwerer Sturz: **to come a** ~ längelang hinstürzen.

pur·lieu [ˈpɜːljuː; *Am.* ˈpɜrluː; -juː] *s* **1.** *Br. hist. aus e-m königlichen Forst ausgegliedertes, aber noch teilweise den Forstgesetzen unterworfenes Land.* **2.** ˈUmgegend *f*, Randbezirk(e *pl*) *m.* **3.** a) (Lebens)Bereich *m*, b) *fig.* Jagdgründe *pl.* **4.** *pl* Grenzen *pl*: **to keep within one's** ~**s. 5.** *obs.* schmutziges Viertel (*e-r Stadt*).

pur·lin(e) [ˈpɜːlɪn; *Am.* ˈpɜr-] *s arch.* Pfette *f.*

pur·loin [pɜːˈlɔɪn; *Am.* pɜr-] *v/t* entwenden, (*a. v/i*) stehlen. **purˈloin·er** *s* Dieb *m.*

pur·ple [ˈpɜːpl; *Am.* ˈpɜrpəl] **I** *s* **1.** Purpur *m.* **2.** Purpur(kleid *n*) *m.* **3.** *fig.* Purpur *m* (*Herrscher- od. Kardinalswürde*): **to raise to the** ~ zum Kardinal ernennen, *j-m* den Purpur verleihen. **II** *adj* **4.** purpurn, purpurrot, Purpur... **5.** *Stil*: a) brilˈlant, efˈfektvoll, b) rheˈtorisch, bomˈbastisch: ~ **passage**, ~ **patch** Glanzstelle *f* (*a. iro.*), *Austral. sl.* Glücks-, Erfolgssträhne *f.* **6.** *Am.* lästerlich: ~ **language. III** *v/t u. v/i* **7.** (sich) purpurn färben. ~ **em·per·or** *s zo.* Großer Schillerfalter. **P**~ **Heart** *s* **1.** *mil. Am.* Verwundetenabzeichen *n.* **2. p**~ **h**~ *pharm. bes. Br. colloq.* (*herzförmige*) Amphetaˈmintaˌblette.

pur·plish [ˈpɜːplɪʃ; *Am.* ˈpɜr-], ˈ**pur·ply** [-plɪ] *adj* purpurfarben, -farbig, -rot.

pur·port I *v/t* [ˈpɜːpət; pɜːˈpɔːt; *Am.* pərˈpəʊrt; -ˈpɔːrt] **1.** behaupten, vorgeben: **to** ~ **to be (to do)** angeblich sein (tun); **the letter** ~**s to be written by him** der Brief erweckt den Eindruck, als wäre er von ihm geschrieben; der Brief ist anscheinend von ihm geschrieben. **2.** besagen, be-inhalten, zum Inhalt haben, ausdrücken (wollen). **II** *s* [ˈpɜːpət; -pɔːt; *Am.* ˈpɜrˌpəʊrt; -ˌpɔːrt] **3.** Tenor *m*, Sinn *m.*

pur·pose [ˈpɜːpəs; *Am.* ˈpɜr-] **I** *v/t* **1.** beabsichtigen, vorhaben, bezwecken (s.th. etwas; **doing** *od.* **to do** zu tun). **II** *s* **2.** Zweck *m*: **for this** ~ zu diesem Zweck; **for what** ~? zu welchem Zweck?, wozu? **3.** (*angestrebtes*) Ziel. **4.** Absicht *f*, Vorhaben *n*: **honesty of** ~ Ehrlichkeit *f* der Absicht(en); **novel with a** ~, ~ **novel** Tendenzroman *m.* **5.** *a.* **strength** (*od.* **sense**) **of** ~ Entschlußkraft *f*, Zielbewußtheit *f*, Zielstrebigkeit *f*: **weak of** ~ ohne Entschlußkraft. **6.** (*wesentliche*) Sache. **7.** Wirkung *f.*

Besondere Redewendungen:

for all practical ~**s** praktisch (genommen *od.* gesehen); **for the** ~ **of** a) zwecks, um zu, b) im Sinne *des Gesetzes etc*; **of set** ~ absichtlich, *bes. jur.* vorsätzlich; **on** ~ absichtlich; **to the** ~ a) zur Sache (gehörig), sachlich, b) zweckdienlich; **to be to little** ~ wenig Zweck haben; **to no** ~ vergeblich, umsonst; **to turn s.th. to good** ~ etwas gut anwenden *od.* nutzen; → **intent**[1] 1.

ˌ**pur·pose-ˈbuilt** *adj bes. Br.* für e-n speziˈellen Zweck gebaut, speziell (gebaut), Zweck...

ˈ**pur·pose·ful** [-fʊl] *adj (adv* ~**ly**) **1.** zielbewußt, entschlossen. **2.** zweckmäßig, -voll. **3.** absichtlich.

ˈ**pur·pose·less** *adj (adv* ~**ly**) **1.** zwecklos. **2.** ziel-, planlos. **3.** unentschlossen.

ˈ**pur·pose·ly** *adv* absichtlich, vorsätzlich.

pur·pos·ive [ˈpɜːpəsɪv; *Am.* ˈpɜr-] *adj (adv* ~**ly**) **1.** zweckmäßig, -voll, -dienlich. **2.** absichtlich, bewußt, *a.* gezielt. **3.** zielstrebig, -bewußt. ˈ**pur·pos·iv·ism** *s* Zwecklehre *f.*

ˌ**pur·pose-ˈtrained** *adj* mit Speziˈalausbildung.

pur·pres·ture [pɜːˈprestʃə(r); *Am.* ˌpɜr-] *s jur.* ˈwiderrechtliche Aneignung fremden Grundbesitzes.

pur·pu·ra [ˈpɜːpjʊrə; *Am.* ˈpɜr-; *a.* -pʊrə] *s med.* Purpura *f*, Blutfleckenkrankheit *f.*

pur·pu·ric [pɜːˈpjʊərɪk; *Am.* ˌpɜr-] *adj* **1.** *med.* Purpura... **2.** *chem.* purpursauer: ~ **acid** Purpursäure *f.*

purr [pɜː; *Am.* pɜr] **I** *v/i* **1.** schnurren (*Katze etc*). **2.** *fig.* surren, summen (*Motor etc*). **3.** *fig.* vor Behagen schnurren. **II** *v/t* **4.** *etwas* ‚summen', ‚säuseln' (*sagen*). **III** *s* **5.** Schnurren *n.* **6.** *fig.* Surren *n*, Summen *n* (*des Motors etc*).

pur sang [ˌpʊə(r)ˈsɑ̃ːŋ] *adj* reinblütig, (wasch)echt: **a Conservative** ~ ein waschechter Konservativer.

purse [pɜːs; *Am.* pɜrs] **I** *s* **1.** a) Geldbeutel *m*, Börse *f*, Portemonˈnaie *n*, b) Brieftasche *f* (*a. fig.*), c) *Am.* (Damen)Handtasche *f*: **a light (long)** ~ *fig.* ein magerer (voller) Geldbeutel; **public** ~ Staatssäckel *m*; **one cannot make a silk** ~ **out of a sow's ear** aus e-m Kieselstein kann man keinen Diamanten schleifen; **that is beyond** (*od.* **not within**) **my** ~ das übersteigt m-e Finanzen. **2.** Fonds *m*: **common** ~ gemeinsame Kasse. **3.** Geldsammlung *f*, Geldgeschenk *n*: **to make up a** ~ **for** Geld sammeln für. **4.** *sport* a) Siegprämie *f*, b) *Boxen*: Börse *f.* **II** *v/t* **5.** *a.* ~ **up** in Falten legen: **to** ~ **one's brow** die Stirn runzeln; **to** ~ **one's lips** die Lippen schürzen. **6.** *obs. Geld* einstecken. **III** *v/i* **7.** sich (in Falten) zs.-ziehen, sich runzeln. ~ **bear·er** *s* **1.** Schatzmeister *m.* **2.** *Br.* Großsiegelträger (*der dem Lordkanzler das Großsiegel voranträgt*). ˈ~**-proud** *adj* geldstolz.

purs·er [ˈpɜːsə; *Am.* ˈpɜrsər] *s mar.* Zahl-, Proviˈantmeister *m.*

purse| **seine** *s Fischfang*: Beutelnetz *n.* ~

silk *s* Kordo'nettseide *f*. **~ snatch·er** *s Am.* Handtaschenräuber *m*. **~ strings** *s pl*: **to hold** (*od.* **control**) **the ~** die Finanzen verwalten; **to tighten** (**loosen**) **the ~** den Geldhahn zudrehen (aufdrehen).

purs·lane ['pɜːslɪn; *Am.* 'pɜr-] *s bot.* Portulak(gewächs *n*) *m*.

pur·su·ance [pə(r)'sjʊəns; *bes. Am.* -'suː-] *s* Ausführung *f*, Verfolgung *f*, Verfolg *m*: **in ~ of** a) im Verfolg (*gen*), b) → **pursuant**; **in ~ of truth** auf der Suche nach (der) Wahrheit. **pur'su·ant** *adj*: **~ to** *e-r Vorschrift etc* gemäß *od.* entsprechend, laut *e-m Befehl etc*, gemäß *Paragraph 1 etc*: **~ to Section 1**.

pur·sue [pə(r)'sjuː; *bes. Am.* -'suː] **I** *v/t* **1.** verfolgen, *j-m* nachsetzen, *j-n* jagen: **to ~ the enemy**. **2.** *e-n Zweck, ein Ziel, e-n Plan* verfolgen. **3.** *nach Glück etc* streben, *dem Vergnügen etc* nachgehen. **4.** *bes. fig. e-n Kurs, Weg* einschlagen, folgen (*dat*). **5.** *Studien, e-n Beruf etc* betreiben, nachgehen (*dat*). **6.** weiterführen, fortsetzen, fortfahren in (*dat*). **7.** *ein Thema etc* weiterführen, verfolgen, 'weiterdisku,tieren. **8.** *jur. bes. Scot.* anklagen. **II** *v/i* **9. ~ after** → 1. **10.** fortfahren (*bes. im Sprechen*), weitermachen. **pur'su·er** *s* **1.** Verfolger(in). **2.** *jur. bes. Scot.* (An-)Kläger(in).

pur·suit [pə(r)'sjuːt; *bes. Am.* -'suːt] *s* **1.** (**of**) Verfolgung *f* (*gen*), Jagd *f* (auf *acc*): **to be in ~ of s.o.** → **pursue** 1; **~ action** *mil.* Verfolgungskampf *m*; **in hot ~** in wilder Jagd. **2.** Streben *n*, Trachten *n*, Jagd *f* (**of** nach): **~ of gain** (*od.* **profit**) Gewinnstreben. **3.** Verfolgung *f*, Verfolg *m*, Betreibung *f* (*e-s Plans etc*). **4.** Beschäftigung *f*, Betätigung *f*, Beruf *m*. **5.** Ausübung *f* (*e-s Gewerbes etc*), Betreiben *n* (*von Studien etc*). **6.** *pl* Studien *pl*, Arbeiten *pl*, Geschäfte *pl*. **7.** Ziel *n*, Zweck *m*. **8.** *Radsport*: Verfolgung *f*. **~ in·ter·cep·tor** *s aer.* Zerstörer *m*. **~ plane** *s* Jagdflugzeug *n*, Jäger *m*. **~ race** *s Radsport*: Verfolgungsrennen *n*. **~ rid·er** *s Radsport*: Verfolgungsfahrer *m*.

pur·sui·vant ['pɜːsɪvənt; *Am.* 'pɜr-] *s* **1.** 'Unterherold *m* (*niederste Heroldsklasse*). **2.** *poet.* Begleiter *m*.

pur·sy[1] ['pɜːsɪ; *Am.* 'pɜr-] *adj* **1.** kurzatmig. **2.** *obs.* beleibt, korpu'lent. **3.** protzig.

pur·sy[2] ['pɜːsɪ; *Am.* 'pɜr-] *adj* zs.-gekniffen (*Mund*).

pu·ru·lence ['pjʊərʊləns], *a.* **'pu·ru·len·cy** [-sɪ] *s med.* **1.** Eitrigkeit *f*. **2.** Eiter *m*. **'pu·ru·lent** *adj* (*adv* **~ly**) *med.* eiternd, eit(e)rig: **~ discharge** Eiterfluß *m*; **~ matter** Eiter *m*.

pur·vey [pə(r)'veɪ] **I** *v/t* (**to**) *bes. Lebensmittel* liefern (an *acc*), (*j-n*) versorgen mit. **II** *v/i* (Lebensmittel) liefern (**for** an *acc*, für): **to ~ for s.o.** j-n beliefern, versorgen. **pur'vey·ance** *s* Lieferung *f*, Beschaffung *f* (*bes. von Lebensmitteln*). **pur'vey·or** [-ə(r)] *s* **1.** Liefe'rant *m*: **P~ to the Royal Household** Königlicher Hoflieferant. **2.** *hist. Beamter, der Einkäufe etc für die Krone tätigte.*

pur·view ['pɜːvjuː; *Am.* 'pɜr,vjuː] *s* **1.** *jur.* verfügender Teil (*e-s Gesetzes*). **2.** (Anwendungs)Bereich *m*, Geltungsgebiet *n* (*e-s Gesetzes etc*). **3.** *jur.* Zuständigkeit(sbereich *m*) *f*: **that is within** (**outside**) **our ~** das fällt (nicht) in unseren Zuständigkeitsbereich. **4.** Wirkungskreis *m*, Tätigkeitsfeld *n*, Sphäre *f*, Gebiet *n*. **5.** Gesichtskreis *m*, Blickfeld *n* (*a. fig.*).

pus [pʌs] *s* Eiter *m*: **~ focus** Eiterherd *m*.

push [pʊʃ] **I** *s* **1.** Stoß *m*, Schubs *m*: **to give s.o. a ~** a) j-m e-n Stoß versetzen, b) *mot.* j-n anschieben; **to give s.o. the ~** *Br. colloq.* j-n ,rausschmeißen' (*entlassen*); **to get the ~** *colloq.* ,rausgeschmissen werden', ,fliegen' (*entlassen werden*); **when ~ comes to shove** *Am. colloq.* wenn es hart auf hart geht. **2.** *arch. geol. tech.* (horizon'taler) Druck, Schub *m*. **3.** Anstrengung *f*, Bemühung *f*: **to make a ~** sich mächtig anstrengen; **at the first ~** auf (den ersten) Anhieb. **4.** Vorstoß *m* (**for** auf *acc*) (*a. fig.*): **to make a ~**. **5.** *mil.* ('Groß)Offen,sive *f*: **to make a ~** e-e Offensive starten. **6.** ('Werbe)Kam,pagne *f*. **7.** *fig.* Anstoß *m*, Antrieb *m*. **8.** Druck *m*, Drang *m* (*der Verhältnisse*). **9.** kritischer Augenblick. **10.** Notfall *m*: **at a ~** im Notfall; **to bring to the last ~** zum Äußersten *od.* auf die Spitze treiben; **when it came to the ~** als es darauf ankam. **11.** *colloq.* Schwung *m*, Ener'gie *f*, Tatkraft *f*, Draufgängertum *n*. **12.** Protekti'on *f*: **to get a job by ~**. **13.** Menge *f*, Haufen *m* (*von Menschen*). **14.** *sl.* a) (exklu'sive) Clique, b) ,Verein' *m*, ,Bande' *f*.

II *v/t* **15.** stoßen, schieben, schubsen, drücken: **to ~ open** aufstoßen; **to ~ over** umstoßen, umwerfen. **16.** drängen: **to ~ the enemy into the sea** den Feind ins Meer treiben; **to ~ one's way ahead** (**through**) sich vor-(durch)drängen. **17.** (an)treiben, drängen (**to** zu; **to do** zu tun): **to ~ s.o. for** j-n bedrängen wegen, j-m zusetzen wegen; **to ~ s.o. for payment** bei j-m auf Bezahlung drängen; **I am ~ed for time** ich bin in Zeitnot, ich komme ins Gedränge; **to be ~ed for money** in Geldverlegenheit sein; **to ~ s.th. on s.o.** j-m etwas aufdrängen. **18.** *a.* **~ ahead** (*od.* **forward** *od.* **on**) *e-e Angelegenheit* e'nergisch betreiben *od.* verfolgen, vor'antreiben: **to ~ s.th. too far** etwas zu weit treiben; **to ~ one's fortune** sein Glück erzwingen (wollen). **19.** *a.* **~ through** (*od.* **home**) *etwas* 'durchsetzen, -drücken, *e-n Vorteil* ausnutzen. **20.** Re'klame machen für, die Trommel rühren für. **21.** *colloq.* verkaufen, *Rauschgift* pushen. **22.** *colloq.* sich *e-m Alter* nähern: **he is ~ing seventy** er geht auf die Siebzig zu.

III *v/i* **23.** schieben, stoßen, schubsen. **24.** drücken, drängen: **to ~ by** (*od.* **past**) **s.o.** sich an j-m vorbeidrängen. **25.** *a.* **~ forward** (sich) vorwärtsdrängen, sich vor'ankämpfen. **26.** sich tüchtig ins Zeug legen. **27.** (rücksichtslos) vorwärtsstreben (*nach höherer Stellung etc*). **28. to ~ ahead** (*od.* **forward** *od.* **on**) **with** → 18.

Verbindungen mit Adverbien:

push| a·bout *v/t* her'umschubsen (*a. fig. colloq. schikanieren*). **~ a·long** *v/i colloq.* ,sich auf die Socken machen'. **~ a·round** → **push about**. **~ a·side** *v/t* **1.** zur Seite schieben, abdrängen. **2.** *fig.* an die Wand drängen. **~ back** *v/t* **1.** *Demonstranten, mil. Feind* zu'rückdrängen. **2.** *Haar* aus der Stirn streichen, zu'rückstreichen, *Brille* wieder hochschieben. **~ for·ward I** *v/t* **1.** → **push** 18. **2. to push o.s. forward** *fig.* sich in den Vordergrund drängen *od.* schieben. **II** *v/i* **3.** → **push** 28. **~ off I** *v/t* **1.** *Waren* abstoßen, losschlagen. **2.** *das Boot* abstoßen. **II** *v/i* **3.** *mar.* abstoßen (**from** von). **4.** *colloq.* ,abhauen', verschwinden: **~!** hau ab! **5. ~!** *colloq.* ,schieß los!' (*erzähle*). **6.** → **push along**. **~ on I** *v/i* **1.** sich beeilen. **2.** → **push** 28. **II** *v/t* **3.** *j-n* antreiben. **4.** → **push** 18. **~ out I** *v/t* **1.** hin'ausschieben, -stoßen. **2.** vorschieben. **3.** *Wurzeln, Zweige etc* treiben. **II** *v/i* **4.** *mar.* in See stechen. **5.** hin'ausragen. **~ un·der** *v/t*: **I won't be pushed under!** ich lass' mich nicht unterkriegen! **~ up** *v/t* **1.** hoch-, hin'aufschieben, -stoßen. **2.** *Preise etc* hochtreiben.

'push|·ball *s* Pushball(spiel *n*) *m*. **~ bi·cy·cle** *s Br.*, **~ bike** *s Br. colloq.* Fahrrad *n* (*Ggs. Motorrad*). **~ but·ton** *s tech.* Druckknopf *m*, -taste *f*. **'~-,but·ton** *adj* druckknopfgesteuert, Druckknopf...: **~ switch**; **~ control** Druckknopfsteuerung *f*; **~ telephone** Tastentelefon *n*; **~ tuning** (*Radio*) Drucktasteneinstellung *f*; **~ warfare** automatische Kriegführung. **'~·cart** *s* **1.** (Hand)Karren *m*. **2.** *Am.* Einkaufswagen *m*. **'~·chair** *s Br.* Sportwagen *m* (*für Kinder*).

'push·er *s* **1.** *tech.* Schieber *m*. **2.** Schieber *m* (*Kinderbesteck*). **3.** 'Schub-, 'Hilfslokomo,tive *f*. **4.** *a.* **~ airplane** Flugzeug *n* mit Druckschraube. **5.** *colloq.* a) Streber *m*, Ehrgeizling *m*, b) Draufgänger *m*. **6.** *colloq.* Pusher *m* (*Rauschgifthändler*). **7.** *Austral.* Sportwagen *m* (*für Kinder*). **~ barge, ~ tug** *s mar.* Schubschiff *n*.

'push·ful [-fʊl] *adj* (*adv* **~ly**) e'nergisch, aggres'siv, draufgängerisch.

push·i·ness ['pʊʃɪnɪs] → **pushingness**.

'push·ing *adj* (*adv* **~ly**) **1.** → **pushful**. **2.** streberisch. **3.** auf-, zudringlich. **'push·ing·ness** *s* **1.** aufdringliche Art, Aufdringlichkeit *f*. **2.** Strebertum *n*.

'push|-off *s* **1.** Abstoßen *n* (*vom Ufer*). **2.** *colloq.* Anfang *m*, Start *m*. **'~,o·ver** *s colloq.* **1.** leicht zu besiegender Gegner, *sport a.* 'Punkteliefe,rant *m*. **2.** Gimpel *m*: **he is a ~ for that** darauf fällt er (immer) prompt herein. **3.** Kinderspiel *n*, Kleinigkeit *f*, ,kleine Fische' *pl*. **'~,pin** *s Am.* **1.** Pin-Nagel *m*, Bildernagel *m*. **2.** Nadelschieben *n* (*Kinderspiel*). **,~-'pull** *adj electr.* Gegentakt... **~ rod** *s mot.* Stößel-, Stoßstange *f*. **~ start** *s* Anschieben *n*. **'~-start** *v/t Auto* anschieben. **,~-to-'talk but·ton** *s Funk*: Sprechtaste *f*. **'~-,up** *s sport Am.* Liegestütz *m*: **to do a ~** e-n Liegestütz machen.

'push·y → **pushing**.

pu·sil·la·nim·i·ty [,pjuːsɪlə'nɪmətɪ] *s* Kleinmut *m*, Kleinmütigkeit *f*, Verzagtheit *f*. **,pu·sil'lan·i·mous** [-'lænɪməs] *adj* kleinmütig, verzagt.

puss[1] [pʊs] *s* **1.** Mieze(kätzchen *n*) *f*, Katze *f*, Kätzchen *n* (*alle a. fig. colloq. Mädchen*): **P~ in Boots** gestiefelter Kater; **~ in the corner** Kämmerchenvermieten *n* (*Spiel*). **2.** *Br.* Häs-chen *n*.

puss[2] [pʊs] *s sl.* ,Fresse' *f* (*Gesicht, a. Mund*).

puss·l(e)y ['pʌsliː] *s bot. Am.* Kohlportulak *m*.

puss·y ['pʊsɪ] *s* **1.** → **puss**[1] 1. **2.** → **tipcat**. **3.** (*etwas*) Weiches u. Wolliges, *bes. bot.* (Weiden)Kätzchen *n*. **4.** *vulg.* a) ,Muschi' *f*, ,Möse' *f* (*Vulva*), b) ,Nummer' *f* (*Geschlechtsverkehr*): **to have some ~** ,e-e Nummer machen *od.* schieben', ,bumsen'.

'puss·y|·cat *s* **1.** → **puss**[1] 1. **2.** → **pussy willow**. **'~·foot I** *v/i* **1.** (wie e-e Katze) schleichen. **2.** *fig. colloq.* leisetreten. **3.** *fig. colloq.* (**on**) sich nicht festlegen (auf *acc*), her'umreden (um). **II** *pl* **-foots** *s* **4.** Schleicher *m*. **5.** *fig. colloq.* Leisetreter *m*. **6.** *fig. colloq.* j-d, der sich nicht festlegen will. **III** *adj* **7.** *colloq.* sich nicht festlegend, absichtlich unklar. **'~,foot·er** → **pussyfoot** II. **'~,foot·ing** *adj colloq.* **1.** leisetreterisch. **2.** → **pussyfoot** III. **~ wil·low** *s bot.* Verschiedenfarbige Weide.

pus·tu·lar ['pʌstjʊlə(r); *Am. bes.* -tʃələr] *adj med.* **1.** pustelartig, Pustel... **2.** mit Pusteln bedeckt. **'pus·tu·late I** *v/t u. v/i* [-leɪt] pustu'lös machen (werden). **II** *adj* [-lət; -leɪt] pustu'lös, mit Pusteln bedeckt. **,pus·tu'la·tion** *s* Pustelbildung *f*.

pus·tule [ˈpʌstjuːl; *Am. bes.* -tʃuːl] *s* **1.** *med.* Pustel *f*, Eiterbläs-chen *n*. **2.** *bot. zo.* Warze *f*. **ˈpus·tu·lous** [-tjʊləs; *Am. bes.* -tʃələs] *adj med.* pustuˈlös, pustelig.

put [pʊt] **I** *s* **1.** *bes. sport* Stoß *m*. **2.** *Börse*: Rückprämie *f* (*beim Prämiengeschäft*): **~ and call** Rück- u. Vorprämie, Stellagegeschäft *n*; **~ of more** *Br.* Rückprämie mit Nachliefern.

II *adj* **3.** *colloq.* ruhig, an Ort u. Stelle, unbeweglich: **to stay ~** a) sich nicht (vom Fleck) rühren, b) festbleiben (*a. fig.*).

III *v/t pret u. pp* **put 4.** legen, stellen, setzen, tun: **~ it on the table** leg es auf den Tisch; **I shall ~ the matter before him** ich werde ihm die Sache vorlegen; **~ the matter in(to) his hands** leg die Angelegenheit in s-e Hände; **I ~ him above his brother** ich stelle ihn über s-n Bruder; **to ~ s.o. on a job** j-n an e-e Arbeit setzen, j-n mit e-r Arbeit betrauen; → *a. die Verbindungen mit den entsprechenden Substantiven.* **5.** stecken (**in one's pocket** in die Tasche; **in prison** ins Gefängnis). **6.** *j-n ins Bett, in e-e unangenehme Lage etc, etwas auf den Markt, in Ordnung etc* bringen: **he ~ her across the river** er brachte *od.* beförderte sie über den Fluß; **to ~ the cow to the bull** die Kuh zum Stier bringen; **to ~ into shape** in (die richtige) Form bringen; **to ~ one's brain to it** sich darauf konzentrieren, die Sache in Angriff nehmen; **to ~ s.th. on paper** etwas zu Papier bringen; **to ~ s.o. right** j-n berichtigen; → **mind** 2. **7.** *etwas in Kraft, in Umlauf, in Gang etc, j-n in Besitz, ins Unrecht, über ein Land etc* setzen: **to ~ o.s. in a good light** sich ins rechte Licht setzen; **~ the case that** gesetzt den Fall, daß; → **action** 1 *u.* 2, **end** *Bes. Redew.*, **foot** 1, **place** 3, **trust** 1. **8. ~ o.s.** sich *in j-s Hände etc* begeben: **to ~ o.s. under s.o.'s care** sich in j-s Obhut begeben; **~ yourself in(to) my hands** vertraue dich mir ganz an. **9.** unterˈwerfen, aussetzen (to *dat*): **I have ~ you through much** ich habe dir viel zugemutet; → **death** 1, **expense** *Bes. Redew.*, **inconvenience** 1, **question** 6, **shame** 2, **sword** 1, **test**¹ 2. **10. ~ out of** aus ... hinˈausstellen, verdrängen *od.* werfen aus, außer *Betrieb od. Gefecht etc* setzen: → **action** 13, **running** 2. **11.** *Land* bepflanzen (**into, under** mit): **land was ~ under potatoes.** **12.** (to) setzen (an *acc*), (an)treiben *od.* drängen *od.* zwingen (zu): **to ~ s.o. to work** j-n an die Arbeit setzen, j-n arbeiten lassen; **to ~ to school** zur Schule schicken; **to ~ to trade** *j-n* ein Handwerk lernen lassen; **to ~ s.o. to a joiner** j-n bei e-m Schreiner in die Lehre geben; **to ~ the horse to** (*od.* **at**) **the fence** das Pferd zum Sprung über den Zaun antreiben; **to ~ s.o. to it** j-m zusetzen, j-n bedrängen; **to be hard ~ to it** arg bedrängt werden, in große Bedrängnis kommen; **they were hard ~ to it to find a house** sie taten sich schwer, ein Haus zu finden; **to ~ s.o. through a book** j-n zum Durchlesen *od.* -arbeiten e-s Buches zwingen; **to ~ s.o. through it** j-n auf Herz u. Nieren prüfen; → **blush** 4, **flight**² , **pace**¹ 5. **13.** veranlassen, verlocken (**on, to** zu). **14.** *in Furcht, Wut etc* versetzen: **to ~ s.o. in fear of his life** j-m e-e Todesangst einjagen; → **countenance** 2, **ease** 2, **guard** 10, **mettle** 2, **temper** 4. **15.** überˈsetzen, -ˈtragen (**into French** ins Franˈzösische). **16.** (*un*)*klar etc* ausdrücken, *klug etc* formuˈlieren, *in Worte* fassen: **I cannot ~ it into words** ich kann es nicht in Worte fassen; **how shall I ~ it?** wie soll ich mich *od.* es ausdrücken?; **~ another way** anders gesagt *od.* ausgedrückt, mit anderen Worten; → **mild** 1. **17.** schätzen (**at** auf *acc*): **I ~ his income at £1,200 a year.** **18.** (to) verwenden (für), anwenden (zu): **to ~ s.th. to a good use** etwas gut verwenden. **19.** *e-e Entscheidung etc* gründen (**on** auf *acc*). **20.** *e-e Frage, e-n Antrag etc* stellen, vorlegen: **I ~ it to you** a) ich appelliere an Sie, ich wende mich an Sie, b) ich stelle es Ihnen anheim; **I ~ it to you that** *bes. jur.* ich halte Ihnen vor, daß; geben Sie zu, daß; → **question** 1. **21.** *Geld* setzen, wetten (**on** auf *acc*). **22.** (into) *Geld* stecken (in *acc*), anlegen (in *dat*), inveˈstieren (in *dat*): **he ~ money into houses.** **23.** *e-e Steuer etc* auferlegen, legen: **to ~ a tax on s.th.** etwas besteuern, e-e Steuer auf etwas legen. **24.** *die Schuld* zuschieben, geben (**on** *dat*): **they ~ the blame on him.** **25.** *die Uhr* stellen. **26.** hinˈzufügen, (hinˈein)tun, geben: **~ sugar in(to) your coffee** tu Zucker in d-n Kaffee. **27.** *bes. sport die Kugel, den Stein* stoßen. **28.** schleudern, werfen. **29.** *e-e Waffe* stoßen, *e-e Kugel* schießen (**in, into** in *acc*). **30. to ~ one across s.o.** *colloq.* j-n ‚drankriegen' *od.* ‚anführen'.

IV *v/i* **31.** sich begeben, fahren, gehen, *bes.* eilen (**for** nach): **to ~ to land** an Land gehen; **to ~ to sea** in See stechen; **to ~ for home** *Am. colloq.* sich ‚heimtrollen'. **32.** *mar.* segeln, steuern, fahren. **33.** *Am.* münden, sich ergießen, fließen (**into** in *acc*): **the river ~s into a lake.** **34. ~ upon** (*meist pass*) a) *j-m* zusetzen, *j-n* bedrängen, b) *j-n* ausnutzen, c) *j-n* betrügen, ‚herˈeinlegen'.

Verbindungen mit Adverbien:

put|a·bout I *v/t* **1.** *mar.* den Kurs (*e-s Schiffs*) ändern. **2.** *ein Gerücht* verbreiten, in ˈUmlauf setzen. **3.** *meist pass* a) beunruhigen, b) ärgern, c) aus der Fassung bringen, d) quälen. **4. to put it** (*od.* **o.s.**) **about** *Br. sl.* ‚scharf' sein (*bes. Frau*). **II** *v/i* **5.** *mar.* den Kurs ändern. **~ a·cross** *v/t* **1.** *mar.* ˈübersetzen. **2.** *colloq. etwas* ‚schaukeln', erfolgreich ˈdurchführen, Erfolg haben mit: **to put it across** Erfolg haben, ‚es schaffen'. **3.** *e-e Idee etc* ‚an den Mann bringen', ‚verkaufen', ‚ankommen mit', *etwas* ˈdurchsetzen (to bei): **to put o.s. across** ‚ankommen' (to bei). **~ a·side** *v/t* **1.** → **put away** 1 *u.* 3. **2.** *Ware* zuˈrücklegen (*im Geschäft*). **3.** *Streit etc* begraben, vergessen. **~ a·way I** *v/t* **1.** weglegen, -stecken, -tun, beiˈseite legen. **2.** auf-, wegräumen. **3.** *Geld* zuˈrücklegen, ‚auf die hohe Kante legen'. **4.** *ein Laster etc* ablegen. **5.** sich trennen von, *engS. a.* sich scheiden lassen von. **6.** *colloq. Speisen etc* ‚verdrücken', *Getränke* ‚runterstellen', ‚schlucken': **he can ~ quite a lot** der kann ganz schön was schlucken. **7.** *colloq. j-n* ‚einsperren', *in e-e Anstalt* stecken. **8.** *colloq.* a) *j-n* ‚beseitigen', ‚aus dem Weg räumen' (*umbringen*), b) *Tier* einschläfern. **9.** *obs. od. Bibl. e-e Frau* verstoßen. **II** *v/i* **10.** *mar.* auslaufen (**for** nach). **~ back I** *v/t* **1.** zuˈrückschieben, -stellen, -tun. **2.** *die Uhr* zuˈrückstellen, *den Zeiger* zuˈrückdrehen: → **clock**¹ 1. **3.** *fig.* aufhalten, hemmen. **4.** *ped. e-n Schüler* zuˈrückversetzen. **5.** verschieben (**two days** um zwei Tage). **II** *v/i* **6.** *bes. mar.* ˈumkehren, zuˈrückkehren (to nach, in *acc*). **~ by** *v/t* **1.** → **put away** 1 *u.* 3. **2.** *e-r Frage etc* ausweichen. **3.** *fig.* beiˈseite schieben, *j-n* überˈgehen. **~ down I** *v/t* **1.** a) ˈhin-, niederlegen, -stellen, -setzen: → **foot** 1, b) *Messer etc* weglegen, -stecken. **2.** *j-n* (*auf der Fahrt*) absetzen, aussteigen lassen. **3.** *ein Flugzeug* aufsetzen, landen. **4.** a) einkellern, b) *e-n Weinkeller* anlegen. **5.** *j-n* (*von e-m Posten*) absetzen. **6.** a) *j-n* ‚ducken', demütigen, b) *j-n* herˈabsetzen, schlechtmachen. **7.** *Kritiker etc* zum Schweigen bringen. **8.** *e-n Aufstand* niederschlagen. **9.** *e-n Mißstand* beseitigen, ausmerzen. **10.** *Tier* einschläfern. **11.** *Br. etwas* aufgeben. **12.** (auf-, nieder)schreiben, schriftlich niederlegen. **13.** *econ.* anschreiben (to *dat*): **to put s.th. down to s.o.'s account** j-m etwas auf die Rechnung setzen. **14.** *econ.* a) *Preise* herˈuntersetzen, b) *Ausgaben* beschränken. **15.** *j-n* eintragen *od.* vormerken (**for** für): **to put o.s. down** sich eintragen. **16.** zuschreiben (to *dat*): **I put it down to his inexperience.** **17.** schätzen (**at, for** auf *acc*). **18.** (**as, for**) *j-n* einschätzen (als), halten (für). **19.** *parl. Resolution etc* einbringen, vorlegen. **II** *v/i* **20.** *aer.* landen, aufsetzen. **~ forth** *v/t* **1.** hinˈauslegen, -stellen, -schieben, vorschieben, -stellen. **2.** *die Hand etc* ausstrecken. **3.** zeigen, entwickeln, *Kraft etc* aufbieten. **4.** *bot. Knospen etc* treiben. **5.** veröffentlichen. **6.** *e-e Frage etc* vorbringen. **7.** behaupten. **~ for·ward** *v/t* **1.** vorschieben. **2.** *die Uhr* vorstellen, *den Zeiger* vorrücken. **3.** *fig.* in den Vordergrund schieben, zur Geltung bringen: **to put o.s. forward** a) sich hervortun, b) sich vordrängen. **4.** *fig.* vorˈanbringen, weiterhelfen (*dat*). **5.** *e-e Meinung etc* vorbringen, *etwas* vorlegen, unterˈbreiten. **6.** *e-e Theorie* aufstellen, zur Deˈbatte stellen. **~ in I** *v/t* **1.** herˈein-, hinˈeinlegen, -stellen, -setzen, -stecken. **2.** hinˈeintun, -geben, -schütten. **3.** einschieben, -schalten: **to ~ a word** e-e Bemerkung einwerfen *od.* anbringen; **to ~ an extra hour's work** e-e Stunde mehr arbeiten. **4.** *pol. Partei* an die Reˈgierung bringen. **5.** *Zeit* verbringen. **6.** *bes. jur.* a) *ein Gesuch etc* einreichen, *ein Dokument* vorlegen, (*e-n*) *Antrag* stellen (**to** auf *acc*), b) *e-n Anspruch* erheben (**to, for** auf *acc*). **7.** *j-n* einstellen, anstellen: **to ~ a butler.** **8.** *sport j-n* melden (**for** für). **II** *v/i* **9.** *mar.* einlaufen (**at** in *dat*). **10.** einkehren (**at** in *dat*). **11.** sich bewerben, nachsuchen, bitten (**for** um): **he ~ for two days' leave** er bat um zwei Tage Urlaub; **to ~ for s.th.** etwas fordern, etwas verlangen. **~ in·side** *v/t colloq. j-n* ‚einsperren'. **~ off I** *v/t* **1.** weglegen, -stellen, beiˈseite legen *od.* stellen. **2.** *Kleider, a. fig. Zweifel etc* ablegen. **3.** *etwas* ver-, aufschieben, *Kauf etc* zuˈrückstellen. **4.** *j-n* ˈhinhalten, vertrösten, abspeisen (**with** mit). **5.** sich drükken vor (*dat*). **6.** *j-n* abbringen, *j-m* abraten (**from** von). **7.** *colloq. j-n* aus dem Konˈzept bringen: **that put me off** da ist mir alles vergangen. **8.** *colloq. j-n* abstoßen. **9. to put s.th. off (up)on s.o.** j-m etwas ‚andrehen'. **10.** *Passagiere* aussteigen lassen. **II** *v/i* **11.** *mar.* auslaufen. **~ on** *v/t* **1.** *Kleider* anziehen, *den Hut, die Brille* aufsetzen. **2.** *Rouge* auflegen: → **face** 1. **3.** *Fett* ansetzen: → **weight** 3. **4.** *Gestalt* annehmen. **5.** vortäuschen, -spielen, heucheln: → **act** 8, **agony** 1, **air**¹ 9, **dog** *Bes. Redew.*; **to put it on** *colloq.* a) angeben, b) übertreiben, c) ‚schwer draufschlagen' (*auf den Preis*), d) heucheln; **they are putting it on** sie tun nur so; **to put it on thick** *colloq.* ‚dick auftragen'; **his modesty is all ~** s-e Bescheidenheit ist nur Mache. **6.** *e-e Summe* aufschlagen (**on** auf *den Preis*). **7.** *die Uhr* vorstellen, *den Zeiger* vorrücken. **8.** an-, einschalten, *Gas etc* aufdrehen, *Dampf* anlassen, *das Tempo* beschleunigen. **9.** *Kraft, a. Arbeitskräfte, e-n Sonderzug etc* einsetzen. **10.** *e-e Schraube, die Bremse* anziehen. **11.** *thea. ein Stück* ansetzen, herˈausbringen. **12. to put s.o. on to** a) j-m e-n Tip geben für, j-n auf *e-e Idee* bringen, b) *teleph.* j-n mit *j-m* verbinden. **13.** *Schallplatte* auflegen, spielen: → **record** 20a. **~ out I** *v/t* **1.** hin'auslegen, -stellen *etc.* **2.** *die Hand, e-n Fühler* ausstrecken, *die Zunge* her'ausstrecken: → **feeler** 1. **3.** a) *e-e Notiz etc* aushängen, b) *Rundfunk, TV*: senden, bringen. **4.** *sport* a) zum Ausscheiden zwingen, ,aus dem Rennen werfen', ausschalten, b) *Boxen*: k.o. schlagen. **5.** *ein Glied* aus-, verrenken. **6.** *Feuer, Licht* (aus)löschen, ausmachen. **7.** a) verwirren, aus der Fassung bringen, b) verstimmen, -ärgern: **to be ~ about s.th.**, c) *j-m* Ungelegenheiten bereiten, *j-n* stören. **8.** *Kraft etc* aufbieten. **9.** *Geld* ausleihen (**at interest** auf Zinsen), inve'stieren. **10.** *ein Boot* aussetzen. **11.** *Augen* ausstechen. **12.** *e-e Arbeit, a. ein Kind, Tier* außer Haus geben, *econ. etwas* in Auftrag geben: **to ~ to service** in Dienst geben *od.* schicken; → **grass** *Bes. Redew.*, **nurse** 4. **13.** *Knospen etc* treiben. **II** *v/i* **14.** *mar.* auslaufen: **to ~ (to sea)** in See stechen. **15.** *Am. sl.* sich anstrengen. **16.** *Am. sl.* her'umhuren (*Frau*). **~ o·ver I** *v/t* **1.** → **put across** 2 *u.* 3. **2.** *e-m Film etc* Erfolg sichern, popu'lär machen (*acc*): **to put o.s. over** sich durchsetzen, Anklang finden, ,ankommen'; **to put it over** das Publikum gewinnen. **3.** **to put it over on** *j-n* ,reinlegen'. **4.** *bes. jur. e-e Sache* aufschieben, vertagen. **II** *v/i* **5.** *mar.* hin'überfahren. **~ through** *v/t* **1.** 'durch-, ausführen. **2.** *teleph.* j-n verbinden (**to** mit). **3.** weiterleiten (**to** an *acc*). **~ to** *v/t ein Pferd* anspannen, *e-e Lokomotive* vorspannen. **~ to·geth·er** *v/t* **1.** zs.-setzen, *a. ein Schriftwerk* zs.-stellen. **2.** konstru'ieren, bauen. **3.** zs.-zählen: **all ~** alle(s) zusammen; → **two** 2. **4.** zs.-stecken: → **head** *Bes. Redew.* **~ up I** *v/t* **1.** hin'auflegen, -stellen. **2.** hochschieben, -heben, -ziehen: → **back**[1] 1, **shutter** 1. **3.** *ein Bild, e-n Vorhang etc* aufhängen. **4.** *ein Plakat* anschlagen. **5.** *das Haar* hoch-, aufstecken. **6.** *den Schirm* aufspannen. **7.** aufstellen, errichten, erbauen: **to ~ a tent** ein Zelt aufschlagen. **8.** *colloq.* a) *etwas* ,aushecken', b) *etwas* ,('hin)drehen', fin'gieren. **9.** *ein Gebet* em'porsenden. **10.** *e-e Bitte etc* vorbringen. **11.** *e-n Gast* (bei sich) aufnehmen, 'unterbringen, beherbergen. **12.** weglegen, bei'seite legen. **13.** aufbewahren. **14.** ein-, verpacken (**in** in *acc od. dat*), zs.-legen. **15.** *das Schwert* einstecken. **16.** konser'vieren, einkochen, -machen. **17.** *thea. ein Stück* aufführen. **18.** *ein gutes Spiel etc* zeigen, *e-n* (*harten etc*) *Kampf* liefern, *Widerstand* leisten: **to ~ a bluff** bluffen. **19.** (als Kandi'daten) aufstellen. **20.** *Auktion*: an-, ausbieten: **to ~ for sale** meistbietend verkaufen. **21.** *den Preis etc* hin'aufsetzen, erhöhen. **22.** *Wild* aufjagen. **23.** *das Aufgebot* verkünden. **24.** bezahlen. **25.** (ein)setzen (*bei der Wette etc*). **26.** *j-n* anstiften (**to s.th.** zu etwas; **to do** zu tun). **27.** **~ to** a) *j-n* infor'mieren über (*acc*), b) *j-m* e-n Tip geben für. **II** *v/i* **28.** absteigen, einkehren, sich 'einquar,tieren (**at** in *dat*, bei). **29.** (**for**) sich aufstellen lassen, kandi'dieren (für), sich bewerben (um). **30.** (be)zahlen (**for** für). **31.** **~ with** sich abfinden mit, sich gefallen lassen, ruhig 'hinnehmen: **I'm not going to ~ with it** das werde ich mir nicht gefallen lassen.

pu·ta·men [pju:'teɪmən; -mɪn] *pl* **-tam·i·na** [-'tæmɪnə] *s* **1.** *bot.* (Stein-)Kern *m* (*e-r Frucht*). **2.** *zo.* Schalenhaut *f* (*des Eies*).

pu·ta·tive ['pju:tətɪv] *adj* (*adv* **~ly**) **1.** vermeintlich. **2.** mutmaßlich. **3.** *jur.* puta'tiv: **~ marriage** Putativehe *f* (*in Unkenntnis vorhandener Hindernisse in gutem Glauben geschlossen*).

'put-down ['pʊt-] *s* her'absetzende Bemerkung: **that was a ~** damit wollte er *etc* mich *etc* ,fertigmachen'.

pute [pju:t] *adj obs.* rein (*a. fig.*).

put·log ['pʌtlɒg; *Am. a.* 'pʊt-; -,lɑg], *a.* **'put·lock** [-lɒk; *Am.* -,lɑk] *s* Rüstbalken *m.*

'put|-off ['pʊt-] *s* **1.** Ausflucht *f*, Ausrede *f.* **2.** Verschiebung *f.* **'~-on I** *adj* **1.** vorgetäuscht, -gespiegelt. **II** *s Am. sl.* **2.** Bluff *m*, Schwindel *m.* **3.** affek'tiertes Getue, Pose *f.*

put-put ['pʌtpʌt] **I** *s* **1.** Tuckern *n* (*e-s Motors etc*). **2.** kleiner Motor, kleine Ma'schine *etc.* **II** *v/i* **3.** tuckern.

pu·tre·fa·cient [,pju:trɪ'feɪʃnt] → **putrefactive.** **,pu·tre'fac·tion** [-'fækʃn] *s* **1.** Fäulnis *f*, Verwesung *f.* **2.** Faulen *n.* **3.** *fig.* Zersetzung *f*, Verfall *m.* **,pu·tre'fac·tive** [-'fæktɪv] **I** *adj* **1.** faulig, Fäulnis...: **~ bacterium** Fäulnisbakterium *n*; **~ fermentation** Fäulnisgärung *f.* **2.** fäulniserregend. **II** *s* **3.** Fäulniserreger *m.*

'pu·tre·fy [-faɪ] **I** *v/i* (ver)faulen, in Fäulnis 'übergehen, verwesen. **II** *v/t* zum (Ver)Faulen bringen.

pu·tres·cence [pju:'tresns] *s* **1.** (Ver-)Faulen *n*, Fäulnis *f.* **2.** Fauligkeit *f.* **pu'tres·cent** *adj* **1.** (ver)faulend, verwesend. **2.** faulig, Fäulnis...

pu·trid ['pju:trɪd] *adj* (*adv* **~ly**) **1.** (ver-)faulend, verfault, verwest, faul. **2.** Fäulnis..., Faul...: **~ fever** *med.* Faulfieber *n.* **3.** faulig, stinkend. **4.** *fig.* verderbt, kor'rupt. **5.** *fig.* verderblich. **6.** *fig.* scheußlich, ekelhaft. **7.** *sl.* ,mise'rabel', ,saumäßig'. **pu'trid·i·ty, 'pu·trid·ness** *s* **1.** Fäulnis *f.* **2.** *fig.* Verderbtheit *f*, Kor'ruptheit *f.* **3.** *fig.* Verderblichkeit *f.* **4.** *fig.* Scheußlichkeit *f.*

putsch [pʊtʃ] *s pol.* Putsch *m*, Staatsstreich *m.*

putt [pʌt] (*Golf*) **I** *v/t Ball* putten. **II** *v/i* putten, e-n Putt schlagen *od.* spielen. **III** *s* Putt *m.*

put·tee ['pʌtɪ; *Am. a.* pʌ'ti:] *s* 'Wickelga,masche *f.*

putt·er[1] ['pʌtə(r)] *s Golf*: Putter *m* (*Schläger u. Spieler*).

put·ter[2] ['pʌtər] *Am.* → **potter**[2].

putt·ing green ['pʌtɪŋ] *s Golf*: Putting green *n*: a) Grün *n* (*Teil des Golfplatzes innerhalb e-s Radius von 20 Yards vom Loch aus*), b) *Rasenstück zum Üben des Puttens.*

put·to ['pʊtəʊ] *pl* **-ti** [-tɪ] *s art* Putte *f.*

put·tock ['pʌtək] *s orn. Br. dial.* **1.** Gabelweihe *f.* **2.** Bussard *m.*

put·ty ['pʌtɪ] **I** *s* **1.** *tech.* Kitt *m*, Spachtel (-masse *f*) *m*: (**glaziers'**) **~** Glaserkitt; (**plasterers'**) **~** Kalkkitt; (**jewellers'**) **~** *tech.* Zinnasche *f.* **2.** *fig.* Wachs *n*: **he is ~ in her hands.** **3.** Hellgrau *n.* **II** *v/t* **4.** *a.* **~ up** *tech.* (ver)kitten. **~ knife** *s irr tech.* Spachtelmesser *n*, Spachtel *m, f.* **~ med·al** *s humor.* ,Blechorden' *m.*

'put|-up ['pʊt-] *adj colloq.* abgekartet: **a ~ job** e-e abgekartete Sache. **'~-up,on** *adj* miß'braucht, ausgenützt.

puz·zle ['pʌzl] **I** *s* **1.** Rätsel *n* (*a. fig.*). **2.** Puzzle(spiel) *n*, Geduldsspiel *n* (*beide a. fig.*), Ve'xier-, Zu'sammensetzspiel *n.* **3.** schwierige Sache, kniffliges Pro'blem, ,harte Nuß'. **4.** Verwirrung *f*, Verlegenheit *f*: **to be in a ~** verwirrt sein. **II** *v/t* **5.** verwirren, vor ein Rätsel stellen, verdutzen, *j-m* zu denken geben, verwundern: **it ~s me** es ist mir ein Rätsel *od.* rätselhaft; **he was ~d what to do** er wußte nicht, was er tun sollte. **6.** *j-m* Kopfzerbrechen machen, *j-m* zu schaffen machen: **to ~ one's brains** (*od.* **head**) sich den Kopf zerbrechen. **7.** kompli'zieren, durchein'anderbringen, verwirren. **8.** **~ out** *etwas* austüfteln, -knobeln, her'ausbekommen. **III** *v/i* **9.** verwirrt sein (**over, about** über *acc*). **10.** (**over**) sich den Kopf zerbrechen (über *dat*), her'umknobeln (an *dat*).

'puz·zle·dom → **puzzlement.**

,puz·zle|'head·ed *adj* wirrköpfig, kon'fus. **~ lock** *s* Ve'xier-, Buchstabenschloß *n.*

'puz·zle·ment *s* Verwirrung *f.*

'puz·zler → **puzzle** 1 *u.* 3.

'puz·zling *adj* (*adv* **~ly**) **1.** rätselhaft. **2.** verwirrend.

py·ae·mi·a, py·ae·mic → **pyemia, pyemic.**

'pye-dog ['paɪ-] *s Br. Ind.* streunender Hundebastard.

py·e·li·tis [,paɪə'laɪtɪs] *s med.* Pye'litis *f*, Nierenbeckenentzündung *f.*

py·e·lo·gram ['paɪələʊgræm] *s med.* Pyelo'gramm *n* (*Röntgenbild des Nierenbeckens*). **,py·e'log·ra·phy** [-'lɒgrəfɪ; *Am.* -'lɑg-] *s* Pyelogra'phie *f* (*röntgenologische Darstellung des Nierenbeckens*). **,py·e·lo·ne'phri·tis** *s* Pyelone'phritis *f* (*gleichzeitige Entzündung des Nierenbeckens u. der Nieren*).

py·e·mi·a [paɪ'i:mjə; -ɪə] *s med.* Pyä'mie *f* (*Blutvergiftung mit Eitererregern*). **py'e·mic** *adj* py'ämisch.

py·gal ['paɪgəl] *adj zo.* Steiß...

pyg·m(a)e·an [pɪg'mi:ən] → **pygmy** II.

pyg·my ['pɪgmɪ] **I** *s* **1.** **P~** Pyg'mäe *m*, Pyg'mäin *f* (*Zwergmensch*). **2.** *fig.* Zwerg *m.* **3.** (*etwas*) Winziges. **II** *adj* **4.** Pygmäen... **5.** zwergenhaft, winzig, Zwerg... **6.** unbedeutend.

py·ja·ma [pə'dʒɑ:mə] *adj Br.* Schlafanzugs..., Pyjama...: **~ top**; **~ party** Pyjamaparty *f.*

py·ja·mas [pə'dʒɑ:məz] *s pl Br.* Schlafanzug *m*, Py'jama *m.*

pyk·nic ['pɪknɪk] **I** *adj* pyknisch, unter'setzt, gedrungen u. zu Fettansatz neigend. **II** *s* Pykniker(in).

py·lon ['paɪlən; *Am. a.* -,lɑn] *s* **1.** Py'lon *m*, Py'lone *f*: a) *Eingangstor, bes. zum ägyptischen Tempel*, b) *Stütze e-r Hängebrücke*, c) *am Flugzeug angebrachter Träger für Lasten.* **2.** selbsttragender Stahlmast, Hochspannungsmast *m.*

py·lo·rus [paɪ'lɔ:rəs; *Am. a.* -'ləʊ-] *s anat.* Py'lorus *m*, Pförtner *m* (*Magenausgang*).

py·or·rh(o)e·a [,paɪə'rɪə] *s med.* Pyor'rhö(e) *f*, Eiterfluß *m.*

pyr·a·mid ['pɪrəmɪd] **I** *s* **1.** *arch., a. math. etc* Pyra'mide *f* (*a. fig.*). **2.** *pl Br. ein Billardspiel mit* (*meist 15*) *farbigen u. e-r weißen Kugel.* **II** *v/i* **3.** pyra'midenförmig (aufgebaut *od.* angeordnet) sein. **4.** *econ. Gewinne aus e-r* (*noch nicht abgeschlossenen*) *Transaktion sofort zur Durchführung e-r weiteren größeren* (*u. so immer weiter*) *verwenden.* **III** *v/t* **5.** pyra'midenförmig aufbauen *od.* anordnen *od.* aufhäufen. **6.** *econ. Gewinne* zur Erzielung immer größerer Spekulati'onsgewinne verwenden.

py·ram·i·dal [pɪ'ræmɪdl] *adj* **1.** Pyramiden... **2.** pyrami'dal (*a. fig. colloq. gewaltig*), pyra'midenartig, -förmig.

pyr·a·mid sell·ing *s econ.* Absatz *m* durch Verkauf von gestaffelten Verkaufsrechten an e-m Pro'dukt.

py·ran ['paɪræn; paɪ'ræn] *s chem.* Py'ran *n.*

py·ra·nom·e·ter [,paɪrə'nɒmɪtə(r); ,pɪ-; *Am.* -'nɑm-] *s phys.* Pyrano'meter *n* (*Gerät zur Messung der Sonnen- u. Himmelsstrahlung*).

py·rar·gy·rite [paɪ'rɑ:(r)dʒɪraɪt] *s min.* Pyrargy'rit *m.*

py·ra·zole ['paɪrəzɒl; *Am.* 'pɪrə-; *a.* -,zəʊl] *s chem.* Pyra'zol *n.*

pyre [ˈpaɪə(r)] *s* Scheiterhaufen *m.*
py·rene[1] [ˈpaɪriːn] *s chem.* Pyˈren *n.*
py·rene[2] [ˈpaɪriːn] *s bot.* (einzelner) Kern (*e-r Beere etc*).
Pyr·e·ne·an [ˌpɪrəˈniːən] *adj geogr.* pyreˈnäisch, Pyrenäen...
py·re·noid [ˈpaɪrənɔɪd; paɪˈriː-] *s bot.* Pyrenoˈid *n.*
py·ret·ic [paɪˈretɪk] *adj med.* **1.** fieberhaft. **2.** Fieber... **pyr·e·to·gen·ic** [ˌpɪrɪtəʊˈdʒenɪk; ˌpaɪ-] *adj med.* fiebererzeugend. **ˌpyr·e·toˈther·a·py** *s med.* ˈFiebertheraˌpie *f.*
py·rex·i·a [paɪˈreksɪə] *s med.* Pyreˈxie *f*, Fieberzustand *m.*
pyr·he·li·om·e·ter [pəˌhiːlɪˈɒmɪtə; *Am.* ˈpaɪərˌhiːliːˈɑmətər] *s phys.* Pyrhelioˈmeter *n* (*Gerät zur Messung der direkten Sonnenstrahlung*).
pyr·i·dine [ˈpɪrɪdiːn] *s chem.* Pyriˈdin *n.*
pyr·i·dox·ine [ˌpɪrɪˈdɒksiːn; *Am.* -ˈdɑk-] *s Biochemie*: Pyridoˈxin *n.*
pyr·i·form [ˈpɪrɪfɔː(r)m] *adj* birnenförmig.
py·rim·i·dine [paɪˈrɪmɪdiːn; pɪˈr-] *s chem.* Pyrimiˈdin *n.*
py·rite [ˈpaɪraɪt] *s min.* Pyˈrit *m*, Schwefel-, Eisenkies *m.* **py·ri·tes** [paɪˈraɪtiːz; pəˈr-] *s min.* Pyˈrit *m* (*allgemein für gewisse Sulfide*): **copper** ~ Kupferkies *m*; **iron** ~ → **pyrite**. **pyˈrit·ic** [-ˈrɪtɪk] *adj* pyˈritisch.
pyro- [paɪrəʊ] *Wortelement mit der Bedeutung* Feuer..., Hochtemperatur..., Hitze...
ˌpy·roˈcat·e·chol [-ˈkætɪtʃɒl; -kɒl; *Am.* -ˌkəʊl; -ˌkɔːl], *a.* **ˌpy·roˈcat·e·chin** [-tʃɪn; -kɪn] *s chem. phot.* Brenz-, Pyrocateˈchin *n.*
ˌpy·roˈcel·lu·lose *s chem.* ˈNitrozelluˌlose *f.*
ˌpy·roˈclas·tic [-ˈklæstɪk] *adj geol.* pyroˈklastisch.
ˌpy·ro·eˈlec·tric *adj* pyroeˈlektrisch. **ˈpy·roˌe·lecˈtric·i·ty** *s phys.* Pyroelektriziˈtät *f.*
ˌpy·roˈgal·late [-ˈgæleɪt] *s chem.* Pyrogalˈlat *n.* **ˌpy·roˈgal·lic ac·id** → **pyrogallol**. **ˌpy·roˈgal·lol** [-lɒl; *Am. a.* -ˌləʊl] *s chem. phot.* Pyrogalˈlol *n.*
py·ro·gen [ˈpaɪrəʊdʒen] *s med.* Pyroˈgen *n.* **ˌpy·roˈgen·ic** [-ˈdʒenɪk], **pyˈrog·e·nous** [-ˈrɒdʒɪnəs; *Am.* -ˈrɑ-] *adj* **1.** a) wärmeerzeugend, b) durch Wärme erzeugt. **2.** *med.* a) fiebererzeugend, b) durch Fieber verursacht. **3.** *geol.* pyroˈgen.
py·rog·ra·pher [paɪˈrɒgrəfə(r); *Am.* -ˈrɑg-] *s* Pyroˈgraph *m.* **pyˈrog·ra·phy** *s* Pyrograˈphie *f*, Brandmaleˈrei *f.*
py·rol·a·try [paɪˈrɒlətrɪ; *Am.* -ˈrɑl-] *s* Feueranbetung *f.*
ˌpy·roˈlig·ne·ous *adj chem.* holzsauer. **~ ac·id** *s* Holzessigsäure *f.* **~ al·co·hol, ~ spir·it** *s* Meˈthylalkohol *m.*
ˌpy·roˈlu·site [-ˈluːsaɪt] *s min.* Pyroluˈsit *m*, Braunstein *m.*
py·rol·y·sis [paɪˈrɒlɪsɪs; *Am.* -ˈrɑl-] *s chem.* Pyroˈlyse *f*, Zersetzung *f* durch Hitze. **ˌpy·roˈlyt·ic** [-ˈlɪtɪk] *adj* pyroˈlytisch.
py·ro·man·cy [ˈpaɪrəʊmænsɪ] *s hist.* Pyromanˈtie *f*, Wahrsagung *f* aus dem (Opfer)Feuer.
py·ro·ma·ni·a [ˌpaɪrəʊˈmeɪnɪə] *s* Pyromaˈnie *f*, Brandstiftungstrieb *m.* **ˌpy·roˈma·ni·ac** [-æk] *s* Pyroˈmane *m*, Pyroˈmanin *f.* **ˌpy·ro·maˈni·a·cal** [-məˈnaɪəkl] *adj* pyroˈmanisch.
py·ro·met·al·lur·gy [ˌpaɪrəʊmeˈtælədʒɪ; *Am.* -ˈmetlˌɜrdʒiː] *s tech.* Pyrometallurˈgie *f.*
py·rom·e·ter [paɪˈrɒmɪtə(r); *Am.* -ˈrɑm-] *s phys.* Pyroˈmeter *n*, Hitzemesser *m.* **pyˈrom·e·try** [-trɪ] *s* Pyromeˈtrie *f.*
ˌpy·roˈmor·phite [-ˈmɔː(r)faɪt] *s min.* Pyromorˈphit *m*, Grün-, Blau-, Buntbleierz *n.*
py·rone [ˈpaɪrəʊn] *s chem.* Pyˈron *m.*
py·rope [ˈpaɪrəʊp] *s min.* Pyrˈop *m.*
py·ro·phor·ic [ˌpaɪrəʊˈfɒrɪk; *Am. a.* -ˈfɑr-] *adj chem.* pyroˈphor, an der Luft sich selbst entzündend.
ˌpy·roˈphos·phate *s chem.* Pyrophosˈphat *n.*
ˌpy·ro·phosˈphor·ic ac·id *s* Pyroˈphosphorsäure *f.*
ˌpy·roˈphyl·lite [-ˈfɪlaɪt] *s min.* Pyrophylˈlit *m.*
py·ro·sis [paɪˈrəʊsɪs] *s med.* Pyˈrosis *f*, Sodbrennen *n.*
ˌpy·roˈtech·nic, *a.* **ˌpy·roˈtech·ni·cal** *adj* **1.** pyroˈtechnisch. **2.** Feuerwerks..., feuerwerkartig (*a. fig.*). **3.** *fig.* brilˈlant. **ˌpy·roˈtech·nics** *s pl* (*meist als sg konstruiert*) **1.** Pyroˈtechnik *f*, Feuerwerkeˈrei *f.* **2.** *fig.* Feuerwerk *n* (*von Witz etc*). **ˌpy·roˈtech·nist** *s* Pyroˈtechniker *m*, Feuerwerker *m.*
py·ro·tech·ny [ˈpaɪrəʊˌteknɪ] → **pyrotechnics** 1.
py·rot·ic [paɪˈrɒtɪk; *Am.* -ˈrɑ-] *med.* **I** *adj* **1.** kaustisch, ätzend. **2.** brennend. **II** *s* **3.** Ätzmittel *n.*
py·rox·e·nite [paɪˈrɒksɪnaɪt; *Am.* -ˈrɑk-] *s geol.* Pyroxeˈnit *m.*
py·rox·y·lin [paɪˈrɒksɪlɪn; *Am.* -ˈrɑk-] *s chem.* Kolˈlodiumwolle *f*: ~ **lacquer** Nitro(zellulose)lack *m.*
Pyr·rhic[1] [ˈpɪrɪk] *adj* Pyrrhus...: ~ **victory** Pyrrhussieg *m.*
pyr·rhic[2] [ˈpɪrɪk] *metr.* **I** *s* Pyrˈrhichius *m* (*aus zwei Kürzen bestehender Versfuß*). **II** *adj* pyrrhisch: ~ **foot** → I.
py·rus [ˈpaɪrəs] *s bot.* Birnbaum *m.*
py·ru·vic ac·id [paɪˈruːvɪk] *s chem.* Brenztraubensäure *f.* **~ al·de·hyde** *s chem.* Heˈthyl-Glyoˌxal *n.*
Py·thag·o·re·an [paɪˌθægəˈrɪən; *Am. a.* pəˌθæ-] **I** *adj* pythagoˈreisch: ~ **proposition,** ~ **theorem** *math.* pythagoreischer Lehrsatz. **II** *s philos.* Pythagoˈreer *m.*
Pyth·i·an [ˈpɪθɪən] **I** *adj* **1.** *antiq.* pythisch: ~ **games** Pythische Spiele, Pythien. **2.** *fig.* rasend, ekˈstatisch. **II** *s* **3. the** ~ a) der pythische Gott (*Apollo*), b) die Pythia.
py·thon [ˈpaɪθn; *Am. a.* -ˌθɑn] *s* **1.** *zo.* Python *m*, Pythonschlange *f*: **Indian** ~ Tigerschlange; **rock** ~ Felsenschlange. **2.** *zo. allg.* Riesenschlange *f.* **3. P~** *antiq.* Python *m* (*ein von Apollo getöteter Drache*).
py·tho·ness [ˈpaɪθənes; *Am.* -nəs] *s* **1.** *antiq.* Pythia *f*, pythische Priesterin. **2.** *fig.* a) Pythia *f*, Wahrsagerin *f*, b) Zauberin *f.*
py·u·ri·a [paɪˈjʊərɪə] *s med.* Pyuˈrie *f*, Eiterharnen *n.*
pyx [pɪks] **I** *s* **1.** *R.C.* Pyxis *f*: a) Hostienbehälter *m*, b) *hist.* Ziˈborium *n.* **2.** *a.* ~ **chest** *Büchse in der königlichen brit. Münze, in der Musterstücke der geprägten Münzen zur Prüfung* (**trial of the** ~) *hinterlegt werden.* **II** *v/t* **3.** *e-e Münze* a) in der **pyx** hinterˈlegen, b) auf Gewicht u. Feinheit prüfen.

Q

Q, q [kju:] **I** *pl* **Q's, Qs, q's, qs** [kju:z] *s* **1.** Q, q *n* (*Buchstabe*). **2.** Q Q *n*, Q-förmiger Gegenstand. **II** *adj* **3.** siebzehnt(er, e, es). **4.** Q Q-..., Q-förmig. ˈ**Q-boat** *s* U-Boot-Falle *f*.

Q fe·ver *s med.* Q-Fieber *n*, Queensland-Fieber *n*.

ˈ**Q-ship** → Q-boat.

qua [kweɪ; *Am.* kwɑː] (*Lat.*) *adv* (*in der Eigenschaft*) als: ~ **friend**.

qua·bird [ˈkwɑːbɜːd; *Am.* -ˌbɜrd] *s orn.* Nachtreiher *m*.

quack[1] [kwæk] **I** *v/i* **1.** quaken. **2.** *fig.* schnattern, schwatzen. **II** *s* **3.** Quaken *n* (*der Ente*). **4.** *fig.* Geschwätz *n*.

quack[2] [kwæk] **I** *s* **1.** *a.* ~ **doctor** Quacksalber *m*, Kurpfuscher *m*. **2.** Scharlatan *m*. **3.** Marktschreier *m*. **II** *adj* **4.** Quacksalber..., quacksalberisch. **5.** marktschreierisch. **6.** Schwindel... **III** *v/i* **7.** quacksalbern. **8.** marktschreierisch auftreten. **IV** *v/t* **9.** herˈumpfuschen an (*dat*). **10.** marktschreierisch anpreisen.

quack·er·y [ˈkwækərɪ] *s* **1.** Quacksalbeˈrei *f*, Kurpfuscheˈrei *f*. **2.** Scharlataneˈrie *f*. **3.** marktschreierisches Auftreten.

quack grass *s bot.* Ackerquecke *f*.

quack·sal·ver [ˈkwækˌsælvə(r)] *obs.* → quack[2] I.

quad[1] [kwɒd; *Am.* kwɑd] *colloq. für* **quadrangle** 2 a, **quadrat, quadruplet**.

quad[2] [kwɒd; *Am.* kwɑd] *electr.* **I** *s* Adervierer *m*, Viererkabel *n*. **II** *v/t* zum Vierer verseilen: **~ded cable** → I.

quad[3] [kwɒd; *Am.* kwɑd] → **quod**.

quad·ra·ble [ˈkwɒdrəbl; *Am.* ˈkwɑd-] *adj math.* quaˈdrierbar.

quad·ra·ge·nar·i·an [ˌkwɒdrədʒɪˈneərɪən; *Am.* ˌkwɑd-] **I** *adj* a) vierzigjährig, b) in den Vierzigern. **II** *s* Vierziger(in) (*a. Person in den Vierzigern*), Vierzigjährige(r *m*) *f*.

Quad·ra·ges·i·ma [ˌkwɒdrəˈdʒesɪmə; *Am.* ˌkwɑd-; *a.* -ˈdʒeɪsə-] *s a.* ~ **Sunday** (Sonntag *m*) Quadraˈgesima *f* (*1. Fastensonntag*). ˌ**quad·raˈges·i·mal** [-ml; *Am.* -məl] *adj* Fasten...

quad·ran·gle [ˈkwɒdræŋgl; *Am.* ˈkwɑdˌr-] *s* **1.** *math. u. weitS.* Viereck *n*. **2.** a) von Gebäuden umˈschlossener viereckiger Hof (*bes. der Oxforder Colleges*), b) viereckiger Geˈbäudekomˌplex. **3.** *Am.* Landkartenviereck *n*. **quadˈran·gu·lar** [-gjʊlə(r)] *adj* viereckig.

quad·rant [ˈkwɒdrənt; *Am.* ˈkwɑd-] *s* **1.** *math.* Quaˈdrant *m*: a) *Viertelkreis*, b) *Viertel des Kreisumfangs*, c) *Viertelebene zwischen den Achsen e-s ebenen Koordinatensystems*, d) *Viertelkugel.* **2.** *astr. mar.* Quaˈdrant *m* (*Instrument*). **3.** *tech.* Quaˈdrant *m* (*viertelkreisförmiger Teil*). **quadˈran·tal** [-ˈdræntl] *adj* **1.** Quadranten... **2.** viertelkreisförmig.

quad·ra·phon·ic [ˌkwɒdrəˈfɒnɪk; *Am.* ˌkwɑdrəˈfɑ-] *adj mus. phys.* quadroˈphonisch. ˌ**quad·raˈphon·ics** *s pl* (*als sg konstruiert*) Quadrophoˈnie *f*. **quadraph·o·ny** [kwɒˈdræfənɪ; *Am.* kwɑ-] → **quadraphonics**.

quad·rat [ˈkwɒdrət; *Am.* ˈkwɑdrət; -ˌreɪt] *s print.* Quaˈdrat *n*, Geviert *n*, großer Ausschluß: **~s** Quadraten; **em** ~ Geviert; **en** ~ Halbgeviert.

quad·rate [ˈkwɒdrət; -reɪt; *Am.* ˈkwɑd-] **I** *adj* **1.** (annähernd) quaˈdratisch. **2.** *anat.* Quadrat..., Viereck...: ~ **bone** → 3. **II** *s* **3.** *anat.* Quaˈdrat-, Viereckbein *n*. **III** *v/t* [kwɒˈdreɪt; *Am.* ˈkwɑdˌr-] **4.** (**with, to**) in Überˈeinstimmung bringen (mit), anpassen (an *acc*). **IV** *v/i* **5.** überˈeinstimmen.

quad·rat·ic [kwɒˈdrætɪk; *Am.* kwɑ-] **I** *adj* (*adv* **~ally**) **1.** quaˈdratisch (*in der Form*). **2.** *math.* quaˈdratisch, zweiten Grades: ~ **equation**; ~ **curve** Kurve *f* zweiter Ordnung. **II** *s* **3.** *math.* quaˈdratische Gleichung. **4.** *pl* (*als sg konstruiert*) *math.* Lehre *f* von den quaˈdratischen Gleichungen.

quad·ra·ture [ˈkwɒdrətʃə(r); *Am.* ˈkwɑd-; *a.* -ˌtʃʊər] *s* **1.** *math.* Quadraˈtur *f* (**of the circle** des Kreises). **2.** *astr.* Quadraˈtur *f* (*Stellung von 2 Himmelskörpern, wenn sie 90° voneinander entfernt sind*). **3.** *electr.* (Phasen)Verschiebung *f* um 90°: ~ **circuit** Phasenschieberkreis *m*; ~ **component** Blindkomponente *f*.

quad·ren·ni·al [kwɒˈdrenjəl; *Am.* kwɑˈdrenɪəl] **I** *adj* (*adv* **~ly**) **1.** vierjährig, vier Jahre dauernd *od.* umˈfassend. **2.** vierjährlich (ˈwiederkehrend), alle vier Jahre stattfindend. **II** *s* **3.** Zeitraum *m* von vier Jahren. **4.** vierter Jahrestag.

quad·ren·ni·um [kwɒˈdrenɪəm; *Am.* kwɑ-] *pl* **-ni·ums, -ni·a** [-nɪə] *s* Zeitraum *m* von vier Jahren.

quadri- [kwɒdrɪ; *Am.* kwɑdrə] *Wortelement mit der Bedeutung* vier.

ˌ**quad·ri·cenˈten·ni·al I** *adj* vierhundertjährig. **II** *s* vierhundertster Jahrestag, Vierhundertˈjahrfeier *f*.

quad·ri·ga [kwəˈdriːgə; *Am.* kwɑ-] *pl* **-gas, -gae** [-dʒiː; *Am.* -ˌgaɪ] *s* Quaˈdriga *f*, Viergespann *n*.

ˌ**quad·riˈlat·er·al I** *adj* vierseitig. **II** *s math.* Vierseit *n*, Viereck *n*.

ˌ**quad·riˈlin·gual** *adj* viersprachig.

qua·drille [kwəˈdrɪl; *Am. a.* kwɑ-] *s* Quaˈdrille *f* (*Tanz od. Musik dazu*).

quad·ril·lion [kwɒˈdrɪljən; *Am.* kwɑ-] *s math.* **1.** *Br.* Quadrilliˈon *f* (10^{24}). **2.** *Am.* Billiˈarde *f* (10^{15}).

ˌ**quad·riˈno·mi·al** [-ˈnəʊmjəl; -ɪəl] *adj u. s math.* viergled(e)rig(es Polyˈnom).

ˌ**quad·riˈpar·tite** *adj* **1.** vierteilig. **2.** Vierer..., Viermächte..., zwischen vier Partnern abgeschlossen *etc*: ~ **pact** Viererpakt *m*. **3.** vierfach ausgefertigt (*Urkunde*).

quad·ri·reme [ˈkwɒdrɪriːm; *Am.* ˈkwɑd-] *s mar. hist.* Quadriˈreme *f*, Vierruderer *m*.

ˌ**quad·ri·sylˈlab·ic** *adj* viersilbig. ˌ**quad·riˈsyl·la·ble** *s* viersilbiges Wort.

ˌ**quad·riˈva·lent** *adj chem.* vierwertig.

quad·riv·i·um [kwɒˈdrɪvɪəm; *Am.* kwɑ-] *s univ. hist.* Quaˈdrivium *n* (*der höhere Teil der Freien Künste*: *Arithmetik, Geometrie, Musik, Astronomie*).

quad·roon [kwɒˈdruːn; *Am.* kwɑ-] *s* Viertelneger(in), Terzeˈron(in).

quad·ro·phon·ic, *etc* → **quadraphonic,** *etc.*

quad·ru·ped [ˈkwɒdrʊped; *Am.* ˈkwɑd-] *zo.* **I** *adj* vierfüßig. **II** *s* Vierfüß(l)er *m*. **quad·ru·pe·dal** [kwɒˈdruːpɪdl; ˌkwɒdrʊˈpedl; *Am.* ˌkwɑˈd-; ˌkwɑdrəˈp-] *adj zo.* **1.** vierfüßig. **2.** Vierfüß(l)er...

quad·ru·ple [ˈkwɒdrʊpl; kwɒˈdruːpl; *Am.* kwɑˈd-; ˈkwɑd-] **I** *adj* **1.** vierfach. **2.** Vierer...: **Q~ Alliance** *hist.* Quadrupelallianz *f*; ~ **machine gun** *mil.* Vierlings-MG *n*; ~ **thread** *tech.* viergängiges Gewinde. **II** *s* **3.** (*das*) Vierfache. **III** *v/t* **4.** vervierfachen. **5.** viermal so groß *od.* so viel sein wie. **IV** *v/i* **6.** sich vervierfachen.

quad·ru·plet [ˈkwɒdrʊplɪt; *Am.* kwɑˈdrʌplət; -ˈdruːp-] *s* **1.** Vierling *m* (*Kind*): **~s** Vierlinge. **2.** Vierergruppe *f*. **3.** *mus.* Quarˈtole *f*.

quad·ru·plex [ˈkwɒdrʊpleks; *Am.* ˈkwɑ-] *adj* **1.** vierfach. **2.** *electr.* Quadruplex..., Vierfach...: ~ **system** Vierfachbetrieb *m*, Doppelgegensprechen *n*.

quad·ru·pli·cate [kwɒˈdruːplɪkeɪt; *Am.* kwɑ-] **I** *v/t* **1.** vervierfachen. **2.** *ein Dokument* vierfach ausfertigen. **II** *adj* [-kət] **3.** vierfach. **III** *s* [-kət] **4.** vierfache Ausfertigung: **in** ~. **5.** *e-s von 4* (*gleichen*) *Dingen*: **~s** 4 Exemplare.

quae·re [ˈkwɪərɪ] (*Lat.*) **I** *v/imp* **1.** suche!, frage!, siehe! **2.** es fragt sich. **II** *s* **3.** Frage *f*.

quaff [kwɑːf; *Am. a.* kwæf] **I** *v/i* **1.** zechen. **II** *v/t* **2.** trinken. **3.** in großen Zügen (aus)trinken, schlürfen: **to** ~ **off** *ein Getränk* hinunterstürzen.

quag [kwæg; *Am. a.* kwɑg] → **quagmire.** ˈ**quag·gy** *adj* **1.** sumpfig, moˈrastig. **2.** schwammig, weich. ˈ**quagmire** [-maɪə(r)] *s* **1.** Moˈrast *m*, Moor (-boden *m*) *n*, Sumpf(land *n*) *m*. **2.** *fig.* ‚Klemmeʻ *f*: **to be caught in a** ~ in der Patsche sitzen.

qua·hog, *a.* **qua·haug** [ˈkwɑːhɒg; *Am.* ˈkəʊˌhɔːg; -ˌhɑg] *s zo. Am.* Venusmuschel *f*.

quaich, quaigh [kweɪx] *s Scot.* kleiner, flacher Becher.

quail[1] [kweɪl] *pl* **quails,** *bes. collect.* **quail** *s* **1.** *orn.* Wachtel *f.* **2.** *ped. Am. sl.* ‚Ische' *f* (*Mädchen, Mitschülerin*).

quail[2] [kweɪl] *v/i* **1.** verzagen, den Mut verlieren. **2.** (vor Angst) zittern (**before** vor *dat*; **at** bei *e-m Gedanken etc*).

quaint [kweɪnt] *adj* (*adv* **~ly**) **1.** wunderlich, drollig, kuriˈos. **2.** malerisch, anheimelnd (*bes. altmodisch*). **3.** seltsam, merkwürdig. ˈ**quaint·ness** *s* **1.** Wunderlichkeit *f.* **2.** malerisches *od.* anheimelndes (*bes.* altmodisches) Aussehen. **3.** Seltsamkeit *f.*

quake [kweɪk] **I** *v/i* **1.** zittern, beben (*Erde etc, Person*: **with** vor *dat*). **II** *s* **2.** Zittern *n*, Beben *n.* **3.** *colloq.* Erdbeben *n.*

Quak·er [ˈkweɪkə(r)] *s* **1.** *relig.* Quäker *m* (*Mitglied der* **Society of Friends**): **~ City** Quäkerstadt *f* (*Spitzname von Philadelphia*); **~(s') meeting** *fig.* schweigsame Versammlung. **2.** *a.* **~ gun** *Am.* Geˈschützatˌtrappe *f.* **3. q~**, *a.* **q~bird** *orn.* schwarzer Albatros. ˈ**Quak·er·dom** [-dəm] *s* **1.** Quäkertum *n.* **2.** *collect.* die Quäker *pl.* ˈ**Quak·er·ess** [-rɪs] *s* Quäkerin *f.* ˈ**Quak·er·ism** *s* Quäkertum *n.*

ˈ**quak·ing grass** *s bot.* (*ein*) Zittergras *n.*

ˈ**quak·y** *adj* (*adv* **quakily**) **1.** zitternd, bebend. **2.** ängstlich.

qual·i·fi·ca·tion [ˌkwɒlɪfɪˈkeɪʃn; *Am.* ˌkwɑ-] *s* **1.** Qualifikatiˈon *f*, Befähigung *f*, Eignung *f* (**for** für, zu): **~ test** Eignungsprüfung *f*; **to have the necessary ~s** den Anforderungen entsprechen. **2.** Vorbedingung *f*, (notwendige) Vorˈaussetzung (**of, for** für). **3.** Befähigungsnachweis *m.* **4.** Modifikatiˈon *f*, Einschränkung *f*: **without any ~** ohne jede Einschränkung. **5.** Bezeichnung *f*, Klassifiˈzierung *f.* **6.** *ling.* nähere Bestimmung. **7.** *econ.* ˈMindestaktienkapiˌtal *n* (*e-s Aufsichtsratsmitglieds*). ˈ**qual·i·fi·ca·to·ry** [-kətərɪ; *Am.* -kəˌtəʊriː; -ˌtɔː-] *adj* **1.** einschränkend. **2.** qualifiˈzierend, befähigend. ˈ**qual·i·fied** [-faɪd] *adj* **1.** qualifiˈziert, geeignet, befähigt (**for** für). **2.** befähigt, berechtigt: **~ for a post** anstellungsberechtigt; **~ voter** Wahlberechtigte(r *m*) *f.* **3.** eingeschränkt, bedingt, modifiˈziert: **~ acceptance** *econ.* eingeschränktes Akzept (*e-s Wechsels*), Annahme *f* unter Vorbehalt; **in a ~ sense** mit Einschränkungen. ˈ**qual·i·fi·er** [-faɪə(r)] *s* **1.** *bes. sport* j-d, der sich qualifiˈziert (hat). **2.** *ling.* näher bestimmendes Wort. ˈ**qual·i·fy** [-faɪ] **I** *v/t* **1.** qualifiˈzieren, befähigen, geeignet machen (**for** für, zu; **for being, to be** zu sein): **to ~ o.s. for** die Eignung erwerben für *od.* zu. **2.** (*behördlich*) autoriˈsieren. **3.** berechtigen (**for** zu). **4.** bezeichnen, charakteriˈsieren (**as** als). **5.** modifiˈzieren, einschränken. **6.** abschwächen, mildern: **to ~ a remark.** **7.** *Getränke etc* vermischen, *bes.* verdünnen. **8.** *ling.* modifiˈzieren, näher bestimmen. **II** *v/i* **9.** sich qualifiˈzieren, sich eignen, sich als geeignet *od.* tauglich erweisen, die Eignung nachweisen *od.* besitzen, in Frage kommen (**for** für, zu; **as** als): **~ing examination** Eignungsprüfung *f.* **10.** *sport* sich qualifiˈzieren (**for** für): **~ing round** Ausscheidungsrunde *f*; **~ing standard** Qualifikationsnorm *f.* **11.** die nötigen Fähigkeiten erwerben. **12.** die (juˈristischen) Vorbedingungen erfüllen, *bes. Am.* den Eid ablegen.

qua·lim·e·ter [kwəˈlɪmɪtə(r)] *s phys.* Qualiˈmeter *n*, Röntgenstrahlen(härte)messer *m.*

qual·i·ta·tive [ˈkwɒlɪtətɪv; *Am.* ˈkwɑləˌteɪ-] *adj* (*adv* **~ly**) qualitaˈtiv: **~ analysis** (*od.* **test**) *chem.* qualitative Analyse.

qual·i·ty [ˈkwɒlətɪ; *Am.* ˈkwɑ-] *s* **1.** Eigenschaft *f*: (**good**) **~** gute Eigenschaft; **in the ~ of** (in der Eigenschaft) als. **2.** Beschaffenheit *f*, (Eigen)Art *f*, Naˈtur *f.* **3.** *bes. econ.* a) Qualiˈtät *f*: **in ~** qualitativ; **~ of life** *sociol.* Lebensqualität, b) (gute) Qualiˈtät, Güte *f*: **~ control** Qualitätskontrolle *f*; **~ factor** Gütefaktor *m*; **~ goods** Qualitätswaren, c) Güte(sorte) *f*, Klasse *f.* **4.** Erstklassigkeit *f*, Klasse *f.* **5.** Taˈlent *n*, Fähigkeit *f*: **qualities of leadership** Führungsqualitäten. **6.** Vornehmheit *f*, vornehmer Stand: **person of ~** Standesperson *f*; **the people of ~** die vornehme Welt. **7.** *ling. mus.* Klangfarbe *f.* **8.** *philos.* Qualiˈtät *f.*

qualm [kwɑːm; *Am. a.* kwɑːlm] *s* **1.** Übelkeit(sgefühl *n*) *f*, Schwäche(anfall *m*) *f.* **2.** *fig.* Skrupel *m*, Bedenken *pl*, Zweifel *pl*: **~s of conscience** Gewissensbisse; **to feel** (*od.* **have**) **no ~s about doing s.th.** keine Skrupel haben, etwas zu tun. **3.** *fig.* Anwandlung *f*, Anfall *m*: **~ of homesickness.** ˈ**qualm·ish** *adj* (*adv* **~ly**) **1.** unwohl. **2.** Übelkeits...: **~ feelings.** **3.** Übelkeit erregend.

quan·da·ry [ˈkwɒndərɪ; *Am.* ˈkwɑn-] *s* Verlegenheit *f*, Schwierigkeit *f*, verzwickte Lage: **to be in a ~** sich in e-m Dilemma befinden, ‚in e-r Klemme sein'; **he was in a ~ about what to do** er wußte nicht, was er tun sollte.

quan·go [ˈkwæŋgəʊ] *pl* **-gos** *s Br.* unabhängige Reˈgierungsstelle.

quant [kwɒnt] *Br.* **I** *s Stakstange mit e-r Scheibe nahe dem unteren Ende* (*um das Einsinken im Schlamm zu verhindern*). **II** *v/t u. v/i mit e-m* **quant** *staken.*

quan·ta [ˈkwɒntə; *Am.* ˈkwɑntə] *pl von* **quantum.**

quan·tic [ˈkwɒntɪk; *Am.* ˈkwɑn-] *s math. ganze, rationale, homogene, algebraische Funktion von zwei od. mehr Veränderlichen.*

quan·ti·fi·a·ble [ˈkwɒntɪfaɪəbl; *Am.* ˈkwɑn-] *adj* quantitaˈtiv bestimmbar, meßbar. ˌ**quan·ti·fiˈca·tion** [-fɪˈkeɪʃn] *s* **1.** Messung *f*, Quantiˈtätsbestimmung *f.* **2.** *philos.* Quantifiˈzierung *f.* ˈ**quan·ti·fy** [-faɪ] *v/t* **1.** messen, quantitaˈtiv bestimmen. **2.** *philos.* quantifiˈzieren.

quan·ti·ta·tive [ˈkwɒntɪtətɪv; *Am.* ˈkwɑntəˌteɪ-] *adj* (*adv* **~ly**) quantitaˈtiv, mengenmäßig, Mengen...: **~ analysis** *chem.* quantitative Analyse; **~ ratio** Mengenverhältnis *n.* ˈ**quan·ti·tive** [-tətɪv] → **quantitative.**

quan·ti·ty [ˈkwɒntətɪ; *Am.* ˈkwɑn-] *s* **1.** Quantiˈtät *f* (*Ggs. Qualität*), Menge *f*, Größe *f.* **2.** (bestimmte) Menge, Quantum *n*: **a small ~ of beer**; **~ of heat** *phys.* Wärmemenge; **a ~ of cigars** e-e Anzahl Zigarren; **~ theory** *econ.* Quantitätstheorie *f.* **3.** große Menge: **in ~, in (large) quantities** in großer Menge, in großen Mengen; **~ discount** *econ.* Mengenrabatt *m*; **~ production** *econ.* Massenerzeugung *f*, Reihen-, Serienfertigung *f*; **~ purchase** Großeinkauf *m.* **4.** *math.* Größe *f*: **negligible ~** a) unwesentliche Größe, Quantité *f* négligeable, b) *fig.* völlig unwichtige Person *etc*; **numerical ~** Zahlengröße; **unknown ~** unbekannte Größe (*a. fig.*). **5.** *philos.* Quantiˈtät *f.* **6.** *mus.* (Ton)Dauer *f*, Länge *f.* **7.** *metr.* Quantiˈtät *f*, (Silben-)Zeitmaß *n.* **8.** *ling.* Quantiˈtät *f*, Lautdauer *f.* **9.** *pl Br. Maße, Kosten etc e-s Bauvorhabens*: **bill of quantities** Massenberechnung *f*, Baukostenvoranschlag *m*; **~ surveyor** Kalkulator *m.*

quan·ti·za·tion [ˌkwɒntaɪˈzeɪʃn; *Am.* ˌkwɑntə-] *s math. phys.* Quantelung *f*: **~ noise** (*Radio etc*) Quantisierungsgeräusch *n.* ˈ**quan·tize** [-taɪz] *v/t* **1.** *phys.* quanteln. **2.** *Computer*: quantiˈsieren (*in gleiche Stufen unterteilen*). ˈ**quan·tiz·er** *s Computer*: Anaˈlog-Digiˈtal-ˈUmsetzer *m.*

quan·tom·e·ter [kwɒnˈtɒmɪtə(r); *Am.* kwɑnˈtɑm-] *s phys.* Qantiˈmeter (*das die Energie e-r Strahlung in Abhängigkeit von der Wellenlänge bestimmt*).

quan·tum [ˈkwɒntəm; *Am.* ˈkwɑn-] **I** *pl* **-ta** [-tə] *s* **1.** Quantum *n*, Menge *f.* **2.** (An)Teil *m.* **3.** *phys.* Quant *n*: **~ of action** Wirkungsquant. **II** *adj* **4.** bedeutsam. **~ e·lec·tron·ics** *s pl* (*als sg konstruiert*) *phys.* ˈQuantenelekˌtronik *f.* **~ field the·o·ry** *s phys.* ˈQuantenfeldtheoˌrie *f.* **~ jump** *s* **1.** *phys.* Quantensprung *m.* **2.** *fig.* entscheidender Schritt nach vorn, (endgültiger) ˈDurchbruch. **~ me·chan·ics** *s pl* (*als sg konstruiert*) *phys.* ˈQuantenmeˌchanik *f.* **~ or·bit, ~ path** *s phys.* Quantenbahn *f.* **~ phys·ics** *s pl* (*meist als sg konstruiert*) *phys.* ˈQuantenphyˌsik *f.* **~ the·o·ry** *s phys.* ˈQuantentheoˌrie *f.*

quar·an·tine [ˈkwɒrəntiːn; *Am. a.* ˈkwɑr-] **I** *s* **1.** Quaranˈtäne *f* (*Isolierung von Krankheitsverdächtigen*): **in ~** unter Quarantäne (stehend); **to put in ~** → 5; **~ flag** *mar.* Quarantäneflagge *f.* **2.** a) Quaranˈtänestatiˌon *f*, b) Quaranˈtänehafen *m*, c) Infektiˈons(kranken)haus *n.* **3.** *fig.* Isoˈlierung *f.* **4.** a) Zeitraum *m* von 40 Tagen (*a. jur. in welchem e-e Witwe von den Erben ungestört im Haus ihres verstorbenen Gatten weiterwohnen darf*), b) *jur.* (*das*) *Recht der Witwe auf solchen ungestörten Weiterbesitz.* **II** *v/t* **5.** unter Quaranˈtäne stellen. **6.** *fig. e-e Nation* (*politisch u. wirtschaftlich*) völlig isoˈlieren.

quark [kwɑː(r)k] *s phys.* Quark *n* (*hypothetisches Elementarteilchen*).

quar·rel[1] [ˈkwɒrəl; *Am. a.* ˈkwɑ-] **I** *s* **1.** Streit *m*, Zank *m*, Hader *m* (**with** mit; **between** zwischen *dat*): → **pick**[1] 23. **2.** Beschwerde *f*, Beanstandung *f*: **to have no ~ with** (*od.* **against**) keinen Grund zur Klage haben über (*j-n od. etwas*), nichts auszusetzen haben an (*j-m od. e-r Sache*). **II** *v/i pret u. pp* ˈ**quar·reled,** *bes. Br.* **-relled** **3.** (sich) streiten, (sich) zanken (**with** mit; **for** wegen; **about, over** über *acc*). **4.** sich entzweien. **5.** hadern (**with one's lot** mit s-m Schicksal). **6.** etwas auszusetzen haben (**with** an *dat*): → **bread** *Bes. Redew.*

quar·rel[2] [ˈkwɒrəl; *Am. a.* ˈkwɑ-] *s* **1.** *obs. od. dial.* kleines viereckiges Stück, *bes.* kleine viereckige Fensterscheibe (*in Gitterfenstern*). **2.** ˈGlaserdiaˌmant *m.* **3.** Steinmetzmeißel *m.*

ˈ**quar·rel·er,** *bes. Br.* ˈ**quar·rel·ler** [-lə(r)] *s* Zänker(in), Streitsüchtige(r *m*) *f*, ‚Streithammel' *m.* ˈ**quar·rel·some** [-səm] *adj* zänkisch, zank-, streitsüchtig. ˈ**quar·rel·some·ness** *s* Zank-, Streitsucht *f.*

quar·ri·er [ˈkwɒrɪə(r); *Am. a.* ˈkwɑ-] *s* Steinbrecher *m*, -hauer *m.*

quar·ry[1] [ˈkwɒrɪ; *Am. a.* ˈkwɑ-] **I** *s* **1.** Steinbruch *m.* **2.** offene Grube, Halde *f.* **3.** *fig.* Fundgrube *f*, Quelle *f.* **II** *v/t* **4.** *Gestein* abbauen, brechen. **5.** *fig.* herˈausholen, ausgraben, zs.-tragen, (mühsam) erarbeiten: **to ~ for** stöbern *od.* graben nach. **III** *v/i* **6.** im Steinbruch arbeiten. **7.** Gestein abbauen. **8.** *fig.* wühlen *od.* graben (**in** in *dat*).

quar·ry[2] [ˈkwɒrɪ; *Am. a.* ˈkwɑ-] *s* **1.** *hunt.* verfolgtes Wild, Jagdbeute *f.* **2.** *fig.* Wild *n*, Beute *f*, Opfer *n.*

quar·ry[3] [ˈkwɒrɪ; *Am. a.* ˈkwɑ-] *s* **1.** rautenförmiges *od.* quaˈdratisches Fach (*e-r Fensterscheibe*). **2.** Quaderstein *m.* **3.** *a.* **~ tile** ˈunglaˌsierte Kachel.

ˈ**quar·ry|-faced** *adj* rauhflächig (*Mauerwerk*). ˈ**~man** [-mən] *s irr* → **quarrier.** ˈ**~stone** *s* Bruchstein *m.*

quart¹ [kɑː(r)t] *s* **1.** *fenc.* Quart *f.* **2.** *Pikett*: Quart *f* (*Sequenz von 4 Karten gleicher Farbe*). **3.** *mus.* Quart(e) *f.*

quart² [kwɔː(r)t] *s* **1.** Quart *n* (*Maß*): British (*od.* Imperial) ~ = 1,136 l (*Trocken- u. Flüssigkeitsmaß*); **US dry** ~ = 1,1 l (*Trockenmaß*); **US liquid** ~ 0,946 l (*Flüssigkeitsmaß*); **to put a** ~ **into a pint pot** *fig.* das Unmögliche versuchen. **2.** Quartkrug *m.*

quar·tan [ˈkwɔː(r)tn] *med.* **I** *adj* viertägig, alle vier Tage auftretend: ~ **fever** → II. **II** *s* Quarˈtan-, Vierˈtagefieber *n.*

quarte [kɑː(r)t] *s fenc.* Quart *f.*

quar·ter [ˈkwɔː(r)tə(r)] **I** *s* **1.** Viertel *n*, vierter Teil: ~ **of a century** Vierteljahrhundert *n*; **for a** ~ **(of) the price** zum Viertel des Preises; **not a** ~ **as good as** nicht annähernd so gut wie. **2.** *Am. od. Canad.* Vierteldollar *m* (= *25 Cents*). **3.** *a.* ~ **of an hour** Viertelstunde *f*: **a** ~ **to six** (ein) Viertel vor sechs, drei Viertel sechs; **a** ~ **past six** (ein) Viertel nach sechs, Viertel sieben. **4.** *a.* ~ **of the year** Vierteljahr *n*, Quarˈtal *n.* **5.** *astr.* (Mond)Viertel *n.* **6.** *bes. Scot. od. Am.* (ˈStudien)Quarˌtal *n*, Viertel *n* des Schuljahres. **7.** *sport* (Spiel)Viertel *n.* **8.** → **quarterback**. **9.** Viertelpfund *n* (*0,113 kg*). **10.** Viertelmeile *f*: **he won the** ~ *sport* er gewann die Viertelmeile. **11.** Quarter *n*: a) = *28 lb.* = *12,7 kg, Am. 25 lb.* = *11,34 kg* (*Handelsgewicht*), b) *Br.* = *2,91 hl* (*Hohlmaß*). **12.** *mar.* a) Kardiˈnalpunkt *m*, Haupthimmelsrichtung *f* (*des Kompasses*), b) Viertelstrich *m* (*des Kompasses* = *2° 49′*). **13.** (Himmels-, Wind)Richtung *f*: **what** ~ **is the wind in?** woher *od.* von welcher Seite weht der Wind? (*a. fig.*). **14.** Gegend *f*, Teil *m* (*e-s Landes etc*): **from all** ~**s** von überall(her), aus allen (Himmels)Richtungen; **in this** ~ hierzulande, in dieser Gegend; → **close quarters**. **15.** Stelle *f*, Seite *f*, Quelle *f*: **higher** ~**s** höhere Stellen; **in the highest** ~**s** an höchster Stelle; **in the proper** ~ bei der zuständigen Stelle; **in Government** ~**s** in Regierungskreisen; **from official** ~**s** von amtlicher Seite; → **informed** 1. **16.** (Stadt)Viertel *n*, (-)Bezirk *m*: **poor** ~ Armenviertel; **residential** ~ Wohnbezirk. **17.** *meist pl mil.* Quarˈtier *n*, (ˈTruppen)ˌUnterkunft *f*: **to be confined to** ~**s** Stubenarrest haben; **to take up one's** ~**s** sein Quartier aufschlagen. **18.** *meist pl* Quarˈtier *n*, ˈUnterkunft *f*, Wohnung *f*, Loˈgis *n*: **to have free** ~**s** umsonst wohnen, freie Wohnung haben. **19.** *bes. mil.* Parˈdon *m*, Schonung *f*: **to find (give) no** ~ keinen Pardon finden (geben); **to call** (*od.* **cry**) **for** ~ um Gnade flehen; **to give fair** ~ Nachsicht üben. **20.** (*bes.* ˈHinter)Viertel *n* (*e-s Schlachttiers*), Kruppe *f* (*e-s Pferdes*). **21.** Seitenteil *m, n*, Fersenleder *n* (*am Schuh*). **22.** *mar.* Achterschiff *n.* **23.** *mar.* Posten *m*: **to beat to** ~**s** die Mannschaft auf ihre Posten rufen. **24.** *mar.* Raharm *m.* **25.** *her.* Quarˈtier *n*, (Wappen)Feld *n.* **26.** *arch. tech.* Stollenholz *n*, Vierpaß *m.*

II *v/t* **27.** *etwas* in vier Teile teilen, vierteln. **28.** aufteilen, zerstückeln. **29.** *j-n* vierteilen. **30.** *j-n* beherbergen. **31.** *mil.* ˈeinquarˌtieren (**on, upon** bei), *Truppen* ˈunterbringen: ~**ed in barracks** kaserniert; **to be** ~**ed at** (*od.* **in**) in Garnison liegen in (*dat*); **to** ~ **o.s. upon s.o.** *fig.* sich bei j-m einquartieren. **32.** *e-e Gegend* durchˈstreifen, -ˈstöbern (*Jagdhunde*). **33.** *her. Wappenschild* vieren.

III *v/i* **34.** wohnen, leben. **35.** ˈeinquarˌtiert sein, Quarˈtier haben (**at** in *dat*, bei). **36.** umˈherstreifen (*Jagdhunde*).

quar·ter·age [ˈkwɔː(r)tərɪdʒ] *s* Quarˈtalsgehalt *n*, Viertelˈjahreszahlung *f.*

ˈ**quar·ter|ˌback I** *s* **1.** *American Football*: wichtigster Spieler der ˈAngriffsformatiˌon. **II** *v/t* **2.** *American Football*: *die Angriffsreihe* diriˈgieren. **3.** *Am. fig. e-e Sache* leiten, diriˈgieren. ~ **bend** *s tech.* rechtwink(e)liger (Rohr)Krümmer. ~ **bill** *s mar.* **1.** Aˈlarm-, Gefechtsrolle *f.* **2.** Rollenbuch *n.* ~ **bind·ing** *s Buchbinderei*: Halbfranz(band *m*) *n.* ~**cir·cle** *s math.* **1.** Viertelkreis *m.* **2.** *tech.* Abrundung *f.* ~ **day** *s* Quarˈtalstag *m* (*für fällige Zahlungen*: *in England 25.3., 24.6., 29.9., 25.12., in USA*: *1.1., 1.4., 1.7., 1.10.*). ˈ~**deck** *s mar.* **1.** Achterdeck *n.* **2.** *collect.* Offiˈziere *pl.* ~ **ea·gle** *s e-e amer. Goldmünze* (*$ 2,50*). ~ **face** *s paint.* verlorenes Proˈfil. ˌ~ˈ**fi·nal** *sport* **I** *s* **1.** *meist pl* ˈViertelfiˌnale *n.* **2.** ˈViertelfiˌnalspiel *n.* **II** *adj* **3.** Viertelfinal...: ~ **round** Viertelfinale *n.* ˌ~ˈ**fi·nal·ist** *s sport* ˈViertelfinaˌlist(in). ~ **gun·ner** *s mar.* Geschützführer *m.* ~ **horse** *s Am. Pferd mit guten Reiteigenschaften.* ~ **hour** *s* Viertelstunde *f.*

quar·ter·ing [ˈkwɔː(r)tərɪŋ] **I** *adj* **1.** *mar.* a) mit Backstagswind segelnd, b) Backstags...: ~ **wind**. **2.** *tech.* e-n rechten Winkel bildend. **II** *s* **3.** *mar.* Segeln *n* mit Backstagswind. **4.** Vierteilen *n*, Aufteilen *n.* **5.** *mil.* ˈEinquarˌtierung *f.* **6.** *astr.* Mondphasenwechsel *m.* **7.** *tech.* rechtwink(e)lige Verbindung.

ˈ**quar·ter·light** *s mot. Br.* Ausstellfenster *n.*

quar·ter·ly [ˈkwɔː(r)tə(r)lɪ] **I** *adj* **1.** Viertel... **2.** vierteljährlich, Vierteljahres..., Quartals... **II** *adv* **3.** in *od.* nach Vierteln. **4.** vierteljährlich, quarˈtalsweise. **5.** *her.* geviertweise. **III** *s* **6.** Viertelˈjahresschrift *f.*

ˈ**quar·ter|ˌmas·ter** *s* **1.** *mil.* Quarˈtiermeister *m.* **2.** *mar.* Quartermeister *m*: a) Steuerer *m* (*Handelsmarine*), b) Steuermannsmaat *m* (*Kriegsmarine*). ˈ~ˌ**mas·ter gen·er·al**, ˈ**Q**~ˌ**mas·ter-**ˈ**Gen·er·al** *pl* ˈ~ˌ**mas·ter gen·er·als** *s mil.* Geneˌralquarˈtiermeister *m.* ~ **mile** *s sport* Viertelmeile *f* (*402,34 m*). ~ **mil·er** *s sport* Viertelmeilenläufer *m.* ˈ~**-mile race** *s sport* Viertelmeilenlauf *m.*

quar·tern [ˈkwɔː(r)tə(r)n] *s bes. Br.* **1.** Viertel *n*, vierter Teil (*bes. e-s Maßes od. Gewichtes*): a) Viertelpinte *f*, b) Viertel *n* e-s englischen Pfundes. **2.** *a.* ~ **loaf** vierpfündiges Brot.

quar·ter| note *s mus. bes. Am.* Viertelnote *f.* ˈ~**pace** *s* ˈViertelspoˌdest *n* (*e-r Treppe*). ˈ~**-phase** *adj electr.* zweiphasig, Zweiphasen... ~ **point** *s mar.* Viertel(kompaß)strich *m.* ~ **round** *s arch.* Viertelstab *m.* ˈ~**saw** *v/t irr tech. den Stamm* (in vier gleiche Teile *od.* ganz) aufsägen. ~ **sec·tion** *s surv. Am.* quaˈdratisches Stück Land (*160 acres*). ~ **ses·sions** *s pl jur.* **1.** *Br. hist.* Krimiˈnalgericht *n* (*mit vierteljährlichen Sitzungen, a. Berufungsinstanz für Zivilsachen*). **2.** *Am.* (*in einigen Staaten der USA*) *ein ähnliches Gericht für leichtere Strafsachen.* ˈ~**staff** *pl* ˈ~**staves** *s hist.* Bauernspieß *m* (*Bauernwaffe*). ~ **step** *s mus.* Viertelton(schritt) *m.* ~ **tone** *s mus.* **1.** ˈVierteltoninterˌvall *n.* **2.** Viertelton *m.* ~ **wave** *s Radio*: Viertelwelle *f.* ˈ~**-wave plate** *s phys.* Polarisatiˈonsfilter *n, m.*

quar·tet, *Br. a.* **quar·tette** [kwɔː(r)ˈtet] *s* **1.** *mus.* Quarˈtett *n.* **2.** *humor.* Quarˈtett *n* (*4 Personen*). **3.** Vierergruppe *f*, Satz *m* von 4 Dingen.

quar·tic [ˈkwɔː(r)tɪk] *math.* **I** *adj Gleichung* vierten Grades. **II** *s* algeˈbraische Funktiˈon vierten Grades.

quar·tile [ˈkwɔː(r)taɪl] *s* **1.** *astr.* Quadraˈtur *f*, Geviertschein *m.* **2.** *Statistik*: Quarˈtil *n*, Viertelswert *m.* ~ **de·vi·a·tion** *s math.* Quarˈtilsabstand *m.*

quar·to [ˈkwɔː(r)təʊ] *pl* **-tos** *print.* **I** *s* ˈQuartforˌmat *n* ($9^1/_2 \times 12^1/_2$ *Zoll*). **II** *adj* im ˈQuartforˌmat, Quart...

quartz [kwɔː(r)ts] *s min.* Quarz *m*: ~ **clock**, ~ **watch** Quarzuhr *f*; ~ **crystal** a) Quarzkristall *m*, b) *Radio*: Schwingkristall *m*; ~ **(glass)** *tech.* Quarz-, Kieselglas *n*; ~**(-iodine) lamp** a) Quarz(glas)-lampe *f*, b) Quarzlampe *f* (*künstliche Höhensonne*).

quartz·if·er·ous [kwɔː(r)ˈtsɪfərəs] *adj min.* quarzig, quarzhaltig, Quarz...

quartz·ite [ˈkwɔː(r)tsaɪt] *s geol.* Quarˈzit *m.*

quartz·ose [ˈkwɔː(r)tsəʊs] *adj min.* quarzig, quarzhaltig, Quarz...

qua·sar [ˈkweɪzɑː(r)] *s astr.* Quaˈsar *m.*

quash¹ [kwɒʃ; *Am. a.* kwɑʃ] *v/t jur.* **1.** *e-e Verfügung etc* aufheben, annulˈlieren, verwerfen. **2.** *e-e Klage* abweisen. **3.** *das Verfahren* niederschlagen.

quash² [kwɒʃ; *Am. a.* kwɑʃ] *v/t* **1.** zermalmen, zerstören. **2.** bezwingen, unterˈdrücken.

qua·si [ˈkweɪzaɪ; ˈkwɑːzɪ] **I** *adj* e-m ... gleichend *od.* ähnlich, Quasi...: ~ **contract** *jur.* vertragsähnliches Verhältnis; **a** ~ **war** ein kriegsähnlicher Zustand. **II** *adv* (*meist mit Bindestrich*) quasi, gewissermaßen, sozusagen, gleichsam, ... ähnlich, Quasi..., Schein...: **to** ~**-deify** gleichsam vergöttern; ~**-judicial** quasigerichtlich; ~**-official** halbamtlich, offiziös; ~**-public** halböffentlich, mit öffentlich-rechtlichen Befugnissen; ~**-stellar object** *astr.* quasistellares Objekt.

qua·ter·cen·te·nar·y [ˌkwætəsenˈtiːnərɪ; *Am.* ˌkwɑːtərsenˈtenəriː; -ˈtiː-] *s* vierhundertster Jahrestag, Vierhundertˈjahrfeier *f.*

qua·ter·na·ry [kwəˈtɜːnərɪ; *Am. a.* ˈkwɑːtərˌneriː] **I** *adj* **1.** aus vier bestehend: ~ **number** Quarternärzahl *f* (*Zahl mit der Basis 4*). **2.** **Q**~ *geol.* Quartär... **3.** *chem.* quarterˈnär, vierbindig. **II** *s* **4.** Gruppe *f* von 4 Dingen. **5.** Vier *f* (*Zahl*). **6.** *geol.* Quarˈtär(periˌode *f*) *n.*

qua·ter·ni·on [kwəˈtɜːnjən; -nɪən; *Am.* -ˈtɜr-; *a.* kwɑː-] *s* **1.** Quaˈternio *f*, Vierergruppe *f.* **2.** *math.* a) Quaterniˈon *f* (*die allgemeine komplexe Zahl*), b) *pl* Rechnen *n* mit ˈhyperkomˌplexen Zahlen.

quat·or·zain [kəˈtɔː(r)zeɪn; ˈkætə(r)-] *s* *14zeiliges Gedicht, dem Sonett ähnlich.*

quat·rain [ˈkwɒtreɪn; *Am.* ˈkwɑt-] *s metr.* Quaˈtrain *n, m*, Vierzeiler *m.*

qua·tre [ˈkætrə; *Am.* ˈkætər] *s* Vier *f* (*Spielkarte, Würfel etc*).

quat·re·foil [ˈkætrəfɔɪl; *Am. a.* ˈkætər-] *s* **1.** *arch.* Vierblatt *n*, -paß *m.* **2.** *bot.* vierblätt(e)riges (Klee)Blatt.

quat·tro·cen·to [ˌkwætrəʊˈtʃentəʊ; *Am.* ˌkwɑː-] *s* Quattroˈcento *n* (*italienischer Kunststil des 15. Jhs., Frührenaissance*).

qua·ver [ˈkweɪvə(r)] **I** *v/i* **1.** zittern, viˈbrieren. **2.** *mus.* tremoˈlieren, zittern (*beide a. weitS. beim Sprechen*), trillern. **II** *v/t meist* ~ **out** **3.** *etwas* tremoˈlierend *od.* mit überˈtriebenem Viˈbrato singen. **4.** *etwas* mit zitternder Stimme sagen *od.* stammeln. **III** *s mus.* **5.** Triller *m*, Tremolo *n.* **6.** *Br.* Achtelnote *f*: ~ **rest** Achtelpause *f.* ˈ**qua·ver·ing**, ˈ**qua·ver·y** *adj* zitternd, tremoˈlierend.

quay [kiː; *Am. a.* keɪ] *s mar.* Kai *m* (*Schiffslandeplatz*): **on the** ~ am Kai. ˈ**quay·age** *s* **1.** *econ.* Kaigeld *n*, Kaigebühr *f.* **2.** *collect.* Kaianlagen *pl.*

quean [kwiːn; *Am. a.* kweɪn] *s obs.* **1.** Weibsbild *n*, ‚Schlampe' *f.* **2.** Dirne *f*, Hure *f.*

quea·si·ness [ˈkwiːzɪnɪs] *s* **1.** Übelkeit *f.* **2.** (ˈÜber)Empfindlichkeit *f.* ˈ**quea·sy** *adj* (*adv* **queasily**) **1.** zur Übelkeit neigend. **2.** (ˈüber)empfindlich (*Magen etc*). **3.** Übelkeit *od.* Ekel erregend. **4.** unwohl: I **feel** ~ mir ist übel *od.* schlecht *od.* ‚komisch im Magen'. **5.** mäk(e)lig, heikel (*im Essen etc*). **6.** zart, überˈtrieben senˈsibel: ~ **conscience. 7.** bedenklich, zweifelhaft: **I am** ~ **about** (*od.* **at**) mir ist nicht wohl bei. **8.** unangenehm berührt.

queen [kwiːn] **I** *s* **1.** Königin *f*, Herrscherin *f* (*beide a. fig.*): **Q~ Anne is dead!** ‚so'n Bart!'; **Q~ of grace** *relig.* Gnadenmutter *f*; ~ **of the seas** Königin der Meere (*Großbritannien*); → **English** 3, **evidence** 2, **heart** 9, **proctor** 3; → **King's Bench Division, King's Counsel, King's speech. 2.** *fig.* Königin *f*, Schönste *f*: **Q~ of (the) May** Maikönigin; **the ~ of watering places** die Perle der Badeorte. **3.** *Am. colloq.* ‚Prachtweib' *n*, ‚tolle Frau'. **4.** *colloq.* ‚Schwule(r)' *m*, ‚Homo' *m* (*Homosexueller*). **5.** *zo.* Königin *f*: a) *a.* ~ **bee** Bienenkönigin, b) *a.* ~ **wasp** Wespenkönigin, c) *a.* ~ **ant** Ameisenkönigin. **6.** *Schach u. Kartenspiel*: Dame *f*: ~**'s gambit** Damengambit *n*; ~**'s pawn** Damenbauer *m*; ~ **of hearts** Herzdame. **II** *v/i* **7.** *meist* ~ **it** die große Dame spielen: **to ~ it over s.o.** j-n von oben herab behandeln. **8.** *Schach*: in e-e Dame verwandelt werden (*Bauer*). **III** *v/t* **9.** zur Königin machen. **10.** *e-n Bienenstock* beweiseln. **11.** *Schach*: *e-n Bauern* (in e-e Dame) verwandeln. **Q~ Anne (style)** *s* Queen-Anne-Stil *m* (*bes. Bau- u. Möbelstil zur Zeit der Königin Anna: frühes 18. Jh.*). ˈ**~cake** *s* kleiner Roˈsinenkuchen. ~ **dow·a·ger** *s* Königinwitwe *f.*

ˈ**queen·hood** *s* Rang *m* e-r Königin.

ˈ**queen·ing** *s bot. Br.* Reˈnette *f* (*Apfelsorte*).

ˈ**queen·like,** ˈ**queen·ly** *adj u. adv* königlich, majeˈstätisch, wie e-e Königin.

queen| moth·er *s* Königinmutter *f.* ~ **post** *s arch.* doppelte Hängesäule. ~ **re·gent** *s* reˈgierende Königin.

queen's| met·al *s tech.* ˈWeißmeˌtall *n.* ~ **ware** *s* (*ein*) gelbes Steingut. ~**yel·low** *s* **1.** Ziˈtronengelb *n.* **2.** *min.* gelbes schwefelsaures ˈQuecksilberoˌxyd.

queer [kwɪə(r)] **I** *adj* (*adv* ~**ly**) **1.** seltsam, sonderbar, eigenartig, kuriˈos, wunderlich, ‚komisch': ~ **fellow** (*od.* **fish**) komischer Kauz. **2.** *colloq.* fragwürdig, verdächtig, anrüchig, ‚faul', ‚komisch': **a ~ business; to be in Q~ street** a) auf dem trockenen sitzen, b) ‚in der Tinte' sitzen, in ‚Schwulitäten' (geraten) sein. **3.** *colloq.* unwohl, ‚schwummerig': **to feel ~** sich ‚komisch' fühlen. **4.** *a.* ~ **in the head** *colloq.* ein bißchen verrückt, ‚nicht ganz bei Trost'. **5.** *colloq.* ‚schwul' (*homosexuell*). **6.** *colloq.* gefälscht, falsch. **7.** *Am. colloq.* scharf, wild, versessen (**for, about** auf *acc*). **II** *v/t* **8.** *colloq.* ‚vermasseln', verderben: → **pitch**[2] 27. **9.** *colloq.* in ein schlechtes *od.* falsches Licht setzen (**with** bei). **III** *s* **10.** *colloq.* ‚Schwule(r)' *m*, ‚Homo' *m* (*Homosexueller*). **11.** *colloq.* ‚Blüte' *f* (*Falschgeld*). ˈ**queer·ness** *s* **1.** Seltsamkeit *f*, Wunderlichkeit *f.* **2.** (*das*) Seltsame.

quell [kwel] *v/t poet.* **1.** *e-n Aufstand etc, a. Gefühle* unterˈdrücken, ersticken. **2.** unterˈwerfen, bezwingen. **3.** *Gefühle* beschwichtigen, *Furcht* nehmen.

quench [kwentʃ] *v/t* **1.** a) *Flammen, Feuer etc* (aus)löschen, b) *den Durst* löschen, c) *ein Verlangen* stillen, d) *e-e Hoffnung* zuˈnichte machen. **2.** *fig.* → **quell** 1. **3.** *Asche, Koks etc* (ab)löschen. **4.** *metall.* abschrecken: ~**ing and tempering** (Stahl)Vergütung *f*; ~**ing bath** Abschreckbad *n.* **5.** *electr. Funken, Lichtbogen* löschen: ~**ed spark gap** Löschfunkenstrecke *f*; ~**ing choke** Löschdrossel *f.* **6.** *electr. Schwingungen* abdämpfen, löschen: ~**ing frequency** Pendelfrequenz *f.* **7.** *fig. j-m* den Mund stopfen. ˈ**quench·er** *s colloq.* Schluck *m.* ˈ**quench·less** *adj* unstillbar.

que·nelle [kəˈnel] *s gastr.* (Fleisch-, Fisch)Klößchen *n.*

quer·cine [ˈkwɜːsaɪn; -sɪn; *Am.* ˈkwɜr-] *adj bot.* **1.** Eich(en)... **2.** eichenähnlich.

que·rist [ˈkwɪərɪst; *Am. a.* ˈkweə-], *a.* ˈ**que·rent** [-rənt] *s* Fragesteller(in).

quern [kwɜːn; *Am.* kwɜrn] *s* **1.** Hand(getreide)mühle *f.* **2.** Handpfeffermühle *f.*

quer·u·lous [ˈkwerʊləs] *adj* (*adv* ~**ly**) **1.** quengelig, nörg(e)lig, nörgelnd, verdrossen. **2.** jammernd. ˈ**quer·u·lous·ness** *s* **1.** Verdrossenheit *f.* **2.** Jammern *n.*

que·ry [ˈkwɪərɪ; *Am. a.* ˈkweə-] **I** *s* **1.** Frage *f*, Erkundigung *f.* **2.** *econ.* Rückfrage *f*: ~ (*abbr.* **qu.**), **was the money ever paid?** Frage, wurde das Geld jemals bezahlt? **3.** (an)zweifelnde *od.* unangenehme Frage. **4.** Zweifel *m.* **5.** *print.* (*anzweifelndes*) Fragezeichen. **II** *v/t* **6.** fragen. **7.** *etwas* in Zweifel ziehen, in Frage stellen, beanstanden. **8.** mit (e-m) Fragezeichen versehen. **9.** *j-n* (be-, aus-) fragen. **10.** *tech.* abfragen.

quest [kwest] **I** *s* **1.** Suche *f*, Streben *n*, Trachten *n* (**for, of** nach): **in ~ of** auf der Suche nach. **2.** *a.* **knightly ~** Auszug *m*, Ritterzug *m*: ~ **of the Holy Grail** Suche *f* nach dem Heiligen Gral. **3.** *obs.* Unterˈsuchung *f*, Nachforschung(en *pl*) *f.* **II** *v/i* **4.** suchen (**for, after** nach). **5.** *hunt.* Wild suchen (*Jagdhunde*). **III** *v/t* **6.** suchen *od.* streben *od.* trachten nach.

ques·tion [ˈkwestʃən] **I** *s* **1.** Frage *f* (*a. ling.*): **to beg the ~** a) von e-r falschen Voraussetzung ausgehen, b) die Sache von vornherein als erwiesen ansehen; **to put a ~ to s.o., to ask s.o. a ~** j-m e-e Frage stellen; **the ~ does not arise** die Frage ist belanglos; → **pop**[1] 9. **2.** Frage *f*, Proˈblem *n*, Thema *n*, (Streit)Punkt *m*: **the Negro Q~** die Negerfrage; ~**s of the day** Tagesfragen; ~ **of fact** *jur.* Tatfrage; ~ **of law** *jur.* Rechtsfrage; **the point in ~** die fragliche *od.* vorliegende *od.* zur Debatte stehende Sache; **to come into ~** in Frage kommen, wichtig werden; **there is no ~ of s.th.** (*od.* **of doing**) es ist nicht die Rede von etwas (*od.* davon, daß *etwas* getan wird); ~**!** *parl.* zur Sache! **3.** Frage *f*, Sache *f*, Angelegenheit *f*: **only a ~ of time** nur e-e Frage der Zeit. **4.** Frage *f*, Zweifel *m*: **to call in ~** → 8; **there is no ~ but** (*od.* **that**) es steht außer Frage, daß; **out of ~** außer Frage; **that is out of the ~** das kommt nicht in Frage. **5.** *parl.* Anfrage *f*: **to put to the ~** zur Abstimmung *e-r Sache* schreiten (→ 6). **6.** *jur.* Vernehmung *f*, Unterˈsuchung *f*: **to put to the ~** *hist. j-n* foltern (→ 5). **II** *v/t* **7.** *j-n* (aus-, be)fragen, *jur.* vernehmen, -hören. **8.** *etwas* an-, bezweifeln, in Zweifel ziehen. ˈ**ques·tion·a·ble** *adj* (*adv* **questionably**) **1.** fraglich, zweifelhaft, ungewiß. **2.** bedenklich, fragwürdig. **3.** anrüchig. ˈ**ques·tion·ar·y** [-ʃənərɪ; *Am.* -ʃəˌneriː] → **questionnaire.** ˈ**ques·tion·er** *s* Fragesteller(in), Frager(in). ˈ**ques·tion·ing I** *adj* (*adv* ~**ly**) fragend (*a. Blick, Stimme*). **II** *s* Befragung *f*, *jur.* Vernehmung *f.* ˈ**ques·tion·less** *adj* **1.** bedingungslos, blind: ~ **obedience. 2.** unzweifelhaft.

ques·tion| mark *s* Fragezeichen *n.* ~ **mas·ter** *s Br.* Quizmaster *m.*

ques·tion·naire [ˌkwestɪəˈneə(r); *bes. Am.* -stʃə-] *s* Fragebogen *m.*

ques·tion| pe·ri·od *s parl. Am.* Fragestunde *f.* ~ **time** *s parl. Br.* Fragestunde *f.*

quet·zal [ˈkwetsl; *Am.* ketˈsɑːl; -ˈsæl] *s* **1.** *orn.* Quetˈzal *m.* **2.** Quetˈzal *m* (*Münzeinheit in Guatemala*).

queue [kjuː] **I** *s* **1.** (Haar)Zopf *m.* **2.** *bes. Br.* Schlange *f*, Reihe *f* (*vor Geschäften etc*), *fig.* Warteliste *f*: **to stand** (*od.* **wait**) **in a ~** Schlange stehen; → **jump** 27. **II** *v/i* **3.** *meist* ~ **up** *bes. Br.* e-e Schlange bilden, Schlange stehen, sich anstellen (**for** nach). **III** *v/t* **4.** *Haare* zu e-m Zopf flechten. ˈ**~-ˌjump·er** *s bes. Br.* a) j-d, der sich vordrängelt *od.* aus der Reihe tanzt, b) *mot.* Koˈlonnenspringer *m.*

quib·ble [ˈkwɪbl] **I** *s* **1.** Spitzfindigkeit *f*, Wortklaubeˈrei *f*, Haarspalteˈrei *f*, Ausflucht *f*, Kniff *m.* **2.** Kritteˈlei *f.* **3.** *obs.* Wortspiel *n.* **II** *v/i* **4.** herˈumreden, Ausflüchte machen. **5.** spitzfindig sein, Haarspalteˈrei betreiben. **6.** (herˈum-) kritteln. ˈ**quib·bler** *s* **1.** Wortklauber (-in), -verdreher(in). **2.** Krittler(in). ˈ**quib·bling** *adj* (*adv* ~**ly**) **1.** spitzfindig, haarspalterisch, wortklauberisch. **2.** krittelig.

quick [kwɪk] **I** *adj* (*adv* ~**ly**) **1.** schnell, rasch, prompt, soˈfortig, ˈumgehend: ~ **answer (service)** prompte Antwort (Bedienung); ~ **returns** *econ.* schneller Umsatz; **he is ~ to make friends** er schließt schnell Freundschaft; → **offence** 3. **2.** schnell, flink, geschwind, rasch: **be ~!** mach schnell!, beeil(e) dich!; **to be ~ about s.th.** sich mit etwas beeilen; **a ~ one** *bes. Br. colloq.* ein Gläs-chen auf die Schnelle. **3.** (geistig) wach, aufgeweckt, schlagfertig, ‚fix': ~ **wit** Schlagfertigkeit *f*; → **uptake** 1. **4.** schnell, ‚fix' (*prompt handelnd*). **5.** hitzig, aufbrausend: **a ~ temper. 6.** scharf (*Auge etc*): **a ~ ear** ein feines Gehör. **7.** *obs.* scharf: ~ **pain (smell, taste). 8.** lose, treibend (*Sand etc*). **9.** aus lebenden Pflanzen bestehend: **a ~ hedge** e-e lebende Hecke. **10.** *obs.* lebend, leˈbendig. **11.** lebhaft (*a. econ.*). **12.** *meist* ~ **with child** *obs.* hochschwanger. **13.** *econ.* flüssig, liˈquid (*Anlagen, Aktiva*): ~ **assets. 14.** *Bergbau*: erzhaltig, ergiebig. **II** *s* **15. the ~** *obs.* die Lebenden *pl*: **the ~ and the dead. 16.** *bot. Br.* heckenbildende Pflanze(n *pl*). **17.** empfindliches *od.* lebendes Fleisch (*bes. unter den Nägeln*). **18.** *fig.* Mark *n*: **to the ~** a) bis ins Fleisch, b) *fig.* bis ins Mark, c) *fig.* durch u. durch; **to cut s.o. to the ~** j-n tief verletzen; **a Tory to the ~** ein Tory durch u. durch *od.* bis auf die Knochen; **to paint s.o. to the ~** j-n malen, wie er leibt u. lebt. **19.** *Am.* Quecksilber *n.* **III** *adv* **20.** geschwind, schnell, soˈfort. ˈ**~-ˌac·tion** *adj tech.* Schnell... ~ **ash** *s tech.* Flugasche *f.* ˈ**~beam** *s bot.* Vogelbeerbaum *m*, Eberesche *f.* ˈ**~-break** *adj electr.* Schnell..., Moment...: ~ **switch** Momentschalter *m*; ~ **fuse** Hochleistungssicherung *f.* ˈ**~change** *adj* **1.** ~ **artist** *thea.* Verwandlungskünstler(in). **2.** ~ **tool part** *tech.* rasch auswechselbares Werkzeugteil. ˈ**~-ˌdry·ing** *adj* schnelltrocknend (*Lack etc*).

quick·en [ˈkwɪkən] **I** *v/t* **1.** beschleunigen. **2.** (wieder) leˈbendig machen, ˈwiederbeleben. **3.** an-, erregen, beleben, stimuˈlieren, beflügeln: **to ~ the imagination. 4.** beleben, *j-m* neuen Auftrieb geben. **II** *v/i* **5.** sich beschleunigen (*Puls, Schritte etc*). **6.** belebt *od.* gekräftigt werden. **7.** (wieder) leˈbendig werden. **8.** sich bewegen (*Fetus*).

quick| fire *s mil.* Schnellfeuer *n.* ˈ**~-fire** *adj* **1.** *a.* **quick-firing** *mil.* Schnellfeuer... **2.** (blitz)schnell (*Fragen etc*). ˌ**~-forˈgot·ten** *adj* schnell vergessen. ˈ**~-freeze I** *v/t irr* einfrieren, tiefkühlen.

II *s* → **quick freezing.** ~ **freez·ing** *s tech.* (Schnell)Tiefkühl-, Gefrierverfahren *n.* **ˈ~-ˌfro·zen** *adj tech.* tiefgekühlt, Tiefkühl..., Gefrier... ~ **grass** *s bot.* Gemeine Quecke.

quick·ie [ˈkwɪkɪ] *s colloq.* **1.** (*etwas*) ‚ˈHingehauenes', ‚fixe Sache', ‚auf die Schnelle' gemachte Sache, *z. B.* billiger, improviˈsierter Film, rasch geschriebenes Buch *etc.* **2.** ‚kurze Sache', (*etwas*) Kurzdauerndes, *z. B.* kurzer Werbefilm, ˈKurzproˌgramm *n etc.* **3.** *bes. Am.* Gläschen *n* auf die Schnelle.

ˈquick|·lime *s chem.* gebrannter ungelöschter Kalk, Ätzkalk *m.* **ˌ~-ˈlunch** *s Am.* Schnellgaststätte *f.* ~ **march** *s mil.* a) Eilmarsch *m,* b) → **quick time** 2. **ˈ~·match** *s* (Schnell)Zündschnur *f.* ~ **mo·tion** *s tech.* Schnellgang *m.* **ˌ~-ˈmo·tion cam·er·a** *s phot.* Zeitraffer (-kamera *f*) *m.*

ˈquick·ness *s* **1.** Schnelligkeit *f.* **2.** (geistige) Wachheit, Aufgewecktheit *f,* rasche Auffassungsgabe, Schlagfertigkeit *f.* **3.** Schärfe *f* (*der Beobachtung etc*): ~ **of sight** (gutes) Sehvermögen, scharfe Augen. **4.** Lebhaftigkeit *f,* Leˈbendigkeit *f.* **5.** Hitzigkeit *f*: ~ **of temper.** **6.** Überˈeiltheit *f.*

ˈquick|·sand *s geol.* Schwimm-, Flott-, Treibsand *m.* **ˈ~·set** *bot. bes. Br.* **I** *adj* **1.** aus lebenden Pflanzen bestehend (*Hecke*). **II** *s* **2.** heckenbildende Pflanze, *bes.* Weißdorn *m.* **3.** lebende Hecke. **4.** Setzling *m.* **ˌ~-ˈset·ting** *adj tech.* schnell abbindend (*Zement*). **ˈ~ˌsil·ver** **I** *s chem.* Quecksilber *n* (*a. fig.*). **II** *adj fig.* quecksilb(e)rig, lebhaft: **a** ~ **temper.** **III** *v/t e-n Spiegel* mit ˈZinnamalˌgam überˈziehen. **ˈ~·step** **I** *s* **1.** *mil.* Schnellschritt *m.* **2.** *mus.* Geschwindmarsch *m.* **3.** *mus.* Quickstep *m* (*schneller Foxtrott*). **II** *v/i* **4.** Quickstep tanzen. **ˌ~-ˈtem·pered** *adj* hitzig, aufbrausend. **ˈ~·thorn** *s bot.* Hage-, Weißdorn *m.* ~ **time** *s mil.* **1.** schnelles Marschtempo. **2.** *exerziermäßiges Marschtempo von* a) *Br. 128 Schritt (zu je 33 inches) pro Minute,* b) *Am. 120 Schritt (zu je 30 inches).* **3.** Gleichschritt *m*: ~ **march!** im Gleichschritt, marsch! ~ **trick** *s Bridge*: sicherer Stich. **ˌ~-ˈwit·ted** *adj* (geistig) wach, aufgeweckt, schlagfertig (*a. Antwort*), ‚fix'.

quid[1] [kwɪd] *s* **1.** Priem *m,* Stück *n* ˈKauˌtabak. **2.** ˈwiedergekäutes Futter.

quid[2] [kwɪd] *pl* **quid** *s Br. sl.* Pfund *n* (Sterling).

quid·di·ty [ˈkwɪdətɪ] *s* **1.** Esˈsenz *f,* Wesen *n.* **2.** feiner ˈUnterschied, Feinheit *f.* **3.** Spitzfindigkeit *f.*

quid·dle [ˈkwɪdl] *v/i Am.* die Zeit verschwatzen *od.* vertrödeln.

quid·nunc [ˈkwɪdnʌŋk] *s* Neuigkeitskrämer *m,* Klatschtante *f.*

quid pro quo [ˌkwɪdprəʊˈkwəʊ] *pl* **quid pro quos** (*Lat.*) *s* Gegenleistung *f,* Vergütung *f.*

qui·es·cence [kwaɪˈesns; *Am. a.* kwiː-], *a.* **quiˈes·cen·cy** [-sɪ] *s* Ruhe *f,* Stille *f.* **quiˈes·cent** *adj* (*adv* ~**ly**) **1.** ruhig, bewegungslos: ~ **anode current** *electr.* Anodenruhestrom *m*; ~ **state** Ruhezustand *m.* **2.** ruhig, still. **3.** *ling.* stumm (*Buchstabe*).

qui·et [ˈkwaɪət] **I** *adj* (*adv* ~**ly**) **1.** ruhig, still (*a. fig. Person etc*). **2.** ruhig, leise, geräuschlos (*a. tech.*), *tech.* geräuschfrei: ~ **run** *tech.* ruhiger Gang; **be** ~! sei still *od.* ruhig!; ~, **please!** ich bitte um Ruhe!; Ruhe, bitte!; **to keep** ~ a) sich ruhig verhalten, still sein, b) den Mund halten. **3.** ruhig, friedlich, behaglich, beschaulich: **a** ~ **life**; **a** ~ **evening** ein ruhiger *od.* geruhsamer Abend; ~ **conscience** ruhiges Gewissen; → **enjoyment** 2. **4.** bewegungslos, still: ~ **waters.** **5.** *fig.* versteckt, geheim, heimlich, leise: **a** ~ **resentment** ein heimlicher Groll; **to keep s.th.** ~ etwas geheimhalten *od.* für sich behalten. **6.** ruhig, unauffällig: ~ **colo(u)rs** ruhige *od.* gedämpfte Farben. **7.** *econ.* ruhig, still, flau: ~ **business**; ~ **season.** **II** *s* **8.** Ruhe *f.* **9.** Ruhe *f,* Stille *f*: **on the** ~ ‚klammheimlich'; ‚heimlich, still u. leise'. **10.** Ruhe *f,* Friede(n) *m.* **III** *v/t* **11.** beruhigen, zur Ruhe bringen. **12.** beruhigen, besänftigen. **13.** zum Schweigen bringen. **IV** *v/i* **14.** *meist* ~ **down** ruhig *od.* still werden, sich beruhigen. **ˈquiet·en** → **quiet** III *u.* IV.

qui·et·ism [ˈkwaɪɪtɪzəm; -aɪə-] *s* **1.** *relig.* Quieˈtismus *m.* **2.** (Gemüts)Ruhe *f.* **ˈqui·et·ist** *s relig.* Quieˈtist(in).

qui·et·ness [ˈkwaɪətnɪs] *s* **1.** Geräuschlosigkeit *f.* **2.** → **quietude.**

qui·e·tude [ˈkwaɪɪtjuːd; -aɪə-; *Am. a.* -ˌtuːd] *s* **1.** Stille *f,* Ruhe *f.* **2.** *fig.* Friede(n) *m.* **3.** (Gemüts)Ruhe *f.*

qui·e·tus [kwaɪˈiːtəs] *s* **1.** Ende *n,* Tod *m.* **2.** Todes-, Gnadenstoß *m*: **to give s.o. his** ~ j-m den Gnadenstoß geben, j-m den Garaus machen; **to give the** ~ **to a rumo(u)r** ein Gerücht endgültig zum Verstummen bringen. **3.** (restlose) Tilgung (*e-r Schuld*). **4.** *jur.* a) *Br.* Endquittung *f,* b) *Am.* Entlastung *f* (*des Nachlaßverwalters*).

quiff [kwɪf] *s Br.* (Stirn)Locke *f,* Tolle *f.*

quill [kwɪl] **I** *s* **1.** *a.* ~ **feather** *orn.* (Schwung-, Schwanz)Feder *f.* **2.** *orn.* Spule *f* (*unbefiederter Teil des Federkiels*). **3.** *a.* ~ **pen** Federkiel *m.* **4.** *zo.* Stachel *m* (*des Igels od. Stachelschweins*). **5.** *mus.* a) Plektrum *n,* b) *pl hist.* Panflöte *f.* **6.** Schwimmer *m* (*der Angel*). **7.** Zimtstange *f.* **8.** *tech.* a) Hohlwelle *f,* b) (Weber)Spule *f.* **II** *v/t* **9.** kräuseln, rund fälteln. **10.** *den Faden* aufspulen. ~ **bit** *s tech.* Hohlbohrer *m.* ~ **cov·erts** *s pl orn.* Deckfedern *pl.* ~ **driv·er** *s contp.* Federfuchser *m.*

quilt [kwɪlt] **I** *s* **1.** Steppdecke *f.* **2.** gesteppte (Bett)Decke. **II** *v/t* **3.** steppen, ˈdurchnähen. **4.** einnähen. **5.** watˈtieren, (aus)polstern. **6.** *oft* ~ **together** *fig. ein Buch etc* zs.-stoppeln. **ˈquilt·ing** *s* **1.** ˈDurchnähen *n,* Steppen *n*: ~ **seam** Steppnaht *f.* **2.** Füllung *f,* ˈFüllmateriˌal *n,* Watˈtierung *f*: ~ **cotton** Polsterwatte *f.* **3.** gesteppte Arbeit. **4.** Piˈkee *n* (*Gewebe*).

quim [kwɪm] *s Br. vulg.* ‚Fotze' *f,* ‚Möse' *f* (*Scheide*).

quin [kwɪn] *Br. colloq. für* **quintuplet** 2.

qui·na [ˈkwaɪnə; *bes. Am.* ˈkiːnə] *s bot.* **1.** China-, Fieberrinde *f.* **2.** Chiˈnin *n.*

qui·na·ry [ˈkwaɪnərɪ; *Am. a.* ˈkwɪ-] *adj* aus fünf bestehend, Fünf(er)...

quin·ate[1] [ˈkwaɪneɪt; *Am. a.* ˈkwɪ-] *s chem.* chinasaures Salz.

qui·nate[2] [ˈkwaɪneɪt] *adj bot.* fünffingerig (*Blatt*).

quince [kwɪns] *s bot.* Quitte *f.*

quin·cen·te·nar·y [ˌkwɪnsenˈtiːnərɪ; *Am.* -senˈtenəriː; -ˈsentnˌeriː] → **quingentenary.**

quin·dec·a·gon [kwɪnˈdekəgɒn; *Am.* -ˌgɑn] *s math.* Fünfzehneck *n.*

quin·gen·te·nar·y [ˌkwɪndʒenˈtiːnərɪ; *bes. Am.* -ˈte-] **I** *adj* fünfhundertjährig. **II** *s* fünfhundertster Jahrestag, Fünfhundertˈjahrfeier *f.*

quin·i·a [ˈkwɪnɪə] → **quinine.**

quin·ic ac·id [ˈkwɪnɪk] *s chem.* Chinasäure *f.*

qui·nine [kwɪˈniːn; *Am.* ˈkwaɪˌnaɪn] *s chem. pharm.* Chiˈnin *n.*

qui·nin·ism [kwɪˈniːnɪzəm; *Am.* ˈkwaɪnaɪˌnɪzəm], *a.* **qui·nism** [ˈkwaɪnɪzəm] *s med.* Chiˈninvergiftung *f.*

quin·oid [ˈkwɪnɔɪd] *s chem.* Chiˈnonverbindung *f.*

qui·none [kwɪˈnəʊn; ˈkwɪnəʊn] *s chem.* **1.** Chiˈnon *n.* **2.** → **quinoid.**

quin·o·noid [ˈkwɪnənɔɪd; kwɪˈnəʊ-] *adj chem.* Chinon...

quin·qua·ge·nar·i·an [ˌkwɪŋkwədʒɪˈneərɪən] **I** *adj* a) fünfzigjährig, b) in den Fünfzigern. **II** *s* Fünfzigjährige(r *m*) *f,* Fünfziger(in) (*a. Person in den Fünfzigern*). **quin·quag·e·nar·y** [kwɪŋˈkwædʒənərɪ; *Am.* kwɪnˈkwɑːdʒəˌneriː] *s* fünfzigster Jahrestag.

Quin·qua·ges·i·ma, *a.* ~ **Sun·day** [ˌkwɪŋkwəˈdʒesɪmə; *Am. a.* -ˈdʒeɪzəmə] *s* (Sonntag *m*) Quinquaˈgesima *f* (*Sonntag vor Fastnacht*).

quinque- [kwɪŋkwɪ; *Am. a.* kwɪn-] *Wortelement mit der Bedeutung* fünf...

ˌquin·queˈcos·tate *adj bot. zo.* fünfrippig. **ˌquin·queˈdig·i·tate** *adj* fünffingerig, -zehig.

quin·quen·ni·ad [kwɪŋˈkwenɪæd; *Am.* -ˌæd] → **quinquennium.** **quinˈquen·ni·al** **I** *adj* **1.** fünfjährig, fünf Jahre dauernd *od.* umˈfassend. **2.** fünfjährlich (ˈwiederkehrend), alle fünf Jahre stattfindend. **II** *s* **3.** Zeitraum *m* von fünf Jahren. **4.** fünfter Jahrestag. **quinˈquen·ni·um** [-nɪəm] *pl* **-ni·a** [-nɪə] *s* Zeitraum *m* von fünf Jahren.

ˌquin·queˈpar·tite *adj* **1.** fünfteilig. **2.** Fünfer..., Fünfmächte..., zwischen fünf Partnern abgeschlossen *etc*: ~ **pact** Fünferpakt *m.* **3.** fünffach ausgefertigt (*Urkunde*).

quin·que·reme [ˈkwɪŋkwɪriːm] *s mar. hist.* Fünfruderer *m.*

ˌquin·queˈva·lent [-ˈveɪlənt] *adj chem.* fünfwertig.

quin·qui·na [kwɪŋˈkwaɪnə; *bes. Am.* kɪnˈkiːnə] → **quina.**

ˌquin·quiˈva·lent → **quinquevalent.**

quin·sy [ˈkwɪnzɪ] *s med.* Hals-, Mandelentzündung *f.*

quint[1] [kɪnt; kwɪnt] *s Pikett*: Quinte *f* (*Sequenz von 5 Karten gleicher Farbe*).

quint[2] [kwɪnt] *mus.* Quint(e) *f.*

quint[3] [kwɪnt] *Am. colloq. für* **quintuplet** 2.

quin·tain [ˈkwɪntɪn] *s hist.* **1.** Stechpuppe *f,* (Holz)Pfosten *m* mit ˈHolzfiˌgur (*für ritterliche Übungen mit der Lanze*). **2.** Quinˈtanrennen *n.*

quin·tal [ˈkwɪntl; *Am. a.* ˈkæntl] *s* Doppelzentner *m.*

quin·tan [ˈkwɪntn] *med.* **I** *adj* fünftägig, alle fünf Tage auftretend: ~ **fever** → II. **II** *s* Fünfˈtagefieber *n.*

quinte [kænt; kɛ̃t] (*Fr.*) *s fenc.* Quint *f.*

quin·tes·sence [kwɪnˈtesns] *s* **1.** *chem.* ˈQuintesˌsenz *f* (*a. philos. u. fig.*). **2.** Kern *m,* Inbegriff *m.* **3.** a) Urtyp *m,* b) klassisches Beispiel (**of** für, von), c) (höchste) Vollˈkommenheit. **quin·tes·sen·tial** [ˌkwɪntɪˈsenʃl; *Am.* -tʃəl] *adj* (*adv* ~**ly**) wesentlich, typisch, reinst(er, e, es).

quin·tet, *Br. a.* **quin·tette** [kwɪnˈtet] *s* **1.** *mus.* Quinˈtett *n.* **2.** *humor.* Quinˈtett *n* (*5 Personen*). **3.** Fünfergruppe *f,* Satz *m* von 5 Dingen. **4.** *sport* Fünf *f* (*Basketballmannschaft*).

quin·tic [ˈkwɪntɪk] *math.* **I** *adj Gleichung* fünften Grades. **II** *s* algeˈbraische Funktiˈon fünften Grades.

quin·tile [ˈkwɪntaɪl] *s astr.* Quinˈtil-, Gefünftschein *m.*

quin·til·lion [kwɪnˈtɪljən] *s* **1.** *Br.* Quintilliˈon *f* (10^{30}). **2.** *Am.* Trilliˈon *f* (10^{18}).

quin·tu·ple [ˈkwɪntjʊpl; *Am.* kwɪnˈtjuːpəl; *a.* -ˈtuː-; -ˈtʌ-] **I** *adj* **1.** fünffach. **II** *s* **2.** (*das*) Fünffache. **III** *v/t* **3.** verfünffachen. **4.** fünfmal so groß *od.* so viel sein wie. **IV** *v/i* **5.** sich verfünffachen.

quin·tu·plet [ˈkwɪntjʊplɪt; *Am.* kwɪn-

ˈtʌplət] *s* **1.** Fünfergruppe *f.* **2.** Fünfling *m* (*Kind*): **~s** Fünflinge. **3.** *mus.* Quinˈtole *f.*
quinˈtu·pli·cate [-ˈtjuːplɪkɪt; *Am. a.* -ˈtuː-] **I** *adj* **1.** fünffach. **II** *s* **2.** fünffache Ausfertigung: **in ~. 3.** *e-s von 5 (gleichen) Dingen*: **~s** 5 Exemplare. **III** *v/t* [-keɪt] **4.** verfünffachen. **5.** *ein Dokument* fünffach ausfertigen.
quip [kwɪp] **I** *s* **1.** witziger Einfall, geistreiche Bemerkung, Bonˈmot *n.* **2.** Seitenhieb *m*, Sticheˈlei *f.* **II** *v/i* **3.** witzeln, spötteln. **ˈquip·ster** [-stə(r)] *s* Spötter (-in), Stichler(in).
qui·pu [ˈkiːpuː] *s* Quipu *n* (*Knotenschrift der Altperuaner*).
quire[1] [ˈkwaɪə(r)] *s* **1.** *print.* Buch *n* (*24 Bogen*). **2.** *Buchbinderei*: Lage *f.*
quire[2] [ˈkwaɪə(r)] *obs. für* **choir.**
Quir·i·nal [ˈkwɪrɪnəl] **I** *npr* Quiriˈnal *m* (*e-r der 7 Hügel Roms*). **II** *s* Quiriˈnal *m*: a) *italienischer Königspalast auf dem Quirinal*, b) *fig. die italienische Regierung.*
quirk [kwɜːk; *Am.* kwɜrk] *s* **1.** → **quip** 1, 2. **2.** Eigenart *f*, seltsame Angewohnheit: **by a ~ of fate** durch e-n verrückten Zufall, wie das Schicksal (*od.* Leben) so spielt. **3.** Zucken *n* (*des Mundes etc*). **4.** Kniff *m*, Trick *m*, Finte *f.* **5.** Schnörkel *m.* **6.** *arch.* Hohlkehle *f.* **ˈquirk·y** *adj* **1.** gerissen (*Anwalt etc*). **2.** eigenartig, schrullig (*Ansichten etc*).
quirt [kwɜːt; *Am.* kwɜrt] *s* geflochtene Reitpeitsche.
quis·ling [ˈkwɪzlɪŋ] *s pol. contp.* Quisling *m*, Kollaboraˈteur *m.*
quit [kwɪt] **I** *v/t pret u. pp* **ˈquit·ted,** *bes. Am.* **quit 1.** verzichten auf (*acc*), *e-e Stellung* kündigen, aufgeben, *den Dienst* quitˈtieren, sich vom *Geschäft* zuˈrückziehen. **2.** *colloq.* aufhören mit: **to ~ work** aufhören zu arbeiten; **~ grumbling!** hör auf zu murren! **3.** verlassen: **he ~(ted) Paris; she ~(ted) him in anger. 4.** *e-e Schuld etc* bezahlen, tilgen. **5.** *meist* **~ o.s.** *obs.* sich benehmen: **~ you like men!** benehmt euch wie Männer! **6.** *obs.* befreien. **7. ~ o.s. (of)** a) sich frei machen *od.* befreien (von), b) *fig.* sich entledigen (*gen*). **8.** *poet.* vergelten: **to ~ love with hate; death ~s all scores** der Tod macht alles gleich. **II** *v/i* **9.** aufhören. **10.** weggehen. **11.** ausziehen: → **notice** 4. **12.** kündigen. **III** *adj pred* **13.** frei: **to go ~** frei ausgehen; **to be ~ for** davonkommen mit. **14.** frei, befreit, los (**of** von): **~ of charges** *econ.* nach Abzug der Kosten, spesenfrei.
quitch (grass) [kwɪtʃ] *s bot.* Gemeine Quecke.
ˈquit·claim *s jur.* **1.** Verzicht(leistung *f*) *m* (*auf Rechte*). **2. ~ deed** a) Grundstückskaufvertrag *m*, b) *Am.* Abtretungsurkunde *f* (*beide: ohne Haftung für Rechts- od. Sachmängel*).
quite [kwaɪt] *adv* **1.** ganz, völlig, vollständig: **~ alone** ganz allein; **~ another** ein ganz anderer; **~ wrong** völlig falsch; **~ the reverse** genau das Gegenteil. **2.** wirklich, tatsächlich, ziemlich: **~ a disappointment** e-e ziemliche Enttäuschung; **~ good** recht gut; **~ a few** ziemlich viele; **~ a gentleman** wirklich ein feiner Mann. **3.** *colloq.* ganz, durchˈaus, sehr: **~ nice** ganz *od.* recht nett; **not ~ proper** nicht ganz angebracht; **that is ~ the thing** a) das ist genau *od.* ganz das Richtige, b) das ist die (neueste) Mode; **he isn't ~** er ist nicht (so) ganz gesellschaftsfähig; **~ (so)!** ganz recht.
quit rent *s jur. hist.* Miet-, Pachtzins (*der den Mieter von anderweitigen Leistungen befreite*).
quits [kwɪts] *adj* quitt: **to be (get) ~ with s.o.** mit j-m quitt sein (werden) (*a. fig.*); **to cry ~** aufgeben, genug haben; **let's call it ~** lassen wir's gut sein; → **double** 11.
quit·tance [ˈkwɪtəns] *s* **1.** Vergeltung *f*, Entgelt *n.* **2.** Erledigung *f* (*e-r Schuld od. Verpflichtung*). **3.** *poet. od. obs.* Befreiung *f.* **4.** *econ.* Quittung *f.*
quit·ter [ˈkwɪtə(r)] *s colloq.* Drückeberger *m*, Feigling *m.*
quit·tor [ˈkwɪtə(r)] *s vet.* Steingallen *pl.*
quiv·er[1] [ˈkwɪvə(r)] **I** *v/i* **1.** beben, zittern (**with** vor *dat*). **II** *v/t* **2.** (er)zittern lassen. **3.** *die Flügel* flatternd schlagen (*Lerche*). **III** *s* **4.** Beben *n*, Zittern *n*: **in a ~ of excitement** *fig.* zitternd vor Aufregung.
quiv·er[2] [ˈkwɪvə(r)] *s* Köcher *m*: **to have an arrow left in one's ~** noch ein Eisen im Feuer haben.
ˈquiv·er·ful [-fʊl] *s* (*ein*) Köchervoll *m*: **a ~ of children** e-e ganze Schar Kinder.
qui vive [ˌkiːˈviːv] *s*: **to be on the ~** auf dem Quivive *od.* auf der Hut sein.
quix·ot·ic [kwɪkˈsɒtɪk; *Am.* -ˈsɑ-] *adj* (*adv* **~ally**) donquiˈchottisch, weltfremd-idealistisch, schwärmerisch, närrisch.
quix·ot·ism [ˈkwɪksətɪzəm], **ˈquix·ot·ry** [-trɪ] *s* Donquichotteˈrie *f.*
quiz [kwɪz] **I** *v/t* **1.** *Am. j-n* prüfen, abfragen. **2.** ausfragen, ins (Kreuz)Verhör nehmen. **3.** *obs. bes. Br.* aufziehen, hänseln. **4.** *obs.* (spöttisch) anstarren, fiˈxieren: **~zing glass** Lorgnon *n.* **II** *pl* **ˈquiz·zes** *s* **5.** *bes. Am.* Prüfung *f*, Klassenarbeit *f.* **6.** a) *Rundfunk, TV* Quiz *n*: **~ game** Ratespiel *n*, Quiz; **~ program(me), ~ show** Quizsendung *f*, b) Denksportaufgabe *f.* **7.** *obs.* Spottvogel *m*, Spötter *m.* **8.** *obs.* Foppeˈrei *f*, Ulk *m.* **9.** *obs.* komischer Kauz. **ˈ~ˌmas·ter** *s* Quizmaster *m.*
quiz·zee [kwɪˈziː] *s* Teilnehmer(in) an e-m Quiz.
quiz·zi·cal [ˈkwɪzɪkl] *adj* (*adv* **~ly**) **1.** seltsam, komisch. **2.** spöttisch: **a ~ look.**
quod [kwɒd] *s Br. sl.* ,Loch' *n*, ,Kittchen' *n*, Gefängnis *n*: **to be in ~** ,sitzen'.
quod·li·bet [ˈkwɒdlɪbet; *Am.* ˈkwɑd-] *s mus.* Quodlibet *n*, (Lieder)Potpourri *n.*
quod vi·de [ˌkwɒdˈvaɪdiː; -ˈvɪdeɪ; *Am.* ˌkwɑd-] (*Lat.*) *adv* (*abbr.* **q.v.**) siehe dort.
quoin [kɔɪn; kwɔɪn] **I** *s* **1.** *arch.* a) (vorspringende) Ecke (*e-s Hauses*), b) Eck-, Keilstein *m.* **2.** *print.* Schließkeil *m.* **3.** *mar.* Staukeil *m.* **II** *v/t* **4.** *print. die Druckform* schließen. **5.** *tech.* verkeilen. **6.** *arch. e-e Ecke* mit Keilsteinen versehen.
quoit [kɔɪt; kwɔɪt; *Am. a.* kweɪt] *s* **1.** Wurfring *m.* **2.** *pl* (*als sg konstruiert*) Wurfringspiel *n.*
quon·dam [ˈkwɒndæm; *Am.* ˈkwɑn-] *adj* ehemalig, früher(er, e, es): **~ friends.**
Quon·set hut [ˈkwɒnsɪt; *Am.* ˈkwɑn-] *s bes. Am.* (*e-e*) Nissenhütte.
quo·rum [ˈkwɔːrəm; *Am. a.* ˈkwəʊ-] *s* **1.** beschlußfähige Anzahl *od.* Mitgliederzahl: **to be** (*od.* **constitute**) **a ~** beschlußfähig sein. **2.** *jur.* handlungsfähige Besetzung e-s Gerichts. **3.** *jur. hist.* a) *Br. collect.* (*die*) Friedensrichter *pl*, b) *Auswahl von Friedensrichtern, die an Gerichtssitzungen teilnehmen durften.* **4.** *relig. Am. Vereinigung von Priestern gleichen Ranges bei den Mormonen.*
quo·ta [ˈkwəʊtə] *s* **1.** *bes. econ.* Quote *f*, (Verhältnis)Anteil *m.* **2.** *econ.* (ˈEinfuhr- *etc*)Kontinˌgent *n*, Quote *f*, (Liefer- *etc*) Soll *n*: **~ goods** kontingentierte Waren; **~ restrictions** Kontingentierung *f*; **~ system** Zuteilungssystem *n.* **3.** *jur.* Konˈkursdiviˌdendenquote *f.* **4.** *Am.* Einwanderungsquote *f.* **~ a·gent** *s econ.* Kontinˈgentträger *m.*
quot·a·ble [ˈkwəʊtəbl] *adj* ziˈtierbar.
quo·ta·tion [kwəʊˈteɪʃn] *s* **1.** Ziˈtat *n*, Anführung *f*, Herˈanziehung *f* (*a. jur.*): **familiar ~s** geflügelte Worte; **~ sampling** *econ.* statistisch gelenkte Teilauslese. **2.** Beleg(stelle *f*) *m.* **3.** *econ.* (ˈBörsen-, ˈKurs)Noˌtierung *f*: **final ~** Schlußnotierung. **4.** *econ.* Preis(angabe *f*) *m.* **5.** *print.* Steg *m.* **~ marks** *s pl* Anführungszeichen *pl*, ,Gänsefüßchen' *pl*: **to put** (*od.* **place**) **in ~** in Anführungszeichen setzen.
quote [kwəʊt] **I** *v/t* **1.** ziˈtieren (**from** aus), (*a. als Beweis*) anführen, *weitS. a.* Bezug nehmen auf (*acc*), sich auf *ein Dokument etc* berufen, *e-e Quelle, e-n Fall* herˈanziehen. **2.** *econ. e-n Preis* aufgeben, ansetzen, berechnen. **3.** *Börse*: noˈtieren: **to be ~d at** (*od.* **with**) notieren *od.* im Kurs stehen mit. **4.** in Anführungszeichen setzen. **II** *v/i* **5.** ziˈtieren (**from** aus): **~**: ... ich zitiere: ..., Zitat: ... **III** *s colloq.* **6.** Ziˈtat *n.* **7.** *pl* ,Gänsefüßchen' *pl*, Anführungszeichen *pl*: **to put** (*od.* **place**) **in ~s** in Gänsefüßchen setzen.
quoth [kwəʊθ] *obs.* (*vorangestellt*) *ich, er, sie, es* sprach, sagte.
quoth·a [ˈkwəʊθə] *interj obs. contp.* wahrlich!, fürˈwahr!
quo·tid·i·an [kwɒˈtɪdɪən; *bes. Am.* kwəʊ-] **I** *adj* **1.** täglich: **~ fever** → 3. **2.** allˈtäglich, gewöhnlich. **II** *s* **3.** *med.* Quotidiˈanfieber *n.*
quo·tient [ˈkwəʊʃnt] *s math.* Quotiˈent *m.*
quo war·ran·to [ˌkwəʊwɒˈræntəʊ; *Am.* -wəˈrɑːn-] *pl* **-tos** *s jur.* **1.** *hist. königlicher Brief, der e-n Amtsusurpator zwang, die Berechtigung für die Ausübung s-s Amts od. Privilegs nachzuweisen.* **2.** *ähnlicher Brief, der ein Verfahren wegen Amtsanmaßung einleitet.* **3.** Verfahren *n* wegen Amtsanmaßung.

R

R, r [ɑː(r)] **I** *pl* **R's, Rs, r's, rs** [ɑː(r)z] *s* **1.** R, r *n* (*Buchstabe*): **the three Rs** Lesen *n*, Schreiben *n* u. Rechnen *n* (*reading*, [*w*]*riting*, [*a*]*rithmetic*). **2.** R R *n*, R-förmiger Gegenstand. **II** *adj* **3.** achtzehnt(er, e, es). **4.** R R-..., R-förmig.

rab·bet [ˈræbɪt] *tech.* **I** *s* a) Fuge *f*, Falz *m*, Nut *f*, b) Falzverbindung *f*. **II** *v/t* falzen, (zs.-)fugen. **~ joint** *s tech.* Falzverbindung *f*, Fuge *f* (aus Nut u. Feder). **~ plane** *s tech.* Falzhobel *m*.

rab·bi [ˈræbaɪ] *s* **1.** Rabbi *m*: a) *hist. jüdischer Schriftgelehrter*, b) (*als Anrede*) Herr *m*, Meister *m*. **2.** *relig.* Rabˈbiner *m*.

rab·bin [ˈræbɪn] → **rabbi** 1 a.

rab·bin·ate [ˈræbɪnɪt] *s* **1.** Rabbiˈnat *n* (*Amt od. Würde e-s Rabbiners*). **2.** *collect.* Rabˈbiner *pl*.

rab·bin·ic [rəˈbɪnɪk] *adj*; **rabˈbin·i·cal** *adj* (*adv* **~ly**) rabˈbinisch.

rab·bit [ˈræbɪt] **I** *s* **1.** *zo.* Kaˈninchen *n*. **2.** *zo. Am. allg.* Hase *m*. **3.** → **Welsh rabbit**. **4.** *sport colloq.* a) *Br.* Anfänger(in), b) *Br.* ‚Flasche' *f*, c) ‚Hase' *m* (*Schrittmacher bei Rekordversuchen*). **II** *v/i* **5.** Kaˈninchen jagen: **to go ~ing** auf Kaninchenjagd gehen. **6.** *a.* **~ away** (*od.* **on**) quasseln, ‚schwafeln' (**about** über *acc*, von). **~ fe·ver** *s vet.* Hasenpest *f*. **~ hutch** *s* Kaˈninchenstall *m*. **~ punch** *s Boxen*: (kurzer) Genickschlag. **~ war·ren** → **warren** 1 *u.* 3.

rab·bit·y [ˈræbɪtɪ] *adj* **1.** kaˈninchenartig, Kaninchen... **2.** *fig.* ängstlich.

rab·ble[1] [ˈræbl] *s* **1.** Mob *m*, Pöbelhaufen *m*. **2. the ~** *contp.* der Pöbel: **~-rousing** aufwieglerisch, demagogisch; **~-rouser** Aufrührer *m*, Demagoge *m*.

rab·ble[2] [ˈræbl] *tech.* **I** *s* Rührstange *f*, Kratze *f*, Krücke *f*. **II** *v/t* ˈumrühren.

rab·bler [ˈræblə(r)] → **rabble**[2] I.

Rab·e·lai·si·an [ˌræbəˈleɪzɪən] *adj* **1.** des Rabeˈlais. **2.** im Stil des Rabeˈlais (*grob-satirisch, geistvoll-frech, obszön*).

rab·ic [ˈræbɪk] *adj med. vet.* tollwütig.

rab·id [ˈræbɪd] *adj* (*adv* **~ly**) **1.** wütend (*a. Haß etc*), rasend (*a. fig. Hunger etc*). **2.** faˈnatisch, wild, rabiˈat: **a ~ anti-Semite**. **3.** *med. vet.* tollwütig: **a ~ dog**.

ra·bid·i·ty [rəˈbɪdətɪ], **ˈrab·id·ness** *s* **1.** Rasen *n*, Wut *f*. **2.** Fanaˈtismus *m*, Wildheit *f*.

ra·bies [ˈreɪbiːz] *s med. vet.* Tollwut *f*.

rac·coon [rəˈkuːn; *bes. Am.* ræ-] *s* **1.** *pl* **racˈcoons,** *bes. collect.* **racˈcoon** *zo.* Waschbär *m*. **2.** Waschbär(pelz) *m*.

race[1] [reɪs] **I** *s* **1.** *sport* (Wett)Rennen *n*, (-)Lauf *m*: **motor ~** Autorennen. **2.** *pl sport* Pferderennen *pl*: → **play** 23. **3.** *fig.* (**for**) Wettlauf *m*, Kampf *m* (um), Jagd *f* (nach): **~ against time** Wettlauf mit der Zeit. **4.** Lauf *m* (*der Gestirne, des Lebens, der Zeit*): **his ~ is run** er hat die längste Zeit gelebt. **5.** a) starke Strömung, b) Stromschnelle *f*, c) Strom-, Flußbett *n*, d) Kaˈnal *m*, Gerinne *n*. **6.** *tech.* a) Laufring *m* (*des Kugellagers*), (Gleit)Bahn *f*, b) *Weberei*: Schützenbahn *f*. **7.** → **slipstream** 1.

II *v/i* **8.** an e-m Rennen teilnehmen, *bes.* um die Wette laufen *od.* fahren (**with, against** mit). **9.** (*im Rennen*) laufen (**for** um). **10.** (daˈhin)rasen, rennen: **to ~ about** (*od.* **around**) herumrasen, -rennen; **his mind was racing** *fig.* die Gedanken überschlugen sich in s-m Kopf. **11.** *tech.* ˈdurchdrehen (*Rad etc*).

III *v/t* **12.** um die Wette laufen *od.* fahren mit. **13.** *Pferde* rennen *od.* (*in e-m Rennen*) laufen lassen. **14.** *ein Fahrzeug* rasen lassen, rasen mit: **to ~ s.o. to hospital** mit j-m ins Krankenhaus rasen. **15.** (ˈdurch)hetzen, (-)jagen, *Gesetze* ˈdurchpeitschen. **16.** *tech.* a) *den Motor etc* ˈdurchdrehen lassen (*ohne Belastung*), b) *den Motor* hochjagen: **to ~ up** *e-n Flugzeugmotor* abbremsen.

race[2] [reɪs] *s* **1.** Rasse *f*: **the white ~**. **2.** Rasse *f*: a) Rassenzugehörigkeit *f*, b) rassische Eigenart. **3.** Geschlecht *n*, Stamm *m*, Faˈmilie *f*. **4.** Volk *n*, Natiˈon *f*. **5.** Abstammung *f*: **of noble ~** edler Abstammung, vornehmer Herkunft. **6.** *biol.* Rasse *f*, Gattung *f*, ˈUnterart *f*. **7.** a) (Menschen)Schlag *m*, b) (*Menschen-etc*)Geschlecht *n*: **the human ~**. **8.** Rasse *f* (*des Weins etc*).

race[3] [reɪs] *s* (Ingwer)Wurzel *f*.

race| boat *s sport* Rennboot *n*. **~ card** *s Pferdesport*: ˈRennproˌgramm *n*. **~ con·flict** *s* ˈRassenkonˌflikt *m*. **ˈ~·course** *s Pferdesport*: Rennbahn *f*. **ˈ~ˌgo·er** *s* (*bes.* häufiger) Rennbahnbesucher. **~ ha·tred** *s* Rassenhaß *m*. **ˈ~·horse** *s* Rennpferd *n*.

ra·ceme [rəˈsiːm; *bes. Am.* reɪ-] *s bot.* Traube *f* (*Blütenstand*).

race meet·ing *s Pferdesport*: Rennveranstaltung *f*.

ra·ce·mic [rəˈsiːmɪk; *bes. Am.* reɪ-] *adj chem.* **1.** raˈcemisch. **2.** Trauben...: **~ acid**.

rac·e·mose [ˈræsɪməʊs] *adj* **1.** *bot.* a) traubig, b) e-e Traube tragend. **2.** *anat.* Trauben...

rac·er [ˈreɪsə(r)] *s* **1.** a) (Renn)Läufer(in), b) Rennfahrer(in). **2.** Rennpferd *n*. **3.** Rennrad *n*, -boot *n*, -wagen *m*.

race| re·la·tions *s pl* Beziehungen *pl* zwischen den Rassen. **~ ri·ot** *s* ˈRassenkraˌwall *m*. **~ su·i·cide** *s* Rassenselbstmord *m*. **ˈ~·track** *s* **1.** *Automobilsport etc*: Rennstrecke *f*. **2.** *Pferdesport*: *bes. Am.* Rennbahn *f*. **~ walk·ing** *s Leichtathletik*: Gehen *n*. **ˈ~·way** *s* **1.** (Mühl-)Gerinne *n*. **2.** *tech.* Laufring *m*.

ra·chis [ˈreɪkɪs] *pl* **rach·i·des** [ˈrækɪdiːz; ˈreɪ-] *s* **1.** *bot. zo.* Rhachis *f*, Spindel *f*. **2.** *anat.* Rückgrat *n*. **ra·chit·ic** [rəˈkɪtɪk] *adj med.* raˈchitisch. **ra·chi·tis** [ræˈkaɪtɪs] *s med.* Raˈchitis *f*.

ra·cial [ˈreɪʃl] *adj* (*adv* **~ly**) **1.** rassisch. **2.** Rassen...: **~ conflict (discrimination, equality, hatred, integration, pride, prejudice, segregation)**. **3.** völkisch. **ˈra·cial·ism** *s* **1.** Rassenkult *m*. **2.** ˈRassenpoliˌtik *f*. **3.** Rasˈsismus *m*. **ˈra·cial·ist I** *s* Rasˈsist(in). **II** *adj* rasˈsistisch.

rac·i·ness [ˈreɪsɪnɪs] *s* **1.** Rassigkeit *f*, Rasse *f*. **2.** Urwüchsigkeit *f*. **3.** (*das*) Piˈkante, Würze *f*.

rac·ing [ˈreɪsɪŋ] **I** *s* **1.** (Wett)Rennen *n*. **2.** (Pferde)Rennsport *m*. **II** *adj* **3.** Renn...: **~ boat (bicycle, car, saddle)**; **~ circuit** (*Automobilsport etc*) Rennstrecke *f*; **~ cyclist** Radrennfahrer *m*; **~ driver** Rennfahrer *m*; **~ man** Pferdesport-Liebhaber *m*; **~ stable** Rennstall *m* (*a. Radsport*); **the ~ world** die Rennwelt.

rac·ism [ˈreɪsɪzəm] → **racialism**. **ˈrac·ist** → **racialist**.

rack[1] [ræk] **I** *s* **1.** *agr.* Raufe *f*. **2.** Gestell *n*, (*Gewehr-, Kleider-, Zeitungs- etc*)Ständer *m*, (*Handtuch*)Halter *m*, (*Geschirr*)Brett *n*, *rail.* (*Gepäck*)Netz *n*, Gepäckträger *m* (*am Fahrrad*): → **bomb rack**. **3.** Reˈgal *n*. **4.** (Streck- *od.* Stütz)Rahmen *m*. **5.** *tech.* Zahnstange *f*: **~(-and-pinion) gear** Zahnstangengetriebe *n*. **6.** *hist.* Folter(bank) *f*, Streckfolter *f*: **to put on the ~** *bes. fig. j-n* auf die Folter spannen. **7.** *fig.* (Folter)Qualen *pl*, Qual *f*, Folter *f*. **II** *v/t* **8.** (aus)recken, strecken. **9.** auf die Folter spannen, foltern. **10.** *fig.* foltern, quälen, martern, peinigen: **~ing pains** rasende Schmerzen; **~ed with pain** schmerzgequält; → **brain** 2. **11.** a) *die Miete* (wucherisch) hochschrauben, b) → **rack-rent**. **12.** auf *od.* in ein Gestell *od.* Reˈgal legen. **13. ~ up** *e-m Pferd* die Raufe füllen.

rack[2] [ræk] *s*: **to go to ~ and ruin** verfallen (*Gebäude, Person*), dem Ruin entgegentreiben (*Land, Wirtschaft*).

rack[3] [ræk] *s* (schneller) Paßgang.

rack[4] [ræk] **I** *s* fliegendes Gewölk, ziehende Wolkenmassen *pl*. **II** *v/i* (daˈhin-)ziehen (*Wolken*).

rack[5] [ræk] *v/t* **1.** *oft* **~ off** *Wein etc* abziehen, abfüllen. **2.** *Bierfässer* füllen.

rack[6] [ræk] → **arrack**.

rack car *s rail. Am.* Doppelstockwagen *m* (*für Autotransport*).

rack·et[1] [ˈrækɪt] *s* **1.** *sport* (Tennis- *etc*) Schläger *m*. **2.** *pl* (*als sg konstruiert*) Raˈkettspiel *n*. **3.** Schneeschuh *m*.

rack·et[2] [ˈrækɪt] **I** *s* **1.** Krach *m*, Raˈdau *m*, Spekˈtakel *m*, Lärm *m*. **2.** Wirbel *m*, Aufregung *f*. **3.** a) ‚tolle Party', rauschendes Fest, b) Vergnügungstaumel *m*, c) Rummel *m*, Trubel *m*, Betrieb *m* (*des Gesellschaftslebens*): **to go on the ~** ‚auf den Putz hauen', ‚(herum)sumpfen'.

4. (harte) Nervenprobe, ‚Schlauch‘ *m*: **to stand the** ~ *colloq.* a) die Sache durchstehen, b) die Folgen zu tragen haben, c) für die Kosten aufkommen, bezahlen. **5.** *sl.* a) Schwindel *m*, Gauneˈrei *f*, ‚Schiebung‘ *f*, b) organiˈsierte Erpressung, c) Racket *n*, Erpresserbande *f*, d) (einträgliches) Geschäft, ‚Masche‘ *f*, e) Beruf *m*, Branche *f*: **what's his** ~? was macht er beruflich? **II** *v/i* **6.** Krach machen, lärmen. **7.** *meist* ~ **about** (*od.* **around**) ‚(herˈum)sumpfen‘.

rack·et·eer [ˌrækəˈtɪə(r)] **I** *s* **1.** Gangster *m*, Erpresser *m*. **2.** Geschäftemacher *m*, ‚Schieber‘ *m*. **II** *v/i* **3.** organiˈsierte Erpressung betreiben. **4.** dunkle Geschäfte machen. ˌ**rack·etˈeer·ing** *s* **1.** Gangstertum *n*, organiˈsierte Erpressung. **2.** Geschäftemacheˈrei *f*.

rack·et press *s* Spanner *m* (*für Tennisschläger etc*).

rack·et·y [ˈrækɪtɪ] *adj* **1.** lärmend. **2.** turbuˈlent. **3.** ausgelassen, ausschweifend.

rack| job·bing *s econ.* Rack-jobbing *n* (*Vertriebsform, bei der sich ein Hersteller beim Einzelhändler e-e Verkaufs- od. Ausstellungsfläche mietet, um sich das alleinige Belieferungsrecht für neue Produkte zu sichern*). ~ **punch** *s* Arrakpunsch *m*. ~ **rail** *s tech.* Zahnschiene *f*. ~ **rail·way**, *Am.* ~ **rail·road** *s* Zahnradbahn *f*. ~ **rent** *s* **1.** Wuchermiete *f*, wucherischer Pachtzins. **2.** *jur. Br.* höchstmögliche Jahresmiete *od.* -pacht. ˈ~-**rent** *v/t* e-e Wuchermiete von *j-m od.* für *etwas* verlangen. ~ **wheel** *s tech.* Zahnrad *n*.

ra·con [ˈreɪkɒn; *Am.* -ˌkɑn] *s aer. mar.* Antwort-Radarbake *f*.

rac·on·teur [ˌrækɒnˈtɜː; *Am.* ˌrækɑnˈtɜr] *s* (guter) Erzähler.

ra·coon → **raccoon**.

rac·quet → **racket**[1].

rac·y [ˈreɪsɪ] *adj* **1.** rassig (*a. fig.*): **a** ~ **horse** (**car, wine,** *etc*). **2.** kernig, unverbildet: ~ **of the soil** urwüchsig, bodenständig. **3.** piˈkant, würzig (*Geschmack etc*; *a. fig.*). **4.** lebendig, geistreich, ‚spritzig‘: **a** ~ **story**. **5.** schlüpfrig, gewagt: ~ **anecdotes**.

rad[1] [ræd] *colloq. für* **radical** 9.

rad[2] [ræd] *s phys.* (*aus* **radiation absorbed dose**) rad *n* (*Einheit der absorbierten Strahlendosis*).

ra·dar [ˈreɪdɑː(r)] **I** *s electr.* **1.** (*aus* **Radio Detecting and Ranging**) Radar *n*, Funkmeßtechnik *f*, -ortung *f*. **2.** *a.* ~ **set** Radargerät *n*. **II** *adj* **3.** Radar...: ~**-assisted** mit Radarhilfe; ~ **astronomy** *astr.* Radarastronomie *f*; ~ **beacon** → **racon**; ~ **control** Radarkontrolle *f*; ~ **display** Radarschirmbild *n*; ~ **jamming** Radarstörung *f*; ~ **screen** Radarschirm *m*; ~ **timing** Radarmessung(en *pl*) *f*; ~ **(speed) trap** Radarfalle *f*. ˈ~**man** [-mən] *s irr electr.* Bediener *m* e-s Radargerätes.

ra·dar·scope [ˈreɪdɑː(r)skəʊp] *s electr.* Radar-Sichtgerät *n*.

rad·dle [ˈrædl] **I** *s* **1.** *min.* Rötel *m*. **II** *v/t* **2.** mit Rötel kennzeichnen. **3.** **to** ~ **one's face** *bes. Br.* Rouge auflegen.

ra·di·ac [ˈreɪdɪæk] *s* (*aus* **Radioactivity Detection and Computation**) Anzeige *f* u. Berechnung *f* von Radioaktiviˈtät. ~ **do·sim·e·ter** *s phys.* Strahlungsmesser *m*.

ra·di·al [ˈreɪdjəl; -ɪəl] **I** *adj* (*adv* ~**ly**) **1.** radiˈal, Radial...: a) Strahlen..., strahlig (angeordnet), b) den Radius betreffend. **2.** *anat.* Speichen... **3.** *bot. zo.* radiˈär: ~**ly symmetrical** radiär-, radialsymmetrisch. **II** *s* **4.** *anat.* a) → **radial artery**, b) → **radial nerve**. **5.** *mot.* → **radial-ply tire**. ~ **ar·ter·y** *s anat.* Speichenschlagader *f*. ~ **bear·ing** *s tech.* Querlager *n*. ~ **drill** *s tech.* Radiˈalbohrmaˌschine *f*. ~ **en·gine** *s tech.* Sternmotor *m*. ˈ~-**flow tur·bine** *s tech.* Radiˈalturˌbine *f*.

ra·di·al·ize [ˈreɪdɪəlaɪz] *v/t* strahlenförmig anordnen.

ra·di·al| nerve *s anat.* Radiˈal-, Speichennerv *m*. ˈ~-**ply tire** (*bes. Br.* **tyre**) *s mot.* Gürtelreifen *m*. ~ **route** *s* Ausfallstraße *f*. ~ **tire** → **radial-ply tire**.

ra·di·an [ˈreɪdjən; -ɪən] *s math.* Einheitswinkel *m*: ~ **measure** Bogenmaß *n*.

ra·di·ance [ˈreɪdjəns; -ɪəns], *a.* ˈ**ra·di·an·cy** [-sɪ] *s* **1.** Strahlen *n*, strahlender Glanz (*a. fig.*). **2.** → **radiation**.

ra·di·ant [ˈreɪdjənt; -ɪənt] **I** *adj* (*adv* ~**ly**) **1.** strahlend (*a. fig.* **with** vor *dat*, von): ~ **beauty**; **the** ~ **bride**; **a** ~ **smile**; ~ **with joy** freudestrahlend; **to be** ~ **with health** vor Gesundheit strotzen. **2.** *phys.* Strahlungs...: ~ **energy**; ~ **flux** Strahlungsfluß *m*; ~ **heating** *tech.* Strahlungs-, Flächenheizung *f*; ~ **intensity** Strahlungsintensität *f*; ~ **point** → 4. **3.** strahlenförmig angeordnet. **II** *s* **4.** *phys.* a) Strahl(ungs)punkt *m*, b) Lichtquelle *f*. **5.** *astr.* Radiˈant *m*. **6.** *math.* Strahl *m*.

ra·di·ate [ˈreɪdɪeɪt] **I** *v/i* **1.** ausstrahlen (**from** von; *a. fig.*). **2.** strahlenförmig ausgehen (**from** von). **3.** strahlen, Strahlen aussenden. **4.** *a. fig.* strahlen, leuchten. **II** *v/t* **5.** *Licht, Wärme etc* ausstrahlen. **6.** *fig. Liebe etc* ausstrahlen, -strömen: **to** ~ **love**; **to** ~ **health** vor Gesundheit strotzen. **7.** *Rundfunk, TV*: ausstrahlen, senden. **III** *adj* [*a.* -dɪɪt] **8.** radiˈal, Strahl(en)... ˈ**ra·di·at·ed** *adj* **1.** → **radiate** III. **2.** *phys.* ausgestrahlt, Strahlungs...

ra·di·a·tion [ˌreɪdɪˈeɪʃn] *s* **1.** *phys.* Strahlung *f*: ~ **belt** Strahlungsgürtel *m*; **cosmic** ~ Höhenstrahlung; ~ **detection team** *mil.* Strahlenspürtrupp *m*; ~ **dose** Strahlendosis *f*; ~ **injuries** Strahlenschäden; ~ **protection** Strahlenschutz *m*; ~ **sickness** *med.* Strahlenkrankheit *f*. **2.** *fig.* Ausstrahlung *f* (*a. Rundfunk, TV*): **spiritual** ~; ~ **of pain**. **3.** *a.* ~ **therapy** *med.* Strahlenbehandlung *f*, Bestrahlung *f*.

ra·di·a·tive [ˈreɪdɪətɪv; *bes. Am.* -ˌeɪtɪv] *adj* Strahlungs...

ra·di·a·tor [ˈreɪdɪeɪtə(r)] *s* **1.** *tech.* a) Heizkörper *m*, b) *mot. etc* Kühler *m*, c) Strahler *m*. **2.** radioakˈtive Subˈstanz. ~ **coil** *s tech.* Kühlschlange *f*. ~ **core** *s mot.* Kühlerblock *m*. ~ **grid**, ~ **grill(e)** *s tech.* **1.** ˈKühlerlaˌmellen *pl*. **2.** Kühlerschutzgitter *n*. ~ **mas·cot** *s mot.* ˈKühlerfiˌgur *f*.

rad·i·cal [ˈrædɪkl] **I** *adj* (*adv* → **radically**) **1.** (*pol. oft* R~) Radikal..., radiˈkal: ~ **politician**; ~ **cure** Radikal-, Roßkur *f*; **to undergo a** ~ **change** sich von Grund auf ändern. **2.** radiˈkal, drastisch, exˈtrem: ~ **measures**. **3.** a) fundamenˈtal, grundlegend, Grund...: ~ **difference**, b) eingewurzelt, ursprünglich: **the** ~ **evil** das Grund- *od.* Erbübel. **4.** *bot. math.* Wurzel...: ~ **hairs**; ~ **axis** *math.* Potenzlinie *f*; ~ **expression** *math.* Wurzelausdruck *m*; ~ **plane** *math.* Potenzebene *f*; ~ **sign** *math.* Wurzelzeichen *n*. **5.** *ling.* Wurzel..., Stamm...: ~ **word**. **6.** *bot.* grundständig: ~ **leaves**. **7.** *mus.* Grund(ton)...: ~ **bass** Grundbaß *m*; ~ **cadence** Grundkadenz *f*. **8.** *chem.* Radikal...: ~ **chain (reaction)** Radikalkette *f*. **II** *s* **9.** *a.* R~ *pol.* Radiˈkale(r *m*) *f*. **10.** *math.* a) Wurzel *f*, b) Wurzelzeichen *n*. **11.** *mus.* Grundton *m* (*e-s Akkords*). **12.** *ling.* Wurzel(buchstabe *m*) *f*. **13.** *chem.* Radiˈkal *n*. **14.** *fig.* Basis *f*, Grundlage *f*.

rad·i·cal·ism [ˈrædɪkəlɪzəm] *s bes. pol.* Radikaˈlismus *m*.

rad·i·cal·ize [ˈrædɪkəlaɪz] **I** *v/t* radikaliˈsieren. **II** *v/i* sich radikaliˈsieren, radiˈkal werden.

rad·i·cal·ly [ˈrædɪkəlɪ] *adv* **1.** radiˈkal, von Grund auf, grundlegend. **2.** ursprünglich.

ra·di·ces [ˈreɪdɪsiːz] *pl von* **radix**.

rad·i·cle [ˈrædɪkl] *s* **1.** *bot.* a) Keimwurzel *f*, b) Würzelchen *n*. **2.** *anat.* (Gefäß-, Nerven)Wurzel *f*. **3.** *chem.* Radiˈkal *n*.

ra·di·i [ˈreɪdɪaɪ] *pl von* **radius**.

ra·di·o [ˈreɪdɪəʊ] **I** *pl* **-os** *s* **1.** Radio *n*, Funk *m*, Funkbetrieb *m*. **2.** Rundfunk *m*, Radio *n*: **on** (*od.* **over**) **the** ~ im Rundfunk. **3.** ˈRadio- *od.* ˈRundfunkappaˌrat *m*, -gerät *n*, Rundfunkempfänger *m*. **4.** ˈRadiosender *m*, -statiˌon *f*. **5.** Rundfunkgesellschaft *f*. **6.** ˈRadioinduˌstrie *f*. **7.** *colloq.* Funkspruch *m*. **II** *v/t* **8.** (drahtlos) senden, funken, ˈdurchgeben. **9.** *j-m* e-e Funkmeldung ˈdurchgeben. **10.** *med.* a) röntgen, durchˈleuchten, b) mit Röntgenstrahlen *od.* Radium behandeln. **III** *v/i* **11.** funken: **to** ~ **for help** per Funk um Hilfe bitten.

radio- [reɪdɪəʊ] *Wortelement mit den Bedeutungen* **1.** a) drahtlos, Funk..., b) Radio..., Rundfunk..., c) funkgesteuert. **2.** a) Radium..., b) radioaktiv. **3.** (*bes.* Röntgen)Strahlungs... **4.** radial, Radius... **5.** *anat.* Speichen...

ˌ**ra·di·oˈac·ti·vate** *v/t phys.* radioakˈtiv machen.

ˌ**ra·di·oˈac·tive** *adj* radioakˈtiv: ~ **series** (*od.* **chain**) *phys.* Zerfallsreihe *f*; ~ **waste** Atommüll *m*. ˌ**ra·di·o·acˈtiv·i·ty** *s* Radioaktiviˈtät *f*.

ra·di·o| ad·ver·tis·ing *s* Werbefunk *m*, Rundfunkwerbung *f*. ~ **am·a·teur** *s* ˈFunkamaˌteur *m*. ~ **as·tron·o·my** *s* ˈRadioastronoˌmie *f*. ˌ~**auˈtog·ra·phy** *s phys.* ˈStrahlungsfotograˌfie *f*. ~ **balloon** *s meteor.* Balˈlon-, Radiosonde *f*. ~ **bea·con** *s tech.* Funkbake *f*, -feuer *n*. ~ **beam** *s electr.* **1.** (Funk)Leitstrahl *m*. **2.** *Radio*: Richtstrahl *m*. ~ **bear·ing** *s tech.* **1.** Funkpeilung *f*. **2.** Peilwinkel *m*. ˌ~**bi'ol·o·gy** *s biol.* ˈStrahlungsbioloˌgie *f*. ~ **car** *s Am.* Funk(streifen)wagen *m*. ˌ~ˈ**car·bon** *s chem. phys.* C^{14} (*radioaktives Isotop des Kohlenstoffs*): ~ **dating** Radiokarbonmethode *f*, C-14-Methode *f* (*zur Altersbestimmung organischer Reste*). ˌ~ˈ**car·pal** *adj anat.* Radiokarpal... ˌ~ˈ**chem·is·try** *s* ˈRadio-, ˈStrahlencheˌmie *f*. ~ **com·mer·cials** *s pl* Werbefunk *m*, Rundfunkwerbung *f*. ~ **com·mu·ni·ca·tion** *s* Funkverbindung *f*, -verkehr *m*. ~ **com·pass** *s aer. mar.* Radio-, Funkkompaß *m*. ~ **con·tact** *s* ˈFunkkonˌtakt *m*. ~ **con·trol** *s electr.* Funk(fern)steuerung *f*. ˌ~-**conˈtrol** *v/t* fernsteuern. ~ **di·rec·tion find·er** *s electr.* Funkpeilgerät *n*. ~ **dra·ma** *s* Hörspiel *n*. ˌ~**eˈcol·o·gy** *s biol.* ˈRadioökoloˌgie *f*. ˌ~ˈ**el·e·ment** *s phys.* radioakˈtives Eleˈment. ~ **en·gi·neer·ing** *s* Funktechnik *f*. ~ **fre·quen·cy** *s electr.* ˈHochfreˌquenz *f*. ˌ~ˈ**gal·ax·y** *s astr.* ˈRadiogalaˌxie *f*.

ra·di·o·gen·ic [ˌreɪdɪəʊˈdʒenɪk] *adj* (*adv* ~**ally**) *chem. phys.* radioˈgen.

ra·di·o·gram [ˈreɪdɪəʊɡræm] *s* **1.** ˈFunkmeldung *f*, -teleˌgramm *n*. **2.** → **radiograph** I. **3.** *Br.* Muˈsiktruhe *f*.

ra·di·o·graph [ˈreɪdɪəʊɡrɑːf; *bes. Am.* -ɡræf] *med.* **I** *s* Radioˈgramm *n*, *bes.* Röntgenaufnahme *f*, -bild *n*: **sectional** ~ Röntgenschnitt *m*. **II** *v/t* ein Radioˈgramm *etc* machen von. ˌ**ra·diˈog·ra·phy** [-ˈɒɡrəfɪ; *Am.* -ˈɑɡ-] *s* Röntgenograˈphie *f*: **mass** ~ Röntgenreihenuntersuchung *f*.

ra·di·o| in·ter·fer·om·e·ter *s astr.* ˈRadiointerferoˌmeter *n*, -teleˌskop *n*. ˌ~ˈ**i·so·tope** *s chem. phys.* ˈRadioisoˌtop *n*.

ra·di·o·lar·i·an [ˌreɪdɪəʊˈleərɪən] *s zo.* Strahlentierchen *n.*
ra·di·o|link *s electr.* Richtfunkstrecke *f.* **ˌ~loˈca·tion** *s electr.* (ˈnichtnavigaˌtorische) Funkortung.
ra·di·o·log·i·cal [ˌreɪdɪəʊˈlɒdʒɪkl; *Am.* -dɪəˈlɑ-] *adj med.* radioˈlogisch, Röntgen... **ˌra·diˈol·o·gist** [-ˈɒlədʒɪst; *Am.* -ˈɑlə-] *s* Radioˈloge *m*, Röntgenoˈloge *m.* **ˌra·diˈol·o·gy** [-dʒɪ] *s* Strahlen-, Röntgenkunde *f*, Radioloˈgie *f.*
ˌra·di·o|ˈlu·cent *adj* (teilweise) ˈstrahlenˌdurchlässig. **ˌ~lu·miˈnes·cence** *s phys.* ˈRadioluminesˌzenz *f.*
ra·di·ol·y·sis [ˌreɪdɪˈɒlɪsɪs; *Am.* -ˈɑlə-] *s chem.* Radioˈlyse *f.*
ra·di·o| mark·er *s aer.* Marˈkierungs-, Funkbake *f*, Anflugbake *f.* **~mes·sage** *s* Funkmeldung *f*, -spruch *m.*
ra·di·om·e·ter [ˌreɪdɪˈɒmɪtə(r); *Am.* -ˈɑmə-] *s phys.* Radioˈmeter *n*, Strahlungsmesser *m.* **ˌra·diˈom·e·try** [-trɪ] *s* Radiomeˈtrie *f.*
ˌra·di·o|ˈnu·clide *s phys.* ˈRadionuˌklid *n.* **~ op·er·a** *s mus.* Funkoper *f.* **~ op·er·a·tor** *s* (*aer.* Bord)Funker *m.* **ˈ~ˌpag·er** → pager.
ra·di·o·paque [ˌreɪdɪəʊˈpeɪk] *adj* ˈstrahlenˌunˌdurchlässig: **~ material** *med.* (Röntgen)Kontrastmittel *n.*
ra·di·o pa·trol car *s Am.* Funkstreife(nwagen *m*) *f.*
ra·di·o·phone [ˈreɪdɪəʊfəʊn] *s* **1.** *phys.* Radioˈphon *n.* **2.** → **radiotelephone** I.
ra·di·o| pho·no·graph *s Am.* Muˈsiktruhe *f.* **ˌ~ˈpho·to·graph** *s tech.* Funkbild *n*, ˈBildteleˌgramm *n.* **ˌ~phoˈtog·ra·phy** *s* Bildfunk *m.* **~play** *s* Hörspiel *n.* **ˌ~proˈtec·tion** *s* Strahlenschutz *m.* **ˌ~proˈtec·tive** *adj* Strahlenschutz... **~ range** *s* **1.** *electr.* Funkbereich *m.* **2.** *aer.* (Vier)Kursfunkfeuer *n.*
ra·di·o·scop·ic [ˌreɪdɪəʊˈskɒpɪk; *Am.* -ˈskɑ-] *adj med.* röntgenoˈskopisch: **~ screen** Durchleuchtungsschirm *m.* **ˌra·diˈos·co·py** [-ˈɒskəpɪ; *Am.* -ˈɑs-] *s med.* Radioskoˈpie *f*, ˈRöntgenunterˌsuchung *f.*
ˌra·di·o|ˈsen·si·tive *adj med.* strahlenempfindlich. **~ set** *s* **1.** → **radio** 3. **2.** Funkgerät *n.* **ˈ~sonde** *s meteor.* Radiosonde *f.* **~ source** *s astr.* Radioquelle *f.* **~ spec·trum** *s phys.* Strahlungsspektrum *n.* **~ sta·tion** *s electr.* (Radio-, Rundfunk)Sender *m*, (ˈRund-) Funkstatiˌon *f.* **~ stron·ti·um** *s chem. phys.* Strontium 90 *n.* **~ tax·i** *s* Funktaxi *n.* **ˌ~ˈtel·e·gram** *s electr.* ˈFunkteleˌgramm *n.* **ˌ~ˈtel·e·graph I** *v/t* ˈfunkteleˌgrafisch überˈmitteln, funken. **II** *v/i* ein ˈFunkteleˌgramm senden. **ˌ~teˈleg·ra·phy** *s* ˈFunktelegraˌfie *f*, drahtlose Telegraˈfie. **ˌ~teˈlem·e·try** *s electr.* ˈRadiotelemeˌtrie *f.* **ˌ~ˈtel·e·phone** *electr.* **I** *s* ˈFunkteleˌfon *n*, -fernsprecher *m.* **II** *v/t* ˈfunkteleˌfonisch überˈmitteln. **III** *v/i* ˈfunkteleˌfonisch anrufen. **ˌ~teˈleph·o·ny** *s* drahtlose Telefoˈnie, ˈFunktelefoˌnie *f.* **~ tel·e·scope** *s astr.* ˈRadioteleˌskop *n.* **ˌ~ˈtel·e·type** *s* Funkfernschreiber *m.* **ˈ~ther·aˈpeu·tics** *s pl* (*oft als sg konstruiert*), **ˌ~ˈther·a·py** *s* ˈStrahlen-, ˈRöntgentheraˌpie *f.* **ˌ~ˈther·mics** [-ˈθɜːmɪks; *Am.* -ˈθɜr-] *s pl* (*oft als sg konstruiert*) *phys.* Radioˈthermik *f.* **ˈ~ˌther·my** [-ˌθɜːmɪ; *Am.* -ˌθɜr-] *s med.* **1.** Wärmestrahlenbehandlung *f.* **2.** Kurzwellenbehandlung *f.* **~ traf·fic** *s* Funkverkehr *m.* **~ trans·mit·ter** *s electr.* **1.** (Rundfunk)Sender *m.* **2.** (Funk)Sender *m.* **~ truck** *s bes. Am.* Funk-, Überˈtragungswagen *m.* **~ tube** *s Am.*, **~ valve** *s Br.* Elekˈtronen-, Radioröhre *f.* **~ van** *s bes. Br.* Funk-, Überˈtragungswagen *m.* **~ war·fare** *s* Funkkrieg *m.*
rad·ish [ˈrædɪʃ] *s bot.* **1.** *a.* **large ~** Rettich *m.* **2.** *a.* **red ~** Raˈdies-chen *n.*
ra·di·um [ˈreɪdjəm; -ɪəm] *s chem.* Radium *n*: **~ emanation** → **radon**; **~ implant** *med.* Radiumeinlage *f.*
ra·di·us [ˈreɪdjəs; -ɪəs] *pl* **-di·i** [-dɪaɪ] *od.* **-di·us·es** *s* **1.** Radius *m*, Halbmesser *m*: **~ of curvature** Krümmungshalbmesser; **~ of turn** *mot.* Wenderadius. **2.** *tech.* a) Arm *m* (*e-s Sextanten*), b) (Rad)Speiche *f.* **3.** *anat.* Speiche(nknochen *m*) *f.* **4.** ˈUmkreis *m*: **within a ~ of** in e-m Umkreis von. **5.** (Wirkungs-, Einfluß)Bereich *m*, Wirkungskreis *m*: **~ (of action)** Aktionsradius *m*, *mot.* Fahrbereich; **flying ~** *aer.* Flugradius *m.* **6.** *tech.* Auslenkung *f*, Hub *m*, Exzentriziˈtät *f.* **7.** *bot.* a) Strahl *m* (*bes. e-r Dolde*), b) Strahl- *od.* Zungenblüte *f.*
ra·dix [ˈreɪdɪks] *pl* **ra·di·ces** [ˈreɪdɪsiːz] *s* **1.** *math.* Basis *f*, Grundzahl *f*: **~ point** (*Computer*) Radixpunkt *m.* **2.** *bot.*, *a. ling.* Wurzel *f.*
ra·dome [ˈreɪdəʊm] *s* **1.** *aer.* Radarkuppel *f.* **2.** *electr.* Wetterschutz(haube *f*) *m.*
ra·don [ˈreɪdɒn; *Am.* -ˌdɑn] *s chem.* Radon *n.*
raf·fi·a [ˈræfɪə] *s* **1.** Raffiabast *m.* **2.** *meist* **~ palm** Bambuspalme *f.*
raf·fin·ate [ˈræfɪneɪt] *s* Raffiˈnat *n.*
raff·ish [ˈræfɪʃ] *adj* (*adv* **~ly**) **1.** liederlich. **2.** ˈunkonventioˌnell. **3.** pöbelhaft, ordiˈnär.
raf·fle [ˈræfl] **I** *s* Tombola *f*, Verlosung *f.* **II** *v/t oft* **~ off** *etwas* in e-r Tombola verlosen. **III** *v/i* losen (**for** um).
raft [rɑːft; *Am.* ræft] **I** *s* **1.** a) Floß *n*, b) *mar.* Rettungsfloß *n.* **2.** *Am.* a) zs.-gebundene (Baum)Stämme *pl*, b) Ansammlung *f* von Treibholz u. Gerümpel (*auf e-m Fluß*), c) *colloq.* Unmenge *f*, ‚Haufen' *m*, ‚Latte' *f*: **a ~ of questions.** **II** *v/t* **3.** flößen. **4.** zu e-m Floß zs.-binden. **5.** mit e-m Floß befahren. **III** *v/i* **6.** flößen. **7.** auf e-m Floß fahren.
raft·er[1] [ˈrɑːftə; *Am.* ˈræftər] *s* Flößer *m.*
raft·er[2] [ˈrɑːftə; *Am.* ˈræftər] *tech.* **I** *s* (Dach)Sparren *m*, (schräger) Dachbalken. **II** *v/t* mit Sparren(werk) versehen.
rafts·man [ˈrɑːftsmən; *Am.* ˈræfts-] *s irr* Flößer *m.*
rag[1] [ræg] **I** *s* **1.** Fetzen *m*, Lumpen *m*, Lappen *m*: **in ~s** a) in Fetzen (*Stoff etc*), b) zerlumpt (*Person*); **~s of cloud** *fig.* Wolkenfetzen; **every ~ of sail** *mar.* alle verfügbaren Segel; **not a ~ of evidence** nicht den geringsten Beweis; **to chew the ~** a) ‚quatschen', plaudern, b) ‚mekkern', murren; **to cook to ~s** (total) zerkochen; **to tear to ~s** *fig.* ‚(in der Luft) zerreißen'; **it is a red ~ to him** *fig.* es ist für ihn ein rotes Tuch. **2.** *meist in Zssgn* (*Wasch- etc*)Lappen *m*, (*Wisch- etc*)Tuch *n*, (Putz)Lumpen *m.* **3.** *pl Papierindustrie*: Hadern *pl*, Lumpen *pl.* **4.** *sl.* ‚Fetzen' *m*, ‚Fummel' *m* (*Kleid*): → **glad**[1] 2. **5.** *contp. od. humor.* a) ‚Fetzen' *m* (*Taschentuch, Vorhang etc*), b) ‚Lappen' *m* (*Geldschein*). **6.** *contp.* Käse-, Wurstblatt *n* (*Zeitung*). **7.** *Am. colloq.* a) ‚Wrack' *n*, ‚Leiche' *f* (*erschöpfte Person*), b) *contp.* ‚Waschlappen' *m* (*Schwächling*). **8.** → **ragtag** 1. **9.** *mus. colloq.* → **ragtime** I. **II** *v/t* **10.** *mus. sl.* ‚verjazzen'.
rag[2] [ræg] *s* **1.** rohe Schieferplatte. **2.** *Br.* rohgeschiefertes Gestein.
rag[3] [ræg] *colloq.* **I** *v/t* **1.** ‚anschnauzen'. **2.** *j-n* aufziehen, verspotten (**about, for** wegen). **3.** *j-m* e-n Schabernack spielen. **4.** *j-n* ‚piesacken', *j-m* übel mitspielen. **II** *v/i* **5.** *bes. Br.* Krach *od.* Raˈdau machen. **III** *s* **6.** *bes. Br.* Krach *m*, Raˈdau *m.* **7.** *bes. Br.* Schabernack *m*, (Stuˈdenten)Ulk *m*, Jux *m*: **for** (*od.* **as**) **a ~** aus Jux. **8.** *univ. Br. karnevalistischer Studentenumzug zu wohltätigen Zwecken.*
rag·a·muf·fin [ˈrægəˌmʌfɪn] *s* **1.** zerlumpter Kerl. **2.** Gassenkind *n.*
ˌrag|-and-ˈbone man *s irr bes. Br.* Lumpensammler *m.* **~ ba·by** → **rag doll.** **ˈ~bag** *s* **1.** Lumpensack *m*: **out of the ~** *fig.* aus der ‚Klamottenkiste'. **2.** *fig.* Sammelˈsurium *n.* **~ bolt** *s tech.* Steinschraube *f.* **~ doll** *s* Stoffpuppe *f.*
rage [reɪdʒ] **I** *s* **1.** Wut(anfall *m*) *f*, Raseˈrei *f*, Zorn *m*, Rage *f*: **to be in a ~** vor Wut schäumen, toben; **to fly into a ~** in Wut geraten. **2.** Wüten *n*, Toben *n*, Rasen *n* (*der Elemente, der Leidenschaft etc*). **3.** Sucht *f*, Maˈnie *f*, Gier *f* (**for** nach). **4.** Begeisterung *f*, Taumel *m*, Rausch *m*, Ekˈstase *f.* **5.** große Mode: **it is (all) the ~** es ist jetzt die große Mode *od.* der ‚letzte Schrei', alles ist wild darauf. **II** *v/i* **6.** wüten (*a. Krankheit, Sturm*), toben (*a. Meer, Sturm*), rasen: **to ~ against** (*od.* **at**) **s.th.** gegen etwas wettern.
rag fair *s* Trödelmarkt *m.*
rag·ged [ˈrægɪd] *adj* (*adv* **~ly**) **1.** zerlumpt, abgerissen (*Person, Kleidung*): **to ride s.o. ~** *Am. sl.* j-n ‚fertigmachen'. **2.** struppig, zottig (*Fell*), strubb(e)lig (*Haare*). **3.** ausgefranst, zerfetzt: **a ~ wound.** **4.** zackig, gezackt, schartig, zerklüftet: **on the ~ edge** *fig.* am Rande des Abgrunds, am Ende. **5.** holp(e)rig: **~ rhymes.** **6.** zs.-hanglos: **~ speech.** **7.** verwildert: **a ~ garden.** **8.** roh, unfertig, mangel-, fehlerhaft: **a ~ piece of work; a ~ performance** e-e dilettantische Vorstellung. **9.** rauh: **~ voice.**
rag·ged·y [ˈrægɪdɪ] *adj bes. Am. colloq.* ziemlich zerlumpt *etc.*
rag·gle-tag·gle [ˈræglˌtægl] *adj* ungepflegt (*Person*).
rag·lan [ˈræglən] *s* Raglan *m* (*Sport- od. Wettermantel mit Raglanärmeln*).
ˈrag·man [-mæn] *s irr* Lumpensammler *m.*
ra·gout [ˈræguː; *Am.* ræˈguː] *s gastr.* Raˈgout *n.*
rag| pa·per *s Papierindustrie*: ˈHadernpaˌpier *n.* **ˈ~ˌpick·er** *s* Lumpensammler(in). **ˈ~stone** *s geol.* Kieselsandstein *m.* **ˈ~tag I** *s* **1.** *contp.* Pöbel *m*, Gesindel *n*: **~ and bobtail** Krethi u. Plethi, Hinz u. Kunz. **2.** bunt zs.-gewürfelter Haufen. **II** *adj* **3.** bunt zs.-gewürfelt. **ˈ~time** *mus.* **I** *s* Ragtime *m* (*Jazzstil*). **II** *adj* Ragtime... **~ trade** *s colloq.* a) Beˈkleidungsinduˌstrie *f*, b) Kleiderbranche *f.* **ˈ~weed** *s bot.* **1.** *Br. für* **ragwort.** **2.** Amˈbrosiapflanze *f.* **ˈ~wort** *s bot.* (*ein*) Kreuzkraut *n*, *bes.* Jakobs(kreuz)kraut *n.*
rah [rɑː] *bes. Am. für* **hurrah.** **ˈrah-rah** *bes. Am. für* **hurrah** III *u.* IV.
raid [reɪd] **I** *s* **1.** (feindlicher *od.* räuberischer) Ein- *od.* ˈÜberfall, Streifzug *m*, (plötzlicher) Angriff (**on, upon** auf *acc*). **2.** a) *mil.* ˈStoßtruppunterˌnehmen *n*, b) *mar.* Kaperfahrt *f*, c) *aer.* (Bomben-, Luft)Angriff *m.* **3.** a) (An)Sturm *m* (**on, upon** auf *acc*), b) *sport* Vorstoß *m.* **4.** (Poliˈzei)Razzia *f* (**on, upon** in *dat*). **5.** *econ.* Druck *m* auf die Preise. **II** *v/t* **6.** überˈfallen, e-n ˈÜberfall machen auf (*acc*), angreifen (*a. aer.*). **7.** einfallen in (*acc*). **8.** stürmen, plündern. **9.** e-e Razzia machen in (*dat*). **10.** **to ~ the market** *econ.* den Markt drücken. **III** *v/i* **11.** e-n ˈÜberfall machen (**on, upon** auf *acc*), einfallen (**into** in *acc*): **~ing party** *mil.* Stoßtrupp *m*; **~ing aircraft** angreifende Flugzeuge. **12.** e-e Razzia ˈdurchführen (*Polizei*). **ˈraid·er** *s* **1.** Angreifer(in). **2.** Plünderer *m.* **3.** *mil.* ˈNahkampfspeziaˌlist *m* (*der US-Marineinfanterie*).
rail[1] [reɪl] **I** *s* **1.** *tech.* Schiene *f*, Riegel *m.* **2.** Geländer *n.* **3.** *a.* **main ~** *mar.* Reling *f.* **4.** a) Schiene *f*, b) *pl* Gleis *n*, c) (Eisen-)

Bahn *f*: **by ~** mit der Bahn; **off the ~s** *fig.* aus dem Geleise, durcheinander, *weitS.* auf dem Holzweg; *colloq.* verrückt (*Person*); **to run off** (*od.* **leave, jump**) **the ~s** aus den Schienen springen, entgleisen; **on the ~s** *fig.* in Schwung (*Sache*), auf dem rechten Weg (*Person*). **5.** *pl econ.* Eisenbahnaktien *pl.* **II** *v/t* **6.** *a.* **~ in** mit e-m Geländer um'geben: **to ~ off** durch ein Geländer (ab)trennen. **7.** *bes. Br.* mit der (Eisen)Bahn befördern.

rail[2] [reɪl] *s orn.* Ralle *f*: **common** (*od.* **water**) **~** Wasserralle *f.*

rail[3] [reɪl] *v/i* schimpfen, ,'herziehen' (**at, against** über *acc*): **to ~ at fate** mit dem Schicksal hadern.

rail| bus *s* Schienenbus *m.* **'~car** *s* Triebwagen *m.*

rail·er ['reɪlə(r)] *s* Lästerer *m*, Lästermaul *n.*

'rail·head *s* **1.** *rail.* End-, Kopfbahnhof *m.* **2.** *mil.* Ausladebahnhof *m.* **3.** *rail.* a) Schienenkopf *m*, b) im Bau befindliches Ende (*e-r neuen Strecke*).

rail·ing[1] ['reɪlɪŋ] *s* **1.** *rail.* Schienen *pl.* **2.** Geländer *n*, Gitter *n*, Barri'ere *f.* **3.** *mar.* Reling *f.*

rail·ing[2] ['reɪlɪŋ] *s* Geschimpfe *n.*

rail jour·ney *s* Bahnreise *f.*

rail·ler·y ['reɪlərɪ] *s* Necke'rei *f*, Stiche'lei *f*, gutmütiger Spott.

rail·road ['reɪlrəʊd] **I** *s Am.* **1.** Eisenbahn *f*: a) Eisenbahnlinie *f*, b) *als Einrichtung od. Unternehmen.* **2.** *a.* **~ company** Eisenbahn(gesellschaft) *f.* **3.** *pl* Eisenbahnaktien *pl.* **II** *adj* **4.** *Am.* Eisenbahn...: **~ accident**; **~ bridge**; **~ junction** (Eisen)Bahn-Knotenpunkt *m*; **~ sickness** *vet.* Eisenbahnkrankheit *f*, -fieber *n*; **~ station** Bahnhof *m*; **~ strike** *econ.* Eisenbahnerstreik *m.* **III** *v/t* **5.** *Am.* mit der (Eisen)Bahn befördern. **6.** *Am.* Eisenbahnen bauen in (*dat*): **to ~ a country.** **7.** *Gesetzesvorlage etc* 'durchpeitschen: **to ~ s.o. into doing s.th.** *colloq.* j-n zwingen, etwas zu tun (*ohne ihm Zeit zum Überlegen zu geben*). **8.** *bes. Am. sl. j-n* ,'abser,vieren', ,sich *j-n* vom Hals schaffen', *j-n* (*durch falsche Beschuldigungen*) ,reinhängen'. **~ car** *s Am.* 'Eisenbahnwagen *m*, -wag,gon *m.*

'rail,road·er *s Am.* Eisenbahner *m.*

'rail,road man *s irr Am.* Eisenbahner *m.*

rail|strike *s econ.* Eisenbahnerstreik *m.* **~ train** *s metall.* Walzenstraße *f.*

rail·way ['reɪlweɪ] **I** *s* **1.** *bes. Br. für* **railroad** 1–3. **2.** Lo'kalbahn *f.* **II** *adj* **3.** *bes. Br. für* **railroad** 4. **~ car·riage** *s Br.* Per'sonenwagen *m.* **~ guard** *s Br.* Zugbegleiter *m.* **~ guide** *s Br.* Kursbuch *n.* **'~man** [-mən] *s irr Br.* Eisenbahner *m.*

rai·ment ['reɪmənt] *s poet.* Kleidung *f*, Gewand *n.*

rain [reɪn] **I** *s* **1.** Regen *m* (*a. fig.*): **come ~ or shine** a) bei jedem Wetter, b) *fig.* unter allen Umständen; **to be as right as ~** *colloq.* a) kerngesund sein, b) keine einzige Schramme abbekommen haben (*bei e-m Unfall etc*); **a ~ of blows** ein Hagel von Schlägen; **a ~ of sparks** ein Funkenregen; → **pour** 6. **2.** *pl* Regenfälle *pl*, -güsse *pl*: **heavy ~s**; **the ~s, the R~s** die Regenzeit (*in den Tropen*). **3.** Regen (-wetter *n*) *m*: **we had nothing but ~ all day.** **4. the R~s** *pl mar.* die Regenzone (*des Atlantiks*). **II** *v/i* **5.** *impers* regnen: **it ~ed all night**; → **pour** 6. **6.** es regnen lassen, Regen (her'ab)senden: **the sky ~s.** **7.** *fig.* regnen: **tears ~ed down her cheeks** Tränen strömten über ihre Wangen; **blows ~ed down (up)on him** Schläge prasselten auf ihn nieder. **III** *v/t* **8.** *Tropfen etc* niedersenden, regnen: → **cat** *Bes. Redew.*, **pitchfork** 1; **it has ~ed itself out** es hat sich ausgeregnet. **9.** *fig.* (nieder)regnen *od.* (-)hageln lassen: **to ~ blows (up)on s.o.** j-n mit Schlägen eindecken; **to ~ favo(u)rs (abuse) (up)on s.o.** j-n mit Gefälligkeiten (Beschimpfungen) überschütten; **it ~ed gifts** es regnete *od.* hagelte Geschenke. **10. to be ~ed off** (*Am.* **out**) (*Veranstaltung*) a) wegen Regens abgebrochen werden, b) wegen Regens abgesagt werden; **the game was ~ed off** das Spiel fiel im wahrsten Sinne des Wortes ins Wasser. **'~band** *s meteor.* Regenlinie *f*, -bande *f.* **'~bird** *s orn.* **1.** Regenkuckuck *m.* **2.** Regenvogel *m.* **3.** Koal *m.* **4.** *Br. dial.* Grünspecht *m.*

rain·bow ['reɪnbəʊ] *s* **1.** Regenbogen *m* (*a. fig.*): **in all the colo(u)rs of the ~** in allen Regenbogenfarben; **to chase** (*od.* **follow**) **a ~** *fig.* e-m Trugbild nachjagen. **2.** *a.* **white ~** weißer Regenbogen, Nebelbogen *m.* **3.** *orn.* (*ein*) Kolibri *m.* **~ trout** *s ichth.* 'Regenbogenfo,relle *f.*

rain| check *s Am.* Einlaßkarte *f* für die Neuansetzung e-r wegen Regens abgebrochenen (Sport)Veranstaltung: **to take a ~ on an invitation** *fig.* sich e-e Einladung für später ,gutschreiben' lassen; **may I take a ~ on it?** darf ich darauf später einmal zurückkommen? **'~coat** *s* Regenmantel *m.* **~ doc·tor** *s* Regenmacher *m* (*bei primitiven Völkern*). **'~drop** *s* Regentropfen *m.* **'~fall** *s* **1.** Regen(schauer) *m.* **2.** *meteor.* Niederschlagsmenge *f.* **~ for·est** *s* Regenwald *m.* **~ ga(u)ge** *s meteor.* Regenmesser *m.* **~ glass** *s* Baro'meter *n.*

rain·i·ness ['reɪnɪnɪs] *s* **1.** Regenneigung *f.* **2.** Regenwetter *n.*

'rain|,mak·er → **rain doctor.** **'~proof** **I** *adj* 'regen-, 'wasser,un,durchlässig, (*Stoff a.*) imprä'gniert. **II** *s* Regenmantel *m.* **III** *v/t* 'regen- *od.* 'wasser,un,durchlässig machen, *Stoff a.* imprä'gnieren. **~ show·er** *s* Regenschauer *m.* **'~,sod·den** *adj* aufgeweicht (*Boden*). **'~storm** *s* heftiger Regen. **'~tight** → **rainproof** I. **'~,wa·ter** *s* Regenwasser *n*: **~ pipe** *Br.* Fallrohr *n* (*der Dachrinne*). **'~wear** *s* Regenbekleidung *f.*

rain·y ['reɪnɪ] *adj* (*adv* **rainily**) **1.** regnerisch, verregnet, Regen...: **~ weather**; **~ season** Regenzeit *f*; **to save up for a ~ day** e-n Notgroschen zurücklegen, für Zeiten der Not vorsorgen; **to save** (*od.* **put away, keep**) **s.th. for a ~ day** etwas für schlechte Zeiten zurücklegen. **2.** regenbringend, Regen...: **~ clouds.** **3.** regenreich: **~ region.**

raise [reɪz] **I** *v/t* **1.** *oft* **~ up** (in die Höhe) heben, auf-, empor-, hoch-, erheben, *mit e-m Kran etc* hochwinden, -ziehen, *den Vorhang etc* hochziehen: **to ~ one's eyes** die Augen erheben, aufblicken; **to ~ one's** (*od.* **a**) **glass to s.o.** das Glas auf j-n erheben; **to ~ one's hat** den Hut ziehen (**to s.o.** vor j-m; *a. fig.*) *od.* lüften; → **elbow** 1, **eyebrow, power** 14. **2.** aufrichten: **to ~ a fallen man**; **to ~ a ladder** e-e Leiter aufstellen. **3.** (auf-) wecken: **to ~ from the dead** von den Toten (auf)erwecken. **4.** *e-n Geist* beschwören, zi'tieren: → **Cain, hell** 1, *etc.* **5.** a) her'vorrufen: **to ~ a storm of indignation (a smile,** *etc*); **to ~ a laugh** Gelächter ernten, b) (er)wecken: **to ~ expectations**; **to ~ s.o.'s hopes** in j-m Hoffnung erwecken; **to ~ a suspicion** Verdacht erregen, c) aufkommen lassen: **to ~ a rumo(u)r**, d) machen: **to ~ difficulties.** **6.** *Blasen* ziehen: **to ~ blisters.** **7.** *Staub etc* aufwirbeln: → **dust** 2. **8.** *e-e Frage* aufwerfen, *etwas* zur Sprache bringen: **to ~ a point.** **9.** a) *e-n Anspruch* erheben, geltend machen, *e-e Forderung* stellen: **to ~ a claim**, b) *Einspruch* erheben, *e-n Einwand* geltend machen, vorbringen: **to ~ an objection**, c) *jur. Klage* erheben: **to ~ an action (with** bei). **10.** *Kohle etc* fördern. **11.** a) *Tiere* züchten, b) *Pflanzen* ziehen, anbauen. **12.** a) *e-e Familie* gründen, b) *Kinder* auf-, großziehen. **13.** *ein Haus etc* errichten, erstellen, (er)bauen, *e-n Damm* aufschütten. **14.** a) *s-e Stimme* erheben (**against** gegen): **voices have been ~d** es sind Stimmen laut geworden, b) *ein Geschrei* erheben. **15. to ~ one's voice** die Stimme erheben, lauter sprechen. **16.** *ein Lied* anstimmen. **17.** (*im Rang*) erheben: **to ~ to the throne** auf den Thron erheben. **18.** *sozial etc* heben. **19.** beleben, anfeuern, anregen: **to ~ s.o.'s spirits**; **to ~ the morale** die Moral heben. **20.** verstärken, -größern, -mehren: **to ~ s.o.'s fame** j-s Ruhm vermehren. **21.** erhöhen, steigern, hin'aufsetzen: **to ~ the speed (temperature, bet).** **22.** erhöhen, hin'aufsetzen: **to ~ the wages (price, value)**; → **sight** 9. **23.** den Preis *od.* Wert erhöhen von (*od. gen*). **24.** a) *j-n* aufwiegeln (**against** gegen), b) *e-n Aufruhr etc* anstiften, anzetteln: **to ~ a mutiny.** **25.** *Steuern* erheben: **to ~ taxes.** **26.** *e-e Anleihe, e-e Hypothek, e-n Kredit* aufnehmen, *Kapital* beschaffen. **27.** *Geld* sammeln, zs.-bringen, beschaffen. **28.** *ein Heer* aufstellen: **to ~ an army.** **29.** *Farbe beim Färben* aufhellen. **30.** *Teig, Brot* gehen lassen, treiben: **~d pastry** Hefegebäck *n.* **31.** *Tuch* (auf-) rauhen. **32.** *bes. Am. e-n Scheck etc* durch Eintragung e-r höheren Summe fälschen. **33.** a) *e-e Belagerung, Blockade, a. ein Verbot etc* aufheben, b) die Aufhebung (*e-r Belagerung*) erzwingen. **34.** *mar.* sichten: **to ~ land.** **35.** (*im Sprechfunk*) ,reinkriegen'.

II *v/i* **36.** *Poker etc*: den Einsatz erhöhen.

III *s* **37.** Erhöhung *f.* **38.** *Am.* Steigung *f* (*e-r Straße etc*). **39.** *bes. Am.* Lohn- *od.* Gehaltserhöhung *f.*

raised [reɪzd] *adj* **1.** erhöht: **~ beach** *geol.* gehobene Strandlinie. **2.** gesteigert. **3.** erhaben: **~ embroidery** Hochstickerei *f*; **~ letters** erhabene Buchstaben. **4.** getrieben, gehämmert. **5.** Hefe...: **~ cake.**

rais·er ['reɪzə(r)] *s* **1. morale ~** *mil. sport* Maßnahme *f* zur Hebung der Kampfmoral. **2.** Errichter(in), Erbauer(in). **3.** Gründer(in). **4.** Züchter(in).

rai·sin ['reɪzn] *s* **1.** Ro'sine *f.* **2.** Dunkellila *n.*

rai·son| d'é·tat [,reɪzɔ̃:ndeɪ'tɑ:; *Am.* -,zəʊn-] *s* 'Staatsrä,son *f.* **~ d'ê·tre** [-'deɪtrə; -'detrə] *s* Daseinsberechtigung *f*, -zweck *m.*

rait [reɪt] → **ret.**

raj [rɑ:dʒ] *s Br. Ind.* Herrschaft *f.*

ra·ja(h) ['rɑ:dʒə] *s* Radscha *m* (*indischer od. malaiischer Fürst*).

rake[1] [reɪk] **I** *s* **1.** Rechen *m* (*a. des Croupiers etc*), Harke *f*: **(as) thin as a ~** spindeldürr (*Person*). **2.** *tech.* a) Krücke *f*, Rührstange *f*, b) Kratze *f*, c) Schürhaken *m.* **II** *v/t* **3.** (glatt)rechen, (-)harken: **to ~ together** zs.-rechen, -harken. **4.** a) (auseinander)kratzen, (-)scharren, b) auskratzen. **5.** → **rake in.** **6.** durch'stöbern (**for** nach): **to ~ one's memory** sein Gedächtnis durchforsten. **7.** *mil.* (mit Feuer) bestreichen, ,beharken'. **8.** (mit den Augen) absuchen, über'blicken. **III** *v/i* **9.** rechen, harken. **10.** *a.* **~ about** (*od.* **[a]round**) her'umstöbern, (-)suchen (**in** in *dat*; **among** unter *dat*; **for, after** nach): **to ~ through s.th.** etwas durchsuchen. **11.** kratzen, scharren.

Verbindungen mit Adverbien:
rake| in *v/t colloq. Geld* ‚kas'sieren': **to rake it in, to ~ the shekels** das Geld nur so scheffeln. **~ out** *v/t* **1.** *Asche etc* her'auskratzen. **2.** auskundschaften. **~ o·ver** *v/t*: **to ~ old ashes** alte Geschichten wieder aufrühren *od.* aufwärmen. **~ up** *v/t* **1.** zs.-rechen, -harken. **2.** *Leute* auftreiben, *Geld a.* zs.-kratzen. **3.** *alte Geschichten etc* wieder aufrühren *od.* aufwärmen.
rake² [reɪk] *s* Rou'é *m*, (vornehmer) Lebemann.
rake³ [reɪk] **I** *v/i* **1.** Neigung haben. **2.** *mar.* a) 'überhängen (*Steven*), b) Fall haben, nach hinten geneigt sein (*Mast, Schornstein*). **II** *v/t* **3.** (nach rückwärts) neigen: **~d chair** Stuhl *m* mit geneigter Lehne. **III** *s* **4.** Neigung(swinkel *m*) *f*: **at a ~ of** bei e-r Neigung von. **5.** *mar.* a) 'Überhängen *n*, b) Fall *m* (*des Mastes od. Schornsteins*). **6.** *aer.* Abschrägung *f* der Tragflächenspitze. **7.** *tech.* Schnitt-, Schneid(e)winkel *m*: **~ angle** Spanwinkel.
'rake|-off *s colloq.* (Gewinn)Anteil *m*. **'~-round** *s*: **to have a ~ in s.th.** in etwas herumstöbern *od.* (-)suchen. **'~-through** *s*: **to give s.th. a ~** etwas durchsuchen *od.* -stöbern.
rak·ing ['reɪkɪŋ] *adj* geneigt, schief.
rak·ish¹ ['reɪkɪʃ] *adj* ausschweifend, liederlich, wüst.
rak·ish² ['reɪkɪʃ] *adj* **1.** *mar. mot.* schnittig (gebaut). **2.** *fig.* flott, verwegen, keck.
rale, râle [rɑːl; *Am. a.* ræl] *s med.* Rasselgeräusch *n* (*der Lunge*).
ral·ly¹ ['rælɪ] **I** *v/t* **1.** *Truppen etc* (wieder) sammeln *od.* ordnen. **2.** vereinigen, scharen (**round, to** um). **3.** *j-n* aufrütteln, -muntern. **4.** *econ.* 'wiederbeleben, *Preise* festigen. **5.** *s-e Kräfte etc* sammeln, zs.-nehmen. **II** *v/i* **6.** sich (wieder) sammeln. **7.** sich scharen (**round, to** um). **8.** sich anschließen (**to** *dat od.* an *acc*). **9.** *a.* **~ round** neue Kräfte sammeln, sich zs.-reißen. **10.** sich erholen (*a. econ.*). **11.** *sport* sich (wieder) ‚fangen'. **12.** *Tennis etc*: a) e-n Ballwechsel ausführen, b) sich einschlagen. **III** *s* **13.** Sammeln *n*. **14.** Treffen *n*, Tagung *f*, Kundgebung *f*, (Massen)Versammlung *f*. **15.** Erholung *f* (*a. econ. der Preise, des Marktes*). **16.** *Tennis etc*: Ballwechsel *m*. **17.** Rallye *f*.
ral·ly² ['rælɪ] *v/t* hänseln.
'ral·ly·cross *s Automobilsport*: Rallye-Cross *n*.
ral·lye ['rælɪ] → **rally¹** 17.
ral·ly·ing ['rælɪɪŋ] *adj* Sammel...: **~ cry** Parole *f*, Schlagwort *n*; **~ point** Sammelpunkt *m*, -platz *m*.
'ral·ly·man [-mən] *s irr Automobilsport*: Rallyefahrer *m*.
ram [ræm] **I** *s* **1.** *zo.* Widder *m*, Schafbock *m*. **2.** **R~** *astr.* Widder *m*. **3.** *mil. hist.* Sturmbock *m*. **4.** *tech.* a) Ramme *f*, Fallhammer *m*, b) Rammbock *m*, -bär *m*, c) hy'draulischer Widder, d) Druck-, Preßkolben *m*, e) Tauschkolben *m*: **~ effect** *aer.* Stauwirkung *f*, Auftreffwucht *f*; **~ pressure** Staudruck *m*. **5.** *mar.* Ramme *f*, Rammsporn *m*. **II** *v/t* **6.** *Erde etc* festrammen, -stampfen. **7.** *a.* **~ down** (*od.* **in**) einrammen. **8.** (hin'ein)stopfen: **to ~ s.th. into a trunk**. **9.** rammen: **to ~ a ship; to ~ s.th. through** *Am. fig.* e-e Sache ‚durchboxen' *od.* ‚durchdrücken'; → **throat** 1. **10.** *a.* **~ up** a) vollstopfen, b) verstopfen, -rammeln. **11.** *fig.* einpauken, -trichtern: **to ~ s.th. into s.o.** j-m etwas einbleuen. **12.** schmettern, ‚knallen' (**against, at** gegen).
ra·mark ['reɪmɑː(r)k] *s* Radar(sende)-bake *f*.
ram·ble ['ræmbl] **I** *v/i* **1.** um'herwandern, -streifen, ‚bummeln'. **2.** a) sich schlängeln *od.* winden (*Pfad, Fluß etc*), b) sich 'hinziehen (*Wald etc*). **3.** *bot.* wuchern, üppig ranken. **4.** *fig.* (vom Thema) abschweifen, drauf'losreden. **5.** im Fieber reden, 'unzu,sammenhängend reden. **6.** *fig.* ‚her'umschnuppern' (*in Studienfächern etc*). **II** *s* **7.** Wanderung *f*, Streifzug *m* (*a. fig.*), ‚Bummel' *m*. **'ram·bler** *s* **1.** Wanderer *m*, Wand(r)erin *f*. **2.** *a.* **~ rose** *bot.* Kletterrose *f*. **'ram·bling I** *adj* (*adv* **~ly**) **1.** um'herwandernd, -streifend, ‚bummelnd': **~ club** Wanderverein *m*. **2.** *bot.* üppig rankend, wuchernd. **3.** *arch.* weitläufig, verschachtelt: **a ~ mansion**. **4.** *fig.* (vom Thema) abschweifend, weitschweifig, 'unzu,sammenhängend. **II** *s* **5.** Wandern *n*, Um'herstreifen *n*.
ram·bunc·tious [ræm'bʌŋkʃəs] *adj* (*adv* **~ly**) *colloq.* **1.** laut, lärmend. **2.** wild, 'übermütig.
ram·e·kin, *a.* **ram·e·quin** ['ræmkɪn; -mɪ-] *s* **1.** *meist pl* Käseauflauf *m*. **2.** Auflaufform *f*.
ram·ie ['ræmɪ; *Am. a.* 'reɪ-] *s* **1.** *bot.* Ra'mie *f*. **2.** Ra'miefaser *f*.
ram·i·fi·ca·tion [,ræmɪfɪ'keɪʃn] *s* **1.** Verzweigung *f*, -ästelung *f* (*a. fig.*): **the ~s of an organization; the ~s of an artery** die Verästelungen e-r Arterie. **2.** *fig.* 'indi,rekte Folge, *pl a.* Weiterungen *pl*. **3.** Zweig *m* (*a. fig.*), Sproß *m*. **'ram·i·form** [-fɔː(r)m] *adj* **1.** zweigförmig. **2.** verzweigt, -ästelt. **'ram·i·fy** [-faɪ] **I** *v/t* **1.** verzweigen (*a. fig.*). **II** *v/i* **2.** *a. fig.* sich verzweigen *od.* verästeln: **to ~ into** übergreifen auf (*acc*). **3.** *fig.* a) sich kompli'zieren, b) Weiterungen (zur Folge) haben.
ram·jet, ram·jet en·gine ['ræmdʒet] *s tech.* Staustrahltriebwerk *n*: **ramjet propulsion** Staudüsenantrieb *m*.
ram·mer ['ræmə(r)] *s* **1.** *tech.* a) (Hand-) Ramme *f*, b) Stampfer *m*, c) *Töpferei*: Erdschlegel *m*, d) Klopfhammer *m*. **2.** *mil. hist.* a) Ansetzer *m* (*bei Kanonen*), b) Ladestock *m*.
ra·mose ['reɪməʊs] *adj* verzweigt.
ramp¹ [ræmp] **I** *s* **1.** Rampe *f*, geneigte Fläche. **2.** (schräge) Auffahrt. **3.** (Lade-) Rampe *f*. **4.** Krümmling *m* (*am Treppengeländer*). **5.** *arch.* Rampe *f*, Abdachung *f*. **6.** *Festungsbau*: Rampe *f* (*Auffahrt auf den Wall*). **7.** *aer.* (fahrbare) Treppe. **II** *v/i* **8.** a) sich (drohend) aufrichten, b) zum Sprung ansetzen (*Tier*). **9.** *a.* **~ and rage** toben, wüten, rasen. **10.** *bot.* klettern, wuchern. **11.** *arch.* ansteigen (*Mauer*). **III** *v/t* **12.** *arch.* mit e-r Rampe versehen.
ramp² [ræmp] *s Br. sl.* Betrug *m*.
ram·page [ræm'peɪdʒ] **I** *s* (Her'um)Toben *n*, Wüten *n*: **to go** (*od.* **be**) **on the ~** → II. **II** *v/i a.* **~ about** (*od.* **around**) her'umtoben, wüten (*a. fig.*). **ram'pa·geous** [-dʒəs] *adj* (*adv* **~ly**) wild, wütend.
ramp·an·cy ['ræmpənsɪ] *s* **1.** Über'handnehmen *n*, 'Umsichgreifen *n*, Gras'sieren *n*. **2.** *fig.* wilde Ausgelassenheit, Wildheit *f*. **'ramp·ant** *adj* (*adv* **~ly**) **1.** wild, zügellos, ausgelassen. **2.** über'handnehmend: **to be ~** um sich greifen, grassieren. **3.** üppig, wuchernd (*Pflanzen*). **4.** (drohend) aufgerichtet, sprungbereit (*Tier*). **5.** *her.* aufsteigend: **a lion ~**.
ram·part ['ræmpɑː(r)t] **I** *s* **1.** *mil.* a) (Festungs)Wall *m*, b) Brustwehr *f*. **2.** Schutzwall *m* (*a. fig.*). **II** *v/t* **3.** mit e-m Wall um'geben.
ram·pi·on ['ræmpjən; -ɪən] *s bot.* Ra'punzelglockenblume *f*.
ram·rod ['ræmrɒd; *Am.* -,rɑd] *s* **1.** *mil. hist.* Ladestock *m*: **to walk (as) stiff as a ~**, e-n Ladestock verschluckt haben', steif wie ein Stock gehen. **2.** *fig.* strenger Mensch, harter Vorgesetzter.
ram·shack·le ['ræm,ʃækl] *adj* **1.** baufällig, wack(e)lig. **2.** klapp(e)rig (*Fahrzeug*). **3.** *fig.* ‚windig', mise'rabel.
ram·son ['ræmsn; -zn] *s* **1.** *bot.* Bärenlauch *m*. **2.** *meist pl* Bärenlauchzwiebel *f*.
ran¹ [ræn] *pret von* **run**.
ran² [ræn] *s* Docke *f* Bindfaden.
rance [ræns] *s min. blau- u. weißgeäderter roter Marmor aus Belgien.*
ranch [rɑːntʃ; *Am.* ræntʃ] *bes. Am.* **I** *s* **1.** Ranch *f*, Viehfarm *f*, -wirtschaft *f*. **2.** *allg.* (*a. Hühner-, Pelztier- etc*)Farm *f*. **II** *v/i* **3.** Viehzucht treiben. **4.** auf e-r Ranch arbeiten. **III** *v/t* **5.** *Rinder etc* züchten. **'ranch·er** *s bes. Am.* **1.** Rancher *m*, Viehzüchter *m*. **2.** Farmer *m*. **3.** Rancharbeiter *m*. **4.** (*Pelztier- etc*) Züchter *m*.
ran·cid ['rænsɪd] *adj* **1.** ranzig (*Butter etc*). **2.** *fig.* widerlich. **ran'cid·i·ty** [-ətɪ], **'ran·cid·ness** *s* Ranzigkeit *f*.
ran·cor, *bes. Br.* **ran·cour** ['ræŋkə(r)] *s* Erbitterung *f*, Groll *m*, Haß *m*: **to feel ~ against s.o.** e-n Groll auf j-n haben. **'ran·cor·ous** *adj* (*adv* **~ly**) erbittert, boshaft, haßerfüllt, giftig, voller Groll.
rand¹ [rænd] *s* **1.** *tech.* Lederstreifen *m* zur Begradigung des (Schuh)Absatzes. **2.** Höhenzug *m*, Bergkette *f*. **3.** *obs. od. dial.* Rand *m*, Grenze *f*.
Rand² [rænd] *s econ.* Rand *n* (*südafrikanische Währungseinheit*).
ran·dem ['rændəm] *s* Randem *m* (*zweiräd[e]riger Wagen mit 3 voreinandergespannten Pferden*).
ran·dom ['rændəm] **I** *adj* wahllos, ziellos, zufällig, willkürlich, Zufalls...: **~ error** *math.* Zufallsfehler *m*; **~ mating** *biol.* Zufallspaarung *f*; **~ motion** *phys.* unkontrollierbare Bewegung; **~ number** (*Computer*) beliebige Zahl, Zufallszahl *f*; **~ sample** (*Statistik*) Zufallsstichprobe *f*; **~ sampling** (*Statistik*) Zufallsstichprobenerhebung *f*; **~ shot** Schuß *m* ins Blaue; **~-access memory** (*Computer*) Speicher *m* mit wahlfreiem Zugriff. **II** *s*: **at ~** aufs Gerate'wohl, auf gut Glück, blindlings; **to talk at ~** ins Blaue hineinreden, (wild) drauflosreden.
ran·dom·i·za·tion [,rændəmaɪ'zeɪʃn; *Am.* -mə'z-] *s Statistik etc*: Randomi'sierung *f*. **'ran·dom·ize** *v/t* randomi'sieren (*e-e zufällige Auswahl treffen aus*).
rand·y ['rændɪ] *adj* **1.** *bes. Scot.* ungehobelt, laut. **2.** *colloq.* ‚scharf', geil.
ra·nee [,rɑː'niː] *s* Rani *f* (*indische Fürstin*).
rang [ræŋ] *pret von* **ring²**.
range [reɪndʒ] **I** *s* **1.** Reihe *f*, Kette *f*: **a ~ of trees** e-e Baumreihe. **2.** (*Berg*)Kette *f*: **mountain ~**. **3.** (*Koch-, Küchen*)Herd *m*: **kitchen ~**. **4.** Schießstand *m*, -platz *m*: **shooting ~**. **5.** Entfernung *f* (zum Ziel), Abstand *m*: **at a ~ of** aus *od.* in e-r Entfernung von; **at close ~** aus nächster Nähe; **to find the ~** *mil.* sich einschießen; **to take the ~** die Entfernung schätzen. **6.** *bes. mil.* Reich-, Trag-, Schußweite *f*, *mar.* Laufstrecke *f* (*e-s Torpedos*): **out of (within) ~** außer (in) Schuß- *od.* Reichweite; → **long-range**. **7.** Ausdehnung *f*, 'Umfang *m*, Skala *f*: **a narrow ~ of choice** e-e kleine Auswahl; **the ~ of his experience** die Spannweite s-r Erfahrung. **8.** *econ.* Kollekti'on *f*: **a wide ~ (of goods)** e-e große Auswahl, ein großes Angebot. **9.** *fig.* Bereich *m*, Spielraum *m*, Grenzen *pl*, *a. tech. etc* (*z. B.* Hör-, Meß-, Skalen)Bereich *m*, *Radar*: Auffaßbereich *m*, *Radio*: (Fre'quenz-, Wellen)Bereich *m*, Senderreichweite *f*: **~ (of action)** Aktionsbereich, -radius *m*, *aer.* Flugbereich; **~ (of activities)** Betä-

tigungsfeld *n*, Aktionsbereich; ~ **of application** Anwendungsbereich; ~ **of atom** *phys.* Atombezirk *m*; ~ **of prices** Preislage *f*, -klasse *f*; ~ **of reception** (*Funk*) Empfangsbereich; ~ **of uses** Verwendungsbereich, Anwendungsmöglichkeiten *pl*; **boiling**~ Siedebereich; **within** ~ **of vision** in Sichtweite. **10.** *bot. zo.* Verbreitung(sgebiet *n*) *f*. **11.** *Statistik*: Streuungs-, Tole'ranzbreite *f*, Bereich *m*. **12.** *mus.* a) Ton-, Stimmlage *f*, b) 'Ton-*od.* 'Stimm,umfang *m*. **13.** Richtung *f*, Lage *f*. **14.** *bes. fig.* Bereich *m*, Gebiet *n*, Raum *m*: ~ **of knowledge** Wissensbereich; ~ **of thought** Ideenkreis *m*. **15.** *bes. Am.* Weideland *n*: ~ **cattle** Freilandvieh *n*. **16.** (ausgedehnte) Fläche. **17.** (sozi'ale) Klasse *od.* Schicht. **18.** Streifzug *m*, Ausflug *m*.

II *v/t* **19.** (in Reihen) aufstellen *od.* anordnen, aufreihen. **20.** einreihen, -ordnen: **to** ~ **o.s. on the side of** (*od.* **with**) **s.o.** sich auf j-s Seite stellen, zu j-m halten. **21.** (syste'matisch) ordnen. **22.** einordnen, -teilen, klassifi'zieren. **23.** *print. Br. Typen* ausgleichen, zurichten. **24.** durch'streifen, -'wandern: **to** ~ **the fields**. **25.** *mar.* längs *der Küste* fahren. **26.** *die Augen* schweifen lassen (**over** über *acc*). **27.** *bes. Am. das Vieh* frei weiden lassen. **28.** *Teleskop etc* einstellen. **29.** *Ballistik*: a) die Flugbahn bestimmen für, b) *das Geschütz etc* richten, c) e-e Reichweite haben von, tragen.

III *v/i* **30.** e-e Reihe *od.* Linie bilden, in e-r Reihe *od.* Linie stehen (**with** mit). **31.** sich erstrecken (**over** über *acc*) (*a. fig.*). **32.** auf 'einer Linie *od.* Ebene liegen (**with** mit). **33.** sich (in e-r Reihe) aufstellen. **34.** ran'gieren (**among** unter *dat*), im gleichen Rang stehen (**with** mit), zählen, gehören (**with** zu). **35.** streifen, schweifen, wandern (*a. Augen, Blicke*): **as far as the eye could** ~ so weit das Auge reichte. **36.** *bot. zo.* verbreitet sein, vorkommen. **37.** schwanken, vari'ieren, sich bewegen (**from** ... **to** ..., **between** ... **and** ... zwischen ... und ...). **38.** ~ **in** *mil.* sich einschießen (on auf *acc*) (*Geschütz*). **39.** die Entfernung messen.

range| an·gle *s aer. mil.* Vorhalte-, Wurfwinkel *m* (*e-r Bombe*). ~ **find·er** *s mil. phot.* Entfernungsmesser *m*. ~ **pole** → **ranging pole**.

rang·er ['reɪndʒə(r)] *s* **1.** *bes. Am.* Ranger *m* (*uniformierter Wächter e-s Nationalparks*). **2.** *Br.* Aufseher *m* e-s königlichen Forsts *od.* Parks (*Titel*). **3.** *Am.* Ranger *m* (*Angehöriger e-r* [*berittenen*] *Schutztruppe in einigen Bundesstaaten*). **4.** *meist* **R**~ *mil. Am.* Ranger *m* (*Angehöriger e-r Kommandotruppe*). **5.** *a.* ~ **guide** *Br.* Ranger *f* (*Pfadfinderin über 16 Jahre*).

range rod → **ranging rod**.

rang·ette [reɪn'dʒet] *s* (Gas- *od.* E'lektro)Kocher *m*.

rang·ing| pole, ~ **rod** ['reɪndʒɪŋ] *s Landvermessung*: Meßlatte *f*.

rang·y ['reɪndʒɪ] *adj* **1.** a) schlaksig, langglied(e)rig, b) schlank, geschmeidig. **2.** weit(räumig). **3.** gebirgig.

ra·ni → **ranee**.

rank[1] [ræŋk] **I** *s* **1.** (*soziale*) Klasse, (Gesellschafts)Schicht *f*. **2.** Rang *m*, Stand *m*, (sozi'ale) Stellung, Würde *f*: **a man of**~ ein Mann von Stand; **pride of**~ Standesbewußtsein *n*; **of second** ~ zweitrangig; **to take the** ~ **of** den Vorrang haben vor (*dat*); **to take** ~ **with s.o.** mit j-m gleichrangig sein; **to take high** ~ e-n hohen Rang einnehmen; ~ **and fashion** die vornehme Welt. **3.** *mil. etc* Rang *m*, Dienstgrad *m*. **4.** *pl mil.* ('Unteroffi,ziere *pl* u.) Mannschaften *pl*: ~ **and file** der Mannschaftsstand (→ 5); **to rise from the** ~**s** aus dem Mannschaftsstand hervorgehen, von der Pike auf dienen (*a. fig.*). **5.** *a.* ~ **and file** (*der*) große Haufen: **the** ~ **of workers** die große Masse *od.* das Heer der Arbeiter; **the** ~ **and file of a party** die Basis e-r Partei; ~**-and-file member** einfaches Mitglied. **6.** Aufstellung *f*: **to form into** ~**s** sich formieren *od.* ordnen. **7.** *mil.* Glied *n*, Linie *f*: **to break** ~**s** a) wegtreten, b) in Verwirrung geraten; **to close the** ~**s** die Reihen schließen; **to fall in** ~**s** antreten; **to join the** ~**s** in das Heer eintreten; **to quit the** ~**s** a) aus dem Glied treten, b) desertieren. **8.** Reihe *f*, Linie *f*, Kette *f*: → **cab rank**. **9.** *Schach*: waag(e)rechte Reihe.

II *v/t* **10.** in e-r Reihe *od.* in Reihen aufstellen. **11.** (ein)ordnen, einreihen. **12.** *e-e Truppe etc* antreten lassen *od.* aufstellen, for'mieren. **13.** einstufen, rechnen, zählen (**with, among** zu): I ~ **him above Shaw** ich stelle ihn über Shaw. **14.** *Am.* e-n höheren Rang einnehmen als.

III *v/i* **15.** e-e Reihe *od.* Reihen bilden, sich for'mieren *od.* ordnen. **16.** e-n Rang *od.* e-e Stelle einnehmen: **to** ~ **equally** gleichrangig sein; **to** ~ **first** den ersten Rang einnehmen; **to** ~ **high** a) e-n hohen Rang einnehmen, b) e-n hohen Stellenwert haben; ~**ing officer** *Am.* rangältester Offizier. **17.** gehören, zählen (**among, with** zu), ran'gieren (**above** über *dat*; **next to** hinter *dat*, gleich nach): **to** ~ **as** gelten als; **he** ~**s next to the president** er kommt gleich nach dem Präsidenten. **18.** *bes. mil.* (in geschlossener Formati'on) mar'schieren: **to** ~ **off** abmarschieren. **19.** *econ. jur.* bevorrechtigt sein (*Gläubiger etc*).

rank[2] [ræŋk] *adj* (*adv* ~**ly**) **1.** a) üppig, geil, wuchernd (*Pflanzen*), b) üppig bewachsen, verwildert (*Garten etc*). **2.** fruchtbar, fett: ~ **soil**. **3.** stinkend, übelriechend, ranzig. **4.** widerlich, scharf: ~ **smell** (*od.* **taste**). **5.** rein, völlig: ~ **outsider** krasser Außenseiter; **a** ~ **beginner** ein blutiger Anfänger; ~ **nonsense** blühender Unsinn. **6.** ekelhaft, 'widerwärtig. **7.** unanständig, schmutzig, derb: ~ **language**.

,rank-and-'fil·er *s Am.* einfaches Mitglied; j-d, der der Basis (*e-r Partei etc*) angehört.

rank·er ['ræŋkə(r)] *s mil.* a) (einfacher) Sol'dat, b) aus dem Mannschaftsstand her'vorgegangener Offi'zier.

ran·kle ['ræŋkl] **I** *v/i* **1.** *obs.* eitern, schwären. **2.** *fig.* gären: **to** ~ **in s.o.'s mind** in j-m gären, an j-m nagen *od.* fressen. **II** *v/t* **3.** *obs.* zum Eitern *od.* Schwären bringen. **4.** *fig.* gären in (*dat*), nagen *od.* fressen an (*dat*).

ran·sack ['rænsæk] *v/t* **1.** durch'wühlen, -'stöbern. **2.** plündern, ausrauben.

ran·som ['rænsəm] **I** *s* **1.** Los-, Freikauf *m*, Auslösung *f*. **2.** Lösegeld *n*: **a king's** ~ e-e Riesensumme; **to hold to** ~ a) *j-n* bis zur Zahlung e-s Lösegelds gefangenhalten, b) *fig. j-n* erpressen. **3.** *relig.* Erlösung *f*. **II** *v/t* **4.** los-, freikaufen, auslösen. **5.** Lösegeld verlangen für *od.* von. **6.** *relig.* erlösen.

rant [rænt] **I** *v/i* **1.** toben, lärmen. **2.** schwadro'nieren, Phrasen dreschen. **3.** *obs.* geifern (**at, against** über *acc*). **II** *v/t* **4.** pa'thetisch vortragen. **III** *s* **5.** Schwulst *m*, Phrasendresche'rei *f*.

'rant·er *s* **1.** lauter *od.* pa'thetischer Redner. **2.** Schwadro'neur *m*, Großsprecher *m*. **3.** **R**~ *relig. hist.* a) *Angehöriger e-r antinomistischen Sekte unter Cromwell*, b) *Angehöriger e-r 1807–10 entstandenen methodistischen Bewegung*.

ra·nun·cu·lus [rə'nʌŋkjələs; *Am.* -kjə-] *pl* **-lus·es, -li** [-laɪ] *s bot.* Ra'nunkel *f*, Hahnenfuß *m*.

rap[1] [ræp] **I** *v/t* **1.** klopfen *od.* pochen an *od.* auf (*acc*): **to** ~ **s.o.'s fingers, to** ~ **s.o. over the knuckles** j-m auf die Finger klopfen (*a. fig.*). **2.** (hart) schlagen. **3.** *Am. colloq.* a) *j-m* ‚e-e dicke Zi'garre verpassen' (*scharf tadeln*), b) *j-n, etwas* scharf kriti'sieren. **4.** *Am. sl.* a) e-n (Mein)Eid leisten auf (*acc*), b) *j-n* ‚schnappen', verhaften, c) *j-n* ‚verdonnern' (**to** zu *e-r Strafe*). **5.** ~ **out** a) *Spiritismus*: durch Klopfen mitteilen, b) her'auspoltern, *e-n Befehl etc* ‚bellen': **to** ~ **out an order**. **II** *v/i* **6.** klopfen, pochen, schlagen (**at, on** an *acc*): **to** ~ **on wood** (**for good luck**) auf Holz klopfen. **7.** *Am. colloq.* a) schwatzen, plaudern, b) disku'tieren. **III** *s* **8.** Klopfen *n*, Pochen *n*: **to give s.o. a** ~ **over the knuckles** j-m auf die Finger klopfen (*a. fig.*). **9.** (harter) Schlag. **10.** *Am. colloq.* a) scharfe Kri'tik *f* (**at** an *dat*), b) ‚dicke Zi'garre' (*scharfer Tadel*): **he got a** ~ er bekam e-e dicke Zigarre (verpaßt). **11.** *bes. Am. sl.* a) Schuld *f*, b) Anklage *f*, c) Strafe *f*: **to beat the** ~ sich rauswinden; **to take the** ~ (zu e-r Strafe) ‚verdonnert' werden, *fig.* die Sache ‚ausbaden' müssen. **12.** *Am. colloq.* a) Schwatz *m*, Plaude'rei *f*: **to have a** ~ schwatzen, plaudern, b) Diskussi'on *f*: **to have a** ~ diskutieren.

rap[2] [ræp] *s* Heller *m*, Deut *m*: **I don't care a** ~ (**for it**) das ist mir ganz egal; **it is not worth a** ~ es ist keinen Pfifferling wert.

ra·pa·cious [rə'peɪʃəs] *adj* (*adv* ~**ly**) **1.** habgierig. **2.** raubgierig, räuberisch. **3.** Raub...: ~ **animal**; ~ **bird**. **ra'pa·cious·ness, ra·pac·i·ty** [rə'pæsətɪ] *s* **1.** Habgier *f*. **2.** Raubgier *f*.

rape[1] [reɪp] **I** *s* **1.** Vergewaltigung *f* (*a. fig.*), *jur.* Notzucht *f*: ~ **and murder** Lustmord *m*; **statutory** ~ *jur. Am. Geschlechtsverkehr mit e-m Mädchen, das noch nicht im einwilligungsfähigen Alter* (*in der Regel noch nicht 18*) *ist*. **2.** *poet. u. obs.* Entführung *f*, Raub *m*: **the** ~ **of the Sabine women** der Raub der Sabinerinnen. **II** *v/t* **3.** vergewaltigen, *jur.* notzüchtigen. **4.** *obs. etwas* rauben. **5.** *obs. e-e Stadt etc* plündern.

rape[2] [reɪp] *s Br.* (Verwaltungs)Bezirk *m* in Sussex.

rape[3] [reɪp] *s bot.* Raps *m*.

rape[4] [reɪp] *s* **1.** Trester *pl*, Treber *pl*. **2.** *Essigherstellung*: Standfaß *n*.

rape| oil *s* Rüb-, Rapsöl *n*. **'~seed** *s* Rübsamen *m*: ~ **oil** → **rape oil**. ~ **wine** *s* Tresterwein *m*.

rap group *s Am. colloq.* Diskussi'onsgruppe *f*.

Raph·a·el·esque [,ræfeɪə'lesk; *Am.* ,ræfɪə-; ,reɪ-] *adj* raffa'elisch.

ra·phe ['reɪfɪ] *pl* **-phae** [-fiː] *s bot. med. zo.* Raphe *f*, Naht *f*.

ra·phi·a → **raffia**.

rap·id ['ræpɪd] **I** *adj* (*adv* ~**ly**) **1.** schnell, rasch, ra'pid(e), Schnell...: ~ **eye movement sleep** *psych.* REM-Schlaf *m*; ~ **fire** *mil.* Schnellfeuer *n*; **a** ~ **river** ein reißender Fluß; ~ **storage** (*Computer*) Schnellspeicher *m*; ~ **transit** *Am.* Schnellnahverkehr *m*. **2.** jäh, steil (*Hang*). **3.** *phot.* a) lichtstark (*Objektiv*), b) hochempfindlich (*Film*). **II** *s* **4.** *meist pl* Stromschnelle *f*. **,~-'fire** *adj* **1.** *mil.* Schnellfeuer...: ~ **gun**. **2.** *fig.* (blitz-)schnell.

ra·pid·i·ty [rə'pɪdətɪ] *s* Schnelligkeit *f*, Geschwindigkeit *f*.

ra·pi·er ['reɪpjə(r); -pɪə(r)] *s fenc.* Ra'pier *n*: ~ **thrust** a) Stoß *m* mit dem Rapier, b) *fig.* sarkastische Bemerkung *od.* Antwort.

rap·ine [ˈræpaɪn; -pɪn] *s* Raub *m*, Plünderung *f*.

rap·ist [ˈreɪpɪst] *s* Vergewaltiger *m*: **~-killer** Lustmörder *m*.

rap·pa·ree [ˌræpəˈriː] *s hist*. irischer Banˈdit *od*. Freibeuter (*bes. im 17. Jh.*).

rap·pee [ræˈpiː; *Am*. ræˈpeɪ] *s* Rapˈpee *m* (*grober Schnupftabak*).

rap·per [ˈræpə(r)] *s* (*bes*. Tür)Klopfer *m*.

rap·port [ræˈpɔː(r); *Am. a*. ræˈpəʊər] *s* **1.** (**to** zu) (perˈsönliche) Beziehung, Verhältnis *n*, Verbindung *f*: **to be in** (*od*. **en**) **~ with** a) mit *j-m* in Verbindung stehen, b) gut harmonieren mit. **2.** *psych*. Rapˈport *m*, psychischer Konˈtakt.

rap·por·teur [ˌræpɔːˈtɜː; *Am*. -ˌpəʊrˈtɜr] *s pol*. Berichterstatter *m*.

rap·proche·ment [ræˈprɒʃmɑ̃ːŋ; *Am*. ˌræpˌrəʊʃˈmɑ̃ː] *s bes. pol*. (Wieder)ˈAnnäherung *f*.

rap·scal·lion [ræpˈskæljən] *s obs*. Haˈlunke *m*.

rap| ses·sion *s Am. colloq*. ˈGruppendiskussiˌon *f*. **~ sheet** *s Am. sl*. ˈStrafreˌgister *n*: **to have a ~** vorbestraft sein.

rapt [ræpt] *adj* (*adv* **~ly**) **1.** versunken, verloren (**in** in *acc*): **~ in thought**. **2.** ˈhingerissen, entzückt (**with, by** von). **3.** verzückt: **a ~ smile**. **4.** *bes. fig*. entrückt. **5.** gespannt (**upon** auf *acc*): **with ~ attention**.

rap·tor [ˈræptə(r)] *s* Raubvogel *m*.

rap·to·ri·al [ræpˈtɔːrɪəl; *Am. a*. -ˈtəʊ-] *zo*. **I** *adj* **1.** räuberisch, Raub...: **~ birds** Raubvögel. **2.** Greif...: **~ claw** Greiffuß *m*, Fang *m* (*e-s Raubvogels*). **II** *s* **3.** Raubvogel *m*.

rap·ture [ˈræptʃə(r)] *s* **1.** Entzücken *n*, Verzückung *f*, Begeisterung *f*: **to be in ~s** hingerissen *od*. verzückt sein; **to go** (*od*. **fall**) **into ~s** in Verzückung geraten; **~ of the deep** (*od*. **depth**) Tiefenrausch *m* (*e-s Tauchers*). **2.** *meist pl* Ausbruch *m* des Entzückens, Begeisterungstaumel *m*, Ekˈstase *f*. **3.** Entrückung *f*. **4.** Anfall *m*: **in a ~ of forgetfulness**. **ˈrap·tured** *adj* verzückt, ˈhingerissen. **ˈrap·tur·ous** *adj* **1.** → **raptured**. **2.** stürmisch, begeistert: **~ applause**.

ra·ra a·vis [ˌrɑːrəˈævɪs; *Am*. ˌrærəˈeɪvəs] *pl* **ra·rae a·ves** [ˌrɑːriːˈæviːz; *Am*. ˌrɑːrˌaɪˈɑːˌweɪs] (*Lat*.) *s* ‚seltener Vogel', Seltenheit *f*.

rare[1] [reə(r)] *adj* (*adv* **~ly**) **1.** selten, rar: **a ~ book** ein seltenes Buch; **this is ~ for s.o. to do** das wird nur selten getan; **it is ~ for him to come** er kommt (nur) selten. **2.** *bes. phys*. a) dünn (*Luft etc*), b) locker, poˈrös (*Materie*), c) schwach (*Strahlung etc*): **~ earth** *chem*. seltene Erde; **~ gas** Edelgas *n*. **3.** *fig*. selten, außergewöhnlich: **of a ~ charm**. **4.** *colloq*. ‚toll', ‚mächtig': **~ fun** ‚Mordsspaß' *m*; **~ and hungry** ‚wahnsinnig' hungrig.

rare[2] [reə(r)] *adj* blutig (*Steak*).

rare·bit [ˈreə(r)bɪt] → **Welsh rabbit**.

rar·ee show [ˈreəriː] *s* **1.** Guckkasten *m*. **2.** billige (ˈZirkus)Attraktiˌon (*auf der Straße*). **3.** *fig*. Schauspiel *n*.

rar·e·fac·tion [ˌreərɪˈfækʃn] *s phys*. Verdünnung *f*. **ˌrar·eˈfac·tive** [-tɪv] *adj* verdünnend, Verdünnungs... **ˈrar·e·fy** [-faɪ] **I** *v/t* **1.** verdünnen. **2.** *fig*. verfeinern, -geistigen. **II** *v/i* **3.** sich verdünnen.

ˈrare·ness → **rarity**.

ˈrareˌripe *bot. Am.* **I** *adj* frühreif(end). **II** *s* frühe Sorte.

ˈrar·ing *adj*: **to be ~ to do s.th.** *colloq*. (ganz) ‚wild' *od*. ‚scharf' darauf sein, etwas zu tun.

rar·i·ty [ˈreərətɪ] *s* **1.** Seltenheit *f*: a) *seltenes Vorkommen*, b) Rariˈtät *f*. **2.** Vorˈtrefflichkeit *f*. **3.** Verdünnung *f* (*bes. von Gas*).

ras·cal [ˈrɑːskəl; *Am*. ˈræs-] **I** *s* **1.** Schuft *m*, Schurke *m*, Haˈlunke *m*. **2.** *humor*. a) *oft* **old ~** (alter) Gauner, b) Schlingel *m*, Frechdachs *m* (*Kind*). **II** *adj* **3.** → **rascally** 1. **rasˈcal·i·ty** [-ˈskælətɪ] *s* Schurkeˈrei *f*, Gemeinheit *f*. **ˈras·cal·ly** *adj u. adv* **1.** schurkisch, gemein, niederträchtig. **2.** erbärmlich.

rase → **raze**.

rash[1] [ræʃ] *adj* (*adv* **~ly**) **1.** hastig, überˈeilt, -ˈstürzt, vorschnell: **a ~ decision**; **to do s.th. ~** e-e Dummheit begehen. **2.** unbesonnen, unvorsichtig.

rash[2] [ræʃ] *s* **1.** *med*. (Haut)Ausschlag *m*: **to come out in a ~** e-n Ausschlag bekommen. **2.** *fig*. Flut *f*: **a ~ of complaints**.

rash·er [ˈræʃə(r)] *s* Speckschnitte *f*.

rash·ness [ˈræʃnɪs] *s* **1.** Hast *f*, Überˈeiltheit *f*, -ˈstürztheit *f*. **2.** Unbesonnenheit *f*, Unvorsichtigkeit *f*.

ra·so·ri·al [rəˈsɔːrɪəl; *Am. a*. -ˈzəʊ-] *adj zo*. **1.** scharrend. **2.** Hühner...

rasp [rɑːsp; *Am*. ræsp] **I** *v/t* **1.** raspeln, feilen, schaben, (ab)kratzen. **2.** zerkratzen. **3.** *fig*. *Gefühle etc* verletzen, *das Ohr* beleidigen, *die Nerven* reizen. **4.** krächzen(d sagen). **II** *v/i* **5.** raspeln, feilen, schaben. **6.** a) kratzen (*Sache*), b) schnarren (*Stimme*), c) ratschen (*Maschine*). **III** *s* **7.** *tech*. Raspel *f*, Grobfeile *f*. **8.** Reibeisen *n*.

ras·pa·to·ry [ˈrɑːspətərɪ; *Am*. ˈræspəˌtəʊriː] *s med*. Knochenschaber *m*.

rasp·ber·ry [ˈrɑːzbərɪ; *Am*. ˈræzˌberiː] *s* **1.** *bot*. Himbeere *f*: **~ vinegar** Himbeersirup *m*, -saft *m*. **2.** *a*. **~ cane** *bot*. Himbeerstrauch *m*. **3.** Himbeerrot *n*. **4.** *sl*. verächtliches Schnauben: **to blow** (*od*. **give**) **a ~** verächtlich schnauben.

ˈrasp·er *s* **1.** → **rasp** 7 *u*. 8. **2.** *Jagdreiten*: hoher, schwer zu nehmender Zaun.

ˈrasp·ing I *adj* (*adv* **~ly**) **1.** a) kratzend, b) krächzend, rauh: **~ voice**; **~ sound** Kratzen *n*; Krächzen *n*. **2.** *fig*. unangenehm. **3.** *Jagdreiten*: schwer zu nehmen(d) (*Zaun etc*). **II** *s* **4.** Raspeln *n*. **5.** *meist pl* Raspelspan *m*. **6.** *pl* Semmelbrösel *pl*. **ˈrasp·y** *adj* **1.** → **rasping** 1 *u*. 2. **2.** reizbar, gereizt.

ras·ter [ˈræstə(r)] *s opt. TV* Raster *m*.

rat [ræt] **I** *s* **1.** *zo*. Ratte *f*: **to smell a ~** *fig*. Lunte *od*. ‚den Braten' riechen, Unrat wittern; **~s!** *colloq*. Quatsch!; → **drown** 3. **2.** *pol. colloq*. ˈÜberläufer *m*. **3.** a) *allg. colloq*. Verräter *m*, b) *bes. Am. colloq*. Inforˈmant *m*, (Poliˈzei)Spitzel *m*, c) *sl*. ‚Scheißkerl' *m*, ‚Schwein' *n*. **4.** *colloq*. Streikbrecher *m*. **5.** *Am. colloq*. Haarpolster *n*. **II** *v/i* **6.** *pol. colloq*. ˈüberlaufen, s-e Parˈtei im Stich lassen. **7.** *colloq*. Verrat begehen: **to ~ on** a) *j-n* im Stich lassen *od*. verraten, b) *s-e Kumpane* ‚verpfeifen', c) *e-e Aussage etc* widerrufen, d) aus *e-m Projekt etc* ‚aussteigen'. **8.** Ratten jagen *od*. fangen.

ra·ta [ˈreɪtə; *Am*. ˈrɑːtə] *s* **1.** *bot*. Ratabaum *m*. **2.** Rataholz *n*.

rat·a·bil·i·ty [ˌreɪtəˈbɪlətɪ] *s* **1.** (Ab-) Schätzbarkeit *f*. **2.** Verhältnismäßigkeit *f*. **3.** *Br*. Kommuˈnalsteuerpflicht *f*. **ˈrat·a·ble** *adj* (*adv* **ratably**) **1.** (ab)schätzbar, bewertbar. **2.** anteilmäßig, proportioˈnal. **3.** *Br*. kommuˈnalsteuerpflichtig: **~ value** Einheitswert *m*.

rat·a·fi·a [ˌrætəˈfɪə], *a*. **ˌrat·aˈfee** [-ˈfiː] *s* **1.** Raˈtafia *m* (*Fruchtlikör*). **2.** *a*. **~ biscuit** ˈMandelmaˌkrone *f*.

rat·al [ˈreɪtl] *Br*. **I** *s* Kommuˈnalsteuersatz *m*. **II** *adj* Steuer...

ra·tan → **rattan**.

rat·a·plan [ˌrætəˈplæn; *Am*. ˈrætəˌp-] *s* **1.** Trommelwirbel *m*. **2.** *fig*. a) (Huf)Getrappel *n*, b) Knattern *n*.

rat-a-tat [ˌrætəˈtæt; *Am*. ˈrætəˌtæt] → **rat-tat**.

ˈrat|·bag *s bes. Austral. sl*. ‚Scheißkerl' *m*. **ˈ~·bite dis·ease, ˈ~·bite fe·ver** *s med*. Rattenbißfieber *n*. **ˈ~ˌcatch·er** *s* **1.** Rattenfänger *m*. **2.** *bes. Br. sl*. nicht weidgerechte Jagdkleidung.

ratch·et [ˈrætʃɪt] *s tech*. **1.** Schaltrad *n*. **2.** Sperrklinke *f*. **3.** Ratsche *f*. **4.** → **ratchet wheel**. **~ brace** *s tech*. Ratsche *f*, Bohrknarre *f*. **~ cou·pling** *s tech*. Sperrklinkenkupplung *f*. **~ drill** → **ratchet brace**. **~ wheel** *s tech*. Sperrrad *n*.

rate[1] [reɪt] **I** *s* **1.** (Verhältnis)Ziffer *f*, Quote *f*, Rate *f*: **~ of growth (inflation)** *econ*. Wachstums-(Inflations)rate; **~ of increase** *econ*. Zuwachsrate; **~ of increase in the cost of living** Teuerungsrate; **at the ~ of** im Verhältnis von (→ 2 *u*. 6). **2.** (*Steuer- etc*)Satz *m*, Kurs *m*, Taˈrif *m*: **~ of exchange** *econ*. a) Umrechnungs-, Wechselkurs, b) Börsenkurs; **~ of interest** Zinssatz, -fuß *m*; **~ of issue** Ausgabekurs; **~ of the day** Tageskurs; **railroad** (*bes. Br*. **railway**) **~s** Eisenbahntarif; (**insurance**) **~** Prämiensatz; **at the ~ of** zum Satze von (→ 1 *u*. 6). **3.** (*festgesetzter*) Preis, Betrag *m*, Taxe *f*: **at a cheap (high) ~** zu e-m niedrigen (hohen) Preis; **at that ~** unter diesen Umständen; **at any ~** a) auf jeden Fall, unter allen Umständen, b) wenigstens, mindestens. **4.** (*Post-, Strom- etc*)Gebühr *f*, Porto *n*, (*Gas-, Strom*)Preis *m*, (*Wasser*)Geld *n*. **5.** *Br*. Kommuˈnalsteuer *f*, Gemeindeabgabe *f*: **~s and taxes** Kommunal- u. Staatssteuern. **6.** (relaˈtive) Geschwindigkeit (*a. phys. tech*.), Tempo *n*: **~ of energy** *phys*. Energiemenge *f* pro Zeiteinheit; **~ of flow** *tech*. Durchflußgeschwindigkeit *od*. -menge *f*; **~ of an engine** Motorleistung *f*; **at the ~ of** mit e-r Geschwindigkeit von (→ 1 *u*. 2). **7.** Grad *m*, (Aus)Maß *n*: **at a fearful ~** in erschreckendem Ausmaß. **8.** Klasse *f*, Rang *m*, Grad *m*: → **first-rate**, *etc*. **9.** *mar*. a) (Schiffs)Klasse *f*, b) Dienstgrad *m* (*e-s Matrosen*). **10.** Gang *m od*. Abweichung *f* (*e-r Uhr*).

II *v/t* **11.** (ab-, ein)schätzen, taˈxieren (**at** auf *acc*), bewerten, einstufen. **12.** *j-n* einschätzen, beurteilen: **to ~ s.o. high** j-n hoch einschätzen. **13.** betrachten als, halten für: **he is ~d a rich man** er gilt als reicher Mann. **14.** rechnen, zählen (**among** zu): **I ~ him among my friends**. **15.** *e-n Preis etc* bemessen, ansetzen, *Kosten* veranschlagen: **to ~ up** höher einstufen *od*. versichern. **16.** *Br*. a) (zur Kommuˈnalsteuer) veranlagen, b) besteuern. **17.** *mar*. a) *ein Schiff* klassen, b) *e-n Seemann* einstufen. **18.** *e-e Uhr* reguˈlieren. **19.** *etwas* wert sein, verdienen.

III *v/i* **20.** angesehen werden, gelten (**as** als): **to ~ high (low) (with)** hoch (niedrig) ‚im Kurs stehen' (bei), viel (wenig) gelten (bei); **to ~ above (below)** (*einkommensmäßig etc*) rangieren *od*. stehen über (*dat*) (unter *dat*). **21.** zählen (**among** zu).

rate[2] [reɪt] **I** *v/t* heftig ausschelten (**about, for** wegen). **II** *v/i* heftig schimpfen (**at** auf *acc*).

rate[3] [reɪt] → **ret**.

rate·a·bil·i·ty, *etc* → **ratability**, *etc*.

rat·ed [ˈreɪtɪd] *adj* **1.** *Br*. kommuˈnalsteuerpflichtig. **2.** *tech*. Nenn...: **~ output**, **~ power** Nennleistung *f*.

ra·tel [ˈreɪtel; *Am*. ˈrɑːtl; ˈreɪtl] *s zo*. Ratel *m*, Honigdachs *m*.

ˈrate|ˌpay·er *s Br*. Kommuˈnalsteuerzahler(in). **ˈ~ˌpay·ing** *adj Br*. steuerzahlend.

rat·er [ˈreɪtə(r)] *s mar. in Zssgn:* **first-~** Schiff *n* höchster Klasse.

ˈ**rat**|ˌ**fink** *s Am. sl.* ‚Scheißkerl' *m*, ‚Schweinehund' *m*. ˈ**~**ˌ**fuck·ing** *s pol. Am. vulg.* ˈRufmord(kamˌpagne *f*) *m*.

rath[1] [rɑːθ] *s hist. Ir.* **1.** *befestigter Wohnsitz e-s Häuptlings.* **2.** Hügelfestung *f*.

rath[2] [rɑːθ; *Am.* ræθ], *a.* **rathe** [reɪð] *adj poet. od. dial.* **1.** rasch, heftig. **2.** früh(zeitig), verfrüht (*bes. Pflanzen*).

rath·er [ˈrɑːðə(r); *Am. bes.* ˈræ-] **I** *adv* **1.** ziemlich, recht, fast, etwas: **~ a success** ein ziemlicher Erfolg; **I would ~ think** ich würde denken. **2.** lieber, eher: **~ good than bad** eher gut als schlecht; **green ~ than blue** mehr *od.* eher grün als blau; **from reason ~ than from love** eher *od.* mehr aus Vernunftgründen als aus Liebe; **I would ~ not (do it)** ich möchte es lieber *od.* eigentlich nicht (tun); **I would** (*od.* **had**) **much ~ (not) go** ich möchte viel lieber (nicht) gehen. **3.** (**or ~** oder) vielmehr, eigentlich: **her dream or, ~, her idol** ihr Traum oder, besser gesagt, ihr Idol; **the contrary is ~ to be supposed** vielmehr ist das Gegenteil anzunehmen; **the ~ that** um so mehr, da. **II** *interj* **4.** *bes. Br. colloq.* (ja) freilich!, allerˈdings!, ‚und ob'!

rat·i·cide [ˈrætɪsaɪd] *s* Rattenvertilgungsmittel *n*, -gift *n*.

rat·i·fi·ca·tion [ˌrætɪfɪˈkeɪʃn] *s* **1.** Bestätigung *f*, (*nachträgliche*) Genehmigung. **2.** *pol.* Ratifiˈzierung *f*: **~ of a treaty.** ˈ**rat·i·fy** [-faɪ] *v/t* **1.** bestätigen, genehmigen, gutheißen. **2.** *pol.* ratifiˈzieren.

rat·ing[1] [ˈreɪtɪŋ] *s* **1.** (Ab)Schätzung *f*, Beurteilung *f*, Bewertung *f*. **2.** *mar.* a) Dienstgrad *m* (*e-s Matrosen*), b) *Br.* (einfacher) Maˈtrose, c) *pl Br.* Leute *pl* e-s bestimmten Dienstgrads. **3.** *mil. Am.* Rang *m* e-s Speziaˈlisten: **the ~ of a radarman.** **4.** *econ.* Kreˈditwürdigkeit *f*. **5.** *Br.* a) (Kommuˈnalsteuer)Veranlagung *f*, b) Steuersatz *m*. **6.** a) (Leistungs)Beurteilung *f*, b) Niˈveau *n*, (Leistungs- *etc*) Stand *m*, c) *ped. Am.* (Zeugnis)Note *f*, d) *fig.* Stellenwert *m*, e) *Rundfunk, TV:* Einschaltquote *f*: **~s battle** Kampf *m* um die Einschaltquote. **7.** *tech.* (Nenn)Leistung *f*, Betriebsdaten *pl* (*e-r Maschine etc*): **~ plate** Leistungsschild *n*. **8.** Taˈrif *m*.

rat·ing[2] [ˈreɪtɪŋ] *s* heftige Schelte.

ra·ti·o [ˈreɪʃɪəʊ; *Am. a.* -ʃəʊ] *pl* **-os** *s* **1.** *math. etc* Verhältnis *n*: **in the ~ of four to three**; **~ of distribution** Verteilerschlüssel *m*; **to be in the inverse ~** a) im umgekehrten Verhältnis stehen, b) *math.* umgekehrt proportional sein. **2.** *math.* Quotiˈent *m*. **3.** *econ.* Wertverhältnis *n* zwischen Gold u. Silber. **4.** *tech.* Überˈsetzungsverhältnis *n* (*e-s Getriebes*).

ra·ti·oc·i·nate [ˌrætɪˈɒsɪneɪt; *Am.* -ˈəʊs-] *v/i* logisch denken, vernünftig urteilen. ˌ**ra·ti·oc·i**ˈ**na·tion** [-ˈneɪʃn] *s* **1.** logisches Denken. **2.** logischer Gedankengang. ˌ**ra·ti**ˈ**oc·i·na·tive** [-nətɪv; *Am.* -ˌneɪtɪv] *adj* logisch: **~ faculties** *pl* logisches Denkvermögen.

ra·tion [ˈræʃn; *Am. a.* ˈreɪ-] **I** *s* **1.** Ratiˈon *f*, Zuteilung *f*: **~ book** *Br.* Lebensmittelkarten *pl*; **~ card** Lebensmittelkarte *f*; **off the ~** markenfrei; **to be put on ~s** auf Rationen gesetzt werden; **to put s.o. on short ~s** j-n auf halbe Ration setzen; **you've had your ~ of television for today** du hast für heute genug ferngesehen. **2.** *mar. mil.* ˈTagesratiˌon *f*, Verpflegungssatz *m*: **~ strength** Verpflegungsstärke *f*. **3.** *pl* Lebensmittel *pl*, Verpflegung *f*. **II** *v/t* **4.** ratioˈnieren (**to** auf *acc*), (zwangs-)bewirtschaften: **to ~ s.o.** j-n auf Rationen setzen. **5.** *a.* **~ out** (in Raˈtionen) zuteilen. **6.** verpflegen: **to ~ an army.**

ra·tion·al [ˈræʃənl] **I** *adj* (*adv* **~ly**) **1.** vernünftig: a) vernunftmäßig, ratioˈnal, b) vernunftbegabt, c) verständig, d) von der Vernunft ausgehend. **2.** zweckmäßig, ratioˈnell, praktisch: **~ dress** → 5. **3.** *math.* ratioˈnal: **~ fraction**; **~ number**; **~ horizon** *astr.* wahrer Horizont. **II** *s* **4.** (*das*) Ratioˈnale *od.* Vernünftige. **5.** *pl hist.* zweckmäßige Kleidung, *bes.* Knickerbockers *pl* für Frauen.

ra·tion·ale [ˌræʃəˈnɑːl; *Am.* -ˈnæl] *s* **1.** logische Grundlage, ˈGrundprinˌzip *n*. **2.** vernunftmäßige Erklärung.

ra·tion·al·ism [ˈræʃnəlɪzəm] *s* Rationaˈlismus *m* (*Geisteshaltung, die das vernunftbestimmte Denken als einzige Erkenntnisquelle ansieht*). ˈ**ra·tion·al·ist I** *s* Rationaˈlist *m*. **II** *adj* → **rationalistic.** ˌ**ra·tion·al**ˈ**is·tic** *adj* (*adv* **~ally**) rationaˈlistisch.

ra·tion·al·i·ty [ˌræʃəˈnælətɪ] *s* **1.** Vernünftigkeit *f*, Vernunft *f*. **2.** Vernunft *f*, Denkvermögen *n*. **3.** Rationaˈlismus *m*.

ra·tion·al·i·za·tion [ˌræʃnəlaɪˈzeɪʃn; *Am.* -ləˈz-] *s* **1.** a) Rationaliˈsieren *n*, ˈUnterordnung *f* unter die Vernunft, b) → **rationale** 2. **2.** *econ.* Rationaliˈsierung *f*. ˈ**ra·tion·al·ize I** *v/t* **1.** ratioˈnal erklären. **2.** der Vernunft ˈunterordnen: **to ~ away** als vernunftwidrig ablehnen. **3.** *econ.* rationaliˈsieren: **to ~ jobs out of existence** Arbeitsplätze wegrationalisieren. **4.** *math.* in e-e rationale Gleichung ˈumrechnen. **II** *v/i* **5.** ratioˈnell verfahren. **6.** rationaˈlistisch denken.

ˈ**ra·tion·ing** *s* Ratioˈnierung *f*, (Lebensmittel)Bewirtschaftung *f*.

rat·line, *a.* **rat·lin** [ˈrætlɪn], ˈ**rat·ling** [-lɪŋ] *s mar.* Webeleine *f*.

RA·TO, ra·to [ˈreɪtəʊ] *s aer.* Raˈketenstart *m*, Start *m* mit Raˈketenhilfe (*aus* **rocket-assisted take-off**).

ra·toon [ræˈtuːn] **I** *s* (Zuckerrohr)Schößling *m*. **II** *v/i* Schößlinge treiben.

rat race *s colloq.* **1.** ‚Hetzjagd' *f* (*des Lebens*). **2.** harter (Konkurˈrenz)Kampf. **3.** Teufelskreis *m*.

ˈ**rats·bane** *s* Rattengift *n*.

ˈ**rat·tail I** *s* **1.** Rattenschwanz *m*. **2.** *fig.* a) wenig behaarter Pferdeschwanz, b) Pferd *n* mit wenig behaartem Schwanz. **II** *adj* **3.** rattenschwänzig: **~ spoon** *Löffel mit schleifenförmig nach hinten gebogenem Griff.*

ˈ**rat-tailed** *adj* → **rattail** 3: **~ horse** → rattail 2 b.

rat·tan [rəˈtæn; ræ-] *s* **1.** *a.* **~ palm** *bot.* Schilfpalme *f*, Rotang *m*. **2.** spanisches Rohr. **3.** Rohrstock *m*.

rat-tat [ˌrætˈtæt], *a.* **rat-tat-tat** [ˌrætəˈtæt] **I** *s* Rattern *n*, Knattern *n*, Geknatter *n*. **II** *v/i* knattern, rattern.

rat·ter [ˈrætə(r)] *s* Rattenfänger *m* (*bes. Hund od. Katze*).

rat·tle [ˈrætl] **I** *v/i* **1.** rattern, klappern, rasseln, klirren: **to ~ at the door** an der Tür rütteln; **to ~ off** losrattern, davonjagen; **to ~ away at** (*od.* **on**) **the typewriter** auf der Schreibmaschine hämmern. **2.** a) röcheln, b) rasseln (*Atem*). **3.** *a.* **~ on** (draufˈlos)plappern, (pausenlos) ‚quasseln' (**about** über *acc*). **II** *v/t* **4.** rasseln mit *od.* an *e-r Kette etc*, mit *Geschirr etc* klappern, an *der Tür etc* rütteln. **5.** **~ off** *e-e Rede etc* ‚herˈunterrasseln'. **6.** *colloq.* aus der Fassung bringen, nerˈvös machen, durcheinˈanderbringen: **don't get ~d!** nur nicht nervös werden! **7.** **~ up** *j-n* aufrütteln. **III** *s* **8.** Rasseln *n*, Gerassel *n*, Rattern *n*, Klappern *n*, Geklapper *n*. **9.** Rassel *f*, (Kinder)Klapper *f*, Schnarre *f*. **10.** Klapper *f*, Rassel *f* (*der Klapperschlange*). **11.** Röcheln *n*. **12.** Lärm *m*, Krach *m*, Trubel *m*. **13.** *bot.* a) *a.* **red ~** Sumpfläusekraut *n*, b) *a.* **yellow ~** Klappertopf *m*. **14.** Geplapper *n*, Geschwätz *n*. **15.** Schwätzer(in).

ˈ**rat·tle**|**·box** *s* **1.** Rassel *f*, Klapper *f*. **2.** *bot.* a) Gemeines Leimkraut, b) → **rattle** 13 a. ˈ**~·brain** *s* Wirr-, Hohlkopf *m*, Schwätzer(in). ˈ**~·brained** *adj* wirr-, hohlköpfig. ˈ**~·pate,** ˈ**~**ˌ**pat·ed** → **rattlebrain(ed).**

rat·tler [ˈrætlə(r)] *s* **1.** *j-d, der od. etwas, was rasselt od. klappert, bes. sl.* a) Klapperkasten *m* (*Fahrzeug*), b) (ratternder) Güterschnellzug, c) *allg.* (Eisenbahn-)Zug *m*. **2.** *Br. colloq.* a) ‚Mordskerl' *m*, b) ‚Mordsding' *n*. **3.** → **rattlebrain.** **4.** a) *colloq. für* **rattlesnake,** b) → **rattle** 10.

ˈ**rat·tle**|**·snake** *s zo.* Klapperschlange *f*. ˈ**~·trap** *colloq.* **I** *s* **1.** Klapperkasten *m* (*Fahrzeug etc*). **2.** *meist pl* (Trödel)Kram *m*. **II** *adj* **3.** klapp(e)rig.

rat·tling[1] [ˈrætlɪŋ] **I** *adj* **1.** rasselnd, ratternd. **2.** lebhaft: **a ~ breeze.** **3.** *colloq.* schnell: **at a ~ pace** in tollem Tempo. **4.** *colloq.* prächtig, ‚toll'. **II** *adv* **5.** *colloq.* äußerst: **~ good** prächtig, phantastisch.

rat·tling[2] [ˈrætlɪŋ] → **ratline.**

ˈ**rat·trap** *s* **1.** Rattenfalle *f*. **2.** *fig.* Mausefalle *f*. **3.** *Am. colloq.* ‚Hundehütte' *f*, ‚miese Bude'.

rat·ty [ˈrætɪ] *adj* **1.** rattenverseucht. **2.** rattenartig, Ratten… **3.** *sl.* (*Haar*) a) strähnig, b) fettig. **4.** *sl.* gereizt, bissig. **5.** *Am. sl.* a) schäbig, verlottert, b) niederträchtig.

rau·ci·ty [ˈrɔːsətɪ] → **raucousness.**

ˈ**rau·cous** [-kəs] *adj* (*adv* **~ly**) rauh, heiser. ˈ**rau·cous·ness** *s* Rauheit *f*, Heiserkeit *f*.

raugh·ty [ˈrɔːtɪ] *Br. für* **rorty.**

raunch [rɔːntʃ; rɑːntʃ] *s bes. Am. colloq.* **1.** vergammelter Zustand. **2.** Geilheit *f*. **3.** Unanständigkeit *f*, Zotigkeit *f*. ˈ**raunch·y** *adj* **1.** vergammelt. **2.** geil. **3.** unanständig, zotig.

rauque [rɔːk] *Br. selten für* **raucous.**

rav·age [ˈrævɪdʒ] **I** *s* **1.** Verwüstung *f*, Verheerung *f*. **2.** *pl* verheerende (Aus-)Wirkungen *pl*: **the ~s of time** der Zahn der Zeit. **II** *v/t* **3.** a) verwüsten, -heeren, b) plündern. **4.** *fig.* verwüsten: **a face ~d by grief** ein gramzerfurchtes Gesicht. **III** *v/i* **5.** Verheerungen anrichten. ˈ**rav·ag·er** *s* Verwüster(in).

rave[1] [reɪv] **I** *v/i* **1.** a) phantaˈsieren, irrereden, b) rasen, toben (*a. fig. Sturm etc*): **to ~ against** (*od.* **at**) **s.th.** gegen etwas wettern. **2.** *colloq.* schwärmen (**about, over** von), **3.** *Br. sl.* ausgelassen feiern. **II** *v/t* **4.** im Deˈlirium von sich geben, wirr herˈvorstoßen. **III** *s* **5.** überˈwältigende *od.* betäubende Pracht: **a ~ of colo(u)r** ein Rausch *od.* Traum von Farben. **6.** *colloq.* (**about, over**) Schwärmeˈrei *f* (über *acc*, von), ˈüberschwengliches Lob (für), begeisterte Worte *pl* (für): **to be in a ~ about** (*od.* **over**) **s.th.** von etwas schwärmen; **~ review** ‚Bombenkritik' *f*. **7.** → **rave-up.** **8.** *Br. sl.* Mode *f*: **the latest ~** der ‚letzte Schrei'.

rave[2] [reɪv] *s mot.* Seitenbrett *n* an der Ladefläche.

rav·el [ˈrævl] **I** *v/t pret u. pp* **-eled,** *bes. Br.* **-elled** **1.** *a.* **~ out** ausfasern, aufdröseln, -trennen, entwirren (*a. fig.*). **2.** verwirren, -wickeln (*a. fig.*). **3.** *fig.* kompliˈzieren. **II** *v/i* **4.** *oft* **~ out** a) sich auftrennen *od.* auflösen, ausfasern (*Gewebe etc*), b) *fig.* sich entwirren, sich (auf)klären. **III** *s* **5.** Verwirrung *f*, Verwicklung *f*. **6.** (loser) Faden, loses Ende.

rave·lin [ˈrævlɪn] *s mil.* Vorschanze *f*.

ra·ven[1] [ˈreɪvn] **I** *s* **1.** *orn.* (Kolk)Rabe *m*. **2.** **R~** *astr.* Rabe *m* (*Sternbild*). **II** *adj* **3.** (kohl)rabenschwarz.

rav·en[2] [ˈrævn] **I** *v/i* **1.** rauben, plündern: **to ~ after prey** auf Beute ausgehen. **2.** gierig (fr)essen. **3.** Heißhunger haben. **4.** lechzen (**for** nach). **II** *v/t* **5.** (gierig) verschlingen.

rav·en·ing [ˈrævnɪŋ] *adj* (raub)gierig, wild. **rav·en·ous** [ˈrævənəs] *adj* (*adv* **~ly**) **1.** ausgehungert, heißhungrig (*beide a. fig.*). **2.** gierig (**for** auf *acc*): **~ for power** machtgierig, -hungrig; **~ hunger** Bärenhunger *m.* **3.** gefräßig. **4.** raubgierig (*Tier*).

ˈrave-up *s Br. sl.* ‚tolle Fete', ‚tolle' Party.

rav·in [ˈrævɪn] *s bes. poet.* **1.** Raub(en *n*) *m*: **beast of ~** Raubtier *n.* **2.** (Raub)Gier *f.* **3.** Raub *m*, Beute *f.*

ra·vine [rəˈviːn] *s* (Berg)Schlucht *f*, Klamm *f*, Hohlweg *m.*

rav·ing [ˈreɪvɪŋ] **I** *adj* (*adv* **~ly**) **1.** tobend, rasend: **~ madness** Tollwut *f.* **2.** phantaˈsierend, deliˈrierend: **to be ~** → **rave**[1] 1. **3.** *colloq.* ‚toll', phanˈtastisch: **a ~ beauty** e-e hinreißende Schönheit. **II** *s* **4.** *meist pl* a) irres Gerede, Raseˈrei *f*, b) Fieberwahn *m*, Deˈlirien *pl.*

rav·i·o·li [ˌræviˈəʊlɪ] *s pl* Raviˈoli *pl.*

rav·ish [ˈrævɪʃ] *v/t* **1.** entzücken, ˈhinreißen. **2.** *fig.* j-n hinˈweg-, fortraffen. **3.** *obs.* e-e *Frau* a) vergewaltigen, schänden, b) entführen. **ˈrav·ish·er** *s obs.* **1.** Schänder *m.* **2.** Entführer *m.* **ˈrav·ish·ing** *adj* (*adv* **~ly**) ˈhinreißend, entzückend. **ˈrav·ish·ment** *s* **1.** Entzücken *n.* **2.** *obs.* Entführung *f.* **3.** *obs.* Schändung *f.*

raw [rɔː] **I** *adj* **1.** roh. **2.** a) roh, ungekocht, b) ungeklärt (*Abwässer*). **3.** *econ. tech.* roh, Roh..., unbearbeitet, *z.B.* a) ungebrannt: **~ clay**, b) ungegerbt: **~ leather**, c) ungewalkt: **~ cloth**, d) ungesponnen: **~ wool**, e) unvermischt, unverdünnt: **~ spirits**; **~ fibre** (*Am.* **fiber**) Rohfaser *f*; **~ material** Rohmaterial *n*, -stoff *m* (*a. fig.*); **~ oil** Rohöl *n*; **~ silk** Rohseide *f.* **4.** *phot.* unbelichtet: **~ stock** Rohfilm(e *pl*) *m.* **5.** noch nicht ausgewertet, unaufbereitet, roh: **~ data**; **~ statistics**; **~ draft** Rohentwurf *m.* **6.** *Am.* ˈunkultiˌviert, unbebaut: **~ land**. **7.** *Am.* roh, primiˈtiv: **a ~ hut**. **8.** a) wund(gerieben): **~ skin**, b) offen: **~ wound**. **9.** roh, grob: a) geschmacklos: **a ~ picture**, b) *sl.* ungehobelt, wüst. **10.** unerfahren, ‚grün', neu: **~ recruits**; **a ~ beginner** ein blutiger Anfänger. **11.** unwirtlich, rauh, naßkalt: **~ climate**; **~ weather**. **12.** *Am.* (funkel)nagelneu. **13.** *Am.* (pudel)nackt. **14.** *colloq.* gemein, unfair: **he gave him a ~ deal** er hat ihm übel mitgespielt. **II** *s* **15.** wund(gerieben)e Stelle. **16.** *fig.* wunder Punkt: **to touch s.o. on the ~** j-n an s-r empfindlichen Stelle *od.* j-n empfindlich treffen. **17.** *econ.* a) Rohstoff *m*, -ware *f*, b) *meist pl* Rohzucker *m.* **18.** **in the ~** a) im Natur- *od.* Rohzustand, b) nackt; **life in the ~** das Leben, hart u. grausam wie es ist.

ˌraw|ˈboned *adj* hager, (grob)knochig. **ˈ~hide** *s* **1.** Rohhaut *f*, Rohleder *n.* **2.** Peitsche *f.*

ˈra·win·sonde [ˈreɪwɪn-] *s meteor.* Raˈwinsonde *f.*

ˈraw·ness *s* **1.** Rohzustand *m.* **2.** Unerfahrenheit *f.* **3.** Wundsein *n*, Empfindlichkeit *f.* **4.** Rauheit *f* (*des Wetters*).

ray[1] [reɪ] **I** *s* **1.** (Licht)Strahl *m.* **2.** *fig.* (*Hoffnungs- etc*)Strahl *m*, (-)Schimmer *m*, Spur *f*: **not a ~ of hope** kein Fünkchen Hoffnung. **3.** strahlenförmiger Streifen. **4.** *math. phys.* Strahl *m*: **~ treatment** *med.* Strahlenbehandlung *f*, Bestrahlung *f.* **5.** *zo.* a) *ichth.* (Flossen)Strahl *m*, b) Radius *m* (*des Seesterns etc*). **6.** *bot.* a) Strahlenblüte *f*, b) gestielte Blüte (*e-r Dolde*), c) Markstrahl *m.* **II** *v/i* **7.** Strahlen aussenden. **8.** sich strahlenförmig ausbreiten. **III** *v/t* **9.** *a.* **~ out**, **~ forth** ausstrahlen. **10.** an-, bestrahlen. **11.** a) *med. phys.* bestrahlen, b) *med. colloq.* röntgen.

ray[2] [reɪ] *s ichth.* Rochen *m.*

rayed [reɪd] *adj* **1.** strahlenförmig. **2.** *in Zssgn* ...strahlig.

ray| fil·ter *s phot.* Farbfilter *m, n.* **~ flow·er** *s bot.* Strahlenblüte *f.* **~ fun·gus** *s irr biol.* Strahlenpilz *m.* **~ gun** *s* ˈStrahlenpiˌstole *f.*

ˈray·less *adj* **1.** strahlenlos. **2.** lichtlos, dunkel.

Ray·naud's Phe·nom·e·non [ˈreɪnəʊz] *s med.* Rayˈnaud-Krankheit *f.*

ray·on [ˈreɪɒn; *Am.* -ˌɑn] *tech.* **I** *s* **1.** Kunstseide *f*: **~ staple** Zellwolle *f.* **2.** ˈKunstseidenproˌdukt *n.* **II** *adj* **3.** kunstseiden, Kunstseiden...

raze [reɪz] *v/t* **1.** *e-e Festung etc* schleifen, *ein Gebäude* niederreißen, *e-e Stadt* ˈvollkommen zerstören: **to ~ s.th. to the ground** etwas dem Erdboden gleichmachen. **2.** *fig.* ausmerzen, -löschen, tilgen. **3.** *obs.* ritzen, kratzen, streifen. **4.** *obs.* auskratzen, ˈausraˌdieren.

ra·zee [reɪˈziː] **I** *s* **1.** *mar. hist.* raˈsiertes *od.* um ein Deck verkleinertes Schiff. **II** *v/t* **2.** *mar. hist. ein Schiff* raˈsieren. **3.** *fig.* beschneiden.

ra·zor [ˈreɪzə(r)] **I** *s* **1.** *Am. a.* **straight ~** Raˈsiermesser *n*: **~ blade** Rasierklinge *f*; **(as) sharp as a ~** messerscharf (*a. fig.*); **to be on a ~'s edge** auf des Messers Schneide stehen. **2.** *a.* **safety ~** Raˈsierappaˌrat *m*: **electric ~** Elektrorasierer *m.* **II** *v/t* **3.** raˈsieren. **ˈ~back I** *s* **1.** *a.* **~ whale** *ichth.* Finnwal *m.* **2.** *Am.* spitzrückiges, halbwildes Schwein. **3.** scharfe Kante, Grat *m.* **II** *adj* **4.** scharfkantig, spitzrückig, mit scharfem Kamm. **~ˈbacked** → **razorback** II. **~ cut** *s* Messerschnitt *m.* **ˈ~-cut** *v/t irr Haar* mit dem Messer schneiden. **ˈ~edge** *s* **1.** (messer)scharfer Rand. **2.** *fig.* kritische Lage: **to be on a ~** auf des Messers Schneide stehen. **~ job** *s Br. colloq.* ‚Verriß' *m* (*vernichtende Kritik*) (**on** *gen*): **to do a ~ on** ‚verreißen'. **ˌ~ˈsharp** *adj* messerscharf (*a. fig. Verstand*). **~ strop** *s* Streichriemen *m.* **ˌ~ˈthin** *adj* hauchdünn (*a. fig. Mehrheit etc*).

razz [ræz] *Am. sl.* **I** *v/t* hänseln, aufziehen (**over** wegen). **II** *s* → **raspberry** 4.

raz·(z)a·ma·taz(z) [ˌræzəməˈtæz] → razzle(-dazzle).

raz·zi·a [ˈræzɪə] *s hist.* Raubzug *m.*

raz·zle(-daz·zle) [ˈræzl(ˌdæzl); *Am.* ˌræzəl(ˈdæzəl)] *s sl.* **1.** ‚Rummel' *m.* **2.** *Am.* a) ‚Kuddelmuddel' *m, n*, b) ‚Wirbel' *m*, Tamˈtam *n.* **3.** ‚Saufeˈrei' *f*: **to go on the ~** ‚auf den Putz hauen'.

ˈr-ˌcol·o(u)red *adj ling.* mit r-Färbung (*von Vokalen mit nachfolgendem r, bes. im amer. Englisch*).

re[1] [reɪ] *s mus.* **1.** re *n* (*Solmisationssilbe*). **2.** D *n* (*bes. im französisch-italienischen System*).

re[2] [riː; *Am. a.* reɪ] (*Lat.*) *prep* **1.** *jur.* in Sachen: **~ John Adams**. **2.** a) *econ.* bezüglich, betrifft, betreffs, b) *colloq.* ‚betreffs', was ... anbelangt.

re- *Vorsilbe mit den Bedeutungen* **1.** [riː] wieder, noch einmal, neu: **reprint**, **rebirth**. **2.** [rɪ] zurück, wider: **revert**.

're [(r)] *colloq. abbr. für* **are**[1].

re·ab·sorb [ˌriːəbˈsɔː(r)b] *v/t* resorˈbieren. **ˌre·abˈsorp·tion** [-ˈsɔː(r)pʃn] *s* Resorptiˈon *f.*

reach [riːtʃ] **I** *v/t* **1.** (ˈhin-, ˈher)reichen, überˈreichen, geben (**s.th. to s.o.** j-m etwas). **2.** *j-m e-n Schlag* versetzen. **3.** (ˈher)langen, nehmen: **to ~ s.th. down** etwas herunterlangen *od.* -nehmen; **to ~ s.th. up** etwas hinaufreichen *od.* -langen. **4.** *oft* **~ out**, **~ forth** *die Hand etc* reichen, ausstrecken, *Zweige etc* ausbreiten, -strecken. **5.** reichen *od.* sich erstrecken *od.* gehen bis an (*acc*) *od.* zu: **his land ~es the hills; the water ~ed his knees** das Wasser ging ihm bis an die Knie. **6.** *e-e Zahl etc* erreichen, sich belaufen auf (*acc*): **he ~ed a great age** er erreichte ein hohes Alter. **7.** erreichen, erzielen, gelangen zu: **to ~ an understanding**; **to ~ no conclusion** zu keinem Schluß kommen. **8.** *e-n Ort* erreichen, eintreffen *od.* ankommen in *od.* an (*dat*): **to ~ London**; **to ~ home** nach Hause gelangen; **to ~ s.o.'s ear** j-m zu Ohren kommen. **9.** *das Ziel etc* erreichen (*z. B. Geschoß, Teleskop, a. Stimme*): **her voice ~ed the audience**. **10.** *fig.* (ein-) wirken auf (*acc*), beeinflussen, *j-n durch Argumente, Werbung etc* ansprechen *od.* gewinnen. **11.** *obs. od. poet.* verstehen, begreifen.

II *v/i* **12.** (mit der Hand) reichen *od.* greifen *od.* langen (**to** bis zu). **13.** *a.* **~ out** langen, greifen (**after, for, at** nach) (*beide a. fig.*): **to ~ out for a medal**. **14.** reichen, sich erstrecken *od.* ausdehnen (**to** bis [zu]): **as far as the eye can ~** soweit das Auge reicht. **15.** sich belaufen (**to** auf *acc*). **16.** *mar.* mit Backstagbrise segeln.

III *s* **17.** Griff *m*: **to make a ~ for s.th.** nach etwas greifen *od.* langen. **18.** Reich-, Tragweite *f* (*e-s Geschosses, e-r Waffe, a. der Stimme etc*): **above** (*od.* **beyond** *od.* **out of**) **s.o.'s ~** außer j-s Reichweite, für j-n unerreichbar *od.* unerschwinglich; **within ~** erreichbar; **within s.o.'s ~** in j-s Reichweite, für j-n erreichbar *od.* erschwinglich; **within easy ~ of the station** vom Bahnhof aus leicht zu erreichen. **19.** Ausdehnung *f*, Bereich *m*, ˈUmfang *m*, Spannweite *f*: **to have a wide ~** e-n weiten Spielraum haben, sich weit erstrecken. **20.** ausgedehnte Fläche: **a ~ of woodland** ein ausgedehntes Waldgebiet. **21.** *fig.* Weite *f*, (geistige) Leistungsfähigkeit *od.* Fassungskraft, (geistiger) Horiˈzont. **22.** Einflußsphäre *f*, -bereich *m*: **it is not within my ~** es steht nicht in m-r Macht. **23.** a) Kaˈnalabschnitt *m* (*zwischen zwei Schleusen*), b) (überˈschaubare) Flußstrecke. **24.** *tech.* Kupplungsdeichsel *f.* **25.** *Am. od. obs.* Vorgebirge *n*, Landzunge *f.* **26.** *Boxen*: Reichweite *f.*

reach·a·ble [ˈriːtʃəbl] *adj* erreichbar.

ˈreach-me-ˌdown *bes. Br. colloq.* **I** *adj* **1.** Konfektions..., ‚von der Stange'. **2.** abgelegt (*Kleidung*). **II** *s* **3.** *meist pl* Konfektiˈonsanzug *m*, Kleid *n* ‚von der Stange', *pl* Konfektiˈonskleidung *f.* **4.** *meist pl* abgelegtes Kleidungsstück: **his big brother's ~s** die Sachen, aus denen sein großer Bruder herausgewachsen ist.

re·act [rɪˈækt; riː-] **I** *v/i* **1.** reaˈgieren, ein-, zuˈrückwirken, Rückwirkungen haben (**upon, on** auf *acc*): **to ~ on each other** sich gegenseitig beeinflussen. **2.** (**to**) reaˈgieren (auf *acc*), (*etwas*) aufnehmen, sich verhalten (auf *e-e Sache* hin, bei): **he ~ed sharply** er reagierte heftig. **3.** reaˈgieren, antworten, eingehen, ansprechen (**to** auf *acc*). **4.** entgegenwirken, widerˈstreben (**against** *dat*). **5.** (*zu e-m früheren Zustand etc*) zuˈrückgehen, -kehren. **6.** *chem.* reaˈgieren, e-e Reaktiˈon bewirken. **7.** *mil.* e-n Gegenschlag führen. **II** *v/t* **8.** *chem.* zur Reaktiˈon bringen.

re-act [ˌriːˈækt] *v/t thea. etc* wiederˈaufführen.

re·act·ance [rɪˈæktəns; riː-] *s electr.* Reakˈtanz *f*, ˈBlindˌwiderstand *m.*

re·ac·tion [rɪˈækʃn; riː-] *s* **1.** (**to**) Reaktiˈon *f* (auf *acc*), Verhalten *n* (auf *e-e Sache* hin, bei), Stellungnahme *f* (zu). **2.** *pol.* Reaktiˈon *f* (*a. als Bewegung*),

Rückschritt(lertum *n*) *m*. **3.** Reakti'on *f* (from, against gegen), Rück-, Gegenwirkung *f* ([up]on auf *acc*). **4.** *econ.* rückläufige Bewegung, (*Kurs-, Preis- etc*)Rückgang *m*. **5.** *mil.* Gegenstoß *m*, -schlag *m*. **6.** *med.* Reakti'on *f*: a) Rückwirkung *f*, b) Probe *f*. **7.** *chem.* Reakti'on *f*, 'Umwandlung *f*. **8.** *phys.* a) Reakti'on *f*, Rückwirkung *f*, b) 'Kernreakti,on *f*. **9.** *electr.* Rückwirkung *f*, -kopp(e)lung *f*: ~ capacitor Rückkopplungskondensator *m*. **re'ac·tion·ar·y** [-ʃnərɪ; *Am.* -ʃə,neri:] **I** *adj bes. pol.* reaktio'när, rückschrittlich. **II** *s pol.* Reaktio'när(in).

re·ac·tion cou·pling *s electr.* Rückkopp(e)lung *f*.

re·ac·tion en·gine *s tech.* Reakti'ons-, Rückstoßmotor *m*.

re'ac·tion·ist → reactionary.

re·ac·tion time *s psych.* Reakti'onszeit *f*.

re·ac·ti·vate [rɪ'æktɪveɪt; ,ri:-] *v/t* reakti'vieren.

re·ac·tive [rɪ'æktɪv; ri:-] *adj* (*adv* ~ly) **1.** reak'tiv, rück-, gegenwirkend. **2.** empfänglich (to für), Reaktions... **3.** → reactionary I. **4.** *electr.* Blind... (*-strom, -last, -leistung etc*): ~ coil Drosselspule *f*.

re·ac·tor [rɪ'æktə(r); ri:-] *s* **1.** *chem.* a) Reakti'onsmittel *n*, b) Reakti'onsgefäß *n*. **2.** *biol. med.* (*der, die, das*) positiv Rea'gierende. **3.** *phys.* ('Kern)Re,aktor *m*: ~ blanket Reaktorbrutmantel *m*; ~ park Nuklearpark *m*; ~ shell Reaktorhülle *f*. **4.** *electr.* Drossel(spule) *f*.

read[1] [ri:d] **I** *s* **1.** *bes. Br.* a) Lesen *n*: can I have a ~ in your paper? kann ich mal in d-e Zeitung schauen?, b) Lesepause *f*, c) Lek'türe *f*: it is a good ~ es liest sich gut. **II** *v/t pret u. pp* **read** [red] **2.** a) *allg.* lesen: for 'Jean' ~ 'John' statt ,Jean' lies ,John'; we can take it as ~ that wir können davon ausgehen, daß, b) *a.* ~ out vorlesen (s.th. to s.o. j-m etwas), c) *Rede etc* ablesen, d) *Vorlesung, Vortrag* halten: to ~ back *Stenogramm etc* noch einmal vorlesen (to s.o. j-m); to ~ s.th. into etwas in *e-n Text* hineinlesen; to ~ off (sich) *etwas* durchlesen (→ 10); to ~ out *j-n* ausstoßen (of aus *e-r Partei etc*) (→ 11); to ~ over a) *a.* ~ through (sich) *etwas* durchlesen, b) (*formell*) vor-, verlesen (*Notar etc*); to ~ up a) sich in *etwas* einlesen *od.* -arbeiten, b) *etwas* nachlesen. **3.** *Funkverkehr*: verstehen: do you ~ me? a) können Sie mich verstehen?, b) *fig.* haben Sie mich verstanden? **4.** *parl. e-e Vorlage* lesen: the bill was ~ for the third time die Gesetzesvorlage wurde in dritter Lesung behandelt. **5.** *e-e Kurzschrift etc* lesen (können): he ~s (*od.* can ~) hieroglyphs; he ~s (*od.* can ~) the clock er kennt die Uhr; to ~ music Noten lesen. **6.** *e-n Traum etc* deuten: → fortune 3. **7.** *ein Rätsel* lösen: to ~ a riddle. **8.** *j-s Charakter etc* durch'schauen: to ~ s.o. like a book in j-m lesen wie in e-m Buch; to ~ s.o.'s face in j-s Gesicht lesen; → thought 1. **9.** auslegen, auffassen, deuten, verstehen: how do you ~ this sentence? **10.** a) (an-)zeigen: the thermometer ~s 20°, b) *a.* ~ off *Instrumentenstand etc* ablesen (→ 2). **11.** *Computer*: lesen, abfühlen: to ~ in einlesen, -geben; to ~ out auslesen, -geben (→ 2). **12.** *bes. Br.* stu'dieren, hören: → law[1] 5. **III** *v/i* **13.** lesen: he has no time to ~ er hat keine Zeit zum Lesen; I have ~ about it ich habe davon gelesen. **14.** (vor)lesen: to ~ to s.o. j-m vorlesen (from aus). **15.** e-e (Vor)Lesung *od.* e-n Vortrag halten. **16.** (for) *bes. Br.* sich vorbereiten (auf *e-e Prüfung etc*), (*etwas*) stu'dieren: → bar 19; to ~ up on sich in *etwas* einlesen *od.* -arbeiten. **17.** sich *gut etc* lesen (lassen): this book ~s well; it ~s like a translation es liest sich *od.* klingt wie e-e Übersetzung. **18.** lauten, heißen: the passage ~s as follows.

read[2] [red] **I** *pret u. pp von* **read**[1]. **II** *adj* **1.** gelesen: the most-~ book das meistgelesene Buch. **2.** → well-read.

read·a·bil·i·ty [,ri:də'bɪlətɪ] *s* **1.** Lesbarkeit *f*. **2.** Leserlichkeit *f*. **'read·a·ble** *adj* (*adv* readably) lesbar: a) lesenswert, b) leserlich. **'read·a·ble·ness** → readability.

re·ad·dress [,ri:ə'dres] *v/t* **1.** 'umadres,sieren. **2.** ~ o.s. sich nochmals wenden (to an *acc*).

read·er ['ri:də(r)] *s* **1.** Leser(in): ~s' letters Leserbriefe. **2.** *bes. relig.* Vorleser(in). **3.** (Verlags)Lektor *m*, (Ver'lags-)Lek,torin *f*. **4.** *print.* Kor'rektor *m*. **5.** *univ. Br.* (*etwa*) planmäßiger außerordentlicher Pro'fessor. **6.** *ped. Am.* Korrek'turgehilfe *m*. **7.** *Am.* Auswerter *m* (*von Fachzeitschriften etc*). **8.** (*Strom- etc*)Ableser(in). **9.** *Computer*: Lesegerät *n*, Leser *m*. **10.** a) *ped.* Lesebuch *n*, b) Antholo'gie *f*: a G. B. Shaw ~. **'read·er·ship** *s* **1.** *bes. relig.* Vorleseramt *n*. **2.** *univ. bes. Br.* Do'zentenstelle *f*. **3.** *collect.* Leser(kreis *m*) *pl*.

read·i·ly ['redɪlɪ] *adv* **1.** so'gleich, prompt. **2.** bereitwillig, gern. **3.** leicht, ohne weiteres.

read·i·ness ['redɪnɪs] *s* **1.** Bereitschaft *f*: ~ for war Kriegsbereitschaft; in ~ bereit, in Bereitschaft; to place in ~ bereitstellen. **2.** Schnelligkeit *f*, Raschheit *f*, Promptheit *f*: ~ of mind, ~ of wit a) Geistesgegenwart *f*, b) schnelle Auffassungsgabe. **3.** Fertigkeit *f*, Leichtigkeit *f*, Gewandtheit *f*: ~ of tongue Zungenfertigkeit. **4.** Bereitwilligkeit *f*: ~ to help others Hilfsbereitschaft *f*.

read·ing ['ri:dɪŋ] **I** *s* **1.** Lesen *n*. **2.** Bücherstudium *n*. **3.** (Vor)Lesung *f*, Vortrag *m*: to give ~s Lesungen halten. **4.** Belesenheit *f*: a man of vast (*od.* wide) ~ ein sehr belesener Mann. **5.** Lek'türe *f*, Lesestoff *m*: this book makes good ~ dieses Buch liest sich gut. **6.** Lesart *f*, Versi'on *f*. **7.** Deutung *f*, Auslegung *f*, Auffassung *f*: my ~ of the law is that ich verstehe das Gesetz so, daß. **8.** *parl.* Lesung *f* (*e-r Vorlage*). **9.** *tech.* Ablesung *f*, Anzeige *f*, (*Barometer- etc*)Stand *m*. **II** *adj* **10.** Lese...

read·ing| desk *s* Lesepult *n*. **~ glass** *s* Vergrößerungsglas *n*, Lupe *f*. **~ glass·es** *s pl* Lesebrille *f*. **~ head** *s Computer*: Lesekopf *m*. **~ mat·ter** *s* **1.** redaktio'neller Teil (*e-r Zeitung*). **2.** Lesestoff *m*. **~ no·tice** *s econ.* Werbetext *m od.* Anzeige *f* im redaktio'nellen Teil e-r Zeitung (*im Druck angeglichen*). **~ pub·lic** *s* Leserschaft *f*, Leser *pl*. **~ room** *s* Lesezimmer *n*, -saal *m*.

re·ad·just [,ri:ə'dʒʌst] **I** *v/t* **1.** wieder'anpassen. **2.** wieder in Ordnung bringen. **3.** *econ.* sa'nieren. **4.** *pol. etc* neu orien'tieren. **5.** *tech.* nachstellen, -richten, -regeln, korri'gieren. **II** *v/i* **6.** sich wieder'anpassen. **,re·ad'just·ment** *s* **1.** Wieder'anpassung *f*. **2.** Neuordnung *f*, Reorganisati'on *f*, *econ. a.* (wirtschaftliche) Sa'nierung. **3.** *tech.* Korrek'tur *f*.

re·ad·mis·sion [,ri:əd'mɪʃn] *s* Wieder'zulassung *f* (to zu). **,re·ad'mit** [-'mɪt] *v/t* wieder'zulassen. **,re·ad'mit·tance** → readmission.

,read|-'on·ly mem·o·ry [,ri:d-] *s Computer*: Festspeicher *m*. **'~-out** *s Computer*: Ausgabe *f* von lesbaren Worten: ~ pulse Abfrage-, Leseimpuls *m*. **'~-through** *s thea. etc* Leseprobe *f*. **,~-'write head** *s Computer*: Lese-Schreibkopf *m*, Schreib-Lesekopf *m*.

read·y ['redɪ] **I** *adj* (*adv* → readily) **1.** bereit, fertig (for s.th. zu etwas; to do zu tun): ~ for action *mil.* einsatzbereit; ~ for service (*od.* operation) *tech.* betriebsfertig; ~ for use gebrauchsfertig; ~ for sea *mar.* seeklar; ~ for take-off *aer.* startbereit, -klar; ~ to move into bezugsfertig (*Haus etc*); to be ~ with s.th. etwas bereithaben *od.* -halten; to get ~ (sich) bereit- *od.* fertigmachen; get ~ to hear some unpleasant things! *Am. colloq.* machen Sie sich auf einige unangenehme Dinge gefaßt!; Are you ~? Go! *sport* Fertig–los!; have our bill ~ machen Sie unsere Rechnung fertig (*im Hotel*). **2.** bereit, geneigt (for s.th. zu etwas; to do zu tun): ~ for death zum Sterben bereit. **3.** schnell, rasch, prompt: a ~ consent; to find a ~ market (*od.* sale) *econ.* raschen Absatz finden, gut gehen. **4.** a) schlagfertig, prompt (*Antwort etc*): a ~ reply; ~ wit Schlagfertigkeit *f*, b) geschickt, gewandt: a ~ pen e-e gewandte Feder. **5.** schnell bereit *od.* bei der Hand: he is too ~ to criticize others. **6.** im Begriff, nahe dar'an, drauf u. dran (to do zu tun): → drop 21 a. **7.** *econ.* verfügbar, greifbar (*Vermögenswerte*), bar (*Geld*): for ~ cash gegen sofortige Kasse; ~ money Bargeld *n*; ~ money business Bar-, Kassageschäft *n*. **8.** bequem, leicht: ~ to (*od.* at) hand handlich, leicht zu handhaben. **II** *v/t* **9.** *bes. Am.* (o.s. sich) bereit- *od.* fertigmachen. **III** *s* **10.** *meist* the ~ *colloq.* Bargeld *n*. **11.** at the ~ *mil.* schußbereit, -fertig. **IV** *adv* **12.** (*fast nur in comp u. sup*) → readily. **13.** fertig: ~-built houses Fertighäuser; ~-packed abgepackt.

,read·y|-'made I *adj* **1.** Konfektions..., ,von der Stange': ~ clothes Konfektion(skleidung) *f*; ~ shop Konfektionshaus *n*, -geschäft *n*. **2.** gebrauchsfertig, Fertig... **3.** *fig.* Patent...: ~ solution. **4.** *fig.* schabloni'siert, ,fertig', ,vorgekaut': ~ answers. **II** *s* **5.** Konfekti'onsar,tikel *m*. **6.** *art* Ready-made *n* (*alltäglicher Gegenstand, der als Kunstwerk ausgestellt wird*). **,~-'mix** *adj u. s* koch- *od.* backfertig(e Mischung), Instant(suppe *f etc*). **~ reck·on·er** *s* 'Rechenta,belle *f*. **,~-to-'serve** *adj* tischfertig (*Speise*). **,~-to-'wear** → ready-made 1 *u.* 5. **,~-'wit·ted** *adj* intelli'gent, aufgeweckt, ,fix', schlagfertig.

re·af·firm [,ri:ə'fɜ:m; *Am.* -'fɜrm] *v/t* nochmals versichern *od.* bestätigen. **re·af·fir·ma·tion** [,ri:æfə(r)'meɪʃn] *s* erneute Versicherung.

re·af·for·est [,ri:ə'fɒrɪst; *Am. a.* -'fɑr-] *v/t* wieder'aufforsten. **'re·af,for·est'a·tion** *s* Wieder'aufforstung *f*.

re·a·gen·cy [ri:'eɪdʒənsɪ] *s* Gegen-, Rückwirkung *f*.

re·a·gent [ri:'eɪdʒənt] *s* **1.** *chem. phys.* Rea'gens *n*, *pl* Rea'genzien *pl*. **2.** *fig.* Gegenkraft *f*, -wirkung *f*. **3.** *psych.* 'Test-, Ver'suchsper,son *f*.

re·al[1] [rɪəl; 'ri:əl] **I** *adj* (*adv* → really) **1.** re'al, tatsächlich, wirklich, wahr, eigentlich, richtig: taken from ~ life aus dem Leben gegriffen; the R~ Presence *relig.* die Realpräsenz (*wirkliche Gegenwart Christi im Altarssakrament*); the ~ thing *colloq.* das (einzig) Wahre. **2.** echt, rein: ~ silk; ~ feelings echte *od.* aufrichtige Gefühle; he is a ~ man er ist ein echter *od.* wahrer Mann. **3.** *philos.* re'al: a) wirklich, b) abso'lut, unabhängig vom Bewußtsein (exi'stierend). **4.** *jur.* a) dinglich, b) unbeweglich, Real...: ~ account *econ.* Sach(wert)konto *n*; ~ action dingliche Klage; ~ assets unbewegliches Vermögen, Immobilien; ~ capital *econ.* Sachkapital *n*; ~ estate (*od.* property) Grundeigentum *n*, -besitz *m*, Landbesitz *m*, Liegenschaften *pl*; ~-**estate agent** (*od.* **broker**) *Am.* Grundstücksmakler *m*; ~ **growth** *econ.* reales Wachstum; ~ **stock** *econ.* Ist-Bestand *m*; ~ **wage** *econ.* Reallohn *m.* **5.** *electr.* re'ell, ohmsch, Wirk...: ~ **power** Wirkleistung *f.* **6.** *math. phys.* re'ell: ~ **image**; ~ **number.** **II** *s* **7. the** ~ *philos.* a) das Re'ale *od.* Wirkliche, b) die Reali'tät, die Wirklichkeit. **8. for** ~ *colloq.* wirklich, ‚richtig', ‚echt', im Ernst, tatsächlich. **III** *adv* **9.** *bes. Am. colloq.* sehr, äußerst, ‚richtig'.

re·al[2] [reɪ'ɑːl] *pl* **-als, -a·les** [-'ɑːleɪs] *s* Re'al *m* (*ehemalige spanische Silbermünze*).

re·al·ism ['rɪəlɪzəm] *s* Rea'lismus *m* (*a. art u. philos.*), Tatsachen-, Wirklichkeitssinn *m*, Sachlichkeit *f.* **'re·al·ist** **I** *s* Rea'list(in) (*a. philos. art*), Tatsachenmensch *m.* **II** *adj* → **realistic.** **ˌre·al'is·tic** *adj* (*adv* ~**ally**) rea'listisch (*a. philos. art*), wirklichkeitsnah, -getreu, sachlich.

re·al·i·ty [rɪ'ælətɪ] *s* **1.** Reali'tät *f*, Wirklichkeit *f* (*beide a. philos.*): **to make s.th. a** ~ etwas verwirklichen; **in** ~ in Wirklichkeit, tatsächlich; **to become a** ~ wahr werden (*Traum etc*); **to bring s.o. back to** ~ j-n auf den Boden der Tatsachen zurückholen. **2.** Wirklichkeits-, Na'turtreue *f.* **3.** Tatsache *f*, Gegebenheit *f.*

re·al·iz·a·ble ['rɪəlaɪzəbl] *adj* (*adv* **realizably**) reali'sierbar: a) zu verwirklichen(d), aus-, 'durchführbar, b) *econ.* verwertbar, kapitali'sierbar, verkäuflich.

re·al·i·za·tion [ˌrɪəlaɪ'zeɪʃn; *Am.* -lə'z-] *s* **1.** Reali'sierung *f*, Verwirklichung *f*, Aus-, 'Durchführung *f*: **the** ~ **of a project.** **2.** Vergegen'wärtigung *f*, Erkenntnis *f.* **3.** *econ.* a) Reali'sierung *f*, Verwertung *f*, Veräußerung *f*, b) Liquidati'on *f*, Glattstellung *f*: ~ **account** Liquidationskonto *n*, c) Erzielung *f* (*e-s Gewinns*).

re·al·ize ['rɪəlaɪz] **I** *v/t* **1.** (klar) erkennen, sich klarmachen, sich im klaren sein über (*acc*), begreifen, einsehen: **he** ~**d that** er sah ein, daß; es kam ihm zum Bewußtsein, daß; es wurde ihm klar, daß. **2.** verwirklichen, reali'sieren, aus-, 'durchführen: **to** ~ **a project**; **to** ~ **a plan.** **3.** sich vergegen'wärtigen, sich (lebhaft) vorstellen: **he could** ~ **the scene.** **4.** *econ.* a) reali'sieren, verwerten, veräußern, zu Geld machen, flüssigmachen, b) *e-n Gewinn od. e-n Preis* erzielen, *e-e Summe* einbringen: **how much did you** ~ **on ...?** wieviel hast du für ... bekommen?

re·al·lo·cate [ˌriː'æləʊkeɪt] *v/t* neu verteilen *od.* zuteilen. **'reˌal·lo'ca·tion** *s* Neuverteilung *f.*

re·al·ly ['rɪəlɪ] *adv* **1.** wirklich, tatsächlich, eigentlich: ~? wirklich?; **not** ~! nicht möglich! **2.** (*rügend*) ~! ich muß schon sagen! **3. you must** ~ **come** Sie müssen unbedingt kommen.

realm [relm] *s* **1.** Königreich *n.* **2.** *fig.* Reich *n*: **the** ~ **of dreams.** **3.** Bereich *m*, (Fach)Gebiet *n*: **in the** ~ **of physics** im Bereich *od.* auf dem Gebiet der Physik.

re·al·po·li·tik [re'alpoliˌtiːk] (*Ger.*) *s* Re'alpoliˌtik *f.*

real| time *s Computer*: Echtzeit *f.* **ˌ~-'time** *adj Computer*: Echtzeit...

re·al·tor ['riːəltər; -ˌtɔːr] (*TM*) *s Am.* Grundstücks-, Immo'bilienmakler *m* (*der Mitglied der National Association of Realtors ist*).

re·al·ty ['rɪəltɪ] *s* Grundeigentum *n*, -besitz *m*, Landbesitz *m*, Liegenschaften *pl.*

ream[1] [riːm] *s Papierhandel*: Ries *n* (*480 Bogen*): **printer's** ~, **long** ~ 516 Bogen Druckpapier; ~**s (and** ~**s) of** *fig.* zahllose, große Mengen (von).

ream[2] [riːm] *v/t tech.* **1.** erweitern. **2.** *oft* ~ **out** a) *e-e Bohrung* (auf-, aus)räumen, b) *das Kaliber* ausbohren, c) nachbohren.

ream[3] [riːm] *s obs. od. dial.* Rahm *m* (*auf Milch*), Schaum *m* (*auf Bier etc*).

ream·er ['riːmə(r)] *s* **1.** *tech.* Reib-, Räumahle *f.* **2.** *Am.* Fruchtpresse *f.*

re·an·i·mate [ˌriː'ænɪmeɪt] *v/t* **1.** 'wiederbeleben. **2.** *fig.* neu beleben. **'reˌan·i'ma·tion** *s* **1.** 'Wiederbelebung *f.* **2.** *fig.* Neubelebung *f.*

reap [riːp] **I** *v/t* **1.** *Getreide etc* schneiden, mähen, ernten. **2.** *ein Feld* mähen, abernten. **3.** *fig.* ernten: → **wind**[1] 1. **II** *v/i* **4.** mähen, ernten: **he** ~**s where he has not sown** *fig.* er erntet, wo er nicht gesät hat. **'reap·er** *s* **1.** Schnitter(in), Mäher(in): **the Grim R**~ *fig.* der Sensenmann, der Schnitter Tod. **2.** (Ge'treide-) Mähmaˌschine *f*: ~-**binder** Mähbinder *m.*

re·ap·pear [ˌriːə'pɪə(r)] *v/i* wieder erscheinen. **ˌre·ap'pear·ance** *s* 'Wiedererscheinen *n.*

re·ap·pli·ca·tion ['riːˌæplɪ'keɪʃn] *s* **1.** wieder'holte *od.* erneute Anwendung. **2.** erneutes Gesuch. **re·ap·ply** [ˌriːə'plaɪ] **I** *v/t* **1.** wieder *od.* wieder'holt anwenden. **II** *v/i* **2.** wieder Anwendung finden. **3. (for)** (*etwas*) wieder'holt *od.* erneut beantragen, sich erneut bewerben (um).

re·ap·point [ˌriːə'pɔɪnt] *v/t* 'wiederernennen, wieder'einsetzen, -'anstellen. **ˌre·ap'point·ment** *s* 'Wiederernennung *f*, Wieder'anstellung *f.*

re·ap·prais·al [ˌriːə'preɪzl] *s* Neubewertung *f*, Neubeurteilung *f.*

rear[1] [rɪə(r)] **I** *s* **1.** 'Hinter-, Rückseite *f*: **at** (*Am.* **in**) **the** ~ **of the house** hinter dem Haus; **in the** ~ **of the house** hinten im Haus. **2.** 'Hintergrund *m*: **in the** ~ **of** im Hintergrund (*gen*). **3.** *mar. mot.* Heck *n.* **4.** *mar. mil.* Nachhut *f*: **to bring up the** ~ die Nachhut bilden; **to take the enemy in the** ~ den Feind im Rücken fassen. **5.** *colloq.* ‚Hintern' *m* (*Gesäß*). **6.** *Br. colloq.* ‚Lokus' *m* (*Abort*). **II** *adj* **7.** hinter(er, e, es), Hinter..., Rück...: ~ **axle** *tech.* Hinterachse *f*; ~ **exit** Hinterausgang *m.* **8.** *mar. mot.* Heck...: ~ **engine** Heckmotor *m*; ~ **window** Heckscheibe *f*; ~ **wiper** *mot.* Heckscheibenwischer *m.* **9.** *mil.* rückwärtig.

rear[2] [rɪə(r)] **I** *v/t* **1.** *ein Kind* auf-, großziehen, *Tiere* züchten, *Pflanzen* ziehen, anbauen. **2.** *arch.* errichten, (er)bauen: **to** ~ **a cathedral.** **3.** aufrichten, -stellen: **to** ~ **a ladder.** **4.** (er)heben: **to** ~ **one's head (voice).** **II** *v/i* **5.** *a.* ~ **up** sich aufbäumen (*Pferd*). **6.** *oft* ~ **up** (auf-, hoch)ragen.

rear| ad·mi·ral *s mar.* 'Konteradmiˌral *m.* ~ **arch** *s arch.* innerer Bogen (*e-r Fenster- od. Türöffnung*). ~ **drive** *s mot.* Heckantrieb *m.* ~ **end** *s* **1.** hinter(st)er Teil, Ende *n.* **2.** *colloq.* ‚Hintern' *m* (*Gesäß*). **'~-end col·li·sion** *s mot.* Auffahrunfall *m.* **ˌ~-'en·gined** *adj* mit Heckmotor. ~ **guard** *s mar. mil.* Nachhut *f*: ~ **action** a) Nachhutgefecht *n* (*a. fig.*), b) *fig.* Verzögerungstaktik *f*, c) *fig.* Rückzugsgefecht *n.* ~ **gun·ner** *s aer. mil.* Heckschütze *m.* ~ **lamp,** ~ **light** *s mot. etc Br.* Rück-, Schlußlicht *n.*

re·arm [ˌriː'ɑː(r)m] *mil.* **I** *v/t* **1.** 'wiederbewaffnen. **2.** neu bewaffnen *od.* ausrüsten. **II** *v/i* **3.** wieder'aufrüsten. **re'ar·ma·ment** [rɪ-] *s mil.* **1.** Ausrüstung *f* mit neuen Waffen. **2.** Wieder'aufrüstung *f*, 'Wiederbewaffnung *f.*

rear·most ['rɪə(r)məʊst] *adj* hinterst(er, e, es), letzt(er, e, es).

re·ar·range [ˌriːə'reɪndʒ] *v/t* **1.** neu ordnen, 'umordnen, ändern. **2.** *math.* 'umschreiben, -wandeln. **3.** *chem.* 'umlagern. **ˌre·ar'range·ment** *s* **1.** 'Um-, Neuordnung *f*, Änderung *f*, Neugestaltung *f.* **2.** *math.* 'Umschreibung *f*, -wandlung *f.* **3.** *chem.* 'Umlagerung *f*: **intermolecular** ~.

rear| sight *s mil.* Kimme *f.* ~ **sus·pen·sion** *s tech.* rückwärtige Aufhängung, *bes.* 'Hinterradaufhängung *f.* ~ **vault** *s arch.* innere (Fenster- *od.* Tür)Wölbung. ~ **view** *s* Rückansicht *f.* **'~-view mir·ror, '~-ˌvi·sion mir·ror** *s mot. etc* Rückspiegel *m.*

rear·ward ['rɪə(r)wə(r)d] **I** *adj* **1.** hinter(er, e, es), letzt(er, e, es), rückwärtig. **2.** Rück(wärts)... **II** *adv* **3.** nach hinten, rückwärts, zu'rück. **III** *s* → **rear**[1] 1–3. **'rear·wards** → **rearward** II.

rea·son ['riːzn] **I** *s* **1.** (Beweg)Grund *m* (**of, for** *gen od.* für), Ursache *f* (**for** *gen*), Anlaß *m* (**for** *gen*, zu, für): **to have** ~ **to do s.th.** Grund *od.* Veranlassung haben, etwas zu tun; **I have my** ~**s for saying this** ich sage das nicht von ungefähr; **the** ~ **why** (der Grund) weshalb; **for the same** ~ aus dem gleichen Grund *od.* Anlaß; **for** ~**s of health** aus Gesundheitsgründen; *he did this* **for** ~**s best known to himself** aus unerfindlichen Gründen; **by** ~ **of** wegen, infolge (*gen*); **with** ~ aus gutem Grund, mit Recht; **not without** ~ nicht ohne Grund, nicht umsonst; **there is (no)** ~ **to suppose** es besteht (kein) Grund zu der Annahme; **there is every** ~ **to believe** alles spricht dafür (**that** daß). **2.** Begründung *f*, Rechtfertigung *f*: **woman's** ~ weibliche Logik; ~ **of state** Staatsräson *f.* **3.** (*ohne art*) Vernunft *f*, Verstand *m*: **to lose one's** ~ den Verstand verlieren; **to listen to** ~ Vernunft annehmen; **it stands to** ~ es leuchtet ein, es ist (doch wohl) klar. **4.** (*ohne art*) Vernunft *f*, Einsicht *f*, Rä'son *f*: **to bring s.o. to** ~ j-n zur Vernunft *od.* Räson bringen; **in (all)** ~ a) mit Maß u. Ziel, vernünftig, b) mit Recht; **there is** ~ **in what you say** was du sagst, hat Hand u. Fuß. **5.** *philos.* (*ohne art*) Vernunft *f* (*Ggs. Verstand*): **Law of R**~ Vernunftrecht *n*; → **age** 4. **6.** *Logik*: Prä'misse *f.*

II *v/i* **7.** logisch denken, vernünftig urteilen. **8. (with)** vernünftig reden (mit), (*j-m*) gut zureden, (*j-n*) zu über'zeugen suchen: **he is not to be** ~**ed with** er läßt nicht mit sich reden.

III *v/t* **9.** schließen, folgern (**from** aus). **10.** *oft* ~ **out** (logisch) durch'denken: ~**ed** wohldurchdacht. **11.** zu dem Schluß kommen (**that** daß). **12.** ergründen (**what** was; **why** war'um). **13.** (vernünftig) erörtern: **to** ~ **away** *etwas* wegdiskutieren. **14.** *j-n* durch Argu'mente über'zeugen: **to** ~ **s.o. into (out of) s.th.** j-m etwas ein-(aus)reden. **15.** begründen. **16.** logisch formu'lieren.

rea·son·a·ble ['riːznəbl] *adj* (*adv* → **reasonably**) **1.** vernünftig: a) vernunftgemäß: **a** ~ **theory**, b) verständig, einsichtig (*Person*): **he is** ~ er läßt mit sich reden, c) vernunftbegabt: **a** ~ **being**, d) angemessen, annehmbar, tragbar, zumutbar (*Bedingung, Frist, Preis etc*), billig (*Forderung*): ~ **doubt** berechtigter Zweifel; ~ **care and diligence** *jur.* die im Verkehr erforderliche Sorgfalt. **2.** *colloq.* billig: **strawberries are now** ~. **'rea·son·a·ble·ness** *s* **1.** Vernünftigkeit *f*, Verständigkeit *f.* **2.** Angemessenheit *f*, Zumutbarkeit *f*, Billigkeit *f.* **'rea·son·a·bly** [-blɪ] *adv* **1.** vernünftig. **2.** vernünftiger-, billigerweise. **3.** ziemlich, leidlich, einigermaßen: ~ **good.**

rea·son·er [ˈriːznə(r)] *s* logischer Geist *od.* Kopf (*Person*).

rea·son·ing [ˈriːznɪŋ] **I** *s* **1.** Denken *n*, Folgern *n*, Urteilen *n*. **2.** *a.* **line of ~** Gedankengang *m*. **3.** Argumentatiˈon *f*, Beweisführung *f*. **4.** Schluß(folgerung *f*) *m*, Schlüsse *pl*. **5.** Arguˈment *n*, Beweis *m*. **II** *adj* **6.** Denk...: **~ power** Denkfähigkeit *f*, Urteilskraft *f*.

re·as·sem·blage [ˌriːəˈsemblɪdʒ] *s* ˈWiederversammlung *f*. **ˌre·asˈsem·ble** [-bl] *v/t* **1.** (*v/i* sich) wieder versammeln. **2.** *tech.* wieder zs.-bauen.

re·as·sert [ˌriːəˈsɜːt; *Am.* -ˈsɜrt] *v/t* **1.** erneut feststellen. **2.** wieder geltend machen.

re·as·sess [ˌriːəˈses] *v/t* **1.** nochmals *od.* neu (ab)schätzen, *fig. a.* neu beurteilen. **2.** neu veranlagen. **ˌre·asˈsess·ment** *s* **1.** neuerliche (Ab)Schätzung. **2.** Neuveranlagung *f*. **3.** *fig.* neue Beurteilung.

re·as·sign [ˌriːəˈsaɪn] *v/t* **1.** wieder zuweisen *od.* zuteilen. **2.** *j-n* wieder ernennen. **3.** *econ. jur.* zuˈrückzeˌdieren. **ˌre·asˈsign·ment** *s* **1.** erneute Zuweisung *od.* Zuteilung. **2.** *econ. jur.* ˈRückübertragung *f*.

re·as·sume [ˌriːəˈsjuːm; *bes. Am.* -ˈsuːm] → **resume**.

re·as·sur·ance [ˌriːəˈʃʊərəns] *s* **1.** Beruhigung *f*. **2.** nochmalige *od.* erneute Versicherung. **3.** *econ.* → **reinsurance**. **ˌre·asˈsure** *v/t* **1.** *j-n* beruhigen. **2.** *etwas* nochmals versichern *od.* beteuern. **3.** *econ.* → **reinsure**. **ˌre·asˈsur·ing** *adj* (*adv* **~ly**) beruhigend.

Re·au·mur, Ré·au·mur [ˈreɪəˌmjʊə; *Am.* ˌreɪəʊˈmjʊər] *adj phys.* Reaumur...: 60° **~** (*od.* **R.**) 60° Reaumur *od.* R.

reave[1] [riːv] *pret u. pp* **reaved** [riːvd] *od.* **reft** [reft] *obs. od. poet.* **I** *v/t* **1.** *j-n* berauben (**of** *gen*). **2.** *etwas* rauben, entreißen (**from** *dat*). **II** *v/i* **3.** rauben, plündern.

reave[2] [riːv] *pret u. pp* **reaved** [riːvd] *od.* **reft** [reft] *v/t u. v/i obs. od. dial.* zerreißen, -brechen.

reav·er [ˈriːvə(r)] *s obs. od. poet.* Räuber *m*.

re·bap·tism [ˌriːˈbæptɪzəm] *s* ˈWiedertaufe *f*. **re·bap·tize** [ˌriːbæpˈtaɪz] *v/t* **1.** ˈwiedertaufen. **2.** ˈumtaufen.

re·bate[1] [ˈriːbeɪt] **I** *s* **1.** Raˈbatt *m*, (Preis-)Nachlaß *m*, Ermäßigung *f*, Abzug *m*. **2.** Zuˈrückzahlung *f*, (Rück)Vergütung *f*: **a ~ of taxes**. **II** *v/t* **3.** *selten* abstumpfen. **4.** *selten* vermindern, abschwächen. **5.** *obs. od. Am.* a) *e-n Betrag* abziehen, als Raˈbatt gewähren, b) *den Preis etc* ermäßigen, c) *j-m* e-n Raˈbatt *etc* gewähren.

re·bate[2] [ˈræbɪt; *Am. a.* ˈriːˌbeɪt] → **rabbet**.

reb·el [ˈrebl] **I** *s* **1.** Reˈbell(in), Emˈpörer (-in) (*beide a. fig.*), Aufrührer(in). **2.** *Am. hist.* Anhänger *m* der Südstaaten (*im amer. Bürgerkrieg*). **II** *adj* **3.** reˈbellisch, aufrührerisch. **4.** Rebellen... **III** *v/i* **re·bel** [rɪˈbel] **5.** rebelˈlieren, sich emˈpören *od.* auflehnen (**against** gegen). **reb·el·dom** [ˈrebldəm] *s* **1.** Aufruhrgebiet *n*. **2.** Reˈbellentum *n*.

re·bel·lion [rɪˈbeljən] *s* **1.** Rebelliˈon *f*, Aufruhr *m*, Emˈpörung *f* (**against**, to gegen): **the R~** *hist.* der amer. Bürgerkrieg (*1861–65*); → **Great Rebellion**, rise 14. **2.** Auflehnung *f*.

re·bel·lious [rɪˈbeljəs] *adj* (*adv* **~ly**) **1.** reˈbellisch: a) aufständisch, aufrührerisch, b) *fig.* aufsässig, ˈwiderspenstig (*a. Sache*). **2.** hartnäckig (*Krankheit*). **reˈbel·lious·ness** *s* **1.** reˈbellisches Wesen. **2.** *fig.* Aufsässigkeit *f*.

re·bind [ˌriːˈbaɪnd] *v/t irr ein Buch* neu (ein)binden.

re·birth [ˌriːˈbɜːθ; *Am.* -ˈbɜrθ] *s* ˈWiedergeburt *f* (*a. fig.*).

re·bore [ˌriːˈbɔː(r)] *v/t tech.* **1.** *das Bohrloch* nachbohren. **2.** *den Motorzylinder* ausschleifen.

re·born [ˌriːˈbɔː(r)n] *adj* ˈwiedergeboren, neugeboren (*a. fig.*).

re·bound[1] [rɪˈbaʊnd] **I** *v/i* **1.** zuˈrück-, abprallen (**from** von). **2.** *fig.* zuˈrückfallen (**upon** auf *acc*). **3.** *fig.* sich (wieder) erholen. **II** *v/t* **4.** zuˈrückprallen lassen. **5.** *den Ton* zuˈrückwerfen. **III** *s* [ˈriː-baʊnd] **6.** Zuˈrückprallen *n*. **7.** Rückprall *m*. **8.** *sport* a) Abpraller *m*, b) *Basketball*: Rebound *m*. **9.** ˈWiderhall *m*. **10.** *fig.* Reaktiˈon *f* (*auf e-n Rückschlag etc*): **on the ~** a) als Reaktion (**from** auf *acc*), b) in e-r Krise (befindlich); **to take s.o. on** (*od.* **at**) **the ~** j-s Enttäuschung *od.* seelische Lage ausnutzen. [(*Buch*).]

re·bound[2] [ˌriːˈbaʊnd] *adj* neugebunden

re·broad·cast [ˌriːˈbrɔːdkɑːst; *Am.* -ˌkæst] (*Rundfunk, TV*) **I** *v/t irr* (→ **broadcast**) **1.** *e-e Sendung* wiederˈholen. **2.** durch Reˈlais(statiˌonen) überˈtragen: **~(ing) station** Ballsender *m*. **II** *s* **3.** Wiederˈholung(ssendung) *f*. **4.** Reˈlaisüberˌtragung *f*.

re·buff [rɪˈbʌf] **I** *s* **1.** (schroffe) Abweisung, Abfuhr *f*: **to meet with** (*od.* **suffer**) **a ~** (**from s.o.**) (bei j-m) ‚abblitzen'. **II** *v/t* **2.** abweisen, ‚abblitzen' lassen. **3.** *Angriff* abweisen, zuˈrückschlagen.

re·build [ˌriːˈbɪld] *v/t irr* **1.** wieder aufbauen. **2.** ˈumbauen. **3.** *fig.* wiederˈherstellen, -ˈaufbauen.

re·buke [rɪˈbjuːk] **I** *v/t* **1.** *j-n* (scharf) tadeln, rügen, rüffeln, zuˈrechtweisen. **2.** *etwas* (scharf) tadeln, rügen. **II** *s* **3.** Rüge *f*, (scharfer) Tadel, Verweis *m*, Rüffel *m*. **reˈbuke·ful** *adj* (*adv* **~ly**) rügend, tadelnd, vorwurfsvoll.

re·bus [ˈriːbəs] *s* **1.** Rebus *m, n*, Bilderrätsel *n*. **2.** *her.* redendes Wappen.

re·but [rɪˈbʌt] **I** *v/t* (durch Beweise) widerˈlegen *od.* entkräften (*a. jur.*). **II** *v/i jur.* auf die Triˈplik antworten. **reˈbut·tal** *s bes. jur.* Widerˈlegung *f*. **reˈbut·ter** *s jur.* Quadruˈplik *f*.

rec [rek] *colloq. abbr. für* **recreation (ground)**.

re·cal·ci·trance [rɪˈkælsɪtrəns], **reˈcal·ci·tran·cy** [-sɪ] *s* ˈWiderspenstigkeit *f*. **reˈcal·ci·trant I** *adj* (*adv* **~ly**) ˈwiderspenstig, aufsässig (to gegenˈüber). **II** *s* ˈWiderspenstige(r *m*) *f*. **reˈcal·ci·trate** [-treɪt] *v/i* aufsässig sein, sich sträuben (**against, at** gegen).

re·ca·lesce [ˌriːkəˈles] *v/i metall.* (beim Abkühlen) wiederˈaufglühen. **ˌre·caˈles·cence** *s metall.* Rekalesˈzenz *f*.

re·call [rɪˈkɔːl] **I** *v/t* **1.** a) *j-n* zuˈrückrufen, *e-n Gesandten etc* abberufen, b) *defekte Autos etc* (in die Werkstatt) zurückrufen. **2.** sich erinnern an (*acc*), sich ins Gedächtnis zuˈrückrufen: **to ~ the past**. **3.** *j-n erinnern* (**to** an *acc*): **to ~ s.o. to his duty**. **4.** (ins Gedächtnis) zuˈrückrufen: **to ~ s.th. to s.o.** (*od.* **s.o.'s mind**) j-m etwas ins Gedächtnis zurückrufen, j-n an etwas erinnern. **5.** *j-s Aufmerksamkeit etc* erneut lenken (**to** auf *acc*). **6.** *ein Versprechen etc* zuˈrücknehmen, widerˈrufen, rückgängig machen. **7.** *econ. Kapital, e-n Kredit etc* (auf)kündigen: **until ~ed** bis auf Widerruf. **8.** *Gefühle etc* wieder wachrufen. **9.** *Computer*: *Daten aus dem Speicher* abrufen. **II** *s* [*a.* ˈriːkɔːl] **10.** a) Zuˈrückrufung *f*, Abberufung *f* (*e-s Gesandten etc*), b) Rückruf *m* (in die Werkstatt), ˈRückrufaktiˌon *f*. **11.** ˈWiderruf *m*, Zuˈrücknahme *f*: **beyond** (*od.* **past**) **~** unwiderruflich, unabänderlich. **12.** *econ.* (Auf)Kündigung *f*. **13.** Gedächtnis *n*: **to have the gift** (*od.* **power[s]**) **of total ~** das absolute Gedächtnis haben; **~ test** *ped.* Nacherzählung *f*. **14.** *fig.* Wachrufen *n* (*von Erinnerungen etc*). **15.** *Marktforschung*: a) Erinnerungsindex *m*, b) Erinnerungstest *m*. **16.** *mil.* Siˈgnal *n* zum Sammeln *od.* zur Rückkehr. **reˈcall·a·ble** *adj* ˈwiderruflich, widerˈrufbar.

re·cant [rɪˈkænt] **I** *v/t e-e Behauptung etc* (forˈmell) zuˈrücknehmen, (öffentlich) widerˈrufen. **II** *v/i* (öffentlich) widerˈrufen. **re·can·ta·tion** [ˌriːkænˈteɪʃn] *s* (öffentliche) Widerˈrufung.

re·cap[1] *tech. Am.* **I** *v/t* [ˌriːˈkæp] *Autoreifen* runderneuern. **II** *s* [ˈriːˌkæp] runderneuerter (Auto)Reifen.

re·cap[2] [ˈriːkæp] *colloq. abbr. für* **recapitulation, recapitulate**.

re·cap·i·tal·i·za·tion [ˈriːˌkæpɪtəlaɪˈzeɪʃn; *Am.* -ləˈz-] *s econ.* ˈNeukapitaliˌsierung *f*.

re·ca·pit·u·late [ˌriːkəˈpɪtjʊleɪt; *Am.* -ˈpɪtʃəˌl-] *v/t u. v/i* **1.** rekapituˈlieren, kurz zs.-fassen *od.* wiederˈholen. **2.** *biol. Vorfahrenmerkmale* rekapituˈlieren. **3.** *mus. Thema* wiederˈaufnehmen. **ˈre·caˌpit·uˈla·tion** [-ˈleɪʃn] *s* **1.** Rekapitulatiˈon *f*, kurze Wiederˈholung *od.* Zs.-fassung. **2.** *biol.* Rekapitulatiˈon *f* (*Wiederholung der Stammesentwicklung in der Keimesentwicklung*): **~ theory** Rekapitulationstheorie *f*. **3.** *mus.* Reˈprise *f*.

re·cap·tion [ˌriːˈkæpʃn] *s jur.* Wiederˈwegnahme *f* (*e-s widerrechtlich vorenthaltenen Besitzes*).

re·cap·ture [ˌriːˈkæptʃə(r)] **I** *v/t* **1.** ˈwiedererlangen. **2.** ˈwiederergreifen. **3.** *mil.* zuˈrückerobern. **4.** *fig. e-e Stimmung etc* wiederˈeinfangen. **II** *s* **5.** ˈWiedernahme *f*, -erlangung *f*. **6.** ˈWiederergreifung *f*. **7.** *mil.* Zuˈrückeroberung *f*. **8.** *jur. Am.* Enteignung *f* ˈübermäßiger Gewinne durch den Staat.

re·cast [ˌriːˈkɑːst; *Am.* -ˈkæst] **I** *v/t irr* **1.** *tech.* ˈumgießen. **2.** *fig. ein Werk* ˈumarbeiten, -formen, neu-, ˈumgestalten: **to ~ a novel** e-n Roman umarbeiten *od.* umschreiben. **3.** *thea. ein Stück, e-e Rolle* ˈumbesetzen, neu besetzen. **4.** *etwas* (noch einmal) ˈdurchrechnen. **II** *s* [*a.* ˈriː-] **5.** *tech.* ˈUmguß *m*. **6.** ˈUmarbeitung *f*, -gestaltung *f*. **7.** *thea.* Neu-, ˈUmbesetzung *f*.

rec·ce [ˈrekɪ], **rec·co** [ˈrekəʊ], **rec·cy** [ˈrekɪ] *mil. sl. für* **reconnaissance** 1.

re·cede [rɪˈsiːd] *v/i* **1.** zuˈrücktreten, -gehen, -weichen: **receding** fliehend (*Kinn, Stirn*); **to ~ into the background** *fig.* in den Hintergrund treten. **2.** ent-, verschwinden. **3.** (**from**) a) zuˈrücktreten (von): **to ~ from an office** (**a contract**, *etc*), b) Abstand nehmen (von): **to ~ from a project**, c) aufgeben (*acc*): **to ~ from an opinion**. **4.** *bes. econ.* zuˈrückgehen, im Wert fallen. **5.** *pol. Am.* die oppositioˈnelle Haltung im Konˈgreß aufgeben.

re·ceipt [rɪˈsiːt] **I** *s* **1.** *bes. econ.* Empfangsbestätigung *f*, -bescheinigung *f*, Quittung *f*: **against** (*od.* **on**) **~** gegen Quittung; **~ book** Quittungsbuch *n* (→ 4); **~ stamp** Quittungsstempel(marke *f*) *m*. **2.** *pl econ.* Einnahmen *pl*, Eingänge *pl*. **3.** *bes. econ.* Empfang *m*, Erhalt *m* (*e-s Briefes, e-r Sendung*), Eingang *m* (*von Waren*): **on ~ of** bei *od.* nach Empfang *od.* Eingang (*gen*). **4.** *obs. od. Am. dial.* (ˈKoch)Reˌzept *n*: **~ book** Rezeptbuch *n* (→ 1). **5. ~ of custom** *Bibl. hist.* Zollamt *n*. **II** *v/t* **6.** quitˈtieren. **reˈceipt·or** [-tə(r)] *s bes. Am.* Empfänger(in).

re·ceiv·a·ble [rɪˈsiːvəbl] **I** *adj* **1.** annehmbar, zulässig: **to be ~** als gesetzliches Zahlungsmittel gelten. **2.** *econ.* ausstehend: **bills ~, notes ~** Rimessen,

Wechselforderungen. **II** *s* **3.** *pl econ.* Außenstände *pl*, Forderungen *pl.*

re·ceive [rɪˈsiːv] **I** *v/t* **1.** erhalten, bekommen, empfangen: **to ~ a letter (an order, a name, an impression,** *etc*); **to ~ attention** Aufmerksamkeit finden *od.* auf sich ziehen; **to ~ a wound** e-e Wunde empfangen; **to ~ stolen goods** Hehlerei treiben. **2.** an-, entgegennehmen, in Empfang nehmen: **to ~ s.o.'s confession** j-m die Beichte abnehmen. **3.** *Geld etc* einnehmen, vereinnahmen. **4.** *Rundfunk, TV*: *e-e Sendung* empfangen. **5.** *e-e Last etc* tragen, *e-r Last etc* standhalten. **6.** fassen, aufnehmen: **this hole is large enough to ~ three men. 7.** erleben, erfahren, erleiden: **to ~ a refusal** e-e Ablehnung erfahren, abgelehnt werden. **8.** *e-n Armbruch etc* daˈvontragen: **to ~ a broken arm. 9.** *j-n* bei sich aufnehmen. **10.** *e-e Nachricht etc* aufnehmen, reaˈgieren auf (*acc*): **how did he ~ this offer? 11.** *e-n Besucher etc* empfangen, begrüßen. **12.** *j-n* zulassen (**to, into** zu). **13.** *j-n* aufnehmen (**into** in *e-e Gemeinschaft*). **14.** (als gültig) anerkennen: **to ~ a doctrine. 15.** *etwas* annehmen: **to ~ s.th. as certain; to ~ s.th. as prophecy** etwas als Prophezeiung auffassen. **II** *v/i* **16.** nehmen. **17.** (Besuch) empfangen. **18.** *bes. Br.* Hehleˈrei treiben. **19.** a) *protestantische Kirche*: das Abendmahl empfangen, b) *R.C.* kommuniˈzieren.

re·ceived [rɪˈsiːvd] *adj* **1.** erhalten, empfangen: **~ with thanks** dankend erhalten. **2.** (allgemein *od.* als gültig) anerkannt: **~ opinion** allgemeine Meinung; **~ pronunciation** Standardaussprache *f*; **~ text** authentischer Text. **3.** vorschriftsmäßig, korˈrekt.

re·ceiv·er [rɪˈsiːvə(r)] *s* **1.** Empfänger (-in). **2.** *tech.* a) *Funk*: Empfänger *m*, Empfangsgerät *n*, b) *teleph.* Hörer *m*: **~ cap** Hörmuschel *f*. **3.** *jur.* a) *a.* **official ~** gerichtlich eingesetzter Zwangs- *od.* Konˈkursverwalter, b) amtlich bestellter Liquiˈdator, c) Treuhänder *m*. **4.** *econ.* (*Zoll-, Steuer*)Einnehmer *m*. **5.** *a.* **~ of stolen goods** Hehler(in). **6.** *tech.* (Auffang-, Sammel)Behälter *m*. **7.** Rezipiˈent *m*: a) *chem.* Sammelgefäß *n*, b) *phys.* Glocke *f* (*der Luftpumpe*). **8.** *Tennis etc*: Rückschläger *m*. **reˈceiv·er·ship** *s jur.* Zwangs-, Konˈkursverwaltung *f*.

re·ceiv·ing [rɪˈsiːvɪŋ] *s* **1.** Annahme *f*. **2.** *Funk*: Empfang *m*. **3.** *jur.* Hehleˈrei *f*. **~ end** *s*: **to be on the ~ of** *colloq.* a) derjenige sein, der *etwas* ‚ausbaden' muß, b) *etwas* ‚abkriegen', c) die Zielscheibe (*gen*) sein. **~ hop·per** *s tech.* Schüttrumpf *m*. **~ of·fice** *s* Annahmestelle *f*. **~ or·der** *s jur.* Konˈkurseröffnungsbeschluß *m*. **~ set** → **receiver** 2 a. **~ sta·tion** *s Funk*: Empˈfangsstatiˌon *f*.

re·cen·cy [ˈriːsnsɪ] *f* Neuheit *f*.

re·cen·sion [rɪˈsenʃn] *s* **1.** Prüfung *f*, Revisiˈon *f*, ˈDurchsicht *f* (*e-s Textes etc*). **2.** reviˈdierter Text.

re·cent [ˈriːsnt] *adj* **1.** vor kurzem *od.* unlängst geschehen *od.* entstanden *etc*, der jüngsten Vergangenheit, neueren *od.* jüngeren Datums: **~ events** noch nicht lange zurückliegende Ereignisse; **the ~ events** die jüngsten Ereignisse. **2.** neu (-entstanden), jung, frisch: **of ~ date** neueren *od.* jüngeren Datums; **a ~ photo** ein neueres Foto. **3.** neu, moˈdern. **4.** *a.* **R~** *geol.* neu(zeitlich). **5.** kürzlich *od.* eben (an)gekommen: **~ from Paris** frisch aus Paris. **ˈre·cent·ly** *adv* kürzlich, vor kurzem, unlängst, neulich: **till ~** bis vor kurzem. **ˈre·cent·ness** → **recency**.

re·cept [ˈriːsept] *s psych.* Erfahrungsbegriff *m*, -bild *n*.

re·cep·ta·cle [rɪˈseptəkl] *s* **1.** Behälter *m*, Gefäß *n*. **2.** *bot.* Fruchtboden *m*. **3.** *electr.* Steckdose *f*. **4.** ˈUnterschlupf *m*, Aufenthaltsort *m*.

re·cep·ti·ble [rɪˈseptəbl] *adj selten* **1.** an-, aufnehmbar. **2.** aufnahmefähig, empfänglich (**of** für).

re·cep·tion [rɪˈsepʃn] *s* **1.** Empfang *m*, Annahme *f*: **~ desk** Empfang *m*, Anmeldung *f*, Rezeption *f* (*im Hotel*). **2.** Zulassung *f*. **3.** Aufnahme *f*: **his ~ into the Academy. 4.** (offiziˈeller) Empfang, *a.* Empfangsabend *m*: **to give s.o. an enthusiastic ~** j-m e-n begeisterten Empfang bereiten; **to hold a ~** e-n Empfang geben. **5.** *Rundfunk, TV*: Empfang *m*: **~ area** Empfangsgebiet *n*; **~ interference** Empfangsstörung *f*. **6.** *ped. Br.* a) Anfängerklasse *f*, b) *Klasse für Einwanderer mit geringen Englischkenntnissen.*

re·cep·tion·ist [rɪˈsepʃənɪst] *s* **1.** Empfangsdame *f od.* -chef *m*. **2.** *med.* Sprechstundenhilfe *f*.

re·cep·tion｜or·der *s jur. bes. Br.* Einweisung(sschein *m*) *f* in e-e Nervenheilanstalt. **~ room** *s* **1.** Empfangszimmer *n*. **2.** Wohnzimmer *n*. **3.** Gesellschaftszimmer *n* (*im Hotel etc*).

re·cep·tive [rɪˈseptɪv] *adj* (*adv* **~ly**) **1.** aufnahmefähig, empfänglich (**of, to** für). **2.** rezepˈtiv (*nur aufnehmend*). **3.** *biol.* rezepˈtorisch, Empfängnis...: **~ spot** Empfängnisfleck *m*. **reˈcep·tive·ness, re·cep·tiv·i·ty** [ˌresepˈtɪvətɪ; *bes. Am.* ˌriː-] *s* Aufnahmefähigkeit *f*, Empfänglichkeit *f*.

re·cep·tor [rɪˈseptə(r)] *s biol.* Reˈzeptor *m* (*Sinnesorgan*).

re·cess [rɪˈses; ˈriːses] **I** *s* **1.** (zeitweilige) Unterˈbrechung (*a. jur. der Verhandlung*), (*Am. a.* Schul)Pause *f*, *bes. Am. od. parl.* Ferien *pl*. **2.** Schlupfwinkel *m*. **3.** *arch.* (Wand)Vertiefung *f*, Nische *f*, Alˈkoven *m*. **4.** *tech.* Aussparung *f*, Einschnitt *m*. **5.** *pl fig.* (*das*) Innere, Tiefe(n *pl*) *f*: **the ~es of the heart** die geheimen Winkel des Herzens. **II** *v/t* **6.** in e-e Nische stellen, zuˈrücksetzen. **7.** vertiefen, e-e Nische machen in *e-e Wand etc.* **8.** *tech.* aussparen, einsenken: **~ed switch** Unterputzschalter *m*. **III** *v/i* **9.** *Am.* e-e Pause *od.* Ferien machen, die Verhandlung *od.* Sitzung unterˈbrechen, sich vertagen.

re·ces·sion [rɪˈseʃn] *s* **1.** Zuˈrücktreten *n*. **2.** → **recess** 3 *u.* 4. **3.** *relig.* Auszug *m* (*der Geistlichen etc nach dem Gottesdienst*). **4.** *econ.* Rezessiˈon *f*, (leichter) Konjunkˈturrückgang: **period of ~** Rezessionsphase *f*. **reˈces·sion·al** [-ʃənl] **I** *adj* **1.** *relig.* Schluß...: **~ hymn** → 4. **2.** (Parlaˈments)Ferien... **3.** *econ.* Rezessions... **II** *s* **4.** *relig.* ˈSchlußchoˌral *m*. **reˈces·sion·ar·y** [-ʃnərɪ; *Am.* -ʃəˌneriː] *adj econ.* Rezessions...

re·ces·sive [rɪˈsesɪv] *adj* **1.** zuˈrücktretend, -gehend. **2.** *biol.* rezesˈsiv. **3.** *ling.* rückläufig (*Akzent*).

re·charge [ˌriːˈtʃɑː(r)dʒ] *v/t* **1.** wieder (be)laden. **2.** *mil.* a) nachladen, b) von neuem angreifen. **3.** *electr.* *e-e Batterie* wiederˈauf-, nachladen.

re·check [ˌriːˈtʃek] *v/t* nachprüfen.

re·cher·ché [rəˈʃeəʃeɪ; *Am.* rəˌʃerˈʃeɪ] *adj* **1.** (sorgfältig) ausgesucht. **2.** gesucht, ausgefallen, preziˈös: **a ~ expression. 3.** exquiˈsit, eleˈgant.

re·chris·ten [ˌriːˈkrɪsn] → **rebaptize**.

re·cid·i·vism [rɪˈsɪdɪvɪzəm] *s bes. jur.* Rückfall *m*, Rückfälligkeit *f*: **high ~** hohe Rückfallquote. **reˈcid·i·vist I** *s* Rückfällige(r *m*) *f*, Rückfalltäter(in). **II** *adj* rückfällig. **reˈcid·i·vous** *adj* rückfällig.

rec·i·pe [ˈresɪpɪ] *s* **1.** (ˈKoch)Reˌzept *n*: **~ book** Kochbuch *n*. **2.** *med. obs. u. fig.* Reˈzept *n* (**for** für).

re·cip·i·ence [rɪˈsɪpɪəns], *a.* **reˈcip·i·en·cy** [-sɪ] *s* **1.** Aufnehmen *n*, -nahme *f*. **2.** Aufnahmefähigkeit *f*. **reˈcip·i·ent I** *s* **1.** Empfänger(in): **to be the ~ of s.th.** etwas empfangen. **II** *adj* **2.** aufnehmend: **~ country** Empfängerland *n*. **3.** empfänglich, aufnahmefähig (**of, to** für).

re·cip·ro·cal [rɪˈsɪprəkl] **I** *adj* (*adv* **~ly**) **1.** wechsel-, gegenseitig: **~ affection; ~ insurance** *econ.* Versicherung *f* auf Gegenseitigkeit; **~ relationship** Wechselbeziehung *f*; **~ trade agreement** Handelsvertrag *m* auf Gegenseitigkeit. **2.** entsprechend, Gegen...: **~ service** Gegendienst *m*. **3.** (entsprechend) ˈumgekehrt: **~ ratio** umgekehrtes Verhältnis; **~ly proportional** umgekehrt proportional. **4.** *ling. math.* reziˈprok: **~ pronoun** Reziprokpronomen *n*, wechselbezügliches Fürwort; **~ value** → 6. **II** *s* **5.** Gegenstück *n*. **6.** *math.* Kehrwert *m*.

re·cip·ro·cate [rɪˈsɪprəkeɪt] **I** *v/t* **1.** *Gefühle etc* erwidern, vergelten. **2.** (gegenseitig) austauschen: **to ~ courtesies. 3.** *tech.* ˈhin- u. ˈherbewegen. **II** *v/i* **4.** sich erkenntlich zeigen, sich revanˈchieren (**for** für; **with** mit): **glad to ~** zu Gegendiensten gern bereit. **5.** in Wechselbeziehung stehen. **6.** sich entsprechen. **7.** *tech.* sich ˈhin- u. ˈherbewegen: **reciprocating engine** Kolbenmaschine *f*.

re·cip·ro·ca·tion [rɪˌsɪprəˈkeɪʃn] *s* **1.** Erwiderung *f*. **2.** Erkenntlichkeit *f*. **3.** Austausch *m*: **~ of courtesies. 4.** *tech.* Hinundˈherbewegung *f*.

rec·i·proc·i·ty [ˌresɪˈprɒsətɪ; *Am.* -ˈprɑ-] *s* **1.** Reziproziˈtät *f*, Gegen-, Wechselseitigkeit *f*, gegenseitige Beziehung. **2.** Austausch *m*, Zs.-arbeit *f*. **3.** *econ.* Gegenseitigkeit *f* (*in Handelsverträgen etc*): **~ clause** Gegenseitigkeitsklausel *f*.

re·cit·al [rɪˈsaɪtl] *s* **1.** a) Vortrag *m*, Vorlesung *f*, b) → **recitation** 1. **2.** *mus.* (Solo)Vortrag *m*, Konˈzert(abend *m*) *n*, (*Orgel- etc*)Konˈzert *n*: **vocal ~, lieder ~** Liederabend *m*. **3.** Schilderung *f*, Bericht *m*, Erzählung *f*. **4.** Aufzählung *f*: **~ of details. 5.** *a.* **~ of fact** *jur.* Darstellung *f* des Sachverhalts.

rec·i·ta·tion [ˌresɪˈteɪʃn] *s* **1.** Auf-, ˈHersagen *n*, Reziˈtieren *n*. **2.** Vortrag *m*, Rezitatiˈon *f*. **3.** *ped. Am.* a) Abfragestunde *f*, b) reguˈläre ˈUnterrichtsstunde. **4.** Vortragsstück *n*.

rec·i·ta·tive [ˌresɪtəˈtiːv] *mus.* **I** *adj* rezitaˈtivartig, Rezitativ... **II** *s* Rezitaˈtiv *n*, (*bes. dramatischer*) Sprechgesang.

re·cite [rɪˈsaɪt] **I** *v/t* **1.** (auswendig) ˈher-, aufsagen. **2.** reziˈtieren, vortragen, deklaˈmieren: **to ~ poems. 3.** *jur.* a) *den Sachverhalt* darstellen, b) anführen, ziˈtieren. **4.** aufzählen. **5.** erzählen: **to ~ anecdotes. II** *v/i* **6.** *ped. Am.* s-e Lektiˈon aufsagen. **7.** reziˈtieren, vortragen. **reˈcit·er** *s* **1.** Reziˈtator *m*, Rezitaˈtorin *f*, Vortragskünstler(in). **2.** Vortragsbuch *n*.

reck [rek] *bes. poet.* **I** *v/i* **1.** sich Sorgen machen (**of, for** um). **2.** achten (**of** auf *acc*). **3.** zählen, von Bedeutung sein. **II** *v/t* **4.** sich kümmern *od.* sorgen um. **5.** *j-n* kümmern, angehen.

reck·less [ˈreklɪs] *adj* (*adv* **~ly**) **1.** unbesorgt, unbekümmert (**of** um): **to be ~ of danger** sich um e-e Gefahr nicht kümmern. **2.** sorglos, leichtsinnig, -fertig, verwegen. **3.** a) rücksichtslos, b) *jur.* (bewußt) fahrlässig: **~ driving** *Am.* grob fahrlässiges Fahren. **ˈreck·less·ness** *s* **1.** Unbesorgtheit *f*, Unbekümmertheit *f* (**of** um). **2.** Sorglosigkeit *f*, Leichtsinn *m*, -fertigkeit *f*, Verwegenheit *f*. **3.** Rücksichtslosigkeit *f*.

reck·on [ˈrekən] **I** *v/t* **1.** *a.* **~ up** (be-, er)rechnen: **to ~ a sum** e-e Summe errechnen *od.* addieren; **to ~ in** ein-, mitrechnen. **2.** betrachten, ansehen (**as, for** als). **3.** halten für: I ~ **him (to be) wise.** **4.** rechnen, zählen (**among** zu). **5.** kalku'lieren. **6.** meinen, der Meinung sein (**that** daß). **7.** I ~ (*in Parenthese*) glaube ich, schätze ich. **8.** *sl.* für gut halten: **I don't ~ his chances of success.** **II** *v/i* **9.** zählen, rechnen: **to ~ with** a) rechnen mit (*a. fig.*), b) abrechnen mit (*a. fig.*); **she is to be ~ed with** mit ihr muß man rechnen; **you'll have me to ~ with** du wirst es mit mir zu tun bekommen; **to ~ without** nicht rechnen mit; **I had ~ed without their coming** ich hatte nicht damit gerechnet, daß sie kommen würden; **to ~ (up)on** a) *fig.* zählen auf *j-n, j-s Hilfe etc*, b) rechnen mit (*a. fig.*); → **host**[2] 2. **10.** zählen, von Bedeutung sein. **reck·on·er** ['reknə(r)] *s* **1.** Rechner(in). **2.** → **ready reckoner.**

reck·on·ing ['reknıŋ] *s* **1.** Rechnen *n*, Zählen *n*. **2.** Berechnung *f*: **to be out of** (*od.* **out in**) **one's ~** sich verrechnet haben (*a. fig.*). **3.** *mar.* Gissung *f*: → **dead reckoning.** **4.** Abrechnung *f*: **day of ~** a) Tag *m* der Abrechnung, b) *relig.* (*der*) Jüngste Tag. **5.** *obs.* Rechnung *f*: **to pay one's ~.**

re·claim [rı'kleım] **I** *v/t* **1.** *Eigentum, Rechte etc* zu'rückfordern, zu'rückverlangen, rekla'mieren. **2.** *Land* urbar machen: **to ~ land from the sea** dem Meer Land abgewinnen. **3.** *Tiere* zähmen, abrichten. **4.** *ein Volk, Wilde* zivili'sieren. **5.** *fig. j-n* bekehren, bessern. **6.** *tech. aus Altmaterial* rückgewinnen, regene'rieren: **~ed rubber** Regeneratgummi *m, n.* **II** *v/i* **7.** prote'stieren, Einspruch erheben (**against** gegen). **8.** *jur. Scot.* Berufung einlegen. **III** *s* **9. beyond** (*od.* **past**) **~** unverbesserlich.

re-claim [,ri:'kleım] *v/t* zu'rückverlangen, -fordern.

re·claim·a·ble [rı'kleıməbl] *adj* (*adv* **reclaimably**) **1.** verbesserungsfähig. **2.** kul'turfähig (*Land*). **3.** *tech.* regene'rierfähig.

re'claim·ant *s bes. jur.* Beschwerdeführer(in).

rec·la·ma·tion [,reklə'meıʃn] *s* **1.** Reklamati'on *f*: a) Rückforderung *f*, b) Beschwerde *f*, Einspruch *m*. **2.** *fig.* Bekehrung *f*, Besserung *f*, Heilung *f* (**from** von). **3.** Urbarmachung *f*, Neugewinnung *f* (*von Land*). **4.** *chem. tech.* Rückgewinnung *f*.

ré·clame [reı'klɑ:m] *s* **1.** Re'klame *f*. **2.** → **showmanship** 3.

re·cline [rı'klaın] **I** *v/i* **1.** sich (an-, zu'rück)lehnen (**on, upon** an *acc*): **reclining chair** Sessel *m* mit verstellbarer Rückenlehne. **2.** ruhen, liegen (**on, upon** an, auf *dat*): **~d** liegend. **3.** *fig.* sich verlassen (**upon** auf *acc*). **II** *v/t* **4.** (an-, zu'rück)lehnen (**on, upon** an *acc*). **5.** 'hinlegen (**on** auf *acc*).

re·cluse [rı'klu:s; *Am. a.* 'rek,lu:s] **I** *s* **1.** Einsiedler(in), Klausner(in). **II** *adj* **2.** einsam, abgeschieden (**from** von). **3.** einsiedlerisch, zu'rückgezogen: **a ~ life.** **re'cluse·ness** → **reclusion** 1. **re'clu·sion** [-ʒn] *s* Zu'rückgezogenheit *f*, Abgeschiedenheit *f* (**from** von). **re'clu·sive** *adj* → **recluse** II: **to live ~ly** ein zurückgezogenes Leben führen, zurückgezogen leben.

re·coat [,ri:'kəʊt] *v/t* neu über'ziehen *od.* anstreichen.

rec·og·ni·tion [,rekəg'nıʃn] *s* **1.** ('Wieder)Erkennen *n*, Erkennung *f*: **~ light** *aer.* Kennlicht *n*; **~ mark** *zo.* Kennzeichen *n*; **~ vocabulary** *ling.* passiver Wortschatz; **beyond** (*od.* **out of, past**) **(all) ~** bis zur Unkenntlichkeit *verstümmelt etc*; **the town has changed beyond (all) ~** die Stadt ist (überhaupt) nicht mehr wiederzuerkennen. **2.** Erkenntnis *f*. **3.** Anerkennung *f*: **in ~ of** als Anerkennung für, in Anerkennung (*gen*); **to win ~** sich durchsetzen, Anerkennung finden. **4.** *pol.* (*völkerrechtliche, formelle*) Anerkennung (*e-s Staates etc*). **5.** *Am.* Worterteilung *f*.

rec·og·niz·a·ble ['rekəgnaızəbl] *adj* ('wieder)erkennbar, kenntlich.

re·cog·ni·zance [rı'kɒgnızəns; -'kɒn-; *Am.* -'kɑ-] *s* **1.** *jur.* (*vor Gericht übernommene*) schriftliche Verpflichtung *od.* Anerkennung (*zur Verhandlung zu erscheinen etc*) *od.* (Schuld)Anerkenntnis. **2.** *jur.* Sicherheitsleistung *f*. **3.** *obs.* a) → **recognition,** b) (Kenn-, Merk)Zeichen *n*. **re'cog·ni·zant** *adj*: **to be ~ of** anerkennen.

rec·og·nize ['rekəgnaız] **I** *v/t* **1.** ('wieder)erkennen (**by** an *dat*). **2.** *etwas* (klar) erkennen. **3.** *j-n, e-e Schuld etc, a. pol. e-e Regierung etc* anerkennen (**as** als). **4.** lobend anerkennen: **to ~ services.** **5.** zugeben, einsehen (**that** daß): **to ~ defeat** sich geschlagen geben. **6.** *j-n auf der Straße* grüßen. **7.** No'tiz nehmen von. **8.** *Am. j-m* das Wort erteilen. **II** *v/i* **9.** *jur.* sich vor Gericht schriftlich verpflichten (**in** zu). **'rec·og·niz·ed·ly** [-zıdlı] *adv* anerkanntermaßen.

re·coil I *v/i* [rı'kɔıl] **1.** zu'rückprallen. **2.** *mil.* zu'rückstoßen (*Gewehr, Rohr etc*). **3.** zu'rückschrecken, -schaudern, -fahren, -weichen (**from** vor *dat*). **4.** *fig.* zu'rückfallen (**on** auf *acc*). **5.** *obs.* zu'rückgehen, -weichen (**before** vor *dat*). **II** *s* [*a.* 'ri:kɔıl] **6.** Zu'rückschrecken *n*. **7.** Rückprall *m*: **~ atom** *phys.* Rückstoßatom *n*. **8.** *mil.* a) Rückstoß *m* (*e-s Gewehrs*), b) (Rohr)Rücklauf *m* (*e-s Geschützes*): **~ brake** Rücklaufbremse *f*; **~ cylinder** Bremszylinder *m*. **9.** Rückwirkung *f*, Reakti'on *f*. **'re·coil·less** *adj mil.* rückstoßfrei.

re·coin [,ri:'kɔın] *v/t* wieder prägen, 'umprägen. **,re'coin·age** *s* Neu-, 'Umprägung *f*.

rec·ol·lect [,rekə'lekt] **I** *v/t* **1.** sich erinnern (*gen*) *od.* an (*acc*), sich besinnen auf (*acc*), sich ins Gedächtnis zu'rückrufen: **to ~ doing s.th.** sich daran erinnern, etwas getan zu haben. **2. ~ o.s.** *bes. relig.* sich versenken: **~ed** a) beschaulich, b) gesammelt, ruhig, gefaßt. **II** *v/i* **3.** sich erinnern: **as far as I ~** soweit ich mich erinnere.

re-col·lect [,ri:kə'lekt] *v/t* wieder sammeln: **to ~ o.s.** *fig.* a) sich (wieder) sammeln, b) sich fassen; **to ~ one's courage** wieder Mut fassen.

rec·ol·lec·tion [,rekə'lekʃn] *s* **1.** Erinnerung(svermögen *n*) *f*, Gedächtnis *n*: **it is in my ~ that** ich erinnere mich, daß; **it is within my ~** es ist mir in Erinnerung *od.* erinnerlich; **to the best of my ~** soweit *od.* soviel ich mich erinnere. **2.** Erinnerung *f* (**of** an *acc*): **to bring ~s to s.o.'s mind** bei j-m Erinnerungen wachrufen. **3.** *bes. relig.* (innere) Sammlung.

rec·ol·lec·tive [,rekə'lektıv] *adj* (*adv* **~ly**) **1.** Erinnerungs... **2.** erinnerungsfähig. **3.** gesammelt, ruhig.

re·com·mence [,ri:kə'mens] **I** *v/i* von neuem *od.* wieder anfangen, wieder beginnen. **II** *v/t etwas* erneut beginnen, wieder'aufnehmen, erneuern. **,re·com'mence·ment** *s* 'Wieder-, Neubeginn *m*.

rec·om·mend [,rekə'mend] *v/t* **1.** empfehlen, vorschlagen: **to ~ s.th. to s.o.** j-m etwas empfehlen; **to ~ s.o. for a post** j-n für e-n Posten empfehlen; **the hotel is ~ed for its good food** das Hotel empfiehlt sich durch s-e gute Küche; **travel(l)ing by air has much to ~ it** das Reisen per Flugzeug hat viel für sich; **I ~ buying this dictionary** ich schlage vor, dieses Wörterbuch zu kaufen. **2.** *j-m* raten, empfehlen: **I ~ you to wait.** **3.** empfehlen: **his manners ~ him** s-e Manieren sprechen für ihn. **4.** *obs.* (an-) empfehlen, anvertrauen: **to ~ one's soul to God.** **,rec·om'mend·a·ble** *adj* empfehlenswert, zu empfehlen(d), ratsam.

rec·om·men·da·tion [,rekəmən'deıʃn] *s* Empfehlung *f*: a) Fürsprache *f*: **on** (*od.* **upon**) **the ~ of** auf Empfehlung von (*od. gen*), b) Vorschlag *m*, c) *a.* **letter of ~** Empfehlungsschreiben *n*, d) empfehlende Eigenschaft. **,rec·om'mend·a·to·ry** [-dətərı; *Am.* -də,təʊri:; -,tɔ:-] *adj* **1.** empfehlend, Empfehlungs...: **~ letter.** **2.** als Empfehlung dienend.

re·com·mis·sion [,ri:kə'mıʃn] *v/t* **1.** wieder beauftragen, wieder'anstellen. **2.** *mil. Offizier* reakti'vieren. **3.** *mar. Schiff* wieder in Dienst stellen.

re·com·mit [,ri:kə'mıt] *v/t* **1.** wieder anvertrauen *od.* über'geben. **2.** *parl. e-e Vorlage* (an e-n Ausschuß) zu'rückverweisen. **3.** *jur.* a) *j-n* wieder *dem Gericht* über'antworten: **to ~ s.o. to the court,** b) *j-n* wieder *in e-e Nervenheilanstalt, ins Gefängnis etc* einweisen. **4.** *ein Verbrechen etc* wieder begehen. **,re·com'mit·ment, ,re·com'mit·tal** *s* **1.** *jur.* erneute Über'antwortung *od.* Einweisung. **2.** *parl.* Zu'rückverweisung *f* (an e-n Ausschuß).

rec·om·pense ['rekəmpens] **I** *v/t* **1.** *j-n* belohnen, entschädigen (**for** für). **2.** *etwas* vergelten, (be)lohnen (**to s.o.** j-m). **3.** *etwas* erstatten, ersetzen, wieder'gutmachen. **II** *s* **4.** Entschädigung *f*, Ersatz *m*. **5.** Vergeltung *f*, Lohn *m* (*beide a. weitS. Strafe*), Belohnung *f*.

re·com·pose [,ri:kəm'pəʊz] *v/t* **1.** wieder zs.-setzen. **2.** neu (an)ordnen, 'umgestalten, -grup,pieren. **3.** wieder in Ordnung bringen. **4.** *fig.* wieder beruhigen. **5.** *print.* neu setzen. **'re,com·po'si·tion** [-,kɒmpə'zıʃn; *Am.* -,kɑm-] *s* **1.** Wiederzu'sammenstellung *f*. **2.** 'Umbildung *f*, 'Umgrup,pierung *f*, Neuordnung *f*. **3.** Neubearbeitung *f*. **4.** *print.* Neusatz *m*.

rec·on·cil·a·ble ['rekənsaıləbl] *adj* (*adv* **reconcilably**) **1.** versöhnbar. **2.** vereinbar (**with** mit).

rec·on·cile ['rekənsaıl] *v/t* **1.** *j-n* ver-, aussöhnen (**to, with** mit): **to ~ o.s. to, to become ~d to** *fig.* sich versöhnen *od.* abfinden *od.* befreunden mit, sich in *sein Schicksal etc* fügen; **to ~ o.s. to doing s.th.** sich mit dem Gedanken befreunden, etwas zu tun. **2.** *e-n Streit etc* beilegen, schlichten. **3.** in Einklang bringen (**with, to** mit). **'rec·on·cile·ment** → **reconciliation.** **,rec·on·cil·i'a·tion** [-sılı'eıʃn] *s* **1.** Ver-, Aussöhnung *f* (**to, with** mit). **2.** Schlichtung *f*. **3.** Ausgleich(ung *f*) *m*, Einklang *m* (**between** zwischen, unter *dat*). **4.** *relig.* 'Wiederheiligung *f* (*entweihter Orte*). **,rec·on'cil·i·a·to·ry** [-'sılıətərı; *Am.* -,təʊri:; -,tɔ:-] *adj* versöhnlich, Versöhnungs...

re·con·dite [rı'kɒndaıt; 'rekən-; *Am.* rı'kɑn-] *adj* (*adv* **~ly**) **1.** tief(gründig), ab'strus, dunkel: **a ~ book.** **2.** ob'skur: **a ~ author.** **3.** *obs.* versteckt.

re·con·di·tion [,ri:kən'dıʃn] *v/t* **1.** *Motor etc* wieder in'stand setzen, (gene'ral-) über,holen. **2.** *Gewohnheiten etc* ändern.

re·con·nais·sance, *a.* **re·con·nois·sance** [rı'kɒnısəns; *Am.* rı'kɑnəzəns] *s* **1.** *mil.* a) Erkundung *f* (*des Geländes*), Aufklärung *f* (*gegen den Feind*): **~ in force** gewaltsame Erkundung *od.* Aufklärung, b) *a.* **~ party** (*od.* **patrol**) Spähtrupp *m*: **~ (car)** Spähwagen *m*; **~ flight**

aer. Aufklärungsflug *m*; ~ **plane** *aer.* Aufklärungsflugzeug *n*, Aufklärer *m.* **2.** *allg.* Erkundung *f*, *a. tech.* Unter'suchung *f*, Erforschung *f*, *geol. a.* Rekognos'zierung *f* (*e-s Geländes*).

rec·on·noi·ter, *bes. Br.* **rec·on·noi·tre** [ˌrekə'nɔɪtə(r); *Am. a.* ˌriː-] **I** *v/t* **1.** *mil. das Gelände etc* erkunden, *feindliche Stellungen etc* aufklären, auskundschaften, *den Feind* beobachten. **2.** *geol. ein Gebiet* rekognos'zieren. **II** *v/i* **3.** aufklären, rekognos'zieren. **III** *s* **4.** → **reconnaissance.**

re·con·quer [ˌriː'kɒŋkə(r); *Am.* -'kɑŋ-] *v/t* 'wieder-, zu'rückerobern. ˌ**re'con·quest** [-kwest] *s* 'Wieder-, Zu'rückeroberung *f.*

re·con·sid·er [ˌriːkən'sɪdə(r)] *v/t* **1.** von neuem erwägen, nochmals über'legen *od.* -'denken, nachprüfen. **2.** *jur. pol. e-n Antrag etc* nochmals behandeln. '**re·conˌsid·er'a·tion** *s* nochmalige Über'legung *od.* Erwägung *od.* Prüfung.

re·con·stit·u·ent [ˌriːkən'stɪtjʊənt; *Am.* -tʃəw-] **I** *s med.* Stärkungs-, Kräftigungsmittel *n*, Roborans *n.* **II** *adj bes. med.* stärkend, kräftigend.

re·con·sti·tute [ˌriː'kɒnstɪtjuːt; *Am.* -'kɑnstəˌtjuːt; *a.* -ˌtuːt] *v/t* **1.** wieder'einsetzen. **2.** wieder'herstellen, rekonstru'ieren. **3.** *Trockensubstanzen* in Wasser auflösen: ~**d milk** (in Wasser) gelöste Trockenmilch. **4.** neu bilden, 'umorganiˌsieren.

re·con·struct [ˌriːkən'strʌkt] *v/t* **1.** wieder aufbauen, wieder 'herstellen. **2.** 'umbauen (*a. tech. neu konstruieren*). **3.** rekonstru'ieren: **to ~ a crime. 4.** *econ. Wirtschaft, Unternehmen* wieder'aufbauen, sa'nieren. **5.** *fig. Am. j-n* bekehren. ˌ**re·con'struc·tion** *s* **1.** Wieder'aufbau *m*, -'herstellung *f.* **2.** a) 'Umbau *m* (*a. tech.*), 'Umformung *f*, b) *tech.* 'Neukonstruktiˌon *f* (*Vorgang u. Ergebnis*), c) Re'form *f.* **3.** Rekonstrukti'on *f* (*e-s Verbrechens etc*). **4.** *econ.* Sa'nierung *f*, Wieder'aufbau *m.* **5. R~** *hist. Am.* Rekonstrukti'on *f* (*Neuordnung der politischen Verhältnisse in den amer. Südstaaten nach dem Sezessionskrieg*). ˌ**re·con'struc·tive** *adj* wieder'aufbauend, Wiederaufbau...: ~ **surgery** *med.* Wiederherstellungschirurgie *f.*

re·con·vene [ˌriːkən'viːn] **I** *v/i* **1.** wieder zs.-kommen *od.* -treten. **II** *v/t* **2.** wieder sammeln. **3.** *ein Konzil etc* wieder einberufen.

re·con·ver·sion [ˌriːkən'vɜːʃn; *Am.* -'vɜrʒən] *s* **1.** ('Rück)ˌUmwandlung *f.* **2.** 'Umstellung *f* (*bes. e-s Betriebs* auf 'Friedensproduktiˌon *etc*). **3.** *relig.* 'Wiederbekehrung *f.* ˌ**re·con'vert I** *v/t* **1.** zu'rückverwandeln, wieder verwandeln (**into** in *acc*). **2.** *e-e Industrie, e-n Betrieb* wieder auf 'Friedensproduktiˌon 'umstellen. **3.** *tech.* a) *e-e Maschine etc* wieder 'umstellen, b) *metall.* nachblasen (*im Konverter etc*). **4.** *relig.* wieder bekehren. **II** *v/i* **5.** sich zu'rückverwandeln (**into** in *acc*). **6.** sich wieder 'umstellen.

re·cord [rɪ'kɔː(r)d] **I** *v/t* **1.** schriftlich niederlegen, aufzeichnen, -schreiben: **to ~ one's thoughts. 2.** eintragen *od.* regi'strieren (lassen), erfassen, aufnehmen: ~**ed delivery** *mail Br.* Zustellung *f* gegen Empfangsbestätigung. **3.** *jur.* beurkunden, protokol'lieren, zu Proto'koll *od.* zu den Akten nehmen. **4.** *fig.* aufzeichnen, festhalten, (der Nachwelt) über'liefern. **5.** *tech.* a) *Meßwerte* regi'strieren, aufzeichnen (*a. Gerät*), b) *Computer: Daten* aufzeichnen, regi'strieren. **6.** (auf Tonband, Schallplatte *etc*, *a.* foto'grafisch) aufnehmen *od.* festhalten, e-e Aufnahme machen von (*od. gen*), *Sendung* mitschneiden: ~**ed broadcast** (*Rundfunk, TV*) Aufzeichnung *f.* **7.** *obs. ein Lied* singen (*Vogel*). **8.** *s-e Stimme* abgeben. **9.** *obs.* bezeugen.
II *v/i* **10.** aufzeichnen (*etc* → I). **11.** a) Aufnahmen machen, b) sich *gut etc* aufnehmen lassen: **her voice ~s beautifully.**
III *s* **rec·ord** ['rekɔː(r)d; *Am. bes.* 'rekərd] **12.** Aufzeichnung *f*, Niederschrift *f*: **on ~** a) (geschichtlich *etc*) verzeichnet *od.* nachgewiesen, schriftlich belegt, b) → 15, c) *das beste etc* aller Zeiten, bisher; **off the ~** inoffiziell, nicht für die Öffentlichkeit bestimmt; **on the ~** offiziell; **matter of ~** verbürgte Tatsache; **he hasn't gone on ~ as showing much initiative** er hat sich bis jetzt nicht gerade durch viel Initiative hervorgetan; (**just**) **to put the ~ straight!** (nur) um das einmal klarzustellen!; **just for the ~!** (nur) um das einmal festzuhalten! **13.** (schriftlicher) Bericht. **14.** *a. jur.* Urkunde *f*, Doku'ment *n*, 'Unterlage *f.* **15.** *jur.* a) Proto'koll *n*, Niederschrift *f*, b) (Gerichts)Akte *f*, Aktenstück *n*: **on ~** aktenkundig, in den Akten; **on the ~ of the case** nach Aktenlage; **to go on ~** *fig.* sich erklären *od.* festlegen; **to place on ~** aktenkundig machen, protokollieren; **court of ~** ordentliches Gericht; ~ **office** Archiv *n.* **16.** a) Re'gister *n*, Liste *f*, Verzeichnis *n*, b) 'Strafreˌgister *n*, *weitS.* 'Vorstrafen(reˌgister *n*) *pl* (*e-r Person*): **to have a ~** vorbestraft sein; **to keep a ~ (of)** Buch führen (über *acc*). **17.** *a. tech.* Regi'strierung *f*, Aufzeichnung *f.* **18.** a) Ruf *m*, Leumund *m*, Vergangenheit *f*: **a bad ~** ein schlechter Ruf *od.* Leumund, b) *gute etc* Leistung(en *pl*) (*in der Vergangenheit*): **to have a brilliant ~ as an executive** hervorragende Leistungen als Geschäftsleiter vorweisen können, auf e-e glänzende Karriere als Geschäftsleiter zurückblicken können. **19.** *fig.* Urkunde *f*, Zeugnis *n*: **to be a ~ of s.th.** etwas bezeugen. **20.** a) (Schall)Platte *f*: **to make a ~** e-e Platte aufnehmen; **put another ~ on!** *fig. colloq.* leg 'ne andere Platte auf!, b) (Band- *etc*)Aufnahme *f*, Aufzeichnung *f*, Mitschnitt *m.* **21.** *sport, a. weitS.* Re'kord *m*, Best-, Höchstleistung *f.*
IV *adj* **rec·ord** ['rekɔː(r)d; *Am. bes.* 'rekərd] **22.** *sport etc* Rekord...: ~ **attendance**; ~ **jump**; ~ **prices**; ~ **high (low)** *econ.* Rekordhoch *n* (Rekordtief *n*) (*e-r Währung etc*); ~ **holder** Rekordhalter(in), -inhaber(in); ~ **performance** *allg.* Spitzenleistung *f*; **in ~ time** in Rekordzeit. **23.** (Schall)Platten...: ~ **changer** Plattenwechsler *m*; ~ **library** a) Plattensammlung *f*, -archiv *n*, b) Plattenverleih *m*; ~ **player** Plattenspieler *m*; ~ **producer** Plattenproduzent *m.*

re·cord·a·ble [rɪ'kɔː(r)dəbl] *adj* **1.** für e-e Aufnahme geeignet: ~ **music. 2.** regi'strierbar. **3.** wert, (*in e-r Aufnahme etc*) festgehalten zu werden.

'**rec·ord-ˌbreak·ing** → **record** 22.

re·cord·er [rɪ'kɔː(r)də(r)] *s* **1.** a) Regi'strator *m*, b) Archi'var *m*, c) Schrift-, Proto'kollführer *m*, d) *weitS.* Chro'nist *m.* **2.** *jur.* a) *Br.* nebenamtlicher Richter auf Zeit (*bes. in e-m* **crown court**), b) *Am.* Strafrichter *m* (*in einigen Städten*). **3.** *electr.* Aufnahmegerät *n*: a) Regi'strierappaˌrat *m*, Bild-, Kurven-, Selbstschreiber *m*: ~ **chart** (*od.* **tape**) Registrierstreifen *m*, b) 'Wiedergabegerät *n*: → **cassette recorder, tape recorder, video (cassette) recorder. 4.** Blockflöte *f.* **re'cord·ing I** *s* **1.** Aufzeichnung *f*, Regi'strierung *f* (*beide a. tech. u. Computer*), Eintragung *f.* **2.** Protokol'lierung *f.* **3.** *electr. Rundfunk etc*: Aufzeichnung *f*, Mitschnitt *m.* **II** *adj* **4.** aufzeichnend, regi'strierend: ~ **angel** Engel, der die guten u. bösen Taten des Menschen aufzeichnet; ~ **clerk** Protokoll-, Schriftführer *m*; ~ **head** a) Tonkopf *m* (*e-s Tonbandgeräts*), b) Schreibkopf *m* (*e-s Computers*); ~ **instrument** schreibendes *od.* registrierendes Meßgerät; ~ **studio** Aufnahmestudio *n*; ~ **thermometer** Temperaturschreiber *m*; ~ **van** Aufnahmewagen *m.* **5.** (Schall)Platten...: ~ **contract** Plattenvertrag *m.*

re·count [rɪ'kaʊnt] *v/t* **1.** (im einzelnen) erzählen, eingehend berichten. **2.** aufzählen.

re-count [ˌriː'kaʊnt] **I** *v/t bes. Wahlstimmen* nachzählen. **II** *s* [*bes.* 'riːkaʊnt] nochmalige Zählung.

re·coup [rɪ'kuːp] *v/t* **1.** *etwas* 'wiedergewinnen, *e-n Verlust etc* wieder'einbringen. **2.** *j-n* entschädigen, schadlos halten (**for** für): **to ~ o.s.** sich schadlos halten. **3.** *econ. jur.* einbehalten, abziehen. **re'coup·ment** *s* **1.** Wieder'einbringung *f*, 'Wiedergewinnung *f.* **2.** Entschädigung *f*, Schadloshaltung *f.* **3.** *econ. jur.* Zu'rückbehaltung(srecht *n*) *f.*

re·course [rɪ'kɔː(r)s; *Am. a.* 'riːˌkəʊərs] *s* **1.** Zuflucht *f* (**to** zu): **to have ~ to** (s-e) Zuflucht nehmen zu; **to have ~ to foul means** zu unredlichen Mitteln greifen; **to have ~ to a book** ein Buch konsultieren, in e-m Buch nachsehen. **2.** *econ. jur.* Re'greß *m*, Re'kurs *m*, Ersatz-, Rückanspruch *m*: **with (without) ~** mit (ohne) Rückgriff; **liable to ~** regreßpflichtig; **right of ~** Regreß-, Rückgriffsrecht *n.*

re·cov·er [rɪ'kʌvə(r)] **I** *v/t* **1.** (*a. fig. den Appetit, das Bewußtsein, die Fassung, s-e Stimme etc*) 'wiedererlangen, -finden, *etwas* 'wiederbekommen, zu'rückerlangen, -erhalten, -bekommen, -gewinnen: **to ~ one's breath** wieder zu Atem kommen; **to ~ one's legs** wieder auf die Beine kommen; **to ~ land from the sea** dem Meer Land abgewinnen. **2.** *obs.* a) *j-n* heilen (**from** von), b) sich erholen von, verwinden: **to ~ o.s.** → 11 *u.* 12; **to be ~ed from** wiederhergestellt sein von *e-r Krankheit.* **3.** *Verluste etc* wieder'gutmachen, wieder'einbringen, wettmachen, ersetzen, *Zeit* wieder'aufholen. **4.** 'wieder-, zu'rückerobern. **5.** 'wiederentdecken: **to ~ a trail. 6.** *jur.* a) *Schulden etc* ein-, beitreiben, b) *Eigentum* wieder in Besitz nehmen, c) *ein Urteil* erwirken (**against** gegen): **to ~ damages for** Schadenersatz erhalten für. **7.** *ein Fahrzeug, Schiff, e-e Raumkapsel etc* bergen, *ein Fahrzeug a.* abschleppen. **8.** *tech. aus Abfallprodukten etc* regene'rieren, rückgewinnen. **9.** (er)retten, befreien, erlösen (**from** aus, von). **10.** *fenc. mil. die Waffe* in (die) Ausgangsstellung bringen. **II** *v/i* **11.** genesen, wieder gesund werden: **he ~ed slowly. 12.** sich erholen (**from, of** von; *a. econ.*), *fig. a.* s-e Fassung 'wiederfinden, sich (wieder) fangen *od.* fassen: **to be ~ing** *med.* auf dem Weg der Besserung sein. **13.** das Bewußtsein 'wiedererlangen, wieder zu sich kommen. **14.** *jur.* a) Recht bekommen, b) entschädigt werden, sich schadlos halten: **to ~ in one's (law)suit** s-n Prozeß gewinnen, obsiegen. **15.** *sport* in die Ausgangsstellung zu'rückgehen. **III** *s* **16.** → **recovery** 9 a.

re-cov·er [ˌriː'kʌvə(r)] *v/t* wieder bedecken, *bes. e-n Schirm, Sessel etc* neu beziehen.

re·cov·er·a·ble [rɪ'kʌvərəbl] *adj* **1.** 'wiedererlangbar. **2.** wieder'gutzumachen(d). **3.** *jur.* ein-, beitreibbar (*Schuld*). **4.** wieder'herstellbar. **5.** *tech.* regene'rierbar.

re·cov·er·y [rɪˈkʌvərɪ] *s* **1.** (Zu)ˈRück-, ˈWiedererlangung *f*, -gewinnung *f*: **past** (*od.* **beyond**) ~ unwiederbringlich (verloren) (→ 7). **2.** *jur.* a) Ein-, Beitreibung *f* (*e-r Forderung etc*), b) *meist* ~ **of damages** (Erlangung *f* von) Schadenersatz *m*. **3.** *tech.* Rückgewinnung *f*. **4.** ˈWiederentdeckung *f* (*e-r Spur etc*). **5.** *mar. etc* Bergung *f*, Rettung *f*: ~ **vehicle** *mot.* Bergungsfahrzeug *n*. **6.** *fig.* Rettung *f*, Bekehrung *f* (*e-s Sünders etc*). **7.** Genesung *f*, Gesundung *f*, Erholung *f* (*a. econ.*), (*gesundheitliche*) Wiederˈherstellung: **to be past** (*od.* **beyond**) ~ unheilbar krank sein, hoffnungslos daniederliegen (→ 1); **to make a quick** ~ **(from)** sich schnell erholen (von); ~ **time** *electr.* Erholzeit *f* (*e-s Transistors etc*), Umschaltzeit *f* (*e-r Diode etc*); ~ **room** *med.* Wachstation *f*; → **speedy**. **8.** *fig.* Sich-ˈFangen *n*, Zuˈrückgewinnung *f* der Fassung. **9.** *sport* a) *fenc. etc* Zuˈrückgehen *n* in die Ausgangsstellung, b) *Golf*: Bunkerschlag *m*.

rec·re·an·cy [ˈrekrɪənsɪ] *s obs.* **1.** Feigheit *f*. **2.** Abtrünnigkeit *f*, Falschheit *f*. **ˈrec·re·ant** *obs.* **I** *adj* (*adv* ~**ly**) **1.** feig(e), mutlos. **2.** abtrünnig, treulos. **II** *s* **3.** Feigling *m*, Memme *f*. **4.** Abtrünnige(r *m*) *f*, Verräter(in).

rec·re·ate [ˈrekrɪeɪt] **I** *v/t* **1.** erquicken, erfrischen, *j-m* Erholung *od.* Entspannung gewähren. **2.** erheitern, unterˈhalten, ablenken. **3.** ~ **o.s.** a) ausspannen, sich erholen, b) sich erfrischen, c) sich ergötzen *od.* unterˈhalten: **to** ~ **o.s. with games** sich bei Sport u. Spiel entspannen. **II** *v/i* → 3.

re-cre·ate [ˌriːkrɪˈeɪt] *v/t* neu (er)schaffen, ˈwiedererschaffen.

rec·re·a·tion [ˌrekrɪˈeɪʃn] *s* **1.** Erholung *f*, Aus-, Entspannung *f*, Erfrischung *f*: ~ **area** Erholungsgebiet *n*. **2.** Unterˈhaltung *f*, Belustigung *f*. **3.** Spiel *n*, Sport *m*: ~ **ground** Spiel-, Sportplatz *m*. **4.** *ped.* Pause *f*. **ˌrec·re'a·tion·al** *adj* Erholungs..., Entspannungs..., der Erholung dienend, *Ort etc* der Erholung, Freizeit...: ~ **activities** *pl* Freizeitgestaltung *f*; ~ **facilities** Erholungseinrichtungen; ~ **reading** Entspannungslektüre *f*; ~ **value** Freizeitwert *m*. **ˈrec·re·a·tive** *adj* **1.** erholsam, entspannend, erfrischend. **2.** unterˈhaltend, amüˈsant.

re·crim·i·nate [rɪˈkrɪmɪneɪt] *v/i u. v/t* Gegenbeschuldigungen vorbringen (gegen). **reˌcrim·iˈna·tion** *s* Gegenbeschuldigung *f*. **reˈcrim·i·na·tive** [-nətɪv; *Am.* -ˌneɪtɪv], **reˈcrim·i·na·to·ry** [-nətərɪ; *Am.* -nəˌtəʊriː; -ˌtɔː-] *adj* e-e Gegenbeschuldigung darstellend *od.* enthaltend.

re·cru·desce [ˌriːkruːˈdes] *v/i* **1.** wieder aufbrechen (*Wunde*). **2.** sich wieder verschlimmern (*Zustand*). **3.** *fig.* a) wiederˈausbrechen *od.* -ˈaufflackern (*latentes Übel etc*), b) wiederˈaufleben. **ˌre·cruˈdes·cence** *s* **1.** Wiederˈaufbrechen *n* (*e-r Wunde etc*). **2.** neuerliche Verschlimmerung, Rückfall *m*. **3.** *fig.* a) Wiederˈausbrechen *n* (*e-s Übels*), b) Wiederˈaufleben *n*. **ˌre·cruˈdes·cent** *adj* wiederˈaufbrechend *etc*.

re·cruit [rɪˈkruːt] **I** *s* **1.** *mil.* a) Reˈkrut *m*, b) (*seit 1948*) *niedrigster Dienstrang in der US-Armee*. **2.** neues Mitglied (**to** *gen*). **3.** Anfänger(in), Neuling *m*. **4.** *obs.* a) Verstärkung *f* (*a. mil.*), b) Zuwachs *m*. **II** *v/t* **5.** *mil.* rekruˈtieren: a) *Rekruten* ausheben, einziehen, b) anwerben, c) *e-e Einheit* ergänzen, verstärken, *a.* aufstellen: **to** ~ **a regiment**; **to be** ~**ed from** sich rekrutieren aus, *fig. a.* sich zs.-setzen *od.* ergänzen aus. **6.** *Leute* herˈanziehen, rekruˈtieren: **to** ~ **labo(u)r**. **7.** *den Vorrat etc* wieder auffüllen *od.* auffrischen, ergänzen. **8.** (wieder) versorgen (**with** mit). **9.** (**o.s.** sich) stärken, erquicken. **10.** *j-n, j-s Gesundheit* wiederˈherstellen. **III** *v/i* **11.** *mil.* Reˈkruten ausheben *od.* anwerben. **12.** sich erholen, neue Kräfte sammeln. **reˈcruit·al** *s* Erholung *f*, Wiederˈherstellung *f*. **reˈcruit·ing** *mil.* **I** *s* **1.** Rekruˈtierung *f*, Ausheben *n*, (An)Werben *n*: ~ **and replacement (administration)** Wehrersatzverwaltung *f*. **2.** persoˈnelle Ergänzung (*e-r Einheit etc*). **II** *adj* **3.** Werbe..., Rekrutierungs...: ~ **office** Ersatzdienst-, Rekrutierungsstelle *f*; ~ **officer** Werbeoffizier *m*. **reˈcruit·ment** *s* **1.** Verstärkung *f*, Auffrischung *f*. **2.** *mil.* Rekruˈtierung *f*. **3.** Stärkung *f*, Erholung *f*.

rec·ta [ˈrektə] *pl von* **rectum**.

rec·tal [ˈrektəl] *adj* (*adv* ~**ly**) *anat.* rekˈtal: ~ **syringe** Klistierspritze *f*.

rec·tan·gle [ˈrekˌtæŋgl] *s math.* Rechteck *n*.

rec·tan·gu·lar [rekˈtæŋgjʊlə(r)] *adj math.* a) rechteckig, b) rechtwink(e)lig: ~ **coordinates** rechtwink(e)lige Koordinaten; ~ **hyperbola** gleichseitige Hyperbel.

rec·ti·fi·a·ble [ˈrektɪfaɪəbl] *adj* **1.** zu berichtigen(d), korriˈgierbar: **a** ~ **error**. **2.** *chem. math. tech.* rektifiˈzierbar. **3.** *electr.* gleichrichtbar. **ˌrec·ti·fiˈca·tion** [-fɪˈkeɪʃn] *s* **1.** Berichtigung *f*, Korrekˈtur *f*, Richtigstellung *f*. **2.** *tech.* Korrekˈtur *f*, (Null)Eichung *f*, richtige Einstellung (*e-s Instruments etc*). **3.** Beseitigung *f*, Behebung *f* (*e-s Übels etc*). **4.** *chem. math.* Rektifikatiˈon *f*. **5.** *electr.* Gleichrichtung *f*. **6.** *phot.* Entzerrung *f*. **ˈrec·ti·fi·er** [-faɪə(r)] *s* **1.** Berichtiger *m*. **2.** *chem. tech.* Rektifiˈzierappaˌrat *m*. **3.** *electr.* Gleichrichter *m*. **4.** *phot.* Entzerrungsgerät *n*.

rec·ti·fy [ˈrektɪfaɪ] *v/t* **1.** berichtigen, korriˈgieren, richtigstellen. **2.** rektifiˈzieren: a) *chem.* destilˈlieren: **to** ~ **spirit**, b) *math.* die Länge berechnen (*gen*): **to** ~ **an arc (a curve)**. **3.** *electr.* gleichrichten. **4.** *Übel etc* beseitigen, beheben.

rec·ti·lin·e·ar [ˌrektɪˈlɪnɪə(r)], *a.* **ˌrec·tiˈlin·e·al** [-əl] *adj* (*adv* ~**ly**) geradlinig.

rec·ti·tude [ˈrektɪtjuːd; *Am. a.* -ˌtuːd] *s* (*charakterliche*) Geradheit, Redlichkeit *f*, Rechtschaffenheit *f*, Aufrichtigkeit *f*, Korˈrektheit *f*.

rec·to [ˈrektəʊ] *pl* **-tos** *s print.* a) Rekto *n*, Vorderseite *f* e-s Blatts, b) rechte Seite e-s Buchs, c) Vorderseite *f* e-r Buchdecke *od.* e-s ˈSchutzˌumschlags.

rec·tor [ˈrektə(r)] *s* **1.** *relig.* Pfarrer *m*: a) *anglikanische Kirche*: *Inhaber der Pfarre, der im Vollgenuß der Pfründe steht*, b) *allg. geistliches Oberhaupt der Kirchengemeinde*. **2.** *univ.* Rektor *m* (*bes. in Deutschland*). **3.** *Scot.* a) (ˈSchul)Diˌrektor *m*, b) *meist* **Lord R**~ *ehrenamtlicher Präsident des* **university court** *an Universitäten*. **ˈrec·tor·ate** [-rət] *s* **1.** Rekˈtoˈrat *n* (*Amt od. Amtszeit e-s Rektors*). **2.** *relig.* a) Pfarrstelle *f*, b) Amt *n od.* Amtszeit *f* e-s Pfarrers. **recˈto·ri·al** [-ˈtɔːrɪəl] *adj* **1.** *relig.* Pfarr... **2.** *univ.* Rektorats... **ˈrec·tor·ship** → **rectorate**. **ˈrec·to·ry** [-tərɪ] *s* Pfarˈrei *f*, Pfarre *f*: a) Pfarrhaus *n*, b) *Br.* Pfarrstelle *f*, c) Kirchspiel *n*.

rec·tot·o·my [rekˈtɒtəmɪ; *Am.* -ˈtɑt-] *s med.* Mastdarmschnitt *m*, Rektotoˈmie *f*.

rec·trix [ˈrektrɪks] *pl* **-tri·ces** [-trɪsiːz; rekˈtraɪsiːz] *s orn.* Schwanzfeder *f*.

rec·tum [ˈrektəm] *pl* **-tums, -ta** [-tə] *s anat.* Mastdarm *m*, Rektum *n*.

re·cum·ben·cy [rɪˈkʌmbənsɪ] *s* **1.** liegende Stellung, Liegen *n*. **2.** *fig.* Ruhe (-lage, -stellung) *f*. **reˈcum·bent** *adj* (*adv* ~**ly**) **1.** (sich zuˈrück)lehnend, liegend, *a. fig.* ruhend. **2.** *fig.* untätig. **3.** *bot. zo.* (zuˈrück-, an)liegend: ~ **hairs**.

re·cu·per·ate [rɪˈkjuːpəreɪt; *Am. a.* -ˈkuː-] **I** *v/i* **1.** sich erholen (*a. fig.*). **II** *v/t* **2.** *Gesundheit etc* ˈwiedererlangen. **3.** *Verluste etc* wiederˈgutmachen, wettmachen. **reˌcu·perˈa·tion** *s* Erholung *f* (*a. fig.*). **reˈcu·per·a·tive** [-rətɪv; *Am.* -ˌreɪtɪv] *adj* **1.** stärkend, kräftigend. **2.** Erholungs...: ~ **capacity** Erholungsfähigkeit *f*. **reˈcu·per·a·tor** [-reɪtə(r)] *s tech.* **1.** Rekupeˈrator *m*, Wärmeaustauscher *m* (*in Feuerungseinrichtungen*). **2.** Vorholer *m*: ~ **spring** Vorholfeder *f*.

re·cur [rɪˈkɜː; *Am.* rɪˈkɜr] *v/i* **1.** ˈwiederkehren, sich wiederˈholen, wiederˈauftreten (*Problem, Symptom etc*): ~**ring disease** wiederkehrende Krankheit. **2.** *fig.* (*in Gedanken, im Gespräch*) zuˈrückkommen (**to** auf *acc*). **3.** *fig.* ˈwiederkehren (*Gedanken*). **4.** *fig.* zuˈrückgreifen (**to** auf *acc*). **5.** *math.* (periˈodisch) ˈwiederkehren: ~**ring curve**; ~**ring decimal** periodische Dezimalzahl; ~**ring continued fraction** (unendlicher) periodischer (Dezimal)Bruch. **re·cur·rence** [rɪˈkʌrəns; *Am. a.* -ˈkɜr-] *s* **1.** ˈWiederkehr *f*, Wiederˈauftreten *n*, -tauchen *n* (*e-s Problems etc*). **2.** Zuˈrückgreifen *n* (**to** auf *acc*). **3.** *fig.* Zuˈrückkommen *n* (*im Gespräch etc*) (**to** auf *acc*). **4.** *math.* Rekursiˈon *f*. **reˈcur·rent** *adj* (*adv* ~**ly**) **1.** ˈwiederkehrend, sich wiederˈholend. **2.** periˈodisch auftretend *od.* ˈwiederkehrend: ~ **fever** *med.* Rückfallfieber *n*. **3.** *anat. bot.* rückläufig. **4.** *math.* periˈodisch.

re·cur·sion [rɪˈkɜːʃn; *Am.* rɪˈkɜrʒən] *s math.* Rekursiˈon *f*: ~ **formula** Rekursionsformel *f*. **reˈcur·sive** [-sɪv] *adj* rekurˈsiv: ~ **function**.

re·cur·vate [rɪˈkɜːvɪt; *Am.* rɪˈkɜrˌveɪt] *adj* zuˈrückgebogen.

rec·u·san·cy [ˈrekjʊzənsɪ; rɪˈkjuː-] *s* **1.** *relig. hist.* Rekuˈsantentum *n* (*Ablehnung der anglikanischen Kirche*). **2.** Aufsässigkeit *f*. **rec·u·sant** **I** *adj* **1.** *relig. hist.* dissenˈtierend, die angliˈkanische Kirche ablehnend. **2.** aufsässig. **II** *s* **3.** *relig. hist.* Rekuˈsant(in).

re·cy·cle [ˌriːˈsaɪkl] *v/t* **1.** *tech. Abfälle* ˈwiederverwerten, -verwenden. **2.** *econ. Kapital* zuˈrückfließen lassen, zuˈrückschleusen. **ˌreˈcy·cling** *s* Reˈcycling *n*: a) *tech.* ˈWiederverwertung *f*, -verwendung *f*: ~ **center** *Am.* Sammelstelle *f* für Leergut; ~ **plant** Müllverwertungs- u. Sortieranlage *f*, b) *econ.* Rückschleusung *f*.

red [red] **I** *adj* **1.** rot: **the lights are** ~ die Ampel steht auf Rot; → **paint** 5, **rag**[1] 1. **2.** rot, gerötet: ~ **with fury** rot vor Wut, zornrot. **3.** rot(glühend). **4.** rot(haarig). **5.** *zo.* rot, *bes.* fuchsfarben, kaˈstanienbraun. **6.** rot(häutig). **7.** blutbefleckt: **with** ~ **hands**. **8.** *fig.* blutig: **a** ~ **battle**. **9.** *oft* **R**~ *pol.* rot (*kommunistisch, sozialistisch etc*): **R**~ **Army** Rote Armee. **10.** *Br.* britisch (*die auf brit. Landkarten gewöhnlich rot markierten brit. Gebiete betreffend*).

II *s* **11.** Rot *n* (*rote Farbe, roter Farbstoff*): **to see** ~ *fig.* ‚rotsehen' (*wütend werden*); **at** ~ bei Rot; **the lights are at** ~ die Ampel steht auf Rot. **12.** Rot *n* (*rote Kleidung*): **dressed in** ~ rot *od.* in Rot gekleidet. **13.** Rot *n*, Rouge *n* (*beim Roulettespiel etc*). **14. the** ~ (*Billard*) der rote Ball. **15.** (*der*) Rote, Rothaut *f* (*Indianer*). **16.** *oft* **R**~ *pol.* Rote(r *m*) *f* (*Kommunist*[*in*], *Sozialist*[*in*] *etc*). **17.** *econ.* a) (*für die Buchung von Defiziten gebrauchte*) rote Tinte, b) **the** ~ die Schulden- *od.* Debetseite (*e-s Kontos*), c) *fig.* Verlust *m*, Defizit *n*, Schulden *pl*: **to be in the** ~ in den roten

Zahlen sein; to be out of the ~ aus den roten Zahlen (heraus)sein.

re·dact [rɪˈdækt] *v/t* **1.** rediˈgieren, herˈausgeben. **2.** *e-e Erklärung etc* abfassen. **reˈdac·tion** *s* **1.** Redaktiˈon *f*, Herˈausgeber *pl*. **2.** (Ab)Fassung *f*. **3.** Neubearbeitung *f*. **reˈdac·tor** [-tə(r)] *s* **1.** Herˈausgeber *m*. **2.** Verfasser *m*.

red| ad·mi·ral *s zo.* Admiˈral *m* (*Schmetterling*). **~ al·gae** *s pl bot.* Rotalgen *pl*.

re·dan [rɪˈdæn] *s mil.* Reˈdan *m*, Flèche *f*, Pfeilschanze *f*.

red| ant *s zo.* Rote Waldameise. **~ ash** *s bot.* Rotesche *f*. **ˈ~-ˌbait·er** *s Am. sl.* Kommuˈnistenhasser(in). **ˈ~-ˌbait·ing** *s Am. sl.* Kesseltreiben *n* gegen Kommuˈnisten, Kommuˈnistenhetze *f*. **~ bark** *s* rote Chinarinde. **~ blind·ness** *s med.* Rotblindheit *f*. **ˌ~-ˈblood·ed** *adj fig.* a) eˈnergisch, viˈtal, akˈtiv, lebensprühend: a ~ man, b) blutvoll, lebendig, spannend: a ~ story. **R~ Book** *s* **1.** *Br.* ˈAdelskaˌlender *m*. **2.** *pol.* Rotbuch *n*. **ˈ~breast** *s* **1.** *orn.* Rotkehlchen *n*. **2.** → red-breasted bream. **ˈ~-ˌbreast·ed bream** *s ichth.* Sonnenfisch *m*. **ˈ~brick u·ni·ver·si·ty** *s Br.* neuzeitliche (*später als Oxford u. Cambridge gegründete*) Universiˈtät. **ˈ~bud** *s bot.* Judasbaum *m*. **~ cab·bage** *s bot.* Rotkohl *m*, Rot-, Blaukraut *n*. **ˈ~cap** *s* **1.** ‚Rotkäppchen' *n*: a) *Br. sl.* Miliˈtärpoliˌzist *m*, b) *Am.* (Bahnhofs-)Gepäckträger *m*. **2.** *orn.* Stieglitz *m*, Distelfink *m*. **~ card** *s Fußball*: rote Karte: to be shown the ~ die rote Karte (gezeigt) bekommen. **~ car·pet** *s* (*bei Empfängen ausgerollter*) roter Teppich: to give s.o. a ~ reception (*od.* treatment) j-n mit ‚großem Bahnhof' empfangen. **~ cent** *s Am. colloq.* roter Heller: not to have a ~; not worth a ~. **~clo·ver** *s bot.* Rotklee *m*. **ˈ~coat** *s hist.* Rotrock *m* (*brit. Soldat*). **~cor·al** *s zo.* ˈEdelkoˌralle *f*. **R~ Cres·cent** *s* Roter Halbmond (*islamische Rotkreuzorganisation*). **~ cross** *s* **1. R~ C~** Rotes Kreuz: a) *internationale Sanitätsdienstorganisation*, b) *ihr Abzeichen*. **2.** rotes Kreuz: a) Genfer Kreuz *n*, b) Georgskreuz *n* (*Wahrzeichen Englands*). **3. R~ C~** *hist.* a) Kreuzritter *pl*, b) (*das von den Kreuzfahrern vertretene*) Christentum.

redd [red] *v/t Am. od. Scot.* **1.** *oft* ~ up aufräumen, in Ordnung bringen. **2.** *fig.* *e-e Sache* bereinigen.

red deer *s zo.* **1.** Edel-, Rothirsch *m*. **2.** Virˈginiahirsch *m* im Sommerkleid.

red·den [ˈredn] **I** *v/t* röten, rot färben. **II** *v/i* rot werden: a) sich röten, b) erröten (at über *acc*; with vor *dat*).

red·den·dum [rəˈdendəm] *pl* **-da** [-də] *s jur.* Vorbehaltsklausel *f*.

red·dish [ˈredɪʃ] *adj* rötlich.

red·dle [ˈredl] → raddle.

rede [riːd] *poet. od. dial.* **I** *v/t* **1.** *j-m* raten (to do zu tun). **2.** *e-n Traum* deuten, *ein Rätsel* lösen. **II** *s* **3.** Rat *m*. **4.** Plan *m*. **5.** Geschichte *f*. **6.** Lösung *f* (*e-s Rätsels*), Deutung *f* (*e-s Traums*).

re·dec·o·rate [ˌriːˈdekəreɪt] *v/t ein Zimmer etc* a) neu streichen, b) neu tapeˈzieren.

re·deem [rɪˈdiːm] *v/t* **1.** *e-e Hypothek etc* abzahlen, ablösen, amortiˈsieren, tilgen: to ~ a mortgage. **2.** zuˈrückkaufen. **3.** *econ. ein Staatspapier* auslosen. **4.** *ein Pfand etc* einlösen: to ~ a pawned watch. **5.** *Gefangene etc* los-, freikaufen. **6.** *ein Versprechen* erfüllen, einlösen, *e-r Verpflichtung* nachkommen. **7.** *e-n Fehler etc* wiederˈgutmachen, *e-e Sünde* abbüßen. **8.** *e-e schlechte Eigenschaft* aufwiegen, wettmachen, versöhnen mit: ~ing feature a) versöhnender Zug, b) ausgleichendes Moment. **9.** *s-e Ehre, Rechte* ˈwiedererlangen, wiederˈherstellen: to ~ one's hono(u)r. **10.** bewahren (from vor *dat*). **11.** (er)retten. **12.** befreien (from von). **13.** *bes. relig.* erlösen (from von). **reˈdeem·a·ble** *adj* (*adv* redeemably) **1.** a) abzahlbar, ablösbar, tilgbar, b) abzuzahlen(d), zu tilgen(d): ~ bonds kündbare Obligationen; ~ loan Tilgungsdarlehen *n*. **2.** zuˈrückkaufbar. **3.** *econ.* auslosbar (*Staatspapier*). **4.** einlösbar (*Pfand etc, a. Versprechen etc*). **5.** wiederˈgutzumachen(d) (*Fehler*), abzubüßen(d) (*Sünde*). **6.** ˈwiedererlangbar, wiederˈherstellbar: ~ rights. **7.** *bes. relig.* erlösbar. **reˈdeem·er** *s* **1.** Einlöser(in) (*e-s Pfandes etc*). **2.** (Er)Retter(in), Befreier(in): the R~ *relig.* der Erlöser, der Heiland.

re·de·liv·er [ˌriːdɪˈlɪvə(r)] *v/t* **1.** *j-n* wieder befreien (from, out of aus, von). **2.** *etwas* zuˈrückgeben. **3.** wieder aushändigen *od.* ausliefern, rückliefern.

re·demp·tion [rɪˈdempʃn] *s* **1.** Abzahlung *f*, Ablösung *f*, Tilgung *f*, Amortisaˈtiˈon *f* (*e-r Schuld etc*): ~ fund *Am.* Tilgungsfonds *m*; ~ loan Ablösungsanleihe *f*, Tilgungsdarlehen *n*; ~ reserve Tilgungsrücklage *f*; ~ value Rückkaufs-, Tilgungswert *m*. **2.** Rückkauf *m*. **3.** Einkauf *m* (*Erwerb e-s Privilegs etc durch Kauf*). **4.** *econ.* a) Einlösbarkeit *f* (*von Banknoten*), b) Auslosung *f* (*von Staatspapieren*). **5.** Einlösung *f* (*e-s Pfandes etc*). **6.** Los-, Freikauf *m* (*e-r Geisel etc*). **7.** Einlösung *f* (*e-s Versprechens etc*). **8.** Wiederˈgutmachung *f* (*e-s Fehlers*), Abbüßung *f* (*e-r Sünde*). **9.** a) Wettmachen *n* (*e-s Nachteils*), Ausgleich *m* (of für), Versöhnung *f* (of mit *e-m schlechten Zug*), b) versöhnender Zug. **10.** ˈWiedererlangung *f*, Wiederˈherstellung *f* (*e-s Rechts etc*). **11.** Bewahrung *f*, (Er)Rettung *f*, Befreiung *f* (from von): past ~, beyond ~ hoffnungslos *od.* rettungslos (verloren). **12.** *relig.* Erlösung *f*: in the year of our ~ 1648 im Jahre des Heils 1648.

re·demp·tive [rɪˈdemptɪv] *adj relig.* erlösend, Erlösungs...

Red En·sign *s Flagge der brit. Handelsmarine.*

re·de·ploy [ˌriːdɪˈplɔɪ] *v/t* **1.** *bes. mil.* ˈumgrupˌpieren. **2.** *mil., a. econ.* verlegen. **ˌre·deˈploy·ment** *s* **1.** *mil.* ˈUmgrupˌpierung *f* (*a. sport etc*), (Truppen)Verschiebung *f*. **2.** *mil., a. econ.* Verlegung *f*.

re·de·pos·it [ˌriːdɪˈpɒzɪt; *Am.* -ˈpɑ-] **I** *v/t* **1.** wieder depoˈnieren. **2.** *Geld* wieder einzahlen. **II** *s* **3.** neuerliche Depoˈnierung. **4.** Wiederˈeinzahlung *f*.

re·de·sign [ˌriːdɪˈzaɪn] *v/t* **1.** ˈumgestalten. **2.** ˈumkonstruˌieren, ˈumbauen.

re·de·vel·op [ˌriːdɪˈveləp] *v/t* **1.** neu entwickeln. **2.** *phot.* nachentwickeln. **3.** *Gebäude, Stadtteil etc* saˈnieren. **ˌre·deˈvel·op·ment** *s* **1.** Neuentwicklung *f*. **2.** *phot.* Nachentwicklung *f*. **3.** Saˈnierung *f*: ~ area Sanierungsgebiet *n*.

ˈred|-ˌeye *s Am. sl.* ‚Fusel' *m* (*billiger Whisky*). **ˌ~-ˈeyed** *adj* **1.** *zo.* rotäugig (*bes. Vogel*). **2.** mit geröteten (*bes.* rotgeweinten) Augen. **ˌ~-ˈfaced** *adj* mit rotem Kopf. **~ fir** *s bot. mehrere amer. Tannen, bes.* a) Prachttanne *f*, b) Douglastanne *f*. **~ flag** *s* **1.** rote Fahne (*als Symbol der Revolution od. des Marxismus*). **2.** rote Siˈgnal- *od.* Warnflagge. **~ fox** *s zo.* Rotfuchs *m*. **~ gi·ant** *s astr.* roter Riese. **~grouse** *s orn.* Schottisches Moor- *od.* Schneehuhn. **~ gum** *s* **1.** *bot.* a) (*ein*) austral. Eukaˈlyptus(baum) *m*, *bes.* ˈRieseneukaˌlyptus *m*, b) Amer. Amberbaum *m*. **2.** a) Eukaˈlyptusholz *n*, b) Amberbaumholz *n*. **3.** getrockneter Eukaˈlyptussaft. **ˌ~-ˈhand·ed** *adj*: to catch s.o. ~ j-n auf frischer Tat ertappen. **~ hat** *s* a) Kardiˈnalshut *m*, b) (*Spitzname für*) Kardiˈnal *m*. **ˈ~head** *s* Rothaarige(r *m*) *f*, ‚Rotschopf' *m*. **ˌ~-ˈhead·ed** *adj* **1.** rothaarig. **2.** *zo.* rotköpfig. **~ heat** *s* Rotglut *f*. **~ her·ring** *s* **1.** Bückling *m*. **2.** *fig.* a) ˈAblenkungsmaˌnöver *n*, Finte *f*, b) falsche Spur *od.* Fährte: to draw a ~ across the path (*od.* trail) ein Ablenkungsmanöver durchführen, (*zur Irreführung*) e-e falsche Spur zurücklassen.

red·hi·bi·tion [ˌredhɪˈbɪʃn] *s jur.* Wandlung *f* (beim Kauf). **redˈhib·i·to·ry** [-bɪtərɪ; *Am.* -bəˌtəʊriː; -ˌtɔː-] *adj* Wandlungs...: ~ action Wandlungsklage *f*; ~ defect Fehler *m* der Sache beim Kauf.

ˌred|-ˈhot *adj* **1.** rotglühend. **2.** glühend heiß. **3.** *fig.* ˈüberschwenglich: ~ enthusiasm. **4.** *fig.* hitzig, jähzornig. **5.** *fig.* allerneuest(er, e, es), brandaktuˈell: ~ news. **R~ In·di·an** *s* (*bes.* nordamer.) Indiˈaner(in).

red·in·gote [ˈredɪŋgəʊt] *s hist.* Redinˈgote *f* (*langer Überrock od. Damenmantel*).

red ink *s* **1.** rote Tinte. **2.** *fig.* → red 17: to go into ~ in die roten Zahlen geraten.

red·in·te·grate [reˈdɪntɪgreɪt] *v/t* **1.** wiederˈherstellen. **2.** erneuern. **redˌin·teˈgra·tion** *s* **1.** Wiederˈherstellung *f*. **2.** Erneuerung *f*.

re·di·rect [ˌriːdɪˈrekt] **I** *v/t* **1.** *e-n Brief etc* ˈumadresˌsieren *od.* nachsenden. **2.** *Verkehr* ˈumleiten. **3.** *s-n Gedanken etc* e-e neue Richtung geben, *s-e Einstellung etc* neu ausrichten (toward[s] auf *acc*). **II** *adj* **4.** ~ examination *jur. Am.* abermalige Vernehmung e-s Zeugen (*durch die ihn nennende Partei*) nach dem Kreuzverhör. **ˌre·diˈrec·tion** *s* **1.** ˈUmadresˌsierung *f*, Nachsendung *f*. **2.** ˈUmleitung *f*. **3.** Neuausrichtung *f*.

red i·ron ore *s min.* Roteisenstein *m*.

re·dis·count [ˌriːˈdɪskaʊnt] *econ.* **I** *v/t* **1.** rediskonˈtieren. **II** *s* **2.** Rediskonˈtierung *f* (*e-s Wechsels etc*). **3.** Redisˈkont *m*: ~ rate *Am.* Diskontsatz *m*. **4.** rediskonˈtierter Wechsel.

re·dis·cov·er [ˌriːdɪˈskʌvə(r)] *v/t* ˈwiederentdecken. **ˌre·disˈcov·er·y** *s* ˈWiederentdeckung *f*.

re·dis·trib·ute [ˌriːdɪˈstrɪbjuːt] *v/t* **1.** neu verteilen, ˈumverteilen. **2.** wieder verteilen. **ˈreˌdis·triˈbu·tion** [-ˈbjuːʃn] *s* Neu-, ˈUmverteilung *f*.

ˌred|-ˈlat·tice *adj* **1.** *hist.* Wirtshaus... **2.** *obs.* ordiˈnär. **~ lead** [led] *s chem.* Mennige *f*. **~ lead ore** [led] *s min.* Rotbleierz *n*. **ˌ~-ˈlet·ter day** *s* Freuden-, Glückstag *m*, denkwürdiger Tag. **~ light** *s* **1.** rotes Licht (*als Warnsignal etc*). **2.** Rotlicht *n*: to go through the ~s bei Rot über die Kreuzung fahren *od.* gehen. **3.** *fig.* ˈWarnsiˌgnal *n*: to see the ~ die Gefahr erkennen. **ˌ~-ˈlight dis·trict** *s* Borˈdellviertel *n*. **ˈ~ˌlin·ing** *s Am. die Praktik einiger Geldinstitute u. Versicherungen, den Bewohnern alter od. heruntergekommener Stadtteile (aus Risikogründen) Kredite, Hypotheken u. Versicherungsschutz zu verweigern.* **~ man** *s irr* Rothaut *f*, Indiˈaner *m*. **~ ma·ple** *s bot. Am.* Rot-Ahorn *m*. **~ meat** *s* rotes Fleisch (*vom Rind u. Schaf*).

red·ness [ˈrednɪs] *s* **1.** Röte *f*. **2.** Rötung *f*.

re·do [ˌriːˈduː] *v/t irr* **1.** nochmals tun *od.* machen. **2.** nochmals richten *etc*: to ~ one's hair sich nochmals frisieren. **3.** → redecorate.

red oak *s bot.* **1.** Roteiche *f*. **2.** Färbereiche *f*. **3.** Texas-Eiche *f*. **4.** Roteichenholz *n*.

red·o·lence [ˈredəʊləns; -də-] *s* **1.** Duft *m*, Wohlgeruch *m*. **2.** *fig.* Erinnerung *f*.

ˈ**red·o·lent** *adj* **1.** duftend (**of, with** nach). **2. to be ~ of** (*od.* **with**) *fig. etwas* atmen, stark erinnern an (*acc*): **~ of mystery** geheimnisumwittert.
re·dou·ble [ˌriːˈdʌbl] **I** *v/t* **1.** verdoppeln: **to ~ one's efforts. 2.** *Bridge: dem Gegner* Reˈkontra geben. **II** *v/i* **3.** sich verdoppeln. **4.** *Bridge:* Reˈkontra geben. **III** *s* **5.** *Bridge:* Reˈkontra *n.*
re·doubt [rɪˈdaʊt] *s* **1.** *mil. hist.* Reˈdoute *f.* **2.** *mil. hist.* Schanze *f.* **3.** *fig.* Bollwerk *n.*
reˈdoubt·a·ble *adj* (*adv* **redoubtably**) *rhet. od. iro.* **1.** furchtbar, schrecklich. **2.** gewaltig, reˈspekteinflößend.
re·dound [rɪˈdaʊnd] *v/i* **1.** ausschlagen *od.* gereichen (**to** zu *j-s Ehre, Vorteil etc*): **it will ~ to your advantage. 2.** zuˈteil werden *od.* zufallen *od.* erwachsen (**to, unto** *dat*; **from** aus). **3.** zuˈrückfallen, -wirken (**upon** auf *acc*).
red| pen·cil *s* Rotstift *m.* ˌ**~-ˈpen·cil** *v/t* **1.** *e-n Fehler etc* anstreichen. **2.** mit dem Rotstift über *e-n Text* gehen, korriˈgieren. **~ pep·per** *s bot.* **1.** → **cayenne (pepper). 2.** Roter Paprika, rote Paprikaschote.
re·draft [ˌriːˈdrɑːft; *Am.* -ˈdræft] **I** *s* **1.** neuer Entwurf. **2.** *econ.* Rück-, Riˈkambiowechsel *m.* **II** *v/t* → **redraw** I.
re·draw [ˌriːˈdrɔː] **I** *v/t irr* neu entwerfen. **II** *v/i econ.* zuˈrücktrasˌsieren (**on, upon** auf *acc*).
re·dress [rɪˈdres] **I** *v/t* **1.** *ein Unrecht* wiederˈgutmachen, *e-n Schaden* beheben: **to ~ a wrong. 2.** *Mißstände* abschaffen, abstellen, beseitigen, *e-r Sache, e-m Übel etc* abhelfen. **3.** *das Gleichgewicht etc* wiederˈherstellen (*a. fig.*): **to ~ the balance. 4.** *das Flugzeug* wieder aufrichten. **5.** *j-n* entschädigen. **II** *s* [*Am. a.* ˈriːdres] **6.** Wiederˈgutmachung *f* (*e-s Unrechts, Fehlers etc*), Abhilfe *f* (*a. jur.*): **legal ~** Rechtshilfe *f*; **to obtain ~ from s.o.** gegen j-n Regreß nehmen. **7.** Abschaffung *f*, Beseitigung *f*, Abstellung *f* (*von Mißständen*). **8.** Entschädigung *f* (**for** für).
re-dress [ˌriːˈdres] **I** *v/t* **1.** wieder anziehen *od.* ankleiden. **2.** von neuem zurichten. **3.** *e-e Wunde* neu verbinden. **II** *v/i* **4.** sich wieder anziehen.
red| rib·bon *s* rotes Band (*des Bath-Ordens*). **R~ Rose** *s hist.* Rote Rose: a) *das Haus Lancaster*, b) *sein Wahrzeichen.* **~ san·dal·wood, ~ san·ders** *s bot.* rotes Sandelholz. **R~ Sea** *s* Rotes Meer. **~ shift** *s astr. phys.* Rotverschiebung *f.* ˌ**~-ˈshort** *adj* rotbrüchig (*Eisen*). ˈ**~skin** *s* Rothaut *f* (*Indianer*). **~ snow** *s* blutiger *od.* roter Schnee (*gefärbt durch e-e Blutalge*). **~ spi·der** *s zo.* Blattspinnmilbe *f*, Rote Spinne. ˈ**~start** *s orn.* Rotschwänzchen *n.* **~ tape** *s fig.* ‚Amtsschimmel' *m*, Bürokraˈtismus *m*, ‚Paˈpierkrieg' *m.* ˌ**~-ˈtape** *adj* büroˈkratisch. ˌ**~-ˈtap·ism** *s* Bürokraˈtismus *m.* ˌ**~-ˈtap·ist** *s* Büroˈkrat(in).
re·duce [rɪˈdjuːs; *Am. a.* rɪˈduːs] **I** *v/t* **1.** herˈabsetzen, vermindern, -ringern, -kleinern, reduˈzieren (**by** um; **to** auf *acc*): **~d scale** verkleinerter Maßstab; **on a ~d scale** in verkleinertem Maßstab; **to ~ speed** langsamer fahren. **2.** *Preise* herˈabsetzen (*a. Waren*), ermäßigen (**from ... to** von ... auf *acc*): **to sell at ~d prices** zu herabgesetzten Preisen verkaufen; **at a ~d fare** zu ermäßigtem Fahrpreis. **3.** *im Rang, Wert etc* herˈabsetzen, -mindern, erniedrigen. **4.** *a.* **~ to the ranks** *mil.* degraˈdieren: **to ~ to the rank of** zum ... degradieren. **5.** schwächen, erschöpfen. **6.** (*finanziell*) einengen: → **circumstance** 3. **7.** (**to**) verwandeln (in *acc*, zu), machen (zu): **to ~ kernels** Kerne zermahlen *od.* zerstampfen *od.* zerkleinern; **to ~ to a heap of rubble** in e-n Schutthaufen verwandeln; **~d to a skeleton** zum Skelett abgemagert; *his anxiety* **~d him to a nervous wreck** machte aus ihm ein Nervenbündel; → **pulp** 5. **8.** bringen (**to** zu, **in** *acc*): **to ~ to a system** in ein System bringen; **to ~ to rules** in Regeln fassen; **to ~ to order** in Ordnung bringen; **to ~ to writing** schriftlich niederlegen; **to ~ theories into practice** Theorien in die Praxis umsetzen. **9.** zuˈrückführen, reduˈzieren (**to** auf *acc*): **to ~ to absurdity** ad absurdum führen. **10.** zerlegen (**to** in *acc*). **11.** einteilen (**to** in *acc*). **12.** anpassen (**to** *dat od.* an *acc*). **13.** *chem. math.* reduˈzieren: **to ~ an equation** e-e Gleichung auflösen; **to ~ a fraction** e-n Bruch reduzieren *od.* kürzen; → **denominator** 1. **14.** *metall.* (aus)schmelzen (**from** aus). **15.** zwingen (**to do** zu tun), *zur Verzweiflung etc* bringen: **to ~ to despair; to ~ to obedience** zum Gehorsam zwingen; **to ~ s.o. to poverty** (*od.* **beggary**) j-n an den Bettelstab bringen; **to ~ to silence** zum Schweigen bringen; **he was ~d to sell(ing) his house** er war gezwungen, sein Haus zu verkaufen; **~d to tears** zu Tränen gerührt. **16.** unterˈwerfen, besiegen, erobern. **17.** beschränken (**to** auf *acc*). **18.** *Farben etc* verdünnen. **19.** *phot. ein Negativ etc* abschwächen. **20.** *Beobachtungen* reduˈzieren (*auswerten*). **21.** *biol. e-e Zelle* reduˈzieren. **22.** *med.* einrenken, (wieder) einrichten. **23. to ~ one's weight (by five pounds)** (fünf Pfund) abnehmen.
II *v/i* **24.** (*an Gewicht*) abnehmen, e-e Abmagerungskur machen. **25.** *biol.* sich unter Chromoˈsomen-Reduktiˌon teilen.
reˈduc·er *s* **1.** Verminderer *m*, Herˈabsetzer *m.* **2.** *chem.* Reduktiˈonsmittel *n.* **3.** *phot.* a) Abschwächer *m*, b) Entwickler *m.* **4.** *pharm.* Schlankheitsmittel *n.* **5.** *tech.* a) Reduˈziermaˌschine *f*, b) Reduˈzierstück *n*, c) → **reducing gear**, d) → **reducing valve. 6.** *tech.* Verdünner *m.*
re·duc·i·ble [rɪˈdjuːsəbl; *Am. a.* -ˈduː-] *adj* **1.** reduˈzierbar: a) zuˈrückführbar (**to** auf *acc*): **to be ~ to** sich reduzieren *od.* zurückführen lassen auf (*acc*); **to be ~ to a simpler form** sich vereinfachen lassen, b) *chem. math.* reduˈzibel, c) herˈabsetzbar. **2.** verwandelbar (**to, into** in *acc*).
reˈduc·ing| a·gent *s chem.* Reduktiˈonsmittel *n.* **~ cou·pling** *s tech.* Reduktiˈons(verbindungs)stück *n.* **~ di·et** *s* Abmagerungskur *f.* **~ gear** *s tech.* Unterˈsetzungsgetriebe *n.* **~ glass** *s* Verkleinerungsglas *n.* **~ press** *s tech.* Reduˈzierpresse *f.* **~ valve** *s tech.* Reduˈzierventˌtil *n.*
re·duc·tase [rɪˈdʌkteɪz; -teɪs] *s med.* Redukˈtase *f* (*Enzym*).
re·duc·tion [rɪˈdʌkʃn] *s* **1.** Herˈabsetzung *f*, Verminderung *f*, -ringerung *f*, -kleinerung *f*, Reduˈzierung *f* (**by** um; **to** auf *acc*): **~ in size** Verkleinerung; **~ in** (*od.* **of**) **prices** Preisherabsetzung, -ermäßigung *f*; **~ in** (*od.* **of**) **wages** Lohnkürzung *f*; **~ of staff** Personalabbau *m*; **~ of tariffs** Abbau *m* der Zölle. **2.** *econ.* Ermäßigung *f*, (Preis)Nachlaß *m*, Abzug *m*, Raˈbatt *m.* **3.** Verminderung *f*, Rückgang *m.* **4.** Verwandlung *f* (**into, to** in *acc*). **5.** Zuˈrückführung *f*, Reduˈzierung *f* (**to** auf *acc*). **6.** Zerlegung *f* (**to** in *acc*). **7.** *chem.* Reduktiˈon *f.* **8.** *math.* Reduktiˈon *f*, Kürzung *f* (*e-s Bruches*), Vereinfachung *f* (*e-s Ausdrucks*), Auflösung *f* (*von Gleichungen*). **9.** *Computer etc:* Reduktiˈon *f* (*Auswertung*). **10.** *metall.* (Aus)Schmelzung *f.* **11.** Unterˈwerfung *f* (**to** unter *acc*). **12.** Bezwingung *f*, *mil.* Niederkämpfung *f.* **13.** *phot.* Abschwächung *f* (*von Negativen*). **14.** *biol.* Reduktiˈon(steilung) *f.* **15.** *med.* Einrenkung *f.* **16.** verkleinerte Reproduktiˈon (*e-s Bildes etc*). **17.** *mus.* Auszug *m*: **piano ~. ~ com·pass·es** *s pl* Reduktiˈonszirkel *m.* **~ di·vi·sion** → **reduction** 14. **~ gear** *s tech.* Reduktiˈons-, Unterˈsetzungsgetriebe *n.* **~ ra·ti·o** *s tech.* Unterˈsetzungsverhältnis *n.*
re·duc·tive [rɪˈdʌktɪv] **I** *adj* (*adv* **~ly**) **1.** vermindernd (**of** *acc*). **2.** *chem. math.* reduˈzierend (**of** *acc*). **II** *s* **3.** *chem.* Reduktiˈonsmittel *n.*
re·dun·dan·cy [rɪˈdʌndənsɪ], *a.* **reˈdun·dance** *s* **1.** ˈÜberfluß *m*, -fülle *f*, -maß *n.* **2.** ˈÜberflüssigkeit *f*, *econ. a.* ˈÜberflüssigwerden *n* (*von Arbeitskräften wegen Arbeitsmangel*): **dismissal for ~** Freistellung *f*, -setzung *f*; **~ pay(ment)** Entlassungsabfindung *f.* **3.** Redunˈdanz *f*: a) Überˈladenheit *f* (*des Stils*), *bes.* Weitschweifigkeit *f*, b) unnötige Wiederˈholung(en *pl*). **4.** *Computer:* Redunˈdanz *f* (*Teile, die nicht zur eigentlichen Information gehören*).
re·dun·dant [rɪˈdʌndənt] *adj* (*adv* **~ly**) **1.** ˈüberreichlich, -mäßig. **2.** a) ˈüberschüssig (*Kapital etc*), b) ˈüberflüssig (*a. econ.*): **~ workers** überflüssig gewordene Arbeitskräfte; **to make ~** freistellen, -setzen. **3.** üppig. **4.** ˈüberquellend, -fließend (**of, with** von). **5.** redunˈdant: a) überˈladen (*Stil etc*), *bes.* weitschweifig, b) pleoˈnastisch. **~ verb** *s ling.* Zeitwort *n* mit mehr als ˈeiner Form (*für e-e Zeit*).
re·du·pli·cate [rɪˈdjuːplɪkeɪt; *Am. a.* -ˈduː-] *v/t* **1.** verdoppeln. **2.** wiederˈholen. **3.** *ling.* redupliˈzieren. **reˌdu·pliˈca·tion** *s* **1.** Verdopp(e)lung *f.* **2.** Wiederˈholung *f.* **3.** *ling.* a) Reduplikatiˈon *f*, b) Reduplikatiˈonsform *f.* **re·du·pli·ca·tive** [rɪˈdjuːplɪkətɪv; *Am.* -ˌkeɪtɪv; *a.* -ˈduː-] *adj* **1.** verdoppelnd. **2.** wiederˈholend. **3.** *ling.* redupliˈzierend.
ˈ**red|·ware** *s* **1.** *bot.* Fingertang *m.* **2.** rote Töpferware. **~ wa·ter** *s* **1.** (*bes. durch Eisenverbindungen*) rotes Wasser. **2.** (*durch Dinoflagellaten*) rotes Meerwasser. **3.** *med., bes. vet.* Blutharnen *n.* **~ wine** *s* Rotwein *m.* ˈ**~wood** *s bot.* **1.** Redwood *n*, Rotholz *n.* **2.** *rotholzliefernder Baum, bes.* a) ˈEibenseˌquoie *f*, b) Roter Sandholzbaum.
re·dye [ˌriːˈdaɪ] *pres p* **-ˈdye·ing** *v/t* **1.** nachfärben. **2.** ˈumfärben.
ree [riː] → **reeve**[3].
re·ech·o [ˌriːˈekəʊ] **I** *v/i* **1.** ˈwiderhallen (**with** von). **II** *v/t* **2.** ˈwiderhallen lassen. **3.** echoen, wiederˈholen.
reed [riːd] **I** *s* **1.** *bot.* Schilf(gras) *n*, *bes.* a) Schilfrohr *n*, Ried(gras) *n*, b) Schalˈmeien-, Pfahlrohr *n.* **2.** (*einzelnes*) (Schilf)Rohr: **broken ~** *fig.* schwankes Rohr. **3.** *collect.* a) Schilf *n*, Röhricht *n*, b) Schilf(rohr) *n* (*als Material*). **4.** *Br.* (Dachdecker)Stroh *n.* **5.** *poet.* Pfeil *m.* **6.** *mus.* a) Rohr-, Hirtenflöte *f*, b) (Rohr-) Blatt *n*, c) → **reed stop**, d) *a.* **~ instrument** ˈRohrblatt-, ˈZungeninstruˌment *n*: **the ~s** die Rohrblattinstrumente (*e-s Orchesters*), e) Zunge *f* (*der Zungeninstrumente*). **7.** *arch.* Rundstab *m.* **8.** *electr. tech.* Zunge *f*, ˈZungenkonˌtakt *m.* **9.** *tech.* Weberkamm *m*, Blatt *n.* **II** *v/t* **10.** *das Dach* mit Schilf(rohr) decken. **11.** *arch.* mit Rundstäben verzieren. **12.** *mus.* mit e-m Rohrblatt versehen. ˈ**~bird** *s orn. Am.* Reisstärling *m.* ˈ**~buck** *pl* **-bucks,** *bes. collect.* **-buck** *s zo.* Riedbock *m.* **~ bun·ting** *s orn.* Rohrammer *f.*
re-ed·it [ˌriːˈedɪt] *v/t Bücher etc* neu herˈausgeben. **re-e·di·tion** [ˌriːɪˈdɪʃn] *s* Neuausgabe *f.*
reed·ling [ˈriːdlɪŋ] *s orn.* Schilf-, Bartmeise *f.*
reed| mace *s bot. Br.* (*bes.* Breitblätt-

riger) Rohrkolben. **~or·gan** *s mus.* Har'monium *n.* **~ pipe** *s mus.* Zungenpfeife *f* (*bes. der Orgel*). **~ stop** *s mus.* Zungenstimme *f* (*der Orgel*). **~ switch** *s electr.* Zungenschalter *m.* **~ thrush** *s orn.* Drosselrohrsänger *m.*

re-ed·u·cate [ˌriːˈedjʊkeɪt; *Am.* -ˈedʒə-] *v/t* ˈumerziehen, ˈumschulen. **ˈreˌed·u·ˈca·tion** *s* ˈUmerziehung *f*, ˈUmschulung *f*: **~ camp** *pol.* Umerziehungslager *n.*

reed| voice *s mus.* Zungenstimme *f* (*der Orgel*). **~ war·bler** *s orn.* (*bes.* Teich-) Rohrsänger *m.*

reed·y [ˈriːdɪ] *adj* **1.** schilfig, schilfbedeckt, -reich. **2.** *bes. poet.* Rohr... **3.** lang u. schlank. **4.** dünn, schwach (*Arme etc*). **5.** schrill (*Stimme*).

reef[1] [riːf] *s* **1.** *geol.* Riff *n.* **2.** *Bergbau*: a) Flöz *n*, b) Ader *f*, c) (*bes.* goldführender Quarz)Gang.

reef[2] [riːf] *mar.* **I** *s* **1.** Reff *n*: **to take (in) a ~** a) ein Segel reffen, b) *fig.* ‚bremsen', ‚kürzertreten'. **II** *v/t* **2.** *Segel* reffen. **3.** *Stenge, Bugspriet* verkürzen.

reef·er [ˈriːfə(r)] *s* **1.** *mar.* a) Reffer *m*, b) *sl.* ˈSeekaˌdett *m*, c) *a.* **reefing jacket** Maˈtrosenjacke *f*, d) *Am. sl.* Kühlschiff *n.* **2.** *Am. sl.* a) *mot. rail.* Kühlwagen *m*, b) Kühlschrank *m.* **3.** *sl.* (selbstgedrehte) Marihuˈanazigaˌrette.

reef knot *s mar.* Kreuzknoten *m.*

reek [riːk] **I** *s* **1.** Gestank *m*, (üble) Ausdünstung, (*bes.* starker u. schlechter) Geruch: **~ of blood** Blutgeruch. **2.** schlechte, *bes.* muffige Luft. **3.** Dampf *m*, Dunst *m*, (*Zigarren- etc*)Qualm *m.* **4.** *Scot. od. poet.* Rauch *m.* **II** *v/i* **5.** stinken, (stark u. schlecht) riechen (**of, with** nach). **6.** dampfen, rauchen (**with** von). **7.** (**of, with**) *fig.* stark riechen (nach), geschwängert *od.* durchˈdrungen *od.* voll sein (von). **III** *v/t* **8.** *Rauch, Dampf etc* ausströmen (*a. fig.*). **ˈreek·y** *adj* **1.** stinkig, stinkend. **2.** dampfend, Dämpfe *od.* Dünste ausströmend. **3.** rauchig.

reel[1] [riːl] **I** *s* **1.** Haspel *f*, (Garn- *etc*)Winde *f*: **off the ~** a) in ˈeinem Zug, hintereinander weg, b) aus dem Handgelenk, sofort. **2.** (*Garn-, Kabel-, Papier-, Schlauch- etc*)Rolle *f*, (*Bandmaß-, Farbband-, Film-, Garn-, Tonband- etc*)Spule *f*: **~ seat belt** *mot.* Automatikgurt *m.* **3.** Rolle *f* (*zum Aufwinden der Angelschnur*). **4.** *Film*: a) Film(streifen) *m*, b) (Film)Akt *m.* **II** *v/t* **5.** **~ up** aufspulen, -wickeln, -rollen, auf e-e Spule *od.* Rolle wickeln. **6.** *meist* **~ in, ~ up** einholen: **to ~ in a fish.** **7.** **~ off** a) abhaspeln, abspulen, b) *fig.* ‚herˈunterrasseln': **to ~ off a story.**

reel[2] [riːl] **I** *v/i* **1.** sich (schnell) drehen, wirbeln: **my head ~s** mir dreht sich alles, mir ist schwindlig; **the room ~ed before his eyes** das Zimmer drehte sich vor s-n Augen. **2.** wanken, taumeln: **to ~ back** zurücktaumeln. **3.** ins Wanken geraten (*Truppen etc*). **II** *v/t* **4.** schnell (herˈum)wirbeln. **III** *s* **5.** Wirbel(n *n*) *m*, Drehen *n.* **6.** Taumeln *n*, Wanken *n.* **7.** *fig.* Taumel *m*, Wirbel *m.*

reel[3] [riːl] **I** *s* Reel *m* (*schottischer Volkstanz*). **II** *v/i* (e-n) Reel tanzen.

re-e·lect [ˌriːɪˈlekt] *v/t* ˈwiederwählen. **ˌre-eˈlec·tion** *s* ˈWiederwahl *f.*

re-el·i·gi·ble [ˌriːˈelɪdʒəbl] *adj* ˈwiederwählbar.

re-em·bark [ˌriːɪmˈbɑː(r)k] *v/t u. v/i mar.* (sich) wieder einschiffen. **re-em·bar·ka·tion** [ˈriːˌembɑː(r)ˈkeɪʃn] *s mar.* Wiederˈeinschiffung *f.*

re-e·merge [ˌriːɪˈmɜːdʒ; *Am.* -ˈmɜrdʒ] *v/i* **1.** wieder auftauchen. **2.** *fig.* wiederˈauftauchen, -ˈauftreten. **ˌre-eˈmer·gence** *s* Wiederˈauftauchen *n*, *fig. a.* Wiederˈauftreten *n.*

re-en·act [ˌriːɪˈnækt] *v/t* **1.** neu verordnen, wieder in Kraft setzen. **2.** *thea.* neu inszeˈnieren. **3.** wiederˈholen, *e-n Tathergang* (*für die Polizei*) demonˈstrieren *od.* rekonstruˈieren. **ˌre-enˈact·ment** *s* **1.** Wiederinˈkraftsetzung *f.* **2.** *thea.* ˈNeuinszeˌnierung *f.*

re-en·gage [ˌriːɪnˈgeɪdʒ] *v/t j-n* wieder an- *od.* einstellen.

re-en·list [ˌriːɪnˈlɪst] *v/t u. v/i mil.* (sich) weiter- *od.* ˈwiederverpflichten, (*nur v/i*) kapituˈlieren: **~ed man** Kapitulant *m.* **ˌre-enˈlist·ment** *s mar. mil.* Wieder-ˈanwerbung *f*, Weiterverpflichtung *f.*

re-en·ter [ˌriːˈentə(r)] **I** *v/t* **1.** wieder betreten, wieder eintreten in (*acc*). **2.** wieder eintragen (*in e-e Liste etc*). **3.** *fig.* wiederˈeintreten in (*acc*): **to ~ s.o.'s service.** **4.** *tech.* a) *Sekundärfarben* auftragen (*beim Kattundruck*), b) *Kupferplatten* nachstechen. **II** *v/i* **5.** wieder eintreten (**into** in *acc*). **6.** *fig.* wiederˈeintreten: **to ~ into one's rights** *jur.* wieder in s-e Rechte eintreten. **ˌre-ˈen·ter·ing** *adj math.* einspringend: **~ angle.**

re-en·trant [riːˈentrənt] **I** *adj* → **re-entering.** **II** *s math.* einspringender Winkel. **re-ˈen·try** [-trɪ] *s* **1.** Wieder-ˈeintreten *n*, -ˈeintritt *m* (*a. jur.* in den Besitz, *a. Raumfahrt*: in die ˈErdatmoˌsphäre). **2.** *a.* **~ card** (*Bridge, Whist*) Führungsstich *m.*

re-es·tab·lish [ˌriːɪˈstæblɪʃ] *v/t* **1.** *Ordnung etc* wiederˈherstellen. **2.** wiederˈeinführen, neu gründen.

reeve[1] [riːv] *s Br.* **1.** *hist.* Vogt *m*, Statthalter *m* (*Vertreter der Krone*). **2.** Gemeindevorsteher *m* (*a. in Kanada*). **3.** *obs.* Aufseher *m.*

reeve[2] [riːv] *v/t pret u. pp* **reeved** *od.* **rove** [rəʊv] **1.** *mar.* a) *das Tauende* (ein-) scheren, b) *das Tau* ziehen (**around** um; **through** durch *etc*). **2.** sich (vorsichtig) hinˈdurchwinden durch: **the ship ~d the shoals.**

reeve[3] [riːv] *s orn.* Kampfschnepfe *f.*

re-ex·am·i·na·tion [ˈriːɪgˌzæmɪˈneɪʃn] *s* **1.** Nachprüfung *f*, Wiederˈholungsprüfung *f.* **2.** *jur.* a) nochmalige (Zeugen-) Vernehmung (*durch den Anwalt der Partei, die den Zeugen benannt hat*), b) nochmalige Unterˈsuchung. **ˌre-exˈam·ine** *v/t* **1.** nochmals prüfen. **2.** *jur.* a) *e-n Zeugen* nochmals vernehmen, b) *e-n Fall* nochmals unterˈsuchen.

re-ex·change [ˌriːɪksˈtʃeɪndʒ] *s* **1.** Rücktausch *m.* **2.** *econ.* a) Rück-, Gegenwechsel *m*, b) Rückwechselkosten *pl.*

re-ex·port *econ.* **I** *v/t* [ˌriːekˈspɔː(r)t] **1.** *importierte Waren* wiederˈausführen. **II** *s* [ˌriːˈekspɔː(r)t] **2.** → **re-exportation.** **3.** wiederˈausgeführte Ware. **ˈre-ˌex·porˈta·tion** *s* Wiederˈausfuhr *f.*

ref [ref] *s sport colloq.* a) ‚Schiri' *m* (*Schiedsrichter*), b) *Boxen*: Ringrichter *m.*

re·face [ˌriːˈfeɪs] *v/t arch.* mit e-r neuen Fasˈsade versehen.

re·fash·ion [ˌriːˈfæʃn] *v/t* ˈumgestalten, ˈummodeln.

re·fec·tion [rɪˈfekʃn] *s* **1.** Erfrischung *f*, Stärkung *f.* **2.** Imbiß *m.*

re·fec·to·ry [rɪˈfektərɪ] *s* **1.** Refekˈtorium *n* (*Speiseraum in Klöstern etc*). **2.** *univ. etc* Mensa *f.*

re·fer [rɪˈfɜː; *Am.* rɪˈfɜr] **I** *v/t* **1.** verweisen, ˈhinweisen (**to** auf *acc*): **this mark ~s the reader to a footnote.** **2.** *j-n* (*bes. um Auskunft, Referenzen etc*) verweisen (**to** an *j-n*). **3.** (**to**) (zur Entscheidung *etc*) überˈgeben (*dat*), überˈweisen (an *acc*): **to ~ a bill to a committee** *parl.* e-e Vorlage an e-n Ausschuß überweisen; **to ~ a patient to a specialist** e-n Patienten an e-n Facharzt überweisen; **to ~ back** *jur. e-e Rechtssache* zurückverweisen (**to** an *die Unterinstanz*); **~ to drawer** (*abbr.* R.D.) *econ.* an Aussteller zurück. **4.** (**to**) zuschreiben (*dat*), zuˈrückführen (auf *acc*): **to ~ superstition to ignorance.** **5.** (**to** *e-r Klasse etc*) zuordnen, zuweisen. **6.** *e-e Bemerkung etc, a. e-n Wert* beziehen (**to** auf *acc*): **~red to 100 degrees centigrade** bezogen auf 100° C. **II** *v/i* **7.** (**to**) verweisen, ˈhinweisen, sich beziehen, Bezug nehmen (auf *acc*), betreffen (*acc*): **this footnote ~s to a later entry**; **to ~ to s.th. briefly** e-e Sache streifen *od.* kurz erwähnen; **~ring to my letter** Bezug nehmend *od.* mit Bezug auf mein Schreiben; **the point ~red to** der erwähnte *od.* betreffende Punkt. **8.** Bezug nehmen, sich beziehen *od.* berufen (**to s.o.** auf j-n): **you may ~ to me in your applications.** **9.** (**to**) sich wenden (an *acc*), (*a. weitS. die Uhr, ein Buch etc*) befragen, konsulˈtieren.

ref·er·a·ble [rɪˈfɜːrəbl; *Am.* -ˈfɜr-; *bes.* ˈrefərəbəl] *adj* (**to**) **1.** zuzuschreiben(d) (*dat*). **2.** zuzuordnen(d) (*dat*). **3.** sich beziehend (auf *acc*), bezüglich (*gen*).

ref·er·ee [ˌrefəˈriː] **I** *s* **1.** a) *bes. jur. sport* Schiedsrichter *m*, ˈUnparˌteiische(r) *m*, b) *Boxen*: Ringrichter *m*, c) *jur.* Sachverständige(r) *m*, Bearbeiter *m*, Refeˈrent *m*, d) *jur.* beauftragter Richter. **2.** *parl.* Refeˈrent *m*, Berichterstatter *m.* **3.** *Br.* Refeˈrenz *f* (*Auskunftgeber*): **to act as a ~ for s.o.** j-m als Referenz dienen. **II** *v/t* **4.** a) *bes. jur. sport* als Schiedsrichter funˈgieren bei, b) *sport Kampf* leiten, *Spiel a.* pfeifen. **III** *v/i* **5.** a) *bes. jur. sport* als Schiedsrichter funˈgieren, *sport a.* pfeifen, b) *Boxen*: als Ringrichter funˈgieren.

ref·er·ence [ˈrefrəns; *Am. a.* ˈrefərns] **I** *s* **1.** Verweis(ung *f*) *m*, ˈHinweis *m* (**to** auf *acc*): (**list of**) **~s** a) Liste *f* der Verweise, b) Quellenangabe *f*, Literaturverzeichnis *n*; **mark of ~** → 2 a *u.* 4. **2.** a) Verweiszeichen *n*, b) Verweisstelle *f*, c) Beleg *m*, ˈUnterlage *f.* **3.** Bezugnahme *f* (**to** auf *acc*): **in** (*od.* **with**) **~ to** bezüglich (*gen*); **to have ~ to** sich beziehen auf (*acc*); **terms of ~** Richtlinien. **4.** *a.* **~ number** Akten-, Geschäftszeichen *n.* **5.** (**to**) Anspielung *f* (auf *acc*), Erwähnung *f* (*gen*): **to make ~ to s.th.** etwas erwähnen, auf etwas anspielen. **6.** (**to**) Zs.-hang *m* (mit), Beziehung *f* (zu): **to have no ~ to** nichts zu tun haben mit; **with ~ to him** was ihn betrifft. **7.** Berücksichtigung *f* (**to** *gen*): **without ~ to.** **8.** (**to**) Nachschlagen *n*, -sehen (in *dat*), Befragen *n*, Konsulˈtieren *n* (*gen*): **book** (*od.* **work**) **of ~** Nachschlagewerk *n*; **~ library** a) Nachschlagebibliothek *f*, b) (*öffentliche*) Handbibliothek *f*; **for future ~** zur späteren Verwendung. **9.** (**to**) Befragung *f* (*gen*), Rückfrage *f* (bei): **without ~ to a higher authority.** **10.** *jur.* Überˈweisung *f* (*e-r Sache*) (**to** an *ein Schiedsgericht etc*). **11.** Zuständigkeit(sbereich *m*) *f*: **outside our ~.** **12.** a) Refeˈrenz(en *pl*) *f*, Empfehlung(en *pl*) *f*: **for ~ please apply to** um Referenzen wenden Sie sich bitte an (*acc*); **may I use your name as a ~?** darf ich mich auf Sie berufen?, b) *allg.* Zeugnis *n*: **he had excellent ~s**, c) Refeˈrenz *f* (*Auskunftgeber*): **to give ~s** Referenzen angeben; **to act as a ~ for s.o.** j-m als Referenz dienen. **II** *v/t* **13.** Verweise anbringen in *e-m Buch.* **III** *adj* **14.** *bes. tech.* Bezugs...: **~ frequency**; **~ line** a) *math.* Bezugslinie *f*, b) *Radar*: Basislinie *f*; **~ value** Bezugs-, Richtwert *m.* **15.** *psych.* Bezugs...: **~ group.**

ref·er·en·da·ry [ˌrefəˈrendərɪ] *s jur. hist.* a) Beisitzer *m* (*e-r Kommission*), b) *Überprüfer der an den König gerichteten Bittschriften.*

ref·er·en·dum [ˌrefəˈrendəm] *pl*

-dums, -da [-də] *s pol.* Refeˈrendum *n,* Volksentscheid *m,* -befragung *f,* -begehren *n:* **to hold a ~** ein Referendum durchführen *od.* abhalten.
ref·er·en·tial [ˌrefəˈrenʃl; *Am.* -tʃəl] *adj* **1.** sich beziehend (**to** auf *acc*). **2.** Verweisungs...: **~ mark** Verweiszeichen *n.*
re·fill [ˌriːˈfɪl] **I** *v/t* **1.** wieder füllen, nachauffüllen. **II** *v/i* **2.** sich wieder füllen. **III** *s* [ˈriːfɪl] **3.** Nachfüllung *f, bes.* a) *pharm. etc* Ersatzpackung *f,* b) (*Bleistift-, Kugelschreiber*)Mine *f,* c) Einlage *f* (*in e-m Ringbuch*). **4. would you like a ~?** *colloq.* darf ich nachschenken? **IV** *adj* → **refillable.** ˌ**reˈfill·a·ble** *adj* nachfüllbar, Nachfüll...
re·fi·nance [ˌriːfaɪˈnæns] *v/t econ.* **1.** neu finanˈzieren. **2.** refinanˈzieren.
re·fine [rɪˈfaɪn] **I** *v/t* **1.** *chem. tech.* raffiˈnieren, läutern, veredeln, *bes.* a) *Eisen* frischen, b) *Metall* feinen, c) *Stahl* gar machen, d) *Glas* läutern, e) *Petroleum, Zucker* raffiˈnieren. **2.** *fig.* verbessern, verfeinern, kultiˈvieren, weiterentwickeln: **to ~ one's style** s-n Stil verfeinern. **3.** *fig.* läutern, vergeistigen. **II** *v/i* **4.** sich läutern. **5.** sich verfeinern *od.* verbessern. **6.** klügeln, (herˈum)tüfteln (**on, upon** an *dat*). **7. ~ upon** weiterentwickeln, verbessern. **reˈfined** *adj* **1.** *chem. tech.* geläutert, raffiˈniert, Fein...: **~ copper** Garkupfer *n;* **~ iron** Raffinier-, Paketstahl *m;* **~ lead** Raffinat-, Weichblei *n;* **~ silver** Brand-, Blicksilber *n;* **~ steel** Edelstahl *m;* **~ sugar** Feinzucker *m,* Raffinade *f.* **2.** *fig.* gebildet, vornehm, fein, kultiˈviert: **~ manners. 3.** *fig.* geläutert, vergeistigt. **4.** *fig.* raffiˈniert, subˈtil, verfeinert. **5.** (ˈüber)fein, (-)genau. **reˈfin·ed·ly** [-ɪdlɪ] *adv zu* **refined. reˈfine·ment** *s* **1.** Feinheit *f,* Vornehmheit *f,* gebildetes Wesen, Kultiˈviertheit *f.* **2.** Verfeinerung *f:* a) Weiterentwicklung *f,* b) Vervollkommnung *f.* **3.** Feinheit *f* (*der Sprache etc*). **4.** Raffiˈnesse *f* (*des Geschmacks etc*). **5.** Klügeˈlei *f,* Spitzfindigkeit *f.* **6.** → **refining** 1. **reˈfin·er** *s* **1.** *tech.* a) (Eisen)Frischer *m,* b) Raffiˈneur *m,* (Zucker)Sieder *m,* c) (Silber-) Abtreiber *m.* **2.** Verfeinerer *m.* **3.** Klügler(in), Haarspalter(in). **reˈfin·er·y** [-nərɪ] *s tech.* **1.** (*Öl-, Zucker- etc*)Raffineˈrie *f.* **2.** (Eisen-, Frisch)Hütte *f.* **reˈfin·ing** *s* **1.** *chem. tech.* Raffiˈnierung *f,* Läuterung *f,* Veredelung *f, bes.* a) Frischen *n* (*des Eisens*), b) Feinen *n* (*des Metalls*), c) Läutern *n* (*des Glases*), d) Raffiˈnieren *n* (*des Zuckers*): **~ process** Veredelungsverfahren *n;* **~ furnace** Frisch-, Feinofen *m.* **2.** *fig.* Verfeinerung *f,* Kultiˈvierung *f,* Verbesserung *f,* Weiterentwicklung *f.* **3.** *fig.* Läuterung *f,* Vergeistigung *f.*
re·fit [ˌriːˈfɪt] **I** *v/t* **1.** wieder inˈstand setzen, ausbessern. **2.** neu ausrüsten *od.* ausstatten. **II** *v/i* **3.** wieder inˈstand gesetzt werden, repaˈriert *od.* überˈholt werden. **4.** sich neu ausrüsten. **III** *s* [*a.* ˈriːfɪt] **5.** Wiederinˈstandsetzung *f,* Ausbesserung *f.* **6.** Neuausrüstung *f.* ˌ**reˈfit·ment** → **refit** III.
re·fla·tion [riːˈfleɪʃn] *s econ.* Reflatiˈon *f* (*Wirtschaftsbelebung durch Geldschöpfung u. Exportförderung*).
re·flect [rɪˈflekt] **I** *v/t* **1.** *Strahlen, Wellen etc* reflekˈtieren, zuˈrückwerfen, -strahlen: **~ed wave** reflektierte Welle, Echowelle *f;* **to be ~ed in** sich spiegeln in (*dat*); **to shine with ~ed light** *fig.* sich im Ruhm e-s anderen sonnen. **2.** *ein Bild etc* reflekˈtieren, (ˈwider)spiegeln: **~ing microscope** Spiegelmikroskop *n;* **~ing telescope** Spiegelteleskop *n.* **3.** *fig.* (ˈwider)spiegeln, zeigen: **it ~s the ideas of the century; to be ~ed in** a) sich (wider)spiegeln in (*dat*), b) s-n Niederschlag finden in (*dat*); **our prices ~ your commission** unsere Preise enthalten Ihre Provision. **4.** einbringen (**on** *dat*): **to ~ credit on s.o.** j-m Ehre machen. **5.** darˈüber nachdenken, überˈlegen (**that** daß; **how** wie). **6.** zuˈrückbiegen. **II** *v/i* **7.** reflekˈtieren. **8.** (**on, upon**) nachdenken *od.* -sinnen (über *acc*), überˈlegen (*acc*). **9. ~ (up)on** a) sich abfällig äußern über (*acc*), b) ein schlechtes Licht werfen auf (*acc*), c) (*etwas*) (ungünstig) beeinflussen, sich auswirken auf (*acc*).
re·flec·tion [rɪˈflekʃn] *s* **1.** *phys.* Reflexiˈon *f,* Reflekˈtierung *f,* Zuˈrückwerfung *f,* -strahlung *f:* **plane of ~** Reflexionsebene *f.* **2.** (ˈWider)Spiegelung *f* (*a. fig.*), Reˈflex *m,* ˈWiderschein *m:* **a faint ~ of** *fig.* ein schwacher Abglanz (*gen*). **3.** Spiegelbild *n.* **4.** *fig.* Auswirkung *f,* Einfluß *m.* **5.** Überˈlegung *f,* Erwägung *f:* **on ~** nach einigem Nachdenken, wenn ich (*etc*) es mir recht überlege; **to cause ~** nachdenklich stimmen. **6.** Reflexiˈon *f:* a) Betrachtung *f,* b) (tiefer) Gedanke *od.* Ausspruch: **~s on love** Reflexionen *od.* Betrachtungen *od.* Gedanken über die Liebe. **7.** abfällige Bemerkung (**on** über *acc*). **8.** Anwurf *m,* Anschuldigung *f:* **to cast ~s upon** in ein schlechtes Licht setzen; **to be a ~ on s.th.** ein schlechtes Licht auf e-e Sache werfen. **9.** *bes. anat. zo.* a) Zuˈrückbiegung *f,* b) zuˈrückgebogener Teil. **10.** *physiol.* Reˈflex *m.*
re·flec·tive [rɪˈflektɪv] *adj* (*adv* **~ly**) **1.** reflekˈtierend, zuˈrückwerfend, -strahlend. **2.** (ˈwider)spiegelnd. **3.** nachdenklich, besinnlich. **4.** gedanklich.
re·flec·tor [rɪˈflektə(r)] *s* **1.** *phys.* Reˈflektor *m* (*a. e-r Antenne*). **2.** a) Spiegel *m,* b) Rückstrahler *m,* Katzenauge *n* (*an Fahrzeugen*), c) Scheinwerfer *m.* **3.** Reˈflektor *m,* ˈSpiegelteleˌskop *n.*
re·flex [ˈriːfleks] **I** *s* **1.** *physiol.* Reˈflex *m:* **~ movement** Reflexbewegung *f;* **~ response** Reflexwirkung *f,* Reaktion *f* auf e-n Reiz. **2.** (ˈLicht)Reˌflex *m,* ˈWiderschein *m* (**from** von). **3.** *fig.* Abglanz *m* (**of** *gen*). **4.** Spiegelbild *n* (*a. fig.*): **~ camera** *phot.* Spiegelreflexkamera *f;* **to be a ~ of** *fig. etwas* widerspiegeln. **5.** *electr.* Reˈflexempfänger *m.* **II** *adj* **6.** *physiol.* Reflex... **7.** Rück..., Gegen... **8.** introspekˈtiv, reflekˈtierend (*Gedanken*). **9.** reflekˈtiert, zuˈrückgeworfen (*Licht etc*). **10.** zuˈrückgebogen. **11.** *math.* einspringend: **~ angle. 12.** *electr.* Reflex... **reˈflexed** [rɪˈflekst] → **reflex** 10. **reˈflex·i·ble** *adj* reflekˈtierbar.
re·flex·ion *Br. für* **reflection.**
re·flex·ive [rɪˈfleksɪv] **I** *adj* (*adv* **~ly**) **1.** *ling.* refleˈxiv, rückbezüglich, Reflexiv...: **~ pronoun** → 4 a; **~ verb** → 4 b. **2.** → **reflective. 3.** → **reflex** 8. **II** *s* **4.** *ling.* a) Refleˈxivproˌnomen *n,* rückbezügliches Fürwort, b) refleˈxives Verb, rückbezügliches Zeitwort, c) refleˈxive Form.
re·float [ˌriːˈfləʊt] *mar.* **I** *v/t ein Schiff* wieder flottmachen. **II** *v/i* wieder flott werden.
ref·lu·ence [ˈrefluəns] → **reflux** 1. ˈ**ref·lu·ent** *adj* zuˈrückfließend, -flutend.
re·flux [ˈriːflʌks] *s* **1.** Zuˈrückfließen *n,* -fluten *n:* → **flux** 4. **2.** *econ.* (*Kapital- etc*) Rückfluß *m.*
re·for·est [ˌriːˈfɒrɪst; *Am. a.* -ˈfɑ-] → **reafforest.**
re·form [rɪˈfɔː(r)m] **I** *s* **1.** *pol. etc* Reˈform *f,* Verbesserung *f.* **2.** Besserung *f:* **~ school** *Br. hist. od. Am.* Besserungsanstalt *f.* **II** *v/t* **3.** reforˈmieren, verbessern. **4.** *j-n* bessern. **5.** beseitigen: **to ~ an abuse. 6.** *jur. Am. e-e Urkunde* berichtigen. **III** *v/i* **7.** sich bessern.
re-form [ˌriːˈfɔː(r)m] **I** *v/t* ˈumformen, ˈumgestalten, ˈumbilden. **II** *v/i* sich ˈumformen.
ref·or·ma·tion [ˌrefə(r)ˈmeɪʃn] *s* **1.** Reforˈmierung *f.* **2.** Besserung *f* (*des Lebenswandels etc*). **3. the R~** *relig.* die Reformatiˈon. **4.** *jur. Am.* Berichtigung *f* (*e-r Urkunde*).
re-for·ma·tion [ˌriːfɔː(r)ˈmeɪʃn] *s* ˈUmformung *f,* ˈUmbildung *f,* ˈUm-, Neugestaltung *f.*
ref·or·ma·tion·al [ˌrefə(r)ˈmeɪʃənl; *Am. a.* -ʃnəl] *adj* **1.** Reform..., Reformierungs... **2. R~** *relig.* Reformations...
re·form·a·tive [rɪˈfɔː(r)mətɪv] → **reformational** 1.
re-form·a·tive [ˌriːˈfɔː(r)mətɪv] *adj* neubildend, -gestaltend, Um-, Neugestaltungs...
re·form·a·to·ry [rɪˈfɔː(r)mətərɪ; *Am.* -ˌtəuriː; -ˌtɔː-] **I** *adj* **1.** Besserungs...: **~ measures** Besserungsmaßnahmen. **2.** Reform... **II** *s* **3.** *Br. hist. od. Am.* Besserungsanstalt *f.*
re·formed [rɪˈfɔː(r)md] *adj* **1.** verbessert. **2.** gebessert, bekehrt: **~ drunkard** geheilter Trinker. **3. R~** *relig.* reforˈmiert.
re·form·er [rɪˈfɔː(r)mə(r)] *s* **1.** (*bes. kirchlicher*) Reforˈmator. **2.** *pol.* Reˈformer(in), Reforˈmist(in).
re·form·ist [rɪˈfɔː(r)mɪst] *s* **1.** *relig.* Reforˈmierte(r *m*) *f.* **2.** → **reformer.**
re·found[1] [ˌriːˈfaʊnd] *v/t* wieder gründen, neu gründen.
re·found[2] [ˌriːˈfaʊnd] *v/t tech.* neu gießen, ˈumgießen, ˈumschmelzen.
re·fract [rɪˈfrækt] *v/t* **1.** *phys. Strahlen, Wellen* brechen: **~ed light** gebrochenes Licht. **2.** *chem. Salpeter* analyˈsieren. **reˈfract·ing** *adj phys.* (strahlen)brechend, Brechungs..., Refraktions...: **~ angle** Brechungswinkel *m;* **~ telescope** Refraktor *m.*
re·frac·tion [rɪˈfrækʃn] *s* **1.** *phys.* (*Licht-, Strahlen*)Brechung *f,* Refraktiˈon *f.* **2.** *opt.* Refraktiˈonsvermögen *n.* **reˈfrac·tion·al** [-ʃənl] → **refractive.**
re·frac·tive [rɪˈfræktɪv] *adj phys.* Brechungs..., Refraktions...: **~ index; ~ power** → **refractivity. re·frac·tiv·i·ty** [ˌriːfrækˈtɪvətɪ] *s phys.* Brechungsvermögen *n.*
re·frac·tom·e·ter [ˌriːfrækˈtɒmɪtə(r); *Am.* -ˈtɑ-] *s phys.* Refraktoˈmeter *n.*
re·frac·tor [rɪˈfræktə(r)] *s phys.* **1.** brechendes Medium. **2.** Reˈfraktor *m* (*Teleskop*).
re·frac·to·ri·ness [rɪˈfræktərɪnɪs] *s* **1.** Eigensinn *m,* Störrigkeit *f.* **2.** ˈWiderstandskraft *f, bes.* a) *chem.* Strengflüssigkeit *f,* b) *tech.* Feuerfestigkeit *f.* **3.** *med.* a) ˈWiderstandsfähigkeit *f,* b) Hartnäckigkeit *f* (*e-r Krankheit*).
re·frac·to·ry [rɪˈfræktərɪ] **I** *adj* (*adv* **refractorily**) **1.** eigensinnig, störrisch. **2.** *chem.* strengflüssig. **3.** *tech.* feuerfest, -beständig: **~ clay** Schamotte(ton *m*) *f.* **4.** *med.* a) ˈwiderstandsfähig, b) hartnäckig (*Krankheit*), c) unempfindlich (*gegen Reiz etc*). **II** *s* **5.** *chem. tech.* a) feuerfestes Materiˈal, Schaˈmotte *f,* b) *pl* Schaˈmottesteine *pl.*
re·frain[1] [rɪˈfreɪn] **I** *v/i* (**from**) Abstand nehmen (von), absehen (von), sich enthalten (*gen*), unterˈlassen (*acc*): **to ~ from doing s.th.** etwas unterlassen; es unterlassen, etwas zu tun. **II** *v/t obs.* a) *Gefühle etc* unterˈdrücken, zügeln, b) **~ o.s.** sich beherrschen.
re·frain[2] [rɪˈfreɪn] *s* Reˈfrain *m,* Kehrreim *m.*
re·fran·gi·ble [rɪˈfrændʒɪbl] *adj phys.* brechbar: **~ rays.**
re·fresh [rɪˈfreʃ] **I** *v/t* **1.** (**o.s.** sich) erfrischen, erquicken (*a. fig.*). **2.** auffri-

schen, erneuern: **to ~ one's memory** sein Gedächtnis auffrischen. **3.** a) *e-e Batterie* auffüllen, -laden, b) *e-n Vorrat* erneuern. **4.** (ab)kühlen. **II** *v/i* **5.** erfrischen. **6.** sich erfrischen, e-e Erfrischung *od.* Stärkung zu sich nehmen. **7.** frische Vorräte fassen (*Schiff etc*).
reˈfresh·er *s* **1.** Erfrischung *f.* **2.** *colloq.* ‚Gläs-chen' *n.* **3.** Mahnung *f.* **4.** Auffrischung *f*: **~ course** Auffrischungskurs *m*, -lehrgang *m.* **5.** *jur. Br.* ˈNachschuß(honoˌrar *n*) *m* (*e-s Anwalts*).
reˈfresh·ing *adj* (*adv* **~ly**) erfrischend (*a. fig.*).
re·fresh·ment [rɪˈfreʃmənt] *s* Erfrischung *f* (*a. Getränk etc*). **~ room** *s* (ˈBahnhofs)Büˌfett *n.*
re·frig·er·ant [rɪˈfrɪdʒərənt] **I** *adj* **1.** *bes. med.* kühlend, Kühl...: **~ drink** Kühltrank *m.* **II** *s* **2.** *med.* kühlendes Mittel, Kühltrank *m*, Reˈfrigerans *n.* **3.** *tech.* Kühlmittel *n.*
re·frig·er·ate [rɪˈfrɪdʒəreɪt] **I** *v/t tech.* kühlen, *Nahrungsmittel* tiefkühlen: **~d cargo** *mar.* Kühlraumladung *f.* **II** *v/i* sich (ab)kühlen.
reˈfrig·er·at·ing| cham·ber *s tech.* Kühlraum *m.* **~ en·gine, ~ ma·chine** *s tech.* ˈKälte-, ˈKühlmaˌschine *f.* **~ plant** *s tech.* Gefrieranlage *f*, Kühlwerk *n.*
re·frig·er·a·tion [rɪˌfrɪdʒəˈreɪʃn] *s* **1.** a) Kühlung *f*, Kälteerzeugung *f*, b) Kältetechnik *f*: **~ ton** Kühltonne *f* (*Einheit im Kühltransport*). **2.** *med.* (Ab)Kühlung *f.*
re·frig·er·a·tor [rɪˈfrɪdʒəreɪtə(r)] *s tech.* **1.** Kühlschrank *m*, -raum *m*, -kammer *f*, -anlage *f*: **~ van** (*Am.* **car**) *rail.* Kühlwagen *m*; **~ van** (*od.* **lorry**, *Am.* **truck**) *mot.* Kühlwagen *m*; **~ vessel** *mar.* Kühlschiff *n.* **2.** ˈKältemaˌschine *f.* **3.** Kondenˈsator *m* (*e-s Kühlsystems*). **4.** Kühler *m*, Kühlschlange *f.*
re·frig·er·a·to·ry [rɪˈfrɪdʒərətərɪ; *Am.* -ˌtəʊriː; -ˌtɔː-] **I** *s* **1.** ˈKühlkondenˌsator *m* (*e-r Kälteanlage*). **2.** Kühlraum *m.* **II** *adj* **3.** kälteerzeugend, Kühl...
re·frin·gent [rɪˈfrɪndʒənt] → **refractive.**
reft [reft] *pret u. pp von* **reave**[1] *u.* [2].
re·fu·el [ˌriːˈfjʊəl] *v/t u. v/i aer. mot.* (auf-) tanken. **ˌreˈfu·el·(l)ing** *s* (Auf-, Nach-) Tanken *n*: **~ point** *aer.* Lufttank-Position *f*; **~ stop** *aer.* Zwischenlandung *f* zum Auftanken.
ref·uge [ˈrefjuːdʒ] **I** *s* **1.** Zuflucht *f* (*a. fig. Ausweg, a. Person, Gott*), Schutz *m* (**from** vor), Aˈsyl *n*: **to seek** (**find** *od.* **take**) **~** Zuflucht suchen (finden) (**from** vor *dat*); **to take ~ in s.th.** *fig.* (s-e) Zuflucht zu etwas nehmen; **to take ~ in lying** sich in Lügen flüchten; **to seek ~ in flight** sein Heil in der Flucht suchen; **city of ~** *Bibl.* Freistatt *f.* **2.** Zufluchtsstätte *f*, -ort *m.* **3.** *a.* **~ hut** *mount.* Schutzhütte *f.* **4.** *Br.* Verkehrsinsel *f.* **II** *v/t* **5.** *obs. j-m* Zuflucht gewähren. **III** *v/i* **6.** *obs.* Schutz suchen. **ref·u·gee** [ˌrefjʊˈdʒiː] **I** *s* Flüchtling *m.* **II** *adj* Flüchtlings...: **~ camp; ~ government** Exilregierung *f.*
re·fu·gi·um [rɪˈfjuːdʒɪəm] *pl* **-gi·a** [-dʒɪə] *s bot. zo.* Refugiˈalgebiet *n.*
re·ful·gence [rɪˈfʌldʒəns; *Am. a.* -ˈfʊl-] *s* Glanz *m*, Leuchten *n.* **reˈful·gent** *adj* (*adv* **~ly**) glänzend, strahlend (*a. fig.*).
re·fund[1] [riːˈfʌnd] **I** *v/t* **1.** *Geld* zuˈrückzahlen, -erstatten, *e-n Verlust, Auslagen* ersetzen, (zu)ˈrückvergüten. **2.** *j-m* Rückzahlung leisten, *j-m* s-e Auslagen ersetzen. **II** *v/i* **3.** Rückzahlung leisten. **III** *s* [ˈriːfʌnd] **4.** (Zu)ˈRückzahlung *f*, -erstattung *f*, Rückvergütung *f.*
re·fund[2] [ˌriːˈfʌnd] *v/t econ. e-e Anleihe etc* neu funˈdieren.
reˈfund·ment → **refund**[1] 4.
re·fur·bish [ˌriːˈfɜːbɪʃ; *Am.* -ˈfɜr-] *v/t* **1.** ˈaufpoˌlieren (*a. fig.*): **to ~ one's** image; **to ~ one's French** sein Französisch auffrischen. **2.** → **refurnish.**
re·fur·nish [ˌriːˈfɜːnɪʃ; *Am.* -ˈfɜr-] *v/t* wieder *od.* neu ausstatten *od.* möˈblieren.
re·fus·al [rɪˈfjuːzl] *s* **1.** Ablehnung *f*, Zuˈrückweisung *f* (*e-s Angebots etc*): **~ of acceptance** Annahmeverweigerung *f.* **2.** Verweigerung *f* (*e-r Bitte, e-s Befehls etc; a. Reitsport*). **3.** abschlägige Antwort: **he will take no ~** er läßt sich nicht abweisen. **4.** Weigerung *f* (**to do s.th.** etwas zu tun). **5.** Abweisung *f* (*e-s Freiers*), Ablehnung *f* (*e-s Heiratsantrags*), ‚Korb' *m.* **6.** *Meinungsforschung*: Antwortverweigerung *f.* **7.** *econ.* Vorkaufsrecht *n*, Vorhand *f*: **first ~ of** erstes Anrecht auf (*acc*). **8.** *Kartenspiel*: Nichtbedienen *n.*
re·fuse[1] [rɪˈfjuːz] **I** *v/t* **1.** *ein Angebot, ein Amt, e-n Freier, Kandidaten etc* ablehnen, *ein Angebot a.* ausschlagen, *etwas od. j-n* zuˈrückweisen, *j-n* abweisen, *j-m e-e Bitte* abschlagen: **to ~ an order** e-n Befehl verweigern; **to ~ a chance** von e-r Gelegenheit keinen Gebrauch machen; **to ~ s.o. permission** j-m die Erlaubnis verweigern. **2.** sich weigern, es ablehnen (**to do** zu tun): **he ~d to believe it** er wollte es einfach nicht glauben; **he ~d to be bullied** er ließ sich nicht einschüchtern; **it ~d to work** es wollte nicht funktionieren *od.* gehen, es ‚streikte'. **3.** *den Gehorsam etc* verweigern: **to ~ control** sich der Kontrolle entziehen. **4.** *das Hindernis* verweigern (*Pferd*). **5.** *Kartenspiel*: *Farbe* nicht bedienen: **to ~ suit. II** *v/i* **6.** ablehnen. **7.** sich weigern, es ablehnen. **8.** ablehnen, absagen: **he was invited but he ~d.** **9.** verweigern (*Pferd*). **10.** *Kartenspiel*: nicht bedienen.
ref·use[2] [ˈrefjuːs] **I** *s* **1.** Abfall *m*, Abfälle *pl*, Müll *m.* **2.** *fig.* Auswurf *m*, -schuß *m.* **II** *adj* **3.** Abfall..., Müll...: **~ bin** Mülltonne *f*; **~ collection** Müllabfuhr *f*; **~ collector** Müllmann *m*; **~ dump** Müllabladeplatz *m*, -deponie *f.* **4.** wertlos.
ref·u·ta·ble [ˈrefjʊtəbl; rɪˈfjuː-] *adj* (*adv* **refutably**) widerˈlegbar. **ref·u·ta·tion** [ˌrefjuːˈteɪʃn] *s* Widerˈlegung *f.* **re·fute** [rɪˈfjuːt] *v/t* widerˈlegen.
re·gain [rɪˈɡeɪn] **I** *v/t* **1.** zuˈrück-, ˈwiedergewinnen, *a. das Bewußtsein* ˈwiedererlangen: **to ~ one's feet** wieder auf die Beine kommen. **2.** ˈwiedergewinnen, wieder erreichen: **to ~ the shore.** **3.** *sport s-e Form* ˈwiederfinden. **II** *s* **4.** ˈWiedergewinnung *f.*
re·gal[1] [ˈriːɡl] *adj* (*adv* **~ly**) **1.** königlich, Königs... **2.** *fig.* königlich, fürstlich, prächtig.
re·gal[2] [ˈriːɡl] *s mus.* Reˈgal *n* (*kleine tragbare Orgel*).
re·gale [rɪˈɡeɪl] **I** *v/t* **1.** erfreuen, ergötzen. **2.** fürstlich bewirten. **3.** **~ o.s.** (**on**) sich laben, sich gütlich tun (*an dat*). **II** *v/i* **4.** → 3. **III** *s* **5.** *obs.* a) erlesenes Mahl, Schmaus *m*, b) Leckerbissen *m*, c) Genuß *m.*
re·ga·li·a [rɪˈɡeɪljə] *s pl* **1.** *hist.* Reˈgalien *pl*, königliche Hoheitsrechte *pl.* **2.** königliche Inˈsignien *pl.* **3.** (*Amts- od. Ordens-*) Inˈsignien *pl.* **4.** Aufmachung *f*: **Sunday ~** Sonntagsstaat *m.*
re·gal·ism [ˈriːɡəlɪzəm] *s hist. Br.* Priˈmat *m* des Königs (*bes. in geistlichen Dingen*).
re·gal·i·ty [rɪˈɡælətɪ] *s* **1.** Königswürde *f.* **2.** Königsherrschaft *f*, Souveräniˈtät *f.* **3.** Reˈgal *n*, königliches Hoheitsrecht. **4.** Königreich *n.* **5.** *hist. Scot.* a) von der Krone verliehene Gerichtshoheit, b) Gerichtsbezirk *m* e-s mit königlicher Gerichtshoheit betrauten Lords.
re·gard [rɪˈɡɑː(r)d] **I** *v/t* **1.** (aufmerksam) betrachten, ansehen. **2.** **~ as** betrachten als, halten für: **to be ~ed as** betrachtet werden als, gelten als. **3.** *fig.* betrachten (**with** mit *Abscheu etc*): **he ~ed him with horror**; **I ~ him kindly** ich bringe ihm freundschaftliche Gefühle entgegen. **4.** beachten, Beachtung schenken (*dat*). **5.** berücksichtigen, respekˈtieren. **6.** achten, (hoch)schätzen. **7.** betreffen, angehen: **it does not ~ me; as ~s** was ... betrifft.
II *s* **8.** Blick *m.* **9.** ˈHinsicht *f* (**to** auf *acc*): **in this ~** in dieser Hinsicht; **in ~ to** (*od.* **of**), **with ~ to** im Hinblick auf (*acc*); **to have ~ to** a) sich beziehen auf (*acc*), b) in Betracht ziehen (*acc*), c) → 10. **10.** (**to, for**) Rücksicht(nahme) *f* (auf *acc*), Beachtung *f* (*gen*): **~ must be paid** (*od.* **had**) **to his words** s-n Worten muß man Beachtung schenken; **to pay no ~ to s.th.** auf etwas nicht achten; **without ~ to** (*od.* **for**) ohne Rücksicht auf (*acc*); **to have no ~ for s.o.'s feelings** auf j-s Gefühle keine Rücksicht nehmen; **with due ~ to** (*od.* **for**) **his age** unter gebührender Berücksichtigung s-s Alters. **11.** (Hoch-) Achtung *f* (**for** vor *dat*). **12.** *pl* (*bes. in Briefen*) Grüße *pl*, Empfehlungen *pl*: **with kind ~s to** mit herzlichen Grüßen an (*acc*); **give him my** (**best**) **~s** grüße ihn (herzlich) von mir.
reˈgard·ful *adj* (*adv* **~ly**) **1.** achtsam, aufmerksam (**of** auf *acc*): **to be ~ of** → **regard** 4. **2.** rücksichtsvoll (**of** gegen): **to be ~ of** → **regard** 5.
reˈgard·ing *prep* bezüglich, ˈhinsichtlich (*gen*), betreffend (*acc*).
reˈgard·less **I** *adj* (*adv* **~ly**) **1.** **~ of** ungeachtet (*gen*), ohne Rücksicht auf (*acc*), unbekümmert um, trotz (*gen od. dat*). **2.** unbekümmert, rücksichts-, bedenken-, achtlos. **II** *adv* **3.** *colloq.* unbekümmert, bedenkenlos, ‚ohne Rücksicht auf Verluste': **he went there ~** er ging trotzdem *od.* dennoch hin.
re·gat·ta [rɪˈɡætə] *s sport* Reˈgatta *f.*
re·ge·late [ˈriːdʒɪleɪt] *v/i phys.* wieder gefrieren. **ˌre·geˈla·tion** *s* Regelatiˈon *f*, ˈWiedergefrieren *n.*
re·gen·cy [ˈriːdʒənsɪ] **I** *s* **1.** Reˈgentschaft *f* (*Amt, Gebiet, Zeit*). **2.** **R~** *hist.* Reˈgentschaft(szeit) *f*, *bes.* a) Réˈgence *f* (*in Frankreich, des Herzogs Philipp von Orleans 1715–23*), b) *in England* (*1811–20*) *von Georg, Prinz von Wales* (*später Georg IV.*). **II** *adj* **3.** Regentschafts...
re·gen·er·ate [rɪˈdʒenəreɪt] **I** *v/t* **1.** regeneˈrieren (*a. biol. phys. tech.*): a) neu schaffen, ˈumgestalten, b) wieder erzeugen, c) erneuern, neu *od.* wieder bilden, d) neu beleben: **to be ~d** *relig.* wiedergeboren werden; **to ~ heat** *tech.* Wärme zurückgewinnen *od.* regenerieren. **2.** bessern, reforˈmieren. **3.** *electr.* rückkoppeln. **II** *v/i* **4.** sich erneuern, neu aufleben. **5.** sich regeneˈrieren, sich erneuern, sich neu *od.* wieder bilden, nachwachsen (*Organ*). **6.** sich bessern, sich reforˈmieren. **III** *adj* [-rət] **7.** ge-, verbessert, reforˈmiert. **8.** erneuert, regeneˈriert. **9.** *relig.* ˈwiedergeboren.
re·gen·er·a·tion [rɪˌdʒenəˈreɪʃn] *s* **1.** Regeneratiˈon *f*: a) Reforˈmierung *f*, Besserung *f*, b) Neuschaffung *f*, ˈUmgestaltung *f*, c) Wiederˈherstellung *f*, Erneuerung *f*, d) Neubelebung *f*, e) *relig.* ˈWiedergeburt *f.* **2.** *biol.* Regeneratiˈon *f*, Erneuerung *f* (*verlorengegangener Teile*). **3.** *electr.* Rückkopp(e)lung *f.* **4.** *tech.* Regeneˈrierung *f*, ˈWiedergewinnung *f.*
reˈgen·er·a·tive [-rətɪv; *Am.* -ˌreɪtɪv] *adj* (*adv* **~ly**) **1.** (ver)bessernd, Reformierungs... **2.** neuschaffend, Umgestaltungs... **3.** (sich) erneuernd, Erneuerungs..., Verjüngungs... **4.** ˈwieder- *od.* neubelebend. **5.** *electr.* Rückkopp(e)-

lungs... **6.** *tech.* Regenerativ... **7.** *biol.* Regenerations...: ~ **capacity** Regenerationsvermögen *n.*

re·gen·er·a·tor [rɪˈdʒenəreɪtə(r)] *s* **1.** Erneuerer *m.* **2.** *tech.* Regeneˈrator *m.*

re·gen·e·sis [ˌriːˈdʒenɪsɪs] *s* ˈWiedergeburt *f*, Erneuerung *f.*

re·gent [ˈriːdʒənt] **I** *s* **1.** Reˈgent(in), Reichsverweser(in). **2.** *univ.* a) *hist.* (*in Oxford u. Cambridge*) Disputatiˈonsleiter *m*, b) *Scot. hist.* Studienleiter *m*, c) *Am.* Mitglied *n* des Verwaltungsrats. **II** *adj* **3.** (*dem Substantiv nachgestellt*) die Reˈgentschaft innehabend: → **queen regent, prince** 2. ˈ**re·gent·ship** *s* Reˈgentschaft *f.*

reg·gae [ˈregeɪ] *s mus.* Reggae *m.*

reg·i·cid·al [ˌredʒɪˈsaɪdl] *adj* königsmörderisch. ˈ**reg·i·cide** *s* **1.** Königsmörder *m.* **2. the** ~**s** *pl* die Königsmörder *pl* (*bes. die an der Verurteilung u. Hinrichtung Karls I. von England Beteiligten*). **3.** Königsmord *m.*

ré·gie [reɪˈʒiː] *s* Reˈgie *f*, ˈStaatsmonoˌpol *n.*

re·gime, *a.* **ré·gime** [reɪˈʒiːm] *s* **1.** *pol.* Reˈgime *n*, Reˈgierungsform *f*, (Reˈgierungs)Syˌstem *n.* **2.** (vor)herrschendes Syˈstem: **matrimonial** ~ *jur.* eheliches Güterrecht. **3.** → **regimen** 1.

reg·i·men [ˈredʒɪmen] *s* **1.** *med.* geregelte *od.* gesunde Lebensweise, *bes.* Diˈät *f*: **to follow a strict** ~ streng Diät halten. **2.** Reˈgierung *f*, Herrschaft *f.* **3.** *ling.* Rektiˈon *f.*

reg·i·ment I *s* [ˈredʒɪmənt] **1.** *mil.* Regiˈment *n.* **2.** *fig.* große Zahl, Schar *f.* **II** *v/t* [-ment] **3.** *mil.* a) zu Regiˈmentern forˈmieren, b) ein Regiˈment bilden aus, c) regimenˈtieren, e-m Regiˈment zuteilen. **4.** *fig.* a) ˈeingrupˌpieren, einordnen, b) organiˈsieren, c) unter (*bes.* staatliche) Aufsicht stellen. **5.** *fig.* reglemenˈtieren, kontrolˈlieren, gängeln, bevormunden. ˌ**reg·iˈmen·tal** [-ˈmentl] *adj mil.* Regiments...: ~ **aid post** Truppenverband(s)platz *m*; ~ **combat team** Kampfgruppe *f*; ~ **hospital** Feldlazarett *n*; ~ **officer** *Br.* Truppenoffizier *m.* ˌ**reg·iˈmen·tal·ly** *adv mil.* regiˈmentsweise. ˌ**reg·iˈmen·tals** *s pl mil.* (Regiˈments-, Traditiˈons-) Uniˌform *f.*

reg·i·men·ta·tion [ˌredʒɪmenˈteɪʃn] *s* **1.** Organiˈsierung *f*, Einteilung *f* (in Gruppen). **2.** *fig.* Reglemenˈtierung *f*, (behördliche) Konˈtrolle, Bevormundung *f.*

Re·gi·na [rɪˈdʒaɪnə] (*Lat.*) *s jur. Br.* (*die*) Königin (*offizieller Titel der Königin von England*), *weitS. a.* die Krone, der Staat: **Elizabeth** ~ Königin Elisabeth.

re·gion [ˈriːdʒən] *s* **1.** *allg.* Gebiet *n*, Bereich *m*, Gegend *f*, Regiˈon *f*: **spectral** ~ *phys.* Spektralbereich; ~ **of high (low) pressure** *meteor.* Hoch-(Tief)druckgebiet; **a present in the** ~ **of £50** ein Geschenk im Wert von ungefähr 50 Pfund. **2.** Gebiet *n*, Gegend *f*, Landstrich *m.* **3.** *bot. geogr. zo.* Regiˈon *f*, Gebiet *n*: **tropical** ~**s** Tropengebiete. **4.** (Luft-, Meeres)Schicht *f*, Sphäre *f.* **5.** *fig.* Regiˈon *f*, Reich *n* (*des Universums etc*): **the upper (lower)** ~**s** die höheren Regionen (die Unterwelt). **6.** *med.* (Körper)Gegend *f*: **cardiac** ~ Herzgegend. **7.** (Verwaltungs)Bezirk *m.*

re·gion·al [ˈriːdʒənl] *adj* (*adv* ~**ly**) **1.** regioˈnal, gebiets-, strichweise, örtlich (begrenzt), *a. med.* loˈkal, örtlich: ~ **an(a)esthesia** *med.* örtliche Betäubung, Lokalanästhesie *f*; ~ **diagnosis** *med.* Herddiagnose *f.* **2.** Regional..., Bezirks..., Orts...: ~ **station** (*Radio*) Regionalsender *m.* ˈ**re·gion·al·ism** *s* **1.** Regionaˈlismus *m*, Loˈkalpatrioˌtismus *m.* **2.** Heimatkunst *f*, -dichtung *f.*

3. *ling.* nur regioˈnal gebrauchter Ausdruck.

reg·is·ter¹ [ˈredʒɪstə(r)] **I** *s* **1.** Reˈgister *n* (*a. Computer*), Eintragungsbuch *n*, Verzeichnis *n*, (*Wähler- etc*)Liste *f*: ~ **of births, deaths and marriages** Personenstandsregister; ~ **of companies** Handelsregister; ~ **of patents** Patentrolle *f*; ~ **of taxes** Hebeliste *f*; **unpaid** ~ *econ.* Verzeichnis nichteingelöster Schecks; ~ **office** a) Registratur *f*, b) *Br.* Standesamt *n*; **(ship's)** ~ *mar.* a) Registerbrief *m*, b) Schiffsregister *n*; → **ton¹** 2, **tonnage** 1. **2.** Regiˈstrierung *f*: a) Eintrag *m*, b) Eintragung *f.* **3.** a) Reˈgister *n*, (Inhalts)Verzeichnis *n*, Index *m*, b) Buchzeichen *n.* **4.** *tech.* a) Regiˈstriervorrichtung *f*, Zählwerk *n*: → **cash register**, b) Reguˈliervorrichtung *f*, Schieber *m*, Venˈtil *n*, Klappe *f.* **5.** *mus.* a) (ˈOrgel-) Reˌgister *n*, b) Stimm-, Tonlage *f*, c) ˈStimmˌumfang *m.* **6.** *print.* Reˈgister *n*: **to be in** ~ Register halten. **7.** *ling.* Sprach-, Stilebene *f.*

II *v/t* **8.** regiˈstrieren, eintragen *od.* -schreiben (lassen), anmelden (**for school** zur Schule), *weitS.* (amtlich) erfassen, (*a. fig. e-n Erfolg etc*) verzeichnen, -buchen: **to** ~ **o.s.** *pol.* sich in die (Wahl-) Liste eintragen; **to** ~ **a company** *econ.* e-e Gesellschaft (handelsgerichtlich) eintragen. **9.** *jur.* a) *ein Warenzeichen* anmelden, b) *e-n Artikel* gesetzlich schützen. **10.** *mail* einschreiben (lassen): **to** ~ **a letter. 11.** *Br. Gepäck* aufgeben. **12.** *tech. Meßwerte* regiˈstrieren, anzeigen, verzeichnen. **13.** *e-e Empfindung* zeigen, ausdrücken: **to** ~ **surprise. 14.** *print. Gedrucktes* in das Reˈgister bringen. **15.** *mil. das Geschütz* einschießen.

III *v/i* **16.** a) sich (in das Fremdenbuch, in die Wählerliste *etc*) eintragen (lassen), b) *univ. etc* sich einschreiben (**for** für). **17.** sich (an)melden (**at, with** bei *der Polizei etc*). **18.** *print.* Reˈgister halten. **19. it didn't** ~ **with me** *colloq.* ich habe es nicht registriert *od.* zur Kenntnis genommen. **20.** *tech.* a) sich decken, genau zu- *od.* aufeinˈander passen, b) einrasten. **21.** *mil.* sich einschießen. **22.** *mus.* regiˈstrieren.

reg·is·ter² [ˈredʒɪstər] *s*: ~ **of wills** *jur. Am.* Urkundsbeamte(r) *m* des Nachlaßgerichts.

reg·is·tered [ˈredʒɪstə(r)d] *adj* **1.** *allg.* regiˈstriert, eingetragen. **2.** *econ. jur.* a) (handelsgerichtlich) eingetragen: ~ **company (place of business, trademark,** *etc*), b) gesetzlich geschützt: ~ **design** (*od.* **pattern**) Gebrauchsmuster *n.* **3.** *econ.* regiˈstriert, Namens...: ~ **bonds** Namensschuldverschreibungen; ~ **capital** autorisiertes (Aktien)Kapital; ~ **share,** *bes. Am.* ~ **stock** Namensaktie *f.* **4.** *mail* eingeschrieben, Einschreibe...: ~ **letter; R**~! Einschreiben! **5.** amtlich zugelassen (*Fahrzeug*): ~ **doctor** approbierter Arzt; ~ **nurse** *Am.* (staatlich) geprüfte Krankenschwester. **6.** *Tierzucht*: Zuchtbuch...

reg·is·trar [ˌredʒɪˈstrɑː; *Am.* ˈredʒəˌstrɑːr] *s* **1.** *Br.* Standesbeamte(r) *m*: **R**~ **General** oberster Standesbeamter; ~**'s office** a) Registratur *f*, b) *Br.* Standesamt *n.* **2.** Regiˈstrator *m*, Archiˈvar *m*, Urkundsbeamte(r) *m*: ~ **in bankruptcy** *jur. Br.* Konkursrichter *m.* **3.** *univ.* a) *Br. höchster Verwaltungsbeamter*, b) *Am.* Regiˈstrator *m.* **4.** *med. Br.* Krankenhausarzt *m.*

reg·is·trar·y [ˈredʒɪstrərɪ] *s Br. höchster Verwaltungsbeamter der Universität Cambridge.*

reg·is·tra·tion [ˌredʒɪˈstreɪʃn] *s* **1.** (*bes.* standesamtliche, poliˈzeiliche, ˈWahl- *etc*)Regiˌstrierung, Erfassung *f*, Eintragung *f* (*a. econ. e-r Gesellschaft, e-s Warenzeichens*), *mot.* Zulassung *f* (*e-s Fahrzeugs*). **2.** (poliˈzeiliche, Hoˈtel-, Schul- *etc*)Anmeldung, Einschreibung *f*: **compulsory** ~ (An)Meldepflicht *f*; ~ **certificate** Zulassung(spapier *n*) *f*; ~ **form** (An)Meldeformular *n.* **3.** Kreis *m od.* Zahl *f* der Erfaßten, (*das*) Regiˈstrierte *od.* Erfaßte. **4.** *mail* Einschreibung *f.* **5.** *a.* ~ **of luggage** *bes. Br.* (Gepäck)Aufgabe *f*: ~ **window** Gepäckschalter *m.* **6.** *mus.* Regiˈstrierung *f* (*bei der Orgel*). ~ **card** *s* **1.** Anmeldeschein *m.* **2.** Persoˈnalkarte *f.* ~ **fee** *s* **1.** *econ.* a) Eintragungs-, Anmeldegebühr *f*, b) ˈUmschreibungsgebühr *f.* **2.** *mail* Einschreib(e)gebühr *f.* ~ **of·fice** *s* Meldestelle *f*, Einwohnermeldeamt *n.*

reg·is·try [ˈredʒɪstrɪ] *s* **1.** Regiˈstrierung *f* (*a. mar. e-s Schiffs*): **port of** ~ Registrierhafen *m.* **2.** Reˈgister *n*, Verzeichnis *n.* **3.** *a.* ~ **office** a) Registraˈtur *f*, b) *Br.* Standesamt *n.* **4.** ˈStellenvermittlungsbüˌro *n.*

re·gi·us [ˈriːdʒjəs; -ɪəs] (*Lat.*) *adj* königlich: **R**~ **professor** *Br.* königlicher Professor (*durch königliches Patent ernannt*).

reg·let [ˈreglɪt] *s* **1.** *arch.* Leistchen *n.* **2.** *print.* a) Reˈglette *f*, Steg *m*, b) (ˈZeilen-) ˌDurchschuß *m.*

reg·nal [ˈregnəl] *adj* Regierungs...: ~ **year**; ~ **day** Jahrestag *m* des Regierungsantritts. ˈ**reg·nant** *adj* **1.** (*nachgestellt*) reˈgierend: **prince** ~. **2.** *fig.* (vor)herrschend.

re·gorge [rɪˈɡɔː(r)dʒ] **I** *v/t* **1.** wiederˈausspeien. **2.** zuˈrückwerfen. **II** *v/i* **3.** zuˈrückgeworfen *od.* ausgespien werden. **4.** zuˈrückfließen.

re·grade [ˌriːˈɡreɪd] *v/t* neu einstufen.

re·grant [ˌriːˈɡrɑːnt; *Am.* -ˈɡrænt] **I** *v/t* ˈwiederverleihen, von neuem bewilligen. **II** *s* ˈWiederverleihung *f*, erneute Bewilligung.

re·grate [rɪˈɡreɪt] *v/t* **1.** (*zum Wiederverkauf*) aufkaufen. **2.** weiter-, ˈwiederverkaufen. **reˈgrat·er** *s* **1.** ˈWiederverkäufer *m*, Zwischenhändler *m.* **2.** *Br.* Aufkäufer *m.*

re·gress I *v/i* [rɪˈɡres] **1.** sich rückwärts bewegen. **2.** sich rückläufig entwickeln (*Gesellschaft*). **3.** *biol. psych.* sich zuˈrückbilden *od.* -entwickeln. **II** *s* [ˈriːɡres] **4.** Rückwärtsbewegung *f.* **5.** rückläufige Entwicklung.

re·gres·sion [rɪˈɡreʃn] *s* **1.** → **regress** II. **2.** *biol.* Rückbildung *f*, -entwicklung *f*, Regressiˈon *f.* **3.** *psych.* Regressiˈon *f.* **4.** *math.* a) Regressiˈon *f*, Beziehung *f*, b) Rückkehr *f* (*e-r Kurve*).

re·gres·sive [rɪˈɡresɪv] *adj* (*adv* ~**ly**) **1.** zuˈrückgehend, rückläufig. **2.** rückwirkend: ~ **accent**; ~ **taxation. 3.** *biol.* regresˈsiv, sich zuˈrückbildend *od.* -entwickelnd.

re·gret [rɪˈɡret] **I** *v/t* **1.** beklagen, trauern um, *j-m od. e-r Sache* nachtrauern: **to** ~ **one's vanished years. 2.** bedauern, bereuen: **to** ~ **(one's) doing s.th.** es bedauern *od.* bereuen, etwas getan zu haben. **3.** *etwas* bedauern: **it is to be** ~**ted** es ist bedauerlich; **I** ~ **to say** ich muß leider sagen. **II** *s* **4.** Schmerz *m*, Trauer *f* (**for** um). **5.** Bedauern *n*, Reue *f*: **to have no** ~**(s)** keine Reue empfinden. **6.** Bedauern *n* (**at** über *acc*): **(much** *od.* **greatly) to my** ~ (sehr) zu m-m Bedauern, leider. **reˈgret·ful** *adj* (*adv* ~**ly**) bedauernd, reuevoll, kummervoll. **reˈgret·ta·ble** *adj* **1.** bedauerlich. **2.** bedauernswert, zu bedauern(d). **reˈgret·ta·bly** [-blɪ] *adv* bedauerlicherweise, leider.

re·grind [ˌriːˈɡraɪnd] *v/t irr tech.* nachschleifen.

re·group [ˌriːˈɡruːp] *v/t u. v/i* (sich) ˈum-

grup₁pieren, neu grup'pieren, *econ. Kapital* 'umschichten.
regs [regz] *s pl bes. Am. colloq. für* **regulation** 2 b–d.
reg·u·la·ble ['regjʊləbl] *adj* regu'lier-, einstellbar.
reg·u·lar ['regjʊlə(r)] **I** *adj* (*adv* **~ly**) **1.** (zeitlich) regelmäßig, *rail. etc a.* fahrplanmäßig: **~ customer** a) Stammkunde *m*, -kundin *f*, b) Stammgast *m*; **~ voter** *pol.* Stammwähler *m*; **at ~ intervals** regelmäßig, in regelmäßigen Abständen. **2.** regelmäßig (*in Form od. Anordnung*), ebenmäßig: **~ features**; **~ teeth**. **3.** regu'lär, nor'mal, gewohnt: **~ business** normaler Geschäftsverkehr, laufende Geschäfte; **~ gasoline** *mot. Am.* Normalbenzin *n*; **~ lot** (*Börse*) Normaleinheit *f*; **~ly employed** fest angestellt, in ungekündigter Stellung. **4.** stetig, regel-, gleichmäßig: **~ breathing**. **5.** regelmäßig, geregelt, geordnet: **a ~ life**; **~ habits** e-e geordnete Lebensweise. **6.** genau, pünktlich. **7.** *bes. jur. pol.* richtig, vorschriftsmäßig, formgerecht: **~ session** ordentliche Sitzung. **8.** a) geprüft: **a ~ physician** ein approbierter Arzt, b) ‚richtig', gelernt: **a ~ cook**. **9.** richtig, recht, ordentlich: **he has no ~ profession**. **10.** *colloq.* ‚echt', ‚richtig (-gehend)': **a ~ rascal**; **a ~ guy** *Am.* ein Pfundskerl. **11.** *math.* gleichseitig: **~ triangle**. **12.** *ling.* regelmäßig (*Wortform*). **13.** *mil.* a) regu'lär (*Truppe*): **~ army**, b) ak'tiv, Berufs...: **~ soldier**. **14.** *sport* Stamm...: **~ player**; **to make the ~ team** *bes. Am.* sich e-n Stammplatz (in der Mannschaft) erobern. **15.** *relig.* Ordens...: **~ clergy**. **16.** *pol. Am.* Partei(leitungs)...
II *s* **17.** Ordensgeistliche(r) *m*. **18.** *mil.* a) ak'tiver Sol'dat, Be'rufssol₁dat *m*, b) *pl* regu'läre Truppe(n *pl*). **19.** *pol. Am.* treuer Par'teianhänger. **20.** *colloq.* a) Stammkunde *m*, -kundin *f*, b) Stammgast *m*. **21.** *sport colloq.* Stammspieler(in).
III *adv sl.* **22.** regelmäßig. **23.** ‚richtig (-gehend)', ‚gehörig', ‚tüchtig'.
reg·u·lar·i·ty [₁regjʊ'lærətɪ] *s* **1.** Regelmäßigkeit *f*. **2.** Ordnung *f*, Richtigkeit *f*.
reg·u·lar·i·za·tion [₁regjʊləraɪ'zeɪʃn; *Am.* -rə'z-] *s* (*a.* gesetzliche) Regelung. **'reg·u·lar·ize** *v/t* **1.** e-r Regel unter'werfen. **2.** vereinheitlichen. **3.** (gesetzlich) regeln.
reg·u·late ['regjʊleɪt] *v/t* **1.** regeln, lenken, ordnen: **to ~ the traffic** den Verkehr regeln. **2.** *jur.* (gesetzlich) regeln. **3.** *physiol. tech. etc* regu'lieren, regeln: **to ~ the speed** (**digestion**, *etc*). **4.** *tech. e-e Maschine, Uhr etc* (ein)stellen. **5.** anpassen (**according to an** *acc*). **'reg·u·lat·ing** *adj* **1.** regu'lierend, regelnd. **2.** *tech.* Regulier..., (Ein)Stell...: **~ resistance** *electr.* Regelwiderstand *m*; **~ screw** Stellschraube *f*; **~ unit** Stellglied *n*.
reg·u·la·tion [₁regjʊ'leɪʃn] **I** *s* **1.** Regelung *f*, Regu'lierung *f* (*beide a. physiol. u. tech.*), *tech.* Einstellung *f*. **2.** a) (Ausführungs)Verordnung *f*, Verfügung *f*, b) *pl* 'Durchführungsbestimmungen *pl*, c) *pl* Satzung(en *pl*) *f*, Sta'tuten *pl*, d) *pl* (Dienst-, Betriebs)Vorschrift *f*: **works ~s** Betriebsordnung *f*; **traffic ~s** Verkehrsvorschriften; **according to ~s** nach Vorschrift, vorschriftsmäßig. **II** *adj* **3.** vorgeschrieben, vorschriftsmäßig: **of (the) ~ size**. **4.** *bes. mil.* vorschriftsmäßig, Dienst...: **~ cap** Dienstmütze *f*. **5.** üblich, gebräuchlich. **reg·u·la·tive** ['regjʊlətɪv; *Am.* -₁leɪtɪv] *adj* regula'tiv (*a. philos.*), regelnd, regu'lierend.
reg·u·la·tor ['regjʊleɪtə(r)] *s* **1.** *electr.* Regler *m*. **2.** *tech.* Regu'lator *m*: a) (Gang)Regler *m* (*e-r Uhr*), b) (*e-e*) Wanduhr. **3.** *tech.* Regu'lier-, Stellvorrichtung *f*: **~ valve** Reglerventil *n*. **4.** *chem.* Regu'lator *m*. **'reg·u·la·to·ry** [-lətərɪ; *Am.* -lə₁təʊriː; -₁tɔː-] *adj* Durch-, Ausführungs...: **~ provisions**; → **statute** 1.
reg·u·line ['regjʊlaɪn; -lɪn] *adj chem.* regu'linisch: **~ metal** kompaktes Metall.
reg·u·lo ['regjʊləʊ] *pl* **-los** *s Br.* Stufe *f* (*e-s Gasherdes*): **on ~ 3** auf Stufe 3.
reg·u·lus ['regjʊləs] *pl* **-lus·es, -li** [-laɪ] *s* **1.** **R~** *astr.* Regulus *m* (*Stern im Löwen*). **2.** *tech.* Regulus *m*: a) (Me'tall-) König *m*, b) Speise *f* (*flüssiges Gußmetall*). **3.** *math.* Regulus *m*. **4.** *orn.* Goldhähnchen *n*.
re·gur·gi·tate [rɪ'gɜːdʒɪteɪt; *Am.* -'gɜr-] **I** *v/i* **1.** zu'rückfließen. **II** *v/t* **2.** zu'rückfließen lassen. **3.** wieder ausspeien. **4.** *Essen* erbrechen. **re₁gur·gi'ta·tion** *s bes. med.* a) Rückfluß *m* (*bes. vom Blut*), b) Rückstauung *f*.
re·hab [₁riː'hæb] *Am. colloq. für* a) **rehabilitate**, b) **rehabilitation**.
re·ha·bil·i·tate [₁riːə'bɪlɪteɪt; ₁riːhə-] *v/t* **1.** rehabili'tieren: a) wieder'einsetzen (**in** in *acc*), b) *j-s* Ruf wieder'herstellen, c) *e-n Versehrten* wieder ins Berufsleben eingliedern. **2.** *e-n Strafentlassenen* resoziali'sieren. **3.** *etwas od. j-n* wieder'herstellen. **4.** *e-n Betrieb, Altbauten etc* sa'nieren. **'re·ha₁bil·i'ta·tion** *s* **1.** Rehabilitati'on *f*, Rehabili'tierung *f*: a) Wieder'einsetzung *f* (*in frühere Rechte*), b) Ehrenrettung *f*, c) *a.* **vocational ~** Wieder'eingliederung *f* ins Berufsleben: **~ center** (*bes. Br.* **centre**) Rehabilitationszentrum *n*. **2.** *a.* **social ~** Resoziali'sierung *f*. **3.** Sa'nierung *f*: **industrial ~** wirtschaftlicher Wiederaufbau.
re·han·dle [₁riː'hændl] *v/t ein Thema* neu bearbeiten, *etwas* 'umarbeiten.
re·hash *fig.* **I** *s* ['riːhæʃ] **1.** (*etwas*) Aufgewärmtes, Wieder'holung *f*, Aufguß *m*. **2.** Wieder'aufwärmen *n*. **II** *v/t* [₁riː'hæʃ] **3.** (wieder) aufwärmen, 'wiederkäuen.
re·hear [₁riː'hɪə(r)] *v/t irr* **1.** erneut anhören. **2.** *jur.* neu verhandeln. **₁re'hear·ing** *s jur.* erneute Verhandlung.
re·hears·al [rɪ'hɜːsl; *Am.* rɪ'hɜrsəl] *s* **1.** *mus. thea., a. fig.* Probe *f*: **to be in ~** einstudiert werden; **first ~** Leseprobe; **full ~** Gesamtprobe; **to take the ~s** die Proben leiten. **2.** 'Einstu₁dierung *f*. **3.** Wieder'holung *f*. **4.** Aufzählung *f*, Lita'nei *f*: **a ~ of grievances**. **5.** Aufsagen *n*, Vortrag *m*. **re'hearse I** *v/t* **1.** *mus. thea.* proben (*a. fig.*), *e-e Rolle, ein Stück etc* 'einstu₁dieren. **2.** *j-n* einüben. **3.** wieder'holen. **4.** aufzählen. **5.** aufsagen, vortragen. **6.** erzählen, berichten. **7.** *Möglichkeiten etc* 'durchspielen. **II** *v/i* **8.** Proben abhalten, proben.
re·heat I *v/t* [₁riː'hiːt] *Suppe etc* aufwärmen. **II** *s* ['riːhiːt] *aer. bes. Br.* Nachbrennen *n*.
re·house [₁riː'haʊz] *v/t* (wieder *od.* in e-r neuen Wohnung) 'unterbringen, (neuen) Wohnraum (be)schaffen für.
re·i·fi·ca·tion [₁riːɪfɪ'keɪʃn; *Am. a.* ₁reɪə-] *s* Reifikati'on *f*, Vergegenständlichung *f*, Konkreti'sierung *f*. **'re·i·fy** [-faɪ] *v/t* reifi'zieren, vergegenständlichen, konkreti'sieren.
reign [reɪn] **I** *s* **1.** Re'gierung(szeit) *f*: **in** (*od.* **under**) **the ~ of** unter der Regierung (*gen*). **2.** Herrschaft *f* (*a. fig. der Mode etc*): **~ of law** Rechtsstaatlichkeit *f*; **~ of terror** Schreckensherrschaft. **II** *v/i* **3.** re'gieren, herrschen (**over** über *acc*): **the ~ing beauty** die schönste (u. einflußreichste) Frau (*ihrer Zeit*); **the ~ing world champion** *sport* der amtierende Weltmeister. **4.** *fig.* herrschen: **silence ~ed** es herrschte Schweigen. **5.** vorherrschen, über'wiegen.
re·im·burs·a·ble [₁riːɪm'bɜːsəbl; *Am.* -'bɜr-] *adj* rückzahlbar. **₁re·im'burse** *v/t* **1.** *econ. j-n* entschädigen (**for** für): **you will be ~d for your expenses** wir werden Ihnen Ihre Auslagen (zurück-) erstatten; **to ~ o.s.** sich schadlos halten (**for** für). **2.** *etwas* zu'rückzahlen, *Auslagen* erstatten, vergüten, *Kosten* decken. **₁re·im'burse·ment** *s econ.* **1.** ('Wieder)Erstattung *f*, (Rück)Vergütung *f*, (Kosten)Deckung *f*: **~ credit** Rembourskredit *m*. **2.** Entschädigung *f*.
re·im·port *econ.* **I** *v/t* [₁riːɪm'pɔː(r)t] **1.** wieder'einführen. **II** *s* [₁riː'ɪmpɔː(r)t] **2.** → **reimportation**. **3.** *pl* wieder'eingeführte Waren *pl*. **₁re·im·por'ta·tion** *s* 'Wiedereinfuhr *f*.
re·im·pres·sion [₁riːɪm'preʃn] *s print.* Neu-, Nachdruck *m*.
rein [reɪn] **I** *s* **1.** *oft pl* Zügel *m*, *meist pl* (*a. fig.*): **to draw ~** (an)halten, *fig.* bremsen; **to give a horse the ~(s)** die Zügel locker lassen; **to give free ~(s) to one's imagination** s-r Phantasie freien Lauf lassen *od.* die Zügel schießen lassen; **to keep a tight ~ on s.o.** *fig.* j-n fest an die Kandare nehmen; **with a loose ~** mit sanfter Zügelführung, *fig.* mit sanfter Hand; **to take** (*od.* **assume**) **the ~s of government** die Zügel (der Regierung) in die Hand nehmen. **II** *v/t* **2.** *das Pferd* aufzäumen. **3.** (mit dem Zügel) lenken: **to ~ back** (*od.* **in** *od.* **up**) a) verhalten, b) anhalten. **4.** *fig.* lenken. **5.** *fig.* zügeln, im Zaum halten: **to ~ one's tongue**. **III** *v/i* **6.** **~ back**, **~ in**, **~ up** a) verhalten, b) anhalten.
re·in·car·nate I *v/t* [riː'ɪnkɑː(r)neɪt; ₁riːɪn'kɑː(r)-] *j-m* wieder fleischliche Gestalt geben: **to be ~d** wiedergeboren werden. **II** *adj* [₁riːɪn'kɑː(r)nɪt] 'wiedergeboren. **₁re·in·car'na·tion** *s* Reinkarnati'on *f*: a) (Glaube *m* an die) Seelenwanderung, b) 'Wiederverleiblichung *f*, -geburt *f*.
rein·deer ['reɪn₁dɪə(r)] *pl* **-deers,** *bes. collect.* **-deer** *s zo.* Ren *n*, Rentier *n*.
re·in·force [₁riːɪn'fɔː(r)s] **I** *v/t* **1.** *mil. u. weitS.* verstärken. **2.** *fig.* a) *s-e Gesundheit* kräftigen, b) *s-e Worte* bekräftigen, c) *e-n Eindruck* verstärken, d) *e-n Beweis* unter'mauern, e) **it ~d my determination** es bestärkte mich in m-m Entschluß. **3.** *tech.* a) *allg.* verstärken, b) *Beton* ar'mieren: **~d concrete** Eisen-, Stahlbeton *m*. **II** *s* **4.** *tech.* (Materi'al)Verstärkung *f*. **5.** *mil.* Rohrversteifung *f*. **₁re·in'force·ment** *s* **1.** Verstärkung *f* (*a. tech.*), *tech.* Ar'mierung *f* (*von Beton*). **2.** *pl mil.* Verstärkung *f*. **3.** *fig.* Bekräftigung *f*, Unter'mauerung *f*.
reins [reɪnz] *s pl* **1.** *obs.* a) Nieren *pl*, b) Lenden *pl*. **2.** *Bibl.* Nieren *pl* (*Herz, Seele*).
reins·man ['reɪnzmən] *s irr Am.* Lenker *m* (*e-s Gespanns*), *bes.* erfahrener Jockey *od.* Trabrennfahrer.
re·in·stall [₁riːɪn'stɔːl] *v/t j-n* wieder'einsetzen (in in *acc*), *entlassenen Arbeiter etc* wieder'einstellen. **₁re·in'stal(l)·ment** *s* Wieder'einsetzung *f*, -'einstellung *f*.
re·in·state [₁riːɪn'steɪt] *v/t* **1.** *j-n* wieder'einsetzen (**in** in *acc*). **2.** *etwas* (wieder) in'stand setzen. **3.** *j-n od. etwas* wieder'herstellen, *e-e Versicherung etc* wieder'aufleben lassen. **₁re·in'state·ment** *s* **1.** Wieder'einsetzung *f*. **2.** Wieder'herstellung *f*.
re·in·sur·ance [₁riːɪn'ʃʊərəns] *s econ.* Rückversicherung *f*. **₁re·in'sure** *v/t* **1.** rückversichern. **2.** nachversichern.
re·in·te·grate [₁riː'ɪntɪgreɪt] *v/t* **1.** 'wiedervereinigen. **2.** wieder aufnehmen *od.* eingliedern (**into** in *acc*). **3.** wieder'her-

stellen. ˌ**re·in·teˈgra·tion** *s* **1.** ˈWiedervereinigung *f.* **2.** Wiederˈaufnahme *f*, -ˈeingliederung *f.* **3.** Wiederˈherstellung *f.*

re·in·vest [ˌriːɪnˈvest] *v/t* **1.** *econ.* wieder anlegen: to ~ a profit. **2.** *j-n* wiederˈeinsetzen (in in *acc*), wieder bekleiden (with mit). ˌ**re·inˈves·ti·ture** [-tɪtʃə(r)] *s* Wiederˈeinsetzung *f* (*in ein Amt od. in Rechte*), Wiederˈeinweisung *f* (*in Besitz*). ˌ**re·inˈvest·ment** *s econ.* Neu-, ˈWiederanlage *f.*

re·is·sue [ˌriːˈɪʃuː] **I** *s* **1.** *print.* Neuauflage *f* (*in veränderter Aufmachung*). **2.** Neuausgabe *f* (*von Banknoten, Briefmarken etc*): ~ patent Abänderungspatent *n.* **II** *v/t* **3.** neu auflegen. **4.** neu ausgeben.

re·it·er·ate [riːˈɪtəreɪt] *v/t* (ständig) wiederˈholen. **re**ˌ**it·erˈa·tion** *s* Wiederˈholung *f.* **reˈit·er·a·tive** [-rətɪv; *Am.* -ˌreɪ-] **I** *adj* (*adv* ~ly) **1.** (ständig) wiederˈholend. **II** *s ling.* **2.** (Re)Iteraˈtivum *n.* **3.** redupliˈziertes Wort.

re·ject I *v/t* [rɪˈdʒekt] **1.** *j-n od. etwas* ab-, zuˈrückweisen, *e-e Bitte* abschlagen, *etwas* verwerfen: to ~ a counsel e-n Rat verschmähen *od.* nicht annehmen; to ~ food Nahrung *od.* die Nahrungsaufnahme verweigern; to be ~ed a) *pol. od. thea.* ‚durchfallen', b) ‚e-n Korb bekommen' (*Freier*). **2.** (als wertlos *od.* unbrauchbar) ausscheiden, *tech. a.* ausstoßen. **3.** *med.* a) *Essen* wieder von sich geben (*Magen*), b) *verpflanztes Organ etc* abstoßen. **II** *s* [ˈriːdʒekt] **4.** *mil.* Untaugliche(r) *m*, Ausgemusterte(r) *m.* **5.** ˈAusschußarˌtikel *m*: ~s *pl* Ausschuß *m.* **reˈject·a·ble** *adj* **1.** ablehnbar. **2.** abzulehnen(d). **re**ˌ**jec·taˈmen·ta** [-təˈmentə] *s pl* **1.** Abfälle *pl.* **2.** a) Anschwemmungen *pl* (*des Meeres*), b) Strandgut *n.* **3.** *physiol.* Exkreˈmente *pl.* **reˈjec·tion** *s* **1.** Ablehnung *f*, Zuˈrückweisung *f*, Verwerfung *f.* **2.** *econ.* a) Abnahmeverweigerung *f*, b) → reject 5: ~ number Schlechtzahl *f* (*bei Gütekontrolle*). **3.** *pl* Exkreˈmente *pl.* **4.** *med.* Abstoßung *f.* **reˈjec·tor** [-tə(r)] *s a.* ~ circuit *electr.* Sperrkreis *m.*

re·joice [rɪˈdʒɔɪs] **I** *v/i* **1.** (hoch)erfreut sein, frohˈlocken (at, over über *acc*). **2.** ~ in sich *e-r Sache* erfreuen (*etwas besitzen*). **II** *v/t* **3.** erfreuen: to be ~d sich freuen (at, over über *acc*; to hear, *etc* zu hören *etc*). **reˈjoic·ing I** *s* **1.** Freude *f*, Frohˈlocken *n* (at, over über *acc*). **2.** *oft pl* (Freuden)Fest *n*, Lustbarkeit(en *pl*) *f.* **II** *adj* (*adv* ~ly) **3.** erfreut, froh (at, over über *acc*).

re·join[1] [ˌriːˈdʒɔɪn] **I** *v/t* **1.** sich wieder anschließen (*dat*) *od.* an (*acc*), wieder eintreten in (*acc*): to ~ a party. **2.** wieder zuˈrückkehren zu, sich wieder gesellen zu, *j-n* ˈwiedertreffen. **3.** ˈwiedervereinigen, wieder zs.-fügen (to, with mit). **II** *v/i* **4.** sich wieder vereinigen. **5.** sich wieder zs.-fügen.

re·join[2] [rɪˈdʒɔɪn] *v/t* **1.** erwidern. **2.** (*a. v/i*) *jur.* dupliˈzieren.

re·join·der [rɪˈdʒɔɪndə(r)] *s* **1.** *jur.* Duˈplik *f.* **2.** Erwiderung *f.*

re·ju·ve·nate [rɪˈdʒuːvɪneɪt] *v/t u. v/i* (sich) verjüngen (*a. geol.*). **re**ˌ**ju·veˈna·tion** *s* Verjüngung *f*: ~ treatment *med.* Verjüngungskur *f.* **reˈju·ve·na·tor** [-tə(r)] *s* Verjüngungsmittel *n.* **re·ju·ve·nesce** [ˌriːdʒuːvɪˈnes] *v/t u. v/i bes. biol.* (sich) verjüngen. ˌ**re·ju·veˈnes·cence** *s* (*a. biol.* Zell)Verjüngung *f.* ˌ**re·ju·veˈnes·cent** *adj* **1.** sich verjüngend. **2.** verjüngend. **reˈju·ve·nize** [rɪ-] *v/t* verjüngen.

re·kin·dle [ˌriːˈkɪndl] **I** *v/t* **1.** wieder anzünden. **2.** *fig.* a) *j-s Zorn etc* wieder entfachen, b) *etwas* neu beleben, c) *Hoffnung* ˈwiedererwecken. **II** *v/i* **3.** sich wieder entzünden. **4.** *fig.* wieder entbrennen, wiederˈaufleben.

re·lapse [rɪˈlæps] **I** *v/i* **1.** zuˈrückfallen, wieder fallen (into in *acc*): to ~ into stupor. **2.** wieder verfallen (into in *acc*): to ~ into barbarism. **3.** rückfällig werden. **4.** *med.* e-n Rückfall erleiden. **II** *s* [*a.* ˈriːlæps] **5.** *med.* Rückfall *m*: to have a ~ e-n Rückfall erleiden.

reˈlaps·ing fe·ver *s med.* Rückfallfieber *n.*

re·late [rɪˈleɪt] **I** *v/t* **1.** berichten, erzählen (to s.o. j-m). **2.** in Verbindung *od.* Zs.-hang bringen, verbinden (to, with mit). **II** *v/i* **3.** sich beziehen (to auf *acc*): relating to in bezug *od.* mit Bezug auf (*acc*), bezüglich (*gen*), betreffend (*acc*). **4.** (to, with) in Beziehung *od.* Verbindung stehen (zu, mit), gehören (zu), verwandt sein (mit): to ~ to s.o. as sich j-m gegenüber verhalten wie zu. **reˈlat·ed** *adj* **1.** verwandt (to, with mit) (*a. fig.*): ~ sciences; → blood 4, marriage 1. **2.** verbunden, -knüpft (to mit). **reˈlat·ed·ness** *s* Verwandtschaft *f.*

re·la·tion [rɪˈleɪʃn] *s* **1.** Bericht *m*, Erzählung *f.* **2.** Beziehung *f*, (*a. Vertrags-, Vertrauens- etc*)Verhältnis *n*: confidential ~. **3.** (*kausaler etc*) Zs.-hang. **4.** *pl* Beziehungen *pl*: business ~s Geschäftsbeziehungen; to enter into ~s with s.o. mit j-m in Beziehungen *od.* Verbindung treten; → human 1, public relations. **5.** Bezug *m*, Beziehung *f*: in ~ to in bezug *od.* im Hinblick auf (*acc*); to bear no ~ to a) (gar) nichts zu tun haben mit, b) in keinem Verhältnis stehen zu; to have ~ to sich beziehen auf (*acc*). **6.** a) Verwandte(r *m*) *f*: what ~ is he to you? wie ist er mit dir verwandt?, b) Verwandtschaft *f* (*a. fig.*). **7.** *math.* Relatiˈon *f.* **8.** Rückbeziehung *f*: to have ~ to April 1st rückwirkend vom 1. April gelten. **9.** *jur.* Anzeige *f* (*beim Staatsanwalt*). **reˈla·tion·al** [-ʃənl] *adj* **1.** verwandtschaftlich, Verwandtschafts... **2.** Beziehungs..., Bezugs...: ~ words *ling.* Beziehungswörter. **reˈla·tion·ship** *s* **1.** Beziehung *f*, (*a. jur. Rechts*)Verhältnis *n* (to zu). **2.** Verwandtschaft *f* (*a. fig.*) (to mit): a) Verwandtschaftsverhältnis *n*: degree of ~ Verwandtschaftsgrad *m*, b) (*die*) Verwandten *pl.* **3.** (Liebes)Verhältnis *n.*

rel·a·ti·val [ˌreləˈtaɪvl] *adj ling.* relaˈtivisch.

rel·a·tive [ˈrelətɪv] **I** *adj* (*adv* ~ly) **1.** relaˈtiv, verhältnismäßig, Verhältnis...: ~ address (*Computer*) relative Adresse; ~ atomic mass *chem. phys.* relative Atommasse; in ~ ease verhältnismäßig *od.* relativ wohlhabend; ~ humidity relative (Luft)Feuchtigkeit; ~ majority relative Mehrheit; ~ number *math.* Verhältniszahl *f*; ~ proportions Mengen- *od.* Größenverhältnis *n.* **2.** bezüglich, sich beziehend (to auf *acc*): ~ value *math.* Bezugswert *m*; ~ to bezüglich, hinsichtlich (*gen*), betreffend (*acc*); ~ evidence einschlägiger Beweis. **3.** *ling.* Relativ..., bezüglich: ~ clause → 10 a; ~ pronoun → 10 b. **4.** (to) abhängig (von), bedingt (durch): price is ~ to demand. **5.** gegenseitig, entsprechend, jeweilig. **6.** *mus.* paralˈlel: ~ key Paralleltonart *f.* **7.** *relig.* ˈindiˌrekt: ~ worship Bilderdienst *m.* **II** *s* **8.** Verwandte(r *m*) *f.* **9.** *chem.* verwandtes Deriˈvat. **10.** *ling.* a) Relaˈtiv-, Bezugswortsatz *m*, b) Relaˈtivproˌnomen *n*, bezügliches Fürwort. **11.** the ~ das Relaˈtive. ˈ**rel·a·tive·ness** *s* Relativiˈtät *f.*

rel·a·tiv·ism [ˈrelətɪvɪzəm] *s philos.* Relatiˈvismus *m.* ˈ**rel·a·tiv·ist I** *s* Relatiˈvist(in). **II** *adj* relatiˈvistisch.

rel·a·tiv·i·ty [ˌreləˈtɪvətɪ] *s* **1.** Relativiˈtät *f*: theory of ~, ~ theory *phys.* (*Einsteins*) Relativitätstheorie *f.* **2.** (to) Abhängigkeit *f* (von), Bedingtheit *f* (durch).

rel·a·tiv·ize [ˈrelətɪvaɪz] *v/t* relatiˈvieren.

re·la·tor [rɪˈleɪtə(r)] *s* **1.** Erzähler(in). **2.** *jur.* Anzeigenerstatter(in) (*beim Staatsanwalt*).

re·lax [rɪˈlæks] **I** *v/t* **1.** entspannen: to ~ one's face (muscles, a spring). **2.** lokkern (*a. fig.*): to ~ one's grip; to ~ discipline (a rule, *etc*). **3.** *fig.* nachlassen in (*dat*): to ~ one's efforts; to ~ one's pace sein Tempo herabsetzen. **4.** verweichlichen: ~ed by prosperity. **5.** ~ the bowels *med.* abführend wirken. **II** *v/i* **6.** sich entspannen (*Muskeln etc*; *a. Geist, Person*), ausspannen, sich erholen (*Person*), es sich bequem *od.* gemütlich machen, s-e Nervosiˈtät ablegen: ~! a) mach es dir gemütlich!, b) reg dich ab!; ~ed entspannt, gelöst; ~ed atmosphere zwanglose Atmosphäre. **7.** sich lockern (*Griff, Seil etc*; *a. fig. Disziplin etc*). **8.** nachlassen (in in *dat*): he ~ed in his efforts; attention ~ed die Aufmerksamkeit ließ nach. **9.** *med.* erschlaffen. **10.** freundlicher werden. **re·lax·a·tion** [ˌriːlækˈseɪʃn] **I** *s* **1.** Entspannung *f.* **2.** *fig.* Aus-, Entspannung *f*, Erholung *f.* **3.** Lokkerung *f* (*a. fig.*). **4.** Nachlassen *n.* **5.** *med.* Erschlaffung *f.* **II** *adj* **6.** *electr. phys.* Kipp...: ~ circuit; ~ generator; ~ oscillation Kippschwingung *f*; ~ oscillator Sägezahn-, Kippgenerator *m.* **reˈlax·ing** *adj* **1.** Erholungs... **2.** erholsam.

re·lay [ˈriːleɪ] **I** *s* **1.** *electr.* Reˈlais *n*: ~ broadcast Ballsendung *f*; ~ station Relaisstation *f*, Zwischensender *m*; ~ switch Schaltschütz *n.* **2.** *tech.* Hilfs-, Servomotor *m.* **3.** *mil. etc* Ablösung(smannschaft) *f*, neue Schicht (*von Arbeitern*): ~ attack *mil.* rollender Angriff; in ~s *mil.* in rollendem Einsatz; to work in (*od.* by) ~s Schicht arbeiten. **4.** *hunt.* frische Meute (*Hunde*). **5.** Ersatzpferde *pl*, frisches Gespann. **6.** Reˈlais *n* (*Pferdewechsel, Umspannort*). **7.** *sport* a) *a.* ~ race Staffel(lauf *m*) *f*, *Schwimmen etc*: Staffel(wettbewerb *m*) *f*, b) ~ team Staffel *f.* **II** *v/t* [*Br. bes.* riːˈleɪ] **8.** *allg.* weitergeben. **9.** ablösen. **10.** *electr.* mit *od.* durch Reˈlais(statiˌonen) steuern *od.* überˈtragen.

re-lay [ˌriːˈleɪ] *v/t irr* neu (ver)legen.

re·lease [rɪˈliːs] **I** *v/t* **1.** entlassen (from aus), freilassen, auf freien Fuß setzen. **2.** (from) a) befreien, erlösen (von): to ~ s.o. from pain j-n von s-n Schmerzen erlösen *od.* befreien, b) entbinden (von *od. gen*): to ~ s.o. from an obligation; to ~ s.o. from a contract j-n aus e-m Vertrag entlassen. **3.** a) freigeben: to ~ blocked assets; to ~ an article for publication; to ~ a film e-n Film (zur Aufführung) freigeben; to ~ a body for burial e-e Leiche zur Bestattung freigeben, b) *e-e Schallplatte* herˈausbringen. **4.** *jur. ein Recht, Eigentum* aufgeben *od.* überˈtragen: to ~ a mortgage e-e Hypothek löschen. **5.** *chem. phys.* freisetzen. **6.** *tech.* a) auslösen (*a. phot.*), b) ausschalten: to ~ bombs Bomben (ab)werfen *od.* ausklinken; to ~ the clutch *mot.* auskuppeln; to ~ gas Gas ablassen; to ~ the pedal das Pedal loslassen. **II** *s* **7.** (Haft)Entlassung *f*, Freilassung *f* (from aus). **8.** Befreiung *f*, Erlösung *f* (from von). **9.** (from) Entlassung *f* (aus *e-m Vertrag etc*), Entbindung *f* (von *e-r Pflicht, Schuld etc*). **10.** Freigabe *f*: ~ of a book; first ~ (*Film*) Uraufführung *f*; ~ print (*Film*) Verleihkopie *f*; to be on general ~ überall zu sehen sein (*Film*); ~ of energy Freiwerden *n* von Energie. **11.** *jur.* a) Verzicht(leistung *f od.* -urkunde *f*) *m*, b) (ˈRechts-) Überˌtragung *f*: ~ of mortgage Hypothekenlöschung *f*, c) Quittung *f*. **12.** *tech.* a) Auslöser *m* (*a. phot.*), b) Auslösung *f*: ~ **of bombs** *mil.* Bombenabwurf *m*; ~ **button** Auslösetaste *f*; ~ **buzzer** elektrischer Türöffner; ~ **cord** *aer.* Reißleine *f* (*am Fallschirm*). **13.** Mitteilung *f*, Verlautbarung *f*.

re-lease [ˌriːˈliːs] *v/t* **1.** wieder vermieten *od.* verpachten. **2.** wieder mieten *od.* pachten.

re·leas·er [rɪˈliːsə(r)] *s* **1.** *phot.* Auslöser *m.* **2.** Befreier *m*, Erlöser *m*. **reˈleas·ing** *adj* **1.** befreiend: ~ **tricks** Befreiungsgriffe. **2.** *tech.* Auslöse...

rel·e·gate [ˈrelɪgeɪt] *v/t* **1.** releˈgieren, verbannen (**out of** aus). **2.** verweisen, verbannen (**to** in *acc*): **to ~ details to the footnotes. 3.** (**to**) verweisen (in *acc*), zuschreiben (*dat*): **to ~ to the sphere of legend (realm of superstition)** in das Reich der Fabel (Reich des Aberglaubens) verweisen. **4.** verweisen, degraˈdieren: **he was ~d to fourth place** *sport* er wurde auf den 4. Platz verwiesen; **the club was ~d** *sport* der Verein mußte absteigen *od.* stieg ab (**to** in *acc*). **5.** *etwas* (zur Entscheidung) überˈweisen (**to** an *acc*). **6.** *j-n* verweisen (**to** an *acc*). ˌ**rel·eˈga·tion** *s* **1.** Verbannung *f* (**out of** aus). **2.** Überˈweisung *f* (**to** an *acc*). **3.** Verweisung *f* (**to** an *acc*). **4.** *sport* Abstieg *m* (**to** in *acc*): **to be in danger of ~** in Abstiegsgefahr schweben.

re·lent [rɪˈlent] *v/i* **1.** weich *od.* nachgiebig werden, sich erweichen lassen, nachgeben. **2.** nachlassen (*Wind, Schmerz etc*). **3.** sich bessern (*Wetter*). **reˈlent·ing** *adj* (*adv* **~ly**) mitleidig, nachgiebig. **reˈlent·less** *adj* (*adv* **~ly**) **1.** unbarmherzig, schonungslos, hart. **2.** anhaltend (*Wind, Schmerz etc*). **reˈlent·less·ness** *s* Unbarmherzigkeit *f*, Unnachgiebigkeit *f*.

rel·e·vance [ˈreləvəns], ˈ**rel·e·van·cy** [-sɪ] *s* Releˈvanz *f*, (*a. jur.* Beweis)Erheblichkeit *f*, Bedeutung *f* (**to** für). ˈ**rel·e·vant** *adj* (*adv* **~ly**) **1.** anwendbar (**to** auf *acc*), einschlägig, zweck-, sachdienlich: **to be ~ to** sich beziehen auf (*acc*). **2.** releˈvant, belangvoll, (*jur.* beweis-, rechts)erheblich, von Belang (**to** für).

re·li·a·bil·i·ty [rɪˌlaɪəˈbɪlətɪ] *s* Zuverlässigkeit *f* (*a. tech. Betriebssicherheit*), Verläßlichkeit *f*: ~ **test** *tech.* Zuverlässigkeitsprüfung *f*. **reˈli·a·ble** *adj* (*adv* **reliably**) **1.** zuverlässig (*a. tech. betriebssicher*), verläßlich: **to be reliably informed that** aus zuverlässiger Quelle wissen, daß. **2.** glaubwürdig: **a ~ witness. 3.** vertrauenswürdig, seriˈös, reˈell: **a ~ firm. 4.** soˈlid: **a ~ pair of shoes** ein Paar feste Schuhe.

re·li·ance [rɪˈlaɪəns] *s* **1.** Vertrauen *n*: **to have ~ (up)on** vertrauen auf (*acc*); **to place (full) ~ on** (*od.* **in**) **s.o.** (volles) Vertrauen in j-n setzen, sich (voll) auf j-n verlassen; **in ~ on** bauend auf (*acc*). **2.** Stütze *f*, Hilfe *f*. **reˈli·ant** *adj* (*adv* **~ly**) **1.** vertrauensvoll: **to be ~ on** vertrauen auf (*acc*), sich verlassen auf (*acc*). **2.** zuversichtlich.

rel·ic [ˈrelɪk] *s* **1.** Reˈlikt *n*, (ˈÜber)Rest *m*, ˈÜberbleibsel *n* (*a. contp.*). **2.** *fig.* Andenken *n* (**of an** *acc*): **~s of the past** Zeugen der Vergangenheit, Altertümer. **3.** *meist pl relig.* Reˈliquie *f*. **4.** *pl poet.* (sterbliche) ˈÜberreste *pl*, Gebeine *pl*.

rel·ict [ˈrelɪkt] **I** *s* **1.** *biol.* Reˈlikt *n* (*Restvorkommen*). **2.** *obs.* Witwe *f*. **II** *adj* **3.** *biol.* reˈlikt.

re·lief¹ [rɪˈliːf] *s* **1.** Erleichterung *f* (*a. med.*): **to give** (*od.* **bring**) **some ~** *med.* Erleichterung bringen; **to my great ~** zu m-r großen Erleichterung; **it was a ~ to me when** ich war erleichtert, als; → **sigh** 5. **2.** Wohltat *f* (**to the eye** für das Auge). **3.** Entspannung *f*, Abwechslung *f*, angenehme Unterˈbrechung. **4.** Trost *m*. **5.** Entlastung *f*: **tax ~** Steuerbegünstigung *f*, -erleichterung *f*. **6.** Abhilfe *f*. **7.** a) Unterˈstützung *f*, Hilfe *f*, b) *Am.* Soziˈalhilfe *f*: **to be on ~** Sozialhilfe beziehen; ~ **fund** Unterstützungs-, Hilfsfonds *m*; ~ **works** öffentliche Bauvorhaben zur Bekämpfung der Arbeitslosigkeit. **8.** *mil.* a) Entsatz *m*, Entlastung *f*: ~ **attack** Entlastungsangriff *m*, b) *a. allg.* Ablösung *f*: ~ **driver** *mot.* Beifahrer *m*; ~ **road** Entlastungsstraße *f*; ~ **train** Entlastungszug *m*; ~ **valve** Überdruckventil *n*. **9.** Vertretung *f*, Aushilfe *f*: ~ **secretary** Aushilfssekretärin *f*. **10.** *jur.* a) Rechtshilfe *f*, b) Rechtsbehelf *m*: **the ~ sought** das Klagebegehren. **11.** *jur. hist.* Lehngeld *n*, -ware *f*.

re·lief² [rɪˈliːf] *s* **1.** Reliˈef *n* (*a. geogr.*), erhabene Arbeit: **to stand out in (bold) ~** plastisch *od.* scharf hervortreten (*a. fig.*); **to bring out the facts in full ~** *fig.* die Tatsachen deutlich herausarbeiten; **to set into vivid ~** *fig. etwas* plastisch schildern; **to throw into ~** (deutlich) hervortreten lassen (*a. fig.*); **to be in ~ against** sich (deutlich) abheben gegen; ~ **map** Relief-, Höhenkarte *f*. **2.** *print.* Reliˈefdruck *m*.

re·lieve [rɪˈliːv] **I** *v/t* **1.** *Schmerzen etc, a. das Gewissen* erleichtern, *Not, Qual* lindern: **to ~ pain (one's conscience,** *etc*); **to ~ one's feelings** s-n Gefühlen Luft machen; **to ~ o.s.** (*od.* **nature**) sich erleichtern, s-e Notdurft verrichten. **2.** *j-n* entlasten: **to ~ s.o. from** (*od.* **of**) j-m *ein schweres Gepäckstück, e-e Arbeit etc* abnehmen, j-n von *e-r Pflicht etc* entbinden, j-n *e-r Verantwortung etc* entheben, j-n von *etwas* befreien; **to ~ s.o.'s mind of all doubt** j-m jeden Zweifel nehmen; **to ~ s.o. of s.th.** *humor.* j-n um etwas ‚erleichtern', j-m etwas stehlen. **3.** *j-n* erleichtern, beruhigen. **4.** *Bedürftige* unterˈstützen. **5.** *mil.* a) *e-n belagerten Platz* entsetzen, b) *e-e Kampftruppe* entlasten, c) *e-n Posten, e-e Einheit, a. allg.* ablösen. **6.** *e-r Sache* abhelfen. **7.** *j-m* Recht verschaffen. **8.** *etwas Eintöniges* beleben, Abwechslung bringen in (*acc*). **9.** *tech.* a) entlasten (*a. arch.*), *e-e Feder* entspannen, b) ˈhinterdrehen. **10.** ab-, herˈvorheben. **II** *v/i* **11.** sich abheben (**against** gegen; **from** von).

reˈliev·ing arch *s arch.* Stütz-, Entlastungsbogen *m*.

re·lie·vo [rɪˈliːvəʊ] *pl* **-vos** *s* Reliˈef (-arbeit *f*) *n*.

re·li·gion [rɪˈlɪdʒən] *s* **1.** Religiˈon *f*, Glaube *m*: **to get ~** *colloq.* fromm werden. **2.** Religiosiˈtät *f*, Frömmigkeit *f*. **3.** *fig.* a) Ehrensache *f*, Herzenspflicht *f*, heiliger Grundsatz, b) *iro.* Fetisch *m*, Religiˈon *f*: **to make a ~ of s.th.** etwas zur Religion erheben. **4.** moˈnastisches Leben: **to be in ~** e-m Orden angehören; **to enter into ~** in e-n Orden eintreten; **her name in ~** ihr Klostername. **reˈli·gion·er** *s* **1.** Mitglied *n* e-s religiˈösen Ordens. **2.** → **religionist. reˈli·gion·ist** *s* **1.** frommer Mensch. **2.** religiˈöser Schwärmer *od.* Eiferer. **reˈli·gion·ize** **I** *v/t* fromm machen. **II** *v/i* sich fromm gebärden, frömmeln. **reˈli·gion·less** *adj* glaubens-, religiˈonslos. **reˈlig·i·ose** [-dʒɪəʊs] *adj* überˈtrieben religiˈös, biˈgott. **reˌlig·iˈos·i·ty** [-ˈɒsətɪ; *Am.* -ˈɑs-] *s* **1.** Religiosiˈtät *f*. **2.** religiˈöse Schwärmeˈrei, Frömmeˈlei *f*.

re·li·gious [rɪˈlɪdʒəs] **I** *adj* (*adv* **~ly**) **1.** religiˈös, Religions...: ~ **book**; ~ **instruction** *ped.* Religionsunterricht *m*; ~ **wars** Religionskriege. **2.** religiˈös, fromm. **3.** ordensgeistlich, Ordens...: ~ **order** geistlicher Orden. **4.** *fig.* äußerst gewissenhaft: **with ~ care** mit peinlicher Sorgfalt. **5.** *fig.* andächtig: **~ silence. II** *s sg u. pl* **6.** a) Ordensmann *m od.* -frau *f*, Mönch *m od.* Nonne *f*, b) *pl* Ordensleute *pl*. **reˈli·gious·ness** *s* Religiosiˈtät *f*.

re·lin·quish [rɪˈlɪŋkwɪʃ] *v/t* **1.** *e-n Plan etc* aufgeben, *e-e Hoffnung a.* fahrenlassen, *e-e Idee a.* fallenlassen. **2.** (**to**) *e-n Besitz, ein Recht* abtreten (*dat od.* an *acc*), überˈlassen (*dat*), preisgeben (*dat*). **3.** loslassen, fahrenlassen: **to ~ one's hold on s.th.** etwas loslassen. **4.** verzichten auf (*acc*). **reˈlin·quish·ment** *s* **1.** Aufgabe *f*. **2.** Preisgabe *f*, Überˈlassung *f*. **3.** Verzicht *m* (**of** auf *acc*).

rel·i·quar·y [ˈrelɪkwərɪ; *Am.* -ˌkweriː] *s* Reˈliquienschrein *m*.

re·liq·ui·ae [rɪˈlɪkwɪiː; *Am. a.* -ˌaɪ] (*Lat.*) *s pl bes. geol.* (orˈganische) ˈÜberreste *pl*.

rel·ish [ˈrelɪʃ] **I** *v/t* **1.** gern essen, sich schmecken lassen, (mit Appeˈtit) genießen: **I did not ~ the coffee** der Kaffee war nicht nach m-m Geschmack. **2.** *fig.* Geschmack *od.* Gefallen finden an (*dat*), (mit Behagen) genießen: **to ~ the beauties of a symphony; I do not much ~ the idea** ich bin nicht gerade begeistert von der Aussicht (**of doing** zu tun); **I did not ~ it** es sagte mir nicht zu; **not to ~ having to do s.th.** nicht davon begeistert sein, etwas tun zu müssen. **3.** *fig.* würzen, schmackhaft machen (**with** mit). **II** *v/i* **4.** (**of**) a) schmecken (nach), b) *fig.* e-n Beigeschmack haben (von). **5.** schmecken, munden. **III** *s* **6.** (Wohl-) Geschmack *m*. **7.** *fig.* Reiz *m*: **to lose its ~. 8.** (**for**) Sinn *m* (für), Geschmack *m*, Gefallen *n* (an *dat*): **with (great) ~** a) mit (großem) Appetit *essen*, b) mit (großem) Behagen *od.* Vergnügen, *bes. iro.* mit Wonne *tun*; **to have no ~ for** sich nichts machen aus *e-r Sache*. **9.** *a. fig.* a) Kostprobe *f*, b) Beigeschmack *m*, Anflug *m*, Hauch *m* (**of** von). **10.** a) Gewürz *n*, Würze *f* (*a. fig.*), b) Horsd'œuvre *n*, Appeˈtithappen *m*.

re·live [ˌriːˈlɪv] *v/t etwas* noch einmal durchˈleben *od.* ˈdurchmachen.

re·load [ˌriːˈləʊd] *v/t* **1.** *econ.* neu (be)laden, ˈumladen: **charges for ~ing** Umladegebühren. **2.** *e-e Waffe* neu laden.

re·lo·cate [ˌriːləʊˈkeɪt; *Am. a.* -ˈləʊˌk-] *v/t* **1.** *Familien etc* ˈumsiedeln. **2.** *Computer: Programm, Routine* verschieben. ˌ**re·loˈca·tion** [-ˈkeɪʃn] *s* **1.** *jur. Scot.* ˈWiederverpachtung *f*. **2.** ˈUmsiedlung *f*. **3.** ˈUmzug *m*: ~ **allowance** Umzugsbeihilfe *f*. **4.** *Computer:* Verschiebung *f*.

re·lu·cent [rɪˈluːsnt] *adj obs.* leuchtend, strahlend.

re·luct [rɪˈlʌkt] *v/i obs.* **1.** sich auflehnen (**against** gegen; **at** gegen, bei). **2.** sich widerˈsetzen (**to** *dat*).

re·luc·tance [rɪˈlʌktəns] *s* **1.** Widerˈstreben *n*, Abneigung *f* (**to** gegen; **to do s.th.** etwas zu tun): **with ~** → **reluctantly; to show ~ to do s.th.** wenig Neigung zeigen, etwas zu tun. **2.** *phys.* Relukˈtanz *f*, maˈgnetischer ˈWiderstand. **reˈluc·tant** *adj* ˈwiderwillig, widerˈstrebend, zögernd: **to be ~ to do s.th.** sich sträuben, etwas zu tun; etwas nur ungern tun; **I am ~ to do that** es widerstrebt mir, das zu tun; ich tue das nur ungern. **reˈluc·tant·ly** *adv* widerˈstrebend, ˈwiderwillig, ungern, schweren Herzens.

rel·uc·tiv·i·ty [ˌrelʌkˈtɪvətɪ; *Am.* rɪˌlʌk-] *s phys.* Reluktiviˈtät *f*, speˈzifischer maˈgnetischer ˈWiderstand.

re·lume [rɪˈljuːm; *bes. Am.* rɪˈluːm] *v/t obs.* **1.** wieder anzünden, neu entfachen (*a. fig.*). **2.** ˈwiedererhellen.

re·ly [rɪˈlaɪ] *v/i* **1.** ~ **(up)on** sich verlassen *od.* vertrauen *od.* bauen *od.* zählen auf (*acc*): I ~ **upon you to do it** ich verlasse mich darauf, daß du es tust; **to have to ~ on s.o.** auf j-n angewiesen sein; **he can be relied upon** man kann sich auf ihn verlassen. **2.** ~ **(up)on** sich berufen *od.* stützen auf (*e-e Quelle, ein Buch etc*): **the author relies on earlier works** der Autor lehnt sich an frühere Werke an. **3.** ~ **(up)on** angewiesen sein auf (*acc*) (**for** ˈhinsichtlich *gen*).

rem [rem] *s phys.* rem *n* (*absorbierte Strahlendosis von der biologischen Wirksamkeit e-s rad*; *aus* **roentgen equivalent man**).

re·main [rɪˈmeɪn] **I** *v/i* **1.** (übrig)bleiben, (*a. fig.* **to s.o.** j-m). **2.** (zuˈrück-, ver)bleiben, noch übrig *od.* vorˈhanden *od.* geblieben sein: **no other token of his art ~s** kein anderes Beispiel s-r Kunst ist erhalten *od.* (uns) geblieben; **only half of it ~s** nur die Hälfte davon ist noch übrig *od.* vorhanden; **nothing ~s (to him) but to confess** es bleibt (ihm) nichts weiter übrig, als ein Geständnis abzulegen; **little now ~s to be done** es bleibt nur noch wenig zu tun; **that ~s to be proved** das wäre (erst) noch zu beweisen; **that ~s to be seen** das bleibt abzuwarten. **3.** (*mit Prädikatsnomen*) bleiben: **he ~ed a bachelor** er blieb Junggeselle; **one thing ~s certain** eins ist gewiß; **she ~ed speechless** sie war sprachlos; **he ~ed standing** er blieb stehen. **4.** (*mit Adverbiale*) ˈweiter(hin) sein, bleiben: **to ~ in existence** weiterbestehen; **to ~ in force** in Kraft bleiben; **he ~s in a critical condition** *med.* sein Zustand ist nach wie vor kritisch. **5.** (ver)weilen, bleiben: **he ~ed in the house.** **6.** verbleiben (*am Briefschluß*): I ~ **yours faithfully** (*od.* **sincerely**) verbleibe ich Ihr. **II** *s pl* **7.** *a. fig.* Reste *pl*, ˈÜberreste *pl*, -bleibsel *pl.* **8.** (*die*) Überˈlebenden *pl.* **9.** *a.* **literary ~s** hinterˈlassene Werke *pl*, liteˈrarischer Nachlaß. **10.** *a.* **mortal ~s** (*die*) sterblichen ˈÜberreste *pl.*

re·main·der [rɪˈmeɪndə(r)] **I** *s* **1.** Rest *m*, (*das*) übrige. **2.** *econ.* a) Restbestand *m*, b) Restbetrag *m.* **3.** (*die*) übrigen *pl*, (*die*) anderen *pl*, (*die*) Übriggebliebenen *pl.* **4.** *tech.* Rückstand *m.* **5.** *pl* ˈÜberreste *pl.* **6.** *math.* a) Rest *m*, b) Restglied *n.* **7.** *jur.* a) Obereigentum *n*, b) beschränktes Eigentum, c) Nacherbenrecht *n*, d) Anwartschaft(srecht *n*) *f* (*auf Grundeigentum*): **contingent ~** bedingte Anwartschaft; **vested ~** unentziehbare Anwartschaft. **8.** *a. pl Buchhandel*: Restbestand *m*, Remitˈtenden *pl.* **II** *v/t* **9.** *Bücher* (als Remitˈtenden) (*billig*) abgeben, abstoßen. **reˈmain·der·man** [-mən] *s irr jur.* **1.** Nacherbe *m.* **2.** Anwärter *m.* **3.** Obereigentümer *m.*

re·main·ing [rɪˈmeɪnɪŋ] *adj* übrig(geblieben), Rest..., verbleibend, restlich.

re·make I *v/t irr* [ˌriːˈmeɪk] wieder *od.* neu machen, neu schaffen. **II** *s* [ˈriːmeɪk] Reˈmake *n*, Neuverfilmung *f.*

re·mand [rɪˈmɑːnd; *Am.* -ˈmænd] *jur.* **I** *v/t* **1.** a) *a.* ~ **in custody** in die Unterˈsuchungshaft zuˈrückschicken, b) *a.* ~ **on bail** *Br.* gegen Kautiˈon *od.* Sicherheitsleistung aus der Unterˈsuchungshaft entlassen. **2.** *bes. Am. e-e Rechtssache* (an die untere Inˈstanz) zuˈrückverweisen. **II** *s* **3.** a) *a.* ~ **in custody** Zuˈrückschickung *f* in die Unterˈsuchungshaft, b) *a.* **period of ~** Unterˈsuchungshaft *f*, c) *a.* ~ **on bail** *Br.* Entlassung *f* aus der Unterˈsuchungshaft gegen Kautiˈon *od.* Sicherheitsleistung: **to appear on ~** aus der Untersuchungshaft vorgeführt werden; **to be on ~** in Untersuchungshaft sein; **prisoner on ~** Untersuchungsgefangene(r *m*) *f*; ~ **centre** (*od.* **home**) *Br.* Untersuchungshaftanstalt *f* für Kinder u. Jugendliche; ~ **jail** (*od.* **prison**) Untersuchungshaftanstalt *f*, -gefängnis *n.* **4.** *bes. Am.* Zuˈrückverweisung *f* (*e-r Rechtssache*) (an die untere Inˈstanz).

rem·a·nence [ˈremənəns] *s phys.* Remaˈnenz *f.* **ˈrem·a·nent** *adj phys.* remaˈnent: ~ **magnetism.**

rem·a·net [ˈremənet] (*Lat.*) *s* **1.** Rest *m*, Rückstand *m.* **2.** *jur. Fall, dessen Erledigung verschoben od. ausgesetzt worden ist.* **3.** *parl. Br.* unerledigte Gesetzesvorlage.

re·mark[1] [rɪˈmɑː(r)k] **I** *v/t* **1.** (be)merken, beobachten. **2.** bemerken, äußern, sagen (**that** daß). **II** *v/i* **3.** sich äußern, e-e Bemerkung *od.* Bemerkungen machen (**on, upon** über *acc*, zu). **III** *s* **4.** Bemerkung *f*, Äußerung *f*: **to make ~s to s.o. on s.th.** sich j-m gegenüber über etwas äußern. **5.** Kommenˈtar *m*, Anmerkung *f*: **to give cause to ~** Aufsehen erregen; **without ~** kommentarlos; **worthy of ~** beachtenswert.

re·mark[2] → **remarque.**

re·mark·a·ble [rɪˈmɑː(r)kəbl] *adj* (*adv* **remarkably**) bemerkenswert: a) beachtlich (**for** wegen), b) ungewöhnlich, auffallend, außerordentlich: **with ~ skill.** **reˈmark·a·ble·ness** *s* Ungewöhnlichkeit *f.*

re·marque [rɪˈmɑː(r)k] *s* **1.** Reˈmarque *f*, Reˈmark *f* (*Probezeichnung am Rand der Kupferplatte*). **2.** Reˈmarquedruck *m.*

re·mar·riage [ˌriːˈmærɪdʒ] *s* ˈWiederverheiratung *f.* **ˌreˈmar·ry** *v/i* wieder heiraten.

Rem·brandt·esque [ˌrembrænˈtesk] *adj* im Stile Rembrandts (gemalt).

re·me·di·a·ble [rɪˈmiːdjəbl; -dɪəbl] *adj* (*adv* **remediably**) behebbar, abstellbar: **this is ~** dem ist abzuhelfen. **reˈme·di·al** *adj* (*adv* **~ly**) **1.** Abhilfe schaffend: ~ **measure** Abhilfemaßnahme *f.* **2.** heilend, Heil...: ~ **gymnast** Heil-, Krankengymnast(in); ~ **gymnastics** Heil-, Krankengymnastik *f.* **3.** *ped.* Förder...: ~ **class** Förderklasse *f*; ~ **teaching** Förderunterricht *m.*

rem·e·di·less [ˈremɪdɪlɪs] *adj* (*adv* **~ly**) unheilbar, nicht wiederˈgutzumachen(d).

rem·e·dy [ˈremɪdɪ] **I** *s* **1.** *med.* (Heil-)Mittel *n*, Arzˈnei(mittel *n*) *f* (**for, against** gegen). **2.** *fig.* (Gegen)Mittel *n* (**for, against** gegen), Abhilfe *f*: **beyond** (*od.* **past**) ~ nicht mehr zu beheben, hoffnungslos. **3.** *jur.* Rechtsmittel *n*, -behelf *m.* **4.** *Münzwesen*: Toleˈranz *f.* **5.** *ped. Br.* freier Nachmittag. **II** *v/t* **6.** *e-n Schaden, Mangel* beheben. **7.** *e-n Mißstand* abstellen, *e-r Sache* abhelfen, *etwas* in Ordnung bringen, korriˈgieren. **8.** *med.* heilen.

re·mem·ber [rɪˈmembə(r)] **I** *v/t* **1.** sich entsinnen (*gen*), sich besinnen auf (*acc*), sich erinnern an (*acc*): **to ~ doing s.th.** sich daran erinnern, etwas getan zu haben; **I ~ him as a young boy** ich habe ihn als kleinen Jungen in Erinnerung. **2.** sich merken, nicht vergessen, eingedenk sein (*gen*), denken an (*acc*), beherzigen: ~ **what I tell you** denke daran *od.* vergiß nicht, was ich dir sage; **to ~ s.th. against s.o.** j-m etwas nachtragen. **3.** (auswendig) können *od.* wissen. **4.** denken an *j-n* (*weil man ihm etwas schenken will etc*). **5.** *j-n* (*mit e-m Geschenk, in s-m Testament*) bedenken: **to ~ s.o. in one's will.** **6.** *j-s* (*im Gebet*) gedenken. **7.** *j-n* empfehlen, grüßen von: **please ~ me kindly to your wife** grüßen Sie bitte Ihre Gattin (von mir). **II** *v/i* **8.** sich erinnern *od.* entsinnen: **if I ~ right** wenn ich mich recht entsinne; **not that I ~** nicht, daß ich wüßte; **~!** wohlgemerkt.

re·mem·brance [rɪˈmembrəns] *s* **1.** Erinnerung *f* (**of** an *acc*), Gedächtnis *n*: **to call s.th. to ~** sich (*dat*) etwas in die Erinnerung zurückrufen; **to have s.th. in ~** etwas in Erinnerung haben; **to have no ~ of s.th.** keine Erinnerung an etwas haben; **within my ~** soweit ich mich erinnere. **2.** Gedenken *n*, Gedächtnis *n*, Andenken *n*, Erinnerung *f*: ~ **service** Gedächtnisgottesdienst *m*; **in ~ of** zur Erinnerung *od.* zum Gedächtnis an (*acc*), im Gedenken an (*acc*), zu *j-s* Ehren; **R~ Sunday, R~ Day** Volkstrauertag *m* (*Sonntag vor od. nach dem 11. November*). **3.** Andenken *n* (*Sache*). **4.** *meist pl* (*aufgetragene*) Grüße *pl*, Empfehlungen *pl*: **give my kind ~s to all your family** herzliche Grüße an alle d-e Lieben. **reˈmem·branc·er** *s* **1. Queen's (King's) R~** *Br.* a) *Beamter des* **Supreme Court**, b) *hist. Beamter des* **Court of Exchequer.** **2.** *meist* **City R~** *parl.* Vertreter *m* der Londoner City.

re·mi·grate [ˌriːˈmaɪgreɪt] *v/i* zuˈrückwandern, -kehren. **ˌre·miˈgra·tion** *s* Rückwanderung *f*, Rückkehr *f.*

re·mil·i·ta·ri·za·tion [riːˌmɪlɪtəraɪˈzeɪʃn; *Am.* -rəˈz-] *s* Remilitariˈsierung *f.* **ˌreˈmil·i·ta·rize** *v/t* remilitariˈsieren, wiederˈaufrüsten.

re·mind [rɪˈmaɪnd] *v/t j-n* erinnern (**of** an *acc*; **that** daß): **to ~ s.o. how** j-n daran erinnern, wie; **that ~s me** da(bei) fällt mir ein. **reˈmind·er** *s* **1.** Mahnung *f*: **a gentle ~** ein (zarter) Wink. **2.** Erinnerung *f* (**of** an *Vergangenes*). **3.** Erinnerungs-, Gedächtnishilfe *f* (*Knoten im Taschentuch etc*). **reˈmind·ful** *adj* **1.** erinnernd (**of** an *acc*). **2.** sich erinnernd (**of** *gen od.* an *acc*).

rem·i·nisce [ˌremɪˈnɪs] *v/i* in Erinnerungen schwelgen, sich in Erinnerungen ergehen. **ˌrem·iˈnis·cence** *s* **1.** Erinnerung *f*, Reminisˈzenz *f*, Anekˈdote *f* (aus s-m Leben). **2.** *pl* (Lebens)Erinnerungen *pl*, Reminisˈzenzen *pl*, Meˈmoiren *pl.* **3.** Anklang *m* (*an Bekanntes*): **a ~ of the Greek type in her face** etwas Griechisches in ihrem Gesicht. **ˌrem·iˈnis·cent** *adj* (*adv* **~ly**) **1.** sich erinnernd (**of** an *acc*). **2.** Erinnerungs...: ~ **talk** Austausch *m* von Erinnerungen. **3.** Erinnerungen wachrufend (**of** an *acc*), erinnerungsträchtig. **4.** in Erinnerungen schwelgend, in der Vergangenheit lebend. **ˌrem·i·nisˈcen·tial** [-ˈsenʃl] *adj* Erinnerungs...

re·mise[1] [rɪˈmaɪz] *jur.* **I** *v/t Ansprüche, Rechte etc* aufgeben, abtreten, überˈtragen. **II** *s* Aufgabe *f* (*e-s Anspruchs*), Rechtsverzicht *m.*

re·mise[2] [rəˈmiːz] **I** *s* **1.** *obs.* a) Reˈmise *f*, Wagenschuppen *m*, b) Mietkutsche *f.* **2.** *fenc.* Riˈmesse *f*, Angriffsverlängerung *f.* **II** *v/i* **3.** *fenc.* e-e Riˈmesse vollˈführen.

re·miss [rɪˈmɪs] *adj* (nach)lässig, säumig, lax, träge: **to be ~ in one's duties** s-e Pflichten vernachlässigen.

re·mis·si·ble [rɪˈmɪsəbl] *adj* **1.** erläßlich, zu erlassen(d). **2.** verzeihlich, *R.C.* läßlich: ~ **sins.**

re·mis·sion [rɪˈmɪʃn] *s* **1.** *a.* ~ **of sin(s)** Vergebung *f* (der Sünden). **2.** Nachlassen *n.* **3.** *med.* Remissiˈon *f* (*vorübergehendes Abklingen*). **4.** a) (*a.* teilweiser) Erlaß (*e-r Strafe, Schuld, Gebühr*), b) Nachlaß *m*, Ermäßigung *f.* **5.** *parl. hist. Br.* Begnadigung *f.*

re·miss·ness [rɪˈmɪsnɪs] *s* (Nach)Lässigkeit *f*, Trägheit *f.*

re·mit [rɪˈmɪt] **I** *v/t* **1.** vergeben: **to ~ sins.** **2.** (ganz *od.* teilweise) erlassen: **to ~ a sentence (debt).** **3.** a) hinˈaus-, verschieben (**till, to** bis; **to** auf *acc*), b) *e-e*

Strafe aussetzen (to, till bis). **4.** a) nachlassen in (*dat*): to ~ one's attention (efforts), b) *s-n Zorn etc* mäßigen, c) aufhören mit, einstellen, aufgeben: to ~ a siege; to ~ one's work. **5.** *econ. Geld etc* über'weisen, -'senden. **6.** *bes. jur.* a) *e-n Fall etc* (*zur Entscheidung*) über'tragen, zuweisen (to s.o. j-m), b) → remand 2, c) *j-n* verweisen (to an *acc*). **7.** (*in früheren Zustand*) zu'rückführen, (*in frühere Rechte*) wieder'einsetzen, wieder setzen (to, into in *acc*). **II** *v/i* **8.** nachlassen, abklingen. **9.** *econ.* Zahlung leisten.

re·mit·tal [rɪˈmɪtl] → remission.

re·mit·tance [rɪˈmɪtəns] *s econ.* (Geld-, Wechsel)Sendung *f*, Über'weisung *f*, Ri'messe *f*: ~ account Überweisungskonto *n*; to take ~ remittieren, Deckung anschaffen. **~man** *s irr j-d, der im fremden Land, bes. in den Kolonien, von Geldsendungen aus der Heimat lebt.*

re·mit·tee [rɪˌmɪˈtiː] *s econ.* (Zahlungs-, Über'weisungs)Empfänger(in).

re·mit·tent [rɪˈmɪtənt] *bes. med.* **I** *adj* (vor'übergehend) nachlassend, abklingend, remit'tierend: ~ fever → II. **II** *s* remit'tierendes Fieber.

re·mit·ter[1] [rɪˈmɪtə(r)] *s econ.* Geldsender *m*, Über'sender *m*.

re·mit·ter[2] [rɪˈmɪtə(r)] *s jur.* **1.** Heilung *f* e-s fehlerhaften Rechtstitels (*durch e-n höheren Titel des Besitzers*). **2.** Über'weisung *f* (*e-s Falls*) (to an *ein anderes Gericht*). **3.** Wieder'einsetzung *f* (to in *frühere Rechte etc*).

rem·nant [ˈremnənt] **I** *s* **1.** *a. fig.* 'Überbleibsel *n*, ('Über)Rest *m*, (kläglicher) Rest. **2.** *econ.* (Stoff)Rest *m*, *pl* Reste(r) *pl*: ~ sale Resteverkauf *m*. **3.** *fig.* (letzter) Rest, Spur *f*. **4.** *phys.* Rest *m*, Re'siduum *n*. **II** *adj* **5.** übriggeblieben, restlich, Rest...

re·mod·el [ˌriːˈmɒdl; *Am.* -ˈmɑdl] *v/t* 'umbilden, -bauen, -formen, -gestalten (*a. fig.*).

re·mold I *v/t* [ˌriːˈməʊld] **1.** neu formen, 'umformen, 'umgestalten (*a. fig.*). **2.** *Reifen* runderneuern. **II** *s* [ˈriːməʊld] **3.** runderneuerter Reifen.

re·mon·e·ti·za·tion [riːˌmʌnɪtaɪˈzeɪʃn; *Am.* -təˈz-; *a.* -ˌmɑ-] *s* Wiederin'kurssetzung *f*. **re·mon·e·tize** [riːˈmʌnɪtaɪz; *Am. a.* -ˈmɑ-] *v/t Silber etc* wieder als gesetzliches Zahlungsmittel einführen.

re·mon·strance [rɪˈmɒnstrəns; *Am.* -ˈmɑn-] *s* **1.** (Gegen)Vorstellung *f*, Vorhaltung *f*, Einspruch *m*, Pro'test *m*. **2.** *hist.* Remon'stranz *f*, öffentliche Beschwerdeschrift: Grand R~ *Memorandum des Unterhauses an den König* (*1641*). **re'mon·strant I** *adj* (*adv* ~ly) **1.** *selten* prote'stierend. **II** *s* **2.** R~ *relig. hist.* Remon'strant(in) (*Mitglied e-r reformierten Sekte*). **3.** Einsprucherheber *m*. **re·mon·strate** [ˈremənstreɪt; rɪˈmɒn-; *Am.* rɪˈmɑn-] **I** *v/i* **1.** Einwände erheben, prote'stieren (against gegen). **2.** to ~ with s.o. about (*od.* on) s.th. j-m wegen e-r Sache Vorhaltungen machen. **II** *v/t* **3.** einwenden, (da'gegen) vorbringen (to *od.* with s.o. j-m gegen'über; that daß). **ˌre·mon'stra·tion** → remonstrance 1. **re·mon·stra·tive** [rɪˈmɒnstrətɪv; *Am.* -ˈmɑn-] *adj* prote'stierend, Beschwerde..., Protest...

re·mon·tant [rɪˈmɒntənt; *Am.* -ˈmɑn-] *bot.* **I** *adj* remon'tant, nach der Hauptblüte noch einmal blühend. **II** *s* remon'tante Rose.

rem·o·ra [ˈremərə] *s ichth.* Schildfisch *m*.

re·morse [rɪˈmɔː(r)s] *s* **1.** Gewissensbisse *pl*, Reue *f*, Zerknirschung *f* (at über *acc*; for wegen): to feel ~ Gewissensbisse haben, zerknirscht sein. **2.** Mitleid *n*: without ~ unbarmherzig. **re'morse·ful** *adj* (*adv* ~ly) reumütig, reuig, reuevoll (for über *acc*). **re'morse·ful·ness** *s* Reumütigkeit *f*. **re'morse·less** *adj* (*adv* ~ly) unbarmherzig (*a. fig. Sturm etc*). **re'morse·less·ness** *s* Unbarmherzigkeit *f*.

re·mote [rɪˈməʊt] **I** *adj* (*adv* ~ly) **1.** (*räumlich*) fern, (weit) entfernt (from von): ~ country. **2.** abgelegen, entlegen, versteckt: a ~ village. **3.** (*zeitlich*) fern: ~ ages; ~ future; ~ antiquity graue Vorzeit. **4.** *fig.* (weit) entfernt (from von): an action ~ from his principles e-e Handlungsweise, die mit s-n Prinzipien wenig gemein hat; to be ~ from the truth von der Wahrheit (weit) entfernt sein. **5.** entfernt, weitläufig (*Verwandter*): a ~ relative. **6.** mittelbar, 'indiˌrekt: ~ cause; ~ damages Folgeschäden. **7.** schwach, vage, entfernt: a ~ possibility; a ~ resemblance; a ~ chance e-e geringe Chance; not the ~st idea keine blasse Ahnung, nicht die leiseste Ahnung. **8.** zu'rückhaltend, unnahbar, distan'ziert. **II** *s* **9.** *bes. Am. Rundfunk, TV*: 'Außenüberˌtragung *f*.

re·mote con·trol *s tech.* **1.** Fernlenkung *f*, -steuerung *f*. **2.** Fernbedienung *f*: cableless ~ drahtlose Fernbedienung.

reˌmote-con'trolled *adj* **1.** ferngelenkt, -gesteuert. **2.** mit Fernbedienung.

re'mote·ness *s* **1.** Ferne *f*, Entlegenheit *f*. **2.** Entferntheit *f* (*a. fig.*). **3.** zu'rückhaltendes *od.* unnahbares Wesen.

re·mote sens·ing *s* Re'mote sensing *n* (*Forschungsrichtung, die unter Einsatz von Raumfahrzeugen, EDV-Anlagen etc beispielsweise die Erdoberfläche aus großer Entfernung untersucht*).

re·mou·lade [ˌreməˈleɪd; *Am.* ˌreɪmə-ˈlɑːd] *s gastr.* Remou'lade *f*.

re·mould → remold.

re·mount [ˌriːˈmaʊnt] **I** *v/t* **1.** wieder be- *od.* ersteigen: to ~ a mountain. **2.** wieder aufsitzen auf (*das Pferd*). **3.** *mil.* a) neue Pferde beschaffen für, b) *hist. j-m* wieder aufs Pferd helfen. **4.** *tech.* a) *e-e Maschine* wieder aufstellen *od.* mon'tieren, b) *e-e Karte etc* neu aufziehen. **II** *v/i* **5.** a) wieder aufsteigen, b) wieder aufsitzen (*Reiter*). **6.** *fig.* zu'rückgehen (to auf *acc*): to ~ to the Roman era. **III** *s* [*bes.* ˈriːmaʊnt] **7.** frisches Reitpferd. **8.** *mil. hist.* Re'monte *f*.

re·mov·a·ble [rɪˈmuːvəbl] *adj* (*adv* removably) **1.** absetzbar: ~ by the mayor. **2.** *tech.* abnehmbar, auswechselbar: ~ parts; ~ lining ausknöpfbares Futter. **3.** entfernbar, wegzuschaffen(d). **4.** behebbar: ~ faults.

re·mov·al [rɪˈmuːvl] *s* **1.** Fort-, Wegschaffen *n*, Entfernen *n*, Beseitigung *f*, Abfuhr *f*, 'Abtransˌport *m*. **2.** (to in *acc*, nach) a) 'Umzug *m*, b) Verlegung *f*: ~ of business Geschäftsverlegung; ~ man *Br.* a) Spedi'teur *m*, b) (Möbel)Packer *m*; ~ van *Br.* Möbelwagen *m*. **3.** a) Absetzung *f*, Entlassung *f* (from office aus dem Amt), (Amts)Enthebung *f*, b) (Straf)Versetzung *f*. **4.** *fig.* Beseitigung *f* (*e-s Fehlers etc, a. e-s Gegners*), Behebung *f*: ~ of a fault (difficulty, *etc*). **5.** *meist* ~ of causes *jur. Am.* Über'weisung *f* des Falles (to an *ein anderes, bes. Bundesgericht*). **6.** *med.* Entnahme *f* (*e-s Organs*) (*bei Verpflanzung*).

re·move [rɪˈmuːv] **I** *v/t* **1.** *allg.* (weg)nehmen, entfernen (from von, aus): to ~ a book from the shelf; to ~ from the agenda von der Tagesordnung absetzen; to ~ all apprehension (doubt) alle Befürchtungen (Zweifel) zerstreuen; to ~ the cloth (den Tisch) abdecken *od.* abräumen. **2.** *Kleidungsstück* ablegen, *den Hut* abnehmen. **3.** *tech.* abnehmen, 'abmonˌtieren, ausbauen. **4.** wegräumen, -schaffen, -bringen, fortschaffen, 'abtransporˌtieren: to ~ furniture (Wohnungs)Umzüge besorgen; to ~ mountains *fig.* Berge versetzen; to ~ o.s. sich entfernen; to ~ a prisoner e-n Gefangenen abführen (lassen); to ~ by suction *tech.* absaugen. **5.** *Möbel* 'umräumen, 'umstellen. **6.** *bes. fig.* aus dem Weg räumen, beseitigen: to ~ an adversary (an obstacle, *etc*). **7.** beseitigen, entfernen: to ~ a stain (all traces). **8.** *fig.* beheben, beseitigen: to ~ difficulties (the last doubts, the causes of poverty). **9.** *e-n Beamten* absetzen, entlassen, s-s Amtes entheben. **10.** bringen, schaffen, verlegen (to an *acc*, nach): he ~d his business to London er verlegte sein Geschäft nach London. **11.** *med. Organ* (*zur Verpflanzung*) entnehmen.

II *v/i* **12.** (aus-, 'um-, ver)ziehen (to in *acc*, nach). **13.** sich fortbegeben. **14.** sich *gut etc* entfernen lassen: the lid ~s easily.

III *s* **15.** *bes. Br. selten* 'Umzug *m*. **16.** *ped. Br.* Klasse *f* für lernschwache Schüler. **17.** *Br.* nächster Gang (*beim Essen*). **18.** *fig.* Schritt *m*, Stufe *f*: but one ~ from anarchy nur (noch) e-n Schritt von der Anarchie entfernt. **19.** a) (Verwandtschafts)Grad *m*, b) Generati'on *f*. **20.** Entfernung *f*, Abstand *m*: at a ~ *fig.* mit einigem Abstand; to stay at a ~ from *fig.* Abstand wahren zu.

re'moved *adj* **1.** (weit) entfernt (from von) (*a. fig.*). **2.** *um 'eine Generation verschieden*: a first cousin once ~ mein Onkel *od.* Neffe *od.* m-e Tante *od.* Nichte zweiten Grades. **3.** *Br.* (by) gefolgt (von), anschließend (*Speise*): boiled haddock ~ by hashed mutton.

re'mov·er *s* **1.** Abbeizmittel *n*. **2.** (*Flekken-, Nagellack- etc*)Entferner *m*: nail varnish ~. **3.** *Br.* a) Spedi'teur *m*, b) (Möbel)Packer *m*. **4.** *jur. Am.* Über'weisung *f* (*e-s Rechtsfalles*).

REM sleep *s* (*abbr. für* rapid eye movement) *psych.* REM-Schlaf *m*.

re·mu·ner·ate [rɪˈmjuːnəreɪt] *v/t* **1.** *j-n* entlohnen (for für). **2.** *j-n* entschädigen, belohnen (for für). **3.** *etwas* vergüten, ersetzen. **reˌmu·ner'a·tion** *s* **1.** Entlohnung *f*. **2.** Entschädigung *f*, Belohnung *f*. **3.** Vergütung *f*. **re'mu·ner·a·tive** [-rətɪv; *Am. a.* -ˌreɪ-] *adj* (*adv* ~ly) einträglich, lohnend, lukra'tiv, profi'tabel, ren'tabel.

Re·nais·sance [rəˈneɪsəns; *Am.* ˌrenəˈsɑːns] *s* **1.** (*die*) Renais'sance (*des 15. u. 16. Jhs.*): ~ man Renaissancemensch *m*. **2.** r~ Renais'sance *f*, 'Wiedergeburt *f*, -erwachen *n*, Wieder'aufleben *n*.

re·nal [ˈriːnl] *adj med.* Nieren...: ~ pelvis *anat.* Nierenbecken *n*.

re·name [ˌriːˈneɪm] *v/t* **1.** 'umbenennen. **2.** neu benennen.

re·nas·cence [rɪˈnæsns] *s* **1.** 'Wiedergeburt *f*, Erneuerung *f*. **2.** R~ → Renaissance 1. **re'nas·cent** *adj* wieder'auflebend, 'wiedererwachend, neu.

ren·con·tre [renˈkɒntə(r); *Am.* -ˈkɑn-], **ren'coun·ter** [-ˈkaʊntə(r)] *s obs.* **1.** *mil.* Zs.-stoß *m*, Treffen *n*, Schar'mützel *n*. **2.** a) Wortgefecht *n*, b) Du'ell *n*. **3.** (zufälliges) Zs.-treffen.

rend [rend] *pret u. pp* **rent** [rent] **I** *v/t* **1.** (zer)reißen: to ~ apart (*od.* asunder *od.* to pieces) zer-, entzweireißen, in Stücke reißen; to ~ from s.o. j-m entreißen; to ~ one's hair sich die Haare raufen; shouts ~ the air Schreie gellen durch *od.* zerreißen die Luft. **2.** spalten (*a. fig.*). **II** *v/i* **3.** (zer)reißen, bersten.

ren·der [ˈrendə(r)] **I** *v/t* **1.** *berühmt, schwierig, sichtbar,* (*un*)*nötig etc* machen:

to ~ s.o. famous; to ~ s.th. difficult (necessary, visible, *etc*); to ~ possible möglich machen, ermöglichen. **2.** ˈwiedergeben: a) spiegeln (*Spiegel*), zuˈrückwerfen (*Echo*), b) (*künstlerisch*) interpreˈtieren, gestalten: to ~ a quartet (role, *etc*). **3.** *sprachlich, sinngemäß* ˈwiedergeben: a) überˈsetzen, -ˈtragen: to ~ a text into French, b) ausdrücken, formuˈlieren. **4.** *a.* ~ back zuˈrückgeben, zuˈrückerstatten (to *dat*). **5.** *meist* ~ up a) herˈausgeben, b) *fig.* ˈhingeben, opfern: to ~ one's life, c) *fig.* vergelten (good for evil Böses mit Gutem). **6.** überˈgeben: to ~ up a fortress (to *dat*); to ~ to the earth *e-n Toten* der Erde übergeben. **7.** *e-n Dienst, Hilfe, Schadenersatz* leisten (to *dat*): for services ~ed für geleistete Dienste. **8.** *s-n Dank* abstatten (to *dat*). **9.** *Ehre, Gehorsam* erweisen (to *dat*): → homage 1. **10.** *Rechenschaft* ablegen, geben (to *dat*; of über *acc*): to ~ an account of s.th. über etwas berichten *od.* Bericht erstatten *od.* Rechenschaft ablegen. **11.** *econ. Rechnung* (vor)legen: to ~ (an) account; per account ~ed laut Rechnung. **12.** *e-n Gewinn* abwerfen. **13.** *jur. das Urteil* fällen (on über *acc*). **14.** *e-n Grund* angeben. **15.** *tech.* auslassen: to ~ fats. **16.** *arch.* roh bewerfen, berappen.
II *v/i* **17.** to ~ to s.o. j-n entlohnen.
III *s* **18.** *jur. hist.* Gegenleistung *f.* **19.** *arch.* Rohbewurf *m.*

ren·der·ing [ˈrendərɪŋ] *s* **1.** ˈÜbergabe *f*: ~ of account *econ.* Rechnungslegung *f.* **2.** ˈWiedergabe *f*: a) Überˈtragung *f*, -ˈsetzung *f*, b) (*künstlerische*) Interpretatiˈon, Gestaltung *f*, Ausführung *f*, Vortrag *m.* **3.** *a.* ~ coat *arch.* Rohbewurf *m.*

ren·dez·vous [ˈrɒndɪvu:; *Am.* ˈrɑ:ndɪˌvu:; -deɪ-] *pl* **-vous** [-vu:z] **I** *s* **1.** a) Rendezˈvous *n*, Verabredung *f*, Stelldichein *n*, b) Zs.-kunft *f*, Treffen *n.* **2.** a) Treffpunkt *m*, b) *mil.* Sammelplatz *m*: ~ area Versammlungsraum *m.* **II** *v/i pret u. pp* **-voused** [-vu:d] **3.** sich treffen. **4.** sich versammeln. **III** *v/t* **5.** *bes. mil.* versammeln, vereinigen.

ren·di·tion [renˈdɪʃn] *s* **1.** → rendering 2. **2.** Auslieferung *f* (*e-s Gefangenen etc*). **3.** *jur. Am.* (Urteils)Fällung *f*, (-)Verkündung *f.*

ren·e·gade [ˈrenɪgeɪd] **I** *s* Reneˈgat(in), Abtrünnige(r *m*) *f*, ˈÜberläufer(in). **II** *adj* abtrünnig, verräterisch. **III** *v/i* abtrünnig werden. ˌ**ren·eˈga·tion** *s* Abfall *m*, Apostaˈsie *f.*

re·nege [rɪˈni:g; rɪˈneɪg] **I** *v/i* **1.** sein Wort brechen: to ~ on a promise ein Versprechen nicht (ein)halten; to ~ on a tradition e-r Tradition untreu werden, mit e-r Tradition brechen; to ~ on doing s.th. sich nicht an sein Versprechen halten, etwas zu tun. **2.** *Kartenspiel*: nicht bedienen. **II** *v/t* **3.** (ab-, ver)leugnen. **III** *s* **4.** *Kartenspiel*: Nichtbedienen *n.*

re·ne·go·ti·ate [ˌri:nɪˈgəʊʃɪeɪt] **I** *v/t* **1.** neu aushandeln. **2.** *Am. e-n Heereslieferungsvertrag* modifiˈzieren (*zur Vermeidung übermäßiger Gewinne*). **II** *v/i* **3.** neu verhandeln.

re·negue → renege.

re·new [rɪˈnju:; *Am. a.* rɪˈnu:] **I** *v/t* **1.** erneuern: to ~ an attack (a vow, *etc*); to ~ an acquaintance; to ~ the tires (*bes. Br.* tyres) die Reifen erneuern *od.* wechseln. **2.** wiederˈaufnehmen: to ~ a conversation (a correspondence); ~ed nochmalig, erneut; to ~ one's efforts erneute Anstrengungen machen. **3.** ˈwiederbeleben, regeneˈrieren (*a. biol.*). **4.** ˈwiedererlangen: to ~ one's strength (one's youth). **5.** *econ.* a) *e-n Vertrag, a. ein Patent etc* erneuern, verlängern, b) *e-n Wechsel* prolonˈgieren. **6.** a) erneuern, b) restauˈrieren, renoˈvieren. **7.** ergänzen, (wieder)ˈauffüllen, ersetzen. **8.** wiederˈholen. **II** *v/i* **9.** *econ.* a) (den Vertrag *etc*) verlängern, b) (den Wechsel) prolonˈgieren. **10.** neu beginnen. **11.** sich erneuern. **reˈnew·a·ble** *adj* **1.** erneuerbar, zu erneuern(d). **2.** *econ.* a) verlängerungsfähig, b) prolonˈgierbar (*Wechsel*). **reˈnew·al** *s* **1.** Erneuerung *f.* **2.** *econ.* a) Erneuerung *f*, Verlängerung *f*, b) Prolonˈgierung *f*: ~ bill Prolongationswechsel *m.* **3.** *pl econ.* Neuanschaffungskosten *pl.*

ren·i·form [ˈrenɪfɔ:(r)m; ˈri:-] *adj* nierenförmig.

re·nig [rɪˈnɪg] *Am.* → renege.

re·nin [ˈri:nɪn] *s physiol.* Reˈnin *n* (*Protein der Niere*).

ren·net¹ [ˈrenɪt] *s* **1.** *zo.* Lab *n.* **2.** *biol. chem.* ˈLab(ferˌment) *n.*

ren·net² [ˈrenɪt] *s bot. Br.* Reˈnette *f* (*Apfelsorte*).

re·nounce [rɪˈnaʊns] **I** *v/t* **1.** verzichten auf (*acc*): to ~ a claim. **2.** aufgeben: to ~ a plan. **3.** sich lossagen von *j-m*, *j-n* verstoßen. **4.** verleugnen, *dem Glauben etc* abschwören, *die Freundschaft* aufsagen, *e-n Vertrag etc* kündigen. **5.** entsagen (*dat*): to ~ the world. **6.** *etwas* von sich weisen, ablehnen. **7.** *Kartenspiel*: *e-e Farbe* nicht bedienen (können). **II** *v/i* **8.** *bes. jur.* Verzicht leisten. **9.** *Kartenspiel*: nicht bedienen (können). **III** *s* **10.** *Kartenspiel*: Nichtbedienen *n.* **reˈnounce·ment** → renunciation.

ren·o·vate [ˈrenəʊveɪt] *v/t* **1.** wiederˈherstellen. **2.** renoˈvieren, restauˈrieren. **3.** erneuern. ˌ**ren·oˈva·tion** *s* Renoˈvierung *f*, Erneuerung *f.* ˈ**ren·o·va·tor** [-tə(r)] *s* Erneuerer *m.*

re·nown [rɪˈnaʊn] *s rhet.* Ruhm *m*, Berühmtheit *f*, hohes Ansehen, Ruf *m*: a man of (great *od.* high) ~ ein (hoch)berühmter Mann. **reˈnowned** *adj* berühmt, namhaft.

rent¹ [rent] **I** *s* **1.** a) (Wohnungs)Miete *f*, Mietzins *m*: ~-controlled mietgebunden, b) Pacht(geld *n*, -zins *m*) *f*: ~-free miet- *od.* pachtfrei; to let for ~ verpachten; to take at ~ pachten; for ~ *bes. Am.* zu vermieten *od.* -pachten (→ 2). **2.** *bes. Am.* Leihgebühr *f*, Miete *f*: for ~ zu vermieten, zu verleihen (→ 1). **3.** *a.* economic ~ *econ.* (Differentiˈal-, Fruchtbarkeits)Rente *f.* **II** *v/t* **4.** vermieten. **5.** verpachten. **6.** mieten. **7.** pachten. **8.** Miete *od.* Pacht verlangen von. **9.** *bes. Am.* a) *etwas* verleihen, vermieten, b) sich *etwas* leihen *od.* mieten. **III** *v/i* **10.** vermietet *od.* verpachtet werden (at zu).

rent² [rent] *s* **1.** Riß *m.* **2.** Spalt *m*, Spalte *f.* **3.** *fig.* Spaltung *f.*

rent³ [rent] *pret u. pp von* rend.

rent·a·ble [ˈrentəbl] *adj* (ver)mietbar, (ver)pachtbar.

ˈ**rent|-a-ˌcar (ser·vice)** *s bes. Am.* Autoverleih *m.* ˈ**~-a-ˌcrowd** *s bes. Br. sl.* bezahlte *od.* organiˈsierte Demonˈstranten, Kundgebungsteilnehmer *pl etc.*

rent·al [ˈrentl] *econ.* **I** *s* **1.** Miet-, Pachtbetrag *m*, -satz *m.* **2.** Miete *f*, Pacht(-summe) *f.* **3.** (Brutto)Mietertrag *m*, Pachteinnahme(n *pl*) *f.* **4.** *Am.* Mietgegenstand *m.* **5.** → rent-roll 1. **II** *adj* **6.** Miet..., Pacht...: ~ charge → 1; ~ value Miet-, Pachtwert *m.* **7.** *bes. Am.* Leih...: ~ car Leih-, Mietwagen *m*; ~ fee Leihgebühr *f*; ~ library Leihbücherei *f.*

ˈ**rent-a-ˌmob** *s bes. Br. sl.* bezahlte *od.* organiˈsierte Kraˈwallmacher *pl.*

rent charge *pl* **rents charge** *s* Grundrente *f.*

rent·er [ˈrentə(r)] *s* **1.** Pächter *m*, Mieter *m.* **2.** Verpächter *m*, -mieter *m.* **3.** *bes. Am.* Verleiher *m.* **4.** *bes. Br.* Filmverleih(er) *m.*

ˌ**rent|-ˈfree** *adj* mietfrei. ˈ**~-roll** *s* **1.** Zinsbuch *n*, Rentenverzeichnis *n.* **2.** → rental 2 *u.* 3.

rent seck [sek] *pl* **rents seck** *s* Erbzins *m* (*ohne Pfändungsrecht*).

rent ser·vice *s econ. jur. Br.* Dienstrente *f*, (*persönliche*) Grunddienstbarkeit.

re·num·ber [ˌri:ˈnʌmbə(r)] *v/t* neu numeˈrieren, ˈumnumeˌrieren.

re·nun·ci·a·tion [rɪˌnʌnsɪˈeɪʃn] *s* **1.** (of) Verzicht *m* (auf *acc*), Aufgabe *f* (*gen*). **2.** Entsagung *f*, Selbstverleugnung *f.* **3.** Ablehnung *f.* **4.** *jur. Br.* Ablehnung *f* (*des Testamentsvollstreckerauftrags*). **reˈnun·ci·a·tive** [-ətɪv; *Am.* -ˌeɪ-] *adj* verzichtend, entsagungsvoll. **reˈnun·ci·a·to·ry** [-ətərɪ; *Am.* -əˌtəʊri:; -ˌtɔ:-] *adj* **1.** Verzicht(s)... **2.** → renunciative.

ren·voi, ren·voy [renˈvɔɪ] *s jur.* **1.** Ausweisung *f* (*aus e-m Staat*). **2.** *Internationales Privatrecht*: Überˈweisung *f* (*e-s Falles*) an ein außenstehendes (*nicht örtlich zuständiges*) Gericht.

re·oc·cu·pa·tion [ˈri:ˌɒkjʊˈpeɪʃn; *Am.* -ˌɑk-] *s* (*militärische*) ˈWiederbesetzung. ˌ**reˈoc·cu·py** [-paɪ] *v/t* ˈwiederbesetzen.

re·o·pen [ˌri:ˈəʊpən] **I** *v/t* **1.** ˈwiedereröffnen. **2.** wieder beginnen, wiederˈaufnehmen. **II** *v/i* **3.** sich wieder öffnen. **4.** ˈwiedereröffnen, wiederˈaufmachen (*Geschäft etc*). **5.** wieder beginnen.

re·or·der [ˌri:ˈɔ:(r)də(r)] **I** *s* **1.** *econ.* Neu-, Nachbestellung *f.* **II** *v/t* **2.** wieder ordnen, neu ordnen. **3.** *econ.* nachbestellen (*a. v/i*).

re·or·gan·i·za·tion [ˈri:ˌɔ:(r)gənaɪˈzeɪʃn; *Am.* -nəˈz-] *s* **1.** Reorganisatiˈon *f*, ˈUmbildung *f*, Neuordnung *f*, -gestaltung *f.* **2.** *econ.* Saˈnierung *f.* ˌ**reˈor·gan·ize** *v/t* **1.** reorganiˈsieren, neu ordnen, ˈumbilden, ˈumgestalten, neu gestalten. **2.** *econ.* saˈnieren.

re·o·ri·ent [ˌri:ˈɔ:rɪent], ˌ**reˈo·ri·en·tate** [-teɪt] *v/t* neu orienˈtieren, neu ausrichten.

rep¹ [rep] *s* Rips *m* (*Stoff*).

rep² [rep] *s colloq.* (Handels)Vertreter *m.*

rep³ [rep] *s colloq.* Wüstling *m.*

rep⁴ [rep] *s Am. colloq. für* reputation.

rep⁵ [rep] *s colloq. für* repertory theater.

rep⁶ [rep] *s phys.* rep *n* (*Strahlungsmenge*; *aus* roentgen equivalent physical).

re·pack [ˌri:ˈpæk] *v/t* ˈumpacken.

re·paint [ˌri:ˈpeɪnt] *v/t* **1.** neu *od.* wieder malen. **2.** überˈmalen. **3.** neu (an)streichen.

re·pair¹ [rɪˈpeə(r)] **I** *v/t* **1.** repaˈrieren, (wieder) inˈstand setzen. **2.** ausbessern. **3.** wiederˈherstellen: to ~ s.o.'s health. **4.** wiederˈgutmachen: to ~ a wrong. **5.** *e-n Verlust* ersetzen, Schadenersatz leisten für: to ~ an injury. **II** *s* **6.** Reparaˈtur *f*, Inˈstandsetzung *f*, Ausbesserung *f*: beyond ~ nicht mehr zu reparieren, irreparabel; to make ~s Reparaturen vornehmen; in need of ~ reparaturbedürftig; to be under ~ in Reparatur sein, repariert werden; ~ kit, ~ outfit Reparaturwerkzeug *n*, Flickzeug *n.* **7.** *pl* Inˈstandsetzungsarbeiten *pl*, Reparaˈturen *pl.* **8.** Wiederˈherstellung *f.* **9.** *a.* state of ~ (baulicher *etc*) Zustand: in good ~ in gutem Zustand; out of ~ a) betriebsunfähig, b) baufällig.

re·pair² [rɪˈpeə(r)] **I** *v/i* **1.** sich begeben (to nach *e-m Ort*, zu *j-m*). **2.** oft *od.* in großer Zahl gehen. **II** *s* **3.** Zufluchtsort *m*, (beliebter) Aufenthaltsort. **4.** Treffpunkt *m.*

re·pair·a·ble [rɪˈpeərəbl] *adj* **1.** reparaˈturbedürftig. **2.** repaˈrabel, zu repaˈrieren(d). **3.** → reparable.

reˈpair|·man [-mæn] *s irr* (Repara-

ˈtur)Meˌchaniker *m*: **television ~** Fernsehtechniker *m*. **~ ship** *s mar.* Werkstattschiff *n*. **~ shop** *s* Reparaˈturwerkstatt *f*.

rep·a·ra·ble [ˈrepərəbl] *adj* (*adv* **reparably**) **1.** repaˈrabel, wiederˈgutzumachen(d): **~ damage**. **2.** ersetzbar: **~ loss**.

rep·a·ra·tion [ˌrepəˈreɪʃn] *s* **1.** Wiederˈgutmachung *f*: **to make ~** Genugtuung leisten. **2.** Entschädigung *f*. **3.** *meist pl pol.* Wiederˈgutmachungsleistung *f*, Reparatiˈonen *pl*: **~ payments** Reparationszahlungen. **4.** Wiederˈherstellung *f*. **5.** *biol.* Regeneratiˈon *f*. **6.** Ausbesserung *f*.

re·par·a·tive [rɪˈpærətɪv], *a.* **reˈpar·a·to·ry** [-tərɪ; *Am.* -ˌtəʊriː; -ˌtɔː-] *adj* **1.** Heil... **2.** wiederˈgutmachend. **3.** Entschädigungs...

rep·ar·tee [ˌrepɑː(r)ˈtiː] **I** *s* a) schlagfertige Antwort, b) *collect.* schlagfertige Antworten *pl*, c) Schlagfertigkeit *f*: **good at ~** schlagfertig. **II** *v/i* schlagfertige Antworten geben.

re·par·ti·tion [ˌriːpɑː(r)ˈtɪʃn] **I** *s* **1.** Auf-, Verteilung *f*. **2.** Neuverteilung *f*. **II** *v/t* **3.** (neu) verteilen, aufteilen.

re·past [rɪˈpɑːst; *Am.* -ˈpæst] *s* **1.** Mahl *n*. **2.** Mahlzeit *f*.

re·pa·tri·ate [riːˈpætrɪeɪt; *Am. a.* -ˈpeɪ-] **I** *v/t* repatriˈieren, (in die Heimat) zuˈrückführen. **II** *s* [-ɪt; -eɪt] Repatriˈierte(r *m*) *f*, Heimkehrer(in). **ˌre·pa·tri'a·tion** *s* Repatriˈierung *f*, Rückführung *f*.

re·pay [riːˈpeɪ] *irr* **I** *v/t* **1.** *Geld etc* zuˈrückzahlen, (-)erstatten: **to ~ s.o.'s expenses** j-m s-e Auslagen erstatten; **I'll ~ you some time** a) ich gebe dir das Geld irgendwann einmal zurück, b) *fig.* ich werde mich irgendwann einmal erkenntlich zeigen, c) *fig.* das zahle ich dir schon noch heim. **2.** *Besuch etc* erwidern: **to ~ a blow** zurückschlagen. **3.** a) (*positiv*) sich für *etwas* erkenntlich zeigen *od.* revanˈchieren: **to ~ s.o.'s help, to ~ s.o. for his help** j-n für s-e Hilfe belohnen *od.* entschädigen, b) (*negativ*) *etwas* vergelten, lohnen (**with** mit): **to ~ s.o.'s help with ingratitude; to ~ s.o.'s meanness, to ~ s.o. for his meanness** j-m s-e Gemeinheit heimzahlen. **II** *v/i* **4.** das Geld *etc* zuˈrückzahlen. **reˈpay·a·ble** *adj* rückzahlbar, zuˈrückzuzahlen(d). **reˈpay·ment** *s* **1.** Rückzahlung *f*. **2.** Erwiderung *f* (*e-s Besuchs etc*). **3.** Vergeltung *f*.

re·peal [rɪˈpiːl] **I** *v/t* **1.** *ein Gesetz etc* aufheben, außer Kraft setzen. **2.** widerˈrufen. **II** *s* **3.** ˈWiderruf *m*. **4.** Aufhebung *f* (*von Gesetzen etc*). **reˈpeal·a·ble** *adj* aufhebbar. **Reˈpeal·er** *s hist. Gegner der Union mit Großbritannien* (*in Irland*).

re·peat [rɪˈpiːt] **I** *v/t* **1.** wiederˈholen: **to ~ an attempt (an order, a year at school,** *etc*); **to ~ an experience** etwas nochmals durchmachen *od.* erleben; **to ~ an order (for s.th.)** *econ.* (etwas) nachbestellen; **her language will** (*od.* **does**) **not bear ~ing** ihre (*gemeinen*) Ausdrücke lassen sich nicht wiederholen; **to ~ a pattern** ein Muster wiederholen *od.* wiederkehren lassen; **to ~ o.s.** → 4. **2.** wiederˈholen: a) weitererzählen, b) nachsprechen (**s.th. after s.o.** j-m etwas). **3.** *ped.* aufsagen: **to ~ a poem**. **II** *v/i* **4.** sich wiederˈholen. **5.** *Am.* (*bei e-r Wahl widerrechtlich*) mehr als ˈeine Stimme abgeben. **6.** repeˈtieren (*Uhr, a. Gewehr*). **7.** aufstoßen (**on s.o.** j-m) (*Speisen*). **III** *s* **8.** Wiederˈholung *f* (*a. Rundfunk, TV*): **~ key** Wiederholtaste *f* (*am Tonbandgerät etc*); **~ performance** *thea.* Wiederholung *f*. **9.** (*etwas*) sich Wiederˈholendes, *bes.* Rapˈport *m*. **10.** *mus.* a) Wiederˈholung *f*, b) Wiederˈholungszeichen *n*. **11.** *oft* **~ order** *econ.* Nachbestellung *f*. **reˈpeat·ed** *adj* wiederˈholt, mehrmalig, neuerlich. **reˈpeat·ed·ly** *adv* wiederˈholt, mehrmals. **reˈpeat·er** *s* **1.** Wiederˈholende(r *m*) *f*. **2.** Repeˈtieruhr *f*. **3.** Repeˈtier-, Mehrladegewehr *n*. **4.** *ped.* Repeˈtent(in), Wiederˈholer(in). **5.** *Am. Wähler, der widerrechtlich mehrere Stimmen abgibt.* **6.** *math.* periˈodische Deziˈmalzahl. **7.** *jur.* Rückfällige(r *m*) *f*. **8.** *mar.* a) Tochterkompaß *m*, b) Wiederˈholungswimpel *m* (*Signal*). **9.** *electr.* a) (Leitungs-) Verstärker *m*, b) Reˈlaisstelle *f*: **~ circuit** Verstärkerschaltung *f*; **~ station** Relaissender *m*. **reˈpeat·ing** *adj* wiederˈholend: **~ decimal** → **repeater** 6; **~ rifle** → **repeater** 3; **~ watch** → **repeater** 2.

re·pe·chage [ˈrepəʃɑːʒ; ˌrepəˈʃɑːʒ] *s sport* Hoffnungslauf *m*.

re·pel [rɪˈpel] *v/t* **1.** *den Feind etc* zuˈrückschlagen, -treiben. **2.** *e-n Angriff etc* abschlagen, abweisen, *a. e-n Schlag etc* abwehren. **3.** *fig.* a) ab-, zuˈrückweisen, b) ab-, ausschlagen: **to ~ a request**, c) von sich weisen: **to ~ a suggestion**, d) verwerfen: **to ~ a dogma**. **4.** zuˈrückstoßen, -drängen. **5.** *phys.* abstoßen. **6.** *fig. j-n* abstoßen, anwidern. **reˈpel·lent I** *adj* (*adv* **~ly**) **1.** (*wasser- etc*)abstoßend. **2.** *fig.* abstoßend, widerlich: **to be ~ to s.o.** auf j-n abstoßend wirken. **II** *s* **3.** *tech.* Imprä'gniermittel *n*. **4.** (*bes. Insekten*)Abwehrmittel *n*: **insect ~**.

re·pent[1] [rɪˈpent] **I** *v/i* (**of**) bereuen (*acc*), Reue empfinden (über *acc*). **II** *v/t* bereuen: **he ~s having done that** er bereut es, das getan zu haben.

re·pent[2] [ˈriːpənt] *adj bot. zo.* kriechend.

re·pent·ance [rɪˈpentəns] *s* Reue *f*. **reˈpent·ant** *adj* (*adv* **~ly**) reuig (**of** über *acc*), reumütig, bußfertig: **to be ~ of s.th.** etwas bereuen.

re·peo·ple [ˌriːˈpiːpl] *v/t* wieder bevölkern (*a. mit Tieren*).

re·per·cus·sion [ˌriːpə(r)ˈkʌʃn] *s* **1.** *meist pl fig.* Rück-, Nach-, Auswirkungen *pl* (**on** auf *acc*). **2.** Rückstoß *m*, -prall *m*. **3.** *a. mus.* ˈWiderhall *m*, Echo *n*. **ˌre·perˈcus·sive** [-sɪv] *adj* **1.** ˈwiderhallend. **2.** zuˈrückwerfend.

rep·er·toire [ˈrepə(r)twɑː(r)] *s thea.* Reperˈtoire *n* (*a. fig.*), Spielplan *m*.

rep·er·to·ry [ˈrepə(r)tərɪ; *Am.* -ˌtəʊriː; -ˌtɔː-] *s* **1.** *thea.* a) → **repertoire**, b) → **repertory theater**. **2.** → **repository** 4. **~ com·pa·ny** *s thea. Br.* Reperˈtoirebühne *f* (*Unternehmen*). **~ the·a·ter,** *bes. Br.* **~ the·a·tre** *s* Reperˈtoirétheˌater *n*, -bühne *f*.

rep·e·tend [ˈrepɪtend] *s* **1.** *math.* Periˈode *f* (*e-s Dezimalbruchs*). **2.** *mus.* Reˈfrain *m*.

ré·pé·ti·teur, re·pe·ti·teur [reɪˌpetɪˈtɜː; *Am.* ˌreɪˌpeɪtəˈtɜr] *s mus.* Korrepeˈtitor *m*.

rep·e·ti·tion [ˌrepɪˈtɪʃn] *s* **1.** Wiederˈholung *f*: **~ order** *econ.* Nachbestellung *f*; **~ work** *tech.* Reihenfertigung *f*. **2.** a) Auswendiglernen *n*, b) *ped.* (Stück *n* zum) Aufsagen *n*. **3.** Koˈpie *f*, Nachbildung *f*. **ˌrep·eˈti·tion·al** [-ʃənl], **ˌrep·eˈti·tion·a·ry** [-ʃənərɪ; *Am.* -ˌneri:] *adj* sich wiederˈholend. **ˌrep·eˈti·tious** *adj* (*adv* **~ly**) **1.** sich ständig wiederˈholend. **2.** ewig gleichbleibend, monoˈton. **re·pet·i·tive** [rɪˈpetətɪv] *adj* (*adv* **~ly**) **1.** sich wiederˈholend, wiederˈholt. **2.** → **repetitious**.

re·phrase [ˌriːˈfreɪz] *v/t* neu formuˈlieren, ˈumformuˌlieren.

re·pine [rɪˈpaɪn] *v/i* murren, klagen, ˈmißvergnügt sein (**at** über *acc*): **to ~ against one's fate** mit s-m Schicksal hadern. **reˈpin·ing** *adj* (*adv* **~ly**) unzufrieden, murrend, mürrisch.

re·place [rɪˈpleɪs] *v/t* **1.** ersetzen (**by, with** durch), an die Stelle treten von (*od. gen*). **2.** a) *j-n* ersetzen *od.* ablösen, an die Stelle treten von (*od. gen*): **to be ~d by** abgelöst werden von, ersetzt werden durch, b) *j-n* vertreten. **3.** (zu)ˈrückerstatten, ersetzen: **to ~ a sum of money**. **4.** wieder ˈhinstellen, -legen, wieder an Ort u. Stelle bringen: **to ~ the receiver** *teleph.* (den Hörer) auflegen. **5.** *tech.* a) ersetzen, austauschen: **he had a hip ~d** *med.* ihm wurde ein künstliches Hüftgelenk eingesetzt, b) wieder einsetzen: **to ~ a part**. **6.** *math.* vertauschen. **reˈplace·a·ble** *adj* zu ersetzen(d), ersetzbar, *tech. a.* austauschbar. **reˈplace·ment** *s* **1.** a) Ersetzen *n*, Austauschen *n*, b) Ersatz *m*: **~ costs** *econ.* Wiederbeschaffungskosten; **~ engine** *bes. mot.* Austauschmotor *m*; **~ parts** *tech.* Ersatzteile. **2.** *mil.* a) (*ausgebildeter*) Ersatzmann, b) Ersatz *m*, Auffüllung *f*, Verstärkung *f*: **~ unit** Ersatztruppenteil *m*. **3.** Vertretung *f*. **4.** *med.* Proˈthese *f*.

re·plant [ˌriːˈplɑːnt; *Am.* -ˈplænt] *v/t* **1.** neu pflanzen. **2.** ver-, ˈumpflanzen (*a. fig.*). **3.** neu bepflanzen.

re·play *sport* **I** *v/t* **1.** [ˌriːˈpleɪ] *das Spiel* wiederˈholen. **II** *s* [ˈriːpleɪ] **2.** Wiederˈholungsspiel *n*. **3.** → **action replay**.

re·plen·ish [rɪˈplenɪʃ] *v/t* **1.** (wieder) auffüllen, nachfüllen, *Vorräte* ergänzen (**with** mit). **2.** wieder füllen. **reˈplen·ish·ment** *s* Auffüllung *f*, Ergänzung *f*: **~ ship** *mar. mil.* Versorgungsschiff *n*.

re·plete [rɪˈpliːt] *adj* **1.** (**with**) vollgepfropft (mit), (zum Platzen) voll (von). **2.** (**with**) (an)gefüllt, durchˈtränkt, erfüllt (von), ˈüberreich (an *dat*). **reˈple·tion** *s* **1.** (ˈÜber)Fülle *f*: **full to ~** bis zum Rande voll, zum Bersten gefüllt. **2.** Überˈsättigung *f*, Völle *f*: **to eat to ~** sich vollessen.

re·plev·in [rɪˈplevɪn] *jur.* **I** *s* **1.** (Klage *f* auf) Herˈausgabe *f* gegen Sicherheitsleistung. **2.** einstweilige Verfügung (auf Herˈausgabe). **II** *v/t Am. für* **replevy** I. **reˈplev·y I** *v/t entzogene od. gepfändete Sachen* gegen Sicherheitsleistung zuˈrückerlangen. **II** *s* → **replevin** I.

rep·li·ca [ˈreplɪkə] *s* **1.** *art* Reˈplik *f*, Origiˈnalkoˌpie *f*. **2.** Koˈpie *f*, Reproduktiˈon *f*, Nachbildung *f*. **3.** *fig.* Ebenbild *n*.

rep·li·cate [ˈreplɪkɪt] **I** *adj bes. bot.* zuˈrückgekrümmt (*Blatt*). **II** *s mus.* Okˈtavverdopp(e)lung *f*.

rep·li·ca·tion [ˌreplɪˈkeɪʃn] *s* **1.** Entgegnung *f*, Erwiderung *f*. **2.** ˈWiderhall *m*, Echo *n*. **3.** *jur.* Reˈplik *f* (*des Klägers auf die Antwort des Beklagten*). **4.** Reproduktiˈon *f*, Koˈpie *f*, Nachbildung *f*.

re·ply [rɪˈplaɪ] **I** *v/i* **1.** antworten, erwidern (**to s.o.** j-m; **to s.th.** auf etwas) (*a. fig.*): **he replied to our letter** er beantwortete unser Schreiben; **the enemy replied to our fire** *mil.* der Feind erwiderte das Feuer. **2.** *jur.* repliˈzieren. **II** *v/t* **3.** antworten, erwidern, entgegnen (**that** daß). **III** *s* **4.** Antwort *f*, Erwiderung *f*, Entgegnung *f*: **in ~ to** a) in Beantwortung (*gen*), b) auf (*acc*) hin, c) als Antwort *od.* Reaktion auf (*acc*); **~-paid telegram** Telegramm *n* mit bezahlter Rückantwort; **~ (postal) card** (Post)Karte *f* mit Antwortkarte; **to make a ~** → 1; **to say in ~** zur Antwort geben; **there is no ~ (from that number)** *teleph.* der Teilnehmer meldet sich nicht.

re·point [ˌriːˈpɔɪnt] *v/t* neu verfugen.

re·pol·ish [ˌriːˈpɒlɪʃ; *Am.* -ˈpɑ-] *v/t* ˈaufpoˌlieren (*a. fig.*).

re·pop·u·late [ˌriːˈpɒpjʊleɪt; *Am.* -ˈpɑ-] *v/t* wieder bevölkern.

re·port [rɪˈpɔː(r)t; *Am. a.* rɪˈpəʊərt] **I** *s* **1.** a) *allg.* Bericht *m* (**on** über *acc*), b) *econ.* (Geschäfts- *od.* Sitzungs- *od.* Verhandlungs)Bericht *m*: ~ **stage** Erörterungsstadium *n* (*e-r Vorlage*) (*vor der 3. Lesung*); **to give a** ~ Bericht erstatten; **month under** ~ Berichtsmonat *m.* **2.** Refeˈrat *n*, Vortrag *m.* **3.** (Presse)Bericht *m*, (-)Meldung *f*, Nachricht *f.* **4.** *ped. Br.* Zeugnis *n.* **5.** Anzeige *f* (*a. jur.*), Meldung *f* (*zur Bestrafung*). **6.** *mil.* Meldung *f.* **7.** *jur.* → **law report. 8.** Gerücht *n*: **the** ~ **goes that,** ~ **has it that** es geht das Gerücht, daß. **9.** Ruf *m*: **to be of good (evil)** ~ in gutem (schlechtem) Rufe stehen; **through good and evil** ~ *Bibl.* in guten u. bösen Tagen. **10.** Knall *m*: ~ **of a gun.**

II *v/t* **11.** berichten (**to s.o.** j-m): **to** ~ **progress to s.o.** j-m über den Stand der Sache berichten; **to move to** ~ **progress** *parl. Br.* die Debatte unterbrechen. **12.** berichten über (*acc*), Bericht erstatten über (*acc*) (*beide a. in der Presse, im Rundfunk etc*), erzählen: **it is** ~**ed that** es heißt (, daß); **he is** ~**ed to be ill** es heißt, er sei krank; er soll krank sein; **he is** ~**ed as saying** er soll gesagt haben; ~**ed speech** *ling.* indirekte Rede. **13.** melden: **to** ~ **an accident** (**a discovery, results,** *etc*); **to** ~ **o.s.** sich melden (**to** bei); **to** ~ **a missing person** eine Vermißtenanzeige aufgeben. **14.** (**to**) *j-n* (*zur Bestrafung*) melden (*dat*), anzeigen (bei *j-m*) (**for** wegen). **15.** *parl.* (*Am. a.* ~ **out**) *e-e Gesetzesvorlage* (wieder) vorlegen (*Ausschuß*).

III *v/i* **16.** berichten, e-n Bericht geben *od.* erstatten *od.* vorlegen (**on, of** über *acc*), refeˈrieren (**on** über *acc*). **17.** als Berichterstatter arbeiten, schreiben (**for** für): **he** ~**s for the 'Times'. 18.** Nachricht geben, sich melden. **19.** (**to**) sich melden, sich einfinden (bei), sich (*der Polizei etc*) stellen: **to** ~ **for duty** sich zum Dienst melden; **to** ~ **back to work** sich wieder zur Arbeit melden; **to** ~ **sick** sich krank melden. **20.** ~ **to** *Am. j-m* (*disziplinarisch*) unterˈstehen, unterˈstellt sein: **he** ~**s to the company secretary.**

re·port·a·ble [rɪˈpɔː(r)təbl; *Am. a.* -ˈpəʊr-] *adj* **1.** zu berichten(d), zur Berichterstattung geeignet. **2.** *med.* anzeige-, meldepflichtig: **a** ~ **disease. 3.** steuerpflichtig (*Einkommen*). **re·port·age** [ˌrepɔːˈtɑːʒ; *Am.* rɪˈpəʊrtɪdʒ; *a.* -ˈpɔːr-] *s* **1.** Reporˈtage *f.* **2.** Zeitungsstil *m.*

re·port card *s ped. Am.* Zeugnis *n.*

re·port·ed·ly [rɪˈpɔː(r)tɪdlɪ; *Am. a.* -ˈpəʊr-] *adv* wie verlautet: **the president has** ~ **said** der Präsident soll gesagt haben. **reˈport·er** *s* **1.** Reˈporter *m*, (Presse)Berichterstatter *m.* **2.** *jur. etc* Berichterstatter *m*, Refeˈrent *m.* **3.** Schrift-, Protoˈkollführer *m.*

re·por·to·ri·al [ˌrɪpɔːˈtɔːrɪəl; *Am.* ˌrepərˈtəʊ-; ˌriː-] *adj bes. Am.* **1.** Reporter... **2.** reporˈtagehaft (*Stil etc*).

re·pose [rɪˈpəʊz] **I** *v/i* **1.** ruhen, schlafen (*beide a. fig.*). **2.** (sich) ausruhen. **3.** *fig.* beruhen (**on** auf *dat*). **4.** *fig.* (*liebevoll*) verweilen (**on** bei) (*Gedanken*). **5.** ~ **in** *fig.* vertrauen auf (*acc*). **II** *v/t* **6.** *j-m* Ruhe gewähren. **7.** (**o.s.** sich) zur Ruhe legen. **8.** ~ **on** legen *od.* betten auf (*acc*). **9.** ~ **in** *fig.* sein Vertrauen, s-e Hoffnung setzen auf *od.* in (*acc*). **10.** ~**d (on)** *pp* a) ruhend, liegend (auf *dat*), b) gebettet, gestützt (auf *acc*), c) sich lehnend, gelehnt (auf *acc*, gegen). **III** *s* **11.** Ruhe *f*: a) Ausruhen *n*, b) Schlaf *m*, c) Erholung *f*, d) Friede(n) *m*, Stille *f*, e) Stillstand *m*: **to seek (take)** ~ Ruhe suchen (finden); **in** ~ in Ruhe, untätig (*a. Vulkan*). **12.** (Gemüts)Ruhe *f.* **13.** *art* Harmoˈnie *f.* **reˈpose·ful** *adj* (*adv* ~**ly**) ruhig, ruhevoll.

re·pos·i·to·ry [rɪˈpɒzɪtərɪ; *Am.* rɪˈpɑzəˌtəʊriː; -ˌtɔː-] *s* **1.** a) Behälter *m*, Gefäß *n*, b) Verwahrungsort *m.* **2.** (Waren)Lager *n*, Niederlage *f.* **3.** Muˈseum *n.* **4.** *fig.* Quelle *f*, Fundgrube *f* (**of** für). **5.** a) Leichenhalle *f*, b) Gruft *f.* **6.** *fig.* Vertraute(r *m*) *f.*

re·pos·sess [ˌriːpəˈzes] *v/t* **1.** wieder in Besitz nehmen, ˈwiedergewinnen, *fig. a.* zuˈrückerobern. **2.** ~ **of** *j-n* wieder in den Besitz *e-r Sache* setzen. **ˌre·posˈses·sion** *s* Wiederinbeˈsitznahme *f*, ˈWiedergewinnung *f.*

re·post → **riposte.**

re·pot [ˌriːˈpɒt; *Am.* -ˈpɑt] *v/t Pflanze* ˈumtopfen.

re·pous·sé [rəˈpuːseɪ; *Am. a.* rəˌpuːˈseɪ] *tech.* **I** *adj* getrieben (*Verzierung*). **II** *s* getriebene Arbeit.

repp → **rep**[1].

repped [rept] *adj* quergerippt.

rep·re·hend [ˌreprɪˈhend] *v/t* tadeln, rügen. **ˌrep·reˈhen·si·ble** *adj* (*adv* **reprehensibly**) tadelnswert, verwerflich. **ˌrep·reˈhen·si·ble·ness** *s* (*das*) Tadelnswerte, (*das*) Verwerfliche. **ˌrep·reˈhen·sion** *s* Tadel *m*, Rüge *f*, Verweis *m.*

rep·re·sent [ˌreprɪˈzent] **I** *v/t* **1.** *j-n od. j-s Sache, a. e-n Wahlbezirk etc* vertreten: **to** ~ **s.o.; to** ~ **s.o.'s interest; to be** ~**ed at** bei *e-r Sache* vertreten sein. **2.** *e-n Staat, e-e Firma etc* vertreten, repräsenˈtieren. **3.** *thea.* a) *e-e Rolle* darstellen, verkörpern, b) *ein Stück* aufführen, geben. **4.** *fig.* (*symbolisch*) darstellen, verkörpern, bedeuten, repräsenˈtieren, *e-r Sache* entsprechen. **5.** (*bildlich, graphisch*) darstellen, abbilden: **to** ~ **graphically. 6.** ˈhin-, darstellen (**as, to be** als), behaupten, (*a.* entschuldigend) vorbringen (**that** daß). **7.** darlegen, -stellen, schildern, vor Augen führen (**to s.o.** j-m): **to** ~ **to s.o. that** j-m vorhalten, daß. **8. to** ~ **to o.s.** sich (*im Geiste*) vorstellen. **II** *v/i* **9.** proteˈstieren (**against** gegen).

re-pre·sent [ˌriːprɪˈzent] *v/t* **1.** *etwas* wieder vorlegen. **2.** wieder vorführen. **3.** wieder *od.* neu darbieten.

rep·re·sen·ta·tion [ˌreprɪzenˈteɪʃn] *s* **1.** *a. econ. jur. pol.* Vertretung *f*: → **proportional** 2. **2.** Repräsentatiˈon *f.* **3.** Verkörperung *f.* **4.** (bildliche, graphische) Darstellung, Bild *n.* **5.** Schilderung *f*, Darstellung *f* (des Sachverhalts): **false** ~**s** *jur.* falsche Angaben, Vorspiegelung *f* falscher Tatsachen; → **fraudulent. 6.** *thea.* a) Aufführung(en *pl*) *f* (*e-s Stücks*), b) Darstellung *f* (*e-r Rolle*). **7.** a) Proˈtest *m*, b) *meist pl* Vorhaltung(en *pl*) *f*, *pl* Vorstellungen *pl* (*a. Völkerrecht*): **to make** ~**s to** Vorstellungen erheben bei, vorstellig werden bei. **8.** *jur.* Rechtsnachfolge *f*, *bes.* Nacherbenschaft *f.* **9.** *Versicherungsrecht*: Risikobeschreibung *f.* **10.** *pl jur.* Vertragsabsprachen *pl.* **11.** *philos.* Vorstellung *f*, Begriff *m.* **ˌrep·re·senˈta·tion·al** [-ʃənl] *adj* **1.** Vertretungs...: ~ **power. 2.** *philos.* Vorstellungs..., begrifflich. **3.** gegenständlich: ~ **art.**

rep·re·sent·a·tive [ˌreprɪˈzentətɪv] **I** *s* **1.** (Stell)Vertreter(in), Beauftragte(r *m*) *f*, Repräsenˈtant(in): **authorized** ~ Bevollmächtigte(r *m*) *f*; **(commercial)** ~ (Handels)Vertreter, (Handlungs)Reisende(r) *m*; **diplomatic** ~ diplomatischer Vertreter; **personal** ~ *jur.* Nachlaßverwalter *m*; **real** (*od.* **natural**) ~ *jur.* Erbe *m*, (Rechts)Nachfolger(in). **2.** *pol.* Abgeordnete(r *m*) *f*, (Volks)Vertreter(in). **3.** typischer Vertreter, Repräsenˈtant *m*, Musterbeispiel *n* (**of** *gen*). **4.** *jur.* Ersatzerbe *m.* **II** *adj* (*adv* ~**ly**) **5.** (**of**) a) verkörpernd, (symˈbolisch) darstellend (*acc*), b) symˈbolisch (für): **to be** ~ **of s.th.** etwas verkörpern. **6.** darstellend (**of** *acc*): ~ **arts. 7.** (**of**) vertretend (*acc*), stellvertretend (für): **in a** ~ **capacity** als Vertreter, stellvertretend. **8.** *bes. pol.* repräsentaˈtiv: ~ **government** Repräsentativsystem *n*, parlamentarische Regierung. **9.** a) typisch, charakteˈristisch, kennzeichnend (**of** für), b) repräsentaˈtiv: **a** ~ **selection** (*bes. Literatur*) e-e repräsentative Auswahl, (*Statistik*) ein repräsentativer Querschnitt; ~ **sample** *econ.* Durchschnittsmuster *n.* **10.** *philos.* Vorstellungs... **11.** *bot. zo.* (**of**) entsprechend (*dat*), ein Gegenstück bildend (zu). **ˌrep·reˈsent·a·tive·ness** *s* **1.** Symˈbolcharakter *m*, -kraft *f.* **2.** repräsentaˈtiver Chaˈrakter.

re·press [rɪˈpres] *v/t* **1.** unterˈdrücken, -ˈbinden, *e-n Aufruhr* niederschlagen. **2.** *fig.* unterˈdrücken: **to** ~ **a desire (a curt reply, tears). 3.** *fig.* zügeln, im Zaum halten. **4.** *psych.* verdrängen. **reˈpres·sion** [-ʃn] *s* **1.** Unterˈdrückung *f.* **2.** *psych.* Verdrängung *f.* **reˈpres·sive** [-sɪv] *adj* (*adv* ~**ly**) **1.** unterˈdrückend, represˈsiv, Unterdrückungs... **2.** hemmend.

re·prieve [rɪˈpriːv] **I** *v/t* **1.** *jur. j-m* Strafaufschub gewähren, *j-s* Urteilsvollstreckung aussetzen. **2.** *jur. j-m* e-e Gnadenfrist gewähren (*a. fig.*), *j-n* begnadigen. **3.** *fig.* a) *j-m* e-e Atempause gönnen, b) (vorˈübergehend) retten (**from** vor *dat*). **II** *s* **4.** *jur.* a) Begnadigung *f*, b) (Straf-, Vollˈstreckungs)Aufschub *m.* **5.** *fig.* a) Aufschub *m*, b) Gnadenfrist *f*, Atempause *f.* **6.** (vorˈübergehende) Rettung.

rep·ri·mand [ˈreprɪmɑːnd; *Am.* -ˌmænd] **I** *s* Verweis *m*, Rüge *f*, Maßregelung *f* (**for** wegen, für). **II** *v/t j-m* e-n Verweis erteilen, *j-n* rügen *od.* maßregeln.

re·print I *v/t* [ˌriːˈprɪnt] **1.** neu drucken *od.* auflegen, nachdrucken. **II** *s* [ˈriːprɪnt] **2.** a) Nachdruck *m*, ˈUmdruck *m*, b) Neudruck *m*, Neuauflage *f.* **3.** Nachdruck *m* (*e-r Briefmarkenserie*).

re·pris·al [rɪˈpraɪzl] *s* **1.** *a. pol.* Represˈsalie *f*, Vergeltungsmaßnahme *f*: **to make** ~**s (up)on** Repressalien ergreifen gegen; **in** (*od.* **as a, by way of**) ~ als Vergeltungsmaßnahme. **2.** *hist.* autoriˈsierte Kaperung: **to make** ~ **(up)on** sich schadlos halten an (*dat*); → **marque** 1.

re·prise [rɪˈpriːz] *s* **1.** *meist pl jur.* Jahreszinsen *pl.* **2.** *mus.* a) Reˈprise *f* (*Wiederkehr des Anfangs od. ersten Teils*), b) Wiederˈaufnahme *f*, Wiederˈholung *f* (*e-s Themas od. Teils*).

re·pri·vat·i·za·tion [ˈriːˌpraɪvətaɪˈzeɪʃn; *Am.* -təˈz-] *s econ.* Reprivatiˈsierung *f.*

re·pro [ˈriːprəʊ] *pl* **-pros** *s colloq.* **1.** *print.* a) ‚Repro' *f* (*Reproduktion*), b) ‚Reprovorlage' *f* (*Reproduktionsvorlage*). **2.** → **reproduction** 6.

re·proach [rɪˈprəʊtʃ] **I** *v/t* **1.** vorwerfen, -halten, zum Vorwurf machen (**s.o. with s.th.** j-m etwas). **2.** *j-m* (**o.s.** sich) Vorwürfe machen, *j-n* tadeln (**for** wegen). **3.** *etwas* tadeln, rügen. **4.** *fig.* ein Vorwurf sein für, diskrediˈtieren. **II** *s* **5.** Vorwurf *m*, Tadel *m*: **above** (*od.* **beyond**) ~ über jeden Tadel erhaben, untadelig; **without fear and** ~ ohne Furcht u. Tadel; **a look of** ~ ein vorwurfsvoller Blick. **6.** Schande *f* (**to** für): **to bring** ~ **(up)on s.o.** j-m Schande *od.* wenig Ehre machen; **to live in** ~ **and ignominy** in Schimpf u. Schande leben. **7. R**~**es** *pl bes. R.C.* Improˈperien *pl* (*Teil der Karfreitagsliturgie*).

reˈproach·ful *adj* (*adv* ~**ly**) vorwurfsvoll, tadelnd. **re'proach·less** → **irreproachable.**

rep·ro·bate ['reprəʊbeɪt] **I** *adj* **1.** lasterhaft, (mo'ralisch) verkommen. **2.** (*von Gott*) verworfen, verdammt. **II** *s* **3.** a) verkommenes Sub'jekt, b) Schurke *m*, c) Taugenichts *m*: **the ~ of his family** das ‚schwarze Schaf' der Familie. **4.** Verlorene(r *m*) *f*, (*von Gott*) Verworfene(r *m*) *f*. **III** *v/t* **5.** a) miß'billigen, verurteilen, b) verwerfen. **6.** verdammen (*Gott*). **ˌrep·ro'ba·tion** *s* **1.** 'Mißbilligung *f*, Verurteilung *f*. **2.** *relig.* Reprobati'on *f* (*Verworfensein*).

re·pro·cess [ˌriː'prəʊses; *Am. a.* -'prɑ-] *v/t Kernbrennstoffe* wieder'aufbereiten. **re'pro·cess·ing plant** *s* Wieder'aufbereitungsanlage *f*.

re·pro·duce [ˌriːprə'djuːs; *Am. a.* -'duːs] **I** *v/t* **1.** *bes. biol.* a) (*a. fig.*) ('wieder)erzeugen, (wieder) her'vorbringen, b) züchten, c) (**o.s.** sich) fortpflanzen: **to be ~d by** sich fortpflanzen durch. **2.** *biol.* neu bilden, regene'rieren: **to ~ a lost part.** **3.** wieder her'vorbringen: **to ~ happiness** Glück wiederbringen. **4.** wieder'holen: **to ~ an experiment.** **5.** *phot. print.* reprodu'zieren: a) ko'pieren, b) abdrucken, 'wiedergeben, c) vervielfältigen. **6.** *tech.* reprodu'zieren: a) nachbilden, b) (*akustisch od. optisch*) 'wiedergeben. **7.** (sich) vergegen'wärtigen, im Geiste noch einmal erleben: **to ~ an experience.** **8.** *ein Theaterstück* neu inszе'nieren, *a. ein Buch* neu her'ausbringen. **II** *v/i* **9.** *biol.* sich fortpflanzen, sich vermehren. **10.** (*gut, schlecht etc*) ausfallen (*Abdruck etc*). **ˌre·pro'duc·er** *s* **1.** *electr.* a) 'Tonˌwiedergabegerät *n*, b) Tonabnehmer *m*. **2.** *Computer:* (Loch-)Kartendoppler *m*. **ˌre·pro'duc·i·ble** *adj* reprodu'zierbar.

re·pro·duc·tion [ˌriːprə'dʌkʃn] *s* **1.** *allg.* 'Wiedererzeugung *f*. **2.** *biol.* Fortpflanzung *f*. **3.** Reprodukti'on *f*: a) *print.* Nach-, Abdruck *m*, Vervielfältigung *f*, b) *paint. phot.* Ko'pie *f*. **4.** *tech.* Reprodukti'on *f*: a) Nachbildung *f*: **~ furniture** Stilmöbel *pl*, b) *electr.* (*akustische od. optische*) 'Wiedergabe. **5.** *ped.* Nacherzählung *f*. **~ proof** *s print.* Reprodukti'onsvorlage *f*, reprodukti'onsfähiger Abzug.

re·pro·duc·tive [ˌriːprə'dʌktɪv] *adj* (*adv* **~ly**) **1.** sich vermehrend. **2.** *biol.* Fortpflanzungs...: **~ organs**; **~ selection** natürliche Zuchtwahl. **3.** *biol.* Regenerations... **4.** *electr.* Wiedergabe...: **~ devices.** **5.** *psych.* reproduk'tiv, nachschöpferisch.

re·proof [rɪ'pruːf] *s* Tadel *m*, Rüge *f*, Verweis *m*: **to speak in ~ of** sich mißbilligend äußern über (*acc*); **a glance of ~** ein tadelnder Blick.

re·pro proof → **repro** 1 b.

re·prov·al [rɪ'pruːvl] → **reproof.**

re·prove [rɪ'pruːv] *v/t* (**for** wegen) *j-n od. etwas* tadeln, rügen, *etwas* miß'billigen. **re'prov·ing·ly** *adv* miß'billigend, tadelnd.

reps [reps] → **rep**[1].

rep·tant ['reptənt] *adj bot. zo.* kriechend.

rep·tile ['reptaɪl; *Am. a.* -tl] **I** *s* **1.** *zo.* Kriechtier *n*, Rep'til *n*. **2.** *fig.* a) ‚Kriecher' *m*, b) gemeiner Mensch, c) (falsche) ‚Schlange'. **II** *adj* **3.** kriechend, Kriech... **4.** *fig.* a) kriecherisch, b) gemein, niederträchtig, tückisch.

rep·til·i·an [rep'tɪlɪən] **I** *adj* **1.** *zo.* rep'tilienhaft, Reptil(ien)..., Kriechtier...: **~ age** *geol.* Mesozoikum *n*. **2.** *fig.* → **reptile** 4 b. **II** *s* → **reptile** I.

rep·ti·lif·er·ous [ˌreptɪ'lɪfərəs] *adj geol.* (fos'sile) Rep'tilreste enthaltend. **rep·'til·i·form** [-fɔː(r)m] *adj zo.* kriechtierartig.

re·pub·lic [rɪ'pʌblɪk] *s pol.* Repu'blik *f*: **the ~ of letters** *fig.* a) die Gelehrtenwelt, b) die literarische Welt. **re'pub·li·can I** *adj* **1.** (*pol. Am.* **R~**) republi'kanisch. **2.** *orn.* gesellig. **II** *s* **3.** (*pol. Am.* **R~**) Republi'kaner *m*. **re'pub·li·can·ism** *s* **1.** republi'kanische Staatsform. **2.** Grundsätze *pl* der republi'kanischen Staatsverfassung. **3.** a) **R~** Grundsätze *pl od.* Poli'tik *f* (der Par'tei) der Republi'kaner (*in den USA*), b) die Republi'kanische Par'tei. **4.** republi'kanische Gesinnung. **re'pub·li·can·ize** *v/t* republikani'sieren: a) zur Repu'blik machen, b) republi'kanisch machen.

re·pub·li·ca·tion ['riːˌpʌblɪ'keɪʃn] *s* **1.** 'Wiederveröffentlichung *f*. **2.** Neuauflage *f* (*Vorgang u. Erzeugnis*). **ˌre'pub·lish** [-lɪʃ] *v/t ein Buch, a. ein Gesetz etc* neu veröffentlichen.

re·pu·di·ate [rɪ'pjuːdɪeɪt] **I** *v/t* **1.** nicht anerkennen: **to ~ authority**; **to ~ a public debt.** **2.** *jur. e-n Vertrag* für unverbindlich erklären. **3.** zu'rückweisen: **to ~ a gift.** **4.** ablehnen, nicht glauben: **to ~ a doctrine.** **5.** *als unberechtigt* verwerfen, zu'rückweisen: **to ~ a claim.** **6.** *den Sohn, hist a. die Ehefrau* verstoßen. **7.** bestreiten, in Abrede stellen. **II** *v/i* **8.** Staatsschulden nicht anerkennen. **reˌpu·di'a·tion** *s* **1.** Nichtanerkennung *f* (*bes. e-r Staatsschuld*). **2.** Ablehnung *f*, Zu'rückweisung *f*, Verwerfung *f*. **3.** Verstoßung *f* (*e-s Sohnes etc*).

re·pugn [rɪ'pjuːn] *selten* **I** *v/t* **1.** wider'stehen (*dat*). **2.** *j-n* abstoßen, anwidern. **II** *v/i* **3.** sich wider'setzen (**against** *dat*).

re·pug·nance [rɪ'pʌgnəns], *a.* **re'pug·nan·cy** [-sɪ] *s* **1.** 'Widerwille *m*, Abneigung *f* (**to, against** gegen). **2.** Unvereinbarkeit *f* (**of** *gen od.* von; **to, with** mit), (innerer) 'Widerspruch (**between** zwischen *dat*). **re'pug·nant** *adj* (*adv* **~ly**) **1.** widerlich, 'widerwärtig, zu'wider(laufend), wider'strebend (**to** *dat*). **2.** (**to, with**) wider'sprechend (*dat*), im 'Widerspruch stehend (zu), unvereinbar (mit). **3.** *bes. poet.* 'widerspenstig.

re·pulse [rɪ'pʌls] **I** *v/t* **1.** zu'rückschlagen, -werfen: **to ~ the enemy.** **2.** abschlagen *od.* abweisen: **to ~ an attack.** **3.** *j-n* abweisen: **to ~ a suitor.** **4.** *e-e Bitte* abschlagen. **II** *s* **5.** Abwehr *f*. **6.** Abfuhr *f*, Zu'rückweisung *f*, Absage *f*: **to meet with a ~** abgewiesen werden, ‚sich e-e Abfuhr holen'. **7.** *phys.* Rückstoß *m*. **re'pul·sion** [-ʃn] *s* **1.** *phys.* Abstoßung *f*, Rückstoß *m*: **~ motor** Repulsionsmotor *m*. **2.** Abscheu *m*, *f*: **to feel ~ for s.o.** gegen j-n e-e heftige Abneigung haben *od.* empfinden, vor j-m Abscheu haben, gegen j-n Abscheu empfinden. **re'pul·sive** [-sɪv] *adj* (*adv* **~ly**) **1.** *phys.* abstoßend, Repulsions... **2.** abstoßend, 'widerwärtig. **re'pul·sive·ness** *s* 'Widerwärtigkeit *f*.

re·pur·chase [ˌriː'pɜːtʃəs; *Am.* -'pɜr-] **I** *v/t* 'wieder-, zu'rückkaufen. **II** *s econ.* Rückkauf *m*.

rep·u·ta·bil·i·ty [ˌrepjʊtə'bɪlətɪ] *s* Achtbar-, Ehrbarkeit *f*. **'rep·u·ta·ble** *adj* (*adv* **reputably**) **1.** achtbar, geachtet, angesehen. **2.** anständig (*Beruf*). **3.** allgemein anerkannt (*Ausdruck*).

rep·u·ta·tion [ˌrepjʊ'teɪʃn] *s* **1.** (guter) Ruf, Name *m*: **a man of ~** ein Mann von Ruf *od.* Namen; **to have a ~ to lose** e-n Ruf zu verlieren haben. **2.** Ruf *m*: **good (bad) ~**; **to have the ~ of being** im Rufe stehen, *etwas* zu sein; **to have a ~ for** bekannt sein für *od.* wegen; **that got us a bad ~** das hat uns in Verruf gebracht.

re·pute [rɪ'pjuːt] **I** *s* **1.** Ruf *m*, Leumund *m*: **by ~** wie es heißt; **of ill ~** von schlechtem Ruf, übelbeleumundet, berüchtigt; **house of ill ~** Bordell *n*. **2.** (guter) Ruf *od.* Name, (hohes) Ansehen, (gutes) Renom'mee: **a scientist of ~** ein Wissenschaftler von Ruf; **to be held in high ~** hohes Ansehen genießen. **II** *v/t* **3.** halten für: **to be ~d (to be)** gelten als, gehalten werden für. **re'put·ed** *adj* **1.** angeblich: **his ~ father**; **~ manor** *Br.* ehemaliges *od.* sogenanntes Rittergut. **2.** ungeeicht, landesüblich (*Maß*): **~ pint.** **3.** bekannt, berühmt. **re'put·ed·ly** *adv* dem Vernehmen nach, angeblich, wie es heißt.

re·quest [rɪ'kwest] **I** *s* **1.** Bitte *f*, Wunsch *m*, (*a. formelles*) An-, Ersuchen, Gesuch *n*: **to make a ~ for s.th.** um etwas bitten; **~ for payment** *econ.* Zahlungsaufforderung *f*; **~ for extradition** (*Völkerrecht*) Auslieferungsbegehren *n*, -antrag *m*; **at** (*od.* **by**) **s.o.'s ~** auf j-s Ansuchen *od.* Bitte hin, auf j-s Veranlassung; **by** (*od.* **on**) **~** auf Wunsch; **no flowers by ~** es wird gebeten, von Blumenspenden Abstand zu nehmen; **~ denied!** (Antrag) abgelehnt! (*a. humor.*); **(musical) ~ program(me)** Wunschkonzert *n*; **~ button** (*Computer*) Anruftaste *f*; **~ stop** *rail. etc Br.* Bedarfshaltestelle *f*. **2.** Nachfrage *f*: **to be in (great) ~** *a. econ.* (sehr) gefragt *od.* begehrt sein; **oil came into ~** *econ.* die Nachfrage nach Öl stieg. **II** *v/t* **3.** bitten um, ersuchen um: **it is ~ed** es wird gebeten; **to ~ permission** um (die) Erlaubnis bitten; **to ~ s.th. from s.o.** j-n um etwas ersuchen. **4.** *j-n* (höflich) bitten *od.* (*a. amtlich*) ersuchen (**to do** zu tun).

re·quick·en [ˌriː'kwɪkən] *v/t u. v/i* zu neuem Leben erwecken (erwachen).

re·qui·em ['rekwɪəm] *s R.C.* Requiem *n* (*a. mus.*), Totenmesse *f*, -amt *n*.

re·quire [rɪ'kwaɪə(r)] **I** *v/t* **1.** erfordern (*Sache*): **the project ~s much time (work)**; **to be ~d** erforderlich sein; **if ~d** erforderlichenfalls, wenn nötig. **2.** brauchen, nötig haben, *e-r Sache* bedürfen: **to ~ medical care.** **3.** verlangen, fordern (**of s.o.** von j-m): **a task which ~s to be done** e-e Aufgabe, die erledigt werden muß. **4.** (**s.o. to do s.th.**) (j-n) auffordern (etwas zu tun), (von j-m) verlangen (daß er etwas tue): **~d subject** *ped. Am.* Pflichtfach *n*. **5.** *Br.* wünschen. **6.** zwingen, nötigen. **II** *v/i* **7.** (es) verlangen: **to do as the law ~s** sich an das Gesetz halten. **re'quire·ment** *s* **1.** (An-) Forderung *f*, Bedingung *f*, Vor'aussetzung *f*: **to meet the ~s** den Anforderungen entsprechen, die Bedingungen erfüllen; **to place** (*od.* **impose**) **~s on** Anforderungen stellen an (*acc*); **to be a ~ for** erforderlich sein für. **2.** Erfordernis *n*, Bedürfnis *n*, *meist pl* Bedarf *m*: **to meet s.o.'s ~s of raw materials** *econ.* j-s Rohstoffbedarf decken.

req·ui·site ['rekwɪzɪt] **I** *adj* **1.** erforderlich, notwendig (**to, for** für). **II** *s* **2.** Erfordernis *n*, Vor'aussetzung *f* (**for** für). **3.** (Be'darfs-, Ge'brauchs)Arˌtikel *m*: **office ~s** Büroartikel. **'req·ui·site·ness** *s* Notwendigkeit *f*. **ˌreq·ui'si·tion I** *s* **1.** Anforderung *f* (**for** *an acc*): **~ number** Bestellnummer *f*. **2.** (amtliche) Aufforderung, (*a. völkerrechtliches*) Ersuchen: **to make a ~ on s.o. for s.th.** j-n um etwas ersuchen. **3.** Erfordernis *n*, Vor'aussetzung *f* (**for** für). **4.** Einsatz *m*, Beanspruchung *f*: **to be in (constant) ~** (ständig) gebraucht *od.* beansprucht werden. **5.** *mil.* a) Requisiti'on *f*, Beschlagnahme *f*, b) In'anspruchnahme *f* (von Sach- u. Dienstleistungen) (*durch Besatzungs- od. Stationierungstruppen*). **II** *v/t* **6.** *mil.* requi'rieren, beschlagnahmen. **7.** (an)fordern. **8.** beanspruchen.

re·quit·al [rɪˈkwaɪtl] *s* **1.** Belohnung *f*, Lohn *m* (**for** für). **2.** Vergeltung *f* (**of** für). **3.** Vergütung *f* (**for** für). **re·quite** [rɪˈkwaɪt] *v/t* **1.** belohnen: **to ~ s.o.** (**for s.th.**). **2.** vergelten (**evil with good** Böses mit Gutem): **to ~ s.o.** es j-m vergelten *od.* heimzahlen. **3.** entschädigen für, aufwiegen (*Sache*).

re·ra·di·a·tion [ˌriːreɪdɪˈeɪʃn] *s* **1.** *phys.* Wiederˈausstrahlung *f*. **2.** *Radio*: a) (Oszilˈlator)Störstrahlung *f*, b) Reˈlaissendung *f*.

re·read [ˌriːˈriːd] *v/t irr* wieder lesen, nochmals (ˈdurch)lesen.

re·re·cord [ˌriːrɪˈkɔː(r)d] *v/t ein Tonband* überˈspielen: **~ing room** Mischraum *m*.

rere·dos [ˈrɪədɒs; *Am.* ˈrerəˌdɑs] *s arch.* **1.** Reˈtabel *n* (*verzierter Altaraufsatz*). **2.** *obs.* (*verzierte*) Kaˈminrückwand.

re·route [ˌriːˈruːt] *v/t* **1.** *electr.* neu verlegen. **2.** *den Verkehr* ˈumleiten.

re·run [ˌriːˈrʌn] **I** *v/t irr* **1.** *Film, Theaterstück etc* wieder aufführen. **2.** *Rundfunk, TV*: *Programm* wiederˈholen. **3.** *Computer*: *Programm* wiederˈholen. **4. to be ~** *sport* wiederˈholt werden (*Lauf*). **II** *s* [*bes.* ˈriːrʌn] **5.** Reˈprise *f*, ˈWiederaufführung *f* (*e-s Films etc*). **6.** *Rundfunk, TV*: Wiederˈholung *f*. **7.** *Computer*: Wiederˈholung *f*. **8.** *sport* Wiederˈholungslauf *m*.

res [riːz; *Am. a.* reɪs] *pl* **res** (*Lat.*) *s jur.* Sache *f*: → **res gestae, res judicata, in re, in rem.**

re·sale [ˈriːseɪl] *s* ˈWieder-, Weiterverkauf *m*: **~ price** Wiederverkaufspreis *m*; **~ price maintenance** Preisbindung *f* der zweiten Hand; **~ value** Wiederverkaufswert *m*.

re·scind [rɪˈsɪnd] *v/t bes. jur.* **1.** *ein Gesetz, ein Urteil etc* aufheben, annulˈlieren. **2.** von *e-m Vertrag* zuˈrücktreten: **to ~ a contract.** **3.** *e-n Kauf etc* rückgängig machen. **reˈscind·a·ble** *adj* aufhebbar, anfechtbar.

re·scis·sion [rɪˈsɪʒn] *s bes. jur.* **1.** Aufhebung *f*, Annulˈlierung *f* (*e-s Gesetzes, Urteils etc*). **2.** Rücktritt *m* (**of** von *e-m Vertrag*). **3.** Rückgängigmachung *f* (*e-s Kaufs etc*).

re·score [ˌriːˈskɔː(r); *Am. a.* -ˈskəʊər] *v/t mus.* neu instrumenˈtieren, *bes.* ˈuminstrumenˌtieren.

re·script [ˈriːskrɪpt] *s R.C.* Reˈskript *n*.

res·cue [ˈreskjuː] **I** *v/t* **1.** (**from**) retten (aus), befreien (von), *bes. etwas* bergen (aus, vor *dat*): **to ~ from oblivion** der Vergessenheit entreißen. **2.** *jur. j-n* (gewaltsam) befreien. **3.** (gewaltsam) zuˈrückholen, wieder abjagen. **II** *s* **4.** Rettung *f*, Hilfe *f* (*a. fig.*), Bergung *f*: **to come to s.o.'s ~** j-m zu Hilfe kommen. **5.** (gewaltsame) Befreiung. **6.** *jur.* (gewaltsame) Wiederinbeˈsitznahme. **III** *adj* **7.** Rettungs..., Bergungs...: **~ breathing** Mund-zu-Mund-Beatmung *f*; **~ helicopter** Rettungshubschrauber *m*; **~ operations** Bergungs-, Rettungsarbeiten; **~ party, ~ squad** Bergungs-, Rettungsmannschaft *f*; **~ vessel** *mar.* Bergungsfahrzeug *n*. **res·cu·er** [ˈreskjʊə(r)] *s* Befreier *m*, Retter *m*.

re·search [rɪˈsɜːtʃ; *Am.* rɪˈsɜrtʃ; *a.* ˈriːˌ-] **I** *s* **1.** *oft pl* Forschung(sarbeit) *f*, (wissenschaftliche) Unterˈsuchung (**on** über *acc*, auf dem Gebiet *gen*): **~ into s.th.** Erforschung *f* e-r Sache; **~ into accidents** Unfallforschung. **2.** (genaue) Unterˈsuchung, Nachforschung *f* (**after, for** nach). **II** *v/i* **3.** forschen, Forschungen anstellen, wissenschaftlich arbeiten (**on** über *acc*, auf dem Gebiet *gen*): **to ~ into s.th.** etwas untersuchen *od.* erforschen. **III** *v/t* **4.** unterˈsuchen, erforschen. **IV** *adj* **5.** Forschungs...: **~ engineer** (**laboratory, satellite, work,** *etc*); **~ assignment** (*od.* **commission**) Forschungsauftrag *m*; **~ library** wissenschaftliche (Leih)Bibliothek; **~ professor** *von der Vorlesung beurlaubter Professor mit Forschungsauftrag*; **~ team** Forscherteam *n*; **~ worker** Forscher(in). **reˈsearch·er** *s* Forscher(in).

re·seat [ˌriːˈsiːt] *v/t* **1.** *e-n Stuhl* mit e-m neuen Sitz versehen. **2.** *e-n Saal etc* neu bestuhlen. **3.** *j-n* ˈumsetzen. **4. ~ o.s.** sich wieder setzen: **when everybody was ~ed** als alle wieder Platz genommen hatten. **5.** e-n neuen Hosenboden einsetzen in (*acc*). **6.** *tech. Ventile* nachschleifen.

re·seau [ˈrezəʊ; *Am.* reɪˈzəʊ] *pl* **-seaux, -seaus** [-z] *s* **1.** *astr. phot.* Gitternetz *n*. **2.** *Nadelarbeit*: Reˈseau *n*, Netzgrund *m*.

re·sect [riːˈsekt] *v/t med.* reseˈzieren, herˈausschneiden. **reˈsec·tion** *s* Resektiˈon *f*.

re·se·da [ˈresɪdə; *Am.* rɪˈsedə] **I** *s* **1.** *bot.* Reˈseda *f*, Wau *m*. **2.** [*Am.* ˈreɪzəˌdɑː] Reˈsedagrün *n*. **II** *adj* [*Am.* ˈreɪzəˌdɑː] **3.** reˈsedagrün.

re·seize [ˌriːˈsiːz] *v/t* **1.** ˈwiederergreifen. **2.** wieder in Besitz nehmen. **3.** beschlagnahmen.

re·sell [ˌriːˈsel] *v/t irr* wieder verkaufen, weiterverkaufen. **ˌreˈsell·er** *s* ˈWiederverkäufer *m*.

re·sem·blance [rɪˈzembləns] *s* Ähnlichkeit *f* (**to** mit; **between** zwischen *dat*): **to bear** (*od.* **have**) **~ to** → **resemble** 1; **any ~ to actual persons is purely coincidental** jede Ähnlichkeit mit lebenden Personen wäre rein zufällig. **reˈsem·ble** *v/t* **1.** *j-m od. e-r Sache* ähnlich sein *od.* sehen, gleichen, ähneln, Ähnlichkeit haben mit. **2.** *obs.* vergleichen (**to** mit).

re·sent [rɪˈzent] *v/t* übelnehmen, verübeln, sich ärgern über (*acc*). **reˈsent·ful** *adj* (*adv* **~ly**) **1.** (**against, of**) aufgebracht (gegen), ärgerlich *od.* voller Groll (auf *acc*). **2.** übelnehmerisch, reizbar, empfindlich. **3.** böse, ärgerlich, grollend (*Worte etc*). **reˈsent·ment** *s* **1.** Ressentiˈment *n*, Groll *m* (**against, at** gegen). **2.** Verstimmung *f*, Unmut *m*, Unwille *m* (**of** über *acc*).

res·er·va·tion [ˌrezə(r)ˈveɪʃn] *s* **1.** *bes. Am.* a) Reserˈvierung *f*, Vorbestellung *f*: **to make a ~** ein Zimmer *etc* bestellen, b) Zusage *f* (*der Reservierung*), Vormerkung *f*. **2.** Reserˈvat *n*: a) Naˈturschutzgebiet *n*, b) *Am.* Indiˈanerreservatiˌon *f*. **3.** *a. econ. jur.* a) Vorbehalt *m*, b) Vorbehaltsklausel *f*: **with ~s** unter Vorbehalt; **without ~** vorbehaltlos, ohne Vorbehalt; **with ~ as to** vorbehaltlich (*gen*); **to have some ~s about s.th.** Bedenken hinsichtlich e-r Sache haben; → **mental**² 1. **4.** *a.* **central ~** *mot. Br.* Grünstreifen *m* (*zwischen zwei Fahrbahnen*). **5. to keep s.o. on the ~** *Am. colloq.* j-n bei der Stange halten.

re·serve [rɪˈzɜːv; *Am.* rɪˈzɜrv] **I** *v/t* **1.** (sich) aufsparen *od.* aufbewahren, in Reˈserve halten, (zuˈrück)behalten. **2.** (sich) zuˈrückhalten mit, warten mit, *etwas* ver-, aufschieben: **comment is being ~d** es wird vorläufig noch kein Kommentar gegeben; **to ~ judg(e)ment** *jur.* die Urteilsverkündung aussetzen; **~ your judg(e)ment** *fig.* halte dich mit d-m Urteil zurück (**till** bis). **3.** a) *bes. Am.* reserˈvieren (lassen), belegen, vorbestellen, b) reserˈvieren: **these seats are ~d for old people.** **4.** *mil. j-n* zuˈrückstellen. **5.** *bes. jur.* a) vorbehalten (**to s.o.** j-m), b) sich vorbehalten *od.* ausbedingen: **to ~ the right to do** (*od.* **of doing**) **s.th.** sich das Recht vorbehalten, etwas zu tun; **all rights ~d** alle Rechte vorbehalten. **6. to be ~d to** (*od.* **for**) **s.o.** *fig.* j-m vorbehalten bleiben (**to do** zu tun). **II** *s* **7.** *allg.* Reˈserve *f* (*a. fig.*), Vorrat *m*: **~ air** *physiol.* Reserveluft *f*; **~ capacity** *electr. tech.* Reserveleistung *f*; **~ of energy** (*od.* **strength**) Kraftreserven *pl*; **~ food** *biol.* Nährstoffvorrat; **in ~** in Reserve, im Rückhalt, vorrätig; **~ ration** *mil.* eiserne Ration; **~ seat** Notsitz *m*; **~ tank** Reservebehälter *m*, -tank *m*. **8.** Ersatz *m*: **~ depot** *mil.* Ersatzteillager *n*; **~ part** *tech.* Ersatzteil *n*. **9.** *econ.* Reˈserve *f*, Rücklage *f*, -stellung *f*: **~ account** Rückstellungskonto *n*; **actual ~, ~ maintained** Ist-Reserve; **~ currency** Leitwährung *f*; **~ fund** Reserve (-fonds *m*), Rücklage; **hidden** (*od.* **secret**) **~s** stille Reserven; **loss ~** Rücklage für laufende Risiken; **~ ratio** Deckungssatz *m*. **10.** *mil.* a) Reˈserve *f*, b) *pl* (*taktische*) Reˈserven *pl*: **~ (battle) position** Auffangstellung *f*; **~ officer** Reserveoffizier *m*. **11.** *sport* Reˈservespieler *m*, Ersatzmann, -spieler *m*. **12.** a) (ˈEingeborenen)Reserˌvat *n*, b) Schutzgebiet *n*: **~ game** geschützter Wildbestand. **13.** Vorbehalt *m* (*a. jur.*), Einschränkung *f*: **~ price** *Br.* Mindestpreis *m* (*bei Versteigerungen*); **with all ~** mit allem Vorbehalt; **without ~** ohne Vorbehalt(e), vorbehalt-, rückhaltlos. **14.** Zuˈrückhaltung *f*, zuˈrückhaltendes Wesen, Reˈserve *f*: **to exercise ~** Zurückhaltung üben, sich reserviert verhalten; **to receive the news with ~** die Nachricht mit Zurückhaltung aufnehmen; **to treat s.o. with ~** j-n reserviert behandeln. **15.** *Textildruck*: ˈVordruckreˌserve *f*, Deckpappe *f*.

re·served [rɪˈzɜːvd; *Am.* rɪˈzɜrvd] *adj* **1.** zuˈrückhaltend, reserˈviert. **2.** reserˈviert, vorbehalten: **~ rights.** **3.** Reserve...: **~ list** *mar. Br.* Reserveliste *f*. **reˈserv·ed·ly** [-vɪdlɪ] *adv*.

reˈserv·ist *s mil.* Reserˈvist *m*.

res·er·voir [ˈrezə(r)vwɑː(r)] *s* **1.** (ˈWasser)Reserˌvoir *n*: a) Wasserturm *m*, -speicher *m*, b) Stau-, Sammelbecken *n*, Basˈsin *n*. **2.** (*Benzin-, Öl- etc*)Behälter *m*. **3.** Speicher *m*, Lager *n*. **4.** *fig.* a) Reserˈvoir *n* (**of** an *dat*), b) Sammelbecken *n*.

re·set I *v/t irr* [ˌriːˈset] **1.** *e-n Edelstein* neu fassen. **2.** *print.* neu setzen: **~ting of the type** Neusatz *m*. **3.** *Messer* neu abziehen. **4.** *tech.* a) (zu)ˈrückstellen (**to** auf *acc*), b) nachstellen, -richten, c) *Computer* (zu)ˈrücksetzen, nullstellen: **~ switch** Rücksetzschalter *m*. **II** *s* [ˈriːset] **5.** *print.* Neusatz *m*.

re·set·tle [ˌriːˈsetl] **I** *v/t* **1.** *Land* wieder *od.* neu besiedeln. **2.** a) *j-n* wieder ansiedeln, b) *j-n* ˈumsiedeln. **II** *v/i* **3.** sich wieder ansiedeln. **4.** sich wieder setzen *od.* legen *od.* beruhigen. **ˌreˈset·tle·ment** *s* **1.** Neubesiedlung *f*. **2.** a) Wiederˈansiedlung *f*, b) ˈUmsiedlung *f*.

res ges·tae [ˌriːzˈdʒestiː; *Am. a.* ˌreɪsˈgesˌtaɪ] (*Lat.*) *s jur.* Tatbestand *m*, (beweiserhebliche) Tatsachen *pl*.

re·shape [ˌriːˈʃeɪp] *v/t* neu formen, ˈumgestalten, -bilden.

re·ship [ˌriːˈʃɪp] **I** *v/t* **1.** *Güter* wieder verschiffen. **2.** ˈumladen. **II** *v/i* **3.** sich wieder anheuern lassen (*Seemann*). **ˌreˈship·ment** *s* **1.** ˈWiederverladung *f*, Weiterversand *m*. **2.** ˈUmladung *f*. **3.** Rückladung *f*, -fracht *f*.

re·shoot [ˌriːˈʃuːt] *v/t irr Film*: *Szene* nachdrehen.

re·shuf·fle [ˌriːˈʃʌfl] **I** *v/t* **1.** *Spielkarten* neu mischen. **2.** a) *bes. pol.* ˈumgrupˌpieren, ˈumbilden, b) *sport Mannschaft* ˈumbauen. **II** *s* **3.** a) ˈUmbildung *f*, ˈUmgrupˌpierung *f*, b) ˈUmbau *m*.

re·side [rɪˈzaɪd] *v/i* **1.** wohnen, ansässig sein, s-n (ständigen) Wohnsitz haben (**in, at** in *dat*). **2.** (**in**) *fig.* a) wohnen (in *dat*), b) innewohnen (*dat*). **3. (with, in)** *fig.* liegen, ruhen (bei), zustehen (*dat*).

res·i·dence [ˈrezɪdəns] *s* **1.** Wohnsitz *m*, -ort *m*: **permanent** (*od.* **legal** *od.* **fixed**) ~ fester *od.* ständiger Wohnsitz; **to take up one's ~** s-n Wohnsitz nehmen *od.* aufschlagen, sich niederlassen (**in, at** in *dat*). **2.** Sitz *m* (*e-r Behörde etc*). **3.** Aufenthalt *m*: **permit of ~, ~ permit** Aufenthaltserlaubnis *f*, -genehmigung *f*. **4.** (herrschaftliches) Wohnhaus, (Land-) Sitz *m*, Herrenhaus *n*. **5.** Wohnung *f*: **official ~** a) Amtssitz *m*, b) Amtswohnung *f*. **6.** Wohnen *n*. **7.** Ortsansässigkeit *f*: **~ is required** es besteht Residenzpflicht; **in ~** am Amtsort ansässig (*Beamter*). **ˈres·i·den·cy** *s* **1.** → **residence**. **2.** Amtssitz *m*, Resiˈdenz *f*. **3.** Amtsbereich *m*. **4.** *med. Am.* Assiˈstenzzeit *f*. **5.** *hist. Amtssitz e-s brit. Residenten an e-m indischen Fürstenhof.* **ˈres·i·dent I** *adj* **1.** ortsansässig, (ständig) wohnhaft: **~ population** Wohnbevölkerung *f*. **2.** im (Schul- *od.* Kranken- *etc*)Haus wohnend: **a ~ tutor (surgeon)**. **3. (in)** *fig.* innewohnend (*dat*), liegend (bei): **a right ~ in the people** ein dem Volke zustehendes Recht. **4.** *zo.* seßhaft: **~ birds** Standvögel. **II** *s* **5.** a) Ortsansässige(r *m*) *f*, Einwohner(in), b) Hoˈtelgast *m*: **for ~s only**. **6.** *mot.* Anlieger *m*: **~s only** Anliegerverkehr frei. **7.** *pol.* Resiˈdent *m*: a) *a.* **minister ~** Miˈnisterresiˌdent *m*, b) *hist. Vertreter der brit. Regierung, bes. an e-m indischen Fürstenhof.* **8.** *med. Am.* Assiˈstenzarzt *m*. **ˌres·iˈden·tial** [-ˈdenʃl; *Am.* -tʃəl] *adj* **1.** Wohn...: **~ area** (*a.* vornehme) Wohngegend; **~ estate** Wohngrundstück *n*; **~ university** Internatsuniversität *f*. **2.** Wohnsitz...: **~ allowance** Ortszulage *f*; **~ qualifications** *pl* Wohnsitzerfordernis *f* (*für Wähler*). **3.** Residenz... **ˌres·iˈden·ti·ar·y** [-ʃərɪ; *Am.* -tʃiːˌeriː; -tʃəriː] **I** *adj* **1.** wohnhaft, ansässig (**in, at** in *dat*). **2.** am Amtsort wohnend: **canon ~** → 3. **II** *s* **3.** an Resiˈdenzpflicht gebundener Kaˈnoniker *od.* Geistlicher.

re·sid·u·al [rɪˈzɪdjʊəl; *Am.* -dʒəwəl; -dʒəl] **I** *adj* **1.** *math.* zuˈrückbleibend, übrig: **~ error** → **residuum** 2; **~ quantity** Differenz-, Restbetrag *m*. **2.** übrig (-geblieben), Rest...: **~ air** *phys.* Residualluft *f*; **~ oils** Rückstandsöle; **~ product** *chem. tech.* Nebenprodukt *n*; **~ soil** *geol.* Eluvialboden *m*. **3.** *phys.* remaˈnent: **~ magnetism**. **II** *s* **4.** *math.* a) Reˈsiduum *n*, b) Rest(wert) *m*, Diffeˈrenz *f*, c) Abweichung *f*, Variatiˈon *f*. **5.** Rückstand *m*, Rest *m*. **6.** *TV Am.* (*an Schauspieler od. Verfasser gezahltes*) Wiederˈholungshonoˌrar (*bes. bei Werbespots*). **reˈsid·u·ar·y** [-djʊərɪ; *Am.* -dʒəˌweriː] *adj* übrig(geblieben), restlich: **~ estate** *jur.* Reinnachlaß *m*; **~ legatee** Nachvermächtnisnehmer *m*.

res·i·due [ˈrezɪdjuː; *Am. a.* -ˌduː] *s* **1.** Rest *m*. **2.** *chem. tech.* Rest *m*, Reˈsiduum *n* (*beide a. math.*), Rückstand *m*. **3.** *chem. Teil* (*bes. anorganischer Bestandteil*) *e-s Moleküls, der beim Abbau übrigbleibt.* **4.** *jur.* Reinnachlaß *m*. **re·sid·u·ent** [rɪˈzɪdjʊənt; *Am.* -dʒəw-] *s chem.* ˈNebenproˌdukt *n*, Rückstand *m*. **reˈsid·u·um** [-əm] *pl* **-u·a** [-ə] *s* **1.** *bes. chem.* Rest *m*, Rückstand *m*. **2.** *math.* Reˈsiduum *n*, Rest(betrag) *m*. **3.** *fig. contp.* Hefe *f* (*des Volkes etc*).

re·sign [rɪˈzaɪn] **I** *v/t* **1.** aufgeben: **to ~ hope (property, a right,** *etc*). **2.** verzichten auf (*acc*): **to ~ a claim**. **3.** *ein Amt* niederlegen: **to ~ an office**. **4.** überˈlassen (**to** *dat*): **to ~ s.o. to his fate; to ~ a property to s.o.** **5. ~ o.s.** sich ˈhingeben (**to** *dat*): **to ~ o.s. to meditation**. **6. ~ o.s.** sich anvertrauen *od.* überˈlassen: **to ~ o.s. to s.o.'s guidance**. **7. ~ o.s. (to)** sich ergeben *od.* fügen (in *acc*), sich abfinden *od.* versöhnen (mit): **to ~ o.s. to one's fate; to ~ o.s. to doing s.th.** sich damit abfinden, etwas tun zu müssen. **II** *v/i* **8.** → 7. **9.** a) zuˈrücktreten (**from** von *e-m Amt*), abdanken, b) austreten (**from** aus). **10.** verzichten.

re-sign [ˌriːˈsaɪn] *v/t* nochmals unterˈzeichnen.

res·ig·na·tion [ˌrezɪgˈneɪʃn] *s* **1.** (**of**) Aufgabe *f* (*gen*), Verzicht *m* (auf *acc*). **2.** a) Rücktritt *m*, Abdankung *f*, Abschied *m*, Amtsniederlegung *f*, b) Abschieds-, Rücktrittsgesuch *n*: **to send** (*od.* **hand**) **in** (*od.* **tender**) **one's ~** s-n Rücktritt *od.* sein Abschiedsgesuch einreichen. **3.** Überˈlassung *f* (**to** an *acc*). **4.** Resignatiˈon *f*.

re·signed [rɪˈzaɪnd] *adj* **1.** a) resiˈgniert: **to look ~,** b) **to be ~ to s.th.** sich mit etwas abgefunden haben, sich in etwas fügen. **2.** verabschiedet, abgedankt, außer Dienst: **~ major**. **reˈsign·ed·ly** [-nɪdlɪ] *adv* ergeben, resiˈgniert. **reˈsign·ed·ness** *s* Ergebenheit *f* (**to** in *acc*).

re·sile [rɪˈzaɪl] *v/i* **1.** zuˈrückschnellen, -federn. **2.** zuˈrücktreten (**from a contract** von e-m Vertrag). **re·sil·i·ence** [rɪˈzɪlɪəns; *Am.* -jənts], *a.* **reˈsil·i·en·cy** *s* **1.** Elastiziˈtät *f*: a) Rückfederung *f*, Spannkraft *f* (*a. fig.*), b) *fig.* Unverwüstlichkeit *f*. **2.** Zuˈrückschnellen *n*, -federn *n*. **reˈsil·i·ent** *adj* eˈlastisch: a) federnd, zuˈrückschnellend, b) *fig.* spannkräftig, unverwüstlich.

res·in [ˈrezɪn] **I** *s* **1.** Harz *n*. **2.** → **rosin** 1. **II** *v/t* **3.** *tech.* harzen, mit Harz behandeln. **ˈres·in·ate** [-neɪt] **I** *s chem.* Resiˈnat *n*. **II** *v/t* mit Harz imprägˈnieren. **ˌres·inˈif·er·ous** [-ˈnɪfərəs] *adj* harzhaltig. **re·sin·i·fi·ca·tion** [reˌzɪnɪfɪˈkeɪʃn] *s* **1.** ˈHarzˌherstellung *f*. **2.** Verharzung *f*. **res·in·i·fy** [reˈzɪnɪfaɪ] **I** *v/t* **1.** mit Harz behandeln. **2.** harzig *od.* zu Harz machen. **II** *v/i* **3.** harzig werden (*a. Öl*). **ˌres·in·o·eˈlec·tric** [ˌrezɪnəʊ-] *adj electr. phys.* ˈharzeˌlektrisch, negativ eˈlektrisch.

res·in·ous [ˈrezɪnəs] *adj* **1.** harzig. **2.** Harz... **3.** → **resinoelectric**.

res·i·pis·cence [ˌresɪˈpɪsns] *s* **1.** Sinnesänderung *f*. **2.** Einsicht *f*.

re·sist [rɪˈzɪst] **I** *v/t* **1.** *e-r Sache* widerˈstehen *od.* standhalten: **to ~ an attack (a temptation,** *etc*); **I cannot ~ doing it** ich kann nicht widerstehen, ich muß es einfach tun; **she could hardly ~ laughing** sie konnte sich kaum das Lachen verkneifen. **2.** ˈWiderstand leisten (*dat od.* gegen): **~ing a public officer in the execution of his duty** *jur.* Widerstand *m* gegen die Staatsgewalt. **3.** sich widerˈsetzen (*dat*), sich wehren *od.* sträuben gegen. **4.** *tech.* beständig sein gegen: **to ~ acid** säurebeständig sein. **5.** ˈwiderstandsfähig sein gegen: **to ~ infection**. **6.** aufhalten, auf-, abfangen: **to ~ a projectile**. **7.** sich erwehren *od.* enthalten (*gen*): **to ~ a smile**. **II** *v/i* **8.** ˈWiderstand leisten, sich widerˈsetzen. **III** *s* **9.** *tech.* Schutzpaste *f*, -lack *m*, Deckmittel *n*. **10.** *print.* Ätzgrund *m*. **11.** *phot.* Abdecklack *m*.

re·sist·ance [rɪˈzɪstəns] *s* **1.** ˈWiderstand *m* (**to** gegen): **in ~ to** aus Widerstand gegen; **to take the line of least ~** den Weg des geringsten Widerstandes gehen; **~ movement** → 5; **to offer ~ (to)** Widerstand leisten (*dat*), sich widersetzen (*dat*) *od.* wehren (gegen). **2.** a) ˈWiderstandskraft *f* (*a. med.*): **~ training** *sport* Ausdauertraining *n*, b) *bes. med.* Resiˈstenz *f*. **3.** *electr.* ˈWiderstand *m* (*a. Bauteil*): **~ bridge** Widerstands(meß)brücke *f*; **~ coil** Widerstandswicklung *f*, -spule *f*; **~ welding** *tech.* Widerstandsschweißung *f*. **4.** *tech.* (*Biegungs-, Säure-, Stoß- etc*) Festigkeit *f*, (*Hitze-, Kälte- etc*) Beständigkeit *f*: **~ to heat, heat ~; ~ to wear** Verschleißfestigkeit. **5.** *oft* **the R~** *pol.* die ˈWiderstandsbewegung, der ˈWiderstand. **reˈsist·ant I** *adj* (*adv* **~ly**) **1.** ˈWiderstand leistend, widerˈstehend, -ˈstrebend. **2.** *tech.* ˈwiderstandsfähig, beständig (**to** gegen): **~ to light** lichtecht. **II** *s* **3.** *tech.* → **resist** 9. **reˈsist·er** *s* (**passive ~**) j-d, der (passiven) ˈWiderstand leistet.

re·sist·i·ble [rɪˈzɪstəbl] *adj* (*adv* **resistibly**) **1.** zu widerˈstehen(d). **2.** ˈwiderstandsfähig. **reˈsis·tive** *adj* (*adv* **~ly**) **1.** ˈwiderspenstig. **2.** ˈwiderstandsfähig. **3.** *tech.* Widerstands... **re·sis·tiv·i·ty** [ˌriːzɪsˈtɪvətɪ] *s* **1.** (*phys.* speˈzifische) ˈWiderstandskraft. **2.** *electr.* speˈzifischer ˈWiderstand. **reˈsist·less** *adj* (*adv* **~ly**) *obs.* **1.** ˈunwiderˌstehlich. **2.** wehr-, ˈwiderstands-, hilflos. **reˈsis·tor** [-tə(r)] *s electr.* ˈWiderstand *m* (*als Bauteil*).

re·sit *ped. Br.* **I** *v/t irr* [ˌriːˈsɪt] *e-e Prüfung* wiederˈholen. **II** *s* [ˈriːsɪt] Wiederˈholungsprüfung *f*.

res ju·di·ca·ta [ˈriːzˌdʒuːdɪˈkɑːtə] (*Lat.*) *s jur.* rechtskräftig entschiedene Sache, *weitS.* (materiˈelle) Rechtskraft.

re·sole [ˌriːˈsəʊl] *v/t* neu besohlen.

re·sol·u·ble [rɪˈzɒljʊbl; *Am.* -ˈzɑl-] *adj* (*adv* **resolubly**) **1.** lösbar: **a ~ problem**. **2.** auflösbar, zerlegbar (**into** in *acc*).

res·o·lute [ˈrezəluːt] *adj* (*adv* **~ly**) **1.** entschieden, entschlossen, resoˈlut, beherzt. **2.** entschieden, bestimmt (*Antwort etc*). **ˈres·o·lute·ness** *s* Entschiedenheit *f*, Entschlossenheit *f*, resoˈlute Art.

res·o·lu·tion [ˌrezəˈluːʃn] *s* **1.** *econ. parl.* Beschluß(fassung *f*) *m*, Resolutiˈon *f*, Entschließung *f*: **to move a ~** e-e Resolution einbringen. **2.** Entschluß *m*, Vorsatz *m*: **to form** (*od.* **make**) **a ~** e-n Entschluß fassen; **good ~s** gute Vorsätze. **3.** Entschlossenheit *f*, Entschiedenheit *f*, Entschlußkraft *f*. **4.** *a. chem. math. opt. phys., a. Metrik*: Auflösung *f* (*a. mus. phot.*), Zerlegung *f* (**into** in *acc*): **~ of a picture** a) *tech.* Rasterung *f* e-s Bildes, b) *TV* Bildauflösung. **5.** *Computer, Radar*: Auflösungsvermögen *n*. **6.** (Zu)ˈRückführung *f* (**into** in *acc*; **to** auf *acc*). **7.** *med.* a) Lösung *f* (*e-r Lungenentzündung etc*), b) Zerteilung *f* (*e-s Tumors*). **8.** *fig.* Lösung *f*: **~ of a problem; ~ of a doubt** Behebung *f* e-s Zweifels.

re·sol·u·tive [rɪˈzɒljʊtɪv; *Am.* -ˈzɑljə-] *med.* **I** *adj* a) lösend, b) zerteilend. **II** *s* a) zerteilendes Mittel, b) Lösemittel *n*, (Re)ˈSolvens *n*.

re·solv·a·ble [rɪˈzɒlvəbl; *Am.* -ˈzɑl-] *adj* (auf)lösbar (**into** in *acc*).

re·solve [rɪˈzɒlv; *Am. a.* rɪˈzɑlv] **I** *v/t* **1.** *a. chem. math. mus. opt.* auflösen (**into** in *acc*): **to be ~d into** sich auflösen in (*acc*); **~d into dust** in Staub verwandelt; **to be ~d into tears** in Tränen aufgelöst sein; **resolving power** *opt. phot.* Auflösungsvermögen *n*; → **committee** 1. **2.** lösen: **to ~ a problem (a riddle)**. **3.** *Zweifel* zerstreuen. **4.** a) sich entschließen, beschließen (**to do s.th.** etwas zu tun), b) entscheiden: **be it ~d** (*Formel*) wir haben die folgende Entschließung angenommen. **5.** analyˈsieren. **6.** *med.* a) *e-n Tumor* zerteilen *od.* erweichen, b) *e-e Lungenentzündung* lösen. **7.** *j-n* daˈzu bestimmen *od.* bewegen (**on** *od.* **upon doing s.th., to do s.th.** etwas zu tun). **II** *v/i* **8.** a) sich auflösen (**into** in *acc*; **to** zu), b) wieder werden (**into, to** zu): **the tumo(u)r ~s** *med.* die Geschwulst zerteilt

sich. **9.** (**on, upon**) (*etwas*) beschließen, sich (zu *etwas*) entschließen.
III *s* **10.** Vorsatz *m*, Entschluß *m*. **11.** *Am.* → **resolution** 1. **12.** *bes. poet.* Entschlossenheit *f*.

re·solved [rɪˈzɒlvd; *Am. a.* rɪˈzɑlvd] *adj* (fest) entschlossen (**on s.th.** zu etwas; **to do s.th.** etwas zu tun). **reˈsolv·ed·ly** [-vɪdlɪ] *adv* entschlossen, entschieden.

re·sol·vent [rɪˈzɒlvənt; *Am. a.* -ˈzɑl-] **I** *adj* **1.** *a. chem.* (auf)lösend. **2.** *med.* a) lösend, b) zerteilend. **II** *s* **3.** *bes. chem.* Lösungsmittel *n*. **4.** *med.* a) zerteilendes Mittel, b) Lösemittel *n*, (Re)ˈSolvens *n*. **5.** *math.* Resolˈvente *f*.

res·o·nance [ˈrezənəns] *s* **1.** *phys.* Resoˈnanz *f* (*a. med. mus.*), Nach-, ˈWiderhall *m*, Mitschwingen *n*: ~ **box** Resonanzkasten *m*. **2.** *Quantenmechanik*: Resoˈnanz *f*: ~ **neutron** Resonanzneutron *n*. ˈ**res·o·nant** *adj* (*adv* ~**ly**) **1.** ˈwider-, nachhallend (**with** von). **2.** volltönend: ~ **voice**. **3.** *phys.* mitschwingend, resoˈnant, Resonanz...: ~ **circuit** *electr.* Resonanz-, Schwingkreis *m*; ~ **rise** Aufschaukeln *n*. ˈ**res·o·nate** [-neɪt] **I** *v/i phys.* mitschwingen: **to** ~ **to** einschwingen auf *e-e Wellenlänge*. **II** *v/t* auf Resoˈnanz bringen. ˈ**res·o·na·tor** [-tə(r)] *s* **1.** *Akustik*: Resoˈnator *m*. **2.** *electr.* Resoˈnanzkreis *m*.

re·sorb [rɪˈsɔː(r)b; -ˈz-] *v/t* (wieder) aufsaugen, resorˈbieren. **reˈsorb·ence** *s* Resorptiˈon *f*, Aufsaugung *f*. **reˈsorb·ent** *adj* resorˈbierend, aufsaugend.

re·sorp·tion [rɪˈsɔː(r)pʃn; -ˈz-] *s* Resorptiˈon *f*, Aufsaugung *f*.

re·sort [rɪˈzɔː(r)t] **I** *v/i* **1.** ~ **to** a) sich begeben zu *od.* nach, aufsuchen (*acc*), b) *e-n Ort* häufig besuchen. **2.** ~ **to** *fig.* s-e Zuflucht nehmen zu, greifen zu, zuˈrückgreifen auf (*acc*), Gebrauch machen von: **to** ~ **to force** Gewaltmaßnahmen ergreifen, Gewalt anwenden. **II** *s* **3.** (beliebter Aufenthalts-, Erholungs)Ort: **health** ~ Kurort; **seaside** ~ Seebad *n*; **summer** ~ Sommerurlaubsort *m*; **winter** ~ Wintersportort *m*. **4.** Zustrom *m* (von Besuchern): **a place of popular** ~ ein beliebter Treffpunkt. **5.** (Menschen-)Menge *f*. **6.** Zuflucht *f* (**to** zu), Mittel *n*: **to have** ~ **to** → 2; **without** ~ **to force** ohne Gewaltanwendung; **in the last** ~, **as a last** ~ als letzter Ausweg.

re-sort [ˌriːˈsɔː(r)t] *v/t* neu sorˈtieren, ˈumsorˌtieren.

re·sound [rɪˈzaʊnd] **I** *v/i* **1.** (laut) erschallen, ˈwiderhallen (**with** von): **his name ~ed throughout** (*od.* **all over**) **the country** sein Name war in aller Munde. **2.** erschallen, ertönen (*Klang, a. fig.*). **II** *v/t* **3.** ˈwiderhallen lassen. **4.** *poet.* verkünden.

re·source [rɪˈsɔːs; -ˈz-; *Am.* ˈriːˌsəʊərs] *s* **1.** Hilfsquelle *f*, -mittel *n*. **2.** *pl* a) Naˈturreichtümer *pl*, Hilfsquellen *pl*, Bodenschätze *pl* (*e-s Landes*), b) (Geld)Mittel *pl*. **3.** *econ. Am.* Akˈtiva *pl*. **4.** Mittel *n*, Zuflucht *f*: **as a last** ~ als letztes Mittel, als letzter Ausweg; **to be left to one's own ~s** sich selbst überlassen bleiben; **without** ~ hoffnungs-, rettungslos. **5.** Unterˈhaltung *f*, Entspannung *f*, Erholung *f*. **6.** Findigkeit *f*, Wendigkeit *f*, Taˈlent *n*: **he is full of** ~ er weiß sich immer zu helfen. **reˈsource·ful** *adj* (*adv* ~**ly**) **1.** reich an Hilfsquellen. **2.** findig, wendig, einfallsreich. **reˈsource·ful·ness** → **resource** 6.

re·spect [rɪˈspekt] **I** *s* **1.** Beziehung *f*, ˈHinsicht *f*: **in every (some)** ~ in jeder (in gewisser) Hinsicht; **in** ~ **of** (*od.* **to**), **with** ~ **to** (*od.* **of**) im Hinblick auf (*acc*), hinsichtlich, bezüglich, in Anbetracht (*alle gen*); **to have** ~ **to** sich beziehen auf (*acc*). **2.** (Hoch)Achtung *f*, Reˈspekt *m*: **to have** (*od.* **show**) ~ **for** Achtung *od.* Respekt haben vor (*dat*); **to be held in** ~ geachtet sein. **3. one's ~s** s-e Grüße *pl od.* Empfehlungen *pl*: **give him my ~s** grüßen Sie ihn von mir; **to pay one's ~s to s.o.** a) j-n bestens grüßen, b) j-m s-e Aufwartung machen. **4.** Rücksicht(nahme) *f*: **to have** (*od.* **to pay**) ~ **to s.th.** e-e Sache berücksichtigen; **without** ~ **of persons** ohne Ansehen der Person. **II** *v/t* **5.** (hoch)achten, schätzen, ehren. **6.** respekˈtieren, achten: **to** ~ **s.o.'s wishes**; **to** ~ **neutrality** die Neutralität respektieren; **to** ~ **o.s.** (etwas) auf sich halten. **7.** betreffen: **as ~s** ... was ... betrifft *od.* anbelangt.

re·spect·a·bil·i·ty [rɪˌspektəˈbɪlətɪ] *s* **1.** Ehrbarkeit *f*, Achtbarkeit *f*, Anständigkeit *f*, Solidiˈtät *f*. **2.** Ansehen *n*. **3.** a) *pl* Reˈspektsperˌsonen *pl*, Honoratiˈoren *pl*, b) Reˈspektsperˌson *f*. **4.** *pl* Anstandsregeln *pl*, Etiˈkette *f*. **reˈspect·a·ble** *adj* (*adv* **respectably**) **1.** ansehnlich, beachtlich, respekˈtabel: **a** ~ **sum**. **2.** acht-, ehrbar, ehrenhaft: ~ **motives**. **3.** anständig, soˈlide, seriˈös. **4.** angesehen, geachtet. **5.** schicklich, korˈrekt. **6.** gesellschaftsfähig (*Person, a. Kleidung*).

re·spect·er [rɪˈspektə(r)] *s*: **to be no** ~ **of persons** ohne Ansehen der Person handeln, keine Unterschiede machen; **God is no** ~ **of persons** vor Gott sind alle gleich.

reˈspect·ful *adj* (*adv* ~**ly**) reˈspektvoll (*a. iro. Entfernung*), ehrerbietig, höflich: **Yours ~ly** (*als Briefschluß*) mit vorzüglicher Hochachtung. **reˈspect·ing** *prep* betreffs (*gen*), ˈhinsichtlich (*gen*), bezüglich (*gen*), über (*acc*).

re·spec·tive [rɪˈspektɪv] *adj* jeweilig (*jedem einzelnen zukommend*), verschieden, entsprechend: **each according to his** ~ **abilities** jeder nach s-n (jeweiligen) Fähigkeiten; **we went to our** ~ **places** wir gingen jeder an s-n Platz. **reˈspec·tive·ly** *adv* (*nachgestellt*) a) respekˈtive, beziehungsweise, b) in dieser Reihenfolge.

re·spell [ˌriːˈspel] *v/t a. irr* **1.** *ling.* phoˈnetisch umˈschreiben. **2.** (nochmals) buchstaˈbieren.

res·pir·a·ble [ˈrespɪrəbl; rɪˈspaɪə-] *adj* **1.** atembar (*Luft*). **2.** atemfähig. **res·pi·ra·tion** [ˌrespəˈreɪʃn] *s* Atmung *f*, Atmen *n*. ˈ**res·pi·ra·tor** [-tə(r)] *s* **1.** *Br.* Gasmaske *f*. **2.** Atemfilter *m*. **3.** *med.* a) Atemgerät *n*, Respiˈrator *m*, b) ˈSauerstoffappaˌrat *m*. **re·spir·a·to·ry** [rɪˈspaɪərətərɪ; ˈrespɪrə-; *Am.* -ˌtəʊriː; -ˌtɔː-] *adj biol. med.* Atmungs..., Atem...: ~ **center** (*bes. Br.* **centre**) Atmungszentrum *n*; ~ **disease** Erkrankung *f* der Atemwege; ~ **exchange** Gasaustausch *m*; ~ **tract** (*od.* **passages**) Atem-, Luftwege.

re·spire [rɪˈspaɪə(r)] **I** *v/i* **1.** atmen. **2.** *fig.* aufatmen. **II** *v/t* **3.** (ein)atmen. **4.** *poet.* atmen, ausströmen.

res·pi·rom·e·ter [ˌrespɪˈrɒmɪtə(r); *Am.* -ˈrɑ-] *s* **1.** Respiratiˈonsappaˌrat *m*. **2.** Atemgerät *n* (*e-s Taucheranzugs*).

res·pite [ˈrespaɪt; ˈrespɪt] **I** *s* **1.** Frist *f*, (Zahlungs)Aufschub *m*, Stundung *f*: **days of** ~ *econ.* Respekttage. **2.** *jur.* a) Aussetzung *f* des Vollˈzugs (*der Todesstrafe*), b) Strafaufschub *m*. **3.** (Atem-, Ruhe)Pause *f*: **without (a)** ~ unablässig, ohne Unterlaß. **II** *v/t* **4.** auf-, verschieben. **5.** *j-m* Aufschub gewähren, e-e Frist einräumen. **6.** *jur.* die Vollˈstreckung des Urteils an *j-m* aufschieben. **7.** *j-m* Erleichterung verschaffen, *Schmerzen etc* lindern.

re·splend·ence [rɪˈsplendəns], *a.* **reˈsplend·en·cy** [-sɪ] *s* Glanz *m* (*a. fig. Pracht*). **reˈsplend·ent** *adj* (*adv* ~**ly**) glänzend, strahlend, prächtig, prangend.

re·spond [rɪˈspɒnd; *Am.* rɪˈspɑnd] **I** *v/i* **1.** antworten (**to** auf *acc*). **2.** *relig.* (*im Wechselgesang*) responˈdieren, antworten. **3.** *fig.* erwidern, antworten (**with** mit). **4.** (**to**) *fig.* ansprechen *od.* reaˈgieren (auf *acc*) (*Person od. Sache*), empfänglich sein (für), eingehen (auf *acc*) (*Person*): **to** ~ **to a call** e-m Ruf Folge leisten. **5.** *electr. tech.* reaˈgieren, ansprechen (*Magnet, Relais, Motor etc*) (**to** auf *acc*). **II** *s* **6.** *arch.* (*ein*) Wandpfeiler *m*. **7.** *relig.* a) → **responsory**, b) → **response** 4, c) *Gesang bei der Verlesung der Epistel.* **reˈspond·ence**, *a.* **reˈspond·en·cy** *s* **1.** → **response** 2 a. **2.** Entsprechung *f*, Überˈeinstimmung *f*. **reˈspond·ent I** *adj* **1.** (**to**) a) antwortend (auf *acc*), b) reaˈgierend (auf *acc*), empfänglich (für). **2.** *jur.* beklagt. **II** *s* **3.** *jur.* a) (Scheidungs)Beklagte(r *m*) *f*, b) (Berufungs)Beklagte(r *m*) *f*. **reˈspond·er** *s a.* ~ **beacon** (*Radar*) Antwortbake *f*.

re·sponse [rɪˈspɒns; *Am.* rɪˈspɑns] *s* **1.** Antwort *f*, Erwiderung *f*: **in** ~ **to** als Antwort auf (*acc*). **2.** *fig.* a) Reaktiˈon *f* (*a. biol. psych.*), Antwort *f*, b) ˈWiderhall *m* (*alle*: **to** auf *acc*): **to meet with a good** ~ (starken) Widerhall *od.* e-e gute Aufnahme finden; **he did not get any** ~ **to his suggestion** er hat mit s-m Vorschlag keine Resonanz gefunden. **3.** *electr. mot. tech.* Ansprechen *n*: ~ (**characteristic** *od.* **curve**) a) Ansprechcharakteristik *f*, b) Frequenzgang *m*, c) Filterkurve *f*; ~ (**to current**) (Strom)Übertragungsfaktor *m*; ~ **time** Ansprechzeit *f* (*e-s Relais etc*). **4.** *relig.* Antwort (-strophe) *f*.

re·spons·er → **responsor**.

re·spon·si·bil·i·ty [rɪˌspɒnsəˈbɪlətɪ; *Am.* -ˌspɑn-] *s* **1.** Verantwortlichkeit *f*. **2.** Verantwortung *f* (**for, of** für): **to take (the)** ~ **for** die Verantwortung übernehmen für; **to accept** (*od.* **assume**) ~ **for** (*im nachhinein*) die Verantwortung übernehmen für; **to claim** ~ **for** die Verantwortung übernehmen für (*e-n Terroranschlag etc*); **on one's own** ~ auf eigene Verantwortung; **a position of great** ~ e-e verantwortungsvolle Position. **3.** *jur.* a) Zurechnungsfähigkeit *f*, b) Haftbarkeit *f*: **to take no** ~ **for s.th.** für etwas nicht haften. **4.** a) Vertrauenswürdigkeit *f*, Verläßlichkeit *f*, b) *econ.* Zahlungsfähigkeit *f*. **5.** *oft pl* Verbindlichkeit *f*, Verpflichtung *f*. **reˈspon·si·ble** *adj* (*adv* **responsibly**) **1.** verantwortlich (**to** *dat*, **for** für): **to be** ~ **to s.o.** j-m unterstellt sein; **to be** ~ **to s.o. for s.th.** j-m (gegenüber) für etwas haften *od.* verantwortlich sein; ~ **partner** *econ.* persönlich haftender Gesellschafter. **2.** *jur.* a) zurechnungsfähig, b) geschäftsfähig, c) haftbar (**for** für). **3.** verantwortungsbewußt, zuverlässig, *econ.* soˈlide, zahlungsfähig. **4.** verantwortungsvoll: **a** ~ **position**; **used to** ~ **work** an selbständiges Arbeiten gewöhnt. **5.** (**for**) verantwortlich (für), schuld (an *dat*), die Ursache (von *od. gen*).

re·spon·sions [rɪˈspɒnʃnz] *s pl univ. Br.* (*Oxford*) *erstes der 3 Examen für den akademischen Grad des* **Bachelor of Arts**.

re·spon·sive [rɪˈspɒnsɪv; *Am.* -ˈspɑn-] *adj* (*adv* ~**ly**) **1.** antwortend, als Antwort (**to** auf *acc*), Antwort... **2.** (**to**) (leicht) reaˈgierend *od.* ansprechend (auf *acc*), empfänglich *od.* aufgeschlossen (für): **to be** ~ **to** a) ansprechen *od.* reagieren auf (*acc*) (*a. electr. tech. etc*), b) eingehen auf (*j-n od. etwas*), c) *e-m Bedürfnis etc* entgegenkommen. **3.** *tech.* eˈlastisch (*Motor*).

reˈspon·sive·ness *s* **1.** Empfänglichkeit *f*, Verständnis *n* (to für). **2.** *tech.* Stabilisatiˈonsvermögen *n*.

re·spon·sor [rɪˈspɒnsə(r); *Am.* -ˈspɑn-] *s Radar*: Antwortgerät *n*.

re·spon·so·ry [rɪˈspɒnsərɪ; *Am.* -ˈspɑn-] *s relig.* Responˈsorium *n*, Wechselgesang *m*.

rest¹ [rest] **I** *s* **1.** (Nacht)Ruhe *f*: **to have a good night's ~** gut schlafen; **to go** (*od.* **retire**) **to ~** sich zur Ruhe begeben. **2.** Ruhe *f*, Rast *f*, Ruhepause *f*, Erholung *f*: **day of ~** Ruhetag *m*; **to give a ~ to** a) *j-n, ein Pferd etc* ausruhen lassen, b) *e-e Maschine etc* ruhen lassen, c) *colloq. etwas* auf sich beruhen lassen; **to take a ~** sich ausruhen. **3.** Ruhe *f* (*Untätigkeit*): **volcano at ~** untätiger Vulkan. **4.** Ruhe *f* (*Frieden*): **to be at ~** a) (aus)ruhen, b) beruhigt sein; **to put** (*od.* **set**) **s.o.'s mind at ~** a) j-n beruhigen, b) j-m die Befangenheit nehmen; **to set a matter at ~** e-e Sache (endgültig) erledigen. **5.** ewige *od.* letzte Ruhe: **to be at ~** ruhen (*Toter*); **to lay to ~** zur letzten Ruhe betten. **6.** *phys. tech.* Ruhe(lage) *f*: **~ mass** *phys.* Ruhemasse *f*; **~ contact** *electr.* Ruhekontakt *m*; **to be at ~** *tech.* sich in Ruhelage befinden. **7.** Ruheplatz *m* (*a. Grab*). **8.** Raststätte *f*. **9.** Herberge *f*, Heim *n*: **seaman's ~** Seemannsheim. **10.** Wohnstätte *f*, Aufenthalt *m*. **11.** a) *tech.* Auflage *f*, Stütze *f*, b) (Fuß)Raste *f*, c) (Arm)Lehne *f*, d) Supˈport *m* (*e-r Drehbank*), e) *mil.* (Gewehr)Auflage *f*, f) (Nasen)Steg *m* (*e-r Brille*), g) *teleph.* Gabel *f*. **12.** *mus.* Pause *f*. **13.** *metr.* Zäˈsur *f*.

II *v/i* **14.** ruhen (*a. Toter*): **to ~ (up)on** a) ruhen auf (*dat*) (*a. Last, Blick etc*), b) *fig.* beruhen auf (*dat*), sich stützen *od.* sich gründen auf (*acc*), c) *fig.* sich verlassen auf (*acc*); **to let a matter ~** *fig.* e-e Sache auf sich beruhen lassen; **the matter cannot ~ there** damit kann es nicht sein Bewenden haben. **15.** (sich) ausruhen, rasten, e-e Pause einlegen: **to ~ from toil** von der Arbeit ausruhen; **he never ~ed until** er ruhte (u. rastete) nicht, bis; **to ~ up** *Am. colloq.* (sich) ausruhen, sich erholen; **~ing** *euphem.* ohne Engagement (*Schauspieler*). **16. ~ with** *fig.* bei *j-m* liegen, in *j-s* Händen liegen, von *j-m* abhängen: **the fault ~s with you** die Schuld liegt bei Ihnen; **it ~s with you to propose terms** es bleibt Ihnen überlassen *od.* es liegt an Ihnen, Bedingungen vorzuschlagen. **17.** *agr.* brachliegen (*Ackerland*). **18.** (**against**) sich stützen *od.* lehnen (gegen), *tech.* anliegen (an *dat*). **19.** sich verlassen (**on** auf *acc*): **I ~ upon your promise.** **20.** vertrauen (**in** auf *acc*): **to ~ in God.** **21.** *jur. Am.* → 28.

III *v/t* **22.** (aus)ruhen lassen: **to ~ o.s.** sich ausruhen. **23.** schonen: **to ~ one's eyes (voice).** **24.** Frieden geben (*dat*): **God ~ his soul** Gott hab' ihn selig. **25.** (**on**) legen (auf *acc*), lagern (auf *dat*). **26.** lehnen, stützen (**against** gegen; **on** auf *acc*): **to ~ one's elbows on the table.** **27.** *fig.* stützen, gründen (**on** auf *acc*). **28. to ~ one's case** *jur. Am.* den Beweisvortrag abschließen (*Prozeßpartei*). **29.** *Am. colloq. den Hut, Mantel* ablegen.

rest² [rest] **I** *s* **1.** Rest *m*: **~ nitrogen** *med.* Reststickstoff *m*. **2.** (*das*) übrige, (*die*) übrigen: **and all the ~ of it** und alles übrige; **and the ~ of it** und dergleichen; **the ~ of it** das Weitere; **the ~ of us** wir übrigen; **for the ~** im übrigen. **3.** *econ. Br.* Reˈservefonds *m*. **4.** *econ. Br.* a) Bilanˈzierung *f*, b) Restsaldo *m*. **5.** *Tennis etc*: langer Ballwechsel. **II** *v/i* **6.** *in e-m Zustand* bleiben, weiterhin sein: **the affair ~s a mystery** die Angelegenheit bleibt ein Geheimnis; → **assured** 1.

rest³ [rest] *s mil. hist.* Rüsthaken *m* (*Widerlager für Turnierlanze*): **to lay** (*od.* **set**) **one's lance in ~** die Lanze einlegen.

res·tant [ˈrestənt] *adj bot.* ausdauernd.

re·start [ˌriːˈstɑː(r)t] **I** *v/t* **1.** wieder in Gang setzen. **II** *v/i* **2.** wieder starten. **3.** wieder beginnen. **III** *s* **4.** erneuter Start, ˈWiederanlauf *m*. **5.** ˈWiederbeginn *m*, Wiederinbeˈtriebnahme *f*.

re·state [ˌriːˈsteɪt] *v/t* neu (u. besser) formuˈlieren. **ˌreˈstate·ment** *s* neue Darstellung *od.* Formuˈlierung.

res·tau·rant [ˈrestərɔ̃ːŋ; *Am.* -rənt] *s* Restauˈrant *n*, Gaststätte *f*: **~ car** *rail. Br.* Speisewagen *m*.

res·tau·ra·teur [ˌrestɒrəˈtɜː; *Am.* ˌrestərəˈtɜr] *s* Gastwirt *m*, Gastroˈnom *m*.

rest| cure *s med.* Ruhe-, Liegekur *f*. **~ day** *s* Ruhetag *m*.

rest·ed [ˈrestɪd] *adj* ausgeruht, erholt.

ˈrest·ful *adj* (*adv* **~ly**) **1.** ruhig, friedlich. **2.** erholsam, gemütlich. **3.** bequem.

ˈrest|ˌhar·row *s bot.* Hauhechel *f*. **~ home** *s* **1.** Alten-, Altersheim *n*. **2.** Pflegeheim *n*. **~ house** *s* Rasthaus *n*.

ˈrest·ing place *s* **1.** Ruheplatz *m*. **2.** *a.* **last ~** (letzte) Ruhestätte, Grab *n*.

res·ti·tu·tion [ˌrestɪˈtjuːʃn; *Am. a.* -ˈtuː-] *s* **1.** Restitutiˈon *f*: a) (Zu)ˈRückerstattung *f*, b) Entschädigung *f*, c) Wiederˈgutmachung *f*, d) Wiederˈherstellung *f*: **final ~** *relig.* Wiederaufrichtung *f* (*des Reiches Gottes*); **to make ~** Genugtuung *od.* Ersatz leisten (**of** für); **~ of conjugal rights** *jur. Br.* (Klage *f* auf) Wiederherstellung der ehelichen Rechte. **2.** *tech.* eˈlastische Rückstellung. **3.** *phot.* Entzerrung *f*.

res·tive [ˈrestɪv] *adj* (*adv* **~ly**) **1.** unruhig, nerˈvös. **2.** ruhe-, rastlos. **3.** störrisch, ˈwiderspenstig, bockig (*alle a. Pferd*), aufsässig. **ˈres·tive·ness** *s* **1.** (nerˈvöse) Unruhe. **2.** Ruhe-, Rastlosigkeit *f*. **3.** ˈWiderspenstigkeit *f*.

rest·less [ˈrestlɪs] *adj* (*adv* **~ly**) **1.** ruhe-, rastlos. **2.** nerˈvös, unruhig. **3.** schlaflos: **a ~ night.** **4.** endlos: **~ change.** **ˈrest·less·ness** *s* **1.** Ruhe-, Rastlosigkeit *f*. **2.** Schlaflosigkeit *f*. **3.** (nerˈvöse) Unruhe.

re·stock [ˌriːˈstɒk; *Am.* -ˈstɑk] **I** *v/t* **1.** *econ.* a) *Lager* wieder auffüllen, b) *e-e Ware* wieder auf Lager nehmen. **2.** *Gewässer* wieder mit Fischen besetzen. **II** *v/i* **3.** neuen Vorrat einlagern.

re·stor·a·ble [rɪˈstɔːrəbl; *Am. a.* -ˈstəʊ-] *adj* wiederˈherstellbar.

res·to·ra·tion [ˌrestəˈreɪʃn] *s* **1.** Wiederˈherstellung *f*: **~ of peace (the monarchy,** *etc*); **~ of health, ~ from sickness** gesundheitliche Wiederherstellung, Genesung *f*; **universal** (*od.* **final**) **~** *relig.* Wiederaufrichtung *f* (*des Reiches Gottes*). **2.** Restauˈrierung *f*: **~ of a cathedral (painting,** *etc*). **3.** *tech.* Inˈstandsetzung *f*. **4.** Rekonstruktiˈon *f* (*a. rekonstruiertes Modell*). **5.** Rückerstattung *f*, -gabe *f*. **6.** Wiederˈeinsetzung *f* (to in *ein Amt, Rechte etc*). **7. the R~** *hist.* die Restauratiˈon (*bes. die Wiedereinsetzung der Stuarts in England, 1660*).

re·stor·a·tive [rɪˈstɒrətɪv; *Am. a.* -ˈstəʊ-] **I** *adj* (*adv* **~ly**) **1.** Wiederherstellungs..., Restaurierungs... **2.** *med.* stärkend. **II** *s* **3.** *med.* Stärkungsmittel *n*.

re·store [rɪˈstɔː(r); *Am. a.* rɪˈstəʊər] *v/t* **1.** *allg.* wiederˈherstellen: **to ~ an institution (s.o.'s health, order,** *etc*); **to ~ s.o. (to health)** j-n wiederherstellen. **2.** restauˈrieren: **to ~ a church (a painting).** **3.** *tech.* inˈstand setzen. **4.** rekonstruˈieren: **to ~ a fossile (a text).** **5.** wiederˈeinsetzen (**to** in *ein Amt, Rechte etc*): **to ~ a king (to the throne)** e-n König wieder auf den Thron erheben; **to ~ s.o. to liberty** j-m die Freiheit wiedergeben; **to ~ s.o. to life** j-n ins Leben zurückrufen. **6.** zuˈrückerstatten, -bringen, -geben: **to ~ s.th. to its place** etwas an s-n Platz zurückbringen; **to ~ the receiver** *teleph.* (den Hörer) auflegen *od.* einhängen. **reˈstor·er** *s* **1.** Wiederˈhersteller(in). **2.** Restauˈrator *m*. **3.** Haarwuchsmittel *n*.

re·strain [rɪˈstreɪn] *v/t* **1.** zuˈrückhalten, hindern: **to ~ s.o. from doing s.th.** j-n davon abhalten, etwas zu tun; **~ing order** *jur.* Unterlassungsurteil *n*. **2.** a) in Schranken halten, Einhalt gebieten (*dat*), b) *ein Pferd etc, a. fig.* im Zaum halten, bändigen, zügeln. **3.** *Gefühle* unterˈdrücken, *s-e Neugier etc* bezähmen. **4.** a) einsperren, -schließen, b) *e-n Geisteskranken* in e-r Anstalt ˈunterbringen: **to ~ s.o. of his liberty** j-n s-r Freiheit berauben. **5.** *Macht etc* be-, einschränken. **6.** *econ. Produktion etc* drosseln. **reˈstrain·a·ble** *adj* zuˈrückzuhalten(d), bezähmbar. **reˈstrained** *adj* **1.** zuˈrückhaltend, beherrscht. **2.** maßvoll. **3.** verhalten, gedämpft. **reˈstrain·ed·ly** [-nɪdlɪ] *adv*.

re·strain·er [rɪˈstreɪnə(r)] *s phot.* Verzögerer *m* (*Chemikalie*).

re·straint [rɪˈstreɪnt] *s* **1.** Einschränkung *f*, Beschränkung(en *pl*) *f*, Zwang *m*: **~ of** (*od.* **upon**) **liberty** Beschränkung der Freiheit; **~ (of prices)** *econ. obs.* Embargo *n*; **~ of trade** *econ.* a) Beschränkung des Handels, b) Konkurrenzverbot *n*, Einschränkung des freien Wettbewerbs; **~ clause** Konkurrenzklausel *f*; **to lay ~ on s.o.** j-m Beschränkungen auferlegen; **without ~** frei, ungehemmt, offen. **2.** *jur.* Freiheitsbeschränkung *f*, Haft *f*: **to place s.o. under ~** j-n unter Aufsicht stellen, j-n in Gewahrsam nehmen; **under ~** entmündigt (*Geisteskranker*). **3.** a) Beherrschtheit *f*, Zuˈrückhaltung *f*: **call for ~** Maßhalteappell *m*, b) (künstlerische) Zucht.

re·strict [rɪˈstrɪkt] *v/t* a) einschränken, b) beschränken, begrenzen (**to** auf *acc*): **to be ~ed within narrow limits** eng begrenzt sein; **to be ~ed to doing** sich darauf beschränken müssen, *etwas* zu tun; **to ~ a road** *mot. Br.* Geschwindigkeitsbegrenzung für e-e Straße einführen. **reˈstrict·ed** *adj* **1.** eingeschränkt, beschränkt, begrenzt: **~ area** (*bes. Am. a.* militärisches) Sperrgebiet, *mot. Br.* (Verkehrs)Zone *f* mit Geschwindigkeitsbegrenzung, *aer. Br.* Gebiet *n* mit Flugbeschränkungen; **~ district** Gebiet *n* mit bestimmten Baubeschränkungen. **2.** *Am.* der Geheimhaltung unterˈliegend: **~ data; ~!** Nur für den Dienstgebrauch! **reˈstric·tion** [-kʃn] *s* Ein-, Beschränkung *f* (**of** von *od. gen*): **~s on imports** Einfuhrbeschränkung; **~ of space** räumliche Beschränktheit; **with some ~s** mit gewissen Einschränkungen; **without ~s** uneingeschränkt. **reˈstric·tive** **I** *adj* (*adv* **~ly**) be-, einschränkend (**of** *acc*): **~ clause** a) *ling.* einschränkender Relativsatz, b) *econ.* einschränkende Bestimmung; **~ endorsement** *econ.* beschränktes Giro. **II** *s ling.* Einschränkung *f*.

rest room *s Am.* Toiˈlette *f* (*e-s Hotels etc*).

re·struc·ture [ˌriːˈstrʌktʃə(r)] *v/t* ˈumstrukturˌrieren.

re·style [ˌriːˈstaɪl] *v/t* ˈumarbeiten, ˈumgestalten.

re·sult [rɪˈzʌlt] **I** *s* **1.** *a. math.* Ergebnis *n*, Resulˈtat *n*: **without ~** ergebnislos; **the ~ was 1–0 to our team** *sport* das Ergebnis war 1:0 für unser Team. **2.** (gutes) Ergebnis, Erfolg *m*: **to get ~s from a new treatment** mit e-r neuen Behandlung Erfolge erzielen. **3.** Folge *f*, Aus-, Nachwirkung *f*: **as a ~** a) die Folge war, daß, b) folglich. **II** *v/i* **4.** sich ergeben, resul'tieren (**from** aus): **to ~ in** enden mit, hinauslaufen auf (*acc*), zur Folge haben (*acc*), zeitigen (*acc*); **~ing** → **resultant** 3. **5.** (*logisch*) folgen (**from** aus). **re'sult·ant I** *s* **1.** *math. phys.* Resul'tante *f*. **2.** (End)Ergebnis *n*. **II** *adj* **3.** sich ergebend, (da'bei *od.* dar'aus) entstehend, resul'tierend (**from** aus).

re·sume [rɪ'zjuːm; *bes. Am.* rɪ'zuːm] **I** *v/t* **1.** wieder'aufnehmen, wieder anfangen, fortsetzen, -führen: **to ~ (one's) work**; **he ~d painting** er begann wieder zu malen, er malte wieder. **2.** 'wiedererlangen: **to ~ liberty**. **3.** wieder einnehmen: **to ~ one's seat**. **4.** wieder annehmen: **to ~ one's maiden name**. **5.** wieder über'nehmen: **to ~ an office (the command)**. **6.** resü'mieren, zs.-fassen. **II** *v/i* **7.** s-e Tätigkeit wieder'aufnehmen. **8.** weitermachen, (*a. in s-r Rede*) fortfahren. **9.** wieder beginnen.

ré·su·mé ['rezjuːmeɪ; *Am.* ˌrezəˌmeɪ] *s* **1.** Resü'mee *n*, Zs.-fassung *f*. **2.** (kurzer) Lebenslauf.

re·sump·tion [rɪ'zʌmpʃn] *s* **1.** a) Zu'rücknahme *f*, *a.* Wiederinbe'sitznahme *f*, b) *econ.* Li'zenzentzug *m*. **2.** *jur.* Zu'rücknahme *f* e-s von der brit. Krone verliehenen Grundbesitzes. **3.** Wieder'aufnahme *f* (*e-r Tätigkeit*). **4.** 'Wiedererlangung *f*: **~ of power**. **5.** *econ.* (Wieder'aufnahme *f* der) Barzahlungen *pl*. **re'sump·tive** [-tɪv] *adj* (*adv* **~ly**) **1.** resü'mierend, zs.-fassend. **2.** wieder'holend.

re·sur·face [ˌriː'sɜːfɪs; *Am.* -'sɜr-] **I** *v/t* *tech.* die Oberfläche (*gen*) neu bearbeiten, die Straßendecke erneuern von (*od. gen*). **II** *v/i* wieder auftauchen (*U-Boot*).

re·surge [rɪ'sɜːdʒ; *Am.* rɪ'sɜrdʒ] *v/i* **1.** *bes. humor.* wieder auferstehen. **2.** sich wieder erheben. **3.** *fig.* 'wiedererwachen. **re'sur·gence** *s* **1.** Wieder'aufleben *n*, -em'porkommen *n*, -'aufstieg *m*. **2.** 'Wiedererweckung *f*. **re'sur·gent** *adj* wieder'auflebend, 'wiedererwachend.

res·ur·rect [ˌrezə'rekt] **I** *v/t* **1.** wieder'aufleben lassen: **to ~ an ancient custom**. **2.** *e-e Leiche* ausgraben. **3.** *colloq.* wieder zum Leben erwecken. **II** *v/i* **4.** auferstehen. **ˌres·ur'rec·tion** *s* **1.** (*relig.* **R~** *die*) Auferstehung. **2.** Wieder'aufleben *n*, 'Wiedererwachen *n*. **3.** Leichenraub *m*. **ˌres·ur'rec·tion·al** *adj* Auferstehungs... **ˌres·ur'rec·tion·ism** *s* Leichenraub *m*. **ˌres·ur'rec·tion·ist** *s* **1.** 'Wiedererwecker *m*. **2.** j-d, der an die Auferstehung glaubt. **3.** Leichenräuber *m*.

re·sus·ci·tate [rɪ'sʌsɪteɪt] **I** *v/t* **1.** 'wiederbeleben (*a. fig.*). **2.** *fig.* wieder'aufleben lassen. **II** *v/i* **3.** das Bewußtsein 'wiedererlangen. **4.** *fig.* wieder'aufleben. **reˌsus·ci'ta·tion** *s* **1.** 'Wiederbelebung *f* (*a. fig. Erneuerung*): **attempts at ~** Wiederbelebungsversuche. **2.** *relig.* Auferstehung *f*. **re'sus·ci·ta·tive** [-tətɪv; *Am.* -ˌteɪtɪv] *adj* 'wiederbelebend, Wiederbelebungs... **re'sus·ci·ta·tor** [-tə(r)] *s* **1.** 'Wiedererwecker *m*. **2.** 'Wiederbelebungs-, Sauerstoffgerät *n*.

ret [ret] **I** *v/t* *Flachs etc* rösten, rötten: **to be ~ted** → II. **II** *v/i* verfaulen.

re·ta·ble [rɪ'teɪbl; *Am.* 'riːˌt-; 'retəbəl] *s* *relig.* Re'tabel *n*, Al'taraufsatz *m*.

re·tail¹ ['riːteɪl] *econ.* **I** *s* Klein-, Einzelhandel *m*, Kleinverkauf *m*, De'tailgeschäft *n*: **by** (*Am.* **at**) **~** → III. **II** *adj* Einzel-, Kleinhandels..., Detail...: **~ bookseller** Sortimentsbuchhändler *m*, Sortimenter *m*; **~ business** Einzelhandels-, Detailgeschäft *n*; **~ ceiling price** Verbraucherhöchstpreis *m*; **~ dealer** Einzel-, Kleinhändler *m*; **~ price** Einzelhandels-, Ladenpreis *m*; **~ store** *Am.* Ladengeschäft *n* (*e-s Konzerns etc*); **~ trade** → I. **III** *adv* im Einzelhandel, einzeln, im kleinen, en de'tail: **to sell (buy) ~**. **IV** *v/t* [riː'teɪl; *Am.* 'riːˌ-] *Waren* im kleinen *od.* en de'tail verkaufen. **V** *v/i* [riː'teɪl; *Am.* 'riːˌ-] im kleinen *od.* en de'tail verkauft werden (*Waren*): **it ~s at 50 cents** es kostet im Einzelhandel 50 Cent.

re·tail² [riː'teɪl] *v/t* weitererzählen, verbreiten, ‚her'umtratschen'.

re·tail·er [riː'teɪlə(r); *Am.* 'riːˌ-] *s* **1.** *econ.* a) Einzel-, Kleinhändler *m*, b) 'Wiederverkäufer *m*. **2.** Verbreiter(in), Erzähler(in): **~ of gossip** ‚Klatschmaul *n*, -tante' *f*.

re·tain [rɪ'teɪn] *v/t* **1.** zu'rück(be)halten, einbehalten. **2.** *e-e Eigenschaft, e-n Posten etc* behalten: **to ~ one's position**; **this cloth ~s its colo(u)r** dieser Stoff ist farbecht. **3.** beibehalten: **to ~ a custom**. **4.** bewahrt haben: **rivers and hills ~ their Celtic names**. **5.** halten (**to an** *dat*; **in** in *dat*): **to ~ s.o. in one's service**. **6.** *j-n* in s-n Diensten halten: **to ~ a lawyer** *jur.* sich e-n Anwalt halten *od.* nehmen; **~ing fee** → **retainer** 3 b. **7.** (im Gedächtnis) behalten, sich merken: **to ~ in one's mind** (*od.* **memory**). **8.** *tech.* halten, sichern, stützen, *Wasser* stauen. **9.** *mil. Feindkräfte* binden.

re·tained ob·ject [rɪ'teɪnd] *s ling. in der Passivkonstruktion beibehaltenes Objekt des entsprechenden Aktivsatzes* (*z. B.* **the picture** *in* **I was shown the picture** *aus* **they showed me the picture**).

re·tain·er [rɪ'teɪnə(r)] *s* **1.** *hist.* Gefolgsmann *m*. **2. old ~** *colloq.* altes Fak'totum. **3.** *jur.* a) Verpflichtung *f* (*e-s Anwalts etc*), b) (Hono'rar)Vorschuß *m* (*an e-n Anwalt*), c) *a.* **general ~** Pau'schalhonoˌrar *n*, d) Pro'zeßvollmacht *f*. **4.** *tech.* a) Befestigungsteil *n*, b) Laufrille *f* (*im Rollenlager*), c) Käfig *m* (*im Kugellager*), d) Haltebügel *m* (*bei Blattfedern*).

re·tain·ing [rɪ'teɪnɪŋ] *adj electr. tech.* Halte...: **~ circuit (clip, current, etc)**; **~ ring** Spreng- *od.* Überwurfring *m*; **~ wall** Stütz- *od.* Staumauer *f*.

re·take I *v/t irr* [ˌriː'teɪk] **1.** wieder (an-, ein-, zu'rück)nehmen. **2.** *mil.* wieder einnehmen, zu'rückerobern. **3.** *Film*: *e-e Szene etc* nochmals drehen. **4.** *sport Freistoß etc* wieder'holen. **II** *s* ['riːteɪk] **5.** *Film*: Wieder'holungsaufnahme *f*, Retake *n*.

re·tal·i·ate [rɪ'tælɪeɪt] **I** *v/i* **1.** Vergeltung üben, sich rächen (**[up]on** *od.* **against s.o.** an j-m; **for s.th.** für etwas), zu'rückschlagen. **2.** *sport, a. in e-r Diskussion etc*: kontern (**with** mit). **II** *v/t* **3.** (**[up]on** *od.* **against s.o.**) sich für *etwas* rächen (an j-m), (j-m *etwas*) vergelten *od.* heimzahlen. **reˌtal·i'a·tion** *s* Vergeltung *f*: **in ~** als Vergeltung(smaßnahme); **~ raid** *mil.* Vergeltungsangriff *m*. **re'tal·i·a·to·ry** [-ətərɪ; *Am.* -jəˌtəʊriː; -ˌtɔː-] *adj* Vergeltungs...: **~ duty** *econ.* Kampfzoll *m*.

re·tard [rɪ'tɑː(r)d] **I** *v/t* **1.** verlangsamen, 'hinziehen, aufhalten, hemmen. **2.** *phys.* retar'dieren, verzögern, *Elektronen* bremsen: **to be ~ed** nacheilen. **3.** *biol.* retar'dieren. **4.** *j-s* Entwicklung hemmen: **(mentally) ~ed** *psych.* (geistig) zurückgeblieben. **5.** *mot. die Zündung* nachstellen: **~ed ignition** a) verzögerte Zündung, b) Spätzündung *f*. **II** *v/i* **6.** sich verzögern, zu'rückbleiben. **III** *s* **7.** → **retardation**. **8.** ['riːˌtɑːrd] *Am. sl.* Idi'ot *m*. **re'tard·ant** *s chem.* Verzögerungsmittel *n*. **re'tard·ate** [-deɪt] *s psych.* zu'rückgebliebener Mensch. **re·tar·da·tion** [ˌriːtɑː(r)'deɪʃn] *s* **1.** Verzögerung *f* (*a. phys.*), Verlangsamung *f*, Verspätung *f*. **2.** *biol. math. phys.* Retardati'on *f*, *phys. a.* (*Elektronen*)Bremsung *f*. **3.** *psych.* a) Entwicklungshemmung *f*, Zu'rückbleiben *n*, b) 'Unterentwickeltheit *f*. **4.** *mus.* a) Verlangsamung *f*, b) aufwärtsgehender Vorhalt.

re·tard·a·tive [rɪ'tɑː(r)dətɪv], **re'tard·a·to·ry** [-tərɪ; *Am.* -ˌtəʊriː; -ˌtɔː-] *adj* **1.** verlangsamend, hemmend. **2.** *phys.* retar'dierend, verzögernd.

re·tar·get [ˌriː'tɑː(r)gɪt] *v/t* **1.** *Raumfahrzeug etc* 'umdiriˌgieren. **2.** *Warenangebot etc* neu ausrichten.

retch [retʃ; *Br. a.* riːtʃ] **I** *v/i* **1.** würgen (*beim Erbrechen*). **2.** sich erbrechen. **II** *s* **3.** Würgen *n*. **4.** Erbrechen *n*.

re·tell [ˌriː'tel] *v/t irr* **1.** nacherzählen, nochmals erzählen, wieder'holen. **2.** *e-e Nachricht* weitergeben.

re·ten·tion [rɪ'tenʃn] *s* **1.** Zu'rückhalten *n*: **(right of) ~** *jur.* Zurückhaltungsrecht *n*. **2.** Einbehaltung *f*. **3.** Beibehaltung *f*: **~ of a custom**; **colo(u)r ~** Farbechtheit *f*. **4.** Bewahrung *f*. **5.** *med.* (*Harn- etc*)Verhaltung *f*: **~ of urine**. **6.** (Fest)Halten *n*, Halt *m*: **~ pin** *tech.* Arretierstift *m*. **7.** Merken *n*, Behalten *n*, Merkfähigkeit *f*. **re'ten·tive** [-tɪv] *adj* (*adv* **~ly**) **1.** mit e-m guten Gedächtnis: **a ~ person**. **2. ~ memory** (*od.* **mind**) gutes Gedächtnis. **3.** (zu'rück)haltend (**of** *acc*). **4.** erhaltend, bewahrend: **to be ~ of s.th.** etwas bewahren. **5.** a) (fest)haltend, b) *med.* Halte... **6.** Wasser speichernd.

re·think I *v/t irr* [ˌriː'θɪŋk] *etwas* nochmals über'denken. **II** *s* ['riːθɪŋk]: **to have a ~ about** *colloq.* → I.

re·ti·ar·y ['riːtɪərɪ; *Am.* 'riːʃiːˌeriː] **I** *adj* Netz...: **~ spider** → II. **II** *s zo.* Netzspinne *f*.

ret·i·cence ['retɪsəns] *s* **1.** Verschwiegenheit *f*, Schweigsamkeit *f*. **2.** Zu'rückhaltung *f*. **'ret·i·cent** *adj* (*adv* **~ly**) **1.** verschwiegen (**on, about** über *acc*), schweigsam. **2.** zu'rückhaltend.

ret·i·cle ['retɪkl] *s opt.* Fadenkreuz *n*.

re·tic·u·lar [rɪ'tɪkjʊlə(r)] *adj* (*adv* **~ly**) *bes. med. tech.* netzartig, -förmig, retiku'lär, Netz... **re'tic·u·late I** *adj* [-lət; -leɪt] (*adv* **~ly**) netzartig, -förmig: a) *zo.* genetzt (*netzartig gemustert*), b) *bot.* netzartig geädert. **II** *v/t* [-leɪt] netzförmig mustern *od.* ädern *od.* anlegen. **III** *v/i* sich verästeln. **re'tic·u·lat·ed** *adj* → **reticular**: **~ glass** Faden-, Filigranglas *n*. **reˌtic·u'la·tion** *s* Netzwerk *n*.

ret·i·cule ['retɪkjuːl] *s* **1.** → **reticle**. **2.** *obs.* Ridi'kül *m, n*, Reti'kül *m, n* (*Handtasche od. Handarbeitsbeutel*).

re·tic·u·lum [rɪ'tɪkjʊləm] *pl* **-la** [-lə] *s* **1.** *zo.* Netzmagen *m* (*der Wiederkäuer*). **2.** *bes. anat.* Netz(werk) *n*, Geflecht *n*. **3.** *biol.* netzförmige 'Plasmastrukˌtur. **4.** *physiol.* a) retiku'lierte Mem'bran, b) retiku'läres Endo'thelgewebe.

re·ti·form ['riːtɪfɔː(r)m; 're-] *adj* netzförmig.

ret·i·na ['retɪnə] *pl* **-nas, -nae** [-niː] *s anat.* Retina *f*, Netzhaut *f* (*des Auges*). **'ret·i·nal** *adj* Netzhaut... **ˌret·i'ni·tis** [-'naɪtɪs] *s med.* Netzhautentzündung *f*, Reti'nitis *f*.

ret·i·no·scope ['retɪnəskəʊp] *s med.* → **skiascope**. **ˌret·i'nos·co·py** [-'nɒskəpɪ; *Am.* -'nɑs-] → **skiascopy**.

ret·i·nue ['retɪnjuː; *Am.* 'retnˌjuː; -ˌuː] *s* Gefolge *n*.

re·tir·al [rɪ'taɪərəl] *s* **1.** Ausscheiden *n* (*aus e-m Amt etc*), (Sich-)Zu'rückziehen *n*. **2.** *econ.* Einlösung *f* (*e-s Wechsels*). **3.** Rückzug *m*.

re·tire [rɪˈtaɪə(r)] **I** *v/i* **1.** *allg.* sich zuˈrückziehen (*a. mil.*): **to ~ into o.s.** *fig.* sich verschließen; **to ~ (to rest)** sich zur Ruhe begeben. **2.** *a.* **~ from business** sich vom Geschäft zurückziehen, sich zur Ruhe setzen. **3.** *a.* **~ on a pension** in Pensiˈon *od.* Rente gehen, sich pensioˈnieren lassen, in den Ruhestand treten. **4.** ab-, zuˈrücktreten. **5.** *fig.* zuˈrücktreten (*Hintergrund, Ufer etc*). **6.** *sport* (*bes.* verletzt) aufgeben. **II** *v/t* **7.** zuˈrückziehen: **to ~ an army (a needle)**. **8.** *Zahlungsmittel* aus dem Verkehr ziehen. **9.** *Wechsel* einlösen. **10.** in den Ruhestand versetzen, verabschieden, pensioˈnieren. **11.** *j-n* entlassen. **12.** *Kricket etc*: *j-n* ‚aus' machen. **III** *s* **13.** *mil.* Zuˈrückziehen *n*: **to sound the ~** a) das Signal zum Rückzug geben, b) den Zapfenstreich blasen.

re·tired [rɪˈtaɪə(r)d] *adj* (*adv* **~ly**) **1.** pensioˈniert, im Ruhestand (lebend), außer Dienst, a.D.: **~ general** General a.D. *od.* außer Dienst. **2.** im Ruhestand lebend: **a ~ merchant**. **3.** zuˈrückgezogen, einsam: **~ life**. **4.** abgelegen, einsam: **a ~ valley**. **5.** Pensions...: **~ pay** Ruhegeld *n*; **to be placed on the ~ list** *mil.* den Abschied erhalten.

re·tire·ment [rɪˈtaɪə(r)mənt] *s* **1.** (Sich-) Zuˈrückziehen *n*. **2.** Ausscheiden *n*, Aus-, Rücktritt *m*. **3.** Ruhestand *m*: **to go into ~** sich zur Ruhe setzen; **~ age** Renten-, Pensionsalter *n*; **~ home** Alters-, Ruhesitz *m*; **~ pay** Ruhegeld *n*; **~ pension** (Alters)Rente *f*, Pension *f*, Ruhegeld *n*; **~ pensioner** (Alters)Rentner(in), Pensionär(in), Ruhegeldempfänger(in). **4.** *j-s* Zuˈrückgezogenheit *f*. **5.** Abgeschiedenheit *f*. **6.** Zufluchtsort *m*. **7.** *mil.* (planmäßige) Absetzbewegung, Rückzug *m*. **8.** *econ.* Einziehung *f*: **~s** Abgänge. **9.** *sport* (*bes.* verletzungsbedingte) Aufgabe.

re·tir·ing [rɪˈtaɪərɪŋ] *adj* (*adv* **~ly**) **1.** zuˈrückhaltend, bescheiden. **2.** unauffällig, deˈzent: **~ colo(u)r**. **3.** Ruhestands..., Pensions..., Renten...: **~ age** Renten-, Pensionsalter *n*; **~ pension** (Alters)Rente *f*, Pension *f*, Ruhegeld *n*.

re·tool [ˌriːˈtuːl] *v/t* **1.** *e-e Fabrik* mit neuen Maˈschinen ausrüsten. **2.** *bes. Am.* → **reorganize** 1.

re·tort¹ [rɪˈtɔː(r)t] **I** *v/t* **1.** vergelten, sich rächen für: **to ~ a wrong**. **2.** *e-e Beleidigung etc* zuˈrückgeben (**on s.o.** j-m): **to ~ an insult**. **3.** erwidern (**with** mit). **4.** (darˈauf) antworten *od.* erwidern *od.* sagen. **II** *v/i* **5.** (scharf *od.* treffend) erwidern, entgegnen, es zuˈrückgeben (**upon s.o.** j-m). **III** *s* **6.** (scharfe *od.* treffende) Entgegnung, (schlagfertige) Antwort. **7.** Erwiderung *f*.

re·tort² [rɪˈtɔː(r)t; *Am. a.* ˈriːˌt-] *s* Reˈtorte *f*: a) *chem.* Destilˈlierkolben *m*, b) *tech.* (*ein*) *Ofen*: **~ furnace** Muffelofen *m*.

re·tor·tion [rɪˈtɔː(r)ʃn] *s* **1.** (Sich)ˈUmwenden *n*, Zuˈrückbiegen *n*, -beugen *n*. **2.** *Völkerrecht*: Retorsiˈon *f* (*Vergeltungsmaßnahme*).

re·touch [ˌriːˈtʌtʃ] **I** *v/t* **1.** *bes. phot.* retuˈschieren. **2.** *bes. tech.* nacharbeiten, überˈarbeiten. **3.** *Haare* nachfärben, -tönen. **II** *s* **4.** *phot.* Reˈtusche *f*. **5.** Überˈarbeitung *f*. **6.** Nachfärben *n*, -tönung *f* (*von Haar*).

re·trace [rɪˈtreɪs] **I** *v/t* **1.** (*a. fig. s-n Stammbaum etc*) zuˈrückverfolgen: **to ~ one's family line; to ~ one's steps** a) (denselben Weg) zurückgehen, b) die Sache rückgängig machen. **2.** rekonstruˈieren, im Geiste noch einmal durchˈleben. **3.** noch einmal sorgfältig betrachten. **II** *s* **4.** *electr.* Rücklauf *m*.

re-trace [ˌriːˈtreɪs] *v/t* **1.** *Umrisse etc* nachziehen. **2.** nochmals zeichnen.

re·tract [rɪˈtrækt] **I** *v/t* **1.** *e-e Behauptung etc* zuˈrücknehmen. **2.** (*a. jur. e-e Aussage*) widerˈrufen. **3.** zuˈrückziehen (*a. fig.*): **to ~ an accusation (an offer)**. **4.** *Fühler, Krallen etc, a. aer. das Fahrgestell* einziehen. **II** *v/i* **5.** zuˈrücktreten (**from** von): **to ~ from a resolve** e-n Entschluß rückgängig machen. **6.** widerˈrufen, es zuˈrücknehmen. **7.** sich zuˈrückziehen. **8.** *tech. zo.* einziehbar sein. **reˈtract·a·ble** *adj* **1.** einziehbar: **~ landing gear**. **2.** zuˈrückziehbar. **3.** zuˈrücknehmbar, zu widerˈrufen(d). **re·trac·ta·tion** [ˌriːtrækˈteɪʃn] → **retraction** 1. **reˈtrac·tile** [-taɪl; *Am. a.* -tl] *adj* **1.** einziehbar. **2.** *a. anat.* zuˈrückziehbar. **reˈtrac·tion** *s* **1.** Zuˈrücknahme *f*, ˈWiderruf *m*. **2.** Zuˈrück-, Einziehen *n*. **3.** *med. zo.* Retraktiˈon *f*. **reˈtrac·tor** [-tə(r)] *s* **1.** *anat.* Retraktiˈonsmuskel *m*. **2.** *med.* Reˈtraktor *m*, Wundhaken *m*.

re·train [ˌriːˈtreɪn] **I** *v/t* ˈumschulen. **II** *v/i* ˈumschulen, sich umschulen lassen. **ˌreˈtrain·ing** *s a.* **vocational ~** ˈUmschulung *f*.

re·tral [ˈriːtrəl] *adj* **1.** rückwärtig, hinter(er, e, es). **2.** Rückwärts...

re·trans·late [ˌriːtrænsˈleɪt] *v/t* (zu-) ˈrücküberˌsetzen. **ˌre·transˈla·tion** *s* ˈRücküberˌsetzung *f*.

re·tread *tech.* **I** *v/t* [ˌriːˈtred] *Reifen* runderneuern. **II** *s* [ˈriːtred] runderneuerter Reifen.

re·treat [rɪˈtriːt] **I** *s* **1.** *bes. mil.* Rückzug *m*: **to beat a ~** *fig.* das Feld räumen, klein beigeben; **to sound the** (*od.* **a**) **~** zum Rückzug blasen; **there was no ~** *fig.* es gab kein Zurück. **2.** Sichzuˈrückziehen *n*: **~ from public life**. **3.** Schlupfwinkel *m*, stiller Ort, Zufluchtsort *m*. **4.** Heim *n*, Anstalt *f* (*für Trinker etc*). **5.** Zuˈrückgezogenheit *f*, Abgeschiedenheit *f*. **6.** *relig.* a) Freizeit *f*, b) *R.C.* Exerˈzitien *pl*, Einkehrtage *pl*. **7.** *mil.* a) ˈRückzugssiˌgnal *n*, b) ˈFahnenapˌpell *m* (*am Abend*), Zapfenstreich *m*. **8.** *aer.* Rückstellung *f od.* Neigung *f* (gegen die Querachse). **II** *v/i* **9.** sich zuˈrückziehen (*a. mil.*), sich entfernen: **to ~ within o.s.** sich in sich selbst zurückziehen, sich verschließen. **10.** zuˈrückweichen: **~ing chin (forehead)** fliehendes Kinn (fliehende Stirn). **11.** *aer.* (zu)ˈrückstellen. **III** *v/t* **12.** *bes. e-e Schachfigur* zuˈrückziehen.

re-treat [ˌriːˈtriːt] *v/t a. tech.* erneut behandeln.

re·trench [rɪˈtrentʃ] **I** *v/t* **1.** *Ausgaben etc* einschränken, *a. Personal* abbauen. **2.** beschneiden, kürzen: **to ~ a budget**. **3.** a) *e-e Textstelle* streichen, b) *ein Buch* zs.-streichen, kürzen. **4.** *e-e Festung* mit inneren Verschanzungen versehen. **II** *v/i* **5.** sich einschränken, Sparmaßnahmen ˈdurchführen, sparen. **reˈtrench·ment** *s* **1.** Einschränkung *f*. **2.** Beschränkung *f*, (*Gehalts- etc*)Kürzung *f*: **~ of salary**. **3.** (*Kosten-, Personal*)Abbau *m*: **~ of employees**. **4.** Sparmaßnahme *f*. **5.** Streichung *f*, Kürzung *f*. **6.** *Festungsbau*: a) Innenwerk *n*, b) Verschanzung *f*.

re·tri·al [ˌriːˈtraɪəl] *s* **1.** nochmalige Prüfung. **2.** *jur.* Wiederˈaufnahmeverfahren *n*.

ret·ri·bu·tion [ˌretrɪˈbjuːʃn] *s* Vergeltung *f*: a) Strafe *f*, b) Lohn *m*. **re·trib·u·tive** [rɪˈtrɪbjʊtɪv] *adj* (*adv* **~ly**) Vergeltungs..., vergeltend, strafend: **~ justice** ausgleichende Gerechtigkeit.

re·triev·a·ble [rɪˈtriːvəbl] *adj* (*adv* **retrievably**) **1.** ˈwiederzugewinnen(d). **2.** wiederˈgutzumachen(d). **3.** wettzumachen(d). **reˈtriev·al** [-vl] *s* **1.** ˈWiedergewinnung *f*, -erlangung *f*. **2.** Wiederˈherstellung *f*. **3.** Wiederˈgutmachung *f*. **4.** → **retrieve** 15. **5.** *Computer*: Wiederˈauffinden *n* (*von Informationen*): **~ system** Retrievalsystem *n*.

re·trieve [rɪˈtriːv] **I** *v/t* **1.** *hunt.* apporˈtieren. **2.** ˈwiederfinden, -bekommen. **3.** ˈwiedergewinnen, -erlangen: **to ~ freedom**. **4.** wiederˈgutmachen: **to ~ an error**. **5.** wettmachen: **to ~ a loss**. **6.** *etwas* herˈausholen, -fischen (**from** aus). **7.** *fig. etwas* herˈausfinden. **8.** retten (**from** aus). **9.** der Vergessenheit entreißen. **10.** (sich) ins Gedächtnis zuˈrückrufen. **11.** *Tennis etc*: *e-n schwierigen Ball* zuˈrückschlagen. **12.** *Computer*: *Information* wiederˈauffinden. **II** *v/i* **13.** *hunt.* apporˈtieren. **III** *s* **14. beyond** (*od.* **past**) **~** unwiederbringlich dahin. **15.** *Tennis etc*: Rückschlag *m* e-s schwierigen Balles. **reˈtriev·er** *s* **1.** Reˈtriever *m* (*englischer Apportierhund*). **2.** *allg.* Apporˈtierhund *m*.

ret·ro [ˈretrəʊ] *pl* **-ros** *s colloq. für* **retrorocket**.

ret·ro·act [ˌretrəʊˈækt] *v/i* **1.** zuˈrückwirken. **2.** entgegengesetzt wirken. **ˌret·roˈac·tion** *s* **1.** *jur.* rückwirkende Kraft. **2.** Rückwirkung *f*. **ˌret·roˈac·tive** *adj* (*adv* **~ly**) **1.** *jur.* rückwirkend: **with ~ effect from** rückwirkend ab. **2.** zuˈrückwirkend.

ret·ro·cede [ˌretrəʊˈsiːd] **I** *v/i bes. med.* a) zuˈrückgehen, b) nach innen schlagen (*Ausschlag*). **II** *v/t bes. jur.* wiederˈabtreten (**to** an *acc*). **ˌret·roˈced·ent** *adj* **1.** *astr.* → **retrograde** 1. **2.** *med.* a) zuˈrückgehend, b) nach innen schlagend (*Ausschlag*). **ˌret·roˈces·sion** [-ˈseʃn] *s* **1.** a) Zuˈrückgehen *n* (*a. med.*), b) *med.* Nachˈinnenschlagen *n*. **2.** *bes. jur.* ˈWieder-, Rückabtretung *f*. **ˌret·roˈces·sive** [-sɪv] → **retrocedent**.

re·tro·choir [ˈretrəʊˌkwaɪə(r)] *s arch.* Retroˈchorus *m* (*Raum hinter dem Hochaltar*).

ret·ro·fit [ˌretrəʊˈfɪt] **I** *v/t* **1.** nachträglich ausstatten (**with** mit *modernen Einrichtungen*). **2.** *Gebäude etc* moderniˈsieren. **II** *s* **3.** nachträgliche Ausstattung. **4.** Moderniˈsierung *f*.

ret·ro·flect·ed [ˌretrəʊˈflektɪd] → **retroflex** II. **ret·ro·flec·tion** → **retroflexion**. **ˈret·ro·flex I** *v/t u. v/i* **1.** (sich) nach hinten biegen. **2.** *ling.* retroflekˈtieren. **II** *adj* **3.** zuˈrückgebogen. **4.** *ling.* retroflekˈtiert. **ˈret·ro·flexed** → **retroflex** II. **ˌret·roˈflex·ion** *s* Zuˈrückkrümmung *f*, *med.* Retroflexiˈon *f*.

ret·ro·gra·da·tion [ˌretrəʊgrəˈdeɪʃn; *Am. a.* -greɪ-] *s* **1.** → **retrogression** 1. **2.** Zuˈrückgehen *n*. **3.** Rück-, Niedergang *m*.

ret·ro·grade [ˈretrəʊgreɪd] **I** *adj* **1.** *astr. med. zo.* rückläufig: **~ motion** a) *astr.* Rückläufigkeit *f* (*e-s Planeten*), b) *zo.* Krebs(gang) *m*. **2.** a) zuˈrückgehend, rückgängig, -läufig, b) Rückwärts...: **~ movement** Rückwärtsbewegung *f*, *fig.* rückläufige Bewegung (*der Börsenkurse etc*). **3.** rückschrittlich: **~ ideas; ~ step** Rückschritt *m*. **4.** Rückzugs..., ˈhinhaltend: **~ action**. **5.** ˈumgekehrt: **~ order**. **II** *adv* **6.** (nach) rückwärts, zuˈrück. **III** *v/i* **7.** a) rückläufig sein, b) zuˈrückgehen (*a. mil. u. fig.*). **8.** rückwärts schreiten. **9.** *bes. biol.* entarten. **IV** *s* **10.** Degeneˈrierte(r *m*) *f*. **11.** → **retrogression**.

ret·ro·gress [ˌretrəʊˈgres] *v/i* zuˈrückgehen (*a. fig.*). **ˌret·roˈgres·sion** [-ʃn] *s* **1.** *astr.* rückläufige Bewegung. **2.** *bes. biol.* a) Rückentwicklung *f*, b) Degeneratiˈon *f*. **3.** Rückschritt *m*. **4.** Rückgang *m*. **5.** *mus.* Krebs *m*. **ˌret·roˈgres·sive** [-sɪv] *adj* (*adv* **~ly**) **1.** *bes. biol.* rückschreitend: **~ metamorphosis** *biol.*

Rückbildung *f.* **2.** nach rückwärts gerichtet. **3.** *fig.* a) rückschrittlich, b) zuˈrückgehend.

ˈret·roˌrock·et [ˈretrəʊ-] *s Raumfahrt*: ˈBremsraˌkete *f.*

ret·ro·spect [ˈretrəʊspekt] *s* Rückblick *m*, -schau *f* (**of, on** auf *acc*): **in (the)** ~ rückschauend, im Rückblick. **ˌret·roˈspec·tion** [-kʃn] *s* **1.** Erinnerung *f.* **2.** → retrospect. **3.** Zuˈrückblicken *n*, -schauen *n*. **ˌret·roˈspec·tive** *adj* (*adv* ~**ly**) **1.** (zu)ˈrückblickend, -schauend, retrospekˈtiv. **2.** nach rückwärts *od.* hinten (gerichtet). **3.** *jur.* rückwirkend.

ret·rous·sé [rəˈtruːseɪ; *Am. a.* rəˌtruːˈseɪ] *adj* nach oben gebogen: ~ **nose** Stupsnase *f.*

ˌret·roˈver·sion [ˌretrəʊ-] *s* **1.** a) Rückwendung *f*, b) Rückschau *f.* **2.** *med.* Retroversiˈon *f*, Rückwärtsneigung *f* (*des Uterus*). **3.** *ling.* ˈRückküberˌsetzung *f.* **4.** *fig.* ˈUmkehr *f*, Rückfall *m.* **ˌret·roˈvert·ed** *adj med.* rückwärts geneigt (*Uterus*).

re·try [ˌriːˈtraɪ] *v/t jur.* **1.** *e-n Prozeß* erneut verhandeln. **2.** neu verhandeln gegen *j-n*.

ret·si·na [retˈsiːnə] *s* Retˈsina *m* (*geharzter griechischer Weißwein*).

ret·ter·y [ˈretərɪ] *s tech.* (Flachs)Rösteˈrei *f.*

re·turn [rɪˈtɜːn; *Am.* rɪˈtɜrn] **I** *v/i* **1.** zuˈrückkehren, -kommen (**to** zu, nach), ˈwiederkommen, -kehren (*a. fig.*), *fig.* wiederˈauftreten (*Krankheit etc*): **to** ~ **to** *fig.* a) auf *ein Thema* zurückkommen: **to** ~ **to a subject**, b) auf *ein Vorhaben* zurückkommen: **to** ~ **to a project**, c) in *e-e Gewohnheit etc* zurückfallen, zurückkehren zu: **to** ~ **to one's old habits**, d) in *e-n Zustand* zurückkehren, zu *Staub etc* werden: **to** ~ **to dust**; **to** ~ **to health** wieder gesund werden; **normal life was** ~**ing to the capital** in der Hauptstadt kehrte wieder das normale Leben ein. **2.** zuˈrückfallen (**to** an *acc*) (*Besitz*). **3.** erwidern, antworten.

II *v/t* **4.** erwidern: **to** ~ **greetings (a kindness, s.o.'s love, a salute, a visit)**; **to** ~ **fire** *mil.* das Feuer erwidern; **to** ~ **thanks** a) danken, b) (dem Herrn) danken (*das Tischgebet sprechen*). **5.** vergelten: **to** ~ **like for like** Gleiches mit Gleichem vergelten. **6.** zuˈrückgeben (**to** *dat*): **to** ~ **a look** e-n Blick erwidern. **7.** *Geld* zuˈrückzahlen, -erstatten, -geben. **8.** zuˈrückschicken, -senden: ~**ed letter** unzustellbarer Brief. **9.** wieder (an s-n Platz) zuˈrückstellen, -bringen, -tun: **to** ~ **a book to its shelf.** **10.** einbringen, (er)bringen, *Gewinn* abwerfen, *Zinsen* tragen: **to** ~ **interest (a profit)**; **to** ~ **a result** ein Ergebnis haben *od.* zeitigen. **11.** *Bericht* erstatten. **12.** *jur.* a) (Vollˈzugs)Bericht erstatten über (*acc*), b) *e-n Gerichtsbefehl* (mit Vollˈzugsbericht) rückvorlegen (**to** *dat*). **13.** *jur.* a) *den Schuldspruch* fällen *od.* aussprechen (*Geschworene*): **to** ~ **the verdict**, b) *j-n schuldig etc* sprechen: **to be** ~**ed guilty** schuldig gesprochen werden. **14.** *ein Votum* abgeben. **15.** (*amtlich*) erklären für *od.* als, *j-n arbeitsunfähig etc* schreiben: **to** ~ **s.o. unfit for work.** **16.** (*bes.* zur Steuerveranlagung) erklären, angeben (**at** mit): **he** ~**ed his income at £5,000.** **17.** (*amtlich*) melden. **18.** *amtliche Liste etc* vorlegen *od.* veröffentlichen: **to** ~ **a list of jurors.** **19.** *pol. Br.* a) *das Wahlergebnis* melden, b) *j-n* als Abgeordneten wählen (**to Parliament** ins Parlaˈment). **20.** ˈumwenden, ˈumkehren. **21.** *Tennis etc*: *Ball* zuˈrückschlagen, -geben, retourˈnieren. **22.** *Echo, Strahlen* zuˈrückwerfen. **23.** *econ.* *e-n Scheck* zuˈrückweisen. **24.** *bes. tech.* zuˈrückführen, -leiten. **25.** *arch.* ˈwiederkehren lassen: a) vorspringen lassen, b) zuˈrücksetzen. **26.** *Kartenspiel*: *Farbe* nachspielen.

III *s* **27.** Rückkehr *f*, -kunft *f*, ˈWiederkehr *f* (*a. fig.*): **by** ~ **(of post)** *Br.* postwendend, umgehend; **on my** ~ bei m-r Rückkehr; **(I wish you) many happy** ~**s of the day** herzlichen Glückwunsch zum Geburtstag. **28.** Wiederˈauftreten *n*: ~ **of cold weather** Kälterückfall *m*. **29.** *bes. Br.* a) Rückfahrkarte *f*, b) *aer.* Rückflugticket *n.* **30.** Rück-, Herˈausgabe *f*: **on sale or** ~ *econ.* in Kommission. **31.** *oft pl* Rücksendung *f* (*a. Ware*): ~**s** a) Rückgut *n*, b) (*Buchhandel*) Remittenden. **32.** zuˈrückgewiesene *od.* zuˈrückgesandte Sache. **33.** *econ.* Rückzahlung *f*, -erstattung *f*: ~ **(of premium)** (*Versicherung*) Ristorno *n*, Prämienrückzahlung. **34.** Entgelt *n*, Gegenleistung *f*, Vergütung *f*, Entschädigung *f*: **in** ~ dagegen, dafür; **in** ~ **for** (als Gegenleistung) für; **without** ~ unentgeltlich. **35.** *oft pl econ.* a) ˈUmsatz *m*: **quick** ~**s** rascher Umsatz, b) Ertrag *m*, Einnahme *f*, Gewinn *m*, Verzinsung *f*: **customs** ~**s** Zollerträge; **to yield** (*od.* **bring**) **a** ~ Nutzen abwerfen, sich rentieren. **36.** Erwiderung *f* (*a. fig. e-s Grußes, der Liebe, e-s Schlages etc*): ~ **of thanks** a) Dank *m*, Danksagung *f*, b) Tischgebet *n.* **37.** (amtlicher) Bericht, (staˈtistischer) Ausweis, Aufstellung *f*: **annual** ~ Jahresbericht, -ausweis; **bank** ~ Bankausweis; **official** ~**s** amtliche Ziffern. **38.** (*Steuer-etc*)Erklärung *f*: **income tax** ~. **39.** *Meinungsforschung*: a) ˈUmfrageergebnis *n*, b) Antwortenrücklauf *m.* **40.** *jur.* a) Rückvorlage *f* (*e-s Vollstreckungsbefehls etc*) (mit Vollˈzugsbericht), b) Vollˈzugsbericht *m* (*des Gerichtsvollziehers etc*), c) Stellungnahme *f.* **41.** *jur.* → **return day.** **42.** *pol.* a) Wahlergebnis *n*, b) *Br.* Einzug *m* (**to Parliament** ins Parlaˈment), Wahl *f* (*e-s Abgeordneten*). **43.** Zuˈrückholen *n*, -bringen *n.* **44.** *tech.* a) Rückführung *f*, -leitung *f*, b) Rücklauf *m*, -kehr *f*, c) *electr.* Rückleitung *f.* **45.** Biegung *f*, Krümmung *f.* **46.** *arch.* a) ˈWiederkehr *f*, b) vorspringender *od.* zuˈrückgesetzter Teil, c) (Seiten)Flügel *m*, d) Kröpfung *f.* **47.** *Tennis etc*: Rückschlag *m*, Reˈturn *m.* **48.** *sport* Rückspiel *n.* **49.** *Kartenspiel*: Nachspielen *n* (*e-r Farbe*). **50.** *pl Br.* (ein) heller, leichter Feinschnitt(tabak).

IV *adj* **51.** Rück...: ~ **cable** *electr.* Rückleitung(skabel *n*) *f*; ~ **cargo** *econ.* Rückfracht *f*, -ladung *f*; ~ **circuit** *electr.* Rücklaufschaltung *f*; ~ **copies** (*Buchhandel*) Remittenden; ~ **current** *electr.* Rückstrom *m*; ~ **game** *sport* Rückspiel *n*; ~ **journey** Rückreise *f*; **by** ~ **mail** *Am.* postwendend, umgehend; ~ **match** *sport* Rückspiel *n*; ~ **postage** Rückporto *n*; ~ **pulley** *tech.* Umlenkrolle *f*; ~ **spring** Rückholfeder *f*; ~ **ticket** *bes. Br.* a) Rückfahrkarte *f*, b) *aer.* Rückflugticket *n*; ~ **valve** *tech.* Rückschlagventil *n*; ~ **visit** Gegenbesuch *m*; ~ **wire** *electr.* Rückleiter *m.* **52.** zuˈrückgebogen: ~ **bend** a) *tech.* U-Röhre *f*, b) Haarnadelkurve *f* (*e-r Straße*).

reˈturn·a·ble *adj* **1.** *jur. etc* wieder zuzustellen(d), (mit Bericht) einzusenden(d). **2.** zuˈrückzugeben(d). **3.** *econ.* rückzahlbar.

re·turn day *s jur.* Verˈhandlungsterˌmin *m.*

reˈturn·ing| board *s pol. Am.* Wahlausschuß *m.* ~ **of·fi·cer** *s pol. Br.* Wahlleiter *m.*

re·u·ni·fi·ca·tion [ˌriːjuːnɪfɪˈkeɪʃn] *s pol.* ˈWiedervereinigung *f.* **ˌreˈu·ni·fy** [-faɪ] *v/t* ˈwiedervereinigen.

re·un·ion [ˌriːˈjuːnjən] *s* **1.** *a. med. phys. pol.* ˈWiedervereinigung *f.* **2.** *fig.* Versöhnung *f.* **3.** Treffen *n*, Zs.-kunft *f*, ˈWiedersehen(sfeier *f*) *n*: **family** ~ Familientreffen *n.*

Re·un·ion·ism [ˌriːˈjuːnjənɪzəm] *s auf Wiedervereinigung mit der römisch-katholischen Kirche gerichtete Bewegung in der englischen Staatskirche.*

re·u·nite [ˌriːjuːˈnaɪt] **I** *v/t Familie etc* wieder vereinigen. **II** *v/i* sich wieder vereinigen.

re-up [ˌriːˈʌp] *v/i mil. Am. sl.* sich weiter- *od.* ˈwiederverpflichten.

re·us·a·ble [ˌriːˈjuːzəbl] *adj* ˈwiederverwendbar. **re·use I** *v/t* [ˌriːˈjuːz] ˈwiederverwenden. **II** *s* [-ˈjuːs] ˈWiederverwendung *f.*

rev [rev] *mot. colloq.* **I** *s* **1.** Umˈdrehung *f*: ~**s per minute** Umdrehungen pro Minute, Dreh-, Tourenzahl *f*; ~ **counter** Drehzahlmesser *m*, Tourenzähler *m.* **II** *v/t* **2.** *meist* ~ **up** *Motor* ‚hochjagen', auf Touren bringen. **3.** ~ **down** *Motor* herˈuntertouren, drosseln. **III** *v/i* **4.** laufen, auf Touren sein (*Motor*): **to** ~ **up** a) auf Touren kommen (*Motor*), b) aufdrehen, den Motor ‚hochjagen' *od.* auf Touren bringen.

re·vac·ci·nate [ˌriːˈvæksɪneɪt] *v/t med.* ˈwieder-, nachimpfen.

re·val·or·i·za·tion [ˈriːˌvælərаɪˈzeɪʃn; *Am.* -rəˈz-] *s econ.* (Geld)Aufwertung *f.* **reˈval·or·ize** *v/t* aufwerten.

re·val·u·ate [ˌriːˈvæljʊeɪt; *Am.* -jəˌweɪt] *v/t econ. bes. Am.* **1.** neu bewerten *od.* einschätzen. **2.** ~ **(upward)** *Währung* aufwerten. **ˈreˌval·uˈa·tion** *s* **1.** Neubewertung *f*, Neueinschätzung *f.* **2.** Aufwertung *f.*

re·val·ue [ˌriːˈvæljuː] *v/t econ.* **1.** neu bewerten *od.* einschätzen. **2.** ~ **(upward)** *Währung* aufwerten.

re·vamp [ˌriːˈvæmp] *v/t colloq. Haus etc* ‚aufmöbeln', *Theaterstück etc* ‚ˈaufpoˌlieren', *Firma etc* ‚auf Vordermann bringen'.

re·vanch·ism [rɪˈvæntʃɪzəm; *Am.* -ˈvɑːnʃ-] *s pol.* Revanˈchismus *m.* **reˈvanch·ist I** *adj* revanˈchistisch. **II** *s* Revanˈchist *m.*

re·veal [rɪˈviːl] **I** *v/t* **1.** *relig. u. fig.* offenˈbaren (**to** *dat*): ~**ed religion** Offenbarungsreligion *f.* **2.** a) enthüllen, zeigen (*a. fig. erkennen lassen*) (**to** *dat*): **to** ~ **s.o. as** (*od.* **to be**) **s.th.** j-n als etwas erkennen lassen, b) zeigen, sehen lassen (*Kleid etc*): **her dress** ~**s nearly everything** *a.* ihr Kleid ist sehr offenherzig. **3.** *fig. ein Geheimnis etc* enthüllen, aufdecken, verraten (**to** *dat*): **to** ~ **a secret.** **II** *s* **4.** *tech.* a) (innere) Laibung (*e-r Tür etc*), b) Einfassung *f*, c) (Fenster)Rahmen *m* (*e-s Autos*). **reˈveal·a·ble** *adj* enthüllbar, mitteilbar. **reˈveal·ing** *adj* (*adv* ~**ly**) **1.** enthüllend, aufschlußreich. **2.** offenherzig (*Kleid etc*).

re·veil·le [rɪˈvælɪ; *Am.* ˈrevəliː] *s mil.* (Siˈgnal *n* zum) Wecken *n.*

rev·el [ˈrevl] **I** *v/i pret u. pp* **-eled,** *bes. Br.* **-elled 1.** (lärmend) feiern, ausgelassen sein. **2.** **(in)** *fig.* a) schwelgen (in *dat*): **to** ~ **in doing s.th.** sein größtes Vergnügen daran haben, etwas zu tun; etwas mit wahrem Vergnügen tun; **to** ~ **in one's freedom** s-e Freiheit in vollen Zügen genießen, b) sich weiden *od.* ergötzen (an *dat*): **to** ~ **in s.o.'s misfortune.** **II** *s* **3.** *oft pl* → **revelry.**

rev·e·la·tion [ˌrevəˈleɪʃn] *s* **1.** Enthüllung *f*, Offenˈbarung *f*: **it was a** ~ **to me** das hat mir die Augen geöffnet; **it was a** ~ **to me when** als ..., gingen mir plötzlich die Augen auf; **what a** ~**!** ach so ist das! **2.** *relig.* (*göttliche*) Offenˈbarung: **the**

R~(s), The R~ of St. John (the Divine) *Bibl.* die (Geheime) Offenbarung des Johannes, die Offenbarung. **3.** *colloq.* (*e-e*) ‚Offenˈbarung' (*etwas Ausgezeichnetes*) (**to s.o.** j-m *od.* für j-n). **ˌrev·eˈla·tion·al** [-ʃənl] *adj* Offenbarungs...

rev·el·er, *bes. Br.* **rev·el·ler** [ˈrevlə(r)] *s* **1.** Feiernde(r *m*) *f.* **2.** ‚Nachtschwärmer (-in)'.

rev·el·ry [ˈrevlrɪ] *s* **1.** lärmende Festlichkeit. **2.** Jubel *m*, Trubel *m*.

rev·e·nant [ˈrevənənt] *s* **1.** (*nach langer Abwesenheit*) Zuˈrückgekehrte(r *m*) *f.* **2.** Geist *m* (*e-s Verstorbenen*).

re·ven·di·ca·tion [rɪˌvendɪˈkeɪʃn] *s* **1.** *jur.* a) dingliche Klage, b) Klage *f* auf Herˈausgabe (*e-s noch unbezahlten Kaufobjekts*). **2.** Zuˈrückgewinnung *f*.

re·venge [rɪˈvendʒ] **I** *v/t* **1.** *etwas, a. j-n* rächen. **2. to be ~d (on s.o. for s.th.), to ~ o.s. (on s.o. for s.th.)** sich (an j-m für etwas) rächen. **II** *s* **3.** Rache *f*: **out of ~** aus Rache; **in** (*od.* **out of**) **~ (for)** als Rache (für); **to get** (*od.* **take**) **one's ~** sich rächen, Rache nehmen (→ 4); **to take one's ~ on s.o. (for s.th.)** sich an j-m (für etwas) rächen; **to have** (*od.* **get**) **one's ~ (on s.o.) for s.th.** sich (an j-m) für etwas rächen. **4.** *bes. sport, Spiel*: Reˈvanche *f*: **to give s.o. his ~** j-m Revanche geben; **to get** (*od.* **take**) **one's ~** sich revanchieren, Revanche nehmen (→ 3). **5.** Rachsucht *f*, Rachgier *f*. **reˈvenge·ful** *adj* (*adv* **~ly**) rachsüchtig: **~ thoughts** Rachegedanken. **reˈvenge·ful·ness** → **revenge** 5. **reˈveng·er** *s* Rächer(in).

rev·e·nue [ˈrevənjuː; *Am. a.* -ˌnuː] *s econ.* **1.** Staatseinkünfte *pl*, -einnahmen *pl*: → **inland** 5, **internal revenue. 2.** a) Fiˈnanzverwaltung *f*, b) Fiskus *m*: **~ board** (*od.* **office**) Finanzamt *n*; → **defraud. 3.** *pl* Einnahmen *pl*, Einkünfte *pl*. **4.** Kapiˈtalrente *f*, Einkommen *n*, Rente *f*. **5.** Ertrag *m*, Nutzung *f*. **6.** Einkommensquelle *f*. **~cut·ter** *s mar.* Zollkutter *m*. **~ du·ty** *s* Fiˈnanzzoll *m*. **~ ex·pen·di·ture** *s econ.* Kapiˈtalaufwand *m* zum Ersatz verbrauchter Waren. **~ in·ves·ti·ga·tor** *s* Steuerfahnder *m*. **~ man** *s irr*, **~ of·fi·cer** *s* Zollbeamte(r) *m*.

ˈrev·eˌnu·er *s Am. colloq.* **1.** Zollbeamte(r) *m*. **2.** *mar.* Zollkutter *m*.

rev·e·nue| stamp *s econ.* Bandeˈrole *f*, Steuermarke *f*. **~ tar·iff** *s* Fiˈnanzzoll *m*.

re·ver·ber·ant [rɪˈvɜːbərənt; *Am.* -ˈvɜr-] *adj poet. u. phys.* nach-, ˈwiderhallend: **~ sound level** (*Akustik*) Nachhallpegel *m*. **reˈver·ber·ate** [-reɪt] **I** *v/i* **1.** *phys.* a) zuˈrückstrahlen, b) *Akustik*: nach-, ˈwiderhallen. **II** *v/t* **2.** *phys.* zuˈrückwerfen: **to ~ heat (light, sound, etc). 3.** *metall.* reverbeˈrieren. **reˌver·berˈa·tion** *s* **1.** ˈWider-, Nachhall *m*: **~ time** (*Akustik*) Nachhallzeit *f*. **2.** a) Zuˈrückwerfen *n*, -strahlen *n*, b) Rückstrahlung *f*. **3.** *metall.* Reverbeˈrieren *n*. **reˈver·ber·a·tor** [-tə(r)] *s tech.* **1.** Reflektor *m*. **2.** Scheinwerfer *m*. **reˈver·ber·a·to·ry** [-rətərɪ; *Am.* -rəˌtəʊriː; -ˌtɔː-] **I** *adj* **1.** *tech.* Reverberier... **2.** zuˈrückgeworfen. **II** *s* **3.** *a.* **~ furnace** *metall.* Flammofen *m*.

re·vere [rɪˈvɪə(r)] *v/t* (ver)ehren.

rev·er·ence [ˈrevərəns] **I** *s* **1.** Verehrung *f* (**for** für *od. gen*): **to hold** (*od.* **have**) **in (great) ~** (hoch) verehren; **to pay ~ to s.o.** j-m Verehrung zollen. **2.** Ehrfurcht *f* (**for** vor *dat*). **3.** Ehrerbietung *f*. **4.** *obs.* Reveˈrenz *f*: a) Verbeugung *f*, b) Knicks *m*. **5. Your (His) R~** *dial. od. humor.* Euer (Seine) Ehrwürden. **II** *v/t* **6.** (ver-)ehren. **ˈrev·er·end I** *adj* **1.** ehrwürdig. **2. R~** *relig.* ehr-, hochwürdig (*im Titel der englischen Geistlichen*): **Very R~** (*im Titel e-s Dekans*); **Right R~** (*Bischof*); **Most R~** (*Erzbischof*); **R~ Mother** Mutter *f* Oberin. **II** *s* **3.** Geistliche(r) *m*.

rev·er·ent [ˈrevərənt] *adj* (*adv* **~ly**), **ˌrev·erˈen·tial** [-ˈrenʃl] *adj* (*adv* **~ly**) ehrfürchtig, ehrfurchtsvoll, ehrerbietig.

rev·er·ie [ˈrevərɪ] *s* **1.** (Tag)Träumeˈrei *f*: **to fall into a ~** ins Träumen kommen; **to be lost in ~** sich in Träumereien verlieren. **2.** *mus.* Träumeˈrei *f* (*Titel*).

re·vers [rɪˈvɪə(r); rɪˈveə(r)] *pl* **reˈvers** [-z] *s* Reˈvers *n, m* (*am Mantel etc*).

re·ver·sal [rɪˈvɜːsl; *Am.* rɪˈvɜrsəl] *s* **1.** ˈUmkehr(ung) *f*, ˈUmschwung *m*, ˈUmschlag *m*: **~ of opinion** Meinungsumschwung. **2.** *jur.* (Urteils)Aufhebung *f*, ˈUmstoßung *f*. **3.** *econ.* Storˈnierung *f*. **4.** *opt. phot.* ˈUmkehrung *f*: **~ finder** Umkehrsucher *m*; **~ film** Umkehrfilm *m*; **~ process** Umkehrentwicklung *f*. **5.** *tech.* ˈUmsteuerung *f*. **6.** *electr.* (ˈStrom)ˌUmkehr *f*: **~ of polarity** Umpolung *f*.

re·verse [rɪˈvɜːs; *Am.* rɪˈvɜrs] **I** *adj* (*adv* **~ly**) **1.** ˈumgekehrt, verkehrt, entgegengesetzt (**to** *dat*): **~-charge call** *teleph. Br.* R-Gespräch *n*; **~ commuting** Pendeln *n* von der Wohnung in der Innenstadt zum Arbeitsplatz an der Peripherie; **~ current** *electr.* Gegen-, Sperrstrom *m*; **~ discrimination** Diskriminierung *f* e-r Mehrheitsgruppe; **~ flying** *aer.* Rückenflug *m*; **in ~ order** in umgekehrter Reihenfolge; **~ power** *electr.* Rückleistung *f*; **~ rotation** *tech.* Gegendrehung *f*; **~ side** a) Rück-, Kehrseite *f*, b) linke (Stoff)Seite. **2.** rückläufig, Rückwärts...: **~ curve** *rail.* S-Kurve *f*; **~ gear** → 8; **~ lever** *tech.* Umsteuerungshebel *m*; **~ motion** *tech.* a) Rückwärtsgang *m*, b) Rückwärtsbewegung *f*, c) Rücklauf *m*. **3.** Rücken...: **~ fire** *mil.* Rückenfeuer *n*.
II *s* **4.** Gegenteil *n*, (*das*) ˈUmgekehrte: **the case is quite the ~** der Fall liegt gerade umgekehrt; **she was the ~ of polite** sie war alles andere als höflich. **5.** Rückschlag *m*: **~ of fortune** Schicksalsschlag *m*. **6.** *mil.* Niederlage *f*, Schlappe *f*. **7.** a) Rückseite *f*, b) *bes. fig.* Kehrseite *f*: **~ of a coin** Rückseite *od.* Revers *m* e-r Münze; **on the ~** umstehend; **to take in ~** *mil. den Feind* im Rücken packen; → **medal. 8.** *mot.* Rückwärtsgang *m*: **to put the car into ~, to change into ~** den Rückwärtsgang einlegen. **9.** *tech.* ˈUmsteuerung *f*.
III *v/t* **10.** ˈumkehren (*a. electr. math. phot.*; *a. fig.*), ˈumwenden: **to ~ the order of things** die Weltordnung auf den Kopf stellen; **to ~ the charge(s)** *teleph. Br.* ein R-Gespräch führen; **~d-charge call** *teleph. Br.* R-Gespräch *n*. **11.** *fig. s-e Politik* (ganz) ˈumstellen, *s-e Meinung etc* (völlig) ändern *od.* reviˈdieren: **to ~ one's policy (opinion). 12.** *jur. ein Urteil* ˈumstoßen, aufheben. **13.** *tech.* im Rückwärtsgang *od.* rückwärts fahren (lassen): **to ~ one's car out of the garage** rückwärts aus der Garage fahren. **14.** *electr.* a) *a.* **~ the polarity** ˈumpolen, b) ˈumsteuern, *ein Relais* ˈumlegen. **15.** *econ.* storˈnieren.
IV *v/i* **16.** (*beim Walzer*) ˈlinksherˌum tanzen. **17.** rückwärts fahren *od.* laufen: **to ~ into the garage** rückwärts in die Garage fahren. **reˈvers·er** *s electr.* ˈUmkehr-, Wendeschalter *m*.

re·vers·i·bil·i·ty [rɪˌvɜːsəˈbɪlətɪ; *Am.* -ˌvɜr-] *s* ˈUmkehrbarkeit *f*, Reversibiliˈtät *f*. **reˈvers·i·ble I** *adj* (*adv* **reversibly**) **1.** *a. chem. math. phys.* ˈumkehrbar, reverˈsibel: **~ film** *phot.* Umkehrfilm *m*. **2.** reverˈsibel: a) doppelseitig, wendbar: **~ cloth**, b) doppelseitig tragbar: **~ coat** → 5 b. **3.** *tech.* ˈumsteuerbar. **4.** *jur.* ˈumstoßbar. **II** *s* **5.** a) doppelseitig tragbares Kleidungsstück, b) Wendemantel *m*.

reˈvers·ing *adj phys. tech.* Umkehr..., Umsteuerungs...: **~ gear** *tech.* a) Umsteuerung *f*, b) Wendegetriebe *n*, c) Rückwärtsgang *m*; **~ light** *mot.* Rückfahrscheinwerfer *m*; **~ pole** *electr.* Wendepol *m*; **~ switch** → **reverser.**

re·ver·sion [rɪˈvɜːʃn; *Am.* rɪˈvɜrʒən; -ʃən] *s* **1.** *a. math.* ˈUmkehrung *f*. **2.** *jur.* a) Heim-, Rückfall *m*, b) *a.* **right of ~** Heimfallsrecht *n*: **estate in ~** mit e-m Heimfallsrecht belastetes Vermögen. **3.** *jur.* a) Anwartschaft *f* (**of** auf *acc*), b) Anwartschaftsrente *f*. **4.** *econ.* Versicherungssumme *f* (*e-r Lebensversicherung im Todesfall*). **5.** *biol.* a) Rückartung *f*, b) Ataˈvismus *m*. **6.** *electr.* ˈUmpolung *f*. **7.** *electr. tech.* ˈUmsteuerung *f*. **reˈver·sion·al** [-ʃənl] → **reversionary. reˈver·sion·ar·y** [-ʃnərɪ; *Am.* -ʒəˌneriː; -ʃə-] *adj* **1.** *jur.* anwartschaftlich, Anwartschafts...: **~ annuity** Rente *f* auf den Überlebensfall; **~ heir** Nacherbe *m*. **2.** *biol.* ataˈvistisch. **reˈver·sion·er** *s jur.* **1.** Anwärter(in). **2.** Inhaber(in) e-s Heimfallrechts. **3.** Nacherbe *m*.

re·vert [rɪˈvɜːt; *Am.* rɪˈvɜrt] **I** *v/i* **1.** zuˈrückkehren (**to** zu *s-m Glauben etc*): **he ~ed to type** *fig.* der ‚alte Adam' ist bei ihm wieder durchgebrochen. **2.** zuˈrückkommen (**to** auf *acc*): **to ~ to a letter (a topic). 3.** wieder zuˈrückfallen (**to** in *acc*): **to ~ to barbarism. 4.** *jur.* zuˈrück-, heimfallen (**to s.o.** an j-n). **5.** *biol.* zuˈrückschlagen (**to** zu). **II** *v/t* **6.** *den Blick* (zuˈrück)wenden. **III** *s* **7.** *relig.* ˈWiederbekehrte(r *m*) *f*. **reˈvert·i·ble** *adj jur.* heimfällig.

re·vet [rɪˈvet] *v/t tech. mit Mauerwerk etc* verkleiden, füttern. **reˈvet·ment** *s* **1.** *tech.* Befestigung *f*, Verkleidung *f*, Futtermauer *f* (*e-s Ufers etc*). **2.** *mil.* a) Splitterschutzwand *f*, b) *aer.* Schutz-, Splitterboxe *f*.

re·view [rɪˈvjuː] **I** *s* **1.** (Buch)Besprechung *f*, Kriˈtik *f*, Rezensiˈon *f*: **~ copy** Rezensionsexemplar *n*. **2.** Rundschau *f*, (kritische) Zeitschrift. **3.** Nachprüfung *f*, (Über)ˈPrüfung *f*, Revisiˈon *f*: **court of ~** *jur.* Rechtsmittelgericht *n*; **to be under ~** überprüft werden. **4.** *mil.* Paˈrade *f*, Truppenschau *f*: **naval ~** *mar.* Flottenparade; **~ order** a) Paradeanzug *m u.* -ordnung *f*, b) *fig.* Gala *f*, ‚voller Wichs'; **to pass in ~** a) mustern, b) (vorbei)defilieren (lassen) (→ 5). **5.** Rückblick *m*, -schau *f* (**of** auf *acc*): **to pass in ~** a) Rückschau halten auf (*acc*), b) (*im Geiste*) Revue passieren lassen (→ 4). **6.** *ped.* Wiederˈholung *f*, Repetitiˈon *f* (*e-r Lektion*). **7.** Bericht *m*, ˈÜbersicht *f*, -blick *m* (**of** über *acc*): **market ~** *econ.* Markt-, Börsenbericht; **month under ~** Berichtsmonat *m*. **8.** ˈDurchsicht *f*. **9.** *thea.* → **revue. II** *v/t* **10.** (über)ˈprüfen, nachprüfen, e-r Revisiˈon unterˈziehen: **to ~ a case** *jur.* e-n Prozeß im Wege der Revision überprüfen; **in ~ing our books** *econ.* bei Durchsicht unserer Bücher. **11.** *ped.* wiederˈholen, repeˈtieren. **12.** *mil.* besichtigen, inspiˈzieren, mustern: **to ~ troops. 13.** *fig.* zuˈrückblicken auf (*acc*): **to ~ one's life. 14.** *fig.* überˈblicken, -ˈschauen: **to ~ the situation. 15.** e-n ˈÜberblick geben über (*acc*). **16.** besprechen, rezenˈsieren: **to ~ a book.**

re·view·a·ble [rɪˈvjuːəbl] *adj* **1.** zu besprechen(d). **2.** zu überˈprüfen(d). **3.** *jur.* im Wege der Berufung *od.* Revisiˈon anfechtbar. **reˈview·al** → **review** 1, 3, 7. **reˈview·er** *s* Kritiker(in), Rezenˈsent(in): **~'s copy** Rezensionsexemplar *n*.

re·vile [rɪˈvaɪl] *v/t u. v/i*: **to ~ (at** *od.* **against) s.th.** etwas schmähen *od.* verunglimpfen. **reˈvile·ment** *s* Schmähung *f*, Verunglimpfung *f*.

re·vin·di·cate [ˌriːˈvɪndɪkeɪt] *v/t bes. jur.* zuˈrückfordern (u. -nehmen).

re·vis·a·ble [rɪˈvaɪzəbl] *adj* zu überˈprüfen(d), zu reviˈdieren(d). **reˈvis·al** *s* **1.** (Nach)Prüfung *f*. **2.** (nochmalige) ˈDurchsicht. **3.** *print.* zweite Korrekˈtur.

reˈvise I *v/t* **1.** reviˈdieren: a) *s-e Ansicht* ändern, b) *ein Buch etc* überˈarbeiten (u. verbessern): **~d edition** verbesserte Auflage; **R~d Version** *verbesserte britische Bibelausgabe* (*1885*); **R~d Standard Version** *verbesserte amerikanische Bibelausgabe* (*1953*), c) *print.* in zweiter Korrekˈtur lesen. **2.** überˈprüfen, (wieder) ˈdurchsehen. **3.** *ped. Br. Stoff* (*bes.* für e-e Prüfung) wiederˈholen. **II** *v/i* **4.** *ped. Br.* (den Stoff) (*bes.* für e-e Prüfung) wiederˈholen. **III** *s* **5.** *a.* **~ proof** *print.* Revisiˈonsbogen *m*, Korrekˈturabzug *m*. **6.** → **revision**. **reˈvis·er** *s* **1.** *print.* Korˈrektor *m*. **2. the ~s** *pl* die Bearbeiter *pl* der **Revised Version**.

re·vi·sion [rɪˈvɪʒn] *s* **1.** Revisiˈon *f*: a) ˈDurchsicht *f*, Überˈprüfung *f*, b) Überˈarbeitung *f*, c) Korrekˈtur *f*. **2.** *print.* verbesserte Ausgabe *od.* Auflage. **3.** *ped. Br.* (ˈStoff)Wiederˌholung *f* (*bes.* für e-e Prüfung). **reˈvi·sion·ism** *s pol.* Revisioˈnismus *m*. **reˈvi·sion·ist I** *s* Revisioˈnist *m*. **II** *adj* revisioˈnistisch.

re·vis·it [ˌriːˈvɪzɪt] *v/t* nochmals *od.* wieder besuchen.

re·vi·tal·ize [ˌriːˈvaɪtəlaɪz] *v/t* neu beleben, ˈwiederbeleben.

re·viv·al [rɪˈvaɪvl] *s* **1.** ˈWiederbelebung *f* (*a. jur. von Rechten*), *econ.* Saˈnierung *f* (*e-s Unternehmens etc*): **~ of rights (of a business)**; **~ of architecture, Gothic ~** Neugotik *f*; **R~ of Learning** (*od.* **Letters** *od.* **Literature**) *hist.* (*der*) Humanismus. **2.** Wiederˈaufgreifen *n* (*e-s veralteten Wortes etc*), *thea.* Wiederˈaufnahme *f* (*e-s vergessenen Stückes*): **~ of an obsolete word (of a play)**. **3.** Wiederˈaufleben *n*, -ˈaufblühen *n*, Erneuerung *f*. **4.** *relig.* (*bes. USA*) a) *a.* **~ of religion** (religiˈöse) Erweckung, b) *a.* **~ meeting** Erwekkungsversammlung *f*. **5.** *jur.* Wiederinˈkrafttreten *n*. **reˈviv·al·ism** *s* **1.** (*bes. USA*) a) (religiˈöse) Erweckungsbewegung, Evangelisatiˈon *f*, b) Erweckungseifer *m*. **2.** *Neigung, Vergangenes wiederzubeleben*. **reˈviv·al·ist** *s relig.* (*bes. USA*) Erweckungsprediger *m*, Evangeˈlist *m*.

re·vive [rɪˈvaɪv] **I** *v/t* **1.** ˈwiederbeleben (*a. jur. Rechte*), *econ. Unternehmen etc* saˈnieren. **2.** wiederˈaufleben lassen: **to ~ a claim (custom, feeling, memory, quarrel,** *etc*). **3.** *e-n Vertrag etc* erneuern. **4.** wiederˈherstellen: **to ~ justice**. **5.** wiederˈaufgreifen: **to ~ a topic; to ~ an old play** ein altes Stück wieder auf die Bühne bringen *od.* wiederaufnehmen. **6.** wiederˈeinführen. **7.** erquicken. **8.** wieder in Kraft treten lassen. **9.** *metall.* frischen. **II** *v/i* **10.** wieder (zum Leben) erwachen. **11.** das Bewußtsein ˈwiedererlangen. **12.** *fig.* ˈwiedererwachen, wiederˈaufleben (*a. jur. Rechte*): **hope ~d in her**. **13.** *bes. econ.* sich erholen. **14.** wiederˈaufblühen. **15.** *fig.* wiederˈaufkommen: **a practice ~s**. **16.** *jur.* wieder in Kraft treten. **reˈviv·er** *s* **1.** *tech.* Auffrischungs-, Reaktiˈvierungsmittel *n*. **2.** *sl.* (alkoˈholische) Stärkung.

re·viv·i·fi·ca·tion [riːˌvɪvɪfɪˈkeɪʃn] *s* **1.** → **revival** 1 *u.* 3. **2.** *chem. tech.* a) erneute Aktiˈvierung (*e-s Katalysators etc*), b) Reduktiˈon *f* (*e-s Metalles*). **reˈviv·i·fy** [-faɪ] **I** *v/t* **1.** ˈwiederbeleben. **2.** *fig.* wiederˈaufleben lassen, neu beleben. **3.** *chem.* a) *Reagenzien etc* reinigen, b) *Metalloxyd* frischen. **II** *v/i* **4.** *chem.* (*als Reagenz*) wieder wirksam werden.

rev·i·vis·cence [ˌrevɪˈvɪsns; *bes. Am.* ˌriːvaɪ-] *s* **1.** → **revival** 1 *u.* 3. **2.** Wiederˈaufflackern *n* (*e-r Krankheit etc*). **ˌrev·iˈvis·cent** *adj* wiederˈauflebend, wieder leˈbendig (*a. fig.*).

re·vi·vor [rɪˈvaɪvə] *s jur. Br.* Wiederˈaufnahmeverfahren *n*.

rev·o·ca·ble [ˈrevəkəbl] *adj* (*adv* **revocably**) widerˈruflich. **ˌrev·oˈca·tion** [-ˈkeɪʃn] *s jur.* Aufhebung *f*, ˈWiderruf *m*: **~ of licence** Lizenzentzug *m*. **ˈrev·o·ca·to·ry** [-kətərɪ; *Am.* -kəˌtəʊriː; -ˌtɔː-] *adj bes. jur.* widerˈrufend, Widerrufungs...

re·voke [rɪˈvəʊk] **I** *v/t* **1.** widerˈrufen, zuˈrücknehmen, rückgängig machen, *a. Haftbefehl etc* aufheben. **II** *v/i* **2.** widerˈrufen. **3.** *Kartenspiel*: nicht bedienen. **III** *s* **4.** *Kartenspiel*: Nichtbedienen *n*.

re·volt [rɪˈvəʊlt] **I** *s* **1.** Reˈvolte *f*, Aufruhr *m*, Aufstand *m*, Emˈpörung *f*: **to break out in ~** sich erheben. **2.** (innere) Emˈpörung, Abscheu *m*, *f*: **in ~** voller Empörung *od.* Abscheu. **II** *v/i* **3.** a) *fig.* revolˈtieren, sich emˈpören, sich auflehnen (**against** gegen), b) abfallen (**from** von). **4.** *fig.* emˈpört sein (at über *acc*), ˈWiderwillen empfinden (**at** bei, gegen), sich sträuben *od.* emˈpören (**against, at, from** gegen). **III** *v/t* **5.** *fig.* emˈpören, mit Abscheu erfüllen, abstoßen: **to be ~ed** → 4. **reˈvolt·ed** *adj* **1.** aufständisch, revoltierend. **2.** emˈpört. **reˈvolt·er** *s* Reˈbell(in), Aufständische(r *m*) *f*. **reˈvolt·ing** *adj* (*adv* **~ly**) **1.** *fig.* emˈpörend, abstoßend. **2.** *colloq.* scheußlich (*Kleid etc*), widerlich.

rev·o·lute [ˈrevəluːt] *adj bes. bot.* zuˈrückgerollt.

rev·o·lu·tion [ˌrevəˈluːʃn] *s* **1.** ˈUmwälzung *f*, Umˈdrehung *f*. **2.** *astr.* a) Kreislauf *m* (*a. fig. des Jahres etc*), b) Umˈdrehung *f*, c) ˈUmlauf(zeit *f*) *m*. **3.** *tech.* a) ˈUmlauf *m*, Rotatiˈon *f* (*e-r Maschine etc*), b) Umˈdrehung *f*: **~s per minute** Umdrehungen pro Minute, Dreh-, Tourenzahl *f*; **~ counter** Drehzahlmesser *m*, Tourenzähler *m*. **4.** *fig.* Revolutiˈon *f*: a) ˈUmwälzung *f*, ˈUmschwung *m*, radiˈkale (Ver)Änderung, b) *pol.* ˈUmsturz *m*. **ˌrev·oˈlu·tion·ar·y** [-ʃnərɪ; *Am.* -ʃəˌneriː] **I** *adj* revolutioˈnär: a) *pol.* Revolutions..., Umsturz..., b) ˈumwälzend, eˈpochemachend: **a ~ idea**. **II** *s pol. u. fig.* Revolutioˈnär(in). **ˌrev·oˈlu·tion·ist** → **revolutionary**. **ˌrev·oˈlu·tion·ize** *v/t* **1.** *ein Volk etc* aufwiegeln, in Aufruhr bringen. **2.** *e-n Staat* revolutioˈnieren. **3.** *fig.* revolutioˈnieren, von Grund auf ˈumgestalten.

re·volv·a·ble [rɪˈvɒlvəbl; *Am. a.* -ˈvɑl-] *adj* drehbar.

re·volve [rɪˈvɒlv; *Am. a.* rɪˈvɑlv] **I** *v/i* **1.** *bes. math. phys. tech.* sich drehen, kreisen, roˈtieren (**on, about an axis** um e-e Achse; **round** um *e-n Mittelpunkt, die Sonne etc*). **2.** e-n Kreislauf bilden, (im Kreislauf) daˈhinrollen (*Jahreszeiten etc*). **3.** *fig.* (im Kopf) herˈumgehen: **an idea ~s in my mind** mir geht e-e Idee im Kopf herum. **4. ~ about** (*od.* **around**) *fig.* sich um *j-n od. etwas* drehen (*Gedanken etc*). **II** *v/t* **5.** drehen, roˈtieren lassen. **6.** *fig.* (hin u. her) überˈlegen, *Gedanken, Problem* wälzen. **reˈvolv·er** *s* Reˈvolver *m*.

reˈvolv·ing *adj* **1.** a) sich drehend, kreisend, drehbar (**about, round** um), b) Dreh...: **~ case** drehbares (Bücher-)Regal; **~ chair** Drehstuhl *m*; **~ door** Drehtür *f*; **~ light** *mar.* Drehfeuer *n*; **~ pencil** Drehbleistift *m*; **~ restaurant** Drehrestaurant *n*; **~ shutter** Rolladen *m*; **~ stage** *thea.* Drehbühne *f*. **2.** *fig.* ˈwiederkehrend, (*im Kreislauf*) daˈhinrollend: **~ year**. **~ cred·it** *s econ.* Reˈvolving-Kreˌdit *m*. **~ fund** *s econ.* ˈUmlauffonds *m*.

re·vue [rɪˈvjuː] *s* **1.** *thea.* Reˈvue *f*. **2.** saˈtirisches *od.* zeitkritisches Kabaˈrett.

re·vul·sion [rɪˈvʌlʃn] *s* **1.** *med.* Ableitung *f* (*z.B. von Schmerzen*). **2.** *fig.* ˈUmschwung *m*: **~ of opinion** Meinungsumschwung. **3.** *fig.* Abscheu *m*, *f* (**against** vor *dat*): **in ~** voller Abscheu. **reˈvul·sive** [-sɪv] **I** *adj* (*adv* **~ly**) **1.** *med.* ableitend (*Mittel*). **2.** *fig.* abstoßend, widerlich. **II** *s* **3.** *med.* ableitendes Mittel.

re·ward [rɪˈwɔː(r)d] **I** *s* **1.** Entgelt *n*. **2.** Belohnung *f*, *a.* Finderlohn *m*: **as a ~** als *od.* zur Belohnung; **to offer a ~** e-e Belohnung aussetzen. **3.** Vergeltung *f*, (gerechter) Lohn. **II** *v/t* **4.** *j-n od. etwas* belohnen (*a. fig.*). **5.** *fig. j-m* vergelten (**for s.th.** etwas), *j-n od. etwas* bestrafen. **reˈward·ing** *adj* (*adv* **~ly**) lohnend: **a ~ pastime; a ~ book** ein lesenswertes Buch; **a ~ task** e-e lohnende *od.* dankbare Aufgabe; **to be ~** e-e lohnende *od.* dankbare Aufgabe sein. **reˈward·less** *adj* **1.** unbelohnt. **2.** nicht lohnend.

re·wind I *v/t irr* [ˌriːˈwaɪnd] **1.** *Tonband, Film etc* (zuˈrück)spulen, ˈumspulen, *Garn etc* wieder aufwickeln *od.* -spulen, *Uhr* wieder aufziehen. **II** *s* [*bes.* ˈriːwaɪnd] **2.** (Zu)ˈRückspulung *f*, ˈUmspulung *f*. **3.** Rücklauf *m* (*am Tonbandgerät etc*): **~ button** Rücklauftaste *f*. **4.** ˈUmspuler *m* (*Gerät*). **ˌreˈwind·er** *s* **1.** *phot.* ˈUmroller *m*. **2.** → **rewind** 4.

re·wire [ˌriːˈwaɪə(r)] *v/t electr.* neue Leitungen (ver)legen in (*dat*).

re·word [ˌriːˈwɜːd; *Am.* -ˈwɜrd] *v/t* neu *od.* anders formuˈlieren, ˈumformuˌlieren.

re·work [ˌriːˈwɜːk; *Am.* -ˈwɜrk] *v/t* **1.** *ein Thema etc* wieder verarbeiten. **2.** → **rewrite** I.

re·write I *v/t irr* [ˌriːˈraɪt] **1.** nochmals *od.* neu schreiben. **2.** ˈumschreiben. **3.** *Am. Presseberichte* rediˈgieren, überˈarbeiten. **II** *s* [ˈriːraɪt] **4.** Neufassung *f*. **5.** *Am.* rediˈgierter (Zeitungs)Bericht: **~ man** Überarbeiter *m*.

Rex [reks] (*Lat.*) *s jur. Br.* (*der*) König (→ **Regina**).

reyn·ard [ˈrenə(r)d; *Am. a.* ˈreɪ-] *s*: **R~ the Fox** Reineke *m* Fuchs.

rhab·do·man·cer [ˈræbdəʊmænsə(r)] *s* (Wünschel)Rutengänger *m*. **ˈrhab·do·man·cy** *s* Rhabdomanˈtie *f*, (Wünschel)Rutengehen *n*. **ˈrhab·do·man·tist** [-tɪst] *s* (Wünschel)Rutengänger *m*.

Rhae·tian [ˈriːʃjən; -ʃɪən] **I** *adj* **1.** rätisch. **2.** ˈrätoroˌmanisch. **II** *s* **3.** Rätier(in). **4.** *ling.* ˈRätoroˌmanisch *n*, das Rätoromanische.

Rhae·tic [ˈriːtɪk] *geol.* **I** *s* Rhät *n* (*oberste Stufe des Keupers*). **II** *adj* rhätisch.

ˌRhae·to-Roˈman·ic [ˌriːtəʊ-], *a.* **ˌRhae·to-Roˈmance I** *adj* ˈrätoroˌmanisch. **II** *s ling.* ˈRätoroˌmanisch *n*, das Rätoromanische.

rhap·sode [ˈræpsəʊd] *s antiq.* Rhapˈsode *m* (*wandernder Sänger*). **rhapˈsod·ic** [-ˈsɒdɪk; *Am.* -ˈsɑ-] *adj*; **rhapˈsod·i·cal** *adj* (*adv* **~ly**) **1.** rhapˈsodisch. **2.** *fig.* begeistert, ˈüberschwenglich, ekˈstatisch.

rhap·so·dist [ˈræpsədɪst] *s* **1.** → **rhapsode**. **2.** Reziˈtator *m*. **3.** *fig.* Schwärmer(in). **ˈrhap·so·dize I** *v/t* **1.** rhapˈsodenartig vortragen. **II** *v/i* **2.** Rhapsoˈdien vortragen. **3.** *fig.* schwärmen (**about, on, over** von).

rhap·so·dy [ˈræpsədɪ] *s* **1.** Rhapsoˈdie *f* (*a. mus.*). **2.** *fig.* schwärmerische *od.*

ˈüberschwengliche Äußerung *od.* Rede, Schwärmeˈrei *f*, (Wort)Schwall *m*: **to go into rhapsodies about** (*od.* **on, over**) in Ekstase geraten über (*acc*).
Rhe·a [rɪə] **I** *npr* **1.** *myth.* Rhea *f* (*Mutter des Zeus*). **II** *s* **2.** r~ *zo.* Nandu *m*, Pampasstrauß *m.* **3.** *astr.* Rhea *f* (*5. Saturnmond*).
Rhe·mish [ˈriːmɪʃ] *adj* Reimser, aus Reims (stammend).
Rhen·ish [ˈriːnɪʃ; ˈrenɪʃ] *adj* rheinisch, Rhein...: ~ **wine** Rheinwein *m.*
rhe·o·base [ˈriːəʊbeɪs] *s electr. physiol.* Rheoˈbase *f.*
rhe·o·log·ic [ˌriːəʊˈlɒdʒɪk; *Am.* -ˈlɑ-], ˌ**rhe·oˈlog·i·cal** [-kl] *adj chem.* Fließ...: ~ **property** Fließvermögen *n.* **rhe·ol·o·gy** [rɪˈɒlədʒɪ; *Am.* -ˈɑlə-] *s* Rheoloˈgie *f*, Fließlehre *f.*
rhe·o·stat [ˈrɪəʊstæt] *s electr.* Rheoˈstat *m*, ˈRegelˌwiderstand *m.* ˌ**rhe·oˈstat·ic** *adj* mit regelbarem ˈWiderstand: ~ **braking** Widerstandsbremsung *f*; ~ **starter** Regelanlasser *m.*
rhe·o·trope [ˈriːəʊtrəʊp] *s electr.* Pol-, Stromwender *m.*
rhe·sus [ˈriːsəs] *s a.* ~ **monkey** *zo.* Rhesus(affe) *m.*
Rhe·sus fac·tor *s med.* Rhesusfaktor *m*, Rh-Faktor *m.*
rhet·o·ric [ˈretərɪk] *s* **1.** Rheˈtorik *f*, Redekunst *f*, -stil *m.* **2.** a) Stiˈlistik *f*, b) (Schreib)Stil *m*, c) efˈfektvoller Stil. **3.** Rede-, Wortschwall *m.* **4.** Vokabuˈlar *n*, (rheˈtorisches) Repertoˈire. **5.** *fig.* (Sprach- *etc*)Gewalt *f*, Überˈzeugungskraft *f.* **6.** *fig. contp.* Redensarten *pl*, leere Phrasen *pl*, Phrasendrescheˈrei *f*, Schönredeˈrei *f*, Schwulst *m.* **7.** *ped. Am.* Stilübungen *pl.*
rhe·tor·i·cal [rɪˈtɒrɪkl; *Am. a.* -ˈtɑ-] **I** *adj* (*adv* ~**ly**) **1.** rheˈtorisch, Redner... **2.** efˈfektvoll. **3.** *contp.* schönrednerisch, phrasenhaft, schwülstig. **II** *s* **4.** *pl ped. Am.* Rede-, Deklamatiˈonsübungen *pl.* ~ **ques·tion** *s* rheˈtorische Frage.
rhet·o·ri·cian [ˌretəˈrɪʃn] *s* **1.** Rheˈtoriker *m*, Redekünstler *m.* **2.** *contp.* Schönredner *m*, Phrasendrescher *m.*
rheum [ruːm] *s med. Br. obs. od. Am.* **1.** Schnupfen *m.* **2.** wäßrige Flüssigkeit, Schleim *m.* **3.** *poet.* Tränen *pl.*
rheu·mat·ic [ruːˈmætɪk] *med.* **I** *adj* (*adv* ~**ally**) **1.** rheuˈmatisch: ~ **fever** (akuter) Gelenkrheumatismus. **II** *s* **2.** Rheuˈmatiker(in). **3.** *pl colloq.* Rheuma *n*, ‚Gliederreißen' *n.*
rheu·ma·tism [ˈruːmətɪzəm] *s med.* Rheumaˈtismus *m*, Rheuma *n*: **acute** (*od.* **articular**) ~ Gelenkrheumatismus.
rheu·ma·toid [ˈruːmətɔɪd] *adj med.* **1.** rheumaartig. **2.** rheuˈmatisch. ~ **ar·thri·tis** *s med.* Arˈthritis *f* deˈformans.
rheum·y [ˈruːmɪ] *adj med.* **1.** katarˈrhalisch. **2.** Schnupfen herˈvorrufend, feucht (*Luft etc*). **3.** verschnupft.
Rh fac·tor [ˌɑːrˈeɪtʃ] → **Rhesus factor.**
rhi·nal [ˈraɪnl] *adj med.* Nasen...: ~ **mirror.**
Rhine·land·er [ˈraɪnlændə(r)] *s* Rheinländer(in).
rhin·en·ceph·a·lon [ˌraɪnenˈsefəlɒn; *Am.* -ˌlɑn] *pl* **-lons, -la** [-lə] *s anat.* Rhinenˈzephalon *n*, Riechhirn *n.*
ˈ**rhine·stone** *s min.* (imiˈtierter) Rheinkiesel (*Bergkristall*).
Rhine wine *s* Rheinwein *m.*
rhi·ni·tis [raɪˈnaɪtɪs] *s med.* Rhiˈnitis *f*, Kaˈtarrh *m*, Schnupfen *m*: **allergic** (*od.* **anaphylactic**) ~ Heuschnupfen; **chronic** ~ Stockschnupfen.
rhi·no[1] [ˈraɪnəʊ] *s sl.* ‚Zaster' *m* (*Geld*).
rhi·no[2] [ˈraɪnəʊ] *pl* **-nos** *s* **1.** *colloq. für* rhinoceros. **2.** *a.* ~ **ferry** *mil. Am.* Ponˈtonfähre *f.*
rhi·noc·er·os [raɪˈnɒsərəs; *Am.* -ˈnɑ-] *pl* **-os·es,** *bes. collect.* **-os** *s zo.* Rhiˈnozeros *n*, Nashorn *n.* ~ **horn·bill** *s orn.* Nashornvogel *m.*
rhi·no·la·li·a [ˌraɪnəʊˈleɪlɪə] *s med.* Näseln *n.*
rhi·no·log·i·cal [ˌraɪnəˈlɒdʒɪkl; *Am.* -ˈlɑ-] *adj med.* rhinoˈlogisch. **rhiˈnol·o·gist** [-ˈnɒlədʒɪst; *Am.* -ˈnɑ-] *s med.* Rhinoˈloge *m*, Nasenfacharzt *m.* **rhiˈnol·o·gy** [-dʒɪ] *s med.* Rhinoloˈgie *f.*
rhi·no·phar·yn·gi·tis [ˈraɪnəʊˌfærɪnˈdʒaɪtɪs] *s med.* Rhinopharynˈgitis *f*, ˈNasen-ˈRachen-Kaˌtarrh *m.*
rhi·no·plas·ty [ˈraɪnəʊplæstɪ] *s med.* ˈNasenkorrekˌtur *f.*
rhi·no·scope [ˈraɪnəskəʊp] *s med.* Rhinoˈskop *n*, Nasenspiegel *m.* **rhi·nos·co·py** [raɪˈnɒskəpɪ; *Am.* -ˈnɑs-] *s* Rhinoskoˈpie *f*, Nasenspiegelung *f.*
rhiz- [raɪz] → **rhizo-.**
rhi·zan·thous [raɪˈzænθəs] *adj bot.* riˈzanth, wurzelblütig.
rhizo- [raɪzəʊ] *bot. zo. Wortelement mit der Bedeutung* Wurzel...
rhi·zome [ˈraɪzəʊm] *s bot.* Rhiˈzom *n*, Wurzelstock *m.*
rhi·zoph·a·gous [raɪˈzɒfəgəs; *Am.* -ˈzɑ-] *adj zo.* wurzelfressend.
rhi·zo·pod [ˈraɪzəʊpɒd; *Am.* -ˌpɑd] *s zo.* Rhizoˈpode *m*, Wurzelfüßer *m.*
Rh-neg·a·tive [ˌɑːrˈeɪtʃ ˈnegətɪv] *adj med.* rh-ˈnegativ, rhesusˈnegativ.
rho [rəʊ] *s* Rho *n* (*griechischer Buchstabe*) (*a. math.*).
Rho·de·si·an [rəʊˈdiːzjən; *Am.* -ʒɪən] **I** *adj* rhoˈdesisch, Rhodesien... **II** *s* Rhoˈdesier(in).
Rho·di·an [ˈrəʊdjən; -ɪən] **I** *adj* **1.** rhodisch, der Insel Rhodos. **II** *s* **2.** Rhodier(in). **3.** Johanˈniterritter *m.*
rho·di·um[1] [ˈrəʊdjəm; -ɪəm] *s chem.* Rhodium *n.*
rho·di·um[2] [ˈrəʊdjəm; -ɪəm] *s a.* ~ **wood** *bot.* **1.** Kaˈnarisches Rosenholz. **2.** Rhodium-Holz *n.*
rho·do·cyte [ˈrəʊdəʊsaɪt] *s med.* rotes Blutkörperchen.
rho·do·den·dron [ˌrəʊdəˈdendrən] *s bot.* Rhodoˈdendron *m, a. n*, Alpenrose *f.*
rho·dop·sin [rəʊˈdɒpsɪn; *Am.* -ˈdɑp-] *s physiol.* Rhodopˈsin *n*, Sehrot *n*, Sehpurpur *m.*
rhomb [rɒm; *Am.* rɑm] → **rhombus.**
rhom·bic [ˈrɒmbɪk; *Am.* ˈrɑm-] *adj math.* rhombisch, rautenförmig: ~ **aerial** (*bes. Am.* **antenna**) *electr.* Rhombusantenne *f*; ~ **dodecahedron** Rhombendodekaeder *n.*
rhom·bo·he·dral [ˌrɒmbəʊˈhedrəl; *Am.* ˌrɑmbəʊˈhiː-] *adj math. min.* rhomboˈedrisch. ˌ**rhom·boˈhe·dron** [-drən] *pl* **-ˈhe·dra** [-drə], **-ˈhe·drons** *s* Rhomboˈeder *n.*
rhom·boid [ˈrɒmbɔɪd; *Am.* ˈrɑm-] **I** *s* **1.** *math.* Rhomboˈid *n*, Paralleloˈgramm *n.* **II** *adj* **2.** rhomben-, rautenförmig: ~ **muscle** *anat.* Rautenmuskel *m.* **3.** *math.* rhomboˈidisch.
rhom·bus [ˈrɒmbəs; *Am.* ˈrɑm-] *pl* **-bus·es, -bi** [-baɪ] *s math.* Rhombus *m*, Raute *f.*
rho·pal·ic [rəʊˈpælɪk] *adj antiq. metr.* rhoˈpalisch: ~ **verse** Keulenvers *m.*
rho·ta·cism [ˈrəʊtəsɪzəm] *s* Rhotaˈzismus *m*: a) *Häufung od. zu starke Aussprache des r*, b) *schlechte od. falsche Aussprache des r*, c) *ling. lautgesetzliche Verwandlung* (*insbesondere von ursprünglichem s oder l*) *in r.*
rhu·barb [ˈruːbɑː(r)b] *s* **1.** *bot.* Rhaˈbarber *m*: ~ **pill** *pharm.* Rhabarberpille *f.* **2.** *bes. Am. sl.* ‚Krach' *m*, Streit *m.* **3.** *Am. sl.* gottverlassene Gegend. **4.** *thea.* ‚Rhaˈbarber-Rhaˈbarber' *n* (*Volksgemurmel*). ˈ**rhu·barb·y** *adj* rhaˈbarberartig, -ähnlich, Rhabarber...
rhumb [rʌm; rʌmb] *s* **1.** Kompaßstrich *m.* **2.** *a.* ~ **line** *mar. math. etc* Loxoˈdrome *f.*
rhum·ba → **rumba.**
rhyme [raɪm] **I** *s* **1.** *metr.* Reim *m*: **caudate** ~, **tail(ed)** ~ Schweifreim; **double** ~, **female** ~, **feminine** ~ weiblicher *od.* klingender Reim; **male** ~, **masculine** ~ männlicher *od.* stumpfer Reim; **middle** ~ Binnenreim *m*; **rich** ~ reicher Reim; **visual** ~, **eye** ~, **sight** ~ Augenreim; ~ **scheme** Reimschema *n.* **2.** *sg od. pl* a) Vers *m*, b) Reim *m*, Gedicht *n*, Lied *n.* **3.** *fig.* Reim *m*, Sinn *m*: **neither** ~ **nor reason** weder Sinn noch Verstand; **without** ~ **or reason** ohne Sinn u. Zweck. **II** *v/i* **4.** reimen, Verse machen. **5.** sich reimen (**with** auf *acc*). **III** *v/t* **6.** reimen, in Reime bringen: ~**d** in Reimform; ~**d verse** Reimvers *m* (*Ggs. Blankvers*). **7.** *ein Wort* reimen lassen (**with** auf *acc*). ˈ**rhyme·less** *adj* reimlos. ˈ**rhym·er,** ˈ**rhyme·ster** [-stə(r)] *s contp.* Reim(e)schmied *m.* ˈ**rhym·ing** *s* Reimen *n*: ~ **dictionary** Reimwörterbuch *n*; ~ **slang** *Slang, bei dem Wörter durch sich darauf reimende Wörter ersetzt werden.*
rhythm [ˈrɪðəm] *s* **1.** *metr. mus. u. fig.* Rhythmus *m*, Takt *m*: **duple** (*od.* **two-part**) ~ Zweiertakt; **three-four** ~ Dreivierteltakt; **dance** ~**s** Tanzrhythmen, beschwingte Weisen; **to have (a sense of)** ~ Rhythmus(gefühl) haben; ~ **band,** ~ **section** Rhythmus-, Schlagzeuggruppe *f*; ~ **method** *med.* Knaus-Ogino-Methode *f* (*Empfängnisverhütung*). **2.** *metr.* Versmaß *n*, -form *f*: **dactylic** ~. **3.** *med.* Pulsschlag *m* (*a. fig.*). **rhyth·mic** [ˈrɪðmɪk] *adj*; ˈ**rhyth·mi·cal** *adj* (*adv* ~**ly**) rhythmisch: a) *metr. mus.* taktmäßig, in Rhythmen *od.* in Versform: ~ **prose** rhythmische Prosa, b) *fig.* takt-, regelmäßig (ˈwiederkehrend). ˈ**rhyth·mics** *s pl* (*als sg konstruiert*) *metr. mus.* Rhythmik *f*: a) ˈRhythmuslehre *f*, -syˌstem *n*, b) rhythmischer Chaˈrakter. ˈ**rhythm·less** *adj* ohne Rhythmus, unrhythmisch.
rhy·zo·ton·ic [ˌraɪzəʊˈtɒnɪk; *Am.* -ˈtɑ-] *adj ling.* stammbetont.
ri·al [ˈraɪəl; *Am.* riːˈɔːl; -ˈɑːl] *s* Riˈal *m* (*Münzeinheit im Iran etc*).
ri·al·to [rɪˈæltəʊ] *pl* **-tos** *s* **1.** *Am.* Theˈaterviertel *n.* **2.** Börse *f*, Markt *m.*
ri·ant [ˈraɪənt] *adj* heiter, lächelnd: ~ **landscape** heitere Landschaft.
rib [rɪb] **I** *s* **1.** *anat.* Rippe *f*: **to smite s.o. under the fifth** ~ *Bibl.* j-n erstechen. **2.** *gastr.* a) Rippenstück *n*, b) Rippe(n)speer *m, n.* **3.** *humor.* ‚Ehehälfte' *f.* **4.** *bot.* (Blatt-) Rippe *f*, (-)Ader *f.* **5.** *zo.* Schaft *m* (*e-r Vogelfeder*). **6.** *tech.* Stab *m*, Stange *f*, (*a. Heiz- etc*)Rippe *f.* **7.** *arch. tech.* (Gewölbe)Rippe *f*, Strebe *f.* **8.** *mar.* a) (Schiffs-) Rippe *f*, Spant *n*, b) Spiere *f.* **9.** *Bergbau*: a) Sicherungspfeiler *m*, b) (Erz-) Trumm *n.* **10.** *mus.* Zarge *f* (*Seitenwand*). **11.** Rippe *f* (*im Stoff*; *a. beim Stricken*): ~ **stitch** (*Stricken*) linke Masche. **12.** (Berg-) Rippe *f*, Vorsprung *m.* **13.** rippenartige Erhöhung, Welle *f.* **II** *v/t* **14.** mit Rippen versehen. **15.** *Stoff etc* rippen, mit Rippen(muster) versehen. **16.** *agr.* halbpflügen. **17.** *colloq.* j-n ‚aufziehen', hänseln.
rib·ald [ˈrɪbəld] **I** *adj* **1.** frech, lästerlich. **2.** zotig, obˈszön, ‚saftig', derb. **II** *s* **3.** Spötter(in), Lästermaul *n.* **4.** Zotenreißer *m.* ˈ**rib·ald·ry** [-rɪ] *s* ordiˈnäre Rede(n *pl*), Zoten(reißeˈrei *f*) *pl*, ‚saftige' Späße *pl.*
rib·and [ˈrɪbənd] *s* (Zier)Band *n.*
rib·band [ˈrɪbənd; *Am. a.* ˈrɪbˌbænd] *s*

mar. **1.** Führungsschwelle *f* (*der Holzschotten*). **2.** Sente *f* (*Innenverstärkung der Planken*).

ribbed [rɪbd] *adj* gerippt, geriffelt: ~ **cooler** *tech.* Rippenkühler *m*; ~ **glass** *tech.* Riffelglas *n*; ~ **vault** *arch.* Kreuzrippengewölbe *n.*

rib·bing [ˈrɪbɪŋ] *s* **1.** *arch. tech.* Rippen (-werk *n*) *pl.* **2.** Rippen(muster *n*) *pl.* **3.** *bot.* (Blatt)Rippen *pl.* **4.** *agr.* Halbpflügen *n.*

rib·bon [ˈrɪbən] **I** *s* **1.** Band *n*, Borte *f*: ~**s** Bandwaren. **2.** Ordensband *n*: → **blue ribbon** 1 a, **red ribbon.** **3.** (schmaler) Streifen. **4.** Fetzen *m*: **to tear to** ~**s** in Fetzen reißen; **in** ~**s** a) in Fetzen, b) *fig.* ganz ‚futsch'; **a** ~ **of mist** ein Nebelfetzen. **5.** Farbband *n* (*der Schreibmaschine etc*). **6.** *tech.* a) (*a.* Meˈtall)Band *n*, (-)Streifen *m*, b) (Holz)Leiste *f.* **7.** *pl* Zügel *pl*: **to handle the** ~**s** die Zügel in der Hand halten (*a. fig.*). **8.** *Spinnerei*: Strähn *m*, Strang *m*. **9.** *fig.* Band *n*: ~ **road** Serpentinenstraße *f.* **10.** *her.* Achtelsbinde *f.* **II** *v/t* **11.** mit Bändern schmücken, bebändern. **12.** streifen. **13.** in Streifen schneiden, in Fetzen reißen. **III** *v/i* **14.** sich (wie ein Band) daˈhinziehen (*Straße etc*).

rib·bon| brake → **band brake.** ~ **de·vel·op·ment** *s arch. Br.* Stadtrandsiedlung *f* entlang e-r Ausfallstraße.

rib·boned [ˈrɪbənd] *adj* **1.** mit Bändern geschmückt, bebändert. **2.** gebändert, gestreift.

rib·bon| jas·per *s min.* Bandjaspis *m.* ˈ**R**~**man** [-mən] *s irr* Mitglied *n* der **Ribbon Society.** ~ **mi·cro·phone** *s electr.* ˈBändchenmikroˌphon *n.* ~ **saw** *s* Bandsäge *f.* ~ **seal** *s zo.* Streifenseehund *m.* ~ **snake** *s zo.* Bandnatter *f.* **R**~ **So·ci·e·ty** *s irischer katholischer Geheimbund in der 1. Hälfte des 19. Jhs.* ~ **trans·mit·ter** → **ribbon microphone.**

rib cage *s anat.* Brustkorb *m.*

ri·bes [ˈraɪbiːz] *s sg u. pl bot.* Ribes *f.*

ri·bo·fla·vin [ˌraɪbəʊˈfleɪvɪn] *s med.* Riboflaˈvin *n* (*Vitamin B_2*).

ri·bo·nu·cle·ic ac·id [ˌraɪbəʊˈnjuːklɪɪk; *Am.* -nʊˈkliːɪk; -njʊ-; -ˈkleɪ-] *s chem.* Ribonukleˈinsäure *f.*

ˈ**rib|·work** → **ribbing.** ˈ~**·wort (plantain)** *s bot.* Spitzwegerich *m.*

Ri·car·di·an [rɪˈkɑː(r)dɪən] *econ.* **I** *adj* Riˈcardisch (*nach dem englischen Volkswirtschaftler David Ricardo; 1772 bis 1823*): ~ **theory of rent** Ricardische Grundrententheorie. **II** *s* Anhänger(in) Riˈcardos.

rice[1] [raɪs] **I** *s bot.* Reis *m.* **II** *v/t Am. Kartoffeln etc* ˈdurchpressen.

rice[2] [raɪs] *s obs. od. dial.* Reis *n*, (kleiner) Zweig.

ˈ**rice|·bird** *s orn.* **1.** Reisvogel *m* (*Java*). **2.** *Am.* Reisstärling *m.* **3.** Reisammer *f* (*China*). ~ **bod·y** *s anat.* Reiskörper *m* (*im Gelenk*). ~ **flour** *s* Reismehl *n.* ~ **meal** *s* Reismehl *n.* ~ **pad·dy** *s* Reisfeld *n.* ~ **pa·per** *s* ˈReispaˌpier *n.* ~ **pud·ding** *s* Reisauflauf *m.*

ric·er [ˈraɪsər] *s Am.* Karˈtoffel-, Gemüsepresse *f.*

rice| rat *s zo.* (*e-e*) amer. Wasserratte. ~ **wa·ter** *s* Reiswasser *n.* ~ **wee·vil** *s zo.* Reiskäfer *m.* ~ **wine** *s* Reiswein *m.*

rich [rɪtʃ] **I** *adj* (*adv* → **richly**) **1.** reich, wohlhabend, begütert. **2.** reich (**in** *od.* **with** an *dat*), reichhaltig: ~ **in cattle** vieh-, herdenreich; ~ **in hydrogen** wasserstoffreich; ~ **in ideas** ideenreich. **3.** schwer (*Stoff*), prächtig, kostbar (*Seide, Schmuck etc*). **4.** reichgeschmückt, -verziert: ~ **furniture.** **5.** reich(lich), ergiebig: ~ **harvest** reiche Ernte. **6.** fruchtbar, fett: ~ **soil.** **7.** a) *geol.* (erz)reich, erzhaltig, fündig (*Lagerstätte*), b) *min.* reich, fett (*Erz*): **to strike it** ~ auf Öl *etc* stoßen, *fig.* zu Geld kommen, *a.* das Große Los ziehen. **8.** *chem. tech.* schwer (*Gas etc*), *mot.* fett, reich (*Gemisch*): ~ **oil** Schweröl *n.* **9.** schwer, nahrhaft, fett, kräftig: ~ **food.** **10.** schwer, stark: ~ **perfume**; ~ **wine.** **11.** kräftig, voll, satt: ~ **colo(u)r.** **12.** a) voll, satt: ~ **tone,** b) voll(tönend), klangvoll: ~ **voice.** **13.** inhalt(s)reich, -voll. **14.** *colloq.* ‚köstlich': **that's** ~! *bes. iro.* das ist ja großartig! **15.** ‚saftig' (*Ausdrucksweise*). **II** *adv* **16.** *in Zssgn* reich, prächtig: ~**-bound**; ~**-clad.** **III** *s* **17. the** ~ *collect.* die Reichen *pl.*

rich·es [ˈrɪtʃɪz] *s pl* Reichtum *m*, Reichtümer *pl.*

rich·ly [ˈrɪtʃlɪ] *adv* reich(lich), in reichem Maße: **he** ~ **deserved the punishment** er hat die Strafe mehr als verdient.

rich·ness [ˈrɪtʃnɪs] *s* **1.** Reichtum *m*, Reichhaltigkeit *f*, Fülle *f.* **2.** Pracht *f*, Glanz *m.* **3.** Ergiebigkeit *f.* **4.** Nahrhaftigkeit *f.* **5.** (Voll)Gehalt *m*, Schwere *f* (*des Weins etc*). **6.** Sattheit *f* (*von Farben*). **7.** *mus.* (Klang)Fülle *f.*

Rich·ter scale [ˈrɪçtər; *Am.* ˈrɪktər] (*Ger.*) *s* Richterskala *f* (*zur Messung von Erdbebenstärken*).

ric·in·o·le·ic [ˌrɪsɪnəʊˈliːɪk; *Am. a.* ˌraɪsnəʊ-] *adj chem.* Ricinol..., Rizinusöl...

rick[1] [rɪk] *agr.* **I** *s* (Getreide-, Heu)Schober *m.* **II** *v/t* schobern.

rick[2] [rɪk] *bes. Br. für* **wrick.**

rick·ets [ˈrɪkɪts] *s pl* (*als sg konstruiert*) *med.* Raˈchitis *f.*

rick·et·y [ˈrɪkətɪ] *adj* **1.** *med.* raˈchitisch. **2.** schwach (*auf den Beinen*), gebrechlich, ‚wack(e)lig'. **3.** wack(e)lig (*Möbel*), klapp(e)rig (*Auto etc*).

rick·ey [ˈrɪkɪ] *s Cocktail aus Gin od. Wodka, Limonellensaft u. Soda.*

rick·rack [ˈrɪkræk] *s Näherei*: Zackenlitzen(besatz *m*) *pl.*

rick·sha [ˈrɪkʃə; *Am.* -ʃɔː], **rick·shaw** [ˈrɪkʃɔː] *s* Rikscha *f.*

ric·o·chet [ˈrɪkəʃeɪ] **I** *s* **1.** Abprallen *n.* **2.** *mil.* a) Abprallen *n*, Rikoschetˈtieren *n*, b) *a.* ~ **shot** Querschläger *m*: ~ **fire** Abprallerschießen *n.* **II** *v/i pret u. pp* **-ed** *od.* **-ted** **3.** abprallen (**from** von): ~**(t)ing bullet** *mil.* Querschläger *m.*

rid[1] [rɪd] *pret u. pp* **rid,** *obs.* ˈ**rid·ded** *v/t* befreien, frei machen (**of** von): **to get** ~ **of** *j-n od. etwas* loswerden; **to be** ~ **of** *j-n od. etwas* los sein.

rid[2] [rɪd] *obs. pret u. pp von* **ride** II.

rid·dance [ˈrɪdəns] *s* Befreiung *f*, Erlösung *f*: (**he is a**) **good** ~ a) man ist froh, wenn man ihn (wieder) los ist, b) den wären wir (Gott sei Dank) los.

rid·del [ˈrɪdl] *s relig.* Alˈtarvorhang *m.*

rid·den [ˈrɪdn] **I** *pp von* **ride** II. **II** *adj in Zssgn* geplagt, gepeinigt, besessen von: **fever-**~ fieberkrank; **pest-**~ von der Pest heimgesucht.

rid·dle[1] [ˈrɪdl] **I** *s* **1.** Rätsel *n* (*a. fig. Person od. Sache*): **to ask s.o. a** ~ j-m ein Rätsel aufgeben; **to speak in** ~**s** → 4; **that's a complete** ~ **to me** das ist mir völlig rätselhaft. **II** *v/t* **2.** enträtseln: ~ **me!** rate mal! **3.** *fig. j-n* vor ein Rätsel stellen. **III** *v/i* **4.** *fig.* in Rätseln sprechen.

rid·dle[2] [ˈrɪdl] **I** *s* **1.** grobes (Draht)Sieb, Schüttelsieb *n*, ˈDurchwurf *m*, Rätter *m*, *f.* **2.** *tech.* Drahtziehplatte *f.* **II** *v/t* **3.** (ˈdurch-, aus)sieben. **4.** *fig.* aussieben, sichten. **5.** durchˈsieben, (wie ein Sieb) durchˈlöchern: **to** ~ **s.o. with bullets**; ~**d with holes** völlig durchlöchert. **6.** *fig. ein Argument etc* zerpflücken. **7.** *fig.* mit Fragen bestürmen.

ride [raɪd] **I** *s* **1.** a) Fahrt *f* (*bes. auf e-m Zweirad od. in e-m öffentlichen Verkehrsmittel*): **to steal a** ~ schwarzfahren, b) Ritt *m*: **to go for a** ~, **to take a** ~ ausreiten *od.* ausfahren; **to give s.o. a** ~ j-n (*im Auto etc*) mitnehmen; **to take s.o. for a** ~ *colloq.* a) j-n (im Auto entführen u.) umbringen, b) j-n reinlegen (*betrügen*), c) j-n ‚auf den Arm nehmen' (*veralbern*). **2.** Reitweg *m* (*bes. durch e-n Wald*). **3.** *mil.* Trupp *m* berittener Solˈdaten.

II *v/i pret* **rode** [rəʊd] *obs.* **rid** [rɪd], *pp* **rid·den** [ˈrɪdn] *obs.* **rid** **4.** reiten: **to** ~ **again** *fig.* wieder dasein. **5.** *fig.* reiten, rittlings sitzen: **to** ~ **on s.o.'s knee.** **6.** fahren (**on a bicycle** auf e-m Fahrrad; **in,** *Am.* **on a bus** im Bus). **7.** sich fortbewegen, daˈhinziehen (*a. Mond, Wolke etc*): **the moon is riding high** der Mond steht hoch am Himmel. **8.** (*auf dem od. im Wasser*) treiben, schwimmen: **he rode on the wave of popularity** *fig.* er wurde von der Woge der Popularität getragen; **she was riding on air** *fig.* sie war selig (*vor Glück*). **9.** sich drehen (**on** auf *dat*). **10.** sich überˈlagern (*z. B. med. Knochenfragmente*): **the rope** ~**s** *mar.* das Tau läuft unklar. **11.** a) e-e (*bestimmte*) Gangart haben, laufen (*Pferd*), b) fahren, laufen (*Fahrzeug*). **12.** zum Reiten (*gut etc*) geeignet sein: **the ground** ~**s well.** **13.** im Reitdreß wiegen: **he** ~**s 12 st.** **14.** *colloq.* s-n Lauf nehmen: **let it** ~! ‚laß die Karre laufen'!; **he let the remark** ~ er ließ die Bemerkung hingehen. **15. he has a lot riding** *bes. Am. colloq.* für ihn steht e-e Menge auf dem Spiel.

III *v/t* **16.** reiten: **to** ~ **a horse**; **to** ~ **to death** zu Tode reiten (*a. fig. e-e Theorie, e-n Witz etc*); **to** ~ **a race** an e-m Rennen teilnehmen. **17.** reiten *od.* rittlings sitzen auf (*dat*). **18.** reiten *od.* rittlings sitzen lassen: **to** ~ **a child on one's knee**; **they rode him on their shoulders** sie trugen ihn auf den Schultern. **19.** *Fahr-, Motorrad* fahren, lenken, fahren auf (*dat*). **20.** reiten *od.* schwimmen *od.* schweben *od.* liegen auf (*dat*): **to** ~ **the waves** auf den Wellen reiten. **21.** aufliegen *od.* ruhen auf (*dat*). **22.** a) unterˈjochen, tyranniˈsieren, beherrschen, b) heimsuchen, plagen, quälen, *j-m* hart zusetzen, c) *Am. colloq. j-n* reizen, hänseln: **the devil** ~**s him** ihn reitet der Teufel; → **ridden** II. **23.** durchˈreiten. **24.** *mar. ein Schiff* vor Anker liegen lassen. **25.** *ein Pferd beim Rennen* (ˈübermäßig) antreiben. **26.** *zo.* (*zur Paarung*) bespringen. **27.** → **ride out** I.

Verbindungen mit Präpositionen:

ride| at *v/t* zureiten auf (*acc*). ~ **for** *v/t* zustreben *od.* entgegeneilen (*dat*): → **fall** 1. ~ **o·ver** *v/t* **1.** *j-n* überˈfahren. **2.** *j-n* tyranniˈsieren. **3.** *j-n* hochmütig behandeln. **4.** rücksichtslos über *e-e Sache* hinˈweggehen.

Verbindungen mit Adverbien:

ride| down *v/t* **1.** ein-, überˈholen. **2.** a) niederreiten, b) überˈfahren. ~ **out** **I** *v/t e-n Sturm etc* gut *od.* heil überˈstehen (*a. fig.*). **II** *v/i* ausreiten. ~ **up** *v/i* hochrutschen (*Rock etc*).

ri·deau [rɪˈdəʊ] *s* Bodenwelle *f*, kleine Erhebung.

rid·er [ˈraɪdə(r)] *s* **1.** Reiter(in). **2.** a) Kunstreiter(in), b) Zureiter *m.* **3.** Fahrer(in) (*bes. e-s Fahr- od. Motorrads*). **4.** Mitfahrer(in), Passaˈgier *m* (*im Zug etc*). **5.** Reiter *m*, Reiterchen *n* (*auf Karteikarten etc*). **6.** *tech.* Laufgewicht *n* (*der Waage*). **7.** *tech.* Reiter *m*, Brücke *f.* **8.** Oberteil *n*, Aufsatz *m.* **9.** a) Zusatz (-klausel *f*) *m*, b) Beiblatt *n*, c) (ˈWechsel-) AlˌIonge *f*, d) zusätzliche Empfehlung (**to** zu *e-m Schuldspruch etc*). **10.** Zusatz *m*, zusätzliche Bemerkung, Einschränkung *f.* **11.** *mar.* a) Binnenspant *n*, b) oberste

Lage (*e-r Ladungspartie*). **12.** *math.* a) Grundformelübung *f*, b) Zusatzaufgabe *f*. **13.** *Bergbau*: Salband *n*.

ridge [rɪdʒ] **I** *s* **1.** a) (Gebirgs)Kamm *m*, Grat *m*, Kammlinie *f*, b) Berg-, Hügelkette *f*, c) Wasserscheide *f*. **2.** (Dach)First *m*. **3.** Kamm *m* (*e-r Welle*). **4.** Rücken *m* (*der Nase, e-s Tieres etc*). **5.** *agr.* a) (Furchen)Rain *m*, Reihe *f*, b) erhöhtes Mistbeet. **6.** *tech.* Wulst *m*, Leiste *f*. **7.** *meteor.* schmaler Hochdruckkeil. **II** *v/t* **8.** (durch)ˈfurchen. **9.** mit e-m First *etc* versehen: **~d roof** Satteldach *n*. **III** *v/i* **10.** sich furchen. **ˈ~·pole** *s* **1.** *arch.* Firstbalken *m*. **2.** Firststange *f* (*e-s Zeltes*). **~ tent** *s* Hauszelt *n*. **~ tile** *s arch.* Firstziegel *m*. **ˈ~·tree** *s arch.* Firstbalken *m*. **ˈ~·way** *s* Kammlinien-, Gratweg *m*.

ridg·y [ˈrɪdʒɪ] *adj* **1.** grat- *od.* kammartig. **2.** zerfurcht.

rid·i·cule [ˈrɪdɪkjuːl] **I** *s* Verspottung *f*, Spott *m*: **to hold up to ~** → II; **to lay o.s. open to ~** sich der Lächerlichkeit preisgeben; **to turn (in)to ~** ins Lächerliche ziehen. **II** *v/t* lächerlich machen, verspotten.

ri·dic·u·lous [rɪˈdɪkjʊləs] *adj* (*adv* **~ly**) lächerlich. **riˈdic·u·lous·ness** *s* Lächerlichkeit *f*.

rid·ing [ˈraɪdɪŋ] **I** *s* **1.** a) Reiten *n*, b) Reitsport *m*. **2.** Fahren *n*. **3.** Reitweg *m* (*bes. durch Wald*). **II** *adj* **4.** Reit...: **~ boots (horse, school, whip,** *etc*); **~ breeches** Reithose *f*; **~ habit** Reitkleid *n*. **5.** Fahr...: **~ comfort** *mot.* Fahrkomfort *m*. **6.** reitend (*Bote etc*). **7.** *mar.* Anker...: **~ lamp** (*od.* **light**) Ankerlicht *n*.

ri·dot·to [rɪˈdɒtəʊ] *pl* **-tos** *s Br. hist.* Reˈdoute *f*, (Masken)Ball *m*.

Ries·ling [ˈriːzlɪŋ] *s* Riesling *m* (*Rebsorte u. Wein*).

rife [raɪf] *adj* **1.** weitverbreitet, häufig, vorherrschend: **to be ~** (vor)herrschen, grassieren; **to grow** (*od.* **wax**) **~** überhandnehmen. **2.** (**with**) voll (von), angefüllt (mit).

Riff[1] [rɪf] **I** *s* ˈRifkaˌbyle *m* (*Bewohner des Er-Rif*; *Marokko*). **II** *adj* Rif...

riff[2] [rɪf] *s Jazz*: (*Art*) Ostiˈnato *m, n*, ständig wiederˈholtes Moˈtiv.

rif·fle [ˈrɪfl] **I** *s* **1.** *tech.* Riefelung *f*, Rille *f*. **2.** *Am.* a) seichter Abschnitt (*e-s Flusses*), b) Stromschnelle *f*. **3.** *Am.* kleine Welle. **4.** Stechen *n* (*Mischen von Spielkarten*). **II** *v/t* **5.** *tech.* riffeln. **6.** ˈdurchblättern. **7.** *Spielkarten* stechen (*mischen*). **III** *v/i* **8. to ~ through s.th.** etwas durchblättern.

riff·raff [ˈrɪfræf] **I** *s* **1.** Pöbel *m*, Gesindel *n*, Pack *n*. **2.** Abfall *m*, Ausschuß *m*. **II** *adj* **3.** Ausschuß..., minderwertig, wertlos.

ri·fle[1] [ˈraɪfl] **I** *s* **1.** Gewehr *n* (*mit gezogenem Lauf*), Büchse *f*. **2.** Geschütz *n* mit gezogenem Rohr. **3.** *pl mil.* Schützen *pl*. **II** *v/t* **4.** *e-n Gewehrlauf etc* ziehen.

ri·fle[2] [ˈraɪfl] *v/t* **1.** (aus)plündern. **2.** rauben, stehlen. **3.** *Haus etc* durchˈwühlen.

ri·fle| as·so·ci·a·tion *s* Schützenverein *m*. **R~ Bri·gade** *s mil.* ˈSchützenbriˌgade *f*. **~ corps** *s* (freiwilliges) Schützenkorps. **~ green** *s Br.* ˈDunkeloˌliv(grün) *n*. **~ gre·nade** *s* Geˈwehrgraˌnate *f*. **ˈ~·man** [-mən] *s irr* **1.** *mil.* Schütze *m*, Jäger *m*. **2.** (guter) Schütze. **~ prac·tice** *s mil.* Schießübung *f*. **~ range** *s* **1.** Schießstand *m*. **2.** Schußweite *f*: **within ~** in Schußweite. **~ sa·lute** *s mil.* Präsenˈtiergriff *m*. **~ shot** *s* **1.** Gewehrschuß *m*. **2.** → **rifle range** 2.

ri·fling [ˈraɪflɪŋ] *s* **1.** Ziehen *n* (*e-s Gewehrlaufs etc*). **2.** Züge *pl*, Drall *m*.

rift[1] [rɪft] **I** *s* **1.** Spalte *f*, Spalt *m*, Ritze *f*. **2.** Sprung *m*, Riß *m*: **a little ~ within the lute** *fig.* der Anfang vom Ende. **3.** *fig.* Riß *m*, Spaltung *f*, Entzweiung *f*. **II** *v/t* **4.** (zer)spalten. **III** *v/i* **5.** sich spalten, Risse bekommen.

rift[2] [rɪft] *s Am.* **1.** seichter Abschnitt (*e-s Flusses*). **2.** Gischt *f*.

rift| saw *s tech.* Gattersäge *f*. **~ val·ley** *s geol.* Senkungsgraben *m*.

rift·y [ˈrɪftɪ] *adj* rissig.

rig[1] [rɪg] **I** *v/t* **1.** *bes. mar.* in Ordnung bringen, gebrauchsfertig machen. **2.** *mar.* a) *das Schiff* auftakeln, b) *das Segel* anschlagen. **3.** **~ out, ~ up** a) ausrüsten, -statten, b) *colloq. j-n* ‚auftakeln', ˈausstafˌfieren. **4.** *oft* **~ up** (behelfsmäßig) ˈherrichten, zs.-bauen, -basteln, monˈtieren. **5.** *aer.* (auf)rüsten, monˈtieren. **II** *s* **6.** *mar.* a) Takelung *f*, b) Takeˈlage *f*. **7.** (behelfsmäßige) Vorrichtung. **8.** Ausrüstung *f*, Ausstattung *f*. **9.** *aer.* (Auf-) Rüstung *f*. **10.** *tech.* Bohranlage *f*, -turm *m*. **11.** *colloq.* Aufmachung *f*, -zug *m*: **in full ~** in voller Montur **12.** *Am.* Fuhrwerk *n*, Gespann *n*. **13.** *Am.* Sattelschlepper *m*.

rig[2] [rɪg] **I** *v/t* **1.** *econ. pol.* manipuˈlieren: **to ~ an election (the market)**; **to ~ the prices** die Preise *od.* Kurse (künstlich) in die Höhe treiben. **2.** *bes. Br. sl. od. dial.* foppen. **II** *s* **3.** (ˈSchwindel)Maˌnöver *n*, Schiebung *f*. **4.** *bes. Br. sl. od. dial.* a) Kniff *m*, Trick *m*, b) Possen *m*, Streich *m*: **to run a ~** etwas aushecken.

rig·ger[1] [ˈrɪgə(r)] *s* **1.** *mar.* a) Rigger *m*, Takler *m*, b) *pl* Deckmannschaft *f*, c) *in Zssgn* Schiff *n* mit ... Takelung. **2.** *aer.* Monˈteur *m*, (ˈRüst)Meˌchaniker *m*. **3.** *electr.* Kabelleger *m*. **4.** Schutzgerüst *n*. **5.** *tech.* Schnur-, Riemenscheibe *f*.

rig·ger[2] [ˈrɪgə(r)] *s econ.* Preis-, Kurstreiber *m*.

rig·ging [ˈrɪgɪŋ] *s* **1.** *mar.* Takeˈlage *f*, Takelwerk *n*, Gut *n*. **2.** *aer.* a) Verspannung *f*, b) Geleine *n* (*e-s Ballons*). **3.** → **rig**[1] 6 *u.* 11. **4.** *fig.* Manipuˈlieren *n*: **election ~** Wahlmanipulation *f*.

rig·ging| line *s aer.* Fallschirm(fang)leine *f*. **~ loft** *s* **1.** *mar.* Takelboden *m*. **2.** *thea.* Schnürboden *m*.

right [raɪt] **I** *adj* (*adv* → III *u.* **rightly**) **1.** richtig, recht, angemessen: **it is only ~** es ist nicht mehr als recht u. billig; **he is ~ to do** (*od.* **in doing**) **so** er hat recht *od.* er tut recht daran(, so zu handeln); **he does not do it the ~ way** er macht es nicht richtig; **the ~ thing** das Richtige; **to say the ~ thing** das rechte Wort finden; **to think it ~** es für richtig *od.* angebracht halten; **to know the ~ people** die richtigen Leute kennen, Beziehungen haben; → **all** *Bes. Redew.* **2.** richtig: a) korˈrekt, b) den Tatsachen entsprechend, wahr (-heitsgemäß): **the solution is ~** die Lösung stimmt *od.* ist richtig; **is your watch ~?** geht Ihre Uhr richtig?; **am I ~ for?** bin ich auf dem richtigen Weg nach?; **to be ~** recht haben; **~ you are!** richtig!, jawohl!; **that's ~!** ganz recht!, richtig!, stimmt! **3.** richtig, geeignet: **he is the ~ man** er ist der Richtige; **the ~ man in the ~ place** der rechte Mann am rechten Platz; **Mr. (Miss) R~** *colloq.* der (die) Richtige (*als Ehepartner*). **4.** gesund: **he is all ~** a) es geht ihm gut, er fühlt sich wohl, b) ihm ist nichts passiert; **out of one's ~ mind, not ~ in one's** (*od.* **the**) **head** *colloq.* nicht richtig (im Kopf), nicht ganz bei Trost; **in one's ~ mind, quite ~ in one's** (*od.* **the**) **mind** bei klarem Verstand; → **rain** 1. **5.** richtig, in Ordnung: **to come ~** in Ordnung kommen; **to put** (*od.* **set**) **~** a) in Ordnung bringen, b) *j-n* (über den Irrtum) aufklären, c) *e-n Irrtum* richtigstellen, d) *j-n* gesund machen; **to put o.s. ~ with s.o.** a) sich vor j-m rechtfertigen, b) sich mit j-m gut stellen. **6.** recht(er, e, es), Rechts...: **~ arm** a) rechter Arm, b) *fig.* rechte Hand (*Vertrauensperson*); **~ side** a) rechte Seite, Oberseite *f* (*a. von Stoffen, Münzen etc*), b) *fig.* schöne(re) Seite; **on** (*od.* **to**) **the ~ side** rechts, rechter Hand; **on the ~ side of 50** noch nicht 50 (Jahre alt); **to stay on the ~ side of s.o.** es sich mit j-m nicht verderben. **7.** *obs.* rechtmäßig: **the ~ heir**; **~ cognac** echter Kognak. **8.** *math.* a) rechter (*Winkel*), b) rechtwink(e)lig (*Dreieck*), c) gerade (*Linie*), d) senkrecht (*Figur*). **9.** *pol.* recht(er, e, es), rechtsgerichtet, Rechts...: **to be very ~** sehr weit rechts stehen. **10.** a) *colloq.* ‚richtig', ‚prima', ‚in Ordnung', b) *sl.* ‚gut dran', glücklich, in (bester) Form.

II *s* **11.** *bes. jur.* Recht *n*: **of ~, by ~s** von Rechts wegen, rechtmäßig, eigentlich; **in the ~** im Recht; **~ or wrong** Recht oder Unrecht; **to know ~ from wrong** Recht von Unrecht unterscheiden können; **to do s.o. ~** j-m Gerechtigkeit widerfahren lassen; **to give s.o. his ~s** j-m sein Recht geben *od.* lassen. **12.** *jur.* a) (*subjektives*) Recht, Anrecht *n*, (Rechts)Anspruch *m* (**to** auf *acc*), b) Berechtigung *f*: **~ of inheritance** Erbschaftsanspruch *m*; **~ of possession** Eigentumsrecht; **~ of sale** Verkaufs-, Vertriebsrecht; **~ to vote** Wahl-, Stimmrecht; **~s and duties** Rechte u. Pflichten; **all ~s reserved** alle Rechte vorbehalten; **by ~ of** kraft (*gen*), auf Grund (*gen*); **in ~ of his wife** a) im Namen s-r Frau, b) von seiten s-r Frau; **to stand on one's ~(s)** auf s-m Recht bestehen; **in one's own ~** a) aus eigenem Recht, b) selbständig, für sich (allein), selbst; **countess in her own ~** Gräfin *f* aus eigenem Recht (*durch Erbrecht, nicht durch Ehe*); **to be within one's own ~s** das Recht auf s-r Seite haben; **~ of way** → **right-of-way**; **what ~ have they to do that?** mit welchem Recht tun sie das?; **equal ~s for women** die Gleichberechtigung der Frau. **13.** *econ.* a) (Ankaufs-, Vorkaufs)Recht *n*, Berechtigung *f*, b) *oft pl* Bezugsrecht *n* (*auf Aktien od. Obligationen*), c) Bezug(s)schein *m*. **14.** (*das*) Rechte *od.* Richtige: **to do the ~**. **15.** *pl* (richtige) Ordnung: **to bring** (*od.* **put** *od.* **set**) **s.th. to ~s** etwas (wieder) in Ordnung bringen. **16.** *pl* wahrer Sachverhalt: **to know the ~s of a case.** **17.** (*die*) Rechte, rechte Seite (*a. von Stoff*): **on** (*od.* **at** *od.* **to**) **the ~ (of)** zur Rechten (*gen*), rechts (von), auf der rechten Seite (von), rechter Hand (von); **on our ~** zu unserer Rechten, uns zur Rechten; **the second turning to** (*od.* **on**) **the ~** die zweite Querstraße rechts; **to keep to the ~** a) sich rechts halten, b) *mot.* rechts fahren. **18.** rechte Hand, Rechte *f*. **19.** *Boxen*: Rechte *f* (*Hand od. Schlag*). **20. the ~,** *a.* **the R~** *pol.* die Rechte. **21.** *pl hunt.* unterste Enden *pl* (*des Hirschgeweihs*).

III *adv* **22.** gerade(wegs), (schnur-) stracks, diˈrekt, soˈfort: **he went ~ into the room**; **~ ahead, ~ on** geradeaus. **23.** völlig, ganz (u. gar), diˈrekt: **to turn ~ round** sich ganz herumdrehen; **rotten ~ through** durch u. durch faul. **24.** genau, gerade, diˈrekt: **~ in the middle.** **25.** *a.* **~ away, ~ off** soˈfort, (so)ˈgleich: **~ after dinner**; **~ now** (gerade) jetzt, augenblicklich, im Moment. **26.** richtig, recht: **to act** (*od.* **do**) **~** richtig handeln; **to guess ~** richtig (er)raten; **if I get you ~** wenn ich Sie richtig verstehe. **27.** *obs.* recht, ganz: **to know ~ well** sehr wohl *od.* recht gut wissen. **28.** recht, richtig, gut: **nothing goes ~ with me** (bei) mir geht alles schief; **to turn out ~** gut ausgehen. **29.** rechts (**from** von; **to** nach), auf der rechten Seite, rechter Hand: **to turn ~** (sich) nach rechts wenden; **~ and left** a) rechts u. links, b) *fig. a.* ~, **left and center** (*bes. Br.* **centre**) überall; ~ **about face!** *mil.* (ganze Abteilung,) kehrt! **30.** *dial. od. colloq.* ‚richtig', ‚ordentlich': I **was ~ glad. 31.** hoch, sehr (*in Titeln*): → **honorable** 5, **reverend** 2.

IV *v/t* **32.** (aus-, auf)richten, in die richtige Lage bringen: **to ~ the machine** *aer.* die Maschine abfangen; **the boat ~s herself** das Schiff richtet sich wieder auf. **33.** *e-n Fehler, Irrtum* berichtigen: **to ~ itself** a) sich wieder ausgleichen, b) (wieder) in Ordnung kommen. **34.** *ein Zimmer etc* (ˈher)richten, in Ordnung bringen. **35.** *Unrecht, Schaden etc* wiederˈgutmachen. **36.** a) *j-m* zu s-m Recht verhelfen, b) (o.s. sich) rehabiliˈtieren.

V *v/i* **37.** a) sich (wieder) aufrichten, b) in die richtige Lage kommen.

ˈright|·a·bout I *s* Kehrtwendung *f*: **to send s.o. to the ~** *colloq.* j-m ‚heimleuchten'. **II** *adj* Kehrt...: ~ **face** (*od.* **turn**) a) Kehrtwendung *f* (*a. fig.*), b) *mar.* Drehung *f* auf Gegenkurs. **III** *adv* rechtsˈum, kehrt. **ˌ~-and-ˈleft I** *adj* **1.** rechts u. links (passend), Rechts-links-... **2.** *hunt.* aus beiden Gewehrläufen: ~ **shot** → 3 a. **II** *s* **3.** Duˈblette *f*: a) *hunt.* Doppelschuß *m*, b) *Boxen*: Rechts-ˈLinks-Schlag *m*. **ˈ~-ˌan·gle(d)** *adj math.* rechtwink(e)lig. **ˈ~-bank** *aer.* **I** *v/i* e-e Rechtskurve machen *od.* drehen. **II** *v/t das Flugzeug* nach rechts wenden. **~cen·ter,** *bes. Br.* **~ cen·tre** *s* **1.** rechte Mitte. **2.** *meist* **R~ C~** *pol.* gemäßigte Rechte. **ˈ~-down** *adj u. adv* ‚regelrecht', ausgesprochen.

right·en [ˈraɪtn] *v/t* in Ordnung bringen.

right·eous [ˈraɪtʃəs] **I** *adj* (*adv* **~ly**) **1.** rechtschaffen, *bes. relig.* gerecht. **2.** gerecht(fertigt), berechtigt: ~ **indignation at** gerechter Zorn über (*acc*); **a ~ cause** e-e gerechte Sache. **3.** *contp.* selbstgerecht, tugendhaft. **II** *s* **4. the ~** *bes. relig.* die Gerechten *pl*. **ˈright·eous·ness** *s* Rechtschaffenheit *f*.

ˈright·ful *adj* (*adv* **~ly**) **1.** rechtmäßig: **the ~ owner; his ~ property. 2.** gerecht, berechtigt: **a ~ cause** e-e gerechte Sache. **ˈright·ful·ness** *s* **1.** Rechtmäßigkeit *f*. **2.** Rechtlichkeit *f*.

ˈright|-hand *adj* **1.** recht(er, e, es): ~ **glove**; ~ **bend** Rechtskurve *f*; ~ **man** a) *bes. mil.* rechter Nebenmann, b) *fig.* rechte Hand (*Vertrauensperson*). **2.** rechtshändig, mit der rechten Hand (ausgeführt): ~ **blow** (*Boxen*) Rechte *f*. **3.** *bes. tech.* rechtsgängig, -läufig, Rechts...: ~ **drive** Rechtssteuerung *f*; ~ **engine** rechtsläufiger Motor; ~ **motion** Rechtsgang *m*; ~ **rotation** Rechtsdrehung *f*; ~ **screw** rechtsgängige Schraube; ~ **thread** Rechtsgewinde *n*; ~ **twist** Rechtsdrall *m*. **ˌ~-ˈhand·ed I** *adj* **1.** rechtshändig: ~ **person** Rechtshänder (-in). **2.** → **right-hand** 2 *u.* 3. **II** *adv* **3.** mit der rechten Hand. **ˌ~-ˈhand·er** *s* **1.** Rechtshänder(in). **2.** *Boxen*: Rechte *f*.

right·ism [ˈraɪtɪzəm] *s pol.* ˈRechtspoliˌtik *f*, -orienˌtierung *f*. **ˈright·ist** *pol.* **I** *s* **1.** ˈRechtspoˌlitiker(in), Rechtsstehende(r *m*) *f*, Konservaˈtive(r *m*) *f*. **2.** Reaktioˈnär(in). **II** *adj* **3.** rechtsstehend, -gerichtet, Rechts..., konservaˈtiv.

ˈright-ˌlean·ing *adj pol.* nach rechts tenˈdierend.

right·ly [ˈraɪtlɪ] *adv* **1.** richtig. **2.** mit Recht. **3.** *colloq.* **I don't ~ know** ich weiß nicht genau; **I can't ~ say** ich kann nicht mit Sicherheit sagen.

ˌright-ˈmind·ed *adj* rechtschaffen.

right·ness [ˈraɪtnɪs] *s* **1.** Richtigkeit *f*. **2.** Rechtmäßigkeit *f*. **3.** Angemessenheit *f*. **4.** Geradheit *f*.

right·o [ˌraɪtˈəʊ] *interj bes. Br. colloq.* in Ordnung!, schön!, jaˈwohl!

ˌright|-of-ˈway *pl* **ˌ~s-of-ˈway** *s* **1.** *Verkehr*: a) Vorfahrt(srecht *n*) *f*: → **yield** 5, b) Vorrang *m* (*e-r Straße etc*; *a. fig.*): **it's my ~** ich habe Vorfahrt. **2.** Wege-, ˈDurchfahrtsrecht *n*. **3.** öffentlicher Weg. **4.** *Am.* zu öffentlichen Zwecken beanspruchtes (*z. B.* Bahn)Gelände.

right·oh → **righto**.

ˌright-to-ˈlif·er *s* Abtreibungsgegner (-in).

right·ward [ˈraɪtwə(r)d] **I** *adj* nach rechts, Rechts... **II** *adv* nach rechts. **ˈright·wards** → **rightward** II.

right| whale *s zo.* Nordwal *m*. **~ wing** *s* **1.** *bes. mil. pol. sport* rechter Flügel. **2.** *sport* Rechtsˈaußen *m*. **ˈ~-wing** *adj pol.* dem rechten Flügel angehörend, Rechts...

rig·id [ˈrɪdʒɪd] *adj* (*adv* **~ly**) **1.** starr, steif, unbiegsam. **2.** *bes. tech.* a) starr, unbeweglich, b) (stand-, form)fest, staˈbil: ~ **suspension** starre Aufhängung; ~ **frame** starrer Rahmen. **3.** *aer.* starr, Trag...: ~ **airship** Starrluftschiff *n*; ~ **helicopter** Tragschrauber *m*. **4.** *fig.* a) streng: ~ **discipline (faith, rules,** *etc*), b) starr: ~ **policy**; ~ **principles**, c) genau, strikt: ~ **control**, d) unbeugsam, streng, hart (to gegen). **5.** *relig.* streng(gläubig): **a ~ Catholic. 6.** *jur.* festverankert: ~ **constitution. riˈgid·i·ty** *s* **1.** Starrheit *f*, Steifheit *f*, Starre *f*. **2.** Härte *f*. **3.** *tech.* a) Starrheit *f*, Unbeweglichkeit *f*, b) (Stand-, Form)Festigkeit *f*, c) Steifigkeit *f*, Steife *f*. **4.** *fig.* Strenge *f*, Härte *f*, Unnachgiebigkeit *f*.

rig·ma·role [ˈrɪgmərəʊl] *s* **1.** (sinnloses) Geschwätz, Faseˈlei *f*, Salbadeˈrei *f*: **to tell a long ~** lang u. breit erzählen. **2.** *iro.* Hokusˈpokus *m*: **the ~ of research laboratories.**

rig·or[1], *bes. Br.* **rig·our** [ˈrɪgə(r)] *s* **1.** Strenge *f*, Härte *f*. **2.** Härte(akt *m*) *f*. **3.** Härte *f*, Strenge *f* (*des Winters*), Rauheit *f* (*des Klimas*): **the ~s of the weather** die Unbilden der Witterung. **4.** Exˈaktheit *f*, Schärfe *f*. **5.** Steifheit *f*, Starrheit *f*.

rig·or[2] [ˈrɪgə(r)] *s med.* **1.** Schüttel-, Fieberfrost *m*. **2.** Starre *f*: → **rigor mortis**.

rig·or·ism [ˈrɪgərɪzəm] *s* **1.** ˈübermäßige Härte *od.* Strenge. **2.** (peinliche) Genauigkeit (*im Stil*). **3.** Sitten-, Glaubensstrenge *f*. **4.** *philos.* Rigoˈrismus *m* (*in der Ethik*). **ˈrig·or·ist I** *s* Rigoˈrist *m*. **II** *adj* rigoˈristisch, streng.

ri·gor mor·tis [ˌraɪgɔːˈmɔːtɪs; *Am.* ˌrɪgərˈmɔːrtəs] *s med.* Leichenstarre *f*.

rig·or·ous [ˈrɪgərəs] *adj* (*adv* **~ly**) **1.** rigoˈros, streng, hart: ~ **measures. 2.** (peinlich) genau, exˈakt, strikt: ~ **accuracy** peinliche Genauigkeit. **3.** a) streng, hart (*Winter*), b) rauh, unfreundlich (*Klima etc*).

rig·our *bes. Br. für* **rigor**[1].

ˈrig-out *Br.* → **rig**[1] 11.

Rigs·dag [ˈrɪgzdɑːg] *s* Reichstag *m* (*dänisches Parlament*).

Rig-Ve·da [ˌrɪgˈveɪdə] *s* Rigˈweda *m* (*altindische Hymnensammlung*; *erster Teil der Veden*).

Riks·dag [ˈrɪksdɑːg] *s* Reichstag *m* (*schwedisches Parlament*).

rile [raɪl] *v/t* **1.** *colloq.* ärgern, reizen: **to be ~d at** aufgebracht sein über (*acc*). **2.** *Am. Wasser etc* aufwühlen.

ri·lie·vo [ˌrɪlɪˈeɪvəʊ] *pl* **-vi** [-viː] *s art* Reliˈef *n*.

rill[1] [rɪl] **I** *s* Bächlein *n*, Rinnsal *n*. **II** *v/i* rinnen, rieseln.

rill[2], **rille** [rɪl] *s astr.* Mondfurche *f*, -graben *m*.

rim [rɪm] **I** *s* **1.** Rand *m*: ~ **of a bowl (coin, ocean,** *etc*); **~-fire** *mil.* Randfeuer...; **~land** *geogr.* Randlandgebiet(e *pl*) *n*. **2.** Rand *m*, Krempe *f*: a) *e-s Huts*, b) *mil. e-r Patronenhülse*. **3.** *tech.* a) Felge *f*: ~ **brake** Felgenbremse *f*, b) (Rad-)Kranz *m*, Felgenband *n*, c) *Tischlerei*: Zarge *f*, d) *Spinnerei*: Aufwinder *m* (*der Mulemaschine*). **4.** (Brillen)Rand *m*, (-)Fassung *f*. **5.** *Am.* Arbeitsplatz *m* der (ˈZeitungs)Korrekˌtoren. **II** *v/t* **6.** (ein-) fassen, umˈranden, mit e-m Rand *etc* versehen. **7.** *tech. das Rad* (be)felgen. **8.** *sport* um den Rand *des Lochs* laufen (*Golfball*).

ri·ma [ˈraɪmə] *pl* **-mae** [-miː] (*Lat.*) *s anat. biol.* Ritze *f*, Spalt *m*. **~ glot·ti·dis** [ˈglɒtɪdɪs; *Am.* ˈglɑt-] *s* Glottis *f*, Stimmritze *f*.

rime[1] [raɪm] *meist poet.* **I** *s* **1.** *a.* ~ **frost** (Rauh)Reif *m*, Rauhfrost *m*. **2.** Kruste *f*. **II** *v/t* **3.** mit Reif bedecken, bereifen: **~d** bereift.

rime[2] → **rhyme**.

rim·er [ˈraɪmə(r)] → **rhymer**.

rim·less [ˈrɪmlɪs] *adj* randlos (*a. Brille*), ohne Rand.

rimmed [rɪmd] *adj* **1.** mit e-m Rand *od.* e-r Krempe (versehen): **gold-~ glasses** Brille *f* mit Goldrand *od.* -fassung, goldene Brille; **broad-~** breitrandig. **2.** *tech.* befelgt, mit Felgen (versehen) (*Rad*).

ri·mose [raɪˈməʊs; *Am.* ˈraɪˌm-], **ˈrim·ous** [-məs] *adj bes. bot. zo.* rissig, zerklüftet.

ˈrim|ˌrock *s geol.* (*westliche USA*) Randfelsen *m*. **~ saw** *s tech.* Kreissäge *f* mit getrenntem Zahnkranz.

rim·y [ˈraɪmɪ] *adj meist poet.* mit Reif bedeckt, bereift.

rind [raɪnd] **I** *s* **1.** *bot.* (Baum)Rinde *f*, Borke *f*. **2.** (Brot-, Käse)Rinde *f*, Kruste *f*. **3.** (Speck)Schwarte *f*. **4.** (Obst-, Gemüse-)Schale *f*. **5.** *zo.* Haut *f* (*bes. von Walen*). **6.** Schale *f*, (*das*) Äußere. **II** *v/t* **7.** die Rinde *etc* entfernen von, (ab)schälen, *Bäume* entrinden.

rin·der·pest [ˈrɪndə(r)pest] *s vet.* Rinderpest *f*.

ring[1] [rɪŋ] **I** *s* **1.** *allg.* Ring *m* (*a. bot. chem. u. fig.*): **~s of smoke** Rauchringe *od.* -kringel; ~ **of atoms** *phys.* Atomring; ~ **of forts** Festungsgürtel *m*, -ring; **at the ~s** (*Turnen*) an den Ringen; **to form a ~** e-n Kreis bilden (*Personen*); **to have (livid) ~s round one's eyes** (dunkle) Ringe um die Augen haben; **to run ~s (a)round s.o.** *fig.* ‚j-n in die Tasche stecken'; → **Ring cycle**. **2.** *tech.* a) Ring *m*, Glied *n* (*e-r Kette*), b) Öse *f*, Öhr *n*. **3.** *math.* Ring(fläche *f*) *m*. **4.** *astr.* Hof *m*. **5.** (Kräusel)Locke *f*. **6.** a) Maˈnege *f*, b) (Box)Ring *m*: **the ~** *weitS.* das (Berufs)Boxen, der Boxsport, c) *fig.* Aˈrena *f*, (*bes.* poˈlitisches) Kampffeld: **to be in the ~ for** kämpfen um. **7.** *Pferderennen*: a) Buchmacherplatz *m*, b) *collect.* (*die*) Buchmacher *pl*. **8.** *econ.* a) (Spekulatiˈons-) Ring *m*, Aufkäufergruppe *f*, b) Ring *m*, Karˈtell *n*, Syndiˈkat *n*. **9.** a) (Verbrecher-, Spioˈnage- *etc*)Ring *m*, b) Clique *f*. **10.** *arch.* a) Bogenverzierung *f*, b) Riemchen *n* (*an Säulen*). **11.** Teller *m* (*am Skistock*).

II *v/t* **12.** a) *meist* ~ **about** (*od.* **around, round**) umˈringen, umˈgeben, umˈkreisen, einkreisen, b) *Vieh* umˈreiten, zs.-treiben. **13.** e-n Ring bilden aus. **14.** beringen, *e-m Tier* e-n Ring durch die Nase ziehen. **15.** in Ringe schneiden: **to ~ onions. 16.** *e-n Baum* ringeln.

III *v/i* **17.** sich im Kreis bewegen. **18.** *hunt.* kreisen (*Falke etc*).

ring[2] [rɪŋ] **I** *s* **1.** Geläute *n*: a) Glockenklang *m*, -läuten *n*, b) Glockenspiel *n* (*e-r Kirche*). **2.** Läuten *n*, Klingeln *n* (*Rufzei-*

chen). **3.** (Teleˈfon)Anruf *m*: **to give s.o. a ~** j-n anrufen. **4.** Erklingen *n*, Ertönen *n*, Schall *m*. **5.** Klingen *n*, Klang *m* (*e-r Münze, der Stimme etc*): **the ~ of truth** *fig.* der Klang der Wahrheit, der echte Klang; **to have the ~ of truth (authenticity)** wahr (echt) klingen; **that has a familiar ~ to me** das kommt mir (irgendwie) bekannt vor; **to have a hollow ~** *fig.* a) hohl klingen (*Versprechen etc*), b) unglaubwürdig klingen (*Protest etc*). **II** *v/i pret* **rang** [ræŋ], *selten* **rung** [rʌŋ], *pp* **rung** [rʌŋ] **6.** läuten, klingen (*Glocke*), klingeln (*Glöckchen*): **the bell ~s** (*od.* **is ~ing**) es läutet; **to ~ at the door** klingeln, *fig.* um Einlaß bitten; **to ~ for s.o.** nach j-m klingeln. **7.** *oft* **~ out** erklingen, (er)schallen, (er)tönen (*a. Schuß*). **8.** klingen (*Münze etc*): **my ears ~** mir klingen die Ohren. **9.** *a.* **~ again** *fig.* ˈwiderhallen (**with** von), nachklingen: **his words rang true** s-e Worte klangen wahr *od.* echt; → **hollow** 10. **III** *v/t* **10.** *e-e Glocke* läuten: **to ~ the bell** a) klingeln, läuten, b) *fig.* → **bell¹** 1, **change** 19. **11.** *ein Instrument, fig. j-s Lob etc* erklingen *od.* erschallen lassen: **to ~ s.o.'s praises. 12.** *e-e Münze* klingen lassen. **13.** → **ring up** 2.

Verbindungen mit Adverbien:

ring| a·round *v/i teleph. bes. Br.* herˈumtelefoˌnieren. **~ back** *v/t u. v/i teleph.* zuˈrückrufen. **~ down I** *v/i thea.* das (Klingel)Zeichen zum Fallen des Vorhangs geben, den Vorhang niedergehen lassen. **II** *v/t* **to ~ the curtain** a) *thea.* → I, b) *fig.* ein Ende bereiten (**on** *dat*), c) *fig.* e-n Schlußstrich ziehen (**on** unter *acc*). **~ in I** *v/t* **1.** *ein Fest* einläuten: **to ~ the new year. 2.** *bes. Am. colloq. j-n od. etwas* einschmuggeln. **II** *v/i* **3.** *teleph. bes. Br.* sich teleˈfonisch melden (**to** bei). **4.** *Am.* (*bei Arbeitsbeginn*) einstempeln. **~ off** *v/i bes. Br.* **1.** *teleph.* (den Hörer) auflegen, Schluß machen. **2.** *sl.* den Mund zumachen. **~ out I** *v/t* **1.** *ein Fest* ausläuten: **to ~ the old year. II** *v/i* **2.** → **ring²** 7. **3.** *Am.* (*bei Arbeitsende*) ausstempeln. **~ round** → **ring around. ~ up I** *v/i* **1.** *thea.* das (Klingel)Zeichen zum Hochgehen des Vorhangs geben, den Vorhang hochgehen lassen. **II** *v/t* **2. to ~ the curtain** a) *thea.* → 1, b) *fig.* das (Start-) Zeichen geben (**on** zu). **3.** *Preise* (in die Kasse) eintippen. **4.** *Am.* a) *Überschüsse etc* verzeichnen, b) *Triumphe etc* feiern.

ring| ar·ma·ture *s electr.* Ringanker *m.* **ˈ~-aˌround-a-ˈros·y** *s* ‚Maˈriechensaß-auf-einem-Stein' *n* (*Kinderspiel*). **ˈ~-bark** *v/t e-n Baum* ringeln. **~ bind·er** *s* Ringbuch *n.* **ˈ~·bolt** *s tech.* Ringbolzen *m.* **~ boot** *s* Fesselschutz *m* (*für Pferde*). **~ cir·cuit** *s Mikrowellentechnik*: Ringkreis *m.* **~ com·pound** *s chem.* Ringverbindung *f.* **R~ cy·cle** *s mus.* Ring (-zyklus) *m*, Ring *m* des Nibelungen (*von Richard Wagner*). **~ de·fence,** *Am.* **~ de·fense** *s mil.* Flaksperrgürtel *m.* **ˈ~·dove** *s orn.* **1.** Ringeltaube *f.* **2.** Lachtaube *f.*

ringed [rɪŋd] *adj* **1.** a) beringt (*Hand etc*), b) *fig.* verheiratet. **2.** *bot. zo.* Ringel...: **~ worm; ~ plover** → **ring plover; ~ turtle dove** → **ringdove. 3.** umˈringt, eingeschlossen. **4.** ringförmig.

ring·er¹ [ˈrɪŋə(r)] *s* a) *Wurfringspiel*: richtig geworfener Ring, b) *Hufeisenwerfen*: *Am.* richtig geworfenes Hufeisen, c) zählender Wurf, Treffer *m.*

ring·er² [ˈrɪŋə(r)] *s* **1.** Glöckner *m.* **2.** *teleph.* Rufstromgeber *m.* **3.** a) *Pferderennen*: *vertauschtes Pferd,* b) *j-d, der sich in e-n Wettkampf etc einschmuggelt.* **4.** *sl.* Doppelgänger(in), (genaues) Ebenbild, ‚Zwilling' *m* (**for** von): **to be a dead** (*od.* **real**) **~ for s.o.** j-m aufs Haar gleichen.

ring| fence *s* Umˈzäunung *f.* **~ fin·ger** *s* Ringfinger *m.*

ring·ing [ˈrɪŋɪŋ] **I** *s* **1.** (Glocken)Läuten *n.* **2.** Klingeln *n.* **3.** Klingen *n*: **he has a ~ in his ears** ihm klingen die Ohren. **4.** a) *TV* Bildverdopp(e)lung *f*, b) *Radio*: gedämpfte Schwingung. **II** *adj* (*adv* **~ly**) **5.** klingend, schallend, laut: **~ cheers** brausende Hochrufe; **~ laugh** schallendes Gelächter. **6.** *fig.* zündend: **a ~ appeal. 7. ~ tone** *teleph. Br.* Freiton *m*, -zeichen *n.*

ˈringˌlead·er *s* Rädelsführer *m.*

ring·let [ˈrɪŋlɪt] *s* **1.** Ringlein *n.* **2.** (Ringel)Löckchen *n.* **ˈring·let·ed** *adj* lockig, gelockt.

ring| lu·bri·ca·tion *s tech.* Ringschmierung *f.* **~ mail** *s mil. hist.* Kettenpanzer *m.* **ˈ~·man** [-mən] *s irr Pferderennen*: *Br.* Buchmacher *m.* **ˈ~ˌmas·ter** *s* ˈZirkusdiˌrektor *m.* **ˈ~·neck** *s orn. für verschiedene Vögel mit farbigem Halsstreifen*: a) → **ring plover**, b) → **ring-necked duck**, c) → **ring-necked pheasant.**

ˈring-necked *adj bes. orn.* mit farbigem Halsstreifen. **~ duck** *s orn.* Amer. Kragenente *f.* **~ pheas·ant** *s orn.* ˈRingfaˌsan *m.*

ring| net *s* **1.** Ringnetz *n* (*zum Lachsfang*). **2.** Schmetterlingsnetz *n.* **~ oil·er** *s tech.* Ringöler *m.* **~ ou·zel** *s orn.* Ringdrossel *f.* **~ par·a·keet, ~ par·rot** *s orn.* Halsbandsittich *m.* **~ plov·er** *s orn.* Halsbandregenpfeifer *m.* **~ road** *s bes. Br.* **1.** Umˈgehungsstraße *f* (*um e-e Stadt*). **2.** Ringstraße *f* (*um ein Stadtviertel*). **ˈ~side I** *s*: **at the ~** (*Boxen*) am Ring. **II** *adj*: **~ seat** a) Ringplatz *m*, b) Manegenplatz *m*; **to have a ~ seat** *fig.* ein Ereignis *etc* aus nächster Nähe verfolgen (können). **~ snake** *s zo.* Ringelnatter *f.* **~ stand** *s chem.* Staˈtiv *n.*

ring·ster [ˈrɪŋstə(r)] *s bes. pol. Am. colloq.* Mitglied *n* e-s Ringes *od.* e-r Clique.

ˌring|-the-ˈbull *s Br.* Ringwerfen *n* (*Spiel*). **~ thrush** *s orn.* Ringdrossel *f.* **ˈ~·wall** *s* Ringmauer *f.* **ˈ~·worm** *s med. vet.* Scherpilzflechte *f*: **crusted ~** (Kopf-) Grind *m.*

rink [rɪŋk] **I** *s* **1.** *a.* **skating ~** a) (*bes.* Kunst)Eisbahn *f*, b) Rollschuhbahn *f.* **2.** a) *Bowls*: Spielfeld *n*, b) *Curling*: Rink *m*, Bahn *f.* **3.** *Bowls, Curling*: Mannschaft *f.* **II** *v/i* **4.** Schlittschuh laufen. **5.** Rollschuh laufen.

rink·y-dink [ˈrɪŋkɪˌdɪŋk] *adj u. s Am. colloq.* altmodisch(er Mensch).

rinse [rɪns] **I** *v/t* **1.** *oft* **~ out** (ab-, aus-, nach)spülen, ausschwenken. **2.** *Wäsche etc* spülen. **3.** *chem.* entseifen. **4.** *Haare* tönen. **II** *s* **5.** Spülung *f*: **to give s.th. a good ~** etwas gut (ab- *od.* aus)spülen. **6.** Spülmittel *n.* **7.** Tönung *f* (*für Haar*): **red ~. ˈrins·ing** *s* **1.** (Aus)Spülen *n*, Spülung *f.* **2.** *meist pl* a) Spülwasser *n*, Spülicht *n*, b) (ˈÜber)Rest *m* (*a. fig.*).

ri·ot [ˈraɪət] **I** *s* **1.** *bes. jur.* Aufruhr *m*, Zs.-rottung *f*: **R~ Act** *Br. hist.* Aufruhrakte *f* (*1715*); **to read the ~ act to s.o.** j-m die Leviten lesen, j-n (ernstlich) warnen; **~ call** *Am.* Hilfeersuchen *n* (*der Polizei bei Aufruhr*); **~ gun** Straßenkampfwaffe *f* (*Art Schrotgewehr*); **~ police, ~ squad** Überfallkommando *n*, Bereitschaftspolizei *f*; **~ shield** Schutzschild *m* (*der Polizisten gegen Demonstranten etc*); **~ stick** Schlagstock *m.* **2.** Tuˈmult *m*, Kraˈwall *m*, Lärm *m.* **3.** *fig.* Aufruhr *m* (*der Gefühle*), Ausbruch *m* (*von Leidenschaften etc*). **4.** a) Zügellosigkeit *f*, Ausschweifung *f*, b) Schwelgeˈrei *f*, Orgie *f*, c) *fig.* Orgie *f*: **~ of colo(u)r; to run ~** (sich aus)toben (*Person*), *bot.* wuchern (*Pflanze*), *hunt.* e-e falsche Fährte verfolgen (*Jagdhund*), *fig.* durchgehen (*Phantasie etc*); **he (it) is a ~** *colloq.* er (es) ist einfach ‚toll', *meist* er (es) ist zum Schreien (komisch). **II** *v/i* **5.** a) an e-m Aufruhr teilnehmen, b) e-n Aufruhr anzetteln. **6.** randaˈlieren, toben. **7.** in Saus u. Braus leben, schwelgen (*a. fig.*) (**in** in *dat*). **III** *v/t* **8.** *sein Leben etc* in Saus u. Braus zubringen. **ˈri·ot·er** *s* **1.** Aufrührer *m.* **2.** Randaˈlierer *m*, Kraˈwallmacher *m.* **ˈri·ot·ous** *adj* (*adv* **~ly**) **1.** aufrührerisch: **~ assembly** *jur.* Zs.-rottung *f.* **2.** tumultuˈarisch, tobend, lärmend. **3.** ausgelassen, wild, toll. **4.** zügellos, ausschweifend, wild. **5.** üppig, ‚wild': **~ colo(u)rs.**

rip¹ [rɪp] **I** *v/t* **1.** (zer)reißen, (-)schlitzen, *ein Kleid etc* zer-, auftrennen: **to ~ up** a) *a.* **to ~ open** aufreißen (*a. Straße etc*), aufschlitzen, -trennen, b) *mar. ein altes Schiff* abwracken, c) *e-e alte Wunde* wieder aufreißen (*a. fig.*). **2.** a) *meist* **~ out** (her)ˈaustrennen, -reißen (**of** aus), b) **~ off** los-, abtrennen, -reißen, *fig. sl. etwas* ‚mitgehen lassen', *Bank etc* ausrauben, *j-n* ‚ausnehmen', ‚neppen'. **3. ~ out** *e-n Fluch etc* ausstoßen. **II** *v/i* **4.** reißen, (auf)platzen. **5.** *colloq.* sausen, rasen: **to let s.th. ~** e-r Sache freien Lauf lassen; **let her ~!** *mot.* ‚drück auf die Tube!'; **to ~ into** *fig.* losgehen auf *j-n.* **6. to ~ out with an oath** e-n Fluch ausstoßen. **III** *s* **7.** Schlitz *m*, Riß *m.*

rip² [rɪp] *s mar.* Kabbelung *f.*

ri·par·i·an [raɪˈpeərɪən; rɪ-] **I** *adj* **1.** Ufer...: **~ owner** → 3. **II** *s* **2.** Uferbewohner(in). **3.** *jur.* Uferanlieger *m.* **ri·ˈpar·i·ous** *adj bot. zo.* am Ufer lebend, Ufer...

rip cord *s aer.* Reißleine *f.*

ripe [raɪp] **I** *adj* (*adv* **~ly**) **1.** reif: a) zeitig (*Getreide, Obst, Ernte*), b) ausgereift: **~ cheese; ~ port**, c) voll entwickelt, herˈangereift: **a ~ girl; a ~ beauty** e-e reife Schönheit, d) *med.* operatiˈonsreif: **~ cataract; ~ tumo(u)r. 2.** schlachtreif: **~ cattle. 3.** *hunt.* abschußreif: **~ game. 4.** schlagreif: **~ woods. 5.** *fig.* voll, blühend: **~ lips. 6.** *fig.* reif, gereift: **at a ~ old age** in reifem Alter; **a ~ artist** ein vollendeter Künstler; **~ judg(e)ment** reifes Urteil; **a ~ plan** ein ausgereifter Plan. **7.** reif, vollˈendet, *Bibl.* erfüllt: **time is ~** die Zeit ist reif (**for** für). **8.** fertig, bereit, reif (**for** für): **~ for development** baureif. **9.** *colloq.* deftig (*Witz etc*). **II** *v/t u. v/i bes. poet. für* **ripen.**

rip·en [ˈraɪpən] **I** *v/i* **1.** *a. fig.* reifen, reif werden. **2.** sich (voll) entwickeln, herˈanreifen (**into** zu). **II** *v/t* **3.** reifen lassen (*a. fig.*).

ripe·ness [ˈraɪpnɪs] *s* **1.** Reife *f.* **2.** *fig.* Reife *f*: a) Gereiftheit *f*, b) Vollˈendung *f.*

ˈrip-off *s sl.* **1.** Diebstahl *m.* **2.** ˈRaub (-ˌüberfall) *m.* **3.** ‚Nepp' *m*: **~ joint** Nepplokal *n.* **4.** ‚Beschiß' *m.*

ri·poste [rɪˈpɒst; *bes. Am.* rɪˈpəʊst] **I** *s* **1.** *fenc.* Riˈposte *f*, Nachstoß *m.* **2.** *fig.* a) schlagfertige Erwiderung, b) scharfe Antwort. **II** *v/i* **3.** *fenc.* ripoˈstieren, e-e Riˈposte ausführen. **4.** *fig.* (schlagfertig *od.* scharf) kontern.

rip·per [ˈrɪpə(r)] *s* **1.** Trennmesser *n.* **2.** *tech.* a) ˈTrennmaˌschine *f*, b) ˈAufreißmaˌschine *f* (*für Straßenpflaster etc*), c) → **ripsaw** I. **3.** *meist* **~ act, ~ bill** *jur. Am. sl. Gesetz, das Vollmacht zu einschneidenden (Personal)Veränderungen gibt.* **4.** *sl.* a) ˈPrachtexemˌplar *n*, b) Prachtkerl *m.* **5.** *Mörder, der seine Opfer aufschlitzt.*

rip·ping [ˈrɪpɪŋ] *adj* (*adv* **~ly**) **1.** spaltend, (auf)trennend, (-)schlitzend: **~ bar** Brechstange *f*; **~ chisel** Stemmeisen *n*,

Stechbeitel *m.* **2.** *obs. bes. Br. sl.* prächtig, ‚prima', ‚toll'.

rip·ple[1] [ˈrɪpl] **I** *v/i* **1.** (kleine) Wellen schlagen, sich kräuseln. **2.** (daˈhin)plätschern (*a. fig. Gespräch etc*), (daˈhin)rieseln, murmeln. **3.** (leicht) wogen (*Ährenfeld*): **to ~ in the wind. 4.** spielen (*Muskeln*). **II** *v/t* **5.** *Wasser* leicht bewegen *od.* aufrühren, kräuseln. **6.** in wellenartige *od.* wogende Bewegung versetzen. **III** *s* **7.** a) Kräuselung *f* (*von Wasser, Sand*), b) *pl* kleine Wellen *pl*, Kabbelung *f*, c) → **ripple mark; to cause a ~ (on the surface)** *fig.* a) für Aufsehen sorgen, b) Eindruck machen. **8.** Rieseln *n*, Plätschern *n*. **9.** *electr.* kleine Welle, Welligkeit *f*. **10.** *fig.* Daˈhinplätschern *n*, (sanftes) Auf u. Ab, Welle *f*: **~ of conversation** munter dahinfließende Konversation; **~ of laughter** leises *od.* gedämpftes Lachen. **11.** Spiel *n* (*der Muskeln*). **IV** *adj* **12.** *electr.* pulˈsierend, Brumm..., Welligkeits...: **~ voltage** Brummspannung *f*.

rip·ple[2] [ˈrɪpl] **I** *s* Riffelkamm *m*. **II** *v/t* *Flachs* riffeln.

rip·ple| cloth *s* Ziberˈline *f* (*angerauhter Wollstoff*). **~cur·rent** *s electr.* Brummstrom *m*. **~mark** *s geol.* Rippelmarke *f*.

rip·ply [ˈrɪplɪ] *adj* **1.** wellig, gekräuselt. **2.** *fig.* murmelnd.

ˈrip|-ˌroar·ing *adj colloq.* **1.** a) aufregend, b) ausgelassen. **2.** ‚toll', ‚eˈnorm'. **ˈ~sack** *s zo.* Grauwal *m*. **ˈ~saw I** *s tech.* Spaltsäge *f*. **II** *v/t Holz* mit dem Strich sägen. **ˈ~ˌsnort·er** *s sl.* a) ‚tolle Sache', b) ‚toller Kerl'. **ˈ~ˌsnort·ing** → **rip-roaring. ˈ~tide** *s mar.* **1.** Stromkabbelung *f*. **2.** Ripptide *f*.

Rip·u·ar·i·an [ˌrɪpjuːˈeərɪən; *Am.* -pjəˈwer-] *hist.* **I** *adj* ripuˈarisch: **~ Frank** → II. **II** *s* ripuˈarischer Franke.

rise [raɪz] **I** *v/i pret* **rose** [rəʊz] *pp* **ris·en** [ˈrɪzn] **1.** sich erheben, *vom Bett, Boden, Tisch etc* aufstehen: **to ~ from one's bed; he could not ~; ~ and shine!** raus aus den Federn! **2.** a) aufbrechen, b) die Sitzung schließen, sich vertagen. **3.** auf-, hoch-, emˈporsteigen (*Vogel, Rauch, Geruch etc; a. fig. Gedanke, Zorn etc*): **the curtain ~s** *thea.* der Vorhang geht hoch; **her colo(u)r rose** a) die Röte stieg ihr ins Gesicht, b) ihre Wangen röteten sich (*an der Luft etc*); **to ~ to the surface** a) an die Oberfläche kommen (*Fisch etc*), auftauchen (*U-Boot*), b) *fig.* ans Tageslicht *od.* zum Vorschein kommen; *the fish* **are rising well** beißen gut; **his hair rose** die Haare standen ihm zu Berge *od.* sträubten sich ihm; **land ~s to view** *mar.* Land kommt in Sicht; **the spirits rose** die Stimmung hob sich; **the word rose to her lips** das Wort kam ihr auf die Lippen. **4.** *relig.* (von den Toten) auferstehen. **5.** emˈporsteigen, dämmern: **morning ~s. 6.** *astr.* aufgehen: **the sun ~s. 7.** ansteigen, bergˈan gehen: **the lane rose. 8.** (an)steigen: **the fever (price, river, *etc*) rose; the barometer (*od.* glass) has ~n** das Barometer ist gestiegen. **9.** sich erheben, emˈporragen: **the tower ~s to a height of 80 yds** der Turm erreicht e-e Höhe von 80 Yds. **10.** steigen, sich bäumen (*Pferd*): **to ~ to a fence** zum Sprung über ein Hindernis ansetzen. **11.** aufgehen (*Saat, a. Hefeteig*). **12.** sich bilden: **blisters ~ on his skin. 13.** sich erheben, aufkommen (*Wind, Sturm, Unruhe, Streit etc*). **14.** *a.* **to ~ in rebellion** sich erheben *od.* emˈpören, revolˈtieren, aufstehen: → **arm**[2] *Bes. Redew.*; **my stomach ~s against this** mein Magen sträubt sich dagegen, *a. fig.* es ekelt mich an. **15.** entstehen, -springen: **the river ~s from a spring in the mountains** der Fluß entspringt aus e-r Bergquelle. **16.** *fig.* sich erheben: a) erhaben sein (**above** über *acc*): **to ~ above petty jealousies,** b) sich emˈporschwingen (*Geist*): **to ~ above mediocrity** über das Mittelmaß hinausragen; → **occasion** 4. **17.** (*beruflich od. gesellschaftlich*) aufsteigen: **to ~ to a higher rank** aufsteigen, befördert werden; **to ~ in the world** vorwärtskommen, es zu etwas bringen. **18.** (an)wachsen, sich steigern: **the wind rose** der Wind nahm zu; **his courage rose** sein Mut wuchs. **19.** *mus. etc* (an)steigen, anschwellen (*Ton*), lauter werden (*Stimme*).

II *v/t* **20.** a) aufsteigen lassen, *e-n Fisch* an die Oberfläche bringen, b) aufsteigen sehen, *a. mar. ein Schiff* sichten.

III *s* **21.** (Auf-, Hoch)Steigen *n*, Aufstieg *m*, *thea.* Hochgehen *n* (*des Vorhangs*). **22.** *astr.* Aufgang *m*: **~ of the moon. 23.** *relig.* Auferstehung *f* (*von den Toten*). **24.** a) Auftauchen *n*, b) Steigen *n* (*des Fisches*), Schnappen *n* (*nach dem Köder*): **to get (*od.* take) a ~ out of s.o.** *fig.* ‚j-n auf die Palme bringen'. **25.** *fig.* Aufstieg *m*: **his ~ to fame; the ~ and fall of nations; a young artist on the ~** ein aufstrebender junger Künstler. **26.** (An-)Steigen *n*: a) Anschwellen *n*: **the ~ of the flood (his voice, *etc*),** b) Anstieg *m*, Erhöhung *f*, Zunahme *f*: **the ~ in temperature** der Temperaturanstieg; **~ of (the) tide** *mar.* Tidenhub *m*; **~ and fall** Steigen u. Fallen, c) *allg.* (An)Wachsen *n*, Steigerung *f*. **27.** *econ.* a) (An)Steigen *n*, Anziehen *n*: **~ in prices** Preisanstieg *m*, b) *Börse*: Aufschwung *m*, Hausse *f*, c) *bes. Br.* Aufbesserung *f*, Lohn-, Gehaltserhöhung *f*: **on the ~** im Steigen begriffen (*Preise, Kurse*); **~ (of value)** Wertsteigerung *f*; **to buy for a ~** auf Hausse spekulieren. **28.** Zuwachs *m*, Zunahme *f*: **~ in population** Bevölkerungszuwachs, -zunahme. **29.** Ursprung *m* (*e-r Quelle od. fig.*), Entstehung *f*: **to take (*od.* have) it's ~** entspringen, entstehen, s-n Ursprung nehmen. **30.** *fig.* Anlaß *m*, Ursache *f*: **to give ~ to** a) verursachen, hervorrufen, führen zu, b) *Verdacht etc* aufkommen lassen, Anlaß geben zu, erregen. **31.** a) Steigung *f* (*e-s Geländes*), b) Anhöhe *f*, Erhebung *f*. **32.** Höhe *f*: **the ~ of a tower.**

ris·en [ˈrɪzn] *pp von* **rise.**

ris·er [ˈraɪzə(r)] *s* **1. early ~** Frühaufsteher(in); **late ~** Langschläfer(in). **2.** Futterstufe *f* (*e-r Treppe*). **3.** Zwischenstück *n*. **4.** *tech.* Steigleitung *f*. **5.** *Gießerei*: a) Gußzapfen *m*, b) Steiger *m*.

ris·i·bil·i·ty [ˌrɪzɪˈbɪlətɪ] *s* **1.** *oft pl* Lachlust *f*. **2.** Gelächter *n*, Heiterkeit *f*. **ˈris·i·ble** *adj* **1.** lachlustig. **2.** Lach...: **~ muscles. 3.** lachhaft.

ris·ing [ˈraɪzɪŋ] **I** *adj* **1.** (an-, auf-, emˈpor-, hoch)steigend (*a. fig.*): **~ cloud** *meteor.* Aufgleitwolke *f*; **~ diphthong** *ling.* steigender Diphthong; **~ floor** *tech.* Hebebühne *f*; **~ ground** a) (Boden)Erhebung *f*, Anhöhe *f*, b) *arch.* Auffahrt *f*; **~ gust** *aer.* Steigbö *f*; **~ main** → **riser** 4; **~ rhythm** *metr.* steigender Rhythmus; **~ vote** *parl.* Abstimmung *f* durch Sich-Erheben. **2.** *fig.* herˈanwachsend, kommend: **the ~ generation. 3.** *fig.* aufstrebend: **a ~ lawyer. II** *prep* **4.** *Am.* a) **~ of** *colloq.* (etwas) mehr als, b) genau, gerade. **5.** (noch) nicht ganz, fast: **she is ~ 17. III** *s* **6.** Aufstehen *n*. **7.** (An-, Auf)Steigen *n*. **8.** a) Steigung *f*, b) Anhöhe *f*. **9.** (An)Steigen *n*, Anschwellen *n* (*e-s Flusses etc*). **10.** *astr.* Aufgehen *n*. **11.** *Am.* a) Hefe *f*, b) zum Aufgehen bestimmte Teigmenge. **12.** *fig.* Erhebung *f*, Aufstand *m*. **13.** Zunahme *f*, Erhöhung *f*, (An)Steigen *n*: **~ of prices (temperature, *etc*). 14.** *med.* a) (An)Schwellung *f*, Geschwulst *f*, b) Ausschlag *m*, Pustel *f*. **15.** Aufbruch *m* (*e-r Versammlung*).

risk [rɪsk] **I** *s* **1.** Wagnis *n*, Gefahr *f*, Risiko *n*: **at all ~s** ohne Rücksicht auf Verluste; **at one's own ~** auf eigene Gefahr; **at the ~ of one's life** unter Lebensgefahr; **at the ~ of (*ger*)** auf die Gefahr hin zu (*inf*); **to be at ~** a) in Gefahr sein, b) auf dem Spiel stehen; **to put at ~** gefährden; **to run the ~ of doing s.th.** Gefahr laufen, etwas zu tun; **to run (*od.* take) a ~** ein Risiko eingehen *od.* auf sich nehmen; → **calculated** 1, **security risk. 2.** *econ.* a) Risiko *n*, (Verlust)Gefahr *f*, b) versichertes Wagnis (*Ware od. Person*), c) *a.* **amount at ~** Risikosumme *f*: **accident ~** Unfallrisiko; **fire ~, ~ of fire** Feuers-, Brandgefahr; **to be on ~** das Risiko tragen, haften; **~ capital** Risikokapital *n*; **~ money** a) Kaution *f*, b) Mankogeld *n*. **II** *v/t* **3.** risˈkieren, wagen: a) aufs Spiel setzen: **to ~ one's life,** b) sich getrauen: **to ~ the jump. 4.** *e-n Verlust, e-e Verletzung etc* risˈkieren, es ankommen lassen auf (*acc*). **ˈrisk·ful** → **risky** 1. **ˈrisk·i·ness** *s* Gewagtheit *f*, (*das*) Risˈkante. **ˈrisk·less** *adj* **1.** gefahrlos. **2.** *econ.* risikolos. **ˈrisk·y** *adj* (*adv* **riskily**) **1.** risˈkant, gewagt, gefährlich. **2.** → **risqué.**

ri·sot·to [rɪˈzɒtəʊ; -ˈsɒ-] *s gastr.* Riˈsotto *m*.

ris·qué [ˈriːskeɪ; *Am.* rɪˈskeɪ] *adj* gewagt, schlüpfrig: **a ~ story.**

Riss [rɪs] *geol.* **I** *s* Rißeiszeit *f*. **II** *adj* Riß...: **~ time** → I.

ris·sole [ˈrɪsəʊl; *Am. a.* rɪˈsəʊl] *s gastr.* Risˈsole *f*, Brisoˈlett *n*.

ri·tar·dan·do [ˌrɪtɑː(r)ˈdændəʊ; *Am.* -ˈdɑːn-] *mus.* **I** *adj u. adv* ritarˈdando, langsamer werdend. **II** *pl* **-dos** *s* Ritarˈdando *n*.

rite [raɪt] *s* **1.** *relig. etc, a. iro.* Ritus *m*, Zeremoˈnie *f*, feierliche Handlung: **~s** Riten, Zeremoniell *n*, Ritual *n*; **funeral ~s** Totenfeier *f*, Leichenbegängnis *n*; **last ~s** Sterbesakramente. **2.** *oft* **R~** *relig.* Ritus *m*: a) Religiˈonsform *f*, b) Liturˈgie *f*. **3.** Gepflogenheit *f*, Brauch *m*.

rit·or·nel, rit·or·nelle [ˌrɪtə(r)ˈnel], **ˌrit·or·ˈnel·lo** [-ləʊ] *pl* **-los, -loes, -li** [-liː] *s mus. hist.* Ritorˈnell *n*: a) *Vor-, Zwischen- u. Nachspiel in Vokalwerken,* b) Reˈfrain *m*.

rit·u·al [ˈrɪtʃʊəl; *Am.* ˈrɪtʃəwəl] **I** *s* **1.** *relig. etc, a. fig.* Rituˈal *n*, Zeremoniˈell *n*. **2.** *relig.* a) Rituˈal *n*, Gottesdienstordnung *f*, b) Rituˈale *n*, Rituˈalbuch *n*. **II** *adj* (*adv* **~ly**) **3.** rituˈal, Ritual...: **~ murder** Ritualmord *m*. **4.** rituˈell, feierlich: **~ dance. ˈrit·u·al·ism** *s relig.* **1.** Befolgung *f* des Rituˈals. **2.** (überˈtriebenes) Festhalten an rituˈellen Formen. **3.** Rituaˈlismus *m*, Anglokatholiˈzismus *m*. **4.** Ritenkunde *f*. **ˈrit·u·al·ist** *s* **1.** Ritenkenner(in). **2.** j-d, der am kirchlichen Brauchtum hängt. **3.** Rituaˈlist(in), Anglokathoˈlik(in). **ˌrit·u·alˈis·tic** *adj* (*adv* **~ally**) *relig.* rituaˈlistisch, Ritual... **ˈrit·u·al·ize** *v/t* **1.** ein Rituˈal machen aus. **2.** e-m Rituˈal unterˈwerfen.

ritz·y [ˈrɪtsɪ] *adj sl.* **1.** ‚stinkvornehm', ‚feuˈdal'. **2.** *bes. Am.* angeberisch.

riv·age [ˈrɪvɪdʒ; ˈraɪ-] *s* **1.** *obs. od. poet.* Gestade *n*. **2.** *jur. hist. Br.* Flußzoll *m*.

ri·val [ˈraɪvl] **I** *s* **1.** Riˈvale *m*, Riˈvalin *f*, Nebenbuhler(in), Konkurˈrent(in): **to be ~s for** rivalisieren um; **to be a ~ of** *fig.* → 4; **without a ~** ohnegleichen, unerreicht. **II** *adj* **2.** rivaliˈsierend, konkurˈrierend, wetteifernd, Konkurrenz...: **~ firm (newspaper, *etc*); ~ team** *sport* gegnerische Mannschaft, Gegenmannschaft *f*. **III** *v/t pret u. pp* **-valed,** *bes. Br.*

-valled 3. rivali'sieren *od.* wetteifern *od.* konkur'rieren mit, *j-m* den Rang streitig machen. **4.** *fig.* gleichwertig sein *od.* gleichkommen (*dat*), es aufnehmen mit. **'ri·val·ry** [-rɪ] *s* **1.** Rivali'tät *f.* **2.** Wettstreit *m*, -bewerb *m*, Konkur'renz(kampf *m*) *f*: **to enter into ~ with s.o.** mit j-m in Wettbewerb treten, j-m Konkurrenz machen. **'ri·val·ship** *s* Rivali'tät *f.*

rive [raɪv] *pret* **rived,** *pp* **rived** [raɪvd], **riv·en** ['rɪvən] **I** *v/t* **1.** (auf-, zer)spalten. **2.** zerreißen (*a. fig.*): ~n zerrissen (*Herz etc*). **II** *v/i* **3.** sich spalten, zerreißen. **4.** *fig.* brechen (*Herz*).

riv·er ['rɪvə(r)] *s* **1.** Fluß *m*, Strom *m*: **the ~ Thames** die Themse; **Hudson R~** der Hudson; **down the ~** stromab(wärts); **to sell s.o. down the ~** *colloq.* j-n verraten u. ‚verkaufen'; **up the ~** a) stromauf (-wärts), b) *Am. colloq.* ins *od.* im ‚Kittchen'. **2.** *fig.* Strom *m*, Flut *f*: **a ~ of tears.**

riv·er·ain ['rɪvəreɪn] **I** *adj* Ufer..., Fluß... **II** *s* Flußgegend *f.*

'riv·er|·bank *s* Flußufer *n.* **~ ba·sin** *s* Flußbecken *n.* **'~·bed** *s* Flußbett *n.* **~ dam** *s* **1.** Staudamm *m*, Talsperre *f.* **2.** Buhne *f.* **~ driv·er** *s Am.* Flößer *m.* **'~·front** *s* (Fluß)Hafenviertel *n.* **~ god** *s* Flußgott *m.* **'~·head** *s* (Fluß)Quelle *f.* **~ hog** *s zo.* Flußschwein *n.* **~ horse** *s zo.* Flußpferd *n.*

riv·er·ine ['rɪvəraɪn] *adj* am Fluß (gelegen *od.* wohnend), Fluß...

'riv·er|·man [-mən] *s irr* **1.** *j-d, der am Fluß arbeitet.* **2.** → **river driver.** **~ nov·el** → **roman-fleuve.** **~ po·lice** *s* 'Strom-, 'Wasserpoli,zei *f.* **~ port** *s mar.* Binnen-, Flußhafen *m.* **'~·side I** *s* Flußufer *n*: **by the ~** am Fluß. **II** *adj* am Ufer (gelegen), Ufer...: **a ~ villa.**

riv·et ['rɪvɪt] **I** *s* **1.** *tech.* Niet *m*: **~ joint** Nietverbindung *f.* **II** *v/t* **2.** *tech.* (ver)nieten: **to ~ on** annieten (**to an** *acc*). **3.** (**to**) befestigen, festmachen (an *dat*), (an)heften (an *acc*): **~ed hatred** *fig.* eingewurzelter Haß; **to stand ~ed to the ground** (*od.* **spot**) wie festgenagelt stehen(bleiben). **4.** a) *den Blick, s-e Aufmerksamkeit etc* heften, richten (**on** auf *acc*), b) *j-s Aufmerksamkeit, a. j-n* fesseln. **'riv·et·er** *s tech.* **1.** Nieter *m.* **2.** 'Nietma,schine *f.* **'riv·et·ing** *s tech.* **1.** Nietung *f*, Nietnaht *f.* **2.** (Ver)Nieten *n*: **~ hammer** Niethammer *m*; **~ machine** Nietmaschine *f.*

riv·ing| knife ['raɪvɪŋ] *s irr tech.* Spaltmesser *n.* **~ ma·chine** *s tech.* 'Spaltma,schine *f.*

riv·u·let ['rɪvjʊlɪt; *Am. a.* -və-] *s* Flüßchen *n.*

roach¹ [rəʊtʃ] *pl* **-es** [-tʃɪz], *bes. collect.* **roach** *s ichth.* Plötze *f*, Rotauge *n*: **sound as a ~** kerngesund; **~-backed** katzenbuck(e)lig.

roach² [rəʊtʃ] **I** *s* **1.** *mar.* Gilling *f* (*am Segel*). **II** *v/t* **2.** *mar.* mit e-r Gilling versehen. **3.** *Am.* a) *Haar etc* bogenförmig schneiden *od.* hochkämmen, b) *Pferdemähne* stutzen.

roach³ [rəʊtʃ] *s* **1.** → **cockroach. 2.** *sl.* Stummel *m* e-r 'Haschischziga,rette.

road [rəʊd] **I** *s* **1.** (Land)Straße *f*: **by ~** a) zu Fuß, b) auf dem Straßenweg, c) per Achse (*Fahrzeug*); **one for the ~** *colloq.* ‚einen' (*Schnaps etc*) für unterwegs *od.* zum Abschied; **to take to the ~** Landstreicher werden; **it is a long ~ that has no turning** *fig.* alles muß sich einmal ändern. **2.** a) (Verkehrs)Weg *m*, Strecke *f*, b) Fahrbahn *f* (*e-r Brücke*), c) Wasserstraße *f*, d) *rail. Br.* Strecke *f*, e) *rail. Am.* Bahn *f*: **rule of the ~** Straßenverkehrsordnung *f*, *mar.* Seestraßenordnung *f*; **on the ~** auf der (Land)Straße, (*bes.* geschäftlich) unterwegs, auf Reisen, *thea.* auf Tournee; **to get a play on the ~** *thea.* mit e-m Stück auf Tournee gehen; **~ up!** (*Warnschild*) Straßenarbeiten!; **to hold the ~ well** *mot.* e-e gute Straßenlage haben; **to take** (*sl.* **to hit**) **the ~** sich auf den Weg machen, aufbrechen. **3.** *fig.* Weg *m*: **to be in s.o.'s ~** j-m im Weg stehen; **to get s.th. out of the ~** etwas aus dem Weg räumen; **the ~ to ruin** (**to success**) der Weg ins Verderben (zum Erfolg). **4.** *meist pl mar.* Reede *f.* **5.** *Bergbau*: Förderstrecke *f.* **6.** *thea.* Gastspielgebiet *n.*

II *adj* **7.** Straßen...: **~ conditions** Straßenzustand *m*; **~ contractor** Fuhrunternehmer *m*; **~ haulage** Güterkraftverkehr *m*; **~ junction** Straßenknotenpunkt *m*, -einmündung *f*; **~ performance** *mot.* Fahreigenschaften *pl*; **~ sign** Straßenschild *n*, Wegweiser *m.*

III *v/t u. v/i* **8.** *hunt.* (*bes.* Flugwild) aufspüren.

,road·a'bil·i·ty *s* Fahreigenschaften *pl*, *engS.* Straßenlage *f* (*e-s Autos*). **'road·a·ble** *adj* zum 'Straßentrans,port geeignet: **~ aircraft** *aer.* Autoflugzeug *n.*

road| ac·ci·dent *s mot.* Verkehrsunfall *m.* **~ a·gent** *s hist. Am.* Straßen-, Postkutschenräuber *m.* **'~·bed** *s* **1.** *rail.* Bahnkörper *m.* **2.** *tech.* Straßenbettung *f.* **'~·block** *s* **1.** Straßensperre *f.* **2.** Verkehrshindernis *n.* **3.** *fig.* Hemmnis *n*, Hindernis *n.* **'~·book** *s* Straßenatlas *m.* **~ game** *s sport Am.* Tour'nee- *od.* Auswärtsspiel *n.* **~ grad·er** *s tech.* Straßenhobel *m*, Pla'nierma,schine *f.* **~ hog** *s mot. colloq.* a) rücksichtsloser Fahrer, Verkehrsrowdy *m*, b) *j-d, der die ganze Straße für sich braucht.* **'~,hold·ing** *s mot.* Straßenlage *f.* **~ hole** *s* Schlagloch *n.* **'~·house** *s* Rasthaus *n.*

road·ie ['rəʊdɪ] *s colloq. für* **road manager.**

road| ma·chine → **road grader. '~·man** [-mən] *s irr* **1.** Straßenarbeiter *m.* **2.** Straßenhändler *m.* **3.** *Radsport*: Straßenfahrer *m.* **~ man·ag·er** *s* Roadmanager *m*, Roadie *m* (*für die Bühnentechnik u. den Transport der benötigten Ausrüstung verantwortlicher Begleiter e-r Rockgruppe*). **~ map** *s* Straßen-, Autokarte *f.* **~ mark·ing** *s* 'Straßenmar,kierung *f.* **~ mend·er** → **roadman** 1. **~ met·al** *s* Straßenbeschotterung *f*, -schotter *m.* **~ race** *s Radsport*: Straßenrennen *n.* **~ rid·er** *s Radsport*: Straßenfahrer(in). **~ roll·er** *s tech.* Straßenwalze *f.* **~ safe·ty** *s* Verkehrssicherheit *f.* **~ scrap·er** → **road grader.** **~ sense** *s mot.* instink'tiv richtiges Verkehrsverhalten. **'~·side I** *s* Straßen-, Wegrand *m*: **by the ~** am Straßenrand. **II** *adj* an der (Land)Straße (gelegen), Straßen...: **~ inn.** **'~·stead** *s mar.* Reede *f.*

road·ster ['rəʊdstə(r)] *s* **1.** *mot.* Roadster *m*, (offener) Sportzweisitzer. **2.** *Br.* (starkes) Tourenrad. **3.** Landstreicher *m.*

road| sweep·er *s Br.* Straßenkehrer *m.* **~ test** *s mot.* Probefahrt *f*: **to do a ~** e-e Probefahrt machen. **'~-test** *v/t ein Auto* probefahren, e-e Probefahrt machen mit. **~ trac·tor** *s mot.* Sattelschlepper *m.* **~ us·er** *s* Verkehrsteilnehmer(in). **~ walk·ing** *s Leichtathletik*: Straßengehen *n.* **'~·way** *s* **1.** Landstraße *f*, Fahrweg *m.* **2.** Straßen-, Fahrdamm *m*, Fahrbahn *f* (*a. e-r Brücke*). **'~·work** *s sport* Lauftraining *n* (*e-s Boxers etc*). **'~,wor·thi·ness** *s mot.* Verkehrssicherheit *f* (*e-s Autos*). **'~,wor·thy** *adj* verkehrssicher.

roam [rəʊm] **I** *v/i* **1.** *a.* **~ about** (*od.* **around**) (um'her)streifen, (-)wandern: **to ~ about the world** in der Welt herumziehen. **2.** *fig.* schweifen (*Blicke, Gedanken etc*). **II** *v/t* **3.** *a. fig.* durch'streifen, -'wandern: **to ~ the seas** alle Meere befahren. **III** *s* **4.** Wandern *n*, Um'herstreifen *n.* **'roam·er** *s* **1.** Her'umtreiber(in). **2.** Wanderer *m*, Wand(r)erin *f.*

roar [rɔː(r); *Am. a.* rəʊr] **I** *v/i* **1.** brüllen: **to ~ at s.o.** j-n anbrüllen; **to ~ with pain** brüllen vor Schmerz. **2.** (*vor Begeisterung od. Freude*) brüllen (**at** über *acc*): **to ~** (**with laughter**) brüllen (vor Lachen). **3.** a) tosen, toben, brausen (*Wind, Meer*), b) (g)rollen, krachen (*Donner*), c) (er-) dröhnen, donnern (*Geschütz, Motor etc*), d) donnern, brausen (*Fahrzeug*), e) (er-) dröhnen, brausen (**with** von) (*Ort*). **4.** *vet.* keuchen (*Pferd*). **II** *v/t* **5.** *etwas* brüllen: **to ~ out** *s-e Freude etc* hinausbrüllen, -schreien; **to ~ s.o. down** j-n niederbrüllen. **III** *s* **6.** Brüllen *n*, Gebrüll *n* (*a. fig.*): **to set up a ~** ein Geschrei *od.* Gebrüll erheben; **to set the party in a ~** (**of laughter**) die Gesellschaft in schallendes Gelächter versetzen. **7.** a) Tosen *n*, Toben *n*, Brausen *n* (*des Meeres, Windes etc*), b) Krachen *n*, (G)Rollen *n* (*des Donners*), c) Donner *m* (*von Geschützen*), d) Lärm *m*, Dröhnen *n*, Donnern *n* (*von Motoren, Maschinen etc*), Getöse *n.* **'roar·er** *s* **1.** Schreihals *m.* **2.** *vet.* Lungenpfeifer *m* (*Pferd*). **'roar·ing I** *adj* (*adv* **~ly**) **1.** brüllend (*a. fig.* **with** vor). **2.** lärmend, laut. **3.** tosend (*etc*, → **roar** 3): → **forty** 3. **4.** *fig.* stürmisch, brausend: **~ applause**; **a ~ feast** ein rauschendes Fest. **5.** *colloq.* großartig, ‚phan'tastisch', ‚toll': **~ business** (*od.* **trade**) schwunghafter Handel; **in ~ health** kerngesund. **6.** *colloq.* fa'natisch: **a ~ Catholic.** **II** *adv* **7.** **~ drunk** *colloq.* ‚sternhagelvoll'. **III** *s* → **roar** III.

roast [rəʊst] **I** *v/t* **1.** a) braten, rösten: **~ed apple** Bratapfel *m*, b) schmoren (*a. fig. in der Sonne etc*): **to be ~ed alive** bei lebendigem Leibe verbrannt werden *od.* verbrennen, *fig.* vor Hitze fast umkommen. **2.** *Kaffee, Mais etc* rösten. **3.** *metall.* rösten, abschwelen: **to ~ ore.** **4.** *colloq.* a) ‚durch den Ka'kao ziehen', lächerlich machen, b) ‚verreißen' (*vernichtend kritisieren*). **II** *v/i* **5.** rösten, braten, schmoren: **I am simply ~ing** ich komme vor Hitze fast um. **III** *s* **6.** Braten *m*: → **rule** 14. **7.** (Sorte *f*) Röstkaffee *m.* **8.** *colloq.* a) Verspottung *f*, b) ‚Verriß' *m* (*vernichtende Kritik*). **9.** **steak ~** *Am. colloq.* (gemeinsames) Steakbraten (*am offenen Feuer*). **IV** *adj* **10.** geröstet, gebraten, Röst...: **~ beef** Rost-, Rinderbraten *m*; **~ meat** Braten *m*; **~ pork** Schweinebraten *m.* **'roast·er** *s* **1.** Röster *m*, 'Röstappa,rat *m.* **2.** *metall.* Röstofen *m.* **3.** Kaffeetrommel *f.* **4.** a) Brathähnchen *n*, b) Spanferkel *n*, c) Bratapfel *m.* **5.** *colloq.* glühend- *od.* knallheißer Tag. **'roast·ing I** *adj* **1.** Röst..., Brat...: **~ charge** *tech.* Röstgut *n*; **~ jack** Bratenwender *m*; **~ pig** Ferkel *n* zum Braten; **~ oven** → **roaster** 2. **2.** *colloq.* glühend-, knallheiß (*Tag etc*). **II** *adv* **3.** **~ hot** *colloq.* glühend-, knallheiß. **III** *s* **4.** **to give s.o.** (**s.th.**) **a** (**real** *od.* **good**) **~** *colloq.* a) j-n (etwas) ‚durch den Kakao ziehen', lächerlich machen, b) j-n (etwas) ‚verreißen' (*vernichtend kritisieren*).

rob [rɒb; *Am.* rɑb] **I** *v/t* **1.** a) *etwas* stehlen, rauben, b) *ein Haus etc* ausrauben, (aus-) plündern, c) *fig.* berauben (**of** *gen*). **2.** *j-n* berauben: **to ~ s.o. of s.th.** a) j-n e-r Sache berauben (*a. fig.*), b) j-n um etwas bringen, j-m etwas nehmen; **the shock ~bed him of (his) speech** der Schreck raubte ihm die Sprache; → **Peter¹.** **II** *v/i* **3.** rauben, plündern.

rob·ber ['rɒbə; *Am.* 'rɑbər] *s* Räuber *m.* **~ bar·on** *s hist.* **1.** Raubritter *m.* **2.** *Am.* skrupelloser Kapita'list. **~ gull** *s orn.* Raubmöwe *f.*

rob·ber·y [ˈrɒbərɪ; *Am.* ˈrɑ-] *s* **1.** *a. jur.* Raub *m*: ~ **with violence** *jur.* schwerer Raub. **2.** *fig.* Diebstahl *m.*

robe [rəʊb] **I** *s* **1.** (Amts)Robe *f*, Taˈlar *m* (*von Geistlichen, Juristen etc*): **~s** Amtstracht *f*; **state ~** Amtskleid *n*; **the gentlemen of the (long) ~** die Juristen. **2.** Robe *f*: a) (wallendes) Gewand, b) Festgewand *n*, -kleid *n*, c) Abendkleid *n*, d) einteiliges Damenkleid, e) Bademantel *m*, langer Morgenrock: **master of the ~s** Oberkämmerer *m*; **coronation ~s** Krönungsornat *m.* **3.** Tragkleidchen *n* (*von Säuglingen*). **4.** *Am.* wärmende (Fell-*etc*)Decke. **II** *v/t* **5.** *j-n* (feierlich an)kleiden, *j-m* die Robe anlegen. **6.** *fig.* (ein-)hüllen. **III** *v/i* **7.** die Robe *etc* anlegen, sich ankleiden.

robe-de-cham·bre *pl* **robes-de--cham·bre** [rɒbdəʃɑ̃br] (*Fr.*) *s* Morgenrock *m*, -kleid *n.*

rob·ert [ˈrɒbə(r)t; *Am.* ˈrɑ-] → **herb Robert.**

rob·in [ˈrɒbɪn; *Am.* ˈrɑ-] *s orn.* **1.** Rotkehlchen *n.* **2.** *Am.* Wanderdrossel *f.* **R~ Good·fel·low** [ˈgʊdˌfeləʊ] *s* Hauskobold *m*, (*Art*) Heinzelmännchen *n.*

ro·bin·i·a [rəʊˈbɪnɪə] *s bot.* Roˈbinie *f*, ˈScheinaˌkazie *f.*

rob·in red·breast → **robin.**

rob·o·rant [ˈrɒbərənt; *Am.* ˈrɑ-; ˈrəʊ-] *pharm.* **I** *adj* stärkend. **II** *s* Stärkungsmittel *n*, Roborans *n.*

ro·bot [ˈrəʊbɒt; *Am.* -ˌbɑt] **I** *s* **1.** *tech.* Roboter *m* (*a. fig.*), Maˈschinenmensch *m*, Autoˈmat *m.* **2.** → **robot bomb. II** *adj* **3.** autoˈmatisch: ~ **pilot** *aer.* Selbststeuergerät *n.* ~ **bomb** *s mil.* selbstgesteuerte Bombe (*z. B. V-Geschoß*).

ˈro·bot·ism *s* Robotertum *n.* **ˈro·bot·ize** *v/t* **1.** *tech.* mechaniˈsieren. **2.** *fig. j-n* zum Roboter machen. **ˈro·bot·ry** [-trɪ] *s* Robotertum *n.*

Rob Roy (ca·noe) [ˌrɒbˈrɔɪ; *Am.* ˌrɑb-] *s* leichtes Kanu (*für ˈeine Person, mit Doppelpaddel*).

ro·bur·ite [ˈrəʊbəraɪt] *s chem.* Robuˈrit *m* (*Sprengstoff*).

ro·bust [rəʊˈbʌst] *adj* (*adv* **~ly**) **1.** roˈbust: a) kräftig, stark: ~ **body**; ~ **health** robuste Gesundheit, b) kraftstrotzend, gesund, kernig, unverwüstlich: **a ~ man. 2.** derb: **a ~ sense of humo(u)r. 3.** *tech.* staˈbil, ˈwiderstandsfähig, roˈbust, unverwüstlich: ~ **material (furniture,** *etc*). **4.** schwer: a) hart: ~ **work**, b) kräftig: ~ **wine. roˈbus·tious** *adj* **1.** roˈbust. **2.** lärmend, laut. **3.** ‚wild', stürmisch. **roˈbust·ness** *s* Roˈbustheit *f.*

roc [rɒk; *Am.* rɑk] *s* **1.** *myth.* (Vogel *m*) Roch *m.* **2.** *mil. ferngesteuerte Bombe mit eingebauter Fernsehkamera.*

roch·et [ˈrɒtʃɪt; *Am.* rɑ-] *s relig.* Roˈchett *n* (*Chorhemd*).

rock[1] [rɒk; *Am.* rɑk] *s* **1.** Fels(en) *m*: **built** (*od.* **founded**) **on ~** *bes. fig.* auf Fels gebaut; **firm** (*od.* **steady, solid**) **as a ~** a) massiv, b) *fig.* verläßlich, zuverlässig; **to be between a ~ and a hard place** *Am.* zwischen Baum u. Borke sitzen *od.* stecken, in e-r Zwickmühle sein. **2.** *collect.* Felsen *pl*, Felsgestein *n.* **3.** *geol.* Gestein *n*, Felsart *f*: **effusive ~** Ergußgestein; **secondary ~** Flözgebirge *n*; **useless ~** taubes Gestein. **4.** Klippe *f* (*a. fig.*): ~ **ahead!** *mar.* Klippe voraus!; **on the ~s** *fig. colloq.* a) ‚pleite', bankrott, b) ‚kaputt', in die Brüche gegangen (*Ehe etc*), c) mit Eiswürfeln, ‚on the rocks' (*Whisky etc*). **5. the R~** Giˈbraltar *n*: **R~ English** Gibraltar-Englisch *n*; **R~ Scorpion** (*Spitzname für*) Bewohner(in) von Gibraltar. **6.** *Am.* Stein *m*: **to throw ~s. 7.** *fig.* Fels *m*, Zuflucht *f*, Schutz *m*: **the Lord is my ~; the ~ of ages** *fig.* a) Christus, b) der christliche Glaube. **8.** *bes. Br.* Pfefferminzstange *f.* **9.** *sl.* a) Stein *m*, *bes.* Diaˈmant *m*, b) *pl* ‚Klunkern' *pl.* **10.** *Am. sl.* a) Geldstück *n*, *bes.* Dollar *m*, b) *pl* ‚Kies' *m* (*Geld*). **11.** → **rock salmon. 12.** *pl vulg.* ‚Eier' *pl* (*Hoden*).

rock[2] [rɒk; *Am.* rɑk] **I** *v/t* **1.** wiegen, schaukeln: **to ~ one's wings** *aer.* (mit den Tragflächen) wackeln. **2.** erschüttern, ins Wanken bringen (*beide a. fig.*), schütteln, rütteln: **to ~ the boat** *fig.* die Sache ins Wanken bringen *od.* gefährden. **3.** *ein Kind* (in den Schlaf) wiegen: **to ~ a child to sleep; to ~ in security** in Sicherheit wiegen. **4.** *Sand, Sieb etc* rütteln. **5.** *Gravierkunst*: die Oberfläche (*e-r Platte*) aufrauhen. **II** *v/i* **6.** (sich) schaukeln, sich wiegen. **7.** (sch)wanken, wackeln, taumeln (*a. fig.*). **8.** *Am. colloq.* ‚ganz aus dem Häus-chen sein' (**with** vor *Überraschung etc*): **to ~ with laughter** sich vor Lachen biegen. **9.** *mus.* Rock 'n' Roll tanzen. **10.** *mus.* rocken. **III** *s* **11.** → **rock 'n' roll. 12.** *a.* ~ **music** ˈRock(muˌsik *f*) *m*: ~ **group** Rockgruppe *f*; ~ **singer** Rocksänger(in).

rock[3] [rɒk; *Am.* rɑk] *s hist.* Spinnrocken *m.*

rock[4] → **roc.**

rock|and roll → **rock 'n' roll. ˌ~-and--ˈroll** → **rock-'n'-roll.** ~ **bed** *s* Felsengrund *m.* ~ **bot·tom** *s colloq.* Tiefpunkt *m*: **his spirits reached ~** s-e Stimmung sank auf den Nullpunkt; **his supplies touched** (*od.* **reached**) ~ s-e Vorräte waren (so gut wie) erschöpft; **that's ~** das schlägt dem Faß den Boden aus. **ˌ~--ˈbot·tom** *adj colloq.* allerˈniedrigst(er, e, es), äußerst: ~ **prices. ˈ~-bound** *adj* **1.** von Felsen umˈschlossen. **2.** *fig.* eisern. ~ **can·dy** *s Am. für* **rock**[1] 8. ~ **climb·ing** *s* (Fels)Klettern *n.* ~ **cork** *s min.* ˈBergasˌbest *m*, -kork *m.* ~ **cress** *s bot.* Gänsekresse *f.* ~ **crys·tal** *s min.* ˈBergkriˌstall *m.* ~ **dove** *s orn.* Felsentaube *f.* ~ **draw·ings** *s pl* Felszeichnungen *pl.* ~ **drill** *s tech.* Steinbohrer *m.*

rock·er [ˈrɒkə; *Am.* ˈrɑkər] *s* **1.** Kufe *f* (*e-r Wiege etc*): **off one's ~** *sl.* ‚übergeschnappt', verrückt. **2.** *Am.* Schaukelstuhl *m.* **3.** Schaukelpferd *n.* **4.** *tech.* a) Wippe *f*, b) Wiegemesser *n*, c) Schwing-, Kipphebel *m*, d) *electr.* Bürstenbrücke *f.* **5.** *min.* Wiege *f*, Schwingtrog *m* (*zur Goldwäsche*). **6.** *Eiskunstlauf*: Kehre *f.* **7.** *mar. bes. Am.* Boot *n* mit e-m Bogenkiel. **8.** *Br.* Rocker *m.* ~ **arm** *s tech.* Schwenkarm *m*, Kipphebel *m.* ~ **cam** *s tech.* Welldaumen *m.* ~ **switch** *s electr.* Wippschalter *m*, Wippe *f.*

rock·er·y [ˈrɒkərɪ; *Am.* ˈrɑ-] *s* Steingarten *m.*

rock·et[1] [ˈrɒkɪt; *Am.* ˈrɑ-] **I** *s* **1.** Raˈkete *f* (*Feuerwerkskörper*), ˈLeuchtraˌkete *f* (*als Signal*). **2.** a) *tech.* Raˈkete *f*, b) *mil.* Raˈkete(ngeschoß *n*) *f*: **intermediate--range ~** Mittelstreckenrakete. **3.** *fig. colloq. bes. Br.* ‚Anpfiff' *m*, ‚Ziˈgarre' *f*: **to get a ~** e-e Zigarre (verpaßt) bekommen; **to give s.o. a ~** j-m e-e Zigarre verpassen. **II** *adj* **4.** Raketen...: ~ **aircraft, ~-driven aeroplane** (*bes. Am.* **airplane**) Raketenflugzeug *n*; **~-assisted take-off** Raketenstart *m*; ~ **projectile** Raketengeschoß *n.* **III** *v/i* **5.** (wie e-e Raˈkete) hochschießen. **6.** hochschnellen (*Preise*). **7.** *hunt.* steil aufsteigen (*bes. Fasan*). **8.** *fig.* **he ~ed to stardom overnight** er wurde über Nacht zum Star. **9.** *Am. colloq.* sausen, rasen. **IV** *v/t* **10.** *mil.* mit Raˈketen beschießen, unter Raˈketenbeschuß nehmen. **11.** mit e-r Raˈkete befördern: **to ~ a satellite into orbit.**

rock·et[2] [ˈrɒkɪt; *Am.* ˈrɑ-; *a.* rɑˈket] *s bot.* **1.** ˈNachtviˌole *f.* **2.** → **rocket salad. 3.** Rauke *f.* **4.** *a.* ~ **cress** (Echtes) Barbarakraut.

rock·et| base *s* Raˈketen(abschuß)basis *f.* ~ **bomb** *s mil.* Raˈketenbombe *f.*

rock·et·eer [ˌrɒkɪˈtɪə(r); *Am.* ˌrɑ-], **ˈrock·et·er** *s* **1.** Raˈketenkanoˌnier *m.* **2.** Raˈketenpiˌlot *m.* **3.** Raˈketenforscher *m*, -fachmann *m.*

rock·et| gun *s mil.* Raˈketenwaffe *f*: a) Raˈketengeschütz *n*, b) → **bazooka** 1. ~ **jet** *s aer.* Raˈketentriebwerk *n.* ~ **launch·er** *s mil.* Raˈketenwerfer *m* (*Waffe*). **ˈ~-ˌlaunch·ing site** Raˈketenabschußbasis *f.* **ˈ~-ˌpow·ered** *adj tech.* mit Raˈketenantrieb. ~ **pro·jec·tor** *s mil.* Raˈketen)Werfer *m.* ~ **pro·pul·sion** *s tech.* Raˈketenantrieb *m.*

rock·et·ry [ˈrɒkɪtrɪ; *Am.* ˈrɑ-] *s tech.* **1.** Raˈketenforschung *f od.* -technik *f.* **2.** *collect.* Raˈketen *pl.*

rock·et sal·ad *s bot.* Senfkohl *m.*

ˈrock|·fall → **rockslide.** ~ **flour** *s min.* Bergmehl *n.* ~ **gar·den** *s* Steingarten *m.* ~ **goat** *s zo.* Steinbock *m.*

Rock·ies [ˈrɒkɪz; *Am.* ˈrɑ-] *s pl colloq. für* **Rocky Mountains.**

ˈrock·i·ness *s* Felsigkeit *f*, felsige *od.* steinige Beschaffenheit.

ˈrock·ing| chair *s* Schaukelstuhl *m.* ~ **horse** *s* Schaukelpferd *n.* ~ **pier** *s tech.* schwingender Pfeiler. ~ **shaft** → **rockshaft.** ~ **turn** *s Eiskunstlauf*: Kehrtwendung *f.*

rock| leath·er → **rock cork.** ~ **lob·ster** *s zo.* Gemeine Lanˈguste. ~ **lych·nis** *s bot.* Pechnelke *f.* ~ **mar·tin** *s orn.* Felsenschwalbe *f.* ~ **milk** *s min.* Bergmilch *f.* ~ **'n' roll** [ˌrɒkənˈrəʊl; *Am.* ˌrɑ-] *s mus.* Rock 'n' Roll *m* (*Tanz*). **ˌ~-'n'-ˈroll** *v/i mus.* Rock 'n' Roll tanzen. ~ **oil** *s min. bes. Br.* Stein-, Erdöl *n*, Peˈtroleum *n*, Naphtha *n, f.* ~ **pi·geon** *s orn.* Felsentaube *f.* ~ **plant** *s bot.* Felsen-, Alpen-, Steingartenpflanze *f.* **ˈ~-ribbed** *adj* **1.** ˈfelsdurchˌzogen, felsig: **a ~ coast. 2.** *fig. Am.* eisern. **ˈ~-rose** *s bot.* **1.** Cistrose *f.* **2.** Sonnenrös-chen *n.* ~ **sal·mon** *s ichth.* **1.** *Br.* Köhlerfisch *m.* **2.** *Am.* Amberfisch *m.* ~ **salt** *s min.* Steinsalz *n.* **ˈ~·shaft** *s tech.* schwingende Welle. **ˈ~·slide** *s geol.* Felssturz *m*, Steinschlag *m.* **ˈ~·wood** *s min.* ˈHolzasˌbest *m.* ~ **wool** *s chem. tech.* Stein-, Schlackenwolle *f.* **ˈ~·work** *s* **1.** Gesteinsmasse *f.* **2.** *arch.* Quaderwerk *n.* **3.** *Gartenbau*: a) Steingarten *m*, b) Grottenwerk *n.*

rock·y[1] [ˈrɒkɪ; *Am.* ˈrɑ-] *adj* **1.** felsig. **2.** steinhart (*a. fig.*).

rock·y[2] [ˈrɒkɪ; *Am.* ˈrɑ-] *adj* (*adv* **rockily**) *colloq.* wack(e)lig (*a. fig.*), schwankend: **to feel ~ on one's legs** sich unsicher *od.* wacklig auf den Beinen fühlen.

ro·co·co [rəʊˈkəʊkəʊ] **I** *s* **1.** Rokoko *n.* **II** *adj* **2.** Rokoko... **3.** schnörk(e)lig, überˈladen. **4.** veraltet, antiˈquiert.

rod [rɒd; *Am.* rɑd] *s* **1.** Rute *f*, Reis *n*, Gerte *f.* **2.** *Bibl. fig.* Reis *n*: a) Abkomme *m*, b) Stamm *m.* **3.** (Zucht)Rute *f* (*a. fig.*): **to have a ~ in pickle for s.o.** mit j-m noch ein Hühnchen zu rupfen haben; **to kiss the ~** sich unter die Rute beugen; **to make a ~ for one's own back** *fig.* sich die Rute selber flechten; **spare the ~ and spoil the child** wer die Rute spart, verzieht das Kind. **4.** a) Zepter *n*, b) (Amts)Stab *m*, c) *fig.* Amtsgewalt *f*, d) *fig.* Knute *f*, Tyranˈnei *f*: **with a ~ of iron** mit eiserner Faust. **5.** (Holz)Stab *m*, Stock *m.* **6.** *tech.* a) Stab *m*, Stange *f* (*Metall, als Material*): **~s** Rundeisen *n*, -stahl *m*, Walzdraht *m*, b) Stab *m* (*als Bauelement*), (Treib-, Zug-, Verbindungs- *etc*)Stange *f*: ~ **aerial** (*bes. Am.* **antenna**) *electr.* Stabantenne *f*; ~ **drive** Stangenantrieb *m.* **7.** a) *a.* **fishing**~ Angelrute *f*, b) *colloq.* Angler *m.* **8.** Meßlatte *f*, -stab *m.* **9.** a) Rute *f* (*Längenmaß*: $5^1/_2$ *yds*), b) Quaˈdratrute *f* ($30^1/_4$ *square yds*). **10.** Stäbchen *n* (*der Netzhaut*). **11.** *a.* ~**(-shaped) bacterium** *biol.* ˈStäbchenbakˌterie *f.* **12.** *sl.* ‚Schwanz' *m* (*Penis*). **13.** *Am. sl.* a) ‚Schießeisen' *n*, ‚Kaˈnone' *f* (*Pistole*), b) → **hot rod** 1.

rode[1] [rəʊd] *pret von* **ride**.

rode[2] [rəʊd] *s mar.* Ankerleine *f.*

ro·dent [ˈrəʊdənt] **I** *adj* **1.** *zo.* nagend, Nage...: ~ **teeth** Nagezähne. **2.** *med.* fressend: ~ **ulcer**. **II** *s* **3.** *zo.* Nagetier *n.*

ro·de·o [rəʊˈdeɪəʊ; ˈrəʊdɪəʊ] *pl* **-de·os** *s* Roˈdeo *m, n*: a) Zs.-treiben *n* von Vieh (*zum Kennzeichnen*), b) *Sammelplatz für diesen Zweck*, c) Cowboy-Turˈnier *n*, d) ˈMotorrad-, ˈAutoroˌdeo *m, n.*

ˈrod·like *adj* stabförmig.

rod·o·mon·tade [ˌrɒdəmɒnˈteɪd; -ˈtɑːd; *Am.* ˌrɑ-; ˌrəʊ-] *poet.* **I** *s* Prahleˈrei *f*, Aufschneideˈrei *f.* **II** *adj* aufschneiderisch, prahlerisch.

rod·ster [ˈrɒdstə; *Am.* ˈrɑdstər] *s* Angler *m.*

roe[1] [rəʊ] *s* **1.** *ichth.* a) *a.* **hard** ~ Rogen *m*, Fischlaich *m*: ~ **corn** (*einzelnes*) Fischei, b) *a.* **soft** ~ Milch *f* (*der männlichen Fische*). **2.** Eier *pl* (*vom Hummer etc*). **3.** (Holz)Maserung *f.*

roe[2] [rəʊ] *pl* **roe,** *selten* **roes** *s zo.* **1.** Reh *n.* **2.** a) Ricke *f* (*weibliches Reh*), b) Hindin *f*, Hirschkuh *f.*

ˈroe|·buck *s zo.* Rehbock *m.* ~ **deer** *s zo.* Reh *n.*

roent·gen [ˈrɒntjən; *Am.* ˈrentgən] *phys.* **I** *s* Röntgen *n* (*Maßeinheit*). **II** *adj meist* **R**~ Röntgen...: ~ **diagnosis**; ~ **rays**; ~ **ray tube** Röntgenröhre *f.* **III** *v/t* → **roentgenize**. **ˈroent·gen·ize** *v/t med.* a) mit Röntgenstrahlen behandeln, bestrahlen, b) röntgen, durchˈleuchten.

roent·gen·o·gram [rɒntˈgenəgræm; *Am.* ˈrentgənəˌgræm] *s med. phys.* Röntgenbild *n*, -aufnahme *f.* **roent·gen·o·graph** [-grɑːf; *Am.* -ˌgræf] **I** *s* → **roentgenogram**. **II** *v/t* ein Röntgenbild machen von.

roent·gen·og·ra·phy [ˌrɒntgəˈnɒgrəfɪ; *Am.* ˌrentgənˈɑ-] *s* ˈRöntgenfotograˌfie *f* (*Verfahren*). **ˌroent·gen·oˈlog·ic** [-nəˈlɒdʒɪk; *Am.* -ˈlɑ-] *adj*; **ˌroent·gen·oˈlog·i·cal** *adj* (*adv* ~**ly**) röntgenoˈlogisch, Röntgen... **ˌroent·genˈol·o·gist** [-ˈnɒlədʒɪst; *Am.* -nˈɑ-] *s* Röntgenoˈloge *m.* **ˌroent·genˈol·o·gy** [-dʒɪ] *s* Röntgenoloˈgie *f.* **ˈroent·gen·o·scope** [-nəskəʊp] *s med.* ˈRöntgen-, Durchˈleuchtungsappaˌrat *m.* **ˌroent·genˈos·co·py** [-ˈnɒskəpɪ; *Am.* -nˈɑs-] *s med.* ˈRöntgenunterˌsuchung *f*, -durchˌleuchtung *f.* **ˌroent·gen·oˈther·a·py** [-nəˈθerəpɪ] *s med.* ˈRöntgentheraˌpie *f.*

roe·stone [ˈrəʊstəʊn] *s min.* Rogenstein *m*, Ooˈlith *m.*

ro·ga·tion [rəʊˈgeɪʃn] *s relig.* a) (Für-)Bitte *f*, (ˈBitt)Litaˌnei *f*, b) *meist pl* ˈBittgang *m*, -prozessiˌon *f.* **R**~ **days** *s pl relig.* Bittage *pl.* ~ **ser·vice** *s relig.* Bittgottesdienst *m.* **R**~ **Sun·day** *s relig.* (Sonntag *m*) Roˈgate *m.* **R**~ **week** *s relig.* Bittwoche *f*, Himmelfahrtswoche *f.*

rog·a·to·ry [ˈrɒgətərɪ; *Am.* ˈrɑgəˌtəʊriː] *adj jur.* Untersuchungs...: ~ **commission**; **letters** ~ Amtshilfeersuchen *n.*

Rog·er[1], **r**~ [ˈrɒdʒə(r); *Am.* ˈrɑ-] *s* **1.** → **Jolly Roger**. **2.** ~ **de Coverly** *alter englischer Volkstanz.*

rog·er[2] [ˈrɒdʒə(r); *Am.* ˈrɑ-] **I** *interj* **1.** roger!, verstanden! **2.** *colloq.* in Ordnung! **II** *v/t* **3.** *sl.* ‚bumsen' (*schlafen mit*).

rogue [rəʊg] *s* **1.** Schurke *m*, Gauner *m*, Schelm *m*: ~**s' gallery** Verbrecheralbum *n*; ~**'s march** *mil. hist. Br.* Trommelwirbel *m* bei der Ausstoßung e-s Soldaten aus dem Regiment. **2.** *humor.* Schelm *m*, Schlingel *m*, Spitzbube *m*, Strolch *m.* **3.** *obs.* Vagaˈbund *m.* **4.** *bot.* a) aus der Art schlagende Pflanze, b) ˈMißbildung *f.* **5.** *zo.* bösartiger Einzelgänger (*Elefant, Büffel etc*). **6.** a) bockendes Pferd, b) Ausreißer *m* (*Pferd*).

ro·guer·y [ˈrəʊgərɪ] *s* **1.** Schurkeˈrei *f*, Gauneˈrei *f.* **2.** Schelmenstreich *m.*

ro·guish [ˈrəʊgɪʃ] *adj* (*adv* ~**ly**) **1.** schurkisch. **2.** schelmisch, schalkhaft, spitzbübisch. **3.** *bot.* entartet. **ˈro·guish·ness** *s* **1.** Schurkenhaftigkeit *f.* **2.** Schalkhaftigkeit *f.*

roil [rɔɪl] *v/t* **1.** *Wasser etc* aufwühlen. **2.** ärgern, reizen: **to be** ~**ed at** aufgebracht sein über (*acc*).

roist·er [ˈrɔɪstə(r)] *v/i* **1.** kraˈkeelen, Raˈdau machen. **2.** prahlen, aufschneiden. **ˈroist·er·er** *s* **1.** Kraˈkeeler *m.* **2.** Großmaul *n.* **ˈroist·er·ous** *adj* **1.** lärmend, kraˈkeelend. **2.** großmäulig.

role, rôle [rəʊl] *s thea. u. fig.* Rolle *f*: **to play a** ~ e-e Rolle spielen, e-e Funktion ausüben.

roll [rəʊl] **I** *s* **1.** *hist.* Schriftrolle *f*, Pergaˈment *n.* **2.** a) Urkunde *f*, b) (*bes.* Namens-, Anwesenheits)Liste *f*, Verzeichnis *n*, c) *jur.* Anwaltsliste *f*: **to call the** ~ die (Namens- *od.* Anwesenheits)Liste verlesen, Appell (ab)halten; **to strike off the** ~**s** von der (Anwalts- *etc*)Liste streichen, *e-m Arzt etc* die Zulassung entziehen; ~ **of hono(u)r** Ehren-, *bes.* Gefallenenliste, -tafel *f.* **3. the R**~**s** das ˈStaatsarˌchiv (*Gebäude in London*). **4.** (*Haar-, Kragen-, Papier- etc*)Rolle *f*: ~ **of butter** Butterröllchen *n*; ~ **of tobacco** Rolle Kautabak. **5.** Brötchen *n*, Semmel *f.* **6.** (*bes.* ˈFleisch)Rouˌlade *f.* **7.** *arch.* a) Wulst *m*, Rundleiste *f*, b) *antiq.* Voˈlute *f.* **8.** Bodenwelle *f.* **9.** *tech.* Rolle *f*, Walze *f* (*bes. in Lagern*). **10.** Fließen *n*, Fluß *m* (*a. fig.*): **the** ~ **of water**; **the** ~ **of verse**. **11.** a) Brausen *n*: **the** ~ **of the waves**; **the** ~ **of an organ**, b) Rollen *n*, Grollen *n* (*des Donners*), c) (Trommel)Wirbel *m*, d) Dröhnen *n*: **the** ~ **of his voice**, e) *orn.* Rollen *n*, Triller(n *n*) *m*: **the** ~ **of a canary**. **12.** Wurf *m* (*beim Würfeln*). **13.** *mar.* Rollen *n*, Schlingern *n* (*von Schiffen*). **14.** wiegender Gang, Seemannsgang *m.* **15.** *sport* Rolle *f* (*a. beim Kunstflug*). **16.** *Am. sl.* a) zs.-gerolltes Geldscheinbündel, b) *fig.* (*e-e* Masse) Geld *n.*

II *v/i* **17.** rollen: **to start** ~**ing** ins Rollen kommen; **tears were** ~**ing down her cheeks** Tränen rollten *od.* liefen *od.* rannen über ihre Wangen; **some heads will** ~ *bes. fig.* einige Köpfe werden rollen: → **ball**[1] *Bes. Redew.* **18.** rollen, fahren (*Fahrzeug od. Fahrer*). **19.** *a.* ~ **along** (daˈhin)rollen, (-)strömen, sich (daˈhin)wälzen: ~**ing waters** Wassermassen. **20.** (daˈhin)ziehen: **the clouds** ~ **along**; **time** ~**s on** (*od.* **by**) die Zeit vergeht; **the seasons** ~ **away** die Jahreszeiten gehen dahin. **21.** sich wälzen (*a. fig.*): **to be** ~**ing in money** *colloq.* im Geld schwimmen. **22.** *sport, a. aer.* e-e Rolle machen. **23.** *mar.* rollen, schlingern (*Schiff*). **24.** wiegend gehen: ~**ing gait** → 14. **25.** rollen, sich verdrehen (*Augen*). **26.** a) grollen, rollen (*Donner*), b) dröhnen (*Stimme etc*), c) brausen (*Wasser, Orgel*), d) wirbeln (*Trommel*), e) trillern (*Vogel*). **27.** sich rollen *od.* wickeln *od.* drehen (lassen). **28.** *metall.* sich walzen lassen. **29.** *print.* sich (unter der Walze) verteilen (*Druckfarbe*).

III *v/t* **30.** a) *ein Faß etc* rollen, b) (herˈum)wälzen, (-)drehen: **to** ~ **a barrel (wheel,** *etc*); **to** ~ **one's eyes** die Augen rollen *od.* verdrehen; **to** ~ **one's eyes at s.o.** *colloq.* j-m (schöne) Augen machen; **to** ~ **a problem round in one's mind** *fig.* ‚ein Problem wälzen'. **31.** (daˈhin)rollen, fahren. **32.** *Wassermassen* wälzen (*Fluß*). **33.** (zs.-, auf-, ein)rollen, (-)wickeln: **to** ~ **o.s. into one's blanket** sich in die Decke (ein)wickeln. **34.** (durch Rollen) formen, machen: **to** ~ **a snowball**; **to** ~ **a cigarette** (sich) e-e Zigarette drehen; **to** ~ **paste for pies** Kuchenteig ausrollen. **35.** walzen: **to** ~ **a lawn** (**a road,** *etc*); **to** ~ **metal** Metall walzen *od.* strecken; ~**ed into one** *colloq.* alles in ˈeinem, in ˈeiner Person. **36.** *print.* a) *Papier* kaˈlandern, glätten, b) *Druckfarbe* (mit e-r Walze) auftragen. **37.** rollen(d sprechen): **to** ~ **one's r's**. **38.** *die Trommel* wirbeln. **39.** *mar.* zum Rollen bringen: **the waves** ~**ed the ship**. **40.** *den Körper etc beim Gehen* wiegen. **41.** *Am. sl.* *e-n Betrunkenen* ‚ausnehmen', berauben.

Verbindungen mit Adverbien:

roll| a·bout *v/i colloq.* sich (vor Lachen) kugeln. ~ **a·long** *v/i* **1.** → **roll** 19. **2.** *sl.* ‚abdampfen', sich daˈvonmachen. ~ **back I** *v/t* **1.** *Teppich etc* zuˈrückrollen. **2.** *die Vergangenheit etc* zuˈrückbringen: **to** ~ **the years** das Rad der Zeit zurückdrehen. **3.** *econ. Am. Preise* (*auf staatliche Anordnung*) zuˈrückschrauben, senken. **4.** *mil. Am. Feind* zuˈrückwerfen. **II** *v/i* **5. the years rolled back** das Rad der Zeit drehte sich zurück. ~ **down** *v/t* **1.** *Ärmel* herˈunterkrempeln. **2.** *mot. Fenster* herˈunterkurbeln. ~ **in I** *v/i* **1.** ‚herˈeinkommen', eintreffen (*Angebote, Geld etc*). **2.** *colloq.* ‚in die Klappe (*ins Bett*) gehen'. **3.** herˈeinrollen, -fahren. **II** *v/t* **4.** *Geld etc* scheffeln. ~ **on** *v/i* vergehen, daˈhingehen (*Zeit etc*): ~, **Saturday!** *Br.* wenn es doch nur schon Samstag wäre! ~ **out I** *v/t* **1.** hinˈausrollen, -fahren. **2.** *metall.* auswalzen, strecken. **3.** *Kuchenteig* ausrollen. **4.** a) *ein Lied etc* hinˈausschmettern, b) *Verse* deklaˈmieren. **II** *v/i* **5.** hinˈausrollen, -fahren. **6.** *metall.* sich auswalzen lassen. **7.** *print.* → **roll** 29. ~ **o·ver I** *v/t* **1.** herˈumwälzen, -drehen. **2.** *econ. Am. e-e fällig werdende Obligation durch Angebot e-s neuen Papiers derselben Art neu finanzieren.* **II** *v/i* **3.** sich (*im Bett etc*) herˈumwälzen. ~ **up I** *v/i* **1.** (her)ˈanrollen, (-)ˈanfahren. **2.** sich ansammeln *od.* (an)häufen. **3.** *colloq.* a) vorfahren, b) ‚aufkreuzen', auftauchen, c) sich zs.-rollen: **to** ~ **in bed**. **II** *v/t* **4.** (her)ˈanfahren. **5.** ansammeln: **to** ~ **a fortune**. **6.** aufrollen, -wickeln. **7.** *Ärmel* hoch-, aufkrempeln (*a. fig.*). **8.** *mot. Fenster* hochkurbeln. **9.** *mil. gegnerische Front* aufrollen.

roll·a·ble [ˈrəʊləbl] *adj* **1.** (auf)rollbar, wälzbar. **2.** *tech.* walzbar.

ˈroll|·aˌbout *adj* fahrbar (*Tisch etc*). **ˈ**~**·aˌway (bed)** *s Am.* (fahrbares) Raumsparbett. **ˈ**~**back** *s Am.* **1.** *mil.* Zuˈrückwerfen *n* (*des Feindes*). **2.** *econ.* Zuˈrückschrauben *n* (*von Preisen*). **ˈ**~**bar** *s mot.* ˈÜberrollbügel *m.* ~ **call** *s* **1.** Namensaufruf *m*, -verlesung *f.* **2.** *mil.* ˈAnwesenheitsapˌpell *m.* **3.** *a.* ~ **vote** *pol. Am.* namentliche Abstimmung. ~ **col·lar** *s* Rollkragen *m.*

rolled [rəʊld] *adj* **1.** gerollt, gewälzt, Roll...: ~ **ham** Rollschinken *m.* **2.** *tech.* gewalzt, Walz...: ~ **iron**, ~ **plate**; ~ **wire**. ~ **glass** *s* gezogenes Glas. ~ **gold** *s* Walzgold *n*, ˈGoldduˌblee *n.*

roll·er [ˈrəʊlə(r)] *s* **1.** *tech.* a) Walzwerkarbeiter *m*, b) Fördermann *m*, Schlepper *m.* **2.** *tech.* (Gleit-, Lauf-, Führungs)Rolle *f.* **3.** *tech.* Walze *f*, Zyˈlinder *m*, Trommel *f*, Rolle *f.* **4.** *tech.* Schreibwalze *f* (*e-r Schreibmaschine*). **5.** *print.* Druckwalze *f.*

6. *mus.* Walze *f* (*e-r Orgel etc*). 7. Rollstab *m* (*zum Aufwickeln von Landkarten etc*). 8. *med.* Rollbinde *f.* 9. *mar.* Roller *m*, schwerer Brecher, Sturzwelle *f.* 10. *orn.* a) Flug-, Tümmlertaube *f*, b) (*e-e*) Ra(c)ke: **common** ~ Blaura(c)ke, c) Harzer Roller *m.* 11. *Am. sl.* ,Bulle' *m* (*Polizist*). ~ **band·age** *s med.* Rollbinde *f.* ~ **bear·ing** *s tech.* Rollen-, Wälzlager *n.* ~ **blind** *s* Rolladen *m*, Rou'leau *n.* ~ **coast·er** *s* 1. Achterbahn *f.* 2. Achterbahnwagen *m.* ~ **hock·ey** *s sport* Rollhockey *n.* ~ **mill** *s tech.* 1. Mahl-, Quetschwerk *n.* 2. → **rolling mill.** ~ **skate** *s* Rollschuh *m.* '~**-skate** *v/i* Rollschuh laufen. ~ **skat·ing** *s* Rollschuhlaufen *n.* ~ **tow·el** *s* Rollhandtuch *n.*

roll| film *s phot.* Rollfilm *m.* '~**-front cab·i·net** *s* Rollschrank *m.*

rol·lick ['rɒlɪk; *Am.* 'rɑ-] I *v/i* 1. a) ausgelassen sein, b) her'umtollen. 2. das Leben genießen, schwelgen. II *s* 3. Ausgelassenheit *f.* '**rol·lick·ing** *adj* ausgelassen, 'übermütig.

roll·ing ['rəʊlɪŋ] I *s* 1. Rollen *n.* 2. Da'hinfließen *n.* 3. Rollen *n* (*des Donners*). 4. Brausen *n* (*des Wassers etc*). 5. *metall.* Walzen *n*, Strecken *n.* 6. *mar.* Schlingern *n.* II *adj* 7. rollend (*etc*; → **roll** II). 8. hügelig (*Landschaft, Gelände*). ~ **ad·just·ment** *s econ. Am.* Rezessi'onswelle *f.* ~ **bar·rage** *s mil.* Feuerwalze *f.* ~ **cap·i·tal** *s econ.* Be'triebskapi₁tal *n.* ~ **chair** *s* (Kranken)Rollstuhl *m.* ~ **fric·tion** *s phys.* rollende Reibung. ~ **hitch** *s mar.* Rollstek *m* (*Knoten*). ~ **kitch·en** *s mil.* Feldküche *f.* ~ **mill** *s metall.* Walzwerk *n.* ~ **pin** *s* Well-, Nudelholz *n.* ~ **plant** → **rolling stock.** ~ **press** *s* 1. *print.* Walzenpresse *f.* 2. Sati'nierpresse *f* (*für Papier*). ~ **stock** *s rail.* rollendes Materi'al, Betriebsmittel *pl.* ~ **stone** *s fig.* Wander-, Zugvogel *m*: **a** ~ **gathers no moss** ein unbeständiger Mensch bringt es zu nichts. ~ **ti·tle** *s Film*: Rolltitel *m.*

roll| lathe *s tech.* Walzendrehbank *f.* '~**-mop** *s gastr.* Rollmops *m.* '~**-neck** I *s* 1. Rollkragen *m.* 2. 'Rollkragenpull₁over *m.* II *adj* 3. Rollkragen... '~**-necked** → **rollneck** 3. '~**-on** *s* 1. E'lastikschlüpfer *m.* 2. Deorollstift *m*, Deoroller *m.* ₁~-'**on/**₁~-'**off** *adj*: ~ **ship** Roll-on-roll-off-Schiff *n* (*Spezialschiff zum Transport beladener Lastwagen od. Anhänger*). '~**-top desk** *s* Rollpult *n.* ~ **train** *s metall.* Walzenstrecke *f.*

ro·ly-po·ly [₁rəʊlɪ'pəʊlɪ] I *s* 1. *a.* ~ **pudding** gerollter Pudding. 2. ,Pummelchen' *n* (*Person*). 3. *Am.* Stehaufmännchen *n* (*Spielzeug*). II *adj* 4. pummelig, mollig.

Rom [rɒm; *Am.* rəʊm] *pl* '**Ro·ma** [-mə] *s* Zi'geuner *m.*

ROM [rɒm; *Am.* rɑm] *s Computer*: Fest-speicher *m.*

Ro·ma·ic [rəʊ'meɪɪk] I *adj* ro'maisch, neugriechisch. II *s ling.* Neugriechisch *n*, das Neugriechische.

ro·maine (let·tuce) [rəʊ'meɪn] *s bot. Am.* Römischer Lattich *od.* Sa'lat.

Ro·man¹ ['rəʊmən] I *adj* 1. römisch: ~ **calender**; ~ **law**; ~ **cement** *arch.* Wassermörtel *m*; ~ **holiday** *fig.* a) blutrünstiges Vergnügen, b) Vergnügen *n* auf Kosten anderer, c) Riesenskandal *m*, ,Kladderadatsch' *m*; ~ **nose** Römer-, Adlernase *f*; ~ **numeral** römische Ziffer; ~ **road** Römerstraße *f.* 2. *relig.* (römisch-)ka'tholisch. 3. *meist* r~ *print.* Antiqua... II *s* 4. Römer(in). 5. *meist* r~ a) An'tiquabuchstabe *m*, b) An'tiquaschrift *f.* 6. *relig.* Romanhänger(in), Katho'lik(in). 7. *ling.* La'tein *n*, das La'teinische.

ro·man² [rɔmɑ̃] (*Fr.*) *s hist.* ('Vers)Ro₁man *m* (*epische Erzählung*).

ro·man à clef [rɔmɑ̃akle] *pl* **ro·mans à clef** [rɔmɑ̃zakle] (*Fr.*) *s* 'Schlüsselro₁man *m.*

Ro·man| arch *s arch.* ro'manischer Bogen. ~ **can·dle** *s* Leuchtkugel *f* (*Feuerwerk*).

Ro·man Cath·o·lic *relig.* I *adj* (römisch-)ka'tholisch. II *s* Katho'lik(in). ~ **Church** *s* Römische *od.* (Römisch-) Ka'tholische Kirche.

ro·mance¹ [rəʊ'mæns; *Am. a.* 'rəʊ₁mæns] I *s* 1. *hist.* 'Ritter-, 'Versro₁man *m*: **Arthurian** ~ Artusroman. 2. Ro'manze *f*: a) ro'mantische Erzählung, (romantischer) 'Abenteuer- *od.* 'Liebesro₁man, b) *fig.* 'Liebeserlebnis *n*, -af₁färe *f*, c) *mus. lyrisches Lied od. Instrumentalstück.* 3. *fig.* Märchen *n*, phan'tastische Geschichte, Phantaste'rei *f.* 4. Ro'mantik *f*: a) Zauber *m*: **the** ~ **of a summer night**, b) ro'mantische I'dee(n *pl*): **a girl full of** ~, c) Abenteuerlichkeit *f.* II *v/i* 5. Ro'manzen dichten. 6. *fig.* fabu'lieren, ,Ro'mane erzählen' (**about** über *acc*). 7. ins Schwärmen geraten (**over** über *dat*). 8. e-e Ro'manze haben (**with** mit).

Ro·mance² [rəʊ'mæns; *Am. a.* 'rəʊ₁mæns] *bes. ling.* I *adj* ro'manisch: ~ **peoples** Romanen; ~ **philologist** Romanist(in). II *s* a) Ro'manisch *n*, b) *a.* ~ **languages** die ro'manischen Sprachen *pl.*

ro'manc·er *s* 1. Ro'manzendichter *m*, Verfasser *m* e-s ('Vers)Ro₁mans. 2. *fig.* a) Phan'tast(in), Träumer(in), b) Aufschneider(in).

Rom·a·nes ['rɒmənes; *Am.* 'rɑ-; 'rəʊ-] *s* Romani *n*, Zi'geunersprache *f.*

Ro·man·esque [₁rəʊmə'nesk] I *adj* 1. *arch. ling.* ro'manisch. 2. *ling.* proven'zalisch. 3. r~ ro'mantisch, phan'tastisch. II *s* 4. *a.* ~ **architecture** (*od.* **style**) ro'manischer (Bau)Stil, Ro'manik *f.* 5. *ling.* → **Romance²** II.

ro·man-fleuve *pl* **ro·mans-fleuves** [rɔmɑ̃flœv] (*Fr.*) *s* Fa'milien-, 'Zyklenro₁man *m.*

Ro·ma·ni·an [ruː'meɪnjən; -nɪən; *Am. a.* rəʊ-] I *adj* ru'mänisch. II *s ling.* Ru'mänisch *n*, das Rumänische.

Ro·man·ic [rəʊ'mænɪk] I *adj* 1. *arch. ling.* → **Romance²** I. 2. römisch (*Kulturform*). II *s* → **Romance²** II.

Ro·man·ish ['rəʊmənɪʃ] *adj relig. contp.* römisch, pa'pistisch.

Ro·man·ism ['rəʊmənɪzəm] *s* 1. a) Roma'nismus *m*, (römisch-)ka'tholische Einstellung, b) Poli'tik *f od.* Gebräuche *pl* der römischen Kirche. 2. *antiq.* Römertum *n.*

Ro·man·ist ['rəʊmənɪst] *s* 1. *relig.* (Römisch-)Ka'tholische(r *m*) *f.* 2. *jur. ling.* Roma'nist(in).

Ro·man·ize ['rəʊmənaɪz] I *v/t* 1. römisch machen. 2. romani'sieren, latini'sieren. 3. *meist* r~ in *od.* mit An'tiquabuchstaben schreiben *od.* drucken. 4. *relig.* (römisch-)ka'tholisch machen. II *v/i* 5. sich der (römisch-)ka'tholischen Kirche anschließen.

Romano- [rəʊmeɪnəʊ] *Wortelement mit der Bedeutung* römisch (und): ~**-Byzantine** römisch-byzantinisch.

Ro·mans(c)h [rəʊ'mænʃ; *Am.* rəʊ'mɑːntʃ; -'mæntʃ] *ling.* I *s* 1. Ro'maunsch *n*, Ro'montsch *n*, (Grau)'Bündnerisch *n.* 2. 'Rätoro₁manisch *n*, das Rätoromanische. II *adj* 3. (grau)'bündnerisch. 4. 'rätoro₁manisch.

ro·man·tic [rəʊ'mæntɪk] I *adj* (*adv* ~**ally**) 1. *allg.* ro'mantisch: a) *art etc*: *die Romantik betreffend*: **the** ~ **movement** die Romantik, b) ro'manhaft, abenteuerlich, phan'tastisch (*a. iro.*): **a** ~ **tale**, c) gefühlsbetont, schwärmerisch: **a** ~ **girl**, d) phan'tastisch: ~ **ideas**, e) malerisch, voll Ro'mantik: **a** ~ **old town**, f) gefühlvoll: **a** ~ **scene**, g) geheimnisvoll, faszi'nierend: **he was a** ~ **figure.** II *s* 2. *art etc*: Ro'mantiker *m.* 3. Ro'mantiker(in), Schwärmer(in). 4. (*das*) Ro'mantische. 5. *meist pl* ro'mantische I'deen *pl od.* Gefühle *pl.* **ro'man·ti·cism** [-sɪzəm] *s* 1. *art etc*: Ro'mantik *f.* 2. (Sinn *m* für) Ro'mantik *f*, ro'mantische Veranlagung. **ro'man·ti·cist** → **romantic** 2 *u.* 3. **ro'man·ti·cize** I *v/t* romanti'sieren: a) ro'mantisch gestalten, b) in ro'mantischem Licht sehen. II *v/i* schwärmen, ro'mantische I'deen haben.

Rom·a·ny ['rɒmənɪ; *Am.* 'rɑ-; 'rəʊ-] I *s* 1. Zi'geuner *m.* 2. *collect.* (*die*) Zi'geuner *pl.* 3. Romani *n*, Zi'geunersprache *f.* II *adj* 4. Zigeuner...

Rome [rəʊm] I *npr* Rom *n*: ~ **was not built in a day** Rom ist nicht an *od.* in 'einem Tag erbaut worden; **when in** ~ (**do as the Romans do**) man sollte sich immer s-r Umgebung anpassen; **all roads lead to** ~ alle Wege führen nach Rom. II *s fig.* Rom *n*: a) *antiq. das Römerreich*, b) *relig. das Papsttum, die katholische Kirche*, c) *pol. die italienische Regierung.*

Ro·me·o ['rəʊmɪəʊ] I *npr* Romeo *m.* II *pl* **-os** *s* Romeo *m*, feuriger Liebhaber.

Rom·ish ['rəʊmɪʃ] *adj meist contp.* römisch(-ka'tholisch).

romp [rɒmp; *Am. a.* rɑmp] I *v/i* 1. *a.* ~ **about** (*od.* **around**) her'umtollen, sich balgen: **to** ~ **through** *fig.* spielend durchkommen; **to** ~ **through an examination** e-e Prüfung ,mit links' bestehen. 2. ,rasen', ,(da'hin)flitzen': **to** ~ **away** ,davonziehen' (*Rennpferd etc*); **to** ~ **in** (*od.* **home**) leicht *od.* spielend gewinnen. 3. *colloq.* ,pous'sieren', ,schmusen' (**with** mit). II *s* 4. *obs.* Wildfang *m*, Range *f.* 5. Tollen *n*, Toben *n*, Balge'rei *f*: **to have a** ~ → 1. 6. *colloq.* ,Techtelmechtel' *n*, ,Geschmuse' *n.* 7. *sport* leichter *od.* müheloser Sieg. '**romp·ers** *s pl* (einteiliger) Spielanzug (*für Kleinkinder*). '**romp·ing** *adj* (*adv* ~**ly**), '**romp·ish** *adj* (*adv* ~**ly**), '**romp·y** *adj* ausgelassen, wild.

ronde [rɒnd; *Am.* rɑnd] *s print.* Ronde *f*, Rundschrift *f.*

ron·deau ['rɒndəʊ; *Am.* 'rɑn-] *pl* **-deaux** [-dəʊz] *s metr.* Ron'deau *n*, Rundreim *m* (*meist 13- od. 10zeilige Strophe mit Kehrreim, der sich am Anfang, im Innern u. am Ende wiederholt*).

ron·del ['rɒndl; *Am.* 'rɑndl] *s metr.* 1. vierzehnzeiliges Ron'deau. 2. → **rondeau.**

ron·do ['rɒndəʊ; *Am.* 'rɑn-] *pl* **-dos** *s mus.* Rondo *n.*

ron·dure ['rɒndjʊə; *Am.* 'rɑndʒər] *s* Rund *n*, Rundung *f*, Kreis *m.*

Ron·e·o ['rəʊnɪəʊ] (*TM*) *print. Br.* I *s* Roneo-Vervielfältiger *m.* II *v/t* (mit dem 'Roneo-Appa₁rat) vervielfältigen.

rönt·gen, rönt·gen·ize → **roentgen, roentgenize.**

roo [ruː] *s Austral. colloq.* Känguruh *n.*

rood [ruːd] *s* 1. *relig.* a) Kreuz *n*, Kruzi'fix *n* (*in Kirchen*), b) *obs.* Kreuzesstamm *m* (Christi). 2. Viertelacre *m* (*Flächenmaß*). 3. Rute *f* (*Längenmaß*): a) *lokal verschieden* = *7–8 yards*, b) → **rod** 9. ~ **al·tar** *s* 'Lettneral₁tar *m.* ~ **arch** *s arch.* 1. *Mittelbogen in e-m Lettner, auf dem das Kreuz angebracht ist.* 2. Kreuznische *f* (*zwischen Kirchenschiff u. Chor*). ~ **loft** *s arch.* Chorbühne *f.* ~ **screen** *s* Lettner *m.* ~ **spire,** ~ **stee·ple** *s* Vierungsturm *m* (*mit Spitze*).

roof [ruːf] I *s* 1. *arch.* (Haus)Dach *n*: **a** (**no**) ~ **over one's head** *fig.* (k)ein Dach über dem Kopf; **under my** ~ *fig.* unter m-m Dach, in m-m Haus; **to raise the** ~

fig. colloq. ,e-n Mordskrach schlagen'; **to go through the ~** *fig. colloq.* ,an die Decke gehen'. **2.** *mot.* Verdeck *n.* **3.** *fig.* (*Blätter-, Zelt*)Dach *n*: **~ of foliage; ~ of a tent; ~ of heaven** Himmelszelt *n*, -gewölbe *n*; **~ of the mouth** *anat.* Gaumen(dach *n*) *m*; **the ~ of the world** das Dach der Welt. **4.** *Bergbau*: Hangendes *n.* **II** *v/t* **5.** mit e-m Dach versehen, bedachen: **to ~ in** (*od.* **over**) überdachen; **flat-~ed** mit Flachdach. **6.** *fig.* bedecken, über'dachen. **'roof·age** → roofing I. **'roof·er** *s* Dachdecker *m.*

roof gar·den *s* **1.** Dachgarten *m.* **2.** *Am.* 'Dachrestau,rant *n.*

'roof·ing I *s* **1.** Bedachen *n*, Dachdecken *n.* **2.** *tech.* Dachhaut *f.* **II** *adj* **3.** Dach...: **~ felt** Dachpappe *f.*

'roof·less *adj* **1.** ohne Dach, ungedeckt. **2.** *fig.* obdachlos.

roof| rack *s mot.* Dachgepäckträger *m.* **'~·tree** *s* **1.** *arch.* Firstbalken *m.* **2. under my ~** *fig.* unter m-m Dach, in m-m Haus.

rook¹ [rʊk] **I** *s* **1.** *orn.* Saatkrähe *f.* **2.** *fig.* Gauner *m*, Bauernfänger *m.* **II** *v/t* **3.** *j-n* betrügen (**of** um).

rook² [rʊk] *s Schach*: Turm *m.*

rook·er·y ['rʊkərɪ] *s* **1.** a) Krähenhorst *m*, b) 'Krähenkolo,nie *f.* **2.** *orn. zo.* Brutplatz *m.* **3.** *fig.* a) 'Massen-, 'Elendsquar,tier *n*, b) 'Mietska,serne *f.*

rook·ie, *a.* **rook·y** ['rʊkɪ] *s sl.* **1.** *mil.* Re'krut *m.* **2.** Neuling *m*, Anfänger *m.*

room [ru:m; rʊm] **I** *s* **1.** Raum *m*, Platz *m*: **to make ~ (for)** Platz machen (für *od. dat*) (*a. fig.*); **no ~ to swing a cat (in), no ~ to turn in** scheußlich eng. **2.** Raum *m*, Zimmer *n*, Stube *f*: **in my ~** in *od.* auf m-m Zimmer; **~ heating** Raumheizung *f*; **~ temperature** (*a. normale*) Raum-, Zimmertemperatur. **3.** *pl* (Miet)Wohnung *f.* **4.** *fig.* (Spiel)Raum *m*, Gelegenheit *f*, Veranlassung *f*, Anlaß *m*: **~ for complaint** Anlaß zur Klage; **there is no ~ for hope** es besteht keine Hoffnung; **there is ~ for improvement** es ließe sich manches besser machen. **5.** Stelle *f*: **in s.o.'s ~** an j-s Stelle. **6.** *Bergbau*: Abbaustrecke *f.* **II** *v/i* **7.** *bes. Am.* wohnen, lo'gieren (**at** in *dat*; **with** bei). **III** *v/t* **8.** *bes. Am. j-n* (in e-m Zimmer *etc*) 'unterbringen. **roomed** [ru:md; rʊmd] *adj in Zssgn* ...zimmerig: **double-~** zweizimmerig, Zweizimmer... **'room·er** *s bes. Am.* 'Untermieter(in).

room·ette [ru:'met; rʊm'et] *s rail. Am.* 'Einbettab,teil *n.*

room·ful ['ru:mfʊl; 'rʊm-] *pl* **-fuls** *s*: **a ~ of people** ein Zimmer voll(er) Leute; **the whole ~** das ganze Zimmer.

room·i·ness ['ru:mɪnɪs; 'rʊm-] *s* Geräumigkeit *f.*

'room·ing| house *s Am.* Fremdenheim *n*, Pensi'on *f.* **'~-'in** *s med.* Rooming-'in *n* (*gemeinsame Unterbringung von Mutter u. Kind*).

'room|·mate *s* **1.** Zimmergenosse *m*, -genossin *f*, 'Stubenkame,rad(in). **2.** *euphem.* Lebensgefährte *m*, -gefährtin *f.* **~·ser·vice** *s* Zimmerservice *m*: **to ring for ~** nach dem Zimmerkellner klingeln.

'room·y *adj* (*adv* **roomily**) **1.** geräumig. **2.** weit (*Kleidungsstück*).

roor·back ['rʊər,bæk] *s Am.* po'litische Zwecklüge (*um j-n zu diffamieren*).

roost [ru:st] **I** *s* **1.** a) Schlafplatz *m*, -sitz *m* (*von Vögeln*), b) Hühnerstange *f*, c) Hühnerstall *m*: **at ~** auf der Stange; **to come home to ~** *fig.* auf den Urheber zurückfallen; → **rule** 14. **2.** *fig.* Ruheplätzchen *n*, 'Unterkunft *f.* **II** *v/i* **3.** a) auf der Stange sitzen, b) sich zum Schlafen niederhocken (*Vögel*). **4.** *fig.* (*bes.* vor'übergehend) schlafen *od.* wohnen.

'roost·er *s* **1.** *orn. bes. Am.* (Haus)Hahn *m.* **2.** *Am. colloq.* ,(eitler) Gockel'.

root¹ [ru:t] **I** *s* **1.** *bot.* Wurzel *f* (*a. fig.*): **to destroy s.th. ~ and branch** etwas mit Stumpf u. Stiel ausrotten; **to pull out by the ~** mit der Wurzel ausreißen (*a. fig. ausrotten*); **to strike at the ~ of s.th.** *fig.* etwas an der Wurzel treffen; **to take** (*od.* **strike**) **~** → 12; **to put down ~s** *fig.* seßhaft werden; **to pull up one's ~s** *fig.* alles aufgeben; **the ~s of a mountain** der Fuß e-s Berges. **2.** a) Wurzelgemüse *n* (*Möhre, rote Rübe etc*), b) ,Wurzel' *f* (*Wurzelstock, -knolle, Zwiebel etc*): **Dutch ~s** Blumenzwiebeln. **3.** *anat.* (*Haar-, Nagel-, Zahn- etc*)Wurzel *f*: **~ of the hair,** *etc*; **~ treatment** (*Zahnmedizin*) Wurzelbehandlung *f.* **4.** *fig.* a) Wurzel *f*, Quelle *f*, Ursache *f*: **the ~ of all evil** die Wurzel alles Bösen; **to get at the ~(s) of things** den Dingen auf den Grund gehen; **to have its ~ in, to take ~ from** → 13, b) Kern *m*: **the ~ of the matter; ~ idea** Grundidee *f.* **5.** a) Stammvater *m*, b) *bes. Bibl.* Wurzel *f*, Reis *n*, Sproß *m*: **a ~ of Jesse.** **6.** *math.* a) Wurzel *f*: **~ extraction** Wurzelziehen *n*, b) eingesetzter *od.* gesuchter Wert (*e-r Gleichung*). **7.** *ling.* Stammwort *n*, Wurzel(wort *n*) *f.* **8.** *mus.* Grundton *m*: **~ position** Grundstellung *f*, -lage *f* (*e-s Akkords*). **9.** *astr. u. Zeitrechnung*: a) Ausgangspunkt *m* (*e-r Berechnung*), b) Ge'burtsa,spekt *m.* **10.** *tech.* Wurzel *f.* **11.** *Am. sl.* Fußtritt *m.*

II *v/i* **12.** Wurzeln schlagen, (ein)wurzeln (*beide a. fig.*), Wurzeln treiben. **13. ~ in** *fig.* wurzeln in (*dat*), s-n Ursprung haben in (*dat*).

III *v/t* **14.** tief einpflanzen, einwurzeln lassen: **fear ~ed him to the ground** (*od.* **spot**) *fig.* er stand vor Furcht wie angewurzelt. **15. ~ up, ~ out, ~ away** mit der Wurzel ausreißen *od. fig.* ausrotten.

root² [ru:t] **I** *v/i* **1.** (*mit der Schnauze*) wühlen (**for** nach) (*Schwein*). **2. ~ about** (*od.* **around**) *fig.* her'umwühlen (**among** in *dat*). **II** *v/t* **3.** *den Boden* auf-, 'umwühlen. **4. ~ out, ~ up** ausgraben, aufstöbern (*a. fig.*), *fig.* her'vorzerren: **to ~ out a letter; to ~ s.o. out of bed** j-n aus dem Bett treiben.

root³ [ru:t] *v/i* (**for**) *bes. Am. colloq.* a) *sport* (*j-n*) anfeuern, b) *fig.* Stimmung machen (für *j-n od. etwas*), (*j-n*) (tatkräftig) unter'stützen.

root·age ['ru:tɪdʒ] *s* **1.** Verwurzelung *f.* **2.** *fig.* Wurzel(n *pl*) *f.*

,root|-and-'branch *adj* radi'kal, restlos. **~ beer** *s Am. Limonade aus Kräuter- od. Wurzelextrakten.* **~ ca·nal** *s anat.* 'Zahn-, 'Wurzelka,nal *m.* **~ climb·er** *s bot.* Wurzelkletterer *m.* **~ crop** *s* Wurzelgemüse *n*, Knollenfrüchte *pl*, Rüben *pl.*

root·ed ['ru:tɪd] *adj* (fest) eingewurzelt (*a. fig.*): **deeply ~** *fig.* tief verwurzelt; **to stand ~ to the ground** (*od.* **spot**) wie angewurzelt stehen(bleiben). **'root·ed·ly** *adv* von Grund auf, zu'tiefst. **'root·ed·ness** *s* Verwurzelung *f.*

'root·er *s bes. Am. colloq.* begeisterter Anhänger, ,Fa'natiker' *m.*

roo·tle ['ru:tl] → root².

'root·less *adj* **1.** wurzellos (*a. fig.*). **2.** *fig.* entwurzelt, ohne feste Bindung.

root·let ['ru:tlɪt] *s bot.* Würzelchen *n*, Wurzelfaser *f.*

'root|-,mean-'square *s math.* qua'dratischer Mittelwert. **'~·stock** *s* **1.** *bot.* Wurzelstock *m.* **2.** Wurzelableger *m.* **3.** *fig.* Wurzel *f*, Ursprung *m.* **~ tu·ber·cle** *s bot.* Wurzelknöllchen *n.* **~ vole** *s zo.* Wühlmaus *f.*

root·y ['ru:tɪ] *adj* **1.** wurz(e)lig. **2.** wurzelartig, Wurzel...

rope [rəʊp] **I** *s* **1.** Seil *n*, Strick *m*, Strang *m* (*a. zum Erhängen*): **the ~** *fig.* der Strick (*Tod durch den Strang*); **to be at the end of one's ~** mit s-m Latein am Ende sein; **to know the ~s** sich auskennen, ,den Bogen raushaben'; **to learn the ~s** sich einarbeiten; **to show s.o. the ~s** j-m die Kniffe beibringen, j-n anlernen. **2.** *mar.* (Tau)Ende *n*, Tau *n.* **3.** (Ar'tisten)Seil *n*: **on the high ~s** a) hochmütig, b) hochgestimmt. **4.** *mount.* a) (Kletter)Seil *n*, b) *a.* **~ team** Seilschaft *f*: **to put on the ~** sich anseilen; **to be on the ~** angeseilt sein. **5.** *Am.* Lasso *m, n.* **6.** *pl Boxen*: (Ring)Seile *pl*: **to be on the ~s** a) (angeschlagen) in den Seilen hängen, b) *fig.* am Ende (s-r Kräfte) *od.* ,fertig' sein; **to have s.o. on the ~s** j-n in die Enge getrieben haben. **7.** *fig.* Strang *m* (*Tabak etc*), Schnur *f* (*Zwiebeln, Perlen etc*): **~ of ova** *zo.* Eischnur *f*; **~ of pearls** Perlenschnur; **~ of sand** *fig.* Illusion *f*, trügerische Sicherheit. **8.** (langgezogener) Faden (*e-r Flüssigkeit*). **9.** *aer. mil.* Düppel *pl.* **10.** *fig.* Spielraum *m*, Handlungsfreiheit *f*: **to give s.o. plenty of ~** j-m viel Freiheit lassen.

II *v/t* **11.** *a.* **~ up** (mit e-m Seil *etc*) zs.-binden. **12.** festbinden. **13.** *meist* **~ in** (*od.* **off**) (durch ein Seil) absperren *od.* abgrenzen. **14.** *mount.* anseilen: **to ~ down** (**up**) *j-n* ab- (auf)seilen. **15.** *Am.* mit dem Lasso (ein)fangen. **16. ~ in** *colloq.* a) *Wähler, Kunden etc* ,fangen', ,an Land ziehen', b) sich *ein Mädchen etc* ,anlachen': **to ~ s.o. in on s.th., to ~ s.o. into s.th.** j-n in etwas hineinziehen. **17.** *Am. sl. j-n* ,übers Ohr hauen', *j-n* ,reinlegen'.

III *v/i* **18.** Fäden ziehen (*dicke Flüssigkeit*). **19.** *meist* **~ up** *mount.* sich anseilen: **to ~ down** sich abseilen.

'rope|,danc·er *s* Seiltänzer(in). **'~-,danc·ing** *s* Seiltanzen *n.* **~ fer·ry** *s* Seilfähre *f.* **~ lad·der** *s* **1.** Strickleiter *f.* **2.** *mar.* Seefallreep *n.* **'~,mak·er** *s tech.* Seiler *m.* **~ mo(u)ld·ing** *f arch.* Seilleiste *f.* **~ quoit** *s mar.* Seilring *m* (*zum Sport an Deck*). **~ rail·way** → ropeway.

rop·er·y ['rəʊpərɪ] *s* Seile'rei *f.*

rope's|end *s mar.* Tauende *n.* **'~-end** *v/t* mit dem Tauende (ver)prügeln.

rope| stitch *s Stickerei*: Stielstich *m.* **~ tow** *s Skisport*: Schlepplift *m.* **~ trick** *s* Seiltrick *m.* **'~,walk** *s tech.* Seiler-, Reeperbahn *f.* **'~,walk·er** → ropedancer. **'~·way** *s tech.* (Seil)Schwebebahn *f.*

rop·ey → ropy 3.

'rope|·yard *s* Seile'rei *f.* **~ yarn** *s* **1.** *tech.* Kabelgarn *n.* **2.** *fig.* Baga'telle *f.*

rop·i·ness ['rəʊpɪnɪs] *s* Dickflüssigkeit *f*, Klebrigkeit *f.* **'rop·y** *adj* (*adv* ropily) **1.** dickflüssig, klebrig, zäh(flüssig), fadenziehend: **to be ~** Fäden ziehen. **2.** kahmig: **~ wine.** **3.** *colloq.* a) mise'rabel, b) abgerissen, abgetragen (*Kleidungsstück*), c) fadenscheinig (*Ausrede etc*). **4.** sehnig.

roque [rəʊk] *s sport amer. Form des Krocketspiels.*

Roque·fort ['rɒkfɔ:; *Am.* 'rəʊkfərt] *s* Roquefort(käse) *m.*

ro·quet ['rəʊkɪ; *Am.* rəʊ'keɪ] **I** *v/t u. v/i Krocketspiel*: (e-n anderen Ball) treffen. **II** *s* Treffen *n* e-s anderen Balls.

ror·qual ['rɔ:(r)kwəl] *s a.* **common ~** *zo.* Finnwal *m.*

Ror·schach test ['rɔ:(r)ʃɑ:k] *s psych.* Rorschach-, Formdeutetest *m.*

ror·ty ['rɔ:tɪ] *adj Br. sl.* fi'del, lustig.

ro·sace ['rəʊzeɪs] *s arch.* **1.** Ro'sette *f.* **2.** → **rose window.**

ro·sa·cean [rəʊ'zeɪʃn] *bot.* **I** *adj* → **rosaceous** 1 a. **II** *s* Rosa'zee *f*, Rosengewächs *n.* **roˈsa·ceous** [-ʃəs] *adj* **1.** *bot.* a) zu den Rosaˈzeen gehörig, b) rosenblütig. **2.** rosenartig, Rosen...

ro·sar·i·a [rəʊˈzeərɪə] *pl von* **rosarium.**

ro·sar·i·an [rəʊˈzeərɪən] *s* **1.** Rosenzüchter *m.* **2.** *R.C.* Mitglied *n* e-r Rosenkranzbruderschaft.

ro·sar·i·um [rəʊˈzeərɪəm] (*Lat.*) *pl* **-i·ums, -i·a** [-ɪə] *s* Rosengarten *m.*

ro·sa·ry [ˈrəʊzərɪ] *s* **1.** Rosenbeet *n*, -garten *m.* **2.** *oft* **R~** *R.C.* (*a. Buddhismus*) Rosenkranz *m* (*Gebetsschnur u. Gebete*): **joyful (sorrowful, glorious) R~** freudenreicher (schmerzhafter, glorreicher) Rosenkranz; **to say the R~** den Rosenkranz beten; **Fraternity of the R~** Rosenkranzbruderschaft *f.*

rose¹ [rəʊz] **I** *s* **1.** *bot.* Rose *f*: **~ of May** Weiße Narzisse; **~ of Sharon** a) *Bibl.* Sharon-Tulpe *f*, b) Großblumiges Johanniskraut; **the ~ of** *fig.* die Rose (*das schönste Mädchen*) von; **to gather (life's) ~s** die Rosen des Lebens pflükken, sein Leben genießen; **it is not all ~s** es ist nicht so rosig, wie es aussieht; **under the ~** im Vertrauen; **no ~ without a thorn** *fig.* keine Rose ohne Dornen; → **bed** *Bes. Redew.* **2.** Roˈsette *f*, Rös-chen *n* (*Zierat*). **3.** → **rose window. 4.** *geogr. mar. phys.* Wind-, Kompaßrose *f.* **5.** *phys. tech.* Kreisskala *f.* **6.** Brause *f* (*e-r Gießkanne etc*). **7.** Roˈsette *f*, Rose *f* (*Edelsteinschliff od. so geschliffener Stein*). **8.** *tech.* Roˈsette *f*, Manˈschette *f.* **9.** *zo.* Rose *f* (*Ansatzfläche des Geweihs*). **10.** *her. hist. Br.* Rose *f* (*Wappenblume*): **Wars of the R~s** Rosenkriege; → **Red Rose, White Rose** 2. **11.** → **rose colo(u)r. II** *adj* **12.** Rosen... **13.** rosenfarbig, rosa-, rosenrot.

rose² [rəʊz] *pret von* **rise.**

ro·sé [ˈrəʊzeɪ; *Am.* rəʊˈzeɪ] *s* Roˈsé *m* (*Wein*).

ro·se·ate [ˈrəʊzɪət; *Am. a.* -ˌeɪt] → **rose-colo(u)red.**

ˈrose|·bay *s bot.* **1.** Oleˈander *m.* **2.** *Am.* a) Große Alpenrose, b) Pontische Alpenrose. **ˈ~·bud** *s* Rosenknospe *f* (*a. fig. Mädchen*): **gather ye ~s while ye may** pflücke die Rose, eh' sie verblüht. **~ bug** → **rose chafer** 2. **ˈ~·bush** *s bot.* Rosenstock *m*, -strauch *m.* **~ chaf·er** *s zo.* **1.** Rosenkäfer *m.* **2.** *Am.* Rosenlaubkäfer *m.* **ˈ~-cheeked** *adj* rotwangig, -backig. **~ col·o(u)r** *s* Rosa-, Rosenrot *n*: **life is not all ~** das Leben besteht nicht nur aus Annehmlichkeiten. **ˈ~-ˌcol·o(u)red** *adj* **1.** rosa-, rosenrot. **2.** *fig.* rosa(rot), rosig, optiˈmistisch: **to see things through ~ spectacles** (*od.* **glasses**) die Dinge durch e-e rosa(rote) Brille sehen. **ˈ~-cut** *adj* mit Roˈsettenschliff (*Stein*). **~ di·a·mond** *s* ˈRosendiaˌmant *m.* **ˈ~·fish** *s* Rotbarsch *m.* **ˈ~·gall** *s bot.* Rosenapfel *m*, -schwamm *m.* **~ gar·den** *s* Rosengarten *m.* **~ grow·er** *s* Rosenzüchter *m.* **ˈ~·hip** *s bot.* Hagebutte *f.*

rose·mar·y [ˈrəʊzmərɪ; *Am.* -ˌmeriː] *s bot.* Rosmarin *m.* **~ pine** *s bot.* (*USA*) **1.** Sumpfkiefer *f.* **2.** Weihrauchkiefer *f.* **3.** Gelbkiefer *f.*

ro·se·o·la [rəʊˈziːələ; *Am. a.* ˌrəʊziːˈəʊlə] *s med.* **1.** Roseˈole *f* (*Hautausschlag*). **2.** → **German measles.**

rose|pink *s* **1.** *tech.* a) Rosenlack(farbe *f*) *m*, b) rosa Farbstoff *m.* **2.** *bot.* Amer. Tausendˈgüldenkraut *n.* **ˌ~-ˈpink** *adj* rosa(rot), rosenrot (*a. fig.*). **~ quartz** *s min.* Rosenquarz *m.* **~ rash** → **roseola. ~ red** *s* Rosenrot *n*, Rosa(rot) *n.* **ˌ~-ˈred** *adj* rosenrot, rosa(rot).

ro·ser·y → **rosary** 1.

ˈrose|-ˌtint·ed → **rose-colo(u)red. ~ tree** *s* Rosenstock *m*, -strauch *m.*

ro·sette [rəʊˈzet] *s* **1.** Roˈsette *f*: a) (Zier-)Rose *f*, b) ˈRosenornaˌment *n*, c) Bandschleife *f.* **2.** *arch.* a) (ˈMauer)Roˌsette *f*, b) → **rose window. 3.** *bot.* (ˈBlatt-*etc*)Roˌsette *f.* **4.** → **rose diamond. 5.** *tech.* Paˈtrone *f.* **6.** *tech.* Roˈsette(nkupfer *n*) *f.* **roˈset·ted** *adj* **1.** mit Roˈsetten geschmückt. **2.** roˈsettenförmig.

rose| wa·ter *s* **1.** Rosenwasser *n.* **2.** *fig.* a) Schmeicheˈleien *pl*, b) Gefühlsduseˈlei *f.* **ˈ~-ˌwa·ter** *adj* **1.** nach Rosenwasser duftend. **2.** *fig.* a) (ˈüber)fein, (-)zart, sanft, b) affekˈtiert, c) süßlich, sentimenˈtal. **~ win·dow** *s arch.* (ˈFenster)Roˌsette *f*, (-)Rose *f.* **ˈ~·wood** *s bot.* Rosenholz *n.*

Ro·si·cru·cian [ˌrəʊzɪˈkruːʃjən; *Am.* -ʃən; *a.* ˌrɑzə-] **I** *s* Rosenkreuzer *m* (*Mitglied e-r Geheimgesellschaft*). **II** *adj* Rosenkreuzer...

ros·in [ˈrɒzɪn; *Am.* ˈrɑzn; ˈrɔːzn] **I** *s* **1.** *chem.* (Terpenˈtin)Harz *n*, *bes.* Koloˈphonium *n*, Geigenharz *n.* **2.** → **resin** 1. **II** *v/t* **3.** mit Koloˈphonium einreiben.

ros·i·ness [ˈrəʊzɪnɪs] *s* (*das*) Rosige, rosiges Aussehen.

ross [rɒs; *Am. a.* rɑs] *bes. Am.* **I** *s* **1.** Borke *f.* **II** *v/t* **2.** *Bäume* abborken. **3.** *Borke* abschälen.

ros·ter [ˈrəʊstə(r); *Am. bes.* ˈrɑs-] *s* **1.** *mar. mil.* Dienst- *od.* Namensliste *f.* **2.** Dienstplan *m.* **3.** Liste *f*, Verzeichnis *n.*

ros·tral [ˈrɒstrəl; *Am. bes.* ˈrɑs-] *adj* **1.** *anat. zo.* roˈstral, schnabelförmig. **2.** *zo.* zur Kopfspitze gehörig. **3.** *mar. hist.* Schiffsschnabel... **ros·trate** [ˈrɒstreɪt; *Am. bes.* ˈrɑs-], **ˈros·trat·ed** *adj* **1.** *bes. bot. zo.* geschnäbelt. **2.** → **rostral** 3. **rosˈtrif·er·ous** [-ˈtrɪfərəs] *adj zo.* geschnäbelt. **ˈros·tri·form** [-fɔː(r)m] *adj zo.* schnabelförmig.

ros·trum [ˈrɒstrəm; *Am. bes.* ˈrɑs-] *pl* **-tra** [-trə], *selten* **-trums** *s* **1.** a) Rednerpult *n*, Podium *n*, b) Kanzel *f*, c) *fig.* Plattform *f.* **2.** *mar. antiq.* Schiffsschnabel *m.* **3.** *anat. bot. zo.* Schnabel *m.* **4.** *zo.* a) Kopfspitze *f*, b) Rüssel *m* (*von Insekten*).

ros·y [ˈrəʊzɪ] *adj* (*adv* **rosily**) **1.** rosenrot, -farbig: **~ red** Rosenrot *n.* **2.** rosig, blühend: **~ cheeks. 3.** *fig.* → **rose-colo(u)red** 2. **4.** rosengeschmückt, Rosen...: **ˈ~-ˌcol·o(u)red** → **rose-colo(u)red.**

rot [rɒt; *Am.* rɑt] **I** *v/i* **1.** *a.* **~ away** (ver)faulen, (-)modern (*a. fig. im Gefängnis*), verrotten, verwesen: **to ~ off** abfaulen. **2.** *a.* **~ away** *geol.* verwittern. **3.** *fig.* (*a. moralisch*) verkommen, verrotten. **4.** *bot. vet.* an Fäule leiden. **5.** *bes. Br. sl.* ‚quatschen', ‚Blech' *od.* Unsinn reden. **II** *v/t* **6.** (ver)faulen lassen. **7.** *bot. vet.* mit Fäule anstecken. **8.** *bes. Br. sl. j-n* ‚anpflaumen', ‚aufziehen' (*hänseln*). **III** *s* **9.** a) Fäulnis *f*, Verwesung *f*, b) Fäule *f*, c) (*etwas*) Verfaultes: → **dry rot. 10.** a) *bot. vet.* Fäule *f*, b) *vet.* → **liver rot. 11.** *bes. Br. sl.* ‚Quatsch' *m*, Blödsinn *m*, Unsinn *m*: **to talk ~.**

ro·ta [ˈrəʊtə] *s* **1.** → **roster. 2.** *bes. Br.* a) Diensturnus *m*, b) *a.* **~ system** Turnusplan *m.* **3.** *meist* **R~** *R.C.* Rota *f* (*oberster Gerichtshof der Kirche*).

Ro·tar·i·an [rəʊˈteərɪən] **I** *s* Roˈtarier *m*, Mitglied *n* e-s Rotary-Clubs. **II** *adj* Rotary..., Rotarier...

ro·ta·ry [ˈrəʊtərɪ] **I** *adj* **1.** roˈtierend, kreisend, sich drehend, ˈumlaufend: **~ movement** *od.* **motion** Umdrehung *f*, Drehbewegung *f.* **2.** Rotations..., Dreh..., Kreis..., Umlauf...: **~ control** *tech.* Drehregler *m*; **~ file** Drehkartei *f*; **~ pump** *tech.* Kreisel-, Umlaufpumpe *f*; **~ switch** *electr.* Drehschalter *m*; **~ traffic** Kreisverkehr *m*; **~-wing aircraft** → **rotorcraft. 3.** *aer. tech.* Radial..., Sternmotor... **4.** *fig.* turnusmäßig. **II** *s* **5.** *tech. durch Rotation arbeitende Maschine, bes.* a) → **rotary engine,** b) → **rotary machine,** c) → **rotary press,** d) *electr.* → **rotary converter. 6. R~** → **Rotary Club. 7.** *Am.* Kreisverkehr *m.* **R~ Club** *s* Rotary-Club *m.* **~ con·dens·er** *s electr.* ˈDrehkondenˌsator *m.* **~ con·vert·er** *s electr.* ˈDrehˌumformer *m.* **~ cur·rent** *s electr.* Drehstrom *m.* **~ en·gine** *s* ˈUmlaufmotor *m.* **~ hoe** *s agr.* Hackfräse *f.* **R~ In·ter·na·tion·al** *s* Weltvereinigung *f* der Rotary-Clubs. **~ in·ter·sec·tion** → **rotary** 7. **~ ma·chine** *s print.* Rotatiˈonsmaˌschine *f.* **~ pis·ton en·gine** *s mot.* Drehkolbenmotor *m.* **~ plough,** *bes. Am.* **~ plow** *s tech.* **1.** *a.* **rotary snow plough** (*bes. Am.* **plow**) Schneefräse *f.* **2.** *agr.* Bodenfräse *f.* **~ press** *s print.* Rotatiˈons(druck)presse *f.* **~ shut·ter** *s Film:* ˈUmlaufblende *f.* **~ till·er** → **rotary plough** 2.

ro·tat·a·ble [rəʊˈteɪtəbl; *Am. bes.* ˈrəʊˌteɪ-] *adj* drehbar.

ro·tate¹ [rəʊˈteɪt; *Am.* ˈrəʊˌteɪt] **I** *v/i* **1.** roˈtieren, kreisen, sich drehen, ˈumlaufen. **2.** der Reihe nach *od.* turnusmäßig wechseln: **to ~ in office. II** *v/t* **3.** roˈtieren *od.* kreisen lassen. **4.** *math.* a) (um e-e Achse) drehen, b) ˈumklappen. **5.** *Personal* turnusmäßig auswechseln. **6.** *agr. die Frucht* wechseln.

ro·tate² [ˈrəʊteɪt] *adj bot. zo.* radförmig.

ro·tat·ing [rəʊˈteɪtɪŋ; *Am.* ˈrəʊˌteɪtɪŋ] *adj* → **rotary** 1: **~ field** *electr. phys.* Drehfeld *n*, rotierendes Feld; **~-wing aircraft** → **rotorcraft.**

ro·ta·tion [rəʊˈteɪʃn] *s* **1.** *math. phys. tech.* Rotatiˈon *f*, Umˈdrehung *f*, ˈUm-, Kreislauf *m*, Drehbewegung *f*: **~ of the earth** Erdrotation, (tägliche) Erdumdrehung. **2.** Wechsel *m*, Abwechslung *f*: **in** (*od.* **by**) **~** der Reihe nach, abwechselnd, im Turnus; **~ in office** turnusmäßiger Wechsel im Amt. **3.** *a.* **~ of crops** *agr.* Fruchtwechsel *m.* **roˈta·tion·al** [-ʃənl] *adj* **1.** → **rotary** 1. **2.** (ab)wechselnd. **3.** im Turnus, turnusmäßig.

ro·ta·tive [ˈrəʊtətɪv; *Am.* -ˌteɪ-] *adj* **1.** → **rotary** 1. **2.** abwechselnd, regelmäßig ˈwiederkehrend.

ro·ta·tor [rəʊˈteɪtə; *Am.* ˈrəʊˌteɪtər] *s* **1.** *anat.* Roˈtator *m*, Dreh-, Rollmuskel *m.* **2.** *tech.* a) roˈtierender Appaˈrat *od.* Maˈschinenteil, b) *electr.* schnellaufender Eˈlektromotor (*bes. mit Außenläufer*). **3.** *Quantentheorie:* Drillachse *f.*

ro·ta·to·ry [ˈrəʊtətərɪ; *Am.* -ˌtəʊriː; -ˌtɔː-] *adj* **1.** → **rotary** 1. **2.** *fig.* abwechselnd *od.* turnusmäßig (aufeinˈanderfolgend): **~ assemblies. 3. ~ muscle** *anat.* → **rotator** 1.

rote [rəʊt] *s* Rouˈtine *f*: **by ~** a) rein mechanisch, durch bloße Übung, b) auswendig.

ˈrot·gut *s sl.* Fusel *m.*

ro·ti·fer [ˈrəʊtɪfə(r)] *s zo.* Rädertier(-chen) *n.*

ro·tis·ser·ie [rəʊˈtɪsərɪ] *s* Rotisseˈrie *f*: a) Bratspieß *m*, b) *Restaurant, in dem Grillgerichte vor den Augen des Gastes zubereitet werden.*

ˌro·to·graˈvure [ˌrəʊtəʊ-; *Am.* -tə-] *s print.* **1.** Zyˈlindertiefdruck *m*, Kupfer(tief)druck *m.* **2.** → **roto section.**

ro·tor [ˈrəʊtə(r)] *s* **1.** *aer.* Drehflügel *m*, Tragschraube *f*, Rotor *m* (*des Hubschraubers*). **2.** *electr.* Rotor *m*, Läufer *m*: **~ circuit** Läuferkreis *m.* **3.** *tech.* Rotor *m* (*Drehteil e-r Maschine*). **4.** *mar.* (Flettner-)Rotor *m.* **ˈ~·craft, ˈ~·plane** *s aer.* Rotorflugzeug *n*, Drehflügelflugzeug *n.* **~ ship** *s mar.* Rotorschiff *n.*

ro·to sec·tion [ˈrəʊtəʊ] *s Am.* Kupfertiefdruckbeilage *f* (*e-r Zeitung*).

rot·ten [ˈrɒtn; *Am.* ˈrɑtn] *adj* (*adv* **~ly**) **1.** verfault, faul: **~ egg** faules Ei; **~ to the core** a) vollkommen verfault, b) *fig.* durch u. durch korrupt. **2.** morsch, mürbe. **3.** brandig, stockig: **~ wood. 4.** *med.* faul: **~ teeth. 5.** *fig.* a) verderbt, korˈrupt, b) niederträchtig, gemein: **a ~ trick; something is ~ in the state of Denmark** (*Shakespeare*) etwas ist faul im Staate Dänemark. **6.** *sl.* ‚(ˈhunds)miseˌrabel', ‚saumäßig': **a ~ book; ~ luck** Saupech *n*; **~ weather** Sauwetter *n*; **to feel ~** sich ‚beschissen' fühlen. **7.** *vet.* mit der (Lungen)Fäule behaftet (*Schaf*). **~ bor·oughs** *s pl pol. hist. Br.* a) *Wahlkreise mit verlassenen Orten*, b) *Wahlkreise, deren Bevölkerung nur aus Anhängern u. Abhängigen e-s einzigen Grundbesitzers bestand.*

ˈrot·ten·ness *s* **1.** Fäule *f*, Fäulnis *f*. **2.** Morschheit *f* (*von Holz etc*). **3.** *fig.* Verderbtheit *f*, Korˈruptheit *f*.

ˈrot·ter *s obs. Br. sl.* ‚Schweinehund' *m*.

ro·tund [rəʊˈtʌnd] *adj* (*adv* **~ly**) **1.** rund, kreisförmig. **2.** rundlich, dicklich: **a ~ man. 3.** *fig.* a) voll(tönend), klangvoll: **~ voice**, b) pomˈpös, hochtrabend, blumig: **~ phrases. 4.** *fig.* abgerundet, ausgewogen: **~ style.**

ro·tun·da [rəʊˈtʌndə] *s arch.* Roˈtunde *f*: a) Rundbau *m*, b) Rundhalle *f*.

ro·tun·date [rəʊˈtʌndɪt; *Am. a.* -ˌdeɪt] *adj bes. bot. zo.* abgerundet.

ro·tun·di·ty [rəʊˈtʌndətɪ] *s* **1.** Rundheit *f*. **2.** Rundlichkeit *f*. **3.** Rundung *f*, (*das*) Runde. **4.** *fig.* Abgerundetheit *f*, Ausgewogenheit *f* (*des Stils etc*).

rou·ble → **ruble.**

rou·é [ˈruːeɪ; *Am.* rʊˈeɪ] *s* Rouˈé *m*, (vornehmer) Lebemann.

rouge [ruːʒ] **I** *s* **1.** Rouge *n*. **2.** *tech.* Poˈlierrot *n*. **3.** *bes. her.* Rot *n*. **II** *adj* **4.** *her.* rot. **III** *v/i* **5.** Rouge auflegen, sich schminken. **IV** *v/t* **6.** (rot) schminken.

rouge roy·al mar·ble *s rötliche belgische Marmorart.*

rough [rʌf] **I** *adj* (*adv* → **roughly**) **1.** *allg.* rauh: **~ cloth; ~ skin; ~ surface; ~ voice. 2.** rauh, struppig: **~ hair. 3.** holp(e)rig, uneben: **~ ground; ~ road. 4.** rauh, unwirtlich, zerklüftet: **a ~ landscape. 5.** a) rauh: **a ~ wind**, b) stürmisch: **~ weather; a ~ passage** e-e stürmische Überfahrt, *fig.* e-e schwierige Zeit; **to give s.o. a ~ passage** j-m arg zu schaffen machen; **he is in for a ~ passage** ihm steht einiges bevor; **~ sea** *mar.* grobe See. **6.** *fig.* a) grob, roh: **a ~ man; ~ manners**, b) rauhbeinig, ungehobelt: **a ~ fellow**, c) heftig: **a ~ temper**, d) rücksichtslos, hart: **~ play; ~ stuff** *colloq.* Gewalttätigkeit(en *pl*) *f*; → **roughhouse** I. **7.** rauh, barsch, schroff (*Person od. Redeweise*): **to have a ~ tongue** e-e rauhe Sprache sprechen, barsch sein; **to give s.o. the ~ side of one's tongue** j-m ‚den Marsch blasen'. **8.** *colloq.* a) rauh: **~ treatment; a ~ welcome**, b) hart: **a ~ day** (**life**, *etc*), c) garstig, böse: **it was ~** es war e-e böse Sache; **she had a ~ time** es ist ihr ziemlich dreckig gegangen; **to give s.o. a ~ time** j-n (ganz schön) rannehmen; **it was ~ on her** es war (ganz schön) hart für sie; **that's ~ luck for him** da hat er aber Pech (gehabt). **9.** roh, grob, unbearbeitet, im Rohzustand: **~ food** grobe Kost; **~ rice** unpolierter Reis; **~ stone** a) unbehauener Stein, b) un(zu)geschliffener (Edel)Stein; **~ style** grober *od.* ungeschliffener Stil; **~ work** grobe Arbeit; → **rough diamond, rough-and-ready. 10.** Grob..., grobe Arbeit verrichtend (*Arbeiter, Werkzeug*): → **rough file. 11.** unfertig, Roh...: **~ draft** Rohfassung *f*; **~ sketch** Faustskizze *f*; **in a ~ state** im Rohzustand, unfertig; → **copy** 1. **12.** *fig.* grob: a) annähernd (richtig), ungefähr, b) flüchtig, im ˈÜberschlag: **~ analysis** Rohanalyse *f*; **a ~ guess** e-e grobe Schätzung; **~ calculation** Überschlag(srechnung *f*) *m*; **~ size** *tech.* Rohmaß *n*; → **estimate** 5. **13.** *print.* unbeschnitten (*Buchrand*). **14.** primiˈtiv, unbequem: **~ accommodation. 15.** herb, sauer: **~ wine. 16.** *pharm.* drastisch: **~ remedies. 17.** *Br. sl.* schlecht: a) ungenießbar, verdorben, b) ‚mies': **to feel ~.**

II *s* **18.** Rauheit *f*, Unebenheit *f*, (*das*) Rauhe *od.* Unebene: **over ~ and smooth** über Stock u. Stein; **to take the ~ with the smooth** *fig.* die Dinge nehmen, wie sie kommen; **the ~(s) and the smooth(s) of life** *fig.* das Auf u. Ab des Lebens; → **rough-and-tumble** II. **19.** Rohzustand *m*: **to work from the ~** aus dem Groben arbeiten; **in the ~** im Rohzustand; **to take s.o. in the ~** j-n nehmen, wie er ist. **20.** a) holp(e)riger Boden, b) *Golf*: Rough *n*. **21.** Rowdy *m*, ‚Raˈbauke' *m*.

III *adv* **22.** roh, rauh, hart: **to play ~**; → **cut up** 8. **23. to sleep ~** im Freien *od.* unter freiem Himmel übernachten.

IV *v/t* **24.** an-, aufrauhen. **25.** *oft* **~ up** *j-n* mißˈhandeln, übel zurichten. **26.** *meist* **~ out** *Material* roh *od.* grob bearbeiten, vorbearbeiten, *metall.* vorwalzen, *e-e Linse, e-n Edelstein* grob schleifen. **27.** *ein Pferd* zureiten. **28.** *e-n Pferdehuf* mit Stollen versehen. **29. ~ in, ~ out** entwerfen, skizˈzieren: **to ~ out a plan. 30. ~ up** *Haare, Gefieder* gegen den Strich streichen: **to ~ s.o. up the wrong way** *fig.* j-n reizen *od.* verstimmen. **31.** *sport e-n Gegner* hart ‚nehmen'.

V *v/i* **32.** rauh werden. **33.** *sport* (überˈtrieben) hart spielen. **34. ~ it** *colloq.* primiˈtiv *od.* anspruchslos leben, ein sparˈtanisches Leben führen.

rough·age [ˈrʌfɪdʒ] *s* **1.** *agr.* Rauhfutter *n*. **2.** grobe Nahrung. **3.** *biol.* Balˈlaststoffe *pl*.

ˌrough|-and-ˈread·y *adj* **1.** grob, roh, proviˈsorisch, Not..., Behelfs...: **in a ~ manner** behelfsmäßig, mehr schlecht als recht; **~ rule** Faustregel *f*. **2.** rauhbeinig. **3.** schlud(e)rig: **a ~ worker. ˌ~-and-ˈtum·ble I** *adj* **1.** heftig, wild: **a ~ fight. II** *s* **2.** wildes Handgemenge, wüste Keileˈrei. **3.** Wirren *pl* (*des Krieges, des Lebens etc*), Getümmel *n*. **ˈ~cast I** *s* **1.** a) Rohguß *m*, b) *fig.* grober *od.* roher Entwurf, Rohfassung *f*. **2.** *arch.* Roh-, Rauhputz *m*. **II** *adj* **3.** im Entwurf, unfertig. **4.** *arch.* roh verputzt. **III** *v/t irr* **5.** im Entwurf anfertigen, in groben Zügen entwerfen, skizˈzieren: **to ~ a story. 6.** *arch.* berappen. **~coat** *s arch.* Roh- *od.* Rauhputz *m*. **~ cut** *s* Rohschnitt *m* (*e-s Films*). **~ di·a·mond** *s* ˈRohdiaˌmant *m*: **he is a ~** *fig.* er hat e-e rauhe Schale. **ˌ~ˈdraw** *v/t irr* in groben Zügen entwerfen, skizˈzieren. **~dry I** *adj* [ˈrʌfdraɪ] nur getrocknet: **~ clothes** Trockenwäsche *f*. **II** *v/t* [ˌrʌfˈdraɪ] *Wäsche* nur trocknen (*ohne sie zu bügeln od. mangeln*).

rough·en [ˈrʌfn] **I** *v/i* rauh(er) werden. **II** *v/t a.* **~ up** an-, aufrauhen.

rough| file *s tech.* Schruppfeile *f*. **ˌ~-ˈhan·dle** *v/t* grob *od.* bruˈtal behandeln, malträˈtieren. **ˌ~ˈhew** *v/t a. irr tech.* **1.** roh behauen, grob bearbeiten. **2.** *fig.* in groben Zügen entwerfen *od.* gestalten. **ˌ~ˈhewn** *adj* **1.** *tech.* roh behauen. **2.** *fig.* in groben Zügen gestaltet *od.* entworfen. **3.** *fig.* grobschlächtig, ungehobelt. **ˈ~house** *sl.* **I** *s* **1.** a) Raˈdau *m*, b) wüste Keileˈrei, Schlägeˈrei *f*. **II** *v/t* **2.** *j-n* ‚piesacken'. **3.** *j-n* mißˈhandeln, übel zurichten. **III** *v/i* **4.** Raˈdau machen, toben.

rough·ing| mill [ˈrʌfɪŋ] *s metall.* Vorwalzwerk *n*. **~ tool** *s tech.* Schruppmeißel *m*.

rough·ly [ˈrʌflɪ] *adv* **1.** rauh, roh, grob. **2.** grob, ungefähr, annähernd: **~ speaking** a) etwa, ungefähr, annähernd, b) ganz allgemein (gesagt).

ˌrough|-maˈchine *v/t tech.* grob bearbeiten. **ˈ~ˌneck** *s Am. sl.* **1.** ‚Rauhbein' *n*, Grobian *m*. **2.** Rowdy *m*, Schläger *m*. **3.** Ölbohrarbeiter *m*.

rough·ness [ˈrʌfnɪs] *s* **1.** Rauheit *f*, Unebenheit *f*. **2.** *tech.* rauhe Stelle. **3.** *fig.* Roheit *f*, Grobheit *f*, Ungeschliffenheit *f*. **4.** Wildheit *f*, Heftigkeit *f*. **5.** Herbheit *f*.

ˌrough|-ˈplane *v/t tech.* vorhobeln. **ˈ~ˌrid·er** *s* **1.** Zureiter *m* (*von Pferden*). **2.** verwegener Reiter. **3.** *mil. Am. hist.* a) ˈirreguˌlärer Kavalleˈrist, b) **R~**, *a.* **Rough Rider** *Angehöriger e-s im spanisch-nordamerikanischen Krieg 1898 aufgestellten Kavallerie-Freiwilligenregiments.* **ˈ~shod** *adj* scharf beschlagen (*Pferd*): **to ride ~ over** rücksichtslos über *j-n od. etwas* hinweggehen. **ˌ~-ˈturn** *v/t tech. Metall* vorschleifen, schruppen. **ˈ~-up** *s sl.* wüste Schlägeˈrei. **ˌ~ˈwrought** *adj* grob be- *od.* gearbeitet.

rou·lade [ruːˈlɑːd] *s* **1.** *gastr.* Rouˈlade *f*. **2.** *mus.* Rouˈlade *f*, Pasˈsage *f*, Lauf *m*.

rou·lette [ruːˈlet] *s* **1.** Rouˈlett(e) *n*: a) *a.* **~ wheel** Rouˈlettschüssel *f*, b) Rouˈlettspiel *n*. **2.** *tech.* Rollrädchen *n*. **3.** Lochlinie *f*, Perfoˈrierung *f* (*zwischen Briefmarken*). **4.** *math.* Radlinie *f*.

Rou·man, Rou·ma·ni·an → **Ruman, Rumanian.**

Rou·mansh [ruːˈmænʃ; *Am.* rəʊˈmɑːntʃ; -ˈmæntʃ] → **Romans(c)h.**

round [raʊnd] **I** *adj* (*adv* → **roundly**) **1.** *allg.* rund: a) kugelrund, b) kreisrund, c) zyˈlindrisch: **~ bar** Rundstab *m*, d) (ab)gerundet, e) e-n Kreis beschreibend: **~ movement** kreisförmige Bewegung, f) bogenförmig: **~-arched** *arch.* rundbogig, Rundbogen..., g) rundlich, voll: **~ arms; ~ cheeks. 2.** *ling.* gerundet: **~ vowel. 3.** *fig.* rund, voll, ganz: **a ~ dozen. 4.** *math.* ganz (*ohne Bruch*): **in ~ numbers** a) in ganzen Zahlen, b) auf- *od.* abgerundet. **5.** rund, annähernd *od.* ungefähr (*richtig*): **a ~ guess** e-e ungefähre Schätzung. **6.** rund, beträchtlich: **a ~ sum. 7.** *fig.* abgerundet: **~ style. 8.** voll (-tönend): **~ voice. 9.** flott, scharf: **at a ~ pace. 10.** offen, unverblümt: **a ~ answer; a ~ lie** e-e freche Lüge. **11.** kräftig, derb, ‚saftig': **in ~ terms** unmißverständlich. **12.** weich, vollmundig (*Wein*).

II *s* **13.** Rund *n*, Kreis *m*, Ring *m*: **this earthly ~** das Erdenrund. **14.** (*etwas*) Rundes, Rund(teil *m*, *n*, -bau *m*) *n*. **15.** a) (runde) Stange, b) Querstange *f*, c) (Leiter)Sprosse *f*, d) *tech.* Rundstab *m*. **16.** Rundung *f*: **out of ~** *tech.* unrund. **17.** *Bildhauerei*: Rund-, Freiplastik *f* (*Ggs. Relief*): **in the ~** a) plastisch, b) *fig.* vollkommen. **18.** *a.* **~ of beef** Rindskeule *f*. **19.** *Br.* Scheibe *f*, Schnitte *f* (*Brot etc*). **20.** Kreislauf *m*, Runde *f*: **the ~ of the seasons** der Kreislauf der Jahreszeiten; **the daily ~** der alltägliche Trott. **21.** a) (Dienst)Runde *f*, Rundgang *m* (*von Polizisten, Briefträgern etc*), b) *mil.* Rundgang *m*, Streifwache *f*, c) *pl mil. collect.* Streife *f*, d) *a.* **ward ~** *med.* Viˈsite *f* (*im Krankenhaus*): **to go the** (*od.* **make one's**) **~s** s-e Runde *od.* s-n Rundgang machen. **22.** a) (*bes.* Besichtigungs-, Inspektiˈons)Rundgang *m*, -fahrt *f*, b) Rundreise *f*, Tour *f*. **23.** Reihe *f*, Folge *f* (**of** von): **~ of pleas-**

ures. **24.** a) *Boxen, Golf etc*: Runde *f*: **first ~ to him!** die erste Runde geht an ihn!, *fig. humor. a.* eins zu null für ihn!, b) (*Verhandlungs- etc*)Runde *f*: **~ of negotiations. 25.** Runde *f*, Kreis *m* (*von Personen*): **to go** (*od.* **make**) **the ~** die Runde machen, kursieren (**of** bei, in *dat*) (*Gerücht, Witz etc*). **26.** Runde *f*, Lage *f* (*Bier etc*): → **stand** 37. **27.** *mil.* a) Salve *f*, b) Schuß *m*: **20 ~s of cartridge** 20 Schuß Patronen; **he did not fire a single ~** er gab keinen einzigen Schuß ab. **28.** *fig.* (*Lach-, Beifalls*)Salve *f*: **~ of cheers**; **~ after ~ of applause** nicht enden wollender Beifall. **29.** *mus.* a) Rundgesang *m*, Kanon *m*, b) Rundtanz *m*, Reigen *m*, c) Dreher *m*.

III *adv* **30.** *a.* **~ about** ˈrund-, ˈrings-(her)ˌum. **31.** ˈrund(her)ˌum, im ganzen ˈUmkreis, ˈüberall, auf *od.* von *od.* nach allen Seiten: → **all** *Bes. Redew.* **32.** im ˈUmfang, mit e-m Umfang von: **a tree 30 inches ~. 33.** ˈrundherˌum: **~ and ~** immer rundherum; **the wheels go ~** die Räder drehen sich; **to hand s.th. ~** etwas herumreichen; **to look ~** um sich blikken; **to turn ~** sich umdrehen. **34.** außen herˈum: **a long way ~** ein weiter *od.* großer Umweg. **35.** (*zeitlich*) herˈan: **summer comes ~**; **winter comes ~ again** der Winter kehrt wieder. **36.** (*e-e Zeit*) lang *od.* hinˈdurch: **all the year ~** das ganze Jahr lang *od.* hindurch; **the clock ~** rund um die Uhr, volle 24 Stunden. **37.** a) hinˈüber, b) herˈüber, her: **to ask s.o. ~** j-n her(über)bitten; **to order one's car ~** (den Wagen) vorfahren lassen; → **bring** (**get**, *etc*) **round**.

IV *prep* **38.** (rund) um: **a tour ~ the world** e-e Reise um die Welt. **39.** um (... herˈum): **to sail ~ the Cape**; **just ~ the corner** gleich um die Ecke. **40.** in *od.* auf (*dat*) ... herˈum: **she chased us ~ all the shops** sie jagte uns durch alle Läden. **41.** um (... herˈum), im ˈUmkreis von (*od. gen*): **shells burst ~ him** um ihn herum platzten Granaten. **42.** um (... herˈum): **to write a book ~ a story** aus e-r Geschichte ein (dickes) Buch machen; **to argue ~ and ~ a subject** um ein Thema herumreden. **43.** (*zeitlich*) durch, während (*gen*): **~ the clock** rund um die Uhr, volle 24 Stunden; **~ the day** den ganzen Tag lang.

V *v/t* **44.** rund machen, abrunden (*a. fig.*): → **rounded. 45.** umˈkreisen. **46.** umˈgeben, umˈschließen. **47.** a) *ein Kap etc* umˈfahren, umˈsegeln, herˈumfahren um, um *e-e Ecke* biegen *od.* fahren *od.* gehen, b) *mot. e-e Kurve* ausfahren.

VI *v/i* **48.** rund werden, sich runden. **49.** *fig.* sich abrunden. **50.** a) die Runde machen (*Wache*), b) e-n ˈUmweg machen. **51.** *mar.* drehen, wenden (*Schiff*). **52. ~ on** *colloq.* a) *j-n* ‚anfahren', b) über *j-n* ‚herfallen'.

Verbindungen mit Adverbien:

round| down *v/t Zahl etc* abrunden (**to** auf *acc*). **~ off** *v/t* **1.** *Kante etc* abrunden (*a. fig. Ausbildung etc*). **2.** *fig.* krönen, beschließen (**with** mit). **3.** *Zahl etc* auf- *od.* abrunden (**to** auf *acc*). **4.** *mar.* drehen: **to ~ the boat** anluven; **to round the boat off** abfallen. **~ out I** *v/t* **1.** *dem Getreide etc* Fülle geben. **2.** *Zahl etc* abrunden (**to** auf *acc*). **3.** *Geschichte etc* füllen, anreichern (**with** mit). **4.** *Ausbildung etc* abrunden (**with** mit, durch). **II** *v/i* **5.** voll werden (*Getreide etc*). **6.** rundlich werden (*Person*): **her figure is rounding out** ‚sie geht ganz schön aus dem Leim'. **~ to** *v/i mar.* beidrehen. **~ up** *v/t* **1.** *Zahl etc* aufrunden (**to** auf *acc*). **2.** *mar. bes. das Tau* einholen. **3.** zs.-treiben: **to ~ cattle. 4.** *colloq.* a) *e-e Verbrecherbande* ‚ausheben': **to ~ gangsters**, b) *Leute etc* zs.-trommeln, ‚auftreiben': **to ~ some reporters**, c) *etwas* ‚auftreiben': **to ~ some cars.**

ˈround·a·bout I *adj* **1.** weitschweifig, ˈumständlich: **~ explanations**; **what a ~ way of doing things!** wie kann man nur so umständlich sein! **2. ~ way** (*od.* **course, route**) Umweg *m*; **to take a ~ course** e-n Umweg machen; **in a ~ way** *fig.* auf Umwegen. **3.** rundlich, plump. **II** *s* **4.** ˈUmweg *m*. **5.** *fig.* ˈUmschweife *pl.* **6.** *Br.* Karusˈsell *n*: **to lose on the swings what one makes on the ~s** *fig.* genauso weit sein wie am Anfang; **you make up on the swings what you lose on the ~s** *fig.* was man hier verliert, macht man dort wieder wett. **7.** *Br.* Kreisverkehr *m*.

round| an·gle *s math.* Vollwinkel *m*. **~ arch** *s arch.* (roˈmanischer) Rundbogen. **~ dance** *s* **1.** Rundtanz *m*, Reigen *m*. **2.** Dreher *m*.

round·ed [ˈraʊndɪd] *adj* **1.** (ab)gerundet, rund, Rund...: **~ edge** abgerundete Kante; **~ number** *math.* ab- *od.* aufgerundete Zahl. **2.** gehäuft (*Teelöffel etc*) (*Maßangabe*). **3.** *fig.* abgerundet, vollˈendet. **4.** *ling.* gerundet (gesprochen): **~ vowel.**

roun·del [ˈraʊndl] *s* **1.** kleine, runde Scheibe. **2.** *arch.* a) rundes Feld *od.* Fenster, b) runde Nische. **3.** *art* Rundplastik *f*. **4.** Medailˈlon *n* (*a. her.*). **5.** *mil. hist. runde Platte an der Ritterrüstung.* **6.** *metr.* a) → **rondel** 1, b) *brit. Form des Rondeaus* (*9 Zeilen mit 2 Refrains*). **7.** *mus. hist.* (*ein*) Rundtanz *m*.

roun·de·lay [ˈraʊndɪleɪ] *s* **1.** *mus.* a) (*ein*) Rundgesang *m*, b) (*ein*) Rundtanz *m*. **2.** (Vogel)Lied *n*.

ˈround·er *s* **1.** *tech. Werkzeug od. Maschine zum Abrunden von Kanten etc.* **2.** *Am. colloq.* a) liederlicher Kerl, b) Säufer *m*. **3.** *sport Br.* a) *pl* (*als sg konstruiert*) Rounders *n*, Rundball *m* (*Art Baseball*), b) ganzer ˈUmlauf. **4.** 10-~ (*Boxen*) Zehnrundenkampf *m*.

ˌround|-ˈeyed *adj* mit großen Augen: **to stare at s.o. in ~ wonder** j-n mit großen, erstaunten Augen ansehen. **~ file** *s tech.* Rundfeile *f*. **~ game** *s Gesellschaftsspiel, bei dem jeder für sich allein spielt.* **~ hand** *s* Rundschrift *f*. **ˈ~head** *s* **1.** R~ *hist.* Rundkopf *m* (*Spitzname für Puritaner im 17. Jh.*). **2.** Rundkopf *m*: **~ screw** *tech.* Rundkopfschraube *f*. **ˈ~house** *s* **1.** *rail.* Lokomoˈtivschuppen *m*. **2.** *mar. hist.* Achterhütte *f*. **3.** *hist.* Gefängnis *n*, Turm *m*. **4.** *Boxen*: *sl.* (wilder) Schwinger.

ˈround·ing I *adj* **1.** ein Rund bildend, rund(lich). **2.** *tech.* Rund...: **~ tool** *tech.* Rundgesenk *n*. **II** *s* **3.** (Ab)Rundung *f* (*a. ling.*): **~ off** Abrundung.

ˈround·ish *adj* rundlich.

ˈround·ly *adv* **1.** rund, ungefähr. **2.** rundweg, ˈrundherˌaus, unverblümt. **3.** gründlich, gehörig, tüchtig.

ˈround·ness *s* **1.** Rundung *f*, (*das*) Runde. **2.** (*etwas*) Rundes. **3.** *fig.* (*das*) Abgerundete *od.* Vollˈendete. **4.** Unverblümtheit *f*.

ˈround|·nose, ˈ~nosed *adj tech.* rund(-nasig), Rund...: **~ pliers** Rundzange *f*. **~ rob·in** *s* **1.** Petitiˈon *f*, Denkschrift *f* (*bes. e-e mit im Kreis herum geschriebenen Unterschriften, um deren Reihenfolge zu verheimlichen*). **2.** *sport Am. Turnier, bei dem jeder gegen jeden antritt.* **~ shot** *s mil.* Kaˈnonenkugel *f*. **ˌ~-ˈshoul·dered** *adj* mit Rundrücken.

rounds·man [ˈraʊndzmən] *s irr* **1.** *Am.* Poliˈzeiˌunterwachtmeister *m*. **2.** *Br.* Austräger *m*, Ausfahrer *m*: **milk ~** Milchmann *m*.

round| steak *s direkt aus der Keule geschnittenes Beefsteak.* **~ ta·ble** *s* **1.** runder Tisch. **2.** Tafelrunde *f*: **the R~ T~** a) *der runde Marmortisch am Hof König Artus'*, b) die Tafelrunde (des Königs Artus). **3.** a) *a.* **round-table conference** ˈRound-ˈtable-Konfeˌrenz *f*, Konfeˈrenz *f* am runden Tisch, b) *Teilnehmer e-r solchen Konferenz*, c) *Beratungen e-r solchen Konferenz.* **ˈ~-the--clock** *adj* 24stündig, rund um die Uhr. **ˈ~top** *s mar.* Krähennest *n*. **~ tow·el** *s* Rollhandtuch *n*. **~ trip** *s Am.* a) ˈHin- u. ˈRückfahrt *f*, b) *aer.* ˈHin- u. ˈRückflug *m*. **ˈ~-trip** *adj*: **~ ticket** *Am.* a) Rückfahrkarte *f*, b) *aer.* Rückflugticket *n*. **~ turn** *s mar.* Rundtörn *m* (*Knoten*): **to bring up with a ~** *fig.* jäh unterbrechen. **ˈ~up** *s* **1.** a) Zs.-treiben *n* (*von Vieh*), b) *collect. Am.* Zs.-treiber *pl* (*Männer u. Pferde*), c) zs.-getriebene Herde. **2.** *colloq.* a) Zs.-treiben *n*, Sammeln *n*, b) Razzia *f*, ‚Aushebung' *f* (*von Verbrechern etc*), c) Zs.-fassung *f*, ˈÜbersicht *f*: **~ of the news** Nachrichtenüberblick *m*. **ˈ~worm** *s zo.* (*ein*) Fadenwurm *m*, *bes. med.* Spulwurm *m*.

roup[1] [rəʊp] *Scot. od. Br. dial.* **I** *v/t* versteigern. **II** *s* Versteigerung *f*.

roup[2] [ruːp; *Am. a.* raʊp] *s vet.* a) Darre *f* (*der Hühner*), b) Pips *m*.

rouse[1] [raʊz] **I** *v/t* **1.** *oft* **~ up** wachrütteln, (auf)wecken (**from, out of** aus). **2.** *Wild etc* aufstöbern, -jagen. **3.** *fig. j-n* auf-, wachrütteln (**from, out of** aus), ermuntern: **to ~ o.s.** sich aufraffen. **4.** *a.* **~ to anger** *fig. j-n* aufbringen, erzürnen. **5.** *fig. Gefühle etc* wachrufen, *Haß etc* entfachen, *Zorn* erregen. **6.** *tech. Bier etc* (ˈum)rühren. **7.** *mar.* steifholen. **II** *v/i* **8.** *meist* **~ up** aufwachen (**from, out of** aus) (*a. fig.*). **9.** *fig.* wachsen (*Zorn etc*). **III** *s* **10.** *mil. bes. Br.* Wecken *n*, ˈWecksiˌgnal *n*.

rouse[2] [raʊz] *s Br. obs.* **1.** Trunk *m*. **2.** Toast *m*: **to give a ~ to** e-n Toast ausbringen auf (*acc*). **3.** Zechgelage *n*.

rouse[3] [raʊz] *v/t* einsalzen.

ˈrous·er *s* **1.** (*der, die, das*) Erregende. **2.** *colloq.* a) Sensatiˈon *f*, b) ‚tolles Ding'. **3.** *colloq.* faustdicke Lüge.

ˈrous·ing *adj* (*adv* **~ly**) **1.** *fig.* aufrüttelnd, zündend, schwungvoll, mitreißend: **a ~ speech. 2.** brausend, stürmisch: **~ cheers. 3.** *fig.* aufregend, spannend, ‚wild': **a ~ campaign. 4.** *colloq.* ‚toll', phanˈtastisch, gewaltig, ungeheuer: **~ lie** → **rouser** 3.

roust·a·bout [ˈraʊstəˌbaʊt] *s Am.* **1.** a) Schauermann *m*, Werft-, Hafenarbeiter *m*, b) (*oft contp.*) Gelegenheitsarbeiter *m*. **2.** Handlanger *m*.

rout[1] [raʊt] **I** *s* **1.** Rotte *f*, (wilder) Haufen, Mob *m*. **2.** *jur.* Zs.-rottung *f*, Auflauf *m*. **3.** *obs.* (große) Abendgesellschaft. **4.** *bes. mil.* a) wilde Flucht, b) Schlappe *f*, Niederlage *f*: **to put to ~** → 5. **II** *v/t* **5.** *mil.* in die Flucht schlagen.

rout[2] [raʊt] **I** *v/t* **1.** → **root**[2] II. **2. ~ out** (**of**) *j-n* (*aus dem Bett od. e-m Versteck etc*) (herˈaus)treiben *od.* (-)jagen. **3.** vertreiben. **4.** *tech.* ausfräsen (*a. print.*), ausschweifen. **II** *v/i* → **root**[2] I.

route [ruːt; *mil. u. Am. a.* raʊt] **I** *s* **1.** (Reise-, Fahrt)Route *f*, (-)Weg *m*: **to go the ~** *fig.* bis zum Ende durchhalten; → **en route. 2.** a) (Bahn-, Bus- *etc*) Strecke *f*, b) *aer.* (Flug)Strecke *f*, Route *f*, c) (Verkehrs)Linie *f*, d) *mar.* Schiffahrtsweg *m*, e) (Fern)Straße *f*. **3.** *mil.* a) Marschroute *f*, b) *Br.* Marschbefehl *m*: **to get the ~** Marschbefehl erhalten; **~ march** *Br.* Übungsmarsch *m*, *Am.* Marsch mit Marscherleichterung; **~ step, march!** ohne Tritt(, marsch)! **4.** *fig.* Weg *m* (**to** zu). **5.** *tel.* Leitweg *m*.

6. *econ. Am.* Versand(art *f*) *m.* **II** *v/t* **7.** *mil.* in Marsch ˈsetzen: to ~ **troops. 8.** *Güter etc* befördern, *a. weitS.* leiten, diriˈgieren (**via** über *acc*). **9.** die Route *od. tech.* den Arbeits- *od.* Werdegang festlegen von (*od. gen*). **10.** *e-n Antrag etc* (auf dem Dienstweg) weiterleiten. **11.** a) *electr.* legen, führen: **to ~ lines,** b) *tel.* leiten.

ˈrout·er plane *s tech.* Nut-, Grundhobel *m.*

rou·tine [ru:ˈti:n] **I** *s* **1.** a) (Geˈschäfts-, ˈAmts- *etc*)Rouˌtine *f*, b) übliche *od.* gleichbleibende Prozeˈdur, eingefahrenes Gleis, gewohnter Gang, c) meˈchanische Arbeit, (ewiges) Einerlei, d) Rouˈtinesache *f*, (reine) Formsache, e) *contp.* Schaˈblone *f*, f) *contp.* (alter) Trott: **to make a ~ of** *etwas* zur Regel werden lassen; **the daily ~** der Alltagstrott. **2.** *Am.* a) *Varieté, Zirkus*: Nummer *f*, b) *contp.* übliches Geschwätz, ‚Masche' *f*, ‚Platte' *f.* **3.** *Computer*: Rouˈtine *f*, Proˈgramm *n.* **4.** *Tanz etc*: Schrittfolge *f.* **II** *adj* (*adv* **~ly**) **5.** a) allˈtäglich, immer gleichbleibend, üblich, b) laufend, regel-, rouˈtinemäßig: **~ check; ~ maintenance** laufende Wartung; **~ order** *mil.* Routine-, Dienstbefehl *m.* **6.** rouˈtine-, gewohnheitsmäßig, meˈchanisch, schaˈblonenhaft, Routine...: **~ work. rouˈtin·ism** *s* **1.** rouˈtinemäßiges Arbeiten. **2.** (*das*) Rouˈtinemäßige, Rouˈtine *f.* **rouˈtin·ist** *s* Gewohnheitsmensch *m.* **rouˈtin·ize** *v/t* e-r Rouˈtine *etc* unterˈwerfen, *etwas* zur Routine machen, *j-n* an e-e Routine gewöhnen.

roux [ru:] *s gastr.* Einbrenne *f*, Mehlschwitze *f.*

rove¹ [rəʊv] **I** *v/i* **1.** *a.* **~ about** (*od.* **around**) (umˈher)streifen, (-)wandern, (-)schweifen: **to let the eye ~** *fig.* den Blick schweifen lassen. **2.** *colloq.* viele Weibergeschichten haben. **II** *v/t* **3.** durchˈstreifen, -ˈwandern. **III** *s* **4.** a) Wanderschaft *f*, b) (Umˈher)Wandern *n.*

rove² [rəʊv] **I** *v/t* **1.** *das Tau etc* anschlagen. **2.** *Wolle etc* ausfasern, *e-n Strumpf etc* aufräufeln. **3.** *tech.* vorspinnen. **II** *s* **4.** (Woll- *etc*)Strähne *f.* **5.** *tech.* → **roving¹** 2.

rove³ [rəʊv] *pret u. pp von* **reeve².**

ˈrov·er¹ *s tech.* ˈVorspinnmaˌschine *f.*

ˈrov·er² *s* **1.** Wanderer *m.* **2.** a) Seeräuber *m*, Piˈrat *m*, b) Piˈratenschiff *n.* **3.** *zo.* Wandertier *n.*

ˈrov·ing¹ *s tech.* **1.** Vorspinnen *n.* **2.** (grobes) Vorgespinst.

ˈrov·ing² *adj* **1.** umˈherziehend, -streifend: **~ life** Vagabundenleben *n.* **2.** *fig.* ausschweifend: **~ fancy; to have a ~ eye** gern ein Auge riskieren. **3.** *fig.* ‚fliegend', beweglich: **~ police force** Einsatztruppe *f* der Polizei; **~ reporter** ‚rasender' Reporter.

rov·ing| com·mis·sion *s* **1.** *jur.* (*Art*) ˈRechtshilfemanˌdat *n* mit örtlich unbeschränkter Zuständigkeit. **2.** *mar.* (*Art*) Einsatz-Rahmenbefehl *m*, ‚freie Jagd'. **~ frame** *s tech.* ˈVorspinnmaˌschine *f.*

row¹ [raʊ] *colloq.* **I** *s* Krach *m*: a) *bes. Br.* Kraˈwall *m*, Spekˈtakel *m*, Raˈdau *m*, b) (lauter) Streit, c) Schlägeˈrei *f*: **to get into a ~** ‚eins aufs Dach bekommen'; **to have a ~ with s.o.** ‚Krach' mit j-m haben; **to kick up** (*od.* **make**) **a ~** a) ‚Krach schlagen', b) Krach *od.* Krawall machen; **what's the ~?** was ist denn los?; **family ~** Familienkrach. **II** *v/t bes. Br. j-n* ‚zs.-stauchen'. **III** *v/i* (sich) lautstark streiten (**with** mit).

row² [rəʊ] *s* **1.** (*Häuser-, Sitz- etc*) Reihe *f*: **in ~s** in Reihen, reihenweise; **in a ~** *fig.* hinter-, nacheinander; **a hard** (*od.* **long**) **~ to hoe** *fig.* e-e schwere Aufgabe, e-e schwierige Sache. **2.** Straße *f*: **Rochester R~. 3.** *tech.* Bauflucht (-linie) *f.* **4.** *colloq.* Reihe *f*, Folge *f*: **a ~ of platitudes. 5.** *Am.* Reihenhaus *n.*

row³ [rəʊ] **I** *v/i* **1.** rudern. **2.** sich rudern (lassen): **the boat ~s easily. II** *v/t* **3.** *ein Rennen, Boot od. j-n* rudern: **to ~ down** *j-n* (beim Rudern) überholen; **to ~ over** *j-n* spielend überholen *od.* schlagen. **4.** rudern gegen, mit *j-m* (wett)rudern (**for** um). **III** *s* **5.** Rudern *n.* **6.** ˈRuderparˌtie *f*: **to go for a ~** rudern gehen.

row·an [ˈraʊən; ˈrəʊən] *s a.* **~ tree** *bot.* Eberesche *f.* **ˈ~ber·ry** *s bot.* Vogelbeere *f.*

row·boat [ˈrəʊˌbəʊt] *s Am.* Ruderboot *n.*

row-de-dow [ˌraʊdɪˈdaʊ] *s* Spekˈtakel *m*, Krach *m*, Raˈdau *m.*

row·di·ness [ˈraʊdɪnɪs] *s* Rowdytum *n*, rüpelhaftes Benehmen, Gewalttätigkeit *f.*

row·dy [ˈraʊdɪ] **I** *s* Rowdy *m*, ‚Raˈdaubruder' *m*, Raufbold *m*, ‚Schläger' *m*, ‚Raˈbauke' *m.* **II** *adj* rüpel-, flegel-, rowdyhaft, gewalttätig. **ˈrow·dy·ish** → rowdy II. **ˈrow·dy·ism** *s* **1.** → **rowdiness. 2.** Rüpeˈlei *f*, Gewalttätigkeit *f.*

row·el [ˈraʊəl] **I** *s* Spornrädchen *n.* **II** *v/t e-m Pferd* die Sporen geben.

row·en [ˈraʊən] *s agr.* Grummet *n.*

row·er [ˈrəʊə(r)] *s* Ruderer *m.*

row house [rəʊ] *s Am.* Reihenhaus *n.*

row·ing [ˈrəʊɪŋ] **I** *s* Rudern *n*, Rudersport *m.* **II** *adj* Ruder...: **~ boat** *bes. Br.* Ruderboot *n*; **~ machine** Ruderapparat *m.*

row·lock [ˈrɒlək; *Am.* ˈrɑ-] *s mar.* Ruder-, Riemendolle *f.*

roy·al [ˈrɔɪəl] **I** *adj* (*adv* **~ly**) **1.** königlich, Königs...: **His (Her) R~ Highness** Seine (Ihre) Königliche Hoheit; **~ prince** Prinz *m* von königlichem Geblüt; → **prince** 2, **princess** 1. **2.** fürstlich (*a. fig.*): **the ~ and ancient game** das Golfspiel; **a ~ beast** ein königliches Tier. **3.** *fig.* (*a. colloq.*) prächtig, herrlich, groß(artig): **in ~ spirits** (in) glänzender Laune. **4.** edel (*a. chem.*): **~ gases** Edelgase. **5.** *fig.* gewaltig, riesig: **~ dimensions**; → **battle royal. II** *s* **6.** *colloq.* Mitglied *n* des Königshauses: **the ~s** die königliche Familie. **7.** *mar.* a) Oberbramsegel *n*, b) Oberbram-, Royˈalstenge *f.* **8.** → a) **royal antler,** b) **royal stag,** c) **royal flush,** d) **royal palm,** e) **royal paper.**

Roy·al| A·cad·e·my *s Br.* (*die*) Königliche Akadeˈmie der Künste. **~ Air Force** *s* (*die*) Royal Air Force, (*die*) (Königlich) Brit. Luftwaffe. **r~ an·te·lope** *s zo.* ˈZwergantiˌlope *f.* **r~ ant·ler** *s zo.* **1.** dritte Sprosse des Hirschgeweihs. **2.** Kapiˈtalhirschgeweih *n.* **r~ blue** *s* Königsblau *n* (*Farbe*). **r~ burgh** *s Scot.* korpoˈrierte Stadt. **r~ coach·man** *s irr* Königskutscher *m* (*Angelfliege*). **r~ col·o·ny** *s* ˈKronkoloˌnie *f.* **~ En·gi·neers** *s pl* (*das*) (Königlich) Brit. Pioˈnierkorps. **~ Ex·change** *s* (*die*) Londoner Börse (*Gebäude*). **r~ flush** *s Poker*: Royal Flush *m* (*die obersten 5 Karten e-r Farbe*). **~ In·sti·tu·tion** *s Br. Gesellschaft zur Förderung und Verbreitung naturwissenschaftlicher Kenntnisse.*

ˈroy·al·ism *s* **1.** Royaˈlismus *m*, Königstreue *f.* **2.** Monarˈchismus *m.* **ˈroy·al·ist I** *s* **1.** Royaˈlist(in), Königstreue(r *m*) *f.* **2.** *Am.* Unentwegte(r *m*) *f.* **II** *adj* **3.** royaˈlistisch, königstreu: **to be more ~ than the King** *fig.* päpstlicher als der Papst sein.

Roy·al| Oak *s hist.* Königseiche *f* (*in der Charles II. sich nach s-r Niederlage 1651 verbarg*). **r~ oc·ta·vo** *s Format etwa von der Größe* $6^1/_2 \times 10$ *Zoll.* **r~ palm** *s bot.* Königspalme *f.* **r~ pa·per** *s* Royˈalpaˌpier *n* (*Schreibpapier vom Format* 19×24 *Zoll od. Druckbogen vom Format* 20×25 *Zoll*). **~ Psalm·ist** *s Bibl.* (*der*) königliche Psalmensänger (*David*). **r~ pur·ple** *s* Purpur *m.* **r~ road** *s fig.* bequemer Weg: **~ to learning** (*etwa*) Nürnberger Trichter *m*; **there is no ~ to learning** ohne Fleiß kein Preis. **r~ sail** *s mar.* Oberbramsegel *n.* **~ So·ci·e·ty** *s Br.* Königliche Akadeˈmie der Naˈturwissenschaften. **r~ speech** *s* Thronrede *f.* **r~ stag** *s hunt.* Kapiˈtalhirsch *m.* **r~ ti·ger** *s zo.* Königstiger *m.*

roy·al·ty [ˈrɔɪəltɪ] *s* **1.** *econ. jur.* (Auˈtoren- *etc*)Tantiˌeme *f*, Gewinnanteil *m*: **to get a ~ on** e-e Tantieme erhalten auf (*acc*). **2.** *jur.* a) Liˈzenzgebühr *f*, b) Liˈzenz *f*: **~ fees** Patentgebühren; **subject to payment of royalties** lizenzpflichtig. **3.** *jur. bes. hist.* Reˈgal *n*, (*königliches od. staatliches*) Priviˈleg: a) Schürfrecht *n*, b) Zehntrecht *n.* **4.** *jur. bes. hist.* Abgabe *f* an den Besitzer *od.* die Krone, Pachtgeld *n*, (*der*) Grundzehnte: **mining ~** Bergwerksabgabe *f.* **5.** Krongut *n.* **6.** Königtum *n*: a) Königreich *n*, b) Königswürde *f*: **insignia of ~** Kroninsignien. **7.** königliche Abkunft. **8.** a) fürstliche Perˈsönlichkeit, Mitglied *n* des *od.* e-s Königshauses, b) *collect. od. pl* Fürstlichkeiten *pl*, c) Königshaus *n*, königliche Faˈmilie. **9.** königliche Größe, Majeˈstät *f* (*a. fig.*). **10.** *fig.* Großzügigkeit *f.* **11.** monˈarchische Reˈgierung.

Roys·ton crow [ˈrɔɪstən] *s orn. Br.* Nebelkrähe *f.*

roz·zer [ˈrɒzə] *s Br. sl.* ‚Bulle' *m* (*Polizist*).

rub [rʌb] **I** *s* **1.** (Ab)Reiben *n*, Abreibung *f*, Poˈlieren *n*: **to give s.th. a ~** a) etwas (ab)reiben, b) etwas polieren. **2.** *fig.* Schwierigkeit *f*, ‚Haken' *m*: **there's the ~!** *colloq.* ‚da liegt der Hase im Pfeffer'; **there's a ~ in it** *colloq.* die Sache hat e-n Haken. **3.** Unannehmlichkeit *f*: **the ~s of life. 4.** *fig.* Sticheˈlei *f.* **5.** rauhe *od.* aufgeriebene Stelle. **6.** *obs.* Unebenheit *f.* **7.** *Bowls*: Unebenheit *f*, Hindernis *n.*

II *v/t* **8.** reiben: **to ~ one's hands** *a. fig.* sich die Hände reiben; **to ~ s.th. off s.th.** etwas von etwas (ab-, weg)reiben *od.* (-)wischen; **to ~ some of the shine off s.th.** *fig.* e-r Sache etwas von ihrem Glanz nehmen; **to ~ s.o.'s nose in s.th.** *fig. colloq.* j-m etwas ‚unter die Nase reiben'; **to ~ shoulders with** *fig.* a) verkehren mit, sich einlassen mit, b) *j-n* zum Freund haben; → **rub up** 3. **9.** reiben, streichen: **to ~ one's hand over** mit der Hand fahren über (*acc*). **10. to ~ oil into one's skin** sich (die Haut) mit Öl einreiben, sich einölen; **to ~ it into s.o. that** *fig. colloq.* es j-m unter die Nase reiben, daß. **11.** streifen, reiben an (*dat*). **12.** (wund) scheuern. **13.** a) scheuern, schaben, b) poˈlieren, c) wichsen, bohnern. **14.** *tech.* a) *Nadeln* streichen, b) (ab)schleifen, (ab)feilen: **to ~ with emery (pumice)** abschmirgeln (abbimsen). **15.** *print.* e-n Reliˈefdruck machen von, abklatschen. **16.** *hunt. das Gehörn* fegen (*Rotwild etc*).

III *v/i* **17.** reiben, streifen (**against, upon, on an** *dat*, gegen). **18.** *fig.* sich schlagen (**through** durch).

Verbindungen mit Adverbien:

rub| a·long *v/i colloq.* **1.** sich (mühsam) ˈdurchschlagen. **2.** (**with** mit) a) es aushalten, b) gut auskommen: **to ~ (together)** a) es miteinander aushalten, b) gut miteinander auskommen. **~ a·way** *v/t* **1.** wegreiben, wegwischen. **2.** *Lack etc* abscheuern. **3.** *Muskelverspannung etc* ˈwegmasˌsieren. **~ down** *v/t* **1.** abschmirgeln, abschleifen. **2.** trockenreiben (*a. Pferd*), (ˈab)frotˌtieren. **~ in** *v/t* einreiben: **to rub (it) in that** *fig. colloq.* ‚darauf herumreiten', daß. **~ off I** *v/t*

1. ab-, wegreiben, ab-, wegwischen. **II** *v/i* 2. abgehen (*Lack etc*), sich abnutzen (*a. fig.*). 3. ~ **onto** (*od.* **on to**) *fig. colloq.* abfärben auf (*acc*). ~ **out I** *v/t* 1. ˈausraˌdieren. 2. wegwischen, -reiben. 3. herˈausreiben. 4. *Am. sl.* ‚ˈumlegen' (*töten*). **II** *v/i* 5. weggehen (*Fleck etc*). ~ **up I** *v/t* 1. (ˈauf)poˌlieren. 2. *fig. Kenntnisse etc* auffrischen, ˈaufpoˌlieren. 3. *fig. colloq.* **to rub s.o. up the right way** j-n bei Laune halten; **to know how to rub s.o. up the right way** j-n (richtig) zu nehmen wissen; **to rub s.o. up the wrong way** a) j-n ‚verschnupfen' *od.* verstimmen, b) j-m ‚blöd kommen'; **it rubs me up the wrong way** es geht mir gegen den Strich. **II** *v/i* 4. ~ **on** → 2.

rub-a-dub [ˈrʌbədʌb] *s* ‚Taˈramtamtam' *n*, Trommelwirbel *m*, -schlag *m*.

rub·ber[1] [ˈrʌbə(r)] **I** *s* 1. (Naˈtur)Kautschuk *m*, Gummi *n*, *m*. 2. (Raˈdier)Gummi *m*. 3. *a.* ~ **band** Gummiring *m*, -band *n*, (Dichtungs)Gummi *m*. 4. *a.* ~ **tire** (*bes. Br.* **tyre**) Gummireifen *m*. 5. *pl* a) *Am.* (ˈGummi)ˌÜberschuhe *pl*, b) *Br.* Turnschuhe *pl*. 6. a) Reiber *m*, b) Poˈlierer *m*, c) Schleifer *m*. 7. Masˈseur *m*, Masˈseurin *f*, Masˈseuse *f*. 8. *sl.* ‚Gummi' *m* (*Kondom*). 9. Reibzeug *n*. 10. *fig.* Sticheˈlei *f*. 11. Bohnerbürste *f*. 12. a) Frotˈtier(hand)tuch *n*, b) Frotˈtierhandschuh *m*. 13. a) Wischtuch *n*, b) Poˈliertuch *n*, -kissen *n*, c) *Br.* Geschirrtuch *n*. 14. Reibfläche *f* (*e-r Streichholzschachtel*). 15. *tech.* Schleifstein *m*. 16. *Buchbinderei*: Rückeneisen *n*. 17. *tech.* a) Grobfeile *f*, b) Liegefeile *f* (*der Goldschmiede*). 18. *tech.* a) *print.* Farbläufer *m*, Reiber *m*, b) ˈAnreibmaˌschine *f* (*der Buchbinder*). 19. *electr.* Reibkissen *n*. 20. *tech.* ˈSchmirgelpaˌpier *n*. 21. *tech.* (weicher) Formziegel. 22. *Eishockey*: Puck *m*, Scheibe *f*. 23. *Baseball*: (Hartgummi-) Platte *f*. 24. → **rubberneck** I. **II** *v/t* 25. → **rubberize**. **III** *v/i* 26. → **rubberneck** III. **IV** *adj* 27. Gummi...: ~ **goods** *euphem.* Kondome; **to have** ~ **knees** *fig. colloq.* Gummibeine haben; ~ **solution** Gummilösung *f*.

rub·ber[2] [ˈrʌbə(r)] *s Bridge, Whist*: Robber *m*: a) *Folge von (meist drei) Partien*, b) *ausschlaggebende (meist dritte) Partie*.

rub·ber| boat *s* Schlauchboot *n*. ~ **cement** *s tech.* Gummilösung *f*. ~ **check** (*Br.* **cheque**) *s econ. colloq.* geplatzter Scheck. ~ **coat·ing** *s* Gumˈmierung *f*. ~ **din·ghy** *s* Schlauchboot *n*. ~ **file** → **rubber**[1] 17.

rub·ber·ize [ˈrʌbəraɪz] *v/t tech.* mit Gummi impräˈgnieren *od.* überˈziehen, gumˈmieren.

ˈrub·ber|ˌneck *Am. colloq.* **I** *s* 1. Gaffer(in), Schaulustige(r *m*) *f*, Neugierige(r *m*) *f*. 2. Touˈrist(in) (*bes. auf Besichtigungsfahrt*). **II** *adj* 3. neugierig, schaulustig. **III** *v/i* 4. neugierig gaffen, ‚sich den Hals verrenken'. 5. die Sehenswürdigkeiten e-r Stadt *etc* betrachten. **IV** *v/t* 6. neugierig betrachten. ~ **plant** *s bot.* Kautschukpflanze *f*, *bes.* Gummibaum *m*. ~ **stamp** *s* 1. Gummistempel *m*. 2. *colloq.* a) (bloßer) Jasager, bloßes Werkzeug, b) Nachbeter *m*. 3. *Am.* a) Kliˈschee *n*, (abgedroschene) Phrase, b) Schaˈblone *f*, stereoˈtype Sache. ˌ~-**ˈstamp** *v/t* 1. (ab)stempeln. 2. *colloq.* (rouˈtinemäßig) genehmigen. ~ **tree** *s bot.* 1. Gummibaum *m*. 2. Kautschukbaum *m*.

ˈrub·ber·y *adj* 1. gummiartig, Gummi... 2. zäh, wie Gummi (*Fleisch*).

rub·bing [ˈrʌbɪŋ] *s* 1. *phys.* Friktiˈon *f*, Reibung *f*. 2. *print.* Reiberdruck *m*. 3. *tech.* Abrieb *m*. ~ **cloth** *s* Wisch-, Scheuertuch *n*. ~ **con·tact** *s electr.* ˈSchleifkonˌtakt *m*. ~ **var·nish** *s tech.* Schleiflack *m*. ~ **wax** *s* Bohnerwachs *n*.

rub·bish [ˈrʌbɪʃ] **I** *s* 1. Abfall *m*, Kehricht *m*, *n*, Müll *m*. 2. (Gesteins)Schutt *m* (*a. geol.*). 3. *colloq.* Schund *m*, Plunder *m*, Kitsch *m*. 4. *colloq.* ‚Quatsch' *m*, Blödsinn *m*: **to talk** ~. 5. *Bergbau*: (*über Tage*) Abraum *m*, (*unter Tage*) Gangmasse *f*. **II** *v/t* 6. *colloq.* verächtlich machen. 7. *colloq. Unsitte etc* ausrotten. ~ **bin** *s Br.* → **dustbin**. ~ **chute** *s* Müllschlucker *m*.

ˈrub·bish·y, *a.* **ˈrub·bish·ing** *adj* 1. *colloq.* Schund..., kitschig, wertlos. 2. schuttbedeckt.

rub·ble [ˈrʌbl] *s* 1. Bruchsteine *pl*, Schotter *m*. 2. Bruchstein *m*. 3. *geol.* (Stein-) Schutt *m*, Geschiebe *n*. 4. Feldstein- *od.* (rohes) Bruchsteinmauerwerk *n*. 5. loses Packeis. ~ **ma·son·ry** → **rubble** 4. **ˈ~·stone** → **rubble** 2. **ˈ~·work** → **rubble** 4.

ˈrub·down *s*: **to have a** ~ sich trockenreiben *od.* (ab)frottieren.

rube [ruːb] *s Am. sl.* (Bauern)Trottel *m*.

ru·be·fa·cient [ˌruːbɪˈfeɪʃjənt; *Am.* -ʃənt] *med.* **I** *adj* (*bes.* haut)rötend. **II** *s* (*bes.* haut)rötendes Mittel. **ˌru·beˈfac·tion** [-ˈfækʃn] *s med.* Hautröte *f*, -rötung *f*. **ˈru·be·fy** [-faɪ] *v/t bes. med.* rot färben, röten.

ru·bel·la [rʊˈbelə] *s med.* Röteln *pl*.

ru·be·o·la [rʊˈbiːəʊlə; *Am.* ˌruːbiːˈəʊlə] *s med.* 1. Masern *pl*. 2. → **rubella**.

Ru·bi·con [ˈruːbɪkən; *Am.* -ˌkɑn] *npr*: **to pass** (*od.* **cross**) **the** ~ *fig.* den Rubikon überschreiten.

ru·bi·cund [ˈruːbɪkənd; *Am. a.* -kʌnd] *adj poet.* rötlich, rot, rosig. **ˌru·biˈcun·di·ty** [-ˈkʌndətɪ] *s* Röte *f*, rosiges Aussehen.

ru·bid·i·um [ruːˈbɪdɪəm] *s chem.* Ruˈbidium *n*.

ru·bi·fy → **rubefy**.

ru·big·i·nous [ruːˈbɪdʒɪnəs] *adj* rostbraun.

ru·ble [ˈruːbl] *s* Rubel *m* (*russische Münzeinheit*).

ru·bric [ˈruːbrɪk] **I** *s* 1. *print.* Ruˈbrik *f*: a) (roter) Titelkopf *od.* -buchstabe, b) (besonderer) Abschnitt. 2. *relig.* Ruˈbrik *f*, liˈturgische Anweisung. **II** *adj* 3. rot (gedruckt *etc*), rubriˈziert.

ru·bri·cate [ˈruːbrɪkeɪt] *v/t* 1. rot bezeichnen: ~**d letters** *print.* Buchstaben in roter Schrift. 2. rubriˈzieren: a) mit Ruˈbriken versehen, b) in Ruˈbriken anordnen. **ˈru·bri·ca·tor** [-tə(r)] *s* Rubriˈkator *m*, *bes. hist.* Initiˈalenmaler *m*.

ˈrub|·stone *s* Schleifstein *m*. **ˈ~·up** *s*: **to give s.th. a** ~ etwas (auf)polieren (*a. fig.*).

ru·by [ˈruːbɪ] **I** *s* 1. *a.* **true** ~, **Oriental** ~ *min.* Ruˈbin *m*. 2. (Wein-, Ruˈbin)Rot *n*. 3. *fig.* Rotwein *m*. 4. *fig.* roter (Haut-) Pickel. 5. *Uhrmacherei*: Stein *m*. 6. *print. Br.* Paˈriser Schrift *f* (*Fünfeinhalbpunktschrift*). 7. *orn.* Ruˈbinkolibri *m*. **II** *adj* 8. (karˈmin-, ruˈbin)rot. ~ **cop·per (ore)** *s min.* Cuˈprit *m*, Rotkupfererz *n*. ~ **port** *s* dunkelroter Portwein.

ruche [ruːʃ] *s* Rüsche *f*. **ruched** *adj* gerüscht, mit Rüschen besetzt. **ˈruch·ing** *s* 1. *collect.* Rüschenbesatz *m*, Rüschen *pl*. 2. Rüschenstoff *m*.

ruck[1] [rʌk] *s* 1. *sport* (*das*) (Haupt)Feld. 2. **the (common)** ~ *fig.* die breite Masse: **to rise out of the** ~ sich über den Durchschnitt erheben.

ruck[2] [rʌk] **I** *s* Falte *f*. **II** *v/t oft* ~ **up** hochschieben, zerknittern. **III** *v/i oft* ~ **up** Falten werfen, hochrutschen.

ruck·sack [ˈrʌksæk; ˈrʊk-] *s* Rucksack *m*.

ruck·us [ˈrʌkəs] → **ruction**.

ruc·tion [ˈrʌkʃn] *s oft pl colloq.* 1. Tohuwaˈbohu *n*, wildes Durcheinˈander. 2. Krach *m*, Kraˈwall *m*, Streit *m*. 3. Schlägeˈrei *f*.

rudd [rʌd] *s ichth.* Rotfeder *f*.

rud·der [ˈrʌdə(r)] *s* 1. *mar. tech.* (Steuer-) Ruder *n*, Steuer *n*. 2. *aer.* Seitenruder *n*, -steuer *n*: ~ **controls** *pl* Seitensteuerung *f*; ~ **unit** Seitenleitwerk *n*. 3. *fig.* Richtschnur *f*. 4. *Brauerei*: Rührkelle *f*. **ˈ~·head** *s mar.* Ruderschaft *m*.

ˈrud·der·less *adj* 1. ohne Ruder. 2. *fig.* führer-, steuerlos.

ˈrud·der|·post *s mar.* Rudersteven *m*. **ˈ~·stock** *s mar.* Ruderschaft *m*.

rud·di·ness [ˈrʌdɪnɪs] *s* Röte *f*.

rud·dle [ˈrʌdl] → **raddle** 1, 2.

rud·dock [ˈrʌdək] *s orn. dial.* Rotkehlchen *n*.

rud·dy [ˈrʌdɪ] **I** *adj* (*adv* **ruddily**) 1. rot, rötlich, gerötet. 2. frisch, gesund (*Gesichtsfarbe*), rotbackig. 3. *Br. colloq.* ‚verflixt', verdammt. **II** *v/t* 4. rot färben *od.* machen, röten.

rude [ruːd] *adj* (*adv* ~**ly**) 1. grob, unverschämt. 2. rüde, ungehobelt. 3. ungeschlacht, plump. 4. *allg.* primiˈtiv: a) ˈunziviliˌsiert, b) ungebildet, c) unwissend, d) kunstlos, e) behelfsmäßig. 5. wirr (*Masse*): ~ **chaos** chaotischer Urzustand. 6. unverarbeitet, Roh...: ~ **fare** Rohkost *f*; ~ **produce** Rohprodukt(e *pl*) *n*. 7. heftig, wild: ~ **storm**; ~ **passions**. 8. roh, derb, unsanft: → **awakening** 1. 9. rauh: ~ **climate**. 10. hart: **a** ~ **lot** (**time**, **work**, *etc*). 11. holp(e)rig: **a** ~ **lane**. 12. wild, rauh, zerklüftet: **a** ~ **landscape**. 13. a) ungefähr, grob: ~ **estimate**, b) flüchtig: **a** ~ **sketch**; ~ **observer** oberflächlicher Beobachter. 14. roˈbust, unverwüstlich (*Gesundheit*): **to be in** ~ **health** vor Gesundheit strotzen. **ˈrude·ness** *s* 1. Grobheit *f*, Unverschämtheit *f*: ~ **must be met with** ~ auf e-n groben Klotz gehört ein grober Keil. 2. Roheit *f*. 3. Heftigkeit *f*. 4. Primitiviˈtät *f*. 5. Unebenheit *f* (*des Weges*). 6. Rauheit *f*, Wildheit *f*.

ru·di·ment [ˈruːdɪmənt] *s* 1. erster Anfang, Ansatz *m*, Grundlage *f*. 2. *pl* Anfangsgründe *pl*, Grundlagen *pl*, Rudiˈmente *pl*: **the** ~**s of science**. 3. *biol.* Rudiˈment *n*. **ˌru·diˈmen·tal** [-ˈmentl] → **rudimentary**. **ˌru·diˈmen·ta·ri·ness** *s* rudimenˈtärer Zustand. **ˌru·diˈmen·ta·ry** [-tərɪ] *adj* (*adv* **rudimentarily**) 1. elemenˈtar, Anfangs... 2. rudimenˈtär (*a. biol.*).

rue[1] [ruː] *s bot.* Gartenraute *f* (*Sinnbild der Reue*).

rue[2] [ruː] **I** *v/t* 1. bereuen, bedauern, *ein Ereignis* verwünschen: **he will live to** ~ **it** er wird es noch bereuen; **to** ~ **the day when** den Tag verwünschen, an dem. **II** *s obs. od. dial. od. Scot.* 2. Reue *f*. 3. Enttäuschung *f*. 4. Mitleid *n*.

ˈrue·ful *adj* (*adv* ~**ly**) 1. kläglich, jämmerlich: **the Knight of the R~ Countenance** der Ritter von der traurigen Gestalt (*Don Quichotte*). 2. wehmütig, trübselig. 3. reumütig. 4. *obs.* mitleidig. **ˈrue·ful·ness** *s* 1. Gram *m*, Traurigkeit *f*. 2. Jammer *m*.

ru·fes·cent [ruːˈfesnt] *adj* rötlich.

ruff[1] [rʌf] *s* 1. Halskrause *f* (*a. orn. zo.*). 2. Manˈschette *f* (*um Blumentöpfe etc*). 3. Rüsche *f*. 4. *orn.* a) Haustaube *f* mit Halskrause, b) Kampfläufer *m*.

ruff[2] [rʌf] (*Kartenspiel*) **I** *s* Trumpfen *n*. **II** *v/t u. v/i* mit Trumpf stechen.

ruff[3], **ruffe** [rʌf] *s ichth.* Kaulbarsch *m*.

ruf·fi·an [ˈrʌfjən; -fɪən] **I** *s* 1. Rüpel *m*, Grobian *m*. 2. Raufbold *m*, Schläger *m*. **II** *adj* 3. roh, bruˈtal, gewalttätig. 4. wild. **ˈruf·fi·an·ism** *s* Roheit *f*, Gewalttätigkeit *f*, Brutaliˈtät *f*. **ˈruf·fi·an·ly** → **ruffian** II.

ruf·fle [ˈrʌfl] **I** *v/t* **1.** kräuseln: **to ~ the waves**; **to ~ cloth**. **2.** kraus ziehen: **to ~ one's brow**. **3.** *s-e Federn, Haare* sträuben: **to ~ one's feathers** sich aufplustern, *fig. a.* sich aufregen. **4.** zerzausen: **to ~ s.o.'s hair**. **5.** *Papier etc* zerknüllen, zerknittern. **6.** durcheinˈanderbringen, -werfen. **7.** *j-n* aus der Fassung bringen, aufregen, (ver)ärgern: **to ~ s.o.'s temper** j-n verstimmen. **8.** aufrauhen. **9.** schnell ˈdurchblättern: **to ~ the pages**. **10.** *Karten* mischen. **II** *v/i* **11.** sich kräuseln. **12.** die Ruhe verlieren. **13.** sich aufplustern, *fig. a.* sich aufspielen, anmaßend auftreten. **14.** zerknittert *od.* zerzaust werden, in Unordnung geraten. **III** *s* **15.** Kräuseln *n*. **16.** Rüsche *f*, Krause *f*. **17.** *orn.* Halskrause *f*. **18.** a) Störung *f*, b) Aufregung *f*, Verwirrung *f*: **without ~ or excitement** in aller Ruhe.

ˈruf·fler *s obs.* Prahlhans *m*.

ru·fous [ˈruːfəs] *adj* rötlich-, rotbraun.

rug [rʌg] *s* **1.** (kleiner) Teppich, (Kaˈmin-, Bett)Vorleger *m*, Brücke *f*: **to pull the ~ (out) from under s.o.** *fig.* j-m den Boden unter den Füßen wegziehen; **to sweep** (*od.* **brush**) **s.th. under(neath)** (*od.* **beneath**) **the ~** *fig.* etwas unter den Teppich kehren. **2.** *bes. Br.* dicke, wollene (Reise- *etc*)Decke.

ru·ga [ˈruːgə] *pl* **ˈru·gae** [-dʒiː; *Am. a.* -ˌgaɪ] *s anat.* Falte *f*. **ˈru·gate** [-gɪt; -geɪt] *adj* faltig.

rug·by (foot·ball) [ˈrʌgbɪ] *s sport* Rugby *n*.

rug·ged [ˈrʌgɪd] *adj* (*adv* → **ruggedly**) **1.** a) zerklüftet, rauh, wild: **a ~ landscape**, b) zackig, schroff: **a ~ cliff**, c) felsig: **~ mountain**. **2.** zerfurcht (*Gesicht etc*), uneben (*Boden etc*), holp(e)rig (*Weg etc*), gefurcht (*Stirn*), runz(e)lig. **3.** rauh: **~ bark** (**cloth**, *etc*). **4.** *fig.* rauh, grob, ruppig: **a ~ game**; **~ manners** rauhe Sitten; **~ individualism** krasser Individualismus; **life is ~** das Leben ist hart. **5.** *bes. Am.* roˈbust, stark, staˈbil (*alle a. tech.*). **ˈrug·ged·ly** *adv* unsanft, heftig, ungestüm, grob. **ˈrug·ged·ness** *s* **1.** Schroff-, Wildheit *f*. **2.** Rauheit *f*, Derbheit *f*. **3.** *Am.* Roˈbustheit *f*.

rug·ger [ˈrʌgə] *Br. colloq. für* **rugby (football)**.

ru·gose [ˈruːgəʊs] *adj bes. bot.* runz(e)lig. **ruˈgos·i·ty** [-ˈgɒsətɪ; *Am.* -ˈgɑ-] *s* **1.** Runz(e)ligkeit *f*. **2.** Runzel *f*.

ru·in [ˈrʊɪn; ˈruːɪn] **I** *s* **1.** Ruˈine *f* (*a. fig.*): **~ marble** Florentiner Marmor *m*. **2.** *pl* a) Ruˈinen *pl*, Trümmer *pl*, b) Ruˈine *f*: **a castle in ~s** ein verfallenes Schloß, e-e Burgruine; **to be** (*od.* **lie**) **in ~s** in Trümmern liegen, *fig.* zunichte sein (*Hoffnungen, Pläne*); **to lay in ~s** zertrümmern, in Schutt u. Asche legen. **3.** Verfall *m*: **to go to ~** a) verfallen, b) zugrunde gehen. **4.** (*a. finanzieller*) Ruˈin *od.* Zs.-bruch, Verderben *n*, ˈUntergang *m*: **drinking will be the ~ of him** das Trinken wird ihn (noch) zugrunde richten; **to bring to ~** → 6; **the ~ of my hopes (plans)** das Ende m-r Hoffnungen (Pläne). **II** *v/t* **5.** vernichten, zerstören. **6.** *j-n, a. e-e Sache, j-s Gesundheit etc* ruiˈnieren, zuˈgrunde richten, *Hoffnungen, Pläne* zuˈnichte machen, *Aussichten etc* verderben, *j-s Gesundheit* zerrütten: **to ~ one's eyes** sich die Augen verderben; **to ~ good English** die englische Sprache verhunzen. **7.** verführen, entehren: **to ~ a girl**. **III** *v/i* **8.** *bes. poet.* krachend einstürzen, zerfallen.

ru·in·ate [ˈrʊɪneɪt; ˈruː-] *v/t* → **ruin** 5 *u.* 6. **ru·inˈa·tion** *s* **1.** Zerstörung *f*, Vernichtung *f*. **2.** Ruˈin *m*, Verderben *n*, ˈUntergang *m*.

ru·ined [ˈrʊɪnd; ˈruː-] *adj* **1.** zer-, verfallen: **a ~ castle** ein verfallenes Schloß, e-e Burgruine. **2.** ruiˈniert, zuˈgrunde gerichtet, zerrüttet: **I'm a ~ man!** ich bin ruiniert!

ru·in·ous [ˈrʊɪnəs; ˈruː-] *adj* (*adv* **~ly**) **1.** verderblich, ruiˈnös: **to be ~** zum Ruin führen; **~ price** a) ruinöser *od.* enormer Preis, b) Schleuderpreis *m*. **2.** zer-, verfallend, baufällig, ruˈinenhaft. **ˈru·in·ous·ness** *s* **1.** Verderblichkeit *f*. **2.** Baufälligkeit.

rule [ruːl] **I** *s* **1.** Regel *f*, Norˈmalfall *m*, (*das*) Übliche: **as a ~** in der Regel, normalerweise; **as is the ~** wie es allgemein üblich ist, wie gewöhnlich; **to become the ~** zur Regel werden; **to make it a ~ to do** es sich zur Regel machen zu tun; **my ~ is to, it is a ~ with me to** ich habe es mir zur Regel gemacht zu; **by all the ~s** eigentlich; → **exception** 1. **2.** *sport etc* (Spiel)Regel *f* (*a. fig.*), Richtschnur *f*, Grundsatz *m*: **against the ~s** regelwidrig; **~s of action** (*od.* **conduct**) Verhaltungsmaßregeln, Richtlinien; **~ of thumb** Faustregel; **by ~ of thumb** über den Daumen (gepeilt); **to serve as a ~** als Richtschnur *od.* Maßstab dienen. **3.** *jur.* a) Vorschrift *f*, (gesetzliche) Bestimmung, Norm *f*, b) (gerichtliche) Entscheidung, c) Rechtsgrundsatz *m*: **by ~, according to ~** laut Vorschrift; **to work to ~** Dienst nach Vorschrift tun (*als Streikmittel*); **~s of the air** Luftverkehrsregeln; → **road** 2. **4.** *pl* (Geschäfts-, Gerichts- *etc*)Ordnung *f*: **(standing) ~s of procedure** a) Verfahrensordnung, b) Geschäftsordnung. **5.** *a.* **standing ~** Satzung *f*: **against the ~s** satzungswidrig; **the ~s (and bylaws)** die Satzungen, die Statuten. **6.** *econ.* Uˈsance *f*, Handelsbrauch *m*. **7.** *math.* Regel *f*, Rechnungsart *f*: **~ of trial and error** Regula *f* falsi; **~ of proportion, ~ of three** Regeldetri *f*, Dreisatz *m*; **~ of sums** Summenregel. **8.** *relig.* (Ordens)Regel *f*. **9.** Herrschaft *f*, Reˈgierung *f*: **during** (*od.* **under**) **the ~ of** während (*od.* unter) der Regierung (*gen*); **~ of law** Rechtsstaatlichkeit *f*. **10.** a) Lineˈal *n*, Maßstab *m*, b) *a.* **folding ~** Zollstock *m*: → **slide rule**. **11.** *tech.* a) Richtscheit *n*, b) Winkel(eisen *n*, -maß *n*) *m*. **12.** *print.* a) (Messing)Linie *f*: **~ case** Linienkasten *m*, b) Koˈlumnenmaß *n* (*Satzspiegel*), c) *Br.* Strich *m*: **em ~** Gedankenstrich; **en ~** Halbgeviert *n*. **13. the R~s** *hist.* a) *Gebiet in der Nähe mancher Gefängnisse, in dem sich Gefangene gegen Kaution aufhalten konnten*, b) *Erlaubnis, in e-m solchen Bezirk zu leben*.

II *v/t* **14.** *ein Land etc, a. fig. ein Gefühl etc* beherrschen, herrschen *od.* Gewalt haben über (*acc*), reˈgieren: **to ~ the roast** (*od.* **roost**) *fig.* das Regiment *od.* Wort führen, Herr im Haus sein; **to ~ o.s.** sich beherrschen. **15.** lenken, leiten: **to be ~d by** sich leiten lassen von. **16.** *fig.* (vor)herrschen in (*dat*). **17.** anordnen, verfügen, bestimmen, entscheiden (**that** daß): **to ~ out** a) *j-n od. etwas* ausschließen (*a. sport*), b) *etwas* ablehnen; **to ~ s.th. out of order** etwas nicht zulassen *od.* für regelwidrig erklären; **to ~ s.o. out of order** j-m das Wort entziehen. **18.** a) *Papier* liˈnieren, b) *e-e Linie* ziehen: **to ~ s.th. off** e-n Schlußstrich unter etwas ziehen; **to ~ s.th. out** etwas durchstreichen; **~d paper** a) liniertes Papier, b) *Weberei*: Musterpapier *n*.

III *v/i* **19.** herrschen *od.* reˈgieren (**over** über *acc*). **20.** entscheiden (**in s.o.'s favo[u]r** zu j-s Gunsten). **21.** *econ. hoch etc* stehen, liegen, noˈtieren: **to ~ high (low)**. **22.** vorherrschen. **23.** gelten, in Kraft sein (*Recht etc*).

ˈrul·er *s* **1.** Herrscher(in). **2.** Lineˈal *n*. **3.** Richtscheit *n*, -maß *n*. **4.** *tech.* Liˈniermaˌschine *f*.

ˈrul·ing I *s* **1.** *jur.* (gerichtliche *od.* richterliche) Entscheidung. **2.** Linie *f*, Linien *pl*. **3.** Herrschaft *f*. **II** *adj* **4.** herrschend: **~ coalition** Regierungskoalition *f*. **5.** *fig.* (vor)herrschend. **6.** *fig.* maßgebend, grundlegend: **~ case**. **7.** *econ.* bestehend, laufend: **~ price** Tagespreis *m*. **~ pen** *s* Reißfeder *f*.

rum¹ [rʌm] *s* **1.** Rum *m*. **2.** *Am.* Alkohol *m*.

rum² [rʌm] *adj bes. Br. sl.* **1.** ‚komisch' (*eigenartig*): **a ~ customer** ein gefährlicher Bursche; **~ go** dumme Geschichte *od.* Sache (*Vorkommnis*); **a ~ one** (*od.* **un**) a) ‚ein komischer Vogel', b) ‚was Komisches'; **a ~ start** e-e ‚tolle' Überraschung. **2.** ulkig, drollig.

rum³ [rʌm] → **rummy¹**.

Ru·ma·ni·an [ruːˈmeɪnjən; rʊ-; -nɪən], *a.* **Ru·man** [ˈruːmən] **I** *adj* **1.** ruˈmänisch. **II** *s* **2.** Ruˈmäne *m*, Ruˈmänin *f*. **3.** *ling.* Ruˈmänisch *n*, das Rumänische.

Ru·mansh [ruːˈmænʃ; *Am.* ruːˈmɑːntʃ; -ˈmæntʃ] → **Romans(c)h**.

rum·ba [ˈrʌmbə; *Am. a.* ˈrʊmbə; ˈruːmbə] *s mus.* Rumba *f*, *m*.

rum·ble¹ [ˈrʌmbl] **I** *v/i* **1.** poltern (*a. Stimme*), rattern (*Gefährt, Zug etc*), rumpeln, grollen, rollen (*Donner*), knurren (*Magen*). **II** *v/t* **2.** *a.* **~ out** *Worte* herˈauspoltern. **3.** *ein Lied* grölen, brüllen. **4.** *tech.* in der Poˈliertrommel bearbeiten. **III** *s* **5.** Poltern, Gepolter *n*, Rattern *n*, Dröhnen *n*, Rumpeln *n*, Grollen *n*, Rollen *n* (*des Donners*). **6.** *fig.* Grollen *n*, Unruhe *f*. **7.** Rumpelgeräusch *n* (*des Schallplattentellers*). **8.** *tech.* Poˈliertrommel *f*. **9.** a) Bedientensitz *m*, b) Gepäckraum *m*, c) → **rumble seat**. **10.** *Am. sl.* Straßenkampf *m* (*zwischen jugendlichen Banden*).

rum·ble² [ˈrʌmbl] *sl.* **I** *v/t* **1.** *j-n* durchˈschauen. **2.** *etwas* ‚spitzkriegen' (*durchschauen, entdecken*). **3.** *Am. j-n* argwöhnisch machen. **II** *s* **4.** *Am.* a) Razzia *f*, b) Entlarvung *f*.

rum·ble| seat *s mot. Am.* Not-, Klappsitz *m*. **ˌ~-ˈtum·ble** *s* **1.** ‚Rumpelkasten' *m* (*Fahrzeug*). **2.** Gerumpel *n*.

rum·bus·tious [rʌmˈbʌstɪəs; *bes. Am.* -tʃəs] *adj* (*adv* **~ly**) *colloq.* **1.** laut, lärmend. **2.** wild.

rum·dum [ˈrʌmˌdʌm] *Am. sl.* **I** *adj* **1.** (ganz) norˈmal. **2.** ˈdurchschnittlich. **II** *s* **3.** (ganz) norˈmaler Mensch. **4.** ˈdurchschnittlicher Spieler *etc*.

ru·men [ˈruːmen] *pl* **-mens, -mi·na** [-mɪnə] *s zo.* Pansen *m*.

ru·mi·nant [ˈruːmɪnənt] **I** *adj* **1.** *zo.* ˈwiederkäuend: **~ stomach** Wiederkäuermagen *m*. **2.** *fig.* nachdenklich, grüblerisch. **II** *s* **3.** *zo.* ˈWiederkäuer *m*.

ru·mi·nate [ˈruːmɪneɪt] **I** *v/i* **1.** ˈwiederkäuen. **2.** *fig.* grübeln (**about, on, over** über *acc, dat*). **II** *v/t* **3.** ˈwiederkäuen. **4.** *fig.* grübeln über (*acc, dat*). **ˌru·miˈna·tion** *s* **1.** ˈWiederkäuen *n*. **2.** *fig.* Nachsinnen *n*, Grübeln *n*. **ˈru·mi·na·tive** [-nətɪv; *Am.* -ˌneɪ-] *adj* (*adv* **~ly**) nachdenklich, grüblerisch.

rum·mage [ˈrʌmɪdʒ] **I** *v/t* **1.** durchˈstöbern, -ˈwühlen, wühlen *od.* kramen in (*dat*). **2.** *a.* **~ out, ~ up** aus-, herˈvorkramen. **II** *v/i* **3.** *a.* **~ about** (*od.* **around**) (herˈum)stöbern *od.* (-)wühlen *od.* (-)kramen (**among, in** in *dat*): **to ~ through** → 1. **III** *s* **4.** *a.* **~ goods** Ramsch *m*, Ausschuß(ware *f*) *m*, Restwaren *pl*. **5.** **to have a ~** → 3. **6.** *obs. od. Am.* Wirrwarr *m*. **~ sale** *s Am.* **1.** Ramschverkauf *m*. **2.** ˈWohltätigkeitsbaˌsar *m*.

rum·mer [ˈrʌmə(r)] *s* Römer *m*, (ˈWein-)Poˌkal *m*.

rum·my[1] [ˈrʌmɪ] *s* Rommé *n* (*ein Kartenspiel*).
rum·my[2] [ˈrʌmiː] *s Am. sl.* **1.** Säufer(in). **2.** a) Schnapsbrenner *m*, b) Schnapshändler *m*.
rum·my[3] [ˈrʌmɪ] → **rum**[2] 1.
rum·ness [ˈrʌmnɪs] *s* (*das*) ,Komische' (of an *dat*).
ru·mor, *bes. Br.* **ru·mour** [ˈruːmə(r)] **I** *s* **1.** a) Gerücht *n*, b) Gerede *n*: ~ **has it, the ~ runs** es geht das Gerücht; **~monger** Gerüchtemacher(in). **2.** *obs.* Geräusch *n*, Lärm *m*. **II** *v/t* **3.** (als Gerücht) verbreiten (*meist pass*): **it is ~ed that** man sagt *od.* munkelt *od.* es geht das Gerücht, daß.
rump [rʌmp] *s* **1.** a) *zo.* Steiß *m*, ˈHinterteil *n*, -keulen *pl*, b) *orn.* Bürzel *m*: **~ bone** Steißbein *n*. **2.** *Schlächterei*: *bes. Br.* Schwanzstück *n*: **~ steak** Rumpsteak *n*. **3.** Gesäß *n*, ˈHinterteil *n* (*des Menschen*). **4.** *fig.* kümmerlicher Rest, Rumpf *m*: **R~ Parliament, the R~** *hist. Br.* das Rumpfparlament.
rum·ple [ˈrʌmpl] *v/t* **1.** zerknittern, -knüllen. **2.** *das Haar etc* zerwühlen.
rum·pus [ˈrʌmpəs] *s colloq.* **1.** Krach *m*, Spekˈtakel *m*, Kraˈwall *m*. **2.** Trubel *m*, Tuˈmult *m*. **3.** ,Krach' *m*, Streit *m*: **to have a ~ with s.o.** sich mit j-m in die Haare geraten.
ˈrum|ˌrun·ner *s bes. Am. colloq.* Alkoholschmuggler *m*. **ˈ~ˌshop** *s Am.* Schnapsladen *m*.
run [rʌn] **I** *s* **1.** Lauf *m* (*a. sport u. fig.*): **in the long ~** *fig.* auf die Dauer, am Ende, schließlich; **in the short ~** fürs nächste; **to be in the ~** *Am.* a) im Rennen liegen, b) *bei e-r Wahl etc* in Frage kommen *od.* kandidieren; **to come down with a ~** schnell *od.* plötzlich fallen (*a. Barometer, Preise etc*); **to go for** (*od.* **take**) **a ~** e-n Lauf machen. **2.** Laufen *n*, Rennen *n*: **to be on the ~** a) (immer) auf den Beinen (*tätig*) sein, b) auf der Flucht sein; **to have a ~ for one's money** sich abhetzen müssen; **to have s.o. on the ~** j-n herumhetzen *od.* -jagen. **3.** Laufschritt *m*: **at** (*od.* **on**) **the ~** im Lauf(schritt), im Dauerlauf. **4.** Anlauf *m*: **to take a ~** (e-n) Anlauf nehmen. **5.** *Kricket, Baseball*: (erfolgreicher) Lauf. **6.** *mar. mot.* Fahrt *f*. **7.** *oft* **short ~** Spaˈzierfahrt *f*. **8.** Abstecher *m*, Ausflug *m* (**to** nach). **9.** *Reiten*: schneller Gaˈlopp. **10.** *hunt.* Hatz *f*. **11.** *aer. mil.* (Bomben)Zielanflug *m*. **12.** Zulauf *m*, *bes. econ.* Ansturm *m*, Run *m* (**on** auf *e-e Bank etc*), stürmische Nachfrage (**on** nach *e-r Ware*). **13.** (Laich)Wanderung *f* (*der Fische*). **14.** *mus.* Lauf *m*. **15.** *Am.* (kleiner) Wasserlauf. **16.** *bes. Am.* Laufmasche *f* (*im Strumpf etc*). **17.** (Ver)Lauf *m*, Fortgang *m*: **the ~ of events; ~ of the play** *sport* Spielverlauf; **to be against the ~ of the play** *sport* den Spielverlauf auf den Kopf stellen. **18.** Verlauf *m*: **the ~ of the hills.** **19.** a) Tenˈdenz *f*, b) Mode *f*. **20.** (*a. sport* Erfolgs-, Treffer)Serie *f*, Folge *f*, Reihe *f*: **a ~ of bad (good) luck** e-e Pechsträhne (Glückssträhne). **21.** *Kartenspiel*: Seˈquenz *f*. **22.** Auflage *f* (*e-r Zeitung etc*). **23.** *tech.* ˈHerstellungsmaße *pl*, -größe *f*, (*Rohr- etc*)Länge *f*, (Betriebs)Leistung *f*, Ausstoß *m*: **~ of mine** a) Fördererz *n*, b) Rohkohle *f*. **24.** *Bergbau*: Ader *f*. **25.** *tech.* a) ˈDurchlauf *m* (*e-s Beschickungsguts*), b) Charge *f*, (Beschickungs)Menge *f*. **26.** *tech.* a) ˈArbeitsperiˌode *f*, Gang *m*, b) Bedienung *f* (*e-r Maschine etc*). **27.** *thea. Film*: Laufzeit *f*: **the play had a ~ of 44 nights** das Stück wurde 44mal hintereinander gegeben. **28.** (*a.* Amts)Dauer *f*, (-)Zeit *f*: **~ of office; ~ of validity** Gültigkeitsdauer. **29.** a) Strecke *f*, b) *aer.* Rollstrecke *f*, c) *mar.* Etmal *n* (*vom Schiff in 24 Stunden zurückgelegte Strecke*). **30.** (**of**) *colloq.* a) freie Benutzung (*gen*), b) freier Zutritt (zu): **he has the ~ of their house** er geht in ihrem Hause ein u. aus. **31.** *bes. Br.* a) Weide *f*, Trift *f*, b) Auslauf *m*, (Hühner)Hof *m*. **32.** a) *hunt.* Wechsel *m*, (Wild)Bahn *f*, b) Maulwurfsgang *m*, Kaˈninchenröhre *f*. **33.** *sport* Bob-, Rodelbahn *f*. **34.** *tech.* a) Bahn *f*, b) Laufschiene *f*, -planke *f*. **35.** *tech.* Rinne *f*, Kaˈnal *m*. **36.** *tech.* Mühl-, Mahlgang *m*. **37.** Art *f*, Sorte *f* (*a. econ.*). **38.** *meist* **common ~, general ~, ordinary ~** ˈDurchschnitt *m*, (*die*) breite Masse: **the common ~ (of man)** der Durchschnittsmensch; **~ of (the) mill** Durchschnitt(sware *f*) *m*. **39.** a) Herde *f*, b) Schwarm *m* (*Fische*). **40.** *mar.* (Achter-, Vor)Piek *f*. **41.** Länge *f*, Ausdehnung *f*. **42.** **the ~s** *pl* (*als sg od. pl konstruiert*) *colloq.* ,Dünnpfiff' *m* (*Durchfall*).
II *adj* **43.** geschmolzen: → **butter** 1. **44.** gegossen, geformt: **~ with lead** mit Blei ausgegossen.
III *v/i pret* **ran** [ræn], *dial* **run,** *pp* **run** **45.** laufen, rennen, eilen, stürzen. **46.** daˈvonlaufen, -rennen, Reißˈaus nehmen. **47.** *sport* a) (um die Wette) laufen, b) (an e-m Lauf *od.* Rennen) teilnehmen, c) *als Zweiter etc* einkommen: **he ran second** er wurde *od.* war Zweiter; → **also I. 48.** (**for**) a) *pol.* kandiˈdieren (für), b) *colloq.* sich bemühen (um): **to ~ for election** kandidieren, sich zur Wahl stellen. **49.** *fig.* laufen (*Blick, Feuer, Finger, Schauer etc*): **his eyes ran over** it sein Blick überflog es; **to ~ back over the past** Rückschau halten; **this tune (idea) keeps ~ning through my head** diese Melodie (Idee) geht mir nicht aus dem Kopf. **50.** fahren: **to ~ into port; to ~ before the wind** vor dem Winde segeln; → **ashore. 51.** gleiten (*Schlitten etc*), ziehen, wandern (*Wolken etc*). **52.** zu den Laichplätzen ziehen *od.* wandern (*Fische*). **53.** *rail. etc* verkehren, (*auf e-r Strecke*) fahren, ,gehen'. **54.** fließen, strömen (*beide a. fig.*), rinnen: **it ~s in the family** *fig.* das liegt bei ihnen *etc* in der Familie; → **blood** 1 *u.* 4. **55.** lauten (*Schriftstück*): **the letter ~s as follows. 56.** gehen (*Melodie*). **57.** vergehen, -streichen (*Zeit etc*). **58.** dauern: **school ~s from 8–12**; → **running** 15. **59.** laufen (*Theaterstück etc*), gegeben werden. **60.** verlaufen (*Straße etc, a. Vorgang*), sich erstrecken, gehen, führen (*Weg etc*): **a fence ~s along the border; my talent (taste) does not ~ that way** dafür habe ich keine Begabung (keinen Sinn). **61.** *tech.* laufen: a) gleiten: **the rope ~s in a pulley**, b) in Betrieb *od.* Gang sein, arbeiten (*Maschine, Motor etc*), gehen (*Uhr, Mechanismus etc*), funktioˈnieren: **to ~ hot** (sich) heißlaufen. **62.** in Betrieb sein (*Hotel, Fabrik etc*). **63.** zer-, auslaufen (*Farbe*). **64.** triefen *od.* tropfen (**with** vor *Nässe etc*), fließen, laufen (*Nase*), ˈübergehen, tränen (*Augen*): **to ~ with tears** in Tränen schwimmen. **65.** (aus-) laufen (*Gefäß*): **the jar ~s. 66.** schmelzen (*Metall etc*): **~ning ice** tauendes Eis. **67.** *med.* laufen, eitern. **68.** *oft* **~ up** a) wachsen, wuchern, b) klettern, ranken. **69.** fluten, wogen: **a heavy sea was ~ning** *mar.* es lief e-e schwere See. **70.** *bes. Am.* laufen, fallen (*Maschen*), Laufmaschen bekommen (*Strumpf etc*), aufgehen (*Naht*). **71.** *econ.* a) laufen, b) fällig werden (*Wechsel etc*). **72.** *jur.* gelten, in Kraft sein *od.* bleiben, laufen: **the lease ~s for 7 years** der Pachtvertrag läuft auf 7 Jahre; **the period ~s** die Frist läuft. **73.** *jur.* verbunden *od.* gekoppelt sein: **the easement ~s with the land. 74.** (*mit adj*) werden, sein: **to ~ dry** a) versiegen (*Quelle*), b) austrocknen, c) keine Milch mehr geben (*Kuh*), d) *fig.* erschöpft sein, e) *fig.* sich ausgeschrieben haben (*Autor*); → **high** 25, **low**[1] 5, **riot** 4, **short** 5 *u.* 8, **wild** 17. **75.** *econ.* sich stellen, stehen auf (*dat*) (*Preis, Ware*). **76.** (*im Durchschnitt*) sein, *klein etc* ausfallen: **to ~ small. 77.** geraten (*in e-n bestimmten Zustand*): **to ~ into trouble.**
IV *v/t* **78.** *e-n Weg etc* laufen, einschlagen, *e-e Strecke etc* durchˈlaufen (*a. fig.*), zuˈrücklegen: **to ~ its course** *fig.* s-n Verlauf nehmen; **things must ~ their course** man muß den Dingen ihren Lauf lassen. **79.** fahren (*a. mar.*), *e-e Strecke* be-, durchˈfahren: **to ~ 22 knots** *mar.* mit 22 Knoten fahren; **to ~ one's car against a tree** mit dem Wagen gegen e-n Baum fahren. **80.** *Rennen* austragen, laufen, *e-n Wettlauf* machen: **to ~ races** Wettrennen veranstalten. **81.** um die Wette laufen mit, laufen gegen. **82.** *fig.* sich messen mit: **to ~ s.o. close** dicht herankommen an j-n (*a. fig.*). **83.** *Pferd* a) treiben, hetzen, b) laufen lassen, (*für ein Rennen*) aufstellen. **84.** *pol. j-n* als Kandiˈdaten aufstellen (**for** für). **85.** *hunt.* jagen, *e-e Spur* verfolgen (*a. fig.*): **to ~ to earth** a) *hunt. e-n Fuchs* im Bau aufstöbern, bis in s-n Bau verfolgen, b) *fig. j-n, etwas* aufstöbern, ausfindig machen. **86.** *Botengänge od. Besorgungen* machen: **to ~ errands; to ~ messages** Botschaften überbringen. **87.** entfliehen (*dat*): **to ~ the country** außer Landes flüchten. **88.** pasˈsieren: **to ~ the guard** ungesehen durch die Wache kommen; → **blockade** 1. **89.** *Vieh* a) treiben, b) weiden lassen. **90.** *mar. rail. etc* fahren *od.* verkehren lassen, *Sonderzug etc* einsetzen. **91.** befördern, transporˈtieren. **92.** schmuggeln: **to ~ brandy. 93.** laufen *od.* gleiten lassen: **he ran his fingers over the keys; to ~ one's comb through one's hair** (sich) mit dem Kamm durchs Haar fahren. **94.** *tech.* laufen *od.* rollen *od.* gleiten lassen. **95.** *e-n Film* laufen lassen. **96.** *Am. e-e Annonce* veröffentlichen, bringen. **97.** *tech. e-e Maschine etc* laufen lassen, bedienen. **98.** *e-n Betrieb etc* verwalten, führen, leiten, *ein Geschäft, e-e Fabrik etc* betreiben: **to ~ the household** den Haushalt führen *od.* ,schmeißen'; → **show** 15. **99.** hinˈeingeraten (lassen) in (*acc*): **to ~ debts** Schulden machen; **to ~ a firm into debt** e-e Firma in Schulden stürzen; **to ~ the danger of** (*ger*) Gefahr laufen zu (*inf*); → **risk** 1. **100.** geben, fließen, lassen, *Wasser etc* führen (*Leitung*): **this faucet ~s hot water** aus diesem Hahn kommt heißes Wasser. **101.** *Gold etc* (mit sich) führen (*Fluß*). **102.** *Fieber, Temperatur* haben: **to ~ a high temperature. 103.** a) *Metall* schmelzen, b) verschmelzen, c) *Blei etc* gießen. **104.** stoßen, stechen: **to ~ a splinter into one's finger** sich e-n Splitter in den Finger reißen; **to ~ one's head against** (*od.* **into**) **a brick wall** *fig.* mit dem Kopf gegen die Wand rennen. **105.** *e-e Linie, e-n Graben etc* ziehen, *e-e Straße etc* anlegen, *e-e Brücke* schlagen. **106.** *Bergbau*: *e-e Strecke* treiben. **107.** *electr. e-e Leitung* verlegen, führen. **108.** einlaufen lassen: **to ~ a bath. 109.** schieben, stechen, führen (**through** durch). **110.** (*bei Spielen*) *e-e bestimmte Punktzahl etc* hintereinˈander erzielen: **to ~ fifteen** auf fünfzehn (*Punkte etc*) kommen. **111.** *e-e Schleuse* öffnen: **to ~ dry** leerlaufen lassen. **112.** *e-e Naht etc* mit Vorderstich nähen, heften. **113.** *j-n* belangen (**for** wegen).

Verbindungen mit Präpositionen:

run| a·cross *v/i j-n* zufällig treffen, stoßen auf (*acc*). **~ af·ter** *v/i* hinter (*dat*) ˈherlaufen *od.* -sein, *j-m, e-m Bus etc* nachlaufen (*alle a. fig.*): **he is greatly ~** er hat großen Zulauf; **I can't keep running after you all day!** *colloq.* ich bin doch nicht nur für dich da! **~ a·gainst I** *v/i* **1.** zs.-stoßen mit, laufen *od.* fahren gegen: **to ~ a rock. 2.** *pol.* kandiˈdieren gegen. **3.** *fig.* a) gegen ... sein, ungünstig sein für, b) anrennen gegen. **II** *v/t* **4.** mit *dem Kopf etc* stoßen gegen, mit *dem Wagen etc* fahren gegen. **~ at** *v/i* losstürzen auf (*acc*), angreifen. **~ for** *v/i* **1.** auf (*acc*) zulaufen *od.* losrennen, laufen nach. **2. ~ it** Reißˈaus nehmen. **3.** → **life** *Bes. Redew.*, **run** 48. **~ in·to I** *v/i* **1.** (hinˈein)laufen *od.* (-)rennen in (*acc*). **2.** *mar.* in *den Hafen* einlaufen. **3.** → **run against** 1. **4.** → **run across. 5.** geraten *od.* sich stürzen in (*acc*): **to ~ debt (trouble). 6.** werden *od.* sich entwickeln zu. **7.** sich belaufen auf (*acc*): **it runs into millions** das geht in die Millionen; **to ~ money** ins Geld laufen; → **edition** 3. **II** *v/t* **8.** *ein Messer etc* stoßen *od.* rennen in (*acc*). **9.** *etwas* stecken *od.* (ein)führen in (*acc*). **10.** stürzen in (*acc*): **to run s.o. into debt (trouble). ~ off I** *v/i* herˈunterfahren *od.* -laufen von: → **rail**[1] 4. **II** *v/t*: → **foot** 1. **~ on** *v/i* **1.** handeln von, sich drehen um, betreffen: **the conversation ran on politics. 2.** (fortwährend) denken an (*acc*), sich beschäftigen mit. **3.** mit *e-m Treibstoff* fahren: **to ~ petrol. 4.** → **run across. ~ o·ver I** *v/i* **1.** laufen *od.* gleiten über (*acc*). **2.** überˈfliegen, ˈdurchgehen, -lesen. **3. to ~ one's time** (*Rundfunk, TV etc*) überˈziehen. **II** *v/t* **4.** *mit dem Auto etc* überˈfahren. **~ through** *v/i* **1.** → **run over** 2. **2.** kurz erzählen, streifen. **3.** ˈdurchmachen, erleben. **4.** sich hinˈdurchziehen durch. **5.** *ein Vermögen* ˈdurchbringen. **6.** *thea. Szene etc* ˈdurchspielen. **~ to** *v/i* **1.** sich belaufen auf (*acc*). **2.** (aus)reichen für: **my money will not ~ that. 3.** sich entwickeln zu, neigen zu. **4.** herˈvorbringen (*a. fig.*). **5.** allzusehr *Blätter etc* treiben (*Pflanze*): **to ~ leaves**; → **fat** 7, **seed** 1. **6.** *colloq.* sich *etwas* leisten. **~ up·on** → **run on. ~ with** *v/i* überˈeinstimmen mit.

Verbindungen mit Adverbien:

run| a·bout → **run around. ~ a·long** *v/i* (daˈhin)fahren, (-)laufen: **~!** *colloq.* ab mit dir!; **I have got to ~ now!** *colloq.* nun muß ich aber gehen! **~ a·round** *v/i* **1.** herˈum-, umˈherrennen: **to ~ in circles** *fig.* sich im Kreis bewegen *od.* drehen. **2.** sich herˈumtreiben (**with** mit). **~ a·way** *v/i* (**from**) daˈvonlaufen (vor *od. dat*), ˈdurchgehen (*dat*) (*a. Pferd, Auto etc*): **to ~ from home** von zu Hause ausreißen; **to ~ from difficulties** vor Schwierigkeiten davonlaufen; **to ~ from a subject** von e-m Thema abschweifen; **to ~ with** a) durchbrennen mit (*j-m od. etwas*), b) durchgehen mit (*j-m*) (*a. Phantasie, Temperament*), c) ‚mitgehen' lassen (*stehlen*), d) *Geld etc* verschlingen, ins *Geld etc* gehen, e) *sport Satz etc* klar gewinnen, f) *fig.* sich verrennen in (*e-e Idee etc*); **don't ~ with the idea** (*od.* **notion**) **that** glauben Sie ja nicht, daß. **~ back I** *v/i* zuˈrücklaufen: **to ~ over s.th.** *fig.* etwas noch einmal durchgehen. **II** *v/t Band, Film* (zu)ˈrückspulen. **~ down I** *v/i* **1.** herˈab-, hinˈunterlaufen (*a. Tränen etc*). **2.** ablaufen (*Uhr*). **3.** abfließen (*Flut, Wasser etc*). **4.** sinken, abnehmen (*Zahl, Wert etc*). **5.** *fig.* herˈunterkommen. **II** *v/t* **6.** anfahren, *mit dem Auto etc* überˈfahren. **7.** *mar.* in den Grund bohren. **8.** *j-n* einholen. **9.** *das Wild, a. e-n Verbrecher* zur Strecke bringen. **10.** erschöpfen, *e-e Batterie* zu stark entladen: **to be ~** erschöpft *od.* abgespannt sein. **11.** ausfindig machen, aufstöbern. **12.** herˈabsetzen: a) *Qualität, Preis etc* mindern, b) *Belegschaft etc* abbauen, c) *fig.* schlechtmachen. **13.** herˈunterwirtschaften: **to ~ a factory. ~ in I** *v/i* **1.** hinˈein-, herˈeinlaufen: **to ~ to s.o.** j-n (kurz) besuchen. **2.** überˈeinstimmen (**with** mit). **3.** *print.* kürzer werden, einlaufen (*Manuskript*). **II** *v/t* **4.** hinˈeinlaufen lassen. **5.** hinˈeinstecken, -stechen. **6.** einfügen (*a. print.*). **7.** *colloq.* ‚einbuchten', einsperren: **to ~ a thief. 8.** *tech. e-e Maschine* (sich) einlaufen lassen, *ein Auto etc* einfahren. **~ off I** *v/i* **1.** → **run away. 2.** ablaufen, abfließen. **3.** *econ.* ablaufen, fällig werden (*Wechsel etc*). **II** *v/t* **4.** *etwas* ‚ˈhinhauen', schnell erledigen. **5.** *ein Gedicht etc* herˈunterrasseln. **6.** ablaufen lassen. **7.** *print.* abdrucken, abziehen. **8.** *ein Rennen etc* a) starten, b) austragen. **9.** daˈvonjagen. **~ on I** *v/i* **1.** weiterlaufen. **2.** weitergehen, fortlaufen, fortgesetzt werden (**to** bis). **3.** daˈhingehen (*Jahre etc*). **4.** (*bes.* unaufhörlich) reden, (fort)plappern. **5.** (*in der Rede etc*) fortfahren. **6.** anwachsen (**into** zu). **7.** *print.* (ohne Absatz) fortlaufen. **II** *v/t* **8.** *print.* a) fortlaufend setzen, b) anhängen. **~ out I** *v/i* **1.** herˈaus-, hinˈauslaufen (*a. Flüssigkeit*): **to ~ of a port** *mar.* (aus e-m Hafen) auslaufen. **2.** (aus)laufen (*Gefäß*). **3.** ablaufen (*Zeit etc*), zu Ende gehen: **time is running out** die Zeit wird knapp. **4.** a) ausgehen, knapp werden (*Vorrat*), b) keinen Vorrat (mehr) haben (**of an** *dat*): **to have ~ of gasoline** (*Br.* **petrol**) kein Benzin mehr haben; **we have ~ of this article** dieser Artikel ist uns ausgegangen. **5.** sich verausgaben, erschöpft sein. **6.** herˈvorstechen, herˈausragen. **7.** sich erstrecken. **8.** *print.* länger werden (*Text*). **9.** das Spiel *od.* den Kampf beenden (*auf bestimmte Weise*): **to ~ a winner** als Sieger hervorgehen. **10. ~ on s.o.** *colloq.* j-n im Stich lassen. **II** *v/t* **11.** *ein Rennen etc* zu Ende laufen, beenden, *etwas* vollˈenden. **12.** hinˈausjagen, -treiben. **13.** *ein Kabel etc* ausrollen. **14.** erschöpfen: **to run o.s. out** bis zur Erschöpfung laufen; **to be ~** a) (*vom Laufen*) ausgepumpt sein, b) ausverkauft sein. **~ o·ver I** *v/i* **1.** hinˈüberlaufen. **2.** ˈüberlaufen, -fließen. **3. ~ with** strotzen vor (*Energie etc*). **II** *v/t* **4.** *mit dem Auto etc* überˈfahren. **5.** a) *etwas* rasch ˈdurchnehmen, b) *etwas* schnell ˈdurchgehen *od.* -sehen, (rasch) überˈfliegen. **~ through** *v/t* **1.** durchˈbohren, -ˈstoßen. **2.** *ein Wort* ˈdurchstreichen. **3.** *e-n Zug ohne Halt* ˈdurchfahren lassen. **4.** → **run over** 5. **~ up I** *v/i* **1.** herˈauf-, hinˈauflaufen, -fahren. **2.** *fig.* schnell anwachsen, hochschießen. **3.** anwachsen *od.* sich belaufen (**to** auf *acc*). **4.** zulaufen (**to** auf *acc*): **to ~ against a wall** *fig.* gegen e-e Wand anrennen. **5.** einlaufen, -gehen (*Kleidung beim Waschen*). **II** *v/t* **6.** anwachsen lassen. **7.** *e-e Rechnung* auflaufen lassen. **8.** *den Preis etc* in die Höhe treiben. **9.** *ein Haus etc* schnell hochziehen. **10.** *e-e Flagge etc* aufziehen, hissen. **11.** *tech. den Motor* hoch- *od.* warmlaufen lassen. **12.** *Kleidungsstück* ‚zs.-hauen' (*schnell nähen*). **13.** *Zahlen* schnell zs.-zählen.

ˈrun·a·bout *s* **1.** Herˈumtreiber(in). **2.** (typisches) Stadtauto. **3.** leichtes Motorboot. **4.** *Am.* Kleinkind *n.* **~ tick·et** *s rail. Br.* Netzkarte *f.*

run·a·gate [ˈrʌnəgeɪt] *s obs.* **1.** Ausreißer(in). **2.** → **runabout** 1. **3.** → **renegade** I.

ˈrun|-a·round *s* **1.** *a. med. tech.* ˈUmlauf *m.* **2.** Umˈgehungsstraße *f*, -linie *f.* **3. to give s.o. the ~** *colloq.* a) j-n hinhalten, j-m ausweichen, b) j-n (*Ehemann, Freundin etc*) ‚an der Nase herumführen'. **4.** *print.* (*der*) ein Kliˈschee umˈgebende Text. **ˈ~·a·way I** *s* **1.** Ausreißer *m*, ˈDurchgänger *m* (*a. Pferd*). **2.** *phys.* ˈDurchgehen *n* (*e-s Atomreaktors*). **3.** *bes. sport* Kantersieg *m.* **II** *adj* **4.** ˈdurchgegangen, flüchtig, entwichen (*Häftling etc*): **~ car** Wagen, der sich ‚selbständig' gemacht hat; **~ inflation** *econ.* galoppierende Inflation; **~ marriage** (*od.* **match**) Heirat *f* e-s durchgebrannten Liebespaares; **~ race** *sport* mühelos *od.* mit großem Vorsprung gewonnenes Rennen; **~ soldier** Deserteur *m*; **~ victory** (*od.* **win**) → 3. **ˈ~·back** *s Tennis*: Auslauf *m* hinter der Grundlinie.

run·dle [ˈrʌndl] *s* **1.** Rolle *f*, Welle *f.* **2.** (Leiter)Sprosse *f.*

rund·let [ˈrʌndlɪt] *s obs.* **1.** Fäßchen *n.* **2.** *altes brit. Flüssigkeitsmaß, meist 18 Gallonen* (*Wein*).

ˈrun-down I *adj* **1.** abgespannt, erschöpft, ‚erledigt'. **2.** baufällig. **3.** abgelaufen (*Uhr*). **4.** *electr.* erschöpft, verbraucht (*Batterie*). **II** *s* **5.** (**on**) genaue ˈÜbersicht (über *acc*) *od.* Anaˈlyse (*gen*).

rune [ruːn] *s* **1.** Rune *f.* **2.** Runenspruch *m.* **3.** *pl* Runendichtung *f.* **4.** Runenzauber *m.* **5.** *fig.* Rätsel *n.* **6.** *poet.* Gedicht *n*, Lied *n.* **ˈ~·staff** *s* **1.** Runenstab *m.* **2.** altertümlicher ˈKerbkaˌlender.

rung[1] [rʌŋ] *pret u. pp von* **ring**[2].

rung[2] [rʌŋ] *s* **1.** (*bes.* Leiter)Sprosse *f.* **2.** *fig.* Sprosse *f*, Stufe *f*: **to start at the bottom ~ of the ladder** ganz unten *od.* ganz klein anfangen; → **top**[1] 20. **3.** Querleiste *f.* **4.** (Rad)Speiche *f.*

ru·nic [ˈruːnɪk] **I** *adj* **1.** runisch, Runen... **II** *s* **2.** Runeninschrift *f.* **3.** *print.* Runenschrift *f.*

ˈrun-in *s* **1.** *sport Br.* Einlauf *m.* **2.** *print.* Einschiebung *f.* **3.** *tech.* a) Einfahren *n* (*von Autos, Motoren etc*), b) Einlaufen *n* (*von Maschinen*). **4.** *Am. colloq.* ‚Krach' *m*, Zs.-stoß *m*, Streit *m*: **to have a ~ with s.o.** Krach mit j-m haben. **~ groove** *s* Einlaufrille *f* (*auf Schallplatten*).

run·let[1] [ˈrʌnlɪt] *s* Rinnsal *n.*

run·let[2] [ˈrʌnlɪt] → **rundlet.**

run·na·ble [ˈrʌnəbl] *adj* jagdbar.

run·nel [ˈrʌnl] *s* **1.** Rinnsal *n.* **2.** Rinne *f*, Rinnstein *m*, Kaˈnal *m.*

run·ner [ˈrʌnə(r)] *s* **1.** (*a.* Wett)Läufer (-in). **2.** Rennpferd *n.* **3.** Bote *m*: **bank ~** Bankbote. **4.** Laufbursche *m.* **5.** *Am. colloq.* Vertreter *m*, Handlungsreisende(r) *m.* **6.** Schmuggler *m.* **7.** *mil.* Meldegänger *m*, Melder *m.* **8.** *hist. Br.* Poliˈzist *m.* **9.** *Am.* a) Fahrer *m*, b) Maschiˈnist *m.* **10.** Geschäftsführer *m*, Leiter *m.* **11.** *Am.* Laufmasche *f.* **12.** *econ. Am. colloq.* Verkaufsschlager *m.* **13.** Läufer *m* (*langer, schmaler Teppich*). **14.** Tischläufer *m* (*schmale Zierdecke*). **15.** (*Schlitten-, Schlittschuh- etc*)Kufe *f.* **16.** Schieber *m* (*am Schirm etc*). **17.** *tech.* Laufschiene *f.* **18.** *tech.* (*Turbinen- etc*)Laufrad *n*, Läufer *m.* **19.** *tech.* Kollerstein *m.* **20.** *Spinnerei*: Läufer *m.* **21.** *Gießerei*: Abstich-, Gießrinne *f.* **22.** *bot.* a) Ausläufer *m*, b) Ausläuferpflanze *f*, c) Kletterpflanze *f.* **23.** *bot.* Stangenbohne *f.* **24.** *orn.* Ralle *f.* **25.** *ichth.* Goldstöcker *m.* **26.** *print.* Zeilenzähler *m*, Margiˈnalziffer *f.* **~ bean** *s bot. Br.* Stangenbohne *f.* **ˌ~-ˈup** *pl* **ˌ~s-ˈup** *s* Zweite(r *m*) *f*, *sport a.* Vizemeister(in) (**to** hinter *dat*).

run·ning [ˈrʌnɪŋ] **I** *s* **1.** Laufen *n*, Lauf *m* (*a. tech.*). **2.** (Wett)Laufen *n*, (-)Rennen *n*, Wettlauf *m* (*a. fig.*): **to be still in the ~** noch gut im Rennen liegen (*a. fig.*); **to be out of the ~** aus dem Rennen sein (*a.*

fig.); **to put s.o. out of the ~** j-n aus dem Rennen werfen (*a. fig.*); **to make the ~** a) das Tempo machen, b) *fig.* das Tempo angeben, c) *fig.* tonangebend sein; **to take (up) the ~** sich an die Spitze setzen (*a. fig.*). **3.** (Lauf)Kraft *f*: **to be still full of ~. 4.** Schmuggel *m*. **5.** Leitung *f*, Führung *f*. **6.** Über'wachung *f*, Bedienung *f* (*e-r Maschine*). **7.** Durch'brechen *n*: **the ~ of a blockade. II** *adj* **8.** laufend (*a. tech.*), fahrend: **~ jump** Sprung *m* mit Anlauf. **9.** flüchtig: **a ~ glance. 10.** laufend (*andauernd, ständig*): **~ debts (expenses, month). 11.** *econ.* laufend, offen: → **running account. 12.** fließend: **~ water. 13.** *med.* laufend, eiternd (*Wunde*). **14.** flüssig. **15.** aufein'anderfolgend: **for three days ~** drei Tage hintereinander. **16.** (fort)laufend: **~ pattern. 17.** laufend, gleitend (*Seil etc*). **18.** line'ar gemessen: **per ~ meter** (*bes. Br.* **metre**) pro laufenden Meter. **19.** *bot.* a) rankend, b) kriechend. **20.** *mus.* laufend: **~ passages** Läufe.

run·ning| ac·count *s econ.* **1.** laufende *od.* offene Rechnung. **2.** laufendes Konto, Kontokor'rent *n*. **~ board** *s tech.* Tritt-, Laufbrett *n*. **~com·men·tar·y** *s* **1.** laufender Kommen'tar. **2.** ('Funk)Repor'tage *f*. **~costs** *s pl* Betriebskosten *pl*, laufende Kosten *pl*. **~ fight** *s mar. mil.* a) Rückzugsgefecht *n*, b) laufendes Gefecht (*a. fig.*). **~ fire** *s mar. mil.* **1.** Trommelfeuer *n*. **2.** Lauffeuer *n*. **~ fit** *s tech.* Laufsitz *m*. **~ gear** *s tech.* Lauf-, Fahrwerk *n*. **~ hand** *s* Kur'rentschrift *f*. **~ head(-line)** *s print.* (lebender) Ko'lumnentitel. **~-'in** *s tech.* Einlaufen *n*. **~ knot** *s mar.* Laufknoten *m*. **~ light** *s mar.* Positi'onslampe *f*, Fahrlicht *n*. **~ mate** *s* **1.** *pol. Am.* a) 'Mitkandi'dat *m*, b) Kandi'dat *m* für die 'Vizepräsi'dentschaft. **2.** *Pferderennen*: Schrittmacher-Pferd *n*. **3.** *Am. colloq.* ständiger Begleiter. **~ rig·ging** *s mar.* laufendes Gut. **~ shoe** *s sport* Laufschuh *m*. **~shot** *s Film*: Fahraufnahme *f*. **~ speed** *s tech.* **1.** 'Umlaufgeschwindigkeit *f*. **2.** Fahrgeschwindigkeit *f*. **~ start** *s sport* fliegender Start. **~ stitch** *s* Vorderstich *m*. **~ text** *s print.* fortlaufender Text. **~ti·tle** → **running head(line).**

'run·off *s* **1.** *sport* Entscheidungslauf *m*, -rennen *n*. **2.** *geol.* Abfluß *m*. **3.** *tech.* Abstich *m*. **~ pri·ma·ry** *s pol. Am.* Stichwahl *f*, endgültige Vorwahl (*e-r Partei e-s amer. Bundesstaates*). **~ vote** *s pol.* Stichwahl *f*.

,run-of(-the)-'mill *adj* 'durchschnittlich, mittelmäßig, Durchschnitts...

'run-on I *adj* **1.** *bes. print.* angehängt, fortlaufend gesetzt: **~ sentence** a) zs.-gesetzter Satz, b) Bandwurmsatz *m*. **2.** *metr.* mit Versbrechung. **II** *s* **3.** angehängtes Wort.

'run-out groove *s* Auslaufrille *f* (*auf der Schallplatte*).

'run·proof *adj bes. Am.* laufmaschensicher, maschenfest.

runt [rʌnt] *s* **1.** *zo.* a) Zwergrind *n*, -ochse *m*, b) *kleinstes Ferkel e-s Wurfs*. **2.** (*contp.* lächerlicher) Zwerg. **3.** *orn. große, kräftige Haustaubenrasse.*

'run-through *s* **1.** a) Über'fliegen *n* (*e-s Briefs etc*), b) kur'sorische Lek'türe (*e-s Buchs*), c) kurze Zs.-fassung: **to give s.th. a ~** etwas überfliegen. **2.** *thea.* schnelle Probe.

'run|-up *s* **1.** *sport* Anlauf *m*. **2.** *aer. mil.* (Ziel)Anflug *m*. **3.** *aer.* kurzer Probelauf (*der Motoren vor dem Start*). **4. in the ~ to** *fig.* im Vorfeld (*gen*). **'~way** *s* **1.** *aer.* Start-, Lande-, Rollbahn *f*. **2.** *sport* Anlaufbahn *f*. **3.** *bes. Am.* Flußbett *n*. **4.** *hunt.* Wildpfad *m*, (Wild)Wechsel *m*: **~ watching** Ansitzjagd *f*. **5.** Auslauf *m*, Hühnerhof *m*. **6.** Laufsteg *m*. **7.** *bes. Am.* Holzrutsche *f*.

ru·pee [ru:'pi:] *s* Rupie *f* (*Währungseinheit in Indien, Pakistan u. Sri Lanka*).

rup·ture ['rʌptʃə(r)] **I** *s* **1.** Bruch *m*, Riß *m* (*beide a. med.*): **~ of the follicle** *physiol.* Follikelsprung *m*; **~ of muscle** Muskelriß; **~ support** Bruchband *n* (*bei Hernie*). **2.** Brechen *n* (*a. tech.*), Zerplatzen *n*, -reißen *n*. **3.** *fig.* a) Bruch *m*: **to avoid an open ~**, b) Abbruch *m*: **diplomatic ~** Abbruch der diplomatischen Beziehungen. **II** *v/t* **4.** brechen (*a. fig.*), zersprengen, -reißen (*a. med.*): **to be ~d** → 7; **~d duck** *mil. Am. colloq.* Adlerabzeichen *n*. **5.** *med. j-m* e-n (*Unterleibs*)Bruch zufügen: **to ~ o.s.** → 8. **6.** *fig.* abbrechen. **III** *v/i* **7.** zerspringen, -reißen, e-n Riß bekommen, bersten. **8.** *med.* sich e-n Bruch heben.

ru·ral ['rʊərəl] *adj* (*adv* **~ly**) **1.** ländlich, Land...: → **exodus** 2. **2.** landwirtschaftlich. **3.** ländlich, rusti'kal, einfach. **'ru·ral·ist,** *Am.* **'ru·ral,ite** *s* **1.** Landbewohner(in). **2.** *j-d, der das Landleben dem Stadtleben vorzieht.* **ru'ral·i·ty** [-'rælətɪ] *s* **1.** Ländlichkeit *f*, ländlicher Cha'rakter. **2.** ländliche Szene *od.* Um'gebung. **'ru·ral·ize I** *v/t* **1.** e-n ländlichen Cha'rakter geben (*dat*). **2.** auf das Landleben 'umstellen. **II** *v/i* **3.** auf dem Lande leben. **4.** sich auf das Landleben 'umstellen. **5.** ländlich werden, verbauern.

rur·ban ['rɜ:bən; *Am.* 'rɜr-; 'rʊər-] *adj* Vorstadt...

Ru·ri·ta·ni·an [,rʊərɪ'teɪnjən; *Am.* ,rʊrə'teɪnɪən] *adj* (*nach e-m Phantasieland in e-m Roman von Anthony Hope*) **1.** abenteuerlich (*politische Verhältnisse etc*). **2.** abenteuerlich, räuberhaft, verwegen (*Aussehen*).

ru·sa ['ru:sə] *s zo.* Rusahirsch *m*.

ruse [ru:z; *Am. a.* ru:s] *s* List *f*, Trick *m*.

rush¹ [rʌʃ] **I** *v/i* **1.** stürmen, jagen, rasen, stürzen: **to ~ about** (*od.* **around**) herumhetzen, -hasten; **to ~ at s.o.** auf j-n losstürzen; **to ~ in** hereinstürzen, -stürmen; **to ~ into certain death** in den sicheren Tod rennen; **to ~ into extremes** *fig.* ins Extrem verfallen; **an idea ~ed into my mind** (*od.* **upon me**) ein Gedanke schoß mir durch den Kopf; **blood ~ed to her face** das Blut schoß ihr ins Gesicht; **to ~ through** a) hetzen *od.* hasten durch, b) *Buch etc* hastig lesen, c) *Mahlzeit* hastig essen, d) *Arbeit* hastig erledigen; → **conclusion** 3. **2.** da'hinbrausen, -fegen (*Wind*). **3.** *fig.* sich (*vorschnell*) stürzen (**into** in *od.* auf *acc*): **to ~ into marriage** überstürzt heiraten; → **print** 16. **4.** *American Football*: vorstoßen, 'durchbrechen.

II *v/t* **5.** (an)treiben, drängen, hetzen, jagen: **I refuse to be ~ed** ich lasse mich nicht drängen; **to ~ up prices** *econ. Am.* die Preise in die Höhe treiben; **to be ~ed for time** *colloq.* unter Zeitdruck stehen; → **foot** 1. **6.** schnell *od.* auf dem schnellsten Wege ('hin)bringen *od.* (-)schaffen: **to ~ s.o. to the hospital. 7.** *e-e Arbeit etc* hastig erledigen: **to ~ a bill (through)** e-e Gesetzesvorlage ‚durchpeitschen'. **8.** über'stürzen, -'eilen. **9.** losstürmen auf (*acc*), angreifen, anrennen gegen (*a. sport*): **to ~ the goal. 10.** im Sturm nehmen (*a. fig.*), erstürmen. **11.** hin'wegsetzen über (*ein Hindernis*). **12.** *American Football*: vorstoßen *od.* 'durchbrechen mit (*dem Ball*). **13.** *Am. sl.* mit Aufmerksamkeiten über'häufen, um'werben. **14.** *Br. colloq. j-n* ‚neppen' (£5 um 5 Pfund): **how much did they ~ you for it?** wieviel haben sie dir dafür abgeknöpft?

III *s* **15.** (Vorwärts)Stürmen *n*, Da'hinschießen *n*, -jagen *n*. **16.** Brausen *n* (*des Windes*). **17.** Eile *f*: **at a ~, on the ~** *colloq.* in aller Eile, schnellstens; **with a ~** plötzlich. **18.** *mil.* a) Sturm *m*, b) Sprung *m*: **by ~es** sprungweise. **19.** *American Football*: a) Vorstoß *m*, 'Durchbruch *m*, b) Stürmer *m*: → **rush line. 20.** *fig.* a) (An)Sturm *m* (**for** auf *acc*) (*a. econ.*), b) (Massen-) Andrang *m*, c) *bes. econ.* stürmische Nachfrage (**on, for** nach): **to make a ~ for** losstürzen auf (*acc*). **21.** *med.* (Blut-) Andrang *m*. **22.** *fig.* a) plötzlicher Ausbruch (*von Tränen etc*), b) plötzliche Anwandlung, Anfall *m*: **~ of pity. 23.** a) Drang *m* (*der Geschäfte*), ‚Hetze' *f*, b) Hochbetrieb *m*, -druck *m*, c) Über'häufung *f* (**of** mit *Arbeit etc*). **24.** *ped. Am.* (Wett)Kampf *m*. **25.** *pl Film*: 'Schnellko,pie *f*.

IV *adj* **26.** eilig, dringend, Eil... **27.** geschäftig, Hochbetriebs...

rush² [rʌʃ] **I** *s* **1.** *bot.* Binse *f*. **2.** *collect.* Binsen *pl*. **3.** *orn.* Binsenhuhn *n*. **4.** *fig.* Deut *m*: **not worth a ~** keinen ‚Pfifferling' wert; **I don't care a ~** es ist mir völlig ‚schnurz'. **II** *adj* **5.** Binsen...: **~-bottomed chair** Binsenstuhl *m*.

rush| bas·ket *s* Binsenkorb *m*. **~ bear·ing** *s Br. hist.* Kirchweihfest *n* auf dem Lande. **~ can·dle** *s* Binsenlicht *n*. **~ hour** *s* Hauptverkehrszeit *f*, Stoßzeit *f*. **'~-hour** *adj*: **~ traffic** Stoßverkehr *m*. **~ job** *s* eilige Arbeit, dringende Sache. **'~light** *s* **1.** → **rush candle. 2.** *fig. contp.* kleiner Geist (*Person*). **~ line** *s American Football*: Stürmerreihe *f*, Sturm *m*. **~or·der** *s econ.* Eilauftrag *m*.

rush·y ['rʌʃɪ] *adj* **1.** voller Binsen, binsenbestanden. **2.** mit Binsen bedeckt. **3.** Binsen...

rusk [rʌsk] *s* **1.** (*Art*) Zwieback *m*. **2.** Mürbegebäck *n*. **3.** *Am.* (*Art*) Semmelmehl *n*.

Russ [rʌs] *s sg u. pl u. adj obs. for* **Russian.**

rus·sel cord ['rʌsl] *s Textil.* Wollrips *m*.

rus·set ['rʌsɪt] **I** *adj* **1.** a) rostbraun, b) rotgelb, c) rotgrau. **2.** *obs.* bäu(e)risch, grob. **3.** *obs.* schlicht, einfach. **II** *s* **4.** a) Rostbraun *n*, b) Rotgelb *n*, c) Rotgrau *n*. **5.** grobes handgewebtes Tuch. **6.** *rötlicher Winterapfel.* **'rus·set·y** → **russet** 1.

Rus·sia leath·er ['rʌʃə] *s* Juchten(leder *n*) *m*, *n*.

Rus·sian ['rʌʃn] **I** *s* **1.** Russe *m*, Russin *f*. **2.** *ling.* Russisch *n*, das Russische. **II** *adj* **3.** russisch: **~ roulette** russisches Roulett(e); **~ salad** *gastr.* russischer Salat.

Rus·sian·ism ['rʌʃənɪzəm] *s* **1.** Vorherrschen *n* russischer I'deen. **2.** Neigung *f* zum Russischen. **3.** Rußlandfreundlichkeit *f*. **'Rus·sian·ize** *v/t* russifi'zieren, russisch machen.

Rus·si·fi·ca·tion [,rʌsɪfɪ'keɪʃn] *s* Russifi'zierung *f*. **'Rus·si·fy** [-faɪ] → **Russianize.**

Russ·ni·ak ['rʌsnɪæk] → **Ruthenian.**

Russo- [rʌsəʊ; *Am. a.* rʌsə] *Wortelement mit der Bedeutung* a) russisch, b) russisch-...

'Rus·so·phile [-faɪl] **I** *s* Russo'phile *m*, Russenfreund *m*. **II** *adj* russo'phil, russenfreundlich.

'Rus·so·phobe [-fəʊb] Russo'phobe *m*, Russenfeind *m*.

rust [rʌst] **I** *s* **1.** Rost *m*: **~-free** rostfrei; **to gather ~** Rost ansetzen. **2.** a) Rostfleck *m*, b) Moder-, Stockfleck *m*. **3.** Rostbraun *n*. **4.** *bot.* a) Rost *m*, Brand *m*, b) *a.* **~ fungus** Rostpilz *m*. **II** *v/i* **5.** (ein-, ver)rosten, rostig werden. **6.** *fig.* verkümmern (*Talent etc*), rosten (*Person*), einrosten (*Kenntnisse*). **7.** *bot.* brandig werden. **III** *v/t* **8.** verrosten lassen, rostig machen. **9.** stockfleckig machen. **10.** *fig.* *Talent etc* verkümmern lassen. **11.** *bot.* brandig machen.

rus·tic [ˈrʌstɪk] **I** *adj* (*adv* **~ally**) **1.** ländlich, Land..., Bauern..., rustiˈkal. **2.** einfach, schlicht: **~ entertainment**. **3.** grob, bäu(e)risch, ungehobelt: **~ manners**. **4.** roh (gearbeitet). **5.** *arch.* Rustika..., mit Bossenwerk verziert. **6.** *print.* unregelmäßig geformt, Rustika... **II** *s* **7.** (einfacher) Bauer. **8.** a) ‚Bauer' *m*, b) Proˈvinzler *m*. **rus·ti·cate** [ˈrʌstɪkeɪt] **I** *v/i* **1.** aufs Land gehen. **2.** auf dem Land leben *od.* wohnen. **3.** a) ein ländliches Leben führen, b) verbauern. **II** *v/t* **4.** aufs Land schicken. **5.** verländlichen. **6.** verbauern lassen. **7.** *univ. bes. Br.* releˈgieren, (zeitweilig) von der Universiˈtät verweisen. **8.** *arch.* mit Bossenwerk verzieren. ˌ**rus·tiˈca·tion** *s* **1.** Landaufenthalt *m*. **2.** Verbauerung *f.* **3.** *univ. bes. Br.* (zeitweise) Relegatiˈon. **4.** *arch.* Rustika *f*, Bossenwerk *n*. **rus·tic·i·ty** [rʌˈstɪsətɪ] *s* **1.** ländlicher *od.* rustiˈkaler Chaˈrakter. **2.** bäu(e)risches Wesen, ungehobelte Art. **3.** (ländliche) Einfachheit.

rus·tic|ware *s* hellbraune Terraˈkotta. **~work** *s* **1.** *arch.* Bossenwerk *n*, Rustika *f.* **2.** *roh gezimmerte Sommerhäuser, Gartenmöbel etc.*

rust·i·ness [ˈrʌstɪnɪs] *s* **1.** Rostigkeit *f.* **2.** *fig.* Eingerostetsein *n*. **3.** Rauheit *f*, Heiserkeit *f.*

rus·tle [ˈrʌsl] **I** *v/i* **1.** rascheln (*Blätter etc*), rauschen, knistern (*Seide etc*). **2.** *bes. Am. colloq.* ‚mit *od.* unter Hochdruck' arbeiten, ‚wühlen'. **II** *v/t* **3.** rascheln lassen, rascheln mit *od.* in (*dat*). **4.** *a.* **~ up** *bes. Am. colloq.* a) *Geld, Hilfe etc* ‚organiˈsieren', auftreiben, b) *Essen* ‚zaubern'. **5.** *Am. sl. Vieh* stehlen. **III** *s* **6.** Rascheln *n*, Rauschen *n*, Knistern *n*. **7.** *bes. Am. colloq.* ‚Mordsanstrengung' *f.* ˈ**rus·tler** *s bes. Am.* **1.** *colloq.* ‚Wühler' *m*. **2.** *sl.* Viehdieb *m*.

ˈ**rust·less** *adj* rostfrei, nichtrostend: **~ steel**.

ˈ**rust·proof** *adj* rostbeständig, rostfrei, nichtrostend.

rust·y [ˈrʌstɪ] *adj* (*adv* **rustily**) **1.** rostig, verrostet: **to get ~** (ver)rosten. **2.** *fig.* eingerostet (*Kenntnisse*), verkümmert (*Talent etc*). **3.** rostfarben. **4.** *bot.* vom Rost(pilz) befallen. **5.** abgetragen, schäbig: **~ clothes**. **6.** heiser, rauh: **a ~ voice**.

rut[1] [rʌt] **I** *s* **1.** (Wagen-, Fahr)Spur *f.* **2.** Furche *f.* **3.** *fig.* (altes) Gleis, alter Trott: **to get into a ~** in e-n Trott verfallen; **to be in a ~** sich in ausgefahrenen Gleisen bewegen. **II** *v/t* **4.** furchen.

rut[2] [rʌt] *zo.* **I** *s* **1.** a) Brunft *f* (*des Hirsches*), b) *allg.* Brunst *f.* **2.** Brunft-, Brunstzeit *f.* **II** *v/i* **3.** brunften, brunsten. **III** *v/t* **4.** decken, bespringen.

ru·ta·ba·ga [ˌruːtəˈbeɪɡə] *s Am. bot.* Schwedische Rübe, Gelbe Kohlrübe.

Ruth[1] [ruːθ] *s a.* **Book of R~** *Bibl.* (das Buch) Ruth *f.*

ruth[2] [ruːθ] *s obs.* Mitleid *n*.

Ru·the·ni·an [ruːˈθiːnjən; -nɪən] **I** *s* **1.** Ruˈthene *m*, Ruˈthenin *f.* **2.** *ling.* Ruˈthenisch *n*, das Ruthenische. **II** *adj* **3.** ruˈthenisch.

ruth·er·ford [ˈrʌðə(r)fə(r)d] *s phys.* Rutherford *n* (*Maßeinheit der Strahlungswärme e-r radioaktiven Strahlungsquelle*).

ruth·less [ˈruːθlɪs] *adj* (*adv* **~ly**) **1.** unbarmherzig, grausam, hart. **2.** rücksichts-, skrupellos. ˈ**ruth·less·ness** *s* **1.** Unbarmherzigkeit *f.* **2.** Rücksichts-, Skrupellosigkeit *f.*

rut·ting [ˈrʌtɪŋ] **I** *s* → **rut**[2] I. **II** *adj* Brunst..., Brunft...: **~ time** (*od.* **season**) Brunft-, Brunstzeit *f.* ˈ**rut·tish** *adj* (*adv* **~ly**) **1.** *zo.* brunftig, brünstig. **2.** → **rutty**[2].

rut·ty[1] [ˈrʌtɪ] *adj* **1.** zerfurcht, voller Furchen. **2.** ausgefahren.

rut·ty[2] [ˈrʌtɪ] *adj* brünstig, geil.

rye [raɪ] *s* **1.** *bot.* Roggen *m*. **2.** *bes. Am.* (Glas *n*) Roggenwhisky *m*. **3.** *bes. Am.* Roggenbrot *n*. **~ bread** *s* Roggenbrot *n*. **~ flour** *s* Roggenmehl *n*. **~ grass** *s bot.* Englisches Raigras. **~ whis·ky** *s bes. Am.* Roggenwhisky *m*.

ry·ot [ˈraɪət] *s Br. Ind.* (indischer) Bauer *od.* Pächter.

S

S, s [es] **I** *pl* **S's, Ss, s's, ss** ['esɪz] *s* **1.** S, s *n* (*Buchstabe*). **2.** S S *n*, S-förmiger Gegenstand. **II** *adj* **3.** neunzehnt(er, e, es). **4.** S S-..., S-förmig: **S curve** S-Kurve *f*.
's[1] [z *nach Vokalen u. stimmhaften Konsonanten*; s *nach stimmlosen Konsonanten*] **1.** *colloq. für* **is: he's here. 2.** *colloq. für* **has: she's just come. 3.** *colloq. für* **does: what's he think about it?**
's[2] [z *nach Vokalen u. stimmhaften Konsonanten*; s *nach stimmlosen Konsonanten*; ɪz *nach Zischlauten*] *zur Bildung des Possessivs*: **the boy's mother.**
's[3] [s] *colloq. für* **us: let's go!**
Sab·a·oth [sæ'beɪɒθ; 'sæbeɪɒθ; *Am.* -ɑθ; -əʊθ] *s pl Bibl.* Zebaoth *pl*, Heerscharen *pl*: **the Lord of ~** der Herr Zebaoth, der Herr der Heerscharen.
sab·bat ['sæbæt; -ət; *Am. a.* sæ'bɑ:] → Sabbath 3.
Sab·ba·tar·i·an [ˌsæbə'teərɪən] *relig.* **I** *s* **1.** Sabba'tarier(in), Sabba'tist(in) (*Mitglied e-r christlichen Sekte*). **2.** Sabba'tierer(in) (*j-d, der den Sabbat heiligt*). **3.** *j-d, der den Sonntag streng einhält.* **II** *adj* **4.** sabba'tarisch.
Sab·bath ['sæbəθ] *s* **1.** *relig.* Sabbat *m*: **to keep (break) the ~** den Sabbat heiligen (entheiligen). **2.** *relig.* Sonntag *m*, Ruhetag *m*: **~ of the tomb** *fig.* Grabesruhe *f*. **3.** *meist* **witches' ~** Hexensabbat *m*.
Sab·bat·ic [sə'bætɪk] *adj* (*adv* **~ally**) → Sabbatical I.
Sab·bat·i·cal [sə'bætɪkl] **I** *adj* (*adv* **~ly**) **1.** Sabbat... **2.** *meist* **s~** an jedem 7. Tag *od.* Monat *od.* Jahr *etc* 'wiederkehrend: **~ leave** → **sabbatical year** 2. **II** *s* **s~** → **sabbatical year** 2. **s~ year** *s* **1.** Sabbatjahr *n* (*der Juden*). **2.** *univ.* Ferienjahr *n* (*e-s Professors*; *meist alle 7 Jahre*), Studienurlaub *m*.
sa·ber, *bes. Br.* **sa·bre** ['seɪbə(r)] **I** *s* **1.** Säbel *m*: **to rattle the ~** *fig.* mit dem Säbel rasseln. **2.** *mil. hist.* Kavalle'rist *m*. **II** *v/t* **3.** niedersäbeln. **4.** mit dem Säbel verwunden. **~ cut** *s* **1.** Säbelhieb *m*. **2.** Schmiß *m*. **~ rat·tler** *s fig.* Säbelraßler *m*. **~ rat·tling** *s fig.* Säbelrasseln *n*. **'~-toothed ti·ger** *s zo.* Säbel(zahn)tiger *m*.
sa·bin ['sæbɪn; 'seɪ-] *s Akustik*: Sabin *n* (*Einheit des Absorptionsvermögens*).
Sa·bine ['sæbaɪn; *Am.* 'seɪ-] **I** *adj* sa'binisch. **II** *s* Sa'biner(in).
sa·ble ['seɪbl] **I** *pl* **-bles,** *bes. collect.* **-ble** *s* **1.** *zo.* a) Zobel *m*, b) (*bes.* Fichten-) Marder *m*. **2.** Zobelfell *n*, -pelz *m*. **3.** *bes. her.* Schwarz *n*. **4.** *meist pl poet.* Trauer (-kleidung) *f*. **II** *adj* **5.** Zobel... **6.** *her.* schwarz. **7.** *poet.* schwarz, finster: **his ~ Majesty** der Fürst der Finsternis (*der Teufel*).
sa·bot ['sæbəʊ; *Am. a.* sæ'bəʊ] *s* **1.** Holzschuh *m*. **2.** *mil.* Geschoß- *od.* Führungsring *m*.
sab·o·tage ['sæbətɑ:ʒ] *bes. jur. mil.* **I** *s* Sabo'tage *f*: **act of ~** Sabotageakt *m*; **to commit ~** → III. **II** *v/t* sabo'tieren. **III** *v/i* Sabo'tage begehen *od.* treiben. **ˌsab·o'teur** [-'tɜ:; *Am.* -'tɜr] *s* Sabo'teur *m*.
sa·bra ['sɑ:brə] *s* Sabre *m* (*in Israel geborenes Kind jüdischer Einwanderer*).
sa·bre, *etc bes. Br. für* **saber,** *etc.*
sa·bre·tache ['sæbə(r)tæʃ; *Am. a.* 'seɪ-] *s mil. hist.* Säbeltasche *f*.
sab·u·lous ['sæbjʊləs] *adj* Sand..., sandig, grießig: **~ urine** *med.* Harngrieß *m*.
sa·bur·ra [sə'bʌrə; *Am.* -'bɜrə] *s med.* fuligi'nöse Ablagerung, Sa'burra *f*.
sac [sæk] *s* **1.** *anat. bot. zo.* Sack *m*, Beutel *m*. **2.** → **sack**[1] 5.
sac·cade [sæ'kɑ:d] *s* Sac'cade *f*: a) *Reiten*: ruckartiges Anhalten, b) *mus.* starker Bogendruck.
sac·cate ['sækət; *bes. Am.* -eɪt] *adj* **1.** sack-, beutelförmig. **2.** in e-m Sack *od.* Beutel befindlich.
sac·cha·rate ['sækəreɪt] *s chem.* Saccha'rat *n*. **'sac·cha·rat·ed** *adj* zucker-, saccha'rosehaltig.
sac·char·ic [sə'kærɪk] *adj chem.* Zukker...: **~ acid.**
sac·cha·rif·er·ous [ˌsækə'rɪfərəs] *adj chem.* zuckerhaltig *od.* -erzeugend. **sac·char·i·fy** [sə'kærɪfaɪ; sæ-] *v/t* **1.** verzuckern, saccharifi'zieren. **2.** zuckern, süßen.
sac·cha·rim·e·ter [ˌsækə'rɪmɪtə(r)] *s* Sacchari'meter *n*, Zucker(gehalt)messer *m*.
sac·cha·rin(e) ['sækərɪn] *s chem.* Saccha'rin *n*.
sac·cha·rine ['sækəraɪn; -ri:n; *Am. bes.* -rən] *adj* **1.** Zucker..., Süßstoff... **2.** *fig.* honig-, zuckersüß: **a ~ smile. ˌsac·cha'rin·ic** [-'rɪnɪk] *adj chem.* Zucker...
sac·cha·rin·ize ['sækərɪnaɪz] *v/t* **1.** mit Saccha'rin süßen. **2.** *fig.* versüßen.
sac·cha·roid ['sækərɔɪd] *chem. min.* **I** *adj* zuckerartig, körnig. **II** *s* zuckerartige Sub'stanz.
sac·cha·rom·e·ter [ˌsækə'rɒmɪtə(r); *Am.* -'rɑm-] *s* Saccharo'meter *n*, Zucker(gehalt)messer *m*.
sac·cha·rose ['sækərəʊs; -rəʊz] *s chem.* Rohrzucker *m*, Saccha'rose *f*.
sac·ci·form ['sæksɪfɔ:(r)m] *adj* sackartig, -förmig.
sac·cule ['sækju:l] *s bes. anat.* Säckchen *n*.
sac·er·do·cy ['sæsə(r)dəʊsɪ; *Am. a.* 'sæk-] *s* Priestertum *n*. **'sac·er·do·tage** [-tɪdʒ] *s bes. contp.* **1.** Pfaffentum *n*. **2.** Pfaffenstaat *m*. **3.** Pfaffenherrschaft *f*. **ˌsac·er'do·tal** *adj* (*adv* **~ly**) **1.** priesterlich, Priester... **2.** durch den Glauben an e-e von Gott berufene Priesterschaft gekennzeichnet. **ˌsac·er'do·tal·ism** *s* **1.** Priestertum *n*. **2.** *contp.* Pfaffentum *n*.
sa·chem ['seɪtʃəm] *s* **1.** Sachem *m* (*bei den nordamer. Indianern*): a) (*a.* Bundes-) Häuptling *m*, b) Mitglied *n* des Rates (*des Irokesenbundes*). **2.** *Am. humor.* ‚großes Tier', *bes. pol.* ‚Par'teiboß' *m*. **3.** *Am.* Vorstandsmitglied *n* (*der* **Tammany Society**).
sa·chet ['sæʃeɪ; *Am.* sæ'ʃeɪ] *s* **1.** Duftkissen *n*. **2.** Schamponkissen *n*.
sack[1] [sæk] **I** *s* **1.** Sack *m*. **2.** *colloq.* Laufpaß *m*: **to get the ~** a) ‚fliegen', ‚an die Luft gesetzt (*entlassen*) werden', b) *von e-m Mädchen* ‚den Laufpaß bekommen'; **to give s.o. the ~** → 8. **3.** Sack (-voll) *m*. **4.** *Am.* (Verpackungs)Beutel *m*, (Pa'pier)Sack *m*, Tüte *f*. **5.** a) 'Umhang *m*, b) (kurzer) loser Mantel, c) → **sack coat,** d) *hist.* Kon'tusche *f* (*loses Frauen- od. Kinderkleid des 18. Jhs.*), e) → **sack dress. 6.** *sl.* ‚Falle' *f*, ‚Klappe' *f* (*Bett*): **to hit the ~** ‚sich in die Falle *od.* Klappe hauen'. **II** *v/t* **7.** einsacken, in Säcke *od.* Beutel (ab)füllen. **8.** *colloq.* a) *j-n* ‚an die Luft setzen' (*entlassen*), b) *e-m Liebhaber* ‚den Laufpaß geben'. **III** *v/i* **9. ~ in** *sl.* ‚sich in die Falle *od.* Klappe hauen'.
sack[2] [sæk] **I** *v/t e-e Stadt etc* (aus)plündern. **II** *s* Plünderung *f*: **to put to ~** → I.
sack[3] [sæk] *s obs.* heller Südwein, *bes.* Sherry *m*.
sack|·but ['sækbʌt] *s mus. hist.* **1.** Po'saune *f*. **2.** *Bibl.* (*Art*) Harfe *f*. **'~·cloth** *s* Sackleinen *n*, -leinwand *f*: **to wear ~ and ashes** *fig.* in Sack u. Asche gehen (*Buße tun*). **~ coat** *s Am.* Sakko *m*, *n*. **~ dress** *s* Sackkleid *n*. **'~·ful** [-fʊl] *s* Sack (-voll) *m*.
sack·ing ['sækɪŋ] → **sackcloth.**
sack rac·ing *s* Sackhüpfen *n*.
sacque → **sack**[1] 5.
sa·cra ['seɪkrə; 'sæk-] *pl von* **sacrum.**
sa·cral[1] ['seɪkrəl; *Am. a.* 'sæk-] *adj relig.* sa'kral, Sakral...
sa·cral[2] ['seɪkrəl; *Am. a.* 'sæk-] *anat.* **I** *adj* **1.** sa'kral, Sakral..., Kreuz(bein)... **II** *s* **2.** Kreuz(bein)-, Sa'kralwirbel *m*. **3.** Sa'kralnerv *m*.
sac·ra·ment ['sækrəmənt] *s* **1.** *relig.* Sakra'ment *n* (*Gnadenmittel*): **the S~, the ~ (of the altar), the Blessed** (*od.* **Holy**) **S~** das Altar(s)sakrament, (*protestantische Kirche*) das (heilige) Abendmahl, *R.C.* das heilige Sakrament, die heilige Kommunion; **the last ~s** die Sterbesakramente; **to administer (receive) the ~** das Abendmahl *od.* die Kommunion spenden (empfangen); **to take the ~** zum Abendmahl *od.* zur Kommunion gehen. **2.** Zeichen *n*, Sym'bol *n* (**of** für). **3.** feierlicher *od.* heiliger Eid. **4.** My'sterium *n*. **ˌsac·ra'men·tal** [-'mentl] **I** *adj* (*adv* **~ly**) **1.** sakramen'tal, Sakraments..., heilig: **~ acts; ~ wine** Meßwein *m*. **2.** *fig.* feierlich, heilig. **3.** sym'bolhaft. **II** *s* **4.** *R.C.* a) heiliger *od.* sakramen'taler

Ritus *od.* Gegenstand, b) *pl* Sakramenˈtalien *pl.*

sa·crar·i·um [səˈkreərɪəm] *pl* **-i·a** [-rɪə] *s* **1.** *relig.* a) Chor *m*, (ˈHoch)Alˌtarstätte *f*, b) *R.C.* → **piscina** 2. **2.** *antiq.* Heiligtum *n.*

sa·cred [ˈseɪkrɪd] *adj* (*adv* **~ly**) **1.** *relig.* heilig, geheiligt, geweiht (**to** *dat*). **2.** geweiht, gewidmet (**to** *dat*): **a place ~ to her memory** ein ihrem Andenken geweihter Ort; **~ to the memory of** (*auf Grabsteinen*) dem Gedenken von ... geweiht. **3.** *fig.* heilig: **~ duty**; **~ right** geheiligtes Recht; **to hold s.th. ~** etwas heilighalten. **4.** kirchlich, geistlich, Kirchen...: **~ music**; **a ~ building** ein Sakralbau; **~ history** a) biblische Geschichte, b) Religionsgeschichte *f*; **~ poetry** geistliche Dichtung. **S~ College** *s R.C.* Heiliges Kolˈlegium, Kardiˈnalskolˌlegium *n.* **~ cow** *s fig. colloq.* ‚heilige Kuh', (*der, die, das*) Unantastbare.

ˈsa·cred·ness *s* Heiligkeit *f*, (*das*) Heilige.

sac·ri·fice [ˈsækrɪfaɪs] **I** *s* [*Am. a.* -fəs] **1.** *relig.* a) Opfer *n*, Opferung *f*, b) Kreuzesopfer *n* (Jesu): **S~ of the Mass** Meßopfer. **2.** a) *relig. od. fig.* Opfer *n* (*das Geopferte*), b) *fig.* Opfer *n*, Aufopferung *f*, c) (**of**) Verzicht *m* (auf *acc*), Aufgabe *f* (*gen*): **to make ~s** → 8; **to make a ~ of s.th.** etwas opfern; **to make s.o. a ~** j-m ein Opfer bringen; **at some ~ of accuracy** unter einigem Verzicht auf Genauigkeit; **the great** (*od.* **last**) **~** das höchste Opfer, *bes.* der Heldentod. **3.** *econ.* Verlust *m*, Einbuße *f*: **to sell at a ~** → 6. **II** *v/t* **4.** *relig.* opfern (**to** *dat*). **5.** opfern (*a. Schach*), ˈhin-, aufgeben, verzichten auf (*acc*): **to ~ o.s.** sich (auf-)opfern; **to ~ one's life** sein Leben opfern *od.* hingeben. **6.** *econ.* mit Verlust verkaufen. **III** *v/i* **7.** *relig.* opfern. **8.** *fig.* Opfer bringen.

sac·ri·fi·cial [ˌsækrɪˈfɪʃl] *adj* (*adv* **~ly**) **1.** *relig.* Opfer...: **~ knife**; **~ lamb**; **~ victim** Opfer *n.* **2.** aufopferungsvoll.

sac·ri·lege [ˈsækrɪlɪdʒ] *s* Sakriˈleg *n*: a) Kirchen- *od.* Tempelschändung *f*, *bes.* Kirchenraub *m*, b) Entweihung *f*, Schändung *f*, c) *allg.* Frevel *m.* **ˌsac·riˈle·gious** [-ˈlɪdʒəs] *adj* (*adv* **~ly**) sakriˈlegisch: a) kirchenschänderisch, b) entweihend, c) *allg.* frevlerisch.

sa·cring [ˈseɪkrɪŋ] *s* **1.** Weihung *f* (*der Hostie u. des Weins zur Messe*). **2.** Weihe *f* (*e-s Geistlichen*). **3.** Salbung *f* (*e-s Herrschers*).

sac·ris·tan [ˈsækrɪstən], *a.* **sa·crist** [ˈsækrɪst; ˈseɪk-] *s relig.* Sakriˈstan *m*, Mesner *m*, Küster *m.*

sac·ris·ty [ˈsækrɪstɪ] *s relig.* Sakriˈstei *f.*

sa·cro·lum·bar [ˌseɪkrəʊˈlʌmbə(r); ˌsæk-] *adj anat.* sakrolumˈbal.

sac·ro·sanct [ˈsækrəʊsæŋkt] *adj a. iro.* sakroˈsankt, hochheilig, unantastbar.

sa·crum [ˈseɪkrəm; ˈsæk-] *pl* **-cra** [-krə] *s anat.* Kreuzbein *n*, Sakrum *n.*

sad [sæd] *adj* (*adv* → **sadly**) **1.** (**at**) traurig (über *acc*), betrübt, niedergeschlagen (wegen *gen*): **a ~der and a wiser man** j-d, der durch Schaden klug geworden ist; *it is* **~ but true** traurig, aber wahr. **2.** melanˈcholisch, schwermütig: **~ memories**; **in ~ earnest** in bitterem Ernst. **3.** beklagenswert, traurig, tragisch: **a ~ accident**; **a ~ duty** e-e traurige Pflicht; **a ~ error** ein bedauerlicher Irrtum; **~ to say** bedauerlicherweise. **4.** arg, schlimm: **~ havoc**; **in a ~ state.** **5.** *contp.* elend, ‚miseˈrabel', jämmerlich, arg, ‚furchtbar': **a ~ coward** ein elender Feigling; **a ~ dog** ein verkommenes Subjekt. **6.** dunkel, matt: **~ colo(u)r.** **7.** teigig, klitschig: **~ bread.** **ˈsad·den** [-dn] **I** *v/t* traurig machen *od.* stimmen, betrüben. **II** *v/i* traurig werden (**at** über *acc*).

sad·dle [ˈsædl] **I** *s* **1.** (*Pferde-, a. Fahrrad- etc*)Sattel *m*: **to be in the ~** im Sattel sitzen, *fig.* im Amt *od.* an der Macht sein; **to be firm in one's ~** *fig.* fest im Sattel sitzen; **to put the ~ on the wrong (right) horse** *fig.* die Schuld dem Falschen (Richtigen) zuschieben. **2.** Rücken *m* (*des Pferdes*). **3.** Rücken(stück *n*) *m* (*beim Schlachtvieh*): **~ of mutton** Hammelrücken. **4.** *orn.* Bürzel *m.* **5.** (Berg-) Sattel *m.* **6.** *tech.* a) Lagerschale *f* (*e-r Achse*), b) *Buchbinderei*: Buchrücken *m*, c) *Schuhmacherei*: Seitenkappen *pl*, d) Querholz *n*, e) Bettschlitten *m*, Supˈport *m* (*an Werkzeugmaschinen*), f) *electr.* Sattelstütze *f* (*an Leitungsmasten*), g) Türschwelle *f.* **II** *v/t* **7.** *das Pferd* satteln: **to ~ up** aufsatteln. **8.** *bes. fig.* a) belasten (**with** mit), b) *e-e Aufgabe etc* aufbürden, -laden, -halsen (**on, upon** *dat*), c) *etwas* zur Last legen (**on, upon** *dat*): **to ~ s.o. with a responsibility, to ~ a responsibility (up)on s.o.** j-m e-e Verantwortung aufbürden *od.* -laden. **III** *v/i* **9.** satteln: **to ~ up** aufsatteln. **10.** aufsitzen.

ˈsad·dle|·back I *s* **1.** Bergsattel *m.* **2.** *arch.* Satteldach *n.* **3.** *zo. Tier mit sattelförmiger Rückenzeichnung, bes.* a) Nebelkrähe *f*, b) männliche Sattelrobbe, c) Mantelmöwe *f.* **4.** hohlrückiges Pferd. **II** *adj* → **saddlebacked.** **ˈ~-backed** *adj* **1.** hohlrückig (*Pferd etc*). **2.** sattelförmig. **ˈ~bag** *s* Satteltasche *f.* **~ blan·ket** *s* Woilach *m.* **ˈ~cloth** *s* Schaˈbracke *f*, Satteldecke *f.* **~ horse** *s* Reitpferd *n.* **ˈ~nose** *s* Sattelnase *f.*

ˈsad·dler *s* **1.** Sattler *m.* **2.** → **saddle horse.**

sad·dle roof *s arch.* Satteldach *n.*

sad·dler·y [ˈsædlərɪ] *s* **1.** Sattleˈrei *f.* **2.** Sattelzeug *n.*

ˈsad·dle-sore *adj*: **to be ~** a) sich wund gerieben haben, b) *Radsport*: Sitzbeschwerden haben.

Sad·du·ce·an [ˌsædjʊˈsiːən; *Am.* -dʒəˈs-] **I** *adj* sadduˈzäisch. **II** *s* → **Sadducee.**

ˈSad·du·cee [-siː] *s* Sadduˈzäer *m.*

sad·ism [ˈseɪdɪzəm; ˈsæd-; ˈsɑːd-] *s psych.* Saˈdismus *m.* **ˈsad·ist** *s* Saˈdist(in). **sa·dis·tic** [səˈdɪstɪk] *adj* (*adv* **~ally**) saˈdistisch.

sad·ly [ˈsædlɪ] *adv* **1.** traurig, betrübt. **2.** unglücklicher-, bedauerlicherweise, leider. **3.** arg, äußerst: **he will be ~ missed by all of us** er wird uns allen sehr fehlen, wir werden ihn alle schmerzlich vermissen.

sad·ness [ˈsædnɪs] *s* Traurigkeit *f.*

sa·do·mas·och·ism [ˌseɪdəʊˈmæsəkɪzəm; ˌsæd-] *s psych.* Sadomasoˈchismus *m.* **ˈsa·doˌmas·ochˈis·tic** *adj* (*adv* **~ally**) *adj* sadomasoˈchistisch.

sad sack *s Am. sl.* **1.** *mil.* ‚Kompaˈnietrottel' *m.* **2.** ‚Flasche' *f*, Trottel *m.*

sa·fa·ri [səˈfɑːrɪ] *s* Saˈfari *f*: **on ~** auf Safari; **~ park** Safaripark *m.*

safe [seɪf] **I** *adj* (*adv* **~ly**) **1.** sicher (**from** vor *dat*): **a ~ place** ein sicherer Ort; **to keep s.th. ~** etwas sicher aufbewahren; **you are ~ with him** bei ihm bist du sicher aufgehoben; **better to be ~ than sorry** Vorsicht ist die ‚Mutter der Weisheit *od.* der Porzellankiste'. **2.** sicher, unversehrt, außer Gefahr (*a. Patient*): **he has ~ly arrived** er ist gut angekommen; **he arrived ~ and sound** er kam heil u. gesund an. **3.** sicher, ungefährlich, gefahrlos: **~ (to operate)** *tech.* betriebssicher; **~ current** maximal zulässiger Strom; **~ period** *physiol.* (*die*) unfruchtbaren Tage (*der Frau*); **~ stress** *tech.* zulässige Beanspruchung; **the rope is ~** das Seil hält; **is it ~ to go there?** kann man da ungefährdet *od.* gefahrlos hingehen?; **in ~ custody** → 7; **(as) ~ as houses** *colloq.* absolut sicher; **it is ~ to say** man kann ruhig sagen; **it is ~ to assume** man kann ohne weiteres *od.* getrost annehmen; **to be on the ~ side** (*Redew.*) um ganz sicher zu gehen; → **play** 16 *u.* 23. **4.** vorsichtig: **a ~ estimate (policy,** *etc***).** **5.** sicher, zuverlässig: **a ~ leader (method,** *etc***).** **6.** sicher, vorˈaussichtlich: **a ~ winner**; **he is ~ to be there** er wird sicher dasein. **7.** in sicherem Gewahrsam (*a. Gangster etc*). **II** *s* **8.** Safe *m*, Treˈsor *m*, Geldschrank *m.* **9.** → **meat safe.**

ˈsafe|ˌblow·er, ˈ~ˌbreak·er → **safecracker.** **ˌ~-ˈcon·duct** *s* **1.** Geleitbrief *m.* **2.** freies *od.* sicheres Geleit. **ˈ~ˌcrack·er** *s* Geldschrankknacker *m.* **~ de·pos·it** *s* Treˈsor(raum) *m.* **ˌ~-deˈpos·it box** *s* Treˈsor(fach *n*) *m*, Safe *m.* **ˈ~guard I** *s* **1.** Sicherung *f*: a) *allg.* Schutz *m* (**against** gegen, vor *dat*), b) Vorsichtsmaßnahme *f* (**against** gegen), c) Sicherheitsklausel *f*, d) *tech.* Schutzvorrichtung *f.* **2.** *obs.* a) Geleit-, Schutzbrief *m*, b) sicheres Geleit. **3.** Schutzwache *f.* **II** *v/t* **4.** schützen, sichern (**against** gegen, vor *dat*): **~ing duty** *econ.* Schutzzoll *m*; → **interest** 7. **~ house** *s Br.* (*etwa*) konspiraˈtive Wohnung. **ˌ~ˈkeep·ing** *s* sicherer Gewahrsam, sichere Verwahrung: **it's in ~ with him** bei ihm ist es gut aufgehoben. **ˈ~light** *s phot.* **1.** Dunkelkammerlampe *f.* **2.** Schutzfilter *m*, *n* (*von* 1).

ˈsafe·ness → **safety** 1–3.

safe·ty [ˈseɪftɪ] **I** *s* **1.** Sicherheit *f*: **to be in ~**; **to jump to ~** sich durch e-n Sprung in Sicherheit bringen. **2.** Sicherheit *f*, Gefahrlosigkeit *f*: **~ (of operation)** *tech.* Betriebssicherheit; **~ in flight** *aer.* Flugsicherheit; **~ on the road** Verkehrssicherheit; **we cannot do it with ~** wir können es nicht ohne Gefahr tun; **there is ~ in numbers** zu mehreren ist man sicherer; **to play for ~** a) sichergehen (wollen), Risiken vermeiden, b) *sport* auf Sicherheit spielen; **~ first!** Sicherheit über alles!; **~ first scheme** Unfallverhütungsprogramm *n.* **3.** Sicherheit *f*, Zuverlässigkeit *f*, Verläßlichkeit *f* (*e-s Mechanismus, Verfahrens etc*). **4.** Sicherung *f*, Schutz *m* (**against** gegen, vor *dat*). **5.** Schutz-, Sicherheitsvorrichtung *f*, Sicherung *f.* **6.** Sicherung(sflügel *m*) *f* (*am Gewehr etc*): **at ~** gesichert. **7.** *American Football*: a) Sicherheits-Touchdown *n* (*durch e-n Spieler hinter s-r eigenen Torlinie; zählt 2 Punkte*), b) *a.* **~ man** ‚Ausputzer' *m*, zuˈrückgezogener Verteidiger. **II** *adj* **8.** Sicherheits...: **~ chain**; **~ device** → 5.

safe·ty| belt *s* **1.** Sicherheitsgürtel *m.* **2.** *aer. mot. etc* Sicherheitsgurt *m*: **to wear a ~** angegurtet *od.* angeschnallt sein. **~ bind·ing** *s* Sicherheitsbindung *f* (*am Ski*). **~ bolt** *s tech.* **1.** Sicherheitsriegel *m.* **2.** Sicherungsbolzen *m* (*am Gewehr*). **~ buoy** *s mar.* Rettungsboje *f.* **~ catch** *s tech.* **1.** Sicherung *f* (*an Aufzügen etc*). **2.** Sicherheitsriegel *m.* **3.** Sicherungsflügel *m* (*am Gewehr etc*): **to release the ~** entsichern. **~ clause** *s* Sicherheitsklausel *f.* **~ cur·tain** *s thea.* eiserner Vorhang. **~ fac·tor** *s tech.* Sicherheitsfaktor *m.* **~ film** *s* Sicherheitsfilm *m*, nichtentzündlicher Film. **~ fund** *s econ.* Sicherheitsfonds *m* (*bei Banken*). **~ fuse** *s* **1.** *tech.* Sicherheitszünder *m*, -zündschnur *f.* **2.** *electr.* a) (Schmelz-) Sicherung *f*, b) Sicherheitsausschalter *m.* **~ glass** *s tech.* Sicherheitsglas *n.* **~ is·land** *s Am.* Verkehrsinsel *f.* **~ lamp** *s Bergbau*: Gruben-, Sicherheitslampe *f.* **~**

lock *s tech.* Sicherheitsschloß *n.* ~ **match** *s* Sicherheitszündholz *n.* ~ **meas·ure** *s* Sicherheitsmaßnahme *f*, -vorkehrung *f.* ~ **net** *s* (*a. fig. soziales*) (Sicherheits)Netz *n.* ~ **pin** *s* Sicherheitsnadel *f.* ~ **pro·vi·sions** *s pl* Sicherheitsvorkehrungen *pl.* ~ **ra·zor** *s* Raˈsierappaˌrat *m.* ~ **rules** *s pl* Sicherheits-, Unfallverhütungsvorschriften *pl.* ~ **sheet** *s* Sprungtuch *n* (*der Feuerwehr*). ~ **stop** *s tech.* selbsttätige Hemmung. ~ **switch** *s electr.* Sicherheitsschalter *m.* ~ **valve** *s* **1.** *tech.* ˈÜberdruck-, ˈSicherheitsvenˌtil *n.* **2.** *fig.* Venˈtil *n* (**for** für): **to sit on the** ~ Unterdrückungspolitik betreiben. ~ **zone** *s Am.* Verkehrsinsel *f.*

saf·fi·an [ˈsæfɪən] *s* Saffian(leder *n*) *m.*

saf·flow·er [ˈsæflaʊə(r)] *s* **1.** *bot.* Saˈflor *m*, Färberdistel *f.* **2.** *pharm. tech.* getrocknete Saˈflorblüten *pl*: ~ **oil** Safloröl *n.* **3.** Saˈflorfarbstoff *m.*

saf·fron [ˈsæfrən] **I** *s* **1.** *bot.* Echter Safran. **2.** *pharm. u. gastr.* Safran *m.* **3.** Safrangelb *n.* **II** *adj* **4.** Safran... **5.** safrangelb.

sag [sæg] **I** *v/i* **1.** sich (*bes.* in der Mitte) senken, ˈdurch-, absacken, *bes. tech.* ˈdurchhängen (*Brücke, Leitung, Seil etc*). **2.** abfallen, (herˈab)hängen: **~ging shoulders** Hängeschultern. **3.** sinken, fallen, absacken, nachlassen (*alle a. fig.*), *econ.* nachgeben (*Markt, Preise etc*): **~ging spirits** sinkender Mut; **the novel ~s towards the end** der Roman fällt gegen Ende sehr ab. **4.** zs.-sacken: **his face ~ged** sein Gesicht verfiel. **5.** *mar.* (*meist* ~ **to leeward** nach Lee) (ab)treiben. **6.** ver-, zerlaufen (*Lack, Farbe etc*). **II** *s* **7.** ˈDurch-, Absacken *n.* **8.** Senkung *f.* **9.** *tech.* ˈDurchhang *m.* **10.** *econ.* vorˈübergehende Preisabschwächung. **11.** Sinken *n*, Nachlassen *n* (*a. fig.*).

sa·ga [ˈsɑːgə] *s* **1.** (*altnordische*) Saga. **2.** Sage *f*, (Helden)Erzählung *f.* **3.** *a.* ~ **novel** *fig.* Faˈmilienroˌman *m.*

sa·ga·cious [səˈgeɪʃəs] *adj* (*adv* **~ly**) scharfsinnig, klug (*a. Tier*). **saˈgac·i·ty** [-ˈgæsətɪ] *s* Scharfsinn *m*, Klugheit *f.*

sage[1] [seɪdʒ] **I** *s* Weise(r) *m*: **the Seven S~s of Greece**; **S~ of Chelsea** *Beiname von Thomas Carlyle*; **S~ of Concord** *Beiname von Ralph Waldo Emerson*; **S~ of Monticello** *Beiname von Thomas Jefferson.* **II** *adj* (*adv* **~ly**) weise, klug, verständig.

sage[2] [seɪdʒ] *s bot.* Salbei *m, f*: ~ **tea.**

ˈsage|·brush *s bot.* (*ein*) nordamer. Beifuß *m.* ~ **green** *s* Salbeigrün *n.*

sag·gar, *a.* **sag·ger** [ˈsægə(r)] *s Keramik*: Muffel *f*, Brennkapsel *f.*

Sa·git·ta [səˈdʒɪtə] *s* **1.** [*Br. bes.* səˈgɪtə] *astr.* Saˈgitta *f*, Pfeil *m* (*Sternbild*). **2. s~** *zo.* Saˈgitta *f*, Pfeilwurm *m.* **3. s~** *math.* Pfeilhöhe *f.* **sag·it·tal** [ˈsædʒɪtl] *adj* sagitˈtal (*bes. biol. med. phys.*), pfeilartig, Pfeil...

Sag·it·tar·i·us [ˌsædʒɪˈteərɪəs] *s astr.* Sagitˈtarius *m*, Schütze *m* (*Sternbild u. Tierkreiszeichen*): **to be (a)** ~ Schütze sein.

sag·it·tate [ˈsædʒɪteɪt] *adj bes. bot.* pfeilförmig.

sa·go [ˈseɪgəʊ] *s* Sago *m.* ~ **palm** *s bot.* Sagopalme *f.*

Sa·ha·ra [səˈhɑːrə; *Am. bes.* səˈhærə] **I** *npr* Sahara *f.* **II** *s fig.* Wüste *f.*

sa·hib [sɑːb; ˈsɑːhɪb; ˈsɑːɪb] *s* **1.** Sahib *m*, Herr *m.* **2.** *fig.* feiner Herr, Gentleman *m.*

said [sed] **I** *pret u. pp von* **say**[1]: **he is ~ to have been ill** er soll krank gewesen sein; es heißt, er sei krank gewesen. **II** *adj bes. jur.* vorerwähnt, besagt: ~ **witness.**

sai·ga [ˈsaɪgə] *s zo.* Saiga *f*, ˈSteppenantiˌlope *f.*

sail [seɪl] **I** *s* **1.** *mar.* a) Segel *n*, b) *collect.* Segel(werk *n*) *pl*: **to lower** (*od.* **strike**) ~ die Segel streichen (*a. fig.*); **to make** ~ a) die Segel (bei)setzen, b) mehr Segel beisetzen, c) *a.* **to set** ~ auslaufen (**for** nach); **to take in** ~ a) die Segel einholen, b) *fig.* ‚zurückstecken'; **under** ~ unter Segel, auf der Fahrt; **under full** ~ mit vollen Segeln. **2.** *mar.* (Segel)Schiff *n*: ~ **ho!** Schiff ho! (*in Sicht*). **3.** *mar.* (Segel)Schiff *n*: **a fleet of 24** ~. **4.** (Segel)Fahrt *f*: **to have a** ~ segeln (gehen). **5.** *pl mar.* (*Spitzname für den*) Segelmacher. **6.** a) Segel *n* (*e-s Windmühlenflügels*), b) Flügel *m* (*e-r Windmühle*). **7.** *hunt. u. poet.* Flügel *m.* **8.** *zo.* a) Segel *n* (*Rückenflosse der Seglerfische*), b) Tenˈtakel *m* (*e-s Nautilus*).

II *v/i* **9.** *mar.* a) *allg.* mit e-m Schiff *od.* zu Schiff fahren *od.* reisen, b) fahren (*Schiff*), c) *bes. sport* segeln. **10.** *mar.* a) auslaufen (*Schiff*), b) abfahren, absegeln (**from** von; **for** *od.* **to** nach): **ready to** ~ segelfertig, klar zum Auslaufen. **11.** a) *a.* ~ **along** *fig.* daˈhingleiten, -schweben, segeln (*Wolke, Vogel*), b) **to** ~ **through an examination** e-e Prüfung spielend schaffen. **12.** *fig.* fliegen (*Luftschiff, Vogel*). **13.** *fig.* (*bes. stolz*) schweben, rauschen, segeln, schreiten: **she ~ed down the corridor.** **14.** ~ **in** *colloq.* a) ‚rangehen', zupacken, b) sich (*in e-e Diskussion etc*) einschalten. **15.** ~ **into** *colloq.* a) *j-n od. etwas* attacˈkieren, ˈherfallen über (*acc*), b) ‚rangehen' an (*acc*), *etwas* tüchtig anpacken, c) sich in *e-e Diskussion etc* einschalten.

III *v/t* **16.** *mar.* durchˈsegeln, befahren. **17.** *mar.* a) *allg. das Schiff* steuern, b) *ein Segelboot* segeln. **18.** *poet.* durch *die Luft* schweben.

sail·a·ble [ˈseɪləbl] *adj mar.* **1.** schiffbar, befahrbar. **2.** segelfertig.

ˈsail|ˌboat *s Am.* Segelboot *n.* **ˈ~·cloth** *s mar.* Segeltuch *n.*

ˈsail·er *s mar.* Segler *m* (*Schiff*).

ˈsail·ing I *s* **1.** *mar.* (Segel)Schiffahrt *f*, Navigatiˈon *f*: **plain** (*od.* **smooth**) ~ *fig.* ‚klare *od.* glatte Sache'; **from now on it's all plain** ~ von jetzt an geht alles glatt (über die Bühne). **2.** Segelsport *m*, Segeln *n.* **3.** Abfahrt *f* (**for** nach). **II** *adj* **4.** Segel... ~ **boat** *s bes. Br.* Segelboot *n.* ~ **mas·ter** *s mar.* Naviˈgator *m.* ~ **or·ders** *s pl mar.* **1.** Fahrtauftrag *m.* **2.** Befehl *m* zum Auslaufen. ~ **school** *s sport* Segelschule *f.* ~ **ship,** ~ **ves·sel** *s* Segelschiff *n.* ~ **yacht** *s* Segeljacht *f.*

sail loft *s* Segelmacherwerkstatt *f* (*an Bord*).

sail·or [ˈseɪlə(r)] *s* **1.** Maˈtrose *m*, Seemann *m*: ~ **collar** Matrosenkragen *m*; ~ **hat** → 3; ~ **suit** → 4; **~'s-choice** *ichth.* Seemanns Bester *m*; **~s' home** Seemannsheim *n*; **~'s knot** Schifferknoten *m.* **2.** *von Seereisenden*: **to be a good** ~ seefest sein; **to be a bad** ~ leicht seekrank werden. **3.** Maˈtrosenhut *m* (*für Kinder etc*). **4.** Maˈtrosenanzug *m.* **ˈsail·or·man** [-mæn] *s irr colloq. für* **sailor** 1.

ˈsail|·plane I *s* Segelflugzeug *n.* **II** *v/i* segelfliegen. **~yard** *s mar.* Segelstange *f*, Rah *f.*

sain [seɪn] *v/t obs. od. dial.* **1.** bekreuzigen. **2.** durch Gebet schützen (**from** vor *dat*).

sain·foin [ˈsænfɔɪn; ˈseɪn-] *s bot.* Esparsette *f.*

saint [seɪnt] **I** *s* **1.** (*vor Eigennamen* **S~,** *meist abgekürzt* **St** *od.* **S.** [snt; sənt; *Am. a.* seɪnt], *pl* **Sts** *od.* **SS.** [seɪnts; sənts]) *relig.* (*a. fig. u. iro.*) Heilige(r *m*) *f*: **St Peter** Sankt Petrus, der heilige Petrus; **patience of a** ~ Engelsgeduld *f*; **it is enough to provoke** (*od.* **to try the patience of**) **a** ~ es könnte sogar e-n Heiligen verrückt machen; **to lead the life of a** ~ → 5 a; **young ~s old sinners** Jugend sollte sich austoben; ~ **on wheels** *iro.* (*ein*) ‚ganz Heiliger'. **2.** *relig.* Selige(r *m*) *f.* **II** *v/t* **3.** heiligsprechen. **4.** heiligen. **III** *v/i meist* ~ **it** **5.** a) wie ein Heiliger leben, b) den Heiligen spielen.

Saint An·drew [ˈændruː] *npr* der heilige Anˈdreas (*Apostel; Schutzheiliger Schottlands*). **St An·drew's cross** *s* Anˈdreaskreuz *n.* **Saint An·drew's Day** *s* Anˈdreastag *m* (*der 30. November*).

St An·tho·ny's fire [ˈæntənɪz; *Am.* -θə-] *s med.* a) Wundrose *f*, b) Ganˈgrän *n*, c) Ergoˈtismus *m.*

St Bar·thol·o·mew [bɑː(r)ˈθɒləmjuː; *Am.* -ˈθɑl-] *npr* der heilige Bartholoˈmäus: **the massacre of** ~ die Bartholomäusnacht (*in Paris am 24. August 1572*).

Saint Ber·nard (dog) [ˈbɜːnəd; *Am.* ˈbɜrnərd] *s* Bernharˈdiner *m* (*Hund*).

Saint Da·vid [ˈdeɪvɪd] *npr* der heilige David (*Schutzheiliger von Wales*).

saint·ed [ˈseɪntɪd] *adj* **1.** *bes. relig.* heilig (-gesprochen). **2.** heilig, fromm. **3.** anbetungswürdig. **4.** geheiligt, geweiht (*Ort*). **5.** selig (*Verstorbener*).

St El·mo's fire [ˈelməʊz] *s meteor.* Elmsfeuer *n.*

Saint George [dʒɔː(r)dʒ] → **George** 1.

ˈsaint·hood *s* **1.** (Stand *m* der) Heiligkeit *f* (*a. iro.*). **2.** *collect.* (*die*) Heiligen *pl.*

St James's [ˈdʒeɪmzɪz] *s a.* **the Court of** ~ (*od.* St James) *fig.* der britische Hof. ~ **Pal·ace** *s ein Schloß in London* (*von 1697 bis 1837 Residenz der brit. Könige*).

Saint John of Je·ru·sa·lem [dʒɒn; *Am.* dʒɑn] *s* Johanˈniterorden *m.*

St-John's-wort [sntˈdʒɒnzwɜːt; *Am.* səntˈdʒɑnzˌwɜrt] *s bot.* Joˈhanniskraut *n.*

St Leg·er [ˈledʒə(r)] *s* Saint Leger *n* (*e-e der wichtigsten Zuchtprüfungen für dreijährige Pferde*).

saint·like [ˈseɪntlaɪk] → **saintly.**

saint·li·ness [ˈseɪntlɪnɪs] *s* Heiligmäßigkeit *f*, Heiligkeit *f* (*a. iro.*).

St Luke's sum·mer [luːks] *s* Altˈweibersommer *m.*

saint·ly [ˈseɪntlɪ] *adj* **1.** heilig, fromm. **2.** heiligmäßig: **a** ~ **life.**

St Mar·tin's sum·mer [ˈmɑː(r)tɪnz] *s* später Nachsommer (*im November*).

Saint Pat·rick [ˈpætrɪk] *npr* der heilige Patrick (*Schutzheiliger Irlands*). **Saint Pat·rick's Day** *s* Tag *m* des heiligen Patrick (*der 17. März*).

St Paul's [pɔːlz] *s* die ˈPaulskatheˌdrale (*in London*).

St Pe·ter's Chair [ˈpiːtə(r)z] *s fig.* der Stuhl Petri, der Heilige Stuhl. **St Pe·ter's (Church)** *s* die Peterskirche (*in Rom*).

Saint So·phi·a [səʊˈfaɪə; səˈf-] *s* die Hagia Soˈphia.

St Ste·phen's [ˈstiːvnz] *s Br. fig.* das Parlaˈment (*nach der St Stephen's Chapel in Westminster*).

Saint Val·en·tine's Day [ˈvæləntaɪnz] *s* Valentinstag *m.*

Saint Vi·tus's dance [ˈvaɪtəsɪz] *s med.* Veitstanz *m.*

saith [seθ] *obs. od. poet. 3. sg pres von* **say**[1].

sake[1] [seɪk] *s*: **for the** ~ **of** um ... (*gen*) willen, *j-m* zuˈliebe, wegen (*gen*), halber (*gen*); **for God's (heaven's)** ~ um Gottes (Himmels) willen; **for peace(')** ~ um des lieben Friedens willen; **for his** ~ ihm zuliebe, seinetwegen; **for my own** ~ **as well as yours** um meinetwillen ebenso wie um deinetwillen; **for safety's** ~ sicherheitshalber; **for old times'** ~, **for old ~'s** ~ eingedenk alter Zeiten; **for appearances'** ~ um den Schein zu wahren; **for convenience's** ~ der Einfachheit halber, aus Bequemlichkeitsgründen; **art for art's** ~ Kunst *f* als Selbstzweck, L'art pour l'art *n.*

sa·ke² [ˈsɑːkɪ] *s* Sake *m*, Reiswein *m*.
sa·ker [ˈseɪkə(r)] *s orn.* Würgfalke *m*.
sa·ki [ˈsɑːkɪ] *s zo.* Saki *m*, Schweifaffe *m*.
sal¹ [sæl] *s chem. pharm.* Salz *n*: ~ **ammoniac** Salmiaksalz.
sal² [sɑːl] *s* **1.** *bot.* Sal-, Saulbaum *m*. **2.** Sal *n*, Saul *n*, Surreyn *n* (*Holz von* 1).
sa·laam [səˈlɑːm] **I** *s* Selam *m*, Salem *m* (*orientalischer Gruß*). **II** *v/t u. v/i* mit e-m Selam *od.* e-r tiefen Verbeugung (be-)grüßen.
sal·a·bil·i·ty, *bes. Br.* **sale·a·bil·i·ty** [ˌseɪləˈbɪlətɪ] *s econ.* **1.** Verkäuflichkeit *f*. **2.** *econ.* Marktfähigkeit *f*, Gangbarkeit *f*.
ˈsal·a·ble, *bes. Br.* **ˈsale·a·ble** *adj* **1.** verkäuflich. **2.** *econ.* marktfähig, gängig.
sa·la·cious [səˈleɪʃəs] *adj* (*adv* ~**ly**) **1.** geil, wollüstig. **2.** obˈszön, zotig. **saˈla·cious·ness,** *a.* **saˈlac·i·ty** [-ˈlæsətɪ] *s* **1.** Geilheit *f*, Wollust *f*. **2.** Obszöniˈtät *f*.
sal·ad [ˈsæləd] *s* **1.** Saˈlat *m*. **2.** *bot.* Saˈlat (-gewächs *n*, -pflanze *f*) *m*, *bes. Am.* ˈGartensaˌlat *m*. **3.** *fig.* ‚Saˈlat' *m* (*Durcheinander*). ~ **days** *s pl*: **in my** ~ als ich noch jung u. unbekümmert war. ~ **dish** *s* Saˈlatschüssel *f*. ~ **draw·er** *s* Gemüseschale *f* (*im Kühlschrank*). ~ **dress·ing** *s* Saˈlatsoße *f*. ~ **oil** *s* Saˈlatöl *n*. ~ **serv·ers** *s pl* Saˈlatbesteck *n*.
sal·a·man·der [ˈsæləˌmændə(r)] *s* **1.** *zo.* Salaˈmander *m*. **2.** Salaˈmander *m* (*Feuergeist*). **3.** *j-d, der große Hitze ertragen kann.* **4.** a) rotglühendes (Schür)Eisen (*zum Anzünden*), b) *tech.* (*Bau*)*Ofen zur Verhinderung des Einfrierens von Zement etc*, c) *glühende* (*Eisen*)*Schaufel, die über Gebäck gehalten wird, um es zu bräunen.* **5.** *metall.* Ofensau *f*. ˌ**sal·aˈman·drine** [-drɪn] *adj* salaˈmanderartig, Salamander...
sa·la·mi [səˈlɑːmɪ] *s* Saˈlami *f*. ~ **tac·tics** *s pl bes. pol.* Saˈlamitaktik *f*.
sa·lar·i·at [səˈleərɪət] *s* (Klasse *f* der) Angestellte(n) *pl od.* Gehaltsempfänger *pl*.
sal·a·ried [ˈsælərɪd] *adj* **1.** (fest)bezahlt, (fest)angestellt: ~ **employee** Angestellte(r *m*) *f*, Gehaltsempfänger(in). **2.** bezahlt: **a** ~ **position**.
sal·a·ry [ˈsælərɪ] **I** *s* Gehalt *n*. **II** *v/t* (*mit e-m Gehalt*) bezahlen, *j-m* ein Gehalt zahlen. ~ **ac·count** *s* Gehaltskonto *n*. ~ **earn·er** *s* Angestellte(r *m*) *f*, Gehaltsempfänger(in).
sale [seɪl] *s* **1.** *econ.* Verkauf *m*, Veräußerung *f*: **by private** ~ unter der Hand; **for** ~ zu verkaufen; **not for** ~ unverkäuflich; **to be on** ~ verkauft werden, erhältlich sein; ~ **of work** Basar *m*; → **forced** 1. **2.** *econ.* Verkauf *m*, Vertrieb *m*: → **return** 30. **3.** *econ.* Ab-, ˈUmsatz *m*, Verkaufsziffer *f*: **slow** ~ schleppender Absatz; **to meet with a ready** ~ schnellen Absatz finden, gut ‚gehen'. **4.** *econ.* (Saiˈson)Schlußverkauf *m*: **summer** ~(**s**) Sommerschlußverkauf. **5.** öffentliche Versteigerung, Auktiˈon *f*: → **put up** 20. ˌ**sale·aˈbil·i·ty,** ˈ**sale·a·ble** *bes. Br. für* **salability, salable**.
sal·e·ra·tus [ˌsæləˈreɪtəs] *s chem.* NatriumˈbikarboˌnatNat *n*.
ˈ**sale·room** *bes. Br. für* **salesroom**.
sales| ac·count [seɪlz] *s econ.* Warenausgangs-, Verkaufskonto *n*. ~ **a·gent** *s* (Handels)Vertreter *m*. ~ **ap·peal** *s econ.* Zugkraft *f*, Anziehungskraft *f* auf Kunden. ~ **a·re·a** *s* Verkaufs-, Absatzgebiet *n*. ~ **chart** *s* Verˈkaufsschaubild *n*, -taˌbelle *f*, -kurve *f*. ~ **check** *s* Kassenbeleg *m*. ˈ~ˌ**clerk** *s Am.* (Laden)Verkäufer(in). ~ **de·part·ment** *s* Verˈkauf(sabˌteilung *f*) *m*. ~ **drive** *s econ.* Verˈkaufskamˌpagne *f*. ~ **en·gi·neer** *s econ. tech.* Verˈkaufsingeˌnieur *m*. ~ **fi·nance com·pa·ny** *s econ.* **1.** ˈAbsatzfinanˌzierungsgesellschaft *f*. **2.** ˈTeilzahlungskreˌditinstiˌtut *n*. ˈ~**girl** *s* (Laden)Verkäuferin. ˈ~**la·dy** *Am.* → **saleswoman**. ˈ~**man** [-mən] *s irr* **1.** Verkäufer *m*. **2.** (Handlungs)Reisende(r) *m*, (Handels-) Vertreter *m*: **no** ~ **will call** (*in Anzeigen*) kein Vertreterbesuch. **3.** *fig. Am.* Reisende(r) *m* (**of** in *dat*): **a** ~ **of popular religion**.
sales·man·ship [ˈseɪlzmənʃɪp] *s econ.* **1.** Verkaufstechnik *f*. **2.** Verkaufsgewandtheit *f*, Geschäftstüchtigkeit *f*. **3.** *fig.* Überˈzeugungskunst *f*; wirkungsvolle Art, e-e Idee *etc* ‚an den Mann zu bringen'.
ˈ**sales|ˌpeo·ple** *s pl econ.* Verˈkaufspersoˌnal *n*. ˈ~ˌ**per·son** *s* Verkäufer(in). ~ **pro·mo·tion** *s* Verkaufsförderung *f*. ~ **rep·re·sent·a·tive** *s* (Handels)Vertreter *m*, (Handlungs)Reisende(r) *m*. ~ **re·sist·ance** *s* Kaufabneigung *f*, ˈWiderstand *m* (*des potentiellen Kunden*). ˈ~**room** *s* Verˈkaufs-, *bes.* Auktiˈonsraum *m*, -loˌkal *n*. ~ **slip** *s Am.* Kassenbeleg *m*. ~ **talk** *s* **1.** *econ.* Verkaufsgespräch *n*. **2.** *fig.* anpreisende Worte *pl*, Überˈredungskünste *pl*. ~ **tax** *s Am.* ˈUmsatzsteuer *f*. ˈ~ˌ**wom·an** *s irr* **1.** Verkäuferin *f*. **2.** (Handlungs)Reisende *f*, (Handels-) Vertreterin *f*.
Sa·li·an [ˈseɪljən; -ɪən] *hist.* **I** *s* Salier(in), salischer Franke. **II** *adj* salisch.
Sal·ic¹ [ˈsælɪk; ˈseɪ-] *adj* → **Salian** II: ~ **law** *hist.* Salisches Gesetz, Lex *f* salica.
sal·ic² [ˈsælɪk; ˈseɪ-] *adj min.* salisch.
sal·i·cin(e) [ˈsælɪsɪn] *s chem.* Saliˈzin *n*.
sa·li·cion·al [səˈlɪʃənl] *s mus.* Salicioˈnal *n* (*dem Streicherklang ähnliches Orgelregister*).
sal·i·cyl [ˈsælɪsɪl] *s chem.* Saliˈzyl *n*. **sa·lic·y·late** [sæˈlɪsɪleɪt; *bes. Am.* səˈl-] **I** *s chem.* Salizyˈlat *n*. **II** *v/t* mit Saliˈzylsäure behandeln. **sal·i·cyl·ic** [ˌsælɪˈsɪlɪk] *adj* Salizyl...: ~ **acid**.
sa·li·ence [ˈseɪljəns], ˈ**sa·li·en·cy** [-sɪ] *s* **1.** Herˈvorspringen *n*, Herˈausragen *n*. **2.** vorspringende Stelle, Vorsprung *m*. **3.** *fig.* Betonung *f*: **to give** ~ **to s.th.** etwas herausstellen.
sa·li·ent [ˈseɪljənt] **I** *adj* (*adv* ~**ly**) **1.** (her)ˈvorspringend, herˈausragend: ~ **angle** ausspringender Winkel; ~ **point** *fig.* springender Punkt. **2.** *fig.* herˈvorstechend, ins Auge springend: ~ **characteristics**. **3.** *her. od. humor.* springend. **4.** *poet.* (herˈvor)sprudelnd. **II** *s* **5.** *math. mil.* vorspringender Winkel (*e-r Verteidigungslinie etc*), *mil.* Frontausbuchtung *f*.
sa·lif·er·ous [sæˈlɪfərəs] *adj* **1.** salzbildend. **2.** *bes. geol.* salzhaltig. **sal·i·fi·a·ble** [ˈsælɪfaɪəbl] *adj chem.* salzbildend. ˈ**sal·i·fy** [-faɪ] *v/t chem.* **1.** ein Salz *od.* Salze bilden mit. **2.** *e-e Säure od. Base* in das Salz überˈführen.
sa·lim·e·ter [sæˈlɪmɪtə(r); *Am.* seɪˈl-] → **salinometer**.
sa·li·na [səˈlaɪnə] *s* Salzsee *m od.* -sumpf *m od.* -quelle *f*.
sa·line [ˈseɪlaɪn; *Am. a.* -ˌliːn] **I** *adj* **1.** salzig, salzhaltig, Salz... **2.** *pharm.* saˈlinisch. **II** *s* [*Br.* səˈlaɪn] **3.** → **salina**. **4.** a) saˈlinisches Mittel, b) physioˈlogische Kochsalzlösung. **5.** *chem.* a) Salzlösung *f*, b) *pl* Salze *pl*. **sa·lin·i·ty** [səˈlɪnətɪ] *s* **1.** Salzigkeit *f*. **2.** Salzhaltigkeit *f*, Salzgehalt *m*.
sal·i·nom·e·ter [ˌsælɪˈnɒmɪtə(r); *Am.* -ˈnɑm-] *s chem. tech.* Salz(gehalt)messer *m*, Salzwaage *f*.
Sa·lique [ˈsælɪk; ˈseɪ-] → **Salic¹**.
sa·li·va [səˈlaɪvə] *s* Speichel(flüssigkeit *f*) *m*.
sal·i·var·y [ˈsælɪvərɪ; *Am.* -ˌveriː] *adj* Speichel...: ~ **gland**.
sal·i·vate [ˈsælɪveɪt] *med.* **I** *v/t* **1.** (vermehrten) Speichelfluß herˈvorrufen bei *j-m*. **II** *v/i* **2.** Speichelfluß haben. **3.** Speichel absondern. ˌ**sal·iˈva·tion** *s med.* **1.** Speichelabsonderung *f*. **2.** (vermehrter) Speichelfluß.
sal·low¹ [ˈsæləʊ] *s bot.* (*bes.* Sal-) Weide *f*.
sal·low² [ˈsæləʊ] *adj* bläßlich, fahl. ˈ**sal·low·ness** *s* Fahlheit *f*, fahle Blässe.
sal·low thorn *s bot.* Sanddorn *m*.
sal·ly [ˈsælɪ] **I** *s* **1.** *mil.* Ausfall *m*: ~ **port** Ausfalltor *n*. **2.** Ausflug *m*, Abstecher *m*. **3.** *fig.* geistreicher Ausspruch *od.* Einfall, Geistesblitz *m*. **4.** *fig.* Ausbruch *m*: ~ **of anger** Zornesausbruch. **5.** *obs.* Eskaˈpade *f*, Streich *m*. **6.** *arch.* (Balken)Vorsprung *m*. **II** *v/i* **7.** *oft* ~ **out** *mil.* e-n Ausfall machen, herˈvorbrechen. **8.** *meist* ~ **forth** (*od.* **out**) sich aufmachen, aufbrechen.
Sal·ly| Ar·my [ˈsælɪ] *s Br. colloq.* ˈHeilsarˌmee *f*. ~ **Lunn** [lʌn] *s leichter Teekuchen.*
sal·ma·gun·di [ˌsælməˈgʌndɪ] *s* **1.** bunter Teller (*Salat, kalter Braten etc*). **2.** *fig.* Mischung *f*, Mischmasch *m*.
sal·mi [ˈsælmɪ] *s* Salmi *n*, ˈWildraˌgout *n*.
salm·on [ˈsæmən] **I** *s* **1.** *pl* **-ons,** *bes. collect.* **-on** *ichth.* Lachs *m*, Salm *m*. **2.** *a.* ~ **colo(u)r** Lachs(farbe *f*) *n*. **II** *adj* **3.** *a.* ~**-colo(u)red** lachsfarben, -rosa, -rot.
sal·mo·nel·la [ˌsælməˈnelə] *pl* **-lae** [-liː] *s biol.* Salmoˈnelle *f*.
salm·on| lad·der, ~ **leap,** ~ **pass** *s* Lachsleiter *f*. ~ **peal,** ~ **peel** *s* junger Lachs. ~ **pink** → **salmon** 2. ~ **stair** → **salmon ladder**. ~ **trout** *s ichth.* **1.** ˈLachsfoˌrelle *f*. **2.** amer. ˈSeefoˌrelle *f*.
sa·lon [ˈsælɔ̃ːŋ; *Am.* səˈlɑːn] *s* Saˈlon *m*: a) Empfangs-, Gesellschaftszimmer *n*, b) Ausstellungsraum *m*, c) *fig.* schöngeistiger Treffpunkt, d) *econ.* vornehmes Geschäft: **beauty** ~ Schönheits-, Kosmetiksalon. ~ **mu·sic** *s* Saˈlonmuˌsik *f*.
sa·loon [səˈluːn] *s* **1.** Saˈlon *m* (*bes. in Hotels etc*), (Gesellschafts)Saal *m*: **billiard** ~ *Br.* Billardzimmer *n*; **shaving** ~ Rasiersalon; **shooting** ~ *Br.* Schießhalle *f*. **2.** *aer. mar.* a) Saˈlon *m* (*Aufenthaltsraum*), b) *a.* ~ **cabin** *mar.* Kaˈbine *f* erster Klasse. **3.** *Br.* a) → **saloon bar**, b) → **saloon car** 1, c) *rail.* Saˈlonwagen *m*. **4.** *Am.* Kneipe *f*. **5.** *obs.* Saˈlon *m*, Empfangs-, Gesellschaftszimmer *n*. ~ **bar** *s Br. vornehmerer u. teurerer Teil e-s Lokals.* ~ **car** *s Br.* **1.** *mot.* a) Limouˈsine *f*, b) *Motorsport*: Tourenwagen *m*. **2.** → **saloon** 3 c. ~ **car·riage** → **saloon** 3 c. ~ **deck** *s mar.* Saˈlondeck *n*.
saˈloonˌkeep·er *s Am.* Kneipenwirt *m*.
sa·loon| pis·tol *s Br.* ˈÜbungspiˌstole *f*. ~ **ri·fle** *s Br.* Übungsgewehr *n* (*für den Schießstand etc*).
sal·o·pette [ˌsæləˈpet] *s* gesteppte Skilatzhose.
sal·pin·gi·tis [ˌsælpɪnˈdʒaɪtɪs] *s med.* Salpinˈgitis *f*, Eileiterentzündung *f*.
salt¹ [sɔːlt] **I** *s* **1.** (Koch)Salz *n*: **to eat s.o.'s** ~ *fig.* a) j-s Gast sein, b) von j-m abhängig sein; **with a grain** (*od.* **pinch**) **of** ~ *fig.* cum grano salis, mit Vorbehalt; **in** ~ (ein)gesalzen, (ein)gepökelt; **not to be worth one's** ~ nichts taugen, ‚keinen Schuß Pulver wert sein'; **the** ~ **of the earth** *Bibl. u. fig.* das Salz der Erde; **to rub** ~ **into s.o.'s wound(s)** *fig.* j-m Salz auf *od.* in die Wunde streuen. **2.** Salz(fäßchen) *n*: **pass me the** ~**, please; above** (**below**) **the** ~ am oberen (unteren) Ende der Tafel. **3.** *chem.* Salz *n*. **4.** *oft pl med.* a) (*bes.* Abführ)Salz *n*, b) → **smelling salts**, c) *colloq. für* **epsom salt**. **5.** *fig.*

Würze *f*, Salz *n*. **6.** *fig*. Witz *m*, Esˈprit *m*: **a speech full of ~**. **7.** *a*. **old ~** (alter) Seebär.
II *v/t* **8.** salzen, würzen (*beide a. fig*.). **9.** (ein)salzen, mit Salz bestreuen, *bes*. pökeln: **~ed meat** Pökel-, Salzfleisch *n*. **10.** *phot*. *Papier* mit Fiˈxiersalz behandeln. **11.** *dem Vieh* Salz geben. **12.** *chem*. a) mit (e-m) Salz behandeln, b) *meist* **~ out** aussalzen. **13.** *fig*. durchˈsetzen mit: **a committee ~ed with businessmen**. **14.** *colloq*. a) *die Geschäftsbücher etc* ‚friˈsieren', b) *ein Bohrloch, e-e Mine etc* (betrügerisch) ‚anreichern': **to ~ a mine**. **15.** **~ away**, **~ down** a) einsalzen, -pökeln, b) *colloq*. *Geld etc* ‚auf die hohe Kante legen'.
III *adj* **16.** Salz..., salzig: **~ water** Salzwasser *n*; **~ spring** Salzquelle *f*. **17.** (ein-)gesalzen, (ein)gepökelt, Salz..., Pökel...: **~ beef** gepökeltes Rindfleisch. **18.** *bot*. Salz..., haloˈphil.
salt² [sɔːlt] *adj obs*. geil.
sal·tant [ˈsæltənt] *adj her*. springend.
sal·ta·tion [sælˈteɪʃn] *s* **1.** Springen *n*, Tanzen *n*. **2.** Sprung *m*. **3.** Springtanz *m*. **4.** plötzlicher ˈUmschwung. **5.** *biol*. Erbsprung *m*. **ˈsal·ta·to·ry** [-tətərɪ; *Am*. -ˌtəʊriː; -ˌtɔː-] *adj* **1.** hüpfend, springend. **2.** Spring..., Sprung... **3.** Tanz... **4.** *fig*. sprunghaft.
salt|cake *s chem*. technisches ˈNatriumsulˌfat. **ˈ~ˌcel·lar** *s* Salzfäßchen *n*: a) Salznäpfchen *n*, -streuer *m*, b) *Br*. *colloq*. *Vertiefung über dem Schlüsselbein*.
salt·ed [ˈsɔːltɪd] *adj* **1.** a) gesalzen, b) → **salt¹** 17. **2.** *colloq*. routiˈniert, erfahren.
salt·er [ˈsɔːltə(r)] *s* **1.** Salzsieder *m od*. -händler *m*. **2.** Salzarbeiter *m*. **3.** Einsalzer *m*.
salt·ern [ˈsɔːltə(r)n] *s tech*. **1.** Saˈline *f*. **2.** Salzgarten *m* (*Verdunstungsbassins*).
ˈsalt-free *adj* salzlos (*Diät etc*).
sal·tier [ˈsæltɪə(r); ˈsɔːl-; -taɪə(r)] *s her*. Schrägkreuz *n*.
salt·i·ness [ˈsɔːltɪnɪs] *s* Salzigkeit *f*.
sal·tire [ˈsɔːltaɪə(r); ˈsæl-] → **saltier**.
salt| junk *s colloq*. Salzfleisch *n*. **~ lick** *s* Salzlecke *f* (*für Wild*). **~ marsh** *s* **1.** Salzsumpf *m*. **2.** Butenmarsch *f*. **~ mine** *s* Salzbergwerk *n*.
ˈsalt·ness *s* Salzigkeit *f*.
salt pan *s* **1.** *tech*. Salzsiedepfanne *f*. **2.** (*geol*. naˈtürliches) Verˈdunstungsbasˌsin (*für Meerwasser*).
salt·pe·ter, *bes*. *Br*. **salt·pe·tre** [ˈsɔːltˌpiːtə(r); *Am*. ˌsɔːltˈp-] *s chem*. Salˈpeter *m*.
salt| pit *s* Salzgrube *f*. **S~ Riv·er** *s*: **to row up ~** *pol*. *Am*. in der Versenkung verschwinden. **~ shak·er** *s* Salzstreuer *m*. **ˈ~ˌwa·ter** *adj* Salzwasser... **~ well** *s* (Salz)Solequelle *f*. **ˈ~works** *s pl* (*oft als sg konstruiert*) Saˈline *f*.
salt·y [ˈsɔːltɪ] *adj* **1.** salzig. **2.** *fig*. gesalzen, gepfeffert: **~ prices**.
sa·lu·bri·ous [səˈluːbrɪəs] *adj* (*adv* **~ly**) heilsam, gesund, zuträglich, bekömmlich: **a ~ climate** ein gesundes Klima. **saˈlu·bri·ty** [-ətɪ] *s* Heilsamkeit *f*, Zuträglichkeit *f*, Bekömmlichkeit *f*.
sal·u·tar·i·ness [ˈsæljʊtərɪnɪs; *Am*. -ˌteriː-] → **salubrity**. **ˈsal·u·tar·y** *adj* **1.** heilsam, gesund (*beide a. fig*.), zuträglich. **2.** *med*. Heil...
sal·u·ta·tion [ˌsæljuːˈteɪʃn; *Am*. -ljəˈt-] *s* **1.** Begrüßung *f*, Gruß *m*: **in ~** zum Gruß; → **angelic**. **2.** Anrede *f* (*im Brief*). **3.** Gruß-, Begrüßungsformel *f*.
sa·lu·ta·to·ri·an [səˌluːtəˈtəʊriːən; -ˈtɔː-] *s Am*. *Student, der bei der Verleihung akademischer Grade die Begrüßungsrede hält*. **saˈlu·ta·to·ry I** *adj* [*Br*. -tətərɪ] Begrüßungs..., Gruß...: **~ oration** → II. **II** *s ped*. *Am*. Begrüßungsrede *f*.
sa·lute [səˈluːt] **I** *v/t* **1.** grüßen, *durch e-e Geste etc* begrüßen. **2.** *weitS*. empfangen, *j-m* begegnen: **to ~ with an oath** (a smile). **3.** *dem Auge od*. *Ohr* begegnen *od*. sich bieten: **a strange sight ~d the eye**. **4.** *mar*. *mil*. saluˈtieren vor (*dat*), grüßen. **5.** *fig*. grüßen, ehren, feiern. **6.** *obs*. *od*. *poet*. küssen. **II** *v/i* **7.** grüßen (**to** *acc*). **8.** *mar*. *mil*. a) (**to**) saluˈtieren (vor *dat*), grüßen (*acc*), b) Saˈlut schießen. **III** *s* **9.** Gruß *m* (*a*. *fenc*.), Begrüßung *f*. **10.** *mil*. a) Gruß *m*, Ehrenbezeigung *f*, b) *bes*. *mar*. Saˈlut *m* (**of 7 guns** von 7 Schuß): **to stand at the ~** salutieren; **to take the ~** a) den Gruß erwidern, b) die Parade abnehmen, c) die Front (der Ehrenkompanie) abschreiten. **11.** *Am*. Frosch *m* (*Feuerwerkskörper*). **12.** *obs*. *od*. *poet*. (Begrüßungs)Kuß *m*.
salv·a·ble [ˈsælvəbl] *adj* **1.** erlösbar, errettbar. **2.** zu retten(d), zu bergen(d).
sal·vage [ˈsælvɪdʒ] **I** *s* **1.** *mar*. *etc* a) Bergung *f*, Rettung *f* (*e-s Schiffs od*. *s-r Ladung, a*. *brandgefährdeter Güter etc*), b) Bergungsgut *n*, c) *a*. **~ money** Bergegeld *n*: **~ vessel** Bergungsfahrzeug *n*, *a*. Hebeschiff *n*; **~ (work)** Aufräumungsarbeiten *pl*. **2.** *Versicherung*: Wert *m* der bei e-m Brand geretteten Waren. **3.** *fig*. (Er)Rettung (**from** aus). **4.** *tech*. a) ˈWiederverwertung *f* (*von Industrieabfällen etc*), b) verwertbares ˈAltmateriˌal: **~ value** Schrottwert *m*. **II** *v/t* **5.** bergen, retten (*a*. *med*. *u*. *fig*.): **to ~ the situation** die Situation retten. **6.** *Altmaterial* verwerten.
sal·va·tion [sælˈveɪʃn] *s* **1.** (Er)Rettung *f* (**from** aus). **2.** Heil *n*, Rettung *f*, Retter *m*. **3.** *relig*. a) (Seelen)Heil *n*, Seelenrettung *f*, b) Erlösung *f*: **to find ~** das Heil finden. **S~ Ar·my** *s relig*. ˈHeilsarˌmee *f*.
sal·va·tion·ism [sælˈveɪʃnɪzəm] *s relig*. **1.** Seelenrettungslehre *f*. **2.** **S~** Saluˈtismus *m* (*Grundsätze der Heilsarmee*). **Salˈva·tion·ist** *s relig*. Mitglied *n* der ˈHeilsarˌmee.
salve¹ [sælv; sɑːv; *Am*. sæv] **I** *s* **1.** (Heil-)Salbe *f*. **2.** *fig*. Pflaster *n*, Balsam *m*, Trost *m*: **a ~ for wounded feelings** ein Trostpflästerchen. **3.** *fig*. Beruhigungsmittel *n* (*fürs Gewissen etc*). **II** *v/t* **4.** (ein)salben. **5.** *fig*. *das Gewissen etc* beschwichtigen: **to ~ one's conscience**. **6.** *fig*. beschönigen. **7.** *fig*. *e-n Schaden, Zweifel etc* beheben.
salve² [sælv] → **salvage** II.
sal·ver [ˈsælvə(r)] *s* Taˈblett *n*, Präsenˈtierteller *m*.
sal·vi·a [ˈsælvɪə] *s bot*. Salbei *m*, *f*.
sal·vo¹ [ˈsælvəʊ] *pl* **-vos, -voes** *s* **1.** *mil*. a) Salve *f*, Lage *f*, b) *a*. **~ bombing** *aer*. Schüttwurf *m*: **~ fire** *mil*. Laufsalve, *mar*. Salvenfeuer *n*. **2.** **a ~ of applause** ein Beifallssturm.
sal·vo² [ˈsælvəʊ] *pl* **-vos** *s* **1.** Ausrede *f*. **2.** *bes*. *jur*. Vorbehalt(sklausel *f*) *m*: **with an express ~ of their rights** unter ausdrücklicher Wahrung ihrer Rechte.
sal vo·la·ti·le [ˌsælvəˈlætəlɪ] (*Lat*.) *s pharm*. Hirschhornsalz *n*.
sal·vor [ˈsælvə(r)] *s* **1.** Berger *m*. **2.** Bergungsschiff *n*.
sam·a·ra [ˈsæmərə] *s bot*. Flügelfrucht *f*.
Sa·mar·i·tan [səˈmærɪtən] **I** *s* **1.** Samariˈtaner(in), Samaˈriter(in): **the good ~** *Bibl*. der barmherzige Samariter; → **Telephone Samaritans**. **2.** *a*. **good ~** *fig*. barmˈherziger Samaˈriter (*guter Mensch*). **II** *adj* **3.** samaˈritisch. **4.** *fig*. barmˈherzig.
sa·mar·i·um [səˈmeərɪəm] *s chem*. Saˈmarium *n*.
sa·mar·skite [səˈmɑː(r)skaɪt] *s min*. Samarˈskit *m*.
sam·ba [ˈsæmbə] *mus*. **I** *s* Samba *f*. **II** *v/i* Samba tanzen.
sam·bo [ˈsæmbəʊ] *pl* **-bos, -boes** *s* **1.** Zambo *m* (*in Mittelamerika ein Halbblut, bes*. *Mischling von Negern u*. *Indianern*). **2.** **S~** *contp*. ‚Nigger' *m*.
Sam Browne (belt) [ˌsæmˈbraʊn] *s mil*. ledernes (Offiˈziers)Koppel mit Schulterriemen.
same [seɪm] **I** *adj* (*mit vorhergehendem bestimmtem Artikel od*. *hinweisendem Fürwort*) **1.** selb(er, e, es), gleich, nämlich: **on the ~ day**; **with this ~ knife** mit ebendiesem Messer; **at the ~ price as** zu demselben Preis wie; **the ~ thing as** das gleiche wie; **which is the ~ thing** was dasselbe ist; **it comes to the ~ thing** es läuft auf dasselbe hinaus; **the very** (*od*. **just the** *od*. **exactly the**) **~ thing** genau dasselbe; **the two problems are really one and the ~** die beiden Probleme sind eigentlich ein u. dasselbe; **he is no longer the ~ man** er ist nicht mehr der gleiche *od*. der alte; → **time** 6. **2.** (*ohne art*) *fig*. einförmig, eintönig: **the work is really a little ~**.
II *pron* **3.** der-, die-, dasˈselbe, der *od*. die *od*. das gleiche: **~ here** *colloq*. so geht es mir auch, ‚ganz meinerseits'; **it is all the ~ to me** es ist mir ganz gleich *od*. einerlei. **4.** **the ~** a) *a*. *jur*. der- *od*. dieˈselbe, die erwähnte *od*. besagte Perˈson, b) *jur*. *relig*. er, sie, es, dieser, diese, dies(es). **5.** (*ohne art*) *econ*. *od*. *colloq*. der- *od*. die- *od*. dasˈselbe: **50 pence for alterations to ~**.
III *adv* **6.** **the ~** in derˈselben Weise, genauso, ebenso (**as** wie); **all the ~** gleichviel, trotzdem; **just the ~** *colloq*. a) genauso, b) trotzdem; **(the) ~ to you** (*danke*) gleichfalls; → **brass knob**, **knob** 1.
same·ness [ˈseɪmnɪs] *s* **1.** Gleichheit *f*, Identiˈtät *f*. **2.** Eintönigkeit *f*.
sam·ite [ˈsæmaɪt; ˈseɪm-] *s hist*. schwerer, mit Gold durchˈwirkter Seidenstoff.
sam·let [ˈsæmlɪt] *s* junger Lachs.
Sa·mo·an [səˈməʊən] **I** *adj* **1.** samoˈanisch, von den Saˈmoa-Inseln. **II** *s* **2.** Samoˈaner(in). **3.** *ling*. Samoˈanisch *n*, das Samoanische.
sam·o·var [ˌsæməʊˈvɑː; *Am*. ˈsæməˌvɑːr] *s* Samoˈwar *m*.
samp [sæmp] *s Am*. Maisgrütze *f*.
sam·pan [ˈsæmpæn] *s* Samˈpan *m* (*chinesisches* [*Haus*]*Boot*).
sam·phire [ˈsæmfaɪə(r)] *s bot*. **1.** Meerfenchel *m*. **2.** Queller *m*.
sam·ple [ˈsɑːmpl; *Am*. ˈsæmpəl] **I** *s* **1.** *econ*. a) (Waren-, Qualiˈtäts)Probe *f*, (Stück-, Typen)Muster *n*, b) Probepakkung *f*, c) Ausstellungsmuster *n*, -stück *n*, d) *Gütekontrolle*: Stichprobe(nmuster *n*) *f*: **~s only** Muster ohne Wert; **by ~ post** *mail* (als) Muster ohne Wert; **up to ~** dem Muster entsprechend. **2.** *Statistik*: Sample *n*, Stichprobe *f*, Probeerhebung *f*, (Erhebungs)Auswahl *f*. **3.** *fig*. Musterbeispiel *n*, typisches Exemˈplar. **4.** *fig*. (Kost)Probe *f*: **a ~ of his courage**; **that's a ~ of her behavio(u)r** das ist typisch für sie. **II** *v/t* **5.** proˈbieren, e-e Probe nehmen von, *bes*. *gastr*. kosten. **6.** e-e Stichprobe machen bei, (stichprobenweise) testen, e-e Auswahl erheben von. **7.** stichprobenweise ergeben. **8.** ein Gegenstück *od*. etwas Gleichwertiges finden für. **9.** ein (typisches) Beispiel sein für, als Muster dienen für. **10.** e-e Probe zeigen von. **11.** koˈpieren. **12.** *Computer*: *Kommandofunktion etc* abfragen, *Signal etc* abtasten. **III** *adj* **13.** Muster..., Probe...: **~ book** *econ*. Musterbuch *n*; **~ card** *econ*. Muster-, Probekarte *f*; **~ case** Musterkoffer *m*. **14.** Stichproben..., Auswahl... **ˈsam·pler** *s* **1.** Proˈbierer(in), Prüfer(in). **2.** *Stickerei*: Sticktuch *n*. **3.** *TV* Farbschalter *m*. **4.** *Computer*: Abtaster *m*. **ˈsam·pling** *s* **1.** *econ*. ˈMusterkolleˈtiˌon *f*. **2.** *econ*. Bemusterung *f*. **3.** *econ*.

Werbung *f* durch Verteilung von Probepackungen. **4.** Stichprobenerhebung *f*, (ˈUmfrage *f od.* Prüfung *f* nach e-m) Auswahlverfahren *n*, Erhebung *f* e-r (repräsentaˈtiven) Auswahl: ~ **inspection** Stichprobenkontrolle *f*. **5.** Muster(stück) *n*, Probe *f*. **6.** Proˈbieren *n* (*von Speisen etc*). **7.** *TV* Farbschaltung *f*. **8.** *Computer*: Abfragen *n*, Abtasten *n*.

Samp·son [ˈsæmpsn; ˈsæmsn], **Sam·son** [ˈsæmsn] *s fig.* Samson *m*, Herkules *m*.

Sam·u·el [ˈsæmjʊəl; *Am.* -jəwəl; -jəl] *npr u. s Bibl.* (das Buch) Samuel *m*.

sam·u·rai [ˈsæmʊraɪ; -mjʊ-] *pl* **-rai** *s hist.* Samuˈrai *m*.

san·a·tive [ˈsænətɪv] *adj* heilend, heilsam, heilkräftig, Heil(ungs)...

san·a·to·ri·um [ˌsænəˈtɔːrɪəm; *Am. a.* -ˈtəʊ-] *pl* **-ri·ums, -ri·a** [-rɪə] *s med.* **1.** Sanaˈtorium *n*, *bes.* a) Lungenheilstätte *f*, b) Erholungsheim *n*. **2.** (*bes.* Höhen-) Luftkurort *m*. **3.** *Br.* Krankenzimmer *n* (*in e-m Internat*).

san·a·to·ry [ˈsænətərɪ; *Am.* -ˌtəʊriː] → **sanative**.

sanc·ta [ˈsæŋktə] *pl von* **sanctum**.

sanc·ti·fi·ca·tion [ˌsæŋktɪfɪˈkeɪʃn] *s relig.* **1.** Heiligmachung *f*. **2.** Weihung *f*, Heiligung *f*. **ˈsanc·ti·fied** [-faɪd] *adj* **1.** geheiligt, geweiht. **2.** heilig u. unverletzlich. **3.** → **sanctimonious**. **ˈsanc·ti·fy** [-faɪ] *v/t* heiligen: a) weihen, b) (von Sünden) reinigen, c) rechtfertigen: → **end** 18, d) heilig u. unverletzlich machen.

sanc·ti·mo·ni·ous [ˌsæŋktɪˈməʊnjəs; -nɪəs] *adj* (*adv* **~ly**) frömmelnd, scheinheilig. **ˌsanc·tiˈmo·ni·ous·ness, ˈsanc·ti·mo·ny** [-mənɪ] *s* Scheinheiligkeit *f*, Frömmeˈlei *f*.

sanc·tion [ˈsæŋkʃn] **I** *s* **1.** Sanktiˈon *f*, (*nachträgliche*) Billigung *od.* Zustimmung: **to give one's ~ to** → 3 a. **2.** *jur.* a) Sanktioˈnierung *f* (*e-s Gesetzes etc*), b) *pol.* Sanktiˈon *f*, Zwangsmittel *n*, c) (gesetzliche) Strafe, d) *hist.* Deˈkret *n*. **II** *v/t* **3.** sanktioˈnieren: a) billigen, gutheißen, b) dulden, c) *e-n Eid etc* bindend machen, d) Gesetzeskraft verleihen (*dat*).

sanc·ti·ty [ˈsæŋktətɪ] *s* **1.** Heiligkeit *f* (*a. Unverletzlichkeit*): → **odor** 3. **2.** *pl* a) heilige Ideˈale *pl*, b) heilige Gefühle *pl*, c) heilige Pflichten *pl*.

sanc·tu·ar·y [ˈsæŋktjʊərɪ; *Am.* -tʃəˌweriː] *s* **1.** Heiligtum *n* (*a. fig.*). **2.** *relig.* Heiligtum *n*, heilige Stätte. **3.** *relig. bes. Bibl.* Allerˈheiligste(s) *n*. **4.** Sanktuˈarium *n*, Freistätte *f*, Aˈsyl *n*: **to seek ~** Schutz *od.* Zuflucht suchen (**with** bei). **5.** *a.* **rights of ~** Aˈsylrecht *n*: **to break the ~** das Asylrecht verletzen. **6.** *fig.* Zufluchts-, Freistätte *f*, Aˈsyl *n*. **7.** *hunt.* a) Schonzeit *f*, b) Schutzgebiet *n*: **bird ~**.

sanc·tum [ˈsæŋktəm] *pl* **-tums, -ta** [-tə] *s* Heiligtum *n*: a) heilige Stätte, b) *fig.* Priˈvat-, Stuˈdierzimmer *n*, Priˈvatgemach *n*, c) innerste Sphäre. **~ sanc·to·rum** [sæŋkˈtɔːrəm] *s relig. u. humor.* (*das*) Allerˈheiligste.

sand [sænd] **I** *s* **1.** Sand *m*: **built on ~** *fig.* auf Sand gebaut; → **rope** 7. **2.** *oft pl* a) Sandbank *f*, b) Sand(strecke *f*, -fläche *f*) *m*: **to plough** (*bes. Am.* **plow**) **the ~(s)** *fig.* s-e Zeit verschwenden. **3.** *meist pl* Sand(körner *pl*) *m*: **numberless as the ~(s)** zahllos wie (der) Sand am Meer; **his ~s are running out** s-e Tage sind gezählt. **4.** (Streu-, Scheuer-, Schleif)Sand *m*. **5.** *Am. sl.* ‚Mumm' *m*, ‚Schneid' *m*. **II** *v/t* **6.** mit Sand bestreuen, *Weg etc a.* sanden. **7.** im Sand vergraben. **8.** schmirgeln, mit Sand scheuern: **to ~ down** abschmirgeln.

san·dal[1] [ˈsændl] *s* **1.** Sanˈdale *f*, Riemenschuh *m*. **2.** Sandaˈlette *f*.

san·dal[2] [ˈsændl] *s* **1.** → **sandalwood**. **2.** → **sandal tree** 1.

san·dal| tree *s* **1.** *bot.* Sanˈtoribaum *m*. **2.** → **sandalwood** 1. **ˈ~·wood** *s* **1.** *a.* **white ~** a) *bot.* Sandelbaum *m*, b) weißes *od.* echtes Sandelholz (*Holz von* a). **2.** *a.* **red ~** a) *bot.* (*ein*) Flügelfruchtbaum *m*, b) rotes Sandelholz (*Holz von* a).

san·da·rac [ˈsændəræk] *s* **1.** → **sandarac tree**. **2.** *bes. tech.* Sandarak *m* (*Harz*). **~ tree** *s bot.* Sandarakbaum *m*.

ˈsand|·bag I *s* **1.** Sandsack *m*. **2.** Sandsäckchen *n* (*Art Totschläger*). **II** *v/t* **3.** mit Sandsäcken befestigen. **4.** (mit e-m Sandsäckchen) niederschlagen. **ˈ~·bank** *s* Sandbank *f*. **~ bar** *s* längliche Sandbank. **ˈ~-blast** *tech.* **I** *s* **1.** Sandstrahl *m*. **2.** Sand(strahl)gebläse *n*. **II** *v/t* **3.** sandstrahlen. **ˈ~-blind** *adj* halbblind. **ˈ~·box** *s* **1.** Sandkasten *m*. **2.** *hist.* Streusandbüchse *f*. **3.** *Gießerei*: Sandform *f*. **4.** Sandstreuer *m* (*e-r Lokomotive*). **ˈ~·boy** *s*: (**as**) **happy as a ~** ˈkreuzfiˌdel, quietschvergnügt. **ˈ~-cast** *v/t irr tech.* in Sand gießen. **~ cast·ing** *s* Sandguß *m*. **~ cas·tle** *s* Sandburg *f* (*am Strand etc*). **~ dol·lar** *s zo.* Sanddollar *m* (*Seeigel*). **~ drift** *s geol.* Flugsand *m*. **~ dune** *s* Sanddüne *f*.

sand·er [ˈsændə(r)] *s tech.* **1.** → **sandbox** 4. **2.** Sand(strahl)gebläse *n*. **3.** ˈSchmirgelˌschleifmaˌschine *f*.

sand·er·ling [ˈsændə(r)lɪŋ] *s orn.* Sanderling *m*.

san·ders [ˈsændə(r)z] → **sandalwood** 2 a.

ˈsand|·fly *s zo. e-e stechende Fliege, bes.* a) Sandfliege *f*, b) Gnitze *f*, c) Kriebelmücke *f*. **ˈ~·glass** *s* Sanduhr *f*, Stundenglas *n*. **~ grass** *s bot.* Sand-, Küstengras *n*. **~ grouse** *s orn.* Flughuhn *n*.

san·dhi [ˈsændhiː; ˈsændiː] *s ling.* Sandhi *m* (*die lautliche Veränderung, die der An- od. Auslaut e-s Wortes durch e-n benachbarten Wortauslaut od. -anlaut erfährt*).

ˈsand|·lot *Am.* **I** *s* Sandplatz *m* (*Behelfsspielplatz von Stadtkindern*). **II** *adj* Sandplatz...: **~ baseball** *auf e-m Sandplatz von nicht organisierten Mannschaften gespielter Baseball.* **ˈ~·man** *s irr* Sandmännchen *n*. **~ mar·tin** *s orn.* Uferschwalbe *f*. **~ mon·i·tor** *s zo.* ˈWüstenwaˌran *m*. **ˈ~ˌpa·per I** *s* ˈSandpaˌpier *n*. **II** *v/t* (ab)schmirgeln. **~ par·tridge** *s orn.* Sandhuhn *n*. **ˈ~ˌpip·er** *s orn.* (*ein*) Schnepfenvogel *m*, *bes.* a) Flußuferläufer *m*, b) *a.* **spotted ~** Drosseluferläufer *m*. **~ pit** *s* **1.** Sandkasten *m*. **2.** Sandgrube *f*. **~ shoe** *s* Strandschuh *m*. **ˈ~·soap** *s* Putzstein *m*, Sandseife *f*. **ˈ~·spit** *s* sandige Landzunge. **~ spout** *s* Wind-, Sandhose *f*. **ˈ~·stone** *s geol.* Sandstein *m*: **Old** (**New**) **Red S~** *unter* (*über*) *dem Karbon liegende Sandsteinschicht in Großbritannien.* **ˈ~·storm** *s* Sandsturm *m*. **~ ta·ble** *s a. mil.* Sandkasten *m*. **~ trap** *s Golf*: *bes. Am.* Sandhindernis *n*. **~ wedge** *s Golf*: Sand-Wedge *m* (*Schläger für Schläge aus dem Bunker*).

sand·wich [ˈsænwɪdʒ; *bes. Am.* -tʃ] **I** *s* **1.** Sandwich *n* (*belegtes Klappbrot*): **to sit ~** *fig.* eingezwängt sitzen. **2.** *fig.* Nebeneinˈander *n*. **3.** Sandwichman *m*, Plaˈkatträger *m*. **II** *v/t* **4.** einklemmen, -zwängen. **5.** *sport den Gegner* ‚in die Zange nehmen'. **6.** *a.* **~ in** *fig.* einlegen, -schieben, daˈzwischenschieben. **~ cake** *s* Schichttorte *f*. **~ course** *s ped. Kurs, bei dem sich theoretische u. praktische Ausbildung abwechseln.* **~ film** *s* doppeltbeschichteter Film. **~ man** *s irr* → **sandwich** 3.

sand·y[1] [ˈsændɪ] *adj* **1.** sandig, Sand...: **~ soil**; **~ desert** Sandwüste *f*. **2.** *fig.* sandfarben, rotblond: **~ hair**. **3.** sandartig, körnig. **4.** *fig.* unsicher. **5.** *Am. sl.* schneidig, frech.

Sand·y[2] [ˈsændɪ] *s* (*Spitzname für*) Schotte *m*.

sand yacht *s* Strandsegler *m*.

sane [seɪn] *adj* **1.** geistig gesund, norˈmal, *bes. jur.* zurechnungsfähig. **2.** vernünftig, gescheit.

San·for·ize [ˈsænfəraɪz] (*TM*) *v/t* sanforiˈsieren (*Gewebe schrumpfecht machen*).

sang [sæŋ] *pret von* **sing**.

san·ga·ree [ˌsæŋgəˈriː] *s* Sangaˈree *n* (*Getränk aus Wein, Wasser u. Brandy, gesüßt u. gewürzt*).

sang de bœuf [sɑ̃dəbœf] (*Fr.*) **I** *s* Tiefrot *n*, blutrote Farbe (*auf altem chinesischem Porzellan*). **II** *adj* blut-, tiefrot, ochsenblutfarben.

sang·froid [ˌsɑ̃ːŋˈfrwɑː] *s* Kaltblütigkeit *f*.

San·graal, San·grail [sæŋˈgreɪl], **San·gre·al** [ˈsæŋgrɪəl; *Am.* ˌsænˈgreɪl] *s relig.* der Heilige Gral.

san·gri·a [sæŋˈgriːə] *s* Sanˈgria *f* (*Rotweinbowle*).

san·gui·fi·ca·tion [ˌsæŋgwɪfɪˈkeɪʃn] *s biol.* Blutbildung *f*.

san·gui·nar·y [ˈsæŋgwɪnərɪ; *Am.* -ˌneriː] *adj* **1.** blutig, mörderisch: **~ battle**. **2.** blutdürstig, grausam: **a ~ person**; **~ laws**. **3.** blutig, Blut... **4.** *Br.* unflätig (*Ausdrucksweise*).

san·guine [ˈsæŋgwɪn] **I** *adj* (*adv* **~ly**) **1.** heiter, lebhaft, leichtblütig. **2.** vollheißblütig, hitzig. **3.** zuversichtlich, optiˈmistisch: **to be ~ of success** zuversichtlich auf Erfolg rechnen. **4.** rot, frisch, blühend, von gesunder Gesichtsfarbe. **5.** *med. hist.* sanguˈinisch. **6.** (blut)rot. **II** *s* **7.** Rötelstift *m*. **8.** Rötelzeichnung *f*. **ˈsan·guine·ness** *s* heiteres Temperaˈment, Zuversichtlichkeit *f*. **sanˈguin·e·ous** [-nɪəs] *adj* **1.** Blut..., blutig. **2.** → **sanguine** I.

San·he·drin [ˈsænɪdrɪn], *a.* **ˈSan·he·drim** [-drɪm] *s hist.* **1.** Ratsversammlung *f* (*der Juden*). **2.** *a.* **Great ~** Sanheˈdrin *m*, Hoher Rat (*höchste altjüdische Staatsbehörde*). **3.** *a.* **Small ~, Lesser ~** *e-r der altjüdischen Provinzräte.*

sa·ni·es [ˈseɪnɪiːz] *s med.* puˈtrider Eiter, Jauche *f*.

san·i·fy [ˈsænɪfaɪ] *v/t* die hygiˈenischen Zustände verbessern in (*dat*).

san·i·tar·i·an [ˌsænɪˈteərɪən] **I** *adj* **1.** → **sanitary** 1. **II** *s* **2.** Hygiˈeniker *m*. **3.** ‚Geˈsundheitsaˌpostel' *m*.

san·i·tar·i·ness [ˈsænɪtərɪnɪs; *Am.* -ˌteri:-] *s* hygiˈenische Zustände *pl*.

san·i·tar·i·um [ˌsænɪˈteərɪəm] *pl* **-ˈtar·i·ums, -ˈtar·i·a** [-rɪə] *s bes. Am. für* **sanatorium**.

san·i·tar·y [ˈsænɪtərɪ; *Am.* -ˌteriː] **I** *adj* (*adv* **sanitarily**) **1.** hygiˈenisch, Gesundheits..., gesundheitlich, (*a. tech.*) saniˈtär. **2.** hygiˈenisch (einwandfrei), gesund. **II** *s* **3.** *Am.* öffentliche Bedürfnisanstalt. **~ belt** *s* Bindengürtel *m*. **~ en·gi·neer·ing** *s* Saniˈtärtechnik *f*. **~ e·quip·ment** *s* saniˈtäre Einrichtung(en *pl*). **~ nap·kin** *s bes. Am.* Damenbinde *f*. **~ tam·pon** *s* (ˈMonats)Tamˌpon *m*. **~ tow·el** *s bes. Br.* Damenbinde *f*.

san·i·tate [ˈsænɪteɪt] *v/t* mit saniˈtären Einrichtungen versehen.

san·i·ta·tion [ˌsænɪˈteɪʃn] *s* **1.** saniˈtäre Einrichtungen *pl* (*in Gebäuden*). **2.** Gesundheitspflege *f*, -wesen *n*, Hygiˈene *f*. **~ en·gi·neer** *s Am. euphem.* Müllmann *m*.

san·i·tize [ˈsænɪtaɪz] *v/t bes. Am.* **1.** steriliˈsieren, keimfrei machen. **2.** *fig. Image etc* ˈaufpoˌlieren.

san·i·ty [ˈsænətɪ] *s* **1.** geistige Gesundheit, *bes. jur.* Zurechnungsfähigkeit *f.* **2.** gesunder Verstand.
sank [sæŋk] *pret von* **sink.**
san·man [ˈsænˌmæn] *s irr Am. colloq.* Müllmann *m.*
sans [sænz; sɑ̃ːŋ] *prep* ohne (*obs. außer in Ausdrücken französischer Herkunft*).
San·scrit → **Sanskrit.**
San·sei [ˌsɑːnˈseɪ] *pl* **-sei, -seis** [-ˈseɪz] *s* Enkelkind *n* jaˈpanischer Einwanderer in den USˈA.
san·ser·if [ˌsænˈserɪf] *s print.* Groˈtesk *f.*
San·skrit [ˈsænskrɪt] **I** *s* Sanskrit *n.* **II** *adj* Sanskrit... **Sanˈskrit·ic** *adj* Sanskrit..., sansˈkritisch. **ˈSan·skrit·ist** *s* Sanskritforscher *m.*
San·ta [ˈsæntə] *colloq. für* **Santa Claus.**
San·ta Claus [ˌsæntəˈklɔːz; *bes. Am.* ˈsæntəklɔːz] *npr* der Weihnachtsmann, der Nikolaus.
san·tal [ˈsæntəl] *s* **1.** *bot.* rotes Sandelholz *od.* Kaliaˈturholz. **2.** *chem.* Sanˈtal *m.*
Saor·stat [ˈseəstɑːt] (*Ir.*) *s* Freistaat *m*: ~ **Eireann** *hist.* der Irische Freistaat (*seit 29. Dez. 1937 durch* **Eire** *ersetzt*).
sap¹ [sæp] **I** *s* **1.** Saft *m* (*in Pflanzen*). **2.** *fig.* (Lebens)Saft *m*, (-)Kraft *f*, Mark *n.* **3.** *a.* ~**wood** Splint(holz *n*) *m.* **II** *v/t* **4.** entsaften, Saft abziehen aus.
sap² [sæp] **I** *s* **1.** *mil.* Sappe *f*, Grabenkopf *m.* **II** *v/t* **2.** unterˈwühlen, -ˈhöhlen. **3.** *mil.* (*a. fig. die Gesundheit etc*) unterˈgraben, -miˈnieren. **4.** *fig.* erschöpfen, schwächen.
sap³ [sæp] *s colloq.* ‚Gimpel' *m*, ‚Einfaltspinsel' *m.*
sap⁴ [sæp] *Am. sl.* **I** *s* Totschläger *m* (*Waffe*). **II** *v/t j-n* mit e-m Totschläger bewußtlos schlagen.
sap·a·jou [ˈsæpədʒuː] *s zo.* Kapuˈzineraffe *m.*
sa·pan·wood [ˈsæpənwʊd; *Am. bes.* səˈpæn-] *s* **1.** Sappanholz *n* (*rotes Farbholz*). **2.** *bot.* Sappanbaum *m.*
ˈsap·head¹ → **sap³.**
ˈsap·head² *s mil.* Sappenkopf *m.*
sap·id [ˈsæpɪd] *adj* **1.** e-n Geschmack habend. **2.** schmackhaft. **3.** *fig.* interesˈsant. **sa·pid·i·ty** [səˈpɪdətɪ] *s* Schmackhaftigkeit *f.*
sa·pi·ence [ˈseɪpjəns; -ɪəns] *s meist iro.* Weisheit *f.* **ˈsa·pi·ent** *adj* (*adv* ~**ly**) *meist iro.* weise. **ˌsa·pi·en·tial** [-pɪˈenʃl] *adj* Weisheit enthaltend, Weisheits...: ~ **books** *Bibl.* Bücher der Weisheit.
sap·less [ˈsæplɪs] *adj* saftlos (*a. fig. kraftlos*).
sap·ling [ˈsæplɪŋ] *s* **1.** junger Baum, Schößling *m.* **2.** *fig.* ‚Grünschnabel' *m*, Jüngling *m.*
sap·o·na·ceous [ˌsæpəʊˈneɪʃəs; -pəˈn-] *adj* **1.** seifenartig, seifig. **2.** *fig.* glatt.
sa·pon·i·fi·ca·tion [səˌpɒnɪfɪˈkeɪʃn; *Am.* -ˌpɑn-] *s chem. tech.* Verseifung *f*: ~ **number** Verseifungszahl *f.* **saˈpon·i·fi·er** [-faɪə(r)] *s chem. tech.* **1.** Verseifungsmittel *n.* **2.** Verˈseifungsappaˌrat *m.* **saˈpon·i·fy** [-faɪ] *v/t u. v/i* verseifen.
sap·per¹ [ˈsæpə(r)] *s mil.* Sapˈpeur *m*, Pioˈnier *m.*
sap·per² [ˈsæpə(r)] *s* An-, Abzapfer *m.*
Sap·phic [ˈsæfɪk] **I** *adj* **1.** sapphisch: ~ **ode. 2.** *meist* **s**~ lesbisch: ~ **vice** → **sapphism. II** *s* **3.** sapphischer Vers.
sap·phire [ˈsæfaɪə(r)] **I** *s* **1.** *min.* Saphir *m* (*a. am Plattenspieler*). **2.** *a.* ~ **blue** Saphirblau *n.* **3.** *orn.* Saphirkolibri *m.* **II** *adj* **4.** saphirblau. **5.** Saphir...
sap·phir·ine [ˈsæfəriːn; -rɪn; *Am. bes.* -ˌraɪn] **I** *adj* → **sapphire** II. **II** *s min.* Saphiˈrin *m.* ~ **gur·nard** *s ichth.* Knurrhahn *m*, Seeschwalbe *f.*
sap·phism [ˈsæfɪzəm] *s* lesbische Liebe.
sap·py [ˈsæpɪ] *adj* **1.** saftig. **2.** *fig.* kraftvoll, markig. **3.** *colloq.* einfältig, dämlich.
sa·pr(a)e·mi·a [sæˈpriːmɪə] *s med.* Sapräˈmie *f*, Blutvergiftung *f* durch Fäulnisstoffe.
sap·ro·gen·ic [ˌsæprəʊˈdʒenɪk], *a.* **sa·prog·e·nous** [sæˈprɒdʒɪnəs; *Am.* -ˈprɑ-] *adj* saproˈgen: a) fäulniserregend, b) Fäulnis...
sap·ro·phyte [ˈsæprəʊfaɪt; -prəf-] *s biol.* Saproˈphyt *m*, Fäulnispflanze *f.*
sap·sa·go [ˈsæpsəgəʊ] *s* Schabziger *m* (*grüner Schweizer Kräuterkäse*).
ˈsap·wood *s bot.* Splint(holz *n*) *m.*
sar [sɑː] *s ichth. Br.* Seebrachsen *m*, -brassen *m.*
Sar·a·cen [ˈsærəsn] **I** *s* Saraˈzene *m*, Saraˈzenin *f.* **II** *adj* saraˈzenisch.
Sar·a·cen·ic [ˌsærəˈsenɪk] *adj* saraˈzenisch, mohammeˈdanisch.
Sar·a·to·ga (trunk) [ˌsærəˈtəʊgə] *s großer Reisekoffer* (*bes. von Damen im 19. Jh. benutzt*).
sar·casm [ˈsɑː(r)kæzəm] *s* Sarˈkasmus *m*: a) beißender Spott, b) sarˈkastische Bemerkung. **sarˈcas·tic** *adj* (*adv* ~**ally**) sarˈkastisch.
sar·co·carp [ˈsɑː(r)kəʊkɑː(r)p] *s bot.* **1.** Sarkoˈkarp *n*, fleischige Fruchtwand. **2.** (*unkorrekt*) fleischige Frucht.
sar·code [ˈsɑː(r)kəʊd] *s zo.* Sarˈkode *f* (*Protoplasma e-s Einzellers*).
sar·coid [ˈsɑː(r)kɔɪd] *s med.* Sarkoˈid *n*, sarˈkomähnlicher Tumor.
sar·co·ma [sɑː(r)ˈkəʊmə] *pl* **-ma·ta** [-mətə] *od.* **-mas** *s med.* Sarˈkom *n* (*bösartige Bindegewebsgeschwulst*). **sarˌco·maˈto·sis** [-ˈtəʊsɪs] *s* Sarkomaˈtose *f.* **sarˈco·ma·tous** *adj* Sarkom..., sarˈkomartig.
sar·coph·a·gous [sɑː(r)ˈkɒfəgəs; *Am.* -ˈkɑ-] *adj zo.* fleischfressend.
sar·coph·a·gus [sɑː(r)ˈkɒfəgəs; *Am.* -ˈkɑ-] *pl* **-gi** [-gaɪ; -dʒaɪ] *od.* **-gus·es** *s* **1.** Sarkoˈphag *m*, Steinsarg *m.* **2.** *antiq.* Sargstein *m.*
sar·co·plasm [ˈsɑː(r)kəʊplæzəm] *s biol.* Sarkoˈplasma *n* (*Substanz zwischen den Muskelfasern*).
sar·cous [ˈsɑː(r)kəs] *adj* fleischig, Fleisch...
sar·cy [ˈsɑːsɪ] *adj Br. colloq. für* **sarcastic.**
sard [sɑː(r)d] *s min.* Sard(er) *m.*
sar·dine¹ [sɑː(r)ˈdiːn] **I** *pl* **sarˈdines,** *bes. collect.* **sarˈdine** *s ichth.* Sarˈdine *f*: **packed like** ~**s** (zs.-gepfercht) wie die Heringe. **II** *v/t* pferchen (**into** in *acc*).
sar·dine² [ˈsɑː(r)daɪn] → **sard.**
Sar·din·i·an [sɑː(r)ˈdɪnjən; -nɪən] **I** *adj* **1.** sarˈdinisch. **II** *s* **2.** a) Sarde *m*, Sardin *f* (*Bewohner der Insel Sardinien*), b) Sarˈdinier(in) (*Bewohner des historischen Königreichs Sardinien*). **3.** *ling.* Sardisch *n*, das Sardische.
sar·don·ic [sɑː(r)ˈdɒnɪk; *Am.* -ˈdɑn-] *adj* (*adv* ~**ally**) **1.** *med.* sarˈdonisch: ~ **laugh. 2.** *fig.* sarˈdonisch, boshaft, hämisch (*Grinsen etc*).
sar·do·nyx [ˈsɑːdənɪks; *Am.* sɑːrˈdɑn-] *s* **1.** *min.* Sarˈdonyx *m.* **2.** *her.* Blutrot *n.*
sar·gas·so [sɑː(r)ˈgæsəʊ] *s bot.* Beerentang *m.* **S**~ **Sea** *s geogr.* Sarˈgassomeer *n.*
sarge [sɑː(r)dʒ] *colloq. für* **sergeant** 1.
sa·ri [ˈsɑːrɪ] *s* Sari *m* (*Gewand der Hindufrauen*).
sark [sɑː(r)k] *s bes. Br. dial.* Hemd *n.*
sar·ky [ˈsɑːkɪ] *adj Br. colloq. für* **sarcastic.**
sar·men·tose [sɑː(r)ˈmentəʊs], **sarˈmen·tous** [-təs] *adj bot.* (mit bewurzelten Ausläufern) kriechend.
sa·rong [səˈrɒŋ; *Am. a.* -ˈrɑŋ] *s* Sarong *m* (*malaiisches Kleidungsstück*).
sar·sa·pa·ril·la [ˌsɑː(r)səpəˈrɪlə] *s* **1.** *bot.* Sarsapaˈrille *f.* **2.** *med.* Sarsapaˈrillwurzel *f.* **3.** Sarsapaˈrillexˌtrakt *m.*
sar·sen [ˈsɑː(r)sn] *s geol.* großer Sandsteinblock.
sar·to·ri·al [sɑː(r)ˈtɔːrɪəl; *Am. a.* -ˈtəʊ-] *adj* (*adv* ~**ly**) **1.** Schneider...: ~ **effect** schnittechnischer Effekt. **2.** Kleidung(s)...: ~ **elegance** Eleganz *f* der Kleidung.
sar·to·ri·us [sɑː(r)ˈtɔːrɪəs; *Am. a.* -ˈtəʊ-] *s anat.* Sarˈtorius *m*, Schneidermuskel *m.*
Sar·um [ˈseərəm] *adj relig.* Salisbury...: ~ **use** Liturgie *f* von Salisbury.
sash¹ [sæʃ] *s* Schärpe *f.*
sash² [sæʃ] *s* **1.** (schiebbarer) Fensterrahmen. **2.** schiebbarer Teil (*des Schiebefensters*).
sa·shay [sæˈʃeɪ] *Am.* **I** *v/i* **1.** schasˈsieren (*beim Tanz*). **2.** *colloq.* tänzeln, hüpfen. **II** *s* **3.** *colloq.* Ausflug *m* (*a. fig.*).
sash| saw *s tech.* Schlitzsäge *f.* ~ **win·dow** *s* Schiebe-, Fallfenster *n.*
sass [sæs] *Am.* **I** *s* **1.** *dial. für* **sauce. 2.** *colloq.* Frechheit *f.* **II** *v/t* **3.** *colloq. j-m* frech antworten.
sas·sa·fras [ˈsæsəfræs] *s* **1.** *bot.* Sassafras(baum, -lorbeer) *m.* **2.** getrocknete Sassafraswurzelrinde.
Sas·se·nach [ˈsæsənæk] *Scot. od. Ir.* **I** *s* Engländer(in). **II** *adj* englisch.
sass·y [ˈsæsiː] *adj Am. colloq.* **1.** frech. **2.** forsch. **3.** fesch, schick.
sat [sæt] *pret u. pp von* **sit.**
Sa·tan [ˈseɪtən] *s* (*fig.* **s**~) Satan *m*, Teufel *m.*
sa·tan·ic [səˈtænɪk] *adj* (*adv* ~**ally**) saˈtanisch, teuflisch: **S**~ **school** satanische Schule (*literarische Schule, zu der Byron und Shelley gehörten*).
Sa·tan·ism [ˈseɪtənɪzəm] *s* Sataˈnismus *m*: a) teuflische Bosheit, b) Teufelskult *m.*
satch·el [ˈsætʃəl] *s* (Schul)Tasche *f*, (-)Mappe *f*, (*bes.* Schul)Ranzen *m.*
sate¹ [seɪt] *v/t* überˈsättigen: **to be** ~**d with** übersättigt sein von.
sate² [sæt; seɪt] *pret obs. von* **sit.**
sa·teen [sæˈtiːn] *s* (ˈBaum)Wollsaˌtin *m.*
sate·less [ˈseɪtlɪs] *adj poet.* unersättlich.
sat·el·lite [ˈsætəlaɪt] **I** *s* **1.** a) *astr.* Satelˈlit *m*, Traˈbant *m*, Mond *m*, b) *tech.* (*künstlicher*) (ˈErd)Satelˌlit: ~ **earth station** Erdfunkstelle *f*; ~ **killer** *mil.* Killersatellit; ~ **picture** *meteor. etc* Satellitenbild *n*; ~ **transmission** (*Rundfunk, TV*) Satellitenübertragung *f.* **2.** Traˈbant *m*, Anhänger *m*, Gefolgsmann *m*, *contp.* Kreaˈtur *f.* **3.** *fig.* Anhängsel *n*, *bes.* a) *a.* ~ **state** (*od.* **nation**) *pol.* Satelˈlit(enstaat) *m*, b) *a.* ~ **town** (*od.* **city**) Traˈbantenstadt *f*, c) ~ **airfield** Ausweich-, Feldflugplatz *m*, d) *econ.* Zweigfirma *f.* **II** *adj* **4.** *Rundfunk, TV*: per Satelˈlit überˈtragen.
sa·tem lan·guag·es [ˈsɑːtəm; ˈseɪ-] *s pl ling.* Satemsprachen *pl.*
sa·ti·a·ble [ˈseɪʃjəbl; *bes. Am.* -ʃəbl] *adj* zu sättigen(d), zu befriedigen(d). **ˈsa·ti·ate I** *v/t* [-ʃɪeɪt] **1.** überˈsättigen. **2.** vollauf sättigen *od.* befriedigen. **II** *adj* [-ət] **3.** überˈsättigt. **ˌsa·tiˈa·tion** [-ʃɪˈeɪʃn] *s* **1.** Überˈsättigung *f.* **2.** Befriedigung *f.*
sa·ti·e·ty [səˈtaɪətɪ] *s* **1.** (**of**) Überˈsättigung *f* (mit), ˈÜberdruß *m* (an *dat*): **to** ~ bis zum Überdruß. **2.** Sattheit *f.*
sat·in [ˈsætɪn] **I** *s* **1.** Saˈtin *m*, Atlas *m* (*Stoff*). **2.** *a.* **white** ~ *sl.* Gin *m*, Waˈcholderschnaps *m.* **II** *adj* **3.** Satin... **4.** a) seidenglatt, b) glänzend. **III** *v/t* **5.** *tech.* satiˈnieren, glätten.
sat·i·net(te) [ˌsætɪˈnet] *s* Satiˈnet *m*, Halbatlas *m.*

sat·in| fin·ish *s tech.* (ˈBürsten)Matˌtierung *f.* **~ glass** *s tech.* satiˈniertes Glas. **~ pa·per** *s* satiˈniertes Paˈpier, ˈAtlaspaˌpier *n.* **~ stitch** *s Stickerei:* Flachstich *m.* **~ white** *s tech.* Saˈtinweiß *n* (*weiße Glanzpaste für Kunstdruckpapier*). ˈ**~·wood** *s bot.* indisches Atlas- *od.* Saˈtinholz.

sat·in·y [ˈsætɪnɪ] *adj* seidig.

sat·ire [ˈsætaɪə(r)] *s* **1.** Saˈtire *f, bes.* a) Spottgedicht *n*, -schrift *f* (**upon, on** auf *acc*), b) saˈtirische Literaˈtur, c) Spott *m.* **2.** *fig.* Hohn *m* (**upon, on** auf *acc*). **sa·tir·ic** [səˈtɪrɪk] *adj*; **saˈtir·i·cal** *adj* (*adv* **~ly**) saˈtirisch. **sat·i·rist** [ˈsætərɪst] *s* Saˈtiriker(in). ˈ**sat·i·rize** *v/t* Saˈtiren *od.* e-e Satire machen auf (*acc*), verspotten.

sat·is·fac·tion [ˌsætɪsˈfækʃn] *s* **1.** Befriedigung *f*, Zuˈfriedenstellung *f*: **to find ~ in** Befriedigung finden in (*dat*); **to give ~** befriedigen (→ 4). **2.** (**at, with**) Zuˈfriedenheit *f* (mit), Befriedigung *f*, Genugtuung *f* (über *acc*): **to the ~ of all** zur Zufriedenheit aller. **3.** *relig.* Sühne *f.* **4.** Satisfaktiˈon *f*, Genugtuung *f* (*Duell etc*): **to make** (*od.* **give**) **~** Genugtuung leisten. **5.** *jur.* a) Befriedigung *f*: **~ of a claim**, b) Erfüllung *f*: **~ of an obligation**, c) Tilgung *f*, Bezahlung *f*: **~ of debt**; **in ~ of** zur Befriedigung *etc* (*gen*). **6.** Überˈzeugung *f*, Gewißheit *f*: **to show to the court's ~** *jur.* einwandfrei glaubhaft machen. ˌ**sat·isˈfac·to·ri·ness** [-tərɪnɪs] *s* (*das*) Befriedigende. ˌ**sat·isˈfac·to·ry** *adj* (*adv* **satisfactorily**) **1.** befriedigend, zuˈfriedenstellend, ˈhinreichend. **2.** *relig.* sühnend, Sühne...

sat·is·fy [ˈsætɪsfaɪ] **I** *v/t* **1.** (*a. sexuell*) befriedigen, zuˈfriedenstellen, ausfüllen: **this work does not ~ me**; **to be satisfied with s.th.** mit etwas zufrieden sein; **to rest satisfied** sich zufriedengeben. **2.** a) *j-n* sättigen, b) *s-n Appetit, a. s-e Neugier* stillen, c) *e-n Wunsch etc* erfüllen, *ein Bedürfnis, e-e Nachfrage, a. e-n Trieb* befriedigen. **3.** a) *e-e Frage etc* ˈhinreichend beantworten, b) *j-n* überˈzeugen (**of** von): **I am satisfied that** ich bin davon (*od.* ich habe mich) überzeugt, daß; **to ~ o.s. that** sich überzeugen *od.* vergewissern, daß. **4.** a) *e-n Anspruch* befriedigen: **to ~ a claim**, b) *e-e Schuld* bezahlen, *e-r Verpflichtung* nachkommen: **to ~ an obligation**, c) *e-e Bedingung, jur. a. das Urteil* erfüllen, d) *e-n Gläubiger* befriedigen. **5.** a) *j-n* entschädigen, b) *etwas* wiederˈgutmachen. **6.** *e-r Anforderung* entsprechen, genügen. **7.** *math. e-e Bedingung, e-e Gleichung* erfüllen, befriedigen. **II** *v/i* **8.** befriedigen, zuˈfriedenstellend sein. **9.** *relig. obs.* Buße tun. ˈ**sat·is·fy·ing** *adj* (*adv* **~ly**) **1.** befriedigend, zuˈfriedenstellend. **2.** sättigend.

sa·trap [ˈsætrəp; *Am.* ˈseɪˌtræp] *s hist.* Saˈtrap *m* (*a. fig.*), Statthalter *m.* ˈ**sa·tra·py** [-trəpɪ] *s* Satraˈpie *f*, Statthalterschaft *f.*

sat·su·ma¹ [sætˈsuːmə] *s bot.* **1.** Satˈsumabaum *m.* **2.** *a.* **~ orange** Satˈsuma *f* (*Mandarinenart*).

Sat·su·ma² [ˈsætsʊmə; sætˈsuːmə], *a.* **~ ware** *s* Satsuma *n* (*cremefarbene japanische Töpferware*).

sat·u·rant [ˈsætʃərənt] **I** *s* **1.** *chem.* neutraliˈsierender Stoff. **2.** *med.* Mittel *n* gegen Magensäure. **II** *adj* **3.** *bes. chem.* sättigend.

sat·u·rate I *v/t* [ˈsætʃəreɪt] **1.** *bes. chem. phys. u. fig.* sättigen, satuˈrieren. **2.** (durch)ˈtränken, durchˈsetzen: **to be ~d with** *fig.* erfüllt *od.* durchdrungen sein von. **3.** *mil.* mit e-m Bombenteppich belegen. **II** *adj* [-rɪt; -reɪt] → **saturated** 1 *u.* 3. ˈ**sat·u·rat·ed** *adj* **1.** durchˈtränkt, -ˈsetzt. **2.** tropfnaß. **3.** satt: **~ colo(u)rs.** **4.** a) *bes. chem. phys. u. fig.* satuˈriert, gesättigt: **~ solution**; **~ steam** Sattdampf *m*, b) *chem.* reaktiˈonsträge.

sat·u·ra·tion [ˌsætʃəˈreɪʃn] *s* **1.** *bes. chem. phys. u. fig.* Sättigung *f*, Satuˈrierung *f.* **2.** (Durch)ˈTränkung *f*, Durchˈsetzung *f.* **3.** Sattheit *f* (*e-r Farbe*). **~ bomb·ing** *s mil.* Belegen *n* mit e-m Bombenteppich. **~ point** *s chem.* Sättigungspunkt *m*: **to have reached ~** *fig.* nicht mehr aufnahmefähig *od.* gesättigt sein (*a. Markt*).

Sat·ur·day [ˈsætə(r)dɪ] *s* Sonnabend *m*, Samstag *m*: **on ~** (am) Sonnabend *od.* Samstag; **on ~s** sonnabends, samstags.

Sat·urn [ˈsætə(r)n] **I** *npr* **1.** *antiq.* Saˈturn(us) *m* (*altrömischer Gott*). **II** *s* **2.** *astr.* Saˈturn *m* (*Planet*). **3.** *chem. hist.* Blei *n.* **4.** *her.* Schwarz *n.*

Sat·ur·na·li·a [ˌsætə(r)ˈneɪljə] *s pl* **1.** *antiq.* Saturˈnalien *pl.* **2.** *oft* **s~** (*a. als sg konstruiert*) *fig.* Orgie(n *pl*) *f.* ˌ**Sat·urˈna·li·an** *adj* **1.** *antiq.* saturˈnalisch. **2. s~** *fig.* orgiˈastisch.

Sa·tur·ni·an [sæˈtɜːnjən; *Am.* -ˈtɜrnɪən] *adj* **1.** *astr.* Saturn... **2.** *myth., a. fig. poet.* saˈturnisch: **~ age** goldenes Zeitalter; **~ reign** glückliche Regierungszeit. **3.** *metr.* saˈturnisch: **~ verse.**

sat·ur·nine [ˈsætə(r)naɪn] *adj* (*adv* **~ly**) **1.** düster, finster: **~ man**; **~ face.** **2.** **S~** im Zeichen des Saˈturn geboren. **3.** *min.* Blei...: **~ red** Bleirot *n*; **~ poisoning** *med.* Bleivergiftung *f.*

sat·yr [ˈsætə(r); *Am. a.* ˈseɪ-] *s* **1.** *oft* **S~** *antiq.* Satyr *m* (*Waldgott*). **2.** *fig.* Satyr *m*, sinnlich-lüsterner Mensch. **3.** *med.* Satyroˈmane *m.* ˌ**sat·yˈri·a·sis** [-ˈraɪəsɪs] *s med.* Satyˈriasis *f* (*abnormer Geschlechtstrieb beim Mann*). **sa·tyr·ic** [səˈtɪrɪk] *adj* Satyr..., satyrartig: **~ drama** *antiq.* Satyrspiel *n.*

sauce [sɔːs] **I** *s* **1.** Soße *f*, Sauce *f*, Tunke *f*: **what is ~ for the goose is ~ for the gander** was dem einen recht ist, ist dem andern billig; → **hunger** 1. **2.** *fig.* Würze *f*, Reiz *m.* **3.** *Am.* Komˈpott *n.* **4.** *colloq.* Frechheit *f*: **none of your ~!** werd bloß nicht frech! **5.** *tech.* a) Beize *f*, b) (Tabak-) Brühe *f.* **II** *v/t* **6.** mit Soße würzen *od.* zubereiten. **7.** würzen (*a. fig.*). **8.** [*Am.* sæs] *colloq.* frech sein zu. ˈ**~·boat** *s* Sauˈciere *f*, Soßenschüssel *f.* ˈ**~·box** *s colloq.* frecher Kerl. ˈ**~·dish** *s bes. Am.* Komˈpottschüssel *f*, -schale *f.* ˈ**~·pan** [-pən; *Am.* -ˌpæn] *s* Kochtopf *m*, Kasseˈrolle *f.*

sau·cer [ˈsɔːsə(r)] *s* ˈUntertasse *f*: → **flying saucer.** **~·eye** *s* Kuller-, Glotzauge *n.* ˈ**~·eyed** *adj* kuller-, glotzäugig. ˈ**~·man** [-mən] *s irr* Außerirdische(r) *m.*

sau·ci·ness [ˈsɔːsɪnɪs; *Am. a.* ˈsæsiː-] *s* **1.** Frechheit *f.* **2.** Keßheit *f.* ˈ**sau·cy** *adj* (*adv* **saucily**) **1.** frech. **2.** *colloq.* flott, keß, fesch: **a ~ hat.**

sau·er·bra·ten [ˈsaʊə(r)ˌbrɑːtən] *s gastr.* Sauerbraten *m.*

sau·er·kraut [ˈsaʊə(r)kraʊt] *s* Sauerkraut *n.*

sault [suː] *s Am.* Stromschnelle *f.*

sau·na [ˈsɔːnə; *bes. Am.* ˈsaʊnə] *s* Sauna *f.*

saun·ter [ˈsɔːntə(r)] **I** *v/i* **1.** schlendern, bummeln: **to ~ about** (*od.* **around**) herumschlendern, (-)bummeln. **II** *s* **2.** (Herˈum)Schlendern *n*, Bummel *m.* **3.** Schlendergang *m.* ˈ**saun·ter·er** *s* Schlenderer *m*, Bummler *m.*

sau·ri·an [ˈsɔːrɪən] *zo.* **I** *s* Saurier *m*: a) Eidechse *f*, b) Repˈtil *n.* **II** *adj* Saurier..., Eidechsen...

sau·ry [ˈsɔːrɪ] *s ichth.* Maˈkrelenhecht *m.*

sau·sage [ˈsɒsɪdʒ] *s* **1.** Wurst *f*: **not a ~** überhaupt nichts. **2.** *a.* **~ balloon** *aer. colloq.* ˈFesselbalˌlon *m.* **3.** *contp.* Deutsche(r *m*) *f.* **~ dog** *s Br. colloq.* Dackel *m.* **~ meat** *s* Wurstteig *m*, -masse *f*, Brät *n.*

sau·té [ˈsəʊteɪ; *Am.* sɔːˈteɪ; səʊˈteɪ] **I** *adj* sauˈté, sauˈtiert (*in wenig Fett schnell gebraten*). **II** *s* Sauˈté *n.*

sav·a·ble [ˈseɪvəbl] *adj* zu retten(d).

sav·age [ˈsævɪdʒ] **I** *adj* (*adv* **~ly**) **1.** *allg.* wild: a) primiˈtiv: **~ tribes**, b) ungezähmt: **~ beasts**, c) wüst, schroff: **~ land**, d) bruˈtal, grausam, e) grimmig, f) *colloq.* wütend, böse. **II** *s* **2.** Wilde(r *m*) *f.* **3.** Rohling *m*, Unmensch *m.* **4.** Barˈbar(in), ‚Halbwilde(r' *m*) *f.* **5.** bösartiges Tier, *bes.* bissiges Pferd. **III** *v/t* **6.** *j-n* bruˈtal behandeln, *j-m* übel mitspielen. **7.** anfallen u. beißen *od.* niedertrampeln (*Pferd etc*), arg zurichten. **8.** scharf *od.* heftig kritiˈsieren. ˈ**sav·age·dom** *s* **1.** Wildheit *f.* **2.** die Wilden *pl.* ˈ**sav·age·ness** *s* **1.** Wildheit *f*, Roheit *f*, Grausamkeit *f.* **2.** Wut *f*, Bissigkeit *f.* ˈ**sav·age·ry** [-dʒrɪ; -dʒərɪ] *s* **1.** ˈUnziviliˌsiertheit *f*, Wildheit *f.* **2.** Roheit *f*, Grausamkeit *f*, Barbaˈrei *f.*

sa·van·na(h) [səˈvænə] *s geogr.* Saˈvanne *f.*

sa·vant [ˈsævənt; *Am. a.* sæˈvɑːnt] *s* (großer) Gelehrter.

sa·vate [səˈvæt; səˈvɑːt] *s sport* Saˈvate *f*, Fußboxen *n.*

save¹ [seɪv] **I** *v/t* **1.** (er)retten (**from** von, vor *dat*): **to ~ s.o.'s life** j-m das Leben retten; → **bacon.** **2.** *mar.* bergen. **3.** bewahren, schützen (**from** vor *dat*): **God ~ the queen** Gott erhalte die Königin; **to ~ the situation** die Situation retten; → **appearance** *Bes. Redew.*, **face** 6, **harmless** 2. **4.** *Geld etc* sparen, einsparen: **to ~ fuel** Treibstoff sparen; **to ~ time** Zeit gewinnen. **5.** *a.* **~ up** aufbewahren, -heben, (auf)sparen: **~ it!** *sl.* ‚geschenkt!'; → **breath** 1. **6.** *a. die Augen* schonen, schonend *od.* sparsam ˈumgehen mit: **to ~ o.s. (one's strength) for s.th.** sich (s-e Kräfte) für etwas schonen. **7.** *j-m e-e Mühe etc* ersparen: **he ~d me the trouble of reading it.** **8.** *relig.* (**from**) retten (aus), erlösen (von). **9.** ausnehmen: **(God) ~ the mark!** *iro.* verzeihen Sie die Bemerkung!; **~** (*od.* **saving**) **your presence** (*od.* **reverence**) mit Verlaub. **10.** *a.* **~ up** *Geld* sparen. **11.** *sport* a) *Tor* verhindern, b) *Schuß etc* halten, paˈrieren. **II** *v/i* **12.** *a.* **~ up** sparen (**for** für, auf *acc*). **13.** *sport* a) retten, halten, b) *Satzball etc* abwehren. **14.** *Am.* sich halten (*Lebensmittel*). **III** *s* **15.** *sport* Paˈrade *f*: **to make a brilliant ~** hervorragend parieren.

save² [seɪv] *prep u. conj* außer (*dat*), mit Ausnahme von (*od. gen*), ausgenommen (*nom*), abgesehen von: **all ~ him** alle außer ihm; **~ for** bis auf (*acc*); **~ that** abgesehen davon, daß; nur, daß.

ˈ**save-all** *s* **1.** Sparvorrichtung *f*, *bes.* a) *tech.* Auffang-, Sammelvorrichtung *f*, b) *mar.* Wassersegel *n od.* -fänger *m.* **2.** *dial.* Sparbüchse *f.* **3.** *dial.* Arbeitsanzug *m.*

sav·e·loy [ˌsævəˈlɔɪ; ˈsævəlɔɪ] *s* Zerveˈlatwurst *f.*

sav·er [ˈseɪvə(r)] *s* **1.** Retter(in). **2.** Sparer(in). **3.** *fig.* sparsames Gerät *etc*: **the new electric range is a time-~** der neue Elektroherd spart Zeit. ˈ**sav·ing I** *adj* **1.** rettend, befreiend: **a ~ humo(u)r** ein befreiender Humor. **2.** *relig.* erlösend: **~ grace** seligmachende Gnade. **3.** sparsam (**of** mit). **4.** ...sparend: **time~.** **5.** ausgleichend, versöhnend: → **redeem** 8. **6.** *jur.* Vorbehalts...: **~ clause.** **II** *s* **7.** (Er)Rettung *f* (**from** von, vor *dat*). **8.** a) Sparen *n*, b) Ersparnis *f*, Einsparung *f*: **~ of time** Zeitersparnis. **9.** *pl* Ersparnis(se *pl*) *f*, Spargeld(er *pl*) *n*, Rücklage *f*. **10.** *jur.* Vorbehalt *m*. **III** *prep u. conj* **11.** → save². **12.** unbeschadet (*gen*): → save¹ 9.

sav·ings| ac·count *s* Sparkonto *n*. ~ **bank** *s* Sparkasse *f*: ~ **(deposit) book** Spar(kassen)buch *n*. ~ **de·pos·it** *s* Spareinlage *f*.

sav·ior, *bes. Br.* **sav·iour** [ˈseɪvjə(r)] *s* (Er)Retter *m*, Erlöser *m*: **the S~** *relig.* der Heiland *od.* Erlöser.

sa·voir-faire [ˌsævwɑː(r)ˈfeə(r)] *s* Savoir-ˈfaire *n*, Gewandtheit *f*, Takt(gefühl *n*) *m*. ˌ**sa·voir-ˈvi·vre** [-ˈviːvrə] *s* Savoir-ˈvivre *n*, feine Lebensart.

sa·vor, *bes. Br.* **sa·vour** [ˈseɪvə(r)] **I** *s* **1.** (Wohl)Geschmack *m*, (-)Geruch *m*. **2.** *bes. fig.* Würze *f*, Reiz *m*. **3.** *fig.* Beigeschmack *m*, Anstrich *m*, Anflug *m* (**of** von). **II** *v/t* **4.** kosten. **5.** *bes. fig.* genießen, auskosten. **6.** *bes. fig.* würzen, schmackhaft machen. **7.** *fig.* e-n Anstrich *od.* Beigeschmack haben von, schmecken nach. **III** *v/i* **8.** (**of**) a) *a. fig.* schmecken, riechen (nach), b) *fig.* e-n Beigeschmack haben (von). ˈ**sa·vor·i·ness,** *bes. Br.* ˈ**sa·vour·i·ness** [-rɪnɪs] *s* Wohlgeschmack *m*, -geruch *m*, Schmackhaftigkeit *f*. ˈ**sa·vor·less,** *bes. Br.* ˈ**sa·vour·less** *adj* geschmacklos, geruchlos, fade.

sa·vor·y¹, *bes. Br.* ˈ**sa·vour·y** [ˈseɪvərɪ] **I** *adj* **1.** wohlschmeckend, -riechend, schmackhaft. **2.** *a. fig.* appeˈtitlich, angenehm. **3.** würzig, piˈkant (*a. fig.*). **II** *s* **4.** *Br.* piˈkante Vor- *od.* Nachspeise.

sa·vor·y² [ˈseɪvərɪ] *s bot.* Kölle *f*, Bohnenkraut *n*.

sa·vour, *etc bes. Br. für* **savor,** *etc.*

sa·voy [səˈvɔɪ] *s bot.* Wirsing(kohl) *m*.

Sa·voy·ard [səˈvɔɪɑː(r)d] **I** *s* Savoˈyarde *m*, Savoˈyardin *f*. **II** *adj* savoˈyardisch.

sav·vy [ˈsævɪ] *sl.* **I** *v/t* **1.** ‚kaˈpieren', verstehen. **II** *v/i* **2.** ~? kapiert?; **no** ~ a) kapier' ich nicht, b) keine Ahnung. **III** *s* **3.** ‚Grips' *m*, ‚Köpfchen' *n*, Verstand *m*, ‚ˈDurchblick' *m*. **4.** Geschick *n*: **political** ~; **he has no business** ~ er ist einfach kein Geschäftsmann. **IV** *adj* **5.** clever, mit ‚Köpfchen'.

saw¹ [sɔː] **I** *s* **1.** Säge *f*: **singing** (*od.* **musical**) ~ *mus.* singende Säge. **2.** *zo.* a) Säge *f* (*des Sägehais*), b) Legedorn *m* (*der Blattwespen*). **3.** *Whist:* Zwickmühle *f*. **II** *v/t pret* **sawed** *pp* **sawed** *od.* **sawn** [sɔːn] **4.** sägen: **to ~ down a tree** e-n Baum umsägen; **to ~ off** absägen; **a ~n-off shotgun** e-e abgesägte Schrotflinte; **to ~ out boards** Bretter zuschneiden; **to ~ up** zersägen; **to ~ the air (with one's hands)** (mit den Händen) in der Luft herumfuchteln; **to ~ wood** *sl.* ‚sägen' (*schnarchen*). **5.** *colloq.* *e-e Melodie* (auf der Geige *etc*) ‚kratzen'. **III** *v/i* **6.** sägen. **7.** sich sägen lassen. **8. to ~ away at the violin** *colloq.* auf der Geige ‚herumkratzen'.

saw² [sɔː] *pret von* **see¹**.

saw³ [sɔː] *s* Sprichwort *n*.

ˈ**saw|·back** *s* (gezackte) Bergkette. ~ **blade** *s* Sägeblatt *n*. ˈ**~·bones** *pl* **-bones** *od.* **-bones·es** *s sl.* a) ‚Mediˈzinmann' *m* (*Arzt*), b) ‚Bauchaufschneider' *m* (*Chirurg*). ˈ**~·buck** *s Am.* **1.** Sägebock *m*. **2.** *sl.* 10-Dollar-Note *f*.

saw·der [ˈsɔːdə(r)] *colloq.* **I** *s meist* **soft** ~ ‚Schmus' *m*, Schmeicheˈlei *f*. **II** *v/t j-m* um den Bart gehen, schmeicheln.

ˈ**saw|·dust I** *s* **1.** Sägemehl *n*: **to let the ~ out of** *fig.* die Hohlheit zeigen von, entlarven (*acc*). **II** *adj* **2.** Zirkus... **3.** *fig.* hohl, leer (*Phrasen etc*). ˈ**~·fish** *pl* **-ˌfish·es,** *bes. collect.* **-fish** *s* Sägefisch *m*. ˈ**~·fly** *s zo.* Blattwespe *f*. ~ **frame,** ~ **gate** *s tech.* Sägegatter *n*. ~ **grass** *s bot.* *Am.* Riedgras *n*. ˈ**~·horse** *s* Sägebock *m*. ˈ**~·mill** *s* Sägewerk *n*, -mühle *f*.

sawn [sɔːn] *pp von* **saw¹** II.

Saw·ney [ˈsɔːnɪ] *s colloq.* **1.** (*Spitzname für*) Schotte *m*. **2. s~** Trottel *m*.

saw|set *s tech.* Schränkeisen *n*. ˈ**~·tooth I** *s irr* **1.** Sägezahn *m*. **II** *adj* **2.** Sägezahn...: ~ **roof** Säge-, Scheddach *n*. **3.** *electr.* Sägezahn...: ~ **voltage** Sägezahn-, Kippspannung *f*; ~ **wave** Sägezahn-, Kippschwingung *f*. ˈ**~·toothed** *adj* **1.** mit Sägezähnen (verˈsehen). **2.** gezähnt (*Blatt etc*). ˈ**~·wort** *s bot.* Färberdistel *f*.

saw·yer [ˈsɔːjə(r)] *s* **1.** Säger *m*. **2.** *zo.* Holzbohrer *m*.

sax¹ [sæks] *s* **1.** Spitzhacke *f*. **2.** *hist.* Sachs *m* (*zweischneidiges Schwert*).

sax² [sæks] *s colloq.* ‚Sax' *n* (*Saxophon*).

sax·a·tile [ˈsæksətaɪl; -tɪl] *adj bot. zo.* Felsen..., Stein...

Saxe [sæks] *s a.* ~ **blue** Sächsischblau *n*.

sax·horn [ˈsækshɔː(r)n] *s mus.* Saxhorn *n*.

sax·i·frage [ˈsæksɪfrɪdʒ; -freɪdʒ] *s bot.* Steinbrech *m*.

Sax·on [ˈsæksn] **I** *s* **1.** Sachse *m*, Sächsin *f*. **2.** *hist.* (Angel)Sachse *m*, (Angel)Sächsin *f*. **3.** *ling.* Sächsisch *n*, das Sächsische: **Old** ~ Altsächsisch, das Altsächsische (*germanische Sprache*). **II** *adj* **4.** sächsisch. **5.** (alt-, angel)sächsisch, *ling. oft* gerˈmanisch: ~ **genitive** sächsischer Genitiv. ~ **blue** → **Saxe**.

ˈ**sax·on·dom** *s* **1.** Angelsachsentum *n*. **2.** *collect.* die Angelsachsen *pl*. ˈ**Sax·on·ism** *s* angelsächsische Spracheigenheit, angelsächsisches Wort. ˈ**Sax·on·ist** *s* Kenner(in) des (Angel- *od.* Alt-) Sächsischen. ˈ**Sax·o·ny** *s* **1.** *geogr.* Sachsen *n*. **2. s~,** *a.* ~ **cloth** feiner, glänzender Wollstoff.

sax·o·phone [ˈsæksəfəʊn] *s mus.* Saxoˈphon *n*. **sax·o·phon·ist** [sækˈsɒfənɪst; *bes. Am.* ˈsæksəfəʊnɪst] *s* Saxophoˈnist (-in).

sax·tu·ba [ˈsæksˌtjuːbə; *Am. a.* -ˌtuːbə] *s* Saxtuba *f*.

say¹ [seɪ] **I** *v/t pret u. pp* **said** [sed] *2. sg pres obs. od. Bibl.* **say(e)st** [ˈseɪ(ə)st], *3. sg pres* **says** [sez] *obs. od. poet.* **saith** [seθ] **1.** sagen, sprechen: **to ~ yes to s.th.** ja zu etwas sagen; **they have little to ~ to each other** sie haben sich wenig zu sagen. **2.** sagen, äußern, vorbringen, berichten: **to have s.th. to ~ to** (*od.* **with**) etwas zu sagen haben in (*dat*) *od.* bei; **he has nothing to ~ for himself** a) er ist sehr zurückhaltend, b) *contp.* mit ihm ist nicht viel los; **have you nothing to ~ for yourself?** hast du nichts zu d-r Rechtfertigung zu sagen?; **the Bible ~s** die Bibel sagt, in der Bibel heißt es *od.* steht; **people** (*od.* **they**) ~ **he is ill, he is said to be ill** man sagt *od.* es heißt, er sei krank; er soll krank sein; **what do you ~** (*oft* **what ~ you**) **to ...?** was hältst du von ...?, wie wäre es mit ...?; **it ~s** es lautet (*Schreiben etc*); **it ~s here** hier heißt es, hier steht (geschrieben); **(and) that's ~ing something!** (und) das will was heißen!; → **bead** 2, **nothing** *Bes. Redew.* **3.** sagen, behaupten, versprechen: **you said you would come**; → **soon** 2. **4.** a) *a.* ~ **over** *ein Gedicht etc* auf-, ˈhersagen, b) *relig. ein Gebet* sprechen, c) *R.C. die Messe* lesen; → **grace¹** 11. **5.** (be)sagen, bedeuten: **that is to ~** das heißt; **$ 500, ~, five hundred dollars** 500 $, in Worten: fünfhundert Dollar; **this is ~ing a great deal** das will viel heißen. **6.** *colloq.* annehmen: **(let us) ~ this happens** angenommen *od.* nehmen wir (mal) an, das geschieht; **a sum of, ~, $ 500** e-e Summe von sagen wir (mal) 500 $; **a country, ~ India** ein Land wie (z.B.) Indien; **I should ~** ich würde sagen, ich dächte (schon).

II *v/i* **7.** sagen, meinen: **it is hard to ~** es ist schwer zu sagen; **you may well ~ so** das kann man wohl sagen; **you don't ~ (so)!** was du nicht sagst!; **~s he?** *colloq.* sagt er?; **~s you!** *sl.* das sagst du!, ‚denkste'! **8. I ~** *interj* a) hör(en Sie) mal!, sag(en Sie) mal!, b) (*erstaunt od. beifällig*) Donnerwetter!, ich muß schon sagen!

III *s* **9.** Ausspruch *m*, Behauptung *f*: **to have one's ~ (to, on)** s-e Meinung äußern (über *acc od.* zu). **10.** Mitspracherecht *n*: **to have a (no) ~ in s.th.** etwas (nichts) zu sagen haben bei etwas; **let him have his ~** laß(t) ihn (doch auch mal) reden! **11.** *a.* **final** ~ endgültige Entscheidung: **who has the ~ in this matter?** wer hat in dieser Sache zu entscheiden *od.* das letzte Wort (zu sprechen)?

say² [seɪ] *s ein feiner Wollstoff.*

say·est [ˈseɪəst] *obs. 2. sg pres von* **say¹**: **thou** ~ du sagst.

say·ing [ˈseɪɪŋ] *s* **1.** Reden *n*, Sagen *n*: **it goes without ~** es versteht sich von selbst, es ist selbstverständlich; **there is no ~** man kann nicht sagen *od.* wissen (*ob, wann etc*). **2.** Ausspruch *m*. **3.** Sprichwort *n*, Redensart *f*: **as the ~ goes** (*od.* **is**) wie man sagt, wie es (im Sprichwort) heißt.

ˈ**say-so** *s colloq.* **1.** (bloße) Behauptung: **just on his ~** auf s-e bloße Behauptung hin. **2.** → **say¹** 10 *u.* 11.

sayst [seɪst] → **sayest**.

'sblood [zblʌd] *interj obs. abbr. für* **God's Blood!** verflucht!

scab [skæb] **I** *s* **1.** *med.* a) Grind *m*, (Wund)Schorf *m*, b) Krätze *f*. **2.** *vet.* (*bes.* Schaf)Räude *f*. **3.** *bot.* Schorf *m*. **4.** *sl.* Haˈlunke *m*. **5.** *sl.* a) Streikbrecher(in), b) j-d, der sich nicht an die Taˈrifbestimmungen hält (*bes. der unter Tariflohn arbeitet*), c) Nichtgewerkschaft(l)er *m*: ~ **work** Schwarzarbeit *f*, *a.* Arbeit *f* unter Tariflohn. **6.** *tech.* Gußfehler *m*. **II** *v/i* **7.** verschorfen, (sich) verkrusten. **8.** *a.* ~ **it** *sl.* als Streikbrecher *od.* unter Taˈriflohn arbeiten.

scab·bard [ˈskæbə(r)d] *s* (*Degen- etc*) Scheide *f*.

scabbed [skæbd] *adj* **1.** → **scabby**. **2.** *bot.* schorfig.

scab·bi·ness [ˈskæbɪnɪs] *s* **1.** Grindigkeit *f*. **2.** *vet.* Räudigkeit *f*. **3.** *colloq.* Schäbigkeit *f*, Gemeinheit *f*. ˈ**scab·by** *adj* **1.** a) schorfig, grindig, b) mit Krätze behaftet. **2.** *vet.* räudig. **3.** *colloq.* schäbig, gemein.

sca·bi·es [ˈskeɪbiːiːz; -biːz] → **scab** 1 *u.* 2.

sca·bi·ous¹ [ˈskeɪbjəs; -bɪəs] *adj* **1.** *med.* skabiˈös, krätzig. **2.** *vet.* räudig.

sca·bi·ous² [ˈskeɪbjəs; -bɪəs] *s bot.* Skabiˈose *f*.

sca·brous [ˈskeɪbrəs; *Am.* ˈskæ-] *adj* **1.** rauh, schuppig (*Pflanze etc*). **2.** heikel, schwierig, kniff(e)lig: **a ~ question**. **3.** *fig.* schlüpfrig, anstößig.

scad [skæd] *s* **1.** *pl* **scads,** *bes. collect.* **scad** *ichth.* a) (*ein*) Stöckerfisch *m*, b) Cataˈlufa(fisch) *m*. **2.** *meist pl Am. colloq.* ein ‚Haufen' *m*, e-e (Un)Menge: **~s of money**.

scaf·fold [ˈskæfəld] **I** *s* **1.** (Bau-, Arbeits)Gerüst *n*, Gestell *n*. **2.** Blutgerüst *n*, (*a.* Tod *m* auf dem) Schaˈfott *n*. **3.** (ˈRedner-, ˈZuschauer)Triˌbüne *f*. **4.** *thea.* Bühne *f*, *bes. hist.* Schaugerüst *n*. **5.** *anat.* a) Knochengerüst *n*, b) Stützgewebe *n*. **6.** *tech.* Ansatz *m* (*im Hochofen*). **II** *v/t* **7.** ein Gerüst anbringen an (*dat*). **8.** auf e-m Gestell aufbauen. ˈ**scaf·fold·er** *s* Gerüstbauer *m*. ˈ**scaf·fold·ing** *s* **1.** (Bau)Gerüst *n*. **2.** Geˈrüstmateriˌal *n*. **3.** Aufbau *m* des Gerüsts.

scag [skæg] *s Am. sl.* ‚Schnee' *m* (*Heroin*).

scagl·ia [ˈskæljə] *s* Scaglia *f* (*Kalksteinart*).

scagl·io·la [skæl'jəʊlə] *s* Scagli'ola *f* (*marmorartiger Kunststein*).

scal·a·ble ['skeɪləbl] *adj* ersteigbar.

scal·age ['skeɪlɪdʒ] *s Am.* **1.** *econ.* Schwundgeld *n.* **2.** Holzgewicht *n.*

sca·lar ['skeɪlə(r)] *math.* **I** *adj* ska'lar, ungerichtet. **II** *s* Ska'lar *m*, ska'lare Größe.

scal·a·wag ['skæləwæg] *s* **1.** Kümmerling *m* (*Tier*). **2.** *colloq.* Lump *m*, Taugenichts *m*, *pl* Gesindel *n.* **3.** *hist. Am. sl.* Scalawag *m* (*Schimpfname für e-n republikanerfreundlichen Weißen in den Südstaaten nach dem Sezessionskrieg*).

scald[1] [skɔːld] *s* Skalde *m* (*nordischer Sänger*).

scald[2] [skɔːld] **I** *v/t* **1.** verbrühen: **to ~ one's fingers on** (*od.* **with**) **hot fat** sich mit heißem Fett die Finger verbrühen; **to be ~ed to death** tödliche Verbrennungen erleiden. **2.** *Milch etc* abkochen: **~ing hot** a) kochendheiß, b) glühendheiß (*Tag etc*); **~ing tears** *fig.* heiße Tränen. **3.** *Obst etc* dünsten. **4.** *Geflügel, Schwein etc* (ab-)brühen. **5.** *a.* **~ out** auskochen. **II** *s* **6.** Verbrühung *f*, Verbrennung *f*, Brandwunde *f.* **7.** *bot.* Braunfleckigkeit *f* (*an Obst*).

scale[1] [skeɪl] **I** *s* **1.** *zo.* Schuppe *f*, *collect.* Schuppen *pl.* **2.** *med.* Schuppe *f*: **to come off in ~s** → 12; **the ~s fall from my eyes** *fig.* es fällt mir wie Schuppen von den Augen; **to remove the ~s from s.o.'s eyes** *fig.* j-m die Augen öffnen. **3.** *bot.* a) Schuppenblatt *n*, b) (*Erbsen- etc*)Hülse *f*, Schale *f.* **4.** (*Messer*)Schale *f.* **5.** *zo.* Schildlaus *f.* **6.** Ablagerung *f*, *bes.* a) Kesselstein *m*, b) *med.* Zahnstein *m*: **to form ~** → 13. **7.** *sg od. pl metall.* Zunder *m*: → **iron scale. II** *v/t* **8.** *a.* **~ off** a) *e-n Fisch* (ab)schuppen, b) *e-e Schicht etc* ablösen, (ab)schälen, (ab)häuten: **to ~ almonds** Mandeln schälen. **9.** a) abklopfen, den Kesselstein entfernen aus, b) *Zähne* vom Zahnstein befreien. **10.** e-e Kruste *od.* Kesselstein ansetzen in (*dat*) *od.* an (*dat*). **11.** *metall.* ausglühen. **III** *v/i* **12.** *a.* **~ off** sich (ab)schuppen *od.* lösen, abschilfern, abblättern. **13.** Kessel- *od.* Zahnstein ansetzen.

scale[2] [skeɪl] **I** *s* **1.** Waagschale *f* (*a. fig.*): **~s of Justice** Waage *f* der Justitia *od.* Gerechtigkeit; **to hold the ~s even** gerecht urteilen; **to throw into the ~** *fig. das Schwert etc* in die Waagschale werfen; **to turn** (*od.* **tip**) **the ~s** *fig.* den Ausschlag geben; **to turn** (*od.* **tip**) **the ~s at 100 lbs** 100 Pfund wiegen; **to weight the ~s in favo(u)r of s.o.** j-m e-n (unerlaubten) Vorteil verschaffen. **2.** *meist pl* Waage *f*: **a pair of ~s** e-e Waage; **to go to ~** *sport* gewogen werden (*Boxer, Jockey*); **to go to ~ at 90 lbs** 90 Pfund wiegen *od.* auf die Waage bringen. **3. S~s** *pl astr.* Waage *f.* **II** *v/t* **4.** wiegen. **5.** *colloq.* (ab-, aus)wiegen. **III** *v/i* **6.** *sport* gewogen werden: **to ~ in (out)** vor (nach) dem Rennen gewogen werden (*Jockey*).

scale[3] [skeɪl] **I** *s* **1.** a) Stufenleiter *f*, Staffelung *f*, b) Skala *f*, Ta'rif *m*: **~ of fees** Gebührenordnung *f*; **~ of salaries** Gehaltsstaffelung; **~ of wages** Lohnskala, -tabelle *f.* **2.** Stufe *f* (*auf e-r Skala, Stufenleiter etc, a. fig.*): **social ~** Gesellschaftsstufe; **to sink in the ~** im Niveau sinken. **3.** *phys. tech.* Skala *f*: **~ division** Gradeinteilung *f*; **~ line** Teilstrich *m* e-r Skala. **4.** *geogr. math. tech.* a) Maßstab(sangabe *f*) *m*, b) loga'rithmischer Rechenstab: **enlarged (reduced) ~** vergrößerter (verkleinerter *od.* verjüngter) Maßstab; **in** (*od.* **to**) **~** maßstab(s)getreu *od.* -gerecht; **at a ~ of 1 inch to 1 mile** im Maßstab 1 Zoll : 1 Meile; **drawn to a ~ of 1 : 5** im Maßstab 1 : 5 gezeichnet; **~ model** maßstab(s)getreues Modell. **5.** *fig.* Maßstab *m*, Größenordnung *f*, 'Umfang *m*: **on a large ~** in großem Umfang, großen Stils. **6.** *math.* (nu'merische) Zahlenreihe: **decimal ~** Dezimalreihe. **7.** *mus.* a) Tonleiter *f*, Skala *f*, b) 'Ton,umfang *m* (*e-s Instruments*), c) ('Orgelpfeifen)Men,sur *f*: **to run over** (*od.* **learn**) **one's ~s** Tonleitern üben. **8.** *ped. psych.* Test(stufen)reihe *f.* **9. on a ~** (*Börse*) zu verschiedenen Kurswerten; **to buy on a ~** s-e Käufe über e-e Baisseperiode verteilen; **to sell on a ~** s-e Verkäufe über e-e Hausseperiode verteilen. **10.** *fig.* Leiter *f*, Treppe *f*: **a ~ to success.**

II *v/t* **11.** erklettern, ersteigen, erklimmen (*a. fig.*). **12.** *geogr. math. tech.* a) maßstab(s)getreu zeichnen: **to ~ off a length** *math.* e-e Strecke abtragen, b) maßstäblich ändern: **to ~ down (up)** maßstab(s)gerecht *od.* maßstäblich verkleinern (vergrößern). **13.** *tech.* mit e-r Teilung versehen. **14.** einstufen: **to ~ down** *Löhne, Forderungen etc* herunterschrauben; **to ~ up** *Preise etc* hochschrauben.

III *v/i* **15.** (*auf e-r Skala od. fig.*) klettern, steigen: **to ~ down** fallen; **to ~ up** steigen, in die Höhe klettern.

scale| ar·mo(u)r *s* Schuppenpanzer *m.* **~ beam** *s* Waagebalken *m.* **~ buy·ing** *s econ.* (spekula'tiver) Aufkauf von 'Wertpa,pieren. **'~-down** *s* maßstab(s)gerechte *od.* maßstäbliche Verkleinerung.

scaled [skeɪld] *adj* **1.** *zo.* schuppig. **2.** abgeschuppt: **~ herring. 3.** mit e-r Skala (versehen).

scale fern *s bot.* Schuppenfarn *m.*

'scale·less *adj* schuppenlos.

sca·lene ['skeɪliːn; skeɪ'l-] **I** *adj math.* ungleichseitig (*Figur*), schief (*Körper*). **II** *s math.* schiefwink(e)liges Dreieck.

scal·er ['skeɪlə(r)] *s* **1.** Zahnstein- *od. tech.* Kesselsteinschaber *m.* **2.** *electr. phys.* Fre'quenzteiler *m.*

scale| rule *s* Maßstab *m*, -stock *m.* **~ sell·ing** *s econ.* (spekula'tiver) Verkauf von 'Wertpa,pieren. **'~-up** *s* maßstab(s)gerechte *od.* maßstäbliche Vergrößerung.

scal·i·ness ['skeɪlɪnɪs] *s* Schuppigkeit *f.*

scal·ing ['skeɪlɪŋ] *s* **1.** (Ab)Schuppen *n*, Abblättern *n.* **2.** Kesselstein- *od.* Zahnsteinentfernung *f.* **3.** Erklettern *n*, Aufstieg *m* (*a. fig.*): **~ ladder** *mil. hist.* Sturmleiter *f.* **4.** *econ.* (spekula'tiver) Auf- u. Verkauf *m* von 'Wertpa,pieren.

scall [skɔːl] *s med.* (Kopf)Grind *m*, Schorf *m*: **dry ~** Krätze *f.*

scal·la·wag → **scalawag.**

scal·lion ['skæljən] *s bot.* **1.** Scha'lotte *f.* **2.** Lauch *m.*

scal·lop ['skɒləp; *Am.* 'skɑl-; 'skæl-] **I** *s* **1.** *zo.* Kammuschel *f.* **2.** *meist pl* Kammmuschelfleisch *n* (*Delikatesse*). **3.** *a.* **~ shell** Muschel(schale) *f* (*a. aus Porzellan zum Servieren von Ragouts etc*). **4.** *Näherei*: Lan'gette *f.* **II** *v/t* **5.** ausbogen, bogenförmig verzieren: **~ed edge** Wellenschliff *m* (*e-s Messers*). **6.** *Näherei*: langet'tieren. **7.** *Speisen* in e-r (Muschel-)Schale über'backen.

scal·ly·wag ['skælɪwæg] → **scalawag.**

scalp [skælp] **I** *s* **1.** *anat.* Kopfhaut *f.* **2.** Skalp *m* (*abgezogene Kopfhaut als Siegeszeichen*): **to take s.o.'s ~** j-n skalpieren; **to be out for ~s** sich auf dem Kriegspfad befinden, *fig.* angriffslustig sein; **to clamo(u)r for s.o.'s ~** *fig.* ‚j-s Kopf' fordern. **3.** *fig.* 'Siegestro,phäe *f.* **4.** *econ. bes. Am. colloq.* kleiner Pro'fit. **5.** [*a.* skɔːp] a) *Scot. od. dial.* (Fels)Nase *f*, b) *poet.* Bergkuppe *f.* **II** *v/t* **6.** *j-n* skal'pieren. **7.** *econ. bes. Am. colloq. Wertpapiere* mit kleinem Pro'fit weiterverkaufen. **8.** *colloq. Eintrittskarten* auf dem schwarzen Markt verkaufen. **9.** *Am. colloq.* a) *e-n Gegner* ‚erledigen', ‚fertigmachen' (*a. sport*), b) *bes. pol. j-n* ‚kaltstellen'. **III** *v/i* **10.** *econ. bes. Am. colloq.* mit kleinen Gewinnen speku'lieren. **11.** *colloq.* Eintrittskarten auf dem schwarzen Markt verkaufen.

scal·pel ['skælpəl] *s med.* Skal'pell *n.*

'scalp·er *s* **1.** *med.* Knochenschaber *m.* **2.** *econ. bes. Am. colloq.* kleiner Speku'lant. **3.** *colloq.* Kartenschwarzhändler (-in).

scal·y ['skeɪlɪ] *adj* **1.** schuppig, geschuppt. **2.** Schuppen... **3.** schuppenförmig. **4.** schilferig, sich abschuppend. **5.** *sl.* schäbig, gemein.

scam [skæm] *s Am. sl.* ‚Masche' *f*, 'Gaunerme,thode *f.*

scam·mo·ny ['skæmənɪ] *s* **1.** *bot.* Skam'monia *f.* **2.** *pharm.* Skam'monium (-harz) *n.*

scamp [skæmp] **I** *s* **1.** Ha'lunke *m.* **2.** *humor.* Spitzbube *m.* **II** *v/t* **3.** schlud(e)rig ausführen, 'hinschlampen.

scam·per ['skæmpə(r)] **I** *v/i* **1.** *a.* **~ about** (*od.* **around**) (her'um)tollen, her'umhüpfen. **2.** hasten: **to ~ away** (*od.* **off**) sich davonmachen. **II** *s* **3.** (Her'um)Tollen *n*, Her'umhüpfen *n*: **the dog needs a ~** der Hund braucht Auslauf.

scam·pi ['skæmpɪ] *s pl* Scampi *pl.*

scan [skæn] **I** *v/t* **1.** genau *od.* kritisch prüfen, forschend *od.* scharf ansehen, *Horizont etc* absuchen: **to ~ s.o.'s face for s.th.** in j-s Gesicht nach etwas suchen. **2.** über'fliegen: **to ~ the headlines. 3.** *metr.* skan'dieren. **4.** *Computer, Radar, TV*: abtasten. **II** *v/i* **5.** *metr.* a) skan'dieren, b) sich *gut etc* skan'dieren (lassen).

scan·dal ['skændl] *s* **1.** Skan'dal *m*: a) skanda'löses Ereignis, b) (öffentliches) Ärgernis: **to cause ~** Anstoß erregen, c) Schande *f*, Schmach *f* (**to** für). **2.** Verleumdung *f*, (böswilliger) Klatsch, Skan'dalgeschichten *pl*: **to talk ~** klatschen. **3.** *jur.* üble Nachrede. **4.** ‚unmöglicher' Mensch.

scan·dal·ize[1] ['skændəlaɪz] *v/t* Anstoß erregen bei (*dat*), *j-n* schoc'kieren: **to be ~d at s.th.** über etwas empört *od.* entrüstet sein.

scan·dal·ize[2] ['skændəlaɪz] *v/t mar. Segel* verkleinern, ohne zu reffen.

'scan·dal,mon·ger *s* Lästermaul *n*, Klatschbase *f.*

scan·dal·ous ['skændələs] *adj* (*adv* **~ly**) **1.** skanda'lös, anstößig, schoc'kierend, em'pörend: **~ behavio(u)r. 2.** schändlich, schimpflich. **3.** verleumderisch, Schmäh...: **~ stories** Skandalgeschichten. **4.** klatschsüchtig (*Person*).

scan·dal sheet *s* Skan'dalblatt *n*, ‚Re'volverblatt' *n.*

Scan·di·na·vi·an [,skændɪ'neɪvjən; -vɪən] **I** *adj* **1.** skandi'navisch. **II** *s* **2.** Skandi'navier(in). **3.** *ling.* a) Skandi'navisch *n*, das Skandinavische, b) Altnordisch *n*, das Altnordische.

scan·ner ['skænə(r)] *s* **1.** *Computer, Radar, TV*: Abtaster *m.* **2.** → **scanning disk.**

'scan·ning *s Computer, Radar, TV*: Abtastung *f.* **~ beam** *s* Abtasterstrahl *m.* **~ disk** *s TV* (Bild)Abtaster *m*, Abtastscheibe *f.* **~ lines** *s pl TV* Rasterlinien *pl.*

scan·sion ['skænʃn] *s metr.* Skansi'on *f*, Skan'dierung *f.*

scan·so·ri·al [skæn'sɔːrɪəl] *adj zo.* **1.** Kletter...: **~ foot. 2.** zu den Klettervögeln gehörig.

scant [skænt] *adj* (*adv* **~ly**) knapp (**of** an *dat*), spärlich, kärglich, gering, dürftig: **a**

~ **chance** e-e geringe Chance; ~ **measure** knappes Maß; ~ **supply** geringer Vorrat; **a ~ 2 hours** knapp 2 Stunden; ~ **of breath** kurzatmig. **ˈscant·ies** [-tɪz] *s pl* Damenslip *m*. **ˈscant·i·ness** [-tɪnɪs] *s* Knappheit *f* (**of** an *dat*), Kargheit *f*.

scant·ling [ˈskæntlɪŋ] *s* **1.** *tech.* a) Latte *f*, Sparren *m*, b) *collect.* zugeschnittenes Bauholz. **2.** (vorgeschriebene) Stärke *od.* Dicke (*von Bauholz, Steinen etc*). **3.** *tech.* Rahmenschenkel *m*. **4.** *tech.* Faßgestell *n*. **5.** kleine Menge *od.* (An)Zahl.

ˈscant·ness → **scantiness**.

scant·y [ˈskæntɪ] *adj* (*adv* **scantily**) **1.** kärglich, dürftig, spärlich, (*a. Bikini etc*) knapp. **2.** unzureichend, (zu) knapp. **3.** beengt, klein (*Raum etc*).

scape[1] [skeɪp] *s* **1.** *bot. zo.* Schaft *m*. **2.** *arch.* (Säulen)Schaft *m*.

scape[2] [skeɪp] *s u. v/t u. v/i obs. für* **escape**.

-scape [skeɪp] *Wortelement mit der Bedeutung* Landschaft, Bild: **sandscape** Wüstenlandschaft *f*.

ˈscape|·goat *s Bibl.* Sündenbock *m* (*a. fig.*). **ˈ~·grace** *s* Taugenichts *m*, Lump *m*.

ˈscape·ment → **escapement**.

scaph·oid [ˈskæfɔɪd] *anat.* **I** *adj* scaphoˈid, Kahn... **II** *s a.* ~ **bone** Scaphoˈid *n*, Kahnbein *n*.

sca·pi [ˈskeɪpaɪ] *pl von* **scapus**.

scap·u·la [ˈskæpjʊlə] *pl* **-lae** [-liː], **-las** *s anat.* Schulterblatt *n*. **ˈscap·u·lar I** *adj* **1.** *anat.* Schulter(blatt)... **II** *s* **2.** *relig.* Skapuˈlier *n*. **3.** *med.* Schulterbinde *f*. **4.** → **scapula**. **5.** *a.* ~ **feather** *orn.* Schulter(blatt)feder *f*. **ˈscap·u·lar·y** [-lərɪ; *Am.* -ˌleriː] → **scapular** II.

sca·pus [ˈskeɪpəs] *pl* **-pi** [-paɪ] *s bot. orn.* Schaft *m*.

scar[1] [skɑː(r)] **I** *s* **1.** *med.* Narbe *f* (*a. bot.*; *a. fig. psych.*). **2.** Schramme *f*, Kratzer *m*: **the ~s of the war** *fig.* die Spuren des Kriegs. **3.** *fig.* (Schand)Fleck *m*, Makel *m*. **II** *v/t* **4.** e-e Narbe *od.* Narben hinterˈlassen auf (*dat*): **~red face** narbiges Gesicht. **5.** *fig.* bei j-m ein Trauma hinterˈlassen. **6.** *fig.* entstellen, verunstalten. **III** *v/i* **7.** ~ **over** vernarben (*a. fig.*).

scar[2] [skɑː(r)] *s* Klippe *f*, steiler (Felsen-)Abhang.

scar·ab [ˈskærəb] *s* **1.** → **scarabaeus**. **2.** *zo. allg.* Mistkäfer *m*. **ˌscar·aˈbae·id** [-ˈbiːɪd] *s zo.* Kotkäfer *m*. **ˌscar·aˈbae·oid** *s* **1.** → **scarabaeid**. **2.** stiliˈsierter *od.* imiˈtierter Skaraˈbäus (*Schmuck etc*).

scar·a·bae·us [ˌskærəˈbiːəs] *pl* **-bae·us·es, -bae·i** [-ˈbiːaɪ] *s* **1.** *zo.* Skaraˈbäus *m*. **2.** *fig.* Skaraˈbäus *m* (*Amulett, Siegel, Schmuck etc*). **ˈscar·a·bee** [-biː] → **scarabaeus**.

Scar·a·mouch [ˈskærəmuːtʃ; -muːʃ; -maʊtʃ] *s* **1.** Skaraˈmuz *m* (*italienische Lustspielgestalt*). **2.** *a.* **s~** *fig.* Maulheld *m*.

scarce [skeə(r)s] **I** *adj* **1.** knapp, spärlich: ~ **goods**, ~ **commodities** *econ.* Mangelwaren. **2.** selten, rar: **a ~ book**; **to make o.s.** ~ *colloq.* a) ‚sich dünnmachen', b) ‚sich rar machen'. **II** *adv* **3.** *obs. od. poet. für* **scarcely**. **ˈscarce·ly** *adv* **1.** kaum, gerade erst: ~ **anything** kaum etwas, fast nichts; ~ ... **when** kaum ... als. **2.** wohl nicht, kaum, schwerlich: **you can ~ expect that**. **ˈscarce·ness, ˈscar·ci·ty** [-ətɪ] *s* **1.** a) Knappheit *f*, Mangel *m* (**of** an *dat*), b) Verknappung *f*. **2.** (Hungers)Not *f*: **to suffer ~**. **3.** Seltenheit *f*: ~ **value** Seltenheitswert *m*.

scare [skeə(r)] **I** *v/t* **1.** erschrecken, ängstigen, in Schrecken *od.* Panik versetzen, *j-m* e-n Schrecken einjagen: **to be ~d of s.th.** vor etwas Angst haben; **to ~ s.o. into doing s.th.** j-n (so) einschüchtern, daß er etwas tut; **to ~ s.o. stiff** (*od.* **silly, out of his wits, to death**) *colloq.* a) j-n ‚zu Tode' erschrecken, b) j-m e-e Heidenangst einjagen. **2.** *a.* ~ **away** (*od.* **off**) *Vögel etc, a. j-n* verscheuchen, -jagen. **3.** ~ **up** a) *Wild etc* aufscheuchen, b) *Am. colloq. Geld, Hilfe etc* ‚organiˈsieren', auftreiben, c) *Am. colloq. Essen* ‚zaubern'. **II** *v/i* **4.** erschrecken: **to ~ easily** a) schreckhaft sein, b) *colloq.* ‚sich leicht ins Bockshorn jagen lassen'. **III** *s* **5.** a) Schreck(en) *m*, Panik *f*, b) blinder Aˈlarm: ~ **buying** Angstkäufe *pl*; ~ **news** Schreckensnachricht *f*. **ˈ~·crow** *s* **1.** Vogelscheuche *f* (*a. fig. Person*). **2.** *fig.* Schreckbild *n*, -gespenst *n*, Popanz *m*.

scared·y-cat [ˈskeə(r)dɪkæt] *s colloq.* Angsthase *m*.

ˈscare|·head(·line) *s* (riesige) Sensatiˈonsschlagzeile *f*. **ˈ~ˌmon·ger** *s* Panikmacher(in). **ˈ~ˌmon·ger·ing** *s* Panikmache *f*.

scarf[1] [skɑː(r)f] *pl* **scarfs** [-fs], **scarves** [-vz] *s* **1.** Hals-, Kopf-, Schultertuch *n*, Schal *m*. **2.** (breite) Kraˈwatte (*für Herren*). **3.** *mil.* Schärpe *f*. **4.** *relig.* (breite, schwarze) Seidenstola. **5.** Tischläufer *m*.

scarf[2] [skɑː(r)f] *pl* **scarfs I** *s* **1.** *tech.* a) Laschung *f* (*von 2 Hölzern*), b) *mar.* Lasch *m*. **2.** *tech.* zugeschärfter Rand. **3.** → **scarf joint**. **4.** *Walfang*: Einschnitt *m*, Kerbe *f*. **II** *v/t* **5.** *tech.* a) zs.-blatten, -laschen, b) *mar.* (ver)laschen. **6.** *tech. Leder etc* (zu)schärfen. **7.** *e-n Wal* aufschneiden.

scarf| joint *s tech.* Blattfuge *f*. **ˈ~·pin** *s* Kraˈwattennadel *f*. **ˈ~·skin** *s anat.* Oberhaut *f*. **ˈ~·weld** *s tech.* überˈlappte Schweißung.

scar·i·fi·ca·tion [ˌskeərɪfɪˈkeɪʃn] *s med.* Hautritzung *f*. **ˈscar·i·fi·ca·tor** [-tə(r)] *s med.* Stichelmesser *n*. **ˈscar·i·fi·er** [-faɪə(r)] *s* **1.** → **scarificator**. **2.** *agr.* Messeregge *f*. **3.** *tech.* Straßenaufreißer *m*.

scar·i·fy [ˈskeərɪfaɪ] *v/t* **1.** *die Haut* ritzen, aufreißen, *bes. med.* skarifiˈzieren. **2.** *fig.* a) *Gefühle etc* verletzen, b) scharf kritiˈsieren. **3.** *agr.* a) *den Boden* auflockern, b) *Samen* anritzen.

scar·la·ti·na [ˌskɑː(r)ləˈtiːnə] *s med.* Scharlach(fieber *n*) *m*.

scar·let [ˈskɑː(r)lət] **I** *s* **1.** Scharlach(rot *n*) *m*. **2.** Scharlach(tuch *n*, -gewand *n*) *m*. **II** *adj* **3.** scharlachrot: **to flush** (*od.* **turn**) ~ puterrot werden. **4.** *fig.* unzüchtig. ~ **fe·ver** *s med.* Scharlach(fieber *n*) *m*. ~ **hat** *s* Kardiˈnalshut *m*. ~ **let·ter** *s hist.* Scharlachbuchstabe *m* (*scharlachrotes A als Abkürzung von* **adultery** = *Ehebruch*). ~ **run·ner (bean)** *s bot.* Scharlach-, Feuerbohne *f*. **S~ Wom·an,** *a.* **S~ Whore** *s* **1.** *Bibl.* (*die*) (scharlachrot gekleidete) Hure. **2.** *fig.* (*das*) heidnische *od.* päpstliche Rom.

scarp [skɑː(r)p] **I** *s* **1.** steile Böschung. **2.** *mil.* Grabenböschung *f*. **II** *v/t* **3.** abböschen. **scarped** [-pt] *adj* steil, abschüssig.

scar·per [ˈskɑːpə] *v/i Br. sl.* ‚abhauen', ‚verduften'.

scarred [skɑː(r)d] *adj* narbig, voller Narben, von Narben bedeckt.

scarves [skɑː(r)vz] *pl von* **scarf**[1].

scar·y [ˈskeərɪ] *adj colloq.* **1.** a) grus(e)lig, schaurig (*Geschichte etc*), b) unheimlich (*Gegend etc*). **2.** a) furchtsam, b) schreckhaft.

scat[1] [skæt] *colloq.* **I** *interj* **1.** ‚hau ab!', ‚verdufte!' **2.** Tempo! **II** *v/i* **3.** ‚abhauen', ‚verduften'. **4.** sausen.

scat[2] [skæt] *s dial.* **1.** Schlag *m*, Knall *m*. **2.** *Br.* (Regen)Schauer *m*.

scat[3] [skæt] (*Jazz*) **I** *s* Scat *m* (*Verwendung zs.-hangloser Silben an Stelle von Worten beim Singen*). **II** *v/i* Scat singen.

scathe [skeɪð], *obs. od. dial.* **scath** [skæθ] **I** *v/t* **1.** vernichtend kritiˈsieren. **2.** *poet.* versengen. **3.** *obs. od. Scot.* verletzen. **II** *s* **4.** Schaden *m*: **without ~**. **5.** Beleidigung *f*. **ˈscathe·less** *adj* unversehrt. **scath·ing** [ˈskeɪðɪŋ] *adj* (*adv* **~ly**) **1.** ätzend, vernichtend: ~ **criticism**. **2.** verletzend.

sca·tol·o·gy [skæˈtɒlədʒɪ; *Am.* -ˈtɑl-] *s* **1.** *med.* Skatoloˈgie *f*, Kotstudium *n*. **2.** *geol.* Studium *n* der Koproˈlithen. **3.** *fig.* Beschäftigung *f* mit dem Obˈszönen (*in der Literatur*).

scat·ter [ˈskætə(r)] **I** *v/t* **1.** *a.* ~ **about** (*od.* **around**) (aufs Geratéwohl) ver-, herˈum-, ausstreuen: **to be ~ed all over the place** überall herumliegen; **to ~ money about** *fig.* mit dem Geld um sich werfen. **2.** *Menge etc* zerstreuen, *Vögel etc* auseinˈanderscheuchen, *Nebel etc* zerteilen: **to be ~ed to the four winds** in alle Winde zerstreut werden *od.* sein. **3.** *Gebäude etc* verstreut anordnen: **the houses lie ~ed in the valley** die Häuser sind über das ganze Tal verstreut. **4.** *Geld* verzetteln: **to ~ one's strength** *fig.* s-e Kräfte *od.* sich verzetteln. **5.** bestreuen (**with** mit). **6.** *phys. Licht etc* zerstreuen. **II** *v/i* **7.** sich zerstreuen (*Menge etc*), auseinˈanderstieben (*Vögel etc*), sich zerteilen (*Nebel etc*). **8.** (**over** über *acc*, **in** in *dat*) a) sich verteilen *od.* verstreuen, b) verteilt *od.* verstreut sein. **9.** streuen (*Gewehr, Schrotschuß, a. Radio etc*). **III** *s* **10.** Ver-, Ausstreuen *n*. **11. a ~ of houses** vereinzelte *od.* verstreute Häuser; **there was a ~ of raindrops** es hat ein bißchen getröpfelt. **12.** *bes. phys., a. Computer, Radio, Statistik etc*: Streuung *f*. **~·bomb** *s mil.* Streubrandbombe *f*. **ˈ~·brain** *s* oberflächlicher *od.* ˈunkonzenˌtrierter Mensch. **ˈ~·brained** *adj* oberflächlich, ˈunkonzenˌtriert.

ˈscat·tered *adj* **1.** ver-, zerstreut (liegend *od.* vorkommend *etc*). **2.** vereinzelt: ~ **rain showers (riots,** *etc*). **3.** *fig.* wirr, konˈfus: **a ~ story**; ~ **thoughts**. **4.** *phys.* difˈfus (*Licht etc*): ~ **radiation** Streustrahlung *f*. **ˈscat·ter·ing** *adj* → **scattered** 1, 4: ~ **angle** *phys.* Streuwinkel *m*.

scat·ter rug *s Am.* (kleine) Brücke.

scat·ty [ˈskætɪ] *adj* (*adv* **scattily**) *Br. colloq.* **1.** (ein bißchen) verrückt. **2.** → **scatterbrained**.

scaup (duck) [skɔːp] *s orn.* Bergente *f*.

scaup·er [ˈskɔːpə(r)] *s tech.* Hohleisen *n*.

scaur [skɔː(r)] *bes. Scot. für* **scar**[2].

scav·enge [ˈskævɪndʒ] **I** *v/t* **1.** *Straßen etc* reinigen, säubern. **2.** *mot. Zylinder* von Gasen reinigen, (*mit Luft*) ausspülen: **scavenging air** Spülluft *f*; **scavenging stroke** Spültakt *m*, Auspuffhub *m*. **3.** *metall.* reinigen. **4.** *Am.* a) *Abfälle, Überreste etc* auflesen, aufsammeln, b) *Eßbares etc* auftreiben, ergattern. **5.** *Am.* a) nach etwas Brauchbarem *etc* suchen in (*dat*), b) *Laden etc* durchˈstöbern (**for** nach). **II** *v/i* **6.** ~ **for** nach *etwas Eßbarem, Brauchbarem etc* (herˈum)suchen: **to ~ in dustbins for food**. **ˈscav·en·ger** *s* **1.** *bes. Br.* Straßenkehrer *m*. **2.** Müllmann *m*. **3.** a) Trödler *m*, Altwarenhändler *m*, b) Lumpensammler *m*. **4.** *chem.* Reinigungsmittel *n*. **5.** *zo.* Aasfresser *m*.

sce·na [ˈʃeɪnə; *Am.* ˈʃeɪnɑː] *s mus.* **1.** Opernszene *f*. **2.** draˈmatisches Rezitaˈtiv.

sce·nar·i·o [sɪˈnɑːrɪəʊ; *Am.* səˈneər-] *pl* **-os** *s* **1.** *thea.* Szeˈnar(ium) *n*, Szeˈnario *n* (*Textbuch mit Bühnenanweisungen*). **2.** *Film*: Drehbuch *n*. **3.** *fig.* Plan *m* (mit Alternaˈtivlösungen). **4.** *fig.* Szeˈnario *n*, (geplanter) Ablauf. **sce·nar·ist** [ˈsiːnərɪst; *Am.* səˈneər-] *s Film*: Drehbuchautor *m*. **sce·nar·ize** [ˈsiːnəraɪz; *Am.* səˈneər-] *v/t* zu e-m Drehbuch ˈumarbeiten.

scene [siːn] *s* **1.** *thea.* a) Szene *f*, Auftritt

m, b) Ort *m* der Handlung, Schauplatz *m* (*a. e-s Romans etc*), c) Kuˈlisse *f*, d) → **scenery** b, e) *obs.* Bühne *f*: → **lay**[1] 10, **set** 60; **change of ~** Szenenwechsel *m*, *fig.* ‚Tapetenwechsel' *m*; **behind the ~s** hinter den Kulissen (*a. fig.*). **2.** *Film, TV*: Szene *f*. **3.** Szene *f*, Epiˈsode *f* (*in e-m Roman etc*). **4.** *paint.* Landschaftsbild *n*. **5.** Szeneˈrie *f*, ˈHintergrund *m* (*e-r Erzählung etc*). **6.** *fig.* Szene *f*, Schauplatz *m*: **~ of accident (crime, crash)** Unfallort *m* (Tatort *m*, Absturzstelle *f*); **to be on the ~** zur Stelle sein. **7.** Szene *f*, Anblick *m*: **~ of destruction** Bild *n* der Zerstörung. **8.** Szene *f*: a) Vorgang *m*, Vorfall *m*, b) (heftiger) Auftritt: **to make (s.o.) a ~** (j-m) e-e Szene machen. **9.** *colloq.* (*Drogen-, Pop- etc*)Szene *f*. **10.** *fig.* (Welt-)Bühne *f*: **to quit the ~** von der Bühne abtreten (*sterben*). **11. classical music is not my ~** *colloq.* klassische Musik ist nicht mein Fall. **~ bay, ~ dock** *s thea.* Kuˈlissenraum *m*. **~ paint·er** *s* **1.** *thea.* Bühnenmaler(in). **2.** *Literatur*: Landschaftsschilderer *m*.

scen·er·y [ˈsiːnərɪ] *s* Szeneˈrie *f*: a) Landschaft *f*, Gegend *f*, b) Bühnenbild *n*, -ausstattung *f*, Kuˈlissen *pl*, Dekoratiˈon *f*.

ˈsceneˌ**shift·er** *s thea.* Kuˈlissenschieber *m*, Bühnenarbeiter *m*.

sce·nic [ˈsiːnɪk; ˈsen-] **I** *adj* (*adv* **~ally**) **1.** landschaftlich, Landschafts... **2.** landschaftlich schön, malerisch: **a ~ valley**; **~ railway** in e-r künstlichen Landschaft angelegte Liliputbahn; **~ road** landschaftlich schöne Strecke. **3.** *thea.* a) szenisch, Bühnen...: **~ designer** Bühnenbildner(in), b) draˈmatisch (*a. paint. etc*): **~ effects**, c) Ausstattungs...: **~ artist** → **scene painter** 1. **II** *s* **4.** Naˈturfilm *m*. **ˈsce·ni·cal** → **scenic** I.

sce·no·graph·ic [ˌsiːnəʊˈgræfɪk; -nəˈg-] *adj*, ˌ**sce·noˈgraph·i·cal** *adj* (*adv* **~ly**) szenoˈgraphisch, perspekˈtivisch. **sce·nog·ra·phy** [siːˈnɒgrəfɪ; *Am.* -ˈnɑg-] *s* Szenograˈphie *f*: a) perspekˈtivische Darstellung, b) *thea.* perspekˈtivische ˈBühnenmaleˌrei.

scent [sent] **I** *s* **1.** (*bes.* Wohl)Geruch *m*, Duft *m*: **there was a ~ of danger** *fig.* es lag etwas (*Bedrohliches*) in der Luft. **2.** *bes. Br.* Parˈfüm *n*. **3.** *hunt.* a) Witterung *f*, b) Spur *f*, Fährte *f* (*a. fig.*): **to be on the (wrong) ~** auf der (falschen) Fährte sein; **to follow up the ~** der Spur folgen; **to put on the ~** auf die Fährte setzen; **to put** (*od.* **throw**) **off the ~** von der (richtigen) Spur ablenken. **4.** a) Geruchssinn *m*, b) *zo. u. fig.* Spürsinn *m*, Witterung *f*, *gute etc* Nase: **to have a ~ for s.th.** *fig.* e-e Nase *od.* e-n ‚Riecher' für etwas haben. **5.** *Schnitzeljagd*: a) Paˈpierschnitzel *pl*, b) Fährte *f*. **II** *v/t* **6.** *etwas* riechen. **7.** *a.* **~ out** *hunt. od. fig.* wittern, (auf)spüren: **to ~ treachery** Verrat wittern. **8.** mit Wohlgeruch erfüllen. **9.** *bes. Br.* parfüˈmieren. **III** *v/i* **10.** *hunt.* Witterung haben, e-e Fährte *od.* Spur verfolgen. **~ bag** *s* **1.** *zo.* Duftdrüse *f*. **2.** *Fuchsjagd*: künstliche Schleppe. **3.** Duftkissen *n*. **~ bot·tle** *s bes. Br.* Parˈfümfläschchen *n*.

scent·ed [ˈsentɪd] *adj* **1.** duftend. **2.** *bes. Br.* parfüˈmiert. **~ fern** *s bot.* Bergfarn *m*.

scent gland *s zo.* Duft-, Moschusdrüse *f*.

ˈscent·less *adj* **1.** geruchlos. **2.** *hunt.* ohne Witterung (*Boden*).

scep·sis, *bes. Am.* **skep·sis** [ˈskepsɪs] *s* **1. (about)** Skepsis *f* (gegenˈüber), Zweifel *m* (an *dat*). **2.** *philos.* Skeptiˈzismus *m*.

scep·ter, *bes. Br.* **scep·tre** [ˈseptə(r)] *s* Zepter *n*: a) Herrscherstab *m*: **to wield the ~** das Zepter schwingen *od.* führen, herrschen, b) *fig.* Herrschergewalt *f*.

ˈscep·tered, *bes. Br.* **ˈscep·tred** *adj* **1.** zeptertragend, herrschend (*a. fig.*). **2.** königlich.

scep·tic, *bes. Am.* **skep·tic** [ˈskeptɪk] *s* **1.** (*philos. meist* **S~**) Skeptiker(in). **2.** *relig.* Zweifler(in), *allg.* Ungläubige(r *m*) *f*, Atheˈist(in). **ˈscep·ti·cal,** *bes. Am.* **ˈskep·ti·cal** *adj* (*adv* **~ly**) skeptisch (*a. philos.*), ˈmißtrauisch, ungläubig: **a ~ smile; to be ~ about** (*od.* **of**) **s.th.** e-r Sache skeptisch gegenüberstehen, etwas bezweifeln, an etwas zweifeln. **ˈscep·ti·cism,** *bes. Am.* **ˈskep·ti·cism** [-sɪzəm] → **scepsis**.

scep·tre, *etc bes. Br. für* **scepter**, *etc.*

scha·den·freu·de [ˈʃɑːdənˌfrɔɪdə] (*Ger.*) *s* Schadenfreude *f*.

sched·u·lar [ˈʃedjʊlə; *Am.* ˈskedʒələr] *adj* Tabellen..., Listen...

sched·ule [ˈʃedjuːl; *Am.* ˈskedʒuːl] **I** *s* **1.** Liste *f*, Taˈbelle *f*, Aufstellung *f*, Verzeichnis *n*, *jur. a.* Konˈkurstaˌbelle *f*. **2.** *bes. jur.* ˈZusatzarˌtikel *m*, Anhang *m*. **3.** a) Zeitplan *m*, *Radsport*: ˈMarschtaˌbelle *f*, (Lehr-, Arbeits-, Stunden)Plan *m*, b) Fahr-, Flugplan *m*: **to be ahead of ~** dem Zeitplan voraus sein; **to be behind ~** Verspätung haben, *weitS. a.* im Verzug *od.* Rückstand sein; **to be on ~** (fahr)planmäßig *od.* pünktlich ankommen, c) Terˈminkaˌlender *m*. **4.** a) Formblatt *n*, Formuˈlar *n*, b) Fragebogen *m*. **5.** *econ.* a) ˈEinkommensteuerformuˌlar *n*, b) Steuerklasse *f*. **6.** *obs.* Dokuˈment *n*. **II** *v/t* **7.** *etwas* in e-r Liste *etc od.* tabelˈlarisch zs.-stellen. **8.** (in e-e Liste *etc*) eintragen, -fügen: **the train is ~d to leave at six** der Zug fährt fahrplanmäßig um 6 (ab). **9.** *bes. jur.* (als Anhang) beifügen (**to** *dat*). **10.** a) festlegen, -setzen, b) planen, vorsehen. **11.** klassifiˈzieren. **ˈsched·uled** *adj* **1.** planmäßig (*Abfahrt etc*): **~ flight** *aer.* Linienflug *m*. **2.** **a ~ eight-round fight** (*Boxen*) ein auf 8 Runden angesetzter Kampf.

sche·ma [ˈskiːmə] *pl* **-ma·ta** [-mətə] *s* **1.** Schema *n* (*a. philos.*). **2.** *Logik*: sylloˈgistische Fiˈgur. **3.** *Rhetorik*: Schema *n*, ˈRedefiˌgur *f*. **sche·mat·ic** [skɪˈmætɪk] **I** *adj* (*adv* **~ally**) **1.** scheˈmatisch. **II** *s* **2.** scheˈmatische Darstellung. **3.** *electr.* Schaltbild *n*. **ˈsche·ma·tism** *s* **1.** scheˈmatische Anordnung. **2.** *philos.* Schemaˈtismus *m* (*bei Kant*). **ˈsche·ma·tize** *v/t* schematiˈsieren.

scheme [skiːm] **I** *s* **1.** Schema *n*, Syˈstem *n*, Anlage *f*: **~ of colo(u)r** Farbenzusammenstellung *f*, -skala *f*; **~ of philosophy** philosophisches System. **2.** a) Schema *n*, Aufstellung *f*, Taˈbelle *f*, b) ˈÜbersicht *f*, c) scheˈmatische Darstellung. **3.** Zeitplan *m*. **4.** Plan *m*, Proˈjekt *n*, Proˈgramm *n*: **irrigation ~**. **5.** (dunkler) Plan, Inˈtrige *f*, Komˈplott *n*. **6.** *astr.* Aˈspektendarstellung *f*. **II** *v/t* **7.** *a.* **~ out** entwerfen, planen. **8.** *contp.* Böses planen, aushecken. **9.** in ein Schema *od.* Syˈstem bringen. **III** *v/i* **10.** Pläne machen *od.* schmieden: **to ~ for s.th.** auf etwas hinarbeiten. **11.** intriˈgieren, Ränke schmieden. **ˈschem·er** *s* **1.** Plänemacher *m*. **2.** Intriˈgant *m*, Ränkeschmied *m*. **ˈschem·ing** *adj* (*adv* **~ly**) intriˈgierend, ränkevoll.

sche·moz·zle [ʃɪˈmɑːzəl] *s Am. sl.* **1.** Durcheinˈander *n*. **2.** ‚Krach' *m* (*Streit*).

scher·zan·do [skeə(r)tˈsændəʊ; -ˈsɑːn-] *mus.* **I** *adj u. adv* scherˈzando, heiter. **II** *pl* **-di** [-diː], **-dos** *s* Scherˈzando *n*.

scher·zo [ˈskeə(r)tsəʊ] *pl* **-zos, -zi** [-tsiː] *s mus.* Scherzo *n*.

Schick test [ʃɪk] *s med.* Schicktest *m*, Schicksche Reaktiˈon.

Schie·dam [skɪˈdæm; *Am.* ˈskiːˌd-] *s* Schieˈdamer *m* (*holländischer Kornbranntwein*).

schil·ler [ˈʃɪlə(r)] *s min.* Schillerglanz *m*.

schism [ˈsɪzəm; ˈskɪzəm] *s* **1.** *fig.* Spaltung *f*. **2.** *relig.* a) Schisma *n*, Kirchenspaltung *f*, b) Lossagung *f* (**from** von). **schisˈmat·ic** [-ˈmætɪk] *bes. relig.* **I** *adj* (*adv* **~ally**) schisˈmatisch, abtrünnig. **II** *s* Schisˈmatiker *m*. **schisˈmat·i·cal** *adj* (*adv* **~ly**) → **schismatic** I.

schist [ʃɪst] *s geol.* Schiefer *m*. **ˈschist·ose** [-təʊs] *adj geol.* schief(e)rig, Schiefer...

schis·to·so·mi·a·sis [ˌʃɪstəsəʊˈmaɪəsɪs] *s med.* Schistosomiˈase *f* (*e-e Wurmerkrankung*).

schist·ous [ˈʃɪstəs] → **schistose**.

schi·zan·thus [skaɪˈzænθəs; skɪ-] *s bot.* Spaltblume *f*.

schiz·o [ˈskɪtsəʊ] *colloq.* **I** *adj* → **schizophrenic** II. **II** *pl* **-os** *s* → **schizophrenic** I.

schiz·o·carp [ˈskɪtsəkɑː(r)p; *Am. a.* ˈskɪzə-] *s bot.* Schizoˈkarp *n*, Spaltfrucht *f*.

schiz·o·gen·e·sis [ˌskɪtsəʊˈdʒenɪsɪs; *Am. a.* ˌskɪzəʊ-] *s zo.* Schizogoˈnie *f*. ˌ**schiz·oˈgen·ic, schi·zog·e·nous** [skɪtˈsɒdʒɪnəs; *Am.* -ˈsɑ-; *a.* skɪˈzɑ-] *adj zo.* schizoˈgen, durch Spaltung entstehend.

schiz·oid [ˈskɪtsɔɪd] *psych.* **I** *adj* schizoˈid. **II** *s* Schizoˈide(r *m*) *f*.

schiz·o·my·cete [ˌskɪtsəʊmaɪˈsiːt; -ˈmaɪs-; *Am. a.* ˌskɪzə-] *s bot.* Schizomyˈzet *m*, Spaltpilz *m*.

schiz·o·phrene [ˈskɪtsəʊfriːn] *s psych.* Schizoˈphrene(r *m*) *f*. ˌ**schiz·oˈphre·ni·a** [-njə; -nɪə] *s psych.* Schizophreˈnie *f*. ˌ**schiz·oˈphren·ic** [-ˈfrenɪk] *psych.* **I** *s* Schizoˈphrene(r *m*) *f*. **II** *adj* (*adv* **~ally**) schizoˈphren: **to be ~** *colloq.* mit sich selbst uneins sein (**over** über *acc*).

schiz·o·phyte [ˈskɪtsəfaɪt; *Am. a.* ˈskɪzə-] *s bot.* Schizoˈphyte *f*, Spaltpflanze *f*.

schiz·o·thy·mi·a [ˌskɪtsəʊˈθaɪmjə; -mɪə] *s psych.* Schizothyˈmie *f*, laˈtente Spaltung der Perˈsönlichkeit. ˌ**schiz·oˈthy·mic** *adj psych.* schizoˈthym.

schiz·y, schiz·zi [ˈskɪtsɪ; *Am. a.* ˈskɪziː] *adj colloq. für* **schizoid**.

schle·miel, schle·mihl [ʃləˈmiːl] *s Am. sl.* **1.** Schleˈmihl *m*, Pechvogel *m*. **2.** Tolpatsch *m*.

schlep(p) [ʃlep] *Am. sl.* **I** *v/t* a) schleppen, b) (mit sich) herˈumschleppen. **II** *v/i* sich schleppen: **to ~ through the traffic** sich durch den Verkehr quälen. **III** *s* → **schlepper**. **ˈschlep·per** [-pər] *s Am. sl.* ‚Trottel' *m*, ‚Blödmann' *m*.

schlie·ren [ˈʃlɪərən] *s pl min. phys.* Schlieren *pl*.

schlock [ʃlɑːk] *Am. sl.* **I** *adj* ‚mies' (*Ware, Künstler etc*). **II** *s* Ramsch *m*, Ausschuß *m*, Schund(ware *f*) *m*. **ˈ~mei·ster** [-ˌmaɪstər] *s Am. sl.* **1.** ˈSchundproduˌzent *m*. **2.** Ramschhändler *m*.

schmal(t)z [ʃmɔːlts] *s sl.* **1.** ‚Schmalz' *m*, Gefühlsduseˈlei *f*. **2.** *mus.* ˈSchmalz(muˌsik *f*) *m*. **3.** (sentimenˈtaler) Kitsch. **4.** *Am.* Schmalz *n*. **ˈschmal(t)z·y** *adj sl.* **1.** ‚schmalzig'. **2.** kitschig.

schmear, schmeer [ʃmɪə(r)] *s*: **the whole ~** *sl.* der ganze ‚Kram' *od.* ‚Laden'.

Schmidt| **cam·er·a** [ʃmɪt] *s* Schmidt-Kamera *f*. **~ tel·e·scope** *s* Schmidt-ˈSpiegel(teleˌskop *n*) *m*.

schmo [ʃməʊ] *pl* **schmoes** *s Am. sl.* ‚Trottel' *m*, ‚Blödmann' *m*.

schmuck [ʃmʌk] *s Am. sl.* **1.** ‚Bauer' *m*. **2.** ‚Fiesling' *m*, gemeiner Kerl.

schnap·per [ˈʃnæpə(r)] *s ichth.* Schnapper *m*.

schnap(p)s [ʃnæps] *s* Schnaps *m*.

schnau·zer [ˈʃnaʊtsə(r); *Am. bes.* ˈʃnaʊzər] *s zo.* Schnauzer *m*.

schnit·zel [ˈʃnɪtsəl] *s* Wiener Schnitzel *n*.

schnook [ʃnʊk] *s Am. sl.* ‚Trottel' *m*, ‚Blödmann' *m*.
schnor·kel [ˈʃnɔː(r)kl] → **snorkel**.
schnoz·zle [ˈʃnɑːzəl] *s Am. sl.* ‚Zinken' *m* (*Nase*).
schol·ar [ˈskɒlə; *Am.* ˈskɑlər] *s* **1.** a) Gelehrte(r *m*) *f*, *bes.* Geisteswissenschaftler(in), b) Gebildete(r *m*) *f*: **a Shakespeare** ~ ein Shakespeare-Kenner *od.* -Forscher. **2.** Stuˈdierende(r *m*) *f*: **at 80 he was still a** ~ als Achtzigjähriger war er noch (immer) ein Lernender; **he is an apt** ~ er lernt gut; **he is a good French** ~ im Französischen ist er gut beschlagen. **3.** *ped. univ.* Stipendiˈat(in). **4.** *dial.* Alphaˈbet(in). **5.** *obs. od. poet.* Schüler(in), Jünger(in): **the ~s of Socrates.** **6.** *obs.* Schüler(in). ˈ**schol·ar·ly** [-lɪ] *adj u. adv* **1.** gelehrt. **2.** wissenschaftlich. **3.** gelehrtenhaft. ˈ**schol·ar·ship** *s* **1.** Gelehrsamkeit *f*, ([geistes]wissenschaftliche) Forschung: **classical** ~ humanistische Bildung. **2.** *ped. univ.* (Beˈgabten)Stiˌpendium *n*.
scho·las·tic [skəˈlæstɪk] **I** *adj* (*adv* ~**ally**) **1.** (geistes)wissenschaftlich, akaˈdemisch: ~ **education.** **2.** Schul..., schulisch, Schüler...: ~ **achievements** schulische Leistungen. **3.** erzieherisch, pädaˈgogisch: ~ **profession** Lehr(er)beruf *m*. **4.** *oft* **S**~ *philos.* schoˈlastisch: ~ **theology.** **5.** *fig.* schoˈlastisch, schulmeisterlich, spitzfindig, peˈdantisch. **II** *s* **6.** *a.* **S**~ *philos.* Schoˈlastiker *m*. **7.** *fig.* Schulmeister *m*, Peˈdant *m*. **schoˈlas·ti·cism** [-sɪzəm] *s* **1.** *a.* **S**~ Schoˈlastik *f*. **2.** *fig.* Pedanteˈrie *f*.
scho·li·ast [ˈskəʊlɪæst] *s* **1.** *antiq.* Scholiˈast *m* (*Verfasser von Scholien*). **2.** *fig.* Kommenˈtator *m* (anˈtiker Schriftsteller). ˌ**scho·liˈas·tic** *adj* scholiˈastisch, erläuternd. ˈ**scho·li·um** [-ljəm; -lɪəm] *pl* **-li·a** [-ljə; -lɪə], **-li·ums** *s* **1.** Scholie *f* (*gelehrte Erläuterung*). **2.** *bes. math.* erläuternder Zusatz.
school[1] [skuːl] **I** *s* **1.** Schule *f* (*Institution*): **at** ~ auf der Schule (→ 4); → **high school**, *etc.* **2.** (Schul)Stufe *f*: **lower** ~ Unterstufe; **senior** (*od.* **upper**) ~ Oberstufe, -klassen *pl*. **3.** Kurs *m*, Lehrgang *m*. **4.** (*meist ohne art*) (ˈSchul)ˌUnterricht *m*, Schule *f*: **at** (*od.* **in**) ~ in der Schule; **to go to** ~ zur Schule gehen; **to put to** ~ einschulen; **there is no** ~ **today** heute ist schulfrei; → **tale** 5. **5.** Schule *f*, Schulhaus *n*, -gebäude *n*. **6.** *Am.* Hochschule *f*: **the ~s** die Universitäten. **7.** *univ.* Fakulˈtät *f*, (selbständige) Abˈteilung innerhalb e-r Fakultät, Fachbereich *m*: **the medical** ~ die medizinische Fakultät. **8.** *univ.* Prüfungssaal *m* (*in Oxford*). **9.** *pl univ.* ˈSchlußexˌamen *n* (*für den Grad e-s* **Bachelor of Arts**; *in Oxford*): **in the ~s** im (Schluß)Examen. **10.** *fig. harte etc* Schule, Lehre *f*: **a severe** ~. **11.** *paint. philos. etc* Schule *f*: **other ~s of opinion** andere Meinungsrichtungen; **the Hegelian** ~ *philos.* die hegelianische Schule *od.* Richtung, die Hegelianer *pl*; ~ **of thought** (geistige) Richtung; **there are different ~s of thought on that** darüber gehen die Meinungen auseinander; → **old school.** **12.** *univ. hist.* Hörsaal *m*. **13. the ~s, the S~s** *hist.* a) die Schoˈlastiker *pl*, b) die Schoˈlastik. **14.** *mar. mil.* a) Exerˈziervorschrift *f*, b) Drill *m*. **15.** *mus.* Schule *f*: a) Lehrbuch *n*, b) Lehre *f*, Syˈstem *n*.
II *v/t* **16.** einschulen. **17.** schulen, ausbilden (in in *dat*): ~**ed** geschult, geübt. **18.** *sein Temperament, s-e Zunge etc* zügeln, beherrschen. **19.** ~ **o.s.** (to) sich erziehen (zu), sich üben (in *dat*); **to** ~ **o.s. to do s.th.** lernen *od.* sich daran gewöhnen, etwas zu tun. **20.** *ein Pferd* dresˈsieren. **21.** *obs.* tadeln.
school[2] [skuːl] *s ichth.* Schwarm *m* (*a. fig.*), Schule *f*, Zug *m* (*Wale etc*).
school·a·ble [ˈskuːləbl] *adj* **1.** schulpflichtig. **2.** *obs.* bildungsfähig.
school| age *s* schulpflichtiges Alter: **to be of** ~ schulpflichtig sein. ˈ~**-age** *adj* schulpflichtig: ~ **children.** ˈ~**bag** *s* Schultasche *f*. ~ **board** *s Am.* (loˈkale) Schulbehörde. ~ **book** *s* Schulbuch *n*. ˈ~**boy** *s* Schüler *m*, Schuljunge *m*. ˈ~**boy·ish** *adj* schuljungenhaft. ~ **bus** *s* Schulbus *m*. ˈ~ˌ**chil·dren** *s pl* Schüler *pl*, Schulkinder *pl*. ~ **day** *s* **1.** Schultag *m*. **2.** *pl* Schulzeit *f*. ~ **di·vine** → **schoolman** 3. ~ **di·vin·i·ty** *s* schoˈlastische Theoloˈgie. ~ **drop·out** *s* Schulabbrecher(in). ˈ~**fel·low** → **schoolmate.** ˈ~**girl** *s* Schülerin *f*, Schulmädchen *n*. ˈ~**girl·ish** *adj* schulmädchenhaft (*Benehmen etc*), (*Kleidung a.*) jungˈmädchenhaft. ˈ~**house** *s* **1.** (*bes.* Dorf)Schulhaus *n*. **2.** *Br.* (Wohn)Haus *n* des Schulleiters.
ˈ**school·ing** *s* **1.** (ˈSchul)ˌUnterricht *m*. **2.** Schulung *f*. **3.** Schulgeld *n*. **4.** Dresˈsieren *n*, Dresˈsur *f* (*von Pferden*). **5.** *obs.* Tadel *m*.
school| leav·er *s bes. Br.* Schulabgänger(in). ~ **leav·ing cer·tif·i·cate** *s* Abgangszeugnis *n*. ˈ~ˌ**ma'am** [-ˌmɑːm; -ˌmæm] *s Am. colloq. für* **schoolmarm.** ˈ~**man** [-mən] *s irr* **1.** Schulmann *m*, Pädaˈgoge *m*. **2.** Schulgelehrte(r) *m*. **3.** *a.* **S**~ *hist.* Schoˈlastiker *m*. ˈ~**marm** [-mɑː(r)m] *s colloq.* **1.** Schullehrerin *f*. **2.** *fig. contp.* Schulmeisterin *f*, Gouverˈnante *f*. ˈ~ˌ**marm·ish** *adj contp.* gouverˈnantenhaft, prüde u. peˈdantisch. ˈ~ˌ**mas·ter I** *s* **1.** Schulleiter *m*. **2.** Lehrer *m*. **3.** *bes. fig. contp. Am.* Schulmeister *m*. **II** *v/t u. v/i* **4.** unterˈrichten. **5.** *bes. fig. contp. Am.* schulmeistern. ˈ~ˌ**mas·ter·ly** *adj bes. fig. contp. Am.* schulmeisterlich. ˈ~**mate** *s* Mitschüler(in), ˈSchulkameˌrad(in). ˈ~ˌ**mis·tress** *s* **1.** Schulleiterin *f*. **2.** Lehrerin *f*. ~ **re·port** *s ped. Br.* Schulzeugnis *n*. ˈ~**room** *s* Klassenzimmer *n*, Klaßzimmer *n*. ~ **ship** *s mar.* Schulschiff *n*. ˈ~ˌ**teach·er** *s* (Schul-) Lehrer(in). ~ **tie** *s*: **old** ~ *Br.* a) Kraˈwatte *f* mit den Farben e-r Public School, b) ehemaliger Schüler e-r Public School, c) *contp.* Cliquenwirtschaft *f* unter ehemaligen Schülern e-r Public School, d) *contp.* ˈultrakonservaˌtives u. dünkelhaftes Gehabe von (ehemaligen) Schülern e-r Public School. ˈ~**time** *s* **1.** ˈUnterrichtszeit *f*. **2.** Schulzeit *f*. ~ **u·ni·form** *s Br.* (einheitliche) Schulkleidung. ˈ~**work** *s* (*in der Schule zu erledigende*) Arbeiten *pl od.* Aufgaben *pl*. ˈ~ˌ**yard** *s Am.* Schulhof *m*. ~ **year** *s* Schuljahr *n*.
schoon·er [ˈskuːnə(r)] *s* **1.** *mar.* Schoner *m*. **2.** *bes. Am. für* **prairie schooner.** **3.** a) *Am.* großes Bierglas, b) großes Sherryglas.
schorl [ʃɔː(r)l] *s min.* Schörl *m*, (schwarzer) Turmaˈlin.
schot·tische [ʃɒˈtiːʃ; *Am.* ʃɑˈt-; *a.* ˈʃɑtɪʃ] *s mus.* Schottische(r) *m* (*a. Tanz*).
schuss [ʃʊs] (*Skisport*) **I** *s* Schuß(fahrt *f*) *m*. **II** *v/i* Schuß fahren. ˈ~**boom** *v/i sl.* Schuß fahren. ˈ~ˌ**boom·er** *s sl.* Schußfahrer(in).
schwa [ʃwɑː] *s ling.* Schwa *n*: a) *kurzer Vokal von unbestimmter Klangfarbe*, b) *das phonetische Symbol* ə.
Schwarz·schild ra·di·us [ˈʃvartsʃɪlt] *s astr.* Schwarzschild-Radius *m*.
sci·a·gram [ˈskaɪəgræm; ˈsaɪə-], *Am.* ˈ**ski·aˌgram** [ˈskaɪə-], ˈ**sci·a·graph,** *Am.* ˈ**ski·aˌgraph** [-grɑːf; *bes. Am.* -ˌgræf] *s med.* Röntgenbild *n*. **sciˈag·ra·phy,** *Am.* **skiˈag·ra·phy** [-ˈægrəfɪ] *s* **1.** *med.* Röntgen *n*, ˈHerstellung *f* von Röntgenaufnahmen. **2.** Schattenmaleˈrei *f*, Schattenriß *m*.
sci·am·a·chy [saɪˈæməkɪ] *s* **1.** Scheingefecht *n*. **2.** Spiegelfechteˈrei *f*.
sci·at·ic [saɪˈætɪk] *adj anat. med.* **1.** Ischias...: ~ **nerve;** ~ **pains.** **2.** an Ischias leidend. **sciˈat·i·ca** [-kə] *s med.* Ischias *f*.
sci·ence [ˈsaɪəns] *s* **1.** Wissenschaft *f*: **man of** ~ Wissenschaftler *m*. **2.** *a.* **natural** ~ *collect.* (*die*) Naˈturwissenschaft(en *pl*) *f*. **3.** Wissenschaft *f*, Wissensgebiet *n*: **historical** ~ Geschichtswissenschaft; **the** ~ **of optics** die (Lehre von der) Optik; → **dismal** 1. **4.** *fig.* Kunst *f*, Lehre *f*, Kunde *f*: **domestic** ~ Hauswirtschaftslehre; ~ **of gardening** Gartenbaukunst. **5.** *philos. relig.* Wissen *n*, Erkenntnis *f* (of von). **6.** Kunst(fertigkeit) *f*, (gute) Technik (*a. sport*): **to have** *s.th.* **down to a** ~ es zu e-r wahren Kunstfertigkeit gebracht haben in (*dat*). **7. the** ~ *sport sl.* a) das Boxen, b) das Fechten. **8. S**~ → **Christian Science.** **9.** *obs.* Wissen *n*. ~ **fic·tion** *s* Science-fiction *f*: ~ **novel.**
sci·en·ter [saɪˈentə(r)] (*Lat.*) *jur.* **I** *adv* wissentlich. **II** *s* wissentliche Handlung.
sci·en·tif·ic [ˌsaɪənˈtɪfɪk] *adj* **1.** (*engS.* naˈtur)wissenschaftlich. **2.** exˈakt, systeˈmatisch: ~ **management** *econ.* wissenschaftliche Betriebsführung. **3.** *sport etc* kunstgerecht. ˌ**sci·enˈtif·i·cal·ly** *adv* wissenschaftlich, auf wissenschaftliche Art, auf wissenschaftlicher Grundlage.
sci·en·tism [ˈsaɪəntɪzəm] *s* Wissenschaftlichkeit *f*. ˈ**sci·en·tist** *s* **1.** (Naˈtur)Wissenschaftler(in), (-)Forscher(in). **2. S**~ → **Christian Scientist.**
sci·en·tol·o·gy [ˌsaɪənˈtɒlədʒɪ; *Am.* -ˈtɑl-] *s* Scienˈtology *f* (*angewandte religiöse Philosophie mit dem Ziel, veränderte Lebensbedingungen für den einzelnen u. für die Gesellschaft zu schaffen*).
sci-fi [ˌsaɪˈfaɪ] *colloq. für* **science fiction.**
sci·li·cet [ˈsaɪlɪset; *Am. a.* ˈskiːlɪˌket] *adv* nämlich, das heißt.
scil·la [ˈsɪlə] *s bot.* Scilla *f*, Meerzwiebel *f*.
scim·i·tar, scim·i·ter [ˈsɪmɪtə(r)] *s* (orienˈtalischer) Krummsäbel.
scin·ti·gram [ˈsɪntɪgræm] *s Nuklearmedizin:* Szintiˈgramm *n*. **scin·tig·ra·phy** [sɪnˈtɪgrəfɪ] *s* Szintigraˈphie *f*.
scin·til·la [sɪnˈtɪlə] *s fig.* Fünkchen *n*, Spur *f*: **not a** ~ **of truth** nicht ein Fünkchen Wahrheit; **not a** ~ **of proof** nicht der geringste Beweis. ˈ**scin·til·lant** [-lənt] *adj* funkelnd.
scin·til·late [ˈsɪntɪleɪt] **I** *v/i* **1.** Funken sprühen. **2.** funkeln (*a. Augen*), sprühen (*a. fig. Geist, Witz*). **3.** *astr. phys.* szintilˈlieren. **4.** *fig.* (*geistig*) glänzen, (vor Geist) sprühen. **II** *v/t* **5.** *Funken, a. fig. Geistesblitze* (ver)sprühen. ˌ**scin·tilˈla·tion** *s* **1.** Funkeln *n*. **2.** *astr. phys.* Szintillatiˈon *f*: ~ **counter** *phys.* Szintillationszähler *m*. **3.** *fig.* Geistesblitz *m*. ˈ**scin·til·la·tor** [-tə(r)] *s phys.* Szintilˈlator *m*.
sci·o·lism [ˈsaɪəʊlɪzəm] *s* Halbwissen *n*. ˈ**sci·o·list** *s* Halbgebildete(r *m*) *f*.
sci·on [ˈsaɪən] *s* **1.** *bot.* Ableger *m*, Steckling *m*, (Pfropf)Reis *n*. **2.** *fig.* Sproß *m*, Sprößling *m*.
sci·re fa·ci·as [ˌsaɪərɪˈfeɪʃɪæs] (*Lat.*) *s a.* **writ of** ~ *jur. Gerichtsbefehl, Gründe anzugeben, warum ein Protokoll etc dem Antragsteller nicht bekanntgegeben od. der ihm daraus erwachsene Vorteil nicht gewährt werden sollte.*
scir·rhous [ˈsɪrəs] *adj med.* szirˈrhös, verhärtet. ˈ**scir·rhus** [-rəs] *pl* **-rhus·es, -rhi** [-raɪ] *s med.* Szirrhus *m*, harte Krebsgeschwulst.
scis·sel [ˈsɪsl] *s tech.* Meˈtallabfall *m*, -späne *pl*.

scis·sile [ˈsɪsaɪl; *Am. bes.* -səl] *adj tech.* (leicht) schneid- *od.* spaltbar.
scis·sion [ˈsɪʒn; -ʃn] *s* **1.** Schneiden *n*, Spalten *n*. **2.** Schnitt *m*. **3.** *fig.* Spaltung *f*.
scis·sor [ˈsɪzə(r)] *v/t* **1.** (*mit der Schere*) (zer-, zu)schneiden. **2.** *a.* ~ **out** ausschneiden. **3.** scherenartig bewegen *etc.*
scis·sors [ˈsɪzə(r)z] *s pl* **1.** *a.* **pair of** ~ Schere *f*: **where are my** ~? wo ist m-e Schere? **2.** (*meist als sg konstruiert*) *sport* a) Schere *f* (*Übung am Seitpferd etc*), b) *a.* ~ **jump** (*Hochsprung*) Schersprung *m*, c) *a.* ~ **hold** (*Ringen*) Schere *f*. ˌ**~-and-ˈpaste** *adj colloq.* ‚zs.-gestoppelt' (*Arbeit etc*). ˈ**~-ˌgrind·er** *s* **1.** Scherenschleifer *m*. **2.** *orn.* Ziegenmelker *m*. **~ kick** *s Fußball, Schwimmen*: Scherenschlag *m*.
scis·sure [ˈsɪʒə(r); ˈsɪʃ-] *s bes. med.* Fisˈsur *f*, Riß *m*.
sci·u·rine [ˈsaɪjʊrɪn; -raɪn] *s zo.* Eichhörnchen *n*.
sclaff [sklæf] (*Golf*) **I** *v/t* **1.** den Boden streifen mit (*dem Schläger od. Schlag*). **2.** *den Boden* streifen. **II** *v/i* **3.** den Boden streifen. **III** *s* **4.** Fehlschlag *m* auf den Boden.
scle·ra [ˈsklɪərə; *Am.* ˈsklerə] *s anat.* Sklera *f*, Lederhaut *f* des Auges.
scle·ren·ce·pha·li·a [ˌsklɪərˌenkəˈfeɪljə; -ˌensɪ-; *Am.* sklerˌensɪˈfeɪlɪə] *s med.* Geˈhirnskleˌrose *f*.
scle·ren·chy·ma [ˌsklɪəˈreŋkɪmə; *Am.* skləˈr-] *s* **1.** *bot.* Sklerenˈchym *n*, verhärtetes Zellgewebe. **2.** *zo.* → **scleroderm** 1 b.
scle·ri·tis [ˌsklɪəˈraɪtɪs; *Am.* skləˈr-] → **sclerotitis.**
scle·ro·derm [ˈsklɪərəʊdɜːm; *Am.* ˈskleræˌdɜrm] *zo.* **I** *s* **1.** a) Panzerhaut *f*, b) Hartgewebe *n* der Koˈrallen. **2.** Hartháuter *m*. **II** *adj* **3.** harthäutig. ˌ**scle·roˈder·ma** [-mə] *s med.* Skleroderˈmie *f*.
scle·ro·ma [ˌsklɪəˈrəʊmə; *Am.* sklə-] *pl* **-ma·ta** [-mətə] *od.* **-mas** *s med.* Skleˈrom *n*, Verhärtung *f*.
scle·rom·e·ter [ˌsklɪəˈrɒmɪtə; *Am.* skləˈrɑmətər] *s tech.* Skleroˈmeter *n*, (Ritz-) Härteprüfer *m*.
scle·ro·sis [ˌsklɪəˈrəʊsɪs; *Am.* sklə-] *pl* **-ro·ses** [-ˈrəʊsiːz] *s* **1.** *med.* Skleˈrose *f*, Verhärtung *f* (*des Zellgewebes*). **2.** *bot.* Verhärtung *f* (*durch Zellwandverdikkung*). **3.** *fig.* Verkalkung *f*.
scle·rot·ic [ˌsklɪəˈrɒtɪk; *Am.* skləˈrɑ-] **I** *adj* **1.** *anat.* skleˈrotisch, Sklera... **2.** *bot. med.* verhärtet. **3.** *med.* an Skleˈrose leidend. **4.** *fig.* verkalkt. **II** *s* **5.** *anat.* → **sclera.**
scle·ro·ti·tis [ˌsklɪərəʊˈtaɪtɪs; *Am.* ˌsklerə-] *s med.* Skleˈritis *f*, Lederhautentzündung *f*.
scle·rous [ˈsklɪərəs; *Am.* ˈskler-] *adj bes. med.* skleˈrös, verhärtet.
scoff[1] [skɒf; *Am. a.* skɑf] **I** *s* **1.** Spott *m*, Hohn *m*. **2.** (*das*) Gespött (*der Leute etc*), Zielscheibe *f* des Spotts. **3.** spöttische Bemerkung. **II** *v/i* **4.** spotten (**at** über *acc*).
scoff[2] [skɒf; *Am. a.* skɑf] *sl.* **I** *s* ‚Futter' *n* (*Nahrung*). **II** *v/t u. v/i* ‚futtern', gierig essen.
ˈ**scoff·er** *s* Spötter(in).
scold [skəʊld] **I** *v/t* **1.** *j-n* (aus)schelten, auszanken (**for** wegen). **II** *v/i* **2.** schimpfen (**at** über *acc*): **to ~ at** → 1. **3.** *obs.* keifen. **III** *s* **4.** zänkisches Weib, Zankteufel *m*, (Haus)Drachen *m*. ˈ**scold·ing** *s* **1.** Schelten *n*. **2.** Schelte *f*: **to get a ~** Schelte bekommen.
scol·e·cite [ˈskəʊlɪsaɪt; *Br. a.* ˈskɒ-; *Am. a.* ˈskɑ-] *s min.* Skoleˈzit *m*.
sco·lex [ˈskəʊleks] *pl* **-le·ces** [-ˈliːsiːz] *s zo.* Skolex *m*, Bandwurmkopf *m*.
scol·lop [ˈskɒləp; *Am.* ˈskɑl-] → **scallop.**
sconce[1] [skɒns; *Am.* skɑns] *s* **1.** (Wand-, *a.* Klaˈvier)Leuchter *m*. **2.** Kerzenhalter *m*.
sconce[2] [skɒns; *Am.* skɑns] *s mil.* Schanze *f*.
sconce[3] [skɒns; *Am.* skɑns] *univ. bes. hist.* **I** *v/t j-n* zu e-r Strafe ‚verdonnern', *bes.* zu e-r Kanne Bier verurteilen (*Oxford, Cambridge*). **II** *s* Strafe *f*.
sconce[4] [skɒns; *Am.* skɑns] *s obs. sl.* ‚Birne' *f* (*Kopf*).
scone [skɒn; skəʊn; *Am.* skɑn; skəʊn] *s* weiches Teegebäck.
scoop [skuːp] **I** *s* **1.** a) Schöpfkelle *f*, Schöpfer *m*, b) Schaufel *f*, Schippe *f*. **2.** *tech.* a) Wasserschöpfer *m*, b) Baggereimer *m*, -löffel *m*. **3.** Kohleneimer *m*, -korb *m*. **4.** (kleine) (*Mehl-, Zucker-etc*)Schaufel. **5.** *med.* Löffel *m*. **6.** (Apfel-, Käse)Stecher *m*. **7.** (Aus)Höhlung *f*, Mulde *f*. **8.** (Aus)Schöpfen *n*, (Aus)Schaufeln *n*. **9.** Schub *m*, Stoß *m*: **at** (*od.* **in**) **one ~** mit ˈeinem Schub. **10.** *Fußball, Hockey*: Schlenzer *m*. **11.** *sl.* ‚Schnitt' *m*, (großer) Fang, Gewinn *m*. **12.** *Zeitungswesen*: *sl.* (sensatioˈnelle) Erst-, Excluˈsivmeldung, ‚Knüller' *m*. **13.** *Am. sl.* Informatiˈonen *pl*, Einzelheiten *pl*. **14.** *a.* ~ **neck** (tiefer) runder Ausschnitt (*am Kleid*). **II** *v/t* **15.** schöpfen, schaufeln: **to ~ up** (auf-) schaufeln, *weitS.* hochheben, -nehmen, zs.-raffen, *fig. Geld* scheffeln. **16.** *meist* ~ **out** ausschöpfen. **17.** *meist* ~ **out** aushöhlen, *ein Loch* (aus)graben. **18.** *oft* ~ **in** *sl. e-n Gewinn* einstecken, *Geld* scheffeln: **to ~ in a good profit** ‚e-n (guten) Schnitt machen'. **19.** *sl.* a) *die Konkurrenzzeitung etc* durch e-e Erstmeldung ausstechen, b) (**on** bei, in *dat*) *allg.* schlagen, ausstechen, *j-m* zuˈvorkommen. **20.** *Fußball, Hockey*: *den Ball* schlenzen, (an-) heben. **~ net** *s Fischfang*: Streichnetz *n*. **~ wheel** *s tech.* Schöpf-, Heberad *n*.
scoot [skuːt] *v/i colloq.* **1.** rasen, ‚flitzen'. **2.** ‚abhauen': ~! ‚hau ab!'
scoot·er [ˈskuːtə(r)] **I** *s* **1.** (Kinder)Roller *m*. **2.** (Motor)Roller *m*. **3.** *sport Am.* Eisjacht *f*. **II** *v/i* **4.** (auf e-m) Roller fahren. **5.** *sport Am.* mit e-r Eisjacht segeln. ˈ**scoot·er·ist** *s mot.* Rollerfahrer(in).
scop [skɒp; *Am.* skɑp; skəʊp] *s hist.* Skop *m* (*altgermanischer Dichter od. Sänger*).
sco·pa [ˈskəʊpə] *pl* **-pae** [-piː] *s zo.* Fersenbürste *f* (*an den Beinen der Bienen*).
scope[1] [skəʊp] *s* **1.** (*jur.* Anwendungs-) Bereich *m*, Gebiet *n*: **within the ~ of the law** im Rahmen des Gesetzes; **to come within the ~ of a law** unter ein Gesetz fallen; **to be within** (**outside** *od.* **beyond**) **the ~ of** sich im Rahmen (*gen*) halten (den Rahmen [*gen*] sprengen); **that is within** (**outside** *od.* **beyond**) **my ~ of duties** das fällt (nicht) in m-n Aufgabenbereich; **an undertaking of wide ~** ein großangelegtes Unternehmen. **2.** Ausmaß *n*, ˈUmfang *m*, Reichweite *f*: **~ of authority** *jur.* Vollmachtsumfang. **3.** *a.* ~ **of mind** Gesichtskreis *m*, (geistiger) Horiˈzont: **that is beyond** (*od.* **outside**) **my ~** das geht über m-n Horizont. **4.** (Spiel)Raum *m*, Bewegungsfreiheit *f*: **to give one's fancy full ~** s-r Phantasie freien Lauf lassen; **to have free ~** freie Hand haben (**for** bei). **5.** Wirkungskreis *m*, Betätigungsfeld *n*. **6.** Länge *f*: **the ~ of a cable.** **7.** Schuß-, Reichweite *f*. **8.** a) Ausdehnung *f*, Weite *f*, b) (großes) Gebiet, (weiter) Landstrich.
scope[2] [skəʊp] *s electr. colloq. abbr. für* **microscope, oscilloscope,** *etc.*
-scope [skəʊp] *Wortelement mit der Bedeutung* Beobachtungsinstrument.
sco·pol·a·mine [skəˈpɒləmiːn; -mɪn; *Am.* skəʊˈpɑl-] *s chem.* Scopolaˈmin *n*.
-scopy [skəpɪ] *Wortelement mit der Bedeutung* Beobachtung, Untersuchung.
scor·bu·tic [skɔː(r)ˈbjuːtɪk] *med.* **I** *adj* (*adv* **~ally**) **1.** skorˈbutisch, Skorbut... **2.** an Skorˈbut leidend. **II** *s* **3.** Skorˈbutkranke(r *m*) *f*.
scorch [skɔː(r)tʃ] **I** *v/t* **1.** versengen, -brennen. **2.** (aus)dörren. **3.** *electr.* verschmoren: **~ed contact.** **4.** *fig.* a) (durch scharfe Kriˈtik *od.* beißenden Spott) verletzen, b) *j-n* scharf kritiˈsieren. **5.** *mil.* verwüsten: **~ed earth policy** Politik *f* der verbrannten Erde. **II** *v/i* **6.** versengt werden. **7.** *mot. colloq.* rasen. **III** *s* **8.** Versengung *f*, Brandfleck *m*. **9.** *mot. colloq.* Rasen *n*, rasendes Tempo. ˈ**scorch·er** *s* **1.** *colloq.* (*etwas*) sehr Heißes, *bes.* glühendheißer Tag. **2.** *sl.* ‚Ding' *n*: *a*) beißende Bemerkung, scharfe Kriˈtik, böser Brief *etc*, b) ‚tolle Sache', Sensatiˈon *f*. **3.** *sl.* ‚toller Kerl', ‚tolle Frau'. **4.** *mot. colloq.* ‚Raser' *m*, ‚Rennsau' *f*. **5.** *sport sl.* a) *Fußball etc*: ‚Bombenschuß' *m*, b) *Tennis etc*: knallharter Schlag. ˈ**scorch·ing I** *adj* (*adv* **~ly**) **1.** brennend, sengend, glühendheiß. **2.** *fig.* scharf: **~ criticism.** **II** *adv* **3.** **~ hot** glühendheiß. **III** *s* **4.** Versengen *n*. **5.** *mot. colloq.* Rasen *n*.
score [skɔː(r); *Am. a.* ˈskəʊər] **I** *s* **1.** Kerbe *f*, Einschnitt *m*, Rille *f*. **2.** (Marˈkierungs-) Linie *f*. **3.** *sport* Start- *od.* Ziellinie *f*: **to get off at full ~** a) losrasen, ‚rangehen wie Blücher', b) ‚aus dem Häus-chen geraten'. **4.** *sport* a) (Spiel)Stand *m*, b) (*erzielte*) Punkt- *od.* Trefferzahl, (Spiel)Ergebnis *n*, (Be)Wertung *f*, c) Punktliste *f*: **what is the ~?** wie steht das Spiel?, *fig. Am.* wie ist die Lage?; **the ~ is even** das Spiel steht unentschieden; **to get the ~** das Spiel machen; **to keep ~** anschreiben; **to know the ~** *colloq.* Bescheid wissen; **~ one for me!** *colloq.* eins zu null für mich! **5.** Rechnung *f*, Zeche *f*: **to run up a ~** Schulden machen, e-e Rechnung auflaufen lassen; **to settle old ~s** *fig.* e-e alte Rechnung begleichen; **what's the ~?** wieviel macht *od.* kostet das?; **on the ~ of** auf Grund (*gen*), wegen (*gen*); **on that ~** in dieser Hinsicht; **on what ~?** aus welchem Grund? **6.** (Gruppe *f od.* Satz *m* von) zwanzig, zwanzig Stück: **a ~ of apples** 20 Äpfel; **four ~ and seven** 87. **7.** *pl* große (An-) Zahl *f*: **~s of people**; **~s of times** hundertmal, x-mal. **8.** **to make a ~ off s.o.** *colloq.* a) j-m ‚eins auswischen', b) j-n lächerlich machen. **9.** *mus.* Partiˈtur *f*: **in ~** in Partitur (gesetzt *od.* herausgegeben). **II** *v/t* **10.** *sport* a) *Punkte od. Treffer* erzielen, sammeln, *Tore* schießen, b) *die Punkte, den Spielstand etc* anschreiben, c) *fig. Erfolge, Siege* verzeichnen, erringen, verbuchen: **to ~ a goal** ein Tor schießen *od.* erzielen; **to ~ a hit** e-n Treffer erzielen, *fig.* e-n ‚Bombenerfolg' haben. **11.** *bes. sport* zählen: **a try ~s 3 points.** **12.** *ped. psych. j-s Leistung etc* bewerten. **13.** *mus.* a) in Partiˈtur setzen, b) instrumenˈtieren, setzen (**for** für). **14.** *gastr. Fleisch etc* schlitzen. **15.** einkerben, -schneiden. **16.** marˈkieren: **to ~ out** aus- *od.* durchstreichen; **to ~ under** unterstreichen. **17.** *oft* **~ up** *Schulden, e-e Zeche etc* anschreiben: **to ~ (up) s.th. against** (*od.* **to**) **s.o.** *fig.* j-m etwas ankreiden. **18.** *bes. Am.* scharf kritiˈsieren *od.* angreifen.
III *v/i* **19.** *sport* a) e-n Punkt *od.* Treffer *od.* ein Tor erzielen, Punkte sammeln, Tore schießen, b) die Punkte anschreiben. **20.** *colloq.* Erfolg *od.* Glück haben, e-n Vorteil erzielen: **to ~ off s.o.** a) j-m ‚eins auswischen', b) j-n lächerlich ma-

chen; to ~ **over s.o. (s.th.)** j-n (etwas) übertreffen. **21.** gezählt werden, zählen: **that** ~**s for us** das zählt für uns. **22.** Linien *od.* Striche ziehen *od.* einkerben. **23.** *sl.* sich ‚Stoff' (*Rauschgift*) beschaffen. **24.** to ~ **with a girl** *sl.* ein Mädchen ins Bett kriegen.

ˈscore|·board *s sport* Anzeigetafel *f* (*im Stadion etc*). ~ **card** *s sport* **1.** Spielberichtsbogen *m.* **2.** *Golf*: Zählkarte *f.* **3.** *Boxen etc*: Punktzettel *m.*

ˈscore·less *adj sport* torlos: ~ **draw.**

ˈscor·er *s* **1.** *sport* a) (An)Schreiber *m*, b) Torschütze *m.* **2.** *tech.* a) Kerb-, Ritz-, (An)Reißvorrichtung *f*, b) Kerb-, Reißschneide *f.*

sco·ri·a [ˈskɔːrɪə] *pl* **-ri·ae** [-rɪiː] *s* **1.** *tech.* (Meˈtall)Schlacke *f.* **2.** *geol.* Gesteinsschlacke *f.* **ˌsco·riˈa·ceous** [-ˈeɪʃəs] *adj geol. tech.* schlackig.

sco·ri·fi·ca·tion [ˌskɔːrɪfɪˈkeɪʃn] *s tech.* Verschlackung *f*, Schlackenbildung *f.* **ˈsco·ri·fy** [-faɪ] *v/t tech.* verschlacken.

ˈscor·ing *s* **1.** *bes. geol.* Spalte *f*, Kerbe *f*, Einschnitt *m.* **2.** *mus.* a) Partituˈrierung *f*, b) Instrumenˈtierung *f.*

scorn [skɔː(r)n] **I** *s* **1.** Verachtung *f*, Geringschätzung *f*: **to think** ~ **of** verachten. **2.** Spott *m*, Hohn *m*: **to laugh to** ~ verlachen. **3.** Zielscheibe *f* des Spottes, (*das*) Gespött (*der Leute etc*). **II** *v/t* **4.** verachten: a) geringschätzen, b) verschmähen. **5.** *obs.* verspotten, -höhnen. **ˈscorn·er** *s* **1.** Verächter *m.* **2.** Spötter *m.* **ˈscorn·ful** [-fʊl] *adj* (*adv* ~**ly**) **1.** verächtlich. **2.** spöttisch.

Scor·pi·o [ˈskɔː(r)pɪəʊ] *s astr.* Skorpiˈon *m* (*Sternbild u. Tierkreiszeichen*): **to be (a)** ~ Skorpion sein.

scor·pi·on [ˈskɔː(r)pjən; -pɪən] *s* **1.** *zo.* Skorpiˈon *m.* **2.** S~ *astr.* → **Scorpio.** **3.** *Bibl.* Skorpiˈon *m*, Stachelpeitsche *f.* **4.** *fig.* Geißel *f.* **5.** *mil. hist.* Skorpiˈon *m* (*Wurfmaschine*). ~ **fly** *s zo.* Skorpiˈons-, Schnabelfliege *f.*

Scot¹ [skɒt; *Am.* skɑt] *s* **1.** Schotte *m*, Schottin *f.* **2.** *hist.* Skote *m* (*ein Kelte*).

scot² [skɒt; *Am.* skɑt] *s* **1.** Zahlung *f*, Beitrag *m*: **to pay (for) one's** ~ *fig.* s-n Beitrag leisten. **2.** *a.* ~ **and lot** *hist. Br.* Gemeindeabgabe *f*: **to pay** ~ *fig.* alles auf Heller u. Pfennig bezahlen.

Scotch¹ [skɒtʃ; *Am.* skɑtʃ] **I** *adj* **1.** schottisch (*bes. Whisky etc*). **II** *s* **2. the** ~ *collect.* die Schotten *pl.* **3.** Scotch *m*, schottischer Whisky. **4.** *ling.* Schottisch *n*, das Schottische.

scotch² [skɒtʃ; *Am.* skɑtʃ] **I** *v/t* **1.** (leicht) verwunden, schrammen. **2.** *Gerücht etc* aus der Welt schaffen, *a.* im Keim ersticken: **to** ~ **s.o.'s plans** j-m e-n Strich durch die Rechnung machen. **3.** *Rad etc* blocˈkieren. **II** *s* **4.** Schramme *f.* **5.** *tech.* Bremsklotz *m*, Hemmschuh *m* (*a. fig.*). **6.** *Himmel-u.-Hölle-Spiel*: (am Boden gezogene) Linie.

Scotch| broth *s gastr. dicke Suppe aus Rind- od. Hammelfleischbrühe, Gemüse u. Perlgraupen.* ~ **egg** *s gastr. hartes Ei in Brät, paniert u. ausgebacken.* ~ **fir** → **Scotch pine.** ~ **Gael·ic** *s ling.* Gälisch *n*, das (*im schottischen Hochland gesprochene*) Gälische. **ˈ~·man** [-mən] *s irr* (*von Nicht-Schotten gebrauchte Bezeichnung für*) Schotte *m.* ~ **mist** *s* dichter, nasser Nebel. ~ **peb·ble** *s min. in Schottland vorkommendes Geröll aus kryptokristallinem Quarz, das zu Schmucksteinen verarbeitet wird.* ~ **pine** *s bot.* Gemeine Kiefer, Waldkiefer *f.* ~ **tape** (*TM*) *s* ˈdurchsichtiger Klebestreifen. ~ **ter·ri·er** *s zo.* Scotchterrier *m.* **ˈ~ˌwom·an** *s irr* (*von Nicht-Schotten gebrauchte Bezeichnung für*) Schottin *f.* ~ **wood·cock** *s gastr. Toast mit Anschovispaste u. Rührei.*

sco·ter [ˈskəʊtə(r)] *pl* **-ters,** *bes. collect.* **-ter** *s orn.* Trauerente *f.*

ˌscot-ˈfree *adj* **1.** unversehrt, unbehelligt. **2.** ungestraft: **to go** (*od.* **get off, escape**) ~ ungeschoren davonkommen.

sco·tia [ˈskəʊʃə; *Am. a.* -ʃɪə] *s arch.* Skoˈtie *f*, Hohlkehle *f.*

Sco·tism [ˈskəʊtɪzəm] *s philos.* Scoˈtismus *m* (*Lehre des Duns Scotus*).

Scot·land Yard [ˈskɒtlənd; *Am.* ˈskɑt-] *s* Scotland Yard *m* (*die Londoner Kriminalpolizei*).

scoto-¹ [skɒtə; *Am.* skɑtə; skəʊ-] *Wortelement mit der Bedeutung* Dunkelheits...

Scoto-² [skɒtə; *Am.* skɑtə; skəʊ-] *Wortelement mit der Bedeutung* schottisch (und): ~**-Irish** schottisch-irisch.

ˌscot·oˈdin·i·a [-ˈdɪnɪə] *s med.* Skotodiˈnie *f*, Schwindel *m.*

sco·to·ma [skəˈtəʊmə] *pl* **-mas, -ma·ta** [-mətə] *s med. psych.* Skoˈtom *n.*

sco·to·pi·a [skəˈtəʊpɪə; skəʊ-] *s med.* skoˈtopisches Sehen, Dämmerungssehen *n.*

Scots [skɒts; *Am.* skɑts] **I** *s ling.* → **Scotch¹** 4. **II** *adj* schottisch. ~ **fir** → **Scotch pine.** **ˈ~·man** [-mən] *s irr* (*a. von Schotten gebrauchte Bezeichnung für*) Schotte *m.* ~ **pine** → **Scotch pine.** **ˈ~ˌwom·an** *s irr* (*a. von Schotten gebrauchte Bezeichnung für*) Schottin *f.*

Scot·ti·cism [ˈskɒtɪsɪzəm; *Am.* ˈskɑ-] *s* schottische (Sprach)Eigenheit. **ˈScot·ti·cize** *v/t* **1.** e-n schottischen Chaˈrakter geben (*dat*). **2.** ins Schottische überˈtragen.

Scot·tie [ˈskɒtɪ; *Am.* ˈskɑtiː] *s colloq.* **1.** Schotte *m.* **2.** → **Scotch terrier.**

Scot·tish [ˈskɒtɪʃ; *Am.* ˈskɑ-] **I** *s* **1.** *ling.* → **Scotch¹** 4. **2. the** ~ *collect. selten* die Schotten *pl.* **II** *adj* **3.** schottisch. ~ **Gaelic** → **Scotch Gaelic.** ~ **ter·ri·er** → **Scotch terrier.**

Scot·ty [ˈskɒtɪ; *Am.* ˈskɑtiː] *s colloq.* **1.** Schotte *m.* **2.** → **Scotch terrier.**

scoun·drel [ˈskaʊndrəl] *s* Schurke *m*, Schuft *m*, Haˈlunke *m.* **ˈscoun·drel·ism** *s* **1.** Niedertracht *f*, Gemeinheit *f.* **2.** Schurkenstreich *m.* **ˈscoun·drel·ly** [-lɪ] *adj* schurkisch, niederträchtig, gemein.

scour¹ [ˈskaʊə(r)] **I** *v/t* **1.** scheuern, schrubben, *Messer etc* (blank) putzen, poˈlieren. **2.** säubern, reinigen (**of, from** von): **to** ~ **clothes. 3.** *e-n Kanal etc* (aus)schwemmen, schlämmen, *ein Rohr etc* (aus)spülen. **4.** *ein Pferd etc* putzen, striegeln. **5.** *tech. Wolle* waschen, entfetten: ~**ing mill** Wollewäscherei *f.* **6.** *den Darm* entschlacken. **7.** *a.* ~ **away,** ~ **off** *Flecken etc* entfernen, *Schmutz* abreiben. **II** *v/i* **8.** scheuern, schrubben, putzen. **9.** reinigen, säubern. **III** *s* **10.** Scheuern *n etc*: **to give s.th. a** ~ etwas scheuern. **11.** *Wasserbau*: a) Schlämmen *n*, b) Wegwaschung *f*, c) ausgehöhltes Flußbett. **12.** Reinigungsmittel *n* (*für Wolle etc*). **13.** *meist pl vet.* Ruhr *f.*

scour² [ˈskaʊə(r)] **I** *v/i* **1.** ~ **through** (*od.* **over**) → 3. **2.** rennen, huschen: **to** ~ **about** (*od.* **around**) herumrennen. **II** *v/t* **3.** durchˈsuchen, -ˈstöbern, *Gegend a.* durchˈkämmen (**for** nach): **to** ~ **the town** die ganze Stadt ‚abklappern'.

scour·er [ˈskaʊərə; *Am.* skaʊrər] *s* Topfkratzer *m.*

scourge [skɜːdʒ; *Am.* skɜrdʒ] **I** *s* **1.** Geißel *f*: a) Peitsche *f*, b) *fig.* Plage *f*: ~ **of mosquitoes** Moskitoplage; **the S**~ **of God** die Gottesgeißel (*Attila*). **II** *v/t* **2.** geißeln, (aus)peitschen. **3.** *fig.* a) *durch Kritik etc* geißeln, b) strafen, züchtigen, c) quälen, peinigen.

scour·ings [ˈskaʊərɪŋz] *s pl* (*beim Putzen entstehender*) Abfall.

scouse¹ [skaʊs] *s gastr.* Labskaus *n.*

scouse², S~ [skaʊs] *Br. colloq.* **I** *s* **1.** Liverpooler(in). **2.** Liverpooler Diaˈlekt *m.* **II** *adj* **3.** aus *od.* von Liverpool, Liverpooler.

scout¹ [skaʊt] **I** *s* **1.** a) *bes. mil.* Kundschafter *m*, Späher *m*, b) *sport* Spiˈon *m*, Beobachter *m* (*gegnerischer Mannschaften*): → **talent** 2. **2.** *mil.* a) Erkundungs-, Aufklärungsfahrzeug *n*, b) *mar.* Aufklärungskreuzer *m*, c) *a.* ~ **(air)plane** *aer.* Aufklärer *m.* **3.** *bes. mil.* Kundschaften *n*, Erkundung *f*: **on the** ~ auf Erkundung. **4.** a) Pfadfinder *m*, b) *Am.* Pfadfinderin *f.* **5. a good** ~ ein feiner Kerl. **6.** *univ.* Hausdiener *m* e-s College (*in Oxford*). **7.** *mot. Br.* motoriˈsierter Pannenhelfer (*e-s Automobilklubs*). **II** *v/i* **8.** *bes. mil.* auf Erkundung sein: ~**ing party** Spähtrupp *m.* **9.** ~ **about** (*od.* **around**) sich ˈumsehen (**for** nach). **III** *v/t* **10.** *a.* ~ **out** *bes. mil.* auskundschaften, erkunden. **11.** (wachsam) beobachten.

scout² [skaʊt] *v/t obs.* verächtlich zuˈrückweisen.

scout car *s mil.* (Panzer)Spähwagen *m.*

scout·er [ˈskaʊtə(r)] *s* **1.** *bes. mil.* Kundschafter *m*, Späher *m.* **2.** *Am. aktives, über 18 Jahre altes Mitglied der* **Boy Scouts.**

ˈscoutˌmas·ter *s* Führer *m* (*e-r Pfadfindergruppe*).

scow [skaʊ] *s mar. Am. od. Scot.* (See-) Leichter *m*, Schute *f.*

scowl [skaʊl] **I** *v/i* finster blicken: **to** ~ **at s.o.** j-n finster anblicken. **II** *v/t a.* ~ **down** *j-n* (durch finstere Blicke) einschüchtern. **III** *s* finsterer Blick, finsterer (Gesichts)Ausdruck: **to give s.o. a** ~ j-n finster anblicken. **ˈscowl·ing** *adj* (*adv* ~**ly**) finster, grollend, drohend.

scrab·ble [ˈskræbl] **I** *v/i* **1.** kratzen, scharren. **2.** *meist* ~ **about** (*od.* **around**) (herˈum)suchen, (-)wühlen (**for** nach). **3.** *fig.* sich (ab)plagen (**for** für, um): **to** ~ **for one's livelihood. 4.** krabbeln. **5.** kritzeln. **II** *v/t* **6.** scharren auf *od.* in (*dat*). **7.** bekritzeln. **III** *s* **8.** Kratzen *n*, Scharren *n.* **9.** Gekritzel *n.* **10.** S~ Scrabble(spiel) *n.*

scrag [skræg] **I** *s* **1.** ‚Gerippe' *n*, ‚Knochengestell' *n* (*dürrer Mensch etc*). **2.** *meist* ~ **end (of mutton)** (Hammel-) Hals *m.* **3.** *colloq.* ‚Kragen' *m*, Hals *m.* **II** *v/t* **4.** *colloq.* a) *j-n* ‚abmurksen', *j-m* den Hals ˈumdrehen, b) *j-n* (auf)hängen, c) *j-n* würgen. **ˈscrag·gi·ness** [-gɪnɪs] *s* Magerkeit *f*, Hagerkeit *f.* **ˈscrag·gy** *adj* (*adv* **scraggily**) **1.** dürr, hager, mager, knochig. **2.** rauh, zerklüftet: ~ **land.**

scram [skræm] **I** *v/i sl.* ‚abhauen': ~! ‚hau ab!', ‚verdufte!', raus! **II** *s Kerntechnik*: Schnellabschaltung *f* (*e-s Reaktors*).

scram·ble [ˈskræmbl] **I** *v/i* **1.** (*auf allen vieren*) krabbeln, klettern, kriechen: **to** ~ **to one's feet** ‚sich aufrappeln'; **to** ~ **into one's clothes** in die Kleider fahren. **2.** sich balgen, sich schlagen, (*a. fig.*) sich raufen (**for** um): **to** ~ **for a living** sich um s-n Lebensunterhalt ‚abstrampeln'. **3.** sich unregelmäßig ausbreiten. **4.** *aer. mil.* im Aˈlarmstart losbrausen. **II** *v/t* **5.** *oft* ~ **up,** ~ **together** *Essen, Geld* zs.-kratzen. **6.** *Karten etc* durcheinˈanderwerfen, *Flugplan etc* durcheinˈanderbringen. **7.** *Eier* verrühren: **to** ~ **eggs** Rührei machen; ~**d eggs** Rührei *n.* **8.** *Telefongespräch etc* zerhacken. **9.** *aer. mil.* (bei Aˈlarm) starten lassen. **10.** *econ. Am. öffentliche u. private Industrie* mischen. **III** *s* **11.** (Herˈum)Krabbeln *n*, (-)Kriechen *n*, (-)Klettern *n.* **12.** Balgeˈrei *f*, (*a. fig.*) Raufeˈrei *f* (**for** um). **13.** *aer.* a) Aˈlarmstart *m*, b) *Br.* Luftkampf *m.* **14.** *Motorradsport*: *Br.* Moto-ˈCross-Rennen *n.* **ˈscram·bler** *s teleph. etc* Zerhacker *m.*

scran [skræn] *s colloq.* **1.** Speisereste *pl.* **2.** ‚Futter' *n* (*Essen*).

scran·nel [ˈskrænl] *adj obs.* **1.** mager. **2.** kreischend: **a ~ voice.**

scrap[1] [skræp] **I** *s* **1.** Stück(chen) *n*, Brocken *m*, Fetzen *m*, Schnitzel *n*, *m*: **a ~ of paper** ein Fetzen Papier (*a. fig.*); **not a ~ of** kein bißchen (*Nahrung etc*); **not a ~ of evidence** nicht der geringste Beweis; **not a ~ of truth** nicht ein Fünkchen Wahrheit. **2.** *pl* Abfall *m*, (*bes.* Speise-) Reste *pl.* **3.** (Zeitungs)Ausschnitt *m.* **4.** Bruchstück *n*: **~s of knowledge** bruchstückhaftes Wissen; **~s of conversation** Gesprächsfetzen *pl.* **5.** *meist pl* (Fett)Grieben *pl.* **6.** *tech.* a) Schrott *m*, b) Ausschuß *m*, c) Abfall *m.* **II** *adj* **7.** Abfall..., Reste...: **~ dinner** Resteessen *n.* **8.** *tech.* Schrott... **III** *v/t* **9.** (als unbrauchbar) ˈausranˌgieren. **10.** *fig.* zum alten Eisen *od.* über Bord werfen: **to ~ methods. 11.** *tech.* verschrotten, *Schiff* abwracken.

scrap[2] [skræp] *sl.* **I** *s* **1.** Streit *m.* **2.** Schlägeˈrei *f.* **3.** (Box)Kampf *m.* **II** *v/i* **4.** sich streiten. **5.** sich prügeln. **6.** kämpfen (**with** mit).

ˈscrap·book *s* **1.** Sammelalbum *n*, Einklebebuch *n.* **2.** Buch *n* gemischten Inhalts.

scrape [skreɪp] **I** *s* **1.** Kratzen *n*, Scharren *n* (*beide a. als Geräusch*). **2.** Kratzfuß *m* (*Höflichkeitsbezeigung*). **3.** Kratzer *m*, Schramme *f.* **4.** **~ of the pen** *fig. bes. Scot.* e-e Zeile, ein paar (*geschriebene*) Worte. **5.** *colloq.* ‚Krach' *m*, Streit *m.* **6.** *colloq.* ‚Klemme' *f*: **to be in a ~** ‚in der Klemme' sein *od.* sitzen *od.* stecken, in ‚Schwulitäten' sein. **7.** dünngekratzte Schicht (Butter): **bread and ~** *colloq.* dünngeschmiertes Butterbrot.
II *v/t* **8.** kratzen, schaben: **to ~ off** abkratzen (von); **to ~ out** auskratzen; **to ~ together** (*od.* **up**) (*a. fig. colloq. Geld etc*) zs.-kratzen; **to ~ one's chin** *colloq. humor.* sich rasieren; **to ~ a living** sich gerade so über Wasser halten; **to ~ (up) (an) acquaintance** *fig.* oberflächlich miteinander bekannt werden; **to ~ (up) (an) acquaintance with s.o.** *fig.* a) mit j-m oberflächlich bekannt werden, b) sich um j-s Bekanntschaft bemühen, c) *contp.* sich j-m aufdrängen; → **barrel** 1. **9.** mit *den Füßen etc* kratzen *od.* scharren: **to ~ one's feet; to ~ down** *Br.* *e-n Redner* durch (Füße)Scharren zum Schweigen bringen. **10.** scheuern, reiben (**against** an *dat*). **11.** aufschürfen: **to ~ one's knees.**
III *v/i* **12.** kratzen, schaben, scharren. **13.** scheuern, sich reiben (**against** an *dat*). **14.** kratzen (**on** auf *e-r Geige etc*). **15.** **~ along** (*od.* **by**) *colloq.* sich gerade so durchschlagen, über die Runden kommen (**on** mit); **to ~ through** a) sich durchzwängen (durch), b) *ped.* gerade so durchkommen, c) sich gerade so durchschlagen, über die Runden kommen (**on** mit); **to ~ through (one's examination) in English** mit Ach u. Krach durch die Englischprüfung kommen; **to ~ in(to a school)** mit Ach u. Krach die Aufnahme (in e-e Schule) schaffen. **16.** *contp.* knickern, knausern.

scrap·er [ˈskreɪpə(r)] *s* **1.** *contp.* a) Geizhals *m*, Knicker *m*, b) Fiedler *m*, schlechter Geiger, c) Bartschaber *m* (*Friseur*). **2.** Fußabstreicher *m.* **3.** *tech.* a) Schaber *m*, Kratzer *m*, Streichmesser *n*, b) *arch. etc* Schrapper *m*, c) Plaˈnierpflug *m.*

scrap heap *s* Abfall- *od.* Schrotthaufen *m*: **to throw on the ~** *fig.* zum alten Eisen werfen (*a. j-n*), über Bord werfen; **fit only for the ~** völlig wertlos.

scrap·ing [ˈskreɪpɪŋ] *s* **1.** Kratzen *n*, Scharren *n.* **2.** *pl* Abschabsel *pl*, Späne *pl*, Abfall *m.*

scrap| i·ron *s tech.* (Eisen)Schrott *m*, Alteisen *n.* **ˈ~ˌmer·chant** *s* Alteisenhändler *m.* **~ met·al** → **scrap iron. ~ pa·per** *s* **1.** ˈSchmierpaˌpier *n.* **2.** ˈAltpaˌpier *n.*

scrap·per [ˈskræpə(r)] *s sl.* Raufbold *m.*

scrap·ple [ˈskræpəl] *s gastr. Am. Gericht aus zerkleinertem* (*Schweine*)*Fleisch, Kräutern u. Mehl.*

scrap·py[1] [ˈskræpɪ] *adj* (*adv* **scrappily**) **1.** aus (Speise)Resten (ˈhergestellt): **a ~ dinner** ein Resteessen. **2.** bruchstückhaft. **3.** zs.-gestoppelt.

scrap·py[2] [ˈskræpɪ] *adj* (*adv* **scrappily**) *sl.* rauf-, kampflustig.

ˈscrap·yard *s* Schrottplatz *m.*

scratch [skrætʃ] **I** *s* **1.** Kratzer *m*, Schramme *f* (*beide a. med.*), Riß *m.* **2.** Gekritzel *n.* **3.** (Zer)Kratzen *n.* **4.** Kratzen *n*, kratzendes Geräusch: **by a ~ of the pen** mit ˈeinem Federstrich. **5.** *sport* a) Startlinie *f*, b) norˈmale Startbedingungen *pl*: **to start from ~** *fig.* ganz von vorn anfangen; **to come (up) to (the) ~** *fig.* sich stellen, s-n Mann stehen, *a.* den Erwartungen entsprechen; **to keep s.o. up to (the) ~** *fig.* j-n ‚bei der Stange halten'; **to be up to ~** *fig.* auf der Höhe *od.* ‚auf Draht' sein; → **toe** 8. **6.** *Billard*: a) Zufallstreffer *m*, b) Fehlstoß *m.* **7.** *pl* (*als sg konstruiert*) *vet.* Mauke *f.*
II *adj* **8.** zu Entwürfen (gebraucht): **~ pad** a) Notizblock *m*, b) *Computer*: Notizblockspeicher *m*; **~ paper** Konzept-, Schmierpapier *n.* **9.** *sport* ohne Vorgabe: **a ~ race. 10.** *bes. sport* (bunt) zs.-gewürfelt: **a ~ team.**
III *v/t* **11.** (zer)kratzen: **to ~ s.o.'s eyes out** j-m die Augen auskratzen; **to ~ the surface of s.th.** *fig.* etwas nur oberflächlich behandeln; **to ~ together** (*od.* **up**) *bes. fig. Geld etc* zs.-kratzen; **to ~ a living** sich gerade so über Wasser halten. **12.** kratzen, *ein Tier* kraulen: **to ~ a dog's neck** den Hals e-s Hundes kraulen; **to ~ one's head** sich den Kopf kratzen (*aus Verlegenheit etc*); **to ~ s.o.'s back** *fig.* j-m um den Bart gehen; **~ my back and I will ~ yours** *fig.* ˈeine Hand wäscht die andere. **13.** (ˈhin)kritzeln. **14.** **~ out, ~ through, ~ off** aus-, ˈdurchstreichen. **15.** *sport ein Pferd etc, a. e-e Nennung* zuˈrückziehen. **16.** *pol. Am.* a) *Wahlstimmen* in der Hauptsache ˈeiner Parˈtei geben, b) *Kandidaten* streichen: **to ~ a ticket** e-e Parteiwahlliste durch Streichungen abändern.
IV *v/i* **17.** kratzen (*a. Schreibfeder etc*). **18.** sich kratzen *od.* scheuern. **19.** (*auf dem Boden*) scharren (**for** nach). **20.** **~ along, ~ through** *colloq.* sich gerade so ˈdurchschlagen, über die Runden kommen (**on** mit). **21.** *sport* (s-e Meldung) zuˈrückziehen.

scratch| line *s sport* Startlinie *f.* **~ test** *s* **1.** *med.* Scratch-, Prick-Test *m.* **2.** *tech.* Ritzversuch *m.* **ˈ~·work** *s arch.* Kratzputz *m.*

ˈscratch·y *adj* (*adv* **scratchily**) **1.** krätzend. **2.** zerkratzt. **3.** kritz(e)lig. **4.** *sport* a) unausgeglichen, b) bunt zs.-gewürfelt: **a ~ crew. 5.** *vet.* an Mauke erkrankt.

scrawl [skrɔːl] **I** *v/t* **1.** (ˈhin)kritzeln, ˈhinschmieren. **2.** bekritzeln. **II** *v/i* **3.** kritzeln. **III** *s* **4.** Gekritzel *n*, Geschmiere *n.* **ˈscrawl·y** *adj* kritz(e)lig.

scraw·ny [ˈskrɔːnɪ] *adj* mager, dürr, knochig.

scray [skreɪ] *s orn. Br.* Seeschwalbe *f.*

scream [skriːm] **I** *v/i* **1.** schreien (*a. fig. Farbe etc*), gellen, kreischen: **to ~ (out)** aufschreien; **to ~ with laughter** vor Lachen brüllen. **2.** (*schrill*) pfeifen (*Lokomotive etc*), heulen (*Wind, Sirene etc*). **II** *v/t* **3.** *oft* **~ out** (herˈaus)schreien: **to ~ o.s. hoarse** sich heiser schreien; **to ~ the place down** *colloq.* zetermordio schreien. **III** *s* **4.** (gellender) Schrei. **5.** Gekreische *n*: **~s of laughter** brüllendes Gelächter. **6.** schriller Ton, Heulen *n* (*e-r Sirene etc*). **7.** **he (it) was a (perfect) ~** *colloq.* er (es) war zum Schreien (komisch). **ˈscream·er** *s* **1.** Schreier(in), Schreiende(r *m*) *f.* **2.** *colloq.* ‚tolle Sache', *bes.* Geschichte *f etc* ‚zum Totlachen'. **3.** *print. colloq.* Ausrufezeichen *n.* **4.** *Am. colloq.* (riesige) Sensatiˈonsschlagzeile. **ˈscream·ing** *adj* **1.** schreiend, schrill, grell. **2.** *fig.* schreiend, grell: **~ colo(u)rs. 3.** *colloq.* a) ‚toll', großartig, b) zum Schreien (komisch). **ˈscream·ing·ly** *adv*: **~ funny** *colloq.* zum Schreien komisch.

scree [skriː] *s geol. Br.* **1.** Geröll *n.* **2.** (Geröll)Halde *f.*

screech [skriːtʃ] **I** *v/t u. v/i* (gellend) schreien, kreischen (*a. weitS. Bremsen etc*). **II** *s* (gellender) Schrei. **~ owl** *s orn.* **1.** *allg.* schreiende Eule. **2.** Zwergohreule *f.* **3.** *Br.* Schleiereule *f.*

screed [skriːd] *s* **1.** a) lange Aufzählung *od.* Liste, b) langatmige Rede, Tiˈrade *f.* **2.** *a.* **floating ~** *arch.* Abgleichbohle *f.* **3.** Landstreifen *m.*

screen [skriːn] **I** *s* **1.** (Schutz)Schirm *m*, (-)Wand *f.* **2.** *arch.* a) Zwischenwand *f*, b) Lettner *m* (*in Kirchen*). **3.** (Film-) Leinwand *f.* **4.** **the ~** *collect.* der Film, das Kino: **~ star** Filmstar *m*; **on the ~** auf der Leinwand, im Film. **5.** *Radar, Computer, TV*: Bildschirm *m.* **6.** *med.* Röntgenschirm *m.* **7.** Drahtgitter *n*, -netz *n.* **8.** *tech.* (*großes*) (Gitter)Sieb (*für Sand etc*). **9.** Fliegenfenster *n.* **10.** *fig.* a) Schutz *m*, Schirm *m*, b) Tarnung *f.* **11.** *mil.* a) (*taktische*) Absicherung, (*mar.* Geleit)Schutz *m*, b) Nebelwand *f*, c) Tarnung *f.* **12.** *phys.* a) *a.* **optical ~** Filter *n*, *m*, Blende *f*, b) *a.* **electric ~** Abschirmung *f*, Schirm(gitter *n*) *m*, c) *a.* **ground ~** *electr.* Erdungsebene *f.* **13.** *phot. print.* Raster(platte *f*) *m.* **14.** *Kricket*: *e-e weiße Holz- od. Stoffwand, die dem Schläger bessere Sicht ermöglicht.* **15.** *mot.* Windschutzscheibe *f.*
II *v/t* **16.** (be)schirmen, (be)schützen (**from** vor *dat*). **17.** *a.* **~ off** abschirmen (**from** gegen) (*a. sport Ball etc*), verdecken, *Licht* abblenden. **18.** *mil.* a) tarnen (*a. fig.*), b) einnebeln. **19.** *fig. j-n* decken. **20.** *tech. Sand etc* (ˈdurch)sieben: **~ed coal** Würfelkohle *f.* **21.** *phot. Bild* projiˈzieren, auf die Leinwand werfen. **22.** a) für den Film bearbeiten, b) (ver-) filmen, c) im Fernsehen bringen, senden, d) *Film* vorführen, zeigen. **23.** *e-e Mitteilung* ans Anschlagbrett heften. **24.** *fig. Personen* überˈprüfen.
III *v/i* **25.** a) sich (ver)filmen lassen, b) sich für den Film eignen (*Person*).

screen grid *s electr.* Schirmgitter *n*: **~ valve** (*Am.* **tube**) Schirmgitterröhre *f.*

ˈscreen·ing *s* **1.** (ˈDurch)Sieben *n*, *fig.* Überˈprüfung *f.* **2.** *phot.* a) Projiˈzierung *f*, b) Rastern *n.* **3.** a) Verfilmung *f*, b) *TV* Sendung *f*, c) *Film*: Vorführung *f.* **4.** *pl* a) (*das*) (ˈDurch)Gesiebte, b) Abfall *m.*

ˈscreen|ˌland *s Am.* Filmwelt *f.* **~ mem·o·ry** *s psych.* Deckerinnerung *f.* **ˈ~·play** *s Film*: Drehbuch *n.* **ˈ~·print** *art tech.* **I** *s* Siebdruck *m.* **II** *v/t* im Siebdruckverfahren ˈherstellen. **~ print·ing** *s art tech.* Siebdruck(technik *f*, -verfahren *n*) *m.* **~ test** *s Film*: Probeaufnahme(n *pl*) *f.* **ˈ~-test** *v/t Film*: Probeaufnahmen machen von. **~ wash·er** *s mot.* Scheibenwaschanlage *f.* **ˈ~ˌwrit·er** *s* Drehbuchautor *m.*

screeve [skri:v] *v/i bes. Br. sl.* den Bürgersteig bemalen. **ˈscreev·er** *bes. Br. sl. für* **pavement artist**.

screw [skru:] **I** *s* **1.** *tech.* Schraube *f* (*ohne Mutter*): **there is a ~ loose (somewhere)** *fig.* da stimmt etwas nicht; **he has a ~ loose** *colloq.* ,bei ihm ist e-e Schraube locker'. **2.** a) (Flugzeug- *od.* Schiffs)Schraube *f*, b) *mar.* Schraubendampfer *m.* **3.** *tech.* Spindel *f* (*e-r Presse*). **4.** Spiˈrale *f.* **5.** *colloq.* Druck *m*: **to put the ~(s) on s.o.** *fig.* j-m die Daumenschrauben anlegen *od.* ansetzen *od.* aufsetzen; **to give the ~ another turn** *a. fig.* die Schraube anziehen. **6.** *bes. Br.* Tütchen *n* (*Tabak etc*). **7.** *bes. sport* Efˈfet *m.* **8.** *sl.* Knauser *m*, Knicker *m.* **9.** *Br. sl.* alter Klepper (*Pferd*). **10.** *bes. Br. sl.* Lohn *m*, Gehalt *n.* **11.** Kork(en)zieher *m.* **12.** *sl.* (Gefängnis)Wärter *m.* **13.** *vulg.* a) ,Nummer' *f* (*Geschlechtsverkehr*): **to have a ~** e-e Nummer machen *od.* schieben, b) **to be a good ~** gut ,bumsen' *od.* ,vögeln'.
II *v/t* **14.** schrauben: **to ~ down** ein-, festschrauben; **to ~ on** anschrauben; **to ~ up** zuschrauben; **he has his head ~ed on (the right way)** *colloq.* er ist nicht auf den Kopf gefallen. **15.** *a.* **~ up** *Papier etc* zs.-knüllen, zerknüllen. **16.** *a.* **~ up** a) *die Augen* zs.-kneifen, b) *den Mund, das Gesicht* verziehen (**into** zu *e-m Grinsen etc*). **17.** **~ down (up)** *econ. die Preise* herˈunter- (hinˈauf)schrauben. **18.** *fig.* a) *j-n* unter Druck setzen, b) *etwas* herˈauspressen (**out of s.o.** aus j-m). **19.** **~ up** *fig.* (ver)stärken: **to ~ o.s. up** sich aufraffen; → **courage**. **20.** *bes. sport dem Ball* e-n Efˈfet geben. **21.** *colloq.* ,reinlegen', ,übers Ohr hauen'. **22.** **~ up** *colloq.* ,vermasseln'. **23.** **~ up** *colloq. j-n* ,fix u. fertig' machen. **24.** *vulg. j-n* ,bumsen', ,vögeln' (*mit j-m Geschlechtsverkehr haben*): **~ you!, get ~ed!** *bes. Am.* scher dich zum Teufel!
III *v/i* **25.** sich (ein)schrauben lassen. **26.** *sl.* knickern, knausern. **27.** **~ around** *Am. sl.* sich herˈumtreiben, herˈumlungern. **28.** *vulg.* ,bumsen', ,vögeln'.

screw|ar·bor *s tech.* (Werkzeugspindel *f* mit) Gewindefutter *n.* **~au·ger** *s tech.* Schneckenbohrer *m.* **ˈ~·ball** *bes. Am.* **I** *s* **1.** *Baseball*: Efˈfetball *m.* **2.** *sl.* ,Spinner' *m*, verrückter Kerl. **II** *adj* **3.** *sl.* verrückt. **~bolt** *s tech.* Schraubenbolzen *m.* **~cap** *s tech.* **1.** Schraubdeckel *m*, Verschlußkappe *f.* **2.** ˈÜberwurfmutter *f.* **~con·vey·er** *s tech.* Förderschnecke *f.* **~die** *s tech.* Gewindeschneideisen *n.* **ˈ~ˌdriv·er** *s* **1.** *tech.* Schraubendreher *m*, -zieher *m.* **2.** *Cocktail aus Orangensaft u. Wodka.*

screwed [skru:d] *adj* **1.** verschraubt. **2.** mit Gewinde. **3.** verdreht, gewunden. **4.** *Br. colloq.* ,blau', ,besoffen'.

screw|gear(·ing) *s tech.* **1.** Schneckenrad *n.* **2.** Schneckengetriebe *n.* **~jack** *s* **1.** *tech.* Schraubenwinde *f*, Hebespindel *f.* **2.** *tech.* Wagenheber *m.* **~key** *s tech.* Schraubenschlüssel *m.* **~ma·chine** *s tech.* Fasˈsondrehbank *f.* **~nut** *s tech.* Schraubenmutter *f.* **~plug** *s tech.* Verschlußschraube *f.* **~press** *s tech.* **1.** Spindelpresse *f.* **2.** Schraubenpresse *f.* **~pro·pel·ler** → **screw** 2 a. **~punch** → **screw press** 1. **~steam·er** → **screw** 2 b. **~sur·face** *s math.* Helikoˈide *f*, Wendelfläche *f.* **~tap** *s tech.* Gewindebohrer *m.* **~top** *s* Schraubverschluß *m.* **~wrench** *s tech.* Schraubenschlüssel *m.*

screw·y [ˈskru:ɪ] *adj* **1.** schraubenartig, gewunden. **2.** *Br. colloq.* ,beschwipst'. **3.** *bes. Am. sl.* verrückt. **4.** *sl.* knick(e)rig, knaus(e)rig.

scrib·al [ˈskraɪbl] *adj* Schreib(er)...: **~ error** Schreibfehler *m.*

scrib·ble¹ [ˈskrɪbl] **I** *v/t a.* **~ down** (ˈhin-)kritzeln, (-)schmieren: **to ~ s.th. over** etwas bekritzeln. **II** *v/i* kritzeln. **III** *s* Gekritzel *n.*

scrib·ble² [ˈskrɪbl] *v/t Wolle* krempeln.

scrib·bler¹ [ˈskrɪblə(r)] *s* **1.** Kritzler *m*, Schmierer *m.* **2.** *contp.* Skriˈbent *m*, Schreiberling *m.*

scrib·bler² [ˈskrɪblə(r)] *s tech.* ˈKrempelmaˌschine *f.*

ˈscrib·bling|block, ~pad *s Br.* Schmier-, Noˈtizblock *m.*

scribe [skraɪb] **I** *s* **1.** (Ab)Schreiber *m*, Koˈpist *m.* **2.** *hist.* Schreiber *m*, Sekreˈtär *m.* **3.** *Bibl.* Schriftgelehrte(r) *m.* **4.** *humor.* a) Schriftsteller *m*, b) Journaˈlist *m.* **5.** *a.* **~ awl** Reißahle *f*, -nadel *f.* **II** *v/t* **6.** *tech.* anreißen. **ˈscrib·er** → **scribe** 5.

scrim [skrɪm] *s* leichter Leinen- *od.* Baumwollstoff.

scrim·mage [ˈskrɪmɪdʒ] **I** *s* **1.** Handgemenge *n*, Getümmel *n.* **2.** a) *American Football*: Scrimmage *n*, b) *Rugby*: Gedränge *n.* **II** *v/i* **3.** *American Football*: um den Ball kämpfen (*nach dem Anspiel*). **4.** (herˈum)kramen. **III** *v/t* **5.** *American Football*: *den Ball* ins Scrimmage werfen.

scrimp [skrɪmp] **I** *v/t* **1.** knausern mit, knapp bemessen. **2.** *j-n* knapp-, kurzhalten (**for** mit). **II** *v/i* **3.** *a.* **~ and save** knausern (**on** mit). **III** *adj* → **scrimpy**. **ˈscrimp·y** *adj* **1.** knauserig. **2.** knapp, eng (*Kleidungsstück*).

scrim·shank [ˈskrɪmʃæŋk] *v/i bes. mil. Br. sl.* ,sich drücken'. **ˈscrimˌshank·er** *s bes. mil. Br. sl.* ,Drückeberger' *m.*

scrim·shaw [ˈskrɪmʃɔ:] *s* feine Schnitzeˈrei (*aus Elfenbein, Muscheln etc*).

scrip¹ [skrɪp] *s hist.* (Pilger-, Schäfer-)Tasche *f*, Ränzel *n.*

scrip² [skrɪp] *s* **1.** *econ.* Berechtigungsschein *m.* **2.** *econ.* a) Scrip *m*, Interimsschein *m*, -aktie *f*, b) *collect.* (*die*) Scrips *pl*, (*die*) Interimsaktien *pl.* **3.** *Am.* (staatlicher) Landzuweisungsschein. **4.** *a.* **~ money** a) in Notzeiten ausgegebene Erˈsatzpaˌpiergeldwährung, b) *mil.* Besatzungsgeld *n.*

script [skrɪpt] **I** *s* **1.** Handschrift *f.* **2.** Schrift(zeichen *pl*) *f.* **3.** Schrift(art) *f*: **phonetic ~** Lautschrift *f.* **4.** *print.* Schreibschrift *f.* **5.** *jur.* Origiˈnal *n*, Urschrift *f.* **6.** Text *m.* **7.** a) *thea. etc* Manuˈskript *n*, b) *Film, TV*: Drehbuch *n.* **8.** *ped. Br.* (schriftliche) Prüfungsarbeit. **II** *v/t u. v/i* **9.** das Drehbuch schreiben (für).

script|de·part·ment *s Film, thea., TV*: Dramaturˈgie *f.* **~ed·i·tor** *s Film, thea., TV*: Dramaˈturg *m.*

script·er [ˈskrɪptə(r)] → **scriptwriter**.

script girl *s Film*: Skriptgirl *n* (*Ateliersekretärin*).

scrip·to·ri·um [skrɪpˈtɔ:rɪəm] *pl* **-ri·a** [-rɪə] *s hist.* Schreibstube *f* (*e-s Klosters*).

script sec·tion → **script department**.

scrip·tur·al [ˈskrɪptʃərəl] *adj* **1.** Schrift-... **2.** *a.* **S~** *relig.* biblisch, der Heiligen Schrift: **~ doctrine**. **ˈscrip·tur·al·ism** *s relig.* strenge Bibelgläubigkeit.

scrip·ture [ˈskrɪptʃə(r)] *s* **1.** **S~**, *meist* **the S~s, the Holy S~(s)** die (Heilige) Schrift, die Bibel. **2.** **S~** ˈBibelziˌtat *n*, -stelle *f.* **3.** heilige *od.* religiˈöse Schrift: **Buddhist ~**. **~read·er** *s hist.* Bibelvorleser(in).

ˈscriptˌwrit·er *s* **1.** *Film, TV*: Drehbuchautor *m.* **2.** *Rundfunk*: Hörspielautor *m.*

scrive·ner [ˈskrɪvnə(r)] *s hist.* **1.** (öffentlicher) Schreiber: **~'s palsy** Schreibkrampf *m.* **2.** Noˈtar *m.*

scrod [skrɒd] *s Am.* junger, kochfertig geschnittener Fisch (*bes. Kabeljau*).

scrof·u·la [ˈskrɒfjʊlə; *Am. a.* ˈskrɑf-] *s med.* Skrofuˈlose *f*, ˈLymphknotentuberkuˌlose *f.* **ˈscrof·u·lous** *adj med.* skrofuˈlös.

scroll [skrəʊl] **I** *s* **1.** Schriftrolle *f.* **2.** a) *arch.* Voˈlute *f*, Schnörkelverzierung *f*, b) *mus.* Schnecke *f* (*am Kopf e-s Streichinstruments*), c) Schnörkel *m* (*in der Schrift*), d) *her.* Streifen *m* (*für die Devise*). **3.** *tech.* Triebkranz *m.* **4.** Liste *f*, Verzeichnis *n.* **~chuck** *s tech.* Univerˈsalspannfutter *n.* **~gear** *s tech.* Schneckenrad *n.* **~lathe** *s tech.* Drechslerbank *f.* **~saw** *s tech.* Laubsäge *f.* **ˈ~·work** *s* **1.** Schneckenverzierung *f.* **2.** Laubsägearbeit *f.*

scrooch [skru:tʃ] *v/i Am.* (**~ down** sich ˈhin)kauern.

Scrooge [skru:dʒ] *s* Geizhals *m.*

scro·tal [ˈskrəʊtl] *adj anat.* skroˈtal, Hodensack... **ˈscro·tum** [-təm] *pl* **-tums, -ta** [-tə] *s anat.* Skrotum *n*, Hodensack *m.*

scrounge [skraʊndʒ] *colloq.* **I** *v/t* **1.** ,organiˈsieren': a) ,klauen' (*stehlen*), b) beschaffen. **2.** ,schnorren', ,nassauern'. **II** *v/i* **3.** ,klauen'. **4.** ,nassauern', ,schnorren'. **5.** *meist* **~ around** herˈumsuchen, sich ˈumschauen (**for** nach). **ˈscroung·er** *s colloq.* **1.** Dieb *m.* **2.** ,Schnorrer' *m*, ,Nassauer' *m.*

scrub¹ [skrʌb] **I** *v/t* **1.** schrubben, scheuern, (ab)reiben. **2.** *tech. Gas* reinigen. **3.** *a.* **~ out** *colloq.* streichen, ausfallen lassen: **to ~ a trip.** **II** *v/i* **4.** scheuern, schrubben, reiben: **to ~ up** sich die Hände desinfizieren (*Arzt vor Operation*). **5.** **to ~ round s.th.** *colloq.* etwas ignorieren *od.* umgehen. **III** *s* **6.** Scheuern *n*, Schrubben *n*: **that wants a good ~** das muß tüchtig gescheuert werden. **7.** → **scrubber** 1. **8.** *sport Am.* a) Reˈservespieler *m*, b) *a.* **~ team** zweite Mannschaft *od.* ,Garniˈtur', c) *a.* **~ game** Spiel *n* der Reˈservemannschaften.

scrub² [skrʌb] *s* **1.** Gestrüpp *n*, Buschwerk *n.* **2.** Busch *m* (*Gebiet*). **3.** a) verkrüppelter Baum, b) Tier *n* minderwertiger *od.* unbekannter Abstammung, c) Knirps *m*, d) *fig. contp.* ,Null' *f*, Nichts *n* (*Person*).

scrub·ber [ˈskrʌbə(r)] *s* **1.** Schrubber *m*, (Scheuer)Bürste *f.* **2.** *tech.* Skrubber *m*, Rieselturm *m* (*zur Gasreinigung*). **3.** *Br. sl.* ,Flittchen' *n.* **ˈscrub(·bing) brush** *s* Scheuerbürste *f.*

scrub·by [ˈskrʌbɪ] *adj* **1.** gestrüppreich. **2.** verkümmert. **3.** kümmerlich, schäbig. **4.** stopp(e)lig (*Bart, Kinn etc*).

scruff¹ [skrʌf], *a.* **~ of the neck** *s* (Hautfalten *pl* am) Genick *n*: **to take s.o. by the ~ of the neck** j-n im Genick *od.* beim Kragen packen.

scruff² [skrʌf] *s* **1.** *metall.* (Ab)Schaum *m.* **2.** *Br. colloq.* schmudd(e)lige Perˈson. **ˈscruff·y** *adj colloq.* schmudd(e)lig, dreckig.

scrum [skrʌm] *Br. abbr. für* **scrummage**.

scrum·mage [ˈskrʌmɪdʒ] *s* **1.** → **scrimmage** 1. **2.** *Rugby*: Gedränge *n.*

scrump·tious [ˈskrʌmpʃəs] *adj* (*adv* **~ly**) *colloq.* ,toll', ,prima' (*bes. Essen*).

scrunch [skrʌntʃ] **I** *v/t* **1.** knirschend (zer)kauen. **2.** zermalmen. **II** *v/i* **3.** knirschend kauen. **4.** knirschen. **5.** sich knirschend bewegen. **III** *s* **6.** Knirschen *n.*

scru·ple [ˈskru:pl] **I** *s* **1.** Skrupel *m*, Zweifel *m*, Bedenken *pl*: **to have ~s about doing s.th.** Bedenken haben *od.* hegen, etwas zu tun; **without ~** skrupellos. **2.** Skrupel *n* (*Apothekergewicht = 20 gran = 1,296 g*). **II** *v/i* **3.** Skrupel *od.* Bedenken haben, zögern (**to do** zu tun). **ˌscru·puˈlos·i·ty** [-pjʊˈlɒsətɪ; *Am.* -ˈlɑs-] *s* (überˈtriebene) Gewissenhaftigkeit *od.* Genauigkeit, (ˈÜber)Ängstlichkeit *f.* **ˈscru·pu·lous** *adj* (*adv* **~ly**) **1.** voller Skrupel *od.* Bedenken. **2.** (ˈüber)gewissenhaft, peinlich (genau). **3.** vorsichtig, ängstlich. ˈ**scru·pu·lous·ness** → **scrupulosity**.

scru·ti·neer [ˌskruːtɪˈnɪə(r)] *s* (*pol.* Wahl)Prüfer *m.*

scru·ti·nize [ˈskruːtɪnaɪz] *v/t* **1.** unterˈsuchen, (genau) prüfen. **2.** genau *od.* forschend *od.* prüfend betrachten, mustern. ˈ**scru·ti·ny** [-nɪ] *s* **1.** Unterˈsuchung *f*, (genaue) Prüfung. **2.** *pol.* Wahlprüfung *f.* **3.** Überˈwachung *f.* **4.** forschender *od.* prüfender Blick.

scry [skraɪ] *v/i* mit Hilfe e-r Glaskugel wahrsagen.

scu·ba [ˈskjuːbə; *Am. a.* ˈskuː-] *s* (Unterˈwasser)Atemgerät *n*: ~ **diving** Sporttauchen *n.*

scud [skʌd] **I** *v/i* **1.** eilen, jagen. **2.** *mar.* lenzen. **II** *s* **3.** Daˈhinjagen *n.* **4.** tieftreibende Wolkenfetzen *pl.* **5.** a) (Wind)Bö *f*, b) treibender Nebel.

scuff [skʌf] **I** *v/i* **1.** schlurfen(d gehen). **II** *v/t* **2.** (mit den Füßen) ab- *od.* aufscharren. **3.** abstoßen, abnutzen. **4.** schlagen, boxen. **III** *s* **5.** Schlurfen *n.* **6.** Abnutzung *f*, abgestoßene Stelle. **7.** *Am.* (*Art*) Panˈtoffel *m.*

scuf·fle [ˈskʌfl] **I** *v/i* **1.** sich balgen, raufen. **2.** ziellos eilen. **3.** schlurfen(d gehen). **II** *s* **4.** Balgeˈrei *f*, Raufeˈrei *f*, Handgemenge *n.* **5.** Schlurfen *n.*

scull [skʌl] **I** *s* **1.** *mar.* Heck-, Wriggriemen *m.* **2.** *bes. Rudersport*: Skullriemen *m.* **3.** *bes. Rudersport*: Skuller *m*, Skullboot *n.* **II** *v/t u. v/i* **4.** *mar.* wriggen. **5.** *bes. Rudersport*: skullen (*mit 2 Riemen rudern*). ˈ**scull·er** *s* (*bes. Rudersport*) **1.** Skuller *m* (*Ruderer*). **2.** → **scull** 3.

scul·ler·y [ˈskʌlərɪ] *s Br.* Spülküche *f.* ~ **maid** *s Br.* Spül-, Küchenmädchen *n.*

scul·lion [ˈskʌljən] *s hist. Br.* Küchenjunge *m.*

sculp(t) [skʌlp(t)] *colloq. für* **sculpture** II *u.* III.

sculp·tor [ˈskʌlptə(r)] *s* Bildhauer *m.* ˈ**sculp·tress** [-trɪs] *s* Bildhauerin *f.*

sculp·tur·al [ˈskʌlptʃərəl] *adj* (*adv* ~**ly**) bildhauerisch, Skulptur...

sculp·ture [ˈskʌlptʃə(r)] **I** *s* **1.** Skulpˈtur *f*, Plastik *f*: a) Bildhauerkunst *f*, Bildhaueˈrei *f*, b) Bildhauerwerk *n.* **2.** *bot. zo.* Skulpˈtur *f.* **II** *v/t* **3.** formen, (herˈaus-) meißeln *od.* (-)schnitzen. **4.** mit Skulpˈturen *od.* Reliˈefs schmücken. **III** *v/i* **5.** bildhauern. ˌ**sculp·turˈesque** [-ˈresk] *adj* skulpˈturartig, wie (aus)gemeißelt.

scum [skʌm] **I** *s* **1.** *a. metall.* Schaum *m.* **2.** *fig.* Abschaum *m*, Auswurf *m*: **the ~ of the earth** der Abschaum der Menschheit. **II** *v/t* **3.** abschäumen, den Schaum abschöpfen von. **4.** e-n Schaum bilden auf (*dat*). **III** *v/i* **5.** schäumen, Schaum bilden (*Flüssigkeit*).

scum·ble [ˈskʌmbl] *paint.* **I** *v/t* **1.** *Farben, Umrisse etc* vertreiben, dämpfen. **2.** *ein Bild* durch Vertreiben in s-n Farben u. ˈUmrissen weicher machen. **3.** *Lasur* in e-r hauchdünnen Schicht auftragen. **II** *s* **4.** Gedämpftheit *f*, Weichheit *f.* **5.** Laˈsur *f.*

scum·my [ˈskʌmɪ] *adj* **1.** schaumig. **2.** *fig.* gemein, schäbig, ‚fies'.

scup·per [ˈskʌpə(r)] **I** *s* **1.** *mar.* Speigatt *n.* **2.** *arch.* Wasserabzug *m.* **II** *v/t mil. Br. sl.* **3.** niedermetzeln. **4.** *das Schiff* versenken. **5.** *fig.* a) kaˈputtmachen, b) durcheinˈanderbringen, c) im Stich lassen.

scurf [skɜːf; *Am.* skɜrf] *s* **1.** *med.* a) Schorf *m*, Grind *m*, b) *bes. Br.* (Kopf-) Schuppen *pl.* **2.** abblätternde Kruste. **3.** Fetzen *pl*, Reste *pl.* ˈ**scurf·i·ness** [-ɪnɪs] *s med.* Schorfigkeit *f.* ˈ**scurf·y** *adj* **1.** *med.* a) schorfig, grindig, b) schorfartig, c) schuppig. **2.** verkrustet.

scur·ril·i·ty [skʌˈrɪlətɪ; skə-] *s* **1.** zotige Scherzhaftigkeit. **2.** Zotigkeit *f.* **3.** Zote *f.*

scur·ril·ous [ˈskʌrɪləs; *Am. a.* ˈskɜr-] *adj* (*adv* ~**ly**) **1.** ordiˈnär-scherzhaft, ‚frech'. **2.** unflätig, zotig.

scur·ry [ˈskʌrɪ; *Am. bes.* ˈskɜriː] **I** *v/i* **1.** huschen, hasten: **to ~ for the door** zum Ausgang hasten. **2.** trippeln. **II** *v/t* **3.** jagen, treiben. **III** *s* **4.** Hasten *n.* **5.** Getrippel *n.* **6.** *sport* Sprint *m.* **7.** *Pferdesport*: Fliegerrennen *n.* **8.** Schneetreiben *n.*

scur·vy [ˈskɜːvɪ; *Am.* ˈskɜrviː] **I** *s med.* Skorˈbut *m.* **II** *adj* (*adv* **scurvily**) (hunds)gemein, ‚fies'. ~ **grass** *s bot.* Löffelkraut *n.*

scut [skʌt] *s* **1.** *hunt.* Blume *f*, kurzer Schwanz (*des Hasen*), Wedel *m* (*des Rotwilds*). **2.** Stutzschwanz *m.*

scu·ta [ˈskjuːtə; *Am. a.* ˈskuː-] *pl von* **scutum**.

scu·tage [ˈskjuːtɪdʒ; *Am. a.* ˈskuː-] *s mil. hist.* Schildpfennig *m* (*an Stelle von Heerfolge geleistete Steuer*).

scu·tate [ˈskjuːteɪt; *Am. a.* ˈskuː-] *adj* **1.** *bot.* schildförmig (*Blatt*). **2.** *zo.* großschuppig.

scutch [skʌtʃ] *tech.* **I** *v/t* **1.** *Flachs* schwingen. **2.** *Baumwolle od. Seidenfäden* durch Schlagen entwirren. **II** *s* **3.** a) (Flachs-) Schwingmesser *n*, b) (ˈFlachs)ˌSchwingmaˌschine *f.* **4.** Schwingwerg *n.* **5.** *tech.* Putzhammer *m.*

scutch·eon [ˈskʌtʃən] *s* **1.** → **escutcheon** 1. **2.** *zo.* → **scute**.

ˈ**scutch·er** → **scutch** 3 *u.* 5.

scute [skjuːt; *Am. a.* skuːt] *s zo.* Schuppe *f*, Schild *m.*

scu·tel·late [ˈskjuːtɪleɪt; -lət; *Am. a.* ˈskuː-; *a.* skjuːˈtelət; skuːˈt-] *adj zo.* **1.** schuppig. **2.** schuppenartig.

scu·tel·lum [skjuːˈteləm; *Am. a.* skuː-] *pl* **-la** [-lə] *s bot. zo.* Schildchen *n.*

scu·ti·form [ˈskjuːtɪfɔː(r)m; *Am. a.* ˈskuː-] *adj* schildförmig.

scut·ter [ˈskʌtə] *Br. colloq. für* **scurry**.

scut·tle[1] [ˈskʌtl] *s* **1.** Kohlenkasten *m*, -eimer *m.* **2.** flacher Korb.

scut·tle[2] [ˈskʌtl] **I** *v/i* **1.** → **scurry** I. **2.** ~ **out of** *bes. mil.* sich absetzen aus, sich hastig zuˈrückziehen aus (*e-m besetzten Land etc*); **to ~ out of a policy** e-e Politik schleunigst wieder aufgeben. **II** *s* **3.** → **scurry** 4, 5. **4.** a) *bes. mil.* hastiger Rückzug (**out of** aus), b) *fig.* hastiger Rückzieher.

scut·tle[3] [ˈskʌtl] **I** *s* **1.** (Dach-, Boden-) Luke *f.* **2.** *mar.* (Spring)Luke *f.* **3.** *mot.* Stirnwand *f*, Spritzbrett *n.* **II** *v/t* **4.** *mar.* a) *das Schiff* anbohren, die ˈBodenvenˌtile öffnen von (*e-m Schiff*), b) (selbst) versenken. **5.** *fig. Pläne, Hoffnungen etc* aufgeben.

ˈ**scut·tle·butt** *s* **1.** *mar.* a) (Trink-) Wassertonne *f*, b) Trinkwasseranlage *f.* **2.** *Am. colloq.* Gerücht *n.*

scu·tum [ˈskjuːtəm; *Am. a.* ˈskuː-] *pl* **-ta** [-tə] *s* **1.** *antiq. mil.* Schild *m.* **2.** *zo.* Scutum *n* (*Mittelteil des Rückenpanzers der Insekten*).

scuz·zy [ˈskʌziː] *adj Am. sl.* dreckig, speckig.

Scyl·la [ˈsɪlə] *npr myth.* Szylla *f*: **between ~ and Charybdis** *fig.* zwischen Szylla u. Charybdis.

scy·phus [ˈsaɪfəs] *pl* **-phi** [-faɪ] *s* **1.** *antiq.* Skyphos *m* (*Tongefäß*). **2.** *bot.* Becher *m*, Kelch *m.*

scythe [saɪð] **I** *s* **1.** *agr.* Sense *f.* **2.** *antiq.* Sichel *f* (*am Streitwagen*). **II** *v/t* **3.** *agr.* (ab)mähen. **4.** ~ **down** *Fußball*: umsäbeln.

Scyth·i·an [ˈsɪðɪən; ˈsɪθ-] **I** *s* **1.** *antiq.* Skythe *m*, Skythin *f.* **2.** *ling.* Skythisch *n*, das Skythische. **II** *adj* **3.** skythisch.

sea [siː] *s* **1.** a) See *f*, Meer *n*, b) Ozean *m*, (Welt)Meer *n*: **the four ~s** die vier (*Großbritannien umgebenden*) Meere; **at ~** *mar.* auf See; (**all**) **at ~** *fig.* (völlig) ratlos; **beyond the ~s, over ~(s)** nach *od.* in Übersee; **by ~** auf dem Seeweg, mit dem Schiff; **to follow the ~** *mar.* zur See fahren; **to go to ~** *mar.* a) in See stechen, absegeln, b) zur See gehen (*Seemann werden*); **the high ~s** die hohe See, die Hochsee; **in the open ~** auf hoher See; **on the ~** a) auf See, zur See, b) *a.* **by the ~** an der See, an der Küste (gelegen). **2.** *mar.* See(gang *m*) *f*: **a heavy ~**; **long** (**short**) **~** lange (kurze) See. **3.** See *f*, hohe Welle: → **ship** 8. **4.** *fig.* Meer *n*: **~ of flames** Flammenmeer.

sea|air *s* See-, Meeresluft *f.* ~ **an·chor** *s* **1.** *mar.* See- *od.* Treibanker *m.* **2.** *aer.* Wasseranker *m.* ~ **a·nem·o·ne** *s zo.* ˈSeeaneˌmone *f.* ~ **an·i·mal** *s* Meerestier *n.* ˈ~**bag** *s* Seesack *m* (*e-s Matrosen*). ~ **bath·ing** [ˈbeɪðɪŋ] *s* Baden *n* im Meer. ~ **bat·tle** *s mar. mil.* Seeschlacht *f*, -gefecht *n.* ~ **bear** *s zo.* **1.** Eisbär *m.* **2.** Seebär *m.* ˈ~**bed** *s* Meeresboden *m*, -grund *m.* **S~bee** [ˈsiːˌbiː] *s mil. Am.* Angehörige(r) *m* e-s schweren Pioˈnierbataiˌlons (*der amer. Marine*). ~ **bird** *s* Meeres-, Seevogel *m.* ~ **bis·cuit** *s* Schiffszwieback *m.* ˈ~**board I** *s* (Meeres-, See)Küste *f.* **II** *adj* Küsten...: ~ **town**. ~ **boat** *s mar.* Seeschiff *n*, (hoch-) seetüchtiges Schiff. ˈ~**born** *adj* **1.** aus dem Meere stammend. **2.** *poet.* meergeboren. ˈ~**borne** *adj* See..., auf dem Seeweg befördert: ~ **goods** Seehandelsgüter; ~ **invasion** *mil.* Landungsunternehmen *n* von See aus; ~ **trade** Seehandel *m.* ~ **breeze** *s* Seewind *m*, -brise *f.* ~ **calf** *s irr* → **sea dog** 1 a. ~ **cap·tain** *s* (ˈSchiffs)Kapiˌtän *m.* ~ **change** *s* **1.** vom Meer bewirkte Verwandlung. **2.** *fig.* große Wandlung. ~ **clam** *s zo.* Strandmuschel *f.* ˌ~ˈ**coast** *s* Meeres-, Seeküste *f.* ~ **cock** *s* **1.** *mar.* ˈBoden-, ˈBordvenˌtil *n.* **2.** *orn.* Kiebitzregenpfeifer *m.* ~ **cow** *s zo.* **1.** Seekuh *f*, Siˈrene *f.* **2.** Walroß *n.* **3.** Flußpferd *n.* ~ **crow** *s orn.* Lachmöwe *f.* ~ **cu·cum·ber** *s zo.* Seewalze *f*, Seegurke *f.* ~ **dev·il** *s* **1.** → **devilfish**. **2.** → **angelfish** 1. ~ **dog** *s* **1.** *zo.* a) Gemeiner Seehund, Meerkalb *n*, b) → **dogfish**. **2.** *fig.* alter Seebär. ˈ~**drome** *s aer.* Wasserflughafen *m.* ~ **ea·gle** *s orn.* **1.** Seeadler *m.* **2.** Fisch-, Flußadler *m.* ~ **el·e·phant** *s zo.* ˈSee-Eleˌfant *m.* ˈ~ˌ**far·er** *s mar.* Seefahrer *m*, -mann *m.* ˈ~ˌ**far·ing** *mar.* **I** *adj* **1.** seefahrend: ~ **man** Seemann *m*; ~ **nation** Seefahrernation *f.* **2.** Seefahrts... **II** *s* **3.** Seefahrt *f.* ~ **farm·ing** *s biol.* ˈAquakulˌtur *f.* ~ **fight** *s mar. mil.* Seegefecht *n*, -schlacht *f.* ˈ~ˌ**flow·er** → **sea anemone**. ~ **food** *s collect.* Meeresfrüchte *pl.* ˈ~**fowl** → **sea bird**. ~ **front** *s* Seeseite *f* (*von Städten od. Häusern*). ~ **gate** *s mar.* **1.** Zugang *m* zur See. **2.** *tech.* Flut-, Sicherheitstor *n* (*e-r Deichschleuse etc*). ~ **ga(u)ge** *s mar.* **1.** Tiefgang *m.* **2.** Lotstock *m.* ˈ~**girt** *adj poet.* ˈmeerumˌschlungen. ~ **god** *s* Meer(es)gott *m.* ˈ~ˌ**go·ing** *adj mar.* **1.** (hoch)seetüchtig, (Hoch)See... **2.** → **seafaring** I. ~ **grass** *s bot.* Seegras *n.* ~ **green** *s* Meergrün *n.* ~ **gull** *s orn.* Seemöwe *f.* ~ **hare** *s zo.* Seehase *m.* ~ **hog** *s zo.* Schweinswal *m*, *bes.* Meerschwein *n*, Kleiner Tümmler. ~ **horse** *s* **1.** *zo.* a) Seepferdchen *n*, b) Walroß *n.* **2.** *myth.* Seepferd *n.* **3.** große, schaumgekrönte Welle. ˈ~-ˌ**is·land cot·ton** *s* Sea-Island-Baumwolle *f.* ~ **kale** *s bot.* See-, Strandkohl *m.* ~ **king** *s hist.* Wikingerfürst *m.*

seal[1] [siːl] **I** *s* **1.** *pl* **seals,** *bes. collect.*

seal *zo.* Robbe *f*, *engS.* Seehund *m.* **2.** → **sealskin** I. **3.** Seal(braun) *n.* **II** *adj* **4.** → **sealskin** II. **III** *v/i* **5.** auf Robbenjagd gehen.

seal² [siːl] **I** *s* **1.** Siegel *n*: **given under my hand and ~** von mir unterzeichnet u. versiegelt; **to set one's ~ to s.th.** sein Siegel auf etwas drücken, *bes. fig.* etwas besiegeln (*bekräftigen*); **to set the (final) ~ on** *fig.* a) die Krönung bilden (*gen*), b) krönen; **under (the) ~ of secrecy (of confession)** unter dem Siegel der Verschwiegenheit (des Beichtgeheimnisses). **2.** Siegel(prägung *f*) *n.* **3.** Siegel(stempel *m*) *n*, Petschaft *n*: **the ~s** die Amtssiegel (*bes. als Symbol der Amtsgewalt*); **to resign the ~s** das Amt niederlegen; → **great seal. 4.** *mail* Aufkleber *m* (*meist für karitative Zwecke, ohne postalischen Wert*): **Christmas ~. 5.** *jur.* (Amts)Siegel *n.* **6.** Plombe *f*, (amtlicher) Verschluß: **under ~** (*Zoll etc*) unter Verschluß. **7.** sicherer Verschluß. **8.** Garanˈtie *f*, Zusicherung *f.* **9.** *fig.* Siegel *n*, Besiegelung *f*, Bekräftigung *f.* **10.** *fig.* Stempel *m*, Zeichen *n*: **as a ~ of friendship** zum Zeichen der Freundschaft; **he has the ~ of death in his face** sein Gesicht ist vom Tode gezeichnet. **11.** *tech.* a) (wasser-, luftdichter) Verschluß: **water ~** Wasserverschluß, b) (Ab)Dichtung *f*, c) Versiegelung *f* (*von Holz, Kunststoff etc*). **II** *v/t* **12.** siegeln, mit e-m Siegel versehen: **to ~ a document. 13.** besiegeln, ratifiˈzieren, bekräftigen: **to ~ a transaction** ein Geschäft besiegeln. **14.** *fig.* besiegeln (*endgültig entscheiden*): **his fate is ~ed** sein Schicksal ist besiegelt. **15.** autoriˈsieren, mit e-m Gültigkeitsstempel versehen. **16.** zeichnen, s-n Stempel *od.* sein Zeichen aufdrücken (*dat*). **17.** a) versiegeln: **~ed orders** *bes. mar.* versiegelte Order; **my lips are ~ed** *fig.* m-e Lippen sind versiegelt; **this is a ~ed book to me** *fig.* das ist mir ein Buch mit 7 Siegeln, b) *Brief(umschlag)* zukleben: **~ed envelope** verschlossener Umschlag. **18.** *e-n Verschluß, Waggon etc* plomˈbieren. **19.** *oft* **~ up** herˈmetisch (*od. tech.* wasser-, luftdicht) verschließen *od.* abdichten: **~ed cabin** *aer.* Höhenkabine *f*; **a vessel ~ed in ice** ein eingefrorenes *od.* vom Eis festgehaltenes Schiff. **20.** **~ off** *fig.* a) *mil. etc* abriegeln: **to ~ off the airport; to ~ off a breakthrough,** b) zu-, dichtmachen: **to ~ off the border. 21.** *electr. den Stecker, Sockel etc* einrasten *od.* einschnappen lassen. **22.** *tech.* a) *Holz, Kunststoff etc* versiegeln, b) grunˈdieren, c) befestigen, ˈeinzemenˌtieren, d) zuschmelzen.

sea| lad·der *s mar.* Fallreep *n.* **~ lane** *s mar.* Seeweg *m*, Schiffahrtsweg *m.*

seal·ant [ˈsiːlənt] *s* Dichtungsmittel *n.*

sea| law·yer *s mar. colloq.* Queruˈlant *m.* **~ leath·er** *s* Leder *n* von Meerestieren (*Haifischen etc*). **~ legs** *s pl mar. colloq.* Seefestigkeit *f*: **to get** (*od.* **find**) **one's ~** seefest werden. **~ leop·ard** *s zo.* **1.** ˈSeeleoˌpard *m.* **2.** Weddellrobbe *f.* **3.** Gemeiner Seehund.

seal·er¹ [ˈsiːlə(r)] *s* **1.** *Am.* Eichmeister *m.* **2.** *tech.* a) (Ver)Siegler *m* (*Person*), b) Verˈschließvorrichtung *f od.* -maˌschine *f*: **bag ~,** c) Einlaß-, Absperrgrund *m.*

seal·er² [ˈsiːlə(r)] *s mar.* Robbenfänger *m* (*Mann od. Schiff*). **ˈseal·er·y** *s* **1.** Robbenfang *m*, -jagd *f.* **2.** Robbenfangplatz *m.*

sea| let·ter *s Völkerrecht*: Schiffspaß *m.* **~ lev·el** *s* Meeresspiegel *m*, -höhe *f*: **above (below) ~** über (unter) dem Meeresspiegel, über (unter) Meereshöhe; **corrected to ~** auf Meereshöhe umgerechnet.

seal fish·er·y → **sealery.**

sea| lil·y *s zo.* Seelilie *f.* **~ line** *s* ˈMeereshoriˌzont *m.*

seal·ing [ˈsiːlɪŋ] *s* **1.** (Be)Siegeln *n.* **2.** Versiegeln *n*, *tech.* a. (Ab)Dichtung *f*, Verschluß *m*: **~ (compound)** Dichtungs-, Vergußmasse *f*; **~ ring** Dichtungsring *m*; **~ machine** (*Beutel- etc*) Verschließmaschine *f.* **3.** a) Verpakkungsfolie *f*, b) (starkes) ˈPackpaˌpier. **~ wax** *s* Siegellack *m.*

sea| li·on *s zo.* **1.** Seelöwe *m.* **2.** Mähnenrobbe *f.* **~ liz·ard** *s zo.* Meerechse *f.* **S~ Lord** *s mar. Br.* Seelord *m* (*Amtsleiter in der brit. Admiralität*).

seal| ring *s* Siegelring *m.* **~ rook·er·y** *s* Brutplatz *m* von Robben. **ˈ~skin I** *s* **1.** Seal(skin) *m, n*, Seehundsfell *n.* **2.** Sealjacke *f*, -mantel *m*, -cape *n.* **3.** Seehundsleder *n.* **II** *adj* **4.** Seal..., Seehunds...

sea lungs *s sg u. pl zo.* Rippenqualle *f.*

Sea·ly·ham [ˈsiːlɪəm; *Am.* -lɪˌhæm], *a.* **~ ter·ri·er** *s zo.* Sealyhamterrier *m.*

seam [siːm] **I** *s* **1.** Saum *m*, Naht *f* (*a. med.*): **to burst at the ~s** aus den *od.* allen Nähten platzen (*a. fig.*). **2.** *tech.* a) (Guß-, Schweiß)Naht *f*, b) *bes. mar.* Fuge *f*, c) Riß *m*, Sprung *m*, d) Falz *m.* **3.** Narbe *f.* **4.** Furche *f*, Runzel *f.* **5.** *Bergbau*: (Nutz-)Schicht *f*, Flöz *n.* **II** *v/t* **6.** *a.* **~ up, ~ together** zs.-nähen. **7.** säumen, mit e-r (Zier)Naht versehen. **8.** *bes. fig.* (durch-)ˈfurchen, (zer)schrammen: **a face ~ed with worry** ein gramzerfurchtes Gesicht; **~ed with cracks** von Rissen durchzogen, rissig. **9.** *tech.* durch e-e (Guß-, Schweiß)Naht verbinden. **III** *v/i* **10.** rissig werden. **11.** faltig werden.

ˈsea·man [-mən] *s irr mar.* **1.** Seemann *m*, Maˈtrose *m*: **ordinary ~** Leichtmatrose. **2.** *mil. Am.* (Maˈrine)Obergefreite(r) *m*: **~ apprentice** (Marine)Gefreite(r); **~ recruit** Matrose *m.* **ˈsea·man·like, ˈsea·man·ly** [-lɪ] *adj u. adv* seemännisch. **ˈsea·man·ship** *s mar.* Seemannschaft *f.*

ˈsea|·mark *s mar.* **1.** Seezeichen *n.* **2.** Gezeitengrenze *f.* **~ mark·er** *s mar.* Farbnotzeichen *n.* **~ mew** *s orn.* Sturmmöwe *f.* **~ mile** *s* Seemeile *f.* **~ mine** *s mil.* Seemine *f.*

ˈseam·less *adj* **1.** naht-, saumlos: **~-drawn tube** nahtlos gezogene Röhre. **2.** *bes. mar.* fugenlos.

sea mon·ster *s* Meeresungeheuer *n.*

seam·stress [ˈsemstrɪs; *Am.* ˈsiːm-] *s* Näherin *f.*

sea mud *s* Seeschlamm *m*, Schlick *m.*

seam weld·ing *s tech.* Nahtschweißen *n.*

seam·y [ˈsiːmɪ] *adj* **1.** gesäumt: **the ~ side** a) die linke Seite, die Nahtseite, b) *fig.* die Kehr- *od.* Schattenseite. **2.** faltig, zerfurcht. **3.** narbig. **4.** *geol.* flözführend.

Sean·ad Eir·eann [ˌsænədˈeərən; ˌʃæn-] (*Ir.*) *s Oberhaus od. Senat der irischen Republik.*

se·ance, sé·ance [ˈseɪɑ̃ːns] *s* Séˈance *f*, (spiriˈtistische) Sitzung.

sea| ooze → **sea mud. ~ ot·ter** *s zo.* Seeotter *m.* **~ pass** → **sea letter. ˈ~piece** *s paint.* Seestück *n.* **~ pike** *s ichth.* Seehecht *m.* **ˈ~plane** *s aer.* See-, Wasserflugzeug *n.* **ˈ~port** *s* **1.** Seehafen *m.* **2.** Seehafen *m*, Hafenstadt *f.* **~ pow·er** *s* **1.** Seemacht *f.* **2.** Seestärke *f*, Stärke *f* der Maˈrine. **ˈ~quake** *s* Seebeben *n.*

sear¹ [sɪə(r)] **I** *v/t* **1.** versengen, -brennen. **2.** *med.* (aus)brennen. **3.** mit e-m Brandmal (kenn)zeichnen. **4.** *fig.* brandmarken, zeichnen. **5.** *fig.* abstumpfen: **a ~ed conscience. 6.** verdorren lassen. **7.** *Fleisch* anbraten. **II** *v/i* **8.** verdorren. **III** *s* **9.** Brandmal *n*, -wunde *f*, -zeichen *n.* **IV** *bes. Br.* **sere** *adj poet.* **10.** verdorrt, -welkt: **the ~, the yellow leaf** *fig.* der Herbst des Lebens.

sear² → **sere².**

search [sɜːtʃ; *Am.* sɜrtʃ] **I** *v/t* **1.** durchˈsuchen (**for** nach): **to ~ one's memory** sein Gedächtnis durchforsten. **2.** *jur. ein Haus, e-e Person* durchˈsuchen. **3.** (über-)ˈprüfen, unterˈsuchen. **4.** *fig.* (zu) ergründen (suchen), erforschen, prüfen: **to ~ one's heart** sein Herz fragen; **to ~ one's conscience** sein Gewissen prüfen. **5.** forschend betrachten: **to ~ s.o.'s face. 6.** *meist* **~ out** auskundschaften, ausfindig machen, aufspüren. **7.** *med.* sonˈdieren: **to ~ a wound. 8.** durchˈdringen (*Wind, Geschoß etc*). **9.** *mil.* mit (Tiefen)Feuer bestreichen. **10.** **~ me!** *colloq.* keine Ahnung! **II** *v/i* **11.** suchen, forschen (**for** nach): **to ~ into** untersuchen, ergründen; **to ~ through s.th.** etwas ˈdurchsuchen *od.* -sehen. **12.** *jur.* fahnden (**for** nach). **13.** *Patentrecht*: recherˈchieren. **14.** **~ after** streben nach. **III** *s* **15.** Suche *f*, Suchen *n*, Forschen *n* (**for, of** nach): **in ~ of** auf der Suche nach; **to go in ~ of** auf die Suche gehen nach. **16.** *jur.* a) Fahndung *f* (**for** nach), b) Haussuchung *f*, c) (ˈLeibes)Visitatiˌon *f*, d) Einsichtnahme *f* (*in öffentliche Bücher*), e) *Patentwesen*: Reˈcherche *f.* **17.** Unterˈsuchung *f*, Überˈprüfung *f*: **right of (visit and) ~** *mil.* Recht *n* auf Durchsuchung neutraler Schiffe. **ˈsearch·er** *s* **1.** Sucher *m*, (Er)Forscher *m.* **2.** Unterˈsucher *m*, (Zoll- *etc*)Prüfer *m.* **3.** *med.* Sonde *f.* **ˈsearch·ing** *adj* (*adv* **~ly**) **1.** gründlich, eingehend, tiefschürfend. **2.** forschend: **~ glance. 3.** ˈdurchdringend: **a ~ wind; ~ fire** *mil.* Tiefen-, Streufeuer *n*, *Artillerie*: Staffelfeuer *n*, *Marine*: Gabelgruppenschießen *n.*

ˈsearch|·light *s* **1.** (Such)Scheinwerfer *m.* **2.** Scheinwerferstrahl *m*, -kegel *m.* **~ op·er·a·tion** *s jur.* Fahndung *f* (**for** nach). **~ par·ty** *s* Suchmannschaft *f*, -trupp *m.* **~ ra·dar** *s* Suchradar *m, n*, Radar-Suchgerät *n.* **~ war·rant** *s* Haussuchungs-, Durchˈsuchungsbefehl *m.*

ˈsea|-ˌres·cue *adj* Seenot...: **~ airplane; ~ service** Seenotdienst *m.* **~ risk** *s econ.* Seegefahr *f.* **~ room** *s mar.* Seeräumte *f* (*gefahrenreicher Bereich außerhalb der Küste*). **~ route** *s* Seeweg *m*, Schiffahrtsweg *m.* **~ salt** *s* Meersalz *n.* **ˈ~scape** *s* **1.** (Aus)Blick *m* auf das Meer. **2.** *paint.* Seestück *n.* **~ ser·pent** *s zo. u. myth.* Seeschlange *f.* **ˈ~shore I** *s* **1.** See-, Meeresküste *f.* **2.** *jur. mar.* Ufer *n* (*Küstenstreifen zwischen dem gwöhnlichen Hoch- u. Niedrigwasserstand*). **II** *adj* **3.** Küsten-... **ˈ~sick** *adj* seekrank. **ˈ~sick·ness** *s* Seekrankheit *f.* **ˈ~side I** *s* Meeresküste *f*: **at** (*od.* **by**) **the ~** an der See *od.* Küste, am Meer; **to go to the ~** an die See *od.* ans Meer fahren. **II** *adj* See...: **~ place** (*od.* **resort**) Seebad *n.*

sea·son [ˈsiːzn] **I** *s* **1.** (Jahres)Zeit *f*: **cold ~; the four ~s (of the year)** die vier Jahreszeiten; **dry (rainy) ~** Trockenzeit (Regenzeit). **2.** a) (rechte) Zeit (*für etwas*), günstigste Zeit, b) (Reife)Zeit *f*, c) *a.* **pairing ~** *hunt.* Paarungszeit *f*, d) Zeitpunkt *m*: **at that ~** zu diesem Zeitpunkt; **in ~** (gerade) reif *od.* (günstig) auf dem Markt zu haben (*Früchte*), *hunt.* jagdbar, *zo.* brünstig (*Tier*), *fig.* rechtzeitig, zur rechten Zeit; **in due ~** zu gegebener Zeit; **cherries are now in (out of) ~** jetzt ist (keine) Kirschenzeit; **a word in ~** ein Rat zur rechten Zeit; **out of ~** nicht (auf dem Markt) zu haben, *hunt.* nicht jagdbar, *fig.* unpassend, zur Unzeit;

in and out of ~ jederzeit; **to everything there is a** ~ alles zu s-r Zeit; **for a** ~ e-e Zeitlang; → **close season, open** 17. **3.** Sai'son *f*, Haupt(betriebs-, -geschäfts)zeit *f*: → **dull** 6, **high season, low season, off** 33. **4.** (Ver'anstaltungs-*etc*)Sai,son *f*: **baseball** ~ Baseballsaison *od.* -spielzeit *f*; **theatrical** ~ Theatersaison, (Theater)Spielzeit *f*. **5.** ('Ferien-, 'Bade-, 'Kur)Sai,son *f*: **holiday** ~ Ferienzeit *f*. **6.** *Br.* Festzeit *f*, *bes.* Weihnachts-, Oster-, Pfingstzeit *f*: → **compliment** 3. **7.** *pl* (*Lebens*)Jahre *pl*, Lenze *pl*: **a boy of 12** ~**s. 8.** *Br. colloq.* → **season ticket. 9.** *obs.* Würze *f*, Gewürz *n*.

II *v/t* **10.** *Speisen* würzen, anmachen (**with** mit). **11.** *fig.* würzen: ~**ed with wit** geistreich. **12.** (aus)reifen lassen: **to** ~ **tobacco**; ~**ed wine** ausgereifter *od.* abgelagerter Wein. **13.** *Holz* ablagern. **14.** *e-e Pfeife* einrauchen. **15.** gewöhnen (**to** an *acc*), abhärten: **to be** ~**ed to a climate** an ein Klima gewöhnt sein; **a** ~**ed stomach** ein robuster Magen; ~**ed soldiers** fronterfahrene Soldaten; **troops** ~**ed by battle** kampferprobte Truppen. **16.** *obs.* mildern.

III *v/i* **17.** (aus)reifen. **18.** ablagern, austrocknen (*Holz*).

sea·son·a·ble ['si:znəbl] *adj* (*adv* **seasonably**) **1.** der Jahreszeit entsprechend (*bes. Wetter*). **2.** der Sai'son angemessen, zeitgemäß. **3.** rechtzeitig: **his** ~ **arrival. 4.** *fig.* (*zeitlich*) passend *od.* günstig, angebracht, oppor'tun: **a** ~ **advice** ein Rat zur rechten Zeit.

sea·son·al ['si:zənl] *adj* (*adv* ~**ly**) **1.** jahreszeitlich. **2.** sai'sonbedingt, -gemäß, peri'odisch, Saison..., saiso'nal: ~ **articles** Saisonartikel; ~ **closing-out sale** *econ.* Saisonschlußverkauf *m*; ~ **trade** Saisongewerbe *n*; ~ **unemployment** saisonale *od.* saisonbedingte Arbeitslosigkeit; ~ **work(er)** Saisonarbeit(er *m*) *f*.

sea·son·ing ['si:znɪŋ] *s* **1.** Würze *f* (*a. fig.*), Gewürz *n*: **to check the** ~ **of s.th.** etwas abschmecken. **2.** Reifen *n*. **3.** Ablagern *n* (*von Holz etc*).

sea·son tick·et *s* **1.** *rail. etc Br.* Dauer-, Zeitkarte *f*. **2.** *thea. etc* Abonne'ment(skarte *f*) *n*.

seat [si:t] **I** *s* **1.** Sitz(gelegenheit *f*, -platz) *m*. **2.** Bank *f*, Stuhl *m*, Sessel *m*. **3.** (Stuhl-, Klo'sett- *etc*)Sitz *m*. **4.** (Sitz)Platz *m*: **to take a** ~ Platz nehmen, sich setzen; **to take one's** ~ s-n Platz einnehmen; **take your** ~**s, please!** bitte Platz nehmen! **5.** Platz *m*, Sitz *m* (*im Theater etc*): → **book** 19. **6.** (Thron-, Bischofs-, Präsi'denten- *etc*)Sitz *m* (*fig. a. das Amt*): **crown and** ~ **of France** Krone u. Thron von Frankreich. **7.** Gesäß *n*, Sitzfläche *f*. **8.** Hosenboden *m*. **9.** *Reitsport etc: guter etc* Sitz (*Haltung*). **10.** *tech.* Auflage(fläche) *f*, Auflager *n*: **valve** ~ Ventilsitz *m*. **11.** (Amts-, Re'gierungs-, *econ.* Geschäfts)Sitz *m*. **12.** *fig.* Sitz *m* (*Mitgliedschaft*), *pol. a.* Man'dat *n*: **he lost his** ~ **in Parliament; to have** ~ **and vote** Sitz u. Stimme haben. **13.** Wohn-, Fa'milien-, Landsitz *m*. **14.** *fig.* Sitz *m*, Stätte *f*, Ort *m*, (Schau)Platz *m*: **a** ~ **of learning** e-e Stätte der Gelehrsamkeit; ~ **of war** Kriegsschauplatz. **15.** *med.* Sitz *m*, (*Krankheits-, a. Erdbeben*)Herd *m* (*a. fig.*).

II *v/t* **16.** *j-n* ('hin)setzen, *j-m* e-n Sitz *od.* Platz anweisen: **to** ~ **o.s.** sich setzen *od.* niederlassen; **to be** ~**ed** sitzen; **be** ~**ed!** nehmen Sie Platz!; **to remain** ~**ed** sitzen bleiben, Platz behalten. **17.** Sitzplätze bieten für, Platz bieten (*dat*): **the hall** ~**s 500 persons** der Saal hat 500 Sitzplätze. **18.** mit Sitzplätzen ausstatten, bestuhlen. **19.** *e-n Stuhl* mit e-m (neuen) Sitz versehen. **20.** e-n (neuen) Hosenboden einsetzen in (*acc*). **21.** *tech.* a) auflegen, lagern (**on** auf *dat*), b) einpassen: **to** ~ **a valve** ein Ventil einschleifen. **22.** a) *j-n* auf den Thron erheben, b) *j-m* e-n Sitz (*bes. im Parlament*) verschaffen.

seat| belt *s aer. mot.* Sicherheitsgurt *m*: **fasten your** ~**s** bitte anschnallen; **to wear a** ~ angegurtet *od.* angeschnallt sein; **compulsory wearing of** ~**s** Anschnallpflicht *f*. ~ **bone** *s anat.* Sitzbein *n*.

seat·ed ['si:tɪd] *adj* **1.** a) sitzend: → **seat** 16, b) gelegen: → **deep-seated. 2.** (*zwei- etc*)sitzig: **two-**~. **'seat·er** *s* (*in Zssgn*) ...sitzer *m* (*Auto, Flugzeug etc*): **four-**~ Viersitzer. **'seat·ing I** *s* **1.** a) Anweisen *n* von Sitzplätzen, b) Platznehmen *n*. **2.** Sitzgelegenheit(en *pl*) *f*. **3.** Stuhlzeug *n*, 'Polstermateri,al *n*. **4.** *tech.* → **seat** 10. **II** *adj* **5.** Sitz...: ~ **accommodation** → 2; ~ **capacity of 300** 300 Sitzplätze; ~ **plan** *thea. etc* Bestuhlungsplan *m*.

seat| mile *s* Passa'giermeile *f* (*Rechnungseinheit bei Beförderungskosten*). '~**-pack par·a·chute** *s aer.* am Gesäß angeschnallter Fallschirm.

'sea|-train *s mar.* **1.** Tra'jekt(schiff) *n*. **2.** *mil.* Nachschubfahrzeug *n*. ~ **trout** *s ichth.* **1.** 'Meer-, 'Lachsfo,relle *f*. **2.** (*ein*) amer. Seebarsch *m*. ~ **turn** *s* Seewind *m* (*oft mit Nebel verbunden*). ~ **tur·tle** *s zo.* Seeschildkröte *f*. ~ **ur·chin** *s zo.* Seeigel *m*. ~ **wall** *s mar.* Deich *m*, Kaimauer *f*, Hafendamm *m*.

sea·ward ['si:wə(r)d] **I** *adj* **1.** seewärts. **2.** ~ **wind** Seewind *m*. **II** *adv* **3.** seewärts. **III** *s* **4.** Seeseite *f*. **'sea·wards** [-z] → **seaward** II.

'sea|·ware *s bot.* Seetang *m*. ~ **wa·ter** *s* See-, Meer-, Salzwasser *n*. '~**·way** *s* **1.** Seeweg *m*, Schiffahrtsweg *m*. **2.** Seegang *m*. **3.** *mar.* Fahrt *f*. **4.** Binnenschiffahrtsweg *m* für Ozeandampfer. '~**·weed** *s bot.* **1.** *allg.* Meerespflanze(n *pl*) *f*. **2.** (See)Tang *m*, Meeresalge *f*. **3.** Seegras *n*. '~**·wife** *s irr ichth.* Seeweibchen *n*, Lippfisch *m*. ~ **wolf** *s irr zo.* **1.** 'See-Ele,fant *m*. **2.** Seewolf *m* (*a. fig. Pirat*). '~,**worth·i·ness** *s* Seetüchtigkeit *f*. '~**,worth·y** *adj* seetüchtig: ~ **boat**; ~ **packing** seemäßige Verpackung. ~ **wrack** *s bot.* Tang *m*.

se·ba·ceous [sɪ'beɪʃəs] *adj physiol.* talgig, Talg...: ~ **cyst** *med.* Grützbeutel *m*; ~ **duct** Talggang *m*; ~ **follicle** Haarbalgdrüse *f*.

se·bes·tan, se·bes·ten [sɪ'bestən] *s bot.* **1.** *a.* ~ **plum** Sebe'stane *f*, Brustbeere *f*. **2.** Brustbeerenbaum *m*.

se·bum ['si:bəm] *s biol.* **1.** Sebum *n*, (Haut)Talg *m*. **2.** Unschlitt *n*.

sec[1] [sek] *adj* sec, trocken, herb (*Wein etc*).

sec[2] [sek] *s abbr. für* a) **secant**, b) **second**[2].

se·cant ['si:kənt] **I** *s math.* Se'kante *f*, Schnittlinie *f*. **II** *adj* schneidend.

sec·a·teur [,sekə'tɜ:; 'sekətɜ:; *Am.* ,-'tɜr] *s bes. Br. meist* (**a pair of**) ~**s** *pl* Baum-, Gartenschere *f*.

sec·co ['sekəʊ] **I** *adj* secco, trocken. **II** *pl* **-cos** *s* 'Seccomale,rei *f*.

se·cede [sɪ'si:d] *v/i bes. pol. od. relig.* sich trennen *od.* lossagen, abfallen (**from** von). **se'ced·er** *s* **1.** Abtrünnige(r *m*) *f*, Separa'tist(in). **2.** S~ *relig.* Anhänger(in) der **Secession Church.**

se·cern·ent [sɪ'sɜ:nənt; *Am.* -'sɜr-] *physiol.* **I** *adj* **1.** sekre'tierend. **II** *s* **2.** 'Absonderungsor,gan *n*. **3.** sekreti'onsförderndes Mittel.

se·ces·sion [sɪ'seʃn] *s* **1.** (Ab)Spaltung *f*, Abfall *m*, Lossagung *f*, Sezessi'on *f* (**from** von). **2.** *oft* S~ *hist.* Sezessi'on *f* (*Abfall der 11 amer. Südstaaten von der Union 1861*). **3.** S~ *relig.* schottische Kirchenspaltung (*1733*). **4.** 'Übertritt *m* (**to** zu). **se'ces·sion·al** *adj* Sonderbunds..., Sezessions... **se'ces·sion·ism** *s* Abfallsbestrebungen *pl*. **se'ces·sion·ist** *s* **1.** Abtrünnige(r *m*) *f*, Sonderbündler *m*, Sezessio'nist *m*. **2.** *oft* S~ *Am. hist.* Sezessio'nist *m*, Südstaatler *m*.

se·clude [sɪ'klu:d] *v/t* (**o.s.** sich) ab-, ausschließen, absondern. **se'clud·ed** *adj* einsam, abgeschieden: a) zu'rückgezogen (*Lebensweise*), b) abgelegen (*Ort*).

se·clu·sion [sɪ'klu:ʒn] *s* **1.** Abschließung *f*, Iso'lierung *f*. **2.** Zu'rückgezogenheit *f*, Abgeschiedenheit *f*: **to live in** ~ zurückgezogen leben. **3.** abgelegener Platz.

sec·ond[1] ['sekənd] **I** *adj* (*adv* → **secondly**) **1.** zweit(er, e, es): **at** ~ **hand** aus zweiter Hand; ~ **in height** zweithöchst(er, e, es); **a** ~ **time** noch einmal; **every** ~ **day** jeden zweiten Tag, alle zwei Tage; ~ **teeth** zweite *od.* bleibende Zähne; **a** ~ **Churchill** *fig.* ein zweiter Churchill; **it has become** ~ **nature with him** es ist ihm zur zweiten Natur geworden *od.* in Fleisch u. Blut übergegangen; → **self** 1, **sight** 1, **thought**[1] 3, **wind**[1] 7. **2.** zweit(er, e, es): a) ander(er, e, es), nächst(er, e, es), b) zweitklassig, -rangig, 'untergeordnet (**to** *dat*): ~ **cabin** Kabine *f* zweiter Klasse; ~ **lieutenant** *mil.* Leutnant *m*; ~ **to none** unerreicht; **he is** ~ **to none** er ist unübertroffen; → **fiddle** 1. **II** *s* **3.** (*der, die, das*) Zweite. **4.** (*der, die, das*) Nächste *od.* 'Untergeordnete *od.* (Nach)Folgende: → **second-in-command. 5.** *sport* Zweite(r *m*) *f*, zweiter Sieger: **to be a good** ~ nur knapp geschlagen werden. **6.** Sekun'dant *m* (*beim Duell od. Boxen*): ~**s out** (*Boxen*) Ring frei! **7.** Helfer(in), Beistand *m*. **8.** *mot.* (*der*) zweite Gang. **9.** *mus.* zweite Stimme, Begleitstimme *f*. **10.** *pl econ.* Ware(n *pl*) *f* zweiter Quali'tät *od.* Wahl, zweite Wahl. **11.** *univ. Br.* → **second class** 2. **12.** *colloq. rail.* (*die*) zweite Klasse. **13.** ~ **of exchange** *econ.* Se'kundawechsel *m*. **14.** *pl* Nachschlag *m* (*zweite Portion*). **III** *adv* **15.** als zweit(er, e, es), zweitens, an zweiter Stelle: **to come in** (*od.* **finish**) ~ als zweiter durchs Ziel gehen, Zweiter werden; **to come** ~ *fig.* (erst) an zweiter Stelle kommen. **IV** *v/t* **16.** unter'stützen (*a. parl.*), *j-m* beistehen. **17.** *j-m* (*beim Duell, Boxen*) sekun'dieren (*a. fig.*).

sec·ond[2] ['sekənd] *s* **1.** Se'kunde *f* (*Zeiteinheit, a. mus.*). **2.** *fig.* Se'kunde *f*, Augenblick *m*, Mo'ment *m*: **wait a** ~**! 3.** *math.* ('Bogen)Se,kunde *f*.

se·cond[3] [sɪ'kɒnd] *v/t Br.* a) *Offizier* abstellen, 'abkomman,dieren, b) *Beamten etc* (*bes. zeitweilig*) versetzen.

Sec·ond| Ad·vent *s relig.* 'Wiederkunft *f* (Christi). ~ **Ad·vent·ist** *s relig.* Adven'tist(in).

sec·ond·ar·i·ness ['sekəndərɪnɪs; *Am.* -,deri:-] *s* Zweitrangigkeit *f*, (*das*) Sekun'däre.

sec·ond·ar·i·ly ['sekəndərəlɪ; *Am.* ,sekən'der-] *adv* **1.** in zweiter Linie, sekun'där. **2.** 'indi,rekt.

sec·ond·ar·y ['sekəndərɪ; *Am.* -,deri:] **I** *adj* (*adv* → **secondarily**) **1.** nächstfolgend. **2.** zweitrangig, -klassig, nebensächlich, 'untergeordnet: **this is a matter of** ~ **importance** das ist Nebensache *od.* nebensächlich. **3.** *bes. phys.* sekun'där, Sekundär... **4.** Neben...: ~ **axis**; ~ **circle**; ~ **colo(u)r**; ~ **effect**; ~ **electrode. 5.** *chem.* sekun'där, Sekundär...: ~ **alcohol** (**carbon**, *etc*). **6.** *electr.* sekun'där, indu'ziert, Sekundär...: ~ **circuit** → 14 a; ~ **coil**, ~ **winding** → 14 b. **7.** *geol.*

a) sekunˈdär, b) S~ mesoˈzoisch. **8.** *ling.* a) sekunˈdär, (*aus e-r abgeleiteten Form*) abgeleitet, b) Neben...: ~ **accent** (*od.* **stress**) Nebenakzent *m*; ~ **tense** Nebentempus *n*. **9.** Hilfs..., Neben...: ~ **line** *rail.* Nebenlinie *f*. **10.** *ped.* Oberschul... **11.** ~ **to** (nach)folgend auf (*acc*), bedingt durch.
II *s* **12.** (*etwas*) ˈUntergeordnetes. **13.** ˈUntergeordnete(r *m*) *f*, Stellvertreter(in). **14.** *electr.* a) Sekunˈdär(strom)kreis *m*, b) Sekunˈdärwicklung *f*. **15.** *astr.* Satelˈlit *m*. **16.** *orn.* Nebenfeder *f*. **17.** *American Football*: Spieler *m* in der zweiten Reihe.

sec·ond·ar·y| bat·ter·y *s electr.* Sekunˈdärbatteˌrie *f*. ~ **de·pres·sion** *s meteor.* Randtief *n*. ~ **de·riv·a·tive** *s ling.* Sekunˈdärableitung *f*. ~ **ed·u·ca·tion** *s* **1.** höhere Schulbildung. **2.** höheres Schulwesen. ~ **e·lec·tron** *s phys.* Sekunˈdärelektron *n*. ~ **e·mis·sion** *s phys.* Sekunˈdäremissiˌon *f*. ~ **ev·i·dence** *s jur.* unterˈstützendes Beˈweismateriˌal. ~ **hem·or·rhage** *s med.* Nachblutung *f*. ~ **host** *s biol.* Zwischenwirt *m*. ~ **lit·er·a·ture** *s* Sekunˈdärliteraˌtur *f*. ~ **mod·ern school** *s ped. Br.* (*etwa*) Kombinatiˈon *f* aus Reˈal- u. Hauptschule. ~ **plan·et** *s astr.* Satelˈlit *m*. ~ **school** *s ped.* höhere Schule. ~ **tech·ni·cal school** *s ped. Br.* (*etwa*) naˈturwissenschaftliches Gymˈnasium.

sec·ond| bal·lot *s pol.* Stichwahl *f*. ~ **best** *s* (*der, die, das*) Zweitbeste: **to come off** ~ *fig.* den kürzeren ziehen. ˌ~-ˈ**best** *adj* zweitbest(er, e, es). ~ **birth** *s relig.* ˈWiedergeburt *f* (*durch die Taufe*). ~ **cham·ber** *s parl.* Oberhaus *n*. ~ **child·hood** *s* ‚zweite Kindheit' (*Senilität*). ~ **class** *s* **1.** *rail. etc* zweite Klasse. **2.** *univ. Br. akademischer Grad zweiter Klasse.* ˌ~-ˈ**class I** *adj* **1.** zweitklassig, -rangig: ~ **honours degree** → **second class** 2; ~ **mail** a) *Am.* Zeitungspost *f*, b) *Br.* gewöhnliche Inlandspost. **2.** *rail.* (*Wagen etc*) zweiter Klasse: ~ **carriage**. **II** *adv* **3.** zweite(r) Klasse: **to travel** ~. **S~ Com·ing** → **Second Advent**. ˌ~-**deˈgree** *adj* zweiten Grades: ~ **burns**; → **murder** 1. ˌ~-ˈ**draw·er** *adj* → **second-rate**.

se·conde [sɪˈkɒnd; *Am.* -ˈkɑnd] *s fenc.* Seˈkond *f*.

sec·ond·er [ˈsekəndə(r)] *s* Unterˈstützer(in).

sec·ond| es·tate *s hist.* zweiter Stand (*Adel*). ~ **floor** *s* **1.** *Br.* zweiter Stock. **2.** *Am.* erster Stock (*über dem Erdgeschoß*). ˌ~-ˈ**floor** *adj* im zweiten (*Am.* ersten) Stock (gelegen). ˌ~-ˈ**guess** *v/t bes. Am.* **1.** ˈhinterher *od.* im ˈnachhinˌein kritiˈsieren. **2.** *j-s* Absichten durchˈschauen *od.* zuˈvorkommen. **3.** vorˈaussehen, -sagen. ˈ~**hand I** *adj* **1.** überˈnommen, (*a. Wissen etc*) aus zweiter Hand. **2.** ˈindiˌrekt. **3.** gebraucht, alt: ~ **car** Gebrauchtwagen *m*; ~ **clothes** getragene Kleidungsstücke. **4.** antiˈquarisch: ~ **books**; ~ **bookseller** Antiquar *m*; ~ **bookshop** Antiquariat *n*; ~ **dealer** Altwarenhändler *m*. **II** *adv* [ˌ-ˈhænd] **5.** gebraucht: **to buy s.th.** ~. **6.** aus zweiter Hand: **to know** ~ aus zweiter Hand wissen. **7.** ˈindiˌrekt. ~ **hand** *s* Seˈkundenzeiger *m*.

se·con·di [seˈkɒndi:; *Am.* sɪˈkəʊn-; -ˈkɑn-] *pl von* **secondo**.

ˌ**sec·ond-in-comˈmand** *s* **1.** *mil.* stellvertretender Kommanˈdeur. **2.** *mar.* erster Offiˈzier.

sec·ond·ly [ˈsekəndlɪ] *adv* zweitens.

se·cond·ment [sɪˈkɒndmənt] *s Br.* a) Abstellung *f*, ˈAbkommanˌdierung *f* (*e-s Offiziers*), b) (*bes.* zeitweilige) Versetzung (*e-s Beamten etc*).

sec·ond mile *s*: **to go the** ~ *fig.* mehr *od.* ein übriges tun.

se·con·do [seˈkɒndəʊ; *Am.* sɪˈkəʊn-; -ˈkɑn-] *mus.* **I** *pl* **-dos, -di** [-di:] *s* **1.** zweite Stimme (*im Duett etc*). **2.** Seˈcondo *n*, Baß *m* (*beim Vierhändigspielen*). **II** *adj* **3.** zweit(er, e, es).

sec·ond| pa·pers *s pl Am. letzter Antrag e-s Ausländers auf amer. Staatsangehörigkeit.* ~ **per·son** *s ling.* zweite Perˈson. ˌ~-ˈ**rate** *adj* **1.** zweitrangig, -klassig (*a. fig.*). **2.** *fig.* mittelmäßig. ˌ~-ˈ**rat·er** *s* mittelmäßige Perˈson *od.* Sache. ˈ~-**strike** *adj*: ~ **weapons** *mil.* atomare Vergeltungswaffen.

se·cre·cy [ˈsi:krəsɪ] *s* **1.** Verborgenheit *f*. **2.** Heimlichkeit *f*: **in all** ~, **with absolute** ~ insgeheim. **3.** a) Verschwiegenheit *f*, b) Geheimhaltung(spflicht) *f*: **to swear s.o. to** ~ j-n eidlich zur Verschwiegenheit verpflichten. **4.** (Wahl- *etc*)Geheimnis *n*.

se·cret [ˈsi:krɪt] **I** *adj* (*adv* → **secretly**) **1.** a) geheim, heimlich, b) Geheim...: ~ **agent** (**diplomacy, door, drawer,** *etc*); ~ **service** (staatlicher) Geheimdienst; ~ **society** Geheimbund *m*, -gesellschaft *f*; ~ **ballot** geheime Wahl; **to keep s.th.** ~ etwas geheimhalten. **2.** verschwiegen (*Person, Ort*). **3.** verborgen, unerforschlich. **4.** inˈtim, Geschlechts...: ~ **parts** Geschlechtsteile. **II** *s* **5.** Geheimnis *n* (**from** vor *dat*): **in** ~ a) → **secretly**, b) *a.* **as a** ~ im Vertrauen; **to make no** ~ **of s.th.** kein Geheimnis *od.* Hehl aus etwas machen; **to be in the** ~ (in das Geheimnis) eingeweiht sein; **to let s.o. into the** ~ j-n (in das Geheimnis) einweihen; → **keep** 8, 14. **6.** Geheimnis *n*, Schlüssel *m*: **the** ~ **of success** das Geheimnis des Erfolges, der Schlüssel zum Erfolg. **7.** *relig.* a) stilles Gebet, b) S~ *R.C.* Seˈkret *f* (*Stillgebet*).

se·cre·taire [ˌsekrəˈteə(r)] → **secretary** 7.

se·cre·tar·i·al [ˌsekrəˈteərɪəl] *adj* **1.** Sekretärs...: ~ **college** Sekretärinnenschule *f*. **2.** Schreib..., Büro...: ~ **help** Schreibkraft *f*.

se·cre·tar·i·at(e) [ˌsekrəˈteərɪət] *s* Sekretariˈat *n*.

se·cre·tar·y [ˈsekrətrɪ; *Am.* -ˌteri:] *s* **1.** Sekreˈtär(in): ~ **of embassy** Botschaftsrat *m*. **2.** Schriftführer *m* (*e-s Vereins etc*). **3.** Verˈwaltungsdiˌrektor *m*. **4.** *econ.* a) Geschäftsführer *m*, b) Syndikus *m*. **5.** *pol. Am.* Miˈnister *m*: S~ **of Defense** (**of Health, Education and Welfare, of the Interior, of Labor, of the Treasury**) Verteidigungs-(Gesundheits-, Innen-, Arbeits-, Finanz)minister: → **Secretary of State** 2 a. **6.** *pol. Br.* (*abbr. für* **Secretary of State** 1 a) Miˈnister *m*. **7.** Sekreˈtär *m* (*Schreibschrank*). ~ **bird** *s orn.* Sekreˈtär *m*, Stelzgeier *m*. ˌ~-ˈ**gen·er·al** *pl* ˌ**sec·re·tar·ies-**-ˈ**gen·er·al** *s* Geneˈralsekreˌtär *m*. **S~ of State** *s pol.* **1.** *Br.* a) Miˈnister *m* (*in folgenden Fällen*): ~ **for Scotland**; **First** ~ stellvertretender Premierminister; ~ **for Foreign Affairs** Außenminister; ~ **for the Colonies** Kolonialminister; ~ **for Commonwealth Relations** Minister für Commonwealth-Beziehungen; ~ **for the Dominions** *hist.* Dominion-Minister; ~ **for War** Heeresminister; ~ **for Air** Luftfahrtminister, b) ˈStaatssekreˌtär *m*. **2.** *Am.* a) ˈAußenmiˌnister *m*, b) ˈStaatssekreˌtär *m* (*e-s Bundesstaates*).

ˈ**sec·re·tar·y·ship** *s* **1.** Posten *m od.* Amt *n* e-s Sekreˈtärs *etc.* **2.** *pol.* Miˈnisteramt *n*.

sec·re·tar·y type *s* Kanzˈleischrift *f*.

se·crete [sɪˈkri:t] *v/t* **1.** *physiol.* absondern. **2.** verbergen (**from** vor *dat*). **3.** *jur. Vermögensstücke* beiˈseite schaffen.

se·cre·tin [sɪˈkri:tɪn] *s med.* Sekreˈtin *n*.

se·cre·tion [sɪˈkri:ʃn] *s* **1.** *physiol.* a) Sekretiˈon *f*, Absonderung *f*, b) Seˈkret *n*. **2.** Verheimlichung *f*, Verbergen *n* (**from** vor).

se·cre·tive [ˈsi:krətɪv; sɪˈkri:-] *adj* (*adv* ~**ly**) verschwiegen, heimlichtuerisch: **to be** ~ **about s.th.** mit etwas geheimtun. **se·cre·tive·ness** *s* Verschwiegenheit *f*, Heimlichtueˈrei *f*.

se·cret·ly [ˈsi:krɪtlɪ] *adv* heimlich, (ins-) geheim, im geheimen.

ˈ**se·cretˌmon·ger** *s* Geheimniskrämer (-in).

se·cre·to·ry [sɪˈkri:tərɪ] *physiol.* **I** *adj* sekreˈtorisch, Sekretions... **II** *s* sekreˈtorische Drüse.

sect [sekt] *s* **1.** Religiˈonsgemeinschaft *f*. **2.** Sekte *f*. **3.** *fig.* Schule *f*: **the Freudian** ~ die Freudsche Schule.

sec·tar·i·an [sekˈteərɪən] **I** *adj* **1.** sekˈtiererisch (*a. fig.*). **2.** Konfessions... **3.** *fig. contp.* borˈniert. **II** *s* **4.** Anhänger(in) e-r Sekte *od.* e-r Schule. **5.** Sekˈtierer(in).

secˈtar·i·an·ism *s* Sekˈtierertum *n*.

sec·ta·ry [ˈsektərɪ] *s* Sekˈtierer(in).

sec·tile [ˈsektaɪl; *Am. bes.* -təl] *adj* schneidbar.

sec·tion [ˈsekʃn] **I** *s* **1.** Ab-, Ausschnitt *m*, Teil *m* (*a. der Bevölkerung etc*). **2.** a) (*a. mikroskopischer*) Schnitt, b) Durchˈschneidung *f*, c) *med.* Sektiˈon *f*, Schnitt *m*. **3.** Abschnitt *m* (*e-s Buchs etc*). **4.** Teil *m*, Seite *f* (*e-r Zeitung*): **sports** ~. **5.** *jur.* Paraˈgraph *m*. **6.** Paraˈgraph(zeichen *n*) *m*. **7.** Teil *m, n*, Einzelteil *n*, Bestandteil *m*: ~**s of a fishing rod**. **8.** *math. tech.* (*a.* Quer)Schnitt *m*, Schnittbild *n*, Proˈfil *n*: **horizontal** ~ Horizontalschnitt; → **golden section**. **9.** Abˈteilung *f*, Refeˈrat *n* (*in der Verwaltung*). **10.** (Arbeits)Gruppe *f*. **11.** *mil.* a) *Am.* Halbzug *m*, b) *Br.* Gruppe *f*, c) *Luftwaffe*: Halbstaffel *f*, d) **staff** ~ ˈStabsabˌteilung *f*. **12.** *mil.* (*taktischer*) Abschnitt. **13.** *rail. Am.* a) Streckenabschnitt *m*, b) Abˈteil *n* (*e-s Schlafwagens*). **14.** Bezirk *m*. **15.** *Am.* ˈLandparˌzelle *f* von e-r Quaˈdratmeile. **16.** *bot. zo.* ˈUntergruppe *f* (*e-r Gattung od. Familie*). **II** *v/t* **17.** (ab-, unter)ˈteilen, (in Abschnitte) (ein)teilen. **18.** (*durch Schraffieren etc*) im einzelnen darstellen *od.* unterˈteilen. **19.** *med.* a) inziˈdieren, b) mit dem Mikroˈtom schneiden.

sec·tion·al [ˈsekʃənl] *adj* (*adv* ~**ly**) **1.** abschnittweise. **2.** Schnitt...: ~ **drawing** *tech.* Schnitt(zeichnung *f*) *m*. **3.** Teil...: ~ **strike** Teilstreik *m*; ~ **view** Schnitt-, Teilansicht *f*. **4.** loˈkal, regioˈnal, *contp.* partikulaˈristisch: ~ **pride** Lokalpatriotismus *m*. **5.** zs.-setzbar, monˈtierbar: ~ **furniture** Anbau-, Aufbaumöbel *pl.* **6.** *tech.* Form..., Profil...: ~ **iron**; ~ **steel**.

ˈ**sec·tion·al·ism** [-ʃnə-] *s contp.* Partikulaˈrismus *m*. ˈ**sec·tion·al·ist** *s contp.* Partikulaˈrist(in). ˈ**sec·tion·al·ize** *v/t* **1.** (*a. tech. in Bauelemente*) unterˈteilen: ~**d design** gegliederte Bauweise. **2.** nach loˈkalen Gesichtspunkten *od.* Interˈessen einteilen.

sec·tor [ˈsektə(r)] *s* **1.** *math.* (Kreis- *od.* Kugel)Sektor *m*. **2.** *astr. math.* Sektor *m*. **3.** *mil.* Sektor *m*, Frontabschnitt *m*. **4.** *fig.* Sektor *m*, Bereich *m*, Gebiet *n*: ~ **of the economy** Wirtschaftszweig *m*. ~ **gear** *s tech.* **1.** ˈZahnsegˌment *n*. **2.** Segˈmentgetriebe *n*.

sec·to·ri·al [sekˈtɔ:rɪəl; *Am. a.* -ˈtəʊ-] **I** *adj* **1.** Sektoren... **2.** *zo.* Reiß...: ~ **tooth**. **II** *s* **3.** *zo.* Reißzahn *m*.

sec·u·lar [ˈsekjʊlə(r)] **I** *adj* (*adv* ~**ly**) **1.** weltlich: a) diesseitig, b) proˈfan: ~ **music**, c) nichtkirchlich: ~ **education**; ~ **arm** weltliche Gerichtsbarkeit. **2.** ˈfreireligiˌös, -denkerisch. **3.** *relig.* weltgeistlich, Säkular...: ~ **clergy** Weltgeistlichkeit *f.* **4.** säkuˈlar: a) hundertjährlich, b) hundertjährig, jahrˈhundertelang: ~ **acceleration** *astr.* säkulare Beschleunigung; ~ **fame** ewiger Ruhm. **II** *s relig.* **5.** Laie *m.* **6.** Weltgeistliche(r) *m.* **ˈsec·u·lar·ism** *s* **1.** Säkulaˈrismus *m* (*a. philos.*), Weltlichkeit *f.* **2.** *pol.* Antiklerikaˈlismus *m.* **ˈsec·u·lar·ist I** *s* Säkulaˈrist *m*, Kirchengegner *m.* **II** *adj* säkulaˈristisch. **ˌsec·uˈlar·i·ty** [-ˈlærətɪ] *s* **1.** Diesseitigkeit *f*, Weltlichkeit *f.* **2.** *pl* weltliche Dinge *pl.*

sec·u·lar·i·za·tion [ˌsekjʊləraɪˈzeɪʃn; *Am.* -rəˈz-] *s* **1.** Säkulariˈsierung *f.* **2.** Verweltlichung *f.* **3.** Entheiligung *f.* **ˈsec·u·lar·ize** *v/t* **1.** kirchlichem Einfluß entziehen. **2.** säkulariˈsieren: a) *kirchlichen Besitz* verstaatlichen, b) *e-n Ordensgeistlichen* zum Weltgeistlichen machen. **3.** verweltlichen. **4.** entheiligen: to ~ **Sunday.** **5.** mit freidenkerischen Iˈdeen durchˈdringen.

se·cund [sɪˈkʌnd] *adj* **1.** *bot.* einseitswendig. **2.** *zo.* einseitig (angeordnet).

sec·un·dine [ˈsekəndaɪn; -dɪn] *s* **1.** *meist pl med.* Nachgeburt *f.* **2.** *bot.* inneres Integuˈment der Samenanlage.

sec·un·dip·a·ra [ˌsekənˈdɪpərə] *pl* **-rae** [-riː], **-ras** *s med.* Sekunˈdipara *f* (*Frau, die zweimal geboren hat*). **ˌsec·unˈdip·a·rous** *adj* zweimal geboren habend: ~ **woman** → **secundipara.**

se·cun·dum [sɪˈkʌndəm] (*Lat.*) *prep* gemäß (*dat*): ~ **artem** kunstgerecht; ~ **naturam** naturgemäß; ~ **quid** in dieser (gewissen) Hinsicht.

se·cure [sɪˈkjʊə(r)] **I** *adj* (*adv* ~**ly**) **1.** sicher: a) geschützt, geborgen, in Sicherheit (**from, against** vor *dat*): **a** ~ **hiding place** ein sicheres Versteck, b) fest: **a** ~ **foundation,** c) *mil.* uneinnehmbar: **a** ~ **fortress,** d) gesichert: **a** ~ **existence,** e) gewiß: **victory is** ~. **2.** ruhig, sorglos: **a** ~ **life.** **3.** in sicherem Gewahrsam (*Krimineller etc*). **II** *v/t* **4.** (**o.s.** sich) sichern, schützen (**from, against** vor *dat*, gegen). **5.** sichern, garanˈtieren (**s.th. to s.o., s.o. s.th.** j-m etwas). **6.** sich sichern *od.* beschaffen: **to** ~ **a seat** e-n Sitzplatz ‚ergattern'. **7.** erreichen, erlangen. **8.** *jur.* erwirken: **to** ~ **a judgment (patent,** *etc*). **9.** *a. tech.* sichern, befestigen (**to** an *dat*): **to** ~ **by bolts** festschrauben. **10.** (fest) (ver)schließen: **to** ~ **the door.** **11.** sicherstellen, in Sicherheit bringen: **to** ~ **valuables.** **12.** *jur.* festnehmen, dingfest machen. **13.** *mil.* sichern, befestigen. **14.** *bes. econ.* sicherstellen: a) *etwas* sichern, garanˈtieren (**on, by** durch): ~**d by mortgage** hypothekarisch gesichert, b) *j-m* Sicherheit bieten: **to** ~ **a creditor.** **15.** *med.* abbinden: **to** ~ **an artery.** **16.** *mar. Am.* (*zur Freizeit*) wegtreten lassen. **III** *v/i* **17.** sich Sicherheit verschaffen (**against** gegen). **18.** *mar. Am.* wegtreten, Freizeit machen.

se·cu·ri·ty [sɪˈkjʊərətɪ] *s* **1.** a) Sicherheit *f* (*Zustand od. Schutz*) (**against, from** vor *dat*, gegen), Geborgenheit *f*, b) Sicherheitsmaßnahmen *pl.* **2.** (*soziale etc*) Sicherheit. **3.** (innere) Sicherheit, Sorglosigkeit *f.* **4.** Gewißheit *f*, Garanˈtie *f*: **in** ~ **for** als Garantie für. **5.** *econ. jur.* a) Sicherheit *f*, Garanˈtie *f*, Bürgschaft *f*, Kautiˈon *f*, b) Bürge *m*: **to give** (*od.* **put up, stand**) ~ Bürgschaft leisten, Kaution stellen. **6.** *econ.* a) Schuldverschreibung *f*, b) Aktie *f*, c) *pl* ˈWertpaˌpiere *pl*, Efˈfekten *pl*: **public securities** Staatspapiere; ~ **market** Effektenmarkt *m.* **7.** *mil.* Abschirmung *f*: ~ **classification** Geheimhaltungsstufe *f.* **8.** S~ *pol.* Sicherheit(sbeamte *pl*) *f*, ˈSicherheitsabˌteilung *f*, *econ. a.* ˈWerkspoliˌzei *f.* ~ **ad·vis·er** *s* Sicherheitsberater *m.* ~ **a·gent** *s* Sicherheitsbeamte(r) *m.* ~ **bond** *s econ.* Bürgschaftswechsel *m.* ~ **check** *s* ˈSicherheitsüberˌprüfung *f.* ~ **clear·ance** *s pol.* Unbedenklichkeitsbescheinigung *f.* **S~ Coun·cil** *s pol.* Sicherheitsrat *m* (*der Vereinten Nationen*). ~ **cur·tain** *s pol.* umˈfassende Sicherheits- *od.* Geheimhaltungsvorkehrungen *pl.* ~ **lock** *s* Sicherheitsschloß *n.* ~**man** *s irr* → **security agent.** ~ **po·lice** *s* ˈSicherheitspoliˌzei *f.* ~ **pre·cau·tion** *s* Sicherheitsvorkehrung *f.* ~ **risk** *s pol.* Sicherheitsrisiko *n* (*a. Person*). ~ **screen·ing** *s pol.* ˈUnbedenklichkeitsüberˌprüfung *f.*

se·dan [sɪˈdæn] *s* **1.** *mot. Am.* a) Limouˈsine *f*, b) *Motorsport*: Tourenwagen *m.* **2.** *a.* ~ **chair** Sänfte *f.*

se·date [sɪˈdeɪt] **I** *adj* (*adv* ~**ly**) **1.** ruhig, gelassen. **2.** gesetzt, ernst. **II** *v/t* **3.** *med.* *j-m* ein Beruhigungsmittel geben, *j-n* seˈdieren. **seˈdate·ness** *s* **1.** Gelassenheit *f.* **2.** Gesetztheit *f.* **seˈda·tion** *s*: **to be under** ~ *med.* unter dem Einfluß von Beruhigungsmitteln stehen.

sed·a·tive [ˈsedətɪv] **I** *adj* beruhigend, *med. pharm. a.* sedaˈtiv. **II** *s med. pharm.* Beruhigungsmittel *n*, Sedaˈtiv(um) *n.*

sed·en·tar·i·ness [ˈsedntərɪnɪs; *Am.* -ˌteriː-] *s* **1.** sitzende Lebensweise. **2.** Seßhaftigkeit *f.*

sed·en·tar·y [ˈsedntərɪ; *Am.* -ˌteriː] *adj* **1.** sitzend: ~ **occupation;** ~ **statue;** ~ **life** sitzende Lebensweise. **2.** seßhaft: ~ **tribes.** **3.** *zo.* a) festgewachsen (*Austern etc*), b) standorttreu: ~ **birds** Standvögel.

se·de·runt [sɪˈdɪərənt] (*Lat.*) *s bes. relig. Scot.* Sitzung *f.*

sedge [sedʒ] *s bot.* **1.** Segge *f.* **2.** *allg.* Riedgras *n.* **ˈsedg·y** *adj* **1.** mit Riedgras bewachsen. **2.** riedgrasartig.

se·dil·i·a [seˈdaɪljə; *Am.* səˈdiːljə] *s pl relig.* Reihe *f* von (*meist 3*) Steinsitzen (*an der Südseite des Chors*).

sed·i·ment [ˈsedɪmənt] *s* Sediˈment *n*: a) (Boden)Satz *m*, Niederschlag *m*, b) *geol.* Schichtgestein *n.* **ˌsed·iˈmen·ta·ry** [-ˈmentərɪ] *adj* sedimenˈtär, Sediment... **ˌsed·i·menˈta·tion** *s* **1.** Sediˈmentbildung *f*, Sedimenˈtierung *f.* **2.** *bes. geol.* Sedimentatiˈon *f*, Schichtenbildung *f.* **3.** *a.* **blood** ~ *med.* Blutsenkung *f*: ~ **rate** Senkungsgeschwindigkeit *f.*

se·di·tion [sɪˈdɪʃn] *s* **1.** Aufwieg(e)lung *f*, Volksverhetzung *f.* **2.** Aufruhr *m.* **seˈdi·tion·ar·y** [-ʃnərɪ; *Am.* -ʃəˌneriː] **I** *adj* → **seditious.** **II** *s* Aufwiegler *m.* **seˈdi·tious** *adj* (*adv* ~**ly**) aufwieglerisch, aufrührerisch, ˈumstürzlerisch, staatsgefährdend.

se·duce [sɪˈdjuːs; *Am. a.* -ˈduːs] *v/t* **1.** *e-e Frau etc* verführen (*a. fig. verleiten, verlocken*; **into, to** zu; **into doing** dazu, etwas zu tun). **2.** ~ **from** *j-n* von *s-r Pflicht etc* abbringen. **seˈduce·ment** → **seduction.** **seˈduc·er** *s* Verführer *m.*

se·duc·tion [sɪˈdʌkʃn] *s* **1.** (*engS. sexuelle*) Verführung, Verlockung *f.* **2.** *fig.* Versuchung *f*, Lockung *f*, verführerischer Reiz *od.* Zauber. **seˈduc·tive** [-tɪv] *adj* (*adv* ~**ly**) verführerisch (*a. fig. Angebot etc*). **seˈduc·tive·ness** → **seduction** 2. **seˈduc·tress** [-trɪs] *s* Verführerin *f.*

se·du·li·ty [sɪˈdjuːlətɪ; *Am. a.* -ˈduː-] *s* Emsigkeit *f*, emsiger Fleiß. **sed·u·lous** [ˈsedjʊləs; *Am.* -dʒə-] *adj* (*adv* ~**ly**) emsig, (bienen)fleißig. **ˈsed·u·lous·ness** → **sedulity.**

se·dum [ˈsiːdəm] *s bot.* Mauerpfeffer *m.*

see[1] [siː] *pret* **saw** [sɔː] *pp* **seen** [siːn] **I** *v/t* **1.** sehen: ~ **page 15** siehe Seite 15; **as I** ~ **it** *fig.* wie ich es sehe, in m-n Augen; **I** ~ **things otherwise** *fig.* ich sehe *od.* betrachte die Dinge anders; **I cannot** ~ **myself doing it** *fig.* ich kann mir nicht vorstellen, daß ich es tue; **I cannot** ~ **my way to doing it** ich weiß nicht, wie ich es anstellen soll; **I** ~ **myself obliged to go** ich sehe mich gezwungen zu gehen; **I wonder what he** ~**s in her** ich möchte wissen, was er an ihr findet; **let us** ~ **what can be done** wir wollen sehen, was sich machen läßt (*siehe weitere Verbindungen mit den entsprechenden Substantiven etc*). **2.** (ab)sehen, erkennen: **to** ~ **danger ahead** Gefahr auf sich zukommen sehen. **3.** entnehmen, ersehen (**from** aus *der Zeitung etc*). **4.** (ein)sehen: **I do not** ~ **what he means** ich verstehe nicht, was er meint; **I don't** ~ **the use of it** ich weiß nicht, wozu das gut sein soll; → **joke** 2. **5.** (sich) ansehen, besuchen: **worth** ~**ing** sehenswert. **6.** herˈausfinden, nachsehen: ~ **who it is** sieh nach, wer es ist. **7.** dafür sorgen(, daß): ~ **(to it) that it is done** sorge dafür *od.* sieh zu, daß es geschieht; **to** ~ **justice done to s.o.** dafür sorgen, daß j-m Gerechtigkeit widerfährt. **8.** besuchen. **9.** aufsuchen, konsulˈtieren (**about** wegen), sprechen (**on business** geschäftlich), *Am. colloq.* ‚(mal) reden mit' *j-m* (*um ihn zu beeinflussen*): **we must** ~ **the judge.** **10.** empfangen: **he refused to** ~ **me.** **11.** begleiten, geleiten: **to** ~ **s.o. home** j-n heimbegleiten, j-n nach Hause bringen; **to** ~ **s.o. to bed** j-n zu Bett bringen; **to** ~ **s.o. to the station** j-n zum Bahnhof bringen *od.* begleiten; **to** ~ **s.o. across the street** j-n über die Straße bringen; → **see off** 1, **see out** 1. **12.** sehen, erleben: **to live to** ~ erleben; **to** ~ **action** *mil.* im Einsatz sein, Kämpfe mitmachen; **he has** ~**n better days** er hat schon bessere Tage gesehen. **13.** *Poker*: halten (*durch Setzen e-s gleich hohen Betrages*).

II *v/i* **14.** sehen: **we haven't** ~**n much of him lately** wir haben ihn in letzter Zeit nicht allzuoft gesehen. **15.** einsehen, verstehen: **I** ~**!** (ich) verstehe!, aha!, ach so!; **(you)** ~**, ...** weißt du *od.* wissen Sie, ...; **(you)** ~**?** *colloq.* verstehst du?; **as far as I can** ~ soviel ich sehen kann. **16.** nachsehen: **go and** ~ **(for) yourself!** **17.** sehen, sich überˈlegen: **let us** ~**!** warte(n Sie) mal!, laß mich überlegen!; **we'll** ~ wir werden sehen, mal sehen *od.* abwarten.

Verbindungen mit Präpositionen:

see| a·bout *v/i* sich kümmern um: **I will** ~ **it** a) ich werde mich darum kümmern, b) *colloq.* ich will es mir überlegen. ~ **af·ter** *v/i* sich kümmern um, sorgen für, sehen nach. ~ **in·to** *v/i e-r Sache* auf den Grund gehen. ~ **o·ver,** ~ **round** *v/i* sich ansehen: **to** ~ **a house.** ~ **through I** *v/i* j-n *od.* etwas durchˈschauen: → **game** 6. **II** *v/t j-m* über *e-e Schwierigkeit etc* hinˈweghelfen. ~ **to** *v/i* sich kümmern um: → **see**[1] 7.

Verbindungen mit Adverbien:

see| off *v/t* **1.** *j-n* verabschieden (**at** am *Bahnhof etc*). **2.** vertreiben, verjagen. **3.** *bes. mil. e-m Angriff etc* standhalten. ~ **out** *v/t* **1.** *j-n* hinˈausbegleiten. **2.** *colloq.* *etwas* zu Ende sehen, bis zum Ende ansehen *od.* mitmachen. ~ **through I** *v/t* **1.** *j-m* beistehen, helfen (**with** bei). **2.** *etwas* (bis zum Ende) ˈdurchhalten *od.* -fechten. **II** *v/i* **3.** *colloq.* ˈdurchhalten.

see[2] [siː] *s relig.* **1.** (Erz)Bischofssitz *m*, (erz)bischöflicher Stuhl: **Apostolic** (*od.* **Holy**) S~ der Apostolische *od.* Heilige Stuhl. **2.** (Erz)Bistum *n*: **the** ~ **of Canterbury.** **3.** *obs.* (*bes.* Thron)Sitz *m.*

See·beck ef·fect [ˈsiːbek; ˈzeɪ-] *s phys.* ˈSeebeck-Efˌfekt *m.*

see·catch [ˈsiːkætʃ] *pl* **ˈsee·catch·ie** [-tʃɪ] *s* (*Alaska*) ausgewachsener männlicher Seehund.

seed [si:d] **I** *s* **1.** *bot.* a) Same *m*, b) (Obst)Kern *m*, c) *collect.* Samen *pl*, d) *agr.* Saat(gut *n*) *f*: **to go** (*od.* **run**) **to ~** schießen (*Salat etc*), *fig.* herunter-, verkommen, verwahrlosen. **2.** *agr. bot.* Diaspore *f.* **3.** *physiol.* Samen *m*, Sperma *n.* **4.** *zo.* Ei *n od.* Eier *pl* (*bes. des Hummers u. der Seidenraupe*). **5.** *zo.* Austernbrut *f.* **6.** *Bibl. collect.* Same *m*, Nachkommen (-schaft *f*) *pl*: **the ~ of Abraham** der Same Abrahams (*die Juden*); **not of mortal ~** nicht irdischer Herkunft. **7.** *pl fig.* Saat *f*, Keim *m*: **the ~s of reform (suspicion)** der Keim e-r Reform (des Argwohns); **to sow the ~s of discord** (die Saat der) Zwietracht säen. **8.** *med.* Radiumkapsel *f* (*zur Krebsbehandlung etc*). **9.** Bläs-chen *n* (*in Glas*). **10.** *sport* gesetzter Spieler. **II** *v/t* **11.** *Samen* (aus-)säen. **12.** *den Acker etc* besäen. **13.** entsamen, *Obst* entkernen, *Flachs* riffeln. **14.** *sport Spieler etc* setzen. **15.** *meteor. Wolken* impfen. **III** *v/i* **16.** *bot.* a) Samen tragen, b) in ˈSamen schießen, c) sich aussäen. **17.** *agr.* a) säen, b) pflanzen.

ˈseed|·bed *s* **1.** *bot.* Samen-, Treib-, Mistbeet *n.* **2.** *fig.* Pflanz-, *bes. contp.* Brutstätte *f.* **ˈ~·cake** *s* Kümmelkuchen *m.* **ˈ~·case** *s bot.* Samenkapsel *f.* **~ coat** *s bot.* Samenschale *f.* **~ corn** *s agr.* **1.** Saatkorn *n.* **2.** *Am.* Saatmais *m.* **~ drill** *s agr.* ˈSämaˌschine *f.*

ˈseed·er *s* **1.** *agr.* ˈSämaˌschine *f.* **2.** (Frucht)Entkerner *m.* **3.** → **seed fish.**

seed fish *s ichth.* Laichfisch *m.*

seed·i·ness [ˈsi:dɪnɪs] *s colloq.* **1.** Schäbigkeit *f.* **2.** Abgerissenheit *f*, herˈuntergekommenes Äußeres, verwahrloster Zustand. **3.** Flauheit *f* (*des Befindens*).

seed leaf *s irr bot.* Keimblatt *n.*

seed·ling [ˈsi:dlɪŋ] *s bot.* **1.** Sämling *m.* **2.** Heister *m* (*Bäumchen*).

seed| oys·ter *s zo.* **1.** Saatauster *f.* **2.** *pl* Austernlaich *m.* **~ pearl** *s* Staubperle *f.* **~ plant** *s bot.* Samenpflanze *f.* **~ plot** → seedbed. **~ po·ta·to** *s* ˈSaatkarˌtoffel *f.*

seeds·man [ˈsi:dzmən] *s irr agr.* **1.** Säer *m.* **2.** Samenhändler *m.*

ˈseed|·time *s agr.* Saatzeit *f.* **~ ves·sel** *s bot.* Samenkapsel *f.* **~ wee·vil** *s zo.* Getreidespitzmäus-chen *n.* **~ wool** *s* noch nicht entkernte Baumwolle.

seed·y [ˈsi:dɪ] *adj* (*adv* **seedily**) **1.** *bot.* samentragend, samenreich. **2.** *ichth.* laichreif. **3.** *colloq.* a) schäbig, abgetragen, fadenscheinig, b) schäbig (angezogen), abgerissen, herˈuntergekommen (*Person*), c) ‚flau', ‚mies' (*Befinden*): **to look ~** elend aussehen.

ˈsee·ing I *s* Sehen *n*: **a view worth ~** ein sehenswerter Anblick; **~ is believing** Sehen ist Glauben. **II** *conj a.* **~ that** da doch; in Anbetracht dessen, daß. **III** *prep* angesichts (*gen*), in Anbetracht (*gen*): **~ his difficulties.** **ˈ~-ˌeye dog** *s Am.* Blindenhund *m.*

seek [si:k] *pret u. pp* **sought** [sɔ:t] **I** *v/t* **1.** suchen: **the reasons are not far to ~** nach den Gründen muß man nicht (erst) lange suchen. **2.** aufsuchen: **to ~ the shade; to ~ a fortuneteller.** **3.** (of) suchen (bei), erbitten (von): **to ~ s.o.'s advice** (**aid,** *etc*). **4.** begehren, erstreben, trachten *od.* streben nach: **to ~ fame** nach Ruhm trachten; → **life** *Bes. Redew.* **5.** *jur. etc* beantragen, begehren: **to ~ a divorce** auf Scheidung klagen. **6.** (ver-)suchen, trachten: **to ~ to convince s.o.** **7.** zu ergründen suchen: **to ~ through** durchforschen. **8. to be to ~** *obs.* (noch) fehlen, nicht zu finden sein; **education is much to ~** (*od.* **is much to be sought**) **with him** die Erziehung fehlt bei ihm in hohem Maße; **a solution is yet to ~** e-e Lösung muß (erst) noch gefunden werden. **9. to be to ~ (in)** *obs.* ermangeln (*gen*). **10. ~ out** a) herˈausfinden, ausfindig machen, b) *fig.* aufs Korn nehmen. **II** *v/i* **11.** suchen, fragen, forschen (**for, after nach**): **(much) sought-after** (sehr) gefragt, (sehr) begehrt. **ˈseek·er** *s* **1.** Sucher(in) (*a. relig.*): **~ after truth** Wahrheitssucher. **2.** *med.* Sonde *f.* **3.** *aer. mil.* Zielanfluggerät *n.*

seem [si:m] *v/i* **1.** (zu sein) scheinen, anscheinend sein, erscheinen: **it ~s impossible to me** es (er)scheint mir unmöglich; **he ~s (to be) a good fellow** er scheint ein guter Kerl zu sein; **I ~ (to be) deaf today** ich bin heute anscheinend taub; **all is not what it ~s** der Anschein trügt eben oft. **2.** *mit inf* scheinen (*anscheinend tun*): **you ~ to believe it** Sie scheinen es zu glauben; **apples do not ~ to grow here** Äpfel wachsen hier anscheinend nicht; **I ~ to hear voices** mir ist, als hörte ich Stimmen. **3.** *impers* **it ~s (that)** es scheint, daß; anscheinend; **it ~s as if** (*od.* **though**) es sieht so aus *od.* es scheint so *od.* es hat den Anschein, als ob; **it ~s (that) you were lying** du hast anscheinend gelogen; **it ~s to me (that) it will rain** mir scheint, es wird regnen; **it should** (*od.* **would**) **~ that** man sollte glauben, daß. **4.** *mit Negation* **I can't ~ to open this door** ich bringe diese Tür einfach nicht auf.

ˈseem·ing I *adj* scheinbar: **with ~ sincerity.** **II** *s* (An)Schein *m*: **the ~ and the real** Schein u. Sein. **ˈseem·ing·ly** *adv* anscheinend.

seem·li·ness [ˈsi:mlɪnɪs] *s* Anstand *m*, Schicklichkeit *f.*

seem·ly [ˈsi:mlɪ] *adj* **1.** anständig, schicklich, passend. **2.** *obs.* hübsch, nett.

seen [si:n] *pp von* **see**[1].

seep[1] [si:p] *v/i* **1.** (ˈdurch)sickern (*a. fig.*): **to ~ away** versickern; **to ~ in** *a. fig.* einsickern, langsam eindringen. **2.** *fig.* durchˈdringen (**through s.o.** j-n).

seep[2] [si:p] *s* Amˈphibien-Jeep *m.*

ˈseep·age *s* **1.** (ˈDurch-, Ver)Sickern *n.* **2.** ˈDurchgesickertes *n.* **3.** Sickerstelle *f*, Leck *n.*

seer[1] [ˈsi:ə(r); sɪə(r)] *s* **1.** Seher(in), Proˈphet(in). **2.** Wahrsager(in).

seer[2] → **ser.**

seer·suck·er [ˈsɪə(r)ˌsʌkə(r)] *s* leichtes kreppartiges Leinen.

see·saw [ˈsi:sɔ:] **I** *s* **1.** Wippen *n*, Schaukeln *n.* **2.** Wippe *f*, Wippschaukel *f.* **3.** *fig.* ständiges Auf u. Ab *od.* Hin u. Her. **4.** Zwickmühle *f* (*beidseitiges Trumpfen beim Whist*). **II** *adj* **5.** schaukelnd, wippend: **~ motion** Schaukelbewegung *f*; **~ policy** *fig.* Schaukelpolitik *f.* **III** *v/i* **6.** wippen, schaukeln. **7.** sich hin u. her *od.* auf u. ab bewegen. **8.** *fig.* (hin u. her) schwanken. **IV** *v/t* **9.** schaukeln.

seethe [si:ð] **I** *v/i pret* **seethed** *obs.* **sod** [sɒd; *Am.* sɑd] *pp* **seethed** *obs.* **sod·den** [ˈsɒdn; *Am.* ˈsɑdn] **1.** sieden. **2.** schäumen (*a. fig.*): **to ~ with anger** vor Wut kochen *od.* schäumen; **the whole country is seething with discontent** im ganzen Land brodelt *od.* gärt es. **3.** wimmeln (**with** von). **II** *v/t* **4.** einweichen. **5.** *obs.* schmoren, dämpfen. **III** *s* **6.** Sieden *n.*

ˈsee-through I *adj* ˈdurchsichtig: **~ blouse; ~ package** Klarsichtpackung *f.* **II** *s* ˈdurchsichtige Bluse *etc.*

seg [seg], **seg·gie** [ˈsegi:] *s Am. für* **segregationist** I.

seg·ment I *s* [ˈsegmənt] **1.** Abschnitt *m*, Teil *m, n.* **2.** *math.* (*Kreis-, Kugel- etc*) Segˈment *n.* **3.** *biol.* a) *allg.* Segˈment *n*, Glied *n*, b) Ring *m*, ˈKörpersegˌment *n* (*e-s Wurms etc*). **II** *v/t u. v/i* [segˈment; *bes. Am.* ˈsegment] **4.** (sich) in Abschnitte *od.* Segˈmente teilen. **segˈmen·tal** [-ˈmentl], **ˈseg·men·tar·y** [-məntərɪ; *Am.* -ˌteri:] *adj* segmenˈtär.

seg·men·ta·tion [ˌsegmənˈteɪʃn] *s* **1.** Segmentatiˈon *f*, Gliederung *f.* **2.** *biol.* (Ei)Furchung *f*, Zellteilung *f.*

seg·ment| gear *s tech.* Segˈment(zahnrad)getriebe *n.* **~ saw** *s tech.* **1.** Baumsäge *f.* **2.** Bogenschnittsäge *f.*

seg·re·gate [ˈsegrɪgeɪt] **I** *v/t* **1.** trennen (*a. nach Rassen, Geschlechtern etc*), absondern, isoˈlieren: **~d school** *Am.* Schule *f* mit Rassentrennung. **2.** *tech.* (aus)saigern, ausscheiden. **II** *v/i* **3.** sich absondern *od.* abspalten (*a. fig.*). **4.** *chem.* ˈauskristalliˌsieren, sich abscheiden. **5.** *biol.* sich aufspalten (*nach den Mendelschen Gesetzen*), mendeln. **III** *adj* [-gɪt; -geɪt] **6.** isoˈliert, abgesondert. **ˌseg·reˈga·tion** *s* **1.** Absonderung *f*, Abtrennung *f.* **2.** Rassentrennung *f.* **3.** abgespaltener Teil. **4.** *biol. Trennung von väterlichen u. mütterlichen Eigenschaften in der Reduktionsteilung.* **5.** *chem.* Abscheidung *f.* **ˌseg·reˈga·tion·ist I** *s* Anhänger(in) *od.* Verfechter(in) der ˈRassentrennung(spoliˌtik). **II** *adj* die Rassentrennung befürwortend. **ˈseg·re·ga·tive** *adj* sich absondernd, Trennungs...

sei·cen·to [seɪˈtʃentəʊ] *s* Seiˈcento *n* (*italienischer Kunststil des 17. Jhs.*).

seiche [seɪʃ] *s* Seiche *f* (*periodische Niveauschwankung von Binnenseen*).

Seid·litz pow·der [ˈsedlɪts] *s* Seidlitzpulver *n* (*ein abführendes Brausepulver*).

sei·gneur [seˈnjɜ:; seɪnˈjɜ:; *Am.* seɪnˈjɜr], **sei·gnior** [ˈseɪnjə; *Am.* seɪnˈjɔ:ər] *s* **1.** *hist.* Leh(e)ns-, Feuˈdalherr *m.* **2.** Herr *m.*

sei·gnior·age [ˈseɪnjərɪdʒ] *s econ.* **1.** Reˈgal *n*, Vorrecht *n.* **2.** (*königliche*) Münzgebühr. **3.** Schlagschatz *m* (*Differenz zwischen Realwert u. Nennwert von Münzen*). **ˈsei·gnior·al** [-rəl] → **seignorial.** **ˈsei·gnior·al·ty** [-tɪ] *s hist.* Grund-, Leh(e)nsherrschaft *f.*

sei·gnior·y [ˈseɪnjərɪ] *s* **1.** Feuˈdalrechte *pl.* **2.** (feuˈdal)herrschaftliche Doˈmäne.

sei·gno·ri·al [seɪnˈjɔ:rɪəl] *adj* feuˈdalherrschaftlich.

seine [seɪn] *mar.* **I** *s* Schlagnetz *n.* **II** *v/t u. v/i* mit dem Schlagnetz fischen.

seise *Br. für* **seize** 5.

sei·sin *Br. für* **seizin.**

seism [ˈsaɪzəm] *s* Erdbeben *n.* **seis·mal** [ˈsaɪzməl] → **seismic.** **seisˈmat·i·cal** [-ˈmætɪkl] *adj geol. phys.* seismoˈlogisch. **ˈseis·mic** *adj* seismisch, Erdbeben...

seis·mo·gram [ˈsaɪzməgræm] *s geol. phys.* Seismoˈgramm *n* (*Erdbebenkurve des Seismographen*). **ˈseis·mo·graph** [-grɑ:f; *bes. Am.* -græf] *s* Seismoˈgraph *m*, Erdbebenschreiber *m.* **seisˈmol·o·gist** [-ˈmɒlədʒɪst; *Am.* -ˈmɑl-] *s* Seismoˈloge *m.* **seisˈmol·o·gy** [-dʒɪ] *s* Seismik *f*, Seismoloˈgie *f*, Erdbebenkunde *f.*

seis·mom·e·ter [saɪzˈmɒmɪtə(r); *Am.* -ˈmɑm-] *s phys.* Seismoˈmeter *n*, Erdbebenmesser *m.* **seisˈmom·e·try** [-trɪ] *s* Seismomeˈtrie *f.*

seis·mo·scope [ˈsaɪzməskəʊp] *s phys.* Seismoˈskop *n*, Erdbebenanzeiger *m.*

seiz·a·ble [ˈsi:zəbl] *adj* **1.** ergreifbar. **2.** *jur.* pfändbar, der Beschlagnahme unterˈliegend.

seize [si:z] **I** *v/t* **1.** a) (er)greifen, fassen, packen (**by an** *dat*): **to ~ a weapon; to ~ s.o. by the neck,** b) *fig.* ergreifen, pakken, erfassen: **fear ~d the crowd** Furcht ergriff die Menge; **he was ~d with remorse** er wurde von Reue gepackt; **~d with an illness** von e-r Krankheit befallen; **~d with apoplexy** vom Schlag getroffen. **2.** (ein)nehmen, erobern: **to ~ a fortress.** **3.** sich *e-r Sache* bemächtigen, an sich reißen: **to ~ (the) power** die Macht an sich reißen. **4.** *jur.* beschlagnahmen, pfänden. **5.** *jur. Am. j-n* in den Besitz setzen (**of** *gen od.* von): **to be ~d with, to stand ~d of** im Besitz *e-r Sache* sein. **6.** *j-n* ergreifen, festnehmen. **7.** *e-e Gelegenheit* ergreifen, wahrnehmen. **8.** *fig.* (*geistig*) erfassen, begreifen, verstehen. **9.** *mar.* a) zs.-binden, zurren, b) anbinden. **II** *v/i* **10. ~ (up)on** *e-e Gelegenheit* ergreifen, *e-e Idee etc* (begierig) aufgreifen. **11.** *meist* **~ up** *tech.* sich festfressen.

sei·zin [ˈsiːzɪn] *s jur. Am.* Grundbesitz *m*, verbunden mit Eigentumsvermutung.

seiz·ing [ˈsiːzɪŋ] *s* **1.** Ergreifen *n* (*etc*; → seize). **2.** *pl mar.* Zurrtau *n*.

sei·zure [ˈsiːʒə(r)] *s* **1.** Ergreifung *f*. **2.** Inbeˈsitznahme *f*. **3.** *jur.* a) Beschlagnahme *f*, Pfändung *f*, b) Festnahme *f*. **4.** *med.* Anfall *m*.

se·jant [ˈsiːdʒənt] *adj* (*nachgestellt*) *her.* sitzend.

se·la·chi·an [sɪˈleɪkjən; -ɪən] *ichth.* **I** *s* Hai(fisch) *m*. **II** *adj* Haifisch...

se·lah [ˈsiːlə] *s Bibl.* Sela *n*.

sel·dom [ˈseldəm] *adv* (*obs. a. adj*) selten: **~, if ever** (nur) äußerst selten.

se·lect [sɪˈlekt] **I** *v/t* **1.** auswählen, -lesen. **II** *v/i* **2.** wählen. **III** *adj* **3.** ausgewählt: **~ committee** *parl. Br.* Sonderausschuß *m*. **4.** a) erlesen: **a ~ book (wine,** *etc*); **a few ~ spirits** einige erlesene Geister, b) exkluˈsiv: **a ~ party. 5.** wählerisch.

se·lect·ee [səˌlekˈtiː] *s mil. Am.* Einberufene(r) *m*.

se·lec·tion [sɪˈlekʃn] *s* **1.** Wahl *f*: **to make one's ~** s-e Wahl treffen. **2.** Auswahl *f*, -lese *f*. **3.** *biol.* Selektiˈon *f*, Zuchtwahl *f*: **natural ~** natürliche Auslese. **4.** Auswahl *f* (**of** *an dat*).

se·lec·tive [sɪˈlektɪv] *adj* (*adv* **~ly**) **1.** auswählend, Auswahl...: **~ assembly** *tech.* Austauschbau *m*. **2.** Auslese...: **~ examination; ~ value. 3.** *electr.* trennscharf, selekˈtiv: **~ circuit** Trennkreis *m*. **4.** wählerisch. **~ ser·vice** *s mil. Am.* **1.** Wehrpflicht *f*, -dienst *m*. **2.** Einberufung *f*. **~ trans·mis·sion** *s tech.* **1.** Selekˈtivgetriebe *n*, (Gang)Wählgetriebe *n*. **2.** Getriebe *n* mit Druckknopfschaltung.

se·lec·tiv·i·ty [ˌsɪlekˈtɪvətɪ; sɪˌlekˈt-] *s* **1.** Selektiviˈtät *f*. **2.** *electr.* Selektiviˈtät *f*, Trennschärfe *f*.

seˈlect·man [-mən; *Am.* -ˌmæn] *s irr* Stadtrat *m* (*in den Neuenglandstaaten*).

se·lec·tor [sɪˈlektə(r)] *s* **1.** Auswählende(r *m*) *f*. **2.** Sorˈtierer(in). **3.** *tech.* a) Wähler *m* (*a. electr.*), b) Schaltgriff *m*, c) *mot.* Gangwähler *m*, d) *a.* **~ switch** *electr.* Wahlschalter *m*, e) *Computer*: Seˈlektor *m*.

sel·e·nate [ˈselɪneɪt] *s chem.* Seleˈnat *n*.

se·len·ic [sɪˈliːnɪk; -ˈlen-] *adj chem.* seˈlensauer, Selen... **seˈle·ni·ous** [-ˈliːnjəs; -ɪəs] *adj* seˈlenig: **~ acid** Selenigsäure *f*.

sel·e·nite [ˈselɪnaɪt] *s* **1.** *min.* Seleˈnit *m*, Gips *m*. **2.** *chem.* Salz *n* der seˈlenigen Säure. **se·le·ni·um** [sɪˈliːnjəm; -ɪəm] *s chem.* Seˈlen *n*: **~ cell** *electr.* Selenzelle *f*.

sel·e·nog·ra·pher [ˌselɪˈnɒɡrəfə(r); *Am.* -ˈnɑɡ-] *s* Selenoˈloge *m*, Mondforscher *m*. **ˌsel·eˈnog·ra·phy** [-fɪ] *s* Selenograˈphie *f*, Mondbeschreibung *f*.

ˌsel·eˈnol·o·gist [-ˈnɒlədʒɪst; *Am.* -ˈnɑl-] → **selenographer. ˌsel·eˈnol·o·gy** [-dʒɪ] *s astr.* Selenoloˈgie *f*, Mondkunde *f*.

self [self] **I** *pl* **selves** [selvz] *s* **1.** Selbst *n*, Ich *n*: **my better ~** mein besseres Selbst; **his second ~** sein zweites Ich (*Freund od. Stütze*); **my humble** (*od.* **poor**) **~** m-e Wenigkeit; **pity's ~** das Mitleid selbst; **your good selves** *econ. obs.* Ihre werte Firma, Sie; → **former**[2] 1. **2.** Selbstsucht *f*, das eigene *od.* liebe Ich. **3.** *philos.* Ich *n*, Subˈjekt *n*: **the consciousness of ~** das Ich- *od.* Subjektsbewußtsein. **4.** *biol.* a) einfarbige Blume, b) Tier *n* von einheitlicher Färbung, c) autoˈgames Lebewesen. **II** *adj* **5.** einheitlich: **a ~ trimming** ein Besatz vom selben Material. **6.** *bes. bot.* einfarbig. **7.** *obs.* selbig(er, e, es). **III** *pron* **8.** *econ. od. colloq.* → **myself**, *etc*: **a check** (*Br.* **cheque**) **drawn to ~** ein auf ‚Selbst' ausgestellter Scheck; **a ticket admitting ~ and friend** e-e Karte für mich selbst u. e-n Freund.

ˌself|-aˈban·don·ment *s* **1.** (Selbst-) Aufopferung *f*, (bedingungslose) ˈHingabe. **2.** *contp.* Zügellosigkeit *f*. **ˌ~-aˈbase·ment** *s* Selbsterniedrigung *f*. **ˈ~-ˌab·neˈga·tion** *f* Selbstverleugnung *f*. **ˌ~-abˈsorbed** *adj* **1.** mit sich selbst beschäftigt. **2.** *contp.* egoˈzentrisch. **ˌ~-aˈbuse** *s* Selbstbefleckung *f* (*Onanie*). **ˈ~-ˌac·cuˈsa·tion** *s* Selbstanklage *f*. **ˌ~-ˈact·ing** *adj bes. tech.* selbsttätig, autoˈmatisch. **ˈ~-ˌac·tu·al·iˈza·tion** *s psych.* Selbstverwirklichung *f*. **ˌ~-adˈdressed** *adj* **1.** an sich selbst gerichtet *od.* adresˈsiert (*Bemerkung etc*). **2. ~ envelope** Rückumschlag *m*. **ˌ~-adˈhe·sive** *adj* selbstklebend. **ˌ~-adˈjust·ing** *adj tech.* selbsteinstellend. **ˈ~-ˌad·miˈra·tion** *s* Selbstbewunderung *f*. **ˈ~-ˌaf·firˈma·tion** *s psych.* Selbstbewußtsein *n*. **ˌ~-agˈgran·dize·ment** *s* Selbsterhöhung *f*, -verherrlichung *f*. **ˌ~-aˈnal·y·sis** *s psych.* ˈSelbstanaˌlyse *f*. **ˌ~-apˈpoint·ed** *adj* selbsternannt, *iro.* (*nachgestellt*) von eigenen Gnaden: **~ expert. ˌ~-asˈsert·ing** *adj* (*adv* **~ly**) **1.** auf s-e Rechte pochend. **2.** *contp.* anmaßend, überˈheblich. **ˌ~-asˈser·tion** *s* **1.** Geltendmachen *n* s-r Rechte. **2.** *contp.* anmaßendes Auftreten. **ˌ~-asˈser·tive** → **self-asserting. ˌ~-asˈsur·ance** *s* Selbstbewußtsein *n*, -sicherheit *f*. **ˌ~-asˈsured** *adj* selbstbewußt, -sicher. **ˌ~-aˈware** *adj philos. psych.* selbstbewußt. **ˌ~-aˈware·ness** *s philos. psych.* Selbstbewußtsein *n*, -bewußtheit *f*. **ˌ~-beˈtray·al** *s* Selbstverrat *m*. **ˌ~-ˈbind·er** *s agr.* Selbstbinder *m*. **ˌ~-ˈblame** *s* Selbstanklage *f*, -beschuldigung *f*. **ˌ~-ˈca·ter·ing** *adj* für Selbstversorger, mit Selbstverpflegung. **ˌ~-ˈcen·t(e)red** *adj* ichbezogen, egoˈzentrisch. **ˌ~-ˈcol·o(u)red** *adj* **1.** einfarbig. **2.** naˈturfarben. **ˌ~-comˈmand** *s* Selbstbeherrschung *f*. **ˌ~-comˈpla·cent** *adj* (*adv* **~ly**) selbstgefällig, -zufrieden. **ˌ~-conˈceit** *s* Eigendünkel *m*. **ˌ~-conˈceit·ed** *adj* dünkelhaft, eingebildet. **ˌ~-ˈcon·cept** *s psych.* Selbstauffassung *f*, -verständnis *n*. **ˌ~-conˈdemned** *adj* selbstverurteilt. **ˌ~-conˈfessed** *adj* erklärt. **ˌ~-ˈcon·fi·dence** *s* **1.** Selbstvertrauen *n*, -bewußtsein *n*. **2.** *contp.* Überˈheblichkeit *f*. **ˌ~-ˈcon·fi·dent** *adj* (*adv* **~ly**) **1.** selbstsicher, -bewußt. **2.** *contp.* überˈheblich. **ˌ~-ˈcon·scious** *adj* (*adv* **~ly**) **1.** befangen, gehemmt, unsicher. **2.** *philos. psych.* selbstbewußt. **ˌ~-ˈcon·scious·ness** *s* **1.** Befangenheit *f*. **2.** *philos. psych.* Selbstbewußtsein *n*, -bewußtheit *f*. **ˌ~-conˈsist·ent** *adj* (in sich selbst) konseˈquent *od.* folgerichtig. **ˌ~-conˈtained** *adj* **1.** (in sich) geschlossen, selbständig, unabhängig (*alle a. tech.*): **~ unit; ~ country** Selbstversorgerland *n*; **~ flat** *bes. Br.* abgeschlossene Wohnung; **~ house** Einfamilienhaus *n*. **2.** zuˈrückhaltend, reserˈviert. **3.** (selbst)beherrscht. **ˌ~-conˈtempt** *s* Selbstverachtung *f*. **ˈ~-ˌcon·traˈdic·tion** *s* innerer ˈWiderspruch, Widerspruch *m* mit *od.* in sich selbst. **ˈ~-ˌcon·traˈdic·to·ry** *adj* ˈwiderspruchsvoll, ˈwidersprüchlich. **ˌ~-conˈtrol** *s* Selbstbeherrschung *f*. **ˌ~-conˈtrolled** *adj* selbstbeherrscht. **ˌ~-ˈcooled** *adj tech.* mit Selbstkühlung, eigenbelüftet. **ˌ~-ˈcrit·i·cal** *adj* selbstkritisch. **ˌ~-ˈcrit·i·cism** *s* ˈSelbstkriˌtik *f*. **ˌ~-deˈceit** *s* Selbsttäuschung *f*, -betrug *m*. **ˌ~-deˈceiv·er** *s* j-d, der sich selbst betrügt *od.* täuscht. **ˌ~-deˈcep·tion** → **self-deceit. ˌ~-deˈfeat·ing** *adj* genau das Gegenteil bewirkend, (völlig) sinnlos. **ˌ~-deˈfence,** *Am.* **ˌ~-deˈfense** *s* **1.** Selbstverteidigung *f*: **the gentle art of ~** die edle Kunst der Selbstverteidigung (*Boxen*). **2.** *jur.* Notwehr *f*: **in ~. ˌ~-deˈni·al** *s* Selbstverleugnung *f*. **ˌ~-deˈny·ing** *adj* selbstverleugnend. **ˌ~-deˈspair** *s* Verzweiflung *f* an sich selbst. **ˌ~-deˈstruct** *v/i* sich selbst zerstören. **ˌ~-deˈstruc·tion** *s* **1.** Selbstzerstörung *f*. **2.** Selbstvernichtung *f*, -mord *m*. **ˌ~-deˈstruc·tive** *adj* **1.** selbstzerstörerisch. **2.** selbstmörderisch. **ˈ~-deˌter·miˈna·tion** *s* **1.** *bes. pol.* Selbstbestimmung *f*: **right of ~** Selbstbestimmungsrecht *n*. **2.** *philos.* freier Wille. **ˌ~-deˈvo·tion** → **self-abandonment** 1. **ˌ~-ˈdis·ci·pline** *s* ˈSelbstdisziˌplin *f*. **ˌ~-disˈtrust** *s* Mangel *m* an Selbstvertrauen, ˈMißtrauen *n* gegen sich selbst. **ˌ~-ˈdoubt** *s* Zweifel *pl* an sich selbst, Selbstzweifel *pl*. **ˌ~-ˈdoubt·ing** *adj* selbstzweiflerisch. **ˌ~-ˈdrive** *adj Br.* Selbstfahrer...: **~ car** Mietwagen *m*; **~ cars for hire** Autovermietung *f* für Selbstfahrer. **ˌ~-ˈdriv·en** *adj tech.* selbstgetrieben, Selbstantrieb... **ˌ~-ˈed·u·cat·ed** → **self-taught** 1. **ˌ~-efˈface·ment** *s* Zuˈrückhaltung *f*. **ˌ~-emˈployed** *adj* selbständig (*Kaufmann etc*). **ˌ~-esˈteem** *s* **1.** Selbstachtung *f*. **2.** *contp.* Eigendünkel *m*. **ˌ~-ˈev·i·dent** *adj* selbstverständlich. **ˈ~-ˌex·ciˈta·tion** *s electr.* Selbst-, Eigenerregung *f*. **ˌ~-ˈex·e·cut·ing** *adj*: **~ treaty** *pol.* Vertrag *m*, dessen Inhalt kein Ausführungsgesetz notwendig macht. **ˌ~-exˈist·ence** *s* **1.** *philos. relig.* ˈSelbstexiˌstenz *f*. **2.** unabhängige Exiˈstenz. **ˌ~-exˈplan·a·to·ry** *adj* ohne Erläuterung(en) verständlich, für sich selbst sprechend. **ˌ~-exˈpres·sion** *s* Ausdruck *m* der eigenen Perˈsönlichkeit. **ˌ~-ˈfeed·er** *s tech.* **1.** Maˈschine *f* mit autoˈmatischer Brennstoff- *od.* Materiˈalzufuhr. **2.** *agr.* ˈFutterautoˌmat *m*. **ˌ~-ˈfeed·ing** *adj tech.* sich selbst nachfüllend *od.* speisend, autoˈmatisch (*Material od. Brennstoff*) zuführend. **ˌ~-ferˈtil·i·ty** *s bot.* Eigenfruchtbarkeit *f*. **ˈ~-ˌfer·ti·liˈza·tion** *s* Selbstbefruchtung *f*, Autogaˈmie *f*. **ˌ~-ˈfer·ti·lized** *adj* selbstbefruchtet. **ˌ~-ˈfix·ing** *adj* selbsthaftend. **ˌ~-forˈget·ful** *adj* (*adv* **~ly**) selbstvergessen, selbstlos. **ˌ~-fulˈfil(l)·ment** *s* Selbstverwirklichung *f*. **ˌ~-ˈgov·erned, ˌ~-ˈgov·ern·ing** *adj pol.* selbstverwaltet, unabhängig, autoˈnom, selbständig, mit Selbstverwaltung. **ˌ~-ˈgov·ern·ment** *s pol.* Selbstverwaltung *f*, Autonoˈmie *f*. **ˈ~-ˌgrat·i·fiˈca·tion** → **self-indulgence. ˌ~-ˈhard·en·ing** *adj metall.* selbsthärtend. **ˌ~-ˈhelp** *s* Selbsthilfe *f*: **~ group.**

ˈself·hood *s* **1.** Individualiˈtät *f*, ˈEigenperˌsönlichkeit *f*. **2.** *contp.* Selbstsucht *f*, Ichbezogenheit *f*, Egoˈzentrik *f*.

ˌself|-igˈni·tion *s* **1.** *phys.* Selbstentzündung *f*. **2.** *mot.* Selbstzündung *f*. **ˌ~-ˈim·age** *s psych.* Selbstbild *n*. **ˌ~-imˈpor·tance** *s* ˈSelbstüberˌhebung *f*, Wichtigtueˈrei *f*, Eigendünkel *m*. **ˌ~-imˈpor·tant** *adj* (*adv* **~ly**) eingebildet, ‚aufgeblasen', wichtigtuerisch. **ˌ~-inˈduced** *adj* **1.** *electr.* ˈselbstinduˌziert. **2.** selbstverursacht. **ˌ~-inˈduc·tion** *s electr.* ˈSelbstinduktiˌon *f*. **ˌ~-inˈduc-**

tive *adj electr.* ˈselbstindukˌtiv. ˌ**~-inˈdul·gence** *s* **1.** Sichˈgehenlassen *n*, Nachgiebigkeit *f* gegen sich selbst. **2.** *contp.* Zügellosigkeit *f*, Maßlosigkeit *f*. ˌ**~-inˈdul·gent** *adj* **1.** nachgiebig gegen sich selbst. **2.** zügellos, maßlos. ˌ**~-inˈfec·tion** *s med.* Selbstansteckung *f*. ˌ**~-inˈflict·ed** *adj* selbstzugefügt, -beigebracht: ~ **wounds** *mil.* Selbstverstümmelung *f*. ˌ**~-inˈstruc·tion** *s* ˈSelbstˌunterricht *m*. ˌ**~-inˈstruc·tion·al** *adj* Selbstlehr..., Selbstunterrichts...: ~ **manual** Handbuch *n* für den Selbstunterricht. ˌ**~-inˈsur·ance** *s* Selbstversicherung *f*. ˌ**~-ˈin·ter·est** *s* Eigennutz *m*, eigenes Interˈesse. ˌ**~-inˈvit·ed** *adj* ungebeten: ~ **guest.**

self·ish [ˈselfɪʃ] *adj* (*adv* **~ly**) selbstsüchtig, egoˈistisch, eigennützig. ˈ**self·ish·ness** *s* Selbstsucht *f*, Egoˈismus *m*.

ˈ**self|-ˌjus·ti·fiˈca·tion** *s* Rechtfertigung *f*: **to say s.th. in ~** etwas zu s-r Rechtfertigung sagen. ˌ**~-ˈknowl·edge** *s* Selbsterkenntnis *f*. ˈ**~-ˌlac·erˈa·tion** *s fig.* Selbstzerfleischung *f*.

self·less [ˈselflɪs] *adj u. adv* selbstlos. ˈ**self·less·ness** *s* Selbstlosigkeit *f*.

ˌ**self|-ˈliq·ui·dat·ing** *adj*: ~ **credit** *econ.* sich kurzfristig abdeckender Kredit, Warenkredit *m*. ˌ**~-ˈload·ing** *adj* Selbstlade..., selbstladend (*Pistole etc*). ˌ**~-ˈlock·ing** *adj tech.* selbstsperrend: ~ **door** Tür *f* mit Schnappschloß. ˌ**~-ˈlove** *s* Eigenliebe *f*, Selbstliebe *f*. ˌ**~-ˈlu·bri·cat·ing** *adj tech.* selbstschmierend. ˌ**~-ˈmade** *adj* selbstgemacht: ~ **man** j-d, der aus eigener Kraft emporgekommen ist, Selfmademan *m*. ˌ**~-ˈmur·der** *s* Selbstmord *m*. ˈ**~-ˌmu·tiˈla·tion** *s* Selbstverstümmelung *f*. ˌ**~-negˈlect** *s* **1.** Selbstlosigkeit *f*. **2.** Vernachlässigung *f* s-s Äußeren. ˌ**~-oˈpin·ion·at·ed** *adj* **1.** eingebildet, von sich selbst eingenommen. **2.** eigensinnig, rechthaberisch. ˌ**~-ˈpit·y** *s* Selbstmitleid *n*. ˈ**~-ˌpol·liˈna·tion** *s* Selbstbestäubung *f*. ˌ**~-ˈpor·trait** *s* ˈSelbstporˌträt *n*, -bildnis *n*. ˌ**~-posˈsessed** *adj* selbstbeherrscht. ˌ**~-posˈses·sion** *s* Selbstbeherrschung *f*. ˌ**~-ˈpraise** *s* Eigenlob *n*: ~ **is no recommendation** Eigenlob stinkt. ˈ**~-ˌpres·erˈva·tion** *s* Selbsterhaltung *f*: **instinct of ~** Selbsterhaltungstrieb *m*. ˌ**~-proˈnounc·ing** *adj ling.* mit Aussprachebezeichnung im Wort selbst (*mittels diakritischer Zeichen*). ˌ**~-proˈpelled** *adj tech.* mit Eigenantrieb, selbstangetrieben, Selbstfahr... ˌ**~-proˈtec·tion** *s* Selbstschutz *m*. ˌ**~-ˈrais·ing flour** *s Br.* mit Backpulver gemischtes Mehl. ˈ**~-ˌre·al·iˈza·tion** *s* Selbstverwirklichung *f*. ˌ**~-reˈcord·ing** *adj tech.* ˈselbstregiˌstrierend, -schreibend. ˌ**~-reˈgard** *s* **1.** Eigennutz *m*. **2.** Selbstachtung *f*. ˌ**~-ˈreg·is·ter·ing** → **self-recording.** ˌ**~-ˈreg·u·lat·ing** *adj bes. tech.* selbstregelnd, ˈselbstreguˌlierend. ˌ**~-reˈli·ance** *s* Selbstvertrauen *n*, -sicherheit *f*. ˌ**~-reˈli·ant** *adj* selbstbewußt, -sicher. ˌ**~-reˈproach** *s* Selbstvorwurf *m*. ˌ**~-reˈspect** *s* Selbstachtung *f*. ˌ**~-reˈspect·ing** *adj* sich selbst achtend: **every ~ craftsman** jeder Handwerker, der etwas auf sich hält. ˌ**~-reˈstraint** *s* Selbstbeherrschung *f*. ˌ**~-ˈright·eous** *adj* selbstgerecht. ˌ**~-ˈris·ing flour** *s Am.* mit Backpulver gemischtes Mehl. ˌ**~-ˈsac·ri·fice** *s* Selbstaufopferung *f*. ˌ**~-ˈsac·ri·fic·ing** *adj* aufopferungsvoll. ˈ**~same** *adj* ebenderselbe, -dieselbe, -dasselbe, ganz der- *od.* die- *od.* dasˈselbe. ˌ**~-ˈsat·is·fied** *adj* selbstzufrieden. ˌ**~-ˈseal·ing** *adj* **1.** selbstklebend (*bes. Briefumschlag*). **2.** *tech.* selbst(ab)dichtend. ˌ**~-ˈseek·er** *s* Egoˈist(in). ˌ**~-ˈseek·ing I** *adj* selbstsüchtig, egoˈistisch. **II** *s* Selbstsucht *f*, Egoˈismus *m*. ˌ**~-ˈser·vice I** *adj* mit Selbstbedienung, Selbstbedienungs... **II** *s* Selbstbedienung *f*. ˌ**~-ˈstart·er** *s tech.* Selbststarter *m*, (Selbst)Anlasser *m*. ˌ**~-ˈstyled** *adj iro.* (*nachgestellt*) von eigenen Gnaden: ~ **expert.** ˌ**~-sufˈfi·cien·cy** *s* **1.** Unabhängigkeit *f* (von fremder Hilfe). **2.** *econ.* Autarˈkie *f*, wirtschaftliche Unabhängigkeit. **3.** Eigendünkel *m*. ˌ**~-sufˈfi·cient** *adj* **1.** nicht auf fremde Hilfe angewiesen, unabhängig. **2.** *econ.* autˈark. **3.** dünkelhaft. ˌ**~-sugˈges·tion** *s psych.* Autosuggestiˈon *f*. ˌ**~-supˈpli·er** *s econ.* Selbstversorger *m*. ˌ**~-supˈport** *s* ˈSelbstˌunterhalt *m*, -versorgung *f*. ˌ**~-supˈport·ing** *adj* **1.** → **self-sufficient** 1, 2. **2.** *tech.* freitragend: ~ **mast.** ˌ**~-ˈtaught** *adj* **1.** autodiˈdaktisch: **a ~ person** ein Autodidakt. **2.** selbsterlernt. ˌ**~-ˈtim·er** *s phot.* Selbstauslöser *m*. ˌ**~-ˈtor·ture** *s* Selbstquäˈlerei *f*. ˌ**~-ˈwill** *s* **1.** Eigenwille *m*. **2.** *contp.* Eigensinn *m*. ˌ**~-ˈwilled** *adj* **1.** eigenwillig. **2.** *contp.* eigensinnig. ˌ**~-ˈwind·ing** *adj* autoˈmatisch (*Uhr*): ~ **mechanism** Selbstaufzug *m*.

sell [sel] **I** *s* **1.** *colloq.* a) Schwindel *m*, b) Reinfall *m*, ‚Pleite' *f*: **what a ~!** **2.** *econ. colloq.* a) Verˈkaufstaktik *f*, -meˌthode *f*; → **hard** 11, **soft** 1, b) Zugkraft *f* (*e-s Artikels*). **II** *v/t pret u. pp* **sold** [səʊld] **3.** verkaufen, veräußern (**for** für; **to** an *acc*), *econ. a.* absetzen: **to ~, to be sold** zu verkaufen; **to ~ o.s.** *fig. contp.* sich verkaufen; → **life** *Bes. Redew.*, **pup** 1. **4.** *econ. Waren* führen, vertreiben, handeln mit. **5.** *fig.* verkaufen, e-n guten Absatz sichern (*dat*): **his name will ~ the book.** **6.** *colloq.* ‚verkaufen', verraten (**to** an *acc*): → **pass**[1] 1, **river** 1. **7.** *colloq. j-m etwas* ‚verkaufen', schmackhaft machen, ‚aufschwatzen': **to ~ s.o. on s.th.** j-n für etwas begeistern *od.* erwärmen; **to be sold on s.th.** von etwas überzeugt *od.* begeistert sein, ganz für etwas sein. **8.** *colloq. j-n* ‚beschummeln'. **9.** *econ. colloq.* a) *j-n* zum Kaufen anreizen, b) sich *j-n* als Kunden sichern. **III** *v/i* **10.** verkaufen, Verkäufe tätigen. **11.** verkauft werden (**at, for** für). **12.** sich *gut etc* verkaufen (lassen), gehen. **13.** *colloq.* verfangen, ‚ziehen': **that won't ~.**

Verbindungen mit Adverbien:

sell| off *v/t econ.* (*bes.* zu ermäßigten Preisen) ausverkaufen, *Lager* räumen. **~ out I** *v/t* **1.** ausverkaufen: **to be sold out** ausverkauft sein (*a. Stadion etc*); **we are sold out of umbrellas** die Schirme sind ausverkauft. **2.** *Anteil etc* abgeben, verkaufen. **3.** → **sell** 6. **II** *v/i* **4. the umbrellas sold out in two days** die Schirme waren in zwei Tagen ausverkauft; **to ~ of s.th.** etwas ausverkaufen. **5.** *colloq.* ‚sich verkaufen' (**to** an *acc*). **~ up** *Br.* **I** *v/t Geschäft etc* verkaufen: **to sell s.o. up** j-n auspfänden. **II** *v/i* sein Geschäft *etc* verkaufen.

ˈ**sell·er** *s* **1.** Verkäufer(in), Händler(in): **~s' market** *econ.* Verkäufermarkt *m*; **~s' option** Verkaufsoption *f*, (*Börse*) Rückprämie(ngeschäft *n*) *f*. **2. good ~** *econ.* gutgehende Ware, zugkräftiger Arˈtikel. **3.** → **selling race.**

ˈ**sell·ing I** *adj* **1.** (*in Zssgn*) verkäuflich. **2.** Verkaufs..., Absatz..., Vertriebs... **II** *s* **3.** Verkaufen *n*, Verkauf *m*. **4.** *econ.* Verˈkaufstaktik *f*, -meˌthode *f*: → **hard** 11, **soft** 1. **~ a·re·a** *s* Verkaufsfläche *f*. **~ plate** → **selling race.** ˈ**~-ˌplat·er** *s sport* ein bei e-m Verkaufsrennen laufendes Pferd. **~ price** *s econ.* Verkaufspreis *m*. **~ race** *s Pferderennsport*: Verkaufsrennen *n*. **~ space** *s* Verkaufsfläche *f*.

ˈ**sell·out** *s colloq.* **1.** Ausverkauf *m*. **2.** ausverkaufte Veranstaltung, volles Haus: **to play to a ~ audience** vor ausverkauftem Haus spielen. **3.** Verrat *m*, *pol. a.* ‚Ausverkauf' *m*.

Selt·zer (wa·ter) [ˈseltsə(r)] *s* Selters (-wasser) *n*.

sel·vage, sel·vedge [ˈselvɪdʒ] *s Weberei*: Salband *n*, feste (Webe)Kante.

selves [selvz] *pl von* **self.**

se·man·teme [sɪˈmæntiːm] *s ling.* Beˈdeutungseleˌment *n*.

se·man·tic [sɪˈmæntɪk] *adj* (*adv* **~ally**) *ling.* seˈmantisch. **seˈman·tics** *s pl* (*meist als sg konstruiert*) *ling.* Seˈmantik *f*, (Wort)Bedeutungslehre *f*.

sem·a·phore [ˈseməfɔː(r); *Am. a.* -ˌfəʊər] **I** *s* **1.** *tech.* Semaˈphor *n*: a) *bes. rail.* (ˈFlügel)Siˌgnalmast *m*, b) optischer Teleˈgraf. **2.** *mil.* (Flaggen)Winken *n*: ~ **message** Winkspruch *m*. **II** *v/t u. v/i* **3.** signaliˈsieren.

se·ma·si·o·log·i·cal [sɪˌmeɪsɪəˈlɒdʒɪkl; *Am.* -ˈlɑ-] *adj ling.* semasioˈlogisch. **seˌma·si·ˈol·o·gy** [-ˈɒlədʒɪ; *Am.* -ˈɑl-] *s ling.* Semasioloˈgie *f*.

sem·blance [ˈsembləns] *s* **1.** äußere Gestalt, Form *f*, Erscheinung *f*: **in the ~ of** in Gestalt (*gen*). **2.** Ähnlichkeit *f* (**to** mit). **3.** (An)Schein *m*: **the ~ of honesty**; **under the ~ of friendship** unter dem Deckmantel der Freundschaft; **without the ~ of an excuse** ohne auch nur die Andeutung e-r Entschuldigung.

se·mé(e) [ˈsemeɪ; *Am. a.* səˈmeɪ] *adj her.* besät, bestreut (**with, of** mit).

se·mei·ol·o·gy [ˌsemɪˈɒlədʒɪ; ˌsiːmɪ-; *Am.* ˌsiːˌmaɪˈɑl-] *s* Semiˈotik *f*: a) *Lehre von den Zeichen*, b) *med.* Symptomatoloˈgie *f*. ˌ**se·meiˈot·ics** [-ˈɒtɪks; *Am.* -ˈɑt-] *s pl* (*als sg od. pl konstruiert*) → **semeiology.**

se·men [ˈsiːmen; *bes. Am.* -mən] *s physiol.* Samen *m* (*a. bot. pharm.*), Sperma *n*.

se·mes·ter [sɪˈmestə(r)] *s univ. bes. Am.* Seˈmester *n*, Halbjahr *n*.

semi- [semɪ; *Am. a.* semaɪ] *Wortelement mit der Bedeutung* halb..., Halb...

sem·i [ˈsemɪ; *Am. a.* ˈsemˌaɪ] *s colloq. für* a) *bes. Br.* **semidetached** II, b) **semifinal** I, c) *Am.* **semitrailer.**

ˌ**sem·iˈan·nu·al** *adj* **1.** halbjährlich. **2.** halbjährig.

ˈ**sem·iˌau·toˈmat·ic I** *adj* ˈhalbautoˌmatisch. **II** *s* ˈhalbautoˌmatische Feuerwaffe.

ˌ**sem·iˈbold** *print.* **I** *adj* halbfett (*Schrift*): ~ **face.** **II** *s* halbfette Schrift.

ˈ**sem·i·breve** *s mus. bes. Br.* ganze Note: ~ **rest** ganze Pause.

ˌ**sem·i·cenˈten·ni·al I** *s* Fünfzigˈjahrfeier *f*. **II** *adj* fünfzigjährig.

ˈ**sem·iˌcir·cle** *s* **1.** Halbkreis *m*. **2.** Winkelmesser *m*.

ˌ**sem·iˈcir·cu·lar** *adj* halbkreisförmig: ~ **canal** *anat.* Bogengang *m* (*des inneren Ohrs*).

sem·i·co·lon [ˌsemɪˈkəʊlən; *Am.* ˈsemɪˌk-] *s* Semiˈkolon *n*, Strichpunkt *m*.

ˌ**sem·i·conˈduc·tor** *s electr.* Halbleiter *m*: ~ **memory** (*Computer*) Halbleiterspeicher *m*.

ˌ**sem·iˈcon·scious** *adj* nicht bei vollem Bewußtsein.

ˌ**sem·i·deˈtached I** *adj*: ~ **house** → II. **II** *s bes. Br.* Doppelhaushälfte *f*.

ˌ**sem·i·diˈam·e·ter** *s math.* Halbmesser *m*, Radius *m*.

ˈ**sem·iˌdoc·uˈmen·ta·ry** *s* Spielfilm *m* mit dokumenˈtarischem ˈHintergrund.

ˈ**sem·i·dome** *s arch.* Halbkuppel *f*.

ˌ**sem·iˈfi·nal** *sport* **I** *s* **1.** *meist pl* ˈHalbfiˌnale *n*, ˈSemifiˌnale *n*, Vorschlußrunde *f*. **2.** ˈHalbfiˌnalspiel *n*. **II** *adj* **3.** Halbfinal...: ~ **round** Halbfinale *n*.

ˌsem·iˈfi·nal·ist *s sport* ˈHalbfinaˌlist(in).
ˌsem·iˈfin·ished *adj tech.* halbfertig: ~ **product** Halb(fertig)fabrikat *n.*
ˌsem·iˈflu·id I *adj* halb-, zähflüssig. **II** *s* zähflüssige Masse.
ˌsem·i-ˈin·fi·nite *adj math.* einseitig unendlich (*Größe*).
ˌsem·iˈliq·uid → **semifluid.**
ˌsem·iˈlu·nar *adj* halbmondförmig: ~ **valve** *anat.* Semilunarklappe *f.*
ˈsem·iˌman·uˈfac·tured → **semifinished.**
ˌsem·iˈmo·no·coque *s aer.* längsversteifter Schalenrumpf.
ˌsem·iˈmonth·ly I *adj u. adv* halbmonatlich. **II** *s* Halbmonatsschrift *f.*
sem·i·nal [ˈsemɪnl] *adj* (*adv* ~**ly**) **1.** *biol. physiol.* Samen..., Sperma...: ~ **duct** (*od.* **tract**) Samengang *m,* -leiter *m;* ~ **fluid** Samenflüssigkeit *f,* Sperma *n;* ~ **leaf** *bot.* Keimblatt *n;* ~ **power** Zeugungsfähigkeit *f.* **2.** *fig.* a) zukunftsträchtig, folgenreich, b) fruchtbar, schöpferisch, origiˈnell, c) zukunftsweisend. **3.** *fig.* Entwicklungs..., noch unentwickelt: **in the** ~ **state** im Entwicklungsstadium.
sem·i·nar [ˈsemɪnɑː(r)] *s univ. etc* Semiˈnar *n.*
sem·i·nar·i·an [ˌsemɪˈneərɪən] *s* **1.** *relig.* Seminaˈrist *m.* **2.** Semiˈnarteilnehmer (-in).
sem·i·nar·y [ˈsemɪnərɪ; *Am.* -ˌneriː] *s* **1.** *relig.* (ˈPriester)Semiˌnar *n.* **2.** *Am.* → **seminar. 3.** *fig.* Schule *f,* Pflanzstätte *f, contp.* Brutstätte *f.*
sem·i·na·tion [ˌsemɪˈneɪʃn] *s* (Aus-) Säen *n.*
ˌsem·i·ofˈfi·cial *adj* (*adv* ~**ly**) halbamtlich, offiziˈös.
se·mi·ol·o·gy [ˌsemɪˈɒlədʒɪ; ˌsiːmɪ-; *Am.* ˌsiːˌmaɪˈɑl-], **ˌse·miˈot·ics** [-ˈɒtɪks; *Am.* -ˈɑt-] *s pl* (*als sg od. pl konstruiert*) → **semeiology.**
ˌsem·iˈpor·ce·lain *s* ˈHalbporzelˌlan *n.*
ˌsem·iˈpost·al *s mail bes. Am.* Wohlfahrtsmarke *f.*
ˈsem·iˌpre·cious *adj:* ~ **stone** Halbedelstein *m,* Schmuckstein *m.*
ˌsem·iˈpri·vate *adj* zweiter Klasse (*Krankenhauszimmer od. -bedienung*): ~ **room** Zweibettzimmer *n* (*in e-r Klinik*).
ˈsem·i·pro [-prəʊ] *colloq. für* **semiprofessional.**
ˌsem·i·proˈfes·sion·al I *adj* **1.** überˈwiegend praktische Kenntnisse erfordernd (*Tätigkeit*). **2.** ˈhalbprofessioˌnell (*a. sport*): ~ **player** → II. **II** *s* **3.** *sport* ‚Halbprofi' *m,* ‚Feierabendprofi' *m.*
ˈsem·iˌqua·ver *s mus. bes. Br.* Sechzehntel(note *f*) *n.*
ˌsem·iˈrig·id *adj* halbstarr (*Luftschiff*).
ˌsem·iˈskilled *adj* angelernt: ~ **worker.**
ˌsem·iˈsol·id I *adj* halbfest. **II** *s* halbfeste Subˈstanz.
ˈsem·i·steel *s tech.* **1.** Halbstahl *m.* **2.** *Am.* Puddelstahl *m.*
Sem·ite [ˈsiːmaɪt; *bes. Am.* ˈsem-] **I** *s* Seˈmit(in). **II** *adj* seˈmitisch.
Se·mit·ic [sɪˈmɪtɪk] **I** *adj* **1.** seˈmitisch. **II** *s* **2.** *ling.* Seˈmitisch *n,* das Semitische. **3.** *pl* (*als sg konstruiert*) Semiˈtistik *f.*
Sem·i·tist [ˈsemɪtɪst] *s* Semiˈtist(in).
ˈsem·i·tone *s mus.* Halbton *m.*
ˌsem·iˈtrail·er *s tech.* Sattelschlepper (-anhänger) *m.*
ˈsem·iˌvow·el *s* ˈHalbvoˌkal *m.*
ˌsem·iˈweek·ly I *adj u. adv* halbwöchentlich. **II** *s* halbwöchentlich erscheinende Veröffentlichung.
ˌsem·iˈyear·ly → **semiannual.**
sem·o·li·na [ˌseməˈliːnə] *s* (Weizen-) Grieß *m,* Grießmehl *n.*
sem·pi·ter·nal [ˌsempɪˈtɜːnl; *Am.* -ˈtɜr-] *adj poet.* immerwährend, ewig.

semp·stress [ˈsempstrɪs; ˈsemstrɪs] → **seamstress.**
sen [sen] *pl* **sen** *s* Sen *m* (*japanische Münze*).
sen·ar·mon·tite [ˌsenɑːˈmɒntaɪt; *Am.* ˌsenərˈmɑnˌtaɪt] *s min.* Senarmonˈtit *m.*
se·na·ry [ˈsiːnərɪ; ˈsen-] *adj* Sechser..., Sechs...
sen·ate [ˈsenɪt] *s* **1.** Seˈnat *m* (*a. univ.*). **2. S~** *parl. Am.* Seˈnat *m* (*Oberhaus*).
sen·a·tor [ˈsenətə(r)] *s* Seˈnator *m.* **ˌsen·aˈto·ri·al** [-ˈtɔːrɪəl; *Am. a.* -ˈtəʊ-] *adj* (*adv* ~**ly**) **1.** senaˈtorisch, Senats... **2.** *pol. Am.* zur Wahl von Senaˈtoren berechtigt.
send[1] [send] **I** *v/t pret u. pp* **sent** [sent] **1.** *j-n* senden, schicken (**to** *dat*): **to ~ s.o. to bed** (**to school, to prison**) j-n ins Bett (auf e-e Schule, ins Gefängnis) schicken; **to ~ s.o. after s.o.** j-n j-m nachschicken; **to ~ s.o. off the field** *sport* j-n vom Platz stellen. **2.** (**to**) *etwas, a. Grüße, Hilfe etc* senden, schicken (*dat od.* an *acc*), *Ware etc* versenden, -schicken (*an acc*): **to ~ a letter; to ~ help. 3.** *den Ball, e-e Kugel etc* senden, jagen, schießen. **4.** *j-n* fortjagen, -schicken: → **business** 9. **5.** (*mit adj od. pres p*) machen: **to ~ s.o. mad; to ~ s.o. reeling** j-n taumeln machen *od.* lassen; → **fly**[1] 11, **pack** 37, **spin** 17. **6.** (*von Gott, dem Schicksal etc*) a) senden, b) geben, gewähren, c) machen: **God ~ it may not be so!** gebe Gott, es möge nicht so sein! **7.** *e-n Blick etc* senden: **to ~ a glance at s.o.** j-m e-n Blick zuwerfen; → **send forth. 8.** *electr.* senden, überˈtragen. **9.** *sl. die Zuhörer etc* in Ekˈstase versetzen, ˈhinreißen: **that ~s me!** da bin ich ganz ‚weg'! **II** *v/i* **10.** ~ **for** a) nach *j-m* schikken, *j-n* kommen lassen, *j-n* holen *od.* rufen (lassen), *j-n* zu sich bitten, b) sich *etwas* kommen lassen, *etwas* anfordern. **11. we sent after him** wir schickten ihm j-n nach. **12.** *electr.* senden.
Verbindungen mit Adverbien:
send| a·way I *v/t* **1.** fort-, wegschikken. **2.** *Brief etc* absenden, abschicken. **II** *v/i* **3.** to ~ (**to s.o.**) **for s.th.** (von j-m) etwas anfordern, sich (von j-m) etwas kommen lassen. ~ **back** *v/t j-n, etwas* zuˈrückschicken, *Speise a.* zuˈrückgehen lassen. ~ **down** *v/t* **1.** hinˈunterschicken. **2.** *univ. Br.* releˈgieren. **3.** *Boxen:* auf die Bretter schicken. **4.** *fig. die Preise, Temperatur etc* fallen lassen. **5.** *j-n* einsperren (**for two years** [für] zwei Jahre). ~ **forth** *v/t* **1.** *j-n etc, a. Licht* aussenden, *Wärme etc* ausstrahlen. **2.** herˈvorbringen, treiben: **to ~ leaves. 3.** *e-n Laut etc* ausstoßen. **4.** veröffentlichen, verbreiten. ~ **in** *v/t* **1.** einsenden, -schicken, -reichen: **to ~ an application;** → **name** *Bes. Redew.,* **resignation** 2. **2.** *sport e-n Ersatzmann* aufs Feld schicken. ~ **off I** *v/t* **1.** → **send away** I. **2.** *j-n* verabschieden (at am *Bahnhof etc*). **3.** *sport* vom Platz stellen. **II** *v/i* **4.** → **send away** II. ~ **on** *v/t* **1.** *j-n, etwas* vorˈausschicken. **2.** *Brief etc* nachschicken, nachsenden (to an *e-e Adresse*). ~ **out I** *v/t* **1.** hinˈausschicken. **2.** → **send forth** 1 *u.* 2. **3. to send s.o. out for s.th.** j-n nach etwas schicken. **4.** *Prospekte etc* verschicken. **II** *v/i* **5. to ~ for s.th.** etwas holen lassen. ~ **up** *v/t* **1.** hinˈaufschicken. **2.** *fig. die Preise, Temperatur etc* steigen lassen. **3.** *Br. colloq. j-n, etwas* paroˈdieren, verulken. **4.** *Am. colloq.* ‚hinter Schloß u. Riegel bringen'.
send[2] [send] *s* **1.** *mar.* Triebkraft *f,* Druck *m* (*der Wellen*). **2.** *fig.* Imˈpuls *m,* Antrieb *m.*
sen·dal [ˈsendl] *s hist.* Zindeltaft *m.*
ˈsend·er *s* **1.** (Über)ˈSender(in). **2.** Absender(in). **3.** a) *teleph.* Zahlengeber *m,* b) *tel.* Geber *m.*
ˈsend|-off *s colloq.* **1.** Verabschiedung *f,* Abschied *m:* **to be given** (*od.* **to get**) **a good ~** groß verabschiedet werden. **2.** gute Wünsche *pl* zum Anfang (*e-r Tätigkeit etc*). **3.** *sport* ˈStart(siˌgnal *n*) *m.* **ˈ~-up** *s Br. colloq.* Paroˈdie *f,* Verulkung *f.*
Sen·e·gal·ese [ˌsenɪgəˈliːz] **I** *adj* senegaˈlesisch, Senegal... **II** *s* Senegaˈlese *m,* Senegaˈlesin *f.*
se·nes·cence [sɪˈnesns] *s* Altern *n.* **seˈnes·cent** *adj* **1.** alternd. **2.** *med.* Alters..., altersbedingt: ~ **arthritis.**
sen·e·schal [ˈsenɪʃl] *s hist.* Seneschall *m,* Majorˈdomus *m.*
se·nile [ˈsiːnaɪl] *adj* **1.** seˈnil: a) greisenhaft, altersschwach, b) blöd(e), kindisch. **2.** Alters...: ~ **decay** *med.* Altersabbau *m;* ~ **dementia** *med.* Altersblödsinn *m;* ~ **speckle** *med.* Altersfleck *m.* **se·nil·i·ty** [sɪˈnɪlətɪ] *s* Seniliˈtät *f.*
sen·ior [ˈsiːnjə(r)] **I** *adj* **1.** (*nachgestellt u. in England* **sen.**, *in USA* **Sr.** *abgekürzt*) senior: **Mr. John Smith sen.** (*od.* **Sr.**) Herr John Smith sen. **2.** älter (**to** als): **he is one year ~ to me. 3.** rang-, dienstälter, ranghöher, Ober...: **a ~ man** *Br.* ein höheres Semester (*Student*); ~ **officer** a) höherer Offizier, *mein etc* Vorgesetzter, b) Rangälteste(r) *m;* ~ **lecturer** *univ. Br.* (*etwa*) Honorarprofessor *m;* ~ **lien** *jur.* bevorrechtigtes Pfandrecht; **the ~ service** *Br.* die Kriegsmarine; → **partner** 2, **staff**[1] 8. **4.** *ped.* a) Ober...: **the ~ classes** die Oberstufe, b) *Am.* im letzten Schuljahr (stehend): **the ~ class** die oberste Klasse. **5.** best(er, e, es), vorˈzüglich, reif: ~ **classic** *Br.* bester klassischer Philologe (*bei der honours-Prüfung an der Universität Cambridge*). **II** *s* **6.** Ältere(r *m*) *f:* **he is my ~ by four years, he is four years my ~** er ist vier Jahre älter als ich. **7.** Älteste(r *m*) *f.* **8.** Rang-, Dienstältere(r *m*) *f,* Vorgesetzte(r *m*) *f.* **9.** *Br.* → **senior fellow. 10.** *Am.* Stuˈdent *m od.* Schüler *m* im letzten Studienjahr. **11.** Alte(r *m*) *f,* Greis(in). ~ **cit·i·zen** *s* **1.** Altersrentner(in), Ruhegeldempfänger(in). **2.** *pl* Seniˈoren *pl.* ~ **fel·low** *s univ. Br.* rangältester Fellow. ~ **high (school)** *s ped. Am. die obersten Klassen der High-School.* ~ **league** *s Am.* **1.** *sport* oberste Spielklasse. **2.** *fig.* Spitzenklasse *f,* ‚einsame Spitze': **to be ~.**
sen·ior·i·ty [ˌsiːnɪˈɒrətɪ; *Am.* siːnˈjɔːr-; -ˈjɑr-] *s* **1.** höheres Alter. **2.** höheres Dienstalter: **to be promoted by ~** nach dem Dienstalter befördert werden. **3. the ~** *Br.* die rangältesten Fellows *pl* (*e-s Colleges*).
sen·na [ˈsenə] *s bot. pharm.* Sennesblätter *pl.*
sen·night, *a.* **se'n·night** [ˈsenaɪt] *s obs.* e-e Woche: **Tuesday ~** Dienstag in e-r Woche.
sen·sate [ˈsenseɪt] *adj* sinnlich (wahrgenommen).
sen·sa·tion [senˈseɪʃn] *s* **1.** (Sinnes-) Wahrnehmung *f,* (-)Empfindung *f:* ~ **level** Empfindungsschwelle *f.* **2.** Gefühl *n:* **a pleasant ~; ~ of thirst** Durstgefühl. **3.** Empfindungsvermögen *n.* **4.** (großer) Eindruck, Sensatiˈon *f,* Aufsehen *n:* **to make** (*od.* **create**) **a ~** Aufsehen erregen, für e-e Sensation sorgen; **he was the ~ of the day** er war die Sensation des Tages. **5.** Sensatiˈon *f,* Überˈraschung *f* (*Ereignis*). **6.** → **sensationalism** 2. **senˈsa·tion·al** [-ʃənl] *adj* (*adv* ~**ly**) **1.** sinnlich, Sinnes... **2.** sensatioˈnell, Sensations...: a) aufsehenerregend, b) verblüffend, c) großartig, ‚toll', d) auf Efˌfekthascheˈrei bedacht: **a ~ writer** ein Sensationsschriftsteller. **3.** *philos.* sensuaˈlistisch. **senˈsa·tion·al·ism** *s* **1.** Sensatiˈonsgier *f,* -lust *f.* **2.** ‚Sensatiˈonsmache' *f.* **3.** *philos.* Sensuaˈlismus *m.* **senˈsa·tion·al·ist I** *s* **1.** Sensatiˈonsschrift-

steller(in), -redner(in), Ef'fekthascher(in). **2.** *philos.* Anhänger *m* des Sensua'lismus. **II** *adj* → **sensational** 2 d.

sense [sens] **I** *s* **1.** Sinn *m*, 'Sinnesor,gan *n*: ~ **of hearing (sight, smell, taste, touch)** Gehör-(Gesichts-, Geruchs-, Geschmacks-, Tast)sinn; → **sixth** 1. **2.** *pl* Sinne *pl*, (klarer) Verstand: **in (out of) one's ~s** bei (von) Sinnen; **to lose** (*od.* **take leave of) one's ~s** den Verstand verlieren; **to bring s.o. to his ~s** j-n wieder zur Besinnung bringen; **to recover one's ~s** wieder zur Besinnung kommen. **3.** *fig.* Vernunft *f*, Verstand *m*: **a man of** ~ ein vernünftiger *od.* kluger Mensch; **to have the ~ to do s.th.** so klug sein, etwas zu tun; **do have some ~!** sei doch vernünftig!; → **common sense**. **4.** Sinne *pl*, Empfindungsvermögen *n*. **5.** Gefühl *n*: a) Empfindung *f* (of für): ~ **of pain** Schmerzgefühl; ~ **of security** Gefühl der Sicherheit, b) Ahnung *f*, unbestimmtes Gefühl. **6.** Sinn *m*, Gefühl *n* (of für): ~ **of beauty** Schönheitssinn; ~ **of decency** (*od.* **decorum**) Anstand(sgefühl *n*) *m*; ~ **of duty** Pflichtgefühl; **a keen ~ of justice** ein ausgeprägter Gerechtigkeitssinn; ~ **of responsibility** Verantwortungsgefühl, -bewußtsein *n*; ~ **of shame** Schamgefühl; → **direction** 1, **humor** 3, **locality** 1, **mission** 5, **purpose** 5. **7.** Sinn *m*, Bedeutung *f*: **figurative (literal,** *etc*) ~; **in every** ~ in jeder Hinsicht; **in a** ~ in gewissem Sinne; **in the good and in the bad** ~ im guten wie im bösen *od.* schlechten Sinn. **8.** Sinn *m*, (*etwas*) Vernünftiges: **what is the ~ of doing this?** was hat es für e-n Sinn, das zu tun?; **it makes** ~ es hat Hand u. Fuß, es klingt plausibel; **it does not make** ~ es hat keinen Sinn; **to talk** ~ vernünftig reden. **9.** (*bes.* allgemeine) Ansicht, Meinung *f*, Auffassung *f*: **to take the ~ of the meeting** die Meinung der Versammlung einholen. **10.** *math.* Richtung *f*: ~ **of rotation** Drehsinn *m*. **11.** *Funkpeilung*: (Peil)Seite *f*. **II** *v/t* **12.** empfinden, fühlen, spüren, ahnen. **13.** *Computer*: a) abtasten, b) abfragen. **14.** *bes. Am. colloq.* ‚ka'pieren', begreifen.

sense|cen·ter, *bes. Br.* **~cen·tre** *s biol.* Sinneszentrum *n*. **~da·tum** *s irr psych.* Sinnesdatum *n*. **~group** *s ling.* Sinngruppe *f* (*beim Sprechen*).

'sense·less *adj* (*adv* **~ly**) **1.** gefühllos, unempfindlich. **2.** bewußt-, besinnungslos. **3.** unvernünftig, dumm, verrückt (*Person*). **4.** sinnlos, unsinnig (*Sache*). **'sense·less·ness** *s* **1.** Unempfindlichkeit *f*. **2.** Bewußtlosigkeit *f*. **3.** Unvernunft *f*. **4.** Sinnlosigkeit *f*.

sense|or·gan *s* 'Sinnesor,gan *n*, -werkzeug *n*. **~per·cep·tion** *s* Sinneswahrnehmung *f*.

sen·si·bil·i·ty [,sensɪ'bɪlətɪ] *s* **1.** Sensibili'tät *f*, Gefühl *n*, Empfindungsvermögen *n*. **2.** *phys. etc* Empfindlichkeit *f*: ~ **to light** Lichtempfindlichkeit. **3.** *fig.* Empfänglichkeit *f* (to für). **4.** *oft pl* Gefühl *n*, Empfinden *n* (to für). **5.** *sg od. pl* Sensibili'tät *f*, ('Über)Empfindlichkeit *f*, Empfindsamkeit *f*. **6.** *a. pl* Fein-, Zartgefühl *n*.

sen·si·ble ['sensəbl] **I** *adj* (*adv* → **sensibly**) **1.** vernünftig (*Person od. Sache*): ~ **prices**. **2.** spür-, fühlbar, merklich. **3.** bei Bewußtsein. **4.** bewußt (**of** *gen*): **to be ~ of s.th.** a) sich e-r Sache bewußt sein, b) etwas empfinden. **5.** a) empfänglich (to für), b) empfindlich (to gegen). **II** *s* **6.** *a.* ~ **note** *mus.* Leitton *m*. **'sen·si·ble·ness** *s* Vernünftigkeit *f*, Klugheit *f*. **'sen·si·bly** *adv* **1.** vernünftig (*etc*, → **sensible**). **2.** vernünftigerweise.

sens·ing ['sensɪŋ] *s* **1.** *Computer*: a) Abtasten *n*, b) Abfragen *n*: ~ **element** (Meß)Fühler *m*; ~ **head** Abtastkopf *m*. **2.** *Funkpeilung*: Seitenanzeige *f*.

sens·ism ['sensɪzəm] *s philos.* Sensua'lismus *m*.

sen·si·tive ['sensɪtɪv] **I** *adj* (*adv* **~ly**) **1.** fühlend: ~ **creature**. **2.** Empfindungs...: ~ **nerves**. **3.** sensi'tiv, ('über-)empfindlich (to gegen): **to be ~ to** empfindlich reagieren auf (*acc*). **4.** sen'sibel, empfindsam, feinfühlig. **5.** veränderlich, schwankend: ~ **market** *econ.* schwankender Markt. **6.** *fig.* a) empfindlich, b) *bes. mil.* gefährdet, expo'niert: ~ **spot** empfindliche Stelle, neuralgischer Punkt; **a ~ subject** ein heikles *od.* kitzliges Thema. **7.** *bes. biol. chem.* empfindlich, rea'gibel (to auf *acc*): ~ **fern** *bot.* Perlfarn *m*; ~ **plant** Sinnpflanze *f*. **8.** *electr. phys. tech.* empfindlich: **a ~ instrument**; ~ **to shock** stoßempfindlich. **9.** *phot.* lichtempfindlich. **10.** *physiol.* sen'sorisch, Sinnes... **11.** *Parapsychologie*: sensi'tiv, medi'al (begabt *od.* veranlagt). **II** *s* **12.** sensi'tiver *od.* sen'sibler Mensch. **13.** *Parapsychologie*: Sensi'tive(r *m*) *f*, Medium *n*. **'sen·si·tive·ness** → **sensitivity**.

,sen·si'tiv·i·ty *s* **1.** Sensibili'tät *f* (to für): a) Empfindlichkeit *f* (*a. electr. etc*), b) *med. psych.* (Grad *m* der) Reakti'onsfähigkeit *f*. **2.** Empfindlichkeit *f* (to gegen): ~ **to light** *phys.* Lichtempfindlichkeit. **3.** Sensitivi'tät *f*, Feingefühl *n*. **4.** *Parapsychologie*: Sensitivi'tät *f*, medi'ale Begabung *od.* Veranlagung. **~group** *s psych.* Trainingsgruppe *f*. **~train·ing** *s psych.* Sensitivi'tätstraining *n*.

sen·si·ti·za·tion [,sensɪtaɪ'zeɪʃn; *Am.* -tə'z-] *s med. phot.* Sensibili'sierung *f*.

'sen·si·tize *v/t* sensibili'sieren, (*phot.* licht)empfindlich machen: **~d** (*phot.* licht)empfindlich. **'sen·si·tiz·er** *s phot.* Sensibili'sator *m*.

sen·si·tom·e·ter [,sensɪ'tɒmɪtə(r); *Am.* -'tɑm-] *s opt. phot.* Sensito'meter *n*, Lichtempfindlichkeitsmesser *m*.

sen·so·mo·tor [,sensə'məʊtə(r)] → **sensorimotor**.

sen·sor ['sensə(r)] *s electr. tech.* Sensor *m*, (Meß)Fühler *m*.

sen·so·ri·a [sen'sɔːrɪə; *Am. a.* -'səʊ-] *pl von* **sensorium**.

sen·so·ri·al [sen'sɔːrɪəl; *Am. a.* -'səʊ-] → **sensory**.

sen·so·ri·mo·tor [,sensərɪ'məʊtə(r)] *adj physiol.* 'sensomo,torisch.

sen·so·ri·um [sen'sɔːrɪəm; *Am. a.* -'səʊ-] *pl* **-ri·ums, -ri·a** [-rɪə] *s med. psych.* **1.** Sen'sorium *n*, 'Sinnesappa,rat *m*. **2.** Bewußtsein *n*, Sitz *m* des Empfindungsvermögens.

sen·so·ry ['sensərɪ] *adj* sen'sorisch, Sinnes...: ~ **perception**; ~ **deprivation** *psych.* sensorische Deprivation.

sen·su·al ['sensjʊəl; -ʃʊəl; *Am.* -tʃəwəl; -ʃəl] *adj* (*adv* **~ly**) **1.** sinnlich, Sinnes... **2.** sinnlich, wollüstig, *bes. Bibl.* fleischlich. **3.** *philos.* sensua'listisch. **'sen·su·al·ism** *s* **1.** Sinnlichkeit *f*, Lüsternheit *f*. **2.** *philos.* a) Sensua'lismus *m*, b) *Ethik*: Hedo'nismus *m*. **'sen·su·al·ist** *s* **1.** sinnlicher Mensch. **2.** *philos.* Sensua'list *m*. **,sen·su'al·i·ty** [-'ælətɪ; *Am.* -tʃə'wælətiː] *s* Sinnlichkeit *f*. **'sen·su·al·ize** *v/t* **1.** j-n sinnlich machen. **2.** versinnlichen.

sen·su·ous ['sensjʊəs; -ʃʊ-; *Am.* -tʃəwəs] *adj* (*adv* **~ly**) sinnlich: a) Sinnes..., b) sinnenfroh. **'sen·su·ous·ness** *s* Sinnlichkeit *f*.

sent [sent] *pret u. pp von* **send**[1].

sen·tence ['sentəns] **I** *s* **1.** *ling.* Satz(verbindung *f*) *m*: **complex** ~ Satzgefüge *n*; ~ **stress** Satzbetonung *f*. **2.** *jur.* a) (*bes.* Straf)Urteil *n*: **to pass ~ (up)on** das (*fig.* ein) Urteil fällen über (*acc*), verurteilen (*a. fig.*); **under ~ of death** zum Tode verurteilt, b) Strafe *f*: **to serve a ~ of imprisonment** e-e Freiheitsstrafe verbüßen *od.* absitzen. **3.** *obs.* Sen'tenz *f*, Aus-, Sinnspruch *m*. **II** *v/t* **4.** *jur. u. fig.* verurteilen (to zu).

sen·ten·tious [sen'tenʃəs] *adj* (*adv* **~ly**) **1.** sentenzi'ös, prä'gnant, kernig. **2.** spruchreich, lehrhaft. **3.** *contp.* aufgeblasen, salbungsvoll, phrasenhaft. **sen'ten·tious·ness** *s* **1.** Prä'gnanz *f*. **2.** Spruchreichtum *m*, Lehrhaftigkeit *f*. **3.** *contp.* salbungsvolle Art, Großspreche'rei *f*.

sen·tience ['senʃəns; -ʃɪəns], *a.* **'sen·tien·cy** [-sɪ] *s* **1.** Empfindung *f*. **2.** Empfindungsvermögen *n*. **'sen·tient** [-ʃnt] *adj* (*adv* **~ly**) **1.** empfindungsfähig. **2.** fühlend.

sen·ti·ment ['sentɪmənt] *s* **1.** (seelische) Empfindung, (Gefühls)Regung *f*, Gefühl *n* (**towards s.o.** j-m gegen'über). **2.** *pl* Meinung *f*, Gedanken *pl*, (Geistes)Haltung *f*: **noble ~s** edle Gesinnung; **you express my ~s exactly** Sie sprechen mir aus der Seele. **3.** (Zart-, Fein)Gefühl *n*, Innigkeit *f* (*a. in der Kunst*): **for** ~ aus emotionalen Gründen. **4.** → **sentimentality**.

sen·ti·men·tal [,sentɪ'mentl] *adj* (*adv* **~ly**) **1.** sentimen'tal: a) gefühlvoll, empfindsam: **a ~ song**, b) *contp.* rührselig, gefühlsduselig: **a ~ schoolgirl**. **2.** gefühlsmäßig, Gefühls...: **for ~ reasons** aus emotionellen Gründen; ~ **value** Liebhaberwert *m*. **,sen·ti'men·tal·ism** [-təlɪzəm] *s* **1.** Sentimentali'tät *f*, Empfindsamkeit *f*. **2.** → **sentimentality**. **,sen·ti'men·tal·ist** *s* Gefühlsmensch *m*. **,sen·ti·men'tal·i·ty** [-'tælətɪ] *s* Sentimentali'tät *f*, Gefühlsduse'lei *f*, Rührseligkeit *f*. **,sen·ti'men·tal·ize I** *v/t* sentimen'tal machen *od.* gestalten. **II** *v/i* in Gefühlen schwelgen, sentimen'tal werden (**about, over** bei, über *dat*).

sen·ti·nel ['sentɪnl; *Am.* 'sentnəl] *s* **1.** Wächter *m*. **2.** *mil.* → **sentry** 2: **to stand** ~ Wache stehen; **to stand ~ over** bewachen. **3.** *Computer*: 'Trennsym,bol *n*.

sen·try ['sentrɪ] *s* **1.** → **sentinel** 1. **2.** *mil.* (Wach[t])Posten *m*, Wache *f*: **to stand** ~ Wache *od.* Posten stehen. **~box** *s mil.* Wachhäus-chen *n*. **~go** *s* Wachdienst *m*.

se·pal ['sepəl; *Am. bes.* 'siː-] *s bot.* Kelchblatt *n*.

sep·a·ra·bil·i·ty [,sepərə'bɪlətɪ] *s* Trennbarkeit *f*. **'sep·a·ra·ble** *adj* (*adv* **separably**) trennbar.

sep·a·rate I *v/t* ['sepəreɪt] **1.** trennen (**from** von): a) (ab)sondern, (ab-, aus-)scheiden, b) *Freunde, a. Kämpfende etc* ausein'anderbringen, -reißen, c) unter'scheiden zwischen, d) *jur.* (ehelich) trennen: **to ~ church and state**; **to ~ friends**; **~d from his wife**; → **chaff**[1] 1, **sheep** 1. **2.** spalten, auf-, zerteilen (**into** in *acc*). **3.** *chem. tech.* a) scheiden, trennen, (ab)spalten, b) sor'tieren, c) aufbereiten. **4.** *Milch* zentrifu'gieren, *Sahne* absetzen lassen. **5.** *mil. Am.* entlassen. **II** *v/i* ['sepəreɪt] **6.** sich trennen, scheiden (**from** von), ausein'andergehen. **7.** (**from**) sich lösen *od.* trennen (von), ausscheiden (aus). **8.** *chem. tech.* sich absondern. **9.** *jur.* sich (ehelich) trennen. **III** *adj* ['seprət] (*adv* **~ly**) **10.** getrennt, (ab)gesondert, besonder(er, e, es), sepa'rat, Separat...: ~ **account** *econ.* Sonder-, Separatkonto *n*; ~ **estate** *jur.* eingebrachtes Sondergut (*der Ehefrau*); ~ **maintenance** *jur.* Alimente *pl* (*der getrennt lebenden Ehefrau*). **11.** einzeln, gesondert, getrennt, Einzel...: **two ~ questions** zwei Einzelfragen, zwei gesondert zu behandelnde Fragen; **the ~ members of the**

body die einzelnen Glieder des Körpers; ~ **rooms** getrennte Zimmer, Einzelzimmer; **to keep** ~ *Bedeutungen etc* auseinanderhalten; **to be available** ~**ly** einzeln erhältlich sein. **12.** einzeln, isoˈliert: ~ **confinement** *jur.* Einzelhaft *f.* **IV** *s* [ˈseprət] **13.** (*der, die, das*) einzelne *od.* Getrennte. **14.** *print.* Sonder(ab)druck *m.* **15.** *pl Mode*: Separates *pl.* ˈ**sep·a·rate·ness** *s* **1.** Getrenntheit *f.* **2.** Isoˈliertheit *f.* ˈ**sep·a·rat·ing** [-pəreɪt-] *adj* Trenn..., Scheide...

sep·a·ra·tion [ˌsepəˈreɪʃn] *s* **1.** Trennung *f*, Absonderung *f*: ~ **of powers** *pol.* Gewaltenteilung *f*; ~ **of forces** Truppenentflechtung *f.* **2.** Trennung *f*, Getrenntsein *n.* **3.** Trennungspunkt *m*, -linie *f.* **4.** *jur.* (eheliche) Trennung: **judicial** ~ (gerichtliche) Aufhebung der ehelichen Gemeinschaft; ~ **from bed and board** Trennung von Tisch u. Bett. **5.** *chem. tech.* a) Abscheidung *f*, Spaltung *f*, b) Klasˈsierung *f* (*von Erzen*). **6.** *mil. Am.* Entlassung *f.* ~ **al·low·ance** *s* Trennungszulage *f.*

sep·a·ra·tism [ˈsepərətɪzəm] *s pol.* Separaˈtismus *m.* ˈ**sep·a·ra·tist I** *s* **1.** *pol.* Separaˈtist(in). **2.** *relig.* Sekˈtierer(in). **II** *adj* **3.** *pol.* separaˈtistisch. ˈ**sep·a·ra·tive** [-pərətɪv; *Am. bes.* -pəˌreɪ-] *adj* trennend, Trennungs... ˈ**sep·a·ra·tor** [-reɪtə(r)] *s* **1.** *tech.* a) Sepaˈrator *m*, (Ab-)Scheider *m*, b) (*bes.* ˈMilch)Zentriˌfuge *f*, Trennschleuder *f*, c) *a.* ~ **stage** (*Radio*) Trennstufe *f.* **2.** *bes. med.* Spreizvorrichtung *f.*

Se·phar·dim [seˈfɑː(r)dɪm] *s pl* Seˈphardim *pl* (*spanisch-portugiesische Juden u. ihre Nachkommen*).

se·pi·a [ˈsiːpjə; -pɪə] *pl* **-as, -ae** [-pɪiː] *s* **1.** *zo.* Sepia *f*, Gemeiner Tintenfisch. **2.** Sepia *f*: a) *Sekret des Tintenfischs*, b) *Farbstoff.* **3.** *paint.* a) Sepia *f* (*Farbe*), b) Sepiazeichnung *f.* **4.** *phot.* Sepiadruck *m.*

se·poy [ˈsiːpɔɪ] *s Br. Ind. hist.* Sepoy *m* (*indischer Soldat in europäischen Diensten*).

sep·pu·ku [seˈpuːkuː] *s* Seppuku *n*, Haraˈkiri *n.*

seps [seps] *s zo.* (*ein*) Skink *m* (*Eidechse*).

sep·sis [ˈsepsɪs] *s* Sepsis *f* (*Blutvergiftung*).

sept [sept] *s* Stamm *m*, Sippe *f* (*bes. in Irland*).

sep·ta [ˈseptə] *pl von* **septum.**

sep·tan·gle [ˈsepˌtæŋgl] *s math.* Siebeneck *n.* **sepˈtan·gu·lar** [-gjʊlə(r)] *adj math.* siebeneckig.

sep·tate [ˈsepteɪt] *adj* **1.** *anat. bot. zo.* durch e-e Scheidewand abgeteilt. **2.** *phys. tech.* durch e-e osˈmotische Memˈbrane *od.* e-e Schallwand abgeteilt: ~ **wave guide** *electr.* Längssteg-Hohlleiter *m.*

Sep·tem·ber [sepˈtembə(r)] *s* Sepˈtember *m*: **in** ~ im September.

sep·te·mi·a [sepˈtiːmɪə] → **septic(a)emia.**

sep·tem·par·tite [ˌseptemˈpɑː(r)taɪt] *adj* siebenteilig.

sep·te·nar·y [ˈseptɪnərɪ; *Am.* -ˌneriː] **I** *adj* **1.** aus sieben bestehend, sieben. **2.** wöchentlich. **3.** → **septennial.** **II** *s* **4.** Siebenergruppe *f*, Satz *m* von sieben Dingen. **5.** sieben Jahre *pl.* **6.** Sieben *f.*

sep·ten·nate [sepˈteneɪt; -nət] *s* Zeitraum *m* von sieben Jahren. **sepˈten·ni·al** [-jəl; -ɪəl] *adj* **1.** siebenjährlich. **2.** siebenjährig.

sep·ten·tri·o·nal [sepˈtentrɪənl] *adj* nördlich, Nord...

sep·tet(te) [sepˈtet] *s* **1.** *mus.* Sepˈtett *n.* **2.** → **septenary** 4.

sep·tic [ˈseptɪk] **I** *adj* (*adv* ~**ally**) **1.** a) *med.* septisch, infiˈziert: **a** ~ **finger** ein vereiterter Finger; ~ **sore throat** septische Angina, b) faulend. **2.** fäulniserregend: ~ **tank** Faulbehälter *m.* **3.** *fig.* faul, verrottet. **II** *s* **4.** Fäulniserreger *m.*

sep·ti·c(a)e·mi·a [ˌseptɪˈsiːmɪə] *s med.* Blutvergiftung *f*, Sepsis *f.*

sep·ti·lat·er·al [ˌseptɪˈlætərəl] *adj* siebenseitig.

sep·til·lion [sepˈtɪljən] *s math.* **1.** *Br.* Septilliˈon *f* (10^{42}). **2.** *Am.* Quadrilliˈon *f* (10^{24}).

sep·ti·mal [ˈseptɪml] *adj* auf die Zahl Sieben gegründet, Sieben(er)...

sep·time [ˈseptiːm] *s fenc.* Sepˈtim *f.*

sep·ti·va·lent [ˌseptɪˈveɪlənt] *adj chem.* siebenwertig.

sep·tu·a·ge·nar·i·an [ˌseptjʊədʒɪˈneərɪən; *Am. a.* -ˌtuːə-; ˌseptəˌwædʒə-] **I** *s* Siebzigjährige(r *m*) *f*, Siebziger(in) (*a. Person in den Siebzigern*). **II** *adj* a) siebzigjährig, b) in den Siebzigern. **sep·tu·ag·e·nar·y** [ˌseptjʊəˈdʒiːnərɪ; *Am.* ˌseptəwəˈdʒenəriː; ˌseptəˈwædʒəˌneriː] **I** *adj* **1.** aus siebzig ... bestehend, siebzigteilig. **2.** → **septuagenarian** II. **II** *s* → **septuagenarian** I.

Sep·tu·a·ges·i·ma (Sun·day) [ˌseptjʊəˈdʒesɪmə; *Am.* -təwə-] *s* (Sonntag *m*) Septuaˈgesima *f* (*9. Sonntag vor Ostern*).

Sep·tu·a·gint [ˈseptjʊədʒɪnt; *Am.* ˈseptəwəˌdʒɪnt; sepˈtuːə-] *s* Septuaˈginta *f* (*Übersetzung des Alten Testaments ins Griechische*).

sep·tum [ˈseptəm] *pl* **-ta** [-tə] *s* **1.** *anat. bot.* (Scheide)Wand *f*, Septum *n.* **2.** *phys.* osˈmotische Memˈbrane, *a.* Schallwand *f.*

sep·tu·ple [ˈseptjʊpl; *Am.* ˈseptəpəl] **I** *adj* **1.** siebenfach. **II** *s* **2.** (*das*) Siebenfache. **III** *v/t* **3.** versiebenfachen. **4.** siebenmal so groß *od.* so viel sein wie. **IV** *v/i* **5.** sich versiebenfachen.

sep·tu·plet [ˈseptjʊplɪt; sepˈtjuː-; *Am.* sepˈtʌplət; -ˈtuː-] *s* **1.** Siebenergruppe *f.* **2.** Siebenling *m*: ~**s** Siebenlinge. **3.** *mus.* Septiˈmale *f.*

sep·tu·pli·cate I *v/t* [sepˈtjuːplɪkeɪt; *Am. a.* -ˈtuː-] **1.** versiebenfachen. **2.** *ein Dokument* siebenfach ausfertigen. **II** *adj* [-kət] **3.** siebenfach. **III** *s* [-kət] **4.** siebenfache Ausfertigung: **in** ~. **5.** *e-s von 7 (gleichen) Dingen*: ~**s** 7 Exemplare.

sep·ul·cher, *bes. Br.* **sep·ul·chre** [ˈsepəlkə(r)] **I** *s* **1.** Grab(stätte *f*, -mal) *n*: **whited** ~ *Bibl. od. poet.* Pharisäer *m.* **2.** *R.C.* a) *a.* **Easter** ~ Ostergrab *n*, b) Reˈliquienschrein *m.* **II** *v/t* **3.** begraben (*a. fig.*), bestatten. **se·pul·chral** [sɪˈpʌlkrəl] *adj* (*adv* ~**ly**) **1.** Grab..., Begräbnis... **2.** *fig.* düster, Grabes...: ~ **voice** Grabesstimme *f.* ˈ**sep·ul·chre** *bes. Br. für* **sepulcher.**

sep·ul·ture [ˈsepəltʃə; *Am.* -ˌtʃʊər] *s* (Toten)Bestattung *f.*

se·qua·cious [sɪˈkweɪʃəs] *adj* **1.** gefügig, folgsam. **2.** folgerichtig.

se·quel [ˈsiːkwəl] *s* **1.** (Aufeinˈander)Folge *f*: **in the** ~ in der Folge. **2.** a) Folge(erscheinung) *f*, Konseˈquenz *f*, (Aus)Wirkung *f*, b) *fig.* Nachspiel *n* (**to** auf *acc*): **a judicial** ~. **3.** (Roˈman- *etc*)Fortsetzung *f*, (*a.* Hörspiel- *etc*)Folge *f*: **a three-~ program(me)** *TV* ein Dreiteiler.

se·que·la [sɪˈkwiːlə; *Am. a.* -ˈkwe-] *pl* **-lae** [-liː] (*Lat.*) *s med.* Folge(zustand *m*, -erscheinung) *f.*

se·quence [ˈsiːkwəns] *s* **1.** (Aufeinˈander)Folge *f*: ~ **of operations** *tech.* Arbeitsablauf *m*; ~ **of tenses** *ling.* Zeitenfolge; ~ **counter** (*Computer*) Ablaufzähler *m*; ~ **switch** Folgeschalter *m.* **2.** (Reihen)Folge *f*: **in** ~ der Reihe nach. **3.** Folge *f*, Reihe *f*, Serie *f.* **4.** → **sequel** 2. **5.** Folgerichtigkeit *f.* **6.** Seˈquenz *f*: a) *mus. Motivversetzung*, b) *R.C. liturgisches Chorlied nach dem Graduale*, c) *Kartenspiel*: Folge *f* (*von 3 od. mehr Karten der gleichen Farbe*). **7.** *Film*: Szene(nfolge) *f.* **8.** *fig.* Vorgang *m*, Epiˈsode *f.*

se·quent [ˈsiːkwənt] **I** *adj* **1.** (aufeinˈander)folgend. **2.** logisch folgend, konseˈquent. **II** *s* **3.** (*zeitliche od. logische*) Folge. **se·quen·tial** [sɪˈkwenʃl] *adj* (*adv* ~**ly**) **1.** (*regelmäßig*) (aufeinˈander)folgend: ~ **access** (*Computer*) sequentieller Zugriff; ~ **control** (*Computer*) Folgesteuerung *f*; ~ **scanning** *TV* fortlaufende Bildabtastung. **2.** folgend (**to** auf *acc*). **3.** folgerichtig, konseˈquent.

se·ques·ter [sɪˈkwestə(r)] *v/t* **1.** (**o.s.** sich) absondern (**from** von). **2.** *jur.* beschlagnahmen: a) unter Treuhänderschaft stellen, b) konfisˈzieren. **seˈques·tered** *adj* einsam, weltabgeschieden (*Dorf etc*), zuˈrückgezogen (*Leben*).

se·ques·tra [sɪˈkwestrə] *pl von* **sequestrum.**

se·ques·trate [sɪˈkwestreɪt; ˈsiːkwes-] → **sequester** 2. **se·ques·tra·tion** [ˌsiːkweˈstreɪʃn] *s* **1.** Absonderung *f*, Ausschluß *m* (**from** von, *relig.* aus *der Kirche*). **2.** Zuˈrückgezogenheit *f.* **3.** *jur.* Beschlagnahme *f*: a) Zwangsverwaltung *f*, b) Einziehung *f.*

se·ques·tra·tor [ˈsiːkwestreɪtə(r); sɪˈkwes-] *s jur.* Zwangsverwalter *m.*

se·ques·trum [sɪˈkwestrəm] *pl* **-tra** [-trə] *s med.* Seˈquester *m* (*abgestorbenes u. losgelöstes Knochenstück*).

se·quin [ˈsiːkwɪn] *s* **1.** *hist.* Zeˈchine *f.* **2.** Ziermünze *f.*

se·quoi·a [sɪˈkwɔɪə] *s* Mammutbaum *m.*

ser [sɪə(r)] *s* Seer *n*, Sihr *n* (*ostindisches Handelsgewicht*).

se·ra [ˈsɪərə] *pl von* **serum.**

sé·rac [ˈseræk; *Am.* səˈræk] *s* Eiszacke *f* (*an Gletschern*).

se·ra·glio [seˈrɑːlɪəʊ; *Am.* səˈræljəʊ] *pl* **-glios** *s* Seˈrail *n.*

se·rai [seˈraɪ; sə-] *s* Karawanseˈrei *f.*

se·ra·pe [seˈrɑːpeɪ; *Am.* səˈrɑːpiː] *s* (*oft bunter*) ˈUmhang (*von Spanisch-Amerikanern*).

ser·aph [ˈserəf] *pl* ˈ**ser·aphs,** ˈ**ser·a·phim** [-fɪm] *s* Seraph *m* (*Engel*). **se·raph·ic** [seˈræfɪk] *adj* (*adv* ~**ally**) seˈraphisch, engelhaft, Engels..., verzückt.

Serb [sɜːb; *Am.* sɜrb], ˈ**Ser·bi·an I** *adj* **1.** serbisch. **II** *s* **2.** Serbe *m*, Serbin *f.* **3.** *ling.* Serbisch *n*, das Serbische.

Ser·bo-Cro·a·tian [ˌsɜːbəʊkrəʊˈeɪʃn; *Am.* ˌsɜr-] **I** *s* **1.** Serbokroˈate *m*, -kroˈatin *f.* **2.** *ling.* Serbokroˈatisch *n*, das Serbokroatische. **II** *adj* **3.** serbokroˈatisch.

sere[1] [sɪə(r)] *bes. Br. für* **sear**[1] IV.

sere[2] [sɪə(r)] *s* Abzugsstollen *m* (*am Schloß e-r Feuerwaffe*).

sere[3] [sɪə(r)] *s Ökologie*: Sukzessiˈon *f* (*zeitliche Aufeinanderfolge der an e-m Standort einander ablösenden Tier- od. Pflanzengesellschaften*).

se·rein [səˈræn; səˈreɪn] *s* feiner Regen aus wolkenlosem Himmel (*in den Tropen*).

ser·e·nade [ˌserəˈneɪd] *mus.* **I** *s* **1.** Sereˈnade *f*, Ständchen *n*, ˈNachtmuˌsik *f.* **2.** Sereˈnade *f* (*vokale od. instrumentale Abendmusik*). **II** *v/i u. v/t* **3.** (*j-m*) ein Ständchen bringen. ˌ**ser·eˈnad·er** *s* j-d, der ein Ständchen bringt.

ser·e·na·ta [ˌserəˈnɑːtə] → **serenade** 2.

se·rene [sɪˈriːn; sə-] **I** *adj* (*adv* ~**ly**) **1.** heiter, klar (*Himmel, Wetter etc*), ruhig (*See etc*), friedlich (*Natur etc*): **all** ~ *sl.* ‚alles in Butter'. **2.** heiter, gelassen (*Person, Gemüt etc*). **3.** **S**~ durchˈlauchtig: **His S**~ **Highness** Seine Durchlaucht. **II** *s* **4.** *poet.* Heiterkeit *f* (*des Himmels etc*), Ruhe *f* (*der See etc*). **III** *v/t* **5.** *poet.* aufhellen, -heitern. **seˈren·i·ty** [-ˈrenətɪ] *s* **1.** Heiterkeit *f*, Klarheit *f.* **2.** heitere (Gemüts)Ruhe, (heitere) Gelassenheit. **3.** **S**~ ˈDurchlaucht *f* (*als Titel*): **Your S**~ Eure Durchlaucht.

serf [sɜːf; *Am.* sɜrf] *s* **1.** *hist.* Leibeigene(r *m*) *f.* **2.** *obs. od. fig.* Sklave *m*, Sklavin *f.*

ˈserf·age, ˈserf·dom *s* **1.** *hist.* Leibeigenschaft *f.* **2.** *obs. od. fig.* Sklaveˈrei *f.*
serge [sɜːdʒ; *Am.* sɜrdʒ] *s* Serge *f* (*ein Futterstoff*).
ser·geant [ˈsɑː(r)dʒənt] *s* **1.** *mil.* a) Feldwebel *m,* b) (*Artillerie- u. Kavallerie-*) Wachtmeister *m:* ~ **first class** *Am.* Oberfeldwebel; **first** ~ Hauptfeldwebel. **2.** Poliˈzeiserˌgeant *m.* **3.** *Br. a.* **serjeant** a) Gerichtsdiener *m,* b) → **sergeant at arms,** c) *a.* ~ **at law** *jur. hist. Br.* höherer Barrister (des Gemeinen Rechts). **4.** *hist. Br.* Lehnsmann *m.* ~ **at arms** *pl* **sergeants at arms** *s* Ordnungsbeamte(r) *m* (*in beiden Häusern der brit. u. USA-Legislativen*). ~**ma·jor** *s mil.* Hauptfeldwebel *m.*
se·ri·al [ˈsɪərɪəl] **I** *s* **1.** in Fortsetzungen *od.* in regelmäßiger Folge erscheinende Veröffentlichung, *bes.* ˈFortsetzungsroˌman *m.* **2.** (Veröffentlichungs)Reihe *f,* Serie *f,* periˈodisch erscheinende Zeitschrift, Serien-, Lieferungswerk *n.* **3.** a) Sendereihe *f,* b) (Hörspiel-, Fernseh)Folge *f,* Serie *f,* c) Film *m* in Fortsetzungen. **II** *adj* **4.** Serien..., Fortsetzungs...: ~ **story** Fortsetzungsgeschichte *f;* ~ **rights** Copyright *n* e-s Fortsetzungsromans. **5.** serienmäßig, Reihen..., Serien...: ~ **manufacture** Serienfertigung *f;* ~ **digital computer** *tech.* Seriendigitalrechner *m;* ~ **number** a) laufende Nummer, b) *econ.* Fabrikationsnummer *f;* ~ **photograph** Reihenbild *n.* **6.** *mus.* Zwölfton...
se·ri·al·i·za·tion [ˌsɪərɪəlaɪˈzeɪʃn; *Am.* -ləˈz-] *s* Veröffentlichung *f* in Fortsetzungen, periˈodische Veröffentlichung. **ˈse·ri·al·ize** *v/t* **1.** periˈodisch *od.* in Fortsetzungen veröffentlichen. **2.** reihenweise anordnen.
se·ri·ate I *adj* [ˈsɪərɪət; -eɪt] → **serial** 4. **II** *v/t* [-eɪt] reihenweise anordnen.
se·ri·a·tim [ˌsɪərɪˈeɪtɪm] (*Lat.*) *adv* der Reihe nach.
se·ri·a·tion [ˌsɪərɪˈeɪʃn] *s* reihenweise Anordnung.
Ser·ic [ˈsɪərɪk; *Am. a.* ˈser-] *adj poet.* chiˈnesisch.
se·ri·ceous [sɪˈrɪʃəs] *adj* **1.** Seiden... **2.** seidig. **3.** *bot. zo.* seidenhaarig.
ser·i·cul·ture [ˈserɪˌkʌltʃə(r)] *s* Seidenraupenzucht *f.*
se·ries [ˈsɪəriːz; -rɪz] *pl* **-ries** *s* **1.** Serie *f,* Reihe *f,* Folge *f,* Kette *f:* **a** ~ **of events; a** ~ **of concerts** e-e Konzertreihe; **in** ~ der Reihe nach (→ 4 *u.* 5). **2.** (Arˈtikel-, Buch-*etc*)Serie *f,* (-)Reihe *f.* **3.** *math.* Reihe *f.* **4.** *tech.* Serie *f,* Baureihe *f:* ~ **production** Reihen-, Serienbau *m;* **in** ~ serienmäßig. **5.** *a.* ~ **connection** *electr.* Serien-, Reihenschaltung *f:* ~ **motor** Reihen(schluß)motor *m;* ~ **parallel circuit** Reihenparallelschaltung *f;* ~**-wound** Reihenschluß...; **(connected) in** ~ in Reihe geschaltet. **6.** *chem.* homoˈloge Reihe. **7.** *geol.* Schichtfolge *f.* **8.** *zo.* Abˈteilung *f.* **9.** (*Briefmarken- etc*)Serie *f.* **10.** *ling.* Reihe *f* von gleichgeordneten Satzteilen.
ser·if [ˈserɪf] *s print.* Seˈrife *f.*
ser·i·graph [ˈserɪgrɑːf; *bes. Am.* -græf] *s print.* Serigraˈphie *f,* (Seiden)Siebdruck *m.* **se·rig·ra·phy** [səˈrɪgrəfɪ] *s* Serigraˈphie *f* (*Farbendruckverfahren*).
ser·in [ˈserɪn; *Am.* səˈræn] *s orn.* wilder Kaˈnarienvogel.
ser·ine [ˈseriːn; ˈsɪə-] *s chem.* Seˈrin *n.*
se·rin·ga [sɪˈrɪŋgə; sə-] *s bot.* Kautschukbaum *m.*
se·ri·o·com·ic [ˌsɪərɪəʊˈkɒmɪk; *Am.* -ˈkɑm-] *adj* (*adv* ~**ally**) ernst-komisch.
se·ri·ous [ˈsɪərɪəs] *adj* **1.** ernst(haft): a) feierlich, b) seriˈös, c) schwerwiegend, bedeutend: ~ **artist** ernsthafter *od.* seriöser Künstler; ~ **dress** seriöse Kleidung; ~ **face** ernstes Gesicht; ~ **music** ernste Musik; ~ **problem** ernstes Problem. **2.** ernst(haft), ernstlich, ernstgemeint, seriˈös: ~ **offer;** ~ **attempt** ernsthafter Versuch; ~ **studies** ernsthaftes Studium; **are you** ~? meinst du das im Ernst?; **he is** ~ **about** er meint es *od.* es ist ihm ernst mit; **to be** ~ **about one's work** s-e Arbeit ernst nehmen. **3.** ernstzunehmend, ernstlich, gefährlich, bedenklich: ~ **bodily injury** *jur. Am.* schwere Körperverletzung; ~ **illness** ernste Krankheit; **a** ~ **rival** ein ernstzunehmender Gegner. **ˈse·ri·ous·ly** *adv* ernst(lich, -haft), im Ernst: ~ **ill** ernstlich krank; ~ **wounded** schwerverwundet; **now,** ~! im Ernst!
ˌse·ri·ous-ˈmind·ed → **serious** 1 b.
ˈse·ri·ous·ness *s* **1.** Ernst *m,* Ernsthaftigkeit *f.* **2.** Wichtigkeit *f,* Bedeutung *f.*
ser·jeant [ˈsɑː(r)dʒənt] *s jur.* **1.** *bes. Br. für* **sergeant** 3. **2. Common S**~ *Br.* Stadtsyndikus *m* (*in London*).
ser·mon [ˈsɜːmən; *Am.* ˈsɜr-] **I** *s* **1.** *relig.* Predigt *f:* **to give a** ~ e-e Predigt halten; **S**~ **on the Mount** *Bibl.* Bergpredigt. **2.** *iro.* (Moˈral-, Straf)Predigt *f.* **II** *v/t u. v/i obs. für* **sermonize. ˈser·mon·ize I** *v/t j-m* e-e (Moˈral- *od.* Straf)Predigt halten. **II** *v/i a. iro.* predigen.
se·ro·log·ic [ˌsɪərəˈlɒdʒɪk; *Am.* -ˈlɑ-], **ˌse·roˈlog·i·cal** [-kl] *adj med.* seroˈlogisch. **se·rol·o·gist** [sɪəˈrɒlədʒɪst; *Am.* səˈrɑl-] *s med.* Seroˈloge *m.* **seˈrol·o·gy** *s med.* Serologˈgie *f,* Serumkunde *f.*
se·ros·i·ty [sɪəˈrɒsətɪ; *Am.* səˈrɑs-] *s med.* **1.** seˈröser Zustand. **2.** seˈröse Flüssigkeit.
ser·o·tine[1] [ˈserətaɪn; -tɪn] *adj bot. zo.* spät auftretend *od.* blühend.
ser·o·tine[2] [ˈserətaɪn; -tɪn; *Am.* -ˌtiːn] *s zo.* Spätfliegende Fledermaus.
se·rous [ˈsɪərəs] *adj med.* seˈrös: a) serumähnlich: ~ **fluid,** b) serumabsondernd: ~ **gland.**
ser·pent [ˈsɜːpənt; *Am.* ˈsɜr-] *s* **1.** (*bes. große*) Schlange. **2.** *fig.* (Gift)Schlange *f* (*Person*). **3. the (old) S**~ *Bibl.* die (alte) Schlange (*Satan*). **4.** *mus.* Serˈpent *m.* **5. S**~ *astr.* Schlange *f* (*Sternbild*).
ser·pen·ti·form [sə(r)ˈpentɪfɔː(r)m; *Br. a.* sɜːˈp-; *Am. a.* ˌsɜrˈp-] → **serpentine** 1.
ser·pen·tine [ˈsɜːpəntaɪn; *Am.* ˈsɜr-; *a.* -ˌtiːn] **I** *adj* **1.** schlangenförmig, Schlangen... **2.** sich schlängelnd, sich windend, geschlängelt, Serpentinen...: ~ **road** Serpentine(nstraße) *f.* **3.** *fig.* falsch, tückisch. **II** *s* **4.** [*Am.* -ˌtiːn] *geol. min.* Serpenˈtin *m.* **5.** *Eis-, Rollkunstlauf:* Schlangenbogen *m.*
ser·pig·i·nous [sɜːˈpɪdʒɪnəs; *Am.* ˌsɜr-; sər-] *adj med.* serpigiˈnös, kriechend.
ser·pi·go [sɜːˈpaɪgəʊ; *Am.* ˌsɜr-; sər-] *s med.* fressende Flechte.
ser·ra [ˈserə] *pl* **ˈser·rae** [-riː] *s* **1.** *zo.* Säge *f* (*des Sägefischs etc*). **2.** → **serration.**
ser·ra·del·la [ˌserəˈdelə], **ˌser·raˈdil·la** [-ˈdɪlə] *s bot.* Serraˈdella *f,* Ser(r)aˈdelle *f.*
ser·rate [ˈserɪt; *Am.* -ˌeɪt; səˈreɪt], *a.* **ser·rat·ed** [seˈreɪtɪd; sə-; *Am. a.* ˈserˌeɪ-] *adj bes. biol. bot.* (sägeförmig) gezackt.
ˌser·rate-ˈden·tate *adj bot.* gesägt-gezähnt.
ser·ra·tion [seˈreɪʃn; sə-] *s* (sägeförmige) Auszackung.
ser·ried [ˈserɪd] *adj* dicht(geschlossen): ~ **ranks.**
ser·ri·form [ˈserɪfɔː(r)m] → **serrate.**
ser·ru·late [ˈserʊleɪt; *Am. bes.* -lət], *a.* **ˈser·ru·lat·ed** [-leɪtɪd] *adj* feingezackt.
se·rum [ˈsɪərəm] *pl* **-rums, -ra** [-rə] *s med. physiol.* **1.** (Blut)Serum *n.* **2.** (Heil-, Schutz)Serum *n.*
ser·val [ˈsɜːvl; *Am.* ˈsɜrvəl] *pl* **-vals,** *bes. collect.* **-val** *s* Serval *m* (*Buschkatze*).
ser·vant [ˈsɜːvənt; *Am.* ˈsɜr-] *s* **1.** *a.* **domestic** ~ Hausangestellte(r *m*) *f,* Dienstbote *m:* **outdoor** ~ Angestellte(r) für Außenarbeiten (*Gärtner, Knecht etc*); ~**s' hall** Gesindestube *f.* **2.** *bes.* **public** ~ a) Staatsbeamte(r) *m,* b) Angestellte(r) *m* im öffentlichen Dienst: → **civil servant, obedient** 2. **3.** *fig.* Diener *m:* **a** ~ **of God (mankind, art,** *etc*). **4.** *jur.* (Handlungs-) Gehilfe *m,* Angestellte(r *m*) *f* (*Ggs.* **master** 5 c). **5.** *hist.* Sklave *m* (*bes. in den USA*). ~ **girl,** ~ **maid** *s* Dienstmädchen *n.*
serve [sɜːv; *Am.* sɜrv] **I** *v/i* **1.** dienen, Dienst tun (*beide a. mil.*), in Dienst stehen, angestellt sein (**with** bei): **to** ~ **under s.o.** *mil.* unter j-m dienen. **2.** (bei Tisch) serˈvieren, bedienen: **to** ~ **at table. 3.** funˈgieren, amˈtieren (**as** als): **to** ~ **on a committee** e-m Ausschuß angehören; **to** ~ **on a jury** als Geschworener fungieren. **4.** dienen, nützen: **it** ~**s to do** es dient dazu zu tun; **it** ~**s to show his cleverness** daran kann man s-e Klugheit erkennen. **5.** genügen: **it will** ~ das wird genügen *od.* den Zweck erfüllen; **nothing** ~**s but** ... hier hilft nichts als ... **6.** günstig sein, passen: **as occasion** ~**s** bei passender Gelegenheit. **7.** dienen (**as, for** als): **a blanket** ~**d as a curtain. 8.** *econ.* bedienen: **to** ~ **in a shop. 9.** a) *Tennis etc:* aufschlagen: **XY to** ~ Aufschlag XY, b) *Volleyball:* aufgeben. **10.** *R.C.* miniˈstrieren.
II *v/t* **11.** *j-m, a. Gott, s-m Land etc* dienen, im Dienst stehen bei: → **memory** 1. **12.** *j-m* dienlich sein, helfen (*Person od. Sache*). **13.** *s-e Dienstzeit* (*a. mil.*) ableisten, *s-e Lehre* machen, *jur. e-e Strafe* verbüßen, absitzen. **14.** a) *ein Amt* innehaben, ausüben: **to** ~ **an office,** b) Dienst tun in (*dat*), *ein Gebiet, e-n Personenkreis* betreuen, versorgen: **the curate** ~**s two parishes. 15.** *e-r Sache, e-m Zweck* dienen, *e-r Sache* nützen: **to** ~ **the purpose (of)** den Zweck erfüllen (als); **it** ~**s no purpose** es dient keinem Zweck; **to** ~ **some private ends** privaten Zwecken dienen. **16.** genügen (*dat*), (aus)reichen für: **that is enough to** ~ **us a month** damit kommen wir e-n Monat (lang) aus. **17.** *j-n, a. econ. e-n Kunden* bedienen, *j-m* (bei Tisch) aufwarten. **18.** *a.* ~ **up** *Essen etc* serˈvieren, auftragen, reichen: **the meat was** ~**d cold; dinner is** ~**d!** es ist serviert *od.* angerichtet!; **to** ~ **s.th. up** *fig. colloq.* etwas ‚auftischen'. **19.** *mil.* bedienen: **to** ~ **a gun. 20.** versorgen (**with** mit): **to** ~ **the town with gas. 21.** *colloq.* a) *j-n schändlich etc* behandeln: **he has** ~**d me shamefully,** b) *j-m etwas* zufügen: **to** ~ **s.o. a trick** j-m e-n Streich spielen; **to** ~ **s.o. out** es j-m ‚besorgen' *od.* heimzahlen; **(it)** ~**s him right!** (das) geschieht ihm ganz recht! **22.** befriedigen: **to** ~ **one's desire** s-r Begierde frönen; **to** ~ **the time** sich der Zeit anpassen. **23.** *oft* ~ **out** aus-, verteilen. **24.** *zo. e-e Stute etc* decken. **25.** *Tennis etc: den Ball* aufschlagen. **26.** *jur. j-m e-e Vorladung etc* zustellen: → **summons** 2, **writ**[1] 1. **27.** *tech.* umˈwickeln. **28.** *mar. das Tau* bekleiden.
III *s* **29.** → **service**[1] 25.
serv·er [ˈsɜːvə; *Am.* ˈsɜrvər] *s* **1.** Serˈvierer(in). **2.** a) Taˈblett *n,* b) Warmhalteplatte *f,* c) Serˈviertischchen *n,* d) Serˈvierwagen *m,* e) Tortenheber *m.* **3.** *R.C.* Miniˈstrant *m.* **4.** a) *Tennis etc:* Aufschläger *m,* b) *Volleyball:* Aufgeber *m.* **ˈserv·er·y** *s bes. Br.* Anrichte *f* (*Raum*).
ser·vice[1] [ˈsɜːvɪs; *Am.* ˈsɜr-] **I** *s* **1.** Dienst *m,* Stellung *f* (*bes. von Hausangestellten*): **to be in** ~ in Stellung sein; **to take s.o. into one's** ~ j-n einstellen. **2.** Dienst *m,*

Arbeit *f*: **hard ~**. **3.** Dienstleistung *f* (*a. econ. jur.*), Dienst *m* (to an *dat*): **for ~s rendered** für geleistete Dienste. **4.** (guter) Dienst, Hilfe *f*, Gefälligkeit *f*: **to do** (*od.* **render**) **s.o. a ~** j-m e-n Dienst erweisen; **at your ~** zu Ihren Diensten; **to be (place) at s.o.'s ~** j-m zur Verfügung stehen (stellen); **on her (his) Majesty's ~** *mail* (*abbr.* **O.H.M.S.**) frei durch Ablösung. **5.** *econ. etc* Bedienung *f*: **prompt ~**. **6.** Nutzen *m*: **will it be of any ~ to you?** kann es dir irgend etwas nützen? **7.** (*Nacht-, Nachrichten-, Presse-, Telefon- etc*)Dienst *m*. **8.** a) Versorgung(sdienst *m*) *f*, b) Versorgungsbetrieb *m*: **(gas) water ~** (Gas-)Wasserversorgung; **essential ~s** lebenswichtige Betriebe. **9.** *bes.* **public ~** öffentlicher Dienst, Staatsdienst *m*: → **civil service, diplomatic** 1. **10.** Aufgabe *f*, Amt *n*, Funktiˈon *f* (*e-s Staatsbeamten etc*). **11.** *mil.* a) (Wehr-, Miliˈtär)Dienst *m*, b) *meist pl* Truppe *f*, Waffengattung *f*, c) Streitkräfte *pl*, d) *Br.* Maˈrine *f*: → **active** 8, **armed**[2] 1. **12.** *mil.* Aktiˈon *f*, Unterˈnehmen *n*. **13.** *mil. Am.* (technische) Versorgungstruppe. **14.** *mil.* Bedienung *f*: **~ of a gun**. **15.** *oft pl* Hilfsdienst *m*: **medical ~(s)**. **16.** *tech.* a) Bedienung *f*, b) Betrieb *m* (*e-r Maschine etc*): **in (out of) ~** in (außer) Betrieb; **~ conditions** Betriebsbedingungen, -beanspruchung *f*. **17.** *tech.* a) Wartung *f*, *mot. a.* Inspektiˈon *f*, b) Service *m*, Kundendienst *m* (*a. als Einrichtung*). **18.** *rail. etc* Verkehr(sfolge *f*) *m*, Betrieb *m*: **a twenty-minute ~** ein Zwanzig-Minuten-Verkehr. **19.** *relig.* a) Gottesdienst *m*, b) Liturˈgie *f*. **20.** *mus.* musiˈkalischer Teil (*der Liturgie*): **Mozart's ~** Mozart-Messe *f*. **21.** Serˈvice *n* (*Eßgeschirr etc*). **22.** *jur.* Zustellung *f*. **23.** *jur. hist.* a) (*Art*) Depuˈtat *n*, Abgabe *f*, b) Dienstleistung *f* (*für e-n Herrn*). **24.** *mar.* Bekleidung *f* (*e-s Taues*). **25.** a) *Tennis etc*: Aufschlag *m*, b) *Volleyball*: Aufgabe *f*.

II *v/t* **26.** *tech.* a) warten, pflegen, b) überˈholen, inˈstand setzen: **my car is being ~d** mein Wagen ist bei der Inspektion *od.* beim Kundendienst. **27.** *mit Material, Nachrichten etc* beliefern, versorgen. **28.** *zo. e-e Stute etc* decken.

ser·vice[2] [ˈsɜːvɪs; *Am.* ˈsɜr-] *s bot.* **1.** Spierbaum *m*. **2.** *a.* **wild ~ (tree)** Elsbeerbaum *m*.

ser·vice·a·bil·i·ty [ˌsɜːvɪsəˈbɪlətɪ; *Am.* ˌsɜr-] → **serviceableness**. **ˈser·vice·a·ble** *adj* (*adv* **serviceably**) **1.** verwend-, brauchbar, nützlich: **a ~ tool**. **2.** betriebs-, gebrauchs-, leistungsfähig: **a ~ machine**. **3.** zweckdienlich. **4.** strapaˈzierfähig, haltbar, soˈlide: **a ~ cloth**. **5.** *obs.* dienstbar. **ˈser·vice·a·ble·ness** *s* **1.** Brauchbarkeit *f*, (gute) Verwendbarkeit. **2.** *tech.* Betriebsfähigkeit *f*.

ser·vice| a·re·a *s* **1.** *Rundfunk, TV*: Sendebereich *m*. **2.** *Br.* (Autobahn)Raststätte *f*. **~ book** *s* Gebet-, Gesang-, Meßbuch *n*. **~ box** *s electr.* Hauptanschluß(kasten) *m*. **~ brake** *s tech.* Betriebsbremse *f*. **~ break** → **break**[1] 18. **~ cap** *s mil.* Dienstmütze *f*. **~ charge** *s* **1.** *econ.* Bedienungszuschlag *m*. **2.** *econ.* Bearbeitungsgebühr *f*. **~ club** *s* **1.** (*Art*) gemeinnütziger Verein. **2.** *mil.* Solˈdatenklub *m*. **~ com·pa·ny** *s mil.* Verˈsorgungskompaˌnie *f*. **~ court** *s* a) *Tennis etc*: Aufschlagfeld *n*, b) *Volleyball*: Aufgaberaum *m*. **~ dress** *s mil.* Dienstanzug *m*. **~ en·trance** *s* Dienstboteneingang *m*. **~ flat** *s Br.* Eˈtagenwohnung *f* mit Bedienung. **~ game** *s Tennis*: Aufschlagspiel *n*. **~ hatch** *s* ˈDurchreiche *f* (*für Speisen*). **~ in·dus·try** *s* **1.** *meist pl* Dienstleistungsbetriebe *pl*, -gewerbe *n*. **2.** ˈZulieferinduˌstrie *f*. **~ life** *s tech.* Lebensdauer *f*. **~ line** *s Tennis etc*: Aufschlaglinie *f*. **ˈ~man** [-mæn; -mən] *s irr* **1.** Miliˈtärangehörige(r) *m*, Solˈdat *m*. **2.** *tech.* a) ˈKundendienstmeˌchaniker *m*, b) ˈWartungsmonˌteur *m*. **~ mod·ule** *s* Versorgungsteil *m* (*e-s Raumschiffs*). **~ pipe** *s tech.* (Haupt)Anschlußrohr *n*. **~ pis·tol** *s* ˈDienstpiˌstole *f*. **~ road** *s* paralˈlel zu e-r Fernverkehrsstraße verlaufende Nebenstraße. **~ so·ci·e·ty** *s* Dienstleistungsgesellschaft *f*. **~ speed** *s mar.* Reisegeschwindigkeit *f*. **~ state** *s pol.* Wohlfahrtsstaat *m*. **~ sta·tion** *s* **1.** a) Kundendienstwerkstatt *f*, b) Reparaˈturwerkstatt *f*. **2.** *mot.* (Groß)Tankstelle *f*. **~ stripe** *s mil. Am.* Dienstalterstreifen *m*. **~ switch** *s electr.* Hauptschalter *m*. **~ trade** *s* Dienstleistungsgewerbe *n*. **~ u·ni·form** *s mil.* Dienstanzug *m*. **~ volt·age** *s electr.* Gebrauchs-, Betriebsspannung *f*.

ˈser·vic·ing *s* **1.** *tech.* Wartung *f*, Pflege *f*: **~ schedule** Wartungsvorschrift *f*, -plan *m*. **2.** Versorgung *f*.

ser·vi·ent [ˈsɜːvɪənt; *Am.* ˈsɜr-] *adj* dienend, ˈuntergeordnet: **~ tenement** *jur.* dienendes Grundstück.

ser·vi·ette [ˌsɜːvɪˈet; *Am.* ˌsɜr-] *s bes. Br.* Serviˈette *f*.

ser·vile [ˈsɜːvaɪl; *Am.* ˈsɜrvəl] *adj* (*adv* **~ly**) **1.** unterˈwürfig, kriecherisch, serˈvil. **2.** Sklaven...: **~ war**. **3.** sklavisch: **~ obedience**. **4.** *fig.* sklavisch (genau). **serˈvil·i·ty** [-ˈvɪlətɪ] *s* **1.** (sklavische) Unterˈwürfigkeit. **2.** kriecherisches Wesen. **3.** Kriecheˈrei *f*. **4.** *obs.* Sklaveˈrei *f*.

ˈserv·ing *s* **1.** Serˈvieren *n*. **2.** Portiˈon *f*. **3.** *tech.* Umˈwick(e)lung *f*. **~ hatch** → **service hatch**. **~ ta·ble** *s* Serˈviertischchen *n*.

ser·vi·tor [ˈsɜːvɪtə(r); *Am.* ˈsɜr-] *s* **1.** *obs.* Diener(in) (*a. fig.*). **2.** *obs. od. poet.* Gefolgsmann *m*. **3.** *univ. hist.* Stipendiˈat *m*.

ser·vi·tude [ˈsɜːvɪtjuːd; *Am.* ˈsɜr-; *a.* -ˌtuːd] *s* **1.** Sklaveˈrei *f*, Knechtschaft *f* (*a. fig.*). **2.** Zwangsarbeit *f*: → **penal** 1. **3.** *jur.* Serviˈtut *n*, Nutzungsrecht *n*.

ser·vo [ˈsɜːvəʊ; *Am.* ˈsɜr-] **I** *pl* **-vos** *s abbr. für* a) **servomechanism**, b) **servomotor**. **II** *adj* Servo...

ˈser·vo|-asˌsist·ed *adj tech.* Servo...: **~ brake**; **~ steering**. **~ brake** *s tech.* Servobremse *f*. **~ con·trol** *s aer.* Servosteuerung *f*. **ˈ~ˌmech·a·nism** *s tech.* ˈServomechaˌnismus *m*. **ˈ~ˌmo·tor** *s* Servomotor *m*. **~ steer·ing** *s tech.* Servolenkung *f*.

ses·a·me [ˈsesəmɪ] *s* **1.** *bot.* Indischer Sesam: **~ oil** Sesamöl *n*. **2.** *a.* **~ seed** Sesamsame *m*. **3.** → **open sesame**.

ses·a·moid [ˈsesəmɔɪd] *anat.* **I** *adj* Sesam...: **~ bones** Sesamknöchelchen. **II** *s* Sesambein(chen) *n*.

ses·e·li [ˈsesəlɪ] *s bot.* Sesel *m*, Bergfenchel *m*.

ses·qui·al·ter [ˌseskwɪˈæltə(r); *Am. a.* -ˈɔːl-], **ˌses·quiˈal·ter·al** *adj* im Verhältnis 3:2 *od.* $1^1/_2$:1 stehend.

ses·qui·bas·ic [ˌseskwɪˈbeɪsɪk] *adj chem.* anderthalbbasisch. **ˌses·qui·cenˈten·ni·al** [-senˈtenɪəl] **I** *adj* 150jährig. **II** *s* 150-ˈJahr-Feier *f*. **ˌses·qui·peˈda·li·an** [-pɪˈdeɪljən] *humor.* **I** *adj* **1.** sehr lang, Bandwurm...: **~ word** → 3. **2.** *fig.* bomˈbastisch. **II** *s* **3.** Wortungeheuer *n*. **ˈses·qui·plane** [-pleɪn] *s aer.* Anderthalbdecker *m*.

ses·sile [ˈsesaɪl; *Am. a.* -səl] *adj bot. zo.* ungestielt, sitzend.

ses·sion [ˈseʃn] *s* **1.** *jur. parl.* a) Sitzung *f*, b) ˈSitzungsperiˌode *f*: **to be in ~** e-e Sitzung abhalten, tagen. **2.** *jur.* → **quarter sessions**, *etc.* **3.** *jur.* a) **Court of S~** *Scot.* Oberstes Gericht für Zivilsachen, b) **Court of S~s** *Am.* (einzelstaatliches) Gericht für Strafsachen. **4.** (lange) Sitzung, Konfeˈrenz *f*. **5.** *med. psych. etc* Sitzung *f*. **6.** *univ.* a) *Br.* akaˈdemisches Jahr, b) *Am.* (ˈStudien)Seˌmester *n*. **ˈses·sion·al** [-ʃənl] *adj* (*adv* **~ly**) **1.** Sitzungs... **2.** *univ. Br.* ein akaˈdemisches Jahr (lang) dauernd: **a ~ course**.

ses·tet [sesˈtet] *s* **1.** *mus.* → **sextet(te)**. **2.** *metr.* sechszeilige Strophe.

ses·ti·na [seˈstiːnə] *s metr.* Seˈstine *f*.

set [set] **I** *s* **1.** Satz *m* (*Briefmarken, Dokumente, Werkzeuge etc*), (*Möbel-, Toiletten- etc*)Garniˈtur *f*, (*Speise- etc*)Serˈvice *n*: **a ~ of agreements** *pol.* ein Vertragswerk; **a ~ of colo(u)rs** ein Farbensortiment *n*; **a ~ of drills** ein Satz Bohrer; **~ of values** Wertanschauung *f*. **2.** (*Häuser- etc*)Gruppe *f*, (Zimmer)Flucht *f*: **a ~ of houses (rooms)**. **3.** *econ.* Kollektiˈon *f*: **a ~ of articles**. **4.** Sammlung *f*, *bes.* a) mehrbändige Ausgabe (*e-s Autors*), b) (Schriften)Reihe *f*, (Arˈtikel)Serie *f*. **5.** *tech.* a) (Maˈschinen)Satz *m*, (-)Anlage *f*, Aggreˈgat *n*, b) (Radio- *etc*)Gerät *n*, Appaˈrat *m*. **6.** a) *thea.* Bühnenausstattung *f*, b) *Film*: Szenenaufbau *m*. **7.** *Tennis etc*: Satz *m*. **8.** *math.* a) Zahlenreihe *f*, b) Menge *f*. **9.** **~ of teeth** Gebiß *n*. **10.** (Perˈsonen)Kreis *m*: a) Gesellschaft(sschicht) *f*, (*literarische etc*) Welt, b) *contp.* Clique *f*, c) *ped.* ˈUnterrichtsgruppe *f*: **the chic ~** die Schickeria. **11.** Sitz *m*, Schnitt *m* (*von Kleidern*). **12.** a) Form *f*, b) Haltung *f*. **13.** Richtung *f*, (Ver)Lauf *m* (*e-r Strömung etc*): **the ~ of the current**; **the ~ of public opinion** der Meinungstrend. **14.** *fig.* Neigung *f*, Tenˈdenz *f* (**towards** zu). **15.** *psych.* (innere) Bereitschaft (**for** zu). **16.** *poet.* ˈUntergang *m*: **the ~ of sun**; **the ~ of day** das Tagesende. **17.** *tech.* Schränkung *f* (*e-r Säge*). **18.** *tech.* → **setting** 10. **19.** *arch.* Feinputz *m*. **20.** *bot.* a) Ableger *m*, Setzling *m*, b) Fruchtansatz *m*. **21.** *Kontertanz*: a) Tänzer(zahl *f*, -paare) *pl*, b) Tour *f*, ˈHauptfiˌgur *f*: **first ~** Quadrille *f*. **22.** *mus.* Serie *f*, Folge *f*, Zyklus *m*. **23.** *hunt.* Vorstehen *n* (*des Hundes*): **to make a dead ~ at** *fig.* a) *j-n* scharf aufs Korn nehmen, herfallen über *j-n*, b) es auf *e-n Mann* abgesehen haben (*Frau*). **24.** *hunt.* (Dachs- *etc*)Bau *m*.

II *adj* **25.** festgesetzt: **at the ~ day**; **~ meal** Menü *n*. **26.** a) bereit, b) fest entschlossen (**on, upon doing** zu tun): **all ~** startklar. **27.** vorgeschrieben, festgelegt: **~ rules**; **~ books** (*od.* **reading**) *ped.* Pflichtlektüre *f*. **28.** ˈwohlüberˌlegt, ˈeinstuˌdiert: **a ~ speech**. **29.** feststehend: **~ phrases**. **30.** fest: **~ opinion**; → **purpose** *Bes. Redew.* **31.** starr: **a ~ face** ein unbewegtes Gesicht. **32.** *Am.* halsstarrig, ‚stur'. **33.** konventioˈnell, forˈmell: **a ~ party**. **34.** zs.-gebissen (*Zähne*). **35.** (ein)gefaßt: **a ~ gem**. **36.** *tech.* eingebaut: **a ~ tube**. **37.** **~ piece** Gruppenbild *n*. **38.** **~ fair** beständig (*auf dem Barometer*). **39.** → **hard-set**. **40.** (*in Zssgn*) ...gebaut, ...gestaltet: **well-~** gutgebaut.

III *v/t pret u. pp* **set** **41.** setzen, stellen, legen: **to ~ the glass to one's lips** das Glas an die Lippen setzen; **to ~ a match to** ein Streichholz halten an (*acc*), *etwas* in Brand stecken (*siehe a. die Verbindungen mit anderen entsprechenden Substantiven*). **42.** *in e-n Zustand* (ver)setzen, bringen: **to ~ s.o. free** j-n auf freien Fuß setzen, j-n freilassen; → **ease** 2, **liberty** *Bes. Redew.*, **right** 5 *u.* 15 (*u. andere entsprechende Verbindungen*). **43.** veranlassen zu: **to ~ a party laughing** e-e Gesellschaft zum Lachen bringen; **to ~ going** in Gang setzen; **to ~ s.o. thinking** j-m zu denken geben; → **roar** 6. **44.** ein-, ˈherrichten, (an)ordnen, zuˈrechtmachen, *bes.* a) *thea. die Bühne* aufbauen: **to ~ the stage,** b) *den Tisch* decken: **to ~ the table,** c) *tech.* (ein)stellen, (-)richten, reguˈlieren, d) *die Uhr, den Wecker* stellen: **to ~ the alarm (clock) for five o'clock** den Wecker auf 5 Uhr stellen, e) *e-e Säge* schränken, f) *ein Messer* abziehen, schärfen, g) *med. e-n Bruch, Knochen* (ein)richten, h) *das Haar* legen. **45.** *mus.* a) vertonen, b) arranˈgieren. **46.** *print.* absetzen. **47.** *agr.* a) *Setzlinge* (an)pflanzen, b) *den Boden* bepflanzen. **48.** a) *die Bruthenne* setzen, b) *Eier* ˈunterlegen. **49.** a) *e-n Edelstein* fassen, b) mit Edelsteinen *etc* besetzen. **50.** *e-e Wache* aufstellen. **51.** *e-e Aufgabe, Frage* stellen: **to ~ a task. 52.** *j-n* anweisen (**to do s.th.** etwas zu tun), *j-n* an *e-e Sache* setzen. **53.** a) *etwas* vorschreiben, bestimmen, b) *e-n Zeitpunkt* festlegen, -setzen, c) *ein Beispiel etc* geben, *Regel etc* aufstellen, d) *e-n Rekord* aufstellen: → **fashion** 1, **pace**[1] 1. **54.** *den Hund etc* hetzen (**on** auf *j-n*): **to ~ spies on s.o.** j-n bespitzeln lassen, auf j-n Spitzel ansetzen. **55.** *Flüssiges* fest werden lassen, *Milch* gerinnen lassen. **56.** *die Zähne* zs.-beißen. **57.** *den Wert* bestimmen, festsetzen. **58.** *e-n Preis* aussetzen (**on** auf *acc*). **59.** *Geld, sein Leben etc* risˈkieren, aufs Spiel setzen. **60.** *fig.* legen, setzen: **to ~ one's hopes on** s-e Hoffnung setzen auf (*acc*); **the scene is ~ in Rome** der Schauplatz *od.* Ort der Handlung ist Rom, das Stück *etc* spielt in Rom.

IV *v/i* **61.** ˈuntergehen (*Sonne etc*). **62.** a) auswachsen (*Körper*), b) ausreifen (*Charakter*). **63.** beständig werden (*Wetter etc*): → 38. **64.** a) fest werden (*Flüssiges*), erstarren (*a. Gesicht, Muskel*), b) *tech.* abbinden (*Zement etc*), c) gerinnen (*Milch*), d) sich absetzen (*Rahm*). **65.** brüten (*Glucke*). **66.** sitzen (*Kleidung*): **to ~ well. 67.** *fig.* passen (**with** zu). **68.** sich bewegen, fließen, strömen: **the current ~s to the north** die Stromrichtung ist Nord. **69.** wehen, kommen (**from** aus, von) (*Wind*). **70.** sich neigen *od.* richten: **opinion is ~ting against him** die Meinung richtet sich gegen ihn. **71.** *bot.* Frucht ansetzen (*Blüte, Baum*). **72.** *zo.* sich festsetzen (*Austern*). **73.** *tech.* sich verbiegen. **74.** *hunt.* vorstehen (*Hund*). **75.** *med.* sich einrenken.

Verbindungen mit Präpositionen:

set| a·bout *v/i* **1.** sich an *etwas* machen, *etwas* in Angriff nehmen: **to ~ doing s.th.** sich daranmachen, etwas zu tun. **2.** *colloq.* ˈherfallen über (*j-n*) (*a. fig.*). **~ a·gainst** *v/t* **1. to set one's face** (*od.* **o.s.**) **against s.th.** sich e-r Sache widersetzen. **2.** *j-n* aufhetzen gegen: **to set friend against friend** Zwietracht unter Freunden säen. **3.** *fig. etwas* gegenˈüberstellen (*dat*). **~ at** → set (up)on. **~ (up-) on** *v/i* anfallen, ˈherfallen über (*acc*).

Verbindungen mit Adverbien:

set| a·part *v/t* **1.** *Geld etc* beiˈseite legen. **2. set s.o. apart (from)** j-n unterˈscheiden *od.* abheben (von). **~ a·side** *v/t* **1.** *Buch etc* beiˈseite legen, weglegen. **2.** *fig. Geld etc* beiˈseite legen. **3.** *e-n Plan etc* aufgeben. **4.** außer acht lassen, ausklammern, verzichten auf (*acc*). **5.** verwerfen, abschaffen. **6.** *Zeit* a) einplanen, b) erübrigen. **7.** *bes. jur.* aufheben, annulˈlieren. **~ back I** *v/t* **1.** *Uhr* zuˈrückstellen. **2.** (*meist pass*) *Haus etc* zuˈrücksetzen (**some distance** ein Stück). **3.** (**[by] two months**) *j-n, etwas* zuˈrückwerfen (um zwei Monate), e-n Rückschlag bedeuten für (von zwei Monaten). **4. the car set me back £500** *colloq.* das Auto hat mich 500 Pfund gekostet *od.* um 500 Pfund ärmer gemacht. **II** *v/i* **5.** zuˈrückfließen (*Flut etc*). **~ by** *v/t* → **set aside** 2, 6. **~ down I** *v/t* **1.** ˈhinsetzen. **2.** *etwas* abstellen, absetzen. **3.** *e-n Fahrgast* absetzen. **4.** *aer. das Flugzeug* aufsetzen, landen. **5.** (schriftlich) niederlegen, aufzeichnen. **6.** a) *j-m* e-n Dämpfer aufsetzen, b) *Stolz* dämpfen. **7.** rüffeln. **8. ~ as** *j-n, etwas* abtun *od.* betrachten als. **9.** *etwas* zuschreiben (**to** *dat*). **10.** a) *etwas* festlegen, -setzen, b) *e-n Termin etc* anberaumen, ansetzen. **II** *v/i* **11.** *aer.* aufsetzen, landen. **~ forth I** *v/t* **1.** bekanntmachen, -geben. **2.** → **set out** 2. **3.** zur Schau stellen. **II** *v/i* **4.** aufbrechen, sich aufmachen: **to ~ on a journey** e-e Reise antreten. **5.** *fig.* ausgehen (**from** von). **~ for·ward I** *v/t* **1.** *die Uhr* vorstellen. **2.** a) *etwas* vorˈantreiben, b) *j-n od. etwas* vorˈan-, weiterbringen. **3.** vorbringen, darlegen. **II** *v/i* **4.** sich auf den Weg machen. **~ in I** *v/t Ärmel etc* einsetzen. **II** *v/i* einsetzen (*beginnen*): **cold weather ~. ~ off I** *v/t* **1.** herˈvortreten lassen, abheben (**from** von): **to be ~** voneinander abstechen. **2.** herˈvorheben, betonen. **3.** *Streik etc, a. Alarm etc* auslösen, führen zu. **4. to set s.o. off on s.th.** j-n auf etwas bringen; **to set s.o. off laughing** j-n zum Lachen bringen. **5.** a) *e-e Rakete* abschießen, b) *ein Feuerwerk* abbrennen, c) *e-e Sprengladung* zur Exploˈsiˈon bringen. **6.** (**against**) *bes. jur.* a) als Ausgleich nehmen (für), b) *a. econ.* auf-, verrechnen (mit). **7.** ausgleichen, aufwiegen. **II** *v/i* **8.** ein Gegengewicht bilden (**against** zu). **9.** *fig.* anfangen, beginnen. **10.** → **set forth** 4. **11.** *print.* abschmieren. **~ on** *v/t* **1.** a) *j-n* drängen, veranlassen (**to do** zu tun), b) *j-n* aufhetzen, aufwiegeln (**to** zu). **2.** *den Hund etc* hetzen (**to** auf *acc*). **~ out I** *v/t* **1.** *Gemüse etc* auspflanzen. **2.** (ausführlich) darlegen, aufzeigen. **3.** *Verzeichnis etc* anordnen, anlegen. **4.** arranˈgieren, ˈherrichten, *a. Schachfiguren etc* aufstellen. **II** *v/i* **5.** aufbrechen, sich aufmachen (**for** nach). **6.** sich vornehmen, darˈangehen, sich darˈanmachen (**to do** zu tun). **~ to** *v/i* **1.** sich darˈanmachen (**to do** zu tun), sich ˌdaˈhinterklemmen'. **2.** a) ˌloslegen', b) aufeinˈander losgehen. **~ up I** *v/t* **1.** aufstellen, errichten: **to ~ a monument (a road block,** *etc*). **2.** *tech.* aufstellen, monˈtieren: **to ~ a machine. 3.** einrichten, gründen: **to ~ a business (school,** *etc*). **4.** bilden, einsetzen: **to ~ a government. 5.** anordnen: **to ~ judicial inquiries. 6.** *j-m* zu e-m (guten) Start verhelfen, *j-n* etaˈblieren: **to set s.o. up in business; to set o.s. up as** sich niederlassen als. **7.** *jur.* a) *e-e Behauptung etc* aufstellen, vorbringen: **to ~ a good defence** (*Am.* **defense**) e-e gute Verteidigung vorbringen, b) *e-n Anspruch* erheben, geltend machen: **to ~ a claim; to ~ negligence** Fahrlässigkeit geltend machen. **8.** *e-n Kandidaten* aufstellen. **9.** *j-n* erhöhen (**over** über *acc*), *a. j-n* auf den Thron setzen. **10.** *die Stimme, ein Geschrei etc* erheben. **11.** verursachen (*a. med.*). **12.** a) *j-n* (*gesundheitlich*) wiederˈherstellen, b) kräftigen, c) in Form bringen. **13.** *j-m* (finanziˈell) ˌauf die Beine helfen'. **14.** a) *j-n* stolz machen, b) *j-n* glücklich stimmen. **15.** *e-e Theorie* aufstellen. **16.** (*oft pass*) *j-n* versorgen (**with** mit): **to be well ~ with** (*od.* **for**) **reading** mit Lektüre eingedeckt sein. **17.** *j-n* aufhetzen (**against** gegen). **18.** *print.* (ab)setzen: **to ~ (in type). 19.** *e-n Rekord* aufstellen. **20.** *colloq.* in e-e Falle locken, ˌreinlegen'. **21.** *Am. colloq. j-n* mürbe machen. **II** *v/i* **22.** sich niederlassen *od.* etaˈblieren (**as** als): **to ~ for o.s.** sich selbständig machen. **23. ~ for** a) sich ausgeben für *od.* als, b) sich aufspielen als.

se·ta·ceous [sɪˈteɪʃəs] *adj* borstig.

ˈset|-aˌside *s Am.* Rücklage *f.* **ˈ~·back** *s* **1.** *fig.* Rückschlag *m.* **2.** Niederlage *f,* Schlappe *f.* **3.** *econ.* (Preis)Einbruch *m.* **4.** *arch.* a) Rücksprung *m* (*e-r Wand*), b) zuˈrückgesetzte Fasˈsade. **ˈ~·down** *s* **1.** Dämpfer *m.* **2.** Rüffel *m.*

set ham·mer *s* Setzhammer *m.*

se·ti·form [ˈsiːtɪfɔː(r)m] *adj* borstig. **se·tig·er·ous** [sɪˈtɪdʒərəs] *adj* borstig, Borsten tragend.

set|-in I *adj* [ˌsetˈɪn; ˈ-ɪn] **1.** eingesetzt: **~ sleeve. 2.** eingebaut, Einbau...: **~ cupboard. II** *s* [ˈsetɪn] **3.** Einsetzen *n*: **the ~ of cold weather. ~·off** [ˌsetˈɒf; *Am.* ˈ-ˌɔːf] *s* **1.** Konˈtrast *m.* **2.** *jur.* a) Gegenforderung *f,* b) Ausgleich *m.* **3.** (**against**) *fig.* Ausgleich *m* (für), Gegengewicht *n* (zu). **4.** *econ.* Auf-, Verrechnung *f.*

se·ton [ˈsiːtn] *s med.* Haarseil *n.*

set|·out [setˈaʊt; *bes. Am.* ˈsetaʊt] *s* **1.** Aufmachung *f* (*a. Kleidung*). **2.** *colloq.* a) Vorführung *f,* b) Party *f.* **3.** a) Aufbruch *m,* b) Anfang *m.* **~ piece** *s* **1.** *art* ˈformvollˌendetes Werk. **2.** *mil.* sorgfältig geplante miliˈtärische Operatiˈon. **~ pin** *s tech.* Dübel *m.* **~ point** *s* **1.** *Tennis etc*: Satzball *m.* **2.** *tech.* Sollwert *m.* **ˈ~·screw** *s* Stellschraube *f.* **~ square** *s* Winkel *m,* Zeichendreieck *n.*

sett [set] *s* **1.** → **set** I. **2.** Pflasterstein *m.*

set·te·cen·to [ˌsetəˈtʃentəʊ] *s* Setteˈcento *n* (*italienischer Kunststil des 18. Jhs.*).

set·tee [seˈtiː] *s* **1.** Sitz-, Polsterbank *f.* **2.** kleineres Sofa: **~ bed** Bettcouch *f.*

set·ter [ˈsetə(r)] *s* **1.** *allg.* (*meist in Zssgn*) Setzer(in), Einrichter(in): → **typesetter** 1. **2.** *zo.* Setter *m* (*Vorstehhund*). **3.** (Poliˈzei)Spitzel *m.* **ˌ~-ˈon** *pl* **ˌ~s-ˈon** *s* Aufhetzer(in), Aufwiegler(in). **ˈ~·wort** → **bear's-foot.**

set the·o·ry *s math.* Mengenlehre *f.*

set·ting [ˈsetɪŋ] *s* **1.** (Ein)Setzen *n,* Einrichten *n*: **~ of type** *print.* (Schrift)Setzen; **the ~ of a gem** das (Ein)Fassen e-s Edelsteins. **2.** (Gold- *etc*)Fassung *f.* **3.** Abziehen *n,* Schärfen *n*: **~ of a knife. 4.** ˈHintergrund *m*: a) Lage *f,* b) *fig.* Rahmen *m,* c) (Situatiˈon *f* u.) Schauplatz *m*: **~ of a novel. 5.** szenischer ˈHintergrund: a) *thea.* Bühnenbild *n,* b) *Film*: Ausstattung *f.* **6.** *mus.* a) Vertonung *f,* b) Satz *m,* Einrichtung *f.* **7.** *tech.* Bettung *f,* Sockel *m* (*e-r Maschine*). **8.** *tech.* a) Einstellung *f*: **~ of a thermostat,** b) Ablese-, Meßwert *m.* **9.** *astr.* (ˈSonnen- *etc*)ˌUntergang *m.* **10.** *tech.* Abbinden *n* (*von Zement etc*): **~ point** Stockpunkt *m.* **11.** Schränkung *f* (*e-r Säge*). **12.** *Gasgewinnung*: Reˈtortensatz *m.* **13.** Gelege *n* (*alle für e-e Brut gelegten Eier*). **14.** Gedeck *n.* **~ lo·tion** *s* Haarfestiger *m.* **~ rule** *s print.* Setzlinie *f.* **~ stick** *s print.* Winkelhaken *m.* **ˌ~-ˈup** *s* **1.** *bes. tech.* Aufstellen *n,* Einrichten *n.* **2. ~ exercises** *Am.* Freiübungen *pl,* Gymˈnastik *f.*

set·tle[1] [ˈsetl] **I** *v/t* **1.** vereinbaren, (gemeinsam) festsetzen, sich einigen auf (*acc*): **it is as good as ~d** es ist so gut wie abgemacht; → **hash** 7. **2.** richten, in Ordnung bringen: **to ~ a room. 3.** *a.* **~ up** *econ.* erledigen, in Ordnung bringen, regeln: a) bezahlen, *e-e Rechnung etc* begleichen, b) *ein Konto* ausgleichen, c) abwickeln: **to ~ a transaction,** d) *e-n Anspruch* befriedigen: **to ~ a claim;** → **account** *Bes. Redew.* **4.** a) ansiedeln, ansässig machen: **to ~ people,** b) besiedeln, koloniˈsieren: **to ~ a land,** c) errichten, etaˈblieren: **to ~ commercial colonies. 5.** a) *j-n beruflich, häuslich etc* etaˈblieren, ˈunterbringen, b) *ein Kind etc* versorgen, ausstatten, c) *s-e Tochter* verheiraten. **6.** *die Füße, den Hut etc* (fest) setzen (**on** auf *acc*). **7. ~ o.s.** sich niederlassen: **he ~d himself in a chair. 8.** ~ **o.s. to** sich an *e-e Arbeit etc* machen, sich anschicken zu. **9.** *a.* ~ **down** *j-n, den Magen, die Nerven etc* beruhigen. **10.** *den Boden, a. fig. j-n, den Glauben, die Ordnung* festigen: **to ~ order (one's faith)**; **to ~ a road** e-e Straße befestigen. **11.** a) *e-e Institution etc* gründen, aufbauen (**on** auf *dat*), b) *e-e Sprache* regeln. **12.** *e-e Frage etc* klären, regeln, entscheiden, erledigen: **that ~s it** a) damit ist der Fall erledigt, b) *iro.* jetzt ist es endgültig aus. **13.** a) *e-n Streit* beilegen, schlichten, b) *e-n strittigen Punkt* klären. **14.** *colloq. j-n* ‚fertigmachen', zum Schweigen bringen (*a. weitS. töten*). **15.** a) *e-e Flüssigkeit* ablagern lassen, klären, b) *Trübstoffe* sich setzen lassen. **16.** *den Inhalt e-s Sackes etc* sich setzen lassen, zs.-stauchen. **17.** *s-e Angelegenheiten* (*vor dem Tod*) ordnen, in Ordnung bringen, *den Nachlaß* regeln. **18.** (**on, upon**) a) *den Besitz etc* über'tragen (auf *acc*), b) (letztwillig) vermachen (*dat*), c) *ein Legat, e-e Rente etc* aussetzen (*dat od.* für). **19.** *die Erbfolge* regeln, bestimmen. **II** *v/i* **20.** sich niederlassen *od.* setzen: **a bird ~d on a bough**; **to ~ back** sich (gemütlich) zurücklehnen. **21.** a) sich *in e-m Land, e-r Stadt* ansiedeln *od.* niederlassen, b) ~ **in** sich einrichten, c) ~ **in** sich einleben, sich eingewöhnen: **to ~ into a new job** sich an e-m neuen Arbeitsplatz eingewöhnen. **22.** *a.* ~ **down** a) sich *in e-m Ort* niederlassen, b) sich (häuslich) niederlassen, c) *a.* **to marry and ~ down** e-n Hausstand gründen, d) seßhaft werden, zur Ruhe kommen, e) es sich gemütlich machen. **23.** *meist* ~ **down** *fig.* sich beruhigen, sich legen: **his anger ~d. 24.** ~ **down to** sich widmen (*dat*), sich an *e-e Arbeit etc* machen: **he ~d down to his task. 25.** ~ **on** fallen auf (*acc*), sich zuwenden (*dat*), sich konzen'trieren auf (*acc*): **his affection ~d on her. 26.** *med.* sich festsetzen (**on, in** *in dat*), sich legen (**on** auf *acc*). **27.** beständig(er) werden (*Wetter*): **it ~d in for rain** es regnete sich ein; **it is settling for a frost** es wird Frost geben. **28.** sich senken *od.* setzen (*Grundmauern etc*). **29.** *a.* ~ **down** *mar.* langsam absacken (*Schiff*). **30.** sich setzen (*Trübstoffe*), sich (ab)klären (*Flüssigkeit*). **31.** sich legen (*Staub*). **32.** ~ **(up)on** *fig.* a) sich entscheiden für, sich entschließen zu, b) sich einigen auf (*acc*). **33.** ~ **for** a) sich zu'friedengeben mit, sich begnügen mit, b) sich abfinden mit. **34.** e-e Vereinbarung treffen. **35.** ~ **up** a) zahlen, b) abrechnen (**with** mit) (*a. fig.*). **36.** ~ **with** a) abrechnen mit (*a. fig.*), b) *econ.* e-n Vergleich schließen mit, c) *econ. Gläubiger* abfinden.

set·tle² ['setl] *s* Sitz-, Ruhebank *f* (*mit hoher Rückenlehne*).

set·tled ['setld] *adj* **1.** seßhaft: ~ **people. 2.** besiedelt: ~ **land. 3.** ruhig, gesetzt: **a ~ man**; **a ~ life. 4.** fest, ständig: **a ~ abode**; ~ **habit. 5.** versorgt, verheiratet. **6.** bestimmt, entschieden, fest: ~ **opinions**; ~ **income** festes Einkommen. **7.** feststehend, erwiesen: **a ~ fact** (*od.* **thing**). **8.** festbegründet: **the ~ order of things. 9.** beständig (*Wetter*). **10.** *jur.* festgesetzt, vermacht: ~ **estate** a) Nießbrauchsgut *n*, b) abgewickelter Nachlaß.

set·tle·ment ['setlmənt] *s* **1.** Ansied(e)lung *f*: ~ **of people. 2.** Besied(e)lung *f*: ~ **of a land. 3.** a) Siedlung *f*, Niederlassung *f*: **a ~ of Quakers**, b) (Wohn)Siedlung *f*. **4.** 'Unterbringung *f*, Versorgung *f* (*e-r Person*). **5.** Klärung *f*, Regelung *f*, Erledigung *f*, Bereinigung *f*: ~ **of a question. 6.** Festsetzung *f*, (endgültige) Vereinbarung. **7.** Schlichtung *f*, Beilegung *f*: ~ **of a dispute. 8.** *econ.* a) Begleichung *f*, Bezahlung *f*: ~ **of bills**, b) Ausgleich(ung *f*) *m*: ~ **of accounts**, c) *Börse*: Abrechnung *f*, d) Abwick(e)lung *f*: ~ **of a transaction**, e) Vergleich *m*, Abfindung *f*: **day of ~** *fig.* Tag *m* der Abrechnung; **in ~ of all claims** zum Ausgleich aller Forderungen. **9.** Über'einkommen *n*, Abmachung *f*. **10.** *jur.* a) ('Eigentums)Über,tragung *f*, b) Vermächtnis *n*, c) Schenkung *f*, Stiftung *f*, d) Aussetzung *f* (*e-r Rente etc*), e) **marriage ~** Ehevertrag *m*. **11.** a) ständiger Wohnsitz, b) Heimatrecht *n*. **12.** sozi'ales Hilfswerk. **13.** *pol.* Regelung *f* der Thronfolge: **Act of S~** *brit. Parlamentsbeschluß des Jahres 1701, der die Thronfolge zugunsten der Sophia von Hannover u. ihrer Nachkommen regelte.* **14.** (Ab)Sacken *n*, Senkung *f*. ~ **day** *s econ.* Abrechnungstag *m*. ~ **house** → **settlement** 12.

set·tler ['setlə(r)] *s* **1.** (An)Siedler(in), Kolo'nist(in). **2.** Schlichter(in): ~ **of disputes.**

set·tling ['setlɪŋ] *s* **1.** Festsetzen *n* (*etc*; → **settle¹**). **2.** *tech.* Ablagerung *f*. **3.** *pl* (Boden)Satz *m*. ~ **day** *s econ.* Abrechnungstag *m*.

set·tlor ['setlə; *Am.* -,lɔːr] *s jur.* **1.** Verfügende(r *m*) *f*. **2.** Stifter(in).

set-to [,set'tuː; *bes. Am.* 'settuː] *pl* **-tos** *s colloq.* **1.** *sport* (Box)Kampf *m*. **2.** Schläge'rei *f*. **3.** (kurzer) heftiger Kampf. **4.** heftiger Wortwechsel.

set·up ['setʌp] *s* **1.** Aufbau *m*, Organisati'on *f*. **2.** Anordnung *f* (*a. tech.*). **3.** *tech.* Aufbau *m*, Mon'tage *f*. **4.** *Film, TV*: a) (Kamera)Einstellung *f*, b) Bauten *pl*, Szene'rie *f*. **5.** *TV* Schwarzabhebung *f*. **6.** *Am.* a) Körperhaltung *f*, b) Konstituti'on *f*. **7.** *Am. colloq.* a) Situati'on *f*, Lage *f*, b) Pro'jekt *n*, Plan *m*. **8.** *bes. Am. colloq.* ‚Schiebung' *f*, abgekartete Sache. **9.** *colloq.* a) ‚Laden' *m*, ‚Verein' *m* (*Organisation etc*), b) ‚Bude' *f* (*Büro, Wohnung etc*). **10.** *Am. sl.* ‚Gimpel' *m*, leichtgläubiger Mensch.

sev·en ['sevn] **I** *adj* sieben: ~ **deadly sins** (*die*) 7 Todsünden; **~-league boots** Siebenmeilenstiefel; **S~ Sisters** *astr.* Siebengestirn *n*; **S~ Sleepers** *relig.* Siebenschläfer; **the S~ Years' War** der Siebenjährige Krieg. **II** *s* Sieben *f* (*Zahl, Spielkarte etc*): **the ~ of hearts** die Herzsieben; **by ~s** immer sieben auf einmal.

sev·en·fold ['sevnfəʊld] **I** *adj u. adv* siebenfach. **II** *s* (*das*) Siebenfache.

sev·en·teen [,sevn'tiːn] **I** *adj* siebzehn. **II** *s* Siebzehn *f*: **sweet ~** ‚göttliche Siebzehn' (*Mädchenalter*). **,sev·en'teenth** [-'tiːnθ] **I** *adj* **1.** siebzehnt(er, e, es). **2.** siebzehntel. **II** *s* **3.** (*der, die, das*) Siebzehnte. **4.** Siebzehntel *n*.

sev·enth ['sevnθ] **I** *adj* **1.** siebent(er, e, es): **in the ~ place** sieb(en)tens, an sieb(en)ter Stelle; → **heaven** 1. **2.** sieb(en)tel. **II** *s* **3.** (*der, die, das*) Sieb(en)te: **the ~ of May** der 7. Mai. **4.** Sieb(en)tel *n*. **5.** *mus.* Sep'time *f*: ~ **chord** Septimenakkord *m*. **'sev·enth·ly** *adv* sieb(en)tens.

sev·en·ti·eth ['sevntɪɪθ] **I** *adj* **1.** siebzigst(er, e, es). **2.** siebzigstel. **II** *s* **3.** (*der, die, das*) Siebzigste. **4.** Siebzigstel *n*.

sev·en·ty ['sevntɪ] **I** *adj* siebzig. **II** *s* Siebzig *f*: **he is in his seventies** er ist in den Siebzigern; **in the seventies** in den siebziger Jahren (*e-s Jahrhunderts*).

sev·er ['sevə(r)] **I** *v/t* **1.** (ab)trennen (**from** von). **2.** (zer-, 'durch)trennen, zerreißen. **3.** *fig.* a) *e-e Verbindung* (auf)lösen, b) *diplomatische Beziehungen etc* abbrechen. **4.** (vonein'ander) trennen, ausein'anderreißen. **5.** ~ **o.s. (from)** sich trennen *od.* lösen (von *j-m, e-r Partei etc*), (aus *der Kirche etc*) austreten. **6.** *jur. Besitz, Rechte etc* teilen. **II** *v/i* **7.** (zer)reißen. **8.** sich trennen *od.* lösen (**from** von). **9.** sich trennen. **'sev·er·a·ble** *adj* **1.** (zer)trennbar. **2.** (ab)trennbar. **3.** *fig.* (auf)lösbar. **4.** *jur.* getrennt, unabhängig.

sev·er·al ['sevrəl] **I** *adj* (*adv* → **severally**) **1.** mehrere. **2.** verschieden, getrennt: **three ~ occasions. 3.** einzeln, verschieden: **the ~ reasons**; **each ~ ship** jedes einzelne Schiff. **4.** eigen(er, e, es), besonder(er, e, es): **we went our ~ ways** wir gingen jeder s-n (eigenen) Weg; → **joint** 8. **II** *s* **5.** mehrere *pl*: ~ **of you.**

'sev·er·al·ly *adv* **1.** einzeln, gesondert, getrennt: → **jointly. 2.** beziehungsweise.

sev·er·al·ty ['sevrəltɪ] *s jur.* Eigenbesitz *m*: **estate held in ~** Sonderbesitztum *n*.

sev·er·ance ['sevərəns] *s* **1.** (Ab)Trennung *f* (**from** von). **2.** (Auf)Lösung *f* (*e-r Verbindung*), Abbruch *m* (*von diplomatischen Beziehungen etc*): ~ **pay** Abfindung(ssumme) *f* (*für Arbeitnehmer*).

se·vere [sɪ'vɪə(r)] *adj* **1.** *allg.* streng: a) scharf, hart: ~ **criticism (judge, punishment, etc)**, b) ernst, finster: ~ **face (look, man, etc)**, c) rauh, hart: ~ **winter**, d) herb: ~ **beauty**, e) einfach, schlicht, schmucklos: ~ **style**, *etc*, f) ex'akt, strikt: ~ **conformity**, g) schwierig, schwer: **a ~ test. 2.** schlimm, schwer: ~ **illness**; ~ **losses**; **a ~ blow** ein harter *od.* schwerer Schlag (*a. fig.*). **3.** heftig, stark: ~ **pain**; ~ **storm. 4.** scharf, beißend: ~ **remark.**

se'vere·ly *adv* **1.** streng, strikt: **to leave** (*od.* **let**) **~ alone** absolut nichts zu tun haben wollen mit. **2.** schwer, ernstlich: ~ **ill.**

se·ver·i·ty [sɪ'verətɪ] *s* **1.** *allg.* Strenge *f*: a) Schärfe *f*, Härte *f*, b) Rauheit *f*, c) Ernst *m*, d) Herbheit *f*, e) Schlichtheit *f*, f) Ex'aktheit *f*. **2.** Heftigkeit *f*, Stärke *f*.

sew [səʊ] *pret* **sewed** [səʊd], *pp* **sewed** *od.* **sewn** [səʊn] **I** *v/t* **1.** nähen: **to ~ on a button** e-n Knopf annähen; **to ~ up** zu-, vernähen. **2.** heften, bro'schieren: **to ~ books. 3.** ~ **up** *colloq.* a) *Br.* ‚restlos fertigmachen' (*erschöpfen*), b) *Am.* sich *etwas* sichern, in die Hand bekommen, c) sich *j-n* (*vertraglich etc*) ‚sichern', d) *etwas* ‚per'fekt machen': **to ~ up a deal. II** *v/i* **4.** nähen.

sew·age ['sjuːɪdʒ; *bes. Am.* 'suː-] **I** *s* **1.** Abwasser *n*: ~ **farm** Rieselfeld *n*; ~ **sludge** Klärschlamm *m*; ~ **system** Kanalisation *f*; ~ **treatment** Abwasseraufbereitung *f*; ~ **works** Kläranlage *f*. **2.** → **sewerage** 1. **II** *v/t* **3.** (*zur Düngung*) mit Abwässern berieseln. **4.** kanali'sieren.

sew·er¹ ['səʊə(r)] *s* **1.** Näher(in). **2.** *Buchbinderei*: Hefter(in). **3.** *tech.* 'Näh- *od.* 'Heftma,schine *f*.

sew·er² ['sjʊə; *Am.* 'suːər] *tech.* **I** *s* **1.** 'Abwasserka,nal *m*, Klo'ake *f*: ~ **gas** Faulschlammgas *n*; ~ **pipe** Abzugsrohr *n*; ~ **rat** *zo.* Wanderratte *f*. **2.** Gosse *f*, (Straßen)Rinne *f*. **II** *v/t* **3.** kanali'sieren.

sew·er³ ['sjʊə; *Am.* 'suːər] *s hist.* Truchseß *m*.

sew·er·age ['sjʊərɪdʒ; *Am.* 'suː-] *s* **1.** Kanalisati'on *f* (*System u. Vorgang*). **2.** → **sewage** 1.

sew·in ['sjuːɪn; *Am.* 'suː-] *s ichth.* 'Lachsfo,relle *f*.

sew·ing ['səʊɪŋ] *s* Näharbeit *f*, Nähe'rei *f*. **~ ma·chine** *s* 'Nähma,schine *f*. **~ press** *s Buchbinderei*: 'Heftma,schine *f*.

sewn [səʊn] *pp von* **sew**.

sex [seks] **I** *s* **1.** *biol.* (*natürliches*) Geschlecht. **2.** (*männliches od. weibliches*) Geschlecht (*als Gruppe*): **of both ~es** beiderlei Geschlechts; **the gentle** (*od.* **weaker** *od.* **softer**) **~** das zarte *od.* schwache Geschlecht; **the ~** *humor.* die Frauen; **the sterner ~** das starke Geschlecht. **3.** a) Geschlechtstrieb *m*, b) ,Sex' *m*, eˈrotische Anziehungskraft, Sex-Apˈpeal *m*, c) Sexuˈalleben *n*, d) ,Sex' *m*, Sexualiˈtät *f*, e) ,Sex' *m*, Geschlechtsverkehr *m*: **to have ~ with s.o.** mit j-m schlafen, f) Geschlecht *n*, Geschlechtsteil(e *pl*) *n*. **II** *v/t* **4.** das Geschlecht bestimmen von: **to ~ a chicken. 5. ~ up** *colloq.* a) *e-n Film etc* ,sexy' gestalten, b) *j-n* ,scharf machen'. **III** *adj* **6.** a) Sexual...: **~ crime (education, hygiene, life,** *etc*); **~ object** Sexual-, Lustobjekt *n*, b) Geschlechts...: **~ act (cell, chromosome, hormone, organ,** *etc*); **~ change (operation), ~ reversal** *med.* Geschlechtsumwandlung *f*; **~ discrimination** Benachteiligung *f* der Frau; **~ role** *sociol.* Geschlechtsrolle *f*, c) Sex...: **~ film (magazine,** *etc*).

sex·a·ge·nar·i·an [ˌseksədʒɪˈneərɪən] **I** *adj* a) sechzigjährig, b) in den Sechzigern. **II** *s* Sechzigjährige(r *m*) *f*, Sechziger(in) (*a. Person in den Sechzigern*).

sex·ag·e·nar·y [sekˈsædʒɪnərɪ; *Am.* -ˌneri:; *Br. a.* ˌseksəˈdʒi:-] **I** *adj* **1.** aus sechzig ... bestehend, sechzigteilig. **2.** → **sexagenarian** I. **II** *s* → **sexagenarian** II.

Sex·a·ges·i·ma (Sun·day) [ˌseksəˈdʒesɪmə] *s* (Sonntag *m*) Sexaˈgesima *f* (*8. Sonntag vor Ostern*). **ˌsex·aˈges·i·mal** [-ml] *math.* **I** *adj* Sexagesimal... **II** *s* Sexagesiˈmalbruch *m*.

sex·an·gle [ˈsekˌsæŋgl] *s math.* Sechseck *n*. **ˌsexˈan·gu·lar** [-gjʊlə(r)] *adj* sechseckig.

sex| an·tag·o·nism *s psych.* Feindschaft *f* zwischen den Geschlechtern. **~ ap·peal** *s* Sex-Apˈpeal *m*, eˈrotische Anziehungskraft. **~ bomb** *s colloq.* ,Sexbombe' *f*.

sex·cen·te·nar·y [ˌsekseṇˈti:nərɪ; *Am.* -ˈten-] **I** *adj* sechshundertjährig. **II** *s* Sechshundertˈjahrfeier *f*.

sex·en·ni·al [sekˈsenjəl; -ɪəl] *adj* (*adv* **~ly**) **1.** sechsjährig. **2.** sechsjährlich.

sex·er [ˈseksə(r)] *s* Geschlechtsbestimmer *m*: **chicken ~.**

sex·il·lion [sekˈsɪljən] *Br. für* **sextillion.**

sex·i·ness [ˈseksɪnɪs] *s colloq. für* **sex** 3 b.

ˈsex·ism *s* Seˈxismus *m*. **ˈsex·ist I** *adj* seˈxistisch. **II** *s* Seˈxist *m*.

sex·i·va·lent [ˌseksɪˈveɪlənt] *adj chem.* sechswertig.

sex kit·ten *s colloq.* ,Sexkätzchen' *n*.

ˈsex·less *adj* (*adv* **~ly**) **1.** *biol.* geschlechtslos (*a. fig.*), ungeschlechtlich, aˈgamisch. **2.** *fig.* friˈgid(e).

sex| link·age *s biol.* Geschlechtsgebundenheit *f*. **ˈ~-linked** *adj biol.* gengebunden.

sex·ol·o·gy [sekˈsɒlədʒɪ; *Am.* -ˈsal-] *s biol.* Sexoloˈgie *f*, Sexuˈalwissenschaft *f*.

sex·par·tite [seksˈpɑ:(r)taɪt] *adj* sechsteilig.

ˈsex·pot *s sl.* **1.** ,Sexbombe' *f*. **2.** ,Sexbolzen' *m*.

sext [sekst] *s relig.* Sext *f* (*kanonisches Stundengebet*).

sex·tain [ˈsekstem] *s* sechszeilige Strophe.

sex·tant [ˈsekstənt] *s* **1.** *astr. mar.* Sexˈtant *m* (*Winkelmeßgerät*). **2.** *math.* Kreissechstel *n*.

sex·tet(te) [seksˈtet] *s* **1.** *mus.* Sexˈtett *n*. **2.** Sechsergruppe *f*, Satz *m* von sechs Dingen. **3.** *sport* Sechs *f* (*Eishockeymannschaft etc*).

sex·til·lion [seksˈtɪljən] *s* **1.** *Br.* Sextilliˈon *f* (10^{36}). **2.** *Am.* Trilliˈarde *f* (10^{21}).

sex·to [ˈsekstəʊ] *print.* **I** *pl* **-tos** *s* **1.** ˈSexto(forˌmat) *n*. **2.** Sextoband *m*. **II** *adj* **3.** Sexto...: **~ volume.**

sex·to·dec·i·mo [ˌsekstəʊˈdesɪməʊ] *print.* **I** *pl* **-mos** *s* **1.** Seˈdez(forˌmat) *n*. **2.** Seˈdezband *m*. **II** *adj* **3.** Sedez...: **~ volume.**

sex·ton [ˈsekstən] *s relig.* Küster *m* (u. Totengräber *m*). **~ bee·tle** *s zo.* Totengräber *m* (*Käfer*).

sex·tu·ple [ˈsekstjʊpl; *Am.* sekˈstu:pəl; -ˈstʌp-] **I** *adj* **1.** sechsfach. **II** *s* **2.** (*das*) Sechsfache. **III** *v/t* **3.** versechsfachen. **4.** sechsmal so groß *od.* so viel sein wie. **IV** *v/i* **5.** sich versechsfachen.

sex·tu·plet [ˈsekstjʊplɪt; *Am.* sekˈstʌp-] *s* **1.** Sechsergruppe *f*. **2.** Sechsling *m*: **~s** Sechslinge. **3.** *mus.* Sexˈtole *f*.

sex·tu·pli·cate I *v/t* [seksˈtju:plɪkeɪt; *Am. a.* -ˈstu:-] **1.** versechsfachen. **2.** *ein Dokument* sechsfach ausfertigen. **II** *adj* [-kət] **3.** sechsfach. **III** *s* [-kət] **4.** sechsfache Ausfertigung: **in ~. 5.** *e-s von 6* (*gleichen*) *Dingen*: **~s** 6 Exemplare.

sex·u·al [ˈseksjʊəl; *Am.* -ʃəwəl] *adj* (*adv* **~ly**) sexuˈell, Sexual..., geschlechtlich, Geschlechts...: **(primary, secondary) ~ characteristics** (primäre, sekundäre) Geschlechtsmerkmale; **~ desire** Geschlechtslust *f*, Libido *f*; **~ drive** Geschlechtstrieb *m*; **~ generation** *biol.* Fortpflanzungsgeneration *f*; **~ intercourse** Geschlechtsverkehr *m*; **~ object** Sexual-, Lustobjekt *n*; **~ offence** (*Am.* **offense**) *jur.* Sittlichkeitsdelikt *n*; **~ research** Sexualforschung *f*. **ˌsex·uˈal·i·ty** [-ˈælətɪ; *Am.* -ˈwæl-] *s* **1.** Sexualiˈtät *f*. **2.** Sexuˈalleben *n*. **ˈsex·u·al·ize** *v/t bes. contp.* sexualiˈsieren.

ˈsex·y *adj colloq.* ,sexy', (*a. Gang etc*) aufreizend.

Sey·fert gal·ax·y [ˈsaɪfə(r)t] *s Astrophysik*: ˈSeyfert-Galaˌxie *f*.

sfor·zan·do [sfɔ:(r)tˈsændəʊ; *Am. a.* -ˈsɑ:n-], **sforˈza·to** [-tˈsɑ:təʊ] *adj u. adv mus.* sforˈzando, sforˈzato, stark betont.

sfu·ma·to [sfu:ˈmɑ:təʊ] *adj paint.* verschwimmend (*Umriß*), ineinˈander ˈübergehend (*Farben*).

sh [ʃ] *interj* sch! (*still*).

shab·bi·ness [ˈʃæbɪnɪs] *s allg.* Schäbigkeit *f* (*a. fig.*).

shab·by [ˈʃæbɪ] *adj* (*adv* **shabbily**) *allg.* schäbig: a) abgetragen: **~ clothes,** b) abgenutzt: **~ furniture,** c) ärmlich, herˈuntergekommen: **~ person (house, district,** *etc*), d) gemein, niederträchtig: **~ trick (villain,** *etc*), e) kleinlich, ,schofel', f) geizig, ,filzig'. **ˌ~-genˈteel** *adj* vornehm, aber arm; e-e verblichene Eleˈganz zur Schau tragend: **the ~** die verarmten Vornehmen.

shab·rack [ˈʃæbræk] *s mil.* Schaˈbracke *f*, Satteldecke *f*.

shack¹ [ʃæk] **I** *s* **1.** Hütte *f*, Baˈracke *f* (*beide a. contp.*). **2.** a) Schuppen *m*, b) Raum *m*. **II** *v/t* **3. ~ up** *colloq. j-n* bei sich wohnen lassen. **III** *v/i* **4. ~ up** *colloq.* zs.-leben (**with** mit *j-m*).

shack² [ʃæk] *v/t Am. colloq. e-m Ball etc* nachlaufen.

shack·le [ˈʃækl] **I** *s* **1.** *meist pl* Fesseln *pl*, Ketten *pl* (*beide a. fig.*), Hand-, Beinschellen *pl*. **2.** *tech.* a) Gelenkstück *n* (*e-r Kette*), b) (Meˈtall)Bügel *m*, c) Lasche *f*. **3.** *mar.* (Anker)Schäkel *m*. **4.** *electr.* a) Schäkel *m*, b) *a.* **~ insulator** ˈSchäkelisoˌlator *m*. **II** *v/t* **5.** fesseln (*a. fig. hemmen*). **6.** *mar. tech.* laschen.

ˈshackˌtown *s Am.* Baˈrackensiedlung *f*, -stadt *f*.

shad [ʃæd] *pl* **shads,** *bes. collect.* **shad** *s ichth.* Alse *f*.

shad·dock [ˈʃædək] *s bot.* Pampelˈmuse *f*.

shade [ʃeɪd] **I** *s* **1.** Schatten *m* (*a. fig.*): **to be in the ~** *fig.* im Schatten stehen, wenig bekannt sein; **to throw** (*od.* **put** *od.* **cast**) **into the ~** *fig.* in den Schatten stellen; **the ~s of my father!** wie mich das an m-n Vater erinnert! **2.** schattiges Plätzchen. **3.** *bes. pl* abgeschiedener Ort, Verborgenheit *f*. **4.** *myth.* a) Schatten *m* (*Totenseele*), b) *pl* Schatten(reich *n*) *pl*. **5.** Farbton *m*, Schatˈtierung *f*. **6.** Schatten *m*, Schatˈtierung *f*, dunkle Tönung: **without light and ~** a) ohne Licht u. Schatten, b) *fig.* eintönig. **7.** *fig.* Nuˈance *f*. **8.** *colloq.* Spur *f*, ,Iˈdee' *f*: **a ~ better** ein (kleines) bißchen besser. **9.** (Schutz)Blende *f*, (Schutz-, Lampen-, Sonnen- *etc*)Schirm *m*. **10.** *Am.* Rouˈleau *n*. **11.** *pl colloq. a.* **pair of ~s** Sonnenbrille *f*. **12.** *obs.* Gespenst *n*.

II *v/t* **13.** beschatten, verdunkeln (*a. fig.*). **14.** verhüllen (**from** vor *dat*). **15.** (*vor Licht etc*) schützen, *die Augen etc* abschirmen. **16.** *paint.* a) schatˈtieren, b) dunkel tönen, c) schrafˈfieren. **17.** *a.* **~ off** a) *fig.* abstufen, nuanˈcieren (*a. mus.*), b) *econ. die Preise* nach u. nach senken, c) *a.* **~ away** allˈmählich ˈübergehen lassen (**into, to** in *acc*), d) *a.* **~ away** allmählich verschwinden lassen.

III *v/i* **18.** *a.* **~ off, ~ away** a) allˈmählich ˈübergehen (**into, to** in *acc*), b) nach u. nach verschwinden.

ˈshade·less *adj* schattenlos.

shad·i·ness [ˈʃeɪdɪnɪs] *s* **1.** Schattigkeit *f*. **2.** *colloq.* Anrüchigkeit *f*, (*das*) Zwielichtige.

shad·ing [ˈʃeɪdɪŋ] *s* **1.** *paint. u. fig.* Schatˈtierung *f*, Abstufung *f*. **2.** *a.* **~ control** *TV* Rauschpegelregelung *f*: **~ value** Helligkeitsstufe *f*.

shad·ow [ˈʃædəʊ] **I** *s* **1.** Schatten *m* (*a. paint. u. fig.*), Schattenbild *n*: **to be afraid of one's own ~** sich vor s-m eigenen Schatten fürchten; **to be in s.o.'s ~** in j-s Schatten stehen; **to cast a ~ (up)on** e-n Schatten werfen auf *od.* über (*acc*), *etwas* trüben; **to live in the ~** im Verborgenen leben; **he is but the ~ of his former self** er ist nur noch ein Schatten s-r selbst; **worn to a ~** zum Skelett abgemagert; **coming events cast their ~s before them** kommende Ereignisse werfen ihre Schatten voraus; **may your ~ never grow** (*od.* **be**) **less** *fig.* möge es dir immer gutgehen. **2.** *pl* (Abend)Dämmerung *f*, Dunkel(heit *f*) *n*. **3.** *fig.* Schatten *m*, Schutz *m*: **under the ~ of the Almighty. 4.** *fig.* Schatten *m*, Spur *f*: **without a ~ of doubt** ohne den geringsten Zweifel. **5.** Schemen *m*, Phanˈtom *n*: **to catch** (*od.* **grasp**) **at ~s** Phantomen nachjagen. **6.** *med.* Schatten *m* (*im Röntgenbild*). **7.** *fig.* Schatten *m*: a) ständiger Begleiter, b) Verfolger *m*. **8.** *Rundfunk*: Empfangsloch *n*. **9.** *phot. TV* dunkle Bildstelle.

II *v/t* **10.** e-n Schatten werfen auf (*acc*), verdunkeln (*beide a. fig.*), *fig.* trüben. **11.** *fig. j-n* beschatten (*verfolgen, überwachen*). **12.** *a.* **~ forth** *fig.* a) dunkel andeuten, b) versinnbildlichen.

ˈshad·ow|·box *v/i sport* schattenboxen (*a. fig.*). **ˈ~ˌbox·ing** *s sport* Schattenboxen *n*, *fig. a.* Spiegelfechteˈrei *f*. **~ cab·i·net** *s pol.* ˈSchattenkabiˌnett *n*. **~ fac·to·ry** *s tech.* Schatten-, Ausweichbetrieb *m*. **ˈ~graph** *s med.* Radioˈgramm *n*, *bes.* Röntgenaufnahme.

ˈshad·ow·less *adj* schattenlos.

shad·ow| play, ~ show *s thea.* Schattenspiel *n*.

shad·ow·y [ˈʃædəʊɪ] *adj* **1.** schattig: a) dämm(e)rig, düster, b) schattenspendend. **2.** schattenhaft. **3.** *fig.* unwirklich.

shad·y [ˈʃeɪdɪ] *adj* **1.** → **shadowy** 1 *u.* 2: **~ side** Schattenseite *f*; **on the ~ side of fifty** *fig.* über die Fünfzig hinaus. **2.** *colloq.* dunkel, anrüchig, zwielichtig, fragwürdig, zweifelhaft: **~ dealings.**

shaft [ʃɑ:ft; *Am.* ʃæft] **I** *s* **1.** (*Pfeil-*

etc)Schaft *m*. **2.** *poet.* Pfeil *m*, Speer *m*: **~s of satire** *fig.* Pfeile des Spottes. **3.** (*Blitz-, Licht-, Sonnen*)Strahl *m*. **4.** a) Stiel *m* (*e-s Werkzeugs etc*), b) Deichsel(arm *m*) *f*, c) Welle *f*, Spindel *f*. **5.** Fahnenstange *f*. **6.** *arch.* a) (Säulen)Schaft *m*, b) Säule *f*, c) Obe'lisk *m*. **7.** (Aufzugs-, Bergwerks-, Hochofen- *etc*)Schacht *m*: → **sink** 20. **8.** a) *bot.* Stamm *m*, b) *zo.* Schaft *m* (*e-r Feder*). **9.** *Am. vulg.* ‚Schwanz' *m* (*Penis*). **II** *v/t* **10.** *Am. sl.* ‚bescheißen' (*betrügen*).

shag[1] [ʃæg] **I** *s* **1.** Zotte(l) *f*, zottiges Haar, grobe, zottige Wolle. **2.** (lange, grobe) Noppe (*e-s Stoffs*). **3.** Plüsch(stoff) *m*. **4.** Shag(tabak) *m*. **5.** *orn.* Krähenscharbe *f*. **II** *v/t* **6.** aufrauhen, zottig machen.

shag[2] [ʃæg] *Br.* **I** *s* **1.** *vulg.* ‚Nummer' *f* (*Geschlechtsverkehr*): **to have a ~** e-e Nummer machen *od.* schieben. **II** *v/t* **2.** *vulg.* ‚bumsen', ‚vögeln' (*schlafen mit*). **3. to be ~ged out** *sl.* ‚fix u. fertig' (*völlig erschöpft*) sein.

shag·gy ['ʃægɪ] *adj* (*adv* **shaggily**) **1.** zottig, struppig. **2.** rauhhaarig. **3.** *fig.* ungepflegt, verwahrlost. **4.** *fig.* a) verschroben, b) verschwommen. **,~-'dog sto·ry** *s* **1.** surrea'listischer Witz. **2.** lange, witzig sein sollende Geschichte.

sha·green [ʃæ'gri:n] *s* Cha'grin(leder) *n*, Körnerleder *n*.

shah [ʃɑ:] *s* Schah *m*.

shake [ʃeɪk] **I** *s* **1.** Schütteln *n*, Rütteln *n*: **~ of the hand** Händeschütteln; **~ of the head** Kopfschütteln; **he gave it a good ~** er schüttelte es tüchtig; **to give s.o. the ~** *Am. sl.* j-n ‚abwimmeln' *od.* loswerden; **in two ~s (of a lamb's tail), in half a ~** *colloq.* im Nu. **2.** (*a. seelische*) Erschütterung. **3.** Beben *n*: **to be all of a ~** am ganzen Körper zittern; **he's got the ~s** *colloq.* er hat den *od.* e-n ‚Tatterich'. **4.** Stoß *m*: **~ of wind** Windstoß; **no great ~s** *colloq.* nichts Weltbewegendes; **he is no great ~s (at)** *colloq.* er ist nicht gerade umwerfend (in *dat*). **5.** *colloq.* Erdbeben *n*. **6.** Riß *m*, Spalt *m*. **7.** *mus.* Triller *m*. **8.** (Milch- *etc*)Shake *m*. **9.** *colloq.* Augenblick *m*, Mo'ment *m*: **wait a ~!**

II *v/i pret* **shook** [ʃʊk], *pp* **'shak·en** **10.** wackeln: **to ~ with laughter** sich vor Lachen schütteln. **11.** (sch)wanken, beben: **the earth shook. 12.** zittern, beben (**with** vor *Furcht, Kälte etc*). **13.** *mus.* trillern. **14.** *colloq.* sich die Hände schütteln, sich die Hand geben: **~ on it!** Hand darauf!

III *v/t* **15.** schütteln: **to ~ one's head (over** *od.* **at s.th.)** den Kopf (über etwas) schütteln; **to ~ one's finger (a fist, a stick) at s.o.** j-m mit dem Finger (mit der Faust, mit e-m Stock) drohen; → **hand** *Bes. Redew.*, **leg** *Bes. Redew.*, **side** 4. **16.** *a. fig. j-s Entschluß, den Gegner, j-s Glauben, j-s Zeugenaussage etc* erschüttern. **17.** rütteln an (*dat*) (*a. fig.*). **18.** *j-n* (seelisch) erschüttern: **he was much shaken by** (*od.* **with** *od.* **at) the news** die Nachricht erschütterte ihn sehr. **19.** *j-n* verunsichern. **20.** *j-n* aufrütteln (**out of** aus) (*a. fig.*). **21.** *mus.* trillern. **22.** *Am. colloq.* abschütteln, loswerden.

Verbindungen mit Adverbien:

shake| down I *v/t* **1.** *Obst etc* her'unterschütteln. **2.** *Stroh, Decken etc* zu e-m Nachtlager ausbreiten. **3.** *den Gefäßinhalt etc* zu'rechtschütteln. **4.** *Am. colloq.* a) *j-n* ausplündern (*a. fig.*), b) erpressen, c) ‚filzen', durch'suchen, d) verringern, e) *ein Schiff, Flugzeug etc* testen. **II** *v/i* **5.** sich setzen (*Masse*). **6.** a) sich ein (Nacht)Lager zu'rechtmachen, b) *colloq.* sich ‚'hinhauen' (*zu Bett gehen*). **7.** *Am. colloq.* a) sich vor'übergehend niederlassen (*an e-m Ort*), b) sich einleben *od.* eingewöhnen, c) sich ‚einpendeln' (*Sache*). **8.** *Am. colloq.* sich beschränken (**to** auf *acc*). **~ off** *v/t* **1.** *Staub etc* abschütteln. **2.** *fig. das Joch, a. e-n Verfolger etc* abschütteln, *j-n od. etwas* loswerden. **~ out I** *v/t* **1.** ausschütteln. **2.** her'ausschütteln. **3.** *e-e Fahne etc* ausbreiten. **II** *v/i* **4.** *mil.* ausschwärmen. **~ up** *v/t* **1.** *Kissen etc* aufschütteln. **2.** 'durchschütteln. **3.** zs.-schütteln, mischen. **4.** *j-n* (*a.* seelisch) aufrütteln. **5.** drastische (*bes.* perso'nelle) Veränderungen vornehmen in (*e-m Betrieb etc*). **6.** *Vorstellungen etc* vollkommen auf den Kopf stellen.

'shake·down I *s* **1.** (Not)Lager *n*. **2.** *Am. colloq.* a) Ausplünderung *f* (*a. fig.*), b) Erpressung *f*, c) ‚Filzung' *f*, Durch'suchung *f*, d) Verringerung *f*, e) Testfahrt *f*, Testflug *m*. **II** *adj* **3.** *Am. colloq.* Test...: **~ voyage (flight**, *etc*).

,shake-'hands *s pl* (*meist als sg konstruiert*) Händeschütteln *n*, -druck *m*.

shak·en ['ʃeɪkən] **I** *pp von* **shake**. **II** *adj* **1.** erschüttert, (sch)wankend (*a. fig.*): **~ confidence** erschüttertes Vertrauen; **(badly) ~** (arg) mitgenommen. **2.** (kern-) rissig (*Holz*).

'shake-,out *s econ. Am. colloq.* Rezes-si'on *f*.

shak·er ['ʃeɪkə(r)] *s* **1.** *tech.* Schüttelvorrichtung *f*. **2.** (*Cocktail- etc*)Shaker *m*, Mixbecher *m*. **3. S~** *relig.* Shaker *m*, Zitterer *m* (*Sektierer*).

Shake·spear·e·an, *bes. Br.* **Shake·spear·i·an** [ʃeɪk'spɪərɪən] **I** *adj* Shakespeare...: a) shakespearisch, shakespearesch (*nach Art Shakespeares, nach Shakespeare benannt*), b) Shakespearisch, Shakespearesch (*von Shakespeare herrührend*). **II** *s* Shakespeareforscher(in).

'shake-up *s* **1.** Aufrütt(e)lung *f*. **2.** drastische (*bes.* perso'nelle) Veränderung(en *pl*).

shak·i·ness ['ʃeɪkɪnɪs] *s* Wack(e)ligkeit *f* (*a. fig. Gebrechlichkeit, Unsicherheit*).

shak·ing ['ʃeɪkɪŋ] **I** *s* **1.** Schütteln *n*, Rütteln *n*. **2.** Erschütterung *f*. **II** *adj* **3.** Schüttel...: **~ grate** Schüttelrost *m*; → **palsy** 1. **4.** wackelnd.

shak·o ['ʃækəʊ] *pl* **-os, -oes** *s* Tschako *m* (*Helm*).

Shak·spe(a)r·e·an, -i·an → **Shakespearean**.

shak·y ['ʃeɪkɪ] *adj* (*adv* **shakily**) **1.** wack(e)lig (*a. fig.*): **~ chair; ~ credit (firm, health, old man, knowledge)**; **to be ~ on one's legs** wacklig auf den Beinen sein. **2.** zitt(e)rig, bebend: **~ hands; ~ voice. 3.** *fig.* (sch)wankend: **~ courage** wankender Mut. **4.** *fig.* unsicher, zweifelhaft. **5.** (kern)rissig (*Holz*).

shale [ʃeɪl] *s geol. min.* Schiefer(ton) *m*: **~ oil** Schieferöl *n*.

shall [ʃæl] *inf, imp u. pp fehlen, 2. sg pres obs.* **shalt** [ʃælt], *3. sg pres* **shall,** *pret* **should** [ʃʊd], *2. sg pres obs.* **shouldst** [ʃʊdst], **'should·est** [-ɪst] *v/aux* (*mit folgendem inf ohne* **to**) **1.** *Futur*: *ich* werde, *wir* werden: **I (we) ~ come tomorrow. 2.** (*in allen Personen zur Bezeichnung e-s Befehls, e-r Verpflichtung*): *ich, er, sie, es* soll, *du* sollst, *ihr* sollt, *wir, Sie, sie* sollen: **~ I come?; what ~ I answer?; he ~ open the door. 3.** (*zur verkürzenden Wiederholung e-s Fragesatzes mit* **shall** *in der Bedeutung*) nicht wahr?, oder nicht?: **he ~ come, ~ he not** (*od. colloq.* **shan't he)? 4.** (*zur Bildung e-r bejahenden od. verneinenden Antwort auf e-n Fragesatz mit* **shall** *od.* **will**): **~** (*od.* **will) you come? (No,) I ~ not** wirst du kommen *od.* kommst du? Nein; **~** (*od.* **will) you be happy? (Yes,) I ~** wirst du glücklich sein? Ja. **5.** *jur.* (*zur Bezeichnung e-r Mußbestimmung, im Deutschen durch Indikativ wiedergegeben*): **any person ~ be liable** ... jede Person ist verpflichtet ... **6.** → **should** 1.

shal·loon [ʃæ'lu:n; ʃə-] *s* Cha'lon *m* (*feiner, geköperter Wollstoff*).

shal·lop ['ʃæləp] *s mar.* Scha'luppe *f*.

shal·lot [ʃə'lɒt; *Am.* ʃə'lɑt] *s bot.* Scha'lotte *f*.

shal·low ['ʃæləʊ] **I** *adj* (*adv* **~ly**) **1.** seicht, flach: **~ water; ~ place** → 3; **~ lens** *opt.* flache Linse. **2.** *fig.* seicht, flach, oberflächlich. **II** *s* **3.** seichte Stelle, Untiefe *f*. **III** *v/t u. v/i* **4.** (sich) verflachen. **'shal·low·ness** *s* Seichtheit *f* (*a. fig.*).

shalt [ʃælt] *obs. 2. sg pres von* **shall**: **thou ~** du sollst.

shal·y ['ʃeɪlɪ] *adj geol.* schief(e)rig, schieferhaltig.

sham [ʃæm] **I** *s* **1.** (Vor)Täuschung *f*, Heuche'lei *f*. **2.** Schwindler(in), Scharlatan *m*. **3.** Heuchler(in). **4.** Nachahmung *f*, Fälschung *f*. **II** *adj* **5.** vorgetäuscht, fin'giert, Schein...: **~ battle** Scheingefecht *n*. **6.** unecht, falsch (*Juwelen etc*), vorgetäuscht, geheuchelt (*Mitgefühl etc*). **III** *v/t* **7.** vortäuschen, heucheln, fin'gieren, simu'lieren. **IV** *v/i* **8.** sich verstellen, heucheln: **to ~ ill** sich krank stellen, simulieren; **she is only ~ming** sie verstellt sich nur, sie tut nur so.

sha·man ['ʃæmən; *Am.* 'ʃɑ:-; 'ʃeɪ-] *s* Scha'mane *m*, Medi'zinmann *m*.

sham·a·teur ['ʃæmətə; -tɜ:; *Am.* -,tɜr] *s colloq. sport* 'Scheinama,teur *m*.

sham·ble ['ʃæmbl] **I** *v/i* watscheln, schlurfen. **II** *s* watschelnder Gang.

sham·bles ['ʃæmblz] *s pl* (*oft als sg konstruiert*) **1.** a) Schlachthaus *n*, b) Fleischbank *f*. **2.** *fig.* a) Schlachtfeld *n* (*a. iro. wüstes Durcheinander*), b) Trümmerfeld *n*, Bild *n* der Verwüstung, c) Scherbenhaufen *m*: **his life is (in) a ~.**

sham·bol·ic [ʃæm'bɒlɪk] *adj*: **a ~ room** *Br.* ein Raum, in dem ein wüstes Durcheinander herrscht.

shame [ʃeɪm] **I** *s* **1.** Scham(gefühl *n*) *f*: **to feel ~ at** sich schämen für; **from ~ of** aus Scham vor (*dat*); **for ~!** pfui, schäm dich! **2.** Schande *f*, Schmach *f*: **to be a ~ to** → 5; **~ on you!** schäm dich!, pfui!; **it is (a sin and) a ~** es ist e-e (Sünde u.) Schande; **to put s.o. to ~** a) über j-n Schande bringen, b) j-n beschämen (*übertreffen*); **to cry ~ upon s.o.** pfui über j-n rufen. **3.** Schande *f* (*Gemeinheit*): **what a ~!** a) es ist e-e Schande!, b) es ist ein Jammer! (*schade*). **II** *v/t* **4.** *j-n* beschämen, mit Scham erfüllen: **to ~ s.o. into doing s.th.** j-n so beschämen, daß er etwas tut. **5.** *j-m* Schande machen. **6.** Schande bringen über (*acc*).

shame·faced [,ʃeɪm'feɪst; *attr.* '-feɪst] *adj* **1.** verschämt, schamhaft. **2.** schüchtern. **3.** schamrot. **4.** kleinlaut. **,shame-'faced·ly** *adv.* **'shame,faced·ness** *s* **1.** Verschämtheit *f*. **2.** Schüchternheit *f*.

shame·ful ['ʃeɪmfʊl] *adj* (*adv* **~ly**) **1.** schmachvoll, schmählich, schändlich. **2.** schimpflich, entehrend. **3.** unanständig, anstößig. **'shame·ful·ness** *s* **1.** Schändlichkeit *f*. **2.** Schimpflichkeit *f*. **3.** Anstößigkeit *f*. **'shame·less** *adj* (*adv* **~ly**) schamlos (*a. fig. unverschämt*). **'shame·less·ness** *s* Schamlosigkeit *f* (*a. fig. Unverschämtheit*).

sham·mer ['ʃæmə(r)] *s* **1.** Schwindler(in). **2.** Heuchler(in). **3.** Simu'lant(in).

sham·my (leath·er) ['ʃæmɪ] → **chamois** 2 *u.* 3.

sham·poo [ʃæm'pu:] **I** *v/t pret u. pp* **-'pooed 1.** *den Kopf, die Haare* schampo'nieren, schampu'nieren, waschen. **2.** *j-m* den Kopf *od.* die Haare waschen. **II** *s* **3.** Haar-, Kopfwäsche *f*: **to give o.s. a ~** sich den Kopf *od.* die Haare waschen; **~ and set** Waschen u. Legen. **4.** Sham'poo *n*, Schampon *n*, Schampun *n*, Haarwaschmittel *n*.

sham·rock [ˈʃæmrɒk; *Am.* -ˌrɑk] *s bot.* **1.** weißer Feldklee. **2.** Shamrock *m* (*Kleeblatt als Wahrzeichen Irlands*).
sha·mus [ˈʃɑːməs; ˈʃeɪ-] *s Am. sl.* **1.** ‚Bulle' *m* (*Polizist*). **2.** ‚Schnüffler' *m* (*Privatdetektiv*).
shan·dry·dan [ˈʃændrɪdæn] *s* **1.** *hist.* leichter, zweirädriger Wagen. **2.** *humor.* ‚Klapperkasten' *m*.
shan·dy [ˈʃændɪ], *Am. a.* **ˈshan·dy·gaff** [-gæf] *s* Getränk *n* aus Bier u. Ingwerbier *od.* Ziˈtronenlimoˌnade.
shang·hai [ˌʃæŋˈhaɪ; ˈʃæŋhaɪ] *v/t colloq.* **1.** *mar. bes. hist.* *j-n* schangˈhaien (*gewaltsam anheuern*). **2.** **to ~ s.o. into doing s.th.** *fig.* a) j-n zwingen, etwas zu tun, b) j-n (mit e-m Trick *od.* e-r List) dazu bringen, etwas zu tun.
Shan·gri-la [ˌʃæŋgrɪˈlɑː] *s* **1.** paraˈdiesischer (abgeschiedener) Ort. **2.** *mil.* geheime (Operatiˈons)Basis.
shank [ʃæŋk] *s* **1.** *anat.* ˈUnterschenkel *m*, Schienbein *n*. **2.** *colloq.* Bein *n*: **to go on ~'s pony** (*od.* **mare**) auf Schusters Rappen reiten. **3.** *bot.* Stengel *m*, Stiel *m*. **4.** Hachse *f* (*vom Schlachttier*). **5.** (*mar.* Anker-, *arch.* Säulen-, *tech.* Bolzen- *etc*) Schaft *m*. **6.** *mus.* gerader Stimmzug. **7.** (Schuh)Gelenk *n*. **8.** *print.* (Schrift-)Kegel *m*. **shanked** *adj* **1.** ...schenk(e)lig, mit ... Schenkeln. **2.** gestielt.
shan't [ʃɑːnt; *Am.* ʃænt] *colloq. für* **shall not**.
shan·tey [ˈʃæntɪ] *bes. Br. für* **chantey**.
Shan·tung, *a.* **s~** [ˌʃænˈtʌŋ] *s* Schantung (-seide *f*) *m*.
shan·ty¹ [ˈʃæntɪ] *s* Hütte *f*, Baˈracke *f*.
shan·ty² [ˈʃæntɪ] *bes. Br. für* **chantey**.
ˈshan·ty·town *s* Baˈrackensiedlung *f*, -stadt *f*.
shap·a·ble [ˈʃeɪpəbl] *adj* formbar, gestaltungs-, bildungsfähig.
shape [ʃeɪp] **I** *s* **1.** Gestalt *f*, Form *f* (*a. fig.*): **in the ~ of** in Form (*gen*); **in human ~** in Menschengestalt; **in no ~** in keiner Weise. **2.** Fiˈgur *f*, Gestalt *f*: **to put into ~** formen, gestalten. **3.** feste Form *od.* Gestalt: **to get one's ideas into ~** s-e Gedanken ordnen; **to take ~** (feste) Gestalt annehmen (*a. fig.*); → **lick** 1. **4.** (*körperliche od. geistige*) Verfassung, Form *f*: **to be in (good) ~** in (guter) Form sein; **to be in bad ~** in schlechter Verfassung *od.* Form sein, in schlechtem Zustand *od.* übel zugerichtet sein. **5.** *tech.* a) Form *f*, Moˈdell *n*, Fasˈson *f*, b) Formstück *n*, -teil *n*, c) *pl* Preßteile *pl*. **6.** *gastr.* a) (Pudding- *etc*)Form *f*, b) Stürzpudding *m*.
II *v/t* **7.** gestalten, formen, bilden (**into** zu) (*alle a. fig.*): **to ~ a child's character** *fig.* den Charakter e-s Kindes formen. **8.** anpassen (**to** an *acc*). **9.** formuˈlieren. **10.** planen, entwerfen, ersinnen, schaffen: **to ~ the course for** *mar. u. fig.* den Kurs setzen auf (*acc*), ansteuern. **11.** *tech.* formen, fassoˈnieren.
III *v/i* **12.** Gestalt *od.* Form annehmen, sich formen. **13.** sich *gut etc* anlassen, sich entwickeln *od.* gestalten: **things ~ right** die Dinge entwickeln sich richtig; **he is shaping well** er ‚macht sich'. **14.** *meist* **~ up** *colloq.* a) (endgültige) Gestalt annehmen, b) ‚sich machen', sich (gut) entwickeln: **he is shaping up well; you('d) better ~ up!** reiß dich doch zusammen!, benimm dich! **15.** **~ up to** a) Boxstellung einnehmen gegen, b) *fig. j-n* herˈausfordern.
shape·a·ble → **shapable**.
shaped [ʃeɪpt] *adj* **1.** geformt (*a. tech.*), gestaltet. **2.** ...geformt, ...förmig.
ˈshape·less *adj* **1.** form-, gestaltlos. **2.** unförmig, ˈmißgestaltet. **ˈshape·less·ness** *s* **1.** Form-, Gestaltlosigkeit *f*. **2.** Unförmigkeit *f*. **ˈshape·li·ness** *s* Wohlgestalt *f*, schöne Form, Ebenmaß *n*. **ˈshape·ly** *adj* wohlgeformt, schön, hübsch. **ˈshap·er** *s* **1.** Former(in), Gestalter(in). **2.** *tech.* a) ˈWaagrechtˌstoßmaˌschine *f*, ˈShapingmaˌschine *f*, b) Schnellhobler *m*: **~ tool** Formstahl *m*. **ˈshap·ing** *s* Formgebung *f*, (*tech. bes.* spanabhebende) Formung, Gestaltung *f*: **~ machine** → **shaper** 2 a; **~ mill** Vorwalzwerk *n*.
shard [ʃɑː(r)d] *s* **1.** (Ton)Scherbe *f*. **2.** *zo.* (harte) Flügeldecke (*e-s Insekts*).
share¹ [ʃeə(r)] **I** *s* **1.** (An)Teil *m* (**of** an *dat*): **to fall to s.o.'s ~** j-m zufallen; **for my ~** für m-n Teil. **2.** (An)Teil *m*, Beitrag *m*, Kontinˈgent *n*: **to do one's ~** sein(en) Teil leisten; **to go ~s with s.o.** mit j-m (gerecht) teilen (**in s.th.** etwas); **~ and ~ alike** zu gleichen Teilen; **to have** (*od.* **take**) **a large ~ in** großen Anteil haben an (*dat*); **to take a ~ in** sich beteiligen an (*dat*). **3.** *econ.* Beteiligung *f*, Geschäftsanteil *m*, Kapiˈtaleinlage *f*: **~ in a ship** Schiffspart *m*. **4.** *econ.* a) Gewinnanteil *m*, b) *bes. Br.* Aktie *f*: **to hold ~s in a company** Aktionär e-r Gesellschaft sein, c) *a.* **mining ~** Kux *m*. **5.** *econ.* (Markt)Anteil *m*. **II** *v/t* **6.** (*a. fig. sein Bett, e-e Ansicht, das Schicksal etc*) teilen (**with** mit). **7.** *meist* **~ out (among)** ver-, austeilen (unter *od.* an *acc*), zuteilen (*dat*). **8.** teilnehmen *od.* -haben an (*dat*), sich an *den Kosten etc* beteiligen: **to ~ the costs; ~d** gemeinsam, Gemeinschafts... **III** *v/i* **9.** **~ in** → 8. **10.** sich teilen (**in** in *acc*).
share² [ʃeə(r)] *s agr. tech.* (Pflug)Schar *f*: **~ beam** Pflugbaum *m*.
share| bro·ker *s econ. bes. Br.* Efˈfekten-, Börsenmakler *m*. **~ cap·i·tal** *s econ. bes. Br.* ˈAktienkapiˌtal *n*. **~ cer·tif·i·cate** *s econ. bes. Br.* ˈAktienzertifiˌkat *n*. **ˈ~ˌcrop·per** *s agr. econ. Am.* kleiner Farmpächter (*der s-e Pacht mit e-m Teil der Ernte entrichtet*). **~ div·i·dend** *s econ. bes. Br.* Diviˈdende *f* in Form von Gratisaktien. **ˈ~ˌhold·er** *s econ. bes. Br.* Aktioˈnär *m*. **ˈ~ˌhold·ing** *s econ. bes. Br.* Aktienbesitz *m*. **~ list** *s econ. bes. Br.* (Aktien)Kurszettel *m*. **~ op·tion** *s econ. bes. Br.* Aktienbezugsrecht *n* (*bes. für Betriebsangehörige*). **ˈ~-out** *s* Aus-, Verteilung *f*.
shar·er [ˈʃeərə(r)] *s* **1.** (Ver)Teiler(in). **2.** Teilnehmer(in), Teilhaber(in), Beteiligte(r *m*) *f* (**in** an *dat*).
share war·rant *s econ. bes. Br.* (*auf den Inhaber lautendes*) ˈAktienzertifiˌkat.
shark [ʃɑː(r)k] **I** *s* **1.** *ichth.* Hai(fisch) *m*. **2.** *fig.* a) Gauner *m*, Betrüger *m*, b) (*Kredit- etc*)Hai *m*, c) *obs.* Schmaˈrotzer *m*. **3.** *bes. Am. sl.* ‚Kaˈnone' *f* (*Könner*). **II** *v/i* **4.** betrügen. **III** *v/t* **5.** *obs.* ergaunern. **ˈ~skin** *s* **1.** Haifischhaut *f*, -leder *n*. **2.** *Textilwesen*: a) glatter, köperartiger Kammgarnstoff, b) schweres, kreidefarbiges Kunstseidentuch.
sharp [ʃɑː(r)p] **I** *adj* (*adv* **~ly**) **1.** scharf: **~ knife; ~ curve; ~ features**. **2.** spitz: **a ~ gable; a ~ ridge**. **3.** steil, jäh: **a ~ ascent**. **4.** *fig. allg.* scharf: a) deutlich: **~ contrast (distinction, outlines,** *etc*), b) herb, beißend: **~ smell (taste,** *etc*), c) schneidend: **~ order (voice)**; **~ cry** durchdringender Schrei, d) schneidend, beißend: **~ frost; ~ wind**, e) stechend, heftig: **~ pain**, f) ˈdurchdringend: **~ look**, g) hart: **~ answer (criticism,** *etc*), h) spitz: **~ remark**, i) wachsam: **a ~ ear (eye)**, j) schnell: **~ pace (play,** *etc*); **~'s the word** *colloq.* mach fix *od.* schnell!, ‚dalli!' **5.** heftig, hitzig: **a ~ desire** ein heftiges Verlangen; **a ~ temper** ein hitziges Temperament. **6.** angespannt: **~ attention**. **7.** a) scharfsinnig, b) aufgeweckt, ‚auf Draht', c) *colloq.* ‚gerissen', raffiˈniert: **~ practice** Gaunerei *f*. **8.** *mus.* a) scharf (*im Klang*), b) (zu) hoch, c) (*durch Kreuz um e-n Halbton*) erhöht, d) groß, ˈübermäßig (*Intervall*), e) Kreuz... **9.** *ling.* stimmlos, scharf: **~ consonant**.
II *v/t u. v/i* **10.** *mus.* zu hoch singen *od.* spielen. **11.** *obs.* betrügen.
III *adv* **12.** scharf. **13.** jäh, plötzlich. **14.** pünktlich, genau: **at three o'clock ~** Punkt 3 (Uhr). **15.** schnell: **look ~!** mach fix *od.* schnell!, ‚dalli!' **16.** *mus.* zu hoch: **to sing** (*od.* **play**) **~**.
IV *s* **17.** *pl* lange Nähnadeln *pl*. **18.** *colloq.* a) → **sharper** 1, b) Fachmann *m*. **19.** *mus.* a) Kreuz *n*, b) Erhöhung *f*, Halbton *m* (**of** über *dat*), c) nächsthöhere Taste.
ˌsharp|-ˈcut *adj* **1.** scharf (geschnitten). **2.** *fig.* ˈfestumˌrissen, klar, deutlich. **ˌ~-ˈedged** *adj* scharfkantig.
sharp·en [ˈʃɑː(r)pən] **I** *v/t* **1.** schärfen, wetzen, schleifen. **2.** (an)spitzen: **to ~ a pencil**. **3.** *fig. j-n* scharfmachen, anreizen. **4.** *fig.* schärfen: **to ~ the mind**. **5.** anregen: **to ~ s.o.'s appetite**. **6.** a) verschärfen: **to ~ a law (speech,** *etc*), b) verstärken: **to ~ the pain**, c) *s-n Worten od. s-r Stimme* e-n scharfen Klang geben. **7.** *mus.* (*durch Kreuz*) erhöhen. **8.** scharf *od.* schärfer machen: **to ~ vinegar; to ~ s.o.'s features**. **II** *v/i* **9.** sich verschärfen, scharf *od.* schärfer werden (*a. fig.*). **ˈsharp·en·er** [-pnə(r)] *s* (*Bleistift- etc*)Spitzer *m*.
ˈsharp·er *s* **1.** Gauner(in), Schwindler (-in), Betrüger(in). **2.** Falschspieler *m*.
ˌsharp-ˈeyed *adj* scharfsichtig, *fig. a.* scharfsinnig.
ˈsharp·ness *s* **1.** Schärfe *f* (*a. fig.* Herbheit *f*, Strenge *f*, Heftigkeit *f*). **2.** Spitzigkeit *f*. **3.** *fig.* a) Scharfsinn *m*, b) Aufgewecktheit *f*, c) Gerissenheit *f*. **4.** (*phot.* Rand)Schärfe *f*.
ˌsharp|-ˈset *adj* **1.** scharf(kantig). **2.** (heiß)hungrig. **3.** *fig.* ‚scharf', erpicht (**on** auf *acc*). **ˈ~ˌshoot·er** *s* **1.** Scharfschütze *m* (*a. fig. sport etc*). **2.** *fig. Am.* a) skrupelloser Kerl, b) Geldraffer *m*. **ˈ~ˌshoot·ing** *s* **1.** Scharfschießen *n*. **2.** *fig.* heftige *od.* ˈhinterhältige Atˈtacke. **ˌ~-ˈsight·ed** *adj* scharfsichtig, *fig. a.* scharfsinnig. **ˌ~-ˈtongued** *adj fig.* scharfzüngig (*Person*). **ˌ~-ˈwit·ted** *adj* scharfsinnig.
shat·ter [ˈʃætə(r)] **I** *v/t* **1.** zerschmettern, -schlagen, -trümmern (*alle a. fig.*). **2.** zerstören, -rütten: **to ~ s.o.'s health (nerves)**. **3.** *fig.* zerstören: **to ~ s.o.'s hopes**. **II** *v/i* **4.** zerbrechen, in Stücke brechen, zerspringen, -splittern: **~proof** a) bruchsicher, b) splitterfrei, -sicher (*Glas*). **ˈshat·ter·ing** *adj* (*adv* **~ly**) **1.** vernichtend (*a. fig.*). **2.** *fig.* ˈumwerfend, eˈnorm. **3.** (ohren)betäubend.
shave [ʃeɪv] **I** *v/t pret u. pp* **shaved,** *pp a.* **ˈshav·en** [-vn] **1.** (**o.s.** sich) raˈsieren. **2.** *a.* **~ off** ˈabraˌsieren. **3.** (kurz) schneiden *od.* scheren: **to ~ the lawn**. **4.** (ab-)schaben, abschälen. **5.** *Gerberei*: abschaben, abfalzen: **to ~ hides**. **6.** (glatt)hobeln: **to ~ wood**. **7.** streifen, *a.* knapp vorˈbeikommen an (*dat*). **8.** *econ. Am. sl. e-n Wechsel* zu Wucherzinsen aufkaufen: **to ~ a bill**. **II** *v/i* **9.** sich raˈsieren. **10.** **~ through** *colloq.* (gerade noch) ‚ˈdurchrutschen' (*in e-r Prüfung*). **III** *s* **11.** Raˈsur *f*: **to have** (*od.* **get**) **a ~** sich rasieren (lassen); **to have a close** (*od.* **narrow**) **~** *colloq.* mit knapper Not davonkommen *od.* entkommen; **that was a close ~** *colloq.* ‚das hätte ins Auge gehen können!', das ist gerade noch einmal gutgegangen!; **by a ~** *colloq.* um Haaresbreite, um ein Haar. **12.** *tech.* Schabeisen *n*. **13.** *obs.* Gauneˈrei *f*: **that was a clean ~** das war glatter Betrug.

shave·ling [ˈʃeɪvlɪŋ] *s obs. contp.* **1.** ‚Pfaffe' *m.* **2.** Mönch *m.*
shav·en [ˈʃeɪvn] **I** *pp von* **shave. II** *adj* **1.** raˈsiert. **2.** (kahl)geschoren: **a ~ head.**
shav·er [ˈʃeɪvə(r)] *s* **1.** Barˈbier *m.* **2.** *meist* **young ~** *colloq.* Grünschnabel *m.* **3.** (*bes.* eˈlektrischer) Raˈsierappaˌrat.
Sha·vi·an [ˈʃeɪvjən; -ɪən] **I** *adj* für G. B. Shaw charakteˈristisch, Shawsch(er, e, es): **~ humo(u)r. II** *s* Shaw-Verehrer(in), -Kenner(in).
shav·ing [ˈʃeɪvɪŋ] *s* **1.** Raˈsieren *n*: **~ brush** Rasierpinsel *m*; **~ cream** Rasiercreme *f*; **~ head** Scherkopf *m*; **~ mirror** Rasierspiegel *m*; **~ soap, ~ stick** Rasierseife *f.* **2.** *meist pl* Schnitzel *n, m, (Hobel-)* Span *m.*
shaw [ʃɔː] *s Br. obs. od. poet.* Dickicht *n,* Wäldchen *n.*
shawl [ʃɔːl] *s* **1.** ˈUmhängetuch *n.* **2.** Kopftuch *n.*
shawm [ʃɔːm] *s mus.* Schalˈmei *f.*
shay [ʃeɪ] *s dial.* Kutsche *f.*
she [ʃiː; ʃɪ] **I** *pron* **1.** a) sie (*3. sg für alle weiblichen Lebewesen*), b) *im Gegensatz zum Deutschen*: (*beim Mond*) er, (*bei Ländern*) es, (*bei Schiffen mit Namen*) sie, (*bei Schiffen ohne Namen*) es, (*bei Motoren u. Maschinen, wenn personifiziert*) er, es. **2.** sie: **~ who** diejenige, welche. **3.** es: *who is this woman?* **~ is Mary** es ist Mary. **4.** *contp.* die: **not ~!** die nicht! **II** *s* **5.** ‚Sie' *f*: a) Mädchen *n*, Frau *f*, b) *zo.* Weibchen *n.* **III** *adj* (*in Zssgn*) **6.** *bes. zo.* weiblich, ...weibchen *n*: **~-bear** Bärin *f*; **~-dog** Hündin *f*; **~-fox** a) Füchsin *f*, b) *hunt.* Fähe *f*; **~-goat** Geiß *f.* **7.** *contp.* Weibs...: **~-devil** Weibsteufel *m.*
shea [ʃɪə; *Am.* ʃiː; ʃeɪ] *s bot.* Schi(butter)baum *m*: **~ butter** Schi-, Sheabutter *f.*
shead·ing [ˈʃiːdɪŋ] *s Br.* Verwaltungsbezirk *m* (*der Insel Man*).
sheaf [ʃiːf] **I** *pl* **-ves** [-vz] *s* **1.** *agr.* Garbe *f.* **2.** Bündel *n*: **~ of papers; ~ of fire** Feuer-, Geschoßgarbe *f*; **~ of rays** *phys.* Strahlenbündel. **II** *v/t* **3.** in Garben binden.
shear [ʃɪə(r)] **I** *v/t pret* **sheared** *od. obs.* **shore** [ʃɔː(r)], *pp* **sheared** *od. bes. als adj* **shorn 1.** scheren: **to ~ sheep. 2.** *a.* **~ off** (ab)scheren, abschneiden. **3.** *Blech, Glas etc* schneiden. **4.** *fig. j-n* berauben (**of** *gen*): → **shorn. 5.** *fig. j-n* schröpfen. **6.** *poet.* (ab)hauen. **II** *v/i* **7.** (*mit e-r Sichel*) schneiden *od.* mähen. **8.** *poet.* (*mit dem Schwert etc*) schneiden *od.* hauen (**through** durch). **III** *s* **9.** a) *meist pl* große Schere, b) Scherenblatt *n*: **a pair of ~s** e-e (große) Schere. **10.** *tech.* Blechschere *f.* **11.** *meist pl* (Hobel[bank]-, Drehbank)Bett *n.* **12.** → **shear legs. 13.** *phys.* → a) **shearing force,** b) **shearing stress. 14.** *dial.* → **shearing** 1.
ˈ**shear·er** *s* **1.** (Schaf)Scherer *m.* **2.** Schnitter(in). **3.** *tech.* a) ˈSchermaˌschine *f*, b) ˈBlechˌschneidemaˌschine *f.*
ˈ**shear·ing** *s* **1.** Schur *f*: a) *Schafscheren*, b) *Schurertrag.* **2.** *geol. phys.* (Ab)Scherung *f.* **3.** *Scot. od. dial.* a) Mähen *n*, Mahd *f*, b) Ernte *f.* **~ force** *s phys.* Scher-, Schubkraft *f.* **~ strength** *s phys.* Scher-, Schubfestigkeit *f.* **~ stress** *s phys.* Scherbeanspruchung *f.*
shear legs *s pl* (*a. als sg konstruiert*) *tech.* Scherenkran *m.*
shear·ling [ˈʃɪə(r)lɪŋ] *s* erst ˈeinmal geschorenes Schaf.
shear|pin *s tech.* Scherbolzen *m.* **~ steel** *s* Gärbstahl *m.* **~ stress** → **shearing stress.** ˈ**~ˌwa·ter** *s orn.* Sturmtaucher *m.*
sheat·fish [ˈʃiːtfɪʃ] *s ichth.* Wels *m.*
sheath [ʃiːθ] *pl* **sheaths** [ʃiːðz] *s* **1.** Scheide *f*: **~ knife** feststehendes Messer mit Scheide. **2.** Futteˈral *n*, Hülle *f.* **3.** *tech.* (*Kabel-, Elektroden*)Mantel *m.* **4.** *zo. bot.* Scheide *f.* **5.** Konˈdom *n, m.* **6.** *Mode*: Futteˈralkleid *n.* **7.** *zo.* Flügeldecke *f* (*e-s Käfers*).
sheathe [ʃiːð] *v/t* **1.** *das Schwert* in die Scheide stecken: → **sword. 2.** in e-e Hülle *od.* ein Futteˈral stecken. **3.** *fig.* tief stoßen (**in** *acc*): **to ~ one's dagger in s.o.'s heart. 4.** *die Krallen* einziehen. **5.** *bes. tech.* umˈhüllen, umˈmanteln, *Kabel* arˈmieren: **~d electrode** *electr.* Mantelelektrode *f.*
sheath·ing [ˈʃiːðɪŋ] *s* **1.** *tech.* a) Verkleidung *f*, b) Mantel *m*, ˈÜberzug *m*, c) Bewehrung *f*, Arˈmierung *f* (*e-s Kabels*). **2.** *mar.* Bodenbeschlag *m.*
sheave[1] [ʃiːv] *v/t* in Garben binden.
sheave[2] [ʃiːv; *Am. a.* ʃɪv] *s tech.* Scheibe *f*, Rolle *f*: **~ pulley** Umlenkrolle *f.*
sheaves [ʃiːvz] **1.** *pl von* **sheaf. 2.** [*Am. a.* ʃɪvz] *pl von* **sheave**[2].
she·bang [ʃɪˈbæŋ] *s bes. Am. sl.* **1.** ‚Bude' *f*, ‚Laden' *m.* **2.** ‚Appaˈrat' *m* (*Sache*). **3.** Kram *m*: **the whole ~** der ganze Plunder.
she·been [ʃɪˈbiːn] *Ir. od. Scot.* **I** *s* ˈilleˌgale ‚Schnapsbude'. **II** *v/i* ˈilleˌgal Branntwein ausschenken.
shed[1] [ʃed] *s* **1.** Schuppen *m.* **2.** Stall *m.* **3.** (kleine) Flugzeughalle. **4.** Hütte *f.*
shed[2] [ʃed] *v/t pret u. pp* **shed 1.** verschütten, *a. Blut, Tränen* vergießen: **I won't ~ any tears over him** *fig.* dem weine ich keine Träne nach. **2.** ausstrahlen, *a. Duft, Licht, Frieden etc* verbreiten: → **light**[1] 11. **3.** *Wasser* abstoßen (*Stoff*). **4.** *biol. Laub, Federn etc* abwerfen, *Hörner* abstoßen, *Zähne* verlieren: **to ~ one's skin** sich häuten; **to ~ a few pounds** ein paar Pfund abnehmen. **5.** ablegen (*a. fig.*): **to ~ one's winter clothes (a bad habit); to ~ one's old friends** s-e alten Freunde ‚ablegen'. **6.** *Br. Ladung* verlieren (*Lkw etc*).
shed·der [ˈʃedə(r)] *s* **1.** j-d, der (*Tränen, Blut etc*) vergießt. **2.** *zo.* Krebs *m* im Häutungsstadium. **3.** weiblicher Lachs nach dem Laichen.
sheen [ʃiːn] *s* **1.** Glanz *m* (*bes. auf Stoffen*). **2.** *poet.* prunkvolle Kleidung. **3.** *Am. sl.* falsche Münze.
sheen·y[1] [ˈʃiːnɪ] *adj* glänzend.
sheen·y[2] [ˈʃiːnɪ] *s sl.* ‚Itzig' *m*, Jude *m.*
sheep [ʃiːp] *pl* **sheep** *s* **1.** *zo.* Schaf *n*: **to cast** (*od.* **make**) **~'s eyes at s.o.** j-m schmachtende Blicke zuwerfen; **to separate the ~ from the goats** *Bibl. u. fig.* die Böcke von den Schafen trennen; **you might as well be hanged for a ~ as (for) a lamb** ‚wenn schon, denn schon'; → **black sheep. 2.** *fig. contp.* ‚Schaf' *n.* **3.** *pl fig.* Schäflein *pl*, Herde *f* (*Gemeinde e-s Pfarrers etc*). **4.** Schafleder *n.* ˈ**~-dip** *s* Desinfektiˈonsbad *n* für Schafe. **~ dog** *s* Schäferhund *m.* ˈ**~-farm** *s Br.* Schaf(zucht)farm *f.* ˈ**~ˌfarm·ing** *s Br.* Schafzucht *f.* ˈ**~-fold** *s* Schafhürde *f.* ˈ**~ˌherd·er** *s Am.* Schäfer *m.*
sheep·ish [ˈʃiːpɪʃ] *adj* (*adv* **~ly**) **1.** schüchtern. **2.** einfältig, blöd(e). ˈ**sheep·ish·ness** *s* **1.** Schüchternheit *f.* **2.** Einfältigkeit *f.*
ˈ**sheep|·man** [-mən] *s irr* Schafzüchter *m.* ˈ**~·pen** *s* Schafhürde *f.* **~ pox** *s vet.* Schafpocken *pl.* **~ run** *s* Schafweide *f.* ˈ**~ˌshear·ing** *s* Schafschur *f.* ˈ**~·skin** *s* **1.** Schaffell *n.* **2.** (*a.* Pergaˈment *n* aus) Schafleder *n.* **3.** *Am. colloq.* a) Diˈplom *n*, b) Urkunde *f.* ˈ**~·walk** *s bes. Br.* Schafweide *f.* **~ wash** → **sheep-dip.**
sheer[1] [ʃɪə(r)] **I** *adj* **1.** bloß, rein, pur, nichts als: **~ waste; by ~ force** durch bloße *od.* nackte Gewalt; **~ nonsense** reiner *od.* barer Unsinn; **for ~ pleasure** nur so zum Vergnügen. **2.** völlig, rein, glatt: **a ~ impossibility. 3.** hauchdünn (*Textilien*). **4.** steil, jäh. **5.** rein, unvermischt, pur: **~ ale. II** *adv* **6.** völlig, ganz, gänzlich. **7.** senkrecht: **to rise ~ from the water. 8.** diˈrekt, schnurgerade.
sheer[2] [ʃɪə(r)] **I** *s* **1.** *mar.* a) Ausscheren *n*, b) Sprung *m* (*Deckerhöhung*): **~ hulk** Hulk *f, m* (*abgetakeltes Schiff*) mit Mastkran; **~ plan** Längsriß *m.* **II** *v/i* **2.** *mar.* abscheren, (ab)gieren (*Schiff*). **3.** *a.* **~ away (from)** *fig.* a) abweichen, abgehen (von), b) sich losmachen (von). **III** *v/t* **4.** *mar.* abdrängen. **~ off** *v/i* **1.** → **sheer**[2] 2. **2.** *colloq.* abhauen, verschwinden. **3. ~ from** aus dem Wege gehen (*dat*).
sheet[1] [ʃiːt] **I** *s* **1.** Bettuch *n*, (Bett)Laken *n*, Leintuch *n*: **between the ~s** *colloq.* ‚in den *od.* in die Federn'; **to stand in a white ~** *fig.* reumütig s-e Sünden bekennen; **(as) white as a ~** kreidebleich. **2.** Bogen *m*, Blatt *n* (*Papier*): **a blank ~** ein weißes *od.* leeres Blatt; **a clean ~** *fig.* e-e reine Weste. **3.** *print.* a) (Druck-) Bogen *m*, b) *pl* (lose) Blätter *pl*: **in (the) ~s** (noch) nicht gebunden (*Buch*). **4.** Bogen *m* (*von Briefmarken*). **5.** Blatt *n*: a) Zeitung *f*: **scandal ~** Skandalblatt, b) (Druck-, Flug)Schrift *f.* **6.** *metall.* (Fein)Blech *n.* **7.** *tech.* (dünne) (Blech-, Glas- *etc*)Platte. **8.** weite Fläche (*von Wasser, Eis etc*). **9.** (wogende *od.* sich bewegende) Masse, (Feuer-, Regen-) Wand *f*: **the rain came down in ~s** es regnete in Strömen. **10.** *geol.* a) (Gesteins)Schicht *f*, b) (Eis)Scholle *f.* **II** *v/t* **11.** *das Bett* beziehen. **12.** (in ein Laken) (ein)hüllen. **13.** mit e-r (dünnen) Schicht bedecken. **14.** *tech.* mit Blech verkleiden. **III** *v/i* **15.** it (*od.* **the rain**) **~ed down** es regnete in Strömen.
sheet[2] [ʃiːt] *mar.* **I** *s* **1.** Schot(e) *f*, Segelleine *f*: **flowing ~s** fliegende Schoten; **to be** (*od.* **have**) **three ~s in the wind** *sl.* ‚sternhagelvoll sein'. **2.** *pl* Vorder- (u. Achter)teil *m* (*des Boots*). **II** *v/t* **3.** *a.* **~ home** *Segel* anholen: **to ~ it home to s.o.** *fig.* ‚es j-m besorgen'.
sheet| an·chor *s mar.* Notanker *m* (*a. fig.*). **~ bend** *s mar.* einfacher Schotenstek (*Knoten*). **~ cop·per** *s tech.* Kupferblech *n.* **~ glass** *s* Tafelglas *n.*
sheet·ing [ˈʃiːtɪŋ] *s* **1.** Bettuchstoff *m.* **2.** *tech.* (Blech)Verkleidung *f.*
sheet| i·ron *s tech.* Eisenblech *n.* **~ lead** [led] *s tech.* Tafelblei *n.* **~ light·ning** *s* **1.** Wetterleuchten *n.* **2.** Flächenblitz *m.* **~ met·al** *s tech.* (Meˈtall)Blech *n.* **~ mu·sic** *s mus.* Noten *pl* (auf losen Blättern), Notenblätter *pl.* **~ steel** *s tech.* Stahlblech *n.*
Shef·field| goods [ˈʃefiːld] *s pl tech.* platˈtierte (Meˈtall)Waren *pl.* **~ plate** *s tech.* versilberte Meˈtallplatte (*aus Sheffield*).
sheik(h) [ʃeɪk; *bes. Am.* ʃiːk] *s* Scheich *m* (*a. fig. colloq. Freund etc*). ˈ**sheik(h)·dom** *s* Scheichtum *n.*
shek·el [ˈʃekl] *s* **1.** a) *hist.* S(ch)ekel *m* (*hebräische Gewichts- u. Münzeinheit*), b) Schekel *m* (*israelische Währungseinheit*). **2.** *pl colloq.* ‚Zaster' *m* (*Geld*).
shel·drake [ˈʃeldreɪk] *s orn.* Brandente *f.*
shelf [ʃelf] *pl* **shelves** [-vz] *s* **1.** (Bücher-, Wand-, Schrank)Brett *n*, (ˈBücher-, ˈWaren- *etc*)Reˌgal *n*, Bord *n*, Fach *n*, Sims *m, n*: **to be put** (*od.* **laid**) **on the ~** *fig.* a) ausrangiert werden (*a. Beamter etc*), b) auf die lange Bank geschoben werden (*Sache*); **to get on the ~** ‚sitzenbleiben' (*Mädchen*). **2.** Felsplatte *f*, Riff *n.* **3.** *mar.* a) Küstensockel *m*, Schelf *m, n*, b) Sandbank *f.* **4.** *geol.* Schelf *m, n*, Festland(s)sockel *m.*
shelf·ful [ˈʃelfful] *s*: **a ~ of books** ein Regal (voll) Bücher.
shelf| life *s econ.* Lagerfähigkeit *f*, Haltbarkeit *f.* **~ warm·er** *s econ.* ‚Ladenhüter' *m.*
shell [ʃel] **I** *s* **1.** *allg.* Schale *f.* **2.** *zo.*

a) Muschel(schale) *f*, b) Schneckenhaus *n*, c) Flügeldecke *f* (*e-s Käfers*), d) Panzer *m*, Rückenschild *m* (*der Schildkröte*): **to come out of one's ~** *fig*. aus sich herausgehen; **to retire into one's ~** *fig*. sich in sein Schneckenhaus zurückziehen, sich abkapseln. **3.** (Eier)Schale *f*: **in the ~** a) (noch) unausgebrütet, b) *fig*. noch in der Entwicklung. **4.** *zo*. a) Muschelkalk *m*, b) Muschelschale *f*, c) Perlmutt *n*, d) Schildpatt *n*. **5.** *bot*. (*Nuß- etc*)Schale *f*, Hülse *f*, Schote *f*. **6.** *aer*. *mar*. Schale *f*, Außenhaut *f*, (Schiffs)Rumpf *m*. **7.** Gerüst *n*, Gerippe *n* (*a. fig*.), *arch*. *a*. Rohbau *m*. **8.** Kapsel *f*, (*Scheinwerfer- etc*)Gehäuse *n*, Mantel *m*. **9.** *mil*. a) Graˈnate *f*, b) (Geschoß-, Paˈtronen)Hülse *f*, c) *Am*. Paˈtrone *f* (*für Schrotgewehre*). **10.** (ˈFeuerwerks)Raˌkete *f*. **11.** *gastr*. Paˈstetenhülle *f*, -schale *f*. **12.** *chem*. *phys*. (Elekˈtronen)Schale *f*. **13.** *sport* Rennruderboot *n*. **14.** (*das*) bloße Äußere. **15.** Innensarg *m*. **16.** (Degen- *etc*)Korb *m*. **17.** *print*. Galˈvano *n*. **18.** *ped*. *Br*. Mittelstufe *f* (*an Privatschulen*).

II *v/t* **19.** enthülsen: **to ~ peas**. **20.** schälen: **to ~ nuts** Nüsse knacken. **21.** *Körner* von der Ähre entfernen. **22.** *mil*. (mit Graˈnaten) beschießen. **23.** mit Muscheln auslegen. **24.** **~ out** *colloq*. ‚blechen' (*bezahlen*).

III *v/i* **25.** **~ out** *colloq*. ‚blechen' (**on** für).

shel·lac [ʃəˈlæk] **I** *s* **1.** *chem*. *tech*. Schellack *m*. **II** *v/t pret u. pp* **shelˈlacked 2.** mit Schellack behandeln. **3.** *Am*. *sl*. ‚vertrimmen' (*a. fig. vernichtend schlagen*).

ˈshell|·back *s mar*. *colloq*. (alter) Seebär. **~egg** *s* Frischei *n* (*Ggs. Eipulver*). **ˈ~·fish** *s zo*. Schal(en)tier *n*. **~ game** *s Am*. **1.** Fingerhut-, Nußschalenspiel *n* (*Bauernfängerspiel*). **2.** *fig*. a) ˈTäuschungsmaˌnöver *n*, b) Verwirrspiel *n*. **~ hole** *s* Graˈnattrichter *m*.

shell·ing [ˈʃelɪŋ] *s* **1.** Enthülsen *n*, Schälen *n*. **2.** *mil*. Beschuß *m*, (Artilleˈrie-) Feuer *n*.

shell| jack·et *s* **1.** *mil*. *Br*. leichte Offiˈziersjacke. **2.** → **mess jacket**. **ˈ~-out** *s* (*Art*) Billardspiel *n*. **ˈ~·proof** *adj mil*. bombensicher. **~ shock** *s med*. *psych*. a) ˈKriegsneuˌrose *f*, b) ˈBombenneuˌrose *f*. **~ trans·form·er** *s electr*. *tech*. ˈMantel(kern)transforˌmator *m*. **ˈ~·work** *s* Muschel(einlege)arbeit *f*.

Shel·ta [ˈʃeltə] *s* Geˈheimjarˌgon *m* der Kesselflicker *etc* (*bes. in Irland*).

shel·ter [ˈʃeltə(r)] **I** *s* **1.** Schutzhütte *f*, -raum *m*, -dach *n*. **2.** Zufluchtsort *m*. **3.** Obdach *n*, Herberge *f*. **4.** Schutz *m*, Zuflucht *f*: **to take** (*od*. **seek**) **~** → 10; **to seek ~** *fig*. sich verstecken (**behind a fact** hinter e-r Tatsache). **5.** *mil*. a) Bunker *m*, ˈUnterstand *m*, b) (Luft)Schutzraum *m*, c) Deckung *f* (**from** vor *dat*). **II** *v/t* **6.** (be)schützen, beschirmen (**from** vor *dat*): **a ~ed life** ein behütetes Leben; **~ed trade** *econ*. *Br*. (*durch Zölle*) geschützter Handelszweig; **~ed workshop** beschützende Werkstätte; **~ed zone** *aer*. Windschatten *m*. **7.** schützen, bedecken, überˈdachen. **8.** *j-m* Schutz *od*. Zuflucht gewähren: **to ~ o.s.** sich verstecken (**behind** hinter *j-m od. etwas*). **9.** *j-n* beherbergen. **III** *v/i* **10.** Zuflucht *od*. Schutz *od*. Obdach suchen. **11.** sich ˈunterstellen. **~ belt** *s* Shelterbelt *m* (*Waldstreifen als Windschirm*). **~ half** *s irr mil*. *Am*. Zeltbahn *f*. **~ tent** *s* (*kleines*) Schutzzelt.

shel·ty, *a*. **shel·tie** [ˈʃeltɪ] *s* Sheltie *n*, Shetlandpony *n*.

shelve[1] [ʃelv] *v/t* **1.** *Bücher* (in ein Reˈgal) einstellen, auf ein Bücherbrett legen *od*. stellen. **2.** *fig*. a) *etwas* zu den Akten legen, b) *etwas Unangenehmes* ‚auf die lange Bank schieben', c) *etwas* zuˈrückstellen, d) *j-n* ˈausranˌgieren. **3.** mit Fächern *od*. Reˈgalen versehen.

shelve[2] [ʃelv] *v/i* sich (allˈmählich) senken, (sanft) abfallen.

shelves [ʃelvz] *pl von* **shelf**.

shelv·ing[1] [ˈʃelvɪŋ] *s* **1.** (Bretter *pl* für) Fächer *pl od*. Reˈgale *pl*. **2.** Auf- *od*. Abstellen *n* in Fächern *od*. Reˈgalen. **3.** *fig*. a) Beiˈseiteschieben *n*, b) ˈAusranˌgieren *n*.

shelv·ing[2] [ˈʃelvɪŋ] *adj* schräg, abfallend.

she·nan·i·gan [ʃɪˈnænɪgən] *s colloq*. *meist pl* **1.** Trick *m*. **2.** ‚Mumpitz' *m*, ‚fauler Zauber'. **3.** (Lausbuben)Streich *m*, ‚Blödsinn' *m*.

ˈshe-oak *s bot*. Känguruhbaum *m*.

shep·herd [ˈʃepə(r)d] **I** *s* **1.** (Schaf)Hirt *m*, Schäfer *m*. **2.** *fig*. *relig*. (Seelen)Hirt *m* (*Geistlicher*): **the (Good) S~** *Bibl*. der Gute Hirte (*Christus*). **II** *v/t* **3.** *Schafe etc* hüten. **4.** *fig*. *e-e Menschenmenge* treiben, ‚bugˈsieren', führen. **~ dog** *s* Schäferhund *m*.

shep·herd·ess [ˈʃepə(r)dɪs] *s* Hirtin *f*, Schäferin *f*.

shep·herd's| crook *s* Hirtenstab *m*. **~ dog** *s* Schäferhund *m*. **~ pie** *s gastr*. *Auflauf aus Hackfleisch u. Kartoffelbrei*. **~ plaid** *s* schwarzweiß kaˈrierter Plaid. **ˌ~-ˈpurse** *s bot*. Hirtentäschel *n*. **ˌ~-ˈrod** *s bot*. Behaarte Kardendistel.

sher·ard·ize [ˈʃerə(r)daɪz] *v/t tech*. sherardiˈsieren (*verzinken*).

Sher·a·ton [ˈʃerətən] **I** *s* Sheratonstil *m* (*englischer Möbelstil um 1800*). **II** *adj* Sheraton...

sher·bet [ˈʃɜːbət; *Am*. ˈʃɜr-] *s* **1.** *a*. **~ powder** Brausepulver *n*. **2.** Sorbet *m*, *n*, Sorˈbett *m*, *n* (*eisgekühltes Fruchtsaftgetränk*). **3.** *bes*. *Am*. Fruchteis *n*. **4.** *Austral*. *sl*. Bier *n*.

sherd [ʃɜːd; *Am*. ʃɜrd] → **shard**.

she·rif, *a*. **she·reef** [ʃeˈriːf; ʃə-] *s* Scheˈrif *m*: a) *Nachkomme Mohammeds*, b) *Titel mohammedanischer Fürsten*.

sher·iff [ˈʃerɪf] *s jur*. Sheriff *m*: a) *in England, Wales u. Irland der höchste Verwaltungsbeamte e-r Grafschaft*, b) *in den USA der gewählte höchste Exekutivbeamte e-s Bezirks etc*, c) *in Schottland ein Richter an e-m* **sheriff court**. **~ court** *s jur*. *niederes schottisches Gericht mit Zuständigkeit in Zivil- u. Strafsachen*.

sher·lock, *a*. **S~** [ˈʃɜːlɒk; *Am*. ˈʃɜrˌlɑk] *s colloq*. Detekˈtiv *m*.

Sher·pa [ˈʃɜːpə; *Am*. ˈʃɜr-; ˈʃeər-] *s* **1.** *pl* **-pa(s)** Sherpa *m*. **2.** **s~** *pl* **-pas** *fig*. *Br*. *sl*. Last-, Packesel *m*.

sher·ry [ˈʃerɪ] *s* Sherry *m* (*südspanischer Wein*): **~ glass** Südweinglas *n*. **~ cobbler** *s* Sherry Cobbler *m* (*Mischgetränk aus Sherry, Fruchtsaft, Wasser, Zucker u. gestoßenem Eis*).

Shet·land| lace [ˈʃetlənd] *s* Shetlandspitze *f* (*durchbrochene Handarbeit aus Wolle*). **~ po·ny** → **shelty**. **~ wool** *s* Shetlandwolle *f*.

shew [ʃəʊ] *pret* **shewed,** *pp* **shewn** *obs*. *für* **show**. **ˈ~·bread** *s Bibl*. Schaubrot *n*.

Shi·ah [ˈʃiːə] *s relig*. Schia *f* (*zweite Hauptrichtung des Islams*).

shib·bo·leth [ˈʃɪbəleθ; *Am*. -ləθ] *s fig*. **1.** Schibˈboleth *n*, Erkennungszeichen *n*, Losungswort *n*. **2.** Kastenbrauch *m*. **3.** Platiˈtüde *f*.

shield [ʃiːld] **I** *s* **1.** Schild *m*. **2.** Schutzschild *m*, -schirm *m*. **3.** *fig*. a) Schutz *m*, Schirm *m*, b) (Be)Schützer(in). **4.** *electr*. *tech*. Abschirmung *f*. **5.** *zo*. (Rücken-) Schild *m*, Panzer *m*. **6.** Arm-, Schweißblatt *n*. **7.** *her*. (Wappen)Schild *m*. **II** *v/t* **8.** (be)schützen, (be)schirmen (**from** vor *dat*). **9.** *bes*. *contp*. *j-n* decken. **10.** *electr*. *tech*. abschirmen. **~ bear·er** *s* Schildträger *m*, -knappe *m*. **~·fern** *s bot*. Schildfarn *m*. **~ forc·es** *s pl mil*. Schildstreitkräfte *pl*.

ˈshield·less *adj* **1.** ohne Schild. **2.** *fig*. schutzlos.

shiel·ing [ˈʃiːlɪŋ] *s bes*. *Scot*. **1.** (Vieh-) Weide *f*. **2.** Hütte *f*.

shift [ʃɪft] **I** *v/i* **1.** den Platz *od*. die Lage wechseln, sich bewegen: **to ~ from one foot to the other** von e-m Fuß auf den anderen treten; **to ~ on one's chair** auf s-m Stuhl (*ungeduldig etc*) hin u. her rutschen. **2.** *fig*. sich verlagern (*a. jur. Beweislast*), sich verwandeln (*a. Schauplatz, Szene*), sich verschieben (*a. ling. Laut*), wechseln. **3.** die Wohnung wechseln, ˈumziehen. **4.** *a*. **~ along** *fig*. sich notdürftig ˈdurchschlagen: **to ~ for o.s.** a) auf sich selbst gestellt sein, b) sich selbst (weiter)helfen. **5.** *fig*. Ausflüchte machen. **6.** *mot*. *tech*. schalten: **to ~ into second gear** *mot*. in den zweiten Gang schalten; **to ~ up (down)** *mot*. hinaufschalten (herunterschalten). **7.** *Kugelstoßen*: angleiten. **8.** *mar*. sich verlagern, ˈüberschießen (*Ballast od. Ladung*). **9.** *oft* **~ round** sich drehen (*Wind*). **10.** *colloq*. a) *meist* **~ away** sich daˈvonstehlen, b) sich beeilen.

II *v/t* **11.** (ˈum-, aus)wechseln, (aus-) tauschen, verändern: **to ~ one's lodging** → 3; → **ground**[1] 7. **12.** *a. fig*. verlagern, -schieben, -legen: **to ~ the scene** to den Schauplatz verlegen nach; **he ~ed his attention to other matters** er wandte s-e Aufmerksamkeit anderen Dingen zu. **13.** *e-n Betrieb etc* ˈumstellen (**to** auf *acc*). **14.** *mil*. *das Feuer* verlegen. **15.** *thea*. *Kulissen* schieben. **16.** befördern, bringen (**from, out of** von; **to** nach). **17.** *die Schuld, Verantwortung* (ab) schieben, abwälzen (**onto** auf *acc*). **18.** *j-n* loswerden. **19.** ˈumpflanzen. **20.** **to ~ gear(s)** *bes*. *Am*. a) → **gear** 3 b, b) *fig*. umschalten, wechseln. **21.** *tech*. verstellen, *e-n Hebel* ˈumlegen. **22.** *ling*. *e-n Laut* verschieben. **23.** *mar*. a) *die Ladung* ˈumstauen, b) *das Schiff* (*längs des Kais*) verholen. **24.** *die Kleidung* wechseln. **25.** *Am*. *colloq*. *Speise, Getränk* ‚wegputzen': **to ~ a few** ein paar ‚kippen'.

III *s* **26.** Wechsel *m*, Verschiebung *f*, -änderung *f*: **~ of emphasis** *fig*. Gewichtsverlagerung *f*. **27.** (Arbeits)Schicht *f* (*Arbeiter od. Arbeitszeit*): **~ allowance** Schichtzuschlag *m*; **~ boss** *Am*. Schichtmeister *m*; **to work in ~s** Schicht arbeiten. **28.** Ausweg *m*, Hilfsmittel *n*, Notbehelf *m*: **to make (a) ~** a) sich notdürftig durchschlagen, b) es fertigbringen (**to do** zu tun), c) sich behelfen (**with** mit; **without** ohne). **29.** Kniff *m*, List *f*, Trick *m*, Ausflucht *f*. **30.** **~ of crop** *agr*. *bes*. *Br*. Fruchtwechsel *m*. **31.** *American Football*: Positiˈonswechsel *m*. **32.** *Kugelstoßen*: Angleiten *n*. **33.** *geol*. Verwerfung *f*. **34.** *mus*. a) Lagenwechsel *m* (*bei Streichinstrumenten*), b) Zugwechsel *m* (*Posaune*), c) Verschiebung *f* (*linkes Pedal beim Flügel etc*). **35.** *ling*. Lautverschiebung *f*. **36.** *obs*. (ˈUnter)Hemd *n* (*der Frau*).

ˈshift·er *s* **1.** *thea*. Kuˈlissenschieber *m*, Bühnenarbeiter *m*. **2.** *fig*. schlauer Fuchs. **3.** *tech*. a) Schalter *m*, ˈUmleger *m*, b) Ausrückvorrichtung *f*.

shift·i·ness [ˈʃɪftɪnɪs] *s* **1.** Gewandtheit *f*. **2.** Schlauheit *f*. **3.** Verschlagenheit *f*. **4.** *fig*. Unstetigkeit *f*.

ˈshift·ing *adj* wechselnd, veränderlich, sich verschiebend: **~ sand** Treib-, Flugsand *m*.

shift key *s* ˈUmschalter *m* (*der Schreibmaschine*).

ˈshift·less *adj* (*adv* **~ly**) **1.** hilflos (*a. fig.*

unfähig). **2.** unbeholfen, einfallslos. **3.** träge, faul. ˈ**shift·less·ness** *s* **1.** Hilflosigkeit *f* (*a. fig.*). **2.** Unbeholfenheit *f.* **3.** Trägheit *f.*

shift| work *s* **1.** Schichtarbeit *f*: **to do ~** Schicht arbeiten. **2.** *ped.* ˈSchichtˌunterricht *m.* **~work·er** *s* Schichtarbeiter(in).

ˈ**shift·y** *adj* (*adv* **shiftily**) **1.** einfallsreich, wendig. **2.** schlau, gerissen. **3.** verschlagen. **4.** *fig.* unstet.

Shi·ism [ˈʃiːɪzəm] *s relig.* Schiˈismus *m.* ˈ**Shi·ite** [-aɪt] **I** *s* Schiˈit(in). **II** *adj* schiˈitisch.

shi·kar [ʃɪˈkɑː(r)] *Br. Ind.* **I** *s* Jagd *f* (*als Sport*). **II** *v/t* jagen. **shiˈka·ri,** *a.* **shiˈka·ree** [-ˈkærɪ; -ˈkɑː-] *s Br. Ind.* (*a.* eingeborener) Jäger.

shil·le·la(g)h [ʃɪˈleɪlə; -lɪ] *s Ir.* (Eichen- *od.* Schlehdorn)Knüttel *m.*

shil·ling [ˈʃɪlɪŋ] *s Br. altes Währungssystem*: Schilling *m*: **a ~ in the pound** 5 Prozent; **to pay twenty ~s in the pound** s-e Schulden auf Heller u. Pfennig bezahlen; **to take the King's** (*od.* **Queen's**) **~** sich als Soldat anwerben lassen; **to cut s.o. off with a ~** j-n enterben, j-m keinen Pfennig vermachen. **~shock·er** *s* ˈSchundroˌman *m.*

shil·ly-shal·ly [ˈʃɪlɪˌʃælɪ] **I** *v/i* schwanken, sich nicht entscheiden können. **II** *s* Schwanken *n*, Zögern *n.* **III** *adj u. adv* schwankend, unentschlossen.

shi·ly → **shyly.**

shim [ʃɪm] *s tech.* Keil *m*, Ausgleichsscheibe *f.*

shim·mer [ˈʃɪmə(r)] **I** *v/i* schimmern. **II** *s* Schimmer *m*, Schimmern *n.* ˈ**shim·mer·y** *adj* schimmernd.

shim·my [ˈʃɪmɪ] **I** *s* **1.** Shimmy *m* (*amer. Jazztanz*). **2.** *tech.* Flattern *n* (*der Vorderräder*). **3.** *colloq.* (Damen)Hemd *n.* **II** *v/i* **4.** Shimmy tanzen. **5.** *tech.* flattern (*Vorderräder*).

shin [ʃɪn] **I** *s* **1.** *anat.* Schienbein *n.* **2. ~ of beef** *gastr.* Rinderhachse *f.* **II** *v/i* **3.** klettern: **to ~ up a tree** e-n Baum hinaufklettern. **4.** *Am.* rennen. **III** *v/t* **5.** klettern auf (*acc*). **6.** *j-n* vors Schienbein treten: **to ~ o.s.** sich das Schienbein stoßen. ˈ**~bone** *s* Schienbein(knochen *m*) *n.*

shin·dig [ˈʃɪndɪg] *s colloq.* **1.** ‚Schwof' *m*, Tanzveranstaltung *f.* **2.** (*bes.* ausgelassene) Party. **3.** → **shindy.**

shin·dy [ˈʃɪndɪ] *s colloq.* Krach *m*, Raˈdau *m.*

shine [ʃaɪn] **I** *v/i pret u. pp* **shone** [ʃɒn; *Am.* ʃəʊn], *obs.* **shined 1.** scheinen (*Sonne etc*), leuchten, strahlen (*a. Augen etc*; **with joy** vor Freude): **to ~ out** a) hervorleuchten, b) *fig.* hervorragen; **to ~ up to s.o.** *Am. sl.* sich bei j-m anbiedern. **2.** glänzen (*a. fig. sich hervortun* **as** als; **in, at** in *dat*). **II** *v/t* **3.** *pret u. pp meist* **shined** poˈlieren: **to ~ shoes. III** *s* **4.** (*Sonnen- etc*)Schein *m*: → **rain** 1. **5.** Glanz *m* (*a. fig.*): **to take the ~ out of** a) *e-r Sache* den Glanz nehmen, b) *etwas od. j-n* in den Schatten stellen, c) *j-n* ‚klein u. häßlich' erscheinen lassen. **6.** Glanz *m* (*bes. auf Schuhen*): **have a ~?** Schuhputzen gefällig? **7.** *colloq.* Krach *m*: **to kick up a ~** Radau machen. **8.** *Am. colloq.* Dummeˈjungenstreich *m.* **9. to take a ~ to s.o.** *colloq.* an j-m Gefallen finden. **10.** *Am. sl. contp.* Nigger *m.*

shin·er [ˈʃaɪnə(r)] *s* **1.** glänzender Gegenstand. **2.** *sl.* a) Goldmünze *f* (*bes. Sovereign*), b) *pl* Moˈneten *pl* (*Geld*), c) Diaˈmant *m.* **3.** *colloq.* ‚Veilchen' *n*, blaues Auge. **4.** Glanzstelle *f.*

shin·gle¹ [ˈʃɪŋgl] **I** *s* **1.** *arch.* (Dach-) Schindel *f.* **2.** Herrenschnitt *m* (*Damenfrisur*). **3.** *Am. colloq. humor.* (Firmen-) Schild *n*: **to hang out one's ~** sich (als Arzt *etc*) etablieren, ‚s-n eigenen Laden aufmachen'. **II** *v/t* **4.** *arch.* mit Schindeln decken. **5.** *Haar* (sehr) kurz schneiden: **~d hair** → 2.

shin·gle² [ˈʃɪŋgl] *s geol. Br.* **1.** grober Strandkies. **2.** *a.* **~ beach** Kiesstrand *m.*

shin·gle³ [ˈʃɪŋgl] *v/t metall.* zängen (*entschlacken*).

shin·gles [ˈʃɪŋglz] *s pl* (*als sg konstruiert*) *med.* Gürtelrose *f.*

shin·gly [ˈʃɪŋglɪ] *adj* kies(el)ig.

shin·ing [ˈʃaɪnɪŋ] *adj* (*adv* **~ly**) **1.** leuchtend (*a. fig.*), strahlend, hell. **2.** glänzend (*a. fig.*): **~ example** leuchtendes Beispiel; **a ~ light** e-e Leuchte, ein großes Licht (*Person*).

shin·ny¹ [ˈʃɪniː] *s sport Am.* Shinny *n* (*Art Hockey*).

shin·ny² [ˈʃɪniː] *v/i Am. colloq. für* shin 3.

Shin·to [ˈʃɪntəʊ], ˈ**Shin·to·ism** *s* Schintoˈismus *m* (*japanische Religion*).

shin·ty [ˈʃɪntɪ] *s sport Br.* Shinty *n* (*Art Hockey*).

shin·y [ˈʃaɪnɪ] *adj allg.* glänzend: a) leuchtend (*a. fig.*), b) funkelnd (*a. Auto etc*), c) strahlend: **a ~ day,** d) blank(geputzt), e) blank, abgetragen: **a ~ jacket.**

ship [ʃɪp] **I** *s* **1.** *allg.* Schiff *n*: **~'s articles** → **shipping articles; ~'s biscuit** *Br.* Schiffszwieback *m*; **~'s company** Besatzung *f*; **~'s husband** Mitreeder *m*; **~'s papers** Schiffspapiere; **~'s stores** Schiffsbedarf *m*; **~ of state** *fig.* Staatsschiff; **~ of the desert** *fig.* Schiff der Wüste (*Kamel*); **to take ~** sich einschiffen (**for** nach); **about ~!** klar zum Wenden!; **when my ~ comes home** (*od.* **in**) *fig.* wenn ich das große Los ziehe. **2.** *mar.* Vollschiff *n* (*Segelschiff mit 3 od. mehr Masten mit Rahsegeln*). **3.** Boot *n.* **4.** a) Luftschiff *n*, b) Flugzeug *n*, c) Raumschiff *n.* **II** *v/t* **5.** *mar.* a) an Bord bringen *od.* nehmen, verladen, b) *Passagiere* an Bord nehmen. **6.** *mar.* verschiffen, (mit dem Schiff) transporˈtieren. **7.** *econ.* a) verladen, b) *a.* **~ off** transporˈtieren, verfrachten, -senden, (aus)liefern (*a. zu Lande*), c) *Ware* (*zur Verladung*) abladen, d) *mar. e-e Ladung* überˈnehmen. **8.** *mar.* ˈübernehmen: **to ~ a sea** e-e See übernehmen. **9.** *mar.* a) *Ruder* einlegen, b) *e-n Mast* einsetzen, c) *den Landungssteg* einholen: → **oar** *Bes. Redew.* **10.** *mar. Matrosen* (an)heuern, anmustern. **11.** *a.* **~ off** *colloq.* fortschicken. **III** *v/i mar.* **12.** sich einschiffen. **13.** sich anheuern lassen.

ship| bis·cuit *s Am.* Schiffszwieback *m.* ˈ**~board** *s mar.* Bord *m*: **on ~** an Bord. ˈ**~borne air·craft** *s aer.* Bordflugzeug *n.* **~break·er** *s mar.* Schiffsverschrotter *m.* ˈ**~ˌbuild·er** *s mar.* Schiff(s)bauer *m*, ˈSchiffsarchiˌtekt *m.* ˈ**~ˌbuild·ing** *s mar.* Schiff(s)bau *m.* **~ ca·nal** *s mar.* ˈSeekaˌnal *m.* **~ chan·dler** *s mar.* Schiffsausrüster *m.* ˈ**~load** *s mar.* (volle) Schiffsladung (*als Maß*). ˈ**~ˌmas·ter** *s mar.* (ˈHandels)Kapiˌtän *m.* ˈ**~mate** *s* ˈSchiffskameˌrad *m.*

ˈ**ship·ment** *s* **1.** *mar.* a) Verladung *f*, b) Verschiffung *f*, ˈSeetransˌport *m*, c) (Schiffs)Ladung *f.* **2.** *econ.* (*a. zu Lande*) a) Versand *m*, b) (Waren)Sendung *f*, Lieferung *f.*

ship| mon·ey *s hist.* Schiffsgeld *n* (*in England für Schiffsaufgebote im Krieg erhobene Steuer*). **~of the line** *s mil. hist.* Linienschiff *n.* ˈ**~ˌown·er** *s* Reeder *m.*

ˈ**ship·per** *s econ.* **1.** Verschiffer *m.* **2.** a) Absender *m*, b) Frachter *m*, Spediˈteur *m*, c) → **shipping clerk. 3.** *Am.* sich gut zum Versand eignende Ware. **4.** *Am.* → **shipping case.**

ˈ**ship·ping** *s* **1.** Verschiffung *f.* **2.** a) Abladung *f* (*Anbordnahme*), b) Verfrachtung *f*, Versand *m* (*a. zu Lande etc*): **~ carton** Versandkarton *m*; **~ instructions** Versandvorschriften. **3.** *mar. collect.* Schiffe *pl*, Schiffsbestand *m* (*e-s Landes etc*). **~ a·gent** *s mar.* **1.** ˈSchiffsaˌgent *m.* **2.** Schiffsmakler *m.* **~ ar·ti·cles** *s'pl mar.* ˈSchiffsarˌtikel *pl*, Heuervertrag *m.* **~ bill** *s mar.* Maniˈfest *n*, Zollfreischein *m.* **~case** *s econ.* Versandkiste *f*, -behälter *m.* **~ clerk** *s econ.* Expediˈent *m*, Leiter *m* der Verˈsandabˌteilung. **~ com·mis·sion·er** *s mar. Am.* ˈSeemannsˌamtskommisˌsar *m.* **~ com·pa·ny** *s mar.* Reedeˈrei *f.* **~ fore·cast** *s meteor.* Seewetterbericht *m.* **~ mas·ter** *s mar. Br.* ˈSeemannsˌamtskommisˌsar *m.* **~ or·der** *s econ.* Versandauftrag *m.*

ˈ**ship·shape** *adv u. pred adj* ordentlich: **~ and Bristol fashion** in tadelloser Ordnung.

ˌ**ship|-to-ˈship** *adj mar.* Bord-Bord-... ˌ**~-to-ˈshore** *adj mar.* Bord-Land-... ˈ**~way** *s* **1.** *Schiffsbau*: Stapel *m*, Helling *f.* **2.** Trockendock(schiffs)stützen *pl.* **3.** → **ship canal.** ˈ**~wreck I** *s* **1.** (Schiffs-) Wrack *n.* **2.** Schiffbruch *m*, *fig. a.* Scheitern *n* (*von Plänen, Hoffnungen etc*): **to suffer ~** Schiffbruch erleiden; **to make ~ of** → 4. **II** *v/t* **3.** durch Schiffbruch vernichten: **to be ~ed** schiffbrüchig werden *od.* sein. **4.** *fig.* zum Scheitern bringen, vernichten. **III** *v/i* **5.** Schiffbruch erleiden, *fig. a.* scheitern. ˈ**~wrecked** *adj* schiffbrüchig, *fig. a.* gescheitert. ˈ**~wright** *s* **1.** Schiff(s)bauer *m*, Schiff(s)baumeister *m.* **2.** Schiffszimmermann *m.* ˈ**~yard** *s* (Schiffs)Werft *f.*

shir → **shirr.**

shire [ˈʃaɪə(r); *als Suffix* -ʃə(r); -ˌʃɪə(r)] *s* **1.** *Br.* Grafschaft *f* (*meist in Zssgn*): **the S~s** a) *die englischen Grafschaften, die auf* **-shire** *enden*, b) *die Midlands*, c) *die wegen der Fuchsjagden berühmten Grafschaften* (*bes. Leicestershire, Rutland u. Northamptonshire*). **2.** (auˈstralischer) Landkreis. **3.** *a.* **~ horse** Shire *m*, Shirehorse *n* (*Rasse schwerer Zugpferde*). ˈ**~moot** *s Br. hist.* Grafschaftsgericht *n od.* -versammlung *f.*

shirk [ʃɜːk; *Am.* ʃɜrk] **I** *v/t* **1.** sich drücken vor (*dat*). **2.** *a. e-m Blick* ausweichen. **3.** *a.* **~ off** *Am. etwas* ‚abschieben' (**on** auf *acc*). **II** *v/i* **4.** sich drücken (**from** vor *dat*). **III** *s* → **shirker.** ˈ**shirk·er** *s* Drückeberger(in).

shirr [ʃɜː; *Am.* ʃɜr] **I** *s* **1.** eˈlastisches Gewebe, eingewebter Gummifaden, Zugband *n.* **2.** Fältelung *f.* **II** *v/t* **3.** kräuseln, fälteln. **4.** *Eier* in Sahne *etc* backen. **shirred** *adj* mit eingewebten Gummifäden (versehen), eˈlastisch, gekräuselt: **~ goods** Gurtwaren. ˈ**shir·ring** *s* **1.** (fein)gefältelte Arbeit. **2.** Gurtwaren *pl.*

shirt [ʃɜːt; *Am.* ʃɜrt] *s* **1.** (Herren-, Ober-) Hemd *n.* **2.** *a.* **~ blouse** Hemdbluse *f.* **3.** ˈUnterhemd *n.* **4.** Nachthemd *n* (*für Herren*).

Besondere Redewendungen:

to get s.o.'s ~ out *sl.* j-n ‚auf die Palme bringen'; **to give away the ~ off one's back for s.o.** das letzte Hemd für j-n hergeben; **to have one's ~ out** *sl.* fuchsteufelswild sein; **without a ~ to one's back** ohne ein Hemd auf dem Leib; **keep your ~ on!** *colloq.* ruhig Blut!, nur keine Aufregung!; **to lose one's ~** ‚sein letztes Hemd verlieren'; **to put one's ~ on** alles auf *ein Pferd etc* setzen; **near is my ~, but nearer is my skin** das Hemd ist mir näher als der Rock; → **bet** 4, **bloody shirt, stuffed shirt.**

shirt| dress *s* Hemdkleid *n.* **~ frill** *s* Hemdkrause *f.* **~ front** *s* Hemdbrust *f.*

ˈ**shirt·ing** *s* Hemdenstoff *m.*

ˈ**shirt·less** *adj* **1.** ohne Hemd. **2.** bettelarm.

shirt|sleeve *s* Hemdsärmel *m*: **in one's ~s** in Hemdsärmeln. **'~-sleeve** *adj fig.* ‚hemdsärmelig', le'ger, ungezwungen: **~ diplomacy** offene Diplomatie. **'~·stud** *s* Hemd(en)knopf *m*. **'~·tail** *s* Hemd(en)schoß *m*. **'~,waist** *s Am.*, **'~,waist·er** *s Br.* Hemdbluse *f*.

shirt·y ['ʃɜːtɪ; *Am.* 'ʃɜr-] *adj sl.* **1.** fuchsteufelswild. **2.** ‚sauer', verärgert.

shit [ʃɪt] **I** *s* **1.** *vulg.* ‚Scheiße' *f* (*a. fig.*): **~!** Scheiße!; **I don't give a ~!** das ist mir ‚scheißegal!'; **not worth a ~** e-n ‚Scheißdreck' wert; **to be in the ~** *fig.* in der Scheiße sitzen. **2.** *vulg.* ‚Scheißen' *n*: **to have (go for) a ~** ‚scheißen' (gehen). **3. the ~s** *pl* (*als sg od. pl konstruiert*) *vulg.* die ‚Scheiße'rei', ‚Dünnschiß' *m* (*Durchfall*). **4.** *fig. vulg.* ‚Scheiß' *m* (*Unsinn*): **to talk ~.** **5.** *fig. vulg.* ‚Arschloch' *n*: **you big ~!** du ‚blöde Sau!' **6.** *sl.* ‚Shit' *n* (*Haschisch*). **II** *v/i pret u. pp* **shit** *od.* **'shitted 7.** *vulg.* ‚scheißen': **to ~ on** *fig.* a) auf *j-n, etwas* scheißen, b) *j-n* ‚an-, zs.-scheißen', c) *j-n* ‚verpfeifen'; **(either) ~ or get off the pot!** entweder — oder! **III** *v/t* **8.** *vulg.* ‚vollscheißen', ‚scheißen' in (*acc*): **to ~ o.s.** a) sich vollscheißen, b) *fig.* sich vor Angst fast in die Hosen scheißen. **~ creek** *s*: **to be up ~ (without a paddle)** *vulg.* ‚bis zum Hals in der Scheiße sitzen'. **'~·head** *s* **1.** *fig. vulg.* ‚Arschloch' *n*. **2.** *sl.* ‚Shitraucher(in)'. **~ list** *s*: **to be on s.o.'s ~** *vulg.* bei j-m ‚verschissen' haben.

shit·tah (tree) ['ʃɪtə] *s Bibl.* e-e Akazie.

shit·ty ['ʃɪtɪ] *adj vulg.* **1.** ‚verschissen' (*Hose etc*). **2.** *fig.* ‚beschissen', Scheiß...

shiv·a·ree [,ʃɪvə'riː] *Am. für* **charivari.**

shiv·er¹ ['ʃɪvə(r)] **I** *v/i* **1.** zittern, (er-) schauern, frösteln (**with** vor *dat*). **2.** *mar.* killen, flattern (*Segel*). **II** *v/t* **3.** *mar. Segel* killen lassen. **III** *s* **4.** Schauer *m*, Zittern *n*, Frösteln *n*: **to be (all) in a ~** wie Espenlaub zittern; **a ~ ran (up and) down my back** es überlief mich kalt; **the ~s** a) Fieberschauer, Schüttelfrost *m*, b) *colloq.* Gänsehaut *f*, kalter Schauer; **it gave me the ~s** mich packte das kalte Grausen.

shiv·er² ['ʃɪvə(r)] **I** *s* **1.** Splitter *m*, (Bruch)Stück *n*, Scherbe *f*. **2.** *min.* Dachschiefer *m*. **3.** *tech.* Spleiß(e *f*) *m*. **II** *v/t* **4.** zersplittern, -schmettern. **III** *v/i* **5.** (zer)splittern.

'shiv·er·ing *s* Schauer *m*: **~ attack, ~ fit** Schüttelfrost *m*.

'shiv·er·y *adj* **1.** fröstelnd. **2.** zitt(e)rig. **3.** fiebrig.

shlep → **schlep(p).** **'shlep·per** → **schlepper.**

shlock → **schlock** I.

shmear → **schmear.**

shmo → **schmo.**

shmuck → **schmuck.**

shoal¹ [ʃəʊl] **I** *adj* **1.** seicht, flach. **II** *s* **2.** Untiefe *f*, seichte Stelle. **3.** Sandbank *f*. **III** *v/i* **4.** seicht(er) werden.

shoal² [ʃəʊl] **I** *s* **1.** Schwarm *m* (*bes. von Fischen*). **2.** Masse *f*, Unmenge *f*: **~s of people** Menschenmassen. **II** *v/i* **3.** in Schwärmen auftreten. **4.** in Massen auftreten.

shoal·y ['ʃəʊlɪ] *adj* seicht, voller Untiefen.

shoat [ʃəʊt] *s* Ferkel *n*.

shock¹ [ʃɒk; *Am.* ʃɑk] **I** *s* **1.** (heftiger) Stoß, Erschütterung *f* (*a. fig. des Vertrauens etc*). **2.** *a. mil.* Zs.-prall *m*, -stoß *m*, Anprall *m*: **the ~ of the waves** der Anprall der Wellen. **3.** Schock *m*, Schreck *m*, (plötzlicher) Schlag (**to** für), (*seelische*) Erschütterung (**to** *gen*): **to get the ~ of one's life** a) zu Tode erschrekken, b) ‚sein blaues Wunder erleben'; **with a ~** mit Schrecken; **she is in (a state of) ~** sie hat e-n Schock; **the news came as a ~ to him** die Nachricht war ein Schock für ihn *od.* traf ihn schwer. **4.** Schock *m*, Ärgernis *n* (**to** für). **5.** *electr.* Schlag *m*, (*a. med.* E'lektro)Schock *m*. **6.** *med.* a) (Nerven)Schock *m*, b) (Wund-) Schock *m*, c) plötzliche Lähmung, d) *colloq.* Schlag(anfall) *m*. **7.** *psych.* 'Schockreakti,on *f*. **II** *v/t* **8.** erschüttern, erbeben lassen. **9.** *fig.* schoc'kieren, em'pören: **~ed** empört *od.* entrüstet (**at** über *acc*; **by** durch). **10.** *fig. j-m* e-n Schock versetzen, *j-n* erschüttern, bestürzen: **~ed** schockiert, entgeistert; **I was ~ed to hear** zu m-m Entsetzen hörte ich. **11.** *j-m* e-n Nervenschock versetzen. **12.** *j-m* e-n (e'lektrischen) Schlag versetzen. **13.** *med.* schocken, e-r Schockbehandlung unter'ziehen. **III** *v/i* **14.** *mil.* zs.-stoßen, -prallen.

shock² [ʃɒk; *Am.* ʃɑk] *agr.* **I** *s* Mandel *f*, Hocke *f*, (aufgeschichteter) Garbenhaufen. **II** *v/t* in Mandeln aufstellen.

shock³ [ʃɒk; *Am.* ʃɑk] **I** *s* (**~ of hair** Haar)Schopf *m*. **II** *adj* zottig: **~ head** Strubbelkopf *m*.

shock| ab·sorb·er *s tech.* **1.** Stoßdämpfer *m*. **2.** 'Schwingme,tall *n*. **~ ab·sorp·tion** *s tech.* Stoßdämpfung *f*. **~ ac·tion** *s mil.* Über'raschungsangriff *m*. **~ bri·gade** *s* 'Stoßbri,gade *f* (*von Arbeitern in kommunistischen Ländern*).

'shock·er *s colloq.* **1.** Schocker *m* (*j-d, der od. etwas, was schockiert*). **2.** Elektri'sierappa,rat *m*.

'shock|·free *adj tech.* stoßfrei. **'~,head·ed** *adj* strubbelig: **S~ Peter** (der) Struwwelpeter.

'shock·ing I *adj* (*adv* **~ly**) **1.** schoc'kierend, em'pörend, unerhört, anstößig. **2.** entsetzlich, haarsträubend. **3.** *colloq.* scheußlich, schrecklich, mise'rabel: **~ weather.** **II** *adv* **4.** *colloq.* schrecklich, unheimlich: **a ~ big town.**

'shock|·proof *adj* **1.** *tech.* stoßfest, -sicher, erschütterungsfest. **2.** *fig.* nicht zu erschüttern. **~ tac·tics** *s pl* (*als sg konstruiert*) *mil.* Stoß-, 'Durchbruchstaktik *f*. **~ ther·a·py, ~ treat·ment** *s med.* 'Schockthera,pie *f*, -behandlung *f*. **~ troops** *s pl mil.* Stoßtruppen *pl*. **~ wave** *s aer. phys.* Druckwelle *f*: **to send ~s through** *fig.* erschüttern. **~ work·er** *s* Stoßarbeiter *m* (*in kommunistischen Ländern*).

shod [ʃɒd; *Am.* ʃɑd] **I** *pret u. pp von* **shoe** I. **II** *adj* **1.** beschuht. **2.** bereift (*Fahrzeug*). **3.** beschlagen (*Pferd, a. Stock etc*).

shod·dy ['ʃɒdɪ; *Am.* 'ʃɑ-] **I** *s* **1.** Shoddy *n*, (langfaserige) Kunstwolle. **2.** Shoddytuch *n*. **3.** *fig.* Schund *m*, Kitsch *m*. **4.** *fig.* Protzentum *n*. **5.** *tech.* Regene'ratgummi *m, n*. **II** *adj* **6.** Shoddy... **7.** *fig.* unecht, falsch: **~ aristocracy** Talmiaristokratie *f*. **8.** *fig.* kitschig, Schund...: **~ literature.** **9.** *fig.* protzig.

shoe [ʃuː] **I** *v/t pret u. pp* **shod** [ʃɒd; *Am.* ʃɑd] **1.** a) beschuhen, b) *Pferde, a. e-n Stock etc* beschlagen, *Schlittenkufen etc* beschienen. **II** *s* **2.** Schuh *m*. **3.** a) *bes. Br.* Halbschuh *m*, b) *Am.* Stiefel *m*. **4.** Hufeisen *n*. **5.** *tech.* Schuh *m* (*Schutzbeschlag*). **6.** *tech.* a) Bremsschuh *m*, -klotz *m*, b) Bremsbacke *f*. **7.** *tech.* (Reifen-) Decke *f*. **8.** *electr.* Schleifstück *n* (*des Stromabnehmers*). **9.** *tech.* a) Anschlag (-stück *n*) *m*, b) Verschleißstück *n*.

Besondere Redewendungen:

dead men's ~s *fig.* ungeduldig erwartetes Erbe; **to be** (*od.* **stand**) **in s.o.'s ~s** *fig.* in j-s Haut stecken; **now the ~ is on the other foot** *colloq.* jetzt will er (*etc*) plötzlich nichts mehr davon wissen; **every ~ fits not every foot** eines schickt sich nicht für alle; **to know where the ~ pinches** wissen, wo der Schuh drückt; **to shake in one's ~s** vor Angst schlottern; **to step into** (*od.* **fill**) **s.o.'s ~s** j-s Stelle einnehmen; **that's another pair of ~s** das sind zwei Paar Stiefel; → **die¹** 1, **fit¹** 19, **lick** 1.

'shoe|·black *s* Schuhputzer *m*. **'~·brush** *s* Schuhbürste *f*. **'~·horn** *s* Schuhlöffel *m*. **'~·lace** *s* Schnürsenkel *m*. **~ leath·er** *s* Schuhleder *n*.

'shoe·less *adj* unbeschuht, barfuß.

'shoe|,mak·er *s* Schuhmacher *m*: **~'s thread** Pechdraht *m*. **'~·shine** *s bes. Am.* Schuhputzen *n*: **~ boy** Schuhputzer *m*. **~ shuf·fle** *s*: **to do the light ~** *Br. colloq.* das Tanzbein schwingen. **'~·string I** *s* → **shoelace**: **on a ~** *colloq.* mit ein paar Groschen, praktisch mit nichts *anfangen etc*. **II** *adj colloq.* a) fi'nanzschwach, b) ‚klein': **~ producers**, c) dürftig, armselig. **~ tree** *s* (Schuh)Leisten *m*.

sho·gun ['ʃəʊguːn; *Am.* -gən] *s hist.* Sho'gun *m* (*Titel des japanischen Oberbefehlshabers u. eigentlichen Machthabers*).

shone [ʃɒn; *Am.* ʃəʊn] *pret u. pp von* **shine.**

shoo [ʃuː] **I** *interj* **1.** husch!, sch!, fort! **II** *v/t* **2.** *a.* **~ away** weg-, verscheuchen. **3.** *Am. colloq. j-n* ‚bug'sieren'. **III** *v/i* **4.** husch! *od.* sch! rufen. **'~-,in** *s Am. colloq.* sicherer Gewinner, aussichtsreicher Kandi'dat.

shook¹ [ʃʊk] **I** *s* **1.** Bündel *n* Faßdauben. **2.** Pack *m* Kisten- *od.* Möbelbretter *etc*. **3.** → **shock²** I. **II** *v/t* **4.** zu e-m Bündel zs.-stellen, bündeln.

shook² [ʃʊk] *pret von* **shake.**

shoot [ʃuːt] **I** *s* **1.** *hunt.* a) Jagd *f*, b) 'Jagd(re,vier *n*) *f*, c) Jagdgesellschaft *f*, d) *Am.* Strecke *f* (*erlegtes Wild*): **the whole ~** *colloq.* der ‚ganze Laden' *od.* ‚Kram'. **2.** Wettschießen *n*. **3.** *Am.* Ra'ketenabschuß *m*, -start *m*. **4.** a) Schuß *m*, b) Schießen *n*, Feuer *n*. **5.** *bot.* a) Sprießen *n*, b) Schößling *m*, (Seiten)Trieb *m*. **6.** (*Holz- etc*)Rutsche *f*, Rutschbahn *f*. **7.** *fig.* Schuß *m*, Schießen *n*, Zucken *n* (*schnelle Bewegung*). **8.** Stromschnelle *f*. **9.** Schuttabladestelle *f*. **10.** *phot.* (Film-) Aufnahme *f*.

II *v/t pret u. pp* **shot** [ʃɒt; *Am.* ʃɑt] **11.** *e-n Pfeil, e-e Kugel etc* (ab)schießen (**at** nach, auf *acc*): **to ~ one's way to freedom** sich (den Weg) freischießen; **to ~ questions at s.o.** *fig.* j-n mit Fragen bombardieren; → **ball¹** 1, **shoot off** I. **12.** a) *hunt.* schießen, erlegen, b) *j-n etc* anschießen, c) *a.* **~ dead**, *Am. a.* **~ and kill** *j-n* erschießen (**for** wegen): **to ~ o.s.** sich erschießen; **I'll be shot if** ich will (auf der Stelle) tot umfallen, wenn; → **shoot down.** **13.** *hunt.* in e-m *Revier* jagen. **14.** *fig.* schleudern, schnellen, stoßen: **to ~ a line** *sl.* angeben, ‚große Bogen spucken'. **15.** 'hinschießen über (*acc*): **to ~ a bridge** unter e-r Brücke hindurchschießen; **to ~ a rapid** über e-e Stromschnelle hinwegschießen; **to ~ Niagara** *fig.* Kopf u. Kragen riskieren; → **light¹** 5. **16.** *Strahlen etc* schießen, aussenden: **to ~ rays**; **to ~ a glance at** e-n schnellen Blick werfen auf (*acc*). **17.** (*mit Fäden*) durch'schießen, -'wirken. **18.** *Schutt, a. e-n Karren etc* abladen, auskippen. **19.** *a.* **~ out, ~ forth** *bot. Knospen etc* treiben. **20.** *e-n Riegel etc* vorschieben: → **bolt¹** 1. **21.** *Bergbau*: sprengen. **22.** *tech. ein Brett etc* gerade-, abhobeln, *Holz* zurichten, *ein Faß* schroten. **23.** *sport den Ball, ein Tor* schießen: **to ~ the ball (a goal)**; **to ~ marbles** Murmeln spielen. **24.** *med.* (ein)spritzen: **to ~ (up)** *sl. Heroin etc* ‚drücken', ‚schießen'. **25.** a) fotogra'fieren, aufnehmen, b) drehen, filmen: **to ~ a scene.**

III *v/i* **26.** *a. sport* schießen, feuern (**at**

nach, auf *acc*): **to ~ from the hip** aus der Hüfte schießen (*a. fig. colloq. unbedacht reden od. handeln*); **to ~ at** (*od.* **for**) **s.th.** *colloq.* auf etwas abzielen; **~!** *bes. Am. sl.* schieß los (*sprich*)! **27.** schießen, jagen: **to go ~ing** auf die Jagd gehen; **to ~ over** (*od.* **to**) **dogs** mit Hunden jagen. **28.** (daˈhin-, vorˈbei- *etc*)schießen, (-)jagen, (-)rasen: **a car shot past; a sudden idea shot across his mind** ein Gedanke schoß ihm plötzlich durch den Kopf; → **shoot ahead. 29.** stechen (*Schmerz, Glied*). **30.** ragen: **a cape ~s out into the sea** ein Kap ragt weit ins Meer hinaus. **31.** *bot.* sprießen, sprossen, keimen. **32.** *phot.* a) fotograˈfieren, b) drehen, filmen. **33.** *a.* **~ up** *sl.* ,schießen', ,drücken' (*Heroin etc spritzen*).

Verbindungen mit Adverbien:

shoot|a·head *v/i* nach vorn schießen, vorˈanstürmen: **to ~ of** vorbeischießen an (*dat*), überholen (*acc*). **~ down** *v/t* **1.** *j-n* niederschießen. **2.** *ein Flugzeug etc* abschießen. **3.** *colloq.* a) *j-n* ,abfahren lassen', b) *Antrag etc* ,abschmettern'. **~ off I** *v/t* **1.** *e-e Waffe* abschießen: **to ~ one's mouth** → 3. **II** *v/i* **2.** stechen (*bei gleicher Trefferzahl*). **3.** *bes. Am. sl.* a) ,blöd daˈherreden', b) ,quatschen' (*Geheimnisse weitererzählen*). **~ out I** *v/t* **1.** *ein Auge etc* ausschießen. **2. to shoot it out** die Sache mit ,blauen Bohnen' entscheiden. **3.** herˈausschleudern, hinˈauswerfen, -jagen. **4.** *die Faust, den Fuß* vorschnellen (lassen), *die Zunge* herˈausstrecken. **5.** herˈausragen lassen. **6.** *bot.* → **shoot** 19. **II** *v/i* **7.** *bot.* → **shoot** 31. **8.** vor-, herˈausschnellen. **~ up I** *v/t* **1.** a) *j-n* ,zs.-schießen', b) *e-e Stadt etc* durch wilde Schießeˈreien terroriˈsieren. **2.** → **shoot** 24. **II** *v/i* **3.** emˈporschnellen (*a. econ. Preise*). **4.** in die Höhe schießen, rasch wachsen (*Pflanze, Kind*). **5.** jäh aufragen (*Klippe etc*). **6.** → **shoot** 33.

shoot·a·ble [ˈʃuːtəbl] *adj* schieß-, jagdbar. **ˈshoot·er** *s* Schütze *m*, Schützin *f*.

shoot·ing [ˈʃuːtɪŋ] **I** *s* **1.** a) Schießen *n*, b) Schießeˈrei *f*. **2.** Erschießung *f*. **3.** *fig.* Stechen *n* (*Schmerz*). **4.** *hunt.* a) Jagen *n*, Jagd *f*, b) Jagdrecht *n*, c) ˈJagdreˌvier *n*. **5.** Aufnahme(n *pl*) *f* (*zu e-m Film*), Dreharbeiten *pl*, Drehen *n*. **II** *adj* **6.** schießend, Schuß..., Schieß... **7.** *fig.* stechend: **~ pains. 8.** Jagd... **~ box** *s* Jagdhütte *f*. **~ brake** *s mot. Br.* Kombiwagen *m*. **~ gal·ler·y** *s* **1.** Schießstand *m*. **2.** Schießbude *f*. **~ i·ron** *s bes. Am. sl.* ,Schießeisen' *n*. **~ li·cence,** *bes. Am.* **~ li·cense** *s* Jagdschein *m*. **~ lodge** *s* Jagdhütte *f*. **~ match** *s* Preis-, Wettschießen *n*: **the whole ~** *colloq.* der ,ganze Laden *od.* Kram'. **~ range** *s* Schießstand *m*. **~ script** *s Film*: Drehplan *m*. **~ star** *s astr.* Sternschnuppe *f*. **~ stick** *s* Jagdstuhl *m*. **~ war** *s* heißer Krieg, Schießkrieg *m*.

ˈshoot·out *s* **1.** Schießeˈrei *f*. **2.** *Fußball: amer. Variante des Elfmeterschießens bei unentschiedenem Spielausgang.*

shop [ʃɒp; *Am.* ʃɑp] **I** *s* **1.** (Kauf)Laden *m*, Geschäft *n*: **to set up ~** ein Geschäft eröffnen; **to come to the wrong ~** *colloq.* an die falsche Adresse geraten; **all over the ~** *colloq.* a) ,in der ganzen Gegend (herum)', überall verstreut, b) in alle Himmelsrichtungen; **to shut up ~** das Geschäft (*am Abend od. für immer*) schließen, ,den Laden dichtmachen'; → **keep** 19. **2.** Werkstatt *f*: **carpenter's ~** Schreinerwerkstatt *f*, Schreinerei *f*. **3.** a) *oft pl* Betrieb *m*, Faˈbrik *f*, Werk *n*: → **closed (open) shop,** b) (ˈWerks)Abˌteilung *f*, c) Fachsimpeˈlei *f*: **to talk ~** fachsimpeln; **to sink the ~** *colloq.* a) nicht vom Geschäft reden, b) s-n Beruf verheimlichen. **4.** *bes. Br. sl.* ,Laden' *m*, ,Verein' *m* (*Organisation etc*), ,Penne' *f* (*Schule*), ,Uni' *f* (*Universität*): **the other ~** die Konkurrenz. **5.** *bes. Br. sl.* ,Kittchen' *n* (*Gefängnis*). **II** *v/i* **6.** einkaufen, Einkäufe machen: **to go ~ping** einkaufen gehen; **to ~ around** a) (*vor dem Einkaufen*) die Preise vergleichen, b) *fig.* sich umsehen (**for** nach). **III** *v/t* **7.** *bes. Br. sl.* a) *e-n Komplizen* ,verpfeifen', b) *j-n* ,ins Kittchen bringen'. **~ as·sist·ant** *s Br.* Verkäufer(in). **ˈ~boy** *s* Ladenjunge *m*. **ˈ~ˌbreak·ing** *s* Ladeneinbruch *m*. **~ com·mit·tee** *s econ. Am.* Betriebsrat *m*. **~ floor** *s* **1.** Produktiˈonsstätte *f*. **2.** Arbeiter *pl* (*Ggs. Management*): **on the ~** unter den Arbeitern. **~ front** *s* Ladenfront *f*. **ˈ~girl** *s* Ladenmädchen *n*. **ˈ~ˌkeep·er** *s* Ladenbesitzer(in), -inhaber (-in): **nation of ~s** *fig.* Krämervolk *n*. **ˈ~ˌkeep·ing** *s* **1.** Kleinhandel *m*. **2.** Betrieb *m* e-s (Laden)Geschäfts. **ˈ~ˌlift·er** *s* Ladendieb(in). **ˈ~ˌlift·ing** *s* Ladendiebstahl *m*.

shop·per [ˈʃɒpə; *Am.* ˈʃɑpər] *s* **1.** Käufer(in). **2.** *econ.* Einkäufer(in). **ˈshop·ping I** *s* **1.** Einkauf *m*, Einkaufen *n* (*in Läden*): **to do one's ~** (s-e) Einkäufe machen. **2.** Einkäufe *pl* (*eingekaufte Ware*). **II** *adj* **3.** Laden..., Einkaufs...: **~ bag** Einkaufsbeutel *m*, -tasche *f*; **~ bag lady** *Am. colloq.* Stadtstreicherin *f*; **~ center** (*bes. Br.* **centre**) Einkaufszentrum *n*; **~ goods** *econ.* Konsumgüter, die erst nach genauem Vergleich verschiedener Angebote gekauft werden; **~ list** Einkaufsliste *f*, -zettel *m*; **~ precinct** Einkaufsviertel *n*; **~ street** Geschäfts-, Ladenstraße *f*.

ˌshop|-ˈsoiled *bes. Br. für* **shopworn. ~ stew·ard** *s* gewerkschaftlicher Vertrauensmann. **ˈ~talk** *s* Fachsimpeˈlei *f*, Fachsimpeln *n*. **ˈ~ˌwalk·er** *s Br.* (aufsichtführender) Abˈteilungsleiter (*in e-m Kaufhaus*). **ˌ~ˈwin·dow** *s* Schaufenster *n* (*a. fig.*), Auslage *f*: **to put all one's goods in the ~** *fig.* ganz ,auf Wirkung machen'. **ˈ~worn** *adj* **1.** angestaubt, beschädigt (*Ware*). **2.** *fig.* abgenutzt.

sho·ran [ˈʃɔːræn; *Am. a.* ˈʃəʊərˌæn] *s aer.* Shoran *n* (*von* **short-range navigation** *Nahbereichs-Radar-Navigation*).

shore[1] [ʃɔː(r); *Am. a.* ˈʃəʊər] **I** *s* Küste *f*, Ufer *n*, Strand *m*, Gestade *n*: **my native ~(s)** *fig.* mein Heimatland; **on ~** an(s) Land; **in ~** in Küstennähe. **II** *adj* Küsten..., Strand..., Land...: **~ battery** *mil.* Küstenbatterie *f*; **~ leave** Landurlaub *m*; **~ patrol** *mil. Am.* Küstenstreife *f*.

shore[2] [ʃɔː(r); *Am. a.* ˈʃəʊər] **I** *s* **1.** Strebebalken *m*, Stütze *f*, Strebe *f*. **2.** *mar.* Schore *f* (*Spreizholz*). **II** *v/t* **3.** *meist* **~ up** a) abstützen, b) *fig.* (unter)ˈstützen.

shore[3] [ʃɔː(r); *Am. a.* ˈʃəʊər] *obs. pret von* **shear.**

ˈshore·less *adj* ohne Ufer, uferlos (*a. fig. poet.*).

ˈshore·ward I *adj* ufer- *od.* küstenwärts gelegen *od.* gerichtet *etc.* **II** *adv* ufer-, küstenwärts, (nach) der Küste zu. **ˈshore·wards** → **shoreward** II.

ˈshor·ing *s* **1.** *collect.* Stützbalken *pl*. **2.** (Ab)Stützen *n*.

shorn [ʃɔː(r)n; *Am. a.* ˈʃəʊərn] *pp von* **shear: ~ of** *fig. e-r Sache* beraubt.

short [ʃɔː(r)t] **I** *adj* (*adv* → **shortly**) **1.** (*räumlich u. zeitlich*) kurz: **a ~ life (memory, street,** *etc*); **a ~ time ago** vor kurzer Zeit, vor kurzem; **to get the ~ end of the stick** *Am. colloq.* schlecht wegkommen (*bei e-r Sache*); → **hair** *Bes. Redew.*, **shrift** 2. **2.** kurz, klein (von Gestalt). **3.** kurz, knapp: **a ~ speech; 'phone' is ~ for 'telephone'** ,phone' ist die Kurzform von ,telephone'. **4.** kurz angebunden, barsch (**with s.o.** gegen j-n). **5.** knapp: **~ rations; a ~ hour; to run ~** knapp werden, zur Neige gehen (→ 8). **6. to fall** (*od.* **come**) **~ of** *fig. etwas* nicht erreichen, *den Erwartungen etc* nicht entsprechen, hinter *e-r Sache* zuˈrückbleiben. **7.** geringer, weniger (**of** als): **little ~ of 10 dollars** nicht ganz 10 Dollar; **nothing ~ of** nichts weniger als, geradezu. **8.** knapp (**of** an *dat*): **~ of breath** kurzatmig; **~ of cash** (*od.* **money**) knapp bei Kasse; **they ran ~ of bread** das Brot ging ihnen aus. **9.** mürbe (*Gebäck etc*): **~ pastry** Mürbeteig(gebäck *n*) *m*. **10.** brüchig (*Metall etc*). **11.** *bes. econ.* kurzfristig, auf kurze Sicht: **~ bill; ~ loan; at ~ date** kurzfristig; → **notice** 4. **12.** *econ.* Baisse... **13.** a) klein, in e-m kleinen Glas serˈviert: **~ drink** Schnaps *m*, ,Kurze(r)' *m*, b) stark, unverdünnt.

II *adv* **14.** kurz(erhand), plötzlich, jäh, abˈrupt: **to cut s.o. ~, to take s.o. up ~** j-m ,über den Mund fahren'; **to be taken ~** *colloq.* ,dringend (verschwinden *od.* austreten) müssen'; **to stop ~** jäh innehalten, stutzen (→ 16). **15.** zu kurz: **to throw ~. 16. ~ of** a) (kurz *od.* knapp) vor (*dat*), b) abgesehen von, außer (*dat*), c) beinahe, fast: **~ of lying** ehe ich lüge; **it was little ~ of a miracle** es grenzte an ein Wunder; **to stop ~ of** zurückschrekken vor (*dat*). **17.** *econ.* ungedeckt: **to sell ~** a) ohne Deckung verkaufen, fixen, b) *fig. colloq.* bagatelliˈsieren.

III *s* **18.** (*etwas*) Kurzes, *z. B.* a) Kurzfilm *m*, b) *mus.* kurzer Ton, c) *metr.* kurze Silbe, d) *ling.* Kürze *f*, kurzer Laut, e) (*Morse*)Punkt *m*, kurzes Zeichen; → **long**[1] 23. **19.** Kurzform *f*: **he is called Bill for ~** er wird kurz *od.* der Kürze halber Bill genannt; **in ~** kurz(um). **20.** Fehlbetrag *m*, Manko *n*. **21.** *pl a.* **pair of ~s** a) Shorts *pl*, kurze (Sport)Hose, b) *bes. Am.* (ˈHerren)ˌUnterhose *f*. **22.** *electr.* ,Kurze(r)' *m* (*Kurzschluß*). **23.** *econ.* ˈBaissespekuˌlant *m*. **24.** *pl econ.* a) ohne Deckung verkaufte Waren *pl od.* ˈWertpaˌpiere *pl*, b) zur Deckung benötigte ˈWertpaˌpiere *pl* (*beim Blankoverkauf*). **25.** *pl tech.* ˈAbfall- *od.* ˈNebenproˌdukte *pl*. **26.** *pl* feine (Weizen)Kleie.

IV *v/t* **27.** *colloq. für* **short-circuit** 1.

short·age [ˈʃɔː(r)tɪdʒ] *s* **1.** (**of**) Knappheit *f*, Verknappung *f*, Mangel *m* (an *dat*), *bes. econ.* Engpaß *m* (in *dat*): **~ of staff** Personalmangel. **2.** *bes. econ.* Fehlbetrag *m*, Defizit *n*.

ˈshort|·bread → **shortcake** 1. **ˈ~cake** *s* **1.** Mürbe-, Teekuchen *m*, Mürbegebäck *n*. **2.** *Am.* a) *Nachspeise aus Mürbeteig mit süßen Früchten,* b) *kaltes Gericht aus Semmeln mit Hühnerfrikassee etc.* **ˌ~ˈchange** *v/t* **1.** *j-m* zuˈwenig (Wechselgeld) herˈausgeben. **2.** *fig. colloq.* *j-n* ,übers Ohr hauen'. **~ cir·cuit** *s electr.* Kurzschluß *m*. **ˌ~-ˈcir·cuit** *v/t* **1.** *electr.* a) e-n Kurzschluß od. ,Kurzen' verursachen in (*dat*) (*als Defekt*), b) kurzschließen (*als Betriebsmaßnahme*). **2.** *fig.* a) *etwas* ,torpeˈdieren', b) *etwas* ausschalten *od.* umˈgehen. **ˌ~ˈcom·ing** *s* **1.** Unzulänglichkeit *f*. **2.** Mangel *m*, Fehler *m*. **3.** Pflichtversäumnis *n*. **4.** Fehlbetrag *m*, Defizit *n*. **~cov·er·ing** *s econ.* Deckungskauf *m*. **~ cut** *s* **1.** Abkürzung(sweg *m*) *f*: **to take a ~** (den Weg) abkürzen. **2.** *fig.* abgekürztes Verfahren. **ˌ~ˈdat·ed** *adj econ.* kurzfristig (*Staatspapier*). **ˌ~ˈdis·tance** *adj* Nah...: **~ goods traffic** (*Am.* **hauling**) Güternahverkehr *m*.

short·en [ˈʃɔː(r)tn] **I** *v/t* **1.** kürzer machen, (ab-, ver)kürzen, *a. Bäume etc* stutzen. **2.** *fig.* verringern. **3.** *den Teig* mürbe machen. **4.** *mar. die Segel* reffen. **II** *v/i* **5.** kürzer werden. **6.** fallen (*Preise etc*).

ˈshort·en·ing *s* **1.** (Ab-, Ver)Kürzung *f.* **2.** *fig.* Verringerung *f.* **3.** *gastr.* Backfett *n.*
ˈshort|·fall *s* Fehlbetrag *m*, Defizit *n.* **~ fuse** *s Am.* aufbrausendes Temperaˈment. **ˈ~·hand I** *s* **1.** Kurzschrift *f*, Stenograˈphie *f*: **to take down in ~** (mit)stenographieren. **II** *adj* **2.** Kurzschrift...: **~ typist** Stenotypistin *f*; **~ writer** Stenograph(in). **3.** in Kurzschrift (geschrieben), stenograˈphiert: **~ expression** Kurzschriftzeichen *n*, *a.* Kürzel *n.* **ˌ~ˈhand·ed** *adj econ.* knapp an Persoˈnal *od.* Arbeitskräften: **to be ~** *a.* an Personalmangel leiden. **~ haul** *s Am.* Nahverkehr *m.* **ˈ~-ˌhaul** *adj Am.* Nah..., Nahverkehrs... **ˈ~·head** *s Anthropologie*: Kurzkopf *m*, Rundschädel *m.* **~ head** *s Pferderennen*: kurzer Kopf: **to win by a ~.** **ˌ~-ˈhead·ed** *adj* kurzköpfig. **ˈ~·horn** *s* **1.** *zo.* Shorthorn *n*, Kurzhornrind *n.* **2.** *Am. sl.* Anfänger *m.*
short·ie → **shorty.**
ˈshort·ish *adj* etwas *od.* ziemlich kurz.
short| list *s bes. Br.* (engere) Auswahlliste: **to be on the ~** in der engeren Wahl sein. **ˈ~-list** *v/t bes. Br.* in die engere Wahl ziehen: **to be ~ed** in die engere Wahl kommen. **ˌ~-ˈlived** *adj* kurzlebig, *fig. a.* von kurzer Dauer.
ˈshort·ly *adv* **1.** in Kürze, bald: **~ after** a) kurz danach, b) kurz nach, c) (*mit ger*) kurz nachdem. **2.** in kurzen Worten. **3.** kurz (angebunden), schroff.
ˈshort·ness *s* **1.** Kürze *f.* **2.** Schroffheit *f.* **3.** Knappheit *f*, Mangel *m* (**of** an *dat*): **~ of breath** Kurzatmigkeit *f*; **~ of memory** Gedächtnisschwäche *f.* **4.** Mürbheit *f* (*von Gebäck etc*). **5.** *metall.* Brüchigkeit *f*, Sprödigkeit *f.*
short| or·der *s* **1.** Schnellgericht *n* (*im Restaurant*). **2. in ~** schnell. **ˌ~ˈrange** *adj* **1.** Kurzstrecken..., Nah..., *mil. a.* Nahkampf... **2.** *fig.* kurzfristig (*Pläne etc*). **~ rib** *s anat.* falsche Rippe. **~ sale** *s econ.* Leerverkauf *m.* **~ sea** *s mar.* kurze (harte) See. **~ sell·er** *s econ.* Leerverkäufer *m*, Fixer *m.* **~ sell·ing** → **short sale.** **ˈ~-short sto·ry** *s bes.* kurze Kurzgeschichte. **~ shunt** *s electr.* ˈAnkerparalˌlelschaltung *f.* **~ sight** → **shortsightedness.** **ˌ~ˈsight·ed** *adj* (*adv* **~ly**) kurzsichtig (*a. fig.*). **ˌ~ˈsight·ed·ness** *s* Kurzsichtigkeit *f* (*a. fig.*). **~ ski** *s* Kurzski *m.* **ˌ~ˈspo·ken** *adj* kurz angebunden, schroff. **ˌ~ˈstaffed** → **shorthanded.** **ˈ~·stop** *s* **1.** *Baseball*: Spieler *m* zwischen dem 2. u. 3. Mal. **2.** *a.* **~ bath** *phot.* Unterˈbrechungsbad *n.* **~ sto·ry** *s* a) Kurzgeschichte *f*, b) Noˈvelle *f.* **~ temper** *s* aufbrausendes Temperaˈment. **ˌ~-ˈtem·pered** *adj* hitzig, (leicht)aufbrausend. **ˈ~-term** *adj* **1.** *econ.* kurzfristig: **~ credit.** **2.** kurzzeitig (*a. tech.*), auf kurze Sicht. **3. ~ memory** *psych.* Kurzzeitgedächtnis *n.* **~ time** *s econ.* Kurzarbeit *f*: **to be on** (*od.* **to work**) **~** kurzarbeiten. **ˈ~-time** *adj* Kurzzeit...: **~ work** *econ.* Kurzarbeit *f.* **~ ton** → **ton**[1] 1 b. **ˌ~-ˈwaist·ed** *adj* ˈkurz-, ˈhochtailˌliert (*Kleid*). **~ wave** *s electr. phys.* Kurzwelle *f.* **ˈ~-wave** *adj electr. phys.* **1.** kurzwellig. **2.** Kurzwellen...: **~ transmitter.** **~ weight** *s* Fehlgewicht *n.* **~ wind** [wɪnd] *s* Kurzatmigkeit *f* (*a. fig.*). **ˌ~-ˈwind·ed** *adj* kurzatmig. **ˌ~-ˈwind·ed·ness** → **short wind.**
ˈshort·y *s colloq.* **1.** ‚Knirps' *m.* **2.** *etwas Kurzes*: **~ (nightdress)** Shorty *n, m.*
Sho·sho·ne, *a.* **Sho·sho·nee, Sho·sho·ni** [ʃəʊˈʃəʊnɪ; ʃə-] *s* **1.** Schoˈschone *m* (*Indianer*). **2.** *ling.* Schoˈschonisch *n*, das Schoschonische.
shot[1] [ʃɒt; *Am.* ʃɑt] *s* **1.** Schuß *m* (*a. Knall*): **to take a ~ at** schießen auf (*acc*); **to call the ~s** *fig. colloq.* das Sagen haben; **to fire the first** (*od.* **opening**) **~** a) den ersten Schuß abgeben (*a. fig.*), b) *fig.* den (Wahl)Kampf, die Auseinandersetzung *etc* eröffnen; → **long shot** 2 *u.* 3. **2.** Abschuß *m.* **3.** Schußweite *f*: **out of** (**within**) **~** außer (in) Schußweite. **4.** *a.* **small ~** a) Schrotkugel *f*, b) *collect.* Schrot(kugeln *pl*) *m, n*: **a charge of ~** e-e Schrotladung. **5.** Geschoß *n*, (Kaˈnonen)Kugel *f*: **a ~ in the locker** *colloq.* Geld in der Tasche, e-e letzte Reserve; **like a ~** *colloq.* a) wie der Blitz, sofort, b) wie aus der Pistole geschossen. **6.** *guter etc* Schütze: **an excellent ~**; → **big shot.** **7.** a) *Fußball etc*: Schuß *m*: **~ at goal** Torschuß; **to take a ~ at goal** aufs Tor schießen, b) *Basketball etc*: Wurf *m*, c) *Tennis etc*: Schlag *m.* **8.** *Kugelstoßen*: Kugel *f.* **9.** *fig.* Versuch *m*: **at the third ~** beim dritten Versuch; **to have a ~ at s.th.** es (einmal) mit etwas versuchen. **10.** *fig.* (Seiten)Hieb *m* (**at** auf *acc*). **11.** *fig.* Vermutung *f*: **a ~ in the dark** ein Schuß ins Blaue. **12.** *colloq.* a) Spritze *f*: **a ~ in the arm** *fig.* ‚Spritze' *f* (*bes. finanzielle Hilfe*), b) ‚Schuß' *m* (*Drogeninjektion*): **to give o.s. a ~** ‚sich e-n Schuß setzen *od.* drücken'. **13.** *colloq.* a) Schuß *m* (*Rum etc*), b) ‚Gläs-chen' *n* (*Schnaps etc*): **to stand ~** die Zeche (für alle) bezahlen. **14.** a) (Film)Aufnahme *f*, Szene *f*, b) *phot. colloq.* Schnappschuß *m*, Aufnahme *f*: → **long shot** 1. **15.** *tech.* a) Schuß *m*, Sprengung *f*, b) Sprengladung *f.* **16.** *Am. sl.* Chance *f*: **a 10 to 1 ~.**
shot[2] [ʃɒt; *Am.* ʃɑt] **I** *pret u. pp von* **shoot.** **II** *adj* **1.** *a.* **~ through** (*mit Fäden*) durchˈschossen. **2.** chanˈgierend, schillernd (*Stoff, Farbe*). **3.** *tech.* geschweißt. **4. to get ~ of** *colloq. j-n, etwas* loswerden. **5.** *Am. colloq.* kaˈputt (*erschöpft od. ruiniert*). **6.** *Am. sl.* ‚besoffen'.
shote → **shoat.**
ˈshot|·gun I *s* **1.** Schrotflinte *f.* **II** *adj* **2.** *colloq.* erzwungen: **~ marriage** (*od.* **wedding**) ‚Mußheirat' *f.* **3.** *Am. colloq.* a) gestreut: **~ propaganda,** b) mannigfaltig. **~ put** [pʊt] *s* (*Leichtathletik*) **1.** Kugelstoßen *n.* **2.** Stoß *m* (*mit der Kugel*). **ˈ~-ˌput·ter** *s Leichtathletik*: Kugelstoßer(in).
shot·ted [ˈʃɒtɪd; *Am.* ˈʃɑt-] *adj* **1.** (scharf) geladen (*Waffe*). **2.** mit e-r Kugel *od.* mit Kugeln beschwert.
shot·ten [ˈʃɒtn; *Am.* ˈʃɑtn] *adj ichth.* gelaicht habend: **~ herring** Laichhering *m.*
shot weld·ing *s tech.* Schußschweißen *n.*
should [ʃʊd; *unbetont* ʃəd; ʃd; ʃt] **1.** *pret von* **shall,** *a. konditional futurisch*: *ich, er, sie, es* sollte, *du* solltest, *wir, Ihr, Sie, sie* sollten: **~ it prove false** sollte es sich als falsch erweisen. **2.** *konditional*: *ich* würde, *wir* würden: **I ~ go if ...; I ~ not have come if** ich wäre nicht gekommen, wenn; **I ~ like to** ich würde *od.* möchte gern. **3.** *nach Ausdrücken des Erstaunens etc*: **it is incredible that he ~ have failed** es ist unglaublich, daß er versagt hat.
shoul·der [ˈʃəʊldə(r)] **I** *s* **1.** Schulter *f*, Achsel *f*: **~ to ~** Schulter an Schulter (*a. fig.*); **to put one's ~ to the wheel** *fig.* sich tüchtig ins Zeug legen; (**straight**) **from the ~** *fig.* geradeheraus, unverblümt, ins Gesicht; **over the ~(s)** *fig.* über die Schulter (hinweg), ironisch; **to give s.o. the cold ~** *fig.* j-m die kalte Schulter zeigen, j-n kühl *od.* abweisend behandeln; **he has broad ~s** *fig.* er hat e-n breiten Rücken, er kann allerhand verkraften; → **chip** 1, **clap**[1] 6, **head** *Bes. Redew.*, **old** 9, **rub** 8. **2.** *gastr.* Bug *m*, Schulterstück *n*: **~ of mutton** Hammelkeule *f.* **3.** *a.* **~ joint** *anat.* Schultergelenk *n.* **4.** Schulter *f*, Vorsprung *m.* **5.** *tech.* Schulter *f*, Stoß *m* (*e-r Achse*). **6.** *print.* Achselfläche *f* (*e-r Type*). **7.** ˈSchulter (-parˌtie *f*, -teil *n*) *f* (*e-s Kleids etc*). **8.** a) Banˈkett *n* (*Straßenrand*), b) ˈÜbergangsstreifen *m* (*auf e-m Flugplatz*).
II *v/t* **9.** (mit der Schulter) stoßen *od.* drängen: **to ~ s.o. aside** j-n zur Seite stoßen; **to ~ one's way through the crowd** sich (mit den Schultern) e-n Weg durch die Menge bahnen. **10.** schultern, *das Gewehr* ˈübernehmen: → **arm**[2] *Bes. Redew.* **11.** *fig. e-e Aufgabe, e-e Verantwortung etc* auf sich nehmen, überˈnehmen: **to ~ the responsibility.** **12.** (an-) stoßen *od.* (an)grenzen an (*acc*).
III *v/i* **13.** (mit der Schulter) stoßen (**at** an *acc*; **against** gegen). **14.** sich (mit den Schultern) ˈdurchdrängen (**through** durch).
shoul·der| bag *s* ˈUmhängetasche *f* (*für Damen*). **~ belt** *s* **1.** *mil.* Schulterriemen *m.* **2.** *mot.* Schultergurt *m.* **~ blade** *s anat.* Schulterblatt *n.* **~ harness** *s mot.* Schultergurt *m.* **~ knot** *s* **1.** Achselband *n* (*e-r Livree*). **2.** *mil.* Schulterstück *n.* **ˈ~-length** *adj* schulterlang (*Haar*). **~ loop** *s mil.* Schulterstück *n*, Achselklappe *f.* **~ mark** *s mar. Am.* Schulterklappe *f.* **~ pad** *s* Schulterpolster *n.* **~ patch** *s*, **~ sleeve in·sig·ni·a** *s pl mil. Am.* Oberarmabzeichen *n* (*Division etc*). **~ strap** *s* **1.** Träger(band *n*) *m* (*bes. an Damenunterwäsche*). **2.** Tragriemen *m.* **3.** *mil.* Schulterstück *n.* **~ weap·on** *s mil.* Schulterwaffe *f.*
should·est [ˈʃʊdɪst], **shouldst** [ʃʊdst] *2. sg pres obs. von* **shall.**
shout [ʃaʊt] **I** *v/i* **1.** (laut) rufen, schreien (**for** nach): **to ~ for s.o.** nach j-m rufen; **to ~ to s.o.** j-m zurufen. **2.** schreien, brüllen (**with laughter** vor Lachen; **with pain** vor Schmerz): **to ~ at s.o.** j-n anschreien. **3.** jauchzen (**with joy** vor Freude). **4.** *Am. fig.* schreien (*Farbe etc*): **~ing need** schreiende Not. **5.** *Am. colloq.* e-n ‚Wirbel' *od.* ein ‚Tamˈtam' machen (**about** um, wegen). **II** *v/t* **6.** *etwas* (laut) rufen, schreien: **to ~ disapproval** laut sein Mißfallen äußern; **to ~ o.s. hoarse** sich heiser schreien; **to ~ s.o. down** j-n niederbrüllen; **to ~ s.o. on** j-n durch Schreie anspornen; **to ~ out** a) herausschreien, b) *e-n Namen etc* ausrufen; **to ~ s.o. up** *colloq.* j-n herrufen. **7.** *Austral. colloq.* a) *j-n* freihalten, b) *Getränke* ‚spenˈdieren'. **III** *s* **8.** Schrei *m*, Ruf *m*: **to give a ~** aufschreien; **I'll give you a ~** *colloq.* ich werde von mir hören lassen. **9.** Geschrei *n*, Gebrüll *n*: **a ~ of laughter** brüllendes Gelächter. **10. my ~!** *Br. u. Austral. colloq.* jetzt bin ich dran! (*die Getränke zu spendieren*). **ˈshout·er** *s* Schreier(in). **ˈshout·ing** *s* Schreien *n*, Geschrei *n*: **it's all over but** (*od.* **bar**) **the ~** es ist so gut wie gelaufen; **within ~ distance** in Rufweite.
shove [ʃʌv] **I** *v/t* **1.** (*beiseite etc*) schieben, stoßen: **to ~ aside; to ~ s.o. about** (*od.* **around**) j-n herumschubsen (*a. fig. colloq. schikanieren*); → **throat** 1. **2.** (achtlos *od.* rasch) schieben, stecken, stopfen. **II** *v/i* **3.** schieben, stoßen. **4.** (sich) dränge(l)n. **5. ~ off** a) (*vom Ufer*) abstoßen, b) *colloq.* ‚abschieben', sich daˈvonmachen. **III** *s* **6.** Stoß *m*, Schubs *m* (*a. fig.*): **to give s.o. a ~** (**off**) j-m weiterhelfen.
shov·el [ˈʃʌvl] **I** *s* **1.** Schaufel *f*, Schippe *f.* **2.** *tech.* a) Löffel *m* (*e-s Löffelbaggers*), b) Löffelbagger *m*, c) Schaufel *f.* **3.** (*e-e*) Schaufel(voll). **II** *v/t pret u. pp* **-eled,** *bes. Br.* **-elled** **4.** schaufeln: **to ~ up** (*od.* **in**) **money** Geld scheffeln. **III** *v/i* **5.** schaufeln. **ˈ~·board** → **shuffleboard.**

shov·el·er, *bes. Br.* **shov·el·ler** [ˈʃʌvlə(r)] *s* **1.** Schaufler *m.* **2.** *orn.* Löffelente *f.*

shov·el·ful [ˈʃʌvlfʊl] *s* (*e-e*) Schaufel(-voll).

shov·el hat *s* Schaufelhut *m* (*breitrandiger Hut der anglikanischen Geistlichen*).

shov·el·ler [ˈʃʌvlə(r)] *bes. Br. für* **shoveler.**

show [ʃəʊ] **I** *s* **1.** (ˈHer)Zeigen *n*: **to vote by ~ of hands** durch Handzeichen wählen; **~ of teeth** Zähnefletschen *n.* **2.** Schau *f*, Zurˈschaustellung *f*: **a ~ of force** *fig.* e-e Demonstration der Macht. **3.** (*künstlerische etc*) Darbietung, Vorführung *f*, Vorstellung *f*, Schau *f*: **to put on a ~** *fig.* ‚e-e Schau abziehen', sich aufspielen; **to steal the ~ (from s.o.)** *fig.* (j-m) ‚die Schau stehlen' (*j-n in den Schatten stellen*). **4.** *colloq.* (Theˈater-, Film-) Vorstellung *f.* **5.** Schau *f*, Ausstellung *f*: **on ~** ausgestellt, zu besichtigen(d). **6.** (*Radio-, Fernseh*)Sendung *f.* **7.** (*prunkvoller*) ˈUmzug. **8.** *fig.* Schauspiel *n*, Anblick *m*: **a grand ~**; **to make a sorry ~** e-n traurigen Eindruck hinterlassen; **to make a good ~** ‚e-e gute Figur machen'. **9.** *colloq. gute etc* Leistung: **good ~!** gut gemacht!, bravo!; **bad ~!** schlecht! **10.** Protzeˈrei *f*, Angebeˈrei *f*: **for ~** um Eindruck zu machen, (nur) fürs Auge; **to be fond of ~** gern großtun. **11.** (*leerer*) Schein: **in outward ~** nach außen (hin); **to make a ~ of rage** sich wütend stellen. **12.** Spur *f*: **no ~ of a bud.** **13.** Zirkus-, Theˈatertruppe *f.* **14.** *colloq.* Chance *f*: **to give s.o. a fair ~.** **15.** *colloq.* ‚Laden' *m*, ‚Kiste' *f*, ‚Kram' *m*, Sache *f*: **a dull (poor) ~** e-e langweilige (armselige) Sache; **to run the ~** ‚den Laden *od.* die Sache schmeißen'; **to give the (whole) ~ away** sich *od.* alles verraten. **16.** *Pferderennen: sl.* dritter Platz. **17.** *mil. sl.* ‚Zauber' *m*, ‚Raˈbatz' *m* (*Einsatz, Krieg*).

II *v/t pret* **showed,** *pp* **shown** *od. selten* **showed** **18.** zeigen (**s.o. s.th., s.th. to s.o.** j-m etwas), sehen lassen, *Ausweis, Fahrkarte etc a.* vorzeigen, -weisen: **to ~ o.s.** a) sich zeigen, sich sehen lassen, b) *fig.* sich *grausam etc* zeigen, sich erweisen als; **I'll ~ him!** der soll mich kennenlernen!; → **card**[1] 1 a (*u. andere Substantive*); **never ~ your face again!** laß dich hier nie wieder blicken! **19.** *j-m* zeigen *od.* erklären: **to ~ s.o. how to write** j-n schreiben lehren, j-m das Schreiben beibringen. **20.** an den Tag legen, zeigen: **to ~ one's knowledge.** **21.** ausstellen, auf e-r Ausstellung zeigen: **to ~ cats.** **22.** *thea. etc* zeigen, vorführen. **23.** *j-n ins Zimmer etc* führen, geleiten, bringen: **to ~ s.o. about** (*od.* **around**) **the town** j-m die Stadt zeigen, j-n in der Stadt herumführen; **to ~ s.o. over the house** j-n durch das Haus führen; **to ~ s.o. round** j-n (herum)führen. **24.** kundtun, offenˈbaren: **to ~ one's intentions.** **25.** (auf)zeigen, darlegen: **to ~ one's plans.** **26.** zeigen, beweisen: **to ~ the truth of a statement; you'll have to ~ me!** *colloq.* das wirst du mir (erst) beweisen müssen! **27.** *jur.* nachweisen, vorbringen: **to ~ proof** *jur.* den Beweis erbringen; → **cause** 4. **28.** *phys. tech.* (an)zeigen: **the speedometer ~ed 70.** **29.** *Gefühle* zeigen, sich anmerken lassen: **to ~ one's anger.** **30.** zeigen, erkennen lassen, verraten: **to ~ bad taste.** **31.** *e-e Gunst etc* erweisen, (er)zeigen: **to ~ s.o. a favo(u)r; to ~ gratitude to s.o.** sich j-m gegenüber dankbar erweisen.

III *v/i* **32.** sichtbar werden *od.* sein, sich zeigen: **the blood ~s through her skin** man sieht das Blut durch ihre Haut; **it ~s** man sieht es; → **time** 1. **33.** *colloq.* sich zeigen, erscheinen. **34.** aussehen (**like** wie): **to ~ to advantage** vorteilhaft aussehen. **35. to be ~ing** gezeigt werden, laufen (*Film*).

Verbindungen mit Adverbien:

show| forth *v/t* darlegen, kundtun. **~ in** *v/t* herˈein-, hinˈeinführen. **~ off I** *v/t* **1.** protzen *od.* angeben mit. **2.** *Figur etc* vorteilhaft zur Geltung bringen. **II** *v/i* **3.** angeben, protzen (**with** mit), sich aufspielen. **~ out** *v/t* hinˈaus-, herˈausgeleiten, -führen, -bringen. **~ up I** *v/t* **1.** herˈauf-, hinˈaufführen. **2.** *colloq.* a) *j-n* bloßstellen, entlarven, b) *etwas* aufdekken: **to ~ a fraud.** **II** *v/i* **3.** *colloq.* ‚aufkreuzen', auftauchen, erscheinen. **4.** vorteilhaft erscheinen. **5.** sich abheben (**against** gegen).

show|bill *s econ.* ˈWerbe-, Reˈklameplaˌkat *n.* **~biz** *colloq. für* **show business.** **~board** *s* kleine Anschlagtafel. ˈ**~boat** *s* Theˈaterschiff *n.* **~ busi·ness** *s* Showbusineß *n*, Vergnügungs-, Unterˈhaltungsbranche *f*, Schaugeschäft *n.* **~ card** *s econ.* **1.** Musterkarte *f.* **2.** → **show bill.** ˈ**~case I** *s* **1.** Schaukasten *m.* **II** *v/t Am.* **2.** (*in e-m Schaukasten etc*) ausstellen. **3.** *fig. Leistungen etc* groß herˈausstellen, herˈausstreichen. ˈ**~down** *s* **1.** Aufdecken *n* der Karten (*a. fig.*). **2.** *fig.* entscheidende Kraftprobe.

show·er [ˈʃaʊə(r)] **I** *s* **1.** (*Regen-, Hagel- etc*)Schauer *m*: **~ of meteors** Meteorenschauer, -schwarm *m.* **2.** a) (*Funken-, Kugel- etc*)Regen *m*, b) (*Geschoß-, Stein-*) Hagel *m*, c) Unmenge *f*, Masse *f*: **a ~ of questions; in ~s** in rauhen Mengen. **3.** *Am.* a) (Braut- *etc*)Geschenke *pl*, b) *a.* **~ party** Party *f* zur Überˈreichung der (Braut- *etc*)Geschenke. **4.** → **shower bath.** **II** *v/t* **5.** begießen, überˈschütten. **6.** *j-n* (ab)brausen, duschen. **7.** *Hagel etc* niederprasseln lassen. **8.** *j-n mit Geschenken etc* überˈhäufen: **to ~ gifts (up)on s.o.; to ~ s.o. with hono(u)rs.** **III** *v/i* **9.** strömen, gießen: **to ~ down** herabströmen, niederprasseln (*a. Geschosse*). **10.** (sich) brausen, (sich) duschen. **~ bath** *s* **1.** Dusche *f*: a) Brausebad *n*, b) Brause *f* (*Vorrichtung*). **2.** Duschraum *m.* **~ cab·i·net** *s* ˈDuschkaˌbine *f.* ˈ**~proof** *adj* regendicht, wasserdicht, -fest, imprägniert (*Stoff etc*).

ˈ**show·er·y** *adj* **1.** regnerisch. **2.** schauerartig.

show|girl *s* Reˈvuegirl *n.* **~glass** *Br. für* **showcase I.** ˈ**~house** *s* Musterhaus *n.*

show·i·ness [ˈʃəʊɪnɪs] *s* **1.** Prunkhaftigkeit *f*, Gepränge *n.* **2.** Auffälligkeit *f.* **3.** Protzigkeit *f.* **4.** pomˈpöses Auftreten.

show·ing [ˈʃəʊɪŋ] *s* **1.** Zeigen *n*, Zurˈschaustellung *f.* **2.** Ausstellung *f.* **3.** Vorführung *f* (*e-s Films etc*): **first ~** Erstaufführung *f.* **4.** Darlegung *f.* **5.** Erklärung *f*: **on (*od.* by) your own ~** nach d-r eigenen Darstellung; **upon proper ~** *jur.* nach erfolgter Glaubhaftmachung. **6.** Beweis(e *pl*) *m.* **7.** Stand *m* der Dinge, Anschein *m*: **on present ~** so wie es derzeit aussieht. **8.** Leistung *f*: **to make a good ~** e-e gute Leistung erbringen *od.* zeigen.

show| jump·er *s sport* **1.** Springreiter(in). **2.** Springpferd *n.* **~ jump·ing** *s sport* Springreiten *n.*

show·man [ˈʃəʊmən] *s irr* **1.** Schausteller *m.* **2.** *thea. etc* Produˈzent *m.* **3.** geschickter Propaganˈdist, wirkungsvoller Redner *etc*; j-d, der sich *od.* etwas gut in Szene zu setzen *od.* ‚zu verkaufen' versteht, *contp.* ‚Schauspieler' *m*; j-d, der ‚auf Wirkung macht', Selbstdarsteller *m.* ˈ**show·man·ship** *s* **1.** efˈfektvolle Darbietung. **2.** Efˌfekthascheˈrei *f.* **3.** *fig.* propaganˈdistisches Taˈlent, (*die*) Kunst, sich gut in Szene zu setzen, Publikumswirksamkeit *f.*

shown [ʃəʊn] *pp von* **show.**

ˈ**show|-off** *s* **1.** ‚Angabe' *f*, Protzeˈrei *f.* **2.** *colloq.* ‚Angeber(in)'. ˈ**~piece** *s* Schau-, Paˈradestück *n.* ˈ**~place** *s* **1.** Ausstellungsort *m.* **2.** a) Ort *m* mit vielen Sehenswürdigkeiten, b) Sehenswürdigkeit *f.* ˈ**~room** *s* **1.** Ausstellungsraum *m.* **2.** Vorführungssaal *m.* **~ tent** *s* Ausstellungszelt *n.* **~ tri·al** *s jur.* ˈSchauproˌzeß *m.* **~ win·dow** *s bes. Am.* Schaufenster *n* (*a. fig.*), Auslage *f.*

show·y [ˈʃəʊɪ] *adj* (*adv* **showily**) **1.** prächtig, prunkvoll. **2.** auffällig. **3.** glänzend. **4.** protzig.

shrank [ʃræŋk] *pret von* **shrink.**

shrap·nel [ˈʃræpnl; -nəl] *s mil.* **1.** Schrapˈnell *n.* **2.** Schrapˈnelladung *f.* **3.** Graˈnatsplitter *pl.*

shred [ʃred] **I** *s* **1.** Fetzen *m* (*a. fig.*), Lappen *m*: **in ~s** in Fetzen; **to tear to ~s** a) → 4, b) *fig. ein Argument etc* zerpflücken, -reißen; **~s of clouds** Wolkenfetzen. **2.** Schnitzel *n*, *m*, Stückchen *n.* **3.** Spur *f*, Fünkchen *n*: **without a ~ of common sense; not a ~ of doubt** nicht der leiseste Zweifel. **II** *v/t pret u. pp* ˈ**shred·ded,** *a.* **shred** **4.** zerfetzen, in Fetzen reißen. **5.** in (schmale) Streifen schneiden, (*gastr. a.*) schnetzeln. **III** *v/i* **6.** zerreißen, in Fetzen *od.* Stücke gehen. ˈ**shred·der** *s* **1.** *tech.* a) Reißwolf *m*, b) ˈSchneidemaˌschine *f.* **2.** *gastr.* a) Reibeisen *n*, b) ˈSchnitzelmaˌschine *f*, -einsatz *m.*

ˈ**shredˌout** *s Am.* Teilgebiet *n*, Ausschnitt *m.*

shrew[1] [ʃruː] *s* Xanˈthippe *f*, zänkisches Weib: **"The Taming of the S~"** „Der Widerspenstigen Zähmung" (*Shakespeare*).

shrew[2] [ʃruː] *s zo.* Spitzmaus *f.*

shrewd [ʃruːd] *adj* (*adv* **~ly**) **1.** schlau, pfiffig, ‚gewiegt', ‚gerieben'. **2.** scharfsinnig, klug, gescheit: **a ~ face; a ~ remark; a ~ observer** ein scharfer Beobachter; **this was a ~ guess** das war gut geraten. **3.** *obs.* scharf, heftig: **a ~ blow (pain, wind).** ˈ**shrewd·ness** *s* **1.** Schlauheit *f.* **2.** Scharfsinn *m*, Klugheit *f.*

shrew·ish [ˈʃruːɪʃ] *adj* (*adv* **~ly**) zänkisch, boshaft, giftig. ˈ**shrew·ish·ness** *s* zänkisches Wesen, Boshaftigkeit *f.*

shriek [ʃriːk] **I** *s* **1.** schriller *od.* spitzer Schrei. **2.** Gekreisch(e) *n*, Kreischen *n* (*a. von Bremsen etc*): **~s of laughter** kreischendes Gelächter. **3.** schriller Ton *od.* Pfiff. **II** *v/i* **4.** schreien, schrille Schreie ausstoßen. **5.** (gellend) aufschreien (**with** vor *dat*): **to ~ with pain; to ~ (with laughter)** kreischen (vor Lachen). **6.** schrill klingen, kreischen (*Bremsen etc*). **III** *v/t* **7.** *a.* **~ out** *etwas* kreischen *od.* gellend schreien.

shriev·al·ty [ˈʃriːvltɪ] *s jur. bes. Br.* **1.** Sheriffamt *n*, -würde *f.* **2.** Amtszeit *f od.* Gerichtsbarkeit *f* des Sheriffs.

shrieve [ʃriːv] *obs. für* **sheriff.**

shrift [ʃrɪft] *s* **1.** *relig. hist.* Beichte *f* (u. Absolutiˈon *f*). **2. to give short ~ to** *fig.* kurzen Prozeß machen mit.

shrike [ʃraɪk] *s orn.* Würger *m.*

shrill [ʃrɪl] **I** *adj* (*adv* **shrilly**) **1.** schrill, gellend: **~-voiced** mit schriller Stimme. **2.** *fig.* grell (*Licht*), (*Farben a.*) schreiend. **3.** *fig.* heftig, scharf: **~ criticism.** **II** *v/t* **4.** *etwas* kreischen *od.* gellend schreien. **III** *v/i* **5.** schrillen, gellen. **IV** *s* **6.** schriller Ton, Schrillen *n.* ˈ**shrill·ness** *s* (*das*) Schrille, schriller Klang, schrille Stimme.

shrimp [ʃrɪmp] **I** *s* **1.** *pl* **shrimps,** *bes. collect.* **shrimp** *zo.* Garˈnele *f.* **2.** *fig. contp.* Knirps *m*, ‚Gartenzwerg' *m.* **3.** *a.* **~ pink** (*od.* **red**) gelbliches Rot. **II** *v/i* **4.** Garˈnelen fangen. ˈ**shrimp·er** *s* Garˈnelenfischer *m.*

shrine [ʃraɪn] **I** *s* **1.** *relig.* a) (Reˈliquien-)

Schrein *m*, b) Heiligengrab *n*. **2.** *fig.* Heiligtum *n*. **II** *v/t* **3.** → **enshrine.**

shrink [ʃrɪŋk] **I** *v/i pret* **shrank** [ʃræŋk], *a.* **shrunk** [ʃrʌŋk], *pp* **shrunk,** *selten* ˈ**shrunk·en 1.** zuˈrückweichen (**from** vor *dat*): **to ~ from doing s.th.** etwas nur widerwillig tun; **to ~ into o.s.** *fig.* sich in sich selbst zurückziehen. **2.** *a.* **~ back** zuˈrückschrecken, -schaudern (**from, at** vor *dat*). **3.** sich scheuen *od.* fürchten (**from** vor *dat*). **4.** (zs.-, ein)schrumpfen. **5.** einlaufen, -gehen (*Stoff*). **6.** abnehmen, schwinden: **to ~ with age** alt und runz(e)lig werden. **II** *v/t* **7.** (ein-, zs.-) schrumpfen lassen. **8.** *fig.* zum Schwinden bringen. **9.** *Textilien* einlaufen lassen, krump(f)en. **10. ~ on** *tech.* aufschrumpfen, *Reifen etc* warm aufziehen: **~ fit** Schrumpfsitz *m*. **III** *s* **11.** *sl.* Psychˈiater *m*. ˈ**shrink·age** *s* **1.** (Zs.-, Ein-) Schrumpfen *n*. **2.** Schrumpfung *f*. **3.** Verminderung *f*, Schwund *m* (*a. econ. tech.*), Abnahme *f*. **4.** Einlaufen *n* (*von Textilien*). ˈ**shrink·ing** *adj* (*adv* **~ly**) **1.** schrumpfend. **2.** abnehmend. **3.** zuˈrückschreckend. **4.** scheu. **5.** ˈwiderwillig. ˈ**shrink·proof** *adj* schrumpffest, -frei, krumpfecht (*Gewebe*). ˈ**shrink--wrap** *v/t Bücher etc* einschweißen.

shrive [ʃraɪv] *pret* **shrove** [ʃrəʊv], *pp* **shriv·en** [ˈʃrɪvn] *v/t relig. obs. j-m* die Beichte abnehmen u. Absolutiˈon erteilen.

shriv·el [ˈʃrɪvl] **I** *v/t pret u. pp* **-eled,** *bes. Br.* **-elled 1.** *a.* **~ up** a) (ein-, zs.-) schrumpfen lassen, b) runzeln. **2.** (ver-) welken lassen, ausdörren. **3.** *fig.* a) verkümmern lassen, b) unfähig *od.* hilflos machen. **II** *v/i* **4.** *oft* **~ up** (ein-, zs.-) schrumpfen, schrumpeln. **5.** runz(e)lig werden. **6.** (ver)welken. **7.** *fig.* verkümmern. **8.** *fig.* vergehen.

shriv·en [ˈʃrɪvn] *pp von* **shrive.**

shroff [ʃrɒf; *Am.* ʃrɑf] *s* **1.** Geldwechsler *m* (*in Indien*). **2.** *bes. hist.* Geldprüfer *m* (*in China etc*).

shroud [ʃraʊd] **I** *s* **1.** Leichentuch *n*, Totenhemd *n*. **2.** *fig.* Hülle *f*, Schleier *m*: **a ~ of mist. 3.** *pl mar.* Wanten *pl*. **4.** *tech.* Umˈmantelung *f*. **5.** *a.* **~ line** *aer.* Fang-, Trageleine *f* (*am Fallschirm*). **II** *v/t* **6.** in ein Leichentuch (ein)hüllen. **7.** *tech.* umˈmanteln. **8.** *fig. in Nebel, Geheimnis etc* hüllen. **9.** *fig.* verschleiern.

shrove [ʃrəʊv] *pret von* **shrive.**

Shrove| Mon·day [ʃrəʊv] *s* Rosenˈmontag *m*. ˈ**~tide** *s* Fastnachts-, Faschingszeit *f* (*die 3 Tage vor Aschermittwoch*). **~ Tues·day** *s* Fastnachts-, Faschingsdienstag *m*.

shrub[1] [ʃrʌb] *s* Strauch *m*, Busch *m*.

shrub[2] [ʃrʌb] *s* **1.** (*Art*) Punsch *m*. **2.** *Am.* Getränk *n* aus Fruchtsaft u. Eiswasser.

shrub·ber·y [ˈʃrʌbərɪ] *s bot.* Strauchwerk *n*, Gesträuch *n*, Gebüsch *n*.

shrub·by [ˈʃrʌbɪ] *adj bot.* **1.** strauchig, buschig, Strauch..., Busch... **2.** voller Gesträuch *od.* Gebüsch, (dicht)bewachsen.

shrug [ʃrʌg] **I** *v/t* **1.** *die Achseln* zucken: **she ~ged her shoulders. 2.** mit e-m Achselzucken kundtun: **to ~ one's low opinion; to ~ off** *etwas* mit e-m Achselzucken abtun, achselzuckend über (*acc*) hinweggehen. **II** *v/i* **3.** die Achseln zukken. **III** *s* **4.** *a.* **~ of the shoulders** Achselzucken *n*: **to give a ~** → 3; **with a ~** achselzuckend. **5.** Boˈlerojäckchen *n*.

shrunk [ʃrʌŋk] **I** *pret u. pp von* **shrink. II** *adj* **1.** (ein-, zs.-)geschrumpft. **2.** eingelaufen, dekaˈtiert (*Stoff*). ˈ**shrunk·en I** *pp von* **shrink. II** *adj* **1.** abgemagert, abgezehrt: **a ~ hand. 2.** eingefallen: **~ cheeks. 3.** → **shrunk** 1.

shuck [ʃʌk] *bes. Am.* **I** *s* **1.** Hülse *f*, Schote *f* (*von Bohnen etc*). **2.** grüne Schale (*von Nüssen etc*). **3.** Liesch *m* (*Vorblatt am Maiskolben*). **4.** *pl colloq.* **I don't care ~s** es ist mir ‚piepegal'; **~s!** Quatsch!; **she can't sing for ~s** sie kann nicht für fünf Pfennig singen. **5.** Austernschale *f*. **II** *v/t* **6.** schälen. **7.** enthülsen. **8.** *oft* **~ off** *Kleidung etc* abwerfen.

shud·der [ˈʃʌdə(r)] **I** *v/i* schaudern, (er-) zittern, (er)beben (**at** bei; **with** vor *dat*): **to ~ away from s.th.** vor etwas zurückschaudern; **I ~ at the thought, I ~ to think of it** mich schaudert bei dem Gedanken. **II** *s* Schauder(n *n*) *m*: **it gives me the ~s** ich finde es gräßlich.

shuf·fle [ˈʃʌfl] **I** *s* **1.** Schlurfen *n*, schlurfender Gang *od.* Schritt. **2.** a) Schleifschritt *m*, b) Schleifer *m* (*Tanz*). **3.** *fig.* Ausflucht *f*, Trick *m*, Schwindel *m*. **4.** (Karten)Mischen *n*. **II** *v/i* **5.** schlurfen, (mit den Füßen) scharren: **to ~ along** dahinschlurfen; **to ~ through s.th.** *fig.* etwas flüchtig erledigen. **6.** (beim Tanzen) die Füße schleifen lassen. **7.** sich schwerfällig (hinˈein)winden (**into** in *acc*): **to ~ into one's clothes. 8.** sich (ein)schmuggeln (**into** in *acc*). **9.** sich herˈauswinden *od.* -halten (**out of** aus). **10.** Ausflüchte machen, sich herˈauszuwinden suchen (**out of** aus). **11.** (die Karten) mischen. **III** *v/t* **12.** schleifen *od.* schlurfen lassen: **to ~ one's feet** → 5. **13.** *e-n Tanz* mit schleifenden Schritten tanzen. **14.** *die Karten etc* mischen: **to ~ the cards** *fig.* s-e Taktik ändern. **15.** *fig.* ˈhin- u. ˈherschieben, ‚jonˈglieren' mit. **16.** hinˈeinpraktiˌzieren (**into** in *acc*). **17.** herˈausschmuggeln (**out of** aus). **18.** *etwas* durcheinˈanderwerfen. **19.** vermischen, -mengen (**among, with** mit).

Verbindungen mit Adverbien:

shuf·fle| a·way *v/t* ˈwegpraktiˌzieren. **~ off** *v/t* **1.** *Kleider* abstreifen, sich herˈauswinden aus. **2.** *fig.* abschütteln, sich *e-r Sache* entledigen. **3.** sich *e-r Verpflichtung etc* entziehen. **4.** *e-e Schuld etc* abwälzen ([**up**]**on, onto** auf *acc*). **~ on** *v/t ein Kleid etc* mühsam anziehen. **~ to·geth·er** *v/t* zs.-werfen, -raffen.

ˈ**shuf·fle·board** *s* **1.** Beilkespiel *n*. **2.** *mar. ein* 1 *ähnliches Bordspiel.*

shuf·fler [ˈʃʌflə(r)] *s* **1.** Schlurfende(r *m*) *f*. **2.** Kartenmischer(in). **3.** Ausflüchtemacher(in). **4.** Schwindler(in). ˈ**shuf·fling** *adj* (*adv* **~ly**) **1.** schlurfend, schleppend. **2.** unaufrichtig, unredlich. **3.** ausweichend: **a ~ answer.**

shun [ʃʌn] *v/t* (ver)meiden, *j-m od. e-r Sache* ausweichen, sich fernhalten von.

'shun [ʃʌn] *interj mil. colloq.* stillgestanden!, Achtung! (*aus* **attention!**).

shunt [ʃʌnt] **I** *v/t* **1.** beiˈseite schieben. **2.** *fig. etwas* aufschieben, zuˈrückstellen. **3.** *j-n* nicht zum Zuge kommen lassen, ‚kaltstellen'. **4.** *electr.* nebenschließen, shunten. **5.** *rail. e-n Zug etc* ranˈgieren, verschieben. **6.** abzweigen. **II** *v/i* **7.** *rail.* ranˈgieren. **8.** *fig.* (**from** von *e-m Thema, Vorhaben etc*) abkommen, abspringen. **III** *s* **9.** *electr.* a) Nebenschluß *m*, b) ˈNebenˌwiderstand *m*, Shunt *m*: **~ capacitor** Parallelkondensator *m*; **~ current** Nebenschlußstrom *m*; **~-fed** parallelgespeist; **~ switch** Umgehungsschalter *m*; **~-wound motor** Nebenschlußmotor *m*. **10.** *rail.* a) Ranˈgieren *n*, b) *bes. Br.* Weiche *f*.

shunt·er [ˈʃʌntə(r)] *s* **1.** *rail. Br.* a) Weichensteller *m*, b) Ranˈgierer *m*, c) Ranˈgierlokomoˌtive *f*. **2.** *Br. colloq. für* **arbitrager.** ˈ**shunt·ing** *rail. Br.* **I** *s* **1.** Ranˈgieren *n*. **2.** Weichenstellen *n*. **II** *adj* **3.** Rangier..., Verschiebe...: **~ engine; ~ station.**

shush [ʃʊʃ; ʃʌʃ] **I** *interj* sch!, pst! **II** *v/i* sch! *od.* pst! machen. **III** *v/t j-n* zum Schweigen bringen.

shut [ʃʌt] **I** *v/t pret u. pp* **shut 1.** (ver-) schließen, zumachen: **to ~ s.o.'s mouth** *fig.* j-m den Mund stopfen, j-n zum Schweigen bringen; → **door** *Bes. Redew.*, **eye** 1, **face** 1, **heart** *Bes. Redew.*, **mind** 2. **2.** einschließen, -sperren (**into, in, within** in *dat, acc*). **3.** ausschließen, -sperren (**out of** aus). **4.** *Finger etc* (ein-) klemmen (**in** in *dat*). **5.** zuklappen, zumachen: **to ~ the book; to ~ the jackknife** das Taschenmesser zuklappen. **II** *v/i* **6.** sich schließen, zugehen: **the door ~ with a bang** die Tür knallte zu. **7.** (sich) schließen (lassen): **the window ~s well.**

Verbindungen mit Adverbien:

shut| a·way *v/t* **1.** *etwas* wegschließen. **2. to shut o.s. away** sich einigeln (**in** in *dat*). **~ down I** *v/t* **1.** *Fenster etc* schließen. **2.** *e-e Fabrik etc* schließen, (*für immer a.*) stillegen. **II** *v/i* **3.** ˈundurchˌdringlich werden (*Nebel etc*). **4.** die Arbeit *od.* den Betrieb einstellen, ‚zumachen', ‚dichtmachen'. **5. ~ (up)on** *colloq.* ein Ende machen mit. **~ in** *v/t* **1.** einschließen: a) einsperren, b) *fig.* umˈgeben: **to shut o.s. in** sich einschließen. **2.** *die Aussicht etc* versperren. **~ off I** *v/t* **1.** *Wasser, Gas etc, a. den Motor, e-e Maschine* abstellen: **to ~ the supply** ‚den Hahn zudrehen'. **2.** abschließen (**from** von). **II** *v/i* **3.** *tech.* abschalten. **~ out** *v/t* **1.** *j-n, a. Licht, Luft etc* ausschließen, -sperren. **2.** *e-e Landschaft etc* den Blikken entziehen. **3.** *etwas* unmöglich machen. **4.** *sport Am. den Gegner* (ohne Gegentor *etc*) besiegen. **~ to I** *v/t* → **shut** 1. **II** *v/i* → **shut** 6. **~ up I** *v/t* **1.** *das Haus etc* (fest) verschließen, verriegeln: → **shop** 1. **2.** *j-n* einsperren: **to shut o.s. up** sich einschließen. **3.** *j-m* den Mund stopfen. **II** *v/i* **4.** (*meist imp*) *colloq.* ‚die Klappe' (*den Mund*) halten.

ˈ**shut|·down** *s* **1.** Arbeitsniederlegung *f*. **2.** Schließung *f*, (*für immer a.*) Stillegung *f*. ˈ**~·eye** *s sl.* Schlaf *m*: **to catch some ~** ein Schläfchen machen. **~-in** [ˌ-ˈɪn; ˈ-ɪn] **I** *adj* **1.** *bes. Am.* ans Haus *od.* Bett gefesselt: **~ invalids. 2.** *psych.* sich abkapselnd, verschlossen. **3.** eingeschlossen (*a. fig.*). **II** *s* **4.** *bes. Am.* j-d, der ans Haus *od.* Bett gefesselt ist. ˈ**~·off** *s* **1.** *tech.* Abstell-, Absperrvorrichtung *f*: **~ valve** Abschaltventil *n*, Abstellhahn *m*. **2.** Abstellen *n*. **3.** *hunt.* Schonzeit *f*. ˈ**~·out** *s* **1.** Ausschließung *f*. **2.** *sport* a) Zu-ˈNull--Niederlage *f*, b) Zu-ˈNull-Sieg *m*.

shut·ter [ˈʃʌtə(r)] **I** *s* **1.** Fensterladen *m*, Rolladen *m*, Jalouˈsie *f*: **to put up the ~s** *fig.* das Geschäft (*am Abend od. für immer*) schließen, ‚zumachen'. **2.** Klappe *f*, Schieber *m*, Verschluß *m*. **3.** *phot.* Verschluß *m*: **~ speed** Belichtung(szeit) *f*. **4.** *arch.* (Ver)Schalung *f*. **5.** *Wasserbau*: Schütz(e *f*) *n*. **6.** *mus.* Jalouˈsie *f* (*der Orgel*). **II** *v/t* **7.** mit Fensterläden versehen *od.* verschließen. ˈ**~·bug** *s colloq.* ‚Fotonarr' *m*.

ˈ**shut·ter·ing** *s tech. bes. Br.* (Ver)Schalung *f*.

shut·tle [ˈʃʌtl] **I** *s* **1.** *tech.* a) Weberschiff(chen) *n*, (Web)Schütze(n) *m*, b) Schiffchen *n* (*der Nähmaschine*). **2.** *tech.* Schützentor *n* (*e-r Schleuse*). **3.** → **shuttle bus, shuttle train. 4.** a) → **shuttle service,** b) Pendelroute *f*. **5.** (Raum)Fähre *f*. **6.** → **shuttlecock** I. **II** *v/t* **7.** (schnell) ˈhin- u. ˈherbewegen *od.* -befördern. **III** *v/i* **8.** sich (schnell) ˈhin- u. ˈherbewegen. **9.** ˈhin- u. ˈherfahren *od.* -eilen *etc, rail. etc* pendeln (**between** zwischen). **~ bus** *s* im Pendelverkehr eingesetzter Bus. ˈ**~·cock I** *s sport* Federball *m*. **II** *v/t* (wie e-n Federball) ˈhin- u. ˈherjagen. **~ di·plo·ma·cy** *s pol.* ˈPendeldiplomaˌtie *f*. **~ race** *s sport* Pendelstaffel(lauf *m*) *f*. **~ ser·vice** *s* Pendelverkehr *m*. **~ train** *s* Pendel-, Vorortzug *m*.

shwa → **schwa**.

shy¹ [ʃaɪ] **I** *adj* (*adv* **~ly**) *comp* ˈ**shy·er** *od*. ˈ**shi·er,** *sup* ˈ**shy·est** *od*. ˈ**shi·est** [-ɪst] **1.** scheu (*Tier*). **2.** scheu, schüchtern. **3.** zuˈrückhaltend: **to be** (*od*. **fight**) **~ of s.o.** j-m aus dem Weg gehen (→ 5). **4.** ˈmißtrauisch. **5.** zaghaft: **to be** (*od*. **fight**) **~ of doing s.th.** Hemmungen haben, etwas zu tun. **6.** abgelegen (*Ort*). **7.** *bes. Am. sl.* knapp (**of, on** an *dat*): **~ of money** knapp bei Kasse. **8. I'm ~ of ten dollars** *bes. Am. sl.* mir fehlen (noch) 10 Dollar. **9.** *bes. Am. sl.* unfähig, den erforderlichen Einsatz zu bezahlen (*bes. beim Pokerspiel*). **10.** kümmerlich (*Pflanze, Tier*). **11.** *colloq.* anrüchig: **a ~ night club. II** *v/i* **12.** scheuen (**at** vor *dat*) (*Pferd etc*). **13. to ~ away from** *fig.* zurückschrecken vor (*dat*); **to ~ away from doing s.th.** *fig.* sich scheuen, etwas zu tun.

shy² [ʃaɪ] **I** *v/t* **1.** werfen, schleudern. **II** *v/i* **2.** werfen. **III** *s* **3.** Wurf *m*. **4.** *fig.* a) Hieb *m*, Sticheˈlei *f*, b) Versuch *m*: **to have a ~ at** *j-n* verspotten; es (einmal) mit *etwas* versuchen.

ˈ**shy·ness** *s* **1.** Scheu *f*. **2.** Schüchternheit *f*. **3.** Zuˈrückhaltung *f*. **4.** ˈMißtrauen *n*.

shy·ster [ˈʃaɪstə(r)] *s bes. Am. sl.* **1.** ˈWinkeladvoˌkat *m*. **2.** Gauner *m*.

si [siː] *s mus.* Si *n* (*Solmisationssilbe*).

Si·a·mese [ˌsaɪəˈmiːz] **I** *adj* **1.** siaˈmesisch. **2.** *fig.* unzertrennlich, ähnlich, Zwillings... **II** *s* **3.** a) Siaˈmese *m*, Siaˈmesin *f*, b) *pl* Siaˈmesen *pl*. **4.** *ling.* Siaˈmesisch *n*, das Siamesische. **~ cat** *s zo.* Siamkatze *f*. **~ twins** *s pl* **1.** Siaˈmesische Zwillinge *pl*. **2.** *fig.* unzertrennliche Freunde *pl*.

sib [sɪb] *adj* blutsverwandt (**to** mit).

Si·be·ri·an [saɪˈbɪərɪən; *Am.* -ˈbɪr-] **I** *adj* siˈbirisch. **II** *s* Siˈbirier(in).

sib·i·lance [ˈsɪbɪləns], ˈ**sib·i·lan·cy** [-sɪ] → **sibilation.** ˈ**sib·i·lant I** *adj* **1.** zischend. **2.** *ling.* Zisch...: **~ sound. II** *s* **3.** *ling.* Zischlaut *m*. ˈ**sib·i·late** [-leɪt] **I** *v/i* **1.** zischen. **II** *v/t* **2.** zischen(d aussprechen). **3.** *thea. etc* auszischen. ˌ**sib·iˈla·tion** *s* **1.** Zischen *n*. **2.** *ling.* Zischlaut *m*.

sib·ling [ˈsɪblɪŋ] *s* **1.** a) Bruder *m od.* Schwester *f*, b) *pl* Geschwister *pl*. **2.** *biol.* Nachkommenschaft *f* e-s Elternpaares aus verschiedenen Eizellen.

sib·yl [ˈsɪbɪl] *s* **1.** *antiq.* Siˈbylle *f*. **2.** *fig.* a) Seherin *f*, b) Hexe *f*.

sib·yl·line [sɪˈbɪlaɪn; *bes. Am.* ˈsɪbɪ-; *Am. a.* -ˌliːn] *adj* **1.** sibylˈlinisch. **2.** proˈphetisch, geheimnisvoll, dunkel.

sic [sɪk] (*Lat.*) *adv* sic, so.

sic·ca·tive [ˈsɪkətɪv] **I** *adj* trocknend. **II** *s* Trockenmittel *n*, Sikkaˈtiv *n*.

Si·cil·i·an [sɪˈsɪljən] **I** *adj* siˈzilisch, siziliˈanisch. **II** *s* Siˈzilier(in), Siziliˈaner(in).

sick¹ [sɪk] **I** *adj* **1.** (*Br. nur attr*) krank (**of** an *dat*): **~ to death** todkrank; **to fall ~** krank werden, erkranken; **to go ~** *bes. mil.* sich krank melden; **the S~ Man (of Europe, of the East)** *hist.* der Kranke Mann am Bosporus (*die Türkei*). **2.** Brechreiz verspürend: **to be ~** sich erbrechen *od.* übergeben (müssen); **I feel ~** mir ist schlecht *od.* übel; **she turned ~** ihr wurde übel, sie mußte (sich er)brechen; **it makes me ~** a) mir wird übel davon (*a. fig.*), b) *fig.* es ekelt *od.* widert mich an. **3.** Kranken..., Krankheits...: **~ diet** Krankenkost *f*. **4.** *fig.* krank (**of** vor *dat*; **for** nach): **~ at heart** a) todunglücklich, b) angsterfüllt. **5.** *fig.* a) wütend (**with s.o.** über j-n; **at s.th.** über etwas), b) enttäuscht (**at s.th.** von etwas). **6.** (**of**) *colloq.* angewidert (von), ˈüberdrüssig (*gen*): **I am ~ (and tired) of it** ich habe es (gründlich) satt, es hängt mir zum Hals heraus. **7.** *fig.* blaß, fahl: **~ colo(u)r; ~ light. 8.** matt, gezwungen: **a ~ smile. 9.** *mar.* schadhaft. **10.** schlecht: **~ eggs** (**air,** *etc*). **11.** *econ. colloq.* flau: **~ market. 12.** *colloq.* grausig, maˈkaber: **~ jokes; ~ humo(u)r** ‚schwarzer' Humor. **II** *s* **13. the ~** die Kranken. **14.** Übelkeit *f*: **that's enough to give one the ~** *colloq.* ‚das ist (ja) zum Kotzen'. **15.** *bes. Br. colloq.* ‚Kotze' *f*.

sick² [sɪk] *v/t hunt. u. fig. den Hund etc* hetzen (**on, at** auf *acc*): **to ~ the police on s.o.** j-m die Polizei auf den Hals hetzen; **~ him!** faß!

sick|bay *s* **1.** *mar.* (ˈSchiffs)Lazaˌrett *n*. **2.** (ˈKranken)Reˌvier *n*. ˈ**~bed** *s* **1.** Krankenbett *n*. **2.** *fig.* Krankenlager *n*. **~ ben·e·fit** *s Br.* Krankengeld *n*. **~ call** *s* **1.** *mar. mil.* Reˈvierstunde *f*: **to go on ~** sich krank melden. **2.** Ruf *m* (*e-s Arztes etc*) an ein Krankenlager. **3.** Krankenbesuch *m*. **~ cer·tif·i·cate** *s* ˈKrankheitsatˌtest *n*.

sick·en [ˈsɪkn] **I** *v/i* **1.** erkranken, krank werden: **to be ~ing for** *e-e Krankheit* ‚ausbrüten'. **2.** kränkeln. **3.** sich ekeln (**at** vor *dat*). **4.** ˈüberdrüssig *od.* müde sein *od.* werden (**of** *gen*): **to be ~ed with** *e-r Sache* überdrüssig sein, *etwas* satt haben. **II** *v/t* **5.** *j-m* Übelkeit verursachen. **6.** anekeln, anwidern. ˈ**sick·en·er** *s fig.* **1.** Brechmittel *n*: a) ekelhafte Sache, b) Ekel *n* (*Person*). **2.** furchtbarer Schlag. ˈ**sick·en·ing** *adj* (*adv* **~ly**) **1.** Übelkeit erregend: **this is ~** da(bei) kann einem (ja) übel werden. **2.** *fig.* ekelhaft, gräßlich.

sick| flag *s mar.* (*gelbe*) Quaranˈtäneflagge. **~ head·ache** *s med.* **1.** Kopfschmerz(en *pl*) *m* mit Übelkeit. **2.** Miˈgräne *f*. **~ in·sur·ance** *s* Krankenversicherung *f*.

ˈ**sick·ish** *adj* (*adv* **~ly**) **1.** kränklich, unpäßlich, unwohl. **2.** → **sickening.**

sick·le [ˈsɪkl] *s agr. u. fig.* Sichel *f*: **~ cell** *med.* Sichelzelle *f*; **~ feather** *orn.* Sichelfeder *f* (*des Haushahns*).

sick leave *s* Fehlen *n* wegen Krankheit: **to be on ~** wegen Krankheit fehlen; **to request ~** sich krank melden.

sick·li·ness [ˈsɪklɪnɪs] *s* **1.** Kränklichkeit *f*. **2.** kränkliches Aussehen. **3.** Ungesundheit *f* (*des Klimas etc*).

sick list *s mar. mil.* Krankenliste *f*: **to be on the ~** krank (gemeldet) sein.

ˈ**sick·ly I** *adj u. adv* **1.** kränklich, schwächlich. **2.** krank(haft), kränklich, blaß: **~ face. 3.** matt, schwach: **a ~ smile. 4.** ungesund: **~ climate. 5.** ˈwiderwärtig: **a ~ smell. 6.** *fig.* wehleidig, süßlich, unangenehm: **~ sentimentality. II** *v/t* **7.** krank machen: **'sicklied o'er with the pale cast of thought'** von des Gedankens Blässe angekränkelt.

sick·ness [ˈsɪknɪs] *s* **1.** Krankheit *f*: **~ benefit** → **sick benefit; ~ insurance** → **sick insurance. 2.** Übelkeit *f*, Erbrechen *n*.

sick| nurse *s* Krankenschwester *f*, -pflegerin *f*. **~ pay** *s* Krankengeld *n*. **~ report** *s mar. mil.* **1.** Krankenbericht *m*, -liste *f*. **2.** Krankmeldung *f*. ˈ**~room** *s* Krankenzimmer *n*, -stube *f*.

side [saɪd] **I** *s* **1.** *allg.* Seite *f*: **~ by ~** Seite an Seite; **at** (*od.* **by**) **the ~ of** an der Seite von (*od. gen*), neben (*dat*), *fig. a.* verglichen mit; **on all ~s** überall; **on the ~** *sl.* nebenbei (*verdienen etc*); **on the ~ of** a) auf der Seite von, b) seitens (*gen*); **on this (the other) ~ (of)** diesseits (jenseits) (*gen*); **(on) this ~ of the grave** hienieden, im Diesseits; **this ~ up!** Vorsicht, nicht stürzen!; **to stand by s.o.'s ~** *fig.* j-m zur Seite stehen; **to be on the small ~** ziemlich klein sein; **to keep on the right ~ of** sich gut stellen mit; **to cast to one ~** *fig.* über Bord werfen; **to put to one ~** *e-e Frage etc* zurückstellen, ausklammern; → **bright** 5, **dark** 4, **err** 1, **house** 1, **right** 6, **safe** 3, **sunny** 2, **wrong** 2. **2.** *math.* Seite *f* (*a. e-r Gleichung*), *a.* Seitenlinie *f*, -fläche *f*. **3.** a) (Seiten)Rand *m*, b) (Brillen)Bügel *m*. **4.** (Körper)Seite *f*: **to burst** (*od.* **shake, split**) **one's ~s with laughter** sich schütteln vor Lachen. **5.** (*Speck-, Hammel- etc*)Seite *f*: **~ of bacon. 6.** Seite *f*, Teil *m*, *n*: **the east ~ of the city** der Ostteil der Stadt. **7.** Seite *f*: a) (Ab)Hang *m*, Flanke *f*, *a.* Wand *f* (*e-s Berges*), b) Ufer(seite *f*) *n*. **8.** Seite *f*, (Chaˈrakter)Zug *m*. **9.** Seite *f*: a) Parˈtei *f* (*a. jur. od. sport*), b) *sport* (Spielfeld)Hälfte *f*: **to be on s.o.'s ~** auf j-s Seite stehen; **to change ~s** ins andere Lager überwechseln, *sport* die Seiten wechseln; **to take ~s** → 20; **to win s.o. over to one's ~** j-n auf s-e Seite ziehen. **10.** *sport Br.* Mannschaft *f*. **11.** Seite *f*, Abstammungslinie *f*: **on one's father's ~, on the paternal ~** väterlicherseits. **12.** *jur.* (ˈRechts)Abˌteilung *f*: **criminal-law ~** Strafrechtsabteilung. **13.** *ped. Br.* (Studien)Zweig *m*: **classical ~** humanistische Abteilung. **14.** *thea. sl.* Rolle *f*. **15.** *sl.* ‚Angabe' *f*, Alˈlüren *pl*: **to put on ~** ‚angeben', großtun. **16.** *Billard*: *Br.* Efˈfet *n*. **II** *adj* **17.** seitlich (liegend *od.* stehend *etc*), Seiten...: **~ elevation** Seitenriß *m*; **~ pocket** Seitentasche *f*. **18.** von der Seite (kommend), Seiten...: **~ blow** Seitenhieb *m*. **19.** Seiten..., Neben...: **~ door. III** *v/i* **20.** (**with**) Parˈtei ergreifen (*gen od.* für), es halten (mit).

side| aisle *s arch.* Seitenschiff *n* (*e-r Kirche*). **~ arms** *s pl mar. mil.* Seitenwaffen *pl*. **~ band** *s Radio*: ˈSeiten(freˌquenz)band *n*. **~ bet** *s* Zusatzwette *f*. ˈ**~board** *s* **1.** Anrichtetisch *m*. **2.** Sideboard *n*: a) Büˈfett *n*, b) Anrichte *f*. **3.** Seitenbrett *n*. **4.** *pl Br. für* **sideburns. ~ box** *s thea.* Seitenloge *f*. ˈ**~burns** *s pl bes. Am.* Koteˈletten *pl*. ˈ**~car** *s* **1.** Beiwagen *m*: **~ combination** (*od.* **motorcycle**) Beiwagen-, Seitenwagenmaschine *f*. **2.** → **jaunting car. 3.** *ein Cocktail aus Orangenlikör, Zitronensaft u. Weinbrand.* **~ chain** *s* **1.** *tech., a. biol.* Seitenkette *f*. **2.** *chem.* Seitenring *m* (*e-s Molekülrings*). **~ cut** *s* ˈSeitenstraße *f*, -weg *m*, -kaˌnal *m*.

sid·ed [ˈsaɪdɪd] *adj* (*meist in Zssgn*) ...seitig: **four-~.**

side| dish *s* **1.** Zwischengang *m*. **2.** Beilage *f*. **~ drum** *s* kleine (Wirbel)Trommel. **~ ef·fect** *s* Nebenwirkung *f*, Begleiterscheinung *f*. **~ face** *s* Seitenansicht *f*, Proˈfil *n*. **~ fre·quen·cy** *s Radio*: ˈSeitenfreˌquenz *f*. **~ glance** *s* Seitenblick *m* (*a. fig.*). ˈ**~head** *s* **1.** *tech.* Seitenschlitten *m* (*der Drehbank*). **2.** *print.* Margiˈnaltitel *m*. ˈ**~hill** *Am. für* **hillside. ~ horse** *s Turnen*: Seitpferd *n*. **~ is·sue** *s* Nebenfrage *f*, -sache *f*, ˈRandproˌblem *n*. ˈ**~kick,** ˈ**~ˌkick·er** *s Am. sl.* **1.** Kumˈpan *m*, ‚Spezi' *m*. **2.** Helfer *m*. ˈ**~light** *s* **1.** Seitenlicht *n*. **2.** Seitenleuchte *f*. **3.** a) *mar.* Seitenlampe *f*, b) *aer.* Positiˈonslicht *n*, c) *mot.* Begrenzungslicht *n*. **4.** Seitenfenster *n*. **5.** *fig.* Streiflicht *n*. ˈ**~line I** *s* **1.** Seitenlinie *f*. **2.** *rail.* Nebenstrecke *f*. **3.** a) Nebenbeschäftigung *f*, -verdienst *m*, b) Nebenzweig *m* (*e-s Gewerbes*), *econ. a.* ˈNebenarˌtikel *m*. **4.** *sport* a) Seitenlinie *f* (*des Spielfelds*), b) *meist pl* Außenfeld *n*: **on the ~s** am Spielfeldrand, als Zuschauer. **II** *v/t* **5.** *sport etc bes. Am. j-n* außer Gefecht setzen. ˈ**~long I** *adv* seitwärts, seitlich, quer. **II** *adj* Seitwärts..., seitlich, schräg: **~ motion; ~ glance** Seitenblick

m. ˈ**~note** *s print.* Randbemerkung *f.*
si·de·re·al [saɪˈdɪərɪəl] *adj astr.* siˈderisch, Stern(en)...: ~ **day (time, year)** Sterntag *m* (-zeit *f*, -jahr *n*).
sid·er·ite [ˈsaɪdəraɪt; *bes. Am.* ˈsɪd-] *s chem. min.* **1.** Sideˈrit *m*, Eisenspat *m.* **2.** Meteˈorgestein *n.*
sid·er·og·ra·phy [ˌsaɪdəˈrɒɡrəfɪ; *bes. Am.* ˌsɪd-; *Am.* -ˈrɑɡ-] *s* Stahlstich *m*, -stecherkunst *f.* ˈ**sid·er·o·lite** [-rəlaɪt] *s min.* Sideroˈlith *m.* ˌ**sid·erˈo·sis** [-ˈrəʊsɪs] *s med.* Sideˈrose *f*, Sideˈrosis *f* (*Ablagerung von Eisenstaub in der Lunge, den Augen etc*).
ˈ**side**|ˌ**sad·dle I** *s* Damensattel *m.* **II** *adv* im Damensitz. **~scene** *s thea.* **1.** ˈSeitenkuˌlisse *f.* **2.** Randszene *f.* ˈ**~show** *s* **1.** Nebenvorstellung *f.* **2.** Nebenausstellung *f.* **3.** kleine Schaubude. **4.** *fig.* a) Nebensache *f*, b) Epiˈsode *f* (am Rande). ˈ**~slip I** *v/i* **1.** seitwärts rutschen. **2.** *aer.* slippen, seitlich abrutschen. **3.** *mot.* (seitlich) ausbrechen. **II** *s* **4.** seitliches Rutschen. **5.** *aer.* Slippen *n*, seitliches Abrutschen. **6.** *mot.* (seitliches) Ausbrechen.
sides·man [ˈsaɪdzmən] *s irr* Kirchenrat(smitglied *n*) *m.*
ˈ**side**|ˌ**split·ter** *s* etwas zum Totlachen, ‚Mordsspaß' *m.* ˈ**~**ˌ**split·ting** *adj* zwerchfellerschütternd. **~ step** *s* Seit(en)schritt *m.* ˈ**~step I** *v/t* **1.** *Boxen: e-m Schlag* (durch Seitschritt) ausweichen. **2.** ausweichen (*dat*) (*a. fig.*). **II** *v/i* **3.** e-n Seit(en)schritt machen. **4.** ausweichen (*a. fig.*). **~ street** *s* Seitenstraße *f.* ˈ**~stroke** *s sport* Seitenschwimmen *n.* ˈ**~swipe** *colloq.* **I** *v/t bes. Am.* **1.** *j-n* (mit e-m Schlag) streifen. **2.** *mot.* a) *geparktes Fahrzeug etc* (hart) streifen, b) seitlich abdrängen (*beim Überholen*). **II** *s* **3.** *bes. Am.* ‚Wischer' *m* (*Schlag, der nur streift*). **4.** *mot. bes. Am.* Streifen *n.* **5.** *fig.* Seitenhieb *m* (**at** auf *acc*): **to take a ~ at s.o.** j-m e-n Seitenhieb versetzen. ˈ**~track I** *s* **1.** → **siding** 1. **2.** *fig.* ‚totes Gleis'. **II** *v/t* **3.** *rail. e-n Waggon* auf ein Nebengleis schieben. **4.** *colloq.* a) *etwas* ‚abbiegen', b) *j-n* ablenken, c) *j-n* ‚kaltstellen'. **III** *v/i* **5.** (vom Thema) ablenken. **~ view** *s* Seitenansicht *f.* ˈ**~walk** *s bes. Am.* Bürgersteig *m*, Trotˈtoir *n*: **~ artist** Pflastermaler *m*; **~ café** Straßencafé *n*; **~ superintendent** *humor.* (besserwisserischer) Zuschauer (*bei Bauarbeiten*).
side·ward [ˈsaɪdwə(r)d] **I** *adj* seitlich. **II** *adv* seitwärts, nach der Seite. ˈ**sidewards** [-dz] → **sideward** II.
ˈ**side**|**·ways** → **sideward.** ˈ**~wheel** *s mar.* Schaufelrad *n.* ˈ**~**ˌ**wheel·er** *s mar.* Raddampfer *m.* **~ whisk·ers** *s pl* Koteˈletten *pl.* **~ wind** *s* Seitenwind *m.* ˈ**~wise** [-waɪz] → **sideward.**
sid·ing [ˈsaɪdɪŋ] *s* **1.** *rail.* a) Neben-, Ranˈgiergleis *n*, b) Anschlußgleis *n*, Gleisanschluß *m.* **2.** *arch. Am.* (*äußere*) Seitenwandung (*von Holzhäusern*). **3.** *Am.* Zuschneiden *n* (*von Holz*). **4.** *fig.* Parˈteinahme *f.*
si·dle [ˈsaɪdl] *v/i* sich schlängeln, schleichen: **to ~ away** sich davonschleichen *od.* -stehlen; **to ~ up to s.o.** sich an j-n heranmachen.
siege [siːdʒ] **I** *s* **1.** *mil.* Belagerung *f*: **state of ~** Belagerungszustand *m*; **to lay ~ to** a) *e-e Stadt etc* belagern, b) *fig. j-n* bestürmen, ‚bearbeiten'; → **raise** 33. **2.** *fig.* a) Bestürmen *n*, heftiges Zusetzen, b) Zermürbung *f*, c) zermürbende Zeit. **3.** *tech.* a) Werkbank *f*, b) Glasschmelzofenbank *f.* **4.** *obs.* Sitz *m.* **II** *adj* **5.** Belagerungs... **S~ Per·il·ous** *s* (*Artussage*) Platz *m* der Gefahr (*leerer Platz in der Tafelrunde, der für alle Ritter tödlich war, außer für den, welchem die Suche nach dem Gral gelingen sollte*).
Si·en·ese [ˌsɪeˈniːz] **I** *s* a) Sieˈnese *m*, Sieˈnesin *f*, b) *pl* Sieˈnesen *pl.* **II** *adj* sieˈnesisch: **~ school** (Maler)Schule *f* von Siena.
si·en·na [sɪˈenə] *s paint.* Siˈena(erde) *f*: **raw ~** hellgelber Ocker.
Si·en·nese → **Sienese.**
si·er·ra [sɪˈerə; *Br. bes.* ˈsɪərə] *s* Siˈerra *f*, Gebirgskette *f.*
si·es·ta [sɪˈestə] *s* Siˈesta *f*, Mittagsruhe *f*, -schlaf *m.*
sieve [sɪv] **I** *s* **1.** Sieb *n*, *tech. a.* ˈDurchwurf *m*, Rätter *m*: **to fetch** (*od.* **carry**) **water in a ~** *fig.* Wasser in ein Sieb schöpfen; **to have a memory like a ~** ein Gedächtnis wie ein Sieb haben. **2.** *fig.* ‚Waschweib' *n.* **3.** Weidenkorb *m* (*a. Maß*). **II** *v/t* **4.** (ˈdurch-, aus)sieben. **III** *v/i* **5.** sieben.
sift [sɪft] **I** *v/t* **1.** (ˈdurch)sieben: **to ~ flour. 2.** (durch ein Sieb *etc*) streuen: **to ~ sugar on a cake. 3.** *fig.* sichten, sorgfältig (über)ˈprüfen *od.* unterˈsuchen. **4.** *meist* **~ out** a) aussieben, absondern, b) erforschen, ausfindig machen. **II** *v/i* **5.** sieben. **6.** ˈdurchrieseln, -dringen (*a. Licht etc*). **7.** *fig.* (sorgfältige) Unterˈsuchungen anstellen. ˈ**sift·er** *s* **1.** Sieber(in). **2.** Sieb(vorrichtung *f*) *n.* ˈ**sift·ing** *s* **1.** (ˈDurch)Sieben *n.* **2.** *fig.* Sichten *n*, Unterˈsuchung *f.* **3.** *pl* a) (*das*) ˈDurchgesiebte, b) Siebabfälle *pl.*
sigh [saɪ] **I** *v/i* **1.** (auf)seufzen, tief (auf-) atmen. **2.** schmachten, seufzen (**for** nach): **~ed-for** heißbegehrt. **3.** *fig.* seufzen, ächzen (*Wind*). **II** *v/t* **4.** *oft* **~ out** seufzen(d äußern). **III** *s* **5.** Seufzer *m*: **a ~ of relief** ein Seufzer der Erleichterung; **to give** (*od.* **heave**) **a ~ of relief** erleichtert aufatmen.
sight [saɪt] **I** *s* **1.** Sehvermögen *n*, -kraft *f*, Auge(nlicht) *n*: **good ~** gute Augen; **long (near) ~** Weit-(Kurz)sichtigkeit *f*; **second ~** zweites Gesicht; **to lose one's ~** das Augenlicht verlieren. **2.** (An)Blick *m*, Sicht *f*: **at** (*od.* **on**) **~** auf Anhieb, beim ersten Anblick, sofort; **to shoot s.o. at ~** j-n sofort *od.* ohne Warnung niederschießen; **at the ~ of** beim Anblick (*gen*); **at first ~** auf den ersten Blick; **to play (sing, translate) at ~** vom Blatt spielen (singen, übersetzen); **to catch ~ of** erblicken; **to know by ~** vom Sehen kennen; **to lose ~ of** a) aus den Augen verlieren (*a. fig.*), b) *fig. etwas* übersehen. **3.** *fig.* Auge *n*: **in my ~** in m-n Augen; **in the ~ of God** vor Gott; **to find favo(u)r in s.o.'s ~** Gnade vor j-s Augen finden. **4.** Sicht(weite) *f*: **(with)in ~** a) in Sicht (-weite), b) *fig.* in Sicht; **within ~ of the victory** den Sieg (dicht) vor Augen; **out of ~** außer Sicht; **out of ~, out of mind** aus den Augen, aus dem Sinn; **out of my ~!** geh mir aus den Augen!; **to come in ~** in Sicht kommen; **to put out of ~** a) wegtun, b) *colloq. Essen* ‚wegputzen'. **5.** *econ.* Sicht *f*: **payable at ~** bei Sicht fällig; **bill (payable) at ~** Sichtwechsel *m*; **30 days (after) ~** 30 Tage (nach) Sicht; **bill (payable) after ~** Nachsichtwechsel *m*; **to buy s.th. ~ unseen** etwas unbesehen kaufen. **6.** Anblick *m*: **a sorry ~**; **a ~ for sore eyes** e-e Augenweide; **to be** (*od.* **look**) **a ~** *colloq.* ‚verboten' *od.* ‚zum Abschießen' aussehen; **I did look a ~** *colloq.* ich sah vielleicht aus; **what a ~ you are!** *colloq.* wie siehst du denn aus!; → **god** 1. **7.** Sehenswürdigkeit *f*: **his roses were a ~ to see** s-e Rosen waren e-e Sehenswürdigkeit; **to see the ~s of a town** die Sehenswürdigkeiten e-r Stadt besichtigen. **8.** *colloq.* Menge *f*, Masse *f*, Haufen *m* (*Geld etc*): **a long ~ better** zehnmal besser; **not by a long ~** bei weitem nicht. **9.** *astr. hunt. mil. tech.* Viˈsier(einrichtung *f*) *n*: **to take (a careful) ~** (genau) (an)visieren *od.* zielen; **to have in one's ~s** im Visier haben (*a. fig.*); **to lower one's ~s** *fig.* Abstriche machen, zurückstecken; **to raise one's ~s** *fig.* höhere Ziele anstreben; **to set one's ~s on s.th.** *fig.* etwas ins Auge fassen; → **full sight. 10.** *astr. mar.* (*mit Winkelinstrument gemessene od. bestimmte*) Höhe (*e-s Gestirns*). **11.** *Am. sl.* Aussicht *f*, Chance *f.*
II *v/t* **12.** sichten, erblicken. **13.** *mil.* a) ˈanviˌsieren (*a. astr. mar.*), b) *das Geschütz* richten, c) *e-e Waffe etc* mit e-m Viˈsier versehen. **14.** *econ. e-n Wechsel* präsenˈtieren.
III *v/i* **15.** zielen, viˈsieren.
sight| **bill, ~ draft** *s econ.* Sichtwechsel *m*, -tratte *f.*
sight·ed [ˈsaɪtɪd] **I** *adj* **1.** sehend (*Ggs. blind*). **2.** (*in Zssgn*) ...sichtig. **3.** *mil.* mit e-m Viˈsier (versehen). **II** *s* **4. the ~** *collect.* die Sehenden *pl.*
sight glass *s tech.* Schauglas *n.*
ˈ**sight·ing** *adj mil.* Ziel..., Visier...: **~ line** Visierlinie *f*; **~ mechanism** Visier-, Zieleinrichtung *f*, Zielgerät *n*; **~ shot** Anschuß *m* (*Probeschuß*); **~ telescope** Zielfernrohr *n.*
ˈ**sight·less** *adj* (*adv* **~ly**) **1.** blind. **2.** *poet.* [unsichtbar.]
sight·li·ness [ˈsaɪtlɪnɪs] *s* Ansehnlichkeit *f*, Stattlichkeit *f.* ˈ**sight·ly** *adj* **1.** ansehnlich, gutaussehend, stattlich. **2.** *bes. Am.* a) schöngelegen, mit schönem (Aus)Blick, b) weithin sichtbar.
ˈ**sight**|**-read** *v/t u. v/i irr* **1.** *mus.* vom Blatt singen *od.* spielen. **2.** *ling.* vom Blatt überˈsetzen. **~ read·er** *s* **1.** *mus.* j-d, der vom Blatt singt *od.* spielt. **2.** *ling.* j-d, der vom Blatt überˈsetzt. ˈ**~see** *v/i irr* die Sehenswürdigkeiten besichtigen: **to go ~ing** e-e Besichtigungstour machen. ˈ**~-**ˌ**see·ing I** *s* Besichtigung *f* von Sehenswürdigkeiten. **II** *adj* Besichtigungs...: **~ bus** Rundfahrtautobus *m*; **~ tour** Besichtigungstour *f*, (Stadt)Rundfahrt *f.* ˈ**~-**ˌ**seer** [-ˌsiːə(r)] *s* Touˈrist(in). **~ test** *s* Sehprüfung *f*, -test *m.*
sig·il [ˈsɪdʒɪl] *s* **1.** Siegel *n.* **2.** astroˈlogisches *od.* magisches Zeichen.
sig·il·late [ˈsɪdʒɪlət; -leɪt] *adj bot. u. Keramik*: mit siegelartigen Mustern.
sig·ma [ˈsɪɡmə] *s* Sigma *n* (*griechischer Buchstabe*).
sig·moid [ˈsɪɡmɔɪd] **I** *adj* **1.** a) Σ-, s-förmig, b) c-, halbmondförmig. **II** *s* **2.** *a.* **~ flexure** *anat.* Sigmoˈid *n* (*Dickdarmkrümmung*). **3.** s-förmige Kurve.
sign [saɪn] **I** *s* **1.** a) Zeichen *n*, Symˈbol *n* (*a. fig.*), b) *a.* **~ of the cross** *relig.* Kreuzzeichen *n*: **in** (*od.* **as a**) **~ of** zum Zeichen (*gen*). **2.** (Schrift)Zeichen *n.* **3.** *math. mus.* (Vor)Zeichen *n* (*a. Computer*). **4.** Zeichen *n*, Wink *m*: **to give s.o. a ~, to make a ~ to s.o.** j-m ein Zeichen geben. **5.** Zeichen *n*, Siˈgnal *n.* **6.** Anzeichen *n*, Symˈptom *n* (*a. med.*): **no ~ of life** kein Lebenszeichen; **to make no ~** sich nicht rühren; **the ~s of the times** die Zeichen der Zeit; **there was not a ~ of him** von ihm war noch nichts zu sehen. **7.** Kennzeichen *n.* **8.** (Aushänge-, Wirtshaus- *etc*)Schild *n*: **at the ~ of the White Hart** im (Wirtshaus zum) Weißen Hirsch. **9.** *astr.* (Tierkreis)Zeichen *n.* **10.** *bes. Bibl.* (Wunder-) Zeichen *n*: **~s and wonders** Zeichen u. Wunder. **11.** *Am.* Spur *f* (*a. hunt.*).
II *v/t* **12.** a) unterˈzeichnen, -ˈschreiben, *a. paint. u. print.* siˈgnieren: **to ~ a letter**; **~ed, sealed and delivered** (ordnungsgemäß) unterschrieben und ausgefertigt, b) sich eintragen in (*acc*): **to ~ the guest book. 13.** mit (*s-m Namen*) unterˈzeichnen. **14. ~ away** überˈtragen, -ˈschreiben, abtreten: **to ~ away property. 15.** *a.* ~

on (*od.* up) (vertraglich) verpflichten (*a. sport*), anstellen, *mar.* anheuern. **16.** *relig.* das Kreuzzeichen machen über (*acc od. dat*), segnen. **17.** *j-m* bedeuten (**to do** zu tun), *j-m etwas* (durch Zeichen *od.* Gebärden) zu verstehen geben: **to ~ one's assent.** **III** *v/i* **18.** unter'schreiben, -'zeichnen: → **dot**² 4. **19.** *econ.* zeichnen. **20.** Zeichen geben, (zu)winken (**to** *dat*). **21.** ~ **on** (**off**) *Rundfunk, TV*: sein Pro'gramm beginnen (beenden): **we ~ off at 10 o'clock** Sendeschluß ist um 22 Uhr. **22.** ~ **in** a) sich (in e-e Anwesenheitsliste *etc*) eintragen, b) einstempeln. **23.** ~ **off** *colloq.* a) (s-e Rede) schließen, b) Schluß machen (*im Brief*), c) sich zu'rückziehen, ‚aussteigen'. **24.** ~ **out** a) sich (aus e-r Anwesenheitsliste *etc*) austragen, b) ausstempeln. **25.** *a.* ~ **on** (*od.* **up**) sich (vertraglich) verpflichten (**for** zu), (e-e) Arbeit annehmen, *mar.* anheuern, *mil.* sich verpflichten (**for** auf *5 Jahre etc*): **the player ~ed on for two years** der Spieler hat e-n Zweijahresvertrag unterschrieben. **26.** ~ **off on** *Am. colloq. Plan etc* ‚absegnen', genehmigen.

sig·nal ['sɪgnl] **I** *s* **1.** *a. mil. etc* Si'gnal *n*, (*a.* verabredetes) Zeichen: **light ~** Leuchtzeichen, Lichtsignal; → **call signal, distress** 5. **2.** *electr. mar. mil. tech.* (Funk)Spruch *m*: **Royal Corps of S~s, the S~s** *Br.* (die) Fernmeldetruppe. **3.** *fig.* Si'gnal *n*, (auslösendes) Zeichen (**for** für, zu): **this was the ~ for revolt.** **4.** *Kartenspiel*: Si'gnal *n*. **II** *adj* (*adv* ~**ly**) **5.** Signal...: ~ **arm** *rail.* Signalarm *m*; **S~ Corps** *Am.* Fernmeldetruppe *f*; ~ **beacon** Signalbake *f*; ~ **communications** *mil.* Fernmeldewesen *n*; ~ **engineering** Fernmeldetechnik *f*; ~ **code** Zeichenschlüssel *m*. **6.** beachtlich, un-, außergewöhnlich. **III** *v/t pret u. pp* **-naled,** *bes. Br.* **-nalled 7.** *j-n* durch Zeichen *od.* Si'gnal(e) verständigen, *j-m* Zeichen geben, *j-m* winken. **8.** *fig.* zu verstehen geben. **9.** *e-e Nachricht etc* signali'sieren, über'mitteln, *etwas* melden. **IV** *v/i* **10.** signali'sieren, Zeichen machen *od.* geben. ~**book** *s mar.* Si'gnalbuch *n*. ~**box** *s rail.* Stellwerk *n*. ~**check** *s electr.* Sprechprobe *f* (*Mikrofon*).

sig·nal·er, *bes. Br.* **sig·nal·ler** ['sɪgnələ(r)] *s* Si'gnalgeber *m*, *bes.* a) *mil.* Blinker *m*, Melder *m*, b) *mar.* Si'gnalgast *m*.

sig·nal| flag *s mar.* Si'gnal-, Winkerflagge *f*. ~ **gun** *s mil.* **1.** Si'gnalgeschütz *n*. **2.** Si'gnalschuß *m*. ~ **hal·yard** *s mar.* Flaggleine *f*.

sig·nal·ing, *bes. Br.* **sig·nal·ling** ['sɪgnlɪŋ] *adj* Signal...

sig·nal·ize ['sɪgnəlaɪz] **I** *v/t* **1.** aus-, kennzeichnen: **to ~ o.s. by** sich hervortun durch. **2.** her'vorheben. **3.** ankündigen, signali'sieren. **II** *v/i* → **signal** IV.

sig·nal·ler, *etc bes. Br. für* **signaler,** *etc.*

'sig·nal|·man [-mən] *s irr* **1.** *rail.* Stellwärter *m*. **2.** *mar.* Si'gnalgast *m*. ~ **of·fi·cer** *s mil. Am.* **1.** 'Fernmeldeoffi,zier *m*. **2.** Leiter *m* des Fernmeldedienstes (*in Verbänden über Regimentsebene*). ~ **pis·tol** *s bes. mil.* 'Leuchtpi,stole *f*. ~**rock·et** *s bes. mil.* 'Leuchtkugel *f*, -ra,kete *f*. ~ **tow·er** *s tech.* **1.** Si'gnalturm *m*. **2.** *rail. Am.* Stellwerk *n*.

sig·na·ry ['sɪgnərɪ] *s* ('Schrift),Zeichensy,stem *n*.

sig·na·to·ry ['sɪgnətərɪ; *Am.* -,təʊri:; -,tɔ:-] **I** *adj* **1.** unter'zeichnend, vertragschließend, Signatar...: ~ **powers** → 3 c; ~ **state** → 3 b. **2.** *econ.* Zeichnungs...: ~ **power** Unterschriftsvollmacht *f*. **II** *s* **3.** a) ('Mit)Unter,zeichner(in), b) *pol.* Signa'tar *m*, Unter'zeichnerstaat *m*, c) *pl pol.* Signa'tarmächte *pl* (**to a treaty** e-s Vertrags).

sig·na·ture ['sɪgnətʃə(r); *Am. a.* -,tʃʊər] *s* **1.** 'Unterschrift(sleistung) *f*, Namenszug *m*. **2.** Signa'tur *f* (*e-s Buchs etc*). **3.** *mus.* Signa'tur *f*, Vorzeichnung *f*: **key ~** Vorzeichen *n od. pl.* **4.** *a.* ~ **tune** (*Rundfunk, TV*) 'Kennmelo,die *f*. **5.** *pharm.* Signa'tur *f*, Aufschrift *f*. **6.** *a.* ~ **mark** *print.* a) Signa'tur *f*, Bogenzeichen *n*, b) (Signa'tur)Bogen *m*. **7.** *fig. obs.* (Kenn)Zeichen *n*.

'sign·board *s* (*bes.* Firmen-, Aushänge-) Schild *n*.

sign·er ['saɪnə(r)] *s* Unter'zeichner(in).

sig·net ['sɪgnɪt] *s* Siegel *n*, Petschaft *n*: **privy ~** Privatsiegel des Königs; → **writer** 3. ~ **ring** *s* Siegelring *m*.

sig·nif·i·cance [sɪg'nɪfɪkəns], **sig'nif·i·can·cy** [-sɪ] *s* **1.** Bedeutung *f*, (tieferer) Sinn. **2.** Bedeutung *f*, Bedeutsamkeit *f*, Wichtigkeit *f*: **of no significance** ohne Belang *od.* Bedeutung, bedeutungslos.

sig·nif·i·cant [sɪg'nɪfɪkənt] *adj* **1.** bezeichnend (**of** für): **to be ~ of** bezeichnend sein für, hinweisen auf (*acc*). **2.** bedeutsam, wichtig, von Bedeutung. **3.** wesentlich, merklich. **4.** *fig.* vielsagend: **a ~ gesture.** **5.** *math.* geltend (*Dezimalstelle*). **sig'nif·i·cant·ly** *adv* **1.** bedeutsam. **2.** bezeichnenderweise. **3.** wesentlich: **not ~ reduced.**

sig·ni·fi·ca·tion [,sɪgnɪfɪ'keɪʃn] *s* **1.** (*bestimmte*) Bedeutung, Sinn *m*. **2.** Bezeichnung *f*, Andeutung *f*.

sig·nif·i·ca·tive [sɪg'nɪfɪkətɪv; *Am.* -,keɪ-] *adj* (*adv* ~**ly**) **1.** Bedeutungs..., bedeutsam. **2.** bezeichnend, kennzeichnend (**of** für).

sig·ni·fy ['sɪgnɪfaɪ] **I** *v/t* **1.** an-, bedeuten, zu verstehen geben. **2.** bedeuten, ankündigen: **a lunar halo signifies rain.** **3.** bedeuten: **this signifies nothing.** **II** *v/i* **4.** *colloq.* bedeuten: **it does not ~** es hat nichts zu bedeuten. **'sig·ni,fy·ing** *s Am. colloq.* Wortgeplänkel *n*.

'sign-in *s* 'Unterschriftensammlung *f*.

sign| lan·guage *s* Zeichen-, *bes.* Fingersprache *f*. ~ **man·u·al** *pl* ~**s man·u·al** *s* **1.** (eigenhändige) 'Unterschrift (*bes. e-s Königs*). **2.** Handzeichen *n*. ~ **paint·er** *s* Schilder-, Pla'katmaler *m*. **'~·post I** *s* **1.** Wegweiser *m*. **2.** (Straßen)Schild *n*, (Verkehrs)Zeichen *n*. **II** *v/t* **3.** mit Wegweiser(n) versehen. **4.** *Straßen* be-, ausschildern. **5.** *j-n* orien'tieren.

Sikh [si:k] *s* Sikh *m*.

si·lage ['saɪlɪdʒ] *agr.* **I** *s* Silo-, Gärfutter *n*: ~ **cutter** Futterschneidemaschine *f*. **II** *v/t Futterpflanzen* si'lieren.

si·lence ['saɪləns] **I** *s* **1.** (Still)Schweigen *n* (*a. fig.*), Ruhe *f*, Stille *f*: **to keep ~** a) schweigen, still *od.* ruhig sein, b) Stillschweigen wahren (**on** über *acc*); **to break the ~** das Schweigen brechen (*a. fig.*); **to impose ~** a) Ruhe gebieten, b) (**on s.o.** j-m) (Still)Schweigen auferlegen; **in ~** still, schweigend, schweigsam, ruhig; **to pass over in ~** *fig.* stillschweigend übergehen; ~ **gives consent** wer schweigt, stimmt zu; **a minute's ~** e-e Schweigeminute; ~! Ruhe!; → **silver** 1. **2.** Schweigsamkeit *f*. **3.** Verschwiegenheit *f*. **4.** Vergessenheit *f*: **to pass into ~** in Vergessenheit geraten. **5.** *tech.* Geräuschlosigkeit *f*. **II** *v/t* **6.** zum Schweigen bringen (*a. mil. u. fig.*). **7.** *fig.* beschwichtigen, beruhigen: **to ~ the voice of conscience.** **8.** *tech.* dämpfen, geräuschlos machen. **'si·lenc·er** *s* **1.** *mil. tech.* Schalldämpfer *m*. **2.** *mot. Br.* Auspufftopf *m*.

si·lent ['saɪlənt] **I** *adj* (*adv* ~**ly**) **1.** still, ruhig, schweigsam: **to be** (*od.* **remain**) ~ (sich aus)schweigen (**on** über *acc*); **be ~!** sei(d) still!; **history is ~ upon** (*od.* **as to**) **this** darüber schweigt die Geschichte; **the ~ majority** die schweigende Mehrheit. **2.** still (*Gebet etc*), stumm (*Schmerz etc; a. ling. Buchstabe*). **3.** *fig.* heimlich, stillschweigend: ~ **consent.** **4.** *a. tech.* leise, geräuschlos. **5.** untätig: ~ **volcano**; → **partner** 2, **partnership** 1. **6.** *med.* la'tent: **a ~ disease.** **7.** Stummfilm...: ~ **star**; ~ **film** → 8. **II** *s* **8.** Stummfilm *m*. ~ **but·ler** *s* (*ein*) Abfallgefäß *n*. ~ **ser·vice** *s colloq.* **1.** Ma'rine *f*. **2.** *bes. Am.* 'Unterseebootdienst *m*.

si·le·sia [saɪ'li:zjə; sɪ'l-; *bes. Am.* -ʒɪə; -ʒə; -ʃɪə; -ʃə] *s* (schlesische) Leinwand, Li'non *m*. **Si'le·sian** [-ən] **I** *adj* schlesisch. **II** *s* Schlesier(in).

sil·hou·ette [,sɪlu:'et; *Am.* ,sɪlə'wet] **I** *s* **1.** Silhou'ette *f*: a) Schattenbild *n*, -riß *m*, b) 'Umriß *m* (*a. fig.*): **to stand out in ~** (**against**) → 5; **this year's ~** die diesjährige Modelinie. **2.** Scherenschnitt *m*. **3.** *a.* ~ **target** *mil.* Kopfscheibe *f*. **II** *v/t* **4.** silhouet'tieren: **to be ~d** → 5. **III** *v/i* **5.** sich (als Silhou'ette) abheben (**against** gegen).

sil·i·ca ['sɪlɪkə] *s chem.* **1.** Kieselerde *f*. **2.** Quarz(glas *n*) *m*.

sil·i·cate ['sɪlɪkɪt; -keɪt] *s chem.* Sili'kat *n*, kieselsaures Salz. **'sil·i·cat·ed** [-keɪtɪd] *adj* sili'ziert.

si·li·ceous [sɪ'lɪʃəs] *adj* **1.** *chem.* kiesel(erde-, -säure)haltig, -artig, Kiesel...: ~ **earth** Kieselgur *m*. **2.** kalkfliehend, Urgesteins...: ~ **plants.**

si·lic·ic [sɪ'lɪsɪk] *adj chem.* Kiesel(erde)..., Silizium...: ~ **acid** a) (Ortho)Kieselsäure *f*, b) Metakieselsäure *f*. **si'lic·i·fy** [-faɪ] *v/t u. v/i chem. geol. min.* verkieseln.

si·li·cious → **siliceous.**

si·li·ci·um [sɪ'lɪsjəm; -ɪəm; *Am. a.* -'lɪʃɪ-], **sil·i·con** ['sɪlɪkən] *s chem.* Si'lizium *n*.

sil·i·cone ['sɪlɪkəʊn] *s chem.* Sili'kon *n*.

sil·i·con·ize ['sɪlɪkənaɪz] *v/t chem. tech.* sili'zieren.

sil·i·co·sis [,sɪlɪ'kəʊsɪs] *s med.* Sili'kose *f*, Staublunge *f*.

si·lique [sɪ'li:k; 'sɪlɪk] *s bot.* Schote *f*. **sil·i·quose** ['sɪlɪkwəʊs] *adj* schotentragend, -artig.

silk [sɪlk] **I** *s* **1.** Seide *f*: a) Seidenfaser *f*, b) Seidenfaden *m*, c) Seidenstoff *m*, -gewebe *n*: **spun ~** Gespinstseide; **thrown ~** Organsin(seide) *m*, *n*; **to hit the ~** *aer. sl.* mit dem Fallschirm abspringen. **2.** Seide(nkleid *n*) *f*: **in ~s and satins** in Samt u. Seide. **3.** *pl* Seidenwaren *pl*. **4.** *jur. Br.* a) 'Seidenta,lar *m* (*e-s* **King's** *od.* **Queen's Counsel**), b) *colloq.* Kronanwalt *m*: **to take ~** Kronanwalt werden. **5.** *fig.* Seide *f*, *zo. bes.* Spinnfäden *pl*. **6.** *bot. Am.* Seide *f*: **in ~** blühend (*Mais*). **7.** Seidenglanz *m*: ~ **of a juwel.** **II** *adj* **8.** seiden, Seiden...: **you can't make a ~ purse out of a sow's ear** *fig.* aus e-m Kieselstein kann man keinen Diamanten schleifen; ~ **culture** Seiden(raupen)zucht *f*. **9.** → **silky** 1.

silk·en ['sɪlkən] *adj* **1.** seiden, Seiden...: ~ **veil.** **2.** → **silky** 1 *u.* 2. **3.** *fig.* a) verwöhnt, reich, b) verweichlicht.

'silk|-,fin·ish *v/t* merzeri'sieren. ~ **gland** *s zo.* Spinndrüse *f* (*der Seidenraupe*). ~ **gown** → **silk** 4. **'~,grow·er** *s* Seiden(raupen)züchter *m*. ~ **hat** *s* Zy'linder(hut) *m*.

silk·i·ness ['sɪlkɪnɪs] *s* **1.** (*das*) Seidige *od.* Weiche, seidenartige Weichheit. **2.** *fig.* Sanftheit *f*, Zartheit *f*.

silk| moth *s zo.* Seidenspinner *m*. ~ **screen** *s print.* (Seiden)Siebdruck(gewebe *n*) *m*. **'~-screen** *v/t print.* im (Seiden)Siebdruckverfahren 'herstellen. **'~-screen print·ing** *s print.* Seidensiebdruck *m*. ~ **stock·ing** *s* **1.** Seidenstrumpf *m*. **2.** *fig. Am.* a) 'hochele,gante Per'son, b) Aristo'krat(in), c) Pluto'krat(in). **3.** *hist. Am. colloq.* Födera-

ˈlist *m.* ˌ**~ˈstock·ing** *adj Am. fig.* vornehm, eleˈgant. ˈ**~worm** *s zo.* Seidenraupe *f.*

ˈ**silk·y I** *adj* (*adv* **silkily**) **1.** seidig (glänzend, *a. bot.*), seidenartig, -weich: **~ hair**; **~ willow** *bot.* a) Silberweide *f*, b) Seidige Weide (*Nordamerika*). **2.** *fig.* a) sanft, (ein)schmeichelnd, zärtlich, b) *contp.* (aal)glatt, ölig. **3.** lieblich (*Wein*). **II** *s* **4.** *orn.* Seidenhuhn *n.*

sill [sɪl] *s* **1.** (Tür)Schwelle *f.* **2.** Fensterbrett *n*, -bank *f.* **3.** *tech.* Schwellbalken *m.* **4.** *geol.* Lagergang *m.*

sil·la·bub [ˈsɪləbʌb] *s* **1.** (*oft heißes*) *Getränk aus Milch, Rum etc u. Gewürzen.* **2.** *Br. Nachtisch aus Milch od. Sahne mit Zucker, Wein u. Zitronensaft.*

sil·li·ness [ˈsɪlɪnɪs] *s* **1.** Dummheit *f*, Albernheit *f.* **2.** Verrücktheit *f.*

sil·ly [ˈsɪlɪ] **I** *adj* (*adv* **sillily**) **1.** dumm, blöd(e), ‚dämlich'. **2.** dumm, verrückt, albern. **3.** unklug, leichtfertig. **4.** betäubt, benommen (*nach e-m Schlag etc*). **II** *s* **5.** *colloq.* Dummkopf *m*, Dummerchen *n.* ˈ**~-ˌbil·ly** → **silly** 5. **~ point** *s Kricket: ganz dicht beim Schläger stehender Fänger.* **~ sea·son** *s* ‚Saureˈgurkenzeit' *f.*

si·lo [ˈsaɪləʊ] **I** *pl* **-los** *s* **1.** *agr.* a) Silo *m, n*, b) Erdsilo *m, n*, Getreide-, Futtergrube *f.* **2.** *tech.* (*bes.* Zeˈment)Silo *m, n.* **3.** *a.* **launching ~** ˈunterirdische Raˈketenabschußrampe. **II** *v/t* **4.** *agr. Futter* a) in e-m Silo aufbewahren, b) einmieten.

sil·phid [ˈsɪlfɪd] *s zo.* Aaskäfer *m.*

silt [sɪlt] **I** *s* **1.** Treibsand *m*, Schlamm *m*, Schlick *m.* **II** *v/i* **2.** *meist* **~ up** verschlammen, -sanden. **3.** ˈdurchsickern. **III** *v/t* **4.** *meist* **~ up** verschlammen. ˈ**silt·y** *adj* verschlammt.

Si·lu·ri·an [saɪˈljʊərɪən; sɪˈl-; *bes. Am.* -ˈlʊə-] **I** *adj* **1.** *hist.* Silurer... **2.** *geol.* siˈlurisch, Silur... **II** *s* **3.** *hist.* Siˈlurer(in). **4.** *geol.* Siˈlur(formatiˌon *f*, -zeit *f*) *n.*

sil·van → **sylvan.**

sil·ver [ˈsɪlvə(r)] **I** *s* **1.** *chem. min.* Silber *n*: **speech is ~ but silence is golden** Reden ist Silber, Schweigen ist Gold. **2.** a) Silber(geld *n*, -münzen *pl*) *n*, b) *allg.* Geld *n.* **3.** Silber(geschirr, -zeug) *n.* **4.** Silber(farbe *f*, -glanz *m*) *n.* **5.** *phot.* ˈSilbersalz *n*, -niˌtrat *n.* **II** *adj* **6.** *bes. chem.* silbern, Silber...: **~ basis** *econ.* Silberwährung *f*, -basis *f*; **~ ore** Silbererz *n.* **7.** silb(e)rig, silberglänzend, -hell. **8.** *fig.* silberhell: **~ voice. 9.** *fig.* beredt: **~ tongue. 10.** *fig.* zweitbest(er, e, es). **III** *v/t* **11.** versilbern, mit Silber überˈziehen. **12.** silbern färben. **IV** *v/i* **13.** silberweiß werden (*Haar etc*).

sil·ver| age *s antiq.* silbernes Zeitalter. **~ bath** *s phot.* Silberbad *n.* **~ bro·mide** *s chem. phot.* ˈSilberbroˌmid *n.* **~ fir** *s bot.* Edel-, Weißtanne *f.* ˈ**~fish** *s ichth.* Silberfisch *m.* **~ foil** *s* **1.** Silberfolie *f.* **2.** ˈSilberpaˌpier *n.* **~ fox** *s zo.* Silberfuchs *m.* **~ gilt** *s* vergoldetes Silber. **~ glance** *s* Schwefelsilber *n.* ˌ**~ˈgray**, *bes. Br.* ˌ**~-ˈgrey** *adj* silbergrau. ˈ**~-haired** *adj* silber-, weißhaarig. **~ leaf** *s irr tech.* Blattsilber *n.* ˈ**~leaf** *s irr bot.* silberblätt(e)rige Pflanze, *bes.* Silberpappel *f.*

sil·ver·ling [ˈsɪlvə(r)lɪŋ] *s Bibl.* Silberling *m* (*Münze*).

sil·ver| lin·ing *s fig.* Silberstreifen *m* (am Horiˈzont), Lichtblick *m*: **every cloud has its ~** jedes Unglück hat auch sein Gutes. **~ med·al** *s bes. sport* ˈSilbermeˌdaille *f.* **~ med·al·(l)ist** *s bes. sport* ˈSilbermeˌdaillengewinner(in). **~ ni·trate** *s chem. med. phot.* ˈSilberniˌtrat *n*, *bes. med.* Höllenstein *m.* **~ pa·per** *s phot. tech.* ˈSilberpaˌpier *n.* **~ plate** *s* **1.** Silberauflage *f.* **2.** Silber(geschirr, -zeug) *n*, Tafelsilber *n.* ˌ**~ˈplate** *v/t* versilbern. ˈ**~-point** *s paint.* Silberstiftzeichnung *f.* **~ print·ing** *s phot. print.* Silberdruck(verfahren *n*) *m.* **~ screen** *s* **1.** (Film)Leinwand *f.* **2.** *collect.* Film *m.* ˈ**~smith** *s* Silberschmied *m.* **~ spoon** *s* Silberlöffel *m*: **to be born with a ~ in one's mouth** *fig.* a) ein Glückskind sein, b) ein Kind reicher Eltern sein. **~ stand·ard** *s econ.* Silberwährung *f.* ˌ**~ˈtongued** *adj* beredt, redegewandt. ˈ**~ware** → **silver plate** 2. **~ wed·ding** *s* silberne Hochzeit.

ˈ**sil·ver·y** → **silver** 7 *u.* 8.

sil·vi·cul·ture [ˈsɪlvɪkʌltʃə(r)] *s* Waldbau *m*, ˈForstkulˌtur *f.*

si·mar [sɪˈmɑː(r)] *s* ˈÜberwurf *m*, (leichtes) Frauenkleid.

sim·i·an [ˈsɪmɪən] *zo.* **I** *adj* affenartig, Affen... **II** *s* (*bes.* Menschen)Affe *m.*

sim·i·lar [ˈsɪmɪlə(r)] **I** *adj* (*adv* → **similarly**) **1.** ähnlich (*a. math.*), (annähernd) gleich (**to** *dat*). **2.** gleichartig, entsprechend. **3.** *electr. phys.* gleichnamig. **II** *s* **4.** (*das*) Ähnliche *od.* Gleichartige, Ebenbild *n.* **5.** *pl* ähnliche *od.* gleichartige Dinge *pl.* ˌ**sim·iˈlar·i·ty** [-ˈlærətɪ] *s* **1.** Ähnlichkeit *f* (**to** mit). **2.** Gleichartigkeit *f.* **3.** *pl* Ähnlichkeiten *pl*, ähnliche Züge *pl.* ˈ**sim·i·lar·ly** *adv* ähnlich, in ähnlicher Weise, entsprechend.

sim·i·le [ˈsɪmɪlɪ] *s* Gleichnis *n*, Vergleich *m* (*rhetorische Figur*).

si·mil·i·tude [sɪˈmɪlɪtjuːd; *Am. a.* -ˌtuːd] *s* **1.** Ähnlichkeit *f* (*a. math.*). **2.** Gleichnis *n*, Vergleich *m.* **3.** (*etwas*) Gleichartiges. **4.** (Eben)Bild *n*, Gestalt *f.*

sim·i·lize [ˈsɪmɪlaɪz] **I** *v/t* durch Vergleiche *od.* Gleichnisse erläutern. **II** *v/i* in Gleichnissen reden.

sim·mer [ˈsɪmə(r)] **I** *v/i* **1.** leicht kochen, sieden. **2.** *fig.* kochen (**with** vor *dat*), gären (*Gefühl, Aufstand*): **to ~ down** *colloq.* ‚sich abregen', sich beruhigen. **II** *v/t* **3.** zum Sieden bringen. **III** *s* **4.** Sieden *n*: **to bring to a ~** zum Sieden bringen; **to keep at a** (*od.* **on the**) **~** sieden lassen.

sim·nel [ˈsɪmnl] *s* **1.** *a.* **~ cake** *Br.* marziˈpanüberˌzogener Früchtekuchen. **2.** *a.* **~ bread** *Am.* feines Weißbrot, *a.* Weißmehlsemmel *f.*

si·mo·le·on [səˈməʊlɪən] *s Am. sl.* Dollar *m.*

Si·mon [ˈsaɪmən] *npr* **1.** *Bibl.* Simon *m*: **~ (Peter)** Simon (Petrus) *m* (*Apostel*). **2.** → **Simple Simon.**

si·mon·ize [ˈsaɪmənaɪz] (*TM*) *v/t das Auto* (*mit e-r patentierten Autopolitur*) poˈlieren.

Si·mon| Le·gree [lɪˈgriː] *s fig.* Menschenschinder *m* (*nach der Gestalt aus „Uncle Tom's Cabin" von Beecher-Stowe*). **~ Pure** [pjʊə(r)] *s meist* **the real ~** *colloq.* ‚der wahre Jakob'.

si·mo·ny [ˈsaɪmənɪ; *Am. a.* ˈsɪm-] *s* Simoˈnie *f* (*Kauf u. Verkauf geistlicher Ämter etc*).

si·moom [sɪˈmuːm] *s* Samum *m* (*heißer Wüstenwind*).

simp [sɪmp] *s Am. sl.* Simpel *m.*

sim·per [ˈsɪmpə(r)] **I** *v/i* albern *od.* affekˈtiert lächeln. **II** *v/t* mit albernem Lachen äußern. **III** *s* albernes *od.* affekˈtiertes Lächeln.

sim·ple [ˈsɪmpl] **I** *adj* (*adv* → **simply**) **1.** einfach, simpel: **a ~ explanation**; **a ~ task. 2.** einfach, schlicht: **a ~ life**; **a ~ person**; **~ diet** einfache Kost. **3.** einfach, schlicht: a) schmucklos, kunstlos, b) ungekünstelt: **~ style**; **~ beauty** schlichte Schönheit. **4.** einfach, niedrig: **of ~ birth. 5.** rein, unverfälscht: **the ~ truth. 6.** simpel: a) einfältig, töricht, b) ‚unbedarft', ungebildet, c) naˈiv, leichtgläubig. **7.** einfach, ˈunkompliˌziert: **a ~ design**; **~ fracture** *med.* einfacher *od.* glatter (Knochen)Bruch. **8.** einfach: **~ equation (larceny)**; **~ fraction** *math.* einfacher *od.* gemeiner Bruch; **~ majority** *parl.* einfache Mehrheit; **the ~ forms of life** *biol.* die einfachen *od.* niederen Lebensformen. **9.** einfach, gering(fügig), unbedeutend: **~ efforts. 10.** glatt, rein: **~ madness. 11.** *mus. allg.* einfach (*Takt, Ton, Blasrohr etc*). **II** *s* **12.** *pharm.* Heilkraut *n*, -pflanze *f.*

sim·ple| con·tract *s jur.* formloser (*mündlicher od. schriftlicher*) Vertrag. ˌ**~-ˈheart·ed** → **simple-minded. ~ hon·o(u)rs** *s pl Bridge*: einfache Honˈneurs *pl.* **~ in·ter·est** *s econ.* Kapiˈtalzinsen *pl.* ˌ**~ˈmind·ed** *adj* **1.** einfach, schlicht. **2.** → **simple** 6. ˌ**~-ˈmind·ed·ness** *s* **1.** Einfalt *f*, Schlichtheit *f.* **2.** Dummheit *f.* **3.** Naiviˈtät *f.* **S~ Si·mon** *s colloq.* Einfaltspinsel *m.* **~ time** *s mus.* 2- *od.* 3teiliger Takt.

sim·ple·ton [ˈsɪmpltən] *s* Einfaltspinsel *m.*

ˌ**sim·ple-to-reˈpair** *adj* reparaˈturfreundlich.

sim·plex [ˈsɪmpleks] **I** *s* **1.** *ling.* Simplex *n*, einfaches *od.* nicht zs.-gesetztes Wort. **2.** *electr. tel. teleph.* a) Simplex-, Einfachbetrieb *m*, b) ˈSimplex-, ˈEinfachtelegraˌfie *f.* **II** *adj* **3.** *ling.* einfach, nicht zs.-gesetzt. **4.** *electr.* Simplex..., Einfach...: **~ circuit**; **~ operation** → 2 a; **~ telegraphy** → 2 b.

sim·pli·ci·ter [sɪmˈplɪsɪtə(r)] (*Lat.*) *adv* **1.** einfach, ˈschlechtˈhin. **2.** *jur. bes. Scot.* absoˈlut, ausschließlich.

sim·plic·i·ty [sɪmˈplɪsətɪ] *s* **1.** Einfachheit *f*: a) ˈUnkompliˌziertheit *f*: **~ itself** *colloq.* die einfachste Sache der Welt, b) Schlichtheit *f.* **2.** Einfalt *f*, Naiviˈtät *f.*

sim·pli·fi·ca·tion [ˌsɪmplɪfɪˈkeɪʃn] *s* **1.** Vereinfachung *f.* **2.** *econ. tech. Am.* Norˈmierung *f.* ˈ**sim·pli·fi·ca·tive** [-tɪv] *adj* vereinfachend. ˈ**sim·pli·fy** [-faɪ] *v/t* **1.** vereinfachen (*a. erleichtern*; *a. als einfach hinstellen*). **2.** *econ. tech. Am.* norˈmieren.

sim·plism [ˈsɪmplɪzəm] *s* gesuchte *od.* betonte Einfachheit. **simˈplis·tic** *adj* (zu) stark vereinfachend.

sim·ply [ˈsɪmplɪ] *adv* **1.** einfach (*etc*; → **simple**). **2.** bloß, nur: **~ and solely** einzig u. allein. **3.** *colloq.* einfach (*wundervoll etc*).

sim·u·la·crum [ˌsɪmjʊˈleɪkrəm; *Am. a.* -ˈlæk-] *pl* **-cra** [-krə] *s obs.* **1.** (Ab)Bild *n.* **2.** Scheinbild *n*, Abklatsch *m.* **3.** leerer Schein, hohle Form.

sim·u·lant [ˈsɪmjʊlənt] *adj bes. biol.* ähnlich aussehend (**of** wie).

sim·u·late [ˈsɪmjʊleɪt] *v/t* **1.** vortäuschen, vorspiegeln, (vor)heucheln, *bes. e-e Krankheit* simuˈlieren: **~d account** *econ.* fingierte Rechnung. **2.** nachahmen, imiˈtieren: **~d** *econ. bes. Am.* Imitations..., Kunst... **3.** *mil. tech.* simuˈlieren, *Bedingungen, Vorgänge* (wirklichkeitsgetreu) nachahmen, *tech. a.* im Moˈdell nachbilden. **4.** ähneln (*dat*). **5.** *ling.* sich (*durch falsche Etymologie*) angleichen an (*acc*). ˌ**sim·uˈla·tion** *s* **1.** Vorspiegelung *f.* **2.** Heucheˈlei *f*, Verstellung *f.* **3.** Nachahmung *f.* **4.** Simuˈlieren *n*, Krankspielen *n.* **5.** *mil. tech.* Simuˈlierung *f*, (wirklichkeitsgetreue) Nachahmung von Bedingungen *od.* Vorgängen, *tech. a.* Nachbildung *f* im Moˈdell. ˈ**sim·u·la·tor** [-tə(r)] *s* **1.** Heuchler(in). **2.** Nachahmer(in). **3.** Simuˈlant(in). **4.** Simuˈlator *m*: a) *Testgerät, in dem bestimmte Bedingungen wirklichkeitsgetreu herstellbar sind*, b) *Computer*: Nachbildner *m*, c) *aer. mil. mot. etc* Ausbildungsgerät *n* (*z. B. stationäre Flugzeugführerkabine*).

si·mul·cast [ˈsɪməlkɑːst; *Am.* ˈsaɪməlˌkæst] *s* Simulˈtansendung *f* (*über Hörfunk u. Fernsehen*).

si·mul·ta·ne·i·ty [ˌsɪməltəˈniːətɪ; ˌsaɪ-] *s* Gleichzeitigkeit *f*.

si·mul·ta·ne·ous [ˌsɪməlˈteɪnjəs; -ɪəs; ˌsaɪ-] *adj* (*adv* ~**ly**) gleichzeitig, simulˈtan (**with** mit): ~ **computer** Simultanrechenanlage *f*, -rechner *m*; ~ **game** (*Schach*) Simultanspiel *n*; ~ **interpreting** Simultandolmetschen *n*.

sin [sɪn] **I** *s* **1.** Sünde *f*: **cardinal** ~ Hauptsünde; **deadly** (*od.* **mortal, capital**) ~ Todsünde; **original** ~ Erbsünde; **pardonable** (*od.* **venial**) ~ läßliche Sünde; → **besetting** 1, **omission** 2; **like** ~ *sl.* ‚höllisch', wie der Teufel; **to live in** ~ *obs. od. humor.* in Sünde leben; ~ **against the Holy Ghost** Sünde wider den Heiligen Geist; ~ **offering** Sünd-, Sühneopfer *n*. **2.** *fig.* (**against**) Sünde *f*, Verstoß *m* (gegen), Frevel *m*, Versündigung *f* (an *dat*). **II** *v/i* **3.** sündigen, fehlen. **4.** *fig.* (**against**) sündigen, verstoßen (gegen), sich versündigen (an *dat*).

sin·a·pism [ˈsɪnəpɪzəm] *s med.* Senfpflaster *n*.

sin bin *s Eishockey*: *colloq.* Strafbank *f*.

since [sɪns] **I** *adv* **1.** seitˈdem, -ˈher: **ever** ~ seitdem; **long** ~ seit langem; **how long** ~? seit wie langer Zeit?; **a short time** ~ vor kurzem. **2.** inˈzwischen, ˈmittlerˈweile: **he has** ~ **returned**. **II** *prep* **3.** seit: ~ **1945**; ~ **Friday**; ~ **seeing you** seitdem ich dich sah; ~ **when** ...? *colloq.* seit wann ...? **III** *conj* **4.** seit(ˈdem): **how long is it** ~ **it happened?** wie lange ist es her, daß das geschah?; **ever** ~ **he was a child** (schon) seit s-r Kindheit. **5.** da (ja), weil.

sin·cere [sɪnˈsɪə(r)] *adj* aufrichtig: a) offen, *lit.* lauter: **a** ~ **friend** ein wahrer Freund, b) echt: ~ **affection**, c) ehrlich: **a** ~ **wish**. **sinˈcere·ly** *adv* aufrichtig: **Yours** ~ Mit freundlichen Grüßen (*als Briefschluß*). **sinˈcere·ness** → **sincerity** 1 *u.* 2.

sin·cer·i·ty [sɪnˈserətɪ] *s* **1.** Aufrichtigkeit *f*: **in all** ~ in aller Offenheit. **2.** Lauterkeit *f*, Echtheit *f*. **3.** echtes *od.* aufrichtiges Gefühl.

sin·ci·put [ˈsɪnsɪpʌt] *pl* **-puts, sinˈcip·i·ta** [-ˈsɪpɪtə] *s anat.* **1.** Schädeldach *n*. **2.** Vorderhaupt *n*.

sine[1] [saɪn] *s math.* Sinus *m*: ~ **curve** Sinuskurve *f*; ~ **of angle** Winkelsinus; ~ **wave** *phys.* Sinuswelle *f*.

si·ne[2] [ˈsaɪnɪ] (*Lat.*) *prep* ohne.

si·ne·cure [ˈsaɪnɪˌkjʊə(r); ˈsɪn-] *s* Sineˈkure *f*: a) *relig. hist.* Pfründe *f* ohne Seelsorge, b) *fig.* (einträgliche) Pfründe. **ˈsi·neˌcur·ist** *s* Inhaber *m* e-r Sineˈkure.

si·ne| di·e [ˌsaɪnɪˈdaɪiː; ˌsɪnɪˈdiːeɪ; ˌsɪneɪ-] (*Lat.*) *adv jur.* auf unbestimmte Zeit: **to adjourn** ~. ~ **qua non** [-kweɪˈnɒn; *Am.* ˌsɪnɪˌkwɑːˈnɑn] (*Lat.*) *s* Conˈditio *f* sine qua non, unerläßliche Bedingung.

sin·ew [ˈsɪnjuː] *s* **1.** *anat.* Sehne *f*, Flechse *f*. **2.** *pl* Muskeln *pl*, (Muskel)Kraft *f*. **3.** *fig.* Hauptstütze *f*, Lebensnerv *m*: ~**s of war** das Geld *od.* die Mittel (zur Kriegführung *etc*). **ˈsin·ewed** → **sinewy**. **ˈsin·ew·less** *adj* **1.** ohne Sehnen. **2.** *fig.* kraftlos, schwach. **ˈsin·ew·y** *adj* **1.** sehnig. **2.** zäh (*a. fig.*). **3.** *fig.* kräftig, kraftvoll.

sin·ful [ˈsɪnfʊl] *adj* (*adv* ~**ly**) sündig, sündhaft. **ˈsin·ful·ness** *s* Sündhaftigkeit *f*.

sing [sɪŋ] **I** *v/i pret* **sang** [sæŋ], *selten* **sung** [sʌŋ], *pp* **sung** [sʌŋ] **1.** singen: **to** ~ **to s.o.** j-m vorsingen; **to** ~ **up** lauter singen; **to** ~ **small** *fig. colloq.* klein beigeben, kleinlaut werden. **2.** summen (*Biene, Wasserkessel etc*). **3.** zirpen (*Grille*). **4.** krähen (*Hahn*). **5.** *fig.* pfeifen, sausen, schwirren (*Geschoß etc*). **6.** heulen, pfeifen (*Wind*). **7.** klingen (*Ohren*). **8.** *poet.* singen, dichten: **to** ~ **of** besingen. **9.** sich (*gut etc*) singen lassen (*Melodie etc*). **10.** ~ **out** (laut) rufen (**for** nach). **11.** *a.* ~ **out** *bes. Am. sl.* ‚singen', alle(s) verraten (to bei) (*Verbrecher*). **II** *v/t* **12.** singen: **to** ~ **another song** (*od.* **tune**) *fig.* e-n anderen Ton anschlagen; **to** ~ **the same song** (*od.* **tune**) *fig.* ins gleiche Horn blasen *od.* stoßen; **to** ~ **sorrow** jammern. **13.** ~ **out** ausrufen, schreien. **14.** *poet.* besingen. **15.** *j-n* durch Singen beruhigen *etc*: **to** ~ **s.o. to rest**; **to** ~ **a child to sleep** ein Kind in den Schlaf singen. **III** *s* **16.** *bes. Am. colloq.* (Gemeinschafts)Singen *n*. **ˈsing·a·ble** *adj* singbar, zu singen(d).

singe [sɪndʒ] **I** *v/t* **1.** ver-, ansengen: **to** ~ **one's feathers** (*od.* **wings**) *fig.* ‚sich die Finger verbrennen'; **a** ~**d cat** *Am. j-d, der nicht so schlecht ist, wie er aussieht*; **his reputation is a little** ~**d** sein Ruf ist ein bißchen angeknackst. **2.** *Geflügel, Schweine* (ab)sengen. **3.** *meist* ~ **off** *Borsten etc* absengen. **4.** *Haar* sengen (*Friseur*). **5.** *Tuch* sengen, (ab)flammen. **II** *v/i* **6.** versengen. **III** *s* **7.** Versengung *f*. **8.** versengte Stelle. **ˈsinge·ing** *s* (Ver-, Ab-, An)Sengen *n*.

sing·er [ˈsɪŋə(r)] *s* **1.** Sänger(in) (*a. poet. Dichter*). **2.** Singvogel *m*.

Sin·gha·lese [ˌsɪŋhəˈliːz; ˌsɪŋgəˈliːz] **I** *s* **1.** a) Sing(h)aˈlese *m*, Sing(h)aˈlesin *f* (*Mischling auf Ceylon*), b) *pl* Sing(h)aˈlesen *pl*. **2.** *ling.* Sing(h)aˈlesisch *n*, das Sing(h)alesische. **II** *adj* **3.** sing(h)aˈlesisch.

sing·ing [ˈsɪŋɪŋ] **I** *adj* **1.** singend (*etc*; → **sing** I). **2.** Sing..., Gesangs...: ~ **lesson**. **3.** *phys.* tönend: ~ **arc**; ~ **flame**; ~ **glass** *phys.* Resonanzglas *n*. **II** *s* **4.** Singen *n*, Gesang *m*: **to teach** ~ Gesangsunterricht geben. **5.** *fig.* Klingen *n*, Summen *n*, Pfeifen *n* (*a. electr. etc*), Sausen *n*: **a** ~ **in the ears** Ohrensausen. ~ **bird** *s* Singvogel *m*. ~ **voice** *s* Singstimme *f*.

sin·gle [ˈsɪŋgl] **I** *adj* (*adv* → **singly**) **1.** einzig: **not a** ~ **one** kein einziger. **2.** einzeln, einfach, Einzel..., Ein(fach)..., ein(fach)...: ~**-decker** *aer.* Eindecker *m* (*Br. a. einstöckiger Bus*); ~**-engined** einmotorig (*Flugzeug*); ~**-pole switch** einpoliger Schalter; ~**-stage** einstufig; ~**-thread** eingängig (*Gewinde*); ~**(-trip) ticket** → 12; → **bookkeeping**. **3.** einzeln, alˈlein, Einzel...: ~ **bed** Einzelbett *n*; ~ **parts** Einzelteile; ~ **room** → 13. **4.** alˈlein: a) einsam, für sich (lebend *etc*), b) alˈleinstehend, ledig, unverheiratet, c) ohne fremde Hilfe: ~ **life** einsames Leben; Ledigen-, Junggesellenstand *m*; ~ **man** Alleinstehende(r) *m*, Junggeselle *m*; ~ **mother** alleinerziehende Mutter; ~ **woman** Alleinstehende *f*, Junggesellin *f*; → **blessedness** 1. **5.** einmalig: ~ **payment**. **6.** *fig.* einmalig, einzigartig: **of a** ~ **beauty**. **7.** ungeteilt, einzig: ~ **purpose**; **to have a** ~ **eye for** nur Sinn haben für, nur denken an (*acc*); **with a** ~ **voice** wie aus ˈeinem Munde. **8.** *bot.* einfach, ungefüllt (*Blüte*). **9.** *tech.* einfach, nur ˈeinen Arbeitsgang verrichtend (*Maschine*). **10.** *fig.* aufrichtig: ~ **devotion**.
II *s* **11.** (*der, die, das*) Einzelne *od.* Einzige. **12.** *Br.* a) einfache Fahrkarte, b) *aer.* einfaches Ticket. **13.** Einzel-, Einbettzimmer *n*. **14.** *meist pl Tennis etc*: Einzel *n*: **a** ~**s match** ein Einzel; ~**s court** Einzelfeld *n*; **men's** ~**s** Herreneinzel. **15.** Single *f* (*Schallplatte*). **16.** a) *Br.* Einˈpfundschein *m*, b) *Am.* Einˈdollarschein *m*. **17.** Single *m*, Unverheiratete(r *m*) *f*. **18.** a) *Baseball*: *Schlag, der den Spieler nur bis zum ersten Mal gelangen läßt*, b) *Kricket*: Schlag *m* für ˈeinen Lauf. **19.** *hunt. Br.* Wedel *m*, Ende *n* (*des Rehwilds*).
III *v/t* **20.** *meist* ~ **out** a) auslesen, -suchen, -wählen (**from** aus), b) bestimmen (**for** für *e-n Zweck*), c) herˈausheben.

ˌsin·gle|-ˈact·ing *adj tech.* einfachwirkend. **ˌ~-ˈac·tion** *adj tech.* Einfach... (*nur ˈeinen Arbeitsgang verrichtend*): ~ **rifle** Spannschloßgewehr *n*. **ˌ~-ˈbar·rel(l)ed** *adj* einläufig: ~ **gun**. **ˌ~-ˈblind** *adj*: ~ **experiment** (*od.* **test**) *pharm. psych.* Blindversuch *m*. **ˌ~-ˈbreast·ed** *adj* einreihig: ~ **suit** Einreiher *m*. ~ **com·bat** *s* Zweikampf *m*, Kampf *m* Mann gegen Mann. **ˈ~-cut** *adj tech.* einhiebig (*Feile*). ~ **en·try** *s econ.* **1.** einfache Buchung. **2.** einfache Buchführung. **ˌ~-ˈeyed** → **single-minded**. ~ **file I** *s* Einzelreihe *f*, Gänsemarsch *m*: **in** ~ → II. **II** *adv* im Gänsemarsch, *mil.* in Reihe. **ˈ~-foot** *s* (schneller) Paßgang. **ˌ~-ˈhand·ed** *adj u. adv* (*adv a.* ~**ly**) **1.** einhändig. **2.** mit ˈeiner Hand (arbeitend *etc*). **3.** *fig.* eigenhändig, alˈlein, selbständig, ohne (fremde) Hilfe, auf eigene Faust. **4.** *bes. tech.* mit ˈeiner Hand zu bedienen(d), Einmann... **5.** *Segeln*: Einhand... **ˌ~-ˈheart·ed** → **single-minded**. **ˌ~-ˈmind·ed** *adj* **1.** aufrichtig, redlich. **2.** zielstrebig, -bewußt. **ˌ~-ˈmind·ed·ness** *s* **1.** Aufrichtigkeit *f*. **2.** Zielstrebigkeit *f*. **ˈ~-ˌname pa·per** *s econ. Am.* nicht giˈrierter Solawechsel.

ˈsin·gle·ness *s* **1.** Einmaligkeit *f*. **2.** Ehelosigkeit *f*. **3.** Einsamkeit *f*. **4.** *a.* ~ **of purpose** Zielstrebigkeit *f*. **5.** *fig.* Aufrichtigkeit *f*.

ˌsin·gle|-ˈphase *adj electr.* einphasig, Einphasen... ~ **price** *s econ.* Einheitspreis *m*. **ˌ~-ˈseat·er** *bes. aer.* **I** *s* Einsitzer *m*. **II** *adj* Einsitzer..., einsitzig. **ˌ~-ˈsex** *adj*: ~ **school** *ped.* a) Jungenschule *f*, b) Mädchenschule *f*. **ˌ~-ˈspace** *v/t u. v/i* mit einzeiligem Abstand schreiben *od.* tippen. ~ **stand·ard** *s econ. Am.* ˈmonometalˌlistische Währung. **ˈ~-stick** *sport* **I** *s* a) ˈStockraˌpier *n*, b) Stockfechten *n*. **II** *v/i* stockfechten.

sin·glet [ˈsɪŋglɪt] *s* **1.** *bes. Br.* a) ärmelloses ˈUnterhemd, b) ärmelloses Triˈkot. **2.** *chem. phys.* Singuˈlett *n*.

sin·gle tax *s econ. Am.* Einheitssteuer *f*.

sin·gle·ton [ˈsɪŋgltən] *s* **1.** *Kartenspiel*: Singleton *m* (*einzige Karte e-r Farbe*). **2.** a) Einzelkind *n*, b) Indiˈviduum *n*, c) Einzelgegenstand *m*.

ˌsin·gle|-ˈtrack *adj* **1.** einspurig (*Straße*), *rail. a.* eingleisig. **2.** einspurig (*Tonband*). **3.** → **one-track** 2. **ˌ~-ˈval·ued** *adj math.* einwertig, -deutig. **ˌ~-ˈwire** *adj electr.* eindrähtig, Einader...

sin·gly [ˈsɪŋglɪ] *adv* **1.** einzeln. **2.** → **single-handed** 3.

ˈsing|-out *s* Sing-out *n* (*öffentliches Singen von Protestliedern*). **ˈ~song I** *s* **1.** Singsang *m*. **2.** *Br.* Gemeinschaftssingen *n*: **to have a** ~ gemeinschaftlich singen. **II** *adj* **3.** eintönig. **III** *v/t u. v/i* **4.** eintönig sprechen *od.* singen.

sin·gu·lar [ˈsɪŋgjʊlə(r)] **I** *adj* (*adv* ~**ly**) **1.** *fig.* einzigartig, einmalig: **a** ~ **success**. **2.** *fig.* eigentümlich, seltsam: **a** ~ **man**. **3.** *ling.* singuˈlarisch, Singular...: ~ **number** → 6. **4.** *math. philos.* singuˈlär. **5.** *bes. jur.* einzeln, gesondert: **all and** ~ jeder (jede, jedes) einzelne. **II** *s* **6.** *ling.* Singular *m*, (Wort *n* in der) Einzahl *f*. **ˈsin·gu·lar·ism** *s philos.* Singulaˈrismus *m*. **ˌsin·guˈlar·i·ty** [-ˈlærətɪ] *s* **1.** Besonderheit *f*, Eigentümlichkeit *f*, Seltsamkeit *f*. **2.** Einzigartigkeit *f*. **3.** *math.* Singulariˈtät *f*. **ˈsin·gu·lar·ize** *v/t* **1.** herˈausstellen. **2.** *ling.* in die Einzahl setzen.

sin·gul·tus [sɪŋˈgʌltəs] *s med.* Sinˈgultus *m*, Schluckauf *m*.

sin·is·ter [ˈsɪnɪstə(r)] *adj* (*adv* ~**ly**)

1. böse, drohend, unheilvoll. 2. finster, unheimlich. 3. *her.* link(er, e, es).
sin·is·tral [ˈsɪnɪstrəl] *adj* (*adv* ~ly) 1. link(er, e, es), linksseitig. 2. linkshändig. 3. *zo.* linkswendig (*Schneckenhaus*).
sink [sɪŋk] I *v/i pret* **sank** [sæŋk], *selten* **sunk** [sʌŋk], *pp* **sunk** [sʌŋk], *obs. außer als adj* **sunk·en** [ˈsʌŋkən] 1. sinken, ˈuntergehen (*Schiff etc; a. Gestirn*): ~ **or swim** *fig.* ganz egal, was passiert; **to leave s.o. to ~ or swim** *fig.* j-n s-m Schicksal *od.* sich selbst überlassen. 2. (herˈab-, nieder)sinken: **his head sank; to ~ into a chair; to ~ into the grave** ins Grab sinken. 3. ver-, ˈunter-, einsinken: **to ~ in the deep snow.** 4. sich senken: a) herˈabsinken (*Dunkelheit, Wolke etc*), b) abfallen (*Gelände*), c) einsinken (*Haus, Grund*). 5. sinken, fallen (*Preise, Wasserspiegel, Zahl etc*). 6. zs.-, ˈumsinken. 7. ~ **under** erliegen (*dat*). 8. (ein)dringen, (ein)sickern (**into** in *acc*). 9. *fig.* (**into**) (in *j-s Geist*) eindringen, sich einprägen (*dat*): **he allowed his words to ~ in** er ließ s-e Worte wirken. 10. ~ **into** *fig.* in *Ohnmacht, Schlaf etc* sinken. 11. nachlassen, abnehmen, schwächer werden: **the storm is ~ing; the ~ing flames** die verlöschenden Flammen. 12. sich dem Ende nähern, schwächer werden (*Kranker*): **the patient is ~ing fast** der Kranke verfällt zusehends. 13. *in Armut, Vergessenheit etc* geraten, *dem Laster etc* verfallen: **to ~ into oblivion (poverty).** 14. (*im Wert etc*) sinken. 15. sich senken (*Stimme, Blick*): **his voice sank to a whisper.** 16. sinken (*Mut*): **his heart sank** ihn verließ der Mut; → **boot**[1] 1.
II *v/t* 17. zum Sinken bringen. 18. versenken: **to ~ a ship.** 19. ver-, einsenken: **to ~ a pipe (a post).** 20. *e-e Grube etc* ausheben, *e-n Brunnen, ein Loch* bohren: **to ~ a shaft** (*Bergbau*) e-n Schacht abteufen. 21. *tech.* a) einlassen, -betten, b) ˈeingraˌvieren, -schneiden, c) *Stempel* schneiden. 22. *den Wasserspiegel etc, a. den Preis, e-n Wert* senken. 23. *den Blick, Kopf, a. die Stimme* senken: **to ~ one's head on one's chest** den Kopf auf die Brust sinken lassen. 24. (*im Preis od. Wert*) herˈabsetzen. 25. vermindern, -ringern. 26. *fig. das Niveau, den Stand* herˈabdrücken. 27. a) zuˈgrunde richten, ruiˈnieren: **we are sunk** *colloq.* wir sind ‚erledigt' *od.* ‚geliefert', b) *Plan etc* zum Scheitern bringen. 28. *e-e Tatsache etc* verheimlichen, vertuschen. 29. sich hinˈwegsetzen über (*acc*): **to ~ one's differences** den Streit begraben *od.* beilegen; → **shop** 3. 30. *econ.* a) *Kapital* fest (*bes.* ungünstig *od.* falsch) anlegen, b) (*bes.* durch ˈFehlinvestitiˌon) verlieren. 31. *econ. e-e Schuld* tilgen. 32. *e-n Anspruch, Namen etc* aufgeben.
III *s* 33. Ausguß(becken *n*) *m*, Spülbecken *n*, Spüle *f* (*in der Küche*): **to go down the ~** *fig. colloq.* zum Teufel gehen, ‚flötengehen'. 34. Abfluß *m*, Abwasserrohr *n*. 35. *fig.* Pfuhl *m*, Sumpf *m*: **a ~ of iniquity** a) ein Sündenpfuhl, b) e-e Lasterhöhle. 36. *geol.* a) Bodensenke *f*, b) Endsee *m*, Binnendelta *n*, c) Erosiˈonstrichter *m*. 37. *thea.* Versenkung *f*.
sink·a·ble [ˈsɪŋkəbl] *adj* zu versenken(d), versenkbar.
ˈ**sink·er** *s* 1. *Bergbau*: Abteufer *m*. 2. *tech.* Stempelschneider *m*. 3. *Weberei*: Plaˈtine *f*. 4. a) *mar.* Senkblei *n* (*Lot*), b) Senkgewicht *n* (*am Fischnetz etc*): → **hook** 3. 5. *Am. sl.* (*Art*) Krapfen *m* (*Gebäck*).
ˈ**sink·ing I** *s* 1. (Ein-, Ver)Sinken *n*. 2. Versenken *n*. 3. Schwächegefühl *n*: a) *meist* ~ **of the heart** Angstgefühl *n*, Beklommenheit *f*, b) *meist* ~ **in the stomach** flaues Gefühl im Magen (*a. fig.*). 4. *med.* Senkung *f* (*e-s Organs*). 5. *econ.* Tilgung *f* (*e-r Schuld*). II *adj* 6. sinkend (*a. Kräfte, Mut etc*): ~ **feeling** → 3. 7. *econ.* Tilgungs...: ~ **fund** Tilgungs-, Amortisationsfonds *m*.
ˈ**sin·less** *adj* (*adv* ~ly) sünd(en)los, sündenfrei, unschuldig, schuldlos. ˈ**sin·less·ness** *s* Sündlosigkeit *f*.
sin·ner [ˈsɪnə(r)] *s* Sünder(in) (*a. fig. Missetäter[in]; a. humor. Halunke*).
Sinn| Fein [ˌʃɪnˈfeɪn] *s pol.* 1. Sinn Fein *m* (*1905 gegründete nationalistische Bewegung u. Partei in Irland*). 2. → **Sinn Feiner.** ~ **Fein·er** *s* Sinnfeiner(in).
Sino- [sɪnəʊ; saɪ-; -nə] *Wortelement mit der Bedeutung* chinesisch, China...: ~-**American** chinesisch-amerikanisch.
Si·no·log·i·cal [ˌ-ˈlɒdʒɪkl; *Am.* -ˈlɑ-] *adj* sinoˈlogisch. **Siˈnol·o·gist** [-ˈnɒlədʒɪst; *Am.* -ˈnɑl-], ˈ**Si·no·logue** [-nəlɒg; *Am. a.* -ˌlɑg] *s* Sinoˈloge *m*, -ˈlogin *f*. **Siˈnol·o·gy** [-dʒɪ] *s* Sinoloˈgie *f* (*Erforschung der chinesischen Sprache, Kultur etc*).
sin·ter [ˈsɪntə(r)] I *s geol. u. metall.* Sinter *m*. II *v/t Erz* sintern.
sin·u·ate [ˈsɪnjʊət; -eɪt; *Am.* -jəwət; -jəˌweɪt] *adj bes. bot.* gebuchtet (*Blatt*).
sin·u·os·i·ty [ˌsɪnjʊˈɒsətɪ; *Am.* -jəˈwɑs-] *s* 1. Biegung *f*, Krümmung *f*, Windung *f*. 2. Gewundenheit *f* (*a. fig.*). 3. *fig.* (*das*) Verwickelte.
sin·u·ous [ˈsɪnjʊəs; *Am.* -jəwəs] *adj* (*adv* ~ly) 1. gewunden, wellenförmig, sich schlängelnd: ~ **line** Wellen-, Schlangenlinie *f*; ~ **flow** *phys.* Wirbelströmung *f*. 2. *math.* sinusförmig gekrümmt. 3. *fig.* verwickelt. 4. *fig.* krumm, winkelzügig. 5. geschmeidig.
si·nus [ˈsaɪnəs] *s* 1. Krümmung *f*, Kurve *f*. 2. Ausbuchtung *f* (*a. bot. e-s Blattes*). 3. *anat. med.* Sinus *m*: a) (Knochen-, Neben)Höhle *f*, b) (*im Hirn*) veˈnöser Sinus, c) Ausbuchtung *f* (*in Gefäßen u. Gängen*), d) Fistelgang *m*.
si·nus·i·tis [ˌsaɪnəˈsaɪtɪs] *s med.* Sinuˈ(s)itis *f*, Nebenhöhlenentzündung *f*: **frontal ~** Stirnhöhlenkatarrh *m*.
si·nus·oi·dal [ˌsaɪnəˈsɔɪdl] *adj electr. math. phys.* sinusförmig, Sinus...: ~ **wave** Sinuswelle *f*.
Siou·an [ˈsuːən] *bes. ling.* I *adj* Sioux... II *s* Sioux *n*, (*die*) Sprache der Sioux.
Sioux [suː] I *pl* **Sioux** [suːz; suː] *s* a) ˈSioux(indiˌaner[in]) *m, f*, b) *pl* ˈSioux (-indiˌaner) *pl*. II *adj* Sioux... ~ **State** *s Am.* (*Beiname für*) North Daˈkota *n*.
sip [sɪp] I *v/t* 1. nippen an (*dat*) *od.* von, schlückchenweise trinken. II *v/i* 2. (**at**) nippen (an *dat od.* von), schlückchenweise trinken (von). III *s* 3. Nippen *n*. 4. Schlückchen *n*.
siph → **syph.**
si·phon [ˈsaɪfn] I *s* 1. Saugheber *m*, Siphon *m*. 2. *a.* ~ **bottle** Siphonflasche *f*. 3. *tech.* Unterˈführung *f* (*e-r Wasserleitung etc*). 4. *zo.* Sipho *m* (*Atem-, Kloakenöffnung*). II *v/t* 5. *a.* ~ **out** (*a. med. den Magen*) aushebe(r)n, entleeren. 6. *a.* ~ **off** a) absaugen, b) *fig.* abziehen: **to ~ (off) staff (funds,** *etc*), c) *fig.* weiterleiten, d) *fig.* abschöpfen: **to ~ (off) profits.** III *v/i* 7. (*durch e-n Heber*) aus-, ablaufen. ˈ**si·phon·age** *s bes. phys.* 1. Aushebern *n*. 2. Heberwirkung *f*.
sip·pet [ˈsɪpɪt] *s* 1. (Brot-, Toast)Brocken *m* (*zum Eintunken*). 2. geröstete Brotschnitte.
sir [sɜː; *unbetont* sə; *Am.* sɜr; sər] I *s* 1. mein Herr! (*respektvolle Anrede, meist unübersetzt*): **yes, ~** ja(wohl) (Herr Lehrer, Herr Oberst, Herr Maier *etc*); **no, ~** a) nein (mein Herr *etc*), b) *iro.* nein, mein Lieber!, nichts da, mein Freund!; **my dear ~!** *iro.* mein Verehrtester!; **S~** *Anrede in* (*Leser*)*Briefen* (*im Deutschen unübersetzt*); **Dear S~s** Sehr geehrte Herren! (*Anrede in Briefen*). 2. **S~** *Br.* Sir *m* (*Titel e-s* **baronet** *od.* **knight**): **S~ W. Churchill, S~ Winston Churchill,** (*vertraulicher*) **S~ Winston.** 3. *Br. Anrede für den* **Speaker** *im Unterhaus.* 4. Herr *m* (*Titel für antike Helden*). 5. *obs.* Herr *m* (*in Verbindung mit dem Titel*): ~ **knight.** II *v/t* 6. *j-n* mit ‚Sir' anreden: **don't ~ me!**
sir·car [ˈsɜːkɑː] *s Br. Ind.* 1. *hist.* indische Reˈgierung. 2. (Haus)Herr *m*. 3. Sirkar *m*, (eingeborener) Hausverwalter.
sir·dar [ˈsɜːdɑː; *Am.* ˈsɜrˌdɑːr] *s mil.* Sirˈdar *m*: a) (*in Indien etc*) Befehlshaber *m*, b) *hist.* (*in Ägypten*) brit. Arˈmee-Oberbefehlshaber *m*.
sire [ˈsaɪə(r)] I *s* 1. *poet.* a) Vater *m*, Erzeuger *m*, b) Vorfahr *m*. 2. Vater(tier *n*) *m*, männliches Stammtier, *bes.* Beschäler *m*, Zuchthengst *m*. 3. **S~!** Sire!, Eure Majeˈstät (*Anrede*). II *v/t* 4. zeugen: **to be ~d by** abstammen von (*bes. Zuchtpferd*).
si·ren [ˈsaɪərən] I *s* 1. *myth.* Siˈrene *f* (*a. fig. verführerische Frau od. bezaubernde Sängerin*). 2. *tech.* Siˈrene *f*. 3. *zo.* a) Armmolch *m*, b) → **sirenian.** II *adj* 4. Sirenen..., *bes. fig.* lockend, verführerisch: ~ **song** Sirenengesang *m*.
si·re·ni·an [saɪˈriːnjən; -ɪən] *s zo.* Siˈrene *f*, Seekuh *f*.
si·ri·a·sis [sɪˈraɪəsɪs] *s med.* Sonnenstich *m*.
sir·kar → **sircar.**
sir·loin [ˈsɜːlɔɪn; *Am.* ˈsɜr-] *s gastr.* Lenden-, Nierenstück *n* (*des Rinds*): ~ **steak** Lendensteak *n*.
si·roc·co [sɪˈrɒkəʊ; *Am.* -ˈrɑk-] *s* Schiˈrokko *m* (*Wind im Mittelmeergebiet*).
sir·rah [ˈsɪrə] *s obs. od. dial.* 1. Kerl *m*, Bursche *m*. 2. *interj contp.* Du da!
sir·ree [səˈriː; ˌsɜrˈiː] *s Am. colloq.* mein Lieber!: **yes, ~!** aber klar!; **no, ~!** nee, nee!
ˌ**sir-ˈrev·er·ence** *s obs.* 1. mit Verlaub (*bes. entschuldigend*). 2. Kot *m*.
sir·ta·ki [sɪrˈtɑːkiː] *s mus.* Sirˈtaki *m*.
sir·up, sir·up·y → **syrup, syrupy.**
sis [sɪs] *s colloq.* Schwester *f*.
si·sal (hemp) [ˈsaɪsl] *s* 1. *bot.* ˈSisalaˌgave *f*. 2. Sisal(hanf) *m*.
sis·kin [ˈsɪskɪn] *s orn.* (Erlen)Zeisig *m*.
sis·si·fied [ˈsɪsɪfaɪd] *adj colloq.* → **sissy** II.
sis·sy [ˈsɪsɪ] *colloq.* I *s* 1. Weichling *m*, ‚Heulsuse' *f*. 2. ‚Waschlappen' *m*, Feigling *m*. 3. *Am.* Schwester *f*. II *adj* 4. weibisch, verweichlicht. 5. feig.
sis·ter [ˈsɪstə(r)] I *s* 1. Schwester *f*: **the Fatal** (*od.* **Three**) **S~s** die drei Schicksalsschwestern. 2. *relig.* a) (Ordens-) Schwester *f*, b) *pl* Schwestern(schaft *f*) *pl*: **~s of Mercy** Barmherzige Schwestern. 3. *med. bes. Br.* a) Oberschwester *f*, b) (Kranken)Schwester *f*. 4. *fig.* Schwester *f* (*etwas Gleichartiges*): **prose, the younger ~ of verse.** 5. *econ.* ‚Schwester' *f* (*Schwestergesellschaft*). 6. *Am. sl.* (*als Anrede*) ‚Mädchen!', ‚Kleine!' II *adj* 7. Schwester... (*a. fig.*): ~ **cells (city, company, party, ship,** *etc*). ˌ**~-ˈger·man** *pl* ˌ**~s-ˈger·man** *s* leibliche Schwester.
ˈ**sis·ter·hood** *s* 1. schwesterliches Verhältnis. 2. *relig.* Schwesternschaft *f*.
ˈ**sis·ter-in-law** *pl* ˈ**sis·ters-in-law** *s* Schwägerin *f*.
ˈ**sis·ter·less** *adj* schwesterlos, ohne Schwester(n). ˈ**sis·ter·ly** *adj* schwesterlich: ~ **love** Schwesterliebe *f*.
Sis·tine [ˈsɪstiːn; *Br. a.* -taɪn] *adj* sixˈtinisch: ~ **Chapel** Sixtinische Kapelle.
Sis·y·phe·an [ˌsɪsɪˈfiːən] *adj*: ~ **task,** ~ **labo(u)r** Sisyphusarbeit *f*.

sit [sɪt], *pret* **sat** [sæt] *obs.* **sate** [sæt; seɪt], *pp* **sat** [sæt] *obs.* **sit·ten** [ˈsɪtn] **I** *v/i* **1.** sitzen: **to ~ at s.o.'s feet** (*als Schüler*) zu j-s Füßen sitzen; **to ~ at work** über der Arbeit sitzen; **to ~ on one's hands** a) nicht applaudieren, b) *fig.* keinen Finger rühren; → **fence** 1, **pretty** 9, **tight** 15. **2.** sich (ˈhin)setzen. **3.** liegen, gelegen sein. **4.** sitzen, brüten (*Henne*). **5.** liegen, lasten. **6.** sitzen, sich (in e-r bestimmten Lage *od.* Stellung) befinden: **~s the wind there?** *fig.* daher weht der Wind? **7.** e-e Sitzung (ab)halten, tagen. **8.** (*in e-m Amt*) sitzen, e-n Sitz (inne)haben (**in Parliament**, *etc* im Parlaˈment *etc*): **to ~ on a committee** e-m Ausschuß angehören; → **sit for** 2. **9.** (**to s.o.** j-m) (Moˈdell *od.* Porˈträt) sitzen: → **sit for** 3. **10.** sitzen, passen (*Kleidung etc*) (*dat*), *fig. a.* (*j-m*) *gut etc* zu Gesichte stehen: **this coat ~s well; his imperiousness ~s him well.** **11.** *colloq.* → **sit in** 1.

II *v/t* **12.** ~ **o.s.** sich setzen: → **sit down** 8. **13.** (*im Sattel*) sitzen auf (*dat*): **to ~ a horse well** gut zu Pferd sitzen. **14.** Sitzplatz bieten für, aufnehmen: **the car will ~ 6 persons.** **15.** setzen: **to ~ a hen on eggs** e-e Glucke setzen.

Verbindungen mit Präpositionen:

sit| for *v/i* **1.** *e-e Prüfung* machen. **2.** *parl.* *e-n Wahlkreis* vertreten. **3.** ~ **one's portrait** sich porträˈtieren lassen. **~ on** *v/i* **1.** lasten auf (*j-m*), *j-m* im Magen liegen. **2.** beraten über (*acc*). **3.** → **sit** 8. **4.** *colloq.* *j-m* ‚aufs Dach steigen': **he needs to be sat on** er hat e-e ‚Abreibung' nötig. **5.** *colloq.* a) *e-e Nachricht etc* zuˈrückhalten, unterˈdrücken, b) auf *e-m Antrag etc* ‚sitzen'. **~ o·ver** *v/i* sitzen über *od.* an (*e-r Arbeit*). **~ through** *v/i* a) *e-n Film etc* bis zum Ende *od.* ganz ansehen, b) über sich ergehen lassen: **we had to ~ a boring supporting film.** **~ un·der** *v/i* **1.** *relig.* *j-s* Gottesdienst (*regelmäßig*) besuchen. **2.** *j-s* Schüler sein, (Vorlesungen) hören bei. **~ up·on** → **sit on.**

Verbindungen mit Adverbien:

sit| a·bout, ~ a·round *v/i* herˈumsitzen. **~ back** *v/i* **1.** sich zuˈrücklehnen. **2.** *fig.* die Hände in den Schoß legen. **~ by** *v/i* keinen Finger rühren. **~ down I** *v/i* **1.** sich (ˈhin-, nieder)setzen, Platz nehmen: **to ~ to work** sich an die Arbeit machen. **2.** *aer.* aufsetzen, landen. **3.** ~ **before** *mil.* belagern. **4.** sich festsetzen *od.* niederlassen. **5.** *fig.* e-e Verschnaufpause einlegen. **6.** ~ **(up)on** *colloq.* → **sit on** 4. **7.** ~ **under** *e-e Beleidigung etc* ˈhinnehmen, einstecken. **II** *v/t* **8.** *j-n* (ˈhin)setzen. **~ in** *v/i* **1.** babysitten. **2.** a) ein Sit-ˈin veranstalten *od.* inszeˈnieren, b) an e-m Sit-in teilnehmen. **3.** *bes. Am. colloq.* mitmachen (**at, on** bei). **4.** ~ **for** *Br.* für *j-n* einspringen. **~ out I** *v/t* **1.** *e-r Vorstellung* bis zum Ende beiwohnen. **2.** länger bleiben *od.* aushalten als (*ein anderer Besucher etc*). **3.** *ein Spiel, e-n Tanz etc* auslassen. **II** *v/i* **4.** aussetzen, (*bei e-m Spiel etc*) nicht mitmachen. **5.** draußen *od.* im Freien sitzen. **6.** *Segeln*: *bes. Br.* das Boot ausreiten. **~ o·ver** *v/i* zur Seite rücken. **~ up** *v/i* **1.** aufrecht sitzen. **2.** sich aufsetzen: **to ~ and beg** schönmachen, Männchen machen (*Hund*). **3.** sich *im Bett etc* aufrichten. **4.** a) aufbleiben, b) wachen (**with** bei *e-m Kranken*). **5.** *a.* ~ **and take notice** *colloq.* aufhorchen, aufmerksam werden: **to make s.o.** ~ a) j-n aufhorchen lassen, b) j-n aufrütteln, c) j-n ‚schwer rannehmen'.

si·tar [sɪˈtɑː(r); *Br. a.* ˈsɪtɑː] *s mus.* Siˈtar *m.*

sit|·com [ˈsɪtkɒm; *Am.* -ˌkɑm] *s thea. colloq.* Situatiˈonskoˌmödie *f.* **ˈ~-down I** *s* **1.** Verschnaufpause *f*: **to have a ~** e-e Verschnaufpause einlegen. **2.** a) *a.* ~ **strike** *econ.* Sitzstreik *m,* b) *a.* ~ **demonstration** ˈSitzdemonstratiˌon *f.* **II** *adj* **3.** im Sitzen (eingenommen): **a ~ meal.**

site [saɪt] **I** *s* **1.** Lage *f* (*e-r Baulichkeit, Stadt etc*): **~ plan** Lageplan *m.* **2.** Stelle *f,* Örtlichkeit *f*: ~ **assembly** *tech.* Montagebauverfahren *n*; **on ~** a) an Ort u. Stelle, vor Ort *liefern etc,* b) auf der Baustelle. **3.** Stelle *f,* Stätte *f,* Schauplatz *m* (*e-s Vorgangs*): **the ~ of the excavations** die Ausgrabungsstätte; **the ~ of a crime** der Tatort; **the ~ of the fracture** *med.* die Bruchstelle. **4.** Bauplatz *m,* -gelände *n,* Grundstück *n.* **5.** Sitz *m* (*e-r Industrie*). **6.** *econ.* (Ausstellungs)Gelände *n.* **II** *v/t* **7.** plaˈzieren, legen, aufstellen, an-, ˈunterbringen, *e-r Sache* e-n Platz geben: **well-~d** schöngelegen, in schöner Lage (*Haus*).

sith [sɪθ] *Bibl. od. obs. für* **since.**

ˈsit-in *s* Sit-ˈin *n.*

si·tol·o·gy [saɪˈtɒlədʒɪ; *Am.* -ˈtɑl-] *s med.* Diˈätkunde *f,* Ernährungswissenschaft *f.*

ˌsi·toˈpho·bi·a [-təʊˈfəʊbjə; -bɪə] *s psych.* Sitophoˈbie *f,* krankhafte Angst vor dem Essen.

sit·ten [ˈsɪtn] *pp obs. von* **sit.**

sit·ter [ˈsɪtə(r)] *s* **1.** Sitzende(r *m*) *f.* **2.** a) Glucke *f,* b) brütender Vogel: **a bad ~** e-e schlechte Brüterin. **3.** *paint.* Moˈdell *n.* **4.** *a.* **~-in** Babysitter(in). **5.** a) *hunt.* leichter Schuß, b) *fig.* leichte Beute, c) *sport* todsichere Chance.

ˈsit·ting I *s* **1.** Sitzen *n.* **2.** *bes. jur. parl.* Sitzung *f,* Tagung *f*: **all-night ~** Nachtsitzung. **3.** *paint. phot. etc* Sitzung *f*: **at one ~** *fig.* in ˈeinem Zug *durchlesen etc.* **4.** a) Brutzeit *f,* b) Gelege *n.* **5.** *relig. thea.* Sitz *m,* Platz *m.* **II** *adj* **6.** sitzend. **7.** Tagungs..., Sitzungs..., tagend: **the ~ members.** **8.** brütend: ~ **hen** Glucke *f.* **9.** Sitz...: **~ place** Sitz(platz) *m.* **~ duck** *s fig.* leichte Beute. **~ room** *s* **1.** Platz *m* zum Sitzen. **2.** Wohnzimmer *n.* **~ tenant** *s* (augenblicklicher) Mieter.

sit·u·ate [ˈsɪtjʊeɪt; *Am.* ˈsɪtʃəˌweɪt] **I** *v/t* **1.** aufstellen, *e-r Sache* e-n Platz geben, den Platz (*gen*) bestimmen *od.* festlegen. **2.** in e-e Lage bringen. **II** *adj* [-eɪt; *Am. a.* -ət] *jur. od. obs. für* **situated** 1. **ˈsit·u·at·ed** [-eɪtɪd] *adj* **1.** gelegen: **to be ~** liegen, (gelegen) sein (*Haus*). **2.** in e-r *schwierigen etc* Lage (befindlich): **well ~** gut situiert, wohlhabend; **thus ~** in dieser Lage.

sit·u·a·tion [ˌsɪtjʊˈeɪʃn; *Am.* -tʃəˈw-] *s* **1.** Lage *f* (*e-s Hauses etc*). **2.** Platz *m.* **3.** *fig.* Situatiˈon *f*: a) Lage *f,* Zustand *m,* b) Sachlage *f,* ˈUmstände *pl*: **a difficult ~; the economic ~ of a country; ~ map** *mil.* Lagekarte *f, tech.* Situationsplan *m*; ~ **report** *mil.* Lagebericht *m.* **4.** *thea.* draˈmatische Situatiˈon, Höhepunkt *m.* **5.** Stellung *f,* Stelle *f,* Posten *m*: **~s vacant** (*in Zeitungen etc*) Stellenangebote; **~s wanted** Stellengesuche. **ˌsit·uˈa·tion·al** [-ʃənl] *adj* Situations..., Lage...

sit·u·a·tion| com·e·dy *s thea.* Situatiˈonskoˌmödie *f.* **~ eth·ics** *s pl* (*als sg konstruiert*) *philos.* Situatiˈonsethik *f.*

si·tus [ˈsaɪtəs] *pl* **ˈsi·tus** *s* **1.** *med.* Situs *m,* (anaˈtomische) Lage (*e-s Organs*). **2.** Sitz *m,* Lage *f,* Ort *m.*

sitz| bath [sɪts] *s* **1.** Sitzbadewanne *f.* **2.** Sitzbad *n.* **ˈ~krieg** [-kriːg] *s mil.* ‚Sitzkrieg' *m.* **ˈ~mark** *s Skisport*: ‚Badewanne' *f.*

Si·va [ˈsiːvə; ˈʃiːvə] *npr* Schiwa *m* (*ein Hauptgott des Hinduismus*). **ˈSi·va·ism** *s relig.* Schiwaˈismus *m.*

six [sɪks] **I** *adj* **1.** sechs: **it is ~ of one and half a dozen of the other,** *a.* **it is ~ and two threes** *fig.* das ist gehupft wie gesprungen *od.* Jacke wie Hose; **to be ~ feet under** *colloq.* ‚sich die Radies-chen von unten ansehen *od.* besehen *od.* betrachten'. **2.** (*in Zssgn*) sechs...: **~-cylinder(ed)** sechszylindrig, Sechszylinder... (*Motor*). **II** *s* **3.** Sechs *f* (*Zahl, Spielkarte etc*): **the ~ of spades** die Piksechs; **by ~es** immer sechs auf einmal; **to be at ~es and sevens** a) ganz durcheinander sein, b) uneins sein, sich in den Haaren liegen; **I'm at ~es and sevens about what to do** ich weiß überhaupt nicht mehr, was ich machen soll.

six·ain [ˈsɪkseɪn; *Am. a.* sɪˈzeɪn] *s metr.* Sechszeiler *m.*

ˈsix|-day race *s, colloq.* **~ days** *s pl Radsport*: Sechsˈtagerennen *n.*

six·fold [ˈsɪksfəʊld] **I** *adj u. adv* sechsfach. **II** *s* (*das*) Sechsfache.

ˌsix|-ˈfoot·er *s colloq.* sechs Fuß langer Mensch, ‚baumlanger Kerl'. **ˈ~-pack** *s* Sechserpack(ung *f*) *m* (*Dosenbier etc*). **ˈ~pence** [-pəns] *s Br. altes Währungssystem*: Sixpence(stück *n*) *m*: **it does not matter (a) ~** das ist ganz egal. **ˈ~pen·ny** [-pənɪ] *adj Br.* **1.** *altes Währungssystem*: e-n Sixpence wert, Sixpenny...: ~ **bit** Sixpenny-Stück *n* (*Münze*). **2.** armselig, billig. **ˌ~-ˈshoot·er** *s Am. colloq.* sechsschüssiger Reˈvolver.

sixte [sɪkst] *s fenc.* Sixt *f.*

six·teen [ˌsɪksˈtiːn; ˈsɪkstiːn] **I** *s* Sechzehn *f.* **II** *adj* sechzehn.

six·teen·mo [sɪksˈtiːnməʊ] *pl* **-mos** → **sextodecimo.**

six·teenth [ˌsɪksˈtiːnθ; ˈsɪkst-] **I** *adj* **1.** sechzehnt(er, e, es). **2.** sechzehntel. **II** *s* **3.** (*der, die, das*) Sechzehnte. **4.** Sechzehntel *n.* **5.** *a.* ~ **note** *mus. Am.* Sechzehntel(note *f*) *n.* **~ rest** *s mus.* Sechzehntelpause *f.*

sixth [sɪksθ] **I** *adj* **1.** sechst(er, e, es): **in the ~ place** sechstens, an sechster Stelle; ~ **sense** *fig.* sechster Sinn. **2.** sechstel. **II** *s* **3.** (*der, die, das*) Sechste: **the ~ of May** der 6. Mai. **4.** Sechstel *n.* **5.** *mus.* Sext *f*: ~ **chord** Sextakkord *m.* **~ col·umn** *s pol. Am.* Sechste Koˈlonne: a) *Gruppe, die die Untergrundtätigkeit der Fünften Kolonne unterstützt,* b) *organisierte Gruppe zur Bekämpfung der Fünften Kolonne.* **~ form** *s ped. Br. Abschlußklasse e-r höheren Schule, die auf das* **General Certificate of Education advanced level** (→ **certificate** 2) *vorbereitet.*

sixth·ly [ˈsɪksθlɪ] *adv* sechstens.

six·ti·eth [ˈsɪkstɪɪθ] **I** *adj* **1.** sechzigst(er, e, es). **2.** sechzigstel. **II** *s* **3.** (*der, die, das*) Sechzigste. **4.** Sechzigstel *n.*

Six·tine [ˈsɪkstiːn; -taɪn] → **Sistine.**

six·ty [ˈsɪkstɪ] **I** *adj* sechzig. **II** *s* Sechzig *f*: **he is in his sixties** er ist in den Sechzigern; **in the sixties** in den sechziger Jahren (*e-s Jahrhunderts*). **ˌ~-ˈfour dol·lar ques·tion** *s Am. fig. colloq.* (*die*) ‚große Preisfrage'. **ˌ~-ˈfour·mo** [-ˈfɔː(r)məʊ] *print.* **I** *pl* **-mos** *s* **1.** Vierundˈsechzigstelforˌmat *n.* **2.** Band *m* im Vierundˈsechzigstelforˌmat. **II** *adj* **3.** im Vierundˈsechzigstelforˌmat: ~ **volume.** **ˌ~-ˈsix** *s* ˈSechsundˈsechzig *n* (*Kartenspiel*).

ˌsix-ˈwheel·er *s mot.* Dreiachser *m.*

siz·a·ble, *bes. Br.* **size·a·ble** [ˈsaɪzəbl] *adj* (ziemlich) groß, ansehnlich, beträchtlich.

siz·ar [ˈsaɪzə] *s univ. Br.* Stipendiˈat *m* (*in Cambridge od. Dublin*). **ˈsiz·ar·ship** *s Br.* Stiˈpendium *n.*

size¹ [saɪz] **I** *s* **1.** Größe *f,* Maß *n,* Forˈmat *n,* ˈUmfang *m, tech. a.* Abmessung(en *pl*) *f*: **all of a ~** (alle) gleich groß, (alle) in *od.* von derselben Größe; **of all ~s** in allen Größen; **the ~ of** so groß wie; **that's**

about the ~ of it *colloq.* (genau)so ist es; → **next** 3. **2.** (Schuh-, Kleider- *etc*)Größe *f*, Nummer *f*: **children's ~s** Kindergrößen; **two ~s too big** zwei Nummern zu groß; **she takes ~ 7 in gloves** sie hat Handschuhgröße 7; **they come in all ~s** a) die gibt es in allen Größen, b) *fig. colloq.* davon gibt es alle möglichen (Spiel)Arten. **3.** *fig.* a) Größe *f*, Ausmaß *n*, Bedeutung *f*, b) (*geistiges etc*) For'mat (*e-s Menschen*): **to cut s.o. down to ~** j-n in die Schranken verweisen, j-n auf Normalmaß stutzen. **II** *v/t* **4.** nach Größe(n) sor'tieren *od.* ordnen. **5.** *bes. tech.* bemessen, in e-r (bestimmten) Größe anfertigen. **6.** *Holz etc* zuschneiden. **7.** *meist* **~ up** *colloq.* ab-, einschätzen, ('ein)ta,xieren (*alle a. fig.*). **III** *v/i* **8. ~ up** *colloq.* gleichkommen (**to, with** *dat*).

size[2] [saɪz] **I** *s* **1.** (*paint.* Grun'dier)Leim *m*, Kleister *m*. **2.** a) *Weberei*: Schlichte *f*, Appre'tur *f*, b) *Hutmacherei*: Steife *f*. **II** *v/t* **3.** leimen, mit Leim über'streichen. **4.** *paint.* grun'dieren. **5.** a) *Stoff* schlichten, appre'tieren, b) *Hutfilz* steifen.

size[3] [saɪz] → **sized**.

size·a·ble *bes. Br. für* **sizable**.

sized [saɪzd] *adj* (*in Zssgn*) ...groß, von *od.* in ... Größe: **full-~** in voller Größe; **small-~** klein.

siz·er[1] ['saɪzə(r)] *s* **1.** Sor'tierer(in). **2.** *tech.* ('Größen)Sor,tierma,schine *f*. **3.** *tech.* 'Zuschneidema,schine *f* (*für Holz*).

siz·er[2] ['saɪzə(r)] *s tech.* **1.** Leimer *m*. **2.** Schlichter *m*.

siz·y ['saɪzɪ] *adj* klebrig, zähflüssig.

siz·zle ['sɪzl] **I** *v/i* **1.** zischen, brutzeln. **2.** *Radio etc*: knistern. **II** *s* **3.** Zischen *n*. **4.** *Radio etc*: Knistern *n*. **'siz·zler** *s colloq.* glühendheißer Tag. **'siz·zling I** *adj* **1.** zischend, brutzelnd. **2.** glühendheiß. **II** *adv* **3. ~ hot** → 2.

sjam·bok ['ʃæmbɒk; *Am.* ʃæm'bɑk; -'bʌk] *s* Nilpferdpeitsche *f*.

skald → **scald**[1].

skat [skɑːt; skæt] *s* Skat *m* (*Kartenspiel*).

skate[1] [skeɪt] *pl* **skates,** *bes. collect.* **skate** *s ichth.* Rochen *m*.

skate[2] [skeɪt] **I** *s* **1.** a) Schlittschuh *m* (*a. mit Stiefel*): **get** (*od.* **put**) **your ~s on** *fig. colloq.* nun mach schon endlich!, b) Kufe *f*. **2.** Rollschuh *m*. **II** *v/i* **3.** Schlittschuh laufen, eislaufen: → **ice** 1. **4.** Rollschuh laufen. **5.** *fig.* gleiten: **to ~ over** *Schwierigkeiten etc* überspielen.

skate[3] [skeɪt] *s Am. sl.* **1.** alter Klepper (*Pferd*). **2.** a) ‚Knülch' *m*, Bursche *m*, b) *contp.* ‚Dreckskerl' *m*.

'skate·board I *s* Skateboard *n*. **II** *v/i* Skateboard fahren. **'skate·board·er** *s* Skateboarder(in).

'skat·er ['skeɪtə(r)] *s* **1.** Eis-, Schlittschuhläufer(in). **2.** Rollschuhläufer(in).

skate sail·ing *s sport* Eissegeln *n*.

skat·ing ['skeɪtɪŋ] *s* **1.** Schlittschuh-, Eislaufen *n*, Eislauf *m*. **2.** Rollschuhlauf(en *n*) *m*. **~ rink** *s* **1.** (Kunst)Eisbahn *f*. **2.** Rollschuhbahn *f*. **~ step** *s Skisport*: Schlittschuhschritt *m*.

skean [skiːn] *s hist. Ir. u. Scot.* Dolch *m*. **,~-'dhu** [-'duː] *s* Dolchmesser *n*.

ske·dad·dle [skɪ'dædl] *colloq.* **I** *v/i* ‚türmen', ‚abhauen'. **II** *s* ‚Türmen' *n*.

skee-ball ['skiː,bɔːl] (*TM*) *s Am. Spiel, bei dem Hartgummibälle auf e-r Holzbahn in Löcher gerollt werden müssen.*

skeet (shoot·ing) [skiːt] *s* Skeetschießen *n*.

skein [skeɪn] *s* **1.** Strang *m*, Docke *f* (*Wolle etc*). **2.** Skein *n*, Warp *n* (*Baumwollmaß*). **3.** Kette *f*, Schar *f*, Schwarm *m* (*Wildenten etc*). **4.** *fig.* Gewirr *n*, Durchein'ander *n*.

skel·e·tal ['skelɪtl] *adj* **1.** Skelett... **2.** ske'lettartig.

skel·e·tog·e·nous [,skelɪ'tɒdʒɪnəs; *Am.* -'tɑ-] *adj med.* knochenbildend. **,skel·e'tol·o·gy** [-'tɒlədʒɪ; *Am.* -'tɑl-] *s* Knochenlehre *f*.

skel·e·ton ['skelɪtn] **I** *s* **1.** Ske'lett *n*, Knochengerüst *n*, Gerippe *n* (*a. fig. magere Person etc*): **~ in the cupboard** (*Am.* **closet**) streng gehütetes Familiengeheimnis; **~ at the feast** Gespenst *n* der Vergangenheit; → **reduce** 7. **2.** *tech.* (*Stahl- etc*)Ske'lett *n*, (*a. Schiffs-, Flugzeug*)Gerippe *n*, Rohbau *m*, (*a. Schirm-*) Gestell *n*. **3.** *bot.* Rippenwerk *n* (*des Blatts*), 'Blattske,lett *n*. **4.** *fig.* a) Rohbau *m*, Entwurf *m*, b) Rahmen *m*: **~ sketch** schematische Zeichnung. **5.** a) 'Stamm(perso,nal *n*) *m*, b) *mil.* Kader *m*, Stammtruppe *f*. **6.** Skeleton *m* (*Rennschlitten*). **II** *adj* **7.** Skelett...: **~ construction** Skelett-, Stahlbauweise *f*. **8.** *econ. jur.* Rahmen...: **~ law (plan,** *etc*); **~ agreement** Rahmenabkommen *n*; **~ bill** Wechselblankett *n*; **~ wage agreement** Manteltarif(vertrag) *m*. **9.** *mil.* Stamm...: **~ crew. '~-face type** *s print.* Ske'lettschrift *f*.

skel·e·ton·ize ['skelɪtənaɪz] *v/t* **1.** skelet'tieren. **2.** *fig.* skiz'zieren, entwerfen, in groben 'Umrissen *od.* sche'matisch darstellen. **3.** *mil.* den nor'malen Bestand (*e-r Truppe*) redu'zieren. **4.** *fig.* zahlenmäßig redu'zieren.

skel·e·ton| key *s tech.* Dietrich *m* (*Nachschlüssel*). **~ proof** *s print. Abzug, bei dem die Schrift nur in Haarstrichen angegeben ist.*

skene [skiːn] → **skean**.

skep [skep] *s* **1.** (Weiden)Korb *m*. **2.** Bienenkorb *m*.

skep·tic, *etc bes. Am. für* **sceptic,** *etc.*

sker·ry ['skerɪ] *s bes. Scot.* kleine Felseninsel.

sketch [sketʃ] **I** *s* **1.** *paint. etc* Skizze *f*, Studie *f*. **2.** Grundriß *m*, Schema *n*, Entwurf *m*. **3.** *fig.* (*a. literarische*) Skizze. **4.** *thea.* Sketch *m*. **5.** *mus.* (Ton)Skizze *f*. **II** *v/t* **6.** *oft* **~ in, ~ out** skiz'zieren. **7.** *fig.* skiz'zieren, entwerfen, in großen Zügen darstellen. **8.** *fig.* andeuten. **III** *v/i* **9.** e-e Skizze *od.* Skizzen machen. **~ block** *s* Skizzenblock *m*. **'~·book** *s* **1.** Skizzenbuch *n*. **2.** Sammlung *f* lite'rarischer Skizzen.

'sketch·er *s* Skizzenzeichner(in).

sketch·i·ness ['sketʃɪnɪs] *s* **1.** Skizzenhaftigkeit *f*. **2.** *fig.* Oberflächlichkeit *f*.

sketch map *s geogr.* Faustskizze *f*.

sketch·y ['sketʃɪ] *adj* (*adv* **sketchily**) **1.** skizzenhaft, flüchtig, leicht 'hingeworfen. **2.** *fig.* oberflächlich. **3.** *fig.* unzureichend: **a ~ meal.** **4.** *fig.* unklar, vage.

skew [skjuː] **I** *v/i* **1.** schräg gehen. **2.** schielen (*a. fig.*). **II** *v/t* **3.** seitwärts wenden, schief legen. **4.** *tech.* abschrägen. **5.** *fig. Tatsachen* verdrehen. **III** *adj* **6.** schief, schräg: **~ bridge.** **7.** abschüssig. **8.** *math.* 'asym,metrisch. **IV** *s* **9.** Schiefe *f*, Schrägheit *f*: **on the ~** schief. **10.** *math.* Asymme'trie *f*. **11.** *arch.* a) schräger Kopf (*e-s Strebepfeilers*), b) 'Untersatzstein *m*. **'~·back** *s arch.* schräges 'Widerlager. **'~·bald** [-bɔːld] **I** *adj* scheckig (*bes. Pferd*). **II** *s* Schecke *m*. **~ bev·el gear·ing** → **skew gearing.** **~ curve** *s math.* mehrfach gekrümmte Raumkurve.

skewed [skjuːd] *adj* schief, abgeschrägt, verdreht.

skew·er ['skjʊə(r)] **I** *s* **1.** a) Fleischspieß *m*, Span *m*, b) Speil(er) *m* (*Wurstverschluß*). **2.** *fig. bes. humor.* Dolch *m*, Schwert *n*. **3.** *tech.* Räumnadel *f*. **II** *v/t* **4.** *Fleisch* spießen, *Wurst* speilen. **5.** *fig.* aufspießen.

'skew|-eyed *adj Br.* schielend. **~ gear·ing** *s tech.* Stirnradgetriebe *n*.

skew-gee [,skjuː'dʒiː] *adj u. adv colloq.* schief.

skew·ness ['skjuːnɪs] *s* **1.** Schiefe *f*, Schrägheit *f*. **2.** *math.* Asymme'trie *f*. **3.** *Statistik*: Abweichung *f*: **positive (negative) ~** Abweichung nach oben (unten).

skew·whiff [,skjuː'wɪf] *adj u. adv Br. colloq.* schief.

ski [skiː] **I** *pl* **ski, skis** [-z] *s* **1.** Ski *m*. **2.** *aer.* (Schnee)Kufe *f*. **II** *adj* **3.** Ski...: **~ binding (boot, instructor, lift,** *etc*). **III** *v/i pret u. pp* **ski'd** *od.* (*Am. nur*) **skied** **4.** Ski laufen *od.* fahren.

ski·a·gram ['skaɪəgræm], *etc* → **sciagram,** *etc.*

ski·a·scope ['skaɪəskəʊp] *s med.* Skia'skop *n*, Augenspiegel *m*. **ski'as·co·py** [-'æskəpɪ] *s* Skiasko'pie *f*, Retinosko'pie *f*, Schattenprobe *f*.

ski·bob ['skiːbɒb; *Am.* -,bɑb] *s* Skibob *m*. **'ski·bob·ber** *s* Skibobfahrer(in).

ski cir·cuit *s sport* Skizirkus *m*.

skid [skɪd] **I** *s* **1.** Stützbalken *m*. **2.** *tech.* a) Rolle *f* (*für Lasten*), b) Ladebalken *m*, -bock *m*, Gleitschiene *f*. **3.** Bremsklotz *m*. **4.** *aer.* Gleitkufe *f*, Sporn(rad *n*) *m*. **5.** *mar.* a) *pl* Holzfender *m*, b) Bootsschlitten *m*. **6.** *a. mot.* Rutschen *n*, Schleudern *n*: **to go into a ~** → 11; **~ chain** *mot.* Schneekette *f*; **~ mark** Schleuder-, Bremsspur *f*. **7.** *fig. colloq.* **to put the ~s on** (*od.* **under**) **s.o.** a) j-m e-n Strich durch die Rechnung machen, b) j-n ‚Feuer unter dem Hintern machen', c) j-n ‚abschießen'; **he is on the ~s** es geht abwärts mit ihm. **II** *v/t* **8.** auf e-r Gleitschiene *od.* auf Rollen fortbewegen. **9.** *ein Rad* bremsen, hemmen. **III** *v/i* **10.** rutschen, (ab-, aus)gleiten. **11.** schleudern, ins Schleudern geraten (*Auto etc*). **12.** *aer.* seitlich abrutschen. **13.** *fig.* hin'weggehen (**over** über *acc*).

skid·doo [skɪ'duː] *v/i sl.* ‚abhauen'.

'skid|·lid *s Br. sl.* Sturzhelm *m*. **~ pad** *s mot. Am.*, **'~·pan** *s mot. Br.* Schleuderstrecke *f*. **'~·proof** *adj* rutschfest (*Autoreifen etc*). **~ road** *s Am.* **1.** Holzrutsche *f*. **2.** → **skid row.** **~ row** *s Am. colloq.* billiges Vergnügungsviertel. **'~·way** → **skid road** 1.

ski·er ['skiːə(r)] *s* Skiläufer(in), -fahrer(in).

skiff [skɪf] *s mar.* Skiff *n*, (*Rudersport a.*) Einer *m*.

skif·fle ['skɪfl] *s* Skiffle *m* (*Jazzmusik, oft auf Behelfsinstrumenten gespielt*).

ski| flight *s sport* Skiflug *m*. **~ fly·ing** *s sport* Skifliegen *n*.

ski·ing ['skiːɪŋ] **I** *s* Skilauf *m*, -laufen *n*, -fahren *n*, -sport *m*. **II** *adj* Ski...: **~ clothes (lessons,** *etc*).

ski|·jor·ing [skiː'dʒɔːrɪŋ] *s sport* Skijöring *n*. **~ jump** *s sport* **1.** Skisprung *m*. **2.** Sprungschanze *f*. **~ jump·ing** *s sport* Skispringen *n*, Sprunglauf *m*.

'skil·ful, *bes. Am.* **'skill·ful** *adj* (*adv* **~ly**) geschickt: a) gewandt, b) kunstgerecht: **~ operation,** c) geübt, kundig (**at, in** *in dat*): **to be ~ at** sich verstehen auf (*acc*). **'skil·ful·ness,** *bes. Am.* **'skill·ful·ness** → **skill**[1].

skill[1] [skɪl] *s* Geschick(lichkeit *f*) *n*: a) Gewandtheit *f*: **game of ~** Geschicklichkeitsspiel *n*, b) (Kunst)Fertigkeit *f*, Können *n*, c) (Fach-, Sach)Kenntnis *f*, Erfahrenheit *f* (**at, in** *in dat*).

skill[2] [skɪl] *v/i impers obs.* **1.** ins Gewicht fallen: **it ~s not.** **2.** nützen: **what ~s talking?**

skilled [skɪld] *adj* **1.** geschickt, gewandt, erfahren (**at, in** *in dat*). **2.** Fach...: **~ labo(u)r** Facharbeiter *pl*; **~ trades** Fachberufe; **~ workman** gelernter Arbeiter, Facharbeiter *m*.

skil·let ['skɪlɪt] *s* **1.** a) (*tech.* Schmelz-) Tiegel *m*, b) Kasse'rolle *f*. **2.** *bes. Am.* Bratpfanne *f*.

skill·ful, *etc bes. Am. für* **skilful,** *etc.*

skil·ly [ˈskɪlɪ] *s bes. Br.* dünne (Hafer-) Grütze, Wassersuppe *f.*
skim [skɪm] **I** *v/t* **1.** (*a. fig. Gewinne*) abschöpfen: **to ~ the cream off** den Rahm abschöpfen (*oft fig.*). **2.** abschäumen. **3.** *Milch* entrahmen: **~med milk** → **skim milk. 4.** *fig.* (ˈhin)gleiten über (*acc*). **5.** *fig.* überˈfliegen, flüchtig lesen: **to ~ a book. II** *v/i* **6.** gleiten, streichen (**over** über *acc*, **along** entlang). **7. ~ over** *fig.* → 5. **ˈskim·mer** *s* **1.** Schaum-, Rahmkelle *f.* **2.** *tech.* Abstreicheisen *n.* **3.** *mar. Br.* leichtes Rennboot. **4.** *Am. sl.* flacher, breitrandiger Strohhut.
skim milk *s* entrahmte Milch, Magermilch *f.*
ˈskim·ming *s* **1.** *meist pl* (*das*) Abgeschöpfte. **2.** *pl* Schaum *m* (*auf Koch-, Schmelz- od. Siedegut*). **3.** *pl metall.* Schlacken *pl.* **4.** Abschöpfen *n*, Abschäumen *n*: **~ of excess profit** *econ.* Gewinnabschöpfung *f.* **5.** *pl mar.* (*Seetransportversicherung*) *oberste, beschädigte Schicht in e-m Sack* (*z. B. Kaffee, Erbsen etc*).
skimp [skɪmp] *etc* → **scrimp**, *etc.*
skin [skɪn] **I** *s* **1.** Haut *f* (*a. biol.*): **he is only ~ and bone(s)** er ist bloß noch Haut u. Knochen; **drenched** (*od.* **soaked, sopped, wet**) **to the ~** bis auf die Haut durchnäßt *od.* naß; **by the ~ of one's teeth** um Haaresbreite, mit knapper Not; **that's no ~ off my nose** *colloq.* das ,juckt' mich nicht; **to be in s.o.'s ~** in j-s Haut stecken; **to get under s.o.'s ~** *colloq.* a) j-m ,unter die Haut gehen', j-m nahegehen, b) j-m auf die Nerven gehen; **to get under the ~ of s.th.** etwas richtig verstehen; **to have a thick (thin) ~** ein dickes Fell haben (dünnhäutig sein); **to save one's ~** mit heiler Haut davonkommen; **to live in one's ~** im Adams- *od.* Evaskostüm herumlaufen; → **jump** 17. **2.** Fell *n*, Pelz *m*, *hunt.* Balg *m*, Decke *f* (*von Tieren*). **3.** Haut *f*, (Karˈtoffel-, Obst- *etc*)Schale *f*, Hülse *f*, Schote *f*, Rinde *f.* **4.** *bes. tech.* Haut *f*, dünne Schicht: **~ on milk** Haut auf der Milch. **5.** *allg.* Oberfläche *f*, *bes.* a) *aer. mar.* Außenhaut *f*, b) *aer.* (Balˈlon)Hülle *f*, Bespannung *f*, c) *arch.* Außenwand *f*, d) *arch.* (Außen)Verkleidung *f* (*Aluminiumplatten etc*). **6.** (Wasser-, Wein)Schlauch *m.* **7.** *bes. Am. sl.* a) Gauner *m*, b) Geizhals *m*, c) Klepper *m* (*Pferd*). **II** *v/t* **8.** schälen: **to keep one's eyes ~ned** die Augen offenhalten. **9.** sich *das Knie etc* aufschürfen. **10.** *a.* **~ out** *ein Tier* abhäuten, *hunt.* abbalgen, *e-m Bock etc* die Decke abziehen: **to ~ s.o. alive** *colloq.* a) ,kein gutes Haar an j-m lassen', b) j-m ,gehörig' s-e Meinung sagen; **I'll ~ him alive!** *colloq.* der kriegt was von mir zu hören!; **to ~ and salt s.o.** *colloq.* j-n ,bös in die Pfanne hauen'. **11.** *colloq.* a) *j-n* ausplündern, -beuten, b) *j-n* ,ausnehmen', ,rupfen' (*beim Spiel etc*). **12.** *e-n Strumpf etc* abstreifen. **13.** *electr.* ˈabisoˌlieren. **III** *v/i* **14. ~ out** *Am. sl.* sich daˈvonmachen. **15.** *meist* **~ over** (zu)heilen, vernarben (*Wunde*).
skin| boat *s* Fellboot *n.* **~ col·o(u)r** *s* Hautfarbe *f.* **ˌ~-ˈdeep** *adj u. adv* oberflächlich (*a. fig.*). **~ dis·ease** *s med.* Hautkrankheit *f.* **~ div·er** *s* Schnorcheltaucher *m.* **~ div·ing** *s* Schnorcheltauchen *n.* **~ ef·fect** *s electr.* ˈSkinefˌfekt *m.* **~ flick** *s colloq.* Sexfilm *m.* **ˈ~·flint** *s* Knicker *m*, Geizhals *m.* **~ food** *s* Nährcreme *f.* **~ fric·tion** *s phys.* Oberflächenreibung *f.*
ˈskin·ful [-fʊl] *s*: **he had a ~** ,er hatte schwer geladen' (*war betrunken*).
skin| game *s colloq.* Schwindel *m*, Bauernfängeˈrei *f.* **~ graft** *s med.* ˈHauttransplanˌtat *n.* **~ graft·ing** *s med.* ˈHauttransplantatiˌon *f*, -überˌtragung *f.* **ˈ~·head** *s Br.* Halbstarke(r) *m* mit kurzgeschnittenem Haar u. auffälliger Kleidung.
ˈskin·less *adj* **1.** hautlos, ohne Haut. **2.** ohne Fell, nackt. **3.** *fig.* (ˈüber)empfindlich.
skinned [skɪnd] *adj* **1.** häutig. **2.** enthäutet. **3.** (*in Zssgn*) ...häutig, ...fellig.
skin·ner [ˈskɪnə(r)] *s* **1.** Abdecker *m.* **2.** Pelzhändler *m*, Kürschner *m.* **3.** *colloq.* Betrüger *m.* **4.** *Am. colloq.* a) Maultier-, Pferdetreiber *m*, b) (*Kran-, Bagger- etc*) Führer *m.*
skin·ny [ˈskɪnɪ] *adj* **1.** häutig. **2.** mager, abgemagert, dünn. **3.** *fig.* knauserig. **ˈ~-dip** *colloq.* **I** *v/i* nackt baden. **II** *s* Nacktbad *n.* **ˈ~-ˌdip·per** *s colloq.* Nacktbadende(r *m*) *f.*
ˈskin-pop *v/i sl.* sich e-n ,Schuß' unter die Haut setzen *od.* drücken.
skint [skɪnt] *adj Br. sl.* ,pleite'.
skin| test *s med.* Hauttest *m.* **ˌ~ˈtight I** *adj* hauteng. **II** *s a. pl* hautenges Kleid, *a.* Triˈkot *n.* **~ wool** *s* Haut-, Schlachtwolle *f.*
skip[1] [skɪp] **I** *v/i* **1.** hüpfen, hopsen, springen: **to ~ about** (*od.* **around**) herumhüpfen. **2.** seilhüpfen, -springen. **3.** *fig.* Sprünge machen, Seiten überˈspringen *od.* überˈschlagen (*in e-m Buch*): **to ~ off** abschweifen (*von e-m Thema etc*); **to ~ over** *etwas* übergehen; **to ~ through** *Buch etc* überfliegen; **to ~ from one subject to another** von e-m Thema zum anderen springen. **4.** aussetzen, e-n Sprung tun (*Herz, Maschine etc*), *mot.* e-e Fehlzündung haben. **5.** *ped. Am.* e-e (Schul)Klasse überˈspringen. **6.** *meist* **~ off** (*od.* **out**) *colloq.* ,abhauen': **to ~ (over** *od.* **across)** to e-n Abstecher machen nach. **II** *v/t* **7.** springen über (*acc*): **to ~ a ditch**; **to ~ rope** seilhüpfen, -springen. **8.** *fig.* überˈspringen, auslassen, sich schenken, *e-e Buchseite etc* überˈschlagen: **~ it!** *colloq.* laß (es) gut sein!, ,geschenkt!' **9.** *colloq.* a) sich vor *e-r Verabredung etc* drücken, *die Schule etc* schwänzen, b) *bes. Am.* aus *e-r Stadt etc* verschwinden: **to ~ it** ,abhauen'. **III** *s* **10.** Hüpfer *m*, Hopser *m*, (*Tanzen*) Hüpfschritt *m.* **11.** *fig.* Überˈgehen *n*, -ˈspringen *n*, Auslassung *f.* **12.** *mus. Am.* Sprung *m.*
skip[2] [skɪp] *s sport* Mannschaftsführer *m* (*bes. beim Bowling- u. Curlingspiel*).
skip[3] [skɪp] *s* (Stuˈdenten)Diener *m* (*bes. im* **Trinitiy College, Dublin**).
skip[4] [skɪp] *s* **1.** *tech.* Förderkorb *m.* **2.** *Zuckerfabrikation*: Pfanne(voll) *f* Sirup *od.* Zuckersaft.
skip| bomb·ing *s mil.* Abpraller-Bombenabwurf *m.* **~ dis·tance** *s electr.* tote Zone. **ˈ~·jack** *s* **1.** *pl* **-jacks,** *bes. collect.* **-jack** *ichth.* a) Thunfisch *m*, b) Blaufisch *m.* **2.** *zo.* Springkäfer *m.* **3.** Stehaufmännchen *n* (*Spielzeug*).
ski plane *s aer.* Flugzeug *n* mit Schneekufen.
skip·per [ˈskɪpə(r)] **I** *s* **1.** *mar.* Schiffer *m*, Kapiˈtän *m.* **2.** *aer.* ˈFlugkapiˌtän *m.* **3.** *sport* a) ˈMannschaftskapiˌtän *m*, b) *Am.* Manager *m*, c) *Am.* Trainer *m.* **4.** *ichth.* Maˈkrelenhecht *m.* **II** *v/t* **5.** führen, Kapiˈtän sein auf (*dat*).
skip·pet [ˈskɪpɪt] *s* Kapsel *f* (*zum Schutz e-s Siegels*).
skip·ping [ˈskɪpɪŋ] **I** *adj* hüpfend. **II** *s* (*bes.* Seil)Hüpfen *n*, (-)Springen *n.* **~ rope** *s* Spring-, Sprungseil *n.*
skip zone *s Radio*: stille Zone.
skirl [skɜːl] *Br. dial.* **I** *v/i* **1.** pfeifen (*Dudelsack*). **2.** Dudelsack spielen. **II** *s* **3.** Pfeifen *n* (*des Dudelsacks*).
skir·mish [ˈskɜːmɪʃ; *Am.* ˈskɜr-] *mil.* **I** *s* (Vorposten)Gefecht *n*, Geplänkel *n* (*a. fig.*): **~ line** Schützenlinie *f.* **II** *v/i* plänkeln (*a. fig.*). **ˈskir·mish·er** *s mil.* Plänkler *m* (*a. fig.*).
skir·ret [ˈskɪrɪt] *s bot.* Merk *m.*
skirt [skɜːt; *Am.* skɜrt] **I** *s* **1.** (Frauen-, *a.* ˈUnter)Rock *m.* **2.** *sl.* a) *a.* **bit of ~** ,Weibsbild' *n*, ,Schürze' *f*, b) **the ~** *obs. collect.* ,die Weiber' *pl.* **3.** (Rock-, Hemd- *etc*)Schoß *m.* **4.** a) Saum *m*, Rand *m*, Einfassung *f* (*fig. oft pl*): **on the ~s of the wood** am Waldesrand, am Waldessaum, b) *tech.* Schürze *f* (*e-s Formel-1-Rennwagens etc*). **5.** *meist pl* Außenbezirk *m*, Randgebiet *n.* **6.** kleine Satteltasche. **7.** (*Art*) Kutteln *pl*: **~ of beef** (*Art*) Rindskutteln. **II** *v/t* **8.** a) (um)ˈsäumen, b) *fig.* sich entlangziehen an (*dat*): **trees ~ the plain. 9.** a) entlanggehen, (außen) herˈumgehen um, b) *fig.* umˈgehen: **to ~ a problem**, c) *e-r Gefahr etc* (knapp) entgehen. **III** *v/i* **10.** am Rande sein *od.* liegen *od.* leben. **11. ~ along** a) am Rande entlanggehen *od.* -fahren, b) sich entlangziehen; **to ~ (a)round** → 9 b. **12.** *hunt.* eigene Wege gehen (*Jagdhund*). **~ dance** *s hist.* Serpenˈtintanz *m.*
ˈskirt·ed *adj* **1.** e-n Rock tragend. **2.** (*in Zssgn*) mit *langem etc* Rock: **long-~. 3.** *fig.* (ein)gesäumt.
ˈskirt·ing *s* **1.** Rand *m*, Saum *m.* **2.** Rockstoff *m.* **3.** *meist* **~ board** *arch. Br.* Fuß-, Scheuerleiste *f.*
skit [skɪt] **I** *s* **1.** (at) Sticheˈlei *f* (gegen), Seitenhieb *m* (auf *acc*). **2.** Paroˈdie *f*, Saˈtire *f* (**on, upon** über *acc*, auf *acc*). **II** *v/i* **3.** ironiˈsieren (at *acc*). **III** *v/t* **4.** sticheln gegen.
ski| tour·ing *s* Skiwandern *n.* **~ tow** *s* Schlepplift *m.*
skit·ter [ˈskɪtə(r)] *v/i* **1.** a) jagen, rennen, b) rutschen, gleiten, c) hüpfen, hopsen, springen. **2.** den Angelhaken an der Wasseroberfläche ˈhinziehen.
skit·tish [ˈskɪtɪʃ] *adj* (*adv* **~ly**) **1.** ungebärdig, scheu (*Pferd*). **2.** nerˈvös, ängstlich. **3.** a) lebhaft, wild, b) (kindisch) ausgelassen (*bes. Frau*), c) friˈvol, zügellos, d) sprunghaft, kapriziˈös.
skit·tle [ˈskɪtl] *bes. Br.* **I** *s* **1.** Kegel *m.* **2.** *pl* (*als sg konstruiert*) Kegeln *n*: **to play (at) ~s** kegeln, Kegel spielen; → **beer**[1] 1. **II** *interj colloq.* **3.** ,Quatsch!', Unsinn! **III** *v/t* **4. ~ out** (*Kricket*) *e-n Schläger od. e-e Mannschaft* (rasch) ,erledigen'. **IV** *v/i* **5.** kegeln, Kegel spielen. **~ al·ley** *s bes. Br.* Kegelbahn *f.*
skive[1] [skaɪv] **I** *v/t* **1.** *Leder, Fell* spalten, (ab)schaben, *Gummi* abschälen. **2.** *Edelstein* abschleifen. **II** *s* **3.** Diaˈmantenschleifscheibe *f.*
skive[2] [skaɪv] *Br. sl.* **I** *v/t* sich drücken vor (*Arbeit, Verantwortung etc*). **II** *v/i a.* **~ off** sich drücken.
skiv·er[1] [ˈskaɪvə(r)] *s* **1.** Lederspaltmesser *n.* **2.** Spaltleder *n.*
skiv·er[2] [ˈskaɪvə] *s Br. sl.* Drückeberger(in).
skiv·vy [ˈskɪvɪ] *s Br. oft contp.* Dienstmagd *f.*
sku·a [ˈskjuːə] *s orn.* (**great ~** Riesen-) Raubmöwe *f.*
skul·dug·ger·y [skʌlˈdʌgərɪ] *s colloq.* Gauneˈrei *f*, Schwindel *m.*
skulk [skʌlk] *v/i* **1.** lauern. **2.** (herˈum-) schleichen: **to ~ after s.o.** j-m nachschleichen. **3.** *fig.* sich drücken. **ˈskulk·er** *s* **1.** Schleicher(in). **2.** *fig.* Drückeberger(in).
skull [skʌl] *s* **1.** *anat.* Schädel(dach *n*) *m*, Hirnschale *f*: **fractured ~** *med.* Schädelbruch *m.* **2.** Totenschädel *m*: **~ and crossbones** a) Totenkopf *m* (*über zwei gekreuzten Knochen*) (*Gift-, Warnungszeichen*), b) *hist.* Totenkopf-, Piratenflagge *f.* **3.** *fig. oft contp.* Schädel *m* (*Ver-*

stand): to have a thick ~ ein Brett vor dem Kopf haben. ˈ**~cap** *s* **1.** Käppchen *n.* **2.** *anat.* Schädeldach *n*, -decke *f.* **3.** *bot.* Helmkraut *n.* **~ crack·er** *s Am. colloq. schwere Stahlkugel zum Abbruch von Gebäuden etc.* ˈ**~guard** *s* Schutzhelm *m.* ˈ**~pan** → **skullcap** 2.

skunk [skʌŋk] **I** *s* **1.** *zo.* Skunk *m*, Stinktier *n.* **2.** Skunk(s)pelz *m.* **3.** *colloq.* ‚(gemeiner) Hund', ‚Schwein' *n.* **II** *v/t* **4.** *Am. colloq.* a) schlagen, besiegen (*a. sport*), b) *sport Gegner* ausschalten. **5.** *Am. colloq. j-n* ‚bescheißen' (*betrügen*) (**out of** um). **~ bear** *Am. für* **wolverine** 1.

skunk·er·y [ˈskʌŋkərɪ] *s Am.* Skunk(s)-farm *f.*

sky [skaɪ] **I** *s* **1.** *oft pl* (*Wolken*)Himmel *m*: **in the ~** am Himmel; **out of a clear (blue) ~** *bes. fig.* aus heiterem Himmel. **2.** *oft pl* Himmel *m* (*a. fig.*), Himmelszelt *n*: **if the skies fall we shall catch larks** wenn der Himmel einstürzt, geht davon die Welt nicht unter; **under the open ~** unter freiem Himmel; **in the skies** *fig.* (wie) im Himmel; **to praise** (*od.* **extol, laud**) **to the skies** *fig.* ‚in den Himmel heben'; **the ~ is the limit** *colloq.* nach oben sind keine Grenzen gesetzt. **3.** a) Klima *n*, Witterung *f*, b) Himmelsstrich *m*, Gegend *f.* **4.** *aer. mil.* Luft(raum *m*) *f.* **5.** *colloq.* oberste Bilderreihe (*in e-r Gemäldeausstellung*). **II** *v/t* **6.** *den Ball etc* hoch in die Luft werfen *od.* schlagen. **7.** *ein Bild* (*in e-r Ausstellung*) (zu) hoch aufhängen. **~ ad·ver·tis·ing** *s econ.* Luftwerbung *f.* ˌ**~-ˈblue** *adj* himmelblau. ˈ**~ˌcoach** *s aer. Am.* Passaˈgierflugzeug *n* ohne Service. ˈ**~ˌdiv·er** *s sport* Fallschirmspringer(in). ˈ**~ˌdiv·ing** *s sport* Fallschirmspringen *n.*

Skye (ter·ri·er) [skaɪ] *s zo.* Skyeterrier *m.*

ˌ**sky|-ˈhigh** *adj u. adv* **1.** himmelhoch (*a. fig.*): **to blow ~** a) sprengen, b) *fig. e-e Theorie etc* über den Haufen werfen. **2.** *Am. colloq.* a) irrsinnig teuer, b) riesig: **~ sums.** ˈ**~ˌhook (bal·loon)** *s Am. colloq.* Balˈlonsonde *f.* ˈ**~jack I** *v/t Flugzeug* entführen. **II** *s* Flugzeugentführung *f.* ˈ**~jack·er** *s* Flugzeugentführer(in). ˈ**~ˌlab** *s Am.* ˈRaumlaˌbor *n.* ˈ**~lark I** *s orn.* Feldlerche *f.* **II** *v/i colloq.* a) herˈumtollen, b) ‚Blödsinn' treiben. ˈ**~light** *s* Oberlicht *n*, Dachfenster *n*, -luke *f.* ˈ**~like** *adj* **1.** himmelblau. **2.** wie der Himmel. ˈ**~line** *s* Horiˈzont(linie *f*) *m*, (*Stadt- etc*)Silhouˈette *f.* ˈ**~ˌlin·er** → **airliner.** ˈ**~man** [-mən] *s irr aer. sl.* Fallschirmjäger *m.* **~ mar·shal** *s Am. Bundespolizist, der zur Verhinderung von Flugzeugentführungen eingesetzt wird.* **~ par·lo(u)r** *s* Dachstube *f.* **~ pi·lot** *s sl.* ‚Schwarzrock' *m* (*Geistlicher*). ˈ**~ˌrock·et I** *s* **1.** *Feuerwerk:* Raˈkete *f.* **II** *v/i* **2.** *colloq.* in die Höhe schießen (*bes. Preise*), sprunghaft ansteigen (*Arbeitslosigkeit etc*): **to ~ to fame** mit ˈeinem Schlag berühmt werden. **III** *v/t* **3.** *colloq.* in die Höhe schießen lassen, sprunghaft ansteigen lassen: **to ~ s.o. to fame** j-n mit ˈeinem Schlag berühmt machen. **4.** *colloq. Preise etc* in die Höhe treiben, hochtreiben. ˈ**~sail** *s mar.* Skysegel *n.* ˈ**~scape** [-skeɪp] *s a. paint.* Wolkenlandschaft *f.* ˈ**~ˌscrap·er** *s* **1.** Wolkenkratzer *m.* **2.** *fig. humor.* (*etwas*) Riesiges. **3.** *mar.* Mondsegel *n.* ˈ**~ˌscrap·ing** *adj* himmelhoch (ansteigend). **~ shade** *s phot.* Gegenlichtblende *f.* **~ sign** *s econ.* ˈLeuchtreˌklame *f* (*auf Häusern etc*). **~surf·ing** *s* Drachenfliegen *n.* **~ train** *s aer.* Luftschleppzug *m.* **~ troops** *s pl aer. mil.* Luftlandetruppen *pl.* **~ truck** *s aer. Am.* Transˈportflugzeug *n.*

sky·ward [ˈskaɪwə(r)d] **I** *adv* himmelˈan, -wärts. **II** *adj* himmelwärts gerichtet. ˈ**sky·wards** → **skyward** I.

ˈ**sky|·way** *s bes. Am.* **1.** *aer.* Luftroute *f.* **2.** Hochstraße *f.* ˈ**~ˌwrit·er** *s* Himmelsschreiber *m.* ˈ**~ˌwrit·ing** *s* Himmelsschrift *f.*

slab[1] [slæb] **I** *s* **1.** (Meˈtall-, Stein-, Holz- *etc*)Platte *f*, Fliese *f*, Tafel *f*: **~ (of concrete)** Betonsockel *m*, -platte. **2.** *colloq. bes. Br.* a) Operatiˈonstisch *m*, b) Leichensockel *m*: **on the ~** im Leichenschauhaus. **3.** (dicke) Scheibe (*Brot, Fleisch etc*). **4.** *tech.* Schwarten-, Schalbrett *n.* **5.** *metall.* Bramme *f* (*Roheisenblock*). **6.** *Baseball: Am. sl.* Schlagmal *n.* **7.** (*westliche USA*) Beˈtonstraße *f.* **8.** *Am.* flaches, langgezogenes Gebäude. **II** *v/t* **9.** *tech.* a) *e-n Baumstamm* abschwarten, b) in Platten *od.* Bretter zersägen. **10.** mit Platten auslegen. **11.** *Am.* dick auftragen *od.* schmieren.

slab[2] [slæb] *adj Am. colloq.* a) kitschig, b) *fig.* dick aufgetragen.

slab·ber [ˈslæbə(r)] → **slobber.**

ˈ**slab·stone** *s* **1.** leichtspaltbares Gestein. **2.** *tech.* Steinfliese *f.*

slack[1] [slæk] **I** *adj* (*adv* **~ly**) **1.** schlaff, locker, lose (*a. fig.*): **~ rope** schlaffes Seil; **to keep a ~ rein** (*od.* **hand**) die Zügel locker lassen (*a. fig.*). **2.** a) flau: **a ~ breeze,** b) langsam, träge: **a ~ current.** **3.** *econ.* flau, lustlos: **~ season** Flaute *f*, stille Saison. **4.** *fig.* (nach)lässig, lasch, schlaff, träge: **to be ~ in one's duties** s-e Pflichten vernachlässigen; **~ pace** gemächliches Tempo; **~ performance** ‚schlappe' Leistung, ‚müde' Vorstellung. **5.** *ling.* locker: **~ vowel** offener Vokal. **II** *adv* **6.** (*in Zssgn*) leicht, ungenügend: **~-dried**; **~-baked** nicht durchgebacken. **III** *s* **7.** *bes. mar.* Lose *f*, loses (*Tau- etc*)Ende. **8.** Flaute *f* (*a. econ.*). **9.** *mar.* Stillwasser *n.* **10.** *colloq.* (Ruhe)Pause *f.* **11.** *pl* Freizeithose *f.* **12.** *tech.* Spiel *n*: **to take up the ~** Druckpunkt nehmen (beim Schießen). **13.** *tech.* Kabelzuschlag *m* (*Vorratslänge*). **14.** *metr.* unbetonte Silbe(n *pl*). **IV** *v/t* **15. ~ off** → **slacken** 1. **16.** *oft* **~ up** → **slacken** 2 *u.* 3. **17.** *tech. Kalk* löschen. **V** *v/i* **18.** → **slacken** 5. **19.** *meist* **~ off** a) nachlassen, b) *colloq.* trödeln, bummeln. **20. ~ up** langsamer werden *od.* fahren.

slack[2] [slæk] *s a.* **~ coal** *tech.* Kohlengrus *m.*

slack·en [ˈslækən] **I** *v/t* **1.** *Muskeln, Seil etc* lockern, locker machen, entspannen. **2.** lösen, *ein Segel* lose machen. **3.** verlangsamen, vermindern, herˈabsetzen: **to ~ one's pace** s-e Schritte verlangsamen; **to ~ one's efforts** in s-n Bemühungen nachlassen. **4.** nachlassen *od.* nachlässig werden in (*dat*). **II** *v/i* **5.** schlaff *od.* locker werden, sich lockern. **6.** nachlassen, (nach)lässig werden. **7.** *fig.* erlahmen. **8.** *econ.* stocken. **9.** langsamer werden.

ˈ**slack·er** *s* Trödler *m*, Bummeˈlant *m.*

slack| jaw *s* loser Mund, freche Reden *pl.* **~ lime** *s* Löschkalk *m.*

ˈ**slack·ness** *s* **1.** Schlaffheit *f*, Lockerheit *f.* **2.** Flaute *f*, Stille *f* (*des Winds od. fig.*). **3.** *econ.* Flaute *f*, Unlust *f*, (Geschäfts-)Stockung *f*: **~ of business.** **4.** *fig.* Schlaffheit *f*, (Nach)Lässigkeit *f*, Trägheit *f.* **5.** *tech.* Spiel *n*, toter Gang.

slack| suit *s Am.* Freizeit-, Hausanzug *m.* **~ wa·ter** *s mar.* Stillwasser *n.* **~ weath·er** *s* ‚müdes' Wetter.

slag [slæg] **I** *s* **1.** *tech.* Schlacke *f*: **~ concrete** Schlackenbeton *m*; **~ furnace, ~ hearth** Schlackenofen *m.* **2.** *geol.* (vulˈkanische) Schlacke. **3.** *Br. sl.* Schlampe *f.* **II** *v/t u. v/i* **4.** verschlacken. ˈ**slag·gy** *adj* schlackig.

slain [sleɪn] *pp von* **slay**[1].

slake [sleɪk] *v/t* **1.** *den Durst* löschen, stillen. **2.** *e-e Begierde etc* stillen, befriedigen. **3.** *tech. Kalk* löschen: **~d lime** Löschkalk *m.* ˈ**slake·less** *adj poet.* unstillbar.

sla·lom [ˈslɑːləm; ˈsleɪ-] *s sport* Slalom *m*, (*Skisport a.*) Torlauf *m.*

slam[1] [slæm] **I** *v/t* **1.** *a.* **~ to** *die Tür, den Deckel etc* zuschlagen, zuknallen: **to ~ the door in s.o.'s face** j-m die Tür vor der Nase zuschlagen; **to ~ the brakes on** → 8. **2.** *etwas auf den Tisch etc* knallen: **to ~ s.th. down** etwas hinknallen *od.* -schmettern. **3.** *j-n* (heftig) schlagen, hauen. **4.** *sport colloq. j-n* ‚überˈfahren' (*hoch schlagen*). **5.** *sl. j-n od. etwas* ‚herˈuntermachen', *j-n* ‚in die Pfanne hauen'. **II** *v/i* **6.** *a.* **~ to** zuschlagen (*Tür, Deckel*). **7.** knallen, krachen (**into** in *acc*, gegen). **8. to ~ on the brakes** *mot. colloq.* auf die Bremse steigen. **III** *s* **9.** Knall *m*, Krach *m.* **10.** scharfe Kriˈtik, ‚Verriß' *m.* **11.** → **slammer.** **IV** *interj* **12.** bum(s)!, peng!, zack!

slam[2] [slæm] *s Kartenspiel:* Schlemm *m*: **grand ~** (*Bridge*) Groß-Schlemm (*Gewinn von 13 Stichen*); **little ~, small ~** (*Bridge*) Klein-Schlemm (*12 von 13 Stichen*).

ˌ**slam|ˈbang** *Am. colloq.* **I** *s* **1.** Raˈdau *m*, Krach *m.* **II** *adj* **2.** krachend, laut. **3.** wuchtig, zackig. **4.** ‚bombig', ‚toll'. ˌ**~-ˈbang** *Am. colloq.* **I** *adv* **1.** krachend. **2.** ‚wild', wie verrückt. **II** *v/i* **3.** Raˈdau machen. **III** *v/t* **4.** verprügeln.

slam·mer [ˈslæmər] *s Am. sl.* ‚Knast' *m*: **he's sitting in the ~**; **to do time in the ~** Knast schieben.

slan·der [ˈslɑːndə; *Am.* ˈslændər] **I** *s* **1.** *jur.* (*mündliche*) Verleumdung, üble Nachrede. **2.** *allg.* Verleumdung *f*: **~ campaign.** **II** *v/t* **3.** *j-n* verleumden. **III** *v/i* **4.** Verleumdungen verbreiten. ˈ**slan·der·er** *s* Verleumder(in). ˈ**slan·der·ous** *adj* (*adv* **~ly**) verleumderisch.

slang [slæŋ] **I** *s* **1.** Slang *m*, Jarˈgon *m*, Sonder-, Berufssprache *f*: **artistic** (**racing, schoolboy**) **~** Künstler-(Renn-, Schüler)sprache *f*; **thieves' ~** Gaunersprache *f*, Rotwelsch *n.* **2.** Slang *m*, Jarˈgon *m*, saˈloppe ˈUmgangssprache. **II** *adj* **3.** Jargon..., Slang...: **~ expression.** **III** *v/t* **4.** *bes. Br. j-n* wüst beschimpfen: **~ing match** gegenseitige Beschimpfung; **they started a ~ing match** sie fingen an, sich Beschimpfungen an den Kopf zu werfen. ˈ**slang·ism** *s* Slangausdruck *m.* **slan·guage** [ˈslæŋgwɪdʒ] *s colloq.* saˈloppe Ausdrucksweise, (derber) Jarˈgon. ˈ**slang·y** *adj* slangartig, Slang..., Jargon...

slank [slæŋk] *obs. pret von* **slink.**

slant [slɑːnt; *Am.* slænt] **I** *s* **1.** Schräge *f*, schräge Fläche *od.* Richtung *od.* Linie: **on the ~, on a ~** schräg, schief. **2.** Abhang *m.* **3.** a) Tenˈdenz *f*, ‚Färbung' *f*, b) Einstellung *f*, Sicht *f*, Gesichtspunkt *m*: **you have a wrong ~ on the problem** du siehst das Problem ganz falsch. **4.** *Am. colloq.* (Seiten)Blick *m*: **to take a ~ at** e-n Seitenblick werfen auf (*acc*). **5.** *mar.* (leichte *od.* kurze) Brise. **II** *adj* (*adv* **~ly**) **6.** schräg, schief. **7.** *fig.* einseitig, beeinflußt. **III** *v/i* **8.** a) schräg *od.* schief liegen, b) sich neigen, kippen. **9.** *fig.* tenˈdieren (**towards** zu *etwas* hin). **IV** *v/t* **10.** schräg legen, kippen, (*dat*) e-e schräge Richtung geben: **~ed** schräg, schief. **11.** *e-e Nachricht etc* ‚färben', ‚friˈsieren', e-e Tenˈdenz geben (*dat*). ˈ**~-eye** *s bes. contp.* Schlitzauge *n* (*Asiate etc*). ˈ**~-eyed** *adj* schlitzäugig.

ˈ**slant·ing** *adj* (*adv* **~ly**) schräg, schief, geneigt.

ˈ**slant·ways,** ˈ**slant·wise** *adj u. adv* schräg, schief.

slap [slæp] **I** *s* **1.** Schlag *m*, Klaps *m*: **a ~**

in the face e-e Ohrfeige, ein Schlag ins Gesicht (*a. fig.*): **he got a ~ in the face when** es war für ihn ein Schlag ins Gesicht, als; **to give s.o. a ~ on the back** j-m (anerkennend) auf den Rücken klopfen; **to have a (bit of) ~ and tickle** *Br. colloq.* ‚fummeln'. **2.** *fig. colloq.* Versuch *m*: **at a ~** mit ˈeinem Schlag; **to have a ~ at** es mit *etwas* versuchen. **3.** *fig.* scharfer Tadel. **II** *v/t* **4.** schlagen, e-n Klaps geben (*dat*): **to ~ s.o. on the back** j-m (anerkennend) auf den Rücken klopfen; **to ~ s.o.'s face** j-n ohrfeigen. **5.** *etwas auf den Tisch etc* knallen, ‚schmeißen': **to ~ down** hinschmeißen; **to ~ s.o. into jail** j-n ins Gefängnis werfen; **to ~ butter on the bread** *colloq.* Butter aufs Brot klatschen; **to ~ on(to)** *colloq. e-n Zuschlag etc* ‚draufhauen' auf (*acc*). **6.** scharf tadeln. **III** *v/i* **7.** schlagen, klatschen (*a. Regen etc*). **IV** *adv* **8.** *colloq.* genau, diˈrekt: **I ran ~ into him.** ˌ**~-ˈbang** *colloq.* **I** *adv* **1.** genau, diˈrekt: **~ in the middle. 2.** Knall u. Fall. **II** *adj* **3.** ‚zackig', ungestüm. ˈ**~-dash I** *adv* **1.** blindlings, Hals über Kopf. **2.** ‚auf die Schnelle', schlampig. **3.** aufs Geratewohl. **II** *adj* **4.** hastig, ungestüm. **5.** schlampig, schlud(e)rig: **~ work. III** *s* **6.** Schlampeˈrei *f*. ˈ**~ˌhap·py** *adj colloq.* **1.** → **punch-drunk. 2.** ausgelassen, ˈübermütig. **3.** verrückt. ˈ**~·jack** *s* **1.** *Am.* Pfannkuchen *m*. **2.** *Kartenspiel für Kinder.*

slap·ping [ˈslæpɪŋ] *adj Am. colloq.* **1.** schnell. **2.** riesig. **3.** ‚toll', ‚prima'.

ˈ**slap|·shot** *s Eishockey*: Schlagschuß *m*. ˈ**~·stick I** *s* **1.** (Narren)Pritsche *f*. **2.** *thea. etc* a) Slapstick *m*, Klaˈmauk *m*, b) ˈSlapstickkoˌmödie *f*. **II** *adj* **3.** *thea. etc* Slapstick..., Klamauk...: **~ comedy** → 2 b; **~ humo(u)r** → 2 a. ˈ**~-up** *adj bes. Br. colloq.* ‚toll' (*Essen*), (*Lokal etc a.*) ‚piekfein', ‚todschick'.

slash [slæʃ] **I** *v/t* **1.** (auf)schlitzen, aufreißen. **2.** *ein Kleid etc* schlitzen: **~ed sleeve** Schlitzärmel *m*. **3.** zerhauen, zerfetzen. **4.** a) peitschen, b) *die Peitsche* knallen lassen. **5.** *e-n Ball etc* ‚dreschen'. **6.** reißen, zerren. **7.** *fig.* a) stark *od.* drastisch kürzen, zs.-streichen: **to ~ appropriations,** b) drastisch herˈabsetzen: **to ~ prices. 8.** *fig. bes. Am. Mißstände etc* geißeln, scharf kritiˈsieren. **II** *v/i* **9.** hauen (**at** nach): **to ~ at** a) losschlagen gegen, attackieren, b) → 8; **to ~ out** um sich hauen (*a. fig.*). **10.** peitschen (*a. fig. Regen, Wind*). **III** *s* **11.** Hieb *m*, Streich *m*. **12.** Schnitt(wunde *f*) *m*, klaffende Wunde. **13.** Schlitz *m* (*a. Kleidermode*). **14.** Holzschlag *m*. **15.** *oft pl Am.* (verstrüpptes) Sumpfgelände. **16.** *fig.* a) drastische Kürzung, b) drastischer Preisnachlaß: **~ price** stark herabgesetzter Preis. **17.** Schrägstrich *m*. **18.** *Br. vulg.* ‚Schiffen' *n* (*Urinieren*): **to have a ~** schiffen; **to go for a ~** schiffen gehen. ˈ**slash·ing I** *s* **1.** (Auf)Schlitzen *n*. **2.** (Drein)Hauen *n*. **3.** *mil.* Verhau *m*. **II** *adj* **4.** schlitzend, schneidend: **~ weapon** Hiebwaffe *f*. **5.** *fig.* vernichtend, beißend, scharf: **~ criticism. 6.** *colloq.* a) prächtig, ‚prima', b) gewaltig, ‚Mords...'

slat¹ [slæt] **I** *v/t u. v/i* klatschen, knallen, heftig schlagen. **II** *s* ‚Patsch' *m*, heftiger Schlag.

slat² [slæt] *s* **1.** Leiste *f*, (*a.* Jalouˈsie)Stab *m*. **2.** *pl sl.* a) Rippen *pl*, b) ‚Arschbacken' *pl*.

slate¹ [sleɪt] **I** *s* **1.** *geol.* Schiefer *m*. **2.** (Dach)Schiefer *m*, Schieferplatte *f*: **~ roof** Schieferdach *n*; **he has a ~ loose** *bes. Br. colloq.* ‚er hat e-n leichten Dachschaden'. **3.** Schiefertafel *f* (*zum Schreiben*): **to have a clean ~** *fig.* e-e weiße Weste haben; **to clean the ~** *fig.* reinen Tisch machen; **on the ~** *sl.* ‚auf Pump'; → **wipe** 7. **4.** *Film*: Klappe *f*. **5.** *pol. etc Am.* Kandiˈdatenliste *f*. **6.** Schiefergrau *n* (*Farbe*). **II** *v/t* **7.** *das Dach* mit Schiefer decken. **8.** a) *Kandidaten etc* (vorläufig) aufstellen *od.* nomiˈnieren, b) *j-n od. etwas* vorsehen für: **to be ~d for** für *e-n Posten etc* vorgesehen sein. **9.** *Am.* (*zeitlich*) fest-, ansetzen: **elections ~d for July. 10.** *tech. Felle* enthaaren. **III** *adj* **11.** schieferartig, -farbig, Schiefer...: **~ roof** Schieferdach *n*.

slate² [sleɪt] *v/t sl.* **1.** ‚vermöbeln', verprügeln. **2.** *fig. bes. Br.* a) *Theaterstück etc* ‚verreißen', b) *j-m* e-e Standpauke halten.

slate|·blue *s* Schieferblau *n*. **~·clay** *s min.* Schieferton *m*. **~ club** *s Br.* Sparverein *m*. **~ gray,** *bes. Br.* **~ grey** *s* Schiefergrau *n*. **~·pen·cil** *s* Griffel *m*. **~·quar·ry** *s* Schieferbruch *m*.

slat·er [ˈsleɪtə(r)] *s* **1.** Schieferdecker *m*. **2.** *zo.* (Keller)Assel *f*.

slath·er [ˈslæðə(r)] *bes. Am. colloq.* **I** *v/t* **1.** a) dick schmieren *od.* auftragen (**on** auf *acc*), b) dick beschmieren (**with** mit). **2.** verschwenden. **II** *s* **3.** *meist pl* (*e-e*) große Menge.

slat·ing¹ [ˈsleɪtɪŋ] *s arch.* **1.** Schieferdecken *n*. **2.** Schieferbedachung *f*.

slat·ing² [ˈsleɪtɪŋ] *s bes. Br. sl.* **1.** ‚Verriß' *m*: **to give s.th. a ~** etwas ‚verreißen'. **2.** Standpauke *f*: **to give s.o. a ~** j-m e-e Standpauke halten.

slat·ted [ˈslætɪd] *adj* mit Leisten *od.* Latten (versehen), Latten...

slat·tern [ˈslætɜːn; *bes. Am.* -tə(r)n] *s* **1.** Schlampe *f*. **2.** *Am.* ‚Nutte' *f*, Hure *f*. ˈ**slat·tern·li·ness** [-lɪnɪs] *s* Schlampigkeit *f*. ˈ**slat·tern·ly** *adj u. adv* schlampig, schmudd(e)lig.

slat·y [ˈsleɪtɪ] *adj* **1.** schief(e)rig. **2.** schieferfarben.

slaugh·ter [ˈslɔːtə(r)] **I** *s* **1.** Schlachten *n*. **2.** *fig.* a) Abschlachten *n*, Niedermetzeln *n*, b) Gemetzel *n*, Blutbad *n*: → **innocent** 6. **3.** *sport colloq.* vernichtende Niederlage. **II** *v/t* **4.** *Vieh* schlachten. **5.** *fig.* abschlachten, niedermetzeln. **6.** *sport colloq.* ‚auseinˈandernehmen'. **7.** *econ. Am.* verschleudern. ˈ**slaugh·ter·er** *s* Schlächter *m*.

ˈ**slaugh·ter|·house** *s* **1.** Schlachthaus *n*, -hof *m*. **2.** *fig.* Schlachtbank *f*. ˈ**~·man** [-mæn] *s irr* Schlachter *m*.

ˈ**slaugh·ter·ous** *adj* (*adv* **~ly**) mörderisch, verheerend.

Slav [slɑːv; *Am. a.* slæv] **I** *s* Slawe *m*, Slawin *f*. **II** *adj* slawisch, Slawen...

slave [sleɪv] **I** *s* **1.** Sklave *m*, Sklavin *f*: **to make ~s of** zu Sklaven machen. **2.** *fig.* Sklave *m*, Arbeitstier *n*, Kuli *m*: **to work like a ~** → 6. **3.** *fig.* Sklave *m*, Kreaˈtur *f*, Knecht *m*. **4.** *fig.* Sklave *m* (**to, of** *gen*): **a ~ to one's passions**; **a ~ to drink (television)** alkohol-(fernseh)süchtig. **5.** *tech.* a) ˈNebenaggreˌgat *n*, b) Fernbedienungsgerät *n* (*für Arbeiten mit radioaktivem Material*). **II** *v/i* **6.** schuften, wie ein Kuli arbeiten: **to ~ away at s.th.** sich mit etwas abplagen; **to ~ away over a hot stove** ständig am Herd stehen. ˈ**~-born** *adj* als Sklave geboren, unfrei. **~ clock** *s tech.* Nebenuhr *f*. **~ driv·er** *s* **1.** Sklavenaufseher *m*. **2.** *fig.* Sklaventreiber *m*, Leuteschinder *m*. ˈ**~ˌhold·er** *s* Sklavenhalter *m*. **~ la·bo(u)r** *s* **1.** Sklavenarbeit *f*. **2.** *pol.* Zwangsarbeit *f*. **~ mar·ket** *s* Sklavenmarkt *m*.

slav·er¹ [ˈsleɪvə(r)] *s* **1.** Sklavenschiff *n*. **2.** Sklavenhändler *m*.

slav·er² [ˈslævə(r); ˈsleɪ-] **I** *v/i* **1.** geifern, sabbern, sabbeln. **2.** *fig.* katzbuckeln (**before** vor *dat*). **3.** *fig.* lechzen (**for, after** nach). **II** *v/t* **4.** *obs.* begeifern, besabbeln, besabbern. **III** *s* **5.** Geifer *m*.

slav·er·er [ˈslævərə(r); ˈsleɪ-] *s* Geiferer *m*.

slav·er·y [ˈsleɪvərɪ] *s* **1.** Sklaveˈrei *f* (*a. fig.*): **~ to** *fig.* sklavische Abhängigkeit von. **2.** Sklavenarbeit *f*, *fig.* Plackeˈrei *f*.

slave|·ship *s* Sklavenschiff *n*. **S~ States** *s pl hist.* Sklavenstaaten *pl* (*USA*). **~ sta·tion** *s Radio*: Nebenstelle *f*, -sender *m*. **~ trade** *s* Sklavenhandel *m*. **~ trad·er** *s* Sklavenhändler *m*.

slav·ey [ˈsleɪvɪ] *s bes. Br. colloq.* ‚dienstbarer Geist'.

Slav·ic [ˈslɑːvɪk; ˈslæv-] **I** *adj* slawisch. **II** *s ling.* Slawisch *n*, das Slawische.

slav·ish [ˈsleɪvɪʃ] *adj* (*adv* **~ly**) **1.** sklavisch, Sklaven... **2.** *fig.* knechtisch, kriecherisch, unterˈwürfig. **3.** *fig.* sklavisch: **~ imitation.** ˈ**slav·ish·ness** *s* (*das*) Sklavische, sklavische Gesinnung.

Slav·ism [ˈslɑːvɪzəm; *Am. a.* ˈslæv-] *s* Slawentum *n*. ˈ**Slav·ist** *s* Slaˈwist(in).

Sla·vo·ni·an [sləˈvəʊnjən; -ɪən] **I** *adj* **1.** slaˈwonisch. **2.** slawisch. **II** *s* **3.** Slaˈwone *m*, Slaˈwonin *f*. **4.** Slawe *m*, Slawin *f*. **5.** → **Slavic** II. **Slaˈvon·ic** [-ˈvɒnɪk; *Am.* -ˈvɑn-] **I** *adj* → **Slavonian** I. **II** *s* → **Slavic** II. **Slav·o·phile** [ˈslɑːvəʊfaɪl; -fɪl; ˈslævə-], *a.* ˈ**Slav·o·phil** [-fɪl] **I** *adj* slawoˈphil, slawenfreundlich. **II** *s* Slawoˈphile *m*, Slawenfreund(in).

slaw [slɔː] *s bes. Am.* ˈKrautsaˌlat *m*.

slay¹ [sleɪ] *pret* **slew** [sluː] *pp* **slain** [sleɪn] *oft poet.* **I** *v/t* töten, erschlagen, ermorden. **II** *v/i* morden.

slay² → sley.

ˈ**slay·er** *s oft poet.* Mörder(in).

sleave [sliːv] **I** *v/t* **1.** *tech.* Garn, *bes. Seide* fachen. **II** *s* **2.** Faser *f*, Strähne *f*. **3.** *Weberei*: Flockseide *f*.

slea·zy [ˈsliːzɪ] *adj* **1.** dünn (*a. fig.*): **~ cloth**; **a ~ story. 2.** → **shabby.**

sled [sled] → **sledge¹**. ˈ**sled·ding** *s bes. Am.* ˈSchlittenfahren *n*, -transˌport *m*: **hard (smooth) ~** *fig.* schweres (glattes) Vorankommen.

sledge¹ [sledʒ] **I** *s* **1.** a) Schlitten *m* (*a. tech.*), b) (Rodel)Schlitten *m*. **2.** *bes. Br.* (leichterer) Pferdeschlitten. **II** *v/t* **3.** mit e-m Schlitten befördern *od.* fahren. **III** *v/i* **4.** Schlitten fahren, rodeln.

sledge² [sledʒ] *s tech.* **1.** Vorschlag-, Schmiedehammer *m*. **2.** schweres Treibfäustel. **3.** *Bergbau*: Schlägel *m*.

ˈ**sledge|ˌham·mer I** *s* → **sledge²** 1. **II** *adj fig.* a) Holzhammer...: **~ methods,** b) wuchtig, vernichtend: **~ blow.**

sleek [sliːk] **I** *adj* (*adv* **~ly**) **1.** glatt, glänzend: **~ hair. 2.** geschmeidig, glatt (*Körper etc*; *a. fig. Wesen*). **3.** *fig. contp.* aalglatt, ölig. **4.** a) gepflegt, eleˈgant, schick: **a ~ young man,** b) schnittig: **a ~ car. II** *v/t* **5.** *a. tech.* glätten. **6.** *Haar* glatt kämmen *od.* bürsten. **7.** *Leder* schlichten. ˈ**sleek·ness** *s* Glätte *f*, Geschmeidigkeit *f* (*a. fig.*). ˈ**sleek·y** → **sleek** I.

sleep [sliːp] **I** *v/i pret u. pp* **slept** [slept] **1.** schlafen: **to ~ like a dormouse** (*od.* **log** *od.* **top**) schlafen wie ein Murmeltier; **the bed had not been slept in** das Bett war unberührt; **to ~ on** (*od.* **upon** *od.* **over**) **a question** ein Problem überschlafen; **to ~ in** a) verschlafen, b) länger schlafen (→ 2); **to ~ out** im Freien schlafen (→ 2); **to ~ through** *Gewitter etc* verschlafen; **I slept through the alarm clock** ich habe den Wecker nicht gehört. **2.** schlafen, nächtigen, überˈnachten: **to ~ in (out)** im Haus (außer Haus) schlafen (*Personal*). **3.** (**with**) schlafen (mit) (*Geschlechtsverkehr haben*): **to ~ together** miteinander schlafen; **to ~ around** *colloq.* mit vielen Männern ins Bett gehen. **4.** *fig.* schlafen, ruhen (*Dorf, Fähigkeiten, Streit, Toter etc*): **their hatred never slept** ihr Haß kam nie zur Ruhe. **5.** stehen (*Kreisel*).

II *v/t* **6.** schlafen: **to ~ the ~ of the just** den Schlaf des Gerechten schlafen. **7. ~ away, ~ out** *Zeit* verschlafen. **8. ~ off** aus-, verschlafen; **to ~ off one's headache**; **to ~ off one's lunch** e-n Verdauungsschlaf halten; **to ~ it off** *colloq.* s-n Rausch ausschlafen. **9.** Schlafgelegenheit bieten *od.* Betten haben für, *j-n* zum Schlafen ˈunterbringen: **we can ~ 10 people.**

III *s* **10.** Schlaf *m*, Ruhe *f* (*beide a. fig.*): **full of ~** schläfrig, verschlafen; **in one's ~** im Schlaf; **the last** (*od.* **big, long**) **~** *fig.* der ewige Schlaf; **to get some ~** ein wenig schlafen; **to go to ~** a) *a.* **to get to ~** einschlafen, b) schlafen gehen; **to have one's ~ out** ausschlafen; **to lose ~ over s.th.** von etwas um den Schlaf gebracht werden; **to put to ~** a) einschläfern (*a. betäuben etc*), b) *euphem. Tier* einschläfern, c) *Boxen*: *Gegner* ins Reich der Träume schicken; → **broken** 4. **11.** *zo.* Winterschlaf *m.* **12.** *bot.* Schlafbewegung *f.*

ˈsleep·er *s* **1.** Schläfer(in), Schlafende(r *m*) *f*: **to be a light** (**heavy** *od.* **sound**) **~** e-n leichten (festen) Schlaf haben. **2.** *zo.* (Winter-, Sommer)Schläfer *m.* **3.** *rail.* a) Schlafwagen *m*, b) *Br.* Schwelle *f.* **4.** *mot. Am.* Lastkraftwagen *m* mit Schlafkoje. **5.** *Am.* a) (*bes.* ˈKinder)Pyˌjama *m*, b) Schlafsack *m* (*für Babys*). **6.** *Am. colloq.* überˈraschender Erfolg *od.* Gewinner. **7.** *econ. Am. colloq.* Ladenhüter *m.*

ˈsleep-in *s* Sleep-ˈin *n*, ˈSchlafdemon[stratiˌon *f.*]

sleep·i·ness [ˈsliːpɪnɪs] *s* **1.** Schläfrigkeit *f.* **2.** Verschlafenheit *f* (*a. fig.*).

ˈsleep·ing *adj* **1.** schlafend. **2.** Schlaf…: **~ accommodation** Schlafgelegenheit *f*; **~ hour** Schlafenszeit *f.* **~ bag** *s* Schlafsack *m.* **S~ Beau·ty** *s* Dornˈrös-chen *n.* **~ car** *s rail.* Schlafwagen *m.* **~ draught** *s med.* Schlaftrunk *m.* **~ pill** → **sleeping tablet.** **~ po·lice·man** *s irr mot. Br.* Rüttelschwelle *f.* **~ sick·ness** *s med.* Schlafkrankheit *f.* **~ suit** → **sleeper** 5 a. **~ tab·let** *s med. pharm.* ˈSchlaftaˌblette *f.*

sleep learn·ing *s* ˈSchlaflernmeˌthode *f.*

ˈsleep·less *adj* (*adv* **~ly**) **1.** schlaflos. **2.** *fig.* rastlos, ruhelos. **3.** *fig.* wachsam. **ˈsleep·less·ness** *s* **1.** Schlaflosigkeit *f.* **2.** *fig.* Rast-, Ruhelosigkeit *f.* **3.** *fig.* Wachsamkeit *f.*

ˈsleep|·walk *v/i* schlaf-, nachtwandeln. **ˈ~ˌwalk·er** *s* Schlaf-, Nachtwandler(in). **ˈ~ˌwalk·ing I** *s* **1.** Schlaf-, Nachtwandeln *n.* **II** *adj* **2.** schlaf-, nachtwandelnd. **3.** schlaf-, nachtwandlerisch. **ˈ~wear** *s* Nachtwäsche *f.*

ˈsleep·y *adj* (*adv* **sleepily**) **1.** schläfrig, müde. **2.** schläfrig, verschlafen, schlafmützig, träge. **3.** verschlafen, verträumt: **a ~ little village.** **4.** einschläfernd: **a ~ tune.** **5.** teigig, ˈüberreif: **a ~ pear.** **ˈ~head** *s fig.* Schlafmütze *f.*

sleet [sliːt] **I** *s* **1.** Graupel(n *pl*) *f*, Schloße(n *pl*) *f.* **2.** *meteor.* a) *Br.* Schneeregen *m*, b) *Am.* Graupelschauer *m.* **3.** *bes. Am.* ˈEisˌüberzug *m* (*auf Bäumen etc*). **II** *v/impers* **4.** graupeln. **ˈsleet·y** *adj* graupelig, Graupel…

sleeve [sliːv] **I** *s* **1.** Ärmel *m*: **to have s.th. up** (*od.* **in**) **one's ~** a) etwas bereit *od.* auf Lager *od.* in petto haben: → **ace** 1, **card¹** 1 a, b) etwas im Schilde führen; **to laugh in one's ~** sich ins Fäustchen lachen; **to roll up one's ~s** die Ärmel hoch- *od.* aufkrempeln (*a. fig.*). **2.** *tech.* Muffe *f*, Hülse *f*, Buchse *f*, Manˈschette *f*: **~ joint** Muffenverbindung *f.* **3.** (Schutz-)Hülle *f.* **II** *v/t* **4.** mit Ärmeln, Muffen *etc* versehen. **sleeved** *adj* **1.** mit Ärmeln. **2.** (*in Zssgn*) …ärmelig: **long-~.** **ˈsleeve·less** *adj* ärmellos.

sleeve| link *s* Manˈschettenknopf *m.* **~ tar·get** *s mil.* Schleppsack *m* (*Übungsziel*). **~ valve** *s tech.* ˈMuffenvenˌtil *n.*

sleigh [sleɪ] **I** *s* **1.** (Pferde- *od.* Last-)Schlitten *m.* **2.** *mil.* ˈSchlittenlaˌfette *f.* **II** *v/i* **3.** (im) Schlitten fahren. **~ bell** *s* Schlittenschelle *f.*

sleight [slaɪt] *s* **1.** Geschicklichkeit *f.* **2.** Kunstgriff *m*, Trick *m*, List *f.* **~ of hand** *s* **1.** (Taschenspieler)Kunststück *n*, (-)Trick *m* (*a. fig.*). **2.** (Finger)Fertigkeit *f.*

slen·der [ˈslendə(r)] *adj* (*adv* **~ly**) **1.** schlank: **a ~ girl.** **2.** schmal, dünn, schmächtig: **a ~ boy** (**figure, tree**). **3.** *fig.* schmal, dürftig: **a ~ income.** **4.** *fig.* gering, schwach: **a ~ hope.** **5.** mager, karg: **~ diet.** **ˈslen·der·ize** [-raɪz] *v/t u. v/i bes. Am.* schlank(er) machen (werden). **ˈslen·der·ness** *s* **1.** Schlankheit *f.* **2.** Schmalheit *f*, Schmächtigkeit *f.* **3.** *fig.* Dürftigkeit *f.* **4.** Kargheit *f* (*des Essens*).

slept [slept] *pret u. pp von* **sleep.**

sleuth [sluːθ] **I** *s a.* **~hound** Spürhund *m* (*a. fig. Detektiv*). **II** *v/i* (herˈum)schnüffeln (*Detektiv*). **III** *v/t j-s* Spur verfolgen.

slew¹ [sluː] *pret von* **slay¹.**

slew² [sluː] *s Am. od. Canad.* Sumpf(land *n*, -stelle *f*) *m.*

slew³ → **slue¹.**

slew⁴ [sluː] *s Am. colloq.* (*große*) Menge, Haufe(n) *m*: **a ~ of people.**

sley [sleɪ] *s tech.* Weberkamm *m.*

slice [slaɪs] **I** *s* **1.** Scheibe *f*, Schnitte *f*, Stück *n*: **a ~ of bread.** **2.** *fig.* Stück *n* (*Land etc*), (An)Teil *m*: **a ~ of the profits** ein Anteil am Gewinn; **a ~ of luck** e-e Portion Glück. **3.** *fig.* Aus-, Querschnitt *m.* **4.** (*bes.* Fisch)Heber *m*, Schaufel *f.* **5.** *tech.* Spachtel *m, f*, Spatel *m, f.* **6.** *Golf, Tennis*: Slice *m* (*Schlag u. Ball*). **II** *v/t* **7.** *a.* **~ up** in Scheiben schneiden, aufschneiden: **to ~ off** *ein Stück* abschneiden (**from** von). **8.** (*fig. a. die Luft, die Wellen*) durchˈschneiden. **9.** *fig.* aufteilen. **10.** *bes. tech.* spachteln. **11.** *Golf, Tennis*: *den Ball* slicen. **III** *v/i* **12.** Scheiben, Stücke *etc* schneiden. **13.** *Golf, Tennis*: slicen, e-n Slice schlagen *od.* spielen. **~ bar** *s* Schüreisen *n.*

slic·er [ˈslaɪsə(r)] *s* (*Brot-, Gemüse- etc*) ˈSchneidemaˌschine *f*, (*Gurken-, Krautetc*)Hobel *m.*

slick [slɪk] **I** *adj* (*adv* **~ly**) **1.** glatt, glitschig. **2.** *bes. Am.* Hochglanz…, glänzend: **~ paper** → 13. **3.** *colloq.* a) geschickt, raffiˈniert (*Person u. Sache*), gekonnt, ‚schick' (*Sache*), b) (aal)glatt (*Person*), c) flott, ‚prima': **a ~ play.** **4.** *sl.* ‚schick', ‚süß': **a ~ girl.** **II** *adv* **5.** geschickt. **6.** flugs, ‚wie geschmiert'. **7.** *colloq.* diˈrekt, genau: **~ in the eye.** **III** *v/t* **8.** *das Haar* glätten, ‚anklatschen'. **9.** glätten. **10.** *a.* **~ up** *colloq.* ‚auf Hochglanz bringen'. **IV** *s* **11.** glatte *od.* glänzende (Ober)Fläche. **12.** Ölfleck *m*, Ölfläche *f* (*auf dem Wasser*). **13.** *Am. colloq.* ˈHochglanzmagaˌzin *n.* **14.** *Automobilrennsport*: Slick *m* (*Trockenreifen*). **15.** → **slicker** 2 a.

slick·er [ˈslɪkər] *s Am.* **1.** Regenmantel *m.* **2.** *colloq.* a) Schwindler(in), raffiˈnierter Kerl, b) ‚feiner Großstadtpinkel'.

slid [slɪd] *pret u. pp von* **slide.**

slid·a·ble [ˈslaɪdəbl] *adj* verschiebbar.

slid·den [ˈslɪdn] *obs. pp von* **slide.**

slide [slaɪd] **I** *v/i pret* **slid** [slɪd] *pp* **slid,** *obs.* **slid·den** [ˈslɪdn] **1.** gleiten (*a. Riegel etc*), rutschen: **to ~ down** a) herunter- *od.* hinunterrutschen, -gleiten, b) *sport* (*in der Tabelle*) abrutschen; **to ~ from** entgleiten (*dat*); **to ~ out** heraus- *od.* hinausgleiten, -rutschen; **to let things ~** *fig.* die Dinge laufen lassen. **2.** (aus)gleiten, (-)rutschen. **3.** (*auf Eis*) schlittern. **4.** gleiten, schlüpfen: **to ~ into the room.** **5. ~ over** *fig.* leicht über *ein Thema etc* hinˈweggehen. **6. ~ into** *fig.* in *etwas* ‚hinˈeinschlittern'. **II** *v/t* **7.** gleiten lassen, schieben: **to ~ one's hand into one's pocket.** **8. ~ in** *fig. ein Wort* einfließen lassen. **9.** *mus.* hinˈüberziehen. **III** *s* **10.** Rutschen *n*, Gleiten *n.* **11.** Schlittern *n* (*auf Eis*). **12.** a) Schlitterbahn *f*, b) Rodelbahn *f*, c) (*a.* Wasser-)Rutschbahn *f.* **13.** Erd-, Fels-, Schneerutsch *m.* **14.** *bes. tech.* Rutsche *f*, Gleitfläche *f.* **15.** *tech.* a) Schieber *m*, b) Schlitten *m* (*e-r Drehbank etc*), c) Führung *f*, d) → **slideway.** **16.** Obˈjektträger *m* (*am Mikroskop*). **17.** Schieber *m* (*e-s Rechenschiebers*). **18.** *phot.* Dia(posiˈtiv) *n*: **~ lecture** Lichtbildervortrag *m*; **~ projector** Diaprojektor *m.* **19.** *mil.* Viˈsierschieber *m.* **20.** *mus.* a) Schleifer *m* (*Verzierung*), b) Hinˈüberziehen *n* (*zwischen Tönen*), c) Zug *m* (*der Posaune etc*). **21.** (*bes. Haar- od. Gürtel*)Spange *f.*

slide·a·ble → **slidable.**

slide| bar *s tech.* Gleitschiene *f.* **~ cal·i·per** *s tech.* Schieb-, Schublehre *f.* **~ con·trol** *s tech.* Gleit-, Schieberregler *m.* **~ fas·ten·er** *s bes. Am.* Reißverschluß *m.*

slid·er [ˈslaɪdə(r)] *s* **1.** *tech.* Schieber *m*, Gleitstück *n.* **2.** *electr.* Schleifer *m.*

slide| rest *s tech.* Supˈport *m.* **~ rod** *s tech.* Führungsstange *f.* **~ rule** *s tech.* Rechenschieber *m*, -stab *m.* **~ trom·bone** *s mus.* ˈZugpoˌsaune *f.* **~ valve** *s tech.* ˈSchieber(venˌtil *n*) *m.* **ˈ~way** *s tech.* **1.** Gleit-, Schiebebahn *f.* **2.** Geradführungsstück *n.* **~ wire** *s electr.* Schleifdraht *m.*

slid·ing [ˈslaɪdɪŋ] *adj* (*adv* **~ly**) **1.** rutschend, gleitend. **2.** Schiebe…: **~ door**; **~ weight** Laufgewicht *n* (*e-r Waage*). **~ bear·ing** *s tech.* Gleitlager *n.* **~ bow** [bəʊ] *s electr.* Schleifbügel *m.* **~ cal·i·per** → **slide caliper.** **~ fit** *s tech.* Gleitsitz *m.* **~ gear** *s tech.* Schieberad *n*, Schub(rad)getriebe *n.* **~ mi·cro·tome** *s biol. med.* ˈSchlittenmikroˌtom *n.* **~ roof** *s mot. etc* Schiebedach *n.* **~ rule** → **slide rule.** **~ scale** *s econ.* **1.** gleitende (Lohn- *od.* Preis)Skala. **2.** ˈStaffeltaˌrif *m.* **ˈ~-scale tar·iff** *s econ.* Gleitzoll *m.* **~ seat** *s Rudern*: Gleit-, Rollsitz *m.* **~ ta·ble** *s* **1.** Ausziehtisch *m.* **2.** *tech.* Tischschlitten *m.* **~ time** *s econ. Am.* Gleitzeit *f.*

sli·er [ˈslaɪə(r)] *comp von* **sly.**

sli·est [ˈslaɪɪst] *sup von* **sly.**

slight [slaɪt] **I** *adj* (*adv* → **slightly**) **1.** leicht, gering(fügig): **the ~est hesitation** ein kaum merkliches Zögern; **the ~est irritation** ein Anflug von Ärger; **not the ~est** nicht im geringsten. **2.** schmächtig, dünn. **3.** schwach (*Gerüst etc*). **4.** leicht, schwach (*Geruch etc*). **5.** gering (*Intelligenz etc*). **6.** flüchtig, oberflächlich (*Bekanntschaft*). **II** *v/t* **7.** *j-n* beleidigen, kränken. **8.** *etwas* ‚auf die leichte Schulter nehmen'. **9.** *e-e Arbeit etc* (nach)lässig erledigen. **III** *s* **10.** Beleidigung *f*, Kränkung *f.* **ˈslight·ing** *adj* (*adv* **~ly**) **1.** beleidigend, kränkend. **2.** abschätzig. **ˈslight·ly** *adv* leicht, schwach, etwas, ein bißchen: **to know s.o. only ~** j-n nur flüchtig *od.* oberflächlich kennen. **ˈslight·ness** *s* **1.** Geringfügigkeit *f.* **2.** Schmächtigkeit *f.* **3.** Schwäche *f.*

sli·ly → **slyly.**

slim [slɪm] **I** *adj* (*adv* **~ly**) **1.** schlank, dünn. **2.** *fig.* gering, dürftig, schwach: **a ~ chance.** **3.** schlau, ‚gerieben'. **II** *v/t* **4.** schlank(er) machen: **to ~ down** *econ.* gesundschrumpfen. **III** *v/i* **5.** schlank(er) werden: **to ~ down** *econ.* sich gesundschrumpfen. **6.** e-e Schlankheits-

kur machen. ˈ~**down** *s econ.* Gesundschrumpfung *f*, ‚Schlankheitskur' *f*.
slime [slaɪm] **I** *s* **1.** Schlamm *m*. **2.** *bes. bot. zo.* Schleim *m*. **3.** *fig.* Schmutz *m*. **II** *v/t* **4.** mit Schlamm *od.* Schleim überˈziehen *od.* bedecken.
slim·i·ness [ˈslaɪmɪnɪs] *s* **1.** *bes. bot. zo.* Schleimigkeit *f*, (*das*) Schleimige. **2.** Schlammigkeit *f*.
ˈ**slim·line** *v/t u. v/i econ.* (sich) gesundschrumpfen.
slim·ming [ˈslɪmɪŋ] **I** *s* **1.** Schlankwerden *n*, Abnehmen *n*. **2.** Schlankheitskur *f*. **II** *adj* **3.** Schlankheits...: ~ **cure**; ~ **diet**.
slim·nas·tics [slɪmˈnæstɪks] *s pl* ˈSchlankheitsgymˌnastik *f*.
slim·ness *s* **1.** Schlankheit *f*. **2.** *fig.* Dürftigkeit *f*. ˈ**slim·sy** [-ziː], *a.* ˈ**slimp·sy** [-psiː] *adj Am. colloq.* dünn, schwach.
slim·y [ˈslaɪmɪ] *adj* (*adv* **slimily**) **1.** *bes. bot. zo.* schleimig. **2.** glitschig. **3.** schlammig. **4.** ekelhaft. **5.** *bes. Br. fig.* a) schmierig, schmutzig, b) kriecherisch, ‚schleimig'.
sling[1] [slɪŋ] **I** *s* **1.** (Stein)Schleuder *f*. **2.** → **slingshot** 2. **3.** (Schleuder)Wurf *m*. **II** *v/t pret u. pp* **slung** [slʌŋ] **4.** schleudern: **to ~ ink** *colloq.* schriftstellern; → **mud** 2.
sling[2] [slɪŋ] **I** *s* **1.** Schlinge *f* (*zum Heben von Lasten*). **2.** *med.* (Arm)Schlinge *f*, Binde *f*. **3.** Trag-, *a.* Gewehrriemen *m*, Gurt *m*. **4.** *meist pl mar.* Stropp *m*, Tauschlinge *f*. **II** *v/t pret u. pp* **slung** [slʌŋ] **5.** e-e Schlinge legen um (*e-e Last*). **6.** (an e-r Schlinge) aufhängen: **to be slung from** hängen *od.* baumeln von. **7.** *e-e Last* hochziehen: → **hook** 3. **8.** *das Gewehr etc* ˈumhängen: ~ **arms!** *mil.* Gewehr umhängen! **9.** *med. den Arm* in die Schlinge legen.
sling[3] [slɪŋ] *s* (*Art*) Punsch *m*.
ˈ**sling·shot** *s Am.* (Stein)Schleuder *f*, Kataˈpult *n*, *a. m.*
slink [slɪŋk] **I** *v/i pret* **slunk** [slʌŋk], *obs.* **slank** [slæŋk] *pp* **slunk 1.** schleichen, sich stehlen: **to ~ off** wegschleichen, sich fortstehlen. **2.** fehlgebären, *bes.* verkalben (*Kuh*). **II** *v/t* **3.** *Junges* vor der Zeit werfen. **III** *s* **4.** *vet.* Fehl-, Frühgeburt *f* (*bes. Kalb*). ˈ**slink·y** *adj colloq.* **1.** mit aufreizendem Gang (*Frau*). **2.** geschmeidig (*Körper*). **3.** enganliegend, hauteng (*Kleid etc*).
slip[1] [slɪp] **I** *s* **1.** (Aus)Gleiten *n*, (-)Rutschen *n*. **2.** Fehltritt *m* (*a. fig.*). **3.** ˈMißgeschick *n*, ‚Panne' *f*: **there is many a ~ 'twixt (the) cup and (the) lip** zwischen Lipp' und Kelches Rand schwebt der dunklen Mächte Hand. **4.** (Flüchtigkeits)Fehler *m*, ‚Schnitzer' *m*, Lapsus *m*: ~ **of the pen** Schreibfehler; ~ **of the tongue** ‚Versprecher' *m*; **it was a ~ of the tongue** ich habe mich (er hat sich *etc*) versprochen. **5.** Fehler *m*, Fehlleistung *f*, ‚Panne' *f*. **6.** ˈUnterkleid *n*, -rock *m*: → **show** 32. **7.** (Kissen)Bezug *m*. **8.** *hunt.* Koppel *f*, (Hunde)Leine *f*: **to give s.o. the ~** *fig.* j-m entwischen. **9.** *mar.* a) (Schlipp)Helling *f* (*für den Stapellauf*), b) *Am.* Schlippe *f* (*Gang in e-m Dock*). **10.** *tech.* Schlupf *m* (*Nacheilen der Drehzahl*). **11.** *tech. Nachbleiben der Fördermenge bei Pumpen.* **12.** *Kricket*: a) Eckmann *m*, b) *Stellung zur Linken hinter dem Dreistab.* **13.** *geol.* kleine Verwerfung, Erdrutsch *m*. **14.** *aer.* Slip *m* (*Seitwärtsbewegung des Flugzeugs, um Höhe zu verlieren*).
II *v/i* **15.** gleiten, rutschen: **to ~ from** *der Hand etc* entgleiten; **to ~ from s.o.'s mind** j-m entfallen; **it ~ped from my lips** es ist mir ‚herausgerutscht'; **to let ~** sich ‚verplappern', *etwas* verraten; **to let an opportunity ~ (through one's fingers)** sich e-e Gelegenheit entgehen lassen; **to ~ into bad language** in Obszönitäten abgleiten; **the money ~ped through her fingers** das Geld zerrann ihr unter den Händen. **16.** ausgleiten, -rutschen. **17.** sich (hoch- *etc*)schieben, (ver)rutschen. **18.** sich lösen (*Knoten*). **19.** (hinˈein)schlüpfen: **to ~ into a dress (room, etc)**; **to ~ through** schlüpfen durch (*a. fig.*). **20.** (**on** bei) (e-n) Fehler machen, sich ‚vertun'. **21.** *colloq.* nachlassen (*Kräfte etc*), nachgeben (*Preise etc*): **he is ~ping** er läßt nach.
III *v/t* **22.** gleiten lassen, (*bes.* heimlich) stecken *od.* tun: **he ~ped the letter into his pocket**; **to ~ s.o. s.th.** j-m etwas zustecken; → **slip in** II. **23.** → **slip off** II, **slip on**. **24.** *ein Hundehalsband*, *a. e-e Fessel etc* abstreifen: → **collar** 2. **25.** *e-n Hund etc* loslassen. **26.** *etwas* loslassen. **27.** *j-m* entwischen, -kommen. **28.** *j-s Aufmerksamkeit* entgehen: **to have ~ped s.o.'s memory** (*od.* **mind**) j-m entfallen sein. **29.** *e-n Knoten* lösen. **30.** → **slink** 3. **31.** *med.* auskugeln, verrenken: **to ~ one's shoulder**; **~ped disc** Bandscheibenvorfall *m*.
Verbindungen mit Adverbien:
slip| a·way *v/i* **1.** wegschleichen, sich fortstehlen. **2.** verstreichen (*Zeit*). **~ by** → **slip away** 2. **~ down** *v/i* rutschen (*Speise, Getränk*). **~ in I** *v/i* **1.** sich einschleichen (*a. fig. Fehler*), hinˈeinschlüpfen. **II** *v/t* **2.** hinˈeingleiten lassen. **3.** *fig. e-e Bemerkung* einfließen lassen. **~ off I** *v/i* → **slip away** 1. **II** *v/t e-n Ring, ein Kleid etc* abstreifen. **~ on** *v/t e-n Ring, ein Kleid etc* ˈüberstreifen, *tech.* aufstecken. **~ out I** *v/i* hinˈausschlüpfen. **II** *v/t* herˈausziehen. **~ through** *v/i* ˈdurchschlüpfen (*a. fig.*). **~ up** *v/i colloq.* → **slip**[1] 20.
slip[2] [slɪp] *s* (*ohne pl u. art*) geschlemmte Tonmasse.
slip[3] [slɪp] *s* **1.** Pfropfreis *n*, Ableger *m*, Setzling *m*. **2.** *fig.* Sprößling *m*. **3.** Streifen *m*, Stück *n* (*Holz, Papier etc*), Zettel *m*: **a ~ of a boy** *fig.* ein schmächtiges Bürschchen; **a ~ of a room** *fig.* ein winziges Zimmer. **4.** (Konˈtroll)Abschnitt *m*: **bank ~** *econ.* Giroabschnitt. **5.** *print.* Fahne *f*.
ˈ**slip|·case** *s* **1.** (ˈBücher)Kasˌsette *f*, Schuber *m*. **2.** → **slipcover**. ˈ~ˌ**cov·er** *s Am.* **1.** Schonbezug *m* (*für Möbel*). **2.** Schutzhülle *f* (*für Bücher*). **~ joint** *s tech.* Gleitfuge *f*, -verbindung *f*. ˈ~**knot** *s* Laufknoten *m*. ˈ~**-on I** *s* **1.** Kleidungsstück *n* zum ˈÜberstreifen, *bes.* a) Slipon *m* (*Mantel*), b) Pullˈover *m*. **2.** Slipper *m*. **II** *adj* **3.** a) Umhänge..., Überzieh..., b) *tech.* Aufsteck...: ~ **cap (lens, etc)**. ˈ~**o·ver** *s* **1.** ˈÜberzug *m*. **2.** Pullˈover *m*.
slip·page [ˈslɪpɪdʒ] *s tech.* **1.** Schlupf *m*, Schlüpfung *f*. **2.** Schlüpfungsverlust *m*.
slip·per [ˈslɪpə(r)] **I** *s* **1.** a) Panˈtoffel *m*, b) Slipper *m* (*leichter Haus- od. Straßenschuh*). **2.** *tech.* Hemmschuh *m*. **II** *v/t* **3.** *colloq. j-n* mit dem Panˈtoffel schlagen.
slip·per·i·ness [ˈslɪpərɪnɪs] *s* **1.** Schlüpfrigkeit *f*. **2.** *fig.* Gerissenheit *f*.
slip·per·y [ˈslɪpərɪ] *adj* (*adv* **slipperily**) **1.** schlüpfrig, glatt, glitschig: **a ~ road (rope, etc)**; **~ carriageway!** Vorsicht, Schleudergefahr!; **to be on ~ ground** *fig.* sich auf unsicherem Boden bewegen; **he is on a** (*od.* **the**) **~ slope** *fig.* er hat e-n gefährlichen Weg eingeschlagen. **2.** *fig.* gerissen: **a ~ fellow**; → **eel** 1. **3.** zweifelhaft, unsicher: **a ~ position**. **4.** heikel: **a ~ subject**. **5.** verschwommen: **~ style**.
slip·py [ˈslɪpɪ] *adj colloq.* **1.** schlüpfrig, glatt, glitschig. **2.** *bes. Br.* fix, flink: **look ~!** mach fix!
slip| ring *s electr.* Schleif-, Kolˈlektorring *m*. **~ road** *s Br.* (Autobahn)Zubringer *m*. ˈ~**shod** *adj fig.* schlampig, schlud(e)rig. ˈ~**slop I** *s colloq.* Gelabber *n* (*Getränk*; *a. fig. leeres Gerede*). **II** *adj* ‚labb(e)rig' (*a. fig.*). ˈ~**sole** *s* Einlegesohle *f* (*für Schuhe*). ˈ~ˌ**stick** *s tech. Am.* Rechenschieber *m*, -stab *m*. ˈ~**stream I** *s* **1.** *aer.* Luftschraubenstrahl *m*. **2.** *sport* Windschatten *m*. **II** *v/i* **3.** *sport* im Windschatten fahren. ˈ~**-up** *s colloq.* → **slip**[1] 4 *u.* 5. ˈ~**way** *s mar.* Helling *f*.
slit [slɪt] **I** *v/t pret u. pp* **slit 1.** aufschlitzen, -schneiden. **2.** zerschlitzen. **3.** in Streifen schneiden. **4.** spalten. **5.** ritzen. **II** *v/i* **6.** e-n Riß bekommen, reißen. **III** *s* **7.** Schlitz *m*. ˈ~**-eyed** *adj* schlitzäugig.
slith·er [ˈslɪðə(r)] **I** *v/i* **1.** gleiten, rutschen, schlittern. **2.** (schlangenartig) gleiten (*gehen*). **II** *s* **3.** Gleiten *n*, Rutschen *n*, Schlittern *n*. ˈ**slith·er·y** *adj* rutschig.
slit| skirt *s* geschlitzter (Damen)Rock. **~ trench** *s mil.* Splittergraben *m*.
sliv·er [ˈslɪvə(r)] **I** *s* **1.** Splitter *m*, Span *m*. **2.** Stück(chen) *n*. **3.** *Spinnerei*: a) Kammzug *m*, b) Florband *n*. **II** *v/t* **4.** *e-n Span* abspalten, zersplittern. **5.** *Spinnerei*: *Wolle etc* teilen. **III** *v/i* **6.** zersplittern.
sliv·o·vitz [ˈslɪvəvɪts; ˈsliːvə-] *s* Slibowitz *m*, Sliwowitz *m*.
slob [slɒb; *Am.* slɑb] *s* **1.** *bes. Ir.* Schlamm *m*, Moˈrast *m*. **2.** *sl.* a) ‚Bauer' *m*, b) ‚Trottel' *m*, c) ordiˈnärer Kerl, d) ‚Fiesling' *m*.
slob·ber [ˈslɒbə; *Am.* ˈslɑbər] **I** *v/i* **1.** geifern, sabbeln, sabbern. **2. ~ over** *fig.* kindisch schwärmen von; **he ~ed** ‚s-e Lippen sprühten'. **3.** schlampen (*bei der Arbeit*). **II** *v/t* **4.** begeifern, besabbeln, besabbern. **5.** ‚abschlecken', abküssen. **III** *s* **6.** Geifer *m*. **7.** sentimenˈtales Gewäsch. ˈ**slob·ber·y** *adj* **1.** geifernd, sabbelnd, sabbernd. **2.** begeifert, besabbelt, besabbert. **3.** *fig.* gefühlsduselig. **4.** schlampig.
sloe [sləʊ] *s bot.* **1.** Schlehe *f*. **2.** *a.* **~bush**, **~tree** Schleh-, Schwarzdorn *m*. **3.** *einige Arten amer. wilder Pflaumen.* ˌ~-ˈ**eyed** *adj* dunkeläugig. **~ gin** *s* ˈSchlehenliˌkör *m*. ˈ~**worm** *Br. für* **slowworm**.
slog [slɒg; *Am.* slɑg] *colloq.* **I** *v/t* **1.** *j-m* e-n harten Schlag versetzen, *Ball* dreschen. **2.** verprügeln. **II** *v/i* **3. ~ away, ~ on** a) sich daˈhinschleppen, (mühsam) stapfen, b) *fig.* sich ‚ˈdurchbeißen'. **4.** *a.* **~ away** sich (ab)plagen (**at s.th.** mit etwas), schuften. **III** *s* **5.** harter Schlag. **6.** *a.* **long ~** *fig.* (endlose) Schindeˈrei.
slo·gan [ˈsləʊgən] *s* **1.** *Scot.* Schlachtruf *m*. **2.** Slogan *m*: a) Schlagwort *n*, b) Werbespruch *m*. ˌ**slo·ganˈeer** [-ˈnɪə(r)] *bes. Am.* **I** *s* **1.** Erfinder *m od.* eifriger Verwender von Schlagwörtern. **2.** Werbetexter *m*. **II** *v/i* **3.** Werbesprüche texten. ˈ**slo·gan·ize** *v/t* **1.** in Schlagwortform bringen. **2.** (werbe)wirksam ausdrücken.
slog·ger [ˈslɒgə; *Am.* ˈslɑgər] *s colloq.* **1.** *sport* harter Schläger. **2.** *fig.* ‚Arbeitstier' *n*.
sloid, slojd → **sloyd**.
sloop [sluːp] *s mar.* Schaˈluppe *f*. **~ of war** *s mar. hist. Br.* Kaˈnonenboot *n*.
slop[1] [slɒp; *Am.* slɑp] **I** *s* **1.** (Schlamm-)Pfütze *f*. **2.** *meist pl* ‚Gelabber' *n*, ‚Spülwasser' *n*. **3.** *meist pl* a) Spülicht *n*, b) Schmutzwasser *n*, c) Exkreˈmente *pl*. **4.** Schweinetrank *m*. **5.** Krankensüppchen *n*. **6.** Matsch *m*. **7.** *colloq.* rührseliges Zeug. **II** *v/t* **8.** verschütten. **9.** bespritzen. **10.** (ˈhin)klatschen. **11.** *a.* **~ up** geräuschvoll essen *od.* trinken. **III** *v/i* **12.** *oft* **~ over, ~ out** Wasser verschütten. **13. ~ over (the edge)** ˈüberschwappen. **14.** (ˈhin)klatschen. **15. ~ over** *colloq.*

ˈüberschwenglich schwärmen. **16.** (durch Schlamm) patschen, waten. **17.** *a.* ~ **about** (*od.* **around**) *colloq.* ,herˈumhängen' (*Person*).

slop² [slɒp; *Am.* slɑp] *s* **1.** Kittel *m*, lose Jacke. **2.** *pl* billige Konfektiˈonskleidung. **3.** *pl dial.* Pluderhose(n *pl*) *f.* **4.** *mar.* Kleidung *f* u. Bettzeug *n*, ,Klaˈmotten' *pl.* **5.** *pl hist.* weite Hose.

slop| ba·sin, ~ bowl *s Br. Schale, in die bei Tisch Tee- u. Kaffeereste gegossen werden.*

slope [sləʊp] **I** *s* **1.** (Ab)Hang *m.* **2.** Böschung *f.* **3.** a) Neigung *f*, Gefälle *n*, b) Schräge *f*, geneigte Ebene: **at the ~** *mil.* mit Gewehr über; **on the ~** schräg, abfallend. **4.** *geol.* Senke *f.* **5.** *math.* ˈRichtungskoeffiziˌent *m.* **6.** *Bergbau*: schräger Stollen. **7.** Rezessiˈon *f.* **II** *v/i* **8.** sich neigen, (schräg) abfallen. **9.** *colloq.* a) *a.* ~ **off** ,abhauen', b) *a.* ~ **about** (*od.* **around**) herˈumschlendern. **III** *v/t* **10.** neigen, senken. **11.** abschrägen (*a. tech.*). **12.** (ab)böschen. **13.** *mil. das Gewehr* ˈübernehmen: → **arm²** *Bes. Redew.* **ˈslop·ing** *adj* schräg, abfallend, ansteigend.

slop pail *s* Toiˈletteneimer *m.*

slop·pi·ness [ˈslɒpɪnɪs; *Am.* ˈslɑp-] *s* **1.** Matschigkeit *f.* **2.** *colloq.* Schlampigkeit *f.* **3.** *colloq.* Rührseligkeit *f.*

slop·py [ˈslɒpɪ; *Am.* ˈslɑpiː] *adj* (*adv* **sloppily**) **1.** matschig: ~ **ground.** **2.** naß, bespritzt: ~ **table.** **3.** ,labb(e)rig': ~ **food.** **4.** *colloq.* rührselig, sentimenˈtal. **5.** *colloq.* nachlässig, saˈlopp (*a. Sprache*), schlud(e)rig, schlampig.

ˈslop|·shop *s* Laden *m* mit billiger Konfektiˈonsware. **ˈ~·work** *s* **1.** a) ˈHerstellung *f* von billiger Konfektiˈonsware, b) billige Konfektiˈonskleidung. **2.** schlampige Arbeit.

slosh [slɒʃ; *Am. a.* slɑʃ] **I** *s* **1.** → **slush** 1 *u.* 2. **2.** Schuß *m* (*e-r Flüssigkeit*). **3.** *colloq.* (harter) Schlag. **II** *v/i* **4.** *a.* ~ **about** (*od.* **around**) im (Schmutz)Wasser herˈumpatschen. **5.** schwappen (**over** über *acc*). **III** *v/t* **6.** *j-n, etwas* bespritzen: **to ~ about** (*od.* **around**) *Flüssigkeit* verspritzen. **7.** ~ **on** *colloq. Farbe etc* a) draufklatschen, b) klatschen auf (*acc*). **8.** *Br. colloq. j-m* e-n harten Schlag versetzen. **9.** *a.* ~ **down** *Am. colloq. Bier etc* hinˈunterschütten. **sloshed** [-ʃt] *adj Br. sl.* ,besoffen'.

slot¹ [slɒt; *Am.* slɑt] **I** *s* **1.** Schlitz *m*, Einwurf *m* (*e-s Automaten etc*), Spalt *m*, Spalte *f.* **2.** *tech.* Nut *f*, Kerbe *f*: ~ **and key** Nut u. Feder. **3.** *Am.* enger Raum. **4.** *colloq.* a) (freie) Stelle (**in** in *e-r Organisation etc*), b) (freier) Platz (**on** in *e-r Mannschaft*), c) *a.* ~ **time** (*Rundfunk, TV*) (feste) Sendezeit: **to find a ~ for** *j-n* unterbringen (*in e-r Firma etc*); *j-n, etwas* unterbringen *od.* einbauen (*in e-m Programm etc*). **II** *v/t* **5.** *tech.* schlitzen, nuten. **6.** ~ **into** *colloq.* a) *j-n* ˈunterbringen in (*dat*), b) *j-n, etwas* ˈunterbringen *od.* einbauen in (*dat*). **III** *v/i* **7.** ~ **into** *colloq. a. fig.* hinˈeinpassen in (*acc*), sich einfügen in (*acc*): **this part ~s into that part; the song will ~ into the program(me) here** das Lied paßt an dieser Stelle am besten.

slot² [slɒt; *Am.* slɑt] *s bes. hunt.* Spur *f.*

slot³ [slɒt] *s Br.* **1.** (Tür)Riegel *m.* **2.** (Meˈtall)Stange *f.* **3.** Latte *f.*

slot car *s Am. elektrisch betriebenes Modellrennauto.*

sloth [sləʊθ; *Am. a.* slɔːθ] *s* **1.** Faulheit *f.* **2.** *zo.* Faultier *n.* **ˈsloth·ful** *adj* (*adv* ~**ly**) faul, träge. **ˈsloth·ful·ness** → sloth 1.

slot ma·chine *s* (ˈWaren-, ˈSpiel)Autoˌmat *m.*

slot·ted screw [ˈslɒtɪd; *Am.* ˈslɑt-] *s tech.* Schlitzschraube *f.*

ˈslot·ting ma·chine *s tech.* ˈSenkrechtstoßmaˌschine *f.*

slouch [slaʊtʃ] **I** *s* **1.** krumme, nachlässige Haltung. **2.** latschiger Gang. **3.** *fig.* Laxheit *f.* **4.** a) herˈabhängende Hutkrempe, b) Schlapphut *m.* **5.** *bes. Am. colloq.* a) Nichtstuer *m*, b) ,Niete' *f*, ,Flasche' *f*: **he is no ~ (at)** ,er ist auf Draht' (in *dat*); **the show is no ~** ,das Stück ist nicht ohne'. **II** *v/i* **6.** krumm dastehen *od.* dasitzen, sich lümmeln. **7.** *a.* ~ **along** latschig gehen, latschen: **to ~ about** (*od.* **around**) herumlatschen. **8.** herˈabhängen (*Krempe etc*). **III** *v/t* **9.** *die Krempe* herˈunterbiegen. **10.** *die Schultern* hängen lassen. ~ **hat** *s* Schlapphut *m.*

ˈslouch·ing, ˈslouch·y *adj* **1.** krumm (*Haltung*), latschig (*Gang, Haltung, Person*). **2.** herˈabhängend (*Krempe*). **3.** lax, faul.

slough¹ [slaʊ] *s* **1.** Sumpf-, Schmutzloch *n.* **2.** Moˈrast *m* (*a. fig.*): ~ **of despond** tiefe *od.* tiefste Verzweiflung. **3.** [sluː] *bes. Am. od. Canad.* Sumpf *m*, *bes.* (sumpfige) Flußbucht.

slough² [slʌf] **I** *s* **1.** abgestreifte Haut (*bes. der Schlange*). **2.** *fig.* (*etwas*) Abgetanes. **3.** *med.* Schorf *m*, tote Haut. **II** *v/i* **4.** *oft* ~ **away,** ~ **off** a) sich häuten, b) *med.* sich ablösen (*Schorf*). **5.** ~ **off** *fig. Am.* nachlassen. **III** *v/t* **6.** *a.* ~ **off** a) *Haut etc* abstreifen, abwerfen, b) *fig. etwas* loswerden, *e-e Gewohnheit etc* ablegen. **7.** *Bridge*: *e-e Karte* abwerfen.

slough·y¹ [ˈslaʊɪ; *Am. bes.* ˈsluːiː] *adj* sumpfig.

slough·y² [ˈslʌfɪ] *adj med.* schorfig.

Slo·vak [ˈsləʊvæk; *Am. a.* -ˌvɑːk], **Slo·vak·i·an** [-kɪən] **I** *s* **1.** Sloˈwake *m*, Sloˈwakin *f.* **2.** *ling.* Sloˈwakisch *n*, das Slowakische. **II** *adj* **3.** sloˈwakisch.

slov·en [ˈslʌvn] *s* a) Schlamper *m*, b) Schlampe *f.*

Slo·vene [ˈsləʊviːn], **Sloˈve·ni·an** [-njən; -nɪən] **I** *s* **1.** Sloˈwene *m*, Sloˈwenin *f.* **2.** *ling.* Sloˈwenisch *n*, das Slowenische. **II** *adj* **3.** sloˈwenisch.

slov·en·li·ness [ˈslʌvnlɪnɪs] *s* Schlampigkeit *f.* **ˈslov·en·ly** *adj u. adv* schlampig, schlud(e)rig.

slow [sləʊ] **I** *adj* (*adv* ~**ly**) **1.** *allg.* langsam: ~ **and sure** langsam, aber sicher; **to be ~ in arriving** lange ausbleiben, auf sich warten lassen; **to be ~ to write** sich mit dem Schreiben Zeit lassen; **to be ~ to take offence** nicht leicht etwas übelnehmen; **not to be ~ to do s.th.** etwas prompt tun, nicht lange mit etwas fakkeln; **the clock is 10 minutes ~** die Uhr geht 10 Minuten nach. **2.** allˈmählich, langsam: ~ **growth.** **3.** träge, langsam, bedächtig: **a ~ worker.** **4.** säumig (*a. Zahler*), unpünktlich. **5.** schwerfällig, begriffsstutzig, schwer von Begriff: **to be ~ in learning s.th.** etwas nur schwer lernen; **to be ~ of speech** e-e schwere Zunge haben; → **uptake** 1. **6.** schwach (*Feuer, Hitze*). **7.** schleichend (*Fieber, Gift*). **8.** *econ.* schleppend, schlecht: ~ **sale;** ~ **business.** **9.** schleppend, langsam vergehend (*Zeit*). **10.** langweilig, fad(e). **11.** langsam (*Rennbahn*), schwer (*Boden*). **12.** *mot.* Leerlauf... **13.** *phot.* lange Belichtung erfordernd (*Linse, Filter, Film*). **14.** *Atomphysik*: langsam: ~ **neutron;** ~ **reactor.** **II** *adv* **15.** langsam: ~**!** *mot.* langsam fahren!; **to go ~** *fig.* a) langsam tun, b) *econ.* e-n Bummelstreik machen. **III** *v/t* **16.** *meist* ~ **down,** ~ **up** a) *die Geschwindigkeit* verlangsamen, -ringern, b) *etwas* verzögern. **IV** *v/i* **17.** *meist* ~ **down,** ~ **up** sich verlangsamen, langsamer werden: **he had better ~ down a bit** *fig.* er sollte lieber kurztreten *od.* etwas langsamer tun.

ˈslow|-ˌact·ing *adj electr.* langsam (wirkend), träge (ansprechend), Langzeit... ~ **as·sets** *s pl econ.* feste Anlagen *pl.* ~ **burn** *s*: **to do a ~** *Am. colloq.* allˈmählich in Wut geraten. **ˈ~-ˌburn·ing stove** *s* Dauerbrandofen *m.* **ˈ~·coach** *s colloq.* Langweiler *m*: **hurry up, you old ~!** **ˈ~·down** *s* **1.** Verlangsamung *f.* **2.** *econ. Am.* Bummelstreik *m.* ~ **lane** *s mot.* Kriechspur *f* (*Autobahn*). ~ **march** *s mus.* Trauermarsch *m.* ~ **match** *s mil. tech.* Zündschnur *f*, Lunte *f.* ~ **mo·tion** *s phot.* Zeitlupe(ntempo *n*) *f*: **in ~** in Zeitlupe. **ˌ~-ˈmo·tion** *adj* Zeitlupen...: ~ **picture** Zeitlupe(naufnahme) *f*; ~ **dial** Feinstellskala *f.* **ˈ~-ˌmov·ing** *adj* **1.** langsam (gehend). **2.** *econ.* → **slow** 8.

ˈslow·ness *s* **1.** Langsamkeit *f.* **2.** Schwerfälligkeit *f.* **3.** Begriffsstutzigkeit *f.* **4.** Langweiligkeit *f.*

ˈslow|ˌpoke *Am. für* **slowcoach.** ~ **time** *s mil.* (langsames) Marschtempo. ~ **train** *s* Perˈsonenzug *m.* **ˌ~-ˈwit·ted** → slow 5. **ˈ~·worm** *s zo.* Blindschleiche *f.*

sloyd [slɔɪd] *s ped.* ˈWerkˌunterricht *m* (*bes. Schnitzen*).

slub [slʌb] *tech.* **I** *v/t* grob vorspinnen. **II** *s* Vorgespinst *n.* **ˈslub·ber** *s tech.* ˈVorspinnmaˌschine *f.*

sludge [slʌdʒ] *s* **1.** Schlamm *m*, Schlick *m*, (*a.* Schnee)Matsch *m.* **2.** *tech.* Schlamm *m*, Bodensatz *m.* **3.** Klärschlamm *m.* **4.** *tech.* Pochschlamm *m.* **5.** Treibeis *n.* **6.** *med.* Blutklumpen *m.* **ˈsludg·y** *adj* **1.** schlammig, matschig. **2.** mit Eisschollen bedeckt.

slue¹ [sluː] **I** *v/t* *a.* ~ **round** herˈumdrehen, -schwenken, um s-e Achse drehen. **II** *v/i* sich herˈumdrehen.

slue² → **slew⁴.**

slug¹ [slʌg] **I** *s* **1.** *zo.* (Weg)Schnecke *f.* **2.** *bes. Am. colloq.* Faulpelz *m.* **II** *v/i* **3.** faulenzen.

slug² [slʌg] *s* **1.** Stück *n* ˈRohmeˌtall. **2.** a) *hist.* Musˈketenkugel *f*, b) (Luftgewehr-, *Am.* Piˈstolen)Kugel *f*, c) grobes Schrot. **3.** *Am.* falsche Münze (*Automatenmißbrauch*). **4.** *print.* a) ˈDurchschuß *m*, Reˈglette *f*, b) ˈSetzmaˌschinenzeile *f*, c) Zeilenguß *m.* **5.** *phys.* Masseneinheit *f.* **6.** *Am. colloq.* Gläs-chen *n* (*Schnaps etc*).

slug³ [slʌg] **I** *s bes. Am.* **1.** harter Schlag. **II** *v/t* **2.** *j-m* e-n harten Schlag versetzen. **III** *v/i* **3.** aufeinˈander einschlagen. **4.** *a.* ~ **on** *fig.* sich ,ˈdurchbeißen'.

slug·a·bed [ˈslʌgəbed] *s* Langschläfer (-in).

slug·fest [ˈslʌgˌfest] *s Am. colloq. bes. Boxen*: Schlägeˈrei *f*, Keileˈrei *f.*

slug·gard [ˈslʌgə(r)d] **I** *s* Faulpelz *m.* **II** *adj* (*adv* ~**ly**) faul.

slug·ger [ˈslʌgə(r)] *s bes. Am. colloq. Boxen u. Baseball*: harter Schläger.

slug·gish [ˈslʌgɪʃ] *adj* (*adv* ~**ly**) **1.** träge (*a. med. Organ*), träge fließend (*Fluß etc*), langsam, schwerfällig. **2.** *econ.* schleppend, flau. **ˈslug·gish·ness** *s* Trägheit *f*, Langsamkeit *f*, Schwerfälligkeit *f.*

sluice [sluːs] **I** *s tech.* **1.** Schleuse *f* (*a. fig.*). **2.** Stauwasser *n.* **3.** ˈSchleusenkaˌnal *m.* **4.** ˈAbflußkaˌnal *m.* **5.** (Gold- *od.* Erz-) Waschrinne *f.* **6.** *colloq.* gründliche (Ab-) Waschung. **II** *v/t* **7.** *Wasser* ablassen. **8.** (aus)spülen. **9.** *min. Erz etc* waschen. **III** *v/i* **10.** (aus)strömen. ~ **gate** *s tech.* Schleusentor *n*: **to open the ~s to** (*od.* **for**) *fig.* Tür u. Tor öffnen (*dat*). **ˈ~·way** → **sluice** 3.

slum¹ [slʌm] **I** *s* **1.** a) schmutzige Gasse, b) ˈElendsquarˌtier *n.* **2.** *meist pl* Slums *pl*, Elendsviertel *n od. pl*: ~ **clearance** Sanierung *f* von Slums. **II** *v/i* **3.** *meist* **go ~ming** die Slums (*bes. aus Neugier*) aufsuchen. **4.** in primiˈtiven Verhältnissen leben. **III** *v/t* **5.** to ~ it → 4.

slum[2] [slʌm] *s chem. bes. Br. unlösliches Oxydationsprodukt des rohen Schmieröls.*

slum[3] [slʌm] → **slumgullion.**

slum·ber [ˈslʌmbə(r)] **I** *v/i* **1.** *bes. poet.* schlummern (*a. fig.*). **2.** daˈhindösen. **II** *v/t* **3.** ~ **away** *Zeit* verschlafen, -dösen. **III** *s meist pl* **4.** Schlummer *m*: ~ **party** *Am. Nachthemdparty junger Mädchen.* **5.** Daˈhindösen *n.* **6.** *fig.* Dornˈrös-chenschlaf *m.* ˈ**slum·ber·ous** *adj* (*adv* ~**ly**) **1.** schläfrig. **2.** einschläfernd.

slum·brous [ˈslʌmbrəs] → **slumberous.**

ˈ**slumˌdwell·er** *s* Slumbewohner(in).

slum·gul·lion [ˈslʌmˌgʌljən] *s Am. colloq.* **1.** wäßriges ‚Gesöff'. **2.** Eintopf (-gericht *n*) *m.* **3.** mit Fett u. Meerwasser vermischtes Blut (*an Deck e-s Walfängers*).

ˈ**slum·lord** *s Eigentümer e-s bewohnten, abbruchreifen Mietshauses.*

slum·my [ˈslʌmɪ] *adj* verwahrlost, Slum...

slump [slʌmp] **I** *v/i* **1.** (hinˈein)plumpsen. **2.** *meist* ~ **down** (in sich) zs.-sacken (*Person*). **3.** *econ.* stürzen (*Preise*). **4.** völlig versagen. **5.** *geol.* rutschen. **II** *s* **6.** *econ.* a) (Preis)Sturz *m*, Baisse *f* (*an der Börse*), b) (starker) Konjunkˈturrückgang. **7.** *allg.* plötzlicher Rückgang. **8.** *sport* ˈSchwächeperiˌode *f.* **9.** *geol.* Rutschung *f.*

slung [slʌŋ] *pret u. pp von* **sling**[1] *u.* [2].

slung shot *s Am.* Schleudergeschoß *n.*

slunk [slʌnk] *pret u. pp von* **slink.**

slur[1] [slɜː; *Am.* slɜr] **I** *v/t* **1.** verunglimpfen, verleumden. **2.** *obs.* beflecken (*a. fig.*). **II** *s* **3.** Makel *m*, (Schand)Fleck *m*: **to put** (*od.* **cast**) **a** ~ **upon** a) → 1, b) *j-s Ruf etc* schädigen. **4.** Verunglimpfung *f*, Verleumdung *f.*

slur[2] [slɜː; *Am.* slɜr] **I** *v/t* **1.** a) undeutlich schreiben, b) *print.* schmitzen, verwischen. **2.** *ling. e-e Silbe etc* verschlucken, -schleifen, undeutlich aussprechen. **3.** *mus.* a) *Töne* binden, leˈgato spielen, b) *Noten* mit Bindebogen bezeichnen. **4.** *oft* ~ **over** (leicht) über *ein Thema etc* hinˈweggehen. **II** *v/i* **5.** undeutlich schreiben. **6.** ‚nuscheln', undeutlich sprechen. **7.** *mus.* leˈgato singen *od.* spielen. **8.** *print.* schmitzen. **III** *s* **9.** Undeutlichkeit *f*, ‚Genuschel' *n.* **10.** *mus.* a) Bindung *f*, Leˈgato *n*, b) Bindebogen *m.* **11.** *print.* Schmitz *m.*

slurp [slɜːp; *Am.* slɜrp] *colloq.* **I** *v/t u. v/i* schlürfen. **II** *s* Schlürfen *n.*

slush [slʌʃ] **I** *s* **1.** Schneematsch *m.* **2.** Schlamm *m*, Matsch *m.* **3.** *geol.* Schlammeis *n.* **4.** *tech.* Schmiermittel *n.* **5.** *tech.* Paˈpierbrei *m.* **6.** Gefühlsduseˈlei *f*, Schwärmeˈrei *f.* **7.** Schund *m*, Kitsch *m.* **II** *v/t* **8.** bespritzen. **9.** (ein)schmieren: ~**ing oil** Rostschutzöl *n.* **10.** *a.* ~ **up** *e-e Fuge* verstreichen. **11.** abspritzen, abspülen. **III** *v/i* → **slosh** II. ~ **fund** *s Am.* Schmiergelderfonds *m.*

ˈ**slush·y** *adj* **1.** matschig, schlammig. **2.** kitschig, rührselig, ‚schmalzig'.

slut [slʌt] *s* **1.** Schlampe *f.* **2.** ‚Nutte' *f*, Hure *f.* **3.** *humor.* ‚kleines Luder' (*Mädchen*). **4.** *bes. Am.* Hündin *f.* ˈ**slut·tish** *adj* (*adv* ~**ly**) schlampig, liederlich. ˈ**slut·tish·ness** *s* Schlampigkeit *f*, Liederlichkeit *f.*

sly [slaɪ] *comp* ˈ**sli·er** *od.* ˈ**sly·er** *sup* ˈ**sli·est** *od.* ˈ**sly·est** [-ɪst] *adj* (*adv* → **slyly**, *a.* **slily**) **1.** schlau, verschlagen, listig. **2.** verstohlen, heimlich, ˈhinterhältig: **on the** ~ insgeheim, ‚klammheimlich'; → **dog** 4. **3.** verschmitzt, durchˈtrieben, pfiffig. ˈ~**boots** *s humor.* ‚Schlauberger' *m*, ‚Pfiffikus' *m.*

sly·ly [ˈslaɪlɪ] *adv von* **sly.** ˈ**sly·ness** *s* Schlauheit *f* (*etc*).

slype [slaɪp] *s arch.* (überˈdachter) Verbindungsgang (*zwischen Querschiff u. Pfarrhaus*).

smack[1] [smæk] **I** *s* **1.** (Bei)Geschmack *m* (**of** von). **2.** *fig.* Beigeschmack *m*, Anflug *m* (**of** von). **3.** Prise *f* (*Salz etc*). **4.** Häppchen *n*, Bissen *m.* **5.** *bes. Am. sl.* Heroˈin *n.* **II** *v/i* **6.** schmecken (**of** nach). **7.** *fig.* schmecken *od.* riechen (**of** nach).

smack[2] [smæk] **I** *s* **1.** Klatsch *m*, Klaps *m*, klatschender Schlag: **a** ~ **in the eye** a) ein Schlag ins Gesicht (*a. fig.*), b) *fig.* ‚ein Schlag ins Kontor'; **to have a** ~ **at s.th.** es (einmal) mit etwas versuchen. **2.** Schmatzen *n*, Schnalzen *n.* **3.** (*bes.* Peitschen-) Knall *m.* **4.** Schmatz *m* (*Kuß*). **II** *v/t* **5.** knallen mit: **to** ~ **a whip.** **6.** *etwas* schmatzend genießen. **7.** ~ **one's lips** a) schmatzen, b) sich die Lippen lecken. **8.** *etwas* ˈhinklatschen. **9.** klatschen(d schlagen) auf (*acc*). **10.** *die Hände etc* zs.-schlagen. **11.** *j-m* e-n Klaps geben. **III** *v/i* **12.** schmatzen. **13.** klatschen(d schlagen) (**on** auf *acc*). **14.** knallen (*Peitsche etc*). **15.** ˈhinklatschen (**on** auf *acc*). **IV** *adv colloq.* **16.** mit e-m Klatsch. **17.** genau, diˈrekt: ~ **in the middle.**

smack[3] [smæk] *s mar.* Schmack(e) *f* (*vollgedecktes Fischerboot*).

ˈ**smack·er** *s* **1.** *colloq.* Schmatz *m* (*Kuß*). **2.** *sl.* a) *Br.* Pfund *n*, b) *Am.* Dollar *m.*

ˈ**smack·head** *s bes. Am. sl.* Heroˈinsüchtige(r *m*) *f.*

ˈ**smack·ing** *s* (Tracht *f*) Prügel *pl.*

small [smɔːl] **I** *adj* **1.** *allg.* klein: **to make o.s.** ~ sich klein machen. **2.** klein, schmächtig: **a** ~ **boy.** **3.** klein, gering (*Anzahl, Grad etc*): **they came in** ~ **numbers** es kamen nur wenige. **4.** wenig: ~ **blame to him** ihn trifft kaum e-e Schuld; **to have** ~ **cause for** kaum Anlaß zu *Dankbarkeit etc* haben. **5.** klein, armselig, dürftig. **6.** klein, mit wenig Besitz: ~ **farmer** Kleinbauer *m*; ~ **tradesman** kleiner Geschäftsmann. **7.** klein, (soziˈal) niedrig: ~ **people** kleine Leute. **8.** unbedeutend, klein: **a** ~ **poet; a** ~ **man.** **9.** bescheiden, klein: **a** ~ **beginning.** **10.** klein, triviˈal: **the** ~ **worries** die kleinen Sorgen; **a** ~ **matter** e-e Kleinigkeit *od.* Bagatelle; **in a** ~ **way** a) bescheiden *leben etc*, b) im kleinen *handeln etc.* **11.** *contp.* kleinlich. **12.** *contp.* niedrig: **his** ~ **spiteful nature.** **13.** ‚klein', beschämt: **to feel** ~ sich klein (u. häßlich) vorkommen, sich schämen; **to make s.o. feel** ~ j-n beschämen; **to look** ~ beschämt dastehen. **14.** schwach, klein (*Stimme*): **the** ~ **voice of conscience** die Stimme des Gewissens. **15.** dünn (*Bier*).

II *adv* **16.** fein, klein: **to cut** ~ kleinschneiden. **17.** ängstlich, (nur) schwach: → **sing** 1. **18.** auf bescheidene Art. **19.** gering(schätzig): **to think** ~ ‚kleinkariert' denken; **to think** ~ **of s.o.** auf j-n herabsehen.

III *s* **20.** (*das*) Kleine, (*etwas*) Kleines: **by** ~ **and** ~ nach u. nach; **in** ~ im kleinen; **in the** ~ in kleinen Mengen *etc.* **21.** schmal(st)er *od.* verjüngter Teil: **the** ~ **of the back** das Kreuz (*Körperteil*). **22.** *pl bes. Br. colloq.* ˈUnterwäsche *f*, Taschentücher *pl etc*: **to wash one's** ~**s** s-e kleine Wäsche waschen.

small·age [ˈsmɔːlɪdʒ] *s bot. obs.* Sellerie *m, f.*

small| arms *s pl mil.* Handfeuerwaffen *pl.* ~ **beer** *s* **1.** *obs.* Dünnbier *n.* **2.** *bes. Br. colloq.* a) Lapˈpalien *pl*, ‚kleine Fische' *pl*, b) ‚Null' *f*, ‚Nichts' *n* (*Person*): **to think no** ~ **of o.s.** e-e hohe Meinung von sich haben. ~ **cap·i·tals** *s pl print.* Kapiˈtälchen *pl.* ~ **cat·tle** *s* Kleinvieh *n.* ~ **change** *s* **1.** Kleingeld *n.* **2.** → **small beer** 2. ~ **cir·cle** *s math.* Kleinkreis *m* (*e-r Kugel*). ˈ~**clothes** *s pl* **1.** *hist.* Kniehosen *pl.* **2.** ˈUnterwäsche *f.* **3.** Kinderkleidung *f.* ~ **coal** *s* Feinkohle *f*, Grus *m.* ~ **deer** *s* **1.** *hunt.* Kleinwild *n.* **2.** *fig. colloq.* kleine (unbedeutende) Leute *pl.* ~ **fry** *s* **1.** junge *od.* kleine Fische *pl.* **2.** → **fry**[2] 3. **3.** → **small bauer** 2. ˈ~ˌ**hold·er** *s bes. Br.* Kleinbauer *m.* ~ **hold·ing** *s bes. Br.* Kleinlandbesitz *m.* ~ **hours** *s pl* (*die*) frühen Morgenstunden *pl*: **until the** ~ bis in die frühen Morgenstunden.

small·ish [ˈsmɔːlɪʃ] *adj* ziemlich klein.

small| let·ter *s* Kleinbuchstabe *m*: **to write a word with a** ~ ein Wort klein schreiben. ˌ~-ˈ**mind·ed** *adj* engstirnig, kleinlich, ‚ˈkleinkaˌriert'.

ˈ**small·ness** *s* **1.** Kleinheit *f.* **2.** geringe Anzahl. **3.** Geringfügigkeit *f.* **4.** Kleinlichkeit *f.* **5.** niedrige Gesinnung.

small| pi·ca *s print.* kleine Cicero (-schrift) (*11 Punkt*). ~ **po·ta·toes** *s pl* (*oft als sg konstruiert*) *bes. Am. colloq.* → **small beer** 2. ˈ~**pox** *s med.* Pocken *pl*, Blattern *pl.* ~ **print** *s* (*das*) Kleingedruckte (*e-s Vertrags*). ˌ~-ˈ**scale** *adj* in kleinem Rahmen, klein. ˈ~-**screen** *adj Br. colloq.* Fernseh... ˈ~**sword** *s fenc.* Floˈrett *n.* ~ **talk** *s* oberflächliche Konversatiˈon, (belangloses) Geplauder: **he has no** ~ er kann nicht (unverbindlich) plaudern. ˌ~-ˈ**time** *adj colloq.* klein, unbedeutend, ‚Schmalspur...': ~ **grocer** ‚Heringsbändiger' *m.* ˌ~-ˈ**tim·er** *s colloq.* ‚kleiner Mann', unbedeutender (*z. B.* Geschäfts)Mann. ~ **town** *s* Kleinstadt *f.* ˈ~-**town** *adj* **1.** kleinstädtisch, Kleinstadt... **2.** kleinbürgerlich. ˌ~-ˈ**town·er** *s* Kleinstädter(in). ˈ~**ware** *s Br.* Kurzwaren *pl.*

smalt [smɔːlt] *s* **1.** *chem.* S(ch)malte *f*, Kobaltblau *n.* **2.** Kobaltglas *n.*

smar·agd [ˈsmærægd] *s* Smaˈragd *m.*

smarm·y [ˈsmɑː(r)mɪ] *adj colloq.* **1.** kriecherisch. **2.** ölig, schmeichlerisch. **3.** kitschig, sentimenˈtal.

smart [smɑː(r)t] **I** *adj* (*adv* ~**ly**) **1.** klug, gescheit, paˈtent, intelliˈgent. **2.** gewandt, geschickt. **3.** geschäftstüchtig. **4.** gerissen, raffiˈniert: **to play it** ~ *colloq.* schlau sein. **5.** witzig, geistreich. **6.** *contp.* ‚superklug', ‚klugscheißerisch'. **7.** schmuck, gepflegt. **8.** a) eleˈgant, schick, fesch, b) modisch, auffallend schick, (ˈhyper-) moˌdern: **the** ~ **set** die elegante Welt. **9.** forsch, schneidig: **a** ~ **pace; to salute** ~**ly** zackig salutieren. **10.** flink, fix. **11.** hart, scharf, empfindlich: **a** ~ **blow** ein harter Schlag; **a** ~ **punishment** e-e harte *od.* empfindliche Strafe. **12.** scharf, heftig: ~ **pain;** ~ **criticism.** **13.** schlagfertig, keß, frech: **a** ~ **answer.** **14.** *colloq.* beträchtlich. **II** *s* **15.** stechender Schmerz. **16.** *fig.* Schmerz *m.* **17.** Geck *m.* **18.** *meist pl Am. sl.* ‚Grips' *m* (*Verstand*). **III** *v/i* **19.** schmerzen, brennen, weh tun. **20.** (seelisch) leiden (**from, under** unter *dat*): **he** ~**ed under the insult** die Kränkung nagte an s-m Herzen; **you shall** ~ **for it** das sollst du (mir) büßen.

smart| al·eck *s colloq.* ‚Klugscheißer' *m.* ˈ~-ˌ**al·eck·y** *adj colloq.* → **smart** 6.

smart·en [ˈsmɑː(r)tn] **I** *v/t* **1.** *oft* ~ **up** herˈausputzen, schönmachen. **2.** *fig. j-n* aufwecken, ‚auf Draht' bringen. **II** *v/i meist* ~ **up** **3.** sich schönmachen, sich ‚in Schale werfen'. **4.** *fig.* aufwachen. **5.** sich verschärfen.

smart mon·ey *s* **1.** *jur. mil.* Schmerzensgeld *n*, Buße *f.* **2.** *econ. Am.* gute Geldanlage (*auf Grund e-s sicheren Tips etc*).

ˈ**smart·ness** *s* **1.** Klugheit *f*, Gescheitheit *f*. **2.** Gewandtheit *f*. **3.** Gerissenheit *f*. **4.** (flotte) Eleˈganz, Schick *m*. **5.** Forschheit *f*. **6.** Schärfe *f*, Heftigkeit *f*. ˈ**smart·y** → **smart aleck.**

smash [smæʃ] **I** *v/t* **1.** *oft* ~ **up** zerschlagen, -trümmern, -schmettern, in Stücke schlagen: **to ~ atoms** *phys.* Atome zertrümmern; **to ~ in** einschlagen; **to ~ s.o.'s face in** *colloq.* j-m ‚die Fresse' einschlagen. **2.** *die Faust, e-n Stein etc, a. den Tennisball etc* schmettern: **to ~ a stone through the window.** **3.** a) *j-n* zs.-schlagen, b) *den Feind* vernichtend schlagen, c) *e-n Gegner* ‚fertigmachen', d) *e-e Bande etc* zerschlagen, e) *fig. ein Argument etc* restlos widerˈlegen. **4.** *j-n* finanziˈell kaˈputtmachen *od.* ruiˈnieren. **II** *v/i* **5.** zersplittern, in Stücke springen. **6.** krachen, knallen (**against** gegen; **into** in *acc*; **through** durch). **7.** zs.-stoßen, -krachen (*Autos etc*). **8.** *aer.* Bruch machen. **9.** *oft* ~ **up** ‚zs.-krachen', bankˈrott gehen. **10.** *fig.* (gesundheitlich) ‚kaˈputtgehen'. **11.** *fig.* zuˈschanden werden. **12.** *Tennis etc*: schmettern. **III** *adj* **13.** *colloq.* ‚toll', sensatioˈnell: **a ~ success.** **IV** *adv u. interj* **14.** krachend, bums(!), krach(!). **V** *s* **15.** Zerkrachen *n*. **16.** Krach *m*. **17.** → **smashup** 2–4. **18.** (*a.* finanziˈeller) Zs.-Bruch, Ruˈin *m*: **to go to ~** ‚kaputtgehen': a) völlig zs.-brechen, b) → 9. **19.** *Tennis etc*: Schmetterball *m*. **20.** *Am. sl.* a) ‚Kies' *m* (*Geld*), b) (*a.* falsche) Münze. **21.** *eisgekühltes alkoholisches Mischgetränk.* **22.** *colloq.* ‚toller' Erfolg. **ˌ~-and-ˈgrab raid** *s bes. Br.* Schaufenstereinbruch *m*.

smashed [smæʃt] *adj sl.* **1.** ‚voll' (*betrunken*). **2.** ‚high' (*unter Drogeneinfluß*).

ˈ**smash·er** *s* **1.** *Tennis etc*: Schmetterer *m*. **2.** *colloq.* schwerer Schlag (*a. fig.*). **3.** *colloq.* ‚Mordsding' *n*, ‚tolle Sache', ‚Wucht' *f*: **a ~ (of a girl)** ein ‚tolles' Mädchen.

smash hit *s colloq.* ‚Schlager' *m*, Bombenerfolg *m*.

ˈ**smash·ing** *adj* **1.** heftig: **a ~ blow.** **2.** vernichtend: **~ defeat.** **3.** *colloq.* ‚toll', ‚sagenhaft' (*Figur, Zeit etc*), ˈumwerfend (*Erfolg etc*).

ˈ**smash·up** *s* **1.** völliger Zs.-bruch. **2.** Bankˈrott *m*. **3.** *mot. etc* Zs.-stoß *m*. **4.** *aer.* Bruch(landung *f*) *m*.

smat·ter [ˈsmætə(r)] *v/t* sich oberflächlich *od.* nebenˈbei beschäftigen mit. ˈ**smat·ter·er** *s* Stümper(in). ˈ**smat·ter·ing** *s* oberflächliche Kenntnis: **he has a ~ of French** er kann ein paar Brocken Französisch.

smaze [smeɪz] *s Am.* (*aus* **smoke** *u.* **haze**) ˈrauchdurchˌsetzter Nebel.

smear [smɪə(r)] **I** *v/t* **1.** schmieren: **to ~ an axle.** **2.** *Fett* (auf)schmieren (**on** auf *acc*). **3.** *die Haut etc* einschmieren. **4.** *etwas* beschmieren: a) bestreichen (**with** mit), b) besudeln: **~ed with blood** blutverschmiert. **5.** *Schrift etc* verschmieren, -wischen. **6.** *fig.* a) *j-s Ruf* besudeln, b) *j-n* verleumden, ‚durch den Dreck ziehen'. **7.** *sport Am. colloq.* ‚überˈfahren' (*hoch besiegen*). **II** *v/i* **8.** schmieren, sich verwischen. **III** *s* **9.** Schmiere *f*. **10.** (Fett-, Schmutz)Fleck *m*. **11.** *fig.* Besudelung *f*, Verunglimpfung *f*. **12.** *med.* Abstrich *m*. **~ cam·paign** *s* Verˈleumdungskamˌpagne *f*. ˈ**~case** [-ˌkeɪs] *s Am.* Quark *m*. **~ sheet** *s* Skanˈdalblatt *n* (*Zeitung*). **~ test** *s med.* Abstrich *m*. **~ word** *s* ehrenrührige Bezeichnung.

ˈ**smear·y** *adj* **1.** schmierig. **2.** verschmiert.

smeg·ma [ˈsmegmə] *s physiol.* Smegma *n* (*Drüsensekret*).

smell [smel] **I** *v/t pret u. pp* **smelled** *od.* **smelt 1.** *etwas* riechen. **2.** *fig. Verrat etc* wittern: → **rat** 1. **3.** beriechen, riechen an (*dat*): **~ this rose!** **4.** *fig. etwas* beriechen, sich genauer ansehen. **5.** ~ **out** *hunt.* aufspüren (*a. fig. entdecken, ausfindig machen*). **II** *v/i* **6.** riechen (**at** an *dat*). **7.** riechen, e-n Geruchssinn haben: **can bees ~?** **8.** *meist* ~ **about** (*od.* **around**) *fig.* herˈumschnüffeln. **9.** *gut etc* riechen, duften. **10.** (übel) riechen, stinken (*colloq. a. fig. unangenehm sein*): **his breath ~s** er riecht aus dem Mund. **11.** ~ **of** riechen nach (*a. fig.*): **it ~s of nepotism.** **III** *s* **12.** Geruch(ssinn) *m*. **13.** Geruch *m*: a) Duft *m*, b) Gestank *m*. **14.** *fig.* Anflug *m* (**of** von): **a ~ of anarchy.** **15.** Riechen *n*: **to take a ~ at** (*Am.* **of**) **s.th.** *fig.* etwas beriechen. ˈ**smell·er** *s* **1.** *zo.* Tast-, Schnurrhaar *n*. **2.** *sl.* ‚Riechkolben' *m* (*Nase*). **3.** *sl.* Schlag *m* auf die Nase.

smell·ing| bot·tle [ˈsmelɪŋ] *s* Riechfläschchen *n*. **~ salts** *s pl* Riechsalz *n*.

ˈ**smell·y** *adj colloq.* übelriechend, stinkend: **~ feet** Schweißfüße.

smelt[1] [smelt] *pl* **smelts,** *collect. a.* **smelt** *s ichth.* Stint *m*.

smelt[2] [smelt] *v/t metall.* **1.** *Erz* (ein-)schmelzen, verhütten. **2.** *Kupfer etc* ausschmelzen.

smelt[3] [smelt] *pret u. pp von* **smell.**

ˈ**smelt·er** *s* **1.** Schmelzer *m*. **2.** → **smeltery.** ˈ**smelt·er·y** *s tech.* Schmelzhütte *f*. ˈ**smelt·ing** *s tech.* Verhüttung *f*: **~ furnace** Schmelzofen *m*.

smew [smjuː] *s orn.* Kleiner Säger.

smi·lax [ˈsmaɪlæks] *s bot.* Stechwinde *f*.

smile [smaɪl] **I** *v/i* **1.** lächeln (*a. fig. Sonne etc*): **to ~ at** a) *j-n* anlächeln, *j-m* zulächeln, b) *j-n, etwas* belächeln, lächeln über (*acc*); **to come up smiling** *fig.* die Sache leicht überstehen. **2.** ~ **(up)on** *fig. j-m* lächeln *od.* hold sein: **fortune ~d on him.** **II** *v/t* **3.** **to ~ one's approval (consent)** beifällig (zustimmend) lächeln; **to ~ a bitter ~** bitter lächeln. **4.** ~ **away** *Tränen etc* hinˈweglächeln. **III** *s* **5.** Lächeln *n*: **to give s.o. a ~** j-n anlächeln, j-m zulächeln; **to be all ~s** (übers ganze Gesicht) strahlen. **6.** *meist pl fig.* Lächeln *n*, Gunst *f*. ˈ**smil·ing** *adj* (*adv* **~ly**) **1.** lächelnd (*a. fig.*). **2.** *fig.* huldvoll.

smirch [smɜːtʃ; *Am.* smɜrtʃ] **I** *v/t* **1.** beschmieren, besudeln (*a. fig.*). **II** *s* **2.** (Schmutz)Fleck *m*. **3.** *fig.* Schandfleck *m*.

smirk [smɜːk; *Am.* smɜrk] **I** *v/i* affekˈtiert *od.* blöd lächeln, grinsen. **II** *s* affekˈtiertes Lächeln, Grinsen *n*.

smit [smɪt] *pret u. pp obs. von* **smite.**

smite [smaɪt] *pret* **smote** [sməʊt], *obs.* **smit** [smɪt], *pp* **smit·ten** [ˈsmɪtn], **smote,** *obs.* **smit I** *v/t* **1.** *Bibl. rhet., a. humor.* schlagen (*a.* = erschlagen *od.* heimsuchen): → **rib** 1. **2.** befallen: **smitten with the plague** von der Pest befallen *od.* dahingerafft. **3.** *fig.* packen: **smitten with desire** von Begierde gepackt. **4.** *fig.* ˈhinreißen: **he was smitten with her charms** er war hingerissen von ihrem Charme; → **smitten** 2. **5.** plagen, quälen: **his conscience smote him** sein Gewissen schlug ihm. **6.** *obs. od. poet. allg.* schlagen. **II** *v/i* **7.** schlagen. **8.** ~ **upon** *fig.* an *das Ohr etc* schlagen.

smith [smɪθ] *s* Schmied *m*.

smith·er·eens [ˌsmɪðəˈriːnz] *s pl* Stücke *pl*, Fetzen *pl*, Splitter *pl*: **to smash to ~** in (tausend) Stücke schlagen.

smith·er·y [ˈsmɪθərɪ] *s* **1.** Schmiedearbeit *f*. **2.** Schmiedehandwerk *n*.

smith·son·ite [ˈsmɪθsnaɪt] *s min.* Smithsoˈnit *m*.

smith·y [ˈsmɪðɪ; *Am. bes.* -θiː] *s* Schmiede *f*.

smit·ten [ˈsmɪtn] **I** *pp von* **smite.** **II** *adj* **1.** betroffen, befallen. **2.** (**by**) *colloq.* ‚verknallt' (in *j-n*), ‚ganz weg' *od.* ˈhingerissen (von *j-m*).

smock [smɒk; *Am.* smɑk] **I** *s* **1.** (Arbeits)Kittel *m*. **2.** (Kinder)Kittel *m*. **3.** *obs.* Frauenhemd *n*. **II** *v/t* **4.** *e-e Bluse etc* smoken, mit Smokarbeit verzieren. **~ frock** *s* (*Art*) Russen-, Fuhrmannskittel *m*.

smock·ing [ˈsmɒkɪŋ; *Am.* ˈsmɑkɪŋ] *s* **1.** Smokarbeit *f*. **2.** Smokstiche *pl*.

smog [smɒg; *Am.* smɑg] **I** *s* (*aus* **smoke** *u.* **fog**) Smog *m*, Dunstglocke *f*, ˈrauchdurchˌsetzter Nebel. **II** *v/t*: **to be ~ged in** von Smog eingehüllt sein. ˈ**~bound** *adj* von Smog eingehüllt.

smok·a·ble [ˈsməʊkəbl] *adj* rauchbar.

smoke [sməʊk] **I** *s* **1.** Rauch *m* (*a. phys. u. chem.*): **like ~** *sl.* wie der Teufel, im Handumdrehen; **there's no ~ without a fire** irgend etwas ist immer dran (*an e-m Gerücht*). **2.** Rauchwolke *f*, Qualm *m*, Dunst *m*: **to end** (*od.* **go up**) **in ~** *fig.* sich in nichts auflösen. **3.** *mil.* (Tarn)Nebel *m*. **4.** Rauchen *n* (*e-r Zigarre etc*): **to have a ~** ‚eine' rauchen. **5.** Zigaˈrettenpause *f*. **6.** *colloq.* ‚Glimmstengel' *m*, Ziˈgarre *f od.* Zigaˈrette *f*. **7.** *sl.* a) Marihuˈana *n*, b) ‚Hasch' *n* (*Haschisch*): **to blow ~** ‚kiffen'. **II** *v/i* **8.** rauchen: **do you ~?** **9.** qualmen, rauchen (*Schornstein, Ofen etc*). **10.** dampfen (*a. Pferd*). **11.** *sl.* ‚kiffen' (*Marihuana od. Haschisch rauchen*). **III** *v/t* **12.** *Tabak, Pfeife etc* rauchen. **13.** *Fisch, Fleisch, Holz etc* räuchern: **~d ham** geräucherter Schinken, Räucherschinken *m*. **14.** *Glas etc* rußig machen, schwärzen. **15.** ~ **out** ausräuchern (*a. fig.*). **16.** ~ **out** *fig.* ans Licht bringen.

smoke·a·ble → **smokable.**

smoke| ball *s mil.* ˈNebelgraˌnate *f*. **~ bomb** *s mil.* Nebel-, Rauchbombe *f*. **~ con·sum·er** *s* Rauchverzehrer *m*. **~ de·tec·tor** *s tech.* Rauchmelder *m*. ˈ**~-dried** *adj* geräuchert: **~ meat.** **~ hel·met** *s* Rauchmaske *f* (*Feuerwehr*). ˈ**~house** *s* **1.** Räucherhaus *n*. **2.** *Gerberei*: Schwitzkammer *f*.

ˈ**smoke·less** *adj* (*adv* **~ly**) rauchlos (*a. mil.*): **~ powder.**

smok·er [ˈsməʊkə(r)] *s* **1.** Raucher(in): **~'s cough** Raucherhusten *m*; **~'s heart** *med.* Raucher-, Nikotinherz *n*. **2.** Räucherer *m*. **3.** *rail.* ˈRaucher(abˌteil *n*) *m*. **4.** zwanglose Herrenparty. **5.** *sl.* ‚Kiffer' *m* (*Marihuana- od. Haschischraucher*).

smoke| room *bes. Br. für* **smoking room.** **~ screen** *s* **1.** *mil.* Rauch-, Nebelschleier *m*. **2.** *fig.* ˈTarnmaˌnöver *n*, Nebel *m*. **~ sig·nal** *s* ˈRauchsiˌgnal *n*. ˈ**~stack** *s* Schornstein *m*.

smok·ing [ˈsməʊkɪŋ] **I** *adj* **1.** Rauch... **2.** Raucher... **II** *s* **3.** Rauchen *n*: **no ~** Rauchen verboten, *rail.* Nichtraucher. **~ car, ~ com·part·ment** *s* ˈRaucherabˌteil *n*. **~ gun** *s bes. jur.* ˈunwiderˌlegbarer Beweis. **~ jack·et** *s* Hausjacke *f*. **~ pis·tol** → **smoking gun.** **~ room** *s* Herren-, Rauchzimmer *n*: **smoking-room talk** Herrengespräche *pl*, -witze *pl*. **~ to·bac·co** *s* (Rauch)Tabak *m*.

smok·y [ˈsməʊkɪ] *adj* **1.** qualmend. **2.** dunstig, qualmig, verräuchert: **~ room.** **3.** rauchgrau. **4.** rauchig: **~ voice;** **~ taste** Rauchgeschmack *m*. **~ quartz** *s min.* Rauchquarz *m*.

smol·der, *bes. Br.* **smoul·der** [ˈsməʊldə(r)] **I** *v/i* **1.** glimmen, schwelen (*a. fig. Feindschaft etc*). **2.** glühen, glimmen (*a. fig.*): **his eyes ~ed with hatred.** **II** *s* **3.** Rauch *m*, Qualm *m*. **4.** schwelendes Feuer.

smolt [sməʊlt] *s ichth.* (*flußabwärtsziehender*) Lachs, Salm *m*.

smooch[1] [smuːtʃ] *Am.* **I** *v/t* beschmieren. **II** *s* (Schmutz)Fleck *m*.

smooch² [smu:tʃ] *sl.* **I** *s* **1.** ‚Schmusen' *n*, ‚Knutschen' *n*. **2.** *Am.* Schmatz *m*, Kuß *m*. **3.** *Br.* ‚Stehblues' *m*. **II** *v/i* **4.** ‚schmusen', ‚knutschen'. **5.** *Br.* eng umˈschlungen tanzen.

smooth [smu:ð] **I** *adj* (*adv* **~ly**) **1.** *allg.* glatt: **~ hair (surface**, *etc*); **~ muscle** *anat.* glatter Muskel. **2.** eben: **~ terrain**. **3.** glatt, ruhig: **~ sea**; **a ~ passage** e-e ruhige Überfahrt; **I am now in ~ water** *fig.* jetzt habe ich es geschafft; → **sailing** 1. **4.** gutgemischt: **~ salad dressing**. **5.** *tech.* ruhig, stoßfrei: **~ running**. **6.** *mot.* zügig: **~ driving**; **~ shifting of gears**. **7.** *aer.* glatt: **~ landing**. **8.** glatt, reibungslos: **to make things ~ for s.o.** j-m den Weg ebnen. **9.** sanft, weich: **a ~ voice**; **~ notes**. **10.** *fig.* flüssig, eleˈgant, schwungvoll: **a ~ melody (style**, *etc*). **11.** *fig.* glatt, geschliffen, fließend: **a ~ speech**. **12.** (*contp.* aal)glatt, gewandt: **~ manners**; **a ~ talker**; **a ~ tongue** e-e glatte Zunge. **13.** *Am. sl.* a) fesch, schick, b) ‚sauber', prima. **14.** mild, lieblich (*Wein*). **15.** *ling.* ohne Aspiratiˈon.
II *adv* **16.** glatt, ruhig: **things have gone ~ with me** *fig.* bei mir ging alles glatt.
III *v/t* **17.** glätten (*a. fig.*): **to ~ the way for** *j-m od. e-r Sache* den Weg ebnen. **18.** *fig.* besänftigen. **19.** *math.* abrunden: **to ~ a curve**. **20.** *Statistik*: ausgleichen: **to ~ irregularities**. **21.** *ling.* monophthonˈgieren.
IV *v/i* **22.** → **smooth down** 1.
V *s* **23.** Glätten *n*: **to give a ~ to** glattstreichen. **24.** glatter Teil: → **rough** 18.
Verbindungen mit Adverbien:
smooth|a·way *v/t Schwierigkeiten etc* wegräumen, ‚ausbügeln'. **~ down I** *v/i* **1.** sich glätten *od.* beruhigen (*Meer etc*; *a. fig.*). **II** *v/t* **2.** glattstreichen. **3.** besänftigen. **4.** *e-n Streit* schlichten. **~ out** *v/t* **1.** *e-e Falte* glattstreichen, ausplätten (**from** aus). **2.** *Schwierigkeiten* aus dem Weg räumen. **~ o·ver** *v/t* **1.** *e-n Streit* schlichten. **2.** *e-n Fehler etc* bemänteln.

ˈsmooth|-bore *adj u. s* (Gewehr *n*) mit glattem Lauf. **~ breath·ing** *s ling.* Spiritus *m* lenis.

ˈsmooth·er *s* **1.** Glätter(in). **2.** *tech.* a) ˈSchleif-, Poˈliermaˌschine *f*, b) Glättpresse *f* (*für Papier*), c) Spa(ch)tel *m*, *f*.

ˈsmooth|-faced *adj* **1.** a) bartlos, b) ˈglattraˌsiert. **2.** *fig.* glatt, katzenfreundlich. **~ file** *s tech.* Schlichtfeile *f*.

smooth·ie [ˈsmu:ðɪ] *s colloq.* **1.** ‚toller' *od.* schicker Kerl. **2.** aalglatter Bursche.

smooth·ing|ca·pac·i·tor [ˈsmu:ðɪŋ] *s electr.* ˈAbflach-, Beˈruhigungskondenˌsator *m*. **~ i·ron** *s* Plätt-, Bügeleisen *n*. **~ plane** *s tech.* Schlichthobel *m*.

ˈsmooth·ness *s* **1.** Glätte *f* (*a. fig.*). **2.** glatter Fluß, Eleˈganz *f* (*e-r Rede etc*). **3.** Schliff *m*, Gewandtheit *f*, Glätte *f* (*des Benehmens*). **4.** Sanftheit *f*. **5.** Glattzüngigkeit *f*. **6.** Reibungslosigkeit *f* (*a. fig.*).

ˌsmooth|-ˈshav·en *adj* ˈglattraˌsiert. **ˌ~-ˈspo·ken, ˌ~-ˈtongued** *adj fig.* glattzüngig, schmeichlerisch.

smooth·y → smoothie.

smote [sməʊt] *pret u. pp von* **smite**.

smoth·er [ˈsmʌðə(r)] **I** *s* **1.** Rauch *m*, dicker Qualm, stickige Luft. **2.** schwelendes Feuer. **3.** Dampf-, Dunst-, Staub-, Schneewolke *f*, Sprühnebel *m*. **4.** (*wirre od.* erdrückende) Masse. **II** *v/t* **5.** ersticken (*a. fig.*): **to ~ a child (a fire, a rebellion, a cry**, *etc*); **to ~ a shot** *sport* e-n Schuß unschädlich machen. **6.** *bes. fig.* überˈhäufen (**with** mit *Arbeit etc*): **to ~ s.o. with kisses** j-n abküssen; **to ~ in** (*od.* **with**) *etwas* völlig bedecken mit, einhüllen in (*dat*), begraben unter (*Blumen, Decken etc*). **7.** *oft* **~ up** unterˈdrücken (*a. fig.*): **to ~ a yawn (one's rage, a secret**, *etc*); **to ~ a scandal** e-n Skandal vertuschen; **to ~ a bill** e-e Gesetzesvorlage zu Fall bringen *od.* unterdrücken. **8.** *Brote etc* dick belegen *od.* garˈnieren. **9.** *sport colloq.* ‚vernaschen', ‚überˈfahren' (*hoch schlagen*). **III** *v/i* **10.** ersticken. **11.** unterˈdrückt *od.* erstickt werden. **~ love** *s* Affenliebe *f*.

smoul·der *bes. Br. für* **smolder**.

smudge [smʌdʒ] **I** *s* **1.** (Schmutz)Fleck *m*, Klecks *m*. **2.** *bes. Am. a.* **~ fire** qualmendes Feuer (*gegen Mücken, Frost etc*). **II** *v/t* **3.** verschmieren. **4.** vollklecksen, ver-, beschmieren. **5.** *fig. j-s Ruf etc* besudeln. **III** *v/i* **6.** schmieren (*Papier, Tinte etc*). **7.** beschmiert *od.* schmutzig werden. **8.** qualmen. **ˈsmudg·y** *adj* (*adv* **smudgily**) **1.** verschmiert, schmierig, schmutzig. **2.** unsauber: **~ impression**. **3.** qualmend.

smug [smʌg] **I** *adj* (*adv* **smugly**) **1.** *obs.* schmuck. **2.** ‚geschniegelt u. gebügelt'. **3.** selbstgefällig, blaˈsiert. **II** *s* **4.** blaˈsierter Kerl.

smug·gle [ˈsmʌgl] **I** *v/t Waren, a. weitS. e-n Brief, j-n etc* schmuggeln: **to ~ in (out)** ein-(heraus)schmuggeln; **to ~ s.th. past s.o.** etwas an j-m vorbeischmuggeln. **II** *v/i* schmuggeln. **ˈsmug·gler** *s* **1.** Schmuggler *m*. **2.** Schmuggelschiff *n*. **ˈsmug·gling** *s* Schmuggel *m*, Schleichhandel *m*.

smut [smʌt] **I** *s* **1.** Ruß-, Schmutzflocke *f od.* -fleck *m*. **2.** *fig.* Zote(n *pl*) *f*, Schmutz *m*, Schweineˈrei(en *pl*) *f*: **to talk ~** Zoten reißen, ‚schweinigeln'. **3.** *bot.* (*bes.* Getreide)Brand *m*: **~ fungus** Brandpilz *m*. **II** *v/t* **4.** beschmutzen. **5.** *bot.* brandig machen.

smutch [smʌtʃ] **I** *v/t* beschmutzen, schwarz machen. **II** *s* schwarzer Fleck.

smut·ti·ness [ˈsmʌtɪnɪs] *s* **1.** Schmutzigkeit *f* (*a. fig.*). **2.** *bot.* Brandigkeit *f*. **ˈsmut·ty** *adj* (*adv* **smuttily**) **1.** schmutzig, rußig. **2.** *fig.* schmutzig, unanständig, zotig, obˈszön: **~ joke** Zote *f*, Schweinerei *f*. **3.** *bot.* brandig.

snack [snæk] *s* **1.** Imbiß *m*, Snack *m*: **to have a ~** e-e Kleinigkeit essen. **2.** Happen *m*, Bissen *m*. **3.** (An)Teil *m*: **to go ~s** (untereinander) teilen. **~ bar** *s* Imbißstube *f*, Snackbar *f*. **~ ta·ble** *s* Eßtischchen *n* (*für 1 Person*).

snaf·fle [ˈsnæfl] **I** *s* **1.** *a.* **~ bit** Trense *f*, Gebiß *n*. **II** *v/t* **2.** a) *e-m Pferd* die Trense anlegen, b) mit der Trense lenken. **3.** *fig.* im Zaum halten. **4.** *Br. colloq.* ‚mausen', stehlen.

sna·fu [snæˈfu:] *Am. sl.* (*aus* **situation normal – all fucked up**) **I** *adj* **1.** in heillosem Durcheinˈander. **2.** ‚beschissen'. **II** *s* **3.** heilloses Durcheinˈander. **4.** ‚beschissene Lage'. **III** *v/t* **5.** ‚versauen'.

snag [snæg] **I** *s* **1.** Knorren *m*, Aststumpf *m*. **2.** *bes. Am.* Baumstumpf (*in Flüssen*). **3.** a) Zahnstumpf *m*, b) *Am.* Raffzahn *m*. **4.** *fig.* ‚Haken' *m*: **to strike** (*od.* **come upon**) **a ~** auf Schwierigkeiten stoßen; **there must be a ~ in it somewhere** die Sache muß e-n Haken haben. **II** *v/t* **5.** *bes. Am. ein Boot etc* gegen e-n Baumstumpf fahren lassen. **6.** *e-n Fluß* von Baumstümpfen befreien. **7.** *fig.* behindern. **8.** *Am. colloq.* (sich) *etwas* schnappen.

snag·ged [ˈsnægɪd], **ˈsnag·gy** *adj* **1.** ästig, astig, knorrig. **2.** *bes. Am.* voller Baumstümpfe (*Fluß*) *od.* Hindernisse (*Flußlauf*).

snail [sneɪl] *s* **1.** *zo.* Schnecke *f* (*a. fig. lahmer Kerl, Faulpelz*): **at a ~'s pace** im Schneckentempo. **2.** → **snail wheel**. **~ cloud** *s* Stratoˈkumulus *m* (*Wolke*). **ˈ~-paced** *adj* sich im Schneckentempo bewegend. **~ shell** *s* Schneckenhaus *n*. **~ wheel** *s* Schnecke *f*, Schneckenrad *n* (*der Uhr*).

snake [sneɪk] **I** *s* **1.** Schlange *f* (*a. fig.*): **~ in the grass** a) falsche Schlange, b) verborgene Gefahr; **to warm** (*od.* **cherish**) **a ~ in one's bosom** e-e Schlange am Busen nähren; **to see ~s** *colloq.* ‚weiße Mäuse sehen' (*Säufer*). **2.** *econ.* Währungsschlange *f*. **II** *v/t* **3. to ~ one's way** sich schlängeln. **4.** *Am.* schleifen, zerren: **to ~ a log**. **III** *v/i* **5.** sich schlängeln. **~ charm·er** *s* Schlangenbeschwörer *m*. **~ dance** *s* Schlangentanz *m*. **~ fence** *s Am.* zickzackförmige Einfriedung. **~ pit** *s* **1.** Schlangengrube *f*. **2.** *fig.* Irrenanstalt *f*. **3.** *fig.* Abgrund *m*, Hölle *f*. **ˈ~·skin** *s* **1.** Schlangenhaut *f*. **2.** Schlangenleder *n*.

snak·y [ˈsneɪkɪ] *adj* **1.** Schlangen... **2.** schlangenreich. **3.** schlangenartig, gewunden, sich schlängelnd. **4.** *fig.* falsch, ˈhinterhältig.

snap [snæp] **I** *v/i* **1.** schnappen (**at** nach): **to ~ at s.o.** → 16; **to ~ out** *fig.* aufbrausen. **2.** schnappen, hastig greifen (**at** nach) (*a. fig.*): **to ~ at the chance** zugreifen, die Gelegenheit beim Schopf packen. **3.** knallen (*Peitsche etc*). **4.** zuschnappen (*Verschluß etc*), klicken. **5.** zerkrachen, brechen, zerspringen, -reißen, entzweigehen: **his nerves ~ped** s-e Nerven versagten. **6.** schnellen: **he ~ped forward**; **to ~ to attention** *mil.* ‚Männchen bauen', Haltung annehmen; **~ to it!** *colloq.* mach Tempo!; **~ out of it!** *colloq.* komm, komm!, laß das (sein)! **7.** blitzen (*vor Zorn*): **her eyes ~ped**. **8.** *phot.* knipsen.
II *v/t* **9.** (er)schnappen, beißen: **to ~ off** abbeißen; → **head** *Bes. Redew.*, **nose** *Bes. Redew.* **10.** schnell greifen nach, schnappen nach: **to ~ s.o.'s bag from him** j-m die Tasche entreißen. **11. ~ up** a) auf-, wegschnappen, b) (gierig) an sich reißen: **to ~ up the offer** das Angebot schnell annehmen. **12.** schnalzen mit: **to ~ one's fingers**; **to ~ one's fingers at** *fig. j-n, etwas* nicht ernst nehmen, *j-n* auslachen. **13.** knallen mit: **to ~ a whip**. **14.** (auf- *od.* zu)schnappen *od.* (-)knallen lassen: **to ~ a lid**. **15. ~ up** a) *j-n* barsch unterˈbrechen, b) *j-n* kurz abfertigen. **16.** *j-n* ‚anschnauzen', anfahren. **17.** *a.* **~ out** ‚bellen': **to ~ out a remark (an order**, *etc*). **18.** zerknicken, -knacken, -brechen, -reißen: **to ~ off** abbrechen. **19.** *meist* **~ up** *Kricket*: *den Schlagmann* hart nehmen. **20.** → **snapshot** II.
III *adj* **21.** Schnapp... **22.** Schnell...: **~ judg(e)ment** (vor)schnelles Urteil; **a ~ vote** e-e Blitzabstimmung. **23.** kinderleicht.
IV *adv u. interj* **24.** knacks(!), krach(!), schnapp(!).
V *s* **25.** Knacken *n*, Krachen *n*, Knacks *m*, Klicken *n*. **26.** (Peitschen- *etc*)Knall *m*. **27.** Reißen *n*, (Zer)Brechen *n*. **28.** (Zu)Schnappen *n*, Biß *m*: **to make** (*od.* **take**) **a ~ at** schnappen nach. **29.** → **snapshot** I. **30.** a) → **snap catch**, b) → **snap lock**. **31.** *fig. colloq.* ‚Schmiß' *m*, Schwung *m*. **32.** barsches Wort. **33.** *colloq.* (*ein*) bißchen: **I don't care a ~** das ist mir völlig schnuppe. **34.** *bes. Am. colloq.* a) ‚schlauer' Posten, b) Kleinigkeit *f*, leichte Sache, c) ‚todsichere' Sache. **35.** *bes. Br.* (knuspriges) Plätzchen: **lemon ~**. **36.** kurze Zeit: **in a ~** im Nu; **cold ~** Kälteeinbruch *m*. **37.** (*Art*) Schnippschnapp *n* (*Kartenspiel*).

snap|bolt → **snap lock**. **~ catch** *s tech.* Schnapper *m*. **ˈ~ˌdrag·on** *s* **1.** *bot.* Löwenmaul *n.* **2.** Ro'sinenfischen *n* (*aus brennendem Branntwein; Weihnachtsspiel*). **~ fas·ten·er** *s* Druckknopf *m.* **~ hook** *s tech.* Kara'binerhaken *m.* **~ link** *s tech.* Kettenglied *n* mit Schnappverschluß. **~ lock** *s tech.* Schnappschloß *n.*

'snap-on *adj* **1.** mit Schnappverschluß. **2.** mit Druckknopf (befestigt).

snap·pish ['snæpɪʃ] *adj* (*adv* **~ly**) **1.** bissig: **~ dog. 2.** *fig.* a) bissig, reizbar, barsch, b) schnippisch.

snap·py ['snæpɪ] *adj* (*adv* **snappily**) **1.** → **snappish. 2.** knisternd, knackend. **3.** *colloq.* a) schnell, fix, b) forsch, flott, ‚zackig': **make it ~!**, *Br. a.* **look ~!** mach (mal) fix!, c) schwungvoll, schmissig, d) schick: **~ clothes. 4.** *phot.* scharf.

snap| ring *s mount.* Kara'binerhaken *m.* **~ shot** *s mil.* Schnellschuß *m.* **'~shot** *phot.* **I** *s* Schnappschuß *m*, Mo'mentaufnahme *f.* **II** *v/t* e-n Schnappschuß machen von, *etwas* knipsen. **~ switch** *s tech.* Schnappschalter *m.*

snare [sneə(r)] **I** *s* **1.** Schlinge *f*, Fallstrick *m*, Falle *f*, *fig. a.* Fußangel *f*: **to set a ~ for s.o.** j-m e-e Falle stellen. **2.** *med.* Schlinge *f.* **3.** *mus.* Schnarrsaite *f* (*e-r Trommel*). **II** *v/t* **4.** mit e-r Schlinge fangen. **5.** *fig.* a) ‚ergattern', sich ‚angeln', b) sich ‚unter den Nagel reißen'. **6.** *fig.* um'stricken, fangen, *j-m* e-e Falle stellen. **~ drum** *s mus.* kleine Trommel, Schnarrtrommel *f.*

snar·er ['sneərə(r)] *s* Schlingenleger *m.*

snarl¹ [snɑː(r)l] **I** *s* **1.** Knoten *m*, ‚Fitz' *m* (*in Garn, Haar etc*). **2.** *fig.* a) wirrer Knäuel, wirres Durchein'ander, Gewirr *n*: **traffic ~** Verkehrschaos *n*, -stockung *f*, b) Verwick(e)lung *f.* **II** *v/t* **3.** *a.* **~ up** verwickeln, -wirren. **III** *v/i* **4.** *a.* **~ up** sich verwirren *od.* ‚verfitzen'.

snarl² [snɑː(r)l] **I** *v/i* wütend knurren, die Zähne fletschen (*Hund, a. Person*): **to ~ at s.o.** *fig.* j-n anfauchen. **II** *v/t etwas* wütend knurren *od.* her'vorstoßen. **III** *s* Knurren *n*, Zähnefletschen *n.*

'snarl-up *s bes. Br. colloq.* Durchein'ander *n*, *bes.* Verkehrschaos *n.*

snatch [snætʃ] **I** *v/i* **1.** schnappen, greifen (**at** nach): **to ~ at the offer** *fig.* mit beiden Händen zugreifen. **II** *v/t* **2.** *etwas* schnappen, ergreifen, packen: **to ~ up** aufraffen. **3.** *etwas* schnappen, fangen: **to ~ the ball. 4.** *fig. e-e Gelegenheit etc* ergreifen, *etwas, a. Schlaf* ‚ergattern': **to ~ a hurried meal** rasch etwas zu sich nehmen. **5.** *etwas* an sich reißen: **to ~ a kiss** e-n Kuß rauben. **6. ~ (away) from** *j-m etwas, j-n dem Meer, dem Tod etc* entreißen: **he was ~ed away from us by premature death** er wurde uns durch e-n (allzu) frühen Tod entrissen. **7. ~ off** weg-, her'unterreißen. **8.** *Gewichtheben*: reißen. **III** *s* **9.** Schnappen *n*, schneller (Zu)Griff: **to make a ~ at s.th.** → 2–4. **10.** kurzer Augenblick: **~es of sleep. 11.** *meist pl* Bruchstück *n*, ‚Brocken' *m*, (*etwas*) Aufgeschnapptes: **~es of conversation** Gesprächsfetzen; **by** (*od.* **in**) **~es** a) hastig, ruckweise, b) ab u. zu. **12.** *colloq.* (Raub *m* durch) Entreißen *n.* **13.** *Gewichtheben*: Reißen *n.* **14.** *Am. vulg.* a) ‚Fotze' *f*, ‚Möse' *f* (*Vulva*), b) ‚Nummer' *f* (*Geschlechtsverkehr*): **to have a ~** e-e Nummer machen *od.* schieben.

'snatch·y *adj* (*adv* **snatchily**) abgehackt, in Absätzen, ruckweise, spo'radisch.

snaz·zy ['snæzɪ] *adj colloq.* ‚piekfein', ‚todschick'.

sneak [sniːk] **I** *v/i* **1.** (sich) schleichen: **to ~ about** (*od.* **around**) herumschleichen, -schnüffeln; **to ~ away** sich davonschleichen, sich ‚verkrümeln'; **to ~ up on s.o.** (sich) an j-n heranschleichen; **to ~ out of s.th.** *fig.* sich vor etwas drücken. **2.** huschen, wischen. **3.** *fig. contp.* a) ‚leisetreten', b) kriechen, katzbuckeln. **4.** *ped. Br. colloq.* ‚petzen': **to ~ on s.o.** j-n ‚verpetzen'. **II** *v/t* **5.** *etwas* schmuggeln (**into** in *acc*). **6.** *colloq.* ‚sti'bitzen', stehlen: **to ~ a drink** heimlich ‚e-n kippen'; **to ~ a goal** *sport* ‚abstauben'. **7.** *Rundfunk, TV*: *colloq.* langsam ein- *od.* ausblenden: **to ~ in (out). III** *s* **8.** *contp.* a) ‚Leisetreter' *m*, b) Kriecher *m.* **9.** *ped. Br. colloq.* ‚Petze' *f.* **10.** *Kricket*: (schneller) Roller. **11. on the ~** *colloq.* ‚klammheimlich'. **IV** *adj* **12.** heimlich: **~ attack** *mil.* Überraschungsangriff *m*; **~ current** *electr.* Fremdstrom *m.* **'sneak·ers** [-ə(r)z] *s pl bes. Am. colloq.* Turnschuhe *pl.* **'sneak·ing** *adj* (*adv* **~ly**) **1.** verstohlen. **2.** 'hinterlistig, gemein. **3.** heimlich: **~ sympathy**; **~ suspicion** leiser Verdacht.

sneak| pre·view *s Am. colloq. inoffizielle erste Vorführung e-s neuen Films* (*zum Testen der Publikumsreaktion*). **~ thief** *s irr* Einsteig- *od.* Gelegenheitsdieb *m.*

'sneak·y → **sneaking.**

sneer [snɪə(r)] **I** *v/i* **1.** höhnisch grinsen, hohnlächeln, ‚feixen' (**at** über *acc*). **2.** höhnen, spötteln, spotten (**at** über *acc*). **II** *v/t* **3.** *etwas* höhnen *od.* höhnisch äußern. **III** *s* **4.** Hohnlächeln *n*, höhnische Gri'masse. **5.** Hohn *m*, Spott *m*, höhnische Bemerkung. **'sneer·er** *s* Spötter(in), ‚Feixer' *m.* **'sneer·ing** *adj* (*adv* **~ly**) höhnisch, spöttisch, ‚feixend'.

sneeze [sniːz] **I** *v/i* **1.** niesen. **2.** (**at**) *colloq.* ‚husten' (auf *acc*): **not to be ~d at** nicht zu verachten. **II** *s* **3.** Niesen *n.* **'~wood** *s bot.* Niesholz *n.* **'~wort** *s bot.* Nieskraut *n.*

snell [snel] *s Am.* (Stück *n*) (Darm- *od.* Roßhaar)Schnur *f* (*zur Befestigung des Hakens an der Angel*).

snick [snɪk] **I** *v/t* **1.** schneiden. **2.** (ein-)kerben. **3.** *Kricket*: *den Ball* (*bes.* unabsichtlich) mit der Schlägerkante schlagen. **II** *s* **4.** Kerbe *f.* **5.** *Kricket*: mit der Schlägerkante geschlagener Ball.

snick-a-snee [ˌsnɪkə'sniː; 'snɪkəsniː] → **snickersnee.**

snick·er ['snɪkə(r)] **I** *v/i* **1.** *Am.* kichern. **2.** wiehern. **II** *v/t* **3.** *Am. colloq. etwas* kichern(d sagen). **III** *s* **4.** *Am.* Kichern *n.* **~snee** [ˌ-'sniː; '-sniː] *s* **1.** *obs.* Messersteche'rei *f.* **2.** Dolch *m*, langes Messer.

snide [snaɪd] **I** *adj* **1.** unecht, nachgemacht, falsch. **2.** abfällig, höhnisch (*Bemerkung etc*). **3.** *Am.* betrügerisch. **II** *s* **4.** *etwas Nachgemachtes, z.B.* falsches Geldstück, unechter Edelstein. **5.** *Am.* Gauner *m.*

sniff [snɪf] **I** *v/i* **1.** schnuppern, schnüffeln (**at** an *dat*): **to ~ about** (*od.* **around**) *fig.* herumschnüffeln. **2.** schniefen, die Nase hochziehen. **3.** *fig.* die Nase rümpfen (**at** über *acc*): **not to be ~ed at** nicht zu verachten. **II** *v/t* **4.** *a.* **~ in** (*od.* **up**) durch die Nase einziehen. **5.** schnuppern an (*dat*). **6.** riechen (*a. fig. wittern*): **to ~ out** ausschnüffeln. **7.** naserümpfend sagen. **8.** *Kokain etc* schnupfen: **to ~ snow** *sl.* ‚koksen'. **III** *s* **9.** Schnüffeln *n.* **10.** Schniefen *n.* **11.** Naserümpfen *n.*

'sniff·er dog *s* a) Spürhund *m*, b) Rauschgifthund *m.*

snif·fle ['snɪfl] **I** *v/i* **1.** → **sniff** 2. **2.** greinen, ‚heulen'. **II** *s* **3.** Schniefen *n.* **4. the ~s** *pl colloq.* Schnupfen *m.*

'sniff·y *adj colloq.* **1.** naserümpfend, hochnäsig, verächtlich. **2.** *Br.* muffig.

snif·ter ['snɪftə(r)] *s* **1.** *bes. Am.* Kognakschwenker *m.* **2.** *colloq.* Schnäps-chen *n*, ‚Gläs-chen' *n.* **3.** kleine Menge, ‚Schuß' *m.* **4.** *pl* Schnupfen *m.*

snift·ing valve ['snɪftɪŋ], *a.* **'snif·ter valve** *s tech.* 'Schnüffelvenˌtil *n.*

snig·ger ['snɪgə(r)] *bes. Br. für* **snicker** 1, 3, 4.

snig·gle ['snɪgl] *v/t u. v/i* (Aale *etc*) mit Ködern fangen.

snip [snɪp] **I** *v/t* **1.** schnippeln, schnipseln, schneiden: **to ~ off, to ~ away** ab-, wegschneiden, abschnipseln. **2.** *Fahrkarte* knipsen. **II** *v/i* **3.** schnippeln, schnipseln. **III** *s* **4.** Schnipsel *m, n*, Schnippel *m.* **5.** Schnitt *m.* **6.** *obs. colloq.* Schneider *m.* **7.** *Am. colloq.* a) Knirps *m*, b) Frechdachs *m.* **8.** *Br. colloq.* a) ‚todsichere' Sache, b) Gelegenheitskauf *m.* **9.** *pl tech.* (Hand)Blechschere *f.*

snipe [snaɪp] **I** *s* **1.** *pl* **snipes,** *bes. collect.* **snipe** *orn.* Schnepfe *f.* **2.** *mil.* Schuß *m* aus dem 'Hinterhalt: **to take ~s at s.o.** *fig.* j-n aus dem Hinterhalt angreifen. **3.** *Am. sl.* ‚Hugo' *m*, (Zi'garren- *etc*)Stummel *m.* **II** *v/i* **4.** *hunt.* Schnepfen jagen *od.* schießen. **5.** (**at**) a) *mil.* aus dem 'Hinterhalt schießen (auf *acc*), b) *fig.* aus dem 'Hinterhalt angreifen (*acc*). **III** *v/t* **6.** *mil.* abschießen, ‚wegputzen'.

snip·er ['snaɪpə(r)] *s mil.* Heckenschütze *m.* **'~scope** *s mil.* 'Infrarotviˌsier *n.*

snip·pet ['snɪpɪt] *s* **1.** (Pa'pier)Schnipsel *m, n.* **2.** *pl fig.* Bruchstücke *pl*, ‚Brocken' *pl*: **~s of conversation** Gesprächsfetzen.

snip·py ['snɪpɪ], *a.* **'snip·pet·y** [-ɪtɪ] *adj* **1.** bruchstückartig, (winzig) klein. **2.** *colloq.* a) schroff, barsch, b) → **sniffy** 1.

snip-snap ['snɪpsnæp] **I** *s* **1.** Schnippschnapp *n* (*der Schere etc*). **2.** *colloq.* schlagfertige Antwort. **II** *adv* **3.** schnippschnapp. **'snipˌsnap'sno·rum** [-'snɔːrəm] *s* Schnippschnapp *n* (*Kartenspiel*).

snitch [snɪtʃ] *sl.* **I** *v/t* **1.** ‚klauen', ‚sti'bitzen'. **II** *v/i* **2. ~ on** *j-n* ‚verpfeifen', verraten. **III** *s* **3.** Verräter *m.* **4.** *bes. Am.* ‚Zinken' *m* (*Nase*). **'snitch·er** → **snitch** 3.

sniv·el ['snɪvl] **I** *v/i pret u. pp* **-eled,** *bes. Br.* **-elled 1.** schniefen, die Nase hochziehen. **2.** greinen, ‚heulen'. **3.** wehleidig tun. **II** *v/t* **4.** *etwas* (her'aus)schluchzen. **III** *s* **5.** Greinen *n*, ‚Geheule' *n.* **6.** Schniefen *n.* **7.** wehleidiges Getue. **'sniv·el·er,** *bes. Br.* **'sniv·el·ler** *s* ‚Heulsuse' *f.* **'sniv·el·ing,** *bes. Br.* **'sniv·el·ling I** *s* **1.** → **snivel** III. **II** *adj* **2.** triefnasig, schniefend. **3.** wehleidig.

snob [snɒb; *Am.* snɑb] *s* **1.** Snob *m*: **~ appeal** Snob-Appeal *m*, Anziehungskraft *f* für Snobs. **2.** *Br. obs. Mensch niederer Herkunft.* **'snob·ber·y** [-ərɪ] *s* Sno'bismus *m.* **'snob·bish** *adj* (*adv* **~ly**) sno'bistisch, versnobt. **'snob·bish·ness** *s* sno'bistische Art. **'snob·bism** → **snobbery.**

sno·fa·ri [snəʊ'fɑːrɪ; *Am. a.* -'færiː] *s* Po'larexpeditiˌon *f.*

[ˌKnutsche'rei' *f.*]

snog [snɒg] *Br. sl.* **I** *v/i* ‚knutschen'. **II** *s*

snook [snuːk; snʊk] *s*: **to cock a ~ at s.o.** a) j-m ‚e-e lange Nase machen', b) *fig.* j-n nicht ernst nehmen, j-n auslachen.

snook·er ['snuːkə; *Am.* 'snʊkər] **I** *s a.* **~ pool** (*Billard*) Snooker Pool *m.* **II** *v/t fig. j-n* in e-e schwierige Lage bringen.

snoop [snuːp] *fig. colloq.* **I** *v/i* **1.** schnüffeln: **to ~ about** (*od.* **around**) herumschnüffeln. **II** *v/t* **2.** *bes. Am.* ausschnüffeln. **III** *s* **3.** Schnüffe'lei *f.* **4.** ‚Schnüffler' *m.* **'snoop·er** *s colloq.* ‚Schnüffler' *m.*

snoop·er·scope ['snuːpərˌskəʊp] *s mil. Am.* 'Infrarotviˌsier *n* mit Bildwandler.

'snoop·y *adj colloq.* schnüffelnd, neugierig.

snoot [snuːt] *s bes. Am. colloq.* **1.** ‚Schnauze' *f* (*Gesicht*). **2.** ‚Rüssel' *m* (*Nase*). **3.** ‚Schnute' *f*, Gri'masse *f*: **to make a ~** e-e Schnute ziehen, e-e Grimasse schneiden (**at s.o.** j-m). **'snoot·y** *adj colloq.* ‚großkotzig', hochnäsig.

snooze [snuːz] *colloq.* **I** *v/i* **1.** ein Nickerchen machen. **2.** dösen. **II** *v/t* **3. ~ away** *Zeit* vertrödeln. **III** *s* **4.** Nickerchen *n*: **to have a ~** → 1.

snore [snɔː(r); *Am. a.* ˈsnəʊər] **I** *v/i* schnarchen. **II** *v/t a.* ~ **away,** ~ **out** *Zeit* (ver)schlafen. **III** *s* Schnarchen *n.* ˈ**snor·er** *s* Schnarcher *m.*
snor·kel [ˈsnɔː(r)kl] **I** *s mar. mil.* Schnorchel *m* (*a. Sporttauchen*). **II** *v/i* schnorcheln.
snort [snɔː(r)t] **I** *v/i* **1.** (*a.* wütend *od.* verächtlich) schnauben. **2.** prusten. **II** *v/t* **3.** *oft* ~ **out** *Worte* (wütend) schnauben. **4.** ausprusten. **5.** *Kokain etc* schnupfen: **to** ~ **snow** *sl.* ‚koksen'. **III** *s* **6.** Schnauben *n,* Prusten *n.* **7.** *sl.* → **snifter** 2. ˈ**snort·er** *s* **1.** Schnaubende(r *m*) *f.* **2.** *colloq.* heftiger Sturm. **3.** *colloq.* a) ‚Mordsding' *n,* ‚tolle Sache', b) ‚Mordskerl' *m.* **4.** *sl.* → **snifter** 2. ˈ**snort·y** *adj* wutschnaubend.
snot [snɒt; *Am.* snɑt] *s* **1.** *vulg.* ‚Rotz' *m.* **2.** *sl.* ‚Scheißkerl' *m.* ˈ**snot·ty I** *adj* **1.** *vulg.* rotzig, Rotz... **2.** *sl.* ‚dreckig', gemein. **3.** → **snooty. II** *s* **4.** *mar. bes. Br. sl.* ˈSeekaˌdett *m.*
snout [snaʊt] *s* **1.** *zo.* Schnauze *f.* **2.** *colloq.* a) ‚Rüssel' *m* (*Nase*), b) ‚Schnauze' *f,* Vorderteil *n* (*des Autos etc*). **3.** *tech.* Schnabel *m,* Tülle *f.* **4.** *geol.* Gletscherzunge *f.* **5.** *Br. sl.* a) Tabak *m,* b) ‚Glimmstengel' *m* (*Zigarette*).
snow [snəʊ] **I** *s* **1.** Schnee *m.* **2.** *pl* Schneefälle *pl*: **~s of yesteryear** *fig.* Schnee von gestern. **3.** *pl* Schneemassen *pl.* **4.** *poet.* Silberhaar *n.* **5.** *poet.* Blütenschnee *m.* **6.** *poet.* Schneeweiß *n.* **7.** *chem., a. TV* Schnee *m.* **8.** *sl.* ‚Snow' *m,* ‚Schnee' *m* (*Kokain, Heroin*). **9.** *gastr.* Schnee *m,* Schaum *m.* **II** *v/i* **10.** schneien: **gifts ~ed in on her birthday** es regnete Geschenke zu ihrem Geburtstag. **III** *v/t* **11. ~ed in** (*od.* **up** *od.* **under**) eingeschneit. **12.** ~ **under** (*meist im pp*) *fig. colloq.* a) *pol. bes. Am. e-n Kandidaten* vernichtend schlagen, b) *mit Arbeit etc* überˈhäufen, ‚zudecken': **~ed under by worries** von Sorgen fast erdrückt, c) *j-n* mit viel Gerede ‚einwickeln'. **13.** *fig.* regnen, hageln: **it was ~ing complaints.**
ˈ**snow|·ball I** *s* **1.** Schneeball *m*: **to have a ~ fight** e-e Schneeballschlacht machen; **she doesn't have a ~'s chance in hell** *colloq.* sie hat nicht die Spur e-r Chance. **2.** *fig.* Laˈwine *f*: ~ **system** Schneeballsystem *n.* **3.** *Getränk aus Eierlikör u. Zitronenlimonade.* **4.** *bot.* Schneeball *m.* **II** *v/t* **5.** Schneebälle werfen auf (*acc*). **III** *v/i* **6.** sich mit Schneebällen bewerfen. **7.** *fig.* laˈwinenartig anwachsen. ˈ**~bank** *s* Schneeverwehung *f.* ˈ**~bird** *s* **1.** → **snow bunting. 2.** *Am. sl.* a) ‚Kokser(in)' (*Kokainsüchtige[r]*), b) Heroˈinsüchtige(r *m*) *f.* ˈ**~blind** *adj* schneeblind. **~blind·ness** *s* Schneeblindheit *f.* ˈ**~blink** *s* Schneeblink *m.* ˈ**~bound** *adj* eingeschneit, durch Schnee(massen) (von der Außenwelt) abgeschnitten. ˈ**~break** *s geol.* **1.** Schneerutsch *m.* **2.** Schneebruch *m* (*Baumbruch od. Gebiet*). **3.** (Wald)Schutzstreifen *m* (*gegen Schneeverwehungen*). **~bun·ny** *s colloq.* ‚Skihaserl' *n.* **~bun·ting** *s orn.* Schneeammer *f.* ˈ**~cap** *s orn.* (*ein*) Kolibri *m.* ˈ**~capped** *adj* schneebedeckt. **~chain** *s mot.* Schneekette *f.* ˈ**~-ˌcov·ered** *adj* schneebedeckt. **~drift** *s* Schneewehe *f.* ˈ**~drop** *s* **1.** *bot.* Schneeglöckchen *n.* **2.** *bot.* (*e-e*) amer. Aneˈmone. ˈ**~fall** *s* Schneefall *m,* -menge *f.* ˈ**~field** *s* Schneefeld *n.* ˈ**~flake** *s* **1.** Schneeflocke *f.* **2.** *bot.* Großes Schneeglöckchen. ˈ**~ˌflow·er** → **snowdrop. ~gnat** *s* Zuckmücke *f.* **~gog·gles** *s pl a.* **pair of** ~ Schneebrille *f.* **~goose** *s irr orn.* Schneegans *f.* **~grouse** *s orn.* Schneehuhn *n.* **~ice** *s geol.* Schnee-Eis *n.* **~job** *s Am. sl.* Versuch *m,* j-n mit viel Gerede ‚einzuwickeln'. **~line,** *a.* **~lim·it** *s* Schneegrenze *f.* ˈ**~ˌmak·ing gun** *s* ˈSchneekaˌnone *f.* ˈ**~man** [-mæn] *s irr* **1.** Schneemann *m.* **2.** *meist* **Abominable S~** Schneemensch *m* (*sagenhafter Tiermensch im Himalaja*). ˈ**~moˌbile** [-məʊˌbiːl] *s* Motorschlitten *m,* ˈSchneemoˌbil *n.* **~pel·lets** *s pl* Graupeln *pl,* (Hagel-) Schloßen *pl.* ˈ**~plough,** *bes. Am.* ˈ**~plow** *s* Schneepflug *m* (*a. Skisport*). ˈ**~shoe I** *s* Schneeschuh *m.* **II** *v/i* auf Schneeschuhen gehen. ˈ**~slide** *s* Schneerutsch *m.* ˈ**~storm** *s* Schneesturm *m.* ˈ**~suit** *s* (einteiliger) Kinder-Schneeanzug. **~tire,** *bes. Br.* **~tyre** *s mot.* Winterreifen *m.* ˌ**~-ˈwhite** *adj* schneeweiß. **S~ White** *npr* Schneeˈwittchen *n.*
snow·y [ˈsnəʊɪ] *adj* (*adv* **snowily**) **1.** schneeig, Schnee...: ~ **weather** Schneewetter *n.* **2.** schneebedeckt, Schnee... **3.** schneeweiß.
snub¹ [snʌb] **I** *v/t* **1.** *j-n* vor den Kopf stoßen, brüsˈkieren. **2.** *j-m* über den Mund fahren: **to** ~ **s.o. into silence** j-n barsch zum Schweigen bringen. **3.** *j-n* kurz abfertigen. **II** *s* **4.** Brüsˈkierung *f*: **to suffer a** ~ brüskiert *od.* vor den Kopf gestoßen werden.
snub² [snʌb] *adj* a) stumpf, b) *a.* **~-nosed** stupsnasig: ~ **nose** Stupsnase *f.*
snuff¹ [snʌf] **I** *v/t* **1.** *a.* ~ **up** durch die Nase einziehen. **2.** beschnüffeln. **3.** *etwas* schnuppern, riechen. **II** *v/i* **4.** schnuppern, schnüffeln. **5.** Schnupftabak nehmen, schnupfen. **III** *s* **6.** Schnüffeln *n.* **7.** Atemzug *m* durch die Nase. **8. to be up to** ~ *colloq.* a) gesund sein, b) in Form sein, c) den Erwartungen entsprechen (*a. Arbeit etc*), d) *bes. Br.* ‚schwer auf Draht sein'. **9.** Schnupftabak *m*: **to give s.o.** ~ *colloq.* j-m ‚Saures geben'.
snuff² [snʌf] **I** *s* **1.** Schnuppe *f* (*verkohlter Kerzendocht*). **II** *v/t* **2.** *e-e Kerze* putzen. **3.** *meist* ~ **out** a) auslöschen, b) *fig. Revolte etc* ersticken, *Hoffnungen etc* zunichte machen. **4. to** ~ **it** *Br. sl.* ‚abkratzen' (*sterben*).
ˈ**snuff|·box** *s* (Schnupf)Tabaksdose *f.* ˈ**~ˌcol·o(u)red** *adj* gelbbraun, tabakfarben.
ˈ**snuff·er** *s* (Tabak)Schnupfer(in).
snuff·ers [ˈsnʌfə(r)z] *s pl* Lichtputzschere *f.*
snuf·fle [ˈsnʌfl] **I** *v/i* **1.** schnüffeln, schnuppern (**at** an *dat*). **2.** schniefen, die Nase hochziehen. **3.** näseln. **II** *v/t* **4.** *meist* ~ **out** *etwas* näseln. **III** *s* **5.** Schnüffeln *n.* **6.** Näseln *n.* **7. the ~s** *pl* Schnupfen *m.*
ˈ**snuff|-ˌtak·er** → **snuffer.** ˈ**~-ˌtak·ing** *s* (Tabak)Schnupfen *n.*
ˈ**snuff·y** *adj* **1.** schnupftabakartig. **2.** beschmutzt mit *od.* voll Schnupftabak. **3.** *fig.* ‚verschnupft', ‚eingeschnappt'.
snug [snʌg] **I** *adj* (*adv* **~ly**) **1.** gemütlich, traulich, behaglich. **2.** komˈpakt: **a** ~ **boat. 3.** ordentlich, sauber. **4.** angenehm. **5.** geborgen, gut versorgt: (**as**) ~ **as a bug in a rug** *colloq.* wie die Made im Speck. **6.** auskömmlich, ‚hübsch': **a** ~ **fortune. 7.** *mar.* a) schmuck: **a** ~ **ship,** b) seetüchtig, c) dicht. **8.** enganliegend: **a** ~ **dress;** ~ **fit** a) guter Sitz (*e-s Kleids etc*), b) *tech.* Paßsitz *m.* **9.** verborgen: **to keep s.th.** ~ etwas geheimhalten; **to lie** ~ sich versteckt halten. **II** *adv* **10.** behaglich, gemütlich. **III** *v/i* **11.** → **snuggle** 1. **IV** *v/t* **12.** *oft* ~ **down** gemütlich *od.* bequem machen. **13.** *meist* ~ **down** *mar. das Schiff* auf Sturm vorbereiten. **V** *s* **14.** → **snuggery** 2.
snug·ger·y [ˈsnʌgərɪ] *s* **1.** *bes. Br.* kleine, behagliche Bude; ‚warmes Nest' (*Zimmer etc*). **2.** *Br.* kleines Nebenzimmer (*in e-m Pub*).
snug·gle [ˈsnʌgl] **I** *v/i* **1.** sich anschmiegen *od.* kuscheln (**up to s.o.** an j-n): **to** ~ **down (in bed)** sich ins Bett kuscheln. **II** *v/t* **2.** an sich drücken *od.* schmiegen, (lieb)ˈkosen. **3.** *j-n* (warm) einhüllen.
so [səʊ] **I** *adv* **1.** (*meist vor adj u. adv*) so, dermaßen: ~ **surprised;** ~ **great a man** ein so großer Mann; **it is only** ~ **much rubbish** es ist ja alles Blödsinn; **not** ~ ... **as** nicht so ... wie; → **much** *Bes. Redew.* **2.** (*meist exklamatorisch*) so (sehr), ja so (*überaus*): **I am** ~ **glad** ich freue mich (ja) so; **you are** ~ **right!** ganz richtig! **3.** so (..., daß): **it was** ~ **hot I took my coat off. 4.** so, in dieser Weise: ~ **it is** (genau) so ist es, stimmt; **is that** ~**?** wirklich?; ~ **as to** so daß, um zu; ~ **that** so daß; **or** ~ etwa, oder so; **why** ~**?** warum?, wieso?; **how** ~**?** wie (kommt) das?; ~ **saying** mit *od.* bei diesen Worten; ~ **Churchill** so (sprach) Churchill; → **even¹** 4, **if** 1. **5.** (*als Ersatz für ein Prädikativum od. e-n Satz*) a) es, das: **I hope** ~ ich hoffe (es); **I have never said** ~ das habe ich nie behauptet; **I think** ~ ich glaube *od.* denke schon; **I should think** ~! ich denke doch!, das will ich meinen!; **I told you** ~ ich habe es dir ja (gleich) gesagt, b) auch: **you are tired and** ~ **am I** du bist müde und ich (bin es) auch; **I am stupid!** ~ **you are** ich bin dumm! allerdings(, das bist du)! **6.** also: ~ **you came after all** du bist also doch (noch) gekommen; ~ **what?** *colloq.* na und?, na wenn schon? **II** *conj* **7.** daher, folglich, deshalb, also, und so, so ... denn: **he was ill** ~ **they were quiet** er war krank, deshalb waren sie ruhig; **it was necessary** ~ **we did it** es war nötig, und so taten wir es (denn). **III** *interj* **8.** so!
soak [səʊk] **I** *v/i* **1.** sich vollsaugen, durchˈtränkt werden: **~ing wet** tropfnaß. **2.** sickern: **to** ~ **in (through)** ein-(durch)sickern. **3.** ~ **in(to s.o.'s mind)** (j-m) langsam ins Bewußtsein eindringen. **4.** *colloq.* ‚saufen'. **II** *v/t* **5.** *etwas* einweichen. **6.** durchˈtränken, -ˈnässen, -ˈfeuchten: **~ed in blood** blutgetränkt, -triefend; → **skin** 1. **7.** *tech.* tränken, imprägˈnieren (**in** mit). **8.** ~ **in** einsaugen: **to** ~ **up** a) aufsaugen, b) *fig.* ‚schlucken' (*Profit etc*), c) *fig. Wissen etc* in sich aufnehmen. **9.** ~ **o.s. in s.th.** *fig.* sich ganz in etwas versenken. **10.** *colloq.* ‚saufen': **to** ~ **o.s.** ‚sich vollaufen lassen'; **~ed** ‚voll'. **11.** *Am. sl.* a) *j-n* ‚verdreschen', b) *fig.* ‚es *j-m* besorgen'. **12.** *sl. j-n* schröpfen *od.* ‚ausnehmen'. **III** *s* **13.** Einweichen *n,* Durchˈtränken *n*: **to give s.th. a** ~ etwas einweichen. **14.** *tech.* Imprägˈnieren *n.* **15.** Einweichflüssigkeit *f.* **16.** *colloq.* a) Säufer *m,* b) Saufeˈrei *f.* **17.** *Br. colloq.* ‚Dusche' *f,* Regenguß *m.*
ˈ**soak·age** *s* **1.** Ein-, Aufsaugen *n.* **2.** ˈDurchsickern *n.* **3.** ˈdurchgesickerte Flüssigkeit, Sickerwasser *n.*
ˈ**soak·er** → **soak** 17.
ˈ**so-and-so** *pl* **-sos** *s colloq.* **1.** Herr *od.* Frau *od.* Frl. Soundso: ~ **came to see me. 2.** *euphem.* ‚Hund' *m,* gemeiner Kerl.
soap [səʊp] **I** *s* **1.** Seife *f.* **2.** *chem.* Seife *f,* Alˈkalisalze *pl* der Fettsäuren. **3.** → **soft soap** 2. **4.** *Am.* → **soap opera. 5.** *Am. colloq.* (**it's**) **no** ~! nichts zu machen!, (*ablehnend a.*) nichts da!; **it was no** ~ da war nichts zu machen. **II** *v/t* **6.** *a.* ~ **down** ein-, abseifen. **7.** → **soft-soap. ~boil·er** *s tech.* Seifensieder *m.* ˈ**~box I** *s* **1.** ˈSeifenkiste *f,* -karˌton *m.* **2.** ‚Seifenkiste' *f* (*improvisierte Rednerbühne*). **3.** Seifenkiste *f* (*Fahrzeug*). **III** *adj* **4.** Seifenkisten...: ~ **orator** Volks-, Straßenredner *m;* ~ **derby** Seifenkistenrennen *n.* **~bub·ble** *s* Seifenblase *f* (*a. fig.*). **~dish** *s* Seifenschale *f,* -halter *m.* **~earth** *s min.* Tonseife *f.* **~op·er·a** *s*

Rundfunk, TV: ‚Seifenoper' *f* (*rührselige [Familien]Serie*). ~ **pow·der** *s* Seifenpulver *n*. ˈ**~·stone** *s min.* Seifen-, Speckstein *m*. ˈ**~·suds** *s pl* Seifenlauge *f*, -wasser *n*. ˈ**~·works** *s pl* (*oft als sg konstruiert*) *tech.* Seifensiedeˈrei *f*.

ˈ**soap·y** *adj* (*adv* **soapily**) **1.** seifig, Seifen...: ~ **water**. **2.** seifig, seifenartig. **3.** *sl.* ölig, schmeichlerisch.

soar [sɔː(r); *Am. a.* səʊr] **I** *v/i* **1.** (hoch) aufsteigen, sich erheben (*Vogel, Berge etc*). **2.** in großer Höhe fliegen *od.* schweben: ~**ing eagle**. **3.** *aer.* segeln, gleiten. **4.** *fig.* sich emˈporschwingen (*Geist, a. Stimme etc*): ~**ing thoughts** hochfliegende Gedanken. **5.** in die Höhe schnellen (*Preise etc*). **II** *s* **6.** Hochflug *m* (*a. fig.*). ˈ**soar·ing I** *adj* (*adv* ~**ly**) **1.** hochfliegend (*a. fig.*). **2.** *fig.* a) emˈporstrebend, b) erhaben. **II** *s* **3.** *aer.* Segeln *n*, Gleiten *n*.

sob [sɒb; *Am.* sɑb] **I** *v/i* schluchzen. **II** *v/t a.* ~ **out** (herˈaus)schluchzen: **to ~ o.s. to sleep** sich in den Schlaf weinen; → **heart** *Bes. Redew.* **III** *s* Schluchzen *n*, schluchzender Laut: ~ **sister** *colloq.* a) Briefkastentante *f*, -onkel *m* (*e-r Zeitschrift*), b) Verfasser(in) rührseliger Romane *etc*; ~ **story** *colloq.* rührselige Geschichte; ~ **stuff** *colloq.* rührseliges Zeug.

so·be·it [səʊˈbiːɪt] *conj obs.* wenn nur, woˈfern.

so·ber [ˈsəʊbə(r)] **I** *adj* (*adv* ~**ly**) **1.** nüchtern (*nicht betrunken*): **(as) ~ as a judge** stocknüchtern. **2.** mäßig (*Person*). **3.** nüchtern, sachlich: **a ~ businessman**; **a ~ mind**; ~ **facts** nüchterne Tatsachen; **in ~ fact** nüchtern betrachtet. **4.** gesetzt, soˈlide, ernsthaft, vernünftig (*Person*). **5.** nüchtern, unauffällig: ~ **colo(u)rs** gedeckte Farben. **II** *v/t* **6.** *oft* ~ **up** ernüchtern: **to have a ~ing effect on s.o.** auf j-n ernüchternd wirken. **III** *v/i* **7.** *oft* ~ **down** (*od.* **up**) a) nüchtern werden, ausnüchtern, b) *fig.* Verstand annehmen, vernünftig werden. ˌ**~-ˈmind·ed** *adj* nüchtern, besonnen, vernünftig. ˈ**~·sides** *s* ‚Trauerkloß' *m*, fader Kerl.

so·bri·e·ty [səʊˈbraɪətɪ; sə-] *s* **1.** Nüchternheit *f* (*a. fig.*). **2.** Mäßigkeit *f*. **3.** Ernst(haftigkeit *f*) *m*.

so·bri·quet [ˈsəʊbrɪkeɪ] *s* Spitz-, Beiname *m*.

soc·age [ˈsɒkɪdʒ; *Am.* ˈsɑ-; ˈsəʊ-] *s jur. hist.* **1.** (*nicht zum Ritter- u. Heeresdienst verpflichtende*) Lehensleistung. **2.** Belehnung *f* (*auf dieser Grundlage*), Frongut *n*.

ˌ**so-ˈcalled** *adj* sogenannt (*a. angeblich*).

soc·cage → **socage**.

soc·cer [ˈsɒkə; *Am.* ˈsɑkər] *sport* **I** *s* Fußball *m* (*Spiel*). **II** *adj* Fußball...: ~ **team**; ~ **ball** Fußball *m*.

so·cia·bil·i·ty [ˌsəʊʃəˈbɪlətɪ] *s* Geselligkeit *f*, ˈUmgänglichkeit *f*.

so·cia·ble [ˈsəʊʃəbl] **I** *adj* (*adv* **sociably**) **1.** a) gesellig, ˈumgänglich, freundlich, b) zutraulich (*Tier*). **2.** ungezwungen, gemütlich, gesellig: **a ~ evening**. **3.** → **social** 1. **II** *s* **4.** *hist.* Kremser *m*, offener, vierrädriger Kutschwagen (*mit Längssitzen*). **5.** Zweisitzer *m* (*Dreirad etc*). **6.** Plaudersofa *n*. **7.** *bes. Am.* → **social** 9.

ˈ**so·cia·ble·ness** → **sociability**.

so·cial [ˈsəʊʃl] **I** *adj* (*adv* ~**ly**) **1.** *zo. etc* gesellig: **man is a ~ animal** der Mensch ist ein geselliges Wesen; ~ **bees** soziale *od.* staatenbildende Bienen. **2.** gesellig, gemeinschaftlich: ~ **activities**. **3.** → **sociable** 1. **4.** soziˈal, gesellschaftlich: ~ **position**, ~ **rank** gesellschaftlicher Rang, soziale Stellung. **5.** soziˈal, Gesellschafts...: ~ **criticism** Sozialkritik *f*; ~**ly critical** sozialkritisch; ~ **legislation** soziale Gesetzgebung; ~ **policy** Sozialpolitik *f*. **6.** *pol.* soziaˈlistisch, Sozial...: **S~ Democrat** Sozialdemokrat(in). **7.** *med.* Volks..., Sozial...: ~ **diseases** *euphem.* Geschlechtskrankheiten. **8.** forˈmell. **II** *s* **9.** geselliges Beiˈsammensein.

so·cial| an·thro·pol·o·gy *s* Ethnosozioloˈgie *f*. ~ **climb·er** *s j-d, der versucht, gesellschaftlich emporzukommen*, Aufsteiger *m*, *contp.* Streber *m*. ~ **con·tract** *s* Gesellschaftsvertrag *m*. ~ **con·trol** *s sociol.* soziˈale Konˈtrolle, (zwingende) Einflußnahme der Gesellschaft. ~ **dance** *s* Gesellschaftstanz *m*. ~ **dis·tance** *s sociol.* soziˈale Disˈtanz. ~ **en·gi·neer·ing** *s sociol.* angewandte Soziˈalwissenschaft. ~ **e·vil** *s* Prostitutiˈon *f*. ~ **in·sur·ance** *s econ.* Soziˈalversicherung *f*: ~ **benefits** Sozialversicherungsleistungen; ~ **contributions** Sozialversicherungsbeiträge.

so·cial·ism [ˈsəʊʃəlɪzəm] *s* Soziaˈlismus *m*. ˈ**so·cial·ist I** *s* Soziaˈlist(in). **II** *adj* soziaˈlistisch: **S~ International** *pol.* Sozialistische Internationale. ˌ**so·cialˈis·tic** *adj* (*adv* ~**ally**) soziaˈlistisch.

so·cial·ite [ˈsəʊʃəlaɪt] *s colloq.* Angehörige(r *m*) *f* der oberen Zehnˈtausend.

so·ci·al·i·ty [ˌsəʊʃɪˈælətɪ] *s* **1.** Geselligkeit *f*. **2.** Geselligkeitstrieb *m*.

so·cial·i·za·tion [ˌsəʊʃəlaɪˈzeɪʃn; *Am.* -ləˈz-] *s econ. pol. sociol.* Sozialiˈsierung *f*, Sozialisatiˈon *f*. ˈ**so·cial·ize I** *v/t* **1.** auf das Leben (in der Gesellschaft) vorbereiten. **2.** *econ. pol.* sozialiˈsieren, verstaatlichen, vergesellschaften: ~**d medicine** *Am.* verstaatlichtes Gesundheitswesen. **3.** *sociol. psych.* sozialiˈsieren (*in die Gesellschaft hineinwachsen lassen*). **4.** *ped.* gemeinsam erarbeiten (lassen): **to ~ a recitation**. **II** *v/i* **5.** gesellschaftlich verkehren (**with** mit).

so·cial| or·der *s sociol.* Gesellschaftsordnung *f*. ~ **or·gan·i·za·tion** *s sociol.* Geˈsellschaftsstrukˌtur *f*. ~ **psy·chol·o·gy** *s* Soziˈalpsycholoˌgie *f*. ~ **sci·ence** *s* Soziˈalwissenschaft *f*. ~ **sec·re·tar·y** *s* Priˈvatsekreˌtär(in). ~ **se·cu·ri·ty** *s* **1.** soziˈale Sicherheit. **2.** Soziˈalversicherung *f*. **3.** Soziˈalhilfe *f*: **to be on ~** Sozialhilfe beziehen. ~ **serv·ic·es** *s pl* staatliche Soziˈalleistungen *pl*. ~ **struc·ture** *s sociol.* Geˈsellschaftsstrukˌtur *f*. ~ **stud·ies** *s pl ped. Br.* Landeskunde *f*. ~ **sys·tem** *s pol.* Geˈsellschaftssyˌstem *n*. ~ **work** *s* Soziˈalarbeit *f*. ~ **work·er** *s* Soziˈalarbeiter(in).

so·ci·e·tal [səˈsaɪətl] *adj* Gesellschafts..., gesellschaftlich.

so·ci·e·ty [səˈsaɪətɪ] *s* **1.** *allg.* Gesellschaft *f*: a) Gemeinschaft *f*: **human ~**; ~ **of nations** Familie *f* der Nationen, b) gesellschaftliche ˈUmwelt, c) *sociol.* Kulˈturkreis *m*. **2.** (die große *od.* eleˈgante) Gesellschaft *od.* Welt: **not fit for good ~** nicht salon- *od.* gesellschaftsfähig; ~ **lady** Dame *f* der großen Gesellschaft; **the leaders of ~** die Spitzen der Gesellschaft; ~ **column** Gesellschaftsspalte *f* (*in e-r Zeitung*). **3.** Gesellschaft *f*: a) (gesellschaftlicher) ˈUmgang, Verkehr *m*: **he is cut off from all ~**, b) Anwesenheit *f*. **4.** Gesellschaft *f*, Vereinigung *f*, Verein *m*: **S~ of Friends** Gesellschaft der Freunde, (*die*) Quäker *pl*; ~ **of Jesus** Gesellschaft Jesu, (*der*) Jesuitenorden. **5.** *bot.* Pflanzengesellschaft *f*. **6.** *relig. Am.* Ortskirchenverwaltung *f* (*der Kongregationalisten*).

socio- [səʊsjəʊ; -jə; -sɪəʊ; -ʃjəʊ; -ʃɪəʊ] *Wortelement mit den Bedeutungen* a) Gesellschafts..., Sozial..., b) soziologisch: ~**biology** Soziobiologie *f*; ~**critical** sozialkritisch; ~**economic** sozialwirtschaftlich; ~**linguistics** Soziolinguistik *f*; ~**political** sozialpolitisch; ~**psychology** Sozialpsychologie *f*.

so·ci·og·e·ny [ˌsəʊsɪˈɒdʒɪnɪ; *Am.* -ˈɑ-] *s* Wissenschaft *f* vom Ursprung der menschlichen Gesellschaft.

so·ci·o·gram [ˈsəʊsjəʊɡræm; -sɪəʊ-] *s* Sozioˈgramm *n*.

so·ci·og·ra·phy [ˌsəʊsɪˈɒɡrəfɪ; *Am.* -ˈɑɡ-] *s* Soziograˈphie *f*.

so·ci·o·log·i·cal [ˌsəʊsjəˈlɒdʒɪkl; *Am.* -sɪəˈlɑ-] *adj* (*adv* ~**ly**) sozioˈlogisch. ˌ**so·ciˈol·o·gist** [-sɪˈɒlədʒɪst; *Am.* -ˈɑl-] *s* Sozioˈloge *m*. ˌ**so·ciˈol·o·gy** [-sɪˈɒlədʒɪ; *Am.* -ˈɑl-] *s* Sozioloˈgie *f*.

sock[1] [sɒk; *Am.* sɑk] **I** *s* **1.** *pl econ. a.* **sox** Socke *f*, Socken *m*: **to pull up one's ~s** *Br. colloq.* ‚sich am Riemen reißen'; **put a ~ in it!** *Br. sl.* hör auf!, halt's Maul!; **he is six feet tall in his ~s** er ist sechs Fuß groß ohne Schuhe. **2.** *Br.* Einlegesohle *f*. **3.** Soccus *m*: a) *antiq. Schuh der Komödienspieler*, b) *Sinnbild für die Komödie*. **II** *v/t* **4.** ~ **in** *aer. sl.* am Abflug hindern: **planes ~ed in by fog**. **5.** ~ **away** *Am. sl. Geld* ‚auf die hohe Kante legen'.

sock[2] [sɒk; *Am.* sɑk] *sl.* **I** *v/t* **1.** *j-m* ‚ein Ding (*e-n harten Schlag*) verpassen': **to ~ s.o. on the jaw** j-m e-n Kinnhaken ‚verpassen'. **2.** knallen: **big hailstones were ~ing me on the head**. **3.** ~ **it to s.o.** j-m ‚Bescheid stoßen'. **II** *s* **4.** harter Schlag: **to give s.o. a ~ on the jaw** j-m e-n Kinnhaken ‚verpassen'. **5.** *Am.* → **punch**[1] 3. **III** *adj* **6.** *Am.* ‚toll', ‚Bomben...': **a ~ play**.

sock·dol·a·ger, sock·dol·o·ger [sɑkˈdɑlɪdʒər] *s Am. sl.* **1.** entscheidender Schlag. **2.** *fig.* a) ‚Volltreffer' *m*, b) ‚Mordsding' *n*, ‚dicker Hund'.

sock·et [ˈsɒkɪt; *Am.* ˈsɑkət] **I** *s* **1.** *anat.* a) (*Augen-, Zahn*)Höhle *f*, b) Gelenkpfanne *f*. **2.** *tech.* Steckhülse *f*, Muffe *f*, Rohransatz *m*. **3.** *electr.* a) Steckdose *f*, b) Fassung *f* (*e-r Glühlampe*), c) Sockel *m* (*für Röhren etc*), d) Anschluß *m*: ~ **for headphones** Kopfhöreranschluß. **II** *v/t* **4.** mit e-r Muffe *etc* versehen. **5.** in e-e Muffe *od.* Steckdose tun. ~ **joint** *s anat. tech.* Kugelgelenk *n*. ~ **wrench** *s tech.* Steckschlüssel *m*.

so·cle [ˈsəʊkl; *Am. a.* ˈsɑkəl] *s arch.* Sockel *m*.

So·crat·ic [sɒˈkrætɪk; *bes. Am.* sə-; səʊ-] **I** *adj* (*adv* ~**ally**) soˈkratisch: ~ **irony**; ~ **method**. **II** *s* Soˈkratiker *m*.

sod[1] [sɒd; *Am.* sɑd] **I** *s* **1.** Grasnarbe *f*: **under the ~** unterm Rasen (*tot*). **2.** Rasenstück *n*. **II** *v/t* **3.** mit Rasen bedecken.

sod[2] [sɒd; *Am.* sɑd] *bes. Br. sl.* **I** *s* **1.** ‚Heini' *m*, Blödmann *m*: **you ~!** du blöder Hund! **2.** Kerl *m*: **a nice old ~**. **3. I don't give** (*od.* **care**) **a ~** das ist mir ‚scheißegal!' **II** *v/t* **4.** ~ **it!** ‚Scheiße!' **III** *v/i* **5.** ~ **off** (*meist imp*) ‚Leine ziehen' (*verschwinden*).

sod[3] [sɒd; *Am.* sɑd] *obs. pret von* **seethe**.

so·da [ˈsəʊdə] *s chem.* **1.** Soda *f*, *n*, kohlensaures Natrium: **(bicarbonate of) ~** → **sodium bicarbonate**. **2.** → **sodium hydroxide**. **3.** ˈNatriumoˌxyd *n*. **4.** Soda(wasser) *n*: **whisky and ~**. **5.** → **soda water** 2. ~ **ash** *s* **1.** *econ.* Soda *f*, *n*. **2.** *chem.* Sodaasche *f*. ~ **bis·cuit,** *Am.* ~ **crack·er** *s* Keks *m* (*mit doppeltkohlensaurem Natrium gebacken*). ~ **foun·tain** *s Am.* **1.** Siphon *m*. **2.** Ausschank *m* (*für nichtalkoholische Getränke*) (*Raum*). ~ **jerk(·er)** *s Am. colloq.* Verkäufer *m* in e-m Ausschank. ~ **lime** *s chem.* Natronkalk *m*.

so·da·lite [ˈsəʊdəlaɪt] *s min.* Sodaˈlith *m*.

so·dal·i·ty [səʊˈdælətɪ] *s R.C.* karitaˈtive Bruderschaft.

so·da| lye *s* Natronlauge *f*. ~ **pop** *s Am. colloq.* ‚Limo' *f* (*Limonade*). ~ **wa·ter** *s* **1.** Sodawasser *n*. **2.** Mineˈral-, Selterswasser *n*, Sprudel *m*.

sod·den[1] [ˈsɒdn; *Am.* ˈsɑdn] **I** *obs. pp von* **seethe**. **II** *adj* **1.** durchˈnäßt, -ˈweicht.

2. teigig, klitschig: ~ **bread**. **3.** aufgedunsen, -geschwemmt: ~ **face**. **4.** *colloq.* ,voll', ,besoffen'. **5.** *colloq.* a) ,blöd', ,doof', b) fad, c) träg.

sod·den[2] [ˈsɒdn; *Am.* ˈsɑdn] **I** *v/t* **1.** durchˈnässen, -ˈweichen. **2.** *j-n* aufschwemmen. **3.** a) *j-n* träge machen, b) *j-n* ,verblöden' lassen. **II** *v/i* **4.** durchˈnäßt *od.* aufgeweicht werden.

so·di·um [ˈsəʊdjəm; -ɪəm] *s chem.* Natrium *n.* ~ **bi·car·bon·ate** *s chem.* ˈNatriumˌbikarboˌnat *n*, doppeltkohlensaures Natrium. ~ **car·bon·ate** *s chem.* Soda *f, n*, ˈNatriumkarboˌnat *n.* ~ **chlo·ride** *s chem.* Kochsalz *n*, ˈNatriumchloˌrid *n.* ~ **hy·drox·ide** *s chem.* ˈNatriumhydroˌxyd *n*, Ätznatron *n.* ~ **hy·po·chlo·ride** *s chem.* ˈNatriumˌhypochloˌrit *n.* ~ **lamp** → **sodium-vapo(u)r lamp.** ~ **ni·trate** *s chem.* ˈNatriumniˌtrat *n*, ˈNatron-, ˈChilesalˌpeter *m.* ˌ~-ˈ**va·po(u)r lamp** *s electr.* Natriumdampflampe *f.*

Sod·om [ˈsɒdəm; *Am.* ˈsɑ-] *s* **1.** *Bibl.* Sodom *n.* **2.** *fig.* Sodom *n* (u. Goˈmorrha *n*) (*lasterhafter Ort*). ˈ**sod·om·ite** *s j-d, der Analverkehr ausübt, a.* Sodoˈmit(in). ˈ**sod·om·y** *s* ˈwidernaˌtürliche Unzucht, *bes.* Aˈnalverkehr *m, a.* Sodoˈmie *f.*

so·ev·er [səʊˈevə(r)] *adv* (*wer etc*) auch immer.

so·fa [ˈsəʊfə] *s* Sofa *n.* ~ **bed** *s* Bett-[couch *f.*]

sof·fit [ˈsɒfɪt; *Am.* ˈsɑf-] *s arch.* Laibung *f.*

soft [sɒft; *bes. Am.* sɔːft] **I** *adj* (*adv* ~**ly**) **1.** *allg.* weich: (**as**) ~ **as silk** seidenweich; ~ **prices** *econ.* nachgiebige Preise; ~ **rays** *phys.* weiche Strahlen; ~ **selling**, *colloq.* ~ **sell** weiche Verkaufstaktik. **2.** *tech.* weich, *bes.* a) ungehärtet (*Eisen*), b) schmiedbar (*Metall*), c) bröck(e)lig (*Gestein*), d) enthärtet (*Wasser*). **3.** glatt, weich: ~ **hair**; ~ **skin**. **4.** mild, lieblich: ~ **wine**. **5.** *fig.* weich, sanft: ~ **eyes** (**heart**, **words**, *etc*). **6.** sacht, leise: ~ **movements** (**noise**, **talk**, *etc*). **7.** sanft, gedämpft: ~ **colo(u)rs** (**light**, **music**, *etc*). **8.** schwach, verschwommen: ~ **outlines**; ~ **negative** *phot.* weiches Negativ. **9.** mild, sanft: ~ **climate**; ~ **rain**. **10.** *Br.* schwül, regnerisch, feucht. **11.** sanft: ~ **sleep** (**touch**, *etc*); ~ **punishment** milde Strafe; **to be** ~ **with s.o.** sanft umgehen mit j-m. **12.** ruhig, höflich, gewinnend: ~ **manners**. **13.** leicht beeinflußbar. **14.** gefühlvoll, empfindsam. **15.** *contp.* schlaff, verweichlicht. **16.** *colloq.* leicht, angenehm, gemütlich: **a** ~ **job**; **a** ~ **thing** e-e ,ruhige Sache'. **17.** a) alkoholfrei: ~ **drinks**, b) weich: ~ **drugs**. **18.** *a.* ~ **in the head** *colloq.* leicht ,bescheuert', ,doof'. **19.** *ling.* a) stimmhaft: ~ **mutes** stimmhafte Verschlußlaute, b) als Zischlaut gesprochen, c) palataliˈsiert.

II *adv* **20.** sanft, leise: **to speak** ~.

III *s* **21.** (*das*) Weiche *od.* Sanfte. **22.** weicher Gegenstand, weiches Materiˈal *etc.* **23.** → **softy.**

soft|an·neal·ing *s tech.* Weichglühen *n.* ˈ~**ball** *s sport* a) Softball(spiel *n*) *m* (*Abart des Baseball, mit weicherem u. größerem Ball*), b) *der bei a verwendete Ball.* ˌ~-ˈ**boiled** *adj* **1.** weich(gekocht) (*Ei*). **2.** *colloq.* weichherzig. ˌ~-ˈ**cen·tred** *adj Br.* mit Cremefüllung (*Gebäck etc*). ~ **coal** *s tech.* Weichkohle *f.* ~ **core** → **soft-core** II. ˈ~-**core I** *adj*: ~ **pornography** → II. **II** *s* ˈSoftpornograˌphie *f.* ~ **cur·ren·cy** *s econ.* weiche Währung.

sof·ten [ˈsɒfn; *Am.* ˈsɔːfən] **I** *v/t* **1.** weich *od.* biegsam machen. **2.** *Farbe, Stimme, Ton* dämpfen. **3.** *Wasser* enthärten. **4.** *fig.* mildern. **5.** *j-n* erweichen, *j-s Herz* rühren. **6.** *j-n* verweichlichen. **7.** *a.* ~ **up** a) *mil. den Gegner* zermürben, weichmachen, b) *mil. e-e Festung etc* sturmreif schießen, c) *potentielle Kunden* kaufwillig stimmen. **8.** *econ. die Preise* drücken. **II** *v/i* **9.** weich(er) *od.* sanft(er) *od.* mild(er) werden. ˈ**sof·ten·er** *s* **1.** Enthärtungsmittel *n.* **2.** Weichmacher *m* (*bei Kunststoffen etc*). ˈ**sof·ten·ing** *s* **1.** Erweichen *n*: ~ **agent** *tech.* Weichmacher *m*; ~ **point** *tech.* Erweichungspunkt *m*; ~ **of the brain** *med.* Gehirnerweichung *f.* **2.** *ling.* Erweichung *f* (*e-s Lautes*).

soft|fur·nish·ings *s pl Br.* Teppiche *pl*, Vorhänge *pl*, Garˈdinen *pl etc.* ~ **goods** *s pl Br.* Texˈtilien *pl.* ~ **hail** *s* Eisregen *m.* ˈ~**head** *s* Schwachkopf *m.* ˈ~ˌ**head·ed** *adj* leicht ,bescheuert', ,doof'. ˌ~ˈ**heart·ed** *adj* weichherzig. ˌ~-ˈ**land** *v/t u. v/i Raumfahrt*: weich landen. ~ **land·ing** *s Raumfahrt*: weiche Landung. ~ **lead** [led] *s* Weichblei *n.* ~ **line** *s bes. pol.* weicher Kurs: **to follow** (*od.* **adopt**) **a** ~ e-n weichen Kurs einschlagen. ˌ~-ˈ**line** *adj bes. pol.* komproˈmißbereit. ˌ~-ˈ**lin·er** *s bes. pol.* j-d, der e-n weichen Kurs einschlägt. ~ **mon·ey** *s econ. colloq.* Paˈpiergeld *n.*

ˈ**soft·ness** *s* **1.** Weichheit *f*, Zartheit *f.* **2.** Sanftheit *f*, Milde *f.* **3.** *contp.* Weichlichkeit *f.*

soft|ped·al *s* **1.** *mus.* Piˈanopeˌdal *n*, linkes Peˈdal. **2.** *colloq.* ,Dämpfer' *m*: **to put a** ~ **on s.th.** e-r Sache e-n Dämpfer aufsetzen. ˌ~-ˈ**ped·al** *v/t* **1.** (*a. v/i*) mit dem Piˈanopeˌdal spielen. **2.** *colloq. etwas* ,herˈunterspielen'. ~ **sci·ence** *s* a) Gesellschafts-, Soziˈalwissenschaft *f*, b) Verhaltenswissenschaft *f.* ˌ~-ˈ**shelled** *adj zo.* weichschalig: ~ **crab**; ~ **turtle** Weichschildkröte *f.* ~ **shoul·der** *s* nicht befestigtes Banˈkett. ~ **soap** *s* **1.** *chem.* Schmierseife *f.* **2.** *colloq.* ,Schmus' *m*, Schmeicheˈlei(en *pl*) *f*, Kompliˈmente *pl.* ˌ~-ˈ**soap** *v/t colloq. j-m* ,um den Bart gehen'. ~ **sol·der** *s tech.* Weich-, Schnelllot *n.* ˌ~-ˈ**sol·der** *v/t tech.* weichlöten. ˈ~-ˌ**spo·ken** *adj* **1.** leise sprechend: **to be** ~ leise sprechen. **2.** gewinnend, freundlich. ~ **tech·nol·o·gy** *s* alternaˈtive Technoloˈgie. ~ **verge** → **soft shoulder.** ˈ~**ware** *s* Software *f*: a) *Computer*: *Programme etc*, b) *Sprachlabor*: Beˈgleitmateriˌal *n* (*Ggs. technische Ausrüstung*). ˈ~**wood** *s* **1.** Weichholz *n.* **2.** Baum *m* mit weichem Holz. **3.** Nadel(baum)holz *n.*

ˈ**soft·y** *s colloq.* **1.** Trottel *m.* **2.** Schwächling *m*, ,Schlappschwanz' *m.*

sog·gy [ˈsɒgɪ; *Am. a.* ˈsɑ-] *adj* **1.** feucht, sumpfig. **2.** durchˈnäßt, -ˈweicht. **3.** teigig, klitschig: ~ **bread**. **4.** *colloq.* a) ,blöde', ,doof', b) fade, c) träg.

soi-di·sant [ˌswɑːdiːˈzɑ̃ːŋ] *adj* sogenannt, angeblich.

soi·gné *m*, **soi·gnée** *f* [ˈswɑːnjeɪ; *Am.* swɑːnˈjeɪ] *adj* soiˈgniert, gepflegt.

soil[1] [sɔɪl] **I** *v/t* **1.** beschmutzen: a) schmutzig machen, verunreinigen, b) *bes. fig.* besudeln, beflecken. **II** *v/i* **2.** schmutzig werden, *leicht etc* schmutzen. **III** *s* **3.** Verschmutzung *f.* **4.** Schmutzfleck *m.* **5.** Schmutz *m.* **6.** Dung *m.* **7.** *hunt. obs.* Suhle *f*: **to go** (*od.* **run**) **to** ~ Zuflucht suchen (*Wild*).

soil[2] [sɔɪl] *s* **1.** (Erd)Boden *m*, Erde *f*, Grund *m.* **2.** *fig.* (Heimat)Erde *f*, Scholle *f*, Land *n*: **on British** ~ auf britischem Boden.

soil[3] [sɔɪl] *v/t Vieh* mit Grünfutter füttern. ˈ**soil·age** *s agr.* Grünfutter *n.*

soil|pipe *s tech.* Abflußrohr *n* (*bes. am Klosett*). ˈ~-**reˌsist·ing** *adj* schmutzabstoßend, -abweisend.

soi·ree, soi·rée [ˈswɑːreɪ; *Am.* swɑːˈreɪ] *s* Soiˈree *f*, Abendgesellschaft *f.*

so·journ [ˈsɒdʒɜːn; ˈsʌdʒ-; *Am.* ˈsəʊˌdʒɜrn; səʊˈdʒ-] **I** *v/i* **1.** sich (vorˈübergehend) aufhalten, (ver)weilen (**in** in *od.* an *dat*; **with** bei). **II** *s* **2.** (vorˈübergehender) Aufenthalt. **3.** *obs.* Aufenthaltsort *m.* ˈ**so·journ·er** *s* Gast *m*, Besucher (-in).

soke [səʊk] *s jur. Br. hist.* **1.** Gerichtsbarkeit *f.* **2.** Gerichtsbarkeitsbezirk *m.* ˈ~**man** [-mən] *s irr* Lehnsmann *m.*

Sol[1] [sɒl; *Am.* sɑl] (*Lat.*) *s* **1.** *poet.* Sonne *f.* **2.** *antiq.* Sonnengott *m.*

sol[2] [sɒl; *Am.* səʊl] *s mus.* sol *n* (*Solmisationssilbe*).

sol[3] [sɒl; *Am. a.* sɑl] *pl* **sols** [-z], ˈ**so·les** [-leɪs] *s* Sol *m* (*peruanische Währungseinheit*).

sol[4] [sɒl; *Am. a.* sɑl] *s chem.* Sol *n* (*kolloide* [*Lösung*).]

so·la[1] [ˈsəʊlə] *s bot.* Solastrauch *m.*

so·la[2] [ˈsəʊlə] *f* (*Lat.*) *adj u. adv* alˈlein (*bes. bei Bühnenanweisungen*).

sol·ace [ˈsɒləs; *Am.* ˈsɑləs] **I** *s* **1.** Trost *m*: **she found** ~ **in religion**. **II** *v/t* **2.** trösten: **to** ~ **o.s.** (**with s.th.**) sich (mit etwas) trösten. **3.** mildern, lindern: **to** ~ **grief.**

so·lan [ˈsəʊlən] *s a.* ~ **goose** *orn. obs.* [Tölpel *m.*]

so·la·num [səʊˈleɪnəm; səˈl-] *s bot.* Nachtschatten *m.*

so·lar [ˈsəʊlə(r)] **I** *adj* **1.** *astr.* Sonnen...: ~ **day** (**spectrum**, **system**, **time**, *etc*); ~ **constant** Solarkonstante *f*; ~ **eclipse** Sonnenfinsternis *f*; ~ **motion** Bewegung *f* des Sonnensystems; ~ **plexus** *anat.* a) Solarplexus *m*, b) *colloq.* Magengrube *f.* **2.** *tech.* a) Sonnen...: ~ **cell** (**energy** *od.* **power**, *etc*); ~ **collector** (*od.* **panel**) Sonnenkollektor *m*; ~ **furnace** Sonnenofen *m*, b) durch ˈSonnenenerˌgie angetrieben: ~ **battery** Sonnenbatterie *f*; ~ **plant**, ~ **power station** Sonnen-, Solarkraftwerk *n.* **II** *s* **3.** ˈSonnenenerˌgie *f.*

so·lar·i·a [səʊˈleərɪə; səˈl-] *pl von* **solarium.**

so·lar·im·e·ter [ˌsəʊləˈrɪmɪtə(r)] *s phys.* Solariˈmeter *n* (*Gerät zur Messung der Sonnen- u. Himmelsstrahlung*).

so·lar·i·um [səʊˈleərɪəm; səˈl-] *pl* **-i·a** [-ɪə], **-i·ums** *s* **1.** *med.* Sonnenliegehalle *f.* **2.** ˈSonnenterˌrasse *f.* **3.** Soˈlarium *n.*

so·lar·i·za·tion [ˌsəʊləraɪˈzeɪʃn; *Am.* -rəˈz-] *s* **1.** *med.* Lichtbehandlung *f.* **2.** *tech.* ˈUmstellung *f* auf ˈSonnenenerˌgie. **3.** *phot.* Solarisatiˈon *f.* ˈ**so·lar·ize I** *v/t* **1.** *med. j-n* mit Lichtbädern behandeln. **2.** *tech. Haus etc* auf ˈSonnenenerˌgie ˈumstellen. **3.** *phot.* solariˈsieren. **II** *v/i* **4.** *phot.* solariˈsieren.

so·la·ti·um [səʊˈleɪʃjəm; -ʃɪəm] *pl* **-ti·a** [-ʃjə; -ʃɪə] *s bes. Am.* Schmerzensgeld *n* (*bei Verletzung des Persönlichkeitsrechts*).

ˈ**so·lar-ˌpow·ered** *adj* **1.** durch ˈSonnenenerˌgie angetrieben. **2.** mit ˈSonnenbatteˌrien gespeist *od.* betrieben.

sold [səʊld] *pret u. pp von* **sell.**

sol·der [ˈsɒldə; ˈsəʊl-; *Am.* ˈsɑːdər; ˈsɔː-] **I** *s* **1.** *tech.* Lot *n*, ˈLötmeˌtall *n*: → **hard** (**soft**) **solder.** **2.** *fig.* Kitt *m*, Bindemittel *n.* **II** *v/t* **3.** *tech.* (ver)löten: ~**ed joint** Lötstelle *f*; ~**ing iron** Lötkolben *m*; ~**ing paste** Lötpaste *f.* **4.** *fig.* zs.-schweißen, verbinden. **III** *v/i* **5.** löten.

sol·dier [ˈsəʊldʒə(r)] **I** *s* **1.** *mil.* Solˈdat *m*: ~ **of Christ** Streiter *m* Christi; **old** ~ a) Veteran *m*, b) *colloq.* ,alter Hase', c) *sl.* leere Flasche; ~ **of fortune** a) Söldner *m*, b) Glücksritter *m.* **2.** *mil.* (einfacher) Solˈdat, Schütze *m*, Mann *m.* **3.** *fig.* Kämpfer *m* (**in the cause of peace** für den Frieden). **4.** *Am. colloq.* Drückeberger *m.* **5.** *zo.* Krieger *m*, Solˈdat *m* (*bei Ameisen etc*). **II** *v/i* **6.** (als Solˈdat) dienen *od.* kämpfen: **to go** ~**ing** Soldat werden. **7.** ~ **on** *bes. Br.* (unermüdlich) weitermachen, aushalten. ˈ~**like** *adj* solˈdatisch. ˈ**sol·dier·ly** *adj* **1.** solˈdatisch, miliˈtärisch, kriegerisch. **2.** Soldaten... ˈ**sol·dier-**

ship *s* 1. (*das*) Solˈdatische. 2. Solˈdatentum *n*. **ˈsol·dier·y** *s* 1. Miliˈtär *n*. 2. Solˈdaten *pl*.

sole[1] [səʊl] **I** *s* 1. (Fuß)Sohle *f*. 2. (Schuh-)Sohle *f*: ~ **leather** Sohl(en)leder *n*. 3. *tech*. Bodenfläche *f*, Sohle *f*. 4. *sport* ˈUnterfläche *f* des Golfschlägers. **II** *v/t* 5. besohlen.

sole[2] [səʊl] *adj* (*adv* → **solely**) 1. einzig, alˈleinig, Allein...: **the ~ reason** der einzige Grund; ~ **agency** Alleinvertretung *f*; ~ **bill** *econ*. Solawechsel *m*; ~ **heir** Allein-, Universalerbe *m*. 2. *bes. jur*. unverheiratet: → **feme sole**.

sole[3] [səʊl] *pl* **soles** [-z], *bes. collect.* **sole** *s ichth*. Seezunge *f*.

sol·e·cism [ˈsɒlɪsɪzəm; *Am*. ˈsɑlə-; ˈsəʊ-] *s* Verstoß *m*, ‚Schnitzer' *m*: a) *ling*. Sprachsünde *f*, b) Fauxˈpas *m*, ‚Sünde' *f*. **ˌsol·eˈcis·tic** *adj* 1. *ling*. ˈunkorˌrekt. 2. ungehörig.

sole·ly [ˈsəʊllɪ] *adv* (einzig u.) alˈlein, ausschließlich, lediglich, nur.

sol·emn [ˈsɒləm; *Am*. ˈsɑl-] *adj* (*adv* **~ly**) 1. *allg*. feierlich, ernst, soˈlenn: **(as) ~ as an owl** *oft humor*. todernst. 2. feierlich: ~ **declaration**; ~ **contract** *jur*. formeller Vertrag; ~ **oath** feierlicher *od*. heiliger Eid. 3. ehrwürdig, hehr, erhaben: **a ~ cathedral**. 4. festlich, feierlich: ~ **state dinner** Staatsbankett *n*. 5. gewichtig, ernst(haft), eindringlich: **a ~ warning**. 6. düster: ~ **colo(u)rs**.

so·lem·ni·ty [səˈlemnətɪ] *s* 1. Feierlichkeit *f*, (feierlicher *od*. würdevoller) Ernst. 2. *oft pl* feierliches Zeremoniˈell. 3. *bes. relig*. Festlichkeit *f*, Feierlichkeit *f*. 4. *jur*. Förmlichkeit *f*. **sol·em·nize** [ˈsɒləmnaɪz; *Am*. ˈsɑl-] *v/t* 1. feierlich begehen. 2. *e-e Trauung* (feierlich) vollˈziehen.

so·le·noid [ˈsəʊlənɔɪd] *s electr. tech*. Solenoˈid *n*, Zyˈlinderspule *f*: ~ **brake** Solenoidbremse *f*. **ˌso·leˈnoi·dal** *adj* solenoˈidisch.

sol-fa [ˌsɒlˈfɑ:; *Am*. ˌsəʊl-] *mus*. **I** *s* 1. *a*. ~ **syllables** Solmisatiˈonssilben *pl*. 2. Tonleiter *f*. 3. Solmisatiˈon(sübung) *f*. **II** *v/t* 4. auf Solmisatiˈonssilben singen. **III** *v/i* 5. solmiˈsieren.

sol·fa·ta·ra [ˌsɒlfəˈtɑ:rə; *Am*. ˌsəʊl-] *s* Solfaˈtare *f* (*Schwefeldampfquelle in Vulkangebieten*).

so·li [ˈsəʊli:] *pl von* **solo** 1.

so·lic·it [səˈlɪsɪt] **I** *v/t* 1. sich bemühen um: **to ~ an office (orders**, *etc*); **to ~ customers** Kundschaft werben. 2. dringend bitten (**s.o.** j-n; **s.th.** um etwas; **s.o. for s.th.** *od*. **s.th. of s.o.** j-n um etwas). 3. *Männer* ansprechen (*Prostituierte*). 4. *jur*. anstiften. **II** *v/i* 5. dringend bitten (**for** um). 6. Aufträge sammeln. 7. *a*. ~ **for the purpose of prostitution** *jur*. sich anbieten (*Prostituierte*). **soˌlic·iˈta·tion** *s* 1. dringende Bitte. 2. *econ*. (Auftrags-, Kunden)Werbung *f*. 3. *jur*. Anstiftung *f* (**of** zu). 4. Ansprechen *n* (*durch Prostituierte*).

so·lic·i·tor [səˈlɪsɪtə(r)] *s* 1. *jur*. *Br*. Soˈlicitor *m* (*Anwalt, der nur vor bestimmten niederen Gerichten plädieren darf u. die Schriftsätze für den* **barrister** *vorbereitet*). 2. *jur*. *Am*. ˈRechtsrefeˌrent *m*: **city ~**. 3. *Am*. Aˈgent *m*, Werber *m*. **~ gen·er·al** *pl* **so·lic·i·tors gen·er·al** *s jur*. a) *Br*. zweiter Kronanwalt, b) *Am*. stellvertretender Juˈstizmiˌnister, c) *Am*. oberster Juˈstizbeamter (*in einigen Staaten*).

so·lic·it·ous [səˈlɪsɪtəs] *adj* (*adv* **~ly**) 1. besorgt (**about, for** um, wegen). 2. (**of**) eifrig bedacht, erpicht (auf *acc*), begierig (nach). 3. bestrebt, eifrig bemüht (**to do** zu tun). **soˈlic·i·tude** [-tju:d; *Am*. *a*. -ˌtu:d] *s* 1. Besorgtheit *f*, Sorge *f*. 2. *pl* Sorgen *pl*. 3. überˈtriebener Eifer.

sol·id [ˈsɒlɪd; *Am*. ˈsɑləd] **I** *adj* (*adv* **~ly**) 1. *allg*. fest: ~ **food (fuel, ice, wall**, *etc*); ~ **body** Festkörper *m*; ~ **lubricant** *tech*. Starrschmiere *f*; ~ **state** *phys*. fester (Aggregat)Zustand; ~ **waste** Festmüll *m*; **on ~ ground** auf festem Boden (*a. fig*.). 2. hart, komˈpakt. 3. dicht, geballt: ~ **masses of clouds**. 4. staˈbil, masˈsiv (gebaut): ~ **buildings**. 5. derb, fest, staˈbil, kräftig: **a ~ fabric**; ~ **build** kräftiger Körperbau; ~ **leather** Kernleder *n*; **a ~ meal** ein kräftiges Essen. 6. masˈsiv (*Ggs. hohl*), Voll...: ~ **axle** Vollachse *f*; ~ **tire** (*bes. Br.* **tyre**) Vollgummireifen *m*. 7. masˈsiv, gediegen: ~ **gold**. 8. *fig*. soˈlid(e), gründlich: ~ **learning**. 9. geschlossen, zs.-hängend: **a ~ row of buildings**. 10. *colloq*. voll, ‚geschlagen': **for a ~ hour**. 11. a) einheitlich (*Farbe*), b) einfarbig: **a ~ background**. 12. echt, wirklich: ~ **comfort**. 13. gewichtig, triftig: ~ **reasons**; ~ **arguments** handfeste Argumente. 14. *fig*. soˈlid(e), zuverlässig, gediegen (*Person*). 15. *econ*. soˈlid(e). 16. *math*. a) körperlich, räumlich, b) Kubik..., Raum...: ~ **capacity**; ~ **angle** räumlicher Winkel; ~ **geometry** Stereometrie *f*; **a ~ foot** ein Kubikfuß. 17. *print*. komˈpreß, ohne ˈDurchschuß. 18. kräftig, tüchtig: **a good ~ blow** ein harter Schlag. 19. geschlossen, einmütig, soˈlidarisch (**for** für *j-n od. etwas*): **to go** (*od*. **be**) **~ for s.o., to be ~ly behind s.o.** geschlossen hinter j-m stehen; **the ~ South** der einmütige Süden (*der USA, der ständig für die Demokraten stimmt*); **a ~ vote** e-e einstimmige Wahl. 20. **to be ~** *Am. colloq*. auf gutem Fuß stehen (**with s.o.** mit j-m). 21. *Am. sl*. ‚prima', ‚Klasse', erstklassig. **II** *adv* 22. **we are booked ~** wir sind [total ausgebucht.] **III** *s* 23. *math*. Körper *m*. 24. *phys*. Festkörper *m*. 25. *pl* feste Bestandteile *pl*: **the ~s of milk**.

sol·i·dar·i·ty [ˌsɒlɪˈdærətɪ; *Am*. ˌsɑlə-] *s* Solidariˈtät *f*, Zs.-gehörigkeitsgefühl *n*, Zs.-halt *m*: **to declare one's ~ with s.o.** sich mit j-m solidarisch erklären. **ˈsol·i·dar·y** [-dərɪ; *Am*. -ˌderi:] *adj* soliˈdarisch.

ˈsol·id|-drawn *adj tech*. gezogen: ~ **axle**; ~ **tube** nahtlos gezogenes Rohr. **ˌ~-ˈfu·el(l)ed** *adj* mit festem Treibstoff angetrieben: ~ **rocket** Feststoffrakete *f*. **ˌ~-ˈhoofed** [-ft] *adj zo*. einhufig.

sol·i·di [ˈsɒlɪdaɪ; *Am*. ˈsɑl-] *pl von* **solidus**.

so·lid·i·fi·ca·tion [səˌlɪdɪfɪˈkeɪʃn] *s phys. etc* Erstarrung *f*, Festwerden *n*. **soˈlid·i·fy** [-faɪ] **I** *v/t* 1. fest werden lassen. 2. verdichten. 3. *fig*. festigen, konsoliˈdieren. **II** *v/i* 4. fest werden, erstarren. 5. *fig*. sich festigen.

so·lid·i·ty [səˈlɪdətɪ] *s* Festigkeit *f* (*a. fig*.), komˈpakte *od*. masˈsive *od*. staˈbile Strukˈtur, Dichtigkeit *f*.

ˈsol·id-state *adj electr*. ˈvolltransistoriˌsiert: **a ~ stereo set**. **~ chem·is·try** *s* ˈFestkörpercheˌmie *f*. **~ phys·ics** *s pl* (*meist als sg konstruiert*) ˈFestkörperphyˌsik *f*.

ˌsol·idˈun·gu·late *adj zo*. einhufig.

sol·i·dus [ˈsɒlɪdəs; *Am*. ˈsɑl-] *pl* **-di** [-daɪ] (*Lat.*) *s* 1. *antiq*. Solidus *m* (*Goldmünze*). 2. Schrägstrich *m* (*z.B. bei Datumsangaben*).

so·lil·o·quize [səˈlɪləkwaɪz] **I** *v/i* 1. *bes. thea*. monologiˈsieren. 2. Selbstgespräche führen. **II** *v/t* 3. *etwas* zu sich selbst sagen. **soˈlil·o·quy** [-kwɪ] *s* 1. *bes. thea*. Monoˈlog *m*. 2. Selbstgespräch *n*.

sol·i·ped [ˈsɒlɪped; *Am*. ˈsɑlə-] *zo*. **I** *s* Einhufer *m*. **II** *adj* einhufig.

sol·ip·sism [ˈsɒlɪpsɪzəm; *Am*. ˈsəʊl-; ˈsɑl-] *s philos*. Solipˈsismus *m* (*Lehre, daß nur das Ich wirklich ist*).

sol·i·taire [ˌsɒlɪˈteə(r); ˈsɒlɪ-; *Am*. ˈsɑlə-] *s* 1. Soliˈtär(spiel) *n*. 2. *bes. Am*. Patiˈence *f* (*Kartenspiel*). 3. Soliˈtär *m* (*einzeln gefaßter Edelstein*).

sol·i·tar·y [ˈsɒlɪtərɪ; *Am*. ˈsɑləˌteri:] **I** *adj* (*adv* **solitarily**) 1. einsam: **a ~ life (walk**, *etc*). 2. einzeln, einsam: **a ~ rider (tree**, *etc*); → **confinement** 5. 3. *fig*. einzig: **a ~ exception**. 4. *bot. zo*. soliˈtär: ~ **bees**. **II** *s* 5. *colloq*. Einzelhaft *f*.

sol·i·tude [ˈsɒlɪtju:d; *Am*. ˈsɑləˌtju:d; *a*. -ˌtu:d] *s* 1. Einsamkeit *f*, Abgeschiedenheit *f*. 2. (Ein)Öde *f*.

sol·ler·et [ˌsɒləˈret; *Am*. ˌsɑl-] *s hist*. Eisenschuh *m* (*der Ritterrüstung*).

so·lo [ˈsəʊləʊ] **I** *pl* **-los** *s* 1. *pl a*. **-li** [-li:] *bes. mus*. Solo(gesang *m*, -spiel *n*, -tanz *m etc*) *n*. 2. *Kartenspiel*: Solo *n*. 3. *aer*. Alˈleinflug *m*. **II** *adj* 4. *bes. mus*. Solo... 5. Allein...: ~ **entertainer** *thea*. Alleinunterhalter *m*; ~ **run** *sport* Alleingang *m*; ~ **flight** → 3. **III** *adv* 6. alˈlein, ‚solo': **to fly ~** → IV. **IV** *v/i* 7. *aer*. e-n Alˈleinflug machen. **ˈso·lo·ist** *s mus*. Soˈlist(in).

Sol·o·mon [ˈsɒləmən; *Am*. ˈsɑl-] *npr Bibl*. Salomon *m* (*a. fig. Weiser*). **ˌSol·oˈmon·ic** [-ˈmɒnɪk; *Am*. -ˈmɑn-] *adj* saloˈmonisch, weise.

sol·stice [ˈsɒlstɪs; *Am*. ˈsɑl-; ˈsəʊl-] *s* 1. *astr*. Solˈstitium *n*, Sonnenwende *f*: **summer (winter) ~**. 2. *fig*. Höhe-, Wendepunkt *m*. **solˈsti·tial** [-ˈstɪʃl] *adj astr*. Sonnenwende...: ~ **point** Solstitiˈal-, Umkehrpunkt *m*.

sol·u·bil·i·ty [ˌsɒljʊˈbɪlətɪ; *Am*. ˌsɑl-] *s* 1. *chem*. Löslichkeit *f*. 2. *fig*. Lösbarkeit *f*.

sol·u·ble [ˈsɒljʊbl; *Am*. ˈsɑl-] *adj* 1. *chem*. (auf)löslich. 2. *fig*. lösbar. **~ glass** *s chem*. Wasserglas *n*.

so·lus *m* [ˈsəʊləs] (*Lat.*) *adj u. adv* alˈlein (*bes. bei Bühnenanweisungen*).

sol·ute [sɒlˈju:t; *Am*. ˈsɑlˌju:t] **I** *s* 1. *chem*. aufgelöster Stoff. **II** *adj* 2. gelöst. 3. *bot*. lose.

so·lu·tion [səˈlu:ʃn] *s* 1. Lösung *f* (**to, for, of** *gen*), Auflösung *f*. 2. *chem*. a) (Auf)Lösung *f*, b) Lösung *f*: **(rubber) ~** Gummilösung; **held in ~** gelöst; **in ~** *fig*. noch in der Schwebe. 3. a) *med*. Lysis *f*, Wendung *f* (*e-r Krankheit*), b) *bes. med*. Unterˈbrechung *f*. **soˈlu·tion·ist** *s* (Zeitungs)Rätsellöser *m*.

solv·a·ble [ˈsɒlvəbl; *Am*. *a*. ˈsɑl-] → **soluble**.

solve [sɒlv; *Am*. *a*. sɑlv] *v/t* 1. *e-e Aufgabe, ein Problem* lösen. 2. *ein Verbrechen etc* aufklären. 3. *Zweifel* beheben.

sol·ven·cy [ˈsɒlvənsɪ; *Am*. *a*. ˈsɑl-] *s econ*. Zahlungsfähigkeit *f*, Solˈvenz *f*, Liquiˈdiˈtät *f*.

sol·vent [ˈsɒlvənt; *Am*. *a*. ˈsɑl-] **I** *adj* 1. *chem*. (auf)lösend. 2. *fig*. zersetzend. 3. *fig*. erlösend: **the ~ power of laughter**. 4. *econ*. zahlungsfähig, solˈvent, liˈquid. **II** *s* 5. *chem*. Lösungsmittel *n*. 6. *fig*. zersetzendes Eleˈment.

so·ma[1] [ˈsəʊmə] *s* 1. *bot*. Soma(pflanze *f*) *m*. 2. *relig*. Soma *m* (*Hinduismus*; *Opfertrank u. Gottheit*).

so·ma[2] [ˈsəʊmə] *pl* **ˈso·ma·ta** [-mətə], **-mas** *s biol*. Soma *n*: a) Körper *m*, b) Körperzelle *f*.

so·mat·ic [səʊˈmætɪk; səˈm-] *adj* (*adv* **~ally**) *biol. med*. 1. körperlich: ~ **cell** Soma-, Körperzelle *f*. 2. soˈmatisch.

so·ma·to·gen·ic [ˌsəʊmətəˈdʒenɪk; səʊˌmætə-] *adj physiol*. somatoˈgen. **ˌso·ma·toˈlog·ic** [-ˈlɒdʒɪk; *Am*. -ˈlɑ-], **ˌso·ma·toˈlog·i·cal** *adj* somatoˈlogisch. **ˌso·maˈtol·o·gist** [-ˈtɒlədʒɪst; *Am*. -ˈtɑl-] *s* Somatoˈloge *m*. **ˌso·maˈtol·o·gy** [-dʒɪ] *s med*. Somatoloˈgie *f*, Körperlehre *f*. **ˌso·ma·toˈpsy·chic** [-ˈsaɪkɪk] *adj med. psych*. psychosoˈmatisch.

som·ber, *bes. Br.* **som·bre** [ˈsɒmbə;

Am. ˈsɑmbər] *adj* (*adv* **~ly**) **1.** düster, trüb(e) (*a. fig.*). **2.** dunkelfarbig. **3.** *fig.* trübsinnig, melanˈcholisch. **ˈsom·ber·ness,** *bes. Br.* **ˈsom·bre·ness** *s* **1.** Düsterkeit *f*, Trübheit *f* (*a. fig.*). **2.** *fig.* Trübsinnigkeit *f*.

som·bre·ro [sɒmˈbreərəʊ; *Am.* səm-; sɑm-] *pl* **-ros** *s* Somˈbrero *m*.

some [sʌm; *unbetont* səm; sm] **I** *adj* **1.** (*vor Substantiven*) (irgend)ein: **~ day** eines Tages; **~ day (or other)** irgendwann (einmal) (*in der Zukunft*); **~ person** irgendeiner, (irgend) jemand. **2.** (*vor pl*) einige, ein paar: → **few** 1. **3.** manche: **~ people are optimistic. 4.** ziemlich (viel), beträchtlich. **5.** gewiss(er, e, es): **to ~ extent** in gewissem Maße, einigermaßen. **6.** etwas, ein wenig, ein bißchen: **~ bread; take ~ more** nimm noch etwas. **7.** ungefähr, gegen, etwa: **a village of ~ 80 houses. 8.** *sl.* beachtlich, ‚toll', ‚ganz hübsch': **~ player!; that was ~ race!** das war vielleicht ein Rennen! **II** *adv* **9.** *bes. Am.* etwas, ziemlich. **10.** *colloq.* ‚eˈnorm', ‚toll'. **III** *pron* **11.** (irgend)ein(er, e, es): **~ of these days** dieser Tage, demnächst. **12.** etwas: **~ of it** etwas davon; **~ of these people** einige dieser Leute; **will you have ~?** möchtest du welche *od.* davon haben? **13.** *bes. Am. sl.* darˈüber hinˈaus, noch mehr. **14. ~ ..., ~ ...** die einen ..., die anderen ...

some|·bod·y [ˈsʌmbədɪ; *Am. a.* -ˌbɑdi:] **I** *pron* (irgend) jemand, irgendeiner. **II** *s* bedeutende Perˈsönlichkeit: **he thinks he is ~** er bildet sich ein, er sei jemand. **ˈ~·day** *adv* eines Tages. **ˈ~·how** *adv oft* **~ or other 1.** irgendwie, auf irgendeine Weise. **2.** aus irgendeinem Grund, ‚irgendwie': **~ (or other) I don't trust him. ˈ~·one I** *pron* (irgend) jemand, irgendeiner: **~ or other** irgend jemand. **II** *s* → **somebody** II. **ˈ~·place** *adv bes. Am.* irgendwo(ˈhin).

som·er·sault [ˈsʌmə(r)sɔ:lt] **I** *s* **1.** a) Salto *m*, b) Purzelbaum *m*: **to turn** (*od.* **do**) **a ~** → II. **2.** *fig.* Wende um 180 Grad, völliger ˈMeinungsˌumschwung. **II** *v/i* **3.** a) e-n Salto machen, b) e-n Purzelbaum schlagen.

ˈsome·thing I *s* **1.** (irgend) etwas, was: **~ or other** irgend etwas; **a certain ~** ein gewisses Etwas; **there is ~ in what you say** da ist etwas dran. **2. ~ of** so etwas *od.* etwas Ähnliches wie: **I am ~ of a carpenter** ich bin so etwas wie ein Zimmermann. **II** *adv* **3. ~ like** a) so etwas wie, so ungefähr, b) *colloq.* wirklich, mal, aber: **that's ~ like a pudding!; that's ~ like!** das lasse ich mir gefallen. **4.** etwas, ziemlich.

ˈsome·time I *adv* irgend(wann) einˈmal (*bes. in der Zukunft*), irgendwann. **II** *adj* **3.** ehemalig(er, e, es): **~ professor.**

ˈsome·times *adv* manchmal, hie u. da, dann u. wann, gelegentlich, zuˈweilen: **~ gay, ~ sad** mal lustig, mal traurig.

ˈsome·way(s) *adv bes. Am.* irgendwie.

ˈsome·what *adv* etwas, ein wenig, ein bißchen: **~ of a shock** ein ziemlicher Schock; **he is ~ of a bore** er ist ein ziemlich langweiliger Mensch.

ˈsome·where *adv* **1.** a) irgendwo, b) irgendwoˈhin: **~ else** sonstwo(hin), woanders(hin): **to get ~** *colloq.* Fortschritte machen. **2. ~ about** so etwa, um ... herˈum: **this happened ~ about 1900.**

so·mite [ˈsəʊmaɪt] *s biol.* Soˈmit *m*, ˈUrsegˌment *n*.

som·nam·bu·late [sɒmˈnæmbjʊleɪt; *Am.* sɑm-] *v/i* schlaf-, nachtwandeln. **somˌnam·buˈla·tion** *s* Schlaf-, Nachtwandeln *n*. **somˈnam·bu·lism** *s med.* Somnambuˈlismus *m*, Schlaf-, Nachtwandeln *n*. **somˈnam·bu·list** *s* Somnamˈbule *m, f*, Schlaf-, Nachtwandler(in). **somˌnam·buˈlis·tic** *adj* somnamˈbul: a) schlaf-, nachtwandlerisch, b) schlaf-, nachtwandelnd.

som·ni·fa·cient [ˌsɒmnɪˈfeɪʃnt; *Am.* ˌsɑm-] *adj u. s* → **soporific. somˈnif·er·ous** [-ˈnɪfərəs], **somˈnif·ic** *adj* einschläfernd.

som·nil·o·quence [sɒmˈnɪləkwəns; *Am.* sɑm-], **somˈnil·o·quism, somˈnil·o·quy** [-kwɪ] *s* Schlafreden *n*.

som·no·lence [ˈsɒmnələns; *Am.* ˈsɑm-] *s* **1.** Schläfrigkeit *f*. **2.** *med.* Schlafsucht *f*. **ˈsom·no·lent** *adj* **1.** schläfrig, schlaftrunken. **2.** einschläfernd. **3.** *med.* im Halbschlaf (befindlich).

son [sʌn] *s* **1.** Sohn *m* (**of** *od.* **to s.o.** j-s): **~ and heir** Stammhalter *m*; **S~ of God** (*od.* **Men**) *relig.* Gottes- *od.* Menschensohn (*Christus*); **~s of men** *Bibl.* Menschenkinder. **2.** *fig.* Sohn *m*, Abkomme *m*: **~ of a bitch** *bes. Am. sl.* a) ‚Scheißkerl' *m*, b) ‚Scheißding' *n*; **~ of a gun** *colloq. bes. Am. sl.* a) ‚alter Gauner', b) ‚toller Hecht'. **3.** *pl collect.* Nachfolger *pl*, Schüler *pl*, Jünger *pl*, Söhne *pl* (*e-s Volks etc*). **4.** → **sonny.**

so·nance [ˈsəʊnəns] *s* **1.** *ling.* Stimmhaftigkeit *f*. **2.** Laut *m*. **ˈso·nant** *ling.* **I** *adj* stimmhaft. **II** *s* a) Soˈnant *m*, b) stimmhafter Laut.

so·nar [ˈsəʊnɑ:(r)] *s mar.* Sonar *n*, S--Gerät *n* (*Unterwasserortungsgerät; aus* **sound navigation ranging**).

so·na·ta [səˈnɑ:tə] *s mus.* Soˈnate *f*. **~ form** *s mus.* Soˈnatenform *f*, -satz *m*.

so·na·ti·na [ˌsɒnəˈti:nə; *Am.* ˌsɑnə-] *s mus.* Sonaˈtine *f*.

sonde [sɒnd; *Am.* sɑnd] *s Raumfahrt*: Sonde *f*.

sone [səʊn] *s Akustik*: Sone *n* (*Lautstärkeeinheit*).

son et lu·mi·ère [ˌsɒneɪˈlu:mɪeə(r); *Am.* ˌsəʊn-] *s* Son et lumiˈère *n* (*akustische u. optische Darbietung an historischen Plätzen etc, bes. für Touristen*).

song [sɒŋ] *s* **1.** *mus.* Lied *n*: **the S~ of Solomon** (*od.* **S~s**) *Bibl.* das Hohelied (Salomonis), das Lied der Lieder; **the S~ of the Three Children** *Bibl.* der Gesang der drei Jünglinge im Feuerofen; **he got it for a ~** *fig.* ‚er bekam es für ein Butterbrot'. **2.** Song *m*. **3.** a) Lied *n*, Gedicht *n*, b) Poeˈsie *f*, Dichtung *f*. **4.** Singen *n*, Gesang *m* (*a. von Vögeln*): **to break** (*od.* **burst**) **into ~** zu singen anheben. **5. ~ and dance** *colloq.* Getue *n*: **to make a ~ and dance** sich aufführen (**about s.th.** wegen e-r Sache); **that's nothing to make a ~ (and dance) about** davon braucht man kein Aufhebens zu machen; **to give s.o. a ~ and dance** *Am.* j-m ein Märchen erzählen (**about** über *acc*). **ˈ~·bird** *s* **1.** Singvogel *m*. **2.** *fig.* Sängerin *f*. **ˈ~·book** *s mus.* Liederbuch *n*. **~ cy·cle** *s mus.* Liederzyklus *m*.

song·ster [ˈsɒŋstə(r)] *s* **1.** *mus.* Sänger. **2.** Singvogel *m*. **3.** *Am.* (*bes.* volkstümliches) Liederbuch. **ˈsong·stress** [-strɪs] *s* Sängerin *f*.

song| thrush *s orn.* Singdrossel *f*. **ˈ~ˌwrit·er** *s* Songdichter *m*.

son·ic [ˈsɒnɪk; *Am.* ˈsɑn-] *adj phys.* Schall-... **~ bar·ri·er** → **sound barrier. ~ boom,** *a.* **~ bang** *s aer. phys.* ˈÜberschallknall *m*, Düsenknall *m*. **~ depth find·er** *s mar.* Echolot *n*. **~ mine** *s mar.* Schallmine *f*.

ˈson-in-law *pl* **ˈsons-in-law** *s* Schwiegersohn *m*.

son·net [ˈsɒnɪt; *Am.* ˈsɑnət] *s metr.* Soˈnett *n*. **ˌson·netˈeer** [-ˈtɪə(r)] **I** *s* Soˈnettdichter *m*. **II** *v/i* Soˈnette schreiben.

son·ny [ˈsʌnɪ] *s* Kleine(r) *m*, Junge *m* (*Anrede*).

son·o·buoy [ˈsəʊnəbɔɪ; *Am. a.* -nəʊ-ˌbu:i:; ˈsɑnəʊ-] *s mar.* Schall-, Geräuschboje *f*.

so·nom·e·ter [səʊˈnɒmɪtə(r); sə-; *Am.* -ˈnɑm-] *s phys.* Sonoˈmeter *n*, Schallmesser *m*.

so·no·rant [ˈsɒnərənt; *Am.* səˈnəʊ-; -ˈnɔ:-] *s ling.* Soˈnor(laut) *m*.

so·nor·i·ty [səˈnɒrətɪ; *Am. a.* -ˈnɑr-] *s* **1.** Klangfülle *f*, (Wohl)Klang *m*. **2.** *ling.* (Ton)Stärke *f* (*e-s Lauts*).

so·no·rous [səˈnɔ:rəs; *Am. a.* səˈnəʊrəs] *adj* (*adv* **~ly**) **1.** tönend, resoˈnant (*Holz etc*). **2.** volltönend (*a. ling.*), klangvoll, soˈnor (*Sprache, Stimme etc*). **3.** *phys.* Schall..., Klang...

son·sy [ˈsɒnsɪ] *adj Scot. od. Ir.* **1.** drall: **a ~ girl. 2.** gutmütig.

soon [su:n] *adv* **1.** bald, unverzüglich: **at the ~est** frühestens. **2.** (sehr) bald, (sehr) schnell: **no ~er than** ... kaum ... als; **no ~er said than done** gesagt, getan; → **mend** 3. **3.** bald, früh: **as** (*od.* **so**) **~ as** so bald wie *od.* als; **~er or later** früher oder später; **the ~er, the better** je früher, desto besser. **4.** gern: **(just) as ~** ebensogut; **I would ~er ... than ...** ich möchte lieber *od.* würde eher ... als ...

soon·er[1] [ˈsu:nə(r)] *adv* (*comp von* **soon**) a) früher, eher, b) schneller, c) lieber: → **soon** 2–4.

soon·er[2] [ˈsu:nər] *s Am. sl.* **1.** *hist. Siedler, der sich auf Regierungsgelände vor dessen Freigabe niederließ.* **2. S~** (*Spitzname für e-n*) Bewohner von Oklaˈhoma: **S~ State** Oklahoma *n*.

soot [sʊt] **I** *s* Ruß *m*. **II** *v/t* be-, verrußen.

sooth [su:θ] *s*: **in ~** *Br. obs.* fürˈwahr.

soothe [su:ð] *v/t* **1.** besänftigen, beruhigen, beschwichtigen, trösten. **2.** *Schmerz etc* mildern, lindern.

sooth·fast [ˈsu:θfɑ:st; *Am.* -ˌfæst] *adj obs.* wahrhaft, treu, verläßlich.

sooth·ing [ˈsu:ðɪŋ] *adj* (*adv* **~ly**) **1.** besänftigend (*etc*; → **soothe** 1). **2.** lindernd. **3.** wohltuend, angenehm, sanft: **~ music.**

sooth|·say [ˈsu:θseɪ] *v/i irr* wahrsagen. **ˈ~ˌsay·er** *s* Wahrsager(in). **ˈ~ˌsay·ing** *s* **1.** Wahrsagen *n*. **2.** Wahrsagung *f*.

soot·i·ness [ˈsʊtɪnɪs] *s* **1.** Rußigkeit *f*. **2.** Schwärze *f*. **ˈsoot·y** *adj* (*adv* **sootily**) **1.** rußig, Ruß... **2.** geschwärzt. **3.** schwarz(braun).

sop [sɒp; *Am.* sɑp] **I** *v/t* **1.** eintunken, -tauchen. **2.** durchˈtränken, -ˈnässen, -ˈweichen: → **skin** 1. **3.** *meist* **~ up** *Wasser etc* aufwischen. **II** *s* **4.** eingetunkter *od.* eingeweichter Bissen (*Brot etc*). **5.** (*etwas*) Durchˈweichtes, Matsch *m*. **6.** *fig.* ‚Brokken' *m*, Beschwichtigungsmittel *n*, ‚Schmiergeld' *n*: **to give a ~ to Cerberus, to throw s.o. a ~** j-m e-n Brocken hinwerfen, damit er e-e Weile Frieden gibt. **7.** *fig.* Weichling *m*, ‚Schlappschwanz' *m*.

soph [sɒf; *Am.* sɑf] *colloq. für* **sophomore.**

soph·ism [ˈsɒfɪzəm; *Am.* ˈsɑf-] *s* **1.** Soˈphismus *m*, Spitzfindigkeit *f*, ˈScheinarguˌment *n*. **2.** Trugschluß *m*. **ˈSoph·ist** *s* **1.** *philos.* Soˈphist *m*. **2. s~** *fig.* Soˈphist *m*, spitzfindiger Mensch. **ˈsoph·ist·er** *s* **1.** *obs.* Soˈphist *m*. **2.** *univ. Br. hist. Student im* a) *2. od. 3. Jahr* (*Cambridge*), b) *3. od. 4. Jahr* (*Dublin*).

so·phis·tic [səˈfɪstɪk; *Am. a.* səˈf-] *adj*; **soˈphis·ti·cal** *adj* (*adv* **~ly**) soˈphistisch (*a. fig. spitzfindig*).

so·phis·ti·cate [səˈfɪstɪkeɪt] **I** *v/t* **1.** *j-m* die Naˈtürlichkeit nehmen, verbilden. **2.** *j-n* weltklug machen, (geistig) verfeinern. **3.** kompliˈzieren. **4.** *e-n Text, a. Nahrungsmittel* verfälschen. **II** *v/i* **5.** Sophismen gebrauchen. **III** *s* [*a.* -kɪt] **6.** weltkluge (*etc*) Perˈson (→ **sophisticated** 1 *u.* 2). **soˈphis·ti·cat·ed** [-ɪd] *adj* **1.** erfahren, weltklug, intellektuˈell, (geistig) anspruchsvoll (*Person*). **2.** *contp.* blaˈsiert, ‚hochgestochen', ‚auf moˈdern *od.* intellektuˈell machend': **a ~ student.** **3.** anspruchsvoll, verfeinert, kultiˈviert, raffiˈniert, subˈtil: **a ~ style.** **4.** anspruchsvoll, exquiˈsit, mit ‚Pfiff': **a ~ novel.** **5.** gekünstelt, unecht. **6.** *tech.* a) kompliˈziert: **~ techniques; a ~ equipment,** b) hochentwickelt, technisch ausgereift, ausgeklügelt, mit allen Raffiˈnessen: **a ~ machine.** **7.** verfälscht: **~ oil; ~ text.** **soˌphis·tiˈca·tion** *s* **1.** Weltklugheit *f*, Intellektuaˈlismus *m*, (geistige) Differenˈziertheit, Kultiˈviertheit *f*. **2.** Blaˈsiertheit *f*, ‚hochgestochene' Art. **3.** (*das*) *geistig* Anspruchsvolle. **4.** *tech.* (höchste) technische Perfektiˈon, Ausgereiftheit *f*, technisches Raffineˈment. **5.** (Ver)Fälschung *f*. **6.** → **sophistry.**

soph·ist·ry [ˈsɒfɪstrɪ; *Am.* ˈsɑf-] *s* **1.** Spitzfindigkeit *f*, Sophisteˈrei *f*. **2.** Soˈphismus *m*, Trugschluß *m*.

soph·o·more [ˈsɑfmˌɔːr; -ˌəʊər] *s ped. Am.* ˈCollege-Stuˌdent(in) *od.* Schüler(in) e-r High-School im 2. Jahr.

so·po·rif·er·ous [ˌsɒpəˈrɪfərəs; *Am.* ˌsɑ-; ˌsəʊ-] *adj* einschläfernd. **ˌso·poˈrif·ic I** *adj* einschläfernd. **II** *s bes. pharm.* Schlafmittel *n*.

sop·ping [ˈsɒpɪŋ; *Am.* ˈsɑp-] *adj a.* **~ wet** klitsch-, patschnaß, triefend (naß). **ˈsop·py** *adj* (*adv* **soppily**) **1.** völlig naß, durchˈweicht: **~ soil.** **2.** regnerisch: **~ weather.** **3.** *Br. colloq.* ‚schmalzig', rührselig: **to be ~ on s.o.** ‚in j-n verknallt sein'.

so·pra·nist [səˈprɑːnɪst; *Am. a.* -ˈpræn-] *s mus.* Sopraˈnist(in). **soˈpra·no** [-nəʊ] **I** *pl* **-nos** *s* Soˈpran *m*: a) Soˈpranstimme *f*, b) → **sopranist,** c) Soˈpranparˌtie *f*. **II** *adj* Sopran...: **~ clef.**

so·ra [ˈsɔːrə], **~ rail** *s orn.* Sumpfhuhn *n*.

Sorb[1] [sɔː(r)b] *s* Sorbe *m*, Wende *m*.

sorb[2] [sɔː(r)b], *a.* **~ ap·ple** *s bot.* Speierling *m*, Spierling *m*.

sor·bate [ˈsɔː(r)beɪt; -bət] *s chem.* Sorˈbat *n*.

sor·be·fa·cient [ˌsɔː(r)bɪˈfeɪʃnt] *med.* **I** *adj* absorˈbierend, absorptiˈonsfördernd. **II** *s* Abˈsorbens *n*.

sor·bet [ˈsɔː(r)bət] *s bes. Br.* Fruchteis *n*.

Sor·bi·an [ˈsɔː(r)bjən; -ɪən] **I** *adj* **1.** sorbisch. **II** *s* **2.** Sorbe *m*, Sorbin *f*. **3.** *ling.* Sorbisch *n*, das Sorbische.

sorb·ic ac·id [ˈsɔː(r)bɪk] *s chem.* Sorˈbinsäure *f*.

sor·bi·tol [ˈsɔː(r)bɪtɒl; *Am. a.* -ˌtəʊl] *s chem.* Sorˈbit *n* (*Zuckeralkohol*).

sor·bose [ˈsɔː(r)bəʊs] *s chem.* Sorˈbose *f* (*einfacher Zucker*).

sor·cer·er [ˈsɔː(r)sərə(r)] *s* Zauberer *m*, Hexenmeister *m*. **ˈsor·cer·ess** *s* Zauberin *f*, Hexe *f*. **ˈsor·cer·ous** *adj* Zauber..., Hexen... **ˈsor·cer·y** *s* Zaubeˈrei *f*, Hexeˈrei *f*.

sor·did [ˈsɔː(r)dɪd] *adj* (*adv* **~ly**) **1.** schmutzig. **2.** *fig.* schmutzig, gemein. **3.** knaus(e)rig, knick(e)rig. **4.** *bes. bot. zo.* schmutzfarben. **ˈsor·did·ness** *s* Schmutzigkeit *f*, *fig. a.* Gemeinheit *f*.

sor·dine [ˌsɔː(r)ˈdiːn], **sor·di·no** [ˌsɔː(r)ˈdiːnəʊ] *pl* **-ni** [-niː] *s mus.* Dämpfer *m*, Sorˈdine *f*.

sore [sɔː(r); *Am. a.* səʊr] **I** *adj* (*adv* → **sorely**) **1.** weh, wund: **~ feet; ~ heart** *fig.* wundes Herz, Leid *n*; → **sight** 6, **spot** 5. **2.** entzündet, schlimm, böse: **~ finger; a ~ throat** e-e Halsentzündung; → **thumb** 1. **3.** a) mürrisch, brummig, bärbeißig, gereizt: → **bear**[2] 1, b) *colloq.* ‚eingeschnappt', verärgert, beleidigt, böse (about über *acc*, wegen). **4.** *fig.* heikel: **a ~ subject.** **5.** *obs. od. poet.* schlimm, arg, groß: **in ~ distress.** **II** *s* **6.** Wunde *f*, Entzündung *f*, wunde Stelle: **an open ~** a) e-e offene Wunde (*a. fig.*), b) *fig.* ein altes Übel, ein ständiges Ärgernis. **III** *adv obs. od. poet.* **7.** sehr, arg, schlimm.

ˈsore·head *bes. Am. colloq.* **I** *s* mürrischer Mensch. **II** *adj* enttäuscht, verärgert.

sor·el [ˈsɔːrəl] → **sorrel**[1].

sore·ly [ˈsɔː(r)lɪ] *adv* **1.** arg, ‚bös': a) sehr, äußerst, bitter: **~ disappointed,** b) schlimm: **~ wounded; ~ tried** schwergeprüft. **2.** dringend: **~ needed.** **3.** bitterlich: **she wept ~.**

sor·ghum [ˈsɔː(r)gəm] *s* **1.** *bot.* Sorghum *n*, *bes.* Durra *f*, Mohrenhirse *f*. **2.** Sirup *m* der Zuckerhirse. **ˈsor·go** [-gəʊ] *pl* **-gos** [-z] *s bot.* Chiˈnesisches Zuckerrohr.

so·ri·tes [sɒˈraɪtiːz; *bes. Am.* sə-] *s philos.* Soˈrites *m*, Kettenschluß *m*.

so·rop·ti·mist [sɔːˈrɒptɪmɪst; *Am.* -ˈrɑp-; *a.* sə-] *s* Soroptiˈmistin *f* (*Mitglied des Damen-Rotary-Clubs*).

so·ror·i·cid·al [səˌrɒrɪˈsaɪdl] *adj* schwestermörderisch. **soˈror·i·cide** *s* **1.** Schwestermord *m*. **2.** Schwestermörder(in).

so·ror·i·ty [səˈrɒrətɪ; *Am. a.* -ˈrɑr-] *s* **1.** *univ. bes. Am. Verbindung von Studentinnen.* **2.** *relig.* Schwesternschaft *f*.

so·ro·sis [səˈrəʊsɪs] *pl* **-ses** [-siːz] *s* **1.** *bot.* zs.-gesetzte Beerenfrucht (*z. B. Ananas*). **2.** *Am.* Frauenverein *m*.

sorp·tion [ˈsɔː(r)pʃn] *s chem. phys.* (Ab-)Sorptiˈon *f*.

sor·rel[1] [ˈsɒrəl; *Am.* ˈsɑ-] **I** *s* **1.** Rotbraun *n*. **2.** (Rot)Fuchs *m* (*Pferd*). **3.** *hunt. zo.* geringer Schaufler (*dreijähriger Damhirsch*). **II** *adj* **4.** rotbraun.

sor·rel[2] [ˈsɒrəl; *Am.* ˈsɑ-] *s bot.* **1.** Sauerampfer *m*. **2.** Sauerklee *m*.

sor·row [ˈsɒrəʊ; *Am. a.* ˈsɑr-] **I** *s* **1.** Kummer *m*, Leid *n* (**at, over** über *acc*; **for** um): **much ~, many ~s** viel Leid *od.* Unglück; **to my ~** zu m-m Kummer *od.* Leidwesen; **his son has been a great ~ to him** sein Sohn hat ihm schon viel Kummer bereitet. **2.** Reue *f* (**for** über *acc*). **3.** Klage *f*, Jammer *m*. **4.** *bes. iro.* Bedauern *n*: **without much ~.** **II** *v/i* **5.** sich grämen *od.* härmen (**at, over, for** über *acc*, wegen, um). **6.** klagen, trauern (**after, for** um, über *acc*). **ˈsor·row·ful** *adj* (*adv* **~ly**) traurig: a) sorgen-, kummervoll, b) klagend: **a ~ song** ein Klagelied, c) beklagenswert: **a ~ accident.**

sor·ry [ˈsɒrɪ; *Am. a.* ˈsɑriː] **I** *adj* **1.** betrübt, bekümmert: **I was** (*od.* **felt**) **~ for him** er tat mir leid; **to be ~ for o.s.** *colloq.* sich selbst bedauern; **I am (so) ~!** (es) tut mir (so) leid!, (ich) bedaure!, Verzeihung!; **I am ~ to say** ich muß leider sagen. **2.** reuevoll: **to be ~ about s.th.** etwas bereuen *od.* bedauern. **3.** *contp.* traurig, erbärmlich, jämmerlich: **a ~ excuse** ‚e-e faule Ausrede'; **in a ~ state** in e-m traurigen *od.* kläglichen Zustand. **II** *interj* **4.** **~!** Verzeihung!, Entschuldigung!

sort[1] [sɔː(r)t] *s obs.* **1.** Los *n*, Schicksal *n*. **2.** Weissagung *f* (*durch das Los*).

sort[2] [sɔː(r)t] **I** *s* **1.** Sorte *f*, Art *f*, Klasse *f*, Gattung *f*, *econ. a.* Marke *f*, Qualiˈtät *f*: **all ~s of people** alle möglichen Leute; **it takes all ~s (to make a world)** es muß auch solche (*Leute*) geben; **all ~s of things** alles mögliche. **2.** Art *f*: **after a ~** gewissermaßen; **nothing of the ~** nichts dergleichen; **I won't do anything of the ~!** ich denke nicht daran!, e-n Dreck werde ich tun!; **what ~ of a tree?** was für ein Baum?; **these ~ of men** *colloq.* diese Art Leute, solche Leute; **something of the ~** so etwas, etwas Derartiges; **a ~ of stockbroker** *colloq.* (so) e-e Art Börsenmakler; **I ~ of expected it** *colloq.* so etwas habe ich irgendwie *od.* halb erwartet; **he ~ of hinted** er machte so e-e (vage) Andeutung; **he is a good ~** *colloq.* er ist ein guter *od.* anständiger Kerl; **he is not my ~** er ist nicht mein Fall *od.* Typ; **he is not the ~ of man who ...** er ist nicht der Mann, der (*so etwas tut*). **3. of a ~, of ~s** *contp.* so etwas (ähnliches) wie: **a politician of ~s.** **4. out of ~s** *colloq.* nicht auf der Höhe *od.* dem Damm. **5.** *print.* ˈSchriftgarniˌtur *f*: **out of ~s** ausgegangen. **II** *v/t* **6.** *a.* **~ out** *Briefmarken etc* sorˈtieren, (ein)ordnen: **to ~ o.s. out** *colloq.* a) zur Ruhe kommen, b) sich einrichten, c) sich eingewöhnen. **7. ~ out** a) ˈauslesen, -sorˌtieren, sichten: **to ~ s.th. out from s.th.** etwas von etwas trennen, b) *fig.* sich Klarheit verschaffen über (*acc*). **8. ~ out** *colloq. Problem etc* lösen, e-e Lösung finden für: **the problem has ~ed itself out** das Problem hat sich (von selbst) erledigt. **9. ~ out** *colloq. j-n* ‚zur Schnecke *od.* Minna machen'. **10.** *a.* **~ together** zs.-stellen, -tun (**with** mit). **III** *v/i* **11.** *obs. gut, schlecht* passen (**with** zu).

ˈsort·er *s* **1.** Sorˈtierer(in). **2.** *Computer etc*: Sorˈtierer *m* (*Vorrichtung*).

sor·tie [ˈsɔː(r)tiː; *Am. a.* sɔːrˈtiː] **I** *s* **1.** *mil.* Ausfall *m*. **2.** *aer. mil.* (Einzel)Einsatz *m*, Feindflug *m*. **3.** *mar.* Auslaufen *n*. **II** *adj* **4. ~ lab** (*od.* **can**) *colloq.* ˈRaumlaˌbor *n*. **III** *v/i* **5.** *mil.* e-n Ausfall machen. **6.** *aer. mil.* e-n (Einzel)Einsatz fliegen. **7.** *mar.* auslaufen.

sor·ti·lege [ˈsɔː(r)tɪlɪdʒ] *s* Wahrsagen *n* (aus Losen).

SOS *s* **1.** *mar.* SOˈS *n* (*Morse-Hilferuf von Schiffen in Seenot*). **2.** *colloq.* Hilferuf *m*.

ˈso-so, a. so so *adj u. adv colloq.* so(ˈso) laˈla (*mäßig, leidlich*).

sot [sɒt; *Am.* sɑt] **I** *s* Säufer *m*. **II** *v/i* saufen.

so·te·ri·ol·o·gy [sɒˌtɪərɪˈɒlədʒɪ; *Am.* səʊˌtɪrɪˈɑl-] *s relig.* Soterioloˈgie *f* (*Lehre von der Erlösung durch Christus*).

sot·tish [ˈsɒtɪʃ; *Am.* ˈsɑt-] *adj* (*adv* **~ly**) **1.** ‚versoffen'. **2.** ‚besoffen'. **3.** ‚blöd' (*albern*). **ˈsot·tish·ness** *s* **1.** ‚Versoffenheit' *f*. **2.** ‚Blödheit' *f*.

sot·to vo·ce [ˌsɒtəʊˈvəʊtʃɪ; *Am.* ˌsɑt-] *adv mus.* leise, gedämpft (*a. fig. halblaut*).

sou·brette [suːˈbret] *s thea.* Souˈbrette *f*.

sou·bri·quet [ˈsəʊbrɪkeɪ; ˈsuː-] → **sobriquet.**

sou·chong [ˌsuːˈtʃɒŋ; *Am.* ˈsuːˌtʃɔːŋ] *s* Souchong *m* (*Teesorte*).

Sou·da·nese → **Sudanese.**

souf·fle [ˈsuːfl] *s med.* Geräusch *n*.

souf·flé [ˈsuːfleɪ; *Am. a.* suːˈfleɪ] *s gastr.* Auflauf *m*, Soufˈflé *n*.

sough [saʊ; sʌf] **I** *s* Rauschen *n* (*des Windes*). **II** *v/i* rauschen.

sought [sɔːt] *pret u. pp von* **seek.**

soul [səʊl] *s* **1.** *relig. philos.* Seele *f*: **'pon my ~!** ganz bestimmt! **2.** Seele *f*, Herz *n*, Gemüt *n*, (*das*) Innere: **he has a ~ above mere moneygrubbing** er hat auch noch Sinn für andere Dinge als Geldraffen; **in my ~ of ~s** ganz tief in m-m Herzen; **to bare one's ~ to s.o.** j-m sein Herz ausschütten. **3.** *fig.* Seele *f* (*Triebfeder, Mittelpunkt*): **he was the ~ of the enterprise.** **4.** *fig.* Geist *m* (*Person*): **the greatest ~s of the past.** **5.** Seele *f* (*Mensch*): **the ship went down with 100 ~s; a good ~** e-e gute Seele, e-e Seele von e-m Menschen; **an honest ~** e-e ehrliche Haut; **poor ~** armer Kerl; **not a ~** keine Menschenseele. **6.** Inbegriff *m*, Muster *n*: **he is the ~ of generosity** er ist die Großzügigkeit selbst *od.* in Person. **7.** Kraft *f*, Inbrunst *f*, *a.* (künstlerischer) Ausdruck: **he has no ~** er hat keine Energie; **his pictures lack ~** s-n Bildern fehlt Leben. **8. S~** *Christian Science*: Seele *f* (*Gott*). **9.** *mus.* Soul *m*: **~ music. 10.** *besonderes Zs.-gehörigkeitsgefühl der Schwarzen in den USA*: **~ brother, ~ sister** (*unter Schwarzen gebrauchter Ausdruck für*) Schwarze(r *m*) *f*; **~ food** *traditionelle Speisen der Schwarzen.* [(*Arbeit etc*).]

ˈsoul-deˌstroy·ing *adj* geisttötend

souled [səʊld] *adj* (*in Zssgn*) ...herzig, ...gesinnt: **high-~** hochherzig.

ˈsoul·ful *adj* (*adv* **~ly**) seelen-, gefühlvoll: **a ~ look** ein schmachtender Blick.

ˈsoul·less *adj* (*adv* **~ly**) seelenlos (*a. fig. gefühllos, egoistisch, a. ausdruckslos*).

soul| mate *s* Gesinnungsgenosse *m*: **they are ~s** sie sind verwandte Seelen. **ˈ~-ˌsearch·ing** *s* Gewissensprüfung *f.* **ˈ~-ˌstir·ring** *adj* ergreifend.

sound[1] [saʊnd] **I** *adj* (*adv* **~ly**) **1.** gesund: **~ in mind and body** körperlich u. geistig gesund; **~ in wind and limb** *colloq.* kerngesund, gesund u. munter; → **bell**[1] 1, **mind** 2. **2.** gesund, inˈtakt, fehlerfrei, tadellos: **~ fruit** unverdorbenes Obst. **3.** *econ.* gesund, soˈlid(e), staˈbil: **a ~ company (currency,** *etc*); **~ credit** sicherer Kredit; **he is ~ on sherry** *colloq.* sein Sherry ist gut. **4.** gesund, vernünftig, gut: **~ investment (policy,** *etc*). **5.** gut, brauchbar: **~ advice. 6.** folgerichtig: **~ argument. 7.** ˈgut(funˌdiert), soˈlid(e): **~ knowledge. 8.** *jur.* rechtmäßig, begründet, gültig: **a ~ title. 9.** zuverlässig: **a ~ friend; he is ~** er ist in Ordnung. **10.** gut, tüchtig: **a ~ strategist (thinker,** *etc*). **11.** kräftig, tüchtig, gehörig: **~ sleep** tiefer *od.* gesunder Schlaf; → **beating** 1, **sleeper** 1. **II** *adv* **12.** fest, tief: **to sleep ~.**

sound[2] [saʊnd] *s* **1.** Sund *m*, Meerenge *f*: **the ~** der Sund (*zwischen Schweden u. Dänemark*). **2.** *ichth.* Fischblase *f.*

sound[3] [saʊnd] **I** *v/t* **1.** *bes. mar.* (aus-) loten, peilen. **2.** *tech. den Meeresboden etc* erforschen. **3.** *oft* **~ out** a) *etwas* sonˈdieren (*a. med.*), erkunden, erforschen: **to ~ s.o.'s view,** b) *j-n* ‚ausholen' (**about, on** über *acc*). **II** *v/i* **4.** *bes. mar.* loten. **5.** auf Grund gehen (*Wal*). **6.** *fig.* sonˈdieren. **III** *s* **7.** *med.* Sonde *f.*

sound[4] [saʊnd] **I** *s* **1.** a) Schall *m*, Laut *m*, Ton *m*: **~ amplifier** Lautverstärker *m*; **faster than ~** mit Überschallgeschwindigkeit; **~ and fury** *fig.* Schall u. Rauch; hohles Getöse; **within ~** in Hörweite, b) *Film, TV*: Ton(technik *f*) *m*. **2.** Klang (-wirkung *f*) *m*, (*Beat-, Jazzmusik a.*) Sound *m*. **3.** Ton *m*, Laut *m*, Geräusch *n*: **without a ~** geräusch-, lautlos. **4.** *fig.* Ton *m*, Klang *m*, Tenor *m*: **I don't like the ~ of it!** die Sache gefällt mir nicht! **5.** *ling.* Laut *m*. **II** *v/i* **6.** (er)schallen, (-)klingen. **7.** *fig.* klingen: **that ~s strange. 8. ~ off** *colloq.* ‚tönen' (**about, on** von): **to ~ off against** ‚herziehen' über (*acc*). **9. ~ in** *jur.* auf *Schadenersatz etc* lauten (*Klage*): **to ~ in damages. III** *v/t* **10.** *s-e Trompete etc* erschallen *od.* erklingen lassen: **to ~ the horn** *mot.* hupen; **to ~ s.o.'s praises** *fig.* j-s Lob singen. **11.** äußern: **to ~ a note of warning** e-e Warnung anklingen lassen. **12.** *ling.* (aus)sprechen: **the h in 'hono(u)r' is not ~ed. 13.** verkünden: **the bell ~s noon** die Glocke schlägt 12 Uhr (mittags); → **alarm** 1, **charge** 26, **retreat** 1. **14.** *a. med.* abhorchen, abklopfen.

ˈsound|-abˌsorb·ing *adj tech.* schalldämpfend, -schluckend. **~ ar·chives** *s pl* ˈTonarˌchiv *n.* **~ bar·ri·er** *s aer. phys.* Schallgrenze *f*, -mauer *f*: **to break the ~** die Schallmauer durchbrechen. **ˈ~board** *s* **1.** *mus.* Resoˈnanzboden *m*, Schallbrett *n*. **2.** → **sounding board** 2 *u.* 3. **~ booth** *s Film etc*: ˈTonkaˌbine *f.* **~ box 1.** *mus. hist.* Schalldose *f.* **2.** *mus.* Resoˈnanzkasten *m*. **3.** *Film etc*: ˈTonkaˌbine *f.* **~ broad·cast·ing** *s* Hörfunk *m.* **~ cam·er·a** *s tech.* (Maˈgnet)Tonkamera *f.* **ˈ~-conˌdi·tion** *v/t tech.* die Aˈkustik (*gen*) verbessern. **~ con·duc·tiv·i·ty** *s tech.* Schalleitfähigkeit *f.* **~ ef·fects** *s pl Film, Rundfunk, TV*: ˈTonefˌfekte *pl*, Geräusche *pl.* **~ en·gi·neer** *s Rundfunk etc*: Tonmeister *m*, -techniker *m.*

sound·er[1] [ˈsaʊndə(r)] *s tel.* Klopfer *m.*

sound·er[2] [ˈsaʊndə(r)] *s mar.* **1.** a) Lotkörper *m*, b) *Kriegsmarine*: Lotsgast *m*. **2.** Lot *n*: → **echo sounder.**

soun·der[3] [ˈsaʊndə(r)] *s* Wildschweinrudel *n.*

sound| film *s* Tonfilm *m.* **~ hole** *s mus.* Schalloch *n.*

sound·ing[1] [ˈsaʊndɪŋ] *adj* (*adv* **~ly**) **1.** tönend, schallend. **2.** wohlklingend, soˈnor. **3.** *contp.* lautstark, bomˈbastisch.

sound·ing[2] [ˈsaʊndɪŋ] *s mar.* **1.** *oft pl* Loten *n*. **2.** *pl* (ausgelotete *od.* auslotbare) Wassertiefe: **out of** (*od.* **off**) **~s** a) auf nicht lotbarer Wassertiefe, b) *fig.* ohne sicheren Boden under den Füßen; **to take a ~** a) loten, b) *fig.* sondieren.

sound·ing| bal·loon *s* Verˈsuchsbalˌlon *m*, Balˈlonsonde *f.* **~ board** *s* **1.** *mus.* → **soundboard** 1. **2.** Schallmuschel *f* (*für Orchester etc im Freien*). **3.** Schalldämpfungsbrett *n*. **4.** *fig.* Podium *n*, Triˈbüne *f.* **~ line** *s mar.* Lotleine *f.* **~ rock·et** *s* Raˈketensonde *f.* **~ tube** *s mar.* Peilrohr *n.*

sound in·su·la·tion *s* Schalldämmung *f.*

sound·less[1] [ˈsaʊndlɪs] *adj* laut-, geräuschlos.

sound·less[2] [ˈsaʊndlɪs] *adj bes. poet.* unergründlich, grundlos.

sound| lo·ca·tor *s mil.* Horchgerät *n.* **~ mix·er** *s Film etc*: Tonmeister *m.* **~ mo·tion pic·ture** *s bes. Am.* Tonfilm *m.*

ˈsound·ness *s* **1.** Gesundheit *f* (*a. fig.*). **2.** *fig.* Folgerichtigkeit *f.*

ˌsound|-on-ˈfilm *s* Tonfilm *m.* **~ pol·lu·tion** *s* Lärmbelästigung *f.* **~ pro·jec·tor** *s* ˈTon(film)proˌjektor *m.* **ˈ~-proof I** *adj* schalldicht. **II** *v/t* schalldicht machen, isoˈlieren. **ˈ~ˌproof·ing** *s* ˈSchallisoˌlierung *f.* **~ rang·ing I** *s* Schallmessen *n*. **II** *adj* Schallmeß... **~ re·cord·er** *s* Tonaufnahmegerät *n.* **~ re·pro·duc·er** *s* Tonwiedergabegerät *n.* **~ shift(·ing)** *s ling.* Lautverschiebung *f.* **~ track** *s* **1.** *Film*: Tonspur *f.* **2.** ˈFilmmuˌsik *f.* **~ truck** *s Am.* Lautsprecherwagen *m.* **~ wave** *s phys.* Schallwelle *f.*

soup [suːp] **I** *s* **1.** Suppe *f*, Brühe *f*: **to be in the ~** *colloq.* ‚in der Patsche' *od.* ‚Tinte' sitzen; **from ~ to nuts** *Am. colloq.* von A bis Z. **2.** *fig.* dicker Nebel, ‚Waschküche' *f.* **3.** *phot. colloq.* Entwickler *m.* **4.** *mot. sl.* PˈS *f.* **5.** *Am. sl.* Nitroglyzeˈrin *n* (*zum Geldschrankknacken*). **II** *v/t* **7. ~ up** *colloq.* a) *den Motor* ‚friˈsieren': **souped-up car** → **hot rod** 1, b) *allg.* verstärken, ‚aufmöbeln', c) Dampf hinter *e-e Sache* machen.

soup·çon [ˈsuːpsɔ̃ːŋ; *Am.* -ˌsɑːn; suːpˈsəʊn] *s* **1.** Prise *f* (*Salz etc*). **2.** *fig.* Hauch *m*, Anflug *m* (*von Sarkasmus etc*).

soup| kitch·en *s* **1.** Armenküche *f.* **2.** *bes. mil.* Feldküche *f.* **~ plate** *s* Suppenteller *m.* **~ spoon** *s* Suppenlöffel *m.*

sour [ˈsaʊə(r)] **I** *adj* (*adv* **~ly**) **1.** sauer (*a. Geruch, Milch*), herb, bitter: **~ cream** Sauerrahm *m*; **to turn ~** sauer werden; **to turn** (*od.* **go**) **~** (**on**) *fig.* → 11; → **grape** 1. **2.** (übel)riechend, sauer. **3.** *fig.* sauertöpfisch, säuerlich, verdrießlich, mürrisch: **a ~ man; a ~ face** ein saures Gesicht. **4.** *fig.* naßkalt: **~ weather. 5.** *agr.* sauer (*kalkarm, naß*): **~ soil. 6.** schwefelhaltig: **~ fuel. II** *s* **7.** Säure *f.* **8.** Bitternis *f*: **the sweet and ~ of life** Freud u. Leid (des Lebens); **to take the sweet with the ~** das Leben nehmen, wie es (eben) ist. **9.** *Am.* (saurer) Cocktail: **gin ~. III** *v/i* **10.** sauer werden. **11.** *fig.* a) verbittert *od.* ‚sauer' werden, b) die Lust verlieren (**on** an *e-r Sache*), (**on s.th.** e-e Sache) ‚ˈüberkriegen', c) ‚mies' werden, d) kaˈputt-, schiefgehen (*Ehe etc*). **IV** *v/t* **12.** säuern (*a. chem.*): **~ed cream** *Br.* Sauerrahm *m*. **13.** *fig.* verbittern.

source [sɔː(r)s; *Am. a.* ˈsəʊərs] *s* **1.** Quelle *f*, *poet.* Quell *m*. **2.** Quellfluß *m*. **3.** *poet.* Strom *m*. **4.** *fig.* (*Licht-, Strom- etc*)Quelle *f*: **~ of light; ~ of energy** Energieträger *m*; **~ of strength** Kraftquell *m*. **5.** *fig.* Quelle *f*, Ursprung *m*: **~ of information** Nachrichtenquelle; **from a reliable ~** aus zuverlässiger Quelle; **to have its ~ in** s-n Ursprung haben in (*dat*). **6.** (*literarische*) Quelle. **7.** *econ.* (*Einnahme-, Kapital- etc*)Quelle *f*: **~ of supply** Bezugsquelle; **to levy a tax at the ~** e-e Steuer an der Quelle erheben. **~ book** *s* Quellenbuch *n.* **~ lan·guage** *s ling.* Ausgangssprache *f.* **~ ma·te·ri·al** *s* **1.** ˈQuellenmateriˌal *n*. **2.** *phys.* Ausgangsstoff *m.* **~ pro·gram(me)** *s Computer*: ˈQuellproˌgramm *n.*

sour·dine [ˌsʊə(r)ˈdiːn] → **sordine.**

ˈsourˌdough *s Am. od. Canad.* **1.** Sauerteig *m*. **2.** Aˈlaska-Schürfer *m.*

ˈsour·ing *s* Säuerung *f* (*a. chem.*). **ˈsour·ish** *adj* säuerlich, angesäuert. **ˈsour·ness** *s* **1.** Herbheit *f*, Säure *f*. **2.** *fig.* Bitterkeit *f.*

ˈsour·puss *s* ‚Sauertopf' *m.*

sou·sa·phone [ˈsuːzəfəʊn] *s mus.* Sousaˈphon *n.*

souse[1] [saʊs] **I** *s* **1.** Pökelfleisch *n*. **2.** Pökelbrühe *f*, Lake *f*. **3.** Eintauchen *n*. **4.** Sturz *m* ins Wasser, b) ‚Dusche' *f*, Regenguß *m*. **5.** *sl.* a) Saufeˈrei *f*, b) *Am.* Säufer *m*, c) ‚Suff' *m*. **II** *v/t* **6.** eintauchen. **7.** durchˈtränken. **8.** *Wasser etc* ausgießen (**over** über *acc*). **9.** (ein)pökeln. **10.** *sl. Wein etc* ‚saufen': **~d** ‚voll', ‚besoffen'. **III** *v/i* **11.** durchˈnäßt werden. **12.** *sl.* ‚saufen'.

souse[2] [saʊs] **I** *s* **1.** *hunt. obs.* a) Aufsteigen *n*, b) Herˈabstoßen *n* (*des Falken*). **2.** Plumps *m*. **II** *adv u. interj* **3.** plumps(!), ‚wupp'(!).

sou·tane [suːˈtɑːn; -ˈtæn] *s R.C.* Souˈtane *f.*

sou·ten·eur [ˌsuːtəˈnɜː; *Am.* -ˈnɜr] *s* Zuhälter *m.*

south [saʊθ] **I** *s* **1.** Süden *m*: **in the ~ of** im Süden von; **to the ~ of** → 7; **from the ~** aus dem Süden. **2.** *a.* **S~** Süden *m*, südlicher Landesteil: **the S~ of Germany** Süddeutschland *n*; **the S~** a) *Br.* Südengland *n*, b) *Am.* der Süden, die Südstaaten. **3.** *poet.* Süd(wind) *m*. **II** *adj* **4.** südlich, Süd... **III** *adv* **5.** nach Süden, südwärts. **6.** aus dem Süden (*bes. Wind*). **7. ~ of** südlich von. **IV** *v/i* **8.** nach Süden gehen *od.* fahren. **9.** kulmiˈnieren (*Mond etc*). **S~ Af·ri·can I** *adj* ˈsüdafriˌkanisch. **II** *s* ˈSüdafriˌkaner(in): **~ Dutch** Afrikaander(in). **S~ A·mer·i·can I** *adj* ˈsüdameriˌkanisch. **II** *s* ˈSüdameriˌkaner(in). **ˈ~bound** *adj* nach Süden gehend *od.* fahrend. **~ by east** *s* Südsüdˈost *m.* **~ by west** *s* Südsüdˈwest *m.* **ˈS~down** [-daʊn] *s zo.* Southdownschaf *n.* **ˌ~ˈeast I** *s* Südˈosten *m*. **II** *adj* südˈöstlich, Südost... **III** *adv* südˈöstlich, nach Südˈosten.

ˌsouth|ˈeast·er *s* Südˈostwind *m.* **ˌ~ˈeast·er·ly I** *adj* südˈöstlich, Südost...

II *adv* von *od.* nach Süd'osten. ‚~'**east·ern** → **southeast** II. ‚~'**east·ward** I *adj u. adv* nach Süd'osten, süd'östlich. II *s* süd'östliche Richtung. ‚~'**east·ward·ly** *adj u. adv* süd'ostwärts (gelegen *od.* gerichtet).
south·er ['saʊðə(r)] I *s* 1. Südwind *m.* II *v/i* 2. nach Süden drehen (*Wind*). 3. → **south** 8.
south·er·ly ['sʌðə(r)lɪ] I *adj* südlich, Süd... II *adv* von *od.* nach Süden.
south·ern ['sʌðə(r)n] *adj* 1. südlich, Süd...: **S~ Cross** *astr.* Kreuz *n* des Südens; **S~ Europe** Südeuropa *n*; ~ **lights** *astr.* Südlicht *n.* 2. **S~** südstaatlich, ... der Südstaaten (*der USA*). 3. südwärts, Süd...: ~ **course** Südkurs *m.* '**south·ern·er** *s* 1. Bewohner(in) des Südens (*e-s Landes*). 2. **S~** Südstaatler(in) (*in den USA*).
south·ern·ly ['sʌðə(r)nlɪ] → **southerly**.
'**south·ern·most** [-məʊst] *adj* südlichst(er, e, es).
'**south·ern·wood** *s bot.* Stabwurz *f.*
south·ing ['saʊðɪŋ; -θɪŋ] *s* 1. Südrichtung *f*, südliche Fahrt. 2. *astr.* a) Kulminati'on *f* (*des Mondes etc*), b) südliche Deklinati'on (*e-s Gestirns*). 3. *mar.* 'Breiten‚unterschied *m* bei e-r Fahrt nach Süden.
south|·most ['saʊθməʊst] → **southernmost**. '~·**paw** I *adj* linkshändig: ~ **stance** (*Boxen*) Rechtsauslage *f.* II *s* Linkshänder *m*, (*Boxen*) Rechtsausleger *m.* ~ **point** *s phys.* Südpunkt *m.* **S~ Pole** *s* Südpol *m.*
south·ron ['sʌðrən] I *s* 1. → **southerner** 1. 2. *meist* **S~** *Scot.* a) Engländer(in), b) *pl* (*die*) Engländer *pl.* II *adj* 3. *bes. Scot.* südlich, *bes.* englisch.
South Sea *s* Südsee *f.*
‚**south|-south'east** I *adj* südsüd'östlich, Südsüdost... II *adv* nach *od.* aus Südsüd'osten. III *s* Südsüd'osten *m.* '~·**ward** *adj u. adv* nach Süden, südlich, südwärts: **in a ~ direction** Richtung Süden. '~·**wards** *adv* → **southward**. ‚~'**west** I *adj* süd'westlich, Südwest... II *adv* nach *od.* aus Süd'westen. III *s* Süd'westen *m.* ‚~'**west·er** *s* 1. Süd'westwind *m.* 2. → **sou'wester** 1. ‚~'**west·er·ly** I *adj* süd'westlich, Südwest... II *adv* nach *od.* aus Süd'westen. ‚~'**west·ern** → **southwest** I. ‚~'**west·ward** I *adj u. adv* nach Süd'westen, süd'westlich. II *s* süd'westliche Richtung. ‚~'**west·ward·ly** *adj u. adv* süd'westwärts (gelegen *od.* gerichtet).
sou·ve·nir [‚su:və'nɪə(r); 'su:və‚nɪə(r)] *s* Andenken *n*, Souve'nir *n*: ~ **edition** *print.* Gedächtnisausgabe *f.*
sou'·west·er [saʊ'westə(r)] *s* 1. Süd'wester *m* (*wasserdichter Ölhut*). 2. → **southwester** 1.
sov·er·eign ['sɒvrɪn; *Am.* 'sɑvrən; -ərn] I *s* 1. Souve'rän *m*, Mon'arch(in), Landesherr(in). 2. souve'räner Herrscher. 3. (*die*) Macht im Staat (*Person od. Gruppe*). 4. souve'räner Staat. 5. *fig.* König(in). 6. Sovereign *m* (*alte brit. Goldmünze von 20 Schilling*). II *adj* 7. höchst (-er, e, es), oberst(er, e, es): **the ~ good** das höchste Gut. 8. 'unum‚schränkt, souve'rän, königlich: ~ **power**. 9. souve'rän (*Staat*). 10. äußerst(er, e, es), größt (-er, e, es). 11. 'unüber‚trefflich. '**sov·er·eign·ty** [-rəntɪ] *s* 1. oberste *od.* höchste (Staats)Gewalt. 2. Souveräni'tät *f*, Landeshoheit *f*, Eigenstaatlichkeit *f.* 3. Oberherrschaft *f*: **consumer ~** *econ. Am.* (*der*) beherrschende Einfluß des Verbrauchers.
so·vi·et ['səʊvɪət; 'sɒv-; *Am.* 'səʊvɪ‚et; 'sɑv-] I *s oft* **S~** 1. So'wjet *m*: a) Arbeiter- u. Sol'datenrat *m*, b) *allg.* Behörde *f*: **Supreme S~** Oberster Sowjet (*Volksvertretung*). 2. **the S~** das So'wjetsy‚stem. 3. *pl* (*die*) So'wjets *pl.* II *adj* 4. **S~** so'wjetisch, Sowjet... '**so·vi·et·ism** *s* So'wjetsy‚stem *n.* ‚**so·vi·et·i'za·tion** *s* Sowjeti'sierung *f.* '**so·vi·et·ize** *v/t* sowjeti'sieren. ‚**so·vi·et'ol·o·gist** [-'tɒlədʒɪst; *Am.* -'tɑl-] *s* Sowjeto'loge *m.*
sov·ran ['sɒvrən; *Am.* 'sɑv-; *a.* -ərn] → **sovereign**.
sow[1] [saʊ] *s* 1. Sau *f*, (Mutter)Schwein *n*: **to get the wrong ~ by the ear** a) den Falschen erwischen, b) sich gründlich irren. 2. *metall.* a) Mulde *f*, (Ofen)Sau *f*, b) Massel *f* (*gegossener Barren*).
sow[2] [səʊ] *pret u. pp* **sowed** [səʊd], *pp a.* **sown** [səʊn] I *v/t* 1. säen, ausstreuen (*a. fig.*): **you must reap what you have ~n** was man sät, muß man auch ernten; → **oat** 1, **seed** 7, **wind**[1] 1. 2. *Land* besäen, einsäen. 3. *etwas* verstreuen. II *v/i* 4. säen.
so·war [səʊ'wɑ:; sɒ-] *s Br. Ind.* indischer Kavalle'rist.
'**sow|·back** ['saʊ-] *s geol.* langer u. scharfer Gebirgskamm. '~·**bread** *s bot.* Erdscheibe *f*, Saubrot *n.* ~ **bug** *s zo. Am.* Kellerassel *f.*
sow·er ['səʊə(r)] *s* 1. Säer *m*: **he is a ~ of discord** *fig.* er stiftet *od.* sät Zwietracht. 2. 'Säma‚schine *f.*
sown [səʊn] *pp von* **sow**[2].
sox [sɒks; *Am.* sɑks] *pl econ. von* **sock**[1] 1.
soy [sɔɪ] *s* 1. Sojabohnenöl *n.* 2. → **soybean**. **so·ya (bean)** ['sɔɪə; *Am. dial. a.* 'səʊdʒi:], '**soy·bean** *s bot.* Sojabohne *f.*
soz·zled ['sɒzld] *adj Br. colloq.* ‚blau' (*betrunken*).
spa [spɑ:] *s* 1. Mine'ralquelle *f.* 2. Badekurort *m*, Bad *n*: ~ **concert** Kurkonzert *n*; ~ **garden** Kurpark *m.*
space [speɪs] I *s* 1. *math. philos.* Raum *m* (*Ggs. Zeit*): **to disappear into ~** sich in Luft auflösen; **to stare** (*od.* **gaze**) **into (vacant) ~** ins Leere starren. 2. (Welt-) Raum *m*, Weltall *n.* 3. Raum *m*, Platz *m*: **to require** (*od.* **take up**) **much ~**; **for ~ reasons** aus Platzgründen. 4. (Zwischen)Raum *m*, Stelle *f*, Lücke *f.* 5. *aer. rail. etc* Platz *m.* 6. Zwischenraum *m*, Abstand *m.* 7. Zeitraum *m*: **a ~ of three hours**; **after a ~** nach e-r Weile; **for a ~** e-e Zeitlang. 8. *print.* Spatium *n*, Ausschluß(stück *n*) *m.* 9. *tel.* Abstand *m*, Pause *f.* 10. *Am.* a) Raum *m* für Re'klame (*in Zeitschriften etc*), b) 'Anzeigenfor‚mat *n*, c) *Rundfunk, TV*: (Werbe)Zeit *f.* II *v/t* 11. räumlich *od.* zeitlich einteilen: **~d out over ten years** auf 10 Jahre verteilt. 12. in Zwischenräumen anordnen. 13. *meist* ~ **out** *print.* a) ausschließen, b) weit(läufig) setzen, sperren. 14. *a.* ~ **out** gesperrt schreiben (*auf der Schreibmaschine*). 15. **~d (out)** *bes. Am. sl.* ‚high' (*unter Drogeneinfluß*).
space| age *s* Weltraumzeitalter *n.* '~·**band** *s print.* (Spatien)Keil *m.* ~ **bar** *s* Leertaste *f.* '~·**borne** *adj* 1. Weltraum...: ~ **satellite**. 2. über Satel'lit, Satelliten...: ~ **television**. ~ **cap·sule** *s* Raumkapsel *f.* ~ **charge** *s electr.* Raumladung *f*: ~ **grid** Raumladegitter *n.* '~·**craft** *s* (Welt)Raumfahrzeug *n.* ~ **fic·tion** *s* 'Weltraumro‚mane *pl.* ~ **flight** *s* (Welt-) Raumflug *m.* ~ **heat·er** *s* Raumstrahler *m.* ~ **key** → **space bar**. '~·**lab** *s* 'Raumla‚bor *n.* ~ **lat·tice** *s phys.* Raumgitter *n.* '~·**man** [-mæn; -mən] *s irr* 1. (Welt-) Raumfahrer *m*, Astro'naut *m.* 2. Außerirdische(r) *m.* ~ **med·i·cine** *s* 'Raumfahrtmedi‚zin *f.* ~ **op·er·a** *s* 1. Weltraumstory *f*, -film *m.* 2. → **space fiction**. ~ **plat·form** → **space station**. '~·**port** *s* Raumfahrtzentrum *n.* ~ **probe** *s* (Welt)Raumsonde *f.*
spac·er ['speɪsə(r)] *s tech.* 1. Di'stanzstück *n.* 2. → **space bar**.
space| race *s* Wettlauf *m* um die Eroberung des Weltraums. ~ **re·search** *s* (Welt)Raumforschung *f.* ~ **rock·et** *s* ('Welt)Raumra‚kete *f.* ~ **rule** *s print.* Querlinie *f.* '~-‚**sav·ing** I *adj* raum-, platzsparend. II *s* Platzersparnis *f.* '~·**ship** *s* Raumschiff *n.* ~ **shut·tle** *s* Raumfähre *f.* ~ **sta·tion** *s* ('Welt)Raumstati‚on *f.* ~ **suit** *s* Raumanzug *m.* ‚~-'**time** I *s math. philos.* Zeit-Raum *m.* II *adj* Raum-Zeit-... ~ **trav·el** *s* (Welt-) Raumfahrt *f.* ~ **type** *s print.* Sperrdruck *m.* ~ **ve·hi·cle** *s* (Welt)Raumfahrzeug *n.* '~·**walk** I *s* 'Weltraumspa‚ziergang *m.* II *v/i* sich frei im Weltraum bewegen, e-n 'Weltraumspa‚ziergang machen. ~ **weap·ons** *s pl mil.* Weltraumwaffen *pl.* '~‚**wom·an** *s irr* 1. (Welt)Raumfahrerin *f*, Astro'nautin *f.* 2. Außerirdische *f.* ~ **writ·er** *s* (Zeitungs- *etc*)Schreiber, der nach dem 'Umfang s-s Beitrags bezahlt wird.
spac·ey ['speɪsɪ] *adj sl.* 1. benommen. 2. verträumt. 3. ausgefallen (*Kleidung etc*).
spa·cial → **spatial**.
spac·ing ['speɪsɪŋ] *s* 1. Einteilen *n* (*in Abständen*). 2. (*a. zeitlicher*) Abstand. 3. *print. etc* a) Sperren *n*, b) Zwischenraum *m*, Zeilenabstand *m.*
spa·cious ['speɪʃəs] *adj* (*adv* **~ly**) 1. geräumig, weit, ausgedehnt. 2. *fig.* weit, 'umfangreich, um'fassend. '**spa·cious·ness** *s* 1. Geräumigkeit *f.* 2. *fig.* Weite *f*, 'Umfang *m*, Ausmaß *n.*
spac·y → **spacey**.
spade[1] [speɪd] I *s* 1. Spaten *m*: **to call a ~ a ~** *fig.* das Kind beim (rechten) Namen nennen; **to dig the first ~** den ersten Spatenstich tun. 2. *mil.* La'fettensporn *m.* II *v/t* 3. *a.* ~ **up** 'umgraben. 4. den Speck abschälen von (*e-m Wal*). III *v/i* 5. graben, mit dem Spaten arbeiten.
spade[2] [speɪd] *s* 1. Pik(karte *f*) *n*, Schippe *f* (*des französischen Blatts*), Grün *n* (*des deutschen Blatts*): **seven of ~s** Piksieben *f.* 2. *meist pl* Pik(farbe *f*) *n*: **in ~s** *Am. colloq.* mit Zins u. Zinseszins. 3. *contp.* ‚Nigger' *m.*
'**spade·ful** [-fʊl] *s* (*ein*) Spaten(voll) *m.*
spade| hus·band·ry *s agr.* 'Spatenkul‚tur *f.* ~ **mash·ie** *s Golf*: Spade-Mashie *m* (*Eisenschläger Nr. 6*). '~·**work** *s* 1. *fig.* mühevolle Vorarbeit , Klein-, Pio'nierarbeit *f.* 2. *sport* Vorarbeit *f*: **to do the ~** die Vorarbeit leisten.
spa·di·ceous [speɪ'dɪʃəs] *adj* 1. rötlichbraun. 2. *bot.* kolbig.
spa·dix ['speɪdɪks] *pl* **-di·ces** [-'daɪsi:z; 'speɪdɪ-] *s bot.* (Blüten)Kolben *m.*
spa·do ['speɪdəʊ] *pl* **-do·nes** [-'dəʊni:z] (*Lat.*) *s* 1. a) Ka'strat *m*, b) Impo'tente(r) *m.* 2. ka'striertes Tier.
spa·ghet·ti [spə'getɪ] *s pl* 1. Spa'ghetti *pl.* 2. *sl.* 'Filmsa‚lat *m.* ~ **west·ern** *s Am. sl.* Italo-Western *m.*
spake [speɪk] *obs. pret von* **speak**.
spall [spɔ:l] I *s* 1. (Stein-, Erz)Splitter *m.* II *v/t* 2. *tech. Erz* zerstückeln. III *v/i* 3. zerbröckeln, absplittern. 4. *phys.* abspalten.
spal·peen [spæl'pi:n] *s Ir.* Nichtsnutz *m.*
spam [spæm] (*TM*) *s* (*aus* **spiced ham**) Dosenfleisch *n* (aus gewürztem u. kleingeschnittenem Schinken).
span[1] [spæn] I *s* 1. Spanne *f*: a) *gespreizte Hand*, b) *englisches Maß* (= *9 inches*). 2. *arch.* a) Spannweite *f* (*e-s Bogens*), b) Stützweite *f* (*e-r Brücke*), c) (*einzelner*) (Brücken)Bogen. 3. *aer.* Spannweite *f.* 4. *mar.* Spann *n*, Haltetau *n*, -kette *f.* 5. *fig.* Spanne *f*, 'Umfang *m.* 6. *bes. med. psych.* (*Gedächtnis-, Seh- etc*)Spanne *f*: **memory ~**. 7. (kurze) Zeitspanne.

8. Lebensspanne *f*, -zeit *f*. 9. (*Art*) Gewächshaus *n*. 10. Gespann *n*. II *v/t* 11. abmessen. 12. um'spannen. 13. sich erstrecken über (*e-n Fluß etc*; *a. fig.*), über'spannen. 14. über'brücken. 15. *fig.* über'spannen, um'fassen.

span² [spæn] *obs. pret von* spin.

span·cel ['spænsl] I *s* Fußfessel *f* (*für Tiere*). II *v/t pret u. pp* **-celed,** *bes. Br.* **-celled** mit e-m Strick fesseln.

span·drel ['spændrəl] *s* 1. *arch.* Span'drille *f*, (Gewölbe-, Bogen)Zwickel *m*. 2. *tech.* Hohlkehle *f*.

span·gle ['spæŋgl] I *s* 1. Flitter(plättchen *n*) *m*, Pail'lette *f*, Glitzerschmuck *m*. 2. *bot.* Gallapfel *m*. II *v/t* 3. mit Flitter besetzen. 4. *fig.* schmücken, über'säen: the ~d heavens der gestirnte Himmel. '**span·gly** [-glɪ] *adj* glitzernd, Flitter...

Span·iard ['spænjə(r)d] *s* Spanier(in).

span·iel ['spænjəl] *s* 1. *zo.* Spaniel *m*, Wachtelhund *m*. 2. *fig.* ‚Kriecher' *m*.

Span·ish ['spænɪʃ] I *adj* 1. spanisch: ~ America; War of the ~ Succession *hist.* (*der*) Spanische Erbfolgekrieg. II *s* 2. *collect.* (*die*) Spanier *pl*. 3. *ling.* Spanisch *n*, das Spanische. **~ A·mer·i·can** I *adj* 'spanisch-ameri'kanisch, la'teinameri,kanisch. II *s* La'teinameri,kaner(in). **~ chest·nut** *s bot.* 'Eßka,stanie *f*. **~ fly** *s zo.* Spanische Fliege. **~ Main** *s* 1. Nord'ostküste *f* 'Süda,merikas. 2. (*unkorrekt*) südliche Ka'ribische See. **~ pa·pri·ka** *s bot.* Spanischer Pfeffer, Paprika *m*.

spank [spæŋk] *colloq.* I *v/t* 1. *j-n* verhauen, *j-m* ‚den Hintern versohlen'. 2. *Pferde etc* antreiben. II *v/i* 3. *a.* ~ along (da'hin)flitzen. III *s* 4. Schlag *m*, Klaps *m*. '**spank·er** *s* 1. *colloq.* Renner *m* (*schnelles Pferd*). 2. *colloq.* a) 'Prachtexem,plar *n*, b) Prachtkerl *m*. 3. *mar.* Be'san *m*. '**spank·ing** *colloq.* I *adj* (*adv* ~ly) 1. schnell, flink. 2. scharf, tüchtig, stark: ~ breeze steife Brise; ~ pace flottes Tempo. 3. prächtig, ‚mächtig', ‚toll'. II *adv* 4. ~ clean blitzsauber; ~ new funkelnagelneu. III *s* 5. ‚Haue' *f*, Schläge *pl*: to give s.o. a ~ → 1.

span·ner ['spænə(r)] *s* 1. *tech.* Schraubenschlüssel *m*: to throw a ~ in(to) the works *Br. colloq.* ‚querschießen'. 2. *tech.* Querverstrebung *f*.

spar¹ [spɑː(r)] *s min.* Spat *m*.

spar² [spɑː(r)] I *s* 1. *mar.* Rundholz *n*, Spiere *f*. 2. *aer.* Holm *m*. II *v/t* 3. *mar.* mit Spieren versehen.

spar³ [spɑː(r)] I *v/i* 1. *Boxen*: sparren. 2. (mit Sporen) kämpfen (*Hähne*). 3. sich streiten (with mit), sich ein Wortgefecht liefern. 4. to ~ for time Zeit schinden. II *s* 5. *Boxen*: Sparringskampf *m*. 6. *fig.* Wortgefecht *n*, (Wort)Geplänkel *n*.

spare [speə(r)] I *v/t* 1. *j-n od. etwas* verschonen, *e-n Gegner*, *j-s Gefühle*, *j-s Leben* schonen: to ~ s.o.'s feelings; ~ his blushes! bring ihn doch nicht in Verlegenheit!; if we are ~d wenn wir verschont bleiben. 2. sparsam 'umgehen mit, schonen: don't ~ the paint spar nicht mit (der) Farbe; → expense *Bes. Redew.*, rod 3. 3. *j-m etwas* ersparen, *j-n* verschonen mit: ~ me the trouble erspare mir die Mühe; ~ me these explanations verschone mich mit diesen Erklärungen; (not) to ~ o.s. sich (nicht) schonen. 4. entbehren: we cannot ~ him just now. 5. erübrigen, übrig haben: can you ~ me a cigarette (a moment)? hast du e-e Zigarette (e-n Augenblick Zeit) für mich (übrig)?; no time to ~ keine Zeit (zu verlieren); → enough II. II *v/i* 6. sparen. III *adj* 7. Ersatz..., Reserve...: ~ tire (*bes. Br.* tyre) a) Ersatzreifen *m*, b) *Br. colloq. humor.* ‚Rettungsring' *m* (*Fettwulst um die Hüfte*); ~ part → 12; ~-part surgery *med.* Ersatzteilchirurgie *f*. 8. 'überflüssig, -schüssig, übrig: ~ moment freier Augenblick; ~ room Gästezimmer *n*; ~ time (*od.* hours) Freizeit *f*, Mußestunden *pl*; ~-time activities Freizeitgestaltung *f*. 9. sparsam, kärglich. 10. sparsam (*Person*). 11. mager (*Person*). 12. to go ~ *Br. sl.* ‚hochgehen' (*wütend werden*). IV *s* 13. *tech.* Ersatzteil *n*, *m*. 14. Ersatzreifen *m*. 15. *Bowling*: Spare *m* (*Abräumen mit 2 Würfen*). '**spare·ness** *s* 1. Magerkeit *f*. 2. Kärglichkeit *f*.

'**spare·rib** *s* Rippe(n)speer *m*.

sparg·er ['spɑː(r)dʒə(r)] *s tech.* 1. (Wasser)Sprenggerät *n*. 2. *Brauerei*: Sprenkler *m*.

spar·ing ['speərɪŋ] *adj* (*adv* ~ly) 1. sparsam (in, of mit), mäßig: to be ~ of sparsam umgehen mit, kargen mit (*a. fig.*). 2. sparsam (*mit Worten*), knapp. 3. spärlich, dürftig, knapp. '**spar·ing·ness** *s* 1. Sparsamkeit *f*. 2. Dürftigkeit *f*.

spark¹ [spɑː(r)k] I *s* 1. Funke(n) *m* (*a. fig.*): the vital ~ der Lebensfunke; to strike ~s out of s.o. j-n ‚in Fahrt bringen'; they struck ~s off each other sie waren sich (sofort) gegenseitig zuwider; ~s flew Funken stoben. 2. *fig.* Funke(n) *m*, Spur *f* (of von *Intelligenz*, *Leben etc*). 3. funkelnder Gegenstand, *bes.* Dia'mant *m*. 4. *electr.* a) (e'lektrischer) Funke, b) Entladung *f*, c) (Licht)Bogen *m*. 5. *mot.* (Zünd)Funke *m*: to advance (retard) the ~ die Zündung vorstellen (zurückstellen). 6. *Radio*: a) → spark transmitter, b) → spark transmission. II *v/i* 7. Funken sprühen. 8. funkeln. 9. *tech.* zünden. III *v/t* 10. *j-n* befeuern. 11. ~ off *fig etwas* auslösen.

spark² [spɑː(r)k] I *s* 1. flotter (junger) Mann. 2. bright ~ *Br. iro.* ‚Intelligenzbestie' *f*. II *v/t* 3. *j-m* den Hof machen.

spark| ad·vance *s tech.* Vor-, Frühzündung *f*. **~ ar·rest·er** *s electr.* Funkenlöscher *m*. **~ cham·ber** *s phys.* Funkenkammer *f*. **~ coil** *s* 1. *electr.* 'Funkenin,duktor *m*. 2. *mot.* Zündspule *f*. **~ dis·charge** *s electr.* Funkenentladung *f*. **~ gap** *s electr.* Funkenstrecke *f*.

'**spark·ing** *s electr. tech.* Funkenbildung *f*. **~ plug** *s mot. Br.* Zündkerze *f*.

spar·kle ['spɑː(r)kl] I *v/i* 1. funkeln (*a. fig.*): her eyes ~d with anger ihre Augen blitzten vor Zorn; his conversation ~d with wit s-e Unterhaltung sprühte vor Witz. 2. *fig.* a) funkeln, sprühen (*Witz*, *Geist*), b) bril'lieren, glänzen (*Person*). 3. Funken sprühen. 4. perlen (*Wein*). II *v/t* 5. *Licht* sprühen. III *s* 6. Funkeln *n*, Glanz *m*. 7. Funke(n) *m*. 8. Bril'lanz *f*. '**spar·kler** [-klə(r)] *s* 1. (*etwas*) Funkelndes. 2. *sl.* Dia'mant *m*. 3. Wunderkerze *f* (*Feuerwerk*). 4. funkelnder Geist (*Person*). '**spark·let** [-lɪt] *s* 1. Fünkchen *n* (*a. fig.*). 2. glitzernder Stein (*an Gewändern*). 3. Kohlen'dio,xydkapsel *f* (*für Siphonflaschen*). '**sparkling** [-klɪŋ] *adj* (*adv* ~ly) 1. funkelnd, sprühend (*beide a. fig. Witz etc*). 2. *fig.* geistsprühend, spritzig (*Person*, *a. Dialog etc*). 3. schäumend, mous'sierend: ~ wine a) Schaumwein *m*, b) Sekt *m*; ~ water Sprudel *m*.

'**spark|·o·ver** *s electr.* 'Überschlag *m* (*e-s Funkens*). **~ plug** *s* 1. *mot.* Zündkerze *f*. 2. *Am. colloq.* ‚Motor' *m*, treibende Kraft (*Person*).

sparks [spɑː(r)ks] *s colloq.* 1. E'lektriker *m*. 2. *mar.* Funker *m*.

spark| trans·mis·sion *s Radio*: Über'tragung *f* mittels Funkensender. **~ trans·mit·ter** *s Radio*: Funkensender *m*.

spar·ring ['spɑːrɪŋ] *s* 1. *Boxen*: Sparring *n*: ~ partner Sparringspartner *m*. 2. *fig.* Wortgefecht *n*, (Wort)Geplänkel *n*.

spar·row ['spærəʊ] *s orn.* Spatz *m*, Sperling *m*. **~ bill** *s* Schuhzwecke *f*. '**~grass** *s colloq.* Spargel *m*. **~ hawk** *s orn.* Sperber *m*.

spar·ry ['spɑːrɪ] *adj min.* spatig.

sparse [spɑː(r)s] *adj* (*adv* ~ly) 1. spärlich, dünn(gesät): a ~ population. 2. dünn, spärlich: ~ hair. '**sparse·ness,** '**spar·si·ty** *s* Spärlichkeit *f*.

Spar·tan ['spɑː(r)tən] *antiq. u. fig.* I *adj* spar'tanisch. II *s* Spar'taner(in). '**Spar·tan·ism** *s* Spar'tanertum *n*.

spar·te·ine ['spɑː(r)tiːn; -tɪɪn] *s chem.* Sparte'in *n*.

spasm ['spæzəm] *s* 1. *med.* Krampf *m*, Spasmus *m*, Zuckung *f*. 2. Anfall *m*: ~ of fear; a ~ of coughing ein Hustenanfall.

spas·mod·ic [spæz'mɒdɪk; *Am.* -'mɑd-] *adj* (*adv* ~ally) 1. *med.* krampfhaft, -artig, spas'modisch. 2. sprunghaft, vereinzelt. **spas·mo·lyt·ic** [,spæzmə'lɪtɪk] *adj med.* krampflösend.

spas·tic ['spæstɪk] *med.* I *adj* (*adv* ~ally) spastisch, Krampf...: ~ paralysis krampfartige Lähmung. II *s* Spastiker(in) (*a. fig. sl.*).

spat¹ [spæt] *zo.* I *s* 1. Muschel-, Austernlaich *m*. 2. a) *collect.* junge Schaltiere *pl*, b) junge Auster *od.* Muschel. II *v/i* 3. laichen.

spat² [spæt] *s meist pl* Ga'masche *f*.

spat³ [spæt] *colloq.* I *s* 1. *selten* Klaps *m*. 2. *Am.* Kabbe'lei *f*. II *v/i* 3. *Am.* sich kabbeln. III *v/t* 4. *selten j-m* e-n Klaps geben.

spat⁴ [spæt] *pret u. pp von* spit¹.

spatch·cock ['spætʃkɒk; *Am.* -,kɑk] I *s* sofort nach dem Schlachten gegrilltes Huhn *etc.* II *v/t colloq. Worte etc* einflicken (into in *acc*).

spate [speɪt] *s* 1. Über'schwemmung *f*, Hochwasser *n*: to be in ~ Hochwasser führen. 2. *fig.* (Wort)Schwall *m*, Flut *f*.

spathe [speɪð] *s* Blütenscheide *f*.

spa·tial ['speɪʃl] *adj* räumlich, Raum... **,spa·ti'al·i·ty** [-ʃɪ'ælətɪ] *s* räumlicher Cha'rakter.

spa·ti·o·tem·po·ral [,speɪʃɪəʊ'tempərəl] *adj* Raum-Zeit-...

spat·ter ['spætə(r)] I *v/t* 1. bespritzen, beschmutzen (with mit). 2. (ver)spritzen. 3. *fig.* a) *Verleumdungen* ausstreuen, b) *j-s Namen* besudeln, c) *j-n* ‚mit Dreck bewerfen'. II *v/i* 4. spritzen. 5. (nieder-) prasseln, klatschen (on auf *acc*). III *s* 6. Spritzen *n*. 7. Klatschen *n*, Prasseln *n*. 8. Spritzer *m*, Spritzfleck *m*. '**~dash** *s meist pl* Ga'masche *f*. '**~dock** *s bot.* 1. Gelbe Teichrose (*Nordamerika*). 2. a) Seerose *f*, b) Teichrose *f*. '**~work** *s tech.* Spritzarbeit *f*, Spritzmale'rei *f*.

spat·u·la ['spætjʊlə; *Am.* -tʃələ] *s* 1. *med. tech.* Spa(ch)tel *m*, *f*. 2. *orn.* Löffelente *f*. '**spat·u·late** [-lət] *adj* spa(ch)telförmig.

spav·in ['spævɪn] *s vet.* Spat *m* (*Pferdekrankheit*). '**spav·ined** *adj* spatig, lahm.

spawn [spɔːn] I *s* 1. *ichth.* Laich *m*. 2. *bot.* My'zel(fäden *pl*) *n*. 3. *fig. contp.* Brut *f*, Gezücht *n*. II *v/i* 4. *ichth.* laichen. 5. *fig. contp.* a) sich wie Ka'ninchen vermehren, b) wie Pilze aus dem Boden schießen. III *v/t* 6. *ichth. den Laich* ablegen. 7. *contp. Kinder* massenweise in die Welt setzen. 8. *fig.* ausbrüten, her'vorbringen. '**spawn·er** *s* Rog(e)ner *m*, Fischweibchen *n* zur Laichzeit. '**spawn·ing** I *s* 1. Laichen *n*. II *adj* 2. laichend. 3. Laich...: ~ time. 4. *fig.* sich stark vermehrend: the ~ slums.

spay [speɪ] *v/t vet.* ka'strieren, die Eierstöcke (*gen*) entfernen.

speak [spiːk] *pret* **spoke** [spəʊk], *obs.*

spake [speɪk] *pp* **spo·ken** [ˈspəʊkən], *obs.* **spoke I** *v/i* **1.** reden, sprechen (to mit; about über *acc*): **spoken** *thea.* gesprochen (*Regieanweisung*); **the portrait ~s** *fig.* das Porträt ist sprechend ähnlich; **so to ~** sozusagen; → **speak of** *u.* to, **speaking** I. **2.** (öffentlich) reden, sprechen (**on** über *acc*). **3.** miteinˈander sprechen. **4.** ertönen (*Trompete etc*). **5.** *bes. Br.* anschlagen, Laut geben (*Hund*). **6.** *mar.* signaliˈsieren.
II *v/t* **7.** sprechen, sagen: → **volume** 1. **8.** aussprechen, sagen, äußern: **to ~ the truth** die Wahrheit sagen; → **mind** 4. **9.** feststellen, sagen (*in Schriftstücken etc*). **10.** verkünden (*Trompete etc*). **11.** *e-e Sprache* sprechen (können): **he ~s French** er spricht *od.* kann Französisch. **12.** *fig. e-e Eigenschaft etc* verraten. **13.** *obs.* (an)zeigen: **his conduct ~s him generous** sein Verhalten zeigt s-e Großzügigkeit. **14.** *mar. ein Schiff* ansprechen (*durch Signale*).
Verbindungen mit Präpositionen:
speak|for *v/i* **1.** sprechen *od.* eintreten für: **to ~ o.s.** a) selbst sprechen, b) s-e eigene Meinung äußern; **~ yourself!** das meinst aber auch nur du!; **speaking for myself** was mich anbelangt; **that speaks for itself** das spricht für sich selbst; **that speaks (well) for him** das spricht für ihn *od.* zu s-n Gunsten. **2.** zeugen von. **~ of** *v/i* **1.** sprechen von *od.* über (*acc*): **nothing to ~** nicht der Rede wert, nichts Erwähnenswertes; **not to ~** ganz zu schweigen von. **2.** *etwas* verraten, zeugen von. **~ to** *v/i* **1.** *j-n* ansprechen, mit *j-m* (*a.* mahnend *etc*) sprechen *od.* reden. **2.** bestätigen, bezeugen. **3.** zu sprechen kommen auf (*acc*).
Verbindungen mit Adverbien:
speak| out I *v/i* **1.** → **speak up. 2. ~ against** sich klar u. deutlich aussprechen gegen. **II** *v/t* **3.** aussprechen. **~ up** *v/i* **1.** laut u. deutlich sprechen; **~!** (sprich) lauter! (→ 2). **2.** ‚kein Blatt vor den Mund nehmen': **~!** heraus mit der Sprache! (→ 1). **3.** sich einsetzen (**for** für).
ˈspeakˌeas·y *s Am.* ‚Flüsterkneipe' *f* (*während der Prohibition*).
ˈspeak·er *s* **1.** Sprecher(in), Redner(in). **2. S~** *parl.* Speaker *m*, Präsiˈdent *m*: **the S~ of the House of Commons** der Präsident des Unterhauses; **Mr. S~!** Herr Vorsitzender!; **to catch the S~'s eye** das Auge des Vorsitzenden auf sich lenken, sich erfolgreich zu Wort melden. **3.** *Am.* Vortragsbuch *n.* **4.** *electr.* Lautsprecher *m.* **ˈspeak·er·ship** *s parl.* Amt *n* des Präsiˈdenten.
ˈspeak·ing I *adj* (*adv* **~ly**) **1.** sprechend, redend: **~!** *teleph.* am Apparat!; **Brown ~!** *teleph.* (hier) Brown!; **the English-~ countries** die englischsprechenden Länder; **~ acquaintance** flüchtige(r) Bekannte(r); **to have a ~ knowlege of** *e-e Sprache* (nur) sprechen können; → **term** 11. **2.** (*adverbial*) gesprochen: **generally ~** allgemein (gesprochen *od.* gesagt); **legally ~** juristisch betrachtet. **3.** *fig.* sprechend: **a ~ likeness. 4.** Sprech..., Sprach-...: **a ~ voice** e-e (gute) Sprechstimme. **5.** Vortrags...: **~ tour. II** *s* **6.** Sprechen *n*, Reden *n.* **~ choir** *s* Sprechchor *m.* **~ clock** *s teleph. Br.* Zeitansage *f.* **~ trum·pet** *s* Sprachtrichter *m*, -rohr *n.* **~ tube** *s* **1.** Sprechverbindung *f* zwischen zwei Räumen *etc.* **2.** → **speaking trumpet.**
spear[1] [spɪə(r)] **I** *s* **1.** a) (Wurf)Speer *m*, b) Lanze *f*, Spieß *m*: **~ side** männliche Linie (*e-r Familie*). **2.** *poet.* Speerträger *m.* **II** *v/t* **3.** durchˈbohren, aufspießen.
spear[2] [spɪə(r)] *bot.* **I** *s* Gras-, Getreidehalm *m*, Sproß *m.* **II** *v/i* (auf)sprießen.
spear|car·ri·er *s fig.* **1.** Vorkämpfer *m*, Bannerträger *m.* **2.** *contp.* Handlanger *m.* **ˈ~fish I** *s ichth.* Speerfisch *m.* **II** *v/i* mit dem Speer (unter Wasser) fischen. **~ gun** *s* Harˈpunenbüchse *f.* **~ grass** *s bot.* **1.** Straußgras *n.* **2.** Gemeine Quecke. **3.** Spartgras *n.* **ˈ~head I** *s* **1.** Lanzenspitze *f.* **2.** *mil.* Angriffsspitze *f.* Stoßkeil *m.* **3.** *fig.* a) Anführer *m*, Vorkämpfer *m*, b) Spitze *f*, beherrschendes Eleˈment. **II** *v/t* **4.** *mil.* vorˈausgehen, vorˈanstürmen (*dat*). **5.** *fig.* die Spitze (*gen*) bilden, an der Spitze (*gen*) stehen, anführen. **ˈ~mint** *s bot.* Grüne Minze.
spec [spek] *s colloq.* Spekulatiˈon *f*: **on ~** auf gut Glück.
spe·cial [ˈspeʃl] **I** *adj* (*adv* → **specially**) **1.** speziˈell, (ganz) besonder(er, e, es): **~ ability; his ~ charm; my ~ friend. 2.** speziˈell, Spezial..., Fach...: **~ knowledge** Fachkenntnis *f*, -wissen *n*: **this is too ~** das ist zu speziell. **3.** a) Sonder...: **~ case (court, permission, tax, train,** *etc*), b) Extra..., Ausnahme...: **~ constable** → 5 a; **~ correspondent** → 5 e; **~ edition** → 5 c. **4.** speziˈell, bestimmt: **on ~ days** an bestimmten Tagen. **II** *s* **5.** (*j-d od. etwas*) Besonderes, *bes.* a) ˈHilfspoliˌzist *m*, b) Sonderzug *m*, c) Sonderausgabe *f*, Extrablatt *n*, d) Sonderprüfung *f*, e) Sonderberichterstatter *m*, f) *Rundfunk*, *TV*: Sondersendung *f*, g) *econ. Am.* Sonderangebot *n*: **on ~** im Angebot, h) *Am.* Tagesgericht *n* (*im Restaurant*).
spe·cial| a·gent *s econ. jur.* ˈSonderbeˌvollmächtigte(r *m*) *f.* **~ a·re·a** *s Br.* Notstandsgebiet *n.* **~ bar·gain** *s econ.* Sonderangebot *n.* **S~ Branch** *s Br.* ˈStaatssicherheitspoliˌzei *f.* **~ con·tract** → specialty 3. **~ de·liv·er·y** *s mail* Eilzustellung *f*, ‚durch Eilboten'. **~ div·i·dend** *s econ.* ˈExtradiviˌdende *f.* **S~ Draw·ing Rights** *s pl econ.* Sonderziehungsrechte *pl* (*auf den Internationalen Währungsfonds*). **~ ef·fects** *s pl Film, TV*: Speziˈalefˌfekte *pl.* **~ en·dorse·ment** *s econ.* Vollgiro *n.*
spe·cial·ist [ˈspeʃəlɪst] **I** *s* **1.** Speziaˈlist *m*: a) Fachmann *m*, b) *med.* Facharzt *m* (**in** für). **2.** *econ. Am. Jobber, der sich auf e-e bestimmte Kategorie von Wertpapieren beschränkt.* **II** *adj* **3.** specialiˈsiert, Spezial..., Fach...: **~ knowledge. ˌspe·cialˈis·tic** → **specialist** II. **ˌspe·ciˈal·i·ty** [-ʃɪˈælətɪ] *s bes. Br.* **1.** Besonderheit *f.* **2.** a) besonderer Punkt, b) *pl* Einzelheiten *pl.* **3.** besonderes Merkmal. **4.** *a. econ.* Speziaiˈtät *f.* **5.** → **specialty** 1–3. **ˌspe·cial·iˈza·tion** [-ʃəlaɪˈzeɪʃn; *Am.* -ləˈz-] *s* Speziaiˈsierung *f.* **ˈspe·cial·ize I** *v/i* **1.** sich speziaiˈsieren (**in** auf *acc*). **2.** *biol.* sich besonders entwickeln (*Organe*). **II** *v/t* **3.** speziaiˈsieren: **~d** → **specialist** II. **4.** näher bezeichnen. **5.** *biol. Organe* besonders entwickeln.
spe·cial| ju·ry *s jur.* (*aus sozial u. wirtschaftlich höheren Berufsklassen*) besonders zs.-gesetzte Geschworene. **~ li·cence** *s jur. Br. Sondergenehmigung zur Eheschließung ohne Aufgebot an e-m beliebigen Ort u. zu e-r beliebigen Zeit.*
spe·cial·ly [ˈspeʃəlɪ] *adv* **1.** im besonderen, besonders. **2.** eigens, ausdrücklich, extra.
spe·cial| plead·er *s* **1.** *jur. Anwalt, der sich auf die Abfassung von Anträgen etc spezialisiert hat.* **2.** Tatsachen-, Rechtsverdreher *m.* **~ plead·ing** *s* **1.** *jur.* a) Sonderschriftsatz *m* (*der sich speziell mit dem Tatbestand befaßt*), b) Vorbringen *n* von ˈNebenmateriˌal. **2.** *fig.* Spitzfindigkeit *f.* **~ school** *s* Sonderschule *f.*
spe·cial·ty [ˈspeʃltɪ] *s bes. Am.* **1.** Speziˈalfach *n*, -gebiet *n.* **2.** *econ.* a) Speziˈalarˌtikel *m*, Speziaiˈtät *f*, b) Neuheit *f.* **3.** *jur. a. Br.* a) formgebundener Vertrag, b) besiegelte Urkunde. **4.** → **speciality** 2 a, 3, 4.
spe·cial ver·dict *s jur. Urteil der Geschworenen über ˈeine Tatfrage allein.*
spe·cie [ˈspiːʃiː; *Am. a.* -siː] *s* **1.** Hartgeld *n*, Münze *f.* **2.** Bargeld *n*: **~ payments** Barzahlung *f*; **in ~** a) in bar, b) in natura; **to return s.th. in ~** *fig.* etwas in *od.* mit gleicher Münze heimzahlen.
spe·cies [ˈspiːʃiːz; *Am. a.* -siːz] *pl* **-cies** *s* **1.** Art *f*, Sorte *f.* **2.** *biol.* Art *f*, Spezies *f*: **the** (*od.* **our**) **~** die Menschheit. **3.** *Logik*: Art *f*, Klasse *f.* **4.** Vorstellung *f*, Bild *n.* **5.** *relig.* (sichtbare) Gestalt (von Brot u. Wein) (*beim Abendmahl*).
spe·cif·ic [spɪˈsɪfɪk] **I** *adj* (*adv* **~ally**) **1.** speˈzifisch, speziˈell, bestimmt(er, e, es): **a ~ function. 2.** bestimmt, definiˈtiv, präˈzis(e): **a ~ statement; ~ figures** konkrete Zahlen; **he should be more ~ about it** er sollte sich präziser ausdrücken *od.* nähere Angaben darüber machen. **3.** eigen(tümlich) (**to** *dat*): **a style ~ to that school. 4.** typisch, besonder(er, e, es). **5.** wesentlich. **6.** *biol.* Art...: **~ name. 7.** *med.* a) speˈzifisch (wirkend): **a ~ remedy** (*od.* **medicine**) → 9, b) speˈzifisch: **a ~ disease. 8.** *phys.* a) speˈzifisch: **~ energy**, b) Einheits-... **II** *s* **9.** *med.* speˈzifisches Heilmittel, Speˈzifikum *n.*
spec·i·fi·ca·tion [ˌspesɪfɪˈkeɪʃn] *s* **1.** Spezifiˈzierung *f*, Spezifikatiˈon *f.* **2.** genaue Aufzählung, Spezifikatiˈon *f.* **3.** *meist pl* Einzelangaben *pl od.* -vorschriften *pl*, *bes.* a) *arch.* Baubeschrieb *m*, b) technische Beschreibung. **4.** *jur.* Paˈtentbeschreibung *f*, -schrift *f.* **5.** *jur.* Spezifikatiˈon *f* (*Eigentumserwerb durch Verarbeitung*).
spe·cif·ic| char·ac·ter *s biol.* Artmerkmal *n.* **~ du·ty** *s econ.* speˈzifischer Zoll. **~ grav·i·ty** *s phys.* speˈzifisches Gewicht, Wichte *f.* **~ per·form·ance** *s jur.* effekˈtive Vertragserfüllung.
spec·i·fy [ˈspesɪfaɪ] **I** *v/t* **1.** (einzeln) angeben *od.* aufführen *od.* (be)nennen, spezifiˈzieren. **2.** (in e-r Aufstellung) besonders anführen. **3.** bestimmen, (im einzelnen) festsetzen. **II** *v/i* **4.** genaue Angaben machen.
spec·i·men [ˈspesɪmɪn] *s* **1.** Exemˈplar *n*: **a fine ~. 2.** Muster *n* (*a. print.*), Probe (-stück *n*) *f*, *tech. a.* Prüfstück *n*: **a ~ of s.o.'s handwriting** e-e Handschriftenprobe (von j-m). **3.** Probe *f*, Beispiel *n* (**of** *gen*): **~ signature** Unterschriftsprobe. **4.** *colloq. contp.* ‚Exemˈplar' *n*: a) ‚Muster' *n* (**of an** *dat*), b) ‚Type' *f*, komischer Kauz. **~ cop·y** *s print.* ˈProbeexemˌplar *n.* **~ page** *s print.* Probeseite *f.*
spe·cious [ˈspiːʃəs] *adj* (*adv* **~ly**) bestechend, (äußerlich) blendend, trügerisch: **~ argument** Scheinargument *n*; **~ prosperity** scheinbarer Wohlstand. **ˈspecious·ness** *s* **1.** (*das*) Bestechende. **2.** trügerischer Schein.
speck[1] [spek] **I** *s* **1.** Fleck(en) *m*, Fleckchen *n.* **2.** Stückchen *n*, (*das*) bißchen: **a ~ of dust** ein Stäubchen. **3.** faule Stelle (*im Obst*). **4.** Pünktchen *n.* **II** *v/t* **5.** sprenkeln, tüpfeln.
speck[2] [spek] *s Am. dial. od. S.Afr.* **1.** Speck *m*, Fett *n.* **2.** Walspeck *m.* **3.** *nur S.Afr.* Nilpferdfett *n*, -stück *m.*
speck·le [ˈspekl] **I** *s* Fleck(en) *m*, Sprenkel *m*, Tupfen *m*, Punkt *m.* **II** *v/t* → **speck**[1] 5. **ˈspeck·led** *adj* **1.** gefleckt, gesprenkelt, getüpfelt. **2.** (bunt)scheckig.
ˈspeck·less *adj* (*adv* **~ly**) fleckenlos, sauber, rein (*alle a. fig.*).
specs [speks] *s pl colloq.* Brille *f.*
spec·ta·cle [ˈspektəkl; *Am.* -tɪkəl] **I** *s* **1.** Schauspiel *n* (*a. fig.*). **2.** Schaustück *n*: **to make a ~ of o.s.** sich zur Schau stellen, (unangenehm) auffallen. **3.** Ausstattungsfilm *m.* **4.** Anblick *m*: **a sorry ~. 5.** *pl a.* **pair of ~s** Brille *f.* **6. a pair of ~s** (*Kricket*) *doppeltes Nullresultat des gleichen Spielers*

in beiden **innings**. **II** *adj* **7.** Brillen...: ~ **wearer.** ˈ**spec·ta·cled** *adj* **1.** bebrillt, brillentragend, ... mit Brille. **2.** *zo.* Brillen...: ~ **bear**; ~ **cobra** Brillenschlange *f.*

spec·tac·u·lar [spekˈtækjʊlə(r)] **I** *adj* (*adv* ~**ly**) **1.** Schau..., schauspielartig. **2.** spektakuˈlär, sensatioˈnell, aufsehenerregend, impoˈsant. **II** *s* **3.** (*das*) Sensatioˈnelle (*etc*). **4.** *bes. Am.* große (Fernseh-)Schau, ˈGalareˌvue *f.*

spec·ta·tor [spekˈteɪtə(r); *Am. bes.* ˈspekˌteɪ-] *s* Zuschauer *m*: ~ **sport** Zuschauersport *m.* **specˈta·tress** [-ˈteɪtrɪs] *s* Zuschauerin *f.*

spec·ter, *bes. Br.* **spec·tre** [ˈspektə(r)] *s* **1.** Geist *m*, Gespenst *n.* **2.** *fig.* a) (Schreck-)Gespenst *n*, b) Hirngespinst *n.* ~ **in·sect** *s zo.* Gespenstheuschrecke *f.* ~ **le·mur** *s zo.* Koboldmaki *m.*

spec·tra [ˈspektrə] *pl von* **spectrum.**

spe·tral [ˈspektrəl] *adj* (*adv* ~**ly**) **1.** geisterhaft, gespenstisch. **2.** *phys.* Spektral...: ~ **analysis**; ~ **colo(u)r** Spektral-, Regenbogenfarbe *f.*

spec·tre *bes. Br. für* **specter.**

spec·tro·chem·is·try [ˌspektrəʊˈkemɪstrɪ] *s* Spektrocheˈmie *f.*

spec·tro·col·or·im·e·try [ˈspektrəʊˌkʌləˈrɪmɪtrɪ] *s phys.* Spekˈtralfarbenmessung *f.*

spec·tro·gram [ˈspektrəʊgræm] *s phys.* Spektroˈgramm *n.* ˈ**spectro·graph** [-grɑːf; *bes. Am.* -græf] *s phys.* **1.** Spektroˈgraph *m.* **2.** Spektroˈgramm *n.*

spec·trol·o·gy [spekˈtrɒlədʒɪ; *Am.* -ˈtrɑl-] *s* (Wissenschaft *f* der) Spekˈtralanaˌlyse *f.*

spec·trom·e·ter [spekˈtrɒmɪtə(r); *Am.* -ˈtrɑm-] *s phys.* Spektroˈmeter *n.* ˌ**spec·troˈmet·ric** [-trəʊˈmetrɪk; -trəˈm-] *adj* spektroˈmetrisch.

spec·tro·mi·cro·scope [ˌspektrəʊˈmaɪkrəskəʊp] *s phys.* Spekˈtralmikroˌskop *n.*

spec·tro·scope [ˈspektrəskəʊp] *s phys.* Spektroˈskop *n.* ˌ**spec·troˈscop·ic** [-ˈskɒpɪk; *Am.* -ˈskɑ-] *adj*; ˌ**spec·troˈscop·i·cal** *adj* (*adv* ~**ly**) spekˈtralanaˌlytisch, spektroˈskopisch.

spec·trum [ˈspektrəm] *pl* **-tra** [-trə] *s* **1.** *phys.* Spektrum *n*: ~ **analysis** Spektralanalyse *f*; **ultraviolet** ~ Ultraviolett-Spektrum. **2.** *a.* **radio** ~ (Freˈquenz-)Spektrum *n.* **3.** *a.* **ocular** ~ *opt.* Nachbild *n.* **4.** *fig.* Spektrum *n*, Skala *f*: **the whole** ~ **of fear; all across the** ~ auf der ganzen Linie.

spec·u·la [ˈspekjʊlə] *pl von* **speculum.**

ˈ**spec·u·lar** *adj* **1.** spiegelnd, Spiegel...: ~ **iron** *min.* Eisenglanz *m*; ~ **stone** *min.* Marienglas *n.* **2.** *med.* Spekulum...

spec·u·late [ˈspekjʊleɪt] *v/i* **1.** nachsinnen, -denken, grübeln, Vermutungen anstellen, theoretiˈsieren, ‚spekuˈlieren' (**on, upon, about** über *acc*). **2.** *econ.* spekuˈlieren (**for, on** *auf Baisse etc*; **in** *in Kupfer etc*). ˌ**spec·uˈla·tion** *s* **1.** Nachdenken *n*, -sinnen *n*, Grübeln *n.* **2.** Betrachtung *f*, Theoˈrie *f*, Spekulatiˈon *f* (*a. philos.*). **3.** Vermutung *f*, Mutmaßung *f*, Rätselraten *n*, Spekulatiˈon *f*: **mere** ~. **4.** *econ.* Spekulatiˈon *f.*

spec·u·la·tive [ˈspekjʊlətɪv; *Am. a.* -ˌleɪ-] *adj* (*adv* ~**ly**) **1.** *philos.* spekulaˈtiv. **2.** theoˈretisch. **3.** nachdenkend, grüblerisch. **4.** forschend, abwägend: **a** ~ **glance.** **5.** *econ.* spekulaˈtiv, Spekulations... ~ **ge·om·e·try** *s math.* spekulaˈtive Geomeˈtrie.

spec·u·la·tor [ˈspekjʊleɪtə(r)] *s econ.* Spekuˈlant *m.*

spec·u·lum [ˈspekjʊləm] *pl* **-la** [-lə] *s* **1.** (Meˈtall)Spiegel *m* (*bes. für Teleskope*). **2.** *med.* Spekulum *n*, Spiegel *m.* **3.** *zo.* Spiegel *m* (*Fleck*). ~ **met·al** *s tech.* ˈSpiegelmeˌtall *n.*

sped [sped] *pret u. pp von* **speed.**

speech [spiːtʃ] **I** *s* **1.** Sprache *f*, Sprechvermögen *n*: **to recover one's** ~ die Sprache wiedergewinnen. **2.** Reden *n*, Sprechen *n*: **freedom of** ~ Redefreiheit *f*; → **figure** 7, **silver** 1. **3.** Rede *f*, Äußerung *f*: **to direct one's** ~ **to** das Wort richten an (*acc*). **4.** Gespräch *n*: **to have** ~ **of s.o.** mit j-m reden. **5.** Rede *f*, Ansprache *f*, Vortrag *m*, *jur.* Plädoˈyer *n*: ~ **from the throne** *Br.* Thronrede. **6.** a) (Landes)Sprache *f*, b) Diaˈlekt *m.* **7.** Sprech- *od.* Ausdrucksweise *f*, Art *f* zu sprechen, Sprache *f*: **in common** ~ in der Umgangssprache, landläufig. **8.** Klang *m* (*e-s Instruments*). **II** *adj* **9.** Sprach..., Sprech..., Rede...: ~ **act** *ling.* Sprechakt *m*; ~ **area** *ling.* Sprachraum *m*; ~ **center** (*bes. Br.* **centre**) *anat.* Sprechzentrum *n*; ~ **clinic** *med.* Sprachklinik *f*; ~ **community** *ling.* Sprachgruppe *f*; ~ **defect** Sprachfehler *m*; ~ **island** *ling.* Sprachinsel *f*; ~ **map** Sprachenkarte *f*; ~ **melody** *ling.* Sprachmelodie *f*, Intonation *f*; ~ **reading** Lippenlesen *n*; ~ **record** Sprechplatte *f*; ~ **rhythm** *ling.* Sprechrhythmus *m*; ~ **sound** *ling.* Sprachlaut *m*, Phonem *n*; ~ **therapist** *med.* Logopäde *m*; ~ **therapy** *med.* Logopädie *f.* ~ **day** *s ped. Br.* (Jahres)Schlußfeier *f.*

speech·i·fi·ca·tion [ˌspiːtʃɪfɪˈkeɪʃn] *s contp.* Redenschwingen *n.* ˈ**speech·i·fi·er** [-faɪə(r)] *s* Viel-, Volksredner(in). ˈ**speech·i·fy** [-faɪ] *v/i* Reden schwingen, Volksreden halten.

ˈ**speech·less** *adj* (*adv* ~**ly**) **1.** *fig.* sprachlos (**with** vor): **the shock left her** ~ der Schreck verschlug ihr die Rede *od.* Sprache *od.* Stimme. **2.** stumm, wortkarg. **3.** *fig.* unsäglich: ~ **grief.** ˈ**speech·less·ness** *s* Sprachlosigkeit *f.*

ˈ**speechˌmak·er** *s humor.* Redner *m.*

speed [spiːd] **I** *s* **1.** Geschwindigkeit *f*, Tempo *n*, Schnelligkeit *f*, Eile *f*: **at a** ~ **of** mit e-r Geschwindigkeit von; **at full** ~ mit Höchstgeschwindigkeit; **to go at full** ~ sich mit größter Geschwindigkeit bewegen; **full** ~ **ahead** *mar.* volle Kraft voraus; **at the** ~ **of light** mit Lichtgeschwindigkeit; **that's not my** ~ *Am. sl.* das ist nicht mein Fall. **2.** *tech.* a) Drehzahl *f*, b) *mot. etc* Gang *m*: **three-**~ **bicycle** Fahrrad *n* mit Dreigangschaltung. **3.** *phot.* a) Lichtempfindlichkeit *f* (*des Objektivs*), b) Verschlußgeschwindigkeit *f*, Öffnung *f.* **4.** *obs.* Glück *n*: **good** ~! viel Glück! **5.** *sl.* ‚Speed' *m* (*Aufputschmittel, z.B. Amphetamine*). **II** *v/t pret u. pp* **sped** [sped] **6.** (an)treiben. **7.** rasch befördern. **8.** *s-n Lauf etc* beschleunigen, *s-n Weg* schnell gehen *od.* zuˈrücklegen. **9.** *pret u. pp* ˈ**speed·ed** *meist* ~ **up** a) *e-e Sache* beschleunigen, vorˈantreiben, *die Produktion* erhöhen, b) *e-e Maschine* beschleunigen. **10.** *Pfeil* abschießen. **11.** *j-n* fortschicken, schnell verabschieden, *j-m* Lebeˈwohl sagen. **12.** *obs. j-m* beistehen: **God** ~ **you!** Gott sei mit dir! **III** *v/i* **13.** (daˈhin)eilen, rasen: **the time sped by** die Zeit verging wie im Flug. **14.** *mot.* (zu) schnell fahren: → **speeding.** **15.** ~ **up** (*pret u. pp* ˈ**speed·ed**) die Geschwindigkeit erhöhen.

ˈ**speed|·ball** *s sl. e-e Mischung aus Kokain u. Morphin od Heroin.* ˈ~**boat** *s* **1.** *mar.* Schnellboot *n.* **2.** *sport* Rennboot *n.* ~ **bump** *s mot. Am.* Rüttelschwelle *f.* ~ **cone** *s tech.* **1.** Stufenscheibe *f.* **2.** (stufenlos regelbares) Riemenkegelgetriebe. ~ **con·trol** *s tech.* **1.** Geschwindigkeitsregelung *f.* **2.** Drehzahlregelung *f.* ~ **cop** *s Br. colloq.* ‚weiße Maus' (*motorisierter Verkehrspolizist*). ~ **count·er** *s bes. mot.* Drehzahlmesser *m*, Tourenzähler *m.*

ˈ**speed·er** *s* **1.** *tech.* Geschwindigkeitsregler *m.* **2.** *rail. Am.* Draiˈsine *f.* **3.** *mot.* ‚Raser' *m.*

speed in·di·ca·tor *s* **1.** → **speedometer.** **2.** → **speed counter.**

speed·i·ness [ˈspiːdɪnɪs] *s* Schnelligkeit *f.*

ˈ**speed·ing** *s mot.* zu schnelles Fahren, Geˈschwindigkeitsüberˌtretung *f*: **no** ~! Schnellfahren verboten!

speed| lathe *s tech.* Schnelldrehbank *f.* ~ **lim·it** *s mot.* Geschwindigkeitsbegrenzung *f*, Tempolimit *n.* ~ **mer·chant** *s mot. Br. sl.* ‚Rennsau' *f.*

speed·o [ˈspiːdəʊ] *pl* **-os** *s bes. mot.* ‚Tacho' *m* (*Tachometer*).

speed·om·e·ter [spɪˈdɒmɪtə(r); *Am.* -ˈdɑm-] *s bes. mot.* Tachoˈmeter *m, n.*

ˈ**speed|-read** *v/t irr* nach der ˈSchnelllesemeˌthode lesen. ˈ~ˌ**read·ing** *s* ˈSchnelllesemeˌthode *f.* ˈ~ **skat·er** *s sport* Eisschnelläufer(in). ~ **skat·ing** *s sport* Eisschnellauf *m.*

speed·ster [ˈspiːdstə(r)] *s mot.* **1.** ‚Raser' *m.* **2.** ‚Flitzer' *m* (*Sportwagen*).

speed| trap *s* Autofalle *f.* ˈ~**-up** *s* **1.** Beschleunigung *f*, Tempesteigerung *f.* **2.** *econ.* Produktiˈonserhöhung *f.* ˈ~**way** *s* **1.** *sport* a) Speedwayrennen *pl*, b) *a.* ~ **track** Speedwaybahn *f.* **2.** *Am.* a) *mot.* Schnellstraße *f*, b) *sport* Autorennstrecke *f.*

speed·well [ˈspiːdwel] *s bot.* Ehrenpreis *n, m.*

ˈ**speed·y** *adj* (*adv* **speedily**) schnell, zügig, rasch, prompt: **to wish s.o. a** ~ **recovery** j-m gute Besserung wünschen.

speiss [spaɪs] *s chem.* Speise *f* (*Gemenge von Arseniden*).

spe·l(a)e·ol·o·gist [ˌspelɪˈɒlədʒɪst; ˌspiː-; *Am.* -ˈɑl-] *s* Speläoˈloge *m*, Höhlenforscher *m.* ˌ**spe·l(a)eˈol·o·gy** [-dʒɪ] *s* Speläoloˈgie *f*, Höhlenforschung *f.*

spel·i·can [ˈspelɪkən] → **spillikin.**

spell[1] [spel] *pret u. pp* **spelled** *od.* **spelt** [spelt] **I** *v/t* **1.** buchstaˈbieren: **to** ~ **backward** a) rückwärts buchstabieren, b) *fig.* völlig verdrehen. **2.** (orthoˈgraphisch richtig) schreiben. **3.** bilden, ergeben: **l-e-d** ~**s led.** **4.** bedeuten: **it** ~**s trouble.** **5.** ~ **out,** ~ **over** (mühsam) entziffern. **6.** *meist* ~ **out** *fig.* a) darlegen, b) (**for s.o.** *j-m*) *etwas* ‚auseinanderklauben'. **II** *v/i* **7.** (richtig) schreiben. **8.** geschrieben werden, sich schreiben: **cad** ~**s c-a-d.**

spell[2] [spel] **I** *s* **1.** Zauber(wort *n*) *m.* **2.** *fig.* Zauber *m*, Bann *m*, Faszinatiˈon *f*: **to be under a** ~ a) verzaubert sein, b) *fig.* fasziniert *od.* gebannt sein; **to break the** ~ a) den (Zauber)Bann brechen, b) *fig.* den Bann *od.* das Eis brechen: **to cast a** ~ **on** → 3. **II** *v/t* **3.** a) verzaubern, b) *fig.* bezaubern, fasziˈnieren.

spell[3] [spel] **I** *s* **1.** Arbeit(szeit) *f*, Beschäftigung *f* (**at** mit): **to have a** ~ **at s.th.** sich e-e Zeitlang mit etwas beschäftigen. **2.** (Arbeits)Schicht *f*: **to give s.o. a** ~ → 8. **3.** *bes. Am.* Anfall *m*: **a** ~ **of coughing** ein Hustenanfall; **a** ~ **of depression** e-e vorübergehende Depression. **4.** a) Zeit (-abschnitt *m*) *f*, b) kurze Zeit, (*ein*) Weilchen *n*: **for a** ~. **5.** *Am. colloq.* ‚Katzensprung' *m* (*kurze Strecke*). **6.** *meteor.* Periˈode *f*: **a** ~ **of fine weather** e-e Schönwetterperiode; **hot** ~ Hitzewelle *f.* **7.** *Austral.* Ruhe(pause) *f.* **II** *v/t* **8.** *Am. j-n* (bei s-r Arbeit) ablösen.

ˈ**spell|·bind** *v/t irr* → **spell**[2] 3. ˈ~**bind·er** *s* fasziˈnierender Redner, fesselnder Roˈman *etc.* ˈ~**bound** *adj u. adv* (wie) gebannt, fasziˈniert, gefesselt: **to hold s.o.** ~ j-n fesseln.

ˈ**spell·er** *s* **1. to be a good** ~ in der Orthograˈphie gut beschlagen sein. **2.** Fibel *f.* ˈ**spell·ing** *s* a) Buchstaˈbieren *n*, b) Rechtschreibung *f*, Orthograˈphie *f*: ~ **bee** Rechtschreibewettbewerb *m*; ~

book → speller 2; ~ **pronunciation** *ling.* buchstabengetreue Aussprache.

spelt[1] [spelt] *s bot.* Spelz *m*, Dinkel(weizen) *m.*

spelt[2] [spelt] *pret u. pp von* **spell**[1].

spel·ter [ˈspeltə(r)] *s* **1.** *econ.* (Handels-, Roh)Zink *n.* **2.** *a.* ~ **solder** *tech.* Messingschlaglot *n.*

spe·lunk [spɪˈlʌŋk] *v/i Am.* Höhlen erforschen (*als Hobby*). **speˈlunk·er** *s* Höhlenforscher *m.*

spence [spens] *s Br. dial.* Speisekammer *f od.* -schrank *m.*

spen·cer[1] [ˈspensə(r)] *s hist. u. Damenmode:* Spenzer *m* (*kurze Überjacke*).

spen·cer[2] [ˈspensə(r)] *s mar. hist.* Gaffelsegel *n.*

spend [spend] *pret u. pp* **spent** [spent] **I** *v/t* **1.** verbrauchen, aufwenden, ausgeben (**on** für): **to** ~ **money**; → **penny** 1. **2.** verwenden, anlegen (**on** für): **to** ~ **time on one's work** Zeit für *od.* auf s-e Arbeit verwenden. **3.** vertun, -geuden, -schwenden, ˈdurchbringen, unnütz ausgeben: **to** ~ **a fortune in gambling** ein Vermögen verspielen. **4.** *Zeit* zu-, verbringen. **5.** (o.s. sich) erschöpfen, verausgaben: **the storm is spent** der Sturm hat sich gelegt. **II** *v/i* **6.** Geld ausgeben, Ausgaben machen. **7.** laichen (*Fische*). **ˈspend·er** *s*: **big** ~ a) Verschwender(in), b) zahlungskräftiger Kunde.

ˈspend·ing *s* **1.** (*das*) Geldausgeben. **2.** Ausgabe(n *pl*) *f*: **government** ~ Staatsausgaben. ~ **mon·ey** *s* Taschengeld *n.* ~ **pow·er** *s* Kaufkraft *f.* ~ **u·nit** *s econ.* Verbrauchereinheit *f.*

spend·thrift [ˈspendθrɪft; ˈspenθr-] **I** *s* Verschwender(in). **II** *adj* verschwenderisch.

Spen·se·ri·an [spenˈsɪərɪən] **I** *adj* (Edmund) Spenser betreffend, Spenser... **II** *s* Spenseriˈaner *m.* ~ **stan·za** *s metr.* Spenserstanze *f* (*Reimschema a b a b b c b c c*).

spent [spent] **I** *pret u. pp von* **spend**. **II** *adj* **1.** matt, verausgabt, erschöpft, entkräftet: ~ **bullet** matte Kugel; ~ **liquor** *tech.* Ablauge *f.* **2.** ausgegeben, verbraucht. **3.** *zo.* (*von Eiern od. Samen*) entleert (*Insekten, Fische*): ~ **herring** Hering *m* nach dem Laichen. **4.** *Kernphysik:* ausgebrannt (*Brennelement*).

sperm[1] [spɜːm; *Am.* spɜrm] *s biol.* **1.** Sperma *n*, Samenflüssigkeit *f.* **2.** Samenzelle *f.* **3.** Samenkörperchen *n.*

sperm[2] [spɜːm; *Am.* spɜrm] *s* **1.** → **spermaceti**. **2.** *zo.* → **sperm whale**. **3.** → **sperm oil**.

sper·ma·ce·ti [ˌspɜːməˈsetɪ; -ˈsiː-; *Am.* ˌspɜr-] *s* Walrat *m, n.*

sper·ma·ry [ˈspɜːmərɪ; *Am.* ˈspɜr-] *s physiol.* Keimdrüse *f.*

sper·mat·ic [spɜːˈmætɪk; *Am.* spɜr-] *adj biol.* sperˈmatisch, Samen... ~ **cord** *s* Samenstrang *m.* ~ **fil·a·ment** *s* Samenfaden *m.* ~ **flu·id** → **sperm**[1] 1.

sper·ma·tid [ˈspɜːmətɪd; *Am.* ˈspɜr-] *s biol.* Spermaˈtide *f.*

sper·ma·to·blast [ˈspɜːmətəʊblæst; *Am.* ˈspɜr-; *a.* spɜrˈmætəˌbl-] *s biol.* Ursamenzelle *f.* **ˌsper·ma·toˈgen·e·sis** [-ˈdʒenɪsɪs] *s biol.* Spermatogeˈnese *f*, Samenbildung *f.* **ˌsper·ma·to·geˈnet·ic** [-dʒɪˈnetɪk], **ˌsper·maˈtog·e·nous** [-ˈtɒdʒɪnəs; *Am.* -ˈtɑ-] *adj biol.* spermatoˈgen.

sper·ma·to·phore [ˈspɜːmətəʊfɔː(r); *Am.* ˈspɜr-; *a.* spɜrˈmætəˌf-] *s zo.* Spermatoˈphore *f*, Samenträger *m*, -kapsel *f.*

sper·ma·to·phyte [-faɪt] *s bot.* Spermatoˈphyte *f*, Samenpflanze *f.* **ˌsper·ma·torˈrh(o)e·a** [-ˈrɪə; *Am.* -ˈriːə] *s med.* Spermatorˈrhö(e) *f*, Samenfluß *m* ohne geschlechtliche Erregung. **sper·ma·to·zo·id** [ˌspɜːmətəʊˈzəʊɪd; *Am.* ˌspɜr-; *a.* spɜrˌmætəˈz-] *s biol.* Spermatozoˈid *n.* **sper·ma·to·zo·on** [-ˈzəʊɒn; *Am.* -ˌɑn] *pl* **-zo·a** [-ˈzəʊə] *s biol.* Spermatoˈzoon *n*, Spermium *n.*

sperm|bank *s* Samenbank *f.* ~**cell** *s biol.* **1.** Samenzelle *f.* **2.** Samenfaden *m*, -tierchen *n.* ~ **nu·cle·us** *s biol.* Samenkern *m.*

sperm oil *s* Walratöl *n.*

sper·mo·log·i·cal [ˌspɜːməˈlɒdʒɪkl; *Am.* ˌspɜrməˈlɑ-] *adj* **1.** *med.* spermatoˈlogisch. **2.** *bot.* samenkundlich.

sperm whale *s zo.* Pottwal *m.*

spew [spjuː] **I** *v/i* sich erbrechen, ‚spukken', ‚speien'. **II** *v/t meist* ~ **forth** (*od.* **out, up**) erbrechen, (aus)speien, (aus)spukken, auswerfen. **III** *s* (*das*) Erbrochene.

sphac·e·late [ˈsfæsɪleɪt] *v/t u. v/i med.* brandig machen (werden). **ˌsphac·eˈla·tion** *s med.* Brandbildung *f.* **ˈsphac·e·lous** *adj med.* gangräˈnös.

sphaero- [sfɪərəʊ] *Wortelement mit der Bedeutung* Kugel..., Sphäro...

sphag·num [ˈsfægnəm] *s bot.* Sphagnum *n*, Torf-, Sumpfmoos *n.*

sphal·er·ite [ˈsfæləraɪt] *s min.* Sphaleˈrit *m*, Zinkblende *f.*

sphe·ges [ˈsfiːdʒiːz] *pl von* **sphex**.

sphene [spiːn; *bes. Am.* sfiːn] *s min.* Tiˈtanit *m.*

sphe·nic [ˈsfiːnɪk] *adj* keilförmig.

sphe·no·gram [ˈsfiːnəgræm] *s* Keilschriftbuchstabe *m.* **sphe·nog·ra·phy** [sfɪˈnɒgrəfɪ; *Am.* -ˈnɑg-] *s* Keilschriftkunde *f.* **ˈsphe·noid I** *adj* **1.** keilförmig. **2.** *anat.* Keilbein... **II** *s* **3.** *min.* Sphenoˈid *n.* **spheˈnoi·dal** *adj* **1.** *anat.* Keilbein... **2.** *min.* sphenoiˈdal.

sphere [sfɪə(r)] **I** *s* **1.** Kugel *f* (*a. math.*; *a. sport colloq. Ball*): **doctrine of the** ~ *math.* sphärische Trigonometrie, Sphärik *f.* **2.** kugelförmiger Körper, *bes.* Himmelskörper *m.* **3.** Erd- *od.* Himmelskugel *f.* **4.** *antiq. astr.* Sphäre *f*: **music of the** ~**s** Sphärenmusik *f.* **5.** *poet.* Himmel *m*, Sphäre *f.* **6.** (*Einfluß-, Interessen- etc*) Sphäre *f*, Gebiet *n*, Bereich *m*: ~ **of influence (of interest)**; ~ **(of activity)** (Wirkungs)Kreis *m*, (Tätigkeits)Bereich *m.* **7.** *fig.* (gesellschaftliche) Umˈgebung, Miliˈeu *n.* **II** *v/t* **8.** umˈgeben, umˈkreisen. **9.** (kugel)rund machen. **10.** *poet.* in den Himmel heben.

spher·ic [ˈsferɪk; *Am. a.* ˈsfɪrɪk] **I** *adj* **1.** *poet.* himmlisch. **2.** kugelförmig. **3.** sphärisch. **II** *s pl* → **spherics**[1]. **ˈspher·i·cal** *adj* (*adv* ~**ly**) **1.** kugelförmig. **2.** *math.* a) Kugel...: ~ **sector (segment,** *etc*), b) sphärisch: ~ **angle (astronomy, geometry,** *etc*); ~ **triangle** sphärisches Dreieck, Kugeldreieck *n.*

sphe·ric·i·ty [sfɪˈrɪsətɪ] *s* Kugelgestalt *f.*

spher·ics[1] [ˈsferɪks; *Am. a.* ˈsfɪr-] *s pl* (*als sg konstruiert*) *math.* Sphärik *f*, Kugellehre *f.*

spher·ics[2] [ˈsferɪks; ˈsfɪə-] *s pl* (*als sg konstruiert*) Wetterbeobachtung *f* mit elekˈtronischen Geräten.

sphe·roid [ˈsfɪərɔɪd; *Am. a.* ˈsfer-] **I** *s math.* Sphäroˈid *n.* **II** *adj* → **spheroidal**.

sphe·roi·dal [ˌsfɪəˈrɔɪdl] *adj* (*adv* ~**ly**) sphäroˈidisch, kugelig. **ˌspheˈroi·dic** *adj*; **ˌspheˈroi·di·cal** *adj* (*adv* ~**ly**) → **spheroidal**.

sphe·roid·ize [ˈsfɪərɔɪdaɪz; *Am. a.* ˈsfer-] *v/t* weichglühen.

spher·ule [ˈsferjuːl; -ruːl; *Am. a.* ˈsfɪə-] *s* Kügelchen *n.* **ˈspher·u·lite** *s min.* Sphäroˈlith *m.*

spher·y [ˈsfɪərɪ] *adj poet.* **1.** sphärisch, Sternen... **2.** Kugel...

sphex [sfeks] *pl* **sphe·ges** [ˈsfiːdʒiːz] *s zo.* Sand-, Grabwespe *f.*

sphinc·ter [ˈsfɪŋktə(r)] *anat.* **I** *s a.* ~ **muscle** Schließmuskel *m.* **II** *adj* Schließ(muskel)...

sphinx [sfɪŋks] *pl* **ˈsphinx·es** *od.* **sphin·ges** [ˈsfɪndʒiːz] *s* **1.** *meist* **S**~ *myth. u. arch.* Sphinx *f* (*a. fig. rätselhafter Mensch*). **2.** *a.* ~ **moth** *zo.* Sphinx *f* (*Nachtfalter*). **3.** *a.* ~ **baboon** *zo.* Sphinxpavian *m.* **ˈ**~**like** *adj* sphinxartig (*a. fig.*).

sphra·gis·tics [sfrəˈdʒɪstɪks] *s pl* (*als sg konstruiert*) Sphraˈgistik *f*, Siegelkunde *f.*

sphyg·mic [ˈsfɪgmɪk] *adj med.* Puls...

sphyg·mo·gram [ˈsfɪgməʊgræm] *s med.* Sphygmoˈgramm *n*, Pulskurve *f.* **ˈsphyg·mo·graph** [-grɑːf; *bes. Am.* -græf] *s med.* Sphygmoˈgraph *m*, Pulsschreiber *m.* **ˌsphyg·mo·maˈnom·e·ter** [-məʊməˈnɒmɪtə(r); *Am.* -ˈnɑm-] *s med.* Sphygmomanoˈmeter *n*, Blutdruckmesser *m.* **sphygˈmom·e·ter** [-ˈmɒmɪtə(r); *Am.* -ˈmɑm-] *s med.* Sphygmoˈmeter *n*, Pulskurvenschreiber *m.*

spi·ca [ˈspaɪkə] *pl* **-cae** [-siː; -kiː] *s* **1.** *bot.* Ähre *f.* **2.** **S**~ *astr.* Spika *f* (*Stern*). **3.** *med.* Kornährenverband *m.* **ˈspi·cate** [-keɪt] *adj bot.* a) ährentragend (*Pflanze*), b) ährenförmig (angeordnet) (*Blüte*).

spice [spaɪs] **I** *s* **1.** a) Gewürz *n*, Würze *f*, b) *collect.* Gewürze *pl.* **2.** *fig.* Würze *f*: **to give** ~ **to** → 4. **3.** *fig.* Beigeschmack *m*, Anflug *m.* **II** *v/t* **4.** würzen, *fig. a. e-r Sache* Würze verleihen. **ˈ**~**bush** *s bot.* **1.** Falscher Benˈzolstrauch. **2.** Gewürzstrauch *m.*

spiced [spaɪst] → **spicy** 1 *u.* 2.

spice rack *s* Gewürzbord *n.*

spic·er·y [ˈspaɪsərɪ] *s* **1.** *collect.* Gewürze *pl.* **2.** → **spiciness**.

ˈspice·wood → **spicebush**.

spic·i·ness [ˈspaɪsɪnɪs] *s a. fig.* (*das*) Würzige, (*das*) Piˈkante.

spick-and-span [ˌspɪkənˈspæn] *adj* **1.** *a.* ~ **new** funkelnagelneu. **2.** *a.* blitzsauber, b) ‚wie aus dem Ei gepellt' (*Person*).

spic·u·lar [ˈspaɪkjʊlə(r); *bes. Am.* ˈspɪk-] *adj* **1.** *zo.* nadelförmig. **2.** *bot.* ährchenförmig.

spic·ule [ˈspaɪkjuːl; *bes. Am.* ˈspɪk-] *s* **1.** (Eis- *etc*)Nadel *f.* **2.** *zo.* nadelartiger Fortsatz, *bes.* a) Skeˈlettnadel *f* (*e-s Schwammes etc*), b) Stachel *m.* **3.** *bot.* Ährchen *n.*

spic·y [ˈspaɪsɪ] *adj* (*adv* **spicily**) **1.** gewürzt, würzig. **2.** würzig, aroˈmatisch: **a** ~ **perfume**. **3.** Gewürz...: ~ **isles**. **4.** *fig.* gewürzt, witzig: ~ **article**. **5.** *fig.* piˈkant, ‚gepfeffert', schlüpfrig: **a** ~ **anecdote**. **6.** *sl.* a) ‚gewieft', geschickt, b) schick.

spi·der [ˈspaɪdə(r)] **I** *s* **1.** *zo.* Spinne *f.* **2.** *bes. Am.* Bratpfanne *f.* **3.** *Am.* Dreifuß *m* (*Untersatz*). **4.** *tech.* a) Armkreuz *n*, b) Drehkreuz *n*, c) Armstern *m* (*e-s Rades*). **5.** *electr.* a) Ständerkörper *m*, b) Zenˈtrierungsfeder *f* (*im Lautsprecher*). **II** *v/t* **6.** mit e-m Netz feiner Linien *od.* Risse bedecken. ~ **catch·er** *s orn.* **1.** Spinnenfresser *m.* **2.** Mauerspecht *m.* ~ **crab** *s zo.* (*e-e*) Spinnenkrabbe. **ˈ**~**like** *adj* spinnenartig. ~ **line** *s meist pl opt. tech.* Faden(kreuz *n*) *m*, Ableselinie *f.* **ˈ**~**man** [-mæn] *s irr arch. bes. Br. colloq.* Monˈteur *m* für ˈStahlkonstruktiˌonen. ~ **mon·key** *s zo.* (*ein*) Klammeraffe *m.*

spi·der's web → **spider web**.

spi·der| web *s* Spinn(en)gewebe *n* (*a. fig.*). **ˈ**~**work** *s* mit feinen Fäden überˈsponnene Spitzen- *od.* Fiˈletarbeit.

ˈspi·der·y *adj* **1.** spinnenartig, Spinnen... **2.** spinnwebartig. **3.** voll von Spinnen.

spiel [spiːl] *bes. Am. sl.* **I** *s* **1.** a) Werbesprüche *pl*, b) ‚Masche' *f*, ‚Platte' *f*: **to give s.o. a** ~ a) j-n zu e-m Kauf *etc* beschwatzen, b) j-m ‚ein Loch *od.* Löcher in den Bauch reden'. **II** *v/i* **2.** s-e Werbesprüche ‚herˈunterrasseln'. **3.** Reden schwingen. **III** *v/t* **4.** ~ **off** *etwas*

Auswendiggelerntes ‚her'unterrasseln'.
'spiel·er *s sl.* **1.** *bes. Am.* Marktschreier *m.* **2.** *Rundfunk, TV*: *bes. Am.* (Werbe-) Ansager *m.* **3.** *bes. Austral.* a) Falschspieler *m*, b) Gauner *m.*
spiff·ing ['spɪfɪŋ] *adj sl.* ‚(tod)schick', ‚toll'.
spif·fli·cate → **spiflicate.**
spiff·y ['spɪfɪ] → **spiffing.**
spif·li·cate ['spɪflɪkeɪt] *v/t sl.* **1.** ‚es *j-m* besorgen'. **2.** den Garaus machen (*dat*).
spig·ot ['spɪgət] *s tech.* **1.** (Faß)Zapfen *m.* **2.** Zapfen *m* (*e-s Hahns*). **3.** (Faß-, *Am.* Leitungs)Hahn *m.* **4.** Muffenverbindung *f* (*bei Röhren*).
spike[1] [spaɪk] *s bot.* **1.** (Gras-, Korn)Ähre *f.* **2.** (Blüten)Ähre *f.*
spike[2] [spaɪk] **I** *s* **1.** Stift *m*, Spitze *f*, Stachel *m*, Dorn *m.* **2.** *tech.* (Haken-, Schienen)Nagel *m*, Bolzen *m.* **3.** Eisenspitze *f* (*am Zaun*). **4.** *sport* a) Spike *m*, b) *pl* Spikes *pl* (*Rennschuhe etc*). **5.** *pl mot.* Spikes *pl* (*am Reifen*). **6.** *hunt.* Spieß *m* (*e-s Junghirsches*). **7.** *med.* Zacke *f* (*in der Fieberkurve etc*). **8.** *electr.* a) nadelförmiger Im'puls, b) *a. Rundfunk, TV*: 'Überschwingspitze *f.* **9.** *ichth.* junge Ma'krele. **10.** → **spike heel. 11.** *Volleyball*: Schmetterschlag *m.* **II** *v/t* **12.** festnageln. **13.** mit (Eisen)Spitzen *etc* versehen. **14.** aufspießen. **15.** *sport* mit den Spikes verletzen. **16.** *mil. Geschütz* vernageln: **to ~ s.o.'s guns** *fig.* j-m e-n Strich durch die Rechnung machen. **17.** *fig. Am.* ‚erledigen'. **18.** a) e-n Schuß Alkohol geben in (*ein Getränk*), b) *fig.* würzen, ‚pfeffern'. **19.** *Volleyball*: *Ball* schmettern. **20.** *Journalismus*: *Story* ablehnen.
spiked[1] [spaɪkt] *adj bot.* ährentragend.
spiked[2] [spaɪkt] *adj* **1.** mit Nägeln *od.* (Eisen)Spitzen (versehen): **~ shoes** → **spike**[2] 4b; **~ helmet** Pickelhaube *f.* **2.** mit Schuß (*Getränk*).
spike| heel *s* Pfennigabsatz *m* (*am Damenschuh*). **~ lav·en·der** *s bot.* Spieke *f.*
spike·nard ['spaɪknɑː(r)d] *s* **1.** La'vendelöl *n.* **2.** *bot.* Indische Narde. **3.** *bot.* Traubige A'ralie.
spike oil → **spikenard** 1.
spik·y ['spaɪkɪ] *adj* **1.** spitz, stach(e)lig. **2.** *Br. colloq.* a) eigensinnig, b) empfindlich.
spile [spaɪl] **I** *s* **1.** (Faß)Zapfen *m*, Spund *m.* **2.** Pflock *m*, Pfahl *m.* **II** *v/t* **3.** verspunden. **4.** anzapfen. **'~·hole** *s tech.* Spundloch *n.*
spil·i·kin → **spillikin.**
spill[1] [spɪl] *s* **1.** (Holz)Splitter *m.* **2.** Fidibus *m.*
spill[2] [spɪl] **I** *v/t pret u. pp* **spilled** [spɪld] *od.* **spilt** [spɪlt] **1.** *a.* **~ out** ver-, ausschütten, 'überlaufen lassen: → **milk** 1. **2.** *Blut* vergießen. **3.** ver-, um'herstreuen: **to ~ sand. 4.** *mar. Segel* killen lassen. **5.** a) *e-n Reiter* abwerfen, b) *j-n* schleudern. **6.** *sl.* ausplaudern: → **bean** 1. **II** *v/i* **7.** *a.* **~ out** 'überlaufen, verschüttet werden. **8.** *a.* **~ over** *a. fig.* sich ergießen (**into** in *acc*). **9. ~ over** *fig.* wimmeln (**with** von). **10.** *sl.* ‚auspacken', ‚singen' (**to** bei). **III** *s* **11.** Vergießen *n.* **12.** 'Überlaufen *n.* **13.** Pfütze *f.* **14.** Sturz *m* (*vom Pferd etc*). **15.** *econ.* Preis-, Kurssturz *m.*
spill·age ['spɪlɪdʒ] *s* **1.** → **spill**[2] 11, 12. **2.** (*das*) Vergossene *od.* 'Übergelaufene.
spil·li·kin ['spɪlɪkɪn] *s* a) Mi'kadostäbchen *n*, b) *pl* (*als sg konstruiert*) Mi'kado(spiel) *n.*
'spill·way *s tech.* 'Abflußka,nal *m*, 'Überlauf(rinne *f*) *m.*
spilt [spɪlt] *pret u. pp von* **spill**[2].
spin [spɪn] **I** *v/t pret* **spun** [spʌn], *obs.* **span** [spæn], *pp* **spun 1.** *bes. tech.* (zu Fäden) spinnen: **to ~ flax (wool,** *etc*). **2.** spinnen: **to ~ thread (yarn). 3.** *tech.* (durch e-e Düse) spinnen: **to ~ synthetic fibers** (*bes. Br.* **fibres**). **4.** *tech.* (*meist im pp*) *Gold, Glas etc* fadendünn ausziehen: **spun gold. 5.** schnell drehen, (her'um-) wirbeln, *e-n Kreisel* drehen: **to ~ a top. 6.** *aer. das Flugzeug* trudeln lassen. **7.** *Wäsche* schleudern. **8.** *e-e Schallplatte* ‚laufen lassen'. **9.** *e-e Münze* hochwerfen. **10.** *fig.* a) sich *etwas* ausdenken, erzählen: → **yarn** 3. **11.** *meist* **~ out** in die Länge ziehen, ausspinnen, ‚strecken': **to ~ out a story. 12. ~ out** *e-e Suppe etc* ‚strecken'. **13.** *sport Ball* mit Ef'fet schlagen. **14.** mit künstlichem Köder angeln. **15.** *Br. sl. e-n Kandidaten* ‚'durchrasseln' lassen. **II** *v/i* **16.** spinnen. **17.** *a.* **~ round** her'umwirbeln: **to send s.o. ~ning** j-n zu Boden schleudern; **my head ~s** mir dreht sich alles. **18.** *a.* **~ along** da'hinsausen. **19.** *a.* **~ away** *fig.* schnell *od.* wie im Flug vergehen. **20.** *aer.* trudeln. **21.** *Br. sl.* ‚'durchrasseln' (*Prüfungskandidat*). **22.** *mot.* 'durchdrehen (*Räder*). **III** *s* **23.** (*das*) Her'umwirbeln. **24.** schnelle Drehung, Drall *m.* **25.** *phys.* Spin *m*, Drall *m* (*des Elektrons*). **26. to go for a ~** *colloq.* e-e Spritztour machen. **27.** *aer.* a) (Ab-) Trudeln *n*: **flat ~** flaches Trudeln, Flachtrudeln; **to go into a ~** abtrudeln; **to be in a (flat) ~** *bes. Br. colloq.* ‚am Rotieren sein'; **to send s.o. into a (flat) ~** *bes. Br. colloq.* j-n ‚zum Rotieren bringen', b) 'Sturzspi,rale *f.* **28.** Schleudern *n* (*der Wäsche*). **29.** *sport* Ef'fet *m*: **to give (a) ~ to the ball** dem Ball Effet geben.
spin·ach, *obs.* **spin·age** ['spɪnɪdʒ; *bes. Am.* -nɪtʃ] *s* **1.** *bot.* Spi'nat *m.* **2.** *Am. sl.* a) ekelhaftes Zeug, b) Gestrüpp *n*, *bes.* Bart *m*, c) ‚Mist' *m.*
spi·nal ['spaɪnl] *adj anat.* spi'nal, Rückgrat..., Wirbel..., Rückenmarks... **~ ar·ter·y** *s* 'Rückenmarkar,terie *f.* **~ col·umn** *s* Wirbelsäule *f*, Rückgrat *n.* **~ cord** *s* Rückenmark *n.* **~ cur·va·ture** *s* Krümmung *f* der Wirbelsäule. **~ mar·row** → **spinal cord. ~ nerve** *s* Spi'nalnerv *m.*
spin·dle ['spɪndl] **I** *s* **1.** *tech.* a) (Hand-) Spindel *f*, b) Welle *f*, Achszapfen *m*, c) Drehbankspindel *f*, d) Triebstock *m.* **2.** *Garnmaß*: a) *für Baumwolle* = *15 120 yards*, b) *für Leinen* = *14 400 yards.* **3.** *tech.* Hydro'meter *n.* **4.** *biol.* Kernspindel *f.* **5.** *bot.* Spindel *f.* **II** *v/i* **6.** (auf)schießen (*Pflanze*). **7.** in die Höhe schießen (*Person*). **'~-legged** *adj* storchbeinig. **'~legs, '~shanks** *s pl* **1.** Storchbeine *pl.* **2.** (*als sg konstruiert*) ‚Storchbein' *n.*
spin·dling ['spɪndlɪŋ], **'spin·dly** *adj* lang u. dünn, spindeldürr.
,spin-'dri·er → **spin-dryer.**
'spin·drift *s mar.* Nebel *m* (*von zerstäubtem Wasser*).
,spin|-'dry *v/t Wäsche* schleudern. **,~-'dry·er** *s* (Wäsche)Schleuder *f.*
spine [spaɪn] *s* **1.** *bot. zo.* Stachel *m.* **2.** *anat.* Wirbelsäule *f*, Rückgrat *n* (*a. fig. fester Charakter*). **3.** (Gebirgs)Grat *m.* **4.** *tech.* Buchrücken *m.* **spined** *adj* **1.** *bot. zo.* stach(e)lig, Stachel... **2.** *anat.* Rückgrat..., Wirbel...
spi·nel [spɪ'nel] *s min.* Spi'nell *m.*
'spine·less *adj* **1.** stachellos. **2.** ohne Rückgrat, rückgratlos (*a. fig.*). **3.** geschmeidig.
spin·et [spɪ'net; *Am. bes.* 'spɪnət] *s mus.* Spi'nett *n.*
spi·nif·er·ous [spaɪ'nɪfərəs] *adj* stach(e)lig, stacheltragend.
spi·ni·form ['spaɪnɪfɔː(r)m] *adj* dornen-, stachelförmig, spitz(ig).
spin·na·ker ['spɪnəkə(r)] *s mar.* Spinnaker *m*, großes Dreiecksegel.
spin·ner ['spɪnə(r)] *s* **1.** *poet. od. dial.* Spinne *f.* **2.** Spinner(in). **3.** *tech.* 'Spinnma,schine *f.* **4.** Kreisel *m.* **5.** (Po'lier-) Scheibe *f.* **6.** *aer.* Pro'pellerhaube *f.* **7.** Blinker *m*, Spinner *m* (*der Angel*). **8.** a) *Kricket*: Ef'fetball *m*, b) *American Football*: Drehung *f* (*Täuschungsmanöver*). **9.** *zo.* → **spinneret** 1. **10.** *zo.* → **goatsucker.**
spin·ner·et ['spɪnəret; *Am. bes.* ,spɪnə'ret] *s* **1.** *zo.* Spinndrüse *f.* **2.** *tech.* Spinndüse *f.*
spin·ner·y ['spɪnərɪ] *s tech.* Spinne'rei *f.*
spin·ney ['spɪnɪ] *s Br.* Dickicht *n.*
spin·ning ['spɪnɪŋ] *s* **1.** Spinnen *n.* **2.** Gespinst *n.* **3.** *aer.* Trudeln *n.* **~ e·lec·tron** *s phys.* 'umlaufendes Elektron. **~ frame** *s tech.* 'Spinnma,schine *f.* **~ jen·ny** *s tech.* 'Feinspinnma,schine *f.* **~ mill** *s* Spinne'rei *f.* **~ top** *s* Kreisel *m* (*Spielzeug*). **~ wheel** *s tech.* Spinnrad *n.*
'spin-off *s* **1.** *tech.* 'Neben-, 'Abfallpro,dukt *n.* **2.** *fig.* Neben-, Begleiterscheinung *f.*
spi·nose ['spaɪnəʊs] *adj bes. bot.* stach(e)lig. **spi'nos·i·ty** [-'nɒsətɪ; *Am.* -'nɑs-] *s* Stach(e)ligkeit *f.*
spi·nous ['spaɪnəs] *adj bot. zo.* stach(e)lig.
spin·ster ['spɪnstə(r)] *s* **1.** älteres Fräulein, alte Jungfer; **~ aunt** unverheiratete Tante. **2.** *jur. Br.* a) unverheiratete Frau, b) (*nach dem Namen*) ledig: **Miss Jones, ~. 'spin·ster·hood** *s* **1.** Alt'jüngferlichkeit *f.* **2.** Alt'jungfernstand *m.* **3.** lediger Stand (*der Frau*). **'spin·ster·ish, 'spin·ster·ly** *adj* alt'jüngferlich.
spi·nule ['spaɪnjuːl] *s bot. zo.* Stachel *m.* **'spin·u·lose** [-jʊləʊs], **'spin·u·lous** [-ləs] *adj bot. zo.* stach(e)lig.
spin·y ['spaɪnɪ] *adj* **1.** *bot. zo.* stach(e)lig. **2.** *fig.* heikel, schwierig. **~ lob·ster** *s zo.* Gemeine Lan'guste *f.*
spi·ra·cle ['spaɪərəkl; *Am.* 'spɪrɪkəl; 'spaɪ-] *s* **1.** Atem-, Luftloch *n*, *bes. bot. zo.* Tra'chee *f.* **2.** *zo.* Spritzloch *n* (*bei Walen etc*). **spi·rac·u·lar** [spɪ'rækjʊlə(r); spaɪ-] *adj* Atem-, Luftloch...
spi·rae·a [spaɪ'rɪə; -'riːə] *s bot.* Spi'räe *f*, Geißbart *m.*
spi·ral ['spaɪərəl] **I** *adj* (*adv* **~ly**) **1.** gewunden, schrauben-, schneckenförmig, spi'ral, Spiral...: **~ balance** (Spiral)Federwaage *f*; **~ conveyor** → 5a; **~ fracture** *med.* Spiralbruch *m*; **~ gear(ing)** *tech.* Schraubenradgetriebe *n*; **~ nebula** → 7; **~ spring** → 5b; **~ staircase** Wendeltreppe *f.* **2.** *math.* spi'ralig, Spiral... **II** *s* **3.** a) Spi'rale *f*, b) Windung *f* (e-r Spi'rale). **4.** *math.* Spi'rale *f*, Spi'ral-, Schneckenlinie *f.* **5.** *tech.* a) Förderschnecke *f*, b) Spi'ralfeder *f.* **6.** *electr.* a) Spule *f*, Windung *f*, b) Wendel *m* (*bei Glühlampen*). **7.** *astr.* Spi'ralnebel *m.* **8.** *aer.* Spi'rale *f*, Spi'ralflug *m.* **9.** *econ.* (*Lohn-, Preis- etc*)Spi'rale *f.* **III** *v/t pret u. pp* **-raled,** *bes. Br.* **-ralled 10.** spi'ralig machen. **11.** *a.* **~ up (down)** *Preise etc* hin'auf- (her'unter)schrauben. **IV** *v/i* **12.** *a.* **~ up (down)** sich spi'ralförmig nach oben (unten) bewegen (*a. fig. Preise, Kosten etc*). **13.** *a.* **~ up (down)** spi'ralförmig aufwärts (abwärts) fliegen.
spi·rant ['spaɪərənt] *ling.* **I** *s* Spirans *f*, Reibelaut *m.* **II** *adj* spi'rantisch.
spire[1] ['spaɪə(r)] *s* **1.** → **spiral** 3. **2.** *zo.* Gewinde *n.*
spire[2] ['spaɪə(r)] **I** *s* **1.** (Dach-, Turm-, *a.* Baum-, Berg)Spitze *f.* **2.** Kirchturm *m.* **3.** spitz zulaufender Körper *od.* Teil, *z. B. zo.* (Geweih)Gabel *f.* **4.** *bot.* a) (Blüten-) Ähre *f*, b) Sprößling *m*, c) Grashalm (-spitze *f*) *m.* **II** *v/i* **5.** spitz zulaufen, gipfeln. **6.** *dial.* aufschießen (*Pflanze*). **III** *v/t* **7. ~ up** auftürmen. **8.** mit e-r Spitze versehen, spitz zulaufen lassen.

spi·re·a → spiraea.
spired[1] [ˈspaɪə(r)d] *adj* spiˈralförmig.
spired[2] [ˈspaɪə(r)d] *adj* **1.** spitz (zulaufend). **2.** spitztürmig.
spi·rem(e) [ˈspaɪriːm] *s biol.* Knäuelstadium *n*, Spiˈrem *n* (*in der Zellteilung*).
spi·ril·lum [spaɪˈrɪləm] *pl* **-la** [-lə] *s med.* ˈSchraubenbakˌterie *f*, Spiˈrille *f*.
spir·it [ˈspɪrɪt] **I** *s* **1.** *allg.* Geist *m*. **2.** Geist *m*, Odem *m*, Lebenshauch *m*. **3.** Geist *m*: a) Seele *f* (*e-s Toten*), b) Gespenst *n*. **4.** S~ (göttlicher) Geist. **5.** Geist *m*, (innere) Vorstellung: **in (the)** ~ im Geiste (*nicht wirklich*). **6.** (*das*) Geistige, Geist *m*: **the world of the** ~ die geistige Welt. **7.** Geist *m*: a) Gesinnung *f*, (*Gemein- etc*)Sinn *m*, b) Chaˈrakter *m*, c) Sinn *m*: **the** ~ **of the law; that's the** ~! *colloq.* so ist's recht!; → **enter into** 4. **8.** *meist pl* Gemütsverfassung *f*, Stimmung *f*: **in high (low)** ~**s** in gehobener (gedrückter) Stimmung; **as** (*od.* **if, when**) **the** ~ **moves** (*od.* **takes**) **one** wenn e-m danach zumute ist. **9.** *fig.* Feuer *n*, Schwung *m*, Eˈlan *m*, Mut *m*, *pl a.* Lebensgeister *pl*: **full of** ~**s** voll Feuer, voller Schwung; **when(ever) the** ~ **moves me** wenn es mich überkommt, wenn ich Lust dazu verspüre. **10.** (Mann *m* von) Geist *m*, Kopf *m*. **11.** *fig.* Seele *f*, treibende Kraft (*e-s Unternehmens etc*). **12.** (Zeit)Geist *m*: **the** ~ **of the age** (*od.* **times**). **13.** *chem.* a) Spiritus *m*: ~ **lamp**, b) Destilˈlat *n*, Geist *m*, Spiritus *m*: ~ **of ether** *pharm.* Hoffmannstropfen *pl*; ~**(s) of hartshorn** Hirschhorn-, Salmiakgeist; ~**(s) of wine** Weingeist. **14.** *pl* alkoˈholische *od.* geistige Getränke *pl*, Spirituˈosen *pl*. **15.** *a. pl chem. Am.* Alkohol *m*. **16.** *Färberei:* (*bes.* Zinn)Beize *f*. **II** *v/t* **17.** *a.* ~ **up** aufmuntern, anstacheln. **18.** ~ **away,** ~ **off** wegschaffen, -zaubern, verschwinden lassen.
spir·it·ed [ˈspɪrɪtɪd] *adj* (*adv* ~**ly**) **1.** leˈbendig, lebhaft, temperaˈment-, schwungvoll. **2.** eˈnergisch, kühn, beherzt. **3.** feurig (*Pferd etc*). **4.** (geist-)sprühend, leˈbendig (*Rede, Buch etc*). **5.** (*in Zssgn*) a) ...gesinnt: → **public-spirited**, b) ...gestimmt: → **low-spirited**, *etc.* ˈ**spir·it·ed·ness** *s* **1.** Lebhaftigkeit *f*, Leˈbendigkeit *f*, Temperaˈment *n*. **2.** Enerˈgie *f*, Beherztheit *f*. **3.** (*in Zssgn*) a) ...sinn *m*: → **public-spiritedness**, b) ...stimmung *f*: → **low-spiritedness**, *etc.*
spir·it·ism [ˈspɪrɪtɪzəm] *s* Spiriˈtismus *m*. ˈ**spir·it·ist** *s* Spiriˈtist *m*. ˌ**spir·it-ˈis·tic** *adj* spiriˈtistisch.
ˈ**spir·it·less** *adj* (*adv* ~**ly**) **1.** geistlos. **2.** schwunglos, schlapp. **3.** lustlos. **4.** mutlos. ˈ**spir·it·less·ness** *s* **1.** Geistlosigkeit *f*. **2.** Schwunglosigkeit *f*. **3.** Lustlosigkeit *f*. **4.** Mutlosigkeit *f*.
spir·it lev·el *s tech.* Nivelˈlier-, Wasserwaage *f*.
spi·ri·to·so [ˌspɪrɪˈtəʊsəʊ] *adj u. adv mus.* lebhaft, munter.
spir·it rap·ping *s Spiritismus*: Geisterklopfen *n* (*Kommunikation mit Geistern Verstorbener durch Klopfzeichen*).
spir·it·u·al [ˈspɪrɪtjʊəl; -tʃʊəl; *Am.* -tʃəwəl] **I** *adj* (*adv* ~**ly**) **1.** geistig, unkörperlich. **2.** geistig, innerlich, seelisch: ~ **life** Seelenleben *n*. **3.** vergeistigt. **4.** göttlich (inspiˈriert): **the** ~ **law** das göttliche Recht; **the** ~ **man** a) die innerste, eigentliche Natur des Menschen, b) *Bibl.* der wiedergeborene, erlöste Mensch. **5.** a) religiˈös, b) kirchlich, c) geistlich: ~ **court (song,** *etc*); ~ **director** *R.C.* geistlicher Ratgeber; ~ **incest** *relig.* geistlicher Inzest. **6.** intellektuˈell, geistig. **7.** geistreich, -voll. **8.** geistig: ~ **father**. **II** *s* **9.** *mus.* (Neger)Spiritual *n*. **10.** *pl* geistige *od.* geistliche Dinge *pl*.
ˈ**spir·it·u·al·ism** *s* **1.** Geisterglaube *m*, Spiriˈtismus *m*. **2.** *philos.* a) Spirituaˈlismus *m*, b) metaˈphysischer Ideaˈlismus. **3.** (*das*) Geistige. ˈ**spir·it·u·al·ist** *s* **1.** *philos.* Spirituaˈlist *m*, Ideaˈlist *m*. **2.** Spiriˈtist *m*. ˌ**spir·it·u·alˈis·tic** *adj* **1.** *philos.* spirituaˈlistisch. **2.** spiriˈtistisch.
spir·it·u·al·i·ty [ˌspɪrɪtjʊˈælətɪ; -tʃʊ-; *Am.* -tʃəˈwæl-] *s* **1.** (*das*) Geistige. **2.** (*das*) Geistliche. **3.** Unkörperlichkeit *f*, geistige Naˈtur. **4.** *oft pl hist.* geistliche Rechte *pl od.* Einkünfte *pl*. ˈ**spir·it·u·al·ize** [-əlaɪz] *v/t* **1.** vergeistigen. **2.** im überˈtragenen Sinne deuten.
spir·it·u·ous [ˈspɪrɪtjʊəs; -tʃʊəs; *Am.* -tʃəwəs; -təs] *adj* **1.** alkoˈholisch: ~ **liquors** Spirituosen *pl*. **2.** destilˈliert.
spi·ro·ch(a)ete [ˈspaɪrəʊkiːt] *s med. zo.* Spiroˈchäte *f*.
spi·rom·e·ter [ˌspaɪəˈrɒmɪtə(r); *Am.* spaɪˈrɑm-] *s med.* Spiroˈmeter *n*, Atmungsmesser *m*. ˈ**spi·ro·phore** [-rəfɔː(r)] *s med.* ˈSauerstoffappaˌrat *m*.
spirt → **spurt**[2].
spir·y[1] [ˈspaɪərɪ] *adj* spiˈralförmig, gewunden.
spir·y[2] [ˈspaɪərɪ] *adj* **1.** spitz zulaufend. **2.** vieltürmig.
spit[1] [spɪt] **I** *v/i pret u. pp* **spat** [spæt], *selten* **spit** **1.** a) spucken (**on** auf *acc*): **to** ~ **(up)on** (*od.* **at**) **s.o.** j-n anspucken; **to** ~ **in s.o.'s eye** (*od.* **face**) j-m ins Gesicht spucken, *fig.* j-m s-e Verachtung zeigen, b) ausspucken. **2.** *impers* sprühen (*fein regnen*). **3.** fauchen, zischen (*Katze etc*): **to** ~ **at s.o.** j-n anfauchen. **4.** (herˈaus-)sprudeln, (-)spritzen (*kochendes Wasser etc*). **II** *v/t* **5.** *a.* ~ **out** (aus)spucken. **6.** *Feuer etc* speien, spucken. **7.** *oft* ~ **out** *fig.* Worte (heftig) herˈvorstoßen, fauchen, zischen: ~ **it out!** *colloq.* nun sag's schon! **III** *s* **8.** Spucke *f*, Speichel *m*: ~ **and polish** *mar. mil. colloq.* a) Putz- u. Flickstunde *f*, b) peinliche Sauberkeit, c) Leuteschinderei *f*: ~**-and-polish** *colloq.* ‚wie aus dem Ei gepellt'. **9.** (Aus-)Spucken *n*. **10.** Fauchen *n* (*e-r Katze etc*). **11.** Sprühregen *m*. **12.** *colloq.* Eben-, Abbild *n*: **she is the** ~ **(and image)** (*Br. a.* **the dead** ~) **of her mother** sie ist ihrer Mutter wie aus dem Gesicht geschnitten.
spit[2] [spɪt] **I** *s* **1.** (Brat)Spieß *m*. **2.** *geogr.* Landzunge *f*. **3.** spitz zulaufende Sandbank. **II** *v/t* **4.** an e-n Bratspieß stecken. **5.** aufspießen.
spit[3] [spɪt] *s* Spatenstich *m*.
ˈ**spitˌball** *s Am. colloq.* **1.** (*gekautes*) Paˈpierkügelchen (*als Wurfgeschoß*). **2.** *Baseball*: mit Speichel *od.* Schweiß angefeuchteter Ball.
spitch·cock [ˈspɪtʃkɒk; *Am.* -ˌkɑk] **I** *s* Brat-, Röstaal *m*. **II** *v/t* e-n Aal etc zerlegen u. zubereiten.
spit curl *s Am.* ‚Schmachtlocke' *f*.
spite [spaɪt] **I** *s* **1.** Boshaftigkeit *f*, Bosheit *f*, Gehässigkeit *f*: **from pure** (*od.* **in** *od.* **out of**) ~ aus reiner Bosheit; ~ **fence** als reine Schikane errichteter Zaun; ~ **marriage** Heirat *f* aus Trotz (*gegenüber e-m Dritten*). **2.** Groll *m*: **to have a** ~ **against s.o.** e-n Groll auf j-n haben. **3.** **in** ~ **of** trotz, ungeachtet (*gen*): **in** ~ **of that** dessenungeachtet, trotzdem; **in** ~ **of o.s.** unwillkürlich. **II** *v/t* **4.** *j-m* ‚eins auswischen': → **nose** *Bes. Redew.* ˈ**spiteful** *adj* (*adv* ~**ly**) boshaft, gehässig. ˈ**spite·ful·ness** → spite 1.
ˈ**spitˌfire** *s* **1.** Hitzkopf *m*, *bes.* ‚Drachen' *m* (*streitsüchtige Frau*). **2.** feuerspeiender Vulˈkan.
spit·ting im·age [ˈspɪtɪŋ] → **spit**[1] 12.
spit·tle [ˈspɪtl] *s* Spucke *f*, Speichel *m*.
spit·toon [spɪˈtuːn] *s* Spucknapf *m*.
spitz (dog) [spɪts] *s zo.* Spitz *m* (*Haushund*).
spiv [spɪv] *s Br. sl.* Schieber *m*, Schwarzhändler *m*.
splanch·nic [ˈsplæŋknɪk] *adj anat.* Eingeweide...: ~ **nerve** Splanchnikus *m*. **splanchˈnol·o·gy** [-ˈnɒlədʒɪ; *Am.* -ˈnɑl-] *s med.* Eingeweidelehre *f*, Splanchnoloˈgie *f*.
splash [splæʃ] **I** *v/t* **1.** (mit Wasser *od.* Schmutz *etc*) bespritzen. **2.** a) *Wasser etc* spritzen, gießen (**on, over** über *acc*): **to** ~ **about** (*od.* **around**) herumspritzen mit; **to** ~ **one's money about** *bes. Br. colloq.* mit Geld um sich werfen, b) *Farbe etc* klatschen (**on** auf *acc*). **3.** *s-n Weg* patschend bahnen. **4.** (be)sprenkeln. **5.** *colloq.* (*in der Zeitung*) in großer Aufmachung bringen, groß herˈausstellen. **6.** *Plakate etc* anbringen (**on** an *dat*). **7.** *a.* ~ **out** *Am.* ‚ˈhinhauen', skizˈzieren. **II** *v/i* **8.** spritzen. **9.** platschen: a) planschen: **to** ~ **about** (*od.* **around**) herumplanschen, b) plumpsen: **to** ~ **down** wassern, eintauchen (*Raumkapsel*). **10.** klatschen (*Regen*). **11.** ~ **out** *bes. Br. colloq.* ‚e-n Haufen Geld rausschmeißen' (**on** für). **III** *adv u. interj* **12.** platschend, p(l)atsch(!), klatsch(!). **IV** *s* **13.** Spritzen *n*. **14.** Klatschen *n*, Platschen *n*, ‚Platsch' *m*. **15.** Schwapp *m*, Guß *m*. **16.** Spritzer *m*, (Spritz)Fleck *m*. **17.** (Farb-, Licht-)Fleck *m*. **18.** *colloq.* a) Aufsehen *n*, Sensatiˈon *f*: **to make a** ~ Aufsehen erregen, Furore machen, b) große Aufmachung (*in der Presse etc*): **to get a** ~ groß herausgestellt werden, c) protziger Aufwand. **19.** *Br. colloq.* Schuß *m* (Soda-)Wasser. ˈ~**board** *s tech.* Schutzblech *n*, -brett *n*. ˈ~**down** *s* Wasserung *f*, Eintauchen *n* (*e-r Raumkapsel*).
ˈ**splash·er** *s* **1.** Spritzende(r *m*) *f*. **2.** Schutzblech *n*. **3.** Wandschoner *m*.
splash| guard *s mot. etc Am.* Spritzschutz *m* (*am Hinterrad*). ~ **lu·bri·ca·tion** *s tech.* Tauch(bad)schmierung *f*. ~ **par·ty** *s Am.* a) Party *f* am Swimmingpool, b) Strandparty *f*. ˈ~**proof** *adj tech.* spritzwassergeschützt. ~ **wa·ter** *s tech.* Schwallwasser *n*.
ˈ**splash·y** *adj* **1.** spritzend. **2.** platschend. **3.** bespritzt. **4.** matschig. **5.** *colloq.* sensatioˈnell, ‚toll'.
splat·ter [ˈsplætə(r)] **I** *v/t* **1.** (mit Wasser *od.* Schmutz *etc*) bespritzen. **2.** a) *Wasser etc* spritzen, gießen (**on, over** über *acc*): **to** ~ **about** (*od.* **around**) herumspritzen mit, b) *Farbe etc* klatschen (**on** auf *acc*). **II** *v/i* **3.** spritzen. **4.** platschen: a) planschen: **to** ~ **about** (*od.* **around**) herumplanschen, b) plumpsen. **5.** klatschen (*Regen*).
splay [spleɪ] **I** *v/t* **1.** ausbreiten, ausdehnen. **2.** *arch.* ausschrägen. **3.** (ab)schrägen. **4.** *bes. vet. Schulterknochen* ausrenken (*bei Pferden*). **II** *v/i* **5.** ausgeschrägt sein. **III** *adj* **6.** breit u. flach. **7.** gespreizt, auswärts gebogen: → **splayfoot** I. **8.** schief, schräg. **9.** *fig.* linkisch. **IV** *s* **10.** *arch.* Ausschrägung *f*.
splayed → **splay** 7, 8.
ˈ**splay|·foot** *med.* **I** *s irr* Spreiz-, Plattfuß *m*. **II** *adj* mit Spreiz- *od.* Plattfüßen (behaftet). ˌ~**ˈfoot·ed** *adj* **1.** → **splayfoot** II. **2.** *fig.* linkisch.
spleen [spliːn] **I** *s* **1.** *anat.* Milz *f*. **2.** *fig.* schlechte Laune. **3.** *obs.* Hypochonˈdrie *f*, Melanchoˈlie *f*. **4.** *obs.* Spleen *m*, ‚Tick' *m*. ˈ**spleen·ful,** ˈ**spleen·ish** *adj* (*adv* ~**ly**) **1.** mürrisch, griesgrämig, übelgelaunt. **2.** hypoˈchondrisch, melanˈcholisch.
sple·nal·gi·a [splɪˈnældʒə] *s med.* Milzschmerz *m*, Seitenstechen *n*.
splen·dent [ˈsplendənt] *adj min. od. fig.* glänzend, leuchtend.
splen·did [ˈsplendɪd] *adj* (*adv* ~**ly**) **1.** glänzend, großartig, herrlich, prächtig

(*alle a. colloq.*): ~ **isolation** *pol. hist.* Splendid isolation *f* (*Bündnislosigkeit Englands im 19. Jh.*). **2.** glorreich: ~ **victory**. **3.** großartig, wunderbar, herˈvorragend: ~ **talents**. ˈ**splen·did·ness** *s* **1.** Glanz *m*, Pracht *f*. **2.** Großartigkeit *f*.

splen·dif·er·ous [splenˈdɪfərəs] *adj colloq. od. humor.* herrlich, prächtig.

splen·dor, *bes. Br.* **splen·dour** [ˈsplendə(r)] *s* **1.** heller Glanz. **2.** Pracht *f*, Herrlichkeit *f*. **3.** Prunk *m*. **4.** Großartigkeit *f*, Brilˈlanz *f*.

sple·net·ic [splɪˈnetɪk] **I** *adj* (*adv* ~**ally**) **1.** *anat.* Milz... **2.** *med.* milzkrank. **3.** *fig.* mürrisch, griesgrämig, übelgelaunt. **4.** *obs.* hypoˈchondrisch, melanˈcholisch. **II** *s* **5.** *med.* Milzkranke(r *m*) *f*. **6.** *fig.* mürrischer Mensch. **7.** *obs.* Hypoˈchonder *m*, Melanˈcholiker *m*.

splen·ic [ˈsplenɪk; ˈspli:-] *adj med.* Milz...: ~ **fever** Milzbrand *m*.

sple·ni·tis [splɪˈnaɪtɪs] *s med.* Spleˈnitis *f*, Milzentzündung *f*.

sple·ni·us [ˈspli:nɪəs] *pl* **-ni·i** [-nɪaɪ] *s anat.* Spleniusmuskel *m*.

splen·i·za·tion [ˌsplenɪˈzeɪʃn; ˌspli:-] *s med.* Splenisatiˈon *f* (*milzartige Verdichtung der Lunge*).

sple·no·cele [ˈspli:nəʊsi:l] *s med.* Milzbruch *m*.

sple·no·meg·a·ly [ˌspli:nəʊˈmegəlɪ; *Am.* ˌsplen-] *s med.* Splenomegaˈlie *f*, krankhafte Milzvergrößerung.

splice [splaɪs] **I** *v/t* **1.** *mar. tech.* zs.-splissen, spleißen: → **main brace**. **2.** durch Falz verbinden. **3.** (*an den Enden*) miteinˈander verbinden, zs.-fügen, *bes. Filmstreifen etc* (zs.-)kleben: **to** ~ **in** einfügen; **splicing tape** Klebeband *n*. **4.** *e-n Strumpf etc* (*an Ferse u. Zehen*) verstärken. **5.** *colloq.* verheiraten: **to get** ~**d** getraut werden. **II** *s* **6.** *mar. tech.* Spleiß *m*, Splissung *f*: **to sit on the** ~ (*Kricket*) (zu) vorsichtig spielen. **7.** *tech.* (Ein)Falzung *f*. **8.** *tech.* Klebestelle *f* (*an Filmen etc*). **9.** *colloq.* Hochzeit *f*.

spline [splaɪn] **I** *s* **1.** längliches, dünnes Stück Holz *od.* Meˈtall. **2.** (*Art*) ˈKurvenlineˌal *n*. **3.** *tech.* a) Keil *m*, Splint *m*, b) (Längs)Nut *f*. **II** *v/t* **4.** *tech.* a) verkeilen, b) (längs)nuten.

splint [splɪnt] **I** *s* **1.** *med.* Schiene *f*: **in** ~**s** geschient. **2.** *anat.* → **splint bone** 1. **3.** *tech.* Span *m*. **4.** *vet.* a) → **splint bone** 2, b) Knochenauswuchs *m od.* Tumor *m* (*am Pferdefuß*). **5.** *min.* Schieferkohle *f*. **6.** *hist.* Armschiene *f* (*e-r Rüstung*). **II** *v/t* **7.** schienen.

splint| bas·ket *s* Spankorb *m*. ~**bone** *s* **1.** *anat.* Wadenbein *n*. **2.** *vet. Knochen des Pferdehufes hinter dem Schienbein.* ~**coal** → **splint** 5.

splin·ter [ˈsplɪntə(r)] **I** *s* **1.** (*a.* Bomben-, Knochen- *etc*)Splitter *m*, Span *m*. **2.** *fig.* Splitter *m*, Bruchstück *n*. **II** *v/t* **3.** zersplittern (*a. fig.*). **III** *v/i* **4.** zersplittern (*a. fig.*). **5.** ~ **off** a) absplittern, b) *fig.* sich absplittern (**from** von). ~ **bar** *s tech.* Ortscheit *n*. ~**group** *s* Splittergruppe *f*. ~ **par·ty** *s pol.* ˈSplitterparˌtei *f*. ˈ~**proof** *adj* splittersicher. ˈ**splin·ter·y** *adj* **1.** *bes. min.* splitt(e)rig, schief(e)rig. **2.** leicht splitternd. **3.** Splitter...

split [splɪt] **I** *v/t pret u. pp* **split,** *selten* ˈ**split·ted** **1.** (zer-, auf)spalten, (zer)teilen, schlitzen: **to** ~ **straws** (allzu) pedantisch sein; **to** ~ **words** wortklauberisch sein; → **hair** *Bes. Redew.* **2.** zerreißen: → **side** 4. **3.** *fig.* zerstören. **4.** (untereinˈander) (auf)teilen, sich in *etwas* teilen: **to** ~ **the profits**; **to** ~ **a bottle** e-e Flasche zusammen trinken; **to** ~ **the difference** a) *econ.* sich in die Differenz teilen, b) sich auf halbem Wege einigen; **to** ~ **shares** (*bes. Am.* **stocks**) Aktien splitten; **to** ~ **one's vote(s)** (*od.* **ticket**) *pol. Am.* panaschieren; **to** ~ **up** a) auf-, untergliedern, b) auseinanderreißen. **5.** trennen, entzweien, *e-e Partei etc* spalten, *sport das Feld* auseinˈanderreißen. **6.** *sl.* (*absichtlich od. unabsichtlich*) verraten. **7.** *Am. colloq. Whisky etc* ‚spritzen', mit Wasser verdünnen. **8.** *phys.* a) *Atome etc* (auf)spalten, b) *Licht* zerlegen: **to** ~ **off** abspalten. **II** *v/i* **9.** sich (auf)spalten, reißen. **10.** zerspringen, (-)platzen, bersten: **my head is** ~**ting** *fig.* ich habe rasende Kopfschmerzen. **11.** a) zerschellen (*Schiff*), b) *fig.* scheitern. **12.** sich entzweien *od.* spalten (**on, over** wegen *gen*): **to** ~ **off** sich abspalten. **13.** sich spalten *od.* teilen (**into** in *acc*). **14.** ab-, losgetrennt werden. **15.** sich teilen (**on** in *acc*). **16.** **to** ~ **on s.o.** (**to**) *sl.* a) *bes. ped.* j-n ‚verpetzen' (bei), b) j-n ‚verpfeifen' (bei). **17.** *colloq.* sich schütteln vor Lachen. **18.** *pol. bes. Am.* panaˈschieren. **19.** *sl.* ‚abhauen', verschwinden. **III** *s* **20.** Spalt *m*, Riß *m*, Sprung *m*. **21.** abgespaltener Teil, Bruchstück *n*. **22.** *fig.* Spaltung *f* (*e-r Partei etc*). **23.** *fig.* Entzweiung *f*, Zerwürfnis *n*, Bruch *m*. **24.** Splittergruppe *f*. **25.** (*bes.* Baˈnanen-)Split *m*. **26.** *colloq.* halbe Flasche (*Mineralwasser etc*). **27.** *colloq.* halbgefülltes (Schnaps- *etc*)Glas. **28.** *oft pl* a) *Akrobatik, Tanz etc*: Spaˈgat *m*: **to do the** ~**s** e-n Spagat machen, b) *Turnen*: Grätsche *f*. **29.** *tech.* Schicht *f* (*von Spaltleder*). **30.** *Br. sl.* a) (Poliˈzei)Spitzel *m*, b) Denunziˈant *m*. **IV** *adj* **31.** zer-, gespalten, geteilt, Spalt...: ~ **ends** (Haar)Spliß *m*. **32.** *fig.* gespalten, zerrissen: **to be** ~ (**on the issue**) uneinig *od.* gespalten sein (in der Sache). **33.** *econ.* geteilt: ~ **quotation** in Sechzehnteln gegebene Notierung.

split| bear·ing, ~ **box** *s tech.* Schalenlager *n*. ~**cloth** *s med.* Binde *f* mit mehreren Enden. ~ **de·ci·sion** *s Boxen*: nicht einstimmiges Urteil. ~**hide** *s* Spaltleder *n*. ~ **in·fin·i·tive** *s ling.* gespaltener Infinitiv (*z.B.* **I want to really finish it**). ˌ~-ˈ**lev·el** *arch.* **I** *adj* mit Zwischenstockwerken: ~ **house** → II. **II** *s* Halbgeschoßhaus *n*. ~**peas(e)** *s pl* halbe Erbsen *pl* (*für Püree etc*). ~ **per·son·al·i·ty** *s psych.* gespaltene Perˈsönlichkeit. ˈ~-**phase mo·tor** *s electr.* Wechselstrommotor *m* mit Spaltphase. ~**S** *s aer.* Abschwung *m*. ~ **sec·ond** *s* Bruchteil *m* e-r Seˈkunde. ˌ~-ˈ**sec·ond watch** *s sport* Stoppuhr *f* mit zwei Zeigern (*für volle u. Bruchteile von Sekunden*).

split·ter [ˈsplɪtə(r)] *s* **1.** Spalter *m*. **2.** *tech.* a) Spalteisen *n*, b) ˈSpaltmaˌschine *f*. **3.** *fig.* Haarspalter(in).

split tick·et *s pol. Am.* Wahlzettel *m* mit Stimmen für Kandiˈdaten mehrerer Parˈteien.

split·ting [ˈsplɪtɪŋ] **I** *adj* **1.** (*ohren- etc*)zerreißend. **2.** heftig, rasend: **a** ~ **headache**. **3.** blitzschnell. **4.** zwerchfellerschütternd: **a** ~ **farce**. **II** *s* **5.** *tech.* (Zer)Spaltung *f*: **the** ~ **of the atom** die Atomspaltung. **6.** *econ.* Splitting *n*: a) Aktienteilung *f*, b) *Besteuerung e-s Ehepartners zur Hälfte des gemeinsamen Einkommens.*

ˈ**split-up** *s* **1.** → **split** 22. **2.** → **split** 23. **3.** *econ.* (Aktien)Split *m*.

splodge [splɒdʒ; *Am.* splɑdʒ], **splotch** [splɒtʃ; *Am.* splɑtʃ] **I** *s* (Schmutz)Fleck *m*, Klecks *m*. **II** *v/t* beklecksen. ˈ**splotch·y** *adj* fleckig, schmutzig.

splurge [splɜ:dʒ; *Am.* splɜrdʒ] *colloq.* **I** *s* **1.** protziges Getue, ‚Angabe' *f*, ‚Schau' *f*. **2.** verschwenderischer Aufwand. **3.** Luxus *m*, Extravaˈganz *f*. **II** *v/i* **4.** protzen, ‚angeben', e-e ‚Schau abziehen'. **5.** prassen, ‚Orgien feiern'. **III** *v/t* **6.** *Geld* hemmungslos ausgeben (**on** für). ˈ**splurg·y** *adj Am. colloq.* **1.** angeberisch, protzig. **2.** extravaˈgant.

splut·ter [ˈsplʌtə(r)] **I** *v/i* **1.** stottern. **2.** ‚stottern', ‚kotzen' (*Motor*). **3.** zischen (*Braten etc*). **4.** klecksen (*Schreibfeder*). **5.** spritzen, platschen (*Wasser etc*). **II** *v/t* **6.** *Worte* herˈaussprudeln, -stottern. **7.** verspritzen. **8.** bespritzen, ‚bekleckern'. **9.** *j-n* (beim Sprechen) bespucken. **III** *s* **10.** Geplapper *n*. **11.** Spritzen *n*. **12.** Sprudeln *n*. **13.** Zischen *n*. **14.** *mot.* ‚Stottern' *n*.

Spode, *a.* **s**~ [spəʊd] *s* verziertes Porzelˈlan (*aus Staffordshire*).

spoil [spɔɪl] **I** *v/t pret u. pp* **spoiled** [spɔɪld], *a.* **spoilt** [spɔɪlt] **1.** *etwas, a. j-m den Appetit, den Spaß etc* verderben, ruiˈnieren, vernichten, *e-n Plan* vereiteln. **2.** a) *j-s Charakter etc* verderben, b) *ein Kind* verwöhnen, -ziehen: **a** ~**ed brat** ein verzogener Fratz; **the** ~**ed child of fortune** Fortunas Lieblingskind. **3.** (*pret u. pp nur* ~**ed**) berauben (**of** *gen*), (aus)plündern. **II** *v/i* **4.** verderben, ‚kaˈputtgehen', schlecht werden (*Obst etc*). **5.** **to be** ~**ing for** brennen auf (*acc*): **to be** ~**ing for a fight** streitlustig sein, Streit suchen. **6.** (*pret u. pp nur* ~**ed**) plündern, rauben. **III** *s* **7.** *meist pl* (Sieges)Beute *f*, Raub *m*. **8.** Beute(stück *n*) *f*. **9.** *meist pl bes. Am.* a) Ausbeute *f*, b) *pol.* Gewinn *m*, Einkünfte *pl* (*e-r Partei nach dem Wahlsieg*): **the** ~**s of office** der Profit aus e-m öffentlichen Amt. **10.** *fig.* Errungenschaft *f*, Gewinn *m*, Schatz *m*. **11.** *pl* ˈÜberreste *pl* (*von den Mahlzeiten e-s Tieres*).

spoil·age [ˈspɔɪlɪdʒ] *s* **1.** *print.* Makulaˈtur *f*, Fehldruck *m*. **2.** *bes. econ.* Verderb *m* (*von Waren*).

ˈ**spoil·er** *s* **1.** Plünderer *m*, Räuber *m*. **2.** Verderber *m*. **3.** *aer.* Störklappe *f*. **4.** *mot.* Spoiler *m*.

ˈ**spoil·five** *s Kartenspiel, von 2 od. mehr Personen mit je 5 Karten gespielt.*

ˈ**spoils·man** [-mən] *s irr pol. Am.* j-d, der nach der Futterkrippe strebt.

ˈ**spoil·sport** *s* Spielverderber(in).

spoils sys·tem *s pol. Am.* ˈFutterkrippensyˌstem *n*.

spoilt [spɔɪlt] *pret u. pp von* **spoil**.

spoke[1] [spəʊk] **I** *s* **1.** (Rad)Speiche *f*. **2.** (Leiter)Sprosse *f*. **3.** *mar.* Spake *f* (*des Steuerrads*). **4.** Bremsvorrichtung *f*: **to put a** ~ **in s.o.'s wheel** *fig.* ‚j-m e-n Knüppel zwischen die Beine werfen'. **II** *v/t* **5.** *das Rad* a) verspeichen, b) (ab)bremsen.

spoke[2] [spəʊk] *pret u. obs. pp von* **speak**.

spoke bone *s anat.* Speiche *f*.

spo·ken [ˈspəʊkən] **I** *pp von* **speak**. **II** *adj* **1.** gesprochen, mündlich: ~ **English** gesprochenes Englisch. **2.** (*in Zssgn*) ...sprechend: → **soft-spoken**, *etc.*

ˈ**spokes·man** [-mən] *s irr* Wortführer *m*, Sprecher *m*. ˈ**spokesˌwom·an** *s irr* Wortführerin *f*, Sprecherin *f*.

spo·li·ate [ˈspəʊlɪeɪt] **I** *v/t* (aus)plündern, berauben. **II** *v/i* plündern. ˌ**spo·liˈa·tion** *s* **1.** Plünderung *f*, Beraubung *f*. **2.** *mar. mil.* a) *kriegsrechtliche Plünderung neutraler Schiffe*, b) Vernichtung *f* der (ˈSchiffs)Paˌpiere (*zur Verschleierung von Ziel u. Ladung des Schiffes*). **3.** *jur.* unberechtigte Änderung (*e-s Dokuments*).

spon·da·ic [spɒnˈdeɪɪk; *Am.* spɑn-] *adj metr.* sponˈdeisch. ˈ**spon·dee** [-di:] *s metr.* Sponˈdeus *m*.

spon·du·licks, spon·du·lix [spɑnˈdu:lɪks] *s pl Am. sl.* ‚Zaster' *m* (*Geld*).

spon·dyl(e) [ˈspɒndɪl; *Am.* ˈspɑn-] *s anat. zo.* Wirbelknochen *m*.

spon·dy·li·tis [ˌspɒndɪˈlaɪtɪs; *Am.* ˌspɑn-] *s med.* Spondyˈlitis *f*, Wirbelentzündung *f*.

spon·dy·lus [ˈspɒndɪləs; *Am.* ˈspɑn-] *s* **1.** *anat.* (Rücken)Wirbel *m*. **2.** *zo.* Klappmuschel *f*.

sponge [spʌndʒ] **I** *s* **1.** *zo., a. weitS.* Schwamm *m*: **to pass the ~ over** *fig.* aus dem Gedächtnis löschen, vergessen; **to throw in** (*od.* **up**) **the ~** (*Boxen*) das Handtuch werfen (*a. fig. sich geschlagen geben*); **to have a memory like a ~** ein Gedächtnis haben wie ein Sieb. **2.** *fig. colloq.* Schmaˈrotzer *m*, ‚Nassauer' *m* (*Person*). **3.** *gastr.* a) aufgegangener Teig, b) *lockerer, gekochter Pudding*, c) → **sponge cake**. **4.** *med.* Tupfer *m*. **5.** *mil.* Wischer *m* (*zum Reinigen des Geschützes*). **II** *v/t* **6.** (mit e-m Schwamm) reinigen: **to ~ down** abreiben; **to ~ off** (*od.* **away**) weg-, abwischen. **7.** *meist* **~ out** auslöschen (*a. fig.*). **8. ~ up** *Wasser etc* (mit e-m Schwamm) aufsaugen, -nehmen. **9.** *fig. colloq.* (kostenlos) ‚ergattern', ‚schnorren' (**from** von): **to ~ a dinner**. **III** *v/i* **10.** sich vollsaugen. **11.** Schwämme sammeln. **12.** *fig. colloq.* schmaˈrotzen, ‚nassauern': **to ~ on s.o.** auf j-s Kosten leben. **~bag** *s Br.* Toiˈlettenbeutel *m*. **~bath** → **sponge-down**. **~cake** *s* Bisˈkuitkuchen *m*. **~cloth** *s* (*Art*) Frotˈtee *n*. **ˈ~-down** *s* Abreibung *f* (mit e-m Schwamm).

spong·er [ˈspʌndʒə(r)] *s* **1.** Reiniger *m*. **2.** *tech.* a) Dekaˈtierer *m*, b) Dekaˈtiermaˌschine *f*. **3.** Schwammtaucher *m*, -sammler *m*. **4.** → **sponge** 2.

sponge rub·ber *s* Schaumgummi *m*.

spon·gi·ness [ˈspʌndʒɪnɪs] *s* Schwammigkeit *f*, Porosiˈtät *f*.

spong·ing house [ˈspʌndʒɪŋ] *s jur. hist. Wohnung e-s Gerichtsdieners, in der ein Schuldgefangener vorübergehend untergebracht wurde.*

spon·gy [ˈspʌndʒɪ] *adj* **1.** Schwamm..., schwamm(art)ig. **2.** schwammig, poˈrös. **3.** locker. **4.** sumpfig, matschig.

spon·sal [ˈspɒnsl; *Am.* ˈspɑn-] *adj* hochzeitlich, Hochzeits...

spon·sion [ˈspɒnʃn; *Am.* ˈspɑn-] *s* **1.** (ˈÜbernahme *f* e-r) Bürgschaft *f*. **2.** *jur. pol.* (*von e-m nicht bes. bevollmächtigten Vertreter*) *für den Staat übernommene Verpflichtung*.

spon·son [ˈspɒnsn; *Am.* ˈspɑn-] *s* **1.** *mar.* Radgehäuse *n*. **2.** *mar. mil.* seitliche Geschützplattform. **3.** *aer.* Stützschwimmer *m*. **4.** seitlicher Ausleger (*e-s Kanus*).

spon·sor [ˈspɒnsə(r); *Am.* ˈspɑn-] **I** *s* **1.** Bürge *m*, Bürgin *f*. **2.** (Tauf)Pate *m*, (-)Patin *f*: **to stand ~ to** (*od.* **for**) (bei) *j-m* Pate stehen. **3.** Förderer *m*, Gönner(in). **4.** Schirmherr(in). **5.** Geldgeber *m*, Sponsor *m*. **II** *v/t* **6.** bürgen für. **7.** fördern. **8.** die Schirmherrschaft (*gen*) überˈnehmen. **9.** *Rundfunk-, Fernsehsendung, Sportler etc* sponsern. **sponˈso·ri·al** [-ˈsɔːrɪəl; *Am. a.* -ˈsəʊ-] *adj* Paten... **ˈspon·sor·ship** *s* **1.** Bürgschaft *f*. **2.** Patenschaft *f*. **3.** Gönnerschaft *f*. **4.** Schirmherrschaft *f*.

spon·ta·ne·i·ty [ˌspɒntəˈneɪətɪ; -ˈniː-; *Am.* ˌspɑn-] *s* **1.** Spontaneiˈtät *f*, Freiwilligkeit *f*, eigener Antrieb. **2.** (*das*) Impulˈsive, impulˈsives *od.* sponˈtanes Handeln. **3.** Ungezwungenheit *f*, Naˈtürlichkeit *f*.

spon·ta·ne·ous [spɒnˈteɪnjəs; -ɪəs; *Am.* spɑn-] **I** *adj* (*adv* **~ly**) **1.** sponˈtan: a) plötzlich, impulˈsiv, b) freiwillig, von innen herˈaus (erfolgend), c) ungekünstelt, ungezwungen, naˈtürlich. **2.** unwillkürlich. **3.** *bot.* wildwachsend. **4.** selbsttätig, sponˈtan, von selbst (entstanden): **~ combustion** *phys.* Selbstverbrennung *f*; **~ generation** *biol.* Urzeugung *f*; **~ ignition** *tech.* Selbstentzündung *f*; **~ly inflammable** selbstentzündlich. **sponˈta·ne·ous·ness** → **spontaneity**.

spon·toon [spɒnˈtuːn; *Am.* spɑn-] *s mil. hist.* Sponˈton *m* (*Halbpike*).

spoof [spuːf] *colloq.* **I** *s* **1.** a) Ulk *m*, b) Humbug *m*, Schwindel *m*. **2.** Paroˈdie *f* (**of** auf *acc*). **II** *v/t* **3.** a) verulken, b) beschwindeln. **4.** paroˈdieren. **III** *v/i* **5.** schwindeln.

spook [spuːk] **I** *s* **1.** *colloq.* Spuk *m*, Gespenst *n*. **2.** *Am. sl.* ‚komischer Kauz'. **3.** *Am. sl.* Ghostwriter *m*. **4.** *Am. sl.* Spiˈon *m*. **II** *v/t* **5.** *Am. colloq. e-n Ort* heimsuchen (*Gespenst*). **6.** *Am. colloq. j-m* e-n Schrecken einjagen. **7.** *Am. sl. ein Buch* als Ghostwriter schreiben (**for s.o.** für j-n). **III** *v/i* **8.** *Am. colloq.* (in panischer Furcht) daˈvonhetzen. **ˈspook·y,** *a.* **ˈspook·ish** *adj colloq.* **1.** spukhaft, gespenstisch, schaurig: **~ house** Spukhaus *n*. **2.** *Am.* schreckhaft.

spool [spuːl] **I** *s* Spule *f*: **a ~ of thread** e-e Rolle Zwirn. **II** *v/t u. v/i* (sich) (auf-) spulen.

spoon [spuːn] **I** *s* **1.** Löffel *m*. **2.** *bes. mar.* Löffelruder(blatt) *n*. **3.** (*Angeln*) Blinker *m*. **4.** *sport* Spoon *m* (*Golfschläger*). **5.** *mar. mil.* Führungsschaufel *f* (*am Torpedorohr*). **6.** *sl.* Einfaltspinsel *m*. **II** *v/t* **7.** *meist* **~ up, ~ out** auslöffeln. **8. ~ out** (löffelweise) austeilen. **9.** löffelartig aushöhlen *od.* formen. **10.** *sport den Ball* schlenzen. **III** *v/i* **11.** mit e-m Blinker angeln. **12.** *sl. obs.* ‚schmusen'. **~bait** → **spoon** 3. **ˈ~bill** *s orn.* **1.** Löffelreiher *m*. **2.** Löffelente *f*. **~bit** *s tech.* Löffelbohrer *m*. **~ bread** *s Am.* (*Art*) Auflauf *m*. **~ chis·el** *s tech.* Hohlmeißel *m*. **ˈ~drift** → **spindrift**.

spoon·er·ism [ˈspuːnərɪzəm] *s* (*un*)*beabsichtigtes Vertauschen von Buchstaben od. Silben* (*z. B.* **queer old dean** *statt* **dear old queen**; *nach Rev. W. A. Spooner*).

ˈspoon|-feed *v/t irr* **1.** mit dem Löffel füttern. **2.** *fig.* auf-, hochpäppeln, *a.* verwöhnen. **3. to ~ s.th. to s.o.** *fig.* a) j-m etwas ‚vorkauen', b) j-m etwas eintrichtern. **4.** *fig.* (geistig) bevormunden. **ˈ~ful** [-fʊl] *s* (*ein*) Löffel(voll) *m*. **~meat** *s* (Kinder-, Kranken)Brei *m*, ‚Papp' *m*.

spoon·y [ˈspuːnɪ] *adj sl. obs.* verliebt, ‚verknallt' (**on** in *j-n*).

spoor [spʊə(r); spɔː(r)] *hunt.* **I** *s* Spur *f*, Fährte *f*. **II** *v/t* aufspüren. **III** *v/i* e-e Spur verfolgen.

spo·rad·ic [spəˈrædɪk] *adj* (*adv* **~ally**) spoˈradisch, gelegentlich, vereinzelt (auftretend).

spo·range [spəˈrændʒ], **spoˈran·gi·um** [-dʒɪəm] *pl* **-gi·a** [-dʒɪə] *s* Spoˈrangium *n*, Sporenträger *m*, -kapsel *f*.

spore [spɔː(r); *Am. a.* ˈspəʊər] *s* **1.** *biol.* Spore *f*, Keimkorn *n*. **2.** *fig.* Keim(zelle *f*) *m*. **~ case** → **sporange**. **~ fruit** *s bot.* Sporenfrucht *f*.

spo·rif·er·ous [spɔːˈrɪfərəs] *adj bot.* sporentragend, -bildend.

spo·ro·gen·e·sis [ˌspɔːrəʊˈdʒenɪsɪs; *Am. a.* ˌspəʊrə-] *s biol.* Sporogeˈnese *f*, Entstehung *f* von Sporen. **spoˈrog·e·nous** [spɔːˈrɒdʒɪnəs; *Am.* -ˈrɑ-; *a.* spə-] *adj* **1.** *bot.* sporoˈgen, sporenbildend. **2.** *zo.* sich durch Sporen fortpflanzend.

spo·ro·phyll [ˈspɔːrəʊfɪl; *Am. a.* ˈspəʊrə-] *s bot.* Sporoˈphyll *n*, sporentragendes Blatt.

spo·ro·zo·a [ˌspɔːrəˈzəʊə; *Am. a.* ˌspəʊ-] *s pl* Sporoˈzoen *pl*, Sporentierchen *pl*.

spor·ran [ˈspɒrən] *s* beschlagene Felltasche (*Schottentracht*).

sport [spɔː(r)t; *Am. a.* ˈspəʊərt] **I** *s* **1.** *oft pl* Sport *m*: **to go in for ~s** Sport treiben. **2.** a) ˈSport(art *f*, -disziˌplin *f*) *m*, b) *engS.* Jagd- *od.* Angelsport *m*. **3.** Kurzweil *f*, Zeitvertreib *m*. **4.** Spaß *m*, Scherz *m*: **in ~** zum Scherz, im Spaß. **5.** Spott *m*: **to make ~ of** sich lustig machen über (*acc*). **6.** Zielscheibe *f* des Spottes. **7.** *fig.* Spielball *m*: **the ~ of Fortune**. **8.** *colloq.* feiner *od.* anständiger Kerl, ‚Pfundskerl' *m*: **be a good ~** a) sei kein Spielverderber, b) sei ein guter Kerl, nimm es nicht übel. **9.** *Am. colloq.* a) Sportbegeisterte(r) *m*, *bes.* Spieler *m*, b) Genießer *m*. **10.** *pl ped. Br.* Sportfest *n*. **11.** *biol.* Spiel-, Abart *f*. **12.** *obs.* Liebeˈlei *f*. **II** *adj* **13.** *Am.* sportlich, Sport... **III** *v/i* **14.** sich belustigen. **15.** sich tummeln, herˈumtollen. **16.** *obs.* sich lustig machen (**with** über *acc*). **17.** *biol.* muˈtieren. **18.** *obs.* tändeln. **IV** *v/t* **19.** *colloq.* stolz (zur Schau) tragen, sich sehen lassen mit, protzen mit: **he ~ed a green tie**; → **oak** 4. **20.** *meist* **~ away** *Geld, Zeit etc* vergeuden, verschwenden.

sport| clothes *Am. für* **sports clothes**. **~ coat** *Am. für* **sports coat**.

ˈsport·ing *adj* (*adv* **~ly**) **1.** a) Sport...: **~ editor**, b) Jagd...: **~ gun**. **2.** sportlich, sporttreibend: **~ holiday(s** *pl*) (*bes. Am.* **vacation**) Sporturlaub *m*; **~ motorist** sportlicher Fahrer. **3.** sportlich, fair, anständig: **a ~ chance** e-e faire Chance. **4.** unterˈnehmungslustig, mutig. **~ house** *s Am. colloq.* Freudenhaus *n*.

ˈspor·tive [-tɪv] *adj* (*adv* **~ly**) **1.** a) mutwillig, b) verspielt. **2.** spaßhaft, lustig.

ˈsports *adj* Sport... **~ bi·cy·cle** *s* Sportrad *n*. **~ car** *s* Sportwagen *m*. **ˈ~ˌcast** *s Rundfunk, TV*: *Am.* Sportsendung *f*. **ˈ~ˌcast·er** *s Rundfunk, TV*: *Am.* ˈSportreˌporter *m*. **~ clothes** *s pl* **1.** Sportkleidung *f*. **2.** Freizeitkleidung *f*. **~ coat** *s* Sportsakko *m*, *n*. **~ day** *s ped. Br.* Sportfest *n*. **~ ed·i·tor** *s* ˈSportredakˌteur *m*. **~ jack·et** *s* Sportsakko *m*, *n*. **ˈ~man** [-mən] *s irr* **1.** Sportler *m*, Sportsmann *m*. **2.** anständiger Kerl. **ˈ~man·like** *adj* sportlich, fair. **ˈ~man·ship** *s* sportliches Benehmen, Fairneß *f*. **~ med·i·cine** *s* ˈSportmediˌzin *f*. **ˈ~wear** → **sports clothes**. **ˈ~ˌwom·an** *s irr* Sportlerin *f*. **ˈ~ˌwrit·er** *s* ˈSportjournaˌlist *m*.

ˈsport·y *adj colloq.* **1.** angeberisch, auffallend. **2.** modisch. **3.** vergnügungssüchtig. **4.** sportlich, fair.

spor·u·late [ˈspɒrjʊleɪt; -rʊ-] *v/i bot.* Sporen bilden. **ˈspor·ule** [-juːl; -ruːl] *s biol.* (kleine) Spore.

spot [spɒt; *Am.* spɑt] **I** *s* **1.** (Schmutz-, Rost- *etc*)Fleck(en) *m*: → **knock** 5. **2.** *fig.* Schandfleck *m*, Makel *m*: **without a ~** makellos. **3.** (Farb)Fleck *m*, Tupfen *m* (*a. zo.*): → **leopard** 1. **4.** *med.* a) Leberfleck *m*, Hautmal *n*, b) Pustel *f*, Pickel *m*. **5.** Stelle *f*, Fleck *m*, Ort *m*, Platz *m*: **on the ~** a) auf der Stelle, vom Fleck weg, sofort, b) an Ort u. Stelle, vor Ort, c) zur Stelle, da, d) auf dem Posten, ‚auf Draht', e) *Am. colloq.* in (Lebens)Gefahr: **to be on the** (*od.* **in a**) **~** ‚in der Klemme' sein *od.* sitzen *od.* stecken; **to put s.o. on the ~** *colloq.* a) j-n in Verlegenheit bringen, b) *Am.* beschließen, j-n ‚umzulegen' (*töten*); **in ~s** *Am. colloq.* a) stellenweise, b) in gewisser Weise; **soft ~** *fig.* Schwäche *f* (**for** für); **sore** (*od.* **tender**) **~** *fig.* wunder Punkt, empfindliche Stelle, Achillesferse *f*; **on the ~ of four** Punkt 4 (Uhr); → **high spot**. **6.** Fleckchen *n*, Stückchen *n*: **a ~ of ground**. **7.** *thea. colloq.* (Proˈgramm)Nummer *f*, Auftritt *m*. **8.** *colloq.* a) Bissen *n*, Häppchen *n*, b) Tropfen *m*, Schluck *m*: **a ~ of whisky**, c) (*ein*) bißchen: **a ~ of rest**. **9.** *bes. Am. colloq.* a) Nachtklub *m*, b) Amüˈsierbetrieb *m*: → **hot spot** 2. **10.** *Rundfunk, TV*: (Werbe)Spot *m*. **11.** a) *Billard*: Point *m*, b) *Am.* Auge *n* (*auf Würfeln etc*). **12.** *orn.* Maskentaube *f*. **13.** *ichth.* Umberfisch *m*. **14.** → **spotlight** I. **15.** → **sunspot**. **16.** *pl econ.* Lokowaren *pl*.

II *adj* **17.** *econ.* a) soˈfort lieferbar, b) soˈfort zahlbar (*bei Lieferung*), c) bar,

Bar...: ~ **goods** → 16. **18.** örtlich begrenzt, loˈkal. **19.** gezielt, Punkt...: → **spot check**.

III *v/t* **20.** beflecken (*a. fig.*). **21.** tüpfeln, sprenkeln. **22.** *colloq.* entdecken, erspähen, herˈausfinden. **23.** plaˈcieren: **to ~ a billiard ball**. **24.** *mil.* genau ausmachen. **25.** von Flecken reinigen. **26.** *Bäume* anschalmen.

IV *v/i* **27.** e-n Fleck *od.* Flecke machen. **28.** flecken, fleckig werden. **29.** *impers* **it's ~ting with rain** *Br.* es tröpfelt.

spot| an·nounce·ment → **spot** 10. **~ ball** *s Billard*: auf dem Point stehender Ball. **~ busi·ness** *s econ.* Lokogeschäft *n.* **~cash** *s econ.* Barzahlung *f*, soˈfortige Kasse. **~check** *s* Stichprobe *f*: **vehicle ~** Verkehrskontrolle *f.* **~-check** [ˌ-ˈtʃek; *Am.* ˈ-ˌtʃ-] *v/t* stichprobenweise überˈprüfen.

ˈspot·less *adj* (*adv* **~ly**) *a. fig.* fleckenlos, rein, unbefleckt. **ˈspot·less·ness** *s a. fig.* Fleckenlosigkeit *f*, Reinheit *f*, Unbeflecktheit *f.*

ˈspot|·light I *s* **1.** *thea.* (Punkt)Scheinwerfer(licht *n*) *m.* **2.** *fig.* Rampenlicht *n* (der Öffentlichkeit): **in the ~** im Brennpunkt des Interesses. **3.** *mot.* Suchscheinwerfer *m.* **II** *v/t* **4.** anstrahlen. **5.** *fig.* die Aufmerksamkeit lenken auf (*acc*). **~ mar·ket** *s econ.* Spotmarkt *m.* **~news** *s pl* (*als sg konstruiert*) Kurznachrichten *pl.* **ˌ~-ˈon** *adj Br. colloq.* haargenau: **to be ~** ‚sitzen' (*Ausdruck etc*). **~ price** *s econ.* Kassapreis *m*, -kurs *m.*

spot·ted [ˈspɒtɪd; *Am.* ˈspɑ-] *adj* **1.** gefleckt, getüpfelt, gesprenkelt, scheckig. **2.** *fig.* befleckt, besudelt. **3.** *med.* Fleck...: **~ fever** a) Fleckfieber *n*, b) Genickstarre *f.*

spot·ter [ˈspɒtə; *Am.* ˈspɑtər] *s* **1.** *Am. colloq.* Detekˈtiv *m.* **2.** *mil.* (Luft)Aufklärer *m*, Artilleˈriebeobachter *m.* **3.** *Luftschutz*: Flugmelder *m.*

spot test *s* Stichprobe *f.*

spot·ti·ness [ˈspɒtɪnɪs; *Am.* ˈspɑ-] *s* **1.** (*das*) Fleckige, Fleckigkeit *f* (*a. TV*). **2.** *fig.* (*das*) Uneinheitliche.

spot·ting [ˈspɒtɪŋ; *Am.* ˈspɑ-] *s* **1.** Fleckenbildung *f.* **2.** Erspähen *n*, Entdecken *n.* **3.** *mil.* a) Schlußbeobachtung *f*, b) Aufklärung *f.*

spot·ty [ˈspɒtɪ; *Am.* ˈspɑ-] *adj* (*adv* **spottily**) **1.** → **spotted** 1. **2.** pickelig. **3.** uneinheitlich.

ˌspot-ˈweld *v/t tech.* punktschweißen.

spous·al [ˈspaʊzl] **I** *adj* **1.** a) Hochzeits..., b) ehelich. **II** *s* **2.** *meist pl* Hochzeit *f.* **3.** *obs.* Ehe(stand *m*) *f.*

spouse [spaʊz; spaʊs] *s* **1.** (*a. jur.* Ehe-) Gatte *m*, Gattin *f*, Gemahl(in). **2.** *relig.* a) Seelenbräutigam *m* (*Gott, Christus*), b) Braut *f* Christi (*Kirche, Nonne*). **ˈspouse·less** *adj* **1.** ohne Gatten *od.* Gattin. **2.** unverehelicht.

spout [spaʊt] **I** *v/t* **1.** *Wasser etc* (aus-) speien, (herˈaus)spritzen. **2.** *fig.* a) *Zahlen etc* ‚herˈunterrasseln', b) *Fragen etc* herˈaussprudeln, c) *Gedicht etc* deklaˈmieren. **3.** *obs.* versetzen, -pfänden. **II** *v/i* **4.** Wasser speien, spritzen (*a. Wal*). **5.** herˈvorsprudeln, herˈausschießen, -spritzen (*Wasser etc*). **6.** a) deklaˈmieren, b) salˈbadern. **III** *s* **7.** Tülle *f*, Schnabel *m*, Schnauze *f* (*e-r Kanne etc*). **8.** Abfluß-, Speirohr *n.* **9.** *tech.* a) Schütte *f*, Rutsche *f*, b) Spritzdüse *f.* **10.** Wasserstrahl. **11.** *zo.* a) Fonˈtäne *f* (*e-s Wals*), b) → **spout hole**. **12.** → **waterspout**. **13.** *obs.* Pfandhaus *n*: **up the ~** a) *obs.* versetzt, verpfändet, b) *fig. colloq.* ‚im Eimer' (*Pläne etc*), c) *fig. colloq.* ‚futsch' (*Geld etc*), d) *fig. colloq.* ‚in Schwulitäten' (*Person*); **she's up the ~** *fig. colloq.* bei ihr ist was ‚unterwegs'. **ˈspout·er** *s* **1.** Ölquelle *f*, -strahl *m.* **2.** *fig.* ‚Redenschwinger' *m.* **3.** *zo.* (spritzender) Wal. **4.** *mar.* Walfänger *m* (*Schiff*).

spout hole *s zo.* Spritzloch *n* (*des Wals*).

sprag¹ [spræg] *s* **1.** Bremsklotz *m*, -keil *m.* **2.** *tech.* Spreizholz *n.*

sprag² [spræg] *s ichth.* Dorsch *m.*

sprain [spreɪn] *med.* **I** *v/t* sich *den Knöchel etc* verstauchen: **don't ~ anything!** *iro.* ‚brich dir keinen ab!' **II** *s* Verstauchung *f.*

sprang [spræŋ] *pret von* **spring**.

sprat [spræt] *s ichth.* Sprotte *f*: **to throw a ~ to catch a whale** (*od.* **herring** *od.* **mackerel**) *fig.* mit der Wurst nach der Speckseite werfen.

sprawl [sprɔːl] **I** *v/i* **1.** ausgestreckt daliegen: **to send s.o. ~ing** j-n zu Boden strecken. **2.** sich am Boden wälzen. **3.** ‚sich (ˈhin)rekeln' *od.* ‚(-)lümmeln'. **4.** krabbeln, kriechen. **5.** sich spreizen. **6.** *bot.* wuchern. **7.** sich (unregelmäßig) ausbreiten: **~ing town**; **~ing hand** ausladende Handschrift. **II** *v/t* **8.** *meist* **~ out** (aus)spreizen, (unregelmäßig) ausbreiten: **~ed out** (weit) auseinandergezogen. **III** *s* **9.** Spreizen *n*, ‚Rekeln' *n.* **10.** (unregelmäßige *od.* ˈunkontrolˌlierte) Ausbreitung (*des Stadtgebiets etc*): **urban ~**.

spray¹ [spreɪ] **I** *s* **1.** Gischt *m, f*, Schaum *m*, Sprühwasser *n*, -nebel *m*, -regen *m.* **2.** *pharm. tech.* a) Spray *m, n*, b) Zerstäuber *m*, Sprüh-, Spraydose *f.* **3.** *fig.* Regen *m.* **II** *v/t* **4.** zer-, verstäuben, versprühen, *vom Flugzeug* abregnen. **5.** *a.* **~ on** *tech.* aufsprühen, -spritzen. **6.** besprühen, bespritzen, *Haar* sprayen. **7.** *tech.* ˈspritzlacˌkieren.

spray² [spreɪ] *s* **1.** Zweig(lein *n*) *m*, Reis *n.* **2.** *collect.* a) Gezweig *n*, b) Reisig *n.* **3.** Blütenzweig *m.* **4.** Zweigverzierung *f.*

ˈspray·er → **spray¹** 2 b.

spray·ey [ˈspreɪɪ] *adj* verästelt.

spray| gun *s tech.* ˈSpritzpiˌstole *f.* **~ noz·zle** *s* **1.** (Gießkannen)Brause *f.* **2.** Brause *f.* **3.** *tech.* Spritzdüse *f.* **ˌ~-ˈpaint** *v/t Parolen etc* sprühen (**on** auf *acc*).

spread [spred] **I** *v/t pret u. pp* **spread** **1.** *oft* **~ out** a) *allg.* ausbreiten: **to ~ a carpet** (**one's arms, hands, wings,** *etc*), b) ausstrecken: **to ~ one's arms**; **the peacock ~s its tail** der Pfau schlägt ein Rad; → **table** 2, **wing** 1. **2.** *oft* **~ out** *die Beine etc* spreizen. **3.** *oft* **~ out** ausdehnen. **4.** bedecken, überˈsäen, -ˈziehen (**with** mit). **5.** ausbreiten, verteilen, streuen. **6.** *Butter etc* (auf)streichen, *Farbe, Mörtel etc* auftragen (**on** auf *acc*). **7.** *Brot* streichen, schmieren. **8.** breit- *od.* auseinˈanderdrücken. **9.** breitschlagen. **10.** ver-, ausbreiten: **to ~ a disease** (**a fragrance**); **to ~ fear** Furcht verbreiten. **11.** *a.* **~ abroad** *e-e Nachricht* verbreiten, *ein Gerücht a.* ausstreuen, -sprengen. **12.** (*zeitlich*) verteilen (**over a period** über e-e Zeitspanne). **13.** **~ o.s.** *sl.* a) ‚sich (*als Gastgeber etc*) mächtig anstrengen', b) ‚angeben', ‚dick(e)tun'.

II *v/i* **14.** *a.* **~ out** sich ausbreiten *od.* verteilen. **15.** sich ausbreiten (*Fahne etc*; *a. Lächeln etc*), sich entfalten. **16.** sich (*vor den Augen*) ausbreiten *od.* erstrecken *od.* ausdehnen: **the plain ~ before our eyes**. **17.** *bes. tech.* sich strecken *od.* dehnen lassen (*Werkstoff etc*). **18.** sich streichen *od.* auftragen lassen (*Butter, Farbe etc*): **the paint ~s well**. **19.** sich ver- *od.* ausbreiten (*Geruch, Pflanze, Krankheit, Gerücht, Idee etc*), ˈübergreifen (**to** auf *acc*) (*Feuer, Epidemie etc*). **20.** breit- *od.* auseinˈandergedrückt werden.

III *s* **21.** Ausbreitung *f*, -dehnung *f.* **22.** Ver-, Ausbreitung *f*: **the ~ of learning** (**of the disease,** *etc*). **23.** Ausdehnung *f*, Breite *f*, Weite *f*, ˈUmfang *m.* **24.** Körperfülle *f*: **middle-age ~** ‚Speck der mittleren Jahre'. **25.** (weite) Fläche: **a ~ of land**. **26.** *aer. orn.* (Flügel)Spanne *f*, Spannweite *f.* **27.** (Zwischen)Raum *m*, Abstand *m*, Lücke *f* (*a. fig.*). **28.** Dehnweite *f.* **29.** *math. phys., a. Ballistik*: Streuung *f.* **30.** (*a.* Zeit)Spanne *f.* **31.** (Bett-*etc*)Decke *f*, Tuch *n.* **32.** *colloq.* fürstliches Mahl. **33.** (Brot)Aufstrich *m.* **34.** *print.* Doppelseite *f.* **35.** *Statistik*: Abweichung *f.* **36.** *econ.* Stelˈlagegeschäft *n* (*an der Börse*). **37.** *econ.* Marge *f*, (Verdienst)Spanne *f*, Diffeˈrenz *f.*

IV *adj* **38.** ausgebreitet, verbreitet. **39.** gespreizt. **40.** gedeckt (*Tisch*). **41.** Streich...: **~ cheese**.

spread·a·ble [ˈspredəbl] *adj* streichfähig.

spread| ea·gle *s* **1.** *her.* Adler *m.* **2.** *Am. colloq.* Hurˈrapatrioˌtismus *m.* **3.** *Eis-, Rollkunstlauf*: Mond *m* (*Figur*). **~-ea·gle** [ˌ-ˈiːgl; ˈ-ˌiːgl] **I** *adj* **1.** ausgebreitet, gespreizt. **2.** *Am. colloq.* hurˈrapatriˌotisch. **II** *v/t* **3.** ausbreiten, spreizen. **4.** *sport Am. colloq.* vernichtend schlagen. **III** *v/i* **5.** *Eis-, Rollkunstlauf*: e-n Mond laufen. **~-ea·gle·ism** → **spread eagle** 2.

spread·er [ˈspredə(r)] *s* **1.** Streu- *od.* Spritzgerät *n*, *bes.* a) (ˈDünger)Streumaˌschine *f*, b) Zerstäuber *m*, ˈSpritzpiˌstole *f*, c) Brause *f*, Spritzdüse *f*, d) Spachtel *m*, e) (Butter-, Streich)Messer *n*, f) *Spinnerei*: ˈAuflagmaˌschine *f.* **2.** *tech.* Spreizer *m*, Abstandsstütze *f.*

spree [spriː] *s colloq.*: **to go (out) on a ~** a) ‚e-n draufmachen' (*ausgelassen feiern*), b) e-e ‚Sauftour' machen; **to go on a buying** (*od.* **shopping, spending**) **~** wie verrückt einkaufen.

sprig [sprɪg] **I** *s* **1.** *bot.* Zweiglein *n*, Schößling *m.* **2.** *colloq.* Sprößling *m*, ‚Ableger' *m.* **3.** *colloq.* Bürschchen *n.* **4.** → **spray²** 4. **5.** Zwecke *f*, Stift *m.* **II** *v/t* **6.** mit e-m Zweigmuster verzieren. **7.** anheften. **ˈsprig·gy** *adj* mit kleinen Zweigen besetzt *od.* verziert.

spright·li·ness [ˈspraɪtlɪnɪs] *s* Lebhaftigkeit *f*, Munterkeit *f.* **ˈspright·ly** *adj u. adv* lebhaft, munter.

spring [sprɪŋ] **I** *v/i pret* **sprang** [spræŋ] *od.* **sprung** [sprʌŋ] *pp* **sprung** **1.** springen: **to ~ at** (*od.* **[up]on**) **s.o.** auf j-n losstürzen; **to ~ to s.o.'s defence** (*Am.* **defense**) j-m zur Hilfe eilen; **to ~ to the eyes** *fig.* in die Augen springen; **to ~ to one's feet** aufspringen; **he sprang to life** *fig.* plötzlich kam Leben in ihn. **2.** *oft* **~ up** aufspringen, -fahren. **3.** (daˈhin-) springen, (-)schnellen, hüpfen. **4.** *meist* **~ back** zuˈrückschnellen: **the branch sprang back**; **the door ~s open** die Tür springt auf; **the trap sprang** die Falle schnappte zu. **5.** *oft* **~ forth, ~ out** a) herˈausschießen, (-)sprudeln (*Wasser, Blut etc*), b) (herˈaus)sprühen, springen (*Funken etc*). **6.** *meist* **~ up** a) (plötzlich) aufkommen (*Wind etc*), b) *fig.* plötzlich entstehen *od.* aufkommen, aus dem Boden schießen (*Industrie, Idee etc*). **7.** aufschießen (*Pflanzen etc*). **8.** (**from**) entspringen (*dat*): a) quellen (aus), b) *fig.* ˈherkommen, stammen (von): **his actions sprang from a false conviction** s-e Handlungen entsprangen e-r falschen Überzeugung; **where did you ~ from?** wo kommst du plötzlich her?; **to be sprung from** entstanden sein aus. **9.** abstammen (**from** von). **10.** *arch.* sich wölben (*Bogen*). **11.** (hoch) aufragen. **12.** auffliegen (*Rebhühner etc*). **13.** *tech.* a) sich werfen *od.* biegen, b) springen, aufplatzen (*Holz*). **14.** *mil.* exploˈdieren, losgehen (*Mine*). **II** *v/t* **15.** springen lassen. **16.** *etwas* zuˈrückschnellen lassen. **17.** *e-e Falle* zuschnappen lassen. **18.** *ein*

Werkzeugteil etc herˈausspringen lassen. **19.** zerbrechen, spalten. **20.** *e-n Riß etc, mar. ein Leck* bekommen: **to ~ a leak. 21.** (mit Gewalt) biegen. **22.** exploˈdieren lassen: → **mine**[2] 10. **23.** *fig.* mit *e-r Neuigkeit etc* ‚herˈausplatzen': **to ~ s.th. on s.o.** j-m etwas plötzlich eröffnen. **24.** *e-e Quelle etc* freilegen. **25.** *hunt.* aufscheuchen. **26.** *arch. e-n Bogen* wölben. **27.** *tech.* (ab)federn. **28.** *Br. colloq. Geld etc* ‚springen lassen'. **29.** *Br. colloq. j-n* ‚erleichtern' (for um): **to ~ s.o. for a pound. 30.** *sl.* (from) *j-n* befreien (aus, *fig.* von), *Häftling* ‚rausholen' (aus *dem Knast*).

III *s* **31.** Sprung *m*, Satz *m*: **he took a ~** er nahm e-n Anlauf. **32.** Zuˈrückschnellen *n*, -schnappen *n*. **33.** Elastiziˈtät *f*, Sprung-, Schnellkraft *f*. **34.** *fig.* (geistige) Spannkraft. **35.** a) Sprung *m*, Riß *m*, Spalt *m*, b) Krümmung *f* (*e-s Brettes etc*). **36.** (*a. Mineral-, Öl*)Quelle *f*, Brunnen *m*: → **hot spring. 37.** *fig.* Quelle *f*, Ursprung *m*. **38.** *fig.* Triebfeder *f*, Beweggrund *m*. **39.** *arch.* a) (Bogen)Wölbung *f*, b) Gewölbeanfang *m*. **40.** *tech.* (*bes.* Sprung-) Feder *f*. **41.** Frühling *m* (*a. fig.*), Frühjahr *n*: **the ~ of life; in ~** im Frühling.

IV *adj* **42.** Frühlings... **43.** a) federnd, eˈlastisch, b) Feder... **44.** Sprung... **45.** Schwung...

spring| back *s Buchbinderei*: Klemmrücken *m*. **~ bal·ance** *s tech.* Federwaage *f*. **~ bar·ley** *s agr.* Sommergerste *f*. **~ bed** *s* ˈSprungfedermaˌtratze *f*. **ˈ~board** *s Wasserspringen*: Sprungbrett *n* (*a. fig.*), (*Turnen a.*) Federbrett *n*: **~ diving** Kunstspringen *n*. **ˈ~bok** [-bɒk; *Am.* -ˌbɑk] *s* **1.** *pl* **-boks,** *bes. collect.* **-bok** *zo.* Springbock *m*. **2. S~** *bes. Kricket, Rugby*: *S. Afr.* Natioˈnalspieler *m*. **~ bows** [bəʊz] *s pl tech.* Federzirkel *m*. **ˈ~buck** [-bʌk] → **springbok** 1. **~ chick·en** *s* **1.** *bes. Am.* Brathühnchen *n*. **2. she's no ~** *fig. colloq.* a) sie ist nicht mehr die jüngste, b) sie ist nicht von gestern. **ˌ~-ˈclean I** *v/t u. v/i* Frühjahrsputz machen (in *dat*). **II** *s Br.* → **spring-cleaning. ˌ~ˈclean·ing** *s* Frühjahrsputz *m*.

springe [sprɪndʒ] **I** *s* **1.** *hunt.* Schlinge *f*. **2.** *fig.* Fallstrick *m*, Falle *f*. **II** *v/t* **3.** mit e-r Schlinge fangen. **III** *v/i* **4.** Schlingen legen.

spring·er [ˈsprɪŋə(r)] *s* **1.** *a.* **~ spaniel** *zo.* Springerspaniel *m*. **2.** *arch.* (Bogen-) Kämpfer *m*. **3.** hochträchtige Kuh.

spring| fe·ver *s* **1.** Frühjahrsmüdigkeit *f*. **2.** (rastlose) Frühlingsgefühle *pl*. **~ gun** *s* Selbstschuß *m*. **ˈ~head** *s* Quelle *f*, Ursprung *m* (*a. fig.*). **~ hook** *s tech.* Karaˈbinerhaken *m*.

spring·i·ness [ˈsprɪŋɪnɪs] → **spring** 33.

spring leaf *s irr tech.* Federblatt *n*.

ˌspring|-ˈload·ed *adj tech.* unter Federdruck (stehend). **~ lock** *s tech.* Schnappschloß *n*. **~ mat·tress** → **spring bed. ~ scale** *s tech. Am.* Federwaage *f*. **~ suspen·sion** *s tech.* federnde Aufhängung, Federung *f*. **~ steel** *s tech.* Federstahl *m*. **ˈ~tide** → **springtime. ~ tide** *s* **1.** *mar.* Springtide *f*, -flut *f*. **2.** *fig.* Flut *f*, Überˈschwemmung *f*. **ˈ~time** *s* Frühling *m* (*a. fig.*), Frühlingszeit *f*, Frühjahr *n*. **~ water** *s* Quell-, Brunnenwasser *n*. **~ wheat** *s agr.* Sommerweizen *m*. **ˈ~wort** *s* Springwurz(el) *f*.

spring·y [ˈsprɪŋɪ] *adj* (*adv* **springily**) **1.** federnd, eˈlastisch. **2.** *fig.* schwungvoll.

sprin·kle [ˈsprɪŋkl] **I** *v/t* **1.** *Wasser* sprenkeln, (ver)sprengen (**on** auf *acc*). **2.** *Salz, Pulver etc* sprenkeln, streuen. **3.** (ver-, zer)streuen, verteilen (*a. fig.*). **4.** besprenkeln, besprengen, bestreuen (**with** mit). **5.** *Stoff etc* sprenkeln, (be)tüpfeln (**with** mit). **II** *v/i* **6.** sprenkeln. **7.** *impers* sprühen (*fein regnen*). **III** *s* **8.** (Be)Sprengen *n*, (Be)Sprenkeln *n*. **9.** Sprühregen *m*. **10.** Prise *f Salz etc*. **11.** → **sprinkling** 3.

sprin·kler [ˈsprɪŋklə(r)] *s* **1.** a) *allg.* ˈSpreng-, Beˈrieselungs-, Beˈregnungsappaˌrat *m od.* -anlage *f*, b) Sprinkler *m*, Rasensprenger *m*, c) Brause *f*, Gießkannenkopf *m*, d) Spritze *f* (*e-s Gartenschlauchs*), e) Sprinkler *m* (*e-r Beregnungsanlage im Kaufhaus etc*), f) Sprengwagen *m*, g) Streudose *f*, Streuer *m*. **2.** *R.C.* Weih(wasser)wedel *m*. **~ head** → **sprinkler** 1. **~ sys·tem** *s* Sprinkler-, Beregnungsanlage *f* (*im Kaufhaus etc*).

ˈsprin·kling *s* **1.** → **sprinkle** 8—10. **2. a ~ of** *fig.* ein bißchen, etwas, e-e Spur, ein paar *Leute etc*, ein wenig *Zucker etc*.

sprint [sprɪnt] **I** *v/i* **1.** *Leichtathletik*: a) sprinten, b) *a. allg.* sprinten, spurten. **II** *s* **2.** *a.* **~ race** a) *Leichtathletik*: Sprint *m*, b) *Pferde-, Radsport*: Fliegerrennen *n*. **3.** *Leichtathletik etc*: Sprint *m*, Spurt *m* (*a. allg.*): **~ at the finish** Endspurt; **to make a ~** e-n Spurt hinlegen. **ˈsprint·er 1.** *Leichtathletik*: a) Sprinter(in), b) *a. allg.* Sprinter(in), Spurter(in). **2.** *Pferde-, Radsport*: Flieger *m*.

sprit [sprɪt] *s mar.* Spriet *n*.

sprite [spraɪt] *s* **1.** Elfe *f*, Fee *f*, Kobold *m*. **2.** Schemen *m*, Geist *m*.

sprit·sail [ˈsprɪtsl; -seɪl] *s mar.* Sprietsegel *n*.

sprock·et [ˈsprɒkɪt; *Am.* ˈsprɑ-] *s tech.* **1.** Zahn *m* e-s (Ketten)Rads. **2.** *a.* **~ wheel** Ketten(zahn)rad *n*. **3.** (ˈFilm-) Transˌporttrommel *f*.

sprout [spraʊt] **I** *v/i* **1.** *a.* **~ up** sprießen, (auf)schießen, aufgehen. **2.** keimen. **3.** Knospen treiben. **4.** *a.* **~ up** schnell wachsen, sich schnell entwickeln, (*Person*) in die Höhe schießen, (*Gebäude etc*) wie Pilze aus dem Boden schießen. **II** *v/t* **5.** (herˈvor)treiben, wachsen *od.* keimen lassen, entwickeln: **to ~ a beard** sich e-n Bart wachsen lassen. **III** *s* **6.** Sproß *m*, Sprößling *m* (*a. fig.*), Schößling *m*. **7.** *pl* → **Brussels sprouts.**

spruce[1] [spru:s] *s* **1.** *a.* **~ fir** *bot.* Fichte *f*, Rottanne *f*. **2.** Fichte(nholz *n*) *f*. **3.** *a.* **~ beer** Sprossenbier *n* (*aus Rottannenextrakt*).

spruce[2] [spru:s] **I** *adj* (*adv* **~ly**) **1.** schmuck, (blitz)sauber, aˈdrett. **2.** *contp.* ‚geschniegelt', ‚affig'. **II** *v/t* **3.** *oft* **~ up** *colloq. j-n* feinmachen, herˈausputzen: **to ~ o.s. up** → 4. **III** *v/i* **4.** *oft* **~ up** *colloq.* sich feinmachen, ‚sich in Schale werfen'. **ˈspruce·ness** *s* **1.** Sauberkeit *f*, Aˈdrettheit *f*. **2.** *contp.* ‚Affigkeit' *f*.

sprue[1] [spru:] *s tech.* **1.** Gießloch *n*. **2.** Gußzapfen *m*.

sprue[2] [spru:] *s* Sprue *f* (*Tropenkrankheit*).

sprung [sprʌŋ] **I** *pret u. pp von* **spring. II** *adj* **1.** *tech.* gefedert. **2.** rissig (*Holz*).

spry [spraɪ] *adj* **1.** flink, hurtig. **2.** lebhaft, munter.

spud [spʌd] **I** *s* **1.** *agr.* a) Jät-, Reutspaten *m*, b) Stoßeisen *n*. **2.** Spachtel *m*, *f*. **3.** *colloq.* Karˈtoffel *f*. **II** *v/t* **4.** *meist* **~ up, ~ out** ausgraben, -stechen, -jäten. **5.** *e-e Ölquelle* anbohren. **ˈ~-ˌbash·ing** *s mil. Br. sl.* Küchendienst *m*.

spue → **spew.**

spume [spju:m] **I** *s* Schaum *m*, Gischt *m*, *f*. **II** *v/i* schäumen. **III** *v/t* ausstoßen, absondern. **spuˈmes·cence** [-ˈmesns] *s* Schäumen *n*. **spuˈmes·cent, ˈspu·mous, ˈspum·y** *adj* schäumend, schaumig.

spun [spʌn] **I** *pret u. pp von* **spin. II** *adj* gesponnen: **~ glass** Glasgespinst *n*; **~ gold** Goldgespinst *n*; **~ silk** Schappseide *f*; **~ sugar** *Am.* Zuckerwatte *f*; **~ yarn** *mar.* Schiemannsgarn *n*.

spunk [spʌŋk] *s* **1.** Zunderholz *n*. **2.** Zunder *m*, Lunte *f*. **3.** *colloq.* a) Feuer *n*, Schwung *m*, b) ‚Mumm' *m*, Mut. **4.** *Br. vulg.* ‚Soße' *f* (*Sperma*). **ˈspunk·y** *adj* **1.** *colloq.* feurig, schwungvoll. **2.** *colloq.* mutig, draufgängerisch. **3.** *Am. colloq.* gereizt, reizbar.

spur [spɜ:; *Am.* spɜr] **I** *s* **1.** (Reit)Sporn *m*: **~s** Sporen; **~ rowel** Sporenrädchen *n*; **to put** (*od.* **set**) **~s to** → 9; **to win one's ~s** *fig.* sich die Sporen verdienen. **2.** *fig.* Ansporn *m*, Antrieb *m*, Stachel *m*: **on the ~ of the moment** e-r Eingebung des Augenblicks folgend, ohne Überlegung, spontan. **3.** *bot.* a) Dorn *m*, Stachel *m* (*kurzer Zweig etc*), b) Sporn *m* (*Nektarbehälter*). **4.** *zo.* Sporn *m* (*von Vögeln, bes. des Hahns*). **5.** Steigeisen *n*. **6.** *geogr.* Ausläufer *m*. **7.** *arch.* a) Strebe *f*, Stütze *f*, b) Strebebalken *m*, c) (Mauer)Vorsprung *m*. **8.** *mil. hist.* Vorwerk *n*. **II** *v/t* **9.** spornen, *e-m Pferd* die Sporen geben. **10.** *oft* **~ on** *fig. j-n* anspornen, anstacheln (**to do** zu tun). **11.** Sporen (an)schnallen an (*acc*). **III** *v/i* **12.** (das Pferd) spornen, (dem Pferd) die Sporen geben. **13.** a) sprengen, eilen, b) *a.* **~ on, ~ forth** *fig.* (vorwärts-, weiter)drängen.

spurge [spɜ:dʒ; *Am.* spɜrdʒ] *s bot.* Wolfsmilch *f*.

spur| gear *s tech.* **1.** Geradstirnrad *n*. **2.** → **spur gearing. ~ gear·ing** *s* Geradstirnradgetriebe *n*.

spurge lau·rel *s* Lorbeer-Seidelbast *m*.

spu·ri·ous [ˈspjʊərɪəs] *adj* (*adv* **~ly**) **1.** falsch, unecht, Pseudo..., Schein... **2.** nachgemacht, ver-, gefälscht. **3.** unehelich. **4.** *bot. zo.* Schein...: **~ fruit. 5.** *electr.* wild, Stör..., Neben...: **~ oscillations. ˈspu·ri·ous·ness** *s* Unechtheit *f*.

spurn [spɜ:n; *Am.* spɜrn] **I** *v/t* **1.** *obs.* mit dem Fuß (weg)stoßen. **2.** verschmähen, verächtlich zuˈrückweisen, *j-n a.* abweisen. **II** *v/i* **3. ~ at** verachten, *j-m a.* s-e Verachtung zeigen.

ˌspur-of-the-ˈmo·ment *adj* sponˈtan.

spurred [spɜ:d; *Am.* spɜrd] *adj* gespornt, sporentragend (*a. bot. zo.*).

spur·rey, spur·ry [ˈspʌrɪ; *Am. bes.* ˈspɜri:] *s bot.* Spörgel *m*.

spurt[1] [spɜ:t; *Am.* spɜrt] **I** *s* **1.** *sport* (*a.* Zwischen)Spurt *m*, Sprint *m*. **2.** plötzliche Aktiviˈtät *od.* Anstrengung. **3.** *econ.* a) plötzliches Anziehen (*von Kursen, Preisen etc*), b) plötzliche Geschäftszunahme. **II** *v/i* **4.** *sport* spurten, sprinten. **5.** plötzlich akˈtiv werden.

spurt[2] [spɜ:t; *Am.* spɜrt] **I** *v/t u. v/i* (herˈaus)spritzen. **II** *s* (*Wasser-, etc*)-Strahl *m*.

spur| track *s rail.* Neben-, Seitengleis *n*. **~ wheel** → **spur gear** 1.

sput·ter [ˈspʌtə(r)] → **splutter.**

spu·tum [ˈspju:təm; *Am. a.* ˈspu:-] *pl* **-ta** [-tə] *s med.* Sputum *n*, Auswurf *m*.

spy [spaɪ] **I** *v/t* **1.** *oft* **~ out** ˈausspioˌnieren, -spähen, -kundschaften: **to ~ out the land** (*od.* **ground**) *fig.* a) ‚die Lage peilen', b) sich e-n Überblick verschaffen. **2.** *a.* **~ out** ausfindig machen. **3.** erspähen, entdecken. **II** *v/i* **4.** *mil. etc* spioˈnieren, Spioˈnage treiben: **to ~ (up)on** a) *j-m* nachspionieren, *j-n* bespitzeln, b) *Gespräch etc* abhören. **5.** *fig.* herˈumspioˌnieren (**into** in *dat*). **III** *s* **6.** Späher(in), Kundschafter(in). **7.** *mil. etc* Spiˈon(in). **8.** *fig.* Spitzel *m*: **~ in the cab** *colloq.* Fahrtenschreiber *m*. **ˈ~glass** *s* Fernglas *n*. **ˈ~hole** *s* Guckloch *n*. **~ ring** *s* Spioˈnagering *m*. **~ sat·el·lite** *s mil.* Spioˈnagesatelˌlit *m*, ‚ˈHimmelsspiˌon' *m*.

squab [skwɒb; *Am.* skwɑb] **I** *s* **1.** (noch

nicht flügges) Täubchen. **2.** a) Sofakissen *n*, Polster(stuhl *m*, -bank *f*) *n*, b) *bes. Br.* Rückenlehne *f* (*des Autositzes*). **3.** ,Dickwanst' *m.* **II** *adj* **4.** unter'setzt, feist, plump. **5.** *orn.* noch nicht flügge, ungefiedert.

squab·ble ['skwɒbl; *Am.* 'skwɑbəl] **I** *v/i* sich zanken *od.* ,kabbeln' (**about, over** wegen, um). **II** *v/t print.* verquirlen. **III** *s* Zank *m*, ,Kabbe'lei' *f.* **'squab·bler** *s* ,Streithammel' *m.*

squab·by ['skwɒbɪ; *Am.* 'skwɑ-] → **squab** 4.

squab| chick·en *s* noch nicht *od.* eben flügge gewordenes Hühnchen. **~ pie** *s* 'Taubenpa,stete *f.*

squac·co ['skwækəʊ; *Am. a.* 'skwɑ:-] *pl* **-cos** *s orn.* Rallenreiher *m.*

squad [skwɒd; *Am.* skwɑd] **I** *s* **1.** *mil.* Gruppe *f*, Korpo'ralschaft *f*: **~ drill** Grundausbildung *f*; **awkward ~** a) ,patschnasse' Rekruten, b) *fig.* ,Flaschenverein' *m.* **2.** (Arbeits- *etc*)Gruppe *f*: → **rescue** 7. **3.** a) (*Überfall- etc*)Kommando *n* (*Polizei*): **~ car** *Am.* (Funk-) Streifenwagen *m*; → **flying squad, murder** 1, **riot** 1, b) Dezer'nat *n.* **4.** *sport* Kader *m.* **II** *v/t* **5.** in Gruppen einteilen.

squad·ron ['skwɒdrən; *Am.* 'skwɑ-] *s* **1.** *mil.* a) ('Reiter)Schwa,dron *f*, b) ('Panzer)Batail,lon *n.* **2.** *mar. mil.* (Flotten)Geschwader *n*: → **flying squadron. 3.** *aer. mil.* Staffel *f*: a) *Br. 10–18 Flugzeuge*, b) *Am. 3 Schwärme von je 3–6 Flugzeugen.* **4.** *allg.* Gruppe *f*, Ab'teilung *f*, Mannschaft *f.* **~ lead·er** *s aer. mil.* ('Flieger)Ma,jor *m.*

squail [skweɪl] *s* **1.** *pl* (*als sg konstruiert*) Flohhüpfen *n*, -spiel *n.* **2.** Spielplättchen *n* zum Flohhüpfen.

squal·id ['skwɒlɪd; *Am.* 'skwɑ-] *adj* (*adv* **~ly**) **1.** schmutzig, verkommen (*beide a. fig.*), verwahrlost. **2.** erbärmlich. **squa·'lid·i·ty, 'squal·id·ness** *s* Schmutz *m*, Verkommenheit *f* (*beide a. fig.*), Verwahrlosung *f.*

squall[1] [skwɔ:l] **I** *s* **1.** *meteor.* Bö *f*, heftiger Windstoß: **black ~** Sturmbö mit schwarzem Gewölk; **white ~** Sturmbö aus heiterem Himmel. **2.** *colloq.* ,Sturm' *m*, ,Gewitter' *n*: **to look out for ~s** die Augen offenhalten. **II** *v/i* stürmen.

suall[2] [skwɔ:l] **I** *v/i* kreischen, schreien. **II** *v/t oft* **~ out** *etwas* kreischen. **III** *s* schriller Schrei: **~s** Geschrei *n.*

squall·er ['skwɔ:lə(r)] *s* Schreihals *m.*

'squall·y *adj* **1.** böig, stürmisch. **2.** *colloq.* ,stürmisch': **~ home life.**

squa·loid ['skweɪlɔɪd] *adj ichth.* Haifisch...

squal·or ['skwɒlə; *Am.* 'skwɑlər] → **squalidity.**

squa·ma ['skweɪmə] *pl* **-mae** [-mi:] *s anat. bot. zo.* Schuppe *f*, schuppenartige Or'ganbildung (*Feder, Knochenteil etc*).

'squa·mate [-meɪt] *adj* schuppig.

squa·mif·er·ous [skweɪ'mɪfərəs] *adj biol.* schuppentragend.

squa·mous ['skweɪməs] *adj anat. biol.* squa'mös, schuppig.

squan·der ['skwɒndə; *Am.* 'skwɑndər] *v/t oft* **~ away** *Geld, Zeit etc* verschwenden, -geuden: **to ~ o.s.** sich verzetteln *od.* ,verplempern'. **'squan·der·er** *s* Verschwender(in). **'squan·der·ing I** *adj* verschwenderisch. **II** *s* Verschwendung *f*, -geudung *f.* **,squan·der'ma·ni·a** [-'meɪnjə; -nɪə] *s* Verschwendungssucht *f.*

square [skweə(r)] **I** *s* **1.** *math.* Qua'drat *n* (*Figur*). **2.** Qua'drat *n*, Viereck *n*, qua'dratisches Stück (*Glas, Stoff etc*), Karo *n.* **3.** Feld *n* (*e-s Brettspiels*): **to be back to ~ one** *fig.* wieder da sein, wo man angefangen hat; wieder ganz am Anfang stehen. **4.** *Am.* Häuserblock *m*, -viereck *n.* **5.** (öffentlicher) Platz: **Trafalgar S~. 6.** *tech.* a) Winkel(maß *n*) *m*, Anschlagwinkel *m*, b) *bes. Zimmerei*: Geviert *n*: **by the ~** *fig.* genau, exakt; **on the ~** im rechten Winkel, *fig. colloq.* ehrlich, anständig, in Ordnung; **out of ~** nicht rechtwink(e)lig, *fig.* nicht in Ordnung; → **T square. 7.** *math.* Qua'drat(zahl *f*) *n*: **in the ~** im Quadrat. **8.** *mil.* Kar'ree *n.* **9.** ('Wort-, 'Zahlen)Qua,drat *n*: **word ~** Quadraträtsel *n.* **10.** *arch.* Säulenplatte *f.* **11.** *Buchbinderei*: vorspringender Rand. **12.** Drehzapfen *m* (*der Uhr*). **13.** *sl.* Spießer *m.*

II *v/t* **14.** *a.* **~ off** qua'dratisch *od.* rechtwink(e)lig machen. **15.** *a.* **~ off** in Qua'drate einteilen, *Papier etc* ka'rieren: **~d paper** *Br.* Millimeterpapier *n.* **16.** *math.* a) den Flächeninhalt berechnen von (*od. gen*), b) *e-e Zahl* qua'drieren, ins Qua'drat erheben, c) *e-e Figur* qua'drieren, in ein Qua'drat verwandeln: → **circle** 1. **17.** auf s-e Abweichung vom rechten Winkel *od.* von der Geraden *od.* von der Ebene prüfen. **18.** *tech.* a) vierkantig formen *od.* behauen *od.* zuschneiden, *Holz* abvieren, b) im rechten Winkel anbringen. **19.** *mar. Rahen* vierkant brassen. **20.** *die Schultern* straffen. **21.** ausgleichen. **22.** *sport den Kampf* unentschieden beenden: → **account** *Bes. Redew.*, b) *e-e Schuld* begleichen, c) *Gläubiger* befriedigen. **23.** *fig.* in Einklang bringen (**with** mit), anpassen (**to** an *acc*). **25.** *sl.* a) *j-n* ,schmieren', bestechen, b) *e-e Sache* ,regeln', ,in Ordnung bringen'.

III *v/i* **26.** *oft* **~ up**, *Am.* **~ off** in Boxerstellung gehen: **to ~ up to s.o.** ,sich vor j-m aufpflanzen'; **to ~ up to a problem** ein Problem anpacken. **27.** (**with**) in Einklang stehen (mit), passen (zu). **28.** s-e Angelegenheiten in Ordnung bringen: **to ~ up** *econ.* abrechnen (**with** mit) (*a. fig.*). **29.** *a.* **~ by the lifts and braces** *mar.* vierkant brassen.

IV *adj* (*adv* **~ly**) **30.** *math.* qua'dratisch, Quadrat...: **~ inch** Quadratzoll *m*; **~ pyramid** quadratische Pyramide; **~ unit** Flächeneinheit *f.* **31.** *math.* ... im Qua'drat: **a table 3 feet ~. 32.** rechtwink(e)lig, im rechten Winkel (stehend) (**to** zu). **33.** (vier)eckig: **a ~ table. 34.** *tech.* Viereck..., Vierkant...: → **peg** 1. **35.** breit (-schulterig), vierschrötig, stämmig (*Person*). **36.** *mar.* Vierkant..., ins Kreuz gebraßt. **37.** gleichmäßig, gerade, eben: **a ~ surface. 38.** *fig.* in Einklang (stehend) (**with** mit), in Ordnung, stimmend: **to get things ~** die Sache in Ordnung bringen. **39.** *Golf etc*: gleichstehend. **40.** *econ.* a) abgeglichen (*Konten*), b) quitt: **to get ~ with s.o.** mit j-m quitt werden (*a. fig.*). **41.** *colloq.* a) re'ell, anständig, b) ehrlich, offen: → **deal**[1] 15. **42.** klar, deutlich: **a ~ refusal; the problem must be faced ~ly** das Problem muß klar ins Auge gefaßt werden. **43.** *colloq.* ,ordentlich', ,anständig': **a ~ meal. 44.** zu viert: **~ game; ~ party. 45.** *sl.* altmodisch, spießig: **~ John** *Am.* braver Bürger; **to turn ~** verspießern.

V *adv* **46.** qua'dratisch, (recht-, vier-) eckig. **47.** *colloq.* anständig, ehrlich. **48.** *Am.* mitten, di'rekt.

'square|-,bash·ing *s mil. Br. sl.* (Kasernenhof)Drill *m.* **~-built** [,-'bɪlt; *attr.* '-b-] *adj* → **square** 35. **~ dance** *s bes. Am.* Square dance *m.* **'~-dance** *v/i bes. Am.* e-n Square dance tanzen. **,~-'deal·ing** *adj colloq.* ehrlich (handelnd), re'ell. **'~-,head** *s Am. contp.* ,Qua'dratschädel' *m* (*Skandinavier, Deutscher in USA u. Kanada*). **,~-'head·ed** *adj tech.* vierkantig, Vierkant... **~ knot** *s mar.* Kreuzknoten *m.* **'~-law** *adj electr.* qua'dratisch: **~ rectifier. ~ leg** *s Kricket*: Fänger *m* (*od.* dessen Platz *m*) rechtwink(e)lig links vom Schläger. **~ mile** *s* Qua'dratmeile *f.*

'square·ness *s* **1.** (*das*) Qua'dratische *od.* Rechteckige *od.* Viereckige. **2.** Vierschrötigkeit *f.* **3.** *colloq.* Ehrlichkeit *f.*

square| num·ber *s math.* Qua'dratzahl *f.* **~ pi·an·o** *s mus.* 'Tafelkla,vier *n.* **,~-'rigged** *adj mar.* vollgetakelt. **,~-'rig·ger** *s mar.* Rahsegler *m.* **~ root** *s math.* (Qua'drat)Wurzel *f.* **~ sail** *s mar.* Rahsegel *n.* **~ shoot·er** *s bes. Am. colloq.* ehrlicher *od.* anständiger Kerl. **,~-'shoul·dered** *adj* breitschult(e)rig.

squares·ville ['skweə(r)zvɪl] *sl.* **I** *s* Spießertum *n.* **II** *adj* spießig.

,square-'toed *adj* **1.** mit breiten Kappen (*Schuh*). **2.** *fig.* a) altmodisch, b) steif.

squar·ish ['skweərɪʃ] *adj* fast *od.* ungefähr qua'dratisch.

squar·rose ['skwærəʊs; *Br. a.* 'skwɒ-; *Am. a.* 'skwɑ-] *adj* **1.** *bot.* sparrig. **2.** *zo.* vorstehend.

squash[1] [skwɒʃ; *Am. a.* skwɑʃ] **I** *v/t* **1.** (zu Brei) zerquetschen, zs.-drücken. **2.** breitschlagen. **3.** → **squeeze** 4. **4.** *fig. e-n Aufruhr etc* niederschlagen, (im Keim) ersticken, *Hoffnungen* zerstören. **5.** *colloq. j-n* ,fertigmachen'. **II** *v/i* **6.** zerquetscht werden. **7.** → **squeeze** 10. **8.** *colloq.* glucksen (*Fuß im Morast etc*). **9.** *aer.* absacken. **III** *s* **10.** Matsch *m*, Brei *m*, breiige Masse. **11.** → **squeeze** 15. **12.** *Br.* (Zi'tronen- *etc*)Saft *m.* **13.** *colloq.* Glucksen *n.* **14.** *sport* a) Squash *n*, b) → **squash rackets.**

squash[2] [skwɒʃ; *Am. a.* skwɑʃ] *s bot.* Kürbis *m.*

squash| rack·ets *s pl* (*als sg konstruiert*) *sport ein dem Squash ähnliches Spiel.* **~ ten·nis** → **squash**[1] 14 a.

'squash·y *adj* (*adv* **squashily**) **1.** weich, breiig. **2.** matschig (*Boden*).

squat [skwɒt; *Am.* skwɑt] **I** *v/i pret u. pp* **'squat·ted, squat 1.** hocken, kauern: **to ~ down** sich hinhocken. **2.** sich dukken (*Tier*). **3.** *colloq.* ,hocken' (*sitzen*): **find somewhere to ~** setz dich irgendwo hin. **4.** sich ohne Rechtstitel ansiedeln. **5.** sich auf re'gierungseigenem Land niederlassen. **II** *v/t* **6. ~ o.s.** sich 'hinhocken. **7.** sich ohne Rechtstitel ansiedeln auf (*dat*). **8.** *leerstehendes Haus* besetzen. **III** *adj* **9.** in der Hocke: **to sit ~. 10.** unter'setzt, vierschrötig. **IV** *s* **11.** Hocken *n*, Kauern *n.* **12.** Hocke *f* (*a. sport*), Hockstellung *f.* **13.** besetztes Haus. **'squat·ter** *s* **1.** Hockende(r *m*) *f.* **2.** Squatter *m*, Ansiedler *m* ohne Rechtstitel. **3.** Siedler *m* auf re'gierungseigenem Land. **4.** *Austral.* Schafzüchter *m.* **5.** Hausbesetzer(in).

squaw [skwɔ:] *s* **1.** Squaw *f*, Indi'anerfrau *f*, Indi'anerin *f.* **2.** *Am. contp.* (Ehe)Frau *f.*

squawk [skwɔ:k] **I** *v/i* **1.** *bes. orn.* kreischen. **2.** *colloq.* lautstark prote'stieren (**about** gegen). **II** *s* **3.** *bes. orn.* Kreischen *n.* **4.** *colloq.* Pro'testgeschrei *n.*

squaw| man *s irr mit e-r Indianerin verheirateter Weißer.* **~ win·ter** *s meteor. Am.* kurzer Wintereinbruch im Herbst.

squeak [skwi:k] **I** *v/i* **1.** quiek(s)en, piep(s)en. **2.** quietschen (*Türangel etc*), (*Bremsen etc a.*) kreischen. **3.** *sl.* → **squeal** 5. **4.** *a.* **~ by** (*od.* **through**) *colloq.* mit knapper Not 'durchkommen (*in e-r Prüfung etc*). **II** *v/t* **5.** *etwas* quiek(s)en, piep(s)en. **III** *s* **6.** Quiek(s)en *n*, Piep(s)en *n.* **7.** Quietschen *n*, Kreischen *n.* **8.** *colloq.* **to have a narrow** (*od.* **close**) **~** mit knapper Not davonkommen *od.* entkommen; **that was a narrow ~** das ist gerade noch einmal gutgegangen!, ,das hätte ins Auge gehen können!' **9.** *Am. sl.* Chance *f.* **'squeak·y** *adj* (*adv* **squeak-**

ily) 1. quiek(s)end, piep(s)end. 2. quietschend, kreischend.
squeal [skwi:l] I *v/i* 1. schreien, kreischen. 2. quietschen, kreischen (*Bremsen etc*). 3. quiek(s)en, piep(s)en. 4. *colloq.* lautstark prote'stieren (**about** gegen). 5. *sl.* a) *bes. ped.* ‚petzen', b) ‚singen': **to ~ on s.o. (to)** j-n ‚verpetzen' *od.* ‚verpfeifen' (bei). II *v/t* 6. *etwas* schreien, kreischen. 7. *etwas* quiek(s)en, piep(s)en. III *s* 8. Schreien *n*, Kreischen *n*. 9. Quietschen *n*. 10. Schrei *m*. 11. *colloq.* Pro'testgeschrei *n*. '**squeal·er** *s* 1. Schreier *m*. 2. a) Täubchen *n*, b) *allg.* junger Vogel. 3. *sl.* Verräter *m*.
squeam·ish ['skwi:mɪʃ] *adj* (*adv* ~**ly**) 1. ('über)empfindlich, zimperlich. 2. pe'nibel, 'übergewissenhaft. 3. heikel (*im Essen etc*). 4. (leicht) Ekel empfindend: I **felt ~** mir wurde komisch im Magen. '**squeam·ish·ness** *s* 1. ('Über)Empfindlichkeit *f*, Zimperlichkeit *f*. 2. 'Übergewissenhaftigkeit *f*. 3. heikle Art. 4. Ekel *m*, Übelkeit *f*.
squee·gee [ˌskwi:'dʒi:; *Am.* 'skwi:ˌdʒi:] *s* 1. Gummischrubber *m* (*für Fenster etc*). 2. *phot.* (Gummi)Quetschwalze *f*.
squeez·a·ble ['skwi:zəbl] *adj* 1. *fig.* nachgiebig, gefügig. 2. zs.-drückbar.
squeeze [skwi:z] I *v/t* 1. zs.-drücken, (-)pressen: **to ~ s.o.'s hand** j-m die Hand drücken. 2. a) *a.* **~ dry** *e-e Frucht* ausquetschen, -pressen, b) *e-n Schwamm* ausdrücken, c) *colloq. j-n* ‚ausnehmen', schröpfen. 3. *oft* **~ out** *Saft* (her)'auspressen, -quetschen (**from** aus): **to ~ a tear** *fig.* e-e Träne zerdrücken, ‚ein paar Krokodilstränen weinen'. 4. drücken, quetschen, zwängen (**into** in *acc*): **to ~ in** einklemmen; **to ~ o.s.** (*od.* **one's way**) **in** (**through**) sich hinein-(hindurch)zwängen; **they were ~d up against each other** sie standen dicht gedrängt. 5. *colloq.* fest *od.* innig an sich drücken. 6. *colloq.* a) ‚unter Druck setzen', erpressen, b) *Geld etc* her'auspressen, *Vorteil etc* her'ausschinden (**out of** aus). 7. *Bridge*: zum Abwerfen zwingen. 8. abklatschen, e-n Abdruck machen von (*e-r Münze etc*).
II *v/i* 9. quetschen, drücken, pressen. 10. sich zwängen *od.* quetschen: **to ~ through** (**in, out**) sich durch-(hinein-, hinaus)zwängen; **to ~ up** zs.-rücken. 11. sich (aus)quetschen *od.* (-)pressen lassen.
III *s* 12. Druck *m*, Pressen *n*, Quetschen *n*. 13. Händedruck *m*. 14. (innige) Um'armung. 15. Gedränge *n*: **it was a (tight) ~** es ging ganz schön eng zu. 16. ausgepreßter Saft. 17. *colloq.* ‚Klemme' *f*, Druck *m*, (*bes.* Geld)Verlegenheit *f*: **to be in a tight ~** schwer im Druck sein. 18. *Bridge*: *Spiel od. Situation, wo man e-e Farbe od. e-e wichtige Karte aufgeben muß.* 19. *colloq.* ‚Druck' *m*, Erpressung *f*: **to put the ~ on s.o.** j-n unter Druck setzen. 20. *econ.* a) (*a.* Geld-) Knappheit *f*, wirtschaftlicher Engpaß, b) *Börse*: Zwang *m* zu Deckungskäufen: **credit ~** Kreditbeschränkung *f*, -verknappung *f*. 21. (*bes.* Wachs)Abdruck *m*, (-)Abguß *m*. 22. *colloq.* **to have a tight** (*od.* **close, narrow**) **~** mit knapper Not davonkommen *od.* entkommen; **that was a tight ~** das ist gerade noch einmal gutgegangen!, ‚das hätte ins Auge gehen können!'
squeeze| bot·tle *s* (Plastik)Spritzflasche *f*. **~ box** *s mus. colloq.* ‚Quetschkomˌmode' *f* (*Ziehharmonika*).
squeez·er ['skwi:zə(r)] *s* 1. (Frucht)Presse *f*, Quetsche *f*. 2. *tech.* a) ('Aus)Preßmaˌschine *f*, b) Quetsch-, Schotterwerk *n*, c) 'Preßformmaˌschine *f*.
squelch [skweltʃ] I *v/t* 1. zermalmen. 2. *fig. Kritik etc* unter'drücken. 3. *colloq. j-m* ‚den Mund stopfen'. II *v/i* 4. p(l)atschen. 5. glucksen (*Schuh im Morast etc*). III *s* 6. Matsch *m*. 7. glucksender Laut. 8. → **squelcher** 2. '**squelch·er** *s colloq.* 1. vernichtender Schlag. 2. vernichtende Antwort.
squib [skwɪb] I *s* 1. a) Frosch *m*, (Feuerwerks)Schwärmer *m*, b) *allg. Br.* (Hand-) Feuerwerkskörper *m*: **damp ~** *Br. sl.* ‚Reinfall' *m*, ‚Pleite' *f*. 2. *Bergbau*: Zündladung *f* (*a. mil. hist.*). 3. (po'litische) Sa'tire, Spottgedicht *n*. II *v/i* 4. Spottgedichte *od.* Sa'tiren schreiben. III *v/t* 5. *j-n* mit Spottgedichten angreifen, bespötteln.
squid [skwɪd] *s* 1. *pl* **squids** [-dz], *bes. collect.* **squid** *zo.* (*ein*) zehnarmiger Tintenfisch, *bes.* Kalmar *m*. 2. *künstlicher Köder in Tintenfischform.* 3. *mar. mil.* mehrrohriger Wasserbombenwerfer.
squiffed [skwɪft] → **squiffy**.
squif·fy ['skwɪfɪ] *adj bes. Br. colloq.* ‚angesäuselt'.
squig·gle ['skwɪgl] I *s* 1. Schnörkel *m* (*beim Schreiben*). II *v/i* 2. kritzeln. 3. sich winden.
squil·gee [ˌskwɪl'dʒi:; *Am.* 'skwɪlˌdʒi:] → **squeegee**.
squill [skwɪl] *s* 1. *bot.* a) Meerzwiebel *f*, b) Blaustern *m*. 2. *zo.* Heuschreckenkrebs *m*.
squinch [skwɪntʃ] *s arch.* Stützbogen *m*.
squint [skwɪnt] I *v/i* 1. schielen (*a. weitS. schräg blicken*). 2. blinzeln, zwinkern. 3. **~ at** *fig.* a) schielen nach, b) e-n Blick werfen auf (*acc*), c) scheel *od.* 'mißgünstig *od.* argwöhnisch blicken auf (*acc*). II *v/t* 4. *die Augen* a) verdrehen, b) zs.-kneifen: **to ~ one's eyes**. III *s* 5. Schielen *n* (*a. fig.*): **to have a ~** schielen; **convergent ~** Einwärtsschielen; **divergent ~** Auswärtsschielen. 6. *colloq.* a) schräger Seitenblick, b) (rascher *od.* verstohlener) Blick: **to have a ~ at** → 3 b. IV *adj* 7. schielend. 8. schief, schräg. '**~-eyed** *adj* 1. schielend. 2. *fig.* scheel, böse.
squir·arch·y → **squirearchy**.
squire ['skwaɪə(r)] I *s* 1. (*englischer*) Landjunker, -edelmann, *a.* Gutsherr *m*, Großgrundbesitzer *m*. 2. *bes. colloq.* (*in England u. USA Ehrentitel für*) a) (Friedens)Richter *m*, b) *andere Person mit lokaler Obrigkeitswürde.* 3. *hist.* Edelknabe *m*, (Schild)Knappe *m*. 4. *obs.* Kava'lier *m*: a) Begleiter *m* (*e-r Dame*), b) *colloq.* Ga'lan *m*, Liebhaber *m*: **~ of dames** Frauenheld *m*. II *v/t u. v/i* 5. *obs.* a) (e-r Dame) Ritterdienste leisten *od.* den Hof machen, b) (e-e Dame) begleiten.
squire·arch·y ['skwaɪərɑ:(r)kɪ] *s* Junkertum *n*: a) *collect.* (*die*) (Land)Junker *pl*, b) (Land)Junkerherrschaft *f*.
squir·een [ˌskwaɪə'ri:n] *s* kleiner (*bes.* irischer) Gutsbesitzer.
'**squire·hood** *s* Rang *m od.* Würde *f* e-s **squire**.
'**squire·let** [-lɪt], '**squire·ling** [-lɪŋ] *s* Krautjunker *m*. '**squire·ly** *adj* junkerlich.
squirm [skwɜ:m; *Am.* skwɜrm] I *v/i* 1. sich krümmen, sich winden (*a. fig.* **with** vor *Scham etc*): **to ~ out of** a) sich (mühsam) aus *e-m Kleid* herausschälen, b) *fig.* sich aus *e-r Notlage etc* herauswinden. II *s* 2. Krümmen *n*, Sich'winden *n*. 3. *mar.* Kink *f* (*im Tau*). '**squirm·y** *adj* sich windend.
squir·rel ['skwɪrəl; *Am.* 'skwɜrəl; 'skwʌrəl] *s* 1. *pl* **-rels,** *bes. collect.* **-rel** *zo.* Eichhörnchen *n*: → **flying squirrel**. 2. Feh *n*, Grauwerk *n* (*Pelz*). **~ cage** *s* 1. a) Laufradkäfig *m*, b) *fig.* ‚Tretmühle' *f*. 2. *electr.* Käfiganker *m*. '**~-cage** *adj electr.* Käfig..., Kurzschluß... '**~-fish** *s* (*ein*) Stachelfisch *m*. **~ mon·key** *s zo.* Totenkopfäffchen *n*.
squirt [skwɜ:t; *Am.* skwɜrt] I *v/i* 1. spritzen. 2. her'vorspritzen, -sprudeln. II *v/t* 3. (her'vor-, her'aus)spritzen: **to ~ water**. 4. bespritzen. III *s* 5. (Wasser- *etc*)Strahl *m*. 6. Spritze *f*: **~ can** *tech.* Spritzkanne *f*. 7. *a.* **~ gun** 'Wasserpiˌstole *f*. 8. *colloq.* a) ‚kleiner Scheißer', b) ‚Zwerg' *m*.
squish [skwɪʃ] *colloq.* I *s* 1. → **squelch** 7. II *v/t* 2. ‚zermatschen'. III *v/i* 3. → **squelch** 5. '**squish·y** *adj* matschig.
squit [skwɪt] *s Br. sl.* 1. ‚kleiner Scheißer'. 2. ‚Mist' *m*.
Sri Lan·kan [ˌsri:'læŋkən; *Am.* -'lɑ:ŋ-] I *s* Sri'lanker(in). II *adj* sri'lankisch.
St., St *abbr.* → **saint** 1 (*etc*).
stab [stæb] I *v/t* 1. *j-n* a) niederstechen, mit e-m Messer *etc* verletzen, b) *a.* **~ to death** erstechen, erdolchen. 2. *ein Messer etc* bohren, stoßen (**into** in *acc*). 3. *fig. j-n* (*seelisch*) verletzen: **to ~ s.o. in the back** j-m in den Rücken fallen; **to ~ s.o.'s reputation** an j-m Rufmord begehen. 4. *etwas* durch'bohren, aufspießen, stechen in (*acc*). 5. *tech. e-e Mauer* rauh hauen. 6. *Buchteile* vorstechen. II *v/i* 7. stechen (**at s.o.** nach j-m). 8. (*mit den Fingern etc*) stoßen (**at** nach, auf *acc*). 9. stechen (*Schmerz*). 10. stechen, dringen (*Strahlen etc*). III *s* 11. Stich *m*, (Dolch- *etc*)Stoß *m*. 12. Stich(wunde *f*) *m*: **~ in the back** *fig.* Dolchstoß *m*. 13. *fig.* Stich *m* (*scharfer Schmerz, jähes Gefühl*). 14. spitzer (Licht- *etc*)Strahl. 15. *colloq.* Versuch *m*: **to have** (*od.* **make**) **a ~ at s.th.** es (einmal) mit etwas versuchen. **~ cell** *s biol.* Stabzelle *f*.
sta·bile ['steɪbaɪl; -bɪl] I *adj* 1. fest (-stehend), statio'när. 2. sta'bil (*a. med.*). II *s* [*Am.* 'steɪˌbi:l] 3. Stabile *n* (*abstrakte Freiplastik*).
sta·bil·i·ty [stə'bɪlətɪ] *s* 1. *allg.* Stabili'tät *f*: a) Standfestigkeit *f*, b) Festigkeit *f*, 'Widerstandsfähigkeit *f*, (Wert)Beständigkeit *f*, c) Unveränderlichkeit *f* (*a. math.*), d) *chem.* Resi'stenz *f*: **economic ~** wirtschaftliche Stabilität; **~ of prices** *econ.* Preis- *od.* Kursstabilität. 2. *fig.* Beständigkeit *f*, Standhaftigkeit *f*, (Cha'rakter)Festigkeit *f*. 3. a) *tech.* Kippsicherheit *f*: **~ on curves** *mot.* Kurvenstabilität *f*, b) *aer.* dy'namisches Gleichgewicht.
sta·bi·li·za·tion [ˌsteɪbəlaɪ'zeɪʃn; *Am.* -lə'z-] *s allg. bes. econ. tech.* Stabili'sierung *f*. '**sta·bi·lize** [-laɪz] *v/t* stabili'sieren (*a. aer. mar. tech*): a) festigen, stützen, b) kon'stant halten, c) im Gleichgewicht halten: **to ~ prices** *econ.* die Preise *od.* Kurse stabilisieren; **~d warfare** *mil.* Stellungskrieg *m*. '**sta·bi·liz·er** *s* 1. *aer. mar. mot. tech., a. chem.* Stabili'sator *m*. 2. *aer.* Stabili'sierungsflosse *f*. 3. *electr.* a) Glättungsröhre *f*, b) 'Spannungskonˌstanthalter *m*. 4. *tech.* Stabili'sierungsmittel *n* (*für Kunststoffe etc*).
sta·ble[1] ['steɪbl] I *s* 1. (Pferde-, Kuh-) Stall *m*. 2. Stall(bestand) *m*. 3. Rennstall *m* (*bes. collect. Pferde, Radrennfahrer*). 4. *fig.* ‚Stall' *m* (*Mannschaft, Künstlergruppe, Familie etc*). 5. *pl mil.* a) Stalldienst *m*, b) Si'gnal *n* zum Stalldienst. II *v/t* 6. *Pferde* einstallen. III *v/i* 7. im Stall stehen (*Pferd*). 8. *contp.* hausen.
sta·ble[2] ['steɪbl] *adj* (*adv* **stably**) 1. sta'bil: a) standfest, -sicher (*a. phys. tech.*), b) 'widerstandsfähig, fest: **~ structure**, c) (wert)beständig, fest, dauerhaft, haltbar, d) unveränderlich (*a. math.*), kon'stant, gleichbleibend (*a. electr.*): **~ volt-**

age, e) *chem.* resi'stent: ~ **in water** wasserbeständig, f) statio'när: ~ **equilibrium** *phys.* stabiles Gleichgewicht. **2.** *econ. pol.* sta'bil: ~ **currency**. **3.** *fig.* beständig, gefestigt: **(emotionally)** ~ charakterlich gefestigt; **he is in ~ condition** sein Zustand ist nicht lebensbedrohend.

'sta·ble|·boy *s* Stalljunge *m.* ~ **com·pan·ion** *s* Stallgefährte *m* (*a. Radsport u. fig.*). ~ **fly** *s zo.* **1.** Gemeine Stechfliege. **2.** Stallfliege *f.* **'~·man** [-mən; -mæn] *s irr* Stallknecht *m.* **'~·mate** → **stable companion**.

'sta·ble·ness → **stability**.

sta·bling ['steɪblɪŋ] *s* **1.** Einstallung *f.* **2.** Stallung(en *pl*) *f,* Ställe *pl.*

stac·ca·to [stə'kɑːtəʊ] *adj u. adv* **1.** *mus.* stak'kato. **2.** *fig.* abgehackt.

stack [stæk] **I** *s* **1.** *agr.* Schober *m,* Feim *m:* **wheat** ~. **2.** Stoß *m,* Stapel *m:* **a ~ of books**. **3.** *colloq.* ‚Haufen' *m,* Masse *f:* **~s of work** jede Menge Arbeit. **4.** *Br.* Stack *n* (*Maßeinheit für Holz u. Kohlen: 108* ft^3 $= 3{,}05814\ m^3$). **5.** *Am.* ('Bücher)Re,gal *n.* **6.** *oft pl* a) Gruppe *f* von Re'galen, b) ('Haupt)Maga,zin *n* (*e-r Bibliothek*). **7.** *tech.* a) *a. rail.* Schornstein *m,* b) *mot.* Auspuffrohr *n,* c) (Schmiede)Esse *f,* d) *electr.* (gestockte) An'tennenkombinati,on, e) Satz *m,* Aggre'gat *n:* → **blow** 29 b. **8.** *mil.* (Ge'wehr)Pyra,mide *f.* **9.** Felssäule *f.* **10.** *Computer*: Stapelspeicher *m.* **II** *v/t* **11.** *a.* ~ **up** *Heu etc* aufsetzen, -schobern. **12.** *a.* ~ **up** (auf-) stapeln, (auf-, überein'ander)schichten. **13.** vollstapeln. **14.** *mil. die Gewehre* zs.-setzen: **to ~ arms**. **15. to ~ the cards** die Karten ‚packen' (*betrügerisch mischen*): **the cards** (*od.* **odds**) **are ~ed against him** *fig.* s-e Chancen sind gleich Null. **16.** *aer. das Flugzeug* in e-e Wartezone einweisen. **III** *v/i* **17.** ~ **up** *Am. colloq.* a) sich anlassen *od.* entwickeln: **as things ~ up now**, b) sich halten (**against** gegen). **'stack·er** *s* Stapler *m* (*Person u. Vorrichtung*).

stad·dle ['stædl] *s* **1.** Ständer *m,* Gestell *n.* **2.** *Forstwesen*: Hegereis *n* (*junger Baum*).

sta·di·a[1] ['steɪdjə; -dɪə] *pl von* **stadium**.

sta·di·a[2] ['steɪdjə; -dɪə] *s a.* ~ **rod** *surv.* Vermessungsstange *f,* Meßlatte *f.*

sta·di·um ['steɪdjəm; -dɪəm] *pl* **-di·a** [-djə; -dɪə], **-di·ums** *s* **1.** *antiq.* Stadion *n* (*Kampfbahn od. Längenmaß*). **2.** (*pl meist* **-ums**) *sport* Stadion *n.* **3.** *bes. biol. med.* Stadium *n.*

staff[1] [stɑːf; *Am.* stæf] **I** *pl* **staffs,** (1–7, 10) *a.* **staves** [steɪvz] *s* **1.** Stab *m,* Stecken *m,* Stock *m.* **2.** (Amts-, Kom'mando)Stab *m.* **3.** Bischofs-, Krummstab *m.* **4.** (Fahnen)Stange *f, mar.* Flaggenstock *m.* **5.** *fig.* a) Stütze *f*: **the ~ of his old age**, b) (*das*) Wichtigste *od.* Nötigste: ~ **of life** Brot *n,* Nahrung *f.* **6.** *surv.* Meßstab *m.* **7.** *tech.* Unruhwelle *f* (*der Uhr*). **8.** a) (Mitarbeiter)Stab *m,* b) Beamtenstab *m,* c) *ped.* Lehrkörper *m,* ('Lehrer)Kol,legium *n,* d) Perso'nal *n,* (*die*) Angestellten *pl,* Belegschaft *f*: **editorial ~** Redaktion(sstab *m*) *f*; **medical ~** Arztpersonal (*e-s Krankenhauses*); **senior ~** (*die*) leitenden Angestellten; **to be on the ~ of** zum Stab *od.* Lehrkörper *od.* Personal (*gen*) gehören, fest angestellt sein bei, Mitarbeiter sein bei. **9.** *mil.* Stab *m*: ~ **order** Stabsbefehl *m.* **10.** *mus.* 'Noten(linien)sy,stem *n.*

II *adj* **1.** Personal...: ~ **doctor** Betriebsarzt *m*; ~ **member** Mitarbeiter(in); ~ **room** Lehrerzimmer *n.* **12.** *mil.* a) Stabs..., b) Gelände...: ~ **walk** Geländebesprechung *f.*

III *v/t* **13.** (mit Perso'nal) besetzen: **well ~ed** gut besetzt. **14.** mit e-m Stab *od.* Lehrkörper *etc* versehen. **15.** den Lehrkörper *e-r Schule* bilden.

staff[2] [stɑːf; *Am.* stæf] *s tech. Baustoff aus Gips u. (Hanf)Fasern.*

staff| car *s mil.* Befehlsfahrzeug *n.* ~ **col·lege** *s mil.* Gene'ralstabsakade,mie *f.*

staff·er ['stɑːfə; *Am.* 'stæfər] *s colloq.* Belegschafts-, *bes.* Redakti'onsmitglied *n.*

staff| man·a·ger *s econ.* Perso'nalchef *m.* ~ **no·ta·tion** *s mus.* Liniennotenschrift *f.* ~ **of·fi·cer** *s mil.* 'Stabsoffi,zier *m.* ~ **ride** *s mil.* Geländefahrt *f* (*zur Geländebesprechung*). ~ **ser·geant** *s mil.* (*Br.* Ober)Feldwebel *m.*

stag [stæg] **I** *s* **1.** *zo.* a) Rothirsch *m,* b) Hirsch *m.* **2.** *bes. dial. zo.* Männchen *n.* **3.** *nach der Reife kastriertes männliches Tier.* **4.** *colloq.* a) ‚Unbeweibte(r)' *m,* Herr *m* ohne Damenbegleitung, b) → **stag party**. **5.** *econ. Br.* Kon'zertzeichner *m.* **II** *adj* **6.** a) *colloq.* Herren...: ~ **dinner**, b) Sex...: ~ **film**. **III** *adv* **7.** *colloq.* ‚unbeweibt', ‚solo': **to go ~** → 9. **IV** *v/i* **8.** *econ. Br.* in neu ausgegebenen Aktien speku'lieren. **9.** *colloq.* ohne Damenbegleitung *od.* ‚solo' gehen. **V** *v/t* **10.** *econ. Br. den Markt* durch Kon'zertzeichnung beeinflussen. ~ **bee·tle** *s zo.* Hirschkäfer *m.*

stage [steɪdʒ] **I** *s* **1.** *tech.* Bühne *f,* Gerüst *n*: **hanging ~** Hängegerüst; **landing ~** Landungsbrücke *f.* **2.** Podium *n.* **3.** *thea.* Bühne *f* (*a. fig. Theaterwelt od. Bühnenlaufbahn*): **the ~** *fig.* die Bühne, das Theater; **to be on the ~** Schauspieler(in) *od.* beim Theater sein; **to go on the ~** zur Bühne gehen; **to hold the ~** sich halten (*Theaterstück*); **to put** (*od.* **bring**) **on the ~** → 16; **to set the ~ for** *fig.* a) die Voraussetzungen schaffen für, b) e-n (entsprechenden) Rahmen geben (*dat*); → **hold**[2] 23. **4.** *fig.* Bühne *f,* Schauplatz *m*: **the political ~**. **5.** *hist.* a) ('Post)Stati,on *f,* b) Postkutsche *f.* **6.** *Br.* Teilstrecke *f,* Fahrzone *f* (*Bus etc*). **7.** (Reise)Abschnitt *m,* E'tappe *f* (*a. Radsport u. fig.*): **by** *od.* **in (easy) ~s** etappenweise, *fig. a.* Schritt für Schritt. **8.** *a. biol. econ. med.* Stadium *n,* Stufe *f,* Phase *f*: **critical ~** kritisches Stadium; **experimental (initial, intermediate) ~** Versuchs-(Anfangs-, Zwischen)stadium; **at this ~** zum gegenwärtigen Zeitpunkt; **~s of appeal** *jur.* Instanzenweg *m.* **9.** *arch.* (Bau)Abschnitt *m.* **10.** *geol.* Stufe *f* (*e-r Formation*). **11.** Ob'jekttisch *m* (*am Mikroskop*). **12.** *electr.* Verstärkerstufe *f.* **13.** *tech.* Stufe *f* (*a. e-r Rakete*). **14.** *tech.* Farbläufer *m.* **15.** *Am.* Höhe *f* des Wasserspiegels (*e-s Flusses*).

II *v/t* **16.** a) auf die Bühne bringen, insze'nieren, b) für die Bühne bearbeiten. **17.** a) *allg.* veranstalten: **to ~ an exhibition**, b) insze'nieren, 'durchführen, aufziehen: **to ~ a demonstration**. **18.** *tech.* (be)rüsten. **19.** *mil. Am.* 'durchschleusen.

stage| box *s thea.* Pro'szeniumsloge *f.* **'~·coach** *s hist.* Postkutsche *f.* **'~·craft** *s* **1.** drama'turgisches Können. **2.** schauspielerisches Können. ~ **de·sign** *s* Bühnenbild *n.* ~ **de·sign·er** *s* Bühnenbildner(in). ~ **di·rec·tion** *s* Bühnen-, Re'gieanweisung *f.* ~ **di·rec·tor** *s* Regis'seur *m.* ~ **door** *s* Bühneneingang *m.* ~ **ef·fect** *s* **1.** 'Bühnenwirkung *f,* -ef,fekt *m.* **2.** *fig.* Thea'tralik *f.* ~ **fe·ver** *s* Drang *m* zur Bühne, The'aterbesessenheit *f.* ~ **fright** *s* Lampenfieber *n.* **'~·hand** *s* Bühnenarbeiter *m.* **'~·house** *s hist.* 'Poststati,on *f.* **~-man·age** [,-'mænɪdʒ; '-,m-] → **stage** 17. ~ **man·ag·er** *s* Inspi'zient *m.* ~ **name** *s* Bühnen-, Künstlername *m.* ~ **play** *s* Bühnenstück *n.*

stag·er ['steɪdʒə(r)] *s meist* **old ~** ‚alter Hase'.

stage| race *s Radsport*: E'tappenrennen *n.* ~ **rights** *s pl jur.* Aufführungs-, Bühnenrechte *pl.* ~ **set·ting** *s* Bühnenbild *n.* **'~-struck** *adj* the'aterbesessen. ~ **wag·(g)on** *s hist.* Packwagen *m.* ~ **wait** *s* dra'matische Pause. ~ **whis·per** *s* **1.** *thea.* nur für das Publikum bestimmtes Flüstern. **2.** *fig.* weithin hörbares Geflüster. **,~-'whis·per** *v/i fig.* weithin hörbar flüstern. **'~·wise** *adj* **1.** bühnenerfahren (*Regisseur etc*). **2.** bühnenwirksam (*Stück*).

stage·y *Am. für* **stagy**.

stag·fla·tion [stæg'fleɪʃn] *s econ.* Stagflati'on *f.*

stag·gard ['stægə(r)d], **'stag·gart** [-gə(r)t] *s hunt.* Hirsch *m* im vierten Jahr, Sechsender *m.*

stag·ger ['stægə(r)] **I** *v/i* **1.** (sch)wanken, taumeln, torkeln: **to ~ to one's feet** sich schwankend erheben. **2.** wanken, (zu'rück)weichen (*Truppen*). **3.** *fig.* (sch)wanken(d werden). **II** *v/t* **4.** ins Wanken bringen, (sch)wankend machen, erschüttern (*alle a. fig.*). **5.** *fig.* a) verblüffen, b) *stärker*: 'umwerfen, über'wältigen, sprachlos machen. **6.** *tech., a. aer.* gestaffelt *od.* versetzt anordnen. **7.** *Arbeitszeit etc* staffeln: **to ~ holidays**. **III** *s* **8.** (Sch)Wanken *n,* Taumeln *n*: **to give a ~** → 1. **9.** *pl* (*als sg konstruiert*) a) *med.* Schwindel *m,* b) *vet.* Schwindel *m* (*bei Rindern*), Koller *m* (*bei Pferden*), Drehkrankheit *f* (*bei Schafen*). **10.** *aer.* Staffelung *f* (*a. fig.*), versetzte Anordnung. **11.** *Leichtathletik*: Kurvenvorgabe *f.* **'stag·gered** *adj* **1.** *tech.* versetzt (angeordnet), gestaffelt. **2.** gestaffelt: **~ (working) hours**. **'stag·ger·ing** *adj* (*adv* **~ly**) **1.** (sch)wankend, taumelnd. **2.** wuchtig, heftig: **a ~ blow**. **3.** *fig.* a) 'umwerfend, über'wältigend, phan'tastisch, b) schwindelerregend: ~ **prices**.

'stag·hound *s hunt. hist.* Hirschhund *m.*

stag·i·ness ['steɪdʒɪnɪs] *s* Thea'tralik *f,* Ef,fekthasche'rei *f.*

stag·ing ['steɪdʒɪŋ] *s* **1.** *thea.* a) Insze'nierung *f,* b) Bühnenbearbeitung *f.* **2.** *fig.* a) Veranstaltung *f,* b) Insze'nierung *f,* 'Durchführung *f.* **3.** (Bau)Gerüst *n.* **4.** *mar.* Hellinggerüst *n.* ~ **a·re·a** *s mil.* **1.** Bereitstellungsraum *m.* **2.** Auffangsraum *m.* ~ **post** *s Br.* **1.** *mil.* Sammelgebiet *n.* **2.** 'Zwischenstati,on *f.* **3.** *fig.* Ansatz *m* (**in** zu).

Stag·i·rite ['stædʒɪraɪt] *s*: **the ~** der Stagi'rit (*Aristoteles*).

stag·nan·cy ['stægnənsɪ] *s* Stagnati'on *f*: a) Stockung *f,* Stillstand *m,* b) *bes. econ.* Stille *f,* Flauheit *f,* c) *fig.* Trägheit *f.* **'stag·nant** *adj* (*adv* **~ly**) sta'gnierend: a) stockend, stillstehend, b) abgestanden (*Wasser*), stehend (*Gewässer*), c) *bes. econ.* still, flau, schleppend, d) *fig.* träge. **'stag·nate** [-neɪt] *v/i* sta'gnieren, stokken, stillstehen. **stag'na·tion** → **stagnancy**.

stag par·ty *s colloq.* (*meist feuchtfröhlicher*) Herrenabend.

stag·y ['steɪdʒɪ] *adj* **1.** bühnenmäßig, Bühnen... **2.** *fig.* thea'tralisch, ef'fekthaschend.

staid [steɪd] **I** *obs. pret u. pp von* **stay**[1]. **II** *adj* (*adv* **~ly**) **1.** gesetzt, seri'ös. **2.** ruhig (*a. Farben*), gelassen. **'staid·ness** *s* **1.** Gesetztheit *f.* **2.** Ruhe *f,* Gelassenheit *f.*

stain [steɪn] **I** *s* **1.** (Schmutz-, *a.* Farb-) Fleck *m*: **~-resistant** schmutzabweisend (*Teppich etc*). **2.** *fig.* Schandfleck *m,* Makel *m.* **3.** Färbung *f.* **4.** *tech.* a) Farbe *f,* Färbemittel *n,* b) (Holz)Beize *f.* **5.** *physiol.* Mal *n,* Fleck *m.* **II** *v/t* **6.** beschmutzen, beflecken, besudeln (*al-*

le a. fig.). **7.** färben, *Holz* beizen, *Glas etc* bemalen. **8.** *Tapeten, Stoff etc* bedrucken. **III** *v/i* **9.** Flecken verursachen. **10.** Flekken bekommen, schmutzen. **stained** *adj* **1.** be-, verschmutzt, fleckig. **2.** *fig.* besudelt. **3.** bunt, bemalt, Farb...: **~ glass; ~-glass** a) Buntglas..., b) *fig.* frömmelnd. **ˈstain·er** *s tech.* **1.** Färber *m*, Beizer *m*. **2.** Farbstoff *m*, Beize *f*. **ˈstain·ing I** *s* **1.** (Ver)Färbung *f*. **2.** Verschmutzung *f*. **3.** *bes. tech.* Färben *n*, Beizen *n*: **~ of glass** Glasmalerei *f*. **II** *adj* **4.** Färbe... **ˈstain·less** *adj* (*adv* **~ly**) **1.** *bes. fig.* fleckenlos, unbefleckt. **2.** *tech.* nichtrostend, rostfrei: **~ steel.**

stair [steə(r)] *s* **1.** Treppe *f*, Stiege *f*. **2.** (Treppen)Stufe *f*. **3.** *pl* Treppe(nhaus *n*) *f*: **above ~s** a) oben, b) *Br. hist.* bei der Herrschaft; **below ~s** a) unten, b) *Br. hist.* beim Hauspersonal; **down (up) ~s** → **downstairs (upstairs)**; **a flight of ~s** e-e Treppe. **4.** *pl* Landungssteg *m*. **~ car·pet** *s* Treppenläufer *m*.

ˈstair·case *s* Treppe *f*, Treppenhaus *n*, -aufgang *m*. **~ curve, ~ pol·y·gon** *s math.* ˈTreppenpolyˌgon *n*. **~ volt·age** *s* Treppenspannung *f*.

ˈstair|·head *s* oberster Treppenabsatz. **~ rod** *s* (Treppen)Läuferstange *f*. **ˈ~·way** → **staircase. ˈ~·well** *s* Treppenschacht *m*.

stake¹ [steɪk] **I** *s* **1.** (*a.* Grenz)Pfahl *m*, Pfosten *m*: **to pull up ~s** *bes. Am. colloq.* ‚s-e Zelte abbrechen'. **2.** Marter-, Brandpfahl *m*: **the ~** *fig.* der (Tod auf dem) Scheiterhaufen. **3.** Pflock *m* (*zum Anbinden von Tieren*). **4.** a) (Wagen)Runge *f*, b) (*Art*) Pritschenwagen *m*. **5.** Absteckpfahl *m*, -pflock *m*. **6.** kleiner (Hand-) Amboß. **7.** *Reitsport*: Hindernisstange *f*. **II** *v/t* **8.** *oft* **~ off, ~ out** abstecken (*a. fig.*): **to ~ out a** (*od.* **one's**) **claim (to)** *fig.* s-e Ansprüche auf (*acc*) anmelden; **to ~ in** (*od.* **out**) mit Pfählen einzäunen; **to ~ off** durch Pfähle abtrennen. **9.** *e-e Pflanze* mit e-m Pfahl stützen. **10.** *ein Tier* anpflocken. **11.** a) (mit e-m Pfahl) durchˈbohren, b) pfählen (*als Strafe*). **12.** *colloq. Haus, Verdächtigen etc* (poliˈzeilich) überˈwachen.

stake² [steɪk] **I** *s* **1.** (Wett-, Spiel)Einsatz *m*: **to place one's ~s on** setzen auf (*acc*); **to be at ~** *fig.* auf dem Spiel stehen; **to play for high ~s** um hohe Einsätze spielen, b) *fig.* ein hohes Spiel spielen, allerhand riskieren; **to sweep the ~s** den ganzen Gewinn einstreichen. **2.** *fig.* Interˈesse *n*, Anteil *m*, Beteiligung *f* (*a. econ.*): **to have a ~ in** interessiert *od.* beteiligt sein an (*dat*); **to have a ~ in the country** am Wohlergehen des Staates interessiert sein. **3.** *pl Pferderennen*: a) Doˈtierung *f*, b) Rennen *n*. **4.** *Am. colloq. für* **grubstake. II** *v/t* **5.** *Geld* setzen (**on** auf *acc*). **6.** *fig.* einsetzen, wagen, aufs Spiel setzen, risˈkieren: **I'd ~ my life on that** darauf gehe ich jede Wette ein. **7.** *fig. sein Wort etc* verpfänden (**on** für). **8.** *Am. colloq.* inveˈstieren in (*j-n od. etwas*).

ˈstake|ˌhold·er *s* ˈUnparˌteiischer, der die Wetteinsätze verwahrt. **~ net** *s mar.* Staknetz *n*. **ˈ~·out** *s colloq.* (poliˈzeiliche) Überˈwachung (**on** *gen*).

Sta·kha·no·vism [stæˈkænəvɪzəm; *Am.* stəˈkɑː-] *s* Staˈchanow-Syˌstem *n*. **Sta·ˈkha·no·vite** [-vaɪt] *s* Staˈchanowarbeiter(in).

sta·lac·tic [stəˈlæktɪk] → **stalactitic. staˈlac·ti·form** [-fɔː(r)m] *adj min.* stalakˈtitenförmig. **sta·lac·tite** [ˈstæləktaɪt; *Am. bes.* stəˈlækˌtaɪt] *s min.* Stalakˈtit *m*, hängender Tropfstein. **stal·ac·tit·ic** [ˌstælәkˈtɪtɪk] *adj* (*adv* **~ally**) stalakˈtitisch, Stalaktiten...

sta·lag·mite [ˈstæləgmaɪt; *Am. bes.* stəˈlægˌmaɪt] *s min.* Stalagˈmit *m*, stehender Tropfstein. **stal·ag·mit·ic** [ˌstæləgˈmɪtɪk] *adj* (*adv* **~ally**) stalagˈmitisch, Stalagmiten...

stale¹ [steɪl] **I** *adj* (*adv* **~ly**) **1.** alt (*Ggs. frisch*), *bes.* a) schal, abgestanden: **~ beer**, b) alt(backen): **~ bread**, c) schlecht, verdorben: **~ food. 2.** schal: **~ smell (taste,** *a. fig.* **pleasure,** *etc*). **3.** verbraucht, muffig: **~ air. 4.** *fig.* fad, abgedroschen, (ur)alt: **~ jokes. 5.** a) verbraucht, überˈanstrengt, *sport a.* ˈüberˈtraiˌniert, ‚ausgebrannt', b) ‚eingerostet', aus der Übung (gekommen). **6.** *jur.* verjährt, unwirksam *od.* gegenstandslos (geworden): **~ affidavit; ~ debt. II** *v/i* **7.** schal *etc* werden. **III** *v/t* **8.** schal machen, abnützen.

stale² [steɪl] *zo.* **I** *v/i* stallen, harnen (*Vieh*). **II** *s* Harn *m*.

stale·mate [ˈsteɪlmeɪt] **I** *s* **1.** *Schach*: Patt *n*. **2.** *fig.* Patt *n*, Sackgasse *f*. **II** *v/t* **3.** *Schach*: patt setzen. **4.** *fig.* in e-e Sackgasse führen.

stale·ness [ˈsteɪlnɪs] *s* **1.** Schalheit *f* (*a. fig.*). **2.** *fig.* a) Abgedroschenheit *f*, b) Verbrauchtheit *f*.

Sta·lin·ism [ˈstɑːlɪnɪzəm; ˈstæ-] *s pol.* Staliˈnismus *m*. **ˈSta·lin·ist I** *s* Staliˈnist(in). **II** *adj* staliˈnistisch.

stalk¹ [stɔːk] *s* **1.** *bot.* Stengel *m*, Stiel *m*, Halm *m*. **2.** *biol. zo.* Stiel *m* (*Träger e-s Organs*). **3.** *zo.* Federkiel *m*. **4.** Stiel *m* (*e-s Weinglases etc*). **5.** hoher Schornstein. **6.** *arch.* Stengel *m* (*an Säulen*).

stalk² [stɔːk] **I** *v/i* **1.** *hunt.* a) sich anpirschen, b) pirschen, auf die Pirsch gehen. **2.** *oft* **~ along** a) (einˈher)stolˌzieren, (-)schreiten, b) staksen, steif(beinig) gehen. **3.** ˈumgehen (*Gespenst, Krankheit etc*). **4.** *obs.* schleichen. **II** *v/t* **5.** *hunt. u. fig.* sich herˈanpirschen an (*acc*). **6.** *hunt.* durchˈpirschen, -ˈjagen. **7.** verfolgen, hinter *j-m* ˈherschleichen. **8.** ˈumgehen in (*dat*) (*Gespenst, Krankheit etc*). **III** *s* **9.** *hunt.* Pirsch(jagd) *f*. **10.** Stolˈzieren *n*, stolzer *od.* steifer Gang.

stalked [stɔːkt] *adj bot. zo.* gestielt, ...stielig: **long-~** langstielig.

stalk·er [ˈstɔːkə(r)] *s hunt.* Pirschjäger *m*.

ˌstalk-ˈeyed *adj zo.* stieläugig.

ˈstalk·ing-horse [ˈstɔːkɪŋ] *s* **1.** *hunt. hist.* Versteckpferd *n*. **2.** *fig.* Vorwand *m*, Deckmantel *m*: **to make s.o. a ~** j-n vorschieben. **3.** *pol. fig.* Strohmann *m*.

ˈstalk·less *adj* **1.** ungestielt. **2.** *bot.* sitzend, stengellos.

ˈstalk·let [-lɪt] *s* Stielchen *n*.

ˈstalk·y *adj* **1.** stengel-, stielartig. **2.** hochaufgeschossen.

stall¹ [stɔːl] **I** *s* **1.** a) Box *f* (*im Stall*), b) *obs.* Stall *m*. **2.** (Verkaufs)Stand *m*, (Markt)Bude *f*: **~ money** Standgeld *n*. **3.** Chor-, Kirchenstuhl *m*. **4.** *pl bes. thea. Br.* Sperrsitz *m*. **5.** Hülle *f*, Schutz *m*, *bes.* → **fingerstall. 6.** *Bergbau*: *bes. Br.* Arbeitsstand *m*. **7.** (marˈkierter) Parkplatz. **8.** *aer.* Sackflug *m*. **II** *v/t* **9.** *Tiere* a) in Boxen ˈunterbringen, b) *obs.* in Boxen mästen. **10.** a) *e-n Wagen* durch ‚Abwürgen' des Motors zum Stehen bringen, b) *den Motor* ‚abwürgen', c) *aer.* überˈziehen. **III** *v/i* **11.** steckenbleiben (*Wagen etc*). **12.** ‚absterben' (*Motor*). **13.** *aer.* abrutschen.

stall² [stɔːl] **I** *s* **1.** Ausflucht *f*, ˈHinhaltemaˌnöver *n*. **2.** *Am.* Komˈplize *m* e-s Taschendiebs. **II** *v/i* **3.** a) Ausflüchte machen, sich nicht festlegen (wollen), b) *a.* **~ for time** Zeit schinden. **4.** *sport bes. Am.* a) sich nicht voll ausgeben, b) auf Zeit spielen. **III** *v/t* **5.** *oft* **~ off** a) *j-n* ˈhinhalten, b) *etwas* hinˈauszögern.

stall·age [ˈstɔːlɪdʒ] *s Br.* Standgeld *n*.

stall| bar *s Turnen*: Sprossenwand *f*. **ˈ~-feed** *v/t irr Tiere* in Boxen mästen. **ˈ~ˌhold·er** *s* Standinhaber(in).

stall·ing speed [ˈstɔːlɪŋ] *s aer.* kritische Geschwindigkeit.

stal·lion [ˈstæljən] *s* (Zucht)Hengst *m*.

stal·wart [ˈstɔːlwə(r)t] **I** *adj* (*adv* **~ly**) **1.** stramm, kräftig, roˈbust, (hand)fest. **2.** tapfer, beherzt. **3.** *bes. pol.* unentwegt, treu: **S~ Republican. II** *s* **4.** strammer *od.* handfester Kerl. **5.** *bes. pol.* treuer Anhänger, Unentwegte(r *m*) *f*.

sta·men [ˈsteɪmen; -mən] *pl* **-mens, stam·i·na** [ˈstæmɪnə; *Am. a.* ˈsteɪ-] *s bot.* Staubblatt *n*, -gefäß *n*, -faden *m*.

stam·i·na [ˈstæmɪnə] *s* **1.** Lebenskraft *f* (*a. fig.*), Vitaliˈtät *f*. **2.** Stärke *f*, Kraft *f*. **3.** Zähigkeit *f*, Ausdauer *f*. **4.** ˈWiderstandskraft *f* (*a. mil.*), ˈDurchhalte-, Stehvermögen *n*, Konditiˈon *f* (*a. sport*).

ˈstam·i·nal *adj* **1.** Lebens..., viˈtal. **2.** Widerstands..., Konditions... **3.** *bot.* Staubblatt... **ˈstam·i·nate** [-nət; -neɪt], **ˌstam·iˈnif·er·ous** [-ˈnɪfərəs] *adj bot.* männlich.

stam·mer [ˈstæmə(r)] **I** *v/i* **1.** *med.* stottern. **II** *v/t* **2.** *a.* **~ out** stottern, stammeln. **III** *s* **3.** *med.* Stottern *n*: **to have a ~** stottern. **4.** Gestottere *n*, Gestammel *n*. **ˈstam·mer·er** *s med.* Stotterer *m*, Stotterin *f*. **ˈstam·mer·ing I** *adj* **1.** *med.* stotternd. **2.** stotternd, stammelnd. **II** *s* **3.** → **stammer** III.

stamp [stæmp] **I** *v/t* **1.** a) stampfen, *Skipiste* treten, b) aufstampfen mit, c) stampfen auf (*acc*): **to ~ one's foot** aufstampfen; **to ~ down** a) feststampfen, b) niedertrampeln; **to ~ out** a) austreten: **to ~ out a fire**, b) zertrampeln, c) *fig.* ausmerzen, d) niederschlagen, ersticken: **to ~ out a rebellion. 2.** prägen: **to ~ money. 3.** aufprägen (**on** auf *acc*). **4.** *fig.* (fest) einprägen: **to ~ s.th. on s.o.'s mind** j-m etwas fest einprägen; **~ed upon s.o.'s memory** unverrückbar in j-s Erinnerung. **5.** *e-e Urkunde etc* stempeln. **6.** *Namen etc* aufstempeln (**on** auf *acc*). **7.** *Gewichte etc* eichen. **8.** *e-n Brief etc* franˈkieren, freimachen, e-e Briefmarke (auf)kleben auf (*acc*): **~ed envelope** Freiumschlag *m*. **9.** e-e Steuer- *od.* Gebührenmarke (auf)kleben auf (*acc*). **10.** kennzeichnen (*a. fig.*): **to be ~ed with** gekennzeichnet sein durch. **11.** *fig.* (**as** *od. acc*) kennzeichnen *od.* charakteriˈsieren (als), stempeln (zu). **12.** *tech.* a) *a.* **~ out** (aus)stanzen, b) pressen, c) *Lumpen etc* einstampfen, d) *Erz* pochen. **13.** *Butter* formen.

II *v/i* **14.** aufstampfen. **15.** stampfen, trampeln (**on** auf *acc*): **to ~ on** *fig.* hart vorgehen gegen.

III *s* **16.** (*Dienst- etc*)Stempel *m*. **17.** *fig.* Stempel *m* (*der Wahrheit etc*), Gepräge *n*: **to bear the ~ of** den Stempel des *Genies etc* tragen; **he left his ~ on his times** er gab s-r Zeit das Gepräge. **18.** (Brief)Marke *f*. **19.** (Stempel-, Steuer-, Gebühren-) Marke *f*: **revenue ~. 20.** *a.* **trading ~** *econ.* Raˈbattmarke *f*. **21.** (Firmen)Zeichen *n*, Etiˈkett *n*. **22.** *fig.* Art *f*, Schlag *m*: **a man of his ~** ein Mann s-s Schlages; **of a different ~** aus e-m anderen Holz geschnitzt. **23.** *tech.* a) Stempel *m*, b) Prägestempel *m*, c) Stanze *f*, d) Stanzeisen *n* (*des Buchbinders*), e) Stampfe *f*, f) Presse *f*, g) Pochstempel *m*, h) Paˈtrize *f*. **24.** Prägung *f*. **25.** Aufdruck *m*. **26.** a) Eindruck *m*, b) Spur *f*. **27.** (Auf)Stampfen *n*.

stamp| al·bum *s* (Brief)Markenalbum *n*. **~ book·let** *s mail* Markenheftchen *n*. **~ col·lec·tor** *s* (Brief)Markensammler *m*. **~ du·ty** *s econ.* Stempelgebühr *f*: **exempt from ~** stempelfrei; **subject to ~** stempel(gebühren)pflichtig.

stam·pede [stæmˈpiːd] **I** *s* **1.** a) wilde, panische Flucht, Panik *f*, b) wilder Ansturm. **2.** *fig.* (Massen)Ansturm *m*: **~ of shoppers. 3.** *pol. Am.* a) ˈMeinungsˌumschwung *m*, b) ‚Erdrutsch' *m*, Wählerflucht *f*. **4.** *Am. colloq.* Volksfest *n* (*mit Cowboydarbietungen etc*). **II** *v/i* **5.** in wilder Flucht daˈvonstürmen, ˈdurchgehen. **6.** (in Massen) losstürmen. **III** *v/t* **7.** in wilde Flucht jagen. **8.** a) in Panikstimmung versetzen, b) treiben (**into doing s.th.** dazu, etwas zu tun), c) überˈrumpeln, d) *pol. Am.* e-n ‚Erdrutsch' herˈvorrufen bei: **to ~ a convention.**

ˈstamp·er *s tech.* **1.** Stampfe(r *m*) *f*, Ramme *f*. **2.** Stößel *m*, Stempel *m*.

ˈstamp·ing *s tech.* **1.** Ausstanzen *n*. **2.** Stanzstück *n*. **3.** Preßstück *n*. **4.** Prägung *f*. **~ die** *s tech.* ˈSchlagmaˌtrize *f*. **~ ground** *s* **1.** Reˈvier *n* (*a. von Tieren*). **2.** Tummelplatz *m*, Treff(punkt) *m*.

stamp(·ing) mill *s tech.* **1.** Stampfmühle *f*. **2.** Pochwerk *n*.

stance [stæns; *Br. a.* stɑːns] *s* **1.** *a. sport* Stellung *f*, Haltung *f* (*a. fig.*). **2.** *mount.* Stand *m*.

stanch[1] [stɑːntʃ; *Am. a.* stɔːntʃ] *v/t* **1.** *Blut(ung)* stillen. **2.** *fig.* Einhalt gebieten (*dat*).

stanch[2] [stɑːntʃ; *Am. a.* stɔːntʃ] → **staunch[2]**.

stan·chion [ˈstɑːnʃn; *Am.* ˈstæntʃən] **I** *s* Pfosten *m*, Stütze *f* (*a. mar.*). **II** *v/t* a) (ab)stützen, b) verstärken.

ˈstanch·ness → **staunchness.**

stand [stænd] **I** *s* **1.** a) Stehen *n*, b) Stillstand *m*, Halt *m*. **2.** a) (Stand)Platz *m*, Standort *m*, b) *fig.* Standpunkt *m*: **to take one's ~** sich aufstellen (**at** bei, auf *dat*), *fig.* Stellung beziehen; **to take one's ~ on** *fig.* sich stützen auf (*acc*). **3.** *fig.* Eintreten *n*: **to make a ~ against** sich entgegenstellen *od.* -stemmen (*dat*); **to make a ~ for** sich einsetzen für. **4.** a) (ˈZuschauer)TriˌBüne *f*, b) Podium *n*. **5.** *jur. Am.* Zeugenstand *m*: **to take the ~** a) den Zeugenstand betreten, b) als Zeuge aussagen; **to take the ~ on s.th.** etwas beschwören. **6.** *econ.* (Verkaufs-, Messe-) Stand *m*. **7.** Stand(platz) *m* (*für Taxis*). **8.** (*Kleider-, Noten- etc*)Ständer *m*. **9.** Gestell *n*, Reˈgal *n*. **10.** a) Staˈtiv *n*, b) Stütze *f*. **11.** (Baum)Bestand *m*. **12.** *agr.* Stand *m* (*des Getreides etc*), (zu erwartende) Ernte: **~ of wheat** stehender Weizen. **13.** *thea.* Gastspiel(ort *m*) *n*: → **one-night stand. 14. ~ of arms** *mil.* (vollständige) Ausrüstung (*e-s Soldaten*).

II *v/i pret u. pp* **stood** [stʊd] **15.** *allg.* stehen: ..., **(as) sure** (*od.* **true**) **as I'm ~ing here** ..., so wahr ich hier stehe!; **to ~ alone** a) (*mit e-r Ansicht etc*) allein (da)stehen, b) unerreicht dastehen *od.* sein; **to ~ fast** (*od.* **firm**) fest *od.* hart bleiben (**on** in *dat*) (→ 18); **to ~ or fall** stehen od. fallen, siegen od. untergehen; **to ~ gasping** keuchend dastehen; **to ~ on one's head** a) e-n Kopfstand machen, kopfstehen, b) *fig.* (*vor Freude etc*) ‚kopfstehen'; **to ~ to lose (to win)** (mit Sicherheit) verlieren (gewinnen); **as matters ~** nach Lage der Dinge; **I want to know where I ~** ich will wissen, woran ich bin; **the thermometer ~s at 78** das Thermometer steht auf 78 Grad (Fahrenheit); **the wind ~s in the west** der Wind weht von Westen; **to ~ well with s.o.** mit j-m gut stehen, sich mit j-m gut stellen. **16.** stehen, liegen, sich befinden, sein (*Sache*). **17.** sein: **to ~ accused (aghast, ready,** *etc*); **to ~ convicted** überführt sein (**of** *gen*); **to ~ in need of help** Hilfe nötig haben; → **correct** 2. **18.** *a.* **~ still** stehenbleiben, stillstehen: **~!** halt!; **~ fast!** *mil.* a) *Br.* stillgestanden!, b) *Am.* Abteilung halt! **19.** bleiben: **to ~ neutral (unchallenged)**; **and so it ~s** und dabei bleibt es. **20.** sich stellen, treten: **to ~ back** (*od.* **clear**) zurücktreten; **to ~ on the defensive** sich verteidigen; **to ~ on the offensive** zum Angriff antreten. **21.** (groß) sein, messen: **he ~s six feet (tall). 22.** zu vereinbaren sein (**with** mit): **if it ~s with hono(u)r. 23.** sich behaupten, bestehen (**against** gegen): **to ~ through s.th.** etwas überstehen *od.* -dauern. **24.** *fig.* festbleiben. **25.** *a.* **~ good** (weiterhin) gelten: **my offer ~s** mein Angebot bleibt bestehen; **to let s.th. ~** etwas gelten *od.* bestehen bleiben lassen. **26.** *mar.* (*auf e-m Kurs*) liegen *od.* sein, steuern, halten. **27.** zuˈstatten kommen (**to** *dat*). **28.** *hunt.* vorstehen (**upon** *dat*) (*Hund*): **to ~ upon game. 29.** *Kartenspiel*: halten, nicht passen. **30.** lauten: **the sentence must ~ thus.**

III *v/t* **31.** stellen: **to ~ a plane on its nose** *aer.* ‚e-n Kopfstand machen'; **to ~ s.th. on its head** *fig.* etwas auf den Kopf stellen. **32.** standhalten (*dat*), aushalten: **he can't ~ the climate** er kann das Klima nicht (v)ertragen; **I could not ~ the pain** ich konnte den Schmerz nicht aushalten *od.* ertragen; **I can't ~ him** ich kann ihn nicht ausstehen; → **racket[2]** 4. **33.** sich *etwas* gefallen lassen, dulden, ertragen: **I won't ~ it any longer. 34.** sich *e-r Sache* unterˈziehen: → **trial** 2. **35.** bestehen: → **test[1]** 2. **36.** a) *Pate* stehen, b) *Bürgschaft etc* leisten: → **security** 5, **sponsor** 2, **surety** 1. **37.** *colloq.* a) aufkommen für, b) (*j-m*) *ein Essen etc* spenˈdieren: **to ~ a drink** ‚einen' ausgeben *od.* spendieren; **to ~ a round** e-e Runde ‚schmeißen'; → **shot[1]** 13, **treat** 11. **38.** *e-e Chance* haben.

Verbindungen mit Präpositionen:

stand| by *v/i* **1.** *j-m* zur Seite stehen, zu *j-m* halten *od.* stehen. **2.** stehen zu, treu bleiben (*dat*): **to ~ one's principles (word,** *etc*). **~ for** *v/i* **1.** stehen für, bedeuten. **2.** eintreten für, vertreten: **to ~ birth control. 3.** *bes. Br.* sich bewerben um: **to ~ an office. 4.** *bes. Br.* kandiˈdieren für: **to ~ a constituency**; **to ~ election** kandidieren, sich zur Wahl stellen. **5.** *colloq.* → **stand** 33. **~ on** *v/i* **1.** halten *od.* achten auf (*acc*): **to ~ ceremony** a) die Etikette beachten, b) (sehr) förmlich sein; **don't ~ ceremony** mach doch keine Umstände; → **dignity** 4. **2.** pochen auf (*acc*): **to ~ one's rights. 3.** beruhen auf (*dat*). **4.** *mar. den Kurs* beibehalten. **~ o·ver** *v/i* überˈwachen, aufpassen auf (*acc*). **~ to** *v/i* **1.** → **stand by** 1. **2.** stehen zu (*s-m Versprechen etc*), bei *s-m Wort* bleiben: **to ~ one's duty** (treu) s-e Pflicht tun; **to ~ one's oars** sich (kräftig) in die Riemen legen; → **gun** 1. **3. ~ it (that)** daˈbei bleiben(, daß). **~ up·on** → **stand on.**

Verbindungen mit Adverbien:

stand| a·bout *v/i* herˈumstehen. **~ a·part** *v/i* **1.** a) abseits *od.* für sich stehen, b) (**from**) sich ausschließen (von), nicht mitmachen (bei). **2.** *fig.* sich distanˈzieren (**from** von). **~ a·round** → **stand about. ~ a·side** *v/i* **1.** beiˈseite treten. **2.** *fig.* verzichten, zuˈrücktreten (**in s.o.'s favo(u)r** zu j-s Gunsten). **3.** tatenlos herˈumstehen. **~ back** *v/i* **1.** zuˈrücktreten. **2. ~ from** abseits (*gen*) liegen. **3. ~ from** *fig.* Abstand gewinnen von. **~ by** *v/i* **1.** daˈbeisein *od.* -stehen u. zusehen (müssen), (ruhig) zusehen. **2.** a) *bes. mil.* bereitstehen, sich in Bereitschaft halten, b) *mar.* sich klar halten: **~!** *mil.* Achtung!, *mar.* klar zum Manöver! **3.** *Funk*: a) auf Empfang bleiben, b) sendebereit sein. **~ down** *v/i* **1.** *jur.* den Zeugenstand verlassen. **2.** *bes. Br.* → **stand aside** 2. **3.** *mil.* sich auflösen. **~ in** *v/i* **1.** (als Ersatz) einspringen (**for s.o.** für j-n). **2. ~ for** (*bes. Film*) *j-n* doubeln. **3. ~ with** ‚unter e-r Decke stecken mit'. **4.** *mar.* landwärts anliegen. **~ off I** *v/i* **1.** sich entfernt halten (**from** von). **2.** *fig.* Abstand halten (*im Umgang*). **3.** *fig.* in e-e Sackgasse geraten. **4.** *mar.* seewärts anliegen: **to ~ and on** ab und zu liegen. **II** *v/t* **5.** *econ. Br. j-n* (*bes.* vorˈübergehend) entlassen. **6.** sich *j-n* vom Leibe halten. **~ out I** *v/i* **1.** (*a. fig.* deutlich) herˈvortreten, -springen: → **mile** 1. **2.** abstehen (*Ohren*). **3.** *fig.* herˈausragen, herˈvorstechen. **4.** sich gut abheben (**against, in contrast to** gegen *od.* von). **5.** aus-, ˈdurchhalten, nicht nachgeben. **6.** sich hartnäckig wehren (**against** gegen). **7. ~ for** bestehen auf (*dat*). **8. ~ to sea** *mar.* auslaufen. **II** *v/t* **9.** aushalten, standhalten (*dat*): **to ~ a storm** *mar.* e-n Sturm abwettern. **~ o·ver I** *v/i* **1.** (**to** auf *acc*) a) sich vertagen, b) verschoben werden. **2.** liegenbleiben, warten: **the accounts can ~ till next week. II** *v/t* **3.** vertagen, verschieben (**to** auf *acc*). **~ to** *mil.* **I** *v/t* in Bereitschaft versetzen. **II** *v/i* in Bereitschaft stehen. **~ up I** *v/i* **1.** aufstehen, sich erheben (*beide a. fig.*). **2.** sich aufrichten (*Stachel etc*). **3. ~ against** angehen gegen. **4. ~ for** eintreten *od.* sich einsetzen für. **5. ~ to** mutig gegenˈübertreten (*dat*), Paˈroli *od.* die Stirn bieten (*dat*). **6.** a) (**under, to**) sich (gut) halten (unter, gegen), standhalten (*dat*): **evidence that stands up in court** Beweismaterial, das der gerichtlichen Prüfung standhält, b) halten (*Skipiste*). **II** *v/t* **7.** *colloq. j-n* ‚versetzen'.

stand·ard[1] [ˈstændə(r)d] **I** *s* **1.** Standard *m*, Norm *f*. **2.** Muster *n*, Vorbild *n*. **3.** Maßstab *m*: **to apply another ~** e-n anderen Maßstab anlegen; **~ of value** Wertmaßstab; **by present-day ~s** nach heutigen Begriffen; **double ~** doppelte Moral. **4.** Richt-, Eichmaß *n*, Standard *m*. **5.** Richtlinie *f*: **code of ~s** Richtlinien. **6.** (Mindest)Anforderungen *pl*: **to be up to (below) ~** den Anforderungen (nicht) genügen *od.* entsprechen; **to set a high ~** viel verlangen, hohe Anforderungen stellen; **~s of entry** *ped.* Aufnahmebedingungen; **~ of living** Lebensstandard *m*. **7.** *econ.* ˈStandard(qualiˌtät *f od.* -ausführung *f*) *m*. **8.** (*Gold- etc*)Währung *f*, (-)Standard *m*. **9.** Standard *m*: a) Feingehalt *m*, Feinheit *f* (*der Edelmetalle*), b) *a.* **monetary ~** Münzfuß *m*. **10.** Stand *m*, Niˈveau *n*, Grad *m*: **to be of a high ~** ein hohes Niveau haben; **~ of knowledge** Bildungsgrad, -stand; **~ of prices** Preisniveau, -spiegel *m*. **11.** *ped. bes. Br.* Stufe *f*, Klasse *f*. **12.** Standard *m* (*Holzmaß*).

II *adj* **13.** a) Norm...: **~ part**; **~ specifications** Normvorschriften, b) norˈmal: **~ type** *print.* normale Schrift(form), c) Normal...: **~ atmosphere (candle, clock, film, time,** *etc*), d) Standard..., Einheits..., *tech. a.* Serien..., serienmäßig: **~ model**; **~ size** gängige Größe (*Schuhe etc*); **to be ~ on** zur Serienausstattung (*gen*) gehören, e) Durchschnitts...: **~ value**; **~ rate** *econ.* Grund-, Einheitsgebühr *f*, *a.* Normalsatz *m*; **~ weight** Normal-, Eichgewicht *n*, *a.* Gewichtseinheit *f*. **14.** gültig, maßgebend, Standard...: **~ edition**; **S~ German** *ling.* Hochdeutsch *n*. **15.** klassisch: **~ novel**; **~ author** Klassiker *m*.

stand·ard[2] [ˈstændə(r)d] **I** *s* **1.** a) *mil. pol.* Stanˈdarte *f*, b) Fahne *f*, Flagge *f*, c) Wimpel *m*. **2.** *fig.* Banner *n*. **3.** *tech.* a) Ständer *m*, b) Pfosten *m*, Pfeiler *m*, Stütze *f*, c) Gestell *n*. **4.** *agr.* a) Hochstämmchen *n* (*freistehender Strauch*), b) Hochstamm *m*,

Baum *m* (*Obst*). **5.** *orn.* Fahne *f* (*Federteil*). **II** *adj* **6.** stehend, Steh...: ~ **lamp** Stehlampe *f.* **7.** *agr.* hochstämmig: ~ **rose.**
ˈstand·ard|-ˌbear·er *s* **1.** *mil.* a) Fahnenträger *m*, b) *hist.* Fähnrich *m.* **2.** *fig.* (An)Führer *m*, Bannerträger *m.* **ˈ~ˌbred** *adj agr. Am.* aus Herdbuchzucht (stammend): ~ **horse.** ~ **de·vi·a·tion** *s Statistik*: Standardabweichung *f.* ~ **dol·lar** *s* (Gold)Dollar *m.* **S~ Eng·lish** *s* hochsprachliches Englisch. ~ **ga(u)ge** *s rail.* Norˈmalspur *f.*
stand·ard·i·za·tion [ˌstændədaɪˈzeɪʃn; *Am.* -dərdəˈz-] *s* **1.** Normung *f*, Norˈmierung *f*, Vereinheitlichung *f*, Standardiˈsierung *f*: ~ **committee** Normenausschuß *m.* **2.** *chem.* Standardiˈsierung *f*, Tiˈtrierung *f.* **3.** Eichung *f.* **ˈstand·ard·ize** [-daɪz] *v/t* **1.** normen, standardiˈsieren, norˈmieren, vereinheitlichen. **2.** *chem.* standardiˈsieren, tiˈtrieren. **3.** eichen.
ˈstand-by I *pl* **-bys** *s* **1.** Stütze *f*, Beistand *m*, Hilfe *f* (*Person od. Sache*). **2.** *meist* **old** ~ altbewährte Sache(, auf die man zurückgreifen kann). **3.** (Aˈlarm-*etc*)Bereitschaft *f*: **to be on** ~ in Bereitschaft stehen. **4.** *tech.* Not-, Reˈservegerät *n.* **5.** Ersatz *m.* **II** *adj* **6.** Hilfs..., Not..., Ersatz..., Reserve...: ~ **unit** *electr.* Notaggregat *n.* **7.** Bereitschafts...: ~ **duty,** ~ **service** Bereitschaftsdienst *m*; ~ **position** *mil.* Wartestellung *f*; ~ **station** (*Radio*) Bereitschaftsstelle *f.* **8.** *econ.* Beistands...: ~ **credit.**
stand| cam·er·a *s phot. Br.* Staˈtivkamera *f.* **ˈ~-down** *s* (*sport* Wettkampf-) Pause *f*, *a.* vorˈübergehende Arbeitseinstellung. **ˈ~-ˌeas·y** *s mil.* Rührt-Euch *n* (*Kommando*).
stand·ee [stænˈdiː] *s bes. Am.* a) Stehplatzinhaber(in), b) j-d, der stehen muß.
stand·er-by [ˌstændə(r)ˈbaɪ] *pl* **ˌstand·ers-ˈby** *s* Daˈbeistehende(r *m*) *f*, Zuschauer(in).
ˈstand·fast *s* feste Positiˈon.
ˈstand-in *s* **1.** *bes. Film*: Double *n.* **2.** Ersatzmann *m*, Vertreter(in). **3.** *Am. colloq.* a) gute Stellung, b) ‚gute Nummer' (**with s.o.** bei j-m).
ˈstand·ing I *s* **1.** a) Stand *m*, Rang *m*, Stellung *f*, b) Ansehen *n*, Ruf *m*: **person of high** ~ hochangesehene *od.* hochstehende Persönlichkeit. **2.** Dauer *f*: **of long** ~ seit langem bestehend, alt (*Brauch, Freundschaft etc*). **3.** Stehen *n*: **no** ~ keine Stehplätze. **II** *adj* **4.** stehend (*a. fig.*): ~ **water**; ~ **army** *mil.* stehendes Heer; ~ **corn** Getreide *n* auf dem Halm; ~ **jump** *sport* Sprung *m* aus dem Stand; ~ **position** *mil.* (im) Anschlag stehend; **a** ~ **rule** e-e (fest)stehende Regel; ~ **timber** Holz *n* auf dem Stamm; **all** ~ *mar.* a) unter vollen Segeln, b) *sl.* hilflos. **5.** *fig.* ständig: ~ **nuisance**; → **committee** 1, **dish** 3 b. **6.** *econ.* laufend: ~ **charge** laufende Unkosten. **7.** Steh...: ~ **desk**; ~ **matter** *print.* Stehsatz *m.* **8.** üblich, gewohnt: **a** ~ **dish.** **9.** bewährt, alt: **a** ~ **joke.** ~ **group** *s pol.* Standing Group *f* (*Führungsgremium der* **Nato**). ~ **or·der** *s* **1.** *econ.* a) Dauerauftrag *m* (*e-s Bankkunden*), b) (*Zeitungs- etc*)Abonneˈment *n.* **2.** *pl parl. etc* Geschäftsordnung *f.* **3.** *mil.* Dauerbefehl *m.* ~ **rig·ging** *s mar.* stehendes Gut. ~ **room** *s* **1.** Platz *m* zum Stehen. **2.** Stehplatz *m.* ~ **start** *s sport* stehender Start: **from a** ~ mit stehendem Start. ~ **wave** *s electr.* stehende Welle.
stand·ish [ˈstændɪʃ] *s obs.* ˈSchreibtischgarniˌtur *f.*
ˈstand|-off I *s* **1.** *Am.* Distanˈzierung *f*: ~ **bomb** Luft-Boden-Mittelstreckenrakete *f.* **2.** *fig.* Sackgasse *f.* **II** *adj* → **standoffish.** **ˌ~ˈoff·ish** *adj* **1.** reserˈviert, (sehr) ablehnend, unnahbar. **2.** hochmütig. ~ **oil** *s tech.* Standöl *n.* **ˈ~ˌout** *Am. colloq.* **I** *s* **1.** (*etwas*) Herˈvorragendes. **2.** herˈausragende Perˈsönlichkeit. **II** *adj* **3.** herˈvor-, herˈausragend. **ˈ~ˌpat** *pol. Am. colloq.* **I** *s* sturer Konservaˈtiver. **II** *adj* (starr) konservaˈtiv. **ˌ~ˈpat·ter** → **standpat I.** **ˈ~·pipe** *s tech.* **1.** Standrohr *n.* **2.** Wasserturm *m.* **ˈ~·point** *s* Standpunkt *m* (*a. fig.*): **from the historical** ~. **ˈ~·still I** *s* Stillstand *m*: **to be at a** ~ stillstehen, stocken, ruhen, an e-m toten Punkt angelangt sein; **from** ~ *mot. etc* aus dem Stand; **to come (bring) to a** ~ zum Stillstand *od.* Erliegen kommen (bringen). **II** *adj* stillstehend: ~ **agreement** *pol.* Stillhalteabkommen *n.* **ˈ~-up** *adj* **1.** stehend: ~ **collar** Stehkragen *m.* **2.** *colloq.* im Stehen eingenommen: ~ **meal.** **3.** wild, wüst (*Schlägerei*): ~ **fight** (*Boxen*) Schlägerei *f.*
stang [stæŋ] *pret obs. von* **sting.**
stan·hope [ˈstænəp] *s* **1.** Stanhope *m* (*ein offener Einspänner*). **2.** *a.* **S~ press** *print.* Stanhopepresse *f.*
stan·iel [ˈstænjəl] → **kestrel.**
sta·nine [ˈsteɪnaɪn] *s aer. mil.* (*mit 1 bis 9 Punkten bewerteter Grad der*) Fliegertauglichkeit *f.*
stank[1] [stæŋk] *s Br. dial.* **1.** Teich *m*, Weiher *m.* **2.** Wassergraben *m.* **3.** ˈWasserreserˌvoir *n.* **4.** a) Damm *m*, b) Wehr *n*, c) Schleuse *f.*
stank[2] [stæŋk] *pret von* **stink.**
stan·na·ry [ˈstænərɪ] *tech. Br.* **I** *s* **1.** Zinngrubengebiet *n.* **2.** a) Zinngrube *f*, b) Zinnofen *m.* **II** *adj* **3.** Zinn(gruben)...
stan·nate [ˈstænət; *Am.* -ˌneɪt] *s chem.* Stanˈnat *n.*
stan·nel [ˈstænl] → **kestrel.**
stan·nic [ˈstænɪk] *adj chem.* Zinn..., Stanni...
stan·nif·er·ous [stæˈnɪfərəs] *adj* zinnhaltig. **ˈstan·nite** [-aɪt] *s* **1.** *min.* Zinnkies *m*, Stanˈnin *m.* **2.** *chem.* Stanˈnit *n.* **3.** *min.* Stanˈnit *m.* **ˈstan·nous** *adj chem.* Zinn..., Stanni...
stan·za [ˈstænzə] *s metr.* **1.** Strophe *f.* **2.** Stanze *f.* **ˈstan·zaed** [-zəd] *adj* ...strophig: **eight-~.** **stanˈza·ic** [-ˈzeɪɪk] *adj* strophisch.
sta·pe·di·al [stæˈpiːdjəl; -ɪəl; *Am.* steɪ-; stə-] *adj anat.* Steigbügel...: ~ **bone** → **stapes.**
sta·pes [ˈsteɪpiːz] (*Lat.*) *pl* **ˈsta·pes, sta·pe·des** [stæˈpiːdiːz; *Am. a.* ˈsteɪpə-] *s anat.* Steigbügel *m*, Stapes *m* (*Gehörknöchelchen*).
staph·y·lo·coc·cus [ˌstæfɪləʊˈkɒkəs; *Am.* -ˈkɑ-] *s irr med.* Staphyloˈkokkus *m.*
sta·ple[1] [ˈsteɪpl] **I** *s* **1.** *econ.* ˈHaupterzeugnis *n*, -proˌdukt *n*: **the ~s of a country.** **2.** *econ.* Stapelware *f*: a) ˈHauptarˌtikel *m*, b) Massenware *f.* **3.** *econ.* Rohstoff *m.* **4.** *tech.* Stapel *m*: a) *Qualität od. Länge des Fadens*, b) *Büschel Schafwolle*: **of short** ~ kurzstapelig. **5.** *tech.* a) Rohwolle *f*, b) Faser *f*: ~ **fiber** (*bes. Br.* **fibre**) Zellwolle. **6.** *fig.* Hauptgegenstand *m*, -thema *n.* **7.** *econ.* a) Stapelplatz *m*, b) Handelszentrum *n.* **8.** *hist.* Markt *m* mit Stapelrecht. **II** *adj* **9.** *econ.* Stapel...: ~ **goods (port, right, trade).** **10.** Haupt...: ~ **food (industry,** *etc*); ~ **subject of conversation** → 6. **11.** *econ.* a) Haupthandels..., b) (markt)gängig, c) Massen... **12.** *hist.* Monopol... **III** *v/t* **13.** (nach Stapel) sorˈtieren: **to** ~ **cotton.**
sta·ple[2] [ˈsteɪpl] *tech.* **I** *s* **1.** (Draht)Öse *f.* **2.** Krampe *f.* **3.** Heftdraht *m*, -klammer *f.* **4.** *mus.* Messingröhrchen *n* (*im Oboenmundstück*). **II** *v/t* **5.** (mit Draht) heften: **stapling machine** → **stapler**[1]. **6.** klammern (**to an** *acc*).
sta·pler[1] [ˈsteɪplə(r)] *s tech.* ˈHeftmaˌschine *f.*
sta·pler[2] [ˈsteɪplə(r)] *s econ.* **1.** (ˈBaumwoll)Sorˌtierer *m.* **2.** Stapelkaufmann *m.*
star [stɑː(r)] **I** *s* **1.** *astr.* a) Stern *m*, b) *meist* **fixed** ~ Fixstern *m*, c) Gestirn *n.* **2.** Stern *m*: a) sternähnliche Fiˈgur, b) *fig.* Größe *f*, Berühmtheit *f* (*Person*), c) Orden *m*, d) *print.* Sternchen *n* (*Hinweiszeichen*), e) weißer Stirnfleck (*bes. e-s Pferdes*): **S~s and Stripes** Sternenbanner *n* (*Nationalflagge der USA*); **a literary** ~ *fig.* ein Stern am literarischen Himmel; **to see ~s** *colloq.* ‚Sterne sehen' (*nach e-m Schlag*). **3.** a) Stern *m* (*Schicksal*), b) *a.* **lucky** ~ Glücksstern *m*, guter Stern: **unlucky** ~ Unstern *m*; **his** ~ **is in the ascendant (is** *od.* **has set)** sein Stern ist im Aufgehen (ist untergegangen); **to follow one's** ~ s-m (Glücks)Stern vertrauen; **you may thank** (*od.* **bless**) **your ~s** Sie können von Glück sagen(, daß). **4.** (Bühnen-, *bes.* Film)Star *m.* **5.** *sport etc* Star *m*: **football ~.** **6.** *electr.* Stern *m.* **7.** *Segeln*: Star *m* (*Boot*).
II *adj* **8.** Stern...: ~ **map** (*od.* **chart**); ~ **time.** **9.** Haupt...: ~ **prosecution witness** *jur.* Hauptbelastungszeuge *m.* **10.** *thea., a. sport etc* Star...: ~ **player** Star *m*; ~ **performance** Elitevorstellung *f*; ~ **turn** Hauptattraktion *f.* **11.** herˈvorragend, Star...: ~ **reporter.**
III *v/t* **12.** mit Sternen schmücken *od.* besäen. **13.** *j-n* in der *od.* e-r Hauptrolle zeigen: **a film ~ring** ... ein Film mit ... in der Hauptrolle. **14.** *print.* mit Sternchen versehen.
IV *v/i* **15.** die *od.* e-e Hauptrolle spielen: **to** ~ **in a film**; **to** ~ **as** *fig.* Hervorragendes leisten als, glänzen als.
star ap·ple *s bot.* Sternapfel *m.*
star·board [ˈstɑː(r)bə(r)d] *aer. mar.* **I** *s* Steuerbord *n*: **to cast to** ~ *mar.* nach Steuerbord fallen. **II** *adj* Steuerbord... **III** *adv* a) nach Steuerbord, b) steuerbord(s). **IV** *v/t u. v/i* nach Steuerbord halten.
star boat *s Segeln*: Starboot *n.*
starch [stɑː(r)tʃ] **I** *s* **1.** Stärke *f*: a) Stärkemehl *n*, b) Wäschestärke *f*, c) Stärkekleister *m*, d) *chem.* Aˈmylum *n*: ~ **blue** Stärke-, Kobaltblau *n*; **printing** ~ Druckkleister *m.* **2.** *pl* stärkereiche Nahrungsmittel *pl*, ˈKohle(n)hyˌdrate *pl.* **3.** *fig.* Steifheit *f*, Förmlichkeit *f.* **4.** *Am. colloq.* ‚Mumm' *m* (*Energie*): **to let** (*od.* **knock**) **the** ~ **out of s.o.** j-m ‚die Luft rauslassen'. **II** *v/t* **5.** *Wäsche* stärken, steifen. **6.** *a.* ~ **up** steifer *od.* förmlicher machen.
Star| Cham·ber *s hist. Br.* Sternkammer *f* (*nur dem König verantwortliches Willkürgericht bis 1641*). **ˈs~-ˌcham·ber** *adj* Willkür(justiz)...
starched [stɑː(r)tʃt] *adj* **1.** gestärkt, gesteift. **2.** *fig.* steif, förmlich. **ˈstarch·i·ness** [-ɪnɪs] *s fig.* Steifheit *f*, Förmlichkeit *f.*
ˈstarch-reˌduced *adj* stärkearm (*Nahrungsmittel*).
ˈstarch·y *adj* (*adv* **starchily**) **1.** stärkehaltig. **2.** Stärke... **3.** gestärkt. **4.** *fig.* steif, förmlich.
star| cloud *s astr.* Sternnebel *m.* ~ **con·nec·tion** *s electr.* Sternschaltung *f.* **ˈ~-crossed** *adj poet.* unglückselig. **ˈ~-ˌdel·ta** *adj electr.* Stern-Dreieck...
star·dom [ˈstɑː(r)dəm] *s* **1.** Welt *f* der Stars. **2.** *collect.* Stars *pl.* **3.** Berühmtheit *f*, Ruhm *m*: **to achieve** (*od.* **reach, rise to**) ~ ein (richtiger) Star werden.
star| drift *s astr.* Sterndrift *f.* ~ **dust** *s* **1.** *astr.* Sternnebel *m.* **2.** *astr.* kosmischer Staub. **3. there was** ~ **in her eyes** *fig.*

in ihrem Blick lag etwas Naiv-Romantisches.

stare [steə(r)] **I** *v/i* **1.** (~ **at** an)starren, (-)stieren: **to ~ after s.o.** j-m nachstarren. **2.** große Augen machen, erstaunt blicken, ‚glotzen', gaffen: **to ~ at** angaffen, anstaunen; **to make s.o. ~** j-n in Erstaunen versetzen. **II** *v/t* **3. ~ s.o. out (of countenance)** (*od.* **down**) j-n so lange anstarren, bis er verlegen wird; **to ~ s.o. into silence** j-n mit e-m (strengen) Blick zum Schweigen bringen. **4. ~ s.o. in the face** *fig.* a) j-m in die Augen springen, b) j-m deutlich vor Augen stehen; **bankruptcy ~d him in the face** der Bankrott stand ihm drohend vor Augen. **III** *s* **5.** (starrer *od.* erstaunter) Blick, Starren *n.* ˈ**star·er** *s* Gaffer *m.*

star| finch *s orn.* Rotschwänzchen *n.* ˈ**~·fish** *s zo.* Seestern *m.* ˈ**~ˌflow·er** *s bot.* **1.** Milchstern *m.* **2.** Siebenstern *m.* ˈ**~·gaze** *v/i* **1.** *humor.* sich die Sterne begucken. **2.** (mit offenen Augen) träumen. **3.** sich s-e Iˈdole (aus der Nähe) ansehen. ˈ**~ˌgaz·er** *s* **1.** *humor.* Sterngucker *m.* **2.** Träumer(in). **3.** j-d, der sich s-e Iˈdole (aus der Nähe) ansieht.

star·ing [ˈsteə(r)ɪŋ] **I** *adj* (*adv* **~ly**) **1.** stier, starrend: **~ eyes. 2.** auffallend: **a ~ tie. 3.** grell: **a ~ red. II** *adv* **4.** → **stark** 7.

stark [stɑː(r)k] **I** *adj* (*adv* **~ly**) **1.** steif, starr: **~ and stiff** stocksteif. **2.** rein, völlig: **~ folly; ~ nonsense** barer Unsinn. **3.** (splitter)nackt. **4.** *fig.* rein sachlich: **~ report; ~ facts** nackte Tatsachen. **5.** kahl, öde: **~ landscape. 6.** *poet.* stark. **II** *adv* **7.** völlig, ganz: **~ (staring) mad** ‚total verrückt'; **~ naked** splitternackt.

stark·ers [ˈstɑː(r)kə(r)z] *adj bes. Br. sl.* splitternackt.

ˈ**star·less** *adj* sternlos.

ˈ**star·let** [-lɪt] *s* **1.** Sternchen *n.* **2.** Starlet *n,* Filmsternchen *n.*

ˈ**star·light I** *s* Sternenlicht *n.* **II** *adj* → **starlit.**

star·ling[1] [ˈstɑː(r)lɪŋ] *s orn.* Star *m.*

star·ling[2] [ˈstɑː(r)lɪŋ] *s* Pfeilerkopf *m* (*Eisbrecher an e-r Brücke*).

ˈ**star|·lit** *adj* **1.** sternhell, -klar. **2.** (nur) von den Sternen beleuchtet. **~ point** *s electr.* Stern-, Nullpunkt *m.*

starred [stɑː(r)d] *adj* **1.** gestirnt: **the ~ sky. 2.** sternengeschmückt. **3.** *print.* mit (e-m) Sternchen bezeichnet.

star·ry [ˈstɑːrɪ] *adj* **1.** Sternen..., Stern... **2.** → a) **starlit,** b) **starred** 2. **3.** strahlend: **~ eyes. 4.** sternförmig. **5.** *bot. zo.* Stern... **6.** *fig.* hochfliegend, überˈspannt: **a ~ scheme. ~-eyed** [ˌ-ˈaɪd; *attr.* ˈ-aɪd] *adj* **1.** mit strahlenden Augen. **2.** *fig.* a) blauäugig, naˈiv, b) roˈmantisch, verträumt.

star|shell *s mil.* Leuchtkugel *f,* -geschoß *n.* ˈ**~-ˌspan·gled** *adj* **1.** sternenbesät: **The S~-S~ Banner** das Sternenbanner (*Nationalflagge od. -hymne der USA*). **2.** *Am.* (*contp.* hurˈra)patriˌotisch.

start [stɑː(r)t] **I** *s* **1.** Start *m* (*a. fig.*): **~ in life** a) Eintritt *m od.* Start ins Leben, b) ‚Starthilfe' *f,* (berufliche) Förderung; **to give s.o. a ~ (in life)** j-m beim Eintritt ins Leben behilflich sein; → **false start. 2.** Startzeichen *n* (*a. fig.*): **to give the ~. 3.** a) Aufbruch *m,* b) Abreise *f,* c) Abfahrt *f,* d) *aer.* Abflug *m,* Start *m,* e) Abmarsch *m.* **4.** Beginn *m,* Anfang *m*: **at the ~** am Anfang; **from the ~** von Anfang an; **from ~ to finish** von Anfang bis Ende; **to make a fresh ~** e-n neuen Anfang machen, noch einmal von vorn anfangen. **5.** *sport* a) Vorgabe *f*: **to give s.o. 10 yards ~,** b) Vorsprung *m* (*a. fig.*): **to get** (*od.* **have**) **the ~ of one's rivals** s-n Rivalen zuvorkommen. **6.** a) Auffahren *n,* -schrecken *n,* Zs.-fahren *n,* b) Schreck *m*: **to give a ~** → 18; **to give s.o. a ~** j-n auf- *od.* erschrecken; **with a ~** jäh, schreckhaft, erschrocken. **7.** (neuer) Anlauf, Ruck *m*: → **fit**[2] 2. **8.** *colloq.* Überˈraschung *f*: → **rum**[2] 1. **9.** a) Anwandlung *f,* Laune *f,* b) Ausbruch *m,* c) (Geistes)Blitz *m.*

II *v/i* **10.** sich auf den Weg machen, aufbrechen, sich aufmachen (**for** nach): **to ~ on a journey** e-e Reise antreten. **11.** a) abfahren, abgehen (*Zug*), b) *mar.* auslaufen (*Schiff*), c) *aer.* abfliegen, starten (**for** nach), d) *sport* starten. **12.** *mot. tech.* anspringen (*Motor*), anlaufen (*Maschine*). **13.** anfangen, beginnen (**on** mit *e-r Arbeit etc*; **on doing** damit, *etwas* zu tun): **now, don't you ~!** *colloq.* fang (doch) nicht schon wieder *od.* auch noch (damit) an!; **to ~ in business** ein Geschäft anfangen *od.* eröffnen; **to ~ on a book** mit e-m Buch anfangen; **to ~ with** (*Redew.*) a) erstens, als erstes, b) zunächst, c) um es gleich zu sagen; ... **to ~ with** ... als Vorspeise; **he ~ed by explaining to us** ... er erklärte uns zunächst einmal ...; **he ~ed saying** ... er legte mit der Bemerkung los ... **14.** *fig.* ausgehen (**from** von *e-m Gedanken etc*). **15.** entstehen, aufkommen. **16.** (los)stürzen (**for** auf *acc*): **to ~ back** zurückweichen, -schrecken (**from** vor *dat*) (*a. fig.*). **17.** aufspringen: **to ~ from one's seat. 18.** a) auffahren, hochschrecken, b) zs.-fahren, -zucken (**at** vor *dat,* bei *e-m Geräusch etc*). **19.** stutzen (**at** bei). **20.** aus den Höhlen treten (*Augen*): **his eyes seemed to ~ from their sockets** die Augen quollen ihm fast aus dem Kopf. **21.** (herˈvor)quellen (**from** aus) (*Blut, Tränen*). **22.** sich (los)lösen *od.* lockern.

III *v/t* **23.** in Gang *od.* Bewegung setzen, in Gang bringen, *tech. a.* anlassen: **to ~ an engine; to ~ a fire** ein Feuer anzünden *od.* in Gang bringen; **to ~ something** a) etwas unternehmen, b) *colloq.* etwas anrichten. **24.** *e-n Vorgang* einleiten. **25.** a) anfangen, beginnen: **to ~ a letter (a quarrel); to ~ work(ing)** zu arbeiten anfangen, b) *e-e Aktion* starten: **to ~ a publicity campaign,** c) gründen, aufmachen, ins Leben rufen: **to ~ a business; to ~ a family** e-e Familie gründen. **26.** a) *e-e Frage* aufwerfen, b) *ein Thema* anschneiden, c) *ein Gerücht* in ˈUmlauf setzen. **27.** *j-m* zu e-m Start verhelfen: **to ~ s.o. in business. 28.** *sport* a) starten (lassen): **to ~ the runners,** b) *ein Pferd, e-n Läufer* aufstellen, nomiˈnieren, an den Start schicken. **29.** abfahren lassen: **to ~ a train. 30.** *a.* **~ off** schicken (**on a voyage** auf e-e Reise; **to** nach, zu). **31.** *j-n* veranlassen, lassen: **this ~ed her talking** das brachte sie zum Reden. **32.** lockern, lösen. **33.** *hunt.* aufstöbern, aufscheuchen.

Verbindungen mit Adverbien:

start| in *v/i colloq.* **1. ~ on doing** (*od.* **to do**) **s.th.** sich daranmachen, etwas zu tun. **2. ~ on** gegen *j-n, etwas* vom Leder ziehen. **~ off I** *v/i* **1.** → **start** 13. **II** *v/t* **2.** → **start** 25, 30. **3. to start s.o. off on s.th.** j-n auf etwas bringen. **~ out** *v/i* → **start** 10. **~ up I** *v/i* → **start** 12, 17, 18. **II** *v/t* → **start** 23.

ˈ**start·er I** *s* **1.** *sport* Starter *m* (*Kampfrichter u. Wettkampfteilnehmer*). **2.** *rail. etc Am.* Fahrdienstleiter *m.* **3.** *fig.* Initiˈator *m.* **4.** *colloq.* erster Schritt: **as** (*od.* **for**) **a ~,** *bes. Br.* **for ~s** a) erstens, als erstes, b) zunächst, c) um es gleich zu sagen. **5.** *electr. mot.* Starter *m,* Anlasser *m.* **II** *adj* **6.** *tech.* → **starting** 5.

ˈ**start·ing I** *s* **1.** Starten *n,* Start *m,* Ablauf *m.* **2.** *tech.* Anlassen *n,* Inˈgangsetzen *n,* Starten *n*: **cold ~** Kaltstart *m.* **II** *adj* **3.** *sport* Start...: **~ block (line, pistol, shot,** *etc*); **~ whistle** Anpfiff *m.* **4.** Anfangs...: **~ capital (salary,** *etc*). **5.** *mot. tech.* Anlaß..., Anlasser...: **~ crank** Anlaßkurbel *f*; **~ current** Anlaufstrom *m*; **~ motor** Anlaßmotor *m*; **~ torque** *electr.* Anzugsmoment *n.* **~ gate** *s Pferderennen*: *Am.* ˈStartmaˌschine *f.* **~ mon·ey** *s sport* Startgeld *n.* **~ point** *s* Ausgangspunkt *m* (*a. fig.*). **~ price** *s* **1.** *Pferderennen*: Eventuˈalquote *f.* **2.** Mindestgebot *n* (*Auktion*). **~ stalls** *s pl Pferderennen*: *Br.* ˈStartmaˌschine *f.*

star·tle [ˈstɑː(r)tl] **I** *v/t* **1.** erschrecken. **2.** aufschrecken (**from** aus), aufscheuchen. **3.** *fig.* aufrütteln. **4.** überˈraschen: a) bestürzen, b) verblüffen. **II** *v/i* **5.** erschrecken: **to ~ easily** (sehr) schreckhaft sein. **6.** aufschrecken (**from** aus). **III** *s* **7.** Schreck *m.* **8.** Bestürzung *f,* Überˈraschung *f.* ˈ**star·tling** [-tlɪŋ] *adj* (*adv* **~ly**) **1.** erschreckend, bestürzend, alarˈmierend: **~ news. 2.** überˈraschend, verblüffend, aufsehenerregend.

star·va·tion [stɑː(r)ˈveɪʃn] *s* **1.** Hungern *n*: **to die of ~** verhungern; **~ diet** Fasten-, Hungerkur *f*; **~ ration** Hungerration *f*; **~ wages** Hungerlohn *m,* -löhne *pl.* **2.** Hungertod *m,* Verhungern *n.*

starve [stɑː(r)v] **I** *v/i* **1.** *a.* **~ to death** verhungern: **I am simply starving** *colloq.* ich komme fast um vor Hunger. **2.** hungern, Hunger leiden. **3.** Not leiden. **4.** *fig.* hungern, lechzen (**for** nach). **5.** fasten. **6.** *fig.* verkümmern. **7.** *obs. od. Br. dial.* a) erfrieren, b) frieren. **II** *v/t* **8. ~ to death** verhungern lassen. **9.** aushungern. **10.** hungern *od.* (*a. fig.*) darben lassen: **to be ~d** a) Hunger leiden, ausgehungert sein (*a. fig.*), b) *fig.* → 4; **to be ~d of** (*od.* **for**) knapp sein an (*dat*). **11.** *fig.* verkümmern lassen: **to ~ a project of funds** Gelder von e-m Projekt abziehen.

ˈ**starve·ling** [-lɪŋ] *obs.* **I** *s* **1.** Hungerleider *m.* **2.** *fig.* Kümmerling *m.* **II** *adj* **3.** hungrig. **4.** ausgehungert. **5.** ˈunterernährt, mager. **6.** kümmerlich.

star wheel *s tech.* Sternrad *n.*

sta·ses [ˈsteɪsiːz; ˈstæ-] *pl von* **stasis.**

stash[1] [stæʃ] *sl.* **I** *v/t* **1.** verstecken: **to ~ away** beiseite tun, horten. **2.** *bes. Br.* aufhören mit: **~ it!** halt's Maul! **II** *s* **3.** Versteck *n.* **4.** (geheimes) Lager, Vorrat *m* (**of** an *dat*).

stash[2] [stæʃ] *s Am. sl.* Schnurrbart *m.*

sta·sis [ˈsteɪsɪs; ˈstæ-] *pl* **-ses** [-siːz] *s* **1.** *med.* Stase *f,* (*Blut- etc*)Stauung *f.* **2.** *phys.* Stauung *f.* **3.** *fig.* Stagnatiˈon *f.*

stat·a·ble [ˈsteɪtəbl] *adj* feststellbar.

stat·coul·omb [ˈstætˌkuːlɒm; *Am.* -ˌlɑm] *s electr.* ˈStatcouˌlomb *n.*

state [steɪt] **I** *s* **1.** *meist* **S~** *pol.* Staat *m*: → **affair** 2. **2.** *pol. Am.* (Bundes-, Einzel-) Staat *m*: **~ law** Rechtsordnung *f* des Einzelstaates; **~'s attorney** Staatsanwalt *m*; → **state's evidence. 3. the S~s** *colloq.* die (Vereinigten) Staaten *pl* (*die USA*). **4.** Zustand *m*: **~ of inertia** *phys.* Beharrungszustand; **(low) general ~** (schlechter) Allgemeinzustand; **in a ~** *colloq.* in miserablem Zustand (→ 5 b); **maternity ~** *med.* Schwangerschaft *f*; **in a ~ of nature** a) im Naturzustand, b) *relig.* im Zustand der Sünde; **~ of the Union message** *Am.* (*jährlicher*) Rechenschaftsbericht (*des Präsidenten*) an die Nation; **~ of war** *mil.* Kriegszustand; → **aggregation** 2, **emergency** I, **equilibrium, health** 2. **5.** a) *a.* **~ of mind, emotional ~** (Geistes-, Gemüts)Zustand *m,* (-)Verfassung *f,* b) *colloq.* Erregung *f*: **in (quite) a ~** ‚ganz aus dem Häus-chen' (**over** wegen). **6.** Stand *m,* Lage *f*: **~ of the art** neuester Stand der Wissenschaft *od.* Technik; **~ of the economy** wirtschaftliche Gesamtlage; **~ of facts** *jur.* Tatbestand *m*; **~ of grace** *relig.* Stand der Gnade; → **affair** 2. **7.** (Per'sonen-, Fa'milien)Stand *m*; → **married** 1. **8.** *philos.* Sein *n*, Dasein *n*: **the future ~** das zukünftige Leben; **~ of being** Seinsweise *f.* **9.** *med. zo. etc* Stadium *n.* **10.** (gesellschaftliche) Stellung, Stand *m*: **in a style befitting one's ~** standesgemäß. **11.** Pracht *f*, Staat *m*: **carriage of ~** Prunk-, Staatskarosse *f*; **chair of ~** Thron *m*; **in ~** mit großem Zeremoniell *od.* Pomp; **to lie in ~** feierlich aufgebahrt liegen; **to live in ~** großen Aufwand treiben. **12.** *pl pol. hist.* (Land)Stände *pl.* **13.** *pol. gesetzgebende Körperschaft auf Jersey u. Guernsey.* **14.** a) Erhaltungszustand *m* (*e-s Buches etc*), b) Teilausgabe *f.* **15.** *Kupferstecherei*: (Zustands-, Ab)Druck *m*: **a first ~** ein Erstdruck. **16.** *mil.* Stärkemeldung *f.*

II *adj* **17.** staatlich, Staats...: **~ apparatus** Staatsapparat *m*; **~ capitalism** Staatskapitalismus *m*; **~ funeral** Staatsbegräbnis *n*; **~ mourning** Staatstrauer *f*; **~ prison** Strafanstalt *f* (*in USA e-s Bundesstaates*); **~ prisoner** politischer Häftling *od.* Gefangener; **~ property** Staatseigentum *n*; **~ religion** Staatsreligion *f*; **~ visit** Staatsbesuch *m.* **18.** Staats..., Prunk..., Parade..., feierlich: **~ apartment** Staatsgemach *n*, Prunkzimmer *n*; **~ bed** Parade-, Prunkbett *n*; **~ carriage** Prunk-, Staatskarosse *f*; **~ occasion** besonderer *od.* feierlicher Anlaß.

III *v/t* **19.** festsetzen, -legen: → **stated** 1. **20.** erklären: a) darlegen: **to ~ one's views**, b) *jur.* (aus)sagen, *e-n Grund, e-e Klage etc* vorbringen: → **case**[1] 6. **21.** angeben, anführen: **to ~ full particulars**; **to ~ the facts** die Tatsachen anführen; **to ~ the reason why** erklären *od.* den Grund angeben, weshalb. **22.** erwähnen, bemerken. **23.** feststellen, konsta'tieren. **24.** *ein Problem etc* stellen. **25.** *math.* (mathe'matisch) ausdrücken.

state·a·ble → **statable.**

state| aid *s* staatliche Unter'stützung *od.* Förderung. **'~-con,trolled** *adj* unter staatlicher Aufsicht: **~ economy** Zwangswirtschaft *f.* **'~craft** *s pol.* Staatskunst *f.*

stat·ed ['steɪtɪd] *adj* **1.** festgesetzt: **at ~ times**; **at ~ intervals** in regelmäßigen Abständen; **~ meeting** *Am.* ordentliche Versammlung. **2.** (ausdrücklich) bezeichnet, (*a.* amtlich) anerkannt. **3.** angegeben, angeführt: **as ~ above**; **~ account** *econ.* spezifizierte Rechnung; **~ capital** *econ.* ausgewiesenes (Gesellschafts)Kapital. **4. ~ case** *jur.* Sachdarstellung *f.* **5.** festgestellt: **~ value.**

State| De·part·ment *s pol. Am.* 'Außenmini,sterium *n.* **~ guard** *s Am.* Mi'liz *f* (*e-s Bundesstaates*).

'state·hood *s pol. bes. Am.* Eigenstaatlichkeit *f*, Souveräni'tät *f.*

'State,house *s pol. Am.* Parla'mentsgebäude *n od.* Kapi'tol *n* (*e-s Bundesstaates*).

'state·less *adj pol.* staatenlos: **~ person** Staatenlose(r *m*) *f.* **'state·less·ness** *s* Staatenlosigkeit *f.*

state·li·ness ['steɪtlɪnɪs] *s* **1.** Stattlichkeit *f.* **2.** Vornehmheit *f.* **3.** Würde *f.* **4.** Pracht *f.* **'state·ly I** *adj* **1.** stattlich, impo'sant, prächtig. **2.** würdevoll. **3.** erhaben, vornehm. **II** *adv* **4.** würdevoll.

state·ment ['steɪtmənt] *s* **1.** (*a.* amtliche *etc*) Erklärung, Verlautbarung *f*, Statement *n*: **to make a ~** e-e Erklärung abgeben. **2.** a) (Zeugen- *etc*)Aussage *f*, b) Angabe(n *pl*) *f*: **false ~**; **~ of facts** Sachdarstellung *f*, Tatbestand *m*; **~ of contents** Inhaltsangabe *f.* **3.** Behauptung *f.* **4.** *bes. jur.* (schriftliche) Darlegung, (Par'tei)Vorbringen *n*: **~ of claim** Klageschrift *f*; **~ of defence** (*Am.* **defense**) a) Klagebeantwortung *f*, b) Verteidigungsschrift *f.* **5.** Bericht *m*, Aufstellung *f*: **~ of policy** Regierungserklärung *f.* **6.** *econ.* a) (Geschäfts-, Monats-, Rechenschafts- *etc*) Bericht *m*: **monthly ~**, b) (Gewinn-, Jahres- *etc*)Ausweis *m*: **annual ~**; **~ of affairs** *econ.* Übersicht *f* über die Vermögenslage (*e-r Person od. e-s Unternehmens*), *jur. Br.* Vermögensaufstellung *f* (*e-s Konkursschuldners*); **~ of account** Kontoauszug *m*; **financial ~** Finanzbericht, (Finanzierungs)Bilanz *f*; → **bank statement**, c) *Am.* Bi'lanz *f*: **~ of assets and liabilities.** **7.** Darstellung *f*, Darlegung *f* (*e-s Sachverhalts*). **8.** *econ.* Lohn *m*, Ta'rif *m.* **9.** *art* Aussage *f.* **10.** *mus.* Einführung *f* des Themas. **11.** *Computer*: Anweisung *f.*

,state|-of-the-'art *adj* dem heutigen Stand der Wissenschaft *od.* Technik entsprechend, mo'dern. **'~-owned** *adj* staatseigen, staatlich. **'~-room** *s* **1.** *mar.* ('Einzel)Ka,bine *f.* **2.** *rail. Am.* Pri'vatab,teil *n* (*mit Betten*). **3.** Staats-, Prunkzimmer *n.*

state's ev·i·dence *s jur. Am.* **1.** Kronzeuge *m* (*als Belastungszeuge auftretender Mitschuldiger*): **to turn ~** als Kronzeuge auftreten, gegen s-e Komplizen aussagen. **2.** belastendes (Be'weis)Materi,al.

'state,side, S~ *Am.* **I** *adj* **1.** ameri'kanisch, Heimat... **II** *adv* **2.** in den Staaten, in der Heimat. **3.** nach den *od.* in die Staaten (zu'rück).

states·man ['steɪtsmən] *s irr* **1.** *pol.* Staatsmann *m*: → **elder statesman.** **2.** (bedeutender) Po'litiker. **'states·man·like, 'states·man·ly** *adj* staatsmännisch. **'states·man·ship** *s* Staatskunst *f.*

States of the Church → **Papal States.**

States'| Right·er *s pol. Am.* Födera'list *m.* **~ Rights** *s pl pol. Am.* Staatsrechte *pl* (*Rechte der Bundesstaaten der USA*).

states·wom·an ['steɪts,wʊmən] *s irr* (bedeutende) Po'litikerin.

,state-'sub·si·dized *adj* staatlich subventio'niert.

,state-'wide *adj Am.* über den ganzen Staat verbreitet.

stat·ic ['stætɪk] **I** *adj* (*adv* **~ally**) **1.** *phys.* statisch: **~ calculation (electricity, pressure,** *etc*); **~ friction** Haftreibung *f*; **~ sense** *physiol.* Gleichgewichtssinn *m*; **~ tube** *aer.* Staurohr *n.* **2.** *electr.* (e,lektro-) 'statisch: **~ charge.** **3.** *Funk*: a) atmo'sphärisch (*Störung*): **~ interference**, b) Störungs...: **~ suppression** Entstörung *f.* **4.** (fest)stehend, ortsfest. **5.** *allg.* statisch, gleichbleibend. **II** *s* **6.** statische Elektrizi'tät. **7.** *Funk*: atmo'sphärische *od.* statische Störungen *pl.* **8.** *pl* (*als sg konstruiert*) *phys.* Statik *f.* **9. he got a lot of ~** *Am. colloq.* er mußte sich einiges anhören.

sta·tion ['steɪʃn] **I** *s* **1.** Platz *m*, Posten *m* (*a. sport*): **to take up one's ~** s-n Platz *od.* Posten einnehmen. **2.** a) (*Rettungs-, Unfall- etc*)Stati'on *f*: **first-aid ~**, b) (*Beratungs-, Dienst-, Tank- etc*)Stelle *f*: **petrol ~**, c) (Tele'grafen)Amt *n*, d) *teleph.* Sprechstelle *f*: **call ~**, e) *pol.* ('Wahl-) Lo,kal *n*: **polling ~**, f) (Handels)Niederlassung *f*: **trading ~**, g) (*Feuer-, Polizei- etc*)Wache *f*: **police ~.** **3.** ('Forschungs-) Stati,on *f*, (Erdbeben)Warte *f.* **4.** *electr.* a) 'Funkstati,on *f*, b) *mil.* Funkstelle *f*, c) ('Rundfunk)Sender *m*, (-)Stati,on *f*, d) Kraftwerk *n*: **power ~.** **5.** *mail* (Zweig)Postamt *n.* **6.** *rail.* a) Bahnhof *m*, b) ('Bahn)Stati,on *f.* **7.** *Am.* (Bus- *etc*) Haltestelle *f.* **8. naval ~** *mar.* a) Flottenstützpunkt *m*, b) Stati'on *f.* **9.** *mil.* a) Posten *m*, Stützpunkt *m*, b) Standort *m*, c) *aer. Br.* (Flieger)Horst *m.* **10.** *biol.* Standort *m.* **11.** Dienstort *m* (*e-s Beamten etc*). **12.** *aer. mar.* Positi'on *f*: **to leave ~** ausscheren. **13.** (gesellschaftliche *etc*) Stellung: **~ in life**; **to marry below one's ~** nicht standesgemäß heiraten; **men of ~** Leute von Rang. **14.** Stati'on *f*, Rast(ort *m*) *f* (*auf e-r Reise etc*). **15.** *relig.* a) Stati'on *f* (*der Gottesdienst des Papstes an besonderen Tagen*), b) Stati'onskirche *f.* **16.** *a.* **~ of the cross** *relig.* ('Kreuzweg-) Stati,on *f.* **17.** *a.* **~ day** *relig.* Wochen-Fasttag *m.* **18.** *surv.* a) Stati'on *f* (*Ausgangspunkt*), b) Basismeßstrecke *f* von 100 Fuß. **19.** *astr.* statio'närer Punkt. **20.** *agr. Austral.* Rinder- *od.* Schaf(zucht)farm *f.* **21.** *hist.* (*Br. Ind.*) a) (englische) Kolo'nie, b) Euro'päerviertel *n.* **22.** *Bergbau*: Füllort *m.*

II *v/t* **23.** (*o.s.* sich) aufstellen, po'stieren. **24.** *mar. mil.* statio'nieren: **to ~ troops (ships, rockets)**; **to be ~ed** stehen.

sta·tion·ar·y ['steɪʃnərɪ; *Am.* -ʃə,neri:] *adj* **1.** *tech. etc* statio'när (*a. astr. u. med.*), ortsfest, fest(stehend): **~ run** *sport* Laufen *n* am Ort; **~ treatment** *med.* stationäre Behandlung; **~ warfare** *mil.* Stellungskrieg *m.* **2.** seßhaft. **3.** gleichbleibend, statio'när: **to remain ~** unverändert sein *od.* bleiben; **~ population** (*Statistik*) stationäre Bevölkerung. **4.** (still)stehend: **to be ~** stehen. **~ dis·ease** *s med.* lo'kal auftretende u. jahreszeitlich bedingte Krankheit. **~ tan·gent** *s math.* 'Wendetan,gente *f* (*e-r Kurve*). **~ wave** *s electr. phys.* stehende Welle.

sta·tion·er ['steɪʃnə(r)] *s* **1.** Pa'pier-, Schreibwarenhändler *m*: **~'s (shop)** Papier-, Schreibwarenhandlung *f.* **2.** *obs.* Buchhändler *m*: **S~s' Company** *Londoner Innung der Buchhändler, Verleger u. Papierwarenhändler*; **S~s' Hall** *Sitz der* **Stationers' Company**; **to enter at S~s' Hall** *ein Buch* registrieren (u. damit gegen Nachdruck schützen) lassen; **S~s' Register** *von der* **Stationers' Company** *geführtes u. der Sicherung der Urheberrechte dienendes Verzeichnis der in England neu erscheinenden Bücher.* **'sta·tion·er·y** [-ʃnərɪ; *Am.* -ʃə,neri:] **I** *s* **1.** Schreib-, Pa'pierwaren *pl*: **office ~** Büromaterial *n*, -bedarf *m.* **2.** 'Brief-, 'Schreibpa,pier *n.* **II** *adj* **3.** Schreib-, Papierwaren...

sta·tion| hos·pi·tal *s med. mil.* 'Standort-, Re'servelaza,rett *n.* **~ house** *s bes. Am.* **1.** a) Poli'zeiwache *f*, -re,vier *n*, b) Feuerwache *f.* **2.** *rail.* 'Bahnstati,on *f.* **~ mark·er** *s* Skalenreiter *m* (*am Radio*). **'~,mas·ter** *s rail.* Stati'onsvorsteher *m.* **~ pole, ~ rod** *s surv.* Nivel'lierstab *m.* **~ se·lec·tor** *s electr.* Stati'onswähler *m*, Sendereinstellung *f*: **~ button** Stationstaste *f.* **~ wag·on** *s mot.* Kombiwagen *m.*

stat·ism ['steɪtɪzəm] *s econ. pol.* Diri'gismus *m*, Planwirtschaft *f.*

stat·ist ['steɪtɪst] **I** *s* **1.** Sta'tistiker *m.* **2.** *pol.* a) Anhänger *m* des Diri'gismus *od.* der Planwirtschaft, b) *obs.* Po'litiker *m.* **II** *adj* **3.** *pol.* diri'gistisch, planwirtschaftlich.

sta·tis·tic [stə'tɪstɪk] *adj*; **sta'tis·ti·cal** *adj* (*adv* **~ly**) sta'tistisch: **~ distribution** Wahrscheinlichkeits-, Häufigkeitsverteilung *f.* **stat·is·ti·cian** [,stætɪ'stɪʃn] *s* Sta'tistiker *m.* **sta'tis·tics** *s pl* **1.** (*als sg konstruiert*) Sta'tistik *f* (*Wissenschaft od. Methode*). **2.** (*als pl konstruiert*) Sta'tistik(en *pl*) *f.*

sta·tor ['steɪtə(r)] *s tech.* Stator *m*: **~ current** *electr.* Ständerstrom *m.*

stat·o·scope ['stætəskəʊp] *s aer. phys.* Stato'skop *n.*

stat·u·ar·y [ˈstætjʊərɪ; *Am.* -tʃəˌweriː] **I** *s* **1.** Bildhauerkunst *f*, ˌBildhaueˈrei *f*. **2.** (Rund)Plastiken *pl*, Statuen *pl*, Skulpˈturen *pl*. **3.** Bildhauer *m*. **II** *adj* **4.** Bildhauer... **5.** (rund)plastisch, fiˈgürlich. **6.** Statuen...: ~ **marble**.

stat·ue [ˈstætʃuː; *Br. a.* -tjuː] *s* Statue *f*, Standbild *n*, Plastik *f*: ~ **of a saint** Heiligenfigur *f*. ˈ**stat·ued** *adj* mit Statuen geschmückt.

stat·u·esque [ˌstætjʊˈesk; -tʃʊ-; *Am.* -tʃəˈwesk] *adj* statuenhaft (*a. fig.*). ˌ**stat·uˈette** [-ˈet; *Am.* -ˈwet] *s* Statuˈette *f*: ~ **of a saint** Heiligenfigur *f*.

stat·ure [ˈstætʃə(r)] *s* **1.** Staˈtur *f*, Wuchs *m*, Gestalt *f*, Größe *f*. **2.** *fig.* (*geistige etc*) Größe, Forˈmat *n*, Kaˈliber *n*.

sta·tus [ˈsteɪtəs; *Am. a.* ˈstæ-] *s* **1.** *jur.* a) Status *m*, (Rechts)Stellung *f*, b) *a.* **legal** ~ Rechtsfähigkeit *f*, c) Akˈtivlegitimatiˌon *f*: ~ **of ownership** Eigentumsverhältnisse; **equality of** ~ (politische) Gleichberechtigung; **national** ~ Staatsangehörigkeit *f*. **2.** *a.* **military** ~ (Wehr-) Dienstverhältnis *n*. **3.** (Faˈmilien- *od.* Perˈsonen)Stand *m*: **civil** (*od.* **personal**) ~. **4.** (gesellschaftliche *etc*) Stellung, Rang *m*: **social** ~; **his** ~ **among novelists**. **5.** (*gesellschaftliches etc*) Preˈstige, Status *m*: ~**-mindedness** Prestigedenken *n*; ~ **seeker** j-d, der auf gesellschaftliches Prestige erpicht ist; ~ **symbol** Statussymbol *n*. **6.** (geschäftliche) Lage: **financial** ~ *econ.* Vermögenslage. **7.** *a. med.* Zustand *m*, Status *m*: **nutritional** ~ Ernährungszustand. ~ **quo** [kwəʊ] (*Lat.*) *s* (*der*) Status quo (*der jetzige Zustand*). ~ **quo an·te** [ˈæntɪ] (*Lat.*) *s* (*der*) Status quo ante (*der vorherige Zustand*).

stat·u·ta·ble [ˈstætjʊtəbl; *Am.* -tʃə-; -tʃˌuːt-] → **statutory** 1–4, 6.

stat·ute [ˈstætjuːt; *bes. Am.* -tʃuːt; *Am. a.* -tʃət] *s* **1.** *jur.* a) Gesetz *n* (*vom Parlament erlassene Rechtsvorschrift*), b) Gesetzesbestimmung *f*, -vorschrift *f*, c) Parlaˈmentsakte *f*: ~ **of bankruptcy** Konkursordnung *f*; **declaratory** ~, **regulatory** ~ Ausführungsgesetz. **2.** *a.* ~ **of limitations** *jur.* (Gesetz *n* über) Verjährung *f*: **there is no** ~ **of limitations on murder** Mord verjährt nicht; **not subject to the** ~ unverjährbar; **to plead the** ~ Verjährung geltend machen. **3.** *jur.* Staˈtut *n*, Satzung *f*: ~ **of Westminster** *pol. hist.* Statut von Westminster (*durch das 1931 das* **British Commonwealth of Nations** *anerkannt wurde*). ˈ~**-ˌbarred** *adj jur.* verjährt. ~ **book** *s jur.* Gesetzessammlung *f*. ~ **law** *s jur.* Gesetzesrecht *n*, geschriebenes Recht (*Ggs.* **common law**). ~ **mile** *s* (gesetzliche) Meile (*1,60933 km*).

stat·u·to·ry [ˈstætjʊtərɪ; -tʃʊ-; *Am.* -tʃəˌtəʊriː; -ˌtɔː-] *adj* (*adv* **statutorily**) **1.** *jur.* gesetzlich: ~ **heir** (**holiday, restrictions,** *etc*); ~ **corporation** Körperschaft *f* des öffentlichen Rechts; ~ **declaration** *Br.* eidesstattliche Erklärung; ~ **guardian** (amtlich eingesetzter) Vormund; ~ **instrument** *Br.* (Ausführungs-, Rechts-) Verordnung *f*; ~ **law** → **statute law**; ~ **meeting** *econ.* ordentliche Versammlung. **2.** *jur.* gesetzlich vorgeschrieben: ~ **notice** gesetzliche Kündigungsfrist; ~ **reserve** *econ.* gesetzliche Rücklage. **3.** Gesetzes... **4.** *jur.* (dem Gesetz nach) strafbar: ~ **offence** (*bes. Am.* **offense**) strafbare Handlung; → **rape**[1] 1. **5.** *jur.* Verjährungs...: ~ **period** Verjährung(s-frist) *f*. **6.** satzungsgemäß.

staunch[1] [stɔːntʃ; stɑːntʃ] *bes. Br. für* [**stanch**[1]].

staunch[2] [stɔːntʃ; stɑːntʃ] *adj* (*adv* ~**ly**) **1.** (ge)treu, zuverlässig. **2.** standhaft, fest, eisern. **3.** wasserdicht, seetüchtig (*Schiff*). **4.** soˈlid (gearbeitet), fest. ˈ**staunch·ness** *s* **1.** Treue *f*, Zuverlässigkeit *f*. **2.** Standhaftigkeit *f*.

stau·ro·lite [ˈstɔːrəlaɪt] *s min.* Stauroˈlith *m*.

stave [steɪv] **I** *s* **1.** (Faß)Daube *f*. **2.** (Leiter)Sprosse *f*, Runge *f*. **3.** Stock *m*, Knüttel *m*. **4.** *metr.* a) Strophe *f*, Vers *m*, b) (Reim)Stab *m*. **5.** *mus.* ˈNoten(linien)syˌstem *n*. **II** *v/t pret u. pp* **staved** *od.* **stove** [stəʊv] **6.** a) *meist* ~ **in** einschlagen, b) *ein Loch* schlagen, c) *ein Faß* zerschlagen. **7.** ~ **off** a) *j-n* ˈhinhalten, b) *ein Unheil etc* abwenden, abwehren, c) *etwas* aufschieben. **8.** mit Dauben *od.* Sprossen versehen. **III** *v/i* **9.** *Am.* jagen, rasen, eilen. ~ **rhyme** *s metr.* Stabreim *m*.

staves [steɪvz] *pl von* **staff**[1].

staves·a·cre [ˈsteɪvzˌeɪkə(r)] *s* **1.** *bot.* Scharfer Rittersporn. **2.** *pharm.* Stephanskörner *pl*.

stay[1] [steɪ] **I** *v/i pret u. pp* **stayed** *od. obs.* **staid** [steɪd] **1.** bleiben (**with s.o.** bei j-m): **to** ~ **away** (**from**) fernbleiben (*dat*), wegbleiben (von); **to** ~ **behind** a) zurückbleiben, b) noch dableiben; **to come to** ~ (für immer) bleiben; **a fashion that has come to** ~ e-e Mode, die bleiben wird; **to** ~ **in** a) *a.* **to** ~ **indoors** zu Hause *od.* drinnen bleiben, b) *ped.* nachsitzen; **to** ~ **on** (noch länger) bleiben; **to** ~ **out** a) draußen bleiben (*a. Wäsche etc*), wegbleiben, nicht heimkommen, b) *econ.* weiterstreiken; **to** ~ **up** a) aufbleiben, wach bleiben, b) hängen bleiben (*Bild etc*), c) über Wasser bleiben; **to** ~ **for** (*od.* **to**) **dinner** zum Essen bleiben; **to** ~ **off** meiden, sich fernhalten von (*Alkohol*); **to** ~ **out of** sich heraushalten aus; ~! halt!; → **put**[1] 3. **2.** sich (vorˈübergehend) aufhalten, wohnen (**at, in** *in dat*; **with s.o.** bei j-m). **3.** (sich) verweilen. **4.** stehenbleiben. **5.** warten (**for s.o.** auf j-n). **6.** *bes. sport colloq.* ˈdurchhalten. **7.** ~ **with** *bes. sport Am. colloq.* mithalten (können) mit. **II** *v/t* **8.** a) aufhalten, Halt gebieten (*dat*), hemmen, b) anhalten, c) zuˈrückhalten (**from** von), d) (fest)halten: **to** ~ **one's hand** sich zurückhalten. **9.** *jur.* a) *die Urteilsvollstreckung, ein Verfahren* aussetzen: **to** ~ **a judgement** (**the proceedings**), b) *ein Verfahren, die Zwangsvollstreckung* einstellen. **10.** *j-s Hunger etc* stillen. **11.** *sport* ˈdurchhalten. **12.** ~ **out** a) überˈleben, b) länger bleiben als. **13.** *a.* ~ **up** a) stützen (*a. fig.*), b) *fig. j-m* ‚den Rücken steifen'. **14.** *tech.* a) absteifen, b) ab-, verspannen, c) verankern. **III** *s* **15.** (vorˈübergehender) Aufenthalt: **to make a long** ~ **in London** sich längere Zeit in London aufhalten. **16.** a) Halt *m*, Stockung *f*, b) Hemmnis *n* (**upon** für): **to put a** ~ **on** *s-e Gedanken etc* zügeln. **17.** *jur.* Aussetzung *f*, Einstellung *f*, (Vollˈstreckungs)Aufschub *m*. **18.** *colloq.* Ausdauer *f*, Stehvermögen *n*. **19.** *tech.* a) Stütze *f*, b) Strebe *f*, c) Verspannung *f*, d) Verankerung *f*. **20.** *pl bes. Br.* Korˈsett *n*. **21.** *fig.* Stütze *f*.

stay[2] [steɪ] *mar.* **I** *s* **1.** Stag *n*: **to be** (**hove**) **in** ~**s** → 4; **to miss the** ~**s** das Wenden verfehlen. **II** *v/t* **2.** *den Mast* stagen. **3.** *das Schiff* durch *od.* gegen den Wind wenden. **III** *v/i* **4.** über Stag gehen, wenden.

ˈ**stay|-at-home I** *s* häuslicher Mensch, *contp.* Stubenhocker(in): **I'm a** ~ ich bin am liebsten zu Hause. **II** *adj* häuslich, *contp.* stubenhockerisch. ~ **bolt** *s tech.* **1.** Stehbolzen *m*. **2.** Ankerbolzen *m*. ˈ~**-down** (**strike**) *s Br.* Sitzstreik *m* (*der Bergleute*).

ˈ**stay·er** *s* **1.** j-d, der bleibt *etc*. **2.** ausdauernder Mensch. **3.** *Pferdesport*: Steher *m*.

ˌ**stay-ˈfore·sail** *s mar.* Fockstagsegel *n*.

stay·ing pow·er [ˈsteɪɪŋ] *s* Stehvermögen *n*, Ausdauer *f*.

ˈ**stay-in** (**strike**) *s* Sitzstreik *m*.

ˈ**stay|·lace** *s* Korˈsettschnur *f*. ˈ~ˌ**maker** *s* Korˈsett-, ˈMiederfabriˌkant *m*. ˈ~**sail** [ˈ-seɪl; *mar.* ˈsteɪsl] *s mar.* Stagsegel *n*. ~ **tube** *s tech.* Standrohr *n*.

stead [sted] *s* **1.** Stelle *f*: **in his** ~ an s-r Statt, statt seiner; **in** (**the**) ~ **of** an Stelle von (*od. gen*), anstatt (*gen*). **2.** Nutzen *m*: **to stand s.o. in good** ~ j-m (gut) zustatten kommen.

stead·fast [ˈstedfəst; -fɑːst; *Am.* -ˌfæst] *adj* (*adv* ~**ly**) **1.** fest, unverwandt: **a** ~ **gaze**. **2.** fest: a) unbeweglich, b) dauerhaft. **3.** fest, unerschütterlich: a) standhaft, unentwegt, treu, b) unabänderlich: ~ **decision** (**faith,** *etc*). ˈ**stead·fast·ness** *s* Standhaftigkeit *f*, Festigkeit *f*: ~ **of purpose** Zielstrebigkeit *f*.

stead·i·ness [ˈstedɪnɪs] *s* **1.** Festigkeit *f*. **2.** Beständigkeit *f*, Stetigkeit *f*. **3.** soˈlide Art.

stead·y [ˈstedɪ] **I** *adj* (*adv* **steadily**) **1.** (stand)fest, staˈbil: **a** ~ **ladder**; **he was not** ~ **on his legs** er stand nicht fest auf den Beinen; ~ **prices** *econ.* feste *od.* stabile Preise. **2.** gleichbleibend, -mäßig, stetig, ständig, unveränderlich: ~ **girl friend** feste Freundin; ~ **pace** gleichmäßiges Tempo; ~ **progress** stetige *od.* ständige Fortschritte. **3.** gewohnheits-, regelmäßig: ~ **customer** Stammkunde *m*. **4.** → **steadfast** 1. **5.** a) → **steadfast** 3, b) ordentlich, soˈlid(e): **a** ~ **man**; **to lead a** ~ **life**, c) nüchtern, gesetzt, d) zuverlässig: **a** ~ **friend** (**player,** *etc*). **6.** ruhig, sicher: **a** ~ **eye** (**hand**). **II** *adv* **7.** *colloq.* a) **to go** ~ (**with**) vorsichtig(er) sein (mit), sich zurückhalten (bei, mit), b) **to go** ~ **with** (fest) mit *j-m* ‚gehen'. **III** *interj* **8.** sachte!, ruhig Blut! **9.** ~ **on!** halt! **IV** *v/t* **10.** festigen, fest *od.* sicher *od.* ruhig *etc* machen: **to** ~ **o.s.** a) sich stützen, b) *fig.* sich beruhigen. **11.** *ein Pferd* zügeln. **12.** *j-n* zur Vernunft bringen, ernüchtern. **V** *v/i* **13.** fest *od.* sicher *od.* ruhig *etc* werden, Halt gewinnen, sich festigen, sich stabiliˈsieren (*a. econ. Preise etc*). **14.** *oft* ~ **down** vernünftig werden. **VI** *s* **15.** Stütze *f*. **16.** *colloq.* feste Freundin *od.* fester Freund. ˈ~**-ˌgo·ing** *adj* **1.** gleichbleibend, beständig: ~ **devotion**. **2.** soˈlid(e), gesetzt. ~ **state** *s Molekularbiologie, Biophysik*: Fließgleichgewicht *n*. ˌ~**-ˈstate the·o·ry** *s Kosmologie*: ˈSteady-state-Theoˌrie *f*.

steak [steɪk] *s* **1.** Steak *n*. **2.** (ˈFisch)Koteˌlett *n*, (-)Fiˌlet *n*. **3.** Frikaˈdelle *f*. ~ **hammer** *s* Fleischklopfer *m*.

steal [stiːl] **I** *v/t pret* **stole** [stəʊl], *pp* **stol·en** [ˈstəʊlən] **1.** stehlen (*a. fig.*), entwenden: **to** ~ **s.th. from s.o.** j-m etwas stehlen; **to** ~ **s.o.'s girl friend** *fig.* j-m die Freundin ‚ausspannen'. **2.** *fig.* stehlen, erlisten, erhaschen: **to** ~ **a kiss from s.o.** j-m e-n Kuß rauben; **to** ~ **a look at** e-n verstohlenen Blick werfen auf (*acc*); → **march**[1] *Bes. Redew.*, **show** 3, **thunder** 1. **3.** *fig.* stehlen, plagiˈieren. **4.** *fig.* schmuggeln (**into** in *acc*). **5.** *sport etc den Ball, Punkte etc* ergattern. **II** *v/i* **6.** stehlen. **7.** schleichen, sich stehlen: **to** ~ **away** sich davonstehlen. **8.** ~ **over** (*od.* [**up**]**on**) *j-n* beschleichen: **anxiety was** ~**ing over her**. **III** *s* **9.** *colloq.* Diebstahl *m*. **10.** *Am. colloq.* poˈlitische Schiebung. **11.** **at that price it is a** ~ *Am. colloq.* zu dem Preis ist das fast geschenkt.

stealth [stelθ] *s* Heimlichkeit *f*: **by** ~ heimlich, verstohlen. ˈ**stealth·i·ness** [-ɪnɪs] *s* Heimlichkeit *f*. ˈ**stealth·y** *adj* (*adv* **stealthily**) verstohlen, heimlich.

steam [stiːm] **I** *s* **1.** (Wasser)Dampf *m*: **at full** ~ mit Volldampf (*a. fig.*); **full** ~ **ahead** Volldampf voraus; **to get up** ~

Dampf aufmachen (*a. fig.*); **to let** (*od.* **blow**) **off ~** Dampf ablassen, *fig. a.* sich *od.* s-m Zorn Luft machen; **to put on ~** a) Dampf anlassen, b) *fig.* ‚Dampf dahinter machen'; **he ran out of ~** *fig.* ihm ging die Puste aus; **under one's own ~** mit eigener Kraft (*a. fig.*). **2.** Dampf *m*, Dunst *m*, Schwaden *pl.* **3.** *fig.* Kraft *f*, Wucht *f.* **4.** Dampfer *m*: **they travel by ~. II** *v/i* **5.** dampfen (*a. Pferd etc*). **6.** verdampfen. **7.** *mar. rail.* dampfen (*fahren*). **8.** ‚dampfen', brausen, sausen. **9.** *meist* **~ ahead, ~ away** *colloq.* a) ‚sich (mächtig) ins Zeug legen', b) gut vor'ankommen. **10. ~ up** (*od.* **over**) (sich) beschlagen (*Glas etc*). **11.** *colloq.* vor Wut kochen. **III** *v/t* **12.** a) *Speisen etc* dämpfen, dünsten, b) *Holz etc* dämpfen, *Stoff* deka'tieren. **13.** *Gas etc* ausströmen. **14. ~ up** *Glas etc* beschlagen. **15.** *meist* **~ up** *colloq.* a) ankurbeln, auf Touren bringen: **to ~ the industry**, b) *j-n* in Rage bringen: **to be ~ed up** *colloq.* → 11; **don't let it ~ you!** reg dich (darüber) nicht auf! **~ bath** *s* Dampfbad *n.* **~ blow·er** *s tech.* Dampfgebläse *n.* **'~boat** *s* Dampfboot *n*, (*bes.* Fluß)Dampfer *m.* **~ boil·er** *s* Dampfkessel *m.* **~ box** *s* **1.** *tech.* Schieberkasten *m.* **2.** Dampfkochtopf *m.* **~ chest** → **steam box** 1. **~ en·gine** *s* **1.** 'Dampfma,schine *f.* **2.** 'Dampflokomo,tive *f.*

'steam·er *s* **1.** *mar.* Dampfer *m*, Dampfschiff *n.* **2.** *tech.* 'Dampfma,schine *f.* **3.** a) Dampfkochtopf *m*, b) 'Dämpfappa,rat *m.* **~ rug** *s* grobe Wolldecke.

steam| fit·ter *s* 'Heizungsinstalla,teur *m.* **~ ga(u)ge** *s* Mano'meter *n.* **~ ham·mer** *s* Dampfhammer *m.* **~ heat** *s* **1.** durch Dampf erzeugte Hitze. **2.** *phys.* spe'zifische Verdampfungswärme. **~ heat·er** *s* **1.** Dampfheizungskörper *m.* **2.** Dampfheizung *f.* **~ heat·ing** *s* Dampfheizung *f.* **~ i·ron** *s* Dampfbügeleisen *n.* **~ nav·vy** *Br. für* **steam shovel. ~ or·gan** *s mus.* Dampf(pfeifen)orgel *f.* **~ ra·di·o** *s colloq.* ‚Dampfradio' *n.* **'~,roll·er I** *s* **1.** Dampfwalze *f* (*a. fig.*). **II** *v/t* **2.** glattwalzen. **3.** *fig.* a) *die Opposition etc* niederwalzen, ‚über'fahren', b) *e-n Antrag etc* 'durchpeitschen, -drücken, c) *j-n* unter Druck setzen (**into doing** daß er *etwas* tut). **'~ship** → **steamer** 1. **~ shov·el** *s tech.* (Dampf)Löffelbagger *m.* **~ ta·ble** *s* **1.** *dampfbeheizte Theke zum Warmhalten von Speisen.* **2.** *tech.* 'Dampfta,belle *f.* **~-tight** ['-taɪt; ,-'t-] *adj tech.* dampfdicht. **~ tug** *s mar.* Schleppdampfer *m.* **~ tur·bine** *s tech.* 'Dampftur,bine *f.* **~ whis·tle** *s* Dampfpfeife *f.*

'steam·y I *adj* (*adv* **steamily**) **1.** dampfig, dampfend, Dampf... **2.** beschlagen (*Glas etc*). **3.** *colloq.* e'rotisch. **II** *s* **4.** *Am. sl.* ‚Porno' *m* (*Film*).

ste·a·rate ['stɪəreɪt] *s chem.* Stea'rat *n.*

ste·ar·ic [stɪ'ærɪk; *Am. a.* 'stɪərɪk] *adj chem.* Stearin...: **~ acid. ste·a·rin** ['stɪərɪn; 'stiːə-] *s* **1.** Stea'rin *n.* **2.** *der feste Bestandteil e-s Fettes.*

ste·a·tite ['stɪətaɪt] *s min.* Stea'tit *m.*

ste·a·to·ma [,stɪə'təʊmə] *s med.* **1.** Stea'tom *n*, Fettgeschwulst *f.* **2.** Li'pom *n.*

ste·a·to·sis [,stɪə'təʊsɪs] *s med.* Stea'tose *f*, Verfettung *f.*

sted·fast, *etc* → **steadfast,** *etc.*

steed [stiːd] *s rhet.* (Streit)Roß *n.*

steel [stiːl] **I** *s* **1.** Stahl *m*: **~s** a) Stähle, b) *Börse*: Stahlaktien; **of ~** → 5. **2.** (*Gegenstand aus*) Stahl *m*, *bes.* a) Wetzstahl *m*, b) Feuerstahl *m*, c) Kor'settstäbchen *n.* **3.** *a.* **cold ~** kalter Stahl, Schwert *n*, Dolch *m.* **4.** *fig.* Kraft *f*, Härte *f.* **II** *adj* **5.** stählern: a) Stahl..., aus Stahl, b) *fig.* (stahl)hart, eisern. **III** *v/t* **6.** *tech.* (ver-)stählen. **7.** *fig.* stählen, wappnen: **to ~ o.s. for** (**against**) **s.th.** sich für (gegen) etwas wappnen; **he ~ed his heart against compassion** er verschloß sich dem Mitleid. **~ band** *s mus.* Steelband *f.* **~ blue** *s* Stahlblau *n.* **'~-clad** *adj* stahlgepanzert. **'~-drawn** *adj* aus gezogenem Stahl. **'~-en,graved** *adj* in Stahl gestochen. **~ en·grav·ing** *s* Stahlstich *m* (*Bild u. Technik*). **~ gray,** *bes. Br.* **~ grey** *s* Stahlgrau *n.*

steel·i·fy ['stiːlɪfaɪ] *v/t tech. Eisen* in Stahl verwandeln.

steel·i·ness ['stiːlɪnɪs] *s tech.* Härte *f* (*a. fig.*), Stahlartigkeit *f.*

steel| mill *s tech.* Stahl(walz)werk *n.* **~ wool** *s* Stahlspäne *pl*, -wolle *f.* **'~work** *s* **1.** Stahlarbeit *f*, Stahlteile *pl.* **2.** 'Stahlkonstrukti,on *f.* **3.** *pl* (*oft als sg konstruiert*) Stahlwerk *n.* **'~,work·er** *s* Stahlarbeiter *m.*

'steel·y → **steel** 5.

steel·yard ['stiːljɑː(r)d; 'stɪljə(r)d] *s* Laufgewichtswaage *f.*

steen·bok ['stiːnbɒk; 'steɪn-; *Am.* -,bɑk] → **steinbok.**

steep¹ [stiːp] **I** *adj* (*adv* **~ly**) **1.** steil, jäh, abschüssig. **2.** *fig.* jäh. **3.** *colloq.* a) ‚happig', ‚gepfeffert': **~ prices**, b) e'norm: **a ~ task**, c) ‚toll', unglaublich: **a ~ story**, d) unverschämt: **~ demand; that's a bit ~!** das ist allerhand! **II** *s* **4.** jäher Abhang.

steep² [stiːp] **I** *v/t* **1.** eintauchen, -weichen, *Tee* aufbrühen. **2.** (**in, with**) (durch)'tränken, imprä'gnieren (mit). **3.** (**in**) *fig.* durch'tränken, -'dringen (mit), erfüllen (von): **to ~ o.s. in a subject** sich ganz in ein Thema versenken; **~ed in** versunken in (*dat*); **~ed in crime** verbrecherisch; **~ed in history** geschichtsträchtig. **II** *s* **4.** Einweichen *n*, -tauchen *n.* **5.** a) Lauge *f*, Bad *n*, b) Einweichgefäß *n.*

steep·en ['stiːpən] *v/t u. v/i* steil(er) machen (werden), (sich) erhöhen.

stee·ple ['stiːpl] *s* **1.** Kirchturm *m.* **2.** Spitzturm *m.* **3.** Kirchturmspitze *f.* **'~chase I** *s* **1.** *Pferdesport*: Steeplechase *f*, Hindernis-, Jagdrennen *n.* **2.** *Leichtathletik*: Hindernislauf *m.* **II** *v/i* **3.** *Pferdesport*: e-e Steeplechase bestreiten. **4.** *Leichtathletik*: e-n Hindernislauf bestreiten. **'~chas·er** *s* **1.** *Pferdesport*: a) Steepler *m* (*Pferd*), b) Hindernis-, Jagdreiter *m.* **2.** *Leichtathletik*: Hindernisläufer *m.*

stee·pled ['stiːpld] *adj* **1.** mit e-m Turm (versehen), betürmt. **2.** vieltürmig (*Stadt*).

'stee·ple·jack *s* Schornstein-, Turmarbeiter *m.*

'steep·ness *s* **1.** Steilheit *f*, Steile *f.* **2.** steile Stelle.

steer¹ [stɪə(r)] **I** *v/t* **1.** steuern, lenken (*beide a. fig.*). **2.** *e-n Weg etc* verfolgen, einschlagen, *e-n Kurs* steuern. **3.** *j-n* lotsen, ‚bug'sieren'. **II** *v/i* **4.** steuern: **to ~ clear of** *fig.* (ver)meiden, aus dem Weg gehen (*dat*). **5.** *mar. mot. etc* sich *gut etc* steuern *od.* lenken lassen. **6.** *mar. etc* gesteuert werden, fahren: **to ~ for** lossteuern auf (*acc*) (*a. fig.*). **III** *s* **7.** *Am. colloq.* ‚Tip' *m.*

steer² [stɪə(r)] *s* **1.** Ochse *m.* **2.** männliches Schlachtvieh.

steer·a·ble ['stɪərəbl] *adj* lenkbar.

steer·age ['stɪərɪdʒ] *s* **1.** *bes. mar.* (*das*) Steuern. **2.** *mar. etc* a) Steuerung *f* (*Vorrichtung*), b) Steuerwirkung *f*, c) Reakti'on(sfähigkeit) *f*, d) Zwischendeck *n.* **'~way** *s mar.* Steuerfahrt *f*, -fähigkeit *f.*

'steer·er *s* **1.** *bes. mar.* Steuerer *m.* **2.** Steuergerät *n.* **3.** *Am. sl.* ‚Schlepper' *m* (*zu Nachtklubs etc*).

'steer·ing I *s* **1.** Steuern *n.* **2.** Steuerung *f*, Lenkung *f* (*a. fig.*). **3.** *Am. die Praktik von Immobilienmaklern, schwarzen Kunden ausschließlich Wohnungen in von Schwarzen bewohnten Gegenden anzubieten.* **II** *adj* **4.** Steuer... **~ col·umn** *s mot.* Lenksäule *f.* **~ col·umn lock** *s mot.* Lenk(rad)schloß *n.* **~ com·mit·tee** *s pol. etc* Lenkungsausschuß *m.* **~ gear** *s* **1.** *mot.* Steuerung *f*, Lenkung *f*, Lenkgetriebe *n.* **2.** *mar.* Steuergerät *n.* **~ knuck·le** *s mot. Am.* Achsschenkel *m.* **~ lock** *s mot.* Lenkungseinschlag *m.* **~ play** *s mot.* toter Gang *od.* Spiel *n* der Lenkung. **~ wheel** *s* **1.** *mar.* Steuerrad *n.* **2.** *mot.* Steuer-, Lenkrad *n.* **~ wheel lock** *s mot.* Lenk(rad)schloß *n.*

steers·man ['stɪə(r)zmən] *s irr mar.* Rudergänger *m.*

steeve¹ [stiːv] *v/t mar.* traven, *e-e Ballenladung* (fest) zs.-pressen.

steeve² [stiːv] *s mar.* Steigung *f* (*des Bugspriets*).

stein [staɪn] (*Ger.*) *s* Bier-, Maßkrug *m.*

stein·bock → **steinbok.**

stein·bok ['staɪnbɒk; *Am.* -,bɑk] *pl* **-boks,** *bes. collect.* **-bok** *s zo.* Steinbock *m.*

ste·le ['stiːlɪ; -liː] *pl* **-lae** [-liː], **-les** *s antiq.* Stele *f* (*Bild- od. Grabsäule*).

stel·lar ['stelə(r)] *adj astr.* stel'lar, Stern(en)...

stel·late ['stelət; -eɪt] *adj* sternförmig: **~ leaves** *bot.* quirlständige Blätter. **'stel·lat·ed** [-eɪtɪd], **stel'lif·er·ous** [-'lɪfərəs] *adj* **1.** → **stellate. 2.** gestirnt. **'stel·lu·lar** [-ljʊlə(r)] *adj* sternchenförmig.

stem¹ [stem] **I** *s* **1.** (Baum)Stamm *m.* **2.** *bot.* a) Stengel *m*, b) (Blüten-, Blatt-, Frucht)Stiel *m*, c) Halm *m*: **~ leaf** Stengelblatt *n.* **3.** Bündel *n* Ba'nanen. **4.** *allg.* (Pfeifen-, Weinglas- *etc*)Stiel *m.* **5.** a) (Lampen)Fuß *m*, b) (Ven'til)Schacht *m*, c) (Thermo'meter)Röhre *f*, d) (Aufzieh-)Welle *f* (*e-r Uhr*). **6.** *fig.* Geschlecht *n*, Stamm *m.* **7.** *ling.* (Wort)Stamm *m.* **8.** *mus.* (Noten)Hals *m.* **9.** *print.* Grund-, Abstrich *m.* **10.** *mar.* (Vorder)Steven *m*: **from ~ to stern** von vorn bis achtern. **II** *v/t* **11.** entstielen. **III** *v/i* **12.** stammen, ('her)kommen (**from** von).

stem² [stem] **I** *v/t* **1.** eindämmen (*a. fig.*). **2.** *fig.* a) aufhalten, Einhalt gebieten (*dat*), b) sich entgegenstemmen (*dat*), ankämpfen gegen (*a. mar.*). **3.** *ein Loch etc* abdichten, abdämmen. **4.** *e-e Blutung* stillen. **5.** *den Ski* zum Stemmbogen ansetzen. **II** *v/i* **6.** *Skisport*: stemmen.

stemmed [stemd] *adj* **1.** *bot.* a) gestielt, b) (*in Zssgn*) ...stielig: **long-~. 2.** entstielt.

'stem·less *adj* stengellos, ungestielt.

stem·ple ['stempl] *s Bergbau*: Stempel *m*, Stützholz *n.*

stem| turn *s Skisport*: Stemmbogen *m.* **'~,wind·er** [-,waɪndə(r)] *s* **1.** Remon'toiruhr *f.* **2.** *Am. colloq.* a) ‚tolle Sache', b) ‚Mordskerl' *m.* **'~,wind·ing** *adj* **1.** mit Aufziehwelle: **~ watch** → **stem-winder** 1. **2.** *Am. colloq.* ‚toll'.

stench [stentʃ] *s* Gestank *m.* **~ bomb** *s* Stinkbombe *f.* **~ trap** *s* Siphon *m*, Geruchsverschluß *m.*

sten·cil ['stensl] **I** *s* **1.** a) *a.* **~ plate** ('Maler)Scha,blone *f*, b) *print.* ('Wachs-)Ma,trize *f.* **2.** a) Scha'blonenzeichnung *f*, -muster *n*, b) Ma'trizenabzug *m.* **II** *v/t* *pret u. pp* **-ciled,** *bes. Br.* **-cilled 3.** schablo'nieren, mittels Scha'blone bemalen *od.* aufmalen. **4.** auf Ma'trize(n) schreiben.

Sten gun [sten] *s mil.* leichtes Ma'schinengewehr, LMG *n.*

sten·o ['stenəʊ] *pl* **-os** *Am. colloq. für* **stenographer.**

sten·o·car·di·a [,stenəʊ'kɑː(r)dɪə; -nə'k-] *s med.* Stenokar'die *f*, Herzkrampf *m.*

sten·o·graph ['stenəgrɑːf; *bes. Am.*

-græf] **I** *s* **1.** Stenoˈgramm *n.* **2.** Kurzschriftzeichen *n.* **3.** Stenograˈphiermaˌschine *f.* **II** *v/t* **4.** (ˈmit)stenograˌphieren. **ste·nog·ra·pher** [stəˈnɒgrəfə(r); *Am.* -ˈnɑg-] *s* **1.** Stenoˈgraph(in). **2.** *Am.* Stenotyˈpistin *f.* ˌ**sten·oˈgraph·ic** [-nəˈgræfɪk] *adj* (*adv* ~**ally**) stenoˈgraphisch. **steˈnog·ra·phy** [stəˈnɒgrəfɪ; *Am.* -ˈnɑ-] *s* Stenograˈphie *f*, Kurzschrift *f.*

ste·not·ic [stɪˈnɒtɪk; *Am.* -ˈnɑ-] *adj med.* (krankhaft) verengend *od.* verengt.

sten·o·type [ˈstenəʊtaɪp] → **stenograph** 2 *u.* 3. ˈ**sten·oˌtyp·ist** *s j-d, der e-e Stenographiermaschine bedient.* ˈ**sten·oˌtyp·y** [-pɪ] *s* Stenotyˈpie *f.*

sten·to·ri·an [stenˈtɔːrɪən; *Am. a.* -ˈtəʊ-] *adj* überlaut: ~ **voice** Stentorstimme *f.*

step [step] **I** *s* **1.** Schritt *m* (*a. Geräusch u. Maß*): **a ~ forward** ein Schritt vorwärts (*a. fig.*); **~ by ~** Schritt für Schritt (*a. fig.*); **to take a ~** e-n Schritt machen; **watch** (*od.* **mind**) **your ~!** paß auf, wo du hintrittst! (→ 7); **to keep one ~ ahead** *fig.* immer e-n Schritt voraus sein. **2.** *fig.* Fußstapfen *m*: **to tread in s.o.'s ~s** in j-s Fußstapfen treten. **3.** (*eiliger etc*) Schritt, Gang *m.* **4.** (Tanz)Schritt *m.* **5.** (Marˈschier-, Gleich)Schritt *m*: **in ~** im Gleichschritt; **in ~ with** *fig.* im Einklang mit; **out of ~** außer Tritt; **out of ~ with** *fig.* nicht im Einklang mit; **to break ~** aus dem Schritt kommen; **to fall in ~** Tritt fassen; **to keep ~ with** Schritt halten mit (*a. fig.*); → **retrace** 1. **6.** (*ein*) paar Schritte *pl*, ‚Katzensprung' *m*: **it is only a ~ to my house.** **7.** Schritt *m*, Maßnahme *f*: **to take ~s** Schritte unternehmen; **watch** (*od.* **mind**) **your ~!** Vorsicht!, paß auf, was du tust! (→ 1); → **false step, legal** 4. **8.** *fig.* Schritt *m*, Stufe *f.* **9.** Stufe *f* (*e-r Treppe etc*), (Leiter-)Sprosse *f*: **mind the ~!** Vorsicht, Stufe! **10.** Trittbrett *n* (*am Fahrzeug*). **11.** *pl*, *a.* **pair of ~s** Trittleiter *f.* **12.** *geogr.* Stufe *f*, Terˈrasse *f.* **13.** *mus.* a) (Ton-, Interˈvall-)Schritt *m*, b) Interˈvall *n*, c) (Tonleiter-)Stufe *f.* **14.** *electr. tech.* (Schalt-, *a.* Verstärker)Stufe *f*, Schaltschritt *m.* **15.** a) (Rang)Stufe *f*, Grad *m*, b) *bes. mil.* Beförderung *f*: **when did he get his ~?** wann wurde er befördert?

II *v/i pret u. pp* **stepped,** *obs.* **stept** [stept] **16.** schreiten, treten: **to ~ into a fortune** *fig.* unverhofft zu e-m Vermögen kommen. **17.** (*zu Fuß*) gehen, treten: **~ in!** herein!; **will you ~ this way, please** kommen Sie bitte hier entlang; **to ~ off** aussteigen aus (*Bus etc*), treten von (*Bürgersteig*). **18.** → **step out** 2. **19.** treten ([**up**]**on** auf *acc*): **~ on it!** *colloq.* Tempo!; → **accelerator** 2, **gas** 6 b.

III *v/t* **20.** a) *e-n Schritt* machen: **to ~ a pace,** b) *e-n Tanz* tanzen: **to ~ it** zu Fuß gehen; tanzen. **21.** *a.* **~ off, ~ out** *e-e Entfernung etc* a) abschreiten, b) abstecken. **22.** abstufen. **23.** mit Stufen versehen. **24.** *tech.* stufenweise ändern.

Verbindungen mit Adverbien:

step| a·side *v/i* **1.** zur Seite treten. **2.** *fig.* (**in favo**[**u**]**r of**) Platz machen (für), zuˈrücktreten (zuˈgunsten). **~ back I** *v/i* **1.** zuˈrücktreten. **2.** (*vor Schreck etc*) zuˈrückweichen. **II** *v/t* **3.** abstufen. **~ down I** *v/i* **1.** her-, hinˈunterschreiten. **2.** *fig.* a) → **step aside** 2, b) zuˈrücktreten (**as** von s-m Posten als). **II** *v/t* **3.** verringern, verzögern. **4.** *electr.* herˈuntertransforˌmieren. **~ for·ward** *v/i* **1.** vortreten, nach vorne treten. **2.** *fig.* sich melden (*Zeugen etc*). **~ out I** *v/i* **1.** (*bes. kurz*) weggehen. **2.** forsch ausschreiten. **3.** *colloq.* (viel) ausgehen. **4.** **~ on** *Am. colloq. Ehepartner* betrügen. **II** *v/t* **5.** → **step** 21. **~ up I** *v/i* **1.** hinˈauf-, herˈaufsteigen. **2.** zugehen (**to** auf *acc*). **3.** sich steigern. **4.** *Am. colloq.* (*im Rang*) befördert werden. **II** *v/t* **5.** steigern, *die Produktion etc* ankurbeln, *Forderungen etc* hochschrauben. **6.** *electr.* ˈhochtransforˌmieren. **7.** *Am. colloq. j-n* (*im Rang*) befördern.

ˈ**step|ˌbroth·er** *s* Stiefbruder *m.* ˌ**~-by-ˈ~** *adj fig.* schrittweise. ˈ**~·child** *s irr* Stiefkind *n.* **~ cline** *s biol.* gestufter ˈMerkmalsgradiˌent. ˈ**~·dame** *obs. für* **stepmother.** **~ dance** *s* Step(tanz) *m.* ˈ**~ˌdaugh·ter** *s* Stieftochter *f.* ˈ**~-down I** *adj electr.* Umspann...: **~ ratio** Untersetzungsverhältnis *n*; **~ transformer** Abwärtstransformator *m.* **II** *s* Verringerung *f.* ˈ**~ˌfa·ther** *s* Stiefvater *m.* ˈ**~-in I** *adj* **1.** Schlupf..., zum Hinˈeinschlüpfen: **~ dress; ~ mocassins** (*od.* **shoes**) → 3. **II** *s* **2.** *a. pl* (Damen)Schlüpfer *m.* **3.** *pl* Slipper *pl.* ˈ**~ˌlad·der** *s* Trittleiter *f.* ˈ**~ˌmoth·er** *s* Stiefmutter *f*, *fig. a.* Rabenmutter *f.* ˈ**~ˌmoth·er·ly** *adj* stiefmütterlich.

step·ney [ˈstepnɪ] *s mot. Br. hist.* Ersatzrad *n.*

ˈ**step-off** *s* Steilabhang *m.*

ˈ**stepˌpar·ents** *s pl* Stiefeltern *pl.*

steppe [step] *s geogr.* Steppe *f.*

stepped [stept] *adj a. tech.* (ab)gestuft, Stufen...

step·per [ˈstepə(r)] *s* **1.** Renner *m*, guter Gänger (*Pferd*). **2.** Tänzer(in).

step·ping stone [ˈstepɪŋ] *s* **1.** (Tritt-)Stein *m* (*im Wasser etc*). **2.** *fig.* Sprungbrett *n.*

step| rock·et *s* ˈStufenraˌkete *f.* ˈ**~ˌsis·ter** *s* Stiefschwester *f.* ˈ**~·son** *s* Stiefsohn *m.*

stept [stept] *obs. pret u. pp von* **step.**

ˈ**step-up I** *adj* stufenweise erhöhend: **~ transformer** *electr.* Aufwärtstransformator *m.* **II** *s* Steigerung *f.*

ˈ**step·wise** *adj u. adv fig.* schritt-, stufenweise.

ster·co·ra·ceous [ˌstɜːkəˈreɪʃəs; *Am.* ˌstɜr-], ˈ**ster·co·ral** [-rəl] *adj* Kot..., kotartig.

stere [stɪə(r)] *s* Ster *m* (*Holzmaß*).

ster·e·o [ˈsterɪəʊ; ˈstɪə-] **I** *pl* **-os** *s* **1.** *Radio etc*: Stereo *n*: **to broadcast in ~.** **2.** *colloq.* Stereogerät *n.* **3.** *colloq. für* **stereotype** 1. **4.** *colloq.* a) ˈStereofotograˌfie *f*, b) Stereofoto *n.* **II** *adj* **5.** *Radio etc*: Stereo...: **~ broadcast** (**decoder, record,** *etc*); **~ suite** (*od.* **system**) Stereoanlage *f.*

ˌ**ster·e·oˈchem·is·try** *s* ˈStereo-, ˈRaumcheˌmie *f.* ˈ**ster·e·oˌchro·my** [-ˌkrəʊmɪ] *s* Stereochroˈmie *f* (*Wandmalerei mit Wasserfarben*).

ster·e·o·gram [ˈsterɪəgræm; ˈstɪər-] *s phys.* **1.** Raumbild *n.* **2.** → **stereograph** I. **3.** *Br.* ˈStereomuˌsiktruhe *f.* ˈ**ster·e·o·graph** [-grɑːf; *bes. Am.* -græf] **I** *s* stereoˈskopisches Bild. **II** *v/t u. v/i* stereofotograˈfieren. **ster·e·og·ra·phy** [ˌsterɪˈɒgrəfɪ; ˌstɪər-; *Am.* -ˈɑg-] *s math.* Stereograˈphie *f*, Körperzeichnung *f.*

ster·e·om·e·ter [ˌsterɪˈɒmɪtə(r); ˌstɪər-; *Am.* -ˈɑm-] *s phys.* Stereoˈmeter *n.* ˌ**ster·eˈom·e·try** [-trɪ] *s* **1.** *phys.* Stereomeˈtrie *f.* **2.** *math.* Geomeˈtrie *f* des Raumes.

ˌ**ster·e·oˈphon·ic** *adj* stereoˈphon(isch), Stereoton..., Raum...: **~ sound** Raumton *m.*

ster·e·o·plate [ˈsterɪəpleɪt; ˈstɪər-] *s print.* Stereoˈtypplatte *f*, Stereo *n.*

ster·e·o·scope [ˈsterɪəskəʊp; ˈstɪər-] *s* Stereoˈskop *n.* ˌ**ster·e·oˈscop·ic** [-ˈskɒpɪk; *Am.* -ˈskɑ-] *adj* (*adv* ~**ally**) stereoˈskopisch: **~ camera** Stereokamera *f*; **~ photograph** Stereofoto(grafie *f*) *n*; **~ photography** Stereofotografie *f*; **~ vision** stereoskopisches *od.* plastisches Sehen. **ster·e·os·co·py** [ˌsterɪˈɒskəpɪ; ˌstɪər-; *Am.* -ˈɑs-] *s* **1.** Stereoskoˈpie *f.* **2.** räumliches Sehen.

ster·e·o·type [ˈstɪərɪətaɪp; ˈster-] **I** *s* **1.** *print.* a) Stereotyˈpie *f*, Plattendruck *m*, b) Stereoˈtype *f*, Druckplatte *f.* **2.** *fig.* Kliˈschee *n*, Schaˈblone *f.* **II** *v/t* **3.** *print.* stereotyˈpieren. **4.** *fig.* stereoˈtyp wiederˈholen. **5.** sich e-e Kliˈscheevorstellung bilden von. **6.** in e-e feste Form bringen.

ˈ**ster·e·o·typed** *adj* **1.** *print.* stereotyˈpiert. **2.** *fig.* a) stereoˈtyp, unveränderlich, b) kliˈschee-, schaˈblonenhaft.

ˈ**ster·e·o·typ·er,** ˈ**ster·e·o·typ·ist** *s print.* Stereotyˈpeur *m*, Materngießer *m.*

ˌ**ster·e·o·tyˈpog·ra·phy** [-taɪˈpɒgrəfɪ; *Am.* -ˈpɑg-] *s print.* Stereoˈtypdruck (-verfahren *n*) *m.* ˈ**ster·e·o·typ·y** [-taɪpɪ] *s* Stereotyˈpie *f*: a) *print. Druckverfahren*, b) *med.* Reiteratiˈon *f* (*häufige Wiederholung derselben Bewegungen od. Ausdrücke*).

ster·ic [ˈsterɪk; ˈstɪər-] *adj chem.* sterisch.

ster·ile [ˈsteraɪl; *Am.* -rəl] *adj* **1.** *med.* steˈril, keimfrei: **~ bandage.** **2.** *biol. u. fig.* unfruchtbar, steˈril: **~ cow** (**soil, mind,** *etc*); **a ~ seed** *bot.* ein tauber *od.* nicht keimfähiger Same. **3.** *fig.* fruchtlos: **a ~ discussion; ~ capital** totes Kapital. **4.** *fig.* leer, gedankenarm: **~ style.** **5.** *fig.* ˈunprodukˌtiv: **a ~ writer.**

ste·ril·i·ty [steˈrɪlətɪ; stəˈr-] *s* Steriliˈtät *f* (*a. fig.*).

ster·i·li·za·tion [ˌsterɪlaɪˈzeɪʃn; *Am.* -rələˈz-] *s* **1.** Sterilisatiˈon *f*: a) *med.* Entkeimung *f*, b) Unfruchtbarmachung *f.* **2.** Steriliˈtät *f.* ˈ**ster·i·lize** [-laɪz] *v/t* **1.** *med.* steriliˈsieren: a) entkeimen, keimfrei machen, b) unfruchtbar machen (*a. fig.*). **2.** *den Boden* ausmergeln. **3.** *fig.* abtöten. **4.** *Kapital etc* nicht gewinnbringend anlegen. ˈ**ster·i·liz·er** *s* Steriliˈsator *m* (*Apparat*).

ster·let [ˈstɜːlɪt; *Am.* ˈstɜr-] *s ichth.* Sterlet *m.*

ster·ling [ˈstɜːlɪŋ; *Am.* ˈstɜr-] **I** *adj* **1.** Sterling(...): **ten pounds ~** 10 Pfund Sterling; **~ area** Sterlinggebiet *n*, -block *m.* **2.** von Standardwert (*Gold, Silber*). **3.** *fig.* lauter, echt, gediegen, bewährt: **a ~ character** ein lauterer Charakter; **~ merit** hervorragendes Verdienst. **II** *s* **4.** Sterling *m* (*Währung*). **5.** *Br.* Standardfeingehalt *m* (*für Münzen*). **6.** Sterlingsilber *n.* **7.** Sterlingsilberwaren *pl.*

stern[1] [stɜːn; *Am.* stɜrn] *adj* (*adv* ~**ly**) **1.** streng, hart (**to** mit, gegen): **~ necessity** bittere Notwendigkeit. **2.** unnachgiebig, eisern: **a ~ resolve.** **3.** finster, streng: **a ~ face.**

stern[2] [stɜːn; *Am.* stɜrn] *s* **1.** *mar.* Heck *n*, Achterschiff *n*: **~ on** mit dem Heck nach vorn; (**down**) **by the ~** hecklastig; → **stem**[1] 10. **2.** a) ˈHinterteil *n*, Gesäß *n*, b) *zo.* Schwanz *m.* **3.** *allg.* Heck *n*, hinterer Teil.

ster·na [ˈstɜːnə; *Am.* ˈstɜr-] *pl von* **sternum.**

ster·nal [ˈstɜːnl; *Am.* ˈstɜrnl] *adj anat.* Brustbein...

stern|chas·er *s mar. hist.* Heckgeschütz *n.* **~ fast** *s mar.* Achtertau *n.* ˌ**~ˈfore·most** *adv* **1.** *mar.* über Steuer, rückwärts. **2.** *fig.* ungeschickt. **~ frame** *s mar.* **1.** Spiegelspant *n.* **2.** ˈHintersteven *m.* ˈ**~·most** [-məʊst] *adj* (zu)ˈachterst.

ˈ**stern·ness** *s* **1.** Strenge *f*, Härte *f.* **2.** Unnachgiebigkeit *f.*

ster·no·cos·tal [ˌstɜːnəʊˈkɒstl; *Am.* ˌstɜrnəʊˈkɑstl] *adj anat.* sternokoˈstal (*Brustbein u. Rippen betreffend*).

ˈ**stern|·post** *s mar.* Achtersteven *m.* **~ rope** → **stern fast.** **~ sheets** *s pl mar.* Achterspitze *pl* (*e-s Boots*).

ster·num [ˈstɜːnəm; *Am.* ˈstɜr-] *pl* **-nums, -na** [-nə] *s anat.* Brustbein *n.*

ster·nu·ta·tion [ˌstɜːnjʊˈteɪʃn; *Am.* ˌstɜr-] *s med.* Niesen *n.*

ˈstern|·way *s mar.* Heckfahrt *f.* **~wheel** *s mar.* Heckrad *n.* **ˌ~-ˈwheel·er** *s* Heckraddampfer *m.*

ster·ol [ˈstɪərɒl; ˈsterɒl; *Am. a.* -əʊl] *s chem.* Steˈrin *n.*

ster·to·rous [ˈstɜːtərəs; *Am.* ˈstɜr-] *adj* (*adv* **~ly**) schnarchend.

stet [stet] (*Lat.*) *print.* **I** *interj* bleibt!, stehenlassen! **II** *v/t* mit ‚stet' *od.* Pünktchen marˈkieren.

steth·o·scope [ˈsteθəskəʊp] *med.* **I** *s* Stethoˈskop *n*, Hörrohr *n.* **II** *v/t* abhorchen. **ˌsteth·oˈscop·ic** [-ˈskɒpɪk; *Am.* -ˈskɑ-] *adj* (*adv* **~ally**) stethoˈskopisch. **steˈthos·co·py** [-ˈθɒskəpɪ; *Am.* -ˈθɑs-] *s* Stethoskoˈpie *f.*

stet·son [ˈstetsn] *s* Stetson *m* (*Hut der Cowboys u. im 1. Weltkrieg der austral. u. neuseeländischen Soldaten*).

ste·ve·dore [ˈstiːvədɔː(r); *Am. a.* -ˌdəʊər] *s mar.* **1.** Schauermann *m*, Stauer *m.* **2.** Stauer *m*, Schiffsbelader *m* (*Unternehmer*).

stew¹ [stjuː; *Am. a.* stuː] **I** *v/t* **1.** schmoren, dämpfen, dünsten: → **stewed. 2. ~ up** *Am. colloq.* aufregen. **II** *v/i* **3.** schmoren: → **juice** 1. **4.** *fig.* schmoren, braten, ‚vor Hitze fast ˈumkommen'. **5.** *colloq.* sich aufregen. **III** *s* **6.** Eintopf-, Schmorgericht *n.* **7.** *Br. obs. od. Am.* Borˈdell *n.* **8.** *pl Am. colloq.* Elendsviertel *n.* **9.** *colloq.* Aufregung *f*: **to be in a ~** in (heller) Aufregung sein.

stew² [stjuː; *Am. a.* stuː] *s* **1.** *Br. obs.* Fischteich *m*, -behälter *m.* **2.** künstliche Austernbank.

stew³ [stuː; stjuː] *s aer. Am. colloq.* Steward *m*, Stewardeß *f.*

stew·ard [ˈstjʊə(r)d; *Am. a.* ˈstʊ-] *s* **1.** Verwalter *m.* **2.** Inˈspektor *m*, Aufseher *m.* **3.** Haushofmeister *m.* **4.** Butler *m.* **5.** Tafelmeister *m*, Kämmerer *m* (*e-s College, Klubs etc*). **6.** *mar.* a) Proviˈantmeister *m*, b) *a. aer.* Steward *m.* **7.** (Fest-*etc*)Ordner *m*, *Radsport*: ˈRennkommisˌsar *m.* **8.** → **shop steward. ˈstew·ard·ess** *s* **1.** *aer. mar.* Stewardeß *f.* **2.** Verwalterin *f.* **ˈstew·ard·ship** *s* **1.** Verwalteramt *n.* **2.** Verwaltung *f.*

stewed [stjuːd; *Am. a.* stuːd] *adj* **1.** geschmort, gedämpft, gedünstet. **2.** *Br.* zu stark (*Tee*). **3.** *sl.* ‚besoffen'.

ˈstew|·pan *s* Schmorpfanne *f*, Kasseˈrolle *f.* **ˈ~·pot** *s* Schmortopf *m.*

sthe·ni·a [ˈsθiːnjə; -nɪə; sθɪˈnaɪə] *s med.* Stheˈnie *f*, (Körper)Kraft *f.* **sthen·ic** [ˈsθenɪk] *adj med.* sthenisch, kräftig.

stib·i·al [ˈstɪbɪəl] *adj chem. min.* spießglanzartig, Antimon... **ˈstib·ine** [-iːn; -aɪn; -ɪn] *s chem.* Stiˈbin *n.* **ˈstib·i·um** [-ɪəm] *s chem. obs.* Antiˈmon *n.*

stich [stɪk] *s metr.* Vers *m*, Zeile *f.*

stich·o·myth·i·a [ˌstɪkəʊˈmɪθɪə] *s* Stichomyˈthie *f* (*Form des Dialogs, bei der Rede u. Gegenrede auf je e-n Vers verteilt sind*).

stick¹ [stɪk] **I** *s* **1.** a) Stecken *m*, Stock *m*, (trockener) Zweig: → **hop¹** 6, b) *pl* Klein-, Brennholz *n*: **(dry) ~s** (dürres) Reisig. **2.** Scheit *n*, Stück *n* Holz. **3.** Gerte *f*, Rute *f.* **4.** Stengel *m*, Stiel *m* (*Rhabarber, Sellerie*). **5.** Stock *m* (*a. fig. Schläge*), Stab *m*, Knüttel *m*, Prügel *m*: **he wants the ~** er verdient e-e Tracht Prügel; **any ~ to beat a dog** *fig.* ein Vorwand ist bald gefunden; **to get (give) the ~** e-e Tracht Prügel bekommen (verabreichen); **a policy of the big ~** e-e Politik der starken Hand; **he got hold of the wrong end of the ~** a) er hat es *od.* die Sache falsch verstanden, b) *a.* **he got hold of the short** (*od.* **dirty**) **end of the ~** *Am.* er wurde schwer benachteiligt; **not a ~ of furniture** kein einziges Möbelstück; **the ~ and the carrot** *fig.* Zuckerbrot u. Peitsche; → **cleft stick. 6.** *mus.* a) Taktstock *m*, b) (Trommel)Schlegel *m*, c) (Geigen)Bogen *m.* **7.** (Spaˈzier)Stock *m.* **8.** (Besen- *etc*)Stiel *m.* **9.** a) (Zucker-, Siegellack)Stange *f*, b) (Stück *n*) Raˈsierseife *f*, c) (Lippen- *etc*)Stift *m.* **10.** (Dynaˈmit)Stange *f.* **11.** Amtsstab *m.* **12.** a) *Baseball etc*: Schläger *m*, b) *Hockey etc*: Stock *m*: **~s** hoher Stock, c) *Pferdesport*: Hürde *f.* **13.** a) *aer.* Steuerknüppel *m*, b) *mot.* Schalthebel *m*, -knüppel *m.* **14.** *print.* Winkelhaken *m.* **15.** *aer. mil.* a) (Bomben)Reihe *f*: **~ bombing** Reihenwurf *m*, b) Gruppe *f* (abspringender) Fallschirmjäger. **16.** *pl bes. Am. colloq.* finsterste Proˈvinz: **in the ~s. 17.** *colloq.* a) *a.* **dull** (*od.* **dry**) **old ~** ‚Stockfisch' *m*, Langweiler *m*, b) *allg.* Kerl *m*: **a queer old ~** ein ‚komischer Kauz'. **18.** *Am.* Schuß *m* (*Alkohol*). **19.** *sl.* Joint *m* (*Haschisch- od. Marihuanazigarette*).

II *v/t* **20.** *e-e Pflanze* mit e-m Stock stützen. **21.** *print. Typen* a) setzen, b) in e-m Winkelhaken aneinˈanderreihen.

stick² [stɪk] **I** *s* **1.** *bes. Am.* Stich *m*, Stoß *m.* **2.** *obs.* a) Stillstand *m*, b) Hindernis *n.* **3.** a) Haftvermögen *n*, b) *colloq.* klebrige Subˈstanz.

II *v/t pret u. pp* **stuck** [stʌk] **4.** a) durchˈstechen, -ˈbohren, b) erstechen. **5.** (ab)stechen: **to ~ pigs. 6.** stechen mit (**in, into** in *acc*; **through** durch): **to ~ a pin into a balloon. 7.** stechen, stoßen: **to ~ a knife into s.th. 8.** stecken: **to ~ a flower in one's buttonhole**; → **nose** *Bes. Redew.* **9.** spicken: **a coat stuck with badges. 10.** stecken, aufspießen: **to ~ a potato on a fork. 11.** stecken, strecken: **to ~ one's head out of the window; to ~ out one's arm (chest, tongue)** den Arm (die Brust, die Zunge) herausstrecken. **12.** stecken, heften (**to** an *acc*). **13.** kleben: **to ~ a stamp on a letter; to ~ together** zs.-kleben. **14.** *Fotos* (ein)kleben (**in** in *acc*). **15.** bekleben. **16.** zum Stecken bringen, festfahren: **to be stuck** a) *im Schlamm etc* steckenbleiben, b) *a. fig.* festsitzen, nicht mehr weiterkönnen; **I'm stuck for ideas** mir fällt nichts (mehr) ein; **to be stuck on** *colloq.* vernarrt sein in (*acc*); **to be stuck with s.th.** etwas ‚am Hals' haben; **to get stuck in(to)** *colloq.* a) sich in *e-e Arbeit* ‚hineinknien', b) *Austral.* über *j-n* (*a. mit Worten*) herfallen. **17.** *colloq.* verwirren, in Verlegenheit bringen: **he stuck me with a puzzle; to be stuck for s.th.** verlegen sein um etwas. **18.** *colloq. j-n* ‚blechen lassen' (**for** für). **19.** *sl. j-n* ‚leimen', prellen. **20.** *sl. etwas od. j-n* (v)ertragen, ausstehen, aushalten: **I can't ~ him** ich kann ihn nicht ausstehen. **21. ~ it (out)** *bes. Br. colloq.* ˈdurchhalten. **22. ~ it on** *bes. Br. colloq.* a) ‚saftige' Preise verlangen, b) ‚dick auftragen', überˈtreiben.

III *v/i* **23.** stecken: **a nail ~s in the wall. 24.** (fest)kleben, haften (**to** an *dat*): **it does not ~** es klebt *od.* hält nicht; **to ~ together** zs.-kleben. **25.** (**to**) sich halten *od.* festklammern (an *dat*), sich heften (an *acc*): **they stuck to his heels** sie hefteten sich an s-e Fersen; → **bur** 1. **26.** haften(bleiben), hängenbleiben (*a. fig.*): **some of it will ~** etwas (*von e-r Verleumdung*) bleibt immer hängen; **to ~ in the mind** im Gedächtnis haftenbleiben; **that name stuck to him** dieser Name blieb an ihm hängen; **to make s.th. ~** *fig.* dafür sorgen, daß etwas sitzt. **27. ~ to** a) sich an *e-e Regel etc* halten, b) bei *e-m Getränk etc* bleiben; **~ to,** *colloq.* **~ with** bei *e-r Gruppe etc* bleiben; **~ to,** *colloq.* **~ at** an *od.* über *e-r Arbeit* bleiben; **~ to,** *colloq.* **~ by** bei *s-r Ansicht etc* bleiben, *s-n Grundsätzen etc* treu bleiben, zu *s-m Wort etc* stehen; **~ to,** *colloq.* **~ by, ~ with** zu *j-m* halten; **to ~ to s.o.'s fingers** *colloq.* j-m ‚an den Fingern klebenbleiben' (*von j-m gestohlen werden*); **to ~ to the point** bei der Sache *od.* sachlich bleiben; **to eat s.th. that ~s to the ribs** etwas Kräftiges essen; **to ~ together** zs.-halten; → **gun** 1. **28.** steckenbleiben: **to ~ in s.o.'s throat** a) j-m im Hals steckenbleiben (*a. fig. Worte etc*), b) *a.* **to ~ in s.o.'s craw** *fig. colloq.* j-m gegen den Strich gehen; → **fast²** 5, **mud** 2. **29.** a) verwirrt sein, b) zögern, sich stoßen (**at** an *dat*), c) zuˈrückschrecken (**at** vor *dat*): **to ~ at nothing** vor nichts zurückschrekken. **30.** herˈvorstehen (**from, out of** aus), stehen (**up** in die Höhe).

Verbindungen mit Adverbien:

stick| a·bout, ~ a·round *v/i colloq.* dableiben, in der Nähe bleiben, sich verfügbar halten. **~ down** *v/t* **1.** *Umschlag etc* zukleben. **2.** *colloq. Gegenstand* abstellen, absetzen. **3.** *colloq. etwas* (auf-) schreiben (**on** auf *acc*). **~ out I** *v/i* **1.** ab-, herˈvor-, herˈausstehen. **2.** *fig.* auffallen: → **mile** 1, **thumb** 1. **3.** bestehen (**for** auf *dat*). **4.** *Am. colloq.* streiken. **II** *v/t* **5.** herˈausst(r)ecken: → **chin** I, **neck** *Bes. Redew.*, **stick²** 11. **~ up I** *v/t* **1.** *sl.* überˈfallen, ausrauben: **to ~ a bank. 2. stick 'em up!** *sl.* Hände hoch! **II** *v/i* **3.** → **stick²** 30. **4. ~ for** *colloq.* sich einsetzen für. **5. ~ to** mutig gegenˈübertreten (*dat*).

ˌstick|-at-ˈnoth·ing *adj colloq.* skrupellos. **~ con·trol** *s aer.* **1.** Knüppelsteuerung *f.* **2.** Steuerknüppel *m.*

ˈstick·er *s* **1.** a) (Schweine)Schlächter *m*, b) Schlachtmesser *n.* **2.** Plaˈkatankleber *m.* **3.** a) Klebestreifen *m*, b) Aufkleber *m*, c) (*an das Fahrzeug angeklebter*) Strafzettel (wegen falschen Parkens). **4.** zäher Kerl. **5.** treue Seele, Unentwegte(r *m*) *f.* **6.** *colloq.* ‚Hocker' *m*, (zu) lange bleibender Gast. **7.** *econ. colloq.* ‚Ladenhüter' *m.* **8.** ‚harte Nuß', kniffliges Proˈblem.

stick·i·ness [ˈstɪkɪnɪs] *s* **1.** Klebrigkeit *f.* **2.** Schwüle *f.* **3.** *fig. colloq.* Unnachgiebigkeit *f.* **4.** *fig. colloq.* Schwierigkeit *f.*

stick·ing| place *s* **1.** Anschlag *m*, Haltepunkt *m* (*e-r Schraube etc*). **2.** *fig.* (*das*) Äußerste: **to the ~** (bis) zum Äußersten *od.* Letzten. **~ plas·ter** *s* Heftpflaster *n.* **~ point** → **sticking place.**

stick in·sect *s zo.* Gespenstheuschrecke *f.*

ˈstick-in-the-mud *colloq.* **I** *adj* rückständig, -schrittlich, *bes. pol.* reaktioˈnär. **II** *s* Rückschrittler *m*, *bes. pol.* Reaktioˈnär *m.*

ˈstick|·jaw *s colloq.* ‚Plombenzieher' *m* (*zäher Bonbon etc*). **~ lac** *s* Stocklack *m.*

stick·le [ˈstɪkl] *v/i* **1.** hartnäckig zanken *od.* streiten (**for** um): **to ~ for s.th.** etwas hartnäckig verfechten. **2.** Bedenken äußern.

stick·le·back [ˈstɪklbæk] *s ichth.* Stichling *m.*

stick·ler [ˈstɪklə(r)] *s* **1.** Eiferer *m.* **2.** hartnäckiger Verfechter (**for** *gen*). **3.** Kleinigkeitskrämer(in), Peˈdant(in), j-d, der es ganz genau nimmt (**for** mit): **a ~ for detail; I am no ~ for ceremony** ich lege keinen Wert auf Förmlichkeit. **4.** → **sticker** 8.

ˈstickˌpin *s Am.* Kraˈwattennadel *f.*

stick-to-it·ive [stɪkˈtuːɪtɪv] *adj Am. colloq.* zäh, hartnäckig. **stick-ˈto-it·ive·ness** *s Am. colloq.* Zähigkeit *f*, Hartnäckigkeit *f.*

stick·um [ˈstɪkəm] *s Am. colloq.* Kleister *m*, Klebstoff *m.*

ˈstick-up I *adj* **1.** in die Höhe stehend: **~ collar** → 4. **2.** Kleb(e)... **3.** *sl.* Raub...: **~**

man → 5b. **II** *s* **4.** Stehkragen *m.* **5.** *sl.* a) (ˈRaub)ˌÜberfall *m*, b) Räuber *m.*
ˈstick·y *adj* **1.** klebrig: ~ **charge** *mil.* Haftladung *f*; ~ **label** *Br.* Klebezettel *m.* **2.** schwül, stickig: ~ **weather**. **3.** verklemmt: ~ **windows**. **4.** *fig. colloq.* a) eklig, unangenehm: **to come to** (*od.* **meet**) **a** ~ **end** ein böses Ende nehmen, b) schwierig, heikel: **a** ~ **problem**; **to be** (*od.* **bat**) **on a** ~ **wicket** *Br.* ‚in der Klemme' sein *od.* sitzen *od.* stecken, c) heikel, kritisch (**about** ˈhinsichtlich): **to be** ~ **about doing s.th.** etwas nur ungern tun, d) *econ.* starr, unnachgiebig: ~ **prices**, e) *econ.* schleppend: ~ **supply**, f) *econ.* schwerverkäuflich: ~ **merchandise**, g) *Am.* kitschig, sentimenˈtal: **a** ~ **death scene**, h) hölzern, steif (*Person*).
stiff [stɪf] **I** *adj* (*adv* ~**ly**) **1.** *allg.* steif, starr: ~ **collar** (**face**, *etc*): ~ **neck** steifer Hals; → **lip** 1. **2.** zäh, dick, steif: ~ **dough**. **3.** steif (*Brise*), stark (*Wind, Strömung*). **4.** a) stark, scharf (*alkoholische Getränke*), *bes.* steif (*Grog*), b) stark (*Medizin*). **5.** *fig.* starr(köpfig) (*Person*). **6.** *fig.* a) hart: ~ **adversary**, b) scharf: ~ **competition** (**opposition**), c) hartnäckig, verbissen: ~ **fight** (**resistance**, *etc*). **7.** schwierig, hart: **a** ~ **task**. **8.** hart: **a** ~ **penalty**. **9.** *econ.* a) staˈbil, fest, b) überˈhöht: ~ **prices**; **a** ~ **market** e-e stabile Marktlage. **10.** steif, forˈmell, gezwungen. **11.** a) steif, linkisch, b) starr, scheˈmatisch: **a** ~ **style**. **12.** *colloq.* unglaublich: **a bit** ~ ziemlich stark, ‚allerhand'. **13.** *colloq.* ‚zu Tode' (*gelangweilt, erschrocken*). **14.** *sl.* ‚blau', ‚besoffen'.
II *s sl.* **15.** Leiche *f.* **16.** ‚müder Klepper' (*Rennpferd*). **17.** a) Langweiler *m*, b) *a.* **big** ~ ‚Blödmann' *m.* **18.** *Am.* a) ‚Lappen' *m* (*Banknote*), b) ‚Blüte' *f* (*Falschgeld*), c) ‚Fetzen' *m* (*Dokument*), d) ‚Kasˈsiber' *m* (*im Gefängnis*). **19.** ‚Besoffene(r' *m*) *f.*
ˌ~-ˈ**backed** *adj* **1.** mit steifem Rücken. **2.** *fig.* äußerst korˈrekt *od.* forˈmell.
stiff·en [ˈstɪfn] **I** *v/t* **1.** (ver)steifen, (ver-)stärken, *Stoff etc* steifen, stärken. **2.** *Flüssigkeit, Glieder* steif *od.* starr machen, *Flüssigkeit etc* verdicken. **3.** *fig.* (be)stärken, *j-m* den Nacken *od.* Rücken steifen. **4.** *fig.* a) (ver)stärken, b) verschärfen: **to** ~ **the competition**. **5.** *econ.* festigen. **II** *v/i* **6.** sich versteifen *od.* verstärken *od.* verschärfen (*alle a. fig.*). **7.** steif *od.* starr werden. **8.** *fig.* sich versteifen *od.* verhärten, hart *od.* unnachgiebig werden. **9.** *fig.* werden (**into** zu). **10.** steif *od.* förmlich werden. **11.** *econ.* sich festigen. ˈ**stiff·en·er** *s* **1.** Versteifung *f.* **2.** *colloq.* ‚Seelenwärmer' *m*, Stärkung *f* (*Schnaps etc*). ˈ**stiff·en·ing** *s* Versteifung *f*: a) Steifwerden *n*, b) ˈSteifmateriˌal *n.*
ˌ**stiff-ˈnecked** *adj fig.* halsstarrig.
ˈ**stiff·ness** *s* **1.** Steifheit *f* (*a. fig.*), Starrheit *f.* **2.** Zähigkeit *f*, Dickflüssigkeit *f.* **3.** *fig.* Härte *f*, Schärfe *f.*
sti·fle[1] [ˈstaɪfl] **I** *v/t* **1.** ersticken: **to** ~ **s.o.** (**a fire**, **revolt**, *etc*). **2.** unterˈdrücken: **to** ~ **a cry** (**a yawn**, **an oath**, *etc*); **to** ~ **a discussion** e-e Diskussion abwürgen. **II** *v/i* **3.** (*weitS.* schier) ersticken.
sti·fle[2] [ˈstaɪfl] *s zo.* **1.** *a.* ~ **joint** Kniegelenk *n* (*Pferd, Hund*): ~ **bone** Kniescheibe *f* (*des Pferdes*). **2.** *vet.* Kniegelenkgalle *f* (*Pferd*).
sti·fling [ˈstaɪflɪŋ] *adj* (*adv* ~**ly**) erstikkend (*a. fig.*), stickig.
stig·ma [ˈstɪgmə] *pl* **-mas, -ma·ta** [-mətə] *s* **1.** Brandmal *n*, Schandfleck *m*, Stigma *n.* **2.** Merkmal *n.* **3.** *med.* Symˈptom *n.* **4.** (*pl* -mata) Stigma *n*: a) *med.* (Wund)Mal *n* (*periodisch blutend*), b) *meist pl R.C.* Wundmal(e *pl*) *n* (Christi). **5.** *zo.* Stigma *n*: a) Augenfleck *m* (*der Flagellaten*), b) Luftloch *n* (*der Insekten*). **6.** *bot.* Narbe *f*, Stigma *n* (*der Blüte*).
stigˈmat·ic [-ˈmætɪk] **I** *adj* **1.** stigˈmatisch, gezeichnet, gebrandmarkt. **2.** *bot.* narbenartig. **3.** *opt.* (ana)stigˈmatisch. **II** *s* → **stigmatist**. ˈ**stig·ma·tist** *s R.C.* Stigmatiˈsierte(r *m*) *f.* ˌ**stig·ma·tiˈza·tion** [-taɪˈzeɪʃn; *Am.* -təˈz-] *s* Stigmatiˈsierung *f.* ˈ**stig·ma·tize** *v/t* **1.** *bes. fig.* brandmarken, (kenn)zeichnen. **2.** *med. R.C.* stigmatiˈsieren.
stil·bite [ˈstɪlbaɪt] *s min.* Stilˈbit *m.*
stile[1] [staɪl] *s* **1.** Zauntritt *m.* **2.** → **turnstile**.
stile[2] [staɪl] *s* Seitenstück *n* (*e-r Täfelung*), Höhenfries *m* (*e-r Tür*).
sti·let·to [stɪˈletəʊ] *pl* **-tos** [-z] *s* **1.** Stiˈlett *n.* **2.** Schnürlochstecher *m.* **3.** → **stiletto heel**. ~ **heel** *s* Pfennigabsatz *m* (*am Damenschuh*).
still[1] [stɪl] **I** *adj* (*adv obs.* **stilly**) **1.** still, reg(ungs)los, unbeweglich. **2.** still, ruhig, lautlos: **keep** ~! sei(d) still! **3.** still, leise. **4.** ruhig, friedlich, still. **5.** still: **a** ~ **lake**; → **water** *Bes. Redew.* **6.** nicht mousˈsierend: ~ **wine** Stillwein *m.* **7.** *phot.* Stand..., Steh..., Einzel(aufnahme)... **II** *s* **8.** *poet.* Stille *f*: **in the** ~ **of night**. **9.** *phot.* Standfoto *n*, Einzelaufnahme *f* (*Ggs. Film*). **10.** → **still alarm**. **III** *v/t* **11.** *Geräusche etc* zum Schweigen *od.* Verstummen bringen. **12.** *j-n* beruhigen, *ein Verlangen etc* stillen. **IV** *v/i* **13.** still werden, sich beruhigen.
still[2] [stɪl] **I** *adv* **1.** (immer) noch, noch immer, bis jetzt: **points** ~ **unsettled** bis jetzt *od.* noch (immer) ungeklärte Fragen. **2.** (*beim comp*) noch, immer: ~ **higher** (*od.* **higher** ~) noch höher; ~ **more so because** um so mehr als. **3.** *a.* ~ **and all** dennoch, doch. **4.** *poet. od. dial.* immer, stets. **II** *conj* **5.** und doch, (und) dennoch.
still[3] [stɪl] **I** *s* **1.** a) Destilˈlierkolben *m*, b) Destilˈlierappaˌrat *m.* **2.** → **distillery**. **II** *v/t u. v/i* **3.** *obs.* destilˈlieren.
stil·lage [ˈstɪlɪdʒ] *s* Gestell *n.*
still|a·larm *s bes. Am.* stiller ˈFeuerаˌlarm. ~**birth** [ˈ-b-; ˌ-ˈb-] *s* Totgeburt *f.* ~**born** [ˈ-b-; ˌ-ˈb-] *adj* totgeboren (*a. fig.*). ˈ~**-fish** *v/i* vom verankerten Boot aus angeln. ~ **hunt** *s* **1.** Pirsch(jagd) *f.* **2.** *Am. colloq.* heimliche Jagd (**for** auf *acc*), *pol.* heimliche Kamˈpagne. ˈ~**-hunt** **I** *v/i* pirschen. **II** *v/t* anpirschen, sich anpirschen an (*acc*). ~ **life** *paint.* Stilleben *n.*
ˈ**still·ness** *s* Stille *f.*
ˈ**still·room** *s Br.* **1.** *hist.* Destillatiˈonsraum *m.* **2.** a) Vorratskammer *f*, b) Serˈvierraum *m.*
Still·son wrench [ˈstɪlsn] (*TM*) *s tech. Am.* (ein) Gelenkhakenschlüssel *m.*
ˈ**still·y** *adj poet. u. adv obs.* still, ruhig.
stilt [stɪlt] *s* **1.** Stelze *f.* **2.** *arch.* Pfahl *m*, Pfeiler *m.* **3.** *a.* ~ **bird** *orn.* Stelzenläufer *m.* ˈ**stilt·ed** *adj* (*adv* ~**ly**) **1.** gestelzt, gespreizt, geschraubt: ~ **style**. **2.** *arch.* erhöht. ˈ**stilt·ed·ness** *s* Gespreiztheit *f etc.*
stim·u·lant [ˈstɪmjʊlənt] **I** *s* **1.** *med.* Stimulans *n*, Anregungs-, Reiz-, Aufputschmittel *n.* **2.** Genußmittel *n*, *bes.* Alkohol *m.* **3.** Anreiz *m* (**of** für). **II** *adj* → **stimulating** 1.
stim·u·late [ˈstɪmjʊleɪt] **I** *v/t* **1.** *med. etc, a. fig.* stimuˈlieren, anregen, beleben, aufputschen, (*durch Alkohol a.*) aniˈmieren, *fig. a.* anspornen (**s.o. into** j-n zu *etwas*). **2.** *fig. etwas* ankurbeln, in Schwung bringen: **to** ~ **production**. **II** *v/i* **3.** *med. etc, a. fig.* anregen, beleben, aufputschen, stimuˈlieren. ˈ**stim·u·lat·ing** *adj* **1.** *med. etc, a. fig.* anregend, belebend, stimuˈlierend, aufputschend: ~ **drug** → **stimulant** 1. **2.** *fig.* anspornend. ˌ**stim·uˈla·tion** *s* **1.** Anreiz *m*, Antrieb *m*, Anregung *f*, Belebung *f.* **2.** angeregter Zustand. **3.** *med.* Reiz *m*, Reizung *f.* ˈ**stim·u·la·tive** [-lətɪv; *Am.* -ˌleɪ-] *adj* → **stimulating**: **to be** ~ (**of** *od.* **to**) → **stimulate**. ˈ**stim·u·la·tor** [-leɪtə(r)] *s* **1.** Beleber *m.* **2.** → **stimulant** 1. **3.** Anreiz *m.* ˈ**stim·u·lus** [ˈstɪmjʊləs] *pl* **-li** [-laɪ; -liː] *s* **1.** Stimulus *m*: a) (An)Reiz *m*, Antrieb *m*, Ansporn *m*: **under the** ~ **of** getrieben von, b) *med.* Reiz *m*: ~ **threshold** Reizschwelle *f.* **2.** → **stimulant** 1. **3.** *bot.* Nesselhaar *n.*
sti·my → **stymie**.
sting [stɪŋ] **I** *v/t pret* **stung** [stʌŋ] *od. obs.* **stang** [stæŋ], *pp* **stung** **1.** stechen. **2.** beißen, brennen in *od.* auf (*dat*). **3.** schmerzen, weh tun (*Schlag etc*), peinigen: **stung with remorse** von Reue geplagt. **4.** anstacheln, reizen (**into** zu): **to** ~ **s.o. into action** j-n aktiv werden lassen. **5.** *colloq.* a) *j-n* ‚neppen', betrügen (**for** um *Geld etc*), b) **to** ~ **s.o. for a pound** j-m ein Pfund ‚abknöpfen'. **II** *v/i* **6.** stechen. **7.** brennen, beißen (*Pfeffer etc*). **8.** schmerzen, weh tun (*a. fig.*). **III** *s* **9.** Stachel *m* (*e-s Insekts*; *a. fig.*): **the** ~ **of death** (**jealousy**, *etc*). **10.** Stich *m*, Biß *m*: ~ **of conscience** Gewissensbisse; **the** ~ **is in the tail** *fig.* das dicke Ende kommt noch. **11.** Pointe *f*, Spitze *f* (*e-s Epigramms etc*). **12.** Schwung *m*, Wucht *f.* **13.** *bot.* → **stimulus** 3.
sting·a·ree [ˈstɪŋəriː] *Am.* → **stingray**.
sting·er [ˈstɪŋə(r)] *s* **1.** a) stechendes Inˈsekt, b) stechende Pflanze. **2.** *colloq.* a) schmerzhafter Schlag, b) beißende Bemerkung. **3.** *Am.* Cocktail *m* aus Brandy u. Liˈkör.
stin·gi·ness [ˈstɪndʒɪnɪs] *s* Geiz *m.*
sting·ing [ˈstɪŋɪŋ] *adj* (*adv* ~**ly**) **1.** *bot. zo.* stechend: ~ **hair** → **stimulus** 3. **2.** *fig.* a) schmerzhaft: **a** ~ **blow**, b) schneidend, beißend: ~ **cold** (**wind**), c) beißend, scharf, verletzend: **a** ~ **remark**. ~ **nettle** *s bot.* Brennessel *f.*
ˈ**sting·less** *adj biol.* stachellos.
ˈ**sting·ray** *s ichth.* Stachelrochen *m.*
stin·gy [ˈstɪndʒɪ] *adj* (*adv* **stingily**) **1.** geizig, knick(e)rig, knaus(e)rig: **to be** ~ **of s.th.** mit etwas knausern. **2.** dürftig.
stink [stɪŋk] **I** *v/i pret* **stank** [stæŋk], **stunk** [stʌŋk], *pp* **stunk** **1.** stinken, unangenehm *od.* übel riechen (**of** nach): **he** ~**s of** (*od.* **with**) **money** *sl.* ‚er stinkt vor Geld'. **2.** *fig.* ‚stinken': **it stinks to high heaven** es stinkt zum Himmel; → **nostril**. **3.** *fig. colloq.* (ˌhunds)miseˈrabel sein. **II** *v/t* **4.** *oft* ~ **out**, ~ **up** verstänkern: **to** ~ **the place out**. **5.** *meist* ~ **out** a) ausräuchern, b) *j-n* durch Gestank vertreiben. **6.** *sl.* (den Gestank *gen*) riechen: **you can** ~ **it a mile off**. **III** *s* **7.** Gestank *m.* **8.** *Am. colloq.* (billiges) Parˈfüm. **9.** *Br. sl.* Cheˈmie *f.* **10.** *colloq.* Stunk *m*: **to kick up** (*od.* **make**, **raise**) **a** ~ Stunk machen (**about wegen**).
stink·ard [ˈstɪŋkə(r)d] *s* **1.** *zo.* Stinktier *n.* **2.** *sl.* Dreckskerl *m.*
ˈ**stink|·ball** *s mar. hist.* Stinkbombe *f.* ~ **bomb** *s* Stinkbombe *f.*
ˈ**stink·er** *s* **1.** ‚Stinker' *m.* **2.** a) ‚Stinkaˈdores' *m* (*Käse*), b) ‚Stinkaˈdores' *f* (*Zigarre*). **3.** *pl* Dreckskerl *m.* **4.** *sl.* a) geharnischter Brief, b) böse Bemerkung *od.* Kriˈtik, c) ‚harte Nuß', ‚harter Brocken', d) ‚Mist' *m* (*etwas Minderwertiges*).
ˈ**stink·ing** **I** *adj* (*adv* ~**ly**) **1.** übelriechend, stinkend. **2.** *sl.* a) widerlich, gemein, b) miseˈrabel. **3.** *sl.* ‚stinkbesoffen'. **II** *adv* **4.** *sl.* ~ **drunk** ‚stinkbesoffen'; ~ **rich** ‚stinkreich'. ~ **badg·er** *s* Stinkdachs *m.*
stink·o [ˈstɪŋkəʊ] *adj sl.* ‚besoffen'.
ˈ**stink·pot** *s* **1.** → **stinker** 1–3. **2.** *mar. hist.* Stinktopf *m.*

stint[1] [stɪnt] **I** *v/t* **1.** *j-n od. etwas* einschränken, *j-n* kurz- *od.* knapphalten (**in,** **of** mit): **to ~ o.s. of** sich einschränken mit, sich *etwas* versagen. **2.** knausern *od.* kargen mit: **to ~ food (money, praise).** **II** *s* **3.** Be-, Einschränkung *f*: **without ~** ohne Einschränkung, reichlich, rückhaltlos. **4.** a) (vorgeschriebenes) Maß, b) (zugewiesene) Arbeit, Pensum *n*: **to do one's daily ~** sein Tagespensum erledigen. **5.** *Bergbau*: Schicht *f.*
stint[2] [stɪnt] *s orn.* (*ein*) Strandläufer *m.*
stint·ed [ˈstɪntɪd] *adj* (*adv* **~ly**) knapp, karg. [drängt.]
sti·pate [ˈstaɪpeɪt] *adj bot.* (dicht)ge-
stipe [staɪp] *s bot.* Stiel *m* (*a. zo.*), Stengel *m*, Strunk *m.*
sti·pel [ˈstaɪpl; *Am. a.* staɪˈpel] *s bot.* sekunˈdäres Nebenblättchen.
sti·pend [ˈstaɪpend] *s* Gehalt *n* (*bes. e-s Geistlichen od. Lehrers od. Magistratsbeamten*).
sti·pen·di·ar·y [staɪˈpendjərɪ; *Am.* -dɪˌeriː] **I** *adj* **1.** besoldet: **~ magistrate** → 3. **2.** Gehalts... **II** *s* **3.** *jur. Br.* Berufsrichter *m* (*an e-m* **magistrate's court**).
stip·i·tate [ˈstɪpɪteɪt] *adj bot. zo.* gestielt.
stip·ple [ˈstɪpl] **I** *v/t* **1.** *paint.* tüpfeln, in Punkˈtiermaˌnier malen *od.* stechen, punkˈtieren. **II** *s* **2.** *paint.* Punkˈtiermaˌnier *f*, Pointilˈlismus *m.* **3.** Punkˈtierung *f.* **4.** *fig.* ˈTüpfelefˌfekt *m.* **ˈstip·pler** *s* **1.** Punkˈtierer *m*, Pointilˈlist *m.* **2.** Punkˈtiernadel *f.*
stip·u·lar [ˈstɪpjʊlə(r)], **ˈstip·u·lar·y** [-lərɪ; *Am.* -ˌleriː] *adj bot.* nebenblattartig, mit Nebenblättern (versehen).
stip·u·late [ˈstɪpjʊleɪt] *bes. econ. jur.* **I** *v/i* **1.** (**for**) a) e-e Vereinbarung treffen (über *acc*), b) *etwas* zur Bedingung machen. **II** *v/t* **2.** festsetzen, vereinbaren, ausbedingen: **as ~d** wie vereinbart. **3.** *jur. e-n Tatbestand* einverständlich außer Streit stellen. **ˌstip·uˈla·tion** *s* **1.** *econ. jur.* (vertragliche) Abmachung, Überˈeinkunft *f.* **2.** *jur.* Klausel *f*, Bedingung *f.* **3.** *jur.* Parˈteienüberˌeinkunft *f.* **ˈstip·u·la·tor** [-tə(r)] *s jur.* Verˈtragsparˌtei *f*, Kontraˈhent *m.*
stip·ule [ˈstɪpjuːl] *s bot.* Nebenblatt *n.*
stir[1] [stɜː; *Am.* stɜr] **I** *v/t* **1.** (ˈum)rühren: **to ~ up** a) gut durch- *od.* umrühren, b) *Schlamm* aufwühlen. **2.** *das Feuer* (an-)schüren. **3.** *Glied etc* rühren, bewegen: → **finger** 1, **stump** 2. **4.** (leicht) bewegen: **the wind ~red the leaves.** **5. ~ up** *fig. j-n* auf-, wachrütteln. **6. ~ up** *fig.* a) *j-n* aufreizen, -hetzen, b) *Neugier etc* erregen, c) *Streit etc* entfachen, d) *Erinnerungen* wachrufen; **to ~ up s.o.'s blood** j-s Blut in Wallung bringen. **7.** *fig.* bewegen, erregen, aufwühlen.
II *v/i* **8.** sich rühren, sich bewegen, sich regen: **not to ~ from the spot** sich nicht von der Stelle rühren. **9.** sich rühren (lassen): **the starch paste ~s easily.** **10.** sich rühren *od.* regen, rührig *od.* geschäftig sein: **he never ~red abroad** (*od.* **out of house**) er ging nie aus. **11.** a) im ˈUmlauf *od.* Gange sein, laut werden, b) geschehen, sich ereignen. **12.** wach *od.* rührig werden, erwachen (*a. fig.*): **he is not ~ring yet** er ist noch nicht auf (-gestanden).
III *s* **13.** Rühren *n*: **to give s.th. a ~** etwas umrühren. **14.** Bewegung *f*: **not a ~** nicht die geringste Bewegung. **15.** Aufregung *f*, Aufruhr *m*, Tuˈmult *m.* **16.** Betriebsamkeit *f*, reges Treiben. **17.** Aufsehen *n*, Sensatiˈon *f*: **to make** (*od.* **cause, create**) **a ~** Aufsehen erregen. **18.** *fig.* (An)Stoß *m*, Aufrütt(e)lung *f.*
stir[2] [stɜː; *Am.* stɜr] *s sl.* ‚Kittchen' *n*, ‚Knast' *m* (*Gefängnis*): **in ~** im Knast.
stir·a·bout [ˈstɜːrəbaʊt; *Am.* ˈstɜr-] *s* **1.** *Br.* Porridge *m, n.* **2.** a) → **stir**[1] 16, b) betriebsamer Mensch.
stirk [stɜːk] *s Br.* **1.** junges (*einjähriges*) Rind. **2.** *fig.* ‚Ochse' *m.*
Stir·ling's for·mu·la [ˈstɜːlɪŋz; *Am.* ˈstɜr-] *s math.* Stirlingsche Formel.
stir·pes [ˈstɜːpiːz; *Am.* ˈstɜr-] *pl von* **stirps.**
stir·pi·cul·ture [ˈstɜːpɪkʌltʃə(r); *Am.* ˈstɜr-] *s biol.* Rassenzüchtung *f*, -pflege *f.*
stirps [stɜːps; *Am.* stɜrps] *pl* **stir·pes** [ˈstɜːpiːz; *Am.* ˈstɜr-] (*Lat.*) *s* **1.** Stamm *m*, Faˈmilie(nzweig *m*) *f.* **2.** *jur.* a) Stammvater *m*, b) Stamm *m*: **per stirpes** Erbfolge *f* nach Stämmen. **3.** *biol.* Gattung *f.*
stir·rer [ˈstɜːrə; *Am.* ˈstɜrər] *s* **1.** a) Rührholz *n*, -löffel *m*, b) Rührwerk *n.* **2.** *fig.* Aufhetzer(in). **ˈstir·ring I** *s* **1.** → **stir**[1] 13–16. **II** *adj* **2.** bewegt. **3.** *fig.* rührig, tätig, geschäftig, betriebsam. **4.** aufwühlend, erregend: **~ events; a ~ speech** e-e mitreißende Rede; **~ times** bewegte Zeiten. **5.** *tech.* Rühr...
stir·rup [ˈstɪrəp; *Am. bes.* ˈstɜr-] *s* **1.** Steigbügel *m.* **2.** *tech.* Bügel *m.* **3.** *mar.* Springpferd *n* (*Haltetau*). **~ bone** *s anat.* Steigbügel *m* (*im Ohr*). **~ cup** *s* Abschiedstrunk *m.* **~ i·ron** *s* Steigbügel *m* (*ohne Steigriemen*). **~ leath·er, ~ strap** *s* Steig(bügel)riemen *m.*
stitch [stɪtʃ] **I** *s* **1.** *Nähen etc*: Stich *m*: **a ~ in time saves nine** (*Sprichwort*) gleich getan ist viel gespart; **to put a ~** (*od.* **~es**) in *e-e Wunde etc* (ver)nähen. **2.** *Stricken etc*: Masche *f.* **3.** Strick-, Häkel-, Stickart *f*, Stich(art *f*) *m.* **4.** *colloq.* Faden *m*: **he has not a dry ~ on him** er hat keinen trockenen Faden am Leib; **without a ~ on** splitternackt. **5.** a) Stich *m*, Stechen *n* (*Schmerz*): **to be in ~es** sich kaputtlachen; **that had me in ~es** ich lachte mich halb tot darüber, b) *a.* **~ in the side** Seitenstechen *n.* **6.** *Buchbinderei*: Heftung *f.* **II** *v/t* **7.** nähen, steppen, (be-)sticken. **8. ~ on(to)** annähen (an *acc*); **~ up** zs.-, vernähen (*a. med.*), (zs.-)flicken. **9.** (zs.-)heften, broˈschieren: **to ~ cartons.** **III** *v/i* **10.** nähen, sticken, heften.
ˈstitch·ing *s* Nähen *n* (*etc*; → **stitch** II). **~ ma·chine** *s tech.* ˈStepp-, ˈHeftmaˌschine *f.* **~ nee·dle** *s* Heft-, Sticknadel *f.* **~ silk** *s* Näh-, Stickseide *f.*
stith·y [ˈstɪðɪ] *obs. für* **smithy.**
sti·ver [ˈstaɪvə(r)] *s* **1.** *hist.* Stüber *m* (*kleine holländische Münze*). **2.** *fig.* Heller *m*: **not a ~; I don't care a ~** es ist mir völlig gleich(gültig).
sto·a [ˈstəʊə] *pl* **-ae** [-iː], **-as** *s antiq.* Stoa *f*: a) *arch.* Säulenhalle *f*, b) **S~** *philos.* stoische Philosoˈphie.
stoat[1] [stəʊt] *s zo.* **1.** Hermeˈlin *n.* **2.** Wiesel *n.*
stoat[2] [stəʊt] *v/t* (mit unsichtbaren Stichen) zs.-nähen.
sto·chas·tic [stɒˈkæstɪk; *Am.* stəˈk-; stəʊˈk-] (*Statistik, Wahrscheinlichkeitsrechnung*) **I** *adj* stoˈchastisch: **~ process.** **II** *s pl* (*als sg konstruiert*) Stoˈchastik *f.*
stock [stɒk; *Am.* stɑk] **I** *s* **1.** (*Baum-, Pflanzen*)Strunk *m.* **2.** *fig.* ‚Klotz' *m* (*steifer Mensch*). **3.** *bot.* Levˈkoje *f.* **4.** *bot.* Wurzelstock *m.* **5.** *agr.* (ˈPfropf)ˌUnterlage *f.* **6.** (*Peitschen-, Werkzeug- etc*) Griff *m.* **7.** *mil.* a) (Gewehr)Schaft *m*, b) (MˈG-)Schulterstütze *f*, c) Laˈfettenbalken *m.* **8.** *tech.* a) ˈUnterlage *f*, Block *m*, b) (Amboß)Klotz *m*, c) Kluppe *f*, Schneideisenhalter *m*, d) (Hobel)Kasten *m.* **9.** *agr.* (Pflug)Stock *m.* **10.** *pl hist.* Stock *m* (*Strafmittel*). **11.** *pl mar.* Helling *f*, Stapel *m*: **off the ~s** a) vom Stapel (gelaufen), b) *fig.* fertig, vollendet; **to have s.th. on the ~s** *fig.* etwas in Arbeit haben; **on the ~s** im Bau, im Werden (*a. fig.*). **12.** *tech.* (Grund-, Werk)Stoff *m*, (Verˈarbeitungs)Materiˌal *n*, (*Füll- etc*) Gut *n*: **paper ~** Papiergespinst *n.* **13.** (Fleisch-, Gemüse)Brühe *f* (*als Suppengrundlage*). **14.** a) *bes. hist.* steifer Kragen, b) *bes. mil.* Halsbinde *f.* **15.** (Bienen)Stock *m.* **16.** *biol.* a) Urtyp *m*, b) Rasse *f.* **17.** a) Rasse *f*, (Menschen-)Schlag *m*, b) Faˈmilie *f*, ˈHer-, Abkunft *f*: **of Puritan ~.** **18.** *ling.* a) Sprachstamm *m*, b) Sprachengruppe *f.* **19.** a) *allg.* Vorrat *m*, Bestand *m* (**of** *an dat*), b) *econ.* (Waren)Lager *n*, Invenˈtar *n*: **~ (on hand)** Warenbestand; **in (out of) ~** (nicht) vorrätig *od.* auf Lager; **to take ~** Inventur machen, *a. fig.* (e-e) Bestandsaufnahme machen; **to take ~ of** *fig.* sich klarwerden über (*acc*), *j-n od. etwas* abschätzen. **20.** *econ.* Ware(n *pl*) *f.* **21.** *fig.* (*Wissens- etc*)Schatz *m*: **a ~ of information.** **22.** a) *a.* **live~** Vieh(bestand *m*) *n*, lebendes Invenˈtar, b) *a.* **dead ~** totes Invenˈtar, Materiˈal *n*: **fat ~** Schlachtvieh; → **rolling stock.** **23.** *econ.* a) ˈAnleihekapiˌtal *n*, b) ˈWertpaˌpiere *pl* (*über Anleihekapital*). **24.** *econ.* a) ˈGrundkapiˌtal *n*, b) ˈAktienkapiˌtal *n*, c) Geschäftsanteil *m.* **25.** *econ.* a) *bes. Am.* Aktie(n *pl*) *f*, b) *pl* Aktien *pl*, c) *pl* Efˈfekten *pl*, ˈWertpaˌpiere *pl*: **to hold ~s in a company** Aktionär e-r Gesellschaft sein; **his ~ has gone up** s-e Aktien sind gestiegen (*a. fig. colloq.*). **26.** *econ.* a) Schuldverschreibung *f*, b) *pl Br.* ˈStaatspaˌpiere *pl.* **27.** *thea.* a) Reperˈtoire *n*, b) *Am.* Reperˈtoiretheˌater *n.* **28.** *Am.* → **stock car.**
II *adj* **29.** stets vorrätig, Lager..., Serien...: **~ model** Serienmodell *n*; **~ size** Standardgröße *f.* **30.** Lager...: **~ clerk** Lagerverwalter *m*, Lageˈrist *m.* **31.** *fig.* a) stehend, stereoˈtyp: **~ phrases,** b) *contp.* abgedroschen. **32.** Vieh(zucht)..., Zucht...: **~ farm** Viehfarm *f*; **a ~ mare** e-e Zuchtstute. **33.** *econ. bes. Am.* Aktien... **34.** *thea.* Repertoire...: **~ plays; ~ actors.**
III *v/t* **35.** ausstatten, versorgen, -sehen, füllen (**with** mit): **well-~ed** gut ausgestattet. **36.** *a.* **~ up** auf Lager legen *od.* haben, e-n Vorrat halten von, (auf-)speichern. **37.** *econ. Ware* vorrätig haben, führen. **38.** *agr.* a) *e-e Farm* (*bes.* mit Vieh) ausstatten, b) *a.* **~ down** *Land* (*bes.* mit Gras) bepflanzen: **to ~ a stream with trout** e-n Bach mit Forellen besetzen. **39.** *ein Gewehr, Werkzeug etc* schäften. **40.** *hist. j-n* in den Stock legen (*als Bestrafung*). [mit.]
IV *v/i* **41.** *oft* **~ up** sich eindecken (on
stock ac·count *s econ. Br.* Kapiˈtal-, Efˈfektenkonto *n*, -rechnung *f.*
stock·ade [stɒˈkeɪd; *Am.* stɑ-] **I** *s* **1.** Staˈket *n*, Einpfählung *f.* **2.** *mil.* a) Paliˈsade *f*, b) *Am.* Miliˈtärgefängnis *n.* **II** *v/t* **3.** einpfählen, mit e-m Staˈket umˈgeben.
stock|book *s econ.* **1.** Lagerbuch *n.* **2.** *bes. Am.* Aktienbuch *n.* **3.** → **studbook.** **ˈ~ˌbreed·er** *s agr.* Viehzüchter *m.* **ˈ~ˌbreed·ing** *s agr.* Viehzucht *f.* **ˈ~ˌbro·ker** *s econ.* Efˈfekten-, Börsenmakler *m.* **~ car** *s mot.* **1.** Serienwagen *m.* **2.** *sport* Stock-Car *m.* **ˈ~ˌcar** *s rail. Am.* Viehwagen *m.* **~ cer·tif·i·cate** *s econ. bes. Am.* ˈAktienzertifiˌkat *n.* **~ com·pa·ny** *s* **1.** *econ. bes. Am.* Aktiengesellschaft *f.* **2.** *thea. Am.* Reperˈtoirebühne *f* (*Unternehmen*). **~ cor·po·ra·tion** *s econ. Am.* **1.** Kapiˈtalgesellschaft *f.* **2.** Aktiengesellschaft *f.* **~ div·i·dend** *s econ. bes. Am.* Diviˈdende *f* in Form von Gratisaktien. **~ dove** *s orn.* Hohltaube *f.*
stock·er [ˈstɑkər] *s agr. Am.* Masttier *n*, *bes.* Mastochse *m.*
stock| ex·change *s econ.* **1.** (Efˈfekten-,

Aktien)Börse *f.* **2.** Börsenkurse *pl*: **the ~ fell.** **~ farm·er** *s agr.* Viehzüchter *m.* **~ farm·ing** *s agr.* Viehzucht *f.* **'~fish** *s* Stockfisch *m.* **'~ˌhold·er** *s* **1.** *econ. bes. Am.* Aktioˈnär *m.* **2.** *agr. Austral.* Viehbesitzer *m.* **'~ˌhold·ing** *s econ. bes. Am.* Aktienbesitz *m.*

stock·i·net [ˌstɒkɪˈnet; *Am.* ˌstɑ-] *s* Stockiˈnett *n*, Triˈkot(gewebe *n*) *m*, *n*.

stock·ing [ˈstɒkɪŋ; *Am.* ˈstɑkɪŋ] *s* **1.** Strumpf *m*: **in one's ~ feet** in Strümpfen. **2.** *a.* **elastic ~** *med.* Gummistrumpf *m.* **3.** *zo.* (*Färbung am*) Fuß *m.* **'stock·inged** *adj* bestrumpft, (nur) in Strümpfen.

stock·ing| frame, ~ loom, ~ ma·chine *s tech.* ˈStrumpfwirkmaˌschine *f.* **~ mask** *s* Strumpfmaske *f.*

ˌstock-in-ˈtrade *s* **1.** *econ.* a) Warenbestand *m*, b) Betriebsmittel *pl*, c) ˈArbeitsmateriˌal *n*, Werkzeug *n.* **2.** *fig.* a) Rüstzeug *n*, b) ‚Reperˈtoire' *n*, (übliche) ‚Masche'.

stock·ist [ˈstɒkɪst] *s econ. Br.* Fachgeschäft *n*, -händler *m.*

'stock|ˌjob·ber → **jobber** 3, 4. **'~ˌjob·bing** → **jobbing** 5, 6. **~ ledg·er** *s econ. bes. Am.* Aktienbuch *n.* **~ list** *s econ. bes. Am.* (Aktien)Kurszettel *m.* **~ lock** *s* Riegel-, Einsteckschloß *n.* **'~man** [-mən] *s irr* **1.** *Austral.* a) Viehzüchter *m*, b) Viehhüter *m.* **2.** *econ. Am.* Lagerverwalter *m*, Lageˈrist *m.* **~ mar·ket** *s econ.* **1.** → **stock exchange** 1. **2.** *Am.* → **stock exchange** 2. **~ op·tion** *s econ. bes. Am.* Aktienbezugsrecht *n* (*bes. für Betriebsangehörige*). **'~pile I** *s* **1.** Schotterhalde *f* (*zur Straßeninstandhaltung*). **2.** (**of**) Vorrat *m* (an *dat*) (*a. fig.*), Stapel *m* (*gen*). **II** *v/t* **3.** a) e-n Vorrat anlegen an (*dat*), aufstapeln, b) horten. **III** *v/i* **4.** a) e-n Vorrat anlegen, b) horten. **'~ˌpil·ing** *s* Vorratsbildung *f.* **'~pot** *s* Suppentopf *m.* **'~ˌrid·er** *s Austral.* berittener Hirte, Cowboy *m.* **~ room** *s* Lager(raum *m*) *n.* **~ shot** *s phot.* Arˈchivaufnahme *f.* **~ so·lu·tion** *s phot.* Vorratslösung *f.* **ˌ~-ˈstill** *adj* regungslos. **'~ˌtak·ing** *s econ.* Bestandsaufnahme *f* (*a. fig.*), Invenˈtur *f.* **'~ˌturn** *s econ. Am.* ˈLagerˌumsatz *m.* **~ war·rant** → **share warrant**.

stock·y [ˈstɒkɪ; *Am.* ˈstɑ-] *adj* stämmig, unterˈsetzt.

'stock·yard *s* Viehhof *m.*

stodge [stɒdʒ; *Am.* stɑdʒ] *colloq.* **I** *v/i u. v/t* **1.** sich (den Magen) vollstopfen: **to ~ (o.s.)**. **II** *s* **2.** a) dicker Brei, b) schwerverdauliches Zeug (*a. fig.*). **3.** Langweiler *m.* **'stodg·y** *adj* (*adv* **stodgily**) **1.** a) dick, zäh, b) schwerverdaulich (*a. fig. Stil etc*). **2.** *fig.* schwerfällig (*Stil etc, a. Person*). **3.** ‚zäh', langweilig. **4.** spießig.

stoep [stu:p] *s bes. S.Afr.* Veˈranda *f.*

sto·gie, sto·gy [ˈstəʊgi:] *s Am.* **1.** (billige) lange Ziˈgarre. **2.** plumper Schuh.

Sto·ic [ˈstəʊɪk] **I** *adj a.* **s~** → **stoical**. **II** *s philos., a. fig.* **s~** Stoiker *m.* **'sto·i·cal** *adj* (*adv* **~ly**) **1.** stoisch, gleichmütig, unerschütterlich. **2. S~** *philos.* stoisch.

stoi·chi·om·e·try [ˌstɔɪkɪˈɒmɪtrɪ; *Am.* -ˈɑm-] *s chem.* Stöchiomeˈtrie *f.*

Sto·i·cism [ˈstəʊɪsɪzəm] *s* Stoiˈzismus *m*: a) *philos.* (Lehre *f* der) Stoa *f*, b) **s~** *fig.* Gleichmut *m.*

stoke [stəʊk] **I** *v/t a.* **~ up 1.** *das Feuer etc* schüren (*a. fig.*). **2.** *den Ofen etc* (an)heizen, beschicken. **3.** *colloq.* a) **~ o.s.** sich (den Magen) vollstopfen, b) *Essen etc* (in sich) hinˈeinstopfen. **II** *v/i a.* **~ up 4.** schüren. **5.** heizen, feuern. **6.** *colloq.* sich vollessen, sich (den Magen) vollstopfen. **'~hold** *s mar.* Heizraum *m.* **'~hole** *s* **1.** → **stokehold**. **2.** Schürloch *n.*

stok·er [ˈstəʊkə(r)] *s* **1.** Heizer *m.* **2.** *tech.* (autoˈmatische) Brennstoffzuführung.

stole¹ [stəʊl] *s relig. u. Damenmode*: Stola *f.*

stole² [stəʊl] → **stolon**.

stole³ [stəʊl] *pret von* **steal**.

sto·len [ˈstəʊlən] *pp von* **steal**.

stol·id [ˈstɒlɪd; *Am.* ˈstɑ-] *adj* (*adv* **~ly**) **1.** stur, stumpf. **2.** gleichmütig, unerschütterlich. **sto·lid·i·ty** [stɒˈlɪdətɪ; *Am.* stɑ-], **'stol·id·ness** *s* **1.** Stur-, Stumpfheit *f.* **2.** Gleichmut *m*, Unerschütterlichkeit *f.*

sto·lon [ˈstəʊlən; *Br. a.* -lɒn; *Am. a.* -ˌlɑn] *s bot.* Stolo *m*, Ausläufer *m.*

sto·ma [ˈstəʊmə] *pl* **-ma·ta** [-mətə] *s* **1.** *bot.* Stoma *n*, Spaltöffnung *f.* **2.** *zo.* Atmungsloch *n* (*der Insekten*).

stom·ach [ˈstʌmək] **I** *s* **1.** Magen *m*: **a strong ~** ein guter Magen (*a. fig.*); **on an empty ~** auf leeren *od.* nüchternen Magen (*rauchen etc*), mit leerem *od.* nüchternem Magen (*schwimmen gehen etc*); **on a full ~** mit vollem Magen. **2.** Bauch *m*, Leib *m.* **3.** Appeˈtit *m* (**for** auf *acc*). **4.** Lust *f* (**for** zu): **he had no ~ for further fighting.** **5.** *obs.* a) Laune *f*, b) Stolz *m.* **II** *adj* **6.** Magen...: **~ upset** Magenverstimmung *f.* **III** *v/t* **7.** verdauen (*a. fig.*). **8.** *fig.* a) vertragen, -kraften, b) ‚einstecken', ˈhinnehmen. **'~ache** *s med.* Magenschmerz(en *pl*) *m*, Bauchweh *n.*

stom·ach·al [ˈstʌməkl] → **stomachic** I.

stom·ach·er [ˈstʌməkə(r)] *s hist.* Mieder *n.*

sto·mach·ic [stəʊˈmækɪk; stəˈm-] **I** *adj* **1.** Magen..., gastrisch. **2.** magenstärkend, verdauungsfördernd. **II** *s* **3.** *med.* Magenmittel *n.*

sto·ma·ta [ˈstəʊmətə] *pl von* **stoma**.

sto·ma·ti·tis [ˌstəʊməˈtaɪtɪs] *s med.* Stomaˈtitis *f*, Mundschleimhautentzündung *f.*

sto·ma·tol·o·gy [ˌstəʊməˈtɒlədʒɪ; *Am.* -ˈtɑl-] *s med.* Stomatoloˈgie *f.* **stom·a·to·scope** [stəʊˈmætəskəʊp] *s med.* Stomatoˈskop *n*, Mundspiegel *m.*

stomp [stɒmp; *Am. a.* stɑmp] → **stamp** 1, 14, 15.

stone [stəʊn] **I** *v/t* **1.** mit Steinen bewerfen: **~ the crows!** *Br. colloq.* ‚das ist ein Hammer!' **2.** *a.* **~ to death** steinigen. **3.** mit Steinen auslegen, pflastern. **4.** schleifen, glätten. **5.** *e-e Frucht* entsteinen, -kernen. **6.** **~ o.s.** *Am. sl.* sich ‚besaufen': → **stoned** 3. **II** *adj* **7.** steinern, Stein... **8.** irden, Stein...: **~ jar.** **III** *s* **9.** Stein *m*: **a heart of ~** ein Herz aus Stein; → *Bes. Redew.* **10.** (*Grab-, Schleif-etc*)Stein *m.* **11.** *a.* **precious ~** (Edel)Stein *m.* **12.** (*pl* **~**) *brit. Gewichtseinheit* (*14 lb = 6,35 kg*). **13.** (*Pfirsich- etc*)Stein *m*, (*Dattel- etc*)Kern *m.* **14.** *med.* a) (*Nieren-, Blasen-, Gallen*)Stein *m*, b) Steinleiden *n.* **15.** (*Hagel*)Korn *n.* **16.** *Lithographie*: Stein *m.* **17.** *print.* ˈUmbruchtisch *m.* **18.** (*Domino-, Dame- etc*)Stein *m.* **19.** *pl vulg. obs.* ‚Eier' *pl* (*Hoden*).

Besondere Redewendungen:

to leave no ~ unturned nichts unversucht lassen; **to throw ~s** (*od.* **a ~**) **at s.o.** *fig.* mit Steinen nach j-m werfen; **to give a ~ for bread** *Bibl.* e-n Stein für Brot bieten.

stone| age *s meist* **S~ A~** *hist.* Steinzeit *f.* **ˌ~-ˈblind** *adj* stockblind. **~ blue** *s min.* Smalte *f*, Smaltblau *n.* **'~break** *s bot.* Steinbrech *m.* **~ break·er** *s* **1.** Steinklopfer *m.* **2.** ˈSteinbrechmaˌschine *f.* **ˌ~-ˈbroke** *adj colloq.* ‚völlig pleite', ‚völlig abgebrannt'. **'~cast** → **stone's throw**. **~ cell** *s bot.* Steinzelle *f.* **'~chat** *s orn.* **1.** Schwarzkehlchen *n.* **2.** → **blue titmouse**. **~ cir·cle** *s Archäologie*: Steinkreis *m.* **~ coal** *s min.* Steinkohle *f*, *bes.* Anthraˈzit *m.* **ˌ~-ˈcold** *adj* eiskalt. **~ crush·er** *s tech.* ˈSteinbrechmaˌschine *f.* **'~ˌcut·ter** *s tech.* **1.** Steinmetz *m*, -schleifer *m.* **2.** ˈSteinschneidemaˌschine *f.*

stoned [stəʊnd] *adj* **1.** steinig, Stein... **2.** entsteint, -kernt. **3.** *sl.* a) ‚(stink)besoffen', b) ‚high' (*unter Drogeneinfluß*).

ˌstone|-ˈdead *adj* mausetot. **ˌ~-ˈdeaf** *adj* stocktaub. **~ dress·er** → **stonecutter**. **~ fence** *s Am. sl. Mischgetränk, bes. Whisky mit Apfelmost.* **~ fruit** *s* Steinfrucht *f*, *collect.* Steinobst *n.*

'stone·less *adj* steinlos: **~ fruit**.

stone| lil·y *s* fosˈsile Seelilie. **~ mar·ten** *s zo.* Steinmarder *m.* **'~ˌma·son** *s* Steinmetz *m.* **~ pit** *s* Steinbruch *m.* **~'s throw** *s*: **within a ~ (of)** e-n Steinwurf *od.* ‚Katzensprung' entfernt (von). **ˌ~ˈwall** *bes. Br.* **I** *v/i* **1.** *Kricket*: defenˈsiv spielen (*Schläger*). **2.** a) *parl.* Obstruktiˈon treiben, b) **~ on** *bes. pol. Verhandlungen etc* blocˈkieren. **II** *v/t* **3.** a) *parl. Gesetzesvorlage etc durch* Obstruktiˈon zu Fall bringen, b) → 2 b. **ˌ~ˈwall·er** *s parl. bes. Br.* Obstruktiˈonspoˌlitiker *m*, Verschleppungstaktiker *m.* **ˌ~ˈwall·ing** *s parl. bes. Br.* Obstruktiˈon *f*, Verschleppungstaktik *f* (*bes. durch Dauerreden zur Verhinderung e-r Abstimmung*). **'~ware** *s* Steinzeug *n.* **'~work** *s* Steinmetzarbeit *f.*

ston·i·ness [ˈstəʊnɪnɪs] *s* **1.** steinige Beschaffenheit. **2.** *fig.* Härte *f.*

ston·ing [ˈstəʊnɪŋ] *s* Steinigung *f.*

stonk [stɒŋk; *Am.* stɑŋk] *s mil.* schwerer Artilleˈriebeschuß.

ston·y [ˈstəʊnɪ] *adj* **1.** steinig: **~ ground**; → **ground¹** 1. **2.** steinern, Stein... **3.** *fig.* steinern: **a ~ heart** ein Herz aus Stein. **4.** *fig.* starr, eisig: **a ~ stare.** **5.** → **stone-broke**. **ˌ~-ˈbroke** → **stone-broke**. **'~-ˌheart·ed** *adj* hartherzig.

stood [stʊd] *pret u. pp von* **stand**.

stooge [stu:dʒ] **I** *s* **1.** *thea.* Stichwortgeber *m* (*der dem Conférencier etc Witze u. Pointen zuspielt*). **2.** *sl.* Handlanger *m*, Helfershelfer *m*, Kreaˈtur *f.* **3.** *Am. sl.* (Poliˈzei-, Lock)Spitzel *m.* **4.** *Br. sl.* ‚Flasche' *f*, ‚Heini' *m.* **II** *v/i* **5.** dem Conférenciˈer Pointen zuspielen. **6.** *sl.* Handlangerdienste tun. **7.** *meist* **~ about** (*od.* **around**) *sl.* a) *aer.* herˈumfliegen, b) herˈumgehen.

stook [stʊk] *bes. Br. für* **shock²**.

stool [stu:l] **I** *s* **1.** Hocker *m*, (Büˈro-, Klaˈvier- *etc*)Stuhl *m*: **to fall between two ~s** ‚sich zwischen zwei Stühle setzen'. **2.** Schemel *m.* **3.** Nachtstuhl *m.* **4.** *med.* Stuhl *m*: a) Kot *m*, b) Stuhlgang *m*: **to go to ~** Stuhlgang haben. **5.** *bot.* a) (Wurzel)Schößling(e *pl*) *m*, b) Wurzelstock *m*, c) Baumstumpf *m* (*der Wurzelschößlinge treibt*). **6.** *bes. Am.* Lockvogel *m.* **II** *v/i* **7.** *bot.* Schößlinge treiben. **~ pi·geon** *s* **1.** Lockvogel *m* (*a. fig.*). **2.** *bes. Am. sl.* (Poliˈzei-, Lock)Spitzel *m.*

stoop¹ [stu:p] **I** *v/i* **1.** sich bücken, sich (vornˈüber)beugen. **2.** gebeugt gehen *od.* sein, sich krumm halten. **3.** *fig. contp.* a) sich herˈablassen, b) sich erniedrigen, die Hand reichen (**to** zu; **to do** zu tun). **4.** sich unterˈwerfen, nachgeben. **5.** herˈabstoßen (*Vogel*). **II** *v/t* **6.** neigen, beugen, *die Schultern* hängenlassen. **III** *s* **7.** (Sich)Beugen *n.* **8.** gebeugte *od.* krumme Haltung: **to walk with a ~** gebeugt gehen. **9.** krummer Rücken. **10.** Niederstoßen *n* (*e-s Vogels*).

stoop² [stu:p] *s Am.* kleine Veˈranda (*vor dem Haus*).

stoop·ing·ly [ˈstu:pɪŋlɪ] *adv* gebückt, gebeugt, krumm.

stop [stɒp; *Am.* stɑp] **I** *v/t pret u. pp* **stopped,** *obs.* **stopt 1.** aufhören (**doing** zu tun): **to ~ doing s.th.** etwas bleibenlassen; **do ~ that noise** hör (doch) auf mit dem Lärm; **~ it** hör auf (damit). **2.** a) *allg.* aufhören mit, b) *Besuche etc, econ. s-e Zahlungen, e-e Tätigkeit, jur. das Verfahren* einstellen: **to ~ one's visits (payments, the proceedings)**, c) abbrechen: **to ~ the fight (the negotiations,** *etc*). **3.** a) *allg.* ein Ende machen *od.* bereiten, Einhalt gebieten (*dat*), b) aufhalten, zum Halten *od.* Stehen bringen, stoppen: **to ~ an attack (progress, an opponent, the traffic)**, c) stoppen, anhalten: **to ~ the car (train, ball)**, d) *e-e Maschine, a. das Gas etc* abstellen, e) *e-e Fabrik* stillegen, f) *Lärm etc* unter'binden, g) *Boxen*: *Kampf* abbrechen. **4.** sperren (lassen): **to ~ (payment on) a check** (*Br.* **cheque**). **5.** unter'brechen: **to ~ a speaker. 6.** *sport* a) *fenc., Boxen*: *e-n Hieb* pa'rieren, b) *e-n Gegner* besiegen *od.* stoppen: **to ~ a blow** sich e-n Schlag ‚einfangen'; **to ~ a bullet** e-e Kugel ‚verpaßt bekommen'; → **packet** 5. **7. (from)** abhalten (von), hindern (an *dat*). **8.** *a.* **~ up** ver-, zustopfen: **to ~ a leak; to ~ one's ears** sich die Ohren zuhalten; **to ~ s.o.'s mouth** *fig.* j-m den Mund stopfen, j-n zum Schweigen bringen (*a. euphem. umbringen*); → **gap** 1. **9.** versperren, -stopfen, bloc'kieren. **10.** *Blut, a. e-e Wunde* stillen. **11.** *e-n Zahn* plom'bieren, füllen. **12.** *Betrag* abziehen, einbehalten (**out of, from** von). **13.** *Bridge*: stoppen, decken. **14.** *mus.* a) *e-n Ton od. e-e Saite* greifen, b) *ein Griffloch* zuhalten, schließen, c) *das Blasinstrument, den Ton* stopfen. **15.** *ling.* interpunk'tieren. **16. ~ down** *phot. das Objektiv* abblenden. **17. ~ out** (*Ätzkunst*) abdecken.

II *v/i* **18.** (an)halten, haltmachen, stehenbleiben, stoppen. **19.** aufhören, an-, innehalten, e-e Pause machen: **he ~ped in the middle of a sentence** er hielt mitten in e-m Satz inne; **he'll ~ at nothing** er schreckt vor nichts zurück; **to ~ out** *Am.* s-e Ausbildung kurzzeitig unterbrechen; → **dead** 38, **short** 14, 16. **20.** aufhören: **the noise has ~ped; his annuity ~s. 21. ~ off** a) kurz haltmachen, b) 'Zwischenstati,on machen. **22. ~ over** 'Zwischenstati,on machen. **23. ~ by** *bes. Am.* kurz (bei *j-m*) vor'beikommen *od.* -schauen. **24.** bleiben: **to ~ in bed (at home,** *etc*); **to ~ away (from)** fernbleiben (*dat*), wegbleiben (von); **to ~ behind** noch dableiben; **to ~ in** a) *a.* **to ~ indoors** zu Hause *od.* drinnen bleiben, b) *ped.* nachsitzen; **to ~ out** a) wegbleiben, nicht heimkommen, b) *econ.* weiterstreiken; **to ~ up** aufbleiben, wach bleiben.

III *s* **25.** a) Halt *m*, Stillstand *m*, b) Ende *n*: **to come to a ~** anhalten, *weitS.* zu e-m Ende kommen, aufhören; **to put a ~ to, to bring to a ~** → 3 a. **26.** Pause *f*. **27.** *rail. etc* Aufenthalt *m*, Halt *m*. **28.** a) *rail.* Stati'on *f*, b) (Bus)Haltestelle *f*, c) *mar.* Anlegestelle *f*. **29.** 'Absteigequar,tier *n*. **30.** Hemmnis *n*, Hindernis *n*. **31.** *tech.* Anschlag *m*, Sperre *f*, Hemmung *f*. **32.** *econ.* a) Sperrung *f*, Sperrauftrag *m* (*für Scheck etc*), b) → **stop order. 33.** *mus.* a) Griff *m*, Greifen *n* (*e-r Saite etc*), b) Griffloch *n*, c) Klappe *f*, d) Ven'til *n*, e) Re'gister *n* (*e-r Orgel etc*), f) Re'gisterzug *m*: **to pull out all the ~s** *fig.* alle Register ziehen, alle Hebel in Bewegung setzen. **34.** *ling.* a) Knacklaut *m*, b) Verschlußlaut *m*. **35.** *phot.* f-stop-Blende *f* (*als Einstellmarke*). **36.** a) Satzzeichen *n*, b) Punkt *m*.

,stop|-and-'go *adj* a) durch (Verkehrs)Ampeln geregelt: **~ driving (highways,** *etc*), b) **~ traffic** Stop-and-go-Verkehr *m*. **~ bath** *s phot.* Unter'brecherbad *n*. **'~cock** *s tech.* Absperrhahn *m*.

stope [stəʊp] *s Bergbau*: Strosse *f*, Erzkammer *f*.

'stop|·gap I *s* **1.** Lückenbüßer *m*, Notbehelf *m*, Ersatz *m*. **2.** *bes. econ.* Über'brückung *f*. **II** *adj* **3.** Not..., Behelfs... **4.** *bes. econ.* Überbrückungs...: **~ aid (credit,** *etc*). **~ key** *s* **1.** *tech.* Einsatzschlüssel *m*. **2.** *mus.* → **stop** 33 f. **~ knob** → **stop** 33 f. **'~·light** *s* **1.** *mot.* Stopp-, Bremslicht *n*. **2.** *Am.* (Verkehrs)Ampel *f*. **,~-'loss** *adj econ.* zur Vermeidung weiterer Verluste (bestimmt): **~ order** → **stop order. ~ mo·tion** *s* **1.** *tech.* Abstellvorrichtung *f*. **2.** *phot.* Zeitraffer *m*: **~ camera. ~ or·der** *s econ.* Stop-loss-Auftrag *m*. **'~,o·ver** *s* **1.** 'Reiseunter,brechung *f*, (kurzer) Aufenthalt. **2.** 'Zwischenstati,on *f*.

stop·page ['stɒpɪdʒ; *Am.* 'stɑp-] *s* **1.** a) (An)Halten *n*, b) Stillstand *m*, c) Aufenthalt *m*. **2.** (*Verkehrs- etc*)Stockung *f*. **3.** *tech.* a) (Betriebs)Störung *f*, Hemmung *f* (*a. e-r Pistole etc*), b) Verstopfung *f* (*a. med. e-s Organs*). **4.** Gehalts-, Lohnabzug *m*: **~ at source** Besteuerung *f* an der Quelle. **5.** *jur.* Beschlagnahme *f*, Sperrung *f* (*von Waren*): **~ in transit(u)** Anhalten *n* von bereits abgeschickten Waren seitens des Absenders. **6.** (*Arbeits-, Betriebs-, Zahlungs*)Einstellung *f*.

stop pay·ment *s* Zahlungssperre *f* (*für Schecks etc*).

stop·per ['stɒpə; *Am.* 'stɑpər] **I** *s* **1.** Hemmnis *n*: **to put a ~** (*od.* **the ~s) on s.th.** e-r Sache ein Ende setzen. **2.** a) Stöpsel *m*, Pfropf(en) *m*, b) Stopfer *m*. **3.** *tech.* Absperrvorrichtung *f*, Hemmer *m*, *mar.* Stopper *m*: **~ circuit** *electr.* Sperrkreis *m*. **4.** *Werbung*: *colloq.* Blickfang *m*. **5.** *bot.* Eu'genie *f*. **II** *v/t* **6.** zustöpseln.

stop·ping ['stɒpɪŋ; *Am.* 'stɑp-] *s* **1.** (An-, Auf)Halten *n* (*etc*; → **stop** I). **2.** *med.* a) Plom'bieren *n*, b) Plombe *f*, Füllung *f*. **~ dis·tance** *s mot.* Anhalteweg *m*. **~ place** *s* Haltestelle *f*, Stati'on *f*. **~ train** *s bes. Br.* Bummelzug *m*.

stop plate *s tech.* Endanschlag *m*.

stop·ple ['stɒpl; *Am.* 'stɑpəl] **I** *s* Stöpsel *m*. **II** *v/t* zustöpseln.

stop| press *s bes. Br.* (Spalte *f* für) letzte (nach Redakti'onsschluß eingelaufene) Meldungen *pl*. **~ screw** *s tech.* Anschlagschraube *f*. **~ sign** *s mot.* Stoppschild *n*. **~ street** *s mot.* Stoppstraße *f*.

stopt [stɒpt; *Am.* stɑpt] *obs. pret u. pp von* **stop**.

stop| thrust *s fenc.* Aufhaltstoß *m*. **~ time** *s mus.* Stop-time *f*. **~ valve** *s tech.* 'Absperrven,til *n*. **~ vol·ley** *s Tennis*: Stoppflugball *m*. **'~·watch** *s* Stoppuhr *f*.

stor·a·ble ['stɔːrəbl; *Am. a.* 'stəʊr-] **I** *adj* lagerfähig, Lager... **II** *s econ.* lagerfähige Ware.

stor·age ['stɔːrɪdʒ; *Am. a.* 'stəʊr-] *s* **1.** (Ein)Lagerung *f*, Lagern *n*, Speicherung *f* (*a. electr. u. Computer*): **in ~** auf Lager; → **cold storage. 2.** Lager(raum *m*) *n*, De'pot *n*. **3.** Lagergeld *n*. **~ bat·ter·y** *s electr. bes. Am.* Akku(mu'lator) *m*. **~ cam·er·a** *s phot.* Speicherkamera *f*: **~ tube** *TV* Bildspeicherröhre *f*. **~ ca·pac·i·ty** *s Computer*: 'Speicherkapazi,tät *f*. **~ cell** *s* **1.** *electr.* Akkumu'latorzelle *f*. **2.** *Computer*: Speicherzelle *f*. **~ de·vice** *s Computer*: Speichergerät *n*. **~ heat·er** *s* Speicherofen *m*. **~ ring** *s Kernphysik*: Speicherring *m*. **~ tube** *s Computer*: (*TV* Bild)Speicherröhre *f*.

sto·rax ['stɔːræks; *Am. a.* 'stəʊr-] *s* **1.** Styrax *m*, Storax *m* (*Harz*). **2.** *bot.* Storaxbaum *m*.

store [stɔː(r); *Am. a.* stəʊr] **I** *s* **1.** (Vorrats)Lager *n*, Vorrat *m*: **in ~** auf Lager, vorrätig; **to be in ~ for s.o.** *fig.* j-m bevorstehen, auf j-n warten; **to have** (*od.* **hold) in ~ for s.o.** *e-e Überraschung etc* für j-n bereithalten, j-m *e-e Enttäuschung etc* bringen. **2.** *pl* a) Vorräte *pl*, Ausrüstung *f* (u. Verpflegung *f*), Provi'ant *m*, b) *a.* **military ~s** Militärbedarf *m*, 'Kriegsmateri,al *n* (*Munition, Proviant etc*), c) *a.* **naval ~s, ship's ~s** *mar.* Schiffsbedarf *m*, d) ('Roh)Materi,al *n*. **3.** a) *bes. Am.* (Kauf)Laden *m*, Geschäft *n*, b) *bes. Br.* Kauf-, Warenhaus *n*. **4.** Lagerhaus *n*. **5.** (große) Menge, Fülle *f*, Schatz *m*, Reichtum *m* (**of an** *dat*): **his great ~ of knowledge** sein großer Wissensschatz; **to set great (little) ~ by** *fig.* a) großen (geringen) Wert legen auf (*acc*), b) *etwas* hoch (gering) einschätzen. **6.** *Computer*: *bes. Br.* Speicher *m*. **II** *adj* **7.** *Am.* a) Konfektions..., von der Stange: **~ clothes**, b) aus der Fa'brik: **~ bread**, c) künstlich: **~ teeth. III** *v/t* **8.** ausstatten, eindecken, versorgen (**with** mit), *ein Schiff* verprovian'tieren: **to ~ one's mind with facts** s-n Kopf mit Fakten anfüllen. **9.** *a.* **~ up, ~ away** a) einlagern, (auf)speichern, auf Lager nehmen, *die Ernte* einbringen, b) *fig.* im Gedächtnis bewahren. **10.** (in ein Lager) einstellen, lagern. **11.** fassen, aufnehmen. **12.** *electr. phys., a. Computer*: speichern. **IV** *v/i* **13.** sich *gut etc* halten, lagern lassen: **food that ~s well. ~ cat·tle** *s Br.* Mastvieh *n*. **'~·front** *s bes. Am.* Ladenfront *f*. **'~·house** *s* **1.** Lagerhaus *n*. **2.** *fig.* Fundgrube *f*. **'~,keep·er** *s* **1.** Lagerverwalter *m*, Lage'rist *m*. **2.** a) *mil.* Kammer-, Geräteverwalter *m*, b) *mar.* Vorratsverwalter *m*, Küper *m*. **3.** *bes. Am.* Ladenbesitzer(in), -inhaber(in). **'~,keep·ing** *s* **1.** Kleinhandel *m*. **2.** Betrieb *m* e-s (Laden)Geschäfts. **'~·man** [-mən] *s irr Am.* **1.** → **storekeeper** 1. **2.** Lagerarbeiter *m*. **'~·room** *s* **1.** Lagerraum *m*, Vorratskammer *f*. **2.** *bes. Am* Verkaufsraum *m*. **'~·ship** *s mar.* Versorgungsschiff *n*.

sto·rey, *bes. Am.* **sto·ry** ['stɔːrɪ; *Am. a.* 'stəʊriː] *s* Stock(werk *n*) *m*, Geschoß *n*, E'tage *f*: **he is a bit weak in the upper ~** *colloq.* ‚er ist nicht ganz richtig im Oberstübchen'. **'sto·reyed,** *bes. Am.* **'sto·ried** *adj* mit Stockwerken: **a two-~ house** ein zweistöckiges Haus.

sto·ried¹ ['stɔːrɪd; *Am. a.* 'stəʊr-] *adj* **1.** geschichtlich, berühmt. **2.** 'sagenum,woben. **3.** mit Bildern aus der Geschichte geschmückt: **a ~ frieze.**

sto·ried² *bes. Am. für* **storeyed.**

sto·ri·ette [,stɔːrɪ'et; *Am. a.* ,stəʊr-] *s* Geschichtchen *n*.

stork [stɔː(r)k] *s orn.* Storch *m*. **'~'s-bill** *s bot.* Storchschnabel *m*.

storm [stɔː(r)m] **I** *s* **1.** Sturm *m* (*a. fig.*), Unwetter *n*: **S~ and Stress** *hist.* Sturm und Drang; **~ in a teacup** *Br.* ‚Sturm im Wasserglas'. **2.** (Hagel-, Schnee)Sturm *m*, Gewitter *n*. **3.** *mar.* or'kanartiger Sturm (*Windstärke 11*). **4.** *mil.* (An)Sturm *m*: **to take by ~** im Sturm nehmen *od.* erobern (*a. fig.*). **5.** *fig.* Schauer *m*, Hagel *m*: **a ~ of missiles. 6.** *fig.* (*Beifalls-, Protest- etc*)Sturm *m*: **a ~ of applause (protest). II** *v/i* **7.** wüten, toben (*Wind etc*; *a. fig.* **at** wegen). **8.** *impers* **it was ~ing in the mountains** im Gebirge tobte ein Unwetter. **9.** *mil.* stürmen, angreifen. **10.** stürmen, stürzen. **III** *v/t* **11.** *mil. etc* (er)stürmen. **12.** *fig.* wüten(d sagen). **~ an·chor** *s bes. fig.* Notanker *m*. **'~-,beat·en** *adj* sturmgepeitscht. **'~·bird** → **stormy petrel** 1. **'~·bound** *adj* **1.** vom Sturm am Auslaufen gehindert (*Schiff*). **2.** vom Sturm aufgehalten *od.* von der Außenwelt abgeschnitten. **~ cen·ter,** *bes. Br.* **~ cen·tre** *s* **1.** *meteor.* Sturmzentrum *n*. **2.** *fig.* Unruheherd *m*. **~**

cloud *s* Gewitterwolke *f* (*a. fig.*). **~cone** *s mar.* Sturmkegel *m* (*Signal*).
storm·ing par·ty *s mil.* Sturmtrupp *m*.
storm| lane → **storm track**. **~ lan·tern** *s* ˈSturmlaˌterne *f*. **~ pet·rel** → **stormy petrel** 1. **ˈ~-proof** *adj* sturmfest, -sicher. **~ rub·ber** *s Am.* (niedriger) ˈGummiˌüberschuh. **ˈ~-tossed** *adj* sturmgepeitscht. **~ track** *s meteor.* Sturmbahn *f*. **~ troop·er** *s hist.* SˈA-Mann *m* (*Nazi*). **~ troops** *s pl* **1.** *mil.* Sturmtruppen *pl*. **2.** *hist.* ˈSturmabˌteilung *f*, SˈA *f*.
ˈstorm·y *adj* stürmisch (*a. fig.*). **~ pet·rel** *s* **1.** *orn.* Sturmschwalbe *f*. **2.** *fig.* a) Unruhestifter *m*, b) Enˈfant terˈrible *n*. **3.** *fig.* Unglücksbote *m*.
sto·ry¹ [ˈstɔːrɪ; *Am. a.* ˈstəʊriː] *s* **1.** (*a.* amüˈsante) Geschichte, Erzählung *f*: **the same old ~** *fig.* das alte Lied; **that's another ~** *fig.* das ist etwas anderes, das steht auf e-m anderen Blatt. **2.** Fabel *f*, Handlung *f*, Story *f* (*e-s Dramas etc*). **3.** (Lebens)Geschichte *f*, Story *f*: **the Glenn Miller S~**. **4.** Geschichte *f*, Bericht *m*: **the ~ goes** man erzählt sich; **to cut a long ~ short** um es kurz zu machen, kurz u. gut; **to tell the whole** (*od.* **full**) **~** ‚auspacken', alles sagen. **5.** (ˈZeitungs)Arˌtikel *m*, (-)Story *f*. **6.** *fig.* (*die*) ˈHintergründe *pl*, alle Tatsachen *pl*: **to get the whole ~**. **7.** *colloq.* a) (Lügen-, Ammen)Märchen *n*, ‚Geschichte' *f*, b) → **storyteller** 3.
sto·ry² *bes. Am. für* **storey**.
ˈsto·ry|·book I *s* **1.** Geschichten-, Märchenbuch *n*. **II** *adj* **2.** a) wie in e-m Roˈman: **~ ending**, b) Märchen...: **~ world**. **3.** Bilderbuch...: **~ career**. **~line** *s* Handlung *f* (*e-s Dramas etc*). **ˈ~ˌtell·er** *s* **1.** (Märchen-, Geschichten)Erzähler (-in). **2.** Erzähler *m* (*Autor*). **3.** *colloq.* Flunkerer *m*, Lügenbold *m*. **ˈ~ˌtell·ing** *s* **1.** (Geschichten)Erzählen *n*. **2.** Erzählkunst *f*.
stoup [stuːp] *s* **1.** *R.C.* Weihwasserbecken *n*. **2.** *bes. Scot.* Eimer *m*. **3.** *obs. od. dial.* a) Becher *m*, b) Krug *m*.
stout [staʊt] **I** *adj* (*adv* **~ly**) **1.** stämmig, kräftig. **2.** dick, korpuˈlent, beleibt. **3.** ausdauernd, zäh, hartnäckig. **4.** mannhaft, wacker, tapfer, beherzt. **5.** heftig: **a ~ attack** (**wind**, *etc*). **6.** kräftig, staˈbil (*Material etc*). **II** *s* **7.** Stout *m* (*dunkles Bier mit starkem Hopfengeschmack*). **ˈstout·en** *v/t u. v/i* stark *od.* dick machen (werden). **stout·heart·ed** [ˌ-ˈh-; *attr.* ˈ-ˌh-] → **stout** 4. **ˈstout·ish** *adj* etwas *od.* ziemlich stark *od.* kräftig *od.* beleibt. **ˈstout·ness** *s* **1.** Stämmigkeit *f*. **2.** Beleibtheit *f*, Korpuˈlenz *f*. **3.** Tapferkeit *f*, Mannhaftigkeit *f*. **4.** Ausdauer *f*.
stove¹ [stəʊv] **I** *s* **1.** Ofen *m*, (Koch)Herd *m*. **2.** *tech.* a) Brennofen *m*, b) Trockenkammer *f*. **3.** *bes. Br.* Treibhaus *n*. **II** *v/t* **4.** a) warmhalten, b) trocknen, erhitzen. **5.** *bes. Br.* im Treibhaus ziehen.
stove² [stəʊv] *pret u. pp von* **stave**.
stove| en·am·el *s* Einbrennlack *m*. **ˈ~-pipe** *s* **1.** Ofenrohr *n*. **2.** *a.* **~ hat** *colloq.* Zyˈlinder *m*, ‚Angströhre' *f*. **3.** *pl colloq.* Röhrenhose *f*.
sto·ver [ˈstəʊvə(r)] *s agr.* a) *bes. Br.* Futter *n*, b) *Am.* (Mais- *etc*)Stroh *n* (*als Viehfutter*).
stow [stəʊ] **I** *v/t* **1.** *mar.* (ver)stauen. **2.** verstauen, packen: **to ~ away** a) wegräumen, -stecken, b) *colloq.* ‚verdrükken'; **to ~ away a steak**. **3.** vollfüllen, (be)laden. **4.** *sl.* sich *etwas* aufsparen. **5.** *sl.* aufhören mit: **~ it!** hör auf (damit)!, halt's Maul! **II** *v/i* **6. ~ away** sich an Bord schmuggeln, als blinder Passaˈgier mitreisen. **ˈstow·age** *s bes. mar.* **1.** Stauen *n*: **~ certificate** Stauungsattest *n*. **2.** Laderaum *m*. **3.** Ladung *f*. **4.** Staugeld *n*. **ˈstow·a·way** *s* **1.** blinder Passaˈgier. **2.** Versteck *n*.
stra·bis·mal [strəˈbɪzməl], **straˈbis·mic** [-mɪk] *adj* schielend, Schiel... **straˈbis·mus** [-məs] *s* Straˈbismus *m*, Schielen *n*. **straˈbot·o·my** [-ˈbɒtəmɪ; *Am.* -ˈbɑt-] *s med.* Strabotoˈmie *f*, ˈSchieloperatiˌon *f*.
Strad [stræd] *colloq. für* **Stradivarius**.
strad·dle [ˈstrædl] **I** *v/i* **1.** a) breitbeinig *od.* mit gespreizten Beinen gehen *od.* stehen *od.* sitzen, b) die Beine spreizen, grätschen (*a. Turnen*), c) rittlings sitzen. **2.** sich (auseinˈander)spreizen. **3.** sich (aus)strecken. **4.** *fig. Am.* schwanken, es mit beiden Parˈteien halten. **5.** *econ.* Arbiˈtrage betreiben. **II** *v/t* **6.** rittlings sitzen auf (*dat*): **to ~ a horse**. **7.** mit gespreizten Beinen stehen über (*dat*): **to ~ a ditch**. **8.** *die Beine* spreizen. **9.** *fig.* sich nicht festlegen wollen bei *e-r Streitfrage etc*: **to ~ an issue**. **10.** *mil. das Ziel* eingabeln. **11.** *Poker*: *den Einsatz* blind verdoppeln. **III** *s* **12.** (Beine)Spreizen *n*. **13.** a) breitbeiniges *od.* ausgreifendes Gehen, b) breitbeiniges (Da)Stehen, c) Rittlingssitzen *n*. **14.** Schrittweise *f*. **15.** *fig. Am.* ausweichende *od.* unentschlossene Haltung. **16.** *Börse*: Stelˈlage (-geschäft *n*) *f*. **17.** a) *Turnen*: Grätsche *f*, b) *Hochsprung*: Straddle *m*, Wälzer *m*. **ˈ~-ˌleg·ged**, *bes. Br.* **-legged** *adj u. adv* breitbeinig.
Strad·i·var·i·us [ˌstrædɪˈveərɪəs; -ˈvɑːr-] *s mus.* Stradiˈvari *f* (*Geige*).
strafe [strɑːf; *bes. Am.* streɪf] **I** *v/t* **1.** *aer. mil.* im Tiefflug mit Bordwaffen angreifen. **2.** *colloq.* *j-n* ‚anpfeifen'. **II** *s* → **strafing**. **ˈstraf·ing** *s* **1.** Bordwaffenbeschuß *m*. **2.** *colloq.* ‚Anpfiff' *m*.
strag·gle [ˈstrægl] *v/i* **1.** herˈumstreifen. **2.** (hinterˈdrein- *etc*)bummeln, (-)zotteln. **3.** a) sich verirren, b) *mil.* versprengt werden. **4.** wuchern (*Pflanze etc*), sich unregelmäßig ausbreiten. **5.** verstreut liegen *od.* stehen (*Häuser etc*), sich ˈhinziehen (*Vorstadt etc*). **6.** *fig.* abschweifen. **ˈstrag·gler** *s* **1.** Bummler(in). **2.** Nachzügler *m* (*a. mar.*). **3.** *mil.* Versprengte(r) *m*. **4.** *bot.* wilder Schößling. **ˈstrag·gling** *adj* (*adv* **~ly**), *a.* **ˈstrag·gly** *adj* **1.** (*beim Marsch etc*) zuˈrückgeblieben. **2.** (weit) auseinˈandergezogen (*Kolonne*). **3.** wuchernd (*Pflanze etc*), sich unregelmäßig ausbreitend. **4.** verstreut (liegend), weitläufig. **5.** ˈwiderspenstig: **~ hair**.
straight [streɪt] **I** *adj* (*adv* **~ly**) **1.** gerade: **~ legs**; **~ hair** glattes Haar; **~ line** gerade Linie, *math.* Gerade *f*; **to keep a ~ face** das Gesicht nicht verziehen. **2. a ~ left** (**right**) (*Boxen*) e-e linke (rechte) Gerade; **in ~ sets** (*Tennis etc*) ohne Satzverlust. **3.** in Ordnung, ordentlich: **to put ~** in Ordnung bringen; **to put things ~** Ordnung schaffen; **to set s.o. ~ on** j-s Meinung über (*acc*) richtigstellen. **4.** gerade, offen, ehrlich, reˈell: **a ~ businessman**; → **die²** 1. **5.** anständig: **a ~ life**. **6.** *colloq.* zuverlässig, sicher: **a ~ tip**. **7.** ehrlich, reˈell: **a ~ fight**. **8.** geradlinig, folgerichtig: **~ thinking**. **9.** *pol. Am.* ‚hundertproˌzentig': **a ~ Republican**. **10.** pur: **to drink one's whisky ~**. **11.** a) *thea.* konventioˈnell (*Stück*), b) *thea.* efˈfektlos (*Spiel*), c) gewöhnlich, norˈmal: **a ~ novel**. **12.** *econ. Am.* mit festem Preis, ohne ˈMengenraˌbatt: **cigars ten cents ~**. **13.** *mot. tech.* Reihen...: **~ engine**. **14.** *colloq.* quitt: **we're ~**. **15.** *sl.* spießig. **16.** *sl.* ‚norˈmal', ‚hetero' (*heterosexuell*).
II *adv* **17.** gerade(ˈaus): **to go ~ on**. **18.** richtig: **he does not see ~**; **I can't think ~** ich kann nicht (mehr) klar denken; **to get s.o. ~** *sl.* j-n richtig verstehen. **19.** diˈrekt, gerade, gerade(s)wegs, unmittelbar: **he comes ~ from London**; → **horse** 1, **shoulder** 1. **20.** *oft* **~ out** ˈrundherˌaus, ‚klipp u. klar': **he told him ~ out**. **21.** ehrlich, anständig, ordentlich: **to live ~**; **to go ~** *colloq.* ‚keine krummen Sachen mehr machen'; **play it ~** (**with me**)! bleib schön ehrlich (mir gegenüber)! **22. ~ away**, **~ off** soˈfort, auf der Stelle, gleich.
III *s* **23.** Geradheit *f*: **out of the ~** krumm, schief. **24.** *sport* (*Gegen-, Ziel-*) Gerade *f*. **25.** *sport* (*Erfolgs-, Treffer- etc*)Serie *f*. **26.** *Poker*: Straight *m* (*Folge von 5 Karten beliebiger Farbe*). **27. to be on the ~ and narrow** auf dem Pfad der Tugend wandeln. **28. the ~ of it** *bes. Am. colloq.* die (reine) Wahrheit. **29.** *sl.* Spießer *m*.
straight| an·gle *s math.* gestreckter Winkel (*180°*). **~ ar·row** *s Am.* grundanständiger Kerl. **ˌ~-ˈar·row** *adj Am.* grundanständig. **~a·way** [ˌ-əˈweɪ; ˈ-ə-] **I** *adj* gerade, geradlinig (*a. fig.*). **II** *adv* soˈfort, auf der Stelle, gleich. **III** *s sport* (*Gegen-, Ziel*)Gerade *f*.
straight·en [ˈstreɪtn] **I** *v/t* **1.** gerademachen, (gerade-, aus)richten, (aus-) strecken, *tech. Draht* recken, *mil. die Front* begradigen: **to ~ one's face** e-e ernste Miene aufsetzen; **to ~ o.s. up** sich aufrichten. **2.** *a.* **~ up** *Zimmer etc* aufräumen. **3.** *oft* **~ out** (*od.* **up**) a) *etwas* in Ordnung bringen: **to ~ one's affairs**; **things will ~ themselves out** das wird von allein (wieder) in Ordnung kommen, b) *colloq.* *j-n* (wieder) auf die rechte Bahn bringen, ‚zuˈrechtbiegen', c) *colloq.* *j-m* ‚den Kopf zuˈrechtsetzen'. **4.** *oft* **~ out** entwirren, klarstellen. **II** *v/i* **5.** gerade werden. **6. ~ up** a) sich aufrichten, b) *colloq.* ein anständiges Leben beginnen.
ˌstraight|-ˈfaced *adj* mit unbewegtem Gesicht. **~ fight** *s pol.* diˈrekter Kampf zwischen 2 ˈGegenkandiˌdaten. **~flush** *s Poker*: Straight-flush *m* (*Folge von 5 gleichfarbigen Karten*). **ˌ~ˈfor·ward I** *adj* (*adv* **~ly**) **1.** geradeˈaus gerichtet. **2.** freimütig, diˈrekt, offen. **3.** ehrlich, redlich, aufrichtig. **4.** einfach, ˈunkompliˌziert. **II** *adv* **5.** geradeˈaus. **6.** → I. **ˌ~ˈfor·ward·ness** *s* **1.** Diˈrektheit *f*, Offenheit *f*. **2.** Aufrichtigkeit *f*. **ˌ~-from-the-ˈshoul·der** *adj* unverblümt. **ˈ~jack·et** → **straitjacket**. **ˌ~-ˈlaced** → **strait-laced**. **ˈ~-line** *adj math. phys. tech.* geradlinig, lineˈar (*a. econ.*): **~ depreciation** *econ.* lineare Abschreibung; **~ method** *econ.* gleichmäßige Abschreibung vom Anschaffungswert; **~ motion** a) *phys.* geradlinige Bewegung, b) *tech.* Geradführung *f*.
ˈstraight·ness *s* Geradheit *f*: a) Geradlinigkeit *f*, b) *fig.* Aufrichtigkeit *f*, Ehrlichkeit *f*.
ˈstraight|-ˌout *adj Am. colloq.* **1.** rückhaltlos, komproˈmißlos. **2.** offen, aufrichtig. **~way** [ˈ-weɪ; ˌ-ˈweɪ] *adv obs.* stracks, soˈgleich.
strain¹ [streɪn] **I** *v/t* **1.** (an)spannen, (straff) (an)ziehen: **to ~ a rope**. **2.** sich *e-n Muskel, e-e Sehne etc* zerren, sich *das Handgelenk* verstauchen, *s-e Augen etc* (*a. sich*) überˈanstrengen: **to have a ~ed muscle** e-e Muskelzerrung haben. **3.** *die Augen, das Herz etc* überˈanstrengen. **4.** (bis zum äußersten) anstrengen *od.* anspannen: **to ~ one's ears (eyes)**; **to ~ o.s.**; → **nerve** 7. **5.** *tech.* deforˈmieren, verformen, verziehen. **6.** *fig. etwas* überˈspannen, strapaˈzieren, *j-s Geduld, Kräfte etc* überˈfordern, auf e-e harte Probe stellen: **to ~ s.o.'s patience (strength**, *etc*). **7.** *fig. e-n Sinn, ein Recht* strapaˈzieren, vergewaltigen, Gewalt antun (*dat*),

Befugnisse etc über'schreiten: **to ~ the meaning of a word**; **to ~ a point** zu weit gehen; **a ~ed interpretation** e-e forcierte Auslegung. **8.** ('durch)seihen, pas'sieren, filtern, fil'trieren: **to ~ out** (*od.* **off**) abseihen. **9.** (fest) drücken *od.* pressen: **to ~ s.o. to one's breast (heart)** j-n an s-e Brust ziehen (ans Herz drücken). **II** *v/i* **10.** sich (bis zum äußersten) anstrengen (**to do** zu tun): **to ~ after** sich abmühen um, streben nach; **to ~ after effects** nach Effekt haschen. **11.** sich (an)spannen. **12.** **~ at** zerren an (*dat*): → **gnat** 1, **leash** 1. **13.** (*a.* beim Stuhlgang) pressen, drücken: **to ~ at stool**. **14.** *tech.* sich verziehen, sich verformen. **15.** a) 'durchlaufen, -tropfen, -sickern (*Flüssigkeit*), b) sich *gut etc* (ab)seihen *od.* filtern lassen.
III *s* **16.** Spannung *f*, Beanspruchung *f*, Zug *m*. **17.** *tech.* verformende Spannung, Verdehnung *f*. **18.** *med.* a) Zerrung *f*, b) Über'anstrengung *f*. **19.** Anstrengung *f*, Anspannung *f*, Kraftaufwand *m*. **20.** (**on**) (starke) Anstrengung, Stra'paze *f* (für), Über'anstrengung *f* (*gen*), (*nervliche, a. finanzielle*) Belastung (für), Druck *m* (auf *acc*), Last *f* (*der Verantwortung etc*): **to be a ~ on s.o.'s nerves** j-n Nerven kosten; **to put** (*od.* **place**) **a great ~ on** stark beanspruchen *od.* belasten; **it is a ~** es nimmt einen mit; **under a ~** mitgenommen, mit den Nerven herunter. **21.** *meist pl* Weise *f*, Melo'die *f*: **to the ~s of** zu den Klängen (*gen*). **22.** Vers *m*, Pas'sage *f*. **23.** *fig.* Ton(art *f*) *m*, Ma'nier *f*, Stil *m*: **a humorous ~**. **24.** Laune *f*, Stimmung *f*: **he was in a philosophizing ~** er war zum Philosophieren aufgelegt. **25.** *pl* Spannungen *pl*.

strain² [streɪn] *s* **1.** Geschlecht *n*, Linie *f*. **2.** Abstammung *f*. **3.** *biol.* a) Rasse *f*, b) (Ab-, Spiel)Art *f*. **4.** Beimischung *f*, (Rassen)Merkmal *n*, Zug *m*: **a ~ of Greek blood** ein Schuß griechischen Bluts. **5.** (Erb)Anlage *f*, (Cha'rakter)Zug *m*. **6.** Spur *f*, Anflug *m* (**of** von).

strained [streɪnd] *adj* **1.** gezwungen, 'unna͵türlich: **a ~ smile**. **2.** gespannt: **~ relations**. **'strain·ed·ly** [-nɪdlɪ] *adv*.

'strain·er *s* **1.** Seiher *m*, Sieb *n*, Filter *m*, *n*. **2.** *tech.* Streck-, Spannvorrichtung *f*.

strait [streɪt] **I** *s* **1.** *oft pl* Straße *f*, Meerenge *f*: **the S~s of Dover** die Straße von Dover; **S~s Settlements** *ehemalige brit. Kronkolonie* (*Malakka, Penang, Singapur*); **the S~s** a) (*früher*) die Straße *od.* Meerenge von Gibraltar, b) (*heute*) die Malakkastraße. **2.** *oft pl* Not *f*, (*bes.* finanzi'elle) Verlegenheit: **to be in dire** (*od.* **desperate**) **~s** in e-r ernsten Notlage sein. **II** *adj* **3.** *obs.* a) eng, schmal: **the ~ gate** *Bibl.* die enge Pforte, b) streng, hart. **'strait·en** [-tn] *v/t* beschränken, beengen: **in ~ed circumstances** in beschränkten Verhältnissen; **~ed for** verlegen um.

'strait|͵jack·et I *s* Zwangsjacke *f* (*a. fig.*). **II** *v/t* in e-e Zwangsjacke stecken (*a. fig.*). **͵~-'laced** *adj* sittenstreng, puri'tanisch, prüde.

'strait·ness *s obs.* **1.** Enge *f*. **2.** Strenge *f*, Härte *f*.

strake [streɪk] *s mar.* (Planken)Gang *m*.

stra·min·e·ous [strə'mɪnɪəs] *adj* **1.** strohern, Stroh... **2.** strohfarben.

stra·mo·ni·um [strə'məʊnjəm; -nɪəm], *a.* **stram·o·ny** ['stræmənɪ] *s* **1.** *bot.* Stechapfel *m*. **2.** *pharm.* Stra'monium *n*.

strand¹ [strænd] **I** *v/t* **1.** *mar.* auf den Strand setzen, auf Grund treiben. **2.** *fig.* stranden *od.* scheitern lassen; **~ed** a) gestrandet (*a. fig.*), b) *mot.* stecken- *od.* liegengeblieben; **to be (left) ~ed** a) ‚auf dem trock(e)nen sitzen', b) ‚aufgeschmissen' sein. **II** *v/i* **3.** stranden (*a. fig.*). **III** *s* **4.** *bes. poet.* Gestade *n*, Ufer *n*.

strand² [strænd] **I** *s* **1.** Strang *m*, Ducht *f* (*e-s Taus od. Seils*). **2.** Seil *n*, Tau *n*. **3.** *tech.* (Draht-, Seil)Litze *f*. **4.** *biol.* (Gewebe-)Faser *f*. **5.** (Haar)Strähne *f*. **6.** (Perlen-)Schnur *f*. **7.** *fig.* Faden *m*, Ele'ment *n*, Zug *m* (*e-s Ganzen*). **II** *v/t* **8.** *ein Seil* drehen. **9.** *electr. ein Kabel* verseilen: **~ed wire** Litzendraht *m*; **~ cable** vielsträhniges Drahtkabel. **10.** *Tau etc* brechen.

strange [streɪndʒ] **I** *adj* (*adv* **~ly**) **1.** seltsam, eigenartig, sonderbar, merkwürdig, ‚komisch': **~ to say** seltsamerweise. **2.** fremd, neu, unbekannt, ungewohnt, nicht geläufig (**to s.o.** j-m). **3.** (**to**) nicht gewöhnt (an *acc*), nicht vertraut (mit). **4.** reser'viert, kühl. **II** *adv colloq.* → 1. **'strange·ness** *s* **1.** Seltsamkeit *f*, (*das*) Merkwürdige. **2.** Fremdheit *f*.

stran·ger ['streɪndʒə(r)] *s* **1.** Fremde(r *m*) *f*, Unbekannte(r *m*) *f*, Fremdling *m*: **I am a ~ here** ich bin hier fremd; **to make a ~ of s.o.** j-n wie e-n Fremden behandeln; **you are quite a ~** Sie sind ein seltener Gast; **he is no ~ to me** er ist mir kein Fremder; **I spy** (*od.* **see**) **~s** *parl. Br.* ich beantrage die Räumung der Zuschauertribüne; **the little ~** *humor.* der kleine Neuankömmling; **~s' gallery** *parl. Br.* Zuschauertribüne *f*. **2.** Neuling *m* (**to** in *dat*): **to be a ~ to** nicht vertraut sein mit; **he is no ~ to poverty** die Armut ist ihm nicht unbekannt. **3.** *jur.* Dritte(r *m*) *f*, Unbeteiligte(r *m*) *f*.

stran·gle ['stræŋgl] **I** *v/t* **1.** erwürgen, erdrosseln, strangu'lieren. **2.** *j-n* würgen, *den Hals* einschnüren (*Kragen etc*). **3.** *fig.* ersticken: a) abwürgen: **to ~ local initiative**, b) unter'drücken: **a ~d sigh**. **II** *v/i* **4.** ersticken. **'~·hold** *s* **1.** *bes. Judo*: Würgegriff *m*. **2.** *fig.* a) voll'kommene Gewalt (**on** über *acc*): **they have a ~ on me** ich bin ihnen vollkommen ausgeliefert, b) **to put a ~ on** *etwas* stark beeinträchtigen.

stran·gles ['stræŋglz] *s pl* (*meist als sg konstruiert*) *vet.* Druse *f*.

stran·gu·late ['stræŋgjʊleɪt] *v/t* **1.** *med.* a) *Gefäß etc* abschnüren, abbinden, b) **~d hernia** eingeklemmter Bruch. **2.** → **strangle** 1. **͵stran·gu'la·tion** *s* **1.** Erdrosselung *f*, Strangu'lierung *f*. **2.** *med.* Abschnürung *f*, Abbindung *f*.

stran·gu·ry ['stræŋgjʊrɪ] *s med.* Strangu'rie *f*, Harnzwang *m*, -drang *m*.

strap [stræp] **I** *s* **1.** (Leder-, *a.* Trag-, *tech.* Treib)Riemen *m*, Gurt *m*, Band *n*: **the ~** Züchtigung *f* mit dem Riemen. **2.** a) Schlaufe *f*, Halteriemen *m* (*im Bus etc*), b) (Stiefel)Strippe *f*. **3.** Streichriemen *m*. **4.** a) (Schulter- *etc*)Streifen *m*, (Achsel-)Klappe *f*, b) Träger *m* (*an Kleidern*), c) Steg *m* (*an der Hose*). **5.** *tech.* a) (Me'tall)Band *n*, b) Gelenkplatte *f*, c) Bügel *m* (*am Kopfhörer*). **6.** *mar.* Stropp *m*. **7.** *bot.* Blatthäutchen *n*. **II** *v/t* **8.** festschnallen (**to** an *acc*): **to ~ o.s. in** sich festschnallen; **~ped trousers** Steghose *f*. **9.** 'umschnallen. **10.** (an e-m Streichriemen) abziehen: **to ~ a razor**. **11.** mit e-m Riemen schlagen. **12.** *med.* a) Heftpflaster kleben auf (*e-e Wunde*), b) *a.* **~ up** *j-m* e-n Heftpflasterverband machen. **13.** **to be (financially) ~ped** *Am. colloq.* ‚blank' *od.* ‚pleite' sein. **'~͵hang·er** *s colloq.* Stehplatzinhaber(in) (*im Bus etc*). **~ i·ron** *s tech. Am.* Bandeisen *n*.

'strap·less *adj* schulterfrei (*Kleid*), trägerlos (*Badeanzug, Kleid*).

strap·pa·do [strə'peɪdəʊ; stræ-; -'pɑː-] *pl* **-does** [-z] *s hist.* (Folterung *f* mittels) Wippe *f*.

strap·per ['stræpə(r)] *s* **1.** a) strammer Bursche, b) strammes *od.* dralles Mädchen. **2.** Stallknecht *m*. **'strap·ping I** *adj* **1.** stramm, stämmig: **a ~ girl** ein dralles Mädchen. **II** *s* **2.** Riemen *pl*. **3.** Tracht *f* Prügel. **4.** *med.* Heftpflaster (-verband *m*) *n*.

'strap·work *s arch.* verschlungene Bandverzierung.

stra·ta ['strɑːtə; *bes. Am.* 'streɪtə; *Am. a.* 'strætə] *pl von* **stratum**.

strat·a·gem ['strætədʒəm] *s* **1.** Kriegslist *f*. **2.** List *f*, Trick *m*.

stra·tal ['streɪtl] *adj geol.* Schichten...

stra·te·gic [strə'tiːdʒɪk] *adj* (*adv* **~ally**) *mil.* stra'tegisch: a) *die Strategie betreffend*: **~ plans**; **~ bomber force**, b) stra'tegisch wichtig: **~ point (target**, *etc*), c) kriegswichtig: **~ goods**, d) Kriegs... **stra'te·gics** *s pl* (*als sg konstruiert*) → **strategy**.

strat·e·gist ['strætɪdʒɪst] *s* Stra'tege *m*.

'strat·e·gize [-dʒaɪz] *v/i* e-e Strate'gie entwerfen (**on** für). **'strat·e·gy** [-dʒɪ] *s* Strate'gie *f*: a) Kriegskunst *f*, b) (Art *f* der) Kriegsführung *f*, c) *fig.* Taktik *f*, d) List *f*.

strath [stræθ] *s Scot.* breites Tal. **strath'spey** [-'speɪ] *s ein schottischer Tanz*.

stra·ti ['streɪtaɪ; *Br. a.* 'strɑː-; *Am. a.* 'stræ-] *pl von* **stratus**.

stra·tic·u·late [strə'tɪkjʊlət; -leɪt] *adj geol.* dünngeschichtet.

strat·i·fi·ca·tion [͵strætɪfɪ'keɪʃn] *s* **1.** *bes. geol.* a) Schichtung *f*, Stratifikati'on *f*, b) Schichtenbildung *f*. **2.** *fig.* Schichtung *f*, Gliederung *f*. **͵strat·i·fi'ca·tion·al** *adj*: **~ grammar** *ling.* stratifikationelle Grammatik, Stratifikationsgrammatik *f*.

'strat·i·fied [-faɪd] *adj* geschichtet, schichtförmig: **~ rock** Schichtgestein *n*; **~ sample** (*Statistik*) geschichtete Stichprobe; **highly ~** *fig.* vielschichtig. **'strat·i·form** [-fɔː(r)m] *adj* schichtenförmig. **'strat·i·fy** [-faɪ] **I** *v/t* **1.** *bes. geol.* schichten, stratifi'zieren. **II** *v/i* **2.** *bes. geol.* a) Schichten bilden, b) in Schichten liegen. **3.** (gesellschaftliche) Schichten entwickeln.

stra·tig·ra·phy [strə'tɪgrəfɪ] *s geol.* Stratigra'phie *f*, Formati'onskunde *f*.

strat·o·cir·rus [͵strætəʊ'sɪrəs; ͵streɪ-] *s irr meteor.* niedriger u. dichter Zirro'stratus.

stra·toc·ra·cy [strə'tɒkrəsɪ; *Am.* -'tɑk-] *s* Mili'tärherrschaft *f*.

strat·o·cruis·er ['strætəʊ͵kruːzə(r)] *s aer.* Strato'sphärenflugzeug *n*.

strat·o·cu·mu·lus [͵strætəʊ'kjuːmjʊləs; ͵streɪ-] *s irr meteor.* Strato'kumulus *m* (→ **cumulostratus**).

strat·o·sphere ['strætəʊ͵sfɪə(r)] *s* Strato'sphäre *f*. **͵strat·o'spher·ic** [-'sferɪk; *Am. a.* -'sfɪərɪk] *adj* **1.** strato'sphärisch. **2.** *fig. Am.* a) ‚astro'nomisch', e'norm, b) phan'tastisch, über'spannt.

stra·tum ['strɑːtəm; *bes. Am.* 'streɪ-; *Am. a.* 'stræ-] *pl* **-ta** [-tə], **-tums** *s* **1.** *allg.* (*a.* Gewebe-, Luft)Schicht *f*, Lage *f*. **2.** *geol.* Schicht *f*, Formati'on *f*. **3.** *fig.* (gesellschaftliche *etc*) Schicht.

stra·tus ['streɪtəs; *Br. a.* 'strɑː-; *Am. a.* 'stræ-] *pl* **-ti** [-taɪ] *s meteor.* Stratus *m*, Stratus-, Schichtwolke *f*.

straw [strɔː] **I** *s* **1.** Strohhalm *m*: **to draw ~s** Strohhalme ziehen (*als Lose*); **to catch** (*od.* **clutch, grab, grasp**) **at a ~** (*od.* **at ~s**) sich an e-n Strohhalm klammern; **the last ~ (that breaks the camel's back)** der Tropfen, der das Faß zum Überlaufen bringt; **that's the last ~!** jetzt reicht's mir aber!; **~ in the wind** Anzeichen *n*; → **care** 8. **2.** Stroh *n*: **in the ~** *obs.* im Wochenbett; → **man** 3. **3.** Trinkhalm *m*. **4.** Strohhut *m*. **II** *adj* **5.** strohern, Stroh... **6.** strohfarben. **7.** *fig. bes. Am.* wertlos, Schein...

straw·ber·ry ['strɔːbərɪ; *Am. a.* -͵beriː] **I** *s* **1.** *bot.* Erdbeere *f*. **2.** *a.* **crushed ~** Erdbeerrot *n* (*Farbe*). **3.** *colloq.* ‚Knutschfleck' *m*. **II** *adj* **4.** Erdbeer...: **~ jam**. **~ blonde** *adj* rotblond. **~ mark** *s med.*

rotes Muttermal. ~ **tongue** *s med.* Himbeerzunge *f* (*bei Scharlach*).

straw| bid *s econ. Am.* Scheingebot *n.* ~ **bid·der** *s econ. Am.* Scheinbieter *m.* '~**board** *s* **1.** Strohpappe *f.* **2.** Preßspan(platte *f*) *m.* ~ **boss** *s Am. colloq.* **1.** Vorarbeiter *m.* **2.** Stellvertreter *m* des Chefs. '~-ˌ**col·o(u)red** *adj* strohfarbig, -farben. '~ˌ**flow·er** *s bot.* Strohblume *f.* ~ **hat** *s* **1.** Strohhut *m.* **2.** *a.* ~ **theater** *Am. colloq.* 'Freilichttheˌater *n.* ~ **man** *s irr bes. Am.* **1.** Strohpuppe *f.* **2.** *fig.* Strohmann *m.* ~ **mat·tress** *s* Strohsack *m.* ~ **plait** *s* Strohgeflecht *n* (*bes. für Hüte*). ~ **poll** → **straw vote.** ~ **stem** *s* **1.** aus der Schale her'ausgezogener Weinglasfuß. **2.** *Weinglas mit solchem Fuß.* ~ **stuff** *s tech.* Stroh(zell)stoff *m* (*für Papier*). ~ **vote** *s pol. bes. Am.* Probeabstimmung *f.* ~ **wine** *s* Strohwein *m.*

straw·y ['strɔːɪ] *adj* **1.** strohern. **2.** mit Stroh bestreut.

stray [streɪ] **I** *v/i* **1.** (her'um)strolchen, (-)streunen (*a. Tier*). **2.** (her'um)streifen: **to ~ to** *j-m* zulaufen. **3.** weglaufen (**from** von). **4.** a) abirren (**from** von), sich verlaufen: **the helicopter had ~ed across the frontier** der Hubschrauber hatte versehentlich die Grenze überflogen, b) *fig.* vom rechten Weg abkommen. **5.** *fig.* abschweifen (*Gedanken etc*). **6.** *electr.* streuen, vagabun'dieren. **II** *s* **7.** verirrtes *od.* streunendes Tier. **8.** (Her'um)Irrende(r *m*) *f*, Heimatlose(r *m*) *f.* **9.** herrenloses Gut. **10.** *pl electr.* atmo'sphärische Störungen *pl.* **III** *adj* **11.** verirrt, streunend: **a ~ dog (child)**; ~ **bullet** verirrte Kugel. **12.** vereinzelt: ~ **customers. 13.** beiläufig: **a ~ remark. 14.** *electr.* Streu...: ~ **power** Verlustleistung *f.*

streak [striːk] **I** *s* **1.** Streif(en) *m*, Strich *m.* **2.** (Licht)Streifen *m*, (-)Strahl *m*: ~ **of lightning** Blitzstrahl; **like a ~ (of lightning)** *colloq.* wie der Blitz. **3.** Streifen *m*, Lage *f* (*z. B. im Speck*): **bacon with ~s of fat and lean** durchwachsener Speck. **4.** Maser *f*, Ader *f* (*im Holz*). **5.** *fig.* Anlage *f*, Spur *f*, Anflug *m*, Zug *m*, *humoristische etc* Ader: **a ~ of humo(u)r. 6.** *fig.* Strähne *f*: ~ **of (bad) luck** (Pech-)Glückssträhne; **a winning ~** e-e Gewinnserie. **7.** *min.* Strich *m.* **8.** *Bakteriologie*: Aufstreichimpfung *f*: ~ **culture** Strichkultur *f.* **9.** *chem.* Schliere *f.* **II** *v/t* **10.** streifen. **11.** ädern. **III** *v/i* **12.** streifig werden. **13.** rasen, flitzen. **14.** *colloq.* ‚blitzen', ‚flitzen' (*unbekleidet über belebte Straßen etc laufen*).

streaked [striːkt] *adj* **1.** streifig, gestreift. **2.** gemasert (*Holz*). **3.** durch'wachsen (*Speck*). **4.** geschichtet. '**streak·er** *s colloq.* ‚Blitzer(in'), ‚Flitzer(in'). '**streak·y** *adj* (*adv* **streakily**) **1.** → **streaked. 2.** *Am. colloq.* a) ner'vös, ängstlich, b) 'unterschiedlich, c) wechselhaft.

stream [striːm] **I** *s* **1.** a) Wasserlauf *m*, b) Bach *m*, Flüßchen *n.* **2.** Strom *m*, Strömung *f*: **to go** (*od.* **swim**) **against (with) the ~** gegen den (mit dem) Strom schwimmen (*a. fig.*); **down ~** stromabwärts; **up ~** stromaufwärts. **3.** *oft pl* (*Blut-, Gas-, Menschen- etc*)Strom *m*, (*Licht-, Tränen- etc*)Flut *f*: ~ **of air** Luftstrom; ~ **of words** Wortschwall *m*; ~ **of consciousness** *psych.* Bewußtseinsstrom; ~**-of-consciousness novel** Bewußtseinsstromroman *m.* **4.** *fig.* Strömung *f*, Richtung *f.* **5.** *ped. Br.* Leistungsgruppe *f* (*innerhalb e-r Klasse*). **6.** Gang *m*, Lauf *m* (*der Zeit etc*). **7. to be on ~** in Betrieb sein (*Kraftwerk etc*); **to go on ~** den Betrieb aufnehmen. **II** *v/i* **8.** strömen (*Flüssigkeit*), tränen (*Augen*): **to ~ with** triefen vor (*dat*); **sweat was (tears were) ~ing down her face** der Schweiß lief (Tränen liefen) ihr übers Gesicht; **her face was ~ing with sweat (tears)** ihr Gesicht war schweiß-(tränen)überströmt. **9.** strömen, fluten (*Licht, Menschen etc*). **10.** *im Wind* flattern: ~**ing flags. 11.** fließen (*Haare*). **12.** da'hinschießen (*Meteor*). **III** *v/t* **13.** aus-, verströmen: **his nose ~ed blood** aus s-r Nase strömte Blut. **14.** *mar.* auswerfen, -setzen: **to ~ the buoy. 15.** *ped. Br. e-e Klasse* in Leistungsgruppen einteilen. '**stream·er** *s* **1.** Wimpel *m*, flatternde Fahne. **2.** (langes, flatterndes) Band, Pa'pierschlange *f.* **3.** Spruchband *n*, Transpa'rent *n.* **4.** *fig. allg.* Streifen *m*, Band *n*, Fahne *f*, *bes.* Wolken-, Nebelstreif(en) *m.* **5.** Lichtstreifen *m* (*bes. des Nordlichts*). **6.** *pl electr.* unbestimmte Strahlungen *pl*: ~ **discharge** strahlartige Entladung. **7.** *a.* ~ **headline** (*Zeitung*) 'Balkenˌüberschrift *f*, breite Schlagzeile. **8.** *a.* ~ **fly** *e-e Angelfliege mit langen Federn.* '**stream·ing I** *s* **1.** Strömen *n.* **2.** *biol.* Fließen *n* (*Protoplasmabewegung*). **3.** *mar.* Schleppgeld *n.* **4.** *ped. Br.* Einteilung *f* in Leistungsgruppen. **II** *adj* **5.** strömend. **6.** triefend. **7.** tränend. '**stream·less** *adj* **1.** ohne Flüsse, wasserarm (*Gegend*). **2.** stehend (*Gewässer*). '**stream·let** [-lɪt] *s* Bächlein *n.*

'**stream|·line I** *s* **1.** *a.* ~ **shape** *tech.* Stromlinienform *f.* **2.** ele'gante *od.* schnittige Form. **3.** Strömungslinie *f.* **4.** *phys.* Stromlinie *f*: ~ **flow** stationäre Strömung. **II** *adj* **5.** → **streamlined** 1. **III** *v/t* **6.** Stromlinienform geben (*dat*), stromlinienförmig konstru'ieren, windschnittig gestalten *od.* verkleiden. **7.** schnittig *od.* ele'gant gestalten. **8.** *fig.* a) moderni'sieren, b) rationali'sieren, 'durchorganiˌsieren, c) verbessern, wirkungsvoller *od.* zügiger *od.* reibungsloser gestalten, d) *bes. pol. Am.* ‚gleichschalten'. '~**lined** *adj* **1.** *phys. tech.* stromlinienförmig, windschnittig, windschlüpfig, Stromlinien... **2.** schnittig, ele'gant (u. zweckmäßig), formschön: ~ **office equipment. 3.** *fig.* a) moderni'siert, fortschrittlich, b) ratio'nell, 'durchorganiˌsiert, c) *pol. Am.* ‚gleichgeschaltet'. ~**lin·er** ['-ˌl-; ˌ-'l-] *s bes. Am.* Stromlinienzug *m.*

street [striːt] **I** *s* **1.** Straße *f*: **in the ~** auf der Straße; **to live in** (*Am.* **on**) **a ~** in e-r Straße wohnen; **not in the same ~ as** *colloq.* nicht zu vergleichen mit; ~**s ahead** *colloq.* haushoch überlegen (*of dat*); ~**s apart** *colloq.* grundverschieden; **this is (right) up my ~** *colloq.* das ist genau mein Fall; **to be** (*od.* **go**) **on the ~s** ‚auf den Strich' gehen; **to walk the ~s** a) ‚auf den Strich' gehen, b) auf freiem Fuß sein; → **man** 3, **woman** 1. **2. the S~** a) *econ.* das Hauptgeschäfts- *od.* Börsenviertel, b) *Br.* → **Fleet Street**, c) *Am.* → **Wall Street**, d) die Fi'nanzwelt. **II** *adj* **3.** Straßen...: ~ **lighting. 4.** *Börse*: a) Freiverkehrs..., b) *Br.* nach Börsenschluß (erledigt).

street| Ar·ab *s* Gassenjunge *m.* ~ **bro·ker** *s econ.* freier Makler. '~ˌ**car** *s Am.* Straßenbahn(wagen *m*) *f.* ~ **cer·tif·i·cate** *s econ. Am.* formlos über'tragene Aktie. ~ **clean·er** *s* **1.** *bes. Am.* Straßenkehrer *m.* **2.** Kehrfahrzeug *n.* ~ **door** *s* Haustür *f* (*die direkt auf die Straße führt*). ~ **lamp,** ~ **light** *s* 'Straßenlaˌterne *f.* ~ **map** *s* Stadtplan *m.* ~ **mar·ket** *s econ.* **1.** Freiverkehrsmarkt *m.* **2.** *Br.* Nachbörse *f.* ~ **or·gan** *s mus.* Drehorgel *f*, Leierkasten *m.* ~ **ref·uge** *s Br.* Verkehrsinsel *f.* ~ **sweep·er** → **street cleaner.** ~ **the·a·ter,** *bes. Br.* ~ **the·a·tre** *s* 'Straßentheˌater *n.* ~ **val·ue** *s* Straßenverkaufswert *m* (*von Drogen*). '~-ˌ**walk·er** *s* Straßen-, Strichmädchen *n*, Prostitu'ierte *f.*

street·ward ['striːtwə(r)d] *adj u. adv* nach der Straße zu *od.* an der Straße (gelegen).

'**streetˌwork·er** *s Am.* Streetworker *m* (*Sozialarbeiter, der gefährdete Jugendliche betreut*).

strength [streŋθ; -ŋkθ] *s* **1.** Kraft *f*, Stärke *f*, Kräfte *pl*: ~ **of body** Körperkraft, -kräfte; ~ **of mind (will)** Geistes-(Willens)stärke, -kraft; ~ **of character** Charakterstärke, -festigkeit *f*; **to go from ~ to ~** a) immer stärker *od.* besser werden, b) von Erfolg zu Erfolg eilen. **2.** *fig.* Stärke *f*: **this is not his ~**; **his ~ is** (*od.* **lies**) **in endurance** s-e Stärke ist die Ausdauer. **3.** Macht *f*, Gewalt *f*: **the ~ of public opinion. 4.** (Beweis-, Über'zeugungs)Kraft *f*: **on the ~ of** auf Grund (*gen*), kraft (*gen*), auf ... hin. **5.** *bes. mil.* (Kopf-, Truppen-) Stärke *f*: **actual ~** Ist-Stärke; **required ~** Soll-Stärke; ~ **report,** ~ **return** Stärkemeldung *f*; **in full ~** in voller Stärke, vollzählig; **in (great) ~** in großer Zahl, zahlreich; **to be on the ~** a) *Br.* auf der Stammrolle stehen, b) *allg.* zur Belegschaft gehören. **6.** *mil.* Stärke *f*, (Heeres)Macht *f*, Schlagkraft *f.* **7.** *bes. phys. tech.* Stärke *f*, (*Bruch-, Zerreiß- etc*)Festigkeit *f*: **tearing ~. 8.** *chem. electr. phys.* (*Strom-, Feld- etc*)Stärke *f*, Wirkungsgrad *m*: ~ **of an acid**; ~ **of field. 9.** Stärke *f*, Gehalt *m* (*e-s Getränks*). **10.** Stärke *f*, Intensi'tät *f* (*von Farben, Sinneseindrükken etc*). **11.** *fig.* Stärke *f*, Kraft (-quelle) *f*: **God is our ~. 12.** *Börse*: Festigkeit *f.*

strength·en ['streŋθən; -ŋkθən] **I** *v/t* **1.** stärken, stark machen: **to ~ s.o.'s hand** *fig.* j-m Mut machen. **2.** *fig.* bestärken, bekräftigen. **3.** verstärken (*a. electr. tech.*), vermehren (*a. math.*). **II** *v/i* **4.** stark werden, erstarken. **5.** sich verstärken, stärker werden. '**strength·en·er** *s* **1.** *fig.* Stärkung *f.* **2.** *med.* Stärkungsmittel *n.* **3.** *tech.* Verstärkung(steil *n*) *f.* '**strength·en·ing I** *s* **1.** Stärkung *f.* **2.** Verstärkung *f* (*a. electr. tech.*), Vermehrung *f* (*a. math.*). **II** *adj* **3.** stärkend, kräftigend. **4.** verstärkend, Verstärkungs...

'**strength·less** *adj* kraftlos, matt.

stren·u·ous ['strenjʊəs; *Am.* -jəwəs] *adj* (*adv* ~**ly**) **1.** emsig, rührig. **2.** eifrig, tatkräftig, tüchtig. **3.** e'nergisch: ~ **opposition. 4.** anstrengend, mühsam. '**stren·u·ous·ness** *s* **1.** Emsigkeit *f.* **2.** Eifer *m*, Tatkraft *f.* **3.** Ener'gie *f.* **4.** (*das*) Anstrengende *od.* Mühsame.

strep [strep] *colloq. für* **streptococcus.**

strep·to·ba·cil·lus [ˌstreptəʊbə'sɪləs] *s irr med.* 'Streptobaˌzillus *m.* ˌ**strep·to'coc·cus** *s irr med.* Strepto'kokkus *m.* ˌ**strep·to'my·cin** [-'maɪsɪn] *s med.* Streptomy'cin *n.*

stress [stres] **I** *v/t* **1.** a) *ling. metr. mus.* betonen, den Ak'zent legen auf (*acc*) (*beide a. fig.*), b) *fig.* her'vorheben, unter'streichen, Nachdruck *od.* Wert legen auf (*acc*). **2.** *phys. tech.* beanspruchen, belasten (*a. electr.*). **3.** *fig.* beanspruchen, be-, über'lasten, stressen. **II** *s* **4.** *fig.* Nachdruck *m*: **to lay ~ (up)on** → 1. **5.** *ling. metr. mus.* a) Ton *m*, ('Wort-, 'Satz)Akˌzent *m*, b) Betonung *f*, c) *metr.* betonte Silbe: **main ~** Hauptton; ~ **accent** (reiner) Betonungsakzent; ~ **group** Akzentgruppe *f.* **6.** *phys. tech.* a) Beanspruchung *f*, Belastung *f* (*a. electr.*), b) (e'lastische) Spannung, c) Kraft *f*: ~ **analyst** Statiker *m*; ~**-strain diagram**

Spannung/Dehnung-Schaubild *n.* **7.** *fig.* (*nervliche, seelische etc*) Belastung, Anspannung *f*, Druck *m*, Streß *m*: **~ disease** *med.* Streß-, Managerkrankheit *f*; **~ test** *med.* Belastungstest *m.* **8.** Zwang *m*, Druck *m*: **the ~ of poverty** die drückende Armut; **under the ~ of circumstances** unter dem Druck der Umstände. **9.** Ungestüm *n*: **the ~ of the weather** die Unbilden der Witterung; → **storm** 1.

ˈstress·ful [-fʊl] *adj* aufreibend, anstrengend, ‚stressig', Streß...: **~ situation; it was very ~** es war ein großer Streß.

stretch [stretʃ] **I** *v/t* **1.** *oft* **~ out** (aus-)strecken, *bes. den Kopf od. Hals* recken: **to ~ o.s. (out)** → 14; → **leg** *Bes. Redew.*, **wing** 1. **2.** *j-n* niederstrecken. **3.** *sl. j-n* (auf)hängen. **4. ~ out** *die Hand etc* aus-, ˈhinstrecken. **5.** *ein Tuch, Seil, e-e Saite etc* spannen (**over** über *dat od. acc*), straffziehen, *e-n Teppich etc* ausbreiten: **he was fully ~ed** *fig.* er wurde richtig *od.* voll gefordert (*a. sport*). **6.** strecken, (*Hand*)*Schuhe etc* (aus)weiten, *bes. Hosen* spannen, *sport Führung etc* ausdehnen (**to** auf *acc*). **7.** *phys. tech.* spannen, dehnen, (st)recken. **8.** *Nerven, Muskeln* anspannen. **9.** aus-, überˈdehnen, ausbeulen. **10.** *fig.* überˈspannen, -ˈtreiben: **to ~ a principle. 11.** *fig.* es mit *der Wahrheit, e-r Vorschrift etc* nicht allzu genau nehmen: **to ~ the truth; to ~ a point** a) ein wenig zu weit gehen, b) es nicht allzu genau nehmen, ‚ein Auge zudrücken', ‚fünf gerade sein lassen'; **to ~ a word,** *etc* e-n Begriff dehnen, e-m Wort *etc* e-e weite Auslegung geben. **12.** ˈüberbeanspruchen, *Befugnisse, e-n Kredit etc* überˈschreiten. **13.** *a.* **~ out** *e-n Vorrat etc* strecken.

II *v/i* **14.** *oft* **~ out** sich (aus)strecken, sich dehnen *od.* rekeln. **15.** langen (**for** nach). **16.** sich erstrecken, sich ˈhinziehen (**to** [bis] zu) (*Gebirge etc, a. Zeit*): **to ~ down to** *fig.* zurückreichen *od.* -gehen (bis) zu *od.* in (*acc*) (*Zeitalter, Erinnerung etc*). **17.** sich dehnen (lassen). **18.** *meist* **~ out** a) ausschreiten, b) *sport* im gestreckten Gaˈlopp reiten, c) *sport* sich auseinˈanderziehen (*Feld*). **19.** *colloq.* sich ins Zeug legen. **20.** *sl.* ‚baumeln', hängen. **21.** *a.* **~ out** reichen (*Vorrat etc*).

III *s* **22.** (Sich-)ˈDehnen *n*, (-)ˈStrecken *n*, Rekeln *n*: **to give o.s. a ~, to have a ~** → 14. **23.** Strecken *n*, (Aus)Dehnen *n*, (-)Weiten *n*: **~ marks** *med.* Schwangerschaftsstreifen; **~ properties** *tech.* Dehnungseigenschaften, Elastizität *f.* **24.** Spannen *n.* **25.** Anspannung *f*, (Über-)ˈAnstrengung *f*: **by any ~ of the English language** bei großzügiger Auslegung der englischen Sprache; **by every ~ of the imagination** unter Aufbietung aller Phantasie; **by no ~ of the imagination** ... es ist völlig unvorstellbar, daß ...; **on** (*od.* **at**) **the ~** angespannt, angestrengt; **at full ~** mit aller Kraft. **26.** *fig.* Überˈspannen *n*, -ˈtreiben *n*, Strapaˈzierung *f.* **27.** Überˈschreiten *n* (*von finanziellen Mitteln, Befugnissen etc*). **28.** (Weg)Strecke *f*, Fläche *f*, Ausdehnung *f.* **29.** *sport* Gerade *f.* **30. to have a ~** sich die Beine vertreten. **31.** Zeit(raum *m*, -spanne) *f*: **a ~ of 10 years; 8 hours at a ~** 8 Stunden hintereinander. **32. to do a ~** *sl.* ‚Knast schieben'.

IV *adj* **33.** dehnbar, Stretch...: **~ nylon** Stretchnylon *n.*

stretch·er [ˈstretʃə(r)] **I** *s* **1.** *med.* (Kranken)Trage *f*: **~-bearer** Krankenträger *m*; **~ case** nicht gehfähiger Verletzter. **2.** (*Schuh- etc*)Spanner *m.* **3.** *tech.* Streckvorrichtung *f.* **4.** Rippe *f* (*e-s Regenschirms*). **5.** *paint.* Keilrahmen *m.* **6.** *mar.* Fußleiste *f* (*im Ruderboot*). **7.** *arch.* a) Läufer *m* (*längs liegender Mauerstein*), b) Stretchbalken *m*: **~ bond** Läuferverband *m.* **II** *v/t* **8. ~ off** *sport Spieler* auf der Trage vom Platz schaffen.

ˈstretch-ˌout *s econ. Am. colloq.* **1.** ˈArbeitsintensiˌvierung *f* ohne entsprechende Lohnerhöhung. **2.** *bes. mil.* Produktiˈonsstreckung *f.*

ˈstretch·y *adj* dehnbar, eˈlastisch.

streu·sel [ˈstruːsəl; ˈstrɔɪ-] *s Am.* Streusel *m, n.* **ˈ~ˌku·chen** *s Am.* Streuselkuchen *m.*

strew [struː] *pret u. pp* **strewed,** *pp a.* **strewn** [struːn] *v/t* **1.** (aus)streuen. **2.** bestreuen.

strewn [struːn] *pp von* **strew.**

stri·a [ˈstraɪə] *pl* **stri·ae** [ˈstraiiː] *s* **1.** Streifen *m*, Furche *f.* **2.** *pl med.* Striae *pl*: a) Striemen *pl*, b) Schwangerschaftsstreifen *pl.* **3.** *zo.* Stria *f*, Falte *f.* **4.** *pl geol.* (Gletscher)Schrammen *pl.* **5.** *arch.* Riffel *m*, Furche *f* (*an Säulen*). **6.** *electr.* leuchtender Streifen. **ˈstri·ate I** *v/t* [-eɪt] **1.** streifen, furchen, riefeln. **2.** *geol.* kritzen. **II** *adj* [-ɪt; -eɪt] → **striated. stri·at·ed** [straɪˈeɪtɪd; *Am.* ˈ-ˌeɪ-] *adj* **1.** gestreift, geriefelt: **~ muscle** *anat.* gestreifter *od.* willkürlicher Muskel. **2.** *geol.* gekritzt.

stri·a·tion [straɪˈeɪʃn] *s* **1.** Streifen-, Riefenbildung *f*, Furchung *f*, Riefung *f.* **2.** Streifen *m od. pl*, Riefe(n *pl*) *f*: **~ of pregnancy** → **stria** 2 b. **3.** *geol.* Schramme(n *pl*) *f.* **ˈstri·a·ture** [-əˌtjʊə; *bes. Am.* -ətʃə(r)] → **striation.**

strick·en [ˈstrɪkən] **I** *pp von* **strike. II** *adj* **1.** *obs.* verwundet. **2.** (**with**) heimgesucht, schwer betroffen (von *Not, Unglück etc*), befallen (von *Krankheit*), ergriffen, gepackt (von *Schrecken, Schmerz etc*), schwergeprüft, leidend: **a ~ man; ~ area** Notstandsgebiet *n*; **~ seafarers** in Not befindliche Seefahrer. **3.** *fig.* niedergeschlagen, (gram)gebeugt: **a ~ look** ein verzweifelter Blick; **~ in years** vom Alter gebeugt. **4.** *allg.* angeschlagen: **a ~ ship. 5.** gestrichen (voll): **a ~ measure of corn. 6.** ‚geschlagen', voll: **for a ~ hour.**

strick·le [ˈstrɪkl] **I** *s* **1.** Abstreichlatte *f.* **2.** Streichmodel *m.* **II** *v/t* **3.** ab-, glattstreichen.

strict [strɪkt] *adj* **1.** strikt, streng: **~ discipline** (**man, neutrality, observance, truth,** *etc*); **in ~ confidence** streng vertraulich; **to keep a ~ watch over s.o.** j-n streng bewachen. **2.** streng: **~ law** (**morals, investigation,** *etc*). **3.** streng, genau: **in the ~ sense** im strengen Sinn; **~ly speaking** genaugenommen. **4.** streng, exˈakt, präˈzise. **5.** *mus.* streng: **~ counterpoint. ˈstrict·ly** *adv* **1.** streng *etc.* **2.** genaugenommen. **3.** völlig, ausgesprochen. **ˈstrict·ness** *s* Strenge *f*: a) Härte *f*, b) (peinliche) Genauigkeit.

stric·ture [ˈstrɪktʃə(r)] *s* **1.** *oft pl* (**on, upon**) scharfe Kriˈtik (an *dat*), kritische Bemerkung (über *acc*). **2.** *med.* Strikˈtur *f*, Verengung *f.* **ˈstric·tured** *adj med.* strikuˈriert, verengt.

strid [strɪd] *obs. pret u. pp von* **stride.**

strid·den [ˈstrɪdn] *pp von* **stride.**

stride [straɪd] **I** *v/i pret* **strode** [strəʊd], *pp* **strid·den** [ˈstrɪdn], *obs. pret u. pp* **strid 1.** schreiten. **2.** *a.* **~ out** (forsch) ausschreiten. **II** *v/t* **3.** *etwas* entlang-, abschreiten. **4.** über-, durchˈschreiten, -ˈqueren. **5.** mit gespreizten Beinen gehen über (*acc*) *od.* stehen über (*dat*). **6.** rittlings sitzen auf (*dat*). **III** *s* **7.** Schreiten *n*, gemessener Schritt. **8.** langer *od.* großer Schritt. **9.** a) Schritt(weise *f*) *m*, b) Gangart *f* (*e-s Pferdes*): **to get into** (*od.* **hit** *od.* **strike**) **one's ~** (richtig) in Schwung *od.* Fahrt kommen; **to take s.th. in one's ~** etwas spielend (leicht) schaffen. **10.** *meist pl fig.* (Fort)Schritte *pl*: **with rapid ~s** mit Riesenschritten.

stri·dence [ˈstraɪdns], **ˈstri·den·cy** [-sɪ] *s* **1.** Schrillheit *f*, (*das*) Schneidende *od.* Grelle. **2.** Knirschen *n.* **ˈstri·dent** [-dnt] *adj* (*adv* **~ly**) **1.** schrill, ˈdurchdringend, schneidend, grell. **2.** knirschend, knarrend. **3.** *fig.* scharf, heftig.

strid·u·late [ˈstrɪdjʊleɪt; *Am.* -dʒə-] *v/i zo.* zirpen, schwirren. **ˌstrid·uˈla·tion** *s* Zirpen *n*, Schwirren *n.* **ˈstrid·u·la·tor** [-tə(r)] *s* zirpendes Inˈsekt.

strife [straɪf] *s* Streit *m*: a) Zwist *m*, Hader *m*, b) Kampf *m*: **to be at ~** sich streiten, uneins sein.

strig [strɪg] *s* Stiel *m.*

stri·gose [ˈstraɪgəʊs] *adj* **1.** *bot.* Borsten..., striegelig. **2.** *zo.* feingestreift.

strike [straɪk] **I** *s* **1.** Schlag *m*, Hieb *m*, Stoß *m.* **2.** (Glocken)Schlag *m.* **3.** Schlag (-werk *n*) *m* (*e-r Uhr*). **4.** *econ.* Streik *m*, Ausstand *m*: **to be on ~** streiken; **to go on ~** in (den) Streik *od.* in den Ausstand treten; **on ~** streikend. **5.** *Baseball*: (Verlustpunkt *m* bei) Schlagfehler *m.* **6.** *Bowling*: Strike *m* (*Abräumen beim 1. Wurf*). **7.** *Angeln*: a) Ruck *m* mit der Angel, b) Anbeißen *n* (*des Fisches*). **8.** *Münzherstellung*: Prägungsbetrag *m.* **9.** *Bergbau*: a) Streichen *n* (*der Schichten*), b) (Streich)Richtung *f.* **10.** *colloq.* ‚Treffer' *m*, Glücksfall *m*: **a lucky ~** ein Glückstreffer. **11.** *mil.* a) (*bes.* Luft)Angriff *m*, b) Aˈtomschlag *m*, c) Einsatzgeschwader *n.* **12.** *Am. sl.* Erˈpressungsversuch *m*, -maˌnöver *n* (*a. pol.*). **13.** *chem. electr.* a) dünnes Elekˈtronendepoˌsit, b) *dazu verwendeter Elektrolyt.*

II *v/t pret* **struck** [strʌk], *pp* **struck, strick·en** [ˈstrɪkən], *obs.* **strook** [strʊk], **ˈstruck·en 14.** schlagen, Schläge *od.* e-n Schlag versetzen (*dat*), *allg.* treffen: **to ~ s.o. in the face** j-n ins Gesicht schlagen; **to ~ together** zs.-, aneinanderschlagen; **struck by a stone** von e-m Stein getroffen; **he was struck dead by lightning** er wurde vom Blitz erschlagen; **~ me dead!** *sl.* so wahr ich hier stehe! **15.** *das Messer etc* stoßen (**into** in *acc*). **16.** *e-n Schlag* führen: → **blow**[2] 1. **17.** *mus. e-n Ton, a. e-e Glocke, Saite, Taste* anschlagen: → **chord**[1] 2, **note** 9 *u.* 11. **18.** a) *ein Streichholz* anzünden, *ein Feuer* machen, b) *Funken* schlagen. **19.** *den Kopf, Fuß etc* (an)stoßen, schlagen (**against** gegen). **20.** stoßen *od.* schlagen gegen *od.* auf (*acc*), zs.-stoßen mit, *mar.* auflaufen auf (*acc*), einschlagen in (*acc*) (*Geschoß, Blitz*). **21.** fallen auf (*acc*) (*Licht*), auftreffen auf (*acc*), *das Auge od. Ohr* treffen: **a sound struck his ear** ein Laut schlug an sein Ohr; **to ~ s.o.'s eye** j-m ins Auge fallen. **22.** *fig. j-m* einfallen *od.* in den Sinn kommen: **an idea struck him** ihm kam *od.* er hatte e-e Idee. **23.** *j-m* auffallen: **what struck me was** ... was mir auffiel *od.* worüber ich staunte, war ... **24.** Eindruck machen auf (*acc*), *j-n* beeindrucken: **to be struck by** beeindruckt *od.* hingerissen sein von; **to be struck on a girl** *sl.* in ein Mädchen ‚verknallt' sein. **25.** *j-m gut etc* vorkommen: **how does it ~ you?** was hältst du davon?; **it struck her as ridiculous** es kam ihr lächerlich vor. **26.** stoßen auf (*acc*), (zufällig) treffen *od.* entdecken, *Gold etc* finden: → **oil** 1, **rich** 7. **27.** *Wurzeln* schlagen: → **root**[1] 1. **28.** *thea. Kulissen etc* abbauen. **29.** *Zelt etc* abbrechen: → **camp**[1] 1. **30.** *mar.* a) *die Flagge, Segel* streichen, b) (weg)fieren: → **flag**[1] 1, 2, **sail** 1. **31.** *den Fisch* mit e-m Ruck (der Angel) auf den Haken spießen. **32.** a) *s-e*

Beute schlagen (*Habicht etc*), b) die Giftzähne schlagen in (*acc*) (*Schlange*). **33.** *tech.* glattstreichen. **34.** a) *math. den Durchschnitt, das Mittel* nehmen, b) *econ. die Bilanz, den Saldo* ziehen, c) *econ. e-e Dividende* ausschütten: → **average** 1, **balance** 7, **mean**[3] 4. **35.** (*bes. von e-r Liste*) streichen: → **roll** 2, **strike off** 1, **strike through. 36.** *e-e Münze, Medaille* schlagen, prägen. **37.** *die Stunde etc* schlagen (*Uhr*). **38.** *fig. j-n* schlagen, heimsuchen, treffen (*Unglück, Not etc*), befallen (*Krankheit*). **39.** a) ~ **into** *j-m e-n Schrecken* einjagen, b) (**with** mit *Schrekken, Schmerz etc*) erfüllen: **to ~ s.o. with fear. 40.** *j-n blind, taub etc* machen: → **blind** 1, **dumb** 3. **41.** *ein Tempo, e-e Gangart* anschlagen. **42.** *e-e Haltung od. Pose* an-, einnehmen. **43.** *econ. e-n Handel* abschließen: → **bargain** *Bes. Redew.* **44. to ~ work** a) *econ.* die Arbeit niederlegen, b) Feierabend machen.

III *v/i* **45.** (zu)schlagen, (-)stoßen: → **iron** 1. **46.** schlagen, treffen: **to ~ at** a) *j-n od.* nach *j-m* schlagen, b) *fig.* zielen auf (*acc*): → **root**[1] 1. **47.** a) sich schlagen, kämpfen (**for** für), b) zuschlagen, angreifen. **48.** zubeißen (*Schlange*). **49.** (**on, upon**) a) (an)schlagen, stoßen (an *acc*, gegen), b) *mar.* auflaufen (auf *acc*), (auf *Grund*) stoßen. **50.** fallen (*Licht*), auftreffen (*Lichtstrahl, Schall etc*) (**on, upon** auf *acc*). **51.** ~ (**up**)**on** auf *Öl, Erz etc* stoßen (→ 26). **52.** schlagen (*Uhr*): → **hour** 3. **53.** sich entzünden (*Streichholz*). **54.** *electr.* sich (*plötzlich*) entladen (*Funke*): **to ~ across** überspringen. **55.** einschlagen, treffen (*Blitz, Geschoß*). **56.** *bot.* Wurzel schlagen. **57.** den Weg *nach rechts etc* einschlagen, sich (plötzlich) *nach links etc* wenden: **to ~ to the right; to ~ for home** *colloq.* heimzu gehen; **to ~ into** a) einbiegen in (*acc*), *e-n Weg* einschlagen, b) *fig.* plötzlich verfallen in (*acc*), *etwas* beginnen; **to ~ into a gallop** in Galopp verfallen; **to ~ into a subject** sich e-m Thema zuwenden. **58.** *econ.* streiken (**for** um; **against** gegen). **59.** *mar.* die Flagge streichen (**to** vor *dat*) (*a. fig.*). **60.** *geol.* streichen (*Schicht*). **61.** *Angeln*: a) anbeißen (*Fisch*), b) den Fisch mit e-m Ruck auf den Angelhaken spießen. **62.** (ˈdurch-) dringen (**to** zu; **into** in *acc*; **through** durch) (*Kälte etc*).

Verbindungen mit Adverbien:

strike| back *v/i* zuˈrückschlagen (*a. fig.*). **~ be·low** *v/t mar.* (weg)fieren. **~ down I** *v/t* **1.** niederschlagen, -strecken. **2.** *fig.* a) außer Gefecht setzen (*Krankheit etc*), b) daˈhinraffen. **II** *v/i* **3.** herˈabprallen, stechen (*Sonne*). **~ in** *v/i* **1.** beginnen, anfangen, einfallen (*a. mus.*). **2.** *med.* (sich) nach innen schlagen (*Krankheit*). **3.** einfallen, unterˈbrechen (**with** mit *e-r Frage etc*). **4.** sich einmischen *od.* einschalten. **5.** mitmachen (**with** bei). **6. ~ with** sich richten nach. **~ in·wards** → **strike in** 2. **~ off** *v/t* **1.** abschlagen, abhauen. **2.** *Wort etc* (aus)streichen, löschen, tilgen. **3.** *ein Bild, Gedicht etc* ‚hinhauen'. **4.** *etwas* genau ˈwiedergeben. **5.** *tech.* glattstreichen. **6.** *print.* abziehen. **~ out I** *v/t* **1.** → **strike off** 2. **2.** *fig.* (mit leichter Hand) entwerfen, ersinnen, ausdenken. **3.** *meist fig. e-n Weg* einschlagen. **4.** *Baseball*: *den Schläger* ‚aus' machen. **II** *v/i* **5.** los-, zuschlagen. **6.** (zum Schlag) ausholen. **7.** (forsch) ausschreiten, ‚loslegen' (*a. fig.*), *a.* losschwimmen (**for** nach, auf *e-n Ort* zu): **to ~ for o.s.** s-e eigenen Wege gehen (*a. fig.*). **8.** *beim Schwimmen etc* ausgreifen. **~ through** *v/t* ˈdurchstreichen. **~ up I** *v/i* **1.** *mus.* einsetzen (*Spieler, Melodie*). **II** *v/t* **2.** *mus.* a) *ein Lied etc* anstimmen, b) *die Kapelle* einsetzen lassen. **3.** *colloq. e-e Freundschaft* anknüpfen, schließen (**with** mit): **to ~ a conversation** ein Gespräch anknüpfen.

strike| bal·lot *s econ.* Urabstimmung *f.* **~ ben·e·fit** → **strike pay.** ˈ**~-bound** *adj* a) bestreikt, b) vom Streik lahmgelegt. ˈ**~-break** *v/i irr econ.* sich als Streikbrecher betätigen. ˈ**~ˌbreak·er** *s econ.* Streikbrecher *m.* **~ call** *s econ.* Streikaufruf *m.* **~ meas·ure** → **struck measure. ~ pay** *s econ.* Streikgeld(er *pl*) *n.* ˈ**~-prone** *adj econ.* streikanfällig.

strik·er [ˈstraɪkə(r)] *s* **1.** Schläger(in). **2.** *econ.* Streikende(r *m*) *f*, Ausständige(r *m*) *f.* **3.** Schläger *m*, Schlagwerkzeug *n.* **4.** Hammer *m*, Klöppel *m* (*in Uhren*). **5.** *mil.* Schlagbolzen *m.* **6.** *electr.* Zünder *m.* **7.** *mil. Am. colloq.* (Offiˈziers)Bursche *m.* **8.** *bes. Fußball*: Stürmer *m*, Spitze *f.* ˈ**~-ˌout** *s Tennis etc*: *Am.* Rückschläger(in).

strike vote → **strike ballot.**

strik·ing [ˈstraɪkɪŋ] *adj* (*adv* **~ly**) **1.** schlagend, Schlag...: **~ clock** Schlaguhr *f*; **~ mechanism** Schlagwerk *n.* **2.** *fig.* a) bemerkenswert, auffallend, eindrucksvoll: **a ~ feature; ~ progress,** b) überˈraschend, verblüffend: **~ likeness,** c) treffend: **a ~ example. 3.** *econ.* streikend. **~ cir·cle** *s Hockey*: Schußkreis *m.* **~ dis·tance** *s* Schlagweite *f* (*a. electr. tech.*).

ˈ**strik·ing·ness** *s* (*das*) Auffallende *od.* Treffende *od.* Überˈraschende.

Strine [straɪn] *colloq. humor.* **I** *s* Auˈstralisches Englisch. **II** *adj* auˈstralisch.

string [strɪŋ] **I** *s* **1.** Schnur *f*, Bindfaden *m.* **2.** (Schürzen-, Schuh- *etc*)Band *n*, Kordel *f*: **to have s.o. on a ~** j-n am Gängelband *od.* am Bändel *od.* in s-r Gewalt haben. **3.** *Puppenspiel*: Faden *m*, Draht *m*: **to pull the ~s** *fig.* die Fäden in der Hand halten, der Drahtzieher sein; **to pull all ~s (possible) to** *fig.* alles daransetzen um zu, alle Hebel in Bewegung setzen um zu. **4.** Schnur *f* (*von Perlen, Zwiebeln etc*): **a ~ of pearls** e-e Perlenschnur. **5.** *fig.* Reihe *f*, Kette *f*: **~ of islands** Inselkette; **a ~ of questions** e-e Reihe von Fragen; **a ~ of vehicles** e-e Kette von Fahrzeugen. **6.** Koppel *f* (*von Pferden etc*). **7.** *mus.* a) Saite *f*, b) *pl* ˈStreichinstruˌmente *pl*, (*die*) Streicher *pl*: **to touch a ~** *fig.* e-e Saite zum Erklingen bringen; → **harp** 3. **8.** (Bogen)Sehne *f*: **to be a second ~** das zweite Eisen im Feuer sein (→ 12); → **bow**[2] 1 a. **9.** *bot.* a) Faser *f*, Fiber *f*, b) Faden *m* (*der Bohnen*). **10.** *zo. obs.* Flechse *f.* **11.** *arch.* a) → **string-course,** b) (Treppen)Wange *f.* **12.** *bes. sport* (*erste etc*) Garniˈtur: **to be a second ~** a) zur 2. Garnitur gehören, b) *fig.* ‚die zweite Geige spielen' (→ 8). **13.** *meist pl* ‚Haken' *m*: **to have a ~ (attached) to it** e-n Haken haben; **no ~s attached** ohne Bedingungen.

II *adj* **14.** *mus.* Saiten..., Streich(er)...: **~ department, ~ group, ~ section** Streicher(gruppe *f*) *pl.*

III *v/t pret u. pp* **strung** [strʌŋ], *pp selten* **stringed 15.** mit Schnüren *od.* Bändern versehen. **16.** *e-e Schnur etc* spannen. **17.** (zu-, ver)schnüren, zubinden. **18.** *Perlen etc* aufreihen. **19.** *fig.* aneinˈanderreihen, verknüpfen. **20.** *mus.* a) besaiten, bespannen (*a. e-n Tennisschläger etc*), b) *das Saiteninstrument* stimmen. **21.** *den Bogen* a) mit e-r Sehne versehen, b) spannen. **22.** behängen: **to ~ a room with festoons. 23. ~ up** *bes. pp j-n, j-s Nerven* anspannen: **to ~ o.s. up to** a) sich in *e-e Erregung etc* hineinsteigern, b) sich aufraffen zu *etwas od. etwas zu tun*; → **high-strung. 24. ~ up** *colloq. j-n* ‚aufknüpfen'. **25.** *Am. colloq. j-n* ‚verkohlen'. **26. ~ along** *colloq.* a) *j-n* ˈhinhalten, b) *j-n* ‚einwickeln', täuschen (**with** mit). **27.** *bes. Bohnen* abziehen. **28. ~ out** räumlich *od.* zeitlich einteilen: **strung out over ten years** auf 10 Jahre verteilt. **29. to be strung out** *bes. Am. sl.* a) drogensüchtig sein, b) ‚high' sein (*unter Drogeneinfluß stehen*), c) ‚auf (dem) Turkey sein' (*unter Entzugserscheinungen leiden*).

IV *v/i* **30. ~ along** a) sich in e-r Reihe bewegen (*Personen, Fahrzeuge*), b) *colloq.* sich anschließen (**with s.o.** j-m), mitmachen. **31.** Fäden ziehen (*Flüssigkeit*).

string| bag *s* Einkaufsnetz *n.* **~ band** *s mus.* **1.** ˈStreichkaˌpelle *f.* **2.** *colloq.* → **string orchestra. ~ bass** *s mus.* Kontrabaß *m.* **~ bean** *s* **1.** *bes.* Gartenbohne *f, pl a. Am.* grüne Bohnen *pl.* **2.** *fig. colloq.* ‚Bohnenstange' *f.* ˈ**~-course** *s arch.* Fries *m*, Sims *m, n* (*um ein Gebäude*). **~ de·vel·op·ment** → **ribbon development.**

stringed [strɪŋd] *adj* **1.** *mus.* Saiten..., Streich...: **~ instruments; ~ music** Streichmusik *f.* **2.** *mus.* (*in Zssgn*) ...saitig. **3.** aufgereiht (*Perlen etc*).

strin·gen·cy [ˈstrɪndʒənsɪ] *s* **1.** Härte *f*, Schärfe *f.* **2.** Bündigkeit *f*, zwingende Kraft: **the ~ of an argument. 3.** *econ.* (Geld-, Kreˈdit)Verknappung *f*, Knappheit *f*: **~ on the money market** Gedrücktheit *f* des Geldmarktes. ˈ**stringent** *adj* (*adv* **~ly**) **1.** streng, hart, scharf: **~ rules. 2.** zwingend: **~ necessity. 3.** zwingend, überˈzeugend, bündig: **~ arguments. 4.** *bes. econ.* knapp (*Geld*), gedrückt (*Geldmarkt*). **5.** streng, scharf, herb: **~ taste.**

string·er [ˈstrɪŋə(r)] *s* **1.** *mus.* Saitenaufzieher *m.* **2.** *rail.* Langschwelle *f.* **3.** *arch.* → **string** 11 b. **4.** *tech.* Längs-, Stütz-, Streckbalken *m.* **5.** *aer.* Längsversteifung *f.* **6.** *mar.* Stringer *m.*

string·i·ness [ˈstrɪŋɪnɪs] *s* **1.** Faserigkeit *f.* **2.** Zähigkeit *f.*

string| or·ches·tra *s mus.* ˈStreichorˌchester *n.* **~ or·gan** *s mus.* ˈOrgelklaˌvier *n.* **~ pea** *s bot.* Zuckererbse *f.* **~ quar·tet(te)** *s mus.* ˈStreichquarˌtett *n.* **~ stop** *s* ˈStreichreˌgister *n*, -stimme *f* (*der Orgel*). **~ tie** *s* schmale Kraˈwatte.

string·y [ˈstrɪŋɪ] *adj* **1.** fadenartig, sich (lang) ˈhinziehend. **2.** flechsig, sehnig: **~ meat. 3.** sehnig: **a ~ fellow. 4.** zäh(flüssig), Fäden ziehend: **~ syrup. 5.** *mus.* dünn u. naˈsal (*Ton*).

stri·o·la [ˈstraɪələ] *pl* **-lae** [-liː] *s biol.* Streifchen *n.* ˈ**stri·o·late** [-lət; -leɪt], ˈ**stri·o·lat·ed** [-leɪtɪd] *adj* feingestreift.

strip [strɪp] **I** *v/t* **1.** *a.* **~ off** *Haut etc* abziehen, abstreifen, (ab)schälen, *Farbe* abkratzen, *Früchte* enthülsen, *Baum* abrinden, *Bett etc* abziehen: **to ~ the paint off a wall** die Farbe von e-r Wand abkratzen. **2.** a) **~ off** *ein Kleid etc* ausziehen, abstreifen, b) *j-n* ausziehen (**to the skin** bis auf die Haut): → **buff**[1] 3, **stripped** II. **3.** *fig.* a) entblößen: **to ~ s.o. of his office** j-n s-s Amtes entkleiden; **~ped of his power** s-r Macht beraubt, b) *a.* **~ off** *etwas Äußerliches* wegnehmen. **4.** *ein Haus etc* ausräumen, *e-e Fabrik* demonˈtieren. **5.** *a.* **~ down** *mar.* abtakeln. **6.** *a.* **~ down** *tech.* zerlegen, auseinˈandernehmen. **7.** *electr. e-n Draht* ˈabisoˌlieren. **8.** *tech. das Gewinde* überˈdrehen. **9.** *chem.* die flüchtigen Bestandteile *od.* das Benˈzol abtreiben von. **10.** *Tabakblätter* a) entstielen, b) entrippen. **11.** *agr.* ausmelken: **to ~ a cow.**

II *v/i* **12.** a) *a.* **~ off** sich ausziehen, (*beim Arzt*) sich freimachen: **to ~ down to** sich ausziehen bis auf (*acc*); **to ~ to the waist** den Oberkörper freimachen, b) ‚strippen' (*e-n Striptease vorführen*). **13.** *a.* ~ **off** sich (ab)schälen, sich lösen. **14.** *tech.* sich lockern.

III *s* **15.** a) Ausziehen *n*, (*beim Arzt*) Freimachen *n*, b) ,Strip' *m* (*Striptease*): **to do a** ~ e-n Strip vorführen. **16.** Streifen *m*, schmales, langes Stück: **a** ~ **of cloth (bacon, land)**; **to tear s.o. off a** ~, **to tear** ~**s** (*od.* **a** ~) **off s.o.** *colloq.* j-n ,zur Minna *od.* Schnecke machen'. **17.** *Philatelie*: (Marken)Streifen *m*. **18.** → **comic strips. 19.** *aer.* Start- u. Landestreifen *m*. **20.** *tech.* a) Walzrohling *m*, b) Bandeisen *n*, -stahl *m*. **21.** *chem. tech.* Abbeizbad *n*. **22.** *Fußball*: *Br. colloq.* Dreß *m*.

IV *adj* **23.** Strip(tease)...: ~ **club.**

strip| build·ing *s Br.* Reihenbauweise *f*. ~ **car·toon** → **comic strips.** ~ **con·nec·tor** *s electr.* Lüsterklemme *f*. ~ **crop·ping** *s agr.* Streifenpflanzung *f*.

stripe [straɪp] **I** *s* **1.** *meist andersfarbiger* Streifen (*a. zo.*), Strich *m*. **2.** *bes. mil.* Tresse *f*, (Ärmel)Streifen *m*: **to get one's** ~**s** (zum Unteroffizier) befördert werden; **to lose one's** ~**s** degradiert werden. **3.** Striemen *m*. **4.** (Peitschen- *etc*)Hieb *m*. **5.** *fig. bes. Am.* Art *f*, Sorte *f*, Schlag *m*: **of the same political** ~ derselben politischen Richtung; **a man of quite a different** ~ ein Mann von ganz anderem Schlag. **II** *v/t* **6.** streifen: ~**d** gestreift, streifig.

strip light·ing *s* Sof'fittenbeleuchtung *f*.

strip·ling ['strɪplɪŋ] *s* Bürschchen *n*.

strip min·ing *s bes. Am.* Tagebau *m*.

stripped [strɪpt] **I** *pp von* **strip. II** *adj* **1.** nackt (*a. Draht*, *a. mot. ohne Extras*), entblößt (*a. fig.*). **2.** *phys.* abgestreift: ~ **neutrons**; ~ **atom** hochionisiertes Atom.

strip·per ['strɪpə(r)] *s* **1.** *tech.* a) 'Schälma,schine *f*, b) *Spinnerei*: Arbeitswalze *f*, Abstreifer *m*, Stripper *m*. **2.** ,Stripperin' *f* (*Stripteasetänzerin*). '**strip·ping** *s* **1.** Schälen *n*, Abstreifen *n*. **2.** (*das*) Abgestreifte *od.* Abgezogene. **3.** *Atomphysik*: Extrakti'on *f*, Stripping *n*. **4.** *pl* Nachmilch *f*, letzte Milch. **5.** *chem. tech.* Entplat'tierung *f*.

strip| pok·er *s* Strip Poker *n*. '~**·tease I** *s* Striptease *m*, *n*: **to do a** ~ e-n Striptease vorführen. **II** *adj* Striptease... '~,**teas·er** *s* Stripteasetänzerin *f*.

strip·y ['straɪpɪ] *adj* gestreift, streifig.

strive [straɪv] *pret* **strove** [strəʊv], *selten* **strived,** *pp* **striv·en** ['strɪvn], *a.* **strived,** *selten* **strove** *v/i* **1.** sich (be-) mühen, bestrebt sein (**to do** zu tun). **2.** (**for, after**) streben (nach), ringen, sich mühen (um). **3.** (erbittert) kämpfen (**against** gegen; **with** mit), ringen (**with** mit). **4.** *obs.* wetteifern (**with s.o.** mit j-m; **for s.th.** um etwas).

striv·en ['strɪvn] *pp von* **strive.**

strobe [strəʊb] *s* **1.** *phot.* Röhrenblitz *m*. **2.** *Radar*: Schwelle *f*. '**strob·ing** *s Radar*: Si'gnalauswertung *f*.

strob·o·scope ['strəʊbəskəʊp] *s med. phys.* Strobo'skop *n*.

strode [strəʊd] *pret von* **stride.**

stroke [strəʊk] **I** *s* **1.** (*a. Blitz-, Flügel-, Schicksals*)Schlag *m*, Hieb *m*, Streich *m*, Stoß *m*: ~ **of fate (lightning, wing)**; **at a** (*od.* **one**) ~ mit 'einem Schlag, auf 'einen Streich (*a. fig.*); **a good** ~ **of business** ein gutes Geschäft; ~ **of (good) luck** Glückstreffer *m*, -fall *m*; **by a** ~ **of fortune** durch e-n glückhaften Zufall; **he has not done a** ~ **of work** er hat (noch) keinen Strich getan. **2.** (Glocken-, Hammer-, Herz- *etc*)Schlag *m*: **on the** ~ pünktlich; **on the** ~ **of nine** Schlag *od.* Punkt neun. **3.** *med.* Anfall *m*, *bes.* Schlag(anfall) *m*. **4.** *tech.* a) (Kolben)Hub *m*, b) Hubhöhe *f*, c) Takt *m*. **5.** *sport* a) *Schwimmen*: Stoß *m*, (Bein)Schlag *m*, (Arm)Zug *m*, b) *Golf, Rudern, Tennis etc*: Schlag *m*, c) *Rudern*: Schlagzahl *f*: **to set the** ~ die Schlagzahl bestimmen. **6.** *Rudern*: Schlagmann *m*: **to row** ~ am Schlag sitzen. **7.** (Pinsel-, Feder)Strich *m* (*a. print.*), (Feder)Zug *m*: **to put** (*od.* **add**) **the finishing** ~**(s) to s.th.** e-r Sache (den letzten) Schliff geben, letzte Hand an etwas legen; **with a** ~ **of the pen** mit e-m Federstrich (*a. fig.*); **a** ~ **above** *colloq.* ein gutes Stück besser als. **8.** *fig.* (Hand-) Streich *m*, Ma'növer *n*, (*energische*) Maßnahme: **a clever** ~ ein geschickter Schachzug. **9.** (*glänzender*) Einfall, (großer) Wurf, Leistung *f*: **a** ~ **of genius** ein Geniestreich. **10.** Stil *m*, Ma'nier *f*, Art *f*. **11.** *mus.* a) Schlag(bewegung *f*) *m* (*des Dirigenten etc*), b) Bogenstrich *m*, c) (Tasten)Anschlag *m*, d) (Noten)Balken *m*. **12.** *math.* Pfeil *m*, Vektor *m*. **13.** Streicheln *n*: **to give s.o. a** ~ j-n streicheln.

II *v/t* **14.** mit e-m Strich *od.* mit Strichen kennzeichnen. **15.** *meist* ~ **out** (aus)streichen. **16.** **to** ~ **a boat** (*Rudern*) am Schlag e-s Boots sitzen. **17.** streichen über (*acc*): **to** ~ **one's hair**; **to** ~ **s.o. the wrong way** *fig.* j-n reizen. **18.** streicheln.

III *v/i* **19.** *Tennis etc*: schlagen. **20.** (at mit *e-r bestimmten Schlagzahl*) rudern.

stroke| house *s Am. sl.* Pornokino *n*. ~ **play** *s Golf*: Zähl(wett)spiel *n*.

stroll [strəʊl] **I** *v/i* **1.** schlendern, (her'um)bummeln, spa'zieren(gehen). **2.** her'umziehen: ~**ing gypsies**; ~**ing player** → **stroller** 4. **II** *s* **3.** Spa'ziergang *m*, Bummel *m*: **to go for a** ~, **to take a** ~ e-n Bummel machen. '**stroll·er** *s* **1.** Bummler(in), Spa'ziergänger(in). **2.** Landstreicher(in). **3.** *bes. Am.* Sportwagen *m* (*für Kinder*). **4.** Wanderschauspieler(in).

stro·ma ['strəʊmə] *pl* **-ma·ta** [-mətə] *s anat.* Stroma *n* (*a. bot.*), Grundgewebe *n*.

stro·mat·ic [strəʊ'mætɪk] *adj* stro'matisch.

strong [strɒŋ] **I** *adj* (*adv* → **strongly**) **1.** *allg.* a) stark: ~ **blow (feeling, lens, light, nerves, poison, position, prejudice, resemblance, suspicion, team,** *etc*); ~ **at home** *sport* heimstark, b) kräftig: ~ **colo(u)rs (health, voice,** *etc*); ~ **man** *pol.* starker Mann; ~ **mind** scharfer Verstand, kluger Kopf; **to have** ~ **feelings about s.th.** sich über etwas erregen; → **point** 24. **2.** *fig.* tüchtig, gut, stark (**in** in *dat*): ~ **in mathematics. 3.** *fig.* stark, fest: ~ **faith (conviction,** *etc*); **to be** ~ **against s.th.** entschieden gegen etwas sein; ~ **face** energisches *od.* markantes Gesicht. **4.** stark, mächtig: ~ **nation**; **a company 200** ~ *mil.* e-e 200 Mann starke Kompanie. **5.** *fig.* stark, aussichtsreich: **a** ~ **candidate. 6.** *fig.* gewichtig, über'zeugend, zwingend: ~ **argument. 7.** *fig.* e'nergisch, stark, entschlossen: ~ **efforts**; ~ **measures**; **with a** ~ **hand** mit starker Hand; **to use** ~ **language** Kraftausdrücke gebrauchen; ~ **word** Kraftausdruck *m*. **8.** über'zeugt, eifrig: **a** ~ **Tory. 9.** stark, schwer: ~ **drinks (cigar)**; ~ **shoes** feste Schuhe. **10.** stark: ~ **perfume (smell, taste). 11.** scharf riechend *od.* schmeckend, übelriechend, -schmeckend: ~ **flavo(u)r** scharfer *od.* strenger Geschmack; ~ **butter** ranzige Butter. **12.** *econ.* a) fest: ~ **market**, b) lebhaft: ~ **demand**, c) anziehend: ~ **prices. 13.** *ling.* stark: ~ **declination**; ~ **verb. II** *adv* **14.** stark, nachdrücklich, e'nergisch: **to come on** ~ a) ,rangehen', b) auftrumpfen. **15.** *colloq.* tüchtig, ,mächtig': **to be going** ~ ,gut in Schuß' *od.* in Form sein; **to come** (*od.* **go**) **it** ~, **to come on** ~ a) sich (mächtig) ins Zeug legen, b) auftrumpfen; **to come it too** ~ dick auftragen, übertreiben.

'**strong|-arm** *colloq.* **I** *adj* **1.** gewaltsam, Gewalt...: ~ **methods**; ~ **man** Schläger *m*. **II** *v/t* [*a.* ,-'ɑː(r)m] **2.** *j-n* (durch Gewaltandrohung) einschüchtern: **to** ~ **s.o. into doing s.th.** j-n so einschüchtern, daß er etwas tut. **3.** über'fallen. **4.** zs.-schlagen. ~**-boned** ['-bəʊnd; ,-'b-] *adj* stark-, grobknochig. '~**·box** *s* ('Geld-, 'Stahl)Kas,sette *f*, Tre'sorfach *n*. ~ **breeze** *s meteor.* starker Wind (*Windstärke 6*). ~ **gale** *s meteor.* Sturm *m* (*Windstärke 9*). ,~'**head·ed** *adj* starrköpfig, eigensinnig. '~**·hold** *s* **1.** *mil.* Feste *f*, Festung *f*. **2.** *fig.* Bollwerk *n*. **3.** *fig.* Hochburg *f*.

'**strong·ly** *adv* **1.** kräftig, stark. **2.** gewaltsam, heftig: **to feel** ~ **about** sich erregen über (*acc*). **3.** nachdrücklich.

,**strong|-'mind·ed** *adj* willensstark, e'nergisch. ~ **point** *s* **1.** *mil.* Stützpunkt *m*. **2.** *fig.* → **point** 24. ~ **room** *s* Stahlkammer *f*, Tre'sor(raum) *m*. ,~**-'willed** *adj* **1.** willensstark, e'nergisch. **2.** eigensinnig, -willig.

stron·ti·a ['strɒnʃɪə; -ʃə; -tɪə; *Am.* 'strɑntʃə; -tɪə], '**stron·ti·an** [-ən] *s chem.* **1.** Stronti'an(erde *f*) *n*. **2.** 'Strontiumhydro,xyd *n*. '**stron·ti·um** [-əm] *s chem. med.* Strontium *n*.

strook [strʊk] *obs. pp von* **strike.**

strop [strɒp; *Am.* strɑp] **I** *s* **1.** Streichriemen *m* (*für Rasiermesser*). **2.** *mar.* Stropp *m*. **II** *v/t* **3.** abziehen: **to** ~ **a razor.**

stro·phan·thin [strəʊ'fænθɪn] *s med. pharm.* Strophan'thin *n*.

stro·phe ['strəʊfɪ] *s metr.* Strophe *f*.

stroph·ic ['strɒfɪk; *bes. Am.* 'strəʊ-; *Am. a.* 'strɑ-] *adj* strophisch.

stroph·oid ['strɒfɔɪd; *Am.* 'strəʊ,f-] *s math.* Stropho'ide *f*, Stropho'id *n*.

strop·py ['strɒpɪ] *adj Br. sl.* ,muffig', ,grantig'.

stroud [straʊd] *s bes. Am. hist.* grobe Wolldecke, grobes Gewand.

strove [strəʊv] *pret u. selten pp von* **strive.**

struck [strʌk] **I** *pret u. pp von* **strike. II** *adj econ. Am.* bestreikt. '**struck·en** *obs. pp von* **strike.**

struck| ju·ry *s jur. Geschworene, die gewählt werden, indem beide Parteien unerwünschte Personen von der Vorschlagsliste streichen.* ~ **meas·ure** *s econ.* gestrichenes Maß.

struc·tur·al ['strʌktʃərəl] *adj* (*adv* ~**ly**) **1.** struktu'rell (bedingt), Struktur... (*a. fig.*), *fig. a.* or'ganisch: ~ **changes** Strukturwandlungen; ~ **unemployment** strukturelle Arbeitslosigkeit; ~ **psychology** Strukturpsychologie *f*. **2.** baulich, Bau..., Konstruktions...: ~ **element** (*od.* **member**) Bauteil *n*, -element *n*; ~ **engineering** Bautechnik *f*; ~ **steel** Baustahl *m*. **3.** *biol.* a) morpho'logisch, Struktur..., b) or'ganisch: ~ **cell** Strukturzelle *f*; ~ **disease** organische Krankheit. **4.** *geol.* tek'tonisch: ~ **geology** Geotektonik *f*. **5.** *chem.* Struktur...: ~ **formula.** '**struc·tur·al·ism** *s ling. philos.* Struktura'lismus *m*. '**struc·tur·al·ist I** *s* Struktura'list(in). **II** *adj* struktura'listisch.

struc·ture ['strʌktʃə(r)] **I** *s* **1.** Struk'tur *f* (*a. biol. chem. geol. phys. psych.*), (Auf-) Bau *m*, Gefüge *n*, Gliederung *f* (*alle a. fig.*): **economic** ~ Wirtschaftsstruktur; ~ **of power** Machtstruktur; ~ **of a sentence** Satzbau; **price** ~ *econ.* Preisstruktur, -gefüge. **2.** *arch. tech.* Bau(art *f*) *m*, Konstrukti'on *f*. **3.** Bau(werk *n*) *m*, Gebäude *n* (*a. fig.*), *pl* Bauten *pl*. **4.** *fig.* Gebilde *n*. **II** *v/t* **5.** struktu'rieren. '**struc·ture·less** *adj* struk'turlos. '**struc·tur·ize** *v/t* struktu'rieren.

stru·del ['struːdl] *s* Strudel *m*: **apple** ~.

strug·gle [ˈstrʌgl] **I** *v/i* **1.** (**against, with**) kämpfen (gegen, mit), ringen (mit) (**for** um *Atem, Macht etc*). **2.** sich winden, zappeln, sich sträuben (**against** gegen). **3.** sich (ab)mühen (**with** mit; **to do** zu tun), sich anstrengen *od.* (ab)quälen: **to ~ through** sich durchkämpfen; **to ~ to one's feet** mühsam aufstehen, sich ‚hochrappeln'. **II** *s* **4.** Kampf *m*, Ringen *n*, Streit *m* (**for** um; **with** mit): **~ for existence** (*od.* **life**) a) *biol.* Kampf ums Dasein, b) Existenzkampf. **5.** Streben *n*, Anstrengung(en *pl*) *f*. **ˈstrug·gler** *s* Kämpfer *m*.

strum [strʌm] **I** *v/t* **1.** (herˈum)klimpern auf (*dat*): **to ~ a guitar. 2.** *e-e Melodie* (herˈunter)klimpern. **II** *v/t* **3.** klimpern (**on** auf *dat*). **III** *s* **4.** Geklimper *n*.

stru·ma [ˈstruːmə] *pl* **-mae** [-miː] *s med.* **1.** Struma *f*, Kropf *m*. **2.** Skrofuˈlose *f*. **ˈstru·mose** [-məʊs], **ˈstru·mous** [-məs] *adj* **1.** *med.* struˈmös, Kropf... **2.** *med.* skrofuˈlös. **3.** *bot.* kropfig.

strum·pet [ˈstrʌmpɪt] *s obs.* Dirne *f*, Hure *f*, Metze *f*.

strung [strʌŋ] *pret u. pp von* **string**.

strut¹ [strʌt] **I** *v/i* **1.** stolˈzieren: **to ~ about** (*od.* **around**) herumstolzieren (in *dat*, auf *dat*). **2.** *fig.* großspurig auftreten, großtun. **II** *s* **3.** stolzer Gang, Stolˈzieren *n*. **4.** *fig.* großspuriges Auftreten, Großtueˈrei *f*.

strut² [strʌt] *arch. tech.* **I** *s* Strebe *f*, Stütze *f*, Spreize *f*, Verstrebung *f*. **II** *v/t* verstreben, abspreizen, abstützen.

strut·ter [ˈstrʌtə(r)] *s fig.* Großtuer(in).

strut·ting¹ [ˈstrʌtɪŋ] **I** *adj* **1.** stolˈzierend. **2.** *fig.* großspurig, -tuerisch. **II** *s* → **strut¹** II.

strut·ting² [ˈstrʌtɪŋ] *s arch. tech.* Verstrebung *f*, Abstützung *f*.

strych·nic [ˈstrɪknɪk] *adj chem. pharm.* Strychnin...

strych·nine [ˈstrɪkniːn; *Am. a.* -ˌnaɪn] **I** *s chem. pharm.* Strychˈnin *n*. **II** *v/t* mit Strychˈnin vergiften. **ˈstrych·nin·ism** [-nɪzəm] *s med.* Strychˈninvergiftung *f*.

stub [stʌb] **I** *s* **1.** (Baum)Stumpf *m*, (-)Strunk *m*. **2.** (*Bleistift-, Kerzen- etc*) Stummel *m*, Stumpf *m*. **3.** (Zigaˈretten-, Ziˈgarren)Stummel *m*, ‚Kippe' *f*. **4.** kurzer stumpfer Gegenstand, *z. B.* a) Kuppnagel *m*, b) stumpfe Feder: **~ axle** *tech.* Achsschenkel *m*; **~ bolt** Stiftschraube *f*; **~ (tenon)** Fußzapfen *m*. **5.** Konˈtrollabschnitt *m* (*e-r Eintrittskarte etc*). **II** *v/t* **6.** *Land* roden, von Baumstrünken *etc* säubern. **7. ~ up** *Bäume etc* ausroden. **8. to ~ one's toe** sich die Zehe anstoßen (**against, on** an *dat*). **9.** zerschlagen, (zer)quetschen: **to ~ stones. 10.** *meist* **~ out** *e-e Zigarette etc* ausdrücken.

stub·ble [ˈstʌbl] *s* **1.** Stoppel *f*. **2.** *collect.* (Getreide-, Bart- *etc*)Stoppeln *pl*: **~ plough** (*bes. Am.* **plow**) *agr.* Stoppelpflug *m*. **3.** *a.* **~ field** Stoppelfeld *n*. **ˈstub·bly** *adj* stopp(e)lig, Stoppel...

stub·born [ˈstʌbə(r)n] *adj* (*adv* **~ly**) **1.** eigensinnig, halsstarrig, störrisch, dickköpfig. **2.** hartnäckig: **~ resistance. 3.** standhaft, unbeugsam. **4.** ˈwiderspenstig: **~ hair**; **~ material. 5.** spröde, hart, zäh: **~ ore** strengflüssiges Erz. **ˈstub·born·ness** *s* **1.** Eigen-, Starrsinn *m*, Halsstarrigkeit *f*. **2.** Hartnäckigkeit *f*. **3.** Standhaftigkeit *f*. **4.** ˈWiderspenstigkeit *f*. **5.** Sprödigkeit *f*, *metall.* Strengflüssigkeit *f*.

stub·by [ˈstʌbɪ] *adj* **1.** stummelartig, kurz. **2.** kurz u. dick, unterˈsetzt: **~ fingers** Wurstfinger. **3.** stopp(e)lig.

stuc·co [ˈstʌkəʊ] *arch.* **I** *pl* **-coes, -cos** [-z] *s* **1.** Stuck *m* (*Gipsmörtel*). **2.** Außenputz *m*. **3.** Stuck(arbeit *f*, -verzierung *f*) *m*, Stukkaˈtur *f*. **II** *v/t* **4.** mit Stuck verzieren, stucˈkieren. **ˈ~·work** → **stucco** 3.

stuck [stʌk] *pret u. pp von* **stick²**.

stuck-up [ˌ-ˈʌp; ˈ-ʌp] *adj colloq.* ‚hochnäsig'.

stud¹ [stʌd] **I** *s* **1.** Beschlagnagel *m*, Knopf *m*, Knauf *m*, Buckel *m*. **2.** *arch.* Ständer *m*, (Wand)Pfosten *m*. **3.** *tech.* a) Kettensteg *m*, b) Stift *m*, Zapfen *m*, c) Stiftschraube *f*, d) Schrauben-, Stehbolzen *m*. **4.** *mil.* (Führungs)Warze *f* (*e-s Geschosses*). **5.** Kragen-, Manˈschettenknopf *m*. **6.** *electr.* a) Konˈtaktbolzen *m*, b) Brücke *f*. **7.** Stollen *m* (*e-s Fußballschuhs etc*). **II** *v/t* **8.** mit Pfosten versehen *od.* stützen. **9.** mit Beschlagnägeln *od.* Knöpfen *etc* beschlagen *od.* verzieren. **10.** *a. fig.* besetzen, überˈsäen, sprenkeln (**with** mit). **11.** verstreut sein über (*acc*): **rocks ~ded the field**.

stud² [stʌd] **I** *s* **1.** *collect.* Stall *m* (*Pferde e-s Gestüts etc*): **royal ~** königlicher Marstall. **2.** Gestüt *n*: **at ~** auf *od.* zur Zucht. **3.** a) (Zucht)Hengst *m*, b) *allg.* männliches Zuchttier, c) *sl.* ‚Sexbolzen' *m*: **he's not much of a ~** als Mann ist mit ihm nicht viel los. **4.** *collect.* Zucht *f* (*Tiere*). **5.** → **stud poker**. **II** *adj* **6.** Zucht... **7.** Pferde..., Stall...

stud|bolt *s tech.* Stehbolzen *m*. **ˈ~·book** *s* **1.** Gestütbuch *n*. **2.** *allg.* Zuchtstammbuch *n*.

stud·ding sail [ˈstʌdɪŋ] *s mar.* Bei-, Leesegel *n*.

stu·dent [ˈstjuːdnt; *Am. bes.* ˈstuː-] *s* **1.** a) *univ.* Stuˈdent(in), b) *ped. bes. Am. u. allg.* Schüler(in), c) Lehrgangs-, Kursteilnehmer(in): **~ of law, law ~** Student der Rechte. **2.** Gelehrte(r *m*) *f*, (Er)Forscher (-in). **3.** Beobachter(in). **~ ad·vis·er** *s* Studienberater(in). **~ driv·er** *s Am.* Fahrschüler(in). **~ lamp** *s hist.* Stuˈdierlampe *f*. **~ pi·lot** *s aer.* Flugschüler(in). **ˈstu·dent·ship** *s* **1.** Stuˈdentsein *n*, Stuˈdentenzeit *f*. **2.** *Br. univ.* Stiˈpendium *n*.

stu·dent| teach·er *s ped.* Praktiˈkant (-in). **~ un·ion** *s* **1.** Stuˈdentenschaft *f* (*Körperschaft*). **2.** *Universitätsgebäude für Einrichtungen u. Veranstaltungen der Studentenschaft.*

stud|farm *s* Gestüt *n*. **~horse** *s* Zuchthengst *m*.

stud·ied [ˈstʌdɪd] *adj* (*adv* **~ly**) **1.** gesucht, gekünstelt, gewollt: **~ politeness. 2.** ˈwohlüberˌlegt: **a ~ reply. 3.** geflissentlich, absichtlich: **a ~ insult. 4.** bewandert, beschlagen (**in** in *dat*).

stu·di·o [ˈstjuːdɪəʊ; *Am. a.* ˈstuː-] **I** *pl* **-os** [-z] *s* **1.** *paint. phot. etc* Ateliˈer *n*, (*Künstler-, Schauspiel-, Tanz- etc*)Studio *n*. **2.** (ˈFilm)Ateliˌer *n*. **3.** (Fernseh-, Rundfunk)Studio *n*, Aufnahme-, Senderaum *m*, -saal *m*, (ˈTon)Ateliˌer *n*. **II** *adj* **4.** Atelier..., Studio...: **~ broadcast** Studiosendung *f*; **~ couch** Doppelbettcouch *f*; **~ shot** (*Film*) Atelier-, Innenaufnahme *f*.

stu·di·ous [ˈstjuːdjəs; -ɪəs; *Am. a.* ˈstuː-] *adj* (*adv* **~ly**) **1.** dem Studium ergeben, gelehrtenhaft. **2.** fleißig, lernbegierig, beflissen. **3.** eifrig bedacht (**of** auf *acc*), bemüht (**to do** zu tun). **4.** sorgfältig, peinlich (gewissenhaft). **5.** → **studied**. **ˈstu·di·ous·ness** *s* **1.** Fleiß *m*, (Stuˈdier)Eifer *m*, Beflissenheit *f*. **2.** Sorgfalt *f*, Gewissenhaftigkeit *f*.

stud| mare *s* Zuchtstute *f*. **~ pok·er** *s* Stud Poker *n* (*Form des Pokers, bei dem die erste Karte bzw. die beiden ersten Karten mit der Bildseite nach unten, die restlichen vier bzw. sechs Karten mit der Bildseite nach oben ausgegeben werden*).

stud·y [ˈstʌdɪ] **I** *s* **1.** Stuˈdieren *n*. **2.** (wissenschaftliches) Studium: **studies** Studien *pl*, Studium; **to make a ~ of s.th.** etwas sorgfältig studieren; **to make a ~ of doing s.th.** *fig.* bestrebt sein, etwas zu tun; **in a brown ~** in Gedanken versunken, geistesabwesend. **3.** Studie *f*, Unterˈsuchung *f* (**of, in** über *acc*, zu). **4.** ˈStudienfach *n*, -zweig *m*, -obˌjekt *n*, Studium *n*: **the proper ~ of mankind is man** das eigentliche Studienobjekt der Menschheit ist der Mensch; **his face was a perfect ~** *iro.* sein Gesicht war sehenswert. **5.** Stuˈdier-, Arbeitszimmer *n*. **6.** *art, Literatur*: Studie *f* (**in** in *dat*), Entwurf *m*. **7.** *mus.* Eˈtüde *f*. **8. to be a good (slow) ~** *thea. sl.* s-e Rollen leicht (schwer) lernen.

II *v/i* **9.** a) stuˈdieren, b) lernen: **to ~ for an examination** sich auf e-e Prüfung vorbereiten. **10.** *obs.* (**for**) überˈlegen (*acc*), suchen (nach).

III *v/t* **11.** *allg.* stuˈdieren: a) *ein Fach etc* erlernen: **to ~ law**, b) unterˈsuchen, prüfen, *a.* genau lesen: **to ~ a map** e-e Karte studieren; **to ~ out** *sl.* ausknobeln, c) mustern, prüfen(d ansehen), *sport etc e-n Gegner* abschätzen: **to ~ an opponent**; **to ~ s.o.'s face**; **to ~ s.o.'s wishes** j-s Wünsche zu erraten suchen. **12.** *e-e Rolle etc* ˈeinstuˌdieren. **13.** *Br. colloq.* aufmerksam *od.* rücksichtsvoll sein gegenˈüber *j-m*. **14.** sich bemühen um *etwas* (*od.* **to do** zu tun), bedacht sein auf (*acc*): → **interest** 7.

stud·y| com·mis·sion *s* ˈStudienkommissiˌon *f*. **~ group** *s* Arbeitsgruppe *f*, -gemeinschaft *f*. **~ hall** *s* Studien-, Lesesaal *m*, Arbeitsraum *m*. **~ home** *s Am.* psychiˈatrische Kinderklinik.

stuff [stʌf] **I** *s* **1.** Stoff *m*, Materiˈal *n*, Masse *f*. **2.** (ˈRoh)Stoff *m*, (-)Materiˌal *n*. **3.** a) (Woll)Stoff *m*, Zeug *n*, Gewebe *n*, b) *Br.* (*bes.* Kamm)Wollstoff *m*. **4.** Zeug *n*, Sachen *pl* (*Gepäck, Ware etc, a. Nahrungsmittel etc*): **household ~** Hausrat *m*, -gerät *n*; **this is good ~** *colloq.* das ist was Gutes. **5.** *fig.* Zeug *n*, Stoff *m*: **dull ~** fades Zeug; **he is (made) of sterner ~** er ist aus härterem Holz geschnitzt; **he has good ~ in him** in ihm steckt etwas; **the ~ that heroes are made of** das Zeug, aus dem Helden gemacht sind; **good ~!** *colloq.* bravo!, prima!; **that's the ~ (to give them)!** so ist's richtig!, nur weiter so!; **he knows his ~** er kennt sich aus; **do your ~!** *colloq.* ‚laß mal sehen!', ‚auf geht's!'; **he did his ~** er tat s-e Arbeit; → **rough** 6. **6.** (wertloses) Zeug, Plunder *m*, Kram *m* (*a. fig.*): **take that ~ away!** nimm das Zeug weg!; **~ and nonsense!** dummes Zeug! **7.** a) *colloq.* ‚Zeug' *n*, ‚Stoff' *m* (*Schnaps etc*), b) *sl.* ‚Stoff' *m* (*Drogen*). **8.** *sl.* Getue *n*, ‚Sums' *m*: **grandstand ~** Angeberei *f*. **9. the ~** *colloq.* ‚das nötige Kleingeld'. **10.** Lederschmiere *f*. **11.** *tech.* Ganzzeug *n*, Paˈpiermasse *f*: **~ engine** Holländer *m*. **12.** *tech.* Bauholz *n*. **13.** *a.* **bit of ~** *sl.* ‚Mieze' *f*.

II *v/t* **14.** (*a. fig. sich den Kopf mit Tatsachen etc*) vollstopfen, -pfropfen, (an)füllen: **to ~ o.s. (on)** sich (den Magen) (mit *Essen*) vollstopfen; **to ~ a pipe** e-e Pfeife stopfen; **to ~ s.o. (with lies)** *sl.* ‚j-m die Hucke vollügen'; → **throat** 1. **15.** *a.* **~ up** ver-, zustopfen: **to ~ a hole**; **my nose is ~ed up** m-e Nase ist verstopft *od.* zu. **16.** *ein Sofa etc* polstern. **17.** *a.* **~ out** *fig. ein Buch etc* füllen, ‚ausstopfen', ‚garˈnieren' (**with** mit). **18.** überˈfüllen, -ˈladen: **to ~ a car with people. 19.** *j-n* überˈfüttern. **20.** *Geflügel* a) stopfen: **to ~ a goose**, b) *gastr.* füllen, farˈcieren. **21.** *Tiere* ausstopfen: **a ~ed owl. 22.** *pol. Am. die Wahlurne* mit gefälschten Stimmzetteln füllen. **23.** *etwas* stopfen (**into** in *acc*). **24.** (zs.-)pressen, (-)stopfen. **25.** *Leder* mit Fett impräˈgnieren. **26.** *vulg. e-e*

Frau ‚stopfen' (*schlafen mit*): get ~ed! leck(t) mich (doch) am Arsch! **III** *v/i* **27.** sich (den Magen) vollstopfen.

stuffed shirt [stʌft] *s colloq.* **1.** ‚eingebildeter Fatzke', Wichtigtuer *m.* **2.** Spießer *m.*

stuff gown *s jur. Br.* ˈWolltaˌlar *m* e-s **junior counsel. 2.** → **junior counsel.**

stuff·i·ness [ˈstʌfɪnɪs] *s* **1.** Dumpfheit *f,* Schwüle *f,* Stickigkeit *f.* **2.** Langweiligkeit *f.* **3.** *colloq.* a) Spießigkeit *f,* b) Pedanteˈrie *f,* c) Steifheit *f,* d) Verstaubtheit *f,* e) Prüdeˈrie *f.* **4.** *colloq.* ‚Muffigkeit' *f,* ‚Grantigkeit' *f.*

stuff·ing [ˈstʌfɪŋ] *s* **1.** Füllen *n,* (Aus-)Stopfen *n.* **2.** Füllung *f,* ˈFüllmateriˌal *n.* **3.** ˈPolstermateriˌal *n,* Füllhaar *n* (*für Sofas etc*): **to knock the ~ out of** a) *j-n* ‚zur Schnecke *od.* Minna machen', b) *j-n* ‚fix u. fertig machen', c) *j-n* (*gesundheitlich*) ‚kaputtmachen'. **4.** *gastr.* Füllsel *n,* (Fleisch)Füllung *f,* Farce *f.* **5.** Lederschmiere *f.* **6.** (*literarisches*) ‚Füllsel'. **~ box** *s tech.* Stopfbüchse *f.*

stuff·y [ˈstʌfɪ] *adj* (*adv* **stuffily**) **1.** dumpf, schwül, muffig, stickig. **2.** langweilig, fad. **3.** *colloq.* a) spießig, b) peˈdantisch, c) steif, d) ‚verstaubt', ‚verknöchert', e) prüde, zimperlich. **4.** *colloq.* ‚muffig', ‚grantig'.

stul·ti·fi·ca·tion [ˌstʌltɪfɪˈkeɪʃn] *s* Verdummung *f.* ˈ**stul·ti·fy** [-faɪ] *v/t* **1.** *j-n* als dumm ˈhinstellen, *j-n, etwas* unglaubwürdig *od.* lächerlich erscheinen lassen. **2.** a) wirkungs- *od.* nutzlos machen, b) zuˈnichte machen. **3. to ~ the mind** verdummen. **4.** *jur.* für unzurechnungsfähig erklären.

stum [stʌm] *s* **1.** ungegorener Traubensaft. **2.** Most *m.*

stum·ble [ˈstʌmbl] **I** *v/i* **1.** stolpern, straucheln (**at, over** über *acc*) (*a. fig.*): **to ~ in(to)** *fig.* in *e-e Sache* (hinein)stolpern *od.* (-)schlittern; **to ~ (up)on** (*od.* **across**) zufällig stoßen auf (*acc*). **2.** stolpern, taumeln, wanken. **3.** *fig.* a) e-n Fehltritt tun, straucheln, sündigen, b) e-n Fehler machen, ‚stolpern'. **4.** stottern, sich verhaspeln: **to ~ through a speech** e-e Rede herunterstottern. **5.** sich stoßen, Anstoß nehmen (**at** an *dat*). **II** *s* **6.** Stolpern *n,* Straucheln *n, fig. a.* Fehltritt *m.* **7.** Fehler *m.*

stum·bling block [ˈstʌmblɪŋ] *s* **1.** Hindernis *n,* Hemmschuh *m* (**to** für). **2.** Stolperstein *m.*

stu·mer [ˈstjuːmə] *s Br. sl.* **1.** Fälschung *f, bes.* gefälschter *od.* ungedeckter Scheck. **2.** ‚Versager' *m.*

stump [stʌmp] **I** *s* **1.** (Baum-, Kerzen-, Zahn- *etc*)Stumpf *m,* Stummel *m,* (Baum-, Ast)Strunk *m*: **to buy timber in** (*od.* **at,** *Br.* **on**) **the ~** Holz auf dem Stamm kaufen; **amputation ~** *med.* Amputationsstumpf; **~ foot** *med.* Klumpfuß *m*; **to be up a ~** *Am. sl.* ‚in der Klemme' sein *od.* sitzen *od.* stecken. **2.** *pl sl.* ‚Stelzen' *pl* (*Beine*): **to stir one's ~s** ‚Tempo machen'. **3.** Stampfen *n,* Stapfen *n.* **4.** *bes. Am.* a) ˈRednertriˌbüne *f,* b) ˈWahlpropaˌganda *f*: **to go on** (*od.* **take**) **the ~** e-e Propagandareise machen, von Ort zu Ort reisen u. (Wahl)Reden halten. **5.** *Kricket*: Torstab *m*: **to draw (the) ~s** das Spiel beenden. **6.** *paint.* Wischer *m.* **II** *v/t* **7.** *Am. colloq.* sich *die Zehen etc* anstoßen (**against** an *dat*). **8.** *colloq.* stampfen *od.* stapfen durch. **9.** *colloq.* verblüffen, ratlos machen: **a problem that ~ed me** (*od.* **had me ~ed**) ein Problem, mit dem ich einfach nicht fertig wurde; **he was ~ed** er war mit s-r Weisheit am Ende; **~ed for** verlegen um (*e-e Antwort etc*). **10.** *Am. colloq. j-n* herˈausfordern (**to do** zu tun). **11.** *bes. Am. colloq. e-e Gegend etc* als Wahlredner bereisen: **to ~ it** → 16. **12.** *a.* **~ out** *Kricket*: *den Schläger* ‚aus' machen. **13.** *e-e Zeichnung* (mit dem Wischer) abtönen. **14. ~ up** *Br. colloq.* ‚berappen', ‚blechen' (**for** für). **III** *v/i* **15.** *colloq.* stampfen, stapfen. **16.** *Am. colloq.* Wahlreden halten. **17. ~ up** → 14. ˈ**stump·er** *s* **1.** *colloq.* ‚harte Nuß'. **2.** *Am. colloq.* a) Wahlredner *m,* b) poˈlitischer Agiˈtator. **3.** *Kricket*: Torwächter *m.*

stump| or·a·tor, ~ speak·er → **stumper** 2. **~ speech** *s Am.* Volks-, Wahlrede *f.*

ˈ**stump·y** *adj* (*adv* **stumpily**) **1.** stumpfartig. **2.** *colloq.* unterˈsetzt, gedrungen. **3.** plump.

stun [stʌn] *v/t* **1.** betäuben. **2.** *fig.* betäuben: a) verblüffen, b) niederschmettern, c) überˈwältigen: **~ned** wie betäubt *od.* gelähmt, ganz verblüfft *od.* überwältigt.

stung [stʌŋ] *pret u. pp von* **sting.**

stun gre·nade *s mil.* ˈBlendgraˌnate *f.*

stunk [stʌŋk] *pret u. pp von* **stink.**

stun·ner [ˈstʌnə(r)] *s colloq.* a) ‚toller Kerl', b) ‚tolle Frau', c) ‚tolle Sache'. ˈ**stun·ning** *adj* (*adv* **~ly**) **1.** betäubend (*a. fig. niederschmetternd*). **2.** *colloq.* ‚toll', ‚phanˈtastisch'.

stun·sail, stun·s'l(e) [ˈstʌnsl] → **studding sail.**

stunt¹ [stʌnt] *v/t* **1.** (im Wachstum, in der Entwicklung *etc*) hemmen, hindern: **to ~ a child (industry,** *etc*): **to become ~ed** verkümmern. **2.** verkümmern lassen, verkrüppeln: **~ed** verkümmert, verkrüppelt.

stunt² [stʌnt] **I** *s* **1.** Kunststück *n,* Kraftakt *m.* **2.** Sensatiˈon *f*: a) Schaunummer *f,* b) Braˈvourstück *n,* c) Schlager *m.* **3.** *aer.* Flugkunststück *n*: **~s** Kunstflug *m.* **4.** (toller) (Reˈklame- *etc*)Trick, ‚Kunststückchen' *n.* **5.** ‚tolle Masche', ‚tolles Ding'. **II** *v/i* **6.** *bes. aer.* (Flug)Kunststücke machen, kunstfliegen. **7.** ‚tolle Stückchen' machen. ˈ**stunt·er** *s* **1.** Akroˈbat(in). **2.** *aer.* Kunstflieger(in).

stunt fly·ing *s aer.* Kunstflug *m.*

stunt man *s irr Film*: Stuntman *m,* Double *n* (*für gefährliche Szenen*).

stu·pa [ˈstuːpə] *s arch.* Stupa *m* (*indische Pagode*).

stupe¹ [stjuːp; *Am. a.* stuːp] *med.* **I** *s* heißer ˈUmschlag *od.* Wickel. **II** *v/t* a) *j-m* heiße ˈUmschläge machen, b) heiße ˈUmschläge legen auf (*acc*).

stupe² [stuːp; stj-] *s Am.* blöder Kerl.

stu·pe·fa·cient [ˌstjuːpɪˈfeɪʃnt; *Am. a.* ˌstuː-] **I** *adj* betäubend, abstumpfend. **II** *s med.* Betäubungsmittel *n.* ˌ**stu·pe·ˈfac·tion** [-ˈfækʃn] *s* **1.** Betäubung *f,* Abstumpfung *f.* **2.** Abgestumpftheit *f.* **3.** Bestürzung *f,* Verblüffung *f.* ˈ**stu·pe·fy** [-faɪ] *v/t* **1.** betäuben: **~ing drugs. 2.** verdummen. **3.** abstumpfen. **4.** verblüffen, bestürzen.

stu·pen·dous [stjuːˈpendəs; *Am. a.* stuː-] *adj* (*adv* **~ly**) **1.** erstaunlich. **2.** riesig, gewaltig, eˈnorm, ˈumwerfend.

stu·pid [ˈstjuːpɪd; *Am. a.* ˈstuː-] **I** *adj* (*adv* **~ly**) **1.** dumm, stuˈpid. **2.** stumpfsinnig, fad, ‚blöd', langweilig, stuˈpid. **3.** betäubt, benommen. **II** *s* **4.** Dummkopf *m.*

stuˈpid·i·ty [stjuː-; *Am. a.* stʊ-] *s* **1.** Dummheit *f* (*a. Handlung, Idee*). **2.** Stumpfsinn *m.*

stu·por [ˈstjuːpə(r); *Am. a.* ˈstuː-] *s* **1.** Erstarrung *f,* Betäubung *f.* **2.** Eingeschlafensein *n* (*e-s Gliedes*). **3.** *med. psych.* Stupor *m*: a) Benommenheit *f*: **in a drunken ~** sinnlos betrunken, b) Stumpfsinn *m.* ˈ**stu·por·ous** *adj* **1.** erstarrt, betäubt. **2.** *med.* stuporartig.

stur·died [ˈstɜːdɪd; *Am.* ˈstɜr-] *adj vet.* drehkrank (*Schaf etc*).

stur·di·ness [ˈstɜːdɪnɪs; *Am.* ˈstɜr-] *s* **1.** Roˈbustheit *f.* **2.** *fig.* Standhaftigkeit *f.*

stur·dy¹ [ˈstɜːdɪ; *Am.* ˈstɜr-] *adj* (*adv* **sturdily**) **1.** roˈbust, kräftig, staˈbil (*a. Material*). **2.** *fig.* standhaft, entschlossen.

stur·dy² [ˈstɜːdɪ; *Am.* ˈstɜr-] *s vet.* Drehkrankheit *f* (*der Schafe etc*).

stur·geon [ˈstɜːdʒən; *Am.* ˈstɜr-] *pl* ˈ**stur·geons** [-z], *bes. collect.* ˈ**stur·geon** *s ichth.* Stör *m.*

stut·ter [ˈstʌtə(r)] **I** *v/i* **1.** *med.* stottern (*a. Motor*). **2.** *fig.* keckern (*Maschinengewehr etc*). **II** *v/t* **3.** *a.* **~ out** stottern, stammeln. **III** *s* **4.** *med.* Stottern *n*: **to have a ~** stottern. **5.** Gestottere *n,* Gestammel *n.* ˈ**stut·ter·er** *s med.* Stotterer *m,* Stotterin *f.* ˈ**stut·ter·ing I** *adj* **1.** *med.* stotternd. **2.** stotternd, stammelnd. **II** *s* **3.** → **stutter** III.

sty¹ [staɪ] **I** *s* **1.** Schweinestall *m* (*a. fig.*). **2.** *fig.* a) Pfuhl *m,* b) Lasterhöhle *f.* **II** *v/t* **3.** *Schweine* in den Stall sperren.

sty², *a.* **stye** [staɪ] *s med.* Gerstenkorn *n.*

Styg·i·an [ˈstɪdʒɪən] *adj* **1.** stygisch. **2.** finster. **3.** höllisch.

style [staɪl] **I** *s* **1.** Stil *m,* Art *f,* Typ *m.* **2.** Stil *m,* Art *f* u. Weise *f,* Maˈnier *f*: **~ of singing** Gesangsstil; **in the ~ of** in der Manier *od.* im Stil von (*od. gen*); **in superior ~** in überlegener Manier, souverän; → **cramp²** 7. **3.** (guter) Stil: **in ~** stilvoll (→ 5, 6, 7). **4.** *sport* Stil *m,* Technik *f.* **5.** (Lebens)Stil *m,* Lebensart *f*: **in good ~** stil-, geschmackvoll; **in bad ~** stil-, geschmacklos; **to live in great ~** auf großem Fuße leben. **6.** vornehme Lebensart, Eleˈganz *f,* Stil *m*: **in ~** vornehm; **to put on ~** *Am. colloq.* vornehm tun. **7.** Mode *f,* Stil *m*: **the latest ~**; **in ~** modisch. **8.** (Mach)Art *f,* Ausführung *f,* Fasˈson *f,* Stil *m*: **in all sizes and ~s** in allen Größen u. Ausführungen. **9.** (literarischer) Stil: **commercial ~** Geschäftsstil; **he has no ~** er hat keinen Stil. **10.** (Kunst-, Bau)Stil *m*: **to be in the ~ of** sich im Stil anlehnen an (*acc*); **in proper ~** stilecht. **11.** a) Titel *m,* Anrede *f,* (*a.* Berufs)Bezeichnung *f,* b) *econ. jur.* Firma *f,* (Firmen)Bezeichnung *f*: **under the ~ of** unter dem Namen ..., *econ.* unter der Firma ... **12.** a) *antiq.* Stilus *m,* (Schreib)Griffel *m,* b) (Schreib-, Ritz-)Stift *m,* c) Raˈdiernadel *f,* Stichel *m,* d) Nadel *f* (*e-s Plattenspielers*), e) Feder *f* (*e-s Dichters*). **13.** *med.* Sonde *f.* **14.** Zeiger *m* (*e-r Sonnenuhr*). **15.** Zeitrechnung *f,* Stil *m*: **Old (New) S~. 16.** *print.* (Schrift-)Stil *m* u. Orthograˈphie *f.* **17.** *bot.* Griffel *m.* **18.** *anat.* Griffelfortsatz *m.* **II** *v/t* **19.** betiteln, anreden, (be)nennen, bezeichnen. **20.** a) (nach der neuesten Mode) entwerfen, (modisch) zuschneiden: **to ~ up** (im Stil *od.* Schnitt *etc*) verbessern, ‚aufpolieren', b) *econ. tech.* entwerfen, gestalten: **to ~ the car body,** c) *econ. Am. colloq.* in Mode bringen, (dem Käufer) schmackhaft machen. ˈ**styl·er** *s* **1.** Modezeichner(in), -schöpfer(in). **2.** *tech.* (Form)Gestalter *m.*

sty·let [ˈstaɪlɪt; *Am. a.* staɪˈlet] *s* **1.** Stiˈlett *n* (*kleiner Dolch*). **2.** (Graˈvier)Stichel *m.* **3.** *med.* a) (kleine) Sonde, b) Manˈdrin *m,* Sondenführer *m.* **4.** → **style** 18.

sty·li [ˈstaɪlaɪ] *pl von* **stylus.**

sty·li·form [ˈstaɪlɪfɔː(r)m] *adj bot. zo.* griffelförmig.

styl·ing [ˈstaɪlɪŋ] *s* **1.** stiˈlistische Überˈarbeitung, Stiliˈsieren *n.* **2.** *econ. tech.* Styling *n,* (gefällige) Aufmachung, *bes. mot.* Formgebung *f.*

styl·ish [ˈstaɪlɪʃ] *adj* (*adv* **~ly**) **1.** stilvoll. **2.** modisch, eleˈgant, flott, schnittig. **3.** *contp.* ˈhypereleˌgant, ‚affig'. ˈ**styl-**

ish·ness *s* **1.** (*das*) Stilvolle. **2.** (*das*) Modische, Eleˈganz *f*.
styl·ist [ˈstaɪlɪst] *s* **1.** Stiˈlist(in). **2.** → **styler**. **styˈlis·tic I** *adj* (*adv* ~**ally**) stiˈlistisch, Stil...: ~ **analysis**. **II** *s pl* (*meist als sg konstruiert*) Stiˈlistik *f*.
sty·lite [ˈstaɪlaɪt] *s relig.* Styˈlit *m*, Säulenheilige(r) *m*.
styl·ize [ˈstaɪlaɪz] *v/t* **1.** *allg.* stiliˈsieren. **2.** e-m Stil angleichen. **3.** der Konventiˈon unterˈwerfen.
sty·lo [ˈstaɪləʊ] *pl* **-los** *s colloq. für* **stylograph**.
sty·lo·graph [ˈstaɪləʊgrɑːf; *bes. Am.* -græf] *s* **1.** (*Art*) Tintenkuli *m*. **2.** Füll(feder)halter *m*. ˌ**sty·loˈgraph·ic** [-ˈgræfɪk] *adj* (*adv* ~**ally**) styloˈgraphisch: ~ **pen** → **stylograph**.
sty·loid [ˈstaɪlɔɪd] *anat.* **I** *adj* styloˈid, griffelförmig: ~ **process** → II. **II** *s* Griffelfortsatz *m*.
sty·lus [ˈstaɪləs] *pl* **-li** [-laɪ], **-lus·es** *s* **1.** → **style** 12 a, d, 14, 17, 18. **2.** Koˈpierstift *m*. **3.** Schreiber *m*, (Schreib)Stift *m* (*e-s Registriergeräts*).
sty·mie [ˈstaɪmɪ] **I** *s* **1.** *Golf*: a) *Situation, wenn der gegnerische Ball zwischen dem Ball des Spielers u. dem Loch liegt, auf das er spielt*, b) *Lage des gegnerischen Balles wie in* a. **II** *v/t* **2.** *Golf*: *den Gegner* (*durch die Lage des Balles von* 1 a) behindern. **3.** *fig.* a) *e-n Plan etc* vereiteln, b) *e-n Gegner* matt setzen.
styp·tic [ˈstɪptɪk] *adj u. s pharm.* blutstillend(es Mittel): ~ **pencil** Alaunstift *m*.
sty·rax [ˈstaɪəræks] → **storax** 2.
sty·rene [ˈstaɪəriːn] *s chem.* Styˈrol *n*. ~ **res·in** *s* Polystyˈrol *n*.
Styr·i·an [ˈstɪrɪən] **I** *adj* stei(e)risch, steiermärkisch. **II** *s* Steiermärker(in).
sty·ro·lene [ˈstaɪərəliːn] → **styrene**.
Styx [stɪks] *npr myth.* Styx *m* (*Fluß der Unterwelt*): **to cross the** ~ sterben; **(as) black as** ~ schwarz wie die Nacht.
Sua·bi·an → **Swabian**.
su·a·ble [ˈsjuːəbl; *Am.* ˈsuː-] *adj jur.* **1.** (ein)klagbar (*Sache*). **2.** (passiv) proˈzeßfähig (*Person*).
sua·sion [ˈsweɪʒn] *s* **1.** (**moral** ~ gütliches) Zureden. **2.** Überˈredung(sversuch *m*) *f*. ˈ**sua·sive** [-sɪv] *adj* (*adv* ~**ly**) **1.** überˈredend, zuredend. **2.** überˈzeugend.
suave [swɑːv] *adj* (*adv* ~**ly**) **1.** verbindlich, höflich, zuˈvorkommend, sanft. **2.** *contp.* ölig. **3.** lieblich, mild (*Wein etc*). ˈ**suave·ness**, ˈ**suav·i·ty** *s* **1.** Höflichkeit *f*, Verbindlichkeit *f*. **2.** Lieblichkeit *f*, Milde *f*. **3.** *pl* a) Höflichkeiten *pl*, Artigkeiten *pl*, b) Annehmlichkeiten *pl*.
sub[1] [sʌb] *colloq.* **I** *s* **1.** *abbr. für* **subaltern** II, **subeditor**, **sublieutenant**, **submarine** I, **subordinate** II, **subscription** I, **substitute** I, **subway**, *etc.* **2.** *bes. Br.* Vorschuß *m*. **II** *adj* **3.** Aushilfs..., Not... **III** *v/i* **4.** (**for**) einspringen (für), vertreten (*acc*). **5.** *bes. Br.* sich e-n Vorschuß nehmen. **IV** *v/t* **6.** *abbr. für* **subedit**.
sub[2] [sʌb] (*Lat.*) *prep* unter: ~ **finem** am Ende (*e-s zitierten Kapitels*); ~ **judice** (noch) anhängig, (noch) nicht entschieden (*Rechtsfall*); ~ **rosa** under dem Siegel der Verschwiegenheit, vertraulich; ~ **voce** unter dem angegebenen Wort (*in e-m Lexikon etc*).
sub- [sʌb] *Wortelement mit den Bedeutungen* a) unterhalb, Unter..., Grund..., Sub..., b) untergeordnet, Neben..., Sub..., Unter..., c) angrenzend, d) annähernd, e) *chem.* basisch, f) *math.* umgekehrt.
ˌ**subˈac·e·tate** *s econ.* basisch essigsaures Salz.
ˌ**subˈac·id** *adj* **1.** säuerlich. **2.** *fig.* etwas bissig (*Bemerkung etc*).

su·ba·dar → **subahdar**.
ˌ**subˈaer·i·al** *adj* **1.** *bot.* unmittelbar an der Erdoberfläche wachsend *od.* gelegen. **2.** *geol.* subaˈerisch.
ˌ**subˈa·gen·cy** *s* **1.** *econ.* ˈUnteragenˌtur *f*. **2.** *jur.* Nebenvollmacht *f*. ˌ**subˈa·gent** *s* **1.** *econ.* a) ˈUntervertreter *m*, b) ˈZwischenspediˌteur *m*. **2.** *jur.* ˈUnterbevollmächtigte(r *m*) *f*.
su·bah·dar [ˌsuːbəˈdɑː(r)] *s Br. Ind. hist.* **1.** Vizekönig *m*, Statthalter *m* (*e-r Provinz*). **2.** eingeborener Kompaˈnieführer.
ˌ**subˈal·pine** *bot. zo.* **I** *adj* subalˈpin(isch). **II** *s* a) subalˈpines Tier, b) subalˈpine Pflanze.
sub·al·tern [ˈsʌbltən; *Am.* səˈbɔːltərn] **I** *adj* **1.** subalˈtern (*a. Logik*), ˈuntergeordnet, Unter... **2.** *mil. bes. Br.* Subaltern... **II** *s* **3.** Subalˈterne(r *m*) *f*, Unterˈgebene(r *m*) *f*. **4.** *mil. bes. Br.* Subalˈternoffiˌzier *m* (*bis einschließlich Oberleutnant*).
ˌ**subˈaq·ua** *adj* **1.** Unterwasser...: ~ **swimming**. **2.** (Sport)Taucher...: ~ **equipment**.
ˌ**sub·aˈquat·ic** *adj* Unterwasser..., *bot. zo. a.* subaˈquatisch.
ˌ**subˈa·que·ous** *adj* Unterwasser...
ˈ**sub·arch** *s arch.* Archiˈvolte *f*.
ˌ**subˈarc·tic** *adj geogr.* subˈarktisch.
ˈ**subˌa·re·a** *s* Teilgebiet *n* (*a. fig.*).
ˌ**sub·asˈsem·bly** *s tech.* ˈTeilmonˌtage *f*.
ˌ**subˈat·om** *s chem. phys.* Bestandteil *m* (e-s Aˈtoms), subatoˈmares Teilchen. ˌ**sub·aˈtom·ic** *adj* subatoˈmar: ~ **particle**.
ˌ**subˈau·di·ble** *adj* **1.** *phys.* unter der Hörbarkeitsgrenze. **2.** kaum hörbar.
ˌ**subˈau·di·o** *adj electr.* ˈinfraaˌkustisch.
ˌ**sub·auˈdi·tion** *s* **1.** a) Herˈaushören *n*, b) Lesen *n* zwischen den Zeilen. **2.** a) Impliˈzieren *n*, b) (*das*) Impliˈzierte.
ˈ**subˌbase·ment** *s* Kellergeschoß *n*.
ˌ**subˈcal·i·ber**, *bes. Br.* ˌ**subˈcal·i·bre** *adj mil.* **1.** Kleinkaliber... **2.** *Artillerie*: Abkommkaliber...
ˌ**subˈcar·bon·ate** *s chem.* basisches Karboˈnat.
ˌ**subˈcat·e·go·ry** *s* ˈUntergruppe *f*.
sub·cep·tion [səbˈsepʃn] *s psych.* ˈunterschwellige Wahrnehmung.
ˌ**subˈcir·cuit** *s electr.* Teilschaltung *f*.
ˈ**sub·claim** *s jur.* (*bes.* Paˈtent)ˌUnteranspruch *m*.
ˈ**sub·class** *s biol. math. etc* ˈUnterklasse *f*.
sub·cla·vi·an [ˌsʌbˈkleɪvjən; -ɪən] *anat.* **I** *adj* unter dem Schlüsselbein (gelegen). **II** *s* → **subclavian artery**, **subclavian muscle**. ~ **ar·ter·y** *s* ˈUnterschlüsselbeinschlagader *f*. ~**mus·cle** *s* Schlüsselbeinmuskel *m*.
ˈ**sub·comˌmit·tee** *s* ˈUnterausschuß *m*.
ˌ**subˈcon·scious** *psych.* **I** *adj* (*adv* ~**ly**) **1.** ˈunterbewußt. **2.** halbbewußt. **II** *s* **3.** ˈUnterbewußtsein *n*, (*das*) ˈUnterbewußte. ˌ**subˈcon·scious·ness** *s* ˈUnterbewußtsein *n*.
ˌ**subˈcon·ti·nent** *s* ˈSubkontiˌnent *m*.
sub·con·tract I *s* [ˌsʌbˈkɒntrækt; *Am.* -ˈkɑn-] **1.** Neben-, ˈUntervertrag *m*. **II** *v/t* [ˌsʌbkənˈtrækt; *Am. bes.* -ˈkɑnˌtr-] **2.** als ˈSubunterˌnehmer überˈnehmen. **3.** an (e-n) ˈSubunterˌnehmer vergeben. ˌ**subconˈtrac·tor** *s* ˈSubunterˌnehmer *m*, Zulieferer *m*.
ˌ**subˈcon·tra·ry** *math. philos.* **I** *adj* subkonˈträr. **II** *s* subkonˈträrer Satz.
ˌ**subˈcos·tal** *adj anat.* subkoˈstal.
ˌ**subˈcrit·i·cal** *adj electr. phys.* ˈunterkritisch: ~ **mass**.
sub·cul·ture [ˈ-ˌk-; ˌ-ˈk-] *s* **1.** *sociol.* ˈSubkulˌtur *f*. **2.** *Bakteriologie*: ˈNebenkulˌtur *f*.
ˌ**sub·cuˈta·ne·ous** *adj anat. zo.* subkuˈtan, unter der *od.* die Haut.

ˌ**subˈcu·tis** *s anat.* ˈUnterhaut(zellgewebe *n*) *f*, Subˈkutis *f*.
ˌ**subˈdea·con** *s relig.* ˈSubdiaˌkon *m*.
ˌ**subˈdean** *s relig.* ˈUnterdeˌchant *m*.
sub·deb [ˈsʌbˌdeb; ˌ-ˈdeb] *colloq. für* **subdebutante**. ˌ**subˈdeb·uˌtante** *s Am.* **1.** noch nicht in die Gesellschaft eingeführtes junges Mädchen. **2.** Teenager *m* (*Mädchen*).
ˌ**sub·deˈriv·a·tive** *s ling.* von e-m Derivaˈtiv abgeleitetes Wort.
ˌ**sub·diˈvide** *v/t* **1.** (*v/i* sich) unterˈteilen *od.* aufgliedern. **2.** *Am. Land* parzelˈlieren. ˈ**sub·diˌvi·sion** *s* **1.** Unterˈteilung *f*, Aufgliederung *f*. **2.** ˈUnterabˌteilung *f*. **3.** *econ.* ˈUnterfachgruppe *f*. **4.** *Am.* a) Parzelˈlierung *f*, b) Parˈzelle *f*.
ˌ**subˈdom·i·nant** *mus.* **I** *s* ˈSubdomiˌnante *f*. **II** *adj* ˈsubdomiˌnantisch.
sub·du·al [səbˈdjuːəl; *Am. a.* -ˈduːəl] *s* Unterˈwerfung *f*.
sub·due [səbˈdjuː; *Am. a.* -ˈduː] *v/t* **1.** a) unterˈwerfen (**to** *dat*), unterˈjochen, b) bezwingen, überˈwinden, -ˈwältigen. **2.** *fig.* bändigen, zähmen. **3.** *Farbe, Licht, Stimmen etc, a. fig. j-s Begeisterung, Stimmung etc* dämpfen. **4.** *fig. j-m* e-n Dämpfer aufsetzen. **5.** *agr. Land* urbar machen. **subˈdued** *adj* (*adv* ~**ly**) **1.** unterˈworfen, -ˈjocht. **2.** gebändigt, gezähmt. **3.** gedämpft (*a. fig.*): ~ **colo(u)rs (light, spirits, voice,** *etc*). **subˈdu·er** *s* **1.** Unterˈwerfer(in), -ˈjocher(in). **2.** Bändiger(in).
ˌ**subˈed·it** *v/t* rediˈgieren. ˌ**subˈed·i·tor** *s* Redakˈteur(in).
su·ber [ˈsjuːbə; *Am.* ˈsuːbər] *s* **1.** ˈKork (-subˌstanz *f*, -holz *n*) *m*. **2.** Korkrinde *f*.
su·be·re·ous [sjuːˈbɪərɪəs; -ˈber-; *Am.* suːˈbɪr-] *adj* **1.** korkig, Kork... **2.** korkartig. **suˈber·ic** [-ˈberɪk] *adj* Kork... **su·ber·in** [ˈsjuːbərɪn; *Am.* ˈsuː-] *s chem.* Subeˈrin *n*, Korkstoff *m*. ˈ**su·ber·ose** [-rəʊs], *a.* ˈ**su·ber·ous** [-rəs] → **subereous**.
ˈ**subˌfam·i·ly** *s bes. zo.* ˈUnterfaˌmilie *f*.
ˌ**subˈfe·brile** *adj med.* subfeˈbril, fast fieb(e)rig.
sub·fusc [ˈsʌbfʌsk] *adj* **1.** dunkel(farbig), düster. **2.** *fig.* trist.
ˌ**sub·geˈner·ic** *adj* (*adv* ~**ally**) e-e ˈUntergattung betreffend. **sub·ge·nus** [ˈsʌbˌdʒiːnəs; ˌ-ˈdʒ-] *s irr bes. biol.* ˈUntergattung *f*.
ˌ**subˈgla·cial** *adj geol.* **1.** ˈunterglaziˌal. **2.** teilweise glaziˈal.
ˈ**sub·grade** *s Straßenbau*: Packlagenoberfläche *f*.
ˈ**sub·group** *s biol. etc* ˈUntergruppe *f*.
ˈ**sub·head**, ˈ**subˌhead·ing** *s* **1.** *print.* ˈUnter-, Zwischentitel *m*. **2.** ˈUnterabˌteilung *f* (*e-s Buches etc*).
ˌ**subˈhu·man** *adj* **1.** halbtierisch, fast menschlich. **2.** unmenschlich, menschenunwürdig.
sub·ja·cent [sʌbˈdʒeɪsənt] *adj* **1.** darˈunterliegend. **2.** tiefer gelegen. **3.** Untergrund... **4.** *fig.* zuˈgrundeliegend.
sub·ject [ˈsʌbdʒɪkt] **I** *s* **1.** (*Gesprächs-etc*)Gegenstand *m*, Thema *n*, Stoff *m*: ~ **of conversation**; **a** ~ **for debate** ein Diskussionsthema; **to change the** ~ das Thema wechseln, von etwas anderem reden; **on the** ~ **of** über (*acc*), bezüglich (*gen*); **S**~: (*in Briefen*) Betrifft, *meist abbr.* Betr. **2.** *ped. univ.* (Lehr-, Schul-, Studien)Fach *n*, Fachgebiet *n*: **the** ~ **of physics**. **3.** Grund *m*, Anlaß *m* (**for complaint** zur Beschwerde). **4.** Gegenstand *m*, Obˈjekt *n*: **the** ~ **of ridicule** der Gegenstand des Spottes. **5.** *mus.* Thema *n*. **6.** *art* Vorwurf *m*, Thema *n*, Suˈjet *n*. **7.** a) ˈUntertan(in), b) Staatsbürger(in), -angehörige(r *m*) *f*: **he is a British** ~ er hat *od.* besitzt die britische Staatsangehörigkeit. **8.** *ling.* Subˈjekt *n*, Satzgegen-

stand *m*. **9.** *med. etc* a) (Ver'suchs)Ob,jekt *n*, b) Ver'suchsper,son *f od.* -tier *n*, c) Leichnam *m* (*für Sektionszwecke*), d) Pati'ent(in). **10.** (*ohne art*) die betreffende Per'son (*in Informationen*). **11.** *Logik*: Sub'jekt(sbegriff *m*) *n*. **12.** *philos.* a) Sub'stanz *f*, b) Sub'jekt *n*, Ich *n*: ~ **and object** Subjekt u. Objekt, Ich u. Nicht-Ich.

II *adj* **13.** 'untertan, unter'geben (**to** *dat*). **14.** abhängig (**to** von) (*Staat etc*). **15.** ausgesetzt (**to** *dat*): ~ **to ridicule**. **16.** (**to**) unter'worfen, -'liegend (*dat*), abhängig (von), vorbehaltlich (*gen*): ~ **to approval** (*od.* **authorization**) genehmigungspflichtig; ~ **to consent** vorbehaltlich Ihrer Zustimmung; ~ **to duty** zollpflichtig; ~ **to change without notice** Änderungen vorbehalten; ~ **to being unsold**, ~ **to (prior) sale** *econ.* freibleibend, Zwischenverkauf vorbehalten; ~ **to the laws of nature** den Naturgesetzen unterworfen. **17.** (**to**) neigend (zu), anfällig (für): ~ **to headaches**.

III *v/t* [səb'dʒekt] **18.** (**to**) unter'werfen, -'jochen, 'untertan machen (*dat*), abhängig machen (von). **19.** *fig.* unter'werfen, -'ziehen, aussetzen (**to** *dat*): **to ~ s.o. to a test** j-n e-r Prüfung unterziehen; **to ~ o.s. to ridicule** sich dem Gespött aussetzen.

sub·ject| cat·a·logue (*Am. a.* **cat·a·log**) *s* 'Schlagwortkata,log *m*. ~ **head·ing** *s* Ru'brik *f* in e-m 'Sachre,gister. ~ **in·dex** *s a. irr* 'Sachre,gister *n*.

sub·jec·tion [səb'dʒekʃn] *s* **1.** Unter'werfung *f*, -'jochung *f*. **2.** Unter'worfensein *n*. **3.** Abhängigkeit *f* (**to** von): **to be in ~ to s.o.** von j-m abhängig sein.

sub·jec·tive [səb'dʒektɪv] **I** *adj* (*adv* **~ly**) **1.** *allg., a. med. philos. psych.* subjek'tiv. **2.** *ling.* Subjekts..., des Sub'jekts: ~ **case** → 3. **II** *s* **3.** *ling.* Nominativ *m*. **sub'jec·tive·ness** *s* Subjektivi'tät *f*. **sub'jec·tiv·ism** *s bes. philos.* Subjekti'vismus *m*.

sub·jec·tiv·i·ty [,sʌbdʒek'tɪvətɪ] *s* Subjektivi'tät *f*.

sub·ject| mat·ter *s* **1.** Gegenstand *m* (*e-r Abhandlung etc, jur. e-r Klage etc*). **2.** Stoff *m*, Inhalt *m* (*Ggs. Form*). **,~-'ob·ject** *s philos.* subjek'tives Ob'jekt (*der Erkenntnis*). **~ ref·er·ence** *s* Sachverweis *m*.

,sub'join *v/t* **1.** hin'zufügen. **2.** beilegen, -fügen.

sub·ju·gate ['sʌbdʒʊgeɪt; *Am.* -dʒɪ,g-] *v/t* **1.** unter'jochen, -'werfen (**to** *dat*). **2.** *bes. fig.* bezwingen, bändigen, zähmen. **,sub·ju'ga·tion** *s* Unter'werfung *f*, -'jochung *f*. **'sub·ju·ga·tor** [-tə(r)] *s* Unter'jocher(in).

sub·junc·tive [səb'dʒʌŋktɪv] *ling.* **I** *adj* **1.** konjunktivisch. **II** *s* **2.** *a.* ~ **mood** Konjunktiv *m*. **3.** Konjunktivform *f*.

sub·late [sʌb'leɪt] *v/t* (*Logik*) **1.** verneinen, leugnen. **2.** (*dat*) wider'sprechen. **3.** aufheben.

,sub'lease I *s* 'Untermiete *f*, -pacht *f*, -vermietung *f*, -verpachtung *f*. **II** *v/t* 'unter-, weitervermieten, -verpachten (**to s.o.** an j-n). **,sub·les'see** *s* 'Untermieter(in), -pächter(in). **,sub·les'sor** *s* 'Untervermieter(in), -verpächter(in).

,sub'let *v/t u. v/i irr* 'unter-, weitervermieten.

,sub·lieu'ten·ant *s mar. mil. Br.* Oberleutnant *m* zur See: **acting ~** Leutnant *m* zur See.

sub·li·mate I *v/t* ['sʌblɪmeɪt] **1.** *chem.* subli'mieren. **2.** *fig.* subli'mieren (*a. psych.*), veredeln, -geistigen, läutern. **II** *s* [-mət; -meɪt] **3.** *chem.* Subli'mat *n*. **III** *adj* [-mət; -meɪt] **4.** subli'miert. **,sub·li'ma·tion** *s* **1.** *chem.* Sublimati'on *f*. **2.** *fig.* Subli'mierung *f* (*a. psych.*), Veredelung *f*, -geistigung *f*, Läuterung *f*.

sub·lime [sə'blaɪm] **I** *adj* (*adv* **~ly**) **1.** erhaben, hehr, sub'lim: ~ **language** gehobene Sprache; ~ **truths** hehre Wahrheiten. **2.** erhebend, großartig, grandi'os, gewaltig: ~ **scenery**. **3.** *colloq.* großartig, wunderbar: **a ~ husband**. **4.** *iro.* a) großartig: ~ **ignorance**, b) kom'plett: **a ~ idiot**, c) kraß: ~ **indifference**. **II** *s* **5. the ~** das Erhabene. **6.** *fig.* Gipfel *m*: **the ~ of folly**. **III** *v/t* **7.** subli'mieren: **~d sulfur** (*bes. Br.* **sulphur**) Schwefelblüte *f*, -blumen *pl*. **IV** *v/i* **8.** *chem.* subli'mieren. **9.** *phys.* sich verflüchtigen. **10.** *fig.* sich veredeln *od.* läutern. **Sub·lime Porte** [pɔː(r)t; *Am. a.* pəʊərt] *s pol. hist.* (Hohe) Pforte (*Hof od. Regierung des osmanischen Reichs*).

sub·lim·i·nal [,sʌb'lɪmɪnl; səb-] *adj med. psych.* **1.** 'unterbewußt: ~ **self** (*das*) Unterbewußte. **2.** 'unterschwellig: ~ **advertising (perception, stimulus**, *etc*).

sub·lim·i·ty [sə'blɪmətɪ] *s* **1.** Erhabenheit *f*. **2.** Großartigkeit *f*. **3.** Gipfel *m*.

,sub'lin·gual *anat.* **I** *adj* unter der Zunge (gelegen), sublingu'al: ~ **gland**. **II** *s* sublingu'ale Drüse *etc*.

,sub'lit·er·a·ture *s* **1.** drittrangige *od.* trivi'ale Litera'tur. **2.** vervielfältigte Schriftstücke *pl* für in'ternen Gebrauch.

,sub'lit·to·ral *adj* **1.** tiefer als die Küste (gelegen). **2.** nahe der Küste (gelegen *od.* lebend).

,sub'lu·nar·y, *a.* **,sub'lu·nar** *adj* sublu'nar(isch): a) unter dem Mond (befindlich), b) *fig.* irdisch.

,sub·ma'chine gun *s mil.* Ma'schinenpi,stole *f*.

sub·man ['sʌbmæn] *s irr* **1.** bru'taler Kerl. **2.** Idi'ot *m*.

,sub'mar·gin·al *adj* **1.** *bot. zo.* fast am Rand (befindlich). **2.** *econ.* nicht mehr ren'tabel.

,sub·ma'rine I *s* **1.** *mar. mil.* 'Unterseeboot *n*, U-Boot *n*. **2.** (*etwas*) 'Unterseeisches, *bes.* a) *bot.* Unter'wasserpflanze *f*, b) *zo.* Seetier *n*. **II** *adj* **3.** 'unterseeisch, Untersee..., subma'rin: ~ **cable** (Tief-, Unter)Seekabel *n*. **4.** *mar. mil.* Unterseeboot..., U-Boot-...: ~ **warfare**; ~ **chaser** U-Boot-Jäger *m*; ~ **pen** Unterseebootbunker *m*. **III** *v/t* **5.** *mar. mil.* mit e-m U-Boot *od.* U-Booten angreifen. **,sub'mar·i·ner** *s mar. mil.* Besatzungsmitglied *n* e-s U-Boots. **'sub·ma'rin·ing** *s* U-Bootkrieg *m*.

sub·max·il·lar·y [,sʌbmæk'sɪlərɪ; *Am.* sʌb'mæksə,leriː] *anat.* **I** *adj* submaxil'lar: ~ **gland** Unterkieferdrüse *f*. **II** *s* 'Unterkieferar,terie *f*, -knochen *m etc*.

,sub'me·di·ant *s mus.* sechste Stufe (*der Tonleiter*).

sub·merge [səb'mɜːdʒ; *Am.* -'mɜrdʒ] **I** *v/t* **1.** ein-, 'untertauchen, versenken. **2.** über'schwemmen, unter Wasser setzen. **3.** *fig.* a) unter'drücken, verschütten, b) über'tönen. **II** *v/i* **4.** 'untertauchen, -sinken. **5.** *mar.* tauchen (*U-Boot*). **sub'merged** *adj* **1.** 'untergetaucht. **2.** *mar. mil. Angriff etc* unter Wasser. **3.** über'schwemmt. **4.** *fig.* unter'drückt, verschüttet. **5.** *bot.* → **submersed** 2. **6.** *fig.* verelendet, verarmt: **the ~ tenth** das verelendete Zehntel (*der Bevölkerung*). **sub'mer·gence** *s* **1.** Ein-, 'Untertauchen *n*, Versenken *n*. **2.** Über'schwemmung *f*.

sub·mersed [səb'mɜːst; *Am.* -'mɜrst] *adj* **1.** → **submerged** 1–3. **2.** *bes. bot.* Unterwasser...: ~ **plants**. **sub'mers·i·ble I** *adj* **1.** versenkbar, 'untertauchbar. **2.** *mar.* a) tauchfähig (*U-Boot etc*), b) Untersee..., Tauch... **II** *s* **3.** *mar. mil.* 'Untersee-, Tauchboot *n*. **sub'mer·sion** [-ʃn; *Am. bes.* -ʒən] → **submergence**.

,sub'mi·cron *s chem. phys.* Submi'kron *n* (*nur im Ultramikroskop sichtbares Teilchen*).

,sub·mi·cro'scop·ic *adj chem. phys.* submikro'skopisch.

sub·mis·sion [səb'mɪʃn] *s* **1.** (**to**) Unter'werfung *f* (unter *acc*), Ergebenheit *f* (in *acc*). **2.** Unter'würfigkeit *f*: **with all due ~** mit allem schuldigen Respekt. **3.** *bes. jur.* Vorlage *f* (*e-s Dokuments etc*), Unter'breitung *f* (*e-r Frage etc*). **4.** *jur.* a) Sachvorlage *f*, Behauptung *f*, b) Kompro'miß *m, n*, Schiedsvertrag *m*. **sub'mis·sive** [-sɪv] *adj* (*adv* **~ly**) **1.** ergeben, gehorsam. **2.** unter'würfig. **sub'mis·sive·ness** *s* **1.** Ergebenheit *f*. **2.** Unter'würfigkeit *f*.

sub·mit [səb'mɪt] **I** *v/t* **1.** *j-n od. etwas* unter'werfen, -'ziehen, aussetzen (**to** *dat*): **to ~ o.s. (to)** → 4. **2.** *bes. jur.* unter'breiten, vortragen, -legen (**to** *dat*). **3.** *bes. jur.* a) beantragen, b) behaupten, zu bedenken geben, *bes. parl.* ergebenst bemerken. **II** *v/i* **4.** (**to**) gehorchen (*dat*), sich fügen (*dat od.* in *acc*), sich *j-m, e-m Urteil etc* unter'werfen, sich *e-r Operation etc* unter'ziehen. **sub'mit·tal** → **submission** 1 *u.* 3.

,sub'mon·tane *adj* am Fuße e-s Berges *od.* Gebirges (gelegen), vorgelagert.

,sub'mul·ti·ple *math.* **I** *adj* (*in e-r Zahl ohne Rest*) mehrmals enthalten. **II** *s* höhere (*als zweite*) Wurzel, in e-r Zahl enthaltener Faktor.

,sub·nar'cot·ic *adj med.* leicht nar'kotisch *od.* betäubend.

,sub'nor·mal I *adj* **1.** 'unter,durchschnittlich (*Begabung, Temperatur etc*), minderbegabt (*Person*). **2.** *math.* subnor'mal. **II** *s* **3.** Minderbegabte(r *m*) *f*. **4.** *math.* Subnor'male *f*.

'sub,or·der *s biol.* 'Unterordnung *f*.

,sub'or·di·nar·y *s her.* 'untergeordnetes Wappenbild.

sub·or·di·nate [sə'bɔː(r)dnət] **I** *adj* (*adv* **~ly**) **1.** 'untergeordnet (**to** *dat*): a) unter'stellt (**to** *dat*), Unter...: ~ **position** untergeordnete Stellung, b) nebensächlich, zweitrangig, Neben...: **to be ~ to s.th.** e-r Sache an Bedeutung nachstehen. **2.** *ling.* abhängig, Neben...: ~ **clause**. **3.** *obs.* unter'würfig. **II** *s* **4.** Unter'gebene(r *m*) *f*. **5.** (*etwas*) Nebensächliches *od.* 'Untergeordnetes. **III** *v/t* [-dɪneɪt] **6.** *a. ling.* 'unterordnen (**to** *dat*). **7.** zu'rückstellen (**to** hinter *acc*). **sub,or·di'na·tion** [-dɪ'neɪʃn] *s* **1.** 'Unterordnung *f* (**to** unter *acc*). **2.** *obs.* Unter'würfigkeit *f*. **sub'or·di·na·tive** [-dɪnətɪv; *Am.* -dn,eɪtɪv] *adj* **1.** *bes. ling.* 'unterordnend. **2.** Unterordnungs...

sub·orn [sʌ'bɔː(r)n; sə-] *v/t jur. j-n* (*bes.* zum Meineid) anstiften: **to ~ s.o. to commit perjury**; **to ~ witnesses** Zeugen bestechen. **sub·or·na·tion** [,sʌbɔː(r)'neɪʃn] *s jur.* Anstiftung *f*, Verleitung *f* (**of** zum *Meineid*, zu *falscher Zeugenaussage*), Zeugenbestechung *f*: ~ **of perjury**; ~ **of witnesses**. **sub'orn·er** *s bes. jur.* Anstifter(in) (**of perjury** zum Meineid).

,sub·ox·i'da·tion *s chem.* unvollständige Oxydati'on. **,sub'ox·ide** *s chem.* Oxy'dul *n*.

sub·pe·na *bes. Am. für* **subpoena**.

'sub·plot *s* Nebenhandlung *f*.

sub·poe·na [səb'piːnə; *bes. Am.* sə'p-] *jur.* **I** *s* (Vor)Ladung *f* (unter Strafandrohung). **II** *v/t* (unter Strafandrohung) vorladen.

,sub'po·lar *adj* **1.** *geogr.* subpo'lar. **2.** *astr.* unter dem Himmelspol (gelegen).

,sub'pro·gram(me) *s Computer*: 'Unterpro,gramm *n*.

'sub,re·gion *s* **1.** *bot. geogr. zo.* 'Subregi,on *f*, 'Untergebiet *n*. **2.** *math.* Teilbereich *m*. **,sub're·gion·al** *adj* 'subregio,nal.

sub·rep·tion [səbˈrepʃn] *s* **1.** *bes. jur.* Erschleichung *f.* **2.** (arglistig herˈbeigeführter) Irrtum.

sub·ro·gate [ˈsʌbrəʊgeɪt] *v/t jur. j-n* einsetzen (**for s.o.** an j-s Stelle; **to the rights of s.o.** in j-s Rechte). ˌ**sub·roˈga·tion** *s jur.* ˈForderungsˌübergang *m* (kraft Gesetzes): **~ of a creditor** Ersetzung *f* e-s Gläubigers durch e-n anderen; **~ of rights** Rechtseintritt *m.*

ˈ**sub·rouˌtine** *s Computer*: ˈSubrouˌtine *f*, ˈUnterproˌgramm *n.*

ˌ**subˈscap·u·lar** *adj anat.* subskapuˈlar, unter dem Schulterblatt (gelegen).

sub·scribe [səbˈskraɪb] **I** *v/t* **1.** unterˈzeichnen, -ˈschreiben, (ˈunterschriftlich) anerkennen: **to ~ a contract. 2.** *etwas* mit (*s-m Namen etc*) (unter)ˈzeichnen. **3.** *e-n Geldbetrag* zeichnen (**for shares** für Aktien; **to a fund** für e-n Fonds). **4.** *allg.* beisteuern, spenden. **II** *v/i* **5.** e-n Geldbetrag zeichnen (**for, to** für). **6.** vorbestellen, abonˈnieren (**for, to** *acc*): **he ~d for the book (to a magazine). 7.** Geld beisteuern, spenden. **8.** unterˈschreiben, -ˈzeichnen (**to** *acc*). **9. ~ to** *fig.* (*etwas*) unterˈschreiben, billigen, gutheißen, beipflichten (*dat*). **subˈscrib·er** *s* **1.** Unterˈzeichner(in), -ˈzeichnete(r *m*) *f* (**to** *gen*). **2.** Befürworter(in) (**to** *gen*). **3.** a) Subskriˈbent(in), Abonˈnent(in), b) *teleph.* Teilnehmer(in): **~ trunk dialling** *Br.* Selbstwählfernverkehr *m.* **4.** Zeichner (-in), Spender(in) (**to** *e-s Geldbetrages*).

sub·script [ˈsʌbskrɪpt] **I** *adj* **1.** darˈuntergeschrieben. **II** *s* **2.** *chem. math.* tiefgestellter Index, Tiefzahl *f.* **3.** (*etwas*) Darˈuntergeschriebenes. **sub·scrip·tion** [səbˈskrɪpʃn] **I** *s* **1.** (**to**) Beitrag *m* (zu, für), Spende *f* (für), (gezeichneter) Betrag. **2.** *Br.* Mitgliedsbeitrag *m.* **3.** (*teleph.* Grund)Gebühr *f* (**to** für). **4.** (**to**) Abonneˈment *n*, Vorbestellung *f*, Subskriptiˈon *f* (*gen*), Bezugsrecht *n* (auf *acc*): **by ~** im Abonnement; **to take out a ~ to** *e-e Zeitung etc* abonnieren. **5.** Subskriptiˈonssumme *f*, Fonds *m.* **6.** a) Unterˈzeichnung *f*, b) ˈUnterschrift *f.* **7.** (**to**) (ˈunterschriftliche) Einwilligung (in *acc*) *od.* Zustimmung (zu). **8.** *econ.* Zeichnung *f*: **~ of a sum (of a loan,** *etc*); **~ for shares** Aktienzeichnung; **open for ~** zur Zeichnung aufgelegt; **to invite ~s for a loan** e-e Anleihe (zur Zeichnung) auflegen. **II** *adj* **9.** Subskriptions..., Abonnements..., *econ.* Zeichnungs...: **~ edition** Subskriptionsausgabe *f*; **~ library** beitragspflichtige Leihbibliothek; **~ list** a) *econ.* Subskriptionsliste *f*, b) (*Zeitung*) Zeichnungsliste *f*; **~ price** Bezugspreis *m.*

ˈ**subˌsec·tion** *s* ˈUnterabˌteilung *f*, -abschnitt *m.*

sub·sel·li·um [sʌbˈselɪəm] *pl* **-li·a** [-ə] (*Lat.*) *s* **1.** (niedrige) (Kirchen)Bank. **2.** → **misericord(e).**

ˌ**subˈsen·si·ble** *adj* mit den Sinnen nicht mehr wahrnehmbar.

sub·se·quence [ˈsʌbsɪkwəns] *s* **1.** späteres Eintreten. **2.** (*das*) Nachfolgende. **3.** Folge(erscheinung) *f.* **4.** [ˌsʌbˈsiːkwəns] *math.* Teilfolge *f.* ˈ**sub·se·quent** *adj* (nach)folgend, nachträglich, später, Nach...: **~ charges** nachträglich entstehende *od.* entstandene Kosten; **~ events** spätere *od.* nachfolgende Ereignisse; **~ treatment** Nachbehandlung *f*; **~ to** a) später als, b) nach, im Anschluß an (*acc*), folgend (*dat*); **~ upon** a) infolge (*gen*), b) (*nachgestellt*) (daraus) entstehend *od.* entstanden, (daraufhin) erfolgend. ˈ**sub·se·quent·ly** *adv* **1.** ˈhinterher, nachher. **2.** anschließend, in der Folge. **3.** später.

sub·serve [səbˈsɜːv; *Am.* -ˈsɜrv] *v/t* dienlich *od.* förderlich sein (*dat*). **subˈser·vi·ence** [-vjəns; -vɪəns] *s* **1.** Unterˈwürfigkeit *f* (**to** gegenˈüber). **2.** Dienlichkeit *f*, Nützlichkeit *f* (**to** für). **3.** Abhängigkeit *f* (**to** von). **subˈser·vi·ent** *adj* (*adv* **~ly**) **1.** dienstbar, ˈuntergeordnet (**to** *dat*). **2.** unterˈwürfig (**to** gegenˈüber). **3.** dienlich, förderlich (**to** *dat*).

sub·side [səbˈsaɪd] *v/i* **1.** sich senken: a) sinken (*Flut etc*), b) (ein)sinken, absacken (*Boden etc*), sich setzen (*Haus etc*). **2.** *chem.* sich (ab)setzen, sich niederschlagen. **3.** *fig.* abklingen, abflauen, nachlassen, sich legen: **the storm (fever,** *etc*) **~d**; **to ~ into** in *etwas* verfallen. **4.** *colloq.* sich fallen lassen, sinken: **he ~d into a chair.**

sub·sid·ence [səbˈsaɪdns; ˈsʌbsɪ-] *s* **1.** (Erd)Senkung *f*, Absinken *n.* **2.** *fig.* Nachlassen *n*, Abflauen *n.* **3.** *chem.* (Boden)Satz *m.*

sub·sid·i·ar·y [səbˈsɪdjərɪ; *Am.* -dɪˌeriː] **I** *adj* **1.** Hilfs..., Unterstützungs...: **~ treaty** Subsidienvertrag *m*; **to be ~ to** ergänzen, unterstützen (*acc*). **2.** ˈuntergeordnet (**to** *dat*), Neben...: **~ character** *thea.* Nebenfigur *f*; **~ company** → 4; **~ rights** *jur.* Nebenrechte (*aus e-m Vertrag*); **~ stream** Nebenfluß *m*; **~ subject** Nebenfach *n.* **II** *s* **3.** *oft pl* Beistand *m*, Hilfe *f*, Stütze *f.* **4.** *econ.* Tochter(gesellschaft) *f.*

sub·si·di·za·tion [ˌsʌbsɪdaɪˈzeɪʃn; *Am.* -dəˈz-] *s* Subventioˈnierung *f.* ˈ**sub·si·dize** [-daɪz] *v/t* **1.** subventioˈnieren, e-n Zuschuß *od.* Zuschüsse gewähren (*dat*). **2.** *j-n* durch Hilfsgelder verpflichten, *Truppen* unterˈhalten. ˈ**sub·si·dy** [-dɪ] *s* **1.** Beihilfe *f* (aus öffentlichen Mitteln), Subventiˈon *f.* **2.** *oft pl pol.* Subˈsidien *pl*, Hilfsgelder *pl.* **3.** (geldliche) Unterˈstützung. **4.** *Br. hist.* parlamenˈtarische Zuwendung (*aus Steuergeldern*) an die Krone.

sub·sist [səbˈsɪst] **I** *v/i* **1.** exiˈstieren, bestehen. **2.** weiterbestehen, fortdauern, bleiben. **3.** sich ernähren *od.* erhalten, leben (**on, upon** von; **by** durch). **4.** *philos.* a) (selbständig) bestehen, b) denkbar sein. **II** *v/t* **5.** *j-n* ernähren, erhalten, unterˈhalten. **subˈsist·ence** *s* **1.** Bestehen *n*, Dasein *n*, Exiˈstenz *f.* **2.** Auskommen *n*, (ˈLebens)ˌUnterhalt *m*, Exiˈstenz(möglichkeit) *f*: **~ farming** (*od.* **agriculture**) Ackerbau *m* ausschließlich für den Eigenbedarf; **~ level** Existenzminimum *n*; **~ theory** *econ.* Existenzminimum-Theorie *f.* **3.** *bes. mil.* Versorgung *f*, Verpflegung *f.* **4.** *a.* **~ money** (*od.* **allowance**) a) (Lohn)Vorschuß *m*, b) Trennungszulage *f*, c) ˈUnterhaltsbeihilfe *f*, -zuschuß *m.* **5.** *philos.* a) Wesen *n*, b) Subsiˈstenz *f.* **6.** Innewohnen *n.*

ˈ**sub·soil** *s* ˈUntergrund *m.*

ˌ**subˈso·lar** *adj* **1.** unter der Sonne (befindlich). **2.** *geogr.* tropisch.

ˌ**subˈson·ic** *aer. phys.* **I** *adj* **1.** Unterschall...: **~ aircraft** → II; **at ~ speed** mit Unterschallgeschwindigkeit. **II** *s* **2.** ˈUnterschallflugzeug *n.* **3.** ˈUnterschallflug *m.*

ˈ**subˌspe·cies** *s irr biol.* ˈUnterart *f*, Subˈspezies *f.* ˌ**sub·speˈcif·ic** *adj* zu e-r ˈUnterart gehörig.

ˌ**subˈspher·i·cal** *adj* fast rund.

sub·stance [ˈsʌbstəns] *s* **1.** Subˈstanz *f*, Maˈterie *f*, Stoff *m*, Masse *f.* **2.** *fig.* Subˈstanz *f*: a) Wesen *n*, b) (*das*) Wesentliche, wesentlicher Inhalt *od.* Bestandteil, Kern *m*, c) Gehalt *m*: **this essay lacks ~**; **in ~** im wesentlichen; **arguments of little ~** wenig stichhaltige Argumente. **3.** *philos.* a) Subˈstanz *f*, b) Wesen *n*, Ding *n.* **4.** Gegenständlichkeit *f*, Wirklichkeit *f.* **5.** Vermögen *n*, Kapiˈtal *n*: **a man of ~** ein vermögender Mann. **6.** *Christian Science*: Gott *m.*

ˌ**subˈstand·ard** *adj* **1.** unter der (gültigen) Norm; **~ goods** Ausschußware *f*; **~ film** Schmalfilm *m*; **~ risk** (*Versicherung*) anomales Risiko. **2.** *ling.* nicht hoch- *od.* schriftsprachlich, ˈumgangssprachlich.

sub·stan·tial [səbˈstænʃl] *adj* (*adv* → **substantially**) **1.** materiˈell, stofflich, wirklich (vorˈhanden), greifbar. **2.** nahrhaft, kräftig, gehaltvoll: **a ~ meal. 3.** fest, kräftig: **~ cloth. 4.** beträchtlich, wesentlich: **~ difference (progress,** *etc*); **~ reasons** gewichtige Gründe; **a ~ sum** e-e namhafte *od.* stattliche Summe. **5.** wesentlich: **in ~ agreement** im wesentlichen übereinstimmend; **a ~ victory** im großen u. ganzen ein Sieg. **6.** gediegen, zuverlässig. **7.** stichhaltig, funˈdiert: **~ arguments (evidence,** *etc*). **8.** vermögend, kapiˈtalkräftig: **~ traders. 9.** *bes. philos.* substantiˈell, wesentlich. **subˌstan·tiˈal·i·ty** [-ʃɪˈælətɪ] *s* **1.** Wirklichkeit *f*, Stofflichkeit *f*, Greifbarkeit *f.* **2.** a) Nahrhaftigkeit *f*, b) *collect.* nahrhafte Dinge *pl.* **3.** Festigkeit *f.* **4.** Gewichtigkeit *f.* **5.** Gediegenheit *f.* **6.** Stichhaltigkeit *f.* **7.** *philos.* Substantialiˈtät *f.* **subˈstan·tial·ize** [-ʃəlaɪz] **I** *v/t* **1.** verkörpern. **2.** → **substantiate** 2. **II** *v/i* **3.** Subˈstanz gewinnen, sich verstofflichen. **4.** sich verwirklichen. **subˈstan·tial·ly** *adv* **1.** dem Wesen nach. **2.** im wesentlichen. **3.** beträchtlich, wesentlich, in hohem Maße, weitgehend. **subˈstan·ti·ate** [-ʃɪeɪt] *v/t* **1.** a) begründen, b) beweisen, erhärten, *jur. a.* glaubhaft machen. **2.** Gestalt *od.* Wirklichkeit verleihen (*dat*), konkretiˈsieren. **3.** stärken, festigen. **subˌstan·tiˈa·tion** *s* **1.** a) Begründung *f*, b) Erhärtung *f*, Beweis *m*, *jur. a.* Glaubhaftmachung *f*: **in ~ of** zur Erhärtung *od.* zum Beweis von (*od. gen*). **2.** Verwirklichung *f*, Konkretiˈsierung *f.*

sub·stan·ti·val [ˌsʌbstənˈtaɪvl] *adj* (*adv* **~ly**) *ling.* substantivisch, Substantiv...

ˈ**sub·stan·tive** [-tɪv] **I** *s* **1.** *ling.* a) Substantiv *n*, Hauptwort *n*, b) substantivisch gebrauchte Form. **II** *adj* [*bes. Br.* (*außer* 2.) səbˈstæn-] (*adv* **~ly**) **2.** *ling.* a) substantivisch (gebraucht), b) das Sein ausdrückend: **~ verb. 3.** selbständig, unabhängig. **4.** wesentlich. **5.** wirklich, reˈal. **6.** fest: **~ rank** *mil.* Dienstgrad *m* mit Patent. **7.** *jur.* materiˈell: **~ law. 8. ~ dye** *tech.* substantiver Farbstoff.

ˈ**subˌsta·tion** *s* **1.** Neben-, Außenstelle *f.* **2.** *electr.* ˈUnterwerk *n.* **3.** *teleph.* (Teilnehmer)Sprechstelle *f.*

sub·stit·u·ent [sʌbˈstɪtjʊənt; səb-; *Am.* -tʃəwənt] *s chem.* Substituˈent *m.*

sub·sti·tute [ˈsʌbstɪtjuːt; *Am. a.* -ˌtuːt] **I** *s* **1.** a) Ersatz(mann) *m*, (Stell)Vertreter(in): **to act as a ~ for s.o.** j-n vertreten, b) *sport* Auswechselspieler *m*: **~s' bench** Auswechselbank *f.* **2.** Ersatz(stoff *m*, -mittel *n*), Surroˈgat *n.* **3.** *ling.* Ersatzwort *n.* **4.** *mil. hist.* Ersatzmann *m.* **II** *adj* **5.** Ersatz...: **~ driver**; **~ food**; **~ material** *tech.* Austausch(werk)stoff *m*; **~ power of attorney** *jur.* Untervollmacht *f.* **III** *v/t* **6.** (**for**) einsetzen (für, anˈstelle von), an die Stelle setzen (von *od. gen*), *bes. chem. math. etc* substituˈieren (für). **7.** *j-n* ersetzen, an *j-s* Stelle treten. **8. to ~ A for B** B durch A ersetzen, B gegen A austauschen *od.* auswechseln (*alle a. sport*). **IV** *v/i* **9.** (**for**) als Ersatz dienen, als Stellvertreter funˈgieren (für), an die Stelle treten (von *od. gen*), einspringen (für). ˈ**sub·sti·tut·ed** *adj* Ersatz..., ersatzweise.

sub·sti·tu·tion [ˌsʌbstɪˈtjuːʃn; *Am. a.* -ˈtuː-] *s* **1.** Einsetzung *f* (*a. jur. e-s Ersatzerben etc*): **~ of an heir. 2.** *contp.* ˈUnterschiebung *f*: ~ **of a child. 3.** a) Ersatz *m*, Ersetzung *f*, (ersatzweise) Verwendung, b) *sport* Auswechslung *f*. **4.** Stellvertretung *f*. **5.** *chem. math.* Substitutiˈon *f*. **6.** *ling.* (ˈLaut)Substitutiˌon *f*. **7.** *psych.* Verdrängung *f*: ~ **neurosis** Ersatzneurose *f*. **ˌsub·stiˈtu·tion·al** [-ʃənl] *adj* (*adv* **~ly**); **ˌsub·stiˈtu·tion·ar·y** [-ʃnərɪ; *Am.* -ʃəˌneriː], **ˈsub·sti·tu·tive** [-tɪv] *adj* **1.** Stellvertretungs... **2.** Ersatz...

sub·strate [ˈsʌbstreɪt] *s* **1.** → **substratum. 2.** *biol. chem.* Subˈstrat *n*.

ˌsubˈstrat·oˌsphere *s aer.* ˈSubstratoˌsphäre *f*.

ˌsubˈstra·tum *s irr* **1.** ˈUnter-, Grundlage *f* (*a. fig.*). **2.** *geol.* ˈUnterschicht *f*. **3.** *biol. chem.* Träger *m*, Medium *n*. **4.** *biol.* Nähr-, Keimboden *m*, Subˈstrat *n*. **5.** *ling.* Subˈstrat *n*. **6.** *philos.* Subˈstanz *f*. **7.** *phot.* Grundschicht *f*.

sub·struc·tion [ˌsʌbˈstrʌkʃn], **ˈsub-ˌstruc·ture** *s* **1.** *arch.* Fundaˈment *n*, ˈUnterbau *m* (*a. rail.*). **2.** *fig.* Grundlage *f*.

sub·sume [səbˈsjuːm; *Am.* -ˈsuːm] *v/t* **1.** zs.-fassen, ˈunterordnen (**under** unter *dat od. acc*). **2.** einordnen, -schließen (**in** in *acc*). **3.** *philos.* (*als Prämisse*) vorˈausschicken. **subˈsump·tion** [-ˈsʌmpʃn] *s* **1.** Zs.-fassung *f* (**under** unter *dat od. acc*). **2.** Einordnung *f* (**in** in *acc*). **3.** *Logik*: a) Subsumptiˈon *f* (*e-s Begriffes*), b) ˈUntersatz *m* (*beim Schluß*).

ˈsubˌsur·face I *s* **1.** *agr.* Erdschicht *f* (zwischen Humusschicht u. ˈUnterboden). **2.** (Wasser)Schicht *f* (unter der Oberfläche). **II** *adj* **3.** unter der Oberfläche (befindlich). **4.** a) Untergrund..., b) Unterwasser...

ˈsubˌsys·tem *s* ˈTeilsyˌstem *n*.

ˌsubˈtan·gent *s math.* ˈSubtanˌgente *f*.

ˌsubˈteen *s Am.* Kind *n* (*bes.* Mädchen *n*) unter 13 Jahren.

ˌsubˈtem·per·ate *adj geogr.* die kühleren Teile der gemäßigten Zonen betreffend.

ˌsubˈten·an·cy *s* ˈUntermiete *f*, -pacht *f*.

ˌsubˈten·ant *s* ˈUntermieter *m*, -pächter *m*.

sub·tend [səbˈtend] *v/t* gegenˈüberliegen (*dat*).

sub·ter·fuge [ˈsʌbtə(r)fjuːdʒ] *s* **1.** Vorwand *m*, Ausflucht *f*. **2.** List *f*.

sub·ter·ra·ne·an [ˌsʌbtəˈreɪnjən; -nɪən], **ˌsub·terˈra·ne·ous** *adj* **1.** ˈunterirdisch. **2.** *fig.* versteckt, heimlich.

sub·tile [ˈsʌtl; *Am. a.* ˈsʌbtl], **sub·til·i·ty** [sʌbˈtɪlətɪ] → **subtle, subtlety. sub·til·i·za·tion** [ˌsʌtɪlaɪˈzeɪʃn; *Am.* ˌsʌtləˈz-; ˌsʌbtələˈz-] *s* **1.** Verfeinerung *f*. **2.** Spitzfindigkeit *f*. **3.** *chem.* Verflüchtigung *f*. **sub·til·ize** [ˈsʌtɪlaɪz; *Am.* -tlˌaɪz; -btəˌl-] **I** *v/t* **1.** verfeinern. **2.** spitzfindig diskuˈtieren *od.* erklären. **3.** *chem.* verdünnen, -flüchtigen. **II** *v/i* **4.** spitzfindig argumenˈtieren.

ˈsubˌti·tle I *s* ˈUntertitel *m*. **II** *v/t e-n Film* unterˈtiteln.

sub·tle [ˈsʌtl] *adj* (*adv* → **subtly**) **1.** *allg.* fein: ~ **aroma (distinction, smile,** *etc*). **2.** fein(sinnig), ˈhintergründig, subˈtil: ~ **irony**; **a ~ hint** ein leiser *od.* zarter Wink. **3.** heikel, schwierig: **a ~ point. 4.** scharf (-sinnig), spitzfindig. **5.** a) geschickt, b) gerissen, raffiˈniert. **6.** (heim)tückisch, schleichend: **a ~ poison. ˈsub·tle·ty** [-tɪ] *s* **1.** Feinheit *f*, subˈtile Art, (*das*) Subtile. **2.** Spitzfindigkeit *f*. **3.** Scharfsinn(igkeit *f*) *m*. **4.** a) Geschicklichkeit *f*, b) Gerissenheit *f*, Raffiˈnesse *f*. **5.** Tücke *f*. **6.** schlauer Einfall, Fiˈnesse *f*. **ˈsub·tly** [-lɪ] *adv* fein *etc*, auf feine *etc* Weise (→ **subtle**).

ˌsubˈton·ic I *s* **1.** *ling.* ˈHalbvoˌkal *m*. **2.** *mus.* Leitton *m*. **II** *adj* **3.** *ling.* ˈhalbvoˌkalisch.

sub·to·pi·a [sʌbˈtəʊpɪə] *s Br.* Randgebiete *pl* der Großstadt, zersiedelte Landschaft.

ˌsubˈtor·rid *adj geogr.* subtropisch.

ˌsubˈto·tal I *s* Zwischen-, Teilsumme *f*. **II** *v/t pret u. pp* **-taled,** *bes. Br.* **-talled** e-e Zwischen- *od.* Teilsumme errechnen von.

sub·tract [səbˈtrækt] **I** *v/t* **1.** wegnehmen (**from** von). **2.** *math.* abziehen, subtraˈhieren (**from** von). **II** *v/i* **3.** (**from**) Abstriche machen (von), schmälern (*acc*). **4.** *math.* subtraˈhieren. **subˈtrac·tion** *s* **1.** *math.* Subtraktiˈon *f*, Abziehen *n*. **2.** *fig.* Abzug *m*. **subˈtrac·tive** *adj* **1.** abziehend. **2.** *math.* abzuziehen(d).

sub·tra·hend [ˈsʌbtrəhend] *s math.* Subtraˈhend *m*.

ˈsub·tribe *s bot. zo.* ˈUnterstamm *m*, -klasse *f*.

ˌsubˈtrip·li·cate *adj math.* Kubikwurzel...

ˌsubˈtrop·i·cal *adj geogr.* subtropisch.

ˌsubˈtrop·ics *s pl geogr.* Subtropen *pl*.

ˈsub·type *s biol.* **1.** ˈuntergeordneter Typus. **2.** Formatiˈonsglied *n*.

su·bu·late [ˈsjuːbjʊlət; -leɪt; *bes. Am.* ˈsuːbjə-] *adj* **1.** pfriemenförmig. **2.** *bot.* pfriemlich.

sub·urb [ˈsʌbɜːb; *Am.* -ˌɜrb] *s* **1.** Vorstadt *f*, -ort *m*, *pl a.* Randbezirke *pl*. **2.** (Stadt-) Randsiedlung *f*. **sub·ur·ban** [səˈbɜːbən; *Am.* -ˈbɜr-] **I** *adj* **1.** vorstädtisch, Vorstadt..., Vorort(s)... **2.** *contp.* provinziˈell, spießig. **II** *s* **3.** → **surburbanite. 4.** *mot. Am.* Kombiwagen *m*. **subˈur·ban·ite** *s* Vorstädter(in). **subˈur·ban·ize** *v/t* e-n ˈVorstadtchaˌrakter verleihen (*dat*). **subˈur·bi·a** [-bɪə] *s* **1.** Vorstadt *f*, Randbezirke *pl* (*e-r Stadt*), Stadtrand(siedlungen *pl*) *m*. **2.** *collect.* Vorstadtbewohner *pl*. **3.** Leben(sstil *m*) *n* in der Vorstadt.

ˈsub·vaˌri·e·ty *s bot. zo.* ˈuntergeordnete Abart.

sub·ven·tion [səbˈvenʃn] *s* (staatliche) Subventiˈon, (finanziˈelle) Beihilfe. **subˈven·tioned** *adj* subventioˈniert.

sub·ver·sion [səbˈvɜːʃn; *Am.* -ˈvɜrʒən] *s* **1.** *pol.* Subversiˈon *f*: a) (ˈUm)Sturz *m*, b) Staatsgefährdung *f*, Verfassungsverrat *m*: ~ **of a government** Sturz e-r Regierung. **2.** Unterˈgrabung *f*, Zerrüttung *f*, -setzung *f*. **subˈver·sive** [-sɪv] **I** *adj* (*adv* **~ly**) **1.** *pol.* ˈumstürzlerisch, subverˈsiv, staatsgefährdend, Wühl...: ~ **activities. 2.** zerstörerisch, zerrüttend. **II** *s* **3.** *pol.* ˈUmstürzler(in).

sub·vert [sʌbˈvɜːt; səb-; *Am.* -ˈvɜrt] *v/t* **1.** *pol.* a) stürzen: **to ~ the government,** b) ˈumstoßen: **to ~ the law; to ~ the constitution** die Verfassung gewaltsam ändern. **2.** unterˈgraben, zerrütten, -setzen. **3.** ˈumwerfen, zerstören.

ˈsub·way *s* **1.** *Am.* ˈUntergrundbahn *f*, U-Bahn *f*. **2.** (ˈStraßen-, ˈFußgänger-) Unterˌführung *f*. **3.** Leitungstunnel *m*.

ˌsubˈze·ro *adj* unter 0 Grad, unter dem Gefrierpunkt (*Temperatur*).

suc·cade [sʌˈkeɪd] *s meist pl* (*in Zucker*) eingemachte *od.* kanˈdierte Frucht.

suc·ceed [səkˈsiːd] **I** *v/i* **1.** glücken, erfolgreich sein *od.* verlaufen, gelingen, Erfolg haben (*Sache*). **2.** Erfolg haben, erfolgreich sein, sein Ziel erreichen (*Person*) (**as** als; **in** mit *etwas*; **with** bei *j-m*): **he ~ed in doing s.th.** es gelang ihm, etwas zu tun; **to ~ in action** *jur.* obsiegen; **he ~ed very badly** es gelang ihm sehr schlecht. **3.** (**to**) a) Nachfolger werden (in *e-m Amt etc*), b) erben (*acc*): **to ~ to the throne** auf dem Thron folgen; **to ~ to s.o.'s rights** in j-s Rechte eintreten. **4.** (**to**) (*unmittelbar*) folgen (*dat od.* auf *acc*), nachfolgen (*dat*). **II** *v/t* **5.** (nach-) folgen (*dat*), folgen (*dat od.* auf *acc*), *j-s* (Amts- *od.* Rechts)Nachfolger werden, *j-n* beerben: **to ~ s.o. in office** j-s Amt übernehmen.

suc·cès d'es·time [səkˌseɪdesˈtiːm] *s* Achtungserfolg *m*.

suc·cess [səkˈses] *s* **1.** (guter) Erfolg, Gelingen *n*: **with ~** erfolgreich; **without ~** erfolglos; **to be a ~** ein Erfolg sein, (gut) einschlagen (*Sache u. Person*): **the evening was a ~** es war ein gelungener Abend; **~ rate** Erfolgsquote *f*; → **crown** 20. **2.** Erfolg *m*, (Glanz)Leistung *f*. **3.** (beruflicher *etc*) Erfolg: ~ **story** Erfolgsgeschichte *f*; **S~ Story of the Week** Aufsteiger *m* der Woche. **sucˈcess·ful** *adj* (*adv* **~ly**) **1.** erfolgreich: **to be ~** → **succeed** 1 *u.* 2; **to be ~ in doing s.th.** etwas mit Erfolg tun, Erfolg haben bei *od.* mit etwas; ~ **party** *jur.* obsiegende Partei. **2.** gelungen, geglückt, erfolgreich: **a ~ experiment. sucˈcess·ful·ness** *s* Erfolg *m*.

suc·ces·sion [səkˈseʃn] *s* **1.** (Aufeinˈander-, Reihen)Folge *f*: **in ~** nach-, auf-, hintereinander; **in quick** (*od.* **rapid**) **~** in rascher Folge. **2.** Reihe *f*, Kette *f*, (ˈununterˌbrochene) Folge (**of** *gen od.* von). **3.** Nach-, Erbfolge *f*, Sukzessiˈon *f*: ~ **to the throne** Thronfolge; **in ~ to George II** als Nachfolger von Georg II.; **to be next in ~ to s.o.** als nächster auf j-n folgen; **to an office** Übernahme *f* e-s Amtes, Nachfolge in e-m Amte; ~ **state** *pol.* Nachfolgestaat *m*; → **apostolic** 1, **Spanish** 1. **4.** *jur.* a) Rechtsnachfolge *f*, b) Erbfolge *f*, c) *a.* **order of ~** Erbfolgeordnung *f*, d) *a.* **law of ~** (*objektives*) Erbfolgerecht, e) ~ **to** ˈÜbernahme *f od.* Antritt *m* (*e-s Erben*); ~ **duties** Erbschaftssteuer *f* (*für unbewegliches Vermögen*); ~ **rights** (*subjektive*) Erbrechte. **5.** *collect.* a) Nachfolger *pl*, b) Nachkommenschaft *f*, c) Erben *pl*. **6.** *biol.* Abstammungsfolge *f* (*e-r Art etc*). **7.** *bot.* Sukzessiˈon *f*. **sucˈces·sion·al** *adj* **1.** (nach)folgend, Nachfolge... **2.** aufeinˈanderfolgend, zs.-hängend. **sucˈces·sion·ist** *s relig.* Verfechter *m* der apoˈstolischen Sukzessiˈon *od.* Nachfolge. **sucˈces·sive** [-sɪv] *adj* **1.** (aufeinˈander)folgend, sukzesˈsiv: **3 ~ days** 3 Tage hintereinander. **2.** nacheinˈander entstanden *od.* geordnet, fortlaufend, stufenweise. **sucˈces·sive·ly** *adv* der Reihe nach, nach-, hintereinˈander. **sucˈces·sive·ness** *s* (Reihen)Folge *f*, Nacheinˈander *n*. **sucˈces·sor** [-sə(r)] *s* Nachfolger(in) (**to, of** *j-s*, für *j-n*): ~ **(in interest** *od.* **title)** Rechtsnachfolger(in); ~ **to the throne** Thronfolger(in); ~ **in office** Amtsnachfolger(in).

suc·cinct [səkˈsɪŋkt] *adj* (*adv* **~ly**) **1.** kurz (u. bündig), knapp, laˈkonisch, präˈgnant. **2.** kurz (angebunden), barsch. **sucˈcinct·ness** *s* **1.** Kürze *f*, Knappheit *f*, Präˈgnanz *f*. **2.** Barschheit *f*.

suc·cor, *bes. Br.* **suc·cour** [ˈsʌkə(r)] **I** *s* **1.** Hilfe *f*, Beistand *m*. **2.** *mil.* Einsatz *m*. **II** *v/t* **3.** *j-m* beistehen *od.* zu Hilfe kommen. **4.** *mil.* entsetzen.

suc·co·ry [ˈsʌkərɪ] *s* Ziˈchorie *f*.

suc·co·tash [ˈsʌkəˌtæʃ] *s Am.* (*indianischer*) Mais- u. Bohneneintopf.

suc·cour *bes. Br. für* **succor.**

suc·cu·bus [ˈsʌkjʊbəs] *pl* **-bi** [-baɪ] *s* Sukkubus *m*.

suc·cu·lence [ˈsʌkjʊləns], **ˈsuc·cu·len·cy** [-sɪ] *s* **1.** Saftigkeit *f*. **2.** *agr.* Grün-, Silofutter *n*. **ˈsuc·cu·lent** *adj* (*adv* **~ly**) **1.** saftig, *bot. a.* fleischig, sukkuˈlent: **~ plants** Sukkulenten; **~ feed** → **succulence** 2. **2.** *fig.* kraftvoll, saftig.

suc·cumb [səˈkʌm] *v/i* **1.** zs.-brechen (**to** unter *dat*). **2.** (**to**) a) (*j-m*) unterˈliegen, b) (*e-r Krankheit etc, a. der Versuchung* *etc*) erliegen: **he ~ed to temptation. 3.** (**to, under, before**) nachgeben (*dat*), weichen (*dat od.* vor *dat*).

suc·cur·sal [sʌˈkɜːsl; *Am.* səˈkɜrsəl] *adj* Hilfs...: ~ **church.**

suc·cus·sion [səˈkʌʃn; sʌ-] *s* Schütteln *n*, Erschütterung *f* (*a. med.*).

such [sʌtʃ] **I** *adj* **1.** solch(er, e, es), derartig(er, e, es): ~ **a man** ein solcher Mann; **no ~ thing** nichts dergleichen; **there are ~ things** so etwas gibt es *od.* kommt vor; ~ **a life as they live** ein Leben, wie sie es führen; ~ **people as you see here** die(jenigen) *od.* alle Leute, die man hier sieht; **a system ~ as this** ein derartiges System; ~ **a one** ein solcher, e-e solche, ein solches; **Mr. ~ and ~** Herr Soundso; ~ **and ~ persons** die u. die Personen. **2.** ähnlich, derartig(er, e, es): **silk and ~ luxuries. 3.** *pred* so (beschaffen), derart(ig), von solcher Art (**as to** daß): ~ **is life** so ist das Leben; ~ **as it is** wie es nun einmal ist; ~ **being the case** da es sich so verhält. **4.** solch(er, e, es), so (groß *od.* klein *etc*), dermaßen: **he got ~ a fright that** er bekam e-n derartigen Schrecken, daß; ~ **was the force of the explosion** so groß war die Gewalt der Explosion. **5.** *colloq.* so (gewaltig), solch: **we had ~ fun!** wir hatten (ja) so e-n Spaß!
II *adv* **6.** so, derart: ~ **a nice day** so ein schöner Tag; ~ **a long time** e-e so lange Zeit.
III *pron* **7.** solch(er, e, es), der, die, das, die *pl*: ~ **as** a) diejenigen, welche; alle, die; solche, die, b) wie (zum Beispiel); ~ **was not my intention** das war nicht m-e Absicht; **man as ~** der Mensch als solcher; **all ~** alle dieser Art; **and ~ (like)** u. dergleichen. **8.** *colloq. od. econ.* der-, die-, dasˈselbe, dieˈselben *pl.* **ˈ~-like** *adj u. pron* derˈgleichen.

suck [sʌk] **I** *v/t* **1.** saugen (**from, out of** aus *dat*). **2.** saugen an (*dat*), aussaugen: **to ~ an orange. 3.** *a.* ~ **in,** ~ **up** aufsaugen, -nehmen (*a. fig.*). **4.** ~ **in** a) einsaugen, b) *Wissen* in sich aufsaugen, c) *Br. sl. j-n* ‚bescheißen'. **5.** lutschen an (*dat*): **to ~ one's thumb** (am) Daumen lutschen; **to ~ sweets** Bonbons lutschen. **6.** *a.* ~ **down** schlürfen: **to ~ soup. 7.** ~ **down** (*od.* **under**) in die Tiefe ziehen (*Strudel*). **8.** *fig.* holen, gewinnen, ziehen: **to ~ advantage out of** Vorteil ziehen aus. **9.** *fig.* aussaugen, -pressen: → **brain** 2. **10. to ~ s.o. off** *vulg.* j-m e-n ‚blasen'. **II** *v/i* **11.** saugen, lutschen (**at** an *dat*): **he ~ed at his pipe** er sog an s-r Pfeife. **12.** an der Brust trinken *od.* saugen. **13.** Luft saugen *od.* ziehen (*Pumpe*). **14.** ~ **up to** *sl. j-m* ‚in den Arsch kriechen'. **III** *s* **15.** Saugen *n*, Lutschen *n*: **to give ~ to** *obs. für* **suckle** 1; **to have** (*od.* **take**) **a ~ at** (kurz) saugen an (*dat*). **16.** Sog *m*, Saugkraft *f*. **17.** saugendes Geräusch. **18.** Wirbel *m*, Strudel *m*. **19.** *colloq.* kleiner Schluck. **20.** *sl.* ‚Arschkriecher(in)'.

ˈsuck·er I *s* **1.** saugendes Jungtier (*bes. Spanferkel*). **2.** *zo.* a) Saugrüssel *m*, b) Saugnapf *m*. **3.** *ichth.* a) (*ein*) Karpfenfisch *m*, b) Neunauge *n*, c) Lumpenfisch *m*. **4.** *tech.* a) Saugkolben *m*, b) ˈSaugvenˌtil *n*, c) Saugrohr *n*, d) Saugfuß *m*. **5.** *bot.* (*a.* Wurzel)Schößling *m*. **6.** Lutscher *m* (*Bonbon am Stiel*). **7.** *sl.* Dumme(r *m*) *f*, Gimpel *m*, (gutgläubiger) Trottel: **to play** (*od.* **have**) **s.o. for a ~** j-n ‚bescheißen'; **to be a ~ for** a) immer wieder reinfallen auf (*acc*), b) verrückt sein nach; **there's a ~ born every minute** *Am.* die Dummen werden nicht alle. **8. S~** (*Spitzname für e-n*) Einwohner *m* von Illinois. **II** *v/t* **9.** *e-e Pflanze* von Schößlingen befreien. **III** *v/i* **10.** Schößlinge treiben. ~ **list** *s Am. sl.* Liste *f* wahrˈscheinlicher Spender *od.* Käufer *etc.*

ˈsuck·ing *adj* **1.** saugend, Saug...: ~ **infant** Säugling *m*. **2.** noch nicht flügge, (sehr) jung: ~ **dove. 3.** angehend, Anfänger..., ‚grün': **a ~ lawyer** ein angehender Rechtsanwalt. ~ **calf** *s* Milchkalb *n*. ~ **coil** *s tech.* Tauchkernspule *f*. ~ **disk** → **sucker** 2 b. ~ **pig** *s* Spanferkel *n*.

suck·le [ˈsʌkl] **I** *v/t* **1.** säugen (*a. zo.*), *ein Kind* stillen, *e-m Kind* die Brust geben. **2.** *fig.* nähren, pflegen. **II** *v/i* **3.** stillen, säugen (*a. zo.*). **ˈsuck·ling** [-lɪŋ] *s* **1.** Säugling *m*. **2.** (*noch nicht entwöhntes*) Jungtier.

su·cre [ˈsuːkreɪ; ˈsukre] *s* Sucre *m* (*goldene Münzeinheit u. Silbermünze Ecuadors*).

su·crose [ˈsuːkrəʊs; -əʊz; *Br. a.* ˈsjuː-] *s chem.* Rohr-, Rübenzucker *m*, Suˈcrose *f*.

suc·tion [ˈsʌkʃn] **I** *s* **1.** (An)Saugen *n*, *tech. a.* Saugwirkung *f*, -leistung *f*. **2.** *phys.* Saugfähigkeit *f*. **3.** *phys. tech.* Sog *m*, ˈUnterdruck *m*. **4.** *mot.* Hub(höhe *f od.* -kraft *f*) *m*. **II** *adj* **5.** Saug...: ~ **pump (valve).** ~ **clean·er** → **suction sweeper.** ~ **cup** *s tech.* Saugnapf *m*. ~ **foot** *s irr tech.* Saugfuß *m*. ~ **meth·od** *s med.* ˈAbsaugemeˌthode *f* (*Schwangerschaftsabbruch*). ~ **pipe** *s tech.* Ansaugleitung *f*. ~ **plate** *s med.* Saugplatte *f* (*für e-e Zahnprothese*). ~ **stop** *s ling.* Schnalzlaut *m*. ~ **stroke** *s tech.* (An)Saughub *m*. ~ **sweep·er** *s* Staubsauger *m*. [Saug...]

suc·to·ri·al [sʌkˈtɔːrɪəl; *Am. a.* -ˈtəʊ-] *adj*

Su·da·nese [ˌsuːdəˈniːz] **I** *adj* sudaˈnesisch, Sudan... **II** *s* a) Sudaˈnese *m*, Sudaˈnesin *f*, b) *pl* Sudaˈnesen *pl*.

su·dar·i·um [sjuːˈdeərɪəm; *bes. Am.* suː-] *pl* **-i·a** [-ɪə] *s* **1.** *relig.* Schweißtuch *n* (der Heiligen Veˈronika). **2.** → **sudatory** 3. **su·da·to·ri·um** [ˌsjuːdəˈtɔːrɪəm; *bes. Am.* ˌsuː-; *Am. a.* -ˈtəʊ-] *pl* **-ri·a** [-rɪə] → **sudatory** 3. **ˈsu·da·to·ry** [-tərɪ; *Am.* -ˌtəʊriː; -ˌtɔː-] **I** *adj* **1.** Schwitz(bad)... **2.** *pharm.* schweißtreibend. **II** *s* **3.** Schwitzbad *n*, -kasten *m*. **4.** *pharm.* schweißtreibendes Mittel.

sudd [sʌd] *s* treibende Pflanzenmasse (*auf dem Weißen Nil*).

sud·den [ˈsʌdn] **I** *adj* (*adv* ~**ly**) **1.** plötzlich, jäh, überˈraschend, unvermutet: ~ **death** a) plötzlicher Tod, b) *colloq. Entscheidung durch e-n einzigen Münzenwurf*, c) *sport colloq.* Stichkampf *m*, d) *sport colloq.* Verlängerung *f* bis zur Entscheidung; ~ **infant death syndrome** *med.* plötzlicher Kindestod. **2.** jäh, hastig, abˈrupt. **3.** überˈstürzt, jäh. **II** *adv* **4.** *poet.* plötzlich. **III** *s* **5.** (**all**) **of a ~,** *obs.* **on a ~** (ganz) plötzlich. **ˈsud·den·ness** *s* Plötzlichkeit *f*.

Su·de·ten [suːˈdeɪtən] **I** *s a.* ~ **German** Suˈdetendeutsche(r *m*) *f*. **II** *adj* Sudeten...

su·dor [ˈsjuːdɔː(r); *bes. Am.* ˈsuː-] *s* Schweiß *m*. **ˌsu·dorˈif·er·ous** [-dəˈrɪfərəs] *adj physiol.* Schweiß absondernd, Schweiß...: ~ **gland.** **ˌsu·dorˈif·ic** *adj u. s pharm.* schweißtreibend(es Mittel).

Su·dra [ˈsuːdrə; *Br. a.* ˈsjuː-] *s Br. Ind.* Sudra *m*: a) *niedrigste indische Kaste*, b) *Angehöriger dieser Kaste.*

suds [sʌdz] *s pl* (*a. als sg konstruiert*) **1.** a) Seifenwasser *n*, -lauge *f*, b) Seifenschaum *m*. **2.** Schaum *m*. **3.** *Am. sl.* Bier *n*. **ˈsuds·er** *s bes. Am. sl. für* **soap opera. ˈsuds·y** *adj* schaumig.

sue [sjuː; *bes. Am.* suː] **I** *v/t* **1.** *jur. j-n* (gerichtlich) belangen, verklagen (**for** auf *acc*, wegen): → **capacity** 9. **2.** *a.* ~ **out** *jur. e-n Gerichtsbeschluß* beantragen *od.* erwirken. **3.** *j-n* bitten (**for** um). **4.** *obs.* werben um *j-n*. **II** *v/i* **5.** *jur.* klagen (**for** auf *acc*): **to ~ for a divorce; to ~ for a debt** e-e Schuld einklagen. **6.** a) nachsuchen (**to s.o.** bei j-m; **for s.th.** um etwas), b) bitten, flehen (**for** um).

suede, suède [sweɪd] *s* **1.** Wildleder *n*, Veˈlours(leder) *n*. **2.** *a.* ~ **cloth** Veˈlours(-stoff) *m*.

su·er [ˈsjuːə(r); *bes. Am.* ˈsuː-] *s* **1.** Antragsteller(in). **2.** *jur.* Kläger(in).

su·et [ˈsjuɪt; ˈsuɪt; *Am.* ˈsuːət] *s* Nierenfett *n*, Talg *m*: ~ **pudding** *Süßspeise aus Mehl, Talg, Brotkrumen etc.* **ˈsu·et·y** *adj* talgig, Talg...

suf·fer [ˈsʌfə(r)] **I** *v/i* **1.** leiden (**from** an *dat*): **to ~ from a complex** e-n Komplex haben. **2.** *weitS.* leiden (**under, from** unter *dat*): **trade ~s from war. 3.** Schaden erleiden, in Mitleidenschaft gezogen werden: **the engine ~ed severely** der Motor wurde stark mitgenommen; **your reputation will ~** dein Ruf wird leiden. **4.** *mil.* Verluste erleiden. **5.** büßen, bestraft werden, bezahlen müssen: **you will ~ for your foolishness. 6.** ˈhingerichtet werden, den Tod erleiden. **II** *v/t* **7.** erleiden: **to ~ death (a penalty, losses,** *etc*). **8.** *Durst etc* leiden, *etwas* erdulden. **9.** *etwas* erfahren, erleiden: **to ~ a change. 10.** *etwas od. j-n* ertragen, aushalten: **how can you ~ him? 11.** dulden, (zu)lassen, erlauben, gestatten: **he ~ed their presence** er duldete ihre Gegenwart; **he ~ed himself to be cheated** er ließ sich betrügen. **ˈsuf·fer·a·ble** *adj* (*adv* **sufferably**) erträglich. **ˈsuf·fer·ance** *s* **1.** Duldung *f*, Einwilligung *f*: **on ~** unter stillschweigender Duldung, nur geduldet(erweise); **it is beyond ~** es übersteigt alles Erträgliche. **2.** *econ. Br.* Zollvergünstigung *f*. **3.** *obs.* a) (Er)Dulden *n*, b) Leiden *n*, Not *f*: **to remain in ~** *econ.* weiter Not leiden (*Wechsel*). **ˈsuf·fer·er** *s* **1.** Leidende(r *m*) *f*, Dulder(in): **to be a ~ by** (*od.* **from**) leiden durch *od.* an (*dat*). **2.** Geschädigte(r *m*) *f*. **3.** Märtyrer(in). **ˈsuf·fer·ing I** *s* Leiden *n*, Dulden *n*: **the ~s of Christ** *relig.* das Leiden Christi. **II** *adj* leidend.

suf·fice [səˈfaɪs] **I** *v/i* genügen, (aus-)reichen: ~ **it to say** es genügt wohl, wenn ich sage. **II** *v/t j-m* genügen.

suf·fi·cien·cy [səˈfɪʃnsɪ] *s* **1.** ˈHinlänglichkeit *f*, Angemessenheit *f*. **2.** ˈhinreichende Menge *od.* Zahl: **a ~ of money** genug *od.* genügend Geld. **3.** ˈhinreichendes Auskommen. **4.** *med.* Suffiziˈenz *f*, Funktiˈonstüchtigkeit *f*. **sufˈfi·cient I** *adj* **1.** genügend, genug, ausˈhinreichend (**for** für): **to be ~** genügen, (aus)reichen. **2.** *obs.* tauglich, fähig (*Person*). **II** *s* **3.** *colloq.* genügende Menge, genug. **sufˈfi·cient·ly** *adv* genügend (*etc*; → **sufficient** 1), zur Genüge, ˈhinlänglich.

suf·fix [ˈsʌfɪks] **I** *s* **1.** *ling.* Sufˈfix *n*, Nachsilbe *f*. **II** *v/t* [*a.* səˈfɪks] **2.** *ling.* als Sufˈfix anfügen. **3.** anfügen, anhängen.

suf·fo·cate [ˈsʌfəkeɪt] **I** *v/t* **1.** ersticken (*a. fig. unterdrücken*): **to be ~d with** erstickt werden von. **2.** würgen. **II** *v/i* **3.** (**with**) ersticken (an *dat*), ˈumkommen (vor *dat*). **ˈsuf·fo·cat·ing** *adj* (*adv* ~**ly**) erstickend: ~ **air** stickige Luft; ~ **sound** erstickter Laut. **ˌsuf·foˈca·tion** *s* **1.** Ersticken *n*, Erstickung *f*. **2.** *med.* Atembeklemmung *f*.

Suf·folk [ˈsʌfək] *s* **1.** Suffolk(schaf) *n*. **2.** *a.* ~ **punch** Suffolk(pferd) *n*. **3.** a) Suffolk(schwein) *n* (*schwarzes englisches Schwein*), b) hellfarbige amer. Schweinerasse.

suf·fra·gan [ˈsʌfrəgən; *Am.* -rɪgən; -rɪdʒən] *relig.* **I** *adj* Hilfs..., Suffragan... **II** *s a.* ~ **bishop** Suffraˈgan(bischof) *m*.

suf·frage [ˈsʌfrɪdʒ] *s* **1.** *pol.* Wahl-, Stimmrecht *n*: **female ~, woman ~** Frauenstimmrecht; **manhood ~** allgemeines Stimmrecht (der Männer); **universal ~** allgemeines Wahlrecht. **2.** (Wahl)Stimme *f.* **3.** Abstimmung *f,* Wahl *f.* **4.** Zustimmung *f.* **5.** *meist pl relig.* Bittgebet *n,* Fürbitte *f.* **ˌsuf·fraˈgette** [-rəˈdʒet; *Am.* -rɪ-] *s* Suffraˈgette *f,* Stimmrechtlerin *f.* **ˈsuf·fra·gist** [-rədʒɪst; *Am.* -rɪ-] *s* Stimmrechtler(in).

suf·fuse [səˈfjuːz] *v/t* **1.** a) überˈgießen, -ˈströmen, b) überˈziehen (**with** mit *e-r Farbe*), c) durchˈfluten (*Licht*): **a face ~d with blushes** ein von Schamröte überzogenes Gesicht. **2.** zerstreuen. **sufˈfu·sion** [-ʒn] *s* **1.** Überˈgießung *f,* -ˈflutung *f.* **2.** Überˈgossensein *n,* ˈÜberzug *m.* **3.** *med.* ˈBlutunterˌlaufung *f.* **4.** *fig.* (Scham-)Röte *f.*

sug·ar [ˈʃʊgə(r)] **I** *s* **1.** Zucker *m* (*a. chem. u. physiol.*): **~ of lead** *chem.* Bleizucker; **~ of milk** *chem.* Milchzucker. **2.** *chem.* ˈKohlehyˌdrat *n.* **3.** *Am.* a) Stückchen *n* Zucker, b) Löffel(voll) *m* Zucker. **4.** *Am.* → **sugar bowl. 5.** Schmeicheˈlei *f,* honigsüße Worte *pl.* **6.** *sl.* ‚Zaster' *m,* Geld *n.* **7.** *colloq.* ‚Süße' *f,* ‚Schätzchen' *n.* **8.** *interj Am. colloq.* ‚Mist!', ‚Käse!' **9.** *sl.* LSˈD *n.* **II** *v/t* **10.** zuckern, süßen. **11.** überˈzuckern, mit Zucker bestreuen. **12.** *a.* **~ over** (*od.* **up**) *fig.* → **sugar-coat** 2. **III** *v/i* **13.** kristalliˈsieren. **~ ba·sin** *s Br.* Zuckerdose *f.* **~ beet** *s bot.* Zuckerrübe *f.* **~ bowl** *s* Zuckerdose *f*: **the S~ B~ (of the World)** *fig.* Kuba *n.* **~ can·dy** *s* **1.** Kandis(zucker) *m.* **2.** *fig.* (*etwas*) Süßes. **ˌ~-ˈcan·dy** *adj bes. fig.* zuckersüß. **~ cane** *s bot.* Zuckerrohr *n.* **~-coat** [ˌ-ˈkəʊt; ˈ-k-] *v/t* **1.** mit Zucker(guß) überˈziehen, überˈzuckern: **~ed pill** *pharm.* Dragée *n,* verzuckerte Pille (*a. fig.*). **2.** *fig.* a) versüßen, b) beschönigen. **~-coat·ing** [ˌ-ˈk-; ˈ-ˌk-] *s* **1.** Zuckerguß *m.* **2.** *fig.* a) Versüßen *n,* b) Beschönigung *f.* **~ dad·dy** *s sl.* alter ‚Knacker', der ein junges Mädchen aushält.

sug·ared [ˈʃʊgə(r)d] *adj* **1.** gezuckert, gesüßt. **2.** mit Zuckerguß. **3.** süß. **4.** → **sugary** 3.

sug·ar·i·ness [ˈʃʊgərɪnɪs] *s* **1.** Süßigkeit *f,* Zuckerhaltigkeit *f.* **2.** Süßlichkeit *f* (*a. fig.*).

sug·ar| loaf *s irr* Zuckerhut *m.* **ˈ~-loaf** *adj* zuckerhutförmig. **~ ma·ple** *s bot.* Zuckerahorn *m.* **~ pea** *s bot.* Zuckererbse *f.* **ˈ~·plum** *s* **1.** Süßigkeit *f,* Bonbon *m, n.* **2.** *fig.* a) Schmeicheˈlei *f,* süße Worte *pl,* b) Lockspeise *f.* **~ re·fin·er·y** *s* ˈZuckerraffineˌrie *f.* **ˈ~-teat, ˈ~-tit** *s* Lutschbeutel *m* (*mit Zucker*). **~ tongs** *s pl* Zuckerzange *f.* **ˈ~·works** *s pl* (*oft als sg konstruiert*) ˈZuckerfaˌbrik *f.*

sug·ar·y [ˈʃʊgərɪ] *adj* **1.** zuckerhaltig, zuck(e)rig, süß, Zucker... **2.** süßlich (*a. fig.*): **~ melodies. 3.** *fig.* zuckersüß: **~ smile (words,** *etc*).

sug·gest [səˈdʒest; *Am. a.* səgˈdʒest] *v/t* **1.** *etwas od. j-n* vorschlagen, empfehlen, *etwas* anregen, *etwas* nahelegen (**to s.o.** j-m): **I ~ going home, I ~ (that) we (should) go home** ich schlage vor heimzugehen. **2.** *e-e Idee etc* eingeben, -flüstern, suggeˈrieren: **to ~ itself** sich aufdrängen, in den Sinn kommen (**to s.o.** j-m). **3.** ˈhindeuten *od.* -weisen auf (*acc*), schließen lassen auf (*acc*). **4.** denken lassen *od.* erinnern *od.* gemahnen an (*acc*): **the scene ~s Elizabethan times. 5.** andeuten, anspielen auf (*acc*), sagen wollen, zu verstehen geben, die Ansicht äußern (**that** daß): **I ~** wenn ich bemerken darf, m-r Ansicht nach. **6.** *a. jur.* unterˈstellen, behaupten (**that** daß). **7.** *psych.* suggeˈrieren, *j-n* durch Suggestiˈon beeinflussen. **sugˌgest·iˈbil·i·ty** *s* Beeinflußbarkeit *f,* ˌSuggestibiliˈtät *f.* **sugˈgest·i·ble** *adj* **1.** beeinflußbar, suggeˈstibel. **2.** suggeˈrierbar.

sug·ges·tion [səˈdʒestʃən; *Am. a.* səgˈdʒest-] *s* **1.** Vorschlag *m,* Anregung *f*: **at the ~ of** auf Vorschlag von (*od. gen*). **2.** Wink *m,* ˈHinweis *m.* **3.** Anflug *m,* Spur *f,* Hauch *m,* ‚Iˈdee' *f*: **not even a ~ of fatigue** nicht die leiseste Spur von Müdigkeit; **a ~ of blue in the gray** (*bes. Br.* **grey**) e-e Idee Blau im Grau. **4.** Vermutung *f*: **a mere ~. 5.** Erinnerung *f* (**of** an *acc*). **6.** Herˈvor-, Wachrufen *n.* **7.** Andeutung *f,* Anspielung *f* (**of** auf *acc*). **8.** Eingebung *f,* -flüsterung *f.* **9.** *psych.* Suggestiˈon *f,* (hypˈnotische) Beeinflussung.

sug·ges·tive [səˈdʒestɪv; *Am. a.* səgˈdʒest-] *adj* **1.** (**of**) andeutend (*acc*), erinnernd *od.* gemahnend (an *acc*): **to be ~ of** → **suggest** 3 *u.* 4. **2.** anregend, gehaltvoll: **a ~ speech. 3.** a) vielsagend: **a ~ glance,** b) *contp.* zweideutig, anzüglich, schlüpfrig: **a ~ song. 4.** *psych.* suggeˈstiv, Suggestiv... **sugˈges·tive·ly** *adv* andeutungsweise. **sugˈges·tive·ness** *s* **1.** (*das*) Anregende, Gedanken-, Beziehungsreichtum *m.* **2.** (*das*) Vielsagende. **3.** Zweideutigkeit *f,* Schlüpfrigkeit *f.*

su·i·cid·al [sjʊɪˈsaɪdl; sʊɪˈs-; *bes. Am.* ˌsuː-] *adj* selbstmörderisch (*a. fig.*), Selbstmord...: **~ thoughts. su·iˈcid·al·ly** *adv* in selbstmörderischer Weise.

su·i·cide [ˈsjʊɪsaɪd; ˈsʊɪ-; *bes. Am.* ˈsuː-] **I** *s* **1.** Selbstmord *m* (*a. fig.*), Freitod *m,* Suiˈzid *m*: **political ~; to commit ~** Selbstmord begehen, in den Freitod gehen, den Freitod wählen. **2.** Selbstmörder(in). **II** *adj* **3.** Selbstmord...: **~ attempt; ~ clause; ~ seat** *mot.* Selbstmördersitz *m* (*Beifahrersitz*). **4.** *mil.* Himmelfahrts...: **~ squad. III** *v/i* **5.** *Am.* Selbstmord begehen. **IV** *v/t* **6. to ~ o.s.** *Am.* → 5.

su·i| ge·ne·ris [ˌsjʊaɪˈdʒenərɪs; ˌsʊ-; *bes. Am.* ˌsuː-] (*Lat.*) *adj* eigener Art, einzigartig: **a case ~** ein Fall für sich. **~ ju·ris** [-ˈdʒʊərɪs] (*Lat.*) *adj jur.* **1.** aus eigenem Recht. **2.** unabhängig, mündig, geschäftsfähig.

su·int [swɪnt; ˈsuːɪnt] *s* Wollfett *n,* -schweiß *m.*

suit [suːt] **I** *s* **1.** a) (Herren)Anzug *m,* b) (ˈDamen)Koˌstüm *n*: **to cut one's ~ according to one's cloth** *fig.* sich nach der Decke strecken. **2.** Garniˈtur *f,* Satz *m*: **~ of armo(u)r** *hist.* Rüstung *f*; **~ of sails** *mar.* Satz (Segel). **3.** *Kartenspiel*: Farbe *f*: **~ of spades** Pikfarbe; **~ of cards** ganze Farbe, ‚Flöte' *f*; **long (short) ~** lange (kurze) Farbe *od.* Hand; **to follow ~** a) (Farbe) bedienen, b) *fig.* dasselbe tun, ‚nachziehen', dem Beiˈspiel folgen. **4.** *jur.* Rechtsstreit *m,* Proˈzeß *m,* Klage(sache) *f,* Verfahren *n*: **to bring** (*od.* **institute**) **a ~, to file ~** Klage erheben, e-n Prozeß einleiten *od.* anstrengen (**against** gegen); **in ~** strittig. **5.** Werben *n* (*um e-e Frau*). **6.** Anliegen *n,* Bitte *f.*

II *v/t* **7.** *j-n* (ein)kleiden. **8.** (**to**) anpassen (*dat od.* an *acc*), abstimmen (auf *acc*): **to ~ the action to the word, to ~ one's actions to one's words** das Wort in die Tat umsetzen, auf Worte Taten folgen lassen; **a task ~ed to his powers** e-e s-n Kräften angemessene Aufgabe. **9.** passen zu, *j-m* stehen, *j-n* kleiden. **10.** passen für, sich eignen zu *od.* für: **he is not ~ed for** (*od.* **to be**) **a teacher** er eignet sich nicht zum Lehrer; **the book is not ~ed to** (*od.* **for**) **children** das Buch eignet sich nicht für Kinder; **to ~ s.o.'s purpose** j-s Zwecken entsprechen. **11.** sich schicken *od.* ziemen für *j-n.* **12.** *j-m* bekommen, zusagen: **the climate ~s me. 13.** zuˈfriedenstellen, *j-m* gefallen: **to try to ~ everybody** es allen Leuten recht machen wollen; **~ yourself** mach, was du willst; **it ~s me (fine)** das paßt mir (großartig); **what time would ~ you?** wann paßt es Ihnen?; **are you ~ed?** haben Sie etwas Passendes gefunden?; → **book** 1.

III *v/i* **14.** (**with, to**) passen (zu), überˈeinstimmen (mit). **15.** passen, (an)genehm sein (**with** *dat*): **this date ~s very well (with me)** dieses Datum paßt (mir) sehr gut; **he is hard to ~** er ist schwer zufriedenzustellen.

suit·a·bil·i·ty [ˌsuːtəˈbɪlətɪ] *s* **1.** Eignung *f.* **2.** Angemessenheit *f,* Schicklichkeit *f.* **3.** Überˈeinstimmung *f.* **ˈsuit·a·ble** *adj* (*adv* **suitably**) **1.** passend, geeignet (**to, for** für, zu): **to be ~** passen, sich eignen. **2.** angemessen, schicklich (**to, for** für): **to be ~** sich schicken. **3.** entsprechend. **ˈsuit·a·ble·ness** → **suitability.**

suit·case [ˈsuːtkeɪs] *s* (Hand)Koffer *m.*

suite [swiːt] *s* **1.** Gefolge *n.* **2.** Satz *m,* Serie *f,* Folge *f,* Reihe *f.* **3.** a) Suite *f,* Zimmerflucht *f,* b) Wohnung *f.* **4.** (ˈMöbel-, ˈSitz)Garniˌtur *f,* (Zimmer)Einrichtung *f.* **5.** *mus.* Suite *f.*

suit·ed [ˈsuːtɪd] *adj* **1.** passend, geeignet: → **suit** 10. **2.** (*in Zssgn*) gekleidet. **ˈsuit·ing** *s* (Herren)Anzugstoff *m.*

suit·or [ˈsuːtə(r)] *s* **1.** Freier *m.* **2.** *jur.* Kläger *m,* (Proˈzeß)Parˌtei *f.* **3.** Bittsteller *m.*

Suk·koth [ˈsʊkəʊt; -kəʊθ; *Am. a.* -kəs], *a.* **Suk·kos** [ˈsʊkəs, -kəʊs] *s pl* (*als sg konstruiert*) *relig.* Laubhüttenfest *n.*

sul·cal [ˈsʌlkəl] *adj* **1.** *anat.* Furchen... **2.** *ling.* a) gefurcht (*Zunge*), b) mit gespaltener Zunge artikuˈliert. **ˈsul·cate** [-keɪt], **ˈsul·cat·ed** *adj* **1.** *bes. bot.* gefurcht. **2.** *zo.* gespalten (*Huf etc*). **ˈsul·cus** [-kəs] *pl* **-ci** [-saɪ; -kaɪ] *s anat.* (*a.* Gehirn)Furche *f.*

sul·fa drugs, *bes. Br.* **sul·pha drugs** [ˈsʌlfə] *s pl pharm.* Sulfonaˈmide *pl.*

sulf·am·ate, *bes. Br.* **sulph·am·ate** [ˈsʌlfəmeɪt] *s chem.* sulfaˈmidsaures Salz.

sulf·am·ic, *bes. Br.* **sulph·am·ic** [sʌlˈfæmɪk] *adj chem.* sulfaˈminsauer, Sulfamin...

sulf·am·ide, *bes. Br.* **sulph·am·ide** [sʌlˈfæmaɪd; -ɪd; ˈsʌlfəmaɪd], *a.* **sulfˈam·id,** *bes. Br.* **sulphˈam·id** [-ɪd] *s chem.* Sulfaˈmid *n.*

sulf·a·mine, *bes. Br.* **sulph·a·mine** [ˌsʌlfəˈmiːn; sʌlˈfæmɪn], *a.* **sulfˈam·in,** *bes. Br.* **sulphˈam·in** [-ˈfæmɪn] → **sulfamyl.**

sulf·a·min·ic, *bes. Br.* **sulph·a·min·ic** [ˌsʌlfəˈmɪnɪk] → **sulfamic.**

sul·fa·myl, *bes. Br.* **sul·pha·myl** [ˈsʌlfəmɪl] *s chem.* Sulfaˈmylgruppe *f.*

sul·fate, *bes. Br.* **sul·phate** [ˈsʌlfeɪt] *chem.* **I** *s* **1.** schwefelsaures Salz, Sulˈfat *n*: **acid ~** Bisulfat; **~ of alumina** schwefelsaure Tonerde, Aluminiumsulfat; **~ of copper** Kupfersulfat, -vitriol *n*; **~ of iron, ferrous ~** Eisenvitriol *n,* Ferrosulfat; **~ of magnesium** Bittersalz *n,* Magnesiumsulfat; **~ of potash** schwefelsaures Kali, Kaliumsulfat; **~ of sodium** (*od.* **soda**) schwefelsaures Natrium, Glaubersalz *n,* Natriumsulfat. **II** *v/t* **2.** sulfaˈtieren. **3.** *electr.* vitrioliˈsieren.

sul·fide, *bes. Br.* **sul·phide** [ˈsʌlfaɪd] *s chem.* Sulˈfid *n.*

sul·fite, *bes. Br.* **sul·phite** [ˈsʌlfaɪt] *s chem.* Sulˈfit *n,* schwefelsaures Salz.

sul·fit·ic, *bes. Br.* **sul·phit·ic** [sʌlˈfɪtɪk] *adj chem.* schwefligsauer, Sulfit...

sulfo-, *bes. Br.* **sulpho-** [sʌlfəʊ] *chem. Wortelement mit den Bedeutungen* a) Sulfo... (*die Gruppe SO_3H enthaltend*), b) Sulfon... (*das Radikal SO_2 enthaltend*), c) Schwefel(säure)... (*H_2SO_4 enthaltend*).

sul·fon·a·mide, *bes. Br.* **sul·phon·a·mide** [sʌlˈfɒnəmaɪd; *Am.* -ˈfɑn-; -ˈfəʊn-; *a.* -mɪd] *s pharm.* Sulfonaˈmid *n.*

sul·fo·nate, *bes. Br.* **sul·pho·nate** [ˈsʌlfəneɪt] *chem.* **I** *s* Sulfoˈnat *n.* **II** *v/t* sulfuˈrieren.

sul·fon·ic, *bes. Br.* **sul·phon·ic** [sʌlˈfɒnɪk; *Am.* -ˈfɑn-; -ˈfəʊn-] *adj chem.* Sulfo..., sulˈfonsauer.

sul·fo·nyl, *bes. Br.* **sul·pho·nyl** [ˈsʌlfənɪl] *chem.* **I** *s* Sulˈfon *n.* **II** *adj* Sulfonyl...

ˌsul·foˈvi·nate, *bes. Br.* **ˌsul·phoˈvi·nate** [-ˈvaɪneɪt] *s chem.* Sulfoviˈnat *n*, schwefelweinsaures Salz.

sul·fur, *bes. Br.* **sul·phur** [ˈsʌlfə(r)] *s* **1.** *chem. min.* Schwefel *m*: → **flower** 9, **milk** 3. **2.** *a.* ~ **yellow** Schwefelgelb *n.*

sul·fu·rate, *bes. Br.* **sul·phu·rate** [ˈsʌlfjʊreɪt; *Am.* -fər-] **I** *v/t* → **sulfurize.** **II** *adj* [-rət] → **sulfurated.** **ˈsul·fu·rat·ed,** *bes. Br.* **ˈsul·phu·rat·ed** *adj* **1.** (ein-, aus)geschwefelt. **2.** vulkaniˈsiert.

sul·fu·re·ous, *bes. Br.* **sul·phu·re·ous** [sʌlˈfjʊərɪəs] *adj* **1.** → **sulfurous.** **2.** schwefelfarben.

sul·fu·ret, *bes. Br.* **sul·phu·ret** [ˈsʌlfjʊret; *Am. a.* -fəˌr-] *chem.* **I** *s* Sulˈfid *n.* **II** *v/t pret u. pp* **ˈsul·fu·ret·(t)ed,** *bes. Br.* **ˈsul·phu·ret·ted** schwefeln: **~(t)ed** geschwefelt; **~(t)ed hydrogen** Schwefelwasserstoff *m.*

sul·fu·ric, *bes. Br.* **sul·phu·ric** [sʌlˈfjʊərɪk] *adj chem.* Schwefel...

sul·fu·rize, *bes. Br.* **sul·phu·rize** [ˈsʌlfjʊraɪz; -fər-] *v/t chem.* **1.** (ein-, aus-)schwefeln. **2.** vulkaniˈsieren.

sul·fu·rous, *bes. Br.* **sul·phu·rous** [ˈsʌlfərəs; -fjʊr-] *adj* **1.** *chem.* (*vierwertigen*) Schwefel enthaltend, schwef(e)lig, Schwefel...: ~ **acid** schweflige Säure. **2.** *fig.* a) höllisch, b) hitzig, wild.

sul·fur·y, *bes. Br.* **sul·phur·y** [ˈsʌlfərɪ] *adj* **1.** → **sulfurous.** **2.** schwefelfarben.

sulk [sʌlk] **I** *v/i* schmollen, ‚eingeschnappt' sein. **II** *s meist pl* Schmollen *n*: **to be in** (*od.* **have**) **the ~s** → I. **ˈsulk·i·ness** [-ɪnɪs] *s* **1.** Schmollen *n.* **2.** *fig.* Düsterkeit *f.* **ˈsulk·y I** *adj* (*adv* **sulkily**) **1.** schmollend. **2.** *fig.* düster, trübe: **a ~ day.** **3.** *agr. tech. Am.* mit Fahrersitz: ~ **plow.** **II** *s* **4.** a) *sport* Sulky *n*, Traberwagen *m*, b) zweirädriger, einsitziger Einspänner, c) *agr. tech. Am.* Pflug *m etc* mit Fahrersitz.

sul·lage [ˈsʌlɪdʒ] *s* **1.** Abwasser *n*, Jauche *f.* **2.** Schlamm *m*, Ablagerung *f* (*in Flüssen etc*). **3.** *metall.* Schlacke *f*, Schaum *m.*

sul·len [ˈsʌlən] *adj* (*adv* **~ly**) **1.** mürrisch, grämlich, verdrossen. **2.** düster, trübe: ~ **colo(u)rs (face, sky,** *etc*); ~ **sound** dumpfer Laut. **3.** ˈwiderspenstig, störrisch (*bes. Tiere od. Dinge*). **4.** langsam, träge: ~ **stream.** **ˈsul·len·ness** *s* **1.** mürrisches Wesen, Verdrossenheit *f.* **2.** Düsterkeit *f*, Dumpfheit *f.* **3.** ˈWiderspenstigkeit *f.* **4.** Trägheit *f.*

sul·ly [ˈsʌlɪ] *v/t meist fig.* beflecken, besudeln.

sul·pha drugs, sul·pha·mate, *etc bes. Br. für* **sulfa drugs, sulfamate,** *etc.*

sul·phur, sul·phu·rate, *etc bes. Br. für* **sulfur, sulfurate,** *etc.*

sul·tan [ˈsʌltən] *s* **1.** Sultan *m.* **2.** Desˈpot *m*, Tyˈrann *m.* **3.** *orn.* a) Sultanshuhn *n*, b) → **sultana** 3. **4.** *a.* **sweet ~, yellow ~** *bot.* Moschus-Flockenblume *f.* **sulˈta·na** [-ˈtɑːnə; *Am.* -ˈtænə] *s* **1.** Sultanin *f.* **2.** a) Mäˈtresse *f*, b) Kurtiˈsane *f.* **3.** *orn.* Sultans-, Purpurhuhn *n.* **4.** [səl-; sʌl-] *a.* ~ **raisin** Sultaˈnine *f.* **ˈsul·tan·ate** [-tənət; -eɪt] *s* Sultaˈnat *n.* **ˈsul·tan·ess** *s* Sultanin *f.* **ˈsul·tan·ship** *s* Sultanswürde *f*: **his ~** *iro.* Seine Herrlichkeit.

sul·tri·ness [ˈsʌltrɪnɪs] *s* Schwüle *f.*

ˈsul·try [-trɪ] *adj* (*adv* **sultrily**) **1.** schwül (*a. fig. erotisch*): ~ **day (music,** *etc*). **2.** *fig.* heftig, hitzig: ~ **temper.**

sum [sʌm] **I** *s* **1.** *allg.* Summe *f*: a) *a.* ~ **total** (Gesamt-, End)Betrag *m*, Gesamtmenge *f*, b) (Geld)Betrag *m*, c) *fig.* Ergebnis *n*, Fazit *n*, d) *fig.* Gesamtheit *f*: **the ~ of experience; in ~** insgesamt, *fig.* mit ˈeinem Wort. **2.** *math.* Zahlen-, Additiˈonsreihe *f.* **3.** *colloq.* Rechenaufgabe *f*: **to do ~s** rechnen; **he is good at ~s** er kann gut rechnen. **4.** *a.* ~ **and substance** Inbegriff *m*, Kern *m*, Subˈstanz *f.* **5.** Zs.-fassung *f.* **6.** *fig. obs.* Gipfel *m*, Höhe (-punkt *m*) *f.* **II** *v/t* **7.** ~ **up** sumˈmieren, adˈdieren, zs.-zählen. **8.** ~ **up** *ein Ergebnis* ausmachen: **10 victories ~med up this record.** **9.** ~ **up** a) *j-n* kurz ein- *od.* abschätzen, mit Blicken messen, b) *e-e Situation* erfassen. **10.** ~ **up** zs.-fassen (**in a word** in ˈeinem Wort), rekapituˈlieren, resüˈmieren. **III** *v/i* **11.** *meist* ~ **up** sich belaufen (**to, into** auf *acc*). **12.** ~ **up** (das Gesagte) zs.-fassen, resüˈmieren.

su·mac(h) [ˈʃuːmæk; ˈsuː-; *Br. a.* ˈsjuː-] *s* **1.** *bot.* Sumach *m*, Färberbaum *m.* **2.** Schmack *m* (*Gerbstoff des Sumach*).

Su·me·ri·an [sjuːˈmɪərɪən; *bes. Am.* suː-; *Am. a.* -ˈmer-] **I** *s* **1.** Suˈmerer(in). **2.** *ling.* Suˈmerisch *n*, das Sumerische. **II** *adj* **3.** suˈmerisch.

sum·less [ˈsʌmlɪs] *adj poet.* unzählig, unermeßlich.

sum·ma [ˈsʊmɑː; -mə] *pl* **-mae** [-miː; -maɪ] *s philos. relig. bes. hist.* Summa *f.*

sum·ma·ri·ness [ˈsʌmərɪnɪs] *s* (*das*) Sumˈmarische, Kürze *f.*

sum·ma·rize [ˈsʌməraɪz] *v/t u. v/i* zs.-fassen.

sum·ma·ry [ˈsʌmərɪ] **I** *s* Zs.-fassung *f*, (gedrängte) ˈÜbersicht, Abriß *m*, (kurze) Inhaltsangabe. **II** *adj* (*adv* **summarily**) sumˈmarisch: a) knapp, gedrängt, zs.-fassend: ~ **account,** b) *bes. jur.* abgekürzt, Schnell...: ~ **procedure (court,** *etc*); ~ **offence** (*bes. Am.* **offense**) Übertretung *f*, c) oberflächlich, flüchtig: ~ **treatment;** ~ **dismissal** fristlose Entlassung.

sum·ma·tion [sʌˈmeɪʃn] *s* **1.** Zs.-zählen *n.* **2.** Sumˈmierung *f.* **3.** (Gesamt)Summe *f.* **4.** *jur. Am.* (ˈSchluß)Plädoyˌer *n.*

sum·mer¹ [ˈsʌmə(r)] **I** *s* **1.** Sommer *m*: **in ~** im Sommer. **2.** *poet.* Lenz *m*, (Lebens)Jahr *n*: **a lady of 30 ~s.** **3.** *fig.* Höhepunkt *m*, Blüte *f.* **II** *v/t* **4.** *bes. Pflanzen* überˈsommern. **III** *v/i* **5.** den Sommer verbringen: **to ~ in Italy.** **6.** überˈsommern (*Tiere, Pflanzen*). **IV** *adj* **7.** sommerlich, Sommer...: ~ **day.**

sum·mer² [ˈsʌmə(r)] *s arch.* **1.** Oberschwelle *f*, (Tür-, Fenster)Sturz *m.* **2.** Trag-, Kragstein *m*, Konˈsole *f* (*auf Pfeilern*). **3.** *a.* ~ **tree** Tragbalken *m.*

sum·mer| com·plaint → **summer diarrhea.** **~corn** *s* Sommergetreide *n.* **~ di·ar·rhe·a** *s med. Am.* ˈSommerdiarˌrhö(e)*f.* **~ fal·low** *s agr.* Sommerbrache *f.* **ˈ~-ˌfal·low** *agr.* **I** *v/t Land* im Sommer brachen. **II** *adj* sommerbrach. **ˈ~house** *s* **1.** Gartenhaus *n*, (-)Laube *f.* **2.** Landhaus *n*, Sommersitz *m.*

sum·mer·ing [ˈsʌmərɪŋ] *s arch.* erste Lage Mauerwerk auf e-m Pfeiler *etc.*

sum·mer| light·ning *s* Wetterleuchten *n.* **ˈ~like** → **summerly.**

sum·mer·li·ness [ˈsʌmə(r)lɪnɪs] *s* (*das*) Sommerliche. **ˈsum·mer·ly** *adj u. adv* sommerlich.

sum·mer re·sort *s* Sommerkurort *m.*

sum·mer·sault → **somersault.**

sum·mer| school *s ped. univ.* Ferien-, Sommerkurs *m.* **~ sports** *s pl* Sommersportarten *pl.* **~ term** *s univ.* ˈSommerseˌmester *n.* **ˈ~time,** *a.* **ˈ~tide** *s* Sommer([s]zeit *f*) *m.* **~ time** *s bes. Br.* Sommerzeit *f* (*um 1 Stunde vorgerückte Uhrzeit*): **double ~** doppelte Sommerzeit. **ˈ~weight** *adj* sommerlich, Sommer...: ~ **clothes.** **~ wheat** *s agr.* Sommerweizen *m.*

ˈsum·mer·y *adj* sommerlich.

sum·ming-up [ˌsʌmɪŋˈʌp] *pl* **ˌsum·mings-ˈup** *s* **1.** Zs.-fassung *f.* **2.** *jur.* Resüˈmee *n.* **3.** *fig.* Biˈlanz *f.*

sum·mist [ˈsʌmɪst] *s philos. relig. bes. hist.* Sumˈmist *m*, Verfasser *m* e-r Summa.

sum·mit [ˈsʌmɪt] **I** *s* **1.** (höchster) Gipfel, Kuppe *f* (*e-s Berges*), Spitze *f* (*e-s Masts etc*), Scheitel *m* (*e-r Kurve etc*), Kamm *m* (*e-r Welle etc*), Kappe *f*, Krone *f* (*e-s Dammes etc*). **2.** *fig.* Gipfel *m*, Höhe (-punkt *m*) *f*: **at the ~ of power** auf dem Gipfel der Macht. **3.** *econ. pol.* Gipfel *m*: **economic ~** Wirtschaftsgipfel. **II** *adj* **4.** *econ. pol.* Gipfel...: ~ **conference (meeting, talks).** **ˈsum·mit·ry** [-rɪ] *s econ. pol. bes. Am.* ˈGipfelpoliˌtik *f.*

sum·mon [ˈsʌmən] *v/t* **1.** auffordern, -rufen (**to do** zu tun). **2.** rufen, (zu sich) bestellen, kommen lassen, ˈherziˌtieren. **3.** *jur.* (vor)laden. **4.** *e-e Konferenz etc* zs.-, einberufen. **5.** *oft* ~ **up** *s-e Kraft, s-n Mut etc* zs.-nehmen, aufbieten: → **courage.** **6.** *euphem.* (aus dem Leben) abberufen. **ˈsum·mon·er** *s* (*hist.* Gerichts)Bote *m.*

sum·mons [ˈsʌmənz] **I** *s* **1.** Aufforderung *f*, Aufruf *m.* **2.** *jur.* (Vor)Ladung *f*: **to take out a ~ against s.o., to serve a ~ on s.o.** j-n (vor)laden (lassen). **3.** Einberufung *f.* **II** *v/t* **4.** *j-n* (vor)laden (lassen).

sump [sʌmp] *s* **1.** Sammelbehälter *m*, Senkgrube *f.* **2.** *mot. tech.* Ölwanne *f.* **3.** *Gießerei*: Vorherd *m.* **4.** *Bergbau*: (Schacht)Sumpf *m.*

sump·si·mus [ˈsʌmpsɪməs] *s pedantisch korrekter Ausdruck als Ersatz für e-n weitverbreiteten falschen.*

sump·ter [ˈsʌmptə(r)] *obs.* **I** *s* Saumtier *n.* **II** *adj* Pack...: ~ **horse;** ~ **saddle.**

sump·tion [ˈsʌmpʃn] *s philos.* **1.** Präˈmisse *f.* **2.** Obersatz *m* (*im Syllogismus*).

sump·tu·ar·y [ˈsʌmptjʊərɪ; -tʃʊ-; *Am.* -tʃəˌweriː] *adj* Aufwands..., Luxus...: ~ **law** (*od.* **regulation**) *hist.* Luxusgesetz *n.*

sump·tu·os·i·ty [ˌsʌmptjʊˈɒsətɪ; *Am.* -tʃəˈwɑs-] → **sumptuousness.** **ˈsump·tu·ous** [-tjʊəs; -tʃʊəs; *Am.* -tʃəwəs] *adj* (*adv* **~ly**) **1.** kostspielig. **2.** kostbar, prächtig, herrlich. **3.** üppig, aufwendig, luxuriˈös. **ˈsump·tu·ous·ness** *s* **1.** Kostspieligkeit *f.* **2.** Kostbarkeit *f*, Pracht *f.* **3.** Üppigkeit *f*, Aufwand *m*, Luxus *m.*

sun [sʌn] **I** *s* **1.** (*oft als sg konstruiert*) Sonne *f*: **a place in the ~** *fig.* ein Platz an der Sonne; **his ~ is set** sein Stern ist erloschen; **to rise with the ~** in aller Frühe aufstehen; **to take** (*od.* **shoot**) **the ~** *mar.* die Sonne schießen; **under the ~** *fig.* unter der Sonne, auf Erden; **to talk about everything under the ~** über Gott u. die Welt reden. **2.** Sonnenwärme *f*, -licht *n*, -schein *m*, Sonne *f*: **to take the ~** sich sonnen; **to have the ~ in one's eyes** die Sonne genau im Gesicht haben; **he caught the ~** er hat ein bißchen zuviel Sonne abbekommen; **a touch of ~** ein leichter Sonnenstich. **3.** *poet.* a) Tag *m*, b) Jahr *n.* **4.** *astr.* a) Sonne *f* (*Himmelskörper mit Eigenlicht*), b) Nebensonne *f.* **II** *v/t* **5.** der Sonne aussetzen, in die Sonne legen: **to ~ o.s.** → 6. **III** *v/i* **6.** sich sonnen.

ˌsun|-and-ˈplan·et mo·tion *s tech.* Plaˈnetengetriebe *n.* **~ an·i·mal·cule** *s zo.* Sonnentierchen *n.* **~ arc** → **sun lamp** 2. **ˈ~baked** *adj* von der Sonne ausgedörrt *od.* getrocknet. **~ bath** *s* Sonnenbad *n.* ˈ**~bathe** *v/i* ein Sonnenbad *od.* Sonnenbäder nehmen. ˈ**~beam** *s* Sonnenstrahl *m.* **~ bed** *s* Sonnenliege *f.* **~ bench** *s* Sonnenbank *f.* **~ blind** *s bes. Br.* Marˈkise *f.* ˈ**~break** → **sunburst**. ˈ**~burn** *s* **1.** Sonnenbrand *m.* **2.** Sonnenbräune *f.* **3.** *bot.* Ergrünungsfleck *m* (*an e-r Kartoffel*). **4.** *bot.* → **sunscald**. ˈ**~burned,** ˈ**~burnt** *adj* **1.** sonnverbrannt: **to be ~** e-n Sonnenbrand haben. **2.** sonnengebräunt. ˈ**~burst** *s* **1.** plötzlicher ˈDurchbruch der Sonne. **2.** Sonnenbanner *n* (*Japans*). **3.** Brilliˈantenroˌsette *f* (*Schmuckstück*). ˈ**~-ˌcure** *v/t Tabak etc* an der Sonne trocknen.

sun·dae [ˈsʌndeɪ; *Am.* -diː] *s* Eisbecher *m* mit Früchten.

Sun·day [ˈsʌndɪ; *Br. a.* -deɪ] **I** *s* **1.** Sonntag *m*: **on ~** (am) Sonntag; **on ~s** sonntags; **to look two ways to find ~** *sl.* schielen. **II** *adj* **2.** sonntäglich, Sonntags...: **~ best, ~ clothes** Sonntagsstaat *m*, -kleider *pl*; **~-go-to-meeting** *colloq.* Sonntags...; **~ punch** *bes. Am. colloq.* a) *Boxen*: K.-o.-Schlag *m*, b) *fig.* vernichtender Schlag; **~ saint** *colloq.* ‚Sonntagschrist(in)'; **~ school** Sonntagsschule *f.* **3.** Sonntags...: **~ driver** ; **~ painter**. **III** *v/i Am. colloq.* **4.** den Sonntag verbringen.

sun deck *s* **1.** Sonnendeck *n* (*auf e-m Schiff*). **2.** ˈSonnenterˌrasse *f.*

sun·der [ˈsʌndə(r)] *poet.* **I** *v/t* **1.** trennen, sondern (**from** von). **2.** losreißen. **3.** teilen, spalten. **4.** *fig.* entzweien. **II** *v/i* **5.** sich trennen, getrennt werden. **III** *s* **6. in ~** entzwei, auseinˈander.

ˈ**sun|·dew** *s bot.* Sonnentau *m.* ˈ**~di·al** *s* Sonnenuhr *f.* ˈ**~dog** *s astr.* **1.** → **sun** 4 b. **2.** kleiner Halo (*am Nebensonnenkreis*). ˈ**~down** *s* **1.** → **sunset** 1. **2.** *Am.* breitkrempiger (Damen)Hut. ˈ**~down·er** *s* **1.** *Austral. colloq.* Landstreicher *m* (*bes. e-r, der erst immer dann um ein Nachtquartier bittet, wenn es zum Arbeiten bereits zu spät ist*). **2.** *bes. Br. colloq.* Dämmerschoppen *m.* **3.** *mar. colloq.* strenger Kapiˈtän. ˈ**~drenched** *adj* ˈsonnenüberˌflutet. ˈ**~dress** *s* Strandkleid *n.* ˈ**~dried** *adj* an der Sonne getrocknet *od.* gedörrt.

sun·dries [ˈsʌndrɪz] *s pl* Diˈverses *n*, Verschiedenes *n*, allerlei Dinge *pl*, *a.* diverse Unkosten *pl*, *econ. a.* Kurz-, Gemischtwaren *pl.*

sun·dry [ˈsʌndrɪ] *adj* verschiedene, diˈverse, allerlei, allerhand: **all and ~** all u. jeder, alle miteinander; **~-colo(u)red** verschiedenfarbig.

ˈ**sun|·fast** *adj bes. Am.* lichtecht (*Stoff*). ˈ**~fish I** *s ichth.* **1.** Sonnenfisch *m.* **2.** Klumpfisch *m.* **3.** Mondfisch *m.* **4.** Riesenhai *m.* **II** *v/i Am.* **5.** bocken (*Pferd*). ˈ**~ˌflow·er** *s bot.* Sonnenblume *f.*

sung [sʌŋ] *pret u. pp von* **sing**.

sun| gear → **sun wheel**. ˈ**~ˌglass·es** *s pl a.* **pair of ~** Sonnenbrille *f.* ˈ**~glow** *s meteor.* **1.** Morgen-, Abendröte *f.* **2.** Sonnenhof *m.* **~ hat** *s* Sonnenhut *m.* **~ helmet** *s* Tropenhelm *m.*

sunk[1] [sʌŋk] **I** *pret u. pp von* **sink**. **II** *adj* **1.** vertieft. **2.** *bes. tech.* eingelassen, versenkt: **~ screw**; **~ fence** Grenzgraben *m* (*statt Zaun*).

sunk[2] [sʌŋk] *s bes. Scot.* **1.** Rasenbank *f.* **2.** *meist pl* Strohkissen *n.*

sunk·en [ˈsʌŋkən] **I** *obs. pp von* **sink**. **II** *adj* **1.** versunken. **2.** eingesunken: **~ rock** blinde Klippe. **3.** a) tiefliegend, vertieft (angelegt), b) *tech.* → **sunk**[1] 2. **4.** *fig.* hohl, eingefallen: **~ cheeks**; **~ eyes** tiefliegende Augen; **a ~ face** ein eingefallenes Gesicht.

sun lamp *s* **1.** *med.* (künstliche) Höhensonne. **2.** *Film etc*: Jupiterlampe *f.*

ˈ**sun·less** *adj* **1.** sonnenlos, ohne Sonne. **2.** *fig.* freudlos.

ˈ**sun|·light** *s* Sonnenschein *m*, -licht *n.* ˈ**~like** *adj* **1.** sonnenähnlich, Sonnen... **2.** strahlend, leuchtend. ˈ**~lit** *adj* sonnenbeschienen. **~ lounge** *s Br.* ˈGlasveˌranda *f.*

sunn [sʌn] *s* **1.** *bot.* Sunnhanf *m.* **2.** *a.* **~ hemp** Sunn(hanf) *m* (*Faser von* 1).

Sun·na(h) [ˈsʌnə; ˈsʊnə] *s relig.* Sunna *f* (*orthodoxe Überlieferung des Islam neben dem Koran*).

sun·ni·ness [ˈsʌnɪnɪs] *s fig.* (*das*) Sonnige, Heiterkeit *f.*

sun·ny [ˈsʌnɪ] *adj* (*adv* **sunnily**) **1.** sonnig, Sonnen...: **~ exposure** Sonnenlage *f*; **~ side** Sonnenseite *f* (*a. fig. des Lebens*); **~-side up** nur auf ˈeiner Seite gebraten (*Ei*). **2.** *fig.* sonnig, heiter: **a ~ smile; to be on the ~ side of forty** noch nicht 40 (Jahre alt) sein; **to look on** (*od.* **at**) **the ~ side of things** das Leben von s-r heiteren Seite betrachten.

sun| par·lor, ~ porch *s Am.* ˈGlasveˌranda *f.* **~ pow·er** *s astr. phys.* ˈSonnenenerˌgie *f.* ˈ**~proof** *adj* **1.** für Sonnenstrahlen ˈunˌdurchlässig. **2.** lichtfest. ˈ**~ray** *s* Sonnenstrahl *m.* ˈ**~rise** *s* Sonnenaufgang *m*: **at ~** bei Sonnenaufgang. ˈ**~roof** *s* **1.** ˈDachterˌrasse *f.* **2.** *mot.* Schiebedach *n.* ˈ**~scald** *s bot.* Sonnen-, Rindenbrand *m.* ˈ**~ˌseek·er** *s* Sonnenhungrige(r *m*) *f.* ˈ**~ˌseek·ing** *adj* sonnenhungrig. ˈ**~set** *s* **1.** ˈSonnenˌuntergang *m*: **at ~** bei Sonnenuntergang. **2.** Abend *m* (*a. fig.*): **~ of life** Lebensabend. **3.** *fig.* Niedergang *m.* ˈ**~shade** *s* **1.** Sonnenschirm *m.* **2.** Marˈkise *f.* **3.** *phot.* Gegenlichtblende *f.* **4.** *pl colloq. a.* **pair of ~s** Sonnenbrille *f.* ˈ**~shine I** *s* **1.** Sonnenschein *m* (*a. fig.*): **~ roof** *mot.* Schiebedach *n*; **~ pill** *Am. sl.* gelbe *od.* orange LSD-Tablette. **2.** sonniges Wetter. **II** *adj* **3.** sonnig, *fig. a.* glücklich, heiter. **4. ~ friends** Freunde im Glück, unzuverlässige Freunde. ˈ**~shin·y** *adj* → **sunshine** 3. **~ show·er** *s colloq.* leichter Schauer bei Sonnenschein. **~ spot** → **sun lamp** 2. ˈ**~spot** *s* **1.** *astr.* Sonnenfleck *m.* **2.** Sommersprosse *f.* **3.** *Br. colloq.* sonniges Urlaubsgebiet. ˈ**~stroke** *s med.* Sonnenstich *m.* ˈ**~-struck** *adj*: **to be ~** *med.* e-n Sonnenstich haben. ˈ**~tan** *s* **1.** (Sonnen)Bräune *f*: **~ lotion** (*od.* **oil**) Sonnenöl *n.* **2.** Rotbraun *n.* ˈ**~tanned** *adj* braungebrannt. **~ ter·race** *s* ˈSonnenterˌrasse *f.* ˈ**~trap** *s* sonniges Plätzchen. ˈ**~up** → **sunrise**. **~ valve** *s tech.* (*Art*) Photozellenschalter *m.* **~ vi·sor** *s mot.* Sonnenblende *f.*

sun·ward [ˈsʌnwə(r)d] *adj u. adv* sonnenwärts, der Sonne zu(gewendet).

ˈ**sun·wards** [-z] *adv* → **sunward**.

sun| wheel *s tech.* Sonnenrad *n* (*im Planetengetriebe*). ˈ**~wise** *adj u. adv* mit der Sonne, im Uhrzeigersinn. **~ wor·ship·(p)er** *s relig. u. fig.* Sonnenanbeter(in).

sup[1] [sʌp] *obs.* **I** *v/i* zu Abend essen: **they ~ped off** (*od.* **on**) **cold meat** sie hatten kaltes Fleisch zum Abendessen. **II** *v/t j-n* zum Abendessen bewirten.

sup[2] [sʌp] **I** *v/t* **1.** *a.* **~ off, ~ out** löffeln, schlürfen. **2. to ~ sorrow** a) leiden, b) Sorgen haben, c) Gewissensbisse haben. **II** *v/i* **3.** nippen, löffeln. **III** *s* **4.** Mundvoll *m*, (kleiner) Schluck (**at a bottle** aus e-r Flasche): **a bite and a ~** etwas zu essen u. zu trinken; **neither bit** (*od.* **bite**) **nor ~** ‚nichts zu nagen u. zu beißen'.

supe [suːp; *Br. a.* sjuːp] *sl.* **I** *s* → **supernumerary** 6. **II** *v/t a.* **~ up** *aer.* ‚friˈsieren'. **III** *v/i* → **super** 9.

super- [suːpə(r)] *Wortelement mit den Bedeutungen* a) übermäßig, Über..., b) oberhalb (*gen od.* von *dat*) *od.* über (*dat*) befindlich, c) *bes. scient.* Super..., d) übergeordnet, Ober...

su·per [ˈsuːpə(r)] **I** *s* **1.** *colloq. für* a) **superfilm**, b) **superintendent**, c) **supernumerary** II, d) *Am.* **supermarket**, e) **superhet(erodyne)**. **2.** *econ. colloq.* a) Spitzenklasse *f*, b) Qualiˈtätsware *f.* **3.** *Buchbinderei*: (Heft)Gaze *f.* **II** *adj* **4.** *colloq. für* a) **superficial** 2, b) **superfine** 1. **5.** Super...: **~ bomb**. **6.** *iro.* Super..., hundertˈfünfzigproˌzentig: **a ~ patriot**. **7.** *colloq.* ‚super', ‚toll', ‚prima', ‚Spitze', ‚Klasse'. **III** *v/i* **8.** *thea. etc colloq.* als Staˈtist(in) mitspielen, e-e Staˈtistenrolle haben.

su·per·a·ble [ˈsuːpərəbl] *adj* überˈwindbar, besiegbar.

ˌ**su·per|·aˈbound** *v/i* **1.** im ˈÜberfluß vorˈhanden sein. **2.** in noch größerem Maße vorˈhanden sein. **3.** e-e ˈÜberfülle haben (**in, with** an *dat*). ˌ**~aˈbun·dance** *s* ˈÜberfülle *f*, -fluß *m* (**of** an *dat*). ˌ**~aˈbun·dant** *adj* (*adv* **~ly**) **1.** ˈüberreichlich. **2.** ˈüberschwenglich, überˈtrieben. ˌ**~ˈac·id** *adj chem.* überˈsäuert. ˌ**~ˈadd** *v/t* (noch) hinˈzufügen (**to** zu): **to be ~ed** (**to**) noch dazukommen (zu *etwas*). ˌ**~adˈdi·tion** *s* weitere Hinˈzufügung, Zusatz *m*: **in ~** (**to**) noch obendrein, zusätzlich (zu). ˈ**~ˌal·tar** *s relig. hist.* **1.** (*oft tragbare*) *etc* Alˈtarplatte. **2.** Alˈtarstein *m.*

su·per·an·nu·ate [ˌsuːpəˈrænjʊeɪt; *Am.* -jəˌw-] *v/t* **1.** (*wegen Erreichung der Altersgrenze*) pensioˈnieren, in den Ruhestand versetzen. **2.** als zu alt *od.* als veraltet bezeichnen *od.* zuˈrückweisen *od.* ausscheiden. ˌ**su·perˈan·nu·at·ed** *adj* **1.** a) pensioˈniert, b) überˈaltert (*Person*). **2.** veraltet, überˈholt. **3.** abgetragen, ausgedient: **~ clothes**. ˈ**su·perˌan·nuˈa·tion** *s* **1.** a) Pensioˈnierung *f*, b) Ruhestand *m.* **2.** (Alters)Rente *f*, Pensiˈon *f*, Ruhegeld *n*: **~ contribution** Altersversicherungsbeitrag *m*; **~ fund** Pensionskasse *f.*

ˌ**su·perˈau·di·ble** *adj phys.* ˈultraaˌkustisch.

su·perb [sjuːˈpɜːb; *Am.* sʊˈpɜrb] *adj* (*adv* **~ly**) **1.** herrlich, prächtig, großartig. **2.** herˈvorragend, ausgezeichnet, vorˈzüglich. **3.** *bot. zo.* prächtig gefärbt, Pracht...

su·per|·bi·par·ti·ent [ˌsuːpə(r)baɪˈpɑː(r)tɪənt; -ʃnt] *adj math.* im Verhältnis (von) 5:3 (stehend). ˌ**~biˈquin·tal** [-baɪˈkwɪntl] *adj math.* im Verhältnis (von) 7:5 (stehend). ˌ**~biˈter·tial** [-baɪˈtɜːʃl; *Am.* -ˈtɜrʃəl] → **superbipartient**. ˌ**~ˈcal·en·der** (*Papierherstellung*) **I** *s* ˈHochkaˌlander *m.* **II** *v/t* ˈhochsatiˌnieren. **~car·go** [ˈ-ˌk-; ˌ-ˈk-] *s* Frachtaufseher *m*, Superˈkargo *m.* ˈ**~charge** *v/t* **1.** überˈladen, zusätzlich beladen. **2.** *mot.* vor-, ˈüberverdichten: **~d engine** Lader-, Kompressormotor *m.* **3.** → **pressurize** 1, 2. ˈ**~charg·er** *s tech.* Vorverdichter *m*, (Auflade)Gebläse *n*, Komˈpressor *m.*

su·per·cil·i·ous [ˌsuːpə(r)ˈsɪlɪəs] *adj* (*adv* **~ly**) hochmütig, -näsig, herˈablassend. ˌ**su·perˈcil·i·ous·ness** *s* Hochmut *m*, -näsigkeit *f*, Herˈablassung *f.*

ˌ**su·per|ˈciv·i·lized** *adj* ˈüberziviliˌsiert. ˈ**~class** *s zo.* ˈÜberklasse *f.* ˌ**~conˈduc·tive** *adj phys.* supraleitend, -leitfähig. ˌ**~conˈduc·tor** *s phys.* Supraleiter *m.* ˌ**~ˈcon·scious** *adj psych.* **1.** ˈüberbewußt. **2.** das Bewußtsein überˈschreitend. ˌ**~ˈcool** *v/t phys.* unterˈkühlen. ˈ**~ˌcoun·try** *s pol.* Supermacht *f.* ˌ**~creˈta·ceous** *adj geol.* über der Kreide (liegend). ˌ**~ˈdom·i·nant** *s mus. Am.* sechste Stufe (*der Tonleiter*). ˌ**~ˈdu·per**

[-ˈduːpə(r)] *adj sl.* ‚supertoll‘. **ˌ⁓-ˈdu·ty** *adj tech.* Höchstleistungs..., für höchste Beanspruchung. **ˌ⁓ˈe·go** *s psych.* ˈÜber-Ich *n.* **ˈ⁓el·eˈva·tion** *s* **1.** *tech.* Überˈhöhung *f* (*e-r Kurve etc*). **2.** *TV* Abhebung *f.* **ˌ⁓ˈem·i·nence** *s* **1.** Vorrang (-stellung *f*) *m.* **2.** überˈragende Bedeutung *od.* Qualiˈtät, Vorˈtrefflichkeit *f*, Großartigkeit *f.* **ˌ⁓ˈem·i·nent** *adj* (*adv* ⁓**ly**) herˈvorragend, vorˈzüglich, überˈragend (**for** wegen).

su·per·er·o·ga·tion [ˈsuːpərˌerəˈgeɪʃn] *s* **1.** Mehrleistung *f*: **works of** ⁓ *relig.* überschüssige (gute) Werke. **2.** *fig.* ˈÜbermaß *n* (**of an** *dat*): **work of** ⁓ Arbeit *f* über die Pflicht hinaus. **ˌsu·per·eˈrog·a·to·ry** [-eˈrɒgətərɪ; *Am.* -ɪˈrɑgəˌtəʊriː; -ˌtɔː-] *adj* **1.** über das Pflichtmaß hinˈausgehend, ˈübergebührlich. **2.** ˈüberflüssig.

su·per·ette [ˌsuːpəˈret] *s bes. Am.* kleiner Supermarkt.

ˌsu·per|ˈex·cel·lent *adj* (*adv* ⁓**ly**) höchst vorˈtrefflich, ˈunüberˌtrefflich. **ˌ⁓ex'cit·ed** *adj* (*adv* ⁓**ly**) ˈübererregt, überˈreizt. **ˈ⁓ˌfam·i·ly** *s zo.* ˈOberfaˌmilie *f.* **ˈ⁓ˌfe·cunˈda·tion** *s biol. med.* ˈÜberbefruchtung *f.*

su·per·fe·ta·tion [ˌsuːpə(r)fiːˈteɪʃn] *s* **1.** Empfängnis *f* während der Schwangerschaft. **2.** → **superfecundation. 3.** Häufung *f.* **4.** ˈÜberproduktiˌon *f* (**of** an *dat*).

su·per·fi·cial [ˌsuːpə(r)ˈfɪʃl] *adj* (*adv* ⁓**ly**) **1.** oberflächlich, Oberflächen... **2.** Flächen..., Quadrat...: **50** ⁓ **feet** 50 Quadratfuß. **3.** äußerlich, äußer(er, e, es). **4.** *fig.* oberflächlich: a) flüchtig, b) seicht. **ˈsu·perˌfi·ciˈal·i·ty** [-ʃɪˈælətɪ] *s* **1.** Oberflächenlage *f.* **2.** *fig.* Oberflächlichkeit *f*, (*das*) Oberflächliche. **ˌsu·perˈfi·cies** [-ʃiːz] *pl* **-cies** *s* **1.** (Ober)Fläche *f.* **2.** *fig.* Oberfläche *f*, äußerer Anschein.

ˈsu·per|·film *s* Monumenˈtalfilm *m.* **ˌ⁓ˈfine I** *adj* **1.** *bes. econ.* extra-, super-, hochfein. **2.** überˈfeinert, preziˈös. **II** *s* **3.** *pl econ.* extrafeine Ware. **ˌ⁓ˈflu·id** *s* supraflüssiges Helium, Helium *n* II.

su·per·flu·i·ty [ˌsuːpə(r)ˈflʊətɪ; *Am.* -ˈfluː-] *s* **1.** ˈÜberfluß *m*, Zuˈviel *n* (**of** an *dat*). **2.** *meist pl* Entbehrlichkeit *f*, ˈÜberflüssigkeit *f.* **su·per·flu·ous** [suːˈpɜːflʊəs; *Am.* sʊˈpɜrfləwəs] *adj* (*adv* ⁓**ly**) **1.** ˈüberreichlich (vorˈhanden). **2.** ˈüberflüssig, unnötig. **3.** verschwenderisch.

ˈsu·per|·group *s Computer*: ˈÜbergruppe *f.* **ˌ⁓ˈheat** *v/t tech.* überˈhitzen. **ˌ⁓ˈheat·er** *s tech.* (ˈDampf)Überˌhitzer *m.* **ˌ⁓ˈheav·y·weight** *sport* **I** *s* Superschwergewicht(ler *m*) *n.* **II** *adj* Superschwergewichts... **ˈ⁓ˌhe·ro** *s* Superheld *m.* **ˌ⁓ˈhet(·er·o·dyne)** *electr.* **I** *adj* Überlagerungs..., Superhet... **II** *s* Überˈlagerungsempfänger *m*, Super(het) *m.* **ˈ⁓high fre·quen·cy** *s electr.* superhohe Freˈquenz. **ˌ⁓ˈhigh-ˈfre·quen·cy** *adj electr.* Höchstfrequenz... **ˌ⁓ˈhigh·ˌway** *s Am.* Autobahn *f.* **ˌ⁓ˈhu·man** *adj* ˈübermenschlich: ⁓ **beings**; ⁓ **efforts. ˌ⁓imˈpose** *v/t* **1.** darˈauf-, darˈübersetzen *od.* -stellen *od.* -legen. **2.** setzen, legen, lagern, schichten (**on, upon** auf *od.* über *acc*): **one** ⁓**d on the other** übereinandergelagert. **3.** hinˈzufügen (**on** zu), folgen lassen (**on** *dat*), aneinˈanderreihen. **4.** *electr. phys.* überˈlagern. **5.** *Film etc*: ˈdurch-, einblenden, ˈeinkoˌpieren. **ˈ⁓im·pregˈna·tion** → **superfetation 1. ˌ⁓inˈcum·bent** *adj* **1.** obenˈauf liegend. **2.** lastend. **ˌ⁓inˈduce** *v/t* **1.** (noch) hinˈzufügen (zu). **2.** (zusätzlich) einführen (**on, upon** zu). **3.** (obenˈdrein) herˈbeiführen. **4.** *fig.* aufpfropfen.

su·per·in·tend [ˌsuːpərɪnˈtend; -prɪn-] *v/t* **1.** die (Ober)Aufsicht haben *od.* führen über (*acc*), beaufsichtigen, überˈwachen. **2.** verwalten, leiten. **ˌsu·per·inˈtend·ence** *s* **1.** (Ober)Aufsicht *f* (**over** über *acc*). **2.** Verwaltung *f*, Leitung *f* (**of** *gen*). **ˌsu·per·inˈtend·ent I** *s* **1.** Leiter *m*, Vorsteher *m*, Diˈrektor *m*: ⁓ **of public works. 2.** (Ober)Aufseher *m*, Aufsichtsbeamte(r) *m*, Inˈspektor *m*: ⁓ **of schools** Schulinspektor. **3.** a) *Br.* (*etwa*) Kommisˈsar(in), b) *Am.* Poliˈzeichef *m.* **4.** *bes. Am.* Hausverwalter *m.* **5.** *relig.* Superintenˈdent *m.* **II** *adj* **6.** aufsichtführend, leitend, Aufsichts...

su·pe·ri·or [suːˈpɪərɪə(r)] **I** *adj* (*adv* ⁓**ly**) **1.** höherstehend, höher(er, e, es), Ober..., vorgesetzt: ⁓ **court** *jur.* höheres Gericht, höhere Instanz; ⁓ **officer** vorgesetzter *od.* höherer Beamter *od.* Offizier, Vorgesetzte(r) *m.* **2.** überˈlegen, überˈragend, souveˈrän: ⁓ **man**; ⁓ **skill**; → **style** 2. **3.** höher(er, e, es), umˈfassend(er, e, es): ⁓ **genus**; ⁓ **wisdom. 4.** höher(er, e, es), besser (**to** als), herˈvorragend, erlesen: ⁓ **quality**; ⁓ **beings** höhere Wesen; ⁓ **performance** hervorragende Leistung. **5.** (**to**) größer, stärker (als), überˈlegen (*dat*): ⁓ **in number** zahlenmäßig überlegen, in der Überzahl; ⁓ **forces** *mil.* Übermacht *f*; ⁓ **title to an estate** *jur.* höherer Rechtsanspruch auf ein Gut. **6.** *fig.* überˈlegen, -ˈheblich: ⁓ **smile. 7.** *iro.* vornehm: ⁓ **persons** bessere *od.* feine Leute. **8.** erhaben (**to** über *acc*): ⁓ **to prejudice; to rise** ⁓ **to s.th.** sich über etwas erhaben zeigen. **9.** höherliegend, ober(er, e, es): ⁓ **planets** *astr.* äußere Planeten. **10.** *print.* hochgestellt.

II *s* **11. to be s.o.'s** ⁓ **in thinking (courage,** *etc*) j-m geistig (an Mut *etc*) überlegen sein; **he has no** ⁓ **in courage** an Mut übertrifft ihn keiner. **12.** *a.* ⁓ **in rank** Vorgesetzte(r *m*) *f.* **13.** *relig.* a) (*a.* **Father S**⁓ Vater *m*) Suˈperior *m*, b) (*a.* **Lady** *od.* **Mother S**⁓ Schwester *f*) Oberin *f.* **suˌpe·riˈor·i·ty** [-ˈɒrətɪ; *Am. a.* -ˈɑr-] *s* **1.** Erhabenheit *f* (**to, over** über *acc*). **2.** Überˈlegenheit *f*, ˈÜbermacht *f* (**to, over** über *acc*; **in** in *od.* an *dat*). **3.** Vorrecht *n*, -rang *m*, -zug *m.* **4.** Überˈheblichkeit *f*: ⁓ **complex** *psych.* Superioritätskomplex *m.*

su·per·ja·cent [ˌsuːpə(r)ˈdʒeɪsnt] *adj geol.* darˈauf-, darˈüberliegend.

su·per·la·tive [suːˈpɜːlətɪv; *Am.* sʊˈpɜr-] **I** *adj* **1.** höchst(er, e, es): ⁓ **beauty (praise, wisdom,** *etc*). **2.** ˈunüberˌtrefflich, überˈragend. **3.** *ling.* superlativisch, Superlativ...: ⁓ **degree** → 5. **II** *s* **4.** höchster Grad, höchste Stufe, Gipfel *m* (*a. contp.*), *contp.* Ausbund *m* (**of** an *dat*). **5.** *ling.* Superlativ *m*: **to talk in** ⁓**s** *fig.* in Superlativen reden. **suˈper·la·tive·ly** *adv* **1.** im höchsten Grade. **2.** → **superlative. suˈper·la·tive·ness** *s* **1.** höchster Grad. **2.** ˈUnüberˌtrefflichkeit *f.*

ˌsu·per|ˈlu·na·ry, *a.* **ˌ⁓ˈlu·nar** *adj* **1.** jenseits des Mondes (gelegen). **2.** ˈüberirdisch. **ˈ⁓man** [-mæn] *s irr* **1.** *philos. u. fig.* ˈÜbermensch *m.* **2. S**⁓ *Am. Gestalt e-r Comic-strip-Serie.* **3.** *bes. iro.* Supermann *m.* **ˈ⁓ˌmar·ket** *s* Supermarkt *m.* **ˌ⁓ˈmol·e·cule** *s chem.* ˈMakromoleˌkül *n.*

su·per·nac·u·lum [ˌsuːpə(r)ˈnækjʊləm] **I** *adv* **1. to drink** ⁓ *obs.* bis auf die Nagelprobe austrinken. **2.** vollständig. **II** *s* **3.** alkoˈholisches Getränk bester Qualiˈtät. **4.** *fig.* köstliche Sache.

su·per·nal [suːˈpɜːnl; *Am.* sʊˈpɜrnl] *adj* (*adv* ⁓**ly**) ˈüberirdisch, himmlisch.

ˌsu·per|ˈnat·u·ral I *adj* ˈübernaˌtürlich. **II** *s* **the** ⁓ das ˈÜbernaˌtürliche. **ˌ⁓ˈnat·u·ral·ism** *s* **1.** *philos. relig.* ˌSupranaturaˈlismus *m*, Offenˈbarungsglaube *m.* **2.** Wunderglaube *m.* **ˌ⁓ˈnor·mal** *adj* **1.** ˈüberˌdurchschnittlich, über das Norˈmale hinˈausgehend. **2.** außer-, ungewöhnlich. **ˌ⁓ˈno·va** *s a. irr astr.* Supernova *f.* **ˌ⁓ˈnu·mer·ar·y I** *adj* **1.** ˈüberzählig, außerplanmäßig, extra. **2.** ˈüberflüssig. **II** *s* **3.** ˈüberzählige Perˈson *od.* Sache. **4.** außerplanmäßiger Beamter *od.* Offiˈzier. **5.** Hilfskraft *f*, -arbeiter(in). **6.** *thea. etc* Staˈtist(in). **ˌ⁓ˈox·ide** *s chem.* ˈSuper-, ˈPeroˌxyd *n.* **ˌ⁓ˈper·son·al** *adj* ˈüberperˌsönlich. **ˌ⁓ˈphos·phate** *s chem.* ˈSuperphosˌphat *n.*

su·per·pose [ˌsuːpə(r)ˈpəʊz] *v/t* **1.** (auf-)legen, lagern, schichten (**on, upon** über *od.* auf *acc*). **2.** übereinˈander anordnen *od.* anbringen, übereinˈanderlegen, -schichten, -lagern. **3.** *math.* übereinˈanderlagern, superpoˈnieren: **to be** ⁓**d** sich decken. **4.** *electr.* überˈlagern. **ˌsu·per·poˈsi·tion** [-pəˈzɪʃn] *s* **1.** Aufschichtung *f*, -lagerung *f.* **2.** Auf-, Übereinˈandersetzen *n.* **3.** *bes. geol.* Schichtung *f*: **the law of** ⁓ *geol. Gesetz, nach dem die unterliegende Schicht älter ist als die obere.* **4.** *bot. math.* Superpositiˈon *f.* **5.** *electr. phys.* Überˈlagerung *f.*

ˈsu·per|ˌpow·er *s* **1.** *pol.* a) Supermacht *f* (*Nation*), b) ˈüberstaatliche Macht. **2.** *electr.* Höchstleistung *f* (*von großen Verbundnetzen*): ⁓ **station** Großkraftwerk *n*; ⁓ **transmitter** Größtsender *m.* **ˈ⁓race** *s pol.* Herrenvolk *n.* **ˌ⁓ˈroy·al** *s* ˈGroßroyˌalpaˌpier *n* (*brit. Schreib- od. Zeichenpapier, Format* 19 × 27 *Zoll; amer. Schreibpapier, Format* 20 × 28 *Zoll; Druckbogen, Format* 20½ × 27½ *Zoll*). **ˌ⁓ˈsat·u·rate** *v/t chem. med. tech.* überˈsättigen. **ˈ⁓ˌsat·uˈra·tion** *s* Überˈsättigung *f.* **ˌ⁓ˈscribe** [ˌ-ˈskraɪb; ˈ-sk-] *v/t* **1.** *s-n Namen etc* obenˈansetzen. **2.** beschriften, überˈschreiben. **ˈ⁓script I** *s* **1.** → **superscription** 2. **2.** *math.* hochgesteller Index. **II** *adj* **3.** überˈschrieben. **ˌ⁓ˈscrip·tion** *s* **1.** Überˈschreiben *n.* **2.** *obs.* ˈÜber-, Auf-, Inschrift *f.*

su·per·sede [ˌsuːpə(r)ˈsiːd] *v/t* **1.** *j-n od. etwas* ersetzen (**by** durch). **2.** abschaffen, beseitigen, *ein Gesetz etc* aufheben. **3.** *j-n* absetzen, s-s Amtes entheben. **4.** *j-n in der Beförderung etc* überˈgehen. **5.** verdrängen, ersetzen, ˈüberflüssig machen: **new methods** ⁓ **old ones. 6.** an die Stelle treten von (*od. gen*), *j-n od. etwas* ablösen, *j-s* Nachfolger werden: **to be** ⁓**d by** abgelöst werden von. **ˌsu·perˈse·de·as** [-dɪæs; -ɪəs] *s* **1.** *jur.* (Anordnung *f* der) Aussetzung *f* des Verfahrens, Siˈstierungsbefehl *m*, ˈWiderruf *m* (*e-r Anordnung*). **2.** *fig.* Hemmnis *n.* **ˌsu·perˈsed·ence, ˌsu·perˈse·dure** [-dʒə(r)] → **supersession.**

ˌsu·per|ˈsen·si·ble I *adj* ˈübersinnlich. **II** *s* **the** ⁓ das ˈÜbersinnliche. **ˌ⁓ˈsen·si·tive** *adj* ˈüberempfindlich. **ˌ⁓ˈsen·so·ry** → **supersensible** I. **ˌ⁓ˈserv·ice·a·ble** *adj obs.* (allzu) dienstbeflissen, ˈübereifrig.

su·per·ses·sion [ˌsuːpə(r)ˈseʃn] *s* **1.** Ersetzung *f* (**by** durch). **2.** Abschaffung *f*, Aufhebung *f.* **3.** Absetzung *f.* **4.** Verdrängung *f* (**by** durch).

ˈsu·per|·size I *s* ˈRiesenforˌmat *n*, ˈÜbergröße *f.* **II** *adj* ˈübergroß, riesig. **ˌ⁓ˈson·ic I** *adj* **1.** *phys.* ˈultraschallfreˌquent, Ultraschall... **2.** *aer. phys.* Überschall...: ⁓ **aircraft** → 5a; **at** ⁓ **speed** mit Überschallgeschwindigkeit; ⁓ **boom,** ⁓ **bang** → **sonic boom. 3.** *sl.* ‚supertoll‘. **II** *s* **4.** *phys.* a) Ultraschallwelle *f*, b) *pl* (*als sg konstruiert*) Fachgebiet *n* des Ultraschalls. **5.** *aer. phys.* a) ˈÜberschallflugzeug *n*, b) ˈÜberschallflug *m.* **ˈ⁓sound** *s phys.* Ultraschall *m.* **ˈ⁓star** *s* Superstar *m.* **ˈ⁓state** *s pol.* Supermacht *f.*

su·per·sti·tion [ˌsuːpə(r)ˈstɪʃn] *s* **1.** Aberglaube(n) *m.* **2.** abergläubischer

Brauch. ˌ**su·perˈsti·tious** [-ʃəs] *adj* (*adv* ~**ly**) abergläubisch. ˌ**su·perˈsti·tious·ness** *s* (*das*) Abergläubische, Aberglaube(n) *m*.

ˈ**su·per|·store** *s bes. Br.* großes Kaufhaus. ˌ~ˈ**stra·tum** *s irr* **1.** *geol.* obere Schicht. **2.** *ling.* Superˈstrat *n*. ˈ~ˌ**struc·ture** *s* **1.** Ober-, Aufbau *m*: ~ **work** *arch.* Hochbau *m*. **2.** *mar.* Deckaufbauten *pl*. **3.** *fig.* Oberbau *m*. ˌ~ˈ**sub·tle** *adj* überˈfeinert, -ˈspitzt. ˈ~ˌ**tank·er** *s mar.* Supertanker *m*. ˈ~·**tax** *s econ.* **1.** → **surtax** 1. **2.** *bes. Br.* Einkommensteuerzuschlag *m*. ˌ~ˈ**tem·po·ral**[1] *adj* ˈüberzeitlich, ewig. ˌ~ˈ**tem·po·ral**[2] *adj anat.* über dem Schläfenbein (gelegen). ˌ~·**terˈra·ne·an**, ˌ~·**terˈra·ne·ous**, ˌ~·**terˈrene** *adj* über *od.* auf der Erde *od.* Erdoberfläche (befindlich). ˌ~·**terˈres·tri·al** *adj* über der Erde (befindlich), ˈüberirdisch. ˌ~ˈ**ton·ic** *s mus.* zweite Stufe (*der Tonleiter*).

su·per·vene [ˌsu:pə(r)ˈvi:n] *v/i* **1.** (noch) hinˈzukommen (**upon**, **on** zu). **2.** sich plötzlich einstellen, (unvermutet) eintreten, daˈzwischenkommen. **3.** (unmittelbar) folgen, sich ergeben. ˌ**su·perˈven·i·ence** [-jəns] → **supervention**. ˌ**su·perˈven·i·ent** *adj* **1.** (noch) hinˈzukommend (**to** zu). **2.** unvermutet eintretend, daˈzwischenkommend. **3.** (unmittelbar) folgend. ˌ**su·perˈven·tion** [-ˈvenʃn] *s* **1.** Hinˈzukommen *n* (**on** zu). **2.** unvermutetes Eintreten, Daˈzwischenkommen *n*.

su·per·vise [ˈsu:pə(r)vaɪz] *v/t* beaufsichtigen, überˈwachen, die (Ober)Aufsicht haben *od.* führen über (*acc*), kontrolˈlieren. ˌ**su·perˈvi·sion** [-ˈvɪʒn] *s* **1.** Beaufsichtigung *f*, Überˈwachung *f*. **2.** (Ober-) Aufsicht *f*, Konˈtrolle *f* (**of** über *acc*): **police** ~ Polizeiaufsicht *f*. **3.** *ped.* ˈSchulinspektiˌon *f*. ˈ**su·per·vi·sor** [-vaɪzə(r)] *s* **1.** Aufseher *m*, Kontrolˈleur *m*, Aufsichtsbeamte(r) *m*, Aufsichtführende(r) *m*. **2.** *Am.* (leitender) Beamter e-s Stadt- *od.* Kreisverwaltungsvorstandes. **3.** *ped.* Fachbeauftragte(r) *m* e-r Schulbehörde. **4.** *univ.* ‚Doktorvater' *m*. **su·per·vi·so·ry** [ˈ-vaɪzərɪ; ˌ-ˈv-] *adj* Aufsichts..., Überwachungs...: ~ **function** Kontrollfunktion *f*.

su·pi·na·tion [ˌsju:pɪˈneɪʃn; *bes. Am.* ˌsu:-] *s* **1.** Supinatiˈon *f*, Aufwärtsdrehung *f* (*von Handteller od. Fußsohle*). **2.** Rükkenlage *f*.

su·pine[1] [ˈsju:paɪn; *bes. Am.* ˈsu:-] *s ling.* Suˈpinum *n*.

su·pine[2] [sju:ˈpaɪn; *bes. Am.* su:-] *adj* (*adv* ~**ly**) **1.** auf dem Rücken liegend, aus-, ˈhingestreckt: ~ **position** Rückenlage *f*. **2.** mit der Innenfläche nach oben (*Hand, Fuß etc*). **3.** *poet.* zuˈrückgelehnt, geneigt. **4.** *fig.* nachlässig, untätig, träge. **suˈpine·ness** *s fig.* Nachlässigkeit *f*, Trägheit *f*.

sup·per [ˈsʌpə(r)] **I** *s* **1.** Abendessen *n*, -brot *n*: **to have** ~ zu Abend essen; ~ **club** *Am.* exklusiver Nachtklub. **2. the S**~ *relig.* a) *a.* **the Last S**~ das letzte Abendmahl (*Christi*), b) *a.* **the Lord's S**~ das heilige Abendmahl, *R.C.* die heilige Kommuniˈon. **II** *v/i* **3.** *selten* zu Abend essen. **III** *v/t* **4.** *selten j-m* das Abendessen serˈvieren *od.* machen. ˈ**sup·per·less** *adj* ohne Abendessen.

sup·plant [səˈplɑ:nt; *Am.* -ˈplænt] *v/t j-n od. etwas* verdrängen, *e-n Rivalen* ausstechen.

sup·ple [ˈsʌpl] **I** *adj* (*adv* **supply**) **1.** geschmeidig: a) biegsam, eˈlastisch, b) *fig.* beweglich: **a** ~ **mind**. **2.** *fig.* fügsam, nachgiebig. **3.** kriecherisch, unterˈwürfig. **II** *v/t* **4.** geschmeidig *etc* machen. **5.** *ein Pferd* zureiten. **III** *v/i* **6.** geschmeidig *etc* werden.

sup·ple·ment I *s* [ˈsʌplɪmənt] **1.** (**to**) Ergänzung *f* (*gen od.* zu), Zusatz *m* (zu). **2.** Nachtrag *m*, Anhang *m* (**to** zu *e-m Buch*), Ergänzungsband *m*. **3.** Beilage *f* (*zu e-r Zeitung etc*): **commercial** ~ Handelsbeilage. **4.** *math.* Ergänzung *f* (*auf 180 Grad*). **5.** Aufbesserung *f* (**to one's income** s-s Einkommens). **II** *v/t* [ˈsʌplɪment] **6.** ergänzen. **7.** *sein Einkommen* aufbessern. ˌ**sup·pleˈmen·tal** [-ˈmentl] *adj* (*adv* ~**ly**) → **supplementary** 1: ~ **firm** *Am.* Zulieferfirma *f*. **sup·ple·men·tar·i·ly** [ˌsʌplɪˈmentərəlɪ; *Am. bes.* ˌsʌpləmənˈterəli:] *adv*. ˌ**sup·pleˈmen·ta·ry** [-ˈmentərɪ] **I** *adj* **1.** ergänzend, Ergänzungs..., zusätzlich, Zusatz..., Nach(trags)...: **to be** ~ **to s.th.** etwas ergänzen; ~ **agreement** *econ. pol.* Zusatzabkommen *n*; ~ **benefit** *Br.* Sozialhilfe *f*; ~ **budget** *pol.* Nachtragshaushalt *m*; ~ **entry** *econ.* Nachtragsbuchung *f*; ~ **estimates** *econ.* Nachtragsetat *m*; ~ **order** Nachbestellung *f*; ~ **proceedings** *jur.* a) Zusatzverfahren *n*, b) Offenbarungsverfahren *n* (*zwecks Vollstreckung*); ~ **question** Zusatzfrage *f*; **to take a** ~ **ticket** (e-e Fahrkarte) nachlösen. **2.** *math.* supplemenˈtär: ~ **angle** Supplementärwinkel *m*. **3.** *bes. tech.* Hilfs..., Ersatz..., Zusatz... **II** *s* **4.** Nachtrag *m*, Ergänzung *f*. ˌ**sup·ple·menˈta·tion** [-men-] *s* Ergänzung *f*: a) Nachtragen *n*, b) Nachtrag *m*, Zusatz *m*.

sup·ple·ness [ˈsʌplnɪs] *s* **1.** Geschmeidigkeit *f* (*a. fig.*). **2.** Fügsamkeit *f*. **3.** Unterˈwürfigkeit *f*.

sup·ple·tion [səˈpli:ʃn] *s ling.* Suppletiˈon *f*.

sup·ple·to·ry [ˈsʌplɪtərɪ; *Am.* -ˌtəʊri:; -ˌtɔ:-; səˈpli:təri:] → **supplementary** 1.

sup·pli·ant [ˈsʌplɪənt] **I** *s* (demütiger) Bittsteller. **II** *adj* (*adv* ~**ly**) flehend, demütig (bittend).

sup·pli·cant [ˈsʌplɪkənt] → **suppliant**. ˈ**sup·pli·cat** [-kæt] *s univ. Br.* Gesuch *n* (*bes. um Immatrikulation*). ˈ**sup·pli·cate** [-keɪt] **I** *v/i* **1.** demütig *od.* dringlich bitten, flehen (**for** um). **II** *v/t* **2.** anflehen, demütig bitten (**s.o. for s.th.** j-n um etwas). **3.** erbitten, erflehen, bitten um. ˌ**sup·pliˈca·tion** *s* **1.** demütige Bitte (**for** um), Flehen *n*. **2.** (Bitt)Gebet *n*. **3.** Gesuch *n*. ˈ**sup·pli·ca·to·ry** [-kətərɪ; -keɪ-; *Am.* -kəˌtəʊri:; -ˌtɔ:-] *adj* flehend, Bitt...

sup·pli·er [səˈplaɪə(r)] *s* Liefeˈrant(in), *a. pl* Lieferfirma *f*.

sup·ply [səˈplaɪ] **I** *v/t* **1.** a) *allg.* liefern: **to** ~ **electricity** (**goods**, **proof**, *etc*), b) beschaffen, bereitstellen, sorgen für, zuführen: **to** ~ **the necessary equipment**. **2.** *j-n od. etwas* beliefern, versorgen, ausstatten, versehen, *electr. tech.* speisen (**with** mit): **to** ~ **s.o. with s.th.**, **to** ~ **s.th. to s.o. 3.** ergänzen: **to** ~ **missing words**. **4.** ausgleichen, ersetzen: **to** ~ **a loss**; **to** ~ **a deficit** ein Defizit decken. **5.** *ein Bedürfnis* befriedigen: **to** ~ **a want** e-m Mangel abhelfen; **to** ~ **the demand** *econ.* die Nachfrage decken. **6.** *e-e Stelle* ausfüllen, einnehmen, *ein Amt* vorˈübergehend versehen: **to** ~ **the place of s.o.** j-n vertreten. **7.** *econ.* nachschießen, -zahlen.

II *s* **8.** Lieferung *f* (**to an** *acc*), Zufuhr *f*, Beschaffung *f*, Bereitstellung *f*. **9.** Belieferung *f*, Versorgung *f* (**with** mit), Bedarfsdeckung *f*: ~ **crisis** *econ.* Versorgungskrise *f*. **10.** *electr.* (Netz)Anschluß *m*. **11.** Ergänzung *f*, Zuschuß *m*, Beitrag *m*. **12.** *econ.* Angebot *n*: ~ **and demand** Angebot u. Nachfrage; **to be in short** ~ knapp sein. **13.** *meist pl* Vorrat *m*, Lager *n*, Bestand *m*. **14.** *meist pl mil.* Nachschub *m*, Verˈsorgung(smateriˌal *n*) *f*, Proviˈant *m*. **15.** *pl econ.* Arˈtikel *pl*, Bedarf *m*: **operating supplies** Betriebsstoffe. **16.** a) Stellvertreter(in), Ersatz *m*, b) Stellvertretung *f*: **on** ~ in Vertretung. **17.** *meist pl parl.* bewilligter Eˈtat: **Committee of S**~ Haushaltsausschuß *m*.

III *adj* **18.** Versorgungs..., Liefer..., Lieferungs...: ~ **plant** Lieferwerk *n*; ~ **price** *econ.* äußerster *od.* niedrigster Preis; ~-**side economics** *Am.* angebotsorientierte Wirtschaftspolitik. **19.** *mil.* a) Versorgungs...: ~ **area** (**bomb**, **officer**, **ship**), b) Nachschub...: ~ **base** Versorgungs-, Nachschubbasis *f*; ~ **lines** Nachschubverbindungen; ~ **sergeant** Kammerunteroffizier *m*. **20.** *electr. tech.* Speise...: ~ **circuit** (**current**, **line**, **relay**); ~ **pipe** Zuleitung(srohr *n*) *f*; ~ **station** *Br.* Kraftwerk *n*; ~ **voltage** Netz-, Speisespannung *f*. **21.** Aushilfs..., Ersatz...: ~ **teacher**.

sup·port [səˈpɔ:(r)t; *Am. a.* -ˈpəʊrt] **I** *v/t* **1.** tragen, (ab)stützen, (aus)halten: **to** ~ **a wall** (**weight**, *etc*). **2.** ertragen, (er)dulden, aushalten. **3.** *j-n* unterˈstützen, stärken, *j-m* beistehen, *j-m* Rückendeckung geben: **what** ~**ed him was hope** nur die Hoffnung hielt ihn aufrecht. **4.** erhalten, unterˈhalten, sorgen für, ernähren (**on** von): **to** ~ **a family**; **to** ~ **o.s. on** sich ernähren *od.* erhalten von; **inability to** ~ **o.s.** Erwerbsunfähigkeit *f*. **5.** aufkommen für, finanˈzieren: **to** ~ **a project**. **6.** in Gang halten: **to** ~ **the conversation**. **7.** eintreten für, unterˈstützen, fördern, befürworten: **to** ~ **a policy** (**a candidate**). **8.** vertreten: **to** ~ **a theory**. **9.** beweisen, begründen, erhärten, rechtfertigen. **10.** *econ.* a) *e-e Währung* decken, b) *den Preis* halten, stützen. **11.** *thea. etc* a) *e-e Rolle* spielen, b) als Nebendarsteller(in) auftreten mit (*e-m Star etc*).

II *s* **12.** *allg.* Stütze *f*: **to walk without** ~; ~ **hose** Stützstrümpfe. **13.** *arch. tech.* a) Stütze *f*, Halter *m*, Träger *m*, Ständer *m*, b) Strebe *f*, Absteifung *f*, c) Lagerung *f*, Bettung *f*, d) Staˈtiv *n*, e) *arch.* ˈDurchzug *m*. **14.** *mil.* (Gewehr)Auflage *f*. **15.** (*a. mil.* taktische) Unterˈstützung, Beistand *m*, Rückhalt *m*, Rückendeckung *f*: **to give** ~ **to** → 3; **in** ~ **of** zur Unterstützung (*gen*); ~ **buying** *econ.* Stützungskäufe *pl*. **16.** Unterˈhaltung *f* (*e-r Einrichtung*). **17.** (ˈLebens)ˌUnterhalt *m*. **18.** *fig.* Stütze *f*, (Rück)Halt *m*. **19.** Aufrechterhaltung *f*. **20.** Bekräftigung *f*, Erhärtung *f*, Beweis *m*: **in** ~ **of** zur Bestätigung von (*od. gen*). **21.** *mil.* Reˈserve *f*, Verstärkung *f*. **22.** *thea.* a) Partner(in) (*e-s Stars*), b) Unterˈstützung *f* (*e-s Stars*) (durch das Enˈsemble), c) Enˈsemble *n*. **23.** *phot.* Träger *m*.

sup·port·a·ble [səˈpɔ:(r)təbl; *Am. a.* -ˈpəʊrt-] *adj* (*adv* **supportably**) **1.** haltbar, vertretbar: ~ **view**. **2.** erträglich, zu ertragen(d). **supˈport·er** *s* **1.** *arch. tech.* Stütze *f*, Träger *m*. **2.** *fig.* Beistand *m*, Helfer(in), Unterˈstützer(in), Stütze *f*. **3.** Erhalter(in). **4.** Anhänger(in) (*a. sport*), Verfechter(in), Vertreter(in), Befürworter(in). **5.** *med.* Stütze *f*, Tragbinde *f*. **6.** *her.* Wappen-, Schildhalter *m*. **supˈport·ing** *adj* **1.** tragend, stützend, Stütz..., Trag...: ~ **surfaces** *aer.* Tragwerk *n*. **2.** unterˈstützend, Unterstützungs...: ~ **actor** *thea. etc* Nebendarsteller *m*; ~ **bout** (*Boxen*) Rahmenkampf *m*; ~ **cast** *thea. etc* Ensemble *n*; ~ **fire** *mil.* Unterstützungsfeuer *n*; ~ **measures** flankierende Maßnahmen; ~ **program(me)** (*Film*) Beiprogramm *n*; ~ **purchases** *econ.* Stützungskäufe. **3.** erhärtend, bekräftigend: ~ **document** Unterlage *f*, Beleg *m*; ~ **evidence** zusätzliche Beweise. **sup'port·ive** → **supporting** 3.

sup·pos·a·ble [sə'pəʊzəbl] *adj* **1.** anzunehmen(d), denkbar. **2.** vor'aussetzbar. **3.** vermutlich.

sup·pos·al [sə'pəʊzl] → **supposition.**

sup·pose [sə'pəʊz] **I** *v/t* **1.** (als möglich *od.* gegeben) annehmen, vor'aussetzen, sich vorstellen: ~ (*od.* **supposing** *od.* **let us** ~) angenommen, gesetzt den Fall; **it is to be ~d that** es ist anzunehmen, daß. **2.** *imp* (*e-n Vorschlag einleitend*) wie wäre es, wenn (*wir e-n Spaziergang machten?*): ~ **we went for a walk! 3.** vermuten, glauben, meinen: **they are British, I** ~ es sind wohl *od.* vermutlich Engländer; **I** ~ **I must have fallen asleep** ich muß wohl eingeschlafen sein. **4.** (*mit acc u. inf*) halten für: **I** ~ **him to be a painter; he is ~d to be rich** er soll reich sein. **5.** (notwendigerweise) vor'aussetzen: **creation ~s a creator. 6.** (*pass mit inf*) sollen: **isn't he ~d to be at home?** sollte er nicht (eigentlich *od.* von Rechts wegen) zu Hause sein?; **a grammarian is ~d to know (the) grammar** von e-m Grammatiker erwartet man, daß er die Grammatik kennt; **you are not ~d to know everything** du brauchst nicht alles zu wissen; **what is that ~d to mean?** was soll denn das? **II** *v/i* **7. I** ~ **so** ich nehme es an, wahrscheinlich, vermutlich. **sup'posed** *adj* **1.** angenommen: **a** ~ **case. 2.** vermutlich. **3.** vermeintlich, angeblich. **sup'pos·ed·ly** [-ɪd-] *adv.*

sup·po·si·tion [ˌsʌpə'zɪʃn] *s* **1.** Vor'aussetzung *f*: **on the** ~ **that** unter der Voraussetzung, daß. **2.** Vermutung *f*, Mutmaßung *f*, Annahme *f*. **3.** *Logik*: Begriffsinhalt *m*. **ˌsup·po'si·tion·al** [-ʃənl] *adj* (*adv* **~ly**), *a.* **ˌsup·po'si·tion·ar·y** [-ʃnərɪ; *Am.* -ʃəˌneriː] *adj* auf Annahme beruhend, angenommen, hypo'thetisch. **sup·pos·i·ti·tious** [səˌpɒzɪ'tɪʃəs; *Am.* -ˌpɑzə-] *adj* **1.** unecht, gefälscht, vorgeblich. **2.** 'untergeschoben (*Kind, Absicht etc*), erdichtet. **3.** → **suppositional. sup'pos·i·tive** [-'pɒzɪtɪv; *Am.* -'pɑzə-] → **suppositional.**

sup·pos·i·to·ry [sə'pɒzɪtərɪ; *Am.* -'pɑzəˌtəʊriː; -ˌtɔː-] *s med.* Zäpfchen *n*, Supposi'torium *n*.

sup·press [sə'pres] *v/t* **1.** *allg.* unter'drücken: **to** ~ **a rebellion (a cough, a feeling,** *electr.* **a radio noise,** *etc*); **~ed laughter** unterdrücktes Lachen; **to** ~ **interference from** *electr. ein Gerät* entstören. **2.** *etwas* abstellen, abschaffen, *e-r Sache* ein Ende machen. **3.** a) *ein Buch etc* verbieten *od.* unter'drücken, b) *e-e Textstelle* streichen. **4.** verheimlichen, -schweigen, unter'schlagen, vertuschen: **to** ~ **evidence** *jur.* Beweismaterial unterschlagen. **5.** *med.* a) *e-e Blutung* stillen, b) *Durchfall* stopfen, c) *Harn, Stuhl* verhalten. **6.** *psych.* verdrängen. **sup'pres·sant** *s*: **appetite** ~ Appetitzügler *m*. **sup'press·i·ble** *adj* unter'drückbar, zu verheimlichen(d). **sup'pres·sion** [-ʃn] *s* **1.** Unter'drückung *f* (*a. fig. u. electr.*): ~ **of interference** *electr.* Entstörung *f*. **2.** Abschaffung *f*. **3.** Verschweigen *n*, -tuschung *f*, -heimlichung *f*, Unter'schlagung *f*. **4.** *med.* a) (Blut)Stillung *f*, b) Stopfung *f*, c) (Harn-, Stuhl)Verhaltung *f*. **5.** *psych.* Verdrängung *f*. **sup'pres·sive** [-sɪv] *adj* unter'drückend, Unterdrückungs... **sup'pres·sor** [-sə(r)] *s* **1.** Unter'drücker(in). **2.** Verhehler(in). **3.** *electr.* a) Sperrgerät *n*, b) Entstörer *m*: ~ **grid** Bremsgitter *n*.

sup·pu·rate ['sʌpjʊəreɪt] *v/i med.* eitern. **ˌsup·pu'ra·tion** *s* Eiterung *f*, Eiterbildung *f*. **'sup·pu·ra·tive** [-rətɪv; *Am. a.* -ˌreɪ-] *adj* eiternd, eitrig, Eiter...

su·pra ['suːprə] (*Lat.*) *adv* oben (*bei Verweisen in e-m Buch etc*).

supra- [suːprə] *Wortelement mit den Bedeutungen* a) *bes. scient.* über, oberhalb, b) früher, vorhergehend, c) über ... hinaus.

ˌsu·pra·con'duc·tor *s electr.* Supraleiter *m*.

ˌsu·pra'lim·i·nal *adj psych.* bewußt, 'überschwellig.

ˌsu·pra·mo'lec·u·lar *adj chem.* supramoleku'lar.

ˌsu·pra'mun·dane *adj* 'überweltlich, -irdisch.

ˌsu·pra'na·tion·al *adj* 'übernatioˌnal, -staatlich.

ˌsu·pra'nat·u·ral → **supernatural.**

ˌsup·ra'pro·test *s a.* **acceptance** ~ *econ. jur.* Interventi'onsakˌzept *n*, Ehrenannahme *f*.

ˌsu·pra're·nal *anat.* **I** *adj* suprare'nal, Nebennieren...: ~ **extract** Nebennierenextrakt *m*. **II** *s* Nebenniere(ndrüse) *f*.

su·prem·a·cy [sʊ'preməsɪ] *s* **1.** Oberhoheit *f*: a) *pol.* höchste Gewalt, Souveräni'tät *f*, b) Supre'mat *m, n* (*Oberhoheit in Kirchensachen*): **Act of S~** Suprematsakte *f* (*Gesetz, durch welches das Staatsoberhaupt zum Haupt der englischen Kirche erklärt wurde; 1535*); **oath of** ~ Suprematseid *m*. **2.** *fig.* Vorherrschaft *f*, 'Übergewicht *n*, Über'legenheit *f*: **air** ~ Luftherrschaft *f*; **naval** ~ Vormachtstellung *f* zur See; **his** ~ **among dramatists** sein Vorrang unter den Dramatikern.

su·preme [sʊ'priːm] **I** *adj* **1.** höchst(er, e, es), oberst(er, e, es), Ober...: ~ **authority** höchste (Regierungs)Gewalt; ~ **command** *mil.* Oberbefehl *m*, -kommando *n*; ~ **commander** *mil.* Oberbefehlshaber *m*; **S~ Court** *Am.* a) Oberstes Bundesgericht, b) oberstes Gericht (*e-s Bundesstaates*); → **judicature** 1; **S~ Soviet** Oberster Sowjet; **to reign** ~ herrschen (*a. fig.*). **2.** höchst(er, e, es), größt(er, e, es), äußerst(er, e, es), über'ragend: ~ **courage; S~ Being** → 6; **the** ~ **good** *philos.* das höchste Gut; **the** ~ **punishment** die Todesstrafe; **he stands** ~ **among poets** er nimmt unter den Dichtern den höchsten Rang ein. **3.** letzt(er, e, es): ~ **moment** Augenblick *m* des Todes; ~ **sacrifice** Hingabe *f* des Lebens. **4.** entscheidend, kritisch: **the** ~ **hour in the history of a nation. II** *s* **5. the** ~ der *od.* die *od.* das Höchste. **6. the S~** der Allerhöchste, Gott *m*. **7.** *fig.* Gipfel *m*: **the** ~ **of folly. su'preme·ly** *adj* höchst, im höchsten Grad, 'überaus.

su·pre·mo [sʊ'priːməʊ] *pl* **-mos** *s Br. colloq.* Oberboß *m*.

sur- [sɜː; sə; *Am.* sɜr; sər] *Wortelement mit der Bedeutung* über, auf.

su·ra[1] ['sʊərə] *s relig.* Sure *f* (*Abschnitt des Korans*).

su·ra[2] ['sʊərə] *s Br. Ind.* gegorener Palmensaft.

su·rah[1] → **sura**[1].

su·rah[2] ['sjʊərə; *Am.* 'sʊrə] *s* Surah *m*, Seidenköper *m*.

su·ral ['sjʊərəl; *Am.* 'sʊrəl] *adj* Waden...

su·rat [sʊ'ræt] *s* **1.** Su'ratbaumwolle *f*. **2.** minderwertiger Baumwollstoff.

sur·base ['sɜːbeɪs; *Am.* 'sɜrˌb-] *s arch.* Kranz(gesims *n*) *m*, Rand *m*.

sur·cease [sɜː'siːs; *Am.* ˌsɜr-; *a.* 'sɜrˌs-] *obs.* **I** *v/i* **1.** ablassen (**from** von). **2.** aufhören. **II** *v/t* **3.** ablassen von. **4.** unter'brechen. **III** *s* **5.** Ende *n*, Aufhören *n*. **6.** Unter'brechung *f*, Pause *f*.

sur·charge I *s* ['sɜːtʃɑː(r)dʒ; *Am.* 'sɜrˌtʃ-] **1.** *bes. fig.* Über'lastung *f*, -'bürdung *f*. **2.** *econ.* a) Über'forderung *f* (*a. fig.*), zu'viel berechnete Gebühr, b) 'Überpreis *m*, c) (Steuer)Zuschlag *m*, d) Zuschlag(sgebühr *f*) *m*, e) Nach-, Strafporto *n*. **3.** 'Über-, Aufdruck *m* (*auf Briefmarken etc*). **II** *v/t* [sɜː'tʃɑː(r)dʒ; *Am. bes.* 'sɜrˌtʃ-; *a.* ˌsɜr'tʃ-] **4.** über'fordern, -'lasten, -'bürden. **5.** *econ.* a) Nachporto *od.* e-n Zuschlag *etc* erheben auf (*acc*), b) *ein Konto* zusätzlich belasten. **6.** *Briefmarken etc* (*mit neuer Wertangabe*) über'drucken. **7.** über'füllen, -'sättigen.

sur·cin·gle ['sɜːsɪŋgl; *Am.* 'sɜrˌs-] **I** *s* **1.** Sattel-, Packgurt *m*. **II** *v/t* **2.** *e-m Pferd* e-n Sattel- *od.* Packgurt anlegen. **3.** mit e-m Gurt befestigen.

sur·coat ['sɜːkəʊt; *Am.* 'sɜrˌk-] *s* **1.** *hist.* a) Wappenrock *m*, b) 'Überrock *m* (*der Frauen*). **2.** Freizeitjacke *f*, Anorak *m*.

surd [sɜːd; *Am.* sɜrd] **I** *adj* **1.** *math.* irratio'nal: ~ **number. 2.** *ling.* stimmlos. **3.** sinnlos. **II** *s* **4.** *math.* irratio'nale Größe, *a.* Wurzelausdruck *m*. **5.** *ling.* stimmloser Laut.

sure [ʃʊə(r); *Br. a.* ʃɔː] **I** *adj* (*adv* → **surely**) **1.** *nur pred* (**of**) sicher, gewiß (*gen*), über'zeugt (von): **are you** ~ **(about it)?** bist du (dessen) sicher?; **I feel** ~ **of getting my money back** ich bin überzeugt (davon), daß ich mein Geld zurückerhalte; **if one could be** ~ **of living to 80** wenn man sicher wüßte, daß man 80 Jahre alt wird; **I am not quite** ~ **that** ich bin nicht ganz sicher, daß; **he is** (*od.* **feels**) ~ **of success** er ist sich s-s Erfolges sicher; **to be** ~ **of one's facts** sich s-r Sache sicher sein; **to be** ~ **of o.s.** selbstsicher sein; **I'm** ~ **I didn't mean to hurt you** ich wollte Sie ganz gewiß nicht verletzen; **she was not** ~ **that she had heard** es war ihr so, als hätte sie gehört; **are you** ~ **you won't come?** wollen Sie wirklich nicht kommen? **2.** *nur pred* sicher, gewiß, (ganz) bestimmt, zweifellos (*objektiver Sachverhalt*): **he is** ~ **to come** er kommt sicher *od.* bestimmt; **man is** ~ **of death** dem Menschen ist der Tod gewiß *od.* sicher; **to make** ~ **that** sich (davon) überzeugen, daß; **to make** ~ **of s.th.** a) sich von etwas überzeugen, sich e-r Sache vergewissern, b) sich etwas sichern; **to make** ~ (*Redew.*) um sicherzugehen; **be** ~ **to** (*od.* **and) shut the window!** vergiß nicht, das Fenster zu schließen!; **for** ~ sicher, bestimmt; **not now, that's for** ~ jetzt jedenfalls nicht; **to be** ~ (*Redew.*) sicher(lich), natürlich (*a. einschränkend = freilich, allerdings*). **3.** sicher, untrüglich: ~ **proof. 4.** sicher, unfehlbar: **a** ~ **cure; a** ~ **shot;** ~ **thing!** *bes. Am. colloq.* (tod)sicher!, (aber) klar!; → **slow** 1. **5.** verläßlich, zuverlässig. **6.** sicher, fest: **a** ~ **footing;** ~ **faith** *fig.* fester Glaube.

II *adv* **7.** *colloq.* sicher(lich): ~ **enough** a) ganz bestimmt, b) tatsächlich; **~!** (aber) klar!, aber sicher!, und ob!; → **egg**[1] 1. **8.** *Am. colloq.* wirklich: **it** ~ **was cold** es war vielleicht kalt!

'sure|-ˌfire *adj colloq.* (tod)sicher, zuverlässig. **ˌ~-'foot·ed** *adj* **1.** sicher auf den Füßen *od.* Beinen. **2.** *fig.* sicher.

sure·ly ['ʃʊə(r)lɪ; *Br. a.* 'ʃɔːlɪ] *adv* **1.** sicher(lich), gewiß, bestimmt, zweifellos. **2.** a) (ganz) bestimmt *od.* gewiß: **it** ~ **cannot have been he,** b) doch (wohl): **it** ~ **can't be true. 3.** sicher: **slowly but** ~ langsam, aber sicher. **4.** (*in Antworten*) gewiß, na'türlich, selbstverständlich, (aber) sicher.

sure·ness ['ʃʊə(r)nɪs; *Br. a.* 'ʃɔːnɪs] *s* Sicherheit *f*: a) Gewißheit *f*, feste Über'zeugung, b) Zuverlässigkeit *f*, c) Entschiedenheit *f*.

sure·ty ['ʃʊərətɪ; 'ʃʊə(r)tɪ; *Br. a.* 'ʃɔːtɪ] *s* **1.** *bes. jur.* a) Sicherheit *f*, Bürgschaft *f*, Kauti'on *f*, b) Bürge *m*: **to stand** ~ bürgen *od.* Bürgschaft leisten (**for** für *j-n*); ~

bond Bürgschaftsurkunde *f*; ~ **company** *Am.* Kautionsversicherungsgesellschaft *f.* **2.** Gewähr(leistung) *f*, Garan'tie *f.* **3.** *obs.* Gewißheit *f*: **of a** ~ gewiß, ohne Zweifel. '**sure·ty·ship** *s bes. jur.* Bürgschaft(sleistung) *f.*

surf [sɜːf; *Am.* sɜrf] **I** *s* **1.** Brandung *f.* **II** *v/i* **2.** a) in der Brandung baden, b) *sport* wellenreiten, surfen. **3.** branden (*a. fig.*).

sur·face ['sɜːfɪs; *Am.* 'sɜr-] **I** *s* **1.** *allg.* Oberfläche *f*: **a smooth** ~; ~ **of water** Wasseroberfläche, -spiegel *m*; **to come** (*od.* **rise**) **to the** ~ → 16. **2.** *fig.* Oberfläche *f*, (*das*) Äußere: **on the** ~ a) äußerlich, b) vordergründig, c) oberflächlich betrachtet: **to bring to the** ~ zutage fördern; **to lie on the** ~ zutage liegen; → **scratch** 11. **3.** *math.* a) (Ober)Fläche *f*, b) Flächeninhalt *m*: **lateral** ~ Seitenfläche. **4.** Straßenbelag *m*, -decke *f.* **5.** *aer.* Tragfläche *f.* **6.** *Bergbau*: Tag *m*: **on the** ~ über Tag, im Tagebau. **II** *adj* **7.** Oberflächen... (*a. tech.*): ~ **hardening. 8.** *mar.* Überwasser...: ~ **vessel. 9.** Land...: ~ **transport(ation). 10.** *Bergbau*: im Tagebau. **11.** *fig.* oberflächlich: a) flüchtig: ~ **impressions**, b) vordergründig: ~ **realism**, c) Schein..., äußerlich, unaufrichtig: ~ **politeness. III** *v/t* **12.** *tech. allg.* die Oberfläche behandeln *od.* bearbeiten von (*od. gen*). **13.** a) glätten, b) *tech.* plandrehen, c) *Lackierung* spachteln. **14.** mit e-m (Oberflächen)Belag versehen: **to** ~ **a road. 15.** *ein U-Boot* auftauchen lassen. **IV** *v/i* **16.** a) an die Oberfläche kommen, b) *fig.* ans Tageslicht kommen: **he did not** ~ er kam nicht zum Vorschein, er zeigte sich nicht. **17.** auftauchen (*U-Boot*).

ˌ**sur·face|-'ac·tive** *adj phys.* 'oberflächenakˌtiv. ~ **car** *s Am.* Straßenbahn *f* (*Ggs. U-Bahn, Schwebebahn*). ~**charge** *s electr.* (Ober)Flächenladung *f.* ~ **dive** *s* Tauchen *n* aus der Schwimmlage. '~**-efˌfect ship** *s Am.* Luftkissenfahrzeug *n.* ~ **fric·tion drag** *s phys.* Oberflächenreibung *f.* ~ **ga(u)ge** *s tech.* (Plan-)Flächenlehre *f.* ~ **in·te·gral** *s math.* ('Ober)Flächeninteˌgral *n.* ~ **mail** *s* gewöhnliche Post (*Ggs. Luftpost*). '~**man** [-mən] *s irr* **1.** *rail.* Streckenarbeiter *m.* **2.** *Bergbau*: Arbeiter *m* im Tagebau. ~ **noise** *s* Rauschen *n* (*e-r Schallplatte*). ~ **plate** *s tech.* Planscheibe *f* (*der Drehbank*). ~ **print·ing** *s print.* Reli'ef-, Hochdruck *m.*

sur·fac·er ['sɜːfɪsə(r); *Am.* 'sɜr-] *s tech.* **1.** a) 'Plandrehmaˌschine *f*, b) ('Plan)Hobelmaˌschine *f.* **2.** Spachtelmasse *f.*

sur·face| struc·ture *s ling.* 'Oberflächenstrukˌtur *f.* ~**ten·sion** *s phys.* Oberflächenspannung *f.* ˌ~**-to-'air mis·sile** *s mil.* 'Boden-'Luft-Raˌkete *f.* ˌ~**-to--'sur·face mis·sile** *s mil.* 'Boden-'Boden-Raˌkete *f.* ~**wa·ter** *s geol.* Oberflächenwasser *n.* ~ **work** *s Bergbau*: Arbeit *f* über Tage.

sur·fac·tant [sɜː'fæktənt; *Am.* sɜr-; sər-] *s phys.* 'oberflächenakˌtives Mittel.

'**surf|·board** *sport* **I** *s* Surfbrett *n.* **II** *v/i* wellenreiten, surfen. '~**·board·er** *s sport* Wellenreiter(in), Surfer(in). '~**boat** *s mar.* Brandungsboot *n.*

sur·feit ['sɜːfɪt; *Am.* 'sɜr-] **I** *s* **1.** 'Übermaß *n* (**of** an *dat*). **2.** *a. fig.* Über'fütterung *f*, -'sättigung *f* (**of** mit). **3.** 'Überdruß *m*, Ekel *m*: **to (a)** ~ bis zum Überdruß. **II** *v/t* **4.** über'sättigen, -'füttern (**with** mit). **5.** über'füllen, -'laden. **III** *v/i* **6.** (**of, with**) sich über'sättigen (mit), bis zum 'Überdruß essen *od.* trinken (von).

'**surf·er** *s* **1.** Brandungsschwimmer(in). **2.** → **surfboarder.**

sur·fi·cial [sɜː'fɪʃl; *Am.* sɜr-; *a.* 'sɜrˌf-] *adj geol.* (Erd)Oberflächen...

'**surf·ing** *s* **1.** Brandungsschwimmen *n.* **2.** *sport* Wellenreiten *n*, Surfen *n.*

'**surf|ˌrid·er** *s* **1.** → **surfer** 1. **2.** → **surfboarder.** '~ˌ**rid·ing** *s* → **surfing.**

'**surf·y** *adj* brandend, Brandungs...

surge [sɜːdʒ; *Am.* sɜrdʒ] **I** *s* **1.** Woge *f*, (hohe) Welle (*beide a. fig.*), Sturzsee *f.* **2.** *a. fig.* Wogen *n*, (An)Branden *n.* **3.** *fig.* (Auf)Wallung *f*: **a** ~ **of emotion. 4.** *electr.* Spannungsstoß *m*: ~ **voltage** Stoßspannung *f.* **II** *v/i* **5.** wogen, hochgehen, -branden (*alle a. fig. Gefühle etc*), *fig.* (auf)wallen. **6.** (*auf den Wellen*) wogen, reiten (*Schiff*). **7.** *fig.* a) wogen, (vorwärts)drängen (*Menschenmenge etc*), b) brausen (*Orgel, Verkehr etc*). **8.** *electr.* a) plötzlich ansteigen (*Spannung od. Strom*), b) heftig schwanken (*Spannung etc*).

sur·geon ['sɜːdʒən; *Am.* 'sɜr-] *s* **1.** Chir'urg *m*: ~ **dentist** Zahnarzt *m*, *bes.* Zahnchirurg *m.* **2.** *mil.* leitender Sani'tätsoffiˌzier: ~ **general** *pl* ~**s general** *Br.* Stabsarzt *m*; **S~ General** *Am.* a) General(stabs)arzt *m*, b) Marineadmiralarzt *m*; ~ **major** *Br.* Oberstabsarzt *m.* **3.** *mar.* Schiffsarzt *m.* **4.** *hist.* Wundarzt *m*, Bader *m.* '**sur·ger·y** [-ərɪ] *s* **1.** *med.* Chirur'gie *f*: ~ **of the chest** Thoraxchirurgie. **2.** *med.* chir'urgische Behandlung, chirurgischer *od.* opera'tiver Eingriff: **to remove by** ~ operativ entfernen. **3.** *Am.* Operati'onssaal *m.* **4.** *Br.* a) Sprechzimmer *n*, b) Sprechstunde *f*: ~ **hours** Sprechstunden. **5.** *fig.* drastischer Eingriff. '**sur·gi·cal** [-ɪkl] *adj* (*adv* ~**ly**) **1.** *med.* chir'urgisch. **2.** *med.* Operations...: ~ **team**; ~ **instruments** Operationsbesteck *n.* **3.** *med.* von e-r Operati'on 'herrührend, Operations...: ~ **wound**; ~ **fever** septisches Fieber. **4.** ~ **boot** orthopädischer Schuh; ~ **stocking** Stützstrumpf *m.* **5.** ~ **spirit** Wundbenzin *n.* **6.** *fig.* einschneidend, drastisch.

surg·ing ['sɜːdʒɪŋ; *Am.* 'sɜr-] **I** *s* **1.** *a. fig.* Wogen *n*, Branden *n.* **2.** *electr.* Pendeln *n* (*der Spannung etc*). **II** *adj* → **surgy.** '**surg·y** *adj* wogend, brandend (*a. fig.*).

su·ri·cate ['sʊrɪkeɪt; *Br. a.* 'sjʊə-] *s zo.* Suri'kate *f.*

sur·li·ness ['sɜːlɪnɪs; *Am.* 'sɜr-] *s* **1.** Verdrießlichkeit *f*, mürrisches Wesen. **2.** Bärbeißigkeit *f.*

sur·ly ['sɜːlɪ; *Am.* 'sɜr-] *adj* (*adv* **surlily**) **1.** verdrießlich, mürrisch, griesgrämig. **2.** grob, bärbeißig. **3.** zäh: ~ **soil. 4.** rauh, düster: ~ **weather.**

sur·mise I *s* ['sɜːmaɪz; sɜː'm-; *Am.* sər'm-; 'sɜrˌm-] Vermutung *f*, Mutmaßung *f.* **II** *v/t* [sɜː'maɪz; *Am.* sər'm-] mutmaßen, vermuten, sich *etwas* einbilden. **III** *v/i* Mutmaßungen anstellen.

sur·mount [sɜː'maʊnt; *Am.* sər'm-] *v/t* **1.** a) über'steigen, b) besteigen. **2.** *fig.* über'winden. **3.** krönen, bedecken: ~**ed by** gekrönt *od.* überdeckt *od.* überragt von. **sur'mount·a·ble** *adj* **1.** über'steigbar, ersteigbar. **2.** *fig.* über'windbar, zu über'winden(d).

sur·mul·let [ˌsɜr'mʌlət] *s ichth. Am.* Seebarbe *f.*

sur·name ['sɜːneɪm; *Am.* 'sɜrˌn-] **I** *s* **1.** Fa'milien-, Nach-, Zuname *m.* **2.** *obs.* Beiname *m.* **II** *v/t* **3.** *j-m* den Zu- *od. obs.* Beinamen ... geben: ~**d** a) mit Zunamen ..., b) *obs.* mit dem Beinamen ...

sur·pass [sə(r)'pɑːs; *Am.* -'pæs] *v/t* **1.** über'treffen (**in** an *dat*): **it** ~**ed my expectations**; **to** ~ **o.s.** sich selbst übertreffen; **not to be** ~**ed** unübertrefflich. **2.** *j-s Kräfte etc* über'steigen: **that** ~**ed my comprehension** das ging mir über m-n Verstand. **sur'pass·ing** *adj* (*adv* ~**ly**) 'unüberˌtrefflich, unerreicht.

sur·plice ['sɜːplɪs; *Am.* 'sɜr-] *s relig.* Chorrock *m*, -hemd *n*: ~ **choir** Chorhemden tragender (Sänger)Chor; ~ **fee** Stolgebühr *f* (*für e-e Taufe etc*). '**surpliced** *adj* mit e-m Chorrock bekleidet.

sur·plus ['sɜːpləs; *Am.* 'sɜr-; *a.* -ˌplʌs] **I** *s* **1.** 'Überschuß *m*, Rest *m.* **2.** *econ.* a) 'Überschuß *m*, Mehr(betrag *m*) *n*, b) Mehrertrag *m*, 'überschüssiger Ertrag *od.* Gewinn, c) (unverteilter) Reingewinn, d) Mehrwert *m.* **II** *adj* **3.** 'überschüssig, Über(schuß)..., Mehr...: ~ **account** *econ.* Gewinn(überschuß)konto *n*; ~ **population** Bevölkerungsüberschuß *m*; ~ **weight** Mehr-, Übergewicht *n*; ~ **value** Mehrwert *m* (*Marxismus*). '**surplus·age** *s* **1.** 'Überschuß *m*, -fülle *f* (**of** an *dat*). **2.** (*etwas*) 'Überflüssiges *od.* Unwesentliches. **3.** *jur.* unerhebliches Vorbringen.

sur·pris·al [sə(r)'praɪzl] *s obs.* Über'raschung *f.*

sur·prise [sə(r)'praɪz] **I** *v/t* **1.** *allg.* über'raschen: a) ertappen: **to** ~ **a burglar**, b) verblüffen, in Erstaunen (ver)setzen: **to be** ~**d at s.th.** über etwas erstaunt sein, sich über etwas wundern; **I should not be** ~**d if** es sollte mich nicht wundern, wenn, c) *a. mil.* über'rumpeln, -'fallen: **to** ~ **the enemy**; **to** ~ **s.o. into (doing)** j-n zu *etwas* verleiten, j-n dazu verleiten, *etwas* zu tun. **2.** befremden, em'pören, schoc'kieren: **I am** ~**d at your behavio(u)r. II** *s* **3.** Über'raschung *f*, -'rump(e)lung *f*: **to take by** ~ *j-n, den Feind etc* überrumpeln, überraschen, *e-e Festung etc* im Handstreich nehmen. **4.** Über'raschung *f*: **I have a** ~ **for you**; **it came as a great** ~ **(to him)** es kam (ihm) sehr überraschend; ~, ~! *colloq.* a) da staunst du, was?, b) ätsch! **5.** Über'raschung *f*, Verblüffung *f*, Erstaunen *n*, Verwunderung *f*, Bestürzung *f*: **to my** ~ zu m-r Überraschung; **to stare in** ~ große Augen machen. **III** *adj* **6.** a) über'raschend, b) Überraschungs...: ~ **attack (party, visit,** *etc*). **sur'pris·ed·ly** [-ɪdlɪ] *adv* über'rascht. **sur'pris·ing** *adj* über'raschend, erstaunlich. **sur'prising·ly** *adv* über'raschend(erweise), erstaunlich(erweise).

sur·ra(h) ['sʊərə] *s vet.* Surra *f* (*Haustierkrankheit*).

sur·re·al [sə'rɪəl; -'riːəl] *adj* 'surreˌal, traumhaft, unwirklich. **sur're·al·ism** *s* Surrea'lismus *m.* **sur're·al·ist I** *s* Surrea'list(in). **II** → **surrealistic. sur**ˌ**re·al'is·tic** *adj* (*adv* ~**ally**) surrea'listisch.

sur·re·but [ˌsʌrɪ'bʌt; ˌsɜː-; *Am.* ˌsɜr-] *v/i jur.* e-e Quintu'plik vorbringen. ˌ**surre'but·ter** [-tə(r)] *s jur.* Quintu'plik *f.*

sur·re·join [ˌsʌrɪ'dʒɔɪn; ˌsɜː-; *Am.* ˌsɜr-] *v/i jur.* tripli'zieren, der Du'plik des Beklagten antworten. ˌ**sur·re'join·der** [-də(r)] *s jur.* Tri'plik *f.*

sur·ren·der [sə'rendə(r)] **I** *v/t* **1.** *etwas* über'geben, ausliefern, -händigen (**to** *dat*): **to** ~ **o.s. (to)** *fig.* → 6. **2.** *mil. die Festung etc* über'geben (**to the enemy** dem Feind). **3.** *ein Amt, Vorrecht etc* aufgeben, *etwas* abtreten, verzichten auf (*acc*), preisgeben: **to** ~ **an office (a privilege)**; **to** ~ **hopes** die Hoffnung aufgeben; **to** ~ **an insurance policy** *econ.* e-e Versicherungspolice zum Rückkauf bringen. **4.** *jur.* a) *ein Recht* aufgeben, b) *e-e Sache* her'ausgeben, c) *e-n Verbrecher* ausliefern. **II** *v/i* (**to**) **5.** *mil. u. fig.* sich ergeben (*dat*), kapitu'lieren, die Waffen strecken (vor *dat*). **6.** sich *der Verzweiflung etc* 'hingeben *od.* über'lassen: **to** ~ **to despair**; **to** ~ **to the inevitable** sich ins Unvermeidliche fügen *od.* schicken. **7.** sich *dem Gericht, der Polizei* stellen. **III** *s* **8.** ˈÜbergabe *f*, Auslieferung *f*, -händigung *f*. **9.** *mil.* ˈÜbergabe *f*, Kapitulatiˈon *f*. **10.** **(of)** Auf-, Preisgabe *f* (*gen*), Verzicht *m* (auf *acc*): ~ **of a privilege**. **11.** ˈHingabe *f*, Sichüberˈlassen *n*. **12.** Aufgabe *f* e-r Versicherung: ~ **value** Rückkaufswert *m*. **13.** *jur.* a) Aufgabe *f* (*e-s Rechtes etc*), b) Herˈausgabe *f* (*e-r Sache*), c) Auslieferung *f* (*e-s Verbrechers*).

sur·rep·ti·tious [ˌsʌrəpˈtɪʃəs; *Am.* ˌsɜr-] *adj* (*adv* ~**ly**) **1.** erschlichen, durch Betrug erlangt, betrügerisch. **2.** heimlich, verstohlen: **a** ~ **glance**; ~ **edition** unerlaubter Nachdruck. **3.** unecht, gefälscht: **a** ~ **passage**.

sur·rey [ˈsɜriː; ˈsʌ-] *s Am.* leichter vierräd(e)riger Kutschwagen.

sur·ro·gate [ˈsʌrəgɪt; -geɪt; *Am.* ˈsɜr-] *s* **1.** Stellvertreter *m* (*bes. e-s Bischofs*). **2.** *jur. Am.* Nachlaß- u. Vormundschaftsrichter *m*. **3.** Ersatz *m*, Surroˈgat *n* (**of, for** für): ~ **mother** Leih-, Mietmutter *f*.

sur·round [səˈraʊnd] **I** *v/t* **1.** umˈgeben, umˈringen: ~**ed by a crowd**; ~**ed by danger** von Gefahren umgeben, mit Gefahr verbunden; ~**ed by luxury** von Luxus umgeben; **circumstances** ~**ing s.th.** (Begleit)Umstände e-r Sache. **2.** *mil. etc* umˈzingeln, umˈstellen, einkreisen, -schließen. **II** *s* **3.** Umˈrandung *f*, Einfassung *f*, *bes. Br.* Boden(schutz)belag *m* zwischen Wand u. Teppich. **4.** Ring *m*: ~ **of guards**. **5.** *hunt. Am.* Kesseltreiben *n*.

surˈround·ing I *adj* **1.** umˈgebend, ˈumliegend: ~ **country** → 2 a. **II** *s pl* **2.** Umˈgebung *f*: a) ˈUmgegend *f*, ˈUmkreis *m*, b) ˈUmwelt(sbedingungen *pl*) *f*. **3.** äußere ˈUmstände *pl*, Begleiterscheinungen *pl*.

sur·tax [ˈsɜːtæks; *Am.* ˈsɜrˌt-] *econ.* **I** *s* **1.** Steuerzuschlag *m*. **2.** Einkommensteuerzuschlag *m*. **II** *v/t* **3.** mit e-m Steuerzuschlag belegen.

sur·tout [ˈsɜːtuː; ˌsɜːˈtuː; *Am.* sərˈtuː; ˈsɜrˌtuː] *s hist.* Surˈtout *m*, (einreihiger) ˈÜberzieher.

sur·veil·lance [sɜːˈveɪləns; *Am.* sər-] *s* Überˈwachung *f*, Aufsicht *f*: **to keep under** ~ überwachen; **to be under police** ~ unter Polizeiaufsicht stehen; ~ **radar** Rundsichtradar(gerät) *n*.

sur·vey [sə(r)ˈveɪ; *Am. a.* ˈsɜrˌveɪ] **I** *v/t* **1.** überˈblicken, -ˈschauen. **2.** sorgfältig prüfen, genau betrachten, mustern. **3.** (ab)schätzen, begutachten: **to** ~ **an estate**. **4.** besichtigen, inspiˈzieren. **5.** *Land etc* vermessen, aufnehmen. **6.** *fig.* e-n ˈÜberblick geben über (*acc*): **to** ~ **the situation**. **II** *v/i* **7.** e-e (staˈtistische) Erhebung vornehmen. **III** *s* [ˈsɜːveɪ; *Am.* ˈsɜrˌveɪ] **8.** *bes. fig.* ˈÜberblick *m*, ˈÜbersicht *f* (**of** über *acc*). **9.** sorgfältige Prüfung, genaue Betrachtung, Musterung *f*. **10.** Schätzung *f*, Begutachtung *f*. **11.** Gutachten *n*, (Prüfungs)Bericht *m*. **12.** Besichtigung *f*, Inspektiˈon *f*. **13.** (Land-) Vermessung *f*, Aufnahme *f*. **14.** (Lage-) Plan *m*, (-)Karte *f*. **15.** a) (staˈtistische) Erhebung, ˈUmfrage *f*, b) *med.* ˈReihenunterˌsuchung *f*. **surˈvey·ing** *s* **1.** (Land-, Feld)Vermessung *f*, Vermessungskunde *f*, -wesen *n*. **2.** Vermessen *n*, Aufnehmen *n* (*von Land etc*). **3.** Besichtigung *f*.

sur·vey·or [sə(r)ˈveɪə(r)] *s* **1.** Land-, Feldmesser *m*, Geoˈmeter *m*: ~**'s chain** Meßkette *f*. **2.** (amtlicher) Inˈspektor *od.* Verwalter *od.* Aufseher: ~ **of highways** Straßenmeister *m*; **Board of S**~**s** Baubehörde *f*. **3.** *Am. hist.* Zollaufseher *m*. **4.** *Br.* (ausführender) Archiˈtekt. **5.** Sachverständige(r) *m*, Gutachter *m*.

sur·viv·al [sə(r)ˈvaɪvl] *s* **1.** Überˈleben *n*: ~ **of the fittest** *biol.* Überleben des Tüchtigsten; ~ **kit** Überlebensausrüstung *f*; ~ **rate** Überlebensquote *f*; ~ **shelter** atomsicherer Bunker; ~ **time** *mil.* Überlebenszeit *f*; ~ **value** *biol.* Erhaltungswert *m*. **2.** Weiter-, Fortleben *n*. **3.** Fortbestand *m*. **4.** ˈÜberbleibsel *n*, -rest *m*. **5.** Überˈlebsel *n* (*Rest alten Brauchtums od. alter Kulturen*). **surˈviv·al·ist** *s Am.* Überˈlebenskämpfer(in). **surˈviv·ance** *s Versicherungswesen*: Erlebensfall *m*. **surˈvive I** *v/i* **1.** überˈleben, am Leben bleiben. **2.** noch leben *od.* bestehen, übriggeblieben sein. **3.** weiterleben, fortleben, -bestehen. **II** *v/t* **4.** *j-n od. etwas* überˈleben, überˈdauern, länger leben als. **5.** *etwas* überˈleben, -ˈstehen: **to** ~ **a disaster**. **6.** *colloq.* aushalten, ertragen. **surˈviv·ing** *adj* **1.** überˈlebend: **the** ~ **wife**. **2.** hinterˈblieben: ~ **dependents** Hinterbliebene. **3.** übrigbleibend, Rest...: ~ **debts** *econ.* Restschulden. **surˈvi·vor** [-və(r)] *s* **1.** Überˈlebende(r) *m*. **2.** *jur.* Überˈlebender, auf den nach Ableben der Miteigentümer das Eigentumsrecht ˈübergeht. **surˈvi·vor·ship** *s* **1.** Überˈleben *n*. **2.** *jur.* Recht *n* e-s *od.* der Überˈlebenden auf das Eigentum nach Ableben der übrigen Miteigentümer.

sus [sʌs] *colloq.* **I** → **suspect** I, II. **II** → **suspicion** I.

sus·cep·tance [səˈseptəns] *s electr.* Blindleitwert *m*.

sus·cep·ti·bil·i·ty [səˌseptəˈbɪlətɪ] *s* **1.** Empfänglichkeit *f*, Anfälligkeit *f* (**to** für): ~ **to colds**; ~ **to corrosion** *tech.* Korrosionsneigung *f*. **2.** Empfindlichkeit *f*, Beeindruckbarkeit *f*. **3.** *pl* (leicht verletzbare) Gefühle *pl*, Feingefühl *n*. **4.** a) *phys.* Magnetiˈsierbarkeit *f*, b) *electr.* Suszeptibiliˈtät *f*. **susˈcep·ti·ble** *adj* (*adv* **susceptibly**) **1.** anfällig (**to** für). **2.** empfindlich (**to** gegen): ~ **to pain** schmerzempfindlich; ~ **to injuries** verletzungsanfällig. **3.** empfänglich (**to** für): ~ **to flatteries**. **4.** (leicht) zu beeindrucken(d): ~ **minds**. **5.** **to be** ~ **of** (*od.* **to**) *etwas* zulassen: **the passage is** ~ **of a different interpretation**.

sus·cep·tive [səˈseptɪv] *adj* **1.** aufnehmend, rezepˈtiv. **2.** → **susceptible**. **sus·cep·tiv·i·ty** [ˌsʌsepˈtɪvətɪ; səˌsepˈt-] *s* **1.** Aufnahmefähigkeit *f*, Rezeptiviˈtät *f*. **2.** → **susceptibility**.

sus·lik [ˈsʌslɪk; *Am. a.* ˈsuː-] *s* **1.** *zo.* Ziesel *n*. **2.** Suslik *m*, Ziesel(pelz) *m*.

sus·pect [səˈspekt] **I** *v/t* **1.** *j-n* verdächtigen (**of** *gen*), im Verdacht haben (**of doing** *etwas* zu tun *od.* daß er *etwas* tut): **to be** ~**ed of doing** (*od.* **having done**) **s.th.** im Verdacht stehen *od.* verdächtigt werden, etwas getan zu haben. **2.** argwöhnen, befürchten. **3.** fast glauben: **I** ~ **him to be a liar**. **4.** vermuten, glauben, den Verdacht haben (**that** daß): **I** ~ **(that) you once thought otherwise**. **5.** *etwas* anzweifeln, mißˈtrauen (*dat*). **II** *v/i* **6.** (e-n) Verdacht *od.* Argwohn hegen, argwöhnisch sein. **III** *s* [ˈsʌspekt] **7.** Verdächtige(r *m*) *f*, verdächtige Perˈson, *jur. a.* Verˈdachtsperˌson *f*: **political** ~ politisch Verdächtige(r); **smallpox** ~ *med.* Pockenverdächtige(r). **IV** *adj* [ˈsʌspekt; *Am. a.* səˈsp-] **8.** verdächtig, suˈspekt (*a. fig. fragwürdig*). **susˈpect·ed** *adj* **1.** verdächtigt (**of** *gen*): → **suspect** 1. **2.** verdächtig.

sus·pend [səˈspend] *v/t* **1.** *a. tech.* aufhängen (**from** an *dat*). **2.** *chem.* suspenˈdieren, schwebend halten: **dust** ~**ed in the air** in der Luft schwebender Staub. **3.** *fig. e-e Frage* in der Schwebe *od.* unentschieden lassen, offenlassen: **to** ~ **one's opinion** sich *od.* s-e Meinung noch nicht festlegen. **4.** auf-, verschieben, *jur. das Verfahren, die Vollstreckung* aussetzen: **to** ~ **a sentence** *jur.* e-e Strafe zur Bewährung aussetzen. **5.** (zeitweilig) aufheben *od.* außer Kraft setzen, suspenˈdieren: **to** ~ **a regulation**. **6.** *die Arbeit, mil. die Feindseligkeiten, econ. die Zahlungen* (zeitweilig) einstellen: **to** ~ **hostilities**; **to** ~ **payment(s)**. **7.** *j-n* suspenˈdieren, (zeitweilig) s-s Amtes entheben. **8.** (zeitweilig) ausschließen: **to** ~ **a member of a club**. **9.** *sport j-n* sperren. **10.** mit *s-r Meinung etc* zuˈrückhalten. **11.** *mus.* *e-n Ton* vorhalten. **susˈpend·ed** *adj* **1.** hängend, aufgehängt, Hänge...: **to be** ~ hängen (**by, from** an *dat*); ~ **roof** Hängedecke *f*. **2.** schwebend, feinverteilt: ~ **material** *biol.* Schwebestoff *m*. **3.** (*jur.* zur Bewährung) ausgesetzt, ver-, aufgeschoben: ~ **proceedings**; ~ **animation** *med.* Scheintod *m*; ~ **sentence of two years** zwei Jahre mit Bewährung. **4.** (zeitweilig) aufgehoben. **5.** (zeitweilig) s-s Amtes enthoben, suspenˈdiert. **susˈpend·er** *s* **1.** *pl a.* **pair of** ~**s** *Am.* Hosenträger *pl*. **2.** *Br.* a) Strumpfhalter *m*, Straps *m*: ~ **belt** Hüftgürtel *m*, -halter *m*, b) Sockenhalter *m*. **3.** *tech.* Aufhängevorrichtung *f*. **4.** Hängevase *f*.

sus·pense [səˈspens] *s* **1.** Spannung *f*, Ungewißheit *f*: **anxious** ~ Hangen *n* u. Bangen *n*; **in** ~ gespannt, voller Spannung. **2.** Ungewißheit *f*, Unentschiedenheit *f*, Schwebe *f*: **to be in** ~ in der Schwebe sein; **to keep in** ~ a) *j-n* im ungewissen lassen, b) *etwas* in der Schwebe lassen; ~ **account** *econ.* Interimskonto *n*; ~ **entry** transitorische Buchung. **3.** Spannung *f* (*e-s Romans etc*): **full of** ~, ~**-packed** spannend, spannungsgeladen. **4.** *jur.* → **suspension** 6: **to place in** ~ → **suspend** 5. **susˈpense·ful** *adj* spannend. **susˈpen·si·ble** *adj* **1.** auf-, verschiebbar, aufzuschieben(d). **2.** *chem. phys.* suspenˈdierbar. **susˈpen·sion** [-ʃn] *s* **1.** Aufhängen *n*. **2.** *bes. tech.* Aufhängung *f*: **front-wheel** ~; ~ **bridge** Hängebrücke *f*; ~ **railroad** (*bes. Br.* **railway**) Schwebebahn *f*; ~ **spring** Tragfeder *f*. **3.** *tech.* Federung *f*. **4.** *chem. phys.* Suspensiˈon *f*: a) Schweben *n*, b) Aufschlämmung *f*. **5.** (einstweilige) Einstellung: ~ **of arms** (*od.* **hostilities**) *mil.* Einstellung der Feindseligkeiten; ~ **of payment(s)** *econ.* Zahlungseinstellung *f*; ~ **periods** (*od.* **points**) *bes. Am.* Auslassungspunkte. **6.** *jur.* Aussetzung *f*, vorˈübergehende Aufhebung (*e-s Rechts*): ~ **of the statute of limitations** Hemmung *f* der Verjährung. **7.** Aufschub *m*, Verschiebung *f*. **8.** Suspenˈdierung *f* (**from** von), (Dienst-, Amts)Enthebung *f*. **9.** (zeitweiliger) Ausschluß. **10.** *sport* Sperre *f*. **11.** *mus.* Vorhalt *m*. **susˈpen·sive** [-sɪv] *adj* **1.** aufschiebend, suspenˈsiv: ~ **condition**; ~ **veto** *parl.* suspensives Veto. **2.** unterˈbrechend, hemmend. **3.** unschlüssig. **4.** unbestimmt.

sus·pen·soid [səˈspensɔɪd] *s chem. phys.* Suspensoˈid *n*, disˈperse Phase.

sus·pen·sor [səˈspensə(r)] *s* **1.** *med.* Suspenˈsorium *n*. **2.** *bot.* Susˈpensor *m*, (Embryo)Träger *m*. **susˈpen·so·ry I** *adj* **1.** hängend, Schwebe..., Hänge... **2.** *anat.* Aufhänge...: ~ **bone**. **3.** *econ. jur.* → **suspensive** 1. **II** *s* **4.** *anat.* a) *a.* ~ **ligament** Aufhängeband *n*, b) *a.* ~ **muscle** Aufhängemuskel *m*. **5.** *med.* a) *a.* ~ **bandage** Suspenˈsorium *n*, b) Bruchband *n*.

sus·pi·cion [səˈspɪʃn] **I** *s* **1.** Argwohn *m*, ˈMißtrauen *n* (**of** gegen). **2.** **(of)** Verdacht *m* (gegen *j-n*), Verdächtigung *f* (*gen*): **above** ~ über jeden Verdacht erhaben; **on** ~ auf Verdacht hin; **on** (*od.* **under**) ~ **of murder** unter Mordverdacht; **to be**

under ~ unter Verdacht stehen, verdächtigt werden; **to cast a ~ on** e-n Verdacht auf *j-n* lenken; **to come** (*od.* **fall) under ~** in Verdacht geraten; **to have** (*od.* **entertain) a ~ that** den Verdacht haben *od.* hegen, daß. **3.** Vermutung *f*: **no ~** keine Ahnung. **4.** *fig.* Spur *f*: **a ~ of brandy (of arrogance)**; **a ~ of a smile** der Anflug e-s Lächelns. **II** *v/t bes. Am. dial.* → **suspect** 1 *u.* 2.

sus·pi·cious [səˈspɪʃəs] *adj* (*adv* **~ly**) **1.** ˈmißtrauisch, argwöhnisch (**of s.o.** gegen j-n, gegenüber j-m): **a ~ glance. 2.** verdächtig, verdachterregend: **~ person** → **suspect** 7. **susˈpi·cious·ness** *s* **1.** ˈMißtrauen *n*, Argwohn *m* (**of** gegen [-über]), ˈmißtrauisches Wesen. **2.** (*das*) Verdächtige.

sus·pi·ra·tion [ˌsʌspɪˈreɪʃn] *s bes. poet.* **1.** Seufzer *m*, Seufzen *n*. **2.** tiefes Atemholen. **sus·pire** [səˈspaɪə(r)] *v/i bes. poet.* **1.** sich sehnen, schmachten (**for, after** nach). **2.** seufzen. **3.** tief atmen.

suss [sʌs] *v/t Br. sl.* **1.** hinter (*acc*) kommen: **to ~ it** dahinterkommen. **2.** *meist* **~ out** *j-n, etwas* unter die Lupe nehmen.

Sus·sex [ˈsʌsɪks] *s zo.* **1.** Sussex(rind) *n* (*rotbraune englische Rinderrasse*). **2.** Sussex *n* (*Haushuhnrasse*).

sus·so [ˈsʌsəʊ] *pl* **-sos** *s Austral. sl.* **1.** Stempelgeld *n*. **2.** Stempelgeldbezieher(in).

sus·tain [səˈsteɪn] *v/t* **1.** stützen, tragen: **~ing wall** Stützmauer *f*. **2.** aushalten: **to ~ pressure. 3.** *fig.* aushalten, ertragen: **to ~ comparison** den Vergleich aushalten, e-m Vergleich standhalten; **to ~ an attack** e-m Angriff standhalten; **to be able to ~ s.th.** e-r Sache gewachsen sein. **4.** erleiden, daˈvontragen: **to ~ damages (an injury, a loss,** *etc*); **to ~ a defeat** e-e Niederlage erleiden. **5.** *etwas* (aufrecht-) erhalten, in Gang halten, *das Interesse etc* wachhalten: **~ing member** förderndes Mitglied; **~ing program** (*Rundfunk, TV*) *Am.* Programm *n* ohne Reklameeinblendungen. **6.** a) *j-n* erhalten, unterˈhalten, versorgen, *e-e Familie etc* ernähren, *e-e Armee* verpflegen, b) *j-n* betreuen, c) *e-e Institution* unterˈhalten. **7.** *j-n* aufrechterhalten, stärken, *j-m* Kraft geben. **8.** *j-n od. j-s Forderung* unterˈstützen. **9.** *bes. jur.* als rechtsgültig anerkennen, *e-m Antrag, Einwand, Klagebegehren etc* stattgeben. **10.** bestätigen, erhärten, rechtfertigen: **to ~ a theory. 11.** *mus. e-n Ton* (aus)halten: **~ing pedal** Fortepedal *n*, rechtes Pedal. **susˈtained** *adj* **1.** anhaltend (*a. Interesse etc*), (an)dauernd, Dauer...: **~ fire** *mil.* Dauerfeuer *n*; **~ speed** Dauergeschwindigkeit *f*. **2.** *mus.* a) (aus-) gehalten (*Ton*), b) getragen. **3.** *phys.* ungedämpft: **~ oscillation. 4.** *jur. parl.* angenommen: **motion ~. susˈtain·ed·ly** [-nɪdlɪ] *adv.* **susˈtain·er** *s* **1.** Träger *m*, Stütze *f* (*a. fig.*). **2.** Erhalter(in). **3.** *tech.* Marschtriebwerk *n* (*e-r Rakete*).

sus·te·nance [ˈsʌstɪnəns] *s* **1.** (ˈLebens-) ˌUnterhalt *m*, Auskommen *n*. **2.** Nahrung *f*. **3.** Nährkraft *f*. **4.** Erhaltung *f*, Ernährung *f*, Versorgung *f*: **for the ~ of our bodies** für unser leibliches Wohl. **5.** *fig.* Beistand *m*, Stütze *f*.

sus·ten·tac·u·lar [ˌsʌstenˈtækjʊlə(r); -tən-] *adj anat.* stützend, Stütz...: **~ tissue.** ˌ**sus·tenˈtac·u·lum** [-ləm] *pl* **-la** [-lə] *s anat.* ˈStützorˌgan *n*, -gerüst *n*.

sus·ten·ta·tion [ˌsʌstenˈteɪʃn; -tən-] *s* **1.** → **sustenance** 1, 2, 4. **2.** Unterˈhaltung *f* (*e-s Instituts etc*). **3.** (Aufrecht)Erhaltung *f*. **4.** Unterˈstützung *f*. **5.** Stütze *f*, Halt *m*.

su·sur·rant [sjʊˈsʌrənt; sʊ-; *Am.* sʊˈsɜr-; -ˈsʌr-] *adj* **1.** flüsternd, säuselnd. **2.** leise rauschend, raschelnd. **su·sur·ra·tion** [ˌsjuːsəˈreɪʃn; *bes. Am.* ˌsuː-] *s* **1.** Flüstern *n*, Säuseln *n*. **2.** leises Rauschen, Rascheln *n*. **suˈsur·rous** → **susurrant.**

sut·ler [ˈsʌtlə(r)] *s mil. hist.* Marketender(in).

sut·tee [ˈsʌtiː; sʌˈtiː] *s hist.* (*in Indien*) **1.** Sati *f*, Suttee *f* (*Witwe, die sich mit dem Leichnam ihres Mannes verbrennen ließ*). **2.** → **sutteeism. sut·tee·ism** *s* (*freiwilliger*) Feuertod e-r Witwe.

su·tur·al [ˈsuːtʃərəl] *adj* **1.** mit e-r Naht versehen. **2.** Naht... ˈ**su·tur·al·ly** *adv* mittels (e-r) Naht, durch Nähte.

su·ture [ˈsuːtʃə(r)] **I** *s* **1.** *med.* a) Naht *f*, b) Nähen *n* (*e-r Wunde*), c) ˈNahtmateriˌal *n*, Faden *m*: **clip ~** Klammernaht *f*. **2.** *anat.* Naht *f* (*feste Knochenverbindung*). **3.** *bot.* Naht *f*, Verwachsungslinie *f*. **4.** *allg.* Verbindungsnaht *f*, Naht(stelle) *f* (*a. fig.*). **II** *v/t* **5.** *bes. med.* (zu-, ver)nähen.

su·ze·rain [ˈsuːzəreɪn; *Am. a.* -rən] **I** *s* **1.** Oberherr *m*, Suzeˈrän *m*. **2.** *pol.* Proˈtektorstaat *m*. **3.** *hist.* Oberlehnsherr *m*. **II** *adj* **4.** oberhoheitlich. **5.** *hist.* oberlehnsherrlich. ˈ**su·ze·rain·ty** [-tɪ] *s* **1.** Oberhoheit *f*, Suzeräniˈtät *f*. **2.** *hist.* Oberlehnsherrlichkeit *f*.

sva·ra·bhak·ti [ˌsvʌrəˈbʌktɪ; ˌsvɑːrəˈbæktiː] *s ling. Sanskrit*: Svaraˈbhakti *f*, ˈSproßvoˌkal *m*.

svelte [svelt] *adj* **1.** (gerten)schlank, graˈzil. **2.** gebildet, kultiˈviert.

swab [swɒb; *Am.* swɑb] **I** *s* **1.** a) Scheuerlappen *m*, b) Schrubber *m*, c) Mop *m*, d) Handfeger *m*, e) *mar.* Schwabber *m*. **2.** *med.* a) Wattebausch *m*, Tupfer *m*, b) Abstrichtupfer *m*, c) Abstrich *m*. **3.** *mar. sl.* (Offiˈziers)Epauˌlette *f*. **4.** *sl.* Trottel *m*. **II** *v/t* **5.** *a.* **~ down** aufwischen, *mar. das Deck* schrubben: **to ~ up** aufwischen. **6.** *med.* a) *Blut* abtupfen, b) *e-e Wunde* betupfen. ˈ**swab·ber** [-bə(r)] *s mar.* Schwabberer *m*, Schiffsreiniger *m*.

Swa·bi·an [ˈsweɪbjən; -ɪən] **I** *s* **1.** Schwabe *m*, Schwäbin *f*. **2.** *ling.* Schwäbisch *n*, das Schwäbische. **II** *adj* **3.** schwäbisch.

swacked [swækt] *adj sl.* **1.** ‚blau' (*betrunken*). **2.** ‚high' (*unter Drogeneinfluß*).

swad[1] [swɒd; *Am.* swɑd] *s mil. sl.* ‚Landser' *m*.

swad[2] [swɑd] *s Am. sl.* ‚Haufen' *m*.

swad·dle [ˈswɒdl; *Am.* ˈswɑdl] **I** *v/t* **1.** wickeln, in Windeln legen: **to ~ a baby. 2.** umˈwickeln, einwickeln. **II** *s* **3.** *Am.* Windel *f*.

ˈ**swad·dling** *s* **1.** Wickeln *n* (*e-s Babys*). **2.** Umˈwickeln *n*. **3.** *pl* a) Windeln *pl*, b) Binden *pl*. **~ bands** *s pl*, **~ clothes** *s pl* Windeln *pl*: **to be still in one's ~** *fig.* ‚noch in den Windeln liegen'.

swad·dy [ˈswɒdɪ] *Br.* → **swad**[1].

Swa·de·shi [swɑːˈdeɪʃɪ] *s Br. Ind.* Swaˈdeschi(bewegung) *f*: a) (*bes. wirtschaftliches*) *Unabhängigkeitsstreben*, b) *Boykott ausländischer, bes. brit. Waren.*

swag [swæg] *s* **1.** Girˈlande *f* (*Verzierung*). **2.** *bes. Austral.* (Reise)Bündel *n*, Ranzen *m*. **3.** *sl.* Beute *f*, Raub *m*.

swage [sweɪdʒ] *tech.* **I** *s* **1.** (Doppel-) Gesenk *n*: **bottom ~** Untergesenk. **2.** Präge *f*, Stanze *f*. **3.** *a.* **~ block** Gesenkblock *m*. **II** *v/t* **4.** im Gesenk bearbeiten.

swag·ger [ˈswægə(r)] **I** *v/i* **1.** stolˈzieren: **to ~ about** (*od.* **around**) herumstolzieren (*in dat, auf dat*). **2.** großspurig auftreten, großtun. **II** *s* **3.** stolzer Gang, Stolˈzieren *n*. **4.** *fig.* großspuriges Auftreten, ˌGroßtueˈrei *f*. **III** *adj* **5.** *colloq.* ‚piekfein', eleˈgant: **~ stick** *mil.* Offiziersstöckchen *n*; **~ coat** schicker kurzer Mantel. ˈ**swag·ger·er** *s fig.* Großtuer(in). ˈ**swag·ger·ing I** *adj* **1.** stolˈzierend. **2.** *fig.* großspurig, -tuerisch. **II** *s* → **swagger** II.

Swa·hi·li [swɑːˈhiːlɪ] **I** *pl* **-lis, -li** *s* Suaˈheli *m, f*, Swaˈhili *m, f*. **2.** *ling.* Kisuaˈheli *n*. **II** *adj* **3.** Suaheli...

swain [sweɪn] *s* **1.** *meist poet.* Bauernbursche *m*, Schäfer *m*, Seladon *m*. **2.** *poet. od. humor.* Liebhaber *m*, Verehrer *m*.

swale [sweɪl] *s* **1.** schattige Stelle. **2.** *bes. Am.* (*sumpfige*) Senke, Mulde *f*.

swal·low[1] [ˈswɒləʊ; *Am.* ˈswɑ-] **I** *v/t* **1.** *a.* **~ up** (ver)schlucken, verschlingen: **to ~ down** hinunterschlucken. **2.** *fig.* verschlingen: **to ~ a book. 3.** *a.* **~ up** ‚schlucken', sich einverleiben: **to ~ a territory. 4.** *meist* **~ up** *fig. j-n, ein Schiff etc, a. Geld, Zeit* verschlingen. **5.** *colloq.* ‚schlucken', für bare Münze nehmen: **she ~ed his every word. 6.** ‚einstekken', ‚schlucken': **to ~ an insult. 7.** a) *Tränen, Ärger* ‚hinˈunterschlucken', b) *Lachen, Erregung* unterˈdrücken. **8.** *s-e Worte etc* zuˈrücknehmen: **to ~ one's words. II** *v/i* **9.** schlucken (*a. vor Erregung*): **to ~ the wrong way** sich verschlucken; **to ~ hard** *fig.* kräftig schlucken. **III** *s* **10.** Schlund *m*, Kehle *f*. **11.** Schluck *m*. **12.** *geol. Br.* Schluckloch *n*.

swal·low[2] [ˈswɒləʊ; *Am.* ˈswɑ-] *s orn.* **1.** Schwalbe *f*: **one ~ does not make a summer** e-e Schwalbe macht noch keinen Sommer; **~ dive** (*Wasserspringen*) Schwalbensprung *m*. **2.** Mauersegler *m*.

ˈ**swal·low|·tail** *s* **1.** *orn.* Schwalbenschwanz *m*. **2.** *a.* **~ butterfly** *zo.* Schwalbenschwanz *m*. **3.** *orn.* Schwalbenschwanz-Kolibri *m*. **4.** *a.* **~ coat** Frack *m*. **5.** schwalbenschwanzartiger Wimpel. ˈ**~-tailed** *adj bes. orn. zo.* schwalbenschwanzartig, Schwalbenschwanz...: **~ coat** Frack *m*. ˈ**~·wort** *s bot.* **1.** (*ein*) St.-Lorenzkraut *n*. **2.** Schwalbenwurz *f*.

swam [swæm] *pret von* **swim.**

swa·mi [ˈswɑːmɪ] *s* **1.** Meister *m* (*Anrede, bes. für Brahmanen*). **2.** *Am.* a) → **pundit** 2, b) Jogi *m*, Yogi *m*.

swamp [swɒmp; *Am. a.* swɑmp] **I** *s* **1.** Sumpf *m*. **2.** Moˈrast *m*. **II** *v/t* **3.** überˈschwemmen (*a. fig.*): **to be ~ed with** *fig.* mit *Arbeit, Einladungen etc* überhäuft werden *od.* sein, sich nicht mehr retten können vor (*dat*). **4.** *sport* vernichtend schlagen. **5.** *Bande etc* unschädlich machen. **6.** *mar. ein Boot* a) vollaufen lassen, b) zum Sinken bringen. **7.** *meist* **~ out** *e-n Weg etc* durch den Wald hauen. **III** *v/i* **8.** *mar.* a) vollaufen, b) versinken. **9.** überˈschwemmt werden. **~ boat** *s* Sumpfboot *n*. **~ fe·ver** *s med. bes. Am.* Sumpffieber *n*. ˈ**~·land** *s* Sumpfland *n*.

ˈ**swamp·y** *adj* sumpfig, moˈrastig, Sumpf...

swan [swɒn; *Am.* swɑn] **I** *s* **1.** *orn.* Schwan *m*: **S~ of Avon** *fig. Beiname von Shakespeare*; **~ dive** (*Wasserspringen*) *bes. Am.* Schwalbensprung *m*. **2. S~** *astr.* Schwan *m* (*Sternbild*). **II** *v/i* **3.** *meist* **~ about** (*od.* **around**) ‚herˈumgondeln' (*in dat*). **~ goose** *s irr orn.* Schwanengans *f*. ˈ**~·herd** *s* Schwanenwärter *m*.

swank [swæŋk] *colloq.* **I** *s* **1.** ‚Angabe' *f*, Protzeˈrei *f*: **for ~** aus Angabe. **2.** *Br.* ‚Angeber' *m*, Protz *m*. **3.** *bes. Am.* ‚Schick' *m*. **II** *v/i* **4.** *oft* **~ it** protzen, prahlen, ‚angeben'. **III** *adj bes. Am. für* **swanky.** ˈ**~·pot** → **swank** 2.

ˈ**swank·y** *adj colloq.* **1.** protzig, ‚angeberisch'. **2.** ‚(tod)schick', ‚piekfein'.

ˈ**swan|·like** *adj* schwanengleich, -artig. **~ maid·en** *s myth.* Schwan(en)jungfrau *f*. ˈ**~·neck** *s* Schwanenhals *m* (*a. fig. u. tech.*).

swan·ner·y [ˈswɒnərɪ; *Am.* ˈswɑn-] *s* Schwanenteich *m*.

ˈ**swan's-down** *s* **1.** Schwanendaune(n *pl*) *f*. **2.** *meist* **swansdown** a) weicher, dicker Wollstoff, b) Swandown *m*, (*ein*) ˈBaumwollflaˌnell *m*.

swan|shift *s myth.* Schwanenhemd *n*. **~ shot** *s hunt.* grober Schrot. ˈ**~skin** *s* Swanskin *m*, feiner geköperter Flaˈnell. **~ song** *s bes. fig.* Schwanengesang *m*. ˌ**~-ˈup·ping** *s Br. Einfangen u. Kennzeichnen der jungen Schwäne* (*bes. auf der Themse*).

swap [swɒp; *Am.* swɑp] *colloq.* **I** *v/t* **1.** (ein-, aus)tauschen (**for** für). **2.** tauschen, wechseln: **to ~ horses; to ~ places with s.o.; to ~ stories** Geschichten austauschen. **II** *v/i* **3.** tauschen: **to ~ round** die Plätze tauschen. **III** *s* **4.** Tausch(geschäft *n*, -handel) *m*: **to do a ~** tauschen. **5.** *econ.* Swap(geschäft *n*) *m*.

swa·raj [swəˈrɑːdʒ] *s Br. Ind.* **1.** Swaˈradsch *n*, natioˈnale ˈSelbstreˌgierung. **2. S~** Swaˈradsch-Parˌtei *f*.

sward [swɔː(r)d] **I** *s* **1.** Rasen *m*. **2.** Grasnarbe *f*. **II** *v/t* **3.** mit Rasen bedecken.

sware [sweə(r)] *pret obs. von* **swear**.

swarm[1] [swɔː(r)m] **I** *s* **1.** (Bienen- *etc*) Schwarm *m*. **2.** Schwarm *m*, Schar *f*, Horde *f*, ‚Haufen' *m*: **a ~ of children** (**soldiers**, *etc*). **3.** *fig.* ‚Haufen' *m*, Masse *f*: **a ~ of letters**. **4.** *biol. frei schwimmende Kolonie von Schwärmsporen.* **II** *v/i* **5.** schwärmen (*Bienen*). **6.** wimmeln (**with** von): **the market place ~s with people** auf dem Marktplatz wimmelt es von Menschen. **7.** (herˈum)schwärmen, (zs.-)strömen; **beggars ~ in that town** in dieser Stadt wimmelt es von Bettlern; **to ~ out** a) ausschwärmen, b) hinausströmen; **to ~ to a place** zu e-m Ort hinströmen. **III** *v/t* **8.** *e-n Ort* in Schwärmen überˈfallen, heimsuchen. **9.** *Bienen* ausschwärmen lassen.

swarm[2] [swɔː(r)m] **I** *v/t* hinˈaufklettern (auf *acc*). **II** *v/i* klettern: **to ~ up** → I.

swarm|cell, ~ spore *s biol.* Schwärmspore *f*.

swart [swɔː(r)t] *obs. od. poet. od. dial. für* **swarthy**.

swarth·i·ness [ˈswɔː(r)ðɪnɪs] *s* dunkle Gesichtsfarbe, Schwärze *f*, Dunkelbraun *n*. ˈ**swarth·y** *adj* dunkel(häutig, -braun), schwärzlich.

swash [swɒʃ; *Am. a.* swɑʃ] **I** *v/i* **1.** platschen, klatschen, schwappen (*Wasser etc*). **2.** planschen (*im Wasser*). **3.** *mit dem Säbel etc* rasseln. **4.** *obs. für* **swashbuckle**. **II** *v/t* **5.** *Wasser etc* a) spritzen lassen, b) klatschen. **III** *s* **6.** Platschen *n*, Klatschen *n*, Schwappen *n*. **7.** Platsch *m*, Klatsch *m* (*Geräusch*). ˈ**~ˌbuck·le** *v/i* bramarbaˈsieren, mit s-n Heldentaten prahlen. ˈ**~ˌbuck·ler** *s* **1.** verwegener Kerl. **2.** Braˈmarbas *m*, Prahlhans *m*, ‚Eisenfresser' *m*. **3.** hiˈstorischer ˈAbenteuerfilm *od.* -roˌman. ˈ**~ˌbuck·ling I** *s* **1.** Bramarbaˈsieren *n*, Prahlen *n*. **II** *adj* **2.** verwegen. **3.** bramarbaˈsierend, prahlerisch.

swash·er [ˈswɒʃə(r); *Am. a.* ˈswɑ-] → **swashbuckler**. ˈ**swash·ing** *adj* **1.** klatschend: **a ~ blow**. **2.** *obs. für* **swashbuckling** 3.

swash|let·ter *s print. großer, verschnörkelter Kursivbuchstabe.* **~ plate** *s tech.* Taumelscheibe *f*.

swas·ti·ka [ˈswɒstɪkə; *Am.* ˈswɑs-] *s* Hakenkreuz *n*.

swat[1] [swɒt; *Am.* swɑt] **I** *v/t* **1.** schlagen: **to ~ s.o. over the head with an umbrella** j-m e-n Schirm über den Kopf schlagen. **2.** *Br. Fliege etc* totschlagen. **II** *v/i* **3. ~ at** nach *j-m* schlagen. **III** *s* **4.** (wuchtiger) Schlag. **5.** *bes. Br.* Fliegenklappe *f*, -klatsche *f*.

swat[2] [swɒt; *Am.* swɑt] *pret u. pp obs. von* **sweat**.

swat[3] *Br.* → **swot**.

swatch [swɒtʃ; *Am.* swɑtʃ] *s* **1.** (*bes.* Stoff)Muster *n*. **2.** Musterbuch *n*.

swath [swɔːθ; *Am. a.* swɑːθ] *pl* **swaths** [-θs; -ðz] *s* **1.** Schwade(n *m*) *f* (*Getreide*). **2.** Reihe *f od.* Streifen *m* zwischen den Schwaden. **3.** abgemähter Raum. **4.** Schwung *m* der Sense, Schnitt *m*.

swathe[1] [sweɪð; *Am. a.* swɑːð; swɔːð] **I** *v/t* **1.** (um)ˈwickeln (**with** mit), einwickeln. **2.** (*wie e-n Verband*) herˈumwickeln. **3.** einhüllen. **II** *s* **4.** Binde *f*, Verband *m*. **5.** (Wickel)Band *n*. **6.** *med.* ˈUmschlag *m*.

swathe[2] [sweɪð; *Am. a.* swɑːð; swɔːð] → **swath**.

swat·ter [ˈswɒtə; *Am.* ˈswɑtər] *s* **1.** Fliegenklappe *f*, -klatsche *f*. **2.** *Baseball*: *colloq.* guter Schläger.

sway [sweɪ] **I** *v/i* **1.** schwanken: a) sich wiegen, schaukeln, b) taumeln. **2.** sich neigen. **3.** *fig.* sich zuneigen (**to** *dat*). **4.** *fig.* a) sich bewegen (**between** ... **and** zwischen ... und): **to ~ backwards and forwards** hin- u. herwogen (*Schlacht etc*), b) schwanken (**between** ... **and** zwischen ... und). **5.** herrschen (**over** über *acc*). **II** *v/t* **6.** *etwas* schwenken, schaukeln, wiegen: **to ~ one's hips** sich in den Hüften wiegen. **7.** neigen. **8.** *meist* **~ up** *mar. Masten etc* aufheißen. **9.** *fig.* beeinflussen, lenken, beherrschen: **to ~ the masses; to ~ the audience** das Publikum mitreißen; **his speech ~ed the elections** s-e Rede beeinflußte die Wahlen entscheidend; **~ing arguments** unwiderlegliche Argumente. **10.** *bes. poet. das Zepter etc* schwingen. **11.** beherrschen, herrschen über (*acc*). **III** *s* **12.** Schwanken *n*, Wiegen *n*. **13.** Schwung *m*, Wucht *f*. **14.** Einfluß *m*, Bann *m*: **under the ~ of** unter dem Einfluß *od.* im Banne (*gen*) (→ 15). **15.** Herrschaft *f*, Gewalt *f*: **to hold ~ over** → 11; **under the ~ of a dictator** in der Gewalt *od.* unter der Herrschaft e-s Diktators.

swear [sweə(r)] **I** *v/i pret* **swore** [swɔː(r); *Am. a.* ˈswəʊər], *obs.* **sware** [sweə(r)], *pp* **sworn** [swɔː(r)n; *Am. a.* ˈswəʊərn] **1.** schwören, e-n Eid leisten (**on the Bible** *od.* **Book** auf die Bibel): **to ~ by** a) bei *Gott etc* schwören, b) *colloq.* schwören auf (*acc*), felsenfest glauben an (*acc*); **to ~ to s.th.** a) etwas geloben, b) etwas beschwören. **2.** fluchen (**at** auf *acc*). **II** *v/t* **3.** *e-n Eid* schwören: → **affidavit, oath** *Bes. Redew.* **4.** beschwören, eidlich bekräftigen: **to ~ out** *jur. Am. e-n Haftbefehl* durch (eidliche) Strafanzeige erwirken. **5.** schwören: **to ~ allegiance (revenge**, *etc*); **I ~ to speak** (*od.* **tell**) **the truth, the whole truth, and nothing but the truth** *jur.* ich schwöre, die reine Wahrheit zu sagen, nichts zu verschweigen u. nichts hinzuzufügen (*Eidesformel*); **to ~ off** *e-m Laster* abschwören; **to ~ by all that's holy** (*od.* **all one holds dear**) bei allem schwören, was e-m heilig ist; **I could have sworn that** ich hätte schwören können, daß. **6.** *j-n* schwören lassen, *j-m* e-n Eid abnehmen: **to ~ s.o. in** j-n vereidigen; **to ~ s.o. into an office** j-n in ein Amt einschwören; → **secrecy** 3. ˈ**swear·ing** *s* **1.** Schwören *n*. **2.** *jur.* Eid(esleistung *f*) *m*: **~-in** Vereidigung *f*. **3.** Fluchen *n*.

ˈ**swear·word** *s* Fluch *m*.

sweat [swet] **I** *v/i pret u. pp* **sweat,** ˈ**sweat·ed,** *obs.* **swat** [swɒt; *Am.* swɑt] **1.** schwitzen (**with** vor *dat*). **2.** *phys. tech. etc* schwitzen, anlaufen. **3.** fermenˈtieren (*Tabak*). **4.** *colloq.* schwitzen, sich abrackern, ‚schuften'. **5.** *econ.* für e-n Hungerlohn arbeiten. **6.** *colloq.* büßen: **he must ~ for it.**

II *v/t* **7.** (aus)schwitzen: **to ~ gum; to ~ blood** *colloq.* a) Blut u. Wasser schwitzen, b) sich abrackern; **to ~ off** (*od.* **away**) *Gewicht* abschwitzen; **to ~ out** a) *e-e Krankheit etc* (her)ausschwitzen, b) *fig. etwas* mühsam hervorbringen; **to ~ it out** *colloq.* a) durchhalten, b) abwarten; **to ~ one's guts out** *colloq.* sich die Seele aus dem Leib ‚schuften'. **8.** *a.* **~ through** ˈdurchschwitzen. **9.** schwitzen lassen, in Schweiß bringen: **to ~ down** a) *j-n* durch e-e Schwitzkur abnehmen lassen, b) *Am. fig.* verringern, drastisch verkleinern. **10.** *econ.* ‚schuften lassen', ausbeuten: **to ~ one's employees**. **11.** *colloq. j-n* ‚bluten lassen', auspressen. **12.** *colloq. j-n* (*im Verhör*) ‚in die Mache nehmen'. **13.** *tech.* schwitzen *od.* gären lassen. **14.** *metall.* a) (**~ out** aus)seigern, b) schmelzen, c) (heiß-, weich)löten. **15.** *Kabel* schweißen. **16.** *Tabak* fermenˈtieren lassen.

III *s* **17.** Schwitzen *n*, Schweißausbruch *m*: **nightly ~s** Nachtschweiß *m*. **18.** Schweiß *m*: **cold ~** kalter Schweiß, Angstschweiß; **in a ~**, *colloq.* **all of a ~** a) in Schweiß gebadet, b) vor Angst schwitzend; **to get into a ~** in Schweiß geraten; **by the ~ of one's brow** im Schweiße s-s Angesichts; **no ~!** *bes. Am. colloq.* kein Problem! **19.** *med.* Schwitzkur *f*. **20.** *phys. tech.* Feuchtigkeit *f*, Ausschwitzung *f*. **21.** *colloq.* ‚Schufteˈrei' *f*. **22. old ~** alter Haudegen (*Soldat*).

ˈ**sweat|·band** *s* **1.** Schweißleder *n*, -band *n* (*in Hüten*). **2.** *bes. sport* Schweißband *n*. ˈ**~·box** *s* **1.** *Tabakaufbereitung*: Fermenˈtierkammer *f*. **2.** *colloq.* ‚Brutkasten' *m*. **~ duct** *s anat.* ˈSchweißgang *m*, -kaˌnal *m*.

sweat·ed [ˈswetɪd] *adj econ.* **1.** für Hungerlöhne ˈhergestellt. **2.** ausgebeutet, ˈunterbezahlt: **~ workers**.

sweat·er [ˈswetə(r)] *s* **1.** Sweater *m*, Pullˈover *m*: **~ blouse** Strickbluse *f*; **~ girl** *colloq.* ‚kurvenreiches' Mädchen. **2.** *econ.* Ausbeuter *m*.

sweat gland *s anat.* Schweißdrüse *f*.

sweat·i·ness [ˈswetɪnɪs] *s* Verschwitztheit *f*, Schweißigkeit *f*.

sweat·ing [ˈswetɪŋ] **I** *s* **1.** Schwitzen *n*, Schweißabsonderung *f*. **2.** *econ.* Ausbeutung *f*. **3.** *tech.* (Heiß-, Weich)Lötung *f*. **4.** Fermenˈtierung *f* (*Tabak*). **II** *adj* **5.** schwitzend. **6.** Schwitz...: **~ bath; ~ room** *hist.* Schwitzkammer *f*. **~ sickness** *s med. hist.* Schweißfieber *n*. **~ sys·tem** *s econ.* ˈAusbeutungssyˌstem *n*.

sweat|pants *s pl sport bes. Am.* Trainingshose(n *pl*) *f*. **~ shirt** *s* Sweatshirt *n*. ˈ**~·shop** *s econ.* Ausbeutungsbetrieb *m*. **~ suit** *s sport bes. Am.* Trainingsanzug *m*.

sweat·y [ˈswetɪ] *adj* (*adv* **sweatily**) **1.** schweißig, verschwitzt, schweißnaß. **2.** Schweiß...: **~ feet**. **3.** *fig.* schweißtreibend, anstrengend.

Swede [swiːd] *s* **1.** Schwede *m*, Schwedin *f*. **2. s~** *bes. Br. für* **Swedish turnip**.

Swed·ish [ˈswiːdɪʃ] **I** *adj* **1.** schwedisch: **~ drill, ~ gymnastics** → **Swedish movements**. **II** *s* **2.** *ling.* Schwedisch *n*, das Schwedische. **3. the ~** *collect.* die Schweden *pl*. **~ box** *s Turnen*: Kasten *m*. **~ mas·sage** *s med.* schwedische Bewegungsbehandlung. **~ move·ments** *s pl med.* schwedische Gymˈnastik. **~ tur·nip** *s agr. bot. Br.* Schwedische Rübe, Gelbe Kohlrübe.

swee·ny [ˈswiːnɪ] *s vet.* ˈMuskelatroˌphie *f* (*bei Pferden*).

sweep [swiːp] **I** *v/t pret u. pp* **swept** [swept] **1.** kehren, fegen: **to ~ away** (**off, up**) weg-(fort-, auf)kehren; **to ~**

away *fig.* hinwegfegen; **swept and garnished** *Bibl.* gekehrt u. geschmückt. **2.** frei machen, säubern (**of** von) (*a. fig.*): **to ~ a path (channel,** *etc*); **to ~ the sea of enemy ships. 3.** jagen, treiben (*bes. fig.*): **to ~ the enemy before one** den Feind vor sich hertreiben; **to ~ all before one** auf der ganzen Linie siegen; **a wave of fear swept the country** e-e Welle der Angst ging durchs Land; **it swept the opposition into office** es brachte die Opposition ans Ruder. **4.** (hinˈweg)streichen *od.* (-)fegen über (*acc*) (*Wind etc*). **5.** *a.* **~ away** (*od.* **off**) fort-, mitreißen: **the river swept away the bridge; he swept his audience along with him** er riß s-e Zuhörerschaft mit; **to ~ s.o. off his feet** a) j-n hinreißen, b) j-s Herz im Sturm erobern. **6.** (aus dem Weg) räumen, beseitigen: **to ~ away** *fig. e-m Übelstand etc* abhelfen, aufräumen mit; **to ~ aside** *fig. etwas* abtun, beiseite schieben, hinwegwischen; **to ~ off** *j-n* hinweg-, dahinraffen (*Tod, Krankheit*). **7.** (*mit der Hand*) fahren *od.* streichen über (*acc*). **8.** *Geld* einstreichen: → **board**[1] 8. **9.** a) *ein Gebiet* durchˈstreifen, b) (ˈhin)gleiten *od.* schweifen über (*acc*) (*Blick etc*), c) (*mit Scheinwerfern od. Radar*) absuchen (**for** nach). **10.** *mil. Gelände mit Feuer* bestreichen. **11.** *mus.* a) *Instrument, Saiten, Tasten* (be)rühren, (an)schlagen, (ˈhin)gleiten über (*acc*), b) *Töne* entlocken (**from an instrument** e-m Instruˈment).

II *v/i* **12.** kehren, fegen: → **broom** 1. **13.** fegen, stürmen, jagen (*Wind, Regen etc; a. Armee, Krieg etc*), fluten (*Wasser, a. Truppen etc*), durchs Land gehen (*Epidemie etc*): **to ~ along (by, down, over, past)** entlang- *od.* einher-(hernieder-, darüber hin-, vorüber)fegen *etc*; **to ~ down on** sich (herab)stürzen auf (*acc*); **fear swept over him** Furcht überkam ihn; **to ~ into power** durch e-n überwältigenden Wahlsieg an die Macht kommen. **14.** (majeˈstätisch) einˈherschreiten: **she swept from the room** sie rauschte aus dem Zimmer. **15.** in weitem Bogen gleiten. **16.** sich (da)ˈhinziehen (*Küste, Straße etc*). **17.** *mar.* dreggen (**for** nach): **to ~ for mines** Minen suchen *od.* räumen.

III *s* **18.** Kehren *n*, Fegen *n*: **to give s.th. a ~** etwas kehren; **at one ~** mit ˈeinem Schlag; **to make a clean ~** a) gründlich aufräumen (**of** mit), b) *sport* überlegen siegen (**of** in *dat*). **19.** Daˈhinfegen *n*, -stürmen *n*, Brausen *n* (*des Windes etc*): **onward ~** *fig.* mächtige Fortschritte. **20.** Rauschen *n*: **the ~ of her long skirt. 21.** a) schwungvolle (Hand-*etc*)Bewegung, b) Schwung *m* (*e-r Sense, Waffe etc*), c) (Ruder)Schlag *m*. **22.** *fig.* Reichweite *f*, Bereich *m*, Spielraum *m*, weiter (geistiger) Horiˈzont. **23.** *fig.* a) Schwung *m*, Gewalt *f*, b) mächtige Bewegung, Strom *m*. **24.** Schwung *m*, Bogen *m*: **the ~ of the road (roof,** *etc*). **25.** ausgedehnte Strecke, weite Fläche. **26.** Auffahrt *f* (*zu e-m Haus*). **27.** *meist pl* Kehricht *m, n*, Müll *m*. **28.** Ziehstange *f* (*e-s Ziehbrunnens*). **29.** *mar.* a) langes Ruder, b) Dreggtau *n* (*zum Ankerfischen*), c) Räumgerät *n* (*zum Minensuchen*), d) Gillung *f* (*e-s Segels*). **30.** *electr.* Kipp *m*, ˈHinlauf *m* (*in Kathodenstrahlröhren*). **31.** *Radar etc*: a) Abtastung *f*, b) Abtaststrahl *m*. **32.** *bes. Br.* Schornsteinfeger *m*. **33.** *Kartenspiel*: Gewinn *m* aller Stiche *od.* Karten. **34.** → **sweepstake.**

IV *adj* **35.** *electr.* Kipp..., (Zeit)Ablenk...

ˈsweep·back *aer.* **I** *s* Pfeilform *f*, -stellung *f* (*der Tragflächen*). **II** *adj* pfeilförmig, Pfeil...: **~ wing.**

ˈsweep·er *s* **1.** (Straßen)Kehrer(in). **2.** ˈKehrmaˌschine *f*. **3.** *mar.* Such-, Räumboot *n*. **4.** *Fußball*: Ausputzer *m*.

sweep| gen·er·a·tor *s electr.* **1.** ˈKippgeneˌrator *m*. **2.** Freˈquenzwobbler *m*. **~ hand** → **sweep-second.**

sweep·ing [ˈswiːpɪŋ] **I** *adj* (*adv* **~ly**) **1.** kehrend, Kehr... **2.** brausend, stürmisch (*Wind etc*). **3.** umˈfassend, ausgedehnt. **4.** schwungvoll: a) ausladend: **~ gesture,** b) mitreißend: **~ melodies; ~ lines** schwungvolle Linien, schnittige Form. **5.** ˈdurchschlagend, überˈwältigend: **~ success; ~ victory** überlegener Sieg. **6.** ˈdurchgreifend, radiˈkal: **~ changes. 7.** weitreichend, umˈfassend, *a.* (zu) stark verallgeˈmeinernd, sumˈmarisch: **~ judg(e)ment** Pauschalurteil *n*; **~ powers** umfassende Vollmachten. **II** *s pl* **8.** a) Kehricht *m, n*, Müll *m*, b) *fig. contp.* Auswurf *m*, Abschaum *m*.

sweep| net *s* **1.** *mar.* großes Schleppnetz. **2.** Schmetterlingsnetz *n*. **ˈ~-ˌsec·ond** *s* **1.** Zenˈtraleˌkundenzeiger *m*. **2.** Uhr *f* mit Zenˈtraleˌkundenzeiger. **~ seine** → **sweep net** 1. **ˈ~·stake** *s, bes. Am.* **ˈ~·stakes** *s pl* (*als sg konstruiert*) **1.** a) (*bes. Pferde*)*Rennen, dessen Dotierung ausschließlich aus Nenngeldern besteht*, b) *aus den Nenngeldern gebildete Dotierung*. **2.** *Lotterie, deren Gewinne sich ausschließlich aus den Einsätzen zs.-setzen*. **3.** *fig.* Kampf *m*, Rennen *n*: **the presidential ~(s)** das Rennen um die Präsidentschaft.

sweet [swiːt] **I** *adj* (*adv* **~ly**) **1.** süß. **2.** süß *od.* lieblich (duftend): **to be ~ with** duften nach. **3.** frisch: **~ butter (meat, milk). 4.** Frisch..., Süß...: **~ water. 5.** süß, lieblich: **~ melody (voice,** *etc*). **6.** süß, angenehm: **~ dreams (slumber,** *etc*). **7.** süß, lieb: **a ~ face; at her own ~ will** ganz nach ihrem Köpfchen; → **seventeen** II. **8.** lieb, nett, freundlich, reizend (**to** zu *od.* gegenˈüber *j-m*), sanft: **~ temper** (*od.* **nature, disposition**) freundliche Art, Liebenswürdigkeit *f*; **to be ~ on s.o.** *colloq.* in j-n verliebt sein; **to keep s.o. ~** j-n bei Laune halten. **9.** *colloq.* ‚süß', ‚goldig', entzückend, reizend (*alle a. iro.*): **what a ~ hat! 10.** *colloq.* a) tadellos, einwandfrei, b) mühelos, glatt, ruhig, c) leicht, bequem. **11.** *chem.* a) säurefrei: **~ minerals,** b) schwefelfrei: **~ petrol. 12.** *agr.* nicht sauer: **~ soil. 13.** *Jazz*: melodiˈös, ‚sweet'. **II** *s* **14.** Süße *f*. **15.** *bes. Br.* a) Bonˈbon *m, n*, Süßigkeit *f*, b) *pl* Süßigkeiten *pl*. **16.** *Br.* Süßspeise *f*, süßer Nachtisch. **17.** *meist pl fig.* Annehmlichkeit *f*: **the ~(s) of life;** → **sour** 8. **18.** (*meist als Anrede*) ‚Süße(r' *m*) *f*, Schatz *m*. **ˌ~-and-ˈsour** *adj gastr.* süß-sauer. **ˈ~·bread** *s* Bries *n*. **~·bri·er, a. ~·bri·ar** [ˌ-ˈbraɪə(r); ˈ-ˌbr-] *s bot.* Schottische Zaunrose. **~ chest·nut** *s bot.* ˈEdelkaˌstanie *f*. **~ corn** *s* **1.** *bot.* Zuckermais *m*. **2.** grüne Maiskolben *pl* (*als Gemüse*).

sweet·en [ˈswiːtn] **I** *v/t* **1.** süßen. **2.** *fig.* versüßen, angenehm(er) machen. **3.** mildern. **4.** beschwichtigen, gnädig stimmen. **5.** *sl.* ‚schmieren', bestechen. **6.** *econ. bes. Am. colloq.* hochwertige Sicherheiten gewähren auf (*acc*): **to ~ loans. II** *v/i* **7.** süß(er) werden. **ˈsweet·en·er** *s* **1.** Süßstoff *m*. **2.** Beschwichtigungsmittel *n*. **3.** *sl.* ‚Schmiergeld' *n*, Bestechungsgeld *n*. **ˈsweet·en·ing** *s* **1.** (Ver)Süßen *n*. **2.** Süßstoff *m*.

sweet| flag *s bot.* Gemeiner Kalmus. **~ gale** *s bot.* Heidemyrte *f*. **ˈ~·heart** *s* Schatz *m*, Liebste(r *m*) *f*. **~ herbs** *s pl* Küchen-, Gewürzkräuter *pl*.

sweet·ie [ˈswiːtɪ] *s* **1.** *Br.* Bonˈbon *m, n*. **2.** *colloq.* (*meist als Anrede*) Schätzchen *n*, ‚Süße' *f*. **3.** *bes. Br. colloq.* Schatz *m*: **she's a ~.**

sweet·ing [ˈswiːtɪŋ] *s bot.* Joˈhannisapfel *m*, Süßling *m*.

sweet·ish [ˈswiːtɪʃ] *adj* süßlich.

ˈsweet|·meat *s* Bonˈbon *m, n*. **~-na·tured** [ˌ-ˈn-; ˈ-ˌn-] → **sweet** 8.

sweet·ness [ˈswiːtnɪs] *s* **1.** Süße *f*, Süßigkeit *f*. **2.** süßer *od.* lieblicher Duft. **3.** Frische *f*. **4.** *fig.* (*etwas*) Angenehmes, Annehmlichkeit *f*, (*das*) Süße. **5.** Freundlichkeit *f*.

sweet| oil *s* Speise-, *bes.* Oˈlivenöl *n*. **~ pea** *s bot.* Gartenwicke *f*. **~ po·ta·to** *s* **1.** *bot.* ˈSüßkarˌtoffel *f*, Baˈtate *f*. **2.** *mus. Am. colloq.* Okaˈrina *f*. **~-scent·ed** [ˌ-ˈsentɪd; ˈ-ˌs-] *adj bot.* wohlriechend, duftend. **ˈ~·shop** *s bes. Br.* Süßwarenladen *m*, -warengeschäft *n*. **~ sing·er** *s*: **the S~ S~ of Israel** *relig.* der Psalmist, König David. **~ talk** *s Am. colloq.* Schmeicheˈlei(en *pl*) *f*. **ˈ~-ˌtalk** *v/t Am. colloq. j-m* ‚um den Bart gehen', *j-m* schmeicheln: **to ~ s.o. into doing s.th.** j-n durch Schmeicheleien dazu bringen, etwas zu tun. **~-tem·pered** [ˌ-ˈt-; ˈ-ˌt-] *adj* sanft(mütig), gutmütig. **~-tongued** [ˌ-ˈtʌŋd; ˈ-t-] *adj* schmeichlerisch, ‚honigsüß'. **~ tooth** *s colloq.* Vorliebe *f* für Leckeˈreien: **she has a ~** sie ist ein Leckermäulchen, sie nascht gern. **~ wil·liam** *s bot.* Stuˈdenten-, Bartnelke *f*. **ˈ~·wood** *s bot.* **1.** (Edler) Lorbeerbaum. **2.** *Name mehrerer tropischer Pflanzen, bes.* a) Nekˈtandra *f*, b) Balsampflanze *f*, c) Zypernholzbaum *m*.

sweet·y → **sweetie** 2.

swell [swel] **I** *v/i pret* **swelled,** *pp* **swol·len** [ˈswəʊlən], *selten* **swelled,** *obs.* **swoln** [swəʊln] **1.** *a.* **~ up, ~ out** (an-, auf)schwellen (**into, to** zu), dick werden. **2.** sich aufblasen *od.* -blähen (*a. fig. contp.*). **3.** anschwellen, (an)steigen (*Wasser etc; a. fig. Anzahl, Preise etc*). **4.** sich wölben: a) ansteigen (*Land etc*), b) sich ausbauchen *od.* bauschen, gebaucht *od.* geschweift sein (*Mauerwerk, Möbel etc*), c) *mar.* sich blähen (*Segel*). **5.** herˈvorbrechen (*Quelle, Tränen*). **6.** (auf)quellen (*Getreide, Holz etc*). **7.** *bes. mus.* a) anschwellen (**into** zu), b) (an- u. ab)schwellen (*Ton, Orgel etc*). **8.** *fig.* bersten (wollen) (**with** vor *dat*): **his heart ~ed with indignation. 9.** aufwallen, sich steigern (**into** zu) (*Gefühl*). **10.** sich aufplustern: **to ~ with pride** stolzgeschwellt sein.

II *v/t* **11.** *a.* **~ up, ~ out** *a. fig. ein Buch etc* anschwellen lassen. **12.** aufblasen, -blähen, -treiben: **to ~ the belly (a tin can,** *etc*). **13.** *bes. mus.* a) anschwellen lassen, b) (an- u. ab)schwellen lassen. **14.** *fig.* aufblähen (**with** vor *dat*): **~ed with pride** stolzgeschwellt.

III *s* **15.** (An)Schwellen *n*. **16.** Schwellung *f*, *med. a.* Geschwulst *f*. **17.** *mar.* Dünung *f*. **18.** Wölbung *f*, Ausbuchtung *f*, -bauchung *f*. **19.** kleine Anhöhe, sanfte Steigung. **20.** a) Bomˈbage *f*, Auftreiben *n* (*von verdorbenen Konservenbüchsen*), b) aufgetriebene Konˈservenbüchse. **21.** *fig.* Anschwellen *n*, Anwachsen *n*, (An)Steigen *n*. **22.** *mus.* a) (An- u. Ab-) Schwellen *n*, Schwellton *m*, b) Schwellzeichen *n* (< >), c) Schwellwerk *n* (*der Orgel etc*). **23.** *colloq.* a) ‚großes Tier', ‚Größe' *f*, b) ‚feiner Pinkel', c) ‚Mordskerl' *m*, ‚Kaˈnone' *f* (**at** in *dat*).

IV *adj* **24.** *sl.* (*a. interj*) ‚prima(!)', ‚Klasse(!)'. **25.** *colloq.* ‚(tod)schick', ‚piekfein', ‚stinkvornehm', feuˈdal.

swelled [sweld] *adj* **1.** (an)geschwollen, aufgebläht: **~ head** *colloq.* Aufgeblasenheit *f*. **2.** geschweift (*Möbel*), ausgebuchtet.

ˈswell·ing I *s* **1.** (*a. mus. u. fig.* An-)

Schwellen *n.* **2.** *med. vet.* Schwellung *f,* Geschwulst *f, a.* Beule *f,* Ö'dem *n*: **glandular** ~ Drüsenschwellung; **hunger** ~ Hungerödem. **3.** (Auf)Quellen *n.* **4.** Wölbung *f*: a) Erhöhung *f,* b) *arch.* Ausbauchung *f,* c) *Tischlerei*: Schweifung *f.* **5.** (Gefühls)Aufwallung *f.* **II** *adj* (*adv* ~**ly**) **6.** (an)schwellend (*a. fig.*). **7.** ‚geschwollen' (*Stil etc*).

swell| key·board, ~ **man·u·al** *s mus.* 'Schwellmanu,al *n* (*der Orgel*). ~ **mob** *s Br. sl. collect.* (*die*) Hochstapler *pl.* ~ **or·gan** *s mus.* Schwellwerk *n* (*Manual*). ~ **ped·al** *s mus.* Pe'dal-, Fußschweller *m* (*der Orgel*). ~ **rule** *s print.* englische Linie.

swel·ter ['sweltə(r)] **I** *v/i* **1.** vor Hitze (schier) verschmachten *od.* ‚'umkommen'. **2.** in Schweiß gebadet sein. **3.** *fig.* (vor Hitze) kochen (*Stadt etc*). **II** *s* **4.** drückende Hitze, Schwüle *f.* **5. to be in a** ~ → 1. **6.** Hexenkessel *m.* '**swel·ter·ing,** '**swel·try** [-trɪ] *adj* **1.** vor Hitze vergehend *od.* verschmachtend. **2.** in Schweiß gebadet. **3.** drückend, schwül.

swept [swept] *pret u. pp von* **sweep.** '~**-back wing** *s aer.* Pfeilflügel *m.* ~ **vol·ume** *s mot.* Hubraum *m.* ~ **wing** → **swept-back wing.**

swerve [swɜːv; *Am.* swɜrv] **I** *v/i* **1.** ausbrechen (*Auto, Pferd*). **2.** *mot.* das Steuer *od.* den Wagen her'umreißen, e-n Schlenker machen. **3.** ausweichen (*Boxer etc*). **4.** e-n Schwenk machen, schwenken: **the highway** ~**s south. 5.** *fig.* abweichen, abgehen (**from** von). **II** *v/t* **6. to** ~ **the car** → 2. **7.** *sport Ball* anschneiden. **8.** *fig. j-n* abbringen (**from** von). **III** *s* **9.** *mot.* Schlenker *m.* **10.** Ausweichbewegung *f* (*e-s Boxers etc*). **11.** Schwenk *m* (*e-r Straße*). **12.** *sport* Schnitt *m.*

swift [swɪft] **I** *adj* (*adv* ~**ly**) **1.** *allg.* schnell, rasch. **2.** flüchtig, rasch da'hineilend (*Zeit etc*). **3.** rasch: a) geschwind, eilig, b) plötzlich, unerwartet: **his** ~ **death. 4.** flink, hurtig, *a.* geschickt: **a** ~ **worker;** ~ **wit** flinker Verstand. **5.** rasch, eilfertig, schnell bereit: ~ **to anger** jähzornig: → **offence** 3. **6.** jäh, hastig: ~ **anger** Jähzorn *m.* **II** *adv* **7.** (*meist poet. od. in Zssgn*) schnell, geschwind, rasch: ~**-passing. III** *s* **8.** *orn.* (*bes.* Mauer)Segler *m.* **9.** *a.* ~ **moth** *orn. e-e brit. Taubenrasse.* **10.** *zo.* → **newt. 11.** *tech.* Haspel *f,* (Garn-, Draht-) Winde *f.* ,~'**foot·ed** *adj* schnellfüßig, flink.

'**swift·ness** *s* Schnelligkeit *f,* Geschwindigkeit *f.*

swig[1] [swɪg] *colloq.* **I** *v/t a.* ~ **down,** ~ **off** *Getränk* ‚hin'unterkippen'. **II** *v/i* e-n kräftigen Zug tun (**at** aus). **III** *s* kräftiger Zug *od.* Schluck: **to take a** ~ **(at)** → II.

swig[2] [swɪg] *v/t oft* ~ **up** *mar. Segel* hissen *od.* straffen.

swill [swɪl] **I** *v/t* **1.** (ab)spülen: **to** ~ **out** ausspülen. **2.** *colloq.* ‚saufen', hin'unterschütten: **to** ~ **beer; to** ~ **o.s. with** sich ‚vollaufen lassen' mit. **II** *v/i* **3.** ‚saufen'. **III** *s* **4.** (Ab)Spülen *n*: **to give s.th. a** ~ etwas (ab)spülen. **5.** Spülicht *n* (*a. fig. contp.*). **6.** Spültrank *m* (*für Schweine*). **7.** a) ‚Gesöff' *n,* b) ‚Saufraß' *m.*

swim [swɪm] **I** *v/i pret* **swam** [swæm], *obs. od. dial.* **swum** [swʌm], *pp* **swum 1.** schwimmen. **2.** schwimmen, treiben (*Gegenstand*). **3.** schweben, (sanft) gleiten: **the moon** ~**s in the sky; she swam into the room. 4.** a) schwimmen (in in *dat*), b) über'schwemmt *od.* voll sein, 'überfließen (**with** von): **the meat** ~**s in gravy** das Fleisch schwimmt in der Soße; **his eyes were** ~**ming with tears** s-e Augen schwammen in Tränen; **to** ~ **in** *fig.* schwimmen in (*Geld etc*). **5.** (ver-) schwimmen (**before one's eyes** vor den Augen), sich drehen: **my head** ~**s** mir ist schwind(e)lig.

II *v/t* **6.** a) schwimmen: **to** ~ **a mile,** b) durch'schwimmen: **to** ~ **the Channel; to** ~ **a race** um die Wette schwimmen, an e-m Wettschwimmen teilnehmen. **7.** *j-n, ein Pferd etc, e-e Sache* schwimmen lassen. **8.** mit *j-m* um die Wette schwimmen.

III *s* **9.** Schwimmen *n,* Bad *n*: **to go for a** ~ schwimmen gehen; **to have** (*od.* **take**) **a** ~ baden, schwimmen. **10.** *fig.* Schweben *n,* (sanftes) Gleiten. **11.** *colloq.* Strom *m od.* Gang *m* der Ereignisse: **to be in (out of) the** ~ a) (nicht) auf dem laufenden *od.* im Bilde sein, b) (nicht) mithalten können; **in the** ~ **with** vertraut mit. **12.** *Angelsport*: tiefe u. fischreiche Stelle (*e-s Flusses*). **13.** Schwindel(anfall) *m.* ~ **blad·der** *s ichth.* Schwimmblase *f.* '~**cap** *s* Bademütze *f,* -kappe *f.*

swim·mer ['swɪmə(r)] *s* **1.** Schwimmer (-in). **2.** *zo.* 'Schwimmor,gan *n.*

swim·mer·et ['swɪməret; *Am. a.* ,-'ret] *s zo.* Schwimmfuß *m* (*bei Krebsen*).

swim·ming ['swɪmɪŋ] **I** *s* **1.** Schwimmen *n.* **2.** *a.* ~ **of the head** Schwindel(gefühl *n*) *m.* **II** *adj* (*adv* → **swimmingly**) **3.** schwimmend. **4.** Schwimm...: ~ **bird;** ~ **instructor** Schwimmlehrer *m.* ~ **bath** *meist pl Br.* Schwimmbad *n, bes.* Hallenbad *n*: ~ **attendant** Bademeister *m.* ~ **blad·der** *s ichth.* Schwimmblase *f.* ~ **cap** *s* Bademütze *f,* -kappe *f.* ~ **cos·tume** *s bes. Br.* Badeanzug *m.*

swim·ming·ly ['swɪmɪŋlɪ] *adv fig.* glatt, reibungslos: **to go** ~ glattgehen.

swim·ming| pool *s* **1.** Schwimmbecken *n,* Swimmingpool *m.* **2.** Schwimmbad *n*: a) *a.* **open-air** ~ Freibad *n,* b) *a.* **indoor** ~ Hallenbad *n*; ~ **attendant** Bademeister *m.* ~ **trunks** *s pl a.* **pair of** ~ Badehose *f.*

'**swim·suit** *s* Badeanzug *m.*

swin·dle ['swɪndl] **I** *v/i* **1.** betrügen, mogeln. **II** *v/t* **2.** *j-n* beschwindeln, betrügen (**out of s.th.** um etwas). **3.** *etwas* erschwindeln, ergaunern (**out of s.o.** von j-m). **III** *s* **4.** Schwindel *m,* Betrug *m.* '**swin·dler** *s* Schwindler(in), Betrüger (-in).

swine [swaɪn] *s* **1.** *pl* ~ *agr. zo. poet. od. obs.* Schwein *n.* **2.** *pl* ~**s** a) Rüpel *m,* b) ‚Schwein' *n.* ~ **fe·ver** *s vet. bes. Br.* Schweinepest *f.* '~**herd** *s bes. poet.* Schweinehirt *m.* ~ **in·flu·en·za** *s vet.* Schweinegrippe *f.* ~ **plague** *s vet.* Schweineseuche *f.* ~ **pox** *s* **1.** *med. hist.* Schafs-, Wasserpocken *pl.* **2.** *vet.* Schweinepocken *pl.*

swin·er·y ['swaɪnərɪ] *s* **1.** Sau-, Schweinestall *m.* **2.** *fig.* Schweine'rei *f.*

swing [swɪŋ] **I** *v/t pret* **swung** [swʌŋ], *obs. od. dial.* **swang** [swæŋ], *pp* **swung 1.** schwingen: **to** ~ **a sword (a lasso); to** ~ **o.s. from branch to branch. 2.** schwingen, ('hin- u. 'her)schwenken: **to** ~ **a bell; to** ~ **one's arms** mit den Armen schlenkern; **to** ~ **out** *tech.* ausschwenken; **to** ~ **s.o. round** j-n herumwirbeln *od.* -schwenken; **to** ~ **the propeller** den Propeller durchdrehen *od.* anwerfen; → **lead**[2] 2, **room** 1. **3.** baumeln *od.* pendeln lassen, aufhängen (**from** an *dat*): **to** ~ **a hammock** e-e Hängematte aufhängen; **to** ~ **one's legs** mit den Beinen baumeln; **to** ~ **a gate open (to)** ein Tor auf-(zu)stoßen. **4.** *j-n* (*in e-r Schaukel*) schaukeln. **5.** *bes. mil.* (~ **in** *od.* **out** ein- *od.* aus)schwenken lassen. **6.** *mar.* (rund)schwojen. **7.** *auf die Schulter etc* (hoch)schwingen. **8.** *tech.* Spielraum lassen für: **a lathe that** ~**s 12 inches. 9.** *colloq.* a) *etwas* ‚schaukeln', ‚'hinkriegen': **to** ~ **the job,** b) *Am. die Wähler etc* ‚her'umkriegen', c) *Am. e-e Wahl etc* entscheiden(d beeinflussen).

II *v/i* **10.** ('hin- u. 'her)schwingen, pendeln, ausschlagen (*Pendel, Zeiger*): **to** ~ **from branch to branch** sich von Ast zu Ast schwingen; **to** ~ **into motion** in Schwung *od.* Gang kommen; **to** ~ **into action** *fig.* loslegen; **to** ~ **round the circle** *Am.* a) *fig.* alles abdecken, b) *pol.* e-e Wahlrundreise machen; **to** ~ **round the circle of all theories** *Am.* sich der Reihe nach mit allen Theorien befassen. **11.** schweben, baumeln (**from** an *dat*) (*Glocke etc*). **12.** (sich) schaukeln. **13.** *colloq.* ‚baumeln' (*gehängt werden*): **he must** ~ **for it. 14.** sich (*in den Angeln*) drehen (*Tür etc*): **the door** ~**s on its hinges; to** ~ **open (to)** auffliegen (zuschlagen); **to** ~ **round** a) sich ruckartig umdrehen, b) sich drehen (*Wind etc*), c) *fig.* umschlagen (*öffentliche Meinung etc*). **15.** *mar.* schwojen. **16.** schwenken, mit schwungvollen *od.* flotten Bewegungen gehen, *a. mil.* (flott) mar'schieren: **to** ~ **into line** *mil.* einschwenken. **17.** mit Schwung *od.* in großem Bogen fahren: **the car swung out of a side street. 18.** sich in weitem Bogen 'hinziehen: **the road** ~**s north. 19.** a) schwanken, b) *tech.* Schwingungen haben. **20.** a) Schwung haben, schwungvoll sein (*Musik etc*), b) lebenslustig sein. **21.** (zum Schlag) ausholen: **to** ~ **at s.o.** nach j-m schlagen. **22.** *mus.* swingen, Swing spielen *od.* tanzen. **23.** *sl.* ‚swingen' (*Atmosphäre haben*). **24.** *sl.* (gerne) Partner tauschen.

III *s* **25.** ('Hin- u. 'Her)Schwingen *n,* Schwingung *f,* Pendeln *n,* Ausschlagen *n* (*e-s Pendels od. Zeigers*), *tech. a.* Schwungweite *f,* Ausschlag *m*: **the** ~ **of the pendulum** der Pendelschlag (*a. fig. u. pol.*); **free** ~ Bewegungsfreiheit *f,* Spielraum *m* (*beide a. fig.*): **to give full** ~ **to** a) *e-r Sache* freien Lauf lassen, b) *j-m* freie Hand lassen; **in full** ~ ‚in Schwung', in vollem Gang. **26.** Schaukeln *n*: **to have a** ~ schaukeln. **27.** a) Schwung *m* (*beim Gehen, Skilauf etc*), schwingender Gang, Schlenkern *n,* b) *metr. mus.* Schwung *m* (*a. fig.*), schwingender Rhythmus: **with a** ~ schwungvoll; **to get into the** ~ **of things** *colloq.* ‚den Bogen rauskriegen'; **to go with a** ~ Schwung haben, *a.* wie am Schnürchen gehen. **28.** Schwung(kraft *f*) *m* (*a. fig.*): **at full** ~ in vollem Schwung, in voller Fahrt. **29.** *econ. Am. colloq.* Konjunk'turperi,ode *f.* **30.** *colloq.* (Arbeits)Schicht *f.* **31.** *Boxen*: Schwinger *m.* **32.** *pol. Am.* Wahlrundreise *f.* **33.** Schwenkung *f.* **34.** Schaukel *f*: → **roundabout** 6. **35.** *tech.* a) Spielraum *m,* Spitzenhöhe *f* (*e-r Drehbank*), b) (Rad)Sturz *m.* **36.** *mus.* Swing *m* (*Jazz*). **37.** *econ.* Swing *m,* Spielraum *m* für Kre'ditgewährung.

'**swing|·back** *s* **1.** *phot.* Einstellscheibe *f.* **2.** (*to*) *fig.* Rückkehr *f* (zu), Rückfall *m* (in *acc*). '~**boat** *s Br.* Schiffsschaukel *f.* ~ **bridge** *s tech.* Drehbrücke *f.* ~ **cred·it** *s econ.* 'Swingkre,dit *m.* ~ **door** *s* Drehtür *f.*

swinge [swɪndʒ] *v/t obs.* 'durchprügeln.

'**swinge·ing** *adj bes. Br.* einschneidend (*Kürzungen etc*), ex'trem hoch, gewaltig (*Besteuerung etc*).

swing·er ['swɪŋə(r)] *s* **1.** lebenslustige Per'son. **2.** *sl.* j-d, der alles mitmacht, was ‚in' ist. **3.** *sl.* j-d, der (gern) Partnertausch macht.

swing| gate *s* Drehtor *n.* ~ **glass** *s* Drehspiegel *m.*

swing·ing ['swɪŋɪŋ] **I** *s* **1.** Schwingen *n,* Schaukeln *n,* Pendeln *n.* **2.** Schwenken *n.* **3.** *mar.* Schwojen *n.* **4.** *electr.* a) (Fre'quenz)Schwankung(en *pl*) *f,* b) Schwund *m.* **II** *adj* (*adv* ~**ly**) **5.** schwingend, schaukelnd, pendelnd, Schwing...: ~ **door** Pendeltür *f.* **6.** *bes. tech.* Schwenk...: ~ **lever** Schwenkarm *m.* **7.** schwankend: ~ **temperature** *med.* Temperaturschwankungen *pl*; ~ **voter** *Austral. colloq.* Wechselwähler(in). **8.** *fig.* schwungvoll: a) rhythmisch, b) kraftvoll, c) lebenslustig.

swin·gle[1] [ˈswɪŋgl] *tech.* **I** *s* (Flachs-, Hanf)Schwinge *f.* **II** *v/t* schwingeln.

swin·gle[2] [ˈswɪŋgəl] *s Am. sl.* lebenslustiger Single.

ˈswin·gle·tree *s* Wagenschwengel *m.*

swing|mu·sic *s* ˈSwing(muˌsik *f*) *m.* **ˈ~-out** *adj tech.* ausschwenkbar. **~ plough,** *bes. Am.* **~ plow** *s agr.* Schwingpflug *m* (*ohne Räder*). **ˈ~round** *s* ˈMeinungsˌumschwung *m.* **~ seat** *s* Hollywoodschaukel *f.* **~ shift** *s Am. colloq.* Spätschicht *f* (*von 16 bis 24 Uhr*). **ˌ~-ˈwing** *aer. bes. mil.* **I** *adj* **1.** Schwenkflügel...: ~ **aircraft** → 3. **II** *s* **2.** Schwenkflügel *m.* **3.** Schwenkflügler *m.*

swin·ish [ˈswaɪnɪʃ] *adj* (*adv* **~ly**) schweinisch, säuisch.

swipe [swaɪp] **I** *s* **1.** *colloq.* harter Schlag, (*Pranken- etc*)Hieb *m*: **to give s.o. a ~ round the ear** j-m eins hinter die Ohren geben. **2.** Ziehstange *f* (*e-s Ziehbrunnens*). **3.** *pl Br. sl.* Dünnbier *n.* **II** *v/t* **4.** *sport colloq. den Ball* ‚dreschen'. **5.** *sl.* ‚klauen', stehlen. **III** *v/i* **6.** ~ **at** *colloq.* schlagen nach: **to ~ away at** einschlagen auf (*acc*).

swirl [swɜːl; *Am.* swɜrl] **I** *v/i* **1.** wirbeln (*Wasser*; *a. fig. Kopf*), e-n Strudel bilden. **2.** *a.* ~ **about** (herˈum)wirbeln. **II** *v/t* **3.** *a.* ~ **about** *etwas* herˈumwirbeln. **III** *s* **4.** Wirbel *m* (*a. fig.*), Strudel *m.* **5.** *Am.* (Haar)Wirbel *m.* **6.** Ast *m* (*im Holz*). **7.** Wirbel(n *n*) *m* (*Drehbewegung*).

swish [swɪʃ] **I** *v/i* **1.** schwirren, sausen, zischen: **to ~ past** vorbeizischen (*Auto etc*). **2.** rascheln (*Seide etc*). **3.** *mot.* wischen (*Scheibenwischer*). **II** *v/t* **4.** sausen *od.* schwirren lassen. **5.** ~ **off** abhauen. **6.** *sl.* ˈdurchprügeln. **III** *s* **7.** Sausen *n*, Zischen *n.* **8.** Rascheln *n.* **9.** *Br.* a) (Ruten)Streich *m*, b) Peitschenhieb *m.* **10.** *Am. sl.* ‚Tunte' *f* (*effeminierter Homosexueller*). **IV** *adj* **11.** *bes. Br. colloq.* ‚(tod)schick'. **12.** *Am. sl.* ‚tuntenhaft'. **V** *interj* **13.** fft!, wutsch!

Swiss [swɪs] **I** *s* **1.** a) Schweizer(in), b) *pl* Schweizer *pl.* **2. s~** → **Swiss muslin. II** *adj* **3.** schweizerisch, Schweizer(...). **~ cheese** *s* Schweizer Käse *m.* **~ franc** *s econ.* Schweizer Franken *m.* **~ German** *s ling.* Schweizerdeutsch *n.* **~ Guard** *s* **1.** Schweizergarde *f.* **2.** Schweizer *m.*

swiss·ing [ˈswɪsɪŋ] *s Textilwesen*: ˈDruckkaˌlandern *n.*

Swiss|mus·lin *s* ˈSchweizermusseˌlin *m* (*Stoff*). **~ roll** *s* Bisˈkuitrolle *f.* **~ tea** *s pharm.* Schweizertee *m.*

switch [swɪtʃ] **I** *s* **1.** a) Rute *f*, Gerte *f*, b) Peitsche *f.* **2.** (Ruten)Streich *m.* **3.** falscher Zopf. **4.** Schwanzquaste *f* (*e-s Rindes*). **5.** *electr.* a) Schalter *m*, b) Schalten *n.* **6.** *rail. Am.* a) Weiche *f*: **to shift the ~es for** *fig.* die Weichen stellen für, b) Stellen *n* (*e-r Weiche*). **7.** *econ.* ˈUmstellung *f* (*bei Kapitalanlagen etc*). **8.** (**to**) *fig.* ˈUmstellung *f* (auf *acc*), Wechsel *m* (zu): **to make a ~** e-e Umstellung *od.* e-n Wechsel vornehmen. **9.** a) Austausch *m* (**for** gegen), b) Verwandlung *f* (**to** in *acc*). **10.** *Kartenspiel*: Farbwechsel *m.* **II** *v/t* **11.** peitschen. **12.** zucken mit: **to ~ a muscle. 13.** mit *dem Schwanz* schlagen (*Kuh etc*). **14.** *a.* ~ **over** *electr. tech.* (ˈum)schalten: **to ~ on** a) einschalten, *das Licht* anschalten, b) *colloq. j-n* ‚anturnen' (*in Erregung etc versetzen*), c) *colloq. j-n* ‚anturnen' (*zum Gebrauch von Drogen veranlassen*); **to ~ off** a) ab-, ausschalten, b) *colloq. j-n* anöden; **to ~ through** *teleph. Anrufer, Gespräch* durchstellen (**to** zu). **15.** *rail. bes. Am.* a) *den Zug* ranˈgieren, b) *Waggons* ˈumstellen. **16.** *fig.* a) ˈumstellen (to auf *acc*): **to ~ (over) production,** b) wechseln: **to ~ methods (lanes)** die Methode (die Spur) wechseln; **to ~ positions** *sport* rochieren; **to ~ roles** *fig.* die Rollen tauschen, c) ˈüberleiten: **to ~ the talk to another topic** auf ein anderes Thema überleiten. **17.** austauschen (**for** gegen): **to ~ (a)round** *Möbel* umstellen; **to ~ s.o. (a)round within a department (between the departments)** j-n e-e Abteilung (die einzelnen Abteilungen) durchlaufen lassen. **III** *v/i* **18.** *electr. tech.* (*a.* ~ **over** ˈum)schalten: **to ~ off** abschalten (*a. fig. colloq.*). **19.** *rail. bes. Am.* ranˈgieren. **20.** *fig.* ˈumstellen: **to ~ (over) to** übergehen zu, sich umstellen auf (*acc*), *univ.* umsatteln auf (*acc*). **21.** *Kartenspiel*: die Farbe wechseln.

ˈswitch|·back *s* **1.** *a.* ~ **road** Serpenˈtine(nstraße) *f.* **2.** *a.* ~ **railway** *Br.* Achterbahn *f.* **ˈ~·blade** *s*, **ˈ~·blade knife** *s irr bes. Am.* Schnappmesser *n.* **ˈ~·board** *s* **1.** *electr.* Schaltbrett *n*, -tafel *f.* **2.** *teleph.* (Teleˈfon)ZenˌtraIe *f*: ~ **operator** Telefonist(in). **~·box** *s electr.* Schaltkasten *m.* **~ clock** *s tech.* Schaltuhr *f.*

switch·er·oo [ˌswɪtʃəˈruː] *s Am. sl.* **1.** unerwartete Wendung. **2.** Vertauschung *f.*

ˈswitch|·gear *s* Schaltvorrichtung *f.* **ˈ~·girl** *s Austral. colloq.* Telefoˈnistin *f.* **ˈ~-ˌhit·ter** *s Am. sl.* bisexuˈell Veranlagte(r *m*) *f.*

ˈswitch·ing I *s* **1.** *electr. tech.* (ˈUm-)Schalten *n*: ~**-on** Einschalten; ~**-off** Ab-, Ausschalten. **2.** *rail. bes. Am.* Ranˈgieren *n.* **II** *adj* **3.** *electr. tech.* (Um)Schalt...: ~ **relay**; ~ **time** Schaltzeit *f.* **4.** *rail. bes. Am.* Rangier-...: ~ **engine** Rangier-, Verschiebelok(omotive) *f.*

ˈswitch|·man [-mən] *s irr rail. Am.* Weichensteller *m.* **ˈ~ˌo·ver** → **switch** 8. **~ plug** *s electr. tech.* Schaltstöpsel *m.* **~ sig·nal** *s electr. tech.* ˈSchaltsiˌgnal *n.* **~ tend·er** → **switchman. ˈ~ˌyard** *s rail. Am.* Ranˈgier-, Verschiebebahnhof *m.*

swith [swɪθ], **swithe** [swaɪð; swɪθ] *adv bes. Am. dial.* schnell, gleich, soˈfort.

Switz·er [ˈswɪtsə(r)] *s* **1.** Schweizer(in). **2.** Schweizer *m* (*Angehöriger der Schweizergarde*).

swiv·el [ˈswɪvl] **I** *s* **1.** *tech.* Drehzapfen *m*, -ring *m*, -gelenk *n*, (*a. mar.* Ketten)Wirbel *m.* **2.** *mar. mil.* Drehstütze *f.* **II** *v/t pret u. pp* **-eled,** *bes. Br.* **-elled 3.** drehen, schwenken. **4.** mit e-m Drehzapfen versehen. **III** *v/i* **5.** sich drehen. **IV** *adj* **6.** Dreh..., Schwenk..., dreh-, schwenkbar: ~ **axis** Schwenkachse *f.* **~ bridge** *s tech.* Drehbrücke *f.* **~ chair** *s* Drehstuhl *m.* **~ con·nec·tion** *s tech.* schwenkbare Verbindung. **~ gun** *s mil. hist.* Drehbasse *f* (*Geschütz*). **~ joint** *s tech.* Drehgelenk *n.*

swiz(z) [swɪz] *s Br. colloq.* **1.** Schwindel *m*, Betrug *m.* **2.** bittere Enttäuschung.

swiz·zle [ˈswɪzl] *s* **1.** *ein schaumig geschlagener Cocktail aus Alkohol, Zitronensaft, Zucker etc.* **2.** *Br.* → **swiz(z). ~ stick** *s* Rührstäbchen *n* (*für Cocktails etc*), Sektquirl *m.*

swob → **swab.**

swol·len [ˈswəʊlən] **I** *pp von* **swell. II** *adj med. u. fig.* geschwollen: ~ **head** *colloq.* Aufgeblasenheit *f.* **ˌ~-ˈhead·ed** *adj colloq.* aufgeblasen, eingebildet.

swoln [swəʊln] *pp obs. von* **swell.**

swoon [swuːn] *obs.* **I** *v/i* **1.** in Ohnmacht fallen (**with** vor *dat*). **2.** in Verzücken geraten. **3.** *meist* ~ **away** verhallen (*Musik etc*). **II** *s* **4.** Ohnmacht(sanfall *m*) *f.* **5.** Verzückung *f.*

swoop [swuːp] **I** *v/i* **1.** *oft* ~ **down (upon, on, at)** a) herˈabstoßen, -sausen, sich stürzen (auf *acc*), b) *fig.* ˈherfallen (über *acc*), c) e-e Razzia machen (in *dat*). **II** *v/t* **2.** *meist* ~ **up** *colloq.* packen, ‚schnappen'. **III** *s* **3.** Herˈabstoßen *n* (*e-s Raubvogels*). **4.** Razzia *f* (**on** in *dat*). **5. at one (fell)** ~ *fig.* mit ˈeinem Schlag.

swop → **swap.**

sword [sɔː(r)d; *Am. a.* səʊrd] *s* Schwert *n*, Säbel *m*, Degen *m*, *allg.* Waffe *f*: **to cross ~s** die Klingen kreuzen (*a. fig.*); **to draw (sheathe) the ~** a) das Schwert ziehen (in die Scheide stecken), b) *fig.* den Kampf beginnen (beenden); **to put to the ~** über die Klinge springen lassen, hinrichten; **a ~ over our heads** ein Damoklesschwert(, das über uns schwebt); → **measure** 18. **~ arm** *s* rechter Arm. **~ bay·o·net** *s mil.* langes, breites Bajoˈnett. **~ belt** *s* **1.** Schwertgehenk *n.* **2.** *mil.* Degenkoppel *n.* **~ cane** *s* Stockdegen *m.* **~ dance** *s* Schwert(er)tanz *m.* **ˈ~·fish** *s* Schwertfisch *m.* **~ hilt** *s* Schwert-, Degengriff *m.* **~ knot** *s mil.* Degen-, Säbelquaste *f.* **~ lil·y** *s bot.* Schwertel *m*, Siegwurz *f.* **ˈ~·play** *s* **1.** (Degen-, Säbel-)Kampf *m.* **2.** Fechtkunst *f.* **3.** *fig.* Gefecht *n*, Duˈell *n.*

swords·man [ˈsɔː(r)dzmən; *Am. a.* ˈsəʊrdz-] *s irr* **1.** Fechter *m.* **2.** *poet.* Kämpfer *m*, Streiter *m.* **ˈswords·man·ship** *s* Fechtkunst *f.*

ˈsword|·stick → **sword cane. ˈ~-ˌswal·low·er** *s* Schwertschlucker *m.*

swore [swɔː(r); *Am. a.* swəʊr] *pret von* **swear.**

sworn [swɔː(r)n; *Am. a.* swəʊrn] **I** *pp von* **swear. II** *adj* **1.** *econ. jur.* (gerichtlich) vereidigt, beeidigt: ~ **expert (interpreter,** *etc*). **2.** eidlich, beeidet: ~ **statement. 3.** geschworen: ~ **enemies** Todfeinde. **4.** verschworen: ~ **friends**; ~ **brothers** (*bes.* Waffen-)Brüder.

swot [swɒt; *Am.* swɑt] *bes. ped. Br. colloq.* **I** *v/i* **1.** ‚büffeln', ‚pauken' (**for** für). **II** *v/t* **2.** *meist* ~ **up** a) *etwas* ‚büffeln', ‚pauken', b) *etwas* noch einmal gründlich ˈdurcharbeiten. **III** *s* **3.** a) ‚Büffler(in)', b) Streber(in). **4.** ‚Büffeˈlei' *f*, ‚Paukeˈrei' *f.* **5.** hartes Stück Arbeit. **ˈswot·ter** → **swot** 3.

swum [swʌm] *pp u. obs. od. dial. pret von* **swim.**

swung [swʌŋ] *pret u. pp von* **swing. ~ dash** *s print.* Tilde *f.*

syb·a·rite [ˈsɪbəraɪt] **I** *s fig.* Sybaˈrit *m*, Genußmensch *m.* **II** *adj* → **sybaritic.**

ˌsyb·aˈrit·ic [-ˈrɪtɪk] *adj*; **ˌsyb·aˈrit·i·cal** *adj* sybaˈritisch, genußsüchtig. **ˈsyb·a·rit·ism** [-raɪtɪzəm] *s* Sybariˈtismus *m*, Genußsucht *f.*

syb·il *irrtümlich für* **sibyl.**

syc·a·mine [ˈsɪkəmaɪn; -mɪn] *s Bibl.* Maulbeerbaum *m.*

syc·a·more [ˈsɪkəmɔː(r); *Am. a.* -ˌməʊər] *s bot.* **1.** *Am.* Plaˈtane *f.* **2.** *a.* ~ **maple** *Br.* Bergahorn *m.* **3.** *a.* ~ **fig, Egyptian ~, Oriental ~** Sykoˈmore *f*, Maulbeerfeigenbaum *m.*

sy·cee (sil·ver) [saɪˈsiː; *Am. a.* ˈsaɪˌsiː] *s econ. hist.* feines Silber (*in Barren; Tauschmittel in China*).

sy·co·ni·um [saɪˈkəʊnjəm; -nɪəm] *pl* **-ni·a** [-njə; -nɪə] *s bot.* Schein-, Sammelfrucht *f.*

syc·o·phan·cy [ˈsɪkəfənsɪ] *s* ‚Kriecheˈrei' *f*, Speichelleckeˈrei *f.* **ˈsyc·o·phant** [-fænt; -fənt] *s* Schmeichler *m*, ‚Kriecher' *m*, Speichellecker *m.* **ˌsyc·oˈphan·tic** [-ˈfæntɪk] *adj* (*adv* **~ally**) kriecherisch, schmeichlerisch.

sy·co·sis [saɪˈkəʊsɪs] *s med.* Syˈkose *f*, Bartflechte *f.*

syl·la·bar·y [ˈsɪləbərɪ; *Am.* -ˌberiː] *s* ˈSilbentaˌbelle *f.*
syl·la·bi [ˈsɪləbaɪ] *pl von* **syllabus.**
syl·lab·ic [sɪˈlæbɪk] *adj* (*adv* **~ally**) **1.** sylˈlabisch, Silben...: **~ accent. 2.** silbenbildend, silbisch. **3.** (*in Zssgn*) ...silbig. **4.** *metr.* silbenzählend.
syl·lab·i·cate [sɪˈlæbɪkeɪt] *v/t ling.* syllaˈbieren: a) Silben bilden aus, in Silben teilen *od.* trennen, b) Silbe für Silbe aussprechen. **sylˌlab·i(·fi)ˈca·tion** [-(fɪ)ˈkeɪʃn] *s ling.* Silbenbildung *f od.* -teilung *f od.* -trennung *f.* **sylˈlab·i·fy** [-faɪ] → **syllabicate.**
syl·la·bism [ˈsɪləbɪzəm] *s ling.* **1.** ˈSilben(schrift)chaˌrakter *m* (*e-r Sprache*). **2.** → **syllabi(fi)cation.** ˈ**syl·la·bize** → **syllabicate.**
syl·la·ble [ˈsɪləbl] **I** *s* **1.** *ling.* Silbe *f*: **not to breathe** (*od.* **tell**) **a ~** keine Silbe verlauten lassen, kein Sterbenswörtchen sagen; **in words of one ~** a) in einfachen Worten, b) einfach ausgedrückt. **2.** *mus.* Tonsilbe *f*: **~ name** Solmisationssilbe *f.* **II** *v/t* **3.** → **syllabicate** b. **4.** *poet.* a) stammeln, b) aussprechen. ˈ**syl·la·bled** *adj* ...silbig, Silben...
syl·la·bub → **sillabub.**
syl·la·bus [ˈsɪləbəs] *pl* **-bus·es, -bi** [-baɪ] *s* **1.** Abriß *m,* Auszug *m,* zs.-fassende Inhaltsangabe, Syllabus *m.* **2.** *jur.* Komˈpendium *n* (*von richtungweisenden Entscheidungen*). **3.** (*bes.* Vorlesungs)Verzeichnis *n,* ˈUnterrichts-, Lehrplan *m.* **4.** *R.C.* Syllabus *m* (*der verdammten Lehren*).
syl·lep·sis [sɪˈlepsɪs] *s ling.* Sylˈlepsis *f,* Sylˈlepse *f*: a) *Nichtübereinstimmung e-s Wortes mit ˈeinem od. mehreren s-r Bezugswörter,* b) *Gebrauch bes. des Prädikats im wörtlichen u. übertragenen Sinn in e-m Satz.* **sylˈlep·tic** [-tɪk] *adj;* **sylˈlep·ti·cal** *adj* (*adv* **~ly**) sylˈleptisch.
syl·lo·gism [ˈsɪlədʒɪzəm] *s philos.* Sylloˈgismus *m,* (Vernunft)Schluß *m.* ˌ**syl·loˈgis·tic I** *adj a.* ˌ**syl·loˈgis·ti·cal** (*adv* **~ly**) sylloˈgistisch. **II** *s meist pl* (*a. als sg konstruiert*) Sylloˈgistik *f.* ˈ**syl·lo·gize** [-dʒaɪz] **I** *v/i* syllogiˈsieren, folgerichtig denken. **II** *v/t* durch Schluß folgern.
sylph [sɪlf] *s* **1.** Sylphe *m,* Luftgeist *m.* **2.** *fig.* Sylˈphide *f,* graˈziles Mädchen. ˈ**sylph·ish,** ˈ**sylph·like,** ˈ**sylph·y** *adj* sylphenhaft, graˈzil.
syl·van [ˈsɪlvən] **I** *adj* **1.** Wald(es)...: **~ deities** Waldgötter. **2.** bewaldet, waldig, Wald... **II** *s* **3.** Waldgeist *m.*
syl·vi·cul·ture → **silviculture.**
sym- [sɪm] → **syn-**[1].
sym·bi·ont [ˈsɪmbɪɒnt; *Am.* -ˌɑnt; *a.* -ˌbaɪ-], *a.* ˈ**sym·bi·on** [-ɒn; *Am.* -ˌɑn] *s biol.* Symbiˈont *m,* Partner *m* e-r Symbiˈose.
sym·bi·o·sis [ˌsɪmbɪˈəʊsɪs; *Am. a.* -ˌbaɪ-] *s biol. u. fig.* Symbiˈose *f*: **antagonistic ~, antipathetic ~** Schmarotzertum *n.* ˌ**sym·biˈot·ic** [-ˈɒtɪk; *Am.* -ˈɑt-] *adj;* ˌ**sym·biˈot·i·cal** [-kl] *adj* (*adv* **~ly**) *biol.* symbiˈo(n)tisch.
sym·bol [ˈsɪmbl] **I** *s* **1.** Symˈbol *n* (*a. psych. u. relig.*), Sinnbild *n,* Zeichen *n.* **2.** Symˈbol *n,* (graphisches) Zeichen. **II** *v/t pret u. pp* **-boled,** *bes. Br.* **-bolled** → **symbolize.**
sym·bol·ic [sɪmˈbɒlɪk; *Am.* -ˈbɑl-] **I** *adj a.* **symˈbol·i·cal** [-kl] (*adv* **~ly**) **1.** symˈbolisch, symˈbolhaft, sinnbildlich (**of** für): **to be ~ of s.th.** etwas versinnbildlichen; **symbolic address** (*Computer*) symbolische Adresse, Distanzadresse *f*; **symbolic language** (*Computer*) symbolische (Programmier)Sprache; **symbolic logic** *math. philos.* symbolische Logik, Logistik *f.* **II** *s pl* (*als sg konstruiert*) **2.** Studium *n* alter Symˈbole. **3.** *relig.* Symˈbolik *f.*
sym·bol·ism [ˈsɪmbəlɪzəm] *s* **1.** Symˈbolik *f* (*a. relig.*), symˈbolische Darstellung, *math.* Formaˈlismus *m.* **2.** symˈbolischer Chaˈrakter, symbolische Bedeutung. **3.** *collect.* Symˈbole *pl.* **4.** *paint. etc* Symboˈlismus *m.* ˈ**sym·bol·ist I** *s* **1.** Symˈboliker *m* (*a. relig.*). **2.** *paint. etc* Symboˈlist(in) **II** *adj* → **symbolistic.** ˌ**sym·bolˈis·tic** *adj;* ˌ**sym·bolˈis·ti·cal** *adj* (*adv* **~ly**) symboˈlistisch.
sym·bol·i·za·tion [ˌsɪmbəlaɪˈzeɪʃn; *Am.* -ləˈz-] *s* **1.** Symboliˈsierung *f,* sinnbildliche Darstellung, Versinnbildlichung *f.* **2.** symˈbolische Bedeutung.
ˈ**sym·bol·ize I** *v/t* **1.** symboliˈsieren: a) versinnbildlichen, b) sinnbildlich darstellen. **2.** symˈbolisch auffassen. **II** *v/i* **3.** Symˈbole gebrauchen.
sym·bol·o·gy [sɪmˈbɒlədʒɪ; *Am.* -ˈbɑl-] *s* Symboloˈgie *f,* Symˈbolik *f.*
sym·met·ric [sɪˈmetrɪk] *adj;* **symˈmet·ri·cal** *adj* (*adv* **~ly**) symˈmetrisch, eben-, gleichmäßig: **~ axis** *math.* Symmetrieachse *f.* ˈ**sym·me·trize** [-mɪtraɪz] *v/t* symˈmetrisch machen.
sym·me·try [ˈsɪmɪtrɪ] *s* Symmeˈtrie *f* (*a. fig. Ebenmaß*): **~ group** *math. phys.* Symmetriegruppe *f*; **~ principle** (*Mikrophysik*) Symmetrieprinzip *n.*
sym·pa·thet·ic [ˌsɪmpəˈθetɪk] **I** *adj* (*adv* **~ally**) **1.** mitfühlend, teilnehmend: **~ strike** Sympathiestreik *m.* **2.** einfühlend, verständnisvoll: **a ~ heart;** → **introspection** 2. **3.** symˈpathisch, angenehm (**to** *dat*), ansprechend, gewinnend. **4.** im Einklang stehend (**to** mit): **~ clock** *tech.* synchronisierte Uhr. **5.** gleichgesinnt, -gestimmt, kongeniˈal. **6.** günstig gesinnt (**to, toward[s]** *dat*): **to be ~ to s.th.** e-r Sache wohlwollend gegenüberstehen; **to examine ~ally** wohlwollend prüfen. **7.** sympaˈthetisch, geheimnisvoll: **~ cure** sympathetische Kur, Wunderkur *f*; **~ ink** sympathetische Tinte, Geheimtinte *f.* **8.** *med. physiol.* symˈpathisch: a) zum Symˈpathikus gehörig: **~ nerve** → 10 a; **~ nervous system** → 10 b, b) miterlitten: **~ pain. 9.** *mus. phys.* mitschwingend: **~ resonance** a) sympathetische Resonanz, b) *phys.* Oberwellenresonanz *f*; **~ string** Resonanzseite *f*; **~ vibration** Sympathieschwingung *f.* **II** *s* **10.** *physiol.* a) Symˈpathikus(nerv) *m,* b) Symˈpathikussyˌstem *n.*
sym·pa·thize [ˈsɪmpəθaɪz] *v/i* **1.** (**with**) a) sympathiˈsieren (mit), gleichgesinnt sein (*dat*), b) mitfühlen, -leiden, -empfinden (mit), c) überˈeinstimmen (mit), d) wohlwollend gegenˈüberstehen (*dat*). **2.** sein Mitgefühl *od.* Beileid ausdrücken (**with s.o.** j-m). **3.** *med.* in Mitleidenschaft gezogen werden (**with** von). ˈ**sym·pa·thiz·er** *s* **1.** Sympathiˈsant (-in). **2.** a) Mitfühlende(r *m*) *f,* b) Kondoˈlent(in).
sym·pa·thy [ˈsɪmpəθɪ] *s* **1.** Sympaˈthie *f,* Zuneigung *f* (**for** für): **to have little ~ with** wenig übrig haben für; **~ strike** Sympathiestreik *m.* **2.** Seelenverwandtschaft *f,* Gleichgestimmtheit *f.* **3.** Mitleid *n,* -gefühl *n* (**with** mit; **for** für): **in ~ with s.o.** aus Mitleid mit j-m; **to feel ~ for** (*od.* **with**) a) Mitleid haben mit *j-m,* b) Anteil nehmen an *e-r Sache.* **4.** *pl* (An)Teilnahme *f,* Beileid *n*: **to offer one's sympathies to s.o.** j-m s-e Teilnahme aussprechen, j-m kondolieren; **letter of ~** Beileidsschreiben *n.* **5.** *med.* Mitleidenschaft *f.* **6.** a) Wohlwollen *n,* b) Zustimmung *f.* **7.** Überˈeinstimmung *f,* Einklang *m*: **to be in ~ with** im Einklang stehen mit. **8.** *biol. psych.* Sympaˈthie *f,* Wechselwirkung *f* (*a. phys.*).
sym·pet·al·ous [sɪmˈpetələs] *adj bot.* sympeˈtal (*mit verwachsenen Kronblättern*).
sym·phon·ic [sɪmˈfɒnɪk; *Am.* -ˈfɑn-] *adj* (*adv* **~ally**) *mus.* sinˈfonisch, symˈphonisch, Sinfonie..., Symphonie...: **~ poem** sinfonische Dichtung.
sym·pho·ni·ous [sɪmˈfəʊnjəs; -ɪəs] *adj* harˈmonisch.
sym·pho·nist [ˈsɪmfənɪst] *s mus.* Sinˈfoniker *m,* Symˈphoniker *m* (*Komponist von Sinfonien*).
sym·pho·ny [ˈsɪmfənɪ] **I** *s* **1.** *mus.* a) Sinfoˈnie *f,* Symphoˈnie *f,* b) → **symphony orchestra. 2.** *mus. obs.* (harˈmonischer) Zs.-klang. **3.** (*Farben- etc*) Symphoˈnie *f*: **a ~ of colo(u)r. 4.** *fig.* (*häusliche etc*) Harmoˈnie. **II** *adj* **5.** *mus.* Sinfonie..., Symphonie...: **~ concert. ~ or·ches·tra** *s mus.* Sinfoˈnie-, Symphoˈnieorˌchester *n.*
sym·phy·sis [ˈsɪmfɪsɪs] *pl* **-ses** [-siːz] *s* **1.** *anat.* a) Symˈphyse *f,* (Knochen)Fuge *f,* b) Scham(bein)fuge *f.* **2.** *bot.* Verwachsung *f.*
sym·pi·e·som·e·ter [ˌsɪmpɪɪˈzɒmɪtə(r); *Am.* -ˈzɑm-] *s tech.* **1.** (*Art*) ˈFlüssigkeitsbaroˌmeter *n* mit Gasfüllung. **2.** (*Art*) Strömungsdruckmesser *m.*
sym·po·di·um [sɪmˈpəʊdjəm; -ɪəm] *pl* **-di·a** [-ə] *s bot.* Scheinachse *f,* Symˈpodium *n.*
sym·po·si·um [sɪmˈpəʊzjəm; -ɪəm] *pl* **-si·a** [-ə], **-si·ums** *s* **1.** *antiq.* Symˈposion *n*: a) Gastmahl *n,* b) *Titel philosophischer Dialoge.* **2.** Symˈposion *n,* Symˈposium *n.* **3.** (wissenschaftliche) Diskussiˈon. **4.** Sammlung *f* von Beiträgen.
symp·tom [ˈsɪmptəm] *s med. u. fig.* Symˈptom *n,* (An)Zeichen *n* (**of** für, von). ˌ**symp·toˈmat·ic** [-ˈmætɪk] *adj;* ˌ**symp·toˈmat·i·cal** *adj* (*adv* **~ly**) *bes. med.* symptoˈmatisch (*a. fig. bezeichnend*) (**of** für). ˈ**symp·tom·a·tize** [-mətaɪz] *v/t* symptoˈmatisch sein für. ˌ**symp·tom·aˈtol·o·gy** [-məˈtɒlədʒɪ; *Am.* -ˈtɑl-] *s med.* Symptomatoloˈgie *f.*
syn-[1] [sɪn] *Wortelement mit der Bedeutung* mit, zusammen.
syn-[2] [sɪn] *Wortelement mit der Bedeutung* künstlich, Kunst...
syn·aer·e·sis [sɪˈnɪərəsɪs; *Am. a.* -ˈner-] *s ling.* Synäˈrese *f,* Synˈäresis *f* (*Vereinigung zweier Vokale zu ˈeiner Silbe*).
syn·a·gogue, *Am. a.* **syn·a·gog** [ˈsɪnəgɒg; *Am.* -ˌgɑg] *s relig.* Synaˈgoge *f* (*Gebäude u. Gemeinde*).
syn·a·le·pha, syn·a·loe·pha [ˌsɪnəˈliːfə] *s ling. metr.* Synaˈloiphe *f,* Verschleifung *f* (*z. B.* **he's** *für* **he is**).
syn·an·ther·ous [sɪˈnænθərəs] *adj bot.* synˈandrisch: **~ plant** Komposite *f,* Korbblüt(l)er *m.*
sync [sɪŋk] *colloq. für* a) **synchronization** 1: **to be in** (**out of**) **~** a) (nicht) synchron sein, b) *fig.* (**with**) (nicht) in Einklang sein (mit), b) **synchronize** 5.
syn·carp [ˈsɪnkɑː(r)p] *s bot.* Sammelfrucht *f.* **synˈcar·pous** *adj* synˈkarp.
synch → **sync.**
syn·chro·flash [ˌsɪŋkrəʊˈflæʃ; *bes. Am.* ˈ-ˌflæʃ] *phot.* **I** *adj* Synchronblitz... **II** *s* Synˈchronblitz(licht *n*) *m.*
syn·chro·mesh [ˌsɪŋkrəʊˈmeʃ; *bes. Am.* ˈ-meʃ] *tech.* **I** *adj* Synchron... **II** *s a.* **~ gear** Synˈchrongetriebe *n.*
syn·chron·ic [sɪŋˈkrɒnɪk; *Am.* -ˈkrɑ-] *adj* **1.** *ling.* synˈchronisch: **~ dictionary** (**linguistics**). **2.** → **synchronous. syn·chro·nism** [ˈsɪŋkrənɪzəm] *s* **1.** Synchroˈnismus *m,* Gleichzeitigkeit *f.* **2.** Synchronisatiˈon *f.* **3.** synchroˈnistische (Geˈschichts)Taˌbelle. **4.** *phys.* Gleichlauf *m.* ˌ**syn·chroˈnis·tic** [-ˈnɪstɪk] *adj* (*adv* **~ally**) **1.** synchroˈnistisch (*Gleichzeitiges zs.-stellend*). **2.** → **synchronous.** ˌ**syn-**

chro·niˈza·tion [-naɪˈzeɪʃn; *Am.* -nəˈz-] *s* **1.** *bes. Film, TV* Synchronisatiˈon *f*, Synchroniˈsierung *f*. **2.** Gleichzeitigkeit *f*, zeitliches Zs.-fallen.

syn·chro·nize [ˈsɪŋkrənaɪz] **I** *v/i* **1.** gleichzeitig sein, zeitlich zs.-fallen *od.* überˈeinstimmen. **2.** synˈchron gehen (*Uhr*) *od.* laufen (*Maschine*). **3.** *bes. Film, TV* synchroniˈsiert sein. **II** *v/t* **4.** *Uhren, Maschinen* synchroniˈsieren, auf Gleichlauf bringen: **~d shifting** *mot. etc* Synchron(gang)schaltung *f*. **5.** *Film, TV* synchroniˈsieren. **6.** *Ereignisse* synchroˈnistisch darstellen, *Gleichzeitiges* zs.-stellen. **7.** *Geschehnisse* (zeitlich) zs.-fallen lassen *od.* aufeinˈander abstimmen: **to ~ events (factory operations,** *etc*); **~d swimming** Synchronschwimmen *n*. **8.** *mus.* a) zum (genauen) Zs.-spiel bringen: **to ~ the orchestra**, b) genau zuˈsammen ausführen (lassen): **to ~ a passage. 9. ~d sleep** synchronisierter Schlaf. **ˈsyn·chro·niz·er** *s* **1.** *tech.* Synchroniˈsierungsgerät *n*. **2.** *phot.* Synchroniˈsator *m*. **ˈsyn·chro·niz·ing** *s electr.* Synchroniˈsierung *f*: **~ discriminator** Gleichlauffrequenzgleichrichter *m*; **~ pulse** *TV* Gleichlaufimpuls *m*.

syn·chro·nol·o·gy [ˌsɪŋkrəˈnɒlədʒɪ; *Am.* -ˈnɑl-] *s* synchroˈnistische Anordnung.

syn·chro·nous [ˈsɪŋkrənəs] *adj* (*adv* **~ly**) **1.** gleichzeitig (**with** mit), (zeitlich) zs.-fallend: **to be ~** (zeitlich) zs.-fallen. **2.** synˈchron: a) *electr. tech.* gleichlaufend (*Maschine etc*), gleichgehend (*Uhr*), b) *electr. phys.* von gleicher Phase u. Schwingungsdauer: **~ capacitor** Phasenschieber *m*; **~ computer** Synchronrechner *m*; **~ motor** Synchronmotor *m*; **~ speed** synchrone Drehzahl. **3.** synchroˈnistisch.

syn·chro·ny [ˈsɪŋkrənɪ] → **synchronism.**

syn·chro·tron [ˈsɪŋkrəʊtrɒn; *Am.* -krəˌtrɑn] *s phys.* Synchrotron *n* (*Beschleuniger für geladene Elementarteilchen, der die Teilchen auf der gleichen Kreisbahn beschleunigt*).

syn·cli·nal [sɪŋˈklaɪnl; sɪn-] **I** *adj* synkliˈnal, muldenförmig. **II** *s* → **syncline. ˈsyn·cline** [-klaɪn] *s geol.* Synkliˈnale *f*, Mulde *f*.

syn·co·pal [ˈsɪŋkəpl] *adj* **1.** synˈkopisch. **2.** *med.* Ohnmachts...

syn·co·pate [ˈsɪŋkəpeɪt] **I** *v/t* **1.** *ling. ein Wort* synkoˈpieren, zs.-ziehen. **2.** *mus.* synkoˈpieren. **II** *v/i* **3.** synkoˈpieren. **ˈsyn·co·pat·ed** *adj* synˈkopisch, Synkopen... **ˌsyn·coˈpa·tion** *s* **1.** *ling.* → **syncope** 1. **2.** *mus.* a) Synkoˈpierung *f*, b) Synˈkope(n *pl*) *f*, c) synˈkopische Muˈsik.

syn·co·pe [ˈsɪŋkəpɪ] *s* **1.** *ling.* a) Synˈkope *f*, b) Synkoˈpierung *f*, Kontraktiˈon *f* (*im Wortinneren*). **2.** *mus.* Synˈkope *f*. **3.** *med.* Synˈkope *f*, Ohnmacht *f*. **syn·cop·ic** [sɪŋˈkɒpɪk; *Am.* -ˈkɑ-] *adj* synˈkopisch.

syn·cre·tism [ˈsɪŋkrɪtɪzəm] *s* **1.** *philos. relig.* Synkreˈtismus *m* (*Verschmelzung gegensätzlicher Lehren, Religionen etc*). **2.** *ling.* (ˈKasus)Synkreˌtismus *m* (*Zs.-fall verschiedener Kasus in ˈeinem*).

syn·cro·mesh *bes. Br. für* **synchromesh.**

ˈsyn·crude *s chem.* synˈthetisches Rohöl.

syn·cy·ti·um [sɪnˈsɪtɪəm; *Am.* -ˈsɪʃɪəm; -ʃəm] *pl* **-ti·a** [-ə] *s biol.* Synˈzytium *n* (*durch Zellenfusion entstandene Plasmamasse*).

syn·dac·tyl(e) [sɪnˈdæktɪl] *med. zo.* **I** *adj* mit verwachsenen Zehen *od.* Fingern. **II** *s* Vogel *m od.* Tier *n* mit verwachsenen Zehen. **synˈdac·tyl·ism** *s* Syndaktyˈlie *f*.

syn·det·ic [sɪnˈdetɪk] *adj bes. ling.* synˈdetisch: a) verbindend, Binde..., b) (durch Bindewort) verbunden.

syn·dic [ˈsɪndɪk] *s jur.* **1.** Syndikus *m*, Rechtsberater *m*. **2.** Bevollmächtigte(r) *m*. **3.** *univ. Br.* Seˈnatsmitglied *n*. **ˈsyn·di·cal·ism** [-kəlɪzəm] *s* Syndikaˈlismus *m* (*radikaler Gewerkschaftssozialismus*).

syn·di·cate I *s* [ˈsɪndɪkɪt; -kət] **1.** *econ. jur.* Syndiˈkat *n*, Konˈsortium *n*. **2.** *econ.* Ring *m*, (Unterˈnehmer)Verband *m*, ˈAbsatzkarˌtell *n*. **3.** Syndiˈkat *n* (*Amt od. Würde e-s Syndikus*). **4.** a) ˈZeitungssyndiˌkat *n*, b) Gruppe *f* zs.-gehöriger Zeitungen. **5.** (Verˈbrecher)Syndiˌkat *n*. **II** *v/t* [-keɪt] **6.** *econ. jur.* zu e-m Syndiˈkat vereinigen, e-m Syndikat anschließen. **7.** a) *e-n Artikel* in mehreren Zeitungen zuˈgleich veröffentlichen, b) *Pressematerial* über ein Syndiˈkat verkaufen, c) *Zeitungen* zu e-m Syndiˈkat zs.-schließen. **III** *v/i* [-keɪt] **8.** ein Syndiˈkat bilden. **IV** *adj* [-kɪt; -kət] **9.** *econ. jur.* Konsortial... **ˌsyn·diˈca·tion** [-ˈkeɪʃn] *s econ. jur.* Syndiˈkatsbildung *f*.

syn·drome [ˈsɪndrəʊm; -drəmɪ] *s med.* Synˈdrom *n* (*a. sociol.*), Symˈptomenkomˌplex *m*.

syn·ec·do·che [sɪˈnekdəkɪ] *s Rhetorik*: Synˈekdoche *f* (*Vertauschung von Teil u. Ganzem, z. B.* **sail** *für* **ship**).

syn·ec·tic [sɪˈnektɪk] **I** *adj* synˈektisch. **II** *s pl* (*als sg konstruiert*) Synˈektik *f* (*Studium von kreativen Prozessen von unterschiedlichen Gruppenmitgliedern*).

syn·er·e·sis → **synaeresis.**

syn·er·get·ic [ˌsɪnə(r)ˈdʒetɪk] **I** *adj* synerˈgetisch. **II** *s pl* (*als sg konstruiert*) Synerˈgetik *f* (*Forschungsgebiet, das sich mit der Aufdeckung von Wesenszügen völlig verschiedener Wissensgebiete befaßt*).

syn·er·gic [sɪˈnɜːdʒɪk; *Am.* -ˈnɜr-] → **synergistic. syn·er·gism** [ˈsɪnə(r)dʒɪzəm; *Br. a.* sɪˈnɜːdʒ-] *s* **1.** *biol. med.* Synerˈgie *f*, Zs.-wirken *n*. **2.** *relig.* Synerˈgismus *m*. **ˌsyn·erˈgis·tic** *adj biol. med.* synerˈgistisch (*a. relig.*), zs.-wirkend. **ˈsyn·er·gy** [-dʒɪ] → **synergism** 1.

syn·e·sis [ˈsɪnɪsɪs] *s ling.* Synesis *f*.

ˈsyn·fu·el *s chem.* synˈthetischer Treibstoff.

syn·ga·my [ˈsɪŋgəmɪ] *s* **1.** *biol.* Gaˈmetenverschmelzung *f*. **2.** *bot.* planlose Kreuzung verwandter Pflanzen.

ˈsyn·gas *s chem.* synˈthetisches Gas.

syn·gen·e·sis [sɪnˈdʒenɪsɪs] *s biol.* geschlechtliche Vermehrung.

syn·i·ze·sis [ˌsɪnɪˈziːsɪs] *s* **1.** *metr.* Syniˈzese *f*, Synˈizesis *f* (*Zs.-ziehung zweier Vokale zu ˈeiner Silbe*). **2.** *biol.* Masˈsierung *f* des Chromaˈtins.

syn·od [ˈsɪnəd] *s* **1.** *relig.* Synˈode *f*: (**o)ecumenical ~, general ~** Generalsynode. **2.** *allg.* (beratende) Versammlung, Tagung *f*. **ˈsyn·od·al** [-ədl] *adj*; **synˈod·ic** [-ˈnɒdɪk; *Am.* -ˈnɑd-] *adj*; **synˈod·i·cal** *adj* (*adv* **~ly**) **1.** *relig.* synoˈdal. **2.** *astr.* synˈodisch: **~ month.**

syn·o·nym [ˈsɪnənɪm] *s* **1.** *ling.* Synoˈnym *n*, bedeutungsähnliches *od.* -gleiches Wort. **2.** *fig.* (gleichbedeutende) Bezeichnung (**for** für): **to be a ~ for** gleichbedeutend sein mit. **ˌsyn·oˈnym·ic** *adj*; **ˌsyn·oˈnym·i·cal** *adj* synoˈnym(isch). **synˈon·y·mous** [-ˈnɒnɪməs; *Am.* -ˈnɑ-] *adj* (*adv* **~ly**) **1.** *ling.* synoˈnym(isch): a) bedeutungsgleich, b) bedeutungsähnlich. **2.** *allg.* gleichbedeutend (**with** mit). **synˈon·y·my** [-mɪ] *s* **1.** *ling.* a) Synonyˈmie *f*, Bedeutungsgleichheit *f*, Bedeutungsähnlichkeit *f*, b) Synoˈnymik *f* (*Lehre od. Sammlung*). **2.** *bot. zo.* Zs.-stellung *f* der wissenschaftlichen Namen.

syn·op·sis [sɪˈnɒpsɪs; *Am.* -ˈnɑp-] *pl* **-ses** [-siːz] *s* Synˈopse *f*: a) *allg.* ˈÜbersicht *f*, Zs.-fassung *f*, Abriß *m*, b) *relig.* (vergleichende) Zs.-schau. **synˈop·tic** [-tɪk] **I** *adj* (*adv* **~ally**) **1.** synˈoptisch, ˈübersichtlich, zs.-fassend, Übersichts... **2.** umˈfassend: **~ genius. 3.** *oft* **S~** *relig.* synˈoptisch: **S~ Gospels** synoptische Evangelien, Synopse *f*. **II** *s* **4.** *oft* **S~** *relig.* → **Synoptist. synˈop·ti·cal** *adj* (*adv* **~ly**) → **synoptic** I. **Synˈop·tist,** *a.* **s~** [-tɪst] *s relig.* Synˈoptiker *m* (*Matthäus, Markus u. Lukas*).

syn·o·vi·a [sɪˈnəʊvjə; -vɪə; saɪ-] *s physiol.* Synˈovia *f*, Gelenkschmiere *f*. **synˈo·vi·al** *adj physiol.* synoviˈal, Synovial...: **~ fluid** → **synovia. ˌsyn·oˈvi·tis** [-nəˈvaɪtɪs] *s med.* Synoˈvitis *f*, Gelenkentzündung *f*.

syn·tac·tic [sɪnˈtæktɪk] **I** *adj a.* **synˈtac·ti·cal** [-kl] (*adv* **~ly**) synˈtaktisch, Syntax... **II** *s pl* (*als sg konstruiert*) Synˈtaktik *f*.

syn·tax [ˈsɪntæks] *s* **1.** *ling.* Syntax *f*: a) Satzbau *m*, b) Satzlehre *f*. **2.** *math. philos.* Syntax *f*, Beˈweistheoˌrie *f*.

syn·the·sis [ˈsɪnθɪsɪs] *pl* **-ses** [-siːz] *s allg.* Synˈthese *f*. **ˈsyn·the·sist** *s* Synˈthetiker *m*. **ˈsyn·the·size** *v/t* **1.** zs.-fügen, verbinden, -schmelzen, durch Synˈthese aufbauen. **2.** synˈthetisch verfahren mit (*e-r Sache*). **3.** *chem. tech.* synˈthetisch *od.* künstlich ˈherstellen.

syn·thet·ic [sɪnˈθetɪk] **I** *adj* (*adv* **~ally**) **1.** synˈthetisch: a) *bes. ling. philos.* zs.-setzend, -fügend: **~ language** *ling.* synthetische Sprache, b) *chem.* künstlich, Kunst...: **~ rubber; ~ fiber** (*bes. Br.* **fibre**) Kunstfaser *f*. **2.** *contp.* synˈthetisch, künstlich, unecht. **3.** *bes. mil.* nachgeahmt: **~ flight instruction** *aer.* Bodenausbildung *f*; **~ trainer** Ausbildungsgerät *n*, (Flug)Simulator *m*. **II** *s* **4.** *chem.* Kunststoff *m*. **synˈthet·i·cal** *adj* (*adv* **~ly**) → **synthetic** I. **synˈthet·i·cism** [-sɪzəm] *s* **1.** *chem.* synˈthetisches Verfahren. **2.** *bes. ling. philos.* synˈthetische Grundsätze *pl*.

syn·the·tize [ˈsɪnθɪtaɪz] → **synthesize.**

syn·ton·ic [sɪnˈtɒnɪk; *Am.* -ˈtɑn-] *adj* (*adv* **~ally**) **1.** *electr.* (auf gleicher Freˈquenz) abgestimmt. **2.** *psych.* extraverˈtiert.

syn·to·nize [ˈsɪntənaɪz] *v/t electr.* abstimmen *od.* einstellen (**to** auf *e-e bestimmte Frequenz*). **ˈsyn·to·ny** [-nɪ] *s* **1.** *electr.* (Freˈquenz)Abstimmung *f*, Resoˈnanz *f*. **2.** *psych.* Extraversiˈon *f*.

syph [sɪf] *s sl.* **1.** ‚Syph' *f* (*Syphilis*). **2.** → **syphilitic** II.

sy·pher [ˈsaɪfə(r)] *v/t tech. Planken etc* mittels ˈSchrägüberˌlappung (bündig) verbinden.

syph·i·lis [ˈsɪfɪlɪs] *s med.* Syphilis *f*. **ˌsyph·iˈlit·ic** [-ˈlɪtɪk] **I** *adj* syphiˈlitisch. **II** *s* Syphiˈlitiker(in). **ˈsyph·i·lize** *v/t* **1.** mit Syphilis infiˈzieren. **2.** mit e-m Syphilis-Serum impfen. **ˈsyph·i·loid** *adj* syphiloˈid, syphilisähnlich.

sy·phon → **siphon.**

sy·ren → **siren.**

Syr·i·ac [ˈsɪrɪæk] **I** *adj* (alt)syrisch. **II** *s ling.* (Alt)Syrisch *n*, das (Alt)Syrische.

Syr·i·an [ˈsɪrɪən] **I** *adj* syrisch. **II** *s* Syrer(in), Syrier(in).

sy·rin·ga [sɪˈrɪŋgə] *s bot.* Syˈringe *f*, Flieder *m*.

syr·inge [ˈsɪrɪndʒ; *bes. Am.* sɪˈr-] **I** *s* **1.** *med. u. tech.* Spritze *f*. **II** *v/t* **2.** (ein-) spritzen. **3.** *das Ohr* ausspritzen. **4.** *e-e Pflanze etc* ab-, bespritzen. **III** *v/i* **5.** spritzen.

syr·ing·es [ˈsɪrɪndʒiːs; *bes. Am.* sɪˈr-] *pl von* **syrinx.**

syr·in·gi·tis [ˌsɪrɪnˈdʒaɪtɪs] *s med.* Syrinˈgitis *f*, (ˈOhr)ˌTubenkaˌtarrh *m*.

syr·inx [ˈsɪrɪŋks] *pl* **-ing·es** [ˈsɪrɪndʒiːz; *bes. Am.* sɪˈr-], **-inx·es** *s* **1.** *anat.* Euˈstachische Röhre. **2.** *med.* Fistel *f*. **3.** *orn.* Syrinx *f*, unterer Kehlkopf. **4.** *myth.*

Syrinx *f*, Pan-, Hirtenflöte *f*. **5.** enger Felsengang (*in ägyptischen Grabmälern*).
Syro- [saɪərəʊ; sɪr-] *Wortelement mit der Bedeutung* Syro..., syrisch.
syr·tis [ˈsɜːtɪs; *Am.* ˈsɜr-] *pl* **-tes** [-tiːz] *s* Syrte *f*, Treib-, Triebsand *m*.
syr·up [ˈsɪrəp; *Am. a.* ˈsɜr-] *s* **1.** Sirup *m*, Zuckersaft *m*. **2.** *fig. contp.* sentimenˈtaler Kitsch, süßliches Zeug. **ˈsyr·up·y** *adj* **1.** sirupartig, dickflüssig, klebrig. **2.** *fig.* süßlich, sentimenˈtal.
sys·tal·tic [sɪˈstæltɪk; *Am. a.* -sɪsˈtɔːl-] *adj med.* syˈstaltisch, zs.-ziehend.
sys·tem [ˈsɪstəm] *s* **1.** *allg.* Syˈstem *n*: a) Aufbau *m*, Gefüge *n*, b) Einheit *f*, geordnetes Ganzes, c) Anordnung *f*: **mountain ~** Gebirgssystem. **2.** (Eisenbahn-, Straßen-, Verkehrs- *etc*)Netz *n*. **3.** *tech.* Syˈstem *n*, Anlage *f*, Aggreˈgat *n*: **electrical ~; cooling ~** Kühlanlage, Kühlung *f*. **4.** *scient.* Syˈstem *n*, Lehrgebäude *n*: **~ of philosophy**. **5.** Syˈstem *n*: a) Ordnung *f*, Form *f*, b) Verfahren *n*, Meˈthode *f*, Plan *m*: **electoral ~** Wahlsystem, -verfahren; **legal ~** Rechtssystem, -ordnung; **savings-bank ~** Sparkassenwesen *n*; **~ of government** Regierungssystem, Staatsform; **a ~ by which to win at roulette** ein Gewinnsystem beim Roulett; **to have ~ in one's work** System in der Arbeit haben; **to lack ~** kein System haben. **6.** (ˈMaß-, Geˈwichts)Syˌstem *n*: **metric ~**. **7.** *astr.* Syˈstem *n*: **solar ~**; **the ~, this ~** das Weltall. **8.** *math.* a) (Beˈzugs-) Syˌstem *n*, b) Syˈstem *n*, Schar *f* (*von Geraden*): **~ of coordinates** Koordinatensystem; **~ of lines** Geradenschar. **9.** *anat. physiol.* a) (Orˈgan)Syˌstem *n*, b) **the ~** der Orgaˈnismus, der Körper: **to get s.th. out of one's ~** *fig. colloq.* etwas loswerden. **10.** *bot. zo.* (Klassifikatiˈons-) Syˌstem *n*. **11.** *geol.* Formatiˈon *f*. **12.** *chem. phys.* Syˈstem *n*. **13. the ~** das Syˈstem (*Establishment*).
sys·tem·at·ic [ˌsɪstɪˈmætɪk] **I** *adj* (*adv* **~ally**) **1.** systeˈmatisch: a) plan-, zweckmäßig, -voll: **~ work**, b) meˈthodisch (*vorgehend od. geordnet*): **~ investigation; ~ theology** systematische Theologie. **2.** *bot. zo.* systeˈmatisch, Klassifikations... **II** *s pl* (*als sg konstruiert*) **3.** Systeˈmatik *f*: a) systeˈmatische Darstellung, b) *bot. zo.* Klassifikatiˈon *f*.
sys·tem·a·tism [ˈsɪstɪmətɪzəm] *s* **1.** Systematiˈsierung *f*. **2.** Syˈstemtreue *f*. **ˈsys·tem·a·tist** *s* Systeˈmatiker(in). **ˌsys·tem·a·tiˈza·tion** [-taɪˈzeɪʃn; *Am.* -təˈz-] *s* Systematiˈsierung *f*. **ˈsys·tem·a·tize** *v/t* systematiˈsieren, in ein Syˈstem bringen.
sys·tem·ic [sɪˈstemɪk] *adj* (*adv* **~ally**) **1.** *physiol.* Körper..., Organ...: **~ circulation** großer Blutkreislauf; **~ disease** Allgemein-, Systemerkrankung *f*; **~ heart** Körperherz *n*, linkes Herz. **2.** → **systematic 1**.
sys·tem·ize [ˈsɪstəmaɪz] → **systematize**.
sys·tems| an·al·y·sis *s Computer*: Syˈstemanaˌlyse *f*. **~ an·a·lyst, ~ en·gi·neer** *s Computer*: Syˈstemanaˌlytiker *m*.
sys·to·le [ˈsɪstəlɪ] *s* Systole *f*: a) *med. Zs.-ziehung des Herzmuskels*, b) *metr. Kürzung e-s langen Vokals od. e-s Diphthongs*. **sysˈtol·ic** [-ˈstɒlɪk; *Am.* -sˈtɑl-] *adj med.* syˈstolisch.
sys·tyle [ˈsɪstaɪl] *adj arch.* dicht beieinˈanderstehend (*Säulen*).
syz·y·gy [ˈsɪzɪdʒɪ] *s* Syˈzygie *f*, Syˈzygium *n*: a) *meist pl astr. Zs.-kunft u. Gegenschein von 2 Planeten*, b) *metr. Verbindung von 2 Versfüßen*.

T

T, t [tiː] **I** *pl* **T's, Ts, t's, ts** [tiːz] *s* **1.** T, t *n* (*Buchstabe*): **to a T** (*od.* **t**) haargenau, aufs Haar (genau); **it suits me to a T** das paßt mir ausgezeichnet; **to cross the T's** (*od.* **t's**) *fig.* a) peinlich genau sein, b) es klar u. deutlich sagen. **2.** *tech.* T-Stück *n*, T-förmiger Gegenstand, T-förmiges Zeichen: (**flanged**) **T** *tech.* T-Stück *n*. **II** *adj* **3.** zwanzigst(er, e, es). **4. T** T-..., T-förmig.

ta [tɑː] *interj Br. colloq.* danke.

Taal [tɑːl] *s ling.* Afriˈkaans *n*.

tab [tæb] **I** *s* **1.** Streifen *m*, Klappe *f*, kurzes Stück, *bes.* a) Schlaufe *f*, (Mantel-) Aufhänger *m*, b) Lappen *m*, Zipfel *m*, c) Ohrklappe *f* (*an der Mütze*), d) Lasche *f* (*am Schuh*), (Stiefel)Strippe *f*, e) Dorn *m* (*am Schnürsenkel*), f) *mil. Br.* (Kragen-) Spiegel *m*. **2.** *print.* (Index)Zunge *f*. **3.** Etiˈkett *n*, Schildchen *n*, Anhänger *m*, (Karˈtei)Reiter *m*. **4.** *tech.* Nase *f*. **5.** *aer.* Hilfs-, Trimmruder *n*. **6.** *bes. Am. colloq.* a) Rechnung *f*, b) Kosten *pl*, c) Konˈtrolle *f*: **to keep a ~ on, to keep ~s on** kontrollieren, sich auf dem laufenden halten über (*acc*), beobachten. **7.** *colloq. für* a) **tabloid**, b) **tabulator**. **II** *v/t* **8.** mit Streifen *etc* versehen. **9.** *Am. colloq.* a) bezeichnen (**as** als), b) bestimmen (**for** für).

tab·ard [ˈtæbə(r)d] *s hist.* Wappen- *od.* Heroldsrock *m*.

tab·a·ret [ˈtæbərɪt] *s* seidener gestreifter ˈMöbeldaˌmast.

tab·a·sheer, tab·a·shir [ˌtæbəˈʃɪə(r)] *s bot.* Tabaˈxir *m*.

tab·bi·net → **tabinet**.

tab·by [ˈtæbɪ] **I** *s* **1.** *a.* **~ cat** *zo.* a) getigerte *od.* gescheckte Katze, b) (weibliche) Katze. **2.** *colloq.* a) *bes. Br.* alte Jungfer, b) Klatschbase *f*. **3.** *obs.* Moiˈré *m*, *n* (*Stoff*). **II** *adj* **4.** gestreift, gescheckt. **5.** *obs.* Moiré...

tab·e·fac·tion [ˌtæbɪˈfækʃn] *s med.* Auszehrung *f*, körperlicher Verfall.

tab·er·nac·le [ˈtæbə(r)nækl] **I** *s* **1.** *Bibl.* Hütte *f*, Zelt *n*. **2. T~** *relig.* Stiftshütte *f* (*der Juden*): **Feast of T~s** Laubhüttenfest *n*. **3.** *relig.* a) (*jüdischer*) Tempel, b) *Br.* Bethaus *n* (*der Dissenters*), c) Morˈmonentempel *m*. **4.** Taberˈnakel *n*, *m*: a) überˈdachte Nische (*für e-e Statue*): **~ work** *arch.* Maßwerk *n* mit *od.* Reihe *f* von Tabernakeln, b) *R.C.* Sakraˈmentshäus-chen *n*. **5.** Leib *m* (*als Wohnsitz der Seele*). **6.** *mar.* Mastbock *m*. **II** *v/i* **7.** *obs.* weilen, s-e Zelte aufschlagen. **III** *v/t* **8.** *fig. obs.* (vorˈübergehend) beherbergen. ˌ**tab·erˈnac·u·lar** [-kjʊlə(r)] *adj arch. relig.* Tabernakel...

ta·bes [ˈteɪbiːz] *s med.* Tabes *f*: a) *a.* **~ dorsalis** Rückenmarkschwindsucht *f*, b) *allg.* Auszehrung *f*. **ta·bes·cence** [təˈbesns] *s med.* Auszehrung *f*. **taˈbes·cent** *adj* **1.** *med.* auszehrend. **2.** *bot.* (ver)welkend.

ta·bet·ic [təˈbetɪk] *med.* **I** *s* Taˈbetiker (-in). **II** *adj* tabisch, tabeskrank.

tab·id [ˈtæbɪd] → **tabetic** II.

tab·i·net [ˈtæbɪnɪt] *s* (*Art*) (gewässerte) Popeˈline (*Möbelbezugstoff*).

tab·la·ture [ˈtæblətʃə(r); *Am. a.* -ˌtʃʊər] *s* **1.** Bild *n*: a) Tafelgemälde *n*, b) bildliche Darstellung (*a. fig.*). **2.** *mus. hist.* Tabulaˈtur *f*.

ta·ble [ˈteɪbl] **I** *s* **1.** *allg.* Tisch *m*. **2.** Tafel *f*, Tisch *m*: a) gedeckter Tisch, b) Mahl (-zeit *f*) *n*, Kost *f*, Essen *n*: **at ~** bei Tisch, beim Essen; **to set** (*od.* **lay** *od.* **spread**) **the ~** den Tisch decken, (auf)decken; **to clear the ~** (den Tisch) abdecken *od.* abräumen; **to sit down to ~** sich zu Tisch setzen; **to take the head of the ~** bei Tisch obenan sitzen; **under the ~** a) unter dem Ladentisch, im Schleichhandel, b) unter der Hand, heimlich; **to drink s.o. under the ~** ‚j-n unter den Tisch trinken'; **to keep** (*od.* **set**) **a good ~** e-e gute Küche führen; **to turn the ~s** (**on s.o.**) ‚den Spieß umdrehen' (j-m gegenüber); **the ~s are turned** ‚das Blatt hat sich gewendet'; → **Lord's table**. **3.** *parl.* Tisch *m* des Hauses: **to lay on the ~** → 20. **4.** (Tisch-, Tafel)Runde *f*: → **round table**. **5.** Komiˈtee *n*, Ausschuß *m*. **6.** *geogr. geol.* Tafel(land *n*) *f*, Plaˈteau *n*: **~ mountain** Tafelberg *m*. **7.** *arch.* a) Tafel *f*, Platte *f*, b) Sims *m*, *n*, Fries *m*. **8.** (Holz-, Stein- *etc*, *a.* Gedenk- *etc*)Tafel *f*: **the** (**two**) **~s of the law** *relig.* die (beiden) Gesetzestafeln. **9.** Taˈbelle *f*, Verzeichnis *n*, Liste *f*: **~ of exchanges** *econ.* Kurstabelle; **~ of wages** Lohntabelle; → **content**[1] 3. **10.** *math.* Tafel *f*, Taˈbelle *f*: **~ of logarithms** Logarithmentafel; **to learn one's ~s** rechnen lernen; → **multiplication** 2. **11.** *anat.* Tafel *f*, Tabula *f* (*des Schädeldaches*). **12.** *mus.* a) Schallbrett *n* (*der Orgel*), b) Decke *f* (*e-s Saiteninstruments*). **13.** a) Tafel *f* (*große oberste Schlifffläche am Edelstein*), b) Tafelstein *m*. **14.** *tech.* Tisch *m*, Auflage *f* (*an Werkzeugmaschinen etc*). **15.** *med. colloq.* (Operatiˈons)Tisch *m*. **16.** *opt.* Bildebene *f*. **17.** *print.* Taˈbelle(nsatz *m*) *f*. **18.** *Chiromantie*: Handteller *m*. **II** *v/t* **19.** auf den Tisch legen (*a. fig. vorlegen*). **20.** *bes. parl.* a) *Br. e-n Antrag etc* einbringen, (zur Diskussiˈon) stellen, b) *Am.* zuˈrückstellen, *bes. e-e Gesetzesvorlage* ruhenlassen: **to ~ a bill**, c) *Am.* verschieben. **21.** in e-e Taˈbelle eintragen, ein Verzeichnis anlegen von, (tabelˈlarisch) verzeichnen. **22.** *mar. Stoßlappen* an ein Segel setzen. **23.** *Erz* aufbereiten. **III** *v/i* **24.** (**with**) *obs.* in Kost sein (bei), tafeln (mit).

tab·leau [ˈtæbləʊ; *Am. a.* tæˈbləʊ] *pl* **-leaux, -leaus** [-ləʊz] *s* **1.** Bild *n*: a) Gemälde *n*, b) anschauliche Darstellung. **2.** → **tableau vivant**. **3.** *bes. Br.* (überˈraschende) Szene: **what a ~!** man stelle sich die Situation vor! **~ vi·vant** *pl* **ta·bleaux vi·vants** [viːˈvɑ̃ːŋ] *s* **1.** lebendes Bild. **2.** *fig.* Taˈbleau *n*, malerische Szene.

ta·ble|board *s Am.* Verpflegung *f*, Kost *f* (*ohne Wohnung*). **~ book** *s math. tech.* Taˈbellenbuch *n*. **~ clamp** *s* Tischklammer *f*. ˈ**~cloth** *s* Tischtuch *n*, -decke *f*. **~ cut** *s* Tafelschnitt *m*. ˈ**~-cut** *adj* mit Tafelschnitt (versehen): **~ gem**.

ta·ble d'hôte *pl* **ta·bles d'hôte** [ˌtɑːblˈdəʊt; *Am. a.* ˌtæbəl-] *s a.* **~ meal** Meˈnü *n*.

ta·ble| foot·ball *s Br.* Tischfußball *m*. ˈ**~-hop** *v/i* von e-m Tisch zum andern gehen (*im Restaurant etc*). **~ knife** *s irr Br.* Tafel-, Tischmesser *n*. **~ lamp** *s* Tischlampe *f*. ˈ**~land** *s geogr. geol.* Tafelland *n*. **~ leaf** *s irr Br.* Tischklappe *f*, Zwischenplatte *f*. **~ li·cence** *s Br.* ˈSchankkonzessiˌon *f* nur bei Abgabe von Speisen. ˈ**~ˌlift·ing** → **table-turning**. **~ light·er** *s* Tischfeuerzeug *n*. **~ lin·en** *s* Tischwäsche *f*. **~ mat** *s* Set *n*. **~ nap·kin** *s* Serviˈette *f*. **~ plate** *s* Tafelsilber *n*. ˈ**~-ˌrap·ping** *s Spiritismus*: Tischklopfen *n*. **~ run·ner** *s* Tischläufer *m*. **~ salt** *s* Tafelsalz *n*. **~ set** *s Rundfunk, TV*: Tischgerät *n*. ˈ**~spoon** *s* Eßlöffel *m*. ˈ**~ˌspoon·ful** [-fʊl] *s* (*ein*) Eßlöffel(voll) *m*.

tab·let [ˈtæblɪt] *s* **1.** Täfelchen *n*, Tafel *f*. **2.** (Gedenk-, Wand- *etc*)Tafel *f*. **3.** *hist.* Schreibtafel *f*. **4.** (Noˈtiz-, Schreib-, Zeichen)Block *m*. **5.** Stück *n* (*Seife*), Tafel *f* (*Schokolade*). **6.** *pharm.* Taˈblette *f*: → **coated** 2. **7.** *arch.* Kappenstein *m*.

ta·ble| talk *s* Tischgespräch *n*. **~ ten·nis** *s sport* Tischtennis *n*. ˈ**~-ˌtilt·ing**, ˈ**~-ˌtip·ping** → **table-turning**. **~ top** *s* Tischplatte *f*. ˈ**~-ˌturn·ing** *s* **1.** *Spiritismus*: Tischrücken *n*. **2.** *bes. contp.* Spiriˈtismus *m*. ˈ**~ware** *s* Geschirr *n* u. Besteck *n*. **~ wa·ter** *s* Tafel-, Mineˈralwasser *n*. **~ wine** *s* Tafel-, Tischwein *m*.

tab·loid [ˈtæblɔɪd] **I** *s* **1.** Bildzeitung *f*, *bes.* Sensatiˈons-, Reˈvolverblatt *n*, *pl a.* Bouleˈvardpresse *f*. **2.** *Am.* (Informatiˈons)Blatt *n*. **3.** *fig.* Zs.-fassung *f*, Kurzfassung *f*. **II** *adj* **4.** konzenˈtriert: **in ~ form**. **5.** Sensations...: **~ press**.

ta·boo [təˈbuː; *Am. a.* tæ-] **I** *adj* taˈbu: a) geheiligt, b) unantastbar, c) verboten, d) verpönt. **II** *s* Taˈbu *n*: **to be under** (**a**) **~** tabu sein; **to break a ~** ein Tabu durchbrechen *od.* zerstören; **to put under** (**a**) **~** → III. **III** *v/t etwas* für taˈbu erklären, tabuiˈsieren, tabuˈieren.

ta·bo(u)r [ˈteɪbə(r)] *s mus.* Tambuˈrin *n* (*ohne Schellen*).

tab·o(u)·ret [ˈtæbərɪt; *Am.* ˌtæbəˈret; -ˈreɪ] *s* **1.** Hocker *m*, Tabuˈrett *n*. **2.** Stickrahmen *m*.

tab·ret [ˈtæbrɪt] *s mus. hist.* kleine Handtrommel, Tambuˈrin *n.*
ta·bu → **taboo.**
tab·u·lar [ˈtæbjʊlə(r)] *adj* (*adv* ~**ly**) **1.** tafelförmig, Tafel..., flach. **2.** dünn. **3.** blätt(e)rig, geschichtet. **4.** tabelˈlarisch, Tabellen...: ~ **bookkeeping** amer. Buchführung *f*; **in** ~ **form** tabellarisch, in Tabellenform; ~ **key** Tabulatortaste *f*; ~ **standard** *econ.* Preisindexwährung *f*; ~ **summary** *econ.* Übersichtstabelle *f.*
ta·bu·la ra·sa [ˌtæbjʊləˈrɑːsə; -zə] *pl* **-lae ra·sae** [-liːˈrɑːsiː; -ziː] (*Lat.*) *s* **1.** *philos.* Tabula *f* rasa (*Zustand der Seele vor der Gewinnung von Eindrücken u. der Entwicklung von Vorstellungen*). **2. to make** ~ *fig.* tabula rasa machen, (**of**) reinen Tisch machen (mit).
tab·u·lar·ize → **tabulate** 1.
tab·u·late [ˈtæbjʊleɪt] **I** *v/t* **1.** tabellariˈsieren, tabelˈlarisch (an)ordnen. **2.** abflachen. **II** *adj* [*bes.* -lɪt] → **tabular.** ˌ**tab·uˈla·tion** *s* **1.** Tabellariˈsierung *f.* **2.** Taˈbelle *f.* **3.** *Statistik*: Auszählung *f*, -wertung *f.* ˈ**tab·u·la·tor** [-tə(r)] *s* **1.** Tabellariˈsierer *m.* **2.** *tech.* a) Tabuˈlator *m* (*an der Schreibmaschine*), b) *Computer*: Tabelˈliereinrichtung *f.*
tac·a·ma·hac [ˈtækəməhæk] *s bot. chem. pharm.* **1.** Takamaˈhak(harz) *n.* **2.** Pappelharz *n.* **3.** Kiefernharz *n.* **4.** Balsampappel *f.*
tach [tæk] *colloq. für* **tachometer.**
tache [tɑːʃ; tæʃ] *s colloq.* Schnurrbart *m.*
tach·e·om·e·ter [ˌtækɪˈɒmɪtə(r); *Am.* -ˈɑ-] *s surv.* Tacheoˈmeter *n.* ˌ**tach·eˈom·e·try** [-trɪ] *s* Tacheomeˈtrie *f*, Schnellmessung *f.*
ta·chism [ˈtæʃɪzəm] *s paint.* Taˈchismus *m.*
ta·chis·to·scope [təˈkɪstəskəʊp] *s psych.* Tachistoˈskop *n* (*Gerät zur Vorführung optischer Reize*).
tach·o·graph [ˈtækəʊgrɑːf; *Am.* ˈtækəˌgræf] *s mot. tech.* Tachoˈgraph *m*, Fahrtenschreiber *m.*
ta·chom·e·ter [tæˈkɒmɪtə(r); *Am.* -ˈkɑ-] *s mot. tech.* Tachoˈmeter *n*, Geschwindigkeitsmesser *m.*
tach·y·car·di·a [ˌtækɪˈkɑː(r)dɪə] *s med.* Tachykarˈdie *f*, Herzjagen *n.*
ta·chym·e·ter [tæˈkɪmɪtə(r)] *s surv.* Tachyˈmeter *n.* **taˈchym·e·try** [-trɪ] *s* Tachymeˈtrie *f*, Schnellmessung *f.*
tach·y·on [ˈtækɪɒn; *Am.* -ˌɑn] *s phys.* Tachyon *n* (*hypothetisches Elementarteilchen, das sich mit Überlichtgeschwindigkeit bewegt*).
tach·y·phy·lax·is [ˌtækɪfɪˈlæksɪs] *s med.* Tachyphylaˈxie *f* (*nachlassendes, durch Steigerung der Dosis nicht ausgleichbares Reagieren des Organismus auf wiederholt verabreichte Arzneimittel*).
tac·it [ˈtæsɪt] *adj* (*adv* ~**ly**) *bes. jur.* stillschweigend: ~ **approval**; ~ **mortgage** *Am.* gesetzliche Hypothek.
tac·i·turn [ˈtæsɪtɜːn; *Am.* -ˌtɜrn] *adj* (*adv* ~**ly**) schweigsam, wortkarg, verschlossen. ˌ**tac·iˈtur·ni·ty** *s* Schweigsamkeit *f*, Verschlossenheit *f.*
tack¹ [tæk] **I** *s* **1.** (Nagel)Stift *m*, Reißnagel *m*, Zwecke *f.* **2.** *a.* ~**ing stitch** (*Näherei*) Heftstich *m.* **3.** (An)Heften *n.* **4.** *mar.* a) Halse *f*, b) Haltetau *n.* **5.** *mar.* Schlag *m*, Gang *m* (*beim Lavieren od. Kreuzen*): **to be on the port** ~ nach Backbord lavieren. **6.** *mar.* Laˈvieren *n* (*a. fig.*). **7.** Zickzackkurs *m* (*zu Lande*). **8.** *fig.* Kurs *m*, Weg *m*, Richtung *f*: **on the wrong** ~ auf dem Holzweg; **to try another** ~ es anders versuchen. **9.** *parl. Br.* ˈZusatzantrag *m*, -arˌtikel *m.* **10.** a) Klebrigkeit *f*, b) Klebkraft *f.* **11.** *Reiten*: Sattelzeug *n.*
II *v/t* **12.** heften (**to an** *acc*): **to** ~ **on(to)** anheften (an *acc*, *dat*). **13.** *a.* ~ **down** festmachen, *Teppich etc* festnageln. **14.** ~ **together** aneinˈanderfügen, (miteinˈander) verbinden (*a. fig.*), zs.-heften: **to** ~ **mortgages** *econ. Br.* Hypotheken verschiedenen Ranges zs.-schreiben; **to** ~ **securities** *jur. Br.* Sicherheiten zs.-fassen. **15.** (**[on]to**) anfügen (an *acc*), hinˈzufügen (*dat*, zu): **to** ~ **a rider to a bill** *pol. Br.* e-e (*aussichtsreiche*) Vorlage mit e-m Zusatzantrag koppeln. **16.** *tech.* heftschweißen. **17.** *mar. das Schiff* a) durch den Wind wenden, b) laˈvieren.
III *v/i* **18.** *mar.* a) wenden, b) laˈvieren: **to** ~ **down wind** in den Wind halsen. **19.** a) e-n Zickzackkurs verfolgen, b) *fig.* laˈvieren, s-n Kurs (*plötzlich*) ändern.
tack² [tæk] *colloq.* Nahrung *f*, *bes.* ‚Fraß' *m*: → **hardtack.**
tack ham·mer *s* Zweckenhammer *m.*
tack·le [ˈtækl] **I** *s* **1.** Gerät *n*, (Werk)Zeug *n*, Ausrüstung *f*: → **fishing tackle. 2.** (Pferde)Geschirr *n.* **3.** *a.* **block and** ~ *tech.* Flaschenzug *m.* **4.** *mar.* Talje *f*, Takel-, Tauwerk *n.* **5.** *Fußball etc*: Angreifen *n*, Angehen *n* (*e-s Gegners im Ballbesitz*). **6.** *American Football*: (Halb-) Stürmer *m.* **II** *v/t* **7.** *j-n od. etwas* packen. **8.** *j-n* angreifen, aneinˈandergeraten mit. **9.** *fig.* a) *j-n* zur Rede stellen (**about, on, over** wegen), b) *j-n* angehen (**for** um). **10.** *Fußball etc*: *den Gegner im Ballbesitz* angreifen, angehen. **11.** *ein Problem etc* a) in Angriff nehmen, anpacken, angehen, b) lösen, fertig werden mit: **to** ~ **a task. 12.** *sl.* sich ˈhermachen über (*acc*): **to** ~ **a bottle of whisky.**
tack| riv·et *s tech.* Heftniete *f.* ˈ~**-weld** *v/t* heftschweißen.
tack·y¹ [ˈtækɪ] *adj* klebrig, zäh.
tack·y² [ˈtækiː] *adj Am. colloq.* **1.** a) verwahrlost, herˈuntergekommen, b) schäbig. **2.** ˈunmoˌdern, altmodisch. **3.** a) protzig, b) geschmacklos.
tac·node [ˈtæknəʊd] *s math.* Selbstberührungspunkt *m* (*e-r Kurve*).
tact [tækt] *s* **1.** Takt *m*, Takt-, Zartgefühl *n.* **2.** Feingefühl *n* (**of** für). **3.** *mus.* Takt (-schlag) *m.* ˈ**tact·ful** [-fʊl] *adj* (*adv* ~**ly**) taktvoll. ˈ**tact·ful·ness** → **tact** 1.
tac·tic [ˈtæktɪk] *s mil. u. fig.* Taktik *f*, taktischer Zug. ˈ**tac·ti·cal** *adj* (*adv* ~**ly**) *mil.* taktisch (*a. fig. planvoll, klug*): ~ **unit** taktische Einheit, Kampfeinheit *f.*
tac·ti·cian [tækˈtɪʃn] *s mil. u. fig.* Taktiker *m.*
tac·tics [ˈtæktɪks] *s pl* **1.** (*meist als sg konstruiert*) *mil.* Taktik *f.* **2.** (*meist als pl konstruiert*) *fig.* Taktik *f*, planvolles Vorgehen: **a clever stroke of** ~ e-e kluge Taktik; **to change** ~ die (*od.* s-e) Taktik ändern.
tac·tile [ˈtæktaɪl; *Am. a.* -tl] *adj* **1.** takˈtil (*den Tastsinn betreffend*). **2.** *selten* greifbar, tastbar. ~**cell** *s biol.* Tastsinneszelle *f.* ~ **cor·pus·cle** *s anat.* (Meißnersches) Tastkörperchen. ~ **hair** *s zo.* Tasthaar *n*, *bot. a.* Fühlhaar *n.* ~ **sense** *s biol.* Tastsinn *m.*
tac·til·i·ty [tækˈtɪlətɪ] *s selten* Greifbarkeit *f*, Tastbarkeit *f.*
ˈ**tact·less** *adj* (*adv* ~**ly**) taktlos: ~ **thing** (**remark**, *etc*) Taktlosigkeit *f.* ˈ**tact·less·ness** *s* Taktlosigkeit *f.*
tac·tu·al [ˈtæktjʊəl; *Am.* -tʃəwəl; -tʃəl] *adj* (*adv* ~**ly**) tastbar, Tast...: ~ **sense** *biol.* Tastsinn *m.*
tad [tæd] *s bes. Am. colloq.* **1.** ‚Steppke' *m*, kleiner Junge. **2.** *a. fig.* Stück(chen) *n*: **a** ~ ein bißchen, ein wenig, etwas.
tad·pole [ˈtædpəʊl] *s zo.* Kaulquappe *f.*
tae·kwon·do [ˈtaɪˌkwɒnˈdəʊ; *Am.* -ˌkwɑn-] *s* Taeˈkwondo *n* (*koreanische Kampfsportart*).
tael [teɪl] *s* Tael *n*: a) *hist. chinesische Geldeinheit*, b) *ostasiatisches Gewicht* (*meist 37,78 g*).
ta'en [teɪn] *poet. abbr. für* **taken.**
tae·ni·a [ˈtiːnɪə] *pl* **-as, -ae** [-iː; *Am. a.* -ˌaɪ] *s* **1.** *antiq.* Tänie *f*, Stirnband *n.* **2.** *arch.* Regula *f.* **3.** *anat.* (Muskel-*etc*)Band *n*, Tänie *f.* **4.** *zo.* Bandwurm *m.* ˈ**tae·ni·oid** *adj* **1.** bandförmig. **2.** *zo.* bandwurmartig, Bandwurm...
taf·fa·rel, taf·fer·el [ˈtæfərəl] → **taffrail.**
taf·fe·ta [ˈtæfɪtə], ˈ**taf·fe·ty** [-tɪ] **I** *s* Taft *m.* **II** *adj* Taft...
taff·rail [ˈtæfreɪl] *s mar.* Heckreling *f.*
taf·fy¹ [ˈtæfɪ] *s* **1.** *bes. Am. für* **toffee. 2.** *colloq.* ‚Schmus' *m*, Schmeicheˈlei *f.*
Taf·fy² [ˈtæfɪ] *s sl.* Waˈliser *m.*
taf·i·a [ˈtæfɪə] *s* Rum *m* (*bes. aus Guayana od. Westindien*).
tag¹ [tæg] **I** *s* **1.** (loses) Ende, Anhängsel *n*, Zipfel *m*, Fetzen *m*, Lappen *m.* **2.** Troddel *f*, Quaste *f.* **3.** Etiˈkett *n*, Anhänger *m*, Schildchen *n*, (Ab)Zeichen *n*, Plaˈkette *f*: ~ **day** *Am.* Sammeltag *m.* **4.** Schlaufe *f* (*am Stiefel*), (Schnürsenkel)Stift *m*, Dorn *m.* **5.** *tech.* a) Lötklemme *f*, -stift *m*, b) Lötfahne *f.* **6.** *Angeln*: Glitzerschmuck *m* (*an der künstlichen Fliege*). **7.** a) Schwanzspitze *f* (*bes. e-s Fuchses*), b) Wollklunker *f*, *m* (*des Schafes*). **8.** *ling.* Frageanhängsel *n.* **9.** Reˈfrain *m*, Kehrreim *m.* **10.** a) Schlußwort *n*, b) Pointe *f*, c) Moˈral *f.* **11.** stehende Redensart, bekanntes Ziˈtat. **12.** Bezeichnung *f*, Beiname *m.* **13.** → **ragtag. 14.** *Computer*: Identifiˈzierungskennzeichen *n.* **15.** *Am.* Strafzettel *m.* **II** *v/t* **16.** mit e-m Anhänger *od.* Etiˈkett *etc* versehen, etiketˈtieren, *Waren* auszeichnen. **17.** marˈkieren: ~**ged atoms. 18.** *e-e Rede etc* a) mit e-m Schlußwort *od.* e-r Moˈral versehen, b) verbrämen, ‚garˈnieren'. **19.** *fig.* abstempeln (**as** als). **20.** anfügen, anhängen (**to an** *acc*). **21.** *Am.* a) *j-m* e-n Strafzettel ans Auto stecken, b) *colloq. j-n* anklagen (**for** wegen). **22.** *e-m Schaf* die Klunkerwolle abscheren. **23.** *colloq.* hinter *j-m* ‚ˈherlatschen'. **III** *v/i* **24.** ~ **along** *colloq.* a) ‚daˈhinlatschen', b) mitkommen, -gehen (**with** mit), c) *fig.* notgedrungen mitmachen: **to** ~ **after** (*od.* **behind**) → 23.
tag² [tæg] **I** *s* Fangen *n* (*Kinderspiel*). **II** *v/t* fangen.
tag| dance *s* Tanz *m*, bei dem abgeklatscht werden darf. ~ **end** *s colloq.* **1.** *bes. Am.* Schluß *m*, Ende *n*, ‚Schwanz' *m.* **2.** *meist pl* a) (letzter) Rest, b) Fetzen *m* (*a. fig.*): ~**s of memories.**
ta·ge·tes [tæˈdʒiːtiːz; *Am.* ˈtædʒəˌtiːz] *s bot.* Stuˈdenten-, Samtblume *f.*
tag·gers [ˈtægə(r)z] *s pl tech.* dünnes Weiß- *od.* Eisenblech.
ta·glia·tel·le [ˌtæljəˈtelɪ] *s pl* Tagliaˈtelle *pl.*
tag·meme [ˈtægmiːm] *s ling.* Tagˈmem *n* (*Zuordnungseinheit in der Tagmemik*). **tagˈmem·ic I** *adj* tagˈmemisch. **II** *s pl* (*als sg konstruiert*) Tagˈmemik *f* (*linguistische Theorie auf syntaktischer Ebene*).
ˈ**tag|·rag I** *s* **1.** Fetzen *m*, Lumpen *m.* **2.** → **ragtag. II** *adj* **3.** zerlumpt. ~ **sale** → **garage sale.**
Ta·hi·tian [tɑːˈhiːʃn; *bes. Am.* tə-] **I** *s* **1.** Tahitiˈaner(in). **2.** *ling.* Taˈhitisch *n*, das Tahitische. **II** *adj* **3.** taˈhitisch.
tahr [tɑː(r)] *s zo.* Tahr *m.*
Tai → **Thai.**
tai·ga [ˈtaɪgə] *s geogr.* Taiga *f.*
tail¹ [teɪl] **I** *s* **1.** *zo.* Schweif *m*, Schwanz *m*: **the** ~ **wags the dog** *fig.* der Unbedeutendste *od.* Dümmste führt das Regiment; **to turn** ~ ausreißen, davonlaufen; **to twist s.o.'s** ~ *colloq.* j-n piesacken *od.* schikanieren; (**close**) **on s.o.'s** ~ j-m (dicht) auf den Fersen; **with one's** ~ **between one's legs** *fig.* mit eingezogenem Schwanz; ~**s up** hochgestimmt,

fidel; **keep your ~ up!** halt die Ohren steif!, laß dich nicht unterkriegen! **2.** *colloq.* Hinterteil *n*, Steiß *m*. **3.** *fig.* Schwanz *m*, (hinteres *od.* unteres) Ende, Schluß *m*: **~ of a comet** Kometenschweif *m*; **~ of a letter** Briefschluß *m*; **~ of a note** *mus.* Notenhals *m*; **out of the ~ of one's eye** aus den Augenwinkeln; **~ of a page** unterer Rand *od.* Fuß *m* e-r (Druck)Seite; **~ of a storm** (*ruhigeres*) Ende e-s Sturmes. **4.** Haarzopf *m*, -schwanz *m*. **5.** *meist pl* Rück-, Kehr-, Wappenseite *f* (*e-r Münze*): → **head** 40. **6.** a) Schleppe *f* (*e-s Kleides*), b) (Rock-, Hemd)Schoß *m*. **7.** *pl colloq.* a) Gesellschaftsanzug *m*, b) Frack *m*. **8.** Schleife *f* (*e-s Buchstabens*). **9.** *electr. tech.* a) ˈNachimˌpuls *m*, b) Siˈgnalschwanz *m*. **10.** *Radar*: Nachleuchtschleppe *f*. **11.** Sterz *m*. **12.** *metr.* Koda *f*. **13.** *anat.* a) Sehnenteil *m* (*e-s Muskels*), b) Pankreasschwanz *m*, c) Nebenhoden *m*. **14.** *aer.* a) Leitwerk *n*, b) Heck *n*, Schwanz *m*. **15.** a) Gefolge *n*, b) Anhang *m* (*e-r Partei*), c) große Masse (*e-r Gemeinschaft*), d) ‚Schwanz' *m*, (*die*) Letzten *pl od.* Schlechtesten *pl*: **the ~ of the class**. **16.** *colloq.* ‚Beschatter' *m* (*Detektiv etc*): **to put a ~ on s.o.** j-n beschatten lassen. **17.** *bes. Am. vulg.* a) *bes.* **piece** (*od.* **bit**) **of ~** ‚Mieze' *f*, b) ‚Fotze' *f*, ‚Möse' *f* (*Vagina*). **II** *v/t* **18.** e-n Schwanz anbringen an (*dat*): **to ~ a kite**. **19.** den Schwanz *od.* das ‚Schlußlicht' bilden (*gen*): **dogs ~ing the procession**. **20.** *a.* **~ on (to)** befestigen (an *dat*), anhängen (an *acc*). **21.** *Früchte* zupfen, entstielen. **22.** stutzen: **to ~ a dog**. **23.** am Schwanz packen. **24.** *j-n* beschatten. **III** *v/i* **25.** sich ˈhinziehen, e-n Schwanz bilden: **to ~ away** (*od.* **off**) a) abflauen, abnehmen, sich verlieren, b) zurückbleiben, -fallen, c) sich auseinanderziehen (*Kolonne etc*), d) sich verschlechtern, nachlassen. **26.** *oft* **~ on, ~ along** *colloq.* hinterˈherlaufen (**after** *od.* **behind s.o.** j-m). **27.** *arch.* (*mit dem Ende*) eingelassen sein (**in, into** in *acc od. dat*).

tail² [teɪl] *jur.* **I** *s* Beschränkung *f* (*der Erbfolge*), beschränktes Erb- *od.* Eigentumsrecht: **heir in ~** Vorerbe *m*; **issue in ~** erbberechtigte Nachkommenschaft; **tenant in ~** Eigentümer *m*, dessen Rechte durch Nacherbenbestimmungen beschränkt sind; **estate in ~ male** Fideikommiß *n*. **II** *adj* beschränkt: **estate ~**.

ˈtail|·back *s mot. Br.* Rückstau *m*. **ˈ~·board** *s mot. etc* Ladeklappe *f*. **~ cen·ter,** *bes. Br.* **~ cen·tre** *s tech.* Reitstockspitze *f*. **~ coat** *s* Frack *m*. **~ comb** *s* Stielkamm *m*.

tailed [teɪld] *adj* **1.** geschwänzt. **2.** schwanzlos. **3.** (*in Zssgn*) ...schwänzig: **long-~**.

tail| end *s* **1.** Schluß *m*, Ende *n*. **2.** *bes. Am. colloq.* Hinterteil *n*, Steiß *m*. **ˌ~ˈend·er** *s sport etc Am. colloq.* ‚Schlußlicht' *n* (*Letzter*). **~ fin** *s* **1.** *ichth.* Schwanzflosse *f*. **2.** *aer.* Seitenflosse *f* (*am Leitwerk*). **~ fly** *s Angeln*: *Am.* Fliege *f*. **~ gate** *s* **1.** Niedertor *n* (*e-r Schleuse*). **2.** *bes. Am.* a) → **tailboard**, b) *mot.* Hecktür *f*. **3.** *rail. Am.* (*Art*) Rampe *f* (*am Wagenende*). **4.** *mus.* Tail-gate *m* (*Posaunenstil im New-Orleans-Jazz*). **ˈ~·gate** *v/t u. v/i mot. bes. Am.* zu dicht auffahren (auf *acc*). **~ group** *s aer.* Leitwerk *n*. **~ gun** *s aer. mil.* Heckwaffe *f*. **ˈ~ˌheav·y** *adj aer.* schwanzlastig.

ˈtail·ing *s* **1.** *arch.* eingelassenes Ende. **2.** *pl* Rückstände *pl*, Abfälle *pl*, *bes.* a) Erzabfälle *pl*, b) Ausschußmehl *n*. **3.** zerlaufene Stelle (*im Kattunmuster*).

tail| lamp *s mot. etc Am.* Rück-, Schlußlicht *n*. **~ land·ing** *s aer.* Schwanzlandung *f*.

ˈtail·less *adj* schwanzlos (*a. aer.*): **~ aircraft**.

ˈtail·light *s* **1.** *mot. etc* Rück-, Schlußlicht *n*. **2.** *aer.* Hecklicht *n*.

tai·lor [ˈteɪlə(r)] **I** *s* **1.** Schneider *m*: **the ~ makes the man** Kleider machen Leute. **II** *v/t* **2.** schneidern. **3.** schneidern für (*j-n*). **4.** *j-n* kleiden, ˈausstafˌfieren. **5.** nach Maß zuschneiden *od.* arbeiten. **6.** (**to**) *fig.* zuschneiden (für *j-n*, auf *etwas*). **III** *v/i* **7.** schneidern. **ˈtai·lored** *adj* **1.** a) nach Maß angefertigt, maßgeschneidert, b) gutsitzend (*Kleid etc*), tadellos gearbeitet, c) Schneider...: **~ costume** Schneiderkostüm *n*; **~ suit** Maßanzug *m*. **2.** *fig.* zugeschnitten (**to** auf *acc*). **ˈtai·lor·ess** *s* Schneiderin *f*. **ˈtai·lor·ing** *s* **1.** Schneidern *n*. **2.** Schneiderarbeit *f*.

ˈtai·lor|-made I *adj* **1.** → **tailored** 1. **2.** eleˈgant gekleidet. **3.** auf Bestellung angefertigt. **4.** (genau) zugeschnitten *od.* abgestimmt (**for** auf *acc*): **he is ~ for this work** er ist für diese Arbeit wie geschaffen; **she was ~ for that part** *thea. etc* die Rolle war ihr auf den Leib (zu)geschnitten *od.* geschrieben. **5.** *colloq.* nicht selbstgedreht (*Zigarette*). **II** *s* **6.** ˈSchneiderkoˌstüm *n*. **7.** *colloq.* nicht selbstgedrehte Zigaˈrette. **ˈ~-make** *v/t irr* nach Maß *od.* auf Bestellung anfertigen.

ˈtail|·piece *s* **1.** Anhängsel *n*, Anhang *m*. **2.** *print.* ˈSchlußviˌgnette *f*. **3.** *mus.* Saitenhalter *m*. **ˈ~·pin** *s* **1.** *tech.* Reitstockstift *m*. **2.** *mus.* Fuß *m*, Bodenstück *n* (*bei Saiteninstrumenten*). **~ pipe** *s* **1.** *tech.* Saugrohr *n* (*e-r Pumpe*). **2.** a) *mot.* Auspuffrohr *n*, *bes.* Auspuffrohrende *n*, b) *aer.* Ausstoßrohr *n*. **~ plane** *s aer.* Höhen-, Dämpfungsflosse *f*. **~ shaft** *s tech.* Schraubenwelle *f*. **~ skid** *s aer.* Schwanzsporn *m*. **~ slide** *s aer.* Abrutschen *n* über den Schwanz. **~ spin** *s* **1.** *aer.* (Ab)Trudeln *n*. **2.** *fig.* a) Panik *f*, b) Chaos *n*. **~ spin·dle** *s tech.* Piˈnole *f*. **ˈ~·stock** *s tech.* Reitstock *m* (*e-r Drehbank*). **~ sur·face** *s aer.* Schwanzfläche *f*. **~ twist·ing** *s colloq.* Schiˈkane(n *pl*) *f*. **~ u·nit** *s aer.* (Schwanz)Leitwerk *n*. **~ wheel** *s aer.* Spornrad *n*. **~ wind** *s aer. mar.* Rückenwind *m*.

tain [teɪn] *s* Zinnfolie *f*.

taint [teɪnt] **I** *s* **1.** Fleck *m*. **2.** *fig.* (Schand)Fleck *m*, Makel *m*. **3.** *fig.* Spur *f*: **a ~ of suspicion** ein Schatten *m* von Mißtrauen. **4.** *med.* a) (verborgene) Ansteckung, b) Seuche *f*, c) (verborgene) Anlage (*zu e-r Krankheit*): **a ~ of insanity**; → **hereditary** 1. **5.** *fig.* verderblicher Einfluß, Gift *n*. **II** *v/t* **6.** (**with**) verderben (durch), vergiften (mit) (*beide a. fig.*): **to be ~ed with** behaftet sein mit. **7.** anstecken. **8.** besudeln, beflecken (*beide a. fig.*). **III** *v/i* **9.** verderben, schlecht werden (*Fleisch etc*). **ˈtaint·less** *adj* (*adv* **~ly**) *bes. fig.* unbefleckt, makellos.

take [teɪk] **I** *s* **1.** *Fischerei*: Fang *m*. **2.** *hunt.* a) Beute *f*, b) Erbeutung *f*. **3.** *colloq.* Anteil *m* (**of** an *dat*). **4.** *bes. Am. colloq.* Einnahme(n *pl*) *f*. **5.** a) *Film*: Szene(naufnahme) *f*, b) *Rundfunk etc*: Aufnahme *f*. **6.** *print.* Portiˈon *f* (*e-s Manuskripts*). **7.** *med.* a) Reaktiˈon *f* (*auf e-e Impfung*), b) Anwachsen *n* (*e-s Hauttransplantats*). **8.** *fig.* Reaktiˈon *f*: → **double take**. **9.** *bes. Br.* Pachtland *n*. **10.** *Schach etc*: Schlagen *n* (*e-r Figur*).

II *v/t pret* **took** [tʊk] *pp* **tak·en** [ˈteɪkən] **11.** *allg., a. Abschied, e-n Partner, Unterricht etc* nehmen: **~ it or leave it** *colloq.* mach, was du willst; **~n all in all** im großen (u.) ganzen; **taking one thing with the other** im großen (u.) ganzen (*siehe die Verbindungen mit den betreffenden Substantiven*). **12.** (weg)nehmen: **~ that silly grin off your face!** *colloq.* hör auf, so blöd zu grinsen! **13.** a) nehmen, fassen, packen, ergreifen, b) *sport Paß etc* aufnehmen. **14.** *Fische etc* fangen. **15.** *Verbrecher etc* fangen, ergreifen. **16.** *mil.* gefangennehmen, *Gefangene* machen. **17.** *mil. e-e Stadt, Stellung etc* (ein)nehmen, *a. Land* erobern, *Schiff* kapern. **18.** *j-n* erwischen, ertappen (**stealing** beim Stehlen; **in a lie** bei e-r Lüge). **19.** nehmen, sich aneignen, Besitz ergreifen von, sich bemächtigen (*gen*). **20.** *e-e Gabe etc* (an-, entgegen)nehmen, empfangen. **21.** bekommen, erhalten, *Geld, Steuer etc* einnehmen, *e-n Preis etc* gewinnen. **22.** (herˈaus)nehmen (**from, out of** aus), *a. fig. Zitat etc* entnehmen (**from** *dat*): **I ~ it from s.o. who knows** ich habe (*weiß*) es von j-m, der es genau weiß. **23.** *e-e Speise etc* zu sich nehmen, *e-e Mahlzeit* einnehmen, *Gift, Medizin etc* nehmen. **24.** sich *e-e Krankheit* holen *od.* zuziehen: → ill 6. **25.** nehmen: a) auswählen: **I am not taking any** *sl.* ‚ohne mich'!, b) kaufen, c) mieten, d) *e-e Eintritts-, Fahrkarte* lösen, e) *e-e Frau* heiraten, f) mit *e-r Frau* schlafen, g) *e-n Weg* wählen. **26.** mitnehmen: **~ me with you** nimm mich mit; **you can't ~ it with you** *fig.* im Grab nützt (dir) aller Reichtum nichts mehr, das letzte Hemd hat keine Taschen. **27.** (ˈhin- *od.* weg)bringen, *j-n wohin* führen: **business took him to London; he was ~n to hospital** er wurde ins Krankenhaus gebracht. **28.** *j-n* (*durch den Tod*) wegraffen. **29.** *math.* abziehen (**from** von). **30.** *j-n* treffen, erwischen (*Schlag*). **31.** *ein Hindernis* nehmen. **32.** *j-n* befallen, packen (*Empfindung, Krankheit*): **to be ~n with a disease** e-e Krankheit bekommen; **~n with fear** von Furcht gepackt. **33.** *ein Gefühl* haben, bekommen, *Mitleid etc* empfinden, *Mut* fassen, *Anstoß* nehmen, *Ab-, Zuneigung* fassen (**to** gegen, für): **to ~ alarm** beunruhigt sein (**at** über *acc*); → **comfort** 6, **courage**, **fancy** 7, **pride** 2. **34.** *Feuer* fangen. **35.** *e-e Bedeutung, e-n Sinn, e-e Eigenschaft, Gestalt* annehmen, bekommen: **to ~ a new meaning**. **36.** *e-e Farbe, e-n Geruch od. Geschmack* annehmen. **37.** *sport u. Spiele*: a) *Ball, Punkt, Figur, Stein* abnehmen (**from** *dat*), b) *Stein* schlagen, c) *Karte* stechen, d) *das Spiel* gewinnen, e) *Eckstoß etc* ausführen. **38.** *jur. etc* erwerben, *bes.* erben. **39.** *e-e Ware, Zeitung* beziehen, *econ. e-n Auftrag* herˈeinnehmen. **40.** nehmen, verwenden: **~ 4 eggs** man nehme 4 Eier. **41.** *e-n Zug, e-n Taxi etc* nehmen, benutzen. **42.** *e-e Gelegenheit, e-n Vorteil* ergreifen, wahrnehmen: → **chance** 5. **43.** (*als Beispiel*) nehmen. **44.** *e-n Platz* einnehmen: **~n** besetzt. **45.** *fig. j-n, das Auge, den Sinn* gefangennehmen, fesseln, (für sich) einnehmen: **to be ~n with** (*od.* **by**) begeistert *od.* entzückt sein von. **46.** *den Befehl, die Führung, e-e Rolle, e-e Stellung, den Vorsitz* überˈnehmen. **47.** *e-e Mühe, Verantwortung* auf sich nehmen. **48.** leisten: a) *e-e Arbeit, e-n Dienst* verrichten, b) *e-n Eid, ein Gelübde* ablegen: → **oath** *Bes. Redew.*, c) *ein Versprechen* (ab)geben. **49.** *e-e Notiz, Aufzeichnungen* machen, niederschreiben, *ein Diktat, Protokoll* aufnehmen. **50.** *phot. etwas* aufnehmen, *ein Bild* machen. **51.** *e-e Messung, Zählung etc* vornehmen, ˈdurchführen. **52.** *wissenschaftlich* ermitteln, *e-e Größe, die Temperatur etc* messen, *Maß* nehmen. **53.** machen, tun: **to ~ a look** e-n Blick tun *od.* werfen (**at** auf *acc*). **54.** *e-e Maßnahme* ergreifen, treffen. **55.** *e-e Auswahl* treffen. **56.** *e-n Entschluß* fassen. **57.** *e-e Fahrt, e-n Spazier-*

gang, a. e-n Sprung, e-e Verbeugung, Wendung etc machen, *Anlauf* nehmen. **58.** *e-e Ansicht* vertreten: → **stand** 2, **view** 12. **59.** a) verstehen, b) auffassen, auslegen, c) *etwas gut etc* aufnehmen: **do you ~ me?** verstehen Sie(, was ich meine)?; **I ~ it that** ich nehme an, daß; **may we ~ it that ...?** dürfen wir es so verstehen, daß ...?; **to ~ s.th. ill of s.o.** j-m etwas übelnehmen; **to ~ s.th. seriously** etwas ernst nehmen. **60.** ansehen *od.* betrachten (**as** als), halten (**for** für): **I took him for an honest man; what do you ~ me for?** wofür halten Sie mich eigentlich? **61.** sich *Rechte, Freiheiten* (her'aus)nehmen. **62.** a) *e-n Rat, e-e Auskunft* einholen, b) *e-n Rat* annehmen, befolgen. **63.** *e-e Wette, ein Angebot* annehmen. **64.** glauben: **you may ~ it from me** verlaß dich drauf! **65.** *e-e Beleidigung, e-n Verlust etc, a. j-n* 'hinnehmen, *Strafe, Folgen* auf sich nehmen, sich *etwas* gefallen lassen: **to ~ people as they are** die Leute nehmen, wie sie (eben) sind. **66.** *etwas* ertragen, aushalten: **can you ~ it?** kannst du das aushalten?; **to ~ it** *colloq.* es ‚kriegen', es ausbaden (müssen). **67.** *med.* sich *e-r Behandlung etc* unter'ziehen. **68.** *ped. univ. e-e Prüfung* machen, ablegen: **to ~ French** Examen im Französischen machen; → **degree** 8. **69.** *e-e Rast, Ferien etc* machen, *Urlaub, a. ein Bad* nehmen. **70.** *Platz, Raum* ein-, wegnehmen, beanspruchen. **71.** a) *Zeit, Material etc, a. fig. Geduld, Mut etc* brauchen, erfordern, kosten, *gewisse Zeit* dauern: **it took a long time** es dauerte *od.* brauchte lange; **it ~s a man to do that** das kann nur ein Mann (fertigbringen); **he took a little convincing** es bedurfte (bei ihm) einiger Überredung, b) *j-n etwas* kosten, *j-m etwas* abverlangen: **it took him** (*od.* **he took**) **3 hours** es kostete ihn *od.* er brauchte 3 Stunden. **72.** *e-e Kleidergröße, Nummer* haben: **which size in hats do you ~?** **73.** *ling.* a) *grammatische Form* annehmen, *im Konjunktiv etc* stehen, b) *e-n Akzent, e-e Endung, ein Objekt etc* bekommen. **74.** aufnehmen, fassen, Platz bieten für. **III** *v/i* **75.** *bot.* Wurzel schlagen. **76.** *bot. med.* anwachsen (*Pfropfreis, Steckling, Transplantat*). **77.** *med.* wirken, anschlagen (*Medikament etc*). **78.** *colloq.* ‚ankommen', ‚ziehen', ‚einschlagen', Anklang finden (*Buch, Theaterstück etc*). **79.** *jur.* das Eigentumsrecht erlangen, *bes.* erben, (als Erbe) zum Zuge kommen. **80.** sich *gut etc* fotogra'fieren (lassen). **81.** Feuer fangen. **82.** anbeißen (*Fisch*). **83.** *tech.* an-, eingreifen.

Verbindungen mit Präpositionen:

take| af·ter *v/i* **1.** *j-m* nachschlagen, -geraten, ähneln (*dat*): **he takes after his father.** **2.** es *j-m* nachmachen. **~ a·gainst** *v/i bes. Br.* **1.** (e-e) Abneigung empfinden gegen *j-n.* **2.** Par'tei ergreifen gegen. **~ from I** *v/t* **1.** (*j-m*) *etwas* wegnehmen. **2.** *math.* abziehen von. **II** *v/i* **3.** Abbruch tun (*dat*), *etwas* schmälern, her'absetzen. **4.** *etwas* beeinträchtigen, mindern. **~ to** *v/i* **1.** a) sich begeben in (*acc*) *od.* nach *od.* zu: **to ~ the stage** zur Bühne gehen, b) sich flüchten in (*acc*) *od.* zu, c) *fig.* Zuflucht nehmen zu. **2.** a) (her'an)gehen *od.* sich begeben an (*s-e Arbeit etc*), b) sich *e-r Sache* widmen, sich abgeben mit: **to ~ doing s.th.** dazu übergehen, etwas zu tun. **3.** anfangen, sich ergeben (*dat*), sich verlegen auf (*acc*): **to ~ bad habits** schlechte Gewohnheiten annehmen; **to ~ begging (drink)** sich aufs Betteln (Trinken) verlegen. **4.** rea'gieren auf (*acc*), *etwas* (willig) annehmen. **5.** sich 'hingezogen fühlen zu, Gefallen finden an (*j-m*). **6.** *med.* sich legen auf (*acc*), angreifen: **the disease took to the heart.** **~ up·on** *v/t*: **to ~ o.s.** *etwas* auf sich nehmen; **to take it upon o.s. to do s.th.** a) es auf sich nehmen, etwas zu tun, b) sich berufen fühlen, etwas zu tun. **~ with** *v/i* verfangen bei: **that won't ~ me** das verfängt *od.* ‚zieht' bei mir nicht.

Verbindungen mit Adverbien:

take| a·back *v/t* verblüffen, über'raschen: → **aback** 2. **~ a·bout** → **take around.** **~ a·long** *v/t* mitnehmen. **~ a·part** *v/t* **1.** *tech.* ausein'andernehmen, zerlegen. **2.** *fig. colloq. e-n Gegner, e-e Theorie, ein Theaterstück etc* ‚ausein'andernehmen'. **~ a·round** *v/t* **1. to take s.o. around with one** j-n mitnehmen. **2.** *j-n* her'umführen. **~ a·side** *v/t j-n* bei'seite nehmen. **~ a·way I** *v/t* **1.** wegnehmen (**from s.o.** j-m; **from s.th.** von etwas). **2.** *j-n* (hin)'wegraffen (*Tod*). **3. pizzas to ~** (*Schild*) *Br.* Pizzas zum Mitnehmen. **II** *v/i* **4.** **~ from** → **take from** II. **5.** (den Tisch) abdecken *od.* abräumen. **~ back** *v/t* **1.** wieder nehmen. **2.** *Ware* zu'rücknehmen (*a. fig. sein Wort*). **3.** zu'rückgewinnen, -erobern. **4.** *j-n* wieder einstellen. **5.** *Ehemann etc* wieder aufnehmen. **6.** (im Geist) zu'rückversetzen (**to** in *e-e Zeit*). **~ down** *v/t* **1.** her'unter-, abnehmen, *Fahne* einholen. **2.** *Gebäude* abbrechen, abreißen, abtragen, *ein Gerüst* abnehmen. **3.** *tech.* zerlegen: **to ~ an engine.** **4.** *e-n Baum* fällen. **5.** *print. Typenmaterial* verteilen. **6.** *Arznei etc* (hin'unter)schlucken. **7.** *colloq. j-n* ‚ducken', demütigen. **8.** *meist pass j-n* niederwerfen (*Krankheit*): **he was taken down with fever.** **9.** nieder-, aufschreiben, no'tieren. **10.** aufzeichnen (*Tonbandgerät etc*). **~ in** *v/t* **1.** (her)'einlassen: **to ~ water; to ~ gas** (*Br.* **petrol**) *mot.* tanken. **2.** *Gast etc* a) einlassen, b) aufnehmen: **to ~ lodgers** (Zimmer) vermieten. **3.** *e-e Dame* zu Tisch führen. **4.** *Heimarbeit* annehmen: **to ~ a typing job.** **5.** *Br. e-e Zeitung* halten. **6.** a) *fig. etwas* in sich aufnehmen, b) von oben bis unten betrachten. **7.** *die Lage* über'schauen. **8.** *etwas* glauben, ‚schlucken'. **9.** her'einnehmen, einziehen, *mar. Segel* einholen. **10.** kürzer *od.* enger machen: **to ~ a dress.** **11.** *fig.* einschließen, um'fassen. **12.** *Am.* ‚mitnehmen', sich ansehen: **to ~ a monument (a movie,** *etc*). **13.** *colloq. j-n* ‚reinlegen': **to be taken in** a) ‚reinfallen', b) ‚reingefallen' sein. **~ off I** *v/t* **1.** wegnehmen, -bringen, -schaffen, *a. Flecken etc* entfernen. **2.** *med.* abnehmen, ampu'tieren. **3.** *j-n* fortführen, -bringen: **to take o.s. off** sich fortmachen. **4.** (*durch den Tod*) wegraffen. **5.** a) aus dem Verkehr ziehen, b) *Busdienst etc* einstellen. **6.** *den Hut etc* abnehmen, ziehen, *Kleidungsstück* ablegen, ausziehen. **7.** sich *e-n Tag etc* freinehmen, *e-n Tag etc* Urlaub machen. **8.** *econ.* a) *Rabatt etc* abziehen, b) *Steuer etc* senken. **9.** austrinken. **10.** *thea. Stück etc* absetzen. **11.** aufstellen, vorbereiten: **to ~ a trial balance** *econ.* e-e Rohbilanz aufstellen. **12.** anfertigen: **to ~ 200 copies.** **13.** *j-n* abbilden, porträ'tieren. **14.** *colloq. j-n* nachmachen, -ahmen. **II** *v/i* **15.** *sport* abspringen. **16.** *aer.* a) abfliegen, starten, b) abheben. **17.** a) fortgehen, sich fortmachen, b) sich aufmachen (**for** nach). **18.** abzweigen (*Straße etc*). **19.** anlaufen (*Produktion etc*). **~ on I** *v/t* **1.** *Gewicht* ansetzen. **2.** *Arbeit etc* annehmen, über'nehmen. **3.** *Waren, Passagiere* aufnehmen, an Bord nehmen. **4.** *Arbeiter* ein-, anstellen, *Mitglieder* aufnehmen. **5.** a) *j-n* (als Gegner) annehmen, sich auf e-n Kampf einlassen mit, b) es aufnehmen mit *j-m.* **6.** *e-e Wette* eingehen. **7.** *e-e Eigenschaft, Gestalt, a. e-e Farbe* annehmen. **8.** *e-e Sprache, Kultur etc* über'nehmen, sich zu eigen machen. **II** *v/i* **9.** *colloq.* ‚sich haben', ‚ein großes The'ater machen', sich aufregen: **don't ~ so!** hab dich nicht so! **10.** sich aufspielen. **11.** ‚ziehen', ‚einschlagen' (*Buch, Schlager etc*). **12.** in Dienst treten. **~ out** *v/t* **1.** a) her'ausnehmen, b) wegnehmen, entfernen (**of** von, aus). **2.** *e-n Fleck* her'ausmachen, entfernen (**of** aus). **3.** *Geld* abheben. **4.** *econ. jur.* a) *ein Patent, e-e Vorladung etc* erwirken, b) *e-e Versicherung* abschließen: **to ~ an insurance (policy).** **5.** ‚erledigen', ausschalten. **6. to take it out** sich schadlos halten (**in** an *e-r Sache*), sich rächen: **to take it out of** a) sich rächen *od.* schadlos halten für (*e-e Beleidigung etc*), b) *j-n* ‚fertigmachen', erschöpfen; **to take it out on s.o.** s-n Zorn *od.* es an j-m auslassen. **7.** *etwas* austreiben (**of s.o.** j-m): **to take the nonsense out of s.o.** **8.** *j-n zum Abendessen etc* ausführen: **to take s.o. out to dinner.** **9.** *Bridge*: *den Gegner* über'bieten. **10. pizzas to ~** (*Schild*) *Am.* Pizzas zum Mitnehmen. **~ o·ver I** *v/t* **1.** *ein Amt, e-e Aufgabe, die Macht etc, a. e-e Idee etc* über'nehmen. **II** *v/i* **2.** die Amtsgewalt *od.* die Leitung *od.* die Re'gierung *od.* die Macht über'nehmen: **to ~ for s.o.** j-s Stelle übernehmen. **3.** die Sache in die Hand nehmen. **4.** in den Vordergrund treten, an die Spitze gelangen, in Mode kommen. **~ up I** *v/t* **1.** aufheben, -nehmen. **2.** hochheben. **3.** nach oben bringen. **4.** *Straße* aufreißen. **5.** *ein Gerät, e-e Waffe* erheben, ergreifen. **6.** *Flüssigkeit* aufnehmen, -saugen. **7.** *Reisende* mitnehmen. **8.** *e-e Tätigkeit, die Verfolgung* aufnehmen, *e-n Beruf* ergreifen. **9.** sich befassen mit, sich verlegen auf (*acc*). **10.** *e-n Fall, e-e Idee etc* aufgreifen. **11. to take s.o. up on s.th.** bei j-m wegen e-r Sache ‚einhaken' (→ 22). **12.** *e-e Erzählung etc* fortführen, fortfahren in (*dat*). **13.** *Platz, Zeit, Gedanken etc* ausfüllen, beanspruchen: **to ~ time (s.o.'s attention)** Zeit (j-s Aufmerksamkeit) in Anspruch nehmen; **taken up with** in Anspruch genommen von. **14.** a) *s-n Wohnsitz* aufschlagen, b) *e-e Wohnung* beziehen. **15.** *e-e Stelle* antreten. **16.** *e-n Posten* einnehmen. **17.** *e-n Verbrecher* aufgreifen, verhaften. **18.** *e-e Haltung* einnehmen. **19.** sich zu eigen machen: **to ~ current opinions.** **20.** *e-e Masche* (*beim Stricken*) aufnehmen. **21.** *econ.* a) *Kapital, e-e Anleihe* aufnehmen, b) *Aktien* zeichnen, c) *e-n Wechsel* einlösen. **22.** *e-e Wette, Herausforderung etc* annehmen: **to take s.o. up on it** j-n beim Wort nehmen. **23.** a) *e-m Redner* ins Wort fallen, b) *j-n* zu'rechtweisen, korri'gieren. **24.** *j-n* schelten, tadeln. **25.** *med. ein Gefäß* abbinden. **II** *v/i* **26.** *colloq.* sich einlassen (**with** mit *j-m*). **27.** a) (wieder) anfangen, b) weitermachen. **28.** **~ for** eintreten *od.* sich einsetzen für *j-n.* **29.** *dial.* sich bessern (*Wetter*).

'take|-a,part → **takedown** 1. **'~-a,way** *Br.* **I** *adj* **1.** zum Mitnehmen: **~ meals.** **2. ~ restaurant** → 3. **II** *s* **3.** Restau'rant *n* mit Straßenverkauf. **'~-down I** *adj* **1.** zerlegbar, ausein'andernehmbar. **II** *s* **2.** Zerlegen *n.* **3.** *tech.* leichtzerlegbares Gerät *etc.* **4.** *Ringen*: Niederwurf *m.* **5.** *colloq.* Demütigung *f.* **'~-home I** *adj* **1. ~ pay** *econ.* Nettolohn *m*, -gehalt *n.* **2. ~ sale** *Br.* → **off-sale** I. **II** *s* → 1. **'~-in** *s colloq.* **1.** Schwindel *m.* **2.** Betrüger(in).

tak·en ['teɪkən] *pp von* **take.**

ˈ**take|-off** *s* **1.** Wegnehmen *n.* **2.** *aer.* a) Start *m* (*a. mot.*), Abflug *m*: → **assist** 2, b) Abheben *n*: ~ **speed** Abhebegeschwindigkeit *f.* **3.** *tech.* Abnahmestelle *f.* **4.** *sport* a) Absprung *m*, b) Absprungstelle *f*: ~ **board** Absprungbalken *m.* **5.** *a.* ~ **point** *fig.* Ausgangspunkt *m.* **6.** *colloq.* Nachahmung *f*: **to do a ~ of s.o.** j-n nachahmen *od.* -machen. ˈ**~ˌout** *Am.* **I** *adj* **1.** ~ **meal** → 3. **2.** ~ **restaurant** → 4. **II** *s* **3.** Mahlzeit *f* zum Mitnehmen. **4.** Restauˈrant *n* mit Straßenverkauf. ˈ**~-ˌo·ver** *s* **1.** *econ.* (Geˈschäfts-, ˈFirmen-) ˌÜbernahme *f*: ~ **bid** Übernahmeangebot *n.* **2.** *pol.* ˈMachtˌübernahme *f.*

tak·er [ˈteɪkə(r)] *s* **1.** (Ab-, Auf-, Ein-, Weg- *etc*)Nehmer(in). **2.** *econ.* Abnehmer(in), Käufer(in). **3.** j-d, der e-e Wette *od.* ein Angebot annimmt.

ˈ**take-up** *s* **1.** Spannen *n*, Anziehen *n.* **2.** *tech.* Spannvorrichtung *f.* **3.** *bes. phot.* a) Aufwick(e)lung *f*, b) *a.* ~ **spool** Aufwickelspule *f.*

tak·ing [ˈteɪkɪŋ] **I** *s* **1.** (An-, Ab-, Auf-, Ein-, Ent-, ˈHin-, Weg- *etc*)Nehmen *n.* **2.** Inbeˈsitznahme *f.* **3.** *jur.* Wegnahme *f.* **4.** *mil.* Einnahme *f*, Eroberung *f.* **5.** *mar.* Aufbringung *f*: ~ **of a ship.** **6.** *mil.* Gefangennahme *f.* **7.** Festnahme *f*: ~ **of a criminal.** **8.** Fang *m*, Beute *f.* **9.** *colloq.* a) *med.* Anfall *m*, b) Aufregung *f*: **in a great ~** ,ganz aus dem Häus-chen'. **10.** *phot.* Aufnahme *f.* **11.** *pl econ.* Einnahme(n *pl*) *f.* **II** *adj* (*adv* **~ly**) **12.** fesselnd. **13.** einnehmend, anziehend, gewinnend. **14.** *med. colloq.* ansteckend (*a. fig.*). ~ **a·way** *s* Wegnahme *f.* ~ **back** *s* **1.** Zuˈrücknahme *f.* **2.** *econ.* Rücknahme *f.* ~ **o·ver** *s* ˈÜbernahme *f.*

ta·lar·i·a [təˈleərɪə] (*Lat.*) *s pl antiq. myth.* Taˈlarien *pl*, Flügelschuhe *pl* (*des Hermes*).

talc [tælk] **I** *s* **1.** *min.* Talk(um *n*) *m.* **2.** → **talcum powder.** **II** *v/t pret u. pp* **talcked, talced** [-kt] **3.** a) talkuˈmieren, b) pudern. ˈ**talck·y,** ˈ**talc·ose** [-kəʊs] *adj* talkig.

tal·cum [ˈtælkəm] *s* **1.** → **talc** 1. **2.** → **talcum powder.** ~ **pow·der** *s* a) Talkum(puder *m*) *n*, b) Körperpuder *m.*

tale [teɪl] *s* **1.** Erzählung *f*, Bericht *m*: **it tells its own ~** *fig.* es spricht für sich selbst. **2.** Erzählung *f*, Geschichte *f*: **thereby hangs a ~** damit ist e-e Geschichte verknüpft; → **old wives' tale.** **3.** Sage *f*, Märchen *n.* **4.** Lüge(ngeschichte) *f*, ,Märchen' *n.* **5.** Klatschgeschichte *f*: **to tell** (*od.* **carry** *od.* **bear**) **~s** klatschen; **to tell ~s (out of school)** *fig.* aus der Schule plaudern; → **dead** 1. **6.** *obs. od. poet.* (An-, Gesamt)Zahl *f.* ˈ**~ˌbear·er** *s* Zwischen-, Zuträger(in), Klatschmaul *n.* ˈ**~ˌbear·ing I** *s* Zuträgeˈrei *f*, Klatsch(eˈrei *f*) *m.* **II** *adj* klatschsüchtig, Klatsch...

tal·ent [ˈtælənt] *s* **1.** Taˈlent *n*, Begabung *f* (*beide a. Person*), Gabe *f*: ~ **for music** musikalisches Talent; **of great ~** sehr talentiert. **2.** *collect.* Taˈlente *pl*, talenˈtierte Perˈsonen *pl*: ~ **scout** Talentsucher *m*; ~ **show** *TV etc* Talentschuppen *m*; **to engage the best ~** die besten Kräfte verpflichten. **3.** *Bibl.* Pfund *n.* **4.** *antiq.* Taˈlent *n* (*Gewichts- od. Münzeinheit*). ˈ**tal·ent·ed** *adj* talenˈtiert, begabt. ˈ**tal·ent·less** *adj* ˈuntalenˌtiert.

ta·les [ˈteɪliːz] *s pl jur.* Ersatzgeschworene *pl.* **ta·les·man** [ˈteɪliːzmən; ˈteɪlz-] *s irr* Ersatzgeschworene(r) *m.*

ˈ**taleˌtell·er** *s* **1.** Märchen-, Geschichtenerzähler *m.* **2.** Flunkerer *m.* **3.** → **talebearer.**

ta·li [ˈteɪlaɪ] *pl von* **talus**[1].

tal·i·on [ˈtælɪən] *s jur.* Verˈgeltungsprinˌzip *n.*

tal·i·ped [ˈtælɪped] *med. zo.* **I** *adj* **1.** deforˈmiert (*Fuß*). **2.** klumpfüßig. **II** *s* **3.** Klumpfuß *m* (*Person*). ˈ**tal·i·pes** [-piːz] *s med.* Klumpfuß *m.*

tal·i·pot (palm) [ˈtælɪpɒt; *Am.* -ləˌpɑt], *a.* ˈ**tal·i·put (palm)** [-pʌt] *s bot.* Schattenpalme *f.*

tal·is·man [ˈtælɪzmən; -lɪs-] *pl* **-mans** *s* Talisman *m.* ˌ**tal·isˈman·ic** [-ˈmænɪk] *adj* magisch.

talk [tɔːk] **I** *s* **1.** Reden *n.* **2.** Gespräch *n*: a) Unterˈhaltung *f*, Plaudeˈrei *f*, b) *a. pol.* Unterˈredung *f*: **to have a ~ with s.o.** mit j-m reden *od.* plaudern, sich mit j-m unterhalten. **3.** Aussprache *f.* **4.** *Rundfunk etc*: a) Plaudeˈrei *f*, b) Vortrag *m*: **to give a ~ on** e-n Vortrag halten über (*acc*). **5.** Gerede *n*: a) Geschwätz *n*, b) Klatsch *m*: **he is all ~** er ist ein großer Schwätzer; **that was all ~** das war alles nur Gerede; **to end in ~** im Sand verlaufen; **there is ~ of his being bankrupt** man spricht davon, daß er bankrott sei; → **big** 7, **small talk.** **6.** Gesprächsgegenstand *m*: **to be the ~ of the town** Stadtgespräch sein. **7.** Sprache *f*, Art *f* zu reden: → **baby talk.**

II *v/i* **8.** reden, sprechen: **to ~ round s.th.** um etwas herumreden; → **big** 15, **tall** 5, **wild** 17. **9.** reden, sprechen, plaudern, sich unterˈhalten (**about, on** über *acc*; **of** von; **with** mit): **he knows what he is ~ing about** er weiß, wovon er spricht; **to ~ at s.o.** auf j-n einreden; **to ~ to s.o.** a) mit j-m sprechen *od.* reden, b) *colloq.* j-m die Meinung sagen, j-m e-e Standpauke halten; **~ing of** da wir gerade von ... sprechen; **you can ~!** *colloq.* du hast gut reden!; **now you are ~ing!** *colloq.* das läßt sich schon eher hören! **10.** *contp.* reden: a) schwatzen, b) klatschen: **to get o.s. ~ed about** ins Gerede kommen.

III *v/t* **11.** *etwas* reden: **to ~ nonsense**; → **sense** 8, **wisdom** 1. **12.** *e-e Sprache* sprechen: **to ~ French.** **13.** reden *od.* sprechen über (*acc*): **to ~ business (politics, religion)**; → **shop** 3. **14.** reden: **to ~ o.s. hoarse; to ~ s.o. into believing s.th.** j-n etwas glauben machen; **to ~ s.o. into s.th.** j-m etwas einreden, j-n zu etwas überreden; **to ~ s.o. out of s.th.** j-m etwas ausreden; **to ~ to death** *Am. für* **talk out** 1.

Verbindungen mit Adverbien:

talk| a·way I *v/t* **1.** *Zeit* verplaudern. **2. to talk s.o.'s fears away** j-m s-e Ängste ausreden. **II** *v/i* **3.** ˈununterˌbrochen reden. ~ **back** *v/i* e-e freche Antwort *od.* freche Antworten geben (**to** *dat*). ~ **down I** *v/t* **1.** *j-n* ,unter den Tisch reden'. **2.** *j-n* niederschreien. **3.** *ein Flugzeug* herˈuntersprechen (*bei der Landung*). **II** *v/i* **4.** (**to**) sich dem (*niedrigen*) Niˈveau (*s-r Zuhörerschaft*) anpassen: **to ~ to one's audience.** **5.** herˈablassend reden (**to** mit). ~ **out** *v/t* **1.** *parl.* ,totreden', die Annahme (*e-r Gesetzesvorlage etc*) durch Hinˈausziehen der Deˈbatte bis zur Vertagung verhindern: **to ~ a bill.** **2.** *Probleme etc* ˈausdiskuˌtieren. ~ **o·ver** *v/t* **1.** *j-n* überˈreden (**to doing s.th.** etwas zu tun). **2.** besprechen, ˈdurchsprechen: **to ~ a plan.** ~ **round** → **talk over** 1. ~ **up** *bes. Am. colloq.* **I** *v/t etwas* rühmen, anpreisen, herˈausstreichen. **II** *v/i* frei s-e Meinung äußern.

talk·a·thon [ˈtɔːkəˌθɑn] *s Am. colloq.* Marathonsitzung *f.*

talk·a·tive [ˈtɔːkətɪv] *adj* (*adv* **~ly**) geschwätzig, gesprächig, redselig. ˈ**talk·a·tive·ness** *s* Redseligkeit *f.*

ˈ**talk-back** *s electr.* Gegen-, Wechselsprechanlage *f.*

talk·ee-talk·ee [ˌtɔːkiːˈtɔːkiː] *s Am. colloq.* **1.** Kauderwelsch *n.* **2.** Geschwätz *n.*

ˈ**talk·er** *s* **1.** Schwätzer(in). **2.** Sprecher(in *m*) *f*: **he is a good ~** er kann gut reden.

talk·fest [ˈtɔːkˌfest] *s Am colloq.* großes Paˈlaver.

talk·ie [ˈtɔːkɪ] *s colloq.* Tonfilm *m.*

ˈ**talk-in** *s* **1.** Proˈtestdemonstratiˌon *f* mit zahlreichen Rednern. **2.** Vortrag *m*, Rede *f.* **3.** Gespräch *n*, Diskussiˈon *f.*

ˈ**talk·ing I** *s* **1.** Sprechen *n*, Reden *n.* **2.** Geschwätz *n*, Gerede *n.* **3.** Unterˈhaltung *f*: → **do**[1] 2. **II** *adj* **4.** sprechend (*a. fig.*): ~ **parrot**; ~ **eyes**; ~ **doll** Sprechpuppe *f.* **5.** *electr. teleph.* Sprech...: ~ **current.** ~ **book** *s* ,sprechendes Buch' (*in e-r Blindenhörbücherei*): ~ **library for the blind** Blindenhörbücherei *f.* ~ **film** *s* Tonfilm *m.* ~ **heads** *s pl Film, TV*: sprechende Köpfe. ~ **(mo·tion) pic·ture** *s* Tonfilm *m.* ~ **point** *s* **1.** Gesprächsstoff *m.* **2.** (gutes) Arguˈment. ~ **shop** *s Br. colloq. contp.* ,Quasselbude' *f* (*Parlament etc*). ˈ**~-to** *pl* **-tos** *s*: **to give s.o. a ~** *colloq.* j-m e-e Standpauke halten.

talk| jock·ey *s Rundfunk*: *Am.* Modeˈrator *m* e-r Sendung mit teleˈfonischer Zuhörerbeteiligung. ~ **shop** → **talking shop.** ~ **show** *s TV* Talk-Show *f.* ˈ**~-show host** *s TV* Talkmaster *m.*

talk·y [ˈtɔːkɪ] *adj* geschwätzig (*a. fig. Buch etc*).

tall [tɔːl] **I** *adj* **1.** groß, hochgewachsen: **six feet ~** sechs Fuß groß. **2.** hoch: **a ~ tree** ein hoher Baum. **3.** lang (u. dünn). **4.** *colloq.* a) *obs.* ,toll', b) großsprecherisch, -spurig, c) überˈtrieben, unglaublich: **a ~ story; that is a ~ order** das ist ein bißchen viel verlangt. **II** *adv* **5.** *colloq.* großspurig: **to talk ~** ,große Töne spucken', angeben.

tal·lage [ˈtælɪdʒ] *s Br. hist.* (Gemeinde-) Steuer *f.*

ˈ**tall·boy** *s* **1.** *Br.* Komˈmode *f* mit Aufsatz. **2.** *Am.* hochstieliges Weinglas.

tal·li·age [ˈtælɪɪdʒ] → **tallage.**

ˈ**tall·ish** *adj* ziemlich groß.

ˈ**tall·ness** *s* **1.** Größe *f.* **2.** Höhe *f.* **3.** Länge *f.*

tal·low [ˈtæləʊ] **I** *s* **1.** Talg *m*: **vegetable ~** Pflanzentalg. **2.** *tech.* Schmiere *f.* **3.** Talg-, Unschlittkerze *f.* **II** *v/t* **4.** (ein)talgen, schmieren. ˈ**~-faced** *adj* bleich, käsig. ˈ**~-top** *s* mug(e)liger Edelstein.

ˈ**tal·low·y** *adj* talgig.

tal·ly[1] [ˈtælɪ] **I** *s* **1.** *hist.* Kerbholz *n.* **2.** Strichliste *f.* **3.** *econ.* a) (Ab)Rechnung *f*, b) (Gegen)Rechnung *f*, c) Kontogegenbuch *n* (*e-s Kunden*), d) Warenliste *f.* **4.** Dupliˈkat *n*, Seiten-, Gegenstück *n* (**of** zu). **5.** a) Zählstrich *m*, b) Stückmaß *n*, -zahl *f*: **to buy by the ~** *econ.* nach dem Stück kaufen. **6.** Etiˈkett *n*, Marke *f*, Kennzeichen *n* (*auf Kisten etc*). **7.** Kuˈpon *m.* **8.** Zählung *f.* **9.** *sport* a) Punktzahl *f*, b) Punkt *m.* **II** *v/t* **10.** (stückweise) nachzählen, regiˈstrieren, buchen, kontrolˈlieren. **11.** *oft* ~ **up** berechnen. **12.** miteinˈander in Überˈeinstimmung bringen. **13.** *Waren* be-, auszeichnen. **14.** *sport etc e-n Punkt od. Punkte* a) erzielen, b) noˈtieren. **III** *v/i* **15.** (**with**) überˈeinstimmen (mit), entsprechen (*dat*). **16.** aufgehen, stimmen.

tal·ly[2] [ˈtælɪ] *v/t mar. Schoten* beiholen.

tal·ly·ho [ˌtælɪˈhəʊ] *hunt.* **I** *interj* hallo!, ho! (*Jagdruf beim Erblicken des Fuchses*). **II** *pl* **-ˈhos** *s* Hallo *n.* **III** *v/i pret u. pp* **-ˈhoed, -ˈho'd** ,hallo' rufen.

ˈ**tal·ly|·man** [-mən] *s irr econ.* **1.** *Br.* Inhaber *m* e-s Abzahlungsgeschäftes. **2.** Kontrolˈleur *m.* ~ **sheet** *s econ.* Kontrolliste *f.* ~ **shop** *s econ. Br.* Abzahlungsgeschäft *n.* ~ **sys·tem** *s econ. Br.* ˈAbzahlungssysˌstem *n.* ~ **trade** *s econ. Br.* Abzahlungsgeschäft *n.*

tal·ma [ˈtælmə] *s hist.* langer, capeartiger ˈUmhang.

tal·mi gold [ˈtælmɪ] *s* Talmigold *n.*
Tal·mud [ˈtælmʊd; -məd; *Am. a.* ˈtɑːl-ˌmʊd] *s relig.* Talmud *m.* **Tal·mud·ic** [tælˈmʊdɪk; *Am.* tælˈmjuː-; -ˈmuː; -ˈmʌ-; tɑːlˈmʊ-], **Talˈmud·i·cal** *adj* talˈmudisch. **ˈTal·mud·ist** *s* Talmuˈdist *m.*
tal·on [ˈtælən] *s* **1.** *orn. u. fig.* Klaue *f*, Kralle *f.* **2.** *arch.* Kehlleiste *f.* **3.** *Kartenspiel*: Taˈlon *m.* **4.** *econ.* Taˈlon *m*, Erneuerungsschein *m* (*an Wertpapieren*), (ˈZins)Kuˌpon *m.* **ˈtal·oned** *adj* mit Krallen *od.* Klauen (versehen).
ta·lus¹ [ˈteɪləs] *pl* **-li** [-laɪ] *s* **1.** *anat.* Talus *m*, Sprungbein *n.* **2.** *anat.* Fußgelenk *n.* **3.** *med.* Klumpfuß *m.*
ta·lus² [ˈteɪləs; *Am. a.* ˈtæ-] *s* **1.** Abhang *m*, Böschung *f.* **2.** *geol.* Schutthalde *f.*
tam [tæm] → **tam-o'-shanter.**
tam·a·ble [ˈteɪməbl] *adj* (be)zähmbar.
tam·a·rack [ˈtæməræk] *s bot.* **1.** Nordamer. Lärche *f.* **2.** Tamarak(holz) *n.*
tam·a·rind [ˈtæmərɪnd] *s bot.* Tamaˈrinde *f.*
tam·a·risk [ˈtæmərɪsk] *s bot.* Tamaˈriske *f.*
tam·bour [ˈtæmˌbʊə(r)] **I** *s* **1.** (große) Trommel. **2.** *a.* ~ **frame** Stickrahmen *m.* **3.** Tambuˈrierstickeˌrei *f*: ~ **stitch** Tamburierstich *m.* **4.** *arch.* a) Säulentrommel *f*, b) Tambour *m* (*zylindrischer Unterbau e-r Kuppel*). **5.** *Festungsbau*: Tambour *m.* **6.** *tech.* Trommel *f.* **7.** Rolltür *f* (*e-s Rollschranks etc*). **II** *v/t* **8.** *Stoff* tambuˈrieren. **tam·bou·rin** [ˈtæmbʊrɪn] *s mus.* Tamb(o)uˈrin *n.* **tam·bou·rine** [ˌtæmbəˈriːn] *s mus.* (flaches) Tamb(o)uˈrin.
tame [teɪm] **I** *adj* (*adv* ~**ly**) **1.** *a. allg.* zahm: a) gezähmt: **a ~ lion**, b) friedlich: **a ~ fellow**, c) folgsam, ‚brav', d) harmlos: **a ~ joke**, e) lahm, fad(e): **a ~ affair**; **a ~ retort.** **2.** *bot.* veredelt: ~ **berries.** **II** *v/t* **3.** *a. fig.* zähmen, bändigen. **4.** *Land* urbar machen. **ˈtame·a·ble** → **tamable.** **ˈtame·less** *adj poet.* **1.** un(be)zähmbar. **2.** ungezähmt, ungebändigt. **ˈtame·ness** *s* **1.** Zahmheit *f* (*a. fig.*). **2.** Folgsamkeit *f.* **3.** Harmlosigkeit *f.* **4.** Lahmheit *f.* **ˈtam·er** *s* (Be)Zähmer (-in), Bändiger(in).
Tam·il [ˈtæmɪl] **I** *s pl* **-ils, -il 1.** Taˈmile *m* (*Sprecher des Tamil*). **2.** *ling.* Taˈmil *n*, Taˈmulisch *n.* **II** *adj* **3.** taˈmulisch. **Ta·mil·i·an** [təˈmɪljən; -ɪən] → **Tamil.**
Tam·ma·ny [ˈtæmənɪ] *s pol. Am.* **1.** *abbr. für* a) **Tammany Hall**, b) **Tammany Society.** **2.** *fig.* poˈlitische Korruptiˈon. ~ **Hall** *s pol. Am.* **1.** *Versammlungshaus der* **Tammany Society** *in New York.* **2.** *fig.* → **Tammany Society.** ~ **So·ci·e·ty** *s pol. Am. organisierte demokratische Partei in New York.*
tam·my¹ [ˈtæmɪ] *s* Etaˈmin *n*, Etaˈmine *f* (*gazeartiges, durchsichtiges Gewebe*).
tam·my² [ˈtæmɪ] *gastr.* **I** *s a.* ~ **cloth** Pasˈsiertuch *n.* **II** *v/t Soßen etc* pasˈsieren.
tam·my³ [ˈtæmɪ] → **tam-o'-shanter.**
tam-o'-shan·ter [ˌtæməˈʃæntə(r); *Am.* ˈtæməˌʃ-] *s* Schottenmütze *f.*
tamp [tæmp] **I** *v/t* **1.** *tech.* besetzen, abdämmen, zustopfen: **to ~ a drill hole.** **2.** a) feststampfen: **to ~ the soil**, b) *Beton* rammen. **II** *s* **3.** *tech.* Stampfer *m.*
tamp·er¹ [ˈtæmpə(r)] *s tech.* **1.** Besetzer *m* (*von Bohrlöchern*; *Person*). **2.** Stampfer *m* (*Gerät*).
tam·per² [ˈtæmpə(r)] *v/i* (**with**) **1.** a) sich (ein)mischen (in *acc*), b) hinˈeinpfuschen (in *acc*). **2.** a) herˈumpfuschen (an *dat*), b) sich zu schaffen machen (an *dat*): **to ~ with a document** e-e Urkunde verfälschen *od.* ‚frisieren'. **3.** a) (mit *j-m*) intriˈgieren *od.* heimlich verhandeln, b) (*j-n*) (zu) bestechen *od.* (zu) beeinflussen (suchen): **to ~ with a witness.**
tam·pi·on [ˈtæmpɪən; *Am. a.* ˈtɑːm-] *s mil.* Mündungspfropfen *m.*
tam·pon [ˈtæmpən; *Am.* -ˌpɑn] **I** *s* **1.** *med.* Tamˈpon *m*, Wattebausch *m.* **2.** *print.* Tamˈpon *m* (*zum Einfärben*). **3.** *allg.* Pfropfen *m.* **4.** *mus.* Doppelschlegel *m.* **II** *v/t* **5.** *med. u. print.* tampoˈnieren.
tam·pon·ade [ˌtæmpəˈneɪd], **ˈtam·pon·age** [-nɪdʒ], **ˈtam·pon·ment** [-mənt] *s med.* Tampoˈnieren *n.*
tam-tam [ˈtæmtæm] → **tom-tom.**
tan [tæn] **I** *s* **1.** *tech.* a) Lohe *f*, b) Gerbsäure *f*, c) → **tannin.** **2.** *chem.* Gerbstoff *m.* **3.** Lohfarbe *f.* **4.** (gelb)braunes Kleidungsstück (*bes. Schuh*). **5.** (Sonnen-) Bräune *f*: **to get a good ~** schön braun werden. **II** *v/t* **6.** *tech.* a) *Leder* gerben, b) beizen. **7.** *phot.* gerben. **8.** *j-n, die Haut* bräunen. **9.** *colloq. j-m* ‚das Fell gerben': → **hide²** 1. **III** *v/i* **10.** sich gerben lassen (*Leder*). **11.** a) sich bräunen (*Haut*), b) braun werden. **IV** *adj* **12.** lohfarben, gelbbraun. **13.** Gerb...
ta·na¹ [ˈtɑːnə; -nɑː] *s Br. Ind.* Poliˈzei- *od.* Miliˈtärstatiˌon *f.*
ta·na² [ˈtɑːnə] *s zo.* Tana *m*, Spitzhörnchen *n.*
tan·a·ger [ˈtænədʒə(r)] *s orn.* Tanˈgara *m*, Prachtmeise *f.*
tan·dem [ˈtændəm] **I** *adv* **1.** hintereinˈander (angeordnet) (*Pferde, Maschinen etc*). **II** *s* **2.** Tandem *n* (*Pferdegespann, Wagen, Fahrrad*): **in ~** zusammen (**with** mit). **3.** *tech.* Reihe *f*, Tandem *n.* **4.** *electr.* Kasˈkade *f.* **III** *adj* **5.** Tandem..., hintereinˈander angeordnet: ~ **airplane** Tandemflugzeug *n*; ~ **arrangement** *tech.* Reihenanordnung *f*, Tandem *n*; ~ **bicycle** Tandem *n*; ~ **connection** *electr.* Kaskadenschaltung *f*; ~ **compound** (**engine**) Reihenverbundmaschine *f.*
tang¹ [tæŋ] **I** *s* **1.** *tech.* a) Griffzapfen *m* (*e-s Messers etc*), b) Angel *f*, c) Dorn *m.* **2.** a) scharfer Geruch *od.* Geschmack, b) Beigeschmack *m* (**of** von) (*a. fig.*). **II** *v/t* **3.** *tech.* mit e-m Heftzapfen *etc* versehen.
tang² [tæŋ] **I** *s* (scharfer) Klang. **II** *v/t u. v/i* (laut) ertönen (lassen).
tang³ [tæŋ] *s bot.* Seetang *m.*
tan·gen·cy [ˈtændʒənsɪ], *selten* **ˈtan·gence** *s math.* Berührung *f*, Tanˈgenz *f.*
tan·gent [ˈtændʒənt] **I** *adj math.* **1.** → **tangential** 1. **II** *s* **2.** *math.* Tanˈgente *f*: ~ **balance** *tech.* Neigungsgewichtswaage *f*; ~ **sight** *mil.* Geschützaufsatz *m*; **to go** (*od.* **fly**) **off at a ~** unvermittelt (vom Thema) abschweifen. **3.** *mus.* Tanˈgente *f* (*am Klavichord*). **4.** *Am. colloq.* geradlinige Eisenbahnstrecke.
tan·gen·tial [tænˈdʒenʃl; -tʃl] *adj* (*adv* ~**ly**) **1.** *math.* a) Tangential..., Berührungs..., b) tangentiˈal, berührend: **to be ~ to s.th.** etwas berühren. **2.** *fig.* a) sprunghaft, flüchtig, b) ziellos, c) abschweifend, d) ˈuntergeordnet, nebensächlich, Neben...: **to play a ~ role.** ~ **co·or·di·nate** *s math.* ˈLinienkoordiˌnate *f.* ~ **force** *s phys.* Tangentiˈalkraft *f.* ~ **plane** *s math.* Berührungsebene *f.*
Tan·ge·rine [ˌtændʒəˈriːn] **I** *s* **1.** Bewohner(in) von Tanger. **2.** t~ *bot.* Mandaˈrine *f.* **II** *adj* **3.** aus Tanger.
tan·gi·ble [ˈtændʒəbl] **I** *adj* (*adv* **tangibly**) **1.** greifbar, materiˈell, körperlich. **2.** *fig.* klar, bestimmt. **3.** *econ.* materiˈell: ~ **assets** → 5a; ~ **property** → 5b. **II** *s* **4.** (*etwas*) Greifbares. **5.** *pl econ.* a) materiˈelle Vermögenswerte *pl*, b) *Am.* Sachvermögen *n.*
tan·gle [ˈtæŋgl] **I** *v/t* **1.** verwirren, -wickeln, durcheinˈanderbringen (*alle a. fig.*). **2.** *fig.* verstricken (**in** in *acc*). **II** *v/i* **3.** sich verheddern (*a. fig.*). **4.** *colloq.* sich in e-n Kampf *od.* Wortwechsel einlassen (**with** mit). **III** *s* **5.** Gewirr *n*, wirrer Knäuel. **6.** *fig.* Verwirrung *f*, -wicklung *f*, Durcheinˈander *n.* **7.** *bot.* (Riemen)Tang *m.* ˈ~**foot** *pl* -ˌ**foots** *s Am. sl.* Schnaps *m*, *bes.* (billiger) Whisky.
tan·gly [ˈtæŋglɪ] *adj* verwickelt, -worren.
tan·go [ˈtæŋgəʊ] **I** *pl* **-gos** *s mus.* Tango *m.* **II** *v/i* Tango tanzen: **it takes two to ~** *fig.* dazu gehören zwei.
tan·gram [ˈtæŋgrəm] *s chinesisches Zs.-setzspiel.*
tang·y [ˈtæŋɪ] *adj* mit scharfem Beigeschmack, scharf.
tan·ist [ˈtænɪst] *s hist.* gewählter Nachfolger des Häuptlings (*bei keltischen Völkern*).
tank [tæŋk] **I** *s* **1.** *mot. etc* Tank *m*: **with a full ~** vollgetankt. **2.** (Wasser)Becken *n*, Ziˈsterne *f.* **3.** *rail.* a) Wasserkasten *m* (*des Tenders*), b) ˈTenderlokomoˌtive *f.* **4.** → **tanker** 1. **5.** *phot.* Bad *n.* **6.** *mil.* Panzer (-wagen) *m*, Tank *m.* **7.** *bes. Am. sl.* a) (Haft)Zelle *f*, b) ‚Kittchen' *n.* **II** *v/t* **8.** in Tanks lagern. **9.** ~ **up** *bes. Br. Auto, Flugzeug* auf-, volltanken: **to get ~ed up** → 10 b; ~**ed up** *sl.* ‚voll'. **III** *v/i* **10.** ~ **up** a) *bes. Br.* auftanken (*Flugzeug*), (*Fahrer a.*) volltanken, b) *sl.* ‚sich vollaufen lassen' (**on** mit).
tank·age [ˈtæŋkɪdʒ] *s* **1.** Fassungsvermögen *n* e-s Tanks. **2.** (Gebühr *f* für die) Aufbewahrung in Tanks. **3.** *agr.* Fleischmehl *n* (*Düngemittel*).
tank·ard [ˈtæŋkə(r)d] *s* Humpen *m.*
tank| bust·er *s mil. colloq.* **1.** Panzerknacker *m.* **2.** Jagdbomber *m* zur Panzerbekämpfung. ~ **car** *s rail. bes. Am.* Kesselwagen *m.* ~ **cir·cuit** *s electr.* Oszilˈlatorschwingkreis *m.* ~ **de·stroy·er** *s mil.* Sturmgeschütz *n.* ~ **di·vi·sion** *s mil.* ˈPanzerdivisiˌon *f.* ˈ~**doz·er** *s mil.* Räumpanzer *m.* ~ **dra·ma** *s thea. Am. colloq.* Sensatiˈonsstück *n.* ~ **en·gine** → **tank** 3 b.
tank·er [ˈtæŋkə(r)] *s* **1.** *mar.* Tanker *m*, Tankschiff *n.* **2.** *a.* ~ **aircraft** *aer.* Tankflugzeug *n.* **3.** *mot.* Tankwagen *m.* **4.** *mil.* ˈPanzersolˌdat *m.*
tank| farm *s mil. tech.* Tanklager *n.* ~ **farm·ing** *s* ˈHydrokulˌtur *f.* ~ **i·ron** *s tech.* mittelstarkes Eisenblech. ˈ~**ship** → **tanker** 1. ~ **town** *s Am. colloq.* ‚Nest' *n*, ‚Kaff' *n.* ~ **trap** *s mil.* Panzerfalle *f.* ~ **truck** *s* Tankwagen *m.* ~ **wag·gon** *s rail. Br.* Kesselwagen *m.*
tan liq·uor *s tech.* Beizbrühe *f.*
tan·nage [ˈtænɪdʒ] *s* **1.** Gerbung *f.* **2.** Gerbstoff *m.*
tan·nate [ˈtæneɪt] *s chem.* Tanˈnat *n.*
tanned [tænd] *adj* **1.** *tech.* lohgar. **2.** braungebrannt.
tan·ner¹ [ˈtænə(r)] *s* (Loh)Gerber *m.*
tan·ner² [ˈtænə(r)] *s hist. Br. sl.* Sixpence(stück *n*) *m.*
tan·ner·y [ˈtænərɪ] (Loh)Gerbeˈrei *f.*
tan·nic [ˈtænɪk] *adj chem.* Gerb...: ~ **acid.**
tan·nif·er·ous [tæˈnɪfərəs] *adj chem.* gerbsäurehaltig. **tan·nin** [ˈtænɪn] *s* Gerbsäure *f*, Tanˈnin *n.*
tan·ning [ˈtænɪŋ] *s* **1.** Gerben *n.* **2.** *colloq.* (Tracht *f*) Prügel *pl.*
tan|ooze, ~**pick·le** → **tan liquor.** ~ **pit** *s* Lohgrube *f.*
tan·rec [ˈtænrek] → **tenrec.**
tan·sy [ˈtænzɪ] *s bot.* **1.** Rainfarn *m.* **2.** Gänsefingerkraut *n.*
tan·ta·late [ˈtæntəleɪt] *s chem.* tanˈtalsaures Salz. **tanˈtal·ic** [-ˈtælɪk] *adj chem.* tanˈtalsauer, Tantal...
tan·ta·li·za·tion [ˌtæntəlaɪˈzeɪʃn; *Am.* -ləˈz-] *s* **1.** Quälen *n*, ‚Zappelnlassen' *n.* **2.** (Tantalus)Qual *f.* **ˈtan·ta·lize** [-laɪz] *v/t* peinigen, quälen, ‚zappeln' lassen. **ˈtan·ta·liz·ing** *adj* (*adv* ~**ly**) quälend, aufreizend, verlockend, ˈunwiderˌstehlich.
tan·ta·lum [ˈtæntələm] *s chem.* Tantal *n.*

tan·ta·lus [ˈtæntələs] *s* verschließbarer Flaschenhalter *od.* -ständer.
tan·ta·mount [ˈtæntəmaʊnt] *adj* gleichbedeutend (to mit): to be ~ to gleichkommen (*dat*), hinauslaufen auf (*acc*).
tan·ta·ra [ˈtæntərə; tænˈtɑːrə] *s* Fanˈfarenstoß *m.*
tan·tiv·y [tænˈtɪvɪ] **I** *s* **1.** schneller Gaˈlopp. **2.** Hussa *n* (*Jagdruf*). **II** *adv* **3.** eiligst, mit äußerster Geschwindigkeit.
Tan·tra [ˈtæntrə; *Am.* ˈtʌn-; ˈtɑːn-] *s relig.* Tantra *n* (*hinduistischer Text*). **ˈTan·trism** *s* Tanˈtrismus *m.*
tan·trum [ˈtæntrəm] *s* Wutanfall *m*: to fly into a ~ e-n Koller kriegen.
Ta·o [ˈtɑːəʊ] *s philos.* Tao *n* (*Urgrund des Seins, Vernunft etc*). **ˈTao·ism** *s relig.* Taoˈismus *m* (*chinesische Volksreligion*). **ˈTa·o·ist I** *s* Taoˈist *m.* **II** *adj* taoˈistisch.
tap[1] [tæp] **I** *s* **1.** Zapfen *m*, Spund *m*, (Faß)Hahn *m*: on ~ a) angestochen, angezapft (*Faß*), b) vom Faß (*Bier etc*), c) *fig.* (sofort) verfügbar, auf Lager, zur Hand. **2.** a) (Wasser-, Gas)Hahn *m*, b) Wasserleitung *f*: to turn on the ~ *colloq.* zu heulen anfangen, losheulen. **3.** *colloq.* (Getränke)Sorte *f.* **4.** *med.* Punktiˈon *f.* **5.** *sl.* ‚(An)Pumpversuch' *m.* **6.** → taproom. **7.** *tech.* a) Gewindebohrer *m*, b) (Ab)Stich *m*, c) Abzweigung *f.* **8.** *electr.* a) Stromabnehmer *m*, b) Anzapfung *f*, c) Zapfstelle *f.* **II** *v/t* **9.** mit e-m Zapfen *od.* Hahn versehen. **10.** abzapfen: to ~ a fluid. **11.** anzapfen, anstechen: to ~ a barrel. **12.** *med.* punkˈtieren. **13.** *electr.* anzapfen: to ~ the wire(s) a) Strom stehlen *od.* abzapfen, b) Telefongespräche abhören, die Leitung(en) anzapfen. **14.** a) *electr. die Spannung* abgreifen, b) anschließen. **15.** *tech.* mit (e-m) Gewinde versehen. **16.** *metall. die Schlacke* abstechen. **17.** *fig. Hilfsquellen etc* erschließen. **18.** *Vorräte etc* angreifen, anbrechen, anzapfen. **19.** *sl. j-n* ‚anpumpen' (for um).
tap[2] [tæp] **I** *v/t* **1.** leicht schlagen *od.* klopfen *od.* pochen an (*acc*) *od.* auf (*acc*) *od.* gegen, *etwas* beklopfen. **2.** klopfen mit: to ~ one's fingers on the table mit den Fingern auf dem *od.* den Tisch trommeln. **3.** antippen. **4.** *e-n Schuh* flicken. **II** *v/i* **5.** klopfen, pochen (on, at gegen, an *acc*). **6.** *hunt.* trommeln (*Hase od. Kaninchen*). **III** *s* **7.** leichter Schlag, Klaps *m.* **8.** *pl mil. Am.* Zapfenstreich *m.* **9.** Stück *n* Leder, Flicken *m.*
tap| dance *s* Steptanz *m.* **ˈ~-dance** *v/i* steppen. **~ danc·er** *s* Steptänzer(in). **~ danc·ing** *s* Steppen *n*, Steptanz *m.*
tape [teɪp] **I** *s* **1.** schmales (Leinen)Band, Zwirnband *n.* **2.** (*Isolier-, Meß-, Metall- etc*)Band *n*, (*Papier-, Kleb- etc*)Streifen *m.* **3.** *electr.* a) *Telegraphie*: Paˈpierstreifen *m*, b) *Computer, Fernschreiber*: Lochstreifen *m*, c) (Maˈgnet-, Video-, Ton-) Band *n.* **4.** Heftpflaster *n.* **5.** *sport* Zielband *n*: to breast the ~ das Zielband durchreißen. **II** *v/t* **6.** mit e-m Band versehen. **7.** (mit Band) umˈwickeln *od.* binden. **8.** mit Heftpflaster verkleben: to ~ a wound. **9.** *Buchteile* heften. **10.** mit dem Bandmaß messen: to have s.o. (s.th.) ~d *bes. Br. colloq.* klarsehen mit j-m (etwas); to have things well ~d *bes. Br. colloq.* alles gut im Griff haben. **11.** a) auf (Ton)Band aufnehmen: ~d music Musik *f* vom Band, b) *TV* aufzeichnen. **~ deck** *s electr.* Tapedeck *n.* **~ li·brar·y** *s* ˈBandarˌchiv *n.* **ˈ~-line** *bes. Am. für* tape measure. **~ ma·chine** *s* **1.** *Börse*: *Br.* Fernschreiber *m.* **2.** → tape recorder. **~ meas·ure** *s* Meßband *n*, Bandmaß *n.* **~ play·er** *s electr.* ˈBandˌwiedergabegerät *n.*
ta·per [ˈteɪpə(r)] **I** *s* **1.** a) dünne Wachskerze, b) schwache Lichtquelle. **2.** Wachsstock *m.* **3.** *tech.* Verjüngung *f*, Spitzˈzulaufen *n*, Koniziˈtät *f.* **4.** konischer Gegenstand. **5.** *fig.* langsames Nachlassen, Abnehmen *n.* **6.** *electr.* ˈWiderstandsverteilung *f.* **II** *adj* **7.** spitz zulaufend, konisch, sich verjüngend: ~ file Spitzfeile *f.* **III** *v/t* **8.** verjüngen, zuspitzen, konisch machen. **9.** ~ off *fig. die Produktion* auslaufen lassen: to ~ off one's day den Tag auslaufen lassen. **IV** *v/i* **10.** *oft* ~ off spitz zulaufen, sich verjüngen. **11.** ~ off *fig.* allˈmählich aufhören, auslaufen.
ˈtape|-reˌcord → tape 11. **~ re·cord·er** *s electr.* Tonbandgerät *n.* **~ re·cord·ing** *s* **1.** (Ton)Bandaufnahme *f.* **2.** *TV* (Band)Aufzeichnung *f.*
ˈta·per·ing → taper 7.
ta·per| pin *s tech.* konischer Stift. **~ roll·er bear·ing** *s tech.* Kegelrollenlager *n.* **~ tap** *s tech.* Gewindebohrer *m.*
tape speed *s* Band-, Transˈportgeschwindigkeit *f.*
ta·pes·tried [ˈtæpɪstrɪd] *adj* gobeˈlingeschmückt.
ta·pes·try [ˈtæpɪstrɪ] *s* **1.** Gobeˈlin *m*, Wandteppich *m*, gewirkte Taˈpete. **2.** Dekoratiˈonsstoff *m.* **3.** Tapisseˈrie *f.* **~ car·pet** *s* Wandteppich *m.*
ˈtape·worm *s zo.* Bandwurm *m.*
ˈtap|·hole *s metall.* (Ab)Stichloch *n.* **ˈ~·house** *s obs.* Wirtshaus *n*, Schenke *f.*
tap·i·o·ca [ˌtæpɪˈəʊkə] *s* Tapiˈoka *f.*
ta·pir [ˈteɪpə(r)] *pl* **-pirs,** *bes. collect.* **-pir** *s zo.* Tapir *m.*
tap·is [ˈtæpiː] *pl* **-pis** *s obs.* Teppich *m*: to bring (up)on the ~ *fig.* ‚aufs Tapet' *od.* zur Sprache bringen.
ta·pote·ment [təˈpəʊtmənt] *s med.* ˈKlopfmasˌsage *f.*
tap·pet [ˈtæpɪt] *s tech.* **1.** Daumen *m*, Mitnehmer *m.* **2.** (Wellen)Nocke *f.* **3.** (Venˈtil- *etc*)Stößel *m.* **4.** Steuerknagge *f.* **~ gear** *s* Nockensteuerung *f.*
ˈtap·ping[1] *s* **1.** (An-, Ab)Zapfen *n.* **2.** *tech.* a) (Ab)Stich *m*, b) Abzweigung *f*, c) Gewindebohren *n*, -schneiden *n*: ~ drill Gewindebohrer *m.* **3.** *electr.* a) Anzapfung *f*, b) Angriff *m*: ~ contactor Anzapf-, Stufenschütz *n.* **4.** *med.* Punkˈtieren *n.* **5.** *fig.* Erschließen *n*: the ~ of natural resources.
ˈtap·ping[2] *s* (Be)Klopfen *n.*
ˈtap|·room *s* Schankstube *f.* **ˈ~·root** *s bot.* Pfahlwurzel *f.*
tap·ster [ˈtæpstə(r)] *s* Schankkellner *m.*
tap| twirl *s* Wasserstrahlregler *m.* **~ wa·ter** *s* Leitungswasser *n.*
tar [tɑː(r)] **I** *s* **1.** Teer *m.* **2.** *colloq. obs.* Teerjacke *f* (*Matrose*). **II** *v/t* **3.** teeren: to ~ and feather *j-n* teeren u. federn; ~red with the same brush kein Haar besser.
tar·a·did·dle [ˈtærədɪdl] *s colloq.* **1.** Flunkeˈrei *f.* **2.** ‚Quatsch' *m.*
ta·ran·tu·la [təˈræntjʊlə; *Am.* -tʃələ] *pl* **-las, -lae** [-liː] *s zo.* Taˈrantel *f.*
ta·rax·a·cum [təˈræksəkəm] *s bot.* Löwenzahn *m.*
ˈtar|·board *s* Dach-, Teerpappe *f.* **~ boil·er** *s Straßenbau*: Teerkessel *m.* **ˈ~·brush** *s* Teerpinsel *m*: he has a touch (*od.* lick) of the ~ *Am. colloq.* er hat Neger- *od.* Indianerblut in den Adern.
tar·di·ness [ˈtɑː(r)dɪnɪs] *s* **1.** Langsamkeit *f.* **2.** Unpünktlichkeit *f*, Säumigkeit *f.* **3.** *Am.* Verspätung *f.* **ˈtar·dy** *adj* (*adv* tardily) **1.** langsam, träge. **2.** säumig, saumselig, unpünktlich. **3.** *Am.* spät, verspätet: to be ~ zu spät kommen.
tare[1] [teə(r)] *s* **1.** *bot.* (*bes.* Futter)Wicke *f.* **2.** *Bibl.* Unkraut *n.*
tare[2] [teə(r)] *econ.* **I** *s* Tara *f*: ~ and tret Tara u. Gutgewicht *n.* **II** *v/t* taˈrieren.
tare[3] [teə(r)] *pret obs. von* tear[2].
targe [tɑː(r)dʒ] *s hist.* Tartsche *f* (*Schild*).
tar·get [ˈtɑː(r)gɪt] **I** *s* **1.** (Schieß-, Ziel-) Scheibe *f.* **2.** Trefferzahl *f.* **3.** *mil.* Ziel *n*: to be off ~ a) danebengehen (*Schuß etc, sport a. Wurf*), b) *fig.* ‚danebenhauen'; to be on ~ a) treffen (*Schuß etc*), b) *sport* aufs Tor gehen (*Schuß, Wurf*), c) *fig.* auf dem richtigen Weg sein. **4.** *fig.* Zielscheibe *f* (*des Spottes etc*). **5.** *fig.* (*Leistungs-, Produktions- etc*)Ziel *n*, (-)Soll *n*: to set o.s. a (*od.* the) ~ of doing s.th. (es) sich zum Ziel setzen, etwas zu tun. **6.** *rail.* ˈWeichensiˌgnal *n.* **7.** *surv. Radar*: Ziel *n*, ˈMeßobˌjekt *n.* **8.** *electr.* a) ˈFangelekˌtrode *f*, b) ˈAntikaˌthode *f* (*von Röntgenröhren*), c) ˈFotokaˌthode *f* (*e-r Aufnahmeröhre*). **9.** *Kernphysik*: a) Target *n*, Auffänger *m*, b) Zielkern *m.* **10.** *bes. her.* runder Schild. **II** *v/t* **11.** *fig.* ˈanviˌsieren, ins Auge fassen, planen. **III** *adj* **12.** Ziel...: ~ area *mil.* Zielbereich *m*; ~ blip (*Radar*) Zielzeichen *n*; ~ bombing gezielter Bombenwurf; ~ date Stichtag *m*, Termin *m*; ~ electrode → 8 a; ~ figures Sollzahlen; ~ group (*Werbung*) Zielgruppe *f*; ~ language *ling.* Zielsprache *f*; ~ man (*Fußball*) kopfballstarker Mittelstürmer (*auf den hohe Flanken geschlagen werden*); ~ pickup *mil.* Zielerfassung *f*; ~ pistol Übungspistole *f*; ~ practice Scheiben-, Übungsschießen *n*; ~-seeking *mil.* zielsuchend (*Rakete etc*); ~ ship Zielschiff *n.* **ˈtar·get·a·ble** *adj mil.* aufs Ziel einstellbar (*Sprengköpfe etc*).
tar·get·eer, tar·get·ier [ˌtɑː(r)gɪˈtɪə(r)] *s hist.* mit Schild bewaffneter ˈFußsolˌdat.
Tar·heel [ˈtɑːrˌhiːl], **ˈTarˌheel·er** *s Am. colloq.* (*Spitzname für*) Bewohner(in) von ˈNordkaroˌlina.
tar·iff [ˈtærɪf] **I** *s* **1.** ˈZolltaˌrif *m.* **2.** Zoll(gebühr *f*) *m.* **3.** (Geˈbühren-, ˈKosten- *etc*)Taˌrif *m.* **4.** Preisverzeichnis *n* (*im Hotel etc*). **II** *v/t* **5.** e-n Taˈrif aufstellen für. **6.** *Ware* mit Zoll belegen. **~ pro·tec·tion** *s* Zollschutz *m.* **~ rate** *s* **1.** Taˈrifsatz *m.* **2.** Zollsatz *m.* **~ wall** *s* Zollschranke *f* (*e-s Staates*).
tar·mac [ˈtɑː(r)mæk] *s* **1.** ˈTeermakaˌdam(straße *f*) *m.* **2.** *aer.* a) makadamiˈsierte Rollbahn, b) Hallenvorfeld *n.*
ˌtar·macˈad·am → tarmac 1.
tarn [tɑː(r)n] *s* kleiner Bergsee.
tar·nal [ˈtɑː(r)nl], **tarˈna·tion** [-ˈneɪʃən] *adj, adv u. interj Am. dial.* verdammt.
tar·nish [ˈtɑː(r)nɪʃ] **I** *v/t* **1.** trüben, matt *od.* blind machen, *fig. e-r Sache* den Glanz nehmen. **2.** *fig.* besudeln, beflecken. **3.** *tech.* matˈtieren. **II** *v/i* **4.** matt *od.* trübe werden. **5.** anlaufen (*Metall*). **III** *s* **6.** Trübung *f.* **7.** Beschlag *m*, Anlaufen *n* (*von Metall*). **8.** *fig.* Makel *m*, Fleck *m.*
ta·rok, *a.* **ta·roc, ta·rock** [ˈtærɒk; *Am.* -ˌɑk] *s* Taˈrock *n, m* (*Kartenspiel*).
tar·ot [ˈtærəʊ] *s* **1.** Kartenbild *n* im Taˈrock (*a. zum Kartenlegen verwendet*). **2.** *pl* (*als sg konstruiert*) → tarok.
tarp [tɑː(r)p] *colloq. für* tarpaulin.
tar·pan [ˈtɑː(r)pæn] *s zo.* Tarˈpan *m.*
tar pa·per *s* ˈTeerpaˌpier *n*, -pappe *f.*
tar·pau·lin [tɑː(r)ˈpɔːlɪn] *s* **1.** *mar.* a) Perˈsenning *f* (*geteertes Segeltuch*), b) Ölzeug *n* (*bes. Hose, Mantel*). **2.** Plane *f*, Wagendecke *f.* **3.** Zeltbahn *f.*
tar·ra·did·dle → taradiddle.
tar·ra·gon [ˈtærəgən] *s bot.* Estragon *m.*
tar·rock [ˈtærək] *s orn. Br.* **1.** Stummelmöwe *f.* **2.** → tern[1].
tar·ry[1] [ˈtɑːrɪ] *adj* teerig.
tar·ry[2] [ˈtærɪ] **I** *v/i* **1.** zögern, zaudern. **2.** (ver)weilen, bleiben. **II** *v/t* **3.** *obs.* abwarten.
tar·sal [ˈtɑː(r)sl] *anat.* **I** *adj* **1.** Fußwurzel... **2.** (Augen)Lidknorpel... **II** *s* **3.** *a.* ~

bone Fußwurzelknochen *m.* **4.** (Augen-)Lidknorpel *m.*

tar·si [ˈtɑː(r)saɪ] *pl von* **tarsus**.

tar·si·a [ˈtɑː(r)sɪə] *s* Inˈtarsia *f*, Einlegearbeit *f*.

tar·sus [ˈtɑː(r)səs] *pl* **-si** [-saɪ] *s* **1.** *anat.* → **tarsal** 3 *u.* 4. **2.** *orn.* Laufknochen *m.* **3.** *zo.* Fußglied *n.*

tart¹ [tɑː(r)t] *adj* (*adv* **~ly**) **1.** sauer, scharf, herb. **2.** *fig.* scharf, beißend: **a ~ reply**.

tart² [tɑː(r)t] **I** *s* **1.** *bes. Am.* (Frucht-, Creme)Törtchen *n.* **2.** *bes. Br.* Obstkuchen *m*, (Obst)Torte *f.* **3.** *sl.* ‚Flittchen' *n.* **II** *v/t* **4. ~ up** *Br. sl. Haus etc* geschmacklos ˈherrichten: **to ~ o.s. up** sich ‚aufdonnern'.

tar·tan¹ [ˈtɑː(r)tən] **I** *s* Tartan *m*: a) Schottentuch *n*, b) Schottenmuster *n.* **II** *adj* Tartan..., Schotten...: **~ plaid**.

tar·tan² [ˈtɑː(r)tən] *s mar.* Tarˈtane *f* (*gedecktes einmastiges Fischereifahrzeug im Mittelmeer*).

tar·tan³ [ˈtɑː(r)tən] *s sport* Tartan *n* (*Bahnbelag*): **~ track** Tartanbahn *f.*

Tar·tar¹ [ˈtɑː(r)tə(r)] **I** *s* **1.** Taˈtar(in). **2.** *a.* **t~** Wüterich *m*, böser *od.* unangenehmer Kerl: **to catch a ~** an den Unrechten kommen. **II** *adj* **3.** tarˈtarisch.

tar·tar² [ˈtɑː(r)tə(r)] *s* **1.** *chem. pharm.* Weinstein *m*: **~ emetic** *pharm.* Brechweinstein. **2.** *med.* Zahnstein *m.*

Tar·tar·e·an [tɑː(r)ˈteərɪən] *adj poet.* höllisch, (aus) der ˈUnterwelt.

tar·tar·ic [tɑː(r)ˈtærɪk] *adj*: **~ acid** *chem.* Weinsäure *f.*

tart·let [ˈtɑː(r)tlɪt] *s bes. Br.* (Obst)Törtchen *n.*

ˈtart·ness *s* Schärfe *f*: a) Säure *f*, Herbheit *f*, b) Bissigkeit *f.*

tar·trate [ˈtɑː(r)treɪt] *s chem.* wein(stein)saures Salz, Tarˈtrat *n.*

Ta·shi La·ma [ˈtɑːʃɪ] *s relig.* Taschi-Lama *m.*

ta·sim·e·ter [təˈsɪmɪtə(r)] *s electr. phys.* Tasiˈmeter *n* (*Gerät zur Messung von Druckschwankungen*).

task [tɑːsk; *Am.* tæsk] **I** *s* **1.** (*a.* schwierige) Aufgabe: **to set s.o. a ~** j-m e-e Aufgabe stellen; **to take to ~** *fig. j-n* ‚ins Gebet nehmen' (**for** wegen). **2.** Pflicht *f*, (auferlegte) Arbeit, Pensum *n.* **3.** *ped. univ.* Prüfungsaufgabe *f.* **II** *v/t* **4.** *j-m* Arbeit auferlegen *od.* aufbürden *od.* zuweisen, *j-n* beschäftigen. **5.** *j-m* e-e Aufgabe stellen. **6.** *fig. j-s Kräfte etc* stark beanspruchen: **to ~ one's memory** sein Gedächtnis anstrengen. **~ force** *s* **1.** *mar. mil.* a) gemischter Kampfverband, b) Sonder-, Speziˈaleinheit *f* (*a. der Polizei*). **2.** ˈSonderdezerˌnat *n* (*der Polizei*). **3.** *fig.* Proˈjektgruppe *f.* **ˈ~,mas·ter** *s* **1.** (*bes.* strenger) Arbeitgeber *od.* Aufseher: **severe ~** strenger Zuchtmeister. **2.** → **tasksetter** 1. **ˈ~,set·ter** *s econ. Am.* **1.** (Arbeits)Anweiser *m.* **2.** Arbeiter, dessen Leistung zur allgemeinen Norm gemacht wird. **~ time** *s econ. Am.* Zeitnorm *f.* **~ wag·es** *s pl econ.* Akˈkord-, Stücklohn *m.* **ˈ~·work** *s* **1.** harte *od.* unangenehme Arbeit. **2.** *econ.* Akˈkordarbeit *f.*

Tas·ma·ni·an [tæzˈmeɪnjən; -nɪən] **I** *adj* tasˈmanisch. **II** *s* Tasˈmanier(in).

tas·sel [ˈtæsl] **I** *s* **1.** Quaste *f*, Troddel *f.* **2.** *bot. Am.* Narbenfäden *pl* (*des Maiskolbens*). **3.** (eingeheftetes) Lesezeichen. **II** *v/t pret u. pp* **-seled,** *bes. Br.* **-selled** **4.** mit Quasten schmücken. **5.** *Am.* die Narbenfäden entfernen von (*Mais*). **III** *v/i* **6.** *bot.* blühen (*Mais*). **~ grass** *s bot.* Salde *f.*

tast·a·ble [ˈteɪstəbl] *adj* schmeckbar, zu schmecken(d).

taste [teɪst] **I** *v/t* **1.** *Speisen etc* kosten, (ab)schmecken, proˈbieren (*a. fig.*): → **blood** 1. **2.** kosten, *Essen* anrühren: **he had not ~d food for days**. **3.** *etwas* (herˈaus)schmecken: **to ~ the garlic in a sausage**. **4.** *fig.* kosten, kennenlernen, erleben, erfahren. **5.** *fig.* genießen. **II** *v/i* **6.** schmecken (**of** nach). **7. ~ of** *fig.* riechen *od.* schmecken nach. **8.** kosten, versuchen, proˈbieren (**of** von *od. acc*). **9. ~ of** *fig.* → 4. **III** *s* **10.** Geschmack *m*: **to leave a bad** (*od.* **nasty**) **~ in one's mouth** *bes. fig.* e-n üblen Nachgeschmack hinterlassen. **11.** Geschmackssinn *m.* **12.** (Kost-)Probe *f* (**of** von *od. gen*): a) kleiner Bissen, Happen *m*, b) Schlückchen *n*: **to have a ~ of s.th.** etwas kosten *od.* probieren. **13.** *fig.* (Kost)Probe *f*, Vorgeschmack *m*: **to have a ~ of s.th.** e-n Vorgeschmack von etwas bekommen. **14.** *fig.* Beigeschmack *m*, Anflug *m* (**of** von). **15.** *fig.* (künstlerischer *od.* guter) Geschmack: **to be a man of ~** Geschmack haben; **each to his ~** jeder nach s-m Geschmack; **in bad ~** geschmacklos (*a. weitS. taktlos*); **in good ~** a) geschmackvoll, b) taktvoll; → **matter** 3. **16.** *fig.* Geschmacksrichtung *f*, Mode *f.* **17.** *fig.* (**for**) a) Neigung *f*, Vorliebe *f*, Sinn *m* (für): **a ~ for music**, b) Geschmack *m*, Gefallen *n* (an *dat*): **not to my ~** nicht nach m-m Geschmack; **that's not to everybody's ~** das ist nicht jedermanns Sache.

taste·a·ble → **tastable**.

taste| bud, ~ bulb *s anat.* Geschmacksbecher *m*, -knospe *f.* **~ cell, ~ cor·pus·cle** *s anat.* Geschmackskörperchen *n* (*der Zunge*).

taste·ful [ˈteɪstfʊl] *adj* (*adv* **~ly**) **1.** schmackhaft. **2.** *fig.* geschmackvoll. **ˈtaste·ful·ness** *s* **1.** Schmackhaftigkeit *f.* **2.** *fig.* guter Geschmack (*e-r Sache*), (*das*) Geschmackvolle.

ˈtaste·less *adj* (*adv* **~ly**) **1.** unschmackhaft, fad(e). **2.** *fig.* geschmacklos, *a. weitS.* taktlos. **ˈtaste·less·ness** *s* **1.** Unschmackhaftigkeit *f.* **2.** *fig.* Geschmack-, Taktlosigkeit *f.*

ˈtast·er *s* **1.** (berufsmäßiger Tee-, Wein-*etc*)Schmecker, Koster *m.* **2.** *bes. hist.* Vorkoster *m.* **3.** Proˈbiergläs-chen *n* (*für Wein*). **4.** (Käse)Stecher *m.* **5.** Piˈpette *f.* **6.** → **taste** 12.

tast·i·ness [ˈteɪstɪnɪs] → **tastefulness**.

tast·y [ˈteɪstɪ] *adj* (*adv* **tastily**) → **tasteful**.

tat¹ [tæt] **I** *v/i* Frivoliˈtätenarbeit machen. **II** *v/t* in Frivoliˈtätenarbeit ˈherstellen.

tat² [tæt] *s Br. Ind.* rauhe indische Leinwand.

ta-ta [ˌtæˈtɑː; *Am.* tɑːˈtɑː] *interj Kindersprache*: auf ˈWiedersehen!, ‚Tschüs!'

Ta·tar [ˈtɑːtə(r)] **I** *s* Taˈtar(in). **II** *adj* taˈtarisch. **Ta·tar·i·an** [-ˈteərɪən], **Ta·ˈtar·ic** [-ˈtærɪk] *adj* taˈtarisch.

tat·ter [ˈtætə(r)] *s* Lumpen *m*, Fetzen *m*: **in ~s** in Fetzen, zerfetzt; **to tear to ~s** a) zerfetzen, -reißen, b) *fig. Ruf etc* ruinieren, ramponieren.

tat·ter·de·mal·ion [ˌtætə(r)dəˈmeɪljən] **I** *s* zerlumpter Kerl. **II** *adj* → **tattered** 1.

tat·tered [ˈtætə(r)d] *adj* **1.** zerlumpt, abgerissen. **2.** zerrissen, -fetzt. **3.** *fig.* ruiˈniert, rampoˈniert (*Ruf etc*).

tat·ter·sall [ˈtætə(r)sɔːl] *s* **1.** *a.* **~ check** farbige Deckkaromusterung. **2.** farbig gewürfelter Westenstoff.

tat·ting [ˈtætɪŋ] *s* Frivoliˈtäten-, Schiffchenarbeit *f.*

tat·tle [ˈtætl] **I** *v/i* klatschen, ‚tratschen'. **II** *v/t* ausplaudern. **III** *s* Klatsch *m*, ‚Tratsch' *m.* **ˈtat·tler** *s* **1.** Klatschbase *f*, -maul *n.* **2.** *orn.* (*ein*) Wasserläufer *m.*

tat·too¹ [təˈtuː; tæ-] **I** *s* **1.** *mil.* a) Zapfenstreich *m* (*Signal*): **to sound** (**beat**) **the ~** → 3, b) ˈAbendpaˌrade *f* mit Muˈsik. **2.** Trommeln *n*, Klopfen *n*: **to beat a ~ on the table with one's fingers** mit den Fingern auf dem *od.* den Tisch trommeln. **II** *v/i* **3.** *mil.* den Zapfenstreich blasen *od.* trommeln. **4.** (**at**, *Am.* **on**) trommeln (gegen, an *acc*), klopfen (an *acc*).

tat·too² [təˈtuː; tæ-] **I** *v/t* **1.** tätoˈwieren. **2.** *ein Muster* ˈeintätoˌwieren (**on** in *acc*). **II** *s* **3.** Tätoˈwierung *f.* **tatˈtoo·er, tatˈtoo·ist** *s* Tätoˈwierer(in).

tat·ty [ˈtætɪ] *adj* **1.** *Br.* a) schmuddelig (*Kleidung etc*), b) schmutzig (*Stadt etc*). **2.** billig (*Ausrede etc*).

tau [taʊ; *Am. a.* tɔː] *s* Tau *n* (*griechischer Buchstabe*).

taught [tɔːt] *pret u. pp von* **teach**.

taunt¹ [tɔːnt; *Am. a.* tɑːnt] **I** *v/t* **1.** verhöhnen, -spotten: **to ~ s.o. with s.th.** j-m etwas (höhnisch) vorwerfen. **II** *v/i* **2.** höhnen, spotten. **III** *s* **3.** Spott *m*, Hohn *m.* **4.** spöttische *od.* höhnische Bemerkung.

taunt² [tɔːnt; *Am. a.* tɑːnt] *adj mar.* (sehr) hoch (*Mast*).

ˈtaunt·ing *adj* (*adv* **~ly**) spöttisch, höhnisch.

taupe [təʊp] *adj* taupe, maulwurfs-, braungrau.

tau·rine¹ [ˈtɔːraɪn] **I** *adj* **1.** *zo.* a) rinderartig, Rinder..., b) Stier... **2.** *astr.* Stier... **II** *s* **3.** Stier *m.*

tau·rine² [ˈtɔːriːn] *s chem.* Tauˈrin *n.*

tau·rom·a·chy [tɔːˈrɒməkɪ; *Am.* -ˈrɑ-] *s* Tauromaˈchie *f*: a) Technik *f* des Stierkampfs, b) Stierkampf *m.*

Tau·rus [ˈtɔːrəs] *gen* **-ri** [-raɪ] *s astr.* Stier *m* (*Sternbild u. Tierkreiszeichen*): **to be** (**a**) **~** Stier sein.

taut [tɔːt] *adj* (*adv* **~ly**) **1.** straff, stramm (*Seil etc*), angespannt (*a. Gesicht, Nerven, Person*): **nerves** (**as**) **~ as a bowstring** zum Zerreißen angespannte Nerven. **2.** *bes. mar.* schmuck. **ˈtaut·en** **I** *v/t* **1.** strammziehen, straff anspannen. **2.** *Glied* strecken. **II** *v/i* **3.** sich straffen *od.* spannen.

tau·to·chrone [ˈtɔːtəʊkrəʊn] *s math.* [Tautoˈchrone *f.*]

tau·to·log·ic [ˌtɔːtəˈlɒdʒɪk; *Am.* ˌtɔːtlˈɑ-] *adj*; **ˌtau·toˈlog·i·cal** [-kl] *adj* (*adv* **~ly**) tautoˈlogisch. **tauˈtol·o·gize** [-ˈtɒlədʒaɪz; *Am.* -ˈtɑ-] *v/i* unnötig dasˈselbe wiederˈholen, Tautoloˈgien gebrauchen. **tauˈtol·o·gy** [-dʒɪ] *s* Tautoloˈgie *f*, Doppelaussage *f.*

tau·to·mer [ˈtɔːtəmə(r)] *s chem.* Tautoˈmere *n.* **tauˈtom·er·ism** [-ˈtɒmərɪzəm; *Am.* -ˈtɑ-] *s chem.* Tautomeˈrie *f.*

tav·ern [ˈtævə(r)n] *s* **1.** *obs.* Wirtshaus *n*, Schenke *f.* **2.** *Am.* Gasthaus *n*, -hof *m.*

taw¹ [tɔː] *v/t* weißgerben.

taw² [tɔː] *s* **1.** Murmel *f.* **2.** Murmelspiel *n.* **3.** Ausgangslinie *f* (*beim Murmelspiel*).

taw·dri·ness [ˈtɔːdrɪnɪs; *Am. a.* ˈtɑː-] *s* **1.** Grelle *f.* **2.** geschmacklose Aufmachung. **3.** Flitterhaftigkeit *f.*

taw·dry [ˈtɔːdrɪ; *Am. a.* ˈtɑː-] *adj* (*adv* **tawdrily**) **1.** knallig, grell. **2.** geschmacklos aufgemacht (*Lokal etc*), ‚aufgedonnert' (*Person*). **3.** flitterhaft, Flitter...

tawed [tɔːd] *adj* aˈlaungar (*Leder*). **ˈtaw·er** *s* Weißgerber *m.* **ˈtaw·er·y** [-ərɪ] *s* Weißgerbeˈrei *f.*

taw·ni·ness [ˈtɔːnɪnɪs; *Am. a.* ˈtɑː-] *s* Lohfarbe *f.*

taw·ny [ˈtɔːnɪ; *Am. a.* ˈtɑː-] *adj* lohfarben, gelbbraun. **~ owl** *s orn.* Waldkauz *m.*

taws(e) [tɔːz] *Br.* **I** *s* Peitsche *f.* **II** *v/t* (aus)peitschen.

tax [tæks] **I** *v/t* **1.** *j-n od. etwas* besteuern, *j-m* e-e Steuer *od.* Abgabe auferlegen. **2.** *jur. die Kosten etc* taˈxieren, schätzen, ansetzen (**at** auf *acc*). **3.** *fig.* belasten. **4.** *fig.* stark in Anspruch nehmen, anstrengen, anspannen, strapaˈzieren.

5. auf e-e harte Probe stellen. **6.** *j-n* zu'rechtweisen (**with** wegen). **7.** beschuldigen, bezichtigen (**s.o. with s.th.** j-n e-r Sache). **II** *s* **8.** (Staats)Steuer *f* (**on** auf *acc*), Abgabe *f*: ~ **on land** Grundsteuer; ~ **on real estate** *Am.* Grund(stücks)-steuer; **after (before)** ~**es** nach Abzug der Steuern, *a.* netto (vor Abzug der Steuern, *a.* brutto); **200 dollars in** ~**es** 200 Dollar an Steuern; **it all goes into** ~ das frißt alles die Steuer. **9.** Besteuerung *f* (**on** *gen*). **10.** Gebühr *f*. **11.** Beitrag *m*. **12.** *fig.* a) Bürde *f*, Last *f*, b) Belastung *f*, Beanspruchung *f* (**on** *gen od.* von): **a heavy** ~ **on his time** e-e starke Inanspruchnahme s-r Zeit. ~ **a·bate·ment** *s econ.* Steuernachlaß *m*.

tax·a·bil·i·ty [ˌtæksəˈbɪlətɪ] *s* **1.** Besteuerungsfähigkeit *f*. **2.** Steuerpflichtigkeit *f*. **3.** *jur.* Gebührenpflichtigkeit *f*. **'tax·a·ble I** *adj* **1.** besteuerungsfähig. **2.** steuerpflichtig: ~ **income. 3.** Steuer...: ~ **value**; ~ **capacity** Steuerkraft *f*. **4.** *jur.* gebührenpflichtig. **II** *s Am.* **5.** Steuerpflichtige(r *m*) *f*. **6.** steuerpflichtiges Einkommen.

tax al·low·ance *s econ. Br.* (Steuer-)Freibetrag *m*.

tax·a·tion [tækˈseɪʃn] *s econ.* **1.** Besteuerung *f*: **profits before (after)** ~ unbesteuerte (besteuerte) Gewinne, *a.* Brutto-(Netto)Gewinne. **2.** *collect.* Steuern *pl*. **3.** Steuereinkünfte *pl*. **4.** *jur.* Schätzung *f*, Ta'xierung *f*: ~ **of costs.**

tax| a·void·ance *s* (le'gale) 'Steuerumˌgehung. ~ **bill** *s econ. Br.* **1.** *colloq.* Steuerbescheid *m*. **2.** *pol.* Steuervorlage *f*. ~**brack·et** *s econ.* Steuergruppe *f*, -klasse *f*. ~ **bur·den** *s* steuerliche Belastung, Steuerlast *f*. ~ **cer·tif·i·cate** *s Am.* Bescheinigung *f* über den Kauf von Land in e-m **tax sale.** ~ **col·lec·tor** *s econ.* Steuereinnehmer *m*. ~ **cred·it** *s econ. Am.* (Steuer)Freibetrag *m*, abzugsfähiger Betrag. ~ **cut** *s econ.* Steuersenkung *f*. **'~-deˌduct·i·ble** *adj econ.* steuerabzugsfähig, (steuerlich) absetzbar. ~ **dodg·er** *s* 'Steuerhinterˌzieher(in). **'~-ˌeat·er** *s econ. Am. colloq.* Unter'stützungsempfänger(in). ~ **e·vad·er** *s* 'Steuerhinterˌzieher(in). ~ **e·va·sion** *s jur.* 'Steuerhinterˌziehung *f*. **ˌ~-ex'empt** *adj econ. Am.* steuerfrei. ~ **ex·ile** *s econ.* **1.** 'Steuerexˌil *n*: **to live in** ~ im Steuerexil leben. **2.** Steuerflüchtling *m*. ~ **ex·pa·tri·ate** → **tax exile** 2. **ˌ~-'free** *adj u. adv econ.* steuerfrei. ~ **ha·ven** *s econ.* 'Steuerparaˌdies *n*, -oˌase *f*. ~ **horse** *s econ. colloq.* Abschreibungsgesellschaft *f*.

tax·i [ˈtæksɪ] **I** *pl* **-is,** *a.* **-ies** *s* **1.** *abbr. für* taxicab. **II** *v/i* **2.** mit e-m Taxi fahren. **3.** *aer.* rollen. **III** *v/t* **4.** in e-m Taxi befördern. **5.** *aer. das Flugzeug* rollen lassen, fahren. **'~cab** *s* Taxi *n*, Taxe *f*. ~ **danc·er** *s bes. Am.* Taxigirl *n*.

tax·i·der·mal [ˌtæksɪˈdɜːml; *Am.* -ˈdɜrməl], **ˌtax·i'der·mic** *adj* taxi'dermisch. **'tax·i·der·mist** *s* ('Tier)Präpaˌrator *m*, Ausstopfer *m*. **'tax·i·der·my** *s* Taxider'mie *f*.

tax·i| driv·er *s* 'Taxichaufˌfeur *m*, -fahrer *m*. ~ **girl** *n* → **taxi dancer. '~man** [-mən] *irr bes. Br. für* **taxi driver. '~ˌme·ter** *s* Taxa'meter *m*, Fahrpreisanzeiger *m*.

'tax·i·plane *s bes. Am.* Lufttaxi *n*.

tax·i rank *s* Taxistand *m*.

tax·is [ˈtæksɪs] *s* **1.** *biol.* Taxis *f*, Ta'xie *f*, taktische Bewegung. **2.** *biol.* Klassifi'zierung *f*. **3.** *med.* Taxis *f*: a) *unblutiges Zurückbringen e-s Eingeweidebruches*, b) Wieder'einrichtung *f* (*e-s Gelenks etc*). **4.** *ling. rhet.* Anordnung *f*.

tax·i| stand *bes. Am. für* **taxi rank.** ~ **strip, '~way** *s aer.* Rollbahn *f*.

tax| li·en *s Am.* Steuerpfandrecht *n*. ~ **list** *s econ.* Steuerliste *f*.

tax·o·nom·ic [ˌtæksəʊˈnɒmɪk; *Am.* -sə-ˈnɑ-] *adj*; **ˌtax·o'nom·i·cal** [-kl] *adj* (*adv* ~**ly**) *biol.* **1.** taxo'nomisch, Klassifizierungs... **2.** klassifi'zierend. **tax'on·o·my** [-ˈsɒnəmɪ; *Am.* -ˈsɑ-] *s* Syste'matik *f*, Taxono'mie *f*.

'tax|ˌpay·er *s econ.* Steuerzahler(in). ~ **rate** *s econ.* Steuersatz *m*. ~ **re·lief** *s econ.* Steuererleichterung(en *pl*) *f*, -vergünstigung(en *pl*) *f*. ~ **re·turn** *s econ.* Steuererklärung *f*. ~ **roll** → **tax list.** ~ **sale** *s econ. Am. Zwangsverkauf od. -versteigerung zur Bezahlung von Steuerschulden.* ~ **ti·tle** *s jur. Am. ein bei e-m* **tax sale** *erworbener Besitztitel.*

T band·age *s med.* T-Binde *f*.

T bar *s tech.* T-Eisen *n*.

'T-bone steak *s Steak mit T-förmigem Knochen.*

te [tiː] *s mus.* ti *n* (*Solmisationssilbe*).

tea [tiː] **I** *s* **1.** *bot.* Chi'nesischer Teestrauch. **2.** Tee *m*: **not for all the** ~ **in China** nicht um alles in der Welt. **3.** Tee(mahlzeit *f*) *m*: **five-o'clock** ~ Fünfuhrtee *m*; → **high tea. 4.** *Am. sl.* ‚Grass' *n* (*Marihuana*). **II** *v/i* **5.** *colloq.* Tee trinken. **III** *v/t* **6.** *colloq.* mit Tee bewirten. ~ **bag** *s* Tee-, Aufgußbeutel *m*. ~ **ball** *s bes. Am.* Tee-Ei *n*. ~ **bread** *s* (*Art*) Teekuchen *m*. ~ **cad·dy** *s* Teebüchse *f*. ~ **cake** → **tea bread. '~cart** *s Am.* Teewagen *m*.

teach [tiːtʃ] *pret u. pp* **taught** [tɔːt] **I** *v/t* **1.** *ein Fach* lehren, unter'richten *od.* 'Unterricht geben in (*dat*). **2.** *j-n, a. j-m etwas* lehren, *j-n* unter'richten, -'weisen in (*dat*): **to** ~ **s.o. a lesson** j-m e-e Lektion erteilen. **3.** *j-m etwas* zeigen, beibringen: **to** ~ **s.o. (how) to whistle** j-m das Pfeifen beibringen; **to** ~ **s.o. better** j-n e-s Besser(e)n belehren; **to** ~ **s.o. manners** j-m Manieren beibringen; **I will** ~ **you to steal** *colloq.* dich werd' ich das Stehlen lehren!; **that'll** ~ **you!** a) das wird dir e-e Lehre sein!, b) das kommt davon! **4.** *ein Tier* dres'sieren, abrichten: **you can't** ~ **an old dog new tricks** *colloq.* was Häns-chen nicht lernt, lernt Hans nimmermehr. **5. to** ~ **school** *Am.* an e-r Schule unter'richten. **II** *v/i* **6.** unter'richten, 'Unterricht geben, Lehrer(in) sein. **'teach·a·ble** *adj* **1.** lehrbar (*Sache*). **2.** gelehrig (*Person*). **'teach·a·ble·ness** *s* **1.** Lehrbarkeit *f*. **2.** Gelehrigkeit *f*.

'teach·er *s* Lehrer(in): ~**s college** *Am.* pädagogische Hochschule.

'teach-in *s bes. univ.* Teach-in *n* (*Versammlung mit Vorträgen u. Diskussionen über politische Themen*).

'teach·ing I *s* **1.** Unter'richten *n*, Lehren *n*. **2.** *oft pl* Lehre *f*, Lehren *pl*. **3.** Lehrberuf *m*. **II** *adj* **4.** lehrend, unter'richtend: ~ **aid** Lehr-, Unterrichtsmittel *n*; ~ **hospital** Lehrkrankenhaus *n*; ~ **machine** Lern-, Lehrmaschine *f*; ~ **method** Lehr-, Unterrichtsmethode *f*; ~ **pool** Lehrschwimmbecken *n*; ~ **profession** a) → 3, b) (*der*) Lehrerstand, (*die*) Lehrer *pl*; ~ **staff** Lehrerkollegium *n*, Lehrkörper *m*.

tea| clip·per *s mar.* Teeklipper *m*. ~ **cloth** *s* **1.** kleine Tischdecke. **2.** *bes. Br.* Geschirrtuch *n*. ~ **co·sy,** *Am.* ~ **co·zy** *s* Teehaube *f*, -wärmer *m*. **'~cup** *s* **1.** Teetasse *f*. **2.** → **teacupful. '~cupˌful** [-ˌfʊl] *s* (*e-e*) Teetasse(voll). ~ **dance** *s* Tanztee *m*. ~ **egg** *s bes. Br.* Tee-Ei *n*. ~ **fight** *s colloq.* Teegesellschaft *f*. ~ **gar·den** *s* **1.** 'Gartenrestauˌrant *n*. **2.** Teepflanzung *f*. ~ **gown** *s* Nachmittagskleid *n*. **'~house** *s* Teehaus *n* (*in China u. Japan*).

teak [tiːk] *s* **1.** *bot.* Teakholzbaum *m*. **2.** Teak-, Ti(e)kholz *n*.

'teaˌket·tle *s* Tee-, Wasserkessel *m*.

teak| tree → **teak** 1. **'~wood** → **teak** 2.

teal [tiːl] *pl* **teals,** *bes. collect.* **teal** *s orn.* Krickente *f*.

tea leaf *s irr* **1.** Teeblatt *n*. **2.** *pl* Teesatz *m*. **3.** *Br. sl.* ‚Langfinger' *m* (*Dieb*).

team [tiːm] **I** *s* **1.** (*Pferde- etc*)Gespann *n* (*Am. a. mit Wagen etc*): **a** ~ **of horses. 2.** *sport u. fig.* Mannschaft *f*, Team *n*: ~ **captain** Mannschaftskapitän *m*; ~ **event** Mannschaftswettbewerb *m*; ~ **game** Mannschaftsspiel *n*; **politician of the first** ~ Politiker der ersten Garnitur. **3.** (*Arbeits- etc*)Gruppe *f*, Team *n*: **a** ~ **of scientists**; **by a** ~ **effort** mit vereinten Kräften. **4.** Ab'teilung *f*, Ko'lonne *f* (**of workmen** von Arbeitern). **5.** *orn.* Flug *m*, Zug *m*: **a** ~ **of partridges. 6.** *dial.* a) Brut *f*: **a** ~ **of ducks,** b) Vieh(bestand *m*) *n*. **II** *v/t* **7.** *Zugtiere* zs.-spannen. **III** *v/i* **8.** ~ **up** *colloq.* a) sich zs.-tun *od.* -schließen (**with s.o.** mit j-m), b) sich anschließen (**with s.o.** j-m, an j-n), c) zs.-passen (*Kleidungsstücke*): **to** ~ **up with** passen zu.

tea mak·er *s* Tee-Ei *n* (*in Löffelform*).

team| hand·ball *s sport Am.* Handball (-spiel *n*) *m*. **'~mate** *s* **1.** *sport* 'Mannschaftskameˌrad(in). **2.** 'Arbeitskolˌlege *m*, -kolˌlegin *f*. ~ **play** *s sport* Mannschafts-, Zs.-spiel *n*. ~ **spir·it** *s* **1.** *sport* Mannschaftsgeist *m*. **2.** *fig.* Gemeinschafts-, Korpsgeist *m*.

team·ster [ˈtiːmstə(r)] *s* **1.** Fuhrmann *m*. **2.** *Am.* Lastwagenfahrer *m*.

'team|-teach *v/i irr* gemeinsam unter'richten (*Fachlehrer*). ~ **teach·ing** *s* gemeinsamer 'Unterricht. **'~work** *s* **1.** → **team play. 2.** koordi'nierte *od.* gute Zs.-arbeit, Teamwork *n*.

tea| par·ty *s* **1.** Teegesellschaft *f*: **the Boston T~ P~** der Teesturm von Boston (*1773*). **2.** *Am. fig.* ‚wilde *od.* heiße Sache'. **'~pot** *s* Teekanne *f*.

tea·poy [ˈtiːpɔɪ] *s* **1.** dreifüßiges Tischchen. **2.** Teetischchen *n*.

tear[1] [tɪə(r)] *s* **1.** Träne *f*: **in** ~**s** weinend, in Tränen (aufgelöst), unter Tränen; **slimming without** ~**s** müheloses Abnehmen; → **burst** 4, **fetch** 5, **squeeze** 3. **2.** *pl* Tränen *pl*, Leid *n*. **3.** Tropfen *m*: ~ **of resin** Harztropfen; ~ **glass** *tech.* (Glas-)Träne *f*.

tear[2] [teə(r)] **I** *s* **1.** (Zer)Reißen *n*: → **wear**[1] 15. **2.** Riß *m*. **3.** rasendes Tempo: **at full** ~ in vollem Schwung; **in a** ~ in wilder Hast. **4. to go on a** ~ ‚auf den Putz hauen'.

II *v/t pret* **tore** [tɔː(r); *Am. a.* ˈtəʊər] *obs.* **tare** [teə(r)] *pp* **torn** [tɔː(r)n; *Am. a.* ˈtəʊərn] **5.** zerreißen: **to** ~ **one's shirt** sich das Hemd zerreißen; **to** ~ **in two** entzweireißen; **to** ~ **open** aufreißen; **to** ~ **a page out of a book** e-e Seite aus e-m Buch herausreißen; **that's torn it, that** ~**s it** *sl.* jetzt ist es aus *od.* passiert!; → **piece** 2. **6.** *die Haut etc* aufreißen: **to** ~ **one's hand** sich die Hand aufreißen. **7.** (ein)reißen: **to** ~ **a hole in one's coat** (sich) ein Loch in die Jacke reißen. **8.** zerren an (*dat*), (aus)reißen: **to** ~ **one's hair** sich die Haare (aus)raufen. **9.** wegreißen, gewaltsam entfernen (**from** von). **10.** entreißen (**s.th. from s.o.** j-m etwas). **11.** *fig.* zerreißen, -fleischen: **a party torn by internal strife** e-e durch interne Streitigkeiten zerrissene Partei; **torn between hope and despair** zwischen Hoffnung u. Verzweiflung hin- u. hergerissen; **a heart torn with anguish** ein schmerzgequältes Herz.

III *v/i* **12.** (zer)reißen. **13.** reißen, zerren (**at** an *dat*). **14.** *colloq.* stürmen, jagen, rasen, fegen: **to** ~ **about** (*od.* **around**) (in der Gegend) herumsausen; **to** ~ **into s.o.**

über j-n herfallen (*a. mit Worten*). **15.** *colloq.* wüten, toben.
Verbindungen mit Adverbien:
tear|a·way *v/t* weg-, losreißen (**from** von) (*a. fig.*): **to tear o.s. away** sich losreißen. **~ down** *v/t* **1.** her'unterreißen (*a. fig. kritisieren*). **2.** nieder-, 'umreißen. **~ off I** *v/t* **1.** ab-, wegreißen: → **strip** 16. **2.** sich *ein Kleid etc* vom Leibe reißen. **3.** *colloq.* etwas ,'hinhauen' (*schnell machen*). **II** *v/i* **4.** losstürmen. **~ out** *v/t* (her)'ausreißen. **~ up** *v/t* **1.** aufreißen: **to ~ the floor. 2.** ausreißen: **to ~ a tree. 3.** zerreißen, in Stücke reißen: **to ~ a letter. 4.** *fig.* unter'graben, zerstören.
tear·a·way ['teərəweɪ] *bes. Br.* **I** *adj* a) ungestüm, ,wild', b) ra'baukenhaft. **II** *s* a) ungestümer *od.* ,wilder' Kerl, b) Ra'bauke *m.*
tear| bomb [tɪə(r)] *s mil.* Tränengasbombe *f.* **'~·drop** *s* **1.** Träne *f.* **2.** Anhänger *m* (*am Ohrring*). **~ duct** *s anat.* 'Tränenka,nal *m.*
tear·er ['teərər] *s Am. sl.* ,tolles Ding'.
tear·ful ['tɪə(r)fʊl] *adj* (*adv* **~ly**) **1.** tränenreich: **a ~ farewell. 2.** weinend, in Tränen: **to be ~** weinen. **3.** *contp.* weinerlich. **4.** traurig: **a ~ event.**
tear| gas [tɪə(r)] *s chem.* Tränengas *n.* **'~·gas** *v/t* Tränengas einsetzen *od.* mit Tränengas vorgehen gegen. **~ gland** *s anat.* Tränendrüse *f.* **~ gre·nade** *s mil.* 'Tränengasgra,nate *f.*
tear·ing ['teərɪŋ] *adj* **1.** (zer)reißend. **2.** *colloq.* rasend: **~ headache; to be in a ~ hurry** es ,schrecklich' *od.* ,wahnsinnig' eilig haben; **to be in a ~ rage** vor Wut rasen. **3.** *bes. Br. colloq.* prächtig, ,toll'. **~ strength** *s* Zerreißfestigkeit *f.*
'tear|,jerk·er ['tɪə(r)-] *s colloq.* ,Schnulze' *f*, ,Schmachtfetzen' *m.* **'~,jerk·ing** *adj colloq.* rührselig, sentimen'tal.
tear·less ['tɪə(r)lɪs] *adj* tränenlos.
'tear-off ['teə(r)-] **I** *s* Abriß *m* (*e-r Eintrittskarte etc*). **II** *adj* Abreiß...: **~ calendar.**
'tea|·room *s* Teestube *f*, Ca'fé *n.* **~ rose** *s bot.* Teerose *f.*
tear sheet [teər] *s Am.* Belegbogen *m*, -seite *f* (*bei Zeitungsannoncen etc*).
tear| shell [tɪə(r)] *s mil.* 'Tränengasgra,nate *f.* **'~-stained** *adj* **1.** tränennaß. **2.** verweint (*Augen*).
tear·y ['tɪərɪ] *adj* **1.** tränennaß. **2.** zu Tränen rührend.
tease[1] [ti:z] **I** *v/t* **1.** hänseln, necken, aufziehen, foppen, sticheln (**about** wegen). **2.** quälen: a) ärgern, b) belästigen, bestürmen, *j-m* ,in den Ohren liegen' (**for** wegen). **3.** (auf)reizen. **4.** *tech.* a) *Wolle* kämmen, krempeln, b) *Flachs* hecheln, c) *Werg* auszupfen. **5.** *tech. Tuch* (auf-)rauhen, kar'dieren. **6.** *biol.* zerlegen: **to ~ a specimen for microscopic examination. 7.** *bes. Am. Haar* tou'pieren. **II** *v/i* **8.** sticheln. **9.** lästig *od.* aufdringlich sein. **III** *s* **10.** Necken *n*, Sticheln *n*, Necke'rei *f*, Stiche'lei *f.* **11.** *colloq.* a) → **teaser** 1 *u.* 2, b) Plage *f*, lästige Sache. **12.** *Am. sl.* ,Kies' *m* (*Geld*).
tease[2] [ti:z] *v/t tech. das Feuer e-s Glasschmelzofens* schüren.
tea·sel ['ti:zl] **I** *s* **1.** *bot.* (*bes.* Weber-)Karde *f.* **2.** *Weberei:* (Rau-, Tuch)Karde *f.* **II** *v/t pret u. pp* **-seled,** *bes. Br.* **-selled 3.** *Tuch* karden, krempeln. **'tea·sel·er,** *bes. Br.* **'tea·sel·ler** *s* (Tuch)Rauher *m.*
teas·er ['ti:zə(r)] *s* **1.** Hänsler *m*, Necker *m.* **2.** Quäl-, Plagegeist *m.* **3.** *sl.* Frau, die ,alles verspricht, aber nichts hält'. **4.** *colloq.* ,harte Nuß', schwierige Sache. **5.** *colloq.* (*etwas*) Verlockendes. **6.** *tech.* a) (Woll)Kämmer *m*, b) (Flachs)Hechler *m*, c) (Werg)Auszupfer *m*, d) (Tuch-)Rauher *m.* **7.** *Spinnerei:* Reißwolf *m.* **8.** *orn.* Raubmöwe *f.*
tea| ser·vice, ~ set *s* 'Teeser,vice *n.* **~ shop** *Br.* → **tearoom. '~·spoon** *s* Teelöffel *m.* **'~·spoon,ful** [-,fʊl] *s* (*ein*) Teelöffel(voll) *m.*
teat [ti:t] *s* **1.** *anat.* Brustwarze *f* (*der Frau*). **2.** *zo.* Zitze *f.* **3.** (Gummi-)Sauger *m* (*e-r Babyflasche*). **4.** *tech.* Warze *f.*
tea| ta·ble *s* (niedriger) Teetisch. **'~-,ta·ble** *adj meist fig.* Teetisch...: **~ conversation** zwanglose Plauderei, Plausch *m.* **'~-things** *s pl* Teegeschirr *n.* **~ time** *s* Teestunde *f.* **~ tow·el** *s bes. Br.* Geschirrtuch *n.* **~ tray** *s* Teebrett *n.* **~ trol·ley** *bes. Br. für* **tea wagon. ~ urn** *s* 'Teema,schine *f.* **~ wag·on** *s Am.* Teewagen *m.*
tea·zel, tea·zle → **teasel.**
tec [tek] *s bes. Am. sl.* Detek'tiv *m.*
tech·ne·tron·ic [,teknə'trɒnɪk; *Am.* -'trɑ-] *adj* von Technolo'gie u. Elek'tronik geprägt, techno'logisch-elek'tronisch: **~ era.**
tech·nic ['teknɪk] **I** *adj* **1.** → **technical. II** *s* **2.** → **technicality** 3, 4, 5. **3.** *meist pl* a) → **technique,** b) → **technology.**
tech·ni·cal ['teknɪkl] *adj* (*adv* → **technically**) **1.** *allg.* technisch: a) *die Technik betreffend:* **~ problems,** b) *engS.* betriebs-, verfahrenstechnisch: **~ data; ~ department** technische Betriebsabteilung; **~ director** technischer Leiter, c) *das Technische e-s Fachgebiets, e-s Kunstzweigs, e-r Sportart betreffend:* **~ skill** technisches Geschick, gute Technik, d) *der Technik dienend:* **~ college** Technische Hochschule; **~ highschool** *Am.* (*etwa*) Berufsoberschule, Technische Oberschule; **~ school** → **secondary technical school,** e) fachmännisch, fachgemäß, Fach..., Spezial...: **~ dictionary** Fachwörterbuch *n*; **~ man** Fachmann *m*; **~ staff** technisches Personal, Fachpersonal *n*; **~ term** Fachausdruck *m.* **2.** *fig.* technisch: a) sachlich, b) rein for'mal, theo'retisch: **~ knockout** (*Boxen*) technischer K. o.; **on ~ grounds** *jur.* aus formal-juristischen *od.* (verfahrens-)technischen Gründen. **3.** *econ.* manipu'liert: **~ market; ~ price.**
tech·ni·cal·i·ty [,teknɪ'kælətɪ] *s* **1.** (*das*) Technische. **2.** technische Einzelheit *od.* Besonderheit: **technicalities** technische Einzelheiten. **3.** Fachausdruck *m.* **4.** technische Förmlichkeit (*e-s Verfahrens etc*). **5.** reine Formsache, (for'male) Spitzfindigkeit.
tech·ni·cal·ly ['teknɪkəlɪ] *adv* **1.** technisch. **2.** eigentlich, genaugenommen.
tech·ni·cian [tek'nɪʃn] *s* **1.** Techniker *m*, (technischer) Fachmann. **2.** *weitS.* Techniker *m*, Vir'tuose *m*: **this artist is an excellent ~** dieser Künstler hat e-e brillante Technik. **3.** *mil. Am.* Techniker *m* (*Dienstrang für Spezialisten*).
tech·ni·cism ['teknɪsɪzəm] *s* Techni'zismus *m* (*Auffassungen, die die Technik zur Grundlage der Lösung von Problemen aller Art machen*).
Tech·ni·col·or ['teknɪ,kʌlə(r)] (*TM*) **I** *s tech.* Technico'lor(verfahren) *n.* **II** *adj* Technicolor...
tech·nics ['teknɪks] *s pl* **1.** (*meist als sg konstruiert*) Technik *f*, *bes.* Inge'nieurwissenschaft *f.* **2.** technische Einzelheiten *pl.* **3.** Fachausdrücke *pl.* **4.** (*meist als sg konstruiert*) → **technique.**
tech·ni·fy ['teknɪfaɪ] **I** *v/t* techni'sieren. **II** *v/i* techni'siert werden.
tech·nique [tek'ni:k] *s* **1.** Technik *f*, (Arbeits)Verfahren *n*: **~ of welding** schweißtechnisches Verfahren, Schweißtechnik *f.* **2.** *mus. paint. sport etc* Technik *f*: a) Me'thode *f*, b) Art *f* der Ausführung, c) Geschicklichkeit *f*, Kunstfertigkeit *f.*
tech·nism ['teknɪzəm] → **technicism.**
techno- [teknəʊ] *Wortelement mit der Bedeutung* technisch.
,tech·no'chem·is·try *s* Indu'striechemie *f.*
tech·noc·ra·cy [tek'nɒkrəsɪ; *Am.* -'nɑ-] *s* Technokra'tie *f.* **'tech·no·crat** [-nəʊkræt] *s* Techno'krat *m.* **,tech·no'crat·ic** *adj* techno'kratisch.
tech·no·log·ic [,teknə'lɒdʒɪk; *Am.* -'lɑ-] *adj;* **,tech·no'log·i·cal** [-kl] *adj* (*adv* **~ly**) **1.** techno'logisch, technisch: **~ dictionary** technisches Fachwörterbuch; **~ gap** technologische Lücke. **2.** *econ.* techno'logisch, durch Techni'sierung *od.* technische 'Umstellung bedingt: **~ unemployment. tech'nol·o·gist** [-'nɒlədʒɪst; *Am.* -'nɑ-] *s* Techno'loge *m.* **tech'nol·o·gy** *s* **1.** Technolo'gie *f*: **~ assessment** Technikbewertung *f*, -folgenabschätzung *f*; **~ transfer** Technologietransfer *m.* **2.** technische 'Fachterminolo,gie *f.* **3.** angewandte Na'turwissenschaft.
,tech·no'ma·ni·a *s* Technoma'nie *f* (*übermäßiges Interesse an der Technologie*).
,tech·no'pho·bi·a *s* Technopho'bie *f* (*Abneigung gegen die Technologie*).
tech·nop·o·lis [tek'nɒpəlɪs; *Am.* -'nɑ-] *s sociol.* Technolo'giegesellschaft *f.*
,tech·no·psy'chol·o·gy *s* angewandte Psycholo'gie.
'tech·no,struc·ture *s* 'Technostruk,tur *f* (*an den Entscheidungsprozessen in Wirtschaft u. Gesellschaft beteiligter Personenkreis*).
tech·y → **tetchy.**
tec·ti·bran·chi·ate [,tektɪ'bræŋkɪeɪt; -kɪɪt] *zo.* **I** *adj* mit bedeckten Kiemen (versehen). **II** *s* Bedecktkiemer *m.*
tec·tol·o·gy [tek'tɒlədʒɪ; *Am.* -'tɑ-] *s biol.* Struk'turlehre *f.*
tec·ton·ic [tek'tɒnɪk; *Am.* -'tɑ-] *adj* (*adv* **~ally**) **1.** *bes. arch. geol.* tek'tonisch. **2.** *biol.* struktu'rell. **tec'ton·ics** *s pl* (*meist als sg konstruiert*) **1.** Tek'tonik *f* (*Lehre von der Gliederung von Bau- u. Kunstwerken*). **2.** *geol.* (Geo)Tek'tonik *f* (*Lehre vom Bau u. von den Bewegungen der Erdkruste*).
tec·to·ri·al [tek'tɔ:rɪəl; *Am. a.* -'təʊ-] *adj anat.* Schutz..., Deck...: **~ membrane** Deckmembran(e) *f.*
tec·trix ['tektrɪks] *pl* **tec·tri·ces** ['tektrɪsi:z; tek'traɪsi:z] *s orn.* Deckfeder *f.*
ted[1] [ted] *v/t agr. Gras* zum Trocknen ausbreiten.
ted[2] [ted] *colloq. für* **teddy boy.**
'ted·der *s agr.* Heuwender *m* (*Maschine u. Arbeiter*).
ted·dy|(bear) ['tedɪ] *s* Teddy(bär) *m.* **~ boy** *s Br.* Halbstarke(r) *m.* **~ girl** *s Br.* Halbstarkenbraut *f.*
Te De·um [,ti:'di:əm; ,teɪ'deɪəm] *s* Te'deum *n*: a) *frühchristlicher Hymnus* (*Te deum laudamus*), b) *Chorwerk über diese Textworte.*
te·di·ous ['ti:djəs; *Am.* -dɪəs; -dʒəs] *adj* (*adv* **~ly**) **1.** ermüdend. **2.** langweilig, öd(e). **3.** weitschweifig. **'te·di·ous·ness, 'te·di·um** [-jəm; -ɪəm] *s* **1.** Langweiligkeit *f.* **2.** Weitschweifigkeit *f.*
tee[1] [ti:] **I** *s* **1.** T, t *n* (*Buchstabe*). **2.** T *n*, T-förmiger Gegenstand, *bes. tech.* a) T-Stück *n*, b) T-Eisen *n.* **II** *adj* **3.** T-..., T-förmig. **III** *v/t* **4.** *electr.* abzweigen: **to ~ across** in Brücke schalten; **to ~ together** parallelschalten.
tee[2] [ti:] **I** *s* **1.** *Curling:* Tee *n* (*Mittelpunkt des Zielkreises*): **to a ~** *fig.* aufs Haar (genau), haargenau. **2.** *Golf:* Tee *n*: a) *a.* **~ing ground** Abschlag *m*: **~ shot** Tee-

shot *m*, Abschlag *m*, b) *Stift aus Holz od. Kunststoff.* **II** *v/t* **3.** *Golf*: a) *den Ball* auf das Tee legen, aufsetzen, b) ~ **off** *den Ball* vom Tee schlagen. **III** *v/i* **4.** ~ **off** a) *Golf*: abschlagen, b) *fig.* anfangen.

teem¹ [ti:m] *v/i* **1.** wimmeln (**with** von): **the roads are ~ing with people** auf den Straßen wimmelt es von Menschen; **this page ~s with mistakes** diese Seite strotzt von Fehlern. **2.** reichlich vorˈhanden sein: **fish ~ in that river** in dem Fluß wimmelt es von Fischen. **3.** *obs.* a) *zo.* Junge gebären, b) *bot.* Früchte tragen. **4.** *obs.* a) gebären, b) schwanger sein.

teem² [ti:m] **I** *v/t* **1.** ausleeren. **2.** *tech.* a) *flüssiges Metall* abstechen, (aus)gießen, b) *e-e Form* mit geschmolzenem Meˈtall vollgießen. **II** *v/i* **3. the rain is ~ing down, it is ~ing (with rain)** es regnet in Strömen.

teen¹ [ti:n] *bes. Am. für* **teenage** I.

teen² [ti:n] *s dial.* **1.** Schaden *m.* **2.** Schmerz *m.* **3.** Kummer *m.* **4.** Ärger *m.*

teen·age [ˈti:neɪdʒ] **I** *adj a.* ˈ**teen·aged 1.** im Teenageralter: **a ~ son. 2.** Teenager..., für Teenager: ~ **fashions. II** *s* **3.** Teenageralter *n.* ˈ**teen**ˌ**ag·er** *s* Teenager *m.*

teen·er [ˈti:nər] *bes. Am. für* **teenager.**

teens [ti:nz] *s pl* **1.** Teenageralter *n*: **to be in one's ~** ein Teenager sein. **2.** Teenager *pl.*

teen·sy [ˈti:nzɪ; -sɪ], *a.* ˌ**teen·sy-**-ˈ**ween·sy** [-ˈwi:nzɪ; -sɪ] → **teeny¹.**

tee·ny¹ [ˈti:nɪ], *a.* ˌ**tee·ny-**ˈ**wee·ny** [-ˈwi:nɪ] *adj colloq.* ‚klitzeklein', winzig.

tee·ny² [ˈti:nɪ] *s colloq.* ‚Teeny' *m* (*Teenager*). ˈ~ˌ**bop·per** *s colloq. junger Teenager* (*bes. Mädchen*), *der alles mitmacht, was gerade ‚in' ist.*

tee shirt → **T shirt.**

tee·ter [ˈti:tə(r)] **I** *v/i* **1.** *bes. Am.* schaukeln, wippen. **2.** (sch)wanken: **to ~ on the edge of disaster (defeat)** *fig.* sich am Rande e-r Katastrophe (Niederlage) bewegen. **II** *v/t* **3.** *bes. Am.* schaukeln *od.* wippen mit: **to ~ one's chair. III** *s* **4.** *a.* ~ **board** *bes. Am.* Wippe *f.*

teeth [ti:θ] *pl von* **tooth.**

teethe [ti:ð] *v/i med.* zahnen, (die) Zähne bekommen.

teeth·ing [ˈti:ðɪŋ] *s med.* Zahnen *n.* ~ **ring** *s* Beißring *m.* ~ **trou·bles** *s pl* **1.** Beschwerden *pl* während des Zahnens. **2.** *fig.* Kinderkrankheiten *pl.*

tee·to·tal [ti:ˈtəʊtl] *adj* (*adv* ~**ly**) **1.** abstiˈnent, Abstinenz..., Abstinenzler...: **to be ~** keinen Alkohol trinken. **2.** *colloq.* völlig, gänzlich. **teeˈto·tal·er,** *bes. Br.* **teeˈto·tal·ler** *s* Abstiˈnenzler(in). **tee-**ˈ**to·tal·ism** *s* **1.** Abstiˈnenz *f.* **2.** Abstiˈnenzprinˌzip *n.*

tee·to·tum [ˌti:təʊˈtʌm; ti:ˈtəʊtəm] *s* Drehwürfel *m*, (vierflächiger) Kreisel.

teg [teg] *s* Schaf *n* im 2. Jahr.

teg·men [ˈtegmən] *pl* ˈ**teg·mi·na** [-mɪnə] *s* **1.** Decke *f*, Hülle *f.* **2.** *bot.* innere Samenschale. **3.** *anat.* Decke *f*, Dach *n.*

teg·u·lar [ˈtegjʊlə(r)] *adj* **1.** ziegelartig, Ziegel... **2.** *zo.* Flügelschuppen...

teg·u·ment [ˈtegjʊmənt], *etc* → **integument,** *etc.*

te-hee [ti:ˈhi:] **I** *interj* hiˈhi! **II** *s* Kichern *n.* **III** *v/i* kichern.

teil [ti:l], *a.* ~ **tree** *s bot.* Linde *f.*

te·la [ˈti:lə] *pl* **-lae** [-li:] *s anat.* Tela *f*, (Binde)Gewebe *n.*

tel·a·mon [ˈteləmən; *Am.* -ˌmɑn] *pl* **-mons, -mo·nes** [ˌ-ˈməʊni:z] *s arch.* Telamon *m, n* (*kraftvolle Gestalt als Träger von Bauteilen*).

tel·e [ˈtelɪ] *bes. Am. colloq. für* **television.**

tele- [telɪ] *Wortelement mit der Bedeutung* a) Fern..., b) Fernseh...

ˈ**tel·e·ba**ˌ**rom·e·ter** *s phys.* ˈTelebaroˌmeter *n.*

ˈ**tel·e**ˌ**cam·er·a** *s TV* Fernsehkamera *f.*

tel·e·cast [ˈtelɪkɑ:st; *Am.* -ˌkæst] **I** *v/t pret u. pp* **-cast** *od.* **-cast·ed** im Fernsehen überˈtragen *od.* bringen: ~ **address** Fernsehansprache *f.* **II** *s* Fernsehsendung *f.* ˈ**tel·e·cast·er** *s* Fernsehansager(in) *od.* -sprecher(in).

tel·e·cin·e [ˌtelɪˈsɪnɪ] *s* im Fernsehen gezeigter (Spiel)Film.

ˈ**tel·e·com**ˌ**mu·ni**ˈ**ca·tion I** *s* **1.** Fernmeldeverkehr *m od.* -verbindung *f.* **2.** fernmeldetechnische Überˈtragung. **3.** *meist pl* Fernmeldetechnik *f*, -wesen *n.* **II** *adj* **4.** Fernmelde...: ~ **network.**

ˈ**tel·e**ˌ**con·fer·ence** *s* Konfeˈrenz *f* per Telefon.

ˈ**tel·e·con**ˌ**trol** *s tech.* Fernsteuerung *f*, -lenkung *f.*

ˈ**tel·e·course** *s TV* Fernsehlehrgang *m*, -kurs *m.*

ˈ**tel·e**ˌ**di·ag**ˈ**no·sis** *s irr med.* ˈFerndiaˌgnose *f.*

ˈ**tel·e·film** *s* Fernsehfilm *m.*

tel·e·gen·ic [ˌtelɪˈdʒenɪk; *Am. a.* -ˈdʒi:-] *adj TV* teleˈgen.

tel·eg·no·sis [ˌteləˈnəʊsɪs] *s Parapsychologie*: Telegnoˈsie *f*, Hellsehen *n.*

te·leg·o·ny [tɪˈlegənɪ] *s biol.* Telegoˈnie *f* (*wissenschaftlich nicht haltbare Annahme, daß ein rassereines Weibchen nach e-r einmaligen Begattung durch ein rassefremdes Männchen keine rassereinen Nachkommen mehr hervorbringen kann*).

tel·e·gram [ˈtelɪgræm] *s* Teleˈgramm *n*: **by ~** telegraphisch.

tel·e·graph [ˈtelɪgrɑ:f; *bes. Am.* -ˌgræf] **I** *s* **1.** Teleˈgraf *m.* **2.** Teleˈgramm *n.* **3.** → **telegraph board. II** *v/t* **4.** a) *j-m etwas* telegraˈfieren, b) *j-n* teleˈgrafisch benachrichtigen. **5.** *j-m Geld* teleˈgrafisch anweisen *od.* überˈweisen. **6.** a) (*durch Zeichen*) zu verstehen geben, signaliˈsieren, b) *Boxen*: *colloq. e-n Schlag* ‚telegraˈfieren' (*erkennbar ansetzen*). **7.** *bes. sport den Spielstand etc* auf e-r Tafel anzeigen. **III** *v/i* **8.** telegraˈfieren (**to** *dat od.* an *acc*). **9.** Zeichen geben. ~ **board** *s bes. sport* Anzeigetafel *f.* ~ **code** *s* Teleˈgrammschlüssel *m.*

te·leg·ra·pher [tɪˈlegrəfə(r)] *s* Telegraˈfist(in).

tel·e·graph·ese [ˌtelɪgrɑ:ˈfi:z; *bes. Am.* -græ-] *s* Teleˈgrammstil *m.*

tel·e·graph·ic [ˌtelɪˈgræfɪk] *adj* (*adv* ~**ally**) **1.** teleˈgrafisch: ~ **acceptance** *econ.* Drahtakzept *n*; ~ **address** Telegrammadresse *f*, Drahtanschrift *f.* **2.** *fig.* teleˈgrammartig, im Teleˈgrammstil.

te·leg·ra·phist [tɪˈlegrəfɪst] *s* Telegraˈfist(in).

tel·e·graph| key *s electr.* (Teleˈgrafen-, Morse)Taste *f.* ~ **line** *s* Teleˈgrafenleitung *f.* ~ **pole,** *bes. Br.* ~ **post** *s* Teleˈgrafenstange *f*, -mast *m.*

te·leg·ra·phy [tɪˈlegrəfɪ] *s* Telegraˈfie *f.*

ˌ**tel·e·ki**ˈ**ne·sis** *s Parapsychologie*: Telekiˈnese *f.* ˌ**tel·e·ki**ˈ**net·ic** *adj* telekiˈnetisch.

ˈ**tel·e·lens** *s phot.* ˈTeleobjekˌtiv *n.*

ˌ**tel·e·me**ˈ**chan·ics** *s pl* (*als sg konstruiert*) *tech.* Telemeˈchanik *f*, meˈchanische Fernsteuerung.

ˌ**tel·e**ˈ**med·i·cine** *s* ˈTelemediˌzin *f.*

te·le·me·ter [ˈtelɪmi:tə(r)] *s* Teleˈmeter *n*: a) *tech.* Entfernungsmesser *m*, b) *electr.* Fernmeßgerät *n.* **te·lem·e·try** [tɪˈlemɪtrɪ] *s* Telemeˈtrie *f*, Fernmessung *f.*

tel·en·ceph·a·lon [ˌtelenˈsefəlɒn; *Am.* -ˌlɑn] *s anat.* Telenˈzephalon *n*, Endhirn *n.*

tel·e·o·log·ic [ˌtelɪəˈlɒdʒɪk; *Am.* -ˈlɑ-; *a.* ˌti:-] *adj*; ˌ**tel·e·o**ˈ**log·i·cal** [-kl] *adj* (*adv* ~**ly**) *philos.* teleoˈlogisch: ~ **argument** teleologischer Gottesbeweis. ˌ**tel·e**ˈ**ol·o·gy** [-ˈɒlədʒɪ; *Am.* -ˈɑ-] *s* Teleoloˈgie *f* (*Lehre von der Zielgerichtetheit u. Zielstrebigkeit jeder Entwicklung im Universum*).

tel·e·ost [ˈtelɪɒst; *Am.* -ˌɑst; *a.* ˈti:-], *a.* ˌ**tel·e**ˈ**os·te·an** [-tɪən] *s ichth.* Knochenfisch *m.*

tel·e·path·ic [ˌtelɪˈpæθɪk] *adj* (*adv* ~**ally**) teleˈpathisch: ~ **suggestion** (*Parapsychologie*) Mentalsuggestion *f.* **te·lep·a·thist** [tɪˈlepəθɪst] *s* **1.** Teleˈpath *m.* **2.** j-d, der an Telepaˈthie glaubt. **teˈlep·a·thize I** *v/t* teleˈpathisch beeinflussen. **II** *v/i* Telepaˈthie betreiben. **teˈlep·a·thy** [-θɪ] *s* Telepaˈthie *f*, Geˈdankenüberˌtragung *f.*

tel·e·phone [ˈtelɪfəʊn] **I** *s* **1.** Teleˈfon *n*: **by ~** telefonisch; **on the ~** telefonisch, durch das *od.* am Telefon; **to be on the ~** a) Telefon(anschluß) haben, b) am Telefon sein; **over the ~** durch das *od.* per Telefon. **II** *v/t* **2.** *j-n* anrufen. **3.** *etwas* teleˈfonisch überˈmitteln *od.* ˈdurchgeben (**s.th. to s.o., s.o. s.th.** j-m etwas). **III** *v/i* **4.** telefoˈnieren, anrufen: **to ~ for a taxi** ein Taxi rufen. **IV** *adj* **5.** teleˈfonisch: ~ **reservation.** ~ **am·pli·fi·er** *s* Teleˈfonverstärker *m.* ˈ~-ˌ**an·swer·ing ma·chine** *s* Anrufbeantworter *m.* ~ **book** *s* → **telephone directory.** ~ **booth,** *Br.* ~ **box** *s* Teleˈfon-, Fernsprechzelle *f.* ~ **call** *s* Teleˈfongespräch *n*, (Teleˈfon)Anruf *m*: **to make a ~** ein Telefongespräch führen; **I had three ~s** ich bin dreimal angerufen worden. ~ **call·er** *s* Anrufer(in). ~ **con·nec·tion** *s* Fernsprech-, Teleˈfonanschluß *m.* ~ **di·rec·to·ry** *s* Teleˈfon-, Fernsprechbuch *n.* ~ **ex·change** *s* **1.** Fernsprechamt *n.* **2.** Teleˈfonzenˌtrale *f.* ~ **ki·osk** *Br. für* **telephone booth.** ~ **net·work** *s* Teleˈfonnetz *n.* ~ **num·ber** *s* Teleˈfonnummer *f.* ~ **op·er·a·tor** *s bes. Am.* Telefoˈnist(in). ~ **re·ceiv·er** *s* Teleˈfonhörer *m.* **T~ Sa·mar·i·tans** *s pl Br.* Teleˈfonseelsorge *f.* ~ **set** *s* Teleˈfonappaˌrat *m.* ~ **show·er** *s Am.* Handbrause *f.* ~ **sub·scrib·er** *s* Fernsprechteilnehmer(in).

tel·e·phon·ic [ˌtelɪˈfɒnɪk; *Am.* -ˈfɑ-] *adj* (*adv* ~**ally**) teleˈfonisch, fernmündlich, Telefon... **te·leph·o·nist** [tɪˈlefənɪst] *s* Telefoˈnist(in). **tel·e·phon·i·tis** [ˌtelɪfəʊˈnaɪtɪs] *s colloq.* ‚Telefoˈnitis' *f.* **te·leph·o·ny** [tɪˈlefənɪ] *s* Telefoˈnie *f*, Fernsprechwesen *n.*

ˌ**tel·e**ˈ**pho·to** *phot.* **I** *adj* **1.** Telefoto(grafie)...: ~ **lens** → **telelens. II** *s* **2.** ˈTelefoto(graˌfie *f*) *n.* **3.** ˈBildteleˌgramm *n.* **4.** Funkbild *n.* ˌ**tel·e**ˈ**pho·to·graph** → **telephoto** II. ˈ**tel·e**ˌ**pho·to**ˈ**graph·ic** *adj* (*adv* ~**ally**) **1.** *phot.* ˈtelefotoˌgrafisch. **2.** ˈbildteleˌgrafisch. ˌ**tel·e·pho**ˈ**tog·ra·phy** *s* **1.** ˈTelefotograˌfie *f.* **2.** ˈBildtelegraˌfie *f.*

ˈ**tel·e·play** *s* Fernsehspiel *n.*

ˈ**tel·e**ˌ**print·er** *s electr.* Fernschreiber *m* (*Gerät*): ~ **message** Fernschreiben *n*; ~ **operator** Fernschreiber(in).

ˌ**tel·e**ˈ**pro·cess·ing** *s Computer*: (Daten)Fernverarbeitung *f.*

ˈ**tel·e**ˌ**prompt·er** *s TV* Teleprompter *m* (*optisches Souffliergerät, Textband*).

tel·e·ran [ˈtelɪræn] *s aer.* Teleˈran *n* (*aus* **television and radar navigation** *Blindflugverfahren mit Fernsehkursanweisung vom Boden*).

ˈ**tel·e·re**ˌ**cord** *v/t* fürs Fernsehen aufzeichnen. ˈ**tel·e·re**ˌ**cord·ing** *s* (Fernseh)Aufzeichnung *f.*

tel·e·scope [ˈtelɪskəʊp] **I** *s* **1.** Teleˈskop *n*, Fernrohr *n.* **II** *v/t* **2.** zs.-, ineinˈanderschieben. **3.** *fig.* verkürzen, kompriˈmieren (**into** zu). **III** *v/i* **4.** sich ineinˈanderschieben (lassen): **telescoping** → **telescopic** 3. **IV** *adj* → **telescopic.** ~ **eye** *s*

zo. Teleˈskopauge *n.* **~ fish** *s ichth.* Teleˈskopfisch *m.* **~ sight** *s mil.* Zielfernrohr *n.* **~ word** *s ling.* Schachtelwort *n.*
tel·e·scop·ic [ˌtelɪˈskɒpɪk; *Am.* -ˈskɑ-] *adj* (*adv* **~ally**) **1.** teleˈskopisch: a) Fernrohr...: **~ sight** *mil.* Zielfernrohr *n*, b) *nur durch ein Fernrohr sichtbar*: **~ stars. 2.** weitsehend. **3.** ineinˈanderschiebbar, ausziehbar, Auszieh..., Teleskop...: **~ aerial** (*bes. Am.* **antenna**) (*Radio etc*) Teleskopantenne *f*; **~ umbrella** Taschenschirm *m.*
te·les·co·py [tɪˈleskəpɪ] *s* Teleskoˈpie *f.*
ˈtel·e·screen *s TV* Fernseh-, Bildschirm *m.*
tel·e·sis [ˈtelɪsɪs] *s sociol.* zielbewußter u. geplanter Fortschritt.
ˈtel·e·text *s TV* Bildschirm-, Videotext *m.*
ˌtel·e·therˈmom·e·ter *s phys.* ˈFern-, ˈTelethermoˌmeter *n.*
tel·e·thon [ˈteləˌθɑn] *s TV Am.* Mammutsendung *f* (*bes. für karitative Zwecke*).
ˈtel·e·tube *s TV* Bildröhre *f.*
ˈtel·eˌtype *s electr. Am.* **1.** Fernschreiber *m* (*Gerät*): **~ operator** Fernschreiber(in). **2.** *a.* **~ message** Fernschreiben *n.* **ˌtel·eˈtypeˌset·ter** *s print.* ˈFernsetzmaˌschine *f.* **ˌtel·eˈtypeˌwrit·er** *s electr. Am.* Fernschreiber *m* (*Gerät*).
ˈtel·e·view I *v/t* sich *etwas* (im Fernsehen) ansehen. **II** *v/i* fernsehen. **ˈtel·eˌview·er** *s* Fernsehzuschauer(in), Fernseher(in).
tel·e·vise [ˈtelɪvaɪz] *v/t* → **telecast** I.
tel·e·vi·sion [ˈtelɪˌvɪʒn] **I** *s* **1.** Fernsehen *n*: **to be in ~** beim Fernsehen sein; **on ~** im Fernsehen; **to watch ~** fernsehen. **2.** ˈFernsehappaˌrat *m*, -gerät *n.* **II** *adj* **3.** Fernseh...: **~ advertising** (*od.* **commercials**) Werbefernsehen *n*, Fernsehwerbung *f*; **~ set** → 2; **~ tube** Bildröhre *f*; **~ viewer** Fernsehzuschauer(in). **ˌtel·eˈvi·sion·al** [-ʒənl] *adj* (*adv* **~ly**) Fernseh...
tel·e·vi·sor [ˈtelɪvaɪzə(r)] *s TV* **1.** → **television** 2. **2.** → **telecaster. 3.** → **televiewer.**
ˌtel·eˈvis·u·al *adj* **1.** → **televisional. 2.** → **telegenic.**
tel·ex [ˈteleks] *electr.* **I** *s* **1.** Telex *n*, Fernschreiber(teilnehmer)netz *n*: **to be on the ~** Telex- *od.* Fernschreibanschluß haben. **2.** Fernschreiber *m* (*Gerät*): **the news was on the ~** die Nachricht kam per Fernschreiber; **~ operator** Fernschreiber(in). **3.** Telex *n*, Fernschreiben *n.* **II** *v/t* **4.** *j-m etwas* telexen *od.* per Fernschreiben mitteilen.
tel·fer, *etc* → **telpher,** *etc.*
tel·ford [ˈtelfə(r)d] *adj tech.* Telford...
tel·ic [ˈtelɪk; *Am. a.* ˈtiː-] *adj* **1.** zweckbestimmt. **2.** *ling.* Absichts..., Zweck...: **~ clause** Absichtssatz *m.*
tell [tel] *pret u. pp* **told** [təʊld] **I** *v/t* **1.** sagen, erzählen (**s.o. s.th., s.th. to s.o.** j-m etwas): **I (can) ~ you that** ... ich kann Sie *od.* Ihnen versichern, daß ...; **I (just) can't ~ you how** ... ich kann Ihnen gar nicht sagen, wie ...; **I have been told** mir ist gesagt worden; **you're telling me!** *colloq.* wem sagen Sie das?; **to ~ the world** *colloq.* (es) hinausposaunen; → **another** 2, **so** 5. **2.** erzählen: **to ~ a story. 3.** mitteilen, berichten, sagen, nennen: **to ~ one's name** s-n Namen nennen; **to ~ the reason** den Grund angeben; **to ~ the time** die Zeit anzeigen (*Uhr*); → **lie**[1] 1, **truth** 1. **4.** mit Worten ausdrücken: **I cannot ~ my grief. 5.** verraten: **to ~ a secret. 6.** (mit Bestimmtheit) sagen: **it is difficult to ~** es ist schwer zu sagen; **there is no ~ing what** ... es läßt sich nicht sagen, was ... **7.** erkennen (**by, from** an *dat*): **I cannot ~ who that person is** ich kann nicht feststellen *od.* sagen, wer diese Person ist; **to ~ by (the) ear** mit dem Gehör feststellen, hören. **8.** unterˈscheiden (**one from the other** eines vom andern): **to ~ apart, to ~ the difference between** auseinanderhalten. **9.** sagen, befehlen: **to ~ s.o. to do s.th.** j-m sagen, er solle etwas tun; **do as you are told** tu, was ich gesagt habe. **10.** (ab)zählen: **to ~ the votes** *parl.* die Stimmen zählen; **all told** alles in allem; → **bead** 2. **11. ~ off** a) abzählen, b) *mil.* ˈabkommanˌdieren (**for** zu), c) *colloq. j-m* ‚Bescheid stoßen' (**for** wegen).
II *v/i* **12.** berichten, erzählen (**of** von; **about** über *acc*). **13.** (**of**) ein Zeichen *od.* Beweis sein (für, von), beweisen (*acc*), verraten (*acc*). **14.** erkennen, wissen: **how can you ~?** wie können Sie das wissen *od.* sagen?; **you never can ~** man kann nie wissen. **15.** *colloq.* ‚petzen': **to ~ on s.o.** j-n verraten *od.* ‚verpetzen'; **don't ~!** nicht(s) verraten! **16.** wirken, sich auswirken (**on** bei, auf *acc*): **every blow (word) ~s** jeder Schlag (jedes Wort) ‚sitzt'; **the hard work began to ~ on him** die harte Arbeit hinterließ allmählich ihre Spuren bei ihm; **his troubles have told on him** s-e Sorgen haben ihn sichtlich mitgenommen; **that ~s against you** das spricht gegen Sie. **17.** sich (deutlich) abheben (**against** gegen, von), (deutlich) herˈvortreten, zur Geltung kommen.
ˈtell·a·ble *adj* **1.** erzählbar, mitteilbar. **2.** erzählenswert.
ˈtell·er *s* **1.** Erzähler(in). **2.** *tech.* Siˈgnalappaˌrat *m.* **3.** Zähler(in). **4.** *bes. parl.* Stimmenzähler *m.* **5.** *bes. Am.* Kassen-, Schalterbeamte(r) *m*, Kasˈsierer *m* (*e-r Bank*): **~'s department** Hauptkasse *f*; **automatic ~** Geldautomat *m*, Bankomat *m.*
ˈtell·ing *adj* (*adv* **~ly**) **1.** wirkungsvoll, wirksam, eindrucksvoll: **a ~ blow** ein wirkungsvoller Schlag; **~ effect** durchschlagende Wirkung; **~ success** durchschlagender Erfolg. **2.** aufschlußreich, vielsagend: **a ~ smile. ˌ~-ˈoff** *s*: **to give s.o. a (good) ~** *colloq.* j-m ‚(kräftig) Bescheid stoßen'.
ˈtell·tale I *s* **1.** Klatschbase *f*, Zuträger(in), ‚Petze' *f.* **2.** verräterisches (Kenn)Zeichen. **3.** *tech.* selbsttätige Anzeigevorrichtung, *bes.* Konˈtrolluhr *f.* **4.** *mar.* a) Axioˈmeter *n* (*e-s Ruders*), b) Hängekompaß *m* (*in der Kapitänskajüte*). **II** *adj* **5.** klatschsüchtig, schwatzhaft. **6.** verräterisch: **a ~ tear. 7.** sprechend: **~ resemblance. 8.** *tech.* a) Anzeige..., b) Warn...: **~ clock** Kontrolluhr *f*; **~ lamp** Kontrollampe *f.*
tel·lu·rate [ˈteljʊreɪt] *s chem.* telˈlursaures Salz.
tel·lu·ri·an[1] [teˈljʊərɪən; *Am.* -ˈlʊr-] **I** *adj* irdisch, Erd... **II** *s* Erdbewohner(in).
tel·lu·ri·an[2] [teˈljʊərɪən; *Am.* -ˈlʊr-] *s astr.* Telˈlurium *n* (*Gerät zur modellhaften Darstellung der Bewegungen von Erde u. Mond um die Sonne*).
tel·lu·ric[1] [teˈljʊərɪk; *Am.* -ˈlʊ-] → **tellurian**[1] I.
tel·lu·ric[2] [teˈljʊərɪk; *Am.* -ˈlʊ-] *adj chem.* telˈlurisch, telˈlursauer, Tellur...: **~ acid** Tellursäure *f.*
tel·lu·ride [ˈteljʊraɪd] *s chem.* Telluˈrid *n.*
tel·lu·ri·on → **tellurian**[2].
tel·lu·rite [ˈteljʊraɪt] *s* **1.** *chem.* Telluˈrit *n.* **2.** *min.* Telˈlurˌdioˌxyd *n.*
tel·lu·ri·um [teˈljʊərɪəm; *Am.* -ˈlʊ] *s chem.* Telˈlur *n.*
tel·lu·rous [ˈteljʊrəs; *Am. a.* təˈlʊrəs] *adj chem.* telˈlurig, Tellur...
tel·ly [ˈtelɪ] *s bes. Br. colloq.* **1.** ‚Fernseher' *m* (*Gerät*). **2.** (*das*) Fernsehen: **on the ~** im Fernsehen.
tel·o·cen·tric [ˌteləʊˈsentrɪk] *adj u. s biol.* teloˈzentrisch(es Chromoˈsom).
tel·o·type [ˈteləʊtaɪp] *s electr.* **1.** eˈlektrischer ˈSchreib- *od.* ˈDrucktele ˌgraf. **2.** autoˈmatisch gedrucktes Teleˈgramm.
tel·pher [ˈtelfə(r)] *tech.* **I** *s* **1.** Wagen *m* e-r (Eˈlektro)Hängebahn. **2.** → **telpherage. II** *adj* **3.** (Elektro)Hängebahn...: **~ line** → **telpherway. ˈtel·pher·age** *s* autoˈmatische (eˈlektrische) Lastenbeförderung. **ˈtel·pher·way** *s tech.* Telpherbahn *f*, (Eˈlektro)Hängebahn *f.*
tel·son [ˈtelsn] *s zo.* Schwanzfächer *m.*
Tel·u·gu [ˈteləguː] **I** *pl* **-gu** *od.* **-gus** *s* **1.** Telugu *m* (*Angehöriger e-s drawidischen Volkes*). **2.** *ling.* Telugu *n.* **II** *adj* **3.** Telugu...
tem·blor [ˈtemblər] *s Am.* Erdbeben *n.*
tem·er·ar·i·ous [ˌteməˈreərɪəs] *adj* (*adv* **~ly**) **1.** tollkühn, verwegen. **2.** unbesonnen. **3.** *contp.* kühn, frech.
te·mer·i·ty [tɪˈmerətɪ] *s* **1.** Tollkühnheit *f*, Verwegenheit *f.* **2.** Unbesonnenheit *f.* **3.** *contp.* Kühnheit *f*, Frechheit *f.*
temp [temp] *Br. colloq.* **I** *s* (*von e-r Agentur vermittelte*) ˈZeitsekreˌtärin. **II** *v/i* als ˈZeitsekreˌtärin arbeiten.
tem·per [ˈtempə(r)] **I** *s* **1.** Temperaˈment *n*, Natuˈrell *n*, Veranlagung *f*, Gemüt(sart *f*) *n*, Chaˈrakter *m*: **good ~** Gutmütigkeit *f*, ausgeglichenes Wesen; → **even**[2] 3, **quick** 5. **2.** Stimmung *f*, Laune *f*: **in a good (in a bad** *od.* **in an ill) ~** (bei) guter (schlechter) Laune. **3.** Gereiztheit *f*, Zorn *m*: **to be in a ~** gereizt *od.* wütend sein; **to fly** (*od.* **get**) **into a ~** in Wut geraten. **4.** Gemütsruhe *f* (*obs. außer in den Redewendungen*): **to keep one's ~** ruhig bleiben; **to lose one's ~** in Wut geraten, die Geduld verlieren; **out of ~** übellaunig; **to put s.o. out of ~** j-n wütend machen. **5.** Zusatz *m*, Beimischung *f.* **6.** *bes. tech.* richtige Mischung. **7.** *tech.* Härte(grad *m*) *f.* **8.** *obs.* a) Komproˈmiß *m, n*, b) Mittelding *n.* **9.** *obs.* körperliche Beschaffenheit, Konstitutiˈon *f.* **II** *v/t* **10.** mildern, mäßigen, abschwächen (**with** durch). **11.** *tech.* mischen, anmachen: **to ~ mortar. 12.** *tech.* a) tempern, glühfrischen: **to ~ cast iron,** b) vorspannen, verspannen: **to ~ glass,** c) härten: **to ~ plastics. 13.** *mus.* tempeˈrieren: **to ~ a piano. III** *v/i* **14.** *tech.* den richtigen Härtegrad erreichen *od.* haben.
tem·per·a [ˈtempərə] *s* ˈTempera(maleˌrei) *f.*
tem·per·a·ment [ˈtempərəmənt; -prə-; *Am. a.* -pərm-] *s* **1.** → **temper** 1. **2.** Temperaˈment *n*, Lebhaftigkeit *f.* **3.** richtige *od.* innere Beschaffenheit. **4.** *mus.* Temperaˈtur *f*, tempeˈrierte Stimmung: **to set the ~** die Temperatur setzen *od.* festlegen. **ˌtem·per·aˈmen·tal** [-ˈmentl] *adj* (*adv* **~ly**) **1.** temperaˈmentvoll, lebhaft. **2.** mit starken perˈsönlichen Zügen, eigenwillig. **3.** a) reizbar, launisch, b) leichterregbar, c) *colloq.* unzuverlässig (*Gerät etc*): **to be ~** (s-e) ‚Mucken' haben. **4.** veranlagungsmäßig, anlagebedingt: **~ly lazy** von Natur aus faul.
tem·per·ance [ˈtempərəns; -prəns; *Am. a.* -pərns] *s* **1.** Mäßigkeit *f*, Enthaltsamkeit *f.* **2.** a) Mäßigkeit *f* im Alkoholgenuß, b) Abstiˈnenz *f* vom Alkoholgenuß. **3.** *obs.* Selbstbeherrschung *f.* **~ ho·tel** *s* alkoholfreies Hotel. **~ move·ment** *s* Abstiˈnenzbewegung *f.* **~ so·ci·e·ty** *s* Abstiˈnenzverein *m.*
tem·per·ate [ˈtempərət; -prət] *adj* (*adv* **~ly**) **1.** gemäßigt, maßvoll: **~ language. 2.** zuˈrückhaltend, (selbst)beherrscht. **3.** mäßig: **~ enthusiasm. 4.** a) mäßig, enthaltsam (*bes. im Essen u. Trinken*), b) abstiˈnent (*alkoholische Getränke mei-*

dend). **5.** gemäßigt, mild: ~ **climate**; ~ **zone** *geogr.* gemäßigte Zone. ˈ**tem·per·ate·ness** *s* **1.** Gemäßigtheit *f.* **2.** Beherrschtheit *f.* **3.** geringes Ausmaß. **4.** a) Mäßigkeit *f*, Enthaltsamkeit *f*, Mäßigung *f* (*bes. im Essen u. Trinken*), b) Astiˈnenz *f* (*von alkoholischen Getränken*). **5.** Milde *f* (*des Klimas etc*).

tem·per·a·ture [ˈtemprətʃə(r); *Am. a.* ˈtempərˌtʃʊər] *s* **1.** *phys.* Temperaˈtur *f*: **at a ~ of 50 degrees** bei e-r Temperatur von 50 Grad. **2.** *physiol.* (ˈKörper)TemperaˌturPf: **to take s.o.'s ~** j-s Temperatur messen, j-n messen; **to have** (*od.* **run**) **a ~** Fieber *od.* (erhöhte) Temperatur haben. ~ **curve** *s* Temperaˈtur-, *med.* Fieberkurve *f.* ˈ**~-ˌsen·si·tive** *adj* temperaˈturempfindlich.

tem·pered [ˈtempə(r)d] *adj* **1.** (*bes. in Zssgn*) gestimmt, gelaunt: → **even-tempered**, *etc.* **2.** gemäßigt. **3.** *mus.* tempeˈriert. **4.** *tech.* gehärtet. ˈ**tem·per·er** *s tech.* **1.** Mischer *m* (*Person od. Gerät*). **2.** ˈTonknetmaˌschine *f.*

tem·per·ing| box [ˈtempərɪŋ; -prɪŋ] *s tech.* Glühtopf *m.* ~ **fur·nace** *s* Anlaß-, Temperofen *m.*

tem·pest [ˈtempɪst] *s* **1.** (wilder) Sturm: **"The T~"** „Der Sturm" (*Shakespeare*); ~ **in a teapot** *Am.* ‚Sturm im Wasserglas'. **2.** *fig.* Sturm *m*, (heftiger) Ausbruch. **3.** Gewitter *n.* ˈ**~-ˌbeat·en**, ˈ**~-tossed** *adj* sturmgepeitscht.

tem·pes·tu·ous [temˈpestjʊəs; *Am.* -ˈpestʃəwəs] *adj a. fig.* stürmisch, ungestüm, heftig. **temˈpes·tu·ous·ness** *s* Ungestüm *n*, Heftigkeit *f.*

tem·pi [ˈtempiː] *pl von* **tempo**.

Tem·plar [ˈtemplə(r)] *s* **1.** *hist.* Templer *m*, Tempelherr *m*, -ritter *m.* **2.** Tempelritter *m* (*ein Freimaurer*). **3.** *oft* **Good ~** Guttempler *m* (*ein Temperenzler*).

tem·plate [ˈtemplɪt] *s* **1.** *tech.* Schaˈblone *f*, Lehre *f*: ~ **casting** *metall.* Schablonenguß *m.* **2.** *arch.* a) ˈUnterleger *m* (*Balken*), b) (Dach)Pfette *f*, c) Kragholz *n.* **3.** *mar.* Mallbrett *n.*

tem·ple¹ [ˈtempl] *s* **1.** Tempel *m* (*a. fig.*). **2.** Gotteshaus *n.* **3.** *Am.* Synaˈgoge *f.* **4.** **T~** *jur.* Temple *m* (*in London; früher Ordenshaus der Tempelritter, jetzt Sitz zweier Rechtskollegien*: **the Inner T~** *u.* **the Middle T~**).

tem·ple² [ˈtempl] *s* **1.** *anat.* Schläfe *f.* **2.** *Am.* (Brillen)Bügel *m.*

tem·ple³ [ˈtempl] *s Weberei*: Tömpel *m.*

tem·plet → **template**.

tem·po [ˈtempəʊ] *pl* **-pos**, *bes. mus.* **-pi** [-piː] *s* Tempo *n*: a) *mus.* Zeitmaß *n*, b) *fig.* Geschwindigkeit *f*: ~ **turn** (*Skisport*) Temposchwung *m.*

tem·po·ral¹ [ˈtempərəl; -prəl] *adj* (*adv* **~ly**) **1.** zeitlich: a) Zeit... (*Ggs. räumlich*), b) irdisch. **2.** weltlich (*Ggs. geistlich*): ~ **courts**. **3.** *ling.* tempoˈral, Zeit...: ~ **adverb** Umstandswort *n* der Zeit; ~ **clause** Temporalsatz *m.*

tem·po·ral² [ˈtempərəl; -prəl] *anat.* **I** *adj* **1.** Schläfen...: ~ **bone** → 3. **2.** Schläfenbein... **II** *s* **3.** Schläfenbein *n.*

tem·po·ral·i·ty [ˌtempəˈrælətɪ] *s* **1.** Zeitbedingtheit *f*, Zeitweiligkeit *f.* **2.** (*etwas*) Zeitliches *od.* Vorˈübergehendes: **temporalities** *jur.* zeitliche Güter. **3.** *pl relig.* Tempoˈralien *pl*, weltlicher Besitz.

tem·po·ral·ty [ˈtempərəltɪ; -prəl-] *s obs.* **1.** weltlicher Besitz. **2.** Laienstand *m.*

tem·po·rar·i·ness [ˈtempərərɪnɪs; -prərɪ-; *Am.* -pəˌreriː-] *s* Einst-, Zeitweiligkeit *f*, zeitweilige Dauer.

tem·po·rar·y [ˈtempərərɪ; -prərɪ; *Am.* -pəˌreriː] *adj* (*adv* **temporarily**) proviˈsorisch: a) vorläufig, einst-, zeitweilig, vorˈübergehend, tempoˈrär: ~ **arrangement** Übergangsregelung *f*, b) Not..., Hilfs..., Interims...: ~ **bridge** Behelfs-, Notbrücke *f*; ~ **credit** *econ.* Zwischenkredit *m.*

tem·po·rize [ˈtempəraɪz] *v/i* **1.** Zeit zu gewinnen suchen, abwarten, sich nicht festlegen, laˈvieren: **to ~ with s.o.** j-n hinhalten. **2.** sich anpassen, mit dem Strom schwimmen, ‚s-n Mantel nach dem Wind hängen'. **3.** ein(en) Komproˈmiß schließen (**with** mit). ˈ**tem·po·riz·er** *s* **1.** j-d, der Zeit zu gewinnen sucht *od.* der sich nicht festlegt. **2.** Opportuˈnist(in). ˈ**tem·po·riz·ing** *adj* (*adv* **~ly**) **1.** ˈhinhaltend, abwartend. **2.** opportuˈnistisch.

tempt [tempt] *v/t* **1.** *relig. u. allg.* *j-n* versuchen, in Versuchung führen. **2.** *j-n* verlocken, -leiten, dazu bringen (**to do, into doing** zu tun): **to be ~ed to do s.th.** versucht *od.* geneigt sein, etwas zu tun. **3.** reizen, locken: **this offer ~s me**. **4.** herˈausfordern: **to ~ God**; **to ~ (one's) fate**.

temp·ta·tion [tempˈteɪʃn] *s* Versuchung *f*, -führung *f*, -lockung *f* (*a. Sache*): **to resist (yield to) ~** der Versuchung widerstehen (unterliegen); **to lead into ~** in Versuchung führen. ˈ**tempt·er** *s* Versucher *m*, -führer *m*: **the T~** *relig.* der Versucher. ˈ**tempt·ing** *adj* (*adv* **~ly**) verführerisch, -lockend. ˈ**tempt·ing·ness** *s* (*das*) Verführerische. ˈ**tempt·ress** *s* Versucherin *f*, Verführerin *f.*

ten [ten] **I** *adj* **1.** zehn. **II** *s* **2.** Zehn *f* (*Zahl, Spielkarte etc*): **the ~ of hearts** die Herzzehn; **~s of thousands** Zehntausende; **by ~s** immer zehn auf einmal; → **upper ten (thousand)**. **3.** *colloq.* Zehner *m* (*Geldschein etc*). **4. to take ~** *Am. colloq.* e-e kurze Pause machen.

ten·a·ble [ˈtenəbl] *adj* (*adv* **tenably**) **1.** haltbar: **a ~ argument**; **a ~ fortress**. **2.** verliehen (**for** für, auf *acc*): **an office ~ for two years**. ˈ**ten·a·ble·ness** *s* Haltbarkeit *f.*

ten·ace [ˈteneɪs] *s Bridge, Whist etc*: *Kombination der besten u. der drittbesten Karte e-r Farbe in ˈeiner Hand*: **major ~** As u. Dame; **minor ~** König u. Bube; **double ~** As, Dame u. Zehn.

te·na·cious [tɪˈneɪʃəs] *adj* (*adv* **~ly**) **1.** zäh, hartnäckig: **to be ~ of s.th.** zäh an etwas festhalten; ~ **of life** zählebig; ~ **ideas** zählebige *od.* schwer auszurottende Ideen. **2.** verläßlich, gut: **a ~ memory**. **3.** zäh, klebrig. **4.** *phys.* zäh, reiß-, zugfest. **teˈna·cious·ness, teˈnac·i·ty** [-ˈnæsətɪ] *s* **1.** *allg.* Zähigkeit *f*: a) Klebrigkeit *f*, b) *phys.* Reiß-, Zugfestigkeit *f*, c) *fig.* Hartnäckigkeit *f*: ~ **of life** Zählebigkeit *f*; ~ **of purpose** Zielstrebigkeit *f.* **2.** Verläßlichkeit *f*: ~ **of memory**.

te·nac·u·lum [tɪˈnækjʊləm] *pl* **-la** [-lə] *s med.* Teˈnakel *n*, Halter *m.*

te·nail(le) [teˈneɪl] *s mil.* Zangenwerk *n.*

ten·an·cy [ˈtenənsɪ] *s jur.* **1.** Pacht-, Mietverhältnis *n*: ~ **at will** jederzeit beid(er)seitig kündbares Pachtverhältnis. **2.** a) Pacht-, Mietbesitz *m*, b) Eigentum *n*: ~ **in common** Mieteigentum. **3.** Pacht-, Mietdauer *f.*

ten·ant [ˈtenənt] **I** *s* **1.** *jur.* Pächter *m*, Mieter *m*: ~ **farmer** (Guts)Pächter *m.* **2.** *jur.* Inhaber *m* (*von Realbesitz, Renten etc*). **3.** Bewohner *m.* **4.** *jur. hist.* Lehnsmann *m*: ~ **in chief** Kronvasall *m.* **II** *v/t* **5.** *jur.* in Pacht *od.* Miete haben. **6.** *jur.* innehaben. **7.** bewohnen. **8.** beherbergen: **this house ~s five families** in diesem Haus wohnen 5 Familien. ˈ**ten·ant·a·ble** *adj* **1.** *jur.* pacht-, mietbar. **2.** bewohnbar. ˈ**ten·ant·less** *adj* **1.** unverpachtet. **2.** unvermietet, leer(stehend): ~ **flats**. ˈ**ten·ant·ry** [-trɪ] *s* **1.** *collect.* Pächter *pl*, Mieter *pl.* **2.** → **tenancy**.

ten-ˈcent *adj Am. colloq.* billig (*a. fig.*): ~ **store** billiges Warenhaus.

tench [tenʃ; tentʃ] *pl* ˈ**tench·es**, *bes. collect.* **tench** *s ichth.* Schlei(e *f*) *m.*

tend¹ [tend] *v/i* **1.** sich bewegen, streben (**to, toward[s]** nach, auf ... zu): **to ~ from** wegstreben von. **2.** *fig.* a) tenˈdieren, neigen (**to, towards** zu), b) dazu neigen (**to do** zu tun). **3.** *fig.* a) führen, beitragen (**to s.th.** zu etwas), b) dazu beitragen (**to do** zu tun), c) hinˈauslaufen (**to** auf *acc*). **4.** *mar.* schwoien.

tend² [tend] **I** *v/t* **1.** *tech.* bedienen: **to ~ a machine**. **2.** sorgen für, sich kümmern um, nach *j-m* sehen: **to ~ a patient** e-n Kranken pflegen; **to ~ a flock** e-e Herde hüten. **3.** *obs.* als Diener begleiten. **4.** *obs.* achten auf (*acc*). **II** *v/i* **5.** aufwarten (**on, upon** *dat*). **6.** ~ **to** *bes. Am. colloq.* achtgeben auf (*acc*).

ten·den·cious → **tendentious**.

tend·en·cy [ˈtendənsɪ] *s* **1.** *allg.* Tenˈdenz *f*: a) Richtung *f*, Strömung *f*, b) (*bestimmte*) Absicht, Zweck *m*, c) Hang *m*, Zug *m* (**to, toward** zu), Neigung *f* (**to** für), d) *biol.* Anlage *f.* **2.** Gang *m*, Lauf *m*: **the ~ of events**.

ten·den·tious [tenˈdenʃəs; *Am.* -tʃəs] *adj* (*adv* **~ly**) tendenziˈös, Tendenz... **tenˈden·tious·ness** *s* tendenziˈöser Chaˈrakter.

ten·der¹ [ˈtendə(r)] *adj* (*adv* **~ly**) **1.** zart, weich, mürbe: ~ **meat**. **2.** *allg.* zart: ~ **age** (**colo[u]r, health**, *etc*); ~ **passion** Liebe *f.* **3.** zart, empfindlich, *fig. a.* senˈsibel: **a ~ conscience**; ~ **feet**; **a ~ plant** ein zartes Pflänzchen (*a. fig.*); → **spot** 5. **4.** *fig.* heikel, ‚kitzlig': **a ~ subject**. **5.** sanft, zart, zärtlich: **the ~ touch of her hand**. **6.** zärtlich, liebevoll: **a ~ lover (glance**, *etc*). **7.** (**of, over**) bedacht (auf *acc*), besorgt (um). **8.** *mar.* rank, ˈunstaˌbil, topplastig.

ten·der² [ˈtendə(r)] **I** *v/t* **1.** (forˈmell) anbieten: **to ~ an averment** *jur.* e-n Beweis anbieten; → **oath** *Bes. Redew.*, **resignation** 2 b. **2.** anbieten, zur Verfügung stellen: **to ~ one's services**. **3.** aussprechen, zum Ausdruck bringen: **to ~ s.o. one's thanks**; **to ~ one's apologies** sich entschuldigen. **4.** *econ. jur.* als Zahlung (*e-r Verpflichtung*) anbieten. **II** *v/i* **5.** *econ.* sich an e-r *od.* der Ausschreibung beteiligen, ein Angebot machen: **invitation to ~** Ausschreibung *f*; **to ~ and contract for a supply** e-n Lieferungsvertrag abschließen. **III** *s* **6.** Anerbieten *n*, Angebot *n*: **to make a ~ of** → 2. **7.** *econ.* (**legal ~** gesetzliches) Zahlungsmittel. **8.** *econ.* Angebot *n*, Ofˈferte *f* (*bei e-r Ausschreibung*): **to invite ~s for a project** ein Projekt ausschreiben; **to put to ~** in freier Ausschreibung vergeben; **by ~** in Submission. **9.** *econ.* Kostenanschlag *m.* **10.** *econ. jur.* Zahlungsangebot *n.*

tend·er³ [ˈtendə(r)] *s* **1.** Pfleger(in). **2.** *mar.* a) Tender *m*, Begleitschiff *n*, Leichter *m*, b) *mil.* Mutterschiff *n.* **3.** *rail.* Tender *m*, Kohle-, Begleitwagen *m.*

ten·der·er [ˈtendərə(r)] *s econ.* Angebotssteller *m*, Bewerber *m.*

ˈ**ten·derˌfoot** *pl* **-ˌfeet** *od.* **-ˌfoots** *s Am. colloq.* **1.** Anfänger *m*, Greenhorn *n.* **2.** neuaufgenommener Pfadfinder.

ˌ**ten·derˈheart·ed** *adj* (*adv* **~ly**) weichherzig.

ten·der·ize [ˈtendəraɪz] *v/t* weich *od.* zart machen: **to ~ meat**. ˈ**ten·der·iz·er** *s* Fleischzartmacher *m.*

ˈ**ten·der·loin** *s* zartes Lendenstück, (ˈRinder- *od.* ˈSchweine)Fiˌlet *n.*

ˈ**ten·der·ness** *s* **1.** Zartheit *f* (*a. fig.*), Weichheit *f.* **2.** Zartheit *f*, Empfindlich-

keit *f*, *fig. a.* Sensibili'tät *f.* **3.** Zärtlichkeit *f.*
ten·di·nous ['tendɪnəs] *adj* **1.** sehnig, flechsig: ~ **meat. 2.** *anat.* Sehnen...
ten·don ['tendən] *s anat.* Sehne *f*, *bes. zo.* Flechse *f*: ~ **sheath** Sehnenscheide *f.*
ten·do·vag·i·ni·tis ['tendəʊ,vædʒɪ'naɪtɪs] *s med.* Tendovagi'nitis *f*, Sehnenscheidenentzündung *f.*
ten·dril ['tendrɪl] *s bot.* Ranke *f.*
ten·e·brous ['tenɪbrəs] *adj* dunkel, finster, düster.
ten-'eight·y *s chem.* fluressigsaures Natrium (*ein Rattengift*).
ten·e·ment ['tenɪmənt] *s* **1.** Wohnhaus *n.* **2.** *a.* ~ **house** Mietshaus *n*, *bes.* 'Mietska,serne *f.* **3.** Mietwohnung *f.* **4.** Wohnung *f.* **5.** *jur.* a) (Pacht)Besitz *m*, b) beständiger Besitz, beständiges Privi'legium: → **dominant** 1, **servient.** ,**ten·e'men·tal** [-'mentl], ,**ten·e'men·ta·ry** *adj* Pacht..., Miet...
te·nes·mus [tɪ'nezməs] *s* Te'nesmus *m*, (schmerzhafter) Drang: **rectal** ~ Stuhldrang *m*; **vesical** ~ Harndrang *m.*
ten·et ['ti:net; 'te-; -nɪt] *s* **1.** (Grund-, Lehr)Satz *m*, Lehre *f*, Dogma *n.* **2.** *obs.* Meinung *f.*
ten·fold ['tenfəʊld] **I** *adj u. adv* zehnfach. **II** *s* (*das*) Zehnfache.
'**ten-,gal·lon hat** *s Am. colloq.* breitrandiger Cowboyhut.
te·ni·a, *etc Am. für* **taenia**, *etc.*
ten·ner ['tenə(r)] *s colloq.* ‚Zehner' *m*: a) *Am.* Zehn'dollarschein *m*, b) *Br.* Zehn'pfundschein *m.*
ten·nis ['tenɪs] *s sport* Tennis *n.* ~ **arm** *s med.* Tennisarm *m.* ~ **ball** *s sport* Tennisball *m.* ~ **court** *s sport* Tennisplatz *m.* ~ **el·bow** → **tennis arm.** ~ **rack·et** *s sport* Tennisschläger *m.*
ten·no ['tenəʊ] *pl* **-no, -nos** *s* Tenno *m* (*japanischer Kaisertitel*).
ten·on ['tenən] *tech.* **I** *s* Zapfen *m*: ~ **saw** Ansatzsäge *f*, Fuchsschwanz *m.* **II** *v/t* verzapfen.
ten·or ['tenə(r)] **I** *s* **1.** Verlauf *m*, (Fort-)Gang *m.* **2.** Tenor *m*, (wesentlicher) Inhalt, Sinn *m*, Gedankengang *m.* **3.** Wesen *n*, Na'tur *f*, Beschaffenheit *f.* **4.** Absicht *f.* **5.** *econ.* Laufzeit *f* (*e-s Vertrages, e-s Wechsels*). **6.** *jur.* Abschrift *f*, Ko'pie *f.* **7.** *mus.* Te'nor *m*: a) Te'norstimme *f*, b) Te'norsänger *m*, c) Te'norpar,tie *f*, d) Te'norinstru,ment *n*, *bes.* Bratsche *f.* **II** *adj* **8.** *mus.* Tenor...: ~ **clef.** '**ten·or·ist** [-rɪst] *s mus.* Teno'rist *m*: a) Te'norsänger *m* (*im Chor*), b) Spieler(in) e-s Te'norinstru,ments, *bes.* Brat'schist(in).
ten|·pence ['tenpəns] *s* (*Summe od. Wert von*) zehn Pence *pl.* '**~·pin** *s* **1.** Kegel *m*: ~ **bowling** Bowling *n.* **2.** *pl* (*als sg konstruiert*) *Am.* Bowling *n.*
ten·rec ['tenrek] *s zo.* Tanrek *m*, Borstenigel *m.*
tense[1] [tens] *s ling.* Tempus *n*, Zeit(form) *f*: **simple (compound)** ~**s** einfache (zs.-gesetzte) Zeiten.
tense[2] [tens] **I** *adj* (*adv* ~**ly**) **1.** straff, gespannt. **2.** *fig.* a) (an)gespannt (*Person, Nerven etc*), b) ('über)ner,vös, verkrampft (*Person*), c) spannungsgeladen: **a** ~ **moment,** d) zermürbend: **a** ~ **game,** e) gespannt (*Lage etc*): **to grow less** ~ sich entspannen. **3.** *ling.* gespannt, geschlossen: **a** ~ **sound. II** *v/t* **4.** (an)spannen, straffen. **III** *v/i* **5.** sich straffen *od.* (an)spannen. **6.** *fig.* (vor Nervosi'tät *etc*) starr werden, sich verkrampfen.
'**tense·ness** *s* **1.** Straffheit *f.* **2.** *fig.* (ner'vöse) Spannung, Verkrampfung *f.*
ten·si·bil·i·ty [,tensə'bɪlətɪ] *s* Dehnbarkeit *f.* '**ten·si·ble** *adj* spann-, dehnbar.
ten·sile ['tensaɪl; *Am.* -səl] *adj* **1.** dehn-, streckbar. **2.** *phys.* Spannungs..., Zug..., Dehn(ungs)...: ~ **strength (stress)** Zug-, Dehnfestigkeit *f* (-beanspruchung *f*).
ten·sim·e·ter [ten'sɪmɪtə(r)] *s tech.* Gas-, Dampf(druck)messer *m.*
ten·si·om·e·ter [,tensɪ'ɒmɪtə; *Am.* -'ɑmətər] *s tech.* Zugmesser *m.*
ten·sion ['tenʃn; *Am.* 'tentʃən] **I** *s* **1.** Spannung *f* (*a. electr.*). **2.** *med. phys.* Druck *m.* **3.** *phys.* a) Dehnung *f*, b) Zug-, Spannkraft *f*: ~ **spring** Zug-, Spannfeder *f.* **4.** *tech.* Spannvorrichtung *f.* **5.** *fig.* (ner'vöse) Spannung, (An)Gespanntheit *f.* **6.** *fig.* gespanntes Verhältnis, Spannung *f*: **political** ~ politische Spannung(en). **II** *v/t* **7.** (an)spannen. '**ten·sion·al** [-ʃənl] *adj* Dehn..., Spann(ungs)...
ten·sive ['tensɪv] *adj* Spannung verursachend.
ten·son ['tensn] *s* Ten'zone *f* (*Streitgedicht der Troubadours*).
ten·sor ['tensə(r)] *s* **1.** *a.* ~ **muscle** *anat.* Tensor *m*, Streck-, Spannmuskel *m.* **2.** *math.* Tensor *m.*
'**ten|-,spot** *s Am. sl.* **1.** *Kartenspiel:* Zehn *f* (*Karte*). **2.** ‚Zehner' *m*, Zehn'dollarschein *m.* '**~-strike** *s* **1.** → **strike** 6. **2.** *fig. colloq.* ‚Volltreffer' *m.*
tent[1] [tent] **I** *s* **1.** Zelt *n*: → **oxygen. 2.** *fig.* Wohnung *f*, Wohnstätte *f.* **II** *v/t* **3.** in Zelten 'unterbringen. **III** *v/i* **4.** zelten. **5.** in Zelten leben. **6.** wohnen.
tent[2] [tent] *med.* **I** *s* Tam'pon *m.* **II** *v/t* durch e-n Tam'pon offenhalten.
tent[3] [tent] *s obs.* Tintowein *m.*
ten·ta·cle ['tentəkl] *s* **1.** *zo.* a) Ten'takel *m, n*, Fühler *m*, b) Fang-, Greifarm *m* (*e-s Polypen etc*). **2.** *bot.* Ten'takel *m, n.* **3.** *fig.* Fühler *m*: **to stretch out a** ~. '**ten·ta·cled** *adj bot. zo.* mit Ten'takeln (versehen). **ten'tac·u·lar** [-'tækjʊlə(r)] *adj* Fühler..., Tentakel... **ten'tac·u·late** [-lət; -lɪt], **ten'tac·u·lat·ed** [-leɪtɪd] *adj* **1.** mit Ten'takeln (versehen). **2.** ten'takelförmig.
ten·ta·tive ['tentətɪv] **I** *adj* **1.** a) versuchend, versuchsweise: **to make** ~ **inquiries** sondieren, b) Versuchs... **2.** vorsichtig, zögernd, zaghaft. **II** *s* **3.** Versuch *m.* '**ten·ta·tive·ly** *adv* **1.** versuchsweise, als Versuch. **2.** zögernd.
tent| bed *s* Feldbett *n.* ~ **cit·y** *s* Zeltstadt *f.*
ten·ter ['tentə(r)] *s tech.* Spannrahmen *m* (*für Tuch*). '**~·hook** *s tech.* Spannhaken *m*: **to be on** ~**s** *fig.* ‚wie auf (glühenden) Kohlen sitzen', auf die Folter gespannt sein; **to keep s.o. on** ~**s** *fig.* j-n auf die Folter spannen.
tenth [tenθ] **I** *adj* **1.** zehnt(er, e, es): **in the** ~ **place** zehntens, an zehnter Stelle. **2.** zehntel. **II** *s* **3.** (*der, die, das*) Zehnte: **the** ~ **of May** der 10. Mai. **4.** Zehntel *n*: **a** ~ **of a second** e-e Zehntelsekunde. **5.** *hist.* Zehnt *m.* **6.** *mus.* De'zime *f*: ~ **chord** Dezimakkord *m.* '**tenth·ly** *adv* zehntens.
tent| peg *s* Zeltpflock *m*, Hering *m.* ~ **peg·ging** *s Sportart zu Pferd, bei der in vollem Galopp Pflöcke mit der Lanze aus dem Boden geholt werden müssen.* ~ **pole** *s* Zeltstange *f.* ~ **stitch** *s Stickerei:* Perlstich *m.*
ten·u·is ['tenjʊɪs; *Am.* -jəwəs] *pl* '**ten·u·es** [-i:z] *s ling.* Tenuis *f* (*stimmloser, nicht aspirierter Verschlußlaut*).
te·nu·i·ty [te'nju:ətɪ; *Am. a.* -'nu:-] *s* **1.** Dünnheit *f* (*a. phys. e-r Substanz*). **2.** Zartheit *f.* **3.** Schlankheit *f.* **4.** *fig.* Dürftigkeit *f.*
ten·u·ous ['tenjʊəs; *Am.* -jəwəs] *adj* **1.** dünn. **2.** zart, fein. **3.** schlank. **4.** *phys.* dünn, verdünnt. **5.** *fig.* dürftig (*Argument etc*).
ten·ure ['te,njʊə(r); 'tenjə(r)] *s* **1.** (Grund-)Besitz *m.* **2.** *jur.* a) Besitzart *f*, b) Besitztitel *m*: ~ **by lease** Pachtbesitz *m*; **feudal** ~ *hist.* Lehnsbesitz *m.* **3.** Besitzdauer *f.* **4.** Innehaben *n*, Bekleidung *f* (*e-s Amtes*): ~ **of office** Amtsdauer *f.* **5.** Anstellung *f*, Amt *n.* **6.** *fig.* Genuß *m* (*e-r Sache*). **ten·u·ri·al** [te'njʊərɪəl] *adj* (Land)Besitz...
te·nu·to [tɪ'nju:təʊ; *Am.* teɪ'nu:-] *adj u. adv* ausgehalten (*Note, Ton*).
te·pee ['ti:pi:] *s* Indi'anerzelt *n*, Wigwam *m.*
tep·e·fy ['tepɪfaɪ] *v/t u. v/i* lauwarm machen (werden).
teph·rite ['tefraɪt] *s geol.* Te'phrit *m.*
tep·id ['tepɪd] *adj* (*adv* ~**ly**) lauwarm, lau (*a. fig.*). **te·pid·i·ty** [te'pɪdətɪ], *a.* '**tep·id·ness** *s* Lauheit *f* (*a. fig.*).
te·qui·la [tɪ'ki:lə; *Am. a.* teɪ-] *s* Te'quila *m.*
tera- [terə] *Wortelement mit der Bedeutung* Billion: ~**volt** Teravolt *n.*
ter·a·tism ['terətɪzəm] *s med.* 'Mißbildung *f*, Deformi'tät *f.* '**ter·a·toid** [-tɔɪd] **I** *adj* mon'strös, 'mißgebildet. **II** *s* → **teratoma.** ,**ter·a'tol·o·gy** [-'tɒlədʒɪ; *Am.* -'tɑ-] *s* **1.** a) Märchen *n* von Ungeheuern, b) *Sammlung solcher Märchen.* **2.** *med.* Teratolo'gie *f* (*Lehre von den Mißbildungen*). ,**ter·a'to·ma** [-'təʊmə] *s med.* Tera'tom *n* (*angeborene Geschwulst aus Geweben*).
ter·bi·um ['tɜ:bjəm; *Am.* 'tɜrbɪəm] *s* Terbium *n* (*metallisches Element*).
terce [tɜ:s; *Am.* tɜrs] → **tierce** 2.
ter·cel ['tɜ:sl; *Am.* 'tɜrsəl], **terce·let** ['tɜ:slɪt; *Am.* 'tɜrs-] *s orn.* männlicher Falke.
ter·cen·te·nar·y [,tɜ:sen'ti:nərɪ; *Am.* ,tɜrsen'te-], *a.* ,**ter·cen'ten·ni·al** [-'tenjəl; -nɪəl] **I** *adj* **1.** dreihundertjährig. **II** *s* **2.** dreihundertster Jahrestag. **3.** Dreihundert'jahrfeier *f.*
ter·cet ['tɜ:sɪt; *Am.* 'tɜrsət; *a.* ,-'set] *s* **1.** *metr.* Ter'zine *f.* **2.** *mus.* Tri'ole *f.*
ter·e·binth ['terəbɪnθ] *s bot.* Tere'binthe *f.*
ter·gal ['tɜ:gl; *Am.* 'tɜrgəl] *adj zo.* Rücken...
ter·gi·ver·sate ['tɜ:dʒɪvɜ:seɪt; *Am.* ,tɜr'dʒɪvər,seɪt] *v/i* **1.** Ausflüchte machen, sich drehen u. wenden. **2.** abfallen, abtrünnig werden. ,**ter·gi·ver'sa·tion** *s* **1.** Ausflucht *f.* **2.** Abfall *m.* **3.** Wankelmut *m.* **ter·gi·ver·sa·tor** [-tə(r)] *s* **1.** j-d, der Ausflüchte macht. **2.** Rene'gat *m*, Abtrünnige(r) *m.*
term [tɜ:m; *Am.* tɜrm] **I** *s* **1.** (*bes.* fachlicher) Ausdruck, Bezeichnung *f*; → **technical** 2. **2.** *pl* Ausdrucksweise *f*, Worte *pl*, 'Denkkatego,rien *pl*: **in** ~**s** ausdrücklich, in Worten; **to praise s.o. in the highest** ~**s** j-n in den höchsten Tönen loben; **to condemn s.th. in the strongest** ~**s** etwas schärfstens verurteilen; **in** ~**s of** a) in Form von (*od. gen*), b) im Sinne (*gen*), c) hinsichtlich (*gen*), bezüglich (*gen*), d) vom Standpunkt (*gen*), von ... her, e) verglichen mit, im Verhältnis zu; **in** ~**s of approval** beifällig; **in** ~**s of literature** literarisch (betrachtet), vom Literarischen her; **to think in military** ~**s** in militärischen Kategorien denken; **to think in** ~**s of money** (nur) in Mark u. Pfennig denken; → **plain**[1] 4. **3.** *pl* Wortlaut *m*: **the exact** ~**s**; **to be in the following** ~**s** folgendermaßen lauten. **4.** a) Zeit *f*, Dauer *f*: ~ **(of imprisonment)** *jur.* Freiheitsstrafe *f*; ~ **of office** Amtszeit, -dauer, -periode *f*; **for a** ~ **of four years** für die Dauer von vier Jahren; **he is too old to serve a second** ~ er ist zu alt für e-e zweite Amtsperiode, b) (*Zahlungs- etc*) Frist *f*: ~ **of payment**; **on** ~ *econ.* auf Zeit; **on** (*od.* **in**) **the long** ~ auf lange Sicht; ~ **deposit** *econ.* Termingeld *n*, -einlage *f*; ~ **insurance** *econ.* Kurzversicherung *f.* **5.**

econ. a) Laufzeit *f*: ~ **of a contract**, b) Ter'min *m*: **to set a** ~ e-n Termin festsetzen; **at** ~ zum festgelegten Termin. **6.** *jur.* a) *Br.* Quar'talster,min *m* (*vierteljährlicher Zahltag für Miete, Zinsen etc*), b) *Br.* (*halbjährlicher*) Lohn-, Zahltag (*für Dienstboten*). **7.** *jur.* 'Sitzungsperi,ode *f.* **8.** *ped. univ.* Quar'tal *n*, Tri'mester *n*, Se'mester *n*: **end of** ~ Schul- *od.* Semesterschluß *m*; **to keep** ~**s** *Br.* Jura studieren. **9.** *pl* (Vertrags- *etc*)Bedingungen *pl*, Bestimmungen *pl*: ~**s of delivery** *econ.* Liefer(ungs)bedingungen; ~**s of trade** Austauschverhältnis *n* (*im Außenhandel*); **on easy** ~**s** zu günstigen Bedingungen; **on the** ~**s that** unter der Bedingung, daß; **to come to** ~**s** a) handelseinig werden, sich einigen (**with** mit), b) **with** sich abfinden mit; **to come to** ~**s with the past** die Vergangenheit bewältigen; **to come to** ~**s with the future** die Zukunft(sentwicklungen) akzeptieren; **to bring to** ~**s** *j-n* zur Annahme der Bedingungen bringen; → **equal** 10, **reference** 3. **10.** *pl* Preise *pl*, Hono'rar *n*: **what are your** ~**s?** was verlangen Sie?; **cash** ~**s** Barpreis *m*; **I'll give you special** ~**s** ich mache Ihnen e-n Sonderpreis; → **inclusive** 2. **11.** *pl* Beziehungen *pl*, Verhältnis *n* (*zwischen Personen*): **to be on good** (**bad, friendly**) ~**s with** auf gutem (schlechtem, freundschaftlichem) Fuße stehen mit; **they are not on speaking** ~**s** sie sprechen nicht (mehr) miteinander. **12.** *pl* gute Beziehungen *pl*: **to be on** ~**s with s.o.** mit j-m gut stehen. **13.** *math.* a) Glied *n*: ~ **of a sum** Summand *m*, b) Ausdruck *m*: ~ **of an equation**, c) *Geometrie*: Grenze *f*: ~ **of a line.** **14.** *Logik*: Begriff *m*: → **contradiction** 3, **major** 5. **15.** *arch.* Grenzstein *m*, -säule *f.* **16.** *physiol.* a) errechneter Ent'bindungster,min: **to carry to (full)** ~ *ein Kind* austragen; **to go** (*od.* **be taken**) **to** ~ ausgetragen werden; **she is near her** ~ sie steht kurz vor der Niederkunft, b) *obs.* Menstruati'on *f.* **II** *v/t* **17.** (be)nennen, bezeichnen als.

ter·ma·gant ['tɜːməgənt; *Am.* 'tɜr-] **I** *adj* zänkisch, keifend, böse. **II** *s* Weibs-, Zankteufel *m*, (Haus)Drachen *m*.

ter·mi·na·bil·i·ty [,tɜːmɪnə'bɪlətɪ; *Am.* ,tɜr-] *s* **1.** Begrenzbarkeit *f*, Bestimmbarkeit *f.* **2.** (zeitliche) Begrenzung, Befristung *f.* '**ter·mi·na·ble** *adj* (*adv* **terminably**) **1.** begrenzbar, bestimmbar. **2.** befristet, zeitlich begrenzt, kündbar: ~ **agreement.** '**ter·mi·na·ble·ness** → **terminability.**

ter·mi·nal ['tɜːmɪnl; *Am.* 'tɜrmənəl] **I** *adj* **1.** Grenz..., begrenzend: ~ **figure** → **term** 15. **2.** letzt(er, e, es), End..., (Ab-)Schluß...: ~ **airport** → 11 c; ~ **amplifier** *electr.* Endverstärker *m*; ~ **examination** *ped.* Abschlußprüfung *f*; ~ **station** → 11 a; ~ **syllable** *ling.* Endsilbe *f*; ~ **value** *math.* Endwert *m*; ~ **voltage** *electr.* Klemmenspannung *f.* **3.** *univ.* Semester..., Trimester... **4.** *med.* a) unheilbar (*a. fig.*), b) im Endstadium, c) Sterbe...: ~ **clinic.** **5.** *fig.* vernichtend, verhängnisvoll (**to** für). **6.** *bot.* end-, gipfelständig. **II** *s* **7.** Endstück *n*, -glied *n*, Ende *n*, Spitze *f.* **8.** *ling.* Endsilbe *f*, -buchstabe *m*, -wort *n.* **9.** *electr.* a) Klemmschraube *f*, b) (Anschluß)Klemme *f*, Pol *m*: **plus** (**minus**) ~ Plus-(Minus)pol, c) Endstecker *m*, d) Kabelschuh *m.* **10.** *arch.* Endglied *n*, -verzierung *f.* **11.** a) *rail. etc* 'Endstati,on *f*, Kopfbahnhof *m*, b) End- *od.* Ausgangspunkt *m* (*e-r Transportlinie etc*), c) *aer.* Bestimmungsflughafen *m*: → **air terminal**, d) (zen'traler) 'Umschlagplatz. **12.** Terminal *n*: a) *Ein- u. Ausgabeeinheit e-r EDV-Anlage*, b) *Empfangs- u. Sendestation e-r Rohrpostanlage.* **13.** *univ.* Se'mesterprüfung *f.* '**ter·mi·nal·ly** [-nəlɪ] *adv* **1.** zum Schluß, am Ende. **2.** ter'minweise. **3.** ~ **ill** *med.* unheilbar krank. **4.** *univ.* se'mesterweise.

ter·mi·nate ['tɜːmɪneɪt; *Am.* 'tɜrmə-] **I** *v/t* **1.** (*räumlich*) begrenzen. **2.** beendigen, abschließen. **3.** *econ. jur.* beendigen, aufheben, kündigen: **to** ~ **a contract.** **II** *v/i* **4.** (**in**) end(ig)en (in *dat*), aufhören (mit). **5.** *econ. jur.* endigen, ablaufen (*Vertrag etc*). **6.** *ling.* enden (**in** auf *acc*). **III** *adj* [-nət; -nɪt] **7.** begrenzt. **8.** *math.* endlich. ,**ter·mi'na·tion** *s* **1.** Aufhören *n.* **2.** Ende *n*, Schluß *m.* **3.** Abschluß *m*, Beendigung *f*: ~ **of pregnancy** *med.* Schwangerschaftsabbruch *m*, -unterbrechung *f.* **4.** *jur.* Beendigung *f*: a) Ablauf *m*, Erlöschen *n*, b) Aufhebung *f*, Kündigung *f*: ~ **of a contract.** **5.** *ling.* Endung *f.* ,**ter·mi'na·tion·al** [-ʃənl] *adj* **1.** → **terminative** 1. **2.** *ling.* durch Flexi'on der Endung gebildet: ~ **comparison** germanische Steigerung. '**ter·mi·na·tive** [-nətɪv; *Am.* -,neɪ-] *adj* (*adv* ~**ly**) **1.** beendigend, End..., (Ab)Schluß... **2.** *ling.* den Abschluß e-r Handlung anzeigend.

ter·mi·ni ['tɜːmɪnaɪ; *Am.* 'tɜr-] *pl von* **terminus.**

ter·min·ism ['tɜːmɪnɪzəm; *Am.* 'tɜr-] *s philos. relig.* Termi'nismus *m*.

ter·mi·no·log·i·cal [,tɜːmɪnə'lɒdʒɪkl; *Am.* ,tɜrmənə'lɑ-] *adj* (*adv* ~**ly**) termino'logisch: ~ **inexactitude** *humor.* Schwindelei *f.* ,**ter·mi'nol·o·gy** [-'nɒlədʒɪ; *Am.* -'nɑ-] *s* Terminolo'gie *f*, Fachsprache *f*, -ausdrücke *pl*.

ter·mi·nus ['tɜːmɪnəs; *Am.* 'tɜr-] *pl* **-ni** [-naɪ], **-nus·es** (*Lat.*) *s* **1.** Endpunkt *m*, Ziel *n*, Ende *n.* **2.** → **terminal** 11. ~ **ad quem** [-,æd'kwem; *Am.* -,ɑːd-] *s jur. philos.* Zeitpunkt *m*, bis zu dem etwas gilt *od.* ausgeführt sein muß. ~ **a quo** [-,ɑː'kwəʊ] *s jur. philos.* Zeitpunkt *m*, von dem an etwas gilt *od.* ausgeführt wird.

ter·mi·tar·y ['tɜːmɪtərɪ; *Am.* 'tɜrmə-,teriː] *s zo.* Ter'mitenbau *m*, -hügel *m*.

ter·mite ['tɜːmaɪt; *Am.* 'tɜr-] *s zo.* Ter'mite *f.*

'**term·less** *adj* **1.** unbegrenzt. **2.** bedingungslos.

term·or ['tɜːmə; *Am.* 'tɜrmər] *s jur.* Besitzer *m* auf (Lebens)Zeit.

'**term·time** *s* Schul- *od.* Se'mesterzeit *f* (*Ggs. Ferien*).

tern[1] [tɜːn; *Am.* tɜrn] *s orn.* Seeschwalbe *f.*

tern[2] [tɜːn; *Am.* tɜrn] *s* **1.** Dreiergruppe *f*, -satz *m.* **2.** *a.* ~ **schooner** *mar.* dreimastiger Schoner.

ter·nal ['tɜːnl; *Am.* 'tɜrnəl] → **ternary** 1.

ter·na·ry ['tɜːnərɪ; *Am.* 'tɜr-] *adj* **1.** aus (je) drei bestehend, dreifältig: ~ **code** Dreieralphabet *n*; ~ **form** *mus.* dreiteilige Form; ~ **number** Dreizahl *f.* **2.** *a. bot.* dreizählig, ter'när. **3.** *metall.* dreistoffig, Dreistoff...: ~ **alloy.** **4.** aus drei A'tomen bestehend. **5.** *math.* ter'när.

ter·nate ['tɜːnɪt; -neɪt; *Am.* 'tɜr-] → **ternary** 1, 2.

'**terne(·plate)** ['tɜːn-; *Am.* 'tɜrn-] *s metall.* Mattweißblech *n.*

ter·pene ['tɜːpiːn; *Am.* 'tɜr-] *s chem.* Ter'pen *n.*

Terp·sich·o·re [tɜːp'sɪkərɪ; *Am.* ,tɜrp-] *npr* Ter'psichore *f* (*Muse des Tanzes*). ,**Terp·si·cho're·an** [-'riːən] *adj a.* **t**~ *oft humor.* Tanz..., tänzerisch.

ter·ra ['terə] (*Lat.*) *s* Erde *f*, Land *n*.

ter·race ['terəs] **I** *s* **1.** *geol.* Ter'rasse *f*, Geländestufe *f.* **2.** *arch.* a) Ter'rassen-, Flachdach *n*, b) Ter'rasse *f.* **3.** *bes. Br.* Häuserreihe *f* (an erhöht gelegener Straße). **4.** *Am.* Grünstreifen *m*, -anlage *f* (*in der Straßenmitte*). **5.** *sport Br.* (Zuschauer)Rang *m* (*im Stadion*): **the** ~**s** die Ränge (*a. die Zuschauer*). **II** *v/t* **6.** ter'rassenförmig anlegen, terras'sieren. **7.** mit Ter'rassen versehen. '**ter·raced** *adj* **1.** ter'rassenförmig (angelegt). **2.** flach (*Dach*). **3.** ~ **house** *Br.* Reihenhaus *n.*

ter·ra|-cot·ta [,terə'kɒtə; *Am.* -'kɑ-] **I** *s* **1.** Terra'kotta *f.* **2.** Terra'kottafi,gur *f.* **II** *adj* **3.** Terrakotta... ~ **fir·ma** [-'fɜːmə; *Am.* -'fɜrmə] (*Lat.*) *s* festes Land, fester Boden.

ter·rain [te'reɪn; *bes. Am.* tə-] *bes. mil.* **I** *s* Ter'rain *n*, Gelände *n.* **II** *adj* Gelände...

ter·ra in·cog·ni·ta [,terəɪŋ'kɒgnɪtə; *Am.* 'terə,ɪn,kɑg'niːtə] *pl* **-rae -tae** [-riː -tiː; *Am.* -,raɪ -,taɪ] *s* Terra *f* in'cognita: a) unerforschtes Land, b) *fig.* unerforschtes Wissensgebiet.

ter·rane [te'reɪn] *s geol.* Formati'on(engruppe) *f.*

ter·ra·ne·an [tə'reɪnjən; -nɪən] *adj* irdisch, Erd...

ter·ra·ne·ous [tə'reɪnjəs; -nɪəs] *adj bot.* auf dem Lande wachsend, Land...

ter·ra·pin ['terəpɪn] *s zo.* Dosenschildkröte *f.*

ter·ra·que·an [te'reɪkwɪən], **ter'ra·que·ous** [-kwɪəs] *adj* aus Land u. Wasser bestehend.

ter·rar·i·um [te'reərɪəm; *Am.* tə'rær-] *pl* **-ums, -a** [-ə] *s* Ter'rarium *n.*

ter·raz·zo [te'rætsəʊ; *Am.* tə'ræzəʊ; tə'rɑːtsəʊ] *s* Ter'razzo *m*, Ze'mentmosa,ik *n.*

ter·rene [te'riːn] *adj* **1.** irdisch, Erd... **2.** Erd..., erdig.

terre·plein ['teəpleɪn; *Am.* 'terə,pleɪn] *s* Wallgang *m*.

ter·res·tri·al [tɪ'restrɪəl] **I** *adj* **1.** irdisch, weltlich. **2.** Erd...: → **globe** 3. **3.** *geol.* ter'restrisch, (Fest)Land... **4.** *bot. zo.* Land..., Boden... **II** *s* **5.** Erdbewohner(in).

ter·ret ['terɪt] *s* Zügelring *m* (*am Pferdegeschirr*).

ter·ri·ble ['terəbl] *adj* (*adv* **terribly**) schrecklich, furchtbar, fürchterlich (*alle a. fig. colloq. außerordentlich*). '**ter·ri·ble·ness** *s* Schrecklichkeit *f*, Fürchterlichkeit *f.*

ter·ri·er[1] ['terɪə(r)] *s* **1.** Terrier *m* (*Hunderasse*). **2.** **T**~ *colloq. für* **territorial** 4 a.

ter·ri·er[2] ['terɪə(r)] *s jur.* Flurbuch *n.*

ter·rif·ic [tə'rɪfɪk] *adj* (*adv* ~**ally**) **1.** fürchterlich, furchtbar, schrecklich (*alle a. fig. colloq.*). **2.** *colloq.* ,toll', phan'tastisch, gewaltig.

ter·ri·fied ['terɪfaɪd] *adj* (zu Tode) erschrocken, entsetzt, verängstigt: **to be** ~ **of** schreckliche Angst haben vor (*dat*).

ter·ri·fy ['terɪfaɪ] *v/t j-m* Angst u. Schrecken einjagen: **to** ~ **s.o. into doing s.th.** j-m solche Angst einjagen, daß er etwas tut.

'**ter·ri·fy·ing** → **terrific** 1.

ter·rig·e·nous [te'rɪdʒɪnəs] *adj geol.* terri'gen, vom Festland stammend.

ter·rine [te'riːn] *s* **1.** irdenes Gefäß (*zum Einmachen od. Servieren*). **2.** → **tureen.**

ter·ri·to·ri·al [,terɪ'tɔːrɪəl; *Am. a.* -'təʊ-] **I** *adj* (*adv* ~**ly**) **1.** Grund..., Land...: ~ **property.** **2.** territori'al, Landes..., Gebiets...: ~ **airspace** Lufthoheitsgebiet *n*; **T**~ **Army**, **T**~ **Force** *mil.* Territorialarmee *f*, Landwehr *f*; ~ **claims** *pol.* territoriale Forderungen; ~ **jurisdiction** *jur.* örtliche Zuständigkeit; ~ **waters** Hoheitsgewässer. **3.** **T**~ Territorial..., ein Terri'torium (*der USA*) betreffend. **II** *s* **4.** **T**~ *mil.* a) Territori'alsol,dat *m*, Landwehrmann *m*, b) *pl* Territori'altruppen *pl*, -ar,mee *f.* ,**ter·ri'to·ri·al·ize** *v/t* **1.** territori'al machen. **2.** zum Terri'torium *od.* Staatsgebiet machen.

ter·ri·to·ry ['terɪtərɪ; *Am.* 'terə,təʊriː; -,tɔː-] *s* **1.** Gebiet *n*, Terri'torium *n* (*beide a. fig.*), *fig. a.* Bereich *m.* **2.** *pol.* Hoheits-,

Staatsgebiet *n*: **on British ~** auf britischem Gebiet. **3. T~** *pol.* Terri'torium *n* (*Schutzgebiet*). **4.** *econ.* (Vertrags-, Vertreter)Gebiet *n*, (-)Bezirk *m.* **5.** *sport* (Spielfeld)Hälfte *f.*

ter·ror ['terə(r)] *s* **1.** (tödlicher) Schrecken, Entsetzen *n*, schreckliche Angst (**of** vor *dat*): **to strike with ~** in Angst u. Schrecken versetzen; **deadly ~** Todesangst *f.* **2.** Schrecken *m* (*schreckeneinflößende Person od. Sache*): **political ~** Politterror *m*; **~ bombing** Bombenterror *m.* **3.** Terror *m*, Gewalt-, Schreckensherrschaft *f.* **4.** *colloq.* a) ‚Ekel' *n*, ‚Landplage' *f*, b) Schreckgespenst *n*, Alptraum *m*, c) (schreckliche) Plage (**to** für). '**ter·ror·ism** *s* **1.** → **terror** 3. **2.** Terro'rismus *m.* **3.** Terrori'sierung *f.* '**ter·ror·ist I** *s* Terro'rist(in). **II** *adj* terro'ristisch, Terror...: **~ group** Terroristengruppe *f.* '**ter·ror·ize** *v/t* **1.** terrori'sieren. **2.** einschüchtern.

'**ter·ror|-,strick·en**, '**~-struck** *adj u. adv* schreckerfüllt, starr vor Schreck.

ter·ry ['terɪ] **I** *s* **1.** ungeschnittener Samt *od.* Plüsch. **2.** Frot'tiertuch *n*, -gewebe *n.* **3.** Schlinge *f* (*des ungeschnittenen Samtes etc*). **II** *adj* **4.** ungeschnitten (*Samt*): **~ velvet** Frisé-, Kräuselsamt *m.* **5.** frot'teeartig: **~ cloth** → 2; **~ towel** Frottier-, Frottee(hand)tuch *n.*

terse [tɜːs; *Am.* tɜrs] *adj* (*adv* **~ly**) **1.** knapp, kurz u. bündig, markig, prä'gnant. **2. to be ~** kurz angebunden sein. '**terse·ness** *s* Knappheit *f*, Kürze *f*, Prä'gnanz *f.*

ter·tial ['tɜːʃl; *Am.* 'tɜrʃəl] *s orn.* Schwungfeder *f* der dritten Reihe.

ter·tian ['tɜːʃn; *Am.* 'tɜrʃən] *med.* **I** *adj* am dritten Tag wiederkommend, Tertian...: **~ ague, ~ fever, ~ malaria** → II. **II** *s* Terti'anfieber *n.*

ter·ti·ar·y ['tɜːʃərɪ; *Am.* 'tɜr-; *a.* -ʃɪˌeriː] **I** *adj* **1.** *allg.* (*geol.* **T~**) terti'är, Tertiär...: **~ winding** *electr.* Tertiärwicklung *f.* **2.** *med.* terti'är, dritten Grades: **~ burns. II** *s* **3. T~** *geol.* Terti'är *n.* **4.** *a.* **T~** *relig.* Terti'arier(in). **5.** → **tertial.**

ter·va·lent [tɜː'veɪlənt; *Am.* tɜr-] *adj chem.* dreiwertig.

ter·y·lene ['terəliːn] (*TM*) *s* Terylene *n* (*Gewebe aus synthetischer Faser*).

ter·za ri·ma [ˌtɜːtsə'riːmə; *Am.* ˌtɜr-] *pl* **ter·ze ri·me** [ˌtɜːtseɪ'riːmeɪ; *Am.* ˌtɜr-] *s metr.* Ter'zine *f* (*meist durch Kettenreim mit den anderen verbundene Strophe aus drei elfsilbigen Versen*).

ter·zet·to [tɜː'setəʊ; *Am.* tɜrt-] *pl* **-tos, ti** [-tiː] *s mus.* (vo'kales) Ter'zett *od.* Trio.

Tes·la ['teslə] *adj electr.* Tesla...

tes·sel·late I *v/t* ['tesɪleɪt] **1.** tessel'lieren, mit Mosa'iksteinchen auslegen, mosa'ikartig zs.-setzen. **II** *adj* [*a.* -lɪt] **2.** → **tessellated. 3.** *bot.* gewürfelt. '**tes·sel·lat·ed** *adj* gewürfelt, mosa'ik-, schachbrettartig, Mosaik...: **~ floor, ~ pavement** Mosaik(fuß)boden *m.* ˌ**tes·sel·'la·tion** *s* Mosa'ik(arbeit *f*) *n.*

tes·ser·a ['tesərə] *pl* **-ser·ae** [-riː] *s* (Mosa'ik)Steinchen *n*, (viereckiges) Täfelchen.

test¹ [test] **I** *s* **1.** *allg., a. tech.* Probe *f*, Versuch *m*, Test *m.* **2.** a) Prüfung *f*, Unter'suchung *f*, Stichprobe *f*, b) *fig.* Probe *f*, Prüfung *f*: **a severe ~** e-e strenge Prüfung, *fig.* e-e harte Probe; **to put to the ~** auf die Probe stellen; **to put to the ~ of experience** praktisch erproben; **to stand the ~** die Probe bestehen, sich bewähren; **~ of strength** Kraftprobe; → **crucial** 1. **3.** Prüfstein *m*, Prüfungsmaßstab *m*, Kri'terium *n*: **success is not a fair ~. 4.** *ped. psych.* Test *m*, (Eignungs-, Leistungs)Prüfung *f.* **5.** *med.* (*Blut- etc*) Probe *f*, Test *m.* **6.** *chem.* a) Ana'lyse *f*, b) Rea'gens *n*, c) Nachweis *m*, Prüfbefund *m.* **7.** *metall.* a) Versuchstiegel *m*, Ka'pelle *f*, b) Treibherd *m.* **8.** Probebohrung *f* (*nach Öl*). **9.** → **test match. 10.** *Br. hist.* Testeid *m*: **T~ Act** Testakte *f* (*Gesetz von 1673*); **to take the ~** den Testeid leisten. **II** *v/t* **11.** (**for s.th.** auf etwas [hin]) prüfen (*a. ped.*) *od.* unter'suchen, erproben, e-r Prüfung unter'ziehen, testen (*alle a. tech.*): **to ~ out** ausprobieren. **12.** auf die Probe stellen: **to ~ s.o.'s patience. 13.** *ped. psych. j-n* testen. **14.** *chem.* analy'sieren. **15.** *electr. e-e Leitung* prüfen *od.* abfragen. **16.** *math.* die Probe machen auf (*acc*). **17.** *mil.* anschießen: **to ~ a gun. III** *adj* **18.** Probe..., Versuchs..., Prüf(ungs)..., Test...: **~ circuit** *electr.* Meßkreis *m*; **~ drive** *mot.* Probefahrt *f*; **~ flight** *aer.* Probe-, Testflug *m*; **~ run** *tech.* Probelauf *m* (*e-r Maschine etc*); **~ track** *mot.* Teststrecke *f*; **~ word** *psych.* Reizwort *n.*

test² [test] *s* **1.** *zo.* harte Schale (*von Mollusken etc*). **2.** → **testa.**

tes·ta ['testə] *pl* **-tae** [-tiː] *s bot.* Samenschale *f.*

test·a·ble ['testəbl] *adj* **1.** prüf-, unter'suchbar. **2.** *jur.* a) letztwillig verfügbar, b) bezeugbar, c) als Zeuge zuverlässig.

tes·ta·cean [te'steɪʃn] *zo.* **I** *adj* hartschalig, Schaltier... **II** *s* Schaltier *n.* **tes·'ta·ceous** [-ʃəs] *adj zo.* hartschalig, Schalen...

tes·ta·cy ['testəsɪ] *s jur.* Testa'mentshinterˌlassung *f.*

tes·tae ['testiː] *pl von* **testa.**

tes·ta·ment ['testəmənt] *s* **1.** *meist* **last will and ~** *jur.* Testa'ment *n*, letzter Wille. **2.** *obs. außer relig.* Bund *m.* **3. T~** *Bibl.* (*Altes od. Neues*) Testa'ment. **4.** Zeugnis *n*, Beweis *m* (**to** *gen od.* für). ˌ**tes·ta·'men·ta·ry** [-'mentərɪ] *adj jur.* testamen'tarisch: a) letztwillig, b) durch Testa'ment (vermacht *od.* bestimmt): **~ disposition** letztwillige Verfügung; **~ guardian** durch Testament eingesetzter Vormund; **~ capacity** Testierfähigkeit *f.*

tes·ta·mur [te'steɪmə(r)] (*Lat.*) *s bes. univ. Br.* Prüfungszeugnis *n.*

tes·tate ['testeɪt; -tɪt] *adj jur.*: **to die ~** unter Hinter'lassung e-s Testa'ments sterben, ein Testament hinter'lassen. **tes'ta·tor** [-tə(r)] *s jur.* 'Erbˌlasser *m.* **tes'ta·trix** [-trɪks] *pl* **-tri·ces** [-trɪsiːz] *s* 'Erbˌlasserin *f.*

test| ban trea·ty *s pol.* Teststoppabkommen *n.* '**~-bed** *s tech.* Prüfstand *m.* **~ card** *s TV Br.* Testbild *n.* **~ case** *s* **1.** Muster-, Schulbeispiel *n.* **2.** *jur.* a) 'Musterproˌzeß *m*, b) Präze'denzfall *m.* '**~-drive** *v/t irr mot. ein Auto* probefahren.

test·ed ['testɪd] *adj* geprüft, erprobt (*a. weitS. bewährt*): **clinically ~.**

tes·tee [te'stiː] *s ped. psych.* 'Testperˌson *f*, Prüfling *m.*

test·er¹ ['testə(r)] *s* **1.** Prüfer *m.* **2.** Prüfgerät *n*, Testvorrichtung *f.*

tes·ter² ['testə(r)] *s* **1.** *arch.* Baldachin *m.* **2.** (Bett)Himmel *m.*

tes·tes ['testiːz] *pl von* **testis.**

'**test|-ˌfire** → **test¹** 17. '**~-fly** *v/t irr aer. ein Flugzeug* probefliegen. **~ glass** → **test tube.**

tes·ti·cle ['testɪkl] *s anat.* Te'stikel *m*, Hode *m, f*, Hoden *m.* **tes'tic·u·lar** [-jʊlə(r)] *adj* Hoden...

tes·ti·fy ['testɪfaɪ] **I** *v/i* **1.** *jur.* (als Zeuge) aussagen: **to refuse to ~** die Aussage verweigern; **to ~ against** a) aussagen gegen (*j-n*), b) *Bibl.* Zeugnis ablegen wider (*j-n*); **to ~ to** a) *etwas* bezeugen, b) *fig.* → 3. **II** *v/t* **2.** *jur.* aussagen, bezeugen. **3.** *fig.* bezeugen: a) zeugen von, b) kundtun.

tes·ti·mo·ni·al [ˌtestɪ'məʊnjəl; -nɪəl] **I** *s* **1.** (Führungs- *etc*)Zeugnis *n.* **2.** Empfehlungsschreiben *n*, Refe'renz *f.* **3.** (Zeichen *n* der) Anerkennung *f*, *bes.* Ehrengabe *f.* **II** *adj* **4.** Anerkennungs..., Ehren...

tes·ti·mo·ny ['testɪmənɪ; *Am.* -ˌməʊ-] *s* **1.** Zeugnis *n*: a) *jur.* (mündliche) Zeugenaussage, b) Beweis *m*: **in ~ whereof** *jur.* urkundlich dessen; **to bear ~** to bezeugen (*a. fig.*); **to call s.o. in ~** *jur.* j-n als Zeugen aufrufen, *fig.* j-n zum Zeugen anrufen; **to have s.o.'s ~ for** j-n zum Zeugen haben für; **on his ~** auf Grund s-r Aussage. **2.** *collect.* Zeugnis(se *pl*) *n*, Berichte *pl*: **the ~ of history. 3.** *Bibl.* Zeugnis *n*: a) Gesetzestafeln *pl*, b) *meist pl* (göttliche) Offen'barung, *a.* Heilige Schrift.

tes·ti·ness ['testɪnɪs] *s* Gereiztheit *f.*

test·ing ['testɪŋ] **I** *s* **1.** Probe *f*, Erprobung *f.* **2.** Prüfung *f*, Unter'suchung *f*, Testen *n.* **II** *adj* **3.** *bes. tech.* Probe..., Prüf..., Versuchs..., Meß..., Test... (*a. psych. etc*): **~ circuit** *electr.* Meßkreis *m*; **~ engineer** Prüf(feld)ingenieur *m*; **~ ground** *tech.* a) Prüffeld *n*, b) Versuchsgelände *n.*

tes·tis ['testɪs] *pl* **-tes** [-tiːz] (*Lat.*) → **testicle.**

test| lamp *s tech.* Prüflampe *f.* **~ load** *s tech.* Probebelastung *f.* **~ match** *s Kricket*: internatio'naler Vergleichskampf. **~ mod·el** *s tech.* Ver'suchsmoˌdell *n.*

tes·ton ['testən; *Am.* -ˌtɑːn], *a.* **tes·toon** [te'stuːn] *s hist.* **1.** Te'ston *m* (*französische Silbermünze im 16. Jh.*). **2.** Schilling *m* (*in England zur Zeit Heinrichs VIII.*).

tes·tos·ter·one [te'stɒstərəʊn; *Am.* -'stɑs-] *s biol. chem.* Testoste'ron *n* (*männliches Sexualhormon*).

test| pa·per *s* **1.** *ped.* a) Prüfungsbogen *m*, b) schriftliche (Klassen)Arbeit. **2.** *chem.* Rea'genz-, 'Lackmuspaˌpier *n.* **3.** *jur. Am.* Handschriftenprobe *f.* **~ pat·tern** *s TV Am.* Testbild *n.* **~ pi·lot** *s aer.* 'Testpiˌlot *m.* **~ print** *s phot.* Probeabzug *m.* **~ so·lu·tion** *s chem.* Ti'trierlösung *f.* **~ stand** *s tech.* Prüfstand *m.* **~ tube** *s biol. chem.* Rea'genzglas *n.* '**~-tube** *adj* **1.** in der Re'torte entwickelt *od.* produ'ziert: **~ fabrics. 2.** *med.* aus der Re'torte, Retorten...: **~ babies.**

tes·tu·di·nal [te'stjuːdɪnl; *Am. a.* -'stuː-] *adj zo.* schildkrötenartig.

tes·ty ['testɪ] *adj* (*adv* **testily**) gereizt, reizbar, unwirsch.

te·tan·ic [tə'tænɪk] *adj med.* te'tanisch, starrkrampfartig. **tet·a·nism** ['tetənɪzəm] *s med.* gesteigerter Muskeltonus. '**tet·a·nize** *v/t* tetani'sieren, Starrkrampf erzeugen bei (*j-m*) *od.* in (*e-m Organ*). **tet·a·nus** ['tetənəs] *s med.* Tetanus *m*: a) (*bes.* Wund)Starrkrampf *m*, b) te'tanischer Krampfanfall, c) Starrkrampferzeuger *m.*

tetch·i·ness ['tetʃɪnɪs] *s* Reizbarkeit *f.* '**tetch·y** *adj* (*adv* **tetchily**) empfindlich, reizbar.

tête-à-tête [ˌteɪtɑː'teɪt; *Am.* ˌteɪtə't-] **I** *adj u. adv* **1.** vertraulich, unter vier Augen. **2.** ganz al'lein (**with** mit). **II** *s* **3.** Tête-à-'tête *n.*

tête-bêche [ˌtet'beʃ; *Am. a.* ˌteɪt'beɪʃ] *s Philatelie*: Kehrdruck *m.*

teth·er ['teðə(r)] **I** *s* **1.** Haltestrick *m*, (-)Seil *n.* **2.** *fig.* a) Spielraum *m*, b) (geistiger) Hori'zont: **to be at the end of one's ~** am Ende s-r (*a. finanziellen*) Kräfte sein, sich nicht mehr zu helfen wissen, am Ende s-r Geduld sein. **II** *v/t* **3.** *Vieh* anbinden (**to** an *acc*). **4.** (**to**) *fig.* binden (an *acc*), beschränken (auf *acc*).

tetra- [tetrə] *Wortelement mit der Bedeutung* vier.

ˌ**tet·raˈbas·ic** *adj chem.* vierbasisch.
ˌ**tet·raˈchlo·ride** *s* Tetrachloˈrid *n.*
ˈ**tet·ra·chord** *s mus.* Tetraˈchord *n.*
tet·rad [ˈtetræd] *s* **1.** Vierzahl *f.* **2.** (*die Zahl*) Vier *f.* **3.** *chem.* vierwertiges Aˈtom *od.* Eleˈment. **4.** *biol.* (ˈSporen)Teˌtrade *f.*
tet·ra·gon [ˈtetrəgən; *Am.* -ˌgɑn] *s math.* Tetraˈgon *n*, Viereck *n.* **te·trag·o·nal** [teˈtrægənl] *adj* **1.** *math.* viereckig, tetragoˈnal. **2.** *bot.* vierkantig.
te·trag·y·nous [teˈtrædʒɪnəs] *adj bot.* tetraˈgynisch, mit 4 Griffeln *od.* Narben (*Blüte*).
tet·ra·he·dral [ˌtetrəˈhedrəl; *bes. Am.* -ˈhiː-] *adj math. min.* vierflächig, tetraˈedrisch: ~ **angle** Vierkant *m.* ˌ**tet·raˈhe·dron** [-drən] *pl* -ˈ**he·drons,** -ˈ**he·dra** [-drə] *s math.* Tetraˈeder *n*, Vierflächner *m.*
ˈ**tet·raˌhex·aˈhe·dral** *adj math.* tetrakishexaˈedrisch, vierundzwanzigflächig.
te·tral·o·gy [təˈtrælədʒɪ; *Am. a.* -ˈtrɑ-] *s* Tetraloˈgie *f.*
te·tram·e·ter [teˈtræmɪtə(r)] *s metr.* Teˈtrameter *m.*
te·tran·drous [teˈtrændrəs] *adj bot.* teˈtrandrisch, viermännig.
tet·ra·pet·al·ous [ˌtetrəˈpetələs] *adj bot.* tetrapeˈtalisch, mit 4 Blütenblättern.
tet·ra·ploid [ˈtetrəplɔɪd] *adj biol.* tetraploˈid (*mit vierfachem Chromosomensatz*).
tet·ra·pod [ˈtetrəpɒd; *Am.* -ˌpɑd] *zo.* **I** *adj* vierfüßig. **II** *s* Tetraˈpod *m*, Vierfüßer *m.*
te·trarch [ˈtetrɑː(r)k; ˈtiː-] *s hist.* **1.** Teˈtrarch *m*, Vierfürst *m.* **2.** *mil.* ˈUnterbefehlshaber *m.*
tet·ra·tom·ic [ˌtetrəˈtɒmɪk; *Am.* -ˈtɑ-] *adj chem.* ˈvieraˌtomig.
tet·ra·va·lent [ˌtetrəˈveɪlənt] *adj chem.* vierwertig.
tet·rode [ˈtetrəʊd] *s electr.* Teˈtrode *f*, Vierpolröhre *f.*
tet·ter [ˈtetə(r)] *s med.* Flechte *f.*
Teu·ton [ˈtjuːtən; *Am. a.* ˈtuː-] **I** *s* **1.** Gerˈmane *m*, Gerˈmanin *f.* **2.** Teuˈtone *m*, Teuˈtonin *f.* **3.** *colloq.* Deutsche(r *m*) *f.* **II** *adj* → **Teutonic** I. **Teuˈton·ic** [-ˈtɒnɪk; *Am.* -ˈtɑ-] **I** *adj* **1.** gerˈmanisch. **2.** teuˈtonisch. **3.** *oft contp.* (typisch) deutsch: ~ **thoroughness. 4.** Deutschordens...: ~ **Knights** Deutschordensritter *pl*; ~ **Order** Deutschritterorden *m.* **II** *s* **5.** *ling.* Gerˈmanisch *n*, das Germanische. ˈ**Teu·ton·ism** [-tənɪzəm] *s* **1.** Gerˈmanentum *n*, gerˈmanisches Wesen. **2.** Teutoˈnismus *m*, Glaube *m* an die Überˈlegenheit der gerˈmanischenRasse. **3.** *ling.* Germaˈnismus *m.* ˈ**Teu·ton·ize** *v/t u. v/i* (sich) germaniˈsieren.
Tex·an [ˈteksən] **I** *adj* teˈxanisch, aus Texas. **II** *s* Teˈxaner(in).
Tex·as| fe·ver [ˈteksəs] *s vet.* Texasfieber *n*, ˈRindermaˌlaria *f.* ~ **Rang·ers** *s pl berittene Staatspolizeitruppe von Texas.* ~ **tow·er** *s mil.* Radarvorwarnturm *m.*
text [tekst] *s* **1.** (Ur)Text *m.* **2.** (genauer) Wortlaut. **3.** *print.* Text(abdruck, -teil) *m* (*Ggs. Illustrationen etc*). **4.** (Lied- *etc*)Text *m.* **5.** Thema *n*: **to stick to one's** ~ bei der Sache bleiben. **6.** → **textbook. 7.** a) Bibelstelle *f*, b) Bibeltext *m.* **8.** → **text hand. 9.** *print.* a) Text *f* (*Schriftgrad von 20 Punkt*), b) Frakˈturschrift *f.* ˈ**~book** *s* Lehrbuch *n*, Leitfaden *m* (**on** *gen*): ~ **example** Paradebeispiel *n.* ~ **hand** *s* große Hand- *od.* Schreibschrift.
tex·tile [ˈtekstaɪl; *Am. a.* -tl] **I** *s* **1.** a) Gewebe *n*, Webstoff *m*, b) *pl* Web-, Texˈtilwaren *pl*, Texˈtilien *pl.* **2.** Faserstoff *m.* **II** *adj* **3.** gewebt, Textil..., Stoff..., Gewebe...: ~ **industry** Textilindustrie *f*; ~ **goods** → 1 b.
tex·tu·al [ˈtekstjʊəl; *Am.* -tʃəwəl; -tʃəl] *adj* (*adv* ~**ly**) **1.** Text..., textlich: ~ **criticism** (Bibel)Textkritik *f*; ~ **reading** Lesart *f.* **2.** wortgetreu, wörtlich. ˈ**tex·tu·al·ism** *s* **1.** strenges Festhalten am Wortlaut (*bes. der Bibel*). **2.** (*bes.* ˈBibel-) ˌTextkriˌtik *f.*
tex·tu·ral [ˈtekstʃərəl] *adj* (*adv* ~**ly**) **1.** Gewebe... **2.** Struktur..., struktuˈrell: ~ **changes.**
tex·ture [ˈtekstʃə(r)] *s* **1.** Gewebe *n.* **2.** *a. geol.* Strukˈtur *f*, Gefüge *n.* **3.** Strukˈtur *f*, Beschaffenheit *f.* **4.** *biol.* Texˈtur *f* (*Gewebezustand*). **5.** Maserung *f* (*des Holzes*).
T| gird·er *s tech.* T-Träger *m.* ˈ**~-group** *s psych.* Trainingsgruppe *f.*
Thai [taɪ] *pl* **Thais, Thai** *s* **1.** Thai *m, f*, Thailänder(in). **2.** *ling.* a) Thai *n*, b) Thaisprachen *pl.* **II** *adj* **3.** Thai..., thailändisch. **4.** *ling.* Thai...
thal·a·mus [ˈθæləməs] *pl* **-mi** [-maɪ] *s* **1.** *anat.* Thalamus *m*, Sehhügel *m.* **2.** *bot.* Fruchtboden *m.*
tha·lid·o·mide [θəˈlɪdəmaɪd] *s med. pharm.* Thalidoˈmid *n*: ~ **baby** Conterganbaby *n.*
thal·li [ˈθælaɪ] *pl von* **thallus.**
thal·lic [ˈθælɪk] → **thallous.**
thal·li·um [ˈθælɪəm] *s chem.* Thallium *n.*
thal·lous [ˈθæləs] *adj chem.* Thallium...
thal·lus [ˈθæləs] *pl* **-li** [-laɪ], **-lus·es** *s bot.* Thallus *m*, Lager *n.*
Thames [temz] *npr* Themse *f*: **he won't set the** ~ **on fire** *fig.* er hat das Pulver auch nicht erfunden.
than [ðən; ðæn] *conj* (*nach e-m Komparativ*) als: **younger** ~ **he; she would rather lie** ~ **admit it** lieber log sie, als es zuzugeben; **more** ~ **was necessary** mehr als nötig; **none other** ~ **you** niemand anders als Sie.
than·age [ˈθeɪnɪdʒ] *s hist.* **1.** Thanswürde *f*, -rang *m.* **2.** Lehnsgut *n od.* -pflichten *pl* e-s Thans.
than·a·tol·o·gy [ˌθænəˈtɒlədʒɪ; *Am.* -ˈtɑ-] *s* Thanatoloˈgie *f* (*Forschungsgebiet, das sich mit Fragen des Sterbens u. des Todes befaßt*).
thane [θeɪn] *s* **1.** *hist.* a) Gefolgsadlige(r) *m* (*bei den Angelsachsen u. Dänen*), b) Than *m*, Lehnsmann *m* (*der schottischen Könige*). **2.** *allg.* schottischer Adlige(r).
thank [θæŋk] **I** *s pl* a) Dank *m*, b) Dankesbezeigung(en *pl*) *f*, Danksagung(en *pl*) *f*: **to give** ~**s to God** Gott danken; **letter of** ~**s** Dank(es)brief *m*; **in** ~**s for** zum Dank für; **with** ~**s** dankend, mit Dank; ~**s to** *a. fig. u. iro.* dank (*gen*); **small** ~**s to her, we succeeded** ohne ihre Hilfe gelang es uns; ~**s** danke; **no,** ~**s** nein, danke; **many** ~**s** vielen Dank; **small** ~**s I got** schlecht hat man es mir gedankt. **II** *v/t j-m* danken, sich bedanken bei: (**I**) ~ **you** danke; **no,** ~ **you** nein, danke; (**yes,**) ~ **you** ja, bitte; **I will** ~ **you** *oft iro.* ich wäre Ihnen sehr dankbar (**for doing, to do** wenn Sie täten); ~ **you for nothing** *iro.* ich danke (bestens); **he has only himself to** ~ **for that** *iro.* das hat er sich selbst zuzuschreiben; → **star** 3.
thank·ee [ˈθæŋkɪ] *interj sl.* danke.
thank·ful [ˈθæŋkfʊl] *adj* (*adv* ~**ly**) dankbar (**to s.o.** j-m): **I am** ~ **that** ich bin (heil)froh, daß. ˈ**thank·ful·ness** *s* Dankbarkeit *f.*
ˈ**thank·less** *adj* (*adv* ~**ly**) undankbar (*Person*; *fig. a. Aufgabe etc*): **a** ~ **task.** ˈ**thank·less·ness** *s* Undankbarkeit *f.*
thank of·fer·ing *s Bibl.* Sühneopfer *n.*
ˈ**thanks|ˌgiv·er** *s* Danksager(in). ˈ**~ˌgiv·ing** *s* **1.** Danksagung *f*, *bes.* Dankgebet *n.* **2.** *Am.* **T~ (Day)** (Ernte)Dankfest *n* (*4. Donnerstag im November*).
ˈ**thank|ˌwor·thy** *adj* dankenswert. ˈ**~-you** *s* Danke(schön) *n*: ~ **letter** Dankschreiben *n*, -brief *m.*
that[1] [ðæt] **I** *pron u. adj* (*hinweisend*) *pl* **those** [ðəʊz] **1.** (*ohne pl*) das: ~ **is true** das stimmt; ~**'s all** das ist alles; ~**'s it!** a) so ist's recht!, b) das ist es ja (gerade)!; ~**'s what it is** das ist es ja gerade; ~**'s** ~ *colloq.* das wäre erledigt, ‚damit basta'; **well,** ~ **was** ~! *colloq.* aus der Traum!; ~ **is (to say)** das heißt; **and** ~ und zwar; **at** ~ a) zudem, (noch) obendrein, b) *colloq.* dabei; **let it go at** ~ *colloq.* lassen wir es dabei bewenden; **for all** ~ trotz alledem; **like** ~ so; ~**'s what he told me** so hat er es mir erzählt. **2.** (*bes. von weiter entfernten Personen etc sowie zur Betonung*) jener, jene, jenes, der, die, das, der-, die-, dasjenige: **this cake is much better than** ~ **(one)** dieser Kuchen ist viel besser als jener; ~ **car over there** jenes *od.* (*meist*) das Auto da drüben; ~ **there man** *vulg.* der Mann da; **those who** diejenigen welche; ~ **which** das, was; **those are his friends** das sind s-e Freunde. **3.** solch(er, e, es): **to** ~ **degree that** in solchem Ausmaße *od.* so sehr, daß. **II** *adv* **4.** *colloq.* so (sehr), dermaßen: ~ **far** so weit; ~ **furious** so *od.* dermaßen wütend; **not all** ~ **good** so gut auch wieder nicht; ~ **much** so viel.
that[2] [ðət; ðæt] *pl* **that** *relative pron* **1.** (*in einschränkenden Sätzen; e-e prep darf nie davorstehen*) der, die, das, welch(er, e, es): **the book** ~ **he wanted** das Buch, das er wünschte; **the man** ~ **I spoke of** der Mann, von dem ich sprach; **the day** ~ **I met her** der Tag, an dem ich sie traf; **any house** ~ jedes Haus, das; **no one** ~ keiner, der; **Mrs. Jones, Miss Black** ~ **was** *colloq.* Frau J., geborene B.; **Mrs. Quilp** ~ **is** die jetzige Frau Q. **2.** (*nach* **all, everything, nothing,** *etc*) was: **all** ~ alles, was; **the best** ~ das Beste, was.
that[3] [ðət; ðæt] *conj* **1.** (*in Subjekts- u. Objektssätzen*) daß: **it is a pity** ~ **he is not here** es ist schade, daß er nicht hier ist; **it is 5 years** ~ **he went away** es sind nun 5 Jahre her, daß *od.* seitdem er fortging; **I am not sure** ~ **it will be there** ich bin nicht sicher, ob *od.* daß es dort ist *od.* sein wird. **2.** (*in Konsekutivsätzen*) daß: **so** ~ so daß; **I was so tired** ~ **I went to bed** ich war so müde, daß ich zu Bett ging. **3.** (*in Finalsätzen*) daˈmit, daß: **we went there** ~ **we might see it** wir gingen hin, um es zu sehen. **4.** (*in Kausalsätzen*) weil, da (ja), daß: **not** ~ **I have any objection** nicht, daß ich etwas dagegen hätte; **it is rather** ~ es ist eher deshalb, weil; **in** ~ a) darum, weil, b) insofern, als. **5.** (*in Wunschsätzen u. Ausrufen*) daß: **O** ~ **I could believe it!** daß ich es doch glauben könnte! **6.** (*nach Adverbien der Zeit*) da, als: **now** ~ jetzt, da; **at the time** ~ **I was born** zu der Zeit, als ich geboren wurde.
thatch [θætʃ] **I** *s* **1.** Dachstroh *n*, ˈDeckmateriˌal *n* (*Stroh, Reet etc*). **2.** Stroh-, Reetdach *n.* **3.** *colloq.* (Haar)Schopf *m.* **II** *v/t* **4.** mit Stroh *etc* decken: ~**ed cottage** kleines strohgedecktes Landhaus; ~**ed roof** → 2. ˈ**thatch·er** *s* Dachdecker *m.* ˈ**thatch·ing** → **thatch** 1.
thau·ma·tol·o·gy [ˌθɔːməˈtɒlədʒɪ; *Am.* -ˈtɑ-] *s* Wunderlehre *f*, Thaumatoloˈgie *f.*
thau·ma·trope [ˈθɔːmətrəʊp] *s phys.* Wunderscheibe *f*, Thaumaˈtrop *m.*
thau·ma·turge [ˈθɔːmətɜːdʒ; *Am.* -ˈtɜrdʒ] *s* Thaumaˈturg *m*: a) Zauberer *m*, b) Wundertäter *m.* ˈ**thau·ma·tur·gy** [-dʒɪ] *s* Thaumaturˈgie *f.*
thaw [θɔː] **I** *v/i* **1.** (auf)tauen, schmelzen: **the ice** ~**s. 2.** *impers* tauen: **it is** ~**ing. 3.** *fig.* ‚auftauen' (*Person*). **II** *v/t* **4.** schmelzen, auftauen, zum Tauen bringen. **5.** *a.* ~ **out** *fig. j-n* ‚auftauen lassen'. **III** *s* **6.** (Auf)Tauen *n.* **7.** Tauwetter *n* (*a.*

fig. pol.). **8.** *fig.* ‚Auftauen' *n*, ‚Warmwerden' *n*.

the[1] [*unbetont vor Konsonanten*: ðə; *unbetont vor Vokalen*: ðɪ; *betont od. alleinstehend*: ðiː] **1.** (*bestimmter Artikel*) der, die, das, *pl* die (*u. die entsprechenden Formen im acc u. dat*): ~ **book on** ~ **table** das Buch auf dem Tisch; ~ **England of today** das England von heute; ~ **Browns** die Browns, die Familie Brown. **2.** *vor Maßangaben*: **one dollar** ~ **pound** e-n Dollar das Pfund; **wine at 2 pounds** ~ **bottle** Wein zu 2 Pfund die Flasche. **3.** [ðiː] ˈder, ˈdie, ˈdas (*hervorragende od. geeignete etc*): **he is** ~ **painter of the century** er ist ˈder Maler des Jahrhunderts.

the[2] [ðə] *adv* (*vor comp*) desto, um so; **the ... the** je ... desto; **the** ~ **sooner** ~ **better** je eher, desto besser; **so much** ~ **better** um so besser; **so much** ~ **more** um so (viel) mehr; **not any** ~ **better** um nichts besser; ~ **more so as** um so mehr, als.

the·an·dric [θiːˈændrɪk], **the·an·throp·ic** [ˌθiːænˈθrɒpɪk; *Am.* -ˈθrɑ-] *adj relig.* theanˈthropisch, gottmenschlich. **theˈan·thro·pism** [-θrəpɪzəm] *s* **1.** Gottmenschentum *n* (*Christi*). **2.** Theanthroˈpie *f*, Vermenschlichung *f* Gottes.

the·ar·chy [ˈθiːɑː(r)kɪ] *s* **1.** Theokraˈtie *f*, Gottesherrschaft *f*. **2.** *collect.* Götter (-himmel *m*, -welt *f*) *pl*.

the·a·ter, *bes. Br.* **the·a·tre** [ˈθɪətə(r)] *s* **1.** Theˈater *n*: a) Schauspielhaus *n*, b) Theˈaterpublikum *n*, c) (*das*) Drama (*als Kunstgattung*): **the English** ~; ~ **of the absurd** absurdes Theater; ~ **of cruelty** Theater der Grausamkeit; ~ **of the streets** Straßentheater. **2.** *collect.* Bühnenwerke *pl*. **3.** *fig.* (**of war** Kriegs-) Schauplatz *m*: → **operation** 10. **4.** a) (Hör)Saal *m*: **lecture** ~, b) *a.* **operating** ~ *Br.* Operationssaal *m*: ~ **nurse** Operationsschwester *f*. ˈ**~go·er** *s* Theˈaterbesucher(in). ~ **nu·cle·ar weap·on** *s mil.* taktische Aˈtomwaffe.

the·a·tre *bes. Br. für* **theater**.

the·at·ri·cal [θɪˈætrɪkl] **I** *adj* (*adv* ~**ly**) **1.** Theater..., Bühnen..., bühnenmäßig. **2.** *fig.* theaˈtralisch. **II** *s* **3.** *pl* Theˈater-, *bes.* Liebhaberaufführungen *pl*. **theˌat·riˈcal·i·ty** [-ˈkælətɪ] *s* (*das*) Theaˈtralische. **theˈat·ri·cal·ize** *v/t* dramatiˈsieren (*a. fig.*). **theˈat·rics** *s pl* **1.** (*als sg konstruiert*) Theˈater(reˌgie)kunst *f*. **2.** *fig.* Theaˈtralik *f*.

The·ban [ˈθiːbən] **I** *adj* theˈbanisch: **the** ~ **Bard** Pindar *m*. **II** *s* Theˈbaner(in).

thé dan·sant *pl* **thés dan·sants** [ˌteɪdɑ̃ːŋˈsɑ̃ːŋ] *s* Tanztee *m*.

thee [ðiː] *pron* **1.** *obs. od. poet. od. Bibl.* a) dich, b) dir: **of** ~ dein(er, e, es). **2.** *dial.* (*u. in der Sprache der Quäker*) du. **3.** *obs. od. poet. reflex* a) dich, b) dir.

theft [θeft] *s* Diebstahl *m* (**from** aus; **from s.o.** an j-m). ˈ**~proof** *adj* diebstahlsicher.

the·ine [ˈθiːiːn; -ɪn] *s chem.* Theˈin *n*.

their [ðeə(r); *Am. a.* ðər] *pron* (*pl zu* **him, her, it**) **1.** ihr, ihre: ~ **books** ihre Bücher. **2.** *colloq.* (*nach* **everybody**, *etc statt* **his** *od.* **her**) sein, seine: **everybody took** ~ **pencil**.

theirs [ðeə(r)z] *pron* **1.** der *od.* die *od.* das ihrige *od.* ihre: **this book is** ~ dieses Buch ist das ihre *od.* gehört ihnen; **a friend of** ~ ein Freund von ihnen; **the fault was** ~ die Schuld lag bei ihnen. **2.** *colloq.* (*nach* **everybody**, *etc statt* **his** *od.* **hers**) seiner, seine, seines: **everybody thinks** ~ **is best**.

the·ism [ˈθiːɪzəm] *s relig.* Theˈismus *m*. ˈ**the·ist I** *s* Theˈist(in). **II** *adj* theˈistisch. **theˈis·tic,** *a.* **theˈis·ti·cal** *adj* theˈistisch.

them [ðəm; ðem] *pron* **1.** (*acc u. dat von* **they**) a) sie (*acc*), b) ihnen: **they looked behind** ~ sie blickten hinter sich. **2.** *colloq.* sie (*nom*): ~ **as** diejenigen, die; ~ **are the ones we saw** das sind die, die wir gesehen haben. **3.** *colloq.* diese: ~ **guys**; ~ **were the days!** das waren noch Zeiten!

the·mat·ic [θɪˈmætɪk] *adj* (*adv* ~**ally**) **1.** *bes. mus.* theˈmatisch. **2.** *ling.* theˈmatisch: a) Thema...: ~ **vowel**, b) mit e-m ˈThemavoˌkal gebildet: ~ **verb**.

theme [θiːm] *s* **1.** Thema *n* (*a. mus.*), Gegenstand *m*, Stoff *m*: **to have s.th. for** (**a**) ~ etwas zum Thema haben. **2.** *ped. bes. Am.* (Schul)Aufsatz *m*, (-)Arbeit *f*. **3.** *ling.* (Wort)Stamm *m*. **4.** *Rundfunk, TV*: ˈKennmeloˌdie *f*. **5.** *hist.* ˈVersimproviˈsatiˌon *f* (*über ein vom Publikum gestelltes Thema*). ~ **song** *s* **1.** *mus.* ˈTitelmeloˌdie *f* (*e-s Films etc*). **2.** → **theme** 4. **3.** *colloq. j-s* ‚alte Leier'.

them·selves [ðəmˈselvz] *pron* **1.** (*emphatisch*) (sie) selbst: **they** ~ **said it** sie selbst sagten es. **2.** *reflex* sich (selbst): **they washed** ~ sie wuschen sich; **the ideas in** ~ die Ideen an sich. **3.** *colloq.* (*nach* **everybody**, *etc statt* **himself** *od.* **herself**) sich selbst: **everybody has to look after** ~.

then [ðen] **I** *adv* **1.** damals: **long before** ~ lange vorher. **2.** dann: ~ **and there** auf der Stelle, sofort. **3.** dann, hierauf, darauf: **what** ~? was dann? **4.** dann, ferner, außerdem: **and** ~ **some** *Am. sl.* und noch viel mehr; **but** ~ aber andererseits, aber freilich. **5.** dann, in dem Falle: **if** ... ~ wenn ... dann. **6.** denn: **well** ~ nun gut (denn). **7.** denn: **how** ~ **did he do it?** wie hat er es denn (dann) getan? **8.** also, folglich, dann: ~ **you did not expect me?** du hast mich also nicht erwartet?; **I think,** ~ **I exist** ich denke, also bin ich. **II** *adj* **9.** damalig: **the** ~ **president**. **III** *s* **10.** diese bestimmte Zeit: **by** ~ bis dahin, inzwischen; **from** ~ von da an; **till** ~ bis dahin *od.* dann; **not till** ~ erst von da ab, erst dann. **11.** Damals *n*.

the·nar [ˈθiːnɑː(r); *Am. a.* -nər] *s anat.* **1.** Handfläche *f*. **2.** Daumenballen *m*. **3.** Fußsohle *f*.

thence [ðens] *adv* **1.** *a.* **from** ~ von da, von dort. **2.** (*zeitlich*) von da an, seit jener Zeit, von der Zeit an: **a week** ~ e-e Woche darauf. **3.** daher, deshalb. **4.** daraus, aus dieser Tatsache: ~ **it follows**. ˌ**~ˈforth,** ˌ**~ˈfor·ward(s)** *adv* von da an, seit der Zeit, seitˈdem.

the·oc·ra·cy [θɪˈɒkrəsɪ; *Am.* -ˈɑ-] *s* Theokraˈtie *f*. **the·o·crat** [ˈθiːəkræt] *s* Theoˈkrat(in). **the·o·crat·ic** [θɪəˈkrætɪk] *adj* (*adv* ~**ally**) theoˈkratisch.

the·od·i·cy [θɪˈɒdɪsɪ; *Am.* -ˈɑ-] *s philos.* Theodiˈzee *f* (*Rechtfertigung Gottes hinsichtlich des von ihm in der Welt zugelassenen Übels u. Bösen*).

the·od·o·lite [θɪˈɒdəlaɪt; *Am.* -ˈɑ-] *s surv.* Theodoˈlit *m* (*Instrument zur Horizontal- u. Höhenwinkelmessung*).

the·og·o·ny [θɪˈɒgənɪ; *Am.* -ˈɑ-] *s* Theogoˈnie *f*, (Lehre *f* von der *od.* Gedicht *n* über die) Abstammung der Götter.

the·o·lo·gi·an [θɪəˈləʊdʒjən; -dʒən] *s* Theoˈloge *m*. **the·oˈlog·i·cal** [-ˈlɒdʒɪkl; *Am.* -ˈlɑ-] *adj* (*adv* ~**ly**) theoˈlogisch: ~ **student** Theologiestudent(in).

the·ol·o·gize [θɪˈɒlədʒaɪz; *Am.* -ˈɑ-] **I** *v/i* theologiˈsieren. **II** *v/t ein Problem* theoˈlogisch behandeln. **the·o·logue** [ˈθɪəˌlɔːg; -ˌlɑg] *s Am. colloq.* **1.** Theoˈloge *m*. **2.** Theoloˈgiestuˌdent(in). **the·ol·o·gy** [θɪˈɒlədʒɪ; *Am.* -ˈɑ-] *s* Theoloˈgie *f*.

the·om·a·chy [θɪˈɒməkɪ; *Am.* -ˈɑ-] *s* **1.** Theomaˈchie *f*, Kampf *m* der Götter. **2.** Kampf *m* gegen die Götter *od.* gegen Gott.

the·o·man·cy [ˈθiːəʊmænsɪ] *s* Theomanˈtie *f* (*Weissagen durch göttliche Eingebung*).

the·o·ma·ni·a [θɪəˈmeɪnjə] *s* Theomaˈnie *f*, religiˈöser Wahnsinn.

ˌ**the·oˈmor·phic** [-ˈmɔː(r)fɪk] *adj* theoˈmorph(isch), in göttlicher Gestalt auftretend *od.* erscheinend.

the·oph·a·ny [θɪˈɒfənɪ; *Am.* -ˈɑ-] *s* Theophaˈnie *f*, Erscheinung *f* (e-s) Gottes.

the·or·bo [θɪˈɔː(r)bəʊ] *pl* **-bos** *s mus. hist.* Theˈorbe *f* (*Baßlaute*).

the·o·rem [ˈθɪərəm] *s math. philos.* Theoˈrem *n*, (Grund-, Lehr)Satz *m*: ~ **of the cosine** Kosinussatz.

the·o·ret·ic [θɪəˈretɪk] *adj*; **the·oˈret·i·cal** [-kl] *adj* (*adv* ~**ly**) **1.** theoˈretisch: ~ **chemistry**. **2.** spekulaˈtiv. ˌ**the·o·reˈti·cian** [-rəˈtɪʃn] *s oft contp.* (reiner) Theoˈretiker. **the·oˈret·ics** *s pl* (*meist als sg konstruiert*) Theoˈretik *f*.

the·o·rist [ˈθɪərɪst] *s* Theoˈretiker(in).

ˈ**the·o·rize** *v/i* **1.** theoretiˈsieren, Theoˈrien aufstellen (**about** über *acc*). **2.** annehmen (**that** daß). ˈ**the·o·riz·er** *s* Theoˈretiker(in).

the·o·ry [ˈθɪərɪ] *s* **1.** Theoˈrie *f*, Lehre *f*: ~ **of chances** Wahrscheinlichkeitsrechnung *f*; ~ **of evolution** *biol.* Evolutionstheorie; ~ **of games** *math.* Spieltheorie. **2.** Theorie *f*, theoˈretischer Teil (*e-r Wissenschaft*): ~ **of music** Musiktheorie. **3.** Theoˈrie *f* (*Ggs. Praxis*): **in** ~ theoretisch. **4.** Theoˈrie *f*, Iˈdee *f*: **his pet** ~ s-e Lieblingsidee. **5.** Hypoˈthese *f*, Annahme *f*: **my** ~ **is that** ... m-r Ansicht nach ...; **if my** ~ **is correct** wenn ich mich nicht irre.

the·o·soph·ic [θɪəˈsɒfɪk; *Am.* -ˈsɑ-] *adj*; **the·oˈsoph·i·cal** [-kl] *adj* (*adv* ~**ly**) *relig.* theoˈsophisch: **Theosophical Society** Theosophische Gesellschaft. **the·os·o·phist** [θɪˈɒsəfɪst; *Am.* -ˈɑ-] **I** *s* Theoˈsoph(in). **II** *adj* → **theosophic**. **theˈos·o·phy** *s* Theosoˈphie *f*.

ther·a·peu·tic [ˌθerəˈpjuːtɪk] *adj*; ˌ**ther·aˈpeu·ti·cal** [-kl] *adj* (*adv* ~**ly**) *med.* theraˈpeutisch: ~ **training** (*od.* **exercise**) Bewegungstherapie *f*. ˌ**ther·aˈpeu·tics** *s pl* (*meist als sg konstruiert*) Theraˈpeutik *f*, Theraˈpie(lehre) *f*. ˌ**ther·aˈpeu·tist,** *a.* ˈ**ther·a·pist** *s* Theraˈpeut(in). ˈ**ther·a·py** *s* Theraˈpie *f*: a) Behandlung *f*, b) Heilverfahren *n*.

there [ðeə(r)] **I** *adv* **1.** da, dort: **down** (**up, over, in**) ~ da *od.* dort unten (oben, drüben, drinnen); **I have been** ~ **before** *colloq.* das weiß ich alles schon; **to have been** ~ *colloq.* ‚dabeigewesen sein', genau Bescheid wissen; ~ **and then** a) hier u. jetzt, b) auf der Stelle, sofort; ~ **it is!** a) da ist es!, b) *fig.* so steht es!; ~ **you are** (*od.* **go**)! siehst du!, da hast du's!; **you** ~! (*Anruf*) du da!, he! **2.** (da-, dort)hin: **down** (**up, over, in**) ~ (da *od.* dort) hinunter (hinauf, hinüber, hinein); ~ **and back** hin u. zurück; **to get** ~ a) hingelangen, -kommen, b) *colloq.* ‚es schaffen'; **to go** ~ hingehen. **3.** darin, in dieser Sache *od.* ˈHinsicht: ~ **I agree with you** darin stimme ich mit dir überein. **4.** *fig.* da, hier, an dieser Stelle (*in e-r Rede etc*). **5.** es: ~ **is,** *pl* ~ **are** es gibt *od.* ist *od.* sind: ~ **is a God**; ~ **was once a king** es war einmal ein König; ~ **was dancing** es wurde getanzt; ~ **is s.th. between these two** die beiden haben etwas miteinander; ~ **arises the question** es erhebt sich die Frage; ~**'s a good boy** (**girl, fellow**)! a) sei doch (so) lieb!, b) (so ist's) brav! **II** *interj* **6.** da!, schau (her)!, na!: ~, ~! (*tröstend*) na, komm!; ~ **now!** na, bitte!

ˈ**there|·a·bout,** *a.* ˈ**~·a·bouts** *adv* **1.** da herˈum, etwa da: **somewhere** ~ da irgendwo. **2.** *fig.* so ungefähr, so etwa: **five hundred people or ~s** so etwa *od.* ungefähr fünfhundert Leute; **ten pounds or ~s** etwa um 10 Pfund (herum). ˌ**~ˈaf·ter** *adv* **1.** daˈnach, herˈnach, später. **2.** seitˈher. **3.** demgemäß, danach. ˌ**~aˈnent** *adv bes. Scot.* diesbezüglich. ˌ**~ˈat** *adv bes. jur.* **1.** daˈselbst, dort. **2.** bei dieser Gelegenheit, dabei, da. ˌ**~ˈby** *adv* **1.** dadurch, auf diese Weise. **2.** daˈbei, darˈan, davon. **3.** nahe daˈbei. ˌ**~ˈfor** *adv* dafür: **the reasons ~.** ˈ**~fore** *adv u. conj* **1.** deshalb, -wegen, darum, daher. **2.** demgemäß, folglich. ˌ**~ˈfrom** *adv* davon, daraus, daher. ˌ**~ˈin** *adv* **1.** darˈin, da drinnen. **2.** *fig.* ˈdarin, in dieser ˈHinsicht. ˌ**~inˈaf·ter** *adv bes. jur.* (weiter) unten, später, nachstehend (*in e-r Urkunde etc*). ˌ**~ˈof** *adv bes. jur.* **1.** davon. **2.** dessen, deren. ˌ**~ˈon** *adv* darˈauf, darˈan, darˈüber. ˌ**~ˈto** *adv obs.* **1.** daˈzu, darˈan, daˈfür. **2.** außerdem, noch daˈzu. ˌ**~ˈunder** *adv* darˈunter. ˌ**~ˈun·to** *adv obs.* (noch) daˈzu, überˈdies. ˌ**~upˈon** *adv* **1.** darauf, hierauf, daˈnach. **2.** daraufˈhin, demzufolge, darum. **3.** *obs.* (*örtlich*) darˈauf, drauf. ˌ**~ˈwith** *adv* **1.** damit. **2.** → **thereupon** 1 *u.* 2. ˌ**~withˈal** *adv obs.* **1.** überˈdies, außerdem. **2.** damit.

the·ri·ac [ˈθɪrɪæk] *s med. hist.* Theriak *m*, Gegengift *n.*

the·ri·o·mor·phic [ˌθɪərɪəʊˈmɔː(r)fɪk] *adj* therioˈmorphisch, tiergestaltig.

therm [θɜːm] *s phys. Br.* 100 000 Wärmeeinheiten.

ther·mae [ˈθɜːmiː; *Am.* ˈθɜrˌmiː; -ˌmaɪ] (*Lat.*) *s pl* Thermen *pl*: a) *antiq.* öffentliche Bäder *pl*, b) *med.* Therˈmalquellen *pl*, -bad *n.*

ther·mal [ˈθɜːml; *Am.* ˈθɜrməl] **I** *adj* (*adv* ~**ly**) **1.** *phys.* thermisch, Wärme..., Hitze...: ~ **analysis** Thermoanalyse *f*; ~ **barrier** *aer.* Hitzemauer *f*, -schwelle *f*; ~ **breeder** thermischer Brüter; ~ **current** → 4; ~ **diffusion** Thermodiffusion *f*; ~ **efficiency** Wärmewirkungsgrad *m*; ~ **equator** *meteor.* thermischer Äquator; ~ **expansion** Wärmeausdehnung *f*; ~ **insulation** Wärmeisolierung *f*; ~ **neutron** thermisches Neutron; ~ **pollution** Umweltschädigung *f* durch Wärme; ~ **power station** Wärmekraftwerk *n*; ~ **reactor** thermischer Reaktor; ~ **shock** Thermoschock *m*; ~ **unit** Wärmeeinheit *f*; ~ **value** Heizwert *m* (*von Brennstoffen*). **2.** warm, heiß: ~ **water** heiße Quelle. **3.** *med.* therˈmal, Thermal...: ~ **spring** Thermalquelle *f*. **II** *s* **4.** *aer. phys.* Thermik *f.*

ther·mic [ˈθɜːmɪk; *Am.* ˈθɜr-] *adj* (*adv* ~**ally**) thermisch, Wärme..., Hitze...: ~ **fever** *med.* Sonnenstich *m.*

ther·mi·on [ˈθɜːmɪən; *Am.* ˈθɜrˌmaɪən; -ˌɑːn] *s chem.* Thermion *n.* ˌ**ther·miˈon·ic** [-ˈɒnɪk; *Am.* -ˈɑ-] **I** *adj* thermiˈonisch: ~ **current** *electr.* Thermionenstrom *m*; ~ **emission** *electr. phys.* thermische Emission; ~ **valve** (*Am.* **tube**) Elektronenröhre *f.* **II** *s pl* (*meist als sg konstruiert*) *electr. phys.* Lehre *f* von den Elekˈtronenröhren.

therm·is·tor [θɜːˈmɪstə; *Am.* ˈθɜrˌmɪstər] *s electr.* Therˈmistor *m.*

ther·mite [ˈθɜːmaɪt; *Am.* ˈθɜrˌmaɪt], *a.* ˈ**ther·mit** [-mɪt] *s chem. tech.* Therˈmit *n*: ~ **process** Thermitverfahren *n.*

thermo- [θɜːməʊ; *Am.* θɜr-] *Wortelement mit den Bedeutungen* a) Wärme..., Hitze..., Thermo..., b) thermoelektrisch.

ˌ**ther·moˈbar·o·graph** *s meteor.* Thermobaroˈgraph *m.*

ˌ**ther·moˈchem·is·try** *s chem.* Thermocheˈmie *f.*

ˈ**ther·moˌcou·ple** *s electr. phys.* Thermoeleˈment *n.*

ˈ**ther·moˌcur·rent** *s electr.* thermoeˈlektrischer Strom.

ˌ**ther·mo·dyˈnam·ics** *s pl* (*als sg konstruiert*) *phys.* Thermodyˈnamik *f.*

ˌ**ther·mo·eˈlec·tric** *adj* (*adv* ~**ally**) thermoeˈlektrisch, ˈwärmeeˌlektrisch: ~ **battery** Thermosäule *f*; ~ **couple** → **thermocouple**; ~ **materials** Thermoelektrika. ˌ**ther·mo·e·lecˈtric·i·ty** *s* Thermoelektriziˈtät *f*, ˈWärmeelektriziˌtät *f.*

ther·mo·gram [ˈθɜːməʊgræm; *Am.* ˈθɜrməˌgræm] *s phys.* Thermoˈgramm *n.*

ˈ**ther·mo·graph** [-grɑːf; *bes. Am.* -græf] *s phys.* Thermoˈgraph *m*, Wärme(grad)schreiber *m.*

ˌ**ther·moˈla·bile** *adj phys.* thermolaˈbil, nicht wärmebeständig.

ˌ**ther·mo·lu·miˈnes·cence** *s phys.* Thermoluminesˈzenz *f.*

ther·mol·y·sis [θɜːˈmɒlɪsɪs; *Am.* θɜrˈmɑlə-] *s chem.* Thermoˈlyse *f.*

ˌ**ther·mo·magˈnet·ic** *adj phys.* thermomaˈgnetisch.

ther·mom·e·ter [θəˈmɒmɪtə(r); *Am.* -ˈmɑ-; *a.* θɜr-] *s phys.* Thermoˈmeter *n*, Temperaˈturmeßgerät *n*: ~ **bulb (stem, well)** Thermometerkugel *f* (-schaft *m*, -hülse *f*); ~ **reading** Thermometerablesung *f*, -stand *m*; → **clinical** 1. **ther·mo·met·ric** [ˌθɜːməʊˈmetrɪk; *Am.* ˌθɜrmə-] *adj*; ˌ**ther·moˈmet·ri·cal** *adj* (*adv* ~**ly**) *phys.* thermoˈmetrisch, Thermometer... **therˈmom·e·try** [-trɪ] *s meteor.* Thermomeˈtrie *f*, Temperaˈturmessung *f.*

ˌ**ther·moˈnu·cle·ar** *adj phys.* thermonukleˈar: ~ **reaction**; ~ **bomb** thermonukleare Bombe, Fusionsbombe *f.*

ther·mo·phile [ˈθɜːməʊfaɪl; *Am.* ˈθɜrmə-], ˈ**ther·mo·phil** [-fɪl] *adj biol.* thermoˈphil, wärmeliebend: ~ **bacteria.**

ther·mo·phore [ˈθɜːməʊfɔː(r); *Am.* ˈθɜrmə-] *s med.* Thermoˈphor *n*, wärmespeicherndes Gerät (*zur Wärmebehandlung*).

ˈ**ther·mo·pile** *s chem. electr. phys.* [Thermosäule *f.*]

ˌ**ther·moˈplas·tic** *chem.* **I** *adj* thermoˈplastisch, warm verformbar. **II** *s* Thermoˈplast *m.*

ˌ**ther·mo·reˈsist·ant** *adj chem. med.* hitzebeständig.

Ther·mos (bot·tle) [ˈθɜːmɒs; *Am.* ˈθɜrməs] (*TM*) *s* Thermosflasche *f.*

ther·mo·scope [ˈθɜːməʊskəʊp; *Am.* ˈθɜrmə-] *s phys.* Thermoˈskop *n.*

ˈ**ther·moˌset·ting** *adj* hitzehärtbar, duroˈplastisch.

Ther·mos flask → **Thermos (bottle).**

ˌ**ther·moˈsta·ble** *adj phys.* thermostaˈbil, wärmebeständig.

ther·mo·stat [ˈθɜːməʊstæt; *Am.* ˈθɜrmə-] *s electr. tech.* Thermoˈstat *m.* ˌ**ther·moˈstat·ic I** *adj* (*adv* ~**ally**) thermoˈstatisch. **II** *s pl* (*als sg konstruiert*) *phys.* Thermoˈstatik *f.*

ˌ**ther·moˈther·a·py** *s med.* Thermotheraˈpie *f*, Wärmebehandlung *f.*

the·roid [ˈθɪərɔɪd] *adj* tierisch, vertiert.

the·sau·rus [θɪˈsɔːrəs] *pl* **-ri** [-raɪ], **-rus·es** *s* Theˈsaurus *m*: a) Wörterbuch *n*, b) (Wort-, Wissens-, Sprach)Schatz *m.*

these [ðiːz] *pl von* **this.**

the·sis [ˈθiːsɪs] *pl* **-ses** [-siːz] *s* **1.** These *f*: a) Behauptung *f*, b) (Streit)Satz *m*, Postuˈlat *n.* **2.** a) Thema *n* (*e-s Aufsatzes etc*), b) *ped.* Aufsatz *m.* **3.** *univ.* a) *a.* **doctoral ~** Dissertatiˈon *f*, Doktorarbeit *f*, b) *allg.* wissenschaftliche Arbeit. **4.** [*a.* ˈθesɪs] *metr.* a) *antiq.* Thesis *f* (*betonter Teil e-s Versfußes*), b) Senkung *f*, unbetonte Silbe. **~ nov·el** *s* Tenˈdenzroˌman *m.* **~ play** *s* Proˈblemstück *n.*

Thes·pi·an [ˈθespɪən] **I** *adj* **1.** thespisch. **2.** Schauspiel..., Tragödien..., draˈmatisch, tragisch. **II** *s* **3.** *oft humor.* Thespisjünger(in) (*Schauspieler*[*in*]).

Thes·sa·lo·ni·an [ˌθesəˈləʊnjən] **I** *s* **1.** Thessaˈlonicher(in). **2.** *pl* (*als sg konstruiert*) *Bibl.* (Brief *m* des Paulus an die) Thessaˈlonicher *pl.* **II** *adj* **3.** thessaˈlonisch.

the·ta [ˈθiːtə; *Am. a.* ˈθeɪtə] *s* Theta *n* (*griechischer Buchstabe*). **~ wave** *s physiol.* Thetawelle *f.*

thews [θjuːz; *Am. a.* θuːz] *s pl* **1.** Muskeln *pl.* **2.** (Muskel-, Körper)Kraft *f.*

they [ðeɪ] *pron* **1.** (*pl zu* **he, she, it**) sie: ~ **go.** **2.** man: ~ **say** man sagt. **3.** es: **Who are ~? T~ are Americans** Wer sind sie? Es *od.* sie sind Amerikaner. **4.** (*auf Kollektiva bezogen*) er, sie, es: **the police ..., they ...** die Polizei..., sie (*sg*). **5.** ~ **who** diejenigen, welche.

thi·a·mine [ˈθaɪəmiːn; -mɪn] *s chem.* Thiaˈmin *n*, Aneuˈrin *n*, Vitaˈmin B_1 *n.*

thick [θɪk] **I** *adj* (*adv* ~**ly**) **1.** *allg.* dick: **a board 2 inches ~** ein zwei Zoll dickes Brett; **(as) ~ as two short planks** *colloq.* ‚strohdumm'. **2.** dick, massig: **a ~ neck.** **3.** *Bergbau*: mächtig (*Flöz*). **4. to give s.o. a ~ ear** *colloq.* j-m ‚eins *od.* ein paar hinter die Ohren geben'. **5.** dicht: ~ **crowds (fog, hair,** *etc*). **6.** ~ **with** über u. über bedeckt von: ~ **with dust.** **7.** ~ **with** voll von, voller, reich an (*dat*): **the air is ~ with snow** die Luft ist voll(er) Schnee. **8.** dick(flüssig). **9.** neblig, trüb(e): ~ **weather.** **10.** schlammig: ~ **puddles** Schlammpfützen. **11.** dumpf, belegt, heiser: ~ **voice.** **12.** dumm. **13.** dicht (aufeinˈanderfolgend). **14.** *fig.* reichlich, massenhaft: **(as) ~ as peas** wie Sand am Meer. **15.** *colloq.* ‚stark', frech: **that's a bit ~!** das ist ein starkes Stück! **16.** *colloq.* ‚dick' (befreundet): **they are (as) ~ as thieves** sie halten zusammen wie Pech u. Schwefel. **II** *s* **17.** dickster Teil, dick(st)e Stelle. **18.** *fig.* dichtester Teil, Mitte *f*, Brennpunkt *m*: **in the ~ of** mitten in (*dat*); **in the ~ of it** mittendrin; **in the ~ of the fight(ing)** im dichtesten Kampfgetümmel; **in the ~ of the crowd** im dichtesten Menschengewühl; **through ~ and thin** durch dick u. dünn. **19.** Dummkopf *m.* **III** *adv* **20.** dick: **to spread ~** *Butter etc* dick aufstreichen *od.* auftragen; **to lay it on ~** *colloq.* ‚dick auftragen'; **~-flowing** dickflüssig. **21.** dicht *od.* rasch (aufeinˈander): **the blows came fast and ~** die Schläge fielen hageldicht. **22.** schwerfällig, undeutlich. ˌ**~-and-ˈthin** *adj* treu (wie Gold), (ganz) zuverlässig: **a ~ friend** ein Freund, der mit e-m durch dick u. dünn geht.

thick·en [ˈθɪkən] **I** *v/t* **1.** dick(er) machen, verdicken. **2.** eindicken: **to ~ a sauce (a paint,** *etc*); **to ~ a soup** e-e Suppe legieren. **3.** dicht(er) machen, verdichten. **4.** verstärken, -mehren: **to ~ the ranks.** **5.** trüben: **fumes ~ the air.** **II** *v/i* **6.** dick(er) werden. **7.** dick(flüssig) werden. **8.** dicht(er) werden, sich verdichten. **9.** sich trüben. **10.** *fig.* sich verwickeln *od.* verwirren: **the plot ~s** der Knoten (*im Drama etc*) schürzt sich. **11.** sich vermehren, zunehmen. **12.** heftiger werden (*Kampf*). **13.** undeutlich werden (*Stimme*). ˈ**thick·en·er** *s* **1.** Eindicker *m.* **2.** *chem.* Verdicker *m*, Absetzbehälter *m.* **3.** Verdickungsmittel *n.* ˈ**thick·en·ing** *s* **1.** Verdickung *f*: a) Verdicken *n*, b) verdickte Stelle. **2.** Eindickung *f.* **3.** Eindickmittel *n.* **4.** Verdichtung *f.* **5.** *med.* Anschwellung *f*, Schwarte *f.*

thick·et [ˈθɪkɪt] *s* Dickicht *n.* ˈ**thick·et·ed** *adj* voller Dickicht(e).

ˈ**thick|·head** *s* Dummkopf *m.* ˌ**~ˈhead·ed** *adj* **1.** dickköpfig. **2.** *fig.* begriffsstutzig, dumm.

ˈthick·ness *s* **1.** Dicke *f*, Stärke *f*. **2.** Dichte *f*. **3.** Verdickung *f*. **4.** Lage *f*, Schicht *f*: **two ~es of silk**. **5.** Dickflüssigkeit *f*. **6.** Undeutlichkeit *f*: **~ of speech** schwere Zunge.

ˌthick|ˈset *adj* **1.** dicht(gepflanzt): **a ~ hedge**. **2.** dichtbesetzt: **~ with jewels**. **3.** unterˈsetzt, stämmig: **a ~ man**. **ˌ~-ˈskinned** *adj* **1.** dickhäutig. **2.** dickschalig. **3.** *zo.* Dickhäuter... **4.** *fig.* dickfellig. **ˌ~-ˈskulled** *adj* **1.** dickköpfig. **2.** *fig.* → **thick-witted**. **ˌ~-ˈwalled** *adj biol.* dickwandig. **ˌ~-ˈwit·ted** *adj* dumm, begriffsstutzig.

thief [θiːf] *pl* **thieves** [θiːvz] *s* **1.** Dieb(in): **stop ~!** haltet den Dieb!; **one ought to set a ~ to catch a ~** wenn man e-n Schlauen fangen will, darf man keinen Dummen schicken; **thieves' Latin** Gaunersprache *f*, Rotwelsch *n*. **2.** Lichtschnuppe *f* (*an Kerzen*). **3.** → **thief tube**. **ˈ~proof** *adj* diebessicher. **~ tube** *s tech.* Stechheber *m*.

thieve [θiːv] *v/t u. v/i* stehlen.

thiev·er·y [ˈθiːvərɪ] *s* **1.** Diebeˈrei *f*, Diebstahl *m*. **2.** Diebesgut *n*, -beute *f*.

thieves [θiːvz] *pl von* **thief**.

thiev·ish [ˈθiːvɪʃ] *adj* (*adv* **~ly**) **1.** diebisch, Dieb(e)s... **2.** heimlich, verstohlen. **ˈthiev·ish·ness** *s* diebisches Wesen.

thigh [θaɪ] *s* **1.** *anat.* (Ober)Schenkel *m*. **2.** *zo.* Femur *m*. **ˈ~bone** *s anat.* (Ober-)Schenkelknochen *m*.

thighed [θaɪd] *adj* (*in Zssgn*) ...schenk(e)lig.

thill [θɪl] *s* Gabeldeichsel *f*. **ˈthill·er,** *a.* **thill horse** *s* Deichselpferd *n*.

thim·ble [ˈθɪmbl] *s* **1.** *Näherei*: a) Fingerhut *m*, b) Nähring *m*. **2.** *tech.* a) Meˈtallring *m*, b) (Stock)Zwinge *f*. **3.** *mar.* Kausche *f*. **ˈ~ful** [-fʊl] *s* **1.** (*ein*) Fingerhut(voll) *m*, Schlückchen *n*. **2.** *fig.* Kleinigkeit *f*. **ˈ~rig I** *s* **1.** Fingerhutspiel *n* (*Bauernfängerspiel*). **2.** → **thimblerigger**. **II** *v/t* **3.** *a. allg.* betrügen. **ˈ~rig·ger** *s* **1.** Fingerhutspieler *m*. **2.** *allg.* Bauernfänger *m*.

thin [θɪn] **I** *adj* (*adv* **~ly**) **1.** *allg.* dünn: **~ air (arms, blood, clothes, syrup, wire,** *etc*); **a ~ line** e-e dünne *od.* schmale *od.* feine Linie. **2.** dünn, schmächtig, mager: → **lath** 1, **rake**[1] 1. **3.** dünn, licht: **~ hair**; **~ rain** feiner Regen; **he is rather ~ on top** sein Haar ist schon ziemlich licht. **4.** *fig.* spärlich, dünn: **~ attendance** spärlicher Besuch, geringe Beteiligung; **to be ~ on the ground** dünn gesät sein; **a ~ house** *thea.* e-e schwachbesuchte Vorstellung; **~ profits** geringer Profit; **~ vegetation** spärliche Vegetation. **5.** dünn, schwach: **~ beer**; **~ sound**; **~ voice**. **6.** *agr.* mager: **~ soil**. **7.** *fig.* mager, dürftig, spärlich: **he had a ~ time** *colloq.* es ging ihm ‚mies'. **8.** *fig.* fadenscheinig: **a ~ excuse (argument,** *etc*). **9.** *fig.* seicht, subˈstanzlos: **a ~ treatise**. **10.** *phot.* konˈtrastarm, undeutlich: **a ~ print**. **II** *v/t* **11.** *oft* **~ down, ~ off, ~ out** a) dünn(er) machen, b) *e-e Flüssigkeit* verdünnen, c) *fig.* verringern, *e-e Bevölkerung* deziˈmieren, d) *e-e Schlachtreihe, e-n Wald etc* lichten, e) *Pflanzen* weiter auseinˈandersetzen. **III** *v/i* **12.** *oft* **~ down, ~ off, ~ out** a) dünn(er) werden, b) sich verringern, c) sich lichten, *fig.* spärlicher werden, abnehmen: **his hair is ~ning** sein Haar lichtet sich; **to ~ out** *geol.* sich auskeilen (*Flöz*).

thine [ðaɪn] *pron obs. od. Bibl. od. poet.* **1.** (*substantivisch*) der *od.* die *od.* das dein(ig)e, dein(e, er). **2.** (*adjektivisch vor Vokalen od. stummem h für* **thy**) dein(e): **~ eyes**.

thing[1], *oft* **T~** [θɪŋ] *s parl.* Thing *n* (*in Skandinavien u. Island: Reichstag od. Volksgerichtsversammlung*).

thing[2] [θɪŋ] *s* **1.** (*konkretes*) Ding, Sache *f*, Gegenstand *m* (*etwas Konkretes*): **the law of ~s** *jur.* das Sachenrecht; **~s personal (real)** *jur.* (un)bewegliche Sachen; **just the ~ I wanted** genau (das), was ich haben wollte. **2.** *colloq.* a) Ding *n*, Dings(da) *n*, b) *euphem.* ‚Ding' *n* (*männliches od. weibliches Geschlechtsteil*). **3.** Ding *n*, Sache *f*, Angelegenheit *f*: **above all ~s** vor allen Dingen, vor allem; **~s political** politische Dinge, alles Politische; **a pretty ~** *iro.* e-e schöne Geschichte; **for one ~** (erstens) einmal; **latest ~ in hats** das Neueste in *od.* an Hüten; **in all ~s** in jeder Hinsicht; **no small ~** keine Kleinigkeit; **not a ~** (rein) gar nichts; **of all ~s** ausgerechnet (*dieses etc*); **it's one of those ~s** da kann man (halt) nichts machen; **to do great ~s** große Dinge tun, Großes vollbringen; **to do one's (own) ~** *colloq.* tun, was man will; **if I hate one ~, it is ...** wenn ich ˈeines hasse, dann ist es ... **4.** *pl* Dinge *pl*, ˈUmstände *pl*, (Sach)Lage *f*: **~s are improving** die Dinge *od.* Verhältnisse bessern sich. **5.** *pl* Sachen *pl*, Zeug *n* (*Gepäck, Gerät, Kleider etc*): **swimming ~s** Badesachen, -zeug; **to put on one's ~s** sich anziehen. **6.** *pl* Sachen *pl* (*Getränke, Essen, Medizin*): **a lot of good ~s** viele gute Sachen (zum Essen u. Trinken). **7.** Wesen *n*, Geschöpf *n*: **dumb ~s**. **8.** a) Ding *n* (*Mädchen etc*): **young ~**, b) Kerl *m*: **(the) poor ~** das arme Ding, der arme Kerl; **poor ~!** der *od.* die Ärmste!, du *od.* Sie Ärmste(r)!; **the dear old ~** ‚die gute alte Haut'; → **old** 10.

thing·a·my [ˈθɪŋəmɪ], *a.* **ˈthing·a·ma·bob** [-əmɪbɒb; *Am.* -məˌbɑb], **ˈthing·a·ma·jig** [-dʒɪg] → **thingumbob**.

ˌthing-in-itˈself *s philos.* Ding *n* an sich.

thing·um·bob [ˈθɪŋəmbɒb; *Am.* -ˌbɑb], *a.* **ˈthing·um·a·bob** [-mɪbɒb; *Am.* -məˌbɑb], **ˈthing·um·a·jig** [-dʒɪg], **ˈthing·um·my** [-mɪ] *s colloq.* (*der, die, das*) ‚Dings(da *od.* -bums')'.

think [θɪŋk] *pret u. pp* **thought** [θɔːt] **I** *v/t* **1.** *etwas* denken: **to ~ base thoughts** gemeine Gedanken hegen; **to ~ away** wegdenken; **to ~ out** a) sich *etwas* ausdenken, b) *bes. Am. a.* **to ~ through** *ein Problem* zu Ende denken; **to ~ over** sich *etwas* überlegen *od.* durch den Kopf gehen lassen; **to ~ to o.s.** bei sich denken; **to ~ up** *e-n Plan etc* aushecken, sich *etwas* ausdenken, sich *etwas* einfallen lassen. **2.** überˈlegen, nachdenken über (*acc*). **3.** denken, sich vorstellen: **one cannot ~ the infinite**; **I can't ~ how you do it** *colloq.* es ist mir schleierhaft, wie du das machst. **4.** bedenken: **~ what your father has done for you!** **5.** denken, meinen, glauben, vermuten. **6.** a) halten *od.* erachten für, b) *etwas* halten (**of** von): **I ~ him (he is thought) to be a poet** ich halte (man hält) ihn für e-n Dichter; **he ~s the lecture very interesting** er findet die Vorlesung sehr interessant; **to ~ o.s. clever** sich für schlau halten; **I ~ it best to go now** ich halte es für das beste, jetzt zu gehen; **to ~ it advisable** es für ratsam halten *od.* erachten; **to ~ s.th. possible** etwas für möglich halten. **7.** denken an (*acc*): **the child thought no harm** das Kind dachte an nichts Böses. **8.** gedenken, beabsichtigen, vorhaben (**of doing, to do** zu tun): **to ~ (to do) no harm** nichts Böses im Sinn haben.

II *v/i* **9.** denken (**of** an *acc*): **to ~ ahead** a) vorausdenken, b) vorsichtig sein; **to ~ aloud, to ~ out loud** laut denken; **now that I come to ~ of it** a) wenn ich es mir recht überlege, b) da fällt mir ein; **to ~ for o.s.** selbständig denken. **10. ~ of** a) sich besinnen auf (*acc*), sich erinnern an (*acc*): **try to ~ of all that has happened**, b) *a.* **~ about** *etwas* bedenken: **~ of it!** denke daran!; **I have my reputation to ~ about** ich muß an m-n Ruf denken, c) sich *etwas* denken *od.* vorstellen, d) *e-n Plan etc* ersinnen, sich *etwas* ausdenken, e) daran denken, erwägen, im Sinne haben: **to ~ of marrying** ans Heiraten denken; **I shouldn't ~ of doing such a thing** so etwas würde mir nicht im Traum einfallen, f) halten von: → **better**[1] 6, **much** 3, **nothing** *Bes. Redew.*, **world** *Bes. Redew.* **11.** überˈlegen, nachdenken (**about, over** über *acc*): **let me ~ a moment!**; **only ~!** denk dir nur!, stell dir nur vor!; **that gave him s.th. to ~ about** das gab ihm zu denken. **12.** denken, glauben, meinen: → **so** 5.

III *s colloq.* **13.** a) (Nach)Denken *n*: **to have a (fresh) ~ about s.th.** über etwas nachdenken (etwas noch einmal überdenken), b) Gedanke *m*: **to have another ~ coming** ‚schief gewickelt sein'.

IV *adj* **14.** *colloq.* a) Denk..., b) (geistig) anspruchsvoll.

ˈthink·a·ble *adj* denkbar, vorstellbar.

ˈthink·er *s* Denker(in).

think| fac·to·ry *Am.* → **think tank** 1. **ˈ~-in** *s colloq.* **1.** Symˈposion *n*, Symˈposium *n*. **2.** Konfeˈrenz *f*.

ˈthink·ing I *adj* (*adv* **~ly**) **1.** denkend, vernünftig: **a ~ being** ein denkendes Wesen; **all ~ men** jeder vernünftig Denkende. **2.** Denk... **II** *s* **3.** Denken *n*: **to do some hard ~** scharf nachdenken; **to do some quick ~** schnell ‚schalten'; **that's good ~!** nicht schlecht (gedacht)!; **to put on one's ~ cap** *colloq.* (mal) nachdenken. **4.** Nachdenken *n*, Überˈlegen *n*. **5.** Meinung *f*: **in** (*od.* **to**) **my (way of) ~** m-r Meinung *od.* Ansicht nach, nach m-m Dafürhalten. **6.** *pl* Überˈlegung(en *pl*) *f*, Gedanken(gang *m*) *pl*. **~ ma·chine** *s colloq.* ‚Elekˈtronengehirn' *n*.

ˈthink|-so *pl* **-sos** *s bes. Am. colloq.* (grundlose *od.* bloße) Vermutung: **on your mere ~?** auf d-e bloße Vermutung hin?, nur weil du das vermutest? **~ tank** *s colloq.* **1.** ‚ˈDenkfaˌbrik' *f*. **2.** Strateˈgiekommissiˌon *f*. **~ tank·er** *s colloq.* Mitglied *n* e-r ‚ˈDenkfaˌbrik' *od.* e-r Strateˈgiekommissiˌon.

thin·ner [ˈθɪnə(r)] *s* **1.** Verdünner *m* (*Arbeiter od. Gerät*). **2.** (*bes.* Farben)Verdünner *m*, (-)Verdünnungsmittel *n*.

ˈthin·ness *s* **1.** Dünne *f*, Dünnheit *f*. **2.** Magerkeit *f*. **3.** Feinheit *f*. **4.** *fig.* Spärlichkeit *f*. **5.** *fig.* Dürftigkeit *f*. **6.** *fig.* Seichtheit *f*.

thin| seam *s geol.* Schmitze *f*. **ˌ~-ˈskinned** *adj* **1.** dünnhäutig. **2.** *fig.* (ˈüber)empfindlich. **ˈ~-sown** *adj* **1.** dünngesät (*a. fig.*). **2.** *fig.* schwachbevölkert.

thi·ol [ˈθaɪɒl; *Am. a.* -ˌəʊl] *chem.* **I** *s* Thiˈolalkohol *m*. **II** *adj* Thiol...

thi·on·ic [θaɪˈɒnɪk; *Am.* -ˈɑ-] *adj chem.* Thio..., Thion..., Schwefel...

third [θɜːd; *Am.* θɜrd] **I** *adj* (*adv* → **thirdly**) **1.** dritt(er, e, es): **~ in height** dritthöchst(er, e, es). **2.** drittklassig, -rangig: **~ cabin** Kabine *f* dritter Klasse; **~ cousin** Vetter *m* dritten Grades. **II** *s* **3.** Drittel *n*. **4.** (*der, die, das*) Dritte. **5.** *sport* Dritte(r *m*) *f*, dritter Sieger. **6.** *mot.* (*der*) dritte Gang. **7.** *mus.* Terz *f*. **8.** *pl jur.* a) Drittel *n* der Hinterˈlassenschaft des Mannes, b) *allg.* Witwengut *n*. **9.** Terz *f* (*sechzigster Teil e-r Zeit- od. Bogensekunde*). **10.** *Papierherstellung*: *Kartenformat* $1^1/_2 \times 3$ *Zoll*. **11.** *meist pl econ.* Ware(n *pl*) *f* dritter Qualiˈtät *od.* Wahl, dritte Wahl. **12.** *univ. Br.* → **third**

class 2. **~ age** *s* (hohes) Alter. **~ best** *s* (*der, die, das*) Drittbeste. **,~-'best** *adj* drittbest(er, e, es). **~ class** *s* **1.** *rail. etc* dritte Klasse. **2.** *univ. Br.* aka'demischer Grad dritter Klasse. **,~-'class I** *adj* **1.** drittklassig, -rangig: **~ honours degree** → **third class** 2; **~ mail** *Am.* Drucksachen *pl.* **2.** *rail.* (*Wagen etc*) dritter Klasse: **~ carriage. II** *adv* **3.** dritte(r) Klasse: **to travel ~. ~coun·try** *s jur. pol.* Drittland *n.* **~ de·gree** *s* **1.** dritter Grad. **2.** *colloq.* ‚dritter Grad', Folterverhör *n.* **3.** *Freimaurerei*: Meistergrad *m.* **,~-de-'gree I** *adj* dritten Grades: **~ burns. II** *v/t Am. colloq.* den ‚dritten Grad' anwenden bei. **~ es·tate** *s hist.* dritter Stand (*Bürgertum*). **~ floor** *s* **1.** *Br.* dritter Stock. **2.** *Am.* zweiter Stock. **'~-floor** *adj* im dritten (*Am.* zweiten) Stock (gelegen). **~ force** *s fig.* dritte Kraft. **,~-'hand** *adj u. adv* aus dritter Hand (erworben). **~ house** *s pol. Am. Clique, die Einfluß auf die Gesetzgebung hat.*

'third·ly *adv* drittens.

third| par·ty *s* **1.** *econ. jur.* Dritte(r) *m.* **2.** *pol.* dritte Par'tei *od.* Kraft (*in e-m Zweiparteiensystem*). **,~-'par·ty** *adj econ. jur.* Dritt...: **~ debtor; ~ insurance** Haftpflichtversicherung *f*; **insured against ~ risks** haftpflichtversichert. **~ per·son** *s* **1.** *ling.* dritte Per'son. **2.** *econ. jur.* Dritte(r) *m.* **~ rail** *s* Stromschiene *f.* **,~-'rate** *adj* **1.** drittrangig, -klassig (*a. fig.*). **2.** *fig.* minderwertig. **,~-'rat·er** *s* **1.** unbedeutende Per'son. **2.** minderwertige Sache. **T~ Reich** *s hist.* (*das*) Dritte Reich (*Hitlerregime*). **~ sex** *s colloq.* (*das*) ‚dritte Geschlecht', (*die*) Homosexu'ellen *pl.* **~ wire** *s electr.* Mittelleiter *m.* **T~ World** *s pol.* (*die*) Dritte Welt.

thirst [θɜːst; *Am.* θɜrst] **I** *s* **1.** Durst *m*: **~ strike** Durststreik *m.* **2.** *fig.* Durst *m*, Gier *f*, Verlangen *n*, Sucht *f* (**for**, *poet.* **after** nach): **~ for blood** Blutdurst; **~ for knowledge** Wissensdurst; **~ for power** Machtgier. **II** *v/i* **3.** dürsten, durstig sein, Durst haben. **4.** *fig.* dürsten, lechzen (**for**, *poet.* **after** nach): **to ~ for revenge; to ~ to do s.th.** darauf brennen, etwas zu tun.

'thirst·i·ness *s* Durst(igkeit *f*) *m.*

'thirst·y *adj* (*adv* **thirstily**) **1.** durstig: **to be ~** Durst haben, durstig sein. **2.** ‚durstig' (*a. Auto*), trinkfreudig: **a ~ man. 3.** *agr.* dürr, trocken: **~ season; ~ soil. 4.** *colloq.* ‚trocken': **~ work** (e-e) Arbeit, die Durst macht. **5.** *fig.* begierig, lechzend (**for**, *poet.* **after** nach): **to be ~ for s.th.** nach etwas dürsten *od.* lechzen.

thir·teen [,θɜː'tiːn; *Am.* ,θɜr-] **I** *adj* dreizehn. **II** *s* Dreizehn *f.* **,thir'teenth** [-θ] **I** *adj* **1.** dreizehnt(er, e, es). **2.** dreizehntel. **II** *s* **3.** (*der, die, das*) Dreizehnte. **4.** Dreizehntel *n.* **5.** *mus.* 'Terzde,zime *f.*

thir·ti·eth ['θɜːtɪɪθ; *Am.* 'θɜr-] **I** *adj* **1.** dreißigst(er, e, es). **2.** dreißigstel. **II** *s* **3.** (*der, die, das*) Dreißigste. **4.** Dreißigstel *n.*

thir·ty ['θɜːtɪ; *Am.* 'θɜr-] **I** *adj* **1.** dreißig: **~ all** *Tennis*: dreißig beide; **T~ Years' War** *hist.* Dreißigjähriger Krieg. **II** *s* **2.** Dreißig *f*: **he is in his thirties** er ist in den Dreißigern; **in the thirties** in den dreißiger Jahren (*e-s Jahrhunderts*). **3.** *Journalismus*: *Am. sl.* Ende *n* (*30 als Schlußzeichen e-s Artikels etc*). **,thir·ty-'two·mo** [-'tuːməʊ] *print.* **I** *pl* **-mos** *s* **1.** Zweiund'dreißigerfor,mat *n.* **2.** Band *m* im Zweiund'dreißigerfor,mat. **II** *adj* **3.** im Zweiund'dreißigerfor,mat: **~ volume.**

this [ðɪs] *pl* **these** [ðiːz] **I** *pron* **1.** a) dieser, diese, dieses, b) dies, das: **all ~** dies alles, all das; **~ and that** dies u. das, allerlei; **for all ~** deswegen, darum; **like ~** so; **these are his children** das sind s-e Kinder; **~ is what I expected** (genau) das habe ich erwartet; **~ is what happened** folgendes geschah. **2.** dieses, dieser Zeitpunkt, dieses Ereignis: **after ~** danach; **at ~** dabei, daraufhin; **before ~** zuvor; **by ~** bis dahin, mittlerweile. **II** *adj* **3.** dieser, diese, dieses: **~ book. 4.** der *od.* die *od.* das (da): **look at ~ dog!** schau den Hund (da) an! **5.** der (die, das) naheliegende *od.* hiesige: **in ~ country** hier(zulande). **6.** dies(er, es), *bes. econ.* der (das) laufende (*Jahr, Monat*): **of ~ month** dieses Monats; **~ day week** heute in e-r Woche; **~ time** diesmal. **7.** dieser, diese, dieses, letzt(er, e, es): **all ~ week** die ganze (letzte) Woche; **(for) these 3 weeks** die letzten 3 Wochen, seit 3 Wochen. **8.** *colloq.* **I met ~ man who ...** ich traf da (so) e-n Kerl, der ...; **I read ~ book which ...** ich las da (so) ein Buch, das ... **III** *adv* **9.** so: **~ far; ~ much.**

this·tle ['θɪsl] *s bot.* Distel *f* (*a. her. das Emblem Schottlands*): **Order of the T~** Distel-, Andreasorden *m.* **'~·down** *s bot.* Distelwolle *f.* **~ finch** *s orn.* Distelfink *m.*

this·tly ['θɪslɪ] *adj* **1.** distelig, voller Disteln. **2.** stach(e)lig.

thith·er ['ðɪðə(r); *Am. a.* 'θɪ-] *obs. od. poet.* **I** *adv* dorthin, dahin, in der Richtung: → **hither** 1. **II** *adj* jenseitig, ander(er, e, es): **the ~ bank of a stream.**

tho *Am. colloq. für* though.

thole[1] [θəʊl] *obs. od. dial.* **I** *v/t* **1.** erdulden. **2.** dulden. **II** *v/i* **3.** leiden.

thole[2] [θəʊl], **'thole·pin** *s mar.* Dolle *f.*

Thom·as ['tɒməs; *Am.* 'tɑ-] **I** *npr Bibl.* Thomas *m* (*Apostel*). **II** *s meist* **doubting ~** *fig.* ungläubiger Thomas.

Tho·mism ['təʊmɪzəm] *s philos. relig.* Tho'mismus *m* (*Lehre des Thomas von Aquin u. s-r Schule*).

thong [θɒŋ] **I** *s* **1.** (Leder)Riemen *m* (*Halfter, Zügel, Peitschenschnur etc*). **2.** *bes. Am.* 'Zehensan,dale *f* (*aus Gummi od. Plastik*). **II** *v/t* **3.** mit Riemen versehen *od.* befestigen. **4.** (mit e-m Riemen) (aus)peitschen.

tho·ra·ces ['θɔːrəsiːz; *Am. a.* 'θəʊ-] *pl von* **thorax.**

tho·rac·ic [θɔː'ræsɪk; θə-] *adj anat.* thora'kal, Brust...: **~ aorta** Brustschlagader *f*; **~ cage** Brustkorb *m*, -kasten *m*; **~ duct** Milchbrustgang *m.*

tho·rax ['θɔːræks; *Am. a.* 'θəʊər,æks] *pl* **-rax·es, -ra·ces** [-rəsiːz] *s* **1.** *anat.* Brust(korb *m*, -kasten *m*) *f*, Thorax *m.* **2.** *zo.* Mittelleib *m* (*bei Gliederfüßlern*).

thor·ic ['θɔːrɪk; *Am. a.* 'θɑ-; 'θəʊ-] *adj chem.* Thorium...

tho·rite ['θɔːraɪt; *Am. a.* 'θəʊər,aɪt] *s min.* Tho'rit *m.*

thorn [θɔː(r)n] *s* **1.** Dorn *m*: **to be a ~ in s.o.'s flesh** (*od.* **side**) a) j-m ein Pfahl im Fleische sein, b) j-m ein Dorn im Auge sein; **to be** (*od.* **sit**) **on ~s** ‚wie auf (glühenden) Kohlen sitzen'; → **bed** *Bes. Redew.* **2.** *bot.* Dornstrauch *m*, *bes.* Weißdorn *m.* **3.** Dorn *m* (*der altenglische u. isländische Buchstabe þ*). **~ ap·ple** *s bot.* Stechapfel *m.* **'~·back** *s* **1.** *ichth.* Nagelrochen *m.* **2.** *zo.* Meerspinne *f.*

thorned [θɔː(r)nd] *adj* dornig.

thorn·i·ness ['θɔː(r)nɪnɪs] *s* **1.** Dornigkeit *f.* **2.** *fig.* Mühseligkeit *f.* **3.** (*das*) Heikle. **'thorn·less** *adj* dornenlos. **'thorn·y** *adj* **1.** dornig. **2.** *fig.* dornenvoll, mühselig, schwierig. **3.** heikel: **a ~ problem.**

thor·o *Am. colloq. für* thorough.

thor·ough ['θʌrə; *Am.* 'θɜrəʊ] **I** *adj* (*adv* → **thoroughly**) **1.** *allg.* gründlich: a) sorgfältig: **a ~ man; a ~ test,** b) genau, eingehend: **a ~ investigation; ~ knowledge** gründliche Kenntnisse *pl*, c) 'durchgreifend: **a ~ reform. 2.** voll'endet: a) voll'kommen, per'fekt, meisterhaft, b) echt, durch u. durch: **a ~ politician,** c) völlig: **a ~ delight** e-e reine Freude, d) *contp.* ‚ausgekocht', abgefeimt: **a ~ rascal. II** *prep u. adv* **3.** *obs.* durch. **III** *s* **4.** **T~** *hist. die Gewaltpolitik Lord Straffords u. Erzbischof Lauds unter Karl I.* **5.** Ge'waltmaßnahme *f*, -poli,tik *f.* **~·bass** [beɪs] *s mus.* Gene'ralbaß *m.* **'~·bred I** *adj* **1.** *biol. zo.* reinrassig, Vollblut... **2.** *fig.* a) rassig, b) ele'gant, c) kulti'viert. **3.** *fig.* → **thorough** 2 b. **4.** rassig, schnittig: **a ~ sports car. II** *s* **5.** a) Vollblut(pferd) *n*, b) **T~** englisches Vollblut. **6.** reinrassiges Tier. **7.** rassiger *od.* kulti'vierter Mensch. **8.** *mot.* rassiger *od.* schnittiger Wagen. **'~·fare** *s* **1.** 'Durchgangsstraße *f*, Hauptverkehrsstraße *f.* **2.** 'Durchfahrt *f*: **no ~!** Durchfahrt verboten! **3.** Wasserstraße *f.* **'~,go·ing** *adj* **1.** → **thorough** 1. **2.** radi'kal, kompro'mißlos.

'thor·ough·ly *adv* **1.** gründlich *etc.* **2.** gänzlich, völlig, vollkommen, to'tal. **3.** äußerst: **~ delighted. 'thor·ough·ness** *s* **1.** Gründlichkeit *f.* **2.** Voll'kommenheit *f.* **3.** Voll'endung *f.*

'thor·ough·paced *adj* **1.** in allen Gangarten geübt (*Pferd*). **2.** *fig.* → **thorough** 2 b, d.

thorp(e) [θɔː(r)p] *s* Dorf *n* (*bes. bei Ortsnamen*).

those [ðəʊz] *pl von* **that**[1].

thou[1] [ðaʊ] **I** *pron poet. od. Br. dial. od. Bibl.* du. **II** *v/t j-n* mit **thou** anreden.

thou[2] [θaʊ] *pl* **thous, thou** *s colloq.* ‚Mille' *n*, Tausend *n.*

though [ðəʊ] **I** *conj* **1.** ob'wohl, ob'gleich, ob'schon. **2.** *a.* **even ~** wenn auch, selbst wenn, wenn'gleich, zwar: **important ~ it is** so wichtig es auch ist; **what ~ the way is long** was macht es schon aus, wenn der Weg lang ist. **3.** je'doch, doch. **4.** **as ~** als ob, wie wenn. **II** *adv* **5.** *colloq.* (*am Satzende*) aber, trotzdem, dennoch, aller'dings: **I wish you had told me, ~.**

thought[1] [θɔːt] *s* **1.** a) Gedanke *m*, Einfall *m*: **a happy ~,** b) Gedankengang *m*, c) Gedanken *pl*, Denken *n*: **to read s.o.'s ~s** j-s Gedanken lesen; **(as) quick as ~** blitzschnell; **his one ~ was how to get away** er dachte nur daran, wie er fortkommen könnte; **it never entered my ~s** es kam mir nie in den Sinn; **not to give a ~ to s.th.** keinen Gedanken an e-e Sache verschwenden; → **lost** 8. **2.** *nur sg* Denken *n*, Denkvermögen *n*: **to stimulate ~** zum Denken anregen; **are animals capable of ~?** können Tiere denken?; **a beauty beyond ~** e-e unvorstellbare Schönheit. **3.** Über'legung *f*: **to give ~ to** sich Gedanken machen über (*acc*); **to take ~ how to do s.th.** sich überlegen, wie man etwas tun könnte; **after serious ~** nach ernsthafter Erwägung; **he acts without ~** er handelt, ohne zu überlegen; **on second ~** a) nach reiflicher Überlegung, b) wenn ich es mir recht überlege. **4.** (Für)Sorge *f*, Rücksicht (-nahme) *f*: **to give** (*od.* **have**) **some ~ to** Rücksicht nehmen auf (*acc*); **to take ~ for** Sorge tragen für *od.* um (*acc*); **to take no ~ to** (*od.* **for**) nicht achten auf (*acc*); **take no ~ for the morrow!** denke nicht an morgen *od.* an die Zukunft! **5.** Absicht *f*: **we had (some) ~s of coming** wir trugen uns mit dem Gedanken zu kommen; **he had no ~ of doing** er dachte nicht daran zu tun. **6.** *meist pl* Gedanke *m*, Meinung *f*, Ansicht *f.* **7.** *nur sg* Denken *n*: a) Denkweise *f*: **scientific ~,** b) Gedankenwelt *f*: **Greek ~. 8.** *fig.* ‚I'dee' *f*, Spur *f*: **he is a ~ smaller** er ist e-e Idee kleiner; **a ~ hesitant** etwas zögernd.

thought[2] [θɔːt] *pret u. pp von* **think.**

thought| block·ing *s psych.* Denkhemmung *f.* **~ ex·per·i·ment** *s scient.* Ge'dankenexperi,ment *n.*

ˈthought·ful [-fʊl] *adj* (*adv* ~**ly**) **1.** gedankenvoll, nachdenklich, besinnlich (*a. Buch etc*). **2.** achtsam (**of** mit). **3.** rücksichtsvoll, aufmerksam, zuˈvorkommend. **4.** durchˈdacht (*Aktion*). **ˈthought·ful·ness** *s* **1.** Nachdenklichkeit *f*, Besinnlichkeit *f*. **2.** Achtsamkeit *f*. **3.** Rücksichtnahme *f*, Aufmerksamkeit *f*. **ˈthought·less** *adj* (*adv* ~**ly**) **1.** gedankenlos, ˈunüberˌlegt, unbesonnen, unbekümmert. **2.** rücksichtslos, unaufmerksam. **ˈthought·less·ness** *s* **1.** Gedankenlosigkeit *f*, Unbesonnenheit *f*, Unbekümmertheit *f*. **2.** Rücksichtslosigkeit *f*, Unaufmerksamkeit *f*. **ˌthought|-ˈout** *adj* durchˈdacht: **a well ~ plan** ein wohldurchdachter Plan. **~ pat·tern** *s* ˈDenkschema *n*, -strukˌtur *f*. **ˈ~-ˌread** *v/t irr Am. j-s* Gedanken lesen. **~read·er** *s* Gedankenleser(in). **~trans·fer·ence** *s* Geˈdankenüberˌtragung *f*.

thou·sand [ˈθaʊznd] **I** *adj* **1.** tausend: **The T~ and One Nights** Tausendundeine Nacht. **2.** *a.* **~ and one** *fig.* tausend, unzählige, zahllose: **a ~ apologies; to die a ~ deaths** a) vor Scham fast in den Boden sinken, b) tausend Ängste ausstehen; **a ~ thanks** tausend Dank. **II** *s* **3.** Tausend *n* (*Einheit*): **~s** Tausende; **many ~s of times** vieltausendmal; **they came in their ~s** (*od.* **by the ~**) sie kamen zu Tausenden; **one in a ~** ein(er, e, es) unter Tausend. **4.** Tausend *f* (*Zahl*). **ˈthou·sand·fold** [-fəʊld] **I** *adj u. adv* tausendfach. **II** *s* (*das*) Tausendfache.

thou·sandth [ˈθaʊzntθ] **I** *s* **1.** (*der, die, das*) Tausendste. **2.** Tausendstel *n*. **II** *adj* **3.** tausendst(er, e, es). **4.** tausendstel.

thral·dom *Br. für* **thralldom.**

thrall [θrɔːl] *s* **1.** *hist.* Leibeigene(r *m*) *f*, Hörige(r *m*) *f*. **2.** *fig.* Sklave *m* (**to** *gen*). **3.** → **thralldom: to be in ~ to one's passions** Sklave s-r Leidenschaften sein. **ˈthrall·dom** *s* **1.** *hist.* Leibeigenschaft *f*. **2. to be held in ~ to s.th.** *fig.* von etwas in den Bann geschlagen sein.

thrash [θræʃ] **I** *v/t* **1.** → **thresh** I. **2.** *j-n* verdreschen, verprügeln: **to get ~ed** Prügel beziehen (*a. sport colloq.*). **3.** *sport colloq. j-m* e-e Abfuhr erteilen. **II** *v/i* **4.** → **thresh** 3. **5.** *a.* **~ about** (*od.* **around**) a) sich *im Bett etc* hin u. her werfen, b) um sich schlagen, c) zappeln (*Fisch*). **6.** *mar.* knüppeln (*gegen Wind u. Wellen segeln*). **7.** einschlagen (**at** auf *acc*). **II** *s* **8.** a) Schlag *m*, b) Schlagen *n*. **ˈthrash·er** → **thresher. ˈthrash·ing I** *s* **1.** → **threshing** I. **2.** ‚Dresche' *f*, (Tracht *f*) Prügel *pl*: **to give s.o. a ~** → **thrash** 2. **3.** *sport colloq.* Abfuhr *f*: **to give s.o. a ~** → **thrash** 3. **II** *adj* → **threshing** II.

thra·son·i·cal [θrəˈsɒnɪkl; *Am.* -ˈsɑ-; *a.* θreɪ-] *adj* prahlerisch, aufschneidend.

thread [θred] **I** *s* **1.** Faden *m*, Zwirn *m*, Garn *n*: **~ (of life)** *fig.* Lebensfaden; **he has not a dry ~ on him** er hat keinen trockenen Faden am Leib; **~ and thrum** Faden u. Trumm (*Gutes u. Schlechtes durcheinander*); → **hang** 16. **2.** Faden *m*, Faser *f*, Fiber *f*. **3.** *tech.* (Schrauben)Gewinde *n*, Gewindegang *m*. **4.** *fig.* (dünner) Strahl, Strich *m*. **5.** dünne (Kohlen-, Erz-) Ader. **6.** *fig.* Faden *m*, Zs.-hang *m*: **he lost the ~ (of his story)** er verlor den Faden; **to resume** (*od.* **pick up, take up**) **the ~** den Faden wiederaufnehmen. **7.** *pl Am. sl.* Sachen *pl*, ‚Klaˈmotten' *pl* (*Kleider*). **II** *v/t* **8.** *e-e Nadel* einfädeln. **9.** *Perlen etc* aufreihen, -fädeln (**on** auf *acc*). **10.** mit Fäden durchˈziehen. **11.** *fig.* durchˈziehen, -ˈdringen, erfüllen. **12.** sich winden durch: **to ~ one's way (through)** → 16. **13.** *tech.* (ein) Gewinde schneiden in (*acc*). **14.** *electr.* ein Kraftfeld bilden um (*e-n Leiter*). **15.** *phot.* e-n Film einlegen in (*acc*). **III** *v/i* **16.** sich (hinˈdurch)schlängeln (**through** durch). **ˈ~bare** *adj* **1.** fadenscheinig, abgetragen. **2.** schäbig (gekleidet). **3.** *fig.* dürftig, schäbig. **4.** *fig.* abgedroschen: **a ~ word. ˈ~bare·ness** *s* **1.** Fadenscheinigkeit *f*. **2.** Schäbigkeit *f* (*a. fig.*). **3.** *fig.* Abgedroschenheit *f*.

thread·ed [ˈθredɪd] *adj tech.* Gewinde...: **~ flange. ˈthread·er** *s* **1.** Einfädler(in). **2.** ˈEinfädelmaˌschine *f*. **3.** *tech.* Gewindeschneider *m*. **ˈthread·ing lathe** *s tech.* Gewindeschneidebank *f*.

thread| lace *s* Leinen-, Baumwollspitze *f*. **ˈ~like** *adj* fadenförmig. **~ mark** *s* Faserzeichen *n* (*im Papiergeld*). **~ pitch** *s tech.* (Gewinde)Steigung *f*. **ˈ~worm** *s zo.* Fadenwurm *m*.

thread·y [ˈθredɪ] *adj* **1.** fadenartig, faserig. **2.** Fäden ziehend. **3.** *fig.* schwach, dünn: **~ voice; ~ pulse** *med.* Fadenpuls *m*.

threat [θret] *s* **1.** Drohung *f* (**of** mit; **to** gegen). **2.** (**to**) Bedrohung *f* (*gen*), Gefahr *f* (für): **a ~ to peace; there was a ~ of rain** es drohte zu regnen.

threat·en [ˈθretn] **I** *v/t* **1.** (**with**) *j-m* drohen (mit), *j-m* androhen (*acc*), *j-n* bedrohen (mit). **2.** *etwas* androhen (**to** *dat*): **he ~ed punishment to all of us. 3.** drohend ankündigen: **the sky ~s a storm. 4.** (damit) drohen (**to do** zu tun): **she ~ed to buy a car. 5.** *etwas* bedrohen, gefährden: **~ed (with dying out** *od.* **by extinction)** *biol.* (vom Aussterben) bedroht. **II** *v/i* **6.** drohen. **7.** *fig.* drohen: a) drohend beˈvorstehen: **a catastrophe was ~ing**, b) Gefahr laufen (**to do** zu tun). **ˈthreat·en·ing** *adj* (*adv* ~**ly**) **1.** drohend, Droh...: **~ letter** Drohbrief *m*. **2.** *fig.* bedrohlich.

three [θriː] **I** *adj* **1.** drei. **II** *s* **2.** Drei *f* (*Zahl, Spielkarte etc*): **the ~ of hearts** die Herzdrei; **by ~s** immer drei auf einmal; **T~ in One** *relig.* (*die*) Dreieinigkeit *od.* Dreifaltigkeit; → **rule** 7. **3.** *Eiskunstlauf*: Dreier *m*. **ˈ~act play** *s thea.* Dreiakter *m*. **ˈ~ˌcard mon·te** *s Am.*, **ˈ~card trick** *s Br.* Kümmelblättchen *n* (*Bauernfängerspiel*). **ˌ~-ˈcol·o(u)r** *adj* dreifarbig, Dreifarben...: **~ process** Dreifarbendruck(verfahren *n*) *m*. **ˌ~-ˈcor·nered** *adj* **1.** dreieckig: **~ hat** Dreispitz *m*. **2.** zu dreien, Dreier...: **a ~ discussion. ˌ~-ˈD I** *s* ˈdreidimensioˌnaler Efˈfekt: **to be in ~** dreidimensional sein. **II** *adj* → **three-dimensional. ˈ~-day e·vent** *s Reitsport*: Military *f*. **ˈ~-day e·vent·er** *s* Military-Reiter(in). **ˈ~-day fe·ver** *s med.* Dreiˈtagefieber *n*. **ˌ~-ˈdeck·er** *s* **1.** *mar.* Dreidecker *m*. **2.** (*etwas*) Dreiteiliges, *bes. colloq.* dreibändiger Roˈman, *allg.* ‚dicker Wälzer'. **3.** *colloq.* ‚Mordsding' *n*. **ˌ~-ˈdig·it** *adj math.* dreistellig: **~ number. ˌ~-di·men·sion·al** *adj* ˈdreidimensioˌnal: **~ curve** Raumkurve *f*; **~ sound** Raumton *m*. **ˈ~-door** *adj mot.* dreitürig.

three·fold [ˈθriːfəʊld] **I** *adj u. adv* dreifach. **II** *s* (*das*) Dreifache.

ˈthree|-four (time) *s mus.* Dreiˈvierteltakt *m*. **ˌ~-ˈhand·ed** *adj* **1.** dreihändig. **2.** von drei Perˈsonen gespielt: **~ whist. ˈ~-lane** *adj* dreispurig (*Autobahn etc*). **ˌ~-ˈleg·ged** *adj* dreibeinig: **~ race** Dreibeinwettlauf *m*. **ˌ~-ˈmast·er** *s mar.* Dreimaster *m*. **ˌ~-ˈmile** *adj* Dreimeilen...: **~ limit; ~ zone. ˈ~-part** *adj mus.* dreistimmig, für drei Stimmen.

three|·pence [ˈθrepəns; ˈθrɪ-; ˈθrʌ-] *s Br.* **1.** (Wert *m* von) drei Pence *pl.* **2.** *hist.* Dreiˈpencestück *n*. **ˈ~pen·ny** [-pənɪ] *adj* **1.** *Br.* im Wert von drei Pence, Dreipence... **2.** *fig. bes. Br.* billig, wertlos.

ˈthree|-phase *adj electr.* dreiphasig, Dreiphasen...: **~ current** Drehstrom *m*, Dreiphasenstrom *m*. **ˈ~-piece I** *adj* dreiteilig: **~ suit** → II a; **~ suite** → II b. **II** *s* a) Dreiteiler *m*, b) dreiteilige ˈSitzgarniˌtur. **ˈ~-pin** *adj electr.* dreipolig: **~ plug. ˈ~-ply I** *adj* **1.** dreifach (*Garn, Seil etc*). **2.** dreischichtig (*Holz etc*). **II** *s* **3.** dreischichtiges Sperrholz. **ˈ~-point** *adj bes. aer. tech.* Dreipunkt...: **~ bearing; ~ landing; ~ switch** Dreiwegschalter *m*. **ˌ~-ˈquar·ter I** *adj* dreiviertel: **~ face** Halbprofil *n*; **~ time** *mus. bes. Am.* Dreivierteltakt *m*. **II** *s a.* **~ back** (*Rugby*) Dreiˈviertelspieler *m*. **ˈ~-ˌring cir·cus** *s Am.* **1.** ˈdreimaˌnegiger Zirkus. **2.** *fig.* ‚Affenzirkus' *m*. **ˌ~-ˈscore** *adj obs.* sechzig.

three·some [ˈθriːsəm] **I** *adj* **1.** zu dreien, Dreier... **II** *s* **2.** Dreiergruppe *f*, *bes. humor.* ‚Trio' *n*. **3.** *Golf*: Dreier(spiel *n*) *m*.

ˈthree|-speed gear *s tech.* Dreiganggetriebe *n*. **ˈ~-square** *adj tech.* dreikantig. **ˈ~-stage** *adj tech.* dreistufig: **~ amplifier; ~ rocket** Dreistufenrakete *f*. **ˈ~-star** *adj* Drei-Sterne-...: **~ general; ~ restaurant. ˈ~-way** *adj bes. electr. tech.* Dreiwege...: **~ cock; ~ switch.**

thre·node [ˈθriːnəʊd; ˈθren-] → **threnody. thre·no·di·al** [θrɪˈnəʊdɪəl], **threˈnod·ic** [-ˈnɒdɪk; *Am.* -ˈnɑ-], **threˈnod·i·cal** *adj* Klage..., Trauer... **thren·o·dist** [ˈθrenədɪst] *s* Dichter(in) *od.* Sänger(in) von Threnoˈdien. **thren·o·dy** [ˈθrenədɪ] *s* Threnoˈdie *f*, Threnos *m*, Klagelied *n*.

thresh [θreʃ] **I** *v/t* **1.** dreschen: **to ~ out** *fig.* gründlich erörtern, klären. **II** *v/i* **2.** dreschen. **3.** → **thrash** 5. **ˈthresh·er** *s* **1.** Drescher *m*. **2.** ˈDreschmaˌschine *f*. **3.** *a.* **~ shark** *ichth.* Fuchshai *m*. **ˈthresh·ing I** *s* Dreschen *n*. **II** *adj* Dresch...: **~ machine; ~ floor** Dreschboden *m*, Tenne *f*.

thresh·old [ˈθreʃəʊld; -həʊld] **I** *s* **1.** (Tür)Schwelle *f*. **2.** *fig.* Schwelle *f*, Beginn *m*: **on the ~ of manhood** an der Schwelle zum Mannesalter. **3.** *med. phys. psych. etc* Schwelle *f*: **~ of audibility** Hör(barkeits)schwelle; **~ of consciousness** Bewußtseinsschwelle; **~ of pain** Schmerzgrenze *f*, -schwelle; → **stimulus** 1. **II** *adj* **4.** Schwellen...: **~ frequency; ~ value; ~ dose** *med.* kritische Dosis.

threw [θruː] *pret von* **throw.**

thrice [θraɪs] *adv obs.* **1.** dreimal. **2.** sehr, ˈüberaus, über...

thrift [θrɪft] *s* **1.** Sparsamkeit *f*: a) Sparsinn *m*, b) Wirtschaftlichkeit *f*: **~ account** *Am.* Sparkonto *n*; **~-priced** preisgünstig; **~ shop** Second-hand-Shop *m* (*oft für karitative Zwecke*); **~ society** *Am.* Sparvereinigung *f*. **2.** *bot.* Grasnelke *f*. **ˈthrift·i·ness** → **thrift** 1. **ˈthrift·less** *adj* (*adv* ~**ly**) verschwenderisch. **ˈthrift·less·ness** *s* Verschwendung *f*. **ˈthrift·y** *adj* (*adv* **thriftily**) **1.** sparsam (**of, with** mit): a) haushälterisch, b) wirtschaftlich (*a. Sachen*), c) knauserig. **2.** *poet.* gedeihend, blühend, erfolgreich.

thrill [θrɪl] **I** *v/t* **1.** erschauern lassen, erregen, packen, begeistern, elektriˈsieren, entzücken. **2.** *j-n* durchˈlaufen, -ˈschauern, überˈlaufen (*Gefühl*). **II** *v/i* **3.** (er)beben, erschauern, zittern (**with** vor *dat*; **to** bei). **4.** (**to**) sich begeistern (für), gepackt *od.* elektriˈsiert werden (von). **5.** durchˈlaufen, -ˈschauern, -ˈrieseln (**through** *acc*). **6.** zittern, (er)beben, viˈbrieren. **III** *s* **7.** Zittern *n*, Erregung *f*: **a ~ of joy** e-e freudige Erregung, ein freudiges Erbeben. **8.** (*das*) Spannende *od.* Erregende *od.* Packende. **9.** a) (Nerven)Kitzel *m*, prickelndes Gefühl, b) Sensatiˈon *f*. **10.** Beben *n*, Vibratiˈon *f*.

ˈ**thrill·er** *s* ‚Reißer' *m*, Thriller *m* (*Kriminalfilm, -roman etc*). ˈ**thrill·ing** *adj* **1.** a) auf-, erregend, packend, spannend, b) sensatioˈnell. **2.** ˈhinreißend, begeisternd. [füßer *m*.]
thrips [θrɪps] *pl* **thrips** *s zo.* Blasen-
thrive [θraɪv] *pret* **throve** [θrəʊv] *od.* **thrived** [θraɪvd] *pp* **thriv·en** [ˈθrɪvn] *od.* **thrived** [θraɪvd] *v/i* **1.** gedeihen (**on** mit, bei) (*Kind, Pflanze, Tier*). **2.** *fig.* gedeihen: a) blühen, floˈrieren (*Geschäft etc*), b) Erfolg haben, reich werden (*Person*), c) sich entwickeln: **vice was thriving.** ˈ**thriv·ing** *adj* (*adv* **~ly**) *fig.* gedeihend, blühend.
thro' [θru:] *poet. für* **through.**
throat [θrəʊt] **I** *s* **1.** *anat.* Kehle *f*, Gurgel *f*, Rachen *m*, Schlund *m*: **that sticks in my ~** das ist mir zuwider; **the words stuck in my ~** die Worte blieben mir im Halse stecken; **to thrust** (*od.* **ram, shove, stuff**) **s.th. down s.o.'s ~** j-m etwas eintrichtern; → **lie**[1] 2, **sore** 2. **2.** Hals *m*: **to cut s.o.'s ~** j-m den Hals abschneiden; **to take s.o. by the ~** j-n an der Gurgel packen; **to cut one's own ~** sich selbst ruinieren. **3.** *fig.* ˈDurch-, Eingang *m*, verengte Öffnung, (Trichter-) Hals *m*: **~ of a vase** Hals e-r Vase; **~ of a furnace** *tech.* Gicht *f* e-s Hochofens. **4.** *arch.* Hohlkehle *f*. **5.** *mar.* a) Kehle *f* e-s Knieholzes, b) Klauohr *n* (*obere vordere Ecke e-s Stagsegels*), c) Klau *f* e-r Gaffel. **II** *adj* **6.** a) Hals..., Rachen..., b) *a. electr.* Kehlkopf...: **~ microphone.** ˈ**throat·ed** *adj* (*bes. in Zssgn*) ...kehlig. ˈ**throat·y** *adj* (*adv* **throatily**) **1.** kehlig, gutttuˈral. **2.** heiser, rauh.
throb [θrɒb; *Am.* θrɑb] **I** *v/i* **1.** (heftig) klopfen, pochen, hämmern (*Herz etc*): **~bing pains** klopfende *od.* pulsierende Schmerzen. **2.** (heftig) beben *od.* zittern. **II** *s* **3.** Klopfen *n*, Pochen *n*, Hämmern *n*, (Puls)Schlag *m*. **4.** Erregung *f*, Erbeben *n*.
throe [θrəʊ] *s meist pl* **1.** heftiger Schmerz: a) *pl* (Geburts)Wehen *pl*, b) *pl* Todeskampf *m*, Agoˈnie *f*, c) *fig.* (Seelen-) Qual(en *pl*) *f*. **2.** *fig.* heftiger Kampf: **in the ~s of** mitten in (*etwas Unangenehmem*), im Kampf mit.
throm·bi [ˈθrɒmbaɪ; *Am.* ˈθrɑm-] *pl von* **thrombus.**
throm·bin [ˈθrɒmbɪn; *Am.* ˈθrɑm-] *s Biochemie*: Thromˈbin *n*.
throm·bo·cyte [ˈθrɒmbəʊsaɪt; *Am.* ˈθrɑmbə-] *s med.* Blutplättchen *n*, Thromboˈzyt *m*.
throm·bo·phle·bi·tis [ˌθrɒmbəʊflɪˈbaɪtɪs; *Am.* ˌθrɑm-] *s med.* Thrombophleˈbitis *f*.
throm·bo·sis [θrɒmˈbəʊsɪs; *Am.* θrɑm-] *pl* **-ses** [-si:z] *s med.* Thromˈbose *f*. **thromˈbot·ic** [-ˈbɒtɪk; *Am.* -ˈbɑ-] *adj med.* thromˈbotisch, Thrombose...
throm·bus [ˈθrɒmbəs; *Am.* ˈθrɑm-] *pl* **-bi** [-baɪ] *s med.* Thrombus *m*.
throne [θrəʊn] **I** *s* **1.** a) Thron *m* (*e-s Königs etc*): → **speech** 5, b) Stuhl *m* (*des Papstes, e-s Bischofs*). **2.** *fig.* Thron *m*: a) Herrschaft *f*: **to come to the ~** auf den Thron kommen, b) Herrscher(in). **II** *v/t* **3.** auf den Thron setzen. **III** *v/i* **4.** thronen. ˈ**throne·less** *adj* thronlos.
throng [θrɒŋ] **I** *s* **1.** (Menschen)Menge *f*. **2.** Gedränge *n*, Andrang *m*. **3.** Menge *f*, Masse *f* (*Sachen*). **II** *v/i* **4.** sich drängen *od.* (zs.-)scharen, (herˈbei-, hinˈein- *etc*) strömen. **III** *v/t* **5.** sich drängen in (*dat*): **people ~ed the streets; the streets were ~ed with people** auf den Straßen wimmelte es von Menschen. **6.** bedrängen, umˈdrängen.
thros·tle [ˈθrɒsl; *Am.* ˈθrɑsəl] *s* **1.** *a.* **~ frame** *tech.* ˈDrossel(spinn)maˌschine *f*. **2.** *orn. poet. od. dial.* (Sing)Drossel *f*.
throt·tle [ˈθrɒtl; *Am.* ˈθrɑtl] **I** *s* **1.** Kehle *f*, Gurgel *f*. **2.** *mot. tech.* a) *a.* **~ lever** Gashebel *m*, b) *a.* **~ valve** Drosselklappe *f*: **at full ~** mit Vollgas, *fig. a.* mit Volldampf; **to open (close) the ~** Gas geben (wegnehmen). **II** *v/t* **3.** a) würgen, b) erdrosseln. **4.** *fig.* ersticken, abwürgen, unterˈdrücken: **to ~ free speech.** **5.** *oft* **~ down** *mot. tech.* (ab)drosseln (*a. fig.*). **III** *v/i* **6.** *meist* **~ back** (*od.* **down**) a) *mot. tech.* drosseln, Gas wegnehmen, b) *fig.* kürzertreten.
through [θru:] **I** *prep* **1.** (*räumlich*) durch, durch ... hinˈdurch: **to pass ~ a tunnel; to bore ~ a board.** **2.** zwischen ... hinˈdurch, durch: **~ the trees.** **3.** durch, in (*überall umher*): **to roam (all) ~ the country** das (ganze) Land durchstreifen. **4.** (*e-n Zeitraum*) hinˈdurch, während: **all ~ his life** sein ganzes Leben hindurch; **the whole summer ~** den ganzen Sommer lang. **5.** *Am.* (von ...) bis: **Monday ~ Friday.** **6.** (*bis zum Ende od. ganz*) durch, fertig (mit): **when will you get ~ your work?** **7.** *fig.* durch: **I saw ~ his hypocrisy** ich durchschaute s-e Heuchelei; **to get ~ an examination** e-e Prüfung bestehen, durch e-e Prüfung kommen; **to have been ~ s.th.** etwas erlebt haben. **8.** durch, mittels: **it was ~ him we found out** durch ihn kamen wir darauf. **9.** aus, vor, durch, in-, zuˈfolge, wegen: **~ neglect** infolge *od.* durch Nachlässigkeit.
II *adv* **10.** durch: **~ and ~** durch u. durch, ganz u. gar; **to push a needle ~** e-e Nadel durchstechen; **he would not let us ~** er wollte uns nicht durchlassen; **you are ~!** *teleph.* Sie sind verbunden!; **wet ~** völlig durchnäßt. **11.** (ganz) durch: **this train goes ~ to Boston** dieser Zug fährt (durch) bis Boston; **the bad wheather lasted all ~** das schlechte Wetter dauerte die ganze Zeit (hindurch) an. **12.** (ganz) durch (*von Anfang bis Ende*): **to read a letter ~; to carry a matter ~** e-e Sache durchführen. **13.** fertig, durch: **he is not yet ~; ~ with** fertig mit (*Personen od. Sachen*); **I am ~ with him** *colloq.* mit dem bin ich fertig; **I am ~ with it** ‚ich habe es satt'; **are you ~ with that job?** bist du mit dieser Arbeit fertig?
III *adj* **14.** ˈdurchgehend, Durchgangs...: **~ bolt** *tech.* durchgehender Bolzen; **~ car** *Am.*, **~ carriage, ~ coach** *Br. rail.* Kurswagen *m*; **~ dialing** *teleph. Am.* Durchwahl *f*; **~ flight** *aer.* Direktflug *m*; **~ rate** *econ.* Durchgangstarif *m*; **~ ticket** *rail. Am.* für Strecken verschiedener Eisenbahngesellschaften gültige Fahrkarte; **~ traffic** Durchgangsverkehr *m*; **a ~ train** ein durchgehender Zug; **~ travel(l)er** Transitreisende(r *m*) *f*.
ˌ**through-comˈposed** *adj mus.* ˈdurchkompoˌniert (*Lied*).
throughˈout I *prep* **1.** überˈall in (*dat*): **~ the country** im ganzen Land. **2.** während: **~ the year** das ganze Jahr hindurch. **II** *adv* **3.** durch u. durch, ganz u. gar, ˈdurchweg: **rotten ~** völlig verfault; **a sound policy ~** e-e durch u. durch vernünftige Politik. **4.** überˈall. **5.** die ganze Zeit.
ˈ**through**|**·put** *s econ., a. Computer*: ˈDurchsatz *m*. **~ street** *s Am.* ˈDurchgangsstraße *f*. ˈ**~ˌway** *s Am.* **1.** → **through street.** **2.** Schnellstraße *f*.
throve [θrəʊv] *pret von* **thrive.**
throw [θrəʊ] **I** *s* **1.** Werfen *n*, (*Speeretc*)Wurf *m*. **2.** a) (einzelner) Wurf, b) Wurfweite *f*. **3.** *fig.* Wurf *m*, Coup *m*. **4.** *tech.* a) (Kolben)Hub *m*, b) Kröpfung *f* (*e-r Kurbelwelle*). **5.** *tech.* (Regler- *etc*) Ausschlag *m*. **6.** *tech.* (Projektiˈons)Entfernung *f*. **7.** *Am.* (Damen)Schal *m*. **8.** *Am.* leichte (Woll)Decke. **9.** *Würfelspiel*: Wurf *m* (*Werfen u. gewürfelte Zahl*). **10.** *Ringen*: Schwung *m*, Wurf *m*. **11.** *Fußball*: Einwurf *m*: **to take the ~** einwerfen.
II *v/t pret* **threw** [θru:] *pp* **thrown** [θrəʊn] **12.** werfen, schleudern (**at** nach): **to ~ o.s. at s.o.** sich j-m an den Hals werfen. **13.** zuwerfen (**s.o. s.th.** j-m etwas) (*a. fig.*): **to ~ s.o. a ball (a glance, a kiss, etc).** **14.** *das Netz, die Angel etc* auswerfen. **15.** *Kleidungsstücke* werfen (**over, on** über *acc*): **to ~ a shawl over one's shoulders** sich e-n Schal über die Schultern werfen; → **throw on.** **16.** *fig.* (*in Entzücken, Verwirrung etc*) versetzen: **to ~ into confusion; to be thrown out of work** arbeitslos werden; **he was thrown with bad companions** er geriet in schlechte Gesellschaft. **17.** *tech. e-n Hebel* ˈumlegen, *die Kupplung* ein- *od.* ausrücken, *e-n Schalter* ein- *od.* ausschalten: **to ~ a lever (a clutch, a switch).** **18.** *Gefäße auf e-r Töpferscheibe* formen, drehen. **19.** *Kartenspiel*: a) ausspielen, b) ablegen. **20.** zu Boden werfen, (*Ringen*) *den Gegner* auf die Matte werfen, *den Reiter* abwerfen (*Pferd*): **that threw me!** *colloq.* das hat mich (glatt) umgehauen! **21.** *Am. colloq. e-n Wettkampf etc* absichtlich verlieren: **to ~ the race.** **22.** *a) Würfel* werfen, b) *e-e Zahl* würfeln. **23.** *zo. Junge* werfen. **24.** *zo. die Haut etc* abwerfen. **25.** *Seide etc* zwirnen, mouliˈnieren. **26.** *e-e Brücke* schlagen (**over, across** über *acc*). **27.** *colloq. e-e Gesellschaft* geben, *e-e Party* ‚schmeißen'. **28.** *colloq.* aus dem Konˈzept *od.* aus der Fassung bringen. **29.** *colloq. e-n Wutanfall etc* bekommen: **to ~ a fit.**
III *v/i* **30.** werfen. **31.** würfeln.
Verbindungen mit Präpositionen:
throw| **in·to** *v/t* **1.** (hinˈein)werfen in (*acc*): **to ~ the battle** *Truppen* in die Schlacht werfen; **to throw s.o. into prison** j-n ins Gefängnis werfen; **to ~ the bargain** (*beim Kauf*) dreingeben; → **heart** *Bes. Redew.* **2. to throw o.s. into** *fig.* sich in *die Arbeit, den Kampf etc* stürzen. **~ on, ~ up·on** *v/t* **1.** werfen auf (*acc*): **to be thrown upon o.s.** (*od.* **upon one's own resources**) (ganz) auf sich selbst angewiesen sein. **2. to throw o.s. (up)on** sich auf *die Knie etc* werfen; **to throw o.s. on s.o's mercy** sich j-m auf Gnade u. Ungnade ausliefern; **they threw themselves upon the mercy of God** sie vertrauten sich der Gnade Gottes an.
Verbindungen mit Adverbien:
throw| **a·bout, ~ a·round** *v/t* **1.** verstreuen: **to throw one's money about** *fig.* mit Geld um sich werfen; → **weight** 3. **2.** herˈumwerfen: **to throw one's arms about** mit den Armen (herum)fuchteln; **to throw o.s. about** sich (*im Bett etc*) hin u. her werfen. **~ a·way** *v/t* **1.** fort-, wegwerfen: **to throw o.s. away** *fig.* sich wegwerfen (**on s.o.** an j-n). **2.** *Geld, Zeit* verschwenden, -geuden (**[up]on** an *j-n*, für *etwas*). **3.** *e-e Gelegenheit etc* verpassen, -schenken. **4.** *etwas* verwerfen, über Bord werfen. **5.** *etwas* beiläufig sagen. **~ back I** *v/t* **1.** *e-n Ball, ein Bild etc, a. weitS. Truppen* zuˈrückwerfen (*a. fig. aufhalten, hemmen*): **to be thrown back upon** angewiesen sein auf (*acc*). **2. to throw s.th. back at s.o.** *fig.* j-m etwas vorhalten *od.* -werfen. **II** *v/i* **3.** (**to**) *fig.* zuˈrückkehren (zu), zuˈrückverfallen (auf *acc*, in *acc*). **4.** *biol.* rückarten. **~ by** *v/t* beiˈseite legen *od.* werfen, ˈausranˌgieren. **~ down** *v/t* **1.** (**o.s.** sich) niederwerfen: → **gauntlet**[1] 2. **2.** ˈumstür-

zen. **3.** *chem.* fällen. **~ in I** *v/t* **1.** (hin-)ˈeinwerfen: **to throw the ball in** (*Fußball*) einwerfen. **2.** *e-e Bemerkung etc* einflechten, -werfen. **3.** daˈzugeben, *etwas* mit in den Kauf geben, dreingeben. **4.** *tech. den Gang etc* einrücken. **II** *v/i* **5. ~ with** *Am. sl.* gemeinsame Sache machen mit (*j-m*), sich mit *j-m* zs.-tun. **~ off I** *v/t* **1.** *ein Kleidungsstück, a. fig. Skrupel etc* abwerfen. **2.** *ein Joch etc* abwerfen, abschütteln: **to ~ the chains of marriage** sich aus den Fesseln der Ehe befreien. **3.** *j-n, e-e Krankheit etc* loswerden. **4.** *e-n Verfolger* abschütteln, *e-n Jagdhund a.* von der Fährte abbringen. **5.** in die Irre führen. **6.** *ein Gedicht etc* schnell ˈhinwerfen, ‚aus dem Ärmel schütteln'. **7.** *e-e Bemerkung* ˈhinwerfen, fallenlassen. **8.** aus dem Konˈzept *od.* aus der Fassung bringen. **9.** *tech.* a) kippen, ˈumlegen, b) auskuppeln, -rücken. **10.** *print.* abziehen. **II** *v/i* **11.** die Jagd beginnen. **12.** lästern (**on** über *acc*). **~ on** *v/t* (sich) *ein Kleidungsstück* ˈüberwerfen. **~ o·pen** *v/t* **1.** *die Tür etc* aufreißen, -stoßen. **2.** (allgemein *od.* öffentlich) zugänglich machen (**to** *dat*, für). **~ out I** *v/t* **1.** *Abfall etc* wegwerfen. **2.** *a. j-n, e-n Beamten etc* hinˈauswerfen. **3.** *bes. parl.* verwerfen. **4.** *arch.* vorbauen, *e-n Flügel etc* anbauen (**to** an *acc*). **5.** *e-e Bemerkung* fallenlassen, *e-n Vorschlag etc* äußern, *e-n Wink* geben. **6.** a) *etwas* über den Haufen werfen, b) *j-n* aus dem Konˈzept *od.* aus der Fassung bringen. **7.** *Licht etc* abgeben, aussenden, -strahlen. **8.** *tech.* auskuppeln, -rücken. **9.** *Fühler etc* ausstrecken: **to ~ a chest** *colloq.* sich in die Brust werfen; → **feeler** 1. **II** *v/i* **10.** *sport* abwerfen. **~ o·ver** *v/t* **1.** *etwas* über den Haufen werfen. **2.** *e-n Plan etc* über Bord werfen, aufgeben. **3.** *e-n Freund etc* sitzen- *od.* fallenlassen (**for** wegen). **~ to·geth·er** *v/t* **1.** zs.-werfen: **to be thrown together** zs.-kommen. **2.** *fig. etwas* zs.-stoppeln. **~ up I** *v/t* **1.** hochwerfen. **2.** *etwas* aufgeben, ˈhinwerfen, ‚ˈhinschmeißen', ‚an den Nagel hängen'. **3.** erbrechen. **4.** hastig errichten, *e-e Schanze etc* aufwerfen. **5.** *bes. print.* herˈvorheben. **6.** *prominente Persönlichkeiten etc* herˈvorbringen. **7. to throw s.th. up to s.o.** j-m etwas vorhalten *od.* -werfen. **II** *v/i* **8.** (sich) erbrechen, sich überˈgeben.

ˈthrow|·a·way I *s* **1.** etwas zum Wegwerfen, *z.B.* Reˈklamezettel *m.* **II** *adj* **2.** a) Wegwerf...: **~ package**, b) Einweg...: **~ bottle**. **3. ~ prices** Schleuderpreise. **4.** beiläufig (*Bemerkung*). **ˈ~·back** *s* **1.** *biol.* Ataˈvismus *m, a. fig.* Rückkehr *f* (**into** zu). **2.** *Film etc*: Rückblende *f.* **ˈ~·down** *s Fußball*: Schiedsrichterball *m.*

ˈthrow·er *s* **1.** Werfer(in). **2.** *Töpferei*: Dreher(in), Former(in). **3.** → **throwster**.

ˈthrow-in *s Fußball*: Einwurf *m*: **to take the ~** einwerfen.

ˈthrow·ing I *s* Werfen *n*, (*Speer- etc*) Wurf *m*: **~ the javelin**. **II** *adj* Wurf...: **~ knife**.

throw lathe *s tech.* kleine Handdrehbank.

thrown [θrəʊn] **I** *pp von* **throw**. **II** *adj* gezwirnt: **~ silk** Seidengarn *n.*

ˈthrow|-off *s* **1.** *hunt.* Aufbruch *m* zur Jagd. **2.** a) → **throw-out** 1, b) *print.* Druckabsteller *m.* **ˈ~-out** *s* **1.** *tech.* Ausschaltvorrichtung *f*, Ausschaltung *f.* **2.** *mot.* Ausrückvorrichtung *f*: **~ lever** (Kupplungs)Ausrückhebel *m.* **3.** Auswerfer *m.* **4.** *print.* Faltblatt *n.* **5.** *sport* Abwurf *m.*

throw·ster [ˈθrəʊstə(r)] *s* Seidenzwirner(in).

thru *Am. colloq. für* **through**.

thrum[1] [θrʌm] **I** *v/i* **1.** *mus.* klimpern (**on** auf *dat*). **2.** (mit den Fingern) trommeln (**on** auf *dat od. acc*). **3.** trommeln (*Regen*). **II** *v/t* **4.** *mus.* a) klimpern auf (*e-m Instrument*), b) *e-e Melodie* klimpern (**on** auf *dat*). **5.** (mit den Fingern) trommeln auf (*dat od. acc*). **III** *s* **6.** Klimpern *n*, Geklimper *n.*

thrum[2] [θrʌm] **I** *s* **1.** *Weberei*: a) Trumm *n, m* (*am Ende der Kette*), b) *pl* (Reihe *f* von) Fransen *pl*, Saum *m.* **2.** Franse *f*, loser Faden. **3.** *oft pl* Garnabfall *m*, Fussel *f, m.* **II** *v/t* **4.** befransen.

thrush[1] [θrʌʃ] *s orn.* Drossel *f.*

thrush[2] [θrʌʃ] *s* **1.** *med.* Soor *m.* **2.** *vet.* Strahlfäule *f.*

thrust [θrʌst] **I** *v/t pret u. pp* **thrust** **1.** *e-e Waffe etc* stoßen (**into** in *acc*). **2.** *allg.* stecken, schieben: **to ~ one's hand into one's pocket**; **to ~ s.th. on** (sich) etwas hastig überwerfen; → **nose** *Bes. Redew.* **3.** stoßen, drängen, treiben, werfen: **to ~ aside** zur Seite stoßen; **to ~ o.s. forward** a) sich nach vorn drängen, b) *fig.* sich in den Vordergrund drängen; **to ~ s.o. into prison** j-n ins Gefängnis werfen; **to ~ on** vorwärts-, antreiben; **to ~ o.s. into** sich werfen *od.* drängen in (*acc*); **to ~ out** a) (her- *od.* hin)ausstoßen, b) *die Zunge* herausstrecken, c) *die Hand* ausstrecken; **to ~ one's way through the crowd** sich durch die Menge drängen *od.* schieben; **to ~ s.th. upon s.o.** j-m etwas aufdrängen. **4.** *meist* **~ through** *j-n* durchˈbohren. **5. ~ in** *ein Wort* einwerfen. **II** *v/i* **6.** stoßen (**at** nach). **7.** stoßen, drängen (**at** gegen; **into** in *acc*). **8.** sich schieben, sich drängen: **to ~ past** sich vorbeidrängen an (*dat*). **9.** sich werfen (**at** auf *acc*; **between** zwischen *acc*). **III** *s* **10.** Stoß *m.* **11.** Hieb *m* (*a. fig.* **at** auf *acc*). **12.** *mil.* a) Vorstoß *m*, b) Stoßrichtung *f* (*a. fig.*). **13.** *allg. u. tech.* Druck *m.* **14.** *aer. phys. tech.* Schub(kraft *f*) *m.* **15.** *arch. tech.* (Horizonˈtal-, Seiten)Schub *m.* **16.** *geol.* Schub *m.* **17.** *fig.* Zielstrebigkeit *f.* **~ bear·ing** *s tech.* **1.** Drucklager *n.* **2.** Querstück *n.*

ˈthrust·er *s* **1.** Stoßende(r *m*) *f.* **2.** Korrekˈturtriebwerk *n* (*e-r Rakete*). **3.** j-d, der vorprellt *od.* andere zur Seite drängt.

ˈthrust·ing *adj* **1.** eˈnergisch, zielstrebig. **2.** ehrgeizig.

thrust| per·form·ance *s aer. tech.* Schubleistung *f.* **~ weap·on** *s mil.* Stich-, Stoßwaffe *f.*

thud [θʌd] **I** *s* dumpfer (Auf)Schlag, ‚Bums' *m.* **II** *v/i* dumpf (auf)schlagen, ‚bumsen'.

thug [θʌg] *s* **1.** *oft* **T~** *hist.* Thug *m* (*Mitglied e-r geheimen Mordbande in Indien*). **2.** a) (Gewalt)Verbrecher *m*, Raubmörder *m*, Gangster *m*, b) ‚Schläger' *m.* **thug·gee** [θʌˈgiː; *Am.* ˈθʌgiː], *a.* **T~** *s hist.* Thug-Unwesen *n.* **ˈthug·ger·y** [-ərɪ] *s* **1.** → **thuggee**. **2.** Brutaliˈtät *f.* **ˈthug·gish** *adj* bruˈtal.

thu·ja [ˈθuːjə; ˈθjuːjə] *s bot.* Thuja *f*, Lebensbaum *m.*

thumb [θʌm] **I** *s* **1.** Daumen *m* (*a. im Handschuh*): **a ~('s breadth)** e-e Daumenbreite; **his fingers are** (*od.* **he is**) **all ~s, he has ten ~s** er hat zwei linke Hände; **under s.o.'s ~** in j-s Gewalt, unter j-s Fuchtel; **she has him under her ~** sie hat ihn ‚an der Kandare'; **that sticks out like a sore ~** *colloq.* a) das sieht ja ein Blinder, b) das fällt auf wie ein Kuhfladen auf der Autobahn; **to give s.o. (s.th.) the ~s up** a) j-n (etwas) akzeptieren, b) sich für j-n (etwas) entscheiden; **~s up!** a) alles in Ordnung!, b) ‚prima!'; **it's ~s up for your offer** dein Angebot ist angenommen; **to give s.o. (s.th.) the ~s down** a) j-n (etwas) ablehnen, b) sich gegen j-n (etwas) entscheiden; → **rule** 2. **II** *v/t* **2.** *ein Buch etc* abgreifen: **(well-)~ed** abgegriffen. **3.** *Buchseiten* ˈdurchblättern. **4. to ~ a lift** (*od.* **ride**) *colloq.* per Anhalter fahren, trampen; **to ~ a car** *colloq.* ein Auto anhalten, sich mitnehmen lassen; **to ~ one's way to** *colloq.* trampen nach. **5. to ~ one's nose at s.o.** j-m e-e lange Nase machen. **III** *v/i* **6. to ~ through a book** ein Buch ˈdurchblättern. **~ in·dex** *s a. irr print.* Daumenindex *m.* **ˈ~·mark** *s* Daumenabdruck *m.* **ˈ~·nail I** *s* Daumennagel *m.* **II** *adj* **~ sketch** a) kleine Skizze, b) *fig.* kurze Skizze. **~ nut** *s tech.* Flügelmutter *f.* **ˈ~·print** *s* Daumenabdruck *m.* **~ rule** *s* Faustregel *f.* **ˈ~·screw** *s* **1.** *tech.* Flügelschraube *f.* **2.** *hist.* Daumenschraube *f* (*Folterinstrument*). **ˈ~·stall** *s* Däumling *m* (*Schutzkappe*). **ˈ~ˌtack** *s Am.* Reißzwecke *f*, -nagel *m*, Heftzwecke *f.*

thumb·y [ˈθʌmɪ] *adj* tappig.

thump [θʌmp] **I** *s* **1.** dumpfer Schlag, ‚Plumps' *m*, ‚Bums' *m.* **2.** (Faust)Schlag *m*, Puff *m*, Knuff *m.* **3.** Pochen *n.* **II** *v/t* **4.** (heftig) schlagen *od.* hämmern *od.* pochen gegen *od.* auf (*acc*), *Kissen* aufschütteln. **5.** ‚plumpsen' *od.* ‚bumsen' gegen *od.* auf (*acc*). **6.** *colloq. j-n* ‚verdreschen'. **7.** *a.* **~ out** *colloq. e-e Melodie* herˈunterhämmern (**on** auf *dat*). **III** *v/i* **8.** (auf)schlagen, ‚plumpsen', ‚bumsen' (**on** auf *acc*; **at** gegen). **9.** (laut) pochen (*Herz*). **ˈthump·er** *s colloq.* **1.** ‚Mordsding' *n*, (*e-e*) ‚Wucht'. **2.** faustdicke Lüge. **ˈthump·ing** *colloq.* **I** *adj* kolosˈsal, ‚Mords...' **II** *adv* ‚mordsmäßig': **a ~ great lie** e-e faustdicke Lüge.

thun·der [ˈθʌndə(r)] **I** *s* **1.** Donner *m*: **to steal s.o.'s ~** *fig.* j-m den Wind aus den Segeln nehmen. **2.** *obs. od. poet.* Blitz (-strahl) *m*, Ungewitter *n.* **3.** *pl fig.* Donner *m*, Getöse *n*: **~s of applause** donnernder Beifall, Beifallssturm *m.* **4.** *a. pl fig.* ‚Donnerwetter' *n*, donnernde Rede. **II** *v/i* **5.** *impers* donnern (*a. fig. Kanone, Zug etc*). **6.** *a.* **~ out** *fig.* wettern (**against** gegen). **III** *v/t* **7.** *a.* **~ out** *etwas* donnern. **ˌ~-and-ˈlight·ning** *adj* grell, in auffälligen Farben (*Kleid etc*).

thun·der·a·tion [ˌθʌndəˈreɪʃn] *interj Am. colloq.* Donner u. Doria!

ˈthun·der|·bolt *s* **1.** Blitz (u. Donnerschlag) *m*, Blitzstrahl *m* (*a. fig.*): **to fall like a ~** *fig.* wie e-e Bombe einschlagen. **2.** *myth., a. geol.* Donnerkeil *m.* **ˈ~·clap** *s* Donnerschlag *m* (*a. fig.*). **ˈ~·cloud** *s* **1.** Gewitterwolke *f.* **2.** *fig.* dunkle Wolke. **ˈ~·head** *s bes. Am.* Gewitterwolke *f.*

ˈthun·der·ing I *adj* (*adv* **~ly**) **1.** donnernd (*a. fig.*). **2.** *colloq.* gewaltig, ungeheuer: **a ~ idiot** ein Vollidiot; **a ~ lie** e-e faustdicke Lüge. **II** *adv* **3.** *colloq.* ‚riesig', ‚mächtig': **I was ~ glad**.

thun·der·ous [ˈθʌndərəs] *adj* (*adv* **~ly**) **1.** gewitterschwül, gewittrig. **2.** *fig.* donnernd: **~ applause** Beifallssturm *m.* **3.** *fig.* gewaltig, ungeheuer.

ˈthun·der|ˌshow·er *s* Gewitterschauer *m.* **ˈ~·storm** *s* Gewitter *n*, Unwetter *n.* **ˈ~·struck** *adj* **1.** vom Blitz getroffen. **2.** *fig.* wie vom Donner gerührt.

thun·der·y [ˈθʌndərɪ] → **thunderous** 1: **~ shower** Gewitterschauer *m.*

thu·ri·ble [ˈθjʊərɪbl] *s relig.* (Weih-) Rauchfaß *n.*

Thu·rin·gi·an [θjʊəˈrɪndʒɪən; *Am. a.* θʊˈrɪndʒən] **I** *adj* thüringisch, Thüringer(...). **II** *s* Thüringer(in).

Thurs·day [ˈθɜːzdɪ; *Am.* ˈθɜrz-] *s* Donnerstag *m*: **on ~** (am) Donnerstag; **on ~s** donnerstags.

thus [ðʌs] *adv* **1.** so, folgendermaßen. **2.** soˈmit, also, folglich. **3.** so, demgemäß. **4.** so, in diesem Maße: **~ far** soweit, bis jetzt; **~ much** so viel. **ˈthus·ly** *adv colloq.* so.

thwack [θwæk] **I** *v/t* **1.** (derb) schlagen. **2.** verprügeln. **II** *s* **3.** (derber) Schlag.

thwart [θwɔː(r)t] **I** *v/t* **1.** *e-n Plan etc* durchˈkreuzen, vereiteln, hinterˈtreiben. **2.** *j-m* entgegenarbeiten, *j-m* e-n Strich durch die Rechnung machen. **II** *s mar.* **3.** Ruderbank *f*, Ducht *f*. **III** *adj* **4.** querliegend, schräg, Quer...

ˈthwart·ship *adj mar.* querschiffs liegend. **ˈthwart·ships** *adv* querschiffs, dwars.

thy [ðaɪ] *adj obs. od. poet.* dein, deine: ~ **neighbo(u)r** dein Nächster.

thy·la·cine [ˈθaɪləsaɪn] *s zo.* Beutelwolf *m*.

thyme [taɪm] *s bot.* Thymian *m* (*Pflanze u. Gewürz*).

thy·mi [ˈθaɪmaɪ] *pl von* **thymus.**

thym·ic[1] [ˈtaɪmɪk] *adj* Thymian...

thy·mic[2] [ˈθaɪmɪk] *adj anat.* Thymus(-drüsen)...

thy·mus [ˈθaɪməs] *pl* **-mus·es, -mi** [-maɪ], *a.* ~ **gland** *s anat.* Thymus(-drüse *f*) *m*.

thy·ra·tron [ˈθaɪrətrɒn; *Am.* -ˌtrɑn] *s electr.* Thyratron *n*, Stromtor *n*.

thy·roid [ˈθaɪrɔɪd] **I** *adj anat.* **1.** Schilddrüsen... **2.** Schildknorpel... **II** *s* **3.** *a.* ~ **gland** Schilddrüse *f*. **4.** *a.* ~ **cartilage** Schildknorpel *m*. **5.** ˈSchilddrüsenarˌterie *f od.* -vene *f*. **6.** ˈSchilddrüsenpräpaˌrat *n*. **ˈthy·roid·ism** *s med.* Thyreoiˈdismus *m* (*Über- od. Unterfunktion der Schilddrüse*). **ˌthy·roidˈi·tis** [-ˈdaɪtɪs] *s med.* Thyreoiˈditis *f*, Schilddrüsenentzündung *f*.

thy·rox·ine [θaɪˈrɒksiːn; -sɪn; *Am.* -ˈrɑk-], *a.* **thyˈrox·in** [-sɪn] *s chem. physiol.* Thyroˈxin *n*.

thyr·sus [ˈθɜːsəs; *Am.* ˈθɜr-] *pl* **-si** [-saɪ] *s* Thyrsus *m*: a) *antiq.* Bacˈchantenstab *m*, b) *bot.* Strauß *m* (*ein Blütenstand*).

thy·self [ðaɪˈself] *pron obs. od. poet.* **1.** du (selbst). **2.** *dat* dir (selbst). **3.** *acc* dich (selbst).

ti [tiː] *s mus.* ti *n* (*Solmisationssilbe*).

ti·ar·a [tɪˈɑːrə; *Am. a.* -ˈæ-] *s* **1.** Tiˈara *f* (*Papstkrone od. -würde*). **2.** Diaˈdem *n*, Stirnreif *m* (*für Damen*).

Ti·bet·an [tɪˈbetən] **I** *adj* **1.** tiˈbetisch, tibeˈtanisch. **II** *s* **2.** Tiˈbeter(in), Tibeˈtaner(in). **3.** *ling.* Tiˈbetisch *n*, das Tibetische.

tib·i·a [ˈtɪbɪə] *pl* **-ae** [-iː] *od.* **-as** *s anat.* Schienbein *n*, Tibia *f*. **ˈtib·i·al** *adj anat.* Schienbein...

tic [tɪk] *s med.* Tic(k) *m*, (nerˈvöses) (Muskel- *od.* Gesichts)Zucken *n*. **tic dou·lou·reux** [ˌtɪkduːləˈrɜː; *Am. a.* -ˈruː] *s med.* Triˈgeminusneuralˌgie *f*.

tich [tɪtʃ] *s colloq.* Knirps *m*.

tick[1] [tɪk] **I** *s* **1.** Ticken *n*: to (*od.* on) the ~ (auf die Sekunde) pünktlich. **2.** *bes. Br. colloq.* Augenblick *m*, Moˈment *m*: **in two ~s** im Nu, im Handumdrehen. **3.** Haken *m*, Häkchen *n* (*Vermerkzeichen*). **II** *v/i* **4.** *a.* ~ **away** ticken: **to ~ away** (*od.* **by**) verrinnen, -gehen; **to ~ over** a) *mot. Br.* im Leerlauf sein, b) *fig.* normal *od.* ganz ordentlich laufen (*Geschäft etc*). **5. what makes him ~?** a) was hält ihn (so) in Schwung?, b) was geht in ihm vor? **III** *v/t* **6.** *a.* ~ **away** ticken, durch Ticken anzeigen. **7.** *in e-r Liste* anhaken: **to ~ off** a) abhaken, b) genau beschreiben, c) *colloq. j-n* ‚zs.-stauchen', ‚anpfeifen', d) *bes. Am. colloq. j-n* ‚auf die Palme bringen'.

tick[2] [tɪk] *s zo.* Zecke *f*: → **tight** 13.

tick[3] [tɪk] *s* **1.** (Kissen- *etc*)Bezug *m*. **2.** a) Inlett *n*, b) Maˈtratzenbezug *m*. **3.** *colloq.* Drell *m*, Drillich *m*.

tick[4] [tɪk] *s colloq.* Kreˈdit *m*, ‚Pump' *m*: **to buy on ~** auf Borg *od.* Pump kaufen.

ˈtick·er *s* **1.** *Börse*: *bes. Am.* Fernschreiber *m* (*Gerät*). **2.** *sl.* ‚Wecker' *m* (*Uhr*). **3.** *sl.* ‚Pumpe' *f* (*Herz*). **~ tape** *s bes. Am.* Loch-, Telexstreifen *m*: ~ **parade** Konfettiparade *f*; **to get a ~ reception** mit e-r Konfettiparade empfangen werden.

tick·et [ˈtɪkɪt] **I** *s* **1.** (Ausweis-, Eintritts-, Mitglieds-, Theˈater- *etc*) Karte *f*, *rail. etc* Fahrkarte *f*, -schein *m*, *aer.* Flugschein *m*, Ticket *n*: **to take a ~** e-e Karte lösen; **to work one's ~** die Reisekosten abarbeiten. **2.** (*bes.* Gepäck-, Pfand)Schein *m*. **3.** Lotteˈrielos *n*. **4.** Etiˈkett *n*, Schildchen *n*, (*Preis- etc*)Zettel *m*. **5.** *econ.* (Kassen)Beleg *m*: **sales ~**. **6.** *mot.* a) Strafzettel *m*, b) gebührenpflichtige Verwarnung. **7.** *aer. mar. colloq.* Liˈzenz *f*. **8.** *pol.* a) *Am.* (Wahl-, Kandiˈdaten)Liste *f*: **to vote a straight ~** die Liste (e-r Partei) unverändert wählen; **to write one's own ~** *colloq.* (ganz) s-e eigenen Bedingungen stellen; → **split** 4, **split ticket**, b) *bes. Am.* (ˈWahl-, Parˈtei)Proˌgramm *n*. **9.** *colloq.* (*das*) Richtige: **that's the ~!** **10.** ~ **of leave** *jur. Br. hist.* (Schein *m* über) bedingte Freilassung: **to be on ~ of leave** bedingt freigelassen sein. **11. to get one's ~** *mil. Br. colloq.* aus dem Militärdienst entlassen werden. **II** *v/t* **12.** etiketˈtieren, mit e-m Etiˈkett *od.* Schildchen versehen, *Waren* auszeichnen. **13.** *j-m* e-e (Fahr- *etc*)Karte aushändigen *od.* -stellen. **14.** *fig. colloq.* bestimmen (**for** for).

tick·et| a·gen·cy *s* **1.** *rail. etc* Fahrkartenverkaufsstelle *f*. **2.** *thea. etc* Vorverkaufsstelle *f*. **ˈ~-ˌcan·cel·(l)ing ma·chine** *s* (Fahrschein)Entwerter *m*. **~ col·lec·tor** *s* Bahnsteigschaffner *m*. **~ day** *s Börse*: *Br.* Tag *m* vor dem Abrechnungstag. **~ in·spec·tor** *s* ˈFahrkartenkontrolˌleur *m*. **~ of·fice** *s* **1.** *rail.* Fahrkartenschalter *m*. **2.** *thea.* Kasse *f*. **ˌ~-of-ˈleave man** *s jur. Br. hist.* bedingt Strafentlassene(r) *m*. **~ punch** *s* (Fahrkarten)Lochzange *f*. **~ tout** *s* Kartenschwarzhändler *m*.

tick·ing [ˈtɪkɪŋ] *s* Drell *m*, Drillich *m*. **ˌ~-ˈoff** *s colloq.* ‚Anpfiff' *m*: **to get a ~**; **to give s.o. a ~** j-n ‚zs.-stauchen' *od.* ‚anpfeifen'.

tick·le [ˈtɪkl] **I** *v/t* **1.** kitzeln (*a. fig. angenehm erregen*): **to ~ the soles of s.o.'s feet** j-n an den Fußsohlen kitzeln. **2.** *fig.* a) freudig erregen: **~d pink** *colloq.* ‚ganz weg' (vor Freude), b) amüˈsieren: **I'm ~d to death** *colloq.* ich könnte mich totlachen (*a. iro.*), c) schmeicheln (*dat*): **it ~d his vanity**. **3.** *meist* **~ up** (an)reizen. **II** *v/i* **4.** kitzeln. **5.** jucken. **III** *s* **6.** Kitzeln *n*. **7.** Kitzel *m* (*a. fig.*). **8.** Jucken *n*, Juckreiz *m*. **ˈtick·ler** *s* **1.** (*der, die, das*) Kitzelnde. **2.** *Am.* Vormerk-, Noˈtizbuch *n*, Terˈminkaˌlender *m*: **~ file** Wiedervorlagemappe *f*. **3.** *colloq.* ‚kitz(e)lige' Sache, (schwieriges) Proˈblem. **4.** *a.* ~ **coil** *electr.* Rückkopplungsspule *f*.

ˈtick·lish *adj* (*adv* **~ly**) **1.** kitz(e)lig. **2.** *fig.* a) ‚kitz(e)lig', heikel, schwierig, gefährlich: **a ~ job**, b) laˈbil, unsicher. **3.** (ˈüber)empfindlich (*Person*).

tick·tack [ˈtɪktæk] *s* **1.** *Am.* Ticken *n*, Ticktack *n* (*e-r Uhr*). **2.** *Br.* Zeichensprache *f* der Buchmacher (*bei Pferderennen*): ~ **man** Buchmachergehilfe *m*.

tick·tock [ˈtɪktɒk; *Am.* ˌ-ˈtɑk] **I** *s* Ticken *n*, Ticktack *n* (*e-r Uhr*). **II** *v/i* ticken.

tid·al [ˈtaɪdl] *adj* **1.** Gezeiten... **2.** von den Gezeiten abhängig, sich nach den Gezeiten richtend: **a ~ steamer**. **3.** Flut...: ~ **harbo(u)r**. **~ air** *s med.* Atmungsluft *f*. **~ ba·sin** *s mar.* Tidebecken *n*. **~ in·let** *s* Priel *m*. **~ lift** *s* Tidenhub *m*. **~ pow·er plant** *s tech.* Gezeitenkraftwerk *n*. **~ riv·er** *s mar.* dem Wechsel der Gezeiten unterˈworfener Fluß. **~ wave** *s* **1.** *mar.* Flutwelle *f* (*a. fig.*). **2.** *fig.* Welle *f*, Woge *f*: **a ~ of enthusiasm**.

tid·bit [ˈtɪdˌbɪt] *Am. für* **titbit.**

tid·dle·dy·winks [ˈtɪdldiːˌwɪŋks] *Am. für* **tiddlywinks.**

tid·dler [ˈtɪdlə] *s Br. colloq.* **1.** winziger Fisch. **2.** Knirps *m*.

tid·dly [ˈtɪdlɪ] *adj Br. colloq.* **1.** winzig. **2.** angesäuselt, beschwipst.

tid·dly·winks [ˈtɪdlɪwɪŋks] *s pl* (*als sg konstruiert*) Flohhüpfen *n*.

tide[1] [taɪd] **I** *s* **1.** a) Gezeiten *pl*, Tiden *pl*, Ebbe *f* u. Flut *f*, b) Flut *f*, Tide *f*: **low ~** → **low water**; → **high tide**; **the ~ is coming in (going out)** die Flut kommt (die Ebbe setzt ein); **the ~ is out** es ist Ebbe; **turn of the ~** Gezeitenwechsel *m*, *fig.* Umschwung *m*; **the ~ turns** *fig.* das Blatt wendet sich. **2.** Gezeitenstrom *m*. **3.** *fig.* Strom *m*, Strömung *f*, Lauf *m*: **the ~ of events** der Gang der Ereignisse; **to swim** (*od.* **go**) **against (with) the ~** gegen den (mit dem) Strom schwimmen. **4.** *fig.* (*das*) Auf u. Ab, (*das*) Wechselhafte: **the ~ of popular interest**. **5.** (*in Zssgn*) a) Zeit *f*: **winter~**, b) *relig.* (Fest-)Zeit *f*: **Christmas~**. **6.** günstiger Augenblick, (*die*) rechte Zeit. **II** *v/i* **7.** fließen, strömen. **8.** (mit dem Strom) treiben, *mar.* bei Flut ein- *od.* auslaufen. **9. ~ over** *fig.* hinˈwegkommen über (*acc*). **III** *v/t* **10.** treiben. **11. ~ over** *fig.* a) *j-m* hinˈweghelfen über (*acc*), b) *j-n* ‚über Wasser halten': **to ~ it over** ‚sich über Wasser halten', ‚über die Runden kommen'.

tide[2] [taɪd] *v/i obs.* sich ereignen.

tide| day *s mar.* Gezeitentag *m*. **~ gate** *s mar. tech.* Flut(schleusen)tor *n*. **~ ga(u)ge** *s mar. tech.* (Gezeiten)Pegel *m*. **ˈ~ˌland** *s geogr. Am.* Watt *n*.

ˈtide·less *adj* gezeitenlos.

ˈtide|·mark *s* **1.** Gezeitenmarke *f*. **2.** Pegelstand *m*. **3.** *bes. Br. colloq.* schwarzer Rand (*in der Badewanne od. am Hals*). **ˈ~-rode** *adj mar.* stromgerecht. **~ ta·ble** *s mar.* Gezeitentafel *f*. **ˈ~ˌwait·er** *s hist.* Hafenzollbeamte(r) *m*. **ˈ~ˌwa·ter** *s* **1.** Flut- *od.* Gezeitenwasser *n*: ~ **district** Wattengebiet *n*. **2.** *allg.* Flutgebiet *n* der Meeresküste. **~ wave** *s* Gezeiten-, Flutwelle *f*. **ˈ~·way** *s* Priel *m*.

ti·di·ness [ˈtaɪdɪnɪs] *s* **1.** Sauberkeit *f*, Ordnung *f*, Ordentlichkeit *f*. **2.** Nettigkeit *f*.

tid·ings [ˈtaɪdɪŋz] *s pl obs. od. poet.* Nachricht(en *pl*) *f*, Neuigkeit(en *pl*) *f*, Botschaft *f*, Kunde *f*.

ti·dy [ˈtaɪdɪ] **I** *adj* (*adv* **tidily**) **1.** sauber, reinlich, ordentlich. **2.** nett, schmuck. **3.** *colloq.* ‚ordentlich', beträchtlich: **a ~ sum of money** ein hübsches Sümmchen, e-e Stange Geld. **II** *v/t* **4.** *a.* **~ up** in Ordnung bringen, aufräumen: **to ~ o.s. up** sich zurechtmachen; **to ~ away** weg-, aufräumen; **to ~ out** aufräumen, ‚ausmisten'. **III** *v/i* **5. ~ up** aufräumen, Ordnung machen, saubermachen. **IV** *s* **6.** Fächerkasten *m*, (Arbeits-, Flick- *etc*) Beutel *m*. **7.** Abfallkorb *m od.* -sieb *n*. **8.** (Sofa- *etc*)Schoner *m*, Schutzdeckchen *n*. **ˌ~-ˈup** *s* Aufräumen *n*: **to give a room a ~** ein Zimmer in Ordnung bringen *od.* aufräumen.

tie [taɪ] **I** *s* **1.** (Schnür)Band *n*. **2.** a) Schlips *m*, Kraˈwatte *f*, b) Halstuch *n*. **3.** Schnürschuh *m*. **4.** Schleife *f*, Masche *f*. **5.** *fig.* a) Band *n*: **the ~(s) of friendship**, b) *pol. psych.* Bindung *f*: **mother ~**. **6.** *colloq.* (lästige) Fessel, Last *f*. **7.** Verbindung *f*, Befestigung *f*. **8.** *arch. tech.* a) Verbindung(sstück *n*) *f*, b) Anker *m*, c) → **tie beam**. **9.** *rail. Am.* Schwelle *f*. **10.** *parl. pol.* (Stimmen)Gleichheit *f*: **to end in a ~** stimmengleich enden. **11.** *sport* a) Punktgleichheit *f*, Gleichstand *m*, b) Unent-

schieden *n*, c) (Ausscheidungs)Spiel *n*, d) Wieder'holung(sspiel *n*) *f*. **12.** *mus*. Bindebogen *m*, Liga'tur *f*.
II *v/t* **13.** an-, festbinden (**to** an *acc od. dat*). **14.** a) binden, schnüren, b) *a. fig.* fesseln: **to ~ s.o.'s hands** *bes. fig.* j-m die Hände binden; **to ~ s.o.'s tongue** j-m die Zunge binden, j-n zum Schweigen verpflichten. **15.** (sich) *die Schuhe, Krawatte, e-e Schleife etc* binden. **16.** (zs.-)knoten, (-)knüpfen: **to ~ a cord. 17.** *fig.* verknüpfen, -binden. **18.** *arch. tech.* verankern, befestigen. **19.** hemmen, hindern. **20.** (**to**) *j-n* binden (an *acc*), verpflichten (zu). **21.** *j-n* in Anspruch nehmen (*Pflichten etc*). **22.** *pol. sport* gleichstehen *od.* -ziehen mit. **23.** *mus. Noten* (anein'ander)binden.
III *v/i* **24.** *parl. pol.* gleiche Stimmenzahl haben. **25.** *sport* a) punktgleich sein, gleichstehen, b) unentschieden spielen *od.* kämpfen (**with** gegen).
Verbindungen mit Adverbien:
tie|back *v/t Haar etc* zu'rückbinden. **~ down** *v/t* **1.** fesseln (**to** an *acc*). **2.** an-, festbinden (**to** an *acc*). **3.** *mil. gegnerische Truppen* binden. **4.** *fig.* (**to**) a) binden (an *acc*), b) *j-n* festlegen (auf *acc*). **5. to be tied down** *fig.* angebunden sein. **~ in I** *v/i* **1.** (**with**) über'einstimmen (mit), passen (zu). **II** *v/t* **2.** (**with**) verbinden *od.* kombi'nieren *od.* koppeln (mit), einbauen (in *acc*). **3. to tie s.o. in with s.th.** j-n mit etwas in Verbindung bringen. **~ on** *v/t* **1.** → tie 13. **2. to tie one on** *bes. Am. colloq.* sich e-n ‚andudeln'. **~ up I** *v/t* **1.** (an-, ein-, ver-, zs.-, zu)binden. **2.** *mar. Schiff* auflegen. **3.** *fig.* fesseln, hindern, hemmen. **4.** *fig.* festhalten, beschäftigen. **5.** *fig.* lahmlegen, *e-e Industrie, die Produktion* stillegen, *Vorräte etc* bloc'kieren. **6.** unter Dach u. Fach bringen. **7.** festlegen: a) *econ. Geld* fest anlegen, b) *jur. bes. Erbgut* e-r Verfügungsbeschränkung unter'werfen: **the will tied up the estate** das Testament legte den Besitz fest. **8. to tie it up** *Am. colloq.* die Sache erledigen. **II** *v/i* **9.** sich verbinden (**with** mit).
tie| bar *s* **1.** a) *rail.* Verbindungsstange *f* (*e-r Weiche*), b) *tech.* Spurstange *f*. **2.** *print.* Bogen *m* (*über 2 Buchstaben*). **~ beam** *s arch. tech.* Zugbalken *m*. **'~-ˌbreak·er**, *a.* **'~-break** *s Tennis*: Tie-Break *m, n*.
tied [taɪd] *adj econ.* zweckgebunden. **~ house** *s Br.* Braue'reigaststätte *f*.
tie dye·ing *s Textilwesen*: Knüpfbatik *m, f*.
'tie|-in I *s* **1.** *econ. Am.* a) kombi'nierte *od.* aufein'ander abgestimmte Werbung (*zweier Firmen etc*), b) Kopplungsgeschäft *n*, -verkauf *m*. **2.** Verbindung *f*, Zs.-hang *m*. **II** *adj* **3.** *econ. Am.* gekoppelt: **~ sale** → 1b. **'~-on I** *adj* zum Anbinden, Anhänge...: **~ label** → II. **II** *s* Anhängezettel *m*. **'~-pin** *s* Kra'wattennadel *f*. **~ plate** *s* **1.** *arch. tech.* Ankerplatte *f*. **2.** *rail.* Stoßplatte *f*.
tier [tɪə(r)] **I** *s* **1.** Reihe *f*, Lage *f*: **in ~s** in Reihen übereinander, lagenweise. **2.** *thea.* a) (Sitz)Reihe *f*, b) Rang *m*. **3.** *fig.* Rang *m*, Stufe *f*. **II** *v/t* **4.** *oft* **~ up** reihen- *od.* schichtenweise anordnen, aufein'anderschichten.
tierce [tɪə(r)s] *s* **1.** a) Tierce *f* (*altes Weinmaß; 42 gallons*), b) *Faß mit diesem Inhalt*. **2.** *relig.* Terz *f* (*3. Stufe des Breviergebets; um 9 Uhr*). **3.** *fenc.* Terz *f*. **4.** [*Br. bes.* tɜːs] *Kartenspiel*: Terz *f*, Se'quenz *f* von 3 Karten.
tier·cel ['tɜːsl; *Am.* 'tɪərsəl] → **tercel**.
tier·ce·ron ['tɪə(r)sərən] *s arch.* Nebenrippe *f*.
tier·cet ['tɜːsɪt; *Am.* 'tɪər-] → **tercet**.
tie rod *s tech.* **1.** Zugstange *f*. **2.** Kuppelstange *f*. **3.** *rail.* Spurstange *f*.
'tie-up *s* **1.** Verbindung *f*, Zs.-hang *m*. **2.** Koppelung *f*, Kombinati'on *f*. **3.** *Am.* Lahm-, Stillegung *f*. **4.** *bes. Am.* (*a.* Verkehrs)Stockung *f*, Stillstand *m*.
tiff [tɪf] *s* **1.** Reibe'rei *f*, ‚Kabbe'lei' *f*, kleine Meinungsverschiedenheit. **2.** schlechte Laune: **in a ~** übelgelaunt.
tif·fa·ny ['tɪfənɪ] *s* **1.** Seidengaze *f*. **2.** Mull(stoff) *m*, Flor *m*.
tif·fin ['tɪfɪn] *s Br. Ind.* Mittagessen *n*.
tige [tiːʒ] (*Fr.*) *s* **1.** *arch.* Säulenschaft *m*. **2.** *bot.* Stengel *m*, Stiel *m*.
ti·ger ['taɪgə(r)] *s* **1.** *zo.* (*bes.* Ben'galischer *od.* Königs)Tiger: **American ~** Jaguar *m*; **red ~** → **cougar**; **to rouse the ~ in s.o.** *fig.* j-n in e-n reißenden Tiger verwandeln. **2.** *hist. Br. sl.* li'vrierter Diener, Page *m*. **~cat** *s zo.* **1.** Tigerkatze *f*. **2.** getigerte (Haus)Katze. **'~ˌflow·er** *s bot.* Tigerblume *f*.
ti·ger·ish ['taɪgərɪʃ] *adj* (*adv* **~ly**) **1.** tigerartig. **2.** blutdürstig. **3.** wild, grausam.
ti·ger| lil·y *s bot.* **1.** Tigerlilie *f*. **2.** a) Pantherlilie *f*, b) Phila'delphia-Lilie *f*. **~ moth** *s zo.* Bärenspinner *m*. **~ shark** *s ichth.* Tigerhai *m*. **'~wood** *s bot.* Lettern-, Tigerholz *n*.
tight [taɪt] **I** *adj* (*adv* **~ly**) **1.** dicht (*nicht leck*): **a ~ barrel. 2.** fest(sitzend): **~ stopper**; **~ knot** fester Knoten; **~ screw** festangezogene Schraube. **3.** a) straff, (an)gespannt: **a ~ muscle**; **~ ropes**; **~ security** *fig.* scharfe Sicherheitsmaßnahmen *pl*, b) *fig.* verkniffen, zs.-gepreßt: **~ lips. 4.** knapp, (zu) eng: **~ fit** a) knapper Sitz (*e-s Kleides etc*), b) *tech.* Feinpassung *f*, Haftsitz *m*; **~ shoes** enge Schuhe; **~ trousers** enganliegende Hosen. **5.** a) eng, dicht(gedrängt), b) *colloq.* kritisch, ‚mulmig': → **corner** 3, **squeeze** 17. **6.** prall (voll): **the bag is ~**; **~ schedule** voller Terminkalender. **7.** *sport* a) ausgeglichen: **a ~ match**, b) knapp: **a ~ race** ein Brust-an-Brust-Rennen; → **squeeze** 22. **8.** *colloq.* ‚knick(e)rig', geizig. **9.** *econ.* a) knapp: **money is ~**, b) angespannt (*Marktlage*): **a ~ money market** e-e angespannte Lage auf dem Geldmarkt. **10.** a) verdichtet, kompri'miert, b) gedrängt, knapp (*Stil*): **~ plot** straffe Handlung, c) hieb- u. stichfest: **the argument is absolutely ~. 11.** *obs.* schmuck: **a ~ lass. 12.** *bes. art* eng, am Kleinen klebend, allzu konventio'nell. **13.** *sl.* ‚blau', ‚besoffen': (**as**) **~ as a tick** ‚stinkbesoffen'. **II** *adv* **14.** eng, knapp. **15.** *a. tech.* fest: **to hold ~** festhalten; **to sit ~** a) fest im Sattel sitzen, b) sich nicht vom Fleck rühren, c) *fig.* sich eisern behaupten, sich nicht beirren lassen, d) *fig.* den richtigen Augenblick abwarten.
tight·en ['taɪtn] **I** *v/t* **1.** *a.* **~ up** zs.-ziehen. **2.** *e-e Schraube, die Zügel etc* fest-, anziehen, *e-e Feder, e-n Gurt etc* spannen: **to ~ one's belt** ‚(sich) den Gürtel enger schnallen'; **to make s.o. ~ his belt** ‚j-m den Brotkorb höher hängen'. **3.** straffen: **to ~ a muscle (a rope, etc)**; **to ~ one's grip** fester zupacken, den Druck verstärken (*a. fig.*); **to ~ up** a) *Sicherheitsmaßnahmen* verschärfen, b) *Handlung* straffen. **4.** (ab)dichten: **~ing compound** *tech.* Dichtungsmasse *f*. **II** *v/i* **5.** sich straffen. **6.** fester werden: **his grip ~ed. 7.** *a.* **~ up** sich fest zs.-ziehen. **8.** *econ.* sich versteifen (*Markt*). **9. to ~ up on** *etwas* einschränken, begrenzen. **'tight·en·er** *s tech.* a) Spanner *m*, b) Spannschloß *n*, c) Spannscheibe *f*, -rolle *f*.
ˌtight|'fist·ed → tight 8. **ˌ~'fit·ting** *adj* **1.** → **tight** 4. **2.** *tech.* genau an- *od.* eingepaßt, Paß... **ˌ~-'laced** *adj fig.* sittenstreng, prüde, puri'tanisch. **ˌ~-'lipped** *adj* **1.** schmallippig. **2.** *fig.* verschlossen.
'tight·ness *s* **1.** Dichte *f*. **2.** Festigkeit *f*, fester Sitz. **3.** Straffheit *f*. **4.** Enge *f*. **5.** Gedrängtheit *f*. **6.** *colloq.* ‚Knicke'rei' *f*, Geiz *m*. **7.** *econ.* a) (Geld)Knappheit *f*, b) angespannte Marktlage.
'tight·rope I *s* (Draht)Seil *n* (*der Artisten*). **II** *adj* (Draht)Seil...: **~ walker** Seiltänzer(in).
tights [taɪts] *s pl* **1.** ('Tänzer-, Ar'tisten)Triˌkot *n*. **2.** *bes. Br.* Strumpfhose *f*.
'tightˌwad *s Am. colloq.* Geizkragen *m*.
ti·gon ['taɪgən] *s* Kreuzung *f* aus Tiger u. Löwin.
ti·gress ['taɪgrɪs] *s* **1.** Tigerin *f*. **2.** *fig.* Me'gäre *f*, Weibsteufel *m*. **'ti·grine** [-grɪn; -graɪn] *adj* **1.** tigerartig. **2.** *bot. zo.* getigert.
tike → **tyke**.
ti·ki ['tiːkɪ] *s* (*Maorikult*) **1.** Ahnen-, Götterbild *n*. **2.** T~ a) der erste Mensch, b) Schöpfergottheit *f*.
til·bu·ry ['tɪlbərɪ; *Am. a.* -ˌberiː] *s hist. leichter zweirädriger Wagen.*
til·de [tɪld; *bes. Am.* 'tɪldə] *s ling.* Tilde *f*: a) *Zeichen auf dem palatalisierten spanischen n*, b) *Ersatzzeichen für ein zu wiederholendes Wort*.
tile [taɪl] **I** *s* **1.** (Dach)Ziegel *m*: **he has a ~ loose** *sl.* ‚bei ihm ist e-e Schraube locker'; **to be (out) on the ~s** *sl.* ‚herumsumpfen'. **2.** (Stein- *od.* Kunststein)Platte *f*, (Fußboden-, Wand-, Teppich)Fliese *f*, (Ofen-, Wand)Kachel *f*. **3.** *collect.* Ziegel *pl*, Fliesen(fußboden *m*) *pl*, (Wand-)Kacheln *pl*. **4.** *arch.* Hohlstein *m*. **5.** *tech.* Tonrohr *n*. **6.** *colloq.* a) ‚Angströhre' *f* (*Zylinder*), b) ‚Deckel' *m*, ‚Koks' *m* (*steifer Hut*). **II** *v/t* **7.** (mit Ziegeln) decken. **8.** mit Fliesen *od.* Platten auslegen, kacheln. **'~ˌburn·er** *s* Ziegelbrenner *m*. **'~ˌfix·er** *s* Fliesen-, Plattenleger *m*. **~ kiln** *s* (Ziegel)Brennofen *m*. **~ ore** *s min.* Rotkupfererz *n*.
'til·er *s* **1.** Dachdecker *m*. **2.** Fliesen-, Plattenleger *m*. **3.** Ziegelbrenner *m*. **4.** Logenhüter *m* (*Freimaurer*).
'tile|·stone *s geol.* Fliesen-, Sandstein *m*. **'~work** *s tech.* **1.** *pl* Ziege'lei *f*. **2.** Kachel-, Fliesenarbeit *f*.
til·i·a·ceous [ˌtɪlɪ'eɪʃəs] *adj* Linden...
'til·ing *s* **1.** Dachdecken *n*. **2.** Fliesen-, Plattenlegen *n*, Kacheln *n*. **3.** Ziegelbedachung *f*. **4.** (Stein- *od.* Kunststein-)Platten *pl*, (Fußboden-, Wand-, Teppich)Fliesen *pl*, (Ofen-, Wand)Kacheln *pl*.
till[1] [tɪl] **I** *prep* **1.** bis: **~ Monday**; **~ now** bis jetzt, bisher; **~ then** bis dahin *od.* nachher; **~ when?** bis wann? **2.** bis zu: **~ death** bis zum Tod, bis in den Tod. **3. not ~** erst: **not ~ yesterday** erst gestern. **II** *conj* **4.** bis: **we waited ~ he came. 5. not ~** erst als (*od.* wenn), nicht eher als.
till[2] [tɪl] *v/t agr. den Boden* bebauen, bestellen.
till[3] [tɪl] *s* **1.** (Laden)Kasse *f*: **~ money** Kassenbestand *m*; **to be caught with one's hand in the ~** beim Griff in die Kasse ertappt werden. **2.** Geldkasten *m*.
till[4] [tɪl] *s geol.* Geschiebelehm *m*, Mo'ränenschutt *m*.
till·a·ble ['tɪləbl] *adj agr.* anbaufähig.
till·age ['tɪlɪdʒ] *s* **1.** Bodenbestellung *f*: **in ~** bebaut. **2.** Ackerbau *m*. **3.** Ackerland *n*.
'till·er[1] *s* **1.** Ackerbauer *m*. **2.** Ackerfräse *f*.
'till·er[2] *s* **1.** *mar.* Ruderpinne *f*. **2.** *tech.* Griff *m*.
'till·er[3] **I** *s* Wurzelsproß *m*, Schößling *m*. **II** *v/i* Schößlinge treiben.

till·er rope *s mar.* Steuerreep *n.*

tilt¹ [tɪlt] **I** *v/t* **1.** a) *allg.* kippen, neigen, schräglegen, -stellen, b) *Film, TV*: *die Kamera* (senkrecht) schwenken. **2.** 'umkippen, 'umstoßen. **3.** *tech.* recken. **4.** *mar. das Schiff* krängen. **5.** *hist.* (*im Turnier*) a) (mit eingelegter Lanze) anrennen gegen, b) *die Lanze* einlegen. **II** *v/i* **6.** *a.* ~ **over** a) sich neigen, kippen, b) ('um)kippen, 'umfallen. **7.** *mar.* krängen (*Schiff*). **8.** *hist.* im Tur'nier kämpfen: **to ~ at** a) anreiten gegen: → **windmill** 1, b) mit der Lanze stechen nach, c) *fig.* losziehen gegen, *j-n, etwas* attackieren. **9.** *Am.* ten'dieren (**toward** zu *etwas* hin). **III** *s* **10.** Kippen *n.* **11.** *Film, TV*: (senkrechter) Schwenk: **to give a ~ to** → 1 b. **12.** Schräglage *f*, Neigung *f*: **on the ~** auf der Kippe. **13.** *hist.* ('Ritter)Turˌnier *n*, Lanzenbrechen *n.* **14.** Ausein'andersetzung *f*: **to have a ~ with s.o.** **15.** (Lanzen)Stoß *m*: **to have a ~ at** *fig.* losziehen gegen, *j-n, etwas* attackieren. **16.** (Angriffs)Wucht *f*: **(at) full ~** mit voller Wucht. **17.** *Am.* Ten'denz *f*, ‚Färbung' *f*, ‚Drall' *m.*

tilt² [tɪlt] **I** *s* **1.** (Wagen- *etc*)Plane *f*, Verdeck *n.* **2.** *mar.* Sonnensegel *n.* **3.** Sonnendach *n* (*über Verkaufsständen etc*). **4.** *obs.* Zelt(plane *f*) *n.* **II** *v/t* **5.** (mit e-r Plane) bedecken.

tilt| boat *s mar.* mit e-m Sonnensegel bedecktes Boot. **~ cart** *s tech.* Kippwagen *m.*

'tilt·er *s* **1.** *hist.* Tur'nierkämpfer *m.* **2.** *tech.* (Kohlen- *etc*)Kipper *m*, Kippvorrichtung *f*, *Walzwerk*: Wipptisch *m.* **3.** *tech.* Schwarzhammerarbeiter *m.*

tilth [tɪlθ] → **tillage.**

tilt ham·mer *s tech.* Schwarzhammer *m.*

'tilt·ing *adj* **1.** schwenk-, kippbar, Kipp...: **~ bearing** Kipplager *n*; **~ cart** → tilt cart; **~ table** a) *tech.* Wippe *f*, b) *vet.* Kipptisch *m.* **2.** *tech.* Reck...: **~ hammer** → tilt hammer. **3.** *hist.* Turnier...

tilt| mill *s tech.* Hammerwerk *n.* **'~yard** *s* Tur'nierplatz *m.*

tim·bal ['tɪmbl] *s* **1.** *mus. hist.* (Kessel-)Pauke *f.* **2.** *zo.* 'Schrillmemˌbran(e) *f* (*der Zikaden*).

tim·bale [tæm'bɑːl; 'tɪmbl] *s gastr.* Tim'bale *f* (*e-e Pastete*).

tim·ber ['tɪmbə(r)] **I** *s* **1.** (Bau-, Zimmer-, Nutz)Holz *n.* **2.** *collect.* (Nutzholz-)Bäume *pl*, Baumbestand *m*, Wald(bestand) *m.* **3.** *Br.* a) Bauholz *n*, b) Schnittholz *n.* **4.** *mar.* Inholz *n*: **~s of a ship** Spantenwerk *n* e-s (Holz)Schiffes. **5.** *fig. Am.* Holz *n*, Ka'liber *n*, Schlag *m*: **a man of his ~**; **he is of presidential ~** er hat das Zeug zum Präsidenten. **II** *v/t* **6.** (ver)zimmern. **7.** *Holz* abvieren. **8.** *Graben etc* absteifen. **III** *adj* **9.** Holz... **~cruis·er** *s Am.* Holzmesser *m* (*der den Ertrag e-s Waldes schätzt*).

tim·bered ['tɪmbə(r)d] *adj* **1.** gezimmert. **2.** Fachwerk... **3.** bewaldet.

tim·ber| for·est *s* Hochwald *m.* **~ frame** *s tech.* Bundsäge *f.* **'~-framed** *adj* Fachwerk... **~ fram·ing** *s tech.* Holzfachwerk *n.* **~ hitch** *s* Zimmermannsknoten *m.*

'tim·ber·ing *s* **1.** Zimmern *n*, Ausbau *m.* **2.** *tech.* Verschalung *f*, Holzverkleidung *f.* **3.** Bau-, Zimmerholz *n.* **4.** a) Gebälk *n*, b) Fachwerk *n.*

'tim·ber|ˌland *s Am.* Waldland *n* (*das Nutzholz liefert*). **~ line** *s* Baumgrenze *f.* **'~man** [-mən] *s irr* **1.** Holzfäller *m*, -arbeiter *m.* **2.** *Bergbau*: Stempelsetzer *m.* **~ mill** *s* Sägewerk *n*, -mühle *f.* **~ tree** *s* Nutzholzbaum *m.* **~ wolf** *s irr zo. ein amer. Wolf.* **'~work** *s tech.* Gebälk *n*, Holzwerk *n.* **'~yard** *s* Holzplatz *m.*

tim·bre ['tæmbrə; *bes. Am.* 'tæmbə(r); 'tɪm-] *s mus.* Timbre *n*, Klangfarbe *f* (*a. ling.*).

tim·brel ['tɪmbrəl] *s* Tambu'rin *n.*

time [taɪm] **I** *s* **1.** Zeit *f*: **~ past, present, and to come** Vergangenheit, Gegenwart u. Zukunft; **for all ~** für alle Zeiten; **as ~ went on** im Laufe der Zeit; **~ will show** die Zeit wird es lehren; **Father T~** die Zeit (*personifiziert*). **2.** (endliche *od.* irdische) Zeit (*Ggs. Ewigkeit*). **3.** *astr.* Zeit *f*: **astronomical ~.** **4.** Zeit *f*, Uhr(zeit) *f*: **what's the ~?, what ~ is it?** wieviel Uhr ist es?, wie spät ist es?; **at this ~ of day** a) zu dieser (späten) Tageszeit, zu so später Stunde, b) *fig.* so spät, in diesem späten Stadium; **to bid** (*od.* **pass**) **s.o. the ~ of (the) day, to pass the ~ of day with s.o.** *colloq.* j-n grüßen; **to know the ~ of day** *colloq.* wissen, was es geschlagen hat; **so that's the ~ of day!** *colloq.* so steht es also!; **some ~ about noon** etwa um Mittag; **this ~ tomorrow** morgen um diese Zeit; **this ~ twelve months** heute übers Jahr; **to keep good ~** richtig *od.* genau gehen (*Uhr*). **5.** Zeit (-dauer) *f*, Zeitabschnitt *m*, (*a. phys.* Fall- *etc*)Dauer *f*, *econ. a.* Arbeitszeit *f* (*im Herstellungsprozeß etc*): **a long ~** lange Zeit; **some ~ longer** noch einige Zeit; **to be a long ~ in doing s.th.** lange (Zeit) dazu brauchen, etwas zu tun; **~ of a draft** *econ.* Laufzeit *f* e-s Wechsels. **6.** Zeit (-punkt *m*) *f*: **~ of arrival** Ankunftszeit; **at the ~** a) zu dieser Zeit, damals, b) gerade; **at the present ~** derzeit, gegenwärtig; **at the same ~** a) gleichzeitig, zur selben Zeit, b) gleichwohl, zugleich, andererseits; **at that ~** zu der Zeit; **at one ~** einst, früher (einmal); **at some ~** irgendwann (einmal); **for the ~** für den Augenblick; **for the ~ being** a) vorläufig, fürs erste, b) unter den gegenwärtigen Umständen; **in three weeks' ~** in *od.* binnen drei Wochen. **7.** *oft pl* Zeit(alter *n*) *f*, Zeiten *pl*, E'poche *f*: **at** (*od.* **in**) **the ~ of Queen Anne** zur Zeit der Königin Anna; **in our ~** in unserer Zeit; **she was a legend in her own ~** sie war schon zu Lebzeiten e-e Legende; → **old** 4. **8.** *pl* Zeiten *pl*, Zeitverhältnisse *pl.* **9. the ~s** die Zeit: **behind the ~s** hinter der Zeit zurück, rückständig; → **move** 13. **10.** Frist *f*, (zugemessene) Zeit: **~ of delivery** *econ.* Lieferfrist, -zeit; **~ for payment** Zahlungsfrist; **to ask ~** *econ.* um Frist(verlängerung) bitten; **you must give me ~** Sie müssen mir Zeit geben *od.* lassen. **11.** (verfügbare) Zeit: **to buy a little ~** etwas Zeit schinden, e-e kleine Galgenfrist gewinnen; **to have no ~** keine Zeit haben; **to have no ~ for s.o.** *fig.* nichts übrig haben für j-n; **to take (the) ~** sich die Zeit nehmen (**to do** zu tun); **to take one's ~** sich Zeit lassen; **~ is up!** die Zeit ist um *od.* abgelaufen!; **~, gentlemen, please!**; **~!**; **closing ~!** Polizeistunde!; **~!** *sport* Zeit!: a) anfangen!, b) aufhören!; **~!** *parl.* Schluß!; → **forelock¹.** **12.** (*oft* schöne) Zeit, Erlebnis *n*: **to have the ~ of one's life** a) sich großartig amüsieren, b) leben wie ein Fürst. **13.** unangenehme Zeit, Unannehmlichkeit *f.* **14.** (Zeit)Lohn *m*, *bes.* Stundenlohn *m.* **15.** *colloq.* (Zeit *f* im) ‚Knast' *m*: **to do ~** (im Gefängnis) ‚sitzen'. **16.** Lehrzeit *f*, -jahre *pl.* **17.** (bestimmte *od.* passende) Zeit: **the ~ has come for s.th. to happen** es ist an der Zeit, daß etwas geschieht; **there is a ~ for everything** alles zu s-r Zeit; **it is ~ for breakfast** es ist Zeit zum Frühstück; → **high time.** **18.** a) (na'türliche *od.* nor'male) Zeit, b) (Lebens)Zeit *f*: **~ of life** Alter *n*; **his ~ is drawing near** s-e Zeit ist gekommen, sein Tod naht heran; **the ~ was not yet** die Zeit war noch nicht gekommen. **19.** a) Schwangerschaft *f*, b) Niederkunft *f*: **she is far on in her ~** sie ist hochschwanger; **she is near her ~** sie steht kurz vor der Entbindung. **20.** (günstige) Zeit: **now is the ~** jetzt ist die passende Gelegenheit, jetzt gilt es (**to do** zu tun); **at such ~s** bei solchen Gelegenheiten. **21.** Mal *n*: **the first ~** das erste Mal; **each ~ that** jedesmal wenn; **~ and again, ~ after ~** immer wieder; **at some other ~, at other ~s** ein anderes Mal; **at a ~** auf einmal, zusammen, zugleich, jeweils; **one at a ~** einzeln, immer eine(r, s); **two at a ~** zu zweit, paarweise, jeweils zwei; → **every** *Bes. Redew.* **22.** *pl* mal, ...mal: **three ~s four is twelve** drei mal vier ist zwölf; **twenty ~s** zwanzigmal; **three ~s the population of Coventry** dreimal so viele Einwohner wie Coventry; **four ~s the size of yours** viermal so groß wie deines. **23.** *bes. sport* (*erzielte, gestoppte*) Zeit: **the winner's ~ is 2.50 minutes.** **24.** Einheit *f* der Zeit (*im Drama*). **25.** *metr.* metrische Einheit, *bes.* Mora *f.* **26.** Tempo *n*, Zeitmaß *n.* **27.** *mus.* a) rhythmischer Wert (*e-r Note od. Pause*), b) Tempo *n*, Zeitmaß *n*, c) Rhythmus *m*, Takt(bewegung *f*) *m*, d) Takt(art *f*) *m*: **~ variation** Tempoveränderung *f*; **to beat (keep) ~** den Takt schlagen (halten). **28.** *mil.* Marschtempo *n*, Schritt *m*: → **mark¹** 27.

Besondere Redewendungen:

against ~ gegen die Zeit *od.* Uhr, mit größter Eile; **to be ahead of** (*od.* **before**) **~** zu früh daran sein; **to be ahead of** (*od.* **before**) **the ~s** (*od.* **one's ~**) s-r Zeit voraus sein; **to be behind ~** zu spät daran sein, Verspätung haben; **to be behind the ~s** (*od.* **one's ~**) rückständig sein; **between ~s** in den Zwischenzeiten; **from ~ to ~** von Zeit zu Zeit; **in ~** a) rechtzeitig (**to do** um zu tun), b) mit der Zeit, c) im (richtigen) Takt; **on ~** a) pünktlich, rechtzeitig, b) *bes. Am.* für e-e (bestimmte) Zeit, c) *econ. Am.* auf Zeit, *bes.* auf Raten; **out of ~** a) zur Unzeit, unzeitig, b) vorzeitig, c) zu spät, d) aus dem Takt *od.* Schritt; **till such ~ as** so lange bis; **to ~** pünktlich; **with ~** mit der Zeit; **~ was, when** die Zeit ist vorüber, als; **~ has been when** es gab e-e Zeit, da; **take ~ while ~ serves** nutze die Zeit, solange du sie hast.

II *v/t* **29.** (mit der Uhr) messen, (ab-)stoppen, die Zeit messen von (*od. gen*). **30.** timen (*a. sport*), die Zeit *od.* den richtigen Zeitpunkt wählen *od.* bestimmen für, zur rechten Zeit tun. **31.** zeitlich abstimmen. **32.** die Zeit festsetzen für, (zeitlich) legen: **the train is ~d to leave at 7** der Zug soll um 7 abfahren. **33.** *e-e Uhr* richten, stellen. **34.** zeitlich regeln (**to** nach), *tech. die Zündung etc* einstellen, *elektronisch etc* steuern. **35.** das Tempo *od.* den Takt angeben für.

III *v/i* **36.** Takt halten. **37.** zeitlich zs.- *od.* über'einstimmen (**with** mit).

time| and mo·tion (stud·y) *s econ.* Zeitstudie *f.* **~ bar·gain** *s Börse*: *Br.* Ter'mingeschäft *n.* **~ base** *s electr.* **1.** Zeitbasis *f.* **2.** Zeitablenkschaltung *f.* **'~-base** *adj electr.* Kipp... **~ belt** *Am. für* **time zone.** **~ bill** *s econ. bes. Am.* Zeitwechsel *m.* **~ bomb** *s mil.* Zeitbombe *f* (*a. fig.*). **~ book** *s econ.* Arbeits(stunden)buch *n.* **~ cap·sule** *s Grundsteinlegung*: Kas'sette *f* mit 'Zeitdokuˌmenten. **'~card** *s* **1.** Stechkarte *f.* **2.** *Am.* Fahrplan *m.* **~ clock** *s* Stechuhr *f.* **~ con·stant** *s electr.* 'Zeitkonˌstante *f.* **'~-conˌsum·ing** *adj* zeitraubend, -aufwendig. **~ cred·it** *s gleitende Arbeitszeit*: Zeitguthaben *n.*

timed [taɪmd] *adj* **1.** zeitlich (genau) festgelegt *od.* regu'liert: → **ill-timed, well-timed. 2.** *tech.* taktmäßig.

time| deb·it *s gleitende Arbeitszeit*: Fehlzeit *f.* **'~-de,lay re·lay** *s electr.* 'Zeitre,lais *n.* **~ de·pos·it** *s econ. Am.* Ter'mingeld *n*, -einlage *f.* **~ draft** *s econ. bes. Am.* Zeitwechsel *m.* **'~-ex,pired** *adj mil. Br.* ausgedient (*Soldat od. Unteroffizier*). **~ ex·po·sure** *s phot.* **1.** Zeitbelichtung *f.* **2.** Zeitaufnahme *f.* **~ frame** *s* zeitlicher Rahmen. **~ freight** *s econ. Am.* Eilfracht *f.* **~ fuse,** *bes. Am.* **~ fuze** *s* Zeitzünder *m.* **'~-,hon·o(u)red** *adj* alt'ehrwürdig. **'~,keep·er** *s* **1.** Zeitmesser *m*: **to be a good ~** richtig *od.* genau gehen (*Uhr*). **2.** *sport u. econ.* Zeitnehmer *m.* **~ lag** *s* **1.** 'Zeitdiffe,renz *f.* **2.** *bes. tech.* Verzögerung(szeit) *f*, zeitliche Nacheilung *od.* Lücke. **'~-lapse** *adj phot.* Zeitraffer...

'time·less *adj* (*adv* **~ly**) **1.** immerwährend, ewig. **2.** zeitlos: **~ art; ~ beauty. 3.** von unbestimmbarem Alter, alterslos: **~ people.**

time lim·it *s* **1.** Frist *f*, Ter'min *m*: **to set a ~ for s.th.** etwas befristen. **2.** *electr.* Grenzzeit *f* (*des Relais*): **~ relay** Zeitrelais *n.*

time·li·ness ['taɪmlɪnɪs] *s* **1.** Rechtzeitigkeit *f.* **2.** günstige Zeit. **3.** Aktuali'tät *f.*

time| loan *s econ.* Darlehen *n* auf Zeit. **~ lock** *s tech.* Zeitschloß *n.*

time·ly ['taɪmlɪ] **I** *adj* **1.** rechtzeitig. **2.** (*zeitlich*) günstig, angebracht. **3.** aktu'ell. **II** *adv* **4.** *obs. od. poet.* rechtzeitig, früh, bald.

time| mon·ey *s econ.* Festgeld *n.* **,~-'out** *pl* **,~-'outs** *s* **1.** *sport* Auszeit *f.* **2.** *bes. Am.* Pause *f.* **~ pay·ment** *s econ. Am.* Ratenzahlung *f.* **'~-piece** *s* Chrono'meter *n*, Zeitmesser *m*, Uhr *f.* **~ pur·chase** *s econ.* Ter'minkauf *m.*

'tim·er *s* **1.** Zeitmesser *m* (*Apparat*). **2.** *tech.* Zeitgeber *m*, -schalter *m.* **3.** *mot.* Zündverteiler *m.* **4.** a) Stoppuhr *f*, b) Se'kundenuhr *f.* **5.** *sport u. econ.* Zeitnehmer *m.* **6.** (*in Zssgn*) j-d, der e-e (*bestimmte*) Zeit arbeitet *etc*: → **half timer** 1.

time| re·ver·sal *s phys.* 'Zeit,umkehr *f.* **'~,sav·er** *s* zeitsparendes Gerät *od.* Ele'ment. **'~,sav·ing** *adj* zeit(er)sparend. **~ sense** *s* Zeitgefühl *n.* **'~,serv·er** *s* Opportu'nist(in), Gesinnungslump *m.* **'~,serv·ing I** *adj* opportu'nistisch. **II** *s* Opportu'nismus *m*, Gesinnungslumpe'rei *f.* **~ shar·ing** *s Computer*: Timesharing *n* (*Zeitzuteilung bei e-r gemeinsamen Inanspruchnahme e-r Großrechenanlage durch verschiedene Benutzer*). **~ sheet** *s* **1.** Arbeits(zeit)blatt *n.* **2.** Stechkarte *f.* **~ shut·ter** *s phot.* Zeitverschluß *m.* **~ sig·nal** *s Rundfunk, Fernsehen*: Zeitzeichen *n.* **~ sig·na·ture** *s mus.* Taktvorzeichnung *f.*

times sign *s math.* Mal-, Multiplikati'onszeichen *n.*

time| stud·y *s econ.* Zeitstudie *f.* **'~-,stud·y man** *s irr econ.* Zeitstudienfachmann *m.* **~ switch** *s electr.* Schaltuhr *f*, Zeitschalter *m.* **'~,ta·ble I** *s* **1.** a) Fahrplan *m*, b) Flugplan *m.* **2.** *ped. Br.* Stundenplan *m.* **3.** a) 'Zeitta,belle *f*, ‚Fahrplan' *m* (*für ein Projekt*), b) *Radsport*: 'Marschta,belle *f.* **4.** *mus.* a) Takttafel *f*, b) 'Notenwertta,belle *f.* **II** *v/t* **5.** *bes. Br.* e-e Zeit festsetzen für. **'~-,test·ed** *adj* (alt)bewährt. **~ tri·al** *s Radsport*: Zeitfahren *n.* **~ val·ue** *s econ. mus.* Zeitwert *m.* **'~-wise** *adj u. adv colloq.* ter'minlich. **'~-work** *s econ.* nach Zeit (*bes. Stunden od. Tagen*) bezahlte Arbeit. **'~,work·er** *s* nach Zeit bezahlter Arbeiter. **'~-worn** *adj* **1.** vom Zahn der Zeit angenagt, abgenutzt. **2.** veraltet, altmodisch. **3.** abgedroschen (*Phrase etc*). **~ zone** *s geogr.* Zeitzone *f.*

tim·id ['tɪmɪd] *adj* (*adv* **~ly**) **1.** furchtsam, ängstlich. **2.** schüchtern, zaghaft. **ti'mid·i·ty, 'tim·id·ness** *s* **1.** Ängstlichkeit *f.* **2.** Schüchternheit *f.*

tim·ing ['taɪmɪŋ] *s* **1.** Timing *n* (*a. sport*), (richtige) zeitliche Abstimmung *od.* Berechnung. **2.** zeitliche Koordi'nierung (*verschiedener Handlungen*). **3.** *tech.* (zeitliche) Steuerung, (*Ventil-, Zündpunkt- etc*) Einstellung *f*: **~ element** Zeitglied *n* (*im Relais*); **~ (im)pulse** Taktimpuls *m*; **~ motor** Schaltmotor *m*; **~ switch** → **time switch.**

tim·or·ous ['tɪmərəs] *adj* (*adv* **~ly**) → **timid.**

Tim·o·thy[1] ['tɪməθɪ] *npr u. s Bibl.* (Brief *m* des A'postels Paulus an) Ti'motheus *m.*

tim·o·thy[2] ['tɪməθɪ], *a.* **~ grass** *s bot.* Ti'motheusgras *n.*

tim·pa·ni ['tɪmpənɪ] *s pl* (*a. als sg konstruiert*) *mus.* Timpani *pl*, (Kessel-) Pauken *pl.* **'tim·pa·nist** [-nɪst] *s* (Kessel)Pauker *m.*

tin [tɪn] **I** *s* **1.** *chem. tech.* Zinn *n*: **base ~** Halbzinn; **common ~** Probezinn; **ordinary ~** Blockzinn. **2.** Weißblech *n.* **3.** (Blech-, *bes. Br.* Kon'serven)Dose *f*, (-)Büchse *f.* **4.** *sl.* ‚Piepen' *pl* (*Geld*). **II** *adj* **5.** Zinn..., zinnern: **~ wedding** *fig.* hölzerne Hochzeit (*10. Hochzeitstag*). **6.** Blech..., blechern (*a. fig. contp.*). **7.** *bes. Br.* Konserven..., Büchsen..., Dosen... **8.** *fig.* minderwertig, unecht. **III** *v/t* **9.** verzinnen. **10.** *bes. Br.* konser'vieren, (in Büchsen) einmachen *od.* packen, eindosen: → **tinned** 2.

tin·a·mou ['tɪnəmu:] *s* Steißhuhn *n.*

tin·cal ['tɪŋkl] *s min.* Tinkal *m.*

tin| can *s* **1.** Blechdose *f*, -büchse *f.* **2.** *mar. sl.* Zerstörer *m.* **'~-coat** *v/t tech.* feuerverzinnen. **~ cry** *s tech.* Zinngeschrei *n.*

tinct [tɪŋkt] *obs. od. poet.* **I** *s* Farbe *f*, Färbung *f.* **II** *adj* gefärbt. **III** *v/t* färben.

tinc'to·ri·al [-'tɔ:rɪəl; *Am. a.* -'təʊ-] *adj* **1.** Färbe..., färbend. **2.** Farb(e)...

tinc·ture ['tɪŋktʃə(r)] **I** *s* **1.** *med. pharm.* Tink'tur *f*: **~ of arnica (iodine)** Arnika-(Jod)tinktur. **2.** Aufguß *m.* **3.** *fig.* a) Spur *f*, Beigeschmack *m*, b) Anstrich *m*: **~ of education. 4.** *her.* Tink'tur *f*, (he'raldische) Farbe. **5.** *poet.* Farbe *f.* **6.** *obs.* a) 'Quintes,senz *f*, b) Ex'trakt *m.* **7.** *Alchimie*: *obs.* ('Lebens)Eli,xier *n.* **II** *v/t* **8.** färben. **9.** *fig.* e-n Anstrich geben (*dat*) (**with** von): **to be ~d with** e-n Anstrich haben von. **10.** *fig.* durch'dringen (**with** mit).

tin·der ['tɪndə(r)] *s* Zunder *m*: **German ~** Feuerschwamm *m*; **to be ~ to s.th.** *fig.* etwas anheizen. **'~-box** *s* **1.** Zunderbüchse *f.* **2.** *fig.* ‚Pulverfaß' *n.*

tine [taɪn] *s* **1.** Zinke *f*, Zacke *f* (*e-r Gabel etc*). **2.** *hunt.* (Geweih)Sprosse *f*, Ende *n.*

tin·e·a ['tɪnɪə] *s med.* (Haut)Flechte *f*, Tinea *f.*

tined [taɪnd] *adj* **1.** mit Zinken *od.* Zacken (versehen). **2.** ...zinkig.

tin| fish *s mar. sl.* ‚Aal' *m* (*Torpedo*). **~ foil** *s* **1.** Stanni'ol *n.* **2.** Stanni'ol-, 'Silberpa,pier *n.* **,~-'foil I** *v/t* **1.** mit Stanni'ol belegen. **2.** in Stanni'ol(pa,pier) verpacken. **II** *adj* **3.** Stanniol...

ting [tɪŋ] **I** *s* helles Klingen, Klingeln *n.* **II** *v/t* klingeln mit. **III** *v/i* klingeln.

ting-a-ling [,tɪŋə'lɪŋ] *s* Kling'ling *n.*

tinge [tɪndʒ] **I** *v/t pres p* **'tinge·ing** *od.* **'ting·ing 1.** tönen, (leicht) färben. **2.** *fig.* (*dat*) e-n Anstrich geben (**with** von): **to be ~d with** e-n Anflug *od.* Beigeschmack haben von, etwas von ... an sich haben. **II** *v/i* **3.** sich färben. **III** *s* **4.** leichter Farbton, Tönung *f*: **to have a ~ of red** e-n Stich ins Rote haben, ins Rote spielen. **5.** *fig.* Anstrich *m*, Anflug *m*, Spur *f.*

tin·gle ['tɪŋgl] **I** *v/i* **1.** prickeln, kribbeln, beißen, brennen (*Haut, Ohren etc*) (**with cold** vor Kälte). **2.** klingen, summen (**with** vor *dat*): **my ears are tingling** mir klingen die Ohren. **3.** vor Erregung zittern, beben (**with** vor *dat*). **4.** *fig.* knistern (**with** vor *dat*): **the story ~s with suspense** die Geschichte ist spannungsgeladen. **5.** flirren (*Hitze, Licht*). **II** *s* **6.** Prickeln *n* (*etc*: → 1–3). **7.** (ner'vöse) Erregung, Beben *n.*

tin| god *s* **1.** Götze *m*, Popanz *m.* **2.** ‚kleiner Gott'. **~ hat** *s mil. colloq.* Stahlhelm *m.* **'~,horn** *Am. sl.* **I** *adj* angeberisch, hochstaplerisch. **II** *s* Angeber *m*, Hochstapler *m.*

tink·er ['tɪŋkə(r)] **I** *s* **1.** (wandernder) Kesselflicker: **not worth a ~'s dam(n)** (*Br.* **cuss, curse**) *colloq.* keinen Pfifferling wert, (*Person*) keinen Schuß Pulver wert; **not to give a ~'s dam(n)** (*Br.* **cuss, curse**) *colloq.* sich e-n Dreck darum kümmern. **2.** a) Pfuscher *m*, Stümper *m*, b) Bastler *m* (*a. fig.*). **3.** a) Pfusche'rei *f*, Stümpe'rei *f*, b) Baste'lei *f*: **to have a ~ at s.th.** an etwas herumpfuschen *od.* -basteln. **4.** *ichth.* a) junge Ma'krele, b) Pa'zifikma,krele *f.* **II** *v/i* **5.** (**with, at an** *dat*) a) her'umpfuschen, b) her'umbasteln. **III** *v/t* **6.** *meist* **~ up** (rasch) zs.-flicken, zu'rechtbasteln *od.* -pfuschen (*a. fig.*).

tin·kle ['tɪŋkl] **I** *v/i* **1.** hell (er)klingen, klingeln. **2.** klirren. **3.** *colloq.* ‚pinkeln'. **II** *v/t* **4.** klingeln mit. **III** *s* **5.** Klinge(l)n *n*, (*a. fig.* Vers-, Wort)Geklingel *n*: **to give s.o. a ~** *Br. colloq.* j-n ‚anklingeln' (*anrufen*). **6.** *colloq.* ‚Pinkeln' *n*: **to have (go for) a ~** ‚pinkeln' (gehen).

tin| liq·uor *s chem. tech.* 'Zinnchlo,rür *n.* **~ liz·zie** *s colloq. humor.* ‚alter Klapperkasten' (*Auto*). **'~-man** [-mən] *s irr* **1.** Zinngießer *m.* **2.** → **tinsmith. ~ mine** *s* Zinngrube *f.*

tinned [tɪnd] *adj* **1.** verzinnt: **~ iron plate** Weißblech *n.* **2.** *bes. Br.* konser'viert, Dosen..., Büchsen...: **~ fruit** Obstkonserven *pl*; **~ meat** Büchsenfleisch *n.*

'tin·ner *s* **1.** → **tinsmith. 2.** Verzinner *m.* **3.** *bes. Br.* a) Arbeiter(in) in e-r Kon'servenfa,brik, b) Kon'servenfabri,kant *m.* **'tin·ner·y** *s Br.* Kon'servenfa,brik *f.*

tin·ni·tus [tɪ'naɪtəs; 'tɪnɪtəs] *s med.* Ohrensausen *n*, -klingen *n.*

tin·ny ['tɪnɪ] *adj* **1.** zinnern. **2.** zinnhaltig. **3.** blechern (*a. fig. Klang*). **4.** nach Blech schmeckend (*Konserve*). **5.** *fig.* wertlos, ‚billig'.

tin| o·pen·er *s bes. Br.* Dosen-, Büchsenöffner *m.* **~ ore** *s min.* Zinnerz *n.* **'~-pan** *adj* blechern, scheppernd. **T~ Pan Al·ley** *s colloq.* **1.** Zentrum *n* der 'Schlagerindu,strie. **2.** *collect.* (*die*) 'Schlagerindu,strie. **~ plate** *s tech.* Weiß-, Zinnblech *n.* **'~-plate I** *v/t* verzinnen. **II** *adj* Weiß-, Zinnblech... **~ pot** *s* **1.** Blechtopf *m.* **2.** *tech.* Grobkessel *m.* **'~-pot** *adj colloq.* schäbig, ‚billig'.

tin·sel ['tɪnsl] **I** *s* **1.** Flitter-, Rauschgold *n*, -silber *n.* **2.** La'metta *n.* **3.** Glitzerschmuck *m.* **4.** *fig.* Flitterkram *m*, Kitsch *m.* **5.** *obs.* La'mé *m*, Bro'kat *m.* **II** *adj* **6.** mit Flittergold *etc* verziert, Flitter... **7.** *fig.* flitterhaft, kitschig, Flitter..., Schein... **III** *v/t pret u. pp* **-seled,** *bes. Br.* **-selled 8.** mit Flitterwerk verzieren. **9.** kitschig her'ausputzen. **'tin·sel·ly** → **tinsel** II.

'tin|·smith *s* Blechschmied *m*, Klempner *m.* **~ sol·der** *s tech.* Weichlot *n*, Lötzinn *n.* **~ sol·dier** *s* 'Zinnsol,dat *m.*

tint [tɪnt] **I** *s* **1.** (hellgetönte *od.* zarte) Farbe. **2.** Farbton *m*, Tönung *f*: **autumn ~s** Herbstfärbung *f*; **to have a bluish ~**

e-n Stich ins Blaue haben, ins Blaue spielen. **3.** *paint.* Weißmischung *f.* **4.** *Gravierkunst*: feine Schrafˈfierung. **5.** *print.* Tanˈgierraster *m.* **II** *v/t* **6.** (leicht) färben: **~ed glass** Rauchglas *n*; **~ed paper** Tonpapier *n.* **7.** a) abtönen, b) aufhellen.

tin tack *s* Tapeˈziernagel *m*: **to come down to ~s** *colloq.* zur Sache kommen.

tin·tin·nab·u·la·tion [ˌtɪntɪˌnæbjʊˈleɪʃn] *s* Klinge(l)n *n*, Geklingel *n.*

ˈ**tin|·ware** *s* (Weiß)Blechwaren *pl.* ˈ**~·work** *s* **1.** Zinngegenstand *m*, -gerät *n.* **2.** *pl (oft als sg konstruiert)* a) Zinnhütte *f*, b) Weißblechhütte *f.*

ti·ny [ˈtaɪnɪ] **I** *adj* (*adv* **tinily**) winzig: **a ~ mouse; a ~ noise.** **II** *s* Kleine(r, s) (*Kind*): **the tinies** die ganz Kleinen.

tip¹ [tɪp] **I** *s* **1.** (*Schwanz-, Stock- etc*) Spitze *f*, äußerstes (*Flügel- etc*)Ende, Zipfel *m*: **~ of the ear** Ohrläppchen *n*; **~ of the finger (nose, tongue)** Finger- (Nasen-, Zungen)spitze; **to have s.th. at the ~s of one's fingers** *fig.* etwas ‚parat' haben, etwas aus dem Effeff können; **on the ~s of one's toes** auf (den) Zehenspitzen; **I had it on the ~ of my tongue** es lag *od.* schwebte mir auf der Zunge. **2.** (Berg)Gipfel *m*, Spitze *f*: → **iceberg.** **3.** *tech.* (*spitzes*) Endstück, *bes.* a) (*Stock-etc*)Zwinge *f*, b) (*Pumpen-, Stecker-, Taster- etc*)Spitze *f*, c) Düse *f*, d) Tülle *f*, e) (Schuh)Kappe *f.* **4.** Filter *m* (*e-r Zigarette*). **II** *v/t* **5.** *tech.* mit e-r Spitze *od.* Zwinge *etc* versehen, beschlagen. **6.** *Büsche etc* stutzen.

tip² [tɪp] **I** *s* **1.** Neigung *f*: **to give** *s.th.* **a ~** → 5. **2.** *Br.* (*Schutt- etc*)Abladeplatz *m*, (-)Halde *f*: **coal ~** Kohlenhalde. **3.** *tech.* Kippvorrichtung *f*, -anlage *f.* **II** *v/t* **4.** kippen, neigen: → **scale²** 1. **5.** *meist* **~ over** ˈumkippen. **6.** auskippen. **7.** tippen an (*den Hut; zum Gruß*): → **hat** *Bes. Redew.* **8.** *Br. Müll etc* abladen. **III** *v/i* **9.** sich neigen. **10.** *meist* **~ over** ˈumkippen, *aer.* auf den Kopf gehen.

Verbindungen mit Adverbien:

tip| off *v/t* **1.** auskippen, abladen. **2.** *sl. ein Glas Bier etc* ‚hinˈunterkippen'. **~ out I** *v/t* ausschütten, -kippen. **II** *v/i* herˈausfallen. **~o·ver** → **tip²** 5 *u.* 10. **~ up** *v/t u. v/i* **1.** hochkippen, -klappen. **2.** ˈumkippen.

tip³ [tɪp] **I** *s* **1.** Trinkgeld *n.* **2.** (*Wett-etc*)Tip *m.* **3.** Tip *m*, Wink *m*, Fingerzeig *m*, ˈHinweis *m*, Rat *m*: **to take the ~** den Ratschlag befolgen. **II** *v/t* **4.** *j-m* ein Trinkgeld geben. **5.** *j-m* e-n Tip *od.* Wink geben: **to ~ s.o. off, to ~ s.o. the wink** j-m e-n Tip *od.* Wink geben, j-n (rechtzeitig) warnen. **6.** *bes. sport* tippen auf (*acc*). **7.** *colloq.* a) geben: **to ~ s.o. a signal,** b) zum besten geben: **to ~ a song.** **III** *v/i* **8.** Trinkgeld(er) geben. **9.** Tips geben.

tip⁴ [tɪp] **I** *s* Klaps *m*, leichte Berührung: **to give the ball a ~** den Ball antippen. **II** *v/t* leicht schlagen *od.* berühren, *Ball* antippen. **III** *v/i* trippeln.

tip| and run *s sport Br. Art Kricket.* ˌ**~-and-ˈrun** *adj fig. bes. Br.* Überraschungs..., blitzschnell: **~ raid; ~ raider** *aer. mil.* Einbruchsflieger *m.* ˈ**~cart** *s* Kippkarren *m*, -wagen *m.* ˈ**~cat** *s* Spatzeck *n* (*Kinderspiel*). **~ e·lec·trode** *s electr.* ˈPunktschweißelekˌtrode *f.*

ˈ**tip-off** *s* **1.** Tip *m*, Wink *m.* **2.** *Basketball*: Sprungball *m.*

tipped [tɪpt] *adj* **1.** mit e-m Endstück *od.* e-r Zwinge *od.* Spitze *etc* (versehen). **2.** mit Filter, Filter... (*Zigarette*).

ˈ**tip·per¹** *s mot. tech.* Kipper *m.*

ˈ**tip·per²** *s*: **to be a generous ~** großzügig Trinkgeld geben.

tip·per| lor·ry *Br.*, **~ truck** → **tipper¹.**

tip·pet [ˈtɪpɪt] *s* **1.** Peleˈrine *f*, (herˈabhängender) Pelzkragen. **2.** *relig.* (Seiden)Halsband *n*, (-)Schärpe *f.* **3.** *hist.* langes, schmales, herˈabhängendes Band. **4.** *zo.* Halskragen *m.* **5.** Darm-, Haarschnur *f* (*der Angel*).

ˈ**tip·ping** *s mus.* Zungenschlag *m.* **~ angle** *s tech.* Kippwinkel *m.* **~ gear** *s tech.* Kippvorrichtung *f.*

tip·ple¹ [ˈtɪpl] **I** *v/t u. v/i* ‚picheln'. **II** *s* (alkoˈholisches) Getränk.

tip·ple² [ˈtɪpl] *s* **1.** *tech.* Kippvorrichtung *f.* **2.** Abladestelle *f.* **3.** Kipphalde *f.*

ˈ**tip·pler** *s* ‚Pichler' *m*, (Quarˈtals-) Säufer *m.*

tip·si·fy [ˈtɪpsɪfaɪ] *v/t* ‚beduseln'. ˈ**tip·si·ness** *s* Beschwipstheit *f*, angeheiterter Zustand.

ˈ**tip·staff** *s a. irr* **1.** *hist.* Amtsstab *m.* **2.** Gerichtsdiener *m.*

tip·ster [ˈtɪpstə(r)] *s* **1.** *bes. Rennsport u. Börse*: (berufsmäßiger) Tipgeber. **2.** Inforˈmant *m.*

tip·sy [ˈtɪpsɪ] *adj* (*adv* **tipsily**) **1.** angeheitert, beschwipst: **to be ~** e-n Schwips haben. **2.** wack(e)lig, schief. **~cake** *s mit Wein getränkter u. mit Eiercreme servierter Kuchen.*

ˈ**tip|ˌtilt·ed** *adj*: **~ nose** Stupsnase *f.* ˈ**~toe I** *s*: **on ~** a) auf (den) Zehenspitzen, b) *fig.* neugierig, gespannt, erwartungsvoll, c) *fig.* darˈauf brennend (**to do** zu tun). **II** *adj u. adv* → I. **III** *v/i* auf (den) Zehenspitzen gehen *od.* schleichen. ˌ**~ˈtop I** *s* **1.** Gipfel *m*, Spitze *f*, *fig. a.* Höhepunkt *m.* **2.** *pl obs.* (*die*) oberen Zehnˈtausend. **II** *adj u. adv* **3.** *colloq.* ‚ˌtippˈtopp', ‚prima', erstklassig. ˈ**~-up** *adj* aufklappbar, Klapp...: **~ seat** Klappsitz *m.*

ti·rade [taɪˈreɪd] *s* **1.** Wortschwall *m*, Tiˈrade *f* (*a. mus.*). **2.** ˈSchimpfkanoˌnade *f.*

tire¹ [ˈtaɪə(r)] **I** *v/t* **1.** ermüden, müde machen: **to ~ out** (völlig) erschöpfen; **to ~ to death** a) todmüde machen, b) *fig.* tödlich langweilen. **2.** *fig.* ermüden, langweilen. **II** *v/i* **3.** müde werden, ermüden, ermatten (**by, with** durch). **4.** *fig.* müde werden (**of** *gen*; **of doing** zu tun).

tire², *bes. Br.* **tyre** [ˈtaɪə(r)] *tech.* **I** *s* (Rad-, Auto)Reifen *m.* **II** *v/t* bereifen.

tire³ [ˈtaɪə(r)] *obs.* **I** *v/t* **1.** schmücken. **II** *s* **2.** (schöne) Kleidung, Kleid *n.* **3.** Schmuck *m*, (Kopf)Putz *m.*

tire| cas·ing *s tech.* (Lauf)Decke *f*, (Reifen)Mantel *m.* **~ chain** *s tech.* Schneekette *f.*

tired¹ [ˈtaɪə(r)d] *adj* **1.** ermüdet, müde (**by, with** von): **~ to death** todmüde. **2.** *fig.* müde, ˈüberdrüssig (**of** *gen*): **I am ~ of it** ich habe es satt. **3.** erschöpft, verbraucht, müde (geworden). **4.** abgenutzt.

tired² [ˈtaɪə(r)d] *adj tech.* bereift.

ˈ**tired·ness** *s* **1.** Müdigkeit *f.* **2.** *fig.* ˈÜberdruß *m.*

tire| ga(u)ge *s tech.* Reifendruckmesser *m.* **~ grip** *s tech.* Griffigkeit *f* der Reifen.

ˈ**tire·less¹** *adj* unermüdlich.

ˈ**tire·less²** *adj tech.* unbereift.

ˈ**tire·less·ness** *s* Unermüdlichkeit *f.*

tire| le·ver *s* (ˈReifen)Monˌtierhebel *m.* **~ marks** *s pl mot.* Reifen-, Bremsspuren *pl.* **~ rim** *s tech.* Reifenwulst *m.*

tire·some [ˈtaɪə(r)səm] *adj* (*adv* **~ly**) ermüdend (*a. fig. langweilig, unangenehm, lästig*). ˈ**tire·some·ness** *s* **1.** (*das*) Ermüdende. **2.** Langweiligkeit *f.* **3.** (*das*) Unangenehme.

ˈ**tireˌwom·an** *s irr obs.* **1.** Kammerzofe *f.* **2.** *thea.* Garderobiˈere *f.*

ˈ**tir·ing room** *s obs.* **1.** Ankleideraum *m.* **2.** *thea.* Gardeˈrobe *f.*

ti·ro → **tyro.**

Tir·o·lese [ˌtɪrəˈliːz] **I** *adj* tiˈrol(er)isch, Tiroler(...). **II** *s* Tiˈroler(in).

T i·ron *s tech.* T-Eisen *n.*

tir·ra·lir·ra [ˌtɪrəˈlɪrə] *s* Tiriˈli *n* (*Vogelruf*).

'tis [tɪz] *Zs.-ziehung von* **it is.**

ti·sane [tiːˈzæn] → **ptisan.**

tis·sue [ˈtɪʃuː; *Br. a.* ˈtɪsjuː] **I** *s* **1.** *biol.* (*Zell-, Muskel- etc*)Gewebe *n*: **~ culture** Gewebekultur *f*; **~ tolerance** Gewebeverträglichkeit *f.* **2.** feines Gewebe, Flor *m.* **3.** *fig.* Gewebe *n*, Netz *n*: **a ~ of lies.** **4.** *a.* **~ paper** ˈSeidenpaˌpier *n.* **5.** Paˈpier- (hand-, taschen)tuch *n.* **6.** *a.* **carbon ~** *phot.* ˈKohlepaˌpier *n.* **II** *v/t* **7.** in ˈSeidenpaˌpier (ein)wickeln. **8.** (durch)ˈweben.

tit¹ [tɪt] *s orn.* Meise *f.*

tit² [tɪt] *s obs. od. dial.* Klepper *m.*

tit³ [tɪt] *s*: **~ for tat** wie du mir, so ich dir; **to give s.o. ~ for tat** es j-m mit gleicher Münze heimzahlen.

tit⁴ [tɪt] *s* **1.** → **teat.** **2.** *vulg.* ‚Titte' *f* (*weibliche Brust*): **~ and bum papers** (*od.* **magazines**) ‚Arsch-und-Titten--Presse' *f.* **3.** *Br. vulg.* ‚blöde Sau', ‚Arschloch' *n.*

Ti·tan [ˈtaɪtən] **I** *s* **1.** *myth.* Tiˈtan *m.* **2.** **t~** Tiˈtan *m*, Giˈgant *m.* **II** *adj* **3.** *oft* **t~** → **Titanic¹.** ˌ**Ti·tanˈesque** [-ˈnesk] → **Titanic¹.** ˈ**Ti·tan·ess** *s* Tiˈtanin *f.*

Ti·tan·ic¹ [taɪˈtænɪk] *adj* **1.** tiˈtanisch, Titanen... **2.** *meist* **t~** *fig.* tiˈtanisch, giˈgantisch.

ti·tan·ic² [taɪˈtænɪk] *adj chem.* Titan...: **~ acid.**

ti·tan·ite [ˈtaɪtənaɪt] *s min.* Titaˈnit *m.*

ti·ta·ni·um [taɪˈteɪnjəm; -nɪəm] *s chem.* Tiˈtan *n.*

tit·bit [ˈtɪtbɪt] *s* Leckerbissen *m* (*a. fig.*).

titch → **tich.**

ti·ter, *bes. Br.* **ti·tre** [ˈtaɪtə(r)] *s chem.* Titer *m.*

tith·a·ble [ˈtaɪðəbl] *adj* zehntpflichtig.

tithe [taɪð] **I** *s* **1.** *oft pl bes. relig.* (*der*) Zehnt(e). **2.** zehnter Teil, Zehntel *n*: **not a ~ of it** *fig.* nicht ein bißchen davon. **II** *v/t* **3.** den Zehnten bezahlen von. **4.** den Zehnten erheben von.

tith·ing [ˈtaɪðɪŋ] *s* **1.** → **tithe** I. **2.** Zehnten *n* (*Erheben od. Bezahlen des Zehnten*). **3.** *hist.* Zehntschaft *f.* ˈ**~man** [-mən] *s irr hist.* **1.** Vorsteher *m* e-r Zehntschaft. **2.** *Br.* ˈUnterkonˌstabler *m.* **3.** *Am. Parochialbeamter, der über Sitte u. Ordnung, bes. über die Einhaltung der Sonntagsheiligung wachte.*

Ti·tian, t~ [ˈtɪʃn] **I** *s* Tizianrot *n.* **II** *adj* tizianrot. ˌ**Ti·tianˈesque** [-ʃəˈnesk] *adj* tiziˈanisch.

tit·il·late [ˈtɪtɪleɪt] *v/t u. v/i* **1.** kitzeln. **2.** *fig.* kitzeln, prickeln, angenehm erregen. ˌ**tit·ilˈla·tion** *s* **1.** Kitzeln *n.* **2.** *fig.* Kitzel *m.*

tit·i·vate [ˈtɪtɪveɪt] *humor.* **I** *v/i* sich feinmachen *od.* schniegeln. **II** *v/t*: **to ~ o.s.** → I; **to ~ a restaurant** ein Restaurant herausputzen.

ˈ**tit·lark** *s orn.* Pieper *m.*

ti·tle [ˈtaɪtl] *s* **1.** (*Buch- etc*)Titel *m.* **2.** (*Kapitel- etc*)ˈÜberschrift *f.* **3.** a) Hauptabschnitt *m*, Titel *m* (*e-s Gesetzes etc*), b) *jur.* ˈÜberschrift *f* (*e-r Klage etc*). **4.** *Film*: ˈUntertitel *m.* **5.** Bezeichnung *f*, Name *m.* **6.** (Adels-, Ehren-, Amts)Titel *m*: **~ of nobility** Adelstitel, -prädikat *n*; **to bear a ~** e-n Titel führen. **7.** *sport* (Meister)Titel *m.* **8.** *jur.* a) Rechtstitel *m*, -anspruch *m*, Recht *n* (**to** auf *acc*), b) (dingliches) Eigentum(srecht) (**to** an *dat*), c) → **title deed.** **9.** *allg.* Recht *n*, Anspruch *m* (**to** auf *acc*). **10.** *print.* a) → **title page,** b) Buchrücken *m.* ˈ**ti·tled** *adj* **1.** betitelt. **2.** tituˈliert, benannt. **3.** ad(e)lig.

ti·tle| deed *s jur.* Eigentumsurkunde *f.* ˈ**~hold·er** *s* **1.** *jur.* (Rechts)Titelinhaber(in). **2.** *sport* Titelhalter(in), -verteidiger(in). **~ in·sur·ance** *s econ. Am.* Versicherung *f* von Rechtsansprüchen auf Grundbesitz. **~ page** *s* Titelblatt *n*, -seite *f*. **~ part, ~ role** *s thea. etc* Titelrolle *f*. **~ song** *s Film*: ˈTitelmeloˌdie *f*. **~ sto·ry** *s* Titelgeschichte *f*.

ti·tling [ˈtaɪtlɪŋ] *s* **1.** Betitelung *f*, Benennung *f*. **2.** *Buchbinderei*: a) Prägen *n* des Titels (*auf die Buchdecke*, b) (*aufgeprägter*) Buchtitel.

ti·tlist [ˈtaɪtlɪst] → **titleholder**.

ˈtit·mouse *s irr orn.* Meise *f*.

Ti·to·ism [ˈtiːtəʊɪzəm] *s pol.* Titoˈismus *m*. **ˈTi·to·ist I** *s* Titoˈist *m*. **II** *adj* titoˈistisch.

ti·trate [ˈtaɪtreɪt] *v/t u. v/i chem.* tiˈtrieren. **tiˈtra·tion** *s* Tiˈtrierung *f*, ˈMaßanaˌlyse *f*.

ti·tre *bes. Br. für* titer.

tit·ter [ˈtɪtə(r)] **I** *v/i u. v/t* kichern. **II** *s* Gekicher *n*, Kichern *n*.

tit·ti·vate → tidivate.

tit·tle [ˈtɪtl] *s* **1.** Pünktchen *n*, *bes.* I-Tüpfelchen *n*. **2.** *fig.* Tüttelchen *n*, (*das*) bißchen: to a ~ aufs I-Tüpfelchen *od.* Haar (*ganz genau*); **not a ~ of it** kein *od.* nicht ein Jota (davon).

ˈtit·tle-ˌtat·tle I *s* **1.** Schnickschnack *m*, Geschwätz *n*. **2.** Klatsch *m*, Tratsch *m*. **II** *adj* **3.** geschwätzig. **4.** klatsch-, tratschsüchtig. **III** *v/i* **5.** schwatzen, schwätzen. **6.** klatschen, tratschen.

tit·tup [ˈtɪtəp] **I** *s* **1.** Hüpfen *n*, Springen *n*. **2.** (ˈübermütiger) Luftsprung. **II** *v/i pret u. pp* **-tuped,** *bes. Br.* **-tupped 3.** (herˈum)hüpfen, (-)tollen.

tit·ty [ˈtɪtɪ] *s* **1.** *colloq.* a) (Mutter)Brust *f*, b) *zo.* Euter *n*, c) *zo.* Zitze *f*. **2.** *Am. dial.* Muttermilch *f*.

tit·u·bate [ˈtɪtjʊbeɪt; *Am.* -tʃə-] *v/i med.* taumeln, schwanken. **ˌtit·uˈba·tion** *s* **1.** schwankender Gang. **2.** *a.* **lingual ~** Stottern *n*.

tit·u·lar [ˈtɪtjʊlə; *Am.* -tʃələr] **I** *adj* **1.** Titel...: **~ hono(u)rs** Titelehren. **2.** Titular... (*nominell*): **~ bishop**; **~ king**. **II** *s* **3.** Titelträger *m*. **4.** Tituˈlar *m* (*nomineller Inhaber e-s Amtes*). **5.** *relig.* a) Tituˈlar *m* (*Inhaber e-r Titularkirche*), b) ˈKirchenpaˌtron *m*. **ˈtit·u·lar·y** [-lərɪ; *Am.* -ˌleriː] **I** *adj* **1.** Titel..., Titular... **2.** Rechtstitel... **II** *s* → **titular** 3 *u.* 4.

Ti·tus [ˈtaɪtəs] *npr u. s Bibl.* (Brief *m* des Paulus an) Titus *m*.

Tit·y·re-tu, t~ [ˌtɪtɪrɪˈtjuː] *s Br. hist. Angehöriger e-r Bande von jugendlichen, aus reichen Familien stammenden Rowdies in London (17. Jh.).*

tiz·woz [ˈtɪzwɒz; *Am.* -wɑz] → **tizzy**.

tiz·zy [ˈtɪzɪ] *s colloq.* Aufregung *f*: **to send** (*od.* **throw**) **s.o. in a ~** j-n in helle Aufregung versetzen; **to be in** (*od.* **all of**) **a ~** vor Aufregung ganz aus dem Häuschen sein.

T junc·tion *s* T-Kreuzung *f*.

tme·sis [ˈtmiːsɪs] *s ling.* Tmesis *f* (*Trennung von zs.-gesetzten od. engverbundenen Wörtern durch Einschübe*).

to I *prep* [tuː; tʊ; tə] **1.** (*Grundbedeutung*) zu. **2.** (*Richtung u. Ziel, räumlich*) zu, nach, an (*acc*), in (*acc*), auf (*acc*): **to go ~ London** nach London fahren; **from east ~ west** von Osten nach Westen; **to throw s.th. ~ the ground** etwas auf den *od.* zu Boden werfen. **3.** in (*dat*): **I have never been ~ London. 4.** (*Richtung, Ziel, Zweck*) zu, auf (*acc*), an (*acc*), in (*acc*), für, gegen: **to pray ~ God** zu Gott beten; **our duty ~ s.o.** unsere Pflicht j-m gegenüber; **~ what purpose?** wozu?; **to be invited ~ dinner** zum Dinner eingeladen sein; **to beat ~ death** zu Tode prügeln; **to speak ~ s.o.** mit j-m sprechen; **what is that ~ you?** Was geht das Sie an?; **to play ~ a large audience** vor e-m großen Publikum spielen. **5.** (*Zugehörigkeit*) zu, in (*acc*), für, auf (*acc*): **he is a brother ~ her** er ist ihr Bruder; **a cousin to ...** ein Vetter des *od.* von ...; **an assistant ~ s.o.** j-s Gehilfe; **secretary ~ ...** Sekretär des ..., *j-s* Sekretär; **to speak ~ the question** zur Sache sprechen; **there is no end ~ it** es hat kein Ende; **that is all there is ~ it** das ist alles; **there is a moral ~ the story** die Geschichte hat e-e Moral; **an introduction ~ s.th.** e-e Einführung in etwas; **a cap with a tassel ~ it** e-e Mütze mit e-r Troddel (daran); **a room ~ myself** ein Zimmer für mich (allein); **a key ~ the trunk** ein Schlüssel für den (*od.* zum) Koffer. **6.** (*Übereinstimmung, Gemäßheit*) nach, für, gemäß: **~ my feeling** nach m-m Gefühl. **7.** (im Verhältnis *od.* Vergleich) zu, gegen, gegenˈüber, auf (*acc*), mit: **you are but a child ~ him** gegen ihn sind Sie nur ein Kind; **five ~ one** fünf gegen eins; **the score is three ~ one** das Spiel *od.* es steht drei zu eins; **two is ~ four as four is ~ eight** zwei verhält sich zu vier wie vier zu acht; **three ~ the pound** drei auf das Pfund. **8.** (*Ausmaß, Grenze, Grad*) bis, (bis) zu, (bis) an (*acc*), auf (*acc*), in (*dat*): **~ the clouds** bis an die Wolken; **ten feet ~ the ground** zehn Fuß bis zum Boden; **to love ~ craziness** bis zum Wahnsinn lieben. **9.** (*zeitliche Ausdehnung od. Grenze*) bis, bis zu, bis gegen, auf (*acc*), vor (*dat*): **from three ~ four** von drei bis vier (Uhr). **10.** (*Begleitung*) zu, nach: **to sing ~ a guitar** zu e-r Gitarre singen; **they danced ~ a tune** sie tanzten nach e-r Melodie. **11.** *zur Bildung des Dativs*: a) *betont*: **he gave the book ~ me, not ~ you!** er gab das Buch mir, nicht Ihnen!, b) *unbetont*: **she was a good mother ~ him** sie war ihm e-e gute Mutter.

II *part* [tʊ; tə] **12.** *zur Bezeichnung des Infinitivs*: **~ go** gehen; **easy ~ understand** leicht zu verstehen; **she was heard ~ cry** man hörte sie weinen. **13.** (*Zweck, Absicht*) um zu, zu: **he only does it ~ earn money** er tut es nur, um Geld zu verdienen. **14.** *zur Verkürzung des Nebensatzes*: **I weep ~ think of it** ich weine, wenn ich daran denke; **he was the first ~ arrive** er kam als erster; **~ be honest, I should decline** wenn ich ehrlich sein soll, muß ich ablehnen; **~ hear him talk** wenn man ihn (so) reden hört. **15.** *zur Bezeichnung e-s Grundes*: **why blame you me ~ love you?** *poet. obs.* was tadelst du mich, weil ich dich liebe? **16.** *zur Andeutung e-s aus dem vorhergehenden zu ergänzenden Infinitivs*: **I don't go because I don't want ~** ich gehe nicht, weil ich nicht (gehen) will.

III *adv* [tuː] **17.** a) zu, geschlossen: **to pull the door ~** die Türe zuziehen, b) angelehnt: **leave the door ~. 18.** *bei verschiedenen Verben*: dran, herˈan: → **fall to, put to, set to,** *etc.* **19.** (wieder) zu Bewußtsein *od.* zu sich *kommen, bringen*: **to come to. 20.** *mar.* nahe am Wind: **keep her ~! 21. ~ and fro** a) hin u. her, b) auf u. ab.

toad [təʊd] *s* **1.** *zo.* Kröte *f*: **to eat s.o.'s ~s** *fig.* vor j-m kriechen; **a ~ under a harrow** *fig.* ein geplagter Mensch. **2.** *fig.* ‚Ekel' *n* (*Person*). **ˈ~ˌeat·er** *s* Speichellecker(in). **ˈ~ˌeat·ing I** *s* Speichelleckeˈrei *f*. **II** *adj* speichelleckerisch. **ˈ~·fish** *s ichth.* Krötenfisch *m*. **ˈ~·flax** *s bot.* Leinkraut *n*. **ˌ~-in-the-ˈhole** *s gastr. in Pfannkuchenteig gebackene Würste.* **ˈ~·stone** *s* Krötenstein *m*. **ˈ~·stool** *s bot.* **1.** (größerer Blätter)Pilz. **2.** Giftpilz *m*.

toad·y [ˈtəʊdɪ] **I** *s* Speichellecker(in). **II** *v/t* vor *j-m* kriechen *od.* (herˈum)scharwenzeln. **III** *v/i* speichellecken, (herˈum)scharwenzeln: **to ~ to** → II. **ˈtoad·y·ism** *s* Speichelleckeˈrei *f*.

ˌto-and-ˈfro I *pl* **-fros** *s* **1.** Hin- u. Herbewegung *f* (*e-s Pendels etc*). **2.** Hin u. Her *n*. **3.** *fig.* Schwanken *n*. **4.** *fig.* a) Wortgefecht *n*, b) Frage-u.-Antwort-Spiel *n*. **II** *adj* **5.** Hin- u. Her...: **~ motion. 6. ~ visiting** Besuche u. Gegenbesuche *pl.*

toast[1] [təʊst] **I** *s* **1.** Toast *m*: **(as) warm as ~** mollig warm; **to have s.o. on ~** *Br. sl.* j-n ganz in der Hand haben. **II** *v/t* **2.** a) toasten, b) rösten. **3. to ~ one's hands by the fire** sich die Hände am Feuer wärmen. **III** *v/i* **4.** sich toasten *od.* rösten lassen. **5. to be ~ing in the sun** *colloq.* sich in *od.* von der Sonne braten lassen.

toast[2] [təʊst] **I** *s* **1.** Toast *m*, Trinkspruch *m*: **to propose a ~ to** → 3. **2.** gefeierte Perˈson *od.* Sache(, auf die ein Toast ausgebracht wird): **the ~ of the opera season** der Star der Opernsaison. **II** *v/t* **3.** toasten *od.* trinken auf (*acc*), e-n Toast *od.* Trinkspruch ausbringen auf (*acc*). **III** *v/i* **4.** toasten (to auf *acc*).

ˈtoast·er[1] *s* Toaster *m*.

ˈtoast·er[2] *s* j-d, der toastet *od.* e-n Trinkspruch ausbringt.

ˈtoast·ing fork *s* Röstgabel *f*.

ˈtoast|ˌmas·ter *s j-d, der bei Diners Tischredner ankündigt sowie Toasts ansagt od. ausbringt.* **~ rack** *s* Toastständer *m*.

to·bac·co [təˈbækəʊ] *pl* **-cos** *s* **1.** *a.* **~ plant** *bot.* Tabak(pflanze *f*) *m*. **2.** (*Rauch- etc*)Tabak *m*: **~ heart** *med.* Nikotinherz *n*. **3.** *collect.* Tabakwaren *pl*. **4.** *a.* **~ brown** Tabakbraun *n*. **toˈbac·co·nist** [-kənɪst] *s bes. Br.* Tabak(waren)händler *m*: **~'s (shop)** Tabak(waren)laden *m*.

to·bac·co| pipe *s* Tabakspfeife *f*. **~ pouch** *s* Tabaksbeutel *m*. **T~ Road** *s Am. fig.* Elendsgebiet *n*, -viertel *n*. **~ tamp·er** *s* Pfeifenstopfer *m*.

to·bie → toby 2.

to·bog·gan [təˈbɒgən; *Am.* -ˈbɑ-] **I** *s* **1.** (Rodel)Schlitten *m*: **~ slide** (*od.* **chute**) Rodelbahn *f*. **2.** *Am.* a) Rodelhang *m*, b) **our firm is on the ~** *fig.* mit unserer Firma geht es bergab, c) *fig.* (*Preis- etc*)Sturz *m*: **to hit the ~** → 4. **II** *v/i* **3.** Schlitten fahren, rodeln. **4.** *Am. fig.* stürzen, ‚purzeln' (*Preise etc*). **toˈbog·gan·er, toˈbog·gan·ist** *s* Rodler(in).

to·by [ˈtəʊbɪ] *s* **1.** *a.* **~ jug** *Bierkrug in Gestalt e-s dicken alten Mannes mit Dreispitz.* **2.** *Am. sl.* billiger Zigaˈrillo.

toc·ca·ta [təˈkɑːtə] *s mus.* Tokˈkata *f*.

Toc H [ˌtɒkˈeɪtʃ] *s Br. e-e christlich-humanitäre Gesellschaft.*

to·col·o·gy [tɒˈkɒlədʒɪ; *Am.* təʊˈkɑ-] *s med.* Tokoloˈgie *f*, Geburtshilfe *f*.

toc·sin [ˈtɒksɪn; *Am.* ˈtɑk-] *s* **1.** Aˈlarm-, Sturmglocke *f*. **2.** Aˈlarm-, ˈWarnsiˌgnal *n*.

tod[1] [tɒd; *Am.* tɑd] *s altes englisches Wollgewicht, meistens 28 lb = 12,7 kg.*

tod[2] [tɒd] *s Br. dial.* Fuchs *m*.

tod[3] [tɒd] *s*: **on one's ~** *Br. sl.* ganz allein.

to·day [təˈdeɪ] **I** *adv* **1.** heute. **2.** heute, heutzutage, gegenwärtig. **II** *s* **3.** heutiger Tag: **~'s paper** die heutige Zeitung, die Zeitung von heute; **~'s rate** *econ.* Tageskurs *m*. **4.** (*das*) Heute, (*die*) heutige Zeit, (*die*) Gegenwart: **the writers of ~** die Schriftsteller von heute *od.* der Gegenwart.

tod·dle [ˈtɒdl; *Am.* ˈtɑdl] **I** *v/i* **1.** auf wack(e)ligen *od.* unsicheren Beinen gehen (*bes. Kleinkind*). **2.** *colloq.* ‚(daˈhin-)zotteln': **to ~ off** (*od.* **along**) sich trollen, ‚abhauen'. **II** *s* **3.** wack(e)liger *od.* unsicherer Gang. **4.** *colloq.* Bummel *m*: **to go for a ~** e-n Bummel machen. **ˈtod·dler** *s* Kleinkind *n*.

tod·dy ['tɒdɪ; *Am.* 'tɑ-] *s* Toddy *m*: a) *grogartiges Getränk*, b) Palmwein *m*.
to-do [tə'du:] *pl* **-dos** *s colloq.* **1.** Krach *m*, Lärm *m*. **2.** Getue *n*, ‚Wirbel' *m*, ‚The'ater' *n*: **to make much ~ about s.th.** viel Wind um e-e Sache machen.
to·dy ['təʊdɪ] *s orn.* Todi *m*.
toe [təʊ] **I** *s* **1.** *anat.* Zehe *f*, Zeh *m*: **big** (*od.* **great**) ~ große Zehe; **little** ~ kleine Zehe; **on one's ~s** *colloq.* ‚auf Draht', ‚auf dem Posten'; **to turn one's ~s in (out)** einwärts (auswärts) gehen; **to turn up one's ~s** *sl.* ‚ins Gras beißen' (*sterben*); **to tread** (*od.* **step**) **on s.o.'s ~s** *colloq.* ‚j-m auf die Hühneraugen treten'. **2.** Vorderhuf *m* (*des Pferdes*). **3.** Spitze *f*, Kappe *f* (*von Schuhen, Strümpfen etc*). **4.** *fig.* Spitze *f*, Ende *n*. **5.** *tech.* a) (Well)Zapfen *m*, b) Nocken *m*, Daumen *m*, Knagge *f*, c) *rail.* Keil *m* (*der Weiche*). **6.** *sport* Löffel *m* (*des Golfschlägers*). **II** *v/t* **7.** a) *Strümpfe etc* mit neuen Spitzen versehen, b) *Schuhe* bekappen. **8.** mit den Zehen berühren: **to ~ the line** (*od.* **mark**) a) in e-r Linie (*sport* zum Start) antreten, b) *fig.* sich der Parteilinie unterwerfen, ‚linientreu sein', ‚spuren' (*a. weitS. gehorchen*); **to keep s.o. ~ing the line** j-n bei der Stange halten. **9.** *sport den Ball* spitzeln. **10.** *j-m* e-n Fußtritt versetzen. **11.** *Golf*: *den Ball* mit dem Löffel (*des Schlägers*) schlagen. **III** *v/i* **12.** **to ~ in (out)** (*mit den Fußspitzen*) einwärts (auswärts) stehen *od.* gehen.
'**toe|·board** *s* **1.** Fußbrett *n*. **2.** *Leichtathletik*: Stoß-, Wurfbalken *m*. '**~·cap** *s* (Schuh)Kappe *f*. **~ clip** *s Radsport*: Rennhaken *m*.
toed [təʊd] *adj* (*in Zssgn*) ...zehig.
toe| dance *s* Spitzentanz *m*. '**~-dance** *v/i* auf den Spitzen tanzen. **~ danc·er** *s* Spitzentänzer(in). '**~·hold** *s* **1.** Halt *m* für die Zehen (*beim Klettern*). **2.** *fig.* a) Ansatzpunkt *m*, b) Brückenkopf *m*, 'Ausgangspositi,on *f*: **to get a ~** Fuß fassen. **3.** *Ringen*: Zehengriff *m*. '**~-in** *s mot.* Vorspur *f*. **~ i·ron** *s hist.* Zehenbacken *m* (*der Skibindung*). **~ loop** *s Eis-, Rollkunstlauf*: Toe-loop *m*. '**~·nail** *s anat.* Zehennagel *m*. '**~-out** *s mot.* Nachspur *f*. **~ rub·ber** *s Am.* 'Gummi,überzug *m* (*für Damenschuhe*). '**~·shoe** *s* Bal'lettschuh *m* (für den Spitzentanz). **~ spin** *s Eis-, Rollkunstlauf*: 'Spitzenpirou,ette *f*.
toff [tɒf] *s Br. sl.* ‚feiner Pinkel', ‚Fatzke' *m*, Geck *m*.
tof·fee, *a.* **tof·fy** ['tɒfɪ; *Am. a.* 'tɑ-] *s bes. Br.* Toffee *n*, 'Sahnebon,bon *n*, *m*: **he can't shoot for ~** *colloq.* vom Schießen hat er keinen (blassen) Schimmer; **not for ~** *colloq.* nicht für Geld u. gute Worte. **~ ap·ple** *s bes. Br.* kan'dierter Apfel. '**~-nosed** *adj Br. colloq.* ‚aufgeblasen', eingebildet.
toft [tɒft] *s Br. hist.* a) Heim-, Hofstätte *f*, b) *a.* **~ and croft** Anwesen *n*, Haus *n* mit da'zugehörigem Land.
tog [tɒg; *Am. a.* tɑg] *colloq.* **I** *s pl* ‚Kla'motten' *pl*, ‚Kluft' *f*: **golf ~s** Golfdreß *m*; **to put on one's best ~s** sich ‚in Schale werfen'. **II** *v/t meist* **~ out, ~ up** *j-n* her'ausputzen: **to ~ o.s. up** (*od.* **out**) sich ‚in Schale werfen'.
to·geth·er [tə'geðə(r)] **I** *adv* **1.** zu'sammen: **to call (sew) ~** zs.-rufen (-nähen); **to belong ~** zs.-, zueinandergehören; **to get it all ~** *Am. sl.* ausgeglichen werden. **2.** zu- *od.* bei'sammen, mitein'ander, gemeinsam: **to live ~** zs.-leben. **3.** zu'sammen(genommen): **more than all the others ~**. **4.** mitein'ander, gegenein'ander: **to fight ~**. **5.** zu'gleich, gleichzeitig, zu'sammen: **two things ~**. **6.** (*Tage etc*) nach-, hinterein'ander, (*e-e Zeit etc*) lang *od.* hin'durch: **3 days ~** 3 Tage nacheinander *od.* lang; **he talked for hours ~** er sprach stundenlang. **7.** **~ with** zu'sammen *od.* gemeinsam mit, (mit)'samt, mit: **he sent him a letter ~ with some money**. **II** *adj* **8.** *Am. sl.* ausgeglichen: **a ~ young man**. **to'geth·er·ness** *s* **1.** Zs.-gehörigkeit *f*, Einheit *f*. **2.** Nähe *f*. **3.** Zs.-gehörigkeitsgefühl *n*.
tog·ger·y ['tɒgərɪ; *Am. a.* 'tɑ-] *s colloq.* **1.** → tog I. **2.** *a.* **~ shop** *bes. Br.* Kleiderladen *m*.
tog·gle ['tɒgl; *Am.* 'tɑgəl] **I** *s* **1.** *mar. tech.* Knebel *m*. **2.** *tech.* → **toggle joint**. **II** *v/t* **3.** ein-, festknebeln. **~ bolt** *s tech.* Knebelbolzen *m*. **~ joint** *s tech.* Knebel-, Kniegelenk *n*. **~ press** *s tech.* Kniegelenkpresse *f*. **~ switch** *s electr.* Kippschalter *m*.
toil[1] [tɔɪl] **I** *s* **1.** mühselige Arbeit, Placke'rei *f*, Mühe *f*, Plage *f*. **II** *v/i* **2.** sich abmühen *od.* abplacken *od.* quälen *od.* plagen (**at, on** mit). **3.** sich vorwärtsarbeiten (**along** auf *dat*), sich mühselig 'durcharbeiten (**through** durch): **to ~ up a hill** e-n Berg mühsam erklimmen.
toil[2] [tɔɪl] *s meist pl fig.* Schlingen *pl*, Netz *n*: **in the ~s of** a) in den Schlingen *des Satans etc*, b) in *Schulden etc* verstrickt.
toile [twɑ:l] *s* Toile *m* (*Gewebe in Leinwandbindung*). [*n*, -pferd *n*.]
'**toil·er** *s* Schwerarbeiter *m*, Arbeitstier
toi·let ['tɔɪlɪt] *s* **1.** Toi'lette *f*, Klo'sett *n*. **2.** Toi'lette *f* (*Ankleiden, Kämmen etc*): **to make one's ~** Toilette machen. **3.** Fri'sier-, Toi'lettentisch *m*. **4.** Toi'lette *f*, (feine) Kleidung, *a.* (Abend)Kleid *n od.* (Gesellschafts)Anzug *m*. **~ bag** *s* Kul'turbeutel *m*. **~ case** *s* 'Reisenecessaire *n*. **~ glass** *s* Toi'lettenspiegel *m*. **~ pa·per** *s* Toi'letten-, Klo'settpa,pier *n*. **~ pow·der** *s* Körperpuder *m*. **~ roll** *s* Rolle *f* Toi'letten- *od.* Klo'settpa,pier. **~ room** → toilet 1.
toi·let·ry ['tɔɪlɪtrɪ] *s* Toi'lettenar,tikel *m*.
toi·let| seat *s* Klo'settsitz *m*, -brille *f*. **~ set** *s* Toi'lettengarni,tur *f*. **~ soap** *s* Toi'lettenseife *f*. **~ ta·ble** → toilet 3.
toi·lette [twɑ:'let] → toilet 2, 4.
toi·let| tis·sue → **toilet paper**. **~ wa·ter** *s* Eau *n*, *f* de toi'lette.
toil·ful ['tɔɪlfʊl], '**toil·some** [-səm] *adj* (*adv* **~ly**) mühselig. '**toil·some·ness** *s* Mühseligkeit *f*.
'**toil·worn** *adj* abgearbeitet, erschöpft.
to·ing and fro·ing [,tu:ɪŋən'frəʊɪŋ] *s* Hin u. Her *n*.
To·kay [təʊ'keɪ] *s* To'kaier *m* (*ungarischer Wein u. Traube*).
toke [təʊk] *Am. sl.* **I** *s* Zug *m* an e-r Marihu'anaziga,rette: **to take a ~** → II. **II** *v/i* e-n Zug an e-r Marihu'anaziga,rette machen.
to·ken ['təʊkən] **I** *s* **1.** Zeichen *n*: a) Anzeichen *n*, Merkmal *n*, b) Beweis *m*: **as a** (*od.* **in**) **~ of** als *od.* zum Zeichen (*gen*); **by the same ~** a) aus dem gleichen Grunde, mit demselben Recht, umgekehrt, andererseits, b) überdies, ferner. **2.** Andenken *n*, Erinnerungsgeschenk *n*, ('Unter)Pfand *n*. **3.** Scheidemünze *f*. **4.** *Bergbau*: Hauermarke *f*. **5.** (Me'tall-) Marke *f* (*als Fahrausweis*). **6.** Spielmarke *f*. **7.** Gutschein *m*, Bon *m*. **8.** *Bibl. u. obs.* (verabredetes) Zeichen. **II** *adj* **9.** a) nomi'nell: **~ coin** Scheidemünze *f*; **~ money** Scheidemünzen *pl*; Not-, Ersatzgeld *n*; **~ payment** symbolische Zahlung; **~ strike** kurzer Warnstreik, b) Alibi...: **~ woman**; **~ negro** *a.* ‚Vorzeigeneger' *m*. **10.** Schein...: **~ raid** Scheinangriff *m*.
to·kol·o·gy → **tocology**.
to·la ['təʊlə] *s* Tola *n*, *f* (*indische Gewichtseinheit; etwa 11,6 g*).
tol·booth ['tɒlbu:θ; *Am. a.* 'təʊl-; 'tɑl-] *s* **1.** → tollbooth. **2.** *bes. Scot.* Rathaus *n*.
told [təʊld] *pret u. pp von* **tell**.
tol·er·a·ble ['tɒlərəbl; *Am.* 'tɑ-] *adj* (*adv* **tolerably**) **1.** erträglich: **~ life (pain,** *etc*). **2.** leidlich, mittelmäßig, erträglich. **3.** *how are you?* **~** *colloq.* so lala; **he felt tolerably secure** *colloq.* er fühlte sich einigermaßen sicher. **4.** *tech.* zulässig: **~ error (limit,** *etc*). '**tol·er·a·ble·ness** *s* **1.** Erträglichkeit *f*. **2.** Mittelmäßigkeit *f*.
tol·er·ance ['tɒlərəns; *Am.* 'tɑ-] *s* **1.** Tole'ranz *f*, Duldsamkeit *f*. **2.** (**of**) a) Duldung *f* (*gen*), b) Nachsicht *f* (mit). **3.** *med.* a) Tole'ranz *f*, 'Widerstandsfähigkeit *f* (**for** gegen *Gift etc*), b) Verträglichkeit *f*: → **tissue** 1. **4.** *math. tech.* Tole'ranz *f*, zulässige Abweichung, Spiel *n*, Fehlergrenze *f*. '**tol·er·ant** *adj* (*adv* **~ly**) **1.** tole'rant, duldsam (**of** gegen): **to be ~ of criticism** Kritik vertragen (können). **2.** geduldig, nachsichtig (**of** mit). **3.** *med.* 'widerstandsfähig (**of** gegen). '**tol·er·ate** [-reɪt] *v/t* **1.** *j-n od. etwas* dulden, ertragen, leiden. **2.** duldsam *od.* tole'rant sein gegen. **3.** zulassen, tole'rieren, 'hinnehmen, sich gefallen lassen. **4.** *etwas* ertragen: **to ~ s.o.'s company**. **5.** *bes. med.* vertragen: **to ~ a poison**. ,**tol·er'a·tion** *s* **1.** Duldung *f*, Tole'rierung *f*. **2.** → **tolerance** 1.
toll[1] [təʊl] *s* **1.** *hist.* Zoll(gebühr *f*) *m*, *bes.* Wege-, Brückenzoll *m*. **2.** Straßenbenutzungsgebühr *f*, Maut *f*. **3.** Standgeld *n* (*auf e-m Markt etc*). **4.** *Am.* Hafengebühr *f*. **5.** *Br. hist. Recht des Lehnsherrn, Abgaben zu erheben*. **6.** *teleph. Am.* Gebühr *f* für ein Ferngespräch. **7.** *fig.* Tri'but *m* (*an Menschenleben etc*), (Blut)Zoll *m*, (Zahl *f* der) Todesopfer *pl*: **the ~ of the road** die (Zahl der) Verkehrsopfer; **to take a ~ of 100 lives** 100 Todesopfer fordern (*Katastrophe*); **to take its ~ of** *fig. j-n* arg mitnehmen, s-n Tribut fordern von (*j-m od. e-r Sache*), *Kräfte, Vorräte etc* stark beanspruchen *od.* strapazieren, nicht spurlos vorübergehen an (*dat*).
toll[2] [təʊl] **I** *v/t* **1.** (*bes. Toten*)*Glocke* läuten, erschallen lassen. **2.** *e-e Stunde* schlagen: **the clock ~s the hour**. **3.** (durch Glockengeläut) verkünden, die Totenglocke läuten für (*j-n*). **II** *v/i* **4.** läuten, schallen. **5.** schlagen (*Glocke, Uhr*). **III** *s* **6.** (*feierliches*) Geläut. **7.** Glockenschlag *m*.
toll·age ['təʊlɪdʒ] *s* **1.** → toll[1] 1 *u.* 2. **2.** Entrichtung *f od.* Erhebung *f* von Zöllen *od.* Straßenbenutzungsgebühren.
toll| bar → **tollgate**. '**~·booth** *s* Mauthäus-chen *n*. **~ bridge** *s* gebührenpflichtige Brücke, Mautbrücke *f*. **~ ca·ble** *s teleph.* Fernkabel *n*. **~ call** *s teleph.* **1.** *Am.* Ferngespräch *n*. **2.** *Br. obs.* Nahverkehrsgespräch *n*. **~ col·lec·tor** *s* **1.** Mautner *m*. **2.** Zählvorrichtung *f* an e-r Mautstelle. '**~·gate** *s* Schlagbaum *m* (*e-r Mautstraße*). '**~·house** *s* Mautstelle *f*. **~ road** *s* gebührenpflichtige Straße, Mautstraße *f*.
to·lu [təʊ'lu:; *Am. a.* tə-] *s* Tolubalsam *m*.
tol·u·ate ['tɒljʊeɪt; *Am.* 'tɑljə,weɪt] *s chem.* Tolu'at *n*.
tol·u·ene ['tɒljʊi:n; *Am.* 'tɑljə,wi:n] *s chem.* Tolu'ol *n*.
to·lu·i·dine [tɒ'lju:ɪdi:n; *Am.* tə'lu:ə,di:n] *s chem.* Tolui'din *n*.
tol·u·ol ['tɒljʊɒl; *Am.* 'tɑljə,wɔ:l; -,wəʊl] → **toluene**.
tol·u·yl ['tɒljʊɪl; *Am.* 'tɑljə,wɪl] *s a.* **~ group** (*od.* **radical**) *chem.* Tolu'yl *n*.
tom [tɒm; *Am.* tɑm] *s* **1.** Männchen *n* (*kleinerer Tiere*): **~ turkey** Truthahn *m*, Puter *m*. **2.** Kater *m*. **3.** **T~** (*abbr. für*) Thomas *m*: (**every** *od.* **any**) **T~, Dick, and Harry** Hinz u. Kunz, jeder x-beliebige; **T~ Thumb** Däumling *m*; **T~ and Jerry** *Am.* Eiergrog *m*.

tom·a·hawk [ˈtɒməhɔːk; *Am.* ˈtɑmɪˌ-] **I** *s* **1.** Tomahawk *m*, Kriegsbeil *n* (*der Indianer*): **to bury (dig up) the ~** *fig.* das Kriegsbeil begraben (ausgraben). **2.** *Austral.* (Hand)Beil *n*. **II** *v/t* **3.** mit dem Tomahawk verwunden *od.* erschlagen. **4.** *fig.* ‚in die Pfanne hauen' (*hart kritisieren*).

tom·al·ley [ˈtɒmælɪ; *Am.* ˈtɑmˌæliː; təˈmæliː] *s* Hummerleber *f*.

to·ma·to [təˈmɑːtəʊ; *Am. a.* -ˈmeɪ-] *pl* **-toes** *s bot.* ToˈmatE *f*.

tomb [tuːm] *s* **1.** Grab(stätte *f*) *n*. **2.** Grabmahl *n*, Gruft *f*. **3.** *fig.* (*das*) Grab, (*der*) Tod.

tom·bac(k), *a.* **tom·bak** [ˈtɒmbæk; *Am.* ˈtɑm-] *s tech.* Tombak *m*, Rotmessing *n*.

tomb cham·ber *s* Grabkammer *f*.

tom·bo·la [tɒmˈbəʊlə; *Am.* ˈtɑmbələ] *s* Tombola *f*.

tom·boy [ˈtɒmbɔɪ; *Am.* ˈtɑm-] *s* Wildfang *m*, Range *f* (*Mädchen*). **ˈtom·boy·ish** *adj* ausgelassen, wild.

ˈtomb·stone *s* **1.** Grabstein *m*, -mal *n*. **2.** Grabplatte *f*.

ˌtomˈcat *s* Kater *m*.

tome [təʊm] *s* **1.** Band *m* (*e-s Werkes*). **2.** ‚dicker Wälzer' (*Buch*).

tom·fool [ˌtɒmˈfuːl; *Am.* ˌtɑm-] **I** *s* Einfaltspinsel *m*, Dummkopf *m*. **II** *adj* einfältig, dumm. **III** *v/i* (herˈum)albern. **tomˈfool·er·y** [-ərɪ] *s* Albernheit *f*, Unsinn *m*.

tom·my[1] [ˈtɒmɪ; *Am.* ˈtɑ-] *s* **1.** *mil. Br.* a) *a.* **T~ Atkins** ‚Tommy' *m* (*der brit. Soldat*), b) *a.* **T~** *colloq.* ‚Tommy' *m*, Landser *m* (*einfacher Soldat*). **2.** *Br. dial.* ‚Fresˈsalien' *pl*, Verpflegung *f*. **3.** *tech.* a) (verstellbarer) Schraubenschlüssel, b) *a.* **~ bar** Knebelgriff *m*. **T~ gun** *s mil.* Maˈschinenpiˌstole *f*. **ˌ~ˈrot** *s colloq.* (purer) Blödsinn, ‚Quatsch' *m*.

to·mo·gram [ˈtəʊməgræm] *s med.* Tomoˈgramm *n*, (Röntgen)Schichtaufnahme *f*. **toˈmog·ra·phy** [-ˈmɒgrəfɪ; *Am.* -ˈmɑ-] *s med.* Tomograˈphie *f*, röntgenoˈlogisches Schichtaufnahmeverfahren.

to·mor·row [təˈmɒrəʊ; *Am. a.* -ˈmɑ-] **I** *adv* morgen: **~ week** morgen in e-r Woche *od.* in acht Tagen; **~ morning** morgen früh; **~ night** morgen abend. **II** *s* (*der*) morgige Tag, (*das*) Morgen: **~'s paper** die morgige Zeitung; **~ never comes** das werden wir nie erleben; **as if there were no ~** als ob es das letzte Mal wäre.

tom·pi·on [ˈtɒmpjən; *Am.* ˈtɑmpɪən] → **tampion**.

Tom│Tid·dler's ground [ˈtɪdlə(r)z] *s* **1.** *Kinderspiel, bei dem ein Spieler* (*Tom Tiddler*) *die anderen Spieler zu fangen versucht, die in sein Gebiet eindringen.* **2.** *fig.* Niemandsland *n*. **ˈt~·tit** *s orn. Br.* (*bes.* Blau)Meise *f*. **ˈt~-tom I** *s mus.* **1.** Hindutrommel *f*. **2.** (*chinesischer*) Gong. **3.** Tomˈtom *n*, Tamˈtam *n*. **4.** monoˈtones Geräusch. **II** *v/t u. v/i pret u. pp* **-tomed,** *bes. Br.* **-tommed 5.** trommeln.

ton[1] [tʌn] *s* **1.** (*englische*) Tonne (*Gewicht*): a) *a.* **long ~** *bes. Br. = 2240 lbs. od. 1016,05 kg*, b) *a.* **short ~** *bes. Am. = 2000 lbs. od. 907,185 kg*, c) *a.* **metric ~** metrische Tonne (*= 2204,6 lbs. = 1000 kg*); **to weigh a ~** *colloq.* ‚wahnsinnig' schwer sein; → **brick** 1. **2.** *mar.* Tonne *f* (*Raummaß*): **register ~** Registertonne (*= 100 cubic feet = 2,8317 m³*); **gross register ~** Bruttoregistertonne (*Schiffsgrößenangabe*); **displacement ~** Tonne (der) Wasserverdrängung; **measurement** (*od.* **freight**) **~** Frachttonne (*= 40 cubic feet*). **3.** *pl colloq.* Unmasse(n *pl*) *f*: **~s of money** massenhaft Geld; **~s of times** ‚tausendmal'; **~s better** viel *od.* wesentlich besser. **4. to do the** (*od.* **a**) **~** *Br. sl.* a) mit 100 Meilen fahren (*Fahrer*), b) 100 Meilen fahren *od.* schaffen (*Auto etc*).

ton[2] [tɔ̃ːŋ; *Am.* təʊn] *s* (*die*) herrschende Mode: **in the ~** modisch, elegant.

ton·al [ˈtəʊnl] *adj mus.* **1.** Ton..., tonlich. **2.** klanglich. **3.** toˈnal: a) tonartlich, b) der Tonaliˈtät angepaßt: **~ fugue** Fuge *f* mit tonaler Beantwortung. **ˈton·al·ist** [-nəlɪst] *s* toˈnaler Musiker. **toˈnal·i·ty** [-ˈnælətɪ] *s* **1.** *mus.* Tonaliˈtät *f*: a) Tonart *f*, b) ˈKlangchaˌrakter *m* (*e-s Instruments etc*). **2.** *paint.* Tönung *f*, Farbton *m*.

ˈto-name *s Scot.* **1.** Beiname *m*. **2.** Spitzname *m*.

ton·do [ˈtɒndəʊ; *Am.* ˈtɑn-] *pl* **-di** [-diː] *s* Tondo *n*, Rundbild *n*.

tone [təʊn] **I** *s* **1.** *allg.* Ton *m*, Laut *m*, Klang *m*. **2.** Ton *m*, Stimme *f*: **in an angry ~** mit zorniger Stimme, in ärgerlichem Ton. **3.** *ling.* a) Tonfall *m*: **English with a French ~**, b) Betonung *f*, Tonhöhe *f*. **4.** *mus.* a) Ton *m*: **degrees of ~** Stärkegrade, b) *Am.* Note *f*. **5.** *mus.* ˈKlang(chaˌrakter *m*, -farbe *f*) *m*. **6.** → **Gregorian tone**. **7.** *paint.* (Farb)Ton *m*, Farbgebung *f*, Tönung *f*. **8.** *fig.* Schatˈtierung *f*, Abstufung *f*, Tönung *f*. **9.** *med.* Tonus *m* (*Spannungszustand der Muskeln*). **10.** *fig.* Spannkraft *f*. **11.** *fig.* a) Haltung *f*, Geist *m*, b) Niˈveau *n*: **to give ~ to a place**. **12.** Stimmung *f* (*a. econ. an der Börse*). **13.** Ton *m*, Note *f*, Stil *m*: **to set the ~ of** a) den Ton angeben für, tonangebend sein in (*dat*), b) den Stil *e-r Sache* bestimmen, c) entscheidend sein für. **II** *v/t* **14.** e-n Ton verleihen (*dat*), e-e Färbung geben (*dat*), *ein Bild* koloˈrieren: **~d** (ab)getönt; **~d paper** Tonpapier *n*. **15.** *ein Instrument* stimmen. **16.** *e-e Farbe etc* abstufen, (ab)tönen. **17.** *phot.* tonen: **toning bath** Tonbad *n*. **18.** *fig.* a) ˈumformen, -modeln, b) regeln. **19.** *j-m* Spannkraft verleihen, *j-n, a. die Muskeln* stärken. **III** *v/i* **20.** e-n Farbton *od.* e-e Tönung annehmen. **21.** sich abstufen *od.* abtönen. **22.** *a.* **~ in (with)** a) verschmelzen (mit), b) harmoˈnieren (mit), passen (zu).

Verbindungen mit Adverbien:

tone│down I *v/t paint. u. fig.* dämpfen, mildern: **to ~ a colo(u)r; to ~ s.o.'s anger. II** *v/i* sich mildern *od.* abschwächen. **~ up** *v/t* **1.** *paint. u. fig.* kräftiger machen, (ver)stärken. **2.** → **tone** 19.

tone│ arm *s* Tonarm *m* (*am Plattenspieler*). **~ clus·ter** *s mus.* **1.** Tonbündel *n* (*in e-m Akkord*). **2.** Bündelnote *f*. **~ col·o(u)r** *s mus. phys.* Klangfarbe *f*. **~ con·trol** *s Radio etc*: Klangregler *m*, Tonblende *f*. **ˈ~-deaf** *adj* nicht in der Lage, Töne verschiedener Höhe zu unterˈscheiden. **~ lan·guage** *s ling.* Tonsprache *f* (*Chinesisch etc*).

ˈtone·less *adj* (*adv* **~ly**) **1.** tonlos (*a. Stimme*). **2.** eintönig.

to·neme [ˈtəʊniːm] *s ling.* Toˈnem *n* (*Phonem, das in e-r bestimmten Betonung besteht*).

tone│ paint·ing *s mus.* Tonmaleˈrei *f*. **~ pic·ture** *s mus.* Tongemälde *n*. **~ pitch** *s phys.* Tonhöhe *f*. **~ po·em** *s mus.* Tondichtung *f*. **~ qual·i·ty** *s* **1.** *mus.* ˈKlangchaˌrakter *m*. **2.** *phys.* Klanggüte *f*. **~ row, ~ se·ries** *s Zwölftonmusik*: Reihe *f*. **~ syl·la·ble** *s ling.* Tonsilbe *f*.

to·net·ic [təʊˈnetɪk] *ling.* **I** *adj*: **~ language** → **tone language**. **II** *s pl* (*als sg konstruiert*) Tonlehre *f*.

tong [tɒŋ; *Am. a.* tɑŋ] *s chinesischer Geheimbund in den USA*.

tongs [tɒŋz; *Am. a.* tɑŋz] *s pl* (*a. als sg konstruiert*) Zange *f*: **a pair of ~** e-e Zange; **are these your ~?** ist das d-e Zange?; **I would not touch that with a pair of ~** a) das würde ich nicht einmal mit e-r Zange anfassen, b) *fig.* mit der Sache möchte ich nichts zu tun haben.

tongue [tʌŋ] **I** *s* **1.** *anat.* Zunge *f* (*a. fig. Redeweise*): **malicious ~s** böse Zungen; **with (one's) ~ in (one's) cheek, ~ in cheek** a) ironisch, b) mit Hintergedanken; **to bite the ~** auf der Zunge beißen; **to bite one's ~** sich auf die Zunge beißen (*a. fig.*); **I would rather bite off my ~ than ...** ich würde mir eher *od.* lieber die Zunge abbeißen als ...; **to find one's ~** die Sprache wiederfinden; **to make s.o. find his ~** j-m die Zunge lösen, j-n zum Reden bringen; **to get one's ~ (a)round** *colloq. ein schwieriges Wort etc* richtig aussprechen; **to give ~** a) sich laut u. deutlich äußern (**to** zu), b) anschlagen (*Hund*), c) Laut geben (*Jagdhund*); **to have a long ~** geschwätzig sein; **to have a ready ~** nicht auf den Mund gefallen sein, schlagfertig sein; **to have a sharp ~** e-e scharfe *od.* spitze Zunge haben; **to hold one's ~** den Mund halten; **to keep a civil ~ (in one's head)** höflich bleiben; **he lost his ~** er verlor die Sprache, ihm verschlug es die Sprache; **to put one's ~ out at s.o.** j-m die Zunge herausstrecken; **to wag one's ~** ‚tratschen'; **to set ~s wagging** Gerede verursachen; → **loose** 5f, **tip**[1] 1. **2.** *gastr.* (Rinder- *etc*)Zunge *f*: **smoked ~** Räucherzunge. **3.** Sprache *f* (*e-s Volkes*), Zunge *f*: **confusion of ~s** *Bibl.* Sprachverwirrung *f*; **gift of ~s** a) *Bibl.* Gabe *f* des Zungenredens, b) Sprachtalent *n*, c) *relig.* ekstatische Rede (*in Sekten*). **4.** *Bibl.* Volk *n*, Natiˈon *f*, Zunge *f*. **5.** *fig.* Zunge *f*: **~ of a clarinet (a flame, a shoe,** *etc*). **6.** Klöppel *m* (*e-r Glocke*). **7.** (Wagen)Deichsel *f*. **8.** *Tischlerei*: Zapfen *m*, Spund *m*, Feder *f*: **~ and groove** Feder u. Nut. **9.** *tech.* a) (Lauf-, Führungs)Schiene *f*, b) Lasche *f*. **10.** *rail.* Weichenzunge *f*. **11.** Dorn *m* (*e-r Schnalle*). **12.** Zeiger *m* (*e-r Waage*). **13.** *electr.* (Reˈlais)Anker *m*. **14.** *geogr.* Landzunge *f*. **II** *v/t* **15.** *mus.* mit Flatterzunge blasen. **16.** *Tischlerei*: verzapfen, durch Nut u. Feder verbinden.

tongued *adj* **1.** (*in Zssgn*) ...züngig. **2.** *tech.* gezapft, gefedert.

ˌtongue│-in-ˈcheek *adj* **1.** iˈronisch. **2.** mit ˈHintergedanken. **ˈ~-lash** *v/t colloq.* *j-n* ‚zs.-stauchen', *j-m* ‚e-e Standpauke halten'. **ˈ~-ˌlash·ing** *s colloq.* ‚Standpauke' *f*. **ˈ~-tie I** *s med.* angeborene Kürze des Zungenbändchens. **II** *v/t fig. j-m* die Zunge lähmen *od.* die Sprache verschlagen. **ˈ~-tied** *adj fig.* stumm, sprachlos (*vor Verlegenheit etc*): **to be ~** keinen Ton herausbringen. **~ twist·er** *s* ‚Zungenbrecher' *m*.

ton·ic [ˈtɒnɪk; *Am.* ˈtɑ-] **I** *adj* (*adv* **~ally**) **1.** *med.* tonisch: **~ spasm** Starrkrampf *m*. **2.** stärkend, belebend, erfrischend (*alle a. fig.*): **~ water** Tonic *n*. **3.** *ling.* a) Ton..., b) betont: **~ accent** musikalischer Akzent; **~ language** → **tone language**. **4.** *mus.* Grundton..., Tonika...: **~ chord** Grundakkord *m*; **~ major (minor)** gleichnamige Dur-(Moll-)Tonart; **~ sol-fa** Tonika-Do-System *n*. **5.** *paint.* Tönungs..., Farb(gebungs)... **II** *s* **6.** *pharm.* Stärkungsmittel *n*, Tonikum *n*. **7.** Tonic *n*: **gin and ~**. **8.** *fig.* Stimuˈlanz *f*. **9.** *mus.* Grundton *m*, Tonika *f*. **10.** *ling.* stimmhafter Laut.

to·nic·i·ty [təʊˈnɪsətɪ] *s* **1.** *med.* a) Tonus *m*, b) Spannkraft *f*. **2.** musiˈkalischer Ton.

to·night [təˈnaɪt] **I** *adv* **1.** heute abend. **2.** heute nacht. **II** *s* **3.** der heutige Abend. **4.** diese Nacht.

ton·ite [ˈtəʊnaɪt] *s chem.* Toˈnit *m* (*Sprengpulver*).

ton·ka bean [ˈtɒŋkə; *Am.* ˈtɑŋkə] *s bot.* Tonkabohne *f.*
ton·nage [ˈtʌnɪdʒ] *s* **1.** *mar.* Tonˈnage *f,* Tonnengehalt *m,* Schiffsraum *m:* **displacement** ~ Verdrängungstonnage; **gross** ~ Bruttotonnengehalt; **net register** ~ Nettotonnengehalt *m;* **register** ~ amtlicher Tonnengehalt. **2.** Geˈsamttonˌnage *f* (*der Handelsflotte e-s Landes*). **3.** Ladungsgewicht *n.* **4.** (Geˈsamt)Produktiˌon *f* (*nach* **tons** *berechnet für Stahl etc*). **5.** Schiffszoll *m,* Tonnengeld *n.* **6.** *Br. hist.* (Wein)Zollgebühr *f.*
tonne [tʌn] *s* metrische Tonne.
ton·neau [ˈtɒnəʊ; *Am.* ˈtɑ-; *a.* təˈnəʊ] *pl* **-neaus** *s mot.* hinterer Teil (*mit Rücksitzen*) e-s Autos.
ton·ner [ˈtʌnə(r)] *s mar.* (*meist in Zssgn*) ...tonner, Schiff *n* von ... Tonnen.
to·nom·e·ter [təʊˈnɒmɪtə(r); *Am.* -ˈnɑ-] *s* **1.** *mus. phys.* Tonhöhenmesser *m.* **2.** *phys.* (*med.* Blut)Druckmesser *m.*
ton·sil [ˈtɒnsl; *Am.* ˈtɑnsəl] *s anat.* Mandel *f,* Tonˈsille *f:* ~ **snare** *med.* Tonsillenschlinge *f;* **to have one's ~s out** sich die Mandeln herausnehmen lassen. ˈ**ton·sil·lar** [-sɪlə(r)] *adj anat.* Mandel..., tonsilˈlar, tonsilˈlär.
ton·sil·lec·to·my [ˌtɒnsɪˈlektəmɪ; *Am.* ˌtɑnsə-] *s med.* Mandelentfernung *f,* Tonsillektoˈmie *f:* **incomplete** (*od.* **partial**) ~ Mandelresektion *f.* ˌ**ton·silˈli·tis** [-ˈlaɪtɪs] *s med.* Mandelentzündung *f.* ˌ**ton·silˈlot·o·my** [-ˈlɒtəmɪ; *Am.* -ˈlɑ-] *s med.* Mandelschlitzung *f,* Tonsillotoˈmie *f.*
ton·so·ri·al [tɒnˈsɔːrɪəl; *Am.* tɑn-; *a.* -ˈsəʊ-] *adj meist humor.* Barbier...: ~ **artist** ‚Figaro' *m.*
ton·sure [ˈtɒnʃə; *Am.* ˈtɑntʃər] *relig.* **I** *s* **1.** Tonsuˈrierung *f.* **2.** Tonˈsur *f.* **II** *v/t* **3.** tonsuˈrieren, die Tonˈsur schneiden bei.
ton·tine [tɒnˈtiːn; *Am.* ˈtɑnˌtiːn] *s hist.* **1.** Tonˈtine *f* (*Lebensrentengemeinschaft*). **2.** Tonˈtine *f,* Erbklassenrente *f.* **3.** Anteil *m* an der Tonˈtine.
ˈ**ton-up** *Br. sl.* **I** *adj:* ~ **motorbike** ‚Maschine', die 100 Meilen schafft; ~ **motorcyclist** → II. **II** *s* ‚Motorradrennsau' *f.*
to·nus [ˈtəʊnəs] *s med.* **1.** → **tonicity** 1. **2.** Starrkrampf *m.*
to·ny [ˈtəʊniː] *adj Am. colloq.* **1.** schick, eleˈgant. **2.** (stink)vornehm, feuˈdal, Nobel...: **a ~ restaurant.**
too [tuː] *adv* **1.** (*vorangestellt*) zu, allzu: **all ~ familiar** allzu vertraut; ~ **fond of comfort** zu sehr auf Bequemlichkeit bedacht; ~ **high for you to reach** zu hoch, als daß du es erreichen könntest; ~ **good to be true** zu schön, um wahr zu sein; ~ **large for my taste** für m-n Geschmack zu groß; ~ **much (of a good thing)** zuviel (des Guten); **far ~ many** viel zu viele; **don't be ~ sure!** sei nicht so sicher! **2.** *colloq.* sehr, überˈaus, höchst, äußerst: **it is ~ kind of you; I am only ~ glad to help you** es ist mir ein (reines) Vergnügen, Ihnen zu helfen; **it's not ~ easy** es ist gar nicht so leicht. **3.** (*nachgestellt*) auch, ebenfalls. **4.** *Am. colloq.* (*zur Verstärkung beim imp*) **you will ~ do that!** und ob du das tun wirst!
took [tʊk] *pret von* **take.**
tool [tuːl] **I** *s* **1.** Werkzeug *n,* Gerät *n,* Instruˈment *n:* **~s** *collect.* Handwerkszeug; **burglar's ~s** Einbruchswerkzeug; **gardener's ~s** Gartengerät. **2.** *tech.* (Bohr-, Schneide- *etc*)Werkzeug *n* (*e-r Maschine*), *a.* Arbeits-, Drehstahl *m:* **cutting ~.** **3.** *tech.* a) ˈWerkzeugmaˌschine *f,* b) Drehbank *f.* **4.** a) ˈStempelfiˌgur *f* (*der Punzarbeit auf e-m Bucheinband*), b) (Präge)Stempel *m.* **5.** *fig.* a) Handwerkszeug *n,* (Hilfs)Mittel *n* (*Bücher etc*), b) Rüstzeug *n* (*Fachwissen etc*). **6.** *fig. contp.* Werkzeug *n,* Handlanger *m,* Kreaˈtur *f* (*e-s anderen*). **7.** *Br. sl.* ‚Kaˈnone' *f* (*Revolver*). **8.** *vulg.* ‚Schwanz' *m* (*Penis*). **II** *v/t* **9.** *tech.* bearbeiten. **10.** *meist* ~ **up** *e-e Fabrik* (maschiˈnell) ausstatten, -rüsten: **to ~ up a factory.** **11.** *e-n Bucheinband* punzen, mit Stempel verzieren. **12.** *sl.* ‚kutˈschieren' (*fahren*). **III** *v/i* **13.** *oft* ~ **up** die nötigen Maˈschinen aufstellen (*in e-r Fabrik*), sich (maschiˈnell) ausrüsten (**for** für). **14.** *a.* ~ **along** *sl.* ‚herˈumgondeln', ‚(-)kutˌschieren'.
tool|bag *s* Werkzeugtasche *f.* ~**bit** *s tech.* Werkzeugspitze *f,* Drehmeißel *m.* ˈ~**box** *s* Werkzeugkasten *m.* ~ **car·ri·er** *s tech.* Werkzeughalter *m,* -schlitten *m.* ~ **en·gi·neer** *s tech.* Arbeitsvorbereiter *m.* ~ **en·gi·neer·ing** *s tech.* Arbeitsvorbereitung *f.* ˈ~**hold·er** *s tech.* Stahl-, Werkzeughalter *m.* ~ **house** *s* Geräteschuppen *m.*
tool·ing [ˈtuːlɪŋ] *s* **1.** *tech.* Bearbeitung *f.* **2.** *tech.* Einrichten *n* (*e-r Werkzeugmaschine*). **3.** maschiˈnelle Ausrüstung. **4.** *a.* ~ **costs** Werkzeugkosten *pl.* **5.** *Buchbinderei:* Punzarbeit *f,* Prägedruck *m.*
tool| kit *s* **1.** Werkzeug *n.* **2.** Werkzeugtasche *f.* ˈ~**mak·er** *s tech.* Werkzeugmacher *m.* ~ **post** *s tech.* Schneidstahlhalter *m.* ~ **shed** *s* Geräteschuppen *m.* ~ **steel** *s tech.* Werkzeugstahl *m.* ~ **subject** *s univ. Am.* (*zur Beherrschung des Hauptfachs*) notwendiges Beifach.
toot[1] [tuːt] **I** *v/i* **1.** tuten, blasen. **2.** hupen (*Auto*). **3.** *Am. sl.* ‚(herˈum)gondeln'. **4.** *Am. sl.* Behauptungen aufstellen, ‚tönen'. **II** *v/t* **5.** *etwas, ein Instrument* blasen. **6.** *Am. colloq. etwas* ˈauspoˌsaunen. **III** *s* **7.** Tuten *n,* Blasen *n.* **8.** *Am. colloq.* ‚Sauftour' *f:* **to go on a ~** e-e Sauftour machen.
toot[2] [tuːt] *Am. sl.* **I** *s* **1.** ‚Koks' *m* (*Kokain*). **2.** Prise *f* (‚Koks'). **II** *v/i* **3.** (‚Koks') schnupfen.
ˈ**toot·er** *s* **1.** Blashorn *n.* **2.** (Auto)Hupe *f.*
tooth [tuːθ] **I** *pl* **teeth** [tiːθ] *s* **1.** *anat. zo.* Zahn *m:* **the ~ of time** *fig.* der Zahn der Zeit; **the teeth of the wind** der schneidende Wind; **long in the ~** a) alt, b) alternd; **to cast** (*od.* **fling**) **s.th. in s.o.'s teeth** *fig.* j-m etwas ins Gesicht schleudern; **to draw the teeth of** a) *j-n* beruhigen, b) *j-n* ungefährlich machen, c) *e-r Sache* die Spitze nehmen, *etwas* entschärfen; **to fight s.th. ~ and nail** etwas verbissen *od.* erbittert *od.* bis aufs Messer bekämpfen; **to get one's teeth into** *fig.* sich an *e-e Sache* ranmachen; **to show one's teeth (to)** a) die Zähne fletschen (gegen), b) *fig.* die Zähne zeigen (*dat*); **armed to the teeth** bis an die Zähne bewaffnet; **in the teeth of** a) gegen *Widerstand etc,* b) trotz *od.* ungeachtet *der Gefahren etc;* → **clench** 1, **cut** 39, **edge** 1, **lie**[1] 2, **skin** 1, **sweet tooth.** **2.** Zahn *m* (*e-s Kammes, Rechens, e-r Säge, e-s Zahnrads etc*). **3.** (Gabel)Zinke *f.* **4.** *bot.* Zähnchen *n.* **5.** *pl fig.* Schärfe *f:* **to put teeth into** (den nötigen) Nachdruck verleihen (*dat*); **legislation with teeth** scharfe Gesetzgebung; **to have lost its teeth** nicht mehr ‚greifen' *od.* ‚ziehen'. **II** *v/t* **6.** *ein Rad etc* bezahnen, mit Zähnen versehen. **7.** *ein Brett etc* verzahnen. **8.** anrauhen: **to ~ the surface.** **9.** kauen, beißen. **III** *v/i* **10.** ineinˈandergreifen (*Zahnräder*). ˈ~**ache** *s med.* Zahnweh *n,* -schmerzen *pl.* ˈ~**brush** *s* Zahnbürste *f.* ˈ~**comb** *s Br.* Staubkamm *m.* ~ **de·cay** *s med.* Karies *f.*
toothed [tuːθt; tuːðd] *adj* **1.** mit Zähnen (versehen), Zahn..., gezahnt. **2.** *bot.* gezähnt, gezackt (*Blattrand*). **3.** *tech.* verzahnt. **4.** *fig.* scharf, schneidend: **a ~ wind.** ~ **gear·ing** → **toothed-wheel gearing.** ~ **seg·ment** *s tech.* ˈZahnsegˌment *n.* ~ **wheel** *s tech.* Zahnrad *n.* ˈ~**-wheel gear·ing** *s tech.* Zahnradgetriebe *n.*
tooth·ing [ˈtuːθɪŋ; -ðɪŋ] *s* **1.** *tech.* a) (Ver)Zahnen *n,* b) Rauhen *n* (*e-r Oberfläche*), c) Auszacken *n* (*e-s Blattrandes etc*). **2.** Verzahnung *f.*
tooth·less [ˈtuːθlɪs] *adj* zahnlos.
ˈ**tooth|·paste** *s* Zahnpasta *f,* -creme *f.* ˈ~**·pick** *s* **1.** a) Zahnstocher *m,* b) *a.* ~ **holder** Zahnstocherbehälter *m.* **2.** *pl* Splitter *pl:* **to smash into ~s** zerschmettern. **3.** *Am. sl.* Bewohner(in) von Arˈkansas. ~ **pow·der** *s* Zahnpulver *n.* ~ **sock·et** *s anat.* Zahnfach *n.*
tooth·some [ˈtuːθsəm] *adj* (*adv* ~**ly**) lecker (*a. fig.*).
tooth·y [ˈtuːθɪ] *adj* **1.** → **toothsome.** **2. he gave me a ~ grin** er grinste mich an u. entblößte dabei sein Pferdegebiß.
too·tle [ˈtuːtl] **I** *v/i* **1.** tuten (*Hupe etc*), dudeln (*Instrument etc*). **2.** *Am. colloq.* quatschen. **3.** *colloq.* ‚(herˈum)gondeln'. **4.** *colloq.* ‚(daˈhin)zotteln': **to ~ off** (*od.* **along**) ‚sich trollen', abhauen. **II** *v/t* **5.** dudeln. **III** *s* **6.** Tuten *n,* Dudeln *n.* **7.** *Am. colloq.* Gewäsch *n.*
ˈ**too-too** *colloq.* **I** *adj* überˈspannt. **II** *adv* überˈtrieben, gar zu.
toots [tʊts] *s bes. Am. colloq.* ‚Kleine' *f,* ‚Schätzchen' *n* (*meist als Anrede*).
toot·sie [ˈtʊtsɪ] *s* **1.** *bes. Am. colloq.* → **toots.** **2.** *Am. colloq.* Partygirl *n,* -mädchen *n.* **3.** → **tootsy.**
toot·sy [ˈtʊtsɪ], *a.* ˌ**toot·sy-ˈwoot·sy** [-ˈwʊtsɪ] *s* (*Kindersprache*) Füßchen *n.*
top[1] [tɒp; *Am.* tɑp] **I** *s* **1.** ober(st)es Ende, Oberteil *n,* höchster Punkt, *bes.* a) Spitze *f,* Gipfel *m* (*e-s Berges*), b) Kuppe *f* (*e-s Hügels*), c) Krone *f,* Wipfel *m* (*e-s Baumes*), d) Dach(spitze *f*) *n,* (Haus)Giebel *m,* e) Kopf(ende *n*) *m* (*des Tisches, e-r Buchseite etc*), f) (Deich-, Mauer)Krone *f,* g) Oberfläche *f* (*des Wassers etc*): **the ~ of the world** das Dach der Welt; **at the ~** obenan; **at the ~ of** oben an (*dat*); **at the ~ of the street** oben in der Straße; **at the ~ of page 10, page 10 at the ~** (auf) Seite 10 oben; **off the ~ of one's head** auf Anhieb, so ohne weiteres; **on ~** oben(auf *a. fig.*); **on (the) ~ of** a) oben auf (*dat*), über (*dat*), b) *colloq.* direkt vor (*dat*); **on ~ of each other** auf- *od.* übereinander; **on (the) ~ of it** obendrein; **to get on ~ of s.th.** *fig.* e-r Sache Herr werden; **to go over the ~** a) *mil.* zum Sturmangriff (*aus dem Schützengraben*) antreten, b) *fig.* es wagen. **2.** *fig.* Spitze *f,* erste *od.* höchste *od.* oberste Stelle, ˈSpitzenpositiˌon *f:* **the ~ of the class** der Primus der Klasse; **at the ~ of the tree** (*od.* **ladder**) a) in höchster Stellung, an oberster Stelle, b) auf dem Gipfel des Erfolgs; **to come out on ~** als Sieger *od.* Bester hervorgehen; **to come to the ~** an die Spitze kommen, sich durchsetzen; **to be on ~ (of the world)** obenauf sein; **to be on ~ of s.th.** e-r Sache gewachsen sein. **3.** a) höchster Grad, b) höchster Punkt, Höchststand *m:* **at the ~ of one's speed** mit höchster Geschwindigkeit; **at the ~ of one's voice** aus vollem Halse; **the ~ of the tide** der Höchststand der Flut. **4.** *fig.* Gipfel *m,* (*das*) Äußerste *od.* Höchste: **the ~ of his ambition** sein höchster Ehrgeiz; **the ~ of all creation** die Krone der Schöpfung. **5.** *colloq.* a) Auslese *f,* ‚Creme' *f* (*der Gesellschaft*), b) *pl* (*die*) ‚großen Tiere' *pl.* **6.** Kopf *m,* Scheitel *m:* **from ~ to bottom** vom Scheitel bis zur Sohle; **from ~ to toe** von Kopf bis Fuß; → **blow** 29 b. **7.** (Schachtel-, Topf- *etc*) Deckel *m.* **8.** *mot. etc* Verdeck *n.* **9.** (Bett)Himmel *m.* **10.** (Möbel)Aufsatz *m.* **11.** Oberteil *n* (*des Pyjamas, Bade-*

anzugs etc). **12.** a) (Schuh)Oberleder *n*, b) Stulpe *f* (*an Stiefeln, Handschuhen etc*). **13.** *mar.* Mars *m, f.* **14.** *bot.* a) oberer Teil (*e-r Pflanze*; *Ggs. Wurzel*), b) (Rüben-*etc*)Kraut *n*: **turnip ~(s).** **15.** *chem.* ˈSpitzenfraktiˌon *f.* **16.** *Golf*: a) Schlag *m* oberhalb des Ballzentrums, b) Kreiselbewegung *f* des (Golf)Balles bei zu hohem Schlagen. **17.** Blume *f* (*des Bieres*). **18.** *mot.* → **topgear.** **19.** *mil. sl.* → **top sergeant.**

II *adj* **20.** oberst(er, e, es): **~ line** Kopf-, Titelzeile *f*; **the ~ rung** *fig.* die höchste Stellung, die oberste Stelle. **21.** höchst(er, e, es): **at ~ speed** mit Höchstgeschwindigkeit; **~ earner** Spitzenverdiener(in); **~ efficiency** *tech.* Spitzenleistung *f*; **~ prices** Höchst-, Spitzenpreise; **~ quality** Spitzenqualität *f.* **22.** (*der, die, das*) erste: **the ~ place; to win the ~ hono(u)rs in a competition** den ersten Preis in e-m Wettbewerb gewinnen. **23.** Haupt...: **~ colo(u)r.** **24.** *colloq.* erstklassig, best(er, e, es): **~ ale; to be in ~ form** (*od.* **shape**) in Höchstform sein.

III *v/t* **25.** (oben) bedecken, krönen. **26.** überˈragen. **27.** mit e-r Spitze, e-m Oberteil, e-m Deckel *etc* versehen. **28.** an der Spitze *der Klasse, e-r Liste etc* stehen. **29.** die Spitze *od.* den Gipfel (*gen*) erreichen: **to ~ a hill.** **30.** (*zahlenmäßig etc*) überˈsteigen: **to ~ one million** die Millionengrenze übersteigen. **31.** *j-n* an Größe *od.* Gewicht überˈtreffen: **he ~s me by 2 inches** er ist (um) 2 Zoll größer als ich; **he ~s 5 feet** er ist etwas über 5 Fuß groß. **32.** überˈragen, -ˈtreffen, schlagen: **that ~s everything; to be ~ped** den kürzeren ziehen. **33.** *Pflanzen* beschneiden, stutzen, köpfen, kappen. **34.** *ein Hindernis* nehmen: **the horse ~ped the fence.** **35.** *chem. die flüchtigen Bestandteile* herˈausdestilˌlieren. **36.** *Golf*: *den Ball* oben schlagen. **37.** *agr.* (kopf)düngen. **38.** *agr. zo. Tiere* hochzüchten. **39.** *e-e Farbe* überˈfärben, -ˈdekken (**with** mit). **40.** *sl. j-n* ‚aufknüpfen' (*hängen*). **41.** *sl. j-m* ‚eins über den Schädel hauen'.

Verbindungen mit Adverbien:

top| off *v/t etwas* abschließen, krönen (**with** mit). **~ out I** *v/t* das Richtfest (*gen*) feiern. **II** *v/i* Richtfest feiern. **~ up** *v/t Glas, Tank, Öl etc* auf-, nachfüllen: **to top s.o. up** j-m nachschenken.

top² [tɒp; *Am.* tɑp] *s* Kreisel *m* (*Spielzeug*): → **sleep** 1.

to·paz [ˈtəʊpæz] *s* **1.** *min.* Toˈpas *m.* **2.** Toˈpas-, Goldfarbe *f.* **3.** *orn.* Toˈpaskolibri *m.*

to·paz·o·lite [təʊˈpæzəlaɪt; *Am.* -ˈpeɪ-] *s min.* Topazoˈlith *m.*

top| board *s Schach*: Spitzenbrett *n* (*bei Mannschaftswettkämpfen*). **~ boot** *s* (kniehoher) Stiefel, Langschäfter *m.* **ˈ~-cast** *v/t irr metall.* fallend gießen. **~ cen·ter** (*bes. Br.* **cen·tre**) *s tech.* oberer Totpunkt (*bei Motoren etc*). **ˈ~coat** *s* ˈÜberzieher *m*, Mantel *m.* **~ cross** *s zo.* Kreuzung *f* zwischen hochwertigen (*männlichen*) u. weniger wertvollen Tieren. **~ dog** *s colloq.* **1.** (*der*) Herr *od.* Überˈlegene. **2.** (*der*) Chef *od.* Oberste. **~ draw·er** *s* **1.** oberste Schublade. **2.** *colloq.* (*die*) oberen ˈZehnˈtausend: **he does not come from** (*od.* **out of**) **the ~** er kommt nicht aus den feinen Kreisen. **ˌ~-ˈdraw·er** *adj colloq.* **1.** (stink)vornehm, aus bester Faˈmilie (stammend). **2.** höchst(er, e, es), best(er, e, es). **ˈ~-dress** *v/t* **1.** *e-e Straße* beschottern. **2.** *agr.* kopfdüngen. **ˌ~-ˈdress·ing** *s* **1.** *tech.* Oberflächenbeschotterung *f.* **2.** *agr.* a) Kopfdüngung *f*, b) Kopfdünger *m.*

tope¹ [təʊp] *v/t u. v/i* ‚saufen'.

tope² [təʊp] *s ichth.* Glatthai *m.*

tope³ [təʊp] *s arch.* Tope *f* (*indische Pagode*).

to·pee [ˈtəʊpɪ; *Am. a.* təʊˈpiː] *s Br. Ind.* Tropenhelm *m.*

to·pek [ˈtəʊpek] → **tupek.**

ˈtop·er *s* Säufer *m.*

top| fer·men·ta·tion *s* Obergärung *f.* **ˈ~flight** *adj colloq.* **1.** höchst(er, e, es), oberst(er, e, es). **2.** erstklassig, ‚prima'. **ˈ~ˌflight·er** → **topnotcher.** **~gal·lant** [ˌtɒpˈɡælənt; *Am.* ˌtɑp-; *mar.* təˈɡ-] **I** *s* **1.** *mar.* Bramsegel *n.* **2.** ˈüberragender Teil. **3.** *fig.* Gipfel *m.* **II** *adj* **4.** *mar.* Bram...: **~ sail; ~ forecastle** feste Back. **5.** *fig.* überˈragend. **~ gear** *s mot.* höchster Gang. **ˈ~-graft** *v/t agr.* pfropfen (*in der Krone*). **~ hat** *s* Zyˈlinder(hut) *m.* **ˌ~-ˈheav·y** *adj* **1.** oberlastig (*Gefäß etc*): **she's quite ~** *colloq.* ‚die hat ganz schön viel Holz vor der Hütte'. **2.** *mar.* topplastig. **3.** *aer.* kopflastig. **4.** *econ.* a) ˈüberbewertet (*Wertpapiere*), b) ˈüberkapitaliˌsiert (*Unternehmen*). **5.** mit zu viel Verˈwaltungspersoˌnal an der Spitze (*Organisation etc*).

To·phet(h) [ˈtəʊfet; *Am.* -fət] *s* **1.** *Bibl.* Tophet *n.* **2.** Hölle *f* (*a. fig.*).

to·phi [ˈtəʊfaɪ] *pl von* **tophus.**

ˌtop-ˈhole *adj bes. Br. colloq.* erstklassig, ‚ganz groß'.

to·phus [ˈtəʊfəs] *pl* **ˈto·phi** [-faɪ] *s med.* **1.** Gichtknoten *m.* **2.** Zahnstein *m.*

to·pi¹ [ˈtəʊpɪ] *s zo.* ˈTopi-Antiˌlope *f.*

to·pi² → **topee.**

to·pi·ar·y [ˈtəʊpjərɪ; *Am.* -piːˌeriː] **I** *s* **1.** Kunst *f* des Bäumeschneidens. **2.** *bot.* a) Formbaum *m*, -strauch *m*, b) *collect.* Formbäume *pl.* **3.** Ziergarten *m* mit kunstvoll beschnittenem Baum- u. Buschwerk. **II** *adj* **4.** Formbaum..., Formstrauch...: **~ garden** → 3; **~ work** kunstvoll beschnittenes Baumwerk.

top·ic [ˈtɒpɪk; *Am.* ˈtɑ-] *s* **1.** Thema *n*, Gegenstand *m*: **~ of conversation** Gesprächsthema; **~ for discussion** Diskussionsthema. **2.** *pl philos.* Topik *f.*

ˈtop·i·cal *adj* (*adv* **~ly**) **1.** topisch, örtlich, loˈkal (*alle a. med.*): **~ remedy; ~ colo(u)rs** topische Farben. **2.** a) aktuˈell: **~ song** Lied *n* mit aktuellen Anspielungen, b) zeitkritisch. **3.** theˈmatisch. **ˌtop·iˈcal·i·ty** [-ˈkælətɪ] *s* Aktualiˈtät *f*, aktuˈelle *od.* loˈkale Bedeutung.

top| kick *s mil. Am. sl.* → **top sergeant.** **ˈ~knot** *s* **1.** Haarknoten *m*, Dutt *m.* **2.** *orn.* (Feder)Haube *f*, Schopf *m.*

ˈtop·less I *adj* **1.** ohne Kopf. **2.** *obs.* unermeßlich hoch. **3.** Oben-ohne-...: **~ dress** → 4a; **~ night club** → 4b; **~ waitress** → 4c. **II** *s* **4.** a) Oben-ohne-Kleid *n*, b) ˈOben-ˈohne-ˈNachtloˌkal *n*, c) Oben-ohne-Bedienung *f.*

ˌtop|-ˈlev·el *adj* auf höchster Ebene, Spitzen...: **~ talks.** **~ light** *s* **1.** *mar.* ˈTopplaˌterne *f.* **2.** *tech.* Oberlicht *n.* **ˌ~-ˈline** *adj* **1.** promiˈnent: **~ actor.** **2.** wichtigst(er, e, es): **~ news.** **ˌ~ˈlin·er** *s bes. Br.* Promiˈnente(r *m*) *f.* **ˈ~ˌloft·y** *adj colloq.* hochnäsig. **ˈ~mast** [-mɑːst; *Am.* -ˌmæst; *mar.* -məst] *s mar.* (Mars-) Stenge *f.*

ˈtop·most *adj* oberst(er, e, es), höchst(er, e, es).

ˌtop|-ˈnotch *adj colloq.* ‚prima', erstklassig. **ˌ~ˈnotch·er** *s colloq.* ‚Kaˈnone' *f* (*Könner*).

to·pog·ra·pher [təˈpɒɡrəfə(r); *Am.* -ˈpɑ-] *s geogr.* Topoˈgraph *m.* **top·o·graph·ic** [ˌtɒpəˈɡræfɪk; *Am.* ˌtɑ-; ˌtəʊ-] *adj*; **ˌtop·oˈgraph·i·cal** *adj* (*adv* **~ly**) topoˈgraphisch. **to·pog·ra·phy** [təˈpɒɡrəfɪ; *Am.* -ˈpɑ-] *s* **1.** *geogr.* Topograˈphie *f* (*a. med.*). **2.** topoˈgraphische Beschaffenheit (*e-s Ortes etc*). **3.** *mil.* Geländekunde *f.*

top·oi [ˈtɒpɔɪ; *Am.* ˈtəʊpˌɔɪ; ˈtɑp-] *pl von* **topos.**

top·o·log·i·cal [ˌtɒpəˈlɒdʒɪkl; *Am.* ˌtɑpəˈlɑ-; ˌtəʊ-] *adj* (*adv* **~ly**) *math.* topoˈlogisch: **~ly equivalent** topologisch äquivalent; **~ group** topologische Gruppe; **~ space** topologischer Raum. **to·pol·o·gy** [təˈpɒlədʒɪ; *Am.* -ˈpɑ-; təʊ-] *s* **1.** Topoloˈgie *f*: a) Ortskunde *f*, b) *math.* Geomeˈtrie *f* der Lage. **2.** *med.* topoˈgraphische Anatoˈmie.

to·pon·y·my [tɒˈpɒnɪmɪ; tə-; *Am.* təˈpɑ-; təʊ-] *s* **1.** Ortsnamen *pl* (*e-s bestimmten Distriktes*). **2.** Ortsnamenkunde *f.* **3.** *med.* Nomenklaˈtur *f* für die Körpergegenden.

top·os [ˈtɒpɒs; *Am.* ˈtəʊpˌɑs; ˈtɑp-] *pl* **-oi** [-ɔɪ] *s ling.* Topos *m*, festes Kliˈschee.

ˈtop·per *s* **1.** *colloq.* a) ‚tolles Ding', b) ‚Pfundskerl' *m.* **2.** *colloq.* ‚Angströhre' *f* (*Zylinder*). **3.** *sl.* (obenaufliegendes) Schaustück (*bei Obst etc*). **4.** *Am.* Paletot *m* (*Damenmantel*).

ˈtop·ping I *s* **1.** *gastr.* Garˈnierung *f*, Auflage *f* (*a. tech.*). **2.** **~ up** Auffüllen *n.* **II** *adj* (*adv* **~ly**) **3.** höchst(er, e, es), oberst(er, e, es). **4.** *bes. Br. colloq.* ‚prima', ‚super', erstklassig. **5.** *Am.* anmaßend, arroˈgant. **ˌ~-ˈout (cer·e·mo·ny)** *s* Richtfest *n.*

top·ple [ˈtɒpl; *Am.* ˈtɑpəl] **I** *v/i* **1.** wackeln. **2.** stürzen, kippen, purzeln: **to ~ down** (*od.* **over**) umkippen, niederstürzen, hinpurzeln. **II** *v/t* **3.** ins Wanken bringen. **4.** (ˈum)stürzen: **to ~ s.th. over** etwas umstürzen *od.* umkippen. **5.** *fig. Regierung etc* stürzen.

ˈtop-pour *v/t tech.* fallend (ver)gießen.

tops [tɒps; *Am.* tɑps] *adj colloq.* ‚prima', ‚super', erstklassig.

ˈtop|·sail [ˈtɒpsl; *Am.* ˈtɑpˌseɪl; -səl] *s mar.* Mars-, Topsegel *n.* **~ saw·yer** *s Br. colloq.* ‚hohes Tier'. **ˌ~-ˈse·cret** *adj* streng geheim. **~ ser·geant** *s mil. Am. colloq.* Hauptfeldwebel *m*, ‚Spieß' *m.* **ˈ~side I** *s* **1.** *gastr. Br.* Oberschale *f* (*des Rinderbratens*). **2.** obere Seite. **3.** *meist pl* obere Seitenteile *pl* (*e-s Schiffes*). **II** *adv* **4.** *colloq.* auf Deck. **5.** *fig.* obenˈauf. **ˈ~soil** *s agr.* Boden-, Ackerkrume *f*, Mutterboden *m.* **ˈ~spin** *s Tischtennis etc*: Topspin *m.*

top·sy|-tur·vy [ˌtɒpsɪˈtɜːvɪ; *Am.* ˌtɑpsiːˈtɜrviː] **I** *adv* **1.** das Oberste zuˈunterst, auf den Kopf: **to turn everything ~** alles auf den Kopf stellen. **2.** kopfˈüber kopfˈunter: **to fall ~.** **3.** drunter u. drüber, verkehrt. **II** *adj* **4.** auf den Kopf gestellt, in wildem Durcheinˈander, chaˈotisch. **III** *s* **5.** (wildes *od.* heilloses) Durcheinˈander, Kuddelmuddel *m, n*, Chaos *n.* **IV** *v/t* **6.** auf den Kopf stellen, völlig durcheinˈanderbringen. **ˌ~-ˈtur·vy·dom** → **topsy-turvy** 5.

ˈtop-up *s*: **to give s.o. a ~** j-m nachschenken.

toque [təʊk] *s* **1.** *hist.* Baˈrett *n.* **2.** *bes. hist.* Toque *f* (*randloser Damenhut*). **3.** *zo.* Hutaffe *m.*

tor [tɔː] *s Br.* Felsturm *m.*

to·ra(h) [ˈtɔːrə; *Am. a.* ˈtəʊrə] *s* **1.** T~ Gesetz *n* Mosis, Pentaˈteuch *m.* **2.** Thoˈra *f.*

torc → **torque.**

torch [tɔː(r)tʃ] **I** *s* **1.** Fackel *f* (*a. fig. des Wissens etc*): **to carry a ~ for** *fig. Am. ein Mädchen* (von ferne) verehren. **2.** *a.* **electric ~** *bes. Br.* Taschenlampe *f.* **3.** *tech.* a) Schweißbrenner *m*, b) Lötlampe *f*, c) Brenner *m.* **4.** *Am.* a) Brandstifter *m*, b) Pyroˈmane *m.* **II** *v/t* **5.** mit Fackeln erleuchten. **ˈ~ˌbear·er** *s* Fackelträger *m* (*a. fig.*). **~ lamp** *s tech.* Lötlampe *f.* **ˈ~light** *s* Fackelschein *m*: **~ procession** (*od.* **parade**) Fackelzug *m*; **by ~** bei Fackelschein.

tor·chon [ˈtɔːʃn; *Am.* ˈtɔːrˌʃɑːn], *a.* **~ lace**

s Tor'chonspitze *f.* **~pa·per** *s* Tor'chon-ˌbüttenpaˌpier *n.*
torch|pine *s bot.* (Amer.) Pechkiefer *f.* **~sing·er** *s* Schnulzensänger(in). **~song** *s* sentimen'tales Liebeslied.
tore [tɔ:(r)] *pret von* **tear**².
tor·e·a·dor ['tɒrɪədɔ:(r)]; *Am. a.* 'təʊ-; 'tɑ-] *s* Torea'dor *m*, berittener Stierkämpfer.
to·re·ro [tɒ'reərəʊ; *Am.* tə-] *pl* **-ros** (*Span.*) *s* To'rero *m*, Stierkämpfer *m.*
to·reu·tic [tə'ru:tɪk] **I** *adj* bos'siert, gehämmert, zise'liert. **II** *s pl* (*a. als sg konstruiert*) To'reutik *f*, Me'tallbildneˌrei *f.*
to·ri ['tɔ:raɪ; *Am. a.* 'təʊ-] *pl von* **torus**.
tor·ment I *v/t* [tɔ:(r)'ment] **1.** *bes. fig.* quälen, peinigen, plagen, foltern (**with** mit): **~ed with** (*od.* **by**) gequält *od.* geplagt von *Zweifeln etc.* **2.** *Wassermassen etc* aufwühlen. **3.** *e-n Text* entstellen. **II** *s* ['tɔ:(r)ment] **4.** Pein *f*, Qual *f*, Marter *f*: **to be in ~, to suffer ~(s)** Qualen ausstehen. **5.** Plage *f.* **6.** Quälgeist *m.*
tor·men·til ['tɔ:(r)məntɪl] *s bot.* Tormen'till *m*, Blutwurz *f.*
tor·men·tor [tɔ:(r)'mentə(r)] *s* **1.** Peiniger *m.* **2.** Quälgeist *m.* **3.** *mar.* lange Fleischgabel. **4.** *Film*: 'schallabsorˌbierende Wand. **5.** *thea.* vordere Ku'lisse.
tor'men·tress [-trɪs] *s* Peinigerin *f.*
torn [tɔ:(r)n] *pp von* **tear**².
tor·nad·ic [tɔ:(r)'nædɪk; *Am. a.* -'neɪ-] *adj* wirbelstürmartig, Tornado...
tor·na·do [tɔ:(r)'neɪdəʊ] *pl* **-does, -dos** *s* **1.** Tor'nado *m*: a) *Wirbelsturm in den USA*, b) *tropisches Wärmegewitter.* **2.** *fig.* Wirbelwind *m* (*Person*): **he was a real ~** er war nicht mehr zu halten *od.* bremsen. **3.** *fig.* a) **~ of work** Arbeitswut *f*, b) **~ of applause** orkanartiger Applaus; **~ of protest** Proteststurm *m*; **~ of words** Wortschwall *m.*
to·roid ['tɔ:rɔɪd; *Am. a.* 'təʊ-] *s* Toro'id *m*: a) *math.* Ring *m*, b) *electr.* Ringkernspule *f.*
to·rose ['tɔ:rəʊs; *Am. a.* 'təʊ-] *adj bes. bot.* wulstig.
tor·pe·do [tɔ:(r)'pi:dəʊ] **I** *pl* **-does** *s* **1.** *mil.* a) *mar.* Tor'pedo *m*, b) *a.* **aerial ~** *aer.* 'Lufttorˌpedo *m*, c) *mar.* (See)Mine *f*, d) (Spreng)Mine *f.* **2.** *a.* **toy ~** *Am.* Knallerbse *f.* **3.** *Ölgewinnung*: 'Sprengpaˌtrone *f.* **4.** *ichth.* Zitterrochen *m.* **5.** *Am. sl.* (professio'neller) ‚Killer'. **II** *v/t* **6.** *mar.* torpe'dieren (*a. fig. zunichte machen*). **7.** sprengen. **~boat** *s mar.* Tor'pedoboot *n*: **~ destroyer** (Torpedoboot)Zerstörer *m.* **~bomb·er** *s aer.* Tor'pedoflugzeug *n.* **~net, ~net·ting** *s mar. mil.* Tor'pedonetz *n.* **~plane** *s* Tor'pedoflugzeug *n.* **~tube** *s* Tor'pedorohr *n.*
tor·pid ['tɔ:(r)pɪd] *adj* (*adv* **~ly**) **1.** träge, schlaff, *med. a.* tor'pid. **2.** a'pathisch, stumpf. **3.** starr, erstarrt, betäubt. **tor'pid·i·ty** [-'pɪdətɪ], *a.* **'tor·pid·ness, 'tor·por** [-pə(r)] *s* **1.** Träg-, Schlaffheit *f*, *med. a.* Torpor *m*, Torpidi'tät *f.* **2.** Apa'thie *f*, Stumpfheit *f.* **3.** Erstarrung *f*, Betäubung *f.* **ˌtor·por'if·ic** [-pə'rɪfɪk] *adj* betäubend, lähmend.
torque [tɔ:(r)k] *s* **1.** *phys. tech.* 'Drehmoˌment *n.* **2.** *hist.* Torques *m*, (Bronze-*etc*)Halsring *m.* **~am·pli·fi·er** *s electr.* 'Drehmoˌmentverstärker *m.* **~arm** *s mot.* Schubstange *f* (*an der Hinterachse*). **~con·vert·er** *s tech.* 'Drehmoˌmentwandler *m.* **~shaft** *s tech.* Dreh-, Torsi'onsstab *m.* **~tube** *s mot.* Hohlwelle *f.*
tor·re·fac·tion [ˌtɒrɪ'fækʃn; *Am. a.* ˌtɑ-] *s chem. tech.* Rösten *n*, Darren *n.* **'tor·re·fy** [-faɪ] *v/t* rösten, darren.
tor·rent ['tɒrənt; *Am. a.* 'tɑ-] *s* **1.** reißender Strom, *bes.* Wild-, Sturzbach *m.* **2.** (Lava)Strom *m.* **3.** **~s of rain** sintflutartige Regenfälle; **the rain fell in ~s** es goß in Strömen. **4.** *geol.* a) Torrent *m* (*Flußoberlauf*), b) Tor'rente *m* (*nur nach Regenfällen Wasser führender Bachlauf*). **5.** *fig.* Strom *m*, Schwall *m*, Sturzbach *m* (*von Fragen etc*). **tor·ren·tial** [tə'renʃl; *Am.* tɔ:'rentʃəl; tə-] *adj* **1.** sturzbachartig, reißend, wild: **~ rain(s)** sintflutartige Regenfälle. **2.** *fig.* wortreich. **3.** *fig.* ungestüm, wild.
tor·rid ['tɒrɪd; *Am. a.* 'tɑ-] *adj* (*adv* **~ly**) **1.** ausgedörrt, verbrannt: **a ~ plain.** **2.** sengend, brennend (heiß) (*a. fig.*): **~ zone** *geogr.* heiße Zone; **~ passion** *fig.* glühende Leidenschaft. **tor'rid·i·ty** [-'rɪdətɪ], **'tor·rid·ness** *s* **1.** sengende Hitze. **2.** Dürre *f.*
Tor·ri·do·ni·an [ˌtɒrɪ'dəʊnɪən] *adj*: **~ sandstone** *geol.* Torri'donsandstein *m.*
tor·sel ['tɔ:(r)sl] *s* **1.** *arch.* 'Unterlage *f.* **2.** gewundenes Orna'ment.
tor·si ['tɔ:(r)sɪ] *pl von* **torso.**
tor·sion ['tɔ:(r)ʃn] *s* **1.** Drehung *f* (*a. math.*). **2.** *phys. tech.* Verdrehung *f*, Torsi'on *f*: **~ balance** Drehwaage *f*; **~ bar** *mot.* Drehstab *m*; **~ pendulum** Drehpendel *n.* **3.** *med.* Abschnürung *f* (*e-r Arterie*). **'tor·sion·al** [-ʃənl] *adj* Dreh..., (Ver)Drehungs..., Torsions...: **~ axis** Drillachse *f*; **~ force** Dreh-, Torsionskraft *f*; **~ moment** *phys.* Dreh-, Torsionsmoment *n.*
tor·sive ['tɔ:(r)sɪv] *adj bot.* spi'ral(en)förmig gewunden.
tor·so ['tɔ:(r)səʊ] *pl* **-sos, -si** [-sɪ] *s* Torso *m*: a) Rumpf *m*, b) *fig.* Bruchstück *n*, 'unvollˌendetes Werk.
tort [tɔ:(r)t] *s jur.* unerlaubte Handlung, zi'vilrechtliches De'likt: **law of ~s** Schaden(s)ersatzrecht *n.* **'~-ˌfea·sor** [-ˌfi:zə(r)] *s jur.* rechtswidrig Handelnde(r *m*) *f.*
tor·tel·li·ni [ˌtɔ:(r)tə'li:nɪ] *s pl gastr.* Tortel'lini *pl.*
tor·ti·col·lis [ˌtɔ:(r)tɪ'kɒlɪs; *Am.* -'kɑ-] *s med.* Torti'kollis *m*, Schiefhals *m.*
tor·tile ['tɔ:(r)taɪl; -tɪl] *adj* spi'ralig gedreht.
tor·til·la [tɔ:'tɪlə; *Am.* tɔ:r'ti:jə] *s* Tor'tilla *f* (*flacher Maiskuchen*).
tor·tious ['tɔ:(r)ʃəs] *adj jur.* rechtswidrig: **~ act → tort.**
tor·toise ['tɔ:(r)təs] **I** *s zo.* Schildkröte *f*: **a case of hare and ~** ein Fall, in dem Beharrlichkeit das Können besiegt; **(as) slow as a ~** (langsam) wie e-e Schnecke. **II** *adj* Schildpatt... **~shell** ['tɔ:(r)təʃel] **I** *s* **1.** Schildpatt *n.* **2.** *zo.* Amer. Fuchs *m* (*Schmetterling*). **II** *adj* **3.** Schildpatt...: **~ butterfly → 2**; **~ cat** *zo.* Schildpattkatze *f.*
tor·tu·os·i·ty [ˌtɔ:tjʊ'ɒsətɪ; *Am.* ˌtɔ:rtʃə'wɑsəti:] *s* **1.** Krümmung *f*, Windung *f.* **2.** Gewundenheit *f.* **tor·tu·ous** ['tɔ:tjʊəs; *Am.* 'tɔ:rtʃəwəs] *adj* (*adv* **~ly**) **1.** gewunden, gekrümmt. **2.** *fig.* 'umständlich. **3. → tortious.**
tor·ture ['tɔ:(r)tʃə(r)] **I** *s* **1.** Folter(ung) *f*: **to put to the ~** foltern. **2.** Tor'tur *f*, (Folter)Qual(en *pl*) *f*, Marter *f.* **3.** *fig.* Entstellung *f*, Verdrehung *f*: **~ of a text.** **II** *v/t* **4.** foltern. **5.** *fig.* peinigen, quälen, martern. **6. to ~ a confession from** ein Geständnis herauspressen aus. **7.** *e-n Text* entstellen, verdrehen. **~cham·ber** *s* Folterkammer *f.*
'tor·tur·er *s* **1.** Folterknecht *m.* **2.** *fig.* Peiniger *m.*
to·rus ['tɔ:rəs; *Am. a.* 'təʊ-] *pl* **-ri** [-raɪ] *s* Torus *m*: a) *arch. med.* Wulst *m*, b) *math.* Ringfläche *f*, c) *bot.* Blütenboden *m*, d) *bot.* Körbchenboden *m* (*bei Kompositen*), e) *tech.* Treibrad *n.*
To·ry ['tɔ:rɪ; *Am. a.* 'təʊ-] **I** *s* **1.** *pol. Br.* Tory *m*, Konserva'tive(r) *m.* **2.** *a.* **t~** *pol. Br.* Reaktio'när *m*, 'Ultrakonservaˌtive(r) *m.* **3.** *hist. Br.* Tory *m* (*Anhänger der konservativ-legitimistischen Partei, die bes. für die Rechte Jakobs I. eintrat*). **4.** *hist. Am.* Tory *m*, Loya'list *m* (*Anhänger Englands während des amer. Unabhängigkeitskrieges*). **5.** *a.* **t~** *hist.* Tory *m* (*royalistischer irischer Bandit*). **II** *adj* **6.** *pol. Br.* Tory..., to'rystisch, konserva'tiv. **7.** *a.* **t~** *pol. Br.* reaktio'när, 'ultrakonservaˌtiv. **'To·ry·ism** *s pol. Br.* **1.** To'rysmus *m.* **2.** 'Ultrakonservaˌtismus *m.*
tosh [tɒʃ; *Am.* tɑʃ] *s colloq.* ‚Quatsch' *m.*
toss [tɒs; *Am. a.* tɑs] **I** *s* **1.** (*a.* Hoch)Werfen *n*, Wurf *m*: **a ~ of the head** ein Hochod. Zurückwerfen des Kopfes. **2.** 'Hin- u. 'Hergeworfenwerden *n*, Schütteln *n.* **3.** a) Hochwerfen *n* e-r Münze, b) **→ toss-up** 2. **4.** Sturz *m* (*bes. vom Pferde*): **to take a ~** stürzen, *bes.* abgeworfen werden. **5.** *Am. sl.* ‚Filzen' *n* (*bes. nach Rauschgift*). **II** *v/t pret u. pp* **tossed**, *obs. od. poet.* **tost** [tɒst; *Am. a.* tɑst] **6.** werfen, schleudern: **to ~ off** a) *den Reiter* abwerfen (*Pferd*), b) hinunterstürzen; **to ~ off a drink**, c) *e-e Arbeit* ‚hinhauen', *etwas* ‚aus dem Ärmel schütteln'; **to ~ on** *ein Kleidungsstück* überwerfen. **7.** *a.* **~ about** schütteln, 'hin- u. 'herschleudern *od.* -werfen. **8.** *a.* **~ up** *e-e Münze etc, a. den Kopf* hochwerfen: **to ~ s.o. for s.th.** mit j-m um etwas losen (*durch Münzwurf*). **9.** *meist* **~ up** hochschleudern, in die Luft schleudern, (*in e-r Decke*) prellen. **10.** **~ up** *ein Essen* rasch zubereiten. **11.** *mar. die Riemen* pieken: **~ oars!** Riemen hoch! **12.** *Am. sl. j-n* (*bes. nach Rauschgift*) ‚filzen'. **III** *v/i* **13.** 'hin- u. 'hergeworfen werden, geschüttelt werden. **14.** *a.* **~ about** sich (*im Schlaf etc*) 'hin- u. 'herwerfen. **15.** rollen (*Schiff*). **16.** schwer gehen (*See*). **17.** a) flattern (*Fahne etc*), b) 'hin- u. 'herschwanken (*Äste etc*). **18.** *a.* **~ up** e-e Münze hochwerfen, durch Hochwerfen e-r Münze losen (**for** um): **to ~ for the choice of ends** *sport* die Seiten auslosen. **19.** stürzen: **to ~ out of the room. tossed** *adj*: **~ salad** gemischter Salat.
'toss·pot *s obs.* Trunkenbold *m.*
'toss-up *s* **1. → toss** 3a. **2.** ungewisse Sache: **it is a ~** die Chancen stehen gleich, das hängt ganz vom Zufall ab; **it is a (complete) ~ whether he comes or not** es ist völlig offen, ob er kommt oder nicht.
tost [tɒst; *Am. a.* tɑst] *obs. od. poet. pret u. pp von* **toss.**
tot¹ [tɒt; *Am.* tɑt] *s colloq.* **1.** Knirps *m*, Kerlchen *n.* **2.** Schlückchen *n* (*Alkohol*). **3.** *bes. Br. fig.* Häppchen *n*, (*ein*) klein wenig.
tot² [tɒt; *Am.* tɑt] *colloq.* **I** *s* **1.** (Gesamt-)Summe *f.* **2.** *bes. Br.* a) Additi'on *f*, b) Additi'onsaufgabe *f.* **II** *v/t* **3.** *meist* **~ up** zs.-zählen, -rechnen. **III** *v/i* **4.** **~ up** a) sich belaufen (**to** auf *acc*), b) sich sum'mieren.
to·tal ['təʊtl] **I** *adj* (*adv* **~ly**) **1.** ganz, gesamt, Gesamt...: **~ amount → 4**; **the ~ population** die Gesamtbevölkerung. **2.** to'tal, gänzlich, völlig: **~ eclipse** *astr.* totale Finsternis; **~ failure** völliger Fehlschlag; **~ loss** Totalverlust *m.* **3.** to'tal, alle Mittel anwendend: **~ war** totaler Krieg. **II** *s* **4.** (Gesamt)Summe *f*, Gesamt-, Endbetrag *m*, Gesamtmenge *f*: **a ~ of 20 bags** insgesamt 20 Beutel. **5.** (*das*) Ganze. **III** *v/t pret u. pp* **-taled,** *bes. Br.* **-talled** **6.** zs.-zählen, -rechnen. **7.** sich belaufen auf (*acc*), insgesamt betragen *od.* sein: **total(l)ing 10 dollars** im Gesamtbetrag von 10 Dollar. **8.** *Am. colloq. Auto etc* zu Schrott fahren. **IV** *v/i* **9.** sich belaufen (**to** auf *acc*).

to·tal·i·tar·i·an [ˌtəʊtælɪˈteərɪən] *pol.* **I** *adj* totaliˈtär. **II** *s* Anhänger *m* totaliˈtärer Grundsätze. ˌ**to·tal·iˈtar·i·an·ism** *s* Totalitaˈrismus *m*, totaliˈtäre Grundsätze *pl* u. Meˈthoden *pl*, *bes.* totalitäres Syˈstem.

to·tal·i·ty [təʊˈtælətɪ] *s* **1.** Gesamtheit *f.* **2.** Vollständigkeit *f.* **3.** *bes. pol.* Totaliˈtät *f.* **4.** *astr.* toˈtale Verfinsterung.

to·tal·i·za·tion [ˌtəʊtəlaɪˈzeɪʃn; *Am.* -ləˈz-] *s* **1.** Zs.-fassung *f.* **2.** Sumˈmierung *f.* ˈ**to·tal·i·za·tor** [-tə(r)] *s* **1.** Zählwerk *n.* **2.** *Pferdesport*: *bes. Br.* Totaliˈsator *m.*

to·tal·ize [ˈtəʊtəlaɪz] **I** *v/t* **1.** (zu e-m Ganzen) zs.-fassen. **2.** zs.-zählen, -rechnen. **II** *v/i* **3.** *Pferdesport*: *bes. Br.* e-n Totaliˈsator verwenden. ˈ**to·tal·iz·er** → **totalizator**.

tote[1] [təʊt] *s bes. Br. colloq.* ‚Toto' *m* (*Totalisator*).

tote[2] [təʊt] *v/t colloq.* **1.** (bei sich) tragen, (mit sich herˈum)schleppen. **2.** transporˈtieren.

tote| bag *s Am.* Einkaufstasche *f.* **~ board** → **totalizator** 2. ˈ**~-ˌbox** *s Am.* Transˈportbehälter *m.*

to·tem [ˈtəʊtəm] *s* Totem *n*: **~ pole** (*od.* **post**) Totempfahl *m.* **toˈtem·ic** [-ˈtemɪk] *adj* Totem... ˈ**to·tem·ism** *s* Toteˈmismus *m*, Totemglaube *m.* ˌ**to·temˈis·tic** *adj* toteˈmistisch.

tot·ter [ˈtɒtə(r); *Am.* ˈtɑ-] *v/i* **1.** torkeln, wanken: **to ~ to one's grave** *fig.* dem Grabe zuwanken. **2.** wackeln, (sch)wanken (*beide a. fig.*): **a ~ing government** e-e wankende Regierung; **to ~ to its fall** allmählich zs.-brechen (*Imperium etc*). ˈ**tot·ter·ing** *adj* (*adv* **~ly**), ˈ**tot·ter·y** *adj* wack(e)lig, (sch)wankend: **~ steps**; **~ contact** *electr.* Wackelkontakt *m.*

tou·can [ˈtuːkən; -kæn; -kɑːn] *s orn.* Tukan *m*, Pfefferfresser *m.*

touch [tʌtʃ] **I** *s* **1.** a) Berühren *n*, Berührung *f*: **at a ~** beim Berühren; **on the slightest ~** bei der leisesten Berührung; **that was a near ~** *colloq.* ‚das hätte ins Auge gehen können', das ist gerade noch einmal gutgegangen; **within ~** in Reichweite; → **touch and go**, b) *fenc.* Treffer *m.* **2.** Tastsinn *m*, -gefühl *n*: **it is dry to the ~** es fühlt sich trocken an; **it has a velvety ~** es fühlt sich wie Samt an. **3.** Verbindung *f*, Konˈtakt *m*, Fühlung(nahme) *f*: **to lose ~ with** a) den Kontakt mit *j-m od. e-r Sache* verlieren, b) *sport* den Anschluß verlieren an (*acc*); **to keep in ~ with s.o.** a) mit j-m in Verbindung bleiben, b) *sport* den Anschluß halten an j-n; **to get in(to) ~ with s.o.** mit j-m Fühlung nehmen *od.* in Verbindung treten, sich mit j-m in Verbindung setzen; **please get in ~!** bitte melden (Sie sich)! (*Zeugen etc*); **to put s.o. in ~ with** j-n in Verbindung setzen mit. **4.** leichter Anfall: **a ~ of influenza** e-e leichte Grippe; → **sun** 2. **5.** (Pinsel- *etc*)Strich *m*: **to put the finishing ~(es) to s.th.** e-r Sache (den letzten) Schliff geben, letzte Hand an etwas legen. **6.** Anflug *m*: **a ~ of sarcasm**; **a ~ of romance** ein Hauch von Romantik; **he has a ~ of genius** er hat e-e geniale Ader; **a ~ of the macabre** ein Stich ins Makabre; **a ~ of red** ein rötlicher Hauch, ein Stich ins Rote. **7.** Spur *f*: **a ~ of pepper**. **8.** Hand *f* (*des Meisters etc*), Stil *m*, (souveˈräne) Maˈnier: **the ~ of the master**; **light ~** leichte Hand *od.* Art; **with sure ~** mit sicherer Hand. **9.** (charakteˈristischer) Zug, besondere Note: **the personal ~** die persönliche Note. **10.** Einfühlungsvermögen *n*, (Fein)Gefühl *n.* **11.** *fig.* Gepräge *n*, Stempel *m*: **the ~ of the 20th century**. **12.** *mus.* a) Anschlag *m* (*des Pianisten od. des Pianos*), b) Strich *m* (*des Geigers*). **13.** Probe *f*: **to put to the ~** auf die Probe stellen. **14.** a) *Fußball etc*: Seitenaus *n*, b) *Rugby*: Mark *f*: **in ~** im Seitenaus; in der Mark. **15.** *sl.* a) ‚Anpumpen' *n* (*um Geld*), b) ‚gepumptes' Geld, c) (leichtes) Opfer, j-d, der sich (leicht) ‚anpumpen' läßt: **he is a soft** (*od.* **an easy**) **~**. **16.** *sl.* a) ‚Klauen' *n*, Stehlen *n*, b) ‚Fang' *m*, ‚Beute' *f.*

II *v/t* **17.** berühren, angreifen, anfassen: **to ~ the spot** *fig.* es treffen; **~ wood!** unberufen!, toi, toi, toi! **18.** befühlen, betasten. **19.** fühlen, wahrnehmen. **20.** (**to**) in Berührung bringen (mit), legen (an *acc*, auf *acc*). **21.** miteinˈander in Berührung bringen. **22.** leicht anstoßen, drücken auf (*acc*): **to ~ the bell** klingeln; **to ~ glasses** (mit den Gläsern) anstoßen. **23.** *weitS.* (*meist neg*) *Alkohol etc* anrühren, antasten: **he does not ~ cocktails**; **he hasn't ~ed his dinner**; **he refuses to ~ these transactions** er will mit diesen Geschäften nichts zu tun haben. **24.** in Berührung kommen *od.* stehen mit, Konˈtakt haben mit. **25.** grenzen *od.* stoßen an (*acc*). **26.** erreichen, reichen an (*acc*). **27.** *fig.* erreichen, erlangen. **28.** (*es*) erraten, treffen, herˈausfinden. **29.** *colloq. j-m od. e-r Sache* gleichkommen, herˈanreichen an (*acc*). **30.** tönen, schatˈtieren, (leicht) färben. **31.** *fig.* färben, (ein wenig) beeinflussen: **morality ~ed with emotion** gefühlsbeeinflußte Moral. **32.** beeindrucken. **33.** rühren, bewegen: I **am ~ed** ich bin gerührt; **it ~ed him to the heart** es ging ihm zu Herzen; **~ed to tears** zu Tränen gerührt. **34.** *fig.* treffen, verletzen. **35.** *ein Thema etc* berühren. **36.** berühren, betreffen, angehen: **it ~es none but him**. **37.** in Mitleidenschaft ziehen, angreifen, mitnehmen: **~ed** a) angegangen (*Fleisch*), b) *colloq.* ‚bekloppt', ‚nicht ganz bei Trost' (*Person*). **38.** a) haltmachen in (*dat*), b) *mar. e-n Hafen* anlaufen. **39.** *sl. j-n* ‚anpumpen', ‚anhauen' (**for** um): **to ~ s.o. for 20 dollars**. **40.** *sl.* ‚klauen', ‚organiˈsieren'. **41.** *bes. hist. e-m Kranken* die Hand auflegen (**for** zur Heilung *gen*).

III *v/i* **42.** sich berühren, Berührung *od.* Konˈtakt haben. **43.** **~ (up)on** grenzen *od.* herˈanreichen an (*acc*): **it ~es on treason** es grenzt an Verrat. **44.** **~ (up)on** betreffen, berühren: **it ~es upon my interests**. **45.** **~ (up)on** berühren, kurz erwähnen, streifen: **he merely ~ed upon this question**. **46.** **~ at** *mar.* anlegen bei *od.* in (*dat*), anlaufen (*acc*). **47.** *bes. hist.* zur Heilung (**for** *gen*) die Hand auflegen.

Verbindungen mit Adverbien:

touch| down *v/i* **1.** *American Football, Rugby*: e-n Versuch erzielen *od.* legen. **2.** *aer.* aufsetzen. **~ off** *v/t* **1.** *e-e Skizze* (rasch) entwerfen. **2.** (flüchtig) skizˈzieren. **3.** *e-e Explosion etc, fig. e-e Krise etc* auslösen, *fig. e-n Proteststurm etc* entfachen. **~ up** *v/t* **1.** a) verbessern, vervollkommnen, ausfeilen, b) auffrischen (*a. fig. das Gedächtnis*), ˈaufpoˌlieren. **2.** *phot.* retuˈschieren. **3.** *j-m* e-n aufmunternden Klaps geben. **4.** *Br. colloq. j-n* ‚befummeln', ‚betatschen'.

touch| and go *s* **1.** rasches Hin u. Her. **2.** *fig.* a) risˈkante Sache, b) preˈkäre Situatiˈon: **it was ~** es hing an e-m Haar, es stand auf des Messers Schneide. ˌ**~-and-ˈgo** *adj* **1.** flüchtig, oberflächlich: **~ dialogue**; **~ landing** *aer.* Aufsetz- u. Durchstartlandung *f.* **2.** a) risˈkant, b) preˈkär. **~ bod·y**, *a.* **~ cor·pus·cle** *s anat.* Tastkörperchen *n.* **~ danc·ing** *s* Tanzen *n* mit ˈKörperkonˌtakt. ˈ**~down** *s* **1.** *American Football, Rugby*: Versuch *m.* **2.** *aer.* Aufsetzen *n.*

tou·ché [tuːˈʃeɪ] *interj* **1.** *fenc.* getroffen!, Treffer! **2.** *fig.* eins zu null für dich!

touch| foot·ball *s sport Form des American Football, bei der der Gegner nur berührt, nicht aber zu Fall gebracht wird.* ˈ**~-hole** *s hist.* Zündloch *n.*

touch·i·ness [ˈtʌtʃɪnɪs] *s* Empfindlichkeit *f.*

ˈ**touch·ing I** *adj* (*adv* **~ly**) *fig.* rührend, ergreifend. **II** *a.* **as ~** *prep obs.* betreffend, was ... betrifft.

ˌ**touch|-in-ˈgoal line** *s Rugby*: Malmarklinie *f.* **~ judge** *s Rugby*: Seitenrichter *m.* ˈ**~line** *s sport* a) Seitenlinie *f*, b) *Rugby*: Marklinie *f.* ˈ**~-me-ˌnot** *s* **1.** *bot.* Springkraut *n*, *bes.* a) Rührmichnichtan *n*, b) ˈGartenbalsaˌmine *f.* **2.** *colloq.* ‚Blümlein *n* Rührmichnichtan' (*Mädchen*). **~ pa·per** *s* ˈZündpaˌpier *n.* ˈ**~stone** *s* **1.** *min.* Proˈbierstein *m.* **2.** *fig.* Prüfstein *m.* **~ sys·tem** *s* Zehnˈfingersyˌstem *n* (*auf der Schreibmaschine*). **~ tel·e·phone** *s* ˈTastenteleˌfon *n.* ˈ**~-type** *v/i* blindschreiben. ˈ**~-up** *s* Verbesserung *f*, *phot.* Reˈtusche *f*: **to give s.th. a ~** → **touch up** 1 *u.* 2. ˈ**~wood** *s* **1.** Zunder(holz *n*) *m.* **2.** *bot.* Feuerschwamm *m.*

touch·y [ˈtʌtʃɪ] *adj* (*adv* **touchily**) **1.** (ˈüber)empfindlich, reizbar, leichtgekränkt. **2.** a) risˈkant, gefährlich, b) heikel, ‚kitzlig': **a ~ subject**. **3.** *med.* (druck)empfindlich.

tough [tʌf] **I** *adj* (*adv* **~ly**) **1.** zäh: a) hart, ˈwiderstandsfähig, b) zähflüssig: **~ meat** zähes Fleisch; *the meat was* (**as**) **~ as leather** (*od. colloq.* **an old boot**) zäh wie Leder. **2.** zäh, roˈbust, stark: **~ body** (**man, animal**, *etc*). **3.** zäh, hartnäckig: **~ fight** (**resistance**, *etc*). **4.** *fig.* schwierig, unangenehm: **a ~ fellow** (**job, problem**, *etc*); **a ~ winter** ein harter Winter; **it was ~ going** *colloq.* es war ein hartes Stück Arbeit; **~ luck** *bes. Am. colloq.* Pech *n.* **5.** *colloq.* ‚eklig', grob: **he is a ~ customer** mit ihm ist nicht gut Kirschen essen; **a ~ foreign policy** e-e harte *od.* aggressive Außenpolitik; **to get ~ with s.o.** a) j-m gegenüber massiv werden, b) gegen j-n hart durchgreifen. **6.** rowdyhaft, bruˈtal, übel, Schläger..., Verbrecher...: **~ guy** → 8; **a ~ neighbo(u)rhood** e-e üble *od.* verrufene Gegend. **7.** übel, schlimm, ‚bös': **in a ~ spot** übel dran; **if things get ~** wenn es ‚mulmig' wird. **II** *s* **8.** Rowdy *m*, Raˈbauke *m*, Schläger(typ) *m*, ‚übler Kunde'. ˈ**tough·en** *v/t u. v/i* zäh(er) *etc* machen *od.* werden. ˈ**tough·ie** [-ɪ] *s bes. Am. colloq.* **1.** ‚harte Nuß', schwierige Sache. **2.** → **tough** 8. ˌ**tough-ˈmind·ed** *adj bes. Am.* **1.** reaˈlistisch (denkend). **2.** unbeugsam, hart. ˈ**tough·ness** *s* **1.** Zähigkeit *f*, Härte *f* (*beide a. fig.*). **2.** Zähflüssigkeit *f.* **3.** Roˈbustheit *f.* **4.** Hartnäckigkeit *f.* **5.** Schwierigkeit *f.* **6.** Brutaliˈtät *f.*

tou·pee [ˈtuːpeɪ; *Am.* tuːˈpeɪ] *s* Touˈpet *n* (*Haarersatzstück*).

tou·pet → **toupee**.

tour [tʊə(r)] **I** *s* **1.** Tour *f* (**of** durch): a) (Rund)Reise *f*, (-)Fahrt *f*: **on (a) ~** auf Reisen, b) Ausflug *m*, Wanderung *f*, Fahrt *f*: → **conduct**[1] 6. **2.** Rundgang *m* (**of** durch): **~ of inspection** Besichtigungsrundgang, -rundfahrt *f.* **3.** *thea. etc* Tourˈnee *f* (*a. sport*), Gastspielreise *f* (**of** durch): **to go on ~** auf Tournee gehen. **4.** Runde *f*, Schicht *f*: **three ~s a day** drei Schichten täglich. **5.** *mil.* (turnusmäßige) Dienstzeit. **II** *v/t* **6.** bereisen, durchˈreisen: **to ~ France**. **7.** *thea. etc* **to ~ a country** in e-m Land auf Tournee gehen (*a. sport*); **to ~ a play** mit e-m Stück auf Tournee gehen. **III** *v/i* **8.** reisen, e-e Reise *od.* Tour machen (**through, about** durch). **9.** *thea. etc* e-e

Gastspielreise *od.* (*a. sport*) e-e Tour'nee machen.
tour·bil·lion [ˌtʊə(r)'bɪljən] *s* **1.** Tourbilli'on *m* (*Feuerwerksrakete*). **2.** Wirbelwind *m.*
tour com·pa·ny *s* Reiseveranstalter *m.*
tour de force [ˌtʊə(r)də'fɔː(r)s; *Am. a.* -'fəʊərs] *s* **1.** Gewaltakt *m.* **2.** Glanzleistung *f.*
'**tour·er** *s mot.* Tourenwagen *m.*
'**tour·ing** *adj* Touren..., Reise...: ~ **car** *mot. bes. Am.* Tourenwagen *m*; ~ **company** *thea.* Wanderbühne *f*; ~ **exhibition** Wanderausstellung *f.*
tour·ism ['tʊərɪzəm] *s* **1.** Reise-, Fremdenverkehr *m*, Tou'rismus *m.* **2.** Fremdenverkehrswesen *n*, Tou'ristik *f.*
'**tour·ist I** *s* **1.** (Ferien-, Vergnügungs-) Reisende(r *m*) *f*, Tou'rist(in). **2.** *sport* Mitglied *n* e-r Mannschaft auf Tour'nee. **II** *adj* **3.** Reise..., Fremden(verkehrs)..., Touristen...: ~ **agency** (*od.* **bureau, office**) a) Reisebüro *n*, b) Verkehrsamt *n*, -verein *m*; ~ **attraction** Touristenattraktion *f*; ~ **bicycle** Tourenrad *n*; ~ **class** Touristenklasse *f*; ~ **country** Urlaubsland *n*; ~ **industry** Fremdenindustrie *f*; ~ **ticket** Rundreisekarte *f*; ~ **trap** Touristenfalle *f.* '**tour·ist·y** *adj colloq.*, *oft contp.* **1.** für Tou'risten: ~ **souvenirs. 2.** a ~ **place** a) ein auf Tourismus getrimmter Ort, b) ein von Touristen überlaufener Ort.
tour·ma·line ['tʊə(r)məliːn; *Am. a.* -lɪn], *a.* '**tour·ma·lin** [-lɪn] *s min.* Turma'lin *m.*
tour·na·ment ['tʊə(r)nəmənt] *s* **1.** (*Schach-, Tennis- etc*)Tur'nier *n*. **2.** *hist.* ('Ritter)Turˌnier *n.*
tour·ne·dos ['tʊənədəʊ; *Am.* ˌtʊrnə'dəʊ; turnədo] (*Fr.*) *s gastr.* Tourne'dos *n.*
tour·ney ['tʊə(r)nɪ] *bes. hist.* **I** *s* Tur'nier *n.* **II** *v/i* tur'nieren, an e-m Tur'nier teilnehmen.
tour·ni·quet ['tʊə(r)nɪkeɪ; *Am.* -kət] *s med.* Tourni'quet *n*, Aderpresse *f.*
tour op·er·a·tor *s* Reiseveranstalter *m.*
tou·sle ['taʊzl] *v/t das Haar etc* (zer)zausen, verwuscheln.
tout [taʊt] *colloq.* **I** *v/i* **1.** (*bes.* aufdringliche Kunden-, Stimmen)Werbung treiben (**for** für). **2.** *Pferderennen*: a) *bes. Br.* sich (*durch Spionieren*) gute Renntips verschaffen, b) Wettips geben *od.* verkaufen. **II** *v/t* **3.** aufdringliche Werbung treiben für. **4.** (*durch aufdringliche Werbung*) belästigen. **5.** *Pferderennen*: a) *bes. Br.* (*durch Spionieren*) Informati'onen erlangen über (*acc*), b) *j-m* Wettips geben *od.* verkaufen. **III** *s* **6.** Kundenwerber *m*, (-)Schlepper *m.* **7.** a) *bes. Br.* ‚Spi'on' *m* (*beim Pferdetraining*), b) Tipgeber *m.* **8. to be on the** ~ **for** Ausschau halten nach. **9.** (Karten)Schwarzhändler *m.*
tout en·sem·ble [tutɑ̃sɑ̃bl] (*Fr.*) *s art* Gesamteindruck *m*, -wirkung *f.*
'**tout·er** → tout 6.
tou·zle → tousle.
to·va·rich, to·va·risch [tə'vɑːrɪʃ] (*Russ.*) *s* Genosse *m*, To'warischtsch *m.*
tow¹ [təʊ] **I** *s* **1.** Schleppen *n*, Schlepparbeit *f*: **to have in** ~ im Schlepptau haben (*a. fig.*); **to take** ~ sich schleppen lassen; **to take in(to)** ~ *bes. fig.* ins Schlepptau nehmen. **2.** *bes. mar.* Schleppzug *m.* **II** *v/t* **3.** (ab)schleppen, ins Schlepptau nehmen: **to** ~ **away** *falsch geparktes Fahrzeug* abschleppen; ~**ed flight (target)** *aer.* Schleppflug *m* (-ziel *n*). **4.** *ein Schiff* treideln. **5.** hinter sich 'herziehen, ab-, mitschleppen, bug'sieren.
tow² [təʊ] *s* **1.** (Schwing)Werg *n.* **2.** Werggarn *n.* **3.** Packleinwand *f.*
tow·age ['təʊɪdʒ] *s* **1.** Schleppen *n*, Bug'sieren *n.* **2.** Treideln *n.* **3.** (Ab)Schleppgebühr *f.*
to·ward I *prep* [tə'wɔːd; tʊ-; tɔːd; *Am.* 'təʊərd; 'tɔː-] **1.** auf (*acc*) ... zu, gegen *od.* zu ... hin, nach ... zu, zu: ~ **the house. 2.** nach ... zu, in der Richtung u. Nähe von: **he lives** ~ **Birmingham. 3.** (*zeitlich*) gegen: ~ **noon. 4.** gegen'über (*dat*): **his friendly attitude** ~ **us. 5.** (*als Beitrag*) zu, um *e-r Sache* (willen), zum Zwecke (*gen*): **efforts** ~ **reconciliation** Bemühungen um e-e Versöhnung. **II** *adj* ['təʊə(r)d; *Am. a.* 'tɔː-; tɔːrd] **6.** *obs.* fügsam. **7.** *obs. od. Am.* vielversprechend. **8.** *pred selten* im Gange, am Werk. **9.** *obs.* bevorstehend. **to·ward·ly** ['təʊə(r)dlɪ; *Am. a.* 'tɔː-] *adj obs.* **1.** → toward 6 *u.* 7. **2.** günstig, rechtzeitig.
to·wards [tə'wɔːdz; tʊ-; tɔːdz; *Am.* 'təʊərdz; 'tɔː-] *bes. Br. für* **toward** I.
'**tow|·aˌway** *Am.* **I** *s* Abschleppen *n* (*e-s falsch geparkten Fahrzeugs*). **II** *adj* Abschlepp...: ~ **charges**; ~ **zone.** '~**·bar** *s mot.* **1.** Abschleppstange *f.* **2.** Anhängerkupplung *f.* '~**·boat** *s* Schleppschiff *n*, Schlepper *m.* ~ **car** *s mot. Am.* Abschleppwagen *m.*
tow·el ['taʊəl] **I** *s* Handtuch *n*: **to throw in the** ~ (*Boxen*) das Handtuch werfen (*a. fig. sich geschlagen geben*); **oaken** ~ *sl. obs.* Knüttel *m.* **II** *v/t pret u. pp* **-eled,** *bes. Br.* **-elled** (mit e-m Handtuch) (ab)trocknen *od.* (ab)reiben. ~ **dis·pens·er** *s* 'Handtuchautoˌmat *m.* ~ **horse** *s* Handtuchständer *m.* ~ **rack** → **towel horse.** ~ **rail** *s* Handtuchhalter *m.*
'**tow·el·(l)ing** *s* **1.** Frot'tee *n, m.* **2.** Abreibung *f.*
tow·er¹ ['taʊə(r)] **I** *s* **1.** Turm *m*: ~ **of Babel** *Bibl.* Turm von Babel; ~ **block** *Br.* (Büro-, Wohn)Hochhaus *n.* **2.** Feste *f*, Bollwerk *n*: ~ **of strength** *fig.* Stütze *f*, Säule *f.* **3.** Zwinger *m*, Festung *f* (*Gefängnis*): **the T**~ **(of London)** der (Londoner) Tower. **4.** *chem.* Turm *m* (*Reinigungs- od. Absorptionsanlage*). **II** *v/i* **5.** (hoch)ragen, sich em'portürmen (**to** zu): **to** ~ **above** *etwas od. j-n* überragen (*a. fig. turmhoch überlegen sein* [*dat*]). **6.** *hunt.* senkrecht hochschießen (*Falke etc*).
tow·er² ['təʊə(r)] *s mar.* Treidler *m*, Schlepper *m* (*vom Land aus*).
tow·ered ['taʊə(r)d] *adj* (hoch)getürmt.
'**tow·er·ing** *adj* **1.** turmhoch (aufragend), hoch-, aufragend. **2.** gewaltig, maßlos: ~ **ambition**; **in a** ~ **rage** rasend vor Wut.
'**tow·head** *s* **1.** Flachshaar *n.* **2.** Flachskopf *m* (*Person*).
tow·ing ['təʊɪŋ] *adj* (Ab)Schlepp...: ~ **cable** Abschleppseil *n*; ~ **line** → towline. ~ **net** → townet. ~ **path** → towpath.
'**tow·line** *s* **1.** Abschleppseil *n.* **2.** *mar.* Treidelleine *f*, Schlepptau *n.*
town [taʊn] *s* **1.** Stadt *f* (*unter dem Rang e-r* **city**). **2.** *meist* **the** ~ die Stadt: a) die Stadtbevölkerung, b) das Stadtleben; → **paint** 5. **3.** *oft* **market** ~ Marktflecken *m.* **4.** *bes. Am.* Stadt- *od.* Landgemeinde *f* (*als Verwaltungseinheit*). **5.** *collect.* Bürger(schaft *f*) *pl* (*e-r Universitätsstadt*): ~ **and gown** Bürgerschaft u. Studentenschaft. **6.** (*ohne art*) die (nächste) Stadt (*vom Sprecher aus gesehen*): **to** ~ nach der *od.* in die Stadt, *Br. bes.* nach London; **out of** ~ nicht in der Stadt, auswärts, *Br. bes.* nicht in London; **to go to** ~ *colloq.* sich ins Zeug legen (**on** bei); **to be (out) on the** ~ *colloq.* ‚auf den Putz hauen', ‚einen draufmachen'. ~ **ball** *s Am.* Schlagballspiel *n.* '~**·bred** *adj* in der Stadt aufgewachsen. ~ **car** *s viertüriger Personenwagen mit separatem, durch eine Glasscheibe vom Fahrersitz getrennten Fahrgastraum.* ~ **cen·tre** *s Br.* Innenstadt *f*, City *f.* ~ **clerk** *s* **1.** *Br.* a) städtischer Verwaltungsbeamter, b) *hist.* ('Ober)Stadtdiˌrektor *m.* **2.** *Am.* Gemeindeverwaltungsbeamte(r) *m.* ~ **coun·cil** *s* **1.** *Br.* Stadtrat *m.* **2.** *Am.* Gemeinderat *m.* ~ **coun·cil·(l)or** *s* **1.** *Br.* Stadtrat(smitglied *n*) *m.* **2.** *Am.* Gemeinderat(smitglied *n*) *m.* ~ **cri·er** *s hist.* Ausrufer *m.*
town·ee [taʊ'niː] *s colloq.*, *oft contp.* **1.** Städter *m*, Stadtmensch *m.* **2.** *Br. Bewohner e-r Universitätsstadt, der nichts mit der Universität zu tun hat.*
'**tow·net** *s* Zug-, Schleppnetz *n.*
town| gas *s chem.* Stadtgas *n.* ~ **hall** *s* Rathaus *n.* ~ **house** *s* **1.** Stadthaus *n*, Haus in der Stadt. **2.** *Am.* Reihenhaus *n.*
town·i·fy ['taʊnɪfaɪ] *v/t* verstädtern.
town| ma·jor *s mil. Br. hist.* 'Stadtkomanˌdant *m.* ~ **meet·ing** *s pol. Am.* Gemeindeversammlung *f.* ~ **plan·ning** *s* Städte-, Stadtplanung *f*, städtebauliche Planung. ~**·scape** ['taʊnskeɪp] *s* **1.** Stadtbild *n.* **2.** *art* Stadtansicht *f.*
'**towns·folk** *s pl* Städter *pl*, Stadtbevölkerung *f.*
town·ship ['taʊnʃɪp] *s* **1.** *hist.* (Dorf-, Stadt)Gemeinde *f od.* (-)Gebiet *n.* **2.** *Am.* Verwaltungsbezirk *m.* **3.** *surv. Am.* 6 Qua'dratmeilen großes Gebiet.
'**towns|·man** [-mən] *s irr* **1.** Städter *m*, Stadtbewohner *m.* **2.** *a.* **fellow** ~ Mitbürger *m.* '~**·peo·ple** → townsfolk. '~**·ˌwom·an** *s irr* **1.** Städterin *f*, Stadtbewohnerin *f.* **2.** *a.* **fellow** ~ Mitbürgerin *f.*
'**tow|·path** *s* Treidelpfad *m.* '~**·rope** → towline. ~ **truck** → tow car.
tow·y ['təʊɪ] *adj* **1.** aus Werg. **2.** wergartig, Werg...
tox·(a)e·mi·a [tɒk'siːmɪə; *Am.* tɑk-] *s med.* Tox(ik)ä'mie *f*, Blutvergiftung *f.*
tox'(a)e·mic [-mɪk] *adj med.* tox'ämisch, Blutvergiftungs...
tox·ic ['tɒksɪk; *Am.* 'tɑk-] **I** *adj* (*adv* ~**ally**) giftig, toxisch, Gift...: ~ **waste** Giftmüll *m.* **II** *s* Gift(stoff *m*) *n.*
tox·i·cant ['tɒksɪkənt; *Am.* 'tɑk-] → toxic.
tox·ic·i·ty [tɒk'sɪsətɪ; *Am.* tɑk-] *s med.* Toxizi'tät *f*, Giftigkeit *f.*
tox·i·co·log·i·cal [ˌtɒksɪkə'lɒdʒɪkl; *Am.* ˌtɑksɪkə'lɑ-] *adj* (*adv* ~**ly**) *med.* toxiko'logisch. ˌ**tox·i'col·o·gist** [-'kɒlədʒɪst; *Am.* -'kɑ-] *s* Toxiko'loge *m.* ˌ**tox·i'col·o·gy** [-dʒɪ] *s* Toxikolo'gie *f*, Giftkunde *f.*
tox·in ['tɒksɪn; *Am.* 'tɑk-] *s med.* To'xin *n*, Gift(stoff *m*) *n.* '~**·ˌan·ti'tox·in** *s* 'GegentoˌXin *n.*
tox·oid ['tɒksɔɪd; *Am.* 'tɑk-] *s med.* **1.** (Ehrlichsches) Toxo'id. **2.** Im'munstoff *m.*
tox·oph·i·lite [tɒk'sɒfɪlaɪt; *Am.* tɑk'sɑfəˌ-] *s* (guter *od.* begeisterter) Bogenschütze.
toy [tɔɪ] **I** *s* **1.** (Kinder)Spielzeug *n* (*a. fig.*), *pl a.* Spielsachen *pl*, -waren *pl.* **2.** *fig.* Spiele'rei *f.* **3.** *obs.* Liebe'lei *f.* **II** *v/i* **4.** (**with**) spielen (mit *e-m Gegenstand*), *fig. a.* liebäugeln (mit *e-m Gedanken etc*). **III** *adj* **5.** Spiel(zeug)..., Kinder...: ~ **book** Bilderbuch *n*; ~ **train** Miniatur-, Kindereisenbahn *f.* **6.** Zwerg...: ~ **dog** Schoßhund *m*; ~ **spaniel** Zwergspaniel *m.* ~ **box** *s* Spielzeugschachtel *f.* '~**·like** *adj* winzig, spielzeugartig. '~**·man** [-mən] *s irr* 'Spielwarenhändler *m od.* -ˌhersteller *m.* '~**·shop** *s* Spielwarengeschäft *n*, -handlung *f.*
tra·be·at·ed ['treɪbɪeɪtɪd], *a.* '**tra·be·ate** [-ət; -eɪt] *adj arch.* aus Horizon'talbalken konstru'iert. ˌ**tra·be'a·tion** *s arch.* Säulengebälk *n.*
tra·bec·u·la [trə'bekjʊlə] *pl* **-lae** [-liː] *s*

1. *anat.* Traˈbekel *f*, Bälkchen *n.* **2.** *bot.* Zellbalken *m.*

trace[1] [treɪs] **I** *s* **1.** (Fuß-, Wagen-, Wild- *etc*)Spur *f*: **to be on s.o.'s ~** j-m auf der Spur sein; **to be hot on s.o.'s ~** j-m dicht auf den Fersen sein; **without a ~** spurlos. **2.** *fig.* Spur *f*: a) (ˈÜber)Rest *m*: **~s of an ancient civilization**, b) (An)Zeichen *n*: **~s of fatigue; to leave its ~s (up)on** s-e Spuren hinterlassen auf (*e-m Gesicht etc*), c) geringe Menge, (*ein*) bißchen: **a ~ of salt; not a ~ of fear** keine Spur von Angst; **a ~ of a smile** ein fast unmerkliches Lächeln, der Anflug e-s Lächelns. **3.** *Am.* Pfad *m*, (marˈkierter) Weg. **4.** Linie *f*: a) Aufzeichnung *f* (*e-s Meßgeräts*), Kurve *f*, b) Zeichnung *f*, Skizze *f*, c) Pauszeichnung *f*, d) *bes. mil.* Grundriß *m.* **5.** a) *electr.*, *a. mil.* Leuchtspur *f*: **~ of a cathode-ray tube**, b) *Radar*: (Bild)Spur *f.* **II** *v/t* **6.** *j-m od. e-r Sache* nachspüren, *j-s* Spur folgen. **7.** *Wild, Verbrecher etc* verfolgen, aufspüren. **8.** *a.* **~ out** *j-n od. etwas* ausfindig machen *od.* aufspüren, *etwas* auf- *od.* herˈausfinden. **9.** *fig. e-r Entwicklung etc* nachgehen, *etwas* verfolgen, erforschen: **to ~ s.th. to** etwas zurückführen auf (*acc*) *od.* herleiten von; **to ~ s.th. back** etwas zurückverfolgen (**to** bis zu). **10.** erkennen, feststellen. **11.** *e-n Pfad* verfolgen. **12.** *a.* **~ out** (auf)zeichnen, skizˈzieren, entwerfen. **13.** *Buchstaben* sorgfältig (aus)ziehen, schreiben, malen. **14.** *tech.* a) *a.* **~ over** koˈpieren, (ˈdurch)pausen, b) *e-e Linie, die Bauflucht etc* abstecken, c) *e-e Messung* aufzeichnen: **~d chart** (*od.* **map**) Planpause *f.* **III** *v/i* **15.** *a.* **~ back** zuˈrückgehen *od.* sich zuˈrückverfolgen lassen bis (**to** zu *od.* in *acc*).

trace[2] [treɪs] *s* **1.** Zugriemen *m*, Strang *m* (*am Pferdegeschirr*): **in the ~s** angespannt (*a. fig.*); **to kick over the ~s** *colloq.* über die Stränge schlagen. **2.** *tech.* Pleuel-, Schubstange *f.*

trace·a·ble [ˈtreɪsəbl] *adj* (*adv* **traceably**) **1.** aufspür-, nachweis-, auffindbar. **2.** zuˈrückzuführen(d) (**to** auf *acc*): **to be ~ to** → **trace**[1] 15.

trace| el·e·ment *s chem.* ˈSpureneleˌment *n.* **~ horse** *s* Zugpferd *n.*

ˈtrac·er *s* **1.** Aufspürer(in). **2.** *mail. rail. etc Am.* Such-, Laufzettel *m.* **3.** a) (*technischer*) Zeichner, b) ˈDurchzeichner *m*, Pauser *m.* **4.** *Schneiderei*: Koˈpierrädchen *n.* **5.** *tech.* Punzen *m.* **6.** *chem. med. phys.* (ˈRadio-, Isoˈtopen)Indiˌkator *m*, ˈLeitisoˌtop *n.* **7.** *electr. tech.* Taster *m.* **8.** *mil.* a) *meist* **~ bullet** (*od.* **shell**) Leuchtspur-, Rauchspurengeschoß *n*, b) *meist* **~ composition** Leuchtspursatz *m.*

trac·er·ied [ˈtreɪsərɪd] *adj arch.* mit Maßwerk (versehen).

trac·er·y [ˈtreɪsərɪ] *s* **1.** *arch.* Maßwerk *n* (*an gotischen Fenstern*). **2.** Flechtwerk *n.*

tra·che·a [trəˈkiːə; *Am.* ˈtreɪkiːə] *pl* **tra·che·ae** [trəˈkiːiː; *Am.* ˈtreɪkiːˌiː; -ˌaɪ] *s* **1.** *anat.* Traˈchea *f*, Luftröhre *f.* **2.** Traˈchee *f*: a) *zo.* ˈLuftkaˌnal *m*, b) *bot.* Gefäß *n.*

tra·che·al [trəˈkiːəl; *Am.* ˈtreɪkiːəl] *adj* **1.** *anat.* Luftröhren... **2.** *zo.* Tracheen... **3.** *bot.* Gefäß...

tra·che·ate [trəˈkiːɪt; *Am.* ˈtreɪkiːˌeɪt; -ət] *zo.* **I** *adj* mit Traˈcheen (versehen). **II** *s* Traˈcheentier *n.*

tra·che·i·tis [ˌtrækɪˈaɪtɪs; *Am.* ˌtreɪ-] *s med.* Tracheˈitis *f*, Luftröhrenentzündung *f.*

tra·che·ot·o·my [ˌtrækɪˈɒtəmɪ; *Am.* ˌtreɪkiːˈɑ-] *s med.* Tracheotoˈmie *f*, Luftröhrenschnitt *m.*

tra·cho·ma [trəˈkəʊmə] *s med.* Traˈchom *n*, Granuˈlose *f* (*der Bindehaut*).

tra·chyte [ˈtrækaɪt; ˈtreɪ-] *s geol.* Traˈchyt *m.*

ˈtrac·ing *s* **1.** Suchen *n*, Nachforschung *f.* **2.** *tech.* a) (Auf)Zeichnen *n*, b) ˈDurchpausen *n.* **3.** *tech.* a) Zeichnung *f*, (Auf-)Riß *m*, Plan *m*, b) Pause *f*, Koˈpie *f*: **to make a ~ of** (durch)pausen. **4.** Aufzeichnung *f* (*e-s Kardiographen etc*). **~ cloth** *s* Pausleinen *n.* **~ file** *s* ˈSuchkarˌtei *f.* **~ lin·en** → **tracing cloth.** **~ op·er·a·tion** *s* Fahndung *f.* **~ pa·per** *s* ˈPauspaˌpier *n.* **~ ser·vice** *s* Suchdienst *m.* **~ wheel** → **tracer** 4.

track [træk] **I** *s* **1.** (*Fuß-, Ski-, Wagen-, Wild- etc*)Spur *f*, Fährte *f* (*beide a. fig.*): **the ~ of my thoughts** mein Gedankengang; **to be on s.o.'s ~** j-m auf der Spur sein; **to be hot on s.o.'s ~s** j-m dicht auf den Fersen sein; **to be on the right ~** *fig.* auf der richtigen Spur *od.* auf dem richtigen Weg sein; **to be on the wrong ~, to be off the ~** *fig.* auf der falschen Spur *od.* auf dem falschen Weg *od.* auf dem Holzweg sein; **to cover up one's ~s** s-e Spur(en) verwischen; **to make ~s** *colloq.* a) ‚sich auf die Socken machen', b) ‚abhauen', verschwinden; **to make ~s for home** *colloq.* sich auf den Heimweg machen; **to keep ~ of** *fig. etwas* verfolgen, sich auf dem laufenden halten über (*acc*); **to lose ~ of** aus den Augen verlieren; **to put** (*od.* **throw**) **s.o. off the ~** j-n von der (richtigen) Spur ablenken; **to shoot s.o. in his ~s** j-n auf der Stelle niederschießen; **to stop in one's ~s** *Am.* abrupt stehenbleiben; → **beaten** 5. **2.** *rail.* Gleis *n*, Geleise *n u. pl*, Schienenstrang *m*: **off the ~** entgleist, aus den Schienen; **on ~** *econ.* auf der Achse, rollend; **he was born on the wrong side of the ~** *Am.* er stammt aus ärmlichen Verhältnissen. **3.** a) *mar.* Fahrwasser *n*, Seegatt *n*, b) *aer.* Kurs *m* über Grund. **4.** *mar.* (*übliche*) Route: **North Atlantic ~.** **5.** Pfad *m*, Weg *m* (*beide a. fig.*). **6.** Bahn *f*: **~ of a comet (storm, bullet, etc)**; **(clear the) ~!** Bahn frei! **7.** *sport* a) (Renn-, Lauf)Bahn *f*, b) *meist* **~ events** ˈLaufdisziˌplinen *pl*, c) *a.* **~-and-field sports** ˈLeichtathˌletik *f.* **8.** *Computer, Tonband*: Spur *f.* **9.** Stück *n*, Nummer *f* (*e-r Langspielplatte etc*). **10.** *phys.* Bahnspur *f.* **11.** *mot.* a) Spurweite *f*, b) ˈReifenproˌfil *n.* **12.** (Gleis-, Raupen-) Kette *f* (*e-s Traktors etc*). **13.** *ped. Am.* Leistungsgruppe *f* (*innerhalb e-r Klasse*). **II** *v/t* **14.** nachgehen, -spüren (*dat*), verfolgen (**to** bis). **15.** **~ down** aufspüren, zur Strecke bringen: **to ~ down a deer (a criminal).** **16.** *a.* **~ out** aufspüren, ausfindig machen. **17.** *e-n Weg* kennzeichnen. **18.** durchˈqueren: **to ~ a desert.** **19.** *a.* **~ up** *Am.* Schmutzspuren hinterˈlassen auf (*dat*). **20.** *rail. Am.* Gleise verlegen in (*dat*). **21.** *mot. tech.* mit Raupenketten versehen: **~ed vehicle** Ketten-, Raupenfahrzeug *n.* **22.** *ped. Am. e-e Klasse* in Leistungsgruppen einteilen. **III** *v/i* **23.** *tech.* in der Spur bleiben (*Räder, Saphirnadel etc*), Spur halten. **24.** *Film*: (mit der Kamera) fahren: **to ~ in on** heranfahren an (*acc*).

track·age [ˈtrækɪdʒ] *s rail. Am.* **1.** Schienen *pl.* **2.** Schienenlänge *f.* **3.** Streckenbenutzungsrecht *n od.* -gebühr *f.*

ˌtrack-and-ˈfield *adj sport* Leichtathletik...; → **track** 7 c.

ˈtrack·er *s* **1.** Spurenleser *m.* **2.** ‚Spürhund' *m* (*Person*). **3.** *mil.* Zielgeber *m* (*Gerät*). **~ dog** *s* Spürhund *m.*

ˈtrack·ing I *s ped. Am.* Einteilung *f* in Leistungsgruppen. **II** *adj* (ge)führig (*Schnee*). **~ screen** *s Radar etc*: (Ziel-) Verfolgungsmonitor *m*, -bildschirm *m.* **~ sta·tion** *s Raumfahrt*: ˈBodenstatiˌon *f.*

ˈtrackˌlay·er *s* **1.** *rail Am.* Streckenarbeiter *m.* **2.** Raupenschlepper *m*, -fahrzeug *n.*

ˈtrack·less *adj* (*adv* **~ly**) **1.** unbetreten. **2.** weg-, pfadlos. **3.** schienenlos. **4.** spurlos.

track| meet *s Am.* ˈLeichtathˌletikveranstaltung *f.* **~ race** *s Radsport*: Bahnrennen *n.* **~ rec·ord** *s* **1.** *sport* ˈBahnreˌkord *m.* **2.** *fig. colloq.* a) (erworbene) Kenntnisse *pl*, b) (erzielte) Leistungen *pl.* **~ rid·er** *s Radsport*: Bahnfahrer(in). **~ rod** *s mot.* Spurstange *f.* **~ shoe** *s sport* Rennschuh *m.*

track·ster [ˈtrækstər] *s mot. Am.* ‚friˈsierter' Speziˈalrennwagen (mit Bremsfallschirm) für $^1/_4$ Meile.

ˈtrack|-suit *s sport* Trainingsanzug *m.* **~ walk·ing** *s Leichtathletik*: Bahngehen *n.*

tract[1] [trækt] *s* **1.** (ausgedehnte) Fläche, Strecke *f*, (Land)Strich *m*, Gegend *f*, Gebiet *n.* **2.** *anat.* Trakt *m*, (Verˈdauungs- *etc*)Syˌstem *n.* **3.** *physiol.* (Nerven)Strang *m*: **optic ~** Sehstrang. **4.** Zeitraum *m*, -spanne *f.*

tract[2] [trækt] *s bes. relig.* Trakˈtat *m*, *n*, kurze Abhandlung, *contp.* Trakˈtätchen *n.*

trac·ta·bil·i·ty [ˌtræktəˈbɪlətɪ] *s* **1.** Lenkbarkeit *f.* **2.** Gefügigkeit *f.* **ˈtrac·ta·ble** *adj* (*adv* **tractably**) **1.** lenkbar, folg-, fügsam. **2.** gefügig, geschmeidig, leicht zu bearbeiten(d): **~ material.** **ˈtrac·ta·ble·ness** → **tractability.**

Trac·tar·i·an·ism [trækˈteərɪənɪzəm] *s relig.* Traktariaˈnismus *m* (*zum Katholizismus neigende Richtung in der anglikanischen Staatskirche*).

tract house *s* Einzelhaus *n* in e-r Wohnsiedlung.

trac·tion [ˈtrækʃn] *s* **1.** Ziehen *n.* **2.** *phys. tech.* a) Zug *m*: **~ engine** Zugmaschine *f*, b) Zugkraft *f*, -leistung *f.* **3.** *phys. tech.* Reibungsdruck *m.* **4.** *mot.* a) Griffigkeit *f* (*der Reifen*), b) *a.* **~ of the road** Bodenhaftung *f.* **5.** a) Fortbewegung *f*, b) Transˈport *m*, Beförderung *f*: **interurban ~** *Am.* Städtenahverkehr *m.* **6.** *physiol.* Zs.-ziehung *f* (*von Muskeln*). **7.** *med.* Streckung *f*: **~ bandage** Streckverband *m*; **in (high) ~** im Streckverband. **8.** Anziehung(skraft) *f* (*a. fig.*). **ˈtrac·tion·al** [-ʃənl] *adj*, **ˈtrac·tive** *adj* Zug...

trac·tor [ˈtræktə(r)] *s* **1.** ˈZugmaˌschine *f*, Traktor *m*, Trecker *m*, Schlepper *m.* **2.** *a.* **~ truck** *mot. Am.* Sattelschlepper *m.* **3.** *aer.* a) *a.* **~ propeller** (*od.* **airscrew**) Zugschraube *f*, b) *a.* **~ airplane** Flugzeug *n* mit Zugschraube *f.* **ˈ~-drawn** *adj* motorgezogen, motoriˈsiert. **~ plough,** *bes. Am.* **~ plow** *s* Motorpflug *m.*

trac·trix [ˈtræktrɪks] *pl* **-tri·ces** [-trɪsiːz] *s math.* Traktrix *f*, Schleppkurve *f.*

trad [træd] *colloq.* **I** *s mus.* traditioˈneller Jazz. **II** *adj* traditioˈnell.

trade [treɪd] **I** *s* **1.** *econ.* Handel *m*, (Handels)Verkehr *m.* **2.** *econ. mar.* Verkehr *m*, Fahrt *f.* **3.** *econ.* Geschäft *n*: a) Geschäftszweig *m*, Branche *f*, b) (Einzel-, Groß)Handel *m*, c) Geschäftslage *f*, -gewinn *m*: **to be in ~** *bes. Br.* Geschäftsmann *od.* (Einzel)Händler sein; **she does a good ~** sie macht gute Geschäfte; **good (bad) for ~** handelsgünstig (handelsungünstig); **we sell to the ~** Abgabe an Einzelhändler *od.* Wiederverkäufer. **4. the ~** *econ.* a) die Geschäftswelt, b) der Spirituˈosenhandel, c) die Kundschaft. **5.** Gewerbe *n*, Beruf *m*, Handwerk *n*, Branche *f*, Metiˈer *n*: **a baker by ~** Bäcker von Beruf; **every man to his ~** jeder, wie er es gelernt hat; **two of a ~ never agree** zwei vom gleichen Gewerbe sind sich niemals einig; **the ~ of war** *fig.* das Kriegshandwerk. **6.** Zunft *f*, Gilde *f.* **7.** *meist pl* → **trade wind.** **8.** *obs.*

Pfad *m*, Weg *m*. **9.** *obs.* Beschäftigung *f*, Gewohnheit *f*.

II *v/t* **10.** (aus)tauschen (**for** gegen): **to ~ places** die Plätze tauschen (**with** mit); **I wouldn't ~ places with him** *fig.* ich möchte nicht mit ihm tauschen. **11. to ~ blows** aufeinander einschlagen; **to ~ insults** sich gegenseitig Beleidigungen an den Kopf werfen. **12. ~ away** (*od.* **off**) verschachern. **13. ~ in** in Zahlung geben (**for** für).

III *v/i* **14.** a) Handel treiben, b) in Geschäftsbeziehungen stehen (**with** mit), c) handeln (**in s.th.** mit e-r Sache). **15. ~ (up)on** *etwas* ausnutzen, speku'lieren auf (*acc*). **16. ~ down (up)** *econ. Am.* billiger (teurer) einkaufen. **17.** *Am.* a) Kunde sein, (ein)kaufen (**with** bei *j-m*), b) (ein)kaufen (**at** in *e-m Laden*).

trade| ac·cept·ance *s econ.* 'Handelsak‚zept *n*. **~ ac·counts** *s pl econ. Bilanz*: **~ payable** Warenschulden *pl*; **~ receivable** Warenforderungen *pl*. **~ al·low·ance** → **trade discount**. **~ a·re·a** → **trading area**. **~ as·so·ci·a·tion** *s econ.* **1.** Wirtschaftsverband *m*. **2.** Arbeitgeber-, Unter'nehmerverband *m*. **~ bal·ance** *s econ.* 'Handelsbi‚lanz *f*. **~ bar·ri·ers** *s pl econ.* Handelsschranken *pl*. **~ bill** *s econ.* Waren-, Handelswechsel *m*. **~ cy·cle** *s econ. Br.* Konjunk'turzyklus *m*. **~ def·i·cit** → **trade gap**. **~ del·e·ga·tion** *s* 'Handelsdelegati‚on *f*. **~ di·rec·to·ry** *s* Branchen-, Firmenverzeichnis *n*, 'Handelsa‚dreßbuch *n*. **~ dis·count** *s econ.* 'Handels-, 'Händlerra‚batt *m*, Ra'batt für 'Wiederverkäufer. **~ dis·putes** *s pl econ.* Arbeitsstreitigkeiten *pl*. **~ dol·lar** *s econ. hist.* Tradedollar *m* (*Silbermünze*). **~ e·di·tion** *s* Handelsausgabe *f* (*Buch*). **~ fair** *s econ.* (Handels)Messe *f*. **~ gap** *s econ.* 'Handelsbi‚lanzdefizit *n*. **'~-in I** *s* **1.** in Zahlung gegebene Sache. **2. to get a good ~** etwas günstig in Zahlung geben (können). **II** *adj* **3. ~ value** Eintausch-, Verrechnungswert *m*. **~ jour·nal** *s* Handelsblatt *n*. **'~‚last** *s Am. colloq.* Austausch *m* von Kompli'menten aus zweiter Hand. **'~mark I** *s* **1.** Warenzeichen *n*: **registered ~** eingetragenes Warenzeichen. **2.** *fig.* Kennzeichen *n*, Stempel *m*. **II** *v/t* **3.** *econ.* a) Warenzeichen anbringen an (*dat*), b) *Zeichen od. Ware* gesetzlich schützen lassen: **~ed goods** Markenartikel. **~ mis·sion** *s pol.* 'Handelsmissi‚on *f*. **~ name** *s econ.* **1.** Markenname *m*, Handelsbezeichnung *f*. **2.** *jur.* Firmenname *m*, Firma *f*. **'~-off** *s fig.* **1.** Geschäft *n*, Handel *m*. **2.** Absprache *f*. **3.** Kompro'miß *m*: **to make a ~** e-n Kompromiß schließen. **~ pa·per** *s econ.* Warenwechsel *m*. **~ price** *s econ.* Großhandelspreis *m*.

'trad·er *s* **1.** *econ.* Händler *m*, Kaufmann *m*. **2.** *mar.* Handelsschiff *n*. **3.** *Börse*: *Am.* 'Wertpa‚pierhändler *m*.

trade| school *s econ.* Handels-, Gewerbeschule *f*. **~ se·cret** *s* Betriebs-, Geschäftsgeheimnis *n*.

'trades·folk *s pl* Geschäftsleute *pl*.

trade show *s* (geschlossene) Filmvorführung für Verleiher u. Kritiker.

'trades|·man [-mən] *s irr* **1.** *econ.* (Einzel)Händler *m*, Geschäftsmann *m*. **2.** Ladeninhaber *m*. **3.** Handwerker *m*. **'~‚peo·ple** *s pl econ.* Geschäftsleute *pl*.

trades un·ion, *etc* → **trade union**, *etc.*

trade| sym·bol *s econ.* Bild *n* (*Warenzeichen*). **~ test** *s* Fachprüfung *f* (*für Handwerker etc*).

trade| un·ion *s* Gewerkschaft *f*. **‚~-'un·ion** *adj* gewerkschaftlich, Gewerkschafts...: **~ movement**. **~ un·ion·ism** *s* Gewerkschaftswesen *n*. **~ un·ion·ist** *s* Gewerkschaftler(in).

trade wind *s* Passat(wind) *m*.

'trad·ing I *s* **1.** Handeln *n*. **2.** Handel *m* (**in s.th.** mit etwas; **with s.o.** mit j-m). **II** *adj* **3.** Handels... **4.** handeltreibend. **~ a·re·a** *s econ.* Absatz-, Verkaufsgebiet *n*. **~ com·pa·ny** *s econ.* Handelsgesellschaft *f*. **~ es·tate** *s Br.* Indu'striegebiet *n*. **~ floor** *s* Börsensaal *m*. **~ part·ner** *s econ.* Handelspartner *m*. **~ post** *s* **1.** *econ.* Handelsniederlassung *f*. **2.** *Börse*: Standplatz *m*. **~ stamp** *s econ.* Ra'battmarke *f*.

tra·di·tion [trə'dɪʃn] *s* **1.** *allg.* Traditi'on *f*: a) mündliche Über'lieferung (*a. relig.*), b) 'Herkommen *n*, (alter) Brauch, Brauchtum *n*, c) Gepflogenheit *f*, d) (Kultur- *etc*)Erbe *n*, e) *bes. art u. Literatur*: über'lieferte Grundsätze *pl*: **by ~** traditionell(erweise); **it is a ~ for s.o. to do s.th.** es ist üblich, daß j-d etwas tut; **to be in the ~** sich im Rahmen der Tradition halten; **~ has it that** es ist überliefert, daß. **2.** Über'lieferung *f*, über'lieferte Geschichte, alte Sage, alter Glaube. **3.** *jur.* Auslieferung *f*, 'Übergabe *f*. **tra'di·tion·al** [-ʃənl] *adj* (*adv* **~ly**) traditio'nell, Traditions...: a) (mündlich) über'liefert, b) 'herkömmlich, (alt)'hergebracht, üblich. **tra'di·tion·al·ism** *s bes. relig.* Traditiona'lismus *m*, Festhalten *n* an der Über'lieferung. **tra'di·tion·al·ize** *v/t* **1.** zur Traditi'on machen. **2.** mit Traditi'onen ausstatten. **tra'di·tion·ar·y** [-ʃnərɪ; *Am.* -ʃə‚neri:] → **traditional**.

tra·duce [trə'dju:s; *Am. a.* -'du:s] *v/t* verleumden.

traf·fic ['træfɪk] **I** *s* **1.** (öffentlicher, Straßen-, Schiffs-, Eisenbahn- *etc*)Verkehr. **2.** (Per'sonen-, Güter-, Nachrichten-, Fernsprech- *etc*)Verkehr *m*. **3.** a) (Handels)Verkehr *m*, Handel *m* (**in** *dat*, mit), b) ('ille‚galer) Handel: **drug~**; **~ in persons** Menschenhandel; **more than the ~ will bear** mehr als unter den vorherrschenden Umständen vertretbar ist. **4.** *fig.* a) Verkehr *m*, Geschäft(e *pl*) *n*, b) Austausch *m* (**in** von): **~ in ideas**. **5.** Besuch(erzahl *f*) *m*, Betrieb *m*, Kundenandrang *m*. **II** *v/i pret u. pp* **'traf·ficked 6.** (*a.* 'ille‚gal) handeln *od.* Handel treiben (**in** *s.th.* mit; **with** *s.o.* mit). **7.** *fig.* verhandeln (**with** mit). **III** *v/t* **8.** befahren: **a heavily ~ked highway**. **9.** im Handel 'umsetzen. **‚traf·fic·a'bil·i·ty** *s bes. Am.* **1.** *econ.* Marktfähigkeit *f*. **2.** Pas'sierbarkeit *f*. **'traf·fic·a·ble** *adj bes. Am.* **1.** *econ.* marktfähig, gängig. **2.** pas'sierbar (*Gelände etc*).

traf·fi·ca·tor ['træfɪkeɪtə] *s mot. Br.* (Fahrt)Richtungsanzeiger *m*: a) *hist.* Winker *m*, b) Blinker *m*.

traf·fic| block → **traffic jam**. **~ cha·os** *s* Verkehrschaos *n*. **~ cir·cle** *s Am.* Kreisverkehr *m*. **~ cone** *s* Py'lon *m*, Py'lone *f*, Leitkegel *m*. **~ cop** *s Am. sl.* Ver'kehrspoli‚zist *m*. **~ en·gi·neer·ing** *s* Verkehrstechnik *f*, -planung *f*. **~ is·land** *s* Verkehrsinsel *f*. **~ jam** *s* Verkehrsstokkung *f*, -stauung *f*, (Fahrzeug)Stau *m*. **'~-jammed** *adj* verstopft (*Straße*).

'traf·fick·er *s* (*a.* 'ille‚galer) Händler.

traf·fic| lane *s mot.* Spur *f*. **~ lane mark·ing** *s mot.* 'Fahrbahnmar‚kierung *f*. **~ light** *s Br. meist pl* Verkehrsampel *f*. **~ man·age·ment** *s econ.* **1.** Betriebsführung *f*. **2.** Versandleitung *f*. **~ man·ag·er** *s econ.* **1.** Be'triebsdi‚rektor *m*. **2.** Versandleiter *m*. **~ noise** *s* Verkehrslärm *m*. **~ of·fence** (*bes. Am.* **of·fense**) *s mot.* Ver'kehrsde‚likt *n*. **~ of·fend·er** *s mot.* Verkehrssünder *m*. **~ pat·tern** *s aer.* Anflugvorschriften *pl*. **~ po·lice·man** *s irr* Ver'kehrspoli‚zist *m*. **~ queue** *s bes. Br.* Fahrzeugschlange *f*. **~ reg·u·la·tions** *s pl* Verkehrsvorschriften *pl*, (Straßen)Verkehrsordnung *f*. **~ sign** *s* Verkehrszeichen *n*, -schild *n*. **~ sig·nal** → **traffic light**. **~ ward·en** *s Br.* Poli'tesse *f*.

trag·a·canth ['trægəkænθ; *Am. a.* -dʒə-] *s chem. pharm.* Tra'gant(gummi *n*, *m*) *m*.

tra·ge·di·an [trə'dʒi:djən; -ɪən] *s* **1.** Tragiker *m*, Trauerspieldichter *m*. **2.** *thea.* Tra'göde *m*, tragischer Darsteller. **tra‚ge·di'enne** [-dɪ'en] *s thea.* Tra'gödin *f*.

trag·e·dy ['trædʒɪdɪ] *s* **1.** Tra'gödie *f*: a) *thea.* Trauerspiel *n* (*a. als Kunstform*), b) *fig.* tragische *od.* erschütternde Begebenheit, c) Unglück(sfall *m*) *n*, Kata'strophe *f*. **2.** *fig.* (*das*) Tragische.

trag·ic ['trædʒɪk] *adj*; **'trag·i·cal** *adj* (*adv* **~ly**) *thea. u. fig.* tragisch: **~ event**; **~ irony**; **~ actor** Tragödie *m*; **tragically** tragischerweise.

trag·i·com·e·dy [‚trædʒɪ'kɒmɪdɪ; *Am.* -'kɑ-] *s* 'Tragiko‚mödie *f* (*a. fig.*). **‚trag·i'com·ic** *adj*; **‚trag·i'com·i·cal** *adj* (*adv* **~ly**) tragi'komisch.

trail [treɪl] **I** *v/t* **1.** (nach)schleppen, (-)schleifen, hinter sich 'herziehen: **to ~ one's coat(tails)** *fig.* provozieren, Streit suchen. **2.** verfolgen, *j-m* nachgehen, -spüren, *j-n* beschatten. **3.** e-n Pfad treten durch: **to ~ the grass**. **4.** *a.* **~ out** *Am. fig.* hin'ausziehen, in die Länge ziehen. **5.** zu'rückbleiben hinter (*dat*), *j-m* nachhinken (*a. fig.*). **6. ~ arms** *mil.* das Gewehr mit der Mündung nach vorn halten (*Gewehrkolben in Bodennähe, Lauf im Winkel von 30°*): **~ arms!** Gewehr rechts! **II** *v/i* **7.** schleifen: **her skirt ~s on the ground**. **8.** wehen, flattern. **9.** her'unterhängen. **10.** *bot.* kriechen, sich ranken: **~ing plant** → **trailer** 1. **11.** da'hinziehen (*Rauch etc*). **12.** sich (da'hin)schleppen. **13.** nachhinken (*a. fig.*), hinter'dreinzotteln. **14. ~ away** (*od.* **off**) sich verlieren (*Klang, Stimme, a. Diskussion etc*). **15.** e-r Spur nachgehen. **16.** fischen (**for** nach). **III** *s* **17.** nachgeschleppter Teil, *bes.* Schleppe *f* (*e-s Kleides*). **18.** Schweif *m*, Schwanz *m*: **the ~ of a meteor**; **~ of smoke** Rauchfahne *f*. **19.** Spur *f*: **the slimy ~ of a slug**; **~ of blood**. **20.** *hunt. u. fig.* Fährte *f*, Spur *f*: **to be on s.o.'s ~** j-m auf der Spur sein; **to be hot on s.o.'s ~** j-m dicht auf den Fersen sein; **to be off the ~** auf der falschen Spur sein; → **camp**[1] 5. **21.** (Trampel)Pfad *m*, Weg *m*: **to blaze the ~** a) den Weg markieren, b) *fig.* den Weg bahnen (**for** für), bahnbrechend sein, Pionierarbeit leisten. **22.** *aer. mil.* Rücktrift *f* (*beim Bombardieren*). **23.** *mil.* Gewehr-rechts-Haltung *f* (→ 6). **24.** *mil.* (La'fetten)Schwanz *m*.

'trail|‚blaz·er *s* **1.** Pistensucher *m*. **2.** *fig.* Bahnbrecher *m*, Pio'nier *m*. **'~‚blaz·ing** *adj fig.* bahnbrechend.

'trail·er *s* **1.** *bot.* Kriechpflanze *f*. **2.** *mot. etc* a) Anhänger *m*, b) *Am.* Wohnwagen *m*, Wohnanhänger *m*, Caravan *m*: **~ camp**, **~ court**, **~ park** Platz *m* für Wohnwagen. **3.** *tech.* Hemmstange *f*. **4.** *Film, TV*: (Pro'gramm)Vorschau *f*. **5.** Endstreifen *m* (*an e-m Film*). **trail·er·ite** ['treɪlə‚raɪt] *s Am.* Caravaner *m*.

'trail·ing| aer·i·al (*bes. Am.* **an·ten·na**) *s aer. electr.* 'Schleppan‚tenne *f*. **~ ax·le** *s mot.* nicht angetriebene Achse, Schleppachse *f*.

train [treɪn] **I** *s* **1.** *rail.* (Eisenbahn)Zug *m*: **~ journey** Bahnfahrt *f*; **~ staff** Zugpersonal *n*; **to go by ~** mit dem Zug *od.* der Bahn fahren; **to be on the ~** im Zug sein *od.* sitzen, mitfahren; **to take a ~ to** mit dem Zug fahren nach. **2.** Zug *m* (*von Personen, Wagen etc*), Kette *f*, Ko'lonne *f*: **~ of barges** Schleppzug (*Kähne*). **3.** Gefolge *n* (*a. fig.*): **~ of admirers**; **to have** (*od.* **bring**) **in its ~** *fig.* zur Folge haben, mit sich bringen. **4.** *fig.* Reihe *f*,

Folge *f*, Kette *f* (*von Ereignissen etc*): ~ **of events**; ~ **of thought** Gedankengang *m*; **in** ~ a) im Gang(e), b) bereit (**for** für); **to put in** ~ in Gang setzen. **5.** *mil. bes. hist.* Train *m*, Troß *m*. **6.** *mil.*, *a. Bergbau*: Leitfeuer *n*, Zündlinie *f*. **7.** *tech.* a) Walzwerk *n*, b) *a.* ~ **of wheels** Trieb-, Räderwerk *n*. **8.** Schleppe *f* (*am Kleid*). **9.** *astr.* (Koˈmeten)Schweif *m*. **10.** *phys.* Reihe *f*, Serie *f*: ~ **of impulses** Stromstoßreihe, -serie; ~ **of waves** Wellenzug *m*. **11.** *chem.* Gerätesatz *m*.

II *v/t* **12.** *j-n* er-, aufziehen. **13.** *bot.* a) (*bes.* am Spaˈlier) ziehen, b) wachsen lassen. **14.** *j-n* ausbilden (*a. mil.*), *a. das Auge, den Geist* schulen: → **trained**. **15.** *j-m etwas* ˈeinexerˌzieren, beibringen. **16.** *sport* traiˈnieren: **to** ~ **an athlete** (**a horse**). **17.** a) *Tiere* abrichten, dresˈsieren (**to do** zu tun), b) *Pferde* zureiten. **18.** *ein Geschütz etc* richten (**on** auf *acc*).

III *v/i* **19.** sich ausbilden (**for** zu, als), sich schulen *od.* üben: **where did you** ~? wo wurden Sie ausgebildet? **20.** *sport* traiˈnieren (**for** für). **21.** *a.* ~ **it** *colloq.* mit der Bahn fahren.

Verbindung mit Adverbien:

train| down *v/i sport* ˈabtraiˌnieren, Gewicht machen, ‚abkochen'. ~ **off** *sport* **I** *v/i* außer Form kommen. **II** *v/t Gewicht* ˈabtraiˌnieren, ‚abkochen'.

ˈtrain|·band *s hist.* Bürgerwehr *f*. **ˈ~bear·er** *s* Schleppenträger *m*. ~ **box** *s Am.* Reiseköfferchen *n*. ~ **call** *s teleph.* Zuggespräch *n*. ~ **case** → **train box**. ~ **dis·patch·er** *s rail.* Zugabfertigungsbeamte(r) *m*. ~ **driv·er** *s rail.* Lokomoˈtivführer *m*.

trained [treɪnd] *adj* **1.** (voll) ausgebildet, gelernt, geschult: ~ **men** (*od.* **personnel**) Fachkräfte, geschultes Personal. **2.** geübt, geschult: ~ **eye**; ~ **mind**. **3.** dresˈsiert: **a** ~ **dog**.

train·ee [treɪˈniː] *s* **1.** in der (Berufs-)Ausbildung Stehende(r *m*) *f*: a) Auszubildende(r *m*) *f*, b) Praktiˈkant(in), c) *Management*: Traiˈnee *m, f*. **2.** *mil. Am.* Solˈdat *m* in der Grundausbildung. ~ **nurse** *s* Lernschwester *f*.

ˈtrain·er *s* **1.** Ausbilder *m*, Lehrer *m*. **2.** *sport* Trainer *m*. **3.** a) (ˈHunde-*etc*)Dresˌseur *m*, Abrichter *m*, b) Zureiter *m*, c) Dompˈteur *m*. **4.** *aer.* a) Schulflugzeug *n*, b) (ˈFlug)Simuˌlator *m*.

train fer·ry *s* Eisenbahnfähre *f*.

ˈtrain·ing I *s* **1.** Schulung *f*, Ausbildung *f*. **2.** Üben *n*. **3.** *bes. sport* Training *n*: **to be in** ~ a) im Training stehen, b) (gut) in Form sein; **to be out of** ~ nicht in Form sein; **to go into** ~ das Training aufnehmen; → **physical** 1. **4.** a) Abrichten *n* (*von Tieren*), b) Zureiten *n*. **5.** *bot.* Ziehen *n* (*am Spalier*). **II** *adj* **6.** Ausbildungs..., Schulungs..., Lehr... **7.** *sport* Trainings... ~ **aids** *s pl ped. etc* Schulungshilfsmittel *pl*. ~ **a·re·a** *s mil.* Truppenübungsplatz *m*. ~ **camp** *s* **1.** *sport* Trainingslager *n*. **2.** *mil.* Ausbildungslager *n*. ~ **col·lege** *s ped. Br. hist.* Lehrerbildungsanstalt *f*. ~ **film** *s* Lehrfilm *m*. ~ **flight** *s aer.* Ausbildungsflug *m*. ~ **post** *s* Ausbildungsplatz *m*. ~ **school** *s Am.* **1.** *ped.* Aufbauschule *f*. **2.** *jur.* Jugendstrafanstalt *f*. ~ **ship** *s* Schulschiff *n*.

ˈtrain|·load *s* Zugladung *f*. **ˈ~man** [-mən] *s irr Am.* Angehörige(r) *m* des ˈZugbegleitpersoˌnals. **ˈ~mas·ter** *s rail. Am.* (Bezirks)Aufsichtsbeamte(r) *m*. **ˈ~-mile** *s rail.* Zugmeile *f*. ~ **oil** *s* (Fisch)Tran *m*, *bes.* Walöl *n*. ~ **ser·vice** *s* Zugverbindung *f*. **ˈ~sick** *adj*: **she gets** ~ ihr wird beim Zugfahren schlecht.

traipse → **trapse**.

trait [treɪ; treɪt] *s* **1.** (Chaˈrakter)Zug *m*, Merkmal *n*, Eigenschaft *f*. **2.** *Am.* Gesichtszug *m*.

trai·tor [ˈtreɪtə(r)] *s* Verräter *m* (**to** an *dat*). **ˈtrai·tor·ous** *adj* (*adv* ~**ly**) verräterisch. **ˈtrai·tress** [-trɪs] *s* Verräterin *f*.

traj·ect I *s* [ˈtrædʒekt] **1.** *tech.* Traˈjekt *m, n*, (Eisenbahn)Fähre *f*. **2.** ˈÜberfahrt *f*. **3.** ˈÜbergangsstelle *f*. **II** *v/t* **tra·ject** [trəˈdʒekt] **4.** ˈübersetzen über (*acc*). **5.** *phys. Licht etc* ˈdurchlassen.

tra·jec·to·ry [ˈtrædʒɪktərɪ; *bes. Am.* trəˈdʒek-] *s* **1.** *math. phys.* Flugbahn *f*, *aer.* Fallkurve *f* (*e-r Bombe*): ~ **chart** Flugbahnbild *n*. **2.** *Geometrie*: Trajektoˈrie *f*.

tram[1] [træm] **I** *s* **1.** *Br.* a) Straßenbahn(wagen *m*) *f*: **by** ~ mit der Straßenbahn, b) → **tramway** 1. **2.** *Bergbau*: Förderwagen *m*, Hund *m*. **3.** *tech.* a) Hängebahn *f*, b) Laufkatze *f*. **II** *v/t* **4.** im Förderwagen transporˈtieren. **III** *v/i* **5.** *a.* ~ **it** *Br.* mit der Straßenbahn fahren.

tram[2] [træm] *s* Tram-, Einschlagseide *f*.

tram[3] [træm] *s* **1.** → **trammel** 5. **2.** *tech.* Juˈstierung *f*.

ˈtram|·car *s* **1.** *Br.* Straßenbahnwagen *m*. **2.** → **tram**[1] 2. **ˈ~line** *s* **1.** *Br.* Straßenbahnlinie *f od.* -schiene *f*. **2.** *pl Tennis, Badminton*: Seitenlinien *pl* für Doppel. **3.** *pl fig.* ˈLeitprinˌzipien *pl*.

tram·mel [ˈtræml] **I** *s* **1.** *a.* ~ **net** (Schlepp)Netz *n* (*zum Fisch- od. Vogelfang*). **2.** Spannriemen *m* (*für Pferde*). **3.** *meist pl fig.* Fessel(n *pl*) *f*, Hemmschuh *m*. **4.** Kesselhaken *m*. **5.** *math.* Elˈlipsenzirkel *m*. **6.** *a.* **pair of** ~**s** Stangenzirkel *m*. **II** *v/t pret u. pp* **-meled**, *bes. Br.* **-melled 7.** *meist fig.* fesseln, hemmen.

tra·mon·tane [trəˈmɒnteɪn; *Am.* -ˈmɑn-] **I** *adj* **1.** transalˈpin(isch). **2.** fremd, barˈbarisch. **II** *s* **3.** Fremdling *m*.

tramp [træmp] **I** *v/i* **1.** trampeln (**on, upon** auf *acc*), stampfen, stapfen. **2.** *meist* ~ **it** wandern, marˈschieren, ‚tippeln'. **3.** vagabunˈdieren, herˈumstromern. **II** *v/t* **4.** durchˈwandern. **5.** trampeln, stampfen: **to** ~ **down** niedertrampeln. **III** *s* **6.** Getrampel *n*. **7.** schwerer Schritt, Stapfen *n*. **8.** Wanderung *f*, (Fuß)Marsch *m*: **on the** ~ auf Wanderschaft. **9.** Vagaˈbund *m*, Landstreicher *m*. **10.** *colloq.* ‚Flittchen' *n*. **11.** *a.* ~ **steamer** *mar.* Trampschiff *n*: ~ **shipping** Trampschiffahrt *f*.

tram·ple [ˈtræmpl] **I** *v/i* **1.** (*a.* ~ **about** herˈum)trampeln (**on, upon** auf *dat*). **2.** *fig.* mit Füßen treten (**on, upon** *acc*). **II** *v/t* **3.** (zer)trampeln: **to** ~ **to death** zu Tode trampeln; **to** ~ **down** niedertrampeln; **to** ~ **out a fire** ein Feuer austreten; **to** ~ **underfoot** herumtrampeln auf (*dat*). **III** *s* **4.** Trampeln *n*.

tram·po·lin(e) [ˈtræmpəlɪn] *s sport etc* Trampoˈlin *n*. **ˈtram·po·lin·er, ˈtram·po·lin·ist** *s* a) Trampoˈlinspringer(in), b) *sport* Trampoˈlinturner(in).

ˈtram·way *s* **1.** *Br.* Straßenbahn(linie) *f*. **2.** *Bergbau*: a) Schienenweg, b) Grubenbahn *f*.

trance [trɑːns; *Am.* træns] **I** *s* **1.** Trance(zustand *m*) *f*: **to go into a** ~ in Trance fallen; **to put into a** ~ in Trance versetzen. **2.** Ekˈstase *f*, Verzückung *f*. **II** *v/t* **3.** in Ekˈstase versetzen.

trank [træŋk] *s Am. colloq.* Beruhigungsmittel *n*.

tran·nie, tran·ny [ˈtrænɪ] *s Br. colloq.* ‚Tranˈsistor' *m* (*Transistorradio*).

tran·quil [ˈtræŋkwɪl] *adj* (*adv* ~**ly**) **1.** ruhig, friedlich. **2.** gelassen. **3.** heiter.

tranˈquil·i·ty, *bes. Br.* **tranˈquil·li·ty** *s* **1.** Ruhe *f*, Friede(n) *m*. **2.** Gelassenheit *f*, (Seelen)Ruhe *f*. **3.** Heiterkeit *f*. **ˌtran·quil·i·ˈza·tion,** *bes. Br.* **ˌtran·quil·liˈza·tion** [-laɪˈzeɪʃn; *Am.* -ləˈz-] *s* Beruhigung *f*. **ˈtran·quil·ize,** *bes. Br.* **ˈtran·quil·lize** *v/t u. v/i* (sich) beruhigen. **ˈtran·quil·iz·er,** *bes. Br.* **ˈtran·quil·liz·er** *s* Beruhigungsmittel *n*.

trans- [trænz; -s] *Vorsilbe mit den Bedeutungen* a) jenseits, b) durch, c) über.

trans·act [trænˈzækt; -ˈsækt] **I** *v/t Geschäfte etc* (ˈdurch)führen, erledigen, abwickeln: **to** ~ **business**; **to** ~ **a bargain** e-n Handel abschließen. **II** *v/i* verhandeln, unterˈhandeln (**with** mit). **transˈac·tion** *s* **1.** ˈDurchführung *f*, Abwicklung *f*, Erledigung *f*. **2.** Ver-, Unterˈhandlung *f*. **3.** *econ.* Transaktiˈon *f*, Geschäft *n*, (Geschäfts)Abschluß *m*. **4.** *jur.* Rechtsgeschäft *n*. **5.** *pl econ.* (Geˈschäfts)ˌUmsatz *m*: **cash** ~**s** Barumsätze. **6.** *pl* Protoˈkoll *n*, Sitzungsbericht *m* (*der Börse od. gelehrter Gesellschaften*). **transˈac·tor** [-tə(r)] *s* **1.** ˈDurchführende(r *m*) *f*. **2.** ˈUnterhändler(in).

trans·ad·mit·tance [ˌtrænzədˈmɪtəns; ˌtræns-] *s electr.* Gegenscheinleitwert *m*.

trans·al·pine [ˌtrænzˈælpaɪn; *Am. a.* ˌtræns-] *adj* transalˈpin(isch).

trans·at·lan·tic [ˌtrænzətˈlæntɪk; *Am. a.* ˌtræns-] **I** *adj* **1.** transatˈlantisch, ˈüberseeisch. **2.** Übersee...: ~ **liner** → 3; ~ **flight** Ozeanflug *m*. **II** *s* **3.** ˈÜberseedampfer *m*. **4.** in ˈÜbersee Lebende(r *m*) *f*.

trans·ceiv·er [trænˈsiːvə(r)] *s electr.* Sender-Empfänger *m*.

tran·scend [trænˈsend] **I** *v/t* **1.** *bes. fig.* überˈschreiten, -ˈsteigen, hinˈausgehen über (*acc*). **2.** *fig.* überˈtreffen. **II** *v/i* **3.** *fig.* herˈvorragen, -stechen. **tranˈscend·ence, tranˈscend·en·cy** *s* **1.** Überˈlegenheit *f*, Erhabenheit *f*. **2.** *relig.*, *a. math. philos.* Transzenˈdenz *f*. **tranˈscend·ent** *adj* **1.** transzenˈdent: a) *philos.* ˈübersinnlich, b) *relig.* ˈüberweltlich, -naˌtürlich. **2.** herˈvorragend.

tran·scen·den·tal [ˌtrænsenˈdentl] **I** *adj* **1.** *philos.* transzendenˈtal: a) *Scholastik*: metaˈphysisch, b) (*bei Kant*) apriˈorisch: ~ **idealism** transzendentaler Idealismus; ~ **object** reales Objekt. **2.** ˈübernaˌtürlich, -menschlich. **3.** erhaben, überˈlegen. **4.** abˈstrakt: ~ **ideas**. **5.** verworren, abˈstrus: ~ **conceptions**. **6.** *math.* transzenˈdent: ~ **number** → 8. **7.** ~ **meditation** transzendentale Meditation. **II** *s* **8.** *math.* Transzenˈdente *f*. **9.** *pl Scholastik*: Transzendenˈtalien *pl*. **10.** *philos.* (*das*) Transzendenˈtale. **11.** Transzendenˈtalphiloˌsoph *m*. **ˌtran·scenˈden·tal·ism** [-təlɪzəm] *s* Transzendenˈtalphilosoˌphie *f*, Transzendentaˈlismus *m*.

trans·con·duc·tance [ˌtrænzkənˈdʌktəns; ˌtræns-] *s electr.* Gegenwirkleitwert *m*.

trans·con·ti·nen·tal [ˈtrænzˌkɒntɪˈnentl; *Am.* ˌtrænsˌkɑntnˈentl] *adj* **1.** transkontinenˈtal, e-n Erdteil durchˈziehend *od.* -ˈquerend. **2.** auf der anderen Seite des Kontinents (gelegen *etc*).

tran·scribe [trænˈskraɪb] *v/t* **1.** abschreiben, koˈpieren. **2.** (*in e-e andere Schriftart*) überˈtragen: **to** ~ **one's shorthand notes in longhand**. **3.** *fig. e-n Gedanken* umˈschreiben. **4.** *mus.* transkriˈbieren, ˈumschreiben. **5.** *Rundfunk, TV*: a) aufzeichnen, auf Band nehmen, b) (vom Band) überˈtragen. **6.** *Computer*: ˈumschreiben. **7.** *fig.* aufzeichnen.

ˈtran·script [-skrɪpt] *s* Abschrift *f*, Koˈpie *f*. **tranˈscrip·tion** *s* **1.** Abschreiben *n*. **2.** Abschrift *f*, Koˈpie *f*. **3.** ˈUmschrift *f*. **4.** *mus.* Transkriptiˈon *f*. **5.** *Rundfunk, TV*: a) Aufnahme *f*, b) Aufzeichnung *f*: ~ **turntable** Abspieltisch *m* (*für Tonaufnahmen*).

trans·cul·tur·a·tion [ˌtrænzˌkʌltʃə-ˈreɪʃn] *s* Kulˈturwandel *m.*

trans·duc·er [trænzˈdjuːsə(r); træns-; *Am. a.* -ˈduː-] *s* **1.** *electr.* (ˈUm)Wandler *m.* **2.** *tech.* (ˈMeßwert)ˌUmformer *m.* **3.** *Computer*: Wandler *m.*

tran·sect [trænˈsekt] *v/t* ˈdurchschneiden.

tran·sept [ˈtrænsept] *s arch.* Querschiff *n.*

trans·fer [trænsˈfɜː; *Am.* -ˈfɜr; *a.* ˈtrænsˌ-] **I** *v/t* **1.** hinˈüberbringen, -schaffen (**from** ... **to** von ... nach *od.* zu). **2.** überˈgeben, -ˈmitteln (**to s.o.** j-m). **3.** verlegen (**to** nach, zu; **in, into** in *acc*): **to ~ a production plant (troops, one's domicile)**; **to ~ a patient** *med.* e-n Patienten überweisen (**to** an *acc*). **4.** a) *e-n Beamten, Schüler* versetzen (**to** nach; **in, into** in *e-e andere Schule etc*), b) (**to**) *sport e-n Spieler* transfeˈrieren (zu), abgeben (an *acc*). **5.** (**to**) *jur.* überˈtragen (auf *acc*), zeˈdieren, abtreten (an *acc*). **6.** *econ.* a) *e-e Summe* vortragen, b) *e-n Posten, ein Wertpapier* ˈumbuchen, c) *Aktien etc* überˈtragen. **7.** *Geld* überˈweisen (**to** an *j-n*, auf *ein Konto*). **8.** *fig. s-e Zuneigung etc* überˈtragen (**to** auf *acc*). **9.** *fig.* verwandeln (**into** in *acc*). **10.** *print. e-n Druck, Stich* überˈtragen, ˈumdrucken. **II** *v/i* **11.** (**to** zu) a) ˈübertreten, b) *sport* wechseln (*Spieler*). **12.** verlegt *od.* versetzt werden (**to** nach, zu). **13.** *rail. etc* ˈumsteigen (**to in** *acc*). **III** *s* [ˈtrænsfɜː; *Am.* -ˌfɜr] **14.** ˈÜbergabe *f*, Überˈmittlung *f* (**to** an *acc*). **15.** Verlegung *f* (**to** nach, zu; **in, into** in *acc*): **~ of domicile**. **16.** Versetzung *f* (**to** nach; **in, into** in *acc*): **~ of a civil servant**. **17.** (**to** zu) *sport* a) Transˈfer *m*, b) Wechsel *m*. **18.** (**to**) *jur.* Überˈtragung *f* (auf *acc*), Zessiˈon *f*, Abtretung *f* (an *acc*). **19.** *econ.* a) (ˈWertpaˌpier- *etc*)ˌUmbuchung *f*, b) (ˈAktien-*etc*)Überˌtragung *f*. **20.** *econ.* (ˈGeld-)Überˌweisung *f* (**to** an *acc*, auf *acc*): **~ of foreign exchange** Devisentransfer *m*; **~ business** Giroverkehr *m*. **21.** *print.* a) Abziehen *n*, ˈUmdrucken *n*, b) Abzug *m*, ˈUmdruck *m*, Überˈtragung *f*, c) Abziehbild *n*. **22.** *rail. etc* a) ˈUmsteigen *n*, b) ˈUmsteigefahrkarte *f*, c) *a. mar.* ˈUmschlagplatz *m*, d) Fährboot *n*. **trans-ˌfer·aˈbil·i·ty** *s* Überˈtragbarkeit *f*. **transˈfer·a·ble** *adj bes. econ. jur.* überˈtragbar (*a. Wahlstimme*).

trans·fer| a·gent *s econ. Am.* Transˈferaˌgent *m*. **~ bank** *s* Girobank *f*. **~ book** *s econ.* ˈUmschreibungs-, Aktienbuch *n*. **~ day** *s econ.* ˈUmschreibungstag *m*. **~ deed** *s* Überˈtragungsurkunde *f*.

trans·fer·ee [ˌtrænsfɜːˈriː] *s* **1.** Versetzte(r *m*) *f*. **2.** *jur.* Erwerber *m*, Überˈnehmer *m*, Zessioˈnar *m*.

trans·fer·ence [ˈtrænsfərəns; træns-ˈfɜː-] *s* **1.** → **transfer** 15, 16. **2.** *jur.* → **transfer** 18. **3.** *econ.* → **transfer** 19. **4.** *psych.* Überˈtragung *f*.

trans·fer·en·tial [ˌtrænsfəˈrenʃl] *adj econ.* Übertragungs...

trans·fer| fee *s sport* Ablöse(summe) *f*. **~ ink** *s print.* ˈUmdrucktinte *f*, -farbe *f*. **~ list** *s bes. Fußball*: Transˈferliste *f*.

trans·fer·or [trænsˈfɜːrə(r)] *s jur.* Zeˈdent *m*, Abtretende(r) *m*.

trans·fer| pa·per *s print.* ˈUmdruckpaˌpier *n*. **~ pay·ment** *s* (öffentliche) Zuwendung(en *pl*). **~ pic·ture** *s* Abziehbild *n*.

trans·fer·rer [trænsˈfɜːrə(r)] *s* **1.** Überˈtrager *m*. **2.** → **transferor**.

trans·fer| re·sist·ance *s electr.* ˈÜbergangsˌwiderstand *m*. **~ tick·et** → **transfer** 22 b.

trans·fig·u·ra·tion [ˌtrænsfɪgjʊˈreɪʃn] *s* **1.** ˈUmgestaltung *f*. **2.** *relig.* a) Verklärung *f* (*Christi*), b) **T~** Fest *n* der Verklärung (*6. August*). **transˈfig·ure** [-ˈfɪgə; *Am.* -ˈfɪgjər] *v/t* **1.** ˈumgestalten, -formen (**into** in *acc*). **2.** *relig. u. fig.* verklären.

trans·fi·nite [trænsˈfaɪnaɪt] *adj math.* transfiˈnit, ˈüberendlich.

trans·fix [trænsˈfɪks] *v/t* **1.** durchˈstechen, -ˈbohren (*a. fig.*). **2.** *fig.* erstarren lassen, lähmen: **~ed** wie versteinert, starr (**with** vor). **transˈfix·ion** [-ˈfɪkʃn] *s* **1.** Durchˈbohrung *f*. **2.** *fig.* Erstarrung *f*.

trans·form [trænsˈfɔː(r)m] **I** *v/t* **1.** ˈumgestalten, -wandeln, -bilden, -formen, *a. fig. j-n* verwandeln, -ändern (**into, to** in *acc*, zu). **2.** transforˈmieren: a) *electr.* ˈumspannen, b) *ling. math.* ˈumwandeln (**into** in *acc*). **II** *v/i* **3.** sich verwandeln (**into** zu). **transˈform·a·ble** *adj* ˈum-, verwandelbar.

trans·for·ma·tion [ˌtrænsfə(r)ˈmeɪʃn] *s* **1.** ˈUmgestaltung *f*, -bildung *f*, -formung *f*, Veränderung *f*, -wandlung *f*, ˈUmwandlung *f*. **2.** *fig.* Verwandlung *f*, (Chaˈrakter- *od.* Sinnes)Änderung *f*. **3.** Transformatiˈon *f*: a) *electr.* ˈUmspannung *f*, b) *ling. math.* ˈUmwandlung *f* (**into** in *acc*). **5.** *meist* **~ scene** *thea.* Verwandlungsszene *f*. **6.** ˈDamenpeˌrücke *f*, Haar(ersatz)teil *n*. **ˌtrans·forˈma·tion·al** [-ʃənl] *adj ling.* transformatioˈnell, Transformations...: **~ grammar**.

trans·form·a·tive [trænsˈfɔː(r)mətɪv] *adj* ˈumgestaltend, -bildend.

transˈform·er *s* **1.** ˈUmgestalter(in), -wandler(in). **2.** *electr.* Transforˈmator *m*, ˈUmspanner *m*.

trans·form·ism [trænsˈfɔː(r)mɪzəm] *s biol.* **1.** Transforˈmismus *m*, Deszenˈdenztheoˌrie *f*. **2.** Entwicklung *f*.

trans·fuse [trænsˈfjuːz] *v/t* **1.** *obs.* ˈumgießen. **2.** *med.* a) *Blut* überˈtragen, b) *Serum etc* einspritzen, c) e-e ˈBlutüberˌtragung machen bei *j-m*. **3.** *fig.* einflößen (**into** *dat*). **4.** *fig.* a) durchˈdringen, b) erfüllen (**with** mit). **transˈfu·sion** [-ʒn] *s* **1.** *obs.* ˈUmgießen *n*. **2.** *med.* a) (ˈBlut)Transfusiˌon *f*, b) Injektiˈon *f*. **3.** *fig.* Erfüllung *f* (**with** mit).

trans·gress [trænsˈgres] **I** *v/t* **1.** überˈschreiten (*a. fig.*). **2.** *fig. Gesetze etc* überˈtreten, verletzen. **II** *v/i* **3.** (**against** gegen). sich vergehen, sündigen. **transˈgres·sion** [-ʃn] *s* **1.** Überˈschreitung *f* (*a. fig.*). **2.** Überˈtretung *f*, Verletzung *f* (*von Gesetzen etc*). **3.** Vergehen *n*, Missetat *f*. **4.** *geol.* Transgressiˈon *f*, ˈÜbergreifen *n* der Schichten. **transˈgres·sive** *adj* verstoßend (**of** gegen). **transˈgres·sor** [-sə(r)] *s* Missetäter(in).

tran·ship [trænˈʃɪp], *etc* → **transship**, *etc.*

trans·hu·mance [trænsˈhjuːməns; trænz-] *s* Transhuˈmanz *f* (*Wirtschaftsform, bei der das Vieh auf entfernte Sommerweiden gebracht wird*).

tran·si·ence [ˈtrænzɪəns; *Am. a.* -tʃəns], *a.* **ˈtran·si·en·cy** [-sɪ] *s* Vergänglichkeit *f*, Flüchtigkeit *f*. **ˈtran·si·ent I** *adj* (*adv* **~ly**) **1.** (*zeitlich*) vorˈübergehend. **2.** vergänglich, flüchtig, kurz. **3.** wechselhaft. **4.** *Am.* a) sich vorˈübergehend aufhaltend, b) Durchgangs...: **~ camp**; **~ visitor**, **~ guest** → 8. **5.** *electr.* Einschalt..., Einschwing...: **~ current**; **~ impulse**. **6.** *mus.* ˈüberleitend. **II** *s* **7.** flüchtige Erscheinung. **8.** *Am.* ˈDurchreisende(r *m*) *f*. **9.** *electr.* a) Einschaltstoß *m*, b) Einschwingvorgang *m*, c) *a.* **~ wave** Wanderwelle *f*.

tran·sil·i·ence [trænˈsɪlɪəns] *s geol.* abˈrupter ˈÜbergang (*von e-r Formation zur anderen*).

trans·il·lu·mi·nate [ˌtrænzɪˈljuːmɪneɪt; ˌtræns-; *bes. Am.* -ˈluː-] *v/t bes. med.* durchˈleuchten.

tran·si·re [trænˈsaɪərɪ] *s econ.* Zollbegleitschein *m*.

tran·sis·tor [trænˈsɪstə(r); -ˈzɪs-] *s electr.* Tranˈsistor *m*: **~ switch** Schalttransistor.

tranˈsis·tor·ize *v/t* transistoˈrieren, transistoriˈsieren, mit Transiˈstoren ausrüsten.

trans·it [ˈtrænsɪt; -zɪt] **I** *s* **1.** ˈDurch-, ˈÜberfahrt *f*: **~ of persons** Personenverkehr *m*. **2.** a) ˈDurchgang *m* (*a. astr.*), b) ˈDurchgangsstraße *f*, c) Verkehrsweg *m*. **3.** *econ.* Tranˈsit *m*, ˈDurchfuhr *f*, Transˈport *m* (*von Waren*): **in ~** unterwegs *od.* auf dem Transport. **4.** ˈDurchgangsverkehr *m*: → **rapid** 1. **5.** *Am.* öffentliche Verkehrsmittel *pl*. **6.** *fig.* ˈÜbergang *m* (**to** zu). **II** *adj* **7.** *a. astr. electr.* Durchgangs...: **~ camp** (**circle**, **traffic**, *etc*); **~ passenger** *aer.* Transitpassagier *m*; **~ visa** Durchreise-, Transitvisum *n*. **8.** *econ.* Transit..., Durchgangs...: **~ goods**; **~ duty** Durchfuhrzoll *m*. **III** *v/t* **8.** durch-, überˈqueren, *a. astr.* gehen durch, pasˈsieren.

tran·si·tion [trænˈsɪʒn; -ˈzɪʃn] **I** *s* **1.** ˈÜbergang *m* (*a. mus. u. phys.*) (**from** ... **to** ... von ... zu ...; **into** in *acc*). **2.** *a.* **~ period** ˈÜbergangszeit *f*: (**state of**) **~** Übergangsstadium *n*. **II** *adj* **3.** → **transitional**: **~ element** *chem.* Übergangselement *n*.

tranˈsi·tion·al, *a.* **tranˈsi·tion·a·ry** [-ʃnərɪ; *Am.* -ʃəˌneriː] *adj* Übergangs..., Überleitungs..., Zwischen...: **~ stage** Übergangsstadium *n*.

tran·si·tive [ˈtrænsɪtɪv] **I** *adj* (*adv* **~ly**) **1.** *ling.* transitiv, zielend: **~ verb** → 4. **2.** *Logik*: transitiv: **a ~ equation**. **3.** Übergangs... **II** *s* **4.** *a.* **~ verb** *ling.* Transitiv(um) *n*, transitives Verb, zielendes Zeitwort. **ˈtran·si·tive·ness** *s ling.* transitive Funktiˈon.

tran·si·to·ri·ness [ˈtrænsɪtərɪnɪs; -zɪ-; *Am.* -ˌtəʊriː-; -ˌtɔː-] *s* Flüchtigkeit *f*, Vergänglichkeit *f*.

tran·si·to·ry [ˈtrænsɪtərɪ; -zɪ-; *Am.* -ˌtəʊriː; -ˌtɔː-] *adj* (*adv* **transitorily**) **1.** (*zeitlich*) vorˈübergehend, transiˈtorisch: **~ action** *jur.* an keinen Gerichtsstand gebundene Klage. **2.** vergänglich, flüchtig.

trans·lat·a·ble [trænsˈleɪtəbl; trænz-] *adj* überˈsetzbar.

trans·late [trænsˈleɪt; trænz-] **I** *v/t* **1.** überˈsetzen, -ˈtragen (**into** in *acc*): **to ~ a book into English** ein Buch ins Englische übersetzen *od.* -tragen. **2.** *Grundsätze etc* überˈtragen (**into** in *acc*): **to ~ ideas into action** Gedanken in die Tat umsetzen; **to ~ itself in** werden zu. **3.** *fig.* a) auslegen, interpreˈtieren, b) ausdrücken (**in** in *dat*). **4.** a) *chiffrierte Nachricht etc* überˈtragen, b) *Computer*: *Information* überˈsetzen. **5.** *relig.* a) *e-e Reliquie etc* ˈüberführen, verlegen (**to** nach), b) *e-n Geistlichen* versetzen (**from** ... **to** von ... nach). **6.** *relig. j-n* entrücken. **7.** *obs. j-n* ˈhinreißen. **8.** verwandeln (**into** in *acc*). **9.** *Br. Schuhe etc* ˈumarbeiten. **10.** *tech.* e-e Bewegung überˈtragen auf (*acc*). **II** *v/i* **11.** überˈsetzen. **12.** sich *gut etc* überˈsetzen lassen.

trans·la·tion [trænsˈleɪʃn; trænz-] *s* **1.** Überˈsetzung *f*, -ˈtragung *f* (**into** in *acc*). **2.** *fig.* Auslegung *f*, Interpretatiˈon *f*. **3.** a) Überˈtragung *f* (*e-r chiffrierten Nachricht etc*), b) *Computer*: Überˈsetzung *f*: **~ program(me)** Übersetzungsprogramm *n*. **4.** Versetzung *f* (*e-s Geistlichen*) (**from** ... **to** von ... nach). **5.** *relig.* Entrückung *f*. **6.** Verwandlung *f* (**into** in *acc*). **transˈla·tion·al** [-ʃənl] *adj* Übersetzungs... **transˈla·tor** [-tə(r)] *s* **1.** Überˈsetzer(in). **2.** *Computer*: Überˈsetzer *m*.

trans·lit·er·ate [trænzˈlɪtəreɪt; træns-] *v/t* transkriˈbieren, (*in eine andere Alphabet*) ˈumschreiben. **ˌtrans·lit·erˈa·tion** *s* Transkriptiˈon *f*.

trans·lo·cate [ˌtrænzləʊˈkeɪt; ˌtræns-; *Am.* ˈtrænsləʊˌkeɪt] *v/t* **1.** verlagern. **2.** *biol. Chromosomenbruchstücke* translo'zieren, verlagern. **ˌtrans·loˈca·tion** *s* **1.** Verlagerung *f.* **2.** *biol.* Translokatiˈon *f,* Verlagerung *f.*

trans·lu·cence [trænzˈluːsns; træns-], *a.* **transˈlu·cen·cy** [-sɪ] *s* **1.** ˈLichtˌdurchlässigkeit *f.* **2.** ˈDurchscheinen *n.* **transˈlu·cent** *adj* (*adv* **~ly**) **1.** a) ˈlichtˌdurchlässig, b) halb ˈdurchsichtig: **~ glass** Milchglas *n.* **2.** ˈdurchscheinend.

trans·lu·na·ry [trænzˈluːnərɪ; træns-] *adj* **1.** transluˈnarisch. **2.** *fig.* phanˈtastisch.

trans·ma·rine [ˌtrænzməˈriːn; ˌtræns-] [*adj* ˈüberseeisch, Übersee...]

trans·mi·grant [trænzˈmaɪgrənt; træns-] **I** *s* ˈDurchreisende(r *m*) *f,* -wandernde(r *m*) *f.* **II** *adj* ˈdurchziehend.

trans·mi·grate [ˌtrænzmaɪˈgreɪt; ˌtræns-; *Am.* trænsˈmaɪˌgreɪt; trænz-] *v/i* **1.** fortziehen. **2.** ˈübersiedeln. **3.** auswandern. **4.** wandern(*Seele*). **ˌtrans·miˈgra·tion** [-maɪˈgreɪʃn] *s* **1.** Auswanderung *f,* ˈÜbersiedlung *f.* **2.** *a.* **~ of souls** Seelenwanderung *f.* **3.** *med.* a) ˈÜberwandern *n* (*Ei-, Blutzelle etc*), b) Diapeˈdese *f.* **ˌtrans·miˈgra·tion·ism** *s* Lehre *f* von der Seelenwanderung. **transˈmi·gra·to·ry** [-ˈmaɪgrətərɪ; *Am.* -ˌtəʊriː; -ˌtɔː-] *adj* (aus)wandernd, ˈübersiedelnd, Wander...

trans·mis·si·bil·i·ty [trænzˌmɪsəˈbɪlətɪ; træns-] *s* **1.** Überˈsendbarkeit *f,* -ˈtragbarkeit *f.* **2.** *phys.* ˈDurchlässigkeit *f.* **transˈmis·si·ble** *adj* **1.** überˈsendbar. **2.** *a. med. u. fig.* überˈtragbar (**to** auf *acc*). **3.** *biol. med.* vererblich.

trans·mis·sion [trænzˈmɪʃn; træns-] *s* **1.** Überˈsendung *f,* -ˈmittlung *f, econ.* Versand *m.* **2.** Überˈmittlung *f*: **~ of news** Nachrichtenübermittlung, -übertragung *f.* **3.** *ling.* (ˈText)Überˌlieferung *f.* **4.** *tech.* a) Transmissiˈon *f,* Überˈsetzung *f,* b) Triebwelle *f,* -werk *n*: **~ gear** Wechselgetriebe *n.* **5.** *allg.* Überˈtragung *f*: a) *biol.* Vererbung *f,* b) *med.* Ansteckung *f,* c) *Rundfunk, TV*: Sendung *f,* d) *jur.* Überˈlassung *f*: **~ of rights** Rechtsübertragung *f,* e) *phys.* Fortpflanzung *f*: **~ of waves.** **6.** *phys.* (ˈLicht)ˌDurchlässigkeit *f.* **~ belt** *s tech.* Treibriemen *m.* **~ case** *s tech.* Getriebegehäuse *n.* **~ gear·ing** *s tech.* Überˈsetzungsgetriebe *n.* **~ line** *s electr.* Überˈtragungs- *od.* Anˈtennen- *od.* Hochspannungsleitung *f.* **~ ra·tio** *s tech.* Überˈsetzungsverhältnis *n.* **~ shaft** *s tech.* Kardanwelle *f.*

trans·mit [trænzˈmɪt; træns-] *v/t* **1.** (**to**) überˈsenden, -ˈmitteln (*dat*), (ver)senden (an *acc*), befördern (zu). **2.** mitteilen (**to** *dat*): **to ~ news (impressions,** *etc*). **3.** *fig. Ideen etc* überˈliefern, -ˈmitteln, weitergeben (**to** *dat*). **4.** *allg.* überˈtragen (*a. med.*): a) *biol.* vererben, b) *jur.* überˈschreiben, vermachen. **5.** *phys. Wärme etc* a) (fort-, weiter)leiten, b) *a. Kraft* überˈtragen, c) *Licht etc* ˈdurchlassen. **6.** *Rundfunk, TV*: senden. **transˈmit·tal → transmission** 1–4 a.

transˈmit·ter *s* **1.** Überˈsender *m,* -ˈmittler *m.* **2.** *tel. teleph.* Mikroˈphon *n.* **3.** *Radio*: a) Sendegerät *n,* b) Sender *m.* **4.** *tech.* (Meßwert)Geber *m.* **transˈmit·ting** *adj* Sende...: **~ aerial** (*bes. Am.* **antenna**); **~ set** Sendegerät *n*; **~ station** Sender *m.*

trans·mog·ri·fy [trænzˈmɒgrɪfaɪ; træns-; *Am.* -ˈmɑ-] *v/t humor.* (gänzlich) ˈummodeln.

trans·mon·tane [trænzˈmɒnteɪn; træns-; *Am.* -ˈmɑnˌ-] → **tramontane.**

trans·mut·a·ble [trænzˈmjuːtəbl; træns-] *adj* (*adv* **transmutably**) ˈumwandelbar.

trans·mu·ta·tion [ˌtrænzmjuːˈteɪʃn; ˌtræns-] *s* **1.** ˈUmwandlung *f* (*a. chem. phys.*). **2.** *biol.* Transmutatiˈon *f,* ˈUmbildung *f.* **transˈmut·a·tive** [-ˈmjuːtətɪv] *adj* ˈumwandelnd.

trans·mute [trænzˈmjuːt; træns-] *v/t* ˈumwandeln, verwandeln (**into** in *acc*).

trans·na·tion·al [trænzˈnæʃənl; træns-] **I** *adj* **1.** ˈübernatioˌnal. **2.** *econ.* multinatioˈnal (*Konzern*). **II** *s* **3.** *econ.* multinatioˈnaler Konˈzern.

trans·o·ce·an·ic [ˈtrænzˌəʊʃɪˈænɪk; *Am. a.* ˈtræns-] *adj* **1.** transozeˈanisch, ˈüberseeisch. **2.** a) Übersee..., b) Ozean...

tran·som [ˈtrænsəm] *s* **1.** *arch.* a) Querbalken *m* (*über e-r Tür*), b) (Quer)Blende *f* (*e-s Fensters*). **2.** *a.* **~ window** *bes. Am.* a) durch Sprossen geteiltes Fenster, b) Oberlicht *n.* **3.** *mar.* Heckwerk *n.*

tran·son·ic [trænˈsɒnɪk; *Am.* -ˈsɑ-] *adj phys.* Überschall...: **~ barrier → sound barrier.**

trans·par·en·cy [trænsˈpærənsɪ] *s* **1.** ˈDurchsichtigkeit *f.* **2.** *bes. phys.* Transpaˈrenz *f,* (ˈLicht)ˌDurchlässigkeit *f.* **3.** Transpaˈrent *n,* Leuchtbild *n.* **4.** *phot.* Diaposiˈtiv *n,* Dia *n.* **transˈpar·ent** *adj* (*adv* **~ly**) **1.** ˈdurchsichtig: **~ colo(u)r** Lasurfarbe *f*; **~ slide → transparency** 3. **2.** *bes. phys.* transpaˈrent, (ˈlicht)ˌdurchlässig. **3.** *fig.* ˈdurchsichtig, offenkundig, leicht zu durchˈschauen(d). **4.** *fig.* klar: **~ style.** **5.** *fig.* offen, ehrlich.

trans·pierce [trænsˈpɪə(r)s] *v/t* durchˈbohren, -ˈdringen (*a. fig.*).

tran·spi·ra·tion [ˌtrænspəˈreɪʃn] *s* **1.** *physiol.* a) Hautausdünstung *f,* b) Schweiß *m.* **2.** Absonderung *f,* Ausdünstung *f*: **~ of gases** *phys.* Austreten *n* von Gasen (*durch Kapillaren*).

tran·spire [trænˈspaɪə(r)] **I** *v/i* **1.** *physiol.* transpiˈrieren, schwitzen. **2.** ausgedünstet werden. **3.** *fig.* ˈdurchsickern, bekannt werden. **4.** pasˈsieren, sich ereignen, vorfallen. **II** *v/t* **5.** ausdünsten, -schwitzen.

trans·plant [trænsˈplɑːnt; *Am.* -ˈplænt] **I** *v/t* **1.** *bot.* ver-, ˈumpflanzen. **2.** *med.* transplanˈtieren, verpflanzen: **to ~ a heart.** **3.** *fig.* verpflanzen, -setzen, ˈumsiedeln (**to** nach; **into** in *acc*). **II** *v/i* **4.** sich versetzen *od.* verpflanzen lassen. **III** *s* [ˈtrænsplɑːnt; *Am.* -ˌplænt] **5.** a) → **transplantation,** b) *med.* Transplanˈtat *n.* **ˌtrans·planˈta·tion** *s* **1.** Verpflanzung *f*: a) *bot.* ˈUmpflanzung *f,* b) *fig.* Versetzung *f,* ˈUmsiedlung *f* (**to** nach; **into** in *acc*), c) *med.* Transplantatiˈon *f*: **organ ~.** **2.** a) ˈUmsiedler(in), b) ˈUmsiedlergruppe *f.*

trans·po·lar [ˌtrænzˈpəʊlə(r); ˌtræns-] *adj* den Nord- *od.* Südpol überˈquerend, Polar...: **~ route.**

tran·spon·der, *a.* **tran·spon·dor** [trænˈspɒndə; *Am.* -ˈspɑndər] *s electr.* Antwortsender *m.*

tran·spon·tine [ˌtrænzˈpɒntaɪn; *Am.* trænsˈpɑn-] *adj* **1.** jenseits der Brücke gelegen. **2.** *Br. obs.* (*in London*) südlich der Themse gelegen.

trans·port I *v/t* [trænˈspɔː(r)t; *Am. a.* -sˈpəʊərt] **1.** transporˈtieren, befördern, fortschaffen, versenden. **2.** (*meist pass*) *fig.* a) *j-n* ˈhinreißen, entzücken: **~ed with joy** außer sich vor Freude, b) heftig erregen, aufwühlen. **3.** *bes. hist.* deporˈtieren. **4.** *obs.* ins Jenseits befördern, töten. **II** *s* [ˈtrænspɔː(r)t; *Am. a.* -ˌpəʊərt] **5.** a) Transˈport *m* (*a. phys.*), Beförderung *f*: **~ phenomena** *phys.* Transporterscheinungen; **~ theory** *phys.* Transporttheorie *f,* b) Versand *m,* Verschiffung *f,* c) Verkehr *m*: **Minister of T~** Verkehrsminister *m.* **6.** Beförderungsmittel *n od. pl.* **7.** *a.* **~ ship, ~ vessel** a) Transˈport-, Frachtschiff *n,* b) ˈTruppentransˌporter *m.* **8.** *a.* **~ plane** Transˈportflugzeug *n.* **9.** *fig.* a) Taumel *m* (*der Freude etc*), b) heftige Erregung: **in a ~ of joy (rage)** außer sich vor Freude (Wut).

trans·port·a·bil·i·ty [trænˌspɔː(r)təˈbɪlətɪ; *Am. a.* -sˌpəʊər-] *s* Transˈportfähigkeit *f,* Versendbarkeit *f.* **transˈport·a·ble** *adj* transˈportfähig, versendbar.

trans·por·ta·tion [ˌtrænspɔːˈteɪʃn; *Am.* -pər-] *s* **1.** → **transport** 5. **2.** Transˈportsyˌstem *n.* **3.** *bes. Am.* a) Beförderungs-, Verkehrsmittel *pl,* b) Transˈport-, Beförderungskosten *pl,* c) Fahrschein *m,* -ausweis *m.* **4.** *bes. hist.* Deportatiˈon *f.*

transˈport·er *s* **1.** Beförderer *m.* **2.** *tech.* Förder-, Transˈportvorrichtung *f.*

trans·pose [trænsˈpəʊz] *v/t* **1.** ˈumstellen, ˈumgrupˌpieren (*beide a. ling.*), ver-, ˈumsetzen. **2.** transpoˈnieren: a) *chem.* ˈumlagern, b) *math.* vertauschen, c) *mus.* versetzen. **3.** *electr. tech. Leitungen etc* kreuzen.

trans·po·si·tion [ˌtrænspəˈzɪʃn] *s* **1.** ˈUmstellung *f,* ˈUmgrupˌpierung *f* (*beide a. ling.*), Ver-, ˈUmsetzung *f.* **2.** Transpositiˈon *f*: a) *chem.* ˈUmlagerung *f,* b) *math.* Vertauschung *f,* c) *mus.* Versetzung *f.* **3.** *electr. tech.* Kreuzung *f* (*von Leitungen etc*).

trans·sex·u·al [trænzˈseksjʊəl; *Am.* -ˈsekʃəwəl] **I** *adj* transsexuˈell. **II** *s* Transsexuˈelle(r *m*) *f.*

trans·ship [trænsˈʃɪp] *v/t econ. mar.* ˈumladen, ˈumschlagen: **to ~ goods.** **transˈship·ment** *s* ˈUmladung *f,* ˈUmschlag *m*: **~ charge** Umladegebühr *f*; **~ port** Umschlaghafen *m.*

tran·sub·stan·ti·ate [ˌtrænsəbˈstænʃɪeɪt; *Am.* -tʃiː-] *v/t* **1.** ˈum-, verwandeln (**into, to** in *acc,* zu). **2.** *relig. Brot u. Wein (in Leib u. Blut Christi)* verwandeln. **ˈtran·subˌstan·tiˈa·tion** *s* **1.** ˈUm-, Verwandlung *f.* **2.** *relig.* Transsubstantiatiˈon *f,* Wandlung *f.*

tran·su·date [ˈtrænsjʊdeɪt; -sʊ-; *Am. a.* trænsˈjuːdət] *s* **1.** *physiol.* Transsuˈdat *n.* **2.** *chem.* Absonderung *f,* Aussonderung *f.* **ˌtran·suˈda·tion** *s* **1.** ˈDurchschwitzung *f* (*von Flüssigkeiten*). **2.** *chem.* Ab-, Aussonderung *f.* **tranˈsu·da·to·ry** [-ˈsjuːdətərɪ; *Am.* -ˌtəʊriː; -ˌtɔː-; *a.* -ˈsuː-] *adj* **1.** *physiol.* ˈdurchschwitzend. **2.** *chem.* ab-, aussondernd. **tranˈsude** [-ˈsjuːd; *Am. a.* -ˈsuːd] **I** *v/i* **1.** *physiol.* ˈdurchschwitzen (*Flüssigkeiten*). **2.** (ˈdurch-)dringen, (-)sickern (**through** durch). **3.** abgesondert werden. **II** *v/t* **4.** *chem.* ab-, aussondern.

trans·u·ran·ic [ˌtrænzjʊˈrænɪk; *Am. a.* ˌtrænʃəˈrænɪk; -ˈreɪ-] *adj chem.* transuˈranisch. **ˌtrans·uˈra·ni·um** [-ˈreɪnjəm; -nɪəm] *s chem. phys.* Transuˈran *n.*

trans·ver·sal [trænzˈvɜːsl; træns-; *Am.* -ˈvɜrsəl] **I** *adj* (*adv* **~ly**) → **transverse** 1. **II** *s math.* Transverˈsale *f.*

trans·verse [ˈtrænzvɜːs; ˌtrænzˈvɜːs; *Am.* -ˈvɜrs] **I** *adj* (*adv* **~ly**) **1.** *bes. math. tech.* schräg, diagoˈnal, Quer..., quer(laufend) (**to** zu): **~ axis** *biol. math. tech.* Querachse *f*; **~ diameter** Querdurchmesser *m*; **~ colon** *anat.* Querdarm *m*; **~ flute** *mus.* Querflöte *f*; **~-mounted** *mot.* querliegend (*Motor*); **~ section** *math.* Querschnitt *m.* **II** *s* **2.** Querstück *n od.* -achse *f od.* -muskel *m.* **3.** *math.* große Achse e-r Elˈlipse.

trans·vert·er [trænzˈvɜːtə; *Am.* trænsˈvɜrtər; trænz-] *s electr.* Transˈverter *m,* tranˈsistorbestückter ˈGleichspannungsˌumformer.

trans·ves·tist [trænzˈvestɪst; *Am. a.* træns-], **transˈves·tite** [-taɪt] *s psych.* Transveˈstit *m.*

Tran·syl·va·ni·an [ˌtrænsɪlˈveɪnjən] **I** *adj* siebenˈbürgisch: ~ **Alps** Südkarpaten *pl.* **II** *s* Siebenˈbürger(in).

trap¹ [træp] **I** *s* **1.** *hunt., a. mil. u. fig.* Falle *f*: **to lay** (*od.* **set**) **a ~ for s.o.** j-m e-e Falle stellen; **to walk** (*od.* **fall**) **into a ~** in e-e Falle gehen. **2.** *chem.* (Ab)Scheider *m.* **3.** *tech.* a) Auffangvorrichtung *f*, b) Dampf-, Wasserverschluß *m*, c) (Sperr)Klappe *f*, d) Geruchsverschluß *m* (*im Klosett*). **4.** *electr.* (Funk)Sperrkreis *m.* **5.** *pl mus.* Schlagzeug *n.* **6.** *Golf*: (*bes.* Sand)Hindernis *n.* **7.** *Trapschießen*: ˈWurfmaˌschine *f.* **8.** *Fischfang*: Reuse *f.* **9.** → **trap door.** **10.** *Br.* Gig *n*, zweirädriger Einspänner. **11.** *sl.* ‚Schnauze' *f* (*Mund*): **to keep one's ~ shut** die Schnauze halten. **II** *v/t* **12.** (mit *od.* in e-r Falle) fangen, (*a. phys. Elektronen*) einfangen. **13.** einschließen: **the miners are ~ped; to be ~ped under an avalanche** unter e-r Lawine begraben sein. **14.** *fig.* in e-e Falle locken: **they ~ped him into admitting that ...** er ging ihnen auf den Leim u. gab zu, daß ... **15.** Fallen aufstellen in (*dat*). **16.** *tech.* a) mit e-r Klappe *od.* e-m (*Wasser- etc*) Verschluß versehen, b) *Gas etc* abfangen. **17.** *sport Ball* stoppen. **III** *v/i* **18.** Fallen stellen (**for** *dat*).

trap² [træp] *s* **1.** *obs.* verzierte Pferdedecke. **2.** *pl colloq.* a) ‚Siebensachen' *pl*, b) Gepäck *n.*

trap³ [træp] *s geol. min.* Trapp *m.*

trap door *s* **1.** Fall-, Klapptür *f*, (*aer.* Boden)Klappe *f.* **2.** *thea.* Versenkung *f.* **3.** *Bergbau*: Wettertür *f.*

trapes → **trapse.**

tra·peze [trəˈpiːz; *Am. a.* træ-] *s Artistik, Segeln*: Traˈpez *n.* **traˈpe·zi·form** [-zɪfɔː(r)m] *adj* traˈpezförmig. **traˈpe·zi·um** [-zjəm; -zɪəm] *pl* **-zi·ums, -zi·a** [-ə] *s* **1.** *math.* a) *bes. Br.* Traˈpez *n*, b) *bes. Am.* Trapezoˈid *n.* **2.** *anat.* Traˈpezbein *n*, großes Vieleckbein (*der Handwurzel*).

tra·pe·zo·he·dron [trəˌpiːzəʊˈhedrən; *Am.* -ˈhiː-; *a.* ˌtræpə-] *pl* **-drons, -dra** [-drə] *s math.* Trapezoˈeder *n.*

trap·e·zoid [ˈtræpɪzɔɪd] **I** *s* **1.** *math.* a) *bes. Am.* Traˈpez *n*, b) *bes. Br.* Trapezoˈid *n.* **2.** *anat.* Trapezoˈidbein *n*, kleines Vieleckbein (*der Handwurzel*). **II** *adj* → **trapezoidal.** **ˌtrap·eˈzoi·dal** *adj math.* a) *bes. Am.* traˈpezförmig, b) *bes. Br.* trapezoˈid.

ˈtrap·per *s* Trapper *m*, Fallensteller *m*, Pelztierjäger *m.*

ˈtrap·pings *s pl* **1.** Staatsgeschirr *n* (*für Pferde*). **2.** *fig.* a) ‚Staat' *m*, Schmuck *m*, b) Drum u. Dran *n*, ‚Verzierungen' *pl.*

Trap·pist [ˈtræpɪst] *relig.* **I** *s* Trapˈpist *m.* **II** *adj* Trappisten...

trap·py [ˈtræpɪ] *adj* tückisch (*Boden etc*).

trapse [treɪps] *v/i* **1.** (daˈhin)latschen, (-)zotteln. **2.** (herˈum)schlendern.

ˈtrap|ˌshoot·ing *s sport* Trapschießen *n.* **~ stair(s)** *s* Falltreppe *f.*

trash [træʃ] **I** *s* **1.** *bes. Am.* Abfall *m*, Abfälle *pl*, Müll *m.* **2.** Schund *m*, Kitsch *m* (*Bücher etc*). **3.** ‚Blech' *n*, ‚Quatsch' *m*, Unsinn *m*: **to talk ~.** **4.** Gesindel *n*, Ausschuß *m*: **white ~** *sl.* (*die*) arme weiße Bevölkerung (*im Süden der USA*). **5.** Reisig *n.* **6.** a) Baˈgasse *f* (*ausgepreßter Stengel des Zuckerrohrs*), b) Kornhülsen *pl.* **II** *v/t* **7.** *bes. Am.* demoˈlieren, zerstören (*a. fig. Umwelt etc*). **8.** *bes. Am.* a) wegwerfen, b) *fig. Vorstellung etc* ablegen, aufgeben. **~ can** *s Am.* **1.** Abfall-, Mülleimer *m.* **2.** Abfall-, Mülltonne *f.*

trash·i·ness [ˈtræʃɪnɪs] *s* Wertlosigkeit *f*, Minderwertigkeit *f.* **ˈtrash·y** *adj* (*adv* **trashily**) wertlos, minderwertig, kitschig, Schund..., Kitsch...

trass [træs] *s geol.* Traß *m*, Tuffstein *m.*

trau·ma [ˈtrɔːmə; ˈtraʊmə] *s* Trauma *n*: a) *med.* Wunde *f*, Verletzung *f*, b) *psych.* seelischer Schock, seelische Erschütterung. **trauˈmat·ic** [-ˈmætɪk] *adj* (*adv* **~ally**) *med. psych.* trauˈmatisch: **~ experience (neurosis, psychosis); ~ cataract** *med.* Wundstar *m*; **~ medicine** Unfallmedizin *f*; **~ tissue** *med.* Wundgewebe *n.* **trau·ma·tism** [ˈtrɔːmətɪzəm; ˈtraʊ-] *s med. psych.* Traumaˈtismus *m.* **ˈtrau·ma·tize** *v/t med. psych.* traumatiˈsieren.

tra·vail [ˈtræveɪl; *Am. a.* trəˈveɪl] *obs. od. rhet.* **I** *s* **1.** mühevolle Arbeit. **2.** *med.* Kreißen *n*, (Geburts)Wehen *pl*: **to be in ~** → 5. **3.** *fig.* Pein *f*, Seelenqual *f*: **to be in ~ with** schwer ringen mit. **II** *v/i* **4.** sich (ab)mühen. **5.** *med.* kreißen, in den Wehen liegen.

trav·el [ˈtrævl] **I** *s* **1.** Reisen *n*, Reiseverkehr *m.* **2.** *meist pl* (längere) Reise. **3.** *pl, a.* **book of ~(s)** Reisebeschreibung *f.* **4.** *tech.* Bewegung *f*, Lauf *m*, Weg *m*, (Kolben- *etc*)Hub *m*: **the ~ of a piston; ~ shot** (*Film*) Fahraufnahme *f.* **II** *v/i pret u. pp* **-eled,** *bes. Br.* **-elled** **5.** reisen, e-e Reise machen: **to ~ through** durchreisen, -fahren. **6.** *econ.* reisen (**in** in *e-r Ware*), als (Handels)Vertreter arbeiten (**for** für). **7.** a) *astr. phys. tech.* sich bewegen, b) *phys.* sich fortpflanzen: **light ~s faster than sound.** **8.** *tech.* sich ˈhin- u. ˈherbewegen, laufen (*Kolben etc*). **9.** *bes. fig.* schweifen, wandern: **his glance ~(l)ed over the crowd.** **10.** den Transˈport (*gut etc*) vertragen (*bes. verderbliche Ware*). **11.** *colloq.* a) ‚e-n Zahn draufhaben', b) sausen. **III** *v/t* **12.** *ein Land, a. econ. e-n Vertreterbezirk* bereisen, *ein Gebiet* durchˈwandern, *e-e Strecke* zuˈrücklegen. **~ a·gen·cy** *s* ˈReisebüˌro *n.* **~ al·low·ance** *s* Reisekostenzuschuß *m.* **~ bu·reau** *s a. irr* ˈReisebüˌro *n.*

trav·eled, *bes. Br.* **trav·elled** [ˈtrævld] *adj* **1.** (weit-, viel)gereist, (weit) herˈumgekommen (*Person*). **2.** (viel)befahren (*Straße etc*).

ˈtrav·el·er, *bes. Br.* **ˈtrav·el·ler** *s* **1.** Reisende(r *m*) *f.* **2.** Weitgereiste(r *m*) *f.* **3.** *econ.* (Handels)Vertreter *m*, Handlungsreisende(r) *m.* **4.** *tech.* Laufstück *n*, *bes.* a) Laufkatze *f*, b) Hängekran *m.*

trav·el·(l)er's| check (*Br.* **cheque**) *s* Reisescheck *m*, Travellerscheck *m.* **ˈ~-joy** *s bot.* Waldrebe *f.*

ˈtrav·el·ing, *bes. Br.* **ˈtrav·el·ling** **I** *adj* **1.** reisend, wandernd: **~ salesman** (Handels)Vertreter *m*, Handlungsreisende(r) *m.* **2.** Reise...: **~ bag (case, clock, rug)** Reisetasche *f* (-koffer *m*, -wecker *m*, -decke *f*). **3.** fahrbar, Wander..., auf Rädern: **~ circus** Wanderzirkus *m*; **~ library** Wanderbücherei *f.* **4.** *tech.* fahrbar, Lauf...: **~ crab** Laufkatze *f*; **~ crane** Laufkran *m*; **~ grate** Wanderrost *m*; **~ table** fahrbarer Arbeitstisch. **5.** *phys.* fortschreitend, wandernd, Wander...: **~ wave.** **II** *s* **6.** Reisen *n.* **~ fel·low·ship, ~ schol·ar·ship** *s* ˈReise-, ˈAuslandsstiˌpendium *n.* **~ stair·case** *s*, **~ stairs** *s pl* Rolltreppe *f.*

trav·el·la·tor [ˈtrævəleɪtə] *s Br.* Rollsteig *m.*

trav·e·logue, *Am. a.* **trav·e·log** [ˈtrævəlɒg; *Am. a.* -ˌlɑg] *s* Reisebericht *m* (*Vortrag, meist mit Lichtbildern*).

ˈtrav·el|-sick *adj* reisekrank. **~ sick·ness** *s* Reisekrankheit *f.* **~ writ·er** *s* Reiseschriftsteller *m.*

tra·vers·a·ble [ˈtrævə(r)səbl; trəˈvɜːsəbl; *Am.* -ˈvɜrs-] *adj* **1.** (leicht) durch- *od.* überˈquerbar: **a ~ desert.** **2.** pasˈsierbar, befahrbar. **3.** *tech.* (aus)schwenkbar.

tra·vers·al → **traverse** 16.

trav·erse [ˈtrævə(r)s; trəˈvɜːs; *Am.* -ˈvɜrs] **I** *v/t* **1.** durch-, überˈqueren: **to ~ a desert.** **2.** durchˈziehen, -ˈfließen: **a district ~d by canals.** **3.** überˈspannen, führen über (*acc*): **a bridge ~s the river.** **4.** auf und ab gehen in (*dat*): **to ~ the room.** **5.** *tech., a. mil.* (aus)schwenken: **to ~ a gun.** **6.** *Linien etc* kreuzen, schneiden. **7.** *tech.* querhobeln. **8.** *fig. etwas* ˈdurchgehen, (sorgfältig) ˈdurcharbeiten. **9.** *fig.* durchˈkreuzen: **to ~ s.o.'s plan.** **10.** *mar. das Schiff* kreuzen. **11.** *jur.* a) *ein Vorbringen* bestreiten, b) Einspruch erheben gegen (*e-e Klage*). **12.** *mount. Skisport*: *e-n Hang* queren. **II** *v/i* **13.** *tech.* sich drehen. **14.** *sport* traverˈsieren: a) *fenc.* seitwärts ausfallen, b) *Reitsport*: querspringen. **15.** *mount. Skisport*: queren. **III** *s* **16.** Überˈquerung *f*, Durchˈfahren *n*, -ˈquerung *f.* **17.** *arch.* a) Quergitter *n*, b) Querwand *f*, c) Quergang *m*, d) Traˈverse *f*, Querbalken *m*, -stück *n.* **18.** *math.* Transverˈsale *f*, Schnittlinie *f.* **19.** *mar.* Koppelkurs *m*: **to work** (*od.* **solve**) **a ~** die Kurse koppeln. **20.** *mil.* a) Traˈverse *f*, Querwall *m* (*e-r Festung*), b) Schulterwehr *f.* **21.** *mil.* Schwenken *n* (*e-s Geschützes*). **22.** *bes. tech.* a) Schwenkung *f* (*e-r Maschine*), b) schwenkbarer Teil. **23.** *surv.* Polyˈgon(zug *m*) *n.* **24.** *jur.* a) Bestreitung *f*, b) Einspruch *m.* **25.** *mount. Skisport*: a) Queren *n* (*e-s Hanges*), b) Quergang *m.* **IV** *adj* (*adv* **~ly**) **26.** Quer..., querlaufend: **~ drill** *tech.* Querbohrer *m*; **~ motion** Schwenkung *f.* **27.** Zickzack...: **~ sailing** *mar.* Koppelkurs *m.* **28.** sich kreuzend: **two ~ lines.**

traˈvers·ing| fire *s mil.* Breitenfeuer *n.* **~ pul·ley** *s tech.* Laufrad *n.*

trav·er·tine [ˈtrævə(r)tiːn; -tɪn], *a.* **ˈtrav·er·tin** [-tɪn] *s geol.* Traverˈtin *m.*

trav·es·ty [ˈtrævɪstɪ] **I** *s* **1.** Traveˈstie *f* (*komisch-satirische Umgestaltung*). **2.** *fig.* Zerrbild *n*, Karikaˈtur *f*: **a ~ of justice** ein Hohn auf die Gerechtigkeit. **II** *v/t* **3.** traveˈstieren. **4.** *fig.* ins Lächerliche ziehen, kariˈkieren.

trawl [trɔːl] *mar.* **I** *s* **1.** (Grund)Schleppnetz *n.* **2.** Lang-, Kurrleine *f.* **II** *v/t u. v/i* **3.** mit dem Schleppnetz fischen. **ˈtrawl·er** *s* (Grund)Schleppnetzfischer *m* (*Boot od. Person*).

trawl| line → **trawl** 2. **~ net** → **trawl** 1.

tray [treɪ] *s* **1.** Taˈblett *n*, *bes.* Serˈvier- *od.* Teebrett *n*, *a.* Präsenˈtierteller *m.* **2.** (ˈumgehängtes) Verkaufsbrett, ‚Bauchladen' *m.* **3.** *econ.* Auslagekästchen *n*: **jewel(l)er's ~.** **4.** flache Schale. **5.** *phot.* Entwicklerschale *f od.* -rahmen *m.* **6.** Ablagekorb *m* (*im Büro*). **7.** (Koffer)Einsatz *m.* **~ ag·ri·cul·ture** → **hydroponics.**

treach·er·ous [ˈtretʃərəs] *adj* (*adv* **~ly**) **1.** verräterisch, treulos (**to** gegen). **2.** (heim)tückisch, ˈhinterhältig. **3.** *fig.* trügerisch, tückisch: **~ ice; ~ memory** unzuverlässiges Gedächtnis. **ˈtreach·er·ous·ness** *s* **1.** Treulosigkeit *f*, Verräteˈrei *f.* **2.** *a. fig.* Tücke *f.* **ˈtreach·er·y** *s* **1.** (**to**) Verrat *m* (an *dat*), Verräteˈrei *f*, Treulosigkeit *f* (gegen). **2.** Niedertracht *f*, ˈHinterlist *f.*

trea·cle [ˈtriːkl] *s* **1.** *bes. Br.* a) Sirup *m*, Zuckerdicksaft *m*, b) Meˈlasse *f.* **2.** *fig.* a) Süßlichkeit *f* (*der Stimme etc*), b) süßliches Getue. **3.** *med. obs.* Allˈheilmittel *n.* **ˈtrea·cly** [-klɪ] *adj* **1.** sirupartig, Sirup... **2.** *fig.* süßlich.

tread [tred] **I** *s* **1.** Tritt *m*, Schritt *m.* **2.** Trittfläche *f.* **3.** a) Tritt(spur *f*) *m*, b) (*Rad- etc*)Spur *f.* **4.** *tech.* a) Lauffläche *f* (*e-s Rades*), b) *mot.* (ˈReifen)Proˌfil *n.* **5.** Spurweite *f.* **6.** Peˈdalabstand *m* (*am Fahrrad*). **7.** a) Fußraste *f*, Trittbrett *n*, b) (Leiter)Sprosse *f.* **8.** Auftritt *m* (*e-r*

Stufe). **9.** *orn.* a) Treten *n* (*Begattung*), b) Hahnentritt *m* (*im Ei*).

II *v/t pret* **trod** [trɒd; *Am.* trɑd] *obs.* **trode** [trəʊd] *pp* **trod·den** [ˈtrɒdn; *Am.* ˈtrɑdn] *od.* **trod 10.** beschreiten: **to ~ a dangerous path** *fig.* e-n gefährlichen Weg eingeschlagen haben; → **board**[1] 9. **11.** *rhet.* durchˈmessen: **to ~ the room. 12.** *e-n Pfad* treten: **to ~ (down)** a) zertreten, zertrampeln, b) festtreten; **to ~ mud into the carpet** Schmutz in den Teppich eintreten; **to ~ out** *Feuer* austreten; **to ~ underfoot** herumtreten auf (*dat*). **13.** *e-n Tanzschritt* machen: → **measure** 10. **14.** *Pedale etc, a. Wasser* treten. **15.** *orn.* treten (*begatten*): **to ~ a hen.**

III *v/i* **16.** treten (**on** auf *acc*): **to ~ lightly** (*od.* **softly**) a) leise auftreten, b) *fig.* vorsichtig zu Werke gehen; → **air**[1] 1, toe 1. **17.** (einˈher)schreiten: → **angel** 1. **18. to ~ (up)on** a) herumtrampeln auf (*dat*), b) zertrampeln. **19.** *fig.* unmittelbar folgen (**on** auf *acc*): → **heel** *Bes. Redew.* **20.** *orn.* a) treten (*Hahn*), b) sich paaren.

trea·dle [ˈtredl] **I** *s* **1.** Tretkurbel *f*, Tritt *m*: **~ drive** Fußantrieb *m*. **2.** Peˈdal *n*. **II** *v/t* **3.** mit dem Fuß bedienen. **III** *v/i* **4.** ein Peˈdal *etc* bedienen *od.* treten.

ˈtread·mill *s hist.* Tretmühle *f* (*a. fig.*), Tretwerk *n*.

trea·son [ˈtriːzn] *s* **1.** *allg.* Verrat *m* (**to** an *dat*). **2.** *jur.* a) Landesverrat *m*, b) *a.* **high ~**, *Br. a.* **~ felony** Hochverrat *m*. **ˈtrea·son·a·ble** *adj* (landes- *od.* hoch)verräterisch.

treas·ure [ˈtreʒə(r); *Am. a.* ˈtreɪ-] **I** *s* **1.** Schatz *m*: **a ~ of gold; ~s of the soil** Bodenschätze. **2.** Reichtum *m*, Reichtümer *pl*, Schätze *pl*. **3.** *fig.* Schatz *m*, Kostbarkeit *f*: **art ~s** Kunstschätze; **this book is my chief ~** dieses Buch ist mein größter Schatz. **4.** *colloq.* ‚Perle' *f* (*Dienstmädchen etc*). **5.** *colloq.* Schatz *m*, Liebling *m*. **II** *v/t* **6.** *meist* **~ up** auf-, anhäufen, (an)sammeln. **7.** *a.* **~ up** a) (hoch)schätzen, b) hegen, hüten: **to ~ s.o.'s memory** j-s Andenken bewahren *od.* in Ehren halten. **~ house** *s* **1.** Schatzhaus *n*, -kammer *f*. **2.** *fig.* Gold-, Fundgrube *f*. **~ hunt** *s* Schatzsuche *f*.

ˈtreas·ur·er *s* **1.** Schatzmeister(in) (*a. econ.*), (*e-s Vereins etc a.*) Kassenführer *m*, -wart *m*. **2.** *econ. Am.* Leiter *m* der Fiˈnanzabˌteilung. **3.** *Br.* Fisˈkalbeamte(r) *m*: **city ~** Stadtkämmerer *m*; **T~ of the Household** Fiskalbeamter des königlichen Haushalts. **ˈtreas·ur·er·ship** *s* Schatzmeisteramt *n*, Amt *n* e-s Kassenwarts.

treas·ure trove *s* **1.** *jur.* (herrenloser) Schatzfund. **2.** *fig.* Gold-, Fundgrube *f*.

treas·ur·y [ˈtreʒərɪ; *Am. a.* ˈtreɪ-] *s* **1.** Schatzkammer *f*, -haus *n*. **2.** *pol.* a) Schatzamt *n*, b) Staatsschatz *m*: **Lords** (*od.* **Commissioners**) **of the T~** (*das*) brit. Finanzministerium; **First Lord of the T~** erster Schatzlord (*meist der Premierminister*). **3.** Fiskus *m*, Staatskasse *f*. **4.** Schatztruhe *f*. **5.** Schatz(kästlein *n*) *m*, Sammlung *f*, Antholoˈgie *f* (*als Buchtitel*). **T~ Bench** *s parl. Br.* Reˈgierungsbank *f*. **~ bill** *s econ.* (*kurzfristiger*) Schatzwechsel. **T~ Board** *s Br.* Fiˈnanzminiˌsterium *n*. **~ bond** *s econ. Am.* (*langfristige*) Schatzanweisung. **~ cer·tif·i·cate** *s econ. Am.* (*kurzfristiger*) Schatzwechsel. **T~ De·part·ment** *s Am.* Fiˈnanzminiˌsterium *n*. **~ note** *s econ. Am.* (*mittelfristiger*) Schatzwechsel *m*. **~ war·rant** *s econ. Br.* Schatzanweisung *f*.

treat [triːt] **I** *v/t* **1.** behandeln, ˈumgehen mit: **to ~ s.o. brutally. 2.** betrachten, behandeln (**as** als): **to ~ s.th. as a joke. 3.** a) *chem. med. tech.* behandeln (**for** gegen; **with** mit), b) *chem. Abwässer* klären. **4.** *ein Thema etc, a. künstlerisch* behandeln. **5.** *j-m* e-n Genuß bereiten, *bes. j-n* bewirten (**to** mit): **to ~ o.s. to a bottle of champagne** sich e-e Flasche Champagner leisten *od.* genehmigen *od.* gönnen; **to ~ s.o. to s.th.** j-m etwas spendieren; **to be ~ed to s.th.** in den Genuß e-r Sache kommen. **II** *v/i* **6. ~ of** handeln von: **to ~ of an interesting topic** ein interessantes Thema behandeln. **7. ~ with** verhandeln mit (**for** über *acc*). **8.** a) (die Zeche) bezahlen, b) e-e Runde ausgeben. **III** *s* **9.** (Extra)Vergnügen *n*, *bes.* (Fest)Schmaus *m*: **school ~** Schulfest *n od.* -ausflug *m*. **10.** *colloq.* (Hoch)Genuß *m*, Wonne *f*, ‚Fest' *n*. **11.** (Gratis)Bewirtung *f*: **to stand ~** → 8; **it is my ~** es geht auf m-e Rechnung, diesmal bezahle ˈich.

trea·tise [ˈtriːtɪz; -tɪs] *s* (wissenschaftliche) Abhandlung.

treat·ment [ˈtriːtmənt] *s* **1.** Behandlung *f* (*a. med. chem. tech.*): **to give s.th. full ~** *fig.* etwas gründlich behandeln *od.* erfassen; **to give s.o. the (full) ~** *colloq.* a) j-n entsprechend behandeln, b) j-n ‚in die Mangel nehmen'; **to receive regular ~** *med.* in ständiger Behandlung sein; **~ expenses** *med.* Arzt- u. Arzneikosten, Behandlungskosten. **2.** Behandlung *f*, Handhabung *f* (*e-s Themas etc*). **3.** *tech.* a) Bearbeitung *f*, b) Bearbeitungsverfahren *n*. **4.** *Film*: Treatment *n* (*erweitertes Handlungsschema*).

trea·ty [ˈtriːtɪ] *s* **1.** (*bes.* Staats)Vertrag *m*, Pakt *m*. **2.** *econ.* Rückversicherungsvertrag *m*. **3.** *obs.* Verhandlung *f*: **to be in ~ with s.o. for s.th.** mit j-m über etwas verhandeln. **~ port** *s mar. hist.* Vertragshafen *m*. **~ pow·ers** *s pl pol.* Vertragsmächte *pl*.

tre·ble [ˈtrebl] **I** *adj* (*adv* **trebly**) **1.** dreifach. **2.** *math.* dreistellig. **3.** *mus.* Diskant..., Sopran... **4.** hoch, schrill. **II** *s* **5.** *mus.* Disˈkant *m*: a) Soˈpran *m*, b) Oberstimme *f*, c) Disˈkantlage *f*, d) Disˈkantsänger(in) *od.* -stimme *f*. **6.** *Radio*: Höhen *pl*: **~ control** Höhenregler *m*. **III** *v/t u. v/i* **7.** (sich) verdreifachen.

tre·cen·to [treɪˈtʃentəʊ] *s* Treˈcento *n* (*italienischer Kunststil des 14. Jhs.*).

tre·de·cil·lion [ˌtriːdɪˈsɪljən] *s* **1.** *Br.* Treˈdezillion *f* (10^{78}). **2.** *Am.* Septillion *f* (10^{42}).

tree [triː] **I** *s* **1.** Baum *m*: *he's sitting* **in the ~** auf dem Baum; **to be up a ~** *colloq.* ‚in der Klemme' sein *od.* sitzen *od.* stecken; **~ of knowledge (of good and evil)** *Bibl.* Baum der Erkenntnis (von Gut u. Böse); **~ of heaven** (Ostasiatischer) Götterbaum; **~ of life** a) *Bibl.* Baum des Lebens, b) *bot.* Lebensbaum; → **bark**[2] 1, **top**[1] 2, **wood** 1. **2.** (*Rosen- etc*)Strauch *m*, (*Bananen- etc*)Staude *f*. **3.** *tech.* Baum *m*, Schaft *m*, Balken *m*, Welle *f*. **4.** (Holz)Gestell *n*. **5.** → **family tree. 6.** *chem.* Kriˈstallbaum *m*. **7.** (Stiefel)Leisten *m*. **II** *v/t* **8.** auf e-n Baum treiben *od.* jagen. **9.** *Am. colloq. j-n* in die Enge treiben. **~ creep·er** *s orn.* Baumläufer *m*. **ˈ~ˌdoz·er** *s tech.* Baumräumer *m* (*Planierraupe*). **~ fern** *s bot.* Baumfarn *m*. **~ frog** *s zo.* Baum-, Laubfrosch *m*.

tree·less [ˈtriːlɪs] *adj* baumlos, kahl.

tree| line *s* Baumgrenze *f*. **ˈ~nail** *s tech.* Holznagel *m*, Dübel *m*. **~ nurs·er·y** *s* Baumschule *f*. **~ sur·geon** *s* ˈBaumchirˌurg *m*. **~ toad** → **tree frog. ˈ~top** *s* Baumkrone *f*, -wipfel *m*.

tre·foil [ˈtrefɔɪl; ˈtriː-] *s* **1.** *bot.* Klee *m*. **2.** *arch.* Dreipaß *m*. **3.** *bes. her.* Kleeblatt *n*. **~ arch** *s arch.* Kleeblattbogen *m*.

trek [trek] **I** *v/i* **1.** *S.Afr.* trecken, ziehen, im Ochsenwagen reisen. **2.** e-e lange (gefährliche) Reise machen. **3.** ziehen, marˈschieren. **II** *s* **4.** *S.Afr.* Treck *m*. **5.** lange (gefährliche) Reise.

trel·lis [ˈtrelɪs] **I** *s* **1.** Gitter *n*, Gatter *n*. **2.** *tech.* Gitterwerk *n*. **3.** *agr.* Spaˈlier *n*. **4.** Gartenhäus-chen *n* (*aus Gitterwerk*), Pergola *f*. **II** *v/t* **5.** vergittern: **~ed window** Gitterfenster *n*. **6.** am Spaˈlier ziehen: **~ed vine** Spalierwein *m*. **ˈ~work** *s* Gitterwerk *n* (*a. tech.*).

trem·a·tode [ˈtremətəʊd] *s zo.* Saugwurm *m*.

trem·ble [ˈtrembl] **I** *v/i* **1.** (er)zittern, (er)beben (**at, with** vor *dat*): **to ~ all over** (*od.* **in every limb**) am ganzen Körper beben; **to ~ at the thought** (*od.* **to think**) bei dem Gedanken zittern; → **balance** 2. **2.** zittern, bangen, fürchten (**for** für, um): **to ~ for s.o.'s safety; a trembling uncertainty** e-e bange Ungewißheit. **II** *s* **3.** Zittern *n*, Beben *n*: **she was all of a ~** sie zitterte am ganzen Körper. **4.** *pl* (*als sg konstruiert*) *vet.* Milchfieber *n*. **ˈtrem·bler** *s electr.* a) (ˈHammer-, ˈSelbst)Unterˌbrecher *m*, b) eˈlektrische Glocke *od.* Klingel: **~ bell** Wecker *m* mit Selbstunterbrecher.

ˈtrem·bling *adj* (*adv* **~ly**) zitternd. **~ grass** *s bot.* Zittergras *n*. **~ pop·lar, ~ tree** *s bot.* Zitterpappel *f*, Espe *f*.

trem·blor [ˈtremblər; -ˌblɔːr] *s Am.* Erdbeben *n*.

trem·bly [ˈtremblɪ] *adj colloq.* **1.** zitternd. **2.** ängstlich.

tre·men·dous [trɪˈmendəs] *adj* (*adv* **~ly**) **1.** schrecklich, fürchterlich. **2.** *colloq.* gewaltig, ungeheuer, eˈnorm, kolosˈsal, ‚toll'.

tre·mo·lan·do [ˌtreməˈlɑːndəʊ] *mus.* **I** *adj* tremoˈlando, zitternd. **II** *pl* **-dos** *s* ˈTremolo-Efˌfekt *m*.

trem·o·lite [ˈtreməlaɪt] *s min.* Tremoˈlit *m*.

trem·o·lo [ˈtreməlәʊ] *pl* **-los** *s mus.* Tremolo *n*.

trem·or [ˈtremə(r)] *s* **1.** *med.* Zittern *n*, Zucken *n*: **~ of the heart** Herzflattern *n*. **2.** Zittern *n*, Schau(d)er *m* (*der Erregung*): **in a ~ of** zitternd vor (*dat*). **3.** Angst(gefühl *n*) *f*, Beben *n*: **not without ~s** nicht ohne Bangen. **4.** Beben *n* (*der Erde*). **5.** viˈbrierender Ton.

trem·u·lous [ˈtremjʊləs] *adj* **1.** zitternd, bebend, zitt(e)rig. **2.** ängstlich.

tre·nail [ˈtriːneɪl; ˈtrenl] → **treenail.**

trench [trentʃ] **I** *v/t* **1.** mit Gräben durchˈziehen *od.* (*mil.*) befestigen. **2.** *Br.* einkerben, furchen. **3.** *agr.* tief ˈumpflügen, riˈgolen. **4.** zerschneiden, -teilen. **II** *v/i* **5.** (*mil.* Schützen)Gräben ausheben. **6.** *geol.* sich (ein)graben (*Fluß etc*). **7. ~ (up)on** *fig.* ˈübergreifen auf (*acc*), in *j-s Rechte* eingreifen, beeinträchtigen (*acc*). **8. ~ (up)on** *fig.* hart grenzen an (*acc*): **that ~ed upon heresy. III** *s* **9.** (*mil.* Schützen)Graben *m*. **10.** Einschnitt *m*, Furche *f*, tiefe Rinne. **11.** *Bergbau*: Schramm *m*.

trench·an·cy [ˈtrentʃənsɪ] *s* Schärfe *f*, (*das*) Schneidende. **ˈtrench·ant** *adj* (*adv* **~ly**) **1.** scharf, schneidend: **~ sarcasm. 2.** eˈnergisch, einschneidend: **a ~ policy. 3.** scharf, präˈzis(e): **a ~ analysis. 4.** *poet.* scharf: **a ~ blade.**

trench coat *s* Trenchcoat *m*.

ˈtrench·er[1] *s* **1.** *bes. hist.* Tranˈchier-, Schneidebrett *n*. **2.** *obs.* Speise *f*.

ˈtrench·er[2] *s* Schanzarbeiter *m*.

trench·er| cap → **mortarboard** 2. **~ com·pan·ions** *s pl* Tischgenossen *pl*. **ˈ~man** [-mən] *s irr* (*guter etc*) Esser.

trench| fe·ver *s med.* Schützengrabenfieber *n*. **~ foot** *s med.* Schützengrabenfüße *pl* (*Fußbrand*). **~ gun, ~ mor·tar** *s* *mil.* Gra'natwerfer *m.* ~ **mouth** *s med.* An'gina *f* Plaut-Vin'centi. ~ **per·i·scope** *s mil.* Grabenspiegel *m.* ~ **plough,** *bes. Am.* ~**plow** *s* Grabenpflug *m.* ~ **war·fare** *s mil.* Stellungskrieg *m.*

trend [trend] **I** *s* **1.** (Ver)Lauf *m*: **the ~ of events. 2.** (allgemeine) Richtung (*a. fig.*). **3.** Entwicklung *f*, Ten'denz *f*, Trend *m* (*alle a. econ.*): **downward** ~ *econ.* fallende Tendenz; **the ~ of his argument was** s-e Beweisführung lief darauf hinaus; ~ **in** (*od.* **of**) **prices** *econ.* Preistendenz. **4.** Bestrebung *f*, Neigung *f*, Zug *m*: **modern ~s in theology. 5.** *math.* Trend *m*, Strich *m*, Grundbewegung *f*: ~ **ordinate** Trendwert *m.* **6.** *geol.* Streichrichtung *f.* **II** *v/i* **7.** e-e Richtung haben *od.* nehmen, sich neigen (**towards** nach *e-r bestimmten Richtung*), streben, ten'dieren: **to ~ away from** sich abzukehren beginnen von. **8.** sich erstrecken, laufen (**towards** nach *Süden etc*). **9.** *geol.* streichen (**to** nach). ~ **a·nal·y·sis** *s econ.* Konjunk'turana,lyse *f.* '~,**set·ter** *s Mode etc*: j-d, der den Ton angibt; Schrittmacher *m*, Trendsetter *m.* '~,**set·ting** *adj* tonangebend.

tren·dy ['trendɪ] *bes. Br. colloq.* **I** *adj* mo'dern: **to be** ~ als ‚schick' gelten, ‚in' sein; **to be a ~ dresser** sich modern kleiden. **II** *s* j-d, der sich bewußt mo'dern gibt: **the trendies** *pl* die Schickeria.

tre·pan[1] [trɪ'pæn] **I** *s* **1.** *med.* Tre'pan *m*, Schädelbohrer *m.* **2.** *tech.* 'Bohrma,schine *f.* **3.** *geol.* Stein-, Erdbohrer *m.* **II** *v/t* **4.** *med.* trepa'nieren, *j-m* den Schädel öffnen.

tre·pan[2] [trɪ'pæn] *v/t obs.* **1.** betrügen, über'listen. **2.** locken (**into** in *acc*). **3.** verlocken, -leiten (**into** zu).

tre·pang [trɪ'pæŋ] *s zo.* Trepang *m* (*eßbare Seewalze*).

tre·phine [trɪ'fiːn; *Am.* 'triː,faɪn] *med.* **I** *s* Tre'phine *f*, Schädelsäge *f*, -bohrer *m.* **II** *v/t* → **trepan**[1] 4.

trep·i·da·tion [,trepɪ'deɪʃn] *s* **1.** *med.* (Glieder-, Muskel)Zittern *n.* **2.** Beben *n.* **3.** Angst *f*, Beklommenheit *f.*

tres·pass ['trespəs] **I** *v/i* **1.** *jur.* e-e unerlaubte Handlung begehen: **to ~ (up)on** a) 'widerrechtlich betreten; **to ~ on s.o.'s land; no ~ing** Betreten verboten, b) rechtswidrige Übergriffe gegen *j-s Eigentum etc* begehen; **to ~ (up)on s.o.'s property. 2.** ~ **(up)on** 'übergreifen auf (*acc*), eingreifen in (*acc*); **to ~ on s.o.'s rights. 3.** ~ **(up)on** *j-s Zeit etc* über Gebühr in Anspruch nehmen; **to ~ on s.o.'s hospitality (time,** *etc*). **4.** *obs.* (**against**) verstoßen (gegen), sündigen (wider *od.* gegen). **II** *s* **5.** Über'tretung *f*, Vergehen *n*, Verstoß *m.* **6.** 'Mißbrauch *m* (**on** *gen*). **7.** 'Übergriff *m.* **8.** *jur. allg.* unerlaubte Handlung (*Zivilrecht*): a) unbefugtes Betreten, b) Besitzstörung *f*, c) 'Übergriff *m* gegen die Per'son (*z.B. Körperverletzung*). **9.** *a.* **action for ~** *jur.* Schadenersatzklage *f* aus unerlaubter Handlung, *z.B.* Besitzstörungsklage *f.* '**tres·pass·er** *s* **1.** *jur.* a) Rechtsverletzer *m*, b) Unbefugte(r *m*) *f*, c) Besitzstörer *m*: **~s will be prosecuted** Betreten bei Strafe verboten. **2.** *obs.* Sünder(in).

tress [tres] *s* **1.** (Haar)Flechte *f*, Zopf *m.* **2.** Locke *f.* **3.** *pl* offenes (gelocktes) Haar, Lockenfülle *f.* **tressed** *adj* **1.** geflochten. **2.** gelockt.

tres·sure ['treʃə(r)] *s her.* Saum *m.*

tres·tine ['trestaɪn] *s hunt.* dritte Sprosse (*des Hirschgeweihs*).

tres·tle ['tresl] *s* **1.** *tech.* Gestell *n*, Gerüst *n*, Bock *m*, Schragen *m.* **2.** *mil.* Brückenbock *m*: ~ **bridge** Bockbrücke *f.* ~ **board** *s* Platte *f* (*zum Auflegen auf Böcke*). ~ **ta·ble** *s* (*auf Böcke gestellter*) Zeichentisch. '**~-tree** *s mar.* Längssaling *f.* '**~work** *s* **1.** Gerüst *n.* **2.** *Am.* 'Eisenbahnvia,dukt *m*, Brücke *f* aus Strebepfeilern.

trews [truːz] *s pl, a.* **pair of ~** *Scot.* enge Hose aus ka'riertem Stoff.

trey [treɪ] *s* Drei *f* (*im Kartenspiel etc*).

tri·a·ble ['traɪəbl] *adj jur.* a) zu verhandeln(d), justiti'abel (*Sache*), b) belangbar, abzuurteilen(d) (*Person*).

tri·ac·id [traɪ'æsɪd] *chem.* **I** *s* dreibasige Säure, Tricar'bonsäure *f.* **II** *adj* dreisäurig (*Basen*).

tri·ad ['traɪəd; -æd] *s* **1.** Tri'ade *f*: a) Dreiheit *f*, -zahl *f*, b) *chem.* dreiwertiges Ele'ment, c) *math.* Trias *f*, Dreiergruppe *f.* **2.** *mus.* Dreiklang *m.*

tri·ag·o·nal [traɪ'ægənl] *adj* dreieckig, -wink(e)lig.

tri·al ['traɪəl] **I** *s* **1.** Versuch *m* (**of** mit), Erprobung *f*, Probe *f*, Prüfung *f* (*alle a. tech.*): ~ **and error** a) empirische Methode, (Herum)Probieren *n*, b) *math.* Regula *f* falsi; ~ **of strength** Kraftprobe *f*; **on ~** auf *od.* zur Probe; **to be on ~** a) e-e Probezeit durchmachen, b) *fig.* auf dem Prüfstand sein (→ 2); **on the first ~** beim ersten Versuch; **by way of ~** versuchsweise; **to give s.o. (s.th.) a ~** e-n Versuch mit j-m (etwas) machen, j-n (etwas) testen. **2.** *jur.* ('Straf- *od.* Zi'vil)Pro,zeß *m*, Gerichtsverfahren *n*, (Haupt)Verhandlung *f*: **at the ~ of** im Prozeß gegen; **~ by jury** Schwurgerichtsverfahren; **new ~** Wiederaufnahmeverfahren; **to bring s.o. up for** (*od.* **to**) **~, to put s.o. to** (*od.* **on**) **~** j-n vor Gericht bringen; **to stand** (**one's**) **~, to be on ~** sich vor Gericht verantworten (→ 1); **(in)capable of standing ~, (un)fit to stand ~** verhandlungs(un)fähig. **3.** *fig.* a) (Schicksals)Prüfung *f*, Heimsuchung *f*, b) Last *f*, Plage *f*, (Nerven)Belastung *f*, c) Stra'paze *f* (*alle* **to** für *j-n*). **4.** *sport* a) Ausscheidungsrennen *n*, Vorlauf *m*, b) → **trial match. II** *adj* **5.** Versuchs..., Probe... **6.** *jur.* Verhandlungs... ~ **bal·ance** *s econ. math.* 'Rohbi,lanz *f.* ~ **bal·loon** *s Am.* Ver'suchsbal,lon *m* (*a. fig.*). ~**bor·ing** *s tech.* Probe-, Versuchsbohrung *f.* ~ **court** *s jur.* 'erstin,stanzliches Gericht. ~ **dock·et** *s jur. Am.* Pro'zeßliste *f*, Ter'minka,lender *m.* ~ **fire** *s mil.* Ein-, An-, Probeschießen *n.* ~ **flight** *s aer.* Probe-, Testflug *m.* ~ **judge** *s jur.* Richter *m* der ersten In'stanz. ~ **ju·ry** → **petty jury.** ~ **law·yer** *s jur. Am.* Pro'zeßanwalt *m.* ~ **mar·riage** *s* Ehe *f* auf Probe. ~**match** *s sport* Ausscheidungs-, Qualifikati'onsspiel *n.*

tri·a·logue ['traɪəlɒg; *Am. a.* -,lɑg] *s* Dreiergespräch *n.*

tri·al| or·der *s econ.* Probeauftrag *m.* ~ **pack·age** *s* Probepackung *f.* ~ **run** *s tech.* Probelauf *m* (*e-r Maschine etc*), *mot.* Probefahrt *f*: **to give s.o. (s.th.) a ~** *fig.* e-n Versuch mit j-m (etwas) machen, j-n (etwas) testen.

tri·an·drous [traɪ'ændrəs] *adj bot.* tri'andrisch, mit drei Staubgefäßen.

tri·an·gle ['traɪæŋgl] *s* **1.** *math.* Dreieck *n.* **2.** *mus.* a) Triangel *m*, b) *hist.* (*dreieckiges*) Spi'nett. **3.** a) Reißdreieck *n*, b) Winkel *m* (*zum technischen Zeichnen*). **4.** *tech.* Gestängekreuz *n.* **5.** T~ *astr.* Triangel *m*, Dreieck *n* (*Sternbild*). **6.** *meist* **eternal ~** *fig.* Dreiecksverhältnis *n.*

tri·an·gu·lar [traɪ'æŋgjʊlə(r)] *adj* **1.** *math. tech.* dreieckig, -wink(e)lig, -seitig, -kantig: ~ **compasses** dreischenk(e)liger Zirkel; ~ **number** Dreiecks-, Trigonalzahl *f.* **2.** *fig.* dreiseitig, drei Par'teien *etc* um'fassend: ~ **agreement**; ~ **operations** (*od.* **transactions**) *econ.* Dreiecksgeschäfte; ~ **relationship** Dreiecksverhältnis *n.* **3.** *mil.* dreigliedrig: ~ **division. tri,an·gu'lar·i·ty** [-'lærətɪ] *s* Dreiecksform *f.*

tri·an·gu·late I *v/t* [traɪ'æŋgjʊleɪt] **1.** dreieckig machen. **2.** *surv.* triangu'lieren. **II** *adj* [-lət] **3.** aus Dreiecken zs.-gesetzt.

Tri·as ['traɪəs] → **Triassic.**

Tri·as·sic [traɪ'æsɪk] *geol.* **I** *s* 'Trias(formati,on) *f.* **II** *adj* tri'assisch, Trias...

tri·a·tom·ic [,traɪə'tɒmɪk; *Am.* -'tɑ-] *adj chem.* 'dreia,tomig.

trib·a·dism ['trɪbədɪzəm] *s* Triba'die *f*, lesbische Liebe.

trib·al ['traɪbl] *adj* **1.** Stammes... **2.** *bot. zo.* Tribus... '**trib·al·ism** [-bəlɪzəm] *s* **1.** 'Stammessy,stem *n.* **2.** Stammesgefühl *n.*

tri·bas·ic [traɪ'beɪsɪk] *adj chem.* drei-, tribasisch.

tribe [traɪb] *s* **1.** (Volks)Stamm *m.* **2.** Gruppe *f.* **3.** *bot. zo.* Tribus *f*, Klasse *f.* **4.** *humor. od. contp.* Sippschaft *f*, ‚Verein' *m.* **tribes·man** ['traɪbzmən] *s irr* Stammesangehörige(r) *m*, -genosse *m.*

trib·let ['trɪblɪt] *s tech.* Reibahle *f.*

tri·bol·o·gy [traɪ'bɒlədʒɪ; *Am.* -'bɑ-] *s* Tribolo'gie *f* (*Lehre von Reibung u. Verschleiß gegeneinander bewegter Körper*).

tri·brach ['trɪbræk; *Am.* 'traɪ-] *s metr.* Tribrachys *m* (*Versfuß von 3 kurzen Silben*).

trib·u·la·tion [,trɪbjʊ'leɪʃn] *s* Drangsal *f*, 'Widerwärtigkeit *f*, Leiden *n.*

tri·bu·nal [traɪ'bjuːnl; trɪ-] *s* **1.** *jur.* Gericht(shof *m*) *n*, Tribu'nal *n* (*a. fig.*). **2.** Richterstuhl *m* (*a. fig.*). **trib·u·nate** ['trɪbjʊnɪt; *bes. Am.* -neɪt] *s* **1.** *antiq.* Tribu'nat *n.* **2.** Gruppe *f* von Tri'bunen.

trib·une[1] ['trɪbjuːn] *s* **1.** *antiq.* ('Volks-)Tri,bun *m*: **military ~** Kriegstribun. **2.** Verfechter *m* der Volksrechte, Volksheld *m.*

trib·une[2] ['trɪbjuːn] *s* **1.** Tri'büne *f.* **2.** Rednerbühne *f.* **3.** Bischofsthron *m.*

trib·u·tar·i·ness ['trɪbjʊtərɪnɪs; *Am.* -,teriːnɪs] *s* Zinspflichtigkeit *f.* '**trib·u·tar·y** [-tərɪ; *Am.* -,teriː] **I** *adj* (*adv* **tributarily**) **1.** tri'but-, zinspflichtig (**to** *dat*). **2.** 'untergeordnet (**to** *dat*). **3.** helfend, beisteuernd (**to** zu). **4.** *geogr.* Neben...: ~ **stream. II** *s* **5.** Tri'butpflichtige(r *m*) *f*, *a.* tri'butpflichtiger Staat. **6.** *geogr.* Nebenfluß *m.*

trib·ute ['trɪbjuːt] *s* **1.** Tri'but *m*, Zins *m*, Abgabe *f.* **2.** *fig.* Tri'but *m*: a) Zoll *m*, Beitrag *m*, b) Huldigung *f*, Hochachtung *f*, Achtungsbezeigung *f*, Anerkennung *f*: ~ **of admiration** gebührende Bewunderung; **to pay ~ to s.o.** j-m Hochachtung bezeigen *od.* Anerkennung zollen.

tri·car ['traɪkɑː] *s Br.* Dreiradlieferwagen *m.*

trice[1] [traɪs] *s*: **in a ~** im Nu, im Handumdrehen.

trice[2] [traɪs] *v/t a.* ~ **up** *mar.* aufheißen, -holen.

tri·ceps ['traɪseps] *pl* **-ceps·es,** *a.* **-ceps** *s anat.* Trizeps *m* (*Muskel*).

tri·chi·na [trɪ'kaɪnə] *pl* **-nae** [-niː] *s zo.* Tri'chine *f.* '**trich·i·nize** [-kɪnaɪz] *v/t* mit Tri'chinen anstecken *od.* bevölkern. ,**trich·i'no·sis** [-kɪ'nəʊsɪs] *s med. vet.* Trichi'nose *f.* '**trich·i·nous** *adj* trichi'nös.

tri·chlo·ride [traɪ'klɔːraɪd] *s chem.* Trichlo'rid *n.*

tri·chol·o·gy [trɪ'kɒlədʒɪ; *Am.* -'kɑ-] *s med.* Lehre *f* von den Haarkrankheiten.

tri·cho·ma [trɪ'kəʊmə] *s* **1.** *med. vet.* Tri'chom *n*, Weichselzopf *m.* **2.** → **trichome** 1.

tri·chome ['traɪkəʊm; 'trɪ-] *s* **1.** *bot.* Tri'chom *n*, Pflanzenhaar *n.* **2.** *zo.* Tri'chom *n*, haarartiger Fortsatz.

trich·o·mo·nad [,trɪkəʊ'mɒnæd; *Am.* -kə'məʊ-] *s zo.* Trichomo'nade *f.*

tri·chord [ˈtraɪkɔː(r)d] *adj u. s mus.* dreisaitig(es Instruˈment).

tri·cho·sis [trɪˈkəʊsɪs] *s* Triˈchose *f*, Haarkrankheit *f*.

tri·chot·o·my [trɪˈkɒtəmɪ; *Am.* traɪˈkɑ-] *s* Dreiheit *f*, -teilung *f*.

tri·chro·mat·ic [ˌtraɪkrəʊˈmætɪk] *adj* **1.** *med.* mit norˈmalem Farbensinn (begabt). **2.** *phot.* Dreifarben... **triˈchro·ma·tism** [-ˈkrəʊmətɪzəm] *s* **1.** *med.* Trichromaˈsie *f*. **2.** *phot.* Dreifarbigkeit *f*.

trick [trɪk] **I** *s* **1.** Trick *m*, Kniff *m*, Dreh *m*, List *f*, *pl a.* Schliche *pl*: **full of ~s** raffiniert; **to be up to s.o.'s ~s** j-n *od.* j-s Schliche durchschauen (→ 2); **to know a ~ worth two of that** *colloq.* e-n noch viel besseren Trick wissen; **she never misses a ~** *colloq.* sie läßt sich nichts entgehen. **2.** Streich *m*: **dirty** (*od.* **mean**) **~** gemeiner *od.* übler Streich, Gemeinheit *f*; **~s of fortune** Tücken des Schicksals; **the ~s of the memory** *fig.* die Tücken des Gedächtnisses; **to play s.o. a ~, to play ~s on s.o.** j-m e-n Streich spielen; **to be up to one's ~s** (wieder) Dummheiten *od.* ‚Mätzchen' machen; **what ~s have you been up to?** was hast du angestellt?; **none of your ~s!** keine Mätzchen! **3.** Trick *m*, (*Karten- etc*)Kunststück *n*, Kunstgriff *m*: **card ~**; **to do the ~** *colloq.* den Zweck erfüllen; **that did the ~** *colloq.* damit war es geschafft; **how's ~s?** *colloq.* wie geht's? **4.** Gaukelbild *n*, (Sinnes)Täuschung *f*, Illusiˈon *f*. **5.** (*bes.* üble *od.* dumme) Angewohnheit, Eigenheit *f*: **to have a ~ of doing s.th.** die Angewohnheit haben, etwas zu tun. **6.** (*charakteristischer*) Zug, eigentümlicher Ton (*der Stimme*). **7.** *Kartenspiel*: Stich *m*: **to take** (*od.* **win**) **a ~** e-n Stich machen. **8.** *mar.* Rudertörn *m*. **9.** *Am. sl.* Fahrt *f*, (Dienst)Reise *f*. **10.** *Am. sl.* ‚Mieze' *f* (*Mädchen*). **11.** *vulg.* ‚Nummer' *f* (*Geschlechtsverkehr, bes. e-r Prostituierten*). **II** *v/t* **12.** überˈlisten, betrügen, prellen (**out of** um), ‚reinlegen', ‚austricksen' (*a. sport*). **13. to ~ s.o. into doing s.th.** j-n mit e-m Trick dazu bringen, etwas zu tun. **14.** *meist* **~ up, ~ out, ~ off** schmücken, (auf-, herˈaus)putzen. **III** *adj* **15.** Trick...: **~ film (scene, thief,** *etc*); **~ button** Tricktaste *f* (*am Tonbandgerät*). **16.** Kunst...: **~ flying; ~ rider; ~ cyclist** a) Kunstradfahrer *m*, b) *Br. sl.* Psychiater *m*. **17.** *colloq.* mit ‚Macken': **a ~ car.** **ˈtrick·er** → **trickster.** **ˈtrick·er·y** *s* **1.** Betrügeˈrei *f*, Gauneˈrei *f*. **2.** Betrügeˈreien *pl*. **3.** Kniff *m*.

trick·i·ness [ˈtrɪkɪnɪs] *s* **1.** Verschlagenheit *f*, Durchˈtriebenheit *f*, Raffiˈniertheit *f*. **2.** Unzuverlässigkeit *f*. **3.** ‚Kitz(e)ligkeit' *f* (*e-r Situation etc*). **4.** Kompliˈziertheit *f*. **ˈtrick·ish** → **tricky.**

trick·le [ˈtrɪkl] **I** *v/i* **1.** tröpfeln: **tears were trickling down her cheeks** Tränen kullerten ihr über die Wangen. **2.** rieseln. **3.** sickern (**through** durch): **to ~ out** *fig.* durchsickern. **4.** *fig.* a) tröpfeln, b) grüppchenweise *od.* eins ums andere kommen *od.* gehen *etc*: **to ~ away** allmählich verebben. **5.** trudeln (*Ball etc*). **II** *v/t* **6.** tröpfeln (lassen), träufeln. **7.** rieseln lassen. **III** *s* **8.** Tröpfeln *n*. **9.** Rieseln *n*. **10.** Rinnsal *n* (*a. fig.*). **~ charg·er** *s electr.* Kleinlader *m*.

trick·si·ness [ˈtrɪksɪnɪs] *s* **1.** → **trickiness. 2.** ˈÜbermut *m*.

trick·ster [ˈtrɪkstə(r)] *s* Gauner(in), Schwindler(in).

trick·sy [ˈtrɪksɪ] *adj* **1.** → **tricky. 2.** ˈübermütig.

trick·track [ˈtrɪktræk] *s* Tricktrack *n* (*Brett- u. Würfelspiel*).

trick·y [ˈtrɪkɪ] *adj* (*adv* **trickily**) **1.** verschlagen, durchˈtrieben, raffiˈniert. **2.** unzuverlässig. **3.** heikel, ‚kitz(e)lig': **~ problem (situation,** *etc*). **4.** knifflig, kompliˈziert. **5.** → **trick** 17.

tri·clin·ic [traɪˈklɪnɪk] *adj* triˈklin(isch) (*Kristall*).

tri·col·o(u)r [ˈtrɪkələ; *bes. Am.* ˈtraɪˌkʌlə(r)] **I** *s* Trikoˈlore *f*. **II** *adj* dreifarbig, Dreifarben...

tri·cot [ˈtriːkəʊ; *Am. a.* ˈtraɪkət] *s* Triˈkot *m, a. n* (*Stoff*).

tric·trac → **tricktrack.**

tri·cus·pid [ˌtraɪˈkʌspɪd] **I** *adj* **1.** dreispitzig. **2.** *anat.* trikuspiˈdal. **II** *s anat.* **3.** *a.* **~ valve** Trikuspiˈdalklappe *f*. **4.** Backenzahn *m*.

tri·cy·cle [ˈtraɪsɪkl] **I** *s* Dreirad *n*. **II** *v/i* Dreirad fahren.

tri·dent [ˈtraɪdnt] **I** *s* Dreizack *m* (*a. des Neptun*). **II** *adj* → **tridental. triˈden·tal** [-ˈdentl], **triˈden·tate** [-teɪt] *adj* dreizackig, Dreizack...

Tri·den·tine [trɪˈdentaɪn; traɪ-; -tiːn] **I** *adj* **1.** tridenˈtinisch: **~ profession of faith** *relig.* Tridentinisches Glaubensbekenntnis. **II** *s* **2.** Tridenˈtiner(in). **3.** *relig.* Kathoˈlik(in).

tried [traɪd] **I** *pret u. pp von* **try. II** *adj* erprobt, bewährt.

tri·en·ni·al [traɪˈenjəl; -nɪəl] *adj* (*adv* **~ly**) **1.** dreijährig, drei Jahre dauernd. **2.** alle drei Jahre stattfindend, dreijährlich. **triˈen·ni·um** [-ˈenɪəm] *pl* **-ni·ums, -ni·a** [-nɪə] *s* Triˈennium *n*, Zeitraum *m* von drei Jahren.

tri·er [ˈtraɪə(r)] *s* **1.** Unterˈsucher *m*, Prüfer *m*: **he is a great ~** *colloq.* er läßt nichts unversucht. **2.** *jur.* a) Richter *m*, b) *Br.* Überˈprüfer *m* von Einwänden gegen Geschworene. **3.** Prüfgerät *n*.

tri·er·arch·y [ˈtraɪərɑː(r)kɪ] *s hist.* Trierarˈchie *f* (*Ausstattung, Instandhaltung u. Führung e-s Kriegsschiffs für ein Jahr*).

tri·fec·ta [traɪˈfektə] *s Pferdesport*: *Am.* Dreierwette *f*.

tri·fle [ˈtraɪfl] **I** *s* **1.** *allg.* Kleinigkeit *f*: a) unbedeutender Gegenstand, b) Lapˈpalie *f*, Bagaˈtelle *f*: **to stand upon ~s** ein Kleinigkeitskrämer sein; **not to stick at ~s** sich nicht mit Kleinigkeiten abgeben, c) Kinderspiel *n*: **that is mere ~ to him,** d) kleine Geldsumme, e) (*das*) bißchen: **a ~** ein bißchen, ein wenig; **a ~ expensive** ein bißchen *od.* etwas teuer. **2.** (*Art*) ˈZinnleˌgierung *f* mittlerer Härte. **3.** a) *bes. Br.* Bisˈkuitauflauf *m*, b) *Am.* ˈObstdesˌsert *n* mit Schlagsahne. **II** *v/i* **4.** spielen: **to ~ with a pencil; to ~ with one's food** im Essen herumstochern. **5.** *fig.* spielen, sein Spiel treiben *od.* leichtfertig ˈumgehen (**with** mit): **he is not be ~d with** er läßt nicht mit sich spaßen. **6.** scherzen, tändeln, leichtfertig daˈherreden. **7.** die Zeit vertrödeln, trödeln. **III** *v/t* **8. ~ away** *Zeit* vertrödeln, -tändeln, *a. Geld* verplempern. **ˈtri·fler** *s* **1.** oberflächlicher *od.* friˈvoler Mensch. **2.** Tändler *m*. **3.** Müßiggänger *m*. **ˈtri·fling** *adj* (*adv* **~ly**) **1.** oberflächlich, leichtfertig, friˈvol. **2.** tändelnd. **3.** unbedeutend, geringfügig, belanglos.

tri·fo·li·ate [traɪˈfəʊlɪət] *adj bot.* **1.** dreiblätt(e)rig. **2.** → **trifoliolate.**

tri·fo·li·o·late [traɪˈfəʊlɪəleɪt] *adj bot.* **1.** dreizählig (*Blatt*). **2.** mit dreizähligen Blättern (*Pflanze*).

tri·fo·ri·um [traɪˈfɔːrɪəm; *Am. a.* -ˈfəʊ-] *pl* **-ri·a** [-ə] *s arch.* Triˈforium *n* (*Säulengang*).

tri·form [ˈtraɪfɔː(r)m] *adj* **1.** dreiteilig. **2.** dreiförmig. **3.** dreifach.

tri·fur·cate I *adj* [traɪˈfɜːkeɪt; -kɪt; *Am.* -ˈfɜr-] dreigabelig, -zackig. **II** *v/i* [-keɪt] sich dreifach gabeln.

trig¹ [trɪg] *adj* (*adv* **~ly**) *obs. od. dial. Br.* **1.** schmuck, aˈdrett. **2.** kräftig.

trig² [trɪg] *bes. dial.* **I** *v/t* **1.** *Rad etc* hemmen. **2.** *a.* **~ up** stützen. **II** *s* **3.** Hemmklotz *m*, -schuh *m*.

trig³ [trɪg] *colloq. für* **trigonometry.**

trig·a·mous [ˈtrɪgəməs] *adj* **1.** in Trigaˈmie lebend. **2.** *bot.* dreihäusig. **ˈtrig·a·my** *s* Trigaˈmie *f*.

trig·ger [ˈtrɪgə(r)] **I** *s* **1.** *electr. phot. tech., a. fig.* Auslöser *m*. **2.** *mil.* Abzug *m* (*e-r Feuerwaffe*), (*am Gewehr a.*) Drücker *m*, (*in e-r Bombe etc*) Zünder *m*: **to pull the ~** abdrücken; **to be quick** (*od.* **fast**) **on the ~** a) schnell abdrücken, b) *fig.* ‚fix' *od.* ‚auf Draht' (*reaktionsschnell od. schlagfertig*) sein. **II** *v/t* **3.** *a.* **~ off** auslösen (*a. fig.*). **~ cam** *s tech.* Schaltnocken *m*. **~ cir·cuit** *s electr.* Triggerschaltung *f*. **~ fin·ger** *s* Zeigefinger *m*. **~ guard** *s mil.* Abzugsbügel *m*. **ˈ~ˌhap·py** *adj* **1.** schießwütig. **2.** kriegslüstern. **3.** aggresˈsiv: **~ critics. ~ re·lay** *s electr.* ˈKippreˌlais *n*. **~ switch** *s* Kipphebelschalter *m*.

tri·glot [ˈtraɪglɒt; *Am.* -ˌglɑt] *adj* dreisprachig.

tri·glyph [ˈtraɪglɪf] *s arch.* Triˈglyph *m*, Dreischlitz *m* (*im dorischen Fries*).

tri·gon [ˈtraɪgən; *Am.* -ˌgɑn] *s* **1.** *obs.* Dreieck *n*. **2.** *astr.* a) → **trine** 4, b) → **triplicity** 1. **3.** *mus. antiq.* dreieckige Harfe.

trig·o·nal [ˈtrɪgənl; *Am.* traɪˈgəʊnl] *adj* **1.** dreieckig. **2.** *bot. zo.* dreikantig. **3.** *min.* trigoˈnal. **4.** *astr.* Trigonal...

trig·o·no·met·ric [ˌtrɪgənəˈmetrɪk] *adj*; **ˌtrig·o·noˈmet·ri·cal** *adj* (*adv* **~ly**) *math.* trigonoˈmetrisch. **ˌtrig·oˈnom·e·try** [-ˈnɒmɪtrɪ; *Am.* -ˈnɑ-] *s math.* Trigonomeˈtrie *f*: **plane ~** ebene Trigonometrie.

tri·graph [ˈtraɪgrɑːf; *bes. Am.* -græf] *s ling.* Gruppe *f* von drei Buchstaben (*zur Bezeichnung e-s einzigen Lautes od. Diphthongs*).

tri·he·dral [traɪˈhedrəl; *Am.* -ˈhiː-] *adj math.* dreiflächig, triˈedrisch. **triˈhe·dron** [-drən] *pl* **-drons, -dra** [-drə] *s* Triˈeder *n*, Dreiflächner *m*.

tri·jet [ˈtraɪdʒet] *adj u. s* dreistrahlig(es Düsenflugzeug).

trike [traɪk] *colloq. für* **tricycle.**

tri·lat·er·al [ˌtraɪˈlætərəl] *adj* **1.** *math.* dreiseitig. **2.** Dreier...: **~ talks.**

tril·by [ˈtrɪlbɪ] *s* **1.** *a.* **~ hat** *Br. colloq.* (*ein*) weicher Filzhut. **2.** *pl sl.* ‚Flossen' *pl* (*Füße*).

tri·lin·e·ar [ˌtraɪˈlɪnɪə(r)] *adj math.* dreilinig: **~ coordinates** Dreieckskoordinaten.

tri·lin·gual [ˌtraɪˈlɪŋgwəl] *adj* dreisprachig.

tri·lit·er·al [ˌtraɪˈlɪtərəl] *adj u. s* aus drei Buchstaben bestehend(es Wort).

tri·lith [ˈtraɪlɪθ], **tri·lith·on** [traɪˈlɪθɒn; *Am.* -ˌθɑn] *s Archäologie*: Triˈlith *m*.

trill [trɪl] **I** *v/t u. v/i* **1.** *mus. etc* trillern, trällern. **2.** *ling.* (*bes.* das r) rollen. **II** *s* **3.** *mus.* Triller *m*. **4.** *ling.* gerollter Konsoˈnant, *bes.* gerolltes r.

tril·lion [ˈtrɪljən] *s* **1.** *Br.* Trilliˈon *f*. **2.** *Am.* Billiˈon *f*.

tril·o·gy [ˈtrɪlədʒɪ] *s* Triloˈgie *f*.

trim [trɪm] **I** *v/t* **1.** in Ordnung bringen, zuˈrechtmachen. **2.** *a.* **~ up** (auf-, herˈaus)putzen, schmücken, ˈausstafˌfieren, schönmachen: **to ~ o.s.; to ~ the Christmas tree** den Weihnachtsbaum schmücken; **to ~ a shopwindow** ein Schaufenster dekorieren. **3.** *Kleider, Hüte etc* besetzen, garˈnieren. **4.** *Hecken, Haar, Nägel etc* (be-, zuˈrecht)schneiden, stutzen, *bes. Hundefell* trimmen. **5.** *fig.* (zuˈrecht)stutzen, beschneiden: **to ~ the budget. 6.** *Bauholz* behauen, zurichten: **to ~ logs. 7.** *colloq.* *j-n* a) ‚herˈunterputzen', b) ‚reinlegen', c) ‚beschummeln' (*betrügen*) (**out of** um), d) ‚vertrimmen' (*a. sport klar schlagen*). **8.** *Feuer* anschüren. **9.** *aer. mar.* trimmen: a) in die richtige Lage bringen: **to ~ the plane (ship)**, b) *Segel* stellen, brassen: **to ~ one's sails (to every wind)** *fig.* sein Mäntelchen nach dem Wind hängen, c) *Kohlen* schaufeln, d) *die Ladung* (richtig) verstauen: **to ~ the hold.** **10.** *electr.* trimmen, (fein)abgleichen.

II *v/i* **11.** *mar.* trimmen. **12.** *fig.* e-n Mittelkurs steuern, *bes. pol.* laˈvieren: **to ~ with the times** sich den Zeiten anpassen, Opportunitätspolitik treiben.

III *s* **13.** Ordnung *f*, (richtiger) Zustand, richtige (*a.* körperliche *od.* seelische) Verfassung: **in good (out of) ~** in guter (schlechter) Verfassung (*a. Person*); **to keep in (good) ~** sich in Form halten; **in ~ for** in der richtigen Verfassung für; **in fighting ~** *mil.* gefechtsbereit; **in sailing ~** segelfertig. **14.** *aer. mar.* a) Trimm(lage *f*) *m*, b) richtige Stellung (der Segel), c) *a.* **~ of the hold** gute Verstauung (der Ladung). **15.** Putz *m*, Staat *m*, Gala(kleidung) *f*. **16.** *mot.* a) Innenausstattung *f*, b) (Karosseˈrie-) Verzierungen *pl*, c) Zierleiste *f*. **17.** *Am.* ˈSchaufensterdekoratiˌon *f*.

IV *adj* (*adv* **~ly**) **18.** schmuck, hübsch, sauber, ordentlich, ‚(gut) im Schuß', ‚tippˈtopp'.

tri·mes·ter [traɪˈmestə(r)] *s* **1.** Zeitraum *m* von drei Monaten, Vierteljahr *n*. **2.** *univ. etc* Triˈmester *n*.

trim·e·ter [ˈtrɪmɪtə(r)] *metr.* **I** *adj* triˈmetrisch. **II** *s* Trimeter *m* (*sechsfüßiger Vers*).

tri·met·ric [traɪˈmetrɪk] *adj* **1.** triˈmetrisch. **2.** orthoˈrhombisch (*Kristalle*). **3.** *math.* ˈdreidimensioˌnal.

ˈtrim·mer *s* **1.** Aufarbeiter(in): **hat ~** Putzmacher(in). **2.** *mar.* a) (Kohlen-) Trimmer *m*, b) Stauer *m*. **3.** *Am.* ˈSchaufensterdekoraˌteur *m*. **4.** *tech.* Werkzeug *n od.* Maˈschine *f* zum Ausputzen *od.* Zuˈrechtschneiden. **5.** *Zimmerei*: Wechselbalken *m*. **6.** *fig. bes. pol.* Opportuˈnist(in). **7.** *electr.* ˈTrimmer(kondenˌsator) *m*.

ˈtrim·ming *s* **1.** (Auf-, Aus)Putzen *n*, Zurichten *n*. **2.** a) (Hut-, Kleider)Besatz *m*, Borte *f*, b) *pl* Zutaten *pl*, Posaˈmenten *pl*. **3.** *pl* Garˈnierung *f*, Zutaten *pl*, Beilagen *pl* (*e-r Speise*). **4.** *fig.* ‚Verzierung' *f*, ‚Garˈnierung' *f* (*im Stil etc*). **5.** *pl* Abfälle *pl*, Schnipsel *pl*. **6.** *aer. mar.* a) Trimmen *n*, b) Staulage *f*: **~ flap** *aer.* Trimmklappe *f*. **7.** *electr.* Trimmen *n*, Feinabgleich *m*: **~ capacitor → trimmer** 7. **8.** *colloq.* (Tracht *f*) Prügel *pl*. **9.** *sport colloq.* Abfuhr *f*: **to give s.o. a ~** j-m e-e Abfuhr erteilen; **to get a ~** e-e Abfuhr erleiden, sich e-e Abfuhr holen.

ˈtrim·ness *s* **1.** gute Ordnung. **2.** Gepflegtheit *f*, gutes Aussehen, (*das*) Schmucke.

tri·month·ly [ˌtraɪˈmʌnθlɪ] *adj* dreimonatlich, vierteljährlich.

tri·mo·tor [ˈtraɪˌməʊtə(r)] *s aer.* ˈdreimoˌtoriges Flugzeug.

tri·nal [ˈtraɪnl] *adj* dreifach.

tri·na·ry [ˈtraɪnərɪ] → **ternary.**

trine [traɪn] **I** *adj* **1.** dreifach. **2.** *astr.* trigoˈnal. **II** *s* **3.** Dreiheit *f*. **4.** *astr.* Trigoˈnalaˌspekt *m*.

trin·gle [trɪŋgl] *s* **1.** Vorhangstange *f*. **2.** *arch.* Kranzleiste *f*.

Trin·i·tar·i·an [ˌtrɪnɪˈteərɪən] **I** *adj* **1.** *relig.* Dreieinigkeits... **2.** *relig.* Trinitarier... **3.** t~ dreifach, -glied(e)rig. **II** *s relig.* **4.** Bekenner(in) der Dreiˈeinigkeit. **5.** *hist.* Triniˈtarier(in). **ˌTrin·i·ˈtar·i·an·ism** *s relig.* Dreiˈeinigkeitslehre *f*.

triˌni·troˈben·zene [traɪˌnaɪtrəʊ-] *s chem.* Trinitrobenˈzol *n*. **triˌni·troˈtol·u·ene, triˌni·troˈtol·u·ol** *s chem.* ˌTrinitrotoluˈol *n*.

trin·i·ty [ˈtrɪnɪtɪ] *s* **1.** Dreiheit *f*. **2.** T~ *relig.* Triniˈtät *f*, Dreiˈeinigkeit *f*, Dreiˈfaltigkeit *f*. **T~ Breth·ren** *s pl* Mitglieder *pl* des **Trinity House**. **T~ House** *s Verband zur Aufsicht über Lotsen, Leuchtfeuer, See- u. Lotsenzeichen.* **T~ Sun·day** *s relig.* Sonntag *m* Triniˈtatis. **T~ term** *s univ. Br.* ˈSommertriˌmester *n*.

trin·ket [ˈtrɪŋkɪt] *s* **1.** (*bes.* billiges *od.* wertloses) Schmuckstück. **2.** *pl fig.* ‚Kinkerlitzchen' *pl*.

tri·no·mi·al [traɪˈnəʊmjəl; -ɪəl] **I** *adj* **1.** *math.* triˈnomisch, dreigliedrig, -namig: **~ root.** **2.** *biol.* dreigliedrig (*Benennung*). **II** *s* **3.** Triˈnom *n*: a) *math.* dreigliedrige (Zahlen)Größe, b) *biol.* dreigliedrige Benennung.

tri·o [ˈtriːəʊ] *pl* **-os** *s mus. u. fig.* Trio *n*.

tri·ode [ˈtraɪəʊd] *s electr.* Triˈode *f*, ˈDreielekˌtrodenröhre *f*.

tri·o·let [ˈtriːəʊlet; ˈtraɪ-] *s metr.* Trioˈlett *n* (*achtzeiliges Ringelgedicht*).

tri·or → **trier** 2 b.

trip [trɪp] **I** *v/i* **1.** trippeln, tänzeln. **2.** *a.* **~ up** stolpern, straucheln (*a. fig.*): **to ~ over one's own feet** über die eigenen Füße stolpern. **3.** *fig.* (e-n) Fehler machen: **to catch s.o. ~ping** j-n bei e-m Fehler ertappen. **4.** a) (*über ein Wort*) stolpern, sich versprechen, b) (mit der Zunge) anstoßen. **5.** *obs.* e-e Reise *od.* e-n Ausflug machen. **6.** *oft* **~ out** *sl.* auf e-n ‚Trip' gehen.

II *v/t* **7.** *oft* **~ up** *j-m* ein Bein stellen, *j-n* zu Fall bringen (*beide a. fig.*). **8.** *etwas* vereiteln. **9.** *fig. j-n* ertappen (**in** bei *e-m Fehler etc*). **10.** *tech.* a) auslösen, b) schalten.

III *s* **11.** a) (*bes.* kurze, *a.* See)Reise, b) Ausflug *m*, (Spritz)Tour *f*, Abstecher *m* (**to** nach): **~ recorder** *mot.* Tageskilometerzähler *m*. **12.** *weitS.* Fahrt *f*. **13.** Stolpern *n*. **14.** a) *bes. fig.* Fehltritt *m*, b) *fig.* Fehler *m*. **15.** Beinstellen *n*. **16.** Trippeln *n*, Tänzeln *n*. **17.** *sl.* ‚Trip' *m* (*Drogenrausch*): **to go on a ~.** **18.** *tech.* a) Auslösevorrichtung *f*, b) Auslösen *n*: **~ cam** (*od.* **dog**) Schaltnocken *m*, (Auslöse)Anschlag *m*; **~ lever** Auslöse- *od.* Schalthebel *m*.

tri·pack [ˈtraɪpæk] *s phot.* Dreiˈschichtenfilm *m*.

tri·par·tite [ˌtraɪˈpɑː(r)taɪt] *adj* **1.** *bes. bot.* dreiteilig. **2.** dreifach (ausgefertigt): **~ deed.** **3.** Dreier...: **~ treaty** Dreimächtevertrag *m*. **ˌtri·parˈti·tion** [-ˈtɪʃn] *s* Dreiteilung *f*.

tripe [traɪp] *s* **1.** *gastr.* Kalˈdaunen *pl*, Kutteln *pl*. **2.** *colloq.* a) Schund *m*, Kitsch *m*, b) ‚Quatsch' *m*, Blödsinn *m*. **3.** *meist pl vulg.* Eingeweide *pl*.

tri·pe·dal [ˈtraɪˌpedl; ˌtraɪˈpiːdl] *adj* dreifüßig.

ˈtripˌham·mer *s tech.* Aufwerfhammer *m*.

tri·phase [ˈtraɪfeɪz] → **three-phase.**

tri·phib·i·ous [traɪˈfɪbɪəs] *adj mil.* unter Einsatz von Land-, See- u. Luftstreitkräften (ˈdurchgeführt).

triph·thong [ˈtrɪfθɒŋ; ˈtrɪp-] *s ling.* Triˈphthong *m*, Dreilaut *m*.

tri·plane [ˈtraɪpleɪn] *s aer.* Dreidecker *m*.

tri·ple [ˈtrɪpl] **I** *adj* (*adv* **triply**) **1.** dreifach. **2.** dreimalig. **3.** Drei..., drei..., Tripel... **II** *s* **4.** (*das*) Dreifache. **5.** *Pferdesport*: *Am.* Dreierwette *f*. **III** *v/t u. v/i* **6.** (sich) verdreifachen. **T~ Al·li·ance** *s pol. hist.* ˈTripelalliˌanz *f*, Dreibund *m*. **~ bars** *s pl Springreiten*: Triplebarre *f*. **ˈ~-ˌdig·it** *adj bes. Am.* dreistellig. **T~ En·tente** *s pol. hist.* ˈTripelenˌtente *f*. **~ fugue** *s mus.* Tripelfuge *f*. **~ jump** *s Leichtathletik*: Dreisprung *m*. **ˈ~-pole** *adj electr.* dreipolig, Dreipol...

tri·plet [ˈtrɪplɪt] *s* **1.** Drilling *m*. **2.** Dreiergruppe *f*. **3.** Trio *n* (*drei Personen etc*). **4.** *mus.* Triˈole *f*. **5.** *metr.* Dreireim *m*. **6.** *Poker*: Dreierpasch *m* (*drei gleichwertige Karten*).

tri·ple time *s mus.* Tripel-, Dreitakt *m*.

tri·plex [ˈtrɪpleks; *Am. a.* ˈtraɪ-] **I** *adj* **1.** dreifach: **~ glass** Triplex-, Sicherheitsglas *n*. **II** *s* **2.** *mus.* Tripeltakt *m*. **3.** (*etwas*) Dreifaches.

trip·li·cate [ˈtrɪplɪkət] **I** *adj* **1.** dreifach. **II** *s* **2.** (*das*) Dreifache. **3.** dreifache Ausfertigung: **in ~.** **4.** *e-s von 3* (*gleichen*) *Dingen*: **~s** 3 Exemplare. **III** *v/t* [-keɪt] **5.** verdreifachen. **6.** dreifach ausfertigen. **ˌtrip·liˈca·tion** *s* Verdreifachung *f*.

tri·plic·i·ty [trɪˈplɪsətɪ; *Am. a.* traɪ-] *s* **1.** Tripliziˈtät *f* (*a. astr.*), Drei(fach)heit *f*. **2.** Dreiergruppe *f*.

trip·loid [ˈtrɪplɔɪd] *biol.* **I** *adj* triploˈid. **II** *s* triploˈider Orgaˈnismus.

tri·pod [ˈtraɪpɒd; *Am. a.* -ˌpɑd] *s* **1.** Dreifuß *m*. **2.** *bes. phot.* Staˈtiv *n*. **3.** *mil. tech.* Dreibein *n*.

trip·o·li [ˈtrɪpəlɪ] *s geol.* Tripel *m*, Poˈlierschiefer *m*.

tri·pos [ˈtraɪpɒs] *s univ. Br.* letztes Exˈamen für den **honours degree** (*in Cambridge*).

ˈtrip·per *s* **1.** *bes. Br.* a) Ausflügler(in), b) Touˈrist(in). **2.** Auslösevorrichtung *f*.

ˈtrip·ping *adj* (*adv* **~ly**) **1.** leicht(füßig), flink. **2.** flott, munter. **3.** strauchelnd (*a. fig.*). **4.** *tech.* Auslöse..., Schalt...

trip·py [ˈtrɪpiː] *adj Am. sl.* ‚high' (*im Drogenrausch*).

trip·tane [ˈtrɪpteɪn] *s chem.* klopffester Kraftstoff.

trip·tych [ˈtrɪptɪk] *s* Triptychon *n*, dreiteiliges (Alˈtar)Bild.

trip·tyque [trɪpˈtiːk] *s* Triptyk *n* (*Grenzübertrittsschein für Kraftfahrzeuge*).

trip wire *s* Stolperdraht *m*.

tri·que·tra [traɪˈkwiːtrə; -ˈkwetrə] *s* dreieckiges Ornaˈment.

tri·reme [ˈtraɪriːm] *s mar. antiq.* Triˈreme *f*, Triˈere *f* (*Dreiruderer*).

tri·sect [traɪˈsekt] *v/t* dreiteilen, in drei (gleiche) Teile teilen. **triˈsec·tion** *s* Dreiteilung *f*.

tris·mus [ˈtrɪzməs] *s med.* Trismus *m*, Kaumuskelkrampf *m*.

tri·some [ˈtraɪsəʊm] *s biol.* Triˈsom *n*.

tri·syl·lab·ic [ˌtraɪsɪˈlæbɪk] *adj* (*adv* **~ally**) dreisilbig. **ˌtriˈsyl·la·ble** [-ˈsɪləbl] *s* dreisilbiges Wort.

trite [traɪt] *adj* (*adv* **~ly**) abgedroschen, platt, baˈnal. **ˈtrite·ness** *s* Abgedroschenheit *f*, Plattheit *f*.

trit·i·um [ˈtrɪtɪəm; *Am. a.* ˈtrɪʃiːəm] *s chem. phys.* Tritium *n*.

Tri·ton[1] [ˈtraɪtn] *s* **1.** *antiq.* Triton *m* (*niederer Meergott*): **a ~ among (the) minnows** ein Riese unter Zwergen. **2.** t~ *zo.* Tritonshorn *n*. **3.** t~ *zo.* Molch *m*.

tri·ton[2] [ˈtraɪtn] *s chem. phys.* Tritiumkern *m*, Triton *n*.

tri·tone [ˈtraɪtəʊn] *s mus.* Tritonus *m*.

trit·u·rate [ˈtrɪtjʊreɪt; *Am.* -tʃə-] *v/t* zerreiben, -mahlen, -stoßen, pulveriˈsieren. **ˌtrit·uˈra·tion** *s* Zerreibung *f*, Pulveriˈsierung *f*.

tri·umph [ˈtraɪəmf] **I** *s* **1.** Triˈumph *m*: a) Sieg *m* (**over** über *acc*), b) Siegesfreude *f* (**at** über *acc*): **in ~** im Triumph, triumphierend. **2.** Triˈumph *m* (*Großtat, Erfolg*): **the ~s of science.** **3.** *antiq.* (*Rom*) Triˈumph(zug) *m*. **II** *v/i* **4.** triumˈphieren: a) den Sieg erringen, b) frohˈlocken, jubeln (*beide* **over** über *acc*), c) Erfolg haben. **triˈum·phal** [-ˈʌmfl] *adj* Triumph..., Sieges...: **~ arch** Triumphbogen *m*; ~ **car** Siegeswagen *m*; ~ **procession** Triumph-, Siegeszug *m*. **triˈum·phant** *adj* (*adv* ~**ly**) **1.** triumˈphierend: a) den Sieg feiernd, b) sieg-, erfolg-, glorreich, c) frohˈlockend, jubelnd. **2.** *obs.* prächtig, herrlich.

tri·um·vir [trɪˈʌmvə(r); *bes. Am.* traɪ-] *pl* **-virs, -vi·ri** [trɪˈʊmvɪriː; *bes. Am.* traɪˈʌmvɪraɪ] *s antiq.* Triˈumvir *m* (*a. fig.*). **tri·um·vi·rate** [traɪˈʌmvɪrət] *s* **1.** *antiq.* Triumviˈrat *n* (*a. fig.*). **2.** *fig.* Dreigestirn *n.*

tri·une [ˈtraɪjuːn] *adj bes. relig.* dreiˈeinig. **triˈu·ni·ty** [-ətɪ] → **trinity** 2.

tri·va·lent [ˌtraɪˈveɪlənt] *adj chem.* dreiwertig.

triv·et [ˈtrɪvɪt] *s* **1.** Dreifuß *m* (*bes. für Kochgefäße*): **(as) right as a** ~ (*gesundheitlich*) vollkommen in Ordnung. **2.** (kurzfüßiger) ˈUntersetzer.

triv·i·a [ˈtrɪvɪə] *s pl* Bagaˈtellen *pl*, Kleinigkeiten *pl.*

triv·i·al [ˈtrɪvɪəl] *adj* (*adv* ~**ly**) **1.** triviˈal, platt, baˈnal, allˈtäglich. **2.** nichtssagend, gering(fügig), unbedeutend, belanglos. **3.** unbedeutend, oberflächlich (*Person*). **4.** *biol.* volkstümlich (*Ggs. wissenschaftlich*). ˌ**triv·iˈal·i·ty** [-ˈælətɪ] *s* **1.** Trivialiˈtät *f*, Plattheit *f*: a) Banaliˈtät *f*, b) triviˈale *od.* nichtssagende Bemerkung. **2.** Geringfügigkeit *f*, Belanglosigkeit *f*. ˈ**triv·i·al·ize** *v/t* bagatelliˈsieren, ,herˈunterspielen'.

triv·i·um [ˈtrɪvɪəm] *s univ. hist.* Trivium *n* (*der niedere Teil der Freien Künste: Grammatik, Logik, Rhetorik*).

tri·week·ly [ˌtraɪˈwiːklɪ] **I** *adj* **1.** dreiwöchentlich. **2.** dreimal wöchentlich erscheinend (*Zeitschrift etc*) *od.* verkehrend (*Verkehrsmittel*). **II** *adv* **3.** dreimal in der Woche.

troat [trəʊt] **I** *s* Röhren *n* (*des Hirsches*). **II** *v/i* röhren.

tro·car [ˈtrəʊkɑː(r)] *s med.* Troˈkar *m*, Hohlnadel *f.*

tro·cha·ic [trəʊˈkeɪɪk] *metr.* **I** *adj* troˈchäisch. **II** *s* Troˈchäus *m.*

tro·char → **trocar**.

tro·che [trəʊʃ; *bes. Am.* ˈtrəʊkiː] *s* Paˈstille *f.*

tro·chee [ˈtrəʊkiː] *s metr.* Troˈchäus *m.*

troch·le·a [ˈtrɒklɪə; *Am.* ˈtrɑk-] *pl* **-le·ae** [-lɪiː] *s anat.* Trochlea *f*, Rolle *f.*

tro·choid [ˈtrəʊkɔɪd; *Am. a.* ˈtrɑ-] **I** *adj* **1.** radförmig. **2.** sich um e-e Achse drehend. **3.** *math.* zykloˈidenartig. **II** *s* **4.** *math.* Trochoˈide *f*. **5.** *anat.* Rollgelenk *n.*

trod [trɒd; *Am.* trɑd] *pret u. pp von* **tread**.

trod·den [ˈtrɒdn; *Am.* ˈtrɑdn] *pp von* **tread**.

trode [trəʊd] *obs. pret von* **tread**.

trog·lo·dyte [ˈtrɒglədaɪt; *Am.* ˈtrɑ-] *s* **1.** Trogloˈdyt *m*, Höhlenbewohner *m*. **2.** *fig.* a) Einsiedler *m*, b) primiˈtiver *od.* bruˈtaler Kerl. **3.** *zo.* Trogloˈdyt *m*, Schimˈpanse *m*. ˌ**trog·loˈdyt·ic** [-ˈdɪtɪk] *adj* trogloˈdytisch.

troi·ka [ˈtrɔɪkə] *s* Troika *f*, Dreigespann *n.*

Tro·jan [ˈtrəʊdʒən] **I** *adj* **1.** troˈjanisch: ~ **Horse** Trojanisches Pferd (*a. fig.*). **II** *s* **2.** Troˈjaner(in). **3.** *fig.* ,Mordskerl' *m*: **to work like a** ~ arbeiten wie ein Pferd. **4.** *sl.* lustiger Bruder.

troll[1] [trəʊl] **I** *v/t u. v/i obs. od. dial.* **1.** rollen. **2.** a) (fröhlich) trällern, b) im Rundgesang singen. **3.** (mit der Schleppangel) fischen (in *dat*) (**for** nach). **II** *s* **4.** Rundgesang *m*. **5.** Schleppangel *f*, künstlicher Köder.

troll[2] [trəʊl] *s* Troll *m*, Kobold *m.*

trol·ley [ˈtrɒlɪ; *Am.* ˈtrɑ-] *s* **1.** *Br.* a) Handwagen *m*, b) Gepäckwagen *m*, c) Kofferkuli *m*, d) Einkaufswagen *m*, e) Sackkarre(n *m*) *f*, f) *Golf*: Caddie *m*. **2.** *Bergbau*: *Br.* Förderwagen *m*, Lore *f*. **3.** *rail. Br.* Draiˈsine *f*. **4.** *electr.* Konˈtaktrolle *f* (*bei Oberleitungsfahrzeugen*). **5.** *Am.* Straßenbahn(wagen *m*) *f*. **6.** *bes. Br.* Tee-, Serˈvierwagen *m*. ~ **bag** *s Br.* Einkaufsroller *m*. ~ **bus** *s* Oberleitungsbus *m*, Obus *m*. ~ **car** *s Am.* Straßenbahnwagen *m*. ~ **pole** *s electr. tech.* Stromabnehmerstange *f*. ~ **wire** *s* Oberleitung *f.*

trol·lop [ˈtrɒləp; *Am.* ˈtrɑ-] **I** *s* **1.** a) ,Schlampe' *f*, b) leichtes Mädchen. **II** *v/i* **2.** schlampen. **3.** ,latschen'.

trol·ly → **trolley**.

trom·ba [ˈtrɒmbə; *Am.* ˈtrɑmbə] *s mus.* Tromˈpete *f* (*a. Orgelregister*).

trom·bone [trɒmˈbəʊn; *Am.* trɑm-] *s mus.* **1.** Poˈsaune *f*. **2.** Posauˈnist *m*. **tromˈbon·ist** *s mus.* Posauˈnist *m.*

tro·mom·e·ter [trəʊˈmɒmɪtə(r); *Am.* -ˈmɑ-] *s* Tromoˈmeter *n* (*zur Messung sehr leichter Beben*).

trompe [trɒmp; *Am.* trɑmp] *s tech.* (ˈWasser)Gebläseappaˌrat *m* (*in e-m Gebläseofen*).

troop [truːp] **I** *s* **1.** Trupp *m*, Haufe(n) *m*, Schar *f*. **2.** *meist pl mil.* Truppe(n *pl*) *f*. **3.** *mil.* a) Schwaˈdron *f*, b) ˈPanzerkompaˌnie *f*, c) Batteˈrie *f*. **4.** *mil.* ˈMarsch-, Tromˈpetensiˌgnal *n*. **5.** *Am.* Zug *m* von Pfadfindern (*16–32 Jungen*). **6.** *meist pl fig.* (*e-e*) Menge, Haufen *m*: ~**s of servants**. **II** *v/i* **7.** *oft* ~ **up**, ~ **together** sich scharen, sich sammeln. **8.** ~ **with** sich zs.-tun mit. **9.** (in Scharen) ziehen, (*herein- etc*)strömen, marˈschieren: **to** ~ **the colours** *Br.* die Fahnenparade abhalten (*anläßlich des Geburtstages des Monarchen*). ~ **car·ri·er** *s mil.* **1.** *aer. mar.* ˈTruppentransˌporter *m*. **2.** *mot.* Mannschaftswagen *m*. ˈ~-ˌ**car·ry·ing** *adj*: ~ **vehicle** *mil. Br.* Mannschaftswagen *m.*

ˈ**troop·er** *s* **1.** *mil.* Kavalleˈrist *m*: **to swear like a** ~ fluchen wie ein Landsknecht. **2.** ˈStaatspoliˌzist *m*. **3.** *Am. u. Austral.* berittener Poliˈzist. **4.** *mil.* Kavalleˈriepferd *n*. **5.** *bes. Br. für* **troopship**.

troop| **school** *s mil. Am.* Waffenschule *f*. ˈ~**ship** *s mar. mil.* ˈTruppentransˌporter *m.*

tro·pae·o·lum [trəʊˈpiːələm] *s bot.* Kapuˈzinerkresse *f.*

trope [trəʊp] *s* **1.** Tropus *m*, bildlicher Ausdruck. **2.** *relig. hist.* liˈturgischer Begleitspruch. **3.** *mus.* Tropus *m.*

troph·ic [ˈtrɒfɪk; *Am.* ˈtrəʊ-] *adj biol.* trophisch, Ernährungs...

troph·o·plasm [ˈtrɒfəplæzəm; *Am.* ˈtrəʊ-] *s biol.* Trophoˈplasma *n*, ernährendes Plasma.

tro·phy [ˈtrəʊfɪ] **I** *s* **1.** Troˈphäe *f*, Siegeszeichen *n od.* -beute *f* (*alle a. fig.*). **2.** (*Jagd- etc*)Troˈphäe *f*, Preis *m*. **3.** Andenken *n* (**of an** *acc*). **4.** *antiq.* Sieges(denk)mal *n*. **II** *v/t* **5.** mit Troˈphäen schmücken.

trop·ic [ˈtrɒpɪk; *Am.* ˈtrɑ-] **I** *s* **1.** *astr. geogr.* Wendekreis *m*: **T**~ **of Cancer (Capricorn)** Wendekreis des Krebses (Steinbocks). **2.** *pl geogr.* Tropen *pl*. **II** *adj* → **tropical**[1].

trop·i·cal[1] [ˈtrɒpɪkl; *Am.* ˈtrɑ-] *adj* (*adv* ~**ly**) **1.** Tropen..., tropisch: ~ **heat**; ~ **diseases**; ~ **hygiene** Tropenhygiene *f*; ~ **medicine** Tropenmedizin *f*; ~ **year** tropisches Jahr. **2.** *fig.* heiß, hitzig.

trop·i·cal[2] [ˈtrɒpɪkl; *Am.* ˈtrəʊ-] *adj* (*adv* ~**ly**) tropisch, fiˈgürlich, bildlich.

trop·i·cal·ize [ˈtrɒpɪkəlaɪz; *Am.* ˈtrɑ-] *v/t* **1.** tropenfest machen. **2.** tropisch machen.

tro·pism [ˈtrəʊpɪzəm] *s biol.* Troˈpismus *m*, Krümmungsbewegung *f.*

trop·o·log·i·cal [ˌtrɒpəˈlɒdʒɪkl; *Am.* ˌtrəʊpəˈlɑ-; ˌtrɑ-] → **tropical**[2].

tro·pol·o·gy [trəʊˈpɒlədʒɪ; *Am.* -ˈpɑ-] *s* **1.** bildliche Ausdrucksweise. **2.** *bes. relig. Bibl.* Figuˈralbedeutung *f.*

trop·o·pause [ˈtrɒpəpɔːz; *Am.* ˈtrəʊ-; ˈtrɑ-] *s meteor.* Grenze *f* zwischen Tropoˈsphäre u. Stratoˈsphäre.

trop·o·phyte [ˈtrɒpəfaɪt; *Am.* ˈtrəʊ-; ˈtrɑ-] *s* Tropoˈphyt *m* (*Pflanze, die sich e-m Wechselklima anpaßt*).

trop·o·sphere [ˈtrɒpəˌsfɪə(r); *Am.* ˈtrəʊ-; ˈtrɑ-] *s meteor.* Tropoˈsphäre *f.*

trop·po [ˈtrɒpəʊ; *Am.* ˈtrɑ-] *adv mus.* zu (sehr): **ma non** ~ aber nicht zu sehr.

trot[1] [trɒt; *Am.* trɑt] **I** *v/i* **1.** traben, trotten, im Trab gehen *od.* reiten: **to** ~ **along** (*od.* **off**) *colloq.* ab-, losziehen. **II** *v/t* **2.** *das Pferd* traben lassen, *a. j-n* in Trab setzen *od.* bringen. **3.** ~ **out** a) *ein Pferd* vorreiten, -führen, b) *fig. colloq. etwas od. j-n* vorführen, renomˈmieren mit, *Argumente, Kenntnisse etc, a. Wein etc* auftischen, daˈherbringen, aufwarten mit. **4.** *a.* ~ **round** *j-n* herˈumführen. **III** *s* **5.** Trott *m*, Trab *m* (*a. fig.*): **at a** ~ im Trab; **to go for a** ~ e-n kleinen Spaziergang machen; **to keep s.o. on the** ~ j-n in Trab halten; **on the** ~ *colloq.* hintereinander. **6.** *Pferdesport*: Trabrennen *n*. **7.** *colloq.* ,Taps' *m* (*kleines Kind*). **8.** *colloq.* ,Tante' *f* (*alte Frau*). **9. the** ~**s** *pl* (*als sg od. pl konstruiert*) *colloq.* ,Dünnpfiff' *m* (*Durchfall*). **10.** *ped. Am. sl.* a) ,Eselsbrücke' *f*, ,Klatsche' *f* (*Übersetzungshilfe*), b) Spickzettel *m.*

trot[2] [trɒt; *Am.* ˈtrɑt] *s Fischerei*: lange, straffgezogene Leine.

troth [trəʊθ; trɒθ; *Am. a.* trɑθ] *s obs.* Treue(gelöbnis *n*) *f*: **by my** ~!, **in** ~! meiner Treu!, wahrlich!; **to pledge one's** ~ sein Wort verpfänden, ewige Treue schwören; **to plight one's** ~ sich verloben.

Trot·sky·ism [ˈtrɒtskɪɪzəm; *Am. a.* ˈtrɑts-] *s pol.* Trotzˈkismus *m.*

ˈ**trot·ter** *s* **1.** Traber *m* (*Pferd*). **2.** Fuß *m*, Bein *n* (*von Schlachttieren*): **pig's** ~**s** Schweinsfüße. **3.** *pl humor.* ,Haxen' *pl* (*menschliche Füße*). ˈ**trot·tie** [-tɪ] → **trot**[1] 7.

ˈ**trot·ting race** *s Pferdesport*: Trabrennen *n.*

tro·tyl [ˈtrəʊtɪl] → **trinitrotoluene**.

trou·ba·dour [ˈtruːbəˌdʊə(r); -dɔə(r); *Am. a.* -ˌdəʊər] *s hist.* Troubadour *m* (*a. fig.*).

trou·ble [ˈtrʌbl] **I** *v/t* **1.** *j-n* beunruhigen, stören, belästigen: **to be** ~**d in mind** sehr beunruhigt sein. **2.** *j-n* bemühen, bitten (**for um**): **may I** ~ **you to pass me the salt; I will** ~ **you to hold your tongue!** *iro.* würden Sie gefälligst den Mund halten! **3.** *j-m* Mühe machen, *j-m* ˈUmstände *od.* Unannehmlichkeiten bereiten, *j-n* behelligen (**about, with** mit): **don't** ~ **yourself** bemühen Sie sich nicht. **4.** quälen, plagen: **to be** ~**d with gout** von der Gicht geplagt sein. **5.** *j-m* Kummer *od.* Sorge *od.* Verdruß bereiten *od.* machen, *j-n* beunruhigen: **she is** ~**d about** sie macht sich Sorgen wegen; **don't let it** ~ **you** machen Sie sich (deswegen) keine Sorgen *od.* Gedanken; ~**d face** sorgenvolles *od.* gequältes Gesicht. **6.** *Wasser etc* aufwühlen, trüben: ~**d waters** *fig.* unangenehme Lage, schwierige Situation; **to fish in** ~**d waters** *fig.* im trüben fischen; → **oil** 1. **II** *v/i* **7.** sich beunruhigen, sich aufregen (**about** über *acc*): **I should not** ~ **if** a) ich wäre beruhigt, wenn, b) es wäre mir gleichgültig, wenn. **8.** sich die Mühe machen, sich bemühen (**to do** zu tun), sich ˈUmstände machen: **don't** ~ bemühen Sie sich nicht; **don't ~ to write** du brauchst nicht zu schreiben; **why should I ~ to explain** warum sollte ich mir (auch) die Mühe machen, das zu erkären. **III** *s* **9.** a) Mühe *f*, Plage *f*, Anstrengung *f*, Last *f*, Belästigung *f*, Störung *f*: **to give s.o. ~** j-m Mühe verursachen; **to go to much ~** sich besondere Mühe machen *od.* geben; **to put s.o. to ~** j-m Umstände bereiten; **omelet(te) is no ~ (to prepare)** Omelett macht gar nicht viel Arbeit; **(it is) no ~ (at all)** (es ist) nicht der Rede wert; **to save o.s. the ~ of doing** sich die Mühe (er)sparen, *etwas* zu tun; **to take (the) ~** sich (die) Mühe machen; **to take ~ over s.th.** sich Mühe geben mit, b) *weitS.* Unannehmlichkeiten *pl*, Schwierigkeiten *pl*, Schere'reien *pl*, ‚Ärger' *m* (**with** mit *der Polizei etc*): **to ask** (*od.* **look**) **for ~** unbedingt Ärger haben wollen; **to be in ~** in Schwierigkeiten sein; **to be in ~ with the police** Ärger mit der Polizei haben; **his girl friend is in ~** s-e Freundin ist in ‚Schwierigkeiten' (*schwanger*); **to get into ~** in Schwierigkeiten geraten, Schwierigkeiten *od.* Ärger bekommen; **to make ~ for s.o.** j-n in Schwierigkeiten bringen; **he's ~** *colloq.* mit ihm wird's Ärger geben; → **head** 13. **10.** Schwierigkeit *f*, Pro'blem *n*, (*das*) Dumme *od.* Schlimme (dabei): **to make ~** Schwierigkeiten machen; **the ~ is** der Haken *od.* das Unangenehme ist (**that** daß); **what's the ~?** wo(ran) fehlt's?, was ist los? **11.** *med.* Leiden *n*, Störung *f*, Beschwerden *pl*: **heart ~** Herzleiden, ‚Herzgeschichte' *f*. **12.** a) *pol.* Unruhe(n *pl*) *f*, Wirren *pl*, b) *allg.* Af'färe *f*, Kon'flikt *m*. **13.** *tech.* Störung *f*, De'fekt *m*: **engine ~.**

'trou·ble|-free *adj tech.* störungsfrei. **'~,mak·er** *s* Unruhestifter(in). **~man** *s irr tech.* Störungssucher *m*. **'~·proof** *adj* störungsfrei. **'~,shoot·er** *s* **1.** → **trouble man. 2.** *fig.* Friedensstifter *m*, ‚Feuerwehrmann' *m*. **'~,shoot·ing** *s* **1.** *tech.* Störungs-, Fehlersuche *f*. **2.** *fig.* Friedenstiften *n*.

trou·ble·some ['trʌblsəm] *adj* (*adv* **~ly**) **1.** störend, lästig. **2.** mühsam, beschwerlich: **~ work. 3.** unangenehm (*a. Person*). **'trou·ble·some·ness** *s* **1.** Lästigkeit *f*. **2.** Beschwerlichkeit *f*. **3.** (*das*) Unangenehme.

trou·ble spot *s* **1.** *tech.* schwache Stelle. **2.** *bes. pol.* Unruheherd *m*.

trou·blous ['trʌbləs] *adj obs. od. poet.* unruhig.

trou-de-loup *pl* **trous-de-loup** [ˌtru:də'lu:] *s mil. hist.* Wolfsgrube *f*.

trough [trɒf] *s* **1.** Trog *m*, Mulde *f*. **2.** Wanne *f*. **3.** (*tech.* Zufuhr)Rinne *f*: **~ conveyor** Trogförderer *m*. **4.** *a. geogr.* Graben *m*, Furche *f*. **5.** Wellental *n*: **~ of the sea. 6.** *a.* **~ of low pressure** Tief (-druckrinne *f*) *n*. **7.** *a.* **~ battery** *electr.* 'Trog(batteˌrie *f*) *m*. **8.** *bes. econ.* Tiefpunkt *m* (*a. in e-m statistischen Schaubild*), ‚Talsohle' *f*.

trounce [traʊns] *v/t* **1.** verprügeln. **2.** *sport* ‚über'fahren' (*hoch besiegen*). **3.** *fig.* ‚her'untermachen'. **'trounc·ing** *s* **1.** (Tracht *f*) Prügel *pl*. **2.** *sport* Abfuhr *f*: **to give s.o. a ~** j-m e-e Abfuhr erteilen; **to get a ~** e-e Abfuhr erleiden, sich e-e Abfuhr holen.

troupe [tru:p] *s* (Schauspieler- *od.* Zirkus)Truppe *f*. **'troup·er** *s* **1.** Mitglied *n* e-r Schauspielertruppe. **2. a good ~** ein treuer Mitarbeiter.

trou·ser ['traʊzə(r)] **I** *s* **1.** *pl a.* **pair of ~s** (lange) Hose, Hosen *pl*: → **wear**[1] 1. **2.** Hosenbein *n*. **II** *adj* **3.** Hosen...: **~ leg (suit,** *etc*). **'trou·sered** *adj* (lange) Hosen tragend, behost. **'trou·ser·ing** *s* Hosenstoff *m*.

trousse [tru:s] *s med.* chir'urgisches Besteck, Operati'onsbesteck *n*.

trous·seau ['tru:səʊ] *pl* **-seaus, -seaux** [-səʊz] *s* Brautausstattung *f*, Aussteuer *f*.

trout [traʊt] **I** *s* **1.** *pl* **trouts,** *bes. collect.* **trout** *ichth.* Fo'relle *f*. **2.** *meist* **old ~** *Br. colloq.* ‚alte Ziege'. **II** *v/i* **3.** Fo'rellen fischen. **III** *adj* **4.** Forellen...: **~ stream** Forellenbach *m*.

trou·vaille [tru:'vaɪ] *s* unverhoffter Glücksfall *od.* Gewinn.

trove [trəʊv] *s* Fund *m*.

tro·ver ['trəʊvə(r)] *s jur.* **1.** rechtswidrige Aneignung. **2.** *a.* **action of ~** Klage *f* auf Her'ausgabe des Wertes (*e-r widerrechtlich angeeigneten Sache*).

trow [trəʊ] *v/t obs.* **1.** glauben, meinen. **2.** (*e-r Frage hinzugefügt*): **(I) ~** frag' ich, möchte ich wissen.

trow·el ['traʊəl] **I** *s* **1.** (Maurer)Kelle *f*: **to lay it on with a ~** *colloq.* ‚dick auftragen'. **2.** *agr.* Hohlspatel *m*, *f*, Pflanzenheber *m*. **II** *v/t pret u. pp* **-eled,** *bes. Br.* **-elled 3.** *tech.* mit der Kelle auftragen *od.* glätten.

troy [trɔɪ] *econ.* **I** *s a.* **~ weight** Troygewicht *n* (*für Edelmetalle, Edelsteine u. Arzneien*; *1 lb. = 373,2418 g*). **II** *adj* Troy(gewichts)...

tru·an·cy ['tru:ənsɪ] *s* **1.** unentschuldigtes Fernbleiben, (ˌSchul)Schwänze'rei *f*. **2.** Bummeln *n*.

tru·ant ['tru:ənt] **I** *s* **1.** a) (Schul)Schwänzer(in), b) Bumme'lant(in), Faulenzer(in): **to play ~** (*bes.* die Schule) schwänzen; bummeln. **II** *adj* **2.** träge, (faul) her'umlungernd, pflichtvergessen. **3.** (schul)schwänzend: **~ children; ~ officer** *Beamter, der unentschuldigtes Fernbleiben vom Unterricht zu untersuchen hat.* **4.** *fig.* (ab)schweifend (*Gedanken etc*).

truce [tru:s] *s* **1.** *mil.* Waffenruhe *f*, -stillstand *m*: **flag of ~** Parlamentärflagge *f*; **~ of God** *hist.* Gottesfriede *m*; **a ~ to talking!** Schluß mit (dem) Reden! **2. (political) ~** Burgfrieden *m*. **3.** (Ruhe-, Atem)Pause *f* (**from** von). **tru·cial** ['tru:sjəl; -sɪəl; -ʃəl] *adj* Waffenstillstands..., durch Waffenstillstand gebunden.

truck[1] [trʌk] **I** *s* **1.** Tauschhandel *m*, -geschäft *n*. **2.** Verkehr *m*: **to have no ~ with s.o.** mit j-m nichts zu tun haben. **3.** *Am.* Gemüse *n*: **~ farm, ~ garden** Gemüsegärtnerei *f*; **~ farmer** Gemüsegärtner *m*. **4.** *collect.* Kram(waren *pl*) *m*, Hausbedarf *m*. **5.** *contp.* Trödel(kram) *m*, Plunder *m*: **I shall stand no ~** ich werde mir nichts gefallen lassen. **6.** *meist* **~ system** *econ. hist.* Natu'rallohn-, 'Trucksyˌstem *n*. **II** *v/t* **7. (for)** (aus-, ver)tauschen (gegen), eintauschen (für). **8.** verschachern. **III** *v/i* **9.** Tauschhandel treiben. **10.** schachern, handeln (**for** um).

truck[2] [trʌk] **I** *s* **1.** *tech.* Block-, Laufrad *n*, Rolle *f*. **2.** Lastauto *n*, -(kraft)wagen *m*. **3.** Hand-, Gepäck-, Rollwagen *m*. **4.** Lore *f*: a) *rail. Br.* Dreh-, 'Untergestell *n*, b) *Bergbau*: Kippkarren *m*, Förderwagen *m*. **5.** *rail.* offener Güterwagen. **6.** *mar.* Flaggenknopf *m*. **7.** *mil.* 'Blockräderlaˌfette *f*. **II** *v/t* **8.** auf Last- *od.* Güterwagen befördern. **III** *v/i* **9.** e-n Lastwagen fahren. **IV** *adj* **10.** (Last-, Güter *etc*)Wagen...: **~ trailer** a) Lastwagenanhänger *m*, b) *meist* **~-trailer** Lastzug *m*; **~ shot** (*Film*) Fahraufnahme *f*. **'truck·age** *s* **1.** 'Lastwagentransˌport *m*. **2.** Trans'portkosten *pl*.

'truck·er[1] *s* **1.** Lastwagen-, Fern(last-) fahrer *m*. **2.** 'Autospediˌteur *m*.

'truck·er[2] *s* **1.** *Scot.* Hau'sierer *m*. **2.** *Am.* Gemüsegärtner *m*.

truck·le[1] ['trʌkl] *v/i* (zu Kreuze) kriechen (**to** vor *dat*).

truck·le[2] ['trʌkl] **I** *s* **1.** (Lauf)Rolle *f*. **2.** *meist* **~ bed** (*niedriges*) Rollbett (*zum Unterschieben unter ein höheres*). **II** *v/t* **3.** *bes. Möbelstück* rollen.

'truck·ler *s* Kriecher(in).

truc·u·lence ['trʌkjʊləns], **'truc·u·len·cy** [-sɪ] *s* Roheit *f*, Wildheit *f*, Grausamkeit *f*. **'truc·u·lent** *adj* (*adv* **~ly**) **1.** wild, roh, grausam, bru'tal. **2.** trotzig, aufsässig. **3.** gehässig.

trudge [trʌdʒ] **I** *v/i* **1.** (*bes.* mühsam) stapfen. **2.** sich (mühsam) (fort)schleppen: **to ~ along. II** *v/t* **3.** (mühsam) durch'wandern. **III** *s* **4.** langer *od.* mühseliger Marsch *od.* Weg.

true [tru:] **I** *adj* (*adv* → **truly**) **1.** wahr, wahrheitsgetreu: **a ~ story; to be** (*od.* **hold) ~ (for, of)** zutreffen (auf *acc*), gelten (für); → **come** 12. **2.** echt, wahr: **a ~ Christian; ~ current** *electr.* Wirkstrom *m*; **~ love** wahre Liebe; **~ stress** *tech.* wahre spezifische Belastung; **~ value** Ist-Wert *m*; **(it is) ~** zwar, allerdings, freilich, zugegeben; **is it ~ that ...?** stimmt es, daß ...?; → **true bill. 3.** (ge-) treu (**to** *dat*): **(as) ~ as gold** (*od.* **steel)** treu wie Gold; **~ to one's principles (word)** s-n Grundsätzen (s-m Wort) getreu; **~ to one's contracts** vertragstreu. **4.** getreu (**to** *dat*) (*von Sachen*): **~ to life** lebenswahr, -echt; **~ to nature** naturgetreu; **~ to pattern** modellgetreu; **~ to size** *tech.* maßgerecht, -haltig; **~ to type** artgemäß, typisch; → **copy** 1. **5.** genau, richtig: **~ weight. 6.** wahr, rechtmäßig, legi'tim: **~ heir (owner,** *etc*). **7.** zuverlässig: **a ~ sign. 8.** *tech.* genau, richtig (ein)gestellt *od.* eingepaßt. **9.** *geogr. mar. phys.* rechtweisend: **~ declination** Ortsmißweisung *f*; **~ north** geographisch *od.* rechtweisend Nord. **10.** *mus.* richtig gestimmt, rein. **11.** *biol.* reinrassig.

II *adv* **12.** wahr('haftig): **to speak ~** die Wahrheit reden. **13.** (ge)treu (**to** *dat*). **14.** genau: **to shoot ~.**

III *s* **15. the ~** das Wahre. **16.** (*das*) Richtige *od.* Genaue: **out of ~** *tech.* unrund.

IV *v/t* **17.** *oft* **~ up** *tech.* a) *Lager* ausrichten: **to ~ a bearing,** b) *Werkzeug* nachschleifen, *Schleifscheibe* abdrehen, c) *Rad* zen'trieren.

true| bill *s jur. Am.* begründete (*von den Geschworenen bestätigte*) Anklage (-schrift). **~ blue** *s* getreuer Anhänger. **ˌ~-'blue** *adj* treu, ‚waschecht', durch u. durch: **a ~ Tory. ˌ~'born** *adj* echt, gebürtig: **a ~ American. ˌ~'bred** *adj* reinrassig. **ˌ~-'false test** *s ped. bes. Am.* Ja-Nein-Test *m*. **ˌ~'heart·ed** *adj* aufrichtig, ehrlich. **~ lev·el** *s* (echte) Horizon'talebene. **ˌ~-'life** *adj* lebenswahr, -echt. **'~·love** *s* Geliebte(r *m*) *f*. **'~·love knot,** *a.* **'~-ˌlov·er's knot** *s* Doppelknoten *m*.

true·ness ['tru:nɪs] *s* **1.** Wahrheit *f*. **2.** Echtheit *f*. **3.** Treue *f*. **4.** Richtigkeit *f*, Genauigkeit *f*.

true rib *s anat.* echte Rippe.

truf·fle ['trʌfl] *s bot.* Trüffel *f*, *m*.

tru·ism ['tru:ɪzəm] *s* Tru'ismus *m*, Binsenwahrheit *f*, Gemeinplatz *m*.

trull [trʌl] *s obs.* Dirne *f*, Hure *f*.

tru·ly ['tru:lɪ] *adv* **1.** wahrheitsgemäß. **2.** aufrichtig: **I am ~ sorry** es tut mir aufrichtig leid; **Yours (very) ~** (*als Briefschluß*) Hochachtungsvoll, Ihr sehr ergebener; **yours ~** *humor.* m-e Wenigkeit. **3.** in der Tat, wirklich, wahr'haftig. **4.** genau, richtig.

tru·meau [trʊ'məʊ] *pl* **-meaux** [-'məʊz] *s arch.* Fensterpfeiler *m*.

trump[1] [trʌmp] *s obs. od. poet.* **1.** Trom'pete *f.* **2.** Trom'petenstoß *m*: **the ~ of doom, the last ~** die Posaune des Jüngsten Gerichts.

trump[2] [trʌmp] **I** *s* **1.** *Kartenspiel*: a) Trumpf *m*, b) *a.* **~ card** Trumpfkarte *f*: **to lead off a ~** Trumpf ausspielen; **to play one's ~ card** *fig.* s-n Trumpf ausspielen; **to put s.o. to his ~s** *fig.* j-n bis zum Äußersten treiben; **to turn up ~s** *colloq.* a) sich als das beste erweisen, ein voller Erfolg sein, b) Glück haben. **2.** *colloq.* feiner Kerl. **II** *v/t* **3.** a) *e-e Karte* mit e-m Trumpf stechen: **to ~ a trick** mit e-m Trumpf e-n Stich machen, b) *j-n, e-e Karte* über'trumpfen. **4.** *fig. j-n, etwas* über'trumpfen (**with** mit). **III** *v/i* **5.** a) Trumpf ausspielen, b) trumpfen, c) mit e-m Trumpf stechen.

trump[3] [trʌmp] *v/t* **~ up** *contp.* erdichten, erfinden, ‚sich aus den Fingern saugen'.

trump·er·y ['trʌmpərɪ] **I** *s* **1.** Plunder *m*, Schund *m*. **2.** *fig.* Gewäsch *n*, ‚Quatsch' *m*. **II** *adj* **3.** Schund..., Kitsch..., kitschig, geschmacklos. **4.** nichtssagend, ‚billig': **~ arguments.**

trum·pet ['trʌmpɪt] **I** *s* **1.** *mus.* Trom'pete *f*: **to blow one's own ~** *Am. fig.* sein eigenes Lob(lied) singen. **2.** Trom'petenstoß *m* (*a. des Elefanten*): **the last ~** die Posaune des Jüngsten Gerichts. **3.** *mus.* Trom'pete(nre,gister *n*) *f* (*der Orgel*). **4.** Trom'peter *m*. **5.** Schalltrichter *m*, Sprachrohr *n*. **6.** *med.* Höhrrohr *n*. **II** *v/i* **7.** Trom'pete blasen, trom'peten (*a. Elefant*). **III** *v/t* **8.** trom'peten, blasen. **9.** *a.* **~ forth** *fig.* ‚'auspo,saunen'. **~call** *s* Trom'petensi,gnal *n*.

'**trum·pet·er** *s* **1.** Trom'peter *m*. **2.** Herold *m*. **3.** *fig.* a) ‚'Auspo,sauner(in)', b) Lobredner *m*, c) ‚Sprachrohr' *n*. **4.** *orn.* a) Trom'petervogel *m* (*Südamerika*), b) Trom'petertaube *f*.

trum·pet| ma·jor *s mil.* 'Stabstrom,peter *m*. '**~-shaped** *adj* trom'peten-, trichterförmig.

trun·cal ['trʌŋkl] *adj* **1.** Stamm... [**2.** Rumpf...]

trun·cate [trʌŋ'keɪt; 'trʌŋkeɪt] **I** *v/t* **1.** stutzen, beschneiden (*beide a. fig.*). **2.** *math.* abstumpfen. **3.** *tech. Gewinde* abflachen. **4.** *Computer*: *Programmablauf etc* beenden. **II** *adj* **5.** *bot. zo.* (ab)gestutzt, abgestumpft. **trun·cat·ed** *adj* **1.** *a. fig.* gestutzt, beschnitten. **2.** *math.* abgestumpft: **~ pyramid** Pyramidenstumpf *m*; → **cone** 1. **3.** *tech.* abgeflacht. **trun'ca·tion** *s* **1.** *a. fig.* Stutzung *f*, Beschneidung *f*. **2.** *math.* Abstumpfung *f*. **3.** *tech.* Abflachung *f*. **4.** *Computer*: Beendigung *f*.

trun·cheon ['trʌntʃən] *s* **1.** *Br.* (Gummi-)Knüppel *m*, Schlagstock *m* (*des Polizisten*). **2.** Kom'mando-, Marschallstab *m*.

trun·dle ['trʌndl] **I** *v/t* **1.** *ein Faß etc* rollen, trudeln: **to ~ a hoop** e-n Reifen schlagen; **to ~ s.o.** j-n fahren *od.* schieben (*Invaliden*). **II** *v/i* **2.** rollen, sich wälzen, trudeln. **III** *s* **3.** Rolle *f*, Walze *f*: **~ bed** → **truckle**[2]. **4.** kleiner Rollwagen.

trunk [trʌŋk] *s* **1.** (Baum)Stamm *m*. **2.** Rumpf *m*, Leib *m*, Torso *m*. **3.** *fig.* Stamm *m*, Hauptteil *m*. **4.** *zo.* Rüssel *m* (*des Elefanten*). **5.** *anat.* (*Nerven- etc*) Strang *m*, Stamm *m*. **6.** (Schrank)Koffer *m*, Truhe *f*. **7.** *arch.* (Säulen)Schaft *m*. **8.** *tech.* Rohrleitung *f*, Schacht *m*. **9.** Hauptfahrrinne *f* (*e-s Kanals etc*). **10.** *teleph.* a) Fernleitung *f*, b) *bes. Br.* Fernverbindung *f*. **11.** *rail.* → **trunk line** 1. **12.** *pl a.* **pair of ~s** a) → **trunk hose**, b) Badehose *f*, c) *sport* Shorts *pl*, d) *bes. Br.* ('Herren),Unterhose *f*. **13.** *Computer*: Anschlußstelle *f*. **14.** *mot. Am.* Kofferraum *m*. **~ call** *s teleph. bes. Br.* Ferngespräch *n*. **~ hose** *s hist.* Pluder-, Kniehose(n *pl*) *f*. **~ line** *s* **1.** *rail.* Hauptstrecke *f*, -linie *f*. **2.** → **trunk route. 3.** *teleph.* → **trunk** 10 a. **~ road** *s* Haupt-, Fernverkehrsstraße *f*. **~ route** *s allg.* Hauptstrecke *f*.

trun·nel ['trʌnl] → **treenail.**

trun·nion ['trʌnjən] *s* **1.** *tech.* (Dreh-)Zapfen *m*. **2.** *mil.* Schildzapfen *m* (*der Lafette*).

truss [trʌs] **I** *v/t* **1.** *oft* **~ up** a) bündeln, (fest)schnüren, (zs.-)binden, b) *j-n* fesseln. **2.** *Geflügel* (*zum Braten*) dres'sieren, (auf)zäumen. **3.** *arch.* stützen, absteifen. **4.** *oft* **~ up** *obs. Kleider etc* aufschürzen, -stecken. **5.** *meist* **~ up** *obs. j-n* aufhängen. **II** *s* **6.** *med.* Bruchband *n*. **7.** *arch.* a) Träger *m*, Binder *m*, b) Gitter-, Hänge-, Fachwerk *n*, Gerüst *n*. **8.** *mar.* Rack *n*. **9.** (*Heu-, Stroh- etc*)Bündel *n*, (*a.* Schlüssel)Bund *m*, *n*. **~ bridge** *s tech.* (Gitter)Fachwerkbrücke *f*.

trust [trʌst] **I** *s* **1.** (**in**) Vertrauen *n* (*auf acc*, zu), Zutrauen *n* (zu): **to place** (*od.* **put**) **one's ~ in** → 11; **position of ~** Vertrauensstellung *f*, -posten *m*; **to take on ~** *j-m*, *etwas* glauben. **2.** Zuversicht *f*, zuversichtliche Erwartung *od.* Hoffnung, Glaube *m*. **3.** Kre'dit *m*: **on ~** a) auf Kredit, b) auf Treu u. Glauben. **4.** Pflicht *f*, Verantwortung *f*. **5.** Verwahrung *f*, Obhut *f*, Aufbewahrung *f*: **in ~** zu treuen Händen, zur Verwahrung. **6.** (*das*) Anvertraute, anvertrautes Gut, Pfand *n*. **7.** *jur.* a) Treuhand (-verhältnis *n*) *f*, b) Treuhandgut *n*, -vermögen *n*: **to hold s.th. in ~** etwas zu treuen Händen verwahren, etwas treuhänderisch verwalten; **~ territory** *pol.* Treuhandgebiet *n*; → **breach** *Bes. Redew.* **8.** *econ.* a) Trust *m*, b) Kon'zern *m*, c) Kar'tell *n*, Ring *m*. **9.** *econ. jur.* Stiftung *f*: **family ~** Familienstiftung.

II *v/i* **10.** vertrauen, sein Vertrauen setzen, sich verlassen *od.* bauen (**in**, **to** auf *acc*).

III *v/t* **11.** *j-m* (ver)trauen, glauben, sich verlassen auf (*j-n*): **to ~ s.o. to do s.th.** j-m etwas zutrauen; **I do not ~ him round the corner** ich traue ihm nicht über den Weg; **~ him to do that!** *iro.* a) das sieht ihm ähnlich!, b) verlaß dich drauf, er wird es tun! **12.** (zuversichtlich) hoffen *od.* erwarten, glauben: **I ~ he is not hurt** ich hoffe, er ist nicht verletzt. **13.** (**s.o. with s.th., s.th. to s.o.** j-m etwas) anvertrauen. **14.** wagen, sich zutrauen, sich getrauen.

trust| ac·count *s jur.* Treuhandkonto *n*. **~ a·gree·ment** *s jur.* Treuhandvertrag *m*. '**~,bust·er** *s Am. colloq.* Beamte(r) *m* des Kar'tellamtes. **~ com·pa·ny** *s econ. Am.* Treuhandgesellschaft *f*, -bank *f*. **~ deed** *s jur.* **1.** Treuhandvertrag *m*. **2.** Stiftungsurkunde *f*.

trust·ed ['trʌstɪd] *adj* **1.** bewährt (*Methode etc*). **2.** getreu (*Freund etc*).

trus·tee [,trʌs'tiː] **I** *s* **1.** *jur.* Sachwalter *m* (*a. fig.*), (Vermögens)Verwalter *m*, Treuhänder *m*: **Public T~** *Br.* Öffentlicher Treuhänder; **~ stock**, *a.* **~ securities** mündelsichere Wertpapiere. **2.** *jur. Am. Person, die Vermögen od. Rechte e-s Schuldners durch* **trustee process** *mit Beschlag belegt hat.* **3.** Ku'rator *m*, Verwalter *m*, Pfleger *m*: **board of ~s** Kuratorium *n*. **4.** *pol.* Treuhänderstaat *m*. **II** *v/t* **5.** *jur.* e-m Treuhänder anvertrauen *od.* über'geben: **to ~ an estate. ~ pro·cess** *s jur. Am.* Beschlagnahme *f*, (*bes.* Forderungs)Pfändung *f*.

trus·tee·ship [,trʌs'tiːʃɪp] *s* **1.** Treuhänderschaft *f*, Kura'torium *n*. **2.** *pol.* a) Treuhandverwaltung *f* (*e-s Gebiets*) durch die Vereinten Nati'onen, b) Treuhandgebiet *n*.

trust·ful ['trʌstfʊl] *adj* (*adv* **~ly**) vertrauensvoll, zutraulich. '**trust·ful·ness** *s* Vertrauen *n*, Zutraulichkeit *f*.

trust fund *s* Treuhandvermögen *n*.

trust·i·fi·ca·tion [,trʌstɪfɪ'keɪʃn] *s econ.* Vertrustung *f*, Trustbildung *f*.

trust·i·ness ['trʌstɪnɪs] *s* Treue *f*, Zuverlässigkeit *f*, Vertrauenswürdigkeit *f*.

'**trust·ing** → **trustful.**

'**trust,wor·thi·ness** *s* Zuverlässigkeit *f*, Vertrauenswürdigkeit *f*. '**trust,wor·thy** *adj* (*adv* **thrustworthily**) vertrauenswürdig, zuverlässig.

trust·y ['trʌstɪ] **I** *adj* (*adv* **trustily**) **1.** vertrauensvoll. **2.** treu, zuverlässig, vertrauenswürdig: **~ servant. II** *s* **3.** zuverlässiger Mensch. **4.** privile'gierter Sträfling, ‚Kal'fakter' *m*.

truth [truːθ] *s* **1.** Wahrheit *f*: **in ~**, *obs.* **of a ~** in Wahrheit; **to tell the ~, ~ to tell** um die Wahrheit zu sagen, ehrlich gesagt; **there is no ~ in it** daran ist nichts Wahres; **the ~ is that I forgot it** in Wirklichkeit *od.* tatsächlich habe ich es vergessen; **the ~, the whole ~, and nothing but the ~** *jur.* die Wahrheit, die ganze Wahrheit u. nichts als die Wahrheit; → **home truth. 2.** *oft* **T~** (*das*) Wahre. **3.** (*die allgemein anerkannte*) Wahrheit: **historical ~. 4.** Wirklichkeit *f*, Echtheit *f*. **5.** Treue *f*: **~ to life** Lebensechtheit *f*; **~ to nature** Naturtreue *f*. **6.** Genauheit *f*, Richtigkeit *f*: **to be out of ~** *tech.* nicht genau passen. **~ drug** *s chem. psych.* Wahrheitsdroge *f*, -serum *n*.

truth·ful ['truːθfʊl] *adj* (*adv* **~ly**) **1.** wahr, wahrheitsgemäß. **2.** wahrheitsliebend. **3.** echt, genau, getreu. '**truth·ful·ness** *s* **1.** Wahrheitsliebe *f*. **2.** Echtheit *f*.

'**truth|-,func·tion** *s Logik*: 'Wahrheitsfunkti,on *f*. '**~,lov·ing** *s* wahrheitsliebend. **~ se·rum** *s a. irr* → **truth drug. ~ ta·ble** *s Logik*: Wahrheitstafel *f*. '**~-,val·ue** *s* Wahrheitswert *m*.

try [traɪ] **I** *s* **1.** Versuch *m*: **at the first ~** beim ersten Versuch; **to have a ~** e-n Versuch machen (**at s.th.** mit etwas); **it's worth a ~** es ist *od.* wäre e-n Versuch wert. **2.** *Rugby*: Versuch *m*.

II *v/t* **3.** versuchen, pro'bieren, es versuchen *od.* probieren mit *od.* bei, e-n Versuch machen mit: **you had better ~ something easier** du versuchst es besser mit etwas Leichterem; **to ~ one's best** sein Bestes tun; **~ a department store** versuch es einmal in e-m Kaufhaus; → **hand** *Bes. Redew.* **4.** *oft* **~ out** ('aus-, 'durch)pro,bieren, erproben, testen, prüfen: **to ~ a new method (remedy, invention)**; **to ~ the new wine** den neuen Wein probieren; **to ~ on** *ein Kleid etc* anprobieren, *e-n Hut* aufprobieren; **to ~ it on with s.o.** *colloq.* ‚es bei j-m probieren'; → **wing** 1. **5.** e-n Versuch *od.* ein Experi'ment machen mit: **to ~ the door** die Tür zu öffnen suchen; **to ~ one's luck (with s.o.** bei j-m) sein Glück versuchen. **6.** *jur.* a) (über) *e-e Sache* verhandeln, *e-n Fall* (gerichtlich) unter'suchen: **to ~ a case**, b) gegen *j-n* verhandeln, *j-n* vor Gericht stellen: **he was tried for murder. 7.** entscheiden, zur Entscheidung bringen: **to ~ rival claims by a duel**; → **conclusion** 7. **8.** *die Augen etc* angreifen, (über)'anstrengen, *Mut, Nerven, Geduld* auf e-e harte Probe stellen. **9.** *j-n* arg mitnehmen, plagen, quälen. **10.** *meist* **~ out** *tech.* a) *Metalle* raffi'nieren, b) *Talg etc* ausschmelzen, c) *Spiritus* rektifi'zieren.

III *v/i* **11.** versuchen (**at** *acc*), sich bemühen *od.* bewerben (**for** um). **12.** e-n Versuch machen: **~ again!** (versuch es) noch einmal!; **~ and read!** versuche zu lesen!; **to ~ back** *fig.* zurückgreifen, -kommen (**to** auf *acc*); → **hard** 24.

ˈ**try·ing** *adj* (*adv* **~ly**) **1.** schwierig, kritisch, unangenehm, nervenaufreibend. **2.** anstrengend, mühsam, ermüdend (to für).
ˈ**try|-on** *s* **1.** Anprobe *f*. **2.** *Br. colloq.* ˈSchwindelmaˌnöver *n*. ˈ**~-out** *s* **1.** Probe *f*, Erprobung *f*: **to give s.th. a ~** etwas ausprobieren. **2.** *sport* Ausscheidungs-, Testkampf *m*, -spiel *n*. **3.** *thea.* Probevorstellung *f*.
tryp·a·no·some [ˈtrɪpənəsəʊm; *Am.* trɪpˈænəˌsəʊm] *s med. zo.* Trypanoˈsoma *n*. **tryp·a·no·so·mi·a·sis** [-nəʊsəʊˈmaɪəsɪs; *Am.* -nəsəˈm-] *s med.* Trypanosoˈmiasis *f*: **African ~** Schlafkrankheit *f*.
try·sail [ˈtraɪseɪl; *mar.* ˈtraɪsl] *s mar.* Gaffelsegel *n*.
try square *s tech.* Richtscheit *n*.
tryst [trɪst] *obs. od. poet.* **I** *s* **1.** Verabredung *f*. **2.** Stelldichein *n*, Rendezˈvous *n*. **3.** → **trysting place**. **II** *v/t* **4.** *j-n* (an e-n verabredeten Ort) bestellen. **5.** *Zeit*, *Ort etc* verabreden.
ˈ**tryst·ing place** *s* Treffpunkt *m*.
tsar [zɑː(r); tsɑː(r)], *etc* → **czar**, *etc.*
tset·se (fly) [ˈtsetsɪ] *s zo.* Tsetsefliege *f*.
T shirt *s* T-shirt *n*.
tsou·ris [ˈtsɔːres; ˈtsuːrɪs] *s pl Am. sl.* Zores *m*, Ärger *m*.
T square *s tech.* **1.** Reißschiene *f*. **2.** Anschlagwinkel *m*.
tsu·na·mi [tsʊˈnɑːmɪ] *s* Tsunami *m*, Flutwelle *f*.
tsu·ris → **tsouris**.
tub [tʌb] **I** *s* **1.** (*colloq.* Bade)Wanne *f*. **2.** *Br. colloq.* (Wannen)Bad *n*: **to have a ~** baden. **3.** Kübel *m*, Zuber *m*, Bottich *m*, Bütte *f*. **4.** (*Butter- etc*)Faß *n*, Tonne *f*. **5.** Faß *n* (*als Maß*): **~ of tea**; **a ~ of gin** ein Fäßchen Gin (*etwa 4 Gallonen*). **6.** *mar. colloq.* ‚Kahn' *m*, ‚Pott' *m* (*Schiff*). **7.** *colloq.* ‚Faß' *n*, Dicke(r *m*) *f* (*Person*). **8.** *Rudern*: Übungsboot *n*. **9.** *Bergbau*: a) Förderkorb *m*, b) Förderwagen *m*, Hund *m*. **10.** *humor.* Kanzel *f*. **II** *v/t* **11.** *bes. Butter* in ein Faß tun. **12.** *bot.* in e-n Kübel pflanzen. **13.** *colloq.* baden. **14.** *Rudern*: *j-n* im Übungsboot traiˈnieren. **III** *v/i* **15.** *colloq.* (sich) baden. **16.** *Rudern*: im Übungsboot traiˈnieren.
tu·ba [ˈtjuːbə; *Am. a.* ˈtuːbə] *s mus.* Tuba *f*.
tub·al [ˈtjuːbəl; *Am. a.* ˈtuː-] *adj physiol.* tuˈbar, Eileiter...
tub·by [ˈtʌbɪ] **I** *adj* **1.** faßartig, tonnenförmig. **2.** *colloq.* rundlich, klein u. dick. **3.** *mus.* dumpf, hohl (klingend). **II** *s* **4.** *colloq.* ‚Dickerchen' *n*.
tube [tjuːb; *Am. a.* tuːb] **I** *s* **1.** Rohr (-leitung *f*) *n*, Röhre *f*: **to go down the ~(s)** *Am. colloq.* a) vor die Hunde gehen, b) verpuffen. **2.** (Glas- *etc*)Röhrchen *n*: → **test tube**. **3.** (Gummi)Schlauch *m*: **rubber ~**; → **inner tube**. **4.** (Meˈtall-)Tube *f*: **~ of toothpaste**; **~ colo(u)rs** Tubenfarben. **5.** *mus.* (Blas)Rohr *n*. **6.** *anat.* Röhre *f*, Kaˈnal *m*, Tube *f* (*a. Eileiter*). **7.** *bot.* (Pollen)Schlauch *m*. **8.** a) (U-Bahn-)Tunnel *m*, b) *a.* **T~** (*die*) (Londoner) U-Bahn. **9.** *electr.* Röhre *f*: **the ~** *Am. colloq.* die ‚Röhre' (*Fernseher*); **on the ~** *Am. colloq.* ‚in der Glotze' (*im Fernsehen*). **10. ~ of force** *phys.* Kraftröhre *f* (*in e-m Kraftfeld*). **11.** *Am.* hautenges Kleid. **II** *v/t* **12.** *tech.* mit Röhren versehen. **13.** (durch Röhren) befördern. **14.** (in Röhren *od.* Tuben) abfüllen. **15.** röhrenförmig machen. ˈ**tube·less** *adj* schlauchlos (*Reifen*).
tu·ber [ˈtjuːbə(r); *Am. a.* ˈtuː-] *s* **1.** *bot.* Knolle *f*, Knollen(gewächs *n*, -frucht *f*) *m*. **2.** *med.* Tuber *n*, Knoten *m*, Schwellung *f*.
tu·ber·cle [ˈtjuːbə(r)kl; *Am. a.* ˈtuː-] *s* **1.** *biol.* Knötchen *n*. **2.** *med.* a) Tuˈberkel (-knötchen *n*) *m*, b) (*bes.* ˈLungen)Tuˌberkel *m*. **3.** *bot.* kleine Knolle.
tu·ber·cu·lar [tjuːˈbɜːkjʊlə(r); *Am.* -ˈbɜr-; *a.* tuː-] → **tuberculous**.
tu·ber·cu·lin test [tjuːˈbɜːkjʊlɪn; *Am.* -ˈbɜrkjə-; *a.* tuː-] *s med.* Tuberkuˈlinprobe *f*.
tu·ber·cu·lize [tjuːˈbɜːkjʊlaɪz; *Am.* -ˈbɜrkjə-; *a.* tuː-] *v/t med. j-m* ein Tuˈberkelpräpaˌrat einimpfen.
tu·ber·cu·lo·sis [tjuːˌbɜːkjʊˈləʊsɪs; *Am.* -ˌbɜrkjə-; *a.* tuː-] *s med.* Tuberkuˈlose *f*: **~ of the lungs**, **pulmonary ~** Lungentuberkulose. **tuˈber·cu·lous** *adj med.* **1.** tuberkuˈlös, Tuberkel... **2.** höckerig, knotig.
tube·rose[1] [ˈtjuːbərəʊz; *Am.* ˈtjuːˌbrəʊz; ˈtuː-] *s bot.* Tubeˈrose *f*, ˈNachthyaˌzinthe *f*.
tu·ber·ose[2] [ˈtjuːbərəʊs; *Am. a.* ˈtuː-] → **tuberous**.
tu·ber·os·i·ty [ˌtjuːbəˈrɒsətɪ; *Am.* -ˈrɑ-; *a.* ˌtuː-] → **tuber** 2.
tu·ber·ous [ˈtjuːbərəs; *Am. a.* ˈtuː-] *adj* **1.** *med.* a) mit Knötchen bedeckt, b) knotig, knötchenförmig. **2.** *bot.* a) knollentragend, b) knollig: **~ root**.
tu·bi·form [ˈtjuːbɪfɔː(r)m; *Am. a.* ˈtuː-] *adj* röhrenförmig.
tub·ing [ˈtjuːbɪŋ; *Am. a.* ˈtuː-] *s tech.* **1.** ˈRöhrenmateriˌal *n*, Rohr *n*. **2.** *collect.* Röhren *pl*, Röhrenanlage *f*, Rohrleitung *f*. **3.** Rohr(stück) *n*.
ˈ**tub|-ˌthump·er** *s* (g)eifernder *od.* schwülstiger Redner. ˈ**~-ˌthump·ing** *adj* (g)eifernd, schwülstig.
tu·bu·lar [ˈtjuːbjʊlə(r); *Am. a.* ˈtuː-] *adj* röhrenförmig, Röhren..., Rohr...: **~ boiler** *tech.* Heizrohr-, Röhrenkessel *m*; **~ furniture** Stahlrohrmöbel *pl*; **~-steel pole** Stahlrohrmast *m*.
tu·bule [ˈtjuːbjuːl; *Am. a.* ˈtuː-] *s* **1.** Röhrchen *n*. **2.** *anat.* Kaˈnälchen *n*.
tuck [tʌk] **I** *s* **1.** Biese *f*, Falte *f*, Einschlag *m*, Saum *m*. **2.** eingeschlagener Teil. **3.** Lasche *f* (*am Schachteldeckel etc*). **4.** *mar.* Gilling *f*. **5.** *ped. Br. colloq.* Süßigkeiten *pl*. **6.** *Am. colloq.* Schwung *m*, ‚Mumm' *m*. **7.** *sport* Hocke *f*.
II *v/t* **8.** stecken: **to ~ s.th. under one's arm** etwas unter den Arm klemmen; **to ~ one's tail** *colloq.* ‚den Schwanz einziehen'; **to ~ away** a) wegstecken, verstauen, b) verstecken; **~ed away** versteckt(liegend) (*z. B. Dorf*); **to ~ in** (*od.* **up**) weg-, einstecken. **9.** *meist* **~ in**, **~ up** (warm) zudecken, (behaglich) einpakken: **to ~ s.o. (up) in bed** j-n ins Bett stecken *od.* packen. **10. ~ up** *die Beine* anziehen, *sport* anhocken. **11.** *meist* **~ in** a) einnähen, b) *e-n Rock etc* hochstecken, -schürzen, c) *ein Kleid* raffen, d) *die Hemdsärmel* hochkrempeln. **12. ~ in** *colloq. Essen* ‚verdrücken'.
III *v/i* **13.** sich zs.-ziehen, sich falten. **14.** *a.* **~ away** sich verstauen lassen (**into** in *dat*). **15. ~ in** *colloq.* (*beim Essen*) ‚reinhauen': **to ~ into s.th.** sich etwas schmecken lassen.
ˈ**tuck·er**[1] *v/t meist* **~ out** *bes. Am. colloq. j-n* ‚fertigmachen', völlig erschöpfen: **~ed out** (total) erledigt.
ˈ**tuck·er**[2] *s* **1.** Faltenleger *m* (*Teil der Nähmaschine*). **2.** *hist.* Hals-, Brusttuch *n*: → **bib** 2. **3.** Hemdchen *n*. **4.** *bes. Austral. colloq.* ‚Fresˈsalien' *pl*. ˈ**~-bag** *s bes. Austral. colloq.* Proviˈantbeutel *m*.
tuck·et [ˈtʌkɪt] *s obs.* Tromˈpetenstoß *m*.
ˈ**tuck|-in** *s*: **to have a good ~** *bes. Br. colloq.* tüchtig ‚futtern'. **~ net** *s Fischerei*: Landungsnetz *n*. ˈ**~-out** → **tuck-in**. **~ seine** → **tuck net**. ˈ**~-shop** *s ped. Br. colloq.* Süßwarenladen *m*.
Tu·dor [ˈtjuːdə(r); *Am. a.* ˈtuː-] **I** *adj* **1.** Tudor... (*das Herrscherhaus od. die Zeit der Tudors, 1485–1603, betreffend*): **a ~ drama** *ein Drama aus der Tudorzeit*; **~ architecture** (*od.* **style**) Tudorstil *m* (*englische Spätgotik*). **II** *s* **2.** Tudor *m*, *f* (*Herrscher[in] aus dem Hause Tudor*). **3.** Tudordichter *m*.
Tues·day [ˈtjuːzdɪ; *Am. a.* ˈtuːz-] *s* Dienstag *m*: **on ~** (am) Dienstag; **on ~s** dienstags.
tu·fa [ˈtjuːfə; *Am. a.* ˈtuːfə] *s geol.* **1.** Kalktuff *m*. **2.** → **tuff**. **tuˈfa·ceous** [-ˈfeɪʃəs] *adj* Kalktuff...
tuff [tʌf] *s geol.* Tuff *m*. **tuff·a·ceous** [tʌˈfeɪʃəs] *adj* tuffartig, Tuff...
tuft [tʌft] **I** *s* **1.** (*Gras-, Haar- etc*)Büschel *n*, (*Feder- etc*)Busch *m*, (*Haar*)Schopf *m*. **2.** kleine Baum- *od.* Gebüschgruppe. **3.** Quaste *f*, Troddel *f*. **4.** *anat.* Kapilˈlargefäßbündel *n*. **5.** Spitzbärtchen *n*. **6.** *univ. Br. hist.* adliger Stuˈdent. **II** *v/t* **7.** mit Troddeln *od.* e-m (Feder)Busch *od.* e-r Quaste versehen. **8.** *Matratzen etc* ˈdurchheften u. garˈnieren. **III** *v/i* **9.** Büschel bilden. ˈ**tuft·ed** *adj* **1.** büschelig. **2.** mit e-m (Feder)Busch *od.* mit Quasten verziert. **3.** *orn.* Hauben...: **~ lark**.
ˈ**tuft|ˌhunt·er** *s* gesellschaftlicher Streber. ˈ**~ˌhunt·ing I** *adj* streberhaft. **II** *s* Strebertum *n*.
tuft·y [ˈtʌftɪ] *adj* büschelig.
tug [tʌg] **I** *v/t* **1.** (heftig) ziehen, zerren. **2.** zerren an (*dat*). **3.** *mar.* schleppen. **II** *v/i* **4. ~ at** heftig ziehen *od.* zerren *od.* reißen an (*dat*). **5.** *fig.* sich abplagen. **III** *s* **6.** Zerren *n*, heftiger Ruck: **to give s.th. a ~** → 4. **7.** *fig.* a) große Anstrengung, b) schwerer (*a. seelischer*) Kampf (**for** um): **~ of war** *sport u. fig.* Tauziehen *n*. **8.** *a.* **~boat** *mar.* Schlepper *m*, Schleppdampfer *m*.
tu·i·tion [tjuːˈɪʃn; *Am. a.* tʊ-] *s* ˈUnterricht *m*: **private ~** Privatunterricht, -stunden *pl*; **~ aids** Lehrmittel. **tuˈi·tion·al** [-ʃənl], **tuˈi·tion·ar·y** [-ʃnərɪ; *Am.* -ʃəˌneriː] *adj* Unterrichts..., Studien...
tu·la [ˈtuːlə] → **niello** 1.
tu·la·r(a)e·mi·a [ˌtjuːləˈriːmɪə; *Am. a.* ˌtuː-] *s vet.* Tularäˈmie *f*, Hasenpest *f*.
tu·lip [ˈtjuːlɪp; *Am. a.* ˈtuː-] *s bot.* **1.** Tulpe *f*. **2.** a) Tulpenblüte *f*, b) Tulpenzwiebel *f*. **~ tree** *s bot.* Tulpenbaum *m*. ˈ**~wood** *s* **1.** Tulpenbaumholz *n*. **2.** Rosenholz *n*.
tulle [tjuːl; *Am.* tuːl] *s* Tüll *m*.
tul·war [ˈtʌlwɑː(r)] *s Br. Ind. gebogener Säbel.*
tum·ble [ˈtʌmbl] **I** *s* **1.** Fall *m*, Sturz *m* (*beide a. fig.*): **to have** (*od.* **take**) **a ~** (hin)stürzen; **~ in prices** *econ.* Preissturz. **2.** a) Purzelbaum *m*, b) Salto *m*. **3.** Schwanken *n*, Wogen *n*. **4.** *fig.* Wirrwarr *m*, Durcheinˈander *n*: **all in a ~** kunterbunt *od.* völlig durcheinander. **5. to give s.o. a ~** *Am. colloq.* von j-m Noˈtiz nehmen.
II *v/i* **6.** *a.* **~ down** (ein-, ˈhin-, ˈum-) fallen, (-)stürzen: **to ~ over** umstürzen, sich überschlagen. **7.** purzeln, stolpern (**over** über *acc*). **8.** stolpern (*eilen*): **to ~ into s.o.** *fig.* j-m in die Arme laufen; **to ~ into a war**, *etc* in e-n Krieg *etc* ‚hineinschlittern'; **to ~ to s.th.** *colloq.* etwas ‚kapieren' *od.* ‚spitzkriegen'. **9.** *econ.* stürzen, ‚purzeln' (*Preise etc*). **10.** Purzelbäume schlagen, Luftsprünge *od.* Saltos machen, *sport* Bodenübungen machen. **11.** sich wälzen, ˈhin- u. ˈherrollen. **12.** *mil.* taumeln (*Geschoß*).
III *v/t* **13.** zu Fall bringen, ˈumstürzen, -werfen. **14.** durchˈwühlen. **15.** ‚schmeißen', schleudern. **16.** zerknüllen, *das Haar etc* zerzausen. **17.** *tech.* schleudern (*in e-r Trommel etc*). **18.** *hunt.* abschießen: **to ~ a hare**. ˈ**~-down** *adj* baufällig.
ˈ**tum·bler** *s* **1.** (*fuß- u. henkelloses*) Trink-, Wasserglas, Becher *m*. **2.** Parˈterreakroˌbat(in). **3.** *tech.* Zuhaltung *f*

(*e-s Türschlosses*). **4.** *tech.* Nuß *f* (*e-s Gewehrschlosses*). **5.** *tech.* Richtwelle *f* (*an Übersetzungsmotoren*). **6.** *tech.* a) Zahn *m*, b) Nocken *m*. **7.** *tech.* Scheuertrommel *f*. **8.** *orn.* Tümmler *m*. **9.** *Am.* Stehaufmännchen *n* (*Spielzeug*). ~ **gear** *s tech.* Schwenkgetriebe *n*. ~ **le·ver** *s tech.* (Norton)Schwinge *f*. ~ **switch** *s electr.* Kipp(hebel)schalter *m*.

tum·brel [ˈtʌmbrəl], ˈ**tum·bril** [-brɪl] *s* **1.** *agr.* Mistkarren *m*. **2.** *hist.* Schinderkarren *m*. **3.** *mil. hist.* Munitiˈonskarren *m*. **4.** *hist.* Tauchstuhl *m* (*Folterinstrument*).

tu·me·fa·cient [ˌtju:mɪˈfeɪʃnt; *Am. a.* ˌtu:-] *adj med.* Schwellung erzeugend, (an)schwellend. ˌ**tu·meˈfac·tion** [-ˈfækʃn] → **tumescence.** ˈ**tu·me·fy** [-faɪ] *med.* **I** *v/i* (an-, auf)schwellen. **II** *v/t* (an)schwellen lassen. **tuˈmes·cent** *adj* (an)schwellend, geschwollen.

tu·mid [ˈtju:mɪd; *Am. a.* ˈtu:-] *adj* (*adv* **~ly**) *med. u. fig.* geschwollen. **tuˈmid·i·ty,** ˈ**tu·mid·ness** *s* Geschwollenheit *f*.

tum·my [ˈtʌmɪ] *s Kindersprache*: Bäuchlein *n*: ~ **ache** Bauchweh *n*.

tu·mo(u)r [ˈtju:mə(r); *Am. a.* ˈtu:-] *s med.* Tumor *m*.

tu·mu·lar [ˈtju:mjʊlə(r); *Am. a.* ˈtu:-], ˈ**tu·mu·lar·y** [-lərɪ; *Am.* -ˌleri:] *adj* hügelförmig, (Grab)Hügel...

tu·mu·li [ˈtju:mjʊlaɪ; *Am. a.* ˈtu:-; ˈtʌmjə-] *pl von* **tumulus.**

tu·mult [ˈtju:mʌlt; *Am. a.* ˈtu:-] *s* Tuˈmult *m*: a) Getöse *n*, Lärm *m*, b) (*a. fig. seelischer*) Aufruhr: **in a** ~ in Aufruhr.

tuˈmul·tu·ar·y [-tjʊərɪ; *Am.* -tʃəˌweri:] *adj* **1.** → **tumultuous. 2.** verworren. **3.** aufrührerisch, wild. **tuˈmul·tu·ous** [-tjʊəs; *Am.* -tʃəwəs; -tʃəs] *adj* (*adv* **~ly**) **1.** tumultuˈarisch, lärmend. **2.** heftig, stürmisch, turbuˈlent, erregt.

tu·mu·lus [ˈtju:mjʊləs; *Am. a.* ˈtu:-; ˈtʌmjə-] *pl* **-li** [-laɪ] *s* (*bes. alter* Grab-) Hügel.

tun [tʌn] **I** *s* **1.** Faß *n*. **2.** *Br.* Tonne *f* (*altes Flüssigkeitsmaß*: *252 gallons = 1144,983 l*). **3.** *Brauerei*: Maischbottich *m*. **II** *v/t* **4.** *oft* ~ **up** in Fässer (ab)füllen. **5.** in Fässern lagern.

tu·na [ˈtu:nə; ˈtju:nə] *s ichth.* Thunfisch *m*.

tun·a·ble [ˈtju:nəbl; *Am. a.* ˈtu:-] *adj* **1.** *mus.* stimmbar. **2.** *Radio etc*: abstimmbar.

tun·dra [ˈtʌndrə] *s geogr.* Tundra *f*.

tune [tju:n; *Am. a.* tu:n] **I** *s* **1.** *mus.* Meloˈdie *f*: **to the** ~ **of** a) nach der Melodie von, b) *colloq.* in Höhe von, in der Größenordnung von; **to call the** ~ das Sagen haben; → **change** 1, **sing** 12. **2.** *mus.* Choˈral *m*, Hymne *f*. **3.** *mus.* (*richtige, saubere*) (Ein)Stimmung (*e-s Instruments*): **to keep** ~ Stimmung halten (→ 4); **in** ~ (richtig) gestimmt; **out of** ~ verstimmt. **4.** *mus.* richtige Tonhöhe: **to keep** ~ Ton halten (→ 3); **to sing in** ~ tonrein *od.* sauber singen; **to play out of** ~ unrein *od.* falsch spielen. **5.** *electr.* Abstimmung *f*, (Scharf)Einstellung *f*. **6.** *fig.* Harmoˈnie *f*: **in** ~ **with** in Einklang (stehend) mit, übereinstimmend mit, harmonierend mit; **to be out of** ~ **with** im Widerspruch stehen zu, nicht übereinstimmen *od.* harmonieren mit. **7.** *fig.* Stimmung *f*, Laune *f*: **not to be in** ~ **for** nicht aufgelegt sein zu; **out of** ~ verstimmt, mißgestimmt. **8.** *fig.* gute Verfassung: **to keep the body in** ~ sich in Form halten; **in** ~ *aer.* startklar.

II *v/t* **9.** *oft* ~ **up** a) *mus.* stimmen, b) *fig.* abstimmen (**to** auf *acc*). **10.** (**to**) anpassen (an *acc*), in Überˈeinstimmung bringen (mit). **11.** *fig.* bereitmachen (**for** für). **12.** *electr.* abstimmen, einstellen (**to** auf *acc*): **~d circuit** Abstimm-, Schwingkreis *m*; → **tune in** II.

III *v/i* **13.** tönen, klingen. **14.** (ein Lied) singen. **15.** *mus.* stimmen. **16.** harmoˈnieren (**with** mit) (*a. fig.*).

Verbindungen mit Adverbien:

tune| down *v/t fig.* dämpfen. ~ **in I** *v/i* (das Radio *etc*) einschalten: **to** ~ **to** a) *e-n Sender, ein Programm* einschalten, b) *fig.* sich einstellen *od.* einstimmen auf (*acc*). **II** *v/t das Radio etc* einstellen (**to** auf *acc*): **to be tuned in to** a) *e-n Sender, ein Programm* eingestellt haben, b) *fig.* eingestellt *od.* eingestimmt sein auf (*acc*). ~ **out** *v/i Am. colloq.* ‚abschalten'. ~ **up I** *v/t* **1.** → **tune** 9. **2.** *aer. mot.* a) start-, einsatzbereit machen, b) *e-n Motor* einfahren, c) *e-n Motor* tunen. **3.** *fig.* a) bereitmachen, b) in Schwung bringen, *das Befinden etc* heben. **II** *v/i* **4.** (die Instruˈmente) stimmen (*Orchester*). **5.** *mus.* sich einsingen. **6.** *colloq.* a) einsetzen, b) losheulen.

tune·a·ble → **tunable.**

tune·ful [ˈtju:nfʊl; *Am.* ˈtju:nfəl; *a.* ˈtu:n-] *adj* (*adv* **~ly**) **1.** meˈlodisch. **2.** *obs.* sangesfreudig: ~ **birds.** ˈ**tune·less** *adj* ˈunmeˌlodisch. ˈ**tun·er** *s* **1.** *mus.* (Instruˈmenten)Stimmer *m*. **2.** *mus.* a) Stimmpfeife *f*, b) Stimmvorrichtung *f* (*der Orgel*). **3.** *electr.* Abstimmvorrichtung *f*. **4.** *Radio, TV*: Tuner *m*, Kaˈnalwähler *m*.

ˈ**tune-up** *s* **1.** *Am.* → **warm-up** 1 *u.* 3. **2.** *tech.* Maßnahmen *pl* zur Erzielung maxiˈmaler Leistung.

tung·state [ˈtʌŋsteɪt] *s chem.* Wolfraˈmat *n*.

tung·sten [ˈtʌŋstən] *s chem.* Wolfram *n*: ~ **lamp** *electr.* Wolfram(faden)lampe *f*; ~ **steel** *tech.* Wolframstahl *m*. **tungˈsten·ic** [-ˈstenɪk] *adj* Wolfram..., wolframsauer. ˈ**tung·stic** [-stɪk] *adj chem.* Wolfram...

tu·nic [ˈtju:nɪk; *Am. a.* ˈtu:-] *s* **1.** *antiq.* a) Tunika *f* (*Rom*), b) Chiˈton *m* (*Griechenland*). **2.** *mil. bes. Br.* Waffen-, Uniˈformrock *m*. **3.** a) (*längere*) (Frauen-) Jacke, ˈÜberkleid *n*, b) Kasack *m*. **4.** → **tunicle. 5.** *biol.* Häutchen *n*, Hülle *f*.

tu·ni·ca [ˈtju:nɪkə; *Am. a.* ˈtu:-] *pl* **-cae** [-ki:] *s anat.* Häutchen *n*, Mantel *m*.

tu·ni·cle [ˈtju:nɪkl; *Am. a.* ˈtu:-] *s* Meßgewand *n*.

ˈ**tun·ing I** *s* **1.** a) *mus.* Stimmen *n*, b) *fig.* Einstimmung *f* (**to** auf *acc*). **2.** Anpassung *f* (**to** an *acc*). **3.** *electr.* Abstimmung *f*, Einstellung *f* (**to** auf *acc*). **II** *adj* **4.** *mus.* Stimm...: ~ **fork** Stimmgabel *f*; ~ **hammer,** ~ **wrench** Stimmhammer *m*, -schlüssel *m*; ~ **peg,** ~ **pin** (Stimm)Wirbel *m*. **5.** *electr.* Abstimm...: ~ **control** Abstimmknopf *m*; ~ **eye** magisches Auge.

tun·nage → **tonnage.**

tun·nel [ˈtʌnl] **I** *s* **1.** Tunnel *m*, Unterˈführung *f* (*Straße, Bahn, Kanal*): ~ **vision** a) *med.* Gesichtsfeldeinengung *f*, b) *fig.* enger Gesichtskreis *od.* Horizont; **to see light at the end of the** ~ *fig.* (wieder) Land sehen. **2.** *a. zo.* ˈunterirdischer Gang, Tunnel *m*. **3.** *Bergbau*: Stollen *m*. **II** *v/t pret u. pp* **-neled,** *bes. Br.* **-nelled 4.** *tech.* unterˈtunneln, e-n Tunnel bohren *od.* graben *od.* treiben durch. **5.** der Länge nach aushöhlen. **III** *v/i* **6.** *tech.* e-n Tunnel anlegen *od.* treiben (**through** durch). ˈ**tun·nel·(l)ing** *s tech.* Tunnelanlage *f*, -bau *m*: ~ **machine** Tunnelvortriebsmaschine *f*.

tun·ny [ˈtʌnɪ] *pl* **-nies,** *bes. collect.* **-ny** → **tuna.**

tup [tʌp] **I** *s* **1.** *zo.* Widder *m*. **2.** *tech.* Hammerkopf *m*, Rammklotz *m*, Fallbär *m*. **II** *v/t* **3.** *zo.* bespringen, decken.

tu·pek [ˈtju:pek; *Am.* ˈtu:-], ˈ**tu·pik** [-pɪk] *s Sommerzelt der Eskimos.*

tup·pence [ˈtʌpəns], ˈ**tup·pen·ny** [ˈtʌpnɪ] *Br. colloq. für* **twopence, twopenny.**

tur·ban [ˈtɜ:bən; *Am.* ˈtɜr-] *s* **1.** Turban *m*. **2.** *hist.* turbanähnlicher Kopfschmuck (*der Frauen zu Anfang des 19. Jhs.*). **3.** randloser Hut. ˈ**tur·baned** *adj* turbantragend.

tur·ba·ry [ˈtɜ:bərɪ] *s Br.* **1.** *a.* **common of** ~ *jur.* Recht *n*, (auf fremdem Boden) Torf zu stechen. **2.** Torfmoor *n*.

tur·bid [ˈtɜ:bɪd; *Am.* ˈtɜr-] *adj* (*adv* **~ly**) **1.** dick(flüssig), trübe, schlammig. **2.** dick, dicht: ~ **fog. 3.** *fig.* verworren, wirr. **turˈbid·i·ty,** ˈ**tur·bid·ness** *s* **1.** Trübheit *f*, Dicke *f*. **2.** *fig.* Verworrenheit *f*.

tur·bi·nate [ˈtɜ:bɪnɪt; -neɪt; *Am.* ˈtɜr-] **I** *s* **1.** *anat.* Nasenmuschel *f*. **2.** *zo.* gewundene Muschelart. **II** *adj* **3.** *anat.* muschelförmig. **4.** *zo.* schneckenförmig gewunden. **5.** *bot.* kreiselförmig.

tur·bine [ˈtɜ:baɪn; -bɪn; *Am.* ˈtɜr-] *s tech.* Turˈbine *f*: ~ **aircraft** Turbinenflugzeug *n*; ~**-powered** mit Turbinenantrieb.

tur·bit [ˈtɜ:bɪt; *Am.* ˈtɜr-] *s orn.* Möwchen *n* (*kleine Haustaube*).

ˌ**tur·boˈblow·er** [ˌtɜ:bəʊ-; *Am.* ˌtɜr-], ˌ**tur·boˈcharg·er,** ˌ**tur·bo·comˈpres·sor** *s aer.* Turbolader *m*, -gebläse *n*. ˌ**tur·boˈjet (en·gine)** *s aer.* (Flugzeug *n* mit) Turbostrahltriebwerk *n*. ˈ**tur·boˌlin·er** *s* Düsenverkehrsflugzeug *n*. ˌ**tur·bo·proˈpel·ler en·gine,** *a.* ˌ**tur·boˈprop en·gine,** ˌ**tur·boˈprop-jet en·gine** *s aer.* Turˈbinen-Proˈpeller-Strahltriebwerk *n*. ˌ**tur·boˈram-jet en·gine** *s aer. tech.* Maˈschine *f* mit Staustrahltriebwerk. ˌ**tur·boˈsu·perˌcharg·er** *s aer.* Turbo(höhen)lader *m*.

tur·bot [ˈtɜ:bət; *Am.* ˈtɜr-] *pl* **-bots,** *bes. collect.* **-bot** *s ichth.* Steinbutt *m*.

tur·bu·lence [ˈtɜ:bjʊləns; *Am.* ˈtɜrbjə-] *s* **1.** Unruhe *f*, Aufruhr *m*, Ungestüm *n*, Turbuˈlenz *f*, Sturm *m* (*a. meteor.*). **2.** *phys.* Turbuˈlenz *f*, Wirbelbewegung *f*. ˈ**tur·bu·lent** *adj* (*adv* **~ly**) **1.** ungestüm, stürmisch, turbuˈlent. **2.** aufrührerisch. **3.** *phys.* verwirbelt: ~ **flow** turbulente Strömung, Wirbelströmung *f*.

Turco- → **Turko-.**

turd [tɜ:d; *Am.* tɜrd] *s vulg.* **1.** ‚Scheiße' *f*, ‚Scheißhaufen' *m*. **2.** ‚Scheißkerl' *m*.

tu·reen [təˈri:n; tjʊ-] *s* Terˈrine *f*.

turf [tɜ:f; *Am.* tɜrf] **I** *pl* **turfs,** *a.* **turves** [-vz] *s* **1.** Rasen *m*, Grasnarbe *f*. **2.** Rasenstück *n*, Sode *f*. **3.** Torf(ballen) *m*: ~**-cutter** *Ir.* Torfstecher *m*. **4.** *sport* Turf *m*: a) (Pferde)Rennbahn *f*, b) **the** ~ *fig.* der Pferderennsport: ~ **accountant** *Br.* Buchmacher *m*. **5.** *fig.* Reˈvier *n*. **II** *v/t* **6.** mit Rasen bedecken. **7.** ~ **out** *bes. Br. colloq.* j-n rausschmeißen.

turf·ite [ˈtɜ:faɪt; *Am.* ˈtɜr-] *s bes. Am.* Pferderennsportliebhaber *m*. ˈ**turf·man** [-mən] *s irr* → **turfite.** ˈ**turf·y** *adj* **1.** rasenbedeckt, Rasen... **2.** torfartig, Torf... **3.** *fig.* Pferderennsport...

tur·ges·cence [tɜ:ˈdʒesns; *Am.* ˌtɜr-] *s* **1.** *med.* Schwellung *f*, Geschwulst *f*. **2.** *fig.* Schwulst *m*. **turˈges·cent** *adj med.* (an)schwellend.

tur·gid [ˈtɜ:dʒɪd; *Am.* ˈtɜr-] *adj* (*adv* **~ly**) **1.** *med.* (an)geschwollen. **2.** *fig.* schwülstig, ‚geschwollen'. **turˈgid·i·ty,** ˈ**tur·gid·ness** *s* **1.** Geschwollensein *n*. **2.** *fig.* ‚Geschwollenheit' *f*, Schwülstigkeit *f*.

Turk [tɜ:k; *Am.* tɜrk] **I** *s* **1.** Türke *m*, Türkin *f*: **Young T~s** *pol.* Jungtürken *pl*. **2.** *fig. obs.* Tyˈrann *m*. **II** *adj* **3.** türkisch, Türken...

Tur·key[1] [ˈtɜ:kɪ; *Am.* ˈtɜr-] *adj* türkisch: ~ **carpet** Orientteppich *m*; ~ **red** Türkischrot *n*.

tur·key[2] [ˈtɜ:kɪ; *Am.* ˈtɜr-] *s* **1.** *pl* **-keys,** *bes. collect.* **-key** *orn.* Truthahn *m*,

-henne *f*, Pute(r *m*) *f*. **2.** *thea. Am. colloq.* ‚Pleite' *f*, ‚ˈDurchfall' *m*. **3. to talk ~** *bes. Am. colloq.* a) offen *od.* sachlich reden, b) Frakˈtur reden (**with** mit *j-m*), ‚masˈsiv' werden (**with** *j-m* gegenˈüber). **~ cock** *s* **1.** Truthahn *m*, Puter *m*: **(as) red as a ~** puterrot (im Gesicht). **2.** *fig.* aufgeblasener Kerl.

Tur·ki [ˈtɜːkiː; *Am.* ˈtɜr-] **I** *s* **1.** → **Turkic**. **2.** ˈTurktaˌtar(in). **II** *adj* **3.** ˈturktaˌtarisch. **Tur·kic** [ˈtɜːkɪk; *Am.* ˈtɜr-] *s ling.* Türk- *od.* Turksprache(n *pl*) *f* (*ural-altaische Sprachgruppe*).

Turk·ish [ˈtɜːkɪʃ; *Am.* ˈtɜr-] **I** *adj* türkisch, Türken... **II** *s ling.* Türkisch *n*, das Türkische. **~ bath** *s* türkisches Bad. **~ de·light** *s* ˈFruchtgeˌleekonˌfekt *n*. **~ mu·sic** *s* Janiˈtscharenmuˌsik *f*. **~ to·bac·co** *s* Oriˈenttabak *m*. **~ tow·el** *s* Frotˈtier-, Frotˈtee(hand)tuch *n*.

Turko- [tɜːkəʊ; *Am.* tɜr-] *Wortelement mit der Bedeutung* türkisch, Türken...: ~phil(e) Türkenfreund *m*.

Tur·ko·man [ˈtɜːkəmən; *Am.* ˈtɜr-] *s* **1.** *pl* **-mans** Turkˈmene *m*. **2.** *ling.* Turkˈmenisch *n*, das Turkmenische.

tur·mer·ic [ˈtɜːmərɪk; *Am.* ˈtɜr-] *s* **1.** *bot.* Gelbwurz *f*. **2.** *pharm.* Kurkuma *f*, Turmerikwurzel *f*. **3.** Kurkumagelb *n* (*Farbstoff*). **~ pa·per** *s chem.* ˈKurkumapaˌpier *n*.

tur·moil [ˈtɜːmɔɪl; *Am.* ˈtɜr-] *s* **1.** Aufruhr *m*, Unruhe *f*, Tuˈmult *m* (*alle a. fig.*): **in a ~** in Aufruhr. **2.** Getümmel *n*.

turn[1] [tɜːn; *Am.* tɜrn] **I** *s* **1.** (ˈUm)Drehung *f*: **a single ~ of the handle**; **to give s.th. a ~** etwas drehen; **to a ~** ausgezeichnet, vortrefflich, aufs Haar; **done to a ~** gerade richtig durchgebraten; → **wheel** 7. **2.** Turnus *m*, Reihe(nfolge) *f*: **~ (and ~) about** reihum, abwechselnd, wechselweise; **in ~** a) der Reihe nach, b) dann wieder; **in his ~** seinerseits; **to speak out of ~** *fig.* unpassende Bemerkungen machen; **to take ~s** (mit-) einander *od.* sich (gegenseitig) abwechseln (**at** in *dat*, bei); **to take one's ~** handeln, wenn die Reihe an e-n kommt; **wait your ~!** warte, bis du an der Reihe *od.* dran bist; **my ~ will come** *fig.* m-e Zeit kommt auch noch, ‚ich komme schon noch dran'. **3.** Drehen *n*, Wendung *f*: **~ to the left** Linkswendung. **4.** Wendepunkt *m* (*a. fig.*). **5.** Biegung *f*, Kurve *f*, Kehre *f*. **6.** *sport* a) *Turnen*: Drehung *f*, b) *Schwimmen*: Wende *f*, c) *Skisport*: Wende *f*, Kehre *f*, Schwung *m*, d) *Eis-*, *Rollkunstlauf*: Kehre *f*, Kurve *f*. **7.** Krümmung *f* (*a. math.*). **8.** Wendung *f*: a) ˈUmkehr *f*: **to be on the ~** *mar.* umschlagen (*Gezeiten*) (→ 30); → **tide**[1] 1, b) Richtung *f*, (Ver)Lauf *m*: **to take a ~ for the better (worse)** sich bessern (sich verschlimmern); **to take an interesting ~** e-e interessante Wendung nehmen (*Gespräch etc*), c) (*Glücks-*, *Zeiten- etc*)Wende *f*, Wechsel *m*, ˈUmschwung *m*, Krise *f*: **a ~ in one's luck** e-e Glücks- *od.* Schicksalswende; **~ of the century** Jahrhundertwende; **~ of life** Lebenswende, *med.* Wechseljahre *pl* (*der Frau*). **9.** Ausschlag(en *n*) *m* (*e-r Waage*). **10.** (Arbeits)Schicht *f*. **11.** Tour *f*, (einzelne) Windung (*e-r Bandage*, *e-s Kabels etc*). **12.** (kurzer) Spaˈziergang, Runde *f*: **to take a ~** e-n Spaziergang machen. **13.** kurze Fahrt, Spritztour *f*. **14.** *mar.* Törn *m*. **15.** (Rede)Wendung *f*, Formuˈlierung *f*. **16.** Form *f*, Gestalt *f*, Beschaffenheit *f*. **17.** Art *f*, Chaˈrakter *m*: **~ (of mind)** Denkart *f*, -weise *f*. **18.** (**for, to**) Neigung *f*, Hang *m*, Taˈlent *n* (zu), Sinn *m* (für): **practical ~** praktische Veranlagung; **to have a ~ for languages** sprachbegabt sein; **to be of a humorous ~** Sinn für Humor haben. **19.** a) (*ungewöhnliche od. unerwartete*) Tat, b) Dienst *m*, Gefallen *m*: **a bad ~** ein schlechter Dienst *od.* e-e schlechte Tat; **a friendly ~** ein Freundschaftsdienst; **to do s.o. a good (an ill) ~** j-m e-n guten (schlechten) Dienst erweisen; **to do s.o. a good ~** j-m e-n Gefallen tun; **one good ~ deserves another** e-e Liebe ist der anderen wert. **20.** Anlaß *m*: **at every ~** auf Schritt u. Tritt, bei jeder Gelegenheit. **21.** (kurze) Beschäftigung: **~ (of work)** (Stück *n*) Arbeit *f*; **to take a ~ at s.th.** es kurz mit e-r Sache versuchen. **22.** *med.* a) Taumel *m*, Schwindel *m*, b) Anfall *m*. **23.** *colloq.* Schock *m*, Schrecken *m*: **to give s.o. a ~** j-n erschrecken. **24.** Zweck *m*: **this will serve your ~** das wird dir nützlich sein; **this won't serve my ~** damit ist mir nicht gedient. **25.** *econ. vollständig durchgeführte Börsenaktion.* **26.** *mus.* Doppelschlag *m*. **27.** *thea. bes. Br.* (Proˈgramm)Nummer *f*. **28.** *mil.* (Kehrt)Wendung *f*, Schwenkung *f*: **left (right) ~!** *Br.* links-(rechts)um!; **about ~!** *Br.* ganze Abteilung kehrt! **29.** *print.* Fliegenkopf *m* (*umgedrehter Buchstabe*). **30. on the ~** am Sauerwerden (*Milch*) (→ 8).

II *v/t* **31.** (*im Kreis od. um e-e Achse*) drehen. **32.** *e-n Schlüssel*, *e-e Schraube etc*, *a. e-n Patienten* (ˈum-, herˈum)drehen. **33.** *a. Kleider* wenden, *etwas* ˈumkehren, -stülpen, -drehen: **it ~s my stomach** mir dreht sich dabei der Magen um; → **head** *Bes. Redew.* **34.** *ein Blatt*, *e-e Buchseite* ˈumdrehen, -wenden, -blättern: **to ~ the page** umblättern. **35.** *rail. e-e Weiche*, *tech. e-n Hebel* ˈumlegen: **to ~ a switch (a lever)**. **36.** *agr. den Boden* ˈumgraben, -pflügen. **37.** zuwenden, -drehen, -kehren (**to** *dat*). **38.** *den Blick*, *die Kamera*, *s-e Schritte etc* wenden, *a. s-e Gedanken*, *sein Verlangen* richten, lenken (**against** gegen; **on** auf *acc*; **toward[s]** auf *acc*, nach): **to ~ one's attention to s.th.** e-r Sache s-e Aufmerksamkeit zuwenden; **to ~ the hose on the fire** den Schlauch auf das Feuer richten; **to ~ one's steps home** die Schritte heimwärts lenken. **39.** a) ˈum-, ab-, weglenken, -leiten, -wenden, b) abwenden, abhalten: **to ~ a bullet**. **40.** *j-n* ˈumstimmen, abbringen (**from** von). **41.** *die Richtung* ändern, e-e neue Richtung geben (*dat*). **42.** *das Gesprächsthema* wechseln. **43.** a) *e-e Waage etc* zum Ausschlagen bringen, b) *fig.* ausschlaggebend sein bei: **to ~ an election** bei e-r Wahl den Ausschlag geben; → **scale**[2] 1. **44.** verwandeln (**into** in *acc*): **to ~ water into wine**; **to ~ love into hate**; **to ~ a firm into a joint-stock company** e-e Firma in e-e Aktiengesellschaft umwandeln; **to ~ into cash** flüssigmachen, zu Geld machen. **45.** machen, werden lassen (**into** zu): **to ~ s.o. sick** a) j-n krank machen, b) j-m Übelkeit verursachen; **it ~ed her pale** es ließ sie erblassen. **46.** *a.* **~ sour** *Milch* sauer werden lassen. **47.** *das Laub* verfärben: **to ~ the leaves**. **48.** *e-n Text* überˈtragen, -ˈsetzen (**into Italian** ins Italienische). **49.** herˈumgehen *od.* biegen um: → **corner** 1. **50.** *mil.* a) umˈgehen, umˈfassen, b) aufrollen: **to ~ the enemy's flank**. **51.** hinˈausgehen *od.* -sein über (*acc*): **he is just ~ing** (*od.* **has just ~ed**) **50** er ist gerade 50 geworden. **52.** *tech.* a) drehen, b) *Holzwaren* drechseln, c) *Glas* marbeln, rollen. **53.** *a. fig.* formen, gestalten, (kunstvoll) bilden, *Komplimente*, *Verse etc* drechseln: **a well-~ed ankle** ein wohlgeformtes Fußgelenk; **to ~ a phrase** e-n Satz bilden *od.* formen *od.* feilen. **54.** *econ.* verdienen, ˈumsetzen. **55.** *e-e Messerschneide etc* ˈum-, verbiegen, *a.* stumpf machen: **to ~ the edge** (*od.* **point**) **of** *fig. e-r Bemerkung etc* die Spitze nehmen. **56.** *e-n Salto* machen, *e-n Purzelbaum* schlagen. **57. ~ loose** a) freilassen, b) *Hund etc* loslassen (**on** auf *acc*).

III *v/i* **58.** sich drehen (lassen), sich (im Kreis) (herˈum)drehen: **the wheel ~s**. **59.** sich drehen *od.* ˈhin- u. ˈherbewegen (lassen): **the tap will not ~**. **60.** ˈumdrehen, -wenden, *bes.* (*in e-m Buch*) (ˈum)blättern. **61.** sich (ab-, ˈhin-, zu-) wenden: → **turn to** I. **62.** sich *stehend*, *liegend etc* (ˈum-, herˈum)drehen: → **grave**[1] 1. **63.** a) *mar. mot.* wenden, *mar.* (ab)drehen, b) *aer. mot.* kurven, e-e Kurve machen. **64.** (ab-, ein)biegen (**down** in *e-e Seitenstraße etc*): **I do not know which way to ~** *fig.* ich weiß nicht, was ich machen soll. **65.** e-e Biegung machen (*Straße*, *Wasserlauf etc*). **66.** sich krümmen *od.* winden: **worm** 1. **67.** zuˈrückschlagen *od.* -prallen *od. fig.* -fallen (**on** auf *acc*). **68.** sich ˈumdrehen: a) sich um 180° drehen, b) zuˈrückschauen. **69.** sich ˈumdrehen *od.* ˈumwenden (lassen), sich ˈumstülpen: **my umbrella ~ed inside out** mein Regenschirm stülpte sich um; **my stomach ~s at this sight** bei diesem Anblick dreht sich mir der Magen um. **70.** schwind(e)lig werden: **my head ~s** mir dreht sich alles im Kopf; **his head ~ed with the success** der Erfolg ist ihm zu Kopf gestiegen. **71.** sich (ver)wandeln (**into, to** in *acc*), ˈumschlagen (*bes. Wetter*): **love has ~ed into hate**. **72.** werden: **to ~ cold (pale,** *etc*); **to ~ communist (soldier,** *etc*); **to ~ (sour)** sauer werden (*Milch*); **to ~ traitor** zum Verräter werden. **73.** sich verfärben (*Laub*). **74.** sich wenden (*Gezeiten*): → **tide**[1] 1. **75.** *tech.* sich drehen *od.* drechseln *od.* (ver)formen lassen. **76.** *print.* (*durch Fliegenköpfe*) blocˈkieren.

Verbindungen mit Präpositionen:

turn| a·gainst I *v/i* **1.** sich (*feindlich etc*) wenden gegen: **to ~ s.o. II** *v/t* **2.** *j-n* aufhetzen *od.* aufbringen gegen. **3.** *Spott etc* richten gegen. **~ in·to** → **turn** 44, 48, 71. **~ on I** *v/i* **1.** sich drehen um *od.* in (*dat*). **2.** → **turn upon** 1 *u.* 2. **3.** sich wenden *od.* richten gegen. **II** *v/t* → **turn** 38. **~ to I** *v/i* **1.** sich nach *links etc* wenden (*Person*), nach *links etc* abbiegen (*a. Fahrzeug*, *Straße etc*): **to ~ the left**. **2.** a) sich *der Musik*, *e-m Thema etc* zuwenden, b) sich beschäftigen mit, c) sich anschicken (**doing s.th.** etwas zu tun). **3.** s-e Zuflucht nehmen zu: **to ~ God**. **4.** sich an *j-n* wenden, zu Rate ziehen: **to ~ a doctor (a dictionary)**. **5.** → **turn** 71. **II** *v/t* **6.** *Hand* anlegen bei: **to turn a** (*od.* **one's**) **hand to s.th.** etwas in Angriff nehmen; **he can turn his hand to anything** er ist zu allem zu gebrauchen. **7.** → **turn** 38. **8.** verwandeln in (*acc*). **9.** *etwas* anwenden zu: → **account** 12. **~ up·on** *v/i* **1.** *fig.* abhängen von. **2.** *fig.* sich drehen um, handeln von. **3.** → **turn on** 3.

Verbindungen mit Adverbien:

turn| a·bout, ~ a·round I *v/t* **1.** (her)ˈumdrehen. **2.** *agr. Heu*, *Boden* wenden. **II** *v/i* **3.** sich (im Kreis *od.* herˈum- *od.* ˈum)drehen. **4.** *mil.* kehrtmachen. **5.** *fig.* ˈumschwenken. **~ a·side** *v/t u. v/i* (sich) abwenden (**from** von). **~ a·way I** *v/t* **1.** *das Gesicht etc* abwenden (**from** von). **2.** abweisen, weg-, fortschicken. **3.** fortjagen, entlassen. **II** *v/i* **4.** sich abwenden (**from** von), (weg-, fort-) gehen. **~ back I** *v/t* **1.** zur Rückkehr veranlassen, ˈumkehren lassen. **2.** → **turn down** 3. **3.** *e-e Buchseite etc* ˈumknicken. **4.** *Uhr* zuˈrückdrehen: → **clock**[1] 1. **II** *v/i* **5.** zuˈrück-, ˈumkehren. **6.** zuˈrückgehen.

7. zuˈrückblättern (**to** auf *acc*). **~ down I** *v/t* **1.** ˈumkehren, -legen, -biegen, *den Kragen* ˈumschlagen, *e-e Buchseite etc* ˈumknicken. **2.** *Gas, Lampe* klein(er) drehen, *Radio etc* leise(r) stellen. **3.** *das Bett* aufdecken, *die Bettdecke* zuˈrückschlagen. **4.** *j-n, e-n Vorschlag etc* ablehnen, *j-m* e-n Korb geben. **II** *v/i* **5.** abwärts *od.* nach unten gebogen sein, (herˈunter-)hängen. **6.** sich ˈumlegen *od.* -schlagen lassen. **~ in I** *v/t* **1.** *bes. Am.* einreichen, -senden. **2.** *Uniform etc* ab-, zuˈrückgeben. **3.** *j-n* anzeigen *od.* der Poliˈzei überˈgeben: **to turn o.s. in** sich stellen. **4.** einwärts *od.* nach innen drehen *od.* biegen *od.* stellen: **to turn one's feet in.** **5.** *colloq. etwas* ‚auf die Beine stellen', zuˈstande bringen. **6.** *colloq.* aufgeben, seinlassen. **II** *v/i* **7.** *colloq.* sich ‚ˈhinhauen', ins Bett gehen. **8.** einwärts gebogen sein. **9. to ~ (up)on o.s.** sich in sich selbst zurückziehen. **~ off I** *v/t* **1.** *Gas, Wasser etc* abdrehen, *a. ein Gerät* abstellen, *Licht, Radio etc* ausmachen, -schalten. **2.** abwenden, ablenken: **to ~ a blow. 3.** *colloq.* ‚rausschmeißen', entlassen. **4.** *tech.* abdrehen (*an der Drehbank*). **5.** *colloq.* a) *j-n* anwidern, b) *j-m* die Lust nehmen. **II** *v/i* **6.** abbiegen (*Person, a. Straße*). **~ on** *v/t* **1.** *Gas, Wasser etc* aufdrehen, *a. ein Gerät* anstellen, *Licht, Radio etc* anmachen, einschalten: → **agony** 1, **charm** 1, **waterwork** 2. **2.** *colloq.* ‚antörnen', ‚anturnen': a) *zum Gebrauch von Drogen veranlassen*, b) ‚anmachen' (*a. sexuell*). **~ out I** *v/t* **1.** hinˈauswerfen, wegjagen, vertreiben. **2.** entlassen (**of** aus *e-m Amt etc*). **3.** *e-e Regierung* stürzen. **4.** *Vieh* auf die Weide treiben. **5.** ˈumstülpen, -kehren: **to ~ s.o.'s pockets. 6.** ausräumen: **to ~ a room (s.o.'s furniture). 7.** a) *econ. Waren* produˈzieren, ˈherstellen, b) *contp. Bücher etc* produˈzieren, c) *fig. Wissenschaftler etc* herˈvorbringen (*Universität etc*): **Oxford has turned out many statesmen** aus Oxford sind schon viele Staatsmänner hervorgegangen. **8.** → **turn off** 1. **9.** auswärts *od.* nach außen drehen *od.* biegen *od.* stellen: **to turn one's feet out. 10.** ausstatten, ˈherrichten, *bes.* kleiden: **well turned-out** gutgekleidet. **11.** *mil.* antreten *od.* (*Wache*) herˈaustreten lassen: **to ~ the guard. II** *v/i* **12.** auswärts gebogen sein. **13.** a) hinˈausziehen, -gehen, b) *mil.* ausrücken (*a. Feuerwehr etc*), c) *zur Wahl etc* kommen (*Bevölkerung*), d) *mil.* antreten, e) *econ. bes. Br.* in Streik treten, f) (*aus dem Bett*) aufstehen. **14.** herˈauskommen (**of** aus). **15.** *gut etc* ausfallen, werden. **16.** sich gestalten, *gut etc* ausgehen, ablaufen. **17.** sich erweisen *od.* entpuppen als, sich herˈausstellen: **he turned out (to be) a good swimmer** er entpuppte sich als guter Schwimmer; **it turned out that he was never there** es stellte sich heraus, daß er nie dort war. **~ o·ver I** *v/t* **1.** *econ. Geld, Ware* ˈumsetzen, e-n ˈUmsatz haben von: **to ~ goods; he turns over £1,000 a week** er hat e-n wöchentlichen Umsatz von 1000 Pfund. **2.** ˈumdrehen, -wenden, *bes. ein Blatt, e-e Seite* ˈumblättern: **please ~!** bitte wenden!; → **leaf** 4. **3.** ˈumwerfen, -kippen. **4.** (**to**) a) überˈtragen (*dat od.* auf *acc*), überˈgeben (*dat*), b) *j-n* (*der Polizei etc*) ausliefern, überˈgeben: **to ~ a business to s.o.** j-m ein Geschäft übergeben. **5.** *a.* **~ in one's mind** *etwas* überˈlegen, sich durch den Kopf gehen lassen. **II** *v/i* **6.** sich drehen, roˈtieren. **7.** sich *im Bett etc* ˈumdrehen: → **grave**[1] 1. **8.** ˈumkippen, -schlagen. **~ round I** *v/i* **1.** sich (im Kreis *od.* herˈum- *od.* ˈum)drehen: **then she turned round and slapped my face** urplötzlich ohrfeigte sie mich. **2.** *fig.* s-n Sinn ändern, ˈumschwenken. **II** *v/t* **3.** (herˈum)drehen. **~ to** *v/i* sich ‚ranmachen' (an die Arbeit), sich ins Zeug legen. **~ un·der** *v/t agr.* ˈunterpflügen. **~ up I** *v/t* **1.** nach oben drehen *od.* richten *od.* biegen, *den Kragen* hochschlagen, -klappen: **turn it up!** *Br. sl.* halt die Klappe!; → **nose** *Bes. Redew.*, **toe** 1. **2.** ausgraben, zuˈtage fördern. **3.** *Spielkarten* aufdecken. **4.** *e-n Rock etc* ˈum-, einschlagen. **5.** *Br.* a) *ein Wort* nachschlagen, b) *ein Buch* zu Rate ziehen. **6.** *Gas, Lampe* aufdrehen, groß *od.* größer drehen, *Radio etc* laut(er) stellen. **7.** *ein Kind* übers Knie legen. **8.** *colloq. j-m* den Magen ˈumdrehen (*vor Ekel*). **9.** *sl. e-e Arbeit* ‚aufstecken'. **II** *v/i* **10.** sich nach oben drehen, nach oben gerichtet *od.* gebogen sein (*Hutkrempe etc*), hochgeschlagen sein (*Kragen*). **11.** *fig.* auftauchen: a) aufkreuzen, erscheinen, kommen, *a.* sich melden (*Person*), b) zum Vorschein kommen, sich (an)finden (*Sache*). **12.** geschehen, eintreten, pasˈsieren. **13.** sich erweisen *od.* entpuppen als.

turn[2] [tɜrn] *v/i sport Am.* turnen.

ˈturn·a·ble *adj* drehbar.

ˈturn|·a·bout *s* **1.** *a. fig.* Kehrtwendung *f* um 180 Grad. **2.** *fig.* ˈUmschwung *m.* **3.** *mar.* Gegenkurs *m.* **4.** *Am.* Karusˈsell *n.* **5.** beidseitig tragbares Kleidungsstück. **6.** → **turncoat. ˌ~-and-ˈbank in·di·ca·tor** *s aer.* Wende(- u. Querneigungs)anzeiger *m.* **ˈ~·a·round** *s* **1.** *mot. etc* Wendeplatz *m.* **2.** → **turnabout** 1 *u.* 2. **3.** *aer. mar. mot.* Rundreisedauer *f*, ˈUmlaufzeit *f.* **4.** (Geneˈral)Überˌholung *f* (*e-s Fahrzeugs*). **ˈ~·back** *s* **1.** Feigling *m.* **2.** ˈUmschlag *m*, Stulpe *f.* **~ bridge** *s tech.* Drehbrücke *f.* **ˈ~ˌbuck·le** *s tech.* Spannschraube *f*, -schloß *n*, **ˈ~·coat** *s* Abtrünnige(r *m*) *f*, ˈÜberläufer(in), Reneˈgat *m.* **ˈ~·cock** *s tech.* **1.** Drehhahn *m.* **2.** Wasserrohraufseher *m.* **ˈ~·down I** *adj* **1.** ˈumlegbar, Umlege...: **~ collar** → 2. **II** *s* **2.** ˈUmleg(e)kragen *m.* **3.** *fig.* Ablehnung *f.*

turned [tɜːnd; *Am.* tɜrnd] *adj* **1.** gedreht: **~ part** *tech.* Drehteil *n.* **2.** *tech.* gedreht, gedrechselt. **3.** gestaltet, geformt: **well-~. 4.** (ˈum)gebogen: **~-back** zurückgebogen; **~-down** a) nach unten gebogen, b) Umlege...; **~-in** einwärts gebogen; **~-out** nach außen gebogen; **~-up** aufgebogen. **5.** verdreht, -kehrt. **6.** *print.* ˈumgedreht, auf dem Kopf stehend.

ˈturn·er[1] *s* **1.** *tech.* Wender *m* (*Gerät*). **2.** *tech.* a) Dreher *m*, b) Drechsler *m*, c) *Keramik*: Töpfer *m.*

turn·er[2] [ˈtɜrnər; ˈtʊərnər] *s sport Am.* Turner(in).

turn·er·y [ˈtɜːnərɪ; *Am.* ˈtɜr-] *s tech.* **1.** a) Drehen *n*, b) Drechseln *n.* **2.** *collect.* a) Dreharbeit(en *pl*) *f*, b) Drechslerarbeit(en *pl*) *f.* **3.** a) Dreheˈrei *f*, b) Drechsleˈrei *f.*

ˈturn·ing *s* **1.** Drehung *f.* **2.** *tech.* Drehen *n*, Drechseln *n.* **3.** (Straßen-, Fluß)Biegung *f.* **4.** a) (Straßen)Ecke *f*, b) Querstraße *f*, Abzweigung *f.* **5.** *fig.* Gestalt(ung) *f*, Form *f.* **6.** *pl* Drehspäne *pl.* **~ chis·el** *s tech.* (Ab)Drehstahl *m.* **~ cir·cle** *s mot.* Wendekreis *m.* **~ gouge** *s tech.* Hohlmeißel *m.* **~ lathe** *s tech.* Drehbank *f.* **~ ma·chine** *s tech.* ˈDrehmaˌschine *f.* **~ move·ment** *s mil.* Umˈgehungsbewegung *f.* **~ point** *s* **1.** *fig.* a) Wendepunkt *m* (*a. math. surv.*), b) *med.* Krisis *f*, Krise *f.* **2.** *aer. sport* Wendemarke *f.*

tur·nip [ˈtɜːnɪp; *Am.* ˈtɜr-] *s* **1.** *bot.* (*bes.* Weiße) Rübe. **2.** *colloq.* ‚Zwiebel' *f* (*plumpe Taschenuhr*). **3.** *colloq.* Trottel *m.* **~ cab·bage** *s bot.* Kohlˈrabi *m.*

ˈturn|·key I *s obs.* Gefangenenwärter *m*, Schließer *m.* **II** *adj*: **~ contract** *Bauvertrag, der die schlüsselfertige Übergabe des Gebäudes vorsieht.* **~ me·ter** *s aer.* Kurvenmesser *m.* **ˈ~-off** *s* **1.** Abzweigung *f.* **2.** Ausfahrt *f* (*von e-r Autobahn*). **ˈ~-on** *s colloq.* ‚tolle' *od.* ‚phanˈtastische' Sache *od.* Perˈson.

ˈturn·out *s* **1.** *bes. mil.* Ausrücken *n.* **2.** *econ. bes. Br.* a) Streik *m*, Ausstand *m*, b) Streikende(r *m*) *f*, Ausständige(r *m*) *f.* **3.** a) Besucher(zahl *f*) *pl*, Zuschauer(zahl *f*) *pl*, b) (*Wahl- etc*)Beteiligung *f.* **4.** Equiˈpage *f*, (Pferde)Gespann *n*, Kutsche *f.* **5.** Ausstattung *f*, *bes.* Kleidung *f.* **6.** *econ.* Geˈsamtproduktiˌon *f*, Ausstoß *m.* **7.** a) Ausweichstelle *f* (*auf e-r Autostraße*), b) → **turn-off. 8. to give s.th. a ~, to have a ~ of s.th.** etwas ausräumen.

ˈturnˌo·ver *s* **1.** ˈUmstürzen *n*, -werfen *n.* **2.** *pol.* ˈUmschwung *m*, *bes.* (*deutliche*) Verschiebung der Wählerstimmen. **3.** Ver-, ˈUmwandlung *f.* **4.** Ein- u. Ausgang *m*, Zu- u. Abgang *m* (*von Patienten in Krankenhäusern etc*): **labo(u)r** (*od.* **employee**) **~** *econ.* Arbeitskräftebewegung *f*; **tenant ~** Mieterfluktuation *f.* **5.** *econ.* ˈUmgrupˌpierung *f*, ˈUmschichtung *f.* **6.** *econ.* ˈUmsatz *m*: **~ tax** *Br.* Umsatzsteuer *f.* **7.** *Br.* (*Zeitungs*)Arˈtikel, der auf die nächste Seite ˈübergreift. **8.** a) (*Apfel- etc*)Tasche *f*, b) (*Hühner- etc*)Paˈstete *f.*

ˈturn|·pike *s* **1.** Schlagbaum *m* (*Mautstraße*). **2.** *a.* **~ road** gebührenpflichtige (*Am.* Schnell)Straße, Mautstraße *f.* **3.** *hist.* spanischer Reiter. **ˈ~-round** *s* **1.** *econ. mar.* ˈUmschlag *m* (*Abfertigung e-s Schiffes im Hafen*). **2.** Wendestelle *f.* **3.** → **turnabout** 5. **ˈ~·screw** *s tech.* Schraubenzieher *m.* **ˈ~·sole** *s* **1.** *bot.* a) Sonnenblume *f*, b) Sonnenwende *f*, Helioˈtrop *n*, c) Lackmuskraut *n.* **2.** *chem.* Lackmus *m* (*als Farbstoff*). **ˈ~·spit** *s* **1.** Bratenwender *m.* **2.** *hist.* Bratspießdreher *m* (*Hund od. Diener*). **ˈ~·stile** *s* Drehkreuz *n* (*an Durchgängen etc*). **ˈ~ˌta·ble** *s tech.* **1.** *rail.* Drehscheibe *f.* **2.** Plattenteller *m* (*am Plattenspieler*). **3.** ˈWiedergabegerät *n.* **ˈ~ˌta·ble lad·der** *s bes. Br.* Drehleiter *f* (*der Feuerwehr*). **ˈ~·up I** *adj* **1.** aufwärts gerichtet: **~ nose** ‚Himmelfahrtsnase' *f.* **2.** hochklappbar: **a ~ bed** Wandklappbett *n.* **II** *s* **3.** a) hochgestülpter Hutrand, b) *bes. Br.* ˈHosenˌumschlag *m.* **4.** *a.* **~ for the book** *colloq.* Überˈraschung *f*: **that's a ~!** das ist vielleicht ein Ding!

tur·pen·tine [ˈtɜːpəntaɪn; *Am.* ˈtɜr-] *s chem.* **1.** Terpenˈtin *n.* **2.** *a.* **~ oil** (*od.* **spirit[s]**) **of ~** Terpenˈtinöl *n*, -geist *m.* **~ tree** *s bot.* Tereˈbinthe *f.*

tur·pi·tude [ˈtɜːpɪtjuːd; *Am.* ˈtɜr-; *a.* -ˌtuːd] *s* **1.** *a.* **moral ~** Verworfenheit *f.* **2.** Schandtat *f.*

turps [tɜːps; *Am.* tɜrps] *s pl* (*meist als sg konstruiert*) *colloq. für* **turpentine** 2.

tur·quoise [ˈtɜːkwɔɪz; *Am.* ˈtɜr-] *s* **1.** *min.* Türˈkis *m.* **2.** *a.* **~ blue** Türˈkisblau *n*: **~ green** Türkisgrün *n.*

tur·ret [ˈtʌrɪt; *Am. a.* ˈtɜrət] *s* **1.** *arch.* Türmchen *n.* **2.** *mil.* Geschütz-, Panzer-, Gefechtsturm *m*: **~ gun** Turmgeschütz *n.* **3.** *aer. mil.* Kanzel *f.* **4.** *a.* **~ head** *tech.* Reˈvolverkopf *m*: **~ lathe** Revolverdrehbank *f.* **5.** *TV* Linsendrehkranz *m*: **~ turner** induktiver Kanalwähler.

ˈtur·ret·ed *adj* **1.** mit e-m Turm *od.* mit Türmchen (versehen), betürmt. **2.** turmartig. **3.** *zo.* spiˈral-, türmchenförmig.

tur·tle[1] [ˈtɜːtl; *Am.* ˈtɜrtl] *obs. für* **turtledove** 1.

tur·tle[2] [ˈtɜːtl; *Am.* ˈtɜrtl] *s zo.* (See-)Schildkröte *f*: **green ~** Suppenschildkröte; **to turn ~** a) *mar.* kentern, um-

schlagen, b) sich überschlagen (*Auto etc*), c) *Am. colloq.* hilflos *od.* feige sein.
'tur·tle|·dove *s* **1.** *orn.* Turteltaube *f.* **2.** *colloq.* ‚Turteltäubchen' *n*, ‚Schatz' *m.* **'~·neck** *s* a) Rollkragen *m*, b) *a.* ~ **sweater** 'Rollkragenpull,over *m.* **~ shell** *s* Schildkrötenschale *f*, Schildpatt *n.*
turves [tɜːvz; *Am.* tɜrvz] *pl von* **turf.**
Tus·can ['tʌskən] **I** *adj* **1.** tos'kanisch. **II** *s* **2.** *ling.* Tos'kanisch *n*, das Toskanische. **3.** Tos'kaner(in).
tush[1] [tʌʃ] *interj obs.* pah!
tush[2] [tʌʃ] *s* Eckzahn *m* (*bes. des Pferdes*).
tusk [tʌsk] **I** *s* **1.** a) Fangzahn *m*, b) Stoßzahn *m* (*des Elefanten etc*), c) Hauer *m* (*des Wildschweins*). **2.** langer vorstehender Zahn. **II** *v/t* **3.** mit Hauern *etc* durch'bohren *od.* verwunden. **tusked** *adj zo.* mit Fangzähnen *etc* (bewaffnet). **'tusk·er** *s zo.* Ele'fant *m od.* Keiler *m* (*mit ausgebildeten Stoßzähnen*). **'tusk·y** → **tusked.**
tus·sa, tus·sah ['tʌsə], *a.* **tus·sar** ['tʌsə(r)], **tus·seh** ['tʌsə], **tus·ser** ['tʌsə(r)] *s* **1.** Tussahseide *f.* **2.** *zo.* Tussahspinner *m.*
tus·sle ['tʌsl] **I** *s* **1.** Kampf *m*, Balge'rei *f*, Raufe'rei *f.* **2.** *fig.* erbittertes Ringen, scharfe Kontro'verse. **II** *v/i* **3.** kämpfen (*a. fig.*), raufen, sich balgen (**for** um).
tus·sock ['tʌsək] *s* (*bes.* Gras)Büschel *n.* **~ grass** *s bot.* Bültgras *n.* **~ moth** *s zo.* **1.** Bürstenbinder *m.* **2.** Rotschwanz *m.*
tus·sock·y ['tʌsəkɪ] *adj* **1.** grasreich. **2.** *fig.* buschig.
tus·sore ['tʌsə; *bes. Am.* 'tʌsɔː(r)] → **tussa.**
tut [tʌt] **I** *interj* **1.** ach was!, pah!, pff! **2.** pfui! **3.** Unsinn!, Na, na! **II** *v/t* **4.** miß'billigen.
tu·te·lage ['tjuːtɪlɪdʒ; *Am. a.* 'tuː-] *s* **1.** *jur.* Vormundschaft *f.* **2.** a) Bevormundung *f*, b) Schutz *m*, c) (An)Leitung *f.* **3.** Unmündigkeit *f.* **'tu·te·lar** [-lə(r)] → **tutelary. 'tu·te·lar·y** [-lərɪ; *Am.* -,tl,eriː] *adj* **1.** *jur.* Vormunds..., Vormundschafts... **2.** schützend, Schutz...: ~ **authority** a) *jur.* Machtbefugnisse *pl* e-s Vormunds, b) Schutzherrschaft *f*; ~ **goddesses** Schutzgöttinnen.
tu·tor ['tjuːtə(r); *Am. a.* 'tuː-] **I** *s* **1.** *ped.* Pri'vat-, Hauslehrer *m*, Erzieher *m.* **2.** *univ. Br.* Tutor *m*, Studienleiter *m*, -berater *m* (*meist ein* **fellow** *aus dem College, der den Studiengang von* **undergraduates** *überwacht u. ihnen mit Rat u. Tat zur Seite steht*). **3.** *univ. Am.* Assi'stent *m* (mit Lehrauftrag). **4.** *ped. univ.* (Ein-)Pauker *m*, Repe'titor *m.* **5.** *jur.* Vormund *m.* **II** *v/t* **6.** *ped. j-n* unter'richten, *j-m* Pri'vat,unterricht geben. **7.** *j-n* schulen, erziehen: **to ~ o.s.** sich (selbst) erziehen, Selbstbeherrschung üben. **8.** *fig. j-n* bevormunden. **III** *v/i* **9.** *ped.* Erzieher(in) *etc* sein. **10.** *ped. Am. colloq.* Pri'vat,unterricht geben *od.* nehmen. **'tu·tor·ess** *s* **1.** *ped.* Pri'vat-, Hauslehrerin *f*, Erzieherin *f.* **2.** *univ. Br.* Tu'torin *f.*
tu·to·ri·al [tjuː'tɔːrɪəl; *Am. a.* -'təʊ-; tuː-] *univ. Br.* **I** *s* Tu'torenkurs *m.* **II** *adj* Tutor...: ~ **system** Einzelunterrichtung *f* durch Tutoren.
'tu·tor·ship *s* **1.** *ped.* Pri'vat-, Hauslehrerstelle *f.* **2.** *univ. Br.* Amt *n od.* Stelle *f* e-s Tutors. **3.** → **tutelage** 1 *u.* 2.
tut·san ['tʌtsən] *s bot.* Großes Jo'hanniskraut.
tut·ti ['tʊtɪ] *mus.* **I** *adj u. adv* **1.** alle zu'sammen. **II** *s* **2.** Tutti *n*, voller Chor, volles Or'chester. **3.** Tuttistelle *f.*
tut·ti-frut·ti [,tʊtɪ'frʊtɪ] *s* **1.** Tutti'frutti *n.* **2.** Fruchtbecher *m* (*Speiseeis*).
tut-tut [,tʌt'tʌt] → **tut.**
tut·ty ['tʌtɪ] *s chem.* unreines 'Zinko,xyd, Ofenbruch *m.*
tu·tu ['tuːtuː] *s* Tu'tu *n*, Bal'lettröckchen *n.*
tu-whit tu-whoo [tʊ,wɪttʊ'wuː] *s u. interj* Tu'hu *n* (*Schrei der Eule*).
tux [tʌks] *colloq. für* **tuxedo.**
tux·e·do [,tʌk'siːdəʊ] *pl* **-dos** *u.* **-does** *s Am.* Smoking *m.*
tu·yère [twiː'eə(r)] *s tech.* Eßeisen *n* (*Lufteinlaß an Hochöfen*).
TV [,tiː'viː] *colloq.* **I** *adj* **1.** Fernseh... **II** *s* **2.** Fernseher *m*, 'Fernsehappa,rat *m.* **3.** Fernsehen *n*: **on** ~ im Fernsehen.
twad·dle ['twɒdl; *Am.* 'twɑdl] **I** *v/i* **1.** quasseln, ‚quatschen'. **II** *s* **2.** Gequassel *n*, sinnloses Gewäsch. **3.** ‚Quatsch' *m.*
twain [tweɪn] *obs. od. poet.* **I** *adj* zwei: **in ~** entzwei. **II** *s* (*die*) Zwei *pl*, Paar *n.*
twang [twæŋ] **I** *v/i* **1.** schwirren, scharf klingen. **2.** näseln. **II** *v/t* **3.** *Saiten etc* schwirren lassen, (heftig) zupfen, klimpern *od.* kratzen auf (*dat*). **4.** *etwas* näseln. **III** *s* **5.** scharfer Ton *od.* Klang, Schwirren *n.* **6.** Näseln *n*, näselnde Aussprache.
'twas [twɒz; *Am.* twɑz] *poet. od. dial. Zs.-ziehung von* **it was.**
twat [twɒt; *Am.* twɑt] *s vulg.* **1.** ‚Fotze' *f* (*a. Frau*), ‚Möse' *f* (*Vulva*). **2.** ‚Arsch' *m.* **3.** *fig.* ‚Arschloch' *n.*
tweak [twiːk] **I** *v/t* **1.** zerren, reißen: **to ~ s.o.'s ear** j-n am Ohr ziehen. **2.** zwicken, kneifen: **to ~ s.o.'s cheek** j-n in die Backe kneifen. **II** *s* **3.** Kneifen *n.*
twee [twiː] *adj Br. colloq.* geziert, affek'tiert (*Benehmen etc*).
tweed [twiːd] *s* **1.** Tweed *m* (*englischer Wollstoff*). **2.** *pl* Tweedsachen *pl.*
twee·dle ['twiːdl] *v/i* **1.** *mus.* fideln, dudeln, klimpern. **2.** singen (*Vogel*).
,Twee·dle'dum and ,Twee·dle'dee [,twiːdl'dʌm; -'diː] *s*: **to be (as) alike as** ~ nicht voneinander zu unterscheiden sein, (*bes. Personen a.*) sich gleichen wie ein Ei dem andern.
'tween [twiːn] *poet. od. dial.* **I** *adv u. prep* → **between. II** *adj* (*in Zssgn*) Zwischen... **~ deck** *s mar.* Zwischendeck *n.*
tween·y ['twiːnɪ] *s Br. colloq. obs.* Hausmagd *f.*
tweet [twiːt] **I** *v/i* **1.** zwitschern (*Vögel*): **~~!** piep, piep! **II** *s* **2.** Gezwitscher *n.* **3.** *electr.* Pfeifton *m.* **'tweet·er** *s electr.* Hochtonlautsprecher *m.*
tweez·ers ['twiːzə(r)z] *s pl a.* **pair of ~** Pin'zette *f.*
twelfth [twelfθ] **I** *adj* **1.** zwölft(er, e, es): ~ **man** (*Kricket*) Ersatzspieler *m.* **2.** zwölftel. **II** *s* **3.** (*der, die, das*) Zwölfte. **4.** Zwölftel *n.* **'~-cake** *s* Drei'königskuchen *m.* **T~ Night** *s* **1.** Drei'königsabend *m.* **2.** Vorabend *m* von Drei'könige.
twelve [twelv] **I** *adj* zwölf. **II** *s* Zwölf *f.*
'twelve·mo [-məʊ] *print.* **I** *pl* **-mos** *s* **1.** Duo'dez(for,mat) *n.* **2.** Duo'dezband *m.* **II** *adj* **3.** Duodez...: ~ **volume.**
'twelve|·month *s bes. Br. obs. od. dial.* Jahr *n*, Jahresfrist *f.* **'~-tone** *adj mus.* Zwölfton...: ~ **system (music).**
twen·ti·eth ['twentɪɪθ] **I** *adj* **1.** zwanzigst(er, e, es). **2.** zwanzigstel. **II** *s* **3.** (*der, die, das*) Zwanzigste. **4.** Zwanzigstel *n.*
twen·ty ['twentɪ] **I** *adj* zwanzig: **~-one** a) einundzwanzig, b) (*s*) *bes. Am.* Siebzehnundvier *n* (*ein Kartenspiel*); ~ **questions** *pl* (*als sg konstruiert*) *ein Fragespiel.* **II** *s* Zwanzig *f*: **he is in his twenties** er ist in den Zwanzigern, er ist ein Twen; **in the twenties** in den zwanziger Jahren (*e-s Jahrhunderts*). **,~-'four·mo** [-'fɔː(r)məʊ; *Am. a.* -'fəʊr-] *pl* **-mos** *s print.* Lage *f* zu 48 Seiten.
'twere [twɜː; *Am.* twɜr] *Zs.-ziehung von* **it were.**
twerp [twɜːp; *Am.* twɜrp] *s sl.* **1.** ‚(blöder) Heini'. **2.** ‚Niete' *f*, ‚halbe Porti'on'.
twi·bil(l) ['twaɪbɪl] *s* **1.** *tech.* Breithacke *f*, Karst *m.* **2.** *hist.* zweischneidige Streitaxt.
twice [twaɪs] *adv* zweimal: ~ **3 is 6** 2 mal 3 ist 6; **to think ~ about s.th.** *fig.* sich e-e Sache zweimal überlegen; **he didn't think ~ about it** er zögerte nicht lange; ~ **as much** doppelt *od.* zweimal *od.* noch einmal soviel, das Doppelte; ~ **the sum** die doppelte Summe. **'twic·er** *s* **1.** *colloq. j-d, der etwas zweimal tut.* **2.** *print. Br. sl.* Schweizerdegen *m* (*Setzer, der zugleich Drucker ist*).
,twice-'told *adj* **1.** zweimal erzählt. **2.** alt, abgedroschen: **a ~ tale.**
twid·dle ['twɪdl] **I** *v/t* her'umdrehen (an *dat*), (her'um)spielen mit: **to ~ one's thumbs** *fig.* ‚Däumchen drehen', die Hände in den Schoß legen. **II** *v/i* (her'um)spielen (**with** mit). **III** *s* Her'umdrehen *n*: **to give s.th. a ~** etwas herumdrehen.
twig[1] [twɪg] *s* **1.** (dünner) Zweig, Ästchen *n*, Rute *f*: → **hop**[1] 6. **2.** Wünschelrute *f.* **3.** *anat.* 'Endar,terie *f*, -nerv *m.*
twig[2] [twɪg] *colloq.* **I** *v/t* **1.** ‚ka'pieren' (*verstehen*). **2.** (be)merken, ‚spitzkriegen'. **II** *v/i* **3.** ‚ka'pieren', ‚schalten'.
twig·gy ['twɪgɪ] *adj* **1.** voller Zweige. **2.** *fig.* dünn, zart.
twi·light ['twaɪlaɪt] **I** *s* **1.** (*meist* Abend-) Dämmerung *f*: ~ **of the gods** *myth.* Götterdämmerung *f.* **2.** Zwielicht *n*, Halbdunkel *n.* **3.** *fig.* Verfall *m*: ~ **of one's life** Lebensabend *m.* **II** *adj* **4.** zwielichtig, dämmerig, schattenhaft. **5.** Zwielicht..., Dämmer(ungs)... **~ sleep** *s med. u. fig.* Dämmerschlaf *m.* **~ state** *s med.* Dämmerzustand *m.*
twill [twɪl] **I** *s* Köper(stoff) *m.* **II** *v/t* köpern.
'twill [twɪl] *poet. od. dial. Zs.-ziehung von* **it will.**
twin [twɪn] **I** *s* **1.** Zwilling *m*: **~s** Zwillinge. **2.** *fig.* Gegenstück *n* (**of** zu). **3.** *min.* 'Zwillingskri,stall *m.* **4. the T~s** *pl astr.* die Zwillinge *pl* (*Kastor u. Pollux*). **II** *adj* **5.** Zwillings..., Doppel..., doppelt: ~ **bed** Einzelbett *n* (*von zwei gleichen*); **~-bedded room** Zweibettzimmer *n*; ~ **brother** Zwillingsbruder *m*; ~ **cable** *electr.* Zwillings-, Zweifachkabel *n*; ~ **carburet(t)or** *mot.* Doppelvergaser *m*; ~ **cord** (*od.* **flex**) *electr.* doppeladrige Schnur; ~ **engine** *aer.* Zwillingstriebwerk *n*; **~-engined** *aer.* zweimotorig; **~-lens reflex camera** *phot.* Spiegelreflexkamera *f*; **a ~ problem** ein zweifaches Problem; **~-screw** *mar.* Doppelschrauben...; ~ **sister** Zwillingsschwester *f*; ~ **souls** 'ein Herz u. 'eine Seele; ~ **town** Partnerstadt *f*; ~ **track** Doppelspur *f* (*e-s Tonbands*). **6.** *bot. zo.* doppelt, gepaart. **III** *v/i* **7.** Zwillinge zur Welt bringen. **IV** *v/t* **8.** paaren, eng verbinden: **to be ~ned with** die Partnerstadt sein von. **9.** *min.* verzwillingen. **10.** *electr.* zu zweien verseilen.
twine [twaɪn] **I** *s* **1.** starker Bindfaden, Schnur *f.* **2.** *tech.* (gezwirntes) Garn, Zwirn *m.* **3.** Wick(e)lung *f.* **4.** Windung *f.* **5.** Geflecht *n*, Verschlingung *f*, Knäuel *m*, *n.* **6.** *bot.* Ranke *f.* **II** *v/t* **7.** zs.-drehen, zwirnen. **8.** winden, binden: **to ~ a wreath. 9.** *fig.* inein'anderschlingen, verflechten, -weben. **10.** schlingen, winden (**about, around** um). **11.** um'schlingen, um'winden, um'ranken (**with** mit). **III** *v/i* **12.** sich verflechten (**with** mit). **13.** sich winden. **14.** *bot.* sich (em'por)ranken. **'twin·er** *s* **1.** Zwirner(in). **2.** *bot.* Kletter-, Schlingpflanze *f.* **3.** *tech.* 'Zwirnma,schine *f.*
twinge [twɪndʒ] **I** *s* **1.** stechender Schmerz, Stechen *n*, Zwicken *n*, Stich *m* (*a. fig.*): ~ **of conscience** Gewissensbisse *pl.* **2.** Zucken *n.* **II** *v/t u. v/i* **3.**

stechen, schmerzen (*acc*). **4.** *obs.* zwikken, kneifen.

twin·kle [ˈtwɪŋkl] **I** *v/i* **1.** (auf)blitzen, glitzern, funkeln (*Sterne etc; a. Augen*). **2.** (hin u. her *od.* auf u. ab) huschen *od.* zucken. **3.** (*mit den Augen*) blinzeln, (verschmitzt) zwinkern. **II** *v/t* **4.** (auf)blitzen *od.* funkeln lassen. **5.** blinzeln mit (*den Augen*). **III** *s* **6.** Blitzen *n*, Glitzern *n*, Funkeln *n*. **7.** Zucken *n*, Ruck *m*. **8.** (Augen)Zwinkern *n*, Blinzeln *n*: **a humorous** ~. **9.** → **twinkling** 2. **ˈtwin·kling** *s* **1.** → **twinkle** 6 *u.* 8. **2.** *fig.* Augenblick *m*: **in the** ~ **of an eye** im Nu, im Handumdrehen.

ˈtwin|-set *s* Twinset *m, n* (*Damenpullover u. -jacke aus dem gleichen Material u. in der gleichen Farbe*). **ˈ~-track** → **two-tier**.

twirl [twɜːl; *Am.* twɜrl] **I** *v/t* **1.** (herˈum-) wirbeln, quirlen: **to** ~ **one's thumbs** ‚Däumchen drehen', die Hände in den Schoß legen. **2.** *den Bart* zwirbeln, *e-e Locke etc* drehen. **II** *v/i* **3.** sich (herˈum)drehen, wirbeln. **III** *s* **4.** schnelle (Um)ˈDrehung, Wirbel *m*. **5.** Schnörkel *m*.

twirp → **twerp**.

twist [twɪst] **I** *v/t* **1.** drehen: **to** ~ **off** losdrehen, *Deckel* abschrauben. **2.** (zs.-) drehen, zwirnen. **3.** verflechten, -schlingen. **4.** winden, wickeln: → **finger** 1. **5.** *Blumen, e-n Kranz etc* winden, binden. **6.** umˈwinden. **7.** verdrehen: **to** ~ **s.o.'s arm** a) j-m den Arm verdrehen, b) *fig.* j-n unter Druck setzen, auf j-n Druck ausüben; **to** ~ **one's ankle** sich den Fuß vertreten. **8.** wringen. **9.** verbiegen, -krümmen. **10.** *das Gesicht* verzerren, -ziehen: **he** ~**ed his face**. **11.** *fig.* verbiegen: ~**ed mind** verbogener *od.* krankhafter Geist. **12.** *fig.* verdrehen, entstellen: **to** ~ **a report**. **13.** *dem Ball* Efˈfet geben.

II *v/i* **14.** sich drehen: **to** ~ **round** sich umdrehen; **to** ~ **in the wind** *fig.* (wie) auf glühenden Kohlen sitzen. **15.** sich winden (*a. fig.*), sich krümmen. **16.** sich schlängeln, sich winden (*Fluß etc*). **17.** sich verziehen *od.* verzerren. **18.** sich verschlingen. **19.** *mus.* twisten, Twist tanzen.

III *s* **20.** Drehung *f*, Windung *f*, Biegung *f*, Krümmung *f*. **21.** Drehung *f*, Rotatiˈon *f*: **to give s.th. a** ~ etwas drehen. **22.** Geflecht *n*. **23.** Zwirnung *f*. **24.** Verflechtung *f*, Knäuel *m, n*. **25.** Verkrümmung *f*. **26.** (Gesichts)Verzerrung *f*. **27.** *fig.* Entstellung *f*, Verdrehung *f*: **to give s.th. a** ~ → 12. **28.** *fig.* (ausgeprägte) Neigung *od.* Veranlagung: **he has a criminal** ~ **in him** er ist kriminell veranlagt. **29.** *fig.* Trick *m*, ‚Dreh' *m*. **30.** *fig.* überˈraschende Wendung, ‚ˈKnallefˌfekt' *m*. **31.** *sport* a) Efˈfet *n*: **to put a** ~ **on a ball** e-m Ball Effet geben, b) Efˈfetball *m*. **32.** *tech.* a) Drall *m* (*Windung der Züge bei Feuerwaffen, Drehungszahl e-s Seils etc*), b) Torsiˈon(swinkel *m*) *f*. **33.** Spiˈrale *f*: ~ **drill** Spiralbohrer *m*. **34.** a) (Seiden-, Baumwoll)Twist *m*, b) Zwirn *m*. **35.** Seil *n*, Schnur *f*. **36.** Rollentabak *m*. **37.** *Bäckerei*: Kringel *m*, Zopf *m*. **38.** *sport* Schraube *f* (*beim Wasserspringen etc*): ~ **dive** Schraube(nsprung *m*) *f*. **39.** *mus.* Twist *m*: **to do the** ~ Twist tanzen, twisten. **40.** *Am. sl.* ‚Flittchen' *n*. **ˈtwist·er** *s* **1.** Dreher(in), Zwirner(in). **2.** *tech.* ˈZwirn-, ˈDrehmaˌschine *f*. **3.** *sport* Efˈfetball *m*. **4.** *colloq.* ‚harte Nuß', schwierige Sache. **5.** *colloq.* ‚falscher Fuffziger', Gauner *m*. **6.** *Am. colloq.* Torˈnado *m*, Wirbelsturm *m*. **7.** → **twist** 37 *u.* 38. **8.** Twisttänzer(in). **ˈtwist·y** *adj* **1.** verdreht, gewunden, sich windend. **2.** *fig.* falsch, unzuverlässig.

twit[1] [twɪt] **I** *v/t* **1.** *j-n* aufziehen (**about, on, with** mit, wegen). **2.** *j-m* Vorwürfe machen (**with** wegen). **II** *s* **3.** *Am. colloq.* Nervosiˈtät *f*: **to be in a** ~ nervös sein; **to give s.o. the** ~ j-n nervös machen.

twit[2] [twɪt] *s Br. colloq.* Trottel *m*.

twitch [twɪtʃ] **I** *v/t* **1.** zupfen, reißen. **2.** zupfen *od.* reißen an (*dat*). **3.** kneifen, zwicken. **4.** zucken mit: **to** ~ **one's lips**. **II** *v/i* **5.** zucken (**with** vor). **6.** zupfen, reißen (**at** an *dat*). **III** *s* **7.** Zuckung *f*, Zucken *n*. **8.** Ruck *m*. **9.** Stich *m* (*Schmerz*). **10.** Nasenbremse *f* (*für Pferde*).

twite (finch) [twaɪt] *s orn.* Berghänfling *m*.

twit·ter [ˈtwɪtə(r)] **I** *v/i* **1.** zwitschern (*Vögel*), zirpen (*a. Insekt*). **2.** *fig.* a) piepsen, b) (aufgeregt) schnattern. **3.** *fig.* kichern. **4.** *fig.* (vor Aufregung) zittern. **II** *v/t* **5.** *etwas* zwitschern. **III** *s* **6.** Gezwitscher *n*. **7.** *fig.* Kichern *n*. **8.** *fig.* Geschnatter *n* (*e-r Person*). **9.** *fig.* Nervosiˈtät *f*: **in a** ~, **all of a** ~ aufgeregt.

'twixt [twɪkst] *poet. od. dial. abbr. für* **betwixt**.

two [tuː] **I** *s* **1.** Zwei *f* (*Zahl, Spielkarte etc*): **the** ~ **of hearts** die Herzzwei; **in two** ~**s** *colloq.* im Handumdrehen. **2.** Paar *n*: **the** ~ die beiden, beide; **the** ~ **of us** wir beide; **to put** ~ **and** ~ **together** *fig.* sich e-n Vers darauf machen, s-e Schlüsse ziehen; **in** (*od.* **by**) ~**s** zu zweien, zu zweit, paarweise; ~ **and** ~ paarweise, zwei u. zwei; ~ **can play (at) that game, that's a game** ~ **can play** das kann ich *od.* ein anderer auch (*Drohung*). **II** *adj* **3.** zwei: **one or** ~ ein oder zwei, einige; **in a day or** ~ in ein paar Tagen; **to break in** ~ in zwei Teile zerbrechen; **to cut in** ~ entzweischneiden. **4.** beide: **the** ~ **cars**.

ˈtwo|-act play *s thea.* Zweiakter *m*. **ˈ~bit** *adj Am. colloq.* **1.** 25-Cent-...: **a** ~ **cigar**. **2.** billig (*a. fig. contp.*). **3.** klein, unbedeutend: **a** ~ **politician**. ~ **bits** *s pl Am. colloq.* **1.** Vierteldollar *m*, 25 Cent(s) *pl*. **2.** *fig.* ‚kleine Fische' *pl*, armselige Sache. **ˌ~-by-ˈfour** *adj* **1.** *tech.* 2 zu *od.* mal 4 (*Zoll etc*). **2.** *Am. colloq.* klein, unbedeutend. ~ **cents** *s pl Am. colloq.* **1.** ‚mick(e)rige' Summe: **to feel like** ~ sich mick(e)rig vorkommen. **2.** *a.* ~ **worth** *fig.* ‚Senf' *m*: **to get in one's** ~ s-n Senf dazugeben. **ˈ~ˌcham·ber** *adj pol.* Zweikammer...: ~ **system**. **ˈ~ˌcol·o(u)r** *adj* zweifarbig, Zweifarben... **ˈ~ˌcy·cle** *adj tech. Am.* Zweitakt...: ~ **engine** Zweitaktmotor *m*, Zweitakter *m*. **ˌ~-ˈD** → **two-dimensional**. **ˌ~-ˈdeck·er** *s* **1.** *mar.* Zweidecker *m*. **2.** Doppeldecker *m* (*Autobus etc*). **ˌ~-ˈdig·it** *adj* zweistellig: ~ **figure**; ~ **group** (*Computer*) Bigramm *n*. **ˌ~-diˈmen·sion·al** *adj* ˈzweidimensioˌnal. **ˈ~-door** *adj. mot.* zweitürig. **ˌ~-ˈedged** *adj* **1.** zweischneidig (*a. fig.*). **2.** *fig.* zweideutig. **ˌ~-ˈen·gined** *adj aer.* ˈzweimoˌtorig. **ˌ~-ˈfaced** *adj* **1.** doppelgesichtig. **2.** *fig.* falsch, heuchlerisch. **ˌ~-ˈfam·i·ly house** *s* ˈZweifaˌmilienhaus *n*. **ˌ~-ˈfist·ed** *adj Am. colloq.* (knall)hart.

two·fold [ˈtuːfəʊld] **I** *adj u. adv* zweifach, doppelt. **II** *s* (*das*) Zweifache, (*das*) Doppelte.

ˌtwo|-ˈfour (time) *s mus.* Zweiˈvierteltakt *m*. **ˌ~-ˈhand·ed** *adj* **1.** zweihändig. **2.** beidhändig. **3.** zweihändig (zu gebrauchen): ~ **sword** Zweihänder *m*. **4.** a) von zwei Perˈsonen zu bedienen(d): ~ **saw**, b) für zwei Perˈsonen: ~ **game**. **ˈ~-horse(d)** *adj* zweispännig: ~ **coach** Zweispänner *m*. **ˈ~-job man** *s irr* Doppelverdiener *m*. **ˈ~-lane** *adj* zweispurig (*Straße*). **ˈ~-man** *adj*: ~ **bob** (*od.* **sled**) Zweierbob *m*. **ˌ~-ˈmast·er** *s mar.* Zweimaster *m*. **ˈ~ˌname pa·per** *s econ. Am. colloq.* Dokument mit der Unterschrift von zwei Verantwortlichen. **ˈ~-part** *adj mus.* zweistimmig, für zwei Stimmen: ~ **time** → **duple time**. **ˈ~ˌpar·ty sys·tem** *s pol.* Zweiparˈteiensyˌstem *n*. ~**pence** [ˈtʌpəns] *s Br.* (Wert *m* von) zwei Pence *pl*: **not to care** ~ **for** sich nicht scheren um; **he didn't care** ~ es war ihm völlig egal. ~**pen·ny** [ˈtʌpnɪ] **I** *adj* **1.** *Br.* im Wert von zwei Pence, Zweipenny... **2.** *fig. bes. Br.* armselig, billig. **II** *s* **3.** *Br. hist.* (*Art*) Dünnbier *n*. **ˌ~pen·ny-ˈhalf·pen·ny** [-ˈheɪpnɪ] *adj* **1.** *Br.* Zweieinhalbpenny... **2.** *fig. bes. Br.* miseˈrabel, schäbig. **ˈ~-phase** *adj electr.* zweiphasig, Zweiphasen... **ˈ~-piece I** *s* a) *a.* ~ **dress** Jackenkleid *n*, b) *a.* ~ **swimsuit** Zweiteiler *m*. **II** *adj* zweiteilig. **ˈ~-ply** *adj* **1.** doppelt (*Stoff etc*). **2.** zweischäftig (*Tau*). **3.** zweisträhnig: ~ **wool**. **ˈ~-point** *adj bes. aer. tech.* Zweipunkt...: ~ **landing** Radlandung *f*. **ˈ~-pole** *adj electr.* Zweipol... **ˈ~-pronged** *adj* zwiespältig (*Reaktion etc*). **ˌ~-ˈseat·er** *s aer. mot.* Zweisitzer *m*. **ˌ~-ˈsid·ed** *adj* **1.** zweiseitig. **2.** *fig.* falsch, heuchlerisch. **3.** *jur. pol.* bilateˈral.

two·some [ˈtuːsəm] **I** *adj* **1.** zu zweien, Zweier... **II** *s* **2.** Zweiergruppe *f*, *bes. humor.* ‚Duo' *n*. **3.** *Golf*: Zweier(spiel *n*) *m*.

ˈtwo|-speed gear *s tech.* Zweiganggetriebe *n*. **ˈ~ˌspot** *s Am. colloq.* Zweiˈdollarnote *f*. **ˈ~-stage** *adj tech.* zweistufig: ~ **amplifier**; ~ **rocket** Zweistufenrakete *f*. **ˈ~-star** *adj* Zwei-Sterne-...: ~ **general**; ~ **restaurant**. **ˈ~-step** *s mus.* Twostep *m* (*Tanz*). **ˈ~-stroke** *bes. Br.* → **two-cycle**. **ˌ~-ˈthirds rule** *s pol. Am.* Grundsatz *m* der Zweiˈdrittelmehrheit. **ˈ~-tier** *adj* zweigleisig (*Verhandlungen etc*). **ˈ~-time** *v/t colloq.* **1.** *Mann, Frau* betrügen (**with** mit). **2.** *allg.* ‚reinlegen', ‚übers Ohr hauen'. **ˈ~-tone** *adj* **1.** zweifarbig. **2.** ~ **horn** *mot.* Zweiklanghupe *f*. **ˈ~-track** → **two-tier**.

'twould [twʊd] *poet. od. dial. Zs.-ziehung von* **it would**.

ˈtwo-way *adj* **1.** *bes. electr. tech.* Doppel..., Zweiwege...: ~ **adapter** (*od.* **plug**) Doppelstecker *m*; ~ **cock** Zweiwegehahn *m*; ~ **communications** Gegensprechen *n*, Doppelverkehr *m*; ~ **socket** Doppelsteckdose *f*; ~ **television** Gegensehbetrieb *m*; ~ **traffic** Doppel-, Gegenverkehr *m*. **2.** *fig.* gegenseitig, im Austausch: **friendship is a** ~ **street** Freundschaft beruht auf Gegenseitigkeit.

ty·coon [taɪˈkuːn] *s* **1.** *hist.* Schogun *m*, Kronfeldherr *m* (*in Japan*). **2.** a) Induˈstriemaˌgnat *m*, -kapiˌtän *m*: **oil** ~ Ölmagnat, b) *bes. pol.* ‚Oberbonze' *m*.

ˈty·ing(-in) a·gree·ment *s econ. jur.* Kopplungsgeschäft *n*.

tyke [taɪk] *s* **1.** Köter *m*. **2.** Lümmel *m*, Flegel *m*, Kerl *m*: (**Yorkshire**) ~ *contp. Bewohner(in) von Yorkshire*. **3.** *Am. colloq.* ‚Wurm' *n*.

ty·lo·pod [ˈtaɪləʊpɒd; *Am.* -ləˌpɑd] *zo.* **I** *adj* schwielensohlig. **II** *s* Schwielensohler *m*.

ty·lo·sis [taɪˈləʊsɪs] *pl* **-ses** [-siːz] *s* **1.** *med.* Schwielenbildung *f*, Tyˈlosis *f*. **2.** *bot.* Thylle(nbildung) *f*.

tymp [tɪmp] *s tech.* Tümpel(stein) *m* (*e-s Hochofens*).

tym·pan [ˈtɪmpən] *s* **1.** (gespannte) Memˈbran(e). **2.** *print.* Preßdeckel *m*. **3.** → **tympanum** 2. **4.** *mus.* (Hand)Trommel *f*.

tym·pan·ic [tɪmˈpænɪk] *adj anat.* Mittelohr..., Trommelfell...: ~ **bone** Paukenbein *n*; ~ **cavity** Paukenhöhle *f*; ~ **membrane** Trommelfell *n*.

tym·pa·nist [ˈtɪmpənɪst] *s mus.* **1.** *hist.* Trommelschläger *m*. **2.** (Kessel)Pauker *m*.

tym·pa·ni·tes [ˌtɪmpəˈnaɪtiːz] *s med. vet.* Tympaˈnie *f*, Blähsucht *f*.
tym·pa·ni·tis [ˌtɪmpəˈnaɪtɪs] *s med.* Tympaˈnitis *f*, Mittelohrentzündung *f*.
tym·pa·num [ˈtɪmpənəm] *pl* **-na** [-nə], **-nums 1.** *anat.* a) Mittelohr *n*, b) Trommelfell *n*. **2.** *arch.* Tympanon *n*: a) Giebelfeld *n*, b) Türbogenfeld *n*. **3.** *mus.* a) Trommel *f*, b) Trommelfell *n*, c) *hist.* Pauke *f*. **4.** *tech.* Tret-, Schöpfrad *n*.
Tyn·wald [ˈtɪnwəld; ˈtaɪn-] *s pol.* Thing *n*, gesetzgebende Körperschaft (*der Isle of Man*).
typ·al [ˈtaɪpl] *adj* typisch, Typen...
type [taɪp] **I** *s* **1.** Typ(us) *m*: a) Urform *f*, b) typischer Vertreter, c) charakteˈristische Klasse, Kategoˈrie *f*. **2.** *biol.* Typus *m* (*charakteristische Gattung*). **3.** Ur-, Vorbild *n*, Muster *n*, Moˈdell *n*. **4.** *tech.* Typ *m*, Moˈdell *n*: ~ **plate** Typenschild *n*. **5.** a) Art *f*, Schlag *m*, Sorte *f* (*alle a. colloq.*): **he acted out of** ~ das war sonst nicht s-e Art, b) *colloq.* ‚Kerl' *m*, ‚Type' *f*: **he is not that** ~ **of man** er gehört nicht zu dieser Sorte, er ist nicht der Typ; **she is not my** ~ sie ist nicht mein Typ; → **true** 4. **6.** *print.* a) Letter *f*, Buchstabe *m*, (Druck)Type *f*, b) *collect.* Lettern *pl*, Schrift *f*, Druck *m*: **a headline in large** ~; **in** ~ (ab)gesetzt; **to set (up) in** ~ setzen. **7.** Gepräge *n* (*e-r Münze etc*; *a. fig.*). **8.** *fig.* Sinnbild *n*, Symˈbol *n* (**of** für *od. gen*). **9.** Vorˈwegnahme *f* (*bes. in der Literatur*). **II** *v/t* **10.** *etwas* mit der Maˈschine (ab)schreiben, (ab)tippen: ~**d** maschinegeschrieben; **typing error** Tippfehler *m*; **typing pool** Schreibbüro *n*; **to** ~ **information into a computer** Daten in e-n Computer eingeben *od.* eintippen. **11.** den Typ bestimmen von (*od. gen*), *bes. med. j-s* Blutgruppe feststellen. **12.** → **typify**. **13.** → **typecast**. **III** *v/i* **14.** maˈschineschreiben, tippen.
type| a·re·a *s print.* Satzspiegel *m*. ˈ~**-bar** *s* **1.** *tech.* Typenhebel *m* (*bei der Schreibmaschine*). **2.** *print.* gegossene Schriftzeile. ˈ~**cast** *v/t irr thea. etc* a) *e-m Schauspieler* e-e s-m Typ entsprechende Rolle geben, b) *e-n Schauspieler* auf ein bestimmtes Rollenfach festlegen. ˈ~**face** *s print.* **1.** Schriftbild *n*. **2.** Schriftart *f*. ~ **found·er** *s print.* Schriftgießer *m*. ~ **found·ry** *s print.* ˌSchriftgießeˈrei *f*. ~ **ge·nus** *s a. irr biol.* Faˈmilientyp *m*. ˈ~**-high** *adj u. adv print.* schrifthoch, in Schrifthöhe (*Am. 0,9186 Zoll, Br. 0,9175 Zoll*). ~ **met·al** *s print.* ˈSchrift-, ˈLetternmeˌtall *n*. ~ **page** *s print.* Satzspiegel *m*. ˈ~**script** *s* **1.** Maˈschinenschrift(satz *m*) *f*. **2.** maˈschinengeschriebener Text. ˈ~ˌ**set·ter** *s print.* **1.** (Schrift)Setzer *m*. **2.** ˈSetzmaˌschine *f*. ˈ~ˌ**set·ting** *print.* **I** *s* (Schrift)Setzen *n*. **II** *adj* Setz...: ~ **machine**. ~ **spe·cies** *s irr bot. zo.* Leitart *f*. ~ **spec·i·men** *s* **1.** *biol.* Typus *m*, Origiˈnal *n*. **2.** *tech.* ˈMusterexemˌplar *n*. ˈ~**write** *irr* **I** *v/t* → **type** 10. **II** *v/i* → **type** 14. ˈ~ˌ**writ·er** *s* **1.** ˈSchreibmaˌschine *f*: ~ **ribbon** Farbband *n*. **2.** *print.* (*imitierte*) ˈSchreibmaˌschinenschrift. **3.** Maˈschinenschreiber(in). ˈ~ˌ**writ·ing** *s* **1.** Maˈschineschreiben *n*. **2.** Maˈschinenschrift *f*. ˈ~ˌ**writ·ing tel·e·graph** *s tech.* ˈFernschreibmaˌschine *f*. ˈ~ˌ**writ·ten** *adj* maˈschinegeschrieben, mit der Maˈschine geschrieben, in Maˈschinenschrift.
typh·li·tis [tɪfˈlaɪtɪs] *s* Tyˈphlitis *f*, Blinddarmentzündung *f*.
ty·phoid [ˈtaɪfɔɪd] *med.* **I** *adj* typhusartig, tyˈphös, Typhus...: ~ **bacillus** Typhuserreger *m*; ~ **fever** → II. **II** *s* (ˈUnterleibs)Typhus *m*.
ty·phon·ic [taɪˈfɒnɪk; *Am.* -ˈfɑ-] *adj* Taifun..., taiˈfunartig. **tyˈphoon** [-ˈfuːn] *s* Taiˈfun *m*.
ty·phous [ˈtaɪfəs] → **typhoid** I.
ty·phus [ˈtaɪfəs] *s med.* Fleckfieber *n*, Flecktyphus *m*.
typ·ic [ˈtɪpɪk] *selten für* **typical**.
typ·i·cal [ˈtɪpɪkl] *adj* (*adv* ~**ly**) **1.** typisch: a) repräsentaˈtiv, b) charakteˈristisch, bezeichnend, kennzeichnend (**of** für): **to be** ~ **of s.th.** etwas kennzeichnen *od.* charakterisieren. **2.** symˈbolisch, sinnbildlich (**of** für). **3.** a) ur-, vorbildlich, echt, b) ˈhinweisend (**of** auf *etwas Künftiges*). ˈ**typ·i·cal·ness** *s* **1.** (*das*) Typische. **2.** Sinnbildlichkeit *f*.
typ·i·fy [ˈtɪpɪfaɪ] *v/t* **1.** typisch *od.* ein typisches Beispiel sein für, verkörpern. **2.** versinnbildlichen.
typ·ist [ˈtaɪpɪst] *s* **1.** Maˈschineschreiber(in). **2.** Schreibkraft *f*.
ty·po [ˈtaɪpəʊ] *pl* **-pos** *s colloq.* **1.** → **typographer**. **2.** Druckfehler *m*.
ty·pog·ra·pher [taɪˈpɒɡrəfə(r); *Am.* -ˈpɑ-] *s print.* **1.** (Buch)Drucker *m*. **2.** (Schrift)Setzer *m*. ˌ**ty·poˈgraph·ic** [-pəˈɡræfɪk] *adj* (*adv* ~**ally**) **1.** typoˈgraphisch, Buchdruck(er)... **2.** → **typographical** 1. ˌ**ty·poˈgraph·i·cal** *adj* (*adv* ~**ly**) **1.** Druck..., drucktechnisch: ~ **error** Setz-, Druckfehler *m*. **2.** → **typographic** 1. **tyˈpog·ra·phy** [-fɪ] *s* **1.** Buchdruckerkunst *f*, Typograˈphie *f*. **2.** (Buch)Druck *m*. **3.** Druckbild *n*.
ty·po·log·i·cal [ˌtaɪpəˈlɒdʒɪkl; *Am.* -ˈlɑ-] *adj* typoˈlogisch. **tyˈpol·o·gy** [-ˈpɒlədʒɪ; *Am.* -ˈpɑ-] *s* Typoloˈgie *f*: a) *scient.* Typenlehre *f*, b) *relig.* Vorbilderlehre *f*.
ty·po·nym [ˈtaɪpənɪm] *s biol.* Typusbezeichnung *f*.
ty·poth·e·tae [taɪˈpɒθɪtiː; *Am.* -ˈpɑθə-] *s pl* (Meister)Drucker *pl* (*in USA u. Kanada*).
ty·ran·nic [tɪˈrænɪk] *adj*; **tyˈran·ni·cal** *adj* (*adv* ~**ly**) tyˈrannisch, desˈpotisch, Tyrannen...
ty·ran·ni·cid·al [tɪˌrænɪˈsaɪdl] *adj* Tyrannenmord... **tyˈran·ni·cide** [-saɪd] *s* **1.** Tyˈrannenmord *m*. **2.** Tyˈrannenmörder *m*.
tyr·an·nize [ˈtɪrənaɪz] **I** *v/i* tyˈrannisch sein *od.* herrschen: **to** ~ **over** → II. **II** *v/t* tyranniˈsieren.
ty·ran·no·saur [tɪˈrænəsɔː(r); *Am. a.* taɪ-], **tyˌran·noˈsau·rus** [-rəs] *s zo.* Tyrannoˈsaurus *m*.
tyr·an·nous [ˈtɪrənəs] → **tyrannic**.
tyr·an·ny [ˈtɪrənɪ] *s* **1.** Tyranˈnei *f*: a) Despoˈtismus *m*, b) Gewalt-, Willkürherrschaft *f*. **2.** tyˈrannische Härte *od.* Grausamkeit. **3.** Tyranˈnei *f* (*tyrannische Handlung etc*). **4.** *antiq.* Tyˈrannis *f*.
ty·rant [ˈtaɪərənt] *s* Tyˈrann *m*.
tyre [ˈtaɪə(r)] *bes. Br. für* **tire**².
ty·ro [ˈtaɪərəʊ] *pl* **-ros** *s* Anfänger(in), Neuling *m*: **I'm a** ~ **compared with him** gegen ihn bin ich ein Waisenknabe.
Ty·ro·le·an [tɪˈrəʊlɪən; ˌtɪrəˈliːən] → **Tyrolese** I a, II. **Tyr·o·lese** [ˌtɪrəˈliːz] **I** *s* a) Tiˈroler(in), b) *pl* Tiˈroler *pl*. **II** *adj* tiˈrolisch, Tiroler(...).
Tyr·rhene [tɪˈriːn] → **Tyrrhenian**. **Tyrˈrhe·ni·an** [-ˈriːnjən; -nɪən] **I** *adj* tyrˈrhenisch, eˈtruskisch: ~ **Sea** Tyrrhenisches Meer. **II** Tyrˈrhener(in), Eˈtrusker(in).
tzar [zɑː(r); tsɑː(r)] *etc* → **czar**, *etc.*
tzet·se (fly) → **tsetse (fly)**.
tzi·gane [tsɪˈɡɑːn], **tzi·ga·ny** [tsɪˈɡɑːnɪ] **I** *adj* Zigeuner... **II** *s* Ziˈgeuner(in).

U

U, u [juː] **I** *pl* **U's, u's, Us, us** [juːz] *s* **1.** U, u *n* (*Buchstabe*). **2.** U *n*, U-förmiger Gegenstand. **3.** *Am. sl.* ‚Uni' *f* (*Universität*). **II** *adj* **4.** einundzwanzigst(er, e, es). **5.** U U-..., U-förmig. **6.** U *Br. colloq.* vornehm, fein, dem Sprachgebrauch der Oberschicht entsprechend.

u·bi·e·ty [juːˈbaɪɪtɪ] *s philos.* Irgendwosein *n*.

U·biq·ui·tar·i·an [juːˌbɪkwɪˈteərɪən] **I** *s* **1.** *relig.* Ubiquiˈtarier(in). **II** *adj* **2.** *relig.* ubiquiˈtarisch. **3.** u~ allgegenwärtig. **uˈbiq·ui·tous** *adj* (*adv* ~**ly**) allgegenwärtig, (gleichzeitig) überˈall zu finden(d). **uˈbiq·ui·ty** *s* Allgegenwart *f*.

ˈU|-boat *s mar.* U-Boot *n*, (deutsches) ˈUnterseeboot. ~ **bolt** *s tech.* Bügelbolzen *m*, U-Bolzen *m*.

u·dal [ˈjuːdl] *s jur. hist. bes. Br.* Alˈlod(ium) *n*, lehnzinsfreier Besitz, Freigut *n* (*heute noch auf den Orkney- u. Shetland-Inseln*).

ud·der [ˈʌdə(r)] *s* Euter *n*.

u·dom·e·ter [juːˈdɒmɪtə(r); *Am.* -ˈdɑ-] *s meteor.* Udoˈmeter *n*, Regenmesser *m*.

UFO [ˌjuːefˈəʊ; ˈjuːfəʊ] *s* UFO *n*, Ufo *n*.

u·fol·o·gy [ˌjuːˈfɒlədʒɪ; *Am.* -ˈfɑ-] *s* Ufoloˈgie *f*.

ugh [ʌx; ʊh; ɜːh; *Am.* ʌg] *interj* hu!, (p)äh!, pfui!

ug·li·fy [ˈʌglɪfaɪ] *v/t* häßlich machen, verunzieren, entstellen.

ug·li·ness [ˈʌglɪnɪs] *s* **1.** Häßlichkeit *f*. **2.** Schändlichkeit *f*, Gemeinheit *f*. **3.** ˈWiderwärtigkeit *f*. **4.** Gefährlichkeit *f*.

ug·ly [ˈʌglɪ] **I** *adj* (*adv* **uglily**) **1.** häßlich, garstig (*beide a. fig.*): (**as**) ~ **as sin** häßlich wie die Nacht; → **duckling**. **2.** gemein, schändlich, schmutzig: **an** ~ **crime**. **3.** unangenehm, ˈwiderwärtig, übel: **an** ~ **customer** ein unangenehmer Kerl, ‚ein übler Kunde'; **to be in an** ~ **mood** üble Laune haben. **4.** bös(e), schlimm, unangenehm, gefährlich: **an** ~ **situation** (**wound**, *etc*). **II** *s* **5.** *colloq.* häßlicher Mensch.

U·gri·an [ˈuːgrɪən; ˈjuː-] **I** *adj* **1.** ugrisch. **II** *s* **2.** Ugrier(in). **3.** → **Ugric** I. **ˈU·gric** **I** *s ling.* Ugrisch *n*, das Ugrische. **II** *adj* ugrisch.

uh·lan [ʊˈlɑːn; *Am. a.* ˈuːˌlɑːn; ˈjuːlən] *s mil. hist.* Uˈlan *m*.

uit·land·er, U~ [ˈeɪtlændə(r)] *s S. Afr.* Ausländer(in).

u·kase [juːˈkeɪz; -ˈkeɪs] *s* Ukas *m*: a) *hist.* (zaˈristischer) Erlaß, b) *fig.* Verordnung *f*, Befehl *m*.

u·ke·le·le → **ukulele**.

U·krain·i·an [juːˈkreɪnjən; -ɪən] **I** *adj* **1.** ukraˈinisch, uˈkrainisch. **II** *s* **2.** Ukraˈiner(in), Uˈkrainer(in). **3.** *ling.* Ukraˈinisch *n*, Uˈkrainisch *n*, das Ukrainische.

u·ku·le·le [ˌjuːkəˈleɪlɪ; *Am. a.* ˌuː-] *s mus.* Ukuˈlele *n* (*viersaitige Hawaiigitarre*).

u·lan → **uhlan**.

ul·cer [ˈʌlsə(r)] *s* **1.** *med.* (*Magen- etc*) Geschwür *n*: **gastric** ~. **2.** *fig.* a) Geschwür *n*, (Eiter)Beule *f*, b) Schandfleck *m*. **ˈul·cer·ate** [-reɪt] **I** *v/t* **1.** *med.* eitern *od.* schwären lassen: ~**d** eitrig, vereitert. **2.** *fig.* vergiften, -derben. **II** *v/i* **3.** *med.* geschwürig werden, schwären. **ˌul·cerˈa·tion** *s med.* Geschwür(bildung *f*) *n*, Schwären *n*, (Ver)Eiterung *f*. **ˈul·cer·a·tive** [-rətɪv; -reɪ-] *adj med.* **1.** geschwürig, Geschwür(s)... **2.** Geschwür(e) herˈvorrufend. **ˈul·cer·ous** *adj* (*adv* ~**ly**) **1.** *med.* a) geschwürig, eiternd, b) Geschwür(s)..., Eiter... **2.** *fig.* korˈrupt, giftig.

u·le·ma [ˈuːlɪmə; *Am.* ˌuːləˈmɑː] *s* a) *pl collect.* Uleˈmas *pl* (*im Islam Vertreter der theologischen Gelehrsamkeit u. Rechtsprechung*), b) Uleˈma *m*.

u·lig·i·nous [juːˈlɪdʒɪnəs] *adj* **1.** *bot.* Sumpf... **2.** sumpfig, moˈrastig.

ul·lage [ˈʌlɪdʒ] *s econ.* **1.** Fehlmenge *f* (*Flüssigkeit*). **2.** Schwund *m*: a) Lecˈkage *f*, Flüssigkeitsverlust *m*, b) Gewichtsverlust *m*.

ul·ma·ceous [ʌlˈmeɪʃəs] *adj bot.* Ulmen...

ul·na [ˈʌlnə] *pl* **-nae** [-niː], **-nas** *s anat.* Elle *f*. **ˈul·nar** *adj* Ellen...

ul·ster [ˈʌlstə(r)] *s* Ulster(mantel) *m*.

ul·te·ri·or [ʌlˈtɪərɪə(r)] *adj* **1.** (*räumlich*) jenseitig: ~ **region**. **2.** später (folgend), (zu)künftig, ferner, weiter, anderweitig: ~ **action**. **3.** *fig.* tiefer(liegend), versteckt, -borgen: ~ **motives** tiefere Beweggründe, Hintergedanken.

ul·ti·ma [ˈʌltɪmə] *s ling. metr.* Ultima *f*, Endsilbe *f*.

ul·ti·ma·ta [ˌʌltɪˈmeɪtə] *pl von* **ultimatum**.

ul·ti·mate [ˈʌltɪmət] **I** *adj* **1.** äußerst(er, e, es), (aller)letzt(er, e, es): **his** ~ **goal** sein höchstes Ziel; ~ **consumer** (*od.* **user**) *econ.* End-, Letztverbraucher *m*. **2.** entferntest(er, e, es), entlegenst(er, e, es). **3.** End..., endgültig: ~ **result** Endergebnis *n*. **4.** grundlegend, elemenˈtar, Grund...: ~ **analysis** *chem.* Elementaranalyse *f*; ~ **fact** *jur.* beweiserhebliche Tatsache; ~ **truths** Grundwahrheiten. **5.** *phys. tech.* Höchst..., Grenz...: ~ **strength** End-, Bruchfestigkeit *f*. **II** *s* **6.** (*das*) Letzte, (*das*) Äußerste. **7.** (*der*) Gipfel (in an *dat*). **ˈul·ti·mate·ly** *adv* schließlich, endlich, letzten Endes, im Grunde.

ul·ti·ma·tum [ˌʌltɪˈmeɪtəm] *pl* **-tums, -ta** [-tə] *s* **1.** *pol. u. fig.* Ultiˈmatum *n*: **to deliver an** ~ **to s.o., to give s.o. an** ~ j-m ein Ultimatum stellen; **to give s.o. an** ~ **to do s.th.** j-n ultimativ auffordern, etwas zu tun. **2.** äußerste Grenze, Endziel *n*. **3.** ˈGrundprinˌzip *n*.

ul·ti·mo [ˈʌltɪməʊ] (*Lat.*) *adv econ.* vom letzten Monat, letzten *od.* vorigen Monat(s). **ˌ~ˈgen·i·ture** [-ˈdʒenɪtʃə(r); -tʃʊə(r)] *s jur.* Erbfolge *f* des jüngsten Sohnes.

Ul·to·ni·an [ʌlˈtəʊnɪən] **I** *adj* (*die irische Provinz*) Ulster betreffend, von Ulster. **II** *s* Bewohner(in) von Ulster.

ul·tra [ˈʌltrə] **I** *adj* **1.** exˈtrem, radiˈkal, Erz..., Ultra... **2.** ˈübermäßig, überˈtrieben, ultra..., super... **II** *s* **3.** Extreˈmist *m*, Ultra *m*.

ultra- [ʌltrə] *Wortelement mit den Bedeutungen* a) jenseits (liegend), b) übersteigend, c) übermäßig.

ˌul·tra-ˈau·di·ble *adj phys.* ˈüberˌhörfreˌquent.

ˌul·tra·conˈser·va·tive **I** *adj* ˈultrakonservaˌtiv. **II** *s* ˈUltrakonservaˌtive(r *m*) *f*.

ul·tra·fax [ˈʌltrəfæks] (*TM*) *s* Ultrafax *n* (*schnellarbeitendes Bildfunkverfahren*).

ˌul·traˈhigh fre·quen·cy *s electr.* Ultraˈhochfreˌquenz *f*, Deziˈmeterwellen *pl*. **ˌul·tra·high-ˈfre·quen·cy** *adj* Ultrahochfrequenz..., Dezimeter...

ul·tra·ism [ˈʌltrəɪzəm] *s* Extreˈmismus *m*. **ˈul·tra·ist** → **ultra** 3.

ˌul·tra·maˈrine **I** *adj* **1.** ˈüberseeisch. **2.** *chem. paint.* ultramaˈrin: ~ **blue** → 3. **II** *s chem.* **3.** Ultramaˈrin(blau) *n*. **4.** Aˈzur-, Laˈsurblau *n*.

ˈul·traˌmi·croˈchem·is·try *s chem.* ˈUltramikrocheˌmie *f*.

ˌul·traˈmi·cro·scope *s phys.* ˈUltramikroˌskop *n*.

ˌul·traˈmod·ern *adj* ˈultra-, ˈhypermoˌdern. **ˌul·traˈmod·ern·ism** *s* ˈUltramoderˌnismus *m*.

ˌul·traˈmon·tane **I** *adj* **1.** jenseits der Berge (gelegen *od.* lebend). **2.** südlich der Alpen (gelegen *od.* lebend), italiˈenisch. **3.** *pol. relig.* ultramonˈtan, streng päpstlich. **II** *s* → **ultramontanist**. **ˌul·traˈmon·ta·nist** *s pol. relig.* Ultramonˈtane(r *m*) *f*.

ˌul·tra·munˈdane *adj* ˈüberweltlich.

ˌul·traˈna·tion·al *adj* ˈultranatioˌnal.

ˌul·traˈrap·id *adj phot.* lichtstark.

ˌul·traˈred *adj obs.* ultrarot.

ˈul·tra·short wave *s electr.* Ultraˈkurzwelle *f*.

ul·tra·some [ˈʌltrəsəʊm] *s biol.* Ultraˈsom *n*.

ˌul·traˈson·ic *phys.* **I** *adj* Ultra-, Überschall... **II** *s pl* (*als sg konstruiert*) Lehre *f* vom Ultraschall.

ˈul·tra·sound *s phys.* Ultraschall *m*, ˈÜberschall(wellen *pl*) *m*.

ˌul·traˈvi·o·let *adj phys.* ˈultravioˌlett.

ul·tra vi·res [ˌʌltrəˈvaɪəriːz] (*Lat.*) *adv u. pred adj jur.* über j-s Macht *od.* Befugnisse (hinˈausgehend).

ul·u·lant [ˈjuːljʊlənt; *Am.* ˈʌljə-] *adj* heulend (*a. Sturm etc*), (weh)klagend. **ˈul·u·late** [-leɪt] *v/i* heulen, (weh)klagen. ˌ**ul·u'la·tion** *s* Heulen *n*, (Weh-)Klagen *n*.

um·bel ['ʌmbəl] *s bot.* Dolde *f*. '**um·bel·late** [-lɪt; -leɪt], '**um·bel·lat·ed** [-leɪtɪd] *adj* doldenblütig, Dolden... **um·bel·li·fer** [-'belɪfə(r)] *s* Doldengewächs *n*. ˌ**um·bel'lif·er·ous** [-'lɪfərəs] *adj* doldenblütig, -tragend. **um·bel·lule** [ʌm'beljuːl; *Am. a.* 'ʌmbəˌluːl] *s* Döldchen *n*.

um·ber[1] ['ʌmbə(r)] **I** *s* **1.** *min.* Umber(erde *f*) *m*, Umbra *f*. **2.** Umber *m*, Erd-, Dunkelbraun *n* (*Farbe*). **II** *adj* **3.** dunkelbraun. **III** *v/t* **4.** mit Umbra färben.

um·ber[2] ['ʌmbə(r)] *s ichth.* Äsche *f*.

um·bil·i·cal [ˌʌmbɪ'laɪkl; ʌm'bɪlɪkl] **I** *adj* **1.** *anat.* Nabel...: ~ **cord** a) → 2, b) *a.* ~ **cable** → 3. **II** *s* **2.** *anat.* Nabelschnur *f*. **3.** *tech.* Verbindungskabel *n* (*e-s Raumanzugs etc*). **um'bil·i·cate** [-'bɪlɪkət; -keɪt] *adj med.* **1.** genabelt. **2.** nabelförmig (eingedellt). **um·bil·i·cus** [ʌm'bɪlɪkəs; ˌʌmbɪ'laɪkəs] *pl* **-ci** [-kaɪ], **-cus·es** *s* **1.** *anat.* Nabel *m*. **2.** (nabelförmige) Delle. **3.** *bot.* (Samen)Nabel *m*. **4.** *math.* Nabelpunkt *m*.

um·bo ['ʌmbəʊ] *pl* **-bo·nes** [ʌm'bəʊniːz], **-bos** *s* **1.** *hist.* (Schild)Buckel *m*. **2.** (Vor-)Wölbung *f*, Höcker *m*: a) *anat.* Nabel *m* (*des Trommelfells*), b) *zo.* Umbo *m*, Schalenwirbel *m* (*bei Muscheln*). '**um·bo·nate** [-bənɪt; -neɪt] *adj* gebuckelt, vorgewölbt.

um·bra ['ʌmbrə] *pl* **-brae** [-briː], **-bras** *s* **1.** Schatten *m*. **2.** *astr.* a) Kernschatten *m*, b) Umbra *f* (*dunkler Kern e-s Sonnenflecks*).

um·brage ['ʌmbrɪdʒ] *s* **1.** Anstoß *m*, Ärgernis *n*: **to give** ~ Anstoß erregen (**to s.o.** bei j-m); **to take** ~ **at** (*od.* **about**) Anstoß nehmen an (*dat*). **2.** (*schattenspendendes*) Laubwerk. **3.** *obs.* Schatten *m*. **um'bra·geous** [-'breɪdʒəs] *adj* (*adv* **~ly**) **1.** schattig, schattenspendend, -reich. **2.** *fig.* empfindlich, übelnehmerisch.

um·bral ['ʌmbrəl] *adj* **1.** Schatten... **2.** *astr.* a) Kernschatten..., b) Umbra...

um·brel·la [ʌm'brelə] *s* **1.** (Regen-, Sonnen- *etc*)Schirm *m*: ~ **stand** Schirmständer *m*. **2.** *aer.* (geöffneter) Fallschirm. **3.** *zo.* Schirm *m*, Glocke *f* (*der Quallen*). **4.** *mil.* a) *aer.* Jagdschutz *m*, Abschirmung *f*, b) *a.* ~ **barrage** Feuervorhang *m*, -glocke *f*. **5.** *fig.* a) Schutz *m*: **under the** ~ **of**, b) Rahmen *m*: **to get** (*od.* **put**) **under one** ~ unter 'einen Hut bringen; ~ **organization** Dachorganisation *f*; ~ **phrase** allumfassender Ausdruck. **um'brel·laed** [-ləd] *adj* beschirmt, mit e-m Schirm (bewaffnet).

Um·bri·an ['ʌmbrɪən] **I** *adj* **1.** umbrisch. **II** *s* **2.** Umbrer(in). **3.** *ling.* Umbrisch *n*, das Umbrische.

u·mi·ak ['uːmɪæk] *s* Umiak *m*, *n* (*Boot der Eskimofrauen*).

um·laut ['ʊmlaʊt] *ling.* **I** *s* **1.** 'Umlaut *m*. **2.** 'Umlautzeichen *n*. **II** *v/t* **3.** 'umlauten.

um·pire ['ʌmpaɪə(r)] **I** *s* **1.** *bes. jur. sport* Schiedsrichter *m*, 'Unparˌteiische(r) *m*. **2.** *jur.* Obmann *m* e-s Schiedsgerichts. **II** *v/t* **3.** a) *bes. jur. sport* als Schiedsrichter fun'gieren bei, b) *sport Spiel* leiten. **4.** (*durch Schiedsspruch*) schlichten *od.* entscheiden. **III** *v/i* **5.** *bes. jur. sport* als Schiedsrichter fun'gieren. **6.** schlichten. '**um·pire·ship** *s bes. jur. sport* Schiedsrichteramt *n*.

ump·teen [ˌʌmp'tiːn] *adj colloq.* ‚zig' (*viele*): ~ **times** x-mal. ˌ**ump'teenth** [-'tiːnθ], *a.* '**ump·ti·eth** [-tɪɪθ] *adj colloq.* ‚zigst(er, e, es)', (*der, die, das*) 'soundso'vielte: **for the** ~ **time** zum x-ten Mal.

'un [ən] *pron colloq. für* **one** 10: **that's a good** ~ das ist ein guter Witz; **he's a tough** ~ er ist ein ‚harter Knochen'.

un-[1] [ʌn] *Vorsilbe mit verneinender Bedeutung, entsprechend den deutschen Vorsilben* Un..., un..., nicht..., Nicht...

un-[2] [ʌn] *Vorsilbe mit umkehrender od. privativer Bedeutung, entsprechend den deutschen Vorsilben* ent..., los..., auf..., ver... *etc* (*bei Verben*).

ˌ**un·a'bashed** *adj* **1.** unverfroren. **2.** furchtlos, unerschrocken.

ˌ**un·a'bat·ed** *adj* unvermindert: **the storm continued** (*od.* **was**) ~ der Sturm ließ nicht nach. ˌ**un·a'bat·ing** *adj* unablässig, anhaltend.

ˌ**un·ab'bre·vi·at·ed** *adj* ungekürzt.

un'a·ble *adj* **1.** unfähig, außer'stande, nicht in der Lage (**to do** zu tun): **to be** ~ **to work** nicht arbeiten können, arbeitsunfähig sein; ~ **to pay** zahlungsunfähig, insolvent. **2.** untauglich, ungeeignet (**for** für). **3.** schwach, hilflos.

ˌ**un·a'bridged** *adj* ungekürzt.

un·ac·cent·ed [ˌʌnæk'sentɪd; ʌn'æksentɪd] *adj* unbetont.

ˌ**un·ac'cept·a·ble** *adj* **1.** unannehmbar (**to** für). **2.** unerwünscht. **3.** untragbar (**to** für).

ˌ**un·ac'com·mo·dat·ing** *adj* **1.** ungefällig. **2.** unnachgiebig.

ˌ**un·ac'com·pa·nied** *adj* unbegleitet, ohne Begleitung (*a. mus.*), al'lein: ~ **baggage** (*bes. Br.* **luggage**) aufgegebenes (Reise)Gepäck.

ˌ**un·ac'com·plished** *adj* **1.** unvollendet, unfertig. **2.** *fig.* ungebildet.

'**un·acˌcount·a'bil·i·ty** *s* **1.** Nichtverantwortlichkeit *f*. **2.** Unerklärlichkeit *f*. ˌ**un·ac'count·a·ble** *adj* **1.** nicht verantwortlich. **2.** unerklärlich, seltsam. ˌ**un·ac'count·a·bly** *adv* unerklärlicherweise.

ˌ**un·ac'count·ed-for** *adj* **1.** unerklärt. **2.** nicht belegt.

ˌ**un·ac'cred·it·ed** *adj* unbeglaubigt, nicht akkredi'tiert.

ˌ**un·ac'cus·tomed** *adj* **1.** ungewohnt, fremd. **2.** nicht gewöhnt (**to** *acc od.* an *acc*): **to be** ~ **to doing s.th.** es nicht gewöhnt sein, etwas zu tun.

ˌ**un·a'chiev·a·ble** *adj* **1.** unausführbar. **2.** unerreichbar.

ˌ**un·ac'knowl·edged** *adj* **1.** nicht anerkannt, uneingestanden. **2.** unbestätigt (*Brief etc*).

ˌ**un·ac'quaint·ed** *adj* (**with**) unerfahren (in *dat*), nicht vertraut (mit), unkundig (*gen*): **to be** ~ **with s.th.** etwas nicht kennen, mit e-r Sache nicht vertraut sein.

ˌ**un'act·a·ble** *adj thea.* nicht bühnengerecht, unaufführbar. ˌ**un'act·ed** *adj* nicht aufgeführt: ~ **plays**.

'**un·aˌdapt·a'bil·i·ty** *s* **1.** Unanpaßbarkeit *f*. **2.** Unanwendbarkeit *f*. **3.** Ungeeignetsein *n*, Ungeeignetheit *f*. ˌ**un·a'dapt·a·ble** *adj* **1.** nicht anpassungsfähig (**to** an *acc*). **2.** nicht anwendbar (**to** auf *acc*). **3.** ungeeignet (**for, to** für, zu). ˌ**un·a'dapt·ed** *adj* **1.** nicht angepaßt (**to** *dat od.* an *acc*). **2.** ungeeignet, nicht eingerichtet (**to** für).

ˌ**un·ad'dressed** *adj* nicht adres'siert, ohne Anschrift: ~ **letters**.

ˌ**un·ad'just·ed** *adj* **1.** *bes. psych.* nicht angepaßt (**to** *dat od.* an *acc*). **2.** ungeregelt, unerledigt.

ˌ**un·a'dorned** *adj* schmucklos, schlicht.

ˌ**un·a'dul·ter·at·ed** *adj* unverfälscht, rein, echt.

ˌ**un·ad'ven·tur·ous** *adj* **1.** ohne Unter'nehmungsgeist. **2.** ereignislos: ~ **journey**.

'**un·adˌvis·a'bil·i·ty** *s* Unratsamkeit *f*. ˌ**un·ad'vis·a·ble** *adj* unratsam, nicht ratsam *od.* empfehlenswert. ˌ**un·ad'vised** *adj* **1.** unberaten. **2.** unbesonnen, 'unüberˌlegt. ˌ**un·ad'vis·ed·ly** [-zɪdlɪ] *adv*.

ˌ**un·af'fect·ed** *adj* (*adv* **~ly**) **1.** ungekünstelt, na'türlich, nicht affek'tiert (*Stil, Auftreten etc*). **2.** echt, aufrichtig. **3.** unberührt, ungerührt, unbeeinflußt, unbeeindruckt (**by** von). ˌ**un·af'fect·ed·ness** *s* **1.** Na'türlichkeit *f*. **2.** Aufrichtigkeit *f*.

ˌ**un·a'fraid** *adj* unerschrocken, furchtlos: **to be** ~ **of** keine Angst haben vor (*dat*).

ˌ**un·ag'gres·sive** *adj* nicht aggres'siv, friedfertig.

ˌ**un'aid·ed** *adj* **1.** ohne Unter'stützung *od.* Hilfe (**by** von), (ganz) al'lein. **2.** unbewaffnet, bloß: ~ **eye**.

ˌ**un'aired** *adj* **1.** ungelüftet: ~ **room**. **2.** ungetrocknet, feucht: ~ **laundry**.

ˌ**un·a'larmed** *adj* nicht beunruhigt. ˌ**un·a'larm·ing** *adj* nicht beunruhigend.

ˌ**un'al·ien·a·ble** *adj* (*adv* **unalienably**) unveräußerlich.

ˌ**un·al'lied** *adj* **1.** unverbunden. **2.** unverbündet, ohne Verbündete. **3.** *biol. etc* nicht verwandt.

ˌ**un·al'low·a·ble** *adj* unzulässig, unerlaubt.

ˌ**un·al'loyed** *adj* **1.** *chem.* unvermischt, 'unleˌgiert. **2.** *fig.* ungetrübt: ~ **happiness**.

ˌ**un·al'lur·ing** *adj* nicht verlockend, reizlos.

unˌal·ter·a'bil·i·ty *s* Unveränderlichkeit *f*. **un'al·ter·a·ble** *adj* (*adv* **unalterably**) unveränderlich, unabänderlich. ˌ**un'al·tered** *adj* unverändert.

ˌ**un·a'mazed** *adj* nicht verwundert: **to be** ~ **at** sich nicht wundern über (*acc*).

ˌ**un·am'big·u·ous** *adj* (*adv* **~ly**) unzweideutig, eindeutig. ˌ**un·am'big·u·ous·ness** *s* Eindeutigkeit *f*.

ˌ**un·am'bi·tious** *adj* (*adv* **~ly**) **1.** nicht ehrgeizig, ohne Ehrgeiz. **2.** (*von Dingen*) anspruchslos, schlicht.

ˌ**un·a'me·na·ble** *adj* **1.** unzugänglich (**to** *dat od.* für). **2.** nicht verantwortlich (**to** gegen'über).

ˌ**un·a'mend·ed** *adj* unverbessert, nicht abgeändert, nicht ergänzt.

ˌ**un-A'mer·i·can** *adj* **1.** 'unameriˌkanisch. **2.** *pol. Am.* 'antiameriˌkanisch: ~ **activities** staatsfeindliche Umtriebe.

unˌa·mi·a'bil·i·ty *s* Unliebenswürdigkeit *f*. ˌ**un'a·mi·a·ble** *adj* unliebenswürdig, unfreundlich. ˌ**un'a·mi·a·ble·ness** → **unamiability**.

ˌ**un·a'mus·ing** *adj* (*adv* **~ly**) nicht unter'haltsam, langweilig.

ˌ**un'an·i·mat·ed** *adj* leblos: a) unbelebt, b) *fig.* fade, langweilig.

u·na·nim·i·ty [ˌjuːnə'nɪmətɪ] *s* **1.** Einmütigkeit *f*. **2.** Einstimmigkeit *f*. **u'nan·i·mous** [-'nænɪməs] *adj* (*adv* **~ly**) **1.** einmütig, einig. **2.** einstimmig: **a** ~ **vote**.

ˌ**un·an'nealed** *adj metall.* ungetempert.

ˌ**un·an'nounced** *adj* unangemeldet, unangekündigt.

ˌ**un'an·swer·a·ble** *adj* **1.** nicht zu beantworten(d). **2.** 'unwiderˌlegbar. **3.** nicht verantwortlich *od.* haftbar (**for** für). ˌ**un'an·swered** *adj* **1.** unbeantwortet, unerwidert. **2.** 'unwiderˌlegt.

ˌ**un·an'tic·i·pat·ed** *adj* 'unvorˌhergesehen, unerwartet.

ˌ**un·ap'palled** *adj* unerschrocken.

ˌ**un·ap'peal·a·ble** *adj jur.* nicht berufungs- *od.* rechtsmittelfähig.

ˌ**un·ap'peas·a·ble** *adj* **1.** nicht zu besänftigen(d), unversöhnlich. **2.** nicht zu'friedenzustellen(d), unersättlich.

ˌ**un'ap·pe·tiz·ing** *adj* **1.** 'unappeˌtitlich. **2.** *fig.* wenig reizvoll.
ˌ**un·ap'plied** *adj* nicht angewandt *od.* gebraucht: ~ **funds** totes Kapital.
ˌ**un·ap'pre·ci·at·ed** *adj* nicht gebührend gewürdigt *od.* geschätzt, unbeachtet. ˌ**un·ap'pre·ci·a·tive** → **inappreciative.**
ˌ**un·ap·pre'hen·sive** *adj* **1.** schwerfällig, schwer von Begriff. **2.** unbekümmert, furchtlos.
ˌ**un·ap'proach·a·ble** *adj* (*adv* **unapproachably**) unnahbar.
ˌ**un·ap'pro·pri·at·ed** *adj* **1.** nicht in Besitz genommen, herrenlos. **2.** nicht verwendet *od.* gebraucht. **3.** *econ.* nicht zugeteilt, keiner bestimmten Verwendung zugeführt (*Gelder etc*).
ˌ**un·ap'proved** *adj* ungebilligt, nicht genehmigt.
ˌ**un'apt** *adj* (*adv* **~ly**) **1.** ungeeignet, untauglich (**for** für, zu). **2.** unangebracht, unpassend: **an ~ comparison. 3.** nicht geeignet (**to do** zu tun). **4.** ungeschickt (**at** bei, in *dat*).
ˌ**un'ar·gued** *adj* **1.** unbesprochen, nicht disku'tiert. **2.** unbestritten.
ˌ**un'arm** → **disarm** I. ˌ**un'armed** *adj* **1.** unbewaffnet. **2.** *mil.* unscharf (*Munition*).
ˌ**un'ar·mo(u)red** *adj* **1.** *bes. mar. mil.* ungepanzert. **2.** *tech.* nichtbewehrt: ~ **cable.**
ˌ**un·ar'tis·tic** *adj* (*adv* **~ally**) unkünstlerisch.
u·na·ry ['juːnərɪ] *adj chem. phys.* einstoffig, Einstoff...
ˌ**un·as·cer'tain·a·ble** *adj* nicht feststellbar *od.* zu ermitteln(d). ˌ**un·as·cer'tained** *adj* nicht sicher festgestellt.
ˌ**un·a'shamed** *adj* **1.** nicht beschämt. **2.** schamlos. ˌ**un·a'sham·ed·ly** [-ɪdlɪ] *adv.*
ˌ**un'asked** *adj* **1.** ungefragt. **2.** ungebeten, unaufgefordert. **3.** uneingeladen.
ˌ**un·as'pir·ing** *adj* ohne Ehrgeiz, anspruchslos, bescheiden.
ˌ**un·as'sail·a·ble** *adj* **1.** unangreifbar (*a. fig.*). **2.** *fig.* unanfechtbar, 'unwiderˌleglich.
ˌ**un·as'sign·a·ble** *adj* **1.** nicht zuzuschreiben(d) (**to** *dat*). **2.** *jur.* nicht über'tragbar, unabtretbar.
ˌ**un·as'sim·i·la·ble** *adj* nicht assimi'lierbar, nicht angleichungsfähig.
ˌ**un·as'sist·ed** *adj* (*adv* **~ly**) ohne Hilfe *od.* Unter'stützung (**by** von), (ganz) al'lein.
ˌ**un·as'sum·ing** *adj* (*adv* **~ly**) anspruchslos, bescheiden.
ˌ**un·as'sured** *adj* **1.** unsicher, ohne Zuversicht. **2.** *econ.* nicht versichert.
ˌ**un·at'tached** *adj* **1.** nicht befestigt (**to** an *dat*). **2.** nicht gebunden, unabhängig. **3.** ungebunden, frei, ledig. **4.** *ped. univ.* ex'tern, keinem College angehörend (*Student*). **5.** *mil.* zur Dispositi'on stehend. **6.** *jur.* nicht mit Beschlag belegt.
ˌ**un·at'tain·a·ble** *adj* unerreichbar.
ˌ**un·at'tempt·ed** *adj* unversucht.
ˌ**un·at'tend·ed** *adj* **1.** unbegleitet, ohne Begleitung. **2.** *meist* ~ **to** a) unbeaufsichtigt, b) vernachlässigt.
ˌ**un·at'test·ed** *adj* **1.** unbezeugt, unbestätigt. **2.** *Br.* (behördlich) nicht über'prüft.
ˌ**un·at'trac·tive** *adj* 'unattrakˌtiv: a) wenig anziehend, reizlos, b) wenig einnehmend: **an ~ appearance,** c) wenig zugkräftig: ~ **offers.**
ˌ**un·au'then·tic** *adj* nicht au'thentisch, unverbürgt, unecht. ˌ**un·au'then·ti·cat·ed** *adj* unbeglaubigt.
ˌ**un'au·thor·ized** *adj* **1.** nicht autori'siert *od.* bevollmächtigt, unbefugt: ~ **person** Unbefugte(r *m*) *f.* **2.** unerlaubt: ~ **reprint** unberechtigter Nachdruck.
ˌ**un·a'vail·a·ble** *adj* (*adv* **unavailably**) **1.** nicht verfügbar *od.* vor'handen *od.* erreichbar: **to be ~** *sport* ausfallen (*Spieler*). **2.** unbrauchbar: ~ **energy** *phys.* Verlustenergie *f.* **3.** → **unavailing.**
ˌ**un·a'vail·ing** *adj* frucht-, nutzlos, vergeblich.
ˌ**un·a'void·a·ble** *adj* (*adv* **unavoidably**) **1.** unvermeidlich: ~ **cost** *econ.* feste Kosten *pl,* Fixkosten *pl.* **2.** *jur.* 'unumˌstößlich, unanfechtbar.
ˌ**un·a'vowed** *adj* uneingestanden, nicht eingestanden. ˌ**un·a'vow·ed·ly** [-ɪdlɪ] *adv.*
ˌ**un·a'wak·ened** *adj* **1.** ungeweckt. **2.** *fig.* unerweckt, schlafend: ~ **feelings.**
ˌ**un·a'ware I** *adj* **1.** (**of**) nicht gewahr (*gen*), in Unkenntnis (*gen*): **to be ~ of s.th.** sich e-r Sache nicht bewußt sein, etwas nicht wissen *od.* bemerken. **2.** nichtsahnend, ahnungslos: **he was ~ that** er ahnte nicht, daß. **II** *adv* → **unawares.** ˌ**un·a'wares** *adv* **1.** unabsichtlich, versehentlich: → **entertain** 2. **2.** unerwartet, unvermutet, unversehens: **to catch** (*od.* **take**) **s.o. ~** j-n überraschen *od.* -rumpeln; **at ~** unverhofft, überraschend.
ˌ**un'backed** *adj* **1.** ohne Rückhalt *od.* Unter'stützung. **2. an ~ horse** ein Pferd, auf das nicht gesetzt wurde. **3.** *econ.* ungedeckt, nicht indos'siert (*Scheck etc*). **4.** nicht zugeritten (*Pferd*).
ˌ**un'bag** *v/t* (aus e-m Sack *etc*) ausschütten, her'ausnehmen, -lassen.
ˌ**un'baked** *adj* **1.** ungebacken. **2.** *fig.* unreif.
ˌ**un'bal·ance I** *v/t* **1.** aus dem Gleichgewicht bringen (*a. fig.*). **2.** *fig. Geist* verwirren. **II** *s* **3.** Gleichgewichtsstörung *f.* **4.** *fig.* Unausgeglichenheit *f.* **5.** *electr. tech.* Unwucht *f,* 'Unsymmeˌtrie *f.* ˌ**un'bal·anced** *adj* **1.** aus dem Gleichgewicht gebracht (*a. fig.*), nicht im Gleichgewicht (befindlich). **2.** *fig.* unausgeglichen. **3.** *fig.* gestört (*Geist*): **of ~ mind** geistesgestört. **4.** *econ.* unausgeglichen, nicht sal'diert: ~ **budget. 5.** *electr.* 'unsymˌmetrisch: ~ **voltage.**
ˌ**un'bal·last** *v/t mar. das Schiff* von Ballast befreien. ˌ**un'bal·last·ed** *adj* **1.** *mar.* ohne Ballast. **2.** *fig.* unstet, schwankend.
ˌ**un'band·age** *v/t* den Verband abnehmen von.
ˌ**un·bap'tized** *adj* ungetauft, *weitS.* heidnisch.
ˌ**un'bar** *v/t* aufriegeln.
ˌ**un'bear·a·ble** *adj* (*adv* **unbearably**) unerträglich.
ˌ**un'beard·ed** *adj* bartlos.
ˌ**un'beat·en** *adj* **1.** ungeschlagen, unbesiegt. **2.** 'unüberˌtroffen: ~ **record. 3.** unerforscht: ~ **region.**
ˌ**un'beau·ti·ful** *adj* unschön.
ˌ**un·be'com·ing** *adj* (*adv* **~ly**) **1.** unkleidsam: **this hat is ~ to him** dieser Hut steht ihm nicht. **2.** *fig.* unpassend, unschicklich, ungehörig (**of, to** für *j-n*). ˌ**un·be'com·ing·ness** *s* **1.** Unkleidsamkeit *f.* **2.** Unschicklichkeit *f.*
ˌ**un·be'fit·ting** → **unbecoming** 2.
ˌ**un·be'friend·ed** *adj* ohne Freund(e), freundlos.
ˌ**un·be'known,** ˌ**un·be'knownst I** *adv* (**to**) ohne (*j-s*) Wissen. **II** *adj* unbekannt (**to** *dat*).
ˌ**un·be'liev·a·ble** *adj* (*adv* **unbelievably**) unglaublich. ˌ**un·be'liev·er** *s relig.* Ungläubige(r *m*) *f,* Glaubenslose(r *m*) *f.* ˌ**un·be'liev·ing** *adj* (*adv* **~ly**) ungläubig, glaubenslos.
ˌ**un·be'loved** *adj* ungeliebt.
ˌ**un'belt** *v/t* **1.** entgürten. **2.** *Schwert etc* aus dem Gurt nehmen, losschnallen.
ˌ**un'bend** *irr* **I** *v/t* **1.** *e-n Bogen, a. fig. den Geist* entspannen: **to ~ a bow (the mind). 2.** geradebiegen, glätten. **3.** (aus-) strecken. **4.** *mar.* a) *Tau, Kette etc* losmachen, b) *Segel* abschlagen. **II** *v/i* **5.** sich entspannen, sich lösen. **6.** *fig.* s-e Förmlichkeit ablegen, ‚auftauen', freundlich(er) werden, aus sich her'ausgehen.
ˌ**un'bend·ing** *adj* (*adv* **~ly**) **1.** unbiegsam. **2.** *fig.* unbeugsam, entschlossen. **3.** *fig.* a) reser'viert, steif, b) ‚aufgeknöpft', gelöst.
ˌ**un·be'seem·ing** → **unbecoming** 2.
ˌ**un·be'sought** → **unbid(den).**
ˌ**un'bi·as(s)ed** *adj* (*adv* **~ly**) unvoreingenommen, *bes. jur.* unbefangen.
ˌ**un'bid(·den)** *adj* ungebeten: a) unaufgefordert, b) ungeladen: ~ **guests.**
ˌ**un'bind** *v/t irr* **1.** *j-n* losbinden, befreien. **2.** lösen: **to ~ a knot (one's hair,** *etc*). **3.** den Verband abnehmen von.
ˌ**un'blam·a·ble** *adj* (*adv* **unblamably**) untadelig, unschuldig.
ˌ**un'bleached** *adj* ungebleicht.
ˌ**un'blem·ished** *adj bes. fig.* unbefleckt, makellos.
ˌ**un'blend·ed** *adj* ungemischt, rein.
ˌ**un'blink·ing** *adj* (*adv* **~ly**) **1.** ungerührt. **2.** unerschrocken.
ˌ**un'blood·ed** *adj* nicht reinrassig: ~ **horse.**
ˌ**un'blush·ing** *adj* (*adv* **~ly**) schamlos: **to be quite ~** sich kein bißchen schämen (**about** für, wegen).
ˌ**un'bod·ied** *adj* **1.** körperlos, unkörperlich. **2.** entkörpert, vom Körper befreit.
ˌ**un'bolt** *v/t* aufriegeln.
ˌ**un'bolt·ed**[1] *adj* unverriegelt.
ˌ**un'bolt·ed**[2] *adj* ungebeutelt, ungesiebt: ~ **flour.**
ˌ**un'book·ish** *adj* a) nicht belesen, b) ungelehrt.
ˌ**un'boot I** *v/t j-m* die Stiefel ausziehen. **II** *v/i* sich die Stiefel ausziehen.
ˌ**un'born** *adj* **1.** (noch) ungeboren. **2.** *fig.* (zu)künftig, kommend: ~ **generations.**
ˌ**un'bos·om I** *v/t* enthüllen, offen'baren (**to** *dat*): **to ~ o.s. to** → II. **II** *v/i* ~ **to** sich (*j-m*) anvertrauen *od.* offen'baren, (*j-m*) sein Herz ausschütten.
ˌ**un'bought** *adj* nicht gekauft.
ˌ**un'bound** *adj* **1.** *fig.* ungebunden, frei. **2.** ungebunden, bro'schiert, ohne Einband: ~ **books.**
ˌ**un'bound·ed** *adj* (*adv* **~ly**) **1.** unbegrenzt. **2.** *fig.* grenzen-, schrankenlos.
ˌ**un'bowed** *adj fig.* ungebeugt, ungebrochen.
ˌ**un'box** *v/t* auspacken.
ˌ**un'brace** *v/t* **1.** lösen, losschnallen. **2.** (**o.s.** sich) entspannen (*a. fig.*). **3.** schwächen.
ˌ**un'break·a·ble** *adj* unzerbrechlich.
ˌ**un'brib·a·ble** *adj* unbestechlich.
ˌ**un'bri·dle** *v/t* **1.** *das Pferd* abzäumen. **2.** *fig. Zunge* lösen. ˌ**un'bri·dled** *adj* **1.** ab-, ungezäumt. **2.** *fig.* ungezügelt, zügellos: ~ **tongue** lose Zunge.
ˌ**un'broke** *obs. od. dial. für* **unbroken.**
ˌ**un'bro·ken** *adj* **1.** ungebrochen (*a. fig. Eid, Versprechen etc*), unzerbrochen, heil, ganz. **2.** 'ununterˌbrochen, ungestört: ~ **peace;** ~ **line** *math.* durch- *od.* ausgezogene Linie. **3.** ungezähmt, *bes.* nicht zugeritten: ~ **horse. 4.** unbeeinträchtigt, unvermindert. **5.** *agr.* ungepflügt. **6.** ungebrochen, 'unüberˌtroffen: ~ **record.**
ˌ**un'broth·er·ly** *adj* unbrüderlich.
ˌ**un'buck·le** *v/t* auf-, losschnallen.
ˌ**un'built** *adj* **1.** (noch) nicht gebaut. **2.** *a.* **~-on** unbebaut (*Gelände*).
ˌ**un'bur·den** *v/t* **1.** *bes. fig.* entlasten, von

e-r Last befreien, erleichtern: **to ~ one's conscience; to ~ o.s. (to s.o.)** (j-m) sein Herz ausschütten. **2.** a) sich *e-r Sache* entledigen, *ein Geheimnis etc* loswerden, b) *fig.* bekennen, beichten: **to ~ one's sins; to ~ one's troubles to s.o.** s-e Sorgen bei j-m abladen.

ˌun'bur·ied *adj* unbegraben.

ˌun'burned, ˌun'burnt *adj* **1.** unverbrannt. **2.** ungebrannt (*Ziegel etc*).

ˌun'bur·y *v/t* ausgraben (*a. fig. ans Licht bringen*).

ˌun'busi·ness·like *adj* ungeschäftsmäßig, unsachlich.

ˌun'but·ton *v/t* aufknöpfen: **to ~ one's heart to s.o.** j-m sein Herz ausschütten. **ˌun'but·toned** *adj* **1.** aufgeknöpft. **2.** *fig.* gelöst, zwanglos (*Stimmung etc*), ‚aufgeknöpft' (*Person*).

ˌun'cage *v/t* aus dem Käfig lassen, freilassen (*a. fig.*).

ˌun'cal·cu·lat·ed *adj* ungewollt, unbeabsichtigt.

ˌun'called *adj* **1.** unaufgefordert, ungebeten. **2.** *econ.* nicht aufgerufen.

ˌun'called-for *adj* **1.** ungerufen, unerwünscht, unnötig. **2.** unverlangt. **3.** deplaˈciert, unangebracht, unpassend: **an ~ remark.**

un'can·ny *adj* (*adv* **uncannily**) unheimlich (*a. fig.*): **with ~ sureness** mit nachtwandlerischer Sicherheit.

ˌun'cap *v/t* **1.** *Flasche etc* aufmachen, öffnen. **2.** *fig.* enthüllen.

ˌun'cared-for *adj* **1.** unbeachtet. **2.** vernachlässigt (*Kind etc*), ungepflegt (*Garten, Hände etc*).

ˌun'care·ful *adj* **1.** unvorsichtig. **2.** unbekümmert, gleichgültig: **to be ~ of** (*od.* **for**) sich nicht kümmern um.

ˌun'car·pet·ed *adj* ohne Teppich(e).

ˌun'case *v/t* **1.** auspacken. **2.** entfalten: **to ~ a flag.**

ˌun'cat·a·log(u)ed *adj* nicht katalogiˈsiert.

un'ceas·ing *adj* (*adv* **~ly**) unaufhörlich.

ˈunˌcer·eˈmo·ni·ous *adj* (*adv* **~ly**) **1.** ungezwungen, zwanglos. **2.** a) unsanft, grob, b) unhöflich.

un'cer·tain *adj* (*adv* **~ly**) **1.** unsicher, ungewiß, unbestimmt: **his arrival is ~.** **2.** nicht sicher: **to be ~ of s.th.** e-r Sache nicht sicher *od.* gewiß sein. **3.** zweifelhaft, undeutlich, vage: **an ~ answer.** **4.** unzuverlässig: **an ~ friend.** **5.** unstet, unbeständig, veränderlich, launenhaft: **~ temper; ~ weather** unbeständiges Wetter. **6.** unsicher, verwirrt: **an ~ look.**

un'cer·tain·ty *s* **1.** Unsicherheit *f*, Ungewißheit *f*, Unbestimmtheit *f*: **~ principle** *phys.* Unschärferelation *f*. **2.** Zweifelhaftigkeit *f*. **3.** Unzuverlässigkeit *f*. **4.** Unbeständigkeit *f*.

ˌun·cerˈtif·i·cat·ed *adj* **1.** unbescheinigt. **2.** ohne amtliches Zeugnis, nicht diploˈmiert.

ˌun'cer·ti·fied *adj* nicht bescheinigt, unbeglaubigt.

ˌun'chain *v/t* **1.** losketten. **2.** befreien (*a. fig.*).

ˌun'chal·lenge·a·ble *adj* (*adv* **unchallengeably**) unanfechtbar, unbestreitbar. **ˌun'chal·lenged** *adj* unbestritten, ˈunwiderˌsprochen: **an ~ victory** ein unangefochtener Sieg.

ˌun'change·a·ble *adj* (*adv* **unchangeably**) unveränderlich, unwandelbar.

ˌun'change·a·ble·ness *s* Unveränderlichkeit *f*. **ˌun'changed** *adj* **1.** unverändert. **2.** ungewechselt. **ˌun'chang·ing** *adj* (*adv* **~ly**) unveränderlich.

ˈunˌchar·ac·terˈis·tic *adj* ˈuncharakteˌristisch, untypisch (**of** für): **it is ~ of her to do s.th.** es ist nicht ihre Art, etwas zu tun.

ˌun'charged *adj* **1.** nicht beladen. **2.** *jur.* nicht angeklagt. **3.** *electr.* nicht (auf)geladen. **4.** *obs.* ungeladen (*Schußwaffe*). **5.** *econ.* a) unbelastet (*Konto*), b) unberechnet.

ˈunˌchar·isˈmat·ic *adj* ˈuncharisˌmatisch, ohne (besondere) Ausstrahlung(skraft).

ˌun'char·i·ta·ble *adj* **1.** lieblos, hart (-herzig). **2.** schonungslos. **ˌun'char·i·ta·ble·ness** *s* Lieblosigkeit *f*, Härte *f*.

ˌun'chart·ed *adj* auf keiner (Land)Karte verzeichnet: **~ territory** *fig.* unbekanntes Gebiet, Neuland *n*; **the ~ depths of mind** die unerforschten Tiefen der Seele.

ˌun'char·tered *adj* **1.** unverbrieft, nicht priviˈlegiert, unberechtigt. **2.** gesetzlos.

ˌun'chaste *adj* (*adv* **~ly**) unkeusch. **ˌun'chaste·ness, ˌun'chas·ti·ty** *s* Unkeuschheit *f*.

ˌun'checked *adj* **1.** ungehindert, ungehemmt. **2.** ˈunkontrolˌliert, ungeprüft.

ˌun'chiv·al·rous *adj* unritterlich, ˈungaˌlant.

ˌun'chris·tened *adj* ungetauft.

ˌun'chris·tian *adj* **1.** unchristlich. **2.** *colloq.* unverschämt, ‚verboten': **at an ~ hour** zu e-r ‚unchristlichen' Zeit. **ˌun'chris·tian·ize** *v/t* entchristlichen, dem Christentum entfremden.

ˌun'church *v/t relig.* **1.** aus der Kirche ausstoßen. **2.** *e-r Sekte etc* den Chaˈrakter *od.* die Rechte e-r Kirche nehmen.

un·ci [ˈʌnsaɪ] *pl von* **uncus.**

un·ci·al [ˈʌnsɪəl; *Am. a.* ˈʌnʃəl] **I** *adj* **1.** Unzial... **II** *s* **2.** Unziˈale *f*, Unziˈalbuchstabe *m*. **3.** Unziˈalschrift *f*.

un·ci·form [ˈʌnsɪfɔː(r)m] **I** *adj* hakenförmig. **II** *s anat.* Hakenbein *n* (*der Handwurzel*).

un·ci·nate [ˈʌnsɪnɪt; *bes. Am.* -neɪt] *adj biol.* hakenförmig, gekrümmt.

ˌun'cir·cum·cised *adj relig.* unbeschnitten (*a. fig. ungläubig*). **ˈunˌcir·cumˈci·sion** *s Bibl.* (*die*) Unbeschnittenen *pl*, (*die*) Heiden *pl*.

ˌun'civ·il *adj* (*adv* **~ly**) **1.** unhöflich, grob. **2.** *obs.* ˈunziviliˌsiert. **ˌun'civ·i·lized** *adj* ˈunziviliˌsiert.

ˌun'clad *adj* **1.** unbekleidet. **2.** *tech.* ˈnichtplatˌtiert.

ˌun'claimed *adj* **1.** nicht beansprucht, nicht geltend gemacht. **2.** nicht abgeholt *od.* abgehoben *od.* abgenommen: **~ dividends** *econ.* nicht abgehobene Dividenden; **an ~ letter** ein nicht abgeholter Brief, ein unzustellbarer Brief.

ˌun'clasp I *v/t* **1.** lösen, auf-, loshaken *od.* -schnallen, öffnen. **2.** loslassen: **to ~ s.o.'s arm.** **II** *v/i* **3.** sich lösen *od.* öffnen.

ˌun'classed *adj* keiner Klasse angehörend.

ˌun'clas·si·fied *adj* **1.** nicht klassifiˈziert, nicht eingeordnet: **~ road** *Br.* Landstraße *f*. **2.** *mil. pol.* offen, nicht geheim. **ˌun'clas·si·fy** *v/t* von der Geheimhaltungsliste streichen, freigeben.

un·cle [ˈʌŋkl] *s* **1.** Onkel *m* (*a. weitS.*): **U~ Sam** Onkel Sam (*die USA*); **to cry ~** *Am. colloq.* aufgeben; → **Bob**², **Dutch**¹ 1. **2.** *sl.* Pfandleiher *m*. **3.** *Am. colloq.* (*bes.* älterer) Neger: **U~ Tom** *contp.* serviler Nigger; **U~ Tomahawk** *contp. Indianer, der sich dem weißen Establishment anpaßt.*

ˌun'clean *adj* **1.** unrein (*a. fig.*). **2.** *med.* belegt (*Zunge*).

ˌun'clean·li·ness *s* **1.** Unreinlichkeit *f*, Unsauberkeit *f*. **2.** *fig.* Unreinheit *f*, Unkeuschheit *f*. **ˌun'clean·ly** *adj* **1.** unreinlich, unsauber. **2.** *fig.* unrein, unkeusch.

ˌun'clear *adj* unklar. **ˌun'cleared** *adj* **1.** ungeklärt, nicht geregelt. **2.** nicht abgeräumt: **~ table.** **3.** nicht gerodet: **~ forest.** **4.** *jur.* nicht freigesprochen *od.* entlastet. **5.** *econ.* ungetilgt, nicht abbezahlt.

ˌun'clench I *v/t* **1.** *die Faust* öffnen. **2.** *s-n Griff* lockern. **II** *v/i* **3.** sich öffnen *od.* lockern.

ˌun'cler·i·cal *adj* ˈunkleriˌkal, ungeistlich, mit dem Stande des Geistlichen nicht vereinbar.

ˌun'clinch → **unclench.**

ˌun'cloak I *v/t* **1.** *j-m* den Mantel *etc* abnehmen: **to ~ o.s.** → 3. **2.** *fig.* enthüllen, -larven. **II** *v/i* **3.** den Mantel *etc* ausziehen.

ˌun'clog *v/t* die Verstopfung beseitigen in (*dat*).

ˌun'close I *v/t* **1.** öffnen. **2.** *fig.* enthüllen. **II** *v/i* **3.** sich öffnen. **ˌun'closed** *adj* **1.** unverschlossen, geöffnet, offen. **2.** unbeendet, nicht abgeschlossen.

ˌun'clothe *v/t* **1.** entkleiden, -blößen. **2.** *fig.* enthüllen. **ˌun'clothed** *adj* unbekleidet.

ˌun'cloud·ed *adj* **1.** unbewölkt, wolkenlos. **2.** *fig.* ungetrübt: **~ happiness.**

un·co [ˈʌŋkəʊ] *Scot. od. dial.* **I** *adj* **1.** ungewöhnlich, beachtlich. **2.** seltsam. **3.** unheimlich. **II** *adv* **4.** äußerst, höchst: **the ~ guid** ‚die ach so guten Menschen'. **III** *pl* **-cos** *s* **5.** *pl* Neuigkeit(en *pl*) *f*. **6.** Fremde(r *m*) *f*.

ˌun'cock *v/t Gewehr(hahn) etc* entspannen.

ˌun'coil *v/t u. v/i* (sich) abwickeln *od.* abspulen *od.* aufrollen.

ˌun'coined *adj* ungeprägt, ungemünzt.

ˌun·colˈlect·ed *adj* **1.** nicht (ein)gesammelt. **2.** *econ.* (noch) nicht erhoben: **~ fees.** **3.** *fig.* nicht gefaßt *od.* gesammelt.

ˌun'col·o(u)red *adj* **1.** ungefärbt. **2.** *fig.* ungeschminkt, objekˈtiv: **an ~ report.**

ˌun'combed *adj* ungekämmt.

ˌun·comˈbined *adj a. phys.* ungebunden, frei: **~ heat.**

ˌun·come-ˈat·a·ble *adj colloq.* a) unerreichbar, b) unzugänglich, unnahbar: **it (he) is ~** ‚da (an ihn) ist nicht ranzukommen'.

ˌun'come·li·ness *s* ˈUnattraktiviˌtät *f*.

ˌun'come·ly *adj* **1.** ˈunattrakˌtiv, unschön. **2.** *obs.* unschicklich.

un'com·fort·a·ble *adj* (*adv* **uncomfortably**) **1.** unangenehm, beunruhigend: **he had the ~ feeling that** er hatte das ungute Gefühl, daß. **2.** unbehaglich, ungemütlich (*beide a. fig. Gefühl etc*), unbequem: **~ chair; ~ situation** ungemütliche Lage; **~ silence** peinliche Stille. **3.** verlegen, unruhig.

ˌun·comˈmend·a·ble *adj* nicht zu empfehlen(d), nicht empfehlenswert.

ˌun·comˈmer·cial *adj* **1.** nicht handeltreibend. **2.** unkaufmännisch.

ˌun·comˈmis·sioned *adj* nicht beauftragt *od.* ermächtigt, unbestallt.

ˌun·comˈmit·ted *adj* **1.** nicht begangen: **~ crimes.** **2.** (**to**) nicht verpflichtet (zu), nicht gebunden (an *acc*), nicht festgelegt (auf *acc*): **to remain ~** sich nicht festlegen. **3.** *pol.* bündnis-, blockfrei, neuˈtral: **the ~ countries.** **4.** *jur.* a) nicht in e-r Strafanstalt befindlich, b) nicht in e-e Heil- u. Pflegeanstalt eingewiesen. **5.** *parl.* nicht an e-n Ausschuß *etc* verwiesen. **6.** nicht zweckgebunden: **~ funds.**

un'com·mon I *adj* (*adv* **~ly**) ungewöhnlich: a) selten, b) außergewöhnlich, -ordentlich. **II** *adv obs. od. dial.* ungewöhnlich, äußerst, ungemein, selten: **~ handsome.** **un'com·mon·ness** *s* Ungewöhnlichkeit *f*.

ˌ**un·comˈmu·ni·ca·ble** *adj* **1.** nicht mitteilbar. **2.** *med.* nicht überˈtragbar *od.* ansteckend. ˌ**un·comˈmu·ni·ca·tive** *adj* nicht *od.* wenig mitteilsam *od.* gesprächig, verschlossen. ˌ**un·comˈmu·ni·ca·tive·ness** *s* Verschlossenheit *f.*

ˌ**un·comˈpan·ion·a·ble** *adj* ungesellig, nicht ˈumgänglich.

ˌ**un·comˈplain·ing** *adj* (*adv* **~ly**) klaglos, ohne Murren, geduldig. ˌ**un·comˈplain·ing·ness** *s* Klaglosigkeit *f.*

ˌ**un·comˈplai·sant** *adj* (*adv* **~ly**) ungefällig.

ˌ**un·comˈplet·ed** *adj* ˈunvollˌendet.

ˌ**unˈcom·pli·cat·ed** *adj* ˈunkompliˌziert, einfach.

ˈ**unˌcom·pliˈmen·ta·ry** *adj* **1.** nicht *od.* wenig schmeichelhaft: **to be ~ about** sich nicht sehr schmeichelhaft äußern über (*acc*). **2.** unhöflich.

ˌ**un·comˈpound·ed** *adj* **1.** nicht zs.-gesetzt, unvermischt. **2.** einfach.

ˈ**unˌcom·preˈhend·ing** *adj* (*adv* **~ly**) verständnislos.

unˈcom·pro·mis·ing *adj* (*adv* **~ly**) **1.** komproˈmißlos, zu keinem Komproˈmiß bereit. **2.** unbeugsam, unnachgiebig. **3.** entschieden, eindeutig.

ˌ**un·conˈcealed** *adj* unverhohlen, offen.

ˌ**un·conˈcern** *s* **1.** Sorglosigkeit *f,* Unbekümmertheit *f.* **2.** Gleichgültigkeit *f:* **with ~** gelassen, gleichgültig. ˌ**un·conˈcerned** *adj* **1.** (**in**) nicht betroffen (von), unbeteiligt (an *dat*), nicht verwickelt (in *acc*). **2.** ˈuninteresˌsiert (**with** an *dat*), gleichgültig. **3.** unbesorgt, unbekümmert (**about** um, wegen): **to be ~ about** sich über *etwas* keine Gedanken *od.* Sorgen machen. **4.** unbeteiligt, ˈunparˌteiisch. ˌ**un·conˈcern·ed·ly** [-nɪdlɪ] *adv.* ˌ**un·conˈcern·ed·ness** → **unconcern.**

ˌ**un·conˈcil·i·a·to·ry** *adj* unversöhnlich.

ˌ**un·conˈdi·tion·al** *adj* (*adv* **~ly**) **1.** unbedingt, bedingungslos: **~ surrender** bedingungslose Kapitulation. **2.** uneingeschränkt, vorbehaltlos: **~ promise.** ˈ**un·conˌdi·tionˈal·i·ty**, ˌ**un·conˈdi·tion·al·ness** *s* **1.** Bedingungslosigkeit *f.* **2.** Vorbehaltlosigkeit *f.* ˌ**un·conˈdi·tioned** *adj* **1.** → **unconditional.** **2.** *psych.* unbedingt, angeboren: **~ reflex.** **3.** *philos.* unbedingt, absoˈlut.

ˌ**un·conˈfessed** *adj* **1.** nicht (ein)gestanden, ungebeichtet: **~ sins.** **2.** ohne Beichte: **to die ~.**

ˌ**un·conˈfined** *adj* unbegrenzt, unbeschränkt.

ˌ**un·conˈfirmed** *adj* **1.** unbestätigt, nicht bekräftigt *od.* erhärtet, unverbürgt: **an ~ rumo(u)r.** **2.** *relig.* a) nicht konfirˈmiert, b) *R.C.* nicht gefirmt.

ˌ**un·conˈform·a·ble** *adj* (*adv* **unconformably**) **1.** unvereinbar (**with** mit). **2.** nicht überˈeinstimmend (**to, with** mit). **3.** *geol.* diskorˈdant, nicht gleichstrebend *od.* -gelagert (*Schichten*). **4.** *relig. hist.* nonkonforˈmistisch.

ˌ**un·conˈgen·ial** *adj* **1.** ungleichartig, nicht (geistes)verwandt *od.* kongeniˈal (**with** mit). **2.** nicht zusagend, unangenehm, ˈunsymˌpathisch (**to** *dat*): **this job is ~ to him** diese Arbeit sagt ihm nicht zu. **3.** unfreundlich.

ˌ**un·conˈnect·ed** *adj* **1.** unverbunden, getrennt. **2.** (logisch) ˈunzuˌsammenhängend: **an ~ report.** **3.** nicht verwandt. **4.** ungebunden, ohne Anhang.

ˌ**unˈcon·quer·a·ble** *adj* (*adv* **unconquerably**) ˈunüberˌwindlich (*a. fig.*), unbesiegbar. ˌ**unˈcon·quered** *adj* unbesiegt, nicht erobert.

ˌ**un·con·sciˈen·tious** *adj* (*adv* **~ly**) nicht gewissenhaft.

unˈcon·scion·a·ble *adj* (*adv* **unconscionably**) **1.** gewissen-, skrupellos. **2.** nicht zumutbar. **3.** unmäßig, ‚unverschämt': **~ demands; it took him an ~ time** er brauchte unglaublich lange dazu.

unˈcon·scious I *adj* (*adv* **~ly**) **1.** unbewußt: **to be ~ of** nichts ahnen *od.* wissen von, sich *e-r Sache* nicht bewußt sein. **2.** *med.* bewußtlos, ohnmächtig. **3.** unbewußt, leblos: **~ matter.** **4.** unbewußt, unwillkürlich, unfreiwillig (*a. Humor*). **5.** unabsichtlich: **an ~ mistake.** **6.** *psych.* unbewußt. **II** *s* **7. the ~** *psych.* das Unbewußte. **unˈcon·scious·ness** *s* **1.** Unbewußtheit *f.* **2.** *med.* Bewußtlosigkeit *f.*

ˌ**unˈcon·se·crat·ed** *adj* ungeweiht.

ˌ**un·conˈsent·ing** *adj* ablehnend.

ˌ**un·conˈsid·ered** *adj* **1.** unberücksichtigt. **2.** unbedacht, ˈunüberˌlegt.

ˈ**unˌcon·stiˈtu·tion·al** *adj* (*adv* **~ly**) *pol.* verfassungswidrig. ˈ**un·con·stiˌtu·tionˈal·i·ty** *s* Verfassungswidrigkeit *f.*

ˌ**un·conˈstrained** *adj* ungezwungen, zwanglos. ˌ**un·conˈstrain·ed·ly** [-nɪdlɪ] *adv.* ˌ**un·conˈstraint** *s* Ungezwungenheit *f,* Zwanglosigkeit *f.*

ˌ**un·conˈtam·i·nat·ed** *adj* **1.** nicht verunreinigt. **2.** nicht infiˈziert *od.* vergiftet (*a. fig.*), (*a.* radioakˈtiv) nicht verseucht.

ˌ**unˈcon·tem·plat·ed** *adj* **1.** ˈunvorˌhergesehen. **2.** unbeabsichtigt, ungeplant.

ˌ**un·conˈtest·ed** *adj* unbestritten, unangefochten: **~ election** *pol.* Wahl *f* ohne Gegenkandidaten.

ˈ**unˌcon·traˈdict·ed** *adj* ˈunwiderˌsprochen, unbestritten.

ˌ**un·conˈtrol·la·ble** *adj* (*adv* **uncontrollably**) **1.** ˈunkontrolˌlierbar. **2.** unbeherrscht, zügellos: **an ~ temper.** ˌ**un·conˈtrolled** *adj* **1.** ˈunkontrolˌliert, ohne Aufsicht. **2.** unbeherrscht, zügellos. **3.** *tech.* ungesteuert. ˌ**un·conˈtrol·led·ly** [-ɪdlɪ] *adv.*

ˌ**unˈcon·tro·vert·ed** → **uncontested.**

ˌ**un·conˈven·tion·al** *adj* ˈunkonventioˌnell: a) unüblich: **~ methods,** b) ungezwungen, zwanglos: **~ manner.** ˈ**un·conˌven·tionˈal·i·ty** *s* ˈunkonventioˌnelle Art, Zwanglosigkeit *f,* Ungezwungenheit *f.*

ˌ**un·conˈver·sant** *adj* **1.** nicht vertraut (**with** mit). **2.** unbewandert (**in** in *dat*).

ˌ**un·conˈvert·ed** *adj* **1.** unverwandelt. **2.** *relig.* unbekehrt (*a. fig. nicht überzeugt*). **3.** *econ.* nicht konverˈtiert. ˌ**un·conˈvert·i·ble** *adj* **1.** nicht verwandelbar. **2.** nicht vertauschbar. **3.** *econ.* nicht konverˈtierbar.

ˌ**un·conˈvinced** *adj* nicht *od.* wenig überˈzeugt (**of** von). ˌ**un·conˈvinc·ing** *adj* nicht überˈzeugend.

ˌ**unˈcooked** *adj* ungekocht, roh.

ˌ**unˈcord** *v/t* auf-, losbinden.

ˌ**unˈcork** *v/t* **1.** entkorken. **2.** *fig. colloq. s-n Gefühlen etc* Luft machen. **3.** *Am. colloq. etwas* ‚vom Stapel lassen'.

ˌ**un·corˈrect·ed** *adj* **1.** ˈunkorriˌgiert, unberichtigt, unverbessert. **2.** nicht gebessert.

ˌ**un·corˈrob·o·rat·ed** *adj* unbestätigt, nicht erhärtet.

ˌ**un·corˈrupt·ed** *adj* **1.** unverdorben. **2.** *fig.* → **incorrupt.**

ˌ**unˈcount·a·ble** *adj* **1.** unzählbar. **2.** zahllos. ˌ**unˈcount·ed** *adj* **1.** ungezählt. **2.** unzählig.

ˌ**unˈcou·ple** *v/t* **1.** *Hunde etc* aus der Koppel (los)lassen. **2.** loslösen, trennen. **3.** *tech.* ab-, aus-, loskuppeln. ˌ**unˈcoupled** *adj* **1.** ungekoppelt, nicht gepaart. **2.** getrennt.

ˌ**unˈcour·te·ous** *adj* (*adv* **~ly**) unhöflich.

ˌ**unˈcourt·li·ness** *s* **1.** (*das*) Unhöfische. **2.** Unhöflichkeit *f.* ˌ**unˈcourt·ly** *adj* **1.** unhöfisch. **2.** unhöflich, grob.

un·couth [ʌnˈkuːθ] *adj* (*adv* **~ly**) **1.** ungeschlacht, unbeholfen, plump. **2.** ungehobelt, grob. **3.** *obs.* wunderlich. **4.** *bes. poet.* einsam, wild, öde (*Gegend*). **5.** *obs.* a) unbekannt, fremd, b) abstoßend.

ˌ**unˈcov·e·nant·ed** *adj* **1.** nicht vertraglich festgelegt. **2.** nicht vertraglich gebunden. **3.** *relig.* nicht verheißen: **~ mercies.**

unˈcov·er I *v/t* **1.** aufdecken, entblößen, freilegen: **to ~ o.s.** → 5. **2.** *fig.* aufdecken, enthüllen. **3.** *mil.* außer Deckung bringen, ohne Deckung lassen. **4.** *Boxen etc:* ungedeckt lassen. **II** *v/i* **5.** den Hut abnehmen, das Haupt entblößen. **unˈcovered** *adj* **1.** unbedeckt (*a. barhäuptig*). **2.** unbekleidet, nackt, entblößt. **3.** *tech.* blank: **~ wire.** **4.** *mil. sport* ungedeckt, ungeschützt, entblößt. **5.** *econ.* ungedeckt: **~ bill.**

un·creas·a·ble [ˌʌnˈkriːsəbl] *adj* knitterfest, -frei (*Stoff*).

ˌ**un·creˈate I** *v/t* vernichten, auslöschen. **II** *adj* → **uncreated.** ˌ**un·creˈat·ed** *adj* **1.** (noch) nicht erschaffen *od.* geschaffen. **2.** unerschaffen, ewig.

ˌ**unˈcrit·i·cal** *adj* (*adv* **~ly**) unkritisch, kriˈtiklos (**of** gegenˈüber).

ˌ**unˈcross** *v/t gekreuzte Arme od. Beine* geradelegen. ˌ**unˈcrossed** *adj* nicht gekreuzt: **~ check** (*Br.* **cheque**) *econ.* nicht gekreuzter Scheck, Barscheck *m.*

ˌ**unˈcrowd·ed** *adj* wenig befahren: **~ street.**

ˌ**unˈcrowned** *adj* **1.** (noch) nicht gekrönt. **2.** ungekrönt (*a. fig.*): **the ~ king of high finance.**

unc·tion [ˈʌŋkʃn] *s* **1.** Salbung *f,* Einreibung *f.* **2.** *pharm.* Salbe *f.* **3.** *relig.* a) (heiliges) Öl, b) Salbung *f,* Weihe *f,* c) *a.* **extreme ~** Letzte Ölung. **4.** *fig.* Balsam *m* (*Linderung od. Trost*) (**to** für). **5.** Inbrunst *f,* Pathos *n.* **6.** *contp.* Salbung *f,* unechtes Pathos: **with ~** salbungsvoll. ˌ**unc·tuˈos·i·ty** [-tjʊˈɒsətɪ; *Am.* -tʃəˈwɑ-] *s* **1.** Öligkeit *f.* **2.** *fig.* (*das*) Salbungsvolle. ˈ**unc·tu·ous** [-tjʊəs; *Am.* -tʃəwəs; -tʃəs] *adj* (*adv* **~ly**) **1.** ölig, fettig: **~ soil** fetter Boden. **2.** *fig.* salbungsvoll, ölig. ˈ**unc·tu·ous·ness** → **unctuosity.**

ˌ**unˈcul·ti·va·ble** *adj* unbebaubar, nicht kultiˈvierbar. ˌ**unˈcul·ti·vat·ed** *adj* **1.** unbebaut. **2.** *fig.* brachliegend, vernachlässigt: **~ talents.** **3.** *fig.* ˈunziviliˌsiert. **4.** *fig.* ungebildet, ˈunkultiˌviert.

ˌ**unˈcul·tured** → **uncultivated** 1, 3, 4.

ˌ**unˈcum·bered** *adj* unbeschwert, unbelastet.

ˌ**unˈcurbed** *adj* **1.** abgezäumt. **2.** *fig.* ungezähmt, zügellos.

ˌ**unˈcured** *adj* **1.** ungeheilt. **2.** ungesalzen, ungepökelt.

ˌ**unˈcurl** *v/t u. v/i* (sich) entkräuseln *od.* glätten.

ˌ**un·curˈtailed** *adj* ungekürzt, unbeschnitten.

un·cus [ˈʌŋkəs] *pl* **un·ci** [ˈʌnsaɪ] *s anat.* Haken *m,* Häkchen *n.*

ˌ**unˈcus·tom·ar·y** *adj* ungebräuchlich, ungewöhnlich, unüblich. ˌ**unˈcustomed** *adj* **1.** zollfrei. **2.** unverzollt.

ˌ**unˈcut** *adj* **1.** ungeschnitten. **2.** unzerschnitten. **3.** *agr.* ungemäht. **4.** *tech.* a) unbehauen, b) ungeschliffen: **an ~ diamond.** **5.** unbeschnitten: **an ~ book.** **6.** *fig.* ungekürzt.

ˌ**unˈdam·aged** *adj* unbeschädigt, unversehrt, heil.

ˌ**unˈdamped** *adj* **1.** *bes. electr. mus. phys.* ungedämpft. **2.** unangefeuchtet. **3.** *fig.* nicht entmutigt, unverzagt.

un·date [ˈʌndeɪt], ˈ**un·dat·ed**[1] *adj* wellig, gewellt.

ˌ**unˈdat·ed**[2] *adj* **1.** ˈundaˌtiert, ohne Datum. **2.** unbefristet.

ˌ**unˈdaunt·ed** *adj* (*adv* ~**ly**) unerschrokken, unverzagt, furchtlos. ˌ**unˈdaunt·ed·ness** *s* Unerschrockenheit *f*.

un·dé [ˈʌndeɪ] *adj her.* gewellt.

un·dec·a·gon [ʌnˈdekəgɒn; *Am.* -ˌgɑn] *s math.* Elfeck *n*.

ˌ**un·deˈcay·ing** *adj* unvergänglich.

ˌ**un·deˈceive** *v/t* **1.** *j-m* die Augen öffnen, *j-n* desillusioˈnieren. **2.** *j-n* aufklären (**of** über *acc*), e-s Besser(e)n belehren. ˌ**un·deˈceived** *adj* **1.** nicht irregeführt. **2.** aufgeklärt, e-s Besser(e)n belehrt.

ˌ**un·deˈcid·ed** *adj* **1.** nicht entschieden, unentschieden, offen: **to leave a question** ~. **2.** unbestimmt, vage. **3.** unentschlossen, unschlüssig. **4.** unbeständig (*Wetter*).

un·de·cil·lion [ˌʌndɪˈsɪljən] *s math.* **1.** *Br.* Undezilliˈon *f* (10^{66}). **2.** *Am.* Sextilliˈon *f* (10^{36}).

ˌ**un·deˈci·pher·a·ble** *adj* **1.** nicht zu entziffern(d), nicht entzifferbar. **2.** nicht enträtselbar.

ˌ**un·deˈclared** *adj* **1.** nicht bekanntgemacht, nicht erklärt: ~ **war** Krieg *m* ohne Kriegserklärung. **2.** *econ.* nicht deklaˈriert.

un·dée → **undé**.

ˌ**un·deˈfend·ed** *adj* **1.** unverteidigt. **2.** *jur.* a) unverteidigt, ohne Verteidiger, b) ˈunwiderˌsprochen (*Klage*).

ˌ**un·deˈfiled** *adj* unbefleckt, rein (*a. fig.*).

ˌ**un·deˈfin·a·ble** *adj* ˈundefiˌnierbar, unbestimmbar. ˌ**un·deˈfined** *adj* **1.** unbegrenzt. **2.** unbestimmt, vage.

ˌ**unˈde·i·fy** *v/t* entgöttlichen.

ˌ**un·deˈliv·ered** *adj* **1.** nicht befreit, unerlöst (**from** von). **2.** nicht überˈgeben *od.* ausgehändigt, nicht (ab)geliefert, nicht zugestellt. **3.** nicht gehalten (*Rede*).

ˌ**un·deˈmand·ing** *adj* **1.** anspruchslos (*a. fig.*): ~ **music**. **2.** leicht, ohne hohe Anforderungen: **an** ~ **task**.

ˈ**unˌdem·oˈcrat·ic** *adj* ˈundemoˌkratisch.

ˌ**un·deˈmon·stra·tive** *adj* zuˈrückhaltend, reserˈviert, unaufdringlich.

ˌ**un·deˈni·a·ble** *adj* (*adv* **undeniably**) **1.** unleugbar, unbestreitbar. **2.** *selten* ausgezeichnet.

ˈ**un·deˌnom·iˈna·tion·al** *adj* **1.** nicht konfessioˈnell gebunden. **2.** interkonfessioˈnell: ~ **school** Gemeinschafts-, Simultanschule *f*.

ˌ**un·deˈpend·a·ble** *adj* unzuverlässig.

ˌ**un·deˈplored** *adj* unbeweint, unbeklagt.

un·der [ˈʌndə(r)] **I** *prep* **1.** *allg.* unter (*dat od. acc*). **2.** (*Lage*) unter (*dat*), ˈunterhalb von (*od. gen*): **from** ~ **the table** unter dem Tisch hervor. **3.** (*Richtung*) unter (*acc*): **the ball rolled** ~ **the table; he struck him** ~ **the left eye**. **4.** unter (*dat*), am Fuße von (*od. gen*): **the citizens assembled** ~ **the castle wall**. **5.** (*zeitlich*) unter (*dat*), während (*gen*): ~ **his rule; he lived** ~ **the Stuarts** er lebte zur Zeit der Stuarts; ~ **the date of** unter dem Datum vom *1. Januar etc.* **6.** unter (*der Führung etc*): **he fought** ~ **Wellington**. **7.** unter (*dat*), unter dem Schutz von, unter Zuˈhilfenahme von: ~ **arms** unter Waffen; ~ **darkness** im Schutz der Dunkelheit. **8.** unter (*dat*), geringer als, weniger als: **persons** ~ **40 (years of age)** Personen unter 40 (Jahren); **the** ~**-thirties** die Personen unter 30 Jahren; **in** ~ **an hour** in weniger als ˈeiner Stunde; **he cannot do it** ~ **an hour** er braucht mindestens e-e Stunde dazu. **9.** *fig.* unter (*dat*): ~ **his tyranny; a criminal** ~ **sentence of death** ein zum Tode verurteilter Verbrecher; ~ **supervision** unter Aufsicht; ~ **alcohol** unter Alkohol, alkoholisiert; ~ **an assumed name** unter e-m angenommenen Namen. **10.** gemäß, laut, nach: ~ **the terms of the contract**; ~ **the provisions of the law** a) nach den gesetzlichen Bestimmungen, b) im Rahmen des Gesetzes; **claims** ~ **a contract** Forderungen aus e-m Vertrag. **11.** in (*dat*): ~ **treatment** in Behandlung. **12.** bei: **he studied physics** ~ **Maxwell**. **13.** mit: ~ **s.o.'s signature** mit j-s Unterschrift, (eigenhändig) unterschrieben *od.* unterzeichnet von j-m.

II *adv* **14.** darˈunter, unter: → **go (keep,** *etc*) **under**. **15.** unten: **as** ~ wie unten (angeführt); **to get out from** ~ *Am. sl.* a) sich herauswinden, b) den Verlust wettmachen.

III *adj* (*oft in Zssgn*) **16.** unter(er, e, es), Unter...: **the** ~ **layers** die unteren Schichten *od.* Lagen; **the** ~ **surface** die Unterseite. **17.** unter(er, e, es), nieder(er, e, es), ˈuntergeordnet, Unter...: **the** ~ **classes** die unteren *od.* niederen Klassen. **18.** (*nur in Zssgn*) ungenügend, zu gering: **an** ~**dose**.

ˌ**un·der|·aˈchieve** *v/i* weniger leisten als erwartet, (*in e-r Prüfung*) schlechter abschneiden als erwartet. ˌ**~·aˈchiev·er** *s* j-d, der weniger leistet *od.* schlechter abschneidet als erwartet. ˌ**~ˈact** *thea. etc* **I** *v/t e-e Rolle* unterˈspielen, -ˈtreiben, unterˈtrieben spielen. **II** *v/i* unterˈtreiben (*a. fig.*). ˌ**~ˈage** *adj* minderjährig, unmündig. ˈ**~ˌa·gent** *s* ˈUntervertreter *m*. ˈ**~·arm I** *adj* **1.** Unterarm... **2.** → **underhand** 2. **II** *adv* **3.** mit e-r ˈUnterarmbewegung. ˈ**~ˌbel·ly** *s* **1.** *zo.* Bauch *m*. **2.** *fig.* Schwachstelle *f*. ˌ**~ˈbid I** *v/t irr* **1.** *econ.* a) unterˈbieten, weniger bieten als, b) zuˈwenig bieten für. **2.** *Bridge*: zu niedrig reizen mit (*e-m Blatt*). **II** *v/i* **3.** *econ.* zuˈwenig bieten. **4.** *econ.* weniger bieten, ein niedrigeres Angebot machen. ˌ**~ˈbill** *v/t econ. Am. Waren* zu niedrig deklaˈrieren *od.* berechnen. ˌ**~ˈbred** *adj* **1.** ungebildet, unfein. **2.** nicht reinrassig: ~ **dog**. ˈ**~·brush** *s bes. Am.* ˈUnterholz *n*, Gestrüpp *n* (*a. fig.*). ˌ**~ˈbuy** *irr* **I** *v/t* **1.** zu wenig (ein)kaufen von. **2.** billiger *od.* günstiger (ein)kaufen als (*j-d*): **to** ~ **s.o.** **3.** *etwas* unter Preis (ein)kaufen. **II** *v/i* **4.** unter Bedarf *od.* unter Preis (ein)kaufen. ˌ**~ˈcap·i·tal·ize** *v/t econ.* **1.** e-n zu niedrigen Nennwert für das ˈStammkapiˌtal (*e-s Unternehmens*) angeben: **to** ~ **a firm**. **2.** das Kapiˈtal unterˈschätzen von. **3.** ˈunterkapitaliˌsieren. ˈ**~ˌcar·riage** *s* **1.** *aer.* Fahrwerk *n*, -gestell *n*. **2.** *mot. etc* Fahrgestell *n*. **3.** *mil.* ˈUnterlaˌfette *f*. ˈ**~·cart** *Br. colloq. für* **undercarriage** 1. ˌ**~ˈcast** *v/t irr thea. etc* **1.** *j-m* e-e kleine(re) Rolle geben. **2.** *ein Stück etc* mit zweitklassigen Schauspielern besetzen. ˌ**~ˈcharge I** *v/t* **1.** *j-m* zu wenig berechnen *od.* abverlangen. **2.** *e-n Betrag* zuˈwenig verlangen: **he** ~**d two pounds**. **3.** *etwas* zu gering berechnen. **4.** *electr. e-e Batterie etc* unterˈladen. **5.** *ein Geschütz etc* zu schwach laden. **II** *v/i* **6.** zuˈwenig verlangen (**for** für). **III** *s* **7.** zu geringe Berechnung *od.* Belastung. **8.** *electr.* ungenügende (Auf)Ladung. ˈ**~·class** *s sociol.* ˈunterpriviˌlegierte Klasse. ˈ**~·cliff** *s geol.* Felsstufe *f*. ˌ**~ˈclothed** *adj* ungenügend bekleidet. ˈ**~·clothes** *s pl*, ˈ**~ˌcloth·ing** *s* ˈUnterkleidung *f*, -wäsche *f*, Leibwäsche *f*. ˈ**~·coat I** *s* **1.** Rock *m*, Weste *f* (*unter e-m anderen Kleidungsstück getragen*). **2.** *zo.* Wollhaarkleid *n*. **3.** *paint. tech.* Grunˈdierung *f*, Voranstrich *m*. **4.** *mot. Am.* ˈUnterbodenschutz *m*. **II** *v/t* **5.** *mot. Am.* e-n ˈUnterbodenschutz machen bei. ˌ**~ˈcool** *v/t phys.* unterˈkühlen. ˈ**~ˌcov·er** *adj* **1.** Geheim...: ~ **agent** Undercover-Agent *m* (*Kriminalbeamter im Untergrund*). **2.** heimlich: ~ **payments**. ˈ**~·croft** *s arch.* ˈunterirdisches Gewölbe, Krypta *f*, Gruft *f*. ˈ**~ˌcur·rent** *s* ˈUnterströmung *f* (*a. fig.*). **~·cut I** *v/t irr* [ˌ-ˈkʌt] **1.** den unteren Teil wegschneiden *od.* weghauen von, unterˈhöhlen. **2.** (im Preis) unterˈbieten. **3.** *Golf, Tennis etc*: *e-n Ball* mit ˈUnterschnitt spielen. **II** *s* [ˈ-kʌt] **4.** Unterˈhöhlung *f*. **5.** *Golf, Tennis etc*: unterˈschnittener Ball. **6.** *gastr. Br.* zartes Lendenstück, (ˈRinder- *od.* ˈSchweine)Fiˌlet *n*. ˌ**~·deˈvel·op** *v/t bes. phot.* ˈunterentwickeln. ˌ**~·deˈvel·oped** *adj phot. u. fig.* ˈunterentwickelt: ~ **child**; ~ **country** *pol.* Entwicklungsland *n*. ˌ**~ˈdo** *v/t irr* **1.** *etwas* unvollkommen tun, mangelhaft erledigen. **2.** nicht gar kochen, nicht ˈdurchbraten. ˈ**~·dog** *s fig.* **1.** (*a.* sicherer) Verlierer, Unterˈlegene(r *m*) *f*. **2.** a) (*der*) soziˈal Schwächere *od.* Zuˈrückgesetzte *od.* Benachteiligte, b) (*der*) (zu Unrecht) Verfolgte. ˌ**~ˈdone** *adj* nicht gar, nicht ˈdurchgebraten. **~·dose I** *s* [ˈ-dəʊs] **1.** zu geringe Dosis. **2.** *fig.* Zuˈwenig *n* (**of** an *dat*). **II** *v/t* [ˌ-ˈdəʊs] **3.** *j-m* e-e zu geringe Dosis geben. **4.** *etwas* zu gering doˈsieren. **~·drain** *tech.* **I** *v/t* [ˌ-ˈdreɪn] durch ˈunterirdische Kaˈnäle entwässern *od.* trokkenlegen. **II** *s* [ˈ-dreɪn] ˈunterirdischer Drän(strang). ˌ**~ˈdraw** *v/t irr* ungenau *od.* ungenügend zeichnen *od.* darstellen. ˌ**~ˈdress** *v/t u. v/i* (sich) zu einfach kleiden. ˌ**~·emˈploy·ment** *s econ.* ˈUnterbeschäftigung *f*. **~·es·ti·mate I** *v/t* [ˌ-ˈestɪmeɪt] unterˈschätzen, ˈunterbewerten. **II** *s* [ˌ-ˈestɪmət] Unterˈschätzung *f*, ˈUnterbewertung *f*. ˈ**~ˌes·tiˈma·tion** → **underestimate** II. ˌ**~·exˈpose** *v/t phot.* ˈunterbelichten: **to be** ~**d** *fig.* zu wenig Publizität haben. ˌ**~·exˈpo·sure** *s* **1.** *phot.* ˈUnterbelichtung *f*. **2.** *fig.* mangelnde Publiziˈtät. ˌ**~ˈfeed** *v/t irr* ˈunterernähren, nicht genügend (er)nähren *od.* füttern: **underfed** unterernährt. ˌ**~ˈfeed·ing** *s* ˈUnterernährung *f*. ˈ**~·felt** *s* ˈFilzˌunterlage *f*. ˌ**~ˈfloor** *adj* Unterboden..., *mot.* Unterflur...: ~ **engine**; ~ **heating** Fußbodenheizung *f*. ˈ**~·flow** *s* **1.** ˈunterirdischer (ˈDurch)Fluß. **2.** *fig.* ˈUnterströmung *f*. ˌ**~ˈfoot** *adv* **1.** unter den Füßen, mit (den) Füßen, unten, am Boden: **it is very hard** ~ der Boden ist steinhart gefroren; → **trample** 3, **tread** 12. **2.** *colloq.* (diˈrekt) vor den Füßen, im Wege. **3.** *fig.* in der Gewalt, unter Konˈtrolle. ˈ**~·frame** *s tech.* ˈUntergestell *n*, Rahmen *m*. ˈ**~·fur** *s zo.* Wollhaarkleid *n*. ˈ**~ˌgar·ment** *s* (Stück *n*) ˈUnterkleidung *f*. ˈ**~·glaze** (*Keramik*) **I** *s* ˈUnterglaˌsur *f*, erste Glaˈsur. **II** *adj* Unterglasur... ˌ**~ˈgo** *v/t irr* **1.** erleben, ˈdurchmachen: **to** ~ **a change**. **2.** sich *e-r Operation etc* unterˈziehen. **3.** erdulden: **to** ~ **pain**. ˌ**~ˈgrad** *colloq. für* **undergraduate**. ˌ**~ˈgrad·u·ate** *univ.* **I** *s* Stuˈdent(in). **II** *adj* Studenten... **~·ground I** *adv* [ˌ-ˈgraʊnd] **1.** unter der *od.* die Erde, ˈunterirdisch. **2.** *fig.* im verborgenen, heimlich, geheim: **to go** ~ a) *pol.* zur Untergrundbewegung werden, b) *pol.* in den Untergrund gehen, c) untertauchen. **II** *adj* [ˈ-graʊnd] **3.** ˈunterirdisch: ~ **cable** Erdkabel *n*; ~ **car park**, ~ **garage** Tiefgarage *f*; ~ **pipe** erdverlegtes Rohr; ~ **railway** (*Am.* **railroad**) → 9; ~ **water** Grundwasser *n*. **4.** *Bergbau*: unter Tag(e): ~ **mining** Untertag(e)bau *m*. **5.** *tech.* Tiefbau...: ~ **engineering** Tiefbau *m*. **6.** *fig.* Untergrund..., Geheim..., verborgen: ~ **fighter** *pol.* Untergrundkämpfer *m*; ~ **movement** *pol.* Untergrundbewegung *f*. **7.** *art* Underground...: ~ **film (music,** *etc*). **III** *s* [ˈ-graʊnd] **8.** ˈunterirdischer Raum *od.* (ˈDurch)Gang. **9.** *bes. Br.* ˈUntergrundbahn *f*, U-Bahn *f*. **10.** *pol.* ˈUntergrund(bewegung *f*) *m*. **11.** *art* ˈUnderground *m*. **ˌ~ˈgrown** *adj* **1.** nicht ausgewachsen. **2.** (mit ˈUnterholz) überˈwachsen. **ˈ~growth** *s* ˈUnterholz *n*, Gestrüpp *n*. **ˌ~ˈhand** *adj u. adv* **1.** *fig.* a) heimlich, verstohlen, b) ˈhinterlistig, -hältig. **2.** *Baseball, Kricket etc*: mit der Hand unter Schulterhöhe ausgeführt (*Wurf etc*): ~ **service** (*Tennis*) Tiefaufschlag *m*. **ˌ~ˈhand·ed** *adj* **1.** → **underhand** 1. **2.** *econ.* knapp an Arbeitskräften *od.* Persoˈnal. **ˌ~ˈhand·ed·ness** *s* Heimlichkeit *f*, ˈHinterhältigkeit *f*. **ˌ~ˈhung** *adj med.* a) über den Oberkiefer vorstehend, b) mit vorstehendem ˈUnterkiefer. **ˌ~inˈsur·ance** *s econ.* ˈUnterversicherung *f*. **ˌ~inˈsure** *v/t u. v/i* (sich) ˈunterversichern. **ˈ~ˌis·sue** *s econ.* Minderausgabe *f*. **~lay** [ˌ-ˈleɪ] **I** *v/t irr* **1.** (dar)ˈunterlegen. **2.** unterˈlegen, stützen (**with** mit). **3.** *print. den Satz* zurichten. **II** *v/i* **4.** *Bergbau*: sich neigen, einfallen. **III** *s* [ˈ-leɪ] **5.** ˈUnterlage *f*. **6.** *print.* Zurichtebogen *m*. **7.** *Bergbau*: schräges Flöz. **ˈ~lease** *s* ˈUnterverpachtung *f*, ˈUntermiete *f*. **ˈ~lesˌsee** *s* ˈUntermieter(in), -pächter(in). **ˌ~ˈlet** *v/t irr* **1.** unter Wert verpachten *od.* vermieten. **2.** ˈunterverpachten, -vermieten. **ˌ~ˈlie** *v/t irr* **1.** liegen unter (*dat*). **2.** *fig. e-r Sache* zuˈgrunde liegen. **3.** *econ.* unterˈliegen, unterˈworfen sein (*beide dat*). **~line I** *v/t* [ˌ-ˈlaɪn] **1.** unterˈstreichen (*a. fig. betonen*). **II** *s* [ˈ-laɪn] **2.** Unterˈstreichung *f*. **3.** (Vor)Ankündigung *f* am Fuß e-s Theˈaterplaˌkats. **4.** ˈBildˌunterschrift *f*, Bildtext *m*. **ˈ~ˌlin·en** *s* ˈUnter-, Leibwäsche *f*.

un·der·ling [ˈʌndə(r)lɪŋ] *s contp.* Unterˈgebene(r *m*) *f*, ˈUntergeordnete(r *m*) *f*, Handlanger *m*, ‚Kuli' *m*.

ˈun·der|·lip *s* ˈUnterlippe *f*. **ˈ~load** *s tech.* ˈUnterbelastung *f*. **ˌ~ˈly·ing** *adj* **1.** darˈunterliegend. **2.** *fig.* zuˈgrunde liegend, grundlegend, eigentlich, tiefer (-er, e, es). **3.** *econ. Am.* Vorrangs..., Prioritäts... **ˌ~ˈman** *v/t ein Schiff etc* nicht genügend bemannen: **~ned** a) unterbemannt, b) (personell) unterbesetzt. **ˌ~ˈmen·tioned** *adj Br.* untenerwähnt. **ˌ~ˈmine** *v/t* **1.** *mil. tech.* untermiˈnieren (*a. fig.*). **2.** aushöhlen, auswaschen, unterˈspülen. **3.** *fig.* unterˈgraben, zersetzen, allˈmählich zuˈgrunde richten. **ˈ~most I** *adj* unterst(er, e, es). **II** *adv* zuˈunterst.

ˌun·derˈneath I *prep* **1.** unter (*dat od. acc*), ˈunterhalb (*gen*). **II** *adv* **2.** unten, darˈunter. **3.** auf der ˈUnterseite.

ˌun·der|ˈnour·ished *adj* ˈunterernährt. **ˌ~ˈnour·ish·ment, ˌ~nuˈtri·tion** *s* ˈUnterernährung *f*. **ˌ~ˈoc·cu·pied** *adj* ˈunterbelegt (*Haus etc*). **ˈ~pants** *s pl a.* **pair of** ~ ˈUnterhose *f*. **ˈ~pass** *s* (ˈStraßen-, ˈEisenbahn)Unterˌführung *f*. **ˌ~ˈpay** *v/t irr* ˈunterbezahlen. **ˌ~ˈpay·ment** *s* ˈUnterbezahlung *f*. **ˌ~ˈpeo·pled** *adj* ˈunterbevölkert. **ˌ~ˈpin** *v/t arch.* a) (unter)ˈstützen, b) unterˈmauern (*beide a. fig.*). **ˌ~ˈpin·ning** *s* **1.** *arch.* Unterˈmauerung *f*, ˈUnterbau *m*. **2.** *fig.* Stütze *f*, Unterˈstützung *f*. **3.** *meist pl colloq.* ‚Fahrgestell' *n* (*Beine*). **ˌ~ˈplay I** *v/t* **1.** → **underact** I. **2. to** ~ **one's hand** *fig.* nicht alle Trümpfe ausspielen. **II** *v/i* → **underact** II. **ˈ~plot** *s* Nebenhandlung *f*, Epiˈsode *f* (*im Drama etc*). **ˌ~ˈpop·u·lat·ed** *adj* ˈunterbevölkert. **ˌ~ˈprice** *v/t econ.* **1.** *etwas* unter Preis anbieten. **2.** *j-n* unterˈbieten. **ˌ~ˈprint** *v/t* **1.** *print.* a) gegendrucken, b) zu schwach drucken. **2.** *phot.* ˈunterkoˌpieren. **ˌ~ˈpriv·i·leged** *adj* ˈunterpriviˌgiert, benachteiligt, zu kurz gekommen, schlecht(er)gestellt: **the** ~ die wirtschaftlich Schlechtgestellten. **ˌ~proˈduc·tion** *s econ.* ˈUnterproduktiˌon *f*. **ˌ~ˈproof** *adj* ˈunterproˌzentig (*Spirituosen*). **ˌ~ˈprop** *v/t* **1.** von unten her (ab)stützen. **2.** *fig.* unterˈstützen, -ˈmauern. **ˌ~ˈquote** *v/t econ.* *j-n* unterˈbieten. **ˌ~ˈrate** *v/t* **1.** unterˈschätzen, ˈunterbewerten (*a. sport*). **2.** *econ.* zu niedrig veranschlagen. **ˌ~reˈact** *v/i* zu schwach reaˈgieren (**to** auf *acc*). **ˌ~reˈac·tion** *s* zu schwache Reaktiˈon (**to** auf *acc*). **ˈ~ˌrep·reˈsent·ed** *adj* ˈunterrepräsenˌtiert. **ˌ~ˈscore** *v/t* unterˈstreichen (*a. fig. betonen*). **ˈ~sea I** *adj* ˈunterseeisch, Unterwasser... **II** *adv* → **underseas**. **ˈ~seal** *mot. Br.* **I** *s* ˈUnterbodenschutz *m*. **II** *v/t* e-n ˈUnterbodenschutz machen bei. **ˌ~ˈseas** *adv* ˈunterseeisch, unterWasser. **ˌ~ˈsec·re·tar·y** *s pol.* ˈStaatssekreˌtär *m*: **Parliamentary U~** *Br.* parlamentarischer Staatssekretär; **Permanent U~** *Br.* Ständiger Unterstaatssekretär (*Abteilungsleiter in e-m Ministerium*). **ˌ~ˈsell** *v/t irr econ.* **1.** *j-n* unterˈbieten. **2.** *Ware* verschleudern, unter Wert verkaufen. **~set I** *v/t irr* [ˌ-ˈset] *e-e Mauer etc* (unter)ˈstützen (*a. fig.*). **II** *s* [ˈ-set] *mar.* ˈUnter-, Gegenströmung *f*. **ˌ~ˈsexed** *adj*: **to be** ~ e-n unterentwickelten Geschlechtstrieb haben. **ˈ~ˌsher·iff** *s jur.* Vertreter *m* e-s Sheriffs. **ˈ~ˌshirt** *s bes. Am.* ˈUnterhemd *n*. **ˌ~ˈshoot** *v/t*: **to** ~ **the runway** *aer.* vor der Landebahn aufsetzen. **ˈ~shorts** *s pl a.* **pair of** ~ *bes. Am.* (ˈHerren)ˌUnterhose *f*. **ˈ~shot** *adj* **1.** *tech.* ˈunterschlächtig. **2.** *med.* mit vorstehendem ˈUnterkiefer. **ˈ~shrub** *s* kleiner Strauch. **ˈ~side I** *s* ˈUnterseite *f*. **II** *adj* auf der ˈUnterseite. **ˌ~ˈsign** *v/t* unterˈschreiben, -ˈzeichnen. **ˌ~ˈsigned I** *adj* unterˈzeichnet. **II** *s* **the** ~ a) der (die) Unterˈzeichnete, b) *pl* die Unterzeichneten *pl*. **ˌ~ˈsized,** *a.* **ˌ~ˈsize** *adj* **1.** unter Norˈmalgröße. **2.** winzig. **ˈ~skirt** *s* ˈUnterrock *m*. **ˌ~ˈslung** *adj tech.* **1.** Hänge...: ~ **cooler**; ~ **frame** Unterzugrahmen *m* (*am Auto*). **2.** unterˈbaut: ~ **spring**. **ˈ~soil** *s* ˈUntergrund *m*. **ˈ~song** *s mus.* a) Begleitstimme *f*, -ton *m*, b) *obs.* Reˈfrain *m*, Kehrreim *m*. **ˌ~ˈspend** *irr* **I** *v/i* zuˈwenig ausgeben. **II** *v/t* weniger ausgeben als, *e-e bestimmte Ausgabensumme* unterˈschreiten. **ˌ~ˈstaffed** *adj* (persoˈnell) ˈunterbesetzt.

ˌun·derˈstand *irr* **I** *v/t* **1.** verstehen: a) begreifen, b) einsehen, c) *wörtlich etc* auffassen, d) (volles) Verständnis haben für: **to** ~ **each other** sich *od.* einander verstehen, *a.* zu e-r Einigung gelangen; **to give s.o. to** ~ j-m zu verstehen geben; **to make o.s. understood** sich verständlich machen; **do I** (*od.* **am I to**) ~ **that ...?** soll das heißen, daß ...?; **be it understood** wohlverstanden; **what do you** ~ **by ...?** was verstehen Sie unter ...?; (**do you**) ~**?** verstanden? **2.** sich verstehen auf (*acc*), sich auskennen in (*dat*), wissen (**how to** *mit inf* wie man *etwas macht*): **he** ~**s horses** er versteht sich auf Pferde; **she** ~**s children** sie kann mit Kindern umgehen. **3.** vorˈaussetzen, als sicher *od.* gegeben annehmen: **I** ~ **that (the) doors open at 8.30** ich nehme an, daß die Türen um 8.30 Uhr geöffnet werden; **that is understood** das versteht sich (von selbst); **it is understood that** ... *a. jur.* es gilt als vereinbart, daß ...; **an understood thing** e-e aus- *od.* abgemachte Sache. **4.** erfahren, hören: **I** ~ **that** ... ich hör(t)e *od.* man sagt(e) mir, daß ...?; **I** ~ **him to be** (*od.* **that he is**) **an expert** wie ich höre, ist er ein Fachmann; **it is understood** es heißt, wie verlautet. **5.** (**from**) entnehmen (*dat od.* aus), schließen *od.* herˈaushören (aus): **no one could** ~ **that from her words**. **6.** *bes. ling.* bei sich *od.* sinngemäß ergänzen, hinˈzudenken: **in this phrase the verb is understood** in diesem Satz muß das Verb (sinngemäß) ergänzt werden. **II** *v/i* **7.** verstehen: a) begreifen, b) (volles) Verständnis haben: **he will** ~ er wird es *od.* mich *od.* uns *etc* (schon) verstehen. **8.** Verstand haben. **9.** Bescheid wissen (**about s.th.** über e-e Sache). **10.** hören: ..., **so I** ~! wie ich höre, ... **ˌun·derˈstand·a·ble** *adj* verständlich. **ˌun·derˈstand·a·bly** *adv* **1.** verständlich. **2.** verständlicherweise.

ˌun·derˈstand·ing I *s* **1.** Verstehen *n*. **2.** Verstand *m*: a) Intelliˈgenz *f*, b) *philos.* Intelˈlekt *m*. **3.** Verständnis *n* (**of** für). **4.** (*gutes etc*) Einvernehmen (**between** zwischen). **5.** Verständigung *f*, Vereinbarung *f*, Überˈeinkunft *f*, Abmachung *f*, Einigung *f*: **to come to an** ~ **with s.o.** zu e-r Einigung mit j-m kommen *od.* gelangen, sich mit j-m verständigen. **6.** Klarstellung *f*. **7.** Bedingung *f*: **on the** ~ **that** unter der Bedingung *od.* Voraussetzung, daß. **II** *adj* (*adv* **~ly**) **8.** verständnisvoll, verstehend. **9.** verständig, gescheit.

ˌun·der|ˈstate *v/t* **1.** zu gering angeben *od.* ansetzen. **2.** (bewußt) zuˈrückhaltend *od.* maßvoll ausdrücken *od.* darstellen, unterˈtreiben. **3.** abschwächen, mildern. **ˌ~ˈstate·ment** *s* **1.** zu niedrige Angabe. **2.** Unterˈtreibung *f*, Underˈstatement *n*. **ˌ~ˈsteer** *v/i mot.* unterˈsteuern (*Auto*). **ˌ~ˈstock** *v/t ein Lager etc* ungenügend versorgen *od.* beliefern (**with** mit). **ˈ~ˌstrap·per** → **underling**. **ˌ~ˈstra·tum** *s a. irr geol.* (*das*) Liegende. **ˌ~ˈstrength** *adj* (persoˈnell) ˈunterbesetzt. **ˈ~ˌstud·y I** *v/t* **1.** *thea. e-e Rolle* als zweite Besetzung ˈeinstuˌdieren. **2.** *thea.* einspringen für. **3.** *fig.* sich einarbeiten in (*acc*). **II** *v/i* **4.** *thea.* e-e Rolle als zweite Besetzung ˈeinstuˌdieren. **III** *s* **5.** *thea.* zweite Besetzung. **6.** *fig.* Ersatzmann *m*. **ˈ~ˌsur·face** *s* ˈUnterseite *f*.

ˌun·derˈtake *irr* **I** *v/t* **1.** *e-e Aufgabe* überˈnehmen, auf sich *od.* in die Hand nehmen: **to** ~ **a task**. **2.** *e-e Reise etc* unterˈnehmen. **3.** überˈnehmen, eingehen: **to** ~ **a risk**; **to** ~ **a responsibility** e-e Verantwortung übernehmen. **4.** sich erbieten, sich verpflichten (*a. jur.*) (**to do** zu tun). **5.** garanˈtieren, sich verbürgen (**that** daß). **6.** *obs.* sich einlassen mit. **II** *v/i* **7.** *obs.* sich verpflichten (**for** zu). **8.** *obs.* bürgen (**for** für). **ˈ~ˌtak·er** *s* a) Leichenbestatter *m*, b) Beˈstattungs-, Beˈerdigungsinstiˌtut *n*. **ˌ~ˈtak·ing** *s* **1.** ˈÜbernahme *f*: **the** ~ **of a task**. **2.** Unterˈnehmung *f*. **3.** *econ.* Unterˈnehmen *n*, Betrieb *m*: **industrial** ~. **4.** Verpflichtung *f*. **5.** Garanˈtie *f*. **6.** [ˈ-ˌteɪkɪŋ] Leichenbestattung *f*.

ˌun·der|ˈtax *v/t* **1.** zu niedrig besteuern, ˈunterbesteuern. **2.** zu niedrig einschätzen. **ˌ~taxˈa·tion** *s* ˈUnterbesteuerung *f*. **ˌ~ˈten·an·cy** *s* ˈUnterpacht *f*, -miete *f*. **ˌ~ˈten·ant** *s* ˈUntermieter(in), -pächter(in). **ˌ~-the-ˈcount·er, ˌ~-the-ˈta·ble** *adj* unter der Hand (getätigt), heimlich. **ˌ~ˈtime** *v/t phot.* ˈunterbelichten. **ˈ~tint** *s* gedämpfte Farbe *od.* Färbung. **ˈ~tone** *s* **1.** gedämpfter Ton, gedämpfte Stimme: **in an** ~ mit gedämpfter Stimme. **2.** *fig.* a) ˈUnterton *m*, b) *pl* Neben-, Zwischentöne *pl*, Beigeschmack *m*: **it had** ~**s of** es schwang darin etwas von ... mit. **3.** *phys.* gedämpfte Farbe. **4.** *Börse*: Grundton *m*. **ˈ~tow** *s mar.* **1.** Sog *m*. **2.** ˈWidersee *f*. **ˌ~ˈval·ue** *v/t* **1.** unterˈschätzen, ˈunterbewerten, zu gering ansetzen. **2.** geringschätzen. **ˈ~vest** *s bes. Br.* ˈUnterhemd *n*. **ˈ~ˌwaist** *s Am.* ˈUntermieder *n.* ˌ**~ˈwa·ter** *adj* **1.** Unterwasser...: **~ massage. 2.** *mar.* ˈunterhalb der Wasserlinie (liegend). ˌ**~ˈway** *adj* **1.** auf Fahrt (befindlich). **2.** während der Fahrt. **3.** für unterˈwegs, Reise... ˈ**~wear** → **underclothes. ~weight I** *s* [ˈ-weɪt] ˈUntergewicht *n.* **II** *adj* [ˌ-ˈweɪt] ˈuntergewichtig: **to be ~** Untergewicht haben. ˌ**~ˈwhelm** *v/t fig. j-n* alles andere als überˈwältigen. ˈ**~wing** *s zo.* **1.** ˈUnterflügel *m.* **2.** Ordensband *n* (*Falter*). ˈ**~wood** *s* ˈUnterholz *n*, Gestrüpp *n* (*a. fig.*). ˌ**~ˈwork I** *v/t* **1.** *etwas* nicht sorgfältig genug arbeiten. **2.** billiger arbeiten als, *j-n* unterˈbieten. **II** *v/i* **3.** zu wenig arbeiten. **4.** billiger arbeiten. ˈ**~world** *s* **1.** ˈUnterwelt *f*: a) *myth.* Hades *m*, b) Verbrecherwelt *f.* **2.** ˈunterirdische *od.* -seeische Regiˈon. **3.** (*die*) entgegengesetzte Erdhälfte, Antiˈpoden *pl.*

ˈ**un·der|·write** *irr* **I** *v/t* **1.** *etwas* darˈunterschreiben, -setzen. **2.** *fig. etwas* unterˈschreiben, s-e Zustimmung geben zu. **3.** *econ.* a) *e-e Effektenemission* (durch ˈÜbernahme der nicht verkauften Paˈpiere) garanˈtieren, b) bürgen *od.* garanˈtieren für. **4.** *econ.* a) *e-e Versicherungspolice* unterˈzeichnen, *e-e Versicherung* überˈnehmen, b) *etwas* versichern, c) die Haftung überˈnehmen für. **II** *v/i* **5.** *econ.* Versicherungsgeschäfte machen. ˈ**~ˌwrit·er** *s econ.* **1.** Versicherer *m.* **2.** Mitglied *n* e-s Emissiˈonskonˌsortiums. **3.** *bes. Am. colloq.* Verˈsicherungsaˌgent *m.* ˈ**~ˌwrit·ing** *econ.* **I** *s* **1.** (See-) Versicherung(sgeschäft *n*) *f.* **2.** Emissiˈonsgaranˌtie *f.* **II** *adj* **3. ~ syndicate** Emissionskonsortium *n.*

ˌ**un·deˈscrib·a·ble** *adj* unbeschreiblich.

ˌ**un·deˈserved** *adj* unverdient. ˌ**un·deˈserv·ed·ly** [-ɪdlɪ] *adv* unverdientermaßen. ˌ**un·deˈserv·ing** *adj* (*adv* **~ly**) unwert, unwürdig (**of** *gen*): **to be ~ of** kein *Mitgefühl etc* verdienen.

ˌ**un·deˈsigned** *adj* unbeabsichtigt, unabsichtlich. ˌ**un·deˈsign·ed·ly** [-ɪdlɪ] *adv.* ˌ**un·deˈsign·ing** *adj* ehrlich, aufrichtig.

ˈ**un·deˌsir·a·bil·i·ty** *s* Unerwünschtheit *f.* ˌ**un·deˈsir·a·ble I** *adj* (*adv* **undesirably**) **1.** nicht wünschenswert. **2.** unerwünscht, lästig: → **alien** 7. **II** *s* **3.** unerwünschte Perˈson. ˌ**un·deˈsired** *adj* unerwünscht, ˈunwillˌkommen. ˌ**un·deˈsir·ous** *adj* nicht begierig (**of** nach): **to be ~ of s.th.** etwas nicht wünschen *od.* nicht (haben) wollen.

ˌ**un·deˈtach·a·ble** *adj* nicht (ab)trennbar *od.* abnehmbar.

ˌ**un·deˈtect·ed** *adj* unentdeckt.

ˌ**un·deˈter·mined** *adj* **1.** (noch) nicht entschieden, unentschieden, schwebend, offen: **an ~ question. 2.** unbestimmt, vage. **3.** unentschlossen, unschlüssig.

ˌ**un·deˈterred** *adj* nicht abgeschreckt, unbeeindruckt (**by** von).

ˌ**un·deˈvel·oped** *adj* **1.** unentwickelt. **2.** unerschlossen (*Gelände*).

unˈde·vi·at·ing *adj* (*adv* **~ly**) **1.** nicht abweichend. **2.** unentwegt, unbeirrbar.

un·dies [ˈʌndɪz] *s pl colloq.* (ˈDamen-) ˌUnterwäsche *f.*

ˈ**unˌdif·ferˈen·ti·at·ed** *adj* ˈundifferenˌziert.

ˌ**un·diˈgest·ed** *adj* unverdaut (*a. fig.*).

unˈdig·ni·fied *adj* unwürdig, würdelos.

ˌ**un·diˈlut·ed** *adj* a) unverdünnt, b) *a. fig.* unverwässert, unverfälscht.

ˌ**un·diˈmin·ished** *adj* unvermindert.

un·dine [ˈʌndiːn; ʌnˈdiːn] *s* **1.** Unˈdine *f*, Wassernixe *f.* **2.** *med.* Unˈdine *f* (*Glasgefäß für Spülungen*).

ˌ**un·dip·loˈmat·ic** *adj* (*adv* **~ally**) ˈundiploˌmatisch.

ˌ**un·diˈrect·ed** *adj* **1.** ungeleitet, führungslos, ungelenkt. **2.** ˈunadresˌsiert. **3.** *math. phys.* ungerichtet.

ˌ**un·disˈcerned** *adj* unbemerkt. ˌ**un·disˈcern·ing** *adj* (*adv* **~ly**) urteilslos, unkritisch.

ˌ**un·disˈcharged** *adj* **1.** unbezahlt, unbeglichen. **2.** *econ.* (noch) nicht entlastet: **~ debtor. 3.** nicht abgeschossen (*Gewehr etc*). **4.** nicht entladen (*Schiff etc*).

unˈdis·ci·plined *adj* **1.** ˈundisziipliˌniert. **2.** ungeschult.

ˌ**un·disˈclosed** *adj* ungenannt, geheimgehalten, nicht bekanntgegeben.

ˌ**un·disˈcour·aged** *adj* nicht entmutigt.

ˌ**un·disˈcov·er·a·ble** *adj* (*adv* **undiscoverably**) unauffindbar, nicht zu entdecken(d). ˌ**un·disˈcov·ered** *adj* **1.** unentdeckt. **2.** unbemerkt.

ˌ**un·disˈcrim·i·nat·ing** *adj* (*adv* **~ly**) **1.** keinen ˈUnterschied machend, ˈunterschiedslos. **2.** urteilslos, unkritisch.

ˌ**un·disˈcussed** *adj* unerörtert.

ˌ**un·disˈguised** *adj* **1.** unverkleidet, ˈunmasˌkiert. **2.** *fig.* unverhüllt, unverhohlen. ˌ**un·disˈguis·ed·ly** [-ɪdlɪ] *adv.*

ˌ**un·disˈmayed** *adj* unerschrocken, unverzagt.

ˌ**un·disˈposed** *adj* **1. ~ of** nicht verteilt *od.* vergeben, *econ. a.* unverkauft. **2.** abgeneigt, nicht aufgelegt *od.* bereit (**to do** zu tun).

ˌ**un·disˈput·ed** *adj* (*adv* **~ly**) unbestritten.

ˌ**un·disˈsem·bled** *adj* **1.** aufrichtig, echt. **2.** unverhüllt, unverhohlen.

ˌ**un·disˈsolved** *adj* **1.** unaufgelöst (*a. fig.*). **2.** ungeschmolzen.

ˌ**un·disˈtin·guish·a·ble** *adj* (*adv* **undistinguishably**) **1.** nicht erkennbar *od.* wahrnehmbar. **2.** nicht unterˈscheidbar, nicht zu unterˈscheiden(d) (**from** von). ˌ**un·disˈtin·guished** *adj* **1.** sich nicht unterˈscheidend (**from** von). **2.** ˈdurchschnittlich, norˈmal. **3.** → **undistinguishable.**

ˌ**un·disˈtract·ed** *adj* nicht abgelenkt (**from** von).

ˌ**un·disˈturbed** *adj* **1.** ungestört. **2.** unberührt, gelassen. ˌ**un·disˈturb·ed·ly** [-ɪdlɪ] *adv.*

ˌ**un·diˈvid·ed** *adj* **1.** ungeteilt (*a. fig.*): **~ attention. 2.** ˈununterˌbrochen. **3.** alˈleinig: **~ responsibility. 4.** *econ.* nicht verteilt: **~ profits.**

ˌ**un·diˈvorced** *adj* nicht geschieden.

ˌ**un·diˈvulged** → **undisclosed.**

un·do [ˌʌnˈduː] *v/t irr* **1.** *fig.* rückgängig *od.* ungeschehen machen, aufheben. **2.** *fig.* a) ruiˈnieren, zuˈgrunde richten, vernichten, b) *e-e Frau etc* verführen. **3.** *fig.* zuˈnichte machen: **to ~ s.o.'s hopes. 4.** a) aufmachen, öffnen: **to ~ a parcel** (**one's collar**, *etc*), b) aufknöpfen: **to ~ one's waistcoat,** c) losbinden: → **undone. 5.** *colloq. j-m* den Reißverschluß *etc* aufmachen. **6.** *e-n Saum* auftrennen.

ˌ**unˈdock I** *v/t* **1.** *mar. ein Schiff* entdocken. **2.** *Raumfahrt*: *Mondlandefähre etc* abkoppeln. **II** *v/i* **3.** *mar.* aus dem Dock fahren. **4.** *Raumfahrt*: abkoppeln.

ˌ**unˈdo·er** *s* Verführer *m.* ˌ**unˈdo·ing** *s* **1.** (*das*) Aufmachen (*etc*, → **undo** 4–6). **2.** *fig.* Rückgängigmachen *n.* **3.** *fig.* a) Zuˈgrunderichten *n*, b) Verführung *f.* **4.** *fig.* Unglück *n*, Verderben *n*, Ruˈin *m.*

ˌ**un·doˈmes·ti·cat·ed** *adj* **1.** unhäuslich. **2.** ungezähmt, wild.

ˌ**unˈdone I** *pp von* **undo. II** *adj* **1.** ungetan, unerledigt: **to leave s.th. ~** etwas ungetan *od.* unausgeführt lassen; **to leave nothing ~** nichts unversucht lassen, alles (nur Mögliche) tun. **2.** zuˈgrundegerichtet, ruiˈniert, ‚erledigt'. **3.** offen, auf: **to come ~** aufgehen.

unˈdoubt·ed *adj* unbezweifelt, unzweifelhaft, unbestritten. **unˈdoubt·ed·ly** *adv* zweifellos, ohne (jeden) Zweifel. **unˈdoubt·ing** *adj* (*adv* **~ly**) nicht zweifelnd, zuversichtlich.

ˌ**unˈdrape** *v/t* **1.** die Draˈpierung entfernen von. **2.** enthüllen.

unˈdreamed, *a.* **unˈdreamt** *adj oft* **~-of** nie erträumt, ungeahnt, unerhört.

un·dress [ˌʌnˈdres] **I** *v/t* **1.** entkleiden, ausziehen. **2.** den Verband abnehmen von. **II** *v/i* **3.** sich entkleiden *od.* ausziehen. **III** *s* **4.** Alltagskleid(ung *f*) *n.* **5.** Hauskleid(ung *f*) *n.* **6.** *mil.* ˈInterimsuniˌform *f.* **7. in a state of ~** a) halb bekleidet, b) unbekleidet. **IV** *adj* [ˈʌndres] **8.** Alltags..., Haus... ˌ**unˈdressed** *adj* **1.** unbekleidet: **to get ~** → **undress** 3. **2.** *gastr.* a) ˈungarˌniert, b) unzubereitet. **3.** *tech.* a) ungegerbt (*Leder*), b) unbehauen (*Holz, Stein*). **4.** *med.* unverbunden (*Wunde etc*).

ˌ**unˈdried** *adj* ungetrocknet.

ˌ**unˈdrink·a·ble** *adj* nicht trinkbar, ungenießbar.

ˌ**unˈdue** *adj* (*adv* **unduly**) **1.** *econ.* (noch) nicht fällig: **an ~ debt. 2.** unangemessen, unpassend, unangebracht, ungehörig, ungebührlich: **~ behavio(u)r. 3.** unnötig, überˈtrieben, ˈübermäßig: **~ haste** übertriebene Eile; **he was not unduly worried** er war nicht übermäßig *od.* allzu beunruhigt. **4.** *bes. jur.* unzulässig: → **influence** 1.

un·du·lant [ˈʌndjʊlənt; *Am.* -dʒə-] *adj* **1.** wallend, wogend. **2.** wellig. **~ fe·ver** *s med.* Maltafieber *n.*

un·du·late [ˈʌndjʊleɪt; *Am.* -dʒə-] **I** *v/i* **1.** wogen, wallen, sich wellenförmig (fort)bewegen. **2.** wellenförmig verlaufen. **II** *v/t* **3.** in wellenförmige Bewegung versetzen, wogen lassen. **4.** wellen. **III** *adj* [*a.* -lɪt] → **undulated.** ˈ**un·du·lat·ed** *adj* wellenförmig, gewellt, wellig, Wellen...: **~ line** Wellenlinie *f.* ˈ**un·du·lat·ing** *adj* (*adv* **~ly**) **1.** → **undulated. 2.** wallend, wogend. ˌ**un·duˈla·tion** *s* **1.** wellenförmige Bewegung, Wallen *n*, Wogen *n.* **2.** *geol.* Welligkeit *f.* **3.** *phys.* Wellenbewegung *f*, -linie *f.* **4.** *phys.* Schwingung(sbewegung) *f.* **5.** *math.* Undulatiˈon *f* (*e-r Kurve etc*). ˈ**un·du·la·to·ry** [-lətrɪ; *Am.* -ləˌtəʊriː; -ˌtɔː-] *adj* wellenförmig, Wellen...: **~ current** *electr.* Wellenstrom *m*; **~ theory** *phys.* Wellenˈtheorie *f* des Lichts.

ˌ**unˈdu·ti·ful** *adj* (*adv* **~ly**) **1.** pflichtvergessen. **2.** ungehorsam. **3.** unehrerbietig.

unˈdy·ing *adj* unsterblich, unvergänglich, ewig: **~ love** (**fame**, *etc*); **with ~ hatred** mit nicht nachlassendem Haß.

ˌ**unˈearned** *adj* nicht erarbeitet, unverdient: **~ income** *econ.* Einkommen *n* aus Vermögen, Kapitaleinkommen *n*; **~ increment** Wertzuwachs *m* von Grundbesitz.

ˌ**unˈearth** *v/t* **1.** *ein Tier* aus der Höhle treiben. **2.** ausgraben (*a. fig.*). **3.** *fig.* ans (Tages)Licht bringen, aufstöbern, ausfindig machen.

unˈearth·ly *adj* **1.** ˈüberirdisch. **2.** unirdisch, ˈübernaˌtürlich. **3.** schauerlich, unheimlich. **4.** *colloq.* unmöglich (*Zeit*): **at an ~ hour** zu e-r ‚unchristlichen' Zeit.

unˈeas·i·ness *s* **1.** (*körperliches u. geistiges*) Unbehagen, unbehagliches Gefühl. **2.** (innere) Unruhe. **3.** Unbehaglichkeit *f* (*e-s Gefühls etc*). **4.** Unsicherheit *f.*

unˈeas·y *adj* (*adv* **uneasily**) **1.** unruhig, beklommen, unbehaglich, besorgt, ängstlich, nerˈvös: **to feel ~ about s.th.** über etwas beunruhigt sein; **an ~ feeling** ein unbehagliches Gefühl; **he is ~ about** (*od.* **at**) ihm ist nicht ganz wohl bei. **2.** unruhig, ruhelos: **to pass an ~ night.**

3. unbehaglich, ungemütlich, beunruhigend: an ~ suspicion ein beunruhigender Verdacht. 4. unsicher (*im Sattel etc*). 5. gezwungen, verlegen, unsicher: ~ behavio(u)r.

ˌun'eat·a·ble *adj* ungenießbar, nicht eßbar.

'unˌe·co'nom·ic *adj* (*adv* ~ally) unwirtschaftlich.

ˌun'ed·i·fy·ing *adj* wenig erbaulich, unerquicklich.

ˌun'ed·u·cat·ed *adj* ungebildet.

ˌun·em'bar·rassed *adj* 1. nicht verlegen, 'ungeˌniert. 2. unbehindert. 3. frei von (Geld)Sorgen.

ˌun·e'mo·tion·al *adj* (*adv* ~ly) 1. leidenschaftslos, emoti'onslos, nüchtern. 2. teilnahmslos, passiv, kühl. 3. gelassen.

ˌun·em'ploy·a·ble I *adj* 1. nicht verwendbar *od.* verwendungsfähig, unbrauchbar. 2. arbeitsunfähig. **II** *s* 3. Arbeitsunfähige(r *m*) *f.* **ˌun·em'ployed I** *adj* 1. arbeits-, erwerbs-, stellungslos. 2. ungenützt, brachliegend: ~ capital *econ.* totes Kapital. **II** *s* 3. the ~ die Arbeitslosen *pl.*

ˌun·em'ploy·ment *s* Arbeits-, Erwerbslosigkeit *f.* ~ **ben·e·fit** *s econ. Br.*, ~ **com·pen·sa·tion** *s econ. Am.* 'Arbeitslosenunterˌstützung *f.* ~ **in·sur·ance** *s econ.* Arbeitslosenversicherung *f.* ~ **rate** *s econ.* Arbeitslosenquote *f.*

ˌun·en'cum·bered *adj* 1. *jur.* unbelastet (*Grundbesitz*). 2. (by) unbehindert (durch), frei (von): ~ by any restrictions ohne irgendwelche Behinderungen.

un'end·ing *adj* (*adv* ~ly) endlos, nicht enden wollend, unaufhörlich, ewig.

ˌun·en'dowed *adj* 1. nicht ausgestattet (with mit). 2. nicht do'tiert (with mit), ohne Zuschuß. 3. *fig.* nicht begabt (with mit).

ˌun·en'dur·a·ble *adj* (*adv* unendurably) unerträglich.

ˌun·en'force·a·ble *adj* nicht erzwingbar, *jur. a.* nicht voll'streckbar *od.* 'durchführbar.

ˌun·en'gaged *adj* frei: a) nicht gebunden, nicht verpflichtet, b) nicht verlobt, c) unbeschäftigt.

ˌun-'Eng·lish *adj* unenglisch.

ˌun·en'light·ened *adj fig.* unaufgeklärt (on über *acc*), rückständig.

ˌun'en·ter·pris·ing *adj* nicht *od.* wenig unter'nehmungslustig, ohne Unter'nehmungsgeist.

'un·enˌthu·si'as·tic *adj* lustlos: he was ~ about (*od.* over) it er war davon wenig begeistert.

ˌun'en·vi·a·ble *adj* (*adv* unenviably) nicht zu beneiden(d), wenig beneidenswert.

ˌun'e·qual I *adj* (*adv* ~ly) 1. ungleich, 'unterschiedlich: an ~ fight ein ungleicher Kampf; ~ opportunities Chancenungleichheit *f.* 2. nicht gewachsen (to *dat*): he is ~ to the task. 3. ungleichförmig. 4. *math.* ungerade (*Zahl*). **II** *s* 5. *pl* (*die*) Ungleichartigen *pl* (*Dinge etc*). 6. *pl* (*die*) Unebenbürtigen *pl.* **ˌun'e·qual(l)ed** *adj* 1. unerreicht, 'unüberˌtroffen (by von; for in *od.* an *dat*): ~ for beauty an Schönheit nicht zu übertreffen. 2. beispiellos, *nachgestellt*: ohne'gleichen: ~ ignorance; not ~ nicht ohne Beispiel.

ˌun·e'quiv·o·cal *adj* (*adv* ~ly) 1. unzweideutig, 'unˌmißverständlich, eindeutig. 2. aufrichtig.

ˌun'err·ing *adj* (*adv* ~ly) unfehlbar, untrüglich.

ˌun·es'cap·a·ble *adj* unentrinnbar.

ˌun·es'sen·tial I *adj* unwesentlich, unwichtig, entbehrlich. **II** *s* (*etwas*) Unwesentliches, Nebensache *f.*

ˌun'e·ven *adj* 1. uneben: ~ ground. 2. ungerade: ~ number; ~ page Buchseite *f* mit ungerader Zahl. 3. ungleich (-mäßig, -artig): ~ bars (*Turnen*) Stufenbarren *m.* 4. *fig.* unausgeglichen: he has an ~ temper er ist unausgeglichen *od.* Stimmungen unterworfen; an ~ fight ein ungleicher Kampf. **ˌun'e·ven·ness** *s* 1. Unebenheit *f.* 2. Ungleichheit *f.* 3. Unausgeglichenheit *f.*

ˌun·e'vent·ful *adj* (*adv* ~ly) ereignislos, ruhig, *a.* ohne Zwischenfälle (verlaufend).

ˌun·ex'act·ing *adj* 1. anspruchslos, keine hohen Anforderungen stellend. 2. leicht, nicht anstrengend.

ˌun·ex'am·pled *adj* beispiellos, unvergleichlich, *nachgestellt*: ohne'gleichen: ~ success; not ~ nicht ohne Beispiel.

ˌun·ex'celled *adj* 'unüberˌtroffen.

ˌun·ex'cep·tion·a·ble *adj* (*adv* unexceptionably) 1. einwandfrei, untadelig. 2. unbestreitbar.

ˌun·ex'cep·tion·al *adj* (*adv* ~ly) 1. nicht außergewöhnlich. 2. keine Ausnahme(n) zulassend. 3. ausnahmslos. 4. → unexceptionable.

ˌun·ex'haust·ed *adj* 1. nicht erschöpft (*a. fig.*). 2. nicht aufgebraucht.

ˌun·ex'pect·ed *adj* (*adv* ~ly) 1. unerwartet, 'unvorˌhergesehen. 2. *colloq.* unvermutet.

ˌun·ex'pired *adj* (noch) nicht abgelaufen *od.* verfallen, noch in Kraft.

ˌun·ex'plain·a·ble *adj* unerklärbar, unerklärlich. **ˌun·ex'plain·a·bly** *adv* unerklärlich(erweise). **ˌun·ex'plained** *adj* unerklärt.

ˌun·ex'plored *adj* unerforscht.

ˌun·ex'pressed *adj* unausgesprochen.

ˌun'ex·pur·gat·ed *adj* nicht (von anstößigen Stellen) gereinigt, ungekürzt.

un'fad·ing *adj* 1. unverwelkend (*a. fig.*). 2. *fig.* unvergänglich. 3. nicht verblassend (*Farbe etc*).

un'fail·ing *adj* (*adv* ~ly) 1. unfehlbar, nie versagend. 2. treu. 3. unerschöpflich, unversiegbar: ~ sources of supply.

ˌun'fair *adj* unfair: a) ungerecht, unbillig, b) unehrlich, *bes. econ.* unlauter, c) nicht anständig, d) unsportlich (*alle*: to gegen'über *dat*): ~ advantage unrechtmäßig erlangter Vorteil; ~ means unlautere Mittel; → competition 2 a. **ˌun'fair·ly** *adv* 1. unfair, unbillig(erweise) *etc*). 2. zu Unrecht: not ~ nicht zu Unrecht. 3. 'übermäßig. **ˌun'fair·ness** *s* Unfairneß *f*: a) Ungerechtigkeit *f*, b) Unehrlichkeit *f*, *bes. econ.* Unlauterkeit *f*, c) Unsportlichkeit *f.*

ˌun'faith *s* Unglaube *m.* **ˌun'faith·ful** *adj* (*adv* ~ly) 1. un(ge)treu, treulos. 2. unehrlich, unaufrichtig. 3. nicht wortgetreu, ungenau: ~ copy; ~ translation. **ˌun'faith·ful·ness** *s* Untreue *f*, Treulosigkeit *f.*

un'fal·ter·ing *adj* (*adv* ~ly) 1. nicht schwankend, sicher: ~ step. 2. fest: ~ glance (voice). 3. *fig.* unbeugsam, entschlossen.

ˌun·fa'mil·iar *adj* 1. unbekannt, nicht vertraut (to *dat*). 2. nicht vertraut (with mit). 3. ungewohnt, fremd (to *dat od.* für). **'un·faˌmil·i'ar·i·ty** *s* 1. Unbekanntheit *f*, Nichtvertrautsein *n.* 2. Fremdheit *f.*

ˌun'fash·ion·a·ble *adj* 1. 'unmoˌdern, altmodisch. 2. 'uneleˌgant.

ˌun'fas·ten I *v/t* losbinden, lösen, aufmachen, öffnen. **II** *v/i* sich lösen, aufgehen: ~ed unbefestigt, lose.

ˌun'fa·thered *adj* 1. vaterlos, *bes.* unehelich, 'illegiˌtim. 2. unbekannten Ursprungs: ~ slanders. **ˌun'fa·ther·ly** *adj* unväterlich, lieblos.

un'fath·om·a·ble *adj* (*adv* unfathomably) 1. unergründlich (*a. fig.*). 2. unermeßlich, weit. 3. *fig.* unbegreiflich. **ˌun'fath·omed** *adj* unergründet.

ˌun'fa·vo(u)r·a·ble *adj* (*adv* unfavo[u]rably) 1. ungünstig, unvorteilhaft (for, to für). 2. widrig (*Umstände, Wetter etc*). 3. unvorteilhaft (*Aussehen*). 4. *econ.* passiv: ~ balance of trade. **ˌun'fa·vo(u)r·a·ble·ness** *s* Unvorteilhaftigkeit *f.*

ˌun'fea·si·ble *adj* unausführbar.

ˌun'fed *adj* ungefüttert, ohne Nahrung.

un'feel·ing *adj* (*adv* ~ly) 1. unempfindlich. 2. gefühllos. **un'feel·ing·ness** *s* 1. Unempfindlichkeit *f.* 2. Gefühllosigkeit *f.*

un'feigned *adj* 1. ungeheuchelt. 2. wahr, echt, aufrichtig.

ˌun'felt *adj* ungefühlt.

ˌun'fem·i·nine *adj* unweiblich.

ˌun'fer·tile *adj* unfruchtbar (*a. fig.*).

ˌun'fet·ter *v/t* 1. *j-m* die Fußfesseln lösen. 2. *fig.* befreien (from von). **ˌun'fettered** *adj fig.* ungehindert, unbeschränkt, frei.

ˌun'fig·ured *adj* 1. nicht bildhaft *od.* bilderreich: ~ language nüchterne Sprache. 2. unverziert, ungemustert.

ˌun'fil·i·al *adj* lieb-, re'spektlos, pflichtvergessen (*Kind*).

ˌun'filled *adj* 1. un(aus)gefüllt, leer. 2. unbesetzt: ~ position. 3. ~ orders *econ.* nicht ausgeführte Bestellungen *pl*, Auftragsbestand *m.*

ˌun'fin·ished *adj* 1. unfertig (*a. fig. Stil etc*). 2. a) *tech.* unbearbeitet, b) *Weberei*: ungeschoren. 3. 'unvollˌendet: ~ book; ~ symphony. 4. unerledigt: ~ business *bes. parl.* unerledigte Punkte *pl* (*der Geschäftsordnung*).

ˌun'fit I *adj* (*adv* ~ly) 1. unpassend, ungeeignet. 2. ungeeignet, unfähig, untauglich: ~ for service *bes. mil.* dienstunfähig, (dienst)untauglich; ~ for transport transportunfähig; ~ to eat ungenießbar; → consumption 5. 3. *sport* nicht fit, nicht in (guter) Form. **II** *v/t* 4. ungeeignet *etc* machen (for für). **ˌun'fit·ness** *s* Untauglichkeit *f.* **ˌun'fitted** *adj* 1. ungeeignet, untauglich. 2. nicht (gut) ausgerüstet (with mit). **ˌun'fit·ting** *adj* (*adv* ~ly) 1. ungeeignet, unpassend. 2. unangebracht, unschicklich.

ˌun'fix *v/t* 1. losmachen, lösen: ~ bayonets! *mil.* Seitengewehr, an Ort! 2. *fig.* unsicher machen, ins Wanken bringen. **ˌun'fixed** *adj* 1. unbefestigt, lose. 2. *fig.* schwankend.

ˌun'flag·ging *adj* (*adv* ~ly) unermüdlich, unentwegt.

ˌun'flap·pa·ble *adj colloq.* unerschütterlich: to be ~ nicht aus der Ruhe zu bringen sein.

ˌun'flat·ter·ing *adj* (*adv* ~ly) 1. nicht *od.* wenig schmeichelhaft. 2. ungeschminkt.

ˌun'fledged *adj* 1. ungefiedert, (noch) nicht flügge. 2. *fig.* unreif, unfertig.

ˌun'fleshed *adj* unerfahren.

un'flinch·ing *adj* (*adv* ~ly) 1. nicht zu'rückschreckend (from, at vor *dat*). 2. unerschrocken, unerschütterlich. 3. entschlossen, unnachgiebig.

ˌun'fly·a·ble *adj aer.* 1. fluguntüchtig: ~ aircraft. 2. zum Fliegen ungeeignet: ~ weather kein Flugwetter.

un'fold I *v/t* 1. entfalten, ausbreiten, öffnen. 2. *fig.* enthüllen, darlegen, offen'baren. 3. *fig.* entwickeln: to ~ a story. **II** *v/i* 4. sich entfalten, sich öffnen. 5. *fig.* sich entwickeln.

ˌun'forced *adj* ungezwungen (*a. fig. natürlich*).

ˌun·fore'see·a·ble *adj* 'unvorˌhersehbar. **ˌun·fore'seen** *adj* 'unvorˌhergesehen, unerwartet.

ˌ**un·for'get·ta·ble** *adj* (*adv* **unforgettably**) unvergeßlich.
ˌ**un·for'giv·a·ble** *adj* unverzeihlich.
ˌ**un·for'giv·en** *adj* unverziehen. ˌ**un·for'giv·ing** *adj* unversöhnlich, nachtragend.
ˌ**un·for'got·ten** *adj* unvergessen.
ˌ**un'formed** *adj* **1.** ungeformt, formlos. **2.** unfertig, unentwickelt.
ˌ**un'for·ti·fied** *adj* **1.** *mil.* unbefestigt. **2.** *tech.* nicht verstärkt. **3.** nicht angereichert: ~ **food**.
un'for·tu·nate I *adj* **1.** unglücklich, Unglücks..., verhängnisvoll, unglückselig. **2.** glücklos. **3.** bedauerlich. **II** *s* **4.** Unglückliche(r *m*) *f*. **un'for·tu·nate·ly** *adv* unglücklicher-, bedauerlicherweise, leider.
ˌ**un'found·ed** *adj* (*adv* ~**ly**) *fig.* unbegründet, grundlos, gegenstandslos: ~ **hopes (suspicion**, *etc*); ~ **rumo(u)rs** gegenstandslose Gerüchte.
ˌ**un'framed** *adj* ungerahmt.
ˌ**un'free** *adj* unfrei.
ˌ**un'freeze** *irr* **I** *v/t* **1.** auftauen. **2.** *econ. Preise etc* freigeben: **to** ~ **prices** den Preisstop aufheben. **3.** *Gelder* zur Auszahlung freigeben. **II** *v/i* **4.** auftauen.
un'fre·quent *adj* nicht häufig, selten.
ˌ**un·fre'quent·ed** *adj* **1.** nicht *od.* wenig besucht. **2.** einsam, verlassen.
ˌ**un'friend·ed** *adj* freundlos, ohne Freund(e).
ˌ**un'friend·li·ness** *s* Unfreundlichkeit *f*. ˌ**un'friend·ly I** *adj* **1.** unfreundlich (*a. fig. Zimmer etc*): **to be** ~ **to s.o.** zu j-m unfreundlich sein. **2.** ungünstig (**for, to** für). **II** *adv* **3.** *selten* unfreundlich.
ˌ**un'frock** *v/t* **1.** *relig. j-m* das geistliche Amt entziehen. **2.** *Am. j-n* ausstoßen (**from** aus *e-m Berufsstand etc*).
ˌ**un'fruit·ful** *adj* (*adv* ~**ly**) **1.** unfruchtbar. **2.** *fig.* frucht-, ergebnislos. ˌ**un'fruit·ful·ness** *s* **1.** Unfruchtbarkeit *f*. **2.** *fig.* Fruchtlosigkeit *f*.
ˌ**un'fund·ed** *adj econ.* 'unfunˌdiert, nicht fun'diert: ~ **debt**.
ˌ**un'furl I** *v/t* entfalten, öffnen, ausein'anderbreiten, entrollen: **to** ~ **sails** *mar.* Segel losmachen. **II** *v/i* sich entfalten.
ˌ**un'fur·nished** *adj* **1.** nicht ausgerüstet *od.* versehen (**with** mit). **2.** 'unmöˌbliert: ~ **room** Leerzimmer *n*.
un'gain·li·ness *s* Plumpheit *f*, Unbeholfenheit *f*. **un'gain·ly** *adj u.* (*selten*) *adv* unbeholfen, plump, linkisch.
ˌ**un'gal·lant** *adj* (*adv* ~**ly**) **1.** 'ungaˌlant (**to** zu, gegen'über). **2.** nicht tapfer, feige.
ˌ**un'gar·bled** *adj* unverstümmelt, nicht entstellt: ~ **report**.
ˌ**un'gear** *v/t* **1.** *tech.* auskuppeln. **2.** *obs. Zugtiere* aus-, abschirren.
ˌ**un'gen·er·ous** *adj* (*adv* ~**ly**) **1.** nicht freigebig, ‚knaus(e)rig'. **2.** kleinlich.
ˌ**un'gen·ial** *adj* unfreundlich (*a. fig. Klima etc*).
ˌ**un'gen·tle** *adj* (*adv* **ungently**) **1.** unfreundlich. **2.** unsanft, unzart. **3.** *obs.* unedel, unvornehm.
ˌ**un'gen·tle·man·like** → **ungentlemanly**. ˌ**un'gen·tle·man·li·ness** *s* **1.** unfeines *od.* unvornehmes Wesen. **2.** ungebildetes *od.* unfeines Benehmen. ˌ**un'gen·tle·man·ly** *adj* e-s Gentleman unwürdig, unvornehm, unfein.
ˌ**un·get-'at·a·ble** → **un·come-at-·able**.
ˌ**un'gift·ed** *adj* unbegabt.
ˌ**un'gild·ed**, *a.* ˌ**un'gilt** *adj* nicht vergoldet.
ˌ**un'gird** *v/t* losgürten.
ˌ**un'glazed** *adj* **1.** unverglast: ~ **window**. **2.** 'unglaˌsiert: ~ **jugs**.
ˌ**un'gloved** *adj* ohne Handschuh(e).
ˌ**un'god·li·ness** *s* Gottlosigkeit *f*. ˌ**un'god·ly** *adj* **1.** gottlos (*a. weitS. verrucht*). **2.** *colloq.* scheußlich, schrecklich: **an** ~ **mess** ein heilloses Durcheinander; **at an** ~ **hour** zu e-r ‚unchristlichen' Zeit.
ˌ**un'gov·ern·a·ble** *adj* (*adv* **ungovernably**) **1.** unlenksam, unbotmäßig. **2.** zügellos, unbändig, wild. ˌ**un'gov·erned** *adj* unbeherrscht, ungezügelt, zügellos.
ˌ**un'grace·ful** *adj* (*adv* ~**ly**) **1.** ohne Anmut, 'ungraziˌös. **2.** plump, ungelenk.
ˌ**un'gra·cious** *adj* (*adv* ~**ly**) **1.** ungnädig. **2.** *poet.* unfreundlich. **3.** unangenehm. **4.** *obs. für* **ungraceful**.
ˌ**un·gram'mat·i·cal** *adj* (*adv* ~**ly**) **1.** *ling.* 'ungramˌmatisch. **2.** *fig.* falsch.
un'grate·ful *adj* (*adv* ~**ly**) **1.** undankbar (**to** gegen). **2.** *fig.* unangenehm, undankbar: ~ **task**. **un'grate·ful·ness** *s* Undank(barkeit *f*) *m*.
ˌ**un'grat·i·fied** *adj* unbefriedigt.
ˌ**un'ground·ed** *adj* **1.** unbegründet. **2.** a) ungeschult, b) ohne sichere Grundlage(n) (*Wissen*). **3.** *electr. Am.* nicht geerdet.
ˌ**un'grudg·ing** *adj* (*adv* ~**ly**) **1.** bereitwillig. **2.** neidlos, großzügig: **to be** ~ **in praise** neidlos Lob spenden.
un·gual ['ʌŋgwəl] *adj anat. zo.* Nagel..., Klauen..., Huf...
ˌ**un'guard·ed** *adj* **1.** unbewacht (*a. fig. Moment etc*), ungeschützt. **2.** *fig.* unvorsichtig, unbedacht: **an** ~ **answer**.
un·guent ['ʌŋgwənt] *s pharm.* Salbe *f*.
ˌ**un'guid·ed** *adj* **1.** ungeleitet, führer-, führungslos. **2.** *mil. tech.* nicht (fern)gesteuert *od.* (-)gelenkt: ~ **missile**.
un·gu·late ['ʌŋgjʊleɪt; -lət] *zo.* **I** *adj* **1.** hufförmig. **2.** mit Hufen, Huf... **3.** Huftier... **II** *s* **4.** Huftier *n*.
ˌ**un'hack·neyed** *adj* **1.** ungewöhnlich. **2.** nicht abgedroschen.
ˌ**un'hair** *v/t* enthaaren.
ˌ**un'hal·lowed** *adj* **1.** nicht geheiligt, ungeweiht. **2.** unheilig, pro'fan.
ˌ**un'ham·pered** *adj* ungehindert.
ˌ**un'hand** *v/t obs. od. poet.* loslassen.
ˌ**un'hand·i·ness** *s* **1.** Unhandlichkeit *f*. **2.** Ungeschick(lichkeit *f*) *n*.
ˌ**un'hand·some** *adj* (*adv* ~**ly**) **1.** unschön (*a. fig. Benehmen etc*). **2.** kleinlich.
ˌ**un'hand·y** *adj* (*adv* **unhandily**) **1.** unhandlich, schwer zu handhaben(d). **2.** unbeholfen, ungeschickt (*Person*).
ˌ**un'hang** *v/t bes. irr* ab-, her'unternehmen: **to** ~ **a picture**.
un'hap·pi·ly *adv* unglücklicherweise, leider. **un'hap·pi·ness** *s* Unglück(seligkeit *f*) *n*, Elend *n*. **un'hap·py** *adj allg.* unglücklich: a) traurig, niedergeschlagen, b) un(glück)selig, unheilvoll: **an** ~ **day**, c) ungeschickt, unpassend: **an** ~ **remark**; ~ **contrast** bedauerlicher Gegensatz.
ˌ**un'harmed** *adj* unversehrt, heil.
ˌ**un·har'mo·ni·ous** *adj mus.* 'unharˌmonisch (*a. fig.*).
ˌ**un'har·ness** *v/t Pferde etc* a) ausspannen, b) abschirren.
un'health·i·ness *s* Ungesundheit *f*. **un'health·y** *adj* (*adv* **unhealthily**) **1.** *allg.* ungesund: a) kränklich (*a. Aussehen etc*), b) gesundheitsschädlich: ~ **climate (food**, *etc*), c) *colloq.* gefährlich (**for** für; **to do** zu tun). **2.** schädlich, verderblich: ~ **influence**. **3.** 'unnaˌtürlich, krankhaft: ~ **curiosity**.
ˌ**un'heard** *adj* **1.** ungehört. **2.** *jur.* ohne rechtliches Gehör. **3. to go** ~ unbeachtet bleiben, keine Beachtung finden.
ˌ**un'heard-of** *adj* unerhört, noch nie dagewesen, beispiellos.
ˌ**un'heat·a·ble** *adj* unheizbar.
ˌ**un'heed·ed** *adj* (*adv* ~**ly**) unbeachtet: **to go** ~ unbeachtet bleiben, keine Beachtung finden. ˌ**un'heed·ful** *adj* (*adv* ~**ly**) unachtsam, sorglos: **to be** ~ **of** nicht achten auf (*acc*). ˌ**un'heed·ing** *adj* (*adv* ~**ly**) sorglos, nachlässig, unachtsam.
ˌ**un'helped** *adj* ohne Hilfe *od.* Unter'stützung (**by** von), (ganz) al'lein. ˌ**un'help·ful** *adj* (*adv* ~**ly**) **1.** nicht hilfreich, ungefällig. **2.** (**to**) nutzlos (für), nicht *od.* wenig dienlich (*dat*).
ˌ**un'her·ald·ed** *adj* **1.** unerwartet. **2.** unbekannt, aus dem Nichts kommend: ~ **and unsung** sang- u. klanglos.
ˌ**un·he'ro·ic** *adj* (*adv* ~**ally**) 'unheˌroisch.
un'hes·i·tat·ing *adj* (*adv* ~**ly**) **1.** ohne Zaudern *od.* Zögern, unverzüglich. **2.** bereitwillig, *adv a.* anstandslos, ohne weiteres.
ˌ**un'hewn** *adj* unbehauen, roh (*a. fig. ungefüge*).
ˌ**un'hin·dered** *adj* ungehindert.
ˌ**un'hinge** *v/t* **1.** *e-e Tür etc* aus den Angeln heben (*a. fig.*). **2.** die Angeln entfernen von. **3.** losmachen (**from** von). **4.** *fig.* a) aus dem Gleichgewicht bringen, durchein'anderbringen, b) *Nerven, Geist* zerrütten.
ˌ**un·his'tor·ic** *adj*; ˌ**un·his'tor·i·cal** *adj* (*adv* ~**ly**) **1.** 'unhiˌstorisch. **2.** ungeschichtlich, nicht geschichtlich (belegt), legen'där.
ˌ**un'hitch** *v/t* **1.** loshaken, -machen. **2.** *Pferd* ausspannen.
ˌ**un'ho·li·ness** *s* **1.** Unheiligkeit *f*. **2.** Ruchlosigkeit *f*. ˌ**un'ho·ly** *adj* **1.** unheilig. **2.** ungeheiligt, nicht geweiht. **3.** gottlos, ruchlos. **4.** *colloq.* scheußlich, schrecklich: **an** ~ **mess** ein heilloses Durcheinander; **at an** ~ **hour** zu e-r ‚unchristlichen' Zeit.
ˌ**un'hon·o(u)red** *adj* **1.** nicht geehrt, unverehrt. **2.** *econ.* nicht hono'riert (*Wechsel etc*).
ˌ**un'hook** *v/t u. v/i* los-, aufhaken.
un'hoped *adj oft* ~**-for** unverhofft, unerwartet.
ˌ**un'horse** *v/t* aus dem Sattel werfen *od.* heben (*a. fig.*).
ˌ**un'house** [-z] *v/t* **1.** (aus dem Hause) vertreiben. **2.** obdachlos machen. ˌ**un'housed** *adj* obdach- *od.* heimatlos, vertrieben.
ˌ**un'hur·ried** *adj* (*adv* ~**ly**) gemütlich, gemächlich.
ˌ**un'hurt** *adj* **1.** unverletzt. **2.** unbeschädigt.
ˌ**un'husk** *v/t* enthülsen, schälen.
uni- [ju:nɪ] *Wortelement mit der Bedeutung* uni..., ein..., einzig.
ˌ**u·ni'ax·i·al**, *a.* ˌ**u·ni'ax·al** *adj bot. math. min. tech.* einachsig.
ˌ**u·ni'cam·er·al** [-'kæmərəl] *adj parl. etc* Einkammer...
ˌ**u·ni'cel·lu·lar** *adj biol.* einzellig: ~ **animal**, ~ **plant** Einzeller *m*.
ˌ**u·ni'col·o(u)r(ed)** *adj* einfarbig, uni.
u·ni·corn ['ju:nɪkɔ:(r)n] *s* **1.** Einhorn *n* (*Fabeltier, a. her. u. Bibl.*). **2.** *a.* ~ **fish**, ~ **whale**, **sea** ~ *zo.* Einhornwal *m*, Narwal *m*. **3.** ~ **shell** *zo.* Einhornschnecke *f*. **4.** Dreigespann *n*.
un·i·de·aed, *a.* **un·i·de·a'd** [ˌʌnaɪ'dɪəd] *adj* i'deenlos. ˌ**un·i'de·al** *adj* **1.** nicht ide'ell. **2.** ohne Ide'al(e). **3.** pro'saisch, materia'listisch.
ˌ**un·i'den·ti·fied** *adj* unbekannt, nicht identifi'zierbar *od.* identifi'ziert: ~ **flying object** unbekanntes Flugobjekt.
ˌ**u·ni·di'men·sion·al** *adj* 'eindimensioˌnal.
'**unˌid·i·o'mat·ic** *adj ling.* 'unidioˌmatisch.
ˌ**u·ni·di'rec·tion·al** *adj* in 'einer Richtung verlaufend.
u·ni·fi·ca·tion [ˌju:nɪfɪ'keɪʃn] *s* **1.** Vereinigung *f*. **2.** Vereinheitlichung *f*. '**u·ni·fied** [-faɪd] *adj* **1.** vereinheitlicht, einheitlich: ~ **field theory** *math. phys.* ein-

heitliche Feldtheorie. **2.** *econ.* konsoli'diert: ~ **debt.** '**u·ni·fi·er** *s* **1.** Einiger *m.* **2.** (*das*) Vereinigende.

u·ni·fi·lar [ˌju:nɪ'faɪlə(r)] *adj phys. tech.* einfädig, Unifilar...

u·ni·form ['ju:nɪfɔ:(r)m] **I** *adj* (*adv* ~**ly**) **1.** gleich(förmig), uni'form. **2.** gleichbleibend, kon'stant: ~ **temperature. 3.** einheitlich, über'einstimmend, gleich, uni'form, Einheits...: ~ **price** Einheitspreis *m.* **4.** einförmig, eintönig. **5.** *math.* von nur 'einem Wert (*Funktion*). **II** *s* **6.** Uni'form *f*, Dienstkleidung *f*: **nurse's** ~ Schwesterntracht *f.* **III** *v/t* **7.** unifor'mieren, gleichförmig *etc* machen. **8.** *mil. etc j-n* unifor'mieren: ~**ed** uniformiert, in Uniform. ˌ**u·ni'form·i·ty** *s* **1.** Gleichförmigkeit *f*, Uniformi'tät *f.* **2.** Kon'stanz *f.* **3.** Einheitlichkeit *f*, Über'einstimmung *f*: **Act of U**~ *parl. Br. hist.* Uniformitäts-Akte *f* (*1662*). **4.** Einförmigkeit *f*, Eintönigkeit *f.*

u·ni·fy ['ju:nɪfaɪ] *v/t* **1.** verein(ig)en, zs.-schließen. **2.** vereinheitlichen: → **unified.**

ˌ**u·ni'lat·er·al** *adj* (*adv* ~**ly**) **1.** einseitig. **2.** *jur. pol.* einseitig: ~ **contract** einseitig verpflichtender Vertrag. **3.** *med.* ein-, halbseitig. **4.** *sociol.* nur zu 'einer Vorfahrenlinie gehörend.

ˌ**u·ni'lin·gual** *adj* einsprachig.

ˌ**un·il'lu·mi·nat·ed** *adj* **1.** unerleuchtet (*a. fig.*). **2.** *fig.* unwissend.

ˌ**un·im'ag·i·na·ble** *adj* (*adv* **unimaginably**) unvorstellbar. ˌ**un·im'ag·i·na·tive** *adj* (*adv* ~**ly**) einfalls-, phanta'sielos. ˌ**un·im'ag·ined** *adj* ungeahnt.

ˌ**u·ni'mod·al** *adj Statistik*: eingipfelig (*Häufigkeitskurve*).

ˌ**un·im'paired** *adj* unvermindert, ungeschmälert, unbeeinträchtigt.

ˌ**un·im'pas·sioned** *adj* leidenschaftslos, ruhig.

ˌ**un·im'peach·a·ble** *adj* **1.** *jur.* unanfechtbar. **2.** untadelig.

ˌ**un·im'ped·ed** *adj* (*adv* ~**ly**) ungehindert.

ˌ**un·im'por·tance** *s* Unwichtigkeit *f.* ˌ**un·im'por·tant** *adj* unwichtig, unwesentlich, unbedeutend.

ˌ**un·im'pos·ing** *adj* nicht impo'nierend *od.* impo'sant, eindruckslos.

ˌ**un·im'press·i·ble** *adj* (**to**) unbeeinflußbar, nicht zu beeindrucken(d) (durch), unempfänglich (für). ˌ**un·im'pres·sion·a·ble** *adj* **1.** für Eindrücke unempfänglich. **2.** → **unimpressible.**

ˌ**un·im'pres·sive** *adj* → **unimposing.**

ˌ**un·im'proved** *adj* **1.** unverbessert, nicht vervollkommnet. **2.** nicht besser geworden. **3.** *agr. bes. Am.* nicht kulti'viert *od.* melio'riert (*Land*).

ˌ**un·in'flect·ed** *adj ling.* 'unflekˌtiert, flexi'onslos.

ˌ**un'in·flu·enced** *adj* unbeeinflußt (**by** durch, von). '**unˌin·flu'en·tial** *adj* ohne Einfluß (**on** auf *acc*; **in** in *dat*), nicht einflußreich.

ˌ**un·in'formed** *adj* **1.** (**on**) nicht infor'miert *od.* unter'richtet (über *acc*), nicht eingeweiht (in *acc*). **2.** ungebildet.

ˌ**un·in'hab·it·a·ble** *adj* unbewohnbar. ˌ**un·in'hab·it·ed** *adj* unbewohnt, leer.

ˌ**un·in'i·ti·at·ed** *adj* uneingeweiht, nicht eingeführt (**into, in** in *acc*).

ˌ**un'in·jured** *adj* **1.** unverletzt. **2.** unbeschädigt.

ˌ**un·in'spired** *adj* wenig begeistert *od.* inspi'riert, schwunglos, ohne Feuer, ,lahm'. ˌ**un·in'spir·ing** *adj* nicht begeisternd, wenig anregend.

ˌ**un·in'struct·ed** *adj* **1.** nicht unter'richtet, unwissend. **2.** nicht instru'iert, ohne Verhaltensmaßregeln. ˌ**un·in'struc·tive** *adj* nicht instruk'tiv *od.* lehrreich.

ˌ**un·in'sured** *adj* unversichert.

ˌ**un·in'tel·li·gent** *adj* (*adv* ~**ly**) 'unintelliˌgent, beschränkt, geistlos, dumm.

'**un·inˌtel·li·gi'bil·i·ty** *s* Unverständlichkeit *f.* ˌ**un·in'tel·li·gi·ble** *adj* (*adv* **unintelligibly**) unverständlich (**to** für *od. dat*).

ˌ**un·in'tend·ed,** ˌ**un·in'ten·tion·al** *adj* (*adv* ~**ly**) unbeabsichtigt, unabsichtlich, ungewollt.

ˌ**un'in·ter·est·ed** *adj* (*adv* ~**ly**) **1.** inter'esselos, 'uninteresˌsiert (**in** an *dat*): **to be** ~ **in s.th.** sich für etwas nicht interessieren. **2.** gleichgültig, unbeteiligt. ˌ**un'in·ter·est·ing** *adj* (*adv* ~**ly**) 'uninteresˌsant.

'**unˌin·ter'mit·ting** *adj* 'ununterˌbrochen, anhaltend.

'**unˌin·ter'rupt·ed** *adj* (*adv* ~**ly**) 'ununterˌbrochen: a) ungestört (**by** von), b) kontinu'ierlich, fortlaufend, anhaltend: ~ **working hours** durchgehende Arbeitszeit, c) geschlossen (*Ladenfront etc*).

ˌ**un·in'ven·tive** *adj* **1.** nicht erfinderisch. **2.** einfallslos.

ˌ**un·in'vest·ed** *adj econ.* nicht inve'stiert *od.* angelegt, tot (*Kapital*).

ˌ**un·in'vit·ed** *adj* un(ein)geladen. ˌ**un·in'vit·ing** *adj* (*adv* ~**ly**) nicht *od.* wenig einladend *od.* verlockend *od.* anziehend.

u·ni·o ['ju:nɪəʊ] *pl* **-os** *s zo.* Flußmuschel *f.*

un·ion ['ju:njən] *s* **1.** *allg.* Vereinigung *f*, Verbindung *f.* **2.** (eheliche) Verbindung, Ehe(bund *m*) *f.* **3.** Eintracht *f*, Harmo'nie *f.* **4.** (Zweck)Verband *m*, Vereinigung *f*, Verein *m*, Bund *m*: **monetary** ~ Währungsunion *f*; → **universal** 6. **5.** → **student union. 6.** *pol.* Vereinigung *f*, Zs.-schluß *m*: **the U**~ *Br. hist.* a) *Vereinigung Englands u. Schottlands* (*1706*), b) *Vereinigung Großbritanniens u. Irlands* (*1801*). **7.** *pol.* Uni'on *f*, Staatenbund *m* (*bes. das Vereinigte Königreich u. die Südafrikanische Union*). **8. the U**~ *pol.* a) *bes. Am.* die USA *pl*, die Vereinigten Staaten *pl*, b) *hist.* die Nordstaaten *pl* (*im Sezessionskrieg*). **9.** Gewerkschaft *f*: ~ **card** Gewerkschaftsausweis *m.* **10.** *Br.* a) *Vereinigung unabhängiger Kirchen*, b) *hist. Kirchspielverband zur gemeinsamen Armenpflege.* **11.** *hist.* Armen-, Arbeitshaus *n.* **12.** *tech.* (Rohr)Verbindung *f*, Anschlußstück *n.* **13.** *Weberei*: Mischgewebe *n.* **14.** *mar.* Gösch *f* (*Flaggenfeld mit Hoheitsabzeichen*): **U**~ **Flag** → **union jack** 1.

un·ion·ism ['ju:njənɪzəm] *s* **1.** unio'nistische Bestrebungen *pl od.* Poli'tik. **2. U**~ *pol. hist.* Unio'nismus *m* (*unionistische Bestrebungen in bezug auf die Nordstaaten der USA im Sezessionskrieg od. auf die Vereinigung Englands u. Irlands*). **3.** Gewerkschaftswesen *n.* '**un·ion·ist** *s* **1. U**~ *pol. hist.* Unio'nist *m.* **2.** Gewerkschaftler(in).

Un·ion·ist Par·ty *s pol. hist.* (*die*) Unio'nisten *pl* (*Liberale Unionisten u. Konservative Partei in e-r gemeinsamen Partei*).

un·ion·ize ['ju:njənaɪz] *v/t* gewerkschaftlich organi'sieren.

un·ion| jack *s* **1. U**~ **J**~ Union Jack *m* (*brit. Nationalflagge*). **2.** *mar.* → **union** 14. ~ **joint** *s tech.* Rohrverbindung *f.* ~ **shop** *s econ. Betrieb, der nur Gewerkschaftsmitglieder einstellt od. Arbeitnehmer, die bereit sind, innerhalb von 30 Tagen der Gewerkschaft beizutreten.* ~ **sta·tion** *s Am.* (Zen'tral)Bahnhof *m* (*von verschiedenen Eisenbahngesellschaften benutzt*). ~ **suit** *s Am.* Hemdhose *f* mit langem Bein.

u·nip·a·ra [ju:'nɪpərə] *pl* **-rae** [-ri:], **-ras** *s* **1.** *med.* Pri'mipara *f* (*Frau, die erst einmal geboren hat*). **2.** Tier, das nur 'ein Junges gebärt (*bei e-m Wurf*). **u'nip·a·rous** *adj* **1.** *med.* erst einmal geboren habend: ~ **woman** → **unipara** 1. **2.** *zo.* nur 'ein Junges gebärend (*bei e-m Wurf*). **3.** *bot.* nur 'eine Achse *od.* 'einen Ast treibend.

ˌ**u·ni'par·tite** *adj* einteilig.

ˌ**u·ni'po·lar** *adj* **1.** *electr. phys.* einpolig, Einpol..., Unipolar... **2.** *anat.* monopo'lar (*Nervenzelle*).

u·nique [ju:'ni:k] **I** *adj* **1.** einzig. **2.** einmalig, einzigartig. **3.** unerreicht, beispiellos, *nachgestellt*: ohne'gleichen. **4.** un-, außergewöhnlich. **5.** *colloq.* großartig, ,toll'. **6.** *math.* eindeutig. **II** *s* **7.** nur einmal exi'stierendes Exem'plar. **8.** Seltenheit *f*, Unikum *n.* **u'nique·ly** *adv* **1.** ausschließlich, al'lein. **2.** in einzigartiger Weise. **u'nique·ness** *s* **1.** Einzigartig-, Einmaligkeit *f.* **2.** *math.* Eindeutigkeit *f*: ~ **theorem** Eindeutigkeitssatz *m.*

'**u·ni·sex I** *s* Unisex *m* (*Verwischung der Unterschiede zwischen den Geschlechtern, bes. im Erscheinungsbild*). **II** *adj* Unisex...: ~ **clothes.** ˌ**u·ni'sex·u·al** *adj* eingeschlechtig, *bot. zo. a.* getrenntgeschlechtlich.

u·ni·son ['ju:nɪzn; -sn] *s* **1.** *mus.* Ein-, Gleichklang *m*, Uni'sono *n*: **in** ~ unisono, einstimmig (*a. fig.*). **2.** *fig.* Über'einstimmung *f*, Einklang *m*: **in** ~ **with** in Einklang mit. **u'nis·o·nant** [-'nɪsənənt] → **unisonous** 1 *u.* 2. **u'nis·o·nous** *adj* **1.** *mus.* a) gleichklingend, b) einstimmig. **2.** *fig.* über'einstimmend.

u·nit ['ju:nɪt] *s* **1.** *allg.* Einheit *f*, (*bes. Möbel*)Ele'ment *n*: ~ **of account (trade, value)** *econ.* (Ver)Rechnungs-(Handels-, Wertungs)einheit; ~ **character** *biol.* (nach den Mendelschen Gesetzen) vererbte Eigenschaft; ~ **cost** *econ.* Kosten *pl* pro Einheit; ~ **factor** *biol.* Erbfaktor *m*; ~ **furniture** Anbaumöbel *pl*; ~ **price** *econ.* Stück-, Einzelpreis *m.* **2.** *phys.* (Grund-, Maß)Einheit *f*: ~ **force** Krafteinheit; ~ **of power (time, work)** Leistungs-(Zeit-, Arbeits)einheit. **3.** *math.* Einer *m*, Einheit *f*: **abstract** ~ abstrakte Einheit; ~ **fraction** Stammbruch *m.* **4.** *tech.* a) (Bau-)Einheit *f*, b) Aggre'gat *n*, Anlage *f*: ~ **box principle** Baukastenprinzip *n*; ~ **construction** Konstruktion *f* nach dem Baukastenprinzip, Baukastenbauweise *f.* **5.** *mil.* Einheit *f*, Verband *m*, Truppenteil *m.* **6.** *ped.* a) *bes. Am.* (Schul-, Lehr)Jahr *n* (*in e-m Fach*), b) Lerneinheit *f.* **7.** *med.* Einheit *f*, Dosis *f*, Menge *f.* **8.** Grundeinheit *f*, Kern *m*, Zelle *f*: **the family as the** ~ **of society. 9.** *Am.* Gruppe *f* Gleichgesinnter, (feste) Gemeinschaft. **10.** *Rationierung*: Marke *f.* '**u·nit·age** *s* (Anzahl *f* von) Einheiten *pl.*

U·ni·tar·i·an [ˌju:nɪ'teərɪən] *relig.* **I** *s* Uni'tarier(in). **II** *adj* uni'tarisch. ˌ**U·ni'tar·i·an·ism** *s relig.* Unita'rismus *m.*

u·ni·tar·y ['ju:nɪtərɪ; *Am.* -ˌteri:] *adj* **1.** zentra'listisch, Einheits... **2.** einheitlich. **3.** *math.* uni'tär, Einheits... **4.** *electr. phys.* (Maß)Einheits...

u·nite[1] [ju:'naɪt] **I** *v/t* **1.** verbinden (*a. chem. tech.*), vereinigen. **2.** *obs.* (ehelich) verbinden, verheiraten. **3.** *Eigenschaften* in sich vereinigen. **II** *v/i* **4.** sich vereinigen. **5.** *chem. tech.* sich verbinden (**with** mit). **6.** sich zs.-tun: **to** ~ **in doing s.th.** geschlossen *od.* vereint etwas tun. **7.** sich anschließen (**with** *dat od.* an *acc*). **8.** *obs.* sich verheiraten *od.* verbinden.

u·nite[2] ['ju:naɪt] *s hist. englische Goldmünze unter Jakob I.* (*20 Schilling*).

u·nit·ed [ju:'naɪtɪd] *adj* **1.** verein(ig)t: ~ **colonies** *hist. die 13 amer. Kolonien im Revolutionskrieg*; **U**~ **Provinces** *hist. Vereinigung von Holland, Zeeland u. 5* *anderen Provinzen 1597.* **2.** vereint, gemeinsam: ~ **action. U~ Breth·ren** *s pl relig.* **1.** Vereinigte Brüder *pl* in Christo (*protestantische Sekte in den USA*). **2.** Herrnhuter *pl*, Brüdergemeine *f.* **U~ King·dom** *s pol.* (*das*) Vereinigte Königreich (*Großbritannien u. Nordirland*). **U~ Na·tions** *s pl pol.* Vereinte Natiˈonen *pl*: ~ **General Assembly** Vollversammlung *f* der Vereinten Nationen; ~ **Security Council** Weltsicherheitsrat *m.* **U~States I** *s pl* (*meist als sg konstruiert*) **1.** *pol.* Vereinigte Staaten *pl* (von ˈNordaˌmerika), USˈA *pl.* **2.** *Am. colloq.* Ameriˈkanisch *n*, (*das*) amerikanische Englisch: **to talk** ~ e-e deutliche Sprache (*mit j-m*) sprechen. **II** *adj* **3.** (UˈS-)ameriˌkanisch, US-...

u·ni·tive [ˈjuːnɪtɪv; *Am. a.* jʊˈnaɪ-] *adj* vereinigend.

u·nit·ize [ˈjuːnɪtaɪz] *v/t* **1.** zu e-r Einheit machen. **2.** *tech.* nach dem ˈBaukastenprinˌzip konstruˈieren. **3.** in Einheiten verpacken.

u·nit| mag·net·ic pole *s phys.* maˈgnetischer Einheitspol. ~ **or·gan** *s mus.* (*moderne amer.*) Multiplex-Orgel. ~ **rule** *s pol. Am.* (*bei den Demokraten*) *Regel, wonach die innerhalb e-r Delegation erzielte Mehrheit die als Gesamtheit abgegebene Stimme der Gruppe bestimmt.* ~ **trust** *s econ. Br.* Inˈvestmentfonds *m.*

u·ni·ty [ˈjuːnətɪ] *s* **1.** Einheit *f*: **the dramatic unities** *thea.* die drei Einheiten. **2.** Einheitlichkeit *f* (*a. e-s Kunstwerks*). **3.** Einigkeit *f*, Eintracht *f*: ~ (**of sentiment**) Einmütigkeit *f.* **4.** (*nationale etc*) Einheit: **at** ~ in Eintracht, im Einklang. **5.** *jur.* Einheit *f*: ~ **of** (**joint**) **property** Eigentum *n* in Gemeinschaft zur gesamten Hand. **6.** *math.* (*die Zahl*) Eins *f*, Einheit *f.*

u·ni·va·lent [ˌjuːnɪˈveɪlənt] *adj* **1.** *chem.* einwertig. **2.** *biol.* univaˈlent, einzeln (*Chromosomen*).

ˈu·ni·valve I *adj* **1.** *zo.* einschalig, einklappig. **2.** *bot.* einklappig (*Frucht*). **II** *s* **3.** *zo.* einschalige Muschel.

u·ni·ver·sal [ˌjuːnɪˈvɜːsl; *Am.* -ˈvɜrsəl] **I** *adj* (*adv* ~**ly**) **1.** universˈal, Universal..., gloˈbal, ˈallumˌfassend, gesamt: ~ **genius** Universalgenie *n*; ~ **heir** *jur.* Universalerbe *m*; ~ **knowledge** umfassendes Wissen; ~ **remedy** *pharm.* Universalmittel *n*; ~ **succession** *jur.* Gesamtnachfolge *f*; **the** ~ **experience of mankind** die ganze *od.* gesamte Erfahrung der Menschheit. **2.** universˈell, geneˈrell, allgeˈmein(gültig): ~ **rule**; ~ **agent** *econ.* Generalbevollmächtigte(r *m*) *f.* **3.** ˈallumˌfassend, allgemein: ~ **military service** allgemeine Wehrpflicht; ~ **partnership** *jur.* allgemeine Gütergemeinschaft; **to meet with** ~ **applause** allgemeinen Beifall finden; **the disappointment was** ~ die Enttäuschung war allgemein. **4.** allgemein, ˈüberall üblich: **a** ~ **practice. 5.** ˈüberall anzutreffen(d). **6.** ˈweltumˌfassend, Welt...: ~ **language** Weltsprache *f*; **U~ Postal Union** Weltpostverein *m*; ~ **time** Weltzeit *f.* **7.** *tech.* Universal...: ~ **chuck** Universalfutter *n*; ~ **current** *electr.* Allstrom *m*; ~ **joint** Universal-, Kardangelenk *n*; ~ **motor** *electr.* Universal-, Allstrommotor *m.* **II** *s* **8.** (*das*) Allgemeine. **9.** *Logik*: allgemeine Aussage: **the U~s** die Universalien. **10.** *philos.* Allgeˈmeinbegriff *m.* **11.** *Metaphysik*: (*das*) Selbst.

u·ni·ver·sal·ism [ˌjuːnɪˈvɜːsəlɪzəm; *Am.* -ˈvɜr-] *s philos. relig.* Universaˈlismus *m.* **ˌu·niˈver·sal·ist** *s* Universaˈlist *m.* **ˌu·ni·verˈsal·i·ty** [-ˈsælətɪ] *s* **1.** (*das*) ˈAllumˌfassende. **2.** Allgeˈmeinheit *f.* **3.** Universaliˈtät *f*, Vielseitigkeit *f.* **4.** umˈfassende Bildung. **5.** Allgeˈmeingültigkeit *f.* **6.** *obs.* Allgeˈmeinheit *f*, Masse *f* (*e-s Volkes*). **ˌu·niˈver·sal·ize** *v/t* **1.** Allgeˈmeingültigkeit verleihen (*dat*), allgeˈmeingültig machen. **2.** allgemein verbreiten.

u·ni·verse [ˈjuːnɪvɜːs; *Am.* -ˌvɜrs] *s* **1.** Uniˈversum *n*, (Welt)All *n*, Kosmos *m.* **2.** Welt *f.* **3.** Bereich *m*, Raum *m*, Gesamtheit *f*: ~ **of discourse** (*Logik*) geistiger Raum e-r Abhandlung.

u·ni·ver·si·ty [ˌjuːnɪˈvɜːsətɪ; *Am.* -ˈvɜr-] **I** *s* Universiˈtät *f*, Hochschule *f*: **at the U~ of Oxford, at Oxford U~** auf *od.* an der Universität Oxford; **to go to a** ~, *Br. a.* **to go to** ~ studieren. **II** *adj* Universitäts..., Hochschul..., akaˈdemisch: ~**-bred**, ~**-trained** mit Universitätsbildung, akademisch gebildet; ~ **education** Hochschulbildung *f*; ~ **extension** *Versuch von Universitäten, sich mit Hilfe von außerhalb der Universität veranstalteten Vortragsreihen breiteren Schichten zu eröffnen*; ~ **man** Akademiker *m*; ~ **place** Studienplatz *m*; ~ **population** Gesamtzahl *f* der Studenten (*e-s Landes*); ~ **reform** Studienreform *f.*

u·ni·vo·cal [ˌjuːnɪˈvəʊkl; *Am.* juːˈnɪvəkəl] **I** *adj* eindeutig, unzweideutig. **II** *s* Wort *n* mit nur ˈeiner Bedeutung.

ˌunˈjaun·diced *adj* a) neidlos, b) unvoreingenommen.

ˌunˈjust *adj* (*adv* ~**ly**) ungerecht (**to** gegen): **to be** ~ **to s.o.** *a.* j-n ungerecht behandeln. **unˈjus·ti·fi·a·ble** *adj* (*adv* **unjustifiably**) unentschuldbar, nicht zu rechtfertigen(d). **unˈjus·ti·fied** *adj* ungerechtfertigt, unberechtigt. **ˌunˈjust·ness** *s* Ungerechtigkeit *f.*

un·kempt [ˌʌnˈkempt] *adj* **1.** ungekämmt, zerzaust. **2.** *fig.* unordentlich, vernachlässigt, ungepflegt.

ˌunˈkill·a·ble *adj meist fig.* nicht ˈumzubringen(d).

unˈkind *adj* (*adv* ~**ly**) **1.** lieb-, herz-, rücksichtslos (**to** gegen). **2.** unfreundlich (**to** zu). **unˈkind·li·ness** *s* Unfreundlichkeit *f.* **unˈkind·ly** *adj u. adv* → **unkind. unˈkind·ness** *s* **1.** Lieblosigkeit *f.* **2.** Unfreundlichkeit *f.*

ˌunˈknow·a·ble *bes. philos.* **I** *adj* un(er)kennbar, jenseits menschlicher Erkenntnis. **II** *s* **the U~** das Unerkennbare.

ˌunˈknow·ing *adj* (*adv* ~**ly**) **1.** unwissend. **2.** unwissentlich, unbewußt. **3.** nicht wissend, ohne zu wissen (**that** daß; **how** wie; *etc*). **4.** nichts wissend (**of** von, über *acc*). **ˌunˈknown I** *adj* **1.** unbekannt (**to** *dat*): **the U~ Soldier** (*od.* **Warrior**) der Unbekannte Soldat; → **quantity** 4. **2.** (**to s.o.**) ohne (j-s) Wissen. **3.** nie gekannt, beispiellos: **an** ~ **delight. II** *s* **4.** (*der, die, das*) Unbekannte. **5.** *math.* Unbekannte *f.*

ˌunˈla·bel(l)ed *adj* nicht etiketˈtiert, ohne Etiˈkett, ohne Aufschrift, unbeschriftet.

ˌunˈla·bo(u)red *adj* mühelos (*a. fig. leicht, ungezwungen*).

ˌunˈlace *v/t* aufschnüren.

ˌunˈlade *v/t* **1.** ent-, ausladen. **2.** *mar. Ladung etc* löschen. **ˌunˈlad·en** *adj* **1.** unbeladen: ~ **weight** Leergewicht *n.* **2.** *fig.* unbelastet (**with** von).

ˌunˈla·dy·like *adj* nicht damenhaft, unvornehm, unfein.

ˌunˈlaid *adj* **1.** nicht gelegt, ungelegt. **2.** nicht gebannt: ~ **ghosts. 3.** ungedeckt (*Tisch*). **4.** ungerippt (*Papier*).

ˌun·laˈment·ed *adj* unbeklagt, unbetrauert.

ˌunˈlash *v/t* losmachen.

ˌunˈlatch *v/t die Tür* aufklinken.

ˌunˈlaw·ful *adj* (*adv* ~**ly**) **1.** *bes. jur.* ungesetzlich, rechts-, gesetzwidrig, ˈwiderrechtlich, ˈilleˌgal, unzulässig. **2.** unerlaubt. **3.** unehelich. **ˌunˈlaw·ful·ness** *s* Gesetzwidrigkeit *f*, ˈWiderrechtlichkeit *f.*

ˌunˈlead·ed [-ˈledɪd] *adj* **1.** unverbleit, bleifrei. **2.** *print.* ohne ˈDurchschuß.

ˌunˈlearn *a. irr* **I** *v/t* **1.** *Ansichten etc* ablegen, aufgeben. **2. to have** ~**ed to do s.th.** nicht mehr fähig sein *od.* es verlernt haben, etwas zu tun. **II** *v/i* **3.** s-e Ansichten *etc* ablegen *od.* aufgeben, *weitS.* ˈumlernen.

ˌunˈlearned[1] *adj* **1.** nicht gelernt *od.* ˈeinstuˌdiert. **2.** nicht erlernt.

ˌunˈlearn·ed[2] *adj* **1.** ungelehrt. **2.** unerfahren, unbewandert (**in** in *dat*).

ˌunˈlearnt → **unlearned**[1].

ˌunˈleash *v/t* **1.** *Hund etc* losbinden, loslassen (**against, on, upon** auf *acc*) (*a. fig.*): **all his anger was** ~**ed on her** sein ganzer Zorn entlud sich auf sie *od.* über sie. **2.** *fig.* a) *Krieg etc* entfesseln, auslösen, b) *Energie etc* freisetzen.

ˌunˈleav·ened *adj* ungesäuert (*Brot*).

un·less [ənˈles; ʌn-] **I** *conj* wenn ... nicht, soˈfern ... nicht, es sei denn (daß) ..., außer wenn ..., ausgenommen (wenn). **II** *prep selten* außer.

ˌunˈlet·tered *adj* **1.** analphaˈbetisch. **2.** ungebildet. **3.** ungelehrt. **4.** unbeschriftet, unbedruckt.

ˌunˈli·censed *adj* **1.** nicht konzessioˈniert, (amtlich) nicht zugelassen: **an** ~ **house** ein Lokal ohne Schankkonzession. **2.** ohne Liˈzenz.

ˌunˈlicked *adj fig.* a) ungehobelt, ungeschliffen, grob, b) ‚grün', unreif: ~ **cub** grüner Junge.

ˌunˈlik·a·ble *adj* ˈunsymˌpathisch.

ˌunˈlike I *adj* **1.** ungleich, (voneinˈander) verschieden: ~ **signs** *math.* ungleiche Vorzeichen. **2.** unähnlich: **the portrait is very** ~. **II** *prep* **3.** unähnlich (**s.o.** j-m), verschieden von, anders als: **he is quite** ~ **his father; that is very** ~ **him** das sieht ihm gar nicht ähnlich. **4.** anders als, nicht wie. **5.** im Gegensatz zu: ~ **his brother, he works hard. ˌunˈlike·a·ble** → **unlikable.**

unˈlike·li·hood, unˈlike·li·ness *s* Unwahrscheinlichkeit *f.* **unˈlike·ly I** *adj* **1.** unwahrscheinlich. **2.** (ziemlich) unmöglich: ~ **place. 3.** aussichtslos: **an** ~ **venture. II** *adv* **4.** unwahrscheinlich.

ˌunˈlike·ness *s* **1.** Ungleichheit *f*, Verschiedenheit *f.* **2.** Unähnlichkeit *f.*

ˌunˈlim·ber *v/t u. v/i* **1.** *mil.* abprotzen. **2.** *fig.* (sich) bereitmachen.

unˈlim·it·ed *adj* **1.** unbegrenzt, unbeschränkt (*a. math.*): ~ **power**; ~ **company** *econ. Br.* Gesellschaft *f* mit unbeschränkter Haftung; ~ **problem** *math.* Unendlichkeitsproblem *n.* **2.** *Börse*: nicht limiˈtiert. **3.** *fig.* grenzenlos, uferlos.

ˌunˈlined[1] *adj* ungefüttert: ~ **coat.**

ˌunˈlined[2] *adj* **1.** ˈunliniˌiert, ohne Linien. **2.** faltenlos, glatt: ~ **face.**

ˌunˈlink *v/t* **1.** losketten. **2.** *Kettenglieder* trennen. **3.** *e-e Kette* auseinˈandernehmen.

ˌunˈliq·ui·dat·ed *adj econ.* **1.** ungetilgt (*Schulden etc*). **2.** nicht festgestellt (*Schuldbetrag etc*). **3.** ˈunliquiˌdiert (*Unternehmen*).

ˌunˈlist·ed *adj* **1.** (in e-r Liste) nicht verzeichnet *od.* aufgeführt. **2.** *teleph. Am.* Geheim...: ~ **number. 3.** ~ **securities** *econ.* nicht notierte Wertpapiere, Freiverkehrswerte.

ˌunˈload I *v/t* **1.** aus-, entladen. **2.** *mar. die Ladung* löschen. **3.** *fig.* (**o.s.** sich) (von e-r Last) befreien, erleichtern. **4.** *colloq.* (**on, onto** a) *Möbel, Kinder etc* abladen (bei), b) *Verantwortung etc* abwälzen (auf *acc*), c) *Wut etc* auslassen (an *dat*). **5.** *mil.* entladen: **to ~ a gun. 6.** *Börse:* *Aktien* (*massenweise*) abstoßen, auf den Markt werfen. **II** *v/i* **7.** aus-, abladen. **8.** gelöscht *od.* ausgeladen werden. **9.** *colloq.* sein Herz ausschütten (**to** *dat*).

ˌun'lock *v/t* **1.** aufschließen, öffnen: **~ed** unverschlossen, geöffnet. **2.** *mil.* entsichern. **3.** *fig.* offen'baren.

un'looked-for unerwartet, 'unvorˌhergesehen, über'raschend.

ˌun'loose, un'loos·en *v/t* **1.** *Knoten etc* lösen. **2.** *Griff etc* lockern. **3.** loslassen, losmachen, freilassen.

ˌun'lov·a·ble *adj* nicht liebenswert. **ˌun'loved** *adj* ungeliebt.

ˌun'love·li·ness *s* Unschönheit *f*, Reizlosigkeit *f*. **ˌun'love·ly** *adj* unschön, reizlos.

ˌun'lov·ing *adj* kalt, lieblos.

un'luck·i·ly *adv* unglücklicherweise.

un'luck·y *adj* unglücklich: a) vom Pech verfolgt: **to be ~** Pech *od.* kein Glück haben, b) fruchtlos: **~ effort,** c) ungünstig: **~ moment,** d) unheilvoll, unselig, schwarz, Unglücks...: **~ day.**

ˌun'made *adj* ungemacht.

ˌun'maid·en·ly *adj obs.* nicht mädchenhaft, unweiblich.

ˌun'mail·a·ble *adj bes. Am.* nicht postversandfähig.

ˌun·main'tain·a·ble *adj* unhaltbar.

ˌun'make *v/t irr* **1.** aufheben, 'umstoßen, wider'rufen, rückgängig machen. **2.** *j-n* absetzen. **3.** 'umbilden. **4.** vernichten.

ˌun'man *v/t* **1.** *obs.* unmenschlich machen, verrohen lassen. **2.** entmannen. **3.** *j-n* s-r Kraft berauben. **4.** weibisch machen. **5.** *j-n* verzagen lassen, entmutigen. **6.** *e-m Schiff etc* die Besatzung nehmen: **~ned** unbemannt.

un'man·age·a·ble *adj* (*adv* **unmanageably**) **1.** schwer zu handhaben(d), unhandlich. **2.** *fig.* unlenksam, unfügsam. **3.** 'unkontrolˌlierbar: **~ situation.**

ˌun'man·li·ness *s* Unmännlichkeit *f*. **ˌun'man·ly** *adj* **1.** unmännlich. **2.** weibisch. **3.** feige, nicht mannhaft.

un'man·ner·li·ness *s* schlechtes Benehmen. **un'man·ner·ly** *adj* ungesittet, 'unmaˌnierlich.

'unˌman·u'fac·tured *adj tech.* unverarbeitet, roh.

ˌun'marked *adj* **1.** nicht mar'kiert, unbezeichnet, ungezeichnet. **2.** nicht gekennzeichnet, (*Polizeifahrzeug etc a.*) neu'tral. **3.** unbemerkt. **4.** *sport* ungedeckt.

ˌun'mar·ket·a·ble *adj econ.* **1.** nicht marktgängig *od.* -fähig. **2.** unverkäuflich.

ˌun'mar·riage·a·ble *adj* nicht heiratsfähig. **ˌun'mar·ried** *adj* unverheiratet, ledig: **~ mothers.**

ˌun'mask I *v/t* **1.** *j-m* die Maske abnehmen, *j-n* demas'kieren. **2.** *fig. j-m* die Maske her'unterreißen, *j-n* entlarven. **II** *v/i* **3.** die Maske abnehmen, sich demas'kieren. **4.** *fig.* die Maske fallen lassen, sein wahres Gesicht zeigen. **ˌun'mask·ing** *s fig.* Entlarvung *f*.

ˌun'matched *adj* unvergleichlich, unerreicht, 'unüberˌtroffen: **to be ~ for** alle anderen *od.* alles andere übertreffen an (*dat*).

ˌun·ma'te·ri·al *adj* immateri'ell, unkörperlich, unstofflich.

ˌun'mean·ing *adj* (*adv* **~ly**) **1.** sinnlos, bedeutungslos. **2.** nichtssagend, ausdruckslos.

ˌun'meant *adj* unbeabsichtigt, ungewollt.

ˌun'meas·ur·a·ble *adj* (*adv* **unmeasurably**) **1.** unmeßbar. **2.** → **unmeasured** 2. **ˌun'meas·ured** *adj* **1.** ungemessen. **2.** unermeßlich, grenzenlos, unbegrenzt. **3.** unmäßig, maßlos.

ˌun·me'lo·di·ous *adj* 'unmeˌlodisch, 'unmelodiˌös.

un'men·tion·a·ble *adj* **1.** → **unspeakable. 2. a formerly ~ topic** ein Thema, über das man früher nicht sprach *od.* das früher tabu war; **an ~ word** ein Wort, das man nicht in den Mund nimmt. **un'men·tion·a·bles** *s pl humor.* (*die*) Unaussprechlichen *pl* (*Unterhose*). **ˌun'men·tioned** *adj* unerwähnt.

ˌun'mer·chant·a·ble → **unmarketable.**

un'mer·ci·ful *adj* (*adv* **~ly**) unbarmherzig, mitleid(s)los.

ˌun'mer·it·ed *adj* unverdient. **ˌun'mer·it·ed·ly** *adv* unverdientermaßen.

ˌun'met·al(l)ed *adj tech.* ungeschottert (*Straße*).

ˌun·me'thod·i·cal *adj* 'unmeˌthodisch, sy'stem-, planlos.

ˌun'met·ri·cal *adj metr.* unmetrisch, nicht in Versform geschrieben.

ˌun'mil·i·tar·y *adj* **1.** 'unmiliˌtärisch. **2.** nicht mili'tärisch, Zivil...

un'mind·ful *adj* (*adv* **~ly**) **1.** unaufmerksam, unachtsam: **to be ~ of** nicht achten auf (*acc*). **2.** uneingedenk (**of** *gen*): **to be ~ of** nicht denken an (*acc*).

ˌun'min·gled → **unmixed.**

ˌun·mis'tak·a·ble *adj* (*adv* **unmistakably**) **1.** 'unˌmißverständlich. **2.** unverkennbar, nicht zu verwechseln(d).

un'mit·i·gat·ed *adj* **1.** ungemildert. **2.** voll'endet, Erz..., *nachgestellt*: durch u. durch: **an ~ liar; ~ rubbish** völliger *od.* kompletter Blödsinn.

ˌun'mixed *adj* **1.** unvermischt. **2.** *fig.* ungemischt, rein, pur.

ˌun'mod·i·fied *adj* unverändert, nicht (ab)geändert.

ˌun·mo'lest·ed *adj* unbelästigt: **to live ~** in Frieden leben.

ˌun'moor *mar.* **I** *v/t* **1.** abankern, losmachen. **2.** vor 'einem Anker liegen lassen. **II** *v/i* **3.** die Anker lichten.

ˌun'mor·al *adj* 'unmoˌralisch. **ˌun·mo'ral·i·ty** *s* 'Unmoˌral *f*.

ˌun'mort·gaged *adj jur.* **1.** unverpfändet. **2.** hypo'thekenfrei, unbelastet.

ˌun'moth·er·ly *adj* unmütterlich, lieblos.

ˌun'mount·ed *adj* **1.** unberitten: **~ police. 2.** nicht aufgezogen (*Bild etc*). **3.** *tech.* ungefaßt: **~ jewel.**

ˌun'mourned *adj* unbetrauert.

ˌun'mov·a·ble *adj* (*adv* **unmovably**) **1.** unbeweglich. **2.** *fig.* unerschütterlich, standhaft, gelassen. **ˌun'moved** *adj* **1.** unbewegt. **2.** *fig.* ungerührt, unbewegt. **ˌun'mov·ing** *adj* regungslos.

ˌun'mur·mur·ing *adj* ohne Murren, klaglos.

ˌun'mu·si·cal *adj mus.* **1.** 'unmeˌlodisch, 'mißtönend (*Klang*). **2.** 'unmusiˌkalisch (*Person*).

ˌun'muz·zle *v/t* **1.** *e-m Hund* den Maulkorb abnehmen. **2.** *fig. j-m* das Recht auf freie Meinungsäußerung gewähren.

ˌun'nam(e)·a·ble *adj* unsagbar. **ˌun'named** *adj* **1.** namenlos, ohne Namen. **2.** nicht namentlich genannt, ungenannt, unerwähnt.

un'nat·u·ral *adj* (*adv* **~ly**) **1.** 'unnaˌtürlich. **2.** künstlich, gekünstelt, affek'tiert. **3.** 'widernaˌtürlich: **~ crimes; ~ vices. 4.** ungeheuerlich, ab'scheulich. **5.** un-, außergewöhnlich: **it is ~ for him to get drunk** es ist nicht s-e Art, sich zu betrinken. **6.** ano'mal, ab'norm.

ˌun'nav·i·ga·ble *adj mar.* nicht schiffbar, unbefahrbar.

un·nec·es·sar·i·ly [ʌn'nesəsərılı; *bes. Am.* 'ʌnˌnesı'ser-] *adv* **1.** unnötigerweise. **2.** unnötig: **~ rude. un'nec·es·sar·y** *adj* **1.** unnötig, nicht notwendig. **2.** nutzlos, 'überflüssig.

ˌun'need·ed *adj* nicht benötigt, nutzlos.

ˌun'need·ful *adj* (*adv* **~ly**) unnötig, nicht notwendig.

ˌun'neigh·bo(u)r·ly *adj* **1.** nicht gut'nachbarlich. **2.** unfreundlich, ungesellig.

ˌun'nerve *v/t* **1.** entnerven, zermürben. **2.** *j-n* die Nerven verlieren lassen, *j-n* entmutigen. **3.** *j-n* schwächen.

ˌun'not·ed *adj* **1.** unbeachtet, unauffällig. **2.** → **unnoticed** 1.

ˌun'no·ticed *adj* **1.** unbemerkt, unbeobachtet: **to pass ~** unbemerkt bleiben; **to let s.th. pass ~** etwas ignorieren. **2.** → **unnoted** 1.

ˌun'num·bered *adj* **1.** 'unnumeˌriert. **2.** ungezählt, zahllos.

ˌun·ob'jec·tion·a·ble *adj* (*adv* **unobjectionably**) einwandfrei.

ˌun·o'blig·ing *adj* ungefällig.

ˌun·ob'scured *adj* nicht verdunkelt.

ˌun·ob'serv·ant *adj* unaufmerksam, unachtsam: **to be ~ of** nicht achten auf (*acc*). **ˌun·ob'served** *adj* unbeobachtet, unbemerkt.

ˌun·ob'struct·ed *adj* **1.** unversperrt, ungehindert: **~ view. 2.** *fig.* unbehindert, reibungslos.

ˌun·ob'tain·a·ble *adj* **1.** *bes. econ.* nicht erhältlich. **2.** unerreichbar.

ˌun·ob'tru·sive *adj* (*adv* **~ly**) unaufdringlich: a) zu'rückhaltend, bescheiden, b) unauffällig. **ˌun·ob'tru·sive·ness** *s* Unaufdringlichkeit *f*.

ˌun'oc·cu·pied *adj* frei: a) leer(stehend), unbewohnt: **~ house; to be ~** leer stehen, b) unbesetzt: **~ chair,** c) unbeschäftigt (*Person*), d) *mil.* unbesetzt.

ˌun·of'fend·ing *adj* **1.** nicht verletzend *od.* beleidigend *od.* kränkend. **2.** nicht anstößig.

ˌun·of'fi·cial *adj* (*adv* **~ly**) **1.** nichtamtlich, 'inoffiziˌell. **2. ~ strike** *econ.* wilder Streik.

ˌun'o·pened *adj* **1.** ungeöffnet, verschlossen: **~ letter. 2.** *econ.* unerschlossen: **~ market.**

ˌun·op'posed *adj* **1.** unbehindert. **2.** unbeanstandet: **~ by** ohne Widerstand *od.* Einspruch seitens (*gen*).

ˌun'or·gan·ized *adj* **1.** 'unorˌganisch: **~ ferment** *biol.* Enzym *n*. **2.** 'unorganiˌsiert, wirr. **3.** (gewerkschaftlich) nicht organi'siert.

ˌun·o'rig·i·nal *adj* wenig origi'nell.

ˌun'or·tho·dox *adj* **1.** *relig.* 'unorthoˌdox (*a. fig.*). **2.** *fig.* 'unkonventioˌnell, unüblich.

'unˌos·ten'ta·tious *adj* (*adv* **~ly**) unaufdringlich, unauffällig: a) prunklos, schlicht, b) zu'rückhaltend, c) de'zent (*Farben etc*).

ˌun'owned *adj* **1.** herrenlos. **2.** nicht anerkannt: **an ~ child.**

ˌun'pack *v/t u. v/i* auspacken.

ˌun'paged *adj* nicht pagi'niert, ohne Seitenzahlen.

ˌun'paid *adj* **1.** unbezahlt, noch nicht bezahlt, rückständig: **~ debt; ~ interest. 2.** *econ.* noch nicht eingezahlt: **~ capital. 3.** unbesoldet, unbezahlt, ehrenamtlich (*Stellung*). **ˌun'paid-for** → **unpaid** 1.

ˌun'paired *adj* **1.** ungepaart. **2.** *zo.* a) unpaar, b) unpaarig.

un'pal·at·a·ble *adj* **1.** unschmackhaft, ungenießbar (*a. fig.*). **2.** *fig.* unangenehm, 'widerwärtig.

un'par·al·lel(l)ed *adj* einmalig, beispiellos, *nachgestellt*: ohne'gleichen.

un'par·don·a·ble *adj* (*adv* **unpardonably**) unverzeihlich.

ˌun'par·ent·ed *adj* elternlos, *bes.* verwaist.

'unˌpar·lia'men·ta·ry *adj pol.* a) 'unparlamen͵tarisch, b) der Würde des Parlaˈments nicht entsprechen(d).

͵**unˈpas·teur·ized** *adj chem.* nicht pasteuriˈsiert.

͵**unˈpat·ent·ed** *adj* nicht patenˈtiert.

ˈ**un͵pa·triˈot·ic** *adj* (*adv* **~ally**) ˈunpatri͵otisch.

͵**unˈpaved** *adj* ungepflastert.

͵**unˈpay·a·ble** *adj* **1.** unbezahlbar. **2.** *econ.* ˈunren͵tabel.

͵**unˈped·i·greed** *adj* ohne Stammbaum.

͵**unˈpeg** *v/t* **1.** *Wäsche* abnehmen, von der Leine nehmen. **2.** *Preise etc* freigeben.

͵**unˈpeo·ple** *v/t* entvölkern.

͵**un·perˈceiv·a·ble** *adj* (*adv* **unperceivably**) nicht wahrnehmbar, unmerklich. ͵**un·perˈceived** *adj* unbemerkt. ͵**un·perˈceiv·ed·ly** [-ɪdlɪ] *adv*.

͵**un·perˈformed** *adj* **1.** nicht ausgeführt, ungetan, unverrichtet. **2.** nicht aufgeführt: **~ plays**.

͵**unˈper·son** *s* ˈUnper͵son *f*.

͵**un·perˈsuad·a·ble** *adj* nicht zu überˈreden(d), nicht überˈredbar. ͵**un·perˈsua·sive** *adj* nicht überˈzeugend.

͵**un·perˈturbed** *adj* nicht beunruhigt, gelassen, ruhig.

un͵phil·oˈsoph·ic *adj*; **un͵phil·oˈsoph·i·cal** *adj* (*adv* **~ly**) ˈunphilo͵sophisch.

͵**unˈpick** *v/t e-e Naht etc* (auf)trennen. ͵**unˈpicked** *adj* **1.** *econ.* nicht ausgesucht, ˈunsor͵tiert: **~ samples**. **2.** ungepflückt.

͵**un·pic·turˈesque** *adj* wenig malerisch.

͵**unˈpin** *v/t* **1.** die Nadeln entfernen aus. **2.** losstecken, abmachen.

͵**unˈpit·ied** *adj* unbemitleidet. ͵**unˈpit·y·ing** *adj* (*adv* **~ly**) mitleid(s)los.

͵**unˈplaced** *adj* **1.** (noch) nicht plaˈciert, ohne festen Platz (*in e-r Anordnung etc*). **2.** *sport* ˈunpla͵ciert: **to be ~** unplaciert bleiben, sich nicht placieren können. **3.** a) nicht ˈuntergebracht, b) nicht angestellt, ohne Stellung, c) *univ.* ohne Studienplatz: **to be still ~** noch keinen Studienplatz gefunden haben.

͵**unˈplait** *v/t* **1.** glätten. **2.** *das Haar etc* aufflechten.

͵**unˈplanned** *adj* **1.** ungeplant. **2.** ˈunvor͵hergesehen.

͵**unˈplay·a·ble** *adj* **1.** unspielbar. **2.** *thea.* nicht bühnenreif *od.* -gerecht. **3.** *sport* unbespielbar (*Boden, Platz*).

unˈpleas·ant *adj* (*adv* **~ly**) **1.** unangenehm, unerfreulich. **2.** unfreundlich. **3.** unwirsch, ‚unangenehm' (*Person*). **unˈpleas·ant·ness** *s* **1.** (*das*) Unangenehme. **2.** Unannehmlichkeit *f*. **3.** ˈMißhelligkeit *f*, Unstimmigkeit *f*: **the late ~** *Am. colloq.* der Sezessionskrieg.

͵**unˈpledged** *adj* **1.** nicht verpflichtet. **2.** unverpfändet.

͵**unˈpli·a·ble,** ͵**unˈpli·ant** *adj* **1.** nicht biegsam, ungeschmeidig (*a. fig.*). **2.** *fig.* unnachgiebig, halsstarrig.

͵**unˈplug** *v/t* den Pflock *od.* Stöpsel entfernen aus.

͵**unˈplumbed** *adj* **1.** ungelotet. **2.** *fig.* unergründet, unergründlich: **~ depths**. **3.** *tech.* ohne Installatiˈon(en).

͵**un·poˈet·ic** *adj*; ͵**un·poˈet·i·cal** *adj* (*adv* **~ly**) ˈunpo͵etisch, undichterisch.

͵**unˈpoint·ed** *adj* ungespitzt, stumpf.

͵**unˈpol·ished** *adj* **1.** ˈunpo͵liert (*a. Reis*), ungeglättet. **2.** *tech.* ungeschliffen. **3.** *fig.* unausgefeilt (*Stil etc*). **4.** *fig.* ungeschliffen, ungehobelt (*Bemerkung, Kerl etc*).

͵**unˈpol·i·tic** → **unpolitical** 5. ͵**un·poˈlit·i·cal** *adj* **1.** ˈunpo͵litisch. **2.** poˈlitisch unklug. **3.** ˈunpo͵litisch, an Poliˈtik ˈuninteres͵siert. **4.** ˈunpar͵teiisch. **5.** unklug.

͵**unˈpolled** *adj* **1.** *pol.* nicht gewählt habend: **~ elector** Nichtwähler(in). **2.** *pol. Am.* nicht (*in die Wählerliste*) eingetragen.

͵**un·polˈlut·ed** *adj* **1.** unverschmutzt, unverseucht, sauber (*Umwelt*). **2.** *fig.* unbefleckt.

͵**unˈpop·u·lar** *adj* ˈunpopu͵lär, unbeliebt: **to make o.s. ~ with** sich bei *j-m* unbeliebt machen; **to be ~ with** bei *j-m* schlecht angeschrieben sein. ˈ**un͵pop·uˈlar·i·ty** *s* ˈUnpopulari͵tät *f*, Unbeliebtheit *f*. ͵**unˈpop·u·lar·ize** *v/t* ˈunpopu͵lär machen.

͵**un·posˈsessed** *adj* **1.** herrenlos (*Sache*). **2. ~ of s.th.** nicht im Besitz e-r Sache.

͵**unˈpost·ed** *adj* **1.** *colloq.* nicht inforˈmiert, ˈununter͵richtet. **2.** *Br.* nicht aufgegeben: **~ letters**.

͵**unˈprac·ti·cal** *adj* (*adv* **~ly**) **1.** unpraktisch. **2.** unbrauchbar, unzweckmäßig. ˈ**un͵prac·tiˈcal·i·ty,** ͵**unˈprac·ti·cal·ness** *s* schlechte Verwendbarkeit.

unˈprac·ticed, *bes. Br.* **unˈprac·tised** *adj* ungeübt (**in** in *dat*).

unˈprec·e·dent·ed *adj* (*adv* **~ly**) **1.** beispiellos, unerhört, noch nie dagewesen. **2.** *jur.* ohne Präzeˈdenzfall (*a. fig.*).

͵**un·preˈdict·a·ble** *adj* nicht vorˈaussagbar: **he's quite ~** bei ihm weiß man nie genau, wie er reagiert; er ist nur schwer auszumachen.

͵**unˈprej·u·diced** *adj* **1.** (**against** gegen[ˈüber]) unvoreingenommen, vorurteilsfrei. **2.** *jur.* unbefangen. **3.** *a. jur.* unbeeinträchtigt.

͵**un·preˈmed·i·tat·ed** *adj* (*adv* **~ly**) **1.** ˈunüber͵legt. **2.** *jur.* ohne Vorsatz.

͵**un·preˈpared** *adj* **1.** unvorbereitet: **an ~ speech**. **2.** (**for**) nicht vorbereitet *od.* gefaßt (auf *acc*), nicht gerüstet (für). **3.** *mus.* frei eintretend (*Dissonanz*). ͵**un·preˈpar·ed·ly** [-ɪdlɪ] *adv*. ͵**un·preˈpar·ed·ness** [-ɪd-] *s* Unvorbereitetsein *n*.

ˈ**un͵pre·posˈsess·ing** *adj* wenig einnehmend *od.* anziehend, ˈunsym͵pathisch.

͵**un·preˈsent·a·ble** *adj* nicht präsenˈtabel.

͵**un·preˈsum·ing** *adj* nicht anmaßend *od.* vermessen.

͵**un·preˈsump·tu·ous** *adj* nicht überˈheblich.

͵**un·preˈtend·ing** *adj* (*adv* **~ly**) **1.** anspruchslos, bescheiden, schlicht. **2.** nichts Falsches vorspiegelnd. ͵**un·preˈten·tious** *adj* (*adv* **~ly**) → **unpretending** 1.

͵**unˈpriced** *adj* **1.** ohne (feste) Preisangabe. **2.** *fig. poet.* unschätzbar.

unˈprin·ci·pled *adj* ohne (feste) Grundsätze, haltlos (*Person*), gewissenlos, chaˈrakterlos (*a. Benehmen*).

͵**unˈprint·a·ble** *adj* nicht druckfähig *od.* druckreif. ͵**unˈprint·ed** *adj* **1.** ungedruckt (*Schriften*). **2.** unbedruckt (*Stoffe etc*).

͵**unˈpriv·i·leged** *adj* nicht priviléˈgiert *od.* bevorrechtigt: **~ creditor** *jur.* Massegläubiger *m*.

͵**un·proˈcur·a·ble** *adj* nicht zu beschaffen(d), nicht erhältlich.

͵**un·proˈduc·tive** *adj* (*adv* **~ly**) ˈunproduk͵tiv (*a. fig.*), unergiebig, unfruchtbar (*a. fig.*), ˈunren͵tabel: **~ capital** *econ.* totes Kapital. ͵**un·proˈduc·tive·ness** *s* ˈUnproduktivi͵tät *f*, Unergiebigkeit *f*, Unfruchtbarkeit *f* (*a. fig.*), ˈUnrentabili͵tät *f*.

͵**un·proˈfes·sion·al** *adj* **1.** keiner freien Berufsgruppe (*Ärzte, Rechtsanwälte etc*) zugehörig. **2.** nicht berufsmäßig. **3.** standeswidrig: **~ conduct**. **4.** unfachmännisch.

͵**unˈprof·it·a·ble** *adj* (*adv* **unprofitably**) **1.** nicht einträglich *od.* gewinnbringend *od.* lohnend, ˈunren͵tabel: **to be ~** sich nicht rentieren. **2.** unvorteilhaft. **3.** nutzlos, zwecklos, ˈüberflüssig. ͵**unˈprof·it·a·ble·ness** *s* **1.** ˈUnrentabili͵tät *f*. **2.** Nutzlosigkeit *f*.

͵**un·proˈgres·sive** *adj* (*adv* **~ly**) **1.** nicht fortschrittlich, rückständig. **2.** *bes. pol.* rückschrittlich, konservaˈtiv, reaktioˈnär. **3.** ohne Fortschritt, stillstehend.

͵**unˈprom·is·ing** *adj* nicht vielversprechend, ziemlich aussichtslos.

͵**unˈprompt·ed** *adj* sponˈtan.

͵**un·proˈnounce·a·ble** *adj* unaussprechlich.

͵**un·proˈpi·tious** *adj* (*adv* **~ly**) ungünstig, unvorteilhaft.

͵**un·proˈpor·tion·al** *adj* (*adv* **~ly**) unverhältnismäßig, ˈunproportio͵nal (*a. math.*).

͵**un·proˈtect·ed** *adj* **1.** ungeschützt, schutzlos. **2.** ungedeckt (*Schachfigur*).

͵**un·proˈtest·ed** *adj* **1.** ohne Einspruch. **2.** *econ.* nicht proteˈstiert: **~ bill**.

͵**unˈprov·a·ble** *adj* unbeweisbar, nicht nachweisbar. ͵**unˈproved,** ͵**unˈprov·en** *adj* unbewiesen.

͵**un·proˈvid·ed** *adj* **1. ~ with** nicht versehen mit, ohne. **2.** unvorbereitet. **3. ~ for** unversorgt (*Kinder etc*). **4. ~ for** nicht vorgesehen.

͵**un·proˈvoked** *adj* **1.** ˈunprovo͵ziert. **2.** grundlos.

͵**unˈpub·lish·a·ble** *adj* zur Veröffentlichung ungeeignet. ͵**unˈpub·lished** *adj* unveröffentlicht.

͵**unˈpunc·tu·al** *adj* (*adv* **~ly**) unpünktlich. ˈ**un͵punc·tuˈal·i·ty** *s* Unpünktlichkeit *f*.

͵**unˈpun·ish·a·ble** *adj* nicht strafbar. ͵**unˈpun·ished** *adj* unbestraft, ungestraft: **to go ~** straflos ausgehen.

͵**un·putˈdown·a·ble** *adj colloq.* so spannend *od.* interesˈsant, daß man es *etc* nicht mehr aus der Hand legen kann (*Buch etc*).

͵**unˈqual·i·fied** *adj* **1.** ˈunqualifi͵ziert: a) ungeeignet, unbefähigt (**for** für), b) unberechtigt: **~ attack**. **2.** uneingeschränkt, unbedingt: **~ acceptance** *econ.* uneingeschränktes Akzept (*e-s Wechsels*), bedingungslose Annahme. **3.** ausgesprochen: **~ liar**.

͵**unˈquench·a·ble** *adj* (*adv* **unquenchably**) **1.** unstillbar (*a. fig.*), unlöschbar. **2.** *fig.* unauslöschbar.

unˈques·tion·a·ble *adj* (*adv* **unquestionably**) **1.** unzweifelhaft, fraglos. **2.** unbedenklich. **unˈques·tioned** *adj* **1.** ungefragt. **2.** unbezweifelt, unbestritten. **unˈques·tion·ing** *adj* bedingungslos, blind: **~ obedience**. **unˈques·tion·ing·ly** *adv* bedingungslos, ohne zu fragen, ohne Zögern.

͵**unˈqui·et** *adj* (*adv* **~ly**) **1.** unruhig, turbuˈlent: **~ times**. **2.** ruhelos, gehetzt: **~ spirit**. **3.** unruhig, laut.

͵**unˈquot·a·ble** *adj* nicht ziˈtierbar. ͵**unˈquote** *v/i*: **~!** Ende des Zitats! ͵**unˈquot·ed** *adj* **1.** nicht ziˈtiert *od.* angeführt. **2.** *econ. Börse:* nicht noˈtiert.

͵**unˈrat·i·fied** *adj pol.* nicht ratifiˈziert.

͵**unˈra·tioned** *adj* nicht ratioˈniert, frei (erhältlich).

unˈrav·el I *v/t pret u pp* **-eled,** *bes. Br.* **-elled** **1.** *tech. Gewebe* ausfasern. **2.** *Gestricktes* auftrennen, -räufeln, -dröseln. **3.** entwirren. **4.** *fig.* entwirren, -rätseln. **II** *v/i* **5.** sich entwirren *etc*. **unˈrav·el·ment** *s* Entwirrung *f*, -rätselung *f*, (Auf)Lösung *f*: **the ~ of the plot** die Lösung des Knotens (*e-r Handlung*).

͵**unˈread** [-ˈred] *adj* **1.** ungelesen. **2.** a) unbelesen, ungebildet, b) unbewandert (**in** in *dat*).

͵**unˈread·a·ble** [-ˈriːdəbl] *adj* unlesbar: a) nicht lesenswert, b) unleserlich.

͵**unˈread·i·ness** [-ˈredɪ-] *s* mangelnde Bereitschaft. ͵**unˈread·y** *adj* (*adv* **un-**

readily) nicht bereit (**for s.th.** zu etwas; **to do** zu tun), nicht fertig.

ˌunˈre·al *adj* (*adv* **~ly**) **1.** unwirklich, ˈirreˌal. **2.** subˈstanz-, wesenlos, nur eingebildet. **3.** wirklichkeitsfremd. **ˌunˈre·al·ism** *s* ˈMangel *m* an Reaˈlismus *od.* Wirklichkeitssinn. **ˈunˌre·alˈis·tic** *adj* (*adv* **~ally**) wirklichkeitsfremd, ˈunreaˌlistisch. **ˌun·reˈal·i·ty** *s* **1.** Unwirklichkeit *f.* **2.** Wesenlosigkeit *f.*

ˌunˈre·al·iz·a·ble *adj* nicht realiˈsierbar: a) nicht zu verwirklichen(d), nicht aus- *od.* ˈdurchführbar, b) *econ.* nicht verwertbar, unverkäuflich. **ˌunˈre·al·ized** *adj* **1.** nicht verwirklicht *od.* erfüllt. **2.** nicht vergegenwärtigt *od.* erkannt.

ˌunˈrea·son *s* **1.** Unvernunft *f.* **2.** Torheit *f.* **unˈrea·son·a·ble** *adj* (*adv* **unreasonably**) **1.** vernunftlos: **~ beasts.** **2.** unvernünftig, unsinnig. **3.** unvernünftig, unbillig, ˈüber-, unmäßig, unzumutbar. **unˈrea·son·a·ble·ness** *s* **1.** Unvernunft *f.* **2.** Unbilligkeit *f*, Unmäßigkeit *f*, (*das*) Unzumutbare. **unˈrea·son·ing** *adj* **1.** nicht von der Vernunft geleitet, vernunftlos. **2.** unvernünftig, blind.

ˌun·reˈceipt·ed *adj econ.* ˈunquitˌtiert.

ˌun·reˈcep·tive *adj* nicht aufnahmefähig, unempfänglich (**of, to** für).

ˌun·reˈcip·ro·cat·ed *adj* nicht auf Gegenseitigkeit beruhend: **his love was ~** s-e Liebe wurde nicht erwidert *od.* blieb unerwidert.

ˌunˈreck·oned *adj* **1.** ungezählt. **2.** nicht mitgerechnet.

ˌun·reˈclaimed *adj* **1.** nicht zuˈrückgefordert (*Eigentum etc*). **2.** *fig.* ungebessert. **3.** ungezähmt (*Tiere*). **4.** ˈunkultiˌviert (*Land*).

ˌunˈrec·og·niz·a·ble *adj* (*adv* **unrecognizably**) nicht ˈwiederzuerkennen(d).

ˌunˈrec·og·nized *adj* **1.** nicht (ˈwieder)erkannt. **2.** nicht anerkannt.

ˌunˈrec·on·ciled *adj* unversöhnt (**to, with** mit).

ˌunˌre·conˈstruct·ed *adj Am. colloq.* (ˈerz)konservaˌtiv.

ˌun·reˈcord·ed *adj* **1.** (geschichtlich) nicht überˈliefert *od.* aufgezeichnet *od.* belegt. **2.** nicht eingetragen *od.* registriert. **3.** *jur.* nicht beurkundet *od.* protokolˈliert. **4.** a) nicht (auf Schallplatte, Tonband *etc*) aufgenommen, b) Leer...: **~ tape.**

ˌun·reˈdeem·a·ble *adj* **1.** *bes. relig.* nicht erlösbar. **2.** *econ.* untilgbar, unkündbar. **3.** nicht wiederˈgutzumachen(d). **ˌun·reˈdeemed** *adj* **1.** *relig.* unerlöst. **2.** *econ.* a) ungetilgt: **~ debt**, b) uneingelöst: **~ bill.** **3.** *fig.* ungemildert (**by** durch): **~ rascal** Erzschurke *m.* **4.** uneingelöst: **~ promise**; **~ pawn.**

ˌun·reˈdressed *adj* **1.** nicht wiederˈgutgemacht. **2.** nicht abgestellt: **~ abuse.**

ˌunˈreel I *v/t* **1.** abspulen, abwickeln, abrollen lassen. **II** *v/i* **2.** sich abspulen. **3.** abrollen.

ˌun·reˈfined *adj* **1.** *chem. tech.* nicht raffiˈniert, ungeläutert, roh, Roh...: **~ sugar** Rohzucker *m.* **2.** *fig.* ungebildet, unfein, ˈunkultiˌviert.

ˌun·reˈflect·ing *adj* (*adv* **~ly**) **1.** nicht reflekˈtierend. **2.** gedankenlos, ˈunüberˌlegt.

ˌun·reˈformed *adj* **1.** unverbessert. **2.** ungebessert, unbekehrt.

ˌun·reˈfut·ed *adj* ˈunwiderˌlegbar.

ˌun·reˈgard·ed *adj* **1.** unberücksichtigt. **2.** unbeachtet. **ˌun·reˈgard·ful** *adj* (**of**) ohne Rücksicht (auf *acc*), rücksichtslos (gegen).

ˌun·reˈgen·er·a·cy *s relig.* Sündhaftigkeit *f.* **ˌun·reˈgen·er·ate** *adj* **1.** *relig.* nicht ˈwiedergeboren. **2.** nicht ge- *od.* verbessert, nicht reforˈmiert.

ˌunˈreg·is·tered *adj* **1.** nicht regiˈstriert *od.* eingetragen (*a. econ. jur.*). **2.** amtlich nicht zugelassen (*Fahrzeug*): **~ doctor** nicht approbierter Arzt. **3.** *mail* nicht eingeschrieben.

ˌun·reˈgret·ted *adj* **1.** unbedauert. **2.** unbeklagt.

ˌun·reˈhearsed *adj* **1.** ungeprobt: **~ play.** **2.** sponˈtan.

ˌun·reˈlat·ed *adj* **1.** ohne Beziehung (**to, with** zu). **2.** nicht verwandt (**to, with** mit) (*a. fig.*). **3.** nicht berichtet.

ˌun·reˈlaxed *adj* **1.** nicht entspannt. **2.** *med.* nicht erschlafft. **ˌun·reˈlax·ing** *adj* nicht nachlassend, unermüdlich.

ˌun·reˈlent·ing *adj* (*adv* **~ly**) **1.** unnachgiebig, unerbittlich. **2.** unvermindert.

ˈun·reˌli·aˈbil·i·ty *s* Unzuverlässigkeit *f.* **ˌun·reˈli·a·ble** *adj* (*adv* **unreliably**) unzuverlässig.

ˌun·reˈlieved *adj* **1.** ungelindert. **2.** nicht unterˈbrochen, ˈununterˌbrochen. **3.** *mil.* a) nicht abgelöst (*Wache*), b) nicht entsetzt (*belagerter Platz*).

ˌun·reˈli·gious *adj* ˈunreligiˌös.

ˌun·reˈmem·bered *adj* vergessen.

ˌun·reˈmit·ting *adj* (*adv* **~ly**) unablässig, unaufhörlich, beharrlich.

ˌun·reˈmu·ner·a·tive *adj* nicht lohnend *od.* einträglich, ˈunrenˌtabel.

ˌun·reˈnewed *adj* nicht erneuert.

ˌun·reˈpair *s* schlechter baulicher Zustand, Baufälligkeit *f*: **to be in (a state of) ~** baufällig sein; **to fall into ~** baufällig werden.

ˌun·reˈpealed *adj* **1.** nicht widerˈrufen. **2.** nicht aufgehoben.

ˌun·reˈpeat·a·ble *adj* ˈunwiederˌholbar, nicht zu wiederˈholen(d).

ˌun·reˈpent·ant *adj* reuelos, unbußfertig: **to be ~ of s.th.** etwas nicht bereuen.

ˌun·reˈpent·ed *adj* unbereut.

ˌun·reˈpin·ing *adj* **1.** ohne Murren, klaglos. **2.** unverdrossen.

ˌun·reˈplace·a·ble *adj* unersetzbar, nicht zu ersetzen(d).

ˌun·reˈport·ed *adj* nicht berichtet.

ˌun·rep·reˈsent·ed *adj* nicht vertreten.

ˈunˌre·proˈduc·i·ble *adj* nicht reproduˈzierbar.

ˌun·reˈproved *adj* ungetadelt, ohne Tadel, nicht mißˈbilligt.

ˌun·reˈquit·ed *adj* **1.** ˈunerˌwidert: **~ love.** **2.** unbelohnt: **~ services.** **3.** ungesühnt: **~ deed.**

ˌun·reˈsent·ed *adj* nicht übelgenommen *od.* verübelt. **ˌun·reˈsent·ful** *adj* (*adv* **~ly**) nicht übelnehmerisch.

ˌun·reˈserve *s* Freimütigkeit *f.* **ˌun·reˈserved** *adj* **1.** uneingeschränkt, vorbehaltlos, rückhaltlos, völlig. **2.** freimütig, offen(herzig). **3.** nicht reserˈviert. **ˌun·reˈserv·ed·ly** [-ɪdlɪ] *adv.* **ˌun·reˈserv·ed·ness** [-ɪd-] *s* **1.** Rückhaltlosigkeit *f.* **2.** Offenheit *f*, Freimütigkeit *f.*

ˌun·reˈsist·ed *adj* ungehindert: **to be ~** auf keinen Widerstand treffen. **ˌun·reˈsist·ing** *adj* (*adv* **~ly**) ˈwiderstandslos.

ˌun·reˈsolved *adj* **1.** ungelöst: **~ problem.** **2.** unschlüssig, unentschlossen. **3.** *a. chem. math. mus. opt.* unaufgelöst.

ˌun·reˈspect·a·ble *adj* nicht achtbar *od.* ehrbar. **ˌun·reˈspect·ed** *adj* nicht geachtet *od.* respekˈtiert.

ˌun·reˈspon·sive *adj* (*adv* **~ly**) **1.** unempfänglich (**to** für): **to be ~ (to)** nicht reagieren *od.* ansprechen (auf *acc*) (*a. electr. tech. etc*). **2.** kalt, teilnahmslos.

ˌunˈrest *s* Unruhe *f*, *pol. a.* Unruhen *pl.*

ˌunˈrest·ful *adj* (*adv* **~ly**) **1.** ruhelos, rastlos. **2.** ungemütlich. **3.** unbequem.

ˌunˈrest·ing *adj* (*adv* **~ly**) rastlos, unermüdlich.

ˌun·reˈstrained *adj* **1.** ungehemmt (*a. fig. ungezwungen*). **2.** hemmungslos, zügellos. **3.** uneingeschränkt. **ˌun·reˈstrain·ed·ly** [-ɪdlɪ] *adv.* **ˌun·reˈstraint** *s* **1.** Ungehemmtheit *f* (*a. fig. Ungezwungenheit*). **2.** Hemmungs-, Zügellosigkeit *f.*

ˌun·reˈstrict·ed *adj* (*adv* **~ly**) uneingeschränkt, unbeschränkt.

ˌun·reˈturned *adj* **1.** nicht zuˈrückgegeben. **2.** unerwidert, unvergolten: **to be ~** unerwidert bleiben. **3.** *pol. Br.* nicht (*ins Parlament*) gewählt.

ˌun·reˈvealed *adj* nicht offenˈbart, verborgen, geheim.

ˌun·reˈvised *adj* **1.** nicht reviˈdiert: a) nicht geändert (*Ansicht*), b) nicht überˈarbeitet (u. verbessert) (*Buch etc*). **2.** nicht überˈprüft *od.* ˈdurchgesehen.

ˌun·reˈvoked *adj* nicht widerˈrufen.

ˌun·reˈward·ed *adj* unbelohnt.

ˌun·rheˈtor·i·cal *adj* **1.** ˈunrheˌtorisch. **2.** nicht phrasenhaft, schlicht.

ˌunˈrhymed *adj* ungereimt, reimlos.

ˌunˈrid·dle *v/t* enträtseln.

ˌunˈri·fled *adj tech.* ungezogen, glatt (*Gewehrlauf*).

ˌunˈrig *v/t* **1.** *mar.* abtakeln. **2.** *aer.* ˈabmonˌtieren.

unˈright·eous *adj* (*adv* **~ly**) **1.** nicht rechtschaffen. **2.** *relig.* ungerecht, sündig. **unˈright·eous·ness** *s* mangelnde Rechtschaffenheit.

ˌunˈrip *v/t* aufreißen, aufschlitzen.

ˌunˈripe *adj allg.* unreif. **ˌunˈripe·ness** *s* Unreife *f.*

unˈri·val(l)ed *adj* **1.** ohne Riˈvalen *od.* Gegenspieler. **2.** unerreicht, unvergleichlich, *a. econ.* konkurˈrenzlos.

ˌunˈriv·et *v/t* **1.** *tech.* ab-, losnieten. **2.** *fig.* lösen.

ˌunˈroadˌwor·thy *adj* nicht verkehrs- [sicher.]

ˌunˈroll I *v/t* **1.** entfalten, entrollen, ausbreiten. **2.** abwickeln. **II** *v/i* **3.** sich entfalten. **4.** sich auseinˈanderrollen.

ˌun·roˈman·tic *adj* (*adv* **~ally**) *allg.* ˈunroˌmantisch.

ˌunˈroof *v/t Haus etc* abdecken.

ˌunˈroot *v/t bes. Am.* **1.** (mit den Wurzeln) ausreißen, *e-n Baum etc* entwurzeln (*a. fig.*). **2.** *fig.* herˈausreißen (**from** aus). **3.** *fig.* ausrotten, ausmerzen.

ˌunˈrope *v/t* **1.** losbinden. **2.** *mount.* (*a. v/i* sich) ausseilen.

ˌunˈround *v/t ling. Vokale* entrunden.

ˌunˈruf·fled *adj* **1.** ungekräuselt, glatt. **2.** *fig.* gelassen, unerschüttert.

ˌunˈruled *adj* **1.** *fig.* unbeherrscht. **2.** ˈunliniˌiert (*Papier*).

unˈrul·i·ness [ʌnˈruːlɪnɪs] *s* **1.** Unlenkbarkeit *f*, ˈWiderspenstigkeit *f*, Aufsässigkeit *f.* **2.** Ausgelassenheit *f*, Wildheit *f*, Unbändigkeit *f.* **3.** Ungestüm *n.* **unˈrul·y** *adj* **1.** unlenksam, ˈwiderspenstig, aufsässig. **2.** ungebärdig, wild, ausgelassen. **3.** ungestüm.

ˌunˈsad·dle I *v/t* **1.** *das Pferd* absatteln. **2.** *j-n* aus dem Sattel werfen, abwerfen. **II** *v/i* **3.** absatteln.

ˌunˈsafe *adj* (*adv* **~ly**) (*a.* verkehrs)unsicher, gefährlich. **ˌunˈsafe·ness, unˈsafe·ty** *s* (*a.* Verkehrs)Unsicherheit *f*, Gefährlichkeit *f.*

ˌunˈsaid *adj* ungesagt, unausgesprochen, unerwähnt: **it is better left ~** es bleibt besser unerwähnt.

ˌunˈsal·a·ble, *bes. Br.* **unˈsale·a·ble** *adj* **1.** unverkäuflich. **2.** *econ.* nicht marktfähig *od.* gangbar *od.* absetzbar.

ˌunˈsal·a·ried *adj* unbezahlt, ehrenamtlich: **~ clerk** Volontär(in).

ˌunˈsale·a·ble *bes. Br. für* **unsalable.**

ˌunˈsalt·ed *adj* **1.** ungesalzen. **2.** *colloq.* ˈunroutiˌniert, unerfahren.

ˌunˈsanc·tioned *adj* nicht sanktioˈniert: a) nicht gebilligt, b) nicht geduldet.

ˌ**unˈsan·i·tar·y** *adj* **1.** ungesund. **2.** ˈunhygiˌenisch.
ˈ**unˌsat·isˈfac·to·ri·ness** *s* (*das*) Unbefriedigende, Unzulänglichkeit *f.* ˈ**unˌsat·isˈfac·to·ry** *adj* (*adv* **unsatisfactorily**) unbefriedigend, ungenügend, unzulänglich.
ˌ**unˈsat·is·fied** *adj* **1.** (*a. sexuell*) unbefriedigt, nicht zuˈfriedengestellt. **2.** ˈunzuˌfrieden. **3.** a) unbefriedigt (*Anspruch, Gläubiger*), b) unbezahlt (*Schuld*), c) unerfüllt (*Bedingung*). ˌ**unˈsat·is·fy·ing** *adj* (*adv* **~ly**) unbefriedigend.
ˌ**unˈsa·vo(u)r·i·ness** *s* **1.** Unschmackhaftigkeit *f.* **2.** ˈUnappeˌtitlichkeit *f* (*a. fig.*). ˌ**unˈsa·vo(u)r·y** *adj* (*adv* **unsavo[u]rily**) **1.** unschmackhaft. **2.** *a. fig.* ˈunappeˌtitlich, unangenehm. **3.** *fig.* anstößig.
ˌ**unˈsay** *v/t irr* widerˈrufen, zuˈrücknehmen, ungesagt machen.
ˌ**unˈscal·a·ble** *adj* unersteigbar.
ˌ**unˈscale** *v/t* **1.** *e-n Fisch* (ab)schuppen. **2.** *fig. j-m* die Augen öffnen.
ˌ**unˈscarred** *adj* ohne Narben.
ˌ**unˈscathed** *adj* unversehrt, unbeschädigt, heil.
ˌ**unˈsched·uled** *adj* **1.** nicht vorgesehen *od.* proˈgrammgemäß. **2.** außerplanmäßig (*Abfahrt etc*).
ˌ**unˈschol·ar·ly** *adj* **1.** unwissenschaftlich. **2.** ungelehrt.
ˌ**unˈschooled** *adj* **1.** ungeschult, nicht ausgebildet (**in** in *dat*). **2.** unverbildet.
ˈ**unˌsci·enˈtif·ic** *adj* (*adv* **~ally**) unwissenschaftlich.
ˌ**unˈscram·ble** *v/t* **1.** *colloq.* auseinˈanderklauben, entwirren. **2.** *zerhacktes Telefongespräch etc* entschlüsseln, dechifˈfrieren. **3.** *electr.* aussteuern.
ˌ**unˈscreened** *adj* **1.** ungeschützt. **2.** nicht abgeschirmt, (*Licht*) nicht abgeblendet. **3.** *tech.* ungesiebt (*Sand etc*). **4.** nicht überˈprüft.
ˌ**unˈscrew** *tech.* **I** *v/t* **1.** ab-, auf-, losschrauben. **II** *v/i* **2.** sich herˈaus- *od.* losdrehen. **3.** sich losschrauben lassen.
ˌ**unˈscript·ed** *adj* improviˈsiert (*Rede etc*). ˌ**unˈscrip·tur·al** *adj relig.* unbiblisch.
unˈscru·pu·lous *adj* (*adv* **~ly**) skrupel-, bedenken-, gewissenlos. **unˈscru·pu·lous·ness** *s* Skrupel-, Gewissenlosigkeit *f.*
ˌ**unˈseal** *v/t* **1.** *e-n Brief etc* a) entsiegeln, b) öffnen. **2.** *fig. die Augen od. Lippen* öffnen: **to ~ s.o.'s eyes** j-m die Augen öffnen. **3.** *fig.* enthüllen: **to ~ a mystery.** ˌ**unˈsealed** *adj* **1.** a) unversiegelt, b) geöffnet, offen. **2.** *fig.* nicht besiegelt.
ˌ**unˈsearch·a·ble** *adj* unerforschlich.
unˈsea·son·a·ble *adj* (*adv* **unseasonably**) **1.** nicht der Jahreszeit entsprechend (*bes. Wetter*). **2.** unzeitig. **3.** (*zeitlich*) unpassend, ungünstig.
ˌ**unˈsea·soned** *adj* **1.** nicht (aus)gereift. **2.** nicht abgelagert: **~ wood. 3.** ungewürzt. **4.** *fig.* unerfahren, ‚grün'. **5.** (**to**) *fig.* nicht gewöhnt (an *acc*), nicht abgehärtet (gegen).
ˌ**unˈseat** *v/t* **1.** *den Reiter* abwerfen. **2.** *j-n* absetzen, stürzen, s-s Postens entheben. **3.** *j-m* s-n Sitz (im Parlaˈment) nehmen. ˌ**unˈseat·ed** *adj* **1.** ohne Sitz(gelegenheit). **2.** *Am.* unbesiedelt (*Land*).
ˌ**unˈseaˌwor·thy** *adj mar.* seeuntüchtig.
ˌ**unˈsec·ond·ed** *adj* nicht unterˈstützt: **the motion was ~** *parl.* der Antrag fand keine Unterstützung.
ˌ**un·seˈcured** *adj* **1.** ungesichert. **2.** unbefestigt. **3.** *econ.* ungedeckt, nicht sichergestellt: **~ claims** (*beim Konkurs*) Massenansprüche; **~ debt** ungesicherte Schuld.
ˌ**unˈseed·ed** *adj sport* ungesetzt (*Spieler etc*).
ˌ**unˈsee·ing** *adj fig.* blind: **with ~ eyes** mit leerem Blick.
unˈseem·li·ness *s* Unziemlichkeit *f.* **unˈseem·ly I** *adj* **1.** unziemlich, ungehörig. **2.** *obs.* unschön. **II** *adv selten* **3.** in ungehöriger Art (u. Weise).
ˌ**unˈseen I** *adj* **1.** ungesehen, unbemerkt: → **sight** 5, **unsight. 2.** *mil.* uneingesehen (*Gelände*). **3.** unsichtbar: **the ~ (radio) audience. 4.** *ped. Br.* unvorbereitet (*Herübersetzung*). **II** *s* **5. the ~** das Geisterreich, die Geisterwelt. **6.** *ped. Br.* unvorbereitete ˈHerüberˌsetzung.
ˌ**unˈseiz·a·ble** *adj* **1.** nicht ergreifbar. **2.** *jur.* unpfändbar.
ˌ**unˈsel·dom** *adj* nicht selten, häufig.
ˌ**unˈself·ish** *adj* (*adv* **~ly**) selbstlos, uneigennützig. ˌ**unˈself·ish·ness** *s* Selbstlosigkeit *f*, Uneigennützigkeit *f.*
unˈsell *v/t irr j-n* abbringen (**on** von).
ˌ**un·senˈsa·tion·al** *adj* wenig aufregend *od.* sensatioˈnell.
ˈ**unˌsen·tiˈmen·tal** *adj* (*adv* **~ly**) ˈunsentimenˌtal.
ˌ**unˈsep·a·rat·ed** *adj* **1.** ungetrennt. **2.** unzerteilt.
ˌ**unˈser·vice·a·ble** *adj* **1.** nicht verwendbar, unbrauchbar: **an ~ tool. 2.** betriebs-, gebrauchsunfähig: **an ~ machine.**
ˌ**unˈset·tle** *v/t* **1.** *etwas* aus s-r (festen) Lage bringen. **2.** *j-n* beunruhigen, in Unruhe versetzen. **3.** *j-n, j-s Glauben etc* erschüttern, ins Wanken bringen. **4.** *j-n* verwirren, durcheinˈanderbringen. **5.** *j-n* aus dem (gewohnten) Gleis bringen. **6.** in Unordnung bringen. ˌ**unˈset·tled** *adj* **1.** ohne festen Wohnsitz. **2.** unbesiedelt: **~ region. 3.** *allg.* unsicher: **~ circumstances (times,** *etc*). **4.** unbestimmt, ungewiß, unsicher. **5.** unentschieden, unerledigt: **~ question. 6.** unbeständig, veränderlich (*Wetter; a. econ. Markt*). **7.** schwankend, unentschlossen (*Person*). **8.** geistig gestört, aus dem (seelischen) Gleichgewicht. **9.** unstet: **~ character; an ~ life. 10.** nicht geregelt: **~ estate** nicht regulierte Erbschaft. **11.** *econ.* unerledigt, unbezahlt: **~ bill.** ˌ**unˈset·tling** *adj* beunruhigend, alarˈmierend: **an ~ incident.**
ˌ**unˈsex** *v/t* **1.** geschlechtslos machen. **2.** *e-e Frau* vermännlichen: **to ~ o.s.** alles Frauliche ablegen.
ˌ**unˈshack·le** *v/t j-n* befreien (*a. fig.*). ˌ**unˈshack·led** *adj fig.* ungehemmt.
ˌ**unˈshad·ed** *adj* **1.** unverdunkelt, unbeschattet. **2.** *paint.* nicht schatˈtiert.
unˈshak(e)·a·ble *adj* unerschütterlich. ˌ**unˈshak·en** *adj* (*adv* **~ly**) **1.** unerschüttert, fest. **2.** unerschütterlich.
ˌ**unˈshape·ly** *adj* ungestalt, unförmig.
ˌ**unˈshaved,** ˌ**unˈshav·en** *adj* ˈunraˌsiert.
ˌ**unˈsheathe** *v/t* **1.** *das Schwert* aus der Scheide ziehen. **2.** *die Krallen* herˈausstrecken.
ˌ**unˈshed** *adj* unvergossen: **~ tears.**
ˌ**unˈshell** *v/t* **1.** (ab)schälen. **2.** enthülsen.
ˌ**unˈshel·tered** *adj* ungeschützt, schutzlos.
ˌ**unˈship** *v/t mar.* a) *die Ladung* löschen, ausladen, b) *Passagiere* ausschiffen, c) *den Mast, das Ruder etc* abbauen.
ˌ**unˈshod** *adj* **1.** unbeschuht, barfuß. **2.** unbereift (*Fahrzeug*). **3.** unbeschlagen (*Pferd*).
ˌ**unˈshorn** *adj* ungeschoren.
ˌ**unˈshort·ened** *adj* unverkürzt, ungekürzt.
ˌ**unˈshrink·a·ble** *adj* nicht einlaufend (*Stoffe*). **unˈshrink·ing** *adj* (*adv* **~ly**) nicht zuˈrückweichend, unverzagt, furchtlos.
ˌ**unˈsift·ed** *adj* **1.** ungesiebt. **2.** *fig.* ungeprüft.
ˌ**unˈsight** *adj*: **to buy s.th. ~, unseen** etwas unbesehen kaufen. ˌ**unˈsight·ed** *adj* **1.** nicht gesichtet. **2.** ungezielt: **an ~ shot. 3.** ohne Viˈsier: **~ gun. 4. he was ~** ihm war die Sicht versperrt.
unˈsight·li·ness *s* Unansehnlichkeit *f,* Häßlichkeit *f.* **unˈsight·ly** *adj* unansehnlich, häßlich.
ˌ**unˈsigned** *adj* **1.** ˈunsiˌgniert, nicht unterˈzeichnet. **2.** *math.* ohne Vorzeichen, unbezeichnet.
ˌ**unˈsilt** *v/t tech.* ausbaggern.
ˌ**unˈsink·a·ble** *adj* **1.** unsinkbar. **2.** unversenkbar.
ˌ**unˈsis·ter·ly** *adj* unschwesterlich.
ˌ**unˈsized**[1] *adj* nicht nach Größe(n) geordnet *od.* sorˈtiert.
ˌ**unˈsized**[2] *adj* **1.** ungeleimt. **2.** *paint.* ˈungrunˌdiert.
ˌ**unˈskil·ful,** *bes. Am.* ˌ**unˈskill·ful** *adj* (*adv* **~ly**) ungeschickt.
ˌ**unˈskilled** *adj* **1.** unerfahren, ungeschickt, ungewandt (**at, in** in *dat*). **2.** ungelernt: **~ work; ~ worker; the ~ labo(u)r** *collect.* die Hilfsarbeiter.
ˌ**unˈskill·ful** *bes. Am. für* **unskilful.**
ˌ**unˈskimmed** *adj* nicht entrahmt: **~ milk** Vollmilch *f.*
ˌ**unˈslack·ened** *adj* ungeschwächt, unvermindert.
ˌ**unˈslaked** *adj* **1.** ungelöscht: **~ lime. 2.** *fig.* ungestillt.
ˌ**unˈsleep·ing** *adj* **1.** immer wach. **2.** schlaflos. ˌ**unˈslept-in** *adj* unberührt (*Bett*).
ˌ**unˈsmil·ing** *adj* ernst.
ˌ**unˈsmoked** *adj* **1.** ungeräuchert. **2.** nicht aufgeraucht: **~ cigar.**
ˌ**unˈsnarl** *v/t* entwirren.
ˈ**unˌso·ciaˈbil·i·ty** *s* Ungeselligkeit *f.* **unˈso·cia·ble** *adj* (*adv* **unsociably**) ungesellig, nicht ˈumgänglich. **unˈso·cia·ble·ness** → **unsociability.**
ˌ**unˈso·cial** *adj* **1.** ˈunsoziˌal. **2.** ˈasoziˌal, gesellschaftsfeindlich. **3. to work ~ hours** *Br.* außerhalb der normalen Arbeitszeit arbeiten; **~ hours allowance** *econ. Br.* Zulage *f* für Nacht- *od.* Feiertagsschichten *etc.*
ˌ**unˈsoiled** *adj* unbeschmutzt, *fig. a.* unbefleckt.
ˌ**unˈsold** *adj* unverkauft: → **subject** 16.
ˌ**unˈsol·der** *v/t* **1.** *tech.* ab-, auf-, loslöten. **2.** *fig.* (auf)lösen, trennen.
ˌ**unˈsol·dier·ly,** *a.* ˌ**unˈsol·dier·like** *adj* ˈunsolˌdatisch.
ˌ**un·soˈlic·it·ed** *adj* **1.** ungebeten, unaufgefordert, unverlangt: **~ goods** *econ.* unbestellte Ware(n); **~ manuscripts** unverlangte Manuskripte. **2.** freiwillig.
ˌ**unˈsol·id** *adj* **1.** *allg.* nicht fest. **2.** ˈinstaˌbil: **~ buildings. 3.** anfechtbar: **~ arguments.**
ˌ**unˈsol·u·ble** → **unsolvable.**
ˌ**unˈsolv·a·ble** *adj* **1.** *chem.* un(auf)löslich. **2.** *fig.* unlösbar. ˌ**unˈsolved** *adj* ungelöst.
ˌ**un·soˈphis·ti·cat·ed** *adj* **1.** unverfälscht. **2.** lauter, rein, unvermischt. **3.** ungekünstelt, naˈtürlich, unverbildet. **4.** naˈiv, harmlos. ˈ**un·soˌphis·tiˈca·tion** *s* **1.** Unverfälschtheit *f.* **2.** Naˈtürlichkeit *f.* **3.** Naiviˈtät *f.*
ˌ**unˈsought** *adj a.* **~-for** nicht erstrebt, ungesucht, ungewollt.
ˌ**unˈsound** *adj* (*adv* **~ly**) **1.** ungesund (*a. fig.*): → **mind** 2. **2.** schlecht, verdorben (*Ware etc*), faul (*Obst*). **3.** morsch, wurmstichig. **4.** brüchig, rissig. **5.** unsicher, zweifelhaft. **6.** unzuverlässig, ˈunsoˌlid(e) (*a. econ.*). **7.** fragwürdig, nicht vertrauenswürdig (*Person*). **8.** anfechtbar, nicht stichhaltig: **~ argument. 9.** falsch, verkehrt: **~ doctrine** Irrlehre *f*; **~ policy** verfehlte Politik.

ˌ**un'sound·ed** *adj* **1.** *bes. mar.* nicht (aus)gelotet. **2.** *fig.* 'unsonˌdiert, unerforscht.

ˌ**un'sound·ness** *s* **1.** Ungesundheit *f* (*a. fig.*). **2.** Verdorbenheit *f.* **3.** Brüchigkeit *f.* **4.** Anfechtbarkeit *f.* **5.** Unzuverlässigkeit *f.* **6.** Verfehltheit *f,* (*das*) Falsche *od.* Verkehrte.

ˌ**un'sown** *adj* **1.** unbesät. **2.** ungesät.

un'spar·ing *adj* (*adv* **~ly**) **1.** reichlich, großzügig. **2.** verschwenderisch, freigebig (**in, of** mit): **to be ~ in** nicht kargen mit (*Lob etc*); **to be ~ in one's efforts** keine Mühe scheuen. **3.** schonungslos (**of** gegen).

un'speak·a·ble *adj* (*adv* **unspeakably**) **1.** unsagbar, unbeschreiblich, unsäglich. **2.** entsetzlich, scheußlich.

ˌ**un'spe·cial·ized** *adj* nicht speziali'siert (**in** auf *acc*).

ˌ**un'spec·i·fied** *adj* nicht (einzeln) angegeben *od.* aufgeführt, nicht spezifi'ziert.

ˌ**un'spec·u·la·tive** *adj* **1.** *philos.* nicht spekula'tiv. **2.** nicht auf vor'herigen Über'legungen beruhend. **3.** *econ.* zuverlässig, ohne Risiko.

ˌ**un'spent** *adj* **1.** nicht ausgegeben, nicht verbraucht. **2.** nicht verausgabt *od.* erschöpft.

ˌ**un'spir·it·u·al** *adj* (*adv* **~ly**) ungeistig.

ˌ**un'spoiled,** ˌ**un'spoilt** *adj* **1.** *allg.* unverdorben. **2.** nicht verzogen (*Kind*).

ˌ**un'spo·ken** *adj* **1.** un(aus)gesprochen, ungesagt: **~-of** unerwähnt; **~-to** unangeredet. **2.** stillschweigend (*Übereinkommen etc*).

ˌ**un·spon'ta·ne·ous** *adj* (*adv* **~ly**) nicht spon'tan: a) nicht impul'siv, b) unfreiwillig, c) gezwungen.

ˌ**un'sport·ing,** ˌ**un'sports·man·like** *adj* unsportlich, unfair.

ˌ**un'spot·ted** *adj* **1.** fleckenlos. **2.** *fig.* makellos, unbefleckt. **3.** *colloq.* unentdeckt.

ˌ**un'sprung** *adj tech.* ungefedert.

ˌ**un'sta·ble** *adj* **1.** nicht fest *od.* sta'bil (*a. fig.*). **2.** *bes. chem. tech.* 'instaˌbil. **3.** *fig.* unbeständig. **4.** *fig.* ungefestigt: (**emotionally**) ~ labil.

ˌ**un'stained** *adj* **1.** → **unspotted** 1 *u.* 2. **2.** ungefärbt.

ˌ**un'stamped** *adj* **1.** ungestempelt. **2.** 'unfranˌkiert: **~ letter.**

ˌ**un'starched** *adj* ungestärkt.

ˌ**un'states·man·like** *adj* unstaatsmännisch.

ˌ**un'stead·i·ness** *s* **1.** Unsicherheit *f.* **2.** Unstetigkeit *f,* Schwanken *n.* **3.** *fig.* 'Unsolidiˌtät *f.* **4.** Unregelmäßigkeit *f.*

ˌ**un'stead·y I** *adj* (*adv* **unsteadily**) **1.** unsicher, wack(e)lig. **2.** schwankend, unbeständig (*beide a. econ. Kurs, Markt*), unstet. **3.** *fig.* 'unsoˌlide. **4.** unregelmäßig. **II** *v/t* **5.** aus dem (*a.* seelischen) Gleichgewicht bringen.

ˌ**un'stick** *v/t irr* lösen, losmachen.

un'stint·ed *adj* uneingeschränkt, rückhaltlos, voll. **un'stint·ing** *adj* (*adv* **~ly**) → **unsparing** 1, 2.

ˌ**un'stitch** *v/t* auftrennen: **~ed** a) aufgetrennt, b) ungesteppt (*Falte*); **to come ~ed** aufgehen (*Naht etc*).

ˌ**un'stop** *v/t* **1.** entkorken, entstöpseln, aufmachen. **2.** *Abfluß etc* freimachen. ˌ**un'stopped** *adj* **1.** unverschlossen, offen. **2.** ungehindert. **3.** *ling.* a) offen (*Konsonant*), b) ohne Pause (*Zeilenschluß*).

ˌ**un'strained** *adj* **1.** 'unfilˌtriert, ungefiltert. **2.** nicht angespannt (*a. fig.*). **3.** *fig.* ungezwungen, na'türlich.

ˌ**un'strap** *v/t* ab-, auf-, losschnallen.

ˌ**un'stressed** *adj* **1.** *ling.* unbetont. **2.** *electr. phys. tech.* unbelastet.

ˌ**un'string** *v/t irr* **1.** *aufgereihte Perlen etc* abfädeln, abreihen. **2.** *mus.* entsaiten. **3.** *e-n Beutel etc* aufziehen, öffnen. **4.** *fig. j-s Nerven* stark strapa'zieren, *j-n* (nervlich) arg mitnehmen.

ˌ**un'strung** *adj* **1.** abgefädelt, abgereiht (*Perlen etc*). **2.** *mus.* a) saitenlos (*Instrument*), b) entspannt (*Saite, Bogen*). **3.** *fig.* a) zerrüttet (*Nerven, Person*), b) entnervt (*Person*).

ˌ**un'stuck** *adj*: **to come ~** a) sich lösen, abgehen (*Briefmarke etc*), b) *fig.* scheitern (*Person, Plan etc*).

ˌ**un'stud·ied** *adj* **1.** nicht ('ein)stuˌdiert. **2.** unbewandert (**in** in *dat*). **3.** ungesucht, ungekünstelt, na'türlich.

ˌ**un'styl·ish** *adj* unmodisch, 'uneleˌgant.

ˌ**un·sub'dued** *adj* **1.** unbezwungen, nicht über'wältigt. **2.** nicht unter'worfen *od.* unter'jocht.

ˌ**un·sub'mis·sive** *adj* (*adv* **~ly**) **1.** ungehorsam. **2.** nicht unter'würfig.

ˌ**un·sub'stan·tial** *adj* (*adv* **~ly**) **1.** immateri'ell, unstofflich, unkörperlich. **2.** unwesentlich: **~ difference.** **3.** wenig stichhaltig *od.* fun'diert: **~ arguments.** **4.** gehaltlos: **an ~ meal.** '**un·subˌstan·ti'al·i·ty** *s* **1.** Unstofflichkeit *f,* Unkörperlichkeit *f.* **2.** Unwesentlichkeit *f.* **3.** Gehaltlosigkeit *f.*

ˌ**un·sub'stan·ti·at·ed** *adj* **1.** nicht erhärtet. **2.** unbegründet.

ˌ**un·suc'cess** *s* 'Mißerfolg *m,* Fehlschlag *m.* ˌ**un·suc'cess·ful** *adj* (*adv* **~ly**) **1.** erfolglos, fruchtlos, vergeblich: **to be ~** keinen Erfolg haben, sein Ziel nicht erreichen; **to be ~ in doing s.th.** etwas ohne Erfolg tun, keinen Erfolg haben bei *od.* mit etwas; **~ applicants** zurückgewiesene *od.* abgelehnte Bewerber; **~ candidates** durchgefallene Kandidaten; **~ party** *jur.* unterlegene Partei. **2.** miß'lungen, miß'glückt, erfolglos: **~ experiment**; **~ take-off** Fehlstart *m.* ˌ**un·suc'cess·ful·ness** *s* Erfolglosigkeit *f.*

ˌ**un·sug'ges·tive** *adj* keine 'Hinweise gebend (**of** auf *acc*).

ˌ**un'suit·a·ble** *adj* (*adv* **unsuitably**) **1.** unpassend, ungeeignet (**to, for** für, zu): **to be ~** nicht passen, sich nicht eignen. **2.** unangemessen, unschicklich (**to, for** für): **to be ~** sich nicht schicken. ˌ**un'suit·ed** → **unsuitable** 1.

ˌ**un'sul·lied** *adj bes. poet.* **1.** jungfräulich: **~ snow.** **2.** *meist fig.* unbefleckt, makellos.

ˌ**un'sung I** *adj poet.* unbesungen. **II** *adv fig.* sang- u. klanglos.

ˌ**un·sup'plied** *adj* **1.** unversorgt, nicht versehen (**with** mit). **2.** *mil.* ohne Nachschub. **3.** nicht befriedigt (*Bedürfnis*), nicht behoben (*Mangel*).

ˌ**un·sup'port·a·ble** *adj* unerträglich. ˌ**un·sup'port·ed** *adj* **1.** ungestützt. **2.** unbestätigt, ohne 'Unterlagen. **3.** nicht unter'stützt: **~ children**; **~ motion.**

ˌ**un·sup'pressed** *adj* nicht unter'drückt.

ˌ**un'sure** *adj allg.* unsicher (**of** *gen*): **~ of o.s.** unsicher; **I am ~ of her agreement** ich bin (mir) nicht sicher, ob sie zustimmt. ˌ**un'sure·ness** *s* Unsicherheit *f.*

ˌ**un·sur'mount·a·ble** *adj* **1.** 'unüberˌsteigbar. **2.** *fig.* 'unüberˌwindlich.

ˌ**un·sur'pass·a·ble** *adj* (*adv* **unsurpassably**) 'unüberˌtrefflich. ˌ**un·sur'passed** *adj* 'unüberˌtroffen.

ˌ**un·sus'cep·ti·ble** *adj* **1.** unempfindlich (**to** gegen): **~ to pain** schmerzunempfindlich. **2.** unempfänglich (**to** für): **~ to flatteries.**

ˌ**un·sus'pect·ed** *adj* (*adv* **~ly**) **1.** unvermutet, ungeahnt. **2.** unverdächtig(t): **to be ~** nicht unter Verdacht stehen. ˌ**un·sus'pect·ing** *adj* (*adv* **~ly**) **1.** nichtsahnend, ahnungslos: **~ of ...** ohne etwas zu ahnen von ... **2.** arglos, nicht 'mißtrauisch, gutgläubig: **to be ~** keinen Verdacht schöpfen.

ˌ**un·sus'pi·cious** *adj* (*adv* **~ly**) **1.** arglos, nicht argwöhnisch. **2.** unverdächtig, harmlos.

ˌ**un·sus'tain·a·ble** *adj* unhaltbar, nicht aufrechtzuerhalten(d).

ˌ**un'swad·dle,** ˌ**un'swathe** *v/t* **1.** aus den Windeln nehmen. **2.** auswickeln.

ˌ**un'swayed** *adj* unbeeinflußt.

ˌ**un'swear** *v/t irr* abschwören (*dat*).

ˌ**un'sweet·ened** *adj* **1.** ungesüßt. **2.** *fig.* unversüßt.

un'swerv·ing *adj* (*adv* **~ly**) unbeirrbar, unerschütterlich.

ˌ**un'sworn** *adj jur.* **1.** unbeeidet: **~ declaration.** **2.** unvereidigt: **~ witness.**

ˌ**un·sym'met·ric** *adj*; ˌ**un·sym'met·ri·cal** *adj* 'unsymˌmetrisch.

'**unˌsym·pa'thet·ic** *adj* (*adv* **~ally**) teilnahmslos, ohne Mitgefühl.

ˌ**un·sys·tem'at·ic** *adj* (*adv* **~ally**) 'unsysteˌmatisch, planlos.

ˌ**un'tact·ful** *adj* taktlos.

ˌ**un'taint·ed** *adj* **1.** fleckenlos (*a. fig.*). **2.** unverdorben: **~ foodstuffs.** **3.** *fig.* tadel-, makellos. **4.** *fig.* unbeeinträchtigt (**with** von).

ˌ**un'tal·ent·ed** *adj* 'untalenˌtiert, unbegabt.

ˌ**un'tam(e)·a·ble** *adj* un(be)zähmbar. ˌ**un'tamed** *adj* ungezähmt (*a. fig.*).

ˌ**un'tan·gle** *v/t* **1.** entwirren (*a. fig.*). **2.** aus e-r schwierigen Lage befreien.

ˌ**un'tanned** *adj* **1.** ungegerbt: **~ leather.** **2.** ungebräunt: **~ skin.**

ˌ**un'tapped** *adj* unangezapft (*a. fig.*): **~ resources** ungenützte Hilfsquellen.

ˌ**un'tar·nished** *adj* **1.** ungetrübt. **2.** *a. fig.* makellos, unbefleckt.

ˌ**un'tast·ed** *adj* **1.** ungekostet (*a. fig.*). **2.** *fig.* (noch) nicht kennengelernt.

ˌ**un'taught** *adj* **1.** ungelehrt, nicht unter'richtet. **2.** unwissend, ungebildet. **3.** ungelernt, selbstentwickelt: **~ abilities.**

ˌ**un'taxed** *adj* unbesteuert, steuerfrei.

ˌ**un'teach** *v/t irr* **1.** *j-n* das Gegenteil lehren (*von etwas*). **2.** *j-n etwas* vergessen lassen. ˌ**un'teach·a·ble** *adj* **1.** unbelehrbar (*Person*). **2.** nicht lehrbar (*Sache*).

ˌ**un'tear·a·ble** *adj* unzerreißbar.

ˌ**un'tech·ni·cal** *adj* untechnisch.

ˌ**un'tem·pered** *adj* **1.** *tech.* ungehärtet, ungetempert (*Stahl*). **2.** *fig.* ungemildert (**with, by** durch).

ˌ**un'ten·a·ble** *adj* unhaltbar (*Theorie etc*).

ˌ**un'ten·ant·a·ble** *adj* **1.** unbewohnbar. **2.** *jur.* unpacht-, unmietbar. ˌ**un'ten·ant·ed** *adj* **1.** unbewohnt, leer(stehend). **2.** *jur.* ungepachtet, ungemietet.

ˌ**un'tend·ed** *adj* **1.** unbehütet, unbeaufsichtigt. **2.** ungepflegt, vernachlässigt.

ˌ**un'test·ed** *adj* **1.** ungeprüft, ungetestet. **2.** nicht erprobt.

ˌ**un'thank·ful** *adj* (*adv* **~ly**) undankbar.

ˌ**un'think** *irr* **I** *v/t* **1.** s-e Meinung ändern über (*acc*). **2.** sich *etwas* aus dem Kopf schlagen. **II** *v/i* **3.** s-e Meinung ändern, *weitS.* 'umdenken. **un'think·a·ble** *adj* undenkbar, unvorstellbar. ˌ**un'think·ing** *adj* (*adv* **~ly**) **1.** gedanken-, achtlos. **2.** nicht denkend.

ˌ**un'thought** *adj* **1.** 'unüberˌlegt: **~-out** nicht (ganz) durchdacht *od.* ausgereift. **2.** *meist* **~-of** a) unerwartet, unvermutet, b) unvorstellbar. ˌ**un'thought·ful** *adj* (*adv* **~ly**) **1.** gedankenlos. **2.** unachtsam (**of** mit).

ˌ**un'thread** *v/t* **1.** *die Nadel* ausfädeln, den Faden her'ausziehen aus. **2.** *Perlen etc* abfädeln, abreihen. **3.** *a. fig.* sich hin'durchfinden durch, her'ausfinden aus (*e-m Labyrinth etc*). **4.** *meist fig.* entwirren.

ˌunˈthrift I *adj* verschwenderisch. **II** *s* → **unthriftiness. ˌunˈthrift·i·ness** *s* Verschwendung *f*, Unwirtschaftlichkeit *f*. **ˌunˈthrift·y** *adj* (*adv* **unthriftily**) **1.** verschwenderisch: a) nicht haushälterisch, b) unwirtschaftlich (*a. Sache*). **2.** *poet.* nicht gedeihend.

ˌunˈthrone *v/t* entthronen (*a. fig.*).

unˈti·di·ness *s* Unordnung *f*, Unordentlichkeit *f*. **unˈti·dy** *adj* (*adv* **untidily**) unordentlich.

ˌunˈtie *v/t* aufknoten, *Knoten* lösen (*a. fig.*), losbinden (**from** von).

un·til [ənˈtɪl; ʌn-] **I** *prep* **1.** bis (*zeitlich*): ~ **recall** bis auf Widerruf. **2. not** ~ erst; **not** ~ **Monday** erst (am) Montag. **II** *conj* **3.** bis: **we waited** ~ **he came. 4. not** ~ erst als *od.* wenn, nicht eher als.

ˌunˈtilled *adj agr.* unbebaut, nicht bestellt.

unˈtime·li·ness *s* Unzeit *f*, falscher *od.* verfrühter Zeitpunkt. **unˈtime·ly** *adj u. adv* unzeitig: a) vorzeitig, verfrüht, b) ungelegen, unpassend, zum falschen Zeitpunkt.

ˌunˈtinc·tured, ˌunˈtinged *adj* **1.** *fig.* ohne Anstrich, unberührt, frei (**with, by** von). **2.** nicht gefärbt, rein (*a. fig.*).

unˈtir·ing *adj* (*adv* ~**ly**) unermüdlich.

ˌunˈti·tled *adj* **1.** unbetitelt. **2.** ohne Titel, ohne (Adels)Rang. **3.** ohne Rechtsanspruch *od.* -titel, unberechtigt.

un·to [ˈʌntʊ] *prep obs. od. poet. od. Bibl.* → **to** I.

ˌun·toˈgeth·er *adj Am. sl.* unausgeglichen: **an** ~ **young man.**

ˌunˈtold *adj* **1.** a) unerzählt, b) ungesagt: **to leave nothing** ~ nichts unerwähnt lassen. **2.** unsäglich, unsagbar: ~ **sufferings. 3.** zahllos. **4.** unermeßlich: **of** ~ **wealth** unermeßlich reich.

unˈtouch·a·ble I *adj* **1.** unberührbar. **2.** unantastbar, unangreifbar. **3.** unerreichbar. **4.** unfaßbar. **II** *s* **5.** Unberührbare(r *m*) *f* (*bei den Hindus*). **ˌunˈtouched** *adj* **1.** unberührt (*Essen etc*) (*a. fig.*), unangetastet (*a. Vorrat*), unversehrt, unverändert: **to stand** ~ unangetastet bleiben (*Rekord etc*). **2.** *fig.* ungerührt, unbewegt. **3.** nicht zuˈrechtgemacht, *fig.* ungeschminkt. **4.** *phot.* ˈunretuˌschiert. **5.** unerreicht: ~ **perfection.**

un·to·ward [ˌʌntəˈwɔː(r)d; ʌnˈtəʊə(r)d] *adj* **1.** *obs.* ungefügig, ˈwiderspenstig (*a. fig.*). **2.** ungünstig, unglücklich, widrig (*Umstand etc*), schlecht (*Vorzeichen etc*). **un·to·ward·ness** *s* **1.** *obs.* ˈWiderspenstigkeit *f*. **2.** Widrigkeit *f*.

ˌunˈtrace·a·ble *adj* unauffindbar, nicht ausfindig zu machen(d).

ˌunˈtrained *adj* **1.** ungeschult (*a. fig.*), *a. mil.* unausgebildet. **2.** *sport* ˈuntraiˌniert. **3.** ungeübt. **4.** ˈundresˌsiert: ~ **dog.**

unˈtram·mel(l)ed *adj bes. fig.* ungebunden, ungehindert.

ˌun·transˈlat·a·ble *adj* (*adv* **untranslatably**) ˈunüberˌsetzbar.

ˌunˈtrav·el(l)ed *adj* **1.** unbefahren (*Straße etc*). **2.** nicht gereist, nicht (weit) herˈumgekommen (*Person*).

ˌunˈtried *adj* **1.** a) unerprobt, ungeprüft, b) unversucht. **2.** *jur.* a) unerledigt, (noch) nicht verhandelt, b) (noch) nicht vor Gericht gestellt, c) ohne Proˈzeß.

ˌunˈtrimmed *adj* **1.** unbeschnitten (*Bart, Hecke etc*). **2.** nicht (ordentlich) zuˈrechtgemacht. **3.** ungeschmückt.

ˌunˈtrod·den *adj* unberührt (*Schnee, Wildnis etc*): ~ **paths** *fig.* neue Wege.

ˌunˈtrou·bled *adj* **1.** ungestört, unbelästigt. **2.** ruhig, friedlich: ~ **times;** ~ **mind** unbeschwertes Gemüt. **3.** glatt (*Wasser*), ungetrübt (*a. fig.*).

ˌunˈtrue *adj* **1.** untreu (**to** *dat*). **2.** unwahr, falsch, irrig. **3.** ungenau. **4.** *mus.* unrein. **5.** unvollkommen. **6.** (**to**) nicht in Überˈeinstimmung (mit), abweichend (von). **7.** *tech.* a) unrund, b) ungenau. **ˌunˈtru·ly** *adv* fälschlich(erweise).

ˌunˈtrustˌwor·thi·ness *s* Unzuverlässigkeit *f*. **ˌunˈtrustˌwor·thy** *adj* unzuverlässig, nicht vertrauenswürdig.

ˌunˈtruth *s* **1.** Unwahrheit *f*. **2.** Falschheit *f*. **ˌunˈtruth·ful** *adj* (*adv* ~**ly**) **1.** unwahr (*a. Sache*), unaufrichtig. **2.** falsch, irrig. **ˌunˈtruth·ful·ness** → **untruth.**

ˌunˈtuck *v/t* **1.** (her)ˈauswickeln, lösen. **2.** *Schneiderei*: *e-e Falte* auslassen.

ˌunˈtune *v/t* **1.** verstimmen. **2.** *fig.* durcheinˈanderbringen, verwirren. **ˌunˈtuneful** *adj* ˈunmeˌlodisch.

ˌunˈturned *adj* nicht ˈumgedreht: → **stone** *Bes. Redew.*

ˌunˈtu·tored *adj* **1.** ungebildet, ungeschult. **2.** unerzogen. **3.** unverbildet, naˈiv, naˈtürlich. **4.** ˈunkultiˌviert.

ˌunˈtwine, ˌunˈtwist I *v/t* **1.** aufdrehen, -flechten. **2.** *bes. fig.* entwirren, lösen. **3.** *bes. fig.* trennen. **II** *v/i* **4.** sich aufdrehen, aufgehen.

ˌunˈtyp·i·cal *adj* untypisch (**of** für).

ˌunˈused *adj* **1.** unbenutzt, ungebraucht, nicht verwendet: ~ **capital** brachliegendes Kapital; ~ **credit** nicht beanspruchter Kredit. **2.** a) nicht gewöhnt (**to** an *acc*), b) nicht gewohnt (**to doing** zu tun).

unˈu·su·al *adj* (*adv* ~**ly**) un-, außergewöhnlich: **it is** ~ **for him to get drunk** es ist nicht s-e Art, sich zu betrinken. **unˈu·su·al·ness** *s* Ungewöhnlichkeit *f*, (*das*) Außergewöhnliche.

unˈut·ter·a·ble *adj* (*adv* **unutterably**) **1.** unaussprechlich (*a. fig.*). **2.** → **unspeakable** 1. **3.** unglaublich, Erz...: ~ **scoundrel** Erzgauner *m*. **ˌunˈut·tered** *adj* unausgesprochen, ungesagt.

ˌunˈval·ued *adj* **1.** nicht (ab)geschätzt, ˈuntaˌxiert: ~ **stock** *econ. bes. Am.* nennwertlose Aktie. **2.** nicht geschätzt, wenig geachtet.

unˈvar·ied *adj* unverändert, einförmig.

unˈvar·nished *adj* **1.** [ˌʌn-] *tech.* ungefirnißt. **2.** *fig.* ungeschminkt: ~ **truth. 3.** *fig.* schlicht, einfach.

unˈvar·y·ing *adj* (*adv* ~**ly**) unveränderlich, gleichbleibend.

ˌunˈveil I *v/t* **1.** *das Gesicht etc* entschleiern, *ein Denkmal etc* enthüllen (*a. fig.*): ~**ed** unverschleiert, unverhüllt (*a. fig.*). **2.** sichtbar werden lassen. **II** *v/i* **3.** den Schleier fallen lassen, sich enthüllen (*a. fig.*).

ˌunˈven·ti·lat·ed *adj* **1.** ungelüftet, nicht ventiˈliert. **2.** unerörtert, nicht zur Sprache gebracht.

ˌun·veˈra·cious *adj* unwahr.

ˌunˈver·i·fied *adj* unbewiesen, unbelegt.

ˌunˈversed *adj* unbewandert (**in** in *dat*).

ˌunˈvi·ti·at·ed *adj allg.* unverdorben.

ˌunˈvoice *v/t ling.* stimmlos aussprechen. **ˌunˈvoiced** *adj* **1.** unausgesprochen, nicht geäußert. **2.** *ling.* stimmlos.

ˌunˈvouched(-for) *adj* unverbürgt.

ˌunˈvouch·ered *adj*: ~ **fund** *pol. Am.* Reptilienfonds *m*.

ˌunˈvul·can·ized *adj* nicht vulkaniˈsiert: ~ **rubber** Rohgummi *n, m*.

ˌunˈwant·ed *adj* unerwünscht: → **alien** 7.

unˈwar·i·ness *s* Unvorsichtigkeit *f*.

ˌunˈwar·like *adj* friedliebend, unkriegerisch.

ˌunˈwarped *adj* **1.** nicht verzogen (*Holz*). **2.** *fig.* ˈunparˌteiisch.

unˈwar·rant·a·ble *adj* (*adv* → **unwarrantably**) unverantwortlich, nicht zu rechtfertigen(d), ungerechtfertigt, nicht vertretbar, untragbar, unhaltbar. **unˈwar·rant·a·ble·ness** *s* Unverantwortlichkeit *f*, Unvertretbarkeit *f*. **unˈwar·rant·a·bly** *adv* in ungerechtfertigter *od.* unverantwortlicher Weise.

ˌunˈwar·rant·ed *adj* **1.** [ʌn-] ungerechtfertigt, unberechtigt, unbefugt. **2.** unverbürgt, ohne Gewähr.

unˈwar·y *adj* (*adv* **unwarily**) **1.** unvorsichtig. **2.** ˈunüberˌlegt.

ˌunˈwashed *adj* ungewaschen: **the great** ~ *fig. contp.* der Pöbel.

ˌunˈwatched *adj* unbeobachtet.

ˌunˈwatch·ful *adj* **1.** nicht wachsam. **2.** nicht auf der Hut (**against** vor *dat*).

ˌunˈwa·tered *adj* **1.** unbewässert, nicht begossen, nicht gesprengt (*Rasen etc*). **2.** unverwässert (*Milch etc*; *a. econ. Kapital*).

unˈwa·ver·ing *adj* (*adv* ~**ly**) unerschütterlich, standhaft, unentwegt.

ˌunˈweak·ened *adj* **1.** ungeschwächt. **2.** unverdünnt (*Getränk etc*).

ˌunˈweaned *adj* (noch) nicht entwöhnt.

ˌunˈwear·a·ble *adj* untragbar: **these clothes are** ~ diese Sachen kann man nicht tragen.

unˈwea·ried *adj* (*adv* ~**ly**) **1.** nicht ermüdet, frisch. **2.** unermüdlich. **unˈwea·ry·ing** *adj* (*adv* ~**ly**) **1.** unermüdlich. **2.** (immer) gleichbleibend.

ˌunˈwed(·ded) *adj* unverheiratet.

ˌunˈweighed *adj* **1.** ungewogen. **2.** nicht abgewägt *od.* abgewogen, unbedacht.

unˈwel·come *adj* ˈunwillˌkommen (*a. fig. unangenehm*): **to make s.o. feel** ~ j-n ‚vergraulen'.

ˌunˈwell *adj*: **she is** (*od.* **feels**) ~ sie fühlt sich unwohl *od.* unpäßlich, sie ist unpäßlich (*a. euphem. sie hat ihre Periode*).

ˌunˈwept *adj* **1.** unbeweint. **2.** *selten* ungeweint: ~ **tears.**

ˌunˈwhole·some *adj* (*adv* ~**ly**) **1.** *allg.* ungesund (*a. fig.*). **2.** *fig.* verderbt, verdorben. **ˌunˈwhole·some·ness** *s* Ungesundheit *f*, *fig. a.* (*das*) Ungesunde.

unˈwield·i·ness *s* **1.** Unbeholfenheit *f*, Schwerfälligkeit *f*. **2.** Unhandlichkeit *f*. **unˈwield·y** *adj* (*adv* **unwieldily**) **1.** unbeholfen, plump, schwerfällig. **2.** a) unhandlich, b) sperrig.

ˌunˈwill *v/t* **1.** das Gegenteil wollen von. **2.** willenlos machen. **ˌunˈwilled** *adj* ungewollt. **ˌunˈwill·ing** *adj* un-, ˈwiderwillig: **to be** ~ **to do** abgeneigt sein, *etwas* zu tun; *etwas* nicht wollen; **willing or** ~ man mag wollen oder nicht; **I am** ~ **to admit it** ich gebe es ungern zu. **unˈwill·ing·ly** *adv* ungern, ˈwiderwillig. **unˈwill·ing·ness** *s* ˈWiderwille *m*, Abgeneigtheit *f*.

ˌunˈwind [-ˈwaɪnd] *irr* **I** *v/t* **1.** ab-, auf-, loswickeln, abspulen, *Papier etc* abrollen, *e-n Verband etc* abwickeln, abnehmen. **2.** *fig.* entwirren. **II** *v/i* **3.** sich abod. loswickeln, aufgehen, sich lockern. **4.** *colloq.* ‚abschalten', sich entspannen.

ˌunˈwink·ing *adj* (*adv* ~**ly**) **1.** unverwandt, starr (*Blick*). **2.** *fig.* wachsam.

ˌunˈwin·na·ble *adj* nicht zu gewinnen(d), aussichtslos.

ˌunˈwis·dom *s* Unklugheit *f*, Torheit *f*.

ˌunˈwise *adj* unklug, töricht.

unˈwished *adj* **1.** ungewünscht. **2.** *a.* ~**-for** unerwünscht.

ˌunˈwith·ered *adj* **1.** unverwelkt. **2.** *fig.* jung, frisch.

ˌunˈwit·nessed *adj* unbezeugt: a) nicht gesehen *od.* beobachtet, b) *jur.* ohne ˈZeugenˌunterschrift.

unˈwit·ting *adj* (*adv* ~**ly**) **1.** unwissend. **2.** unwissentlich, unabsichtlich.

unˈwom·an·li·ness *s* Unweiblichkeit *f*, Unfraulichkeit *f*. **unˈwom·an·ly I** *adj*

1. unweiblich, unfraulich. 2. für e-e Frau ungeeignet: ~ **work**. **II** *adv* **3.** nicht wie e-e Frau (es tut).

unˈwont·ed *adj* (*adv* ~**ly**) **1.** *obs.* nicht gewöhnt (to an *acc*), ungewohnt (**to** *inf* zu *inf*). **2.** ungewöhnlich, unüblich.

ˌunˈwood·ed *adj* unbewaldet.

ˌunˈwork·a·ble *adj* **1.** unausführbar, ˈunˌdurchführbar (*Plan etc*). **2.** *tech.* nicht bearbeitungsfähig, un(ver)formbar. **3.** *tech.* nicht betriebsfähig. **4.** *Bergbau*: nicht abbauwürdig. **ˌunˈworked** *adj* **1.** unbearbeitet (*Boden etc*), roh (*a. tech.*). **2.** *Bergbau*: unverritzt: ~ **coal** anstehende Kohle.

ˌunˈwork·man·like *adj* unfachmännisch, unfachgemäß, stümperhaft.

ˌunˈworld·li·ness *s* **1.** unweltliche Gesinnung, Weltfremdheit *f.* **2.** Uneigennützigkeit *f.* **3.** Geistigkeit *f.* **ˌun-ˈworld·ly** *adj* **1.** unweltlich, nicht weltlich (gesinnt), weltfremd. **2.** uneigennützig. **3.** unweltlich, unirdisch, geistig.

ˌunˈworn *adj* **1.** ungetragen (*Kleidungs-, Schmuckstück etc*). **2.** nicht abgetragen *od.* abgenutzt. **3.** *fig.* unverbraucht.

unˈwor·thi·ness *s* Unwürdigkeit *f.* **un-ˈwor·thy** *adj* (*adv* **unworthily**) unwürdig, nicht würdig (**of** *gen*): **he is** ~ **of it** er ist dessen unwürdig, er verdient es nicht, er ist es nicht wert; **he is** ~ **of respect** er verdient keine Achtung.

ˌunˈwound [-ˈwaʊnd] *adj* **1.** abgewickelt. **2.** abgelaufen, nicht aufgezogen (*Uhr*).

ˌunˈwound·ed [-ˈwuːndɪd] *adj* unverwundet, unverletzt.

ˌunˈwo·ven *adj* ungewebt.

ˌunˈwrap *v/t* auf-, auswickeln, auspacken.

ˌunˈwrin·kle *v/t* glätten. **ˌunˈwrin-kled** *adj* glatt, faltenlos, nicht gerunzelt.

ˌunˈwrit·ten *adj* **1.** ungeschrieben: ~ **law** a) *jur.* ungeschriebenes Recht, b) *fig.* ungeschriebenes Gesetz. **2.** *a.* ~**-on** unbeschrieben.

ˌunˈwrought *adj* unbearbeitet, unverarbeitet: ~ **goods** Rohstoffe.

unˈyield·ing *adj* (*adv* ~**ly**) **1.** unbiegsam, starr. **2.** nicht nachgebend (**to** *dat*), fest (*a. fig.*). **3.** *fig.* unnachgiebig, hart, unbeugsam.

ˌunˈyoke *v/t* **1.** aus-, losspannen. **2.** *fig.* (los)trennen, lösen.

ˌunˈzip I *v/t* **1.** den Reißverschluß öffnen von (*od. gen*). **2.** *colloq. j-m* den Reißverschluß aufmachen. **II** *v/i* **3. her dress** ~**ped** der Reißverschluß ihres Kleids ging auf.

up [ʌp] **I** *adv* **1.** a) nach oben, hoch, (her-, hin)ˈauf, in die Höhe, emˈpor, aufwärts, b) oben (*a. fig.*): ... **and** ~ und (noch) höher *od.* mehr, von ... aufwärts; ~ **and** ~ höher u. höher, immer höher; **farther** ~ weiter hinauf *od.* (nach) oben; **three storeys** ~ drei Stock hoch, (oben) im dritten Stock(werk); ~ **and down** a) auf u. ab, hin u. her *od.* zurück, b) *fig.* überall; **buttoned all the way** ~ bis oben (hin) zugeknöpft; ~ **from** a) (heraus) aus, b) von ... an, angefangen von ...; ~ **from the country** vom Lande; **from my youth** ~ von Jugend auf, seit m-r Jugend; ~ **till now** bis jetzt. **2.** weiter (nach oben), höher (*a. fig.*): ~ **north** weiter im Norden. **3.** flußˈaufwärts, den Fluß hinˈauf. **4.** nach *od.* im Norden: ~ **from Cuba** von Kuba aus in nördlicher Richtung. **5.** a) in der *od.* in die (*bes.* Haupt)Stadt, b) *Br. bes.* in *od.* nach London: ~ **for a week** *Br.* e-e Woche (lang) in London. **6.** *Br.* am *od.* zum Studienort, im College *etc*: **he stayed** ~ **for the vacation**. **7.** *Am. colloq.* in (*dat*): ~ **north** im Norden. **8.** aufrecht, gerade: **to sit** ~. **9.** auf ... (*acc*) zu, hin, her(ˈan): **he went straight** ~ **to the door** er ging geradewegs auf die Tür zu *od.* zur Tür. **10.** *sport etc* erzielt (*Punktzahl*): **with a hundred** ~ mit hundert (Punkten). **11.** *Tischtennis etc*: ‚auf': **two** ~ zwei auf, beide zwei. **12.** *Baseball*: am Schlag. **13.** *mar.* luvwärts, gegen den Wind. **14.** ~ **to** a) hinˈauf nach *od.* zu, b) bis (zu), bis an *od.* auf (*acc*), c) gemäß, entsprechend: ~ **to town** in die Stadt, *Br. bes.* nach London; ~ **to death** bis zum Tode; → **chin** 1, **count**[1] 16, **date**[2] 10, **expectation** 1, **mark**[1] 13, **par** 3, **scratch** 5, **standard**[1] 6. **15. to be** ~ **to** *meist colloq.* a) *etwas* vorhaben, *etwas* im Schilde führen, b) gewachsen sein (*dat*), c) entsprechen (*dat*), d) *j-s* Sache sein, abhängen von, e) fähig *od.* bereit sein zu, f) vorbereitet *od.* gefaßt sein auf (*acc*), g) vertraut sein mit, sich auskennen in (*dat*): **what are you** ~ **to?** was hast du vor?, was machst du (**there** da)?; **he is** ~ **to no good** er führt nichts Gutes im Schilde; **it is** ~ **to him** es liegt an ihm, es hängt von ihm ab, es ist s-e Sache; **it is not** ~ **to much** es taugt nicht viel; **he is not** ~ **to much** mit ihm ist nicht viel los; → **snuff**[1] 8, **trick** 2. **16.** (*in Verbindung mit Verben [siehe jeweils diese] bes. als Intensivum*) a) auf..., aus..., ver..., b) zusammen...

II *interj* **17.** ~! auf!, hoch!, herˈauf!, hinˈauf!: ~ **(with you)!** (steh) auf!; ~ ...! hoch (lebe) ...!

III *prep* **18.** auf ... (*acc*) (hinˈauf), hinauf, emˈpor (*a. fig.*): ~ **the ladder** die Leiter hinauf; ~ **the street** die Straße hinauf *od.* entlang; ~ **yours!** *vulg.* leck(t) mich (doch)! **19.** in das Innere (*e-s Landes etc*) (hinˈein): ~ **(the) country** landeinwärts. **20.** gegen: ~ **(the) wind**. **21.** oben an *od.* auf (*dat*), an der Spitze (*gen*): ~ **the tree** (oben) auf dem Baum; **further** ~ **the road** weiter oben an der Straße; ~ **the yard** hinten im Hof.

IV *adj* **22.** aufwärts..., nach oben gerichtet. **23.** im Inneren (des Landes *etc*). **24.** nach der *od.* zur Stadt: ~ **train**; ~ **platform** Bahnsteig *m* für Stadtzüge. **25.** a) oben (befindlich), (nach oben) gestiegen, b) hoch (*a. fig.*): **to be** ~ *fig.* an der Spitze sein, obenauf sein; **he is** ~ **in** (*od.* **on**) **that subject** *colloq.* in diesem Fach ist er auf der Höhe *od.* ‚gut beschlagen'; **to be well** ~ **in** *colloq.* weit fortgeschritten sein in (*dat*); **to be** ~ **on** Bescheid wissen über (*acc*); **prices are** ~ die Preise sind gestiegen; **wheat is** ~ *econ.* Weizen steht hoch (im Kurs), der Weizenpreis ist gestiegen. **26.** höher. **27.** auf(gestanden), auf den Beinen (*a. fig.*): **already** ~ **and about**, ~ **and doing** *colloq.* schon (wieder) auf den Beinen; ~ **and coming** → **up-and-coming**; **to be** ~ **late** lange aufbleiben; **to be** ~ **again** wieder obenauf sein; **to be** ~ **against a hard job** *colloq.* vor e-r schwierigen Aufgabe stehen; **to be** ~ **against it** *colloq.* in der Klemme sein *od.* sitzen *od.* stecken. **28.** (zum Sprechen) aufgestanden: **the Home Secretary is** ~ der Innenminister will sprechen *od.* spricht. **29.** *parl. Br.* geschlossen: **Parliament is** ~ das Parlament hat s-e Sitzungen beendet *od.* hat sich vertagt. **30.** (*bei verschiedenen Substantiven*) a) aufgegangen (*Sonne, Samen*), b) hochgeschlagen (*Kragen*), c) hochgekrempelt (*Ärmel etc*), d) aufgespannt (*Schirm*), e) aufgeschlagen (*Zelt*), f) hoch-, aufgezogen (*Vorhang etc*), g) aufgestiegen (*Ballon etc*), h) aufgeflogen (*Vogel*), i) angeschwollen (*Fuß etc*), j) *sport* aufgeschrieben, erzielt (*Punktzahl*). **31.** schäumend (*Getränk*): **the cider is** ~ der Apfelwein schäumt. **32.** *colloq.* in Aufruhr, erregt: **his temper is** ~ er ist erregt *od.* aufgebracht; **the whole country was** ~ das ganze Land befand sich in Aufruhr; → **arm**[2] *Bes. Redew.*, **blood** 2. **33.** *colloq.* ‚los', im Gange: **what's** ~**?** was ist los?; **is anything** ~**?** ist (irgend et)was los?; → **hunt** 1. **34.** zu Ende, abgelaufen, vorˈbei, um: **it's all** ~ es ist alles aus; **it's all** ~ **with him** *collect.* es ist aus mit ihm; → **game**[1] 6, **time** 11. **35.** ~ **with** *j-m* ebenbürtig *od.* gewachsen. **36.** ~ **for** bereit zu: **to be** ~ **for election** auf der Wahlliste stehen; **to be** ~ **for examination** sich e-r Prüfung unterziehen; **to be** ~ **for sale** zum Kauf stehen; **to be** ~ **for trial** *jur.* a) vor Gericht stehen, b) verhandelt werden; **the case is** ~ **before the court** der Fall wird (vor Gericht) verhandelt; **to be (had)** ~ **for** *colloq.* vorgeladen werden wegen. **37.** *Sport u. Spiel*: *um e-n Punkt etc* vorˈaus: **to be one** ~; **one** ~ **for you** eins zu null für dich (*a. fig.*). **38.** *bes. Am. sl.* hoffnungsvoll, optiˈmistisch: ~ **tunes**; **to be** ~ in Hochstimmung sein, ein Hoch haben.

V *v/i* **39.** *colloq.* aufstehen, sich erheben: **to** ~ **and ask s.o.** j-n plötzlich fragen. **40. to** ~ **with** *Am. colloq. etwas* hochreißen: **he** ~**ped with his shotgun**. **41.** *Am. colloq.* aufsteigen (**to** zu). **42.** *bes. Am. sl.* Aufputschmittel nehmen.

VI *v/t* **43.** *colloq. Preis, Produktion etc* erhöhen. **44.** *Am. colloq.* (*im Rang*) befördern (**to** zum).

VII *s* **45.** Aufwärtsbewegung *f*, An-, Aufstieg *m*: **the** ~**s and downs** das Auf u. Ab; **the** ~**s and downs of life** die Höhen u. Tiefen des Lebens; **on the** ~ **and** ~ *colloq.* a) im Steigen (begriffen), im Kommen, b) in Ordnung, anständig, ehrlich; **our firm's on the** ~ **and** ~ *colloq.* mit unserer Firma geht es aufwärts; **he's on the** ~ **and** ~ *colloq.* er macht keine ‚krummen Touren'. **46.** *colloq.* Preisanstieg *m*, Wertzuwachs *m.* **47.** *colloq.* Höhergestellte(r *m*) *f.* **48.** → **upper** 8.

ˌup-and-ˈcom·ing *adj* aufstrebend, vielversprechend.

ˌup-and-ˈdown *adj* **1.** auf u. ab *od.* von oben nach unten gehend: ~ **looks** kritisch musternde Blicke; ~ **motion** Aufundabbewegung *f*; ~ **stroke** *tech.* Doppelhub *m.* **2.** hin u. zuˈrück. **3.** uneben, unregelmäßig. **4.** *bes. Am.* senkrecht. **5.** regelrecht: ~ **quarrel**. **6.** *Am. colloq.* offen, ehrlich.

U·pan·i·shad [uːˈpʌnɪʃəd; uːˈpɑːnɪʃɑːd; uːˈpænɪʃæd; juː-] (*Sanskrit*) *s* Uˈpanischad *f.*

u·pas [ˈjuːpəs] *s* **1.** *a.* ~ **tree** *bot.* Upasbaum *m.* **2.** a) Upassaft *m* (*Pfeilgift*): ~ **antiar** Upasharz *n*, b) *fig.* Gift *n*, verderblicher Einfluß.

upˈbear *v/t irr* **1.** tragen, stützen. **2.** *fig.* aufrechterhalten, ermutigen.

ˈup·beat I *s* **1.** *mus.* Auftakt *m.* **2.** *metr.* a) → **anacrusis**, b) betonte Silbe. **3.** *fig.* Aufschwung *m*: **on the** ~ im Aufschwung (begriffen). **II** *adj* **4.** *colloq.* optiˈmistisch, beschwingt.

ˈup-bow [-bəʊ] *s mus.* Aufstrich *m.*

upˈbraid *v/t* **1.** *j-m* Vorwürfe machen, *j-n* tadeln, rügen: **to** ~ **s.o. with** (*od.* **for**) **s.th.** j-m etwas vorwerfen *od.* vorhalten, j-m wegen e-r Sache Vorwürfe machen. **2.** etwas auszusetzen haben an (*dat*), herˈumnörgeln an (*dat*). **upˈbraid·ing I** *s* Vorwurf *m*, Tadel *m*, Rüge *f.* **II** *adj* vorwurfsvoll, tadelnd.

ˈupˌbring·ing *s* **1.** Erziehung *f.* **2.** Groß-, Aufziehen *n.*

ˈup·cast I *adj* emˈporgerichtet (*Blick etc*), aufgeschlagen (*Augen*). **II** *s a.* ~ **shaft** (*Bergbau*) Wetter-, Luftschacht *m.* **III** *v/t irr* hochwerfen.

ˈ**up·chuck I** *v/i* (sich er)brechen, sich überˈgeben. **II** *v/t* (er)brechen.
ˈ**upˌcom·ing** *adj Am.* kommend, bevorstehend.
ˌ**upˈcoun·try I** *adj* **1.** im Inneren des Landes (gelegen *od.* lebend), binnenländisch. **2.** *contp.* bäurisch. **II** *s* **3.** (*das*) (Landes)Innere, Binnen-, ˈHinterland *n.* **III** *adv* [ʌpˈkʌntrɪ] **4.** landˈeinwärts.
ˈ**upˌcur·rent** *s* Aufwind *m.*
up·date I *v/t* [ʌpˈdeɪt] **1.** auf den neuesten Stand bringen. **II** *s* [ˈʌpdeɪt] **2.** ˈUnterlagen *pl etc* über den neuesten Stand. **3.** auf den neuesten Stand gebrachte Versiˈon *etc.*
ˈ**up·do** *s colloq.* ˈHochfriˌsur *f.*
ˈ**up·draft,** *bes. Br.* ˈ**up·draught** *s* Aufwind *m*: ~ **carburet(t)or** Steigstromvergaser *m.*
upˈend *v/t* **1.** hochkant stellen, *ein Faß etc* aufrichten. **2.** *ein Gefäß* ˈumstülpen. **3.** *fig.* völlig durcheinˈanderbringen.
ˈ**up-ˌfront** *adj Am. colloq.* **1.** freimütig, diˈrekt, offen. **2.** vordringlich. **3.** führend (*Persönlichkeit etc*). **4.** Voraus...: ~ **payments.**
up·grade [ˈʌpgreɪd] **I** *s* **1.** *bes. Am.* Steigung *f*, Anstieg *m.* **2. on the** ~ *fig.* im (An)Steigen (begriffen). **II** *adj* **3.** *bes. Am.* an-, aufsteigend. **III** *adv* **4.** *bes. Am.* bergˈauf. **IV** *v/t* [ʌpˈgreɪd] **5.** höher einstufen: **to ~ s.o.'s status** j-n aufwerten. **6.** *j-n* (im Rang) befördern. **7.** *econ.* a) (die Qualiˈtät *gen*) verbessern, b) *ein Produkt* durch ein höherwertiges Erzeugnis ersetzen.
ˈ**up·growth** *s* **1.** Entwicklung *f*, Wachstum *n.* **2.** Proˈdukt *n* (e-s Entˈwicklungs- *od.* ˈWachstumsproˌzesses).
upˈheav·al *s* **1.** (*meist* vulˈkanische) (Boden)Erhebung. **2.** *fig.* ˈUmwälzung *f*, ˈUmbruch *m*: **social ~s** soziale Umwälzungen. **upˈheave** *a. irr* **I** *v/t* **1.** hoch-, emˈporheben. **2.** emˈporschleudern. **3.** *fig.* in Aufruhr versetzen. **II** *v/i* **4.** sich heben.
ˌ**upˈhill I** *adv* **1.** den Berg hinˈauf, bergˈauf, bergˈan. **2.** aufwärts. **II** *adj* **3.** bergˈauf führend, ansteigend. **4.** auf dem Berg gelegen, hochgelegen, oben gelegen. **5.** *fig.* mühselig, hart: ~ **task. III** *s* [ˈʌphɪl] **6.** Steigung *f*, Anstieg *m.*
upˈhold *v/t irr* **1.** hochhalten, aufrecht halten. **2.** (hoch)heben. **3.** halten, stützen (*a. fig.*). **4.** *fig.* aufrechterhalten, unterˈstützen. **5.** *jur.* (in zweiter Inˈstanz) bestätigen: **to ~ a decision. 6.** *fig.* beibehalten. **7.** *Br.* inˈstand halten, in gutem Zustand erhalten. **upˈhold·er** *s* Erhalter *m*, Verteidiger *m*, Wahrer *m*: ~ **of public order** Hüter *m* der öffentlichen Ordnung.
up·hol·ster [ʌpˈhəʊlstə(r)] *v/t* **1.** a) (auf-, aus)polstern: **~ed goods** Polsterwaren, b) beziehen. **2.** *Zimmer* (mit Teppichen, Vorhängen *etc*) ausstatten. **upˈhol·ster·er** *s* Polsterer *m.* **upˈhol·ster·y** *s* **1.** a) ˈPolstermateriˌal *n*, Polsterung *f*, b) (Möbel)Bezugsstoff *m.* **2.** Polstern *n*, Polsterung *f.*
u·phroe [ˈju:frəʊ] *s mar.* Jungfernblock *m.*
ˈ**up·keep** *s* **1.** a) Inˈstandhaltung *f*, b) Inˈstandhaltungskosten *pl.* **2.** a) ˈUnterhalt *m*, b) ˈUnterhaltskosten *pl.*
up·land [ˈʌplənd; *Am. a.* ˈʌpˌlænd] **I** *s meist pl* Hochland *n*: **the U~s** das Oberland (*im südl. Schottland*). **II** *adj* Hochland(s)...
up·lift I *v/t* [ʌpˈlɪft] **1.** emˈporheben. **2.** *s-e Stimme, a. das Niveau, j-s Stimmung etc* heben. **3.** *fig.* aufrichten, Auftrieb verleihen (*dat*), erbauen. **II** *s* [ˈʌplɪft] **4.** *fig.* Erbauung *f*, (innerer) Auftrieb. **5.** *fig.* a) Hebung *f*, Besserung *f*, b) (soziˈale) Aufbauarbeit, c) Aufschwung *m.* **6.** *geol.* Horst *m*, (Boden)Erhebung *f.* **7. ~ brassière** Stützbüstenhalter *m.*
ˈ**up·most** → **uppermost.**
up·on [əˈpɒn; *Am. a.* əˈpɑn] **I** *prep* (*hat fast alle Bedeutungen von* **on**, *ist jedoch nachdrücklicher u. wird oft am Ende e-s Infinitivsatzes od. in Gedichten, um den Satzrhythmus zu wahren, dem* **on** *vorgezogen*; **upon** *ist bes. in der Umgangssprache weniger geläufig als* **on**, *jedoch in folgenden Fällen üblich*): a) *in verschiedenen Redewendungen*: ~ **this** hierauf, -nach, darauf(hin); **Christmas is almost ~ us** Weihnachten steht vor der Tür, b) *in Beteuerungen*: ~ **my word!** auf mein Wort!, c) *in kumulativen Wendungen*: **loss ~ loss** Verlust auf Verlust, dauernde Verluste; **petition ~ petition** ein Gesuch nach dem anderen, d) *als Märchenanfang*: **once ~ a time there was** es war einmal. **II** *adv obs.* darˈauf, daˈnach.
up·per [ˈʌpə(r)] **I** *adj* **1.** ober(er, e, es), Ober..., höher(er, e, es) (*a. fig.*): ~ **part** Oberteil *n*; → **storey. 2.** a) höhergelegen, b) im Inland gelegen: ~ **woods. 3.** höherstehend, ˈübergeordnet. **II** *s* **4.** Oberleder *n* (*am Schuh*): **to be (down) on one's ~s** *colloq.* a) die Schuhe durchgelaufen haben, b) total ‚abgebrannt' *od.* ‚auf dem Hund' sein. **5.** *colloq.* oberes Bett (*im Schlafwagen etc*). **6.** *colloq.* a) Oberzahn *m*, b) obere (ˈZahn)Proˌthese. **7.** *colloq.* (Pyˈjama- *etc*)Oberteil *n.* **8.** *sl.* Aufputschmittel *n.* **~ arm** *s* Oberarm *m.* **~ bed** *s Bergbau*: Hangende(s) *n.* **~ brain** *s anat.* Großhirn *n.* **~ case** *s print.* **1.** Oberkasten *m.* **2.** Verˈsalien *pl*, Großbuchstaben *pl.* ˌ**~-ˈcase** *print.* **I** *adj* **1.** in Verˈsalien *od.* Großbuchstaben (gedruckt *od.* geschrieben). **2.** Versal...: ~ **letters** Großbuchstaben, Versalien. **II** *v/t* **3.** in Verˈsalien *od.* Großbuchstaben drucken. **~ class** *s sociol.* Oberschicht *f*: **the ~es** die oberen Klassen. ˌ**~-ˈclass** *adj* **1.** *sociol.* ... der Oberschicht. **2.** vornehm, fein. ˌ**~ˈclass·man** [-mən] *s irr ped. Am.* Stuˈdent *m* in den letzten beiden Jahren vor dem ˈAbschlußexˌamen. **~ cloth·ing** *s* Ober(be)kleidung *f.* **~ crust** *s* **1.** (Brot- *etc*)Kruste *f.* **2.** *colloq.* (*die*) Spitzen *pl* der Gesellschaft. ˈ**~cut** (*Boxen*) **I** *s* Aufwärtshaken *m*, Uppercut *m.* **II** *v/t irr j-m* e-n Aufwärtshaken versetzen. **III** *v/i* e-n Aufwärtshaken schlagen. **~ deck** *s mar.* Oberdeck *n* (*a. e-s Omnibusses*). ˈ**~dog** → **top dog. ~ hand** *s*: **to gain** (*od.* **get**) **the ~** die Oberhand gewinnen (**of** über *acc*). **~ house** *s parl.* Oberhaus *n.* **~ jaw** *s anat.* Oberkiefer *m.* **~ leath·er** *s* Oberleder *n.* **~ lip** *s* Oberlippe *f*: → **lip** 1.
ˈ**up·per·most I** *adj* **1.** oberst(er, e, es), höchst(er, e, es) (*beide a. fig.*): **to be ~** a) an erster Stelle stehen, vorherrschen, b) die Oberhand haben; **to come ~** die Oberhand gewinnen. **II** *adv* **2.** obenˈan, ganz oben, zuˈoberst. **3.** an erster Stelle: **to say what(ever) comes ~** sagen, was e-m gerade einfällt.
up·per| reach·es *s pl* Oberlauf *m* (*e-s Flusses*). **~ side** *s* **1.** obere Seite. **2.** *print.* Schöndruckseite *f.* **~ ten (thousand)** *s pl fig.* (*die*) oberen Zehnˈtausend *pl.* ˈ**~works** *s pl* **1.** *mar.* Oberwerk *n*, Totes Werk. **2.** *sl.* ‚Gehirnkasten' *m* (*Verstand*).
up·pish [ˈʌpɪʃ] *adj* (*adv* **~ly**) *colloq.* **1.** hochnäsig, hochmütig. **2.** anmaßend, unverschämt. ˈ**up·pish·ness** *s colloq.* **1.** Hochnäsigkeit *f.* **2.** Anmaßung *f.* ˈ**up·pi·ty** → **uppish.**
upˈraise *v/t* **1.** er-, hochheben: **with hands ~d** mit erhobenen Händen. **2.** *fig.* aufmuntern.
upˈrear *v/t* **1.** a) aufrichten, b) errichten. **2.** *fig.* preisen.
ˌ**upˈright I** *adj* (*adv* **~ly**) **1.** aufrecht, senkrecht, gerade: ~ **axle** *tech.* stehende Welle; ~ **drill** *tech.* Senkrechtbohrer *m*; ~ **freezer** Tiefkühl-, Gefrierschrank *m*; ~ **piano** → 8; ~ **size** Hochformat *n.* **2.** aufrecht (sitzend *od.* stehend *od.* gehend). **3.** *fig.* [ˈʌpraɪt] aufrecht, rechtschaffen, redlich. **II** *adv* **4.** aufrecht, gerade: **to sit ~** geradesitzen. **III** *s* [ˈʌpraɪt] **5.** senkrechte Stellung. **6.** (senkrechte) Stütze, Träger *m*, Ständer *m*, Pfosten *m*, (Treppen)Säule *f.* **7.** *sport* (Tor)Pfosten *m.* **8.** (ˈWand)Klaˌvier *n*, Piˈano *n.* ˈ**upˌright·ness** *s fig.* Geradheit *f*, Rechtschaffenheit *f*, Redlichkeit *f.*
up·rise I *v/i* [ʌpˈraɪz] *irr bes. poet.* **1.** aufstehen, sich erheben. **2.** auferstehen. **3.** aufgehen (*Sonne etc*). **4.** erscheinen. **5.** entstehen. **6.** (an-, auf-, hoch)steigen. **II** *s* [ˈʌpraɪz] **7.** a) (An-, Auf)Steigen *n*, b) An-, Aufstieg *m* (*a. fig.*), c) Aufgang *m* (*der Sonne etc*). **8.** Steigung *f*, Anstieg *m.* **9.** Entstehen *n.* **10.** Erscheinen *n.* ˈ**upˌris·ing** *s* **1.** Aufstehen *n.* **2.** → **uprise** II. **3.** Aufstand *m*, (Volks)Erhebung *f.*
ˌ**upˈriv·er** → **upstream.**
ˈ**up·roar** *s* Aufruhr *m*, Tuˈmult *m*, Toben *n*, Lärm *m*, Erregung *f*: **in (an) ~** in Aufruhr. **upˈroar·i·ous** *adj* (*adv* **~ly**) **1.** lärmend, laut, stürmisch (*Begrüßung etc*), tosend (*Beifall*), schallend (*Gelächter*). **2.** tumultuˈarisch, tobend. **3.** zum Brüllen komisch, ‚toll': ~ **comedy.**
upˈroot *v/t* **1.** (mit den Wurzeln) ausreißen, *e-n Baum etc* entwurzeln (*a. fig.*). **2.** *fig.* herˈausreißen (**from** aus). **3.** *fig.* ausmerzen, ausrotten. **upˈroot·al** *s* Entwurz(e)lung *f* (*a. fig.*).
upˈrouse *v/t* aufwecken, wach-, aufrütteln.
up·sa·dai·sy [ˈʌpsəˌdeɪzɪ] → **upsy-daisy.**
up·set[1] [ʌpˈset] **I** *adj* **1.** ˈumgestürzt, ˈumgekippt. **2.** durcheinˈandergeworfen, -geraten. **3.** *fig.* aufgeregt, außer Fassung, aus dem Gleichgewicht gebracht, durcheinˈander. **4.** verstimmt (*a. Magen*). **II** *v/t irr* **5.** ˈumwerfen, ˈumstürzen, ˈumkippen, ˈumstoßen: → **apple cart. 6.** *ein Boot* zum Kentern bringen. **7.** *fig. e-n Plan* ˈumstoßen, über den Haufen werfen, vereiteln: **to ~ all predictions** alle Vorhersagen auf den Kopf stellen. **8.** *die Regierung* stürzen. **9.** *fig. j-n* ˈumwerfen, aus der Fassung bringen, durcheinˈanderbringen, bestürzen. **10.** in Unordnung bringen, durcheinˈanderbringen, *den Magen* verderben. **11.** *tech.* stauchen. **III** *v/i* **12.** ˈumkippen, ˈumstürzen. **13.** ˈumschlagen, kentern (*Boot*). **IV** *s* [ˈʌpset] **14.** ˈUmkippen *n.* **15.** ˈUmschlagen *n*, Kentern *n.* **16.** Sturz *m*, Fall *m.* **17.** ˈUmsturz *m.* **18.** *fig.* Vereitelung *f.* **19.** Bestürzung *f.* **20.** Unordnung *f*, Durcheinˈander *n.* **21.** Ärger *m*, (*a.* Magen)Verstimmung *f.* **22.** Streit *m*, Meinungsverschiedenheit *f.* **23.** *sport colloq.* Überˈraschung *f* (*unerwartete Niederlage etc*). **24.** *tech.* Stauchung *f.*
ˈ**up·set**[2] *adj* an-, festgesetzt: ~ **price** *bes. Am.* Mindestpreis *m* (*bei Versteigerungen*).
ˈ**up·shift** *v/i mot.* hinˈaufschalten (**into second gear** in den 2. Gang).
ˈ**up·shot** *s* (End)Ergebnis *n*, Ende *n*, Ausgang *m*, Fazit *n*: **in the ~** am Ende, schließlich; **what will be the ~ of it (all)?** was wird dabei herauskommen?
ˈ**up·side** *s* Oberseite *f.* **~ down** *adv* **1.** das Oberste zuˈunterst, mit der Oberseite *od.* dem Kopf *od.* Oberteil nach unten, verkehrt (herˈum). **2.** *fig.* drunter u. drüber, vollkommen durcheinˈander: **to turn**

everything ~ alles auf den Kopf stellen. ˌ**~-ˈdown** *adj* auf den Kopf gestellt, ˈumgekehrt: ~ **cake** gestürzter Obstkuchen; ~ **flight** *aer.* Rückenflug *m*; ~ **world** *fig.* verkehrte Welt.

ˈ**up·sides** *adv Br. colloq.* **1.** auf gleicher Höhe. **2.** *fig.* **to be ~ with s.o.** mit j-m quitt sein; **to get ~ with s.o.** *fig.* mit j-m abrechnen.

up·si·lon [juːpˈsaɪlən; *Am.* ˈjuːpsəˌlɑːn] *s* Ypsilon *n* (*Buchstabe*).

ˌ**upˈstage I** *adv* **1.** *thea.* in den *od.* im ˈHintergrund der Bühne. **II** *adj* **2.** *thea.* zum ˈBühnenˌhintergrund gehörig. **3.** *colloq.* ‚hochnäsig', überˈheblich. **III** *v/t* **4.** *colloq.* j-m ‚die Schau stehlen' (*j-n in den Schatten stellen*). **5.** *colloq.* ‚hochnäsig' behandeln. **IV** *s* **6.** *thea.* ˈBühnenˌhintergrund *m.*

ˌ**upˈstairs I** *adv* **1.** die Treppe herˈauf *od.* hinˈauf, nach oben: → **kick** 14. **2.** e-e Treppe höher. **3.** oben, in e-m oberen Stockwerk: **a little weak ~** *colloq.* ‚nicht ganz richtig im Oberstübchen'. **4.** *aer. sl.* (nach) oben, in die *od.* in der Luft. **II** *adj* **5.** im oberen Stockwerk (gelegen), ober(er, e, es). **III** *s pl* (*als sg od. pl konstruiert*) **6.** oberes Stockwerk, Obergeschoß *n.*

ˌ**upˈstand·ing** *adj* **1.** aufrecht (*a. fig. ehrlich, tüchtig*). **2.** großgewachsen, (groß u.) kräftig. **3. be ~!** *jur.* erheben Sie sich!

ˈ**up·start I** *s* Emˈporkömmling *m*, Parveˈnü *m*, *a.* Neureiche(r *m*) *f.* **II** *adj* emˈporgekommen, Parvenü..., ... e-s Emˈporkömmlings *od.* Neureichen.

ˈ**upˌstate** *Am.* **I** *adj u. adv* in der *od.* in die (*bes.* nördliche) Proˈvinz (*e-s Bundesstaates*). **II** *s* (*bes.* nördliche) Proˈvinz (*e-s Bundesstaates*).

ˌ**upˈstream I** *adv* **1.** stromˈauf(wärts). **2.** gegen den Strom. **II** *adj* **3.** stromˈaufwärts gerichtet. **4.** (weiter) stromˈaufwärts (gelegen *od.* vorkommend).

ˈ**up·stroke** *s* **1.** Aufstrich *m* (*beim Schreiben*). **2.** *tech.* (Aufwärts)Hub *m* (*des Kolbens etc*).

up·surge I *v/i* [ʌpˈsɜːdʒ; *Am.* ˌʌpˈsɜrdʒ] aufwallen. **II** *s* [ˈʌp-] Aufwallung *f*: **cultural ~** kultureller Aufschwung.

ˈ**up·sweep** *s* **1.** Schweifung *f* (*e-s Bogens etc*). **2.** *Am.* ˈHochfriˌsur *f.* **upˈswept** *adj* **1.** nach oben gebogen *od.* gekrümmt. **2.** hochgekämmt (*Frisur*).

ˈ**up·swing** *s* (*econ.* Konjunkˈtur- *etc*) Aufschwung *m*: **to be on the ~** e-n Aufschwung erleben, im Kommen sein.

up·sy-dai·sy [ˈʌpsɪˌdeɪzɪ] *interj colloq.* hoppla!

ˈ**up·take** *s* **1.** *colloq.* Auffassungsvermögen *n*: **to be quick on the ~** schnell begreifen, ‚schnell schalten'; **to be slow on the ~** schwer von Begriff sein, ‚e-e lange Leitung' haben. **2.** Aufnehmen *n.* **3.** *tech.* a) Steigrohr *n*, b) Rauchfang *m*, c) ˈFuchs(kaˌnal) *m.*

ˈ**up·throw** *s* **1.** ˈUmwälzung *f.* **2.** *geol.* Verwerfung *f* (ins Hangende): **the ~ side** die hängende Scholle.

ˈ**up·thrust** *s* **1.** Hoch-, Emˈporschleudern *n*, Stoß *m* nach oben. **2.** *geol.* Horstbildung *f.*

ˈ**upˌtick** *s Am.* (*bes.* wirtschaftlicher) Aufschwung.

ˈ**up·tight** *adj sl.* **1.** (ˈüber)ängstlich. **2.** reizbar, nerˈvös (**about** wegen). **3.** a) steif, förmlich, b) puriˈtanisch, sittenstreng, c) ‚verklemmt'. **4.** ‚pleite', bankˈrott.

upˈtilt *v/t* hochkippen, aufrichten.

ˌ**up-to-ˈdate** *adj* **1.** a) moˈdern, neuzeitlich, b) zeitnah, aktuˈell (*Thema etc*). **2.** a) auf der Höhe (*der Zeit*), auf dem laufenden, auf dem neuesten Stand, b) modisch. ˌ**up-to-ˈdate·ness** *s* **1.** Neuzeitlichkeit *f*, Moderniˈtät *f.* **2.** Aktualiˈtät *f.*

ˌ**upˈtown** *Am.* **I** *adv* **1.** in den Wohnvierteln, in die Wohnviertel. **II** *adj* **2.** in den Wohnvierteln (gelegen *od.* lebend): **in ~ Los Angeles** in den Außenbezirken von Los Angeles. **3.** in *od.* durch die Wohnviertel (fahrend *etc*). **III** *s* **4.** Wohnviertel *pl*, Außenbezirke *pl.*

ˈ**up·trend** *s* Aufschwung *m*, steigende Tenˈdenz.

up·turn [ʌpˈtɜːn; *Am.* ˌʌpˈtɜrn] **I** *v/t* **1.** ˈumdrehen, -kippen. **2.** nach oben richten *od.* kehren, *den Blick* in die Höhe richten. **II** *v/i* **3.** sich nach oben wenden *od.* richten. **III** *s* [ˈʌpt-] **4.** (An)Steigen *n* (*der Kurse etc*), Aufwärtsbewegung *f.* **5.** *fig.* Aufschwung *m.* ˌ**upˈturned** *adj* **1.** nach oben gerichtet *od.* gebogen: ~ **nose** Stupsnase *f.* **2.** ˈumgeworfen, -gekippt, *mar.* gekentert.

ˌ**upˈval·ue** *v/t econ. u. fig.* aufwerten.

up·ward [ˈʌpwə(r)d] **I** *adv* **1.** aufwärts (*a. fig.*): **from five dollars ~, ~ of five dollars** von 5 Dollar an (aufwärts), ab 5 Dollar; **a strong tendency ~** e-e starke Aufwärtstendenz; **from my youth ~** von Jugend auf; **he went ~ in life** es ging bergauf mit ihm. **2.** nach oben (*a. fig.*). **3.** mehr, darˈüber (hinˈaus): **~ of 10 years** mehr als *od.* über 10 Jahre; **10 years and ~** 10 Jahre u. darüber. **4.** stromˈaufwärts. **5.** landˈeinwärts. **II** *adj* **6.** nach oben gerichtet *od.* führend (*Weg etc*), (an)steigend (*Tendenz etc*): **~ glance** Blick *m* nach oben; **~ movement** *econ.* Aufwärtsbewegung *f.*

up·wards [ˈʌpwə(r)dz] → **upward** I.

up·wind [ˌʌpˈwɪnd] **I** *adj* **1.** windwärts gelegen: **~ side** Windseite *f.* **II** *adv* **2.** gegen den Wind. **III** *s* [ˈʌp-] **3.** Gegenwind *m.* **4.** Aufwind *m.*

u·rae·mi·a → **uremia.**

U·ral-Al·ta·ic [ˌjʊərælælˈteɪɪk] **I** *adj* uˌralalˈtaisch. **II** *s ling.* Uˌralalˈtaisch *n*, das Uralaltaische (*Sprachenfamilie*).

u·ra·nal·y·sis [ˌjʊərəˈnæləsɪs] *s chem. med.* Uˈrinanaˌlyse *f*, ˈHarnunterˌsuchung *f.*

U·ra·ni·an [jʊəˈreɪnjən; -nɪən] *adj* **1.** *astr.* Uranus... **2.** Himmels...

u·ran·ic¹ [jʊˈrænɪk; *Am. a.* -ˈreɪ-] *adj obs.* Himmels..., astroˈnomisch.

u·ran·ic² [jʊˈrænɪk; *Am. a.* -ˈreɪ-] *adj chem.* Uran (VI)..., ... des 6-wertigen Uˈrans.

u·ra·nite [ˈjʊərənaɪt] *s min.* Uraˈnit *m*, Uˈranglimmer *m.*

u·ra·ni·um [jʊˈreɪnjəm; -nɪəm] *s chem. phys.* Uˈran *n*: ~ **enrichment plant** Urananreicherungsanlage *f*; ~ **fission** Uranspaltung *f*; ~ **pile** Uranmeiler *m.*

u·ra·nog·ra·phy [ˌjʊərəˈnɒɡrəfɪ; *Am.* -ˈnɑ-] *s* Uranograˈphie *f*, Himmelsbeschreibung *f.* ˌ**u·raˈnol·o·gy** [-ˈnɒlədʒɪ; *Am.* -ˈnɑ-] *s astr.* Uranoloˈgie *f*, Lehre *f* von den Himmelsvorgängen.

u·ra·nous [ˈjʊərənəs; *Am. a.* jʊˈreɪ-] *adj chem. phys.* Uran..., uˈranhaltig.

U·ra·nus [ˈjʊərənəs; *Am. a.* jʊˈreɪ-] **I** *npr myth.* Uranos *m* (*Himmelsgott*). **II** *s astr.* Uranus *m* (*Planet*).

u·rase [ˈjʊəreɪs; -eɪz] *s Biochemie*: Ureˈase *f.*

u·rate [ˈjʊəreɪt] *s chem.* Uˈrat *n*, harnsaures Salz.

ur·ban [ˈɜːbən; *Am.* ˈɜr-] *adj* städtisch, Stadt...: ~ **district** *Br. hist.* Stadtbezirk *m*; ~ **guerilla** Stadtguerilla *m*; ~ **planning** Stadtplanung *f*; ~ **renewal** Stadtsanierung *f*; → **sprawl** 10.

ur·bane [ɜːˈbeɪn; *Am.* ˌɜr-] *adj* (*adv* **~ly**) **1.** urˈban: a) weltgewandt, weltmännisch, b) gebildet, kultiˈviert. **2.** höflich, liebenswürdig. **urˈbane·ness** *s* **1.** Urbaniˈtät *f*: a) (Welt)Gewandtheit *f*, b) Bildung *f.* **2.** Höflichkeit *f*, Liebenswürdigkeit *f.*

ˈ**ur·ban·ism** *s bes. Am.* **1.** (typisches) Stadtleben. **2.** Urbaˈnistik *f* (*Wissenschaft des Städtewesens*). **3.** → **urbanization.**

ˈ**ur·ban·ite** [-naɪt] *s bes. Am.* Städter(in).

ur·ban·i·ty [ɜːˈbænətɪ; *Am.* ˌɜr-] → **urbaneness.**

ur·ban·i·za·tion [ˌɜːbənaɪˈzeɪʃn; *Am.* ˌɜrbənəˈz-] *s* Urbanisatiˈon *f*: a) Verfeinerung *f*, b) Verstädterung *f.* ˈ**ur·ban·ize** *v/t* urbaniˈsieren: a) verfeinern, b) verstädtern, *e-m Ort etc* städtischen Chaˈrakter verleihen.

ur·chin [ˈɜːtʃɪn; *Am.* ˈɜrtʃən] *s* **1.** Bengel *m*, Balg *m, n.* **2.** *zo.* a) *meist* **sea ~** Seeigel *m*, b) *obs. od. dial.* Igel *m.* **3.** *obs.* Kobold *m.*

Ur·du [ˈʊəduː; ˈɜːduː; *Am.* ˈʊrduː; ˈɜrduː] *s ling.* Urdu *n.*

u·re·a [ˈjʊərɪə; *bes. Am.* jʊˈriːə] *s biol. chem.* Harnstoff *m*, Karbaˈmid *m*: **~(-formaldehyde) resins** Formaldehyd-Kunstharze. **u·re·al** *adj* Harnstoff...

u·re·ase [ˈjʊərɪeɪs; -eɪz] *s Biochemie*: Ureˈase *f.*

u·re·do [jʊˈriːdəʊ] *s bot.* Rostpilz *m.*

u·re·mi·a [ˌjʊəˈriːmjə; -mɪə] *s med.* Uräˈmie *f*, Harnvergiftung *f.* **uˈre·mic** *adj* uˈrämisch, Urämie...

u·re·ter [ˌjʊəˈriːtə; *Am.* ˈjʊrətər] *s anat.* Harnleiter *m*, Uˈreter *m.*

u·re·thra [ˌjʊəˈriːθrə] *pl* **-thras, -thrae** [-θriː] *s anat.* Harnröhre *f*, Uˈrethra *f.* **uˈre·thral** *adj* ureˈthral, Harnröhre(n)...

u·re·thri·tis [ˌjʊərɪˈθraɪtɪs] *s med.* Ureˈthritis *f*, Harnröhrenentzündung *f.*

u·re·thro·scope [ˌjʊəˈriːθrəskəʊp] *s med.* Harnröhrenspiegel *m*, Urethroˈskop *n.*

u·ret·ic [ˌjʊəˈretɪk] *adj med.* **1.** harntreibend, diuˈretisch. **2.** Harn..., Urin...

urge [ɜːdʒ; *Am.* ɜrdʒ] **I** *v/t* **1.** *a.* ~ **on** (*od.* **forward**) (an-, vorwärts)treiben, anspornen (*a. fig.*). **2.** *fig. j-n* drängen, dringend bitten *od.* auffordern, dringen in (*j-n*), nötigen (**to do** zu tun): **he ~d me to accept the offer. 3.** *j-n* (be)drängen, bestürmen, *j-m* (heftig) zusetzen: **to be ~d to do** sich genötigt sehen zu tun; **~d by necessity** der Not gehorchend. **4.** drängen *od.* dringen auf (*acc*), sich (nachdrücklich) einsetzen für, (hartnäckig) bestehen auf (*dat*): **to ~ the adoption of strict measures. 5.** Nachdruck legen auf (*acc*): **to ~ s.th. on s.o.** j-m etwas eindringlich vorstellen *od.* vor Augen führen, j-m etwas einschärfen; **he ~d the necessity for immediate action** er drängte auf sofortige Maßnahmen. **6.** (*als Grund*) geltend machen, *e-n Einwand etc* vorbringen *od.* ins Feld führen: **to ~ an argument. 7.** *e-e Sache* vorˈan-, betreiben, eˈnergisch verfolgen. **8.** beschleunigen: **to ~ one's flight (a project, *etc*).** **II** *v/i* **9.** drängen, treiben. **10.** drängen (**for** auf *acc*, zu): **to ~ against** sich nachdrücklich aussprechen gegen. **11.** eilen. **III** *s* **12.** Drang *m*, Trieb *m*, Antrieb *m*: **creative ~** Schaffensdrang; **sexual ~** Geschlechtstrieb; **winning ~** Siegesdrang; **~ to smoke** Rauchverlangen *n.* **13.** Inbrunst *f*: **religious ~.**

ˈ**ur·gen·cy** [-dʒənsɪ] *s* **1.** Dringlichkeit *f.* **2.** (dringende) Not, Druck *m.* **3.** Eindringlichkeit *f*: **the ~ with which he spoke. 4.** *pl* dringende Vorstellungen *pl.* **5.** a) Drang *m*, b) Drängen *n.* **6.** *parl. Br.* Dringlichkeitsantrag *m.* ˈ**ur·gent** *adj* (*adv* **~ly**) **1.** dringend (*a. Mangel etc; a. teleph. Gespräch*), dringlich, eilig: **the matter is ~** die Sache eilt; **to be in ~**

need of money dringend Geld brauchen; **to be ~ about** (*od.* **for**) s.th. zu etwas drängen, auf etwas dringen; **to be ~ with** s.o. j-n drängen, in j-n dringen (for wegen; to do zu tun). **2.** zu-, aufdringlich. **3.** hartnäckig.

u·ric [ˈjʊərɪk] *adj biol. chem.* Urin..., Harn...: **~ acid** Harnsäure *f.*

u·ri·nal [ˈjʊərɪnl] *s* **1.** Uˈrinflasche *f*, ‚Ente' *f* (*für Patienten*). **2.** Uriˈnal *n*, Harnglas *n* (*zur Urinuntersuchung*). **3.** a) Uˈrinbecken *n* (*in Toiletten*), b) (ˈMänner)Toiˌlette *f*, Pisˈsoir *n.*

u·ri·nal·y·sis [ˌjʊərɪˈnæləsɪs] *s* Uˈrinanaˌlyse *f*, ˈHarnunterˌsuchung *f.*

u·ri·nar·y [ˈjʊərɪnərɪ; *Am.* -rəˌneri:] **I** *adj* Harn..., Urin...: **~ bladder** Harnblase *f*; **~ calculus** Harnstein *m*; **~ tract** Harnsystem *n.* **II** *s* → **urinal**.

u·ri·nate [ˈjʊərɪneɪt] *v/i* uriˈnieren.

u·rine [ˈjʊərɪn] *s* Uˈrin *m*, Harn *m.*

ˌu·ri·noˈgen·i·tal [ˌjʊərɪnəʊ-] → **urogenital**.

u·ri·nol·o·gy [ˌjʊərɪˈnɒlədʒɪ; *Am.* -ˈnɑ-] → **urology**.

u·ri·nom·e·ter [ˌjʊərɪˈnɒmɪtə(r); *Am.* -ˈnɑ-] *s med.* Uroˈmeter *n*, Harnwaage *f.*

urn [ɜ:n; *Am.* ɜrn] *s* **1.** Urne *f.* **2.** a) ˈTeemaˌschine *f*, b) (ˈGroß)ˌKaffeemaˌschine *f.* **3.** *bot.* Moosbüchse *f.*

u·ro·dele [ˈjʊərəʊdi:l] *s zo.* Schwanzlurch *m.*

ˌu·roˈgen·i·tal [ˌjʊərəʊ-] *adj anat.* urogeniˈtal (*die Harn- u. Geschlechtsorgane betreffend*).

u·ro·log·ic [ˌjʊərəʊˈlɒdʒɪk; *Am.* -ˈlɑ-] *adj*; **ˌu·roˈlog·i·cal** [-kl] *adj med.* uroˈlogisch.

u·rol·o·gist [ˌjʊəˈrɒlədʒɪst; *Am.* -ˈrɑ-] *s med.* Uroˈloge *m* (*Facharzt für Krankheiten der Harnorgane*). **ˌuˈrol·o·gy** [-dʒɪ] *s* Uroloˈgie *f* (*Wissenschaft von den Krankheiten der Harnorgane*).

u·ros·co·py [ˌjʊəˈrɒskəpɪ; *Am.* -ˈrɑs-] *s med.* Uroskoˈpie *f*, ˈHarnunterˌsuchung *f.*

Ur·sa [ˈɜ:sə; *Am.* ˈɜrsə] *s astr.* (Großer *od.* Kleiner) Bär. **~ Ma·jor** *s* Großer Bär. **~ Mi·nor** *s* Kleiner Bär.

ur·sine [ˈɜ:saɪn; *Am.* ˈɜr-] *adj zo.* bärenartig, Bären...

ur·ti·ca [ˈɜ:tɪkə; *Am.* ˈɜr-] *s* Brennessel *f.*

ur·ti·car·i·a [ˌɜ:tɪˈkeərɪə; *Am.* ˌɜr-] *s med.* Urtiˈkaria *f*, Nesselausschlag *m.*

ur·ti·ca·tion [ˌɜ:tɪˈkeɪʃn; *Am.* ˌɜr-] *s* **1.** *med. hist.* Peitschen *n* mit Nesseln (*bei Lähmungen*). **2.** *med.* Quaddelbildung *f.* **3.** Brennen *n.* **4.** → **urticaria**.

U·ru·guay·an [ˌjʊərʊˈgwaɪən] **I** *adj* uruguˈayisch. **II** *s* Uruguˈayer(in).

u·rus [ˈjʊərəs] *s zo.* Ur *m.*

us [ʌs; əs] *pron* **1.** uns (*dat od. acc*): **all of ~** wir alle; **both of ~** wir beide. **2.** *dial.* wir: **~ poor people.** **3.** *obs. od. poet.* (*reflexiv gebraucht*) uns (*acc*): **let's get ~ away from the wall.** **4.** *colloq.* mir: **give ~ a bite.**

us·a·ble [ˈju:zəbl] *adj* brauchbar, verwendbar.

us·age [ˈju:zɪdʒ; ˈju:s-] *s* **1.** Brauch *m*, Gepflogenheit *f*, Usus *m*: **commercial ~** Handelsbrauch , Usance *f.* **2.** ˈherkömmliches *od.* übliches Verfahren, Praxis *f.* **3.** Sprachgebrauch *m*: **English ~.** **4.** Gebrauch *m*, Verwendung *f.* **5.** Behandlung(sweise) *f.*

us·ance [ˈju:zns] *s* **1.** *econ.* übliche Wechselfrist, Uso *m*: **at ~** nach Uso; **bill at ~** Usowechsel *m*; **bill drawn at double ~** Wechsel *m* mit der doppelten Zahlungsfrist. **2.** *econ.* Uˈsance *f*, Handelsbrauch *m*, Uso *m.* **3.** *obs.* a) Wucher *m*, b) Zins *m.*

use [ju:z] **I** *v/t* **1.** gebrauchen, benutzen, an-, verwenden, sich (*gen*) bedienen, Gebrauch machen von, *e-e Gelegenheit etc* nutzen *od.* sich zuˈnutze machen: **to ~ one's brains** den Verstand gebrauchen, s-n Kopf anstrengen; **to ~ care** Sorgfalt verwenden; **to ~ force** Gewalt anwenden; **to ~ one's legs** zu Fuß gehen; **may I ~ your name?** darf ich mich auf Sie berufen?; **to ~ a right** von e-m Recht Gebrauch machen. **2.** handhaben: **to ~ a tool skil(l)fully.** **3.** verwenden (**on** auf *acc*). **4.** **~ up** a) auf-, verbrauchen, *j-s Kraft* erschöpfen, b) *colloq. j-n* ‚fertigmachen', erschöpfen: **~d up** → **used[1]** 2. **5.** gewohnheitsmäßig (ge)brauchen, *Nahrung etc* zu sich nehmen: **to ~ tobacco** rauchen. **6.** behandeln, verfahren mit: **to ~ s.o. ill** j-n schlecht behandeln; **how has the world ~d you?** *colloq.* wie ist es dir ergangen? **7.** *j-n* be-, ausnutzen. **8.** *Zeit* verbringen.

II *v/i* **9.** *obs.* (*außer im pret*) pflegen (**to do** zu tun): **it ~d to be said** man pflegte zu sagen; **he does not come as often as he ~d (to)** er kommt nicht mehr so oft wie früher *od.* sonst; **he ~d to be a polite man** er war früher *od.* sonst (immer) sehr höflich; **he ~d to live here** er wohnte früher hier.

III *s* [ju:s] **10.** Gebrauch *m*, Benutzung *f*, An-, Verwendung *f*: **for ~** zum Gebrauch; **for ~ in schools** für den Schulgebrauch; **in ~** in Gebrauch, gebräuchlich; **to be in daily ~** täglich gebraucht werden; **in common ~** allgemein gebräuchlich; **to come into ~** in Gebrauch kommen; **out of ~** nicht in Gebrauch, nicht mehr gebräuchlich; **to fall** (*od.* **pass**) **out of ~** ungebräuchlich werden, außer Gebrauch kommen; **with ~** durch (ständigen) Gebrauch; **to make ~ of** Gebrauch machen von, benutzen; **to make ~ of s.o.'s name** sich auf j-n berufen; **to make (a) bad ~ of** (e-n) schlechten Gebrauch machen von; **peaceful ~s of atomic energy** friedliche Nutzung der Atomenergie. **11.** a) Verwendung(szweck *m*) *f*, b) Brauchbarkeit *f*, Verwendbarkeit *f*, c) Zweck *m*, Sinn *m*, Nutzen *m*, Nützlichkeit *f*: **of ~ (to)** nützlich (*dat*), brauchbar *od.* von Nutzen (für); **of no ~** nutz-, zwecklos, unbrauchbar, unnütz; **is this of ~ to you?** können Sie das (ge)brauchen?; **crying is no ~** Weinen führt zu nichts; **it is (of) no ~ talking** (*od.* **to talk**) es ist nutz- *od.* zwecklos zu reden, es hat keinen Zweck zu reden; **what is the ~ (of it)?** was hat es (überhaupt) für e-n Zweck?; **to have no ~ for** a) nicht brauchen können, b) mit *etwas od. j-m* nichts anfangen können, c) *bes. Am. colloq.* nichts übrig haben für *j-n od. etwas*; **to put to (good) ~** (gut) an- *od.* verwenden; **this tool has different ~s** dieses Gerät kann für verschiedene Zwecke verwendet werden. **12.** Kraft *f od.* Fähigkeit *f* (*etwas*) zu gebrauchen, Gebrauch *m*: **he lost the ~ of his right eye** er kann auf dem rechten Auge nichts mehr sehen; **to have the ~ of one's limbs** sich bewegen können. **13.** Benutzungsrecht *n.* **14.** Gewohnheit *f*, Brauch *m*, Übung *f*, Praxis *f*, Usus *m*: **~ and wont** Sitte *f* u. Gewohnheit; **once a ~ and ever a custom** jung gewohnt, alt getan. **15.** *jur.* a) Nutznießung *f*, b) Nutzen *m.* **16.** *oft* **U~** *relig.* liˈturgischer Brauch, (Kirchen)Brauch *m.*

use·a·ble → **usable**.

used[1] [ju:zd] *adj* **1.** gebraucht: **~ car** Gebrauchtwagen *m*; **~ clothes** getragene Kleidung. **2.** **~ up** a) aufgebraucht, verbraucht (*a. Luft*), b) *colloq.* ‚erledigt', ‚fertig', erschöpft (*Person*).

used[2] [ju:st] *adj* gewohnt (**to** zu *od. acc*), gewöhnt (**to** an *acc*): **he is ~ to working late** er ist (es) gewohnt, lange zu arbeiten; **to get ~ to** sich gewöhnen an (*acc*).

use·ful [ˈju:sfʊl] *adj* (*adv* **~ly**) **1.** nützlich, brauchbar, (zweck)dienlich, zweckmäßig, (gut) verwendbar: **~ tools**; **a ~ man** ein brauchbarer Mann; **~ talks** nützliche Gespräche; **to make o.s. ~** sich nützlich machen. **2.** *bes. tech.* Nutz..., nutzbar, Wirk...: **~ current** Wirkstrom *m*; **~ efficiency** Nutzleistung *f*; **~ load** Nutzlast *f*; **~ plant** Nutzpflanze *f.* **ˈuse·ful·ness** *s* Nützlichkeit *f*, Brauchbarkeit *f*, Zweckmäßigkeit *f.*

use·less [ˈju:slɪs] *adj* (*adv* **~ly**) **1.** nutz-, sinn-, zwecklos, unnütz, vergeblich: **it is ~ to** *inf* es erübrigt sich zu *inf.* **2.** unbrauchbar: **he's ~** er ist zu nichts zu gebrauchen. **ˈuse·less·ness** *s* **1.** Nutz-, Zwecklosigkeit *f.* **2.** Unbrauchbarkeit *f.*

us·er[1] [ˈju:zə(r)] *s* **1.** Benutzer(in): **~-friendly** benutzerfreundlich. **2.** *econ.* Verbraucher(in), Bedarfsträger(in).

us·er[2] [ˈju:zə(r)] *s jur.* **1.** Nießbrauch *m*, Nutznießung *f.* **2.** Benutzungsrecht *n.*

ush [ʌʃ] *Am. sl. für* **usher** II.

ˈU-shaped *adj* U-förmig: **~ iron** *tech.* U-Eisen *n.*

ush·er [ˈʌʃə(r)] **I** *s* **1.** Türhüter *m*, Pförtner *m.* **2.** Platzanweiser(in) (*im Kino etc*). **3.** Zereˈmonienmeister *m*: → **Black Rod** 2. **4.** a) *jur.* Gerichtsdiener *m*, b) *allg.* ˈAufsichtsperˌson *f*, Saaldiener *m.* **5.** *obs.* Hilfslehrer *m* (*in e-r Privatschule*). **II** *v/t* **6.** (*meist* **~ in** herˈein-, hinˈein)führen, -geleiten. **7.** **~ in** *a. fig.* ankündigen, *e-e Epoche etc* einleiten. **ˌush·erˈette** [-ˈret] *s* Platzanweiserin *f.*

us·que·baugh [ˈʌskwɪbɔ:; *Am. a.* -ˌbɑ:] *s Ir. obs.* Whisky *m.*

u·su·al [ˈju:ʒʊəl; -ʒwəl; -ʒl] **I** *adj* üblich, gewöhnlich, norˈmal, gebräuchlich: **as ~**, *colloq.* **as per ~** wie gewöhnlich, wie sonst; **the ~ thing** das Übliche; **it has become the ~ thing (with us)** es ist (bei uns) gang u. gäbe geworden; **it is ~ for shops to close at 7 o'clock** die Geschäfte schließen gewöhnlich um 7 Uhr; **~ in trade** handelsüblich; **my ~ café** mein Stammcafé; **her ~ pride, the pride ~ with her** ihr üblicher Stolz. **II** *s* (*das*) Übliche: **the ~!** *colloq.* (*als Antwort*) wie gewöhnlich! **ˈu·su·al·ly** *adv* (für) gewöhnlich, in der Regel, meist(ens).

u·su·cap·tion [ˌju:sjʊˈkæpʃn; *Am.* -zə-] *s jur.* Ersitzung *f* (*e-s Rechts*).

u·su·fruct [ˈju:sju:frʌkt; *Am.* -zə-] *s jur.* Nießbrauch *m*, Nutznießung *f.* **ˌu·suˈfruc·tu·ar·y** [-tjʊərɪ; *Am.* -tʃəˌweri:] **I** *s* Nießbraucher(in), Nutznießer(in). **II** *adj* Nutznießungs..., Nutzungs...

u·su·rer [ˈju:ʒərə(r)] *s* Wucherer *m.*

u·su·ri·ous [ju:ˈzjʊərɪəs; *Am.* jʊˈzʊr-; -ˈʒʊ-] *adj* (*adv* **~ly**) Wucher..., wucherisch: **~ interest** Wucherzinsen *pl.* **uˈsu·ri·ous·ness** *s* Wucheˈrei *f.*

u·surp [ju:ˈzɜ:p; *Am.* jʊˈsɜrp] **I** *v/t* **1.** an sich reißen, sich ˈwiderrechtlich aneignen, sich bemächtigen (*gen*): **to ~ s.o.'s attention** j-s Aufmerksamkeit in Anspruch nehmen. **2.** sich (ˈwiderrechtlich) anmaßen: **to ~ authority.** **II** *v/i* **3.** (**upon**) a) sich (ˈwiderrechtlich) bemächtigen (*gen*), b) sich ˈÜbergriffe erlauben (gegen). **ˌu·surˈpa·tion** [ˌju:zɜ:ˈp-; *Am.* ˌju:sərˈp-] *s* **1.** Usurpatiˈon *f*: a) ˈwiderrechtliche Machtergreifung *od.* Aneignung, Anmaßung *f* (*e-s Rechts etc*), b) *a.* **~ of the throne** Thronraub *m.* **2.** unberechtigter Eingriff (**on** in *acc*). **uˈsurp·er** *s* **1.** Usurˈpator *m*, unrechtmäßiger Machthaber, Thronräuber *m.* **2.** unberechtigter Besitzergreifer. **3.** *fig.* Eindringling *m* (**on** in *acc*). **uˈsurp·ing** *adj* (*adv* **~ly**) usurpaˈtorisch, alles an sich reißend, ˈwiderrechtlich.

u·su·ry [ˈju:ʒʊrɪ; -ʒə-] *s* **1.** (Zins)Wucher

m: **to practice** ~ Wucher treiben. **2.** Wucherzinsen *pl* (**at** auf *acc*). **3.** *obs.* Zins(en *pl*) *m*: **to return with** ~ *fig.* mit Zins u. Zinseszins heimzahlen.

U·tah·an [ˈjuːtɑːən; *Am. a.* -ˌtɔː-] **I** *adj* Utah..., aus *od.* von Utah. **II** *s* Bewohner(in) von Utah.

u·tas [ˈjuːtæs] *s relig. hist.* Okˈtave *f* (*8 Tage od. 8. Tag nach e-m Kirchenfest*), Festwoche *f*.

u·ten·sil [juːˈtensl] *s* **1.** (*a. Schreib- etc*) Gerät *n*, Werkzeug *n*. **2.** Gebrauchsgegenstand *m*, *a.* Haushaltsgegenstand *m*: (**kitchen**) ~ Küchengerät *n*. **3.** a) Gefäß *n*, b) *pl* (Küchen)Geschirr *n*. **4.** *pl* Utenˈsilien *pl*, Geräte *pl*.

u·ter·i [ˈjuːtəraɪ] *pl von* **uterus**.

u·ter·ine [ˈjuːtəraɪn] *adj* **1.** *anat.* Gebärmutter..., Uterus... **2.** von derˈselben Mutter stammend: ~ **brother** Halbbruder *m* mütterlicherseits.

u·ter·us [ˈjuːtərəs] *pl* **ˈu·ter·i** [-raɪ], **-us·es** *s anat.* Uterus *m*, Gebärmutter *f*.

u·til·i·tar·i·an [ˌjuːtɪlɪˈteərɪən] **I** *adj* **1.** utilitaˈristisch, Nützlichkeits..., das ˈNützlichkeitsprinˌzip vertretend. **2.** zweckmäßig, praktisch. **3.** *contp.* niedrig, gemein. **II** *s* **4.** Utilitaˈrist(in). **ˌu·til·iˈtar·i·an·ism** *s Ethik, Sozialphilosophie*: Utilitaˈrismus *m*.

u·til·i·ty [juːˈtɪlətɪ] **I** *s* **1.** *a. econ.* Nutzen *m* (**to** für), Nützlichkeit *f*: **of** ~ von Nutzen; **of no** ~ nutzlos. **2.** (*etwas*) Nützliches, nützliche Einrichtung *od.* Sache. **3.** a) → **public utility**, b) *pl* Leistungen *pl* der öffentlichen Versorgungsbetriebe, c) *pl* Strom *m*, Gas *n u.* Wasser *n*. **4.** *tech.* Zusatzgerät *n*. **5.** *mot. bes. Austral.* Mehrzweckfahrzeug *n*, Kombiwagen *m*. **6.** *arch.* Sachlichkeit *f*. **II** *adj* **7.** Gebrauchs...: ~ **car** (**furniture, goods**) Gebrauchswagen *m* (-möbel *pl*, -güter *pl*). **8.** Mehrzweck...: ~ **knife**. **9.** ~ **company** → **public utility** 1. ~ **man** *s irr* **1.** *bes. Am.* a) Springer *m*, b) Fakˈtotum *n*, ‚Mädchen *n* für alles'. **2.** *thea. bes. Am.* vielseitig einsetzbarer Chargenspieler. **3.** *Baseball*: Allˈroundersatzspieler *m*.

u·ti·liz·a·ble [ˈjuːtɪlaɪzəbl] *adj* verwend-, verwert-, nutzbar. **u·ti·li·za·tion** [ˌjuːtɪlaɪˈzeɪʃn; *Am.* ˌjuːtləˈz-] *s* Nutzbarmachung *f*, Verwertung *f*, (Aus)Nutzung *f*, Verwendung *f*. **ˈu·ti·lize** *v/t* **1.** (aus)nutzen, verwerten, sich nutzbar *od.* zuˈnutze machen. **2.** verwenden.

ut·most [ˈʌtməʊst] **I** *adj* äußerst(er, e, es): a) entlegenst(er, e, es), fernst(er, e, es): **the** ~ **boundary**, b) *fig.* höchst(er, e, es), größt(er, e, es). **II** *s* (*das*) Äußerste: **the** ~ **I can do; to do one's** ~ sein äußerstes *od.* möglichstes tun; **at the** ~ allerhöchstens; **to the** ~ aufs äußerste; **to the** ~ **of my powers** nach besten Kräften.

U·to·pi·a, u~ [juːˈtəʊpjə; -pɪə] *s* **1.** Uˈtopia *n*, Ideˈalstaat *m*. **2.** *fig.* Utoˈpie *f*. **Uˈto·pi·an, u~ I** *adj* uˈtopisch, phanˈtastisch. **II** *s* Utoˈpist(in), Phanˈtast(in). **Uˈto·pi·an·ism, u~** *s* Utoˈpismus *m*.

u·tri·cle [ˈjuːtrɪkl] *s* **1.** *bot.* Schlauch *m*, bläs-chenförmiges Luft- *od.* Saftgefäß. **2.** *anat.* Uˈtriculus *m* (*Säckchen im Ohrlabyrinth*). **u·tric·u·lar** [jʊˈtrɪkjʊlə(r)] *adj* schlauch-, beutelförmig, Schlauch...

ut·ter [ˈʌtə(r)] **I** *adj* (*adv* → **utterly**) **1.** äußerst(er, e, es), höchst(er, e, es), völlig: ~ **confusion**; ~ **impossibility** reine Unmöglichkeit; ~ **strangers** wildfremde Leute. **2.** endgültig, entschieden: ~ **denial**. **3.** *contp.* vollˈendet, ausgesprochen: ~ **nonsense**; **an** ~ **rogue** ein Erzgauner. **4.** ~ **barrister** *jur. Br.* Anwalt, der kein Kronanwalt ist. **II** *v/t* **5.** äußern, ausdrücken, -sprechen: **to** ~ **thoughts** (**words**, *etc*). **6.** von sich geben, herˈvorbringen, ausstoßen: **to** ~ **a shriek**. **7.** *econ. Noten, bes. Falschgeld* in ˈUmlauf setzen, verbreiten: **to** ~ **counterfeit money**. **8.** a) bekanntmachen, b) enthüllen. **ˈut·ter·ance** *s* **1.** (stimmlicher) Ausdruck, Äußerung *f*: **to give** ~ **to** *e-m Gefühl etc* Ausdruck verleihen *od.* Luft machen. **2.** Sprechweise *f*, Aussprache *f*, Vortrag *m*: **a clear** ~. **3.** *a. pl* Äußerung *f*, Worte *pl*. **4.** *poet.* (*das*) Äußerste, Tod *m*: **to the** ~ a) aufs äußerste, b) bis zum bitteren Ende. **ˈut·ter·er** *s* **1.** Äußernde(r *m*) *f*. **2.** Verbreiter(in). **ˈut·ter·ly** *adv* äußerst, völlig, ganz, toˈtal. **ˈut·ter·most** [-məʊst] → **utmost**. **ˈut·ter·ness** *s* Vollständigkeit *f*.

ˈU-turn *s* **1.** *mot.* Wende *f*. **2.** *fig.* Drehung *f* um hundertˈachtzig Grad: **to do a** ~ sich um hundertachtzig Grad drehen.

u·ve·a [ˈjuːvɪə] *s anat.* Uvea *f*, Tunica *f* media (*des Auges*). **ˈu·ve·al** *adj* Uveal...

u·vu·la [ˈjuːvjʊlə] *pl* **-las, -lae** [-liː] *s anat.* (Gaumen)Zäpfchen *n*. **ˈu·vu·lar I** *adj* **1.** uvuˈlär. **2.** *ling.* uvuˈlar, Zäpfchen... **II** *s* **3.** *ling.* Zäpfchenlaut *m*, Uvuˈlar *m*.

ux·o·ri·ous [ʌkˈsɔːrɪəs] *adj* (*adv* ~**ly**) treuliebend, treuergeben: ~ **husband**. **uxˈo·ri·ous·ness** *s* treue Ergebenheit (*gegenüber s-r Ehefrau*).

Uz·bek [ˈʊzbek; ˈʌz-] *s* **1.** *pl* **-beks, -bek** Usˈbeke *m*, Usˈbekin *f*. **2.** *ling.* Usˈbekisch *n*, das Usbekische.

V

V, v [viː] **I** *pl* **V's, v's, Vs, vs** [viːz] *s* **1.** V, v *n* (*Buchstabe*). **2.** → **V sign. 3.** V V *n*, V-förmiger Gegenstand. **II** *adj* **4.** zweiundzwanzigst(er, e, es). **5.** V V-..., V-förmig.
vac [væk] *Br. colloq. für* **vacation** 3.
va·can·cy [ˈveɪkənsɪ] *s* **1.** Leere *f* (*a. fig.*), leerer Raum, Nichts *n*: **to stare into** ~ ins Leere starren. **2.** leerer *od.* freier Platz, Lücke *f* (*a. fig.*). **3.** a) freie *od.* offene Stelle, unbesetztes Amt, Vaˈkanz *f*, b) *univ.* freier Studienplatz, c) Freiwerden *n od.* -sein *n* (*e-s Postens*). **4.** a) Leerstehen *n*, Unbewohntsein *n*, b) leer(stehend)es *od.* unbewohntes Haus: **"vacancies"** „Zimmer frei". **5.** a) Geistesabwesenheit *f*: **an expression of** ~ **on one's face** ein geistesabwesender Gesichtsausdruck, b) geistige Leere. **6.** Geistlosigkeit *f*. **7.** *obs.* Muße *f*, Untätigkeit *f*. **ˈva·cant** *adj* (*adv* ~**ly**) **1.** leer, unbesetzt, frei: ~ **room**; ~ **seat. 2.** leer(stehend), unbewohnt: ~ **house. 3.** a) herrenlos, b) unbebaut: ~ **property**; ~ **possession!** sofort beziehbar! **4.** frei, offen (*Stelle*), vaˈkant, unbesetzt (*Amt*): → **situation** 5. **5.** a) geistesabwesend, b) leer: ~ **mind**; ~ **stare. 6.** geistlos. **7.** frei, unausgefüllt: ~ **hours** Mußestunden.
va·cate [vəˈkeɪt; *Am.* ˈveɪˌkeɪt] *v/t* **1.** *die Wohnung etc, mil. e-e Stellung etc* räumen. **2.** frei machen: **to** ~ **a seat. 3.** *e-e Stelle* aufgeben, aus *e-m Amt* scheiden, *ein Amt* niederlegen: **to** ~ **an office**; **to be** ~**d** frei werden (*Stelle*). **4.** evakuˈieren: **to** ~ **troops. 5.** *jur.* aufheben: **to** ~ **a contract (a judgement). vaˈca·tion I** *s* **1.** Räumung *f*. **2.** Aufgabe *f*, Niederlegung *f*. **3.** a) *jur.* Gerichtsferien *pl*, b) *univ.* Seˈmesterferien *pl*, c) *bes. Am.* Schulferien *pl*. **4.** ~ **shutdown** Betriebsferien *pl*, -urlaub *m*. **5.** *bes. Am.* Urlaub *m*, Ferien *pl*: **to be on** ~ im Urlaub sein, Urlaub machen; **to go on** ~ in Urlaub gehen; **to take a** ~ (sich) Urlaub nehmen, Urlaub machen; ~ **home** Ferienhaus *n*. **6.** Evakuˈierung *f*. **7.** *jur.* Aufhebung *f*. **II** *v/i* **8.** *bes. Am.* Urlaub machen. **vaˈca·tion·ist, vaˈca·tion·er** *s bes. Am.* Urlauber(in).
vac·ci·nal [ˈvæksɪnl] *adj med.* Impf... **ˈvac·ci·nate** [-neɪt] *v/t u. v/i* impfen (**against** gegen *Pocken etc*). **ˌvac·ciˈna·tion** *s* (Schutz)Impfung *f*. **ˈvac·ci·na·tor** [-tə(r)] *s* **1.** Impfarzt *m*. **2.** Impfnadel *f*, -messer *n*.
vac·cine [ˈvæksiːn; *Am. a.* vækˈsiːn] *med.* **I** *s* Impfstoff *m*, Vakˈzine *f*: **bovine** ~ Kuhlymphe *f*. **II** *adj* Impf...: ~ **matter** → I.
vac·cin·i·a [vækˈsɪnɪə] *s med.* Kuh-, Impfpocken *pl*.
vac·il·late [ˈvæsɪleɪt] *v/i meist fig.* schwanken (**between** [... **and**] zwischen *dat* [... und]). **ˈvac·il·lat·ing** *adj* (*adv* ~**ly**) schwankend (*meist fig. unschlüssig, wankelmütig*). **ˌvac·ilˈla·tion** *s* Schwanken *n* (*meist fig. Unschlüssigkeit, Wankelmut*). **ˈvac·il·la·to·ry** [-lətərɪ; *Am.* -ˌtəʊriː; -ˌtɔː-] → **vacillating**.
vac·u·a [ˈvækjʊə] *pl von* **vacuum**.
va·cu·i·ty [væˈkjuːətɪ] *s* **1.** a) Leere *f*, b) Lücke *f*. **2.** *fig.* a) Geistesabwesenheit *f*, b) geistige Leere. **3.** *fig.* Nichtigkeit *f*, Plattheit *f*. **4.** Geistlosigkeit *f*.
vac·u·o·lar [ˈvækjʊələ; *Am.* ˌvækjəˈwəʊlər] *adj biol.* Hohl..., vakuˈolenartig. **ˌvac·u·oˈla·tion** *s* Vakuˈolenbildung *f*. **ˈvac·u·ole** [-əʊl] *s* Vakuˈole(nhöhle) *f*.
vac·u·ous [ˈvækjʊəs; *Am.* -jəwəs] *adj* (*adv* ~**ly**) **1.** leer. **2.** *fig.* a) geistesabwesend, b) leer: ~ **stare**, c) nichtssagend: ~ **remark**, d) müßig: **a** ~ **life. 2.** geistlos. **ˈvac·u·ous·ness** *s* Leere *f* (*a. fig.*).
vac·u·um [ˈvækjʊəm] **I** *pl* **-u·ums, -u·a** [-jʊə] *s* **1.** *phys.* (*bes.* luft)leerer Raum, Vakuum *n*: **nature abhors a** ~ die Natur verabscheut das Leere. **2.** *phys.* Luftleere *f*. **3.** *fig.* Leere *f*, Vakuum *n*, Lücke *f*. **4.** → **vacuum cleaner**. **II** *adj* **5.** Vakuum... **III** *v/t* **6.** (*mit dem Staubsauger*) saugen. **IV** *v/i* **7.** (staub)saugen. ~ **bot·tle** *s Am.* Thermosflasche *f*. ~ **brake** *s mot.* ˈUnterdruckbremse *f*. ~ **can** *s bes. Am.* Vakudose *f*. **ˈ~-clean** → **vacuum** 6, 7. ~ **clean·er** *s* Staubsauger *m*. ~ **cup** *s tech.* Saugnapf *m*. ~ **dri·er** *s tech.* Vakuumtrockner *m*. ~ **flask** *s* Thermosflasche *f*. ~ **ga(u)ge** *s tech.* Vakuoˈmeter *n*, ˈUnterdruckmesser *m*. ~ **jug** *s* Thermoskanne *f*. **ˈ~-packed** *adj econ. tech.* vakuumverpackt. ~ **pho·to·cell** *s electr.* Hochvakuumphotozelle *f*. ~ **pump** *s tech.* Absaugepumpe *f*. **ˈ~-sealed** *adj tech.* vakuumdicht. ~ **switch** *s* Vakuumschalter *m*. ~ **tank** *s mot. Am.* Saugluftbehälter *m*. ~ **tech·nol·o·gy** *s* Vakuumtechnik *f*. ~ **tin** *s bes. Br.* Vakudose *f*. ~ **tube,** *Br.* ~ **valve** *s* Vakuumröhre *f*.
va·de me·cum [ˌveɪdɪˈmiːkəm; ˌvɑːdɪˈmeɪkʊm] *s* Vadeˈmekum *n*, Handbuch *n*, Leitfaden *m*.
vag·a·bond [ˈvægəbɒnd; *Am.* -ˌbɑnd] **I** *adj* **1.** vagabunˈdierend (*a. electr.*). **2.** Vagabunden..., vagaˈbundenhaft. **3.** nomadiˈsierend. **4.** Wander..., unstet: **a** ~ **life. II** *s* **5.** Vagaˈbund(in), Landstreicher(in). **6.** *colloq.* ‚Strolch' *m*. **III** *v/i* **7.** vagabunˈdieren. **ˈvag·a·bond·age** *s* **1.** Landstreicheˈrei *f*, Vagaˈbundenleben *n*. **2.** *collect.* Vagaˈbunden *pl*. **ˈvag·a·bond·ism** → **vagabondage**. **ˈvag·a·bond·ize** → **vagabond** 7.
va·gal [ˈveɪgl] *adj anat.* Vagus...
va·gar·i·ous [vəˈgeərɪəs], *a.* **vaˈgar·ish** [-rɪʃ] *adj* launisch, sprunghaft, unberechenbar. **va·gar·y** [ˈveɪgərɪ; vəˈgeərɪ] *s* **1.** wunderlicher Einfall, *pl a.* Phantasteˈreien *pl*. **2.** Kaˈprice *f*, Grille *f*, Laune *f*. **3.** *meist pl* Extravaˈganzen *pl*: **vagaries of fashion**.
va·gi [ˈveɪdʒaɪ] *pl von* **vagus**.
va·gi·na [vəˈdʒaɪnə] *pl* **-nae** [-niː], **-nas** *s* **1.** *anat.* Vaˈgina *f*, Scheide *f*. **2.** *bot.* Blattscheide *f*. **vag·i·nal** [vəˈdʒaɪnl; *Am.* ˈvædʒənl] *adj* vagiˈnal, Vaginal..., Scheiden...: ~ **intercourse** Vaginalverkehr *m*; ~ **spray** Intimspray *n*. **vag·i·nis·mus** [ˌvædʒɪˈnɪzməs; -ˈnɪs-] *s med.* Vagiˈnismus *m*, Scheidenkrampf *m*. **ˌvag·iˈni·tis** [-ˈnaɪtɪs] *s med.* Vagiˈnitis *f*, Scheidenentzündung *f*.
va·gran·cy [ˈveɪgrənsɪ] *s* **1.** Vagabunˈdieren *n*. **2.** Landstreicheˈrei *f*. **3.** *fig.* (Ab)Schweifen *n* (*der Gedanken*), Unruhe *f* (*des Geistes*). **ˈva·grant I** *adj* (*adv* ~**ly**) **1.** wandernd (*a. med. Zelle etc*), vagabunˈdierend. **2.** → **vagabond** 3 *u.* 4. **3.** *bot.* wuchernd. **4.** *fig.* launisch, sprunghaft, unberechenbar. **II** *s* → **vagabond** 5.
vague [veɪg] **I** *adj* (*adv* ~**ly**) **1.** vage: a) nebelhaft, verschwommen: ~ **figures (belief, statement,** *etc*), b) unbestimmt: ~ **promise (suspicion,** *etc*), c) dunkel: ~ **presentiment**, d) unklar: ~ **answer**; ~ **hope** vage Hoffnung; **not the** ~**st idea** nicht die leiseste Ahnung; **to be** ~ **about** sich unklar ausdrücken über (*acc*); ~**ly familiar** irgendwie bekannt. **2.** ˈundefiˌnierbar, unbestimmt: ~ **character. 3.** ausdruckslos: ~ **eyes. 4.** geistesabwesend. **II** *s* **5.** (*das*) Vage: **in the** ~ (noch) unklar *od.* unbestimmt. **ˈvague·ness** *s* Unbestimmtheit *f*, Verschwommenheit *f*.
va·gus [ˈveɪgəs] *pl* **-gi** [-dʒaɪ] *s a.* ~ **nerve** *anat.* Vagus *m* (*10. Gehirnnerv*).
vail[1] [veɪl] *obs. od. poet.* **I** *v/t die Fahne etc* senken, *den Hut etc* abnehmen. **II** *v/i* das Haupt entblößen.
vail[2] [veɪl] *obs. od. poet.* **I** *v/t* helfen, nützen (*dat*). **II** *s* Geldgeschenk *n*.
vain [veɪn] *adj* (*adv* ~**ly**) **1.** eitel, leer: ~ **hopes (pleasure, threat)**; ~ **pomp** hohler Prunk. **2.** nutz-, fruchtlos, vergeblich: ~ **efforts. 3.** eitel, eingebildet (*Person*) (**of** auf *acc*): **(as)** ~ **as a peacock** eitel wie ein Pfau. **4. in** ~ a) vergebens, vergeblich, umˈsonst, b) unnütz: **to take God's name in** ~ *Bibl.* den Namen Gottes mißbrauchen *od.* vergeblich im Munde führen; **to take s.o.'s name in** ~ über j-n lästern. **ˌ~ˈglo·ri·ous** *adj* (*adv* ~**ly**) **1.** aufgeblasen, hochmütig, prahlerisch, großsprecherisch, -spurig. **2.** pomˈpös, bomˈbastisch. **ˌ~ˈglo·ri·ous·ness** *s* **1.** Aufgeblasenheit *f*, Prahleˈrei *f*. **2.** Pomp *m*. **ˌ~ˈglo·ry** → **vaingloriousness**.
vain·ness [ˈveɪnnɪs] *s* **1.** Vergeblichkeit *f*. **2.** Hohl-, Leerheit *f*.
vair [veə(r)] *s* **1.** Grauwerk *n* (*Eichhörnchenfell*). **2.** *her.* Eisenhutmuster *n*.
val·ance [ˈvæləns] *s* kurzer Behang *od.* Voˈlant.
vale[1] [veɪl] *s bes. poet. od. in Namen*: Tal *n*: **this** ~ **of tears** dies Jammertal.

va·le² [ˈveɪlɪ; ˈvɑːleɪ] (*Lat.*) **I** *interj* lebe wohl! **II** *s* Lebeˈwohl *n.*
val·e·dic·tion [ˌvælɪˈdɪkʃn] *s* **1.** Abschiednehmen *n.* **2.** Abschiedsworte *pl.* **3.** → **valedictory** II. ˌ**val·e·dicˈto·ri·an** [-ˈtɔːrɪən; -ˈtɔː-] *s ped. univ. Am.* Schüler *od.* Stuˈdent, der die Abschiedsrede hält. ˌ**val·eˈdic·to·ry** [-tərɪ] **I** *adj* Abschieds...: ~ **address** → II. **II** *s bes. ped. univ. Am.* Abschiedsrede *f.*
va·lence [ˈveɪləns] *s* **1.** *chem.* Wertigkeit *f,* Vaˈlenz *f:* **of odd** ~ unpaarwertig. **2.** *math. phys.* Wertigkeit *f,* Vaˈlenz *f:* ~ **electron** Valenzelektron *n.* **3.** *biol.* Vaˈlenz *f* (*der Chromosomen*).
va·len·cy [ˈveɪlənsɪ] → **valence.**
val·en·tine [ˈvæləntaɪn] *s* **1.** Valentinsgruß *m* (*lustiges od. verliebtes Briefchen od. sonstiges Geschenk zum Valentinstag, 14. Februar, meist anonym dem od. der Erwählten gesandt*). **2.** am Valentinstag erwählte(r) Liebste(r *m*) *f.* **3.** *allg.* ‚Schatz' *m.*
va·le·ri·an [vəˈlɪərɪən] *s bot. pharm.* Baldrian *m.* **vaˈler·ic,** *a.* **vaˌle·riˈan·ic** [-ˈænɪk] *adj chem.* Baldrian..., Valerian...: ~ **acid** Valeriansäure *f.*
val·et [ˈvælɪt; -leɪ] **I** *s* **1.** (Kammer)Diener *m.* **2.** Hausdiener *m* (*im Hotel*). **II** *v/t* **3.** *j-n* bedienen, versorgen. **III** *v/i* **4.** Diener sein.
val·e·tu·di·nar·i·an [ˌvælɪtjuːdɪˈneərɪən; *Am. a.* -tuː-] **I** *adj* **1.** kränklich, kränkelnd. **2.** geˈsundheitsfaˌnatisch. **3.** hypoˈchondrisch. **II** *s* **4.** kränkliche Perˈson. **5.** Geˈsundheitsfaˌnatiker(in), ‚Geˈsundheitsaˌpostel' *m.* **6.** Hypoˈchonder *m.* ˌ**val·e·tu·diˈnar·i·an·ism** *s* **1.** Kränklichkeit *f.* **2.** Geˈsundheitsfanaˌtismus *m.* **3.** Hypochonˈdrie *f.* ˌ**val·eˈtu·di·nar·y** [-dɪnərɪ; *Am.* -dnˌeriː] → **valetudinarian.**
Val·hal·la [vælˈhælə], *a.* **Valˈhall** *s myth.* Walhall *n,* Walˈhalla *n, f* (*a. fig.*).
val·ian·cy [ˈvæljənsɪ], *a.* ˈ**val·iance** *s* Tapferkeit *f,* Mut *m,* Kühnheit *f.* ˈ**val·iant I** *adj* (*adv* ~**ly**) **1.** tapfer, mutig, heldenhaft, kühn. **2.** *obs.* kräftig, roˈbust. **II** *s* **3.** *obs.* Held(in).
val·id [ˈvælɪd] *adj* (*adv* ~**ly**) **1.** a) stichhaltig, triftig: ~ **evidence**; ~ **reason,** b) begründet, berechtigt: ~ **argument**; ~ **claims,** c) richtig: ~ **decision**; **to be** ~ **for** *allg.* gelten für. **2.** *jur.* (rechts)gültig, rechtskräftig: **to become** ~ Rechtskraft erlangen; **all tickets will be** ~ alle Karten behalten ihre Gültigkeit. **3.** wirksam: **a** ~ **method. 4.** *obs.* gesund, kräftig. ˈ**val·i·date** [-deɪt] *v/t jur.* a) für rechtsgültig erklären, rechtswirksam machen, b) bestätigen. ˌ**val·iˈda·tion** *s* Gültigkeit(serklärung) *f.* **va·lid·i·ty** [vəˈlɪdətɪ] *s* **1.** Gültigkeit *f:* a) Stichhaltigkeit *f,* Triftigkeit *f,* b) Richtigkeit *f.* **2.** *jur.* Rechtsgültigkeit *f,* -kraft *f.* **3.** Gültigkeit(sdauer) *f* (*e-r Fahrkarte etc*).
va·lise [vəˈliːz; vəˈliːs] *s* Reisetasche *f.*
val·kyr, V~ [ˈvælkɪə(r)], **valˈkyr·ie, V~** [-ˈkɪərɪ] *s myth.* Walküre *f.*
val·la [ˈvælə] *pl von* **vallum.**
val·lec·u·la [vəˈlekjʊlə] *pl* **-lae** [-liː] *s biol.* Furche *f,* Spalt *m,* Riß *m.*
val·ley [ˈvælɪ] *s* **1.** Tal *n:* **down the** ~ talabwärts; **the Thames** ~ das Flußgebiet der Themse; **the** ~ **of the shadow of death** *Bibl.* das finstere Tal. **2.** *arch.* Dachkehle *f:* ~ **rafter** Kehlsparren *m.*
val·lic·u·la [vəˈlɪkjʊlə] → **vallecula.**
val·lum [ˈvæləm] *pl* **-lums, -la** [-lə] *s antiq.* Wall *m.*
val·or, *bes. Br.* **val·our** [ˈvælə(r)] *s bes. poet.* (Helden)Mut *m,* Tapferkeit *f.*
val·or·i·za·tion [ˌvæləraɪˈzeɪʃn; *Am.* -rəˈz-] *s econ.* Valorisatiˈon *f,* Aufwertung *f.* ˈ**val·or·ize** *v/t* valoriˈsieren, aufwerten, den Preis (*e-r Ware*) heben *od.* stützen: **to** ~ **coffee.**
val·or·ous [ˈvælərəs] *adj* (*adv* ~**ly**) *bes. poet.* tapfer, mutig, kühn, heldenhaft.
val·our *bes. Br. für* **valor.**
valse [vɑːls] *s mus.* Walzer *m.*
val·u·a·ble [ˈvæljʊəbl; *Am.* -jəwəbəl; -jəbəl] **I** *adj* (*adv* **valuably**) **1.** wertvoll: a) kostbar, teuer: ~ **paintings,** b) *fig.* nützlich: ~ **information**; → **consideration** 6. **2.** (ab)schätzbar, bezahlbar: **not** ~ **in money** unschätzbar, unbezahlbar. **II** *s* **3.** *pl* Wertsachen *pl,* -gegenstände *pl.* ˈ**val·u·a·ble·ness** *s* **1.** Wert *m.* **2.** Nützlichkeit *f.*
val·u·a·tion [ˌvæljʊˈeɪʃn; *Am.* -jəˈweɪ-] *s* **1.** Bewertung *f,* Wertbestimmung *f,* Taˈxierung *f,* Veranschlagung *f.* **2.** *econ.* a) Schätzwert *m,* (festgesetzter) Wert *od.* Preis, Taxe *f,* b) Gegenwartswert *m* e-r ˈLebensverˌsicherungspoˌlice. **3.** *Münzwesen:* Valvatiˈon *f.* **4.** Wertschätzung *f,* Würdigung *f:* **we take him at his own** ~ wir beurteilen ihn so, wie er sich selbst beurteilt. ˈ**val·u·a·tor** [-tə(r)] *s econ.* (Ab)Schätzer *m,* Taˈxator *m.*
val·ue [ˈvæljuː] **I** *s* **1.** *allg.* Wert *m* (*a. biol. chem. math. phys. u. fig.*): **the** ~ **of a friend**; ~ **judg(e)ment** Werturteil *n*; **acid** ~ *chem.* Säuregrad *m*; **caloric** ~ Kalorienwert; **statistical** ~ statistischer Wert; **to be of** ~ **to s.o.** j-m wertvoll *od.* nützlich sein; **there is little** ~ **in s.o. doing s.th.** es hat wenig Wert, daß j-d etwas tut. **2.** Wert *m,* Einschätzung *f:* **to set** (*od.* **put**) **a high** ~ **(up)on** a) großen Wert legen auf (*acc*), b) *etwas* hoch einschätzen. **3.** *econ.* Wert *m:* **at** ~ zum Tageskurs; **commercial** ~ Handelswert; ~ **in use** Nutzungs-, Gebrauchswert. **4.** *econ.* a) (Geld-, Verkehrs)Wert *m,* Kaufkraft *f,* Preis *m,* b) Gegenwert *m,* -leistung *f,* c) → **valuation** 2, d) Wert *m,* Preis *m,* Betrag *m:* **for** ~ **received** Betrag erhalten; **to the** ~ **of** im *od.* bis zum Wert von, e) Währung *f,* Vaˈluta *f,* f) *a.* **good** ~ reˈelle Ware: **to give (get) good** ~ **for one's money** reell bedienen (bedient werden); **it is excellent** ~ **for money** es ist ausgezeichnet *od.* äußerst preiswert. **5.** *fig.* Wert *m,* Bedeutung *f,* Gewicht *n:* **the precise** ~ **of a word. 6.** *meist pl fig.* (*kulturelle od. sittliche*) Werte *pl.* **7.** *paint.* Verhältnis *n* von Licht u. Schatten, Farb-, Grauwert *m:* **out of** ~ zu hell *od.* zu dunkel. **8.** *mus.* Noten-, Zeitwert *m.* **9.** *Phonetik:* Lautwert *m,* Qualiˈtät *f:* ~ **stress** Sinnbetonung *f.*
II *v/t* **10.** a) den Wert *od.* Preis (*e-r Sache*) bestimmen *od.* festsetzen, b) (ab)schätzen, veranschlagen, taˈxieren (**at** auf *acc*). **11.** *etwas* schätzen, (*vergleichend*) bewerten: **he** ~**d hono(u)r above riches** ihm ging Ehre über Reichtum. **12.** (hoch)schätzen, achten: **to** ~ **o.s. on s.th.** sich e-r Sache rühmen. **13.** *econ. e-n Wechsel* ziehen (**on s.o.** auf j-n).
ˌ**val·ue-ˈad·ded tax** *s econ.* Mehrwertsteuer *f.*
val·ued [ˈvæljuːd] *adj* **1.** (hoch)geachtet, geschätzt. **2.** taˈxiert, veranschlagt: ~ **at £100** 100 Pfund wert.
val·ue| date *s econ. bes. Br.* **1.** Verbuchungsdatum *n.* **2.** Eingangsdatum *n* (*e-s Schecks*). **3.** Abrechnungstag *m* (*im Devisenverkehr*). ˈ**~-free** *adj* wertfrei.
val·ue·less [ˈvæljʊlɪs] *adj* wertlos.
val·u·er [ˈvæljʊə(r)] → **valuator.**
va·lu·ta [vəˈluːtə] *s econ.* Vaˈluta *f.*
valv·al [ˈvælvl], ˈ**valv·ar** [-və(r)] → **valvular. val·vate** [ˈvælveɪt] *adj* **1.** *biol.* mit Klappe(n) (versehen), Klappen... **2.** *bot.* a) klappig, b) sich durch Klappen öffnend.
valve [vælv] **I** *s* **1.** *tech.* Venˈtil *n,* Absperrvorrichtung *f,* Klappe *f,* Hahn *m,* Reguˈlierorˌgan *n:* ~ **gear** (*od.* **motion**) Ventilsteuerung *f*; ~**-in-head engine** *Am.* kopfgesteuerter Motor. **2.** *anat.* (*Herz- etc*)Klappe *f:* **cardiac** ~. **3.** *mus.* Venˈtil *n* (*e-s Blechinstruments*). **4.** *zo.* (Muschel)Klappe *f.* **5.** *bot.* a) Klappe *f,* b) Kammer *f* (*beide e-r Fruchtkapsel*). **6.** *electr. Br.* (Elekˈtronen-, Fernseh-, Radio-, Vakuum)Röhre *f:* ~ **amplifier** Röhrenverstärker *m.* **7.** *tech.* Schleusentor *n.* **8.** *obs.* Türflügel *m.* **II** *v/t* **9.** mit Venˈtil(en) *etc* versehen. ˈ**valve·less** *adj* venˈtillos.
val·vu·lar [ˈvælvjʊlə(r)] *adj* **1.** klappenförmig, Klappen...: ~ **defect** *med.* Klappenfehler *m.* **2.** mit Klappe(n) *od.* Venˈtil(en) (versehen). **3.** *bot.* klappig. ˈ**val·vule** [-vjuːl] *s* kleine Klappe, kleines Venˈtil.
val·vu·li·tis [ˌvælvjʊˈlaɪtɪs] *s med.* Valvuˈlitis *f,* (Herz)Klappenentzündung *f.*
vam·brace [ˈvæmbreɪs] *s hist.* Armschiene *f* (*der Ritterrüstung*).
va·moose [vəˈmuːs; væ-] *Am. sl.* **I** *v/i* ‚verduften', ‚Leine ziehen'. **II** *v/t* fluchtartig verlassen.
vamp¹ [væmp] **I** *s* **1.** a) Oberleder *n* (*e-s Schuhs*), b) (Vorder)Kappe *f,* c) (aufgesetzter) Flicken. **2.** *mus.* (improviˈsierte) Begleitung. **3.** *fig.* Flickwerk *n.* **II** *v/t* **4.** vorschuhen. **5.** *meist* ~ **up** a) flicken, repaˈrieren, b) *colloq. Gebäude etc* ‚ˈaufpoˌlieren', *Theaterstück etc a.* ‚aufmotzen', c) *colloq. Zeitungsartikel etc* zs.-stoppeln, d) *colloq. Ausrede etc* erfinden. **6.** *mus.* (aus dem Stegreif) begleiten. **III** *v/i* **7.** *mus.* improviˈsieren.
vamp² [væmp] *colloq.* **I** *s* **1.** Vamp *m.* **II** *v/t* **2.** *Männer* verführen, ausbeuten, -saugen. **3.** *j-n* ‚becircen'.
vam·pire [ˈvæmpaɪə(r)] *s* **1.** Vampir *m:* a) *blutsaugendes Gespenst,* b) *fig.* Erpresser(in), Blutsauger(in). **2.** *a.* ~ **bat** *zo.* Vampir *m,* Blattnase *f.* **3.** *thea.* Falltür *f* auf der Bühne. **vamˈpir·ic** [-ˈpɪrɪk] *adj* vampirhaft, blutsaugerisch, Vampir... ˈ**vam·pir·ism** *s* **1.** Vampiˈrismus *m,* Vampirglaube *m.* **2.** Blutsaugen *n* (*e-s Vampirs*). **3.** *fig.* Ausbeutung *f.*
van¹ [væn] *s* **1.** *mil.* Vorhut *f,* Vorˈausabˌteilung *f,* Spitze *f.* **2.** *mar.* Vorgeschwader *n.* **3.** *fig.* vorderste Reihe, Spitze *f:* **in the** ~ **of** an der Spitze (*gen*).
van² [væn] **I** *s* **1.** Last-, Lieferwagen *m.* **2.** *rail. bes. Br.* (geschlossener) Güterwagen, Dienst-, Gepäckwagen *m.* **3.** *colloq.* a) Wohnwagen *m:* **gipsy's** ~ Zigeunerwagen *m,* b) *Am.* ˈWohnmoˌbil *n.* **II** *v/t* **4.** auf Lastwagen transporˈtieren.
van³ [væn] *s* **1.** *obs. od. poet.* Schwinge *f,* Fittich *m.* **2.** *Br.* Getreideschwinge *f.* **3.** *Bergbau: Br.* a) Schwingschaufel *f,* b) Schwingprobe *f.*
van⁴ [væn] *s Tennis: Br. colloq.* Vorteil *m:* ~ **in (out)** Vorteil Aufschläger (Rückschläger).
van·a·date [ˈvænədeɪt] *s chem.* Vanaˈdat *n,* vanaˈdinsaures Salz. **va·nad·ic** [vəˈnædɪk; -ˈneɪ-] *adj* vaˈnadiumhaltig.
va·na·di·um [vəˈneɪdjəm; -dɪəm] *s chem.* Vaˈnadium *n.*
Van Al·len belt [ˌvænˈælən] *s phys.* Van-ˈAllen-Gürtel *m.*
Van·dal [ˈvændl] **I** *s* **1.** *hist.* Vanˈdale *m,* Vanˈdalin *f.* **2.** **v~** *fig.* Vanˈdale *m,* mutwilliger Zerstörer. **II** *adj* **3.** *hist.* vanˈdalisch, Vandalen... **4.** **v~** *fig.* vanˈdalisch, vanˈdalenhaft, zerstörungswütig. **Vanˈdal·ic, v~** [-ˈdælɪk] → **Vandal** II. ˈ**van·dal·ism** [-dəlɪzəm] *s* Vandaˈlismus *m:* a) Zerstörungswut *f,* b) *a.* **acts of** ~ mutwillige Zerstörung. ˈ**van·dal·ize** *v/t* **1.** wie die Vanˈdalen hausen in (*dat*). **2.** mutwillig zerstören, verwüsten.

Van·dyke [ˌvænˈdaɪk] **I** *adj* **1.** von Van Dyck, in Van Dyckscher Maˈnier. **II** *s* **2. v~** *abbr. für* a) ~ **beard**, b) ~ **collar**. **3.** (Bild *n* von) Van Dyck *m*. **4. v~** *tech.* Zackenmuster *n*. **III** *v/t* **5. v~** auszacken. **6. v~** mit Zackenkragen versehen. ~ **beard** *s* Spitz-, Knebelbart *m*. ~**col·lar** *s* Vanˈdyckkragen *m*.

vane [veɪn] *s* **1.** Wetterfahne *f*, -hahn *m*. **2.** Windmühlenflügel *m*. **3.** *tech.* (Proˈpeller-, Ventiˈlator- *etc*)Flügel *m*, (Turˈbinen-, *aer.* Leit)Schaufel *f*. **4.** *surv.* Diˈopter *n*, Nivelˈliergerät *n*. **5.** *zo.* Fahne *f* (*e-r Feder*). **6.** Fiederung *f* (*e-s Pfeils*).

va·nes·sa [vəˈnesə] *s zo.* Eckflügler *m* (*Tagschmetterling*).

vang [væŋ] *s mar.* (Gaffel)Geer *f*.

van·guard [ˈvængɑː(r)d] → **van**[1].

va·nil·la [vəˈnɪlə] *s bot.* Vaˈnille *f* (*Pflanze u. Gewürz*): ~ **ice-cream**.

van·ish [ˈvænɪʃ] **I** *v/i* **1.** (plötzlich) verschwinden. **2.** (langsam ver- *od.* ent-) schwinden, daˈhinschwinden, sich verlieren (**from** von, aus). **3.** (spurlos) verschwinden: **to ~ into thin air** sich in Luft auflösen. **4.** *math.* verschwinden, Null werden. **II** *s* **5.** *Phonetik*: *2. Element e-s fallenden Diphthongs.*

ˈvan·ish·ing|cream *s* (*rasch in die Haut eindringende*) Tagescreme. ~ **line** *s* Fluchtlinie *f*. ~**point** *s* **1.** Fluchtpunkt *m* (*in der Perspektive*). **2.** *fig.* Nullpunkt *m*.

van·i·ty [ˈvænətɪ] *s* **1.** (*persönliche*) Eitelkeit: ~ **surgery** *med.* Schönheitschirurgie *f*. **2.** *j-s* Stolz *m* (*Sache*). **3.** Leere *f*, Hohlheit *f*, Eitelkeit *f*, Nichtigkeit *f*: **V~ Fair** *fig.* Jahrmarkt *m* der Eitelkeiten. **4.** *Am.* Toiˈlettentisch *m*. **5.** *a.* ~ **bag** (*od.* **box, case**) Kosˈmetiktäschchen *n od.* -koffer *m*.

van·quish [ˈvæŋkwɪʃ] **I** *v/t* besiegen, überˈwältigen, *a. fig.* überˈwinden, bezwingen: **love ~ed his pride**; **the ~ed** die Besiegten. **II** *v/i* siegreich sein, siegen. **ˈvan·quish·er** *s* Sieger *m*, Bezwinger *m*.

van·tage [ˈvɑːntɪdʒ; *Am.* ˈvæn-] *s* **1.** *Tennis*: Vorteil *m*. **2. coign** (*od.* **point**) **of ~** günstiger (Angriffs- *od.* Ausgangs)Punkt. ~ **ground** *s* günstige Lage *od.* Stellung. ~ **point** *s* **1.** (guter) Aussichtspunkt: **from the ~ of** *fig.* aus dem Blickwinkel (*gen*). **2.** günstiger (Ausgangs)Punkt. **3.** → **vantage ground**.

van·ward [ˈvænwə(r)d] **I** *adj* vorderst(er, e, es). **II** *adv* nach vorn.

vap·id [ˈvæpɪd] *adj* (*adv* **~ly**) **1.** schal: ~ **beer**. **2.** *fig.* a) schal, seicht, leer, b) öd(e), fad(e). **3.** *fig.* leer, ausdruckslos. **va·ˈpid·i·ty, ˈvap·id·ness** *s* **1.** Schalheit *f* (*a. fig.*). **2.** *fig.* Fadheit *f*. **3.** *fig.* Leere *f*.

va·por [ˈveɪpər] *Am. für* **vapour**.

va·por·a·ble [ˈveɪpərəbl] *adj* ein-, verdampfbar.

va·por·if·ic [ˌveɪpəˈrɪfɪk] *adj* **1.** dampf-, dunsterzeugend. **2.** verdampfend, verdunstend. **3.** → **vaporous**. **ˈva·por·i·form** [-fɔː(r)m] *adj* dampf-, dunstförmig.

va·por·i·za·tion [ˌveɪpəraɪˈzeɪʃn; *Am.* -rəˈz-] *s chem. phys.* Verdampfung *f*, Verdunstung *f*. **ˈva·por·ize I** *v/t* **1.** *chem. phys.* ver-, eindampfen, verdunsten (lassen), zerstäuben. **2.** *tech.* vergasen. **II** *v/i* **3.** *chem. phys.* verdampfen, -dunsten. **ˈva·por·iz·er** *s tech.* **1.** Verˈdampfungsappaˌrat *m*, Zerstäuber *m*. **2.** Vergaser *m*.

va·por·ous [ˈveɪpərəs] *adj* (*adv* **~ly**) **1.** dampfig, dunstig. **2.** dunstig, neb(e)lig. **3.** duftig, zart: ~ **silk**. **4.** *fig.* nebelhaft: ~ **dreams**. **5.** eitel, eingebildet.

va·pour [ˈveɪpə(r)] **I** *s* **1.** Dampf *m* (*a. phys.*), Dunst *m* (*a. fig.*), Nebel *m*: ~ **bath** Dampfbad *n*; ~ **cooling** Verdampfungskühlung *f*; ~ **lamp** a) *tech.* Kohlenwasserstofflampe *f*, b) *electr.* (Quecksilber)Dampflampe *f*; ~ **trail** *aer.* Kondensstreifen *m*. **2.** *tech.* a) Gas *n*, b) *mot.* Gemisch *n*: ~ **engine** Gasmotor *m*. **3.** *med.* a) (Inhalatiˈons)Dampf *m*, b) *obs.* Blähung *f*. **4.** *fig.* Phanˈtom *n*, Hirngespinst *n*. **5.** *pl obs.* Schwermut *f*. **II** *v/i* **6.** (ver)dampfen. **7.** *fig.* prahlen, schwadroˈnieren.

va·que·ro [vɑːˈkerəʊ] *pl* **-ros** *s Am.* Viehhirt *m*, Cowboy *m*.

va·rac·tor [ˈveəræktə(r)] *s electr.* Vaˈractor *m*, Kapaziˈtätsvariatiˌonsdiˌode *f*.

var·an [ˈværən] *s zo.* Waˈran(eidechse *f*) *m*.

Va·ran·gi·an [vəˈrændʒɪən] **I** *s hist.* Waˈräger *m*. **II** *adj* Waräger...

var·ec [ˈværek] *s* **1.** *bot.* Seetang *m*. **2.** *chem.* Varek *m*, Seetangasche *f*.

var·i·a·bil·i·ty [ˌveərɪəˈbɪlətɪ] *s* **1.** Veränderlichkeit *f*, Schwanken *n*, Unbeständigkeit *f* (*a. fig.*). **2.** Variabiliˈtät *f*: a) *math. phys.* Ungleichförmigkeit *f*, b) *biol.* Gestaltungsvermögen *n*.

var·i·a·ble [ˈveərɪəbl] **I** *adj* (*adv* **variably**) **1.** veränderlich, wechselnd, ˈunterschiedlich, unbeständig (*Gefühle, Wetter etc*), schwankend (*a. Person*): ~ **cost** *econ.* bewegliche Kosten *pl*; ~ **wind** *meteor.* Wind *m* aus wechselnden Richtungen. **2.** *bes. astr. biol.* variˈabel, wandelbar, *math. phys. a.* ungleichförmig: ~ **star** → 5. **3.** *tech.* regelbar, ver-, einstellbar, veränderlich: ~ **capacitor** Drehkondensator *m*; ~ **gear** Wechselgetriebe *n*; ~ **in phase** *electr.* phasenveränderlich; ~ **resistance** *electr.* a) variabler Widerstand, b) (*als Konstruktionselement*) Regelwiderstand *m*; ~**-speed** mit veränderlicher Drehzahl; ~ **time fuse** (*bes. Am.* **fuze**) *mil.* Annäherungszünder *m*. **II** *s* **4.** (*etwas*) Variˈables, veränderliche Größe, *bes. math.* Variˈable *f*, Veränderliche *f*. **5.** *astr.* variˈabler Stern, Variˈable(r) *m*, Veränderliche(r) *m*. **6.** *meteor.* Wind *m* aus wechselnden Richtungen. **7.** *meist pl mar.* Kalmengürtel *m*. **ˈvar·i·a·ble·ness** → **variability**.

var·i·ance [ˈveərɪəns] *s* **1.** Veränderung *f*. **2.** Veränderlichkeit *f*. **3.** Abweichung *f* (*a. jur. zwischen Klage u. Beweisergebnis*). **4.** Unstimmigkeit *f*, Uneinigkeit *f*, Meinungsverschiedenheit *f*, Streit *m*: **to be at ~ (with)** uneinig sein (mit *j-m*), anderer Meinung sein (als *j-d*) (→ 5); **to set at ~** entzweien. **5.** *fig.* ˈWiderspruch *m*, -streit *m*: **to be at ~ (with)** unvereinbar sein (mit *etwas*), im Widerspruch *od.* Gegensatz stehen (zu) (→ 4). **6.** *Statistik*: Variˈanz *f* (*Quadrat der mittleren Abweichung*).

var·i·ant [ˈveərɪənt] **I** *adj* **1.** abweichend, verschieden. **2.** ˈunterschiedlich. **II** *s* **3.** Variˈante *f*, Spielart *f*. **4.** ˈSchreib- *od.* ˈTextvariˌante *f*, abweichende Lesart.

var·i·a·tion [ˌveərɪˈeɪʃn] *s* **1.** (Ver)Änderung *f*, Wechsel *m*. **2.** Abweichung *f*, Schwankung *f*. **3.** Abänderung *f*. **4.** Abwechslung *f*. **5.** (ˈSchreib)Variˌante *f*. **6.** *astr. biol. math. mus. etc* Variatiˈon *f*. **7.** *mar.* maˈgnetische Deklinatiˈon, (ˈOrts-)ˌMißweisung *f* (*Kompaß*). **ˌvar·iˈa·tion·al** [-ʃənl] *adj* Variations...

var·i·cel·la [ˌværɪˈselə] *s med.* Variˈzellen *pl*, Windpocken *pl*.

var·i·ces [ˈværɪsiːz] *pl von* **varix**.

var·i·co·cele [ˈværɪkəʊsiːl] *s med.* Varikoˈzele *f*, Krampfaderbruch *m*.

ˈvar·iˌcol·o(u)red [ˈveərɪ-] *adj* bunt: a) vielfarbig, b) *fig.* mannigfaltig.

var·i·cose [ˈværɪkəʊs] *adj med.* variˈkös: ~ **ulcer** Krampfader-, Unterschenkelgeschwür *n*; ~ **vein** Krampfader *f*; ~ **bandage** Krampfaderbinde *f*. **ˌvar·iˈco·sis** [-ˈkəʊsɪs], **ˌvar·iˈcos·i·ty** [-ˈkɒsətɪ; *Am.* -ˈkɑ-] *s* **1.** Varikosiˈtät *f*. **2.** Krampfaderleiden *n*, -bildung *f*. **3.** Krampfader(n *pl*) *f*. **ˌvar·iˈcot·o·my** [-ˈkɒtəmɪ; *Am.* -ˈkɑ-] *s* Krampfaderknotenentfernung *f*.

var·ied [ˈveərɪd] *adj* (*adv* **~ly**) **1.** bunt, abwechslungsreich, mannigfaltig, verschieden(artig): **a ~ life** ein bewegtes Leben. **2.** (ab)geändert, verändert, variˈiert. **3.** bunt, vielfarbig.

var·ie·gate [ˈveərɪgeɪt; *Am. a.* -riːə-] *v/t* **1.** bunt gestalten (*a. fig.*). **2.** variˈieren, Abwechslung bringen in (*acc*), beleben. **ˈvar·ie·gat·ed** → **varied**. **ˌvar·ieˈga·tion** *s* Buntheit *f*, Vielfarbigkeit *f*.

va·ri·e·ty [vəˈraɪətɪ] *s* **1.** Verschiedenheit *f*, Buntheit *f*, Mannigfaltigkeit *f*, Vielseitigkeit *f*, Abwechslung *f*: **charm of ~** Reiz *m* der Abwechslung; **to add ~ to** Abwechslung bringen in (*acc*). **2.** Vielfalt *f*, Reihe *f*, Anzahl *f*, *bes. econ.* Auswahl *f*: **a ~ of silks** ein Sortiment von Seidenstoffen; **for a ~ of reasons** aus den verschiedensten Gründen. **3.** Sorte *f*, Art *f*. **4.** *allg.* Spielart *f*. **5.** *bot. zo.* a) Varieˈtät *f* (*Unterabteilung e-r Art*), b) Spielart *f*, Variˈante *f*. **6.** Varieˈté *n*: ~ **artist** Varietékünstler(in). **7.** → **variety store**. ~**meat** *s bes. Am.* Inneˈreien *pl*. ~ **shop** → **variety store**. ~ **show** *s* Varieˈté(vorstellung *f*) *n*. ~ **store** *s Am.* Kleinkaufhaus *n*. ~ **the·a·ter,** *bes. Br.* ~ **the·a·tre** *s* Varieˈté(theˌater) *n*.

var·i·form [ˈveərɪfɔː(r)m] *adj* vielgestaltig, abwechslungsreich (*a. fig.*).

ˈvar·i·oˌcou·pler [ˈveərɪəʊ-] *s electr.* Variokoppler *m*, veränderliche Kopplungsspule.

va·ri·o·la [vəˈraɪələ; *Am. a.* ˌverɪˈəʊlə] *s med.* Variˈolen *pl*, Pocken *pl*.

var·i·o·lite [ˈveərɪəlaɪt] *s geol.* Blatterstein *m*, Varioˈlit *m*.

var·i·o·loid [ˈveərɪəlɔɪd; *Am.* ˌverɪˈəʊ-] *med.* **I** *adj* **1.** pockenartig. **2.** Pocken... **II** *s* **3.** Varioˈloïs *f* (*leichte Form der Pocken*). **va·ri·o·lous** [vəˈraɪələs; *Am. a.* ˌverɪˈəʊ-] *adj* **1.** Pocken... **2.** pockenkrank. **3.** pockennarbig.

var·i·om·e·ter [ˌveərɪˈɒmɪtə; *Am.* ˌverɪˈɑmətər] *s aer. electr. phys. tech.* Varioˈmeter *n*.

var·i·o·rum [ˌveərɪˈɔːrəm; *Am. a.* -ˈəʊ-] **I** *adj*: ~ **edition** → II. **II** *s* Ausgabe *f* mit kritischen Anmerkungen verschiedener Kommentaˈtoren *od.* mit verschiedenen Lesarten: **a Shakespeare ~**.

var·i·ous [ˈveərɪəs] *adj* (*adv* **~ly**) **1.** verschieden(artig). **2.** mehrere, verschiedene. **3.** bunt, vielfältig, abwechslungsreich, wechselvoll.

var·is·cite [ˈværɪsaɪt] *s min.* Varisˈzit *m*.

var·is·tor [vəˈrɪstə(r); *Am.* væ-] *s electr.* Vaˈristor *m*.

var·ix [ˈveərɪks] *pl* **var·i·ces** [ˈværɪsiːz] *s* **1.** *med.* Krampfader(knoten *m*) *f*. **2.** *zo.* Knoten *m* an Muscheln.

var·let [ˈvɑː(r)lɪt] *s* **1.** *obs. od. humor.* Schelm *m*, Schuft *m*. **2.** *hist.* Page *m*, Knappe *m*.

var·mint [ˈvɑː(r)mɪnt] *s* **1.** *zo.* Schädling *m*. **2.** *colloq.* Haˈlunke *m*.

var·nish [ˈvɑː(r)nɪʃ] **I** *s tech.* **1.** Lack *m*. **2.** *a.* **clear ~** Klarlack *m*, Firnis *m*. **3.** (ˈMöbel)Poliˌtur *f*. **4.** *Töpferei*: Glaˈsur *f*. **5.** ˈLackˌüberzug *m*. **6.** *fig.* Firnis *m*, Tünche *f*, äußerer Anstrich. **II** *v/t a.* ~ **over 7.** a) lacˈkieren, b) firnissen, c) glaˈsieren. **8.** *Möbel* (ˈauf)poˌlieren. **9.** *fig.* überˈtünchen, bemänteln, beschönigen. **ˈvar·nish·er** *s* Lacˈkierer *m*.

ˈvar·nish·ing day *s paint.* Vernisˈsage *f*.

var·si·ty [ˈvɑː(r)sətɪ] *s colloq.* **1.** *bes. Br.* ‚Uniˈ *f* (*Universität*). **2.** *a.* ~ **team** *sport Am.* Universiˈtäts-, College-, Schulmannschaft *f*.

var·so·vienne [ˌvɑː(r)səʊvɪˈen; *Am.*

-ˈvjen] *s mus.* Varsoviˈenne *f*, ‚Warschauer' *m* (*Tanz*).

var·us [ˈveərəs] → **talipes.**

var·y [ˈveəri] **I** *v/t* **1.** (ver-, *a. jur.* ab)ändern. **2.** variˈieren, ˈunterschiedlich gestalten, Abwechslung bringen in (*acc*), wechseln mit (*etwas*). **3.** variˈieren, abwandeln (*a. mus.*). **II** *v/i* **4.** sich (ver)ändern, variˈieren (*a. biol.*), wechseln, schwanken, auseinˈandergehen (*Meinungen*). **5.** (**from**) abweichen *od.* verschieden sein (von), nicht überˈeinstimmen (mit). ˈ**var·y·ing** *adj* (*adv* ~**ly**) wechselnd, ˈunterschiedlich, verschieden.

vas [væs] *pl* **va·sa** [ˈveɪsə; *Am.* -zə] (*Lat.*) *s physiol.* (Blut)Gefäß *n*: → **vas deferens.** **va·sal** [ˈveɪsl; *Am.* -zəl] *adj* (Blut)Gefäß...

vas·cu·la [ˈvæskjʊlə] *pl von* **vasculum.**

vas·cu·lar [ˈvæskjʊlə(r)] *adj bot. physiol.* Gefäß...: ~ **plants**; ~ **system** Gefäßsystem *n*; ~ **tissue** *bot.* Stranggewebe *n*.

vas·cu·lar·i·za·tion [ˌvæskjʊləraɪˈzeɪʃn; *Am.* -rəˈz-] *s med.* Vaskularisatiˈon *f*, Bildung *f* von Blutgefäßen.

vas·cu·lum [ˈvæskjʊləm] *pl* **-la** [-lə], **-lums** *s* **1.** *bot. physiol.* (kleines) Gefäß. **2.** Botaniˈsierbüchse *f*.

vas de·fe·rens [ˌ-ˈdefərenz] *pl* **va·sa de·fe·ren·ti·a** [ˈ-ˌdefəˈrenʃɪə; *Am.* -tʃ-] *s anat.* Samenleiter.

vase [vɑːz; *Am.* veɪs] *s* (Blumen-, Zier-) Vase *f*: ~ **painting** Vasenmalerei *f*.

vas·ec·to·my [væˈsektəmɪ; *Am. a.* veɪˈz-] *s med.* Vasektoˈmie *f* (*teilweise Entfernung des Samenleiters*).

vas·e·line [ˈvæsɪliːn] (*TM*) *s pharm.* Vaseˈlin *n*, Vaseˈline *f*.

vas·i·form [ˈveɪzɪfɔː(r)m] *adj biol.* gefäßförmig.

ˌ**vas·o·conˈstric·tor** [ˌveɪzəʊ-] *s anat.* Vasokonˈstriktor *m*, gefäßverengender Nerv. ˌ**vas·o·diˈla·tor** *s anat.* Vasodilaˈtator *m*, gefäßerweiternder Nerv. ˌ**vas·oˈmo·tor** *adj* vasomoˈtorisch, Gefäßnerven... ˌ**vas·oˈsen·so·ry** *adj* vasosenˈsorisch.

vas·sal [ˈvæsl] **I** *s* **1.** *hist.* Vaˈsall *m*, Lehnsmann *m*: **rear** ~ Hintersasse *m*. **2.** *fig.* ˈUntertan *m*, Unterˈgebene(r *m*) *f*. **3.** *fig.* Sklave *m* (**to** *gen*): **he is a** ~ **to his passions.** **II** *adj* **4.** Vasallen...: ~ **state.** **5.** *fig.* unterˈwürfig (**to** gegenˈüber). ˈ**vas·sal·age** *s* **1.** *hist.* a) Vaˈsallentum *n*, b) Lehnspflicht *f* (**to** gegenˈüber), c) *collect.* Vaˈsallen *pl*. **2.** *fig.* Abhängigkeit *f* (**to** von). **3.** *fig.* Unterˈwürfigkeit *f* (**to** gegenˈüber).

vast [vɑːst; *Am.* væst] **I** *adj* weit, ausgedehnt, unermeßlich, *a. fig.* (riesen)groß, riesig, ungeheuer: ~ **area**; ~ **difference**; ~ **quantities.** **II** *s poet.* (unendliche) Weite. ˈ**vast·ly** *adv* gewaltig, in hohem Maße, äußerst, ungemein, eˈnorm: ~ **superior** haushoch überlegen, weitaus besser. ˈ**vast·ness** *s* **1.** Weite *f*, Unermeßlichkeit *f* (*a. fig.*). **2.** ungeheure Größe, riesiges Ausmaß. **3.** riesige Zahl, Unmenge *f*. ˈ**vast·y** *poet. für* **vast** I.

vat [væt] **I** *s tech.* **1.** großes Faß, Bottich *m*, Kufe *f*. **2.** a) *Färberei*: Küpe *f*, b) *a.* **tan** ~ (*Gerberei*) Lohgrube *f*, c) Küpe *f*, Lösung *f* e-s Küpenfarbstoffs: ~ **blue** Indigoblau *n*; ~ **dye** Küpenfarbstoff *m*. **II** *v/t* **3.** (ver)küpen, in ein Faß *etc* füllen. **4.** in e-m Faß *etc* behandeln: ~**ted** faßreif (*Wein etc*).

Vat·i·can [ˈvætɪkən] *s* Vatiˈkan *m*: ~ **Council** *R.C.* Vatikanisches Konzil. ˈ**Vat·i·can·ism** *s* Vatikaˈnismus *m* (*theologisches System, das auf der unbedingten Autorität des Papstes beruht*).

vat·i·ci·na·tion [ˌvætɪsɪˈneɪʃn] *s* **1.** Weissagen *n*. **2.** Propheˈzeiung *f*.

vaude·ville [ˈvəʊdəvɪl; ˈvɔː-] *s* **1.** Vaudeˈville *n* (*heiteres Singspiel mit Tanzeinlagen*). **2.** *Am.* Varieˈté *n*.

Vau·dois¹ [ˈvəʊdwɑː; *Am. a.* vəʊˈdwɑː] **I** *s* **1.** a) Waadtländer(in), b) *pl* Waadtländer *pl*. **2.** *ling.* Waadtländisch *n*, das Waadtländische. **II** *adj* **3.** waadtländisch.

Vau·dois² [ˈvəʊdwɑː; *Am. a.* vəʊˈdwɑː] **I** *s* a) Walˈdenser(in), b) *pl* Walˈdenser *pl*. **II** *adj* Waldenser...

vault¹ [vɔːlt] **I** *s* **1.** *arch.* Gewölbe *n*, Wölbung *f*. **2.** Kellergewölbe *n*. **3.** Grabgewölbe *n*, Gruft *f*: **family** ~. **4.** Stahlkammer *f*, Treˈsorraum *m*. **5.** *poet.* Himmel(sgewölbe *n*) *m*. **6.** *anat.* Wölbung *f*, (Schädel)Dach *n*, (Gaumen)Bogen *m*, Kuppel *f* (*des Zwerchfells*). **II** *v/t arch.* **7.** (über)ˈwölben. **III** *v/i* **8.** sich wölben.

vault² [vɔːlt] **I** *v/i* **1.** springen, sich schwingen, setzen (**over** über *acc*). **2.** *Hohe Schule*: kurbetˈtieren. **II** *v/t* **3.** überˈspringen. **III** *s* **4.** *bes. sport* Sprung *m*. **5.** *Hohe Schule*: Kurˈbette *f*.

ˈ**vault·ed** *adj* gewölbt, Gewölbe..., überˈwölbt.

ˈ**vault·er** *s* Springer(in).

ˈ**vault·ing**¹ *s arch.* **1.** Spannen *n* e-s Gewölbes. **2.** Wölbung *f*. **3.** Gewölbe *n* (*od. pl collect.*).

ˈ**vault·ing**² **I** *adj* **1.** *sport* a) springend, b) Spring..., Sprung...: ~ **horse** (*Turnen*) Lang-, Sprungpferd *n*; ~ **pole** (*Stabhochsprung*) Sprungstab *m*. **2.** *fig.* sich über alles hinˈwegsetzend. **II** *s* **3.** Springen *n*.

vaunt [vɔːnt; *Am. a.* vɑːnt] **I** *v/t* sich rühmen (*gen*), sich brüsten mit. **II** *v/i* (**of**) *poet.* sich rühmen (*gen*), sich brüsten (mit). **III** *s* Prahleˈrei *f*. ˈ**vaunt·er** *s* Prahler *m*. ˈ**vaunt·ing** *adj* (*adv* ~**ly**) prahlerisch.

vav·a·sor [ˈvævəsɔː(r); *Am. a.* -ˌsəʊər], *bes. Br.* ˈ**vav·aˌsour** [-ˌsʊə(r)] *s jur. hist.* Afterlehnsmann *m*, ˈHintersasse *m*.

ˈ**V-Day** *s* Tag *m* des Sieges (*im 2. Weltkrieg*; *7. 5. 1945*).

'**ve** [v] *colloq. abbr. für* **have.**

veal [viːl] *s* **1.** Schlachtkalb *n*. **2.** Kalbfleisch *n*: ~ **chop** Kalbskotelett *n*; ~ **cutlet** Kalbsschnitzel *n*. ˈ**veal·er** *s Am.* Schlachtkalb *n*.

vec·tor [ˈvektə(r)] **I** *s* **1.** *math.* Vektor *m*. **2.** *med. vet.* Bakˈterienüberˌträger *m*. **3.** *aer.* Vektor *m*. **II** *v/t* **4.** *aer. das Flugzeug* (mittels Funk *od.* Radar) leiten, (auf Ziel) einweisen. **III** *adj* **5.** *math.* Vektor...: ~ **algebra**; ~ **analysis.** **vecˈto·ri·al** [-ˈtɔːrɪəl] *adj math.* vektoriˈell, Vektor...

Ve·da [ˈveɪdə; ˈviːdə] *s* Weda *m* (*älteste religiöse Literatur der Inder*).

Ve·dan·ta [veˈdɑːntə; -ˈdæn-; *Am.* veɪ-; və-] *s* Weˈdanta *n* (*e-s der 6 orthodoxen brahmanischen Systeme*).

ˌ**V-ˈE Day** → **V-Day.**

ve·dette [vɪˈdet] *s mil. selten* **1.** *obs.* Kavalleˈrie(wacht)posten *m*. **2.** *a.* ~ **boat** *mar.* Vorpostenboot *n*.

Ve·dic [ˈveɪdɪk; ˈviː-] *adj relig.* wedisch.

vee [viː] **I** *s* V, v *n* (*Buchstabe*). **II** *adj* V-förmig, V-...: ~ **belt** *mot.* Keilriemen *m*; ~ **engine** *tech.* V-Motor *m*.

veep [viːp] *s Am. colloq.* ‚Vize' *m* (*Vizepräsident*).

veer [vɪə(r)] **I** *v/i a.* ~ **round** **1.** sich (ˈum)drehen. **2.** *bes. mar.* abdrehen, wenden. **3.** *fig.* ˈumschwenken (**to** zu). **4.** *fig.* abschweifen. **5.** die Richtung ändern *od.* wechseln. **6.** *meteor.* ˈumspringen, sich drehen (*Wind*). **II** *v/t* **7.** *a.* ~ **round** *ein Schiff etc* wenden, drehen, schwenken. **8.** *mar. das Tauwerk* fieren, abschießen: **to** ~ **and haul** fieren u. holen. **III** *s* **9.** Wendung *f*, Drehung *f*, Richtungswechsel *m*.

veg [vedʒ] *pl* **veg** *s Br. colloq.* Gemüse *n*.

Ve·ga¹ [ˈviːgə] *s astr.* Vega *f* (*Stern*).

ve·ga² [ˈveɪgə] *s geogr.* Vega *f* (*fruchtbare Niederung*).

ve·gan·ism [ˈviːgənɪzəm] *s bes. Br.* streng vegeˈtarische Lebensweise.

veg·e·ta·ble [ˈvedʒtəbl] **I** *s* **1.** *a. pl* Gemüse *n*. **2.** (*bes.* Gemüse-, Futter)Pflanze *f*: **to be a mere** ~ *fig.* nur noch dahinvegetieren; **to live like a** ~ (dahin)vegetieren. **3.** *agr.* Grünfutter *n*. **II** *adj* **4.** Gemüse...: ~ **garden**; ~ **soup.** **5.** pflanzlich, vegetaˈbilisch: ~ **life.** **6.** *bot.* Pflanzen...: ~ **anatomy**; ~ **dye**; ~ **fat**; ~ **oil**; ~ **silk**; ~ **marrow** Kürbis(frucht *f*) *m*.

veg·e·tal [ˈvedʒɪtl] *adj bot.* **1.** → **vegetable** 5 *u.* 6. **2.** *physiol.* vegetaˈtiv.

veg·e·tar·i·an [ˌvedʒɪˈteərɪən] **I** *s* **1.** Vegeˈtarier(in). **II** *adj* **2.** vegeˈtarisch. **3.** Vegetarier... ˌ**veg·eˈtar·i·an·ism** *s* Vegetaˈrismus *m*, vegeˈtarische Lebensweise.

veg·e·tate [ˈvedʒɪteɪt] *v/i* **1.** (*wie e-e Pflanze*) wachsen, vegeˈtieren. **2.** *fig.* (daˈhin)vegeˌtieren. **3.** *med.* wuchern. ˌ**vegeˈta·tion** *s* **1.** Vegetatiˈon *f*: a) Pflanzenwelt *f*, -decke *f*: **luxuriant** ~, b) Pflanzenwuchs *m*. **2.** *fig.* (Daˈhin)Vegeˌtieren *n*. **3.** *med.* Wucherung *f*. ˌ**veg·eˈta·tion·al** [-ʃənl] *adj* Vegetations... ˈ**veg·e·ta·tive** [-tətɪv; *Am.* -ˌteɪ-] *adj* (*adv* ~**ly**) **1.** vegetaˈtiv: a) wie Pflanzen wachsend, b) wachstumsfördernd, c) Wachstums..., d) ungeschlechtlich: ~ **reproduction.** **2.** Vegetations..., pflanzlich. **3. to lead a** ~ **life** *fig.* (dahin)vegetieren.

veg·(g)ies [ˈvedʒiːz] *s pl colloq.* Gemüse *n*.

ve·he·mence [ˈviːɪməns] *s* **1.** *a. fig.* Heftigkeit *f*, Gewalt *f*, Wucht *f*, Veheˈmenz *f*. **2.** *fig.* Ungestüm *n*, Leidenschaft *f*. ˈ**ve·he·ment** *adj* (*adv* ~**ly**) **1.** *a. fig.* heftig, gewaltig, wuchtig, veheˈment. **2.** *fig.* ungestüm, leidenschaftlich, hitzig.

ve·hi·cle [ˈviːɪkl] *s* **1.** Fahrzeug *n*, Beförderungsmittel *n*, *engS.* Wagen *m*: ~ **owner** Fahrzeughalter(in). **2.** *Raumfahrt*: a) *a.* **space** ~ (Welt)Raumfahrzeug *n*, b) ˈTrägeraˌkete *f*. **3.** *biol. chem.* ˈTrägerflüssigkeit *f*, -subˌstanz *f*. **4.** *pharm.* Veˈhiculum *n*. **5.** *chem. tech.* Bindemittel *n* (*für Farben*). **6.** *fig.* a) Ausdrucksmittel *n*, Medium *n*, Veˈhikel *n*, b) Träger *m*, Vermittler *m*: **a** ~ **of ideas.** **ve·hic·u·lar** [vɪˈhɪkjʊlə(r)] *adj* Fahrzeug..., Wagen...: ~ **traffic** Fahrzeugverkehr *m*.

veil [veɪl] **I** *s* **1.** (Gesichts- *etc*)Schleier *m*. **2.** (Nonnen)Schleier *m*: **she took the** ~ sie nahm den Schleier (*wurde Nonne*). **3.** (Nebel-, Dunst)Schleier *m*. **4.** *phot.* Schleier *m*. **5.** *fig.* Schleier *m*, Maske *f*, Deckmantel *m*: **to draw a** ~ **over** den Schleier des Vergessens *od.* der Vergessenheit breiten über (*acc*); **under the** ~ **of charity** unter dem Deckmantel der Nächstenliebe. **6.** *fig.* Schleier *m*, Schutz *m*: **under the** ~ **of darkness** im Schutze der Dunkelheit; **beyond the** ~ im Jenseits, hinter der Schwelle des Todes. **7.** *anat. bot. zo.* → **velum.** **8.** *relig.* a) (Tempel)Vorhang *m*, b) Velum *n* (*Kelchtuch*). **9.** *mus.* Verschleierung *f* (*der Stimme*). **II** *v/t* **10.** verschleiern, -hüllen (*beide a. fig.*): **to be** ~**ed in mist** in Nebel eingehüllt sein. **11.** *fig.* verbergen, tarnen. **III** *v/i* **12.** sich verschleiern (*a. Augen etc*). **veiled** *adj* verschleiert (*a. phot. u. fig.*): ~ **voice**; ~ **threat**; ~ **in mystery** geheimnisumwittert. ˈ**veil·ing** *s* **1.** Verschleierung *f* (*a. phot. u. fig.*). **2.** *econ.* Schleierstoff *m*. ˈ**veil·less** *adj* unverschleiert.

vein [veɪn] **I** *s* **1.** *anat.* Vene *f* (*Ggs. Arterie*). **2.** *allg.* Ader *f*: a) *anat.* Blutgefäß *n*, b) *bot.* Blattnerv *m*, c) (Holz-, Marmor)Maser *f*, d) *geol.* (Erz)Gang *m*,

e) *geol.* Wasserader *f*, -spalte *f*. **3.** *fig.* a) (*poetische etc*) Ader, Veranlagung *f*, Hang *m* (**of zu**), b) (Ton)Art *f*, Ton *m*, Stil *m*, c) Stimmung *f*, Laune *f*: **to be in the ~ for** (*od.* **to do**) in Stimmung sein für (*od.* zu tun). **II** *v/t* **4.** ädern. **5.** marmo'rieren, masern. **veined** *adj* **1.** *allg.* geädert. **2.** gemasert, marmo'riert. **'vein·ing** *s* **1.** Äderung *f*, Maserung *f*. **2.** Verzierung *f*, Sticke'rei *f*. **'vein·less** *adj* ungeädert, ungerippt. **'vein·let** [-lɪt] *s* **1.** Äderchen *n*. **2.** *bot.* Seitenrippe *f*.

vein·ous ['veɪnəs] *adj biol.* **1.** äd(e)rig, geädert. **2.** → **venous**.

ve·la ['viːlə] *pl von* **velum**.

ve·la·men [və'leɪmən] *pl* **ve'lam·i·na** [-'læmɪnə] *s* Ve'lamen *n*: a) *anat.* Hülle *f*, b) *bot.* Wurzelhülle *f*.

ve·lar ['viːlə(r)] **I** *adj anat. ling.* ve'lar, Gaumensegel..., Velar... **II** *s ling.* Gaumensegellaut *m*, Ve'lar(laut) *m*.

ve·lar·i·za·tion [ˌviːləraɪ'zeɪʃn; *Am.* -rə'z-] *s ling.* Velari'sierung *f*. **'ve·lar·ize** *v/t e-n Laut* velari'sieren.

veld(t) [velt; felt] *s geogr.* Gras- *od.* Buschland *n* (*in Südafrika*). **'~·schoen** [-skʊn] *s* leichter Schuh aus ungegerbter Haut.

vel·le·i·ty [ve'liːətɪ] *s philos.* Vellei'tät *f*: a) kraftloses, zögerndes Wollen, b) Wunsch, der nicht zur Tat wird.

vel·lum ['veləm] *s* **1.** ('Kalbs-, 'Schreib-) Perga'ment *n*, Ve'lin *n*: **~ cloth** *tech.* Zeichenpergament, Pausleinen *n*. **2.** *a.* **~ paper** Ve'linpaˌpier *n*.

ve·loc·i·pede [vɪ'lɒsɪpiːd; *Am.* -'lɑ-] *s* **1.** *hist.* Velozi'ped *n* (*Lauf-, Fahrrad*). **2.** *Am.* (Kinder)Dreirad *n*. **~ car** *s rail.* Drai'sine *f*.

ve·loc·i·tized [vɪ'lɒsɪtaɪzd; *Am.* -'lɑ-] *adj mot.* von der Fahrgeschwindigkeit benommen (*Autofahrer*).

ve·loc·i·ty [vɪ'lɒsətɪ; *Am.* -'lɑ-] *s phys. tech.* Geschwindigkeit *f*: **at a ~ of** mit e-r Geschwindigkeit von; **initial ~** Anfangsgeschwindigkeit; **~ of fall** Fallgeschwindigkeit. **~ head** *s phys.* Staudruck *m*. **~ mod·u·la·tion** *s phys.* 'Laufzeitmodulatiˌon *f*. **~ stage** *s tech.* Um'drehungsschwelle *f*.

ve·lour(s) [və'lʊə(r)] *s* Ve'lours *m*.

ve·lum ['viːləm] *pl* **-la** [-lə] *s* **1.** *anat. bot.* Hülle *f*, Segel *n*. **2.** *anat.* Gaumensegel *n*, weicher Gaumen. **3.** *bot.* Schleier *m* (*an Hutpilzen*). **4.** *zo.* Randsaum *m* (*bei Quallen*).

ve·lure [və'lʊə(r); *Am. a.* vel'jʊər; 'veljər] *s* Ve'lours *m*.

vel·vet ['velvɪt] **I** *s* **1.** Samt *m* (*a. fig.*): (**as**) **smooth as ~** so weich wie Samt. **2.** *fig.* Weichheit *f*, (*das*) Samtene. **3.** *Am.* Mischgetränk *n* aus Sekt u. Portwein. **4.** *zo.* Bast *m* (*an jungen Geweihen etc*). **5.** *bes. Am. sl.* a) Gewinn *m*, Pro'fit *m*, b) lukra'tive Sache: **to be on ~** glänzend dastehen. **II** *adj* **6.** samten, aus Samt, Samt... **7.** samtartig, samtweich, samten (*a. fig.*): **an iron hand in a ~ glove** *fig.* e-e eiserne Faust unter dem Samthandschuh; **to handle s.o. with ~ gloves** j-n mit Samthandschuhen anfassen; **~ paws** *fig.* ‚Samtpfötchen' *pl.* **ˌvel·vet'een** [-'tiːn] *s* Man'(s)chester *m*, Rippen-, Baumwollsamt *m*. **'vel·vet·y** *adj* **1.** samten, aus Samt. **2.** samtweich, samten (*a. fig.*).

ve·nal ['viːnl] *adj* **1.** käuflich: **~ office**; **~ vote**. **2.** bestechlich, käuflich, kor'rupt: **~ officials**. **ve'nal·i·ty** [-'nælətɪ] *s* Käuflichkeit *f*, Kor'ruptheit *f*.

ve·nat·ic [viː'nætɪk], **ve'nat·i·cal** *adj* Jagd..., waid-, weidmännisch.

ve·na·tion[1] [viː'neɪʃn] *s bot. zo.* Geäder *n*.

ve·na·tion[2] [viː'neɪʃn] *s* Jagd *f*, Waid-, Weidwerk *n*.

vend [vend] *v/t* a) *bes. jur.* verkaufen, b) zum Verkauf anbieten, c) hau'sieren mit.

ven·dace ['vendeɪs; -dɪs] *s ichth. ein englischer Lachs.*

vend·ee [ˌven'diː] *s bes. jur.* Käufer *m*.

vend·er ['vendə(r)] *s* **1.** (Straßen)Händler *m*, (-)Verkäufer *m*. **2.** → **vendor**.

ven·det·ta [ven'detə] *s* **1.** Blutrache *f*. **2.** Fehde *f*.

vend·i·bil·i·ty [ˌvendə'bɪlətɪ] *s econ.* Verkäuflichkeit *f*. **'vend·i·ble** *adj* (*adv* **vendibly**) verkäuflich.

'vend·ing| ma·chine *s* (Ver'kaufs)AutoˌmatI *m*. **~·pack** *s* Auto'matenpackung *f*.

ven·di·tion [ˌven'dɪʃn] *s econ.* Verkauf *m*.

ven·dor ['vendɔː(r); -də(r)] *s* **1.** *bes. jur.* Verkäufer(in). **2.** (Ver'kaufs)AutoˌmatI *m*.

ven·due ['venˌdjuː; -ˌduː; 'vɑːn-] *s econ. Am.* Aukti'on *f*, Versteigerung *f*.

ve·neer [və'nɪə(r)] **I** *v/t* **1.** *tech.* a) *Holz* fur'nieren, einlegen, b) *Stein* auslegen, c) *Sperrholz* 'gegenfurˌnieren, d) *Töpferei*: über'ziehen. **2.** *fig.* a) beschönigen, b) über'tünchen, verdecken. **II** *s* **3.** *tech.* Fur'nier(holz, -blatt) *n*. **4.** *fig.* a) Beschönigung *f*, b) Über'tünchung *f*. **ve'neer·ing** *s* **1.** *tech.* a) Fur'nierholz *n*, -schicht *f* (*bei Sperrholz*), b) Fur'nierung *f*. **2.** Fur'nierarbeit *f*. **3.** *fig.* → **veneer** 4.

ven·er·a·bil·i·ty [ˌvenərə'bɪlətɪ] *s* Ehrwürdigkeit *f*.

ven·er·a·ble ['venərəbl] *adj* (*adv* **venerably**) **1.** ehrwürdig (*a. fig. Bauwerk etc*), verehrungswürdig. **2.** *Anglikanische Kirche*: Hoch(ehr)würden *m* (*Archidiakon*): **V~ Sir**. **3.** *R.C.* ehrwürdig (*unterste Stufe der Heiligkeit*). **'ven·er·a·ble·ness** *s* Ehrwürdigkeit *f*.

ven·er·ate ['venəreɪt] *v/t* verehren: **to ~ s.o.'s memory** j-s Andenken in Ehren halten. **ˌven·er'a·tion** *s* (**of**) Verehrung *f* (*gen*), Ehrfurcht *f* (vor *dat*): **to hold s.o. in ~** j-n verehren; **to hold s.o.'s memory in ~** j-s Andenken in Ehren halten. **'ven·er·a·tor** [-tə(r)] *s* Verehrer(in).

ve·ne·re·al [və'nɪərɪəl] *adj* **1.** geschlechtlich, sexu'ell, Geschlechts..., Sexual... **2.** *med.* a) ve'nerisch, Geschlechts...: **~ disease** Geschlechtskrankheit *f*, b) geschlechtskrank. **veˌne·re'ol·o·gist** [-'ɒlədʒɪst; *Am.* -'ɑ-] *s med.* Vener(e)o'loge *m*, Facharzt *m* für Geschlechtskrankheiten. **veˌne·re'ol·o·gy** [-dʒɪ] *s med.* Vener(e)olo'gie *f*.

ven·er·er ['venərə(r)] *s obs.* Jäger *m*.

ven·er·y[1] ['venərɪ] *s obs.* Fleischeslust *f*.

ven·er·y[2] ['venərɪ] *s obs.* Jagd *f*.

ven·e·sec·tion [ˌvenɪ'sekʃn] *s med.* Veneneröffnung *f*.

Ve·ne·tian [və'niːʃn] **I** *adj* **1.** venezi'anisch: **~ blind** (Stab)Jalousie *f*; **~ glass** Muranoglas *n*; **~ mast** spiralig bemalter Mast (*zur Straßendekoration*); **~ red** a) Venezianischrot *n*, b) Sienabraun *n*; **~ window** *arch.* dreiteiliges Fenster (mit Rundbogen über dem Mittelteil). **II** *s* **2.** Venezi'aner(in). **3. v~s** *pl* Jalou'sieschnur *f*. **4.** (*ein*) geköperter Wollstoff.

Ven·e·zue·lan [ˌvene'zweɪlən; *Am.* ˌvenəzə'weɪlən; -'wiː-] **I** *adj* venezo'lanisch. **II** *s* Venezo'laner(in).

venge·ance ['vendʒəns] *s* Rache *f*: **to take ~ (up)on** Vergeltung üben *od.* sich rächen an (*dat*) (**for** für); **with a ~** *fig.* a) mächtig, mit Macht, b) wie besessen, wie der Teufel, c) auf die Spitze getrieben, im Exzeß; → **breathe** 7.

venge·ful ['vendʒfʊl] *adj* (*adv* **~ly**) **1.** rachsüchtig, -gierig. **2.** Rache...

'V-ˌen·gine *s tech.* V-Motor *m*.

ve·ni·al ['viːnjəl; -nɪəl] *adj* verzeihlich: → **sin** 1.

ve·ni·re fa·ci·as [vɪˌnaɪərɪ'feɪʃɪæs] (*Lat.*) *s jur. hist.* **1.** *gerichtliche Weisung an den Sheriff, Geschworene einzuberufen.* **2.** *Br. Vorladungsbefehl wegen e-r Straftat.*

ve·ni·re·man [və'naɪriːmən] *s irr jur. Am.* Geschworene(r) *m*.

ven·i·son ['venzn; *Am.* 'venəsən] *s* Wildbret *n*.

ven·om ['venəm] *s* **1.** *zo.* (*Schlangen- etc*)Gift *n*. **2.** *fig.* Gift *n*, Gehässigkeit *f*. **'ven·omed** → **venomous**. **'ven·om·ous** *adj* (*adv* **~ly**) **1.** giftig: **~ snake** Giftschlange *f*. **2.** *fig.* giftig, gehässig. **'ven·om·ous·ness** *s* Giftigkeit *f*, *fig. a.* Gehässigkeit *f*.

ve·nose ['viːnəʊs] → **venous**. **ve·nos·i·ty** [vɪ'nɒsətɪ; *Am.* -'nɑ-] *s* **1.** *biol.* Äderung *f*. **2.** *med.* Venosi'tät *f*.

ve·nous ['viːnəs] *adj* **1.** Venen..., Adern... **2.** ve'nös: **~ blood**. **3.** *bot.* geädert.

vent [vent] **I** *s* **1.** (Abzugs)Öffnung *f*, (Luft)Loch *n*, Schlitz *m*, *tech. a.* Entlüfter(stutzen) *m*, Lüftungsloch *n*: **~ window** *mot.* Ausstellfenster *n*. **2.** *mus.* Fingerloch *n* (*e-r Flöte etc*). **3.** Spundloch *n* (*e-s Fasses*). **4.** *hist.* Schießscharte *f*. **5.** Schlitz *m* (*im Kleid etc*). **6.** *ichth. orn.* After *m*, Klo'ake *f*. **7.** *zo.* Auftauchen *n* zum Luftholen (*Otter etc*). **8.** Auslaß *m*: **to find (a) ~** *fig.* sich entladen (*Gefühle*); **to give ~ to** → 9. **II** *v/t* **9.** *fig.* a) *e-m Gefühl etc* freien Lauf lassen, Luft machen, *s-e Wut etc* auslassen, 'abreaˌgieren (**on** an *dat*), b) veröffentlichen, -breiten: **to ~ a tale**. **10.** *tech.* a) e-e Abzugsöffnung *etc* anbringen an (*dat*), b) *Rauch etc* abziehen lassen, c) venti'lieren. **III** *v/t* **11.** auftauchen, zum Luftholen an die Wasseroberfläche kommen (*Otter etc*). **'vent·age** *s* **1.** *tech.* kleines (Luft)Loch. **2.** → **vent** 2.

ven·tail ['venteɪl] *s hist.* Vi'sier *n*.

ven·ter ['ventə(r)] *s* **1.** *anat.* a) Bauch (-höhle *f*) *m*, b) (Muskel- *etc*)Bauch *m*. **2.** *zo.* (In'sekten)Magen *m*. **3.** *jur.* Mutter(leib *m*) *f*: **child of a second ~** Kind *n* von e-r zweiten Frau.

'vent·hole → **vent** 1–4, 6.

ven·ti·late ['ventɪleɪt] *v/t* **1.** venti'lieren, (be-, ent-, 'durch)lüften. **2.** *physiol.* Sauerstoff zuführen (*dat*). **3.** *chem.* mit Sauerstoff versetzen. **4.** *fig.* venti'lieren: a) zur Sprache bringen, erörtern: **to ~ a problem**, b) äußern: **to ~ a view**. **5.** → **vent** 9.

'ven·ti·lat·ing *adj* Ventilations..., Lüftungs... **~ brick** *s tech.* Entlüftungsziegel *m*. **~ fan** *s* 'Frischluftventiˌlator *m*.

ven·ti·la·tion [ˌventɪ'leɪʃn] *s* **1.** Ventilati'on *f*, (Be- *od.* Ent)Lüftung *f* (*beide a. als Anlage*). **2.** *tech.* a) Luftzufuhr *f*, b) *Bergbau*: Bewetterung *f*. **3.** öffentliche Diskussi'on, (freie) Erörterung. **4.** Äußerung *f*, Entladung *f*: **~ of one's rage**. **'ven·ti·la·tor** [-tə(r)] *s tech.* **1.** Venti'lator *m*, Lüftungsanlage *f*, Entlüfter *m*: **~ shaft** Lüftungs-, Luftschacht *m*. **2.** *Bergbau*: Wetterschacht *m*.

vent·i·pane ['ventɪpeɪn] *s mot.* Ausstellfenster *n*.

ven·tral ['ventrəl] *adj* (*adv* **~ly**) *anat.* ven'tral, Bauch...: **~ fin** *ichth.* Bauchflosse *f*.

ven·tri·cle ['ventrɪkl] *s anat.* (Körper-) Höhle *f*, Ven'trikel *m*, (*bes.* Herz-, Hirn-) Kammer *f*. **ven'tric·u·lar** [-kjʊlə(r)] *adj anat.* **1.** ventriku'lär, (Herz)Kammer... **2.** bauchig. **3.** Magen...

ven·tri·lo·qui·al [ˌventrɪ'ləʊkwɪəl] *adj* (*adv* **~ly**) bauchrednerisch, Bauchrede...

ven'tril·o·quism [-'trɪləkwɪzəm] *s* Bauchreden *n*. **ven'tril·o·quist** *s* Bauchredner(in). **ven'tril·o·quize** **I** *v/i* bauchreden. **II** *v/t* bauchrednerisch sagen. **ven'tril·o·quy** [-kwɪ] *s* Bauchreden *n*.

ˌven·tro'dor·sal [ˌventrəʊ-] *adj anat.*

ventrodor'sal (*zwischen Bauch u. Rücken [gelegen]*).

ven·ture ['ventʃə(r)] **I** *s* **1.** Wagnis *n*, Risiko *n*. **2.** (gewagtes) Unter'nehmen. **3.** *econ.* a) (geschäftliches) Unter'nehmen, Operati'on *f*: → **joint venture**, b) Spekulati'on *f*: ~ **capital** *bes. Am.* Risikokapital *n*, c) schwimmendes Gut (*Ware*). **4.** Spekulati'onsob,jekt *n*. **5.** *obs.* Glück *n*. **6. at a ~** a) bei grober Schätzung, b) auf gut Glück, aufs Geratewohl. **II** *v/t* **7.** ris'kieren, wagen, aufs Spiel setzen: **nothing ~d, nothing had** (*od.* **gained, won**) wer nicht wagt, der nicht gewinnt. **8.** (zu sagen) wagen, äußern: **he ~d a remark.** **9.** (es) wagen, sich erlauben (to do zu tun): **never ~ to oppose him.** **III** *v/i* **10.** ~ (**up**)**on** sich an *e-e Sache* wagen; **he ~d on a statement** er hatte den Mut, e-e Erklärung abzugeben. **11.** sich (*wohin*) wagen: **he ~d too near the edge of the rock and fell down.**

ven·ture·some ['ventʃə(r)səm] *adj* (*adv* **~ly**) waghalsig: a) kühn, verwegen (*Person*), b) gewagt, ris'kant (*Tat*). **'ven·ture·some·ness** *s* Waghalsigkeit *f*.

ven·tur·ous ['ventʃərəs] → **venturesome.**

ven·ue ['venju:] *s* **1.** *jur.* a) Gerichtsstand *m*, zuständiger Gerichtsort, Verhandlungsort *m*, b) *Br.* zuständige Grafschaft, c) Gerichtsstandsklausel *f* (*in Verträgen etc*), d) örtliche Zuständigkeit. **2.** Schauplatz *m*, *sport a.* Austragungsort *m*. **3.** Treffpunkt *m*. **4.** Tagungsort *m*.

Ve·nus ['vi:nəs] **I** *npr* **1.** *antiq.* Venus *f* (*römische Göttin der Liebe*): **Mount of ~** (*Handlesekunst*) Venusberg *m*. **II** *s* **2.** Venus *f* (*schöne Frau*; *a. paint. etc*). **3.** *astr.* Venus *f* (*Planet*). **4.** *obs. fig.* Liebe *f*. **5.** *Alchimie*: Kupfer *n*. **6. v~** *zo.* Venusmuschel *f*. **,~'s-'shell** [-sɪz] *s zo.* **1.** Spinnenkopf *m* (*Meeresschnecke*). **2.** → Venus 6.

ve·ra·cious [və'reɪʃəs] *adj* (*adv* **~ly**) **1.** wahrheitsliebend. **2.** wahrheitsgemäß. **ve'ra·cious·ness** → **veracity.**

ve·rac·i·ty [və'ræsətɪ] *s* **1.** Wahrheitsliebe *f*. **2.** Richtigkeit *f*. **3.** Wahrheit *f*.

ve·ran·da(h) [və'rændə] *s* Ve'randa *f*.

ve·ra·trum [və'reɪtrəm] *s pharm.* Ve'ratrum *n*, Nieswurz *f*.

verb [vɜ:b; *Am.* vɜrb] *s ling.* Verb *n*, Zeit-, Tätigkeitswort *n*. **'ver·bal** [-bl] **I** *adj* (*adv* **~ly**) **1.** Wort...: ~ **criticism** (**memory, mistake**); ~ **artist** Wortkünstler *m*; ~ **changes** Änderungen im Wortlaut. **2.** mündlich: ~ **contract** (**message**). **3.** wörtlich, Verbal...: ~ **inspiration** *relig.* Verbalinspiration *f*; ~ **note** *pol.* Verbalnote *f*. **4.** wortgetreu, (wort)wörtlich: ~ **copy**; ~ **translation.** **5.** *ling.* ver'bal, Verbal..., Verb..., Zeitwort...: ~ **noun** → 6. **II** *s* **6.** *ling.* Ver'balsubstantiv *n*. **'ver·bal·ism** [-bəl-] *s* **1.** Ausdruck *m*, Wort *n*. **2.** Phrase *f*, leere Worte *pl*. **3.** *bes. ped.* Verba'lismus *m*. **4.** Wortwahl *f*, Dikti'on *f*. **5.** Wortreichtum *m*, Langatmigkeit *f*. **'ver·bal·ist** *s* **1.** *bes. ped.* Verba'list(in). **2.** wortgewandte Per'son. **'ver·bal·ize I** *v/t* **1.** in Worte fassen. **2.** *ling.* in ein Verb verwandeln. **II** *v/i* **3.** viele Worte machen.

ver·ba·tim [vɜ:'beɪtɪm; *Am.* vɜr-] **I** *adv* ver'batim, (wort)wörtlich, Wort für Wort. **II** *adj* (wort)wörtlich: **a ~ report.** **III** *s* wortgetreuer Bericht.

ver·be·na [vɜ:'bi:nə; *Am.* vɜr-] *s bot.* Ver'bene *f*.

ver·bi·age ['vɜ:bɪɪdʒ; *Am.* 'vɜr-] *s* **1.** Wortschwall *m*. **2.** Wortwahl *f*, Dikti'on *f*.

ver·bose [vɜ:'bəʊs; *Am.* vɜr-] *adj* (*adv* **~ly**) wortreich, langatmig. **ver'bose·ness, ver'bos·i·ty** [-'bɒsətɪ; *Am.* -'bɑ-] *s* Wortreichtum *n*, Langatmigkeit *f*.

ver·dan·cy ['vɜ:dənsɪ; *Am.* 'vɜr-] *s* **1.** (frisches) Grün. **2.** *fig.* Unerfahrenheit *f*, Unreife *f*. **'ver·dant** *adj* (*adv* **~ly**) **1.** grün, grünend: ~ **fields.** **2.** grün(lich) (*Farbe*). **3.** *fig.* ‚grün', unreif: **a ~ youth.**

verd an·tique [,vɜ:dæn'ti:k; *Am.* ,vɜr,d-] *s* **1.** *min.* a) Ophikal'zit *m*, b) *a.* **Oriental ~** grüner Por'phyr. **2.** Patina *f*, Edelrost *m* (*auf Kupfer etc*).

ver·der·er, ver·der·or ['vɜ:dərə] *s Br. hist.* königlicher Forstmeister u. Jagdpfleger.

ver·dict ['vɜ:dɪkt; *Am.* 'vɜr-] *s* **1.** *jur.* Spruch *m* der Geschworenen: ~ **of not guilty** Erkennen *n* auf „nicht schuldig"; **to bring in** (*od.* **return**) **a ~ of guilty** auf schuldig erkennen; ~ **for the defendant** (**plaintiff**) Verneinung *f* (Bejahung *f*) des Klageanspruchs; **open ~** Wahrspruch, der das Vorliegen e-r Straftat feststellt, jedoch ohne Nennung des Täters; **special ~** Feststellung *f* des Tatbestandes (*ohne Schuldspruch*). **2.** *fig.* Urteil *n* (**on** über *acc*).

ver·di·gris ['vɜ:dɪgrɪs; *Am.* 'vɜrdə,gri:s] *s chem.* Grünspan *m*.

ver·di·ter ['vɜ:dɪtə(r); *Am.* 'vɜr-] *s chem.* basisches 'Kupferkarbo,nat (*Mineralfarbe*): **blue ~** Bergblau *n*; **green ~** Berg-, Erdgrün *n*.

ver·dure ['vɜ:dʒə; *Am.* 'vɜrdʒər] *s* **1.** (frisches) Grün. **2.** Vegetati'on *f*, saftiger Pflanzenwuchs. **3.** *fig.* Frische *f*, Kraft *f*. **'ver·dured, 'ver·dur·ous** → **verdant** 1.

verge[1] [vɜ:dʒ; *Am.* vɜrdʒ] **I** *s* **1.** *meist fig.* Rand *m*, Grenze *f*: **on the ~ of** am Rande (*gen*), dicht vor (*dat*); **on the ~ of bankruptcy** kurz vor dem Bankrott; **on the ~ of despair** (**tears**) der Verzweiflung (den Tränen) nahe; **on the ~ of a new war** am Rande e-s neuen Krieges; **on the ~ of doing** nahe daran zu tun. **2.** (Beet)Einfassung *f*, (Gras)Streifen *m*. **3.** *hist.* Bereich *m*, Bannkreis *m*. **4.** *jur.* a) Zuständigkeitsbereich *m*, b) *Br. hist.* Gerichtsbezirk *m* rund um den Königshof. **5.** *fig.* Spielraum *m*. **6.** *tech.* a) 'überstehende Dachkante, b) Säulenschaft *m*, c) Spindel *f* (*der Uhrhemmung*), d) Zugstab *m* (*e-r Setzmaschine*). **7.** (Amts)Stab *m* (*e-s Bischofs, Richters etc*). **8.** *hist.* Belehnungsstab *m*. **II** *v/i* **9.** grenzen *od.* streifen (**on an** *acc*) (*a. fig.*): **to ~ on bankruptcy** kurz vor dem Bankrott stehen; **that ~s on madness** das grenzt an Wahnsinn.

verge[2] [vɜ:dʒ; *Am.* vɜrdʒ] *v/i* **1.** sich ('hin)neigen, sich erstrecken (**to, toward[s]** nach). **2.** (**on, into**) sich nähern (*dat*), 'übergehen (in *acc*): **dark red verging on purple; he is verging on sixty** er geht auf die Sechzig zu.

ver·gen·cy ['vɜ:dʒənsɪ; *Am.* 'vɜr-] *s opt.* Rezi'prok *n* der (Linsen)Brennweite.

ver·ger ['vɜ:dʒə; *Am.* 'vɜrdʒər] *s* **1.** Kirchendiener *m*, Küster *m*. **2.** *bes. Br.* (Amts)Stabträger *m*.

Ver·gil·i·an [vɜ:'dʒɪlɪən; *Am.* vɜr-] *adj* Ver'gilisch, des Ver'gil.

ve·rid·i·cal [ve'rɪdɪkl; və-] *adj* **1.** wahrheitsgemäß. **2.** *Parapsychologie*: Wahr...: ~ **dream.**

ver·i·est ['verɪɪst] *adj* (*sup von* **very** II) *obs.* äußerst(er, e, es): **the ~ child** (selbst) das kleinste Kind; **the ~ nonsense** der reinste Unsinn; **the ~ rascal** der ärgste *od.* größte Schuft.

ver·i·fi·a·ble ['verɪfaɪəbl] *adj* nachweis-, beweis-, nachprüf-, verifi'zierbar.

ver·i·fi·ca·tion [,verɪfɪ'keɪʃn] *s* **1.** (Nach)Prüfung *f*. **2.** Echtheitsnachweis *m*, Richtigbefund *m*, Verifi'zierung *f*. **3.** Beglaubigung *f*, Beurkundung *f*. **4.** Belegung *f*. **5.** *jur. Am.* eidliche Bestätigung.

ver·i·fy ['verɪfaɪ] *v/t* **1.** *auf die Richtigkeit hin* (nach)prüfen. **2.** die Richtigkeit *od.* Echtheit (*e-r Angabe etc*) feststellen *od.* nachweisen, verifi'zieren. **3.** *e-e Urkunde etc* beglaubigen, beurkunden. **4.** beweisen, belegen. **5.** *jur. Am.* eidlich bestätigen.

ver·i·ly ['verəlɪ] *adv Bibl.* wahrlich.

ver·i·sim·i·lar [,verɪ'sɪmɪlə(r)] *adj* (*adv* **~ly**) wahr'scheinlich. **,ver·i·si'mil·i·tude** [-'mɪlɪtju:d; *Am. a.* -,tu:d] *s* Wahr'scheinlichkeit *f*.

ver·ism ['vɪərɪzəm] *s art* Ve'rismus *m*.

ver·i·ta·ble ['verɪtəbl] *adj* (*adv* **veritably**) echt, wahr(haft), wirklich.

ver·i·ty ['verətɪ] *s* **1.** (Grund)Wahrheit *f*: **the eternal verities** die ewigen Wahrheiten. **2.** Wahrheit *f*. **3.** Wahr'haftigkeit *f*: **of a ~** wahrhaftig.

ver·juice ['vɜ:dʒu:s; *Am.* 'vɜr-] *s* **1.** Obst-, Traubensaft *m* (*bes. von unreifen Früchten*). **2.** *fig.* (essig)saure Miene.

ver·meil ['vɜ:meɪl; *Am.* 'vɜrməl; -,meɪl] **I** *s* **1.** *bes. poet. für* **vermil(l)ion** I. **2.** *tech.* Ver'meil *n*: a) feuervergoldetes Silber *od.* Kupfer, vergoldete Bronze, b) hochroter Gra'nat. **II** *v/t* **3.** hochrot färben. **III** *adj* **4.** *poet.* purpur-, scharlachrot.

ver·mi·cel·li [,vɜ:mɪ'selɪ; -'tʃelɪ; *Am.* ,vɜr-] *s pl* Vermi'celli *pl*, Fadennudeln *pl*.

ver·mi·cid·al [,vɜ:mɪ'saɪdl; *Am.* ,vɜr-] *adj med. pharm.* vermi'zid, wurmtötend. **'ver·mi·cide** *s* Vermi'zid *n*, Wurmmittel *n*.

ver·mic·u·lar [vɜ:'mɪkjʊlə(r); *Am.* vɜr-] *adj* wurmartig, -förmig, Wurm..., *biol. a.* vermiku'lar. **ver'mic·u·lat·ed** [-leɪtɪd] *adj* **1.** wurmstichig, wurmig. **2.** *arch.* geschlängelt.

ver·mi·form ['vɜ:mɪfɔ:(r)m; *Am.* 'vɜr-] *adj biol.* vermi'form, wurmförmig: ~ **appendix** *anat.* Wurmfortsatz *m*; ~ **process** → **vermis.** **'ver·mi·fuge** [-fju:dʒ] *med. pharm.* **I** *adj* vermi'fug, wurmabtreibend. **II** *s* Ver'mifugum *n*, wurmabtreibendes Mittel.

ver·mil·(l)ion [və(r)'mɪljən] **I** *s chem.* **1.** Zin'nober *m*, Mennige *f*. **2.** Zin'noberrot *n*. **II** *adj* **3.** zin'noberrot. **III** *v/t* **4.** mit Zin'nober färben. **5.** zin'noberrot färben.

ver·min ['vɜ:mɪn; *Am.* 'vɜr-] *s* (*meist als pl konstruiert*) **1.** *zo. collect.* a) Ungeziefer *n*, b) Schädlinge *pl*, Para'siten *pl*, c) *hunt.* Raubzeug *n*. **2.** *fig. collect.* Geschmeiß *n*, Pack *n*.

ver·mi·nate ['vɜ:mɪneɪt; *Am.* 'vɜr-] *v/i* Ungeziefer erzeugen. **,ver·mi'na·tion** *s* **1.** *med.* Verseuchung *f* mit Ungeziefer. **2.** *zo.* Erzeugung *f* von Ungeziefer. **'ver·min·ous** *adj* **1.** Ungeziefer... **2.** voll(er) Ungeziefer, verlaust, -wanzt, -seucht. **3.** durch Ungeziefer verursacht: ~ **disease.** **4.** *fig.* a) schädlich, b) niedrig, gemein.

'ver·min-,kill·er *s* **1.** Kammerjäger *m*. **2.** Ungeziefervernichtungsmittel *n*.

ver·mis ['vɜ:mɪs; *Am.* 'vɜr-] *s anat.* Vermis *m* (*des Kleinhirns*).

ver·m(o)uth ['vɜ:məθ; *bes. Am.* və(r)'mu:θ] *s* Wermut(wein) *m*.

ver·nac·u·lar [və(r)'nækjʊlə(r)] **I** *adj* **1.** einheimisch, Landes...: ~ **language** → 6. **2.** mundartlich, Volks...: ~ **poetry** Heimatdichtung *f*. **3.** *med.* en'demisch, lo'kal: ~ **disease.** **4.** volkstümlich: **the ~ name of a plant.** **5.** *arch.* dem Cha'rakter des Landes *od.* der Landschaft angepaßt: ~ **building.** **II** *s* **6.** Landes-, Volkssprache *f*. **7.** Mundart *f*, Dia'lekt *m*. **8.** Jar'gon *m*, Fachsprache *f*. **9.** volkstümlicher *od.* mundartlicher Ausdruck. **10.** *biol.* volkstümliche Bezeichnung. **ver'nac·u·lar·ism** → **vernacular** 9. **ver'nac·u·lar·ize** *v/t* **1.** *Ausdrücke etc* ein-

bürgern. **2.** in die Volkssprache *od.* Mundart überˈtragen, mundartlich ausdrücken.
ver·nal [ˈvɜːnl; *Am.* ˈvɜrnl] *adj* **1.** Frühlings...: → **equinox** 1. **2.** *fig. poet.* a) frühlingshaft, b) jugendlich, Jugend... **~ grass** *s bot.* Ruchgras *n.*
ver·na·tion [vɜːˈneɪʃn; *Am.* vɜr-] *s bot.* Knospenlage *f.*
Ver·ner's law [ˈvɜːnəz; *bes. Am.* ˈveə(r)nə(r)z] *s ling.* Vernersches Gesetz.
ver·ni·cle [ˈvɜːnɪkl; *Am.* ˈvɜr-] → veronica 2.
ver·ni·er [ˈvɜːnjə; *Am.* ˈvɜrnɪər] *s tech.* **1.** Nonius *m* (*Gradteiler*). **2.** Fein(ein)steller *m*, Verniˈer *m*. **~cal·(l)i·pers** *s pl a.* **pair of ~** *tech.* Schublehre *f* mit Nonius. **~ com·pass** *s surv.* Verniˈerkompaß *m*. **~ga(u)ge** *s tech.* Tiefenlehre *f* mit Nonius. **~ rock·et** *s* Korrekˈturtriebwerk *n* (*e-r Rakete*).
ver·nis·sage [ˌvɜːnɪˈsɑːʒ; *Am.* ˌver-] *s paint.* Vernisˈsage *f.*
Ver·o·nese [ˌverəˈniːz] **I** *adj* veroˈnesisch, aus Veˈrona. **II** *s* a) Veroˈneser(in), b) *pl* Veroˈneser *pl.*
ve·ron·i·ca [vɪˈrɒnɪkə; *Am.* vəˈrɑ-] *s* **1.** *bot.* Veˈronika *f*, Ehrenpreis *m*. **2.** *a.* **V~** *relig. u. paint.* Schweißtuch *n* der Heiligen Veˈronika.
ver·ru·ca [vəˈruːkə] *pl* **-cae** [-siː], **-cas** *s* **1.** *med.* Warze *f.* **2.** *zo.* Höcker *m*. **verˈru·ci·form** [-sɪfɔː(r)m] *adj* warzenförmig. **ver·ru·cose** [veˈruːkəʊs; və-] *adj* warzig.
ver·sant¹ [ˈvɜːsənt; *Am.* ˈvɜr-; *a.* veərˈsɑ̃ːn] *s geol.* Abdachung *f*, Neigung *f.*
ver·sant² [ˈvɜːsənt; *Am.* ˈvɜr-] *adj* (**with**) verˈsiert (in *dat*), vertraut (mit), bewandert (in *dat*).
ver·sa·tile [ˈvɜːsətaɪl; *Am.* ˈvɜrsətl] *adj* (*adv* **~ly**) **1.** vielseitig (begabt *od.* gebildet), wendig, beweglich, gewandt, fleˈxibel: **a ~ man (mind)**. **2.** vielseitig (verwendbar): **a ~ tool**. **3.** unbeständig, wandelbar. **4.** *bot. zo.* (frei) beweglich. **ˌver·saˈtil·i·ty** [-ˈtɪlətɪ] *s* **1.** Vielseitigkeit *f*, Wendigkeit *f*, Gewandtheit *f*, geistige Beweglichkeit *f*, Flexibiliˈtät *f.* **2.** Vielseitigkeit *f*, vielseitige Verwendbarkeit. **3.** Unbeständigkeit *f*, Wandelbarkeit *f.* **4.** *bot. zo.* freie Beweglichkeit.
vers de so·ci·é·té [ˌveərdəˌsəʊsɪəˈteɪ] *s* geistreiche, iˈronische Saˈlondichtung.
verse [vɜːs; *Am.* vɜrs] **I** *s* **1.** Vers(zeile *f*) *m*: **a stanza of eight ~s**; **to cap ~s** um die Wette Verse zitieren. **2.** Vers *m*, Gedichtzeile *f*: **some ~s of the Iliad**. **3.** Vers(maß *n*) *m*: **iambic ~**. **4.** (*ohne art*) *collect.* a) Verse *pl*, Gedichte *pl*, b) (Vers-)Dichtung *f*, Poeˈsie *f.* **5.** *allg.* Vers *m*, Strophe *f*: **the first ~ of a hymn**. **6.** *relig.* (Bibel)Vers *m*: → **chapter** 1. **II** *v/t* **7.** in Verse bringen. **8.** in Versen besingen. **III** *v/i* **9.** dichten, Verse machen.
versed¹ [vɜːst; *Am.* vɜrst] *adj* (**in** in *dat*) bewandert, beschlagen, verˈsiert: **to be (well) ~ in** sich (gut) auskennen in (*dat*).
versed² [vɜːst; *Am.* vɜrst] *adj math.* ˈumgekehrt: **~ cosine** Kosinusversus *m*.
verse dra·ma *s* Versdrama *n*.
ˈverseˌmon·ger *s* Verseschmied *m*.
vers·et [ˈvɜːset; *Am.* ˈvɜrsət] *s* **1.** *mus.* Verˈsette *f*, Orgelvers *m*. **2.** *obs.* Verschen *n*.
ver·si·cle [ˈvɜːsɪkl; *Am.* ˈvɜr-] *s* **1.** *relig.* Verˈsikel *m* (*kurzer Abschnitt der Liturgie*). **2.** Vers-chen *n*.
ˈver·siˌcol·o(u)red [ˈvɜːsɪ-; *Am.* ˈvɜr-] *adj* **1.** → **varied** 3. **2.** chanˈgierend: **~ cloth**.
ver·si·fi·ca·tion [ˌvɜːsɪfɪˈkeɪʃn; *Am.* ˌvɜr-] *s* **1.** Verskunst *f*, Versemachen *n*. **2.** Versbau *m*, Metrum *n*. **ˈver·si·fi·er** [-faɪə(r)] *s* **1.** (Vers)Dichter *m*. **2.** Verseschmied *m*. **ˈver·si·fy** [-faɪ] → **verse** 7–9.
ver·sion [ˈvɜːʃn; -ʒn; *Am.* ˈvɜr-] *s* **1.** (*a.* ˈBibel)Überˌsetzung *f*. **2.** *thea. etc* (*Bühnen- etc*)Fassung *f*, Bearbeitung *f*: **stage ~**. **3.** *fig.* Darstellung *f*, Fassung *f*, Verˈsion *f*, Lesart *f*. **4.** Spielart *f*, Variˈante *f*. **5.** *tech.* (*Export- etc*)Ausführung *f*, Moˈdell *n*: **four-door ~**. **6.** *med.* a) *Geburtshilfe*: Wendung *f*, b) Versio *f*, Neigung *f* der Gebärmutter im Beckenraum.
vers li·bre [veə(r)ˈliːbrə] *s* freier Vers.
ver·so [ˈvɜːsəʊ; *Am.* ˈvɜr-] *pl* **-sos** *s* **1.** *print.* a) Verso *n*, Rückseite *f* e-s Blatts, b) linke Seite e-s Buchs, c) Rückseite *f* e-r Buchdecke *od.* e-s ˈSchutzˌumschlags. **2.** Reˈvers *m*, Rückseite *f* (*e-r Münze*).
verst [vɜːst; *Am.* vɜrst] *s* Werst *f* (*russisches Längenmaß = 1,067 km*).
ver·sus [ˈvɜːsəs; *Am.* ˈvɜr-] *prep jur. sport* gegen, kontra.
vert¹ [vɜːt; *Am.* vɜrt] *s* **1.** *jur. Br. hist.* a) Dickicht *n*, b) Holzungsrecht *n*. **2.** *her.* Grün *n*.
vert² [vɜːt; *Am.* vɜrt] *relig. colloq.* **I** *v/i* ˈübertreten, converˈtieren. **II** *s* Konverˈtit(in).
ver·te·bra [ˈvɜːtɪbrə; *Am.* ˈvɜr-] *pl* **-brae** [-briː; -breɪ], **-bras** *s anat.* **1.** (Rücken-)Wirbel *m*. **2.** *pl* Wirbelsäule *f*, Rückgrat *n*. **ˈver·te·bral** *adj anat.* **1.** verteˈbral, Wirbel(säulen)...: **~ column** Wirbelsäule *f*. **2.** mit Wirbel(n) (versehen).
ver·te·brate [ˈvɜːtɪbrət; -breɪt; *Am.* ˈvɜr-] **I** *s* **1.** *zo.* Wirbeltier *n*. **II** *adj* **2.** → vertebral 2. **3.** mit e-r Wirbelsäule (versehen), Wirbel... **4.** *zo.* zu den Wirbeltieren gehörig. **5.** *fig.* festgefügt, gediegen. **ˈver·te·brat·ed** [-breɪtɪd] → **vertebrate** II. **ˌver·teˈbra·tion** *s* **1.** Wirbelbildung *f*. **2.** *fig.* Rückgrat *n*.
vertebro- [vɜːtɪbrəʊ; *Am.* vɜr-] *Wortelement mit der Bedeutung* Wirbel...
ver·tex [ˈvɜːteks; *Am.* ˈvɜr-] *pl* **-ti·ces** [-tɪsiːz] *s* **1.** *anat.* Scheitel *m*. **2.** *math.* Scheitel(punkt) *m*, Spitze *f* (*beide a. fig.*). **3.** *astr.* a) Zeˈnit *m*, b) Vertex *m*. **4.** *fig.* Gipfel *m*.
ver·ti·cal [ˈvɜːtɪkl; *Am.* ˈvɜr-] **I** *adj* (*adv* **~ly**) **1.** senk-, lotrecht, vertiˈkal: **~ clearance** *tech.* lichte Höhe; **~ drill** Senkrecht-, Vertikalbohrmaschine *f*; **~ engine** *tech.* stehender Motor; **~ file** Hängeregistratur *f*; **~ section** *arch.* Aufriß *m*; **~ stabilizer** *aer.* Seitenflosse *f*; **~ takeoff** *aer.* Senkrechtstart *m*; **~-takeoff aircraft** Senkrechtstarter *m*. **2.** *astr. math.* Scheitel...: **~ angle**; **~ circle** Vertikalkreis *m*; **~ plane** Vertikalebene *f*. **3.** *econ. sociol.* vertiˈkal: **~ trust**; **~ combination** (*od.* **integration**) Vertikalverflechtung *f*; **~ mobility** vertikale Mobilität. **4.** *mil. Umfassung etc* aus der Luft: **~ envelopment**. **II** *s* **5.** Senkrechte *f*. **ˌver·tiˈcal·i·ty** [-ˈkælətɪ] *s* **1.** senkrechte Lage *od.* Stellung, Vertikaliˈtät *f*. **2.** *astr.* Zeˈnitstellung *f*.
ver·ti·ces [ˈvɜːtɪsiːz; *Am.* ˈvɜr-] *pl von* **vertex**.
ver·ti·cil [ˈvɜːtɪsɪl; *Am.* ˈvɜr-] *s bot. zo.* Quirl *m*, Wirtel *m*. **ver·tic·il·late** [vɜːˈtɪsɪlɪt; -leɪt; *Am.* ˌvɜrtəˈsɪlət], **verˈtic·il·lat·ed** [-leɪtɪd] *adj bot. zo.* quirlständig: **~ leaves**.
ver·tic·i·ty [vɜːˈtɪsətɪ; *Am.* vɜr-] *s phys.* Richtkraft *f* (*e-r Magnetnadel etc*).
ver·tig·i·nous [vɜːˈtɪdʒɪnəs; *Am.* vɜr-] *adj* (*adv* **~ly**) **1.** wirbelnd. **2.** schwind(e)lig, Schwindel... **3.** schwindelerregend, schwindelnd: **~ height**. **4.** *fig.* unstet, flatterhaft.
ver·ti·go [ˈvɜːtɪgəʊ; *Am.* ˈvɜr-] *pl* **-goes, -tig·i·nes** [-ˈtɪdʒɪniːz] *s med.* Schwindel(gefühl *n*, -anfall *m*) *m*.
ver·tu → **virtu**.
ver·vain [ˈvɜːveɪn; *Am.* ˈvɜr-] *s bot.* Eisenkraut *n*.
verve [vɜːv; *Am.* vɜrv] *s* (künstlerische) Begeisterung, Schwung *m*, Feuer *n*, Verve *f*.
ver·y [ˈverɪ] **I** *adv* **1.** sehr, äußerst, außerordentlich: **~ good** a) sehr gut, b) einverstanden, sehr wohl; **~ well** a) sehr gut, b) meinetwegen, na schön. **2. ~ much** (*in Verbindung mit Verben*) sehr, außerordentlich: **he was ~ much pleased**. **3.** (*vor sup*) aller...: **the ~ last drop** der allerletzte Tropfen. **4.** völlig, ganz: **you may keep it for your ~ own** du darfst es ganz für dich behalten. **II** *adj* **5.** gerade, genau: **the ~ opposite** genau das Gegenteil; **the ~ thing** genau *od.* gerade das (Richtige). **6.** bloß: **the ~ fact of his presence**; **the ~ thought** der bloße Gedanke, schon der Gedanke. **7.** rein, pur, schier: **from ~ egoism**; **the ~ truth** die reine Wahrheit. **8.** eigentlich, wahr, wirklich: **~ God of ~ God** *Bibl.* wahrer Gott vom wahren Gott; **the ~ heart of the matter** der (eigentliche) Kern der Sache. **9.** (*nach* **this, that, the**) (der-, die-, das)ˈselbe, (der, die, das) gleiche *od.* nämliche: **that ~ afternoon**; **the ~ same words**. **10.** besonder(er, e, es): **the ~ essence of truth**. **11.** schon, selbst, soˈgar: **his ~ servants**. **~high fre·quen·cy** *s electr.* ˈHochfreˌquenz *f*, Ultraˈkurzwelle *f*, UKˈW-Freˌquenz *f*. **ˌ~-high-ˈfre·quen·cy** *adj* Ultrakurzwellen..., UKW-... **V~ light** [ˈvɪərɪ; ˈverɪ] *s mil.* ˈLeuchtpaˌtrone *f*. **~low fre·quen·cy** *s electr.* ˈLängstwellenfreˌquenz *f*. **V~ pis·tol** [ˈvɪərɪ; ˈverɪ] *s mil.* ˈLeuchtpiˌstole *f*. **V~'s night sig·nals** [ˈvɪərɪz; ˈverɪz] *s pl mil.* Siˈgnalschießen *n* mit ˈLeuchtmunitiˌon.
ves·i·ca [ˈvesɪkə; *Am. a.* vəˈsiːkə; -ˈsaɪ-] *pl* **-cae** [-siː; *Am. a.* vəˈsiːˌkaɪ; -ˈsaɪkiː] (*Lat.*) *s* **1.** *anat. zo.* (Harn-, Gallen-, *ichth.* Schwimm)Blase *f*. **2.** *biol.* Blase *f*, Zyste *f*.
ves·i·cal [ˈvesɪkl] *adj* Blasen...
ves·i·cant [ˈvesɪkənt] **I** *adj* **1.** *pharm.* blasenziehend. **II** *s* **2.** *pharm.* blasenziehendes Mittel, Zugpflaster *n*, Vesikans *n*. **3.** *chem. mil.* ätzender Kampfstoff. **ˈves·i·cate** [-keɪt] **I** *v/i* Blasen ziehen. **II** *v/t* Blasen ziehen auf (*dat*): **to ~ the skin**. **ˌves·iˈca·tion** *s* **1.** Blasenbildung *f*. **2.** Blase *f*. **ˈves·i·ca·to·ry** [-keɪtərɪ; *Am.* -kəˌtəʊriː; -ˌtɔː-] → **vesicant**.
ves·i·cle [ˈvesɪkl] *s* Bläs-chen *n*.
ve·sic·u·lar [veˈsɪkjʊlə(r)] *adj anat.* **1.** (Lungen)Bläs-chen..., Blasen... **2.** blasenförmig, blasig. **3.** → **vesiculate**. **veˈsic·u·late** [-lət] *adj* blasig, Bläs-chen aufweisend. **veˌsic·uˈla·tion** *s* Bläs-chenbildung *f*.
ves·per [ˈvespə(r)] *s* **1. V~** *astr.* Abendstern *m*. **2.** *poet.* Abend *m*. **3.** *relig.* a) *oft pl* Vesper *f*, Abendgottesdienst *m*, -andacht *f*, b) *a.* **~ bell** Abendglocke *f*, -läuten *n*. **4.** *pl R.C.* Vesper *f* (*Abendgebet des Breviers*).
ves·per·tine [ˈvespə(r)taɪn], *a.* **ˌves·perˈti·nal** [-ˈtaɪnl] *adj* **1.** *poet.* abendlich, Abend... **2.** *bot.* sich am Abend öffnend (*Blüten*). **3.** *zo.* sich am Abend zeigend. **4.** *astr.* nach der Sonne ˈuntergehend (*Planeten*).
ves·pi·ar·y [ˈvespɪərɪ; *Am.* -piːˌeriː] *s zo.* Wespennest *n*. **ˈves·pine** [-paɪn] *adj* wespenartig, Wespen...
ves·sel [ˈvesl] *s* **1.** Gefäß *n* (*a. anat. bot.*). **2.** *mar.* Schiff *n*, Wasserfahrzeug *n*. **3.** *aer.* Luftschiff *n*. **4.** *fig. bes. Bibl.* Gefäß *n*, Werkzeug *n*: **chosen ~** auserwähltes Rüstzeug; **weak ~** ‚unsicherer Kantonist'; **weaker ~** schwächeres Werkzeug (*Weib*).
vest [vest] **I** *s* **1.** *Br. econ. od. Am.* (Herren)Weste *f*. **2.** a) Damenweste *f*, b) Ein-

satz(weste *f*) *m* (*in Damenkleidern*). **3.** *bes. Br.* ˈUnterhemd *n*. **4.** a) (Damen)Hemd *n*, b) ˈUnterziehjacke *f*. **5.** *hist.* Wams *n*. **6.** *poet.* Gewand *n*. **II** *v/t* **7.** *bes. relig.* bekleiden (**with** mit). **8.** (**with**) *fig. j-n* ausstatten, bekleiden (mit *Befugnissen etc*), bevollmächtigen, *j-n* einsetzen (in *Eigentum, Rechte etc*). **9.** *ein Recht etc* überˈtragen *od.* verleihen (**in s.o.** j-m): **~ed interest (in)** a) sicher begründetes Anrecht (auf *acc*), b) persönliches *od.* ureigenes *od.* monopolistisches Interesse (an *dat*); **~ed interests** maßgebliche Kreise, (einflußreiche) Geschäfts- u. Finanzgrößen, Interessengruppen (*e-r Stadt etc*). **10.** *jur. bes. Am. Feindvermögen* beschlagnahmen: **~ing order** Beschlagnahmeverfügung *f*. **III** *v/i* **11.** ˈübergehen (in auf *acc*): **the estate ~s in the heir at law**. **12.** (**in**) zustehen (*dat*), liegen (bei): **the power of sentence ~s in the courts**. **13.** *bes. relig.* sich bekleiden.

Ves·ta [ˈvestə] **I** *npr* **1.** *antiq.* Vesta *f* (*römische Göttin des Herdfeuers*). **II** *s* **2.** *astr.* Vesta *f* (*Planetoid*). **3. v~**, *a.* **v~ match** kurzes Streichholz.

ves·tal [ˈvestl] **I** *adj* **1.** *antiq.* veˈstalisch: **~ virgin** vestalische Jungfrau, Vestalin *f*. **2.** keusch, rein. **II** *s* **3.** *antiq.* Veˈstalin *f*. **4.** Jungfrau *f*. **5.** Nonne *f*.

ves·ti·ar·y [ˈvestɪərɪ; *Am.* -tiːˌeriː] *s hist.* Kleiderkammer *f* (*in Klöstern*).

ves·tib·u·lar [veˈstɪbjʊlə(r)] *adj* **1.** Vorhallen... **2.** *anat.* vestibuˈlär.

ves·ti·bule [ˈvestɪbjuːl] *s* **1.** (Vor)Halle *f*, Vorplatz *m*, Vestiˈbül *n*. **2.** *rail. Am.* (Harˈmonika)Verbindungsgang *m*. **3.** *anat.* Vorhof *m*. **~ car** *s Am.* Eisenbahnwagen *m* mit (Harˈmonika)Verbindungsgang. **~ school** *s Am.* Lehrwerkstatt *f* (*e-s Industriebetriebs*). **~ train** *s Am.* Zug *m* mit (Harˈmonika)Verbindungsgängen.

ves·tige [ˈvestɪdʒ] *s* **1.** *obs. od. poet.* (Fuß)Spur *f*, Fährte *f*. **2.** *bes. fig.* Spur *f*, ˈÜberrest *m*, -bleibsel *n*. **3.** *fig.* (*geringe*) Spur, (*ein*) bißchen: **not a ~ of truth** kein Körnchen Wahrheit. **4.** *biol.* Rudiˈment *n*, verkümmertes Orˈgan *od.* Glied. **ves·tig·i·al** [veˈstɪdʒɪəl] *adj* **1.** spurenhaft, restlich. **2.** *biol.* rudimenˈtär, verkümmert.

ves·ti·ture [ˈvestɪtʃə(r); *Am. a.* -təˌtʃʊər] *s zo.* Kleid *n*.

vest·ment [ˈvestmənt] *s* **1.** Amtstracht *f*, Robe *f*, *a. relig.* Orˈnat *m*. **2.** *relig.* Meßgewand *n*. **3.** Gewand *n*, Kleid *n* (*beide a. fig.*).

ˌvest-ˈpock·et *adj bes. Am.* im ˈWestentaschenforˌmat, Klein..., Miniatur..., Westentaschen...

ves·try [ˈvestrɪ] *s relig.* **1.** Sakriˈstei *f*. **2.** Bet-, Gemeindesaal *m*. **3.** (*Art*) Kirchenvorstand *m* (*in der anglikanischen und amer. Episkopalkirche*). **4.** *Br.* a) *a.* **common ~, general ~, ordinary ~** Gemeindesteuerpflichtige *pl*, b) *a.* **select ~** Kirchenvorstand *m*. **~clerk** *s Br.* Rechnungsführer *m* der Kirchengemeinde. **ˈ~man** [-mən] *s irr relig.* Kirchenälteste(r) *m*.

ves·ture [ˈvestʃə(r)] *s obs. od. poet.* a) Gewand *n*, Kleid(ung *f*) *n*, b) Hülle *f* (*a. fig.*), Mantel *m*.

ve·su·vi·an [vɪˈsuːvjən; və-; -vɪən] **I** *adj* **1. V~** *geogr.* veˈsuvisch. **2.** vulˈkanisch. **II** *s* **3.** → **vesuvianite**. **4.** *obs.* Windstreichhölzchen *n*. **veˈsu·vi·an·ite** [-naɪt] *s min.* Vesuviˈan *m*, Idoˈkras *m*.

vet[1] [vet] *colloq.* **I** *s* **1.** → **veterinary** I. **II** *v/t* **2.** *Tiere* unterˈsuchen *od.* behandeln. **3.** *humor. j-n* verarzten. **4.** *fig.* a) *j-n* auf Herz u. Nieren prüfen, *etwas* genau prüfen, b) *j-n* (poˈlitisch *od.* auf Sicherheitsrisiken) überˈprüfen.

vet[2] [vet] *Am. colloq. für* **veteran**.

vetch [vetʃ] *s bot.* Wicke *f*. **ˈvetch·ling** [-lɪŋ] *s bot.* Platterbse *f*.

vet·er·an [ˈvetərən; -trən] **I** *s* **1.** Veteˈran *m*: a) alter Solˈdat *od.* Beamter *etc*, b) *mil. Am.* ehemaliger Frontkämpfer *od.* Kriegsteilnehmer: **V~s Day** Jahrestag *m* des Waffenstillstandes von 1918 u. 1945. **2.** *fig.* ‚alter Hase', erfahrener Mann. **II** *adj* **3.** (im Dienst) ergraut, altgedient. **4.** kampferprobt: **~ troops**. **5.** *fig.* erfahren: **~ golfer**. **6.** lang(jährig): **~ service**. **7. ~ car** *mot. Br.* Oldtimer *m* (*vor 1919, bes. vor 1905*).

vet·er·i·nar·i·an [ˌvetərənˈeriːən] *Am. für* **veterinary** I.

vet·er·i·nar·y [ˈvetərɪnərɪ; -trɪ-; *Am.* -tərənˌeriː; -trən-] **I** *s* Tierarzt *m*, Veteriˈnär *m*. **II** *adj* tierärztlich, Veterinär...: **~ medicine** (*od.* **science**) Veterinär-, Tiermedizin *f*, Tierheilkunde *f*; **~ surgeon** *Br.* → I.

ve·to [ˈviːtəʊ] **I** *pl* **-toes** *s* **1.** *pol.* Veto *n*, Einspruch *m*: **to put a** (*od.* **one's**) **~ (up)on** → 4. **2.** *a.* **~ power** *pol.* Veto-, Einspruchsrecht *n*. **3.** *pol.* Ausübung *f* des Vetos: **~ message** *Am.* Vetobegründung *f*. **II** *v/t* **4.** *pol.* sein Veto einlegen gegen, Einspruch erheben gegen. **5.** ablehnen, die Zustimmung verweigern für, unterˈsagen, verbieten.

vet·ting [ˈvetɪŋ] *s colloq.* (ˈSicherheits-) Überˌprüfung *f*.

vex [veks] *v/t* **1.** ärgern, belästigen, aufbringen, irriˈtieren: → **vexed**. **2.** (*a. körperlich*) quälen, bedrücken, beunruhigen. **3.** schikaˈnieren. **4.** *j-n* verwirren, *j-m* ein Rätsel sein. **5.** *obs. od. poet.* peitschen, aufwühlen: **to ~ the waves**. **vexˈa·tion** *s* **1.** Ärger *m*, Verdruß *m*. **2.** Belästigung *f*, Plage *f*, Qual *f*. **3.** Schiˈkane *f*. **4.** Beunruhigung *f*, Sorge *f*, Kummer *m*. **vexˈa·tious** *adj* (*adv* **~ly**) **1.** lästig, verdrießlich, ärgerlich, leidig. **2.** *jur.* schikaˈnös: **a ~ suit**. **vexˈa·tious·ness** *s* Ärgerlich-, Verdrießlich-, Lästigkeit *f*. **vexed** [vekst] *adj* **1.** ärgerlich (**at** *s.th.*, **with** *s.o.* über *acc*). **2.** a) beunruhigt, geängstigt, b) gepeinigt (**with** durch, von). **3.** (ˈviel-) umˌstritten, strittig: **~ question**. **ˈvex·ed·ly** [-ɪdlɪ] *adv*. **ˈvex·ing** *adj* (*adv* **~ly**) → **vexatious** 1.

vi·a [ˈvaɪə; *Am. a.* ˈviːə] (*Lat.*) **I** *prep* **1.** via, über (*acc*): **~ New York**. **2.** *bes. Am.* durch, mit Hilfe (*gen*), mittels: **~ the mass media**; **~ air mail** per Luftpost. **II** *s* **3.** Weg *m*: **~ media** *fig.* Mittelweg *m od.* -ding *n*.

vi·a·bil·i·ty [ˌvaɪəˈbɪlətɪ] *s biol. u. fig.* Lebensfähigkeit *f*: **economic ~** Eigenwirtschaftlichkeit *f*. **ˈvi·a·ble** *adj* lebensfähig: **~ child**; **~ industry**.

vi·a·duct [ˈvaɪədʌkt] *s* Viaˈdukt *m, n*.

vi·al [ˈvaɪəl; vaɪl] *s* (Glas)Fläschchen *n*, Phiˈole *f*: **to pour out the ~s of wrath (upon)** *Bibl. u. fig.* die Schalen des Zornes ausgießen (über *acc*).

vi·am·e·ter [vaɪˈæmɪtə(r)] → **hodometer**.

vi·ands [ˈvaɪəndz] *s pl* **1.** Lebensmittel *pl*, *bes.* Köstlichkeiten *pl*. **2.** (ˈReise)Proviˌant *m*.

vi·at·i·cum [vaɪˈætɪkəm; *Am. a.* viː-] *pl* **-ca** [-kə], **-cums** *s* **1.** a) Reisegeld *n*, b) Wegzehrung *f*. **2.** *R.C.* Viˈatikum *n* (*bei der Letzten Ölung gereichte Eucharistie*).

vibes [vaɪbz] *s pl colloq.* **1.** (*meist als sg konstruiert*) *mus.* Vibraˈphon *n*. **2.** a) Atmoˈsphäre *f* (*e-s Orts etc*), b) Ausstrahlung *f* (*e-r Person*): **I get good ~ from her** sie hat e-e anziehende Wirkung auf mich; **he gives me bad ~** ‚er macht mich ganz fertig'.

vib·ist [ˈvaɪbɪst] *s mus. colloq.* Vibraphoˈnist *m*.

vi·bran·cy [ˈvaɪbrənsɪ] *s* Resoˈnanz *f*, Schwingen *n*.

vi·brant [ˈvaɪbrənt] *adj* **1.** viˈbrierend: a) schwingend (*Saiten etc*), b) laut schallend (*Ton*). **2.** zitternd, bebend (**with** vor *dat*): **~ with passion**. **3.** pulˈsierend (**with** von): **~ cities**. **4.** kraftvoll, lebensprühend: **a ~ personality**. **5.** erregt, aufgewühlt: **~ feelings**. **6.** *ling.* stimmhaft (*Laut*).

vi·bra·phone [ˈvaɪbrəfəʊn] *s mus.* Vibraˈphon *n*. **ˈvi·bra·phon·ist** *s* Vibraphoˈnist *m*.

vi·brate [vaɪˈbreɪt; *Am.* ˈvaɪˌbreɪt] **I** *v/i* **1.** viˈbrieren: a) zittern (*a. phys.*), b) (nach-) klingen, (-)schwingen (*Ton*). **2.** pulˈsieren (**with** von). **3.** zittern, beben (**with** vor): **to ~ with passion**. **4.** *fig.* schwanken: **he ~d between two opinions**. **II** *v/t* **5.** in Schwingungen versetzen. **6.** viˈbrieren *od.* schwingen *od.* zittern lassen, rütteln, schütteln. **7.** durch Schwingung messen *od.* angeben: **a pendulum vibrating seconds**. **vi·brat·ing** *adj* → **vibrant** 1 *u.* 4: **~ capacitor** *electr.* Schwingkondensator *m*; **~ electrode** Zitterelektrode *f*; **~ screen** *tech.* Schüttelsieb *n*; **~ table** *tech.* Rütteltisch *m*.

vi·bra·tile [ˈvaɪbrətaɪl; *Am. a.* -tl] *adj* **1.** schwingungsfähig. **2.** viˈbrierend, Zitter..., Schwingungs...

vi·bra·tion [vaɪˈbreɪʃn] *s* **1.** Schwingen *n*, Viˈbrieren *n*, Zittern *n*. **2.** *phys.* Vibratiˈon *f*: a) Schwingung *f*, b) Oszillatiˈon *f*: **amplitude of ~** Amplitude *f*, Schwingungsweite *f*; **~-damping** schwingungsdämpfend. **3.** *fig.* a) Schwanken *n*, b) Pulˈsieren *n*. **4.** *pl colloq.* → **vibes** 2. **viˈbra·tion·al** [-ʃənl] *adj* Schwingungs..., Vibrations...

vi·bra·to [vɪˈbrɑːtəʊ] *pl* **-tos** *s mus.* Viˈbrato *n*.

vi·bra·tor [vaɪˈbreɪtə; *Am.* ˈvaɪˌbreɪtər] *s* **1.** *tech.* Viˈbrator *m*, ˈRüttelappaˌrat *m*, Schüttelprüfgerät *n*. **2.** *med.* Viˈbrator *m*. **3.** *electr.* a) Summer *m*, b) Zerhacker *m*. **4.** *print.* schwingende Farbwalze. **5.** *mus.* Zunge *f*, Blatt *n*. **vi·bra·to·ry** [ˈvaɪbrətərɪ; *Am.* -ˌtəʊriː; -ˌtɔː-] *adj* **1.** schwingungsfähig. **2.** viˈbrierend, schwingend, Schwing... **3.** Vibrations..., Schwingungs...

vi·bris·sa [vaɪˈbrɪsə] *pl* **-sae** [-siː] *s meist pl zo.* **1.** Sinneshaar *n*. **2.** *orn.* borstenartige Feder (*am Schnabel*).

vi·bro·graph [ˈvaɪbrəʊgrɑːf; *Am.* -brəˌgræf] *s tech.* Vibroˈgraph *m*, Schwingungsaufzeichner *m*. **viˈbron·ic** [-ˈbrɒnɪk; *Am.* -ˈbrɑ-] *adj tech.* (elekˈtronisch) schwingend.

vic [vɪk] *s aer. Br. sl.* V-förmiger Verband (*Flugzeugformation*).

vic·ar [ˈvɪkə(r)] *s relig.* **1.** *Anglikanische Kirche*: Viˈkar *m*: a) (ˈUnter)Pfarrer *m*, b) *Vertreter der religiösen Gemeinschaft, die den Zehnten erhält*, c) *Pfarrer, der nur die kleineren Zehnten erhält*: **clerk ~, lay ~, secular ~** Laie, der Teile der Liturgie singt; **~ choral** Chorvikar, der Teile der Messe singt; **~ of Bray** *fig.* Opportunist *m*. **2.** *Protestantische Episkopalkirche in den USA*: a) *Geistlicher, der e-e von der Hauptkirche der Gemeinde abhängige Kirche betreut*, b) Stellvertreter *m* des Bischofs. **3.** *R.C.* a) **cardinal ~** Kardiˈnalviˌkar *m*, b) Stellvertreter *m* des Pfarrers mit richterlicher Gewalt, c) **V~ of (Jesus) Christ** Statthalter *m* Christi (auf Erden) (*Papst*); **apostolic ~, ~ apostolic** Apostolischer Vikar. **4.** Ersatz *m* (*a. Person*). **ˈvic·ar·age** *s* **1.** Pfarrhaus *n*. **2.** Pfarrpfründe *f*. **3.** Vikariˈat *n* (*Amt des Vikars*). **ˌvic·ar-ˈgen·er·al** *pl* **ˌvic·ars-ˈgen·er·al** *s relig.* Generˈalviˌkar *m*.

vi·car·i·ate [vɪˈkeərɪɪt; vaɪ-] *s* **1.** *relig.*

Vikariˈat *n*, Viˈkarsamt *n*. **2.** *Regierungs- od. Verwaltungsbehörde unter e-m Stellvertreter.*

vi·car·i·ous [vɪˈkeərɪəs; vaɪ-] *adj* (*adv* **~ly**) **1.** stellvertretend: **~ authority. 2.** stellvertretend, für andere vollˈbracht *od.* erlitten: **~ sufferings of Christ. 3.** mit-, nachempfunden, *Erlebnis etc* aus zweiter Hand.

ˈvic·ar·ship *s* Vikariˈat *n*.

vice¹ [vaɪs] *s* **1.** Laster *n*: a) Untugend *f*, b) schlechte Angewohnheit, c) **V~** *thea. hist.* (*das*) Laster (*als Allegorie*). **2.** Lasterhaftigkeit *f*, Verderbtheit *f*: **~ squad** Sittenpolizei *f*, -dezernat *n*. **3.** *fig.* Mangel *m*, Fehler *m* (*beide a. jur.*). **4.** *fig.* Verirrung *f*, Auswuchs *m*. **5.** *obs.* (körperlicher) Fehler, Gebrechen *n*. **6.** Unart *f* (*e-s Pferdes*).

vice² [vaɪs] *tech. bes. Br.* **I** *s* Schraubstock *m*. **II** *v/t* einspannen.

vi·ce³ [ˈvaɪsɪ] *prep* an Stelle von (*od. gen*).

vice⁴ [vaɪs] *s colloq.* ,Vize' *m* (*abbr. für* **vice admiral, vice-chairman,** *etc*).

vice- [vaɪs] *Vorsilbe mit der Bedeutung* stellvertretend, Vize...

vice| ad·mi·ral *s mar.* ˈVizeadmiˌral *m*. **ˌ~-ˈchair·man** *s irr* stellvertretender Vorsitzender, ˈVizepräsiˌdent *m*. **ˌ~-ˈchan·cel·lor** *s* **1.** *pol.* Vizekanzler *m*. **2.** *univ. Br.* geschäftsführender Rektor. **ˌ~-ˈcon·sul** *s* Vizekonsul *m*. **ˌ~ˈge·rent** [-ˈdʒerənt; *Am.* -ˈdʒɪ-] **I** *s* Stellvertreter *m*: **God's ~** Statthalter *m* Gottes. **II** *adj* stellvertretend. **ˌ~-ˈgov·er·nor** *s* ˈVizegouverˌneur *m*.

vi·cen·ni·al [vaɪˈsenjəl; -nɪəl] *adj* **1.** zwanzigjährig, zwanzig Jahre dauernd *od.* umˈfassend. **2.** zwanzigjährlich (ˈwiederkehrend), alle zwanzig Jahre stattfindend.

ˌvice|-ˈpres·i·dent *s* ˈVizepräsiˌdent *m*: a) stellvertretender Vorsitzender, b) *econ. Am.* Diˈrektor *m*, Vorstandsmitglied *n*. **ˌ~ˈre·gal** *adj* des *od.* e-s Vizekönigs, vizeköniglich. **~reine** [ˌ-ˈreɪn; *bes. Am.* ˈ-reɪn] *s* **1.** Gemahlin *f* des Vizekönigs. **2.** Vizekönigin *f*.

vice·roy [ˈvaɪsrɔɪ] *s* Vizekönig *m*. **ˌvice-ˈroy·al** → **viceregal. ˌviceˈroy·al·ty,** *a.* **ˈvice·roy·ship** *s* **1.** Amt(szeit *f*) *n od.* Würde *f* e-s Vizekönigs. **2.** Reich *n od.* Gebiet *n* e-s Vizekönigs.

vi·ce ver·sa [ˌvaɪsɪˈvɜːsə; *Am.* -ˈvɜr-] (*Lat.*) *adv* vice versa, ˈumgekehrt.

Vi·chy (wa·ter) [ˈviːʃiː] *s* **1.** Vichywasser *n*. **2.** *allg.* Mineˈralwasser *n*.

vic·i·nage [ˈvɪsɪnɪdʒ] → **vicinity. ˈvic·i·nal** *adj* benachbart, ˈumliegend, nah.

vi·cin·i·ty [vɪˈsɪnətɪ] *s* **1.** Nähe *f*, Nachbarschaft *f*, kurze Entfernung: **in close ~ to** in unmittelbarer Nähe von (*od. gen*); **in the ~ of 40** *fig.* um die 40 herum. **2.** Nachbarschaft *f*, (nähere) Umˈgebung: **the ~ of London.**

vi·cious [ˈvɪʃəs] *adj* (*adv* **~ly**) **1.** lasterhaft, verderbt, ˈunmoˌralisch. **2.** verwerflich: **~ habit. 3.** bösartig, boshaft, tückisch, gemein: **a ~ tongue** e-e böse Zunge. **4.** heftig, wild: **a ~ blow. 5.** fehler-, mangelhaft (*beide a. jur.*): **~ manuscript; ~ style** schlechter Stil. **6.** *colloq.* böse, scheußlich, fürchterlich, ekelhaft: **a ~ headache. 7.** bösartig, bissig (*Tier*). **8.** *obs.* schädlich: **~ air. ~cir·cle** *s* **1.** Circulus *m* vitiˈosus, Teufelskreis *m*. **2.** *philos.* Zirkel-, Trugschluß *m*.

ˈvi·cious·ness *s* **1.** Lasterhaftigkeit *f*, Verderbtheit *f*. **2.** Verwerflichkeit *f*. **3.** Bösartigkeit *f*, Gemeinheit *f*. **4.** Fehlerhaftigkeit *f*. **5.** Unarten *pl*.

vi·cis·si·tude [vɪˈsɪsɪtjuːd; *Am. a.* -ˌtuːd] *s* **1.** Wandel *m*, Wechsel *m*, (Ver)Änderung *f*. **2.** *pl* Wechselfälle *pl*, (*das*) Auf u. Ab: **the ~s of life. 3.** *pl* Schicksalsschläge *pl*. **viˌcis·siˈtu·di·nous** [-dɪnəs] *adj* wechselvoll.

vic·tim [ˈvɪktɪm] *s* **1.** Opfer *n*: a) (Unfall- *etc*)Tote(r *m*) *f*, b) Leidtragende(r *m*) *f*, c) Betrogene(r *m*) *f*: **~ of his ambition; war ~** Kriegsopfer; **~ of circumstances** Opfer der Verhältnisse; **to fall ~ to** zum Opfer fallen (*dat*). **2.** Opfer(tier) *n*, Schlachtopfer *n*. **ˌvic·tim·iˈza·tion** [-maɪˈzeɪʃn; *Am.* -məˈz-] *s* **1.** Opferung *f*. **2.** Schikaˈnierung *f*. **3.** Betrug *m*. **ˈvic·tim·ize** *v/t* **1.** *j-n* (auf)opfern. **2.** quälen, schikaˈnieren, belästigen. **3.** betrügen, prellen. **4.** (ungerechterweise) bestrafen. **ˌvic·timˈol·o·gy** [-ˈmɒlədʒɪ; *Am.* -ˈmɑ-] *s* Viktimoloˈgie *f* (*Teilgebiet der Kriminologie, das die Beziehungen zwischen Täter u. Opfer untersucht*).

vic·tor [ˈvɪktə(r)] **I** *s* Sieger(in). **II** *adj* siegreich, Sieger...

vic·to·ri·a [vɪkˈtɔːrɪə; *Am. a.* -ˈtəʊ-] *s* **1.** Vikˈtoria *f* (*zweisitziger Kutschwagen*). **2.** *bot.* Vicˈtoria *f* regia (*Seerosengewächs*). **V~ Cross** *s* Vikˈtoriakreuz *n* (*brit. Tapferkeitsauszeichnung*).

Vic·to·ri·an [vɪkˈtɔːrɪən; *Am. a.* -ˈtəʊ-] **I** *adj* **1.** Viktoriˈanisch: **~ Age, ~ Era, ~ Period** Viktorianisches Zeitalter; **~ Order** Viktoriaorden *m* (*gestiftet 1896*). **2.** viktoriˈanisch: a) *kennzeichnend für das Viktorianische Zeitalter*, b) streng konventioˈnell, prüde. **II** *s* **3.** Viktoriˈaner(in). **Vicˈto·ri·an·ism** *s* **1.** viktoriˈanischer Geschmack *od.* Stil *od.* Zeitgeist. **2.** (*etwas*) Viktoriˈanisches.

vic·to·ri·ous [vɪkˈtɔːrɪəs; *Am. a.* -ˈtəʊ-] *adj* (*adv* **~ly**) **1.** siegreich (**over** über *acc*): **to be ~** siegen, den Sieg davontragen, als Sieger hervorgehen. **2.** Sieges..., Sieger... **3.** siegverheißend.

vic·to·ry [ˈvɪktərɪ; -trɪ] *s* **1.** Sieg *m*: **he gained the ~ over his rival** er trug den Sieg über s-n Rivalen davon; **~ ceremony** Siegerehrung *f*; **~ rostrum** Siegespodest *n*. **2.** *fig.* Sieg *m*, Triˈumph *m*, Erfolg *m*: **moral ~. 3. V~** Siegesgöttin *f*. **V~ Day** → **Armistice Day.**

vic·tress [ˈvɪktrɪs] *s* Siegerin *f*.

vict·ual [ˈvɪtl] **I** *s meist pl* Eßwaren *pl*, Lebens-, Nahrungsmittel *pl*, Proviˈant *m*. **II** *v/t u. v/i pret u. pp* **-ualed,** *bes. Br.* **-ualled** (sich) verpflegen *od.* verproviantˈtieren *od.* mit Lebensmitteln versorgen. **ˈvict·ual·(l)er** *s* **1.** (ˈLebensmittel-, Proviˈant)Liefeˌrant *m*. **2. licensed ~** *Br.* Gastwirt *m* mit Schankkonzession. **3.** *mar.* Proviˈantschiff *n*.

vi·cu·ña [vɪˈkjuːnə; vaɪ-; *Am. a.* -ˈkuːnə; -ˈkuːnjə] *s* **1.** *zo.* Viˈkunja *f*, Viˈcuña *f* (*südamer. Lama*). **2.** a) *a.* **~ wool** Viˈgogne(wolle) *f*, b) *a.* **~ cloth** Stoff *m* aus Viˈgogne(wolle).

vi·de [ˈvaɪdiː; ˈvɪdeɪ; ˈviːdeɪ] (*Lat.*) *imp* **1.** siehe! (*abbr.* **v.**). **2.** siehe, wie z.B. bei, man denke an (*acc*): **~ ante (infra)!** siehe oben (unten)!

vi·de·li·cet [vɪˈdiːlɪset; vaɪ-; vɪˈdeɪlɪket; *Am.* vəˈdeləˌset] (*Lat.*) *adv* nämlich, das heißt (*abbr.* **viz,** *lies*: **namely, that is**).

vid·e·o [ˈvɪdɪəʊ] **I** *pl* **-os** *s colloq.* **1.** ,Video' *n* (*Videotechnik*). **2.** *Computer*: Bildschirm-, Bildsicht-, Datensichtgerät *n*. **3.** *Am.* Fernsehen *n*: **on ~** im Fernsehen. **II** *adj* **4.** Video...: **~ art** Videokunst *f*; **~ cartridge, ~ cassette** Videokassette *f*; **~ (cassette) recorder** Videorecorder *m*; **~ (cassette) recording** Videoaufzeichnung *f*; **~ disc** Video-, Bildplatte *f*; **~ frequency** Video-, Bild(punkt)frequenz *f*; **~ game** Videospiel *n*; **~ technology** Videotechnik *f*. **5.** *Computer*: Bildschirm...: **~ station** Bildschirmarbeitsplatz *m*; **~ terminal** → 2. **6.** *Am. colloq.* Fernseh...: **~ program,** *etc*. **ˈ~·phone** *colloq. für* **videotelephone.** **ˈ~-reˌcord** *v/t bes. Br.* auf Videoband aufnehmen. **ˈ~·tape I** *s* Videoband *n*. **II** *v/t* auf Videoband aufnehmen. **ˈ~ˌtel·e·phone** *s* ˈBild-, ˈVideoteleˌfon *n*.

vi·di·mus [ˈvaɪdɪməs; ˈvɪ-] (*Lat.*) *s jur.* **1.** Vidi *n*: a) Bescheinigung *f* (*der Einsichtnahme in e-e Urkunde*), b) Genehmigung *f*. **2.** a) Beglaubigung *f*, b) beglaubigte Abschrift.

vid·u·al [ˈvɪdjʊəl; *Am.* -dʒəwəl] *adj obs.* Witwen...

vie [vaɪ] *v/i* wetteifern: **to ~ with s.o.** mit j-m wetteifern (**in s.th.** in etwas; **for s.th.** um etwas).

Vi·en·nese [ˌvɪəˈniːz] **I** *s* **1.** a) Wiener(in), b) *pl* Wiener *pl*. **2.** *ling.* Wienerisch *n*, das Wienerische. **II** *adj* **3.** wienerisch, Wiener(...).

Vi·et·cong [ˌvjetˈkɒŋ; *Am.* -ˈkɑŋ; *a.* viːˌet-] *s sg u. pl hist.* Vietˈcong *m u. pl*, *collect. a.* (*der*) Vietˈcong (*kommunistische Partisanen in Südvietnam*).

Vi·et·minh [ˌvjetˈmɪn; *Am. a.* viːˌet-] *s sg u. pl hist.* Vietˈminh *m u. pl* (*Anhänger des Kommunismus in Nordvietnam*).

Vi·et·nam·ese [ˌvjetnəˈmiːz; *Am. a.* viːˌet-] **I** *s* **1.** a) Vietnaˈmese *m*, Vietnaˈmesin *f*, b) *pl* Vietnaˈmesen *pl*. **2.** *ling.* Vietnaˈmesisch, das Vietnamesische. **II** *adj* **3.** vietnaˈmesisch. **ˈVi·et·nam·ize** *v/t pol.* vietnamiˈsieren.

view [vjuː] **I** *v/t* **1.** *obs.* sehen, erblicken. **2.** (sich) ansehen, betrachten, besichtigen, in Augenschein nehmen, prüfen. **3.** *fig.* (an)sehen, auffassen, betrachten, beurteilen. **II** *v/i* **4.** fernsehen. **III** *s* **5.** (An-, ˈHin-, Zu)Sehen *n*, Besichtigung *f*, Betrachtung *f*: **at first ~** auf den ersten Blick; **on nearer ~** bei näherer Betrachtung; **plain to (the) ~** gut sichtbar. **6.** Prüfung *f*, Unterˈsuchung *f* (*a. jur.*). **7.** Sicht *f* (*a. fig.*): **in ~** a) in Sicht, sichtbar, b) *fig.* in (Aus)Sicht; **in ~ of** *fig.* im Hinblick auf (*acc*), in Anbetracht *od.* angesichts (*gen*); **in full ~ of** direkt vor *j-s* Augen; **to get a full ~ of** *etwas* ganz zu sehen bekommen; **on ~** zu besichtigen(d), ausgestellt; **on the long ~** *fig.* auf weite Sicht; **out of ~** außer Sicht, nicht mehr zu sehen; **to come in ~** in Sicht kommen, sichtbar werden; **to have in ~** *fig.* im Auge haben, denken an (*acc*), beabsichtigen; **to lose ~ of** aus den Augen verlieren; **no ~ of success** keine Aussicht auf Erfolg. **8.** a) (Aus)Sicht *f*, (Aus)Blick *m* (**of, over** auf *acc*): **~ of the mountains,** b) Szeneˈrie *f*, Blick *m*. **9.** *paint. phot.* Ansicht *f*, Bild *n*: **~s of London; aerial ~** Luftbild *n*. **10.** (kritischer) ˈÜberblick (**of** über *acc*). **11.** *oft pl* Absicht *f*: **with a ~ to** a) mit *od.* in der Absicht (**doing** zu tun), zu dem Zwecke (*gen*), um zu (*inf*), b) im Hinblick auf (*acc*). **12.** Ansicht *f*, Anschauung *f*, Auffassung *f*, Meinung *f*, Urteil *n* (**of, on** über *acc*): **in my ~** in m-n Augen, m-s Erachtens; **to form a ~ on** sich ein Urteil bilden über (*acc*); **to hold** (*od.* **keep** *od.* **take**) **a ~ of** e-e Ansicht *etc* haben über (*acc*); **~ of life** Lebensanschauung; **to take a bright (dim, grave, strong) ~ of** *etwas* optimistisch (pessimistisch, ernst, hart) beurteilen. **13.** Vorführung *f*: **private ~ of a film.**

ˈview·a·ble *adj* **1.** zu sehen(d), sichtbar. **2.** sehenswert, mit Niˈveau: **a ~ television show.**

ˈviewˌda·ta *s pl* Bildschirmtext *m*.

ˈview·er *s* **1.** Zuschauer(in). **2.** *bes. jur.* Beschauer(in), Inˈspektor *m*. **3.** Fernsehzuschauer(in), Fernseher(in). **ˈview·er·ship** *s* Fernsehpublikum *n*.

ˈview|ˌfind·er *s phot.* (Bild)Sucher *m*. **~ hal·loo** *s hunt.* Halˈlo(ruf *m*) *n* (*beim Erscheinen des Fuchses*).

ˈ**view·ing** *s* **1.** Besichtigung *f.* **2.** a) Fernsehen *n*: **he does a lot of ~** er sieht viel fern, b) *collect.* (ˈFernseh)Proˌgramm *n*: **~ choice** Programmauswahl *f.*
ˈ**view·less** *adj* **1.** *poet. od. humor.* unsichtbar. **2.** ohne (Aus)Sicht. **3.** *Am.* meinungslos, urteilslos.
ˈ**view|·phone** *s colloq.* ˈBildteleˌfon *n.* ˈ**~·point** *s fig.* Gesichts-, Standpunkt *m.*
view·y [ˈvjuːɪ] *adj colloq.* verstiegen, überˈspannt, ‚fimmelig'.
vi·gi·a [ˈvɪdʒɪə; *Am.* vəˈdʒiːə] *s mar.* Warnungszeichen *n* (*auf Seekarten*).
vig·il [ˈvɪdʒɪl] *s* **1.** Wachsein *n*, Wachen *n* (*zur Nachtzeit*). **2.** Nachtwache *f*: **to keep ~** wachen (**over** bei). **3.** *relig.* a) *meist pl* Viˈgil(ien *pl*) *f*, Nachtgebet *n*, -wache *f* (*vor Kirchenfesten*), b) Viˈgil *f* (*Vortag e-s Kirchenfestes*): **on the ~ of** am Vorabend von (*od. gen*).
vig·i·lance [ˈvɪdʒɪləns] *s* **1.** Wachsamkeit *f*: **~ committee** *Am.* Selbstschutzausschuß *m.* **2.** *med.* Schlaflosigkeit *f.* **3.** *psych.* Vigiˈlanz *f* (*Zustand erhöhter Reaktionsbereitschaft*). ˈ**vig·i·lant** *adj* (*adv* **~ly**) wachsam, ˈumsichtig, aufmerksam: **~ group** *Am.* Selbstschutz(gruppe *f*) *m.* ˌ**vig·iˈlan·te** [-ˈlæntiː] *s Am.* Mitglied *n* e-s **vigilance committee** *od.* e-r **vigilant group**: **~s** Selbstschutz(gruppe *f*) *m.*
vi·gnette [vɪˈnjet] **I** *s* **1.** Viˈgnette *f*: a) *print. bildartige Verzierung auf Rändern, Titeln etc*, b) *phot. Schablone im Vorsatz vor dem Objektiv e-r Kamera*, c) *phot. Schablone zur Verdeckung bestimmter Stellen eines Negativs vor dem Kopieren.* **2.** *paint., a. Literatur*: kleine, zierliche Skizze. **II** *v/t* **3.** *phot.* vignetˈtieren. **viˈgnet·tist** *s* Viˈgnettenzeichner(in).
vig·or [ˈvɪgər] *Am. für* **vigour.**
vi·go·ro·so [ˌvɪgəˈrəʊsəʊ] *adj u. adv mus.* vigoˈroso, kraftvoll.
vig·or·ous [ˈvɪgərəs] *adj* (*adv* **~ly**) **1.** *allg.* kräftig. **2.** kraftvoll, viˈtal. **3.** lebhaft, akˈtiv, tatkräftig. **4.** eˈnergisch, nachdrücklich. **5.** wirksam, nachhaltig. ˈ**vig·or·ous·ness** → **vigour.**
vig·our [ˈvɪgə(r)] *s* **1.** (Körper-, Geistes)Kraft *f*, Vitaliˈtät *f.* **2.** Aktiviˈtät *f.* **3.** Enerˈgie *f.* **4.** *biol.* Lebenskraft *f.* **5.** Nachdruck *m.* **6.** *jur.* Wirksamkeit *f*, Geltung *f.*
Vi·king, *a.* **v~** [ˈvaɪkɪŋ] *hist.* **I** *s* Wiking(er) *m.* **II** *adj* wikingisch, Wikinger...: **~ ship.**
vile [vaɪl] *adj* (*adv* **~ly**) **1.** gemein, schändlich, übel, schmutzig. **2.** *colloq.* abˈscheulich, miseˈrabel, scheußlich: **a ~ hat**; **~ weather.** **3.** *obs.* wertlos. ˈ**vile·ness** *s* **1.** Gemeinheit *f*, Schändlichkeit *f.* **2.** *colloq.* Scheußlichkeit *f.*
vil·i·fi·ca·tion [ˌvɪlɪfɪˈkeɪʃn] *s* **1.** Schmähung *f*, Verleumdung *f*, Verunglimpfung *f.* **2.** Herˈabsetzung *f.* ˈ**vil·i·fi·er** [-faɪə(r)] *s* Verleumder(in). ˈ**vil·i·fy** [-faɪ] *v/t* **1.** schmähen, verleumden, verunglimpfen. **2.** herˈabsetzen.
vil·i·pend [ˈvɪlɪpend] *v/t* **1.** → **vilify.** **2.** *poet.* verachten.
vill [vɪl] *s jur. hist. Br.* **1.** Ortschaft *f*, Gemeinde *f.* **2.** Dorf *n.*
vil·la [ˈvɪlə] *s* **1.** Landhaus *n*, Villa *f.* **2.** *Br.* a) ˈEinfaˌmilienhaus *n*, b) Doppelhaushälfte *f.*
vil·lage [ˈvɪlɪdʒ] **I** *s* **1.** Dorf *n.* **2.** Gemeinde *f.* **II** *adj* **3.** dörflich, Dorf...: **~ idiot** Dorftrottel *m.* ˈ**vil·lag·er** *s* Dorfbewohner(in), Dörfler(in).
vil·lain [ˈvɪlən] **I** *s* **1.** *a. thea. u. humor.* Schurke *m*, Bösewicht *m.* **2.** *humor.* Schlingel *m*, Bengel *m*: **the little ~.** **3.** *obs.* (Bauern)Lümmel *m.* **4.** → **villein** 1. **II** *adj* **5.** schurkisch, Schurken... ˈ**vil·lain·age** → **villeinage.** ˈ**vil·lain·ous** *adj* (*adv* **~ly**) **1.** schurkisch, Schurken... **2.** → vile 1 *u.* 2. ˈ**vil·lain·y** *s* **1.** Schurkeˈrei *f*, Schurkenstreich *m.* **2.** → **vileness** 1 *u.* 2. **3.** → **villeinage.**
vil·la·nelle [ˌvɪləˈnel] *s metr.* Villaˈnelle *f* (*lyrische Gedichtform*).
vil·lat·ic [vɪˈlætɪk] *adj poet.* dörflich.
vil·leg·gia·tu·ra [vɪˌledʒɪəˈtʊərə; -dʒə-] *s* Landaufenthalt *m.*
vil·lein [ˈvɪlɪn] *s hist.* **1.** Leibeigene(r) *m.* **2.** (*später*) Zinsbauer *m.* ˈ**vil·lein·age** *s* **1.** ˈHintersassengut *n.* **2.** Leibeigenschaft *f.*
vil·li [ˈvɪlaɪ] *pl von* **villus.**
vil·li·form [ˈvɪlɪfɔː(r)m] *adj biol.* zottenförmig. ˈ**vil·lose** [-ləʊs] → **villous.** **vilˈlos·i·ty** [-ˈlɒsətɪ; *Am.* -ˈlɑ-] *s* **1.** *biol.* behaarte, wollige Beschaffenheit. **2.** *anat.* (Darm)Zotte *f.* ˈ**vil·lous** *adj biol.* **1.** zottig. **2.** flaumig. ˈ**vil·lus** [-ləs] *pl* **-li** [-laɪ] *s* **1.** *anat.* (Darm)Zotte *f.* **2.** *bot.* Zottenhaar *n.*
vim [vɪm] *s colloq.* ‚Schmiß' *m*, Schwung *m*: **to feel full of ~** ‚schwer in Form' sein.
vim·i·nal [ˈvɪmɪnl] *adj bot.* gertenbildend *od.* -förmig.
vi·na·ceous [vaɪˈneɪʃəs] *adj* **1.** Wein..., Trauben... **2.** weinrot.
vin·ai·grette [ˌvɪneɪˈgret; -nɪ-] *s* **1.** Riechfläschchen *n*, -dose *f.* **2.** *a.* **~ sauce** Vinaiˈgrette *f* (*Soße aus Essig, Öl, Senf etc*).
vin·ci·ble [ˈvɪnsɪbl] *adj* besiegbar, überˈwindbar.
vin·cu·lum [ˈvɪŋkjʊləm] *pl* **-la** [-lə] *s* **1.** *math.* Strich *m* (*über mehreren Zahlen*), Überˈstreichung *f* (*an Stelle von Klammern*). **2.** *bes. fig.* Band *n.*
vin·di·ca·ble [ˈvɪndɪkəbl] *adj* haltbar, zu rechtfertigen(d).
vin·di·cate [ˈvɪndɪkeɪt] *v/t* **1.** in Schutz nehmen, verteidigen (**from** vor *dat*, gegen). **2.** entlasten (**from** von). **3.** rechtfertigen, bestätigen: **to ~ o.s.** sich rechtfertigen. **4.** *jur.* a) Anspruch erheben auf (*acc*), beanspruchen: **to ~ one's rights**, b) *e-n Anspruch* geltend machen, c) *ein Recht etc* behaupten: **the law had been ~d** dem Gesetz war Genüge getan worden. ˌ**vin·diˈca·tion** *s* **1.** Verteidigung *f.* **2.** Entlastung *f.* **3.** Rechtfertigung *f*: **in ~ of** zur Rechtfertigung von (*od. gen*). **4.** *jur.* a) Behauptung *f*, b) Geltendmachung *f.* **vin·dic·a·tive** [ˈvɪndɪkətɪv; *bes. Am.* vɪnˈdɪ-] *obs. für* **vindictive.** ˈ**vin·di·ca·tor** [-keɪtə(r)] *s* **1.** Rechtfertiger *m.* **2.** Verteidiger *m.* ˈ**vin·di·ca·to·ry** [-keɪtərɪ; *Am.* -kəˌtəʊriː; -ˌtɔː-] *adj* **1.** rechtfertigend, Rechtfertigungs... **2.** a) rächend, b) Straf...
vin·dic·tive [vɪnˈdɪktɪv] *adj* (*adv* **~ly**) **1.** rachsüchtig, nachtragend. **2.** strafend, als Strafe: **~ damages** *jur.* tatsächlicher Schadenersatz zuzüglich e-r Buße. **vinˈdic·tive·ness** *s* Rachsucht *f.*
vine [vaɪn] *bot.* **I** *s* **1.** (*Hopfen- etc*)Rebe *f*, Kletterpflanze *f.* **2.** Stamm *m* (*e-r Kletterpflanze*). **3.** Wein(stock) *m*, (Wein)Rebe *f.* **4.** *Bibl.* Weinstock *m* (*Christus*). **II** *adj* **5.** Wein..., Reb(en)...: **~ bud** Rebauge *n*; **~ culture** Weinbau *m*; **~ picker** Winzer(in); **~ prop** Rebstecken *m.* ˈ**~-clad** *adj poet.* weinlaubbekränzt. ˈ**~ˌdress·er** *s* Winzer *m.* **~ fret·ter** *s zo.* Reblaus *f.*
vin·e·gar [ˈvɪnɪgə(r)] *s* **1.** (Wein)Essig *m*: **aromatic ~** Gewürzessig. **2.** *pharm.* Essig *m.* **3.** *fig.* Verdrießlichkeit *f*, Griesgrämigkeit *f.* **4.** *Am. colloq.* ‚Schmiß' *m*, Schwung *m.* **~ tree** *s bot.* Essigbaum *m.*
vin·e·gar·y [ˈvɪnɪgərɪ] *adj* **1.** (essig)sauer. **2.** *fig.* a) verdrießlich, griesgrämig, b) ätzend, beißend.
ˈ**vine|ˌgrow·er** *s* Weinbauer *m*, Winzer *m.* ˈ**~ˌgrow·ing** *s* Weinbau *m.* **~ leaf** *s irr* Wein-, Rebenblatt *n*: **vine leaves** Weinlaub *n.* **~ louse** *s irr zo.* Reblaus *f.* **~ mil·dew** *s bot.* Traubenfäule *f.*
vin·er·y [ˈvaɪnərɪ] *s* **1.** Treibhaus *n* für Reben. **2.** → **vineyard.**
vine·yard [ˈvɪnjə(r)d] *s* a) Weinberg *m*, b) Weingarten *m.*
vingt-et-un [ˌvæntеɪˈɜːŋ; *Am.* -ˈʌn] *s* Vingt-et-ˈun *n*, Siebzehnundˈvier *n* (*Kartenglücksspiel*).
vi·nic [ˈvaɪnɪk] *adj chem.* a) weinig, Wein..., b) Alkohol...
ˌ**vin·iˈcul·tur·al** [ˌvɪnɪ-] *adj* weinbaukundlich. ˈ**vin·i·cul·ture** *s* Weinbau *m* (*als Fach*).
vin·i·fi·ca·tion [ˌvɪnɪfɪˈkeɪʃn] *s tech.* Weinkeltern *n*, Weinkelterung *f.*
vi·no [ˈviːnəʊ] *pl* **-nos, -noes** *s colloq.* Wein *m.*
vin·om·e·ter [vɪˈnɒmɪtə(r); vaɪ-; *Am.* -ˈnɑ-] *s tech.* Oenoˈmeter *n*, Weinwaage *f.*
vi·nos·i·ty [vɪˈnɒsətɪ; vaɪ-; *Am.* -ˈnɑ-] *s* **1.** Weinartigkeit *f.* **2.** Weinseligkeit *f.*
vi·nous [ˈvaɪnəs] *adj* **1.** weinartig, Wein... **2.** weinhaltig. **3.** weinselig: **~ laughter.** **4.** weingerötet: **~ face.** **5.** *bes. zo.* weinrot.
vin·tage [ˈvɪntɪdʒ] **I** *s* **1.** (*jährlicher*) Weinertrag, Weinernte *f.* **2.** (guter) Wein, (herˈvorragender) Jahrgang: **~ wine** Spitzenwein *m*, edler Wein. **3.** Weinlese(zeit) *f.* **4.** *colloq.* a) Jahrgang *m*, b) ˈHerstellung *f*, *mot. etc a.* Baujahr *n*: **a hat of last year's ~** ein Hut vom vorigen Jahr. **5.** *fig.* (reifes) Alter, Reife *f.* **II** *v/t* **6.** zu Wein verarbeiten. **7.** *Wein* lesen. **III** *adj* **8.** erlesen, herˈvorragend, köstlich. **9.** a) klassisch, b) alt, c) altmodisch, d) reif, gereift: **~ car** *mot. bes. Br.* Oldtimer *m* (*bes. 1919–30*). ˈ**vin·tag·er** *s* Weinleser(in).
vint·ner [ˈvɪntnə(r)] *s* Weinhändler *m.*
vin·y [ˈvaɪnɪ] *adj* **1.** rebenartig, rankend (*Pflanze*). **2.** reben-, weinreich (*Gegend*).
vi·nyl [ˈvaɪnɪl] *chem.* **I** *s* Viˈnyl *n.* **II** *adj* Vinyl...: **~ acetate (alcohol, chloride, resins)**; **~ polymers** Vinylpolymere *pl* (*Kunststoffe*).
vi·nyl·i·dene [vaɪˈnɪlɪdiːn] *s chem.* Vinyliˈden *n.*
vi·ol [ˈvaɪəl] *s mus. hist.* Viˈole *f.*
vi·o·la[1] [vɪˈəʊlə] *s mus.* **1.** Viˈola *f*, Bratsche *f.* **2.** → **viol.**
vi·o·la[2] [ˈvaɪələ; vaɪˈəʊlə] *s bot.* **1.** Veilchen *n.* **2.** Stiefmütterchen *n.*
vi·o·la·ble [ˈvaɪələbl] *adj* verletzbar: **~ contract (law, etc).**
vi·o·la·ceous [ˌvaɪəˈleɪʃəs] *adj bot.* **1.** veilchenfarbig, vioˈlett. **2.** Veilchen..., veilchenartig.
vi·o·la clef [vɪˈəʊlə] → **alto clef.**
vi·o·late [ˈvaɪəleɪt] *v/t* **1.** *e-n Eid, e-n Vertrag, e-e Grenze etc* verletzen, *ein Gesetz* überˈtreten, *bes. sein Versprechen* brechen, *e-m Gebot, dem Gewissen* zuˈwiderhandeln. **2.** *den Frieden, die Stille, den Schlaf* (grob) stören: **to ~ s.o.'s privacy** j-n stören. **3.** Gewalt antun (*dat*) (*a. fig.*). **4.** *e-e Frau* notzüchtigen, schänden, vergewaltigen. **5.** *ein Heiligtum etc* entweihen, schänden. **6.** *obs.* a) beschädigen, b) zerstören. ˌ**vi·oˈla·tion** *s* **1.** Verletzung *f*, Überˈtretung *f*, Bruch *m*, Zuˈwiderhandlung *f*: **in ~ of** unter Verletzung von (*od. gen*). **2.** (grobe) Störung. **3.** Notzucht *f*, Vergewaltigung *f*, Schändung *f.* **4.** Entweihung *f*, Schändung *f.* **5.** *obs.* a) Beschädigung *f*, b) Zerstörung *f.* ˈ**vi·o·la·tor** [-tə(r)] *s* **1.** Verletzer(in), Überˈtreter(in). **2.** Schänder(in).
vi·o·lence [ˈvaɪələns] *s* **1.** Gewalt(tätigkeit) *f*: **act of ~** Gewalttat *f.* **2.** Gewalttätigkeit(en *pl*) *f*, Gewaltsamkeit(en *pl*) *f.* **3.** *jur.* Gewalt(tat, -anwendung) *f*: **to die by ~** e-s gewaltsamen Todes sterben; **crimes of ~** Gewaltverbrechen *pl*; →

robbery 1. **4.** Verletzung *f*, Unrecht *n*, Schändung *f*: **to do ~** to Gewalt antun (*dat*), *Sprache etc* vergewaltigen, *Gefühle etc* verletzen, *Heiliges* entweihen. **5.** Heftigkeit *f*, Ungestüm *n*: **with ~** heftig, leidenschaftlich, hitzig, ungestüm. **'vi·o·lent** *adj* (*adv* **~ly**) **1.** gewaltig, stark, heftig: **~ blow**; **~ tempest. 2.** gewaltsam, -tätig (*Person od. Handlung*), Gewalt...: **to die a ~ death, to die ~ly** e-s gewaltsamen Todes sterben; **~ interpretation** gewaltsame Auslegung; **~ measures** Gewaltmaßnahmen; **to lay ~ hands on** Gewalt antun (*dat*). **3.** heftig, ungestüm, hitzig, leidenschaftlich. **4.** grell, laut: **~ colo(u)rs**; **~ sounds.**

vi·o·les·cent [ˌvaɪəˈlesnt] *adj* veilchenfarben, Veilchen...

vi·o·let[1] [ˈvaɪələt] *s mus. hist.* Viˈola *f* d'Aˈmore.

vi·o·let[2] [ˈvaɪələt] **I** *s* **1.** *bot.* Veilchen *n*: **shrinking** (*od.* **modest**) **~** *colloq.* scheues Wesen (*Person*). **2.** Veilchenblau *n*, Vioˈlett *n*. **II** *adj* **3.** veilchenblau, vioˈlett.

vi·o·lin [ˌvaɪəˈlɪn] *s mus.* Vioˈline *f*: a) Geige *f* (*a. als Spieler*), b) *Orgelregister 8'*: **to play the ~** Geige spielen, geigen; **first ~** erste(r) Geige(r); **~ bow** Geigenbogen *m*; **~ case** Geigenkasten *m*; **~ clef** Violinschlüssel *m*. **vi·o·lin·ist** [ˈvaɪəlɪnɪst; ˌvaɪəˈl-] *s mus.* Violiˈnist(in), Geiger(in).

vi·ol·ist[1] [ˈvaɪəlɪst] *s mus. hist.* Viˈolenspieler(in).

vi·ol·ist[2] [vɪˈəʊlɪst] *s mus.* Bratˈschist(in).

vi·o·lon·cel·list [ˌvaɪələnˈtʃelɪst] *s mus.* (Violon)Celˈlist(in). **ˌvi·o·lonˈcel·lo** [-ləʊ] *pl* **-los** *s* (Violon)ˈCello *n*.

vi·o·lone [ˈvaɪələʊn; *Am.* ˌviːəˈləʊneɪ] *s mus. hist.* ˈBaßviˌole *f*, große Baßgeige.

VIP [ˌviːaɪˈpiː] *s colloq.* promiˈnente Perˈsönlichkeit, ‚hohes Tier' (*aus* **Very Important Person**).

vi·per [ˈvaɪpə(r)] *s* **1.** *zo.* Viper *f*, Otter *f*, Natter *f*. **2.** *a.* **common ~** *zo.* Kreuzotter *f*. **3.** *allg.* (Gift)Schlange *f* (*a. fig.*): **generation of ~s** *Bibl.* Natterngezücht *n*; **to cherish a ~ in one's bosom** *fig.* e-e Schlange an s-m Busen nähren.

vi·per·i·form [ˈvaɪpərɪfɔː(r)m] *adj zo.* schlangenförmig, vipernartig.

vi·per·ine [ˈvaɪpəraɪn] *zo.* **I** *adj* → viperish 1. **II** *s a.* **~ snake** a) Natter *f*, b) Vipernatter *f*. **'vi·per·ish** *adj*; **'vi·per·ous** *adj* (*adv* **~ly**) **1.** *zo.* a) vipernartig, b) Vipern... **2.** *fig.* giftig, tückisch.

vi·per's grass *s bot.* Schwarzwurzel *f*.

vi·ra·go [vɪˈrɑːgəʊ; -ˈreɪ-] *pl* **-gos, -goes** *s* **1.** Mannweib *n*. **2.** Zankteufel *m*, ‚Drachen' *m*, Xanˈthippe *f*.

vi·ral [ˈvaɪərəl] *adj med.* Virus...: **~ infection.**

vir·e·lay [ˈvɪrɪleɪ] *s hist.* Vireˈlai *n* (*altfranzösisches Tanz- u. Liebeslied mit halbstrophigem Kehrreim*).

vi·res [ˈvaɪəriːz] *pl von* **vis.**

vi·res·cence [vɪˈresns] *s* **1.** a) Grünsein *n*, b) Grünen *n*. **2.** *bot.* grüne Stelle. **viˈres·cent** *adj* **1.** grünend. **2.** grünlich.

vir·gate [ˈvɜːgɪt; -geɪt; *Am.* ˈvɜr-] **I** *adj biol.* **1.** rutenförmig. **2.** Ruten tragend. **II** *s* **3.** *hist.* (*etwa*) Hufe *f* (*altes englisches Feldmaß* = *12 ha*).

Vir·gil·i·an → **Vergilian.**

vir·gin [ˈvɜːdʒɪn; *Am.* ˈvɜr-] **I** *s* **1.** a) Jungfrau *f*, b) ‚Jungfrau' *f* (*Mann*). **2.** *relig.* a) **the (Blessed) V~ (Mary)** die Jungfrau Maˈria, die Heilige Jungfrau, b) *paint. etc* Maˈdonna *f*. **3.** *zo.* unbegattetes Weibchen. **4. V~** *astr.* → **Virgo** 1 b. **II** *adj* **5.** jungfräulich, unberührt (*beide a. fig. Schnee etc*): **V~ Mother** *relig.* Mutter *f* Gottes; **the V~ Queen** *hist.* die jungfräuliche Königin (*Elisabeth I. von England*); **~ queen** *zo.* unbefruchtete (Bienen)Königin; **~ forest** Urwald *m*; **~ soil** a) jungfräulicher Boden, ungepflügtes Land, b) *fig.* Neuland *n*, c) unberührter Geist. **6.** züchtig, keusch, jungfräulich: **~ modesty. 7.** *tech.* a) rein, unvermischt (*Elemente, Stoffe*), b) gediegen, jungfräulich (*Metalle*), c) aus erster Pressung (*Öle*): **~ gold** Jungferngold *n*; **~ oil** Jungfernöl *n*; **~ wool** Schurwolle *f*. **8.** Jungfern..., erst(er, e, es), erstmalig: **~ cruise** Jungfernfahrt *f*. **9.** frei (**of** von), unerfahren: **~ to sorrows** (noch) unbekümmert.

vir·gin·al[1] [ˈvɜːdʒɪnl; *Am.* ˈvɜr-] *adj* **1.** jungfräulich, Jungfern...: **~ membrane** *anat.* Jungfernhäutchen *n*. **2.** rein, keusch, züchtig. **3.** *zo.* unbefruchtet.

vir·gin·al[2] [ˈvɜːdʒɪnl; *Am.* ˈvɜr-] *s oft pl od.* **pair of ~s** *mus. hist.* **1.** Virgiˈnal *n* (*englisches Spinett*). **2.** *allg.* ˈKielinstruˌment *n*.

vir·gin| birth *s* **1.** *a.* **V~ B~** *relig.* Jungfräuliche Geburt (*Christi*). **2.** *biol.* Parthenogeˈnese *f*, Jungfernzeugung *f*. **'~-born** *adj biol.* parthenogeˈnetisch.

Vir·gin·i·a [və(r)ˈdʒɪnjə] *s* Virˈginischer Tabak: **~ cigar** Virginiazigarre *f*. **~ cedar** *s bot.* Virˈginischer Waˈcholder. **~ creep·er** *s bot.* wilder Wein, Jungfernrebe *f*.

Vir·gin·i·an [və(r)ˈdʒɪnjən] **I** *adj* Virginia..., virˈginisch. **II** *s* Virˈginier(in).

vir·gin·i·ty [və(r)ˈdʒɪnətɪ] *s* **1.** Jungfräulichkeit *f*, Jungfernschaft *f*, *med.* Virginiˈtät *f*. **2.** Reinheit *f*, Keuschheit *f*, Unberührtheit *f* (*a. fig.*).

Vir·go [ˈvɜːgəʊ; *Am.* ˈvɜr-] *s* **1.** *astr.* Jungfrau *f*, Virgo *f*: a) *Sternbild*, b) *Tierkreiszeichen*: **to be (a) ~** Jungfrau sein. **2. v~ intacta** *jur. med.* Virgo *f* inˈtacta, unberührte Jungfrau.

vir·gu·late [ˈvɜːgjʊlɪt; -leɪt; *Am.* ˈvɜr-] *adj bot.* rutenförmig. **'vir·gule** [-gjuːl] *s print.* Schrägstrich *m* (*z. B. in and/or*).

vir·i·al [ˈvɪrɪəl] *s phys.* Viriˈal *n* (*kinetische Größe*).

vir·id [ˈvɪrɪd] *adj poet.* grün(end). **ˌvir·iˈdes·cence** [-ˈdesns] *s* **1.** Grünwerden *n*. **2.** (frisches) Grün. **ˌvir·iˈdes·cent** *adj* grün(lich).

vi·rid·i·an [vɪˈrɪdɪən] **I** *s min.* Grünerde *f*. **II** *adj* chromgrün.

vi·rid·i·ty [vɪˈrɪdətɪ] *s* **1.** *biol.* (*das*) Grüne, grünes Aussehen. **2.** *fig.* Frische *f*.

vir·ile [ˈvɪraɪl; *Am. a.* -rəl] *adj* **1.** männlich, kräftig (*beide a. fig. Stil etc*), Männer..., Mannes...: **~ voice** Männerstimme *f*. **2.** *med. physiol.* männlich, viˈril, zeugungskräftig, poˈtent: **~ member** männliches Glied; **~ power** → **virility** 3. **ˌvir·iˈles·cence** [-rɪˈlesns] *s zo.* Vermännlichung *f* (*bei Weibchen*). **ˌvir·iˈles·cent** *adj* männliche Eigenschaften aufweisend *od.* entwickelnd. **'vir·i·lism** [-rɪlɪzəm] *s physiol.* Viriˈlismus *m*, Vermännlichung *f* (*der Frau*).

vi·ril·i·ty [vɪˈrɪlətɪ] *s* **1.** Männlichkeit *f*. **2.** Mannesalter *n*, -jahre *pl*. **3.** *physiol.* Viriliˈtät *f*, Mannes-, Zeugungskraft *f*, Poˈtenz *f*. **4.** *fig.* Kraft *f*.

vi·rol·o·gist [ˌvaɪəˈrɒlədʒɪst; *Am.* -ˈrɑ-] *s* Viroˈloge *m*, Virusforscher(in). **viˈrol·o·gy** [-dʒɪ] *s* Viroloˈgie *f*, Virusforschung *f*.

vir·tu [vɜːˈtuː; *Am.* ˌvɜr-] *s* **1.** Liebhaber-, Kunst-, Sammlerwert *m*: **article** (*od.* **object**) **of ~** Kunstgegenstand *m*. **2.** *collect.* Kunstgegenstände *pl*. **3.** → **virtuosity** 2.

vir·tu·al [ˈvɜːtʃʊəl; *Am.* ˈvɜrtʃəwəl; -tʃəl] *adj* (*adv* **~ly**) **1.** tatsächlich, praktisch, faktisch, eigentlich: **the ~ manager**; **a ~ promise** im Grunde *od.* eigentlich ein Versprechen; **~ly penniless** praktisch *od.* fast ohne e-n Pfennig Geld. **2.** *phys. tech.* virtuˈell. **ˌvir·tuˈal·i·ty** [-tʃʊˈælətɪ; *Am.* -tʃəˈw-] *s* Virtualiˈtät *f*, innewohnende Kraft *od.* Möglichkeit.

vir·tue [ˈvɜːtjuː; -tʃuː; *Am.* ˈvɜrtʃuː] *s* **1.** Tugend(haftigkeit) *f* (*a. engS. Keuschheit*): **woman of ~** tugendhafte Frau; **woman of easy ~** leichtes Mädchen. **2.** Rechtschaffenheit *f*. **3.** Tugend *f*: **to make a ~ of necessity** aus der Not e-e Tugend machen. **4.** Wirkung *f*, Wirksamkeit *f*, Erfolg *m*: **of great ~** (sehr) wirkungsvoll *od.* erfolgreich. **5.** (gute) Eigenschaften *pl*, Vorzug *m*, (hoher) Wert. **6.** (Rechts)Kraft *f*: **by** (*od.* **in**) **~ of** kraft (*e-s Gesetzes, e-r Vollmacht etc*), auf Grund von (*od. gen*), vermöge (*gen*). **7.** *obs.* Mannestugend *f*, Tapferkeit *f*.

vir·tu·os·i·ty [ˌvɜːtjʊˈɒsətɪ; *Am.* ˌvɜrtʃəˈwɑ-] *s* **1.** Virtuosiˈtät *f*: a) *mus.* blendende Technik, b) meisterhaftes Können. **2.** Kunstsinn *m*, Kunstliebhabeˈrei *f*. **ˌvir·tuˈo·so** [-ˈəʊzəʊ; -səʊ; *Am.* -ˈw-] **I** *pl* **-sos, -si** [-siː] *s* **1.** *bes. mus.* Virtuˈose *m*. **2.** Kunstkenner *m*, -liebhaber *m*. **II** *adj* **3.** virtuˈos, meisterhaft: **~ pianist** Klaviervirtuose *m*.

vir·tu·ous [ˈvɜːtʃʊəs; *Am.* ˈvɜrtʃəwəs] *adj* (*adv* **~ly**) **1.** tugendhaft. **2.** rechtschaffen. **'vir·tu·ous·ness** *s* **1.** Tugendhaftigkeit *f*. **2.** Rechtschaffenheit *f*.

vir·u·lence [ˈvɪrʊləns; -rjʊ-], **'vir·u·len·cy** [-sɪ] *s* **1.** *med.* Giftigkeit *f*, Bösartigkeit *f* (*beide a. fig.*). **2.** *med.* Viruˈlenz *f*. **'vir·u·lent** *adj* (*adv* **~ly**) **1.** *med.* (äußerst) giftig, bösartig (*Gift, Krankheit*) (*a. fig.*). **2.** *med.* a) von Viren erzeugt, b) viruˈlent, sehr ansteckend.

vi·rus [ˈvaɪərəs] *s* **1.** (Schlangen)Gift *n*. **2.** *med.* Virus *n, m*: a) Krankheitserreger *m*: **~ disease** Viruskrankheit *f*, b) *oft* **filt(e)rable ~** filˈtrierbares Virus, c) Impf-, Giftstoff *m* (*zu Impfzwecken*). **3.** *fig.* Gift *n*, Baˈzillus *m*: **the ~ of hatred.**

vis [vɪs] *pl* **vi·res** [ˈvaɪəriːz] (*Lat.*) *s bes. phys.* Kraft *f*: **~ inertiae** Trägheitskraft *f*; **~ mortua** tote Kraft; **~ viva** kinetische Energie; **~ major** *jur.* höhere Gewalt.

vi·sa [ˈviːzə] **I** *s* **1.** Visum *n*: a) Sichtvermerk *m* (*im Paß etc*), b) Einreisegenehmigung *f*. **II** *v/t* **2.** ein Visum eintragen in (*e-n Paß*). **3.** *fig.* genehmigen.

vis·age [ˈvɪzɪdʒ] *s poet.* Antlitz *n*. **'vis·aged** *adj* (*bes. in Zssgn*) ...gesichtig.

vis-à-vis [ˈviːzɑːviː; *bes. Am.* ˌviːzəˈviː] *adv* **1.** gegenˈüber, vis-à-ˈvis (**to, with** *dat*). **II** *adj* **2.** gegenˈüberliegend. **III** *prep* **3.** gegenˈüber. **4.** in Anbetracht (*gen*). **IV** *s* **5.** Gegenˈüber *n*, Visaˈvis *n* (*Person*). **6.** (ˈAmts)Kolˌlege *m*. **7.** vertrauliche Zuˈsammenkunft.

vis·cer·a [ˈvɪsərə] *s pl* **1.** *anat.* Eingeweide *n, pl*: **abdominal ~** Bauchorgane *pl*. **2.** *colloq.* (Ge)Därme *pl*. **'vis·cer·al** *adj* **1.** Eingeweide... **2.** *fig.* a) inner(er, e, es): **~ conviction**, b) instinkˈtiv: **~ reaction. 'vis·cer·ate** [-reɪt] *obs. für* **eviscerate.**

vis·cid [ˈvɪsɪd] *adj* **1.** klebrig (*a. bot.*). **2.** *bes. phys.* visˈkos, dick-, zähflüssig. **visˈcid·i·ty,** *selten* **'vis·cid·ness** *s* **1.** Klebrigkeit *f* (*a. bot.*). **2.** → **viscosity.**

vis·com·e·ter [vɪsˈkɒmɪtə(r); *Am.* -ˈkɑ-], *etc* → **viscosimeter**, *etc*.

vis·cose [ˈvɪskəʊs] *s tech.* Visˈkose *f* (*Art Zellulose*): **~ silk** Viskose-, Zellstoffseide *f*. **ˌvis·coˈsim·e·ter** [-kəʊˈsɪmɪtə(r)] *s tech.* Visko(si)ˈmeter *n*. **ˌvis·co·siˈmet·ric** [-ˈmetrɪk] *adj* viskosiˈmetrisch. **ˌvis·coˈsim·e·try** [-trɪ] *s* Viskosimeˈtrie *f*.

vis·cos·i·ty [vɪˈskɒsətɪ; *Am.* -ˈskɑ-] *s bes. phys.* Viskosiˈtät *f*, (Grad *m* der) Dick- *od.* Zähflüssigkeit *f*, Konsiˈstenz *f*.

vis·count [ˈvaɪkaʊnt] *s* **1.** Viˈcomte *m* (*englischer Adelstitel zwischen* **baron** *u.* **earl**). **2.** *Br. hist.* a) Stellvertreter *m* e-s Grafen, b) Sheriff *m* (*e-r Grafschaft*).

ˈ**vis·count·cy** [-sɪ] *s* Rang *m od.* Würde *f* e-s Viˈcomte. ˈ**vis·count·ess** *s* Vicomˈtesse *f.* ˈ**vis·count·y** → **viscountcy**.
vis·cous [ˈvɪskəs] → **viscid**.
vi·sé [ˈviːzeɪ] **I** *s* → **visa** I. **II** *v/t pret u. pp* **-séd,** *a.* **-séed** → **visa** II.
vise [vaɪs] *Am. für* **vice**².
vis·i·bil·i·ty [ˌvɪzɪˈbɪlətɪ] *s* **1.** Sichtbarkeit *f.* **2.** *meteor.* Sicht(weite) *f*: **high (low)** ~ gute (schlechte) Sicht; ~ **(conditions)** Sichtverhältnisse.
vis·i·ble [ˈvɪzəbl] **I** *adj* (*adv* **visibly**) **1.** sichtbar: → **horizon** 1. **2.** *fig.* (er-, offen)sichtlich, merklich, deutlich, erkennbar: **no** ~ **means of support**; ~ **difficulties**. **3.** *tech.* sichtbar (gemacht), graphisch dargestellt: ~ **signal** Schauzeichen *n*; ~ **sound** Oszillogramm *n* e-r Schallwelle. **4.** *pred* a) zu sehen (*Sache*), b) zu sprechen: **is he** ~ **today? II** *s* **5. the** ~ das Sichtbare, die sichtbare Welt. ~ **speech** *s ling. von Prof. A. M. Bell erfundene Lautzeichen für alle möglichen Sprachlaute.*
Vis·i·goth [ˈvɪzɪgɒθ; *Am.* -ˌgɑθ] *s hist.* Westgote *m*, -gotin *f.* ˌ**Vis·iˈgoth·ic I** *adj* **1.** westgotisch, Westgoten... **II** *s* **2.** *ling.* Westgotisch *n*, das Westgotische. **3.** westgotische Schrift.
vi·sion [ˈvɪʒn] **I** *s* **1.** Sehkraft *f*, -vermögen *n*: **to have greatly restricted** ~ stark sehbehindert sein; → **field** 4. **2.** *fig.* a) visioˈnäre Kraft, Seher-, Weitblick *m*, b) Phantaˈsie *f*, Vorstellungsvermögen *n*, Einsicht *f.* **3.** Visiˈon *f*: a) Phantaˈsie-, Traum-, Wunschbild *n*, b) *oft pl psych.* Halluzinatiˈonen *pl*, Gesichte *pl.* **4.** Anblick *m*, Bild *n*: **she was a** ~ **of delight** sie bot e-n entzückenden Anblick. **5.** (*etwas*) Schönes, (*e-e*) Schönheit, Traum *m.* **II** *adj* **6.** *TV* Bild...: ~ **mixer**; ~ **control** Bildregie *f.* **III** *v/t* **7.** (er)schauen, (in der Einbildung) sehen: **she** ~**ed a life without troubles.** ˈ**vi·sion·al** [-ʒənl] *adj* **1.** Visions... **2.** traumhaft, visioˈnär.
vi·sion·ar·i·ness [ˈvɪʒnərɪnɪs; *Am.* -ʒəˌneriː-] *s* **1.** (*das*) Visioˈnäre. **2.** Phantasteˈrei *f*, Träumeˈrei *f.* ˈ**vi·sion·ar·y** [-nərɪ; *Am.* -ʒəˌneriː] **I** *adj* **1.** visioˈnär, (hell)seherisch: **a** ~ **prophet**. **2.** phanˈtastisch, verstiegen, überˈspannt: **a** ~ **scheme**. **3.** unwirklich, eingebildet: ~ **evils**. **4.** Visions... **II** *s* **5.** Visioˈnär *m*, Hellseher *m.* **6.** Phanˈtast *m*, Träumer *m*, Schwärmer *m.*
vis·it [ˈvɪzɪt] **I** *v/t* **1.** besuchen: a) *j-n, e-n Arzt, e-n Patienten, ein Lokal etc* aufsuchen, b) visiˈtieren, inspiˈzieren, in Augenschein nehmen, c) *e-e Stadt, ein Museum etc* besichtigen. **2.** *jur.* durchˈsuchen: **to** ~ **(and search)** *Handelsschiff* durchsuchen. **3.** heimsuchen (**s.th. upon s.o.** j-n mit etwas): a) befallen (*Krankheit, Unglück*), b) *Bibl. od. fig.* bestrafen. **4.** *Bibl. od. fig. Sünden* vergelten (**upon** an *dat*). **5.** *Bibl.* belohnen, segnen. **II** *v/i* **6.** e-n Besuch *od.* Besuche machen. **7.** *Am. colloq.* plaudern (**with** mit). **III** *s* **8.** Besuch *m*: **on a** ~ auf *od.* zu Besuch (**to** bei *j-m*, in *e-r Stadt etc*); **to make** (*od.* **pay**) **a** ~ e-n Besuch machen; ~ **to the doctor** Konsultation *f* beim Arzt, Arztbesuch. **9.** (forˈmeller) Besuch, *bes.* Inspektiˈon *f.* **10.** *jur. mar.* Durchˈsuchung *f*: **right of** ~ **and search** Durchsuchungsrecht *n* (auf See); → **domiciliary**. **11.** *Am. colloq.* Plaudeˈrei *f*, Plausch *m.* ˈ**vis·it·a·ble** *adj* **1.** besuchenswert. **2.** inspektiˈonspflichtig. ˈ**vis·it·ant I** *s* **1.** Besucher(in) (*a. aus dem Jenseits*), Besuch *m*, Gast *m.* **2.** *orn.* Strichvogel *m.* **II** *adj* **3.** *poet.* besuchend, auf *od.* zu Besuch.
vis·it·a·tion [ˌvɪzɪˈteɪʃn] *s* **1.** Besuchen *n*: ~ **of the sick** *relig.* Krankenbesuch *m.* **2.** offiziˈeller Besuch, Besichtigung *f*, Visitatiˈon *f*: **right of** ~ *mar.* Durchsuchungsrecht *n* (auf See). **3.** *fig.* Heimsuchung *f*: a) (gottgesandte) Prüfung, Strafe *f* (Gottes), b) himmlischer Beistand: **V**~ **of our Lady** *R.C.* Heimsuchung Mariae. **4.** *zo.* massenhaftes Auftreten (*von Vögeln, Wühlmäusen etc*). **5.** *colloq.* langer Besuch. ˌ**vis·i·taˈto·ri·al** [-təˈtɔːrɪəl; *Am. a.* -ˈtəʊ-] *adj* Visitations...: ~ **power** Aufsichtsbefugnis *f.*
ˈ**vis·it·ing I** *adj* besichtigend, Besuchs..., Besucher...: **to be on** ~ **terms with s.o.** j-n so gut kennen, daß man ihn besucht; ~ **book** Besuchsliste *f*; ~ **card** Visitenkarte *f*; ~ **fireman** *Am. colloq.* a) ‚hohes Tier' (auf Besuch), b) vergnügungssüchtiger Gast (*e-r Stadt etc*); ~ **hours** Besuchszeit *f*; ~ **nurse** *Am.* Fürsorgerin *f*, Gemeindeschwester *f*; ~ **professor** *univ.* Gastprofessor *m*; ~ **teacher** a) Schulfürsorger(in), b) Elternberater(in); ~ **team** *sport* Gastmannschaft *f.* **II** *s* Besuche *pl*: **to do prison** ~ Gefängnisbesuche machen. ˈ**vis·i·tor** [-tə(r)] *s* **1.** Besucher(in), Gast *m* (**to s.o.** j-s; **to a country** e-s Landes); **the** ~**s** *a. sport* die Gäste. **2.** *oft pl* Besuch *m*: **many** ~**s** viel Besuch. **3.** (Kur)Gast *m*, Touˈrist(in): **summer** ~**s** Sommergäste; ~**s' book** a) Fremdenbuch *n*, b) Gästebuch *n.* **4.** Visiˈtator *m*, Inˈspektor *m.* **5.** *orn.* Strichvogel *m.* ˌ**vis·iˈto·ri·al** [-ˈtɔːrɪəl; *Am. a.* -ˈtəʊ-] → **visitatorial**.
vi·son [ˈvaɪsn], *a.* ~ **wea·sel** *s zo.* Mink *n* (*amer. Nerz*).
vi·sor [ˈvaɪzə(r)] *s* **1.** *hist. u. fig.* Viˈsier *n.* **2.** a) (Mützen)Schirm *m*, b) (Augen-) Schirm *m.* **3.** *obs. od. poet.* Maske *f* (*a. fig.*). **4.** *mot.* Sonnenblende *f.*
vis·ta [ˈvɪstə] *s* **1.** (Aus-, ˈDurch)Blick *m*, Aussicht *f*: ~ **dome** *rail. Am.* Aussichtskuppel *f.* **2.** Alˈlee *f.* **3.** *arch.* (langer) Gang, Korridor *m*, Galeˈrie *f.* **4.** *fig.* Kette *f*, (lange) Reihe: **a** ~ **of years**. **5.** *fig.* Ausblick *m*, Aussicht *f* (**of** auf *acc*), Möglichkeit *f*, Perspekˈtive *f*: **his words opened up new** ~**s** s-e Worte eröffneten neue Perspektiven; **dim** ~**s of the future** trübe Zukunftsaussichten.
vis·u·al [ˈvɪzjʊəl; *Am.* ˈvɪʒəwəl; -ʒəl] **I** *adj* (*adv* ~**ly**) **1.** Seh..., Gesichts...: ~ **acuity** Sehschärfe *f*; ~ **angle** Gesichtswinkel *m*; ~ **nerve** Sehnerv *m*; ~ **purple** Sehrot *n*, -purpur *m*; ~ **test** Augen-, Sehtest *m.* **2.** visuˈell: ~ **impression**; ~ **memory**; ~ **aid(s)** *ped.* Anschauungsmaterial *n*; ~ **arts** bildende Künste; ~**-aural radio range** *aer.* Vierkursfunkfeuer *n* mit Sicht- u. Höranzeige; ~ **display** (*Computer*) optische Anzeige, Sichtanzeige *f*; ~ **display unit** (*Computer*) Bildschirm-, Bildsicht-, Datensichtgerät *n*; ~ **instruction** *ped.* Anschauungsunterricht *m*; ~ **pollution** Verschand(e)lung *f* (*der Landschaft*); ~ **signal** Schauzeichen *n.* **3.** sichtbar: ~ **objects**. **4.** optisch, Sicht...: ~ **flight rules** *aer.* Sichtflugregeln; ~ **indication** *tech.* Sichtanzeige *f*; ~ **range** Sichtbereich *m.* **5.** *fig.* anschaulich. **II** *s* **6.** *econ. print.* a) (Roh)Skizze *f* e-s Layouts, b) ˈBildeleˌment *n* e-r Anzeige. **7.** → **visualizer**.
vis·u·al·i·za·tion [ˌvɪzjʊəlaɪˈzeɪʃn; *Am.* ˌvɪʒəwələˈz-; -ʒələˈz-] *s* Vergegenwärtigung *f.* ˈ**vis·u·al·ize I** *v/t* **1.** sich vorstellen, sich vergegenwärtigen, sich veranschaulichen, sich ein Bild machen von. **2.** erwarten, rechnen mit. **3.** *med.* (*bes.* röntgenoˈlogisch) sichtbar machen. **II** *v/i* **4.** *med.* sichtbar werden. ˈ**vis·u·al·iz·er** *s* **1.** *psych.* visuˈeller Typ. **2.** *Werbung*: Visualizer *m* (*Fachmann für die graphische Gestaltung*).
vi·ta [ˈviːtə] (*Lat.*) *pl* **-tae** [-ˌtaɪ] *s Am.* Lebenslauf *m.*
vi·tal [ˈvaɪtl] **I** *adj* (*adv* ~**ly**) **1.** Lebens...: ~ **functions**; ~ **principle**; ~ **energy** (*od.* **power**) Lebenskraft *f*; ~ **index** (*Statistik*) Vitalitätsindex *m* (*Verhältnis zwischen Geburts- u. Sterbeziffern*); ~ **records** standesamtliche *od.* bevölkerungsstatistische Unterlagen; ~ **spark** Lebensfunke *m*; ~ **statistics** a) Bevölkerungsstatistik *f*, b) *colloq. humor.* Maße *pl* (*e-r Frau*); **Bureau of V**~ **Statistics** *Am.* Personenstandsregister *n.* **2.** lebenswichtig (**to** für): ~ **industry (interests, organ,** *etc*); ~ **parts** → 8; ~ **necessity** Lebensnotwendigkeit *f.* **3.** wesentlich, grundlegend. **4.** (hoch)wichtig, entscheidend (**to** für): ~ **problem** Kernproblem *n*; ~ **question** Lebensfrage *f*; **of** ~ **importance** von entscheidender Bedeutung. **5.** *meist fig.* leˈbendig: ~ **style**. **6.** viˈtal, kraftvoll, lebensprühend: **a** ~ **personality**. **7.** lebensgefährlich, tödlich: ~ **wound**. **II** *s* **8.** *pl* a) *med.* ‚edle Teile' *pl*, lebenswichtige Orˈgane *pl*, b) *fig.* (*das*) Wesentliche, wichtige Bestandteile *pl.*
vi·tal·ism [ˈvaɪtəlɪzəm] *s biol. philos.* Vitaˈlismus *m.*
vi·tal·i·ty [vaɪˈtælətɪ] *s* **1.** Vitaliˈtät *f*, Lebenskraft *f.* **2.** Lebensfähigkeit *f*, -dauer *f* (*a. fig.*).
vi·tal·i·za·tion [ˌvaɪtəlaɪˈzeɪʃn; *Am.* -ləˈz-] *s* Belebung *f*, Aktiˈvierung *f.* ˈ**vi·tal·ize** *v/t* **1.** beleben, kräftigen, stärken. **2.** mit Lebenskraft erfüllen. **3.** *fig.* leˈbendig gestalten.
vi·ta·mer [ˈvaɪtəmə(r)] *s chem. med. die Faktoren der Nahrung, die Vitaminfunktionen erfüllen.*
vi·ta·min [ˈvɪtəmɪn; *bes. Am.* ˈvaɪ-], *a.* ˈ**vi·ta·mine** [-mɪn; -miːn] *s chem. med.* Vitaˈmin *n*: ~ **deficiency** Vitaminmangel *m.* ˈ**vi·ta·min·ize** *v/t* mit Vitaˈminen anreichern.
vit·el·lar·y [ˈvɪtələrɪ; *Am.* ˈvaɪtlˌeriː] → **vitelline** I.
vi·tel·li [vɪˈtelaɪ; *Am. a.* vaɪ-] *pl von* **vitellus**.
vi·tel·line [vɪˈtelɪn; *Am. a.* vaɪ-] *biol.* **I** *adj* **1.** vitelˈlin, (Ei)Dotter...: ~ **membrane** Dotterhaut *f*, -sack *m.* **2.** (dotter-) gelb. **II** *s* → **vitellus**. **viˈtel·lus** [-ləs] *pl* **-li** [-laɪ] *s zo.* (Ei)Dotter *m, n.*
vi·ti·ate [ˈvɪʃɪeɪt] *v/t* **1.** *allg.* verderben. **2.** beeinträchtigen. **3.** *die Luft etc* verunreinigen, verpesten. **4.** *fig. die Atmosphäre* vergiften. **5.** *Argument etc* widerˈlegen. **6.** *bes. jur.* ungültig machen, aufheben: **fraud** ~**s a contract.** ˌ**vi·tiˈa·tion** *s* **1.** Verderben *n*, Verderbnis *f.* **2.** Beeinträchtigung *f.* **3.** Verunreinigung *f.* **4.** Widerˈlegung *f.* **5.** *jur.* Aufhebung *f.*
ˌ**vit·iˈcul·tur·al** [ˌvɪtɪ-; ˌvaɪ-] *adj* Weinbau... ˈ**vit·i·cul·ture** *s* Weinbau *m.* ˌ**vit·iˈcul·tur·ist** *s* Weinbauer *m.*
ˌ**vit·re·o·eˈlec·tric** [ˌvɪtrɪəʊ-] *adj phys.* positiv eˈlektrisch.
vit·re·ous [ˈvɪtrɪəs] *adj* **1.** Glas..., aus Glas, gläsern. **2.** glasartig, glasig: ~ **electricity** positive Elektrizität. **3.** flaschengrün. **4.** ~ **body** *anat.* Glaskörper *m* (*des Auges*); ~ **humo(u)r** *anat.* Glaskörperflüssigkeit *f.* **5.** *geol.* glasig.
vi·tres·cence [vɪˈtresns] *s chem.* **1.** Verglasung *f.* **2.** Verglasbarkeit *f.* **viˈtres·cent** *adj* **1.** verglasend. **2.** verglasbar.
vi·tres·ci·ble [vɪˈtresəbl] → **vitrifiable**.
vit·ric [ˈvɪtrɪk] *adj* glasartig, Glas...
vit·ri·fac·tion [ˌvɪtrɪˈfækʃn] → **vitrification**. ˈ**vit·ri·fi·a·ble** [-faɪəbl] *adj tech.* verglasbar. ˌ**vit·ri·fiˈca·tion** [-fɪˈkeɪʃn] *s tech.* Ver-, Überˈglasung *f*, Sinterung *f.* ˈ**vit·ri·fy** [-faɪ] *tech.* **I** *v/t* ver-, überˈglasen, glaˈsieren, sintern, *Keramik*: dicht brennen. **II** *v/i* (sich) verglasen.
vit·ri·ol [ˈvɪtrɪəl] *s* **1.** *chem.* Vitriˈol *n*:

blue ~, **copper** ~ Kupfervitriol, -sulfat *n*; **green** ~ Eisenvitriol; **white** ~ Zinksulfat *n*. **2.** *chem*. Schwefel-, Vitriˈolsäure *f*: **oil of** ~ Vitriolöl *n*, rauchende Schwefelsäure. **3.** *fig*. a) Gift *n*, Säure *f*, b) Giftigkeit *f*, Bösartigkeit *f*. **ˈvit·ri·o·late** [-leɪt] *v/t* in Vitriˈol verwandeln. **ˌvit·riˈol·ic** [-ˈɒlɪk; *Am*. -ˈɑ-] *adj* **1.** vitriˈolisch, Vitriol...: ~ **acid** Vitriolöl *n*, rauchende Schwefelsäure. **2.** *fig*. ätzend, beißend, bösartig, gehässig: ~ **remarks**. **ˈvit·ri·ol·ize** *v/t* **1.** *chem*. vitrioliˈsieren. **2.** *j-n* mit Vitriˈol bespritzen *od*. verletzen.

Vi·tru·vi·an [vɪˈtruːvjən; -vɪən] *adj arch. hist*. viˈtruvisch. ~ **scroll** *s arch*. Mäˈander(verzierung *f*) *m*.

vit·ta [ˈvɪtə] *pl* **-tae** [-tiː] *s* **1.** *antiq*. Stirnband *n*. **2.** *bot*. a) Ölstrieme *f* (*in den Früchten der Doldenblüter*), b) Gürtelband *n* (*in den Schalen von Kieselalgen*). **3.** *bot. zo*. Bandstreifen *m*.

vi·tu·per·ate [vɪˈtjuːpəreɪt; vaɪ-; *Am. a*. -ˈtuː-] *v/t* **1.** (wüst) beschimpfen, schmähen. **2.** scharf tadeln. **viˌtu·perˈa·tion** *s* **1.** Schmähung *f*, (wüste) Beschimpfung. **2.** scharfer Tadel. **3.** *pl* Schimpfworte *pl*. **viˈtu·per·a·tive** [-pərətɪv; -reɪ-] *adj* (*adv* ~**ly**) **1.** schmähend, Schmäh... **2.** tadelnd. **viˈtu·per·a·tor** [-tə(r)] *s* Schmäher *m*, (Be)Schimpfer *m*.

vi·va[1] [ˈviːvə] **I** *interj* Hoch! **II** *s* Hoch(ruf *m*) *n*.

vi·va[2] [ˈvaɪvə] *Br*. **I** → **viva voce**. **II** *v/t* mündlich prüfen.

vi·va·ce [vɪˈvɑːtʃɪ; -tʃeɪ] *adv u. adj mus*. viˈvace, lebhaft.

vi·va·cious [vɪˈveɪʃəs; vaɪ-] *adj* (*adv* ~**ly**) lebhaft, munter. **viˈva·cious·ness, viˈvac·i·ty** [-ˈvæsətɪ] *s* Lebhaftigkeit *f*, Munterkeit *f*.

vi·var·i·um [vaɪˈveərɪəm] *pl* **-i·ums, -i·a** [-ɪə] *s* **1.** Viˈvarium *n* (*kleinere Anlage zur Haltung lebender Tiere, z.B. Aquarium, Terrarium*). **2.** *obs*. Fischteich *m*.

vi·va vo·ce [ˌvaɪvəˈvəʊsɪ; -tʃɪ] **I** *adj u. adv* mündlich. **II** *s* mündliche Prüfung.

viv·id [ˈvɪvɪd] *adj* (*adv* ~**ly**) **1.** *allg*. lebhaft: a) impulˈsiv (*Person*), b) intenˈsiv: ~ **imagination** lebhafte Phantasie, c) deutlich, klar: ~ **recollections**, d) schwungvoll, bunt: ~ **scene**, e) leuchtend: ~ **colo(u)rs**. **2.** leˈbendig, lebensvoll: ~ **portrait**. **ˈviv·id·ness** *s* **1.** Lebhaftigkeit *f*. **2.** Leˈbendigkeit *f*.

viv·i·fi·ca·tion [ˌvɪvɪfɪˈkeɪʃn] *s* **1.** (ˈWieder)Belebung *f*. **2.** *biol*. ˈUmwandlung *f* in lebendes Gewebe. **ˈviv·i·fy** [-faɪ] *v/t* **1.** ˈwiederbeleben. **2.** *fig*. Leben geben (*dat*), beleben, anregen. **3.** *fig*. intensiˈvieren. **4.** *biol*. in lebendes Gewebe verwandeln.

vi·vip·a·rous [vɪˈvɪpərəs; vaɪ-] *adj* (*adv* ~**ly**) **1.** *zo*. lebendgebärend. **2.** *bot*. noch an der Mutterpflanze keimend (*Samen*). **viˈvip·a·ry** [-rɪ] *s* **1.** Vivipaˈrie *f*: a) *bot*. Vermehrung *f* durch Brutkörper, b) *zo*. (Vermehrung *f* durch) Lebendgeburt *f*. **2.** *bot*. Biotekˈnose *f* (*Keimung an der Mutterpflanze*).

viv·i·sect [ˌvɪvɪˈsekt; ˈvɪvɪsekt] *v/t u. v/i med*. viviseˈzieren, lebend seˈzieren. **ˌviv·iˈsec·tion** *s med*. Vivisektiˈon *f*. **ˌviv·iˈsec·tion·al** *adj* Vivisektions..., vivisekˈtorisch. **ˌviv·iˈsec·tion·ist** *s* **1.** Anhänger *m* der Vivisektiˈon. **2.** → **vivisector**. **viv·i·sec·tor** [-tə(r)] *s* Viviˈsektor *m*.

vix·en [ˈvɪksn] *s* **1.** *hunt*. Füchsin *f*, Fähe *f*. **2.** *fig*. Zankteufel *m*, ‚Drachen' *m*, Xanˈthippe *f*. **ˈvix·en·ish** *adj* zänkisch, keifend.

viz·ard [ˈvɪzɑː(r)d; -ə(r)d] → **visor** 3.

vi·zier [vɪˈzɪə(r)] *s hist*. Weˈsir *m*. **viˈzier·ate** [-rɪt; -reɪt] *s* Wesiˈrat *n*.

vi·zor → **visor**.

ˌV-ˈJ Day *s* Tag *m* des Sieges der Alliˈierten über Japan (*im 2. Weltkrieg, 15. 8. 1945*).

Vlach [vlɑːk] **I** *s* Waˈlache *m*, Waˈlachin *f*. **II** *adj* waˈlachisch.

vlei *s* **1.** [fleɪ; vleɪ] *S.Afr*. sumpfige Niederung. **2.** [flaɪ; vlaɪ] *Am. dial*. Sumpf *m*.

ˈV|-ˌmail *s Am*. Fotoluftpostbrief *m*. ~ **neck** *s* V-Ausschnitt *m*. **ˈ~-neck(ed)** *adj* mit V-Ausschnitt.

vo·cab [ˈvəʊkæb] *colloq. für* **vocabulary**.

vo·ca·ble [ˈvəʊkəbl] *s* Voˈkabel *f*.

vo·cab·u·lar·y [vəʊˈkæbjʊlərɪ; vəˈk-; *Am*. -jəˌleriː] **I** *s* Vokabuˈlar *n*: a) Wörterverzeichnis *n*, b) Wortschatz *m*. **II** *adj* Wort(schatz)...

vo·cal [ˈvəʊkl] **I** *adj* (*adv* ~**ly**) **1.** stimmlich, mündlich, Stimm..., Sprech...: ~ **chink** Stimmritze *f*; ~ **cords** Stimmbänder; ~ **fold** Stimmfalte *f*. **2.** *mus*. Vokal..., gesungen, Gesang(s)..., gesanglich: ~ **music** Vokalmusik *f*; ~ **part** Singstimme *f*; ~ **recital** Liederabend *m*. **3.** stimmbegabt, der Sprache mächtig. **4.** klingend, ˈwiderhallend (**with** von). **5.** laut, vernehmbar, *a*. gesprächig: **to become** ~ laut werden, sich vernehmen lassen. **6.** *ling*. a) voˈkalisch, b) stimmhaft. **II** *s* **7.** (gesungener) Schlager.

vo·cal·ic [vəʊˈkælɪk] *adj* **1.** Vokal..., voˈkalisch. **2.** voˈkalreich.

vo·cal·ise [ˌvəʊkəˈliːz] *s mus*. Vokaˈlise *f* (*Singübung nur mit Vokalen*).

vo·cal·ism [ˈvəʊkəlɪzəm] *s* **1.** *ling*. Voˈkalsyˌstem *n* (*e-r Sprache*). **2.** Vokalisatiˈon *f* (*Vokalbildung u. Aussprache*). **3.** Gesang *m*, Gesangskunst *f*, -technik *f*. **ˈvo·cal·ist** *s mus*. Sänger(in).

vo·cal·i·ty [vəʊˈkælətɪ] *s* **1.** *ling*. a) Stimmhaftigkeit *f*, b) voˈkalischer Chaˈrakter. **2.** Stimmbegabung *f*.

vo·cal·i·za·tion [ˌvəʊkəlaɪˈzeɪʃn; *Am*. -ləˈz-] *s* **1.** Aussprechen *n*, Stimmgebung *f*. **2.** *ling*. a) Vokaliˈsierung *f*, Vokalisatiˈon *f*, b) stimmhafte Aussprache, c) Punktuatiˈon *f* (*Bezeichnen der Vokale im Hebräischen*). **ˈvo·cal·ize I** *v/t* **1.** *e-n Laut* aussprechen, artikuˈlieren, *a*. singen. **2.** *ling*. a) *Konsonanten* vokaliˈsieren, voˈkalisch *od*. als Voˈkal aussprechen, b) stimmhaft aussprechen, c) → **vowelize** 1. **II** *v/i* **3.** vokaliˈsieren (*beim Singen die Vokale bilden u. aussprechen*).

vo·ca·tion [vəʊˈkeɪʃn] *s* **1.** (*relig*. göttliche, *allg*. innere) Berufung (**for** zu). **2.** Eignung *f*, Begabung *f*, Taˈlent *n* (**for** zu, für). **3.** Beruf *m*, Beschäftigung *f*: **to mistake one's** ~ s-n Beruf verfehlen. **voˈca·tion·al** [-ʃənl] *adj* beruflich, Berufs...: ~ **adviser** Berufsberater *m*; ~ **disease** Berufskrankheit *f*; ~ **education** (*od*. **training**) Berufsausbildung *f*; ~ **experience** Berufserfahrung *f*; ~ **guidance** Berufsberatung *f*; ~ **school** *Am*. (*etwa*) Berufsschule *f*.

voc·a·tive [ˈvɒkətɪv; *Am*. ˈvɑ-] *ling*. **I** *adj* vokativisch, Anrede...: ~ **case** → II. **II** *s* Vokativ *m*.

vo·ces [ˈvəʊsiːz] *pl von* **vox**.

vo·cif·er·ant [vəʊˈsɪfərənt] → **vociferous**. **voˈcif·er·ate** [-reɪt] *v/t u. v/i* schreien, brüllen. **voˌcif·erˈa·tion** *s a. pl* Brüllen *n*, Schreien *n*, Geschrei *n*. **voˈcif·er·a·tor** [-tə(r)] *s* Schreier *m*, Schreihals *m*. **voˈcif·er·ous** *adj* (*adv* ~**ly**) **1.** schreiend, brüllend. **2.** lärmend, laut. **3.** lautstark: ~ **protest**; **to welcome s.o.** ~**ly** j-n mit großem Hallo empfangen.

vo·co·der [vəʊˈkəʊdə(r)] *s electr. tech*. Vocoder *m* (*Umwandler von Sprechsignalen*).

vo·der [ˈvəʊdə(r)] *s electr. tech*. Voder *m* (*synthetischer Sprecher*).

vod·ka [ˈvɒdkə; *Am*. ˈvɑdkə] *s* Wodka *m*.

voe [vəʊ] *s Br. dial*. Bucht *f*.

vogue [vəʊg] *s* **1.** *allg*. (herrschende) Mode: **all the** ~ die große Mode, der letzte Schrei; **to be in** ~ (in) Mode sein; **to come into** ~ in Mode kommen. **2.** Beliebtheit *f*: **to be in full** ~ sich großer Beliebtheit erfreuen, sehr im Schwange sein; **to have a short-lived** ~ sich e-r kurzen Beliebtheit erfreuen. ~ **word** *s* Modewort *n*.

voice [vɔɪs] **I** *s* **1.** Stimme *f* (*a. fig*.): **the** ~ **of conscience, the still small** ~ (**within**) die Stimme des Gewissens; **in (good)** ~ *mus*. (gut) bei Stimme; ~ **box** *anat*. Kehlkopf *m*; ~ **contact** Sprechkontakt *m*; ~ **frequency** *electr*. Sprechfrequenz *f*; ~ **part** *mus*. Singstimme *f* (*e-r Komposition*); ~ **radio** Sprechfunk *m*; ~ **range** *mus*. Stimmumfang *m*; ~ **vote** Abstimmung *f* durch Zuruf. **2.** Ausdruck *m*, Äußerung *f*: **to find** ~ **in** *fig*. Ausdruck finden in (*dat*); **to give** ~ **to** → 9. **3.** Stimme *f*: **to give one's** ~ **for** stimmen für; **with one** ~ einstimmig. **4.** Stimmrecht *n*, Stimme *f*: **to have a (no)** ~ **in a matter** etwas (nichts) zu sagen haben bei *od*. in e-r Sache. **5.** Stimme *f*, Sprecher(in), Sprachrohr *n*: **he made himself the** ~ **of the poor**. **6.** *mus*. a) *a*. ~ **quality** Stimmton *m*, b) (ˈOrgel)Reˌgister *n*, (-)Stimme *f*. **7.** *ling*. a) stimmhafter Laut, b) Stimmton *m*. **8.** Genus *n* des Verbs: **active** ~ Aktiv *n*; **passive** ~ Passiv *n*. **II** *v/t* **9.** Ausdruck geben *od*. verleihen (*dat*), äußern, in Worte fassen: **he** ~**d his gratitude**. **10.** *mus*. a) *e-e Orgelpfeife etc* reguˈlieren, b) die Singstimme schreiben zu (*e-r Komposition*). **11.** *ling*. (stimmhaft) (aus)sprechen. **voiced** *adj* **1.** (*in Zssgn*) mit *leiser etc* Stimme: **low-**~. **2.** *ling*. stimmhaft.

ˈvoice·ful *adj bes. poet*. **1.** mit (lauter) Stimme. **2.** vielstimmig. **ˈvoice·less** *adj* **1.** ohne Stimme, stumm. **2.** sprachlos. **3.** *parl*. nicht stimmfähig. **4.** *ling*. stimmlos.

ˈvoice-ˌo·ver *s Film, TV*: ˈOff-Kommenˌtar *m*.

void [vɔɪd] **I** *adj* (*adv* ~**ly**) **1.** leer: **a** ~ **space**. **2.** ~ **of** ohne, bar (*gen*), arm an (*dat*), frei von: ~ **of fear** ohne jede Angst. **3.** unbewohnt: ~ **house**. **4.** unbesetzt, frei: **a** ~ **position**. **5.** *jur*. (rechts)unwirksam, ungültig, nichtig: → **null** 3. **II** *s* **6.** leerer Raum, Leere *f*. **7.** *fig*. (Gefühl *n* der) Leere *f*. **8.** *fig*. Lücke *f*: **to fill the** ~ die Lücke schließen. **9.** *jur*. unbewohntes Gebäude. **III** *v/t* **10.** räumen (**of** von). **11.** *jur*. a) (rechts)unwirksam *od*. ungültig machen, für nichtig erklären, b) (*einseitig*) aufheben, c) anfechten. **12.** *physiol*. *Urin etc* ausscheiden. **ˈvoid·a·ble** *adj jur*. a) aufhebbar, b) anfechtbar. **ˈvoid·ance** *s* Räumung *f*. **ˈvoid·er** *s her*. *halbkreisförmiges Ehrenstück am Schild e-s Wappens*. **ˈvoid·ness** *s* **1.** Leere *f*. **2.** *jur*. Nichtigkeit *f*, Ungültigkeit *f*.

voile [vɔɪl] *s* Voile *m*, Schleierstoff *m*.

voir dire [vwɑː(r)ˈdɪə(r)] *s jur*. *Vorvernehmung unter Eid e-s Geschworenen od. Zeugen zur Feststellung s-r Eignung*.

voi·vod(e) [ˈvɔɪvəʊd] *s* Woiˈwode *m*.

vo·lant [ˈvəʊlənt] *adj* **1.** *zo*. fliegend (*a. her*.). **2.** *poet*. flüchtig, rasch.

Vo·la·pük [ˈvɒləpʊk; *Am*. ˈvəʊ-; ˈvɑ-] *s* Volaˈpük *n* (*Welthilfssprache*).

vo·lar [ˈvəʊlə(r)] *adj anat*. **1.** Handflächen... **2.** Fußsohlen...

vol·a·tile [ˈvɒlətaɪl; *Am*. ˈvɑlətl] *adj* **1.** *chem*. verdampfbar, sich verflüchtigend, flüchtig, äˈtherisch, volaˈtil: ~ **alkali** a) Ammoniak *n*, b) Ammoniumkarbonat *n*; ~ **oil** ätherisches Öl; ~ **salt** Riechsalz *n*; **to make** ~ verflüchtigen. **2.** *fig*. vergänglich, flüchtig. **3.** *fig*. a) munter, lebhaft, leˈbendig, b) unbeständig, launisch, flatterhaft. **4.** *Compu-*

ter: flüchtig: ~ **storage** flüchtiger *od.* energieabhängiger Speicher. **ˌvol·a'til·i·ty** [-'tɪlətɪ] *s* **1.** *chem.* (leichte) Verdampfbarkeit, Flüchtigkeit *f.* **2.** Vergänglich-, Flüchtigkeit *f.* **3.** *fig.* a) Lebhaftigkeit *f*, b) Unbeständigkeit *f*, Flatterhaftigkeit *f.*

vo·lat·i·liz·a·ble [vɒ'lætɪlaɪzəbl; *Am.* 'vɑlətl-] *adj chem.* leicht zu verflüchtigen(d), (leicht)verdampfbar. **vo·lat·i·li·za·tion** [vɒˌlætɪlaɪ'zeɪʃn; *Am.* ˌvɑlətlə'z-] *s chem.* Verflüchtigung *f*, -dampfung *f*, -dampfen *n*, -dunstung *f.* **vo·lat·i·lize** *v/t u. v/i phys.* (sich) verflüchtigen, verdunsten, verdampfen.

vol-au-vent ['vɒləʊvɑ̃ːŋ; *Am.* ˌvɔləʊ'vɑ̃ː] *s* Vol-au-'vent *m* (*Blätterteigpastete mit Fleisch- od. Fisch- od. Pilzfüllung*).

vol·can·ic [vɒl'kænɪk; *Am. a.* vɑl-] *adj* (*adv* **~ally**) **1.** *geol.* vul'kanisch, Vulkan...: ~ **rock** vulkanisches Gestein, Eruptivgestein *n.* **2.** *fig.* ungestüm, explo'siv. ~ **bomb** *s geol.* Bombe *f* (*runde, bisweilen hohle Lavamasse*). ~ **glass** *s geol.* vul'kanische Glaslava, Obsidi'an *m.*

vol·can·ic·i·ty [ˌvɒlkə'nɪsətɪ; *Am. a.* ˌvɑl-] *s geol.* vul'kanische Beschaffenheit *od.* Tätigkeit. **'vol·can·ism** *s geol.* Vulka'nismus *m.* **'vol·can·ize** *v/t* vulkani'sieren.

vol·ca·no [vɒl'keɪnəʊ; *Am. a.* vɑl-] *pl* **-noes, -nos** *s* **1.** *geol.* Vul'kan *m.* **2.** *fig.* Vul'kan *m*, Pulverfaß *n*: **to sit on the top of a ~** (wie) auf e-m Pulverfaß sitzen.

vol·can·ol·o·gy [ˌvɒlkə'nɒlədʒɪ; *Am.* -'nɑ-; *a.* ˌvɑl-] *s* Vulkanolo'gie *f.*

vole¹ [vəʊl] *s zo.* Wühlmaus *f.*

vole² [vəʊl] *s Kartenspiel*: Gewinn *m* aller Stiche: **to go the ~** a) alles riskieren, b) alles (aus)probieren.

vo·let ['vɒleɪ; *Am.* vəʊ'leɪ] *s* Flügel *m* (*e-s Triptychons*).

vo·li·tion [vəʊ'lɪʃn] *s* **1.** Willensäußerung *f*, Willensakt *m*, Entschluß *m*: **of one's own ~** aus eigenem Entschluß. **2.** Wille *m*, Wollen *n*, Willenskraft *f.* **vo'li·tion·al** [-ʃənl] *adj* (*adv* **~ly**) **1.** Willens..., willensmäßig. **2.** willensstark. **vol·i·tive** ['vɒlɪtɪv; *Am.* 'vɑ-] *adj* **1.** Willens... **2.** *ling.* voli'tiv: ~ **future.**

völ·ker·wan·der·ung ['fœlkərˌvandəruŋ] (*Ger.*) *pl* **-en** *s bes. hist.* Völkerwanderung *f.*

Volks·raad ['fɒlksrɑːt; *Am.* 'fəʊlks-] *s pol. hist.* Volksraad *m* (*gesetzgebende Körperschaft in der Republik Südafrika*).

vol·ley ['vɒlɪ; *Am.* 'vɑ-] **I** *s* **1.** (*Gewehr-, Geschütz*)Salve *f*, (*Pfeil-, Stein- etc*)Hagel *m*, *Artillerie, Flak*: Gruppe *f*: ~ **bombing** *aer.* Reihenwurf *m*; ~ **fire** *mil.* a) Salvenfeuer *n*, b) (*Artillerie*) Gruppenfeuer *n.* **2.** *fig.* Schwall *m*, Strom *m*, Flut *f*, Ausbruch *m*: **a ~ of oaths** ein Hagel von Flüchen. **3.** *sport* a) *Tennis*: Volley *m* (*Schlag*), (*Ball a.*) Flugball *m*, b) *Fußball*: Volleyschuß *m*: **to take a ball at** (*od.* **on**) ~ e-n Ball volley nehmen. **4.** *Badminton*: Ballwechsel *m.* **II** *v/t* **5.** in e-r Salve abschießen. **6.** *sport* a) *e-n Ball* volley nehmen, (*Tennis a.*) als Flugball nehmen, (*Fußball a.*) (di'rekt) aus der Luft nehmen, b) *Fußball*: *e-n Ball* volley schießen. **7.** *fig. meist* ~ **out** (*od.* **forth**) e-n Schwall *von Worten etc* von sich geben. **III** *v/i* **8.** e-e Salve *od.* Salven abgeben. **9.** hageln, sausen (*Geschosse*). **10.** krachen (*Geschütze*). **11.** *sport* a) *Tennis*: vol'lieren, b) *Fußball*: volley schießen. **'vol·ley·ball** *s sport* **1.** Volleyball(spiel *n*) *m.* **2.** Volleyball *m.*

vol·plane ['vɒlpleɪn; *Am. a.* 'vɑl-] *aer.* **I** *s* Gleitflug *m.* **II** *v/i* im Gleitflug niedergehen.

Vol·stead·ism ['vɑːlˌsteˌdɪzəm] *s Am.* Prohibiti'onspoliˌtik *f* (*nach dem Abgeordneten A. J. Volstead*).

volt¹ [vəʊlt] *s electr.* Volt *n.*

volt² [vɒlt; *Am. a.* vəʊlt] *s fenc., Pferdesport*: Volte *f.*

Vol·ta ['vɒltə; *Am.* 'vɑl-; 'vəʊl-] *adj electr.* Volta...: ~ **effect**; **~'s law** Voltasches Gesetz.

volt·age ['vəʊltɪdʒ] *s electr.* (Volt)Spannung *f*: ~ **divider** Spannungsteiler *m.*

vol·ta·ic [vɒl'teɪɪk; *Am. a.* 'vɑl-; 'vəʊl-] *adj electr.* gal'vanisch. **~ cell, ~ cou·ple** *s electr.* Ele'ment *n*, Zelle *f.* **~ pile** *s electr.* Voltaische Säule.

vol·tam·e·ter [vɒl'tæmɪtə(r); *Am.* vəʊl-] *s electr.* Volta'meter *n* (*Stromstärkemesser*). **ˌvol·ta'met·ric** [-tə'metrɪk] *adj* volta'metrisch. **volt·am·me·ter** [ˌvəʊlt'æmiːtə(r)] *s* 'Voltamˌperemeter *n*, Voltmeter *n.*

ˌvolt-'am·pere *s* 'Voltamˌpere *n.*

ˌvolt-'cou·lomb *s* Joule *n*, 'Wattseˌkunde *f.*

volte → **volt²**.

volte-face [ˌvɒlt'fɑːs] *pl* **voltes-faces** [ˌvɒlt'fɑːsɪz] *s fig.* Kehrtwendung *f*, Wendung *f* um 180 Grad: **to make** (*od.* **perform**) **a ~** sich um 180 Grad drehen.

volt·me·ter ['vəʊltˌmiːtə(r)] *s electr.* Voltmeter *n*, Spannungsmesser *m.*

vol·u·bil·i·ty [ˌvɒljʊ'bɪlətɪ; *Am.* ˌvɑl-] *s* **1.** *obs.* leichte Drehbarkeit (*um e-e Achse etc*). **2.** *obs.* leichte Beweglichkeit. **3.** *fig.* a) glatter Fluß (*der Rede*), b) Zungenfertigkeit *f*, Redegewandtheit *f*, c) Redseligkeit *f*, d) Wortreichtum *m.* **'vol·u·ble** *adj* **1.** *obs.* leichtdrehbar. **2.** *obs.* leichtbeweglich. **3.** a) fließend: ~ **speech**, b) redegewandt, zungenfertig, c) redselig, d) wortreich. **4.** *bot.* sich windend.

vol·ume ['vɒljuːm; *Am.* 'vɑljəm; -juːm] *s* **1.** Band *m*, Buch *n* (*a. fig.*): **a three-~ novel** ein dreibändiger Roman; **the ~ of nature** das Buch der Natur; **that speaks ~s** *fig.* das spricht Bände (**for** für). **2.** Vo'lumen *n*, 'Umfang *m*: **the ~ of imports**; ~ **of traffic** Verkehrsaufkommen *n.* **3.** Masse *f*, große Menge, Schwall *m*: **~s of abuse**; ~ **production** *econ.* Massenproduktion *f*, Mengenfertigung *f.* **4.** *chem. math. med. phys.* (Raum)Inhalt *m*, Vo'lumen *n.* **5.** *mus.* Klangfülle *f*, 'Stimmvoˌlumen *n.* **6.** *electr.* Lautstärke *f*: ~ **control** Lautstärkeregler *m.* **'vol·umed** *adj* (*in Zssgn*) ...bändig: **a three-~ book.**

vol·u·me·nom·e·ter [ˌvɒljʊmɪ'nɒmɪtə(r); *Am.* ˌvɑljəmɪ'nɑ-] *s phys.* Volumeno'meter *n* (*optisches Gerät zur Messung des Volumens fester Körper*).

vo·lu·me·ter [vɒ'ljuːmɪtə; *Am.* 'vɑljʊˌmiːtər] *s phys.* Volu'meter *n* (*Senkwaage mit Volumenskala zur Bestimmung der Dichte e-r Flüssigkeit*).

vol·u·met·ric [ˌvɒljʊ'metrɪk; *Am.* ˌvɑl-] *adj* (*adv* **~ally**) volu'metrisch: ~ **analysis** volumetrische Analyse, Maßanalyse *f*; ~ **density** Raumdichte *f.* **ˌvol·u'met·ri·cal** → **volumetric.**

vo·lu·mi·nal [və'ljuːmɪnl; *bes. Am.* -'luː-] *adj* Volumen..., Umfangs... **voˌlu·mi'nos·i·ty** [-'nɒsətɪ; *Am.* -'nɑ-] *s* 'Umfang *m*, Reichtum *m* (*bes. an literarischer Produktion*). **vo'lu·mi·nous** [-nəs] *adj* **1.** fruchtbar, produk'tiv (*Schriftsteller*). **2.** bändefüllend, vielbändig (*literarisches Werk*). **3.** volumi'nös, 'umfangreich, massig. **4.** bauschig, füllig. **5.** weitschweifig. **6.** *mus.* voll, füllig: ~ **voice.**

vol·un·tar·i·ness ['vɒləntərɪnɪs; *Am.* 'vɑlənˌteriː-] *s* **1.** Freiwilligkeit *f.* **2.** (Willens)Freiheit *f.*

vol·un·ta·rism ['vɒləntərɪzəm; *Am.* 'vɑ-] *s philos.* Volunta'rismus *m.*

vol·un·tar·y ['vɒləntərɪ; *Am.* 'vɑlənˌteriː] **I** *adj* (*adv* **voluntarily**) **1.** freiwillig, aus eig(e)nem Antrieb *od.* freiem Entschluß (getan *etc*), spon'tan: ~ **contribution**; ~ **bankruptcy** selbstbeantragte Konkurserklärung; ~ **death** Freitod *m.* **2.** frei, unabhängig: ~ **chain** *econ.* Gemeinschaftseinkauf *m* u. -werbung *f* (unabhängiger Einzelhändler). **3.** *jur.* a) vorsätzlich, schuldhaft: ~ **act**, b) freiwillig, unentgeltlich: ~ **conveyance**, c) außergerichtlich, gütlich: ~ **settlement**; ~ **jurisdiction** freiwillige Gerichtsbarkeit. **4.** durch Spenden unter'stützt *od.* finan'ziert: ~ **hospital. 5.** *physiol.* willkürlich: ~ **muscles. 6.** *philos.* volunta'ristisch. **II** *s* **7.** freiwillige *od.* wahlweise Arbeit. **8.** *a.* ~ **exercise** *sport* Kür(übung) *f.* **9.** *mus.* Orgelsolo *n.* **10.** Freiwillige(r *m*) *f.* **11.** *philos.* Volunta'rist(in). **'vol·un·tar·y·ism** *s pol.* 'Freiwilligkeitsprinˌzip *n.*

vol·un·teer [ˌvɒlən'tɪə(r); *Am.* ˌvɑ-] **I** *s* **1.** Freiwillige(r *m*) *f* (*a. mil.*). **2.** *jur.* unentgeltlicher (Eigentums)Erwerber *od.* Rechtsnachfolger. **3.** *bot.* wildwachsende Pflanze. **II** *adj* **4.** freiwillig, Freiwilligen... **5.** *bot.* wildwachsend. **III** *v/i* **6.** sich freiwillig melden *od.* erbieten (**for** für, zu), freiwillig mittun (**in** bei), als Freiwillige(r) eintreten *od.* dienen. **IV** *v/t* **7.** *Dienste etc* freiwillig anbieten *od.* leisten. **8.** sich *e-e Bemerkung* erlauben, unaufgefordert von sich geben. **9.** (freiwillig) zum besten geben: **he ~ed a song.** **V~ State** *s* (*Beiname für*) Tennessee *n.*

vo·lup·tu·a·ry [və'lʌptjʊərɪ; *Am.* -tʃəˌweriː] **I** *s* (Wol)Lüstling *m*, sinnlicher Mensch. **II** *adj* → **voluptuous. vo'lup·tu·ous** [-tʃʊəs; *Am.* -tʃəwəs; -tʃəs] *adj* (*adv* **~ly**) **1.** wollüstig, sinnlich: ~ **pleasure. 2.** geil, lüstern: ~ **glance. 3.** üppig, sinnlich: ~ **body. vo'lup·tu·ous·ness** *s* **1.** Wollust *f*, Sinnlichkeit *f.* **2.** Geilheit *f*, Lüsternheit *f.* **3.** Üppigkeit *f.*

vo·lute [və'ljuːt; *bes. Am.* və'luːt] **I** *s* **1.** Spi'rale *f*, Schnörkel *m.* **2.** *arch.* Vo'lute *f*, Schnecke *f.* **3.** *zo.* Windung *f* (*e-s Schneckengehäuses*). **4.** *zo.* Faltenschnecke *f.* **II** *adj* **5.** gewunden. **6.** spi'ral-, schneckenförmig: ~ **compasses** Spiralzirkel *m*; ~ **spring** *tech.* Schnekkenfeder *f.* **vo'lut·ed** *adj* **1.** → **volute** II. **2.** *arch.* mit Vo'luten (versehen). **vo'lu·tion** [-ʃn] *s* **1.** Drehung *f.* **2.** *anat. zo.* Windung *f.*

vol·vu·lus ['vɒlvjʊləs; *Am. a.* 'vɑl-] *s med.* Volvulus *m*, Darmverschlingung *f.*

vom·i·ca ['vɒmɪkə; *Am.* 'vɑ-] *pl* **-cae** [-siː] *s med.* **1.** anomale Höhlenbildung (*bes. in der Lunge*). **2.** plötzlicher Eiterauswurf.

vom·it ['vɒmɪt; *Am.* 'vɑ-] **I** *s* **1.** Erbrechen *n.* **2.** (*das*) Erbrochene. **3.** *pharm.* Brechmittel *n.* **4.** *fig.* Unflat *m.* **II** *v/t* **5.** (er)brechen. **6.** *a.* ~ **out** *fig. Feuer etc* (aus)speien, *Lava* auswerfen, *Rauch, a. Flüche etc* ausstoßen. **III** *v/i* **7.** (sich er)brechen, sich über'geben. **8.** *fig.* Lava auswerfen, Feuer *etc* (aus)speien, Rauch ausstoßen.

'vom·i·tive *pharm.* **I** *s* Brechmittel *n.* **II** *adj* Erbrechen verursachend, Brech...

'vom·i·to·ry [-tərɪ; *Am.* -məˌtəʊriː; -ˌtɔː-] **I** *s* **1.** → **vomitive** I. **2.** *antiq.* Vomi'torium *n* (*Eingang zum römischen Amphitheater*). **II** *adj* → **vomitive** II.

vom·i·tu·ri·tion [ˌvɒmɪtjʊ'rɪʃn; *Am.* ˌvɑmətʃə-; -tuː-] *s med.* Brechreiz *m*, Würgen *n.*

voo·doo ['vuːduː] **I** *s* **1.** Wodu *m* (*magisch-religiöser Geheimkult auf Haiti*). **2.** Zauber *m*, Hexe'rei *f.* **3.** *a.* ~ **priest** Wodupriester *m.* **4.** Fetisch *m*, Götze *m* (*des Wodukults*). **II** *v/t* **5.** verhexen. **'voo·doo·ism** *s* Wodukult *m.*

vo·ra·cious [və'reɪʃəs; vɔː-] *adj* (*adv* **~ly**) gefräßig, gierig, unersättlich (*a. fig.*): ~ **appetite**; **to be a ~ reader** die Bücher

geradezu verschlingen. **voˈra·cious·ness, vo·rac·i·ty** [vɒˈræsətɪ; *bes. Am.* vɔː-; və-] *s* Gefräßigkeit *f*, Gier *f*, Unersättlichkeit *f* (of nach).
vor·tex [ˈvɔː(r)teks] *pl* **-tex·es, -ti·ces** [-tɪsiːz] *s* **1.** Wirbel *m*, Strudel *m* (*beide a. phys. u. fig.*): ~ **of social life**; ~ **motion** Wirbelbewegung *f*. **2.** Wirbelwind *m*. **3.** *philos. hist.* Vortex *m*, Wirbel *m*.
vor·ti·cal [ˈvɔː(r)tɪkl] *adj* (*adv* ~**ly**) **1.** wirbelnd, kreisend, Wirbel... **2.** wirbel-, strudelartig.
vor·ti·ces [ˈvɔː(r)tɪsiːz] *pl von* **vortex**.
vor·ti·cism [ˈvɔː(r)tɪsɪzəm] *s art* Vortiˈzismus *m* (*englische futuristische Bewegung*).
vor·ti·cose [ˈvɔː(r)tɪkəʊs] → **vortical**.
vo·ta·ress [ˈvəʊtərɪs] *s* Geweihte *f* (*etc*; → **votary**).
vo·ta·ry [ˈvəʊtərɪ] **I** *s* **1.** *relig.* Geweihte(r *m*) *f*: a) Mönch *m*, b) Nonne *f*. **2.** *fig.* Verfechter(in), (Vor)Kämpfer(in): **a ~ of peace**. **3.** *fig.* Anhänger(in), Verehrer(in), Jünger(in): ~ **of music** Musikenthusiast(in); ~ **of science** Jünger der Wissenschaft.
vote [vəʊt] **I** *s* **1.** (Wahl)Stimme *f*, Votum *n*: **to give one's ~ to** (*od.* **for**) s-e Stimme geben (*dat*), stimmen für; → **censure** 1, **confidence** 1, **split** 4. **2.** Abstimmung *f*, Stimmabgabe *f*, Wahl *f*: **to put s.th. to the ~, to take a ~ on s.th.** über e-e Sache abstimmen lassen; **to take the ~** die Abstimmung vornehmen, abstimmen. **3.** Stimmzettel *m*, Stimme *f*: **the ~s were counted**; → **cast** 20. **4. the ~** das Stimmrecht, *od.* Wahlrecht. **5. the ~** *collect.* die Stimmen *pl*: **the candidate lost the Labour ~**; **~-catcher, ~-getter** ‚Wahllokomotive' *f*. **6.** Wahlergebnis *n*. **7.** Beschluß *m*: **a unanimous ~**. **8.** Bewilligung *f*, bewilligter Betrag. **9.** *obs.* a) Gelübde *n*, b) glühender Wunsch. **II** *v/i* **10.** abstimmen, wählen, s-e Stimme abgeben: **to ~ against** stimmen gegen; **to ~ for** stimmen für (*a. colloq. für etwas sein*). **III** *v/t* **11.** abstimmen über (*acc*), wählen: **to ~ down** niederstimmen; **to ~ s.o. in** j-n wählen; **to ~ s.th. through** etwas durchbringen; **to ~ that** dafür sein, daß; vorschlagen *od.* beschließen, daß; **to ~ s.o. out (of office)** j-n abwählen. **12.** (durch Abstimmung) wählen *od.* beschließen *od. Geld* bewilligen. **13.** *colloq.* allgemein erklären für *od.* halten für *od.* ˈhinstellen als: **she was ~d a beauty**. **14.** vorschlagen: **I ~ (that) you avoid her in future**. ˈ**vote·less** *adj* ohne Stimmrecht *od.* Stimme. ˈ**vot·er** *s* Wähler(in), Wahl-, Stimmberechtigte(r *m*) *f*.
ˈ**vot·ing I** *s* (Ab)Stimmen *n*, Abstimmung *f*, Stimmabgabe *f*. **II** *adj* Stimm(en)..., Wahl... **~ age** *s* Wahlalter *n*. **~ ma·chine** *s bes. Am.* ˈStimmenˌzählappaˌrat *m*, ˈWahlmaˌschine *f*. **~ pa·per** *s* Stimmzettel *m*. **~ pow·er** *s econ.* Stimmberechtigung *f*, -recht *n*. **~ share** *s econ. bes. Br.* Stimmrechtsaktie *f*. **~ stock** *s econ.* **1.** stimmberechtigtes ˈAktienkapiˌtal. **2.** *bes. Am.* Stimmrechtsaktie *f*. **~ trust** *s econ.* ˈStimmrechtsüberˌtragung *f* auf (e-n) Treuhänder.
vo·tive [ˈvəʊtɪv] *adj* gelobt, geweiht, Weih..., Votiv..., Denk...: ~ **mass** *R.C.* Votivmesse *f*; ~ **medal** (Ge)Denkmünze *f*; ~ **tablet** Votivtafel *f*.
vouch [vaʊtʃ] **I** *v/t* **1.** bezeugen, bestätigen, (urkundlich) belegen. **2.** bekräftigen, beteuern. **3.** (sich ver)bürgen für: **to ~ that** dafür bürgen, daß. **II** *v/i* **4.** ~ **for** (sich ver)bürgen für.
ˈ**vouch·er** *s* **1.** Zeuge *m*, Bürge *m*. **2.** ˈUnterlage *f*, Dokuˈment *n*: **to support by ~** dokumentarisch belegen. **3.** (Rechnungs)Beleg *m*, Belegschein *m*, -zettel *m*, Quittung *f*. **4.** Gutschein *m*, Bon *m*. **5.** Eintrittskarte *f*. **~ check** *s econ. Am.* Verrechnungsscheck *m*. **~ clerk** *s econ. Br.* Krediˈtorenbuchhalter *m*. **~ cop·y** *s econ.* Belegdoppel *n*.
vouchˈsafe *v/t* **1.** (gnädig) gewähren. **2.** geruhen (**to do** zu tun). **3.** sich herˈablassen zu: **he ~d me no answer** er würdigte mich keiner Antwort.
vouge [vuːʒ] *s mil. hist.* (*Art*) Helleˈbarde *f*.
vow [vaʊ] **I** *s* **1.** Gelübde *n* (*a. relig.*), Gelöbnis *n*, *oft pl* (feierliches) Versprechen, (Treu)Schwur *m*: **to be under a ~** ein Gelübde abgelegt haben, versprochen haben (**to do** zu tun); **to take** (*od.* **make**) **a ~** ein Gelübde ablegen. **2.** *relig.* Proˈfeß *f*, Ordensgelübde *n*: **to take ~s** Profeß ablegen, in ein Kloster eintreten. **II** *v/t* **3.** geloben: **to ~ o.s. to** sich weihen *od.* angeloben (*dat*). **4.** (sich) schwören, (sich) geloben, hoch und heilig versprechen (**to do** zu tun). **5.** feierlich erklären.
vow·el [ˈvaʊəl] **I** *s ling.* **1.** Voˈkal *m*, Selbstlaut *m*: **neutral ~** Murmellaut *m*. **II** *adj* **2.** voˈkalisch. **3.** Vokal..., Selbstlaut...: ~ **gradation** Ablaut *m*; ~ **mutation** Umlaut *m*. ˈ**vow·el·ize** *v/t* **1.** *hebräischen Text* mit Voˈkalzeichen versehen. **2.** *ling. e-n Laut* vokaliˈsieren. ˈ**vow·el·less** *adj* voˈkallos.
vox [vɒks; *Am.* vɑks] *pl* **vo·ces** [ˈvəʊsiːz] (*Lat.*) *s* Stimme *f*: ~ **populi** die Stimme des Volkes.
voy·age [ˈvɔɪɪdʒ] **I** *s* **1.** (*lange*) (See)Reise: ~ **home** Rück-, Heimreise; ~ **out** Hinreise. **2.** Flug(reise *f*) *m*. **II** *v/i* **3.** (*bes.* zur See) reisen. **III** *v/t* **4.** reisen durch, durchˈqueren, bereisen. ˈ**voy·ag·er** *s* (See)Reisende(r *m*) *f*.
vo·yeur [vwɑːˈjɜː; *Am.* -ˈjɜr] *s psych.* Voyˈeur *m*. **voˈyeur·ism** *s* Voyˈeurtum *n*.
ˈ**V|-shaped** *adj* V-förmig. **~ sign** *s* **1.** *mit zwei V-förmig gespreizten Fingern u. nach außen gedrehter Handfläche dargestelltes Symbol für Sieg* (**victory**) *od., in den USA, für Zustimmung*. **2.** *in Großbritannien, mit nach außen gedrehter Handoberfläche*: (*etwa*) ‚Vogel' *m*: **to give s.o. the ~** j-m den *od.* e-n Vogel zeigen. **~ thread** *s tech.* V-Gewinde *n*. ˈ**~-type en·gine** *s mot.* V-Motor *m*.
vug(g), *a.* **vugh** [vʌg; vʊg] *s geol.* Druse *f*.
Vul·can [ˈvʌlkən] *npr antiq.* Vulˈcanus *m*, Vulˈkan *m* (*römischer Gott des Feuers*). **Vulˈca·ni·an** [-ˈkeɪnɪən], **Vulˈcan·ic** [-ˈkænɪk] *adj* **1.** vulˈkanisch, des (Gottes) Vulˈkan. **2. v~** → **volcanic**. ˈ**vul·can·ism** *s geol.* → **volcanism**.
vul·can·ite [ˈvʌlkənaɪt] *s chem.* Eboˈnit *n*, Vulkaˈnit *n* (*Hartgummi*).
vul·can·i·za·tion [ˌvʌlkənaɪˈzeɪʃn; *Am.* -nəˈz-] *s chem.* Vulkaniˈsierung *f*. ˈ**vul·can·ize** *v/t Kautschuk* vulkaniˈsieren: **~d fiber** (*bes. Br.* **fibre**) Vulkanfiber *f*.
vul·gar [ˈvʌlgə(r)] **I** *adj* (*adv* → **vulgarly**) **1.** (all)gemein, Volks...: **V~ Era** die christlichen Jahrhunderte; → **herd** 3. **2.** allgemein üblich *od.* verbreitet, volkstümlich: ~ **superstitions**. **3.** vulˈgärsprachlich, in der Volkssprache (verfaßt *etc*): **a ~ translation of a Greek text**; ~ **tongue** Volkssprache *f*; **V~ Latin** Vulgärlatein *n*. **4.** ungebildet, ungehobelt. **5.** vulˈgär, unfein, ordiˈnär, gewöhnlich, unanständig, pöbelhaft. **6.** *math.* gemein, gewöhnlich: ~ **fraction**. **II** *s* **7. the ~** *pl* das (gemeine) Volk. **vulˈgar·i·an** [-ˈgeərɪən] *s* **1.** vulˈgärer Mensch, Pleˈbejer *m*. **2.** Neureiche(r) *m*, Parveˈnü *m*, Protz *m*.
vul·gar·ism [ˈvʌlgərɪzəm] *s* **1.** vulˈgäres Benehmen, Unfeinheit *f*. **2.** Gemeinheit *f*, Unanständigkeit *f*. **3.** *ling.* Vulgaˈrismus *m*, vulˈgärer Ausdruck.
vul·gar·i·ty [vʌlˈgærətɪ] *s* **1.** Unbildung *f*, ungehobeltes Wesen. **2.** Gewöhnlichkeit *f*, Pöbelhaftigkeit *f*. **3.** Unsitte *f*, Ungezogenheit *f*. ˌ**vul·gar·iˈza·tion** [-gəraɪˈzeɪʃn; *Am.* -rəˈz-] *s* **1.** Populariˈsierung *f*, Verbreitung *f*. **2.** Herˈabwürdigung *f*, Vulgariˈsierung *f*. ˈ**vul·gar·ize** *v/t* **1.** populariˈsieren, popuˈlär machen, verbreiten. **2.** herˈabwürdigen, vulgariˈsieren. ˈ**vul·gar·ly** *adv* allgemein, gemeinhin, landläufig.
Vul·gate [ˈvʌlgeɪt; -gɪt] *s* **1.** Vulˈgata *f* (*lat. Bibelübersetzung des Hieronymus aus dem 4. Jh.*). **2. v~** allgemein anerkannter vulˈgärsprachlicher Text.
vul·ner·a·bil·i·ty [ˌvʌlnərəˈbɪlətɪ] *s* **1.** Verwundbarkeit *f*. **2.** *fig.* Anfechtbarkeit *f*. ˈ**vul·ner·a·ble** *adj* **1.** verwundbar (*a. fig.*). **2.** *fig.* anfechtbar: **a ~ argument**. **3.** *fig.* anfällig (to für). **4.** *mil. sport* ungeschützt, offen: ~ **position**. ˈ**vul·ner·a·ble·ness** → **vulnerability**.
vul·ner·ar·y [ˈvʌlnərərɪ; *Am.* -ˌreriː] **I** *adj* Wund..., Heil...: ~ **drug** → II; ~ **herb**, ~ **plant** Heilkraut *n*. **II** *s* Wund-, Heilmittel *n*.
vul·pine [ˈvʌlpaɪn] *adj* **1.** fuchsartig, Fuchs... **2.** *fig.* schlau, listig.
vul·pin·ism [ˈvʌlpɪnɪzəm] *s* Schläue *f*.
vul·ture [ˈvʌltʃə(r)] *s* **1.** *orn.* Geier *m*. **2.** *fig.* ‚Aasgeier' *m*.
vul·tur·ine [ˈvʌltʃʊraɪn; -tʃə-], ˈ**vul·tur·ous** *adj* **1.** *orn.* a) Geier..., b) geierˈartig. **2.** *fig.* (raub)gierig.
vul·va [ˈvʌlvə] *pl* **-vae** [-viː] *s anat.* (äußere) weibliche Scham, Vulva *f*. ˈ**vul·val,** ˈ**vul·var** *adj anat.* Scham(lippen)...
vul·vo·vag·i·nal [ˌvʌlvəʊvəˈdʒaɪnl; *Am.* -ˈvædʒənl] *adj* vulvovagiˈnal, Scham- u. Scheiden...
vy·ing [ˈvaɪɪŋ] *adj* wetteifernd.

W

W, w [ˈdʌblju:] **I** *pl* **W's, Ws, w's, ws** [ˈdʌblju:z] *s* **1.** W, w *n* (*Buchstabe*). **2.** W W *n*, W-förmiger Gegenstand. **II** *adj* **3.** dreiundzwanzigst(er, e, es). **4.** W W-..., W-förmig.

Waac [wæk] *s mil. Br. colloq.* Arˈmeehelferin *f* (*aus* **Women's Army Auxiliary Corps**).

Waaf [wæf] *s mil. Br. colloq.* Luftwaffenhelferin *f* (*aus* **Women's Auxiliary Air Force**).

wab·ble → **wobble** 1.

Wac [wæk] *s mil. Am. colloq.* Arˈmeehelferin *f* (*aus* **Women's Army Corps**).

wack [wæk] *s bes. Am. colloq.* überˈspannter Kerl. **ˈwack·y** *adj bes. Am. colloq.* überˈspannt, verschroben.

wad [wɒd; *Am.* wɑd] **I** *s* **1.** Pfropf(en) *m*, (*Watte- etc*)Bausch *m*, Polster *n*. **2.** Paˈpierknäuel *m, n*. **3.** a) (Banknoten)Bündel *n*, (-)Rolle *f*, b) *Am. colloq.* Haufen *m* Geld, c) Stoß *m* Paˈpiere, d) *colloq.* Masse *f*, Haufen *m*, (große) Menge: **he has ~s of money** er hat Geld wie Heu. **4.** *mil.* a) Ladepfropf *m*, b) Filzpfropf *m* (*in Schrotpatronen*): **~ hook** *hist.* (Ladestock *m* mit) Kugelzieher *m*. **II** *v/t* **5.** zu e-m Bausch *etc* zs.-rollen *od.* zs.-pressen. **6. ~ up** *Am.* fest zs.-rollen. **7.** ver-, zustopfen. **8.** *mil.* a) *die Kugel* durch e-n Pfropf (*im Lauf*) festhalten, b) e-n Ladepfropf aufsetzen auf (*acc*): **to ~ a gun.** **9.** *Kleidungsstück etc* watˈtieren, auspolstern.

wad·a·ble [ˈweɪdəbl] *adj* durchˈwatbar, seicht.

ˈwad·ding I *s* **1.** Einlage *f*, ˈFüllmateriˌal *n* (*zum Polstern*). **2.** Watte *f*. **3.** Polsterung *f*, Watˈtierung *f*. **II** *adj* **4.** Wattier...

wad·dle [ˈwɒdl; *Am.* ˈwɑdl] **I** *v/i* watscheln. **II** *s* watschelnder Gang, Watschelgang *m*, Watscheln *n*.

wad·dy [ˈwɒdɪ; *Am.* ˈwɑ-] *s Austral.* (*hölzerne*) Kriegskeule (*der Eingeborenen*).

wade [weɪd] **I** *v/i* waten: **to ~ in** a) hineinwaten, b) *fig. colloq.* sich einmischen, c) *fig. colloq.* sich ‚reinknien'; **to ~ into** a) waten in (*acc*), b) *fig. colloq.* losgehen auf (*j-n*), c) *fig. colloq.* sich ‚reinknien' in (*e-e Arbeit*), *ein Problem* anpacken; **to ~ through** a) waten durch, durchwaten, b) *fig. colloq.* sich durchkämpfen durch, *Fachliteratur etc a.* durchackern. **II** *v/t* durchˈwaten. **III** *s* Waten *n*. **ˈwade·a·ble** → **wadable**. **ˈwad·er** *s* **1.** *orn.* Wat-, Stelzvogel *m*. **2.** *pl* (hohe) Wasserstiefel *pl*.

wa·di [ˈwɒdɪ; *bes. Am.* ˈwɑ-] *s geogr.* **1.** Wadi *n*, Trockental *n* (*in nordafrikanischen u. arabischen Wüsten*). **2.** steiles Felsental (*in der Sahara*). **3.** Oˈase *f*.

wa·dy → **wadi**.

wae [weɪ] *Scot. für* **woe**.

Waf [wæf] *s mil. Am. colloq.* Luftwaffenhelferin *f* (*aus* **Women in the Air Force**).

wa·fer [ˈweɪfə(r)] **I** *s* **1.** Obˈlate *f* (*a. Siegelmarke*). **2.** *pharm.* Obˈlate(nkapsel) *f*. **3.** *a.* **consecrated ~** *relig.* Obˈlate *f*, Hostie *f*. **4.** (*bes.* Eis)Waffel *f*: **(as) thin as a ~**, **~-thin** hauchdünn (*a. fig. Vorsprung etc*). **5.** *electr.* Mikroplättchen *n*. **II** *v/t* **6.** (*mittels e-r Oblate*) an- *od.* zukleben. **ˈwa·fer·y** *adj* waffelähnlich, obˈlatenähnlich.

waf·fle¹ [ˈwɒfl; *Am. a.* ˈwɑfəl] *s bes. Am.* Waffel *f*: **~ iron** Waffeleisen *n*.

waf·fle² [ˈwɒfl; *Am. a.* ˈwɑfəl] *bes. Br. colloq.* **I** *s* ‚Geschwafel' *n*. **II** *v/i* a) ‚quasseln', b) *a.* **~ on** ‚schwafeln'.

waft [wɑ:ft; *Am. a.* wæft] **I** *v/t* **1.** wehen, tragen. **2.** (fort-, aus)senden. **II** *v/i* **3.** (herˈan)getragen werden, schweben, wehen. **III** *s* **4.** Flügelschlag *m*. **5.** Wehen *n*. **6.** (Duft)Hauch *m*, (-)Welle *f*. **7.** *fig.* Anwandlung *f*, Welle *f* (*von Freude, Neid etc*). **8.** *mar.* Flagge *f* in Schau (*Notsignal*).

wag [wæg] **I** *v/t* **1.** sich bewegen *od.* regen: → **tongue** 1. **2.** wedeln, wackeln: **the dog's tail is ~ging.** **II** *v/t* **3.** wackeln *od.* wedeln *od.* wippen mit (*dem Schwanz*), *den Kopf* schütteln *od.* wiegen: **the dog ~ged its tail** der Hund wedelte mit dem Schwanz; **to ~ one's finger at s.o.** j-m mit dem Finger drohen. **4.** (hin u. her) bewegen, schwenken: → **tail¹**, **tongue** 1. **III** *s* **5.** Wedeln *n*, Wackeln *n*, Kopfschütteln *n*. **6.** Spaßvogel *m*, Witzbold *m*.

wage¹ [weɪdʒ] *s* **1.** *meist pl* (Arbeits)Lohn *m*: **~s per hour** Stundenlohn; → **living wage**. **2.** *pl econ.* Lohnanteil *m* (*an den Produktionskosten*). **3.** *pl* (*als sg konstruiert*) *fig.* Lohn *m*: **the ~s of sin is death** *Bibl.* der Tod ist der Sünde Sold. **4.** *obs.* Pfand *n*: **to lay one's life in ~** sein Leben verpfänden.

wage² [weɪdʒ] *v/t* *e-n Krieg* führen, *e-n Feldzug* unterˈnehmen (**on, against** gegen): **to ~ effective war on s.th.** *fig.* e-r Sache wirksam zu Leibe gehen.

wage| a·gree·ment *s econ.* Lohnabkommen *n*, Taˈrifvertrag *m*. **~ bill** *s econ.* (ausbezahlte) (Gesamt)Löhne *pl* (*e-r Firma od. e-s Industriezweigs*). **~ claim** *s econ.* Lohnforderung *f*. **~ con·tin·u·a·tion** *s econ.* Lohnfortzahlung *f*. **~ dis·pute** *s econ.* ˈLohnkonˌflikt *m*, -kampf *m*. **~ div·i·dend** *s* Lohnprämie *f*, Gewinnbeteiligung *f*. **~ drift** *s econ. Br.* Lohndrift *f*. **~ earn·er** *s* **1.** *econ.* Lohnempfänger(in), Arbeiter(in). **2.** Ernährer *m*, (Geld)Verdiener *m* (*e-r Familie*). **~ freeze** *s econ.* Lohnstopp *m*. **~ fund** *s econ.* Lohnfonds *m*. **ˈ~-fund the·o·ry** *s econ.* ˈLohnfonds-Theoˌrie *f*. **ˈ~-inˌten·sive** *adj econ.* ˈlohnintenˌsiv. **~ lev·el** *s* ˈLohniˌveau *n*. **~ pack·et** *s* Lohntüte *f*.

wa·ger [ˈweɪdʒə(r)] **I** *s* **1.** Wette *f*: **to lay** (*od.* **make**) **a ~** → 4. **II** *v/t* **2.** a) wetten um, b) setzen auf (*acc*), c) wetten mit (**that** daß). **3.** *fig.* *s-e Ehre etc* aufs Spiel setzen. **III** *v/i* **4.** wetten, e-e Wette eingehen. **~ of bat·tle** *s jur. Br. hist.* *Aufforderung zum Zweikampf seitens des Beklagten, um s-e Unschuld zu beweisen.* **~ of law** *s jur. Br. hist.* *Prozeßvertrag, durch den der Beklagte Sicherheit dafür leistete, daß er wieder erscheinen u. sich durch Eideshelfer freischwören werde.*

wage| rate *s econ.* Lohnsatz *m*. **~ re·straint** *s econ.* Lohnbeschränkung *f*. **~ scale** *s econ.* **1.** Lohnskala *f*. **2.** (ˈLohn-)Taˌrif *m*. **~ set·tle·ment** *s econ.* Lohnabschluß *m*.

wag·es| fund → **wage fund**. **ˈ~-fund the·o·ry** → **wage-fund theory**.

wage| slave *s* j-d, der für e-n Hungerlohn arbeitet. **~ slip** *s* Lohnstreifen *m*, -zettel *m*. **~ work·er** *s Am. für* **wage earner**.

wag·ger·y [ˈwægərɪ] *s* Schelmeˈrei *f*, Schalkhaftigkeit *f*. **ˈwag·gish** *adj* (*adv* **~ly**) schelmisch, schalkhaft. **ˈwag·gish·ness** → **waggery**.

wag·gle [ˈwægl] → **wag** 1–5.

wag·gon, *bes. Am.* **wag·on** [ˈwægən] *s* **1.** (vierrädriger) (Last-, Roll)Wagen *m*. **2.** *rail. Br.* (offener) Güterwagen, Wagˈgon *m*: **by ~** *econ.* per Achse. **3.** *Am.* a) (Gefangenen-, Poliˈzei)Wagen *m*, b) (Händler-, Verkaufs)Wagen *m*, c) Lieferwagen *m*, d) *mot.* Kombi(wagen) *m*, e) Teewagen *m*, f) Spielzeugwagen *m*. **4. the W~** *astr.* der Große Wagen. **5.** *colloq.* **to be on the ~** nichts (mehr) trinken; **to go on the ~** mit dem Trinken aufhören; **to be off the ~** wieder trinken. **~ ceil·ing** *s arch.* Tonnendecke *f*, -gewölbe *n*.

ˈwag·gon·er, *bes. Am.* **ˈwag·on·er** *s* **1.** (Fracht)Fuhrmann *m*. **2. W~** *astr.* Fuhrmann *m* (*Sternbild*).

wag·gon·ette, *bes. Am.* **wag·on·ette** [ˌwægəˈnet] *s hist.* Break *m, n* (*offener Kutschwagen mit Längsbänken*).

ˈwag·gon|·load, *bes. Am.* **ˈwag·on|·ˌload** *s* **1.** Wagenladung *f*, Fuhre *f*. **2.** *rail. Br.* Wagˈgonladung *f*: **by the ~** waggonweise. **3.** *fig.* Menge *f*. **~ roof** *s arch.* Tonnendecke *f*, -dach *n*. **~ train** *s* **1.** *mil.* Arˈmeetrain *m*. **2.** *rail. Am.* Güterzug *m*. **~ vault** *s arch.* Tonnengewölbe *n*.

Wag·ne·ri·an [vɑ:gˈnɪərɪən] *mus.* **I** *s* Wagneriˈaner(in). **II** *adj* wagnerisch, wagneriˈanisch, Wagner...: **~ singer** Wagnersänger(in). **ˈWag·ner·ism** [-nərɪzəm] *s mus.* Wagnertum *n*, -stil *m*. **ˈWag·ner·ist** → **Wagnerian** I.

Wag·ner·ite¹ [ˈvɑ:gnəraɪt] → **Wagnerian** I.

wag·ner·ite² [ˈvɑ:gnəraɪt; ˈwæg-] *s* [*min.* Wagneˈrit *m*.]

wag·on, *etc bes. Am. für* **waggon,** *etc.*

wa·gon-lit [ˌvægɔ̃:nˈli:] *pl* **ˌwa·gons-ˈlits** [-ˈli:z] *s rail.* a) Schlafwagen *m*, b) ˈSchlafwagenabˌteil *n*.

ˈwag·tail *s orn.* Bachstelze *f*.

waif [weɪf] *s* **1.** *jur.* a) *Br. obs.* weggeworfenes Diebesgut, b) herrenloses Gut, *bes.* Strandgut *n* (*a. fig.*). **2.** a) Heimat-, Obdachlose(r *m*) *f*, b) verlassenes *od.* verwahrlostes Kind: **~s and strays** a) Kram *m*, b) verlassene *od.* verwahrloste Kinder, c) streunende *od.* verwahrloste Tiere. **3.** *fig.* ˈÜberrest *m*: **old ~s of rhyme.**

wail [weɪl] **I** *v/i* **1.** (weh)klagen, jammern (**for** um; **over** über *acc*). **2.** schreien, wimmern, heulen (*a. Sirene, Wind*) (**with** vor *Schmerz etc*). **II** *v/t* **3.** beklagen, bejammern. **III** *s* **4.** (Weh)Klagen *n*, Jammern *n*. **5.** (Weh)Klage *f*, (-)Geschrei *n*. **6.** Heulen *n*, Wimmern *n*. ˈ**wail·ful** *adj bes. poet.* **1.** traurig, kummervoll. **2.** (weh)klagend, jammernd. ˈ**wail·ing I** *s* → **wail** III: **~ and gnashing of teeth** Heulen *n* u. Zähneklappern *n*. **II** *adj* (*adv* **~ly**) (weh)klagend, jammernd, weinend, wimmernd, Klage...: **W~ Wall** Klagemauer *f* (*in Jerusalem*).

wain [weɪn] *s* **1.** *poet.* Wagen *m*. **2. the W~** → **Charles's Wain.**

wain·scot [ˈweɪnskət] **I** *s* **1.** (*bes. untere*) (Wand)Täfelung, Tafelwerk *n*, Getäfel *n*, Holzverkleidung *f*. **2.** Sockel(täfelung *f*) *m*, Lamˈbris *m* (*aus Marmor, Holz, Kacheln etc*). **3.** *Br.* Täfelholz *n*. **II** *v/t pret u. pp* **-scot·ed,** *bes. Br.* **-scot·ted 4.** *e-e Wand etc* verkleiden, (ver)täfeln. ˈ**wain-scot·(t)ing** *s* **1.** Täfeln *n*. **2.** → **wainscot** 1. **3.** *collect.* Täfelholz *n*.

waist [weɪst] *s* **1.** Taille *f*. **2.** a) Mieder *n*, b) *bes. Am.* Bluse *f*. **3.** Mittelstück *n*, Mitte *f*, schmalste Stelle (*e-s Gegenstandes*), Schweifung *f* (*e-r Glocke etc*). **4.** *mar.* Mitteldeck *n*, Kuhl *f*. ˈ**~·band** *s* (Hosen-, Rock)Bund *m*.

waist·coat [ˈweɪskəʊt; *Am. a.* ˈweskət] *s* **1.** (Herren)Weste *f*. **2.** Damenweste *f* (*ohne Ärmel*), ärmellose Jacke. **3.** *hist.* Wams *n*.

ˌ**waist-ˈdeep** *adj u. adv* bis zur *od.* an die Taille *od.* Hüfte, hüfthoch.

waist·ed [ˈweɪstɪd] *adj* (*in Zssgn*) mit ... Taille: **short-~.**

ˌ**waist|-ˈhigh** *adj* **1.** → **waist-deep. 2.** *fig.* mittelmäßig. ˈ**~·line** *s* **1.** Gürtellinie *f*, Taille *f* (*e-s Kleides etc*). **2.** ˈTaille(nˌumfang *m*) *f*: **to watch one's ~** auf s-e Linie achten. **~ slip** *s* ˈUnter-, Halbrock *m*.

wait [weɪt] **I** *s* **1.** Warten *n*. **2.** Wartezeit *f*: **to have a long** (*od.* **great**) **~** lange warten müssen. **3.** *thea.* Pause *f*. **4.** Lauer *f*: **to lie in ~** im Hinterhalt liegen; **to lie in ~ for s.o.** j-m auflauern; **to lay ~ for** e-n Hinterhalt legen (*dat*). **5.** *pl* a) Weihnachtssänger *pl*, b) *Br. hist.* ˈStadt-, ˈDorfmusiˌkanten *pl*.

II *v/i* **6.** warten (**for** auf *acc*): **he ~ed for the door to open** er wartete darauf, daß die Tür aufging; **we ~ed for the rain to stop** wir warteten, bis der Regen aufhörte; **to ~ about** (*od.* **around**) (ungeduldig *od.* untätig) warten; **to ~ behind** a) zurückbleiben, b) noch dableiben; **to ~ up for s.o.** aufbleiben u. auf j-n warten; **to keep s.o. ~ing** j-n warten lassen; **that can ~** das hat Zeit, das kann warten; **dinner is ~ing** das Mittagessen wartet *od.* ist fertig; **you just ~!** *colloq.* na, warte! **7.** (ab)warten, sich gedulden: **I can't ~ to see him** ich kann es kaum erwarten, bis ich ihn sehe; **~ and see!** ‚abwarten u. Tee trinken!'; **~-and-see policy** abwartende Politik. **8. ~ (up)on** a) *j-m* dienen, b) *j-n* bedienen, *j-m* aufwarten, c) *obs. j-m* s-e Aufwartung machen, d) *e-r Sache* folgen, *etwas* begleiten (*Umstand*), verbunden sein mit. **9. to ~ at** (*Am.* **on**) **table** bedienen, servieren.

III *v/t* **10.** warten auf (*acc*), abwarten: **to ~ out** das Ende (*gen*) abwarten; **to ~ one's opportunity** (*od.* **hour** *od.* **time** *od.* **chance**) e-e günstige Gelegenheit abwarten; → **turn**[1] 2. **11.** *colloq.* aufschieben, warten mit, verschieben: **to ~ dinner for s.o.** mit dem Essen auf j-n warten. **12. to ~ table** *Am.* → 9. **13.** *obs.* geleiten, begleiten.

ˈ**wait·er** *s* **1.** Kellner *m*: **~, the bill** (*bes. Am.* **check**), **please!** (Herr) Ober, bitte zahlen! **2.** Serˈvier-, Präsenˈtierteller *m*. **3.** *obs.* a) Wächter *m*, b) *Br.* Zöllner *m*.

ˈ**wait·ing I** *s* **1.** → **wait** 1 *u.* 2. **2.** Dienst *m* (*bei Hofe etc*), Aufwartung *f*: **in ~** a) diensttuend, b) *mil. Br.* in Bereitschaft, Bereitschafts...; → **lady-in-waiting. II** *adj* **3.** (ab)wartend: → **game**[1] 3. **4.** Warte...: **~ list; ~ period** a) *allg.* Wartezeit *f*, b) *Krankenversicherung etc*: Karenzzeit *f*, Sperrzeit *f*; **~ room** a) *rail.* Wartesaal *m*, b) *med. etc* Wartezimmer *n*. **5.** aufwartend, bedienend: **~ (gentle-) woman** (adlige) Kammerfrau; **~ girl, ~ maid** (Kammer)Zofe *f*.

wait·ress [ˈweɪtrɪs] *s* Kellnerin *f*, Bedienung *f*: **~, the bill** (*bes. Am.* **check**), **please!** Fräulein, bitte zahlen!

waive [weɪv] *v/t bes. jur.* **1.** verzichten auf (*acc*), sich *e-s Rechts, e-s Vorteils* begeben: **to ~ a right; he ~d his scruples** er ließ s-e Bedenken fahren. **2.** zuˈrückstellen: **let's ~ this question till later. 3.** *pol. Immunität* aufheben. ˈ**waiv·er** *s jur.* **1.** Verzicht *m* (**of** auf *acc*), Verzichtleistung *f*. **2.** Verzichterklärung *f*. **3. ~ of immunity** *pol.* Aufhebung *f* der Immunität.

wake[1] [weɪk] *s* **1.** *mar.* Kielwasser *n* (*a. fig.*): **in the ~ of** a) im Kielwasser (*e-s Schiffes*), b) *fig.* im Gefolge (*gen*); **to follow in s.o.'s ~** *fig.* in j-s Kielwasser segeln *od.* schwimmen; **to bring s.th. in its ~** etwas nach sich ziehen, etwas zur Folge haben. **2.** *aer.* Luftschraubenstrahl *m*, Nachstrom *m*. **3.** Sog *m*, Strudel *m*.

wake[2] [weɪk] **I** *v/i pret* **waked** *od.* **woke** [wəʊk] *pp* **waked** *od.* ˈ**wok·en 1.** *oft* **~ up** auf-, erwachen, wach werden (*alle a. fig. Person, Gefühl etc*). **2.** wachen, wach sein *od.* bleiben. **3. ~ (up) to** sich *e-r Gefahr etc* bewußt werden. **4. ~ (from death** *od.* **the dead)** vom Tode *od.* von den Toten auferstehen. **5.** *fig.* wach *od.* leˈbendig werden, sich regen *od.* rühren. **II** *v/t* **6. ~ up** (auf)wecken, wachrütteln (*a. fig.*). **7.** a) wachrufen: **to ~ memories (feelings),** b) erregen: **to ~ controversy,** c) *j-n, Geist etc* aufrütteln. **8.** (*von den Toten*) auferwecken. **9.** *poet. den Frieden, die Ruhe etc e-s Ortes* stören. **III** *s* **10.** *bes. Ir.* a) Totenwache *f*, b) Leichenschmaus *m*. **11.** *bes. poet.* Wachen *n*: **between sleep and ~** zwischen Schlafen u. Wachen. **12.** *meist pl* (*a. als sg konstruiert*) *Br. hist.* a) Kirchweih(fest *n*) *f*, b) Jahrmarkt *m*. **13.** *meist pl* (*a. als sg konstruiert*) *Br.* (Zeit *f* der) Betriebsferien *pl*.

ˈ**wake·ful** *adj* (*adv* **~ly**) **1.** wachend. **2.** schlaflos. **3.** *fig.* wachsam. ˈ**wake·ful·ness** *s* **1.** Wachen *n*. **2.** Schlaflosigkeit *f*. **3.** Wachsamkeit *f*.

wak·en [ˈweɪkən] → **wake**[2] 1, 3, 6–8.

ˈ**wak·er** *s*: **to be a late ~** (für gewöhnlich) spät aufwachen.

ˈ**wake-ˌrob·in** *s bot.* **1.** *Br.* Aronstab *m*. **2.** *Am.* Drilling *m*.

ˈ**wak·ing I** *s* **1.** (Er)Wachen *n*. **2.** (Nacht-) Wache *f*. **II** *adj* **3.** wachsam. **4.** (er)weckend: **~ call** *teleph.* Weckruf *m*. **5.** wach: **~ dream** Wach-, Tagtraum *m*; **in his ~ hours** von früh bis spät.

Wal·ach [ˈwɒlək; *Am.* ˈwɑ-] *s* Waˈlache *m*, Waˈlachin *f*. **Waˈla·chi·an** [-ˈleɪkjən; -ɪən] **I** *s* **1.** → **Walach. 2.** *ling.* Waˈlachisch *n*, das Walachische. **II** *adj* **3.** waˈlachisch.

Wal·den·ses [wɒlˈdensiːz; *Am. a.* wɑl-] *s pl relig.* Walˈdenser *pl*. **Walˈden·si·an I** *adj* walˈdensisch. **II** *s* Walˈdenser(in).

Wal·dorf sal·ad [ˈwɔːldɔː(r)f] *s gastr. bes. Am.* ˈWaldorfsaˌlat *m*.

wale [weɪl] *s* **1.** Strieme(n *m*) *f*, Schwiele *f*. **2.** *Weberei*: a) Rippe *f* (*e-s Gewebes*), b) Köper(bindung *f*) *m*, c) Salleiste *f*, -band *n*. **3.** *tech.* a) Verbindungsstück *n*, b) Gurtholz *n*. **4.** *mar.* a) Krummholz *n*, b) Dollbord *m* (*e-s Boots*).

walk [wɔːk] **I** *s* **1.** Gehen *n*: **to go at a ~** im Schritt gehen. **2.** Gang(art *f*) *m*, Schritt *m*: **a dignified ~. 3.** Spaˈziergang *m*: **to go for** (*od.* **take, have**) **a ~** e-n Spaziergang machen, spazierengehen; **to take s.o. for a ~** j-n spazierenführen, mit j-m spazierengehen. **4.** (Spaˈzier)Weg *m*: a) Promeˈnade *f*, b) Strecke *f*: **a ten minutes' ~ to the station** zehn Gehminuten zum Bahnhof; **quite a ~** ein gutes Stück zu gehen. **5.** Wanderung *f*. **6.** Route *f* (*e-s Hausierers etc*), Runde *f* (*e-s Polizisten etc*). **7.** Alˈlee *f*. **8.** Wandelgang *m*. **9.** a) (Geflügel)Auslauf *m*, b) → **sheepwalk. 10.** *fig.* Arbeitsgebiet *n*, (Betätigungs-) Feld *n*: **the ~ of the historian. 11.** *meist* **~ of life** a) (soziˈale) Schicht *od.* Stellung, Lebensbereich *m*, b) Beruf *m*.

II *v/i* **12.** gehen (*a. Leichtathletik*), zu Fuß gehen, laufen. **13.** im Schritt gehen (*a. Pferd*). **14.** wandern. **15.** spaˈzierengehen: → **air**[1] 1. **16.** ˈumgehen, spuken (*Geist*): **to ~ in one's sleep** nachtwandeln.

III *v/t* **17.** *e-e Strecke* zuˈrücklegen, (zu Fuß) gehen: **he ~ed 15 miles. 18.** *e-n Bezirk etc* durchˈwandern, *e-n Raum* durchˈschreiten, gehen durch *od.* über (*acc*) *od.* auf (*dat*). **19.** auf u. ab gehen in *od.* auf (*dat*): → **board**[1] 9, **chalk line, plank** 1, **street** 1. **20.** abschreiten, entlanggehen. **21.** *das Pferd* führen, im Schritt gehen lassen. **22.** *j-n* führen: → **walk off** 2. **23.** spaˈzierenführen. **24.** *j-n* begleiten: **to ~ s.o. to the station. 25.** *Br.* um die Wette gehen mit: **I'll ~ you 10 miles. 26.** *colloq. etwas* befördern, fortbewegen. **27.** *e-n Hund* abrichten.

Verbindungen mit Präpositionen:

walk| in·to *v/i* **1.** (hinˈein)gehen in (*acc*): **to ~ a trap** in e-e Falle gehen; **to ~ a right hook** (*Boxen*) in e-n rechten Haken laufen. **2. to ~ a job** e-e Stelle ohne (jede) Schwierigkeit bekommen. **3.** *colloq. über j-n, a. über e-n Kuchen etc* ˈherfallen: **to ~ s.o.** (**a pie**). **~ off** *v/t*: **to walk s.o. off his feet** j-n abhetzen. **~ o·ver** *v/i* **1.** (hinˈweg)gehen über (*acc*). **2.** *bes. sport colloq.* a) ‚in die Tasche stecken' (*leicht schlagen*), b) ‚vernaschen' (*hoch schlagen*). **3.** *colloq.* a) ‚ˈunterbuttern' (*unterdrükken*), b) schikaˈnieren.

Verbindungen mit Adverbien:

walk| a·bout, ~ a·round I *v/t j-n* umˈherführen. **II** *v/i* herˈumgehen, -wandern: **~!** *mil. Br.* weitermachen! **~ a·way** *v/i* weg-, fortgehen: **to ~ from s.o.** *bes. sport* j-m (einfach) davonlaufen, j-n ‚stehenlassen'; **to ~ from a car crash** bei e-m Autounfall (fast) unverletzt bleiben; **to ~ with** a) mit *etwas* durchbrennen, b) *etwas* ‚mitgehen' lassen, c) *etwas* versehentlich mitnehmen, d) *e-n Kampf, e-e Wahl etc* spielend gewinnen. **~ in I** *v/i* eintreten: a) herˈeinkommen, b) hinˈeingehen. **II** *v/t* hinˈeinführen. **~ off I** *v/i* **1.** daˈvon-, fort-, weggehen: **to ~ with** a) mit *etwas* durchbrennen, b) *etwas* ‚mitgehen' lassen, c) *etwas* versehentlich mitnehmen, d) *e-n Kampf, e-e Wahl etc* spielend gewinnen. **II** *v/t* **2.** *j-n* abführen. **3.** ablaufen: **to ~ one's legs** sich die Beine ablaufen. **4.** *s-n Rausch, Zorn etc* durch e-n Spaˈziergang vertreiben *od.* loswerden. **~ out I** *v/i* **1.** hinˈausgehen: **to**

~ **on s.o.** *colloq.* a) j-n verlassen, b) j-n ‚sitzenlassen'. **2.** verärgert *od.* demonstra'tiv *od.* unter Pro'test e-e Versammlung *etc* verlassen, (*Gruppe a.*) ausziehen: **he walked out of the meeting. 3. to ~ with s.o.** *Br. obs.* mit j-m ‚gehen' *od.* ein Verhältnis haben. **4.** *econ.* die Arbeit niederlegen, in (den) Streik treten. **5.** *bes. pol.* zu'rücktreten. **II** *v/t* **6.** *j-n* hin'ausführen. **7.** *den Hund etc* ausführen, *j-n* auf e-n Spa'ziergang mitnehmen. **~o·ver** *v/i* **1.** 'hingehen, 'hinkommen, her'übergehen, -kommen. **2.** spielend gewinnen. **~ up** *v/i* **1.** hin'aufgehen, her'aufkommen: **to ~ to s.o.** auf j-n zugehen; **~!** treten Sie näher! **2.** entlanggehen: **to ~ the street.**

walk·a·ble ['wɔːkəbl] *adj* **1.** betretbar, gangbar, begehbar. **2.** zu Fuß zu'rücklegbar: **~ distance.**

'walk·a·bout *s* **1.** Wanderung *f.* **2.** ‚Bad *n* in der Menge' (*e-s Politikers etc*): **to go on a ~** ein Bad in der Menge nehmen.

walk·a·thon ['wɔːkəθɒn; *Am.* -ˌθɑn] *s sport* **1.** Marathongehen *n.* **2.** 'Dauertanztur,nier *n.* [*Am.* Ausbrecher *m.*]

'walk·a·way *s* **1.** → **walkover** 2. **2.**

'walk·er *s* **1.** Spa'ziergänger(in). **2.** Wand(e)rer *m*, Wand(r)erin *f*: **to be a good ~** gut zu Fuß sein. **3.** *Leichtathletik*: Geher *m.* **4.** *orn. Br.* Laufvogel *m.* **5.** → **gocart** 1.

ˌwalk·er-'on *s Film, thea.* Sta'tist(in), Kom'parse *m*, Kom'parsin *f.*

walk·ie|-look·ie [ˌwɔːkɪ'lʊkɪ] *s* tragbare Fernsehkamera. **ˌ~-'talk·ie** [-'tɔːkɪ] *s* Walkie-talkie *n*, tragbares Funksprechgerät.

'walk-in I *adj* **1.** begehbar: **~ closet** → 4; **~ refrigerator** → 5. **2. ~ customers** *pl Am.* Laufkundschaft *f.* **3.** *Am.* mit di'rektem Zugang von der Straße (*Wohnung*). **II** *s* **4.** begehbarer Schrank. **5.** Kühlraum *m.* **6.** *Am. colloq.* leichter Wahlsieg.

'walk·ing I *adj* **1.** gehend: **~ doll** Laufpuppe *f*; **~ wounded** *mil.* Leichtverwundete *pl.* **2.** wandernd. **3.** *bes. fig.* wandelnd: **~ corpse**; → **dictionary** 3. **4.** Geh...: **to drive at a ~ speed** *mot.* (im) Schritt fahren; **within ~ distance** zu Fuß erreichbar. **5.** Spazier... **6.** Wander... **7.** *Film, thea.* Statisten..., Komparsen... **II** *s* **8.** (Zu'fuß)Gehen *n.* **9.** Spa'zierengehen *n.* **10.** Wandern *n.* **11.** *Leichtathletik*: Gehen *n.* **~ boots** *s pl* Wanderstiefel *pl.* **~chair** → **gocart** 1. **~crane** *s tech.* Laufkran *m.* **~ del·e·gate** *s Am.* Gewerkschaftsbeauftragte(r) *m.* **~ gen·tle·man** *s irr Film, thea.* Sta'tist *m*, Kom'parse *m.* **~ la·dy** *s Film, thea.* Sta'tistin *f*, Kom'parsin *f.* **~pa·pers** *s pl bes. Am. colloq.* ‚Laufpaß' *m* (*Entlassung*): **to give s.o. his ~** j-m den Laufpaß geben. **~ part** *s Film, thea.* Sta'tisten-, Kom'parsenrolle *f.* **~shoes** *s pl* **1.** Straßenschuhe *pl.* **2.** Wanderschuhe *pl.* **~ stick** *s* **1.** Spa'zierstock *m.* **2.** *zo. Am.* Gespenstheuschrecke *f.* **~sword** *s hist.* Galante'riedegen *m.* **~ tick·et** → **walking papers. ~ tour** *s* (Fuß)Wanderung *f.*

walk·ist ['wɔːkɪst] *s Leichtathletik*: *Am.* Geher *m.*

'walk|-on (*Film, thea.*) **I** *adj* **1.** Statisten..., Komparsen...: **~ part** → 2. **II** *s* **2.** Sta'tisten-, Kom'parsenrolle *f.* **3.** Sta'tist(in), Kom'parse *m*, Kom'parsin *f.* **'~out** *s* **1.** *econ.* Ausstand *m*, Streik *m*: **to stage a ~** in (den) Streik treten. **2.** Auszug *m*: **after his ~ from the meeting** nachdem er verärgert *od.* demonstrativ *od.* unter Protest die Versammlung verlassen hatte. **'~ˌo·ver** *s* **1. winner by ~** *sport* kampfloser Sieger. **2.** ‚Spa'ziergang' *m*, leichte Sache (*beide a. allg.*). **'~-ˌup** *Am. colloq.* **I** *s* a) (Miets)Haus *n* ohne Fahrstuhl, b) Wohnung *f* in e-m Haus ohne Fahrstuhl. **II** *adj* a) ohne Fahrstuhl: **~ apartment house**, b) in e-m Haus ohne Fahrstuhl (gelegen): **~ apartment. '~way** *s* **1.** Laufgang *m*, Verbindungs-, Bedienungssteg *m.* **2.** *Am.* Gehweg *m.*

Wal·kyr·ie [væl'kɪərɪ] → **valkyr.**

walk·y-talk·y → **walkie-talkie.**

wall [wɔːl] **I** *s* **1.** Wand *f* (*a. fig.*): → **partition** 4. **2.** (Innen)Wand *f*: **the ~s of a boiler. 3.** Mauer *f* (*a. fig.*): **a ~ of silence; the W~** a) die Berliner Mauer, b) die Klagemauer (*in Jerusalem*); **to jump** (*od.* **leap**) **over the ~** aus der Kirche *od.* e-m Orden austreten. **4.** Wall *m* (*a. fig.*), (Stadt-, Schutz)Mauer *f*: **within the ~s** in den Mauern (*e-r Stadt*). **5.** *anat.* (Brust-, Zell- *etc*)Wand *f.* **6.** Häuserseite *f* des Gehsteigs: **to give s.o. the ~** a) j-n auf der Häuserseite gehen lassen (*aus Höflichkeit*), b) *fig.* j-m den Vorrang lassen. **7.** *Bergbau*: a) (Abbau-, Orts)Stoß *m*, b) (*das*) Hangende u. Liegende, c) *Br.* Sohle *f.* **II** *v/t* **8.** *a.* **~ in** mit e-r Mauer um'geben, um'mauern: **to ~ in** (*od.* **up**) einmauern. **9.** *a.* **~ up** a) verzumauern, b) (aus)mauern, um'wanden. **10.** mit e-m Wall um'geben, befestigen: **~ed towns** befestigte Städte. **11.** *fig.* ab-, einschließen, *den Geist* verschließen (**against** gegen).

Besondere Redewendungen:

~s have ears die Wände haben Ohren; **off the ~** *Am. sl.* unkonventionell, ungewöhnlich; **up against the ~** in e-r aussichtslosen Lage; **to bang** (*od.* **run**) **one's head against a ~** *colloq.* mit dem Kopf durch die Wand wollen; **to drive** (*od.* **push**) **s.o. to the ~** a) j-n in die Enge treiben, b) j-n an die Wand drücken; **to drive** (*od.* **send**) **s.o. up the ~** *colloq.* ‚j-n auf die Palme bringen'; **to go to the ~** a) an die Wand gedrückt werden, b) *econ.* Konkurs machen; **to go up the ~, to climb the ~(s)** *colloq.* ‚auf die Palme gehen'; → **back**[1] 1.

wal·la → **wallah.**

wal·la·by ['wɒləbɪ; *Am.* 'wɑ-] *s* **1.** *pl* **-bies,** *bes. collect.* **-by** Wallaby *n* (*kleines Känguruh*): **on the ~ (track)** *Austral. colloq.* auf Arbeitssuche. **2. W~** *Rugby*: *Austral.* Natio'nalspieler *m.*

Wal·lach, *etc* → **Walach,** *etc.*

wal·lah ['wɒlə; *Am.* 'wɑlə] *s Br. Ind.* Bedienstete(r) *m*, Bursche *m.*

wal·la·roo [ˌwɒlə'ruː; *Am.* ˌwɑ-] *pl* **-roos,** *bes. collect.* **-roo** *s zo.* Wallaruh *n*, Bergkänguruh *n.*

'wall|ˌbang·er *s Am. Cocktail aus Wodka od. Gin u. Orangensaft.* **~bars** *s pl sport* Sprossenwand *f.* **~ brack·et** *s* 'Wandarm *m*, -konˌsole *f.* **~crane** *s tech.* Kon'solkran *m.* **~ creep·er** *s orn.* Mauerläufer *m.* **~ cress** *s bot.* **1.** *Br.* Gänsekresse *f.* **2.** Ackerkresse *f.*

ˌwalled|-'in *adj* **1.** eingemauert, um'mauert. **2.** *fig.* eingeschlossen. **~ plains** *s pl astr.* Ringgebirge *pl* (*auf dem Mond*). **ˌ~-'up** *adj* zugemauert.

wal·let ['wɒlɪt; *Am.* 'wɑ-] *s* **1.** *obs.* Ränzel *n.* **2.** *fig.* kleine, lederne Werkzeugtasche. **3.** a) Brieftasche *f*, b) Scheintasche *f.*

'wall·eye *s* **1.** *vet.* Glasauge *n.* **2.** *med.* Hornhautfleck *m.* **3.** *med.* a) diver'gentes Schielen, b) auswärtsschielendes Auge.

'wall·eyed *adj* **1.** glasäugig (*Pferd etc*). **2.** mit Hornhautflecken. **3.** (auswärts-) schielend.

wall| fern *s bot.* Tüpfelfarn *m.* **'~ˌflow·er** *s* **1.** *bot.* Goldlack *m.* **2.** *colloq.* ‚Mauerblümchen' *n* (*Mädchen*). **~ fruit** *s* Spa'lierobst *n.* **~ map** *s* Wandkarte *f.* **~ news·pa·per** *s* Wandzeitung *f.*

wal·loon [wɒ'luːn; *Am.* wɑ-] **I** *s* **1.** Wal'lone *m*, Wal'lonin *f.* **2.** *ling.* Wal'lonisch *n*, das Wallonische. **II** *adj* **3.** wal'lonisch.

wal·lop ['wɒləp; *Am.* 'wɑ-] **I** *v/t* **1.** *colloq.* a) (ver)prügeln, ‚verdreschen', b) *j-m* ‚ein Pfund verpassen' (*e-n harten Schlag versetzen*), c) *sport* ‚über'fahren' (*hoch schlagen*). **2.** *colloq. den Ball etc* ‚dreschen', schmettern. **II** *v/i* **3.** *colloq.* brausen, sausen. **4.** brodeln (*Flüssigkeit*). **III** *s* **5.** *colloq.* a) ‚Pfund' *n*, b) *Boxen*: Schlagkraft *f*: **he has a terrific ~** er hat e-n wahnsinnig harten Schlag. **6.** *fig. colloq.* Wucht *f.* **7.** *Am. colloq.* ‚Mordsspaß' *m*: **to get a ~ out of** e-n Mordsspaß haben an (*dat*). **8.** *Br. sl.* Bier *n.* **'wal·lop·ing** *colloq.* **I** *adj* a) riesig, ‚Mords...', ‚toll': **a ~ collection**, b) ‚gesalzen', ‚gepfeffert': **~ prices**, c) ‚faustdick': **a ~ lie. II** *s* Tracht *f* Prügel, ‚Dresche' *f*: **to give** *s.o.* **a ~** → **wallop** 1 a, c.

wal·low ['wɒləʊ; *Am.* 'wɑ-] **I** *v/i* **1.** sich wälzen, sich suhlen (*Schwein etc*) (*a. fig.*): **to ~ in money** *colloq.* im Geld schwimmen; **to ~ in pleasure** im Vergnügen schwelgen; **to ~ in self-pity** sich in Selbstmitleid ergehen; **to ~ in vice** dem Laster frönen. **2.** *mar.* rollen, schlingern (*Schiff*). **II** *s* **3.** Sich'wälzen *n.* **4.** Schwelgen *n.* **5.** *hunt.* Suhle *f*: **in the ~ of despondency** *fig.* im Sumpf der Verzweiflung. **6.** *mar.* Rollen *n*, Schlingern *n.*

wall| paint·ing *s* a) Wandmale'rei *f*, b) Wandgemälde *n.* **'~ˌpa·per I** *s* Ta'pete *f*: **~ music** *Br.* Berieselungsmusik *f.* **II** *v/t u. v/i* tape'zieren. **~pass** *s Fußball*: Doppelpaß *m.* **~ pep·per** *s bot.* Mauerpfeffer *m.* **~plug** *s electr.* Netzstecker *m.* **~safe** *s* Wandsafe *m.* **~sock·et** *s electr.* Wandsteckdose *f.* **W~ Street** *s* Wall Street *f*: a) *Bank- u. Börsenstraße in New York*, b) *fig.* der amer. Geld- u. Kapi'talmarkt, c) *fig.* die amer. 'Hochfiˌnanz. **~ tent** *s* Steilwandzelt *n.* **~ tile** *s* Wandfliese *f.* **ˌ~-to-'~** *adj*: **~ carpet** Spannteppich *m*; **~ carpeting** Teppichboden *m.* **~tree** *s* Spa'lierbaum *m.* **~u·nits** *s pl* Schrank-, Wohnwand *f.*

wal·nut ['wɔːlnʌt] *s* **1.** *bot.* Walnuß *f* (*Frucht*): **~oil** (Wal)Nußöl *n*; **over the ~s and the wine** beim Nachtisch. **2.** *bot.* Walnuß(baum *m*) *f.* **3.** *a.* **~ brown** Nußbraun *n* (*Farbe*).

wal·rus ['wɔːlrəs; *Am. a.* 'wɑl-] *s* **1.** *pl* **-rus·es,** *bes. collect.* **-rus** *zo.* Walroß *n.* **2.** *a.* **~ m(o)ustache** Schnauzbart *m.*

waltz [wɔːls; wɔːlts] **I** *s* **1.** Walzer *m* (*Tanz*). **2.** (Kon'zert)Walzer *m* (*Musikstück*): **~ time** Walzertakt *m.* **3.** *fig. colloq.* Kinderspiel *n.* **II** *v/i* **4.** Walzer tanzen, walzen: **to ~ through s.th.** *colloq.* etwas spielend schaffen. **5.** (*vor Freude etc*) her'umtanzen. **III** *v/t* **6.** Walzer tanzen *od.* walzen mit (*j-m*). **7.** *j-n* (her'um)wirbeln.

wam·pum ['wɒmpəm; *Am.* 'wɑm-] *s* **1.** *hist.* Wampum *m* (*Muschelperlen [-schnüre] der Indianer in den USA, als Geld od. Schmuck benutzt*). **2.** *Am. sl.* ‚Zaster' *m.*

wan [wɒn; *Am.* wɑn] *adj* (*adv* **~ly**) **1.** bleich, blaß, fahl: **a ~ face; a ~ sky. 2.** schwach, matt: **a ~ smile. 3.** glanzlos, trüb(e): **~ stars.**

wand [wɒnd; *Am.* wɑnd] *s* **1.** Rute *f.* **2.** Stab *m.* **3.** Zauberstab *m.* **4.** (Amts-, Kom'mando)Stab *m.* **5.** *mus. colloq.* Taktstock *m.*

wan·der ['wɒndə; *Am.* 'wɑndər] *v/i* **1.** wandern: a) ziehen, streifen, b) schlendern, bummeln: **to ~ in** hereinschneien (*Besucher*); **to ~ off** davonziehen, *a. fig.* sich verlieren (**into** in *dat*). **2. ~ about** (*od.* **around**) (*ziellos*) her'umwandern, -ziehen, -schweifen (*a. fig.*). **3.** schweifen, wandern, gleiten (*Augen, Gedanken etc*) (**over** über *acc*). **4.** irregehen, sich verirren (*a. fig.*). **5.** *a.* ~ **away** abirren, abweichen (**from** von) (*a. fig.*): **to ~ from the subject** vom Thema abschweifen. **6.** phanta'sieren: a) irrereden, faseln, b) im Fieber reden. **7.** geistesabwesend sein. **'wan·der·er** *s* Wanderer *m.* **'wan·der·ing I** *s* **1.** Wandern *n.* **2.** Her'umwandern *n*, -ziehen *n*, -schweifen *n* (*a. fig.*). **3.** *meist pl* a) Wanderung(en *pl*) *f*, Reise(n *pl*) *f*, b) Wanderschaft *f.* **4.** Abirrung *f*, Abweichung *f* (**from** von) (*a. fig.*). **5.** *oft pl* Geistesabwesenheit *f*, Zerstreutheit *f.* **6.** *meist pl* Phanta'sieren *n*: a) Irrereden *n*, Faseln *n*, b) Fieberwahn *m.* **II** *adj* **7.** wandernd, Wander... **8.** her'umschweifend, Nomaden...: ~ **tribe** Nomadenstamm *m.* **9.** gewunden: **a ~ path.** **10.** ruhelos, unstet: **the W~ Jew** der Ewige Jude. **11.** abschweifend. **12.** kon'fus, zerstreut. **13.** irregehend, abirrend (*a. fig.*): ~ **bullet** verirrte Kugel. **14.** *bot.* Kriech..., Schling... **15.** *med.* Wander...: ~ **cell**; ~ **kidney.**

wan·der·lust ['wɒndəlʌst; *Am.* 'wɑndərˌlʌst] *s* Wanderlust *f*, Fernweh *n.*

wane [weɪn] **I** *v/i* **1.** abnehmen (*a. Mond*), nachlassen, schwinden (*Einfluß, Interesse, Kräfte etc*). **2.** schwächer werden, verblassen (*Licht, Farben etc*). **3.** zu Ende gehen: **the summer is waning.** **4.** vergehen, verfallen (*Kultur etc*). **II** *s* **5.** Abnehmen *n*, Abnahme *f*, Nachlassen *n*, Schwinden *n*: **to be on the ~** im Abnehmen sein, abnehmen, schwinden, zu Ende gehen; **in the ~ of the moon** bei abnehmendem Mond. **6.** Verfall *m*: **on the ~** im Aussterben.

wan·gle ['wæŋgl] *colloq.* **I** *v/t* **1.** *etwas* ‚drehen' *od.* ‚deichseln' *od.* ‚schaukeln' (*durch List zuwegebringen*): **don't worry, we'll ~ it somehow** wir werden das Kind schon schaukeln. **2.** ‚fri'sieren', fälschen: **to ~ accounts.** **3.** a) unter der Hand *od.* 'hintenherˌum beschaffen, ‚organi'sieren', b) ‚her'ausschinden': **she has ~d herself a salary increase** sie hat e-e Gehaltserhöhung für sich ‚herausgeschlagen'. **4.** *etwas* ergaunern: **to ~ s.th. out of s.o.** j-m etwas abluchsen. **5.** *j-n* verleiten: **to ~ s.o. into doing s.th.** j-n dazu bringen, etwas zu tun. **6. to ~ s.o. into a gang** j-n in e-e Bande einschleusen. **II** *v/i* **7.** mogeln, ‚schieben'. **8.** sich her'auswinden (**out of** aus *dat*). **III** *s* **9.** Kniff *m*, Trick *m.* **10.** ‚Schiebung' *f*, Moge'lei *f.* **'wan·gler** *s colloq.* Gauner *m*, Schieber *m*, Mogler *m.*

wan·ion ['wɒnjən; *Am.* 'wɑn-] *s obs.* Plage *f*, Pest *f*: **with a ~ (to him)!** zum Teufel (mit ihm)!

wank [wæŋk] *Br. vulg.* **I** *v/i a.* ~ **off** ‚wichsen', ‚sich e-n runterholen' (*masturbieren*). **II** *v/t a.* ~ **off** *j-m* ‚e-n runterholen'. **III** *s* ‚Wichsen' *n*: **to have a ~** → I.

Wan·kel| (en·gine) ['wæŋkl; *Am.* 'wɑːŋ-] *s mot.* Wankelmotor *m.* **'~-ˌen·gined** *adj* mit Wankelmotor: ~ **car.**

wank·er ['wæŋkə] *s Br. vulg.* ‚Wichser' *m* (*a. fig. contp.*).

wan·na ['wɒnə; *Am.* 'wɑnə] *colloq. für* **want to: I ~ go home.**

wan·ness ['wɒnnɪs; *Am.* 'wɑn-] *s* Blässe *f.*

want [wɒnt; *Am. a.* wɑnt] **I** *v/t* **1.** wünschen: a) (haben) wollen, b) (*vor inf*) (*etwas tun*) wollen: **I ~ to go** ich möchte gehen; **I ~ed to go** ich wollte gehen; **what do you ~ (with me)?** was wünschen *od.* wollen Sie (von mir)?; **he ~s his dinner** er möchte sein Essen haben; **I ~ you to try** ich möchte, daß du es versuchst; **I ~ it done** ich wünsche *od.* möchte, daß es getan wird; **~ed** gesucht (*in Annoncen; a. von der Polizei*); **you are ~ed** du wirst gewünscht *od.* gesucht, man will dich sprechen; **a ~ed man** ein vielgefragter Mann. **2.** ermangeln (*gen*), nicht (genug) haben, es fehlen lassen an (*dat*): **he ~s judg(e)ment** es fehlt ihm an Urteilsvermögen; **she ~s 2 years for her majority** ihr fehlen noch 2 Jahre bis zur Volljährigkeit. **3.** a) brauchen, nötig haben, erfordern, benötigen, bedürfen (*gen*), b) müssen, sollen, brauchen (**to** zu): **the matter ~s careful consideration** die Angelegenheit bedarf sorgfältiger Überlegung; **all this ~ed saying** all dies mußte einmal gesagt werden; **you ~ some rest** du hast etwas Ruhe nötig; **this clock ~s repairing** (*od.* **to be repaired**) diese Uhr müßte repariert werden; **you don't ~ to be rude** Sie brauchen nicht grob zu werden; **you ~ to see a doctor** du solltest zum Arzt gehen.

II *v/i* **4.** ermangeln (**for** *gen*): **he does not ~ for talent** es fehlt ihm nicht an Begabung; **he ~s for nothing** es fehlt ihm an nichts. **5.** (*nur im pres p*) (**in**) es fehlen lassen (an *dat*), ermangeln (*gen*): → **wanting** 2. **6.** Not leiden. **7.** *obs.* fehlen.

III *s* **8.** *meist pl* Bedürfnisse *pl*, Wünsche *pl*: **a man of few ~s** ein Mann mit geringen Bedürfnissen *od.* Ansprüchen. **9.** Notwendigkeit *f*, Bedürfnis *n*, Erfordernis *n*, Bedarf *m.* **10.** Mangel *m* (**of** an *dat*): **a long-felt ~** ein längst spürbarer Mangel, ein seit langem vorhandenes Bedürfnis; ~ **of sense** Unvernunft *f*; **from** (*od.* **for**) **~ of** aus Mangel an (*dat*), in Ermangelung (*gen*); **to be in ~ of** → 2; **to be in (great) ~ of s.th.** etwas (dringend) brauchen *od.* benötigen, e-r Sache (dringend) bedürfen; **the house is in ~ of repair** das Haus ist reparaturbedürftig. **11.** Bedürftigkeit *f*, Armut *f*, Not *f*: **to be in ~** Not leiden; **to fall in ~** in Not geraten.

want ad *s colloq.* Stellenanzeige *f*: a) Stellengesuch *n*, b) Stellenangebot *n.*

want·age ['wɒntɪdʒ; *Am. a.* 'wɑn-] *s econ.* Fehlbetrag *m*, Defizit *n.*

'want·ing I *adj* **1.** fehlend, mangelnd: **to be ~** fehlen. **2.** ermangelnd (**in** *gen*): **to be ~ in** es fehlen lassen an (*dat*); **he is never found ~** auf ihn ist immer Verlaß, auf ihn kann man sich immer verlassen. **3.** nachlässig (**in** in *dat*). **4.** *obs.* arm, bedürftig, notleidend. **II** *prep* **5.** ohne: **a book ~ a cover; an envelope ~ a stamp.** **6.** *obs.* a) weniger, b) mit Ausnahme von.

wan·ton ['wɒntən; *Am. a.* 'wɑn-] **I** *adj* (*adv* **~ly**) **1.** mutwillig: a) ausgelassen, ungebärdig, wild, b) leichtfertig, c) böswillig (*a. jur.*): ~ **negligence** *jur.* grobe Fahrlässigkeit. **2.** rücksichtslos, unbarmherzig, bru'tal: ~ **cruelty.** **3.** 'widerspenstig, störrisch (*Kind etc*). **4.** liederlich, ausschweifend, zügellos. **5.** wollüstig, geil, lüstern. **6.** üppig: ~ **hair; she has a ~ imagination** sie hat e-e blühende Phantasie; ~ **vegetation** wuchernder Pflanzenwuchs. **7.** *poet.* 'überschwenglich: ~ **praise.** **II** *s* **8.** *obs.* a) Buhlerin *f*, Dirne *f*, b) Wollüstling *m*, Wüstling *m.* **III** *v/i* **9.** her'umtollen, ausgelassen sein. **10.** ausschweifend leben. **11.** üppig wachsen, wuchern. **'wan·ton·ness** *s* **1.** Mutwille *m.* **2.** Böswilligkeit *f.* **3.** Rücksichtslosigkeit *f.* **4.** 'Widerspenstigkeit *f.* **5.** Liederlichkeit *f*, Zügellosigkeit *f.* **6.** Lüsternheit *f*, Geilheit *f.* **7.** Üppigkeit *f.*

wap·en·shaw, *etc* → **wappenschaw,** *etc.*

wap·en·take ['wæpənteɪk] *s hist.* (*Art*) Hundertschaft *f*, Gau *m* (*Unterteilung der nördlichen Grafschaften Englands*).

wap·in·schaw, *etc* → **wappenschaw,** *etc.*

wap·pen·schaw ['wæpənʃɔː] *s Scot. hist.* **1.** Schießwettkampf *m.* **2.** → **wappenschawing.** **'wap·pen·schaw·ing** *s Scot.* **1.** Waffenschau *f.* **2.** öffentliche Musterung (*der einberufenen Wehrpflichtigen*), 'Truppeninspektiˌon *f.*

war [wɔː(r)] **I** *s* **1.** Krieg *m*: ~ **of aggression (independence, nerves, succession)** Angriffs-(Unabhängigkeits-, Nerven-, Erbfolge)krieg; **international ~, public ~** *jur. mil.* Völkerkrieg; **the dogs of ~** *poet.* die Schrecken des Krieges; **to be at ~ (with)** a) Krieg führen (gegen *od.* mit), b) *fig.* im Streit liegen *od.* auf (dem) Kriegsfuß stehen (mit); **to declare ~ (on** *od.* **against s.o.)** (j-m) den Krieg erklären, *fig.* (j-m) den Kampf ansagen; **to make ~** Krieg führen, kämpfen (**on, against** gegen; **with** mit); **to go to ~ (with)** Krieg beginnen (mit); **to go to the ~(s)** *obs.* in den Krieg ziehen; **to carry the ~ into the enemy's country** (*od.* **camp**) a) den Krieg ins feindliche Land *od.* Lager tragen, b) *fig.* zum Gegenangriff übergehen; **he has been in the ~s** *Br. fig.* er hat viel mitgemacht; → **attrition** 2, **wage**[2]. **2.** Kampf *m*, Streit *m* (*a. fig.*): ~ **between science and religion;** ~ **of the elements** Aufruhr *m od.* Kampf *od.* Toben *n* der Elemente. **3.** Feindseligkeit *f.* **4.** Kriegskunst *f*, -handwerk *n.*

II *v/i* **5.** kämpfen, streiten (**against** gegen; **with** mit): → **warring** 2.

III *adj* **6.** Kriegs...: ~ **film.**

war ba·by *s* **1.** a) Kriegskind *n*, b) (uneheliches) Sol'datenkind. **2.** *Am. colloq.* durch Krieg im Wert erhöhte Aktie. **3.** *Am. colloq.* a) durch den Krieg begünstigter Indu'striezweig, b) Kriegserzeugnis *n.*

war·ble ['wɔː(r)bl] **I** *v/t u. v/i* trillern, trällern, schmettern (*Vogel od. Person*). **II** *s* Trillern *n.* **'war·bler** *s* **1.** trillernder Vogel. **2.** *orn.* a) Grasmücke *f*, b) Teichrohrsänger *m.*

'war|-ˌblind·ed *adj* kriegsblind. **~ bond** *s econ.* Kriegsschuldverschreibung *f.* **~ bon·net** *s* Kriegs-, Kopfschmuck *m* (*der Indianer*). **~ boot·y** *s* Kriegsbeute *f.* **~ bride** *s* Kriegs-, Sol'datenbraut *f.* **~ chest** *s* **1.** Kriegskasse *f.* **2.** *Am. fig.* Sonderfonds *m.* **~ cloud** *s meist pl* drohende Kriegsgefahr: **~s were gathering over the country** über das Land legte sich der Schatten e-s Krieges. **~ cor·re·spon·dent** *s* Kriegsberichterstatter *m.* **~ crime** *s jur. mil.* Kriegsverbrechen *n.* **~ crim·i·nal** *s jur. mil.* Kriegsverbrecher *m.* **~ cry** *s* Schlachtruf *m* (*der Soldaten*) (*a. fig.*), Kriegsruf *m* (*der Indianer*).

ward [wɔː(r)d] **I** *s* **1.** (Stadt-, Wahl)Bezirk *m*: ~ **heeler** *pol. Am. contp.* ‚Lakai' *m* (*e-s Parteibonzen*). **2.** a) ('Krankenhaus)StatiˌOn *f*, Ab'teilung *f*: ~ **sister** *Br.* Stationsschwester *f*, b) (Kranken)Saal *m*, c) (Kranken)Zimmer *n.* **3.** a) (Gefängnis)Trakt *m*, b) Zelle *f.* **4.** *obs.* Gewahrsam *m*, (Schutz-)Haft *f*, Aufsicht *f*, Verwahrung *f*: **to put s.o. in ~** j-n unter Aufsicht stellen, j-n gefangensetzen. **5.** *jur.* a) Mündel *n*: ~ **of court, ~ chancery** Mündel unter Amtsvormundschaft, b) Vormundschaft *f*: **in ~** unter Vormundschaft (stehend). **6.** Schützling *m*, Schutzbefohlene(r *m*) *f.* **7.** *tech.* a) Gewirre *n* (*e-s Schlosses*), b) (Einschnitt *m* im) Schlüsselbart *m.* **8.** *Scot. od. Br. hist.* Hundertschaft *f*, Gau *m.* **9.** *obs.* Wache *f* (*nur noch in*): **to keep watch and ~** Wache halten. **II** *v/t* **10.** *meist* ~ **off** *e-n Schlag etc* pa'rieren, abwehren, *e-e Gefahr* abwenden.

war| dance *s* Kriegstanz *m.* **~ debt** *s* Kriegsschuld *f.*

ward·en[1] ['wɔː(r)dn] *s* **1.** *obs.* Wächter *m.*

2. Aufseher *m*: ~ **of a port** Hafenmeister *m*; → **air-raid (fire, game) warden.** 3. Herbergsvater *m*. 4. (*Br.* ˈAnstalts-, *Am.* Geˈfängnis)Diˌrektor *m*, Vorsteher *m*: **W~ of the Mint** *Br.* Münzwardein *m*; → **churchwarden** 1 *u.* 2. 5. *meist hist.* Gouverˈneur *m*. 6. *univ. Br.* Rektor *m* (*e-s College*). 7. *Br.* Zunftmeister *m*. 8. *bes. Am.* Portiˈer *m*, Pförtner *m*.

ward·en[2] [ˈwɔː(r)dn] *s e-e Kochbirnensorte.*

ward·er [ˈwɔː(r)də(r)] *s* 1. *obs.* Wächter *m*. 2. *Br.* a) (Muˈseums- *etc*)Wärter *m*, b) Aufsichtsbeamte(r) *m* (*im Gefängnis*). 3. *hist.* Komˈmandostab *m*.

ward·mote [ˈwɔːdməʊt] *s Br.* (Stadt-)Bezirksversammlung *f*.

War·dour Street [ˈwɔː(r)də(r)] *adj* archaiˈsierend: ~ **English** pseudo-archaisches Englisch.

ward·ress [ˈwɔː(r)drɪs] *s* Aufsichtsbeamtin *f* (*im Gefängnis*).

ward·robe [ˈwɔː(r)drəʊb] *s* 1. a) Gardeˈrobe *f* (*Kleiderbestand*): **winter** ~; **to add to one's** ~ s-e Garderobe bereichern, b) *thea.* Koˈstümfundus *m*. 2. Kleiderschrank *m*. 3. Gardeˈrobe *f* (*a. thea.*): a) Kleiderkammer *f*, -ablage *f*, b) Ankleidezimmer *n*. 4. Gardeˈrobe(nverwaltung) *f* (*des königlichen Haushalts etc*). ~ **bed** *s* Schrankbett *n*. ~ **trunk** *s* Schrankkoffer *m*.

ˈ**ward·room** *s* 1. *mar.* Offiˈziersmesse *f*. 2. *mil. Br.* Wachstube *f*.

ward·ship [ˈwɔː(r)dʃɪp] *s* 1. Vormundschaft *f* (**of, over** über *acc*): **under** ~ unter Vormundschaft (stehend). 2. Aufsicht *f*, Schutz *m*.

ware[1] [weə(r)] *s* 1. (*meist in Zssgn*) Ware(n *pl*) *f*, Arˈtikel *m od. pl*, Erzeugnis(se *pl*) *n*: **glass~**. 2. Geschirr *n*, Porzelˈlan *n*, Ton-, Töpferware *f*, Keˈramik *f*. 3. *meist pl fig.* (*oft contp.*) was *j-d* zu bieten hat, Proˈdukt(e *pl*) *n*, Zeug *n*: **to peddle one's ~s** mit s-m Kram hausieren gehen.

ware[2] [weə(r)] *adj obs.* 1. *pred* gewahr, bewußt (**of** *gen*). 2. wachsam.

ware·house I *s* [ˈweə(r)haʊs] 1. Lagerhaus *n*, Speicher *m*. 2. (Waren)Lager *n*, Niederlage *f*. 3. *bes. Br.* Großhandelsgeschäft *n*. 4. *Am. contp.* a) ‚Bewahranstalt' *f* (*Altenheim, Nervenheilanstalt etc*), b) Wohnsilo *m, n*. **II** *v/t* [ˈ-haʊz] 5. auf Lager bringen *od.* nehmen, (ein)lagern. 6. *Möbel etc* zur Aufbewahrung geben *od.* nehmen. 7. unter Zollverschluß bringen. 8. *Am. contp.* in e-r ‚Bewahranstalt' *od.* e-m Wohnsilo ˈunterbringen. ~ **ac·count** *s econ.* Lagerkonto *n*. ~ **bond** *s* 1. Lagerschein *m*. 2. Zollverschlußbescheinigung *f*.

ˈ**ware·house·man** [-haʊsmən] *s irr econ.* 1. Lageˈrist *m*, Lagerverwalter *m*. 2. Lagerarbeiter *m*. 3. *Br.* Großhändler *m*.

ware·house re·ceipt *s econ.* Lagerempfangsbescheinigung *f*.

war·fare [ˈwɔː(r)feə(r)] *s* 1. Kriegführung *f*. 2. (*a. weitS.* Wirtschafts- *etc*) Krieg *m*. 3. *fig.* Kampf *m*, Fehde *f*, Streit *m*: **to be** (*od.* **live**) **at ~ with s.o.** mit j-m im Streit leben.

war| game *s mil.* 1. Kriegs-, Planspiel *n*. 2. Maˈnöver *n*. ˈ**~-game** *mil.* **I** *v/t Strategie etc* ˈdurchspielen. **II** *v/i* ein Kriegs- *od.* Planspiel machen.

war·gasm [ˈwɔːrˌgæzəm] *s Am.* 1. Ausbruch *m* e-s toˈtalen Krieges. 2. Krise, die zum Ausbruch e-s toˈtalen Krieges führen könnte.

war| god *s* Kriegsgott *m*. ~ **god·dess** *s* Kriegsgöttin *f*. ~ **grave** *s* Kriegs-, Solˈdatengrab *n*. ~ **guilt** *s* Kriegsschuld *f*. ˈ**~head** *s mil.* Spreng-, Gefechtskopf *m* (*e-s Torpedos etc*). ˈ**~horse** *s* 1. *poet.* Streitroß *n*, Schlachtroß *n* (*a. fig. colloq.*). 2. *colloq.* alter Haudegen *od.* Kämpe (*a. fig.*).

war·i·ness [ˈweərɪnɪs] *s* Vorsicht *f*, Behutsamkeit *f*.

ˈ**war·like** *adj* 1. kriegerisch. 2. Kriegs...

war·lock [ˈwɔː(r)lɒk; *Am.* -ˌlɑk] *s* Zauberer *m*, Hexenmeister *m*.

ˈ**war·lord** *m* Kriegsherr *m*.

warm [wɔː(r)m] **I** *adj* (*adv* **~ly**) 1. warm (*a. fig.*): ~ **climate (clothes, colo[u]rs, interest,** *etc*); **I am** ~ mir ist warm; **to keep s.th.** ~ (*colloq.* sich) etwas warmhalten. 2. erhitzt, heiß. 3. *fig.* warm, herzlich: **a ~ reception** ein warmer Empfang (*a. iro. von Gegnern*); **to have a ~ heart** warmherzig sein; **to be ~ly invited** herzlich eingeladen sein. 4. *fig.* unangenehm, brenzlig, gefährlich: **a ~ corner** e-e ‚ungemütliche' Ecke (*gefährlicher Ort*); **~ work** a) schwere Arbeit, b) heißer Kampf, c) gefährliche Sache; **this is ~ work** dabei kommt man ganz schön ins Schwitzen; **to make it** (*od.* **things**) **~ for s.o.** j-m die Hölle heiß machen; **this place is too ~ for me** hier brennt mir der Boden unter den Füßen. 5. leidenschaftlich, glühend, eifrig: **a ~ advocate of reform.** 6. geil, lüstern. 7. schlüpfrig, unanständig: **a ~ scene in a play.** 8. hitzig, heftig, erregt: **a ~ dispute; they grew ~ over an argument** sie erhitzten sich über e-n strittigen Punkt. 9. *hunt.* warm, frisch: ~ **scent.** 10. ‚warm' (*im Suchspiel*): **you're getting ~(er)!** a) (es wird schon) wärmer!, b) *fig.* du kommst der Sache schon näher!

II *s colloq.* 11. (*etwas*) Warmes, warmes Zimmer *etc*: **come into the ~** komm ins Warme! 12. (Auf-, An)Wärmen *n*: **to give s.th. a ~** etwas (auf-, an)wärmen; **to have a ~** sich (auf)wärmen.

III *v/t* 13. *a.* ~ **up** (an-, auf)wärmen, warm machen, *Motor etc* warmlaufen lassen: **to ~ the milk; to ~ over** *Am. Speisen, a. fig. alte Geschichten etc* aufwärmen; **to ~ one's feet** sich die Füße wärmen. 14. ~ **up** a) Schwung bringen in (*e-e Party, ein Spiel etc*), b) *Rundfunk, TV*: *Publikum* (*vor der Sendung*) in Stimmung bringen, einstimmen. 15. *fig. das Herz etc* (er)wärmen: **it ~ed my heart** mir wurde dabei ganz warm ums Herz. 16. *colloq. j-m* e-e Tracht Prügel verpassen.

IV *v/i* 17. *a.* ~ **up** warm *od.* wärmer werden, sich erwärmen, (*Motor etc*) warmlaufen: **my heart ~ed** mir wurde ganz warm ums Herz. 18. ~ **up** in Schwung kommen (*Party, Spiel etc*). 19. *fig.* (**to**) a) sich erwärmen (für *e-e Idee etc*), b) sich anfreunden (mit *e-r Arbeit etc*), c) warm werden (mit *j-m*): **I ~ed to her from the start** sie war mir sofort sympathisch. 20. a) *sport* sich aufwärmen, b) *bes. Am. fig.* sich vorbereiten (**for** auf *acc*). 21. *colloq.* brenzlig *od.* gefährlich werden (*Situation etc*).

ˈ**warm|-air heat·ing** *s* Warmluftheizung *f*. ˌ**~-ˈblood·ed** *adj* 1. *zo.* warmblütig: **~ animals** Warmblüter *pl*. 2. *fig.* heißblütig. ˌ**~-ˈblood·ed·ness** *s* 1. *zo.* Warmblütigkeit *f*. 2. *fig.* Heißblütigkeit *f*.

ˈ**warm·er** *s* Wärmer *m*: **foot** ~ Fußwärmer.

warm| front *s meteor.* Warm(luft)front *f*. ˌ**~-ˈheart·ed** *adj* warmherzig, herzlich. ˌ**~-ˈheart·ed·ness** *s* Herzlichkeit *f*, Warmherzigkeit *f*.

ˈ**warm·ing** *s* 1. (Auf-, An)Wärmen *n*, Erwärmung *f*. 2. *colloq.* Tracht *f* Prügel: **to give** *s.o.* **a** ~ → **warm** 16. ~ **pad** *s electr.* Heizkissen *n*. ~ **pan** *s* 1. Wärmpfanne *f*, -flasche *f*. 2. *colloq.* Stellvertreter(in).

ˈ**warm·ish** *adj* lauwarm.

ˈ**war|ˌmon·ger** *s* Kriegshetzer *m*, -treiber *m*. ˈ**~-ˌmon·ger·ing** *s* Kriegstreibeˈrei *f*, Kriegshetze *f*.

warmth [wɔː(r)mθ] *s* 1. Wärme *f*. 2. *fig.* Wärme *f*, Herzlichkeit *f*, Warmherzigkeit *f*. 3. Eifer *m*, Leidenschaft *f*. 4. Hitze *f*, Heftigkeit *f*, Erregtheit *f*.

ˈ**warm·up** *s* 1. a) *sport* Aufwärmen *n*: **to have a ~** sich aufwärmen, b) *bes. Am. fig.* Vorbereitung *f* (**for** auf *acc*). 2. Warmlaufen *n* (*e-s Motors etc*). 3. *Rundfunk, TV*: Einstimmung *f* (*des Publikums*).

warm wa·ter *s biol. geogr.* Warmwasser *n*.

warn [wɔː(r)n] *v/t* 1. warnen (**of, against** vor *dat*): **to ~ s.o. against doing** (*od.* **not to do**) **s.th.** j-n davor warnen *od.* j-m davon abraten, etwas zu tun; **you have been ~ed!** sag hinterher nicht, es hätte dich niemand gewarnt! 2. *j-n* warnend ˈhinweisen, aufmerksam machen (**of** auf *acc*; **that** daß). 3. ermahnen (**to do** zu tun). 4. *j-m* (dringend) raten, nahelegen (**to do** zu tun). 5. (**of**) *j-n* verständigen (von), *j-n* wissen lassen (*acc*), *j-m* anzeigen *od.* ankündigen (*acc*): **to ~ s.o. of an intended visit.** 6. *j-n* auffordern: **to ~ s.o. to appear in court.** 7. gehen *od.* wegbleiben heißen, *j-m* kündigen: **he ~ed us off** (*od.* **out of**) **his garden** er wies uns aus s-m Garten. 8. ~ **off (from)**: a) abweisen, abhalten, fernhalten (von), b) (hin)ˈausweisen (aus). 9. verwarnen.

ˈ**warn·er** *s* Warner(in).

ˈ**warn·ing I** *s* 1. Warnen *n*, Warnung *f*: **to give s.o. (fair)** ~ j-n (rechtzeitig) warnen (**of** vor *dat*). 2. ˈWarnsiˌgnal *n*: **to sound a ~** ein Warnsignal geben. 3. a) Verwarnung *f*, b) (Er)Mahnung *f*. 4. *fig.* Warnung *f*, warnendes *od.* abschreckendes Beispiel: **to take ~ by** (*od.* **from**) **s.th.** sich etwas e-e Warnung sein lassen. 5. warnendes An- *od.* Vorzeichen. 6. Benachrichtigung *f*, (Vor)Anzeige *f*, Ankündigung *f*: **to give ~ (of)** *j-m* ankündigen (*acc*), Bescheid geben (über *acc*); **without (any) ~** (völlig) unerwartet. 7. Aufforderung *f*, Anweisung *f*. 8. Kündigung *f*: **to give ~ (to)** (*j-m*) kündigen. 9. (Kündigungs)Frist *f*: **a month's ~** monatliche Kündigung, Kündigungsfrist von e-m Monat; **at a minute's ~** a) *econ.* auf jederzeitige Kündigung, b) *econ.* fristlos, c) in kürzester Frist, jeden Augenblick. **II** *adj* (*adv* **~ly**) 10. warnend, Warn... ~ **bell** *s* Warnglocke *f*. ~ **col·o(u)r,** ~ **col·or·a·tion** *s zo.* Warn-, Trutzfarbe *f*. ~ **light** *s* 1. *tech.* Warnlicht *n*. 2. *mar.* Warn-, Siˈgnalfeuer *n*. ~ **shot** *s* 1. Warnschuß *m*. 2. *fig.* Schuß *m* vor den Bug. ~ **strike** *s econ.* Warnstreik *m*. ~ **tri·an·gle** *s mot.* Warndreieck *n*.

warn't [wɔːnt] *dial. für* a) **wasn't,** b) **weren't.**

War| Of·fice *s Br. hist.* ˈKriegsminiˌsterium *n*. **w~ or·phan** *s* Kriegswaise *f*.

warp [wɔː(r)p] **I** *v/t* 1. *Holz etc* verziehen, werfen, krümmen, *aer. Tragflächen* verwinden. 2. *j-n, j-s Geist* nachteilig beeinflussen, verschroben machen, ‚verbiegen', *j-s Urteil* verfälschen: → **warped** 3. 3. a) verleiten (**into** zu), b) abbringen (**from** von). 4. *e-e Tatsache etc* entstellen, verdrehen, -zerren. 5. *mar. das Schiff* (an der Warpleine) fortziehen, bugˈsieren, verholen. 6. *agr. Land* a) mit Schlamm düngen, b) *a.* ~ **up** verschlammen. 7. *Weberei*: *die Kette* (an)scheren. 8. *math. tech.* verdrehen, -winden.

II *v/i* 9. sich werfen *od.* verziehen, sich verbiegen *od.* krümmen, krumm werden (*Holz etc*). 10. *Weberei*: (an)scheren, zetteln. 11. *fig.* sich verzerren, entstellt *od.* verdreht werden.

III *s* **12.** Verwerfung *f*, Verziehen *n*, Verkrümmung *f* (*von Holz etc*). **13.** *fig.* Verschrobenheit *f*. **14.** *fig.* Entstellung *f*, Verzerrung *f*, Verdrehung *f*. **15.** Voreingenommenheit *f* (**against** gegen), Vorliebe *f* (**in favo[u]r of** für). **16.** *Weberei*: Kette *f*, Kettfäden *pl*, Zettel *m*: ~ **and woof** Kette u. Schuß *m*. **17.** Warpleine *f*. **18.** *geol.* Schlick *m*.

war| paint *s* **1.** Kriegsbemalung *f* (*der Indianer*, *a. colloq. Make-up*). **2.** *colloq.* große Gala. ~ **par·ty** *s* **1.** *pol.* ˈKriegspar,tei *f*. **2.** *Am.* Indiˈaner *pl* auf dem Kriegspfad. ~ **path** *s* Kriegspfad *m* (*der Indianer*): **to be on the** ~ a) auf dem Kriegspfad sein (*Indianer od. fig. colloq.*), b) kampflustig sein.

warped [wɔː(r)pt] *adj* **1.** verzogen (*Holz etc*), krumm (*a. math.*). **2.** *fig.* verzerrt, verfälscht. **3.** ‚verbogen', verschroben: ~ **mind.** **4.** parˈteiisch.

war| pen·sion *s* Kriegsopferrente *f*. ~ **plane** *s aer. mil.* Kampf-, Kriegsflugzeug *n*. ~ **pow·er** *s pol.* Sonderbefugnis(se *pl*) *f* im Kriegsfalle.

war·ra·gal [ˈwɒrəgəl] *s zo. Austral.* **1.** Dingo *m* (*Wildhund*). **2.** Wildpferd *n*.

war·rant [ˈwɒrənt; *Am. a.* ˈwɑ-] **I** *s* **1.** Vollmacht *f*, Bevollmächtigung *f*, Befugnis *f*, Berechtigung *f*: → **attorney** 2. **2.** Rechtfertigung *f*: **not without** ~ nicht ohne e-e gewisse Berechtigung. **3.** Garanˈtie *f*, Gewähr *f*, Sicherheit *f* (*alle a. fig.*). **4.** Bürge *m*. **5.** Bescheinigung *f*, Berechtigungsschein *m*: → **dividend warrant.** **6.** *jur.* (Vollˈziehungs-, Haft-*etc*)Befehl *m*: ~ **of apprehension** a) Steckbrief *m*, b) Haftbefehl *m*; ~ **of arrest** (*während e-r Verhandlung erlassener*) Haftbefehl; ~ **of attachment** (*od.* **distress**) Beschlagnahmeverfügung *f*; **a** ~ **is out against him** er wird steckbrieflich gesucht. **7.** *mar. mil.* Paˈtent *n*, Beförderungsurkunde *f*: ~ **(officer)** a) *mar.* (Ober)Stabsbootsmann *m*, Deckoffizier *m*, b) *mil.* (*etwa*) (Ober)Stabsfeldwebel *m*. **8.** *econ.* (Lager-, Waren)Schein *m*: **bond** ~ Zollbegleitschein *m*. **9.** *econ.* (Rück-) Zahlungsanweisung *f*.

II *v/t* **10.** *bes. jur.* bevollmächtigen, ermächtigen, autoriˈsieren. **11.** rechtfertigen, berechtigen zu: **to** ~ **s.o. to do s.th.** j-n dazu berechtigen, etwas zu tun. **12.** garanˈtieren, zusichern, haften für, verbürgen, gewährleisten: **I cannot** ~ **him to be** (*od.* **that he is**) **reliable** ich kann keine Garantie dafür übernehmen, daß er zuverlässig ist; **the goods are ~ed against faulty workmanship or material** der Hersteller leistet Garantie bei Verarbeitungs- od. Materialfehlern; **~ed for three years** 3 Jahre Garantie; **~ed pure** garantiert rein *od.* echt; **I'll** ~ **(you)** *colloq.* a) ich könnte schwören, b) mein Wort darauf, das kann ich Ihnen versichern. **13.** sichern (**from, against** vor *dat*, gegen). **14.** bestätigen, erweisen.

ˈwar·rant·a·ble *adj* **1.** vertretbar, gerechtfertigt, berechtigt, zu rechtfertigen(d). **2.** *hunt.* jagdbar (*Hirsch*). **ˈwar·rant·a·ble·ness** *s* Vertretbarkeit *f*. **ˈwar·rant·a·bly** *adv* berechtigterweise. **ˌwar·ranˈtee** [-ˈtiː] *s econ. jur.* Sicherheitsempfänger *m*. **ˈwar·rant·er, ˈwar·ran·tor** [-tɔː(r)] *s econ. jur.* Sicherheitsgeber *m*. **ˈwar·ran·ty** [-tɪ] *s* **1.** *bes. jur.* Ermächtigung *f*, Vollmacht *f*. **2.** Rechtfertigung *f*, Berechtigung *f*. **3.** Bürgschaft *f*, Garanˈtie *f*, Sicherheit *f*: **the watch is still under** ~ auf der Uhr ist noch Garantie. **4.** *jur.* Wechselbürgschaft *f*. **5.** *a.* **covenant of** ~ *bes. jur. Am.* Bürgschaftsvertrag *m* (*für Grundbesitz*): ~ **deed** a) Rechtsgarantie *f*, b) Grundstücksübertragungsurkunde *f* (*mit Haftung für Rechtsmängel*).

war·ren [ˈwɒrən; *Am. a.* ˈwɑ-] *s* **1.** Kaˈninchengehege *n*. **2.** *jur. Br. hist.* a) Wildgehege *n*, b) *a.* **free** ~ Jagd-, Hegerecht *n* (*in e-m Wildgehege*). **3.** *fig.* Labyˈrinth *n*, *bes.* a) ˈMietskaˌserne *f*, b) enges Straßengewirr. **ˈwar·ren·er** *s* **1.** *hist.* Hegemeister *m*. **2.** *pl fig.* zs.-gepfercht lebende Menschen *pl*.

war·ri·gal [ˈwɒrɪgəl] → **warragal.**

war·ring [ˈwɔːrɪŋ] *adj* **1.** sich bekriegend, (sich) streitend. **2.** *fig.* ˈwiderstreitend.

war·ri·or [ˈwɒrɪə; *Am.* ˈwɔːrjər] **I** *s poet.* Krieger *m*. **II** *adj* kriegerisch. ~ **ant** *s zo.* Blutrote Waldameise.

war| risk in·sur·ance *s econ. mil.* Kriegsversicherung *f*. **ˈ~ship** *s* Kriegsschiff *n*.

wart [wɔː(r)t] *s* **1.** *med.* Warze *f*: **~s and all** *fig.* mit allen s-n *etc* Fehlern u. Schwächen. **2.** *bot. zo.* Auswuchs *m*: ~ **hog** Warzenschwein *n*. **ˈwart·ed** *adj* warzig.

ˈwar·time I *s* Kriegszeiten *pl*: **in** ~ im Krieg. **II** *adj* in Kriegszeiten, Kriegs...

ˈwart|·weed *s bot.* Wolfsmilch *f*. **ˈ~·wort** *s bot.* **1.** Warzenflechte *f*. **2.** → **wartweed.**

ˈwart·y *adj* warzig.

war| ves·sel → **warship.** **ˈ~ˌwear·y** *adj* kriegsmüde. ~ **whoop** *s* Kriegsgeheul *n* (*der Indianer*). ~ **wid·ow** *s* Kriegerwitwe *f*. ~ **work·er** *s* Rüstungsarbeiter(in). **ˈ~·worn** *adj* **1.** kriegszerstört, vom Krieg verwüstet. **2.** kriegsmüde.

war·y [ˈweərɪ] *adj* (*adv* **warily**) **1.** wachsam, vorsichtig, *a.* argwöhnisch: **to be** ~ **of** a) achtgeben auf (*acc*), b) sich hüten vor (*dat*); **to be** ~ **of doing s.th.** sich (davor) hüten, etwas zu tun; **to keep a** ~ **eye on** ein wachsames Auge haben auf (*acc*). **2.** ˈumsichtig, bedacht(sam). **3.** vorsichtig, behutsam.

war zone *s mil.* Kriegsgebiet *n*.

was [wəz; *Br. betont* wɒz; *Am. betont* wʌz; wɑz] *1. u. 3. sg pret von* **be**; *im pass* wurde: **he** ~ **killed; he** ~ **to come** er hätte kommen sollen; **he didn't know what** ~ **to come** er ahnte nicht, was noch kommen sollte.

wash [wɒʃ; *Am. a.* wɑʃ] **I** *s* **1.** Waschen *n*, Wäsche *f*: **at the** ~ in der Wäsche(rei); **to give s.th. a** ~ etwas (ab)waschen; **to have a** ~ sich waschen; **to come out in the** ~ a) herausgehen (*Flecken etc*), b) *fig. colloq.* in Ordnung kommen, c) *fig. colloq.* ‚rauskommen', sich zeigen. **2.** (*zu waschende od. gewaschene*) Wäsche: **in the** ~ in der Wäsche. **3.** Waschwasser *n*, -lauge *f*. **4.** Spülwasser *n* (*a. fig. dünne Suppe etc*). **5.** Spülicht *n*, Küchenabfälle *pl*. **6.** *fig.* Gewäsch *n*, leeres Gerede. **7.** (*Augen-, Haar- etc*)Wasser *n*. **8.** *pharm.* Waschung *f*. **9.** Anspülen *n* (*der Wellen*), Wellenschlag *m*, (Tosen *n* der) Brandung *f*. **10.** Anschlagen *n*, Klatschen *n* (*der Wellen*). **11.** *mar.* Kielwasser *n*. **12.** *aer.* a) Luftstrudel *m*, Sog *m*, b) glatte Strömung. **13.** *fig.* Fahr-, Kielwasser *n*, Strömung *f*. **14.** Goldsand *m*, goldhaltige Erde. **15.** *geol.* a) Auswaschung *f*, (ˈWasser)Erosiˌon *f*, b) (Alluviˈal)Schutt *m*. **16.** *geogr.* a) Schwemm-, Marschland *n*, b) Moˈrast *m*. **17.** seichtes Gewässer. **18.** ˈFarbˌüberzug *m*: a) Tusche *f*, dünn aufgetragene (Wasser)Farbe, b) *arch.* Tünche *f*. **19.** *tech.* a) Bad *n*, Abspritzung *f*, b) Platˈtierung *f*.

II *adj* **20.** waschbar, -echt, Wasch...: ~ **glove** Waschlederhandschuh *m*; ~ **silk** Waschseide *f*.

III *v/t* **21.** waschen: **to** ~ **o.s.** (**one's face**); **to** ~ **a car; to** ~ **dishes** Geschirr (ab)spülen; → **hand** *Bes. Redew.* **22.** (ab)spülen, (ab)spritzen. **23.** *relig.* (*von Schuld*) reinwaschen, reinigen: → **wash away** 3. **24.** benetzen, befeuchten. **25.** be-, um-, überˈspülen, überˈfluten: **cliffs ~ed by the waves.** **26.** (fort-, weg)spülen, (-)schwemmen: **to** ~ **ashore** (**overboard,** *etc*). **27.** *geol.* graben (*Wasser*): → **wash away** 2, **wash out** 1. **28.** *chem. Gas* reinigen. **29.** (*mit Farbe*) streichen: a) tünchen, weißen, b) dünn anstreichen, c) tuschen. **30.** *Sand* (*nach Gold etc*) auswaschen. **31.** *tech. Erze* waschen, schlämmen. **32.** *tech.* platˈtieren: **to** ~ **brass with gold.**

IV *v/i* **33.** sich waschen. **34.** (Wäsche) waschen. **35.** sich *gut etc* waschen (lassen), waschecht sein. **36.** *colloq.* a) standhalten, (die Probe) bestehen, b) ‚ziehen', stichhaltig sein: **that won't** ~ (**with me**) das zieht nicht (bei mir); **this argument won't** ~ dieses Argument ist nicht stichhaltig. **37.** (*vom Wasser*) gespült *od.* geschwemmt werden: **to** ~ **ashore.** **38.** fluten, spülen (**over** über *acc*). **39.** branden, klatschen (**against** gegen).

Verbindungen mit Adverbien:

wash| a·way I *v/t* **1.** ab-, wegwaschen. **2.** weg-, fortspülen, -schwemmen. **3. to** ~ **s.o.'s sins** *relig.* j-n von s-n Sünden reinwaschen. **II** *v/i* **4.** weg- *od.* fortgespült *od.* -geschwemmt werden. ~ **down** *v/t* **1.** abwaschen, abspritzen. **2.** hinˈunterspülen (*a. Essen mit e-m Getränk*). ~ **off** → **wash away** 1, 2, 4. ~ **out I** *v/t* **1.** auswaschen, ausspülen (*a. geol. etc*), *Straße etc* unterˈspülen. **2. to be washed out** (*Veranstaltung*) a) wegen Regens abgebrochen werden, b) wegen Regens abgesagt werden; **the game was washed out** das Spiel fiel im wahrsten Sinne des Wortes ins Wasser. **3.** *colloq.* ‚fertigmachen', erledigen, erschöpfen: → **washed-out** 2. **4.** *colloq.* a) aufheben, zuˈnichte machen, b) *e-n Plan etc* fallenlassen, aufgeben, c) *e-n Kandidaten etc* ablehnen, ausscheiden. **II** *v/i* **5.** sich auswaschen, verblassen. **6.** sich wegwaschen lassen (*Farbe*). **7.** *colloq.* ˈdurchfallen (*Prüfling etc*). ~ **up I** *v/t* **1.** *Br. Geschirr* (ab)spülen. **2.** *bes. Am. für* **wash out** 3: → **washed-up.** **II** *v/i* **3.** *Am.* sich (Gesicht u. Hände) waschen. **4.** *Br.* Geschirr spülen.

ˈwash·a·ble *adj* waschecht, waschbar, (*Tapete*) abwaschbar.

ˌwash|-and-ˈwear *adj* bügelfrei, *a.* pflegeleicht. **ˈ~ˌba·sin** *s* Waschbecken *n*. **ˈ~·board** *s* **1.** Waschbrett *n* (*a. mus.*). **2.** Fuß-, Scheuerleiste *f*. **3.** *mar.* Setzbord *n*. ~ **bot·tle** *s chem.* **1.** Spritzflasche *f*. **2.** (Gas)Waschflasche *f*. **ˈ~·bowl** → **washbasin.** **ˈ~ˌcloth** *s Am.* Waschlappen *m*. **ˈ~·day** *s* Waschtag *m*. ~ **dirt** *s* Goldsand *m*, Golderde *f*.

ˌwashed|-ˈout *adj* **1.** verwaschen, verblaßt. **2.** *colloq.* ‚fertig', ‚erledigt', erschöpft. **~-ˈup** *adj bes. Am. colloq.* ‚erledigt', ‚fertig': a) erschöpft, b) völlig ruiˈniert.

ˈwash·er *s* **1.** Wäscher(in). **2.** ˈWaschappaˌrat *m*, *bes.* a) ˈWaschmaˌschine *f*, b) *a.* **dish** ~ Geˈschirrspülmaˌschine *f*, Geschirrspüler *m*, c) *tech.* Erz-, Kohlenwäscher *m*, d) *chem.* ˈGaswaschappaˌrat *m*, e) *phot.* Wässerungskasten *m*, f) *Papierherstellung*: Halb(zeug)holländer *m*. **3.** *tech.* a) ˈUnterlegscheibe *f*, Dichtungsscheibe *f*, -ring *m*, b) Achsenstoß *m*. **4.** *Am. für* **raccoon.** **ˈ~ˌwom·an** *s irr* Waschfrau *f*, Wäscherin *f*.

wash·e·te·ri·a [ˌwɒʃɪˈtɪərɪə] *s Br.* **1.** ˈWaschsaˌlon *m*. **2.** (Auto)Waschanlage *f*.

ˈwash|·fast *adj* waschecht. **ˈ~·hand** *adj Br.* Handwasch...: ~ **basin** (Hand-) Waschbecken *n*; ~ **stand** (Hand)Waschständer *m.* ˈ**~house** *s* **1.** Waschhaus *n,* -küche *f.* **2.** Wäscheˈrei *f.* **3.** *tech.* (ˈKohlen-, ˈErz)Wäscheˌrei *f.* ˈ**~in** *s aer.* negative Flügelschränkung.

wash·i·ness [ˈwɒʃɪnɪs; *Am. a.* ˈwɑ-] *s* **1.** Wässerigkeit *f* (*a. fig. Kraftlosigkeit, Seichtheit*). **2.** Verwaschenheit *f,* Blässe *f.*

ˈ**wash·ing I** *s* **1.** → **wash** 1, 2. **2.** *oft pl* (*gebrauchtes*) Wasch- *od.* Spülwasser. **3.** *tech.* a) nasse Aufbereitung, Erzwäsche *f,* b) Wascherz *n,* Waschgold *n.* **4.** *tech.* Platˈtierung *f,* ˈÜberzug *m.* **5.** ˈFarbˌüberzug *m:* a) Tünche *f,* b) Tusche *f.* **6.** *geol.* a) (ˈWasser)Erosiˌon *f,* b) Anschwemmung *f.* **II** *adj* **7.** Wasch..., Wäsche... **~ bot·tle** → **wash bottle.** **~ ma·chine** *s* ˈWaschmaˌschine *f.* **~ pow·der** *s* Waschpulver *n,* -mittel *n.* **~ so·da** *s* (Bleich)Soda *n.* **~ stand** → **washstand.** ˌ**~-ˈup** *s Br.* Abwasch *m* (*Geschirrspülen u. Geschirr*): **to do the ~** (das) Geschirr spülen; **~ liquid** (Geschirr)Spülmittel *n;* **~ machine** Geschirrspülmaschine *f,* Geschirrspüler *m;* **~ water** Abwasch-, Spülwasser *n.*

wash| leath·er *s* **1.** Waschleder *n.* **2.** Fenster(putz)leder *n.* **~ load** *s* Fassungsvermögen *n* (*e-r Waschmaschine*). ˈ**~·out** *s* **1.** *geol.* Auswaschung *f.* **2.** Unterˈspülung *f* (*e-r Straße etc*). **3.** *colloq.* a) ‚Pleite' *f,* ‚Reinfall' *m* (*Mißerfolg*), b) ‚Niete' *f,* Versager *m* (*erfolgloser Mensch*), c) *mil.* ‚Fahrkarte' *f* (*Fehlschuß*), d) ‚ˈDurchfall' *m* (*bei e-r Prüfung*). **4.** *aer.* positive Flügelschränkung. **~ plate** *s mar.* Schlingerplatte *f.* **~ pro·gram(me)** *s* ˈWaschproˌgramm *n* (*e-r Waschmaschine*). ˈ**~rag** *s Am.* Waschlappen *m.* ˈ**~room** *s* **1.** Waschraum *m.* **2.** *Am. euphem.* Toiˈlette *f.* **~ sale** *s econ. Am.* Scheinkauf *m* u. -verkauf *m* (*von Börsenpapieren*). ˈ**~stand** *s* **1.** Waschtisch *m,* -ständer *m.* **2.** Waschbecken *n* (*mit fließendem Wasser*). ˈ**~tub** *s* Waschwanne *f.*

wash·y [ˈwɒʃɪ; *Am. a.* ˈwɑ-] *adj* (*adv* **washily**) **1.** verwässert, wäßrig (*beide a. fig. kraftlos, seicht*): **~ coffee; ~ style.** **2.** verwaschen, blaß: **~ colo(u)r.**

wasp[1] [wɒsp; *Am. a.* wɑsp] *s* **1.** *zo.* Wespe *f.* **2.** reizbarer *od.* ‚giftiger' Mensch.

Wasp[2] [wɑːsp; wɔːsp] *s Am. oft contp. protestantischer Amerikaner britischer od. nordeuropäischer Abstammung, der der privilegierten u. einflußreichen Schicht angehört.*

ˈ**wasp·ish** *adj* (*adv* **~ly**) a) reizbar, b) gereizt, ‚giftig'.

wasp| waist *s* Wespentaille *f.* ˌ**~-ˈwaist·ed** *adj* mit e-r Wespentaille.

was·sail [ˈwɒseɪl; *Am.* ˈwɑsəl] **I** *s* **1.** *obs.* (Trink)Gelage *n.* **2.** *obs.* a) Festpunsch *m,* b) Würzbier *n.* **II** *v/i* **3.** *obs.* zechen, feiern, e-n ˈUmtrunk halten. **4.** *Br.* von Haus zu Haus ziehen u. Weihnachtslieder singen.

Was·ser·mann| re·ac·tion [ˈwæsə(r)mən; *Am.* ˈwɑ-], *a.* **~ test** *s med.* Wassermann(test) *m.*

wast [wɒst; wəst; *Am.* wɑst; wəst] *obs. 2. sg pret ind von* **be: thou ~** du warst.

wast·age [ˈweɪstɪdʒ] *s* **1.** Verlust *m,* Verschleiß *m,* Abgang *m.* **2.** Verschwendung *f,* -geudung *f:* **~ of energy** a) Energieverschwendung, b) *fig.* Leerlauf *m.*

waste [weɪst] **I** *adj* **1.** öde, verödet, wüst, unfruchtbar, unbebaut (*Land*), unbewohnt: **to lay ~** verwüsten; **to lie ~** brachliegen. **2.** a) nutzlos, ˈüberflüssig, b) ungenutzt, ˈüberschüssig: **~ energy.** **3.** unbrauchbar, Abfall... **4.** *tech.* a) abgängig, verloren, Abgangs..., b) Abfluß..., Ablauf..., Abzugs...: **~ drain** Abzugskanal *m;* **~ materials** Abgänge *pl,* Abfall(material *n*) *m.* **5.** *biol.* Ausscheidungs...

II *s* **6.** Verschwendung *f,* -geudung *f:* **~ of energy (money, time)** Kraft-(Geld-, Zeit)verschwendung *f;* **to go** (*od.* **run**) **to ~** a) brachliegen, verwildern, b) vergeudet werden, c) verlottern, -fallen. **7.** Verfall *m,* Verschleiß *m,* Abgang *m,* Verlust *m.* **8.** Wüste *f,* (Ein)Öde *f:* **~ of water** Wasserwüste. **9.** Abfall *m,* Müll *m.* **10.** *tech.* Abfall *m,* Abgänge *pl, bes.* a) Ausschuß *m,* b) Abfall-, Putzbaumwolle *f,* c) Ausschußwolle *f,* Wollabfälle *pl,* d) Werg *n,* e) *metall.* Gekrätz *n,* f) *print.* Makulaˈtur *f.* **11.** *Bergbau:* Abraum *m.* **12.** *geol.* Geröll *n,* Schutt *m.* **13.** *jur.* a) Vernachlässigung *f,* b) Wert(ver)minderung *f* (*e-s Grundstücks*).

III *v/t* **14.** a) verschwenden, -geuden: **to ~ money (time, words,** *etc*); **to ~ no time in doing s.th.** sich beeilen, etwas zu tun; etwas sofort tun; → **breath** 1, b) *Sportler etc* ‚verheizen'. **15.** *Zeit, e-e Gelegenheit etc* ungenutzt verstreichen lassen, vertrödeln (**in, over** mit). **16.** *fig.* brachliegen *od.* ungenutzt lassen: **a ~d talent** ein ungenutztes Talent. **17. to be ~d** nutzlos sein, ohne Wirkung bleiben (**on** auf *acc*), am falschen Platz stehen; **this is ~d on him** das läßt ihn völlig kalt. **18.** zehren an (*dat*), aufzehren, schwächen: **~d with grief** von Kummer verzehrt. **19.** verwüsten, -heeren, zerstören. **20.** *jur.* Vermögensschaden *od.* Minderung verursachen bei, *ein Besitztum* verkommen lassen. **21.** *bes. mil. Am. sl.* ‚ˈumlegen'.

IV *v/i* **22.** *fig.* vergeudet *od.* verschwendet werden: **he ~s in routine work** er verzettelt sich mit Routinearbeit. **23.** vergehen, (ungenutzt) verstreichen (*Zeit, Gelegenheit etc*). **24.** *a.* **~ away** schwächer werden, daˈhinsiechen, verfallen: → **wasting** 3. **25.** *fig.* abnehmen, (daˈhin-)schwinden. **26.** verschwenderisch sein: **~ not, want not** spare in der Zeit, so hast du in der Not.

ˈ**waste|ˌbas·ket** *s bes. Am.* Abfall-, *bes.* Paˈpierkorb *m.* **~ dis·pos·al** *s* Abfall-, Müllbeseitigung *f.*

ˈ**waste·ful** *adj* (*adv* **~ly**) **1.** kostspielig, unwirtschaftlich, verschwenderisch. **2.** verschwenderisch (**of** mit): **to be ~ of** verschwenderisch umgehen mit, *etwas* verschwenden. **3.** sinnlos. **4.** *poet.* wüst, öde. ˈ**waste·ful·ness** *s* Verschwendung(ssucht) *f.*

waste| gas *s tech.* Abgas *n.* **~ heat** *s tech.* Abwärme *f,* Abhitze *f.* ˈ**~land** *s* **1.** Einöde *f,* Ödland *n:* **s.th. is a (cultural,** *etc*) **~** *fig.* etwas ist (kulturell *etc*) völlig bedeutungslos. **2.** verwüstetes Land. **~ oil** *s* Altöl *n.* ˌ**~ˈpa·per** *s* **1.** ˈAbfallpaˌpier *n,* Makulaˈtur *f* (*a. fig.*). **2.** ˈAltpaˌpier *n.* **3.** → **end paper.** ˌ**~ˈpa·per bas·ket** *s* Paˈpierkorb *m.* **~ pipe** *s tech.* Abfluß-, Abzugsrohr *n.* **~ prod·uct** *s* **1.** *econ. tech.* ˈAbfallproˌdukt *n.* **2.** *biol.* Ausscheidungsstoff *m.*

ˈ**wast·er** *s* **1.** → **wastrel** 1 *u.* 3. **2.** *metall.* a) Fehlguß *m,* b) Abschnitt *m,* Schrottstück *n.*

waste| re·cov·er·y *s* Abfall-, Müllaufbereitung *f.* **~ re·mov·al** *s* Abfall-, Müllbeseitigung *f.* **~ steam** *s tech.* Abdampf *m.* **~ treat·ment** → **waste recovery.** **~ wa·ter** *s* Abwasser *n.* **~ wool** *s* Twist *m.*

ˈ**wast·ing I** *s* **1.** → **waste** 6 *u.* 7. **2.** *med.* Auszehrung *f,* Schwindsucht *f.* **II** *adj* **3.** zehrend, schwächend. **4.** abnehmend, schwindend.

wast·rel [ˈweɪstrəl] **I** *s* **1.** a) Verschwender *m,* b) Tunichtgut *m.* **2.** Herˈumtreiber(in). **3.** *econ.* ˈAusschuß(arˌtikel *m,* -ware *f*) *m,* fehlerhaftes Exemˈplar. **II** *adj* **4.** Ausschuß...

watch [wɒtʃ; *Am. a.* wɑtʃ] **I** *s* **1.** Wachsamkeit *f:* **to be (up)on the ~** a) wachsam *od.* auf der Hut sein, b) (**for**) Ausschau halten (nach), lauern, achthaben (auf *acc*). **2.** Wache *f,* Wacht *f:* **to keep (a) ~ (on** *od.* **over)** Wache halten, wachen (über *acc*), aufpassen (auf *acc*), *j-n* scharf beobachten *od.* im Auge behalten; → **ward** 9. **3.** (Schild)Wache *f,* Wachtposten *m.* **4.** *meist pl hist.* (Nacht)Wache *f* (*Zeiteinteilung*): **in the silent ~es of the night** in den stillen Stunden der Nacht. **5.** *mar.* (Schiffs)Wache *f* (*Zeitabschnitt od. Mannschaft*): **first ~** 1. Wache (*20.00–24.00 Uhr*); **middle ~,** *Am.* **mid ~** Mittelwache, 2. Wache, ‚Hundewache' (*0.00–04.00 Uhr*); **morning ~** Morgenwache (*04.00–08.00 Uhr*). **6.** *mar.* ˈSeechronoˌmeter *n.* **7.** (Taschen-, Armband)Uhr *f.* **8.** *obs.* a) Wachen *n,* wache Stunden *pl,* b) Wächteramt *n,* c) Totenwache *f.*

II *v/i* **9.** zusehen, zuschauen. **10.** (**for**) warten, lauern (auf *acc*), Ausschau halten, ausschauen (nach): **to ~ for s.th. to happen** darauf warten, daß etwas geschieht. **11.** wachen (**with** bei), wach sein: **~ and pray** wachet u. betet. **12.** **~ over** wachen über (*acc*), bewachen, aufpassen auf (*acc*): **he (it) needs ~ing** ihn (es) muß man im Auge behalten. **13.** *mil.* Posten stehen, Wache halten. **14.** **~ out (for)** a) → 10, b) aufpassen, achtgeben (auf *acc*): **~ out!** Achtung!, Vorsicht!, c) sich hüten (vor *dat*).

III *v/t* **15.** beobachten: a) *j-m od. e-r Sache* zuschauen, sich *etwas* ansehen: **to ~ the clock** *colloq.* ständig auf die Uhr schauen (*statt zu arbeiten*), b) ein wachsames Auge haben auf (*acc*), *a. e-n Verdächtigen etc* überˈwachen, c) *e-n Vorgang* verfolgen, im Auge behalten, d) *jur. den Verlauf e-s Prozesses* verfolgen. **16.** *e-e Gelegenheit* abwarten, abpassen: **to ~ one's time.** **17.** achtgeben *od.* -haben auf (*acc*) (*od.* **that** daß): **~ it!** sei vorsichtig!, paß auf!; → **step** 1, 7. **18.** *Vieh* hüten, bewachen.

ˈ**watch|·band** *s* Uhr(arm)band *n.* ˈ**~boat** *s mar.* Wachboot *n.* **~ box** *s* **1.** *mil.* Schilderhaus *n.* **2.** ˈUnterstand *m* (*für Polizisten auf Wache, Wachmänner etc*). **~ cap** *s mar.* enganliegende, blaue Strickmütze. ˈ**~case** *s* **1.** Uhr(en)gehäuse *n.* **2.** ˈUhreneˌtui *n.* **~chain** *s* Uhrkette *f.* **W~ Com·mit·tee** *s hist. Br.* städtischer Ordnungsdienst (*für die Polizei verantwortliches Komitee des Gemeinderats*). ˈ**~dog I** *s* **1.** Wachhund *m.* **2.** *fig.* Überˈwacher(in): **~ committee** Überwachungsausschuß *m.* **II** *v/t* **3.** *fig.* wachen über (*acc*), überˈwachen.

ˈ**watch·er** *s* **1.** Wächter(in). **2.** a) j-d, der an e-m Krankenbett Wache hält, b) j-d, der Totenwache hält. **3.** Beobachter(in), Aufpasser(in). **4.** Schaulustige(r *m*) *f.*

ˈ**watch·ful** *adj* (*adv* **~ly**) **1.** wachsam, aufmerksam, *a.* lauernd (**of** auf *acc*): **to keep a ~ eye (up)on** ein wachsames Auge haben auf (*acc*); **there was a ~ look in her eyes** sie hatte e-n wachsamen Blick. **2.** (**against**) vorsichtig (mit), auf der Hut (vor *dat*). ˈ**watch·ful·ness** *s* **1.** Wachsamkeit *f.* **2.** Vorsicht *f.*

watch| glass *s* Uhrglas *n.* ˈ**~house** *s* **1.** Wache *f,* ˈWachloˌkal *n.* **2.** *Am.* Poliˈzeiwache *f* mit Arˈrestzelle.

ˈ**watch·ing** *s* Beobachten *n.* **~ brief** *s jur.* Auftrag *m* zur Beobachtung *od.* Wahrnehmung e-s Proˈzesses (*im Interesse e-s nicht Beteiligten*).

watch| key *s* Uhrschlüssel *m.* ˈ**~mak·er** *s* Uhrmacher *m.* ˈ**~mak·ing** *s* Uhrmacheˈrei *f.* ˈ**~man** [-mən] *s irr* **1.** (Nacht)Wächter *m,* Wache *f* (*in Gebäu-*

den etc). **2.** *hist.* Nachtwächter *m* (*e-r Stadt etc*). **ˈ~man's clock** *s* Konˈtroll-, Wächteruhr *f.* **~ night** *s relig.* Silˈvestergottesdienst *m.* **~of·fi·cer** *s mar.* ˈWachoffiˌzier *m.* **~ pock·et** *s* Uhrtasche *f.* **~ spring** *s tech.* Uhrfeder *f.* **ˈ~strap** *s* Uhr(arm)band *n.* **ˈ~ˌtow·er** *s mil.* Wach(t)turm *m.* **ˈ~word** *s* **1.** Losung *f*, Paˈrole *f* (*a. fig. e-r Partei etc*). **2.** *fig.* Schlagwort *n.*

wa·ter [ˈwɔːtə(r)] **I** *v/t* **1.** bewässern, *den Rasen, e-e Straße etc* sprengen, *Pflanzen etc* (be)gießen. **2.** tränken: **to ~ the cattle.** **3.** mit Wasser versorgen: **to ~ ship** → 8. **4.** *oft* **~ down** verwässern: a) verdünnen, *Wein* panschen, b) *fig.* abschwächen, mildern, c) *fig.* mundgerecht machen: **a ~ed-down liberalism** ein verwässerter Liberalismus; **~ing-down policy** Verwässerungspolitik *f*; **he ~ed his lecture** er zog s-n Vortrag in die Länge. **5.** *econ. Aktienkapital* verwässern: **to ~ the stock.** **6.** *tech.* a) wässern, einweichen, befeuchten, b) *Töpferei, Malerei: Ton, Farbe* einsumpfen, c) *Kalk* einmachen, d) *Flachs* rösten, e) *Stoff* wässern, moiˈrieren, f) *Stahl* damasˈzieren.

II *v/i* **7.** wässern (*Mund*), tränen (*Augen*): **it made his eyes ~** s-e Augen begannen zu tränen; **his mouth ~ed** das Wasser lief ihm im Mund zusammen (**for, after** nach); **to make s.o.'s mouth ~** j-m den Mund wässerig machen. **8.** *mar.* Wasser einnehmen. **9.** Wasser trinken (*Vieh*). **10.** *aer.* wassern.

III *s* **11.** Wasser *n*: **to be under ~** unter Wasser stehen; **~ bewitched** *colloq.* dünnes *od.* verwässertes Getränk; **~s of forgetfulness** a) Wasser des Vergessens, Vergessen *n*, b) Tod *m.* **12.** *oft pl* Mineˈralwasser *n*, Brunnen *m*, Wasser *n* (*e-r Heilquelle*): **to drink** (*od.* **take**) **the ~s** e-e Kur machen (**at** in *dat*). **13.** *oft pl* Wasser *n od. pl*, Gewässer *n od. pl*: **in Chinese ~s** in chinesischen Gewässern; (**by land and**) **by ~** (zu Lande u.) zu Wasser, auf dem (Land- u.) Wasserweg; **on the ~** a) auf dem Meer, zur See, b) zu Schiff; **to be on the ~** verschifft werden; **the ~s** *poet.* das Meer, die See. **14.** *oft pl* Flut *f*, Fluten *pl*, Wasser *n od. pl.* **15.** Wasserstand *m*: → **high (low) water.** **16.** Wasserspiegel *m*: **above (below) (the) ~** über (unter) Wasser *od.* dem Wasserspiegel. **17.** (Toiˈletten)Wasser *n.* **18.** *chem.* Wasserlösung *f.* **19.** *med. physiol.* Wasser *n*, Seˈkret *n* (*z. B. Speichel, Schweiß, Urin*): **the ~, the ~s** das Fruchtwasser; **to pass** (*od.* **make**) **~** Wasser lassen; **it brings the ~ to his mouth** es läßt ihm das Wasser im Munde zs.-laufen; **~ on the brain** Wasserkopf *m*; **~ on the knee** Kniegelenkerguß *m.* **20.** *tech.* Wasser *n* (*reiner Glanz e-s Edelsteins*): **of the first ~** reinsten Wassers (*a. fig.*); **a scoundrel of the first ~** *fig.* ein Erzhalunke. **21.** *tech.* a) Wasser (-glanz *m*) *n*, Moiˈré *n* (*von Stoffen*), b) Damasˈzierung *f* (*von Stahl*).

Besondere Redewendungen:

to hold ~ *fig.* stichhaltig sein; **to throw cold ~ on** *fig. e-r Sache* e-n Dämpfer aufsetzen, wie e-e kalte Dusche wirken auf (*acc*); **the wine flowed like ~** der Wein floß in Strömen; **to spend money like ~** mit dem Geld nur so um sich werfen; **to make** (*od.* **take**) **~** *mar.* Wasser machen, leck sein (*Schiff*); **to make the ~** *mar.* vom Stapel laufen; **still ~s run deep** stille Wasser sind tief; → **bread** *Bes. Redew.*, **bridge**[1] 1, **deep** 1, **fish** 1, **head** *Bes. Redew.*, **hot** 13, **low water, oil** 1, **trouble** 6, **write** 2.

wa·ter·age [ˈwɔːtərɪdʒ] *s econ. Br.* **1.** Beförderung *f* auf dem Wasser(weg). **2.** Wasserfracht(kosten *pl*) *f.*

wa·ter| an·te·lope → **waterbuck.** **~ bag** *s* **1.** *zo.* Netzmagen *m* (*des Kamels*). **2.** Wasserbeutel *m* (*aus Leder*). **~bail·iff** *s Br. hist.* **1.** Hafenzollbeamte(r) *m.* **2.** a) Fischeˈrei-Aufseher *m*, b) ˈStrompoliˌzist *m.* **~ bal·ance** *s biol. med.* Wasserhaushalt *m.* **~ bath** *s* Wasserbad *n* (*a. chem. u. gastr.*). **~ bat·ter·y** *s electr.* (galˈvanische) ˈWasserbatteˌrie. **ˈ~-ˌbear·er** *s* **1.** Wasserträger *m.* **2.** **W~ B~** → **Aquarius.** **~ bear·ing** *s tech.* hyˈdraulisches (Achs- *od.* Wellen)Lager. **ˈ~-ˌbear·ing** *adj geol.* wasserführend. **~ bed** *s* **1.** *geol.* (Grund)Wasserschicht *f.* **2.** Wasserbett *n.* **~ bird** *s orn. allg.* Wasser-, Schwimmvogel *m.* **~ bis·cuit** *s* (einfacher) Keks. **~ blis·ter** *s med.* Wasserblase *f.* **ˈ~borne** *adj* **1.** auf dem Wasser schwimmend, flott. **2.** zu Wasser *od.* auf dem Wasserweg befördert: **~ goods.** **3.** **~ disease** *med.* Krankheit, die durch Wasser übertragen wird. **~ bot·tle** *s* **1.** Wasserflasche *f.* **2.** Feldflasche *f.* **ˈ~-bound** *adj* durch e-e Überˈschwemmung festgehalten, vom Wasser eingeschlossen *od.* (von der ˈUmwelt) abgeschnitten. **~ brash** → **pyrosis.** **~ break** *s* Brecher *m od. pl*, Brechung *f* (*Wellen*). **~ breath·er** *s zo.* Kiemenatmer *m.* **ˈ~buck** *s zo.* **1.** ˈHirschantiˌlope *f.* **2.** Elˈlipsen-, Wasserbock *m.* **3.** Litschi-Wasserbock *m.* **~ buf·fa·lo** → **buffalo** 1 a. **~ bug** *s zo.* (*e-e*) Wasserwanze *f.* **ˈ~bus** *s* Flußboot *n* im Linienverkehr. **~ butt** *s* Wasserfaß *n*, Regentonne *f.* **~ cab·bage** *s bot.* **1.** Amer. Seerose *f.* **2.** → **water lettuce.** **~ can·cer, ~ can·ker** *s med.* Wasserkrebs *m*, Noma *n.* **~ can·non** *s* Wasserwerfer *m.* **~ car·riage** *s* **1.** Transˈport *m* zu Wasser, ˈWassertransˌport *m.* **2.** ˈWassertransˌportmittel *pl.* **~ car·ri·er** *s* **1.** Wasserträger *m.* **2.** a) Wasserleitung *f*, b) Kaˈnal *m.* **3.** Regenwolke *f.* **4.** **W~ C~** → **Aquarius.** **~ cart** *s* **1.** Wasserwagen *m* (*zum Transport*). **2.** Sprengwagen *m.* **~ ce·ment** *tech.* ˈWasserzeˌment *m*, -mörtel *m.* **~ chest·nut** *s bot.* Wassernuß *f.* **~ chute** *s* Wasserrutschbahn *f.* **~ clock** *s tech.* Wasseruhr *f.* **~ clos·et** *s* ˈWasserkloˌsett *n.* **~ cock** *s orn.* Ostindische Wasserralle. **ˈ~ˌcol·o(u)r I** *s* **1.** Wasser-, Aquaˈrellfarbe *f.* **2.** Aquaˈrellmaleˌrei *f.* **3.** Aquaˈrell *n* (*Bild*). **II** *adj* **4.** Aquarell... **ˈ~ˌcol·o(u)r·ist** *s* Aquaˈrellmaler(in). **ˈ~-cool** *v/t tech.* mit Wasser kühlen. **ˈ~-cooled** *adj* wassergekühlt: **~ engine.** **~ cool·er** *s tech.* Wasserkühltank *m*, -kühler *m.* **~ cool·ing** *s tech.* Wasserkühlung *f.* **ˈ~-ˌcool·ing** *adj*: **~ jacket** *tech.* Wasserkühlmantel *m.* **ˈ~course** *s* **1.** Wasserlauf *m.* **2.** Fluß-, Strombett *n.* **3.** Kaˈnal *m.* **~ cow** *s zo.* **1.** Büffelkuh *f.* **2.** Maˈnati *f* (*Seekuh*). **ˈ~craft** *s* **1.** Wasserfahrzeug(e *pl*) *n.* **2.** Geschicklichkeit *f* im Wassersport. **~ crane** *s tech.* Wasserkran *m.* **~ cress** *s bot.* Brunnenkresse *f.* **~ cure** *s med.* **1.** Wasserkur *f.* **2.** Wasserheilkunde *f.* **~ di·vin·er** *s* (Wünschel)Rutengänger *m.* **~ dock** *s bot.* Wasserampfer *m.* **~ doc·tor** *s* **1.** *med. hist.* Wasser-, Uˈrindoktor *m.* **2.** *colloq.* Wasserheilkundige(r) *m.* **~ dog** *s* **1.** *hunt.* Wasserhund *m.* **2.** *zo. Am. colloq.* (*ein*) großer Salaˈmander. **3.** *colloq.* ‚Wasserratte' *f.* **~ drink·er** *s* **1.** Wassertrinker(in). **2.** ˈAntialkoˌholiker(in). **ˈ~drop** *s* **1.** Wassertropfen *m.* **2.** *poet.* Träne *f.* **~ e·con·o·my** *s biol. med.* Wasserhaushalt *m.*

wa·tered [ˈwɔːtə(r)d] *adj* **1.** bewässert, gesprengt (*Rasen, Straße etc*). **2.** verwässert (*a. fig.*). **3.** *econ.* verwässert (*Aktienkapital*). **4.** *tech.* a) gewässert, moiˈriert (*Stoff*), b) damasˈziert (*Stahl*).

wa·ter| el·der → **guelder-rose.** **~ el·e·phant** → **hippopotamus.** **~ elm** *s bot.* Weißrüster *f.* **~ en·gine** *s tech.* **1.** Wasserhebewerk *n*, Schöpfwerk *n.* **2.** *Bergbau*: ˈWasserhaltungsmaˌschine *f.* **3.** Wassermotor *m.* **ˈ~fall** *s* **1.** Wasserfall *m.* **2.** *fig.* Sturzbach *m*: **a ~ of questions.** **~ feed·er** *s tech.* Wasserzufluß *m*, Speiseleitung *f.* **~ fern** *s bot.* (*ein*) Rispenfarn *m*, *bes.* Königsfarn *m.* **ˈ~ˌfind·er** *s* (Wünschel)Rutengänger *m.* **~ flea** *s zo.* Wasserfloh *m.* **ˈ~fog** *s* Tröpfchennebel *m.* **ˈ~fowl** *s orn.* **1.** Wasser-, Schwimmvogel *m.* **2.** *collect.* Wasservögel *pl.* **~ frame** *s tech.* ˈWasserˌspinnmaˌschine *f.* **ˈ~front** *s* an ein Gewässer grenzender Stadtbezirk *od.* Landstreifen, Hafengebiet *n*, -viertel *n.* **~ funk** *s colloq.* **1.** Wasserscheu *f.* **2.** Wasserscheue(r *m*) *f.* **~ gage** *bes. Am. für* **water gauge.** **~ gap** *s geogr.* Schlucht *f*, (ˈFluß)ˌDurchbruch *m.* **~ gas** *s chem.* Wassergas *n.* **~ gate** *s* **1.** Schleuse *f.* **2.** Schleusentor *n.* **~ gauge** *s tech.* **1.** Wasserstands(an)zeiger *m.* **2.** Pegel *m*, Peil *m*, hyˈdraulischer Druckmesser. **3.** *Wasserdruck gemessen in* **inches** *Wassersäule.* **~ gild·ing** *s tech.* Leim-, Wasservergoldung *f.* **~ glass** *s* Wasserglas *n* (*a. chem.*). **ˈ~-glass egg** *s* eingelegtes Ei, Kalkei *n.* **~ gold** *s tech.* Muschel-, Malergold *n.* **~ green** *s paint.* Wassergrün *n.* **~ gru·el** *s* dünner Haferschleim. **~ guard** *s* **1.** ˈFluß-, ˈHafenpoliˌzist *m.* **2.** Hafenzollwache *f.* **~ gun** *s Am.* ˈWasserpiˌstole *f.* **~ ham·mer** *s phys.* **1.** Wasserstoß *m* (*in Röhren*). **2.** Wasserhammer *m* (*zur Erzeugung von Schallimpulsen*). **~ heat·er** *s tech.* Warmwasserbereiter *m.* **~ hen** *s orn.* Ralle *f*, *bes.* a) Grünfüßiges Teichhuhn, b) Amer. Wasserhuhn *n.* **~ hole** *s* **1.** Wasserloch *n.* **2.** kleiner Teich. **3.** Loch *n* in der Eisdecke (*e-s Gewässers*). **~ hose** *s* Wasserschlauch *m.* **~ ice** *s* Fruchteis *n.*

wa·ter·i·ness [ˈwɔːtərɪnɪs] *s* Wässerigkeit *f.*

ˈwa·ter·ing I *s* **1.** Bewässern *n*, Sprengen *n* (*e-s Rasens, e-r Straße etc*), (Be)Gießen *n* (*von Blumen*). **2.** Tränken *n* (*von Vieh*). **3.** Versorgung *f* mit Wasser. **4.** Verwässern *n* (*a. fig.*). **5.** *econ.* Verwässern *n* (*von Aktienkapital*). **6.** *tech.* a) Wässern *n*, Moiˈrieren *n* (*von Stoff*), b) Moiˈrierung *f*, c) Damasˈzieren *n* (*von Stahl*). **7.** *mar.* Wassernehmen *n.* **II** *adj* **8.** Bewässerungs... **9.** Kur..., Bade... **~ bri·dle** *s* Wassertrense *f* (*der Pferde*). **~ can** *s* Gießkanne *f.* **~ cart** *s* Sprengwagen *m.* **~ place** *s* **1.** *bes. Br.* a) Bade-, Kurort *m*, Bad *n*, b) (See)Bad *n.* **2.** Wasserstelle *f* (*a. mar.*), (Vieh)Tränke *f.* **~ pot** *s Am.* Gießkanne *f.*

wa·ter| jack·et *s tech.* Wasserkühlmantel *m.* **~ joint** *s tech.* wasserdichte Fuge *od.* Verbindung. **~ jump** *s sport* Wassergraben *m.* **~ leaf** *s irr* Wasserblatt *n* (*Ornament*). **ˈ~leaf** *pl* **-leafs** *s* **1.** *bot.* Wasserblatt *n.* **2.** *pl a.* **-leaves** ˈWasserpaˌpier *n.* **~ lens** *s opt.* Flüssigkeitslinse *f*, -lupe *f.* **~ len·tils** *s meist pl bot.* Wasserlinse *f.*

ˈwa·ter·less *adj* wasserlos.

wa·ter| let·tuce *s bot.* Wasserkohl *m.* **~ lev·el** *s* **1.** Wasserstand *m*, -spiegel *m.* **2.** *tech.* a) Wasserstandslinie *f*, Pegelstand *m*, b) Wasserwaage *f.* **3.** *geol.* (Grund)Wasserspiegel *m.* **4.** *Bergbau*: Grundstrecke *f.* **5.** *mar.* → **water line** 1. **~ lil·y** *s bot.* **1.** Seerose *f*, Wasserlilie *f.* **2.** Teichrose *f.* **3.** Seerosengewächs *n.* **~ lime** *s arch.* Wasserkalk *m*, -mörtel *m.* **~ line** *s* **1.** *mar.* Wasserlinie *f* (*e-s Schiffs*): **light ~** niedrigste Wasserlinie; **load ~** höchste Wasserlinie. **2.** Wasserlinie *f* (*Wasserzeichen*). **3.** → **water level** 3.

ˈ**~·logged** *adj* **1.** *mar.* voll Wasser (*Boot etc*). **2.** vollgesogen (*Holz etc*).

Wa·ter·loo [ˌwɔːtə(r)ˈluː; *Am. a.* ˌwɑ-] *s*: **to meet one's ~** *fig.* sein Waterloo (*e-e vernichtende Niederlage*) erleben.

wa·ter|lot *s Am.* unter Wasser stehendes *od.* sumpfiges Gelände. **~ main** *s tech.* Hauptwasserrohr *n.* ˈ**~·man** [-mən] *s irr* **1.** Fährmann *m.* **2.** *sport* Ruderer *m*: **a good ~. 3.** *myth.* Wassergeist *m.* ˈ**~·mark I** *s* **1.** *tech.* Wasserzeichen *n* (*in Papier*). **2.** *mar.* Wassermarke *f, bes.* Flutzeichen *n* (*am Pegel*): **high ~** Tiefgangs-, Lademarke (*am Schiff*). **II** *v/t* **3.** *Papier* mit Wasserzeichen versehen. **~ mead·ow** *s agr.* Rieselwiese *f.* ˈ**~ˌmel·on** *s bot.* ˈWassermeˌlone *f.* **~ me·ter** *s tech.* Wassermesser *m*, -zähler *m.* **~ mill** *s* Wassermühle *f.* **~ moc·ca·sin** *s zo.* Mokassinschlange *f.* **~ mon·key** *s* irdene ˈWasserkaˌraffe (*zur Kühlhaltung*). **~ mo·tor** *s tech.* Wasserantrieb(svorrichtung *f*) *m.* **~ nix·ie → nixe. ~ nymph** *s myth.* Wassernymphe *f.* **~ or·deal** *s hist.* Wasserprobe *f* (*Art des Gottesurteils*). **~ part·ing** *bes. Am. für* **watershed** 1. **~ pil·lar** *s tech.* Wasserkran *m.* **~ pipe** *s* **1.** *tech.* Wasser(leitungs)rohr *n.* **2.** orienˈtalische Wasserpfeife. **~ pis·tol** *s* ˈWasserpiˌstole *f.* **~ pitch·er** *s* Wasserkrug *m.* **~ plane** *s* **1.** Wasserspiegel *m.* **2.** *aer.* Wasserflugzeug *n.* **~ plant** *s bot.* Wasserpflanze *f.* **~ plate** *s* Wärmeteller *m.* **~ plug** *s tech.* Wasserhahn *m.* **~ pol·lu·tion** *s* Wasserverschmutzung *f.* **~ po·lo** *s sport* **1.** Wasserball(spiel *n*) *m.* **2.** Wasserball *m.* ˈ**~·pot** *s* **1.** Wassertopf *m*, -krug *m.* **2.** *Am.* Gießkanne *f.* **~ pow·er** *s tech.* Wasserkraft *f.* **~ pres·sure** *s tech.* Wasserdruck *m.* ˈ**~·proof I** *adj* **1.** wasserdicht. **II** *s* **2.** wasserdichter Stoff. **3.** wasserdichtes Kleidungsstück, *bes. Br.* Regenmantel *m.* **III** *v/t* **4.** wasserdicht machen, imprägnieren. **~ pump** *s tech.* Wasserpumpe *f.* ˈ**~·quake** *s geol.* Seebeben *n.* **~ rad·ish** *s bot.* Wasserkresse *f.* **~ rat** *s zo.* a) Wasserratte *f*, b) Bisamratte *f*, c) *e-e* Wassermaus, *bes.* Schwimm-Maus *f.* **~ rate** *s* Wassergeld *n.* **~ re·cy·cling** *s* Wasseraufbereitung *f.* ˈ**~-reˌpel·lent** *adj* wasserabstoßend. ˈ**~-ret → water-rot. ~ rice → Indian rice. ~ right** *s jur.* Wassernutzungsrecht *n.* **~ rose → water lily** 1. ˈ**~-rot** *v/t Flachs* in Wasser rotten *od.* rösten. **~ sail** *s mar.* Wassersegel *n.* ˈ**~·scape** *s paint.* Seestück *n.* **~ scor·pi·on** *s zo.* ˈWasserskorpiˌon *m.* **~ seal** *s tech.* Wasserverschluß *m.* ˈ**~-ˌsea·son** *v/t tech. Holz* (*nach vorherigem Nässen*) austrocknen. ˈ**~·shed** *s geogr.* **1.** *Br.* Wasserscheide *f.* **2.** Einzugs-, Stromgebiet *n.* **3.** *fig.* a) Trennungslinie *f*, b) Wendepunkt *m.* ˈ**~·side I** *s* Wasserkante *f*, Küste *f*, See-, Flußufer *n.* **II** *adj* Küsten..., See..., (Fluß)Ufer...: **~ police** Wasserschutzpolizei *f.* **~ ski** *s* Wasserski *m.* ˈ**~-ski** *v/i* Wasserski laufen. ˈ**~-ˌski·ing** *s* Wasserski(laufen) *n.* **~ smoke** *s* Wasserdunst *m.* ˈ**~-ˌsol·u·ble** *adj biol. chem.* wasserlöslich. **~ sor·rel** *s bot.* Wasserampfer *m.* **~ sou·chy** [ˈsuːʃɪ] *s gastr. im eigenen Saft bereitetes Fischgericht.* **~ span·iel** *s zo.* Wasserspaniel *m.* **~ spi·der** *s zo.* Wasserspinne *f.* ˈ**~·spout** *s* **1.** Fallrohr *n* (*der Dachrinne*). **2.** Wasserspeier *m*, Speiröhre *f.* **3.** springender Wasserstrahl. **4.** *meteor.* a) Wasserhose *f*, b) Wolkenbruch *m*, Platzregen *m.* **~ sprite** *s* Wassergeist *m*, Nixe *f.* **~ strid·er** *s zo.* Wasserschneider *m.* **~ sup·ply** *s* **1.** Wasserversorgung *f.* **2.** Wasserleitung *f.* **~ sys·tem** *s* **1.** *geogr.* Stromgebiet *n.* **2. → water supply. ~ ta·ble** *s* **1.** *arch.* Wasserschlag *m*, -abflußleiste *f.* **2.** *geol.* Grundwasserspiegel *m.* **3.** Rinnstein *m.* **~ tank** *s* Wasserbehälter *m.* **~ ther·mom·e·ter** *s phys.* ˈWasserthermoˌmeter *n.* ˈ**~·tight** *adj* **1.** wasserdicht. **2.** *fig.* a) eindeutig, unanfechtbar: **~ case; ~ allegation,** b) zuverlässig, sicher, c) stichhaltig: **~ argument.** ˈ**~·tight com·part·ment** *s mar.* wasserdichte Abˈteilung: **to keep s.th. in watertight compartments** *fig.* etwas isoliert halten *od.* betrachten. ˈ**~ˌtight·ness** *s* wasserdichte Beschaffenheit. **~ tow·er** *s* **1.** *tech.* Wasserturm *m.* **2.** Standrohr *n* (*der Feuerwehr*). ˈ**~-tube boil·er** *s tech.* Röhrenkessel *m.* **~ twist** *s* Wassergarn *n.* **~ va·po(u)r** *s phys.* Wasserdampf *m.* **~ vole → water rat** a. **~ wag·on** *s Am.* Wasser(versorgungs)wagen *m*: **to be on the ~** *colloq.* nichts (mehr) trinken; **to go on the ~** *colloq.* mit dem Trinken aufhören; **to be off the ~** *colloq.* wieder trinken. **~ wag·tail** *s orn.* Bachstelze *f.* **~ wave** *s* Wasserwelle *f* (*a. im Haar*). ˈ**~-wave** *v/t das Haar* in Wasserwellen legen. ˈ**~·way** *s* **1.** Wasserweg *m.* **2.** *mar.* a) Wasserstraße *f*, Schiffahrtsweg *m*, b) Wassergang *m* (*Deckrinne*). **3.** *tech.* Hahnbohrung *f.* **~ wheel** *s tech.* **1.** Wasserrad *n.* **2.** *mar.* Schaufelrad *n.* **3.** Schöpfrad *n.* **~ wing** *s* **1.** *arch. tech.* Wassermauer *f* (*an Brücken*). **2.** *pl* ˈSchwimmflügel *pl*, -manˌschetten *pl.* **~ witch** *s* (Wünschel)Rutengänger *m.* ˈ**~·works** *s pl* **1.** (*oft als sg konstruiert*) Wasserwerk *n.* **2.** a) Fonˈtäne(n *pl*) *f*: **to turn on the ~** *colloq.* zu heulen anfangen, losheulen, b) Wasserspiel *n.* **3.** *colloq.* Blase *f*: **to have trouble with one's ~** ständig laufen müssen. ˈ**~·worn** *adj* vom Wasser ausgehöhlt.

wa·ter·y [ˈwɔːtərɪ] *adj* **1.** Wasser...: **the ~ god** der Wassergott; **to go to a ~ grave** ein feuchtes *od.* nasses Grab finden, sein Grab in den Wellen finden; **the ~ waste** die Wasserwüste. **2.** a) wäßrig, wässerig, wasserartig, b) feucht, naß: **~ soil. 3.** regenverkündend, Regen...: **~ sky** Regenhimmel *m.* **4.** triefend: a) *allg.* voller Wasser, naß: **~ clothes,** b) tränend: **~ eyes. 5.** verwässert: a) fad(e), geschmacklos: **~ vegetables,** b) blaß: **~ colo(u)r. 6.** *fig.* schal, seicht: **~ style.**

watt [wɒt; *Am.* wɑt] *s electr.* Watt *n*: **~ current** Wirkstrom *m*; **~-hour** Wattstunde *f*; **~-second** Wattsekunde *f.*

ˈ**watt·age** *s electr.* Wattleistung *f.*

wat·tle [ˈwɒtl; *Am.* ˈwɑtl] **I** *s* **1.** *Br. dial.* a) Gerte *f*, Rute *f*, b) Hürde *f.* **2.** *a. pl* Flecht-, Gitterwerk *n* (*aus Zweigen*): **~ and daub** *arch.* mit Lehm beworfenes Flechtwerk. **3.** *pl* Ruten *pl* (*zum Strohdachbau*). **4.** *bot. Austral.* Aˈkazie *f.* **5.** a) *orn. zo.* Bart *m*, Kehllappen *pl*, b) *ichth.* Bartfäden *pl.* **II** *v/t* **6.** aus Ruten flechten. **7.** mit Flechtwerk umˈzäunen *od.* bedecken. **8.** *Strohdach etc* mit Ruten *od.* Gerten befestigen. **9.** *Ruten, Gerten* zs.-flechten. ˈ**wat·tled** *adj* **1.** a) *orn. zo.* mit e-m Bart (versehen), b) mit Bartfäden (versehen) (*Fisch*). **2.** aus Ruten geflochten, aus Flechtwerk ˈhergestellt.

ˈ**watt·less** *adj electr.* watt-, leistungslos: **~ current** Blindstrom *m*; **~ power** Blindleistung *f.*

ˈ**wat·tle·work** *s* (Ruten)Flechtwerk *n.*

ˈ**wat·tling** *s* **1.** Flechten *n.* **2.** Flechtwerk *n*, Geflecht *n.*

ˈ**wattˌme·ter** *s electr.* Wattmeter *n*, Leistungsmesser *m.*

waul [wɔːl] *v/i* jämmerlich schreien.

wave[1] [weɪv] **I** *s* **1.** Welle *f*, Woge *f* (*beide a. fig. von Gefühl etc*): **the ~(s)** *poet.* die See; **~ of indignation** *fig.* Woge der Entrüstung; **to make ~s** *Am.* Wellen schlagen, Aufsehen erregen. **2.** (*Boden- etc*)Welle *f*, wellenförmige Unebenheit. **3.** *fig.* (*Angriffs- etc*)Welle *f*: **~s of attack; ~ of immigrants** Einwandererwelle; **~ after ~** Welle um Welle; **in ~s** in Wellen, schubweise. **4.** *electr. phys.* Welle *f*: **~ frequency** Wellenfrequenz *f.* **5.** *tech.* a) Welle *f*, Flamme *f* (*im Stoff*), b) *print.* Guilˈloche *f* (*Zierlinie*). **6.** (Haar)Welle *f.* **7.** Wink(en *n*) *m*, Schwenken *n*: **a ~ of the hand** ein Wink mit der Hand, e-e Handbewegung; **to give s.o. a ~** j-m (zu)winken. **II** *v/i* **8.** wogen, sich wellenartig bewegen. **9.** wehen, flattern, wallen. **10.** (**at** *od.* **to s.o.** j-m) (zu)winken, Zeichen geben. **11.** sich wellen (*Haar*). **III** *v/t* **12.** wellenförmig bewegen. **13.** a) *e-e Fahne, Waffe etc* schwenken, schwingen, hin u. her bewegen: **to ~ one's arms** mit den Armen fuchteln; **to ~ one's fist at s.o.** j-m mit der Faust drohen, b) winken mit: **to ~ one's hand** (mit der Hand) winken (**at** *od.* **to s.o.** j-m). **14.** *das Haar etc* wellen, in Wellen legen. **15.** *tech.* a) *Stoff* flammen, moiˈrieren, b) *Wertpapiere etc* guilloˈchieren, mit Zierlinien versehen. **16.** *j-m* (zu)winken: **to ~ a train to a halt** e-n Zug durch Winkzeichen anhalten; **to ~ aside** a) *j-n* beiseite winken, b) *fig. j-n od. etwas* mit e-r Handbewegung abtun; **to ~ away** a) *j-n* abweisen, b) *Fliegen etc* (mit der Hand) verscheuchen; **to ~ down** *Auto etc* anhalten, stoppen; **to ~ goodbye to** a) *j-m* zum Abschied winken, b) *colloq. etwas* ‚in den Schornstein schreiben'; **to ~ nearer** heranwinken.

Wave[2] [weɪv] *s mar. Am. colloq.* Angehörige *f* der **Waves.**

wave| band *s electr.* Wellenband *n.* **~ de·tec·tor** *s electr.* ˈWellendeˌtektor *m.* **~ e·qua·tion** *s phys.* Wellengleichung *f.* **~ front** *s phys.* Wellenfront *f.* **~ guide** *s electr.* Hohl-, Wellenleiter *m.* ˈ**~·length** *s electr. phys.* Wellenlänge *f*: **to be on the same ~** *fig.* auf der gleichen Wellenlänge liegen, die gleiche Wellenlänge haben. ˈ**~·like** *adj* wellenförmig.

wa·vell·ite [ˈweɪvəlaɪt] *s min.* Wavelˈlit *m.*

wave| me·chan·ics *s pl* (*als sg konstruiert*) *phys.* ˈWellenmeˌchanik *f.* ˈ**~ˌme·ter** *s electr.* Wellenmesser *m.* **~ num·ber** *s electr.* Wellenzahl *f.*

wa·ver [ˈweɪvə(r)] **I** *v/i* **1.** wanken, schwanken, taumeln. **2.** flackern (*Licht*). **3.** beben, zittern (*Hände, Stimme etc*). **4.** *fig.* wanken: a) schwanken (**between** zwischen *dat*), unschlüssig sein: **not to ~** sich nicht beirren lassen, b) ins Wanken geraten (*Mut etc*). ˈ**wa·ver·er** *s fig.* Unentschlossene(r *m*) *f*, Zauderer *m.* ˈ**waver·ing** *adj* (*adv* **~ly**) **1.** (sch)wankend (*a. fig.*). **2.** *fig.* unschlüssig. **3.** flakernd. **4.** zitternd.

Waves [weɪvz] *s mar. Am. colloq.* amer. Reˈserve-MaˌrinehelferinnenˌKorps *n* (*aus* **Women's Appointed Volunteer Emergency Service**).

wave| the·o·ry *s phys.* ˈWellentheoˌrie *f* (*des Lichts*): **~ of matter** Wellentheorie der Materie. **~ trap** *s electr.* Sperrkreis *m*, Sperre *f.*

wav·ey [ˈweɪvɪ] **→ snow goose.**

wav·i·ness [ˈweɪvɪnɪs] *s* (*das*) Wellige, Welligkeit *f.*

wav·y[1] [ˈweɪvɪ] *adj* **1.** wogend. **2.** wellig, gewellt (*Haar, Linie etc*).

wav·y[2] [ˈweɪvɪ] **→ snow goose.**

Wav·y Na·vy *s mar. Br. colloq.* Reˈserveliste *f.*

wawl → waul.

wax[1] [wæks] **I** *s* **1.** (Bienen)Wachs *n.* **2.** *bot.* Pflanzenwachs *n.* **3.** *physiol.* Ohrenschmalz *n.* **4.** *a.* **cobbler's ~** Schusterpech *n.* **5.** Wachs *n* (*zum Siegeln od. Abdichten*), *bes.* Siegellack *m.* **6.** *chem.* Wachs *n* (*z. B. Paraffin*). **7.** *fig.* Wachs *n*:

he is ~ in her hands er ist (wie) Wachs in ihren Händen. **II** *v/t* **8.** (ein)wachsen, bohnern. **9.** mit Wachs abdichten, verpichen. **10.** *bes. Am. colloq.* (auf Schallplatte) aufnehmen. **III** *adj* **11.** wächsern, Wachs..., aus Wachs.

wax[2] [wæks] *v/i* **1.** wachsen, zunehmen (*bes. Mond*) (*a. fig.*): **to ~ and wane** zu- u. abnehmen. **2.** *obs.* (*vor adj*) *alt, frech, laut etc* werden: **to ~ old.**

wax[3] [wæks] *s*: **to be in (get into) a ~** *colloq.* e-e Stinkwut haben (kriegen).

wax[4] [wæks] *v/t Am. colloq.* die Oberhand gewinnen über (*acc*), schlagen.

wax| bean *s bot. Am.* Wachsbohne *f.* **~ can·dle** *s* Wachskerze *f.* **~ cloth** *s* **1.** Wachstuch *n.* **2.** Bohnertuch *n.* **~ doll** *s* Wachspuppe *f.*

wax·en [ˈwæksən] → **waxy**[1].

wax| fig·ure *s* ˈWachsfiˌgur *f.* **ˈ~ˌflow·er** *s* **1.** Wachsblume *f* (*a. bot.*). **2.** *bot.* Kranzwinde *f.* **~ light** *s* Wachskerze *f.* **~ pa·per** *s* ˈWachspaˌpier *n.* **~ plant** *s bot.* Wachsblume *f.* **~ pock·et** *s zo.* Wachstasche *f* (*der Bienen*). **ˈ~work** *s* **1.** Wachsarbeit *f*, *bes.* ˈWachsfiˌgur *f.* **2.** *pl* (*a. als sg konstruiert*) ˈWachsfiˌgurenkabiˌnett *n.*

wax·y[1] [ˈwæksɪ] *adj* **1.** wachshaltig. **2.** wächsern (*a. Gesichtsfarbe*), wie Wachs, wachsartig, Wachs... **3.** *fig.* weich (wie Wachs), wachsweich, nachgiebig. **4.** *med.* Wachs...: **~ liver.**

wax·y[2] [ˈwæksɪ] *adj colloq.* stinkwütend.

way[1] [weɪ] *s* **1.** Weg *m*, Pfad *m*, Bahn *f* (*a. fig.*): **~ back** Rückweg; **~ home** Heimweg; **~ through** Durchreise *f*, -fahrt *f*; **the ~ of the cross** *relig.* der Kreuzweg; **~s and means** Mittel u. Wege, *bes. pol.* (finanzielle) Mittel, Geldbeschaffung(smaßnahmen) *f*; **to ask the** (*od.* **one's**) **~** nach dem Weg fragen; **to lose one's ~** sich verlaufen *od.* verirren; **to take one's ~** sich aufmachen (to nach); → **committee** 1, **find** 4. **2.** Straße *f*, Weg *m*: **over** (*od.* **across**) **the ~** gegenüber. **3.** *fig.* Gang *m*, Lauf *m*: **that is the ~ of the world** das ist der Lauf der Welt; → **flesh** 5. **4.** Richtung *f*, Seite *f*: **which ~ is he looking?** wohin schaut er?; **to look the other ~** wegschauen; **this ~** a) hierher, b) hier entlang, c) → 9; **the other ~ round** umgekehrt. **5.** Weg *m*, Entfernung *f*, Strecke *f*: **a good ~ off** ziemlich weit entfernt; **a long ~ off** (*od.* **from here**) weit (von hier) entfernt; **a long ~ up** weit *od.* hoch hinauf; **a little (long, good) ~** ein kleines (weites, gutes) Stück Wegs; **a long ~s** *colloq. od. dial.* ein weites Stück Wegs; **a long ~ off perfection** alles andere als vollkommen. **6.** (freie) Bahn, Raum *m*, Platz *m*: **to be** (*od.* **stand**) **in s.o.'s ~** j-m im Weg sein (*a. fig.*); **to give ~** a) (zurück)weichen, b) nachgeben (to *dat*) (*Person od. Sache*), c) sich hingeben (**to despair** der Verzweiflung); **to give ~ to a car** *mot.* e-m Auto die Vorfahrt lassen. **7.** Weg *m*, ˈDurchgang *m*, Öffnung *f*: **~ of a cock** *tech.* Hahnbohrung *f.* **8.** Vorwärtskommen *n*: **to make ~** *bes. mar.* vorwärtskommen. **9.** Art *f* u. Weise *f*, Weg *m*, Meˈthode *f*, Verfahren *n*: **any ~** auf jede *od.* irgendeine Art; **any ~ you please** ganz wie Sie wollen; **in a big (small) ~** im großen (kleinen); **one ~ or another** irgendwie, auf irgendeine (Art u.) Weise; **in more ~s than one** in mehr als ˈeiner Beziehung; **some ~ or other** auf die e-e oder andere Weise, irgendwie; **~ of living (thinking)** Lebensweise (Denkweise, -art); **to my ~ of thinking** nach m-r Meinung; **the right (wrong) ~** (**to do it**) richtig (falsch); **the same ~** genauso; **the ~ he does it** so wie er es macht; **this** (*od.* **that**) **~** so (→ 4); **that's the ~ to do it** so macht man das; **if that's the ~ you feel about it** wenn Sie ˈso darüber denken; **in a polite (friendly) ~** höflich (freundlich); **in its ~** auf s-e Art; **in what** (*od.* **which**) **~?** inwiefern?, wieso? **10.** Gewohnheit *f*, Brauch *m*, Sitte *f*: **the good old ~s** die guten alten Bräuche. **11.** Eigenheit *f*, -art *f*: **funny ~s** komische Manieren; **it is not his ~** es ist nicht s-e Art *od.* Gewohnheit; **she has a winning ~** sie hat e-e gewinnende Art; **that's always the ~ with him** so macht er es (*od.* geht es ihm) immer. **12.** (Aus)Weg *m*: **to find a ~.** **13.** ˈHinsicht *f*, Beziehung *f*: **in a ~** in gewisser Hinsicht, auf e-e Art; **in every ~** in jeder Hinsicht, durchaus; **in one ~** in ˈeiner Beziehung; **in some ~s** in mancher Hinsicht; **in the ~ of food** was Essen anbelangt, an Lebensmitteln; **no ~** keineswegs. **14.** (*bes.* Gesundheits-)Zustand *m*, Lage *f*, Verfassung *f*: **in a bad ~** in e-r schlimmen Lage *od.* Verfassung; **to live in a great (small) ~** auf großem Fuß (in kleinen Verhältnissen *od.* sehr bescheiden) leben. **15.** Berufszweig *m*, Fach *n*: **it is not in his ~, it does not fall in his ~** das schlägt nicht in sein Fach; **he is in the oil ~** er ist im Ölhandel (beschäftigt). **16.** *colloq.* Umˈgebung *f*, Gegend *f*: **somewhere London ~** irgendwo in der Gegend von London. **17. the W~** *Bibl.* der Weg (*die christliche Religion*). **18.** *pl tech.* Führungen *pl* (*bei Maschinen*). **19.** *mar.* Fahrt(geschwindigkeit) *f*: → **gather** 5. **20.** *pl Schiffsbau*: a) Helling *f*, b) Stapelblöcke *pl.*

Besondere Redewendungen:

by the ~ a) im Vorbeigehen, unterwegs, b) am Weg(esrand), an der Straße, c) *fig.* übrigens, nebenbei (bemerkt), d) zufällig; **but that's by the ~** aber dies nur nebenbei; **by ~ of** a) (auf dem Weg) über (*acc*), durch, b) *fig.* in der Absicht zu, um ... zu, c) als *Entschuldigung etc*, an Stelle (von *od. gen*); **by ~ of example** beispielsweise; **by ~ of exchange** auf dem Tauschwege; **by ~ of grace** *jur.* auf dem Gnadenweg; **to be by ~ of being angry** im Begriff sein, wütend zu werden; **to be by ~ of doing s.th.** a) dabeisein, etwas zu tun, b) pflegen *od.* gewohnt sein *od.* die Aufgabe haben, etwas zu tun; **not by a long ~** noch lange nicht; **in the ~ of** a) auf dem Weg *od.* dabei zu, b) hinsichtlich (*gen*); **in the ~ of business** auf dem üblichen Geschäftsweg; **no ~!** *colloq.* auf (gar) keinen Fall!, kommt überhaupt nicht in Frage!; **no ~ can we accept that** das können wir auf gar keinen Fall akzeptieren; **on the** (*od.* **one's**) **~** unterwegs, auf dem Weg; **well on one's ~** in vollem Gange, schon weit vorangekommen (*a. fig.*); **out of the ~** a) abgelegen, abseits, abgeschieden, b) ungewöhnlich, ausgefallen, c) übertrieben, abwegig; **nothing out of the ~** nichts Besonderes *od.* Ungewöhnliches; **under ~** a) *mar.* in Fahrt, b) im Gange, in Gang; **the meeting was already under ~** die Konferenz war schon im Gange; **to be in a fair ~** auf dem besten Wege sein; **to come in s.o.'s ~** j-m über den Weg laufen; **to force one's ~** sich e-n Weg bahnen; **to go s.o.'s ~** a) den gleichen Weg gehen wie j-d, b) j-n begleiten; **to go one's ~(s)** s-n Weg gehen, *fig.* s-n Lauf nehmen; **to go out of one's ~** große Mühen *od.* Unannehmlichkeiten auf sich nehmen; **to go the whole ~** *fig.* ganze Arbeit leisten; **to have a ~ with s.o.** mit j-m gut zurechtkommen, gut umgehen können mit j-m; **to have one's own ~** s-n Willen durchsetzen; **if I had my (own) ~** wenn es nach mir ginge; **to learn the hard ~** Lehrgeld bezahlen müssen; **to make ~** a) Platz machen, b) vorwärtskommen; **they made ~ for the ambulance to pass** sie machten dem Krankenwagen Platz; **to make one's ~** sich durchsetzen, s-n Weg machen; **to put s.o. in the ~ (of doing s.th.)** j-m die Möglichkeit geben(, etwas zu tun); **to put out of the ~** aus dem Weg räumen (*a. töten*); **to put o.s. out of the ~** große Mühen *od.* Unannehmlichkeiten auf sich nehmen; **to see one's ~ to do s.th.** e-e Möglichkeit sehen, etwas zu tun; **to work one's ~ up** sich hocharbeiten; → **both** I, **mend** 2, **pave**, **pay**[1] 6.

way[2] [weɪ] *adv colloq.* weit *oben, unten etc*: **~ back** weit entfernt *od.* hinten; **~ back in 1902** (schon) damals im Jahre 1902; **~ down South** weit unten im Süden.

ˈway|·bill *s* **1.** Passaˈgierliste *f.* **2.** *econ. Am.* Frachtbrief *m*, Begleitschein *m.* **ˈ~ˌfar·er** *s obs. od. poet.* Reisende(r) *m*, Wandersmann *m.* **ˈ~ˌfar·ing** *obs. od. poet.* **I** *adj* reisend, wandernd: **~ man** → **wayfarer. II** *s* Wandern *n*, Reise *f.* **ˌ~ˈlay** *v/t irr* **1.** *j-m* auflauern. **2.** *j-n* abfangen, abpassen. **ˈ~leave** *s jur. Br.* Wegerecht *n.* **ˌ~ˈout** *colloq.* **I** *adj* **1.** exˈzentrisch, äußerst ungewöhnlich, sehr eigenwillig. **2.** ‚toll', ‚super'. **II** *s* **3.** Exˈzentriker *m.* **~ point** → **way station. ˈ~side I** *s* Straßen-, Wegrand *m*: **by the ~** am Wege, am Straßenrand; **to fall by the ~** *fig.* auf der Strecke bleiben; **to go by the ~** *fig.* zurückgestellt werden. **II** *adj* am Wege (stehend), an der Straße (gelegen): **a ~ inn. ~ sta·tion** *s bes. rail.* ˈZwischenstatiˌon *f.* **~ traf·fic** *s rail. Am.* Nahverkehr *m.* **~ train** *s Am.* Loˈkal-, Bummelzug *m.*

way·ward [ˈweɪwə(r)d] *adj* (*adv* **~ly**) **1.** launisch, launenhaft, unberechenbar. **2.** eigensinnig, ˈwiderspenstig: **~ child; ~ minor** *jur.* verwahrloste(r) Jugendliche(r). **3.** ungeraten: **a ~ son. ˈway·ward·ness** *s* **1.** Launenhaftigkeit *f*, Unberechenbarkeit *f.* **2.** Eigensinn *m*, ˈWiderspenstigkeit *f.*

ˈway·worn *adj* reisemüde.

wayz·goose [ˈweɪzguːs] *s* jährliches Betriebsfest *od.* jährlicher Betriebsausflug (*e-r Druckerei*).

we [wiː; wɪ] *pron pl* **1.** wir *pl.* **2.** (*als pluralis majestatis*) Wir *pl.*

weak [wiːk] *adj* (*adv* **~ly**) **1.** *allg.* schwach (*a. zahlenmäßig u. fig.*): **~ argument (crew, player, resistance, style, voice,** *etc*); **~ in** (*od.* **at**) **Latin** schwach in Latein; **~ at home** *sport* heimschwach; → **sex** 2. **2.** *med.* schwach: a) empfindlich: **~ stomach**, b) kränklich. **3.** (chaˈrakter)schwach, haltlos, laˈbil: → **point** 24. **4.** schwach, dünn: **~ solution; ~ tea. 5.** *ling.* schwach: **~ accent; ~ ending** *metr.* proklitisches Versende; **~ inflection** (*bes. Br.* **inflexion**) schwache Flexion. **6.** *econ.* schwach, flau: **~ market. 7.** *phot.* schwach, weich (*Negativ*).

ˈweak·en I *v/t* **1.** *j-n od. etwas* schwächen. **2.** *Getränke etc* verdünnen. **3.** *fig.* (ab)schwächen, entkräften: **to ~ an argument. II** *v/i* **4.** schwach *od.* schwächer werden, nachlassen, (*Kräfte etc a.*) erlahmen. **5.** *fig.* nachgeben. **ˈweak·en·ing** *s* (Ab)Schwächung *f.*

ˌweak|-ˈhand·ed *adj econ.* knapp an Arbeitskräften. **ˌ~ˈhead·ed** *adj* **1.** schwachköpfig. **2.** → **weak-minded. ˌ~-ˈkneed** *adj colloq.* **1.** ängstlich, feig. **2.** chaˈrakterschwach.

weak·ling [ˈwiːklɪŋ] **I** *s* Schwächling *m.* **II** *adj* schwächlich. **ˈweak·ly I** *adj* schwächlich, kränklich. **II** *adv* schwach: **he agreed ~ to a compromise** er akzeptierte ohne Widerstand e-n Kompromiß.

ˌweak-ˈmind·ed *adj* **1.** schwachsinnig. **2.** chaˈrakterschwach.

ˈ**weak·ness** *s* **1.** *allg.* (*a.* Chaˈrakter-)Schwäche *f.* **2.** *med.* Schwächlichkeit *f*, Kränklichkeit *f*: ~ **of constitution** schwächliche Konstitution. **3.** *econ.* Flauheit *f.* **4.** *fig.* Schwäche *f*: a) schwache Seite, schwacher Punkt, b) Nachteil *m*, Mangel *m*, c) Vorliebe *f* (**for** für).
ˌ**weak|-ˈsight·ed** *adj med.* schwachsichtig. ˌ~-ˈ**spir·it·ed** *adj* kleinmütig. ˌ~-ˈ**willed** *adj* willensschwach.
weal[1] [wiːl] *s* **1.** Wohl(ergehen) *n*: ~ **and woe** Wohl u. Wehe, gute u. schlechte Tage; **the public** (*od.* **common** *od.* **general**) ~ das (All)Gemeinwohl. **2.** *obs.* a) Reichtum *n*, b) Gemeinwesen *n*.
weal[2] [wiːl] *s* Schwiele *f*, Strieme(n *m*) *f*.
weald [wiːld] *s* **1.** a) *poet.* Waldgebiet *n*, b) weite u. offene Landschaft. **2.** *a.* **the W~** der Weald (*Hügellandschaft im Südosten Englands*): ~ **clay** *geol.* Weald-, Wälderton *m.* ˈ**Weald·en, w~** *geol.* **I** *s* ˈWealden(formatiˌon *f*) *m.* **II** *adj* Wealden...
wealth [welθ] *s* **1.** Reichtum *m* (**of** an *dat*). **2.** Reichtümer *pl.* **3.** *econ.* a) Besitz *m*, Vermögen *n*: ~ **tax** Vermögenssteuer *f*, b) *a.* **personal** ~ Wohlstand *m*: **national** ~ Volksvermögen *n.* **4.** *fig.* (**of**) Fülle *f* (von, *gen*), Reichtum *m* (an *dat*, *gen*): **a** ~ **of information** e-e Fülle von Informationen. ˈ**wealth·i·ness** *s* Reichtum *m*, Wohlhabenheit *f.* ˈ**wealth·y** *adj* (*adv* **wealthily**) reich (*a. fig.* **in** an *dat*), begütert, wohlhabend.
wean [wiːn] *v/t* **1.** *Kind, junges Tier* entwöhnen. **2.** *a.* ~ **away from** *j-n* abbringen von, *j-m etwas* abgewöhnen. ˈ**wean·er,** ˈ**wean·ling** [-lɪŋ] **I** *s* vor kurzem entwöhntes Kind *od.* Tier. **II** *adj* frisch entwöhnt.
weap·on [ˈwepən] *s* Waffe *f* (*a. bot. zo. u. fig.*). ˈ**weap·oned** *adj* bewaffnet.
weap·on·eer [ˌwepəˈnɪə(r)] **I** *s mil.* **1.** Aˈtombombenschärfer *m.* **2.** ˈKernwaffenkonstrukˌteur *m.* **II** *v/i* **3.** Waffen entwickeln.
ˈ**weap·on·less** *adj* waffenlos, unbewaffnet.
weap·on·ry [ˈwepənrɪ] *s* Waffen *pl.*
wear[1] [weə(r)] **I** *v/t pret* **wore** [wɔː(r); *Am. a.* ˈwəʊər] *pp* **worn** [wɔː(r)n; *Am. a.* ˈwəʊərn] **1.** *am Körper* tragen (*a. e-n Bart, e-e Brille*), *Kleidungsstück a.* anhaben, *e-n Hut a.* aufhaben: **to** ~ **the breeches** (*od.* **trousers**, *bes. Am.* **pants**) *colloq.* die Hosen anhaben, das Regiment führen (*Ehefrau*); **to** ~ **one's hair long** das Haar lang tragen; **she wore white** sie trug (stets) Weiß; **she ~s her years well** sie sieht noch sehr jung aus für ihr Alter. **2.** zur Schau tragen, zeigen: **to** ~ **a smile** (ständig) lächeln. **3.** *a.* ~ **away,** ~ **down,** ~ **off,** ~ **out** *Kleidung etc* abnutzen, abtragen, *Absätze* abtreten, *Stufen* austreten, *Reifen* abfahren, Löcher reißen in (*acc*): **shoes worn at the heels** Schuhe mit schiefen Absätzen; **to** ~ **into holes** ganz abtragen, *Schuhe* durchlaufen. **4.** *Bücher etc* abnutzen, zerlesen: **a well-worn volume** ein ganz zerlesenes Buch. **5.** eingraben, nagen: **a groove worn by water. 6.** *a.* ~ **away** *Gestein etc* auswaschen, -höhlen: **rocks worn by the waves. 7.** *a.* ~ **out** ermüden, *a. j-s Geduld* erschöpfen: → **welcome** 2. **8.** *a.* ~ **away,** ~ **down** *fig.* zermürben: a) aushöhlen, b) aufreiben, *Widerstand* brechen: **she was worn to a shadow** sie war nur noch ein Schatten (ihrer selbst).
II *v/i* **9.** halten, haltbar sein: **to** ~ **well** a) sehr haltbar sein (*Stoff etc*), b) sich gut tragen (*Kleid etc*), c) *fig.* sich gut halten, wenig altern (*Person*). **10.** *a.* ~ **away,** ~ **down,** ~ **off,** ~ **out** sich abtragen *od.* abnutzen, verschleißen, sich abfahren (*Reifen*): **to** ~ **away** *a.* sich verwischen; **to** ~ **off** *fig.* sich verlieren (*Eindruck, Wirkung*); **to** ~ **out** *fig.* sich erschöpfen; **to** ~ **thin** a) fadenscheinig werden (*Kleider etc*), b) *fig.* sich erschöpfen (*Geduld, Wirkung etc*). **11.** *a.* ~ **away** langsam vergehen *od.* verrinnen: **to** ~ **to an end** schleppend zu Ende gehen; **to** ~ **on** sich dahinschleppen (*Zeit, Geschichte etc*). **12.** sich ermüdend auswirken (**on** auf *acc*): **she ~s on me** sie geht mir auf die Nerven.
III *s* **13.** Tragen *n*: **articles for winter** ~ Wintersachen *pl*, -kleidung *f*; **clothes for everyday** ~ Alltagskleidung *f*; **the coat I have in** ~ der Mantel, den ich gewöhnlich trage. **14.** (Be)Kleidung *f*, Mode *f*: **in general** ~ modern, in Mode; **to be the** ~ Mode sein, getragen werden. **15.** Abnutzung *f*, Verschleiß *m*: ~ **and tear** a) *tech.* Abnutzung *f*, Verschleiß *m* (*a. fig.*), b) *econ.* Abschreibung *f* (für Wertminderung); **for hard** ~ strapazierfähig; **the worse for** ~ abgenutzt, (sehr) mitgenommen (*a. fig.*); **to be worse the** ~ **for drink** angetrunken sein. **16.** Haltbarkeit *f*: **there is still a great deal of** ~ **in it** das läßt sich noch gut tragen *od.* benutzen.
wear[2] [weə(r)] *mar.* **I** *v/t pret* **wore** [wɔː(r); *Am. a.* ˈwəʊər] *pp* **worn** [wɔː(r)n; *Am. a.* ˈwəʊərn] *Schiff* halsen. **II** *v/i* vor dem Wind drehen (*Schiff*).
wear·a·ble [ˈweərəbl] *adj* tragbar.
ˈ**wear·er** *s* Träger(in): **the crown and its** ~; ~ **of spectacles** Brillenträger(in).
wea·ri·less [ˈwɪərɪlɪs] *adj obs.* unermüdlich, nimmermüde. ˈ**wea·ri·ness** *s* **1.** Müdigkeit *f.* **2.** ˈÜberdruß *m.* **3.** Langweiligkeit *f.*
ˈ**wear·ing** *adj* **1.** Kleidungs...: ~ **apparel** Kleidung(sstücke *pl*) *f.* **2.** abnützend, verschleißend. **3.** ermüdend. **4.** zermürbend, aufreibend.
wea·ri·some [ˈwɪərɪsəm] *adj* (*adv* ~**ly**) **1.** ermüdend, beschwerlich. **2.** langweilig. ˈ**wea·ri·some·ness** *s* **1.** (*das*) Ermüdende, Beschwerlichkeit *f.* **2.** Langweiligkeit *f.*
ˈ**wear|-out** *s econ. tech.* Wertminderung *f* durch Abnützung. ˈ~-**reˌsist·ant** *adj* strapaˈzierfähig (*Hose etc*).
wea·ry [ˈwɪərɪ] **I** *adj* (*adv* **wearily**) **1.** müde, matt, erschöpft (**with** von, vor *dat*). **2.** müde, ˈüberdrüssig (**of** *gen*): ~ **of life** lebensmüde; **I am** ~ **of it** ich habe es satt. **3.** ermüdend: a) lästig, beschwerlich, b) langweilig. **II** *v/t* **4.** ermüden. **5.** ~ **out** a) erschöpfen, gänzlich aufreiben, b) sich quälen durch: **to** ~ **out the lonely days. III** *v/i* **6.** ˈüberdrüssig *od.* müde werden (**of** *gen*). **7.** *bes. Scot.* sich sehnen (**for** nach).
wea·sand [ˈwiːzənd] *s obs.* Gurgel *f*, Kehle *f*, *bes.* Speise- *od.* Luftröhre *f.*
wea·sel [ˈwiːzl] **I** *s* **1.** *pl* ˈ**wea·sels,** *bes. collect.* ˈ**wea·sel** *zo.* Wiesel *n.* **2.** *colloq.* Heimtücker *m.* **3.** *mil. tech. bes. Am.* geländegängiges Amˈphibienfahrzeug. **II** *v/i* **4.** *bes. Am. fig. colloq.* sich drehen u. wenden: **to** ~ **out** sich herauswinden (**of** aus). ~ **words** *s pl bes. Am. colloq.* doppelsinnige Worte *pl* (die ein ˈHintertürchen offenlassen).
weath·er [ˈweðə(r)] **I** *s* **1.** Wetter *n*, Witterung *f*: **in fine** ~ bei schönem Wetter; **in all ~s** bei jedem Wetter; **to make good** (**bad**) ~ *mar.* auf gutes (schlechtes) Wetter stoßen; **to make heavy** ~ **of s.th.** *fig.* a) ‚viel Wind machen' um etwas, b) große Mühe *od.* Not haben mit etwas; **above the** ~ a) über der Wetterzone, sehr hoch (*Flugzeug etc*), b) *colloq.* wieder in Ordnung (*Person*); **under the** ~ *colloq.* a) nicht in Form (*unpäßlich*), b) ‚angesäuselt' (*leicht betrunken*). **2.** Unwetter *n.* **3.** *mar.* Luv-, Windseite *f.* **4.** *fig.* Wechsel(fälle *pl*) *m.*
II *v/t* **5.** der Luft *od.* dem Wetter aussetzen, *Holz etc* auswittern, austrocknen lassen. **6.** *geol.* verwittern (lassen). **7.** a) *mar. den Sturm* abwettern, b) *a.* ~ **out** *fig. e-e Gefahr, Krise, e-n Sturm* überˈstehen, trotzen (*dat*). **8.** *mar.* (luvwärts) umˈschiffen.
III *v/i* **9.** *geol.* verwittern: **to** ~ **out** auswittern. **10.** *mar.* die Luv gewinnen: **to** ~ (**up**)**on** a) *e-m Schiff* den Wind aus den Segeln nehmen, b) *fig. j-n* ausnützen, -beuten.
weath·er| an·chor *s mar.* Luvanker *m.* ˈ~-ˌ**beat·en** *adj* **1.** vom Wetter mitgenommen. **2.** verwittert. **3.** wetterhart. ˈ~**board** *s* **1.** *tech.* a) *bes. Br.* Abwässerungsleiste *f*, b) Schal-, Schindelbrett *n*, c) *pl* Verschalung *f.* **2.** *mar.* Waschbord *n.* ˈ~**board·ing** *s bes. Br.* Verschalung *f.* ˈ~-**bound** *adj*: **the planes** (**ships**) **were** ~ die Flugzeuge (Schiffe) konnten wegen des schlechten Wetters nicht starten (auslaufen). ~**box** *s* Wetterhäus-chen *n.* ~ **bu·reau** *s* Wetteramt *n.* ~**cast** *Am. für* **weather forecast.** ~**chart** *s* Wetterkarte *f.* ˈ~**cock** *s* **1.** Wetterhahn *m.* **2.** *fig.* wetterwendische Perˈson. ~ **con·tact** *s electr.* Ableitung *f* der Elektriziˈtät durch Nässe. ~ **deck** *s mar.* Sturm-, Wetterdeck *n.*
weath·ered [ˈweðə(r)d] *adj* **1.** verwittert (*Gestein*). **2.** ausgewittert, der Witterung ausgesetzt. **3.** *arch.* abgeschrägt.
weath·er| eye *s*: **to keep a** ~ **on** *fig. etwas* scharf im Auge behalten; **to keep one's** ~ **open** *fig.* gut aufpassen. ˈ~**fast** → **weather-bound.** ~**fore·cast** *s* ˈWetterbericht *m*, -vorˌhersage *f.* ~ **ga(u)ge** *s mar.* Vorteil *m* des Windes: **to get the** ~ **on s.o.** *fig.* j-n ausmanövrieren. ˈ~**glass** *s* Wetterglas *n*, Baroˈmeter *n.* ~ **house** → **weather box.**
weath·er·ize [ˈweðəraɪz] *v/t Haus etc* [(neu) isoˈlieren.]
weath·er·ly [ˈweðə(r)lɪ] *adj mar.* **1.** an der Luvseite (*e-s Schiffs*) liegend. **2.** luvgierig: ~ **ship.**
ˈ**weather|·man** [-mæn] *s irr* **1.** *colloq.* ‚Wetterfrosch' *m* (*Meteorologe*). **2.** *colloq.* Wetteransager *m.* **3. W~** *Am. Mitglied e-r militanten revolutionären Jugendorganisation.* ~ **map** *s* Wetterkarte *f.*
weath·er·ol·o·gy [ˌweðəˈrɒlədʒɪ; *Am.* -ˈrɑ-] *s* Wetterkunde *f.*
ˈ**weath·er|·proof I** *adj* wetterfest, -dicht. **II** *v/t* wetterfest *od.* -dicht machen. ~ **proph·et** *s* ˈWetterproˌphet *m.* ~ **re·port** *s* Wetterbericht *m.* ~ **sat·el·lite** *s* ˈWettersatelˌlit *m.* ~ **ser·vice** *s* Wetterdienst *m.* ~ **ship** *s* Wetterschiff *n.* ~ **side** *s* **1.** *mar.* → **weather** 3. **2.** Wetterseite *f.* ~ **sta·tion** *s* Wetterwarte *f.* ~ **strip** *s* Dichtungsleiste *f.* ~ **tide** *s mar.* luvwärts setzende Gezeit. ˈ~**tight** *adj* wetterfest, -dicht. ~ **vane** *s* Wetterfahne *f.* ˈ~-**wise** *adj*: **to be** ~ a) ein guter Wetterprophet sein, b) *fig.* ein feines Gespür haben für alles, was in der Luft liegt. ˈ~**worn** → **weather-beaten.**
weave [wiːv] **I** *v/t pret* **wove** [wəʊv], *selten* **weaved** *pp* **wo·ven** [ˈwəʊvən], *a.* **wove 1.** weben, wirken. **2.** *zo.* spinnen. **3.** flechten: **to** ~ **a basket** (**a wreath**); **to** ~ **together** zs.-flechten, -weben. **4.** einweben, -flechten (**into** in *acc*), verweben, -flechten (**with** mit; **into** zu). **5.** *fig.* einflechten (**into** in *acc*). **6.** *fig.* ersinnen: **to** ~ **a plot** ein Komplott schmieden; → **intrigue** 5. **7.** *e-n Weg* im Zickzack gehen, *den Körper etc* im Zickzack bewegen: **to** ~ **one's way through** sich schlängeln durch. **II** *v/i* **8.** weben, wirken. **9.** *zo.* ein Netz *od.* e-n Koˈkon spinnen. **10.** sich im Zickzack bewegen, hin u. her pendeln (*a. Boxer*), sich schlängeln *od.* winden (**through** durch). **11.** *Br. colloq.* **to get**

weaving ,sich ranhalten'; **to get weaving on s.th.** ,sich hinter etwas klemmen'. **III** *s* **12.** Gewebe *n.* **13.** Webart *f.*
'weav·er *s* **1.** Weber(in), Wirker(in): **~'s knot** (*od.* **hitch**) Weberknoten *m.* **2.** *a.* **~bird** *orn.* Webervogel *m.* **'weav·ing** *s* Weben *n*, Webe'rei *f*: **~ beam** Kettbaum *m*; **~ loom** Webstuhl *m*; **~ mill** Weberei *f.*
wea·zand → **weasand.**
wea·zen ['wi:zn] → **wizen.**
web [web] **I** *s* **1.** Gewebe *n*, Gespinst *n*, Netz *n* (*alle a. fig.*): **a ~ of lies** ein Lügengewebe; **a ~ of railroad** (*bes. Br.* **railway**) **tracks** ein Schienennetz; **a ~ of espionage** ein Spionagenetz; → **intrigue** 5. **2.** Netz *n* (*der Spinne etc*). **3.** *zo.* a) Schwimm-, Flughaut *f*, b) Bart *m*, Fahne *f* (*e-r Feder*). **4.** *tech.* a) Tragrippe *f* (*am Eisenträger*), b) Aussteifung *f*, Steg *m*, c) Sägeblatt *n.* **5.** *tech.* a) Pa'pierbahn *f*, b) Rolle *f* (Ma'schinenpa,pier). **6.** *tech.* Bahn *f* (*e-r Kunststoffolie*). **7.** Gurt(band *n*) *m*: **~ belt** Stoffgurt *m*, -koppel *n.* **8.** *Am.* Radio- *od.* Fernsehnetz *n.* **II** *v/t* **9.** mit e-m Netz über'ziehen. **10.** in e-m Netz fangen. **webbed** [webd] *adj zo.* mit Schwimmhäuten, schwimmhäutig: **~ foot** Schwimmfuß *m.* **'web·bing** *s* **1.** gewebtes Materi'al, Gewebe *n.* **2.** Gurt (-band *n*) *m.*
web| de·fence, *Am.* **~ de·fense** *s mil.* in die Tiefe gestaffelte Verteidigung.
we·ber ['ve:bə(r); 'veɪ-] *s electr.* Weber *n* (= *10 Ampere; Stromstärkeeinheit*).
'web|·eye *s med.* Flügelfell *n* (*Augenkrankheit*). **'~·foot** *s irr zo.* Schwimmfuß *m.* **'~,foot·ed, '~-toed** *adj* schwimmfüßig.
wed [wed] **I** *v/t pret u. pp* **'wed·ded, wed 1.** *rhet.* heiraten, ehelichen. **2.** vermählen (**to** mit), verheiraten (**to** an *acc*). **3.** eng verbinden, vereinigen (**with, to** mit): **to be ~ded to s.th.** a) an etwas fest gebunden *od.* gekettet sein, b) sich e-r Sache verschrieben haben. **II** *v/i* **4.** sich vermählen. **wed·ded** ['wedɪd] *adj* **1.** vermählt (**with** mit). **2.** ehelich, Ehe...: **~ happiness. 3.** (to) eng verbunden (mit), gekettet (an *acc*).
wed·ding ['wedɪŋ] *s* **1.** Hochzeit(sfeier) *f.* **2.** *a.* **~ ceremony** Trauung *f.* **~ an·ni·ver·sa·ry** *s* Hochzeitstag *m* (*Jahrestag*). **~ break·fast** *s* Hochzeitsessen *n.* **~ cake** *s* Hochzeitskuchen *m.* **~ card** *s* Vermählungsanzeige *f.* **~ day** *s* Hochzeitstag *m.* **~ dress** *s* Hochzeits-, Brautkleid *n.* **~ fa·vo(u)r** *s* weiße Bandschleife *od.* Ro'sette (*bei Hochzeiten getragen*). **~ march** *s mus.* Hochzeitsmarsch *m.* **~ night** *s* Hochzeitsnacht *f.* **~ ring** *s* Ehe-, Trauring *m.* **~ tour, ~ trip** *s* Hochzeitsreise *f.*
we·del ['veɪdl] *v/i Skisport*: wedeln. **'we·deln** *s* Wedeln *n.*
wedge [wedʒ] **I** *s* **1.** *tech.* Keil *m* (*a. fig.*): **the thin end of the ~** *fig.* ein erster kleiner Anfang; **to get in the thin end of the ~** *fig.* den Anfang machen, vorstoßen; **to drive a ~ between** *fig.* e-n Keil treiben zwischen (*acc*). **2.** a) keilförmiges Stück (*Land etc*), b) Ecke *f* (*Käse etc*), Stück *n* (*Kuchen*). **3.** *aer. mil.* 'Keil(formati,on *f*) *m.* **4.** *arch.* keilförmiger Gewölbstein. **5.** *her.* spitzwinkeliges Dreieck. **6.** keilförmiges Schriftzeichen: **~ character** Keilschriftzeichen *n*; **~ writing** Keilschrift *f.* **7.** *meteor.* Hochdruckkeil *m.* **8.** *Golf*: Wedge *m* (*Eisenschläger für Schläge aus dem Bunker u. zum Pitchen*). **II** *v/t* **9.** *tech.* mit e-m Keil spalten: **to ~ off** abspalten; **to ~ open** aufspalten, aufbrechen. **10.** mit e-m Keil festklemmen, (ver)keilen. **11.** (ein)keilen, (-)zwängen (**in** in *acc*): **to ~ o.s. in** sich hineinzwängen; **to ~ one's way through the crowd** sich durch die Menge zwängen. **III** *v/i* **12.** sich festklemmen *od.* verkeilen. **13.** (ein)gekeilt *od.* (-)gezwängt werden. **~ for·ma·tion** *s aer. mil.* 'Keilformati,on *f.* **~ (fric·tion) gear** *s tech.* Keilrädergetriebe *n.* **~ heel** *s* (Schuh *m* mit) Keilabsatz *m.* **'~-shaped** *adj* keilförmig.
Wedg·wood ['wedʒwʊd] *s a.* **~ ware** Wedgwoodware *f* (*feines Steingut*).
wed·lock ['wedlɒk; *Am.* -,lɑk] *s* Ehe (-stand *m*) *f*: **born in lawful (out of) ~** ehelich (unehelich) geboren.
Wednes·day ['wenzdɪ] *s* Mittwoch *m*: **on ~** (am) Mittwoch; **on ~s** mittwochs.
wee[1] [wi:] **I** *s bes. Scot.* (*ein*) wenig, *bes.* (*ein*) Weilchen *n.* **II** *adj* klein, winzig: **a ~ bit** ein klein wenig; **the ~ hours** die frühen Morgenstunden; **the poor ~ thing** das arme Würmchen.
wee[2] [wi:] *colloq.* (*bes. Kindersprache*) **I** *s* **1.** ,Pi'pi' *n* (*Urin*). **2. to do** (*od.* **have**) **a ~** → 3. **II** *v/i* **3.** ,Pi'pi' machen.
weed[1] [wi:d] **I** *s* **1.** Unkraut *n*: **ill ~s grow apace** *fig.* Unkraut verdirbt nicht. **2.** *poet.* Kräutlein *n.* **3.** *colloq.* a) ,Glimmstengel' *m* (*Zigarette*), b) ,Stinka'dores' *f* (*Zigarre*), c) ,Kraut' *n* (*Tabak*), d) ,Grass' *n* (*Marihuana*). **4.** *colloq.* ,Kümmerling' *m* (*schwächliches Tier; a. Person*). **II** *v/t* **5.** *Unkraut, den Garten etc* jäten. **6.** *meist* **~ out** *fig.* aussondern, aussieben. **7.** *fig.* säubern. **III** *v/i* **8.** (Unkraut) jäten.
weed[2] [wi:d] *s* **1.** *pl meist* **widow's ~s** Witwen-, Trauerkleidung *f.* **2.** Trauerflor *m.*
'weed·er *s* **1.** Jäter *m.* **2.** *tech.* 'Unkraut-,jätma,schine *f*, Jätwerkzeug *n.*
weed·i·cide ['wi:dɪsaɪd] *s* Unkrautvertilgungsmittel *n*, -vertilger *m.*
weed·i·ness ['wi:dɪnɪs] *s* Bewachsensein *n* mit Unkraut.
'weed·ing *s* Jäten *n*: **~ chisel** Jäteisen *n*; **~ fork** Jätgabel *f*; **~ hook** Jäthacke *f.*
weed kill·er → **weedicide.**
weed·y[1] ['wi:dɪ] *adj* **1.** voll Unkraut, verunkrautet. **2.** Unkraut..., unkrautartig. **3.** *colloq.* a) schmächtig, b) schlaksig, c) klapp(e)rig (*Mensch od. Tier*).
weed·y[2] ['wi:dɪ] *adj* in Trauer(kleidung).
week [wi:k] *s* Woche *f*: **a ~ of Sundays, a ~ of ~s** a) sieben Wochen, b) e-e Ewigkeit; **a ~, per ~** wöchentlich, die Woche; **~ by ~** Woche für Woche; **by the ~** wochenweise; **for ~s** wochenlang; **~ in, ~ out** Woche für Woche; **today ~, this day ~** a) heute in 8 Tagen, b) heute vor 8 Tagen; **Monday ~** a) Montag in 8 Tagen, b) Montag vor 8 Tagen; → **Great Week. '~·day I** *s* Wochen-, Werktag *m*: **on ~s** werktags. **II** *adj* Werktags... **'~,days** *adv Am.* werktags. **,~'end I** *s* Wochenende *n.* **II** *adj* Wochenend...: **~ speech** *bes. contp.* Sonntagsrede *f.* **III** *v/i* das Wochenende verbringen: **to ~ in the country (with friends). ,~'end·er** *s* Wochenendausflügler(in). **'~,ends** *adv Am.* an Wochenenden.
week·ly ['wi:klɪ] **I** *s* **1.** Wochenschrift *f.* **II** *adj* **2.** e-e Woche dauernd. **3.** wöchentlich. **4.** Wochen...: **~ wages** Wochenlohn *m.* **III** *adv* **5.** wöchentlich, einmal in der Woche, jede Woche.
'week·night *s* Wochentags-, Werktagsabend *m.*
weem [wi:m] *s Scot. hist.* Stein-, Felshöhle *f.*
ween [wi:n] *v/t obs. od. poet.* **1.** (er)hoffen. **2.** vermuten, wähnen.
wee·nie ['wi:nɪ] *colloq. für* **wiener.**
wee·ny ['wi:nɪ] *adj colloq.* ,klitzeklein', winzig. **'~,bop·per** *s sl. Kind von 8–12 Jahren, bes. Mädchen, das alles mitmacht, was gerade ,in' ist.*
weep [wi:p] **I** *v/i pret u. pp* **wept** [wept] **1.** weinen, Tränen vergießen (**for** vor *Freude etc*; um *j-n*): **to ~ at** (*od.* **over**) weinen über (*acc*). **2.** triefen, tropfen, tröpfeln. **3.** *med.* nässen (*Wunde etc*). **4.** die Zweige hängen lassen, trauern (*Baum*). **II** *v/t* **5.** *Tränen* vergießen, weinen: **to ~ one's eyes** (*od.* **heart**) **out** sich die Augen ausweinen; **to ~ tears of joy** Freudentränen weinen; **to ~ o.s. to sleep** sich in den Schlaf weinen. **6.** *a.* **~ out** *Worte* unter Tränen sagen. **7.** beweinen. **III** *s* **8.** Weinen *n*: **to have a good ~** sich (tüchtig) ausweinen. **'weep·er** *s* **1.** Weinende(r *m*) *f*, *bes.* Klageweib *n.* **2.** a) weiße Trauerbinde (*am Ärmel*), Trauerflor *m* (*am Hut*), b) *pl* Witwenschleier *m.* **3.** *sl.* Backenbart *m.*
'weep·ie → **weepy** 3.
'weep·ing I *adj* (*adv* **~ly**) **1.** weinend. **2.** *bot.* Trauer..., mit her'abhängenden Ästen (*Baum*). **3.** triefend, tropfend. **4.** *med.* nässend: **a ~ wound. II** *s* **5.** Weinen *n.* **~ ash** *s bot.* Traueresche *f.* **~ birch** *s bot.* Hängebirke *f.* **~ wil·low** *s bot.* Trauerweide *f.*
weep·y ['wi:pɪ] *colloq.* **I** *adj* **1.** weinerlich. **2.** rührselig, sentimen'tal. **II** *s* **3.** ,Schnulze' *f*, ,Schmachtfetzen' *m.*
weet [wi:t] *v/t poet.* wissen, kennen.
wee·ver ['wi:və(r)] *s* Drachenfisch *m.*
wee·vil ['wi:vɪl] *s zo.* **1.** Rüsselkäfer *m.* **2.** Samenkäfer *m.* **3.** *allg.* Getreidekäfer *m.*
'wee-wee → **wee**[2].
weft [weft] *s* **1.** *Weberei*: a) Einschlag(faden) *m*, Schluß(faden) *m*, b) Gewebe *n* (*a. poet.*): **~ silk** Einschlagseide *f.* **2.** a) Wolkenstreifen *m*, b) Nebelschicht *f.*
weigh[1] [weɪ] **I** *s* **1.** Wiegen *n.* **II** *v/t* **2.** (ab)wiegen (**by** nach). **3.** (*in der Hand*) wiegen: **he ~ed the book in his hand. 4.** *a.* **~ up** *fig.* (sorgsam) er-, abwägen (**with, against** gegen): **to ~ one's words** s-e Worte abwägen; **to ~ the evidence** das Beweismaterial abwägen. **5. to ~ anchor** a) den Anker lichten, b) auslaufen (*Schiff*). **6.** (nieder)drücken, (-)beugen. **II** *v/i* **7.** wiegen, schwer sein: **it ~s two pounds. 8.** *fig.* Gewicht haben, *schwer etc* wiegen, ins Gewicht fallen, ausschlaggebend sein (**with s.o.** bei j-m): **to ~ against s.o.** a) gegen j-n sprechen, b) gegen j-n in die Waagschale geworfen werden. **9.** *fig.* lasten (**on, upon** auf *dat*). **10.** → 5. **11.** → **weigh in** 4, **weigh out** 3.
Verbindungen mit Adverbien:
weigh| down *v/t* niederdrücken (*a. fig.*). **~ in I** *v/t* **1.** *aer. sein Gepäck* (ab)wiegen lassen. **2.** *sport* a) *e-n Jockei* nach dem Rennen wiegen, b) *e-n Boxer etc* vor dem Kampf wiegen. **II** *v/i* **3.** *aer.* sein Gepäck (ab)wiegen lassen. **4.** *sport* gewogen werden: **to ~ at 200 pounds** 200 Pfund auf die Waage bringen. **5.** *colloq.* a) eingreifen, sich einschalten, b) **~ with** *ein Argument etc* vorbringen. **~ out I** *v/t* **1.** *Ware* aus-, abwiegen. **2.** *sport Jockei* vor dem Rennen wiegen. **II** *v/i* **3.** *sport* gewogen werden. **~ up** *v/t* **1.** → **weigh**[1] 4. **2.** *j-n* einschätzen.
weigh[2] [weɪ] *s irrtümlich für* **way**[1] *gebraucht in*: **under ~** *mar.* in Fahrt; **to get under ~** *mar.* unter Segel gehen.
'weigh·a·ble *adj* wiegbar.
'weigh·bridge *s tech.* Brückenwaage *f.*
'weigh·er *s* **1.** Wieger *m*, *bes.* Waagemeister *m.* **2.** Waage *f.*
'weigh·house *s* Stadtwaage *f.*
'weigh-in *s sport* Wiegen *n.*
'weigh·ing *s* **1.** Wiegen *n.* **2.** (auf einmal) gewogene Menge. **3.** *fig.* Er-, Abwägen *n.* **~ ma·chine** *s* Waage *f.*
weight [weɪt] **I** *s* **1.** Gewicht *n*, Schwere *f*: **by ~** nach Gewicht; **to take the ~ off one's feet** *colloq.* sich ausruhen. **2.** Ge-

wicht *n*, Gewichtseinheit *f*: **~s and measures** Maße u. Gewichte; **inspector of ~s and measures** Eichmeister *m*, Eichbeamte(r) *m*. **3.** (Körper)Gewicht *n*: **what is your ~?** wieviel wiegen Sie?; **to put on** (*od.* **gain**) **~** zunehmen; **to lose ~** abnehmen; **to make one's** (*od.* **the**) **~** *sport* das Gewicht bringen; **to pull one's ~** sein(en) Teil dazutun, s-n Beitrag leisten; **to throw** (*od.* **chuck**) **one's ~ about** (*od.* **around**) *colloq.* sich aufspielen *od.* wichtig machen. **4.** Gewicht *n*, Last *f*. **5.** Gewicht *n* (*e-r Waage, Uhr etc*). **6.** *phys.* Schwere *f*, (Massen)Anziehungskraft *f*: **~ density** spezifisches Gewicht. **7.** *fig.* (Sorgen- *etc*)Last *f*, Bürde *f*: **the ~ of old age** die Bürde des Alters; **the ~ of evidence** die Last des Beweismaterials; **his decision took a ~ off my mind** bei s-r Entscheidung ist mir ein Stein vom Herzen gefallen; **it is a ~ off my mind to know that** ... seitdem ich weiß, daß ..., ist mir bedeutend wohler. **8.** *fig.* Gewicht *n*, Bedeutung *f*: **of ~** gewichtig, schwerwiegend; **to lose in ~** an Bedeutung verlieren; **to add ~ to s.th.** e-r Sache Gewicht verleihen; **to give ~ to s.th.** e-r Sache große Bedeutung beimessen; → **carry** 9. **9.** *fig.* Ansehen *n*, Einfluß *m*: **of no ~** ohne Bedeutung; **men of ~** bedeutende *od.* einflußreiche Leute. **10.** *sport* a) *a.* **~ category** Gewichtsklasse *f*, b) Gewicht *n* (*Gerät*), c) *Kugelstoßen*: Kugel *f*. **11.** *Statistik*: rela'tive Bedeutung.

II *v/t* **12.** *a.* **~ down** a) beschweren, b) belasten (*beide a. fig.*): **to be ~ed with** belastet sein durch; → **scale**[2] 1. **13.** *econ. Stoffe etc* durch Beimischung von Mine'ralien *etc* schwerer machen. **14.** *sport* a) *e-m Pferd* zusätzliches Gewicht zuteilen, b) *e-n Ski* belasten. **15.** *Statistik*: *e-r Zahl* rela'tive Bedeutung geben: **~ed average** (*od.* **mean**) gewogenes Mittel.

weight·i·ness ['weɪtɪnɪs] *s* Gewicht *n*, Schwere *f*, *fig. a.* (Ge)Wichtigkeit *f*.

'weight·less *adj* **1.** schwerelos. **2.** *fig.* unwichtig, unbedeutend. **'weight·less·ness** *s* Schwerelosigkeit *f*.

weight| lift·er *s sport* Gewichtheber *m*. **~ lift·ing** *s sport* Gewichtheben *n*. **~ lim·it** *s sport* Gewichtslimit *n*. **~ prob·lem** *s*: **he has a ~** er hat Gewichtsprobleme. **~ watch·er** *s* j-d, der (*bes.* durch e-e spezi'elle Ernährung) auf sein Gewicht achtet.

weight·y ['weɪtɪ] *adj* (*adv* **weightily**) **1.** schwer, gewichtig, *fig. a.* schwerwiegend. **2.** *fig.* lastend, drückend (*Sorge etc*). **3.** einflußreich, bedeutend, gewichtig (*Person*).

weir [wɪə(r); *Am. a.* wæər] *s* **1.** (Stau-)Wehr *n*. **2.** Fischreuse *f*.

weird [wɪə(r)d] **I** *adj* (*adv* **~ly**) **1.** *poet.* Schicksals...: **~ sisters** Schicksalsschwestern, Nornen. **2.** unheimlich. **3.** 'überirdisch. **4.** *colloq.* ulkig, sonderbar, ‚verrückt'. **II** *s* **5.** *bes. Scot. obs.* Schicksal *n*: → **dree**. **6. W~** *poet.* a) (*personifiziertes*) Schicksal, b) *pl* Schicksalsschwestern *pl*. **7.** *obs.* Vor'her-, Weissagung *f*, Omen *n*. **8.** *obs.* Zauber *m*, Bann *m*.

weir·do ['wɪə(r)dəʊ] *pl* **-does** *s colloq.* ‚verrückter' Kerl, ‚irrer Typ'.

Welch[1] [welʃ; *Am.* weltʃ] *obs. für* **Welsh**[1].

welch[2] [welʃ; *Am.* weltʃ], **'welch·er** → **welsh**[2], **welsher**.

wel·come ['welkəm] **I** *interj* **1.** will'kommen!: **~ to England!** willkommen in England!; **~ home!** willkommen zu Hause! **II** *s* **2.** Will'kommen *n*, Willkomm *m*, Empfang *m* (*a. iro.*): **to bid s.o. ~** → 3; **to give s.o. an enthusiastic ~** j-m e-n begeisterten Empfang bereiten; **he was given a hero's ~** er wurde wie ein Held begrüßt; **to outstay** (*od.* **overstay** *od.* **wear out**) **one's ~** länger bleiben, als man erwünscht ist. **III** *v/t* **3.** bewillkommnen, will'kommen heißen. **4.** *fig.* begrüßen: a) *etwas* gutheißen, b) gern annehmen: **to ~ a proposal**. **IV** *adj* **5.** will'kommen, angenehm: **a ~ guest**; **~ news**; **not ~** unerwünscht; **to make s.o. ~** j-n freundlich *od.* herzlich aufnehmen *od.* empfangen. **6.** herzlich eingeladen: **you are ~ to it** Sie können es gerne behalten *od.* nehmen; **you are ~ to do it** es steht Ihnen frei, es zu tun; bitte tun Sie es; **you are ~ to your own opinion** *iro.* meinetwegen können Sie denken, was Sie wollen; **(you are) ~!** nichts zu danken!, keine Ursache!, bitte sehr!; **and ~** *iro.* meinetwegen, wenn's Ihnen Spaß macht.

weld[1] [weld] *s* **1.** *bot.* (Färber)Wau *m*, Gelbe Re'seda. **2.** Wau *m* (*gelber Farbstoff*).

weld[2] [weld] *tech.* **I** *v/t* (ver-, zs.-)schweißen: **to ~ on** anschweißen (**to** an *acc*); **to ~ together** zs.-schweißen (*a. fig.*). **II** *v/i* sich schweißen lassen. **III** *s* a) Schweißung *f*, b) Schweißstelle *f*, -naht *f*. **IV** *adj* Schweiß...: **~ steel**.

'weld·a·ble *adj tech.* schweißbar.

'weld·ed *adj* geschweißt, Schweiß...: **~ joint** Schweißverbindung *f*; **~ tube** geschweißtes Rohr. **'weld·er** *s* **1.** Schweißer *m*. **2.** Schweißbrenner *m*, -gerät *n*.

'weld·ing I *s* Schweißen *n*. **II** *adj* Schweiß...: **~ goggles** Schweißbrille *f*; **~ rod** Schweißelektrode *f*; **~ wire** Schweißdraht *m*.

Welf [welf] *s hist.* Welfe *m*, Welfin *f*.

wel·fare ['welfeə(r)] *s* **1.** Wohl *n*, (*e-r Person a.*) Wohlergehen *n*: **to work for the ~ of the state**; **to be concerned about s.o.'s ~**. **2.** *Am.* Sozi'alhilfe *f*: **to be on ~** Sozialhilfe beziehen. **~ case** *s* Sozi'alfall *m*. **~ re·cip·i·ent** *s Am.* Sozi'alhilfeempfänger(in). **~ state** *s pol.* Wohlfahrtsstaat *m*. **~ stat·ism** *s pol.* Poli'tik *f* des Wohlfahrtsstaates. **~ work** *s Am.* Sozi'alarbeit *f*. **~ work·er** *s Am.* Sozi'alarbeiter(in).

wel·far·ism ['welfeərɪzəm] *s pol.* wohlfahrtsstaatliche Prin'zipien *pl od.* Poli'tik.

wel·far·ite ['wel,feər,aɪt] *s Am. contp.* Sozi'alhilfeempfänger(in).

wel·kin ['welkɪn] *s poet.* Himmelsgewölbe *n*, -zelt *n*: **to make the ~ ring with shouts** die Luft mit Geschrei erfüllen.

well[1] [wel] *comp* **bet·ter** ['betə(r)] *sup* **best** [best] **I** *adv* **1.** gut, wohl: **to be ~ off** a) gut versehen sein (**for** mit), b) wohlhabend *od.* gutsituiert *od.* gut dran sein; **to do o.s. ~**, **to live ~** gut leben, es sich gutgehen lassen. **2.** gut, recht, geschickt: **to do ~** gut *od.* recht daran tun (**to do** zu tun); **~ done!** gut gemacht!, bravo!; **~ roared, lion!** gut gebrüllt, Löwe!; **to sing ~** gut singen. **3.** gut, günstig, vorteilhaft: **to come off ~** a) gut abschneiden, b) Glück haben; **all being ~** wenn alles gutgeht. **4.** gut, freundschaftlich: **to think (speak) ~ of** gut denken (sprechen) über (*acc*). **5.** gut, sehr, vollauf: **to love** (*od.* **like**) **s.o. ~** j-n sehr lieben; **to be ~ pleased** hocherfreut sein; **it speaks ~ for him** es spricht sehr für ihn. **6.** wohl, mit gutem Grund: **one may ~ ask this question**; **you cannot very ~ do that** das kannst du nicht gut tun; **not very ~** wohl kaum; **we might ~ try it** wir könnten es ja versuchen. **7.** recht, eigentlich, so richtig: **he does not know ~ how** er weiß nicht recht wie. **8.** gut, genau, gründlich: **to know s.o. ~** j-n gut kennen; **he knows only too ~** er weiß nur zu gut; **to remember ~** sich gut erinnern an (*acc*). **9.** gut, ganz, völlig: **he is ~ out of sight** er ist völlig außer Sicht; **to be ~ out of s.th.** etwas glücklich hinter sich haben. **10.** gut, beträchtlich, ziemlich, weit: **~ away** weit weg; **he walked ~ ahead of them** er ging ihnen ein gutes Stück voraus; **he is ~ up in the list** er steht weit oben auf der Liste; **to be ~ on in years** nicht mehr der/die Jüngste sein; **~ past fifty** weit über 50; **until ~ past midnight** bis lange nach Mitternacht; **~ in advance** schon lange vorher. **11.** gut, tüchtig, gründlich, kräftig: **to stir ~**. **12.** gut, mit Leichtigkeit, durch'aus: **you could ~ have done it** du hättest es leicht tun können; **it is very ~ possible** es ist durchaus *od.* sehr wohl möglich; **as ~** ebenso, desgleichen, außerdem; **shall I bring the paper as ~?** soll ich auch die Zeitung bringen?; **(just) as ~** ebenso(gut), genauso(gut); **he is a Christian as ~** er ist auch ein Christ; **as ~ ... as** sowohl ... als auch; nicht nur ..., sondern auch; **as ~ as** ebensogut wie.

II *adj* **13.** wohl, gesund: **to be** (*od.* **feel**) **~** sich wohl fühlen; **to look ~** gesund aussehen. **14.** in Ordnung, richtig, gut: **all is not ~ with him** etwas ist nicht in Ordnung mit ihm; **all will be ~** es wird sich alles wieder einrenken; **I am very ~ where I am** ich fühle mich sehr wohl; **it is all very ~ but** das ist ja alles gut u. schön, aber. **15.** vorteilhaft, günstig, gut: **it will be as ~ for her to know it** es schadet ihr gar nichts, es zu wissen; **that is just as ~** das ist schon gut so; **very ~** sehr wohl, nun gut; **~ and good** schön und gut. **16.** ratsam, richtig, gut: **it would be ~** es wäre angebracht *od.* ratsam.

III *interj* **17.** nun, na, tja, schön (*oft unübersetzt*): **~!** (*empört*) na, hör mal!; **~, who would have thought it?** (*erstaunt*) wer hätte das gedacht?; **~ then** nun (also); **~ then?** (*erwartend*) na, und?; **~, it can't be helped** (*resigniert*) da kann man (eben *od.* halt) nichts machen; **~, here we are at last** (*erleichtert*) so, da wären wir endlich; **~, what should I say?** (*überlegend, zögernd*) tja *od.* hm, was soll ich (da) sagen?; **~, ~!** so, so!, (*beruhigend*) schon gut!

IV *s* **18.** (*das*) Gute: **let ~ alone!** laß gut sein!, laß die Finger davon!

well[2] [wel] **I** *s* **1.** (*gegrabener*) Brunnen, Ziehbrunnen *m*. **2.** Quelle *f*. **3.** a) Heilquelle *f*, Mine'ralbrunnen *m*, b) *pl* (*in Ortsnamen*) Bad *n*: **Tunbridge W~s**. **4.** *poet.* Quell *m*, Born *m*. **5.** *fig.* (Ur)Quell *m*, Quelle *f*, Ursprung *m*. **6.** *tech.* a) (Senk-, Öl- *etc*)Schacht *m*, b) Bohrloch *n*. **7.** *arch.* a) Fahrstuhl-, Luft-, Lichtschacht *m*, b) (Raum *m* für das) Treppenhaus. **8.** *mar.* a) *tech.* Pumpensod *m*, b) Buhne *f*, Fischbehälter *m* (*im Fischerboot*). **9.** *tech.* eingelassener Behälter, Vertiefung *f*, *bes.* a) *mot.* Kofferraum *m*, b) Tintenbehälter *m*. **10.** *jur. Br.* Platz *m* für Anwälte im Gerichtssaal. **II** *v/i* **11.** quellen (**from** aus): **to ~ out** (*od.* **forth**) hervorquellen; **to ~ up** aufsteigen (*Flüssigkeit, Tränen*); **to ~ over** überfließen.

well·a·day [,welə'deɪ] → **wellaway**.

,well|-ad'vised *adj* 'wohlüber,legt, klug. **,~-ap'point·ed** *adj* gutausgestattet.

well·a·way [,welə'weɪ] *obs.* **I** *interj* o weh! **II** *s* Wehgeschrei *n*, Wehklagen *n*.

,well|-'bal·anced *adj* **1.** ausgewogen: **a ~ diet**. **2.** (innerlich) ausgeglichen. **,~-be'haved** *adj* wohl-, guterzogen, artig, ma'nierlich. **,~-'be·ing** *s* **1.** Wohl *n*, (*e-r Person a.*) Wohlergehen *n*: **physical ~** körperliches Wohlbefinden. **2.** *meist* **sense of ~** Wohlgefühl *n*, Wohlbehagen *n*. **,~-be'lov·ed** *adj* heiß-, vielgeliebt. **,~-'born** *adj* von vornehmer 'Herkunft, aus guter Fa'milie, aus vornehmem Haus. ~-'**bred** *adj* **1.** wohl-, guterzogen. **2.** gebildet, fein. ~-'**cho·sen** *adj* (gut)gewählt, treffend: ~ **words.** ~-**con'nect·ed** *adj* **1.** mit einflußreicher Verwandtschaft. **2.** mit guten Beziehungen. ~-**de'fined** *adj* 'gutum,rissen, 'gutdefi,niert. ~-**de'served** *adj* wohlverdient. ~-**de'serv·ing** *adj* verdienstvoll. ~-**di'rect·ed** *adj* wohl-, gutgezielt (*Schlag etc*). ~-**dis'posed** *adj* wohlgesinnt, wohlwollend. ~-'**do·ing** *s* **1.** Wohltätigkeit *f*. **2.** Rechtschaffenheit *f*. **3.** Wohlergehen *n*, Erfolg *m*. ~-'**done** *adj* **1.** gutgemacht. **2.** 'durchgebraten: **a** ~ **steak.** ~-'**earned** *adj* wohlverdient. ~-'**fa·vo(u)red** *adj obs.* gutaussehend, hübsch. ~-'**fed** *adj* wohl-, gutgenährt. ~-'**fixed** *adj Am. colloq.* ‚(gut)betucht' (*wohlhabend*). ~-'**found·ed** *adj* wohlbegründet. ~-'**groomed** *adj* gepflegt. ~-'**ground·ed** *adj* **1.** → **well-founded. 2.** mit guter Vorbildung, mit guten Vorkenntnissen. ~-'**han·dled** *adj* gutverwaltet.

'**well·head** *s* **1.** Quelle *f* (*a. fig.*). **2.** *fig.* Urquell *m*. **3.** Brunneneinfassung *f*.

,**well|-'heeled** *adj colloq.* ‚(gut)betucht' (*wohlhabend*). ~-'**hung** *adj* **1.** abgehangen: ~ **meat. 2.** *sl.* a) ‚mit viel Holz vor der Hütte' (*mit großem Busen*), b) ‚mit e-m großen Appa'rat' (*Penis*). ~-**in'formed** *adj* **1.** 'gutunter,richtet. **2.** (vielseitig) gebildet.

Wel·ling·ton (boot) ['welɪŋtən] *s bes. Br.* Schaft-, Gummi-, Wasserstiefel *m*.

,**well|-in'ten·tioned** *adj* **1.** gut-, wohlgemeint: ~ **advice. 2.** wohlmeinend (*Person*). ~-'**judged** *adj* **1.** wohlberechnet, angebracht. **2.** *sport* abgezirkelt (*Paß etc*). ~-'**kept** *adj* **1.** gepflegt. **2.** streng-gehütet: **a** ~ **secret.** ~-'**knit** *adj* **1.** drahtig: **a** ~ **figure. 2.** 'gutdurch,dacht: **a** ~ **composition.** ~-'**known** *adj* **1.** weithin bekannt. **2.** wohlbekannt. ~-'**lined** *adj colloq.* **1.** voller Geld: **a** ~ **wallet** e-e dicke Brieftasche. **2.** voll (*Magen*). ~-'**made** *adj* **1.** gutgemacht. **2.** gutgewachsen, gutgebaut (*Person od. Tier*). ~-'**man·nered** *adj* wohlerzogen, mit guten Ma'nieren. ~-'**matched** *adj* **1.** *bes. sport* gleich stark. **2. a** ~ **couple** ein Paar, das gut zs.-paßt. ~-'**mean·ing** → **well-intentioned.** ~-'**meant** *adj* gutgemeint. '~-**nigh** *adv* fast, so gut wie: ~ **impossible.** ~-'**off** *adj* wohlhabend, 'gutsitu,iert. ~-'**oiled** *adj* **1.** gutgeölt. **2.** *fig.* 'gutfunktio,nierend (*Organisation etc*). **3.** (ziemlich) ‚angesäuselt'. ~-'**paid** *adj* gutbezahlt. ~-**pre'served** *adj* guterhalten: **a** ~ **old lady** e-e alte Dame, die für ihr Alter noch recht gut aussieht. ~-**pro'por·tioned** *adj* **1.** 'wohlproportio,niert. **2.** gutgebaut. ~-'**read** [-'red] *adj* belesen. ~-'**reg·u·lat·ed** *adj* (wohl)geregelt, (-)geordnet. ~-**re'put·ed** *adj* geachtet, angesehen. ~-'**round·ed** *adj* **1.** (wohl)beleibt. **2.** *fig.* a) abgerundet, ele'gant, 'formvoll,endet (*Stil, Form etc*), b) ausgeglichen (*Leben etc*), c) vielseitig, um'fassend (*Bildung etc*). ~-'**set** → **well-knit.** ~-**set-'up** *adj colloq.* ‚gutgebaut' (*Person*). ~-'**spent** *adj* **1.** gutgenützt (*Zeit*). **2.** sinnvoll ausgegeben (*Geld*). ~-'**spo·ken** *adj* **1.** redegewandt. **2.** höflich (im Ausdruck).

'**well·spring** *s* **1.** Quelle *f* (*a. fig.*). **2.** *fig.* Urquell *m*.

,**well|-'stacked** *adj Br. colloq.* ‚mit viel Holz vor der Hütte' (*mit großem Busen*). ~-'**tem·pered** *adj* **1.** gutmütig. **2.** *mus.* 'wohltempe,riert (*Stimmung*): **the Well-Tempered Clavier** das Wohltemperierte Klavier (*von Bach*). ~-'**thought-of** *adj* geachtet, angesehen. '~-,**thought-'out** *adj* wohlerwogen, (gründlich) durch'dacht. ~-'**timed** *adj* **1.** (zeitlich) wohlberechnet *od.* günstig. **2.** *sport* gutgetimed (*Paß etc*). ~-**to-'do I** *adj* wohlhabend. **II** *s* **the** ~ *collect.* die Wohlhabenden *pl*. ~-'**tried** *adj* (wohl-) erprobt, bewährt. ~-'**turned** *adj fig.* ele'gant, geschickt formu'liert: **a** ~ **phrase.** ~-**up'hol·stered** *adj* gutgepolstert (*a. fig. colloq. ziemlich dick*). '~-,**wish·er** *s* **1.** Gönner(in). **2.** Befürworter(in). **3.** *pl* jubelnde Menge. ~-'**worn** *adj* **1.** abgetragen, abgenutzt, abgegriffen. **2.** *fig.* abgedroschen.

Welsh[1] [welʃ] **I** *adj* **1.** wa'lisisch. **II** *s* **2. the** ~ *collect.* die Wa'liser *pl*. **3.** *ling.* Wa'lisisch *n*, das Walisische.

welsh[2] [welʃ] *v/i colloq.* **1.** sich ‚drücken' (**on** vor *dat*). **2. to** ~ **on s.o.** a) j-n ‚verschaukeln', b) j-n ‚aufsitzen lassen'. **3.** *Buchmacher*: a) die Gewinne nicht aus(be)zahlen (**on s.o.** j-m), b) mit den Gewinnen 'durchgehen.

Welsh cor·gi *s* Welsh Corgi *m* (*Hunderasse*).

'**welsh·er** *s colloq.* **1.** betrügerischer Buchmacher. **2.** ‚falscher Fuffziger'.

'**Welsh|·man** [-mən] *s irr* Wa'liser *m*. ~ **on·ion** *s bot.* Winterzwiebel *f*. ~ **rab·bit,** ~ **rare·bit** *s gastr.* über'backene Käseschnitte. ~ **ter·ri·er** *s* Welshterrier *m* (*Jagdhund*). '~,**wom·an** *s irr* Wa'liserin *f*.

welt [welt] **I** *s* **1.** Einfassung *f*, Rand *m*. **2.** *Schneiderei*: a) (Zier)Borte *f*, b) Rollsaum *m*, c) Stoßkante *f*. **3.** Rahmen *m* (*e-s Schuhs*). **4.** a) Schwiele *f*, Strieme(n *m*) *f*, b) *colloq.* ‚Pfund' *n* (*harter Schlag*). **5.** *tech.* a) Falz *m* (*im Metall*), b) *Schreinerei*: Leiste *f*. **II** *v/t* **6.** *Kleid etc* säumen, einfassen. **7.** *tech.* a) *Blech* falzen, b) *e-n Schuh* auf Rahmen arbeiten: ~**ed** randgenäht (*Schuh*). **8.** *colloq.* (ver)prügeln, ‚verdreschen'.

Welt·an·schau·ung ['vɛltan,ʃaʊʊŋ] (*Ger.*) *s* Weltanschauung *f*.

wel·ter[1] ['weltə(r)] **I** *v/i* **1.** *poet.* sich wälzen (**in** in *s-m Blut etc*) (*a. fig.*). **II** *s* **2.** Wogen *n*, Toben *n* (*der Wellen etc*). **3.** *fig.* Tu'mult *m*, Aufruhr *m*, Durchein'ander *n*, Wirrwarr *m*, Chaos *n*.

wel·ter[2] ['weltə(r)] → **welterweight** I b.

'**wel·ter·weight** *sport* **I** *s* a) Weltergewicht *n*, b) Weltergewichtler *m*. **II** *adj* Weltergewichts...

Welt|·po·li·tik ['vɛltpoli,ti:k] (*Ger.*) *s* 'Weltpoli,tik *f*. '~,**schmerz** [-,ʃmɛrts] (*Ger.*) *s* Weltschmerz *m*.

wen[1] [wen] *s* **1.** *med.* (Balg)Geschwulst *f*, *bes.* Grützbeutel *m* (*am Kopf*). **2.** *fig.* Riesenstadt *f*: **the great** ~ London.

wen[2] [wen] *s* Wen-Rune *f* (*Runenzeichen für w*).

wench [wentʃ] **I** *s* **1.** *obs. od. humor.* (*bes.* Bauern)Mädchen *n*, Frauenzimmer *n*. **2.** *obs.* Hure *f*, Dirne *f*. **II** *v/i* **3.** *obs.* huren.

wend[1] [wend] *v/t*: **to** ~ **one's way** sich wenden *od.* begeben, s-n Weg nehmen (**to** nach, zu); **to** ~ **one's way home** sich auf den Heimweg begeben.

Wend[2] [wend] *s* Wende *m*, Wendin *f*.

Wend·ish ['wendɪʃ], *a.* '**Wend·ic** [-dɪk] **I** *adj* wendisch. **II** *s ling.* Wendisch *n*, das Wendische.

Wen·dy house ['wendɪ] *s Br.* Spielhaus *n* (*für Kinder*).

Wens·ley·dale ['wenzlɪdeɪl] *s e-e englische Käsesorte.*

went [went] *pret von* **go**[1].

wen·tle·trap ['wentltræp] *s zo.* Wendeltreppe *f*.

wept [wept] *pret u. pp von* **weep.**

were [wɜ:; *Am.* wɜr] **1.** *pret von* **be**: *du* warst, *Sie* waren, *wir, sie* waren, *ihr* wart. **2.** *pret pass* wurde(n). **3.** *subj pret* wäre(n).

were·wolf ['wɪə(r)wʊlf; *Br. a.* 'wɜ:-; *Am. a.* 'wɜr-] *s irr* Werwolf *m*.

werf [verf] *s S.Afr.* Werft *f* (*Eingeborenensiedlung*).

wer·gild ['wɜ:gɪld; *Am.* 'wɜr-] *s jur. hist.* Wergeld *n* (*Buße für die Tötung e-s Menschen*).

wert [wɜ:t; *Am.* wɜrt] *poet. 2. sg pret ind u. subj von* **be.**

Wer·ther·ism ['vertərɪzəm] *s* Werthertum *n*, Wertherische Empfindsamkeit.

wer·wolf ['wɜ:wʊlf; *Am.* 'wɜr-] → **werewolf.**

Wes·ley·an ['wezlɪən] *relig.* **I** *adj* wesley'anisch, metho'distisch. **II** *s* Wesley'aner(in), Metho'dist(in). '**Wes·ley·an·ism** *s* Metho'dismus *m*.

west [west] **I** *s* **1.** Westen *m*: **in the** ~ **of** im Westen von (*od. gen*); **to the** ~ **of** → 7; **from the** ~ aus dem Westen. **2.** *a.* **W**~ Westen *m*, westlicher Landesteil: **the W**~ **of Germany** Westdeutschland *n*; **the W**~ a) *Br.* Westengland *n*, b) *Am.* der Westen, die Weststaaten *pl*, c) *pol.* der Westen, d) das Abendland, e) *hist.* das Weströmische Reich. **3.** *poet.* West(wind) *m*. **II** *adj* **4.** westlich, West... **III** *adv* **5.** westwärts, nach Westen: **to go** ~ *colloq.* a) ‚draufgehen' (*sterben, kaputtod. verlorengehen*), b) sich zerschlagen (*Pläne, Hoffnungen etc*). **6.** aus dem Westen (*bes. Wind*). **7.** ~ **of** westlich von (*od. gen*). **IV** *v/i* **8.** nach Westen gehen *od.* fahren. '~**bound** *adj* nach Westen gehend *od.* fahrend. ~ **by north** *s mar.* West *m* zu Nord. ~ **coun·try** *s* **1.** (*der*) Westen e-s Landes. **2. the W**~ **C**~ *Br.* Süd'westengland *n*, *bes.* Cornwall, Devon u. Somerset. **W**~ **End** *s* Westend *n* (*vornehmer Stadtteil Londons*).

west·er ['westə(r)] **I** *v/i* **1.** → **west** 8. **2.** nach Westen drehen (*Wind*). **II** *s* **3.** Westwind *m*. '**west·er·ly I** *adj* westlich, West... **II** *adv* von *od.* nach Westen.

west·ern ['westə(r)n] **I** *adj* **1.** westlich, West...: **the W**~ **Empire** *hist.* das Weströmische Reich; **the W**~ **world** die westliche Welt, das Abendland. **2.** westwärts, West...: ~ **course** Westkurs *m*. **II** *s* **3.** Western *m*: a) Wild'westgeschichte *f*, -ro,man *m*, b) Wild'westfilm *m*. '**west·ern·er** *s* **1.** Bewohner(in) des Westens (*e-s Landes*). **2. W**~ Weststaatler(in) (*in den USA*).

west·ern·ism ['westə(r)nɪzəm] *s* **1.** *bes. Am.* westliche (Sprach)Eigentümlichkeit. **2.** westliche *od.* abendländische Instituti'on *od.* Denkweise *od.* Traditi'on. '**west·ern·ize** *v/t* verwestlichen.

west·ern·ly ['westə(r)nlɪ] → **westerly.**

west·ern·most ['westə(r)nməʊst] *adj* westlichst(er, e, es).

West In·di·an I *adj* west'indisch. **II** *s* West'indier(in).

west·ing ['westɪŋ] *s* **1.** *astr.* westliche Deklinati'on (*e-s Planeten*). **2.** *mar.* Weg *m od.* Di'stanz *f* nach Westen.

,**west-north'west I** *adj* westnord'westlich, Westnordwest... **II** *adv* nach *od.* aus Westnord'westen. **III** *s* Westnord'west(en) *m*.

West·pha·li·an [west'feɪljən] **I** *adj* west'fälisch. **II** *s* West'fale *m*, West'fälin *f*.

Wes·tra·li·an [wes'treɪljən] **I** *adj* 'westau,stralisch. **II** *s* 'Westau,stralier(in).

West Sax·on *s ling.* Westsächsisch *n*, das Westsächsische (*Dialekt des Angelsächsischen*).

,**west-south'west I** *adj* westsüd'westlich, Westsüdwest... **II** *adv* nach *od.* aus Westsüd'westen. **III** *s* Westsüd'west(en) *m*.

west·ward ['westwə(r)d] *adj u. adv* westlich, westwärts, nach Westen: **in a** ~ **direction** in westlicher Richtung, Richtung Westen. '**west·wards** *adv* → **westward.**

wet [wet] **I** *adj* **1.** naß, durchˈnäßt (**with** von): ~ **behind the ears** *colloq.* noch nicht trocken hinter den Ohren; → **skin** 1, **through** 10. **2.** niederschlagsreich, regnerisch, feucht (*Klima*): ~ **season** Regenzeit *f* (*in den Tropen*). **3.** naß, noch nicht trocken: → **paint** 12. **4.** *tech.* naß, Naß...: ~ **extraction** Naßgewinnung *f*; ~ **process** Naßverfahren *n*. **5.** *Am.* a) ‚feucht', nicht unter Alkoholverbot stehend (*Stadt etc*), b) gegen die Prohibiˈtion stimmend: **a ~ candidate. 6.** *colloq.* a) blöd, ‚behämmert', b) *Br.* weichlich. **7.** *colloq.* falsch, verkehrt: **you are all ~!** du irrst dich gewaltig! **8.** *colloq.* ‚feuchtfröhlich': **a ~ night. 9.** *colloq.* rührselig, sentimenˈtal. **II** *s* **10.** Feuchtigkeit *f*, Nässe *f*: **out in the ~** draußen im Nassen. **11.** Regen(wetter *n*) *m*. **12.** *bes. Br. colloq.* Drink *m*: **to have a ~** ‚einen heben *od.* zur Brust nehmen'. **13.** *Am.* Gegner *m* der Prohibitiˈon. **14.** *colloq.* a) ‚Blödmann' *m*, b) *Br.* Weichling *m*. **III** *v/t pret u. pp* **wet** *od.* **ˈwet·ted 15.** benetzen, anfeuchten, naßmachen, nässen: **to ~ o.s.** in die Hose machen; **to ~ through** durchnässen; **to ~ one's whistle** (*od.* **clay**) *colloq.* ‚sich die Kehle anfeuchten', ‚einen heben *od.* zur Brust nehmen' (*trinken*). **16.** *colloq.* ‚begießen': **to ~ a bargain. IV** *v/i* **17.** naß werden.
ˈwet|ˌback *s Am. colloq.* ˈilleˌgaler Einwanderer aus Mexiko. **~ bar·gain** *s colloq. mit e-m Drink bekräftigtes Geschäft.* **~ blan·ket** *s fig.* **1.** Dämpfer *m*, kalte Dusche: **to put** (*od.* **throw**) **a ~ on s.th.** e-r Sache e-n Dämpfer aufsetzen; **to be (like) a ~** wie e-e kalte Dusche wirken. **2.** Spiel-, Spaßverderber(in), fader Kerl. **ˌ~-ˈblan·ket** *v/t fig.* e-n Dämpfer aufsetzen (*dat*). **ˈ~-bulb ther·mom·e·ter** *s phys.* Verˈdunstungsthermoˌmeter *n*. **~ cell** *s electr.* nasse Zelle, ˈNaßeleˌment *n*. **~ dock** *s mar.* Flutbecken *n*. **ˈ~-dog shakes** *s pl med. sl.* Zittern *n* (*Entziehungserscheinung*). **~ dream** *s* ‚feuchter Traum'.
weth·er [ˈweðə(r)] *s zo.* Hammel *m*.
wet| look *s* Hochglanz *m*. **ˈ~-look** *adj* Hochglanz...
ˈwet·ness *s* Nässe *f*, Feuchtigkeit *f*.
wet| nurse *s* (Säug)Amme *f*. **ˈ~-nurse** *v/t* **1.** (*als Amme*) säugen. **2.** *fig.* verhätscheln, bemuttern. **~ pack** *s med.* feuchter ˈUmschlag. **~ rot** *s bot.* Naßfäule *f*. **~ suit** *s* Kälteschutzanzug *m* (*für Sporttaucher, Segler etc*). **~ thumb** *s* glückliche Hand in der (Aˈquarium)Fischzucht.
ˈwet·ting *s* **1.** Durchˈnässung *f*: **to get a ~** a) durchnäßt *od.* durch u. durch naß werden (vom Regen), b) ein unfreiwilliges Bad nehmen. **2.** Befeuchtung *f*. **~ a·gent** *s chem.* Netzmittel *n*.
wet·tish [ˈwetɪʃ] *adj* etwas feucht.
wey [weɪ] *s econ. Br. bes. hist. ein Trockengewicht (zwischen 2 u. 3 Zentnern variierend).*
whack [wæk; hwæk] **I** *v/t* **1.** a) *j-m* e-n (knallenden) Schlag versetzen, *Ball etc* knallen: **to ~ off** abhacken, abschlagen, b) *sport Br. colloq.* ‚vernaschen', ‚überˈfahren' (*hoch schlagen*). **2.** *a.* ~ **out** *Br. colloq.* ‚schaffen' (*erschöpfen*): **~ed** ‚fertig', ‚erledigt'. **3. ~ up** *colloq.* (auf)teilen. **4.** *meist* ~ **up** *Am. colloq. j-n* antreiben. **5. ~ up** (*od.* **out**) *Am. colloq. etwas* ‚auf die Beine stellen' *od.* organiˈsieren. **II** *v/i* **6.** schlagen (**at** nach). **7.** *meist* ~ **off** *vulg.* ‚wichsen', ‚sich e-n runterholen' (*masturbieren*). **III** *s* **8.** (knallender) Schlag. **9.** *colloq.* (An)Teil *m* (**of** an *dat*). **10.** *colloq.* Versuch *m*: **to have a ~** e-n Versuch machen (**at s.th.** mit etwas). **11.** *Am. colloq.* Zustand *m*: **to be in a fine ~**; **to be out of ~** nicht in Ordnung sein; **to be out of ~ with** nicht im Einklang stehen mit. **ˈwhack·er** *s colloq.* **1.** *Am.* a) Ochsen-, Maultiertreiber *m*, b) Antreiber *m*. **2.** a) ‚Mordsding' *n*, b) faustdicke Lüge. **ˈwhack·ing I** *adj u. adv colloq.* Mords...: **a ~ (big) lie** → **whacker** 2 b. **II** *s* (Tracht *f*) Prügel *pl*: **to give s.o. a ~** a) j-m e-e Tracht Prügel verpassen, b) *sport Br. colloq.* → **whack** 1 b.
whack·y → **wacky**.
whale[1] [weɪl; hw-] **I** *s* **1.** *zo. pl* **whales,** *bes. collect.* **whale** Wal *m*: **bull ~** Walbulle *m*; **cow ~** Walkuh *f*. **2.** *colloq.* (*etwas*) Riesiges *od.* Gewaltiges *od.* Großartiges *od.* ‚Tolles': **a ~ of a fellow** a) ein Riesenkerl, b) ein ‚Pfundskerl'; **a ~ of a lot** e-e Riesenmenge; **a ~ of a thing** ein tolles Ding; **a ~ of a difference** ein himmelweiter Unterschied; **to be a ~ for** (*od.* **on**) ganz versessen sein auf (*acc*); **to be a ~ at** e-e ‚Kanone' sein in (*dat*). **II** *v/i* **3.** Walfang treiben.
whale[2] [weɪl; hw-] *v/t bes. Am. colloq.* **1.** (ver)prügeln, ‚verdreschen'. **2.** *Ball etc* ‚dreschen'. **3.** *sport* ‚vernaschen', ‚überˈfahren' (*hoch schlagen*).
ˈwhale|·boat *s mar.* **1.** *hist.* Walfänger *m*, Walfangboot *n*. **2.** *Am.* Rettungsboot *n*. **ˈ~·bone** *s* **1.** *zo.* Barte *f* (*Hornplatte im Oberkiefer e-s Wals*). **2.** Fischbein(stab *m*) *n*. **ˈ~·bone whale** *s zo.* Bartenwal *m*. **~ calf** *s irr zo.* junger Wal. **~ fish·er·y** *s* **1.** Walfang *m*. **2.** Walfanggebiet *n*. **~ oil** *s* Walfischtran *m*.
ˈwhal·er[1] *s* Walfänger *m* (*Person u. Boot*).
ˈwhal·er[2] *s colloq.* ‚Mordsding' *n*.
ˈwhal·ing[1] **I** *s* Walfang *m*. **II** *adj* Walfang...
ˈwhal·ing[2] *colloq.* **I** *adj od. adv* Mords...: **we had a ~ good time** wir haben uns prima amüsiert. **II** *s bes. Am.* (Tracht *f*) Prügel *pl*: **to give s.o. a ~** a) j-m e-e Tracht Prügel verpassen, b) *sport* j-n ‚vernaschen' *od.* ‚überfahren' (*hoch schlagen*).
whal·ing| gun *s* Harˈpunengeschütz *n*. **~ rock·et** *s* Harpuˈnierraˌkete *f*.
wham [wæm; hwæm] → **whang**.
wham·my [ˈwæmɪ; ˈhwæmɪ] *s colloq.* ‚Hammer' *m* (*Schlag; a. fig.*).
whang [wæŋ; hwæŋ] *colloq.* **I** *v/t* knallen, hauen. **II** *v/i* knallen (*a. schießen*), krachen, bumsen. **III** *s* Knall *m*, Krach *m*, Bums *m*. **IV** *interj* krach!, zack!
ˌwhangˈdoo·dle *s Am.* **1.** *humor.* (*ein*) Fabeltier *n*. **2.** *sl.* aggresˈsiver Bursche. **3.** *sl.* ‚Quatsch' *m*.
wharf [wɔː(r)f; hw-] **I** *pl* **wharves** [-vz], *a.* **wharfs** [-fs] *s* **1.** *mar.* Kai *m*. **2.** *pl econ. mar.* Lagerhäuser *pl*. **II** *v/t mar.* **3.** *Waren* ausladen, löschen. **4.** *das Schiff* am Kai festmachen. **ˈwharf·age** *s econ. mar.* **1.** Benutzung *f* e-s Kais. **2.** Löschen *n* (*von Gütern*). **3.** Kaigeld *n*, Kaigebühr *f*. **4.** Kaianlage(n *pl*) *f*.
wharf boat *s mar. Am. Boot mit Plattform zum Löschen von Gütern etc.*
wharf·in·ger [ˈwɔː(r)fɪndʒə(r); ˈhw-] *s mar.* **1.** Kaimeister *m*. **2.** Kaibesitzer *m*.
wharf rat *s* **1.** *zo.* Wanderratte *f*. **2.** *mar. Am. sl.* Hafendieb *m*.
wharves [wɔː(r)vz; wh-] *pl von* **wharf**.
what [wɒt; hwɒt; *Am.* wɑt; hwɑt] **I** *pron interrog* **1.** was, wie: **~ did he do?** was hat er getan?; **~'s for lunch?** was gibt's zum Mittagessen? **2.** was (*um Wiederholung e-s Wortes bittend*): **you want a ~?** was willst du? **3.** was für ein(e), welch(er, e, es), (*vor pl*) was für (*fragend od. als Verstärkung e-s Ausrufs*): **~ an idea!** was für e-e Idee!; **~ book?** was für ein Buch?; **~ luck!** welch ein Glück!; **~ men?** was für Männer?
II *pron rel* **4.** (das,) was, *a.* (der,) welcher: **this is ~ we hoped for** (gerade) das erhofften wir; **he sent us ~ he had promised us** er schickte uns (das), was er uns versprochen hatte *od.* das Versprochene; **it is nothing compared to ~ happened then** es ist nichts im Vergleich zu dem, was dann geschah; **he is no longer ~ he was** er ist nicht mehr der, der er war. **5.** was (auch immer): **say ~ you please!** sag, was du willst! **6. but ~** (*negativ*) *colloq.* außer dem, der (*od.* das); außer der (*od.* denen), die: **there was no one but ~ was excited** es gab niemanden, der nicht aufgeregt war.
III *adj* **7.** was für ein(e), welch(er, e, es): **I don't know ~ decision you have taken** ich weiß nicht, was für e-n Entschluß du gefaßt hast; **he got ~ books he wanted** er bekam alle Bücher, die er wollte. **8.** alle, die; alles, was: **~ money I had** was ich an Geld hatte, all mein Geld. **9.** soviel *od.* so viele ... wie: **take ~ time and men you need!** nimm dir soviel Zeit u. so viele Leute, wie du brauchst!
IV *adv* **10.** was: **~ does it matter** was macht das schon. **11.** *vor adj* was für: **~ happy boys they are!** was sind sie (doch) für glückliche Jungen! **12.** teils ..., teils: **~ with ..., ~ with ...** teils durch ..., teils durch. **13. but ~** (*negativ*) *colloq.* daß: **never fear but ~ we shall go!** hab keine Angst, wir gehen schon!; **not a day but ~ it rains** kein Tag, an dem es nicht regnet.
V *interj* **14.** was!, wie! **15.** (*fragend, unhöflich*) was?, wie? **16.** *Br.* nicht wahr?: **a nice fellow, ~?**
VI *s* **17.** Was *n*.
Besondere Redewendungen:
~ about? wie wär's mit *od.* wenn?, wie steht's mit?; **~ for?** wofür?, wozu?; **and ~ have you** *colloq.* und was nicht sonst noch alles; **~ if?** und wenn nun?, (und) was geschieht, wenn?; **~ next** a) was sonst noch?, b) *iro.* sonst noch was?, das fehlte noch!; **and ~ not** *colloq.* und was nicht sonst noch alles; **~ (is the) news?** was gibt es Neues?; **(well,) ~ of it?, so ~?** na, wenn schon?, na und?; **~ though?** was tut's, wenn?; **~ with** infolge, durch, in Anbetracht (*gen*); **I know ~** ich weiß was, ich habe e-e Idee; **to know ~'s ~** *colloq.* wissen, was los ist; Bescheid wissen; **I'll tell you ~** ich will dir (mal) was sagen; **~ do you think you are doing?** was soll denn das?; **~ ho!** holla!, heda!
ˈwhat|-d'you-ˌcall-it (*od.* **-'em** *od.* **-him** *od.* **-her**), **ˈ~-d'ye-ˌcall-it** (*od.* **-'em** *od.* **-him** *od.* **-her**) [ˈwɒtdjʊ-; ˈhw-; *Am.* ˈwɑdjə-; ˈhw-] *s colloq.* ‚Dingsda' *m, f, n*: **Mr. ~-d'you-call-him** Herr ‚Dingsbums' *od.* ‚Soundso'. **~ˈe'er** *poet. für* **whatever**. **~ˈev·er I** *pron* **1.** was (auch immer); alles, was: **take ~ you like!**; **~ I have is yours. 2.** was auch; trotz allem, was: **do it ~ happens! 3.** *colloq.* was denn, was eigentlich *od.* in aller Welt: **~ do you want? II** *adj* **4.** welch(er, e, es) ... auch (immer): **~ profit this work gives us** welchen Nutzen uns diese Arbeit auch (immer) bringt; **for ~ reasons he is angry** aus welchen Gründen er auch immer verärgert ist; einerlei *od.* ganz gleich, weshalb er wütend ist. **5.** *mit neg* (*nachgestellt*) überˈhaupt, gar nichts, niemand *etc*: **no doubt ~** überhaupt *od.* gar kein *od.* keinerlei Zweifel. **ˈ~·not** *s* **1.** Etaˈgere *f*. **2.** Ding(s) *n*, Etwas *n*: **~s** alles Mögliche. **3.** Kleinigkeit *f*, Sächelchen *n*: **a few ~s**.
what's|-her-name [ˈwɒtsə(r)neɪm; ˈhwɒt-; *Am.* ˈwɑt-; ˈhwɑt-], **~-his-name** [ˈwɒtsɪzneɪm; ˈhwɒt-; *Am.* ˈwɑt-; ˈhwɑt-] *s colloq.* ‚Dingsda' *m, f*: **Mr. what's-his-**

-name Herr ‚Dingsbums' *od.* ‚Soundso'.
what·sis [ˈwɒtsɪs; ˈhwɒt-; *Am.* ˈwɑt-; ˈhwɑt-], **ˈwhat·sit** [-sɪt], **what's-its-name** [ˈwɒtsɪtsneɪm; ˈhwɒt-; *Am.* ˈwɑt-; ˈhwɑt-] *s colloq.* ‚Dingsbums' *n*, ‚Dingsda' *n.* [→ **whatever.**]
ˌ**what·soˈev·er,** *poet.* ˌ**what·soˈe'er**
wheal [wiːl; hwiːl] → **wale.**
wheat [wiːt; hwiːt] *s agr. bot.* Weizen *m*: → **chaff**[1] 1. **~belt** *s agr. geogr. Am.* Weizengürtel *m.* **~bread** *s* Weizen-, Weißbrot *n.* **~ cake** *s* (*Art*) Pfannkuchen *m.*
ˈ**wheat·en** [-tn] *adj* Weizen...
Wheat·stone bridge [ˈwiːtstən; ˈhwiːt-; *Am.* -ˌstəʊn] *s electr.* Wheatstonesche Brücke.
whee [wiː; hwiː] *v/t Am. sl. meist* **~ up** *j-n* ‚ganz aus dem Häus-chen bringen'.
whee·dle [ˈwiːdl; ˈhwiːdl] **I** *v/t* **1.** *j-n* umˈschmeicheln. **2.** *j-n* beschwatzen, überˈreden (**into doing** etwas zu tun). **3. to ~ s.th. out of s.o.** j-m etwas abschwatzen *od.* abschmeicheln. **II** *v/i* **4.** schmeicheln. ˈ**whee·dler** *s* Schmeichler(in). ˈ**whee·dling** *adj* (*adv* **~ly**) schmeichelnd, schmeichlerisch.
wheel [wiːl; hwiːl] **I** *s* **1.** (Wagen)Rad *n*: **on ~s** a) auf Rädern, b) *a.* **on oiled ~s** *fig.* wie geschmiert, ‚fix'; → **fifth wheel, meal**[2] 1, **oil** 5, **shoulder** 1, **spoke**[1] 4. **2.** *allg.* Rad *n, tech. a.* Scheibe *f.* **3.** *mar.* Steuer-, Ruderrad *n.* **4.** Steuer(rad) *n*, Lenkrad *n*: **at the ~** a) am Steuer, b) *fig.* am Ruder; **to take the ~** fahren. **5.** *colloq.* a) *bes. Am.* (Fahr)Rad *n*, b) *pl mot.* Wagen *m*, ‚fahrbarer ˈUntersatz'. **6.** *hist.* Rad *n* (*Folterinstrument*): **to break s.o. on the ~** j-n rädern *od.* aufs Rad flechten; **to break a (butter)fly (up)on the ~** *fig.* mit Kanonen nach Spatzen schießen. **7.** (Glücks)Rad *n*: **the ~ of Fortune** *fig.* das Glücksrad; **a sudden turn of the ~** e-e plötzliche (Schicksals)Wende. **8.** *fig.* Rad *n*, treibende Kraft, *pl* Räder(werk *n*) *pl*, Getriebe *n*: **the ~s of government** die Regierungsmaschinerie; **~s within ~s** ein kompliziertes Räderwerk; **there are ~s within ~s** a) er ist *od.* s-e Motive, die wahren Gründe *etc* sind nur schwer zu durchschauen, b) die Dinge sind komplizierter als sie aussehen. **9.** Drehung *f*, Kreis(bewegung *f*) *m.* **10.** *mar. mil.* Schwenkung *f*: **right (left) ~!** rechts (links) schwenkt! **11.** *a.* **big ~** *bes. Am. colloq.* ‚großes *od.* hohes Tier', *bes.* Parˈteibonze *m.*
II *v/t* **12.** drehen, wälzen, im Kreise bewegen. **13.** *mil.* e-e Schwenkung ausführen lassen. **14.** *Fahrrad, Kinderwagen, Patienten im Rollstuhl etc* schieben, *Servierwagen etc a.* rollen.
III *v/i* **15.** sich (im Kreis) drehen, (*Vögel, Flugzeug*) kreisen. **16.** *mil.* schwenken: **to ~ to the right (left)** e-e Rechts-(Links)schwenkung machen. **17.** rollen, fahren. **18.** *bes. Am. colloq.* radeln. **19. to ~ and deal** → **wheeler-dealer** II.
Verbindungen mit Adverbien:
wheel| a·bout, ~ a·round I *v/i* **1.** sich (rasch) ˈumdrehen *od.* ˈumwenden. **2.** *fig.* ˈumschwenken. **II** *v/t* **3.** herˈumdrehen. **4.** herˈumschieben. **~ in** *v/t* **1.** herˈeinschieben, -rollen. **2.** *colloq. Prüfling, Besucher etc* herˈeinführen. **~ round** → **wheel about.**
wheel| an·i·mal(·cule) *s zo.* Rädertierchen *n.* ˈ**~bar·row** *s* Schubkarre(n *m*) *f.* ˈ**~base** *s tech.* Achs(ab)stand *m*, Radstand *m.* **~ brake** *s* Radbremse *f.* ˌ**~ˈchair** *s med.* Rollstuhl *m.* **~ clamp** *s* Radkralle *f*, Parkriegel *m* (*für falsch geparkte Autos*).
wheeled [wiːld; hwiːld] *adj* **1.** fahrbar, Roll..., Räder...: **~ bed** *med.* Rollbett *n.* **2.** (*in Zssgn*) ...räd(e)rig: **three-~.**
ˈ**wheel·er** *s* **1.** *j-d, der etwas rollt od. schiebt.* **2.** *etwas, was rollt od. Räder hat.* **3.** (*in Zssgn*) Wagen *m od.* Fahrzeug *n* mit ... Rädern: **four-~** *tech.* Vierradwagen *m*, Zweiachser *m.* **4.** → **wheel horse** 1. **5.** *Br. für* **wheelwright. 6.** → **wheeler-dealer** I. ˌ**~-ˈdeal·er** *bes. Am. colloq.* **I** *s* Mensch *m* mit sehr eigenmächtigen Meˈthoden. **II** *v/i* sich sehr eigenmächtiger Meˈthoden bedienen (*Geschäftsmann, Politiker etc*). ˌ**~-ˈdeal·ing** *s bes. Am. colloq.* **1.** Machenschaften *pl.* **2.** Geschäftemacheˈrei *f.*
wheel| horse *s* **1.** Stangen-, Deichselpferd *n.* **2.** *Am. fig.* Arbeitstier *n.* ˈ**~house** *s mar.* Ruderhaus *n.*
ˈ**wheel·ing** *s* **1.** Schieben *n*, Rollen *n.* **2.** Drehung *f.* **3.** *mil.* Schwenkung *f.* **4.** Befahrbarkeit *f* (*e-r Straße*). **5. ~ and dealing** → **wheeler-dealing.**
wheel| load *s tech.* Raddruck *m*, -last *f.* **~ lock** *s mot.* Lenk(rad)schloß *n.* ˈ**~man** [-mən] *s irr* **1.** *colloq.* a) *bes. Am.* Radler *m*, b) (Auto)Fahrer *m.* **2.** → **wheelsman.**
wheels·man [ˈwiːlzmən; ˈhwiːlz-] *s irr mar. bes. Am.* Rudergänger *m.*
wheel| stat·ics *s pl* (*als sg konstruiert*) *electr. tech.* (statische) Aufladungen *pl* der Gummireifen. **~ win·dow** *s arch.* Radfenster *n.* ˈ**~work** *s tech.* Räderwerk *n.* ˈ**~wright** *s tech.* Stellmacher *m.*
wheeze [wiːz; hwiːz] **I** *v/i* **1.** keuchen, pfeifen(d atmen), schnaufen. **II** *v/t* **2.** *etwas* keuchen(d herˈvorstoßen). **III** *s* **3.** Keuchen *n*, pfeifendes Atmen. **4.** pfeifendes Geräusch. **5.** *sl.* a) *thea.* Gag *m*, improviˈsierter Scherz, b) Jux *m*, Ulk *m*, c) alter *od.* fauler Witz, d) Trick *m.* ˈ**wheez·y** *adj* keuchend, pfeifend, schnaufend, asthˈmatisch (*a. humor. Orgel etc*).
whelk[1] [welk; *Am. a.* hwelk] *s zo.* Wellhorn(schnecke *f*) *n.*
whelk[2] [welk; *Am. a.* hwelk] *s med.* Pustel *f.*
whelm [welm; hwelm] *v/t obs.* **1.** a) verschütten, (unter sich) begraben, b) überˈschwemmen, c) zs.-schlagen über (*dat*) (*Wellen*). **2.** *fig.* überˈschütten, -ˈhäufen (**with** mit). **3.** *fig.* überˈwältigen, -ˈmannen: **~ed by emotion.**
whelp [welp; hwelp] **I** *s* **1.** a) Welpe *m* (*junger Hund, Fuchs od. Wolf*), b) *allg.* Junge(s) *n.* **2.** Balg *m, n* (*ungezogenes Kind*). **II** *v/t u. v/i* **3.** (Junge) werfen.
when [wen; hwen] **I** *adv* **1.** (*fragend*) wann: **~ did it happen? 2.** (*relativ*) als, wo, da: **the day ~** der Tag, an dem *od.* als; **the time ~ it happened** die Zeit, in *od.* zu der es geschah; **the years ~ we were poor** die Jahre, als wir arm waren; **there are occasions ~** es gibt Gelegenheiten, wo.
II *conj* **3.** wann: **she doesn't know ~ to be silent. 4.** (damals, zu der Zeit *od.* in dem Augenblick,) als: **~ (he was) young, he lived in M.; we were about to start ~ it began to rain** wir wollten gerade fortgehen, als es zu regnen anfing *od.* da fing es zu regnen an; **say ~!** *colloq.* sag halt!, sag, wenn du genug hast! (*bes. beim Einschenken*). **5.** (dann,) wenn: **~ it is very cold, you like to stay at home** wenn es sehr kalt ist, bleibt man gern(e) zu Hause. **6.** (immer) wenn, soˈbald, soˈoft: **come ~ you please! 7.** (*ausrufend*) wenn: **~ I think what I have done for her!** wenn ich daran denke, was ich für sie getan habe! **8.** woraufˈhin, und dann: **we explained it to him, ~ he at once consented. 9.** während, obˈwohl, wo ... (doch), da ... doch: **why did you tell her, ~ you knew it would hurt her?** warum hast du es ihr gesagt, wo du (doch) wußtest, es würde ihr weh tun?
III *pron* **10.** wann, welche Zeit: **from ~ does it date?** aus welcher Zeit stammt es? **11.** (*relativ*) welcher Zeitpunkt, wann: **they left us on Wednesday, since ~ we have heard nothing** sie verließen uns am Mittwoch, und seitdem haben wir nichts mehr von ihnen gehört; **till ~** und bis dahin.
IV *s* **12.** Wann *n*: **the ~ and where of s.th.** das Wann und Wo e-r Sache.
whenˈas *conj obs.* **1.** wenn, während. **2.** weil, da. **3.** wohinˈgegen, während.
whence [wens; hwens] *bes. poet.* **I** *adv* **1.** (*fragend*) a) woˈher, von wo(ˈher), *obs.* von wannen, b) *fig.* woˈher, worˈaus, woˈdurch, wie. **2.** (*relativ*) a) woˈher, von wo, b) *fig.* worˈaus, wesˈhalb. **II** *conj* **3.** (von) woˈher. **4.** *fig.* wesˈhalb, und deshalb. **5.** dahin, von wo: **return ~ you came!** geh wieder dahin, wo du hergekommen bist! **III** *pron* **6.** (*relativ, auf Orte bezogen*) welch(er, e, es): **the country from ~ she comes** das Land, aus welchem sie kommt. ˌ**~soˈev·er,** *a.* **whencˈev·er** *adv od. conj* woˈher auch (immer).
when| ev·er → **whenever** II. **~ˈev·er,** *poet. a.* **~ˈe'er,** (*verstärkend*) ˌ**~soˈev·er I** *conj* wann auch (immer); einerlei, wann; (immer) wenn; soˈoft (als); jedesmal, wenn. **II** *adv* (*fragend*) *colloq.* wann denn (nur).
where [weə(r); hwe(ə)r] **I** *adv* (*fragend u. relativ*) **1.** wo: **~ ... from?** woher?, von wo?; **~ ... to?** wohin?; **~ shall we be, if?** *fig.* wohin kommen wir *od.* was wird aus uns, wenn? **2.** inwieˈfern, in welcher ˈHinsicht: **~ does this touch our interests? 3.** woˈhin: **~ are you looking? 4.** woˈher. **II** *conj* **5.** (der Platz *od.* die Stelle) wo: **I cannot find ~ the fault is** ich kann nicht feststellen, wo der Fehler liegt; **~ it's (all) at** *bes. Am. sl.* a) wo sich alles abspielt, b) wo was los ist; *if you are interested in good food,* **Paris is ~ it's at** mußt du unbedingt nach Paris fahren. **6.** (da,) wo: **go on reading, ~ we stopped yesterday! 7.** *fig.* (da *od.* in dem Falle *od.* in e-r Situatiˈon,) wo: **~ you should be silent, don't talk!** rede nicht, wo du schweigen solltest! **8.** *bes. jur.* in dem Falle, daß; wo (*oft unübersetzt*): **~ such limit is exceeded** wird diese Grenze überschritten. **9.** dahin *od.* ˈirgendwoˌhin, wo; woˈhin: **he must be sent ~ he will be taken care of** man muß ihn (irgend)wohin schicken, wo man für ihn sorgt; **go ~ you please!** geh, wohin du willst!
III *s* **10.** *meist pl* Wo *n.*
where|·a·bouts I *adv u. conj* [ˌ-əˈbaʊts] **1.** wo ungefähr *od.* etwa: **~ did you find her? 2.** *obs.* worˈüber, worˈum. **II** *s pl* (*als sg konstruiert*) [ˈ-əbaʊts] **3.** Verbleib *m*, Aufenthalt(sort) *m*: **do you know his ~?** weißt du, wo er sich aufhält? **~ˈas** *conj* **1.** wohinˈgegen, während, wo ... doch. **2.** *jur.* da; in Anbetracht dessen, daß (*meist unübersetzt*). **~ˈat** *adv u. conj* **1.** worˈan, woˈbei, worˈauf. **2.** (*relativ*) an welchem (welcher) *od.* dem (der), wo: **the place ~. ~ˈby** [-ˈbaɪ] *adv u. conj* **1.** woˈdurch, woˈmit. **2.** (*relativ*) durch welchen (welche, welches).
wherˈe'er *poet. für* **wherever.**
ˈ**where|·fore I** *adj u. conj* **1.** wesˈhalb, woˈzu, warˈum, wesˈwegen, und deshalb. **2.** (*relativ*) für welchen (welche, welches), woˈzu, woˈfür. **II** *s oft pl* **3.** (*das*) Wesˈhalb, (*die*) Gründe *pl.* **~ˈfrom** *adv u. conj* woˈher, von wo. **~ˈin** *adv u. conj* worˈin, in welchem (welcher). **~ˈin·to** *adv u. conj* **1.** ˈwohinˌein. **2.** (*relativ*) in welchen (welche, welches). **~ˈof** *adv u. conj* woˈvon. **~ˈon** *adv u. conj* **1.** worˈauf. **2.** (*relativ*) auf dem (der) *od.* den (die,

das), auf welchem (welcher) *od.* welchen (welche, welches). **~'out** *adv u. conj obs.* wor'auf. **,~so'ev·er,** *poet. a.* **,~so'e'er** → **wherever** 1. **~'through** *adv u. conj (relativ)* wo'durch, durch den (die, das). **~'to** *adv u. conj* **1.** wo'hin. **2.** *(relativ)* wo'hin, an den (die, das). **~'un·der** *adv u. conj* **1.** wor'unter. **2.** *(relativ)* unter dem (der) *od.* unter den (die, das). **,~un'to** *obs. für* **whereto. ,~up'on** *adv u. conj* **1.** wor'auf, worauf'hin. **2.** *(als Satzanfang)* daraufhin.

wher·ev·er [weər'evə(r); hweər-] *adv u. conj* **1.** wo('hin) auch immer; ganz gleich, wo('hin). **2.** *colloq.* wo('hin) denn (nur): ~ **could he be?** wo kann er denn (nur) sein?

where|'with I *adv u. conj* **1.** wo'mit. **2.** *(relativ)* mit welchem (welcher), mit dem (der). **II** *prep* **3.** etwas, wo'mit: **I have ~ to punish him** ich habe etwas, womit ich ihn strafe(n kann). **~·with·al** ['weə(r)wɪðɔːl; 'hweə(r)-] *s (die)* (nötigen) Mittel *pl*, *(das)* Nötige, *(das)* nötige (Klein)Geld.

wher·ry ['werɪ; 'hwerɪ] *s* **1.** Jolle *f.* **2.** Skullboot *n.* **3.** Fährboot *n.* **4.** *Br.* Frachtsegler *m.* **'~man** [-mən] *s irr mar.* **1.** Fährmann *m.* **2.** Jollenführer *m.*

whet [wet; hwet] **I** *v/t* **1.** wetzen, schärfen, schleifen. **2.** *fig. den Appetit* anregen, *die Neugierde etc* reizen, anstacheln. **II** *s* **3.** Wetzen *n*, Schärfen *n*, Schleifen *n.* **4.** *fig.* Ansporn *m*, Anreiz *m.* **5.** (Appe'tit)Anreger *m*, *bes.* Apéri'tif *m.*

wheth·er ['weðə(r); 'hweðə(r)] **I** *conj* **1.** ob (or not oder nicht): **I do not know ~ he will come; you must go there, ~ you want to go or not; ~ or no** auf jeden Fall, so oder so. **2.** ~ ... **or** entweder *od.* sei es, daß ... oder. **3.** *obs.* ob ... wohl *(oft unübersetzt)*: **~ we live, we live unto the Lord** *Bibl.* leben wir, so leben wir dem Herrn. **II** *pron u. adj* **4.** *obs.* welch(er, e, es) *(von beiden)*.

'whet·stone *s* **1.** Wetz-, Schleifstein *m.* **2.** *fig.* Ansporn *m*, Anreiz *m.*

whew [hwuː] *interj* **1.** *(erstaunt, bewundernd)* (h)ui!, ‚Mann!' **2.** *(angeekelt, erleichtert, erschöpft etc)* puh!

whey [weɪ; hweɪ] *s* Molke *f.* **whey·ey** ['weɪɪ; 'hw-] *adj* molkig. **'whey·faced** *adj* käsig, käseweiß, käsebleich.

which [wɪtʃ; hwɪtʃ] **I** *pron interrog* **1.** *(bezogen auf Sachen od. Personen)* welch(er, e, es) *(aus e-r bestimmten Gruppe od. Anzahl)*: ~ **of these houses?** welches dieser Häuser?; ~ **of you has done it?** wer *od.* welcher von euch hat es getan? **II** *pron (relativ)* **2.** welch(er, e, es), der (die, das) *(bezogen auf Dinge, Tiere od. obs. Personen)*. **3.** *(auf den vorhergehenden Satz bezüglich)* was: **she laughed loudly, ~ irritated him. 4.** *(in eingeschobenen Sätzen)* (etwas,) was: **and ~ is still worse, all you did was wrong** und was noch schlimmer ist, alles, was du machtest, war falsch. **III** *adj* **5.** *(fragend od. relativ)* welch(er, e, es): ~ **place will you take?** auf welchem Platz willst du sitzen?; **take ~ book you please** nimm welches Buch du willst. **6.** *(auf das Vorhergehende bezogen)* und dies(er, e, es), welch(er, e, es): **during ~ time he had not eaten** und während dieser Zeit hatte er nichts gegessen; **he will tell you nice things, ~ flatterings you must not take literally** er wird dir nette Dinge sagen, Schmeicheleien, welche du nicht wörtlich nehmen darfst. **~'ev·er,** *(verstärkend)* **,~so'ev·er** *pron u. adj* welch(er, e, es) (auch) immer; ganz gleich, welch(er, e, es): **take ~ you want** nimm welches du (auch) immer willst.

whid·ah ['wɪdə; 'hwɪdə], **~ bird, ~ finch** *s orn.* Witwenvogel *m*, Widahfink *m.*

whiff [wɪf; hwɪf] **I** *s* **1.** Luftzug *m*, Hauch *m.* **2.** Duftwolke *f*, *(a.* übler) Geruch. **3.** a) ausgestoßene Dampf- *od.* Rauchwolke, b) Zug *m (beim Rauchen)*: **to have a few ~s** ein paar Züge machen. **4.** *fig.* Anflug *m*, Hauch *m.* **5.** *colloq.* Ziga'rillo *m*, *n.* **II** *v/i* **6.** blasen, wehen. **7.** paffen, rauchen. **8.** *Br. colloq.* ‚duften', (unangenehm) riechen. **III** *v/t* **9.** blasen, wehen, treiben. **10.** *Rauch etc* a) ausstoßen, b) einatmen, -saugen. **11.** *e-e Zigarre etc* paffen.

whif·fet ['hwɪfət] *s Am.* **1.** Zwerghund *m.* **2.** *colloq.* → **whippersnapper.**

whif·fle ['wɪfl; 'hwɪfl] **I** *v/i* **1.** böig wehen *(Wind)*. **2.** flackern *(Flamme)*, flattern *(Fahne etc)*. **3.** *fig.* schwanken, flatterhaft sein. **II** *v/t* **4.** fort-, wegblasen.

'whif·fle·tree *s* Ortscheit *n*, Wagenschwengel *m.*

'whiff·y *adj Br. colloq.* ‚duftend', (unangenehm) riechend.

Whig [wɪg; hwɪg] *pol. hist.* **I** *s* **1.** *Br.* a) Whig *m*, b) *(mehr konservativ gesinnter)* Libe'raler. **2.** *Am.* Whig *m*: a) Natio'nal(republi,kan)er *(Unterstützer der amer. Revolution)*, b) *Anhänger e-r Oppositionspartei gegen die Demokraten (um 1840)*. **II** *adj* **3.** Whig..., whig'gistisch.

Whig·ga·more ['wɪgəmɔː(r); 'hwɪgə-] *s Scot.* **1.** *Westschotte, der 1648 am Zug gegen Edinburgh teilnahm.* **2.** **w~** *contp.* schottischer Presbyteri'aner.

Whig·ger·y ['wɪgərɪ; 'hwɪgərɪ] *s pol. hist. meist contp.* Grundsätze *pl od.* Handlungsweise *f* der Whigs. **'Whig·gism** *s pol. hist.* Whig'gismus *m.*

while [waɪl; hwaɪl] **I** *s* **1.** Weile *f*, Zeit (-spanne) *f*: **a good ~** ziemlich lange; **a long ~ ago** vor e-r ganzen Weile; **(for) a ~** e-e Zeitlang; **for a long ~** lange (Zeit), seit langem; **all this ~** die ganze Zeit, dauernd; **in a little** *(od.* **short) ~** bald, binnen kurzem; **the ~** derweil, währenddessen; **between ~s** zwischendurch; → **once** 1, 4, **worth**[1] 2. **II** *conj* **2.** während *(zeitlich)*. **3.** so'lange (wie): **~ there is life, there is hope** der Mensch hofft, solange er lebt. **4.** während, wo(hin)'gegen: **he is clever ~ his sister is stupid. 5.** wenn auch, ob'wohl, zwar: ~ **(he is) our opponent, he is not our enemy. III** *v/t* **6.** *meist* ~ **away** sich *die Zeit* vertreiben.

whiles [waɪlz; hwaɪlz] **I** *adj dial.* **1.** manchmal. **2.** in'zwischen. **II** *conj obs. für* **while** II.

whi·lom ['waɪləm; 'hwaɪləm] *obs.* **I** *adv* weiland, einst, ehemals. **II** *adj* einstig, ehemalig.

whilst [waɪlst; hwaɪlst] → **while** II.

whim [wɪm; hwɪm] *s* **1.** Laune *f*, Grille *f*, wunderlicher Einfall, Ma'rotte *f*: **at one's own ~** ganz nach Laune. **2.** Launen(haftigkeit *f*) *pl.* **3.** *Bergbau*: *hist.* Göpel *m.*

whim·brel ['wɪmbrəl; 'hwɪmbrəl] *s orn.* Regenbrachvogel *m.*

whim·per ['wɪmpə(r); 'hwɪmpə(r)] **I** *v/t u. v/i* wimmern, winseln. **II** *s* Wimmern *n*, Winseln *n.*

whim·sey → **whimsy.**

whim·si·cal ['wɪmzɪkl; 'hwɪm-] *adj (adv* **~ly) 1.** launenhaft *(a. Wetter etc)*, grillenhaft. **2.** schrullig, wunderlich. **3.** hu'morig, drollig. **,whim·si'cal·i·ty** [-'kælətɪ], **'whim·si·cal·ness** *s* **1.** Launen-, Grillenhaftigkeit *f.* **2.** Wunderlichkeit *f*, Schrulligkeit *f.* **3.** wunderlicher Einfall, Schrulle *f.*

whim·sy ['wɪmzɪ; 'hwɪmzɪ] **I** *s* **1.** Laune *f*, Grille *f.* **2.** Schrulle *f.* **3.** wunderliche *od.* phan'tastische Schöpfung, seltsamer Gegenstand. **II** *adj* → **whimsical.**

whim·wham ['wɪmwæm; 'hwɪmhwæm] *s* **1.** Laune *f*, Grille *f.* **2.** a) Tand *m*, Schnickschnack *m*, b) → **whimsy** 2. **3.** *Am. sl.* ‚Tatterich' *m (Zittern)*.

whin[1] [wɪn; hwɪn] *s bot.* Stechginster *m.*

whin[2] [wɪn; hwɪn] → **whinstone.**

'whin|·ber·ry [-bərɪ] *s bot. Br. dial.* Heidelbeere *f.* **'~chat** *s orn.* Braunkehlchen *n.*

whine [waɪn; hwaɪn] **I** *v/i* **1.** winseln: a) wimmern, b) winselnd betteln. **2.** greinen, quengeln, jammern. **II** *v/t* **3.** *oft* ~ **out** *etwas* weinerlich sagen, winseln. **III** *s* **4.** Gewinsel *n.* **5.** Gejammer *n*, Gequengel *n.* **'whin·ing** *adj (adv* **~ly)** winselnd, weinerlich.

whin·ny ['wɪnɪ; 'hwɪnɪ] **I** *v/i* wiehern *(Pferd)*. **II** *s* Wiehern *n.*

whin·sill ['wɪnsɪl; 'hwɪnsɪl] *s geol. (in Nordengland)* Ba'saltgestein *n.*

'whin·stone *s geol.* Ba'salt(tuff) *m*, Trapp *m.*

whip [wɪp; hwɪp] **I** *s* **1.** Peitsche *f*, (Reit-)Gerte *f.* **2. to be a good (bad) ~** gut (schlecht) kutschieren. **3.** *fig.* a) Geißel *f*, Plage *f*, b) Strafe *f.* **4.** a) peitschende Bewegung, 'Hin- u. 'Herschlagen *n*, b) Schnellkraft *f.* **5.** *hunt.* → **whipper-in** 1. **6.** *parl.* a) Einpeitscher *m (Parteimitglied, das die Anhänger zu Abstimmungen etc zs.-trommelt)*, b) parlamen'tarischer Geschäftsführer, c) Rundschreiben *n*, Aufforderung(sschreiben *n*) *f (bei e-r Versammlung etc zu erscheinen; je nach Wichtigkeit ein- od. mehrfach unterstrichen)*: **to send a ~ round** die Parteimitglieder ‚zs.-trommeln'; **three-line ~** Aufforderung, unbedingt zu erscheinen; **a three-line ~ has been put on that vote** bei dieser Abstimmung besteht (absoluter) Fraktionszwang. **7.** *tech.* a) Wippe *f (a. electr.)*, b) ~ **and derry** Flaschenzug *m.* **8.** *gastr.* Schlagcreme *f.* **9.** *Näherei*: über'wendliche Naht. **10.** → **whip-round.**

II *v/t* **11.** peitschen, schlagen: **to ~ into line** *(od.* **shape)** *fig.* ‚auf Zack bringen', ‚zurechtschleifen'. **12.** a) (aus-, 'durch-) peitschen, b) (ver)prügeln. **13.** *fig.* a) geißeln, b) *j-m (mit Worten)* zusetzen. **14.** *a.* ~ **on** antreiben. **15.** schlagen, verprügeln: **to ~ s.th. into (out of) s.o.** etwas in j-n hineinprügeln (j-m etwas mit Schlägen austreiben). **16.** *bes. sport colloq.* ‚vernaschen', ‚über'fahren' *(hoch schlagen)*. **17.** reißen, ziehen, raffen: **to ~ away** wegreißen; **to ~ from** wegreißen *od.* wegfegen von; **to ~ off** *den Hut, Dachziegel etc* herunterreißen (von); **to ~ on** *e-n Mantel etc* überwerfen; **to ~ out** a) plötzlich zücken, b) (schnell) ziehen **(of** aus *der Tasche etc)*. **18.** *Gewässer* abfischen. **19.** um'wickeln, *mar. Tau* betakeln. **20.** *Schnur, Garn* wickeln **(about, around** um *acc)*. **21.** über'wendlich nähen, über'nähen, um'säumen. **22.** *a.* ~ **up** *Eier, Sahne* (schaumig) schlagen: → **whipped** 2. **23.** *Br. colloq.* ‚mitgehen lassen' *(stehlen)*.

III *v/i* **24.** sausen, flitzen.

Verbindungen mit Adverbien:

whip| back *v/i* zu'rückschnellen *(Ast etc)*. **~ in** *v/t* **1.** *hunt. Hunde* zs.-treiben. **2.** *parl. Parteimitglieder* ‚zs.-trommeln'. **~ round** *v/i* **1.** her'umfahren, sich ruckartig 'umdrehen. **2.** *bes. Br. colloq.* mit dem Hut her'umgehen, den Hut herumgehen lassen. **~ up** *v/t* **1.** → **whip** 22. **2.** antreiben. **3.** *fig. Menge etc* aufpeitschen, *Stimmung etc* anheizen. **4.** a) *Essen* ‚'herzaubern', ‚auf die Beine stellen', b) *Leute* ‚zs.-trommeln'.

whip| aer·i·al, *bes. Am.* **~ an·ten·na** *s* 'Staban,tenne *f.* **'~cord I** *s* **1.** Peitschenschnur *f*: **his veins stood out like** ~ s-e Adern waren dick geschwollen. **2.** Whipcord *m* (*schräggeripptes Kammgarn*). **II** *adj* **3.** Whipcord... **4.** *fig.* kräftig, stark (*Körperbau, Muskeln etc*). ˈ**~fish** *s* Klipp-, Koˈrallenfisch *m*. ˈ**~graft** *v/t agr. bot.* kopuˈlieren. **~ hand** *s* Peitschenhand *f*, rechte Hand (*des Reiters etc*): **to get the** ~ **of** die Oberhand gewinnen über (*acc*); **to have the** ~ **of s.o.** j-n in der Gewalt *od.* an der Kandare haben. ˈ**~lash** *s* Peitschenschnur *f*: ~ **(injury)** *med.* Peitschenschlag-, Peitschenhiebsyndrom *n*, Peitschenphänomen *n*.

whipped [wɪpt; hwɪpt] *adj* **1.** gepeitscht. **2.** *gastr.* schaumig (geschlagen *od.* gerührt): ~ **cream** Schlagsahne *f*, -rahm *m*; ~ **eggs** Eischnee *m*.

ˈ**whip·per** *s* **1.** Peitschende(r *m*) *f*. **2.** *hist.* Auspeitscher *m*. **3.** *mar.* Kohlentrimmer *m*. ˌ**~-ˈin** *pl* ˌ**~s-ˈin** *s* **1.** Piˈkör *m* (*Führer der Hunde bei der Hetzjagd*). **2.** → **whip** 6. **3.** *sport colloq.* ‚Schlußlicht' *n* (*Pferd*). ˈ**~snap·per** *s* **1.** Knirps *m*, Dreiˈkäsehoch *m*. **2.** Gernegroß *m*.

whip·pet [ˈwɪpɪt; ˈhwɪpɪt] *s* **1.** *zo.* Whippet *m* (*kleiner englischer Rennhund*). **2.** *mil. hist.* (*leichter*) Panzerkampfwagen.

ˈ**whip·ping** *s* **1.** (Aus)Peitschen *n*. **2.** (Tracht *f*) Prügel *pl*: **to give s.o. a** ~ a) j-m e-e Tracht Prügel verpassen, b) *bes. sport colloq.* j-n schlagen, *engS.* j-n ‚vernaschen *od.* überfahren' (*hoch schlagen*). **3.** a) ˈGarnumˌwick(e)lung *f*, b) *mar.* Tautakelung *f*. **4.** *Näherei*: überˈwendliches Nähen. **5.** Garn *n* zum Umˈwickeln. **~ boy** *s* a) *hist.* Prügelknabe *m* (*a. fig.*), b) *fig.* Sündenbock *m*. **~ cream** *s gastr.* Schlagsahne *f*, -rahm *m*. **~ post** *s hist.* Schandpfahl *m*, Staupsäule *f*. **~ top** *s* Kreisel *m* (*der mit e-r Peitsche getrieben wird*).

whip·ple·tree [ˈwɪpltriː; ˈhwɪpltriː] → **whiffletree**.

whip·poor·will [ˈwɪpˌpʊə(r)ˌwɪl; ˈhwɪp-; *Am.* -pər-] *s orn.* Schreiender Ziegenmelker.

whip·py [ˈwɪpɪ; ˈhwɪpɪ] *adj* biegsam, geschmeidig.

whip|ray *s ichth.* Stechrochen *m*. **~rod** *s* umˈwickelte Angelschnur. ˈ**~round** *s Br. colloq.* sponˈtane (Geld)Sammlung: **to have a** ~ den Hut herumgehen lassen. ˈ**~saw I** *s* **1.** (zweihändige) Schrotsäge. **II** *v/t* **2.** mit der Schrotsäge sägen. **3.** *bes. Poker*: *Am.* zs.-spielen gegen. **~ snake** *s zo.* Peitschenschlange *f*. ˈ**~stall** *aer.* **I** *s* ‚Männchen' *n* (*beim Kunstflug*). **II** *v/i* das Flugzeug überˈziehen. **III** *v/t das Flugzeug* überˈziehen.

whip·ster [ˈwɪpstə(r); ˈhwɪpstə(r)] → **whippersnapper**.

ˈ**whip|·stick** → **whipstock**. ˈ**~stitch I** *v/t u. v/i* **1.** überˈwendlich nähen. **II** *s* **2.** überˈwendlicher Stich. **3.** *Am. colloq.* Augenblick *m*: **at every** ~ alle Augenblicke, ständig. ˈ**~stock** *s* Peitschengriff *m*, -stiel *m*.

whip·sy-der·ry [ˈwɪpsɪˌderɪ; ˈhwɪp-] *s tech.* Flaschenzug *m*.

whir [wɜː; *Am.* hwɜr] **I** *v/i* schwirren (*Flügel etc*), surren (*Kamera etc*). **II** *v/t Flügel etc* schwirren lassen. **III** *s* Schwirren *n*, Surren *n*. **IV** *interj* surr!, brr!

whirl [wɜːl; *Am.* hwɜrl] **I** *v/i* **1.** wirbeln, sich schnell (*im Kreis, um e-n Gegenstand, im Tanz*) drehen: **to** ~ **about** (*od.* **[a]round**) a) herumwirbeln (in *dat*), b) herumfahren, sich rasch umdrehen. **2.** eilen, sausen, hetzen: **to** ~ **away** forteilen. **3.** wirbeln, sich drehen (*Kopf*): **my head** ~**s** mir ist schwind(e)lig. **II** *v/t* **4.** *allg.* (herˈum)wirbeln: **he** ~**ed his stick about** (*od.* **around**); **to** ~ **up dust** Staub aufwirbeln. **5.** eilends befördern: **the car** ~**ed us off to** der Wagen brachte uns auf schnellstem Weg zu *od.* nach. **III** *s* **6.** (Herˈum)Wirbeln *n*. **7.** Wirbel *m*, schnelle Kreisbewegung: **to be in a** ~ (herum)wirbeln; **to give s.th. a** ~ a) etwas herumwirbeln, b) *colloq.* etwas prüfen *od.* ausprobieren. **8.** (*etwas*) Aufgewirbeltes: **a** ~ **of dust** aufgewirbelter Staub, e-e Staubwolke. **9.** Hetzjagd *f*. **10.** Wirbel *m*, Strudel *m*. **11.** *fig.* Wirbel *m*: a) Trubel *m*, wirres Treiben, b) Schwindel *m*, Verwirrung *f* (*der Sinne etc*): **her thoughts were in a** ~ ihre Gedanken wirbelten durcheinander; **a** ~ **of passion** ein Wirbel der Leidenschaft. **12.** *anat. bot. zo.* → **whorl** 1 *u.* 2.

ˈ**whirl|·a·bout I** *s* **1.** → **whirl** 6, 7. **2.** → **whirligig** 2. **3.** (*etwas*) sich rasch Drehendes. **II** *adj* **4.** herˈumwirbelnd, Wirbel..., Dreh... ˈ**~blast** *s* Wirbelwind *m*, -sturm *m*. ˈ**~bone** *s anat. Br. dial.* a) Hüftbein *n*, b) Kniescheibe *f*.

whirl·i·gig [ˈwɜːlɪgɪg; *Am.* ˈhwɜr-] *s* **1.** etwas, was (sich) schnell dreht. **2.** *Kinderspielzeug*: a) Windrädchen *n*, b) Kreisel *m*. **3.** Karusˈsell *n* (*a. fig. der Zeit*). **4.** a) Wirbel(bewegung *f*) *m*, b) *fig.* Wirbel *m*, Strudel *m*: **the** ~ **of events** der Wirbel der Ereignisse. **5.** *fig. obs.* wankelmütige Perˈson. **6.** *a.* ~ **beetle** *zo.* Taumelkäfer *m*.

ˈ**whirl·ing** *adj* wirbelnd, Wirbel...: ~ **motion** Wirbelbewegung *f*; ~ **table** a) Fliehkraft-, Schwungmaschine *f*, b) Töpferscheibe *f*.

ˈ**whirl|·pool** *s* **1.** (Wasser)Strudel *m*. **2.** Whirlpool *m* (*Unterwassermassagebecken*). **3.** *fig.* Wirbel *m*, Strudel *m*. ˈ**~wind** *s* Wirbelwind *m* (*a. fig. Person*), Wirbelsturm *m*: **a** ~ **romance** e-e stürmische Romanze; → **wind**[1] 1.

ˈ**whirl·y·bird** [ˈwɜːlɪ-; *Am.* ˈhwɜr-] *s colloq.* Hubschrauber *m*.

whirr → **whir**.

whish[1] [wɪʃ; hwɪʃ] **I** *v/i* **1.** schwirren, sausen, zischen: **to** ~ **past** vorbeizischen (*Auto etc*). **2.** rascheln (*Seide etc*). **3.** *mot.* wischen (*Scheibenwischer*). **II** *s* **4.** Schwirren *n*, Sausen *n*, Zischen *n*. **5.** Rascheln *n*.

whish[2] [wɪʃ; hwɪʃ] → **hush**.

whisk [wɪsk; hwɪsk] **I** *s* **1.** Wischen *n*, Fegen *n*. **2.** Husch *m*: **in a** ~ im Nu. **3.** schnelle *od.* heftige Bewegung (*e-s Tierschwanzes*), Wischer *m*. **4.** leichter Schlag, ‚Wischer' *m*. **5.** Wisch *m*, Büschel *n* (*Stroh, Haare etc*). **6.** (Staub-, Fliegen-) Wedel *m*. **7.** *gastr.* Schneebesen *m*. **II** *v/t* **8.** *Staub etc* (weg)wischen, (-)fegen. **9.** fegen, *mit dem Schwanz* schlagen. **10.** ~ **away** (*od.* **off**) schnell verschwinden lassen, wegnehmen, wegzaubern, *a. j-n* schnellstens wegbringen, entführen. **11.** ~ **away** *Fliegen etc* ver-, wegscheuchen. **12.** ~ **up** *Eier etc* schaumig schlagen. **III** *v/i* **13.** wischen, huschen, flitzen: **to** ~ **away** weghuschen. **~ broom** *s* Kleiderbesen *m*.

ˈ**whisk·er** *s* **1.** *pl* Backenbart *m*. **2.** a) Barthaar *n*, b) *pl colloq.* Schnurrbart *m*. **3.** *zo.* Schnurr-, Barthaar *n* (*von Katzen etc*). ˈ**whisk·ered** *adj* **1.** e-n Backenbart tragend, backenbärtig. **2.** *zo.* mit Schnurrhaaren (versehen).

whis·key[1] [ˈwɪskɪ; ˈhwɪskɪ] *s* (*bes. in den USA u. Irland hergestellter*) Whiskey.

whis·key[2] → **whisky**[2].

whis·key·fied, whis·ki·fied → **whiskyfied**.

whis·ky[1] [ˈwɪskɪ; ˈhwɪskɪ] **I** *s* **1.** Whisky *m*. **2.** (Schluck *m od.* Glas *n*) Whisky *m*: ~ **and soda** Whisky Soda; ~ **sour** Whisky mit Zitrone. **II** *adj* **3.** Whisky...: ~ **liver** *med.* Säuferleber *f*.

whis·ky[2] [ˈwɪskɪ; ˈhwɪskɪ] *s* Whisky *n* (*einspänniger, offener Wagen*).

whis·ky·fied [ˈwɪskɪfaɪd; ˈhwɪs-] *adj humor.* vom Whisky betrunken, voll Whisky.

whis·per [ˈwɪspə(r); ˈhwɪspə(r)] **I** *v/t u. v/i* **1.** (to) wispern (mit), flüstern (mit), (*nur v/t*) raunen, (*nur v/i*) leise sprechen (mit): **to** ~ **s.th. to s.o.**, *a.* **to** ~ **s.o. s.th.** j-m etwas zuflüstern *od.* zuraunen; **a** ~**ed conversation** e-e leise *od.* im Flüsterton geführte Unterhaltung. **2.** *fig.* flüstern, tuscheln, munkeln (**about** *od.* **against s.o.** über j-n): **it was** ~**ed (about** *od.* **around) that** man munkelte, daß. **3.** (*nur v/i*) raunen, flüstern (*Baum, Wasser, Wind*). **II** *s* **4.** Flüstern *n*, Wispern *n*, Geflüster *n*, Gewisper *n*: **in a** ~, **in** ~**s** flüsternd, im Flüsterton, leise. **5.** Tuscheln *n*, Getuschel *n*. **6.** a) geflüsterte *od.* heimliche Bemerkung, b) Gerücht *n*, *pl a.* Gemunkel *n*: **there were** ~**s (about** *od.* **around)** es wurde gemunkelt. **7.** Raunen *n*. ˈ**whis·per·er** *s* **1.** Flüsternde(r *m*) *f*. **2.** Zuträger(in), Ohrenbläser(in). ˈ**whis·per·ing I** *adj* (*adv* ~**ly**) **1.** flüsternd. **2.** Flüster...: ~ **baritone** Flüsterbariton *m*; ~ **campaign** Flüsterkampagne *f*; ~ **dome** Flüstergewölbe *n*; ~ **gallery** Flüstergalerie *f*. **II** *s* → **whisper** 4.

whist[1] [wɪst; hwɪst] *bes. Scot.* **I** *interj* pst!, still! **II** *s* Schweigen *n*: **hold your** ~! sei still!

whist[2] [wɪst; hwɪst] *s* Whist *n* (*Kartenspiel*): ~ **drive** *Br.* Whistrunde *f* mit wechselnden Partnerpaaren.

whis·tle [ˈwɪsl; ˈhwɪsl] **I** *v/i* **1.** pfeifen (*Person, Vogel, Lokomotive etc*): **to** ~ **at s.o.** j-m nachpfeifen; **to** ~ **away** vor sich hin pfeifen; **to** ~ **for a taxi (to one's dog)** (nach) e-m Taxi (s-m Hund) pfeifen; **the referee** ~**d for offside** *sport* der Schiedsrichter pfiff Abseits; **he may** ~ **for it** *colloq.* darauf kann er lange warten, das kann er in den Kamin schreiben; **to** ~ **in the dark** a) in der Dunkelheit pfeifen (*um sich Mut zu machen*), b) *fig.* den Mutigen markieren. **2.** pfeifen, sausen (*Kugel, Wind etc*): **a bullet** ~**d past** e-e Kugel pfiff vorbei. **II** *v/t* **3.** *Ton, Melodie* pfeifen: **the referee** ~**d the end of the game** der Schiedsrichter pfiff ab. **4.** (nach) *j-m, e-m Hund etc* pfeifen: **to** ~ **back** zurückpfeifen (*a. fig. j-n*); **to** ~ **up** *fig.* a) herbeordern, b) ins Spiel bringen. **5.** *etwas* pfeifen *od.* schwirren lassen. **III** *s* **6.** Pfeife *f*: **to blow the** ~ **on** *bes. Am. colloq.* a) *j-n, etwas* ‚verpfeifen', b) *etwas* ausplaudern, c) *j-n, etwas* stoppen; **to pay for one's** ~ den Spaß teuer bezahlen; **it's worth the** ~ es lohnt sich. **7.** (*sport a.* Ab-, Schluß-) Pfiff *m*, Pfeifen *n*: **to give a** ~ e-n Pfiff ausstoßen; → **final** 2. **8.** Pfeifton *m*, ˈPfeifsiˌgnal *n*. **9.** Pfeifen *n* (*des Windes etc*). **10.** *colloq.* Kehle *f*: → **wet** 15. ˈ**whis·tler** *s* **1.** Pfeifer(in). **2.** *etwas, was pfeift od. wie e-e Pfeife klingt*. **3.** *vet.* Lungenpfeifer *m* (*Pferd*).

whis·tle| stop *s Am.* **1.** a) *rail.* Bedarfshaltestelle *f*, b) Kleinstadt *f*, ‚Kaff' *n*. **2.** *pol.* kurzes perˈsönliches Auftreten (*e-s politischen Kandidaten*). ˈ**~-stop** *v/i Am. pol.* von Ort zu Ort reisen u. Wahlreden halten.

ˈ**whis·tling** *s* Pfeifen *n*. **~ buoy** *s mar.* Pfeifboje *f*. **~ duck** *s orn.* **1.** Pfeifente *f*. **2.** Schellente *f*. **~ swan** *s orn.* Singschwan *m*. **~ thrush** *s orn.* Singdrossel *f*.

whit[1] [wɪt; hwɪt] *s* (*ein*) bißchen: **no** ~, **not** (*od.* **never**) **a** ~ keinen Deut, kein Jota, kein bißchen.

Whit[2] [wɪt; hwɪt] → **Whitsun**.

white [waɪt; hwaɪt] **I** *adj* **1.** *allg.* weiß: **(as)** ~ **as snow** schneeweiß; ~ **coffee** *Br.*

Milchkaffee *m*, Kaffee *m* mit Milch. **2.** hell(farbig), licht. **3.** blaß, bleich: → **bleed** 12, **sheet**[1]. **4.** weiß (*Rasse*): ~ **man** Weiße(r) *m*; ~ **supremacy** Vorherrschaft *f* der Weißen. **5.** *pol.* ˈultrakonservaˌtiv, reaktioˈnär: **W~ Terror** *hist.* Weiße Schreckensherrschaft (*nach der französischen Revolution*). **6.** *tech.* a) weiß (*Metallegierung*), b) weiß, Weiß..., verzinnt, c) silbern, ˈsilberleˌgiert, d) ˈzinnleˌgiert. **7.** *fig.* a) rechtschaffen, b) harmlos, unschuldig, c) *Am. colloq.* anständig: **that's ~ of you.**

II *s* **8.** Weiß *n* (*a. bei Brettspielen*), weiße Farbe: **dressed in ~** weiß *od.* in Weiß gekleidet; **in the ~** roh, ungestrichen (*Metall, Holz etc*). **9.** Weiße *f*, weiße Beschaffenheit. **10.** *oft* **W~** Weiße(r *m*) *f*, Angehörige(r *m*) *f* der weißen Rasse. **11.** (*etwas*) Weißes, weißer (Bestand)Teil, *z. B.* a) *a.* ~ **of egg** Eiweiß *n*, b) *a.* ~ **of the eye** (*das*) Weiße im Auge. **12.** *meist pl print.* Lücke *f*, ausgesparter Raum. **13.** weiße Tierrasse: **Chester W~** weißes Chester-Schwein. **14.** *zo.* weißer Schmetterling, *bes.* Weißling *m*. **15.** weißer Stoff. **16.** *pl* → **whites**.

III *v/t* **17.** ~ **out** *print.* sperren, austreiben.

white| al·loy *s tech.* ˈWeiß-, ˈLagermeˌtall *n*. ~ **ant** *s zo.* Weiße Ameise, Terˈmite *f*. ~ **ar·se·nic** *s chem.* weißes Arˈsenik. ~ **bear** *s zo.* Eisbär *m*. ~ **book** *s pol.* Weißbuch *n*. ˈ**W~boy** *s hist. Mitglied e-s 1761 entstandenen irischen Geheimbundes von Bauern.* ~ **brass** *s tech.* **1.** Weißmessing *n*, Weißkupfer *n*. **2.** Neusilber *n*. ~ **bread** *s* Weiß-, Weizenbrot *n*. ˈ~**cap** *s* **1.** Welle *f* mit weißer Schaumkrone. **2. W~** *Am. Mitglied e-r Geheimverbindung in den USA, die Lynchjustiz übt.* **3.** *orn.* Männchen *n* des Gartenrotschwanzes. **4.** *bot.* a) Champignon *m*, b) Filzige Spierstaude. ~ **chi·na** *s tech.* Chinasilber *n*. ~ **Christ·mas** *s* weiße (*verschneite*) Weihnachten. ~ **coal** *s tech.* weiße Kohle, Wasserkraft *f*. ˌ~-ˈ**col·lar** *adj* Büro...: ~ **crime** White-collar-, Weiße-Kragen-Kriminalität *f*; ~ **job** Bürotätigkeit *f*; ~ **worker** Büroangestellte(r *m*) *f*. ~ **cop·per** *s tech.* Neusilber *n*. ~ **crop** *s agr. Getreide, das vor der Ernte hellgelb wird* (*Weizen, Gerste, Roggen, Hafer*). ~ **dwarf** *s astr.* weißer Zwerg. ~ **el·e·phant** *s* **1.** *zo.* weißer Eleˈfant. **2.** *colloq.* lästiger Besitz. **W~ Eng·lish** *s* von weißen Ameriˈkanern gesprochenes Englisch. **W~ En·sign** *s Flagge der brit. Kriegsmarine.* ˈ~**face** *s* Blesse *f* (*Tier*). ˈ~**faced** *adj* blaß, bleich(gesichtig): ~ **animal** Blesse *f*. **W~ Fa·ther** *s Am. hist.* Weißer Vater (*Ehrenname der Indianer für den Präsidenten der USA*). ~ **feath·er** *s*: **to show the ~** *fig.* ‚kneifen', sich feige drücken. ~ **fin·ger** *s med. a. pl* Rayˈnaud-Krankheit *f*. ˈ~**fish** *s* **1.** Maˈräne *f*, Felchen *m*, *bes.* Amer. Weißfisch *m*. **2.** Weißfisch *m* (*in Europa*). ~ **flag** *s mil.* weiße Fahne: **to hoist** (*od.* **show** *od.* **wave**) **the ~** kapitulieren (*a. fig.*), sich ergeben. ~ **flight** *s* Flucht *f* der weißen Ameriˈkaner vom Stadtzentrum an die Peripheˈrie. ~ **fox** *s zo.* Poˈlarfuchs *m*. **W~ Fri·ar** *s relig.* Karmeˈliter(mönch) *m*. ~ **frost** *s* (Rauh)Reif *m*. ~ **game** *s orn.* Schneehühner *pl*. ~ **gold** *s tech.* Weißgold *n*, Plaˈtina *f*. ~ **goods** *s pl* **1.** Weißwaren *pl* (*Kühlschränke, Herde etc*). **2.** Haushaltswäsche *f* (*Bett-, Hand-, Tischtücher etc*). ~ **grouse** *s orn.* Alpenschneehuhn *n*. ˈ~**-haired** *adj* **1.** a) weißhaarig, b) hellhaarig. **2.** ~ **boy** *Am. colloq.* Liebling *m* (*des Chefs etc*).

White·hall [ˌwaɪtˈhɔːl] *s Br.* Whitehall *n*: a) *Straße in Westminster, London, Sitz der Ministerien*, b) *fig. die brit. Regierung od. ihre Politik.*

ˈ**white|ˌhand·ed** *adj fig.* rein, unschuldig. ˈ~-ˌ**head·ed** → **white-haired**. ˈ~-**heart (cher·ry)** *s bot.* Weiße Herzkirsche. ~ **heat** *s* **1.** *tech.* Weißglut *f* (*a. fig. Zorn*): **his anger was at ~** er war bis zur Weißglut gereizt. **2.** *fig.* Feuereifer *m*: **to work at a ~** mit fieberhaftem Eifer *od.* fieberhaft arbeiten. ~ **hole** *s* weißes Loch (*hypothetische Materie u. Energiequelle*). ~ **hope** *s* **1.** *Am. sl.* ‚große Hoffnung' (*weißer Boxer, der Aussicht auf den Weltmeistertitel hat*). **2.** *colloq.* ‚(die) große Hoffnung' (*Person*). ~ **horse** *s* **1.** *zo.* Schimmel *m*. **2.** Welle *f* mit e-m ‚weißen Hund'. ˌ~-ˈ**hot** *adj* **1.** *tech.* weißglühend. **2.** *fig.* a) glühend, rasend (*Leidenschaft, Wut*), b) fieberhaft, rasend (*Eile etc*).

White House *s* (*das*) Weiße Haus: a) *Regierungssitz des Präsidenten der USA in Washington*, b) *fig. Präsidentschaft der USA*, c) *fig. Bundesexekutive der USA.*

white| i·ron *s tech.* **1.** Weißeisen *n*, weißes Roheisen. **2.** Weißblech *n*. ~ **knight** *s* **1.** (poˈlitischer) Reˈformer. **2.** Verfechter *m*. ~ **lead** [led] *s* **1.** *chem. min.* Bleiweiß *n*, Berˈlinerweiß *n*. **2.** *a.* ~ **ore** *min.* Weißbleierz *n*. ~ **leath·er** *s* Weißleder *n*. ~ **lie** *s* Notlüge *f*, harmlose Lüge. ~ **light** *s phys.* farbloses *od.* weißes Licht. ~ **line** *s* weiße Linie, Fahrbahnbegrenzung *f*. ˈ~-ˌ**liv·ered** *adj* feig(e). ~ **mag·ic** *s* Weiße Maˈgie. ~ **man** *s irr* **1.** Weiße(r) *m*, Angehörige(r) *m* der weißen Rasse. **2.** *bes. Am. colloq.* anständiger Kerl. ~ **man's bur·den** *s* (*die*) Bürde des weißen Mannes (*vermeintliche Verpflichtung der weißen Rasse, andersrassige Völker zu zivilisieren*). ~ **mat·ter** *s anat.* weiße Subˈstanz (*weißlicher Teil des Gehirns u. des Rückenmarks*). ~ **meat** *s* weißes Fleisch (*vom Geflügel, Kalb etc*). ~ **met·al** *s tech.* **1.** Neusilber *n*. **2.** ˈWeiß-, *bes.* ˈBabbitmeˌtall *n*.

whit·en [ˈwaɪtn; ˈhwaɪtn] **I** *v/i* **1.** weiß werden (*a. Haar*). **II** *v/t* **2.** weiß machen, weißen. **3.** bleichen. **4.** → **whitewash** 5.

ˈ**white·ness** *s* **1.** Weiße *f*. **2.** Blässe *f*.

white night *s* schlaflose Nacht.

whit·en·ing [ˈwaɪtnɪŋ; ˈhwaɪt-] *s* **1.** Weißen *n*. **2.** Bleichen *n*. **3.** Tünchen *n*. **4.** Weißwerden *n*. **5.** → **whiting**[2].

white| noise *s electr.* weißes Rauschen. ~ **pa·per** *s pol.* a) → **white book**, b) *Br.* Informatiˈonsbericht *m* des ˈUnterhauses. ~ **pop·lar** *s bot.* Silberpappel *f*. ~ **pri·ma·ry** *s pol. Am. Vorwahl im Süden der USA, bei der nur Weiße Stimmrecht besitzen.* ~ **rose** *s* **1.** *bot.* Weiße Rose. **2. W~ R~** *Br. hist.* a) Weiße Rose (*Emblem des Hauses York*), b) Mitglied *n od.* des Hauses York. **W~ Rus·sian I** *s* Weißrusse *m*, -russin *f*. **II** *adj* weißrussisch.

whites [waɪts; hwaɪts] *s pl* **1.** *med.* Weißfluß *m*, Leukorˈrhöe *f*. **2.** (Weizen-)Auszugsmehl *n*. **3.** weiße Kleider *pl od.* Kleidung.

white| sale *s econ.* Weiße Woche. ~ **sauce** *s* helle Soße. ~ **sheet** *s* Büßerhemd *n*, Sündergewand *n*: **to stand in a ~** *fig.* beichten, (s-e Sünden) bekennen. ˈ~-**slave** *adj*: ~ **agent** → **white slaver**. ~ **slav·er** *s* Mädchenhändler *m*. ~ **slav·er·y** *s* Mädchenhandel *m*. ˈ~**smith** *s tech.* **1.** Klempner *m*. **2.** *metall.* Feinschmied *m*. ˈ~**thorn** *s bot.* Weißdorn *m*. ˈ~**throat** *s orn.* (*a.* **greater ~** Dorn-)Grasmücke *f*. ~ **tie** *s* **1.** weiße Fliege. **2.** Gesellschafts-, Abendanzug *m*. ˈ~-**tie** *adj*: ~ **reception** Empfang *m*, bei dem Gesellschaftsanzug vorgeschrieben ist. ˈ~**wall (tire,** *bes. Br.* **tyre)** *s* Weißwandreifen *m*. ˈ~**wash I** *s* **1.** Tünche *f*, Kalkanstrich *m*. **2.** *colloq.* a) Tünche *f*, Beschönigung *f*, b) ‚Mohrenwäsche' *f*. **3.** *sport colloq.* Zu-ˈNull-Niederlage *f*. **4.** flüssiges Hautbleichmittel. **II** *v/t* **5.** a) tünchen, anstreichen, b) weißen, kalken. **6.** *colloq.* a) *etwas* überˈtünchen, beschönigen, b) *j-n* e-r ‚Mohrenwäsche' unterˈziehen. **7.** *sport colloq. Gegner* zu Null schlagen. **8.** *Haut* bleichen. ˈ~**wash·er** *s* **1.** Tüncher *m*, Anstreicher *m*. **2.** *fig. j-d, der etwas beschönigt od. j-n e-r ‚Mohrenwäsche' unterzieht.* ~ **wed·ding** *s* Hochzeit *f* in Weiß. ~ **wil·low** *s bot.* Silberweide *f*. ~ **wine** *s* Weißwein *m*. ˈ~ˌ**wing** *s Am.* Straßenkehrer *m* in weißer Uniˈform.

whit·ey [ˈhwaɪtiː] *s Am. contp.* (*von Schwarzen gebraucht*) **1.** Weiße(r) *m*. **2.** *oft* **W~** *collect.* die Weißen *pl*, die weiße Gesellschaft: **Negro leaders who are seen as stooges for W~.**

whith·er [ˈwɪðə(r); ˈhwɪðə(r)] **I** *adv* **1.** (*fragend*) woˈhin (*poet. außer in journalistischen Wendungen wie*): ~ **England?** England, wohin *od.* was nun? **2.** (*relativ*) woˈhin: a) (*verbunden*) in welchen (welche, welches), zu welchem (welcher, welchen), b) (*unverbunden*) daˈhin, wo: **the land ~ he went** das Land, in welches er ging. **II** *s* **3.** *poet.* (*das*) Woˈhin: **our whence and our ~** unser Woher u. Wohin. ˈ**with·er·ward(s)** [-wə(r)d(z)] *adv poet.* woˈhin.

whit·ing[1] [ˈwaɪtɪŋ; ˈhwaɪtɪŋ] *s ichth.* **1.** (*ein*) Königsfisch *m*. **2.** Amer. Hechtdorsch *m*. **3.** Weißfisch *m*, Merˈlan *m*.

whit·ing[2] [ˈwaɪtɪŋ; ˈhwaɪtɪŋ] *s* Schlämmkreide *f*.

whit·ing[3] [ˈwaɪtɪŋ; ˈhwaɪtɪŋ] *s print.* [Zwischenschlag *m*.]

whit·ish [ˈwaɪtɪʃ; ˈhwaɪtɪʃ] *adj* weißlich.

Whit·ley Coun·cil [ˈwɪtlɪ] *s econ. Br. aus Vertretern von Arbeitgebern u. -nehmern gebildeter Ausschuß zur Regelung gemeinsamer Interessen.*

whit·low [ˈwɪtləʊ; ˈhwɪtləʊ] *s med.* ˈUmlauf *m*, Nagelgeschwür *n*. ~ **grass** *s bot.* **1.** Frühlings-Hungerblümchen *n*. **2.** Dreifingersteinbrech *m*.

Whit Mon·day *s* Pfingstˈmontag *m*.

Whit·sun [ˈwɪtsn; ˈhwɪtsn] **I** *s* **1.** → **Whitsuntide**. **II** *adj* **2.** Pfingst..., pfingstlich. **3.** Pfingstsonntags...

Whit Sun·day *s* Pfingstˈsonntag *m*.

ˈ**Whit·sun·tide** *s* Pfingsten *n od. pl*, Pfingstfest *n*, -zeit *f*.

whit·tle [ˈwɪtl; ˈhwɪtl] **I** *v/t* **1.** (zuˈrecht-)schnitzen. **2.** ~ **away** (*od.* **off**) wegschnitze(l)n, wegschnippeln. **3.** *meist* ~ **away** (*od.* **down, off**) a) (Stück für Stück) beschneiden, herˈabsetzen, kürzen: **to ~ down a salary** ein Gehalt kürzen, b) *Gesundheit etc* schwächen. **II** *v/i* **4.** *a.* ~ **away** (herˈum)schnitze(l)n (an) (-)schnippeln (**at** an *dat*). **III** *s* **5.** *dial.* (*bes.* langes Fahrten- *od.* Taschen)Messer.

Whit| Tues·day *s* Pfingstˈdienstag *m*. ~ **week** *s* Pfingstwoche *f*.

whit·y [ˈwaɪtɪ; ˈhwaɪtɪ] **I** *s* → **whitey**. **II** *adj* hell, weiß(lich): ~-**brown** weißlichbraun, hellbraun.

whiz [wɪz; hwɪz] **I** *v/i* **1.** zischen, schwirren, sausen (*Geschoß etc*). **II** *s* **2.** Zischen *n*, Sausen *n*, Schwirren *n*. **3.** *bes. Am. colloq.* a) ‚Kaˈnone' *f* (*Könner*) (**at mathematics** in Mathematik), b) (feine) Sache, ‚tolles Ding', ‚Knüller' *m*, c) gutes Geschäft. ˈ~**-bang I** *s* **1.** *mil. colloq.* a) Ratschˈbumm-Geschoß *n*, b) → **robot bomb**. **2.** Heuler *m* (*Feuerwerkskörper*). **II** *adj* **3.** *colloq.* ‚toll', ‚super'. ~ **kid** *s colloq.* **1.** ‚Senkrechtstarter' *m*. **2.** Geˈnie *n*, Wunderkind *n*.

whizz, *etc* → **whiz**, *etc*.

whiz·zer [ˈwɪzə(r); ˈhwɪzə(r)] *s* **1.** *tech.* ˈTrockenzentriˌfuge *f*, Schleudertrockner *m*, Trockenschleuder *f*. **2.** → **whiz** 3.

who [huː] **I** *pron interrog* **1.** wer: ~ **told you so?** wer hat dir das gesagt?; **Who's Who?** Wer ist Wer? (*Verzeichnis prominenter Persönlichkeiten*). **2.** *colloq.* (*für* **whom**) wen, wem: ~ **could I ask?** wen könnte ich fragen? **II** *pron* (*relativ, sg u. pl, nur bei Personen u. personifizierten Tieren*) **3.** (*unverbunden*) wer: **I know ~ has done it** ich weiß, wer es getan hat; **by now he knows who's who** inzwischen weiß er, wer was ist. **4.** (*verbunden*) welch(er, e, es), der, die, das: **the man ~ arrived yesterday; he (she) ~** derjenige, welcher (diejenige, welche); wer. **5.** *colloq.* (*für* **whom**) wen, wem: **bring ~ you like** bring mit, wen du willst. **6.** *obs.* j-d, der: **as ~ should say** als wollte er (sie *etc*) sagen.

whoa [wəʊ; *Am. a.* həʊ] *interj a.* ~ **back** brr! (*halt!*) (*zum Pferd*).

who·dun·(n)it [ˌhuːˈdʌnɪt] *s colloq.* ‚Krimi' *m* (*Kriminalroman, -stück, -film*).

who|ˈev·er, *poet.* **~ˈe'er I** *pron* (*relativ*) **1.** wer (auch) immer; jeder(mann), der; gleich, wer: ~ **saw it was shocked** jeder, der es sah, war empört; ~ **comes will be welcome** wer (auch) immer kommt, ist willkommen. **2.** *colloq. für* **whomever. II** *pron interrog* **3.** *colloq.* (*für* **who ever**) wer denn nur.

whole [həʊl] **I** *adj* (*adv →* **wholly**) **1.** ganz, gesamt, voll(ständig): **the ~ truth** die ganze *od.* volle Wahrheit; **the ~ year** das ganze Jahr (hindurch); **a ~ 10 days** ganze *od.* volle 10 Tage; **to go the ~ figure** *Am. colloq.* **→ whole hog; (made) out of ~ cloth** *Am. colloq.* völlig aus der Luft gegriffen, frei erfunden. **2.** *colloq.* ganz: **a ~ lot of nonsense** e-e ganze Menge Unsinn. **3.** ganz, unzerteilt: **to swallow s.th. ~** etwas unzerkaut *od.* ganz (hinunter)schlucken. **4.** Voll(wert)...: ~ **food** Vollwertnahrung *f.* **5.** *math.* ganz, ungebrochen (*Zahl*). **6.** heil: a) unverletzt, unversehrt, b) unbeschädigt, ‚ganz': **to get off with a ~ skin** mit heiler Haut davonkommen; **they that be ~ need not a physician** *Bibl.* die Starken bedürfen des Arztes nicht. **7.** Voll...: a) richtig (*Verwandtschaft*), b) rein (*Blutmischung*): ~ **brother** leiblicher Bruder. **II** *s* **8.** (*das*) Ganze, Gesamtheit *f*: **the ~ of the town** die ganze Stadt; **the ~ of London** ganz London; **the ~ of my property** mein ganzes Vermögen. **9.** Ganze(s) *n*, Einheit *f*: **as a ~** als Ganzes gesehen; **(up)on the ~** a) im großen (u.) ganzen, b) alles in allem, insgesamt; **in ~ or in part** ganz oder teilweise.

whole| bind·ing → full binding. ˈ~-bound *adj* in Ganzleder (gebunden). **ˌ~-ˈcol·o(u)red** *adj* einfarbig. **~ gale** *s* schwerer Sturm (*Windstärke 10*). **ˌ~-ˈheart·ed** *adj* (*adv* **~ly**) ernsthaft, aufrichtig, rückhaltlos, voll, aus ganzem Herzen. **~ hog** *s*: **to go (the) ~** *colloq.* aufs Ganze gehen, ganze Arbeit leisten, die Sache gründlich machen. **ˌ~-ˈhog·ger** *s colloq.* j-d, der aufs Ganze geht; komproˈmißloser Mensch, *pol.* ‚Hundert(ˈfünfzig)proˌzentige(r)' *m.* **ˌ~-ˈlength I** *adj* **1.** ungekürzt. **2.** Ganz..., Voll...: ~ **mirror** Ganzspiegel *m*; ~ **portrait** Vollporträt *n*, Ganzbild *n*, *phot.* Ganzaufnahme *f.* **II** *s* **3.** Porˈträt *n od.* Statue *f* in Lebensgröße. **~ life in·sur·ance** *s econ.* Lebensversicherung *f* auf den Todesfall. **ˈ~meal** *adj* Vollkorn...: ~ **bread (flour).** ~ **milk** *s* Vollmilch *f.*

ˈwhole·ness *s* **1.** Ganzheit *f.* **2.** Vollständigkeit *f.*

ˈwhole·sale I *s econ.* **1.** Großhandel *m*: **by ~ →** 4. **II** *adj* **2.** *econ.* Großhandels..., Engros...: ~ **dealer → wholesaler;** ~ **purchase** Einkauf *m* im großen, Engroseinkauf; ~ **representative** Großhandelsvertreter *m*; ~ **trade** Großhandel *m.* **3.** *fig.* a) Massen..., b) ˈunterschiedslos, pauˈschal: ~ **slaughter** Massenmord *m.* **III** *adv* **4.** *econ.* en gros, im großen: **to sell ~. 5.** *fig.* a) massenhaft, in Massen, b) ˈunterschiedslos. **IV** *v/t* **6.** *econ.* en gros verkaufen. **V** *v/i* **7.** *econ.* Großhandel treiben, Grosˈsist sein. **ˈwhole·ˌsal·er** [-ˌseɪlə(r)] *s econ.* Großhändler *m*, Grosˈsist *m.*

whole·some [ˈhəʊlsəm] *adj* (*adv* **~ly**) **1.** *allg.* gesund (*a. fig.*): a) bekömmlich: ~ **food,** b) heilsam: ~ **air,** c) naˈtürlich, norˈmal: ~ **life,** d) tüchtig, kräftig: ~ **excitement;** ~ **humo(u)r** gesunder Humor. **2.** förderlich, zuträglich, gut, nützlich. **3.** *colloq.* ‚gesund', sicher, ungefährlich. **ˈwhole·some·ness** *s* **1.** Gesundheit *f*: a) Bekömmlichkeit *f*, b) (*das*) Gesunde (*a. fig.*). **2.** Nützlichkeit *f.* **3.** Gesundheit *f*, (*das*) Norˈmale *od.* Naˈtürliche.

ˌwhole|-ˈsouled → whole-hearted. ˌ~-ˈtime → full-time. ~ tone *s mus.* Ganzton *m.* **ˈ~-tone scale** *s mus.* Ganztonleiter *f.* **ˈ~-wheat** *adj bes. Am.* **→ wholemeal.**

whol·ly [ˈhəʊllɪ; ˈhəʊlɪ] *adv* ganz, gänzlich, völlig.

whom [huːm] **I** *pron interrog* **1.** wen? **2.** (*Objektkasus von* **who**): **of ~** von wem; **to ~** wem; **by ~** durch wen. **3.** wem: ~ **does she serve? II** *pron* (*relativ*) **4.** (*verbunden*) welch(en, e, es), den (die, das): **the man ~ you saw. 5.** (*unverbunden*) wen; den(jenigen), welchen; die (-jenige), welche; *pl* die(jenigen), welche: ~ **the gods love die young** wen die Götter lieben, der stirbt jung. **6.** (*Objektkasus von* **who**): **of ~** von welch(em, er, en), dessen, deren; **to ~** dem (der, denen); **all of ~ were dead** welche alle tot waren. **7.** welch(em, er, en), dem (der, denen): **the master ~ she serves** der Herr, dem sie dient.

whomˈev·er *pron* (*Objektkasus von* **whoever**) wen (auch) immer.

whomp [hwɑmp] *Am. colloq.* **I** *s* **1.** Bums *m*, Knall *m.* **II** *v/t* **2.** bumsen, knallen. **3.** *sport* ‚vernaschen', ‚überˈfahren' (*hoch schlagen*). **4.** ~ **up** sich *e-e Geschichte etc* einfallen lassen *od.* ‚zurechtbasteln'. **5.** ~ **up** *Interesse etc* zeigen.

ˌwhom·soˈev·er *pron* (*Objektkasus von* **whosoever**) wen auch immer.

whoop [huːp] **I** *s* **1.** a) Schlachtruf *m*, b) (*bes.* Freuden)Schrei *m*: **not worth a ~** *colloq.* keinen Pfifferling wert. **2.** *med.* Keuchen *n* (*bei Keuchhusten*). **II** *v/i* **3.** schreien, (*a.* ~ **with joy**) jauchzen. **4.** *med.* keuchen. **III** *v/t* **5.** *etwas* brüllen. **6.** *j-n* anfeuern. **7. to ~ it up** *colloq.* a) ‚auf den Putz hauen' (*ausgelassen feiern*), b) die Trommel rühren (**for** für).

whoop-de-do(o) [ˌhuːpdiːˈduː] *s Am. colloq.* **1.** ausgelassene Fröhlichkeit, Ausgelassenheit *f.* **2.** ‚Rummel' *m*: **there was a lot of ~ when ...** die Wogen der Erregung gingen hoch, als ...

whoop·ee *colloq.* **I** *s* [ˈwʊpiː; *Am. a.* ˈhwʊpiː]: **to make ~** a) ‚auf den Putz hauen' (*ausgelassen feiern*), b) *bes. Am.* Sauf- *od.* Sexpartys feiern. **II** *interj* [*Br.* wʊˈpiː] juchˈhu!

ˈwhoop·ing| cough *s med.* Keuchhusten *m.* **~ swan** *s orn.* Singschwan *m.*

whoops [wʊps] *interj* hoppla!, wupp!

whoosh [wʊʃ; *Am. a.* hwuːʃ] **I** *v/i* zischen: **several cars ~ed by. II** *s* Zischen *n.*

whop [wɒp; hwɒp; *Am.* hwɑp; wɑp] *colloq.* **I** *v/t* **1.** schlagen. **2.** (ver)prügeln, ‚verdreschen'. **3.** *sport* ‚vernaschen', ‚überˈfahren' (*hoch schlagen*). **II** *s* **4.** ‚Pfund' *n* (*harter Schlag*). **ˈwhop·per** *s colloq.* **1.** ‚Mordsding' *n.* **2.** faustdicke Lüge. **ˈwhop·ping** *colloq.* **I** *s* (Tracht *f*) Prügel *pl*: **to give s.o. a ~** j-m e-e Tracht Prügel verpassen. **II** *adj u. adv* Mords...: **a ~ (big) ship.**

whore [hɔː(r); *Am. a.* ˈhəʊər] **I** *s* Hure *f.* **II** *v/i* huren: **to go a-whoring after strange gods** *Bibl.* fremden Götzen dienen. **ˈ~·house** *s* Borˈdell *n*, Freudenhaus *n.* **ˈ~ˌmas·ter, ˈ~ˌmon·ger** *s obs.* Hurenbock *m.* **~·son** [ˈhɔː(r)sn; *Am. a.* ˈhəʊrsn] *s obs.* **1.** Bankert *m.* **2.** *fig.* Hurensohn *m.*

whorl [wɜːl; hwɜːl; *Am.* ˈhwɔːrəl; ˈhwɜ-; ˈw-] *s* **1.** *bot.* Wirtel *m*, Quirl *m.* **2.** *anat. zo.* Windung *f* (*a. e-r Spirale*). **3.** *tech.* (Spinn)Wirtel *m.* **whorled** *adj* **1.** quirlförmig. **2.** spiˈralig, gewunden. **3.** *bot.* quirlständig.

ˈwhor·tleˌber·ry [ˈwɜːtl-; ˈhwɜːtl-; *Am.* ˈhwɜrtl-; ˈw-] *s* **1.** Heidelbeere *f*: **red ~** Preiselbeere *f.* **2. → huckleberry.**

whose [huːz] *pron* (*gen sg u. pl von* **who**) **1.** *interrog* wessen: ~ **is it?** wem gehört es? **2.** *relativ* (*a. gen von* **which**) dessen, deren.

who·sit [ˈhuːzɪt] *s colloq.* ‚Dingsda' *m, f*: **Mr. ~** Herr ‚Dingsbums' *od.* ‚Soundso'.

ˈwho|·so *obs. für* a) **whosoever,** b) **whoever. ˌ~·soˈev·er,** *poet.* **ˌ~·soˈe'er** *pron* wer auch immer.

why [waɪ; hwaɪ] **I** *adv* **1.** (*fragend u. relativ*) warˈum, wesˈhalb, woˈzu: ~ **so?** wieso?, warum das?; **the reason ~** (der Grund,) weshalb; **that is ~** deshalb. **II** *s* **2.** (*das*) Warˈum, Grund *m*: **the ~s and wherefores** das Warum u. Weshalb. **3.** (*das*) Woˈzu, Frage *f*, Proˈblem *n*: **the great ~s of life. III** *interj* **4.** nun (gut), (na) schön. **5.** (ja) naˈtürlich. **6.** ja doch. **7.** na, hör mal; naˈnu; aber (... doch): ~, **that's Peter!** aber das ist ja *od.* doch Peter!

Wic·ca, *a.* **wic·ca** [ˈwɪkə] *s* **1.** Hexeˈrei *f.* **2.** Hexenkult *m.*

wick[1] [wɪk] *s* **1.** Docht *m*: **to get on s.o.'s ~** *Br. colloq.* j-m ‚auf den Wecker fallen *od.* gehen'. **2.** *med.* schmaler ˈGazetamˌpon.

wick[2] [wɪk] *s obs.* (*außer in Zssgn*) **1.** Stadt *f*, Burg *f*, Dorf *n*: **Hampton W~. 2.** Gehöft *n.* **3.** Amtsbezirk *m.*

wick·ed [ˈwɪkɪd] *adj* (*adv* **~ly**) **1.** böse, gottlos, schlecht, verrucht: **the ~ one** *Bibl.* der Böse, Satan; **the ~** die Gottlosen. **2.** böse, schlimm (*ungezogen, a. humor. schalkhaft*). **3.** *colloq.* schlimm (*Schmerz, Wunde etc*). **4.** bösartig (*a. Tier*), boshaft. **5.** gemein, niederträchtig, tückisch. **6.** *colloq.* übel, garstig. **7.** *sl.* ‚toll', großartig. **ˈwick·ed·ness** *s* **1.** Gottlosigkeit *f*, Schlechtigkeit *f*, Verruchtheit *f.* **2.** Bosheit *f.* **3.** Gemeinheit *f*, Niedertracht *f.*

wick·er [ˈwɪkə(r)] **I** *s* **1.** Weidenrute *f.* **2.** Korb-, Flechtweide *f.* **3.** Flechtwerk *n.* **II** *adj* **4.** aus Weiden geflochten, Weiden..., Korb..., Flecht...: ~ **basket** Weidenkorb *m*; ~ **bottle** Korbflasche *f*; ~ **chair** Korb-, Rohrstuhl *m*; ~ **furniture** Korbmöbel *pl.* **ˈ~·work** *s* **1.** Korbwaren *pl.* **2.** Flechtwerk *n.*

wick·et [ˈwɪkɪt] *s* **1.** Pförtchen *n.* **2.** (Tür *f* mit) Drehkreuz *n.* **3.** Halbtür *f.* **4.** (*meist vergittertes*) Schalterfenster. **5.** *Kricket*: a) Dreistab *m*, b) Spielfeld *n*, c) *die Zeit, in welcher ein Schlagmann den Dreistab verteidigt*: **to be on a good (sticky) ~** gut (schlecht) stehen (*a. fig.*); **to get** (*od.* **take**) **a ~** e-n Schläger ‚aus' machen; **to keep ~** den Dreistab verteidigen; **to win by 2 ~s** das Spiel gewinnen, obwohl 3 Schläger noch nicht geschlagen haben; **first (second,** *etc*) **~ down** der erste (zweite *etc*) Schläger ist ausgeschieden. **'~ₗkeep·er** *s Kricket*: Dreistabhüter *m*.

wick·i·up ['wɪki:ₗʌp] *s Am.* **1.** Indi'anerhütte *f* (*aus Reisig etc*). **2.** *allg.* Hütte *f*.

wide [waɪd] **I** *adj* (*adv* → **widely**) **1.** breit: **a ~ forehead (ribbon, street,** *etc*); **~ ga(u)ge** *rail.* Breitspur *f*; 6 **feet ~** 6 Fuß breit; → **berth** 1. **2.** weit, ausgedehnt: **~ distribution; a ~ public** ein breites Publikum; **the ~ world** die weite Welt. **3.** *fig.* a) ausgedehnt, um'fassend, 'umfangreich, weitreichend, b) reich (*Erfahrung, Wissen etc*): **~ culture** umfassende Bildung; **~ reading** große Belesenheit. **4.** groß, beträchtlich: **a ~ difference. 5.** weit(läufig, -gehend), *a.* weitherzig, großzügig: **a ~ generalization** e-e starke *od.* grobe Verallgemeinerung; **to take ~ views** weitherzig *od.* großzügig sein. **6.** weit offen, aufgerissen: **~ eyes. 7.** weit, lose, nicht anliegend: **~ clothes. 8.** weit entfernt (**of** von *der Wahrheit etc*), weitab (*vom Ziel*): **~ of the truth**; → **mark**[1] 12. **9.** *ling.* breit (*Vokal*). **10.** *Br. sl.* a) aufgeweckt, ‚hell', b) gerissen, schlau.

II *adv* **11.** breit. **12.** weit: **~ apart** weit auseinander; **~ open** a) weit offen, b) völlig offen *od.* ungedeckt (*Boxer etc*), c) *fig.* schutzlos, d) → **wide-open** 2; → **awake** 5. **13.** weit da'neben: **to go ~** weit danebengehen.

III *s* **14.** *Kricket, Baseball*: vom Schläger nicht mehr erreichbarer Ball. **15.** (*das*) Äußerste: **to the ~** bis zum äußersten, vollkommen.

ₗwide|-'an·gle *adj phot.* Weitwinkel...: **~ lens** Weitwinkelobjektiv *n*. **~-a·wake I** *adj* [ₗwaɪdə'weɪk] **1.** hellwach (*a. fig.*). **2.** *fig.* wachsam, aufmerksam. **3.** *fig.* aufgeweckt, ‚hell'. **II** *s* ['waɪdəweɪk] **4.** Kala'breser *m* (*Schlapphut*). **~ bod·y** *s aer. colloq.* Großraumflugzeug *n*. **ₗ~-'eyed** *adj* **1.** mit großen *od.* weitaufgerissenen Augen: **in ~ amazement** ganz entgeistert. **2.** *fig.* na'iv: **~ innocence** kindliche Unschuld.

'wide·ly *adv* **1.** weit (*a. fig.*): **~ discussed** vieldiskutiert; **~ scattered** weitverstreut; **it is ~ known** es ist weit u. breit bekannt; **a man who is ~ known** ein in weiten Kreisen bekannter Mann; **to differ ~** a) sehr verschieden sein, b) sehr unterschiedlicher Meinung sein. **2.** um'fassend, ausgedehnt: **to be ~ read** sehr belesen sein.

wid·en ['waɪdn] **I** *v/t* **1.** verbreitern, breiter machen. **2.** *Wissen etc* erweitern. **3.** *e-e Kluft, e-n Zwist* vertiefen: **to ~ a gap. II** *v/i* **4.** breiter werden, sich verbreitern. **5.** sich erweitern (*Wissen etc*). **6.** sich vertiefen (*Kluft, Zwist etc*).

'wide·ness *s* **1.** Breite *f*. **2.** Ausgedehntheit *f* (*a. fig.*), Ausdehnung *f*.

ₗwide|-'o·pen *adj* **1.** weitgeöffnet, weit offen. **2.** *Am.* äußerst ‚großzügig' (*mit sehr lockeren Bestimmungen bezüglich Glücksspiel, Prostitution etc*) (*Stadt*). **'~-screen** *adj Film*: Breitwand... **'~-spread** *adj* **1.** weitausgebreitet, ausgedehnt. **2.** weitverbreitet.

widg·eon ['wɪdʒən] *s* **1.** *pl* **-eons,** *bes. collect.* **-eon** *orn.* Pfeifente *f*. **2.** *obs.* Narr *m*.

wid·ish ['waɪdɪʃ] *adj* ziemlich breit.

wid·ow ['wɪdəʊ] *s* **1.** Witwe *f*. **2.** *Skat*: Skat *m* (*die 2 verdeckt liegenden Karten*). **3.** *print.* Hurenkind *n*. **'wid·owed** *adj* verwitwet: **to be ~** a) verwitwet sein, b) Witwe(r) werden, den Mann *od.* die Frau verlieren, c) *allg.* verwaist *od.* verlassen sein; **to be ~ of a friend** e-n Freund verlieren; **~ mother's allowance** *Br.* Beihilfe *f* für verwitwete Mütter. **'wid·ow·er** *s* Witwer *m*.

'wid·ow·hood *s* **1.** Witwenschaft *f*, Witwenstand *m*. **2.** *obs.* Wittum *n*, Witwengut *n*.

wid·ow's| al·low·ance *s Br.* (zeitweilige) Witwenbeihilfe. **~ ben·e·fits** *s pl Br.* Sozi'alversicherungsleistungen *pl* an Witwen. **~ cruse** *s* **1.** *Bibl.* Ölkrüglein *n* der Witwe. **2.** *fig.* unerschöpflicher Vorrat. **~ mite** *s* **1.** *Bibl.* Scherflein *n* der (armen) Witwe. **2.** *fig.* Scherflein *n*: **to give one's ~** to sein Scherflein beitragen zu. **~ pen·sion** *s Br.* (ständige) Witwenrente. **~ weeds** → **weed**[2] 1.

width [wɪdθ] *s* **1.** Breite *f*, Weite *f*: 6 **feet in ~** 6 Fuß breit. **2.** (Stoff-, Ta'peten-, Rock)Bahn *f*. **3.** *arch.* a) Spannweite *f*: **~ of an arch (bridge)**, b) lichte Weite. **4.** *geol.* Mächtigkeit *f*. **5.** Weite *f*, Größe *f*: **~ of mind** geistiger Horizont.

wield [wi:ld] *v/t* **1.** *Macht, Einfluß etc* ausüben (**over** über *acc*): **to ~ power. 2.** *rhet. ein Werkzeug, e-e Waffe* handhaben, führen, schwingen: **to ~ the brush** den Pinsel schwingen; **to ~ the pen** die Feder führen, schreiben; → **scepter. 'wield·er** *s j-d, der handhabt od.* (*Macht etc*) *ausübt*: **a ~ of autocratic power** ein autokratischer Machthaber. **'wield·y** *adj* **1.** handlich: **a ~ tool. 2.** stark: **~ hands.**

wie·ner ['wi:nər] *s Am.* Wiener Würstchen *n*. **W~ schnit·zel** *s* Wiener Schnitzel *n*. **'~ₗwurst** [-ₗwɜrst] → **wiener.**

wie·nie ['wi:ni:] *colloq. für* **wiener.**

wife [waɪf] *pl* **wives** [waɪvz] *s* **1.** (Ehe-) Frau *f*, Gattin *f*: **wedded ~** angetraute Gattin; **to take to ~** zur Frau nehmen; **he made her his ~** er machte sie zu s-r Frau. **2.** *obs. od. dial.* Weib *n*. **'~-ₗbeat·ing ques·tion** *s bes. Am. colloq.* Fangfrage *f*.

'wife·hood *s* Ehestand *m* (*e-r Frau*). **'wife·less** *adj* unverheiratet, *humor.* unbeweibt. **'wife·like** → **wifely. 'wife·ly** *adj* **1.** a) ... als Ehefrau: **~ duties**, b) hausfraulich: **~ virtues. 2.** ma'tronenhaft.

wife| swap·ping *s colloq.* Partnertausch *m*. **'~-ₗswap·ping** *adj colloq.*: **~ party** Party *f* mit Partnertausch.

wif·ie ['waɪfɪ] *s colloq. od. humor.* Frauchen *n*.

wig[1] [wɪg] *s* **1.** Pe'rücke *f*: **~s on the green** *colloq.* e-e harte Auseinandersetzung; **keep your ~ on!** *colloq.* ruhig Blut!, nur keine Aufregung! **2.** Tou'pet *n*.

wig[2] [wɪg] *v/t colloq. j-m* ‚e-e Gar'dinenpredigt *od.* e-e Standpauke halten'.

wi·geon → **widgeon.**

wigged [wɪgd] *adj* mit Pe'rücke (versehen), pe'rückentragend.

'wig·ging *s colloq.* ‚Gar'dinenpredigt' *f*, ‚Standpauke' *f*: **to give** *s.o.* **a ~** → **wig**[2].

wig·gle ['wɪgl] **I** *v/i* **1.** → **wriggle** 1. **2.** wackeln, zucken. **II** *v/t* **3.** wackeln mit. **4. to ~ one's way through** sich winden *od.* schlängeln durch. **III** *s* **5.** schlängelnde *od.* windende Bewegung. **6.** Zucken *n*, Wackeln *n*: **to give a ~** wackeln; **get a ~ on!** *Am. colloq.* Tempo!, mach(t) schon!, los! **7.** *gastr. Gericht aus Fischen od. Schaltieren in Sahnensauce.*

wight[1] [waɪt] *s obs.* **1.** *humor.* Wicht *m*, Kerl *m*. **2.** Wesen *n*, Krea'tur *f*.

wight[2] [waɪt] *adj obs. od. dial.* **1.** mutig. **2.** stark. **3.** hurtig, flink.

wig·wag ['wɪgwæg] *colloq.* **I** *v/t u. v/i* **1.** (sich) hin u. her bewegen. **2.** *mar. mil.* winken, signali'sieren. **II** *adj* **3.** Winker...: **~ system** Winkeralphabet *n*. **'wig·wag·ger** *s mar. mil. colloq.* Winker *m*.

wig·wam ['wɪgwæm; *Am.* -ₗwɑ:m] *s* **1.** Wigwam *m, n*: a) Indi'anerzelt *n*, -hütte *f*, b) *humor.* Behausung *f*. **2.** *pol. Am. sl.* Versammlungshalle *f*: **the W~** → **Tammany Hall** 1.

wil·co [ₗwɪl'kəʊ] *interj Sprechfunk etc*: wird gemacht!

wild [waɪld] **I** *adj* (*adv* **~ly**) **1.** wild: a) ungezähmt, in Freiheit lebend, b) gefährlich: **~ animals. 2.** wild(wachsend): **~ honey** wilder Honig. **3.** wild: a) verwildert, 'wildroₗmantisch, b) verlassen: **~ country. 4.** wild, 'unziviliₗsiert: **~ tribes. 5.** wild, stürmisch: **a ~ coast. 6.** wild, wütend, heftig: **~ quarrel; ~ storm. 7.** irr, verstört, wild: **a ~ look. 8.** wild: **the horse got ~** das Pferd scheute. **9.** wild: a) rasend (**with** vor *dat*), b) *colloq.* wütend (**about** über *acc*): **~ pain** rasender Schmerz; **~ rage** rasende Wut; **~ with fear** wahnsinnig vor Angst; **to drive s.o. ~** *colloq.* j-n wild machen, j-n zur Raserei bringen. **10.** wild, nicht zu bändigen(d), ungezügelt: **~ children; ~ passion. 11.** wild, ausgelassen, unbändig: **~ delight; ~ gaiety. 12.** *colloq.* a) wild, toll, verrückt, b) ausschweifend: **~ years** tolle *od.* bewegte Jahre; **a ~ fellow** ein wilder Kerl; **~ youth** stürmische Jugend; **~ orgies** wilde Orgien. **13. (about)** *colloq.* (ganz) versessen (auf *acc*), wild (nach). **14.** hirnverbrannt, unsinnig, abenteuerlich: **~ plan. 15.** planziellos, aufs Gerate'wohl, wild: **a ~ blow** ein ungezielter Schlag; **a ~ guess** e-e wilde Vermutung; **a ~ shot** ein Schuß ins Blaue. **16.** wirr, wüst, wild: **~ disorder; ~ hair** wirres Haar.

II *adv* **17.** (blind) drauf'los, aufs Gerate'wohl, ins Blaue (hin'ein): **to run ~** a) *bot.* ins Kraut schießen, b) verwildern (*Garten etc; a. fig. Kinder etc*); **to shoot ~** ins Blaue schießen, blind drauflosschießen; **to talk ~** a) (wild) drauflosreden, b) sinnloses Zeug reden.

III *s rhet.* **18.** *a. pl* Wüste *f*. **19.** *a. pl* Wildnis *f*: **in the ~s of Africa** im tiefsten *od.* finstersten Afrika.

wild| boar *s zo.* Wildschwein *n*. **'~cat I** *s* **1.** *zo.* a) Wildkatze *f*, b) Amer. Rotluchs *m*. **2.** *colloq.* Wilde(r *m*) *f*, Draufgänger(in). **3.** *rail. Am. colloq.* Einzel-, Ran'gierlok *f*. **4.** *econ.* a) *Am.* 'Schwindelunterₗnehmen *n*, b) *Am.* schlechte Kassenscheine *pl*, c) wilder Streik. **5.** → **wildcatting** 2. **II** *adj* **6.** *econ.* a) *Am.* unsicher, ris'kant, spekula'tiv, b) *Am.* schwindelhaft, Schwindel...: **~ company** Schwindelgesellschaft *f*; **~ currency** → 4 b, c) wild, ungesetzlich: **~ strike. III** *v/i* **7.** *Am.* spekula'tive *od.* wilde Versuchsbohrungen (*nach Erdöl etc*) machen. **8.** *rail. Am.* a) außerplanmäßig fahren (*Zug*), b) 'unkontrolₗliert fahren (*Lok*). **'~ₗcat·ter** [-ₗkætər] *s Am.* **1.** *econ.* wilder Speku'lant. **2.** j-d, der spekula'tive *od.* wilde Versuchsbohrungen (*nach Erdöl etc*) macht. **'~ₗcat·ting** *s Am.* **1.** *econ.* wildes Speku'lieren. **2.** spekula'tive *od.* wilde Versuchsbohrung (*nach Erdöl etc*). **~ duck** *s orn.* Wildente *f*, *Br. bes.* Stockente *f*.

wil·de·beest ['wɪldɪbi:st] *pl* **-beests,** *bes. collect.* **-beest** *s zo. S.Afr.* Weißschwanzgnu *n*.

wil·der ['wɪldə(r)] *obs. od. poet.* **I** *v/t* **1.** irreführen. **2.** verwirren. **II** *v/i* **3.** her'umirren.

wil·der·ness ['wɪldə(r)nɪs] *s* **1.** Wildnis *f*, Wüste *f* (*a. fig.*): **a voice (crying) in the ~** a) *Bibl.* die Stimme des Predigers in der Wüste, b) *fig.* der Rufer *m* in der Wüste (*vergeblicher Mahner*); **to be sent (off) into the ~** *fig.* in die Wüste geschickt werden; **~ of sea** Wasserwüste. **2.** wildwachsendes Gartenstück. **3.** *fig.* Masse *f*, Gewirr *n*.

ₗwild|-'eyed *adj* mit wildem Blick, wild

dreinschauend. '~ₗ**fire** *s* **1.** verheerendes Feuer: **to spread like ~** sich wie ein Lauffeuer verbreiten (*Nachricht etc*). **2.** *mil. hist.* griechisches Feuer. **3.** *fig.* Sturm *m*, wildes Feuer. **4.** Irrlicht *n*. '~ₗ**fowl** *s collect.* Wildvögel *pl*, *bes.* Wildgänse *pl od.* -enten *pl*. '~ₗ**fowl·ing** *s* Wildvogeljagd *f*. **~ goose** *s irr orn.* Wildgans *f*. ₗ~-'**goose chase** *s fig.* vergebliche Mühe, fruchtloses Unter'fangen.

wild·ing ['waɪldɪŋ] *s bot.* a) Wildling *m*, unveredelte Pflanze, *bes.* Holzapfelbaum *m*, b) *Frucht e-r solchen Pflanze*, c) verwilderte Gartenpflanze.

'**wild|·life** *s collect.* wildlebende Tiere (u. wildwachsende Pflanzen): **~ park** Naturpark *m*. '~ₗ**lif·er** *s* Na'turschützer(in).

wild·ness ['waɪldnɪs] *s allg.* Wildheit *f*.

'**wild**ₗ**wa·ter** *s* Wildwasser *n*: **~ sport**.

wile [waɪl] **I** *s* **1.** List *f*, Trick *m*, *pl a.* Kniffe *pl*, Schliche *pl*, Ränke *pl*. **II** *v/t* **2.** (ver)locken: **to ~ s.o. into** j-n locken in (*acc*), j-n verlocken zu. **3.** → **while** 6.

wil·ful, *bes. Am.* **will·ful** ['wɪlfʊl] *adj* (*adv* **~ly**) **1.** absichtlich, (*bes. jur.*) vorsätzlich: **~ deceit** *jur.* arglistige Täuschung; **~ homicide** *jur.* vorsätzliche Tötung; **~ murder** *jur.* Mord *m*. **2.** eigenwillig, -sinnig, halsstarrig. '**wil·ful·ness,** *bes. Am.* '**wil·full·ness** *s* **1.** Absichtlichkeit *f*, (*bes. jur.*) Vorsätzlichkeit *f*. **2.** Eigenwille *m*, -sinn *m*, Halsstarrigkeit *f*.

wil·i·ly ['waɪlɪlɪ] *adv zu* **wily**. '**wil·i·ness** *s* (Arg)List *f*, Verschlagenheit *f*, Gerissenheit *f*.

will[1] [wɪl] *inf u. imp fehlen, 1. u. 3. sg pres* **will,** *2. sg pres* (**you**) **will,** *obs.* (**thou**) **wilt** [wɪlt], *pl* **will,** *pret* **would** [wʊd], *2. sg pret obs.* (**thou**) **wouldst** [wʊdst], *pp obs.* **wold** [wəʊld], **would I** *v/aux* **1.** (*zur Bezeichnung des Futurs, Br. 1. sg u. pl meist colloq., u. als Ausdruck e-s Versprechens od. Entschlusses*) werden: **they ~ see very soon** sie werden bald sehen. **2.** wollen, werden, willens sein zu: **~ you pass me the bread, please?** würden Sie mir bitte das Brot reichen; **I ~ not go there again** ich gehe da nicht mehr hin; **I ~ not stand such nonsense!** ich dulde solchen Unfug nicht!; **~ do!** *colloq.* wird gemacht! **3.** (*immer, bestimmt, unbedingt*) werden (*oft unübersetzt*): **people ~ talk** die Leute reden immer; **boys ~ be boys** Jungen sind nun einmal so; **accidents ~ happen** Unfälle wird es immer geben; **you ~ get in my light!** du mußt mir natürlich (immer) im Licht stehen! **4.** (*zur Bezeichnung e-r Erwartung, Vermutung od. Annahme*) werden: **you ~ not have forgotten her** du wirst sie nicht vergessen haben; **they ~ have gone now** sie werden *od.* dürften jetzt (wohl) gegangen sein; **this ~ be about right** das wird *od.* dürfte ungefähr stimmen. **5.** (*in Vorschriften etc*) *bes. mil.* müssen.

II *v/i u. v/t* **6.** wollen, wünschen: **come when you ~!** komm, wenn du willst!; **as you ~** wie du willst; → **will**[2] II, III.

will[2] [wɪl] **I** *s* **1.** Wille *m* (*a. philos.*). **2.** Wille(nskraft *f*) *m*: **a weak ~** ein schwacher Wille. **3.** Wille *m*, Wollen *n*: **at ~** nach Belieben *od.* Laune *od.* Lust; **where there's a ~ there's a way** wo ein Wille ist, ist auch ein Weg; **of one's own (free) ~** aus freien Stücken; **with a ~** mit Lust u. Liebe, mit Macht; **I can't do that with the best ~ in the world** ich kann das (auch) beim besten Willen nicht tun; **to have one's ~** s-n Willen haben; **to take the ~ for the deed** den guten Willen für die Tat nehmen; → **tenancy** 1. **4.** Wille *m*, Wunsch *m*, Befehl *m*: **Thy ~ be done** *Bibl.* Dein Wille geschehe. **5.** Wille *m*, (Be)Streben *n*: **to have the ~ to do s.th.** den Willen haben *od.* bestrebt sein, etwas zu tun; **the ~ to live** der Lebenswille; **~ to peace** Friedenswille; **~ to power** Machtwille, -streben. **6.** Wille *m*, Gesinnung *f* (*j-m gegenüber*): **good ~** guter Wille; **I don't bear him any ill ~** ich trage ihm nichts nach; → **goodwill**. **7.** *meist* **last ~ and testament** *jur.* letzter Wille, Testa'ment *n*: **to make one's ~** sein Testament machen.

II *v/t 2. sg pres* (**you**) **will,** *obs.* (**thou**) **will·est** ['wɪlɪst], *3. sg pres* **wills,** *obs.* **will·eth** ['wɪlɪθ], *pret u. pp* **willed** [wɪld] **8.** wollen, entscheiden: **God ~s** (*od.* **~eth**) it Gott will es. **9.** ernstlich *od.* fest wollen. **10.** *j-n* (durch Willenskraft) zwingen (**to do** zu tun): **to ~ o.s. into** sich zwingen zu. **11.** *jur.* (letztwillig *od.* testamen'tarisch) a) verfügen, b) vermachen: **he ~ed me his gold watch.**

III *v/i* **12.** wollen.

'**will-call** *s* **1.** Kauf *m*, bei dem e-e Anzahlung gemacht u. die Ware zu'rückgelegt wird. **2.** angezahlte u. zu'rückgelegte Ware.

willed [wɪld] *adj in Zssgn* ...willig, mit e-m ... Willen: → **strong-willed**, *etc*.

will·est ['wɪlɪst] *obs. 2. sg pres von* **will**[2].

will·eth ['wɪlɪθ] *obs. 3. sg pres von* **will**[2].

will·full, *etc Am. für* **wilful**, *etc*.

wil·lies ['wɪlɪz] *s pl colloq.* **I always get the ~ when ...** ‚ich bekomme jedesmal Zustände' *od.* ‚mir wird jedesmal ganz anders', wenn; **that old house gives me the ~** das alte Haus ist mir irgendwie unheimlich; **it gives me the ~ even to think about it** schon bei dem Gedanken daran wird mir ganz ‚anders'.

'**will·ing** *adj* **1.** gewillt, willens, bereit: **I am ~ to believe** ich glaube gern; **I am not ~ to believe this** ich bin nicht gewillt, das zu glauben; **God ~** so Gott will; **~ purchaser** *econ.* (ernsthafter) Interessent. **2.** (bereit)willig. **3.** gerngeschehen *od.* -getan: **a ~ gift** ein gerngegebenes Geschenk; **a ~ help** e-e gerngeleistete Hilfe. '**will·ing·ly** *adv* bereitwillig, gern. '**will·ing·ness** *s* (Bereit)Willigkeit *f*, Bereitschaft *f*: **~ to pay** *econ.* Zahlungsbereitschaft.

wil·li·waw ['wɪlɪₗwɔː] *s Am.* **1.** plötzlich aufkommender Sturm. **2.** *fig.* Aufruhr *m*, Tu'mult *m*.

will-less ['wɪllɪs] *adj* willenlos.

will-o'-the-wisp [ₗwɪləðə'wɪsp] *s* **1.** Irrlicht *n*. **2.** *fig.* Illusi'on *f*: a) Phan'tom *n*, b) verführerischer Traum.

wil·low[1] ['wɪləʊ] *s* **1.** *bot.* Weide *f*: **to wear the ~** um den verlorenen Geliebten trauern. **2.** *Kricket, a. Baseball*: *colloq.* Schlagholz *n*.

wil·low[2] ['wɪləʊ] (*Spinnerei*) **I** *s* Reißwolf *m*. **II** *v/t* wolfen, reißen.

wil·low|grouse → **willow ptarmigan**. **~ herb** *s bot.* Weidenrös-chen *n*. **~ pat·tern** *n* Weidenmuster *n* mit chi'nesischer Landschaft (*auf Steingut od. Porzellan*). **~ ptar·mi·gan** *s orn.* Moorschneehuhn *n*. **~ war·bler, ~ wren** *s orn.* Weidenlaubsänger *m*.

'**wil·low·y** *adj* **1.** weidenbestanden. **2.** weidenartig. **3.** *fig.* a) biegsam, geschmeidig, b) gertenschlank.

'**will**ₗ**pow·er** *s* Willenskraft *f*.

wil·ly-nil·ly [ₗwɪlɪ'nɪlɪ] *adv* wohl oder übel, nolens volens.

wilt[1] [wɪlt] *obs. 2. sg pres von* **will**[1].

wilt[2] [wɪlt] **I** *v/i* **1.** verwelken, welk *od.* schlaff werden. **2.** *fig.* schlappmachen. **3.** *fig.* nachlassen (*Begeisterung etc*). **II** *v/t* **4.** *bot.* verwelken lassen. **III** *s* **5.** Verwelken *n*: **~ (disease)** *bot.* Welke(krankheit) *f*. **6.** *fig.* Schlappmachen *n*.

Wil·ton (car·pet) ['wɪltən] *s* Wiltonteppich *m* (*Plüschteppich*).

wil·y ['waɪlɪ] *adj* verschlagen, (arg)listig, gerissen.

wimp [wɪmp] *s Am. sl.* **1.** Schwächling *m*. **2.** ‚Niete' *f*, Versager *m*.

wim·ple ['wɪmpl] *s* **1.** *hist.* Rise *f*. **2.** (Nonnen)Schleier *m*.

win [wɪn] **I** *v/i pret u. pp* **won** [wʌn] **1.** gewinnen, siegen, den Sieg da'vontragen: **to ~ out** *colloq.* sich durchsetzen (**over gegen**); **to ~ at chess** beim Schach gewinnen. **2.** gelangen: **to ~ in (out, back)** hinein-(hinaus-, zurück)gelangen; **to ~ through** a) durchkommen, sich durchkämpfen (**to** zu), b) ans Ziel gelangen (*a. fig.*), c) *fig.* sich durchsetzen; **to ~ loose** (*od.* **free, clear**) sich frei machen. **3.** **~ (up)on** Einfluß gewinnen auf (*acc*) *od.* über (*acc*).

II *v/t* **4.** *ein Vermögen etc* erwerben: **to ~ fame** sich Ruhm erwerben; **to ~ hono(u)r** zu Ehren gelangen; **to ~ praise** Lob ernten. **5.** *j-m Lob* einbringen *od.* eintragen: **to ~ s.o. praise.** **6.** gewinnen: **to ~ a battle (race,** *etc*). **7.** gewinnen, erringen: **to ~ a victory (a prize)**; **to ~ £3 from** (*od.* **off**) **s.o.** j-m 3 Pfund abgewinnen, von j-m 3 Pfund gewinnen; **to ~ one's way** s-n Weg machen; → **day** *Bes. Redew.*, **field** 7. **8.** verdienen: **to ~ one's bread (livelihood).** **9.** erreichen, gelangen zu: **to ~ the shore.** **10.** gewinnen: **to ~ s.o.'s love (aid,** *etc*); **to ~ a friend.** **11.** **~ over** (*od.* **round**) a) *j-n* für sich gewinnen, auf s-e Seite ziehen, *a. j-s* Herz erobern: **to ~ s.o. over to a project** j-n für ein Vorhaben gewinnen, b) *j-n* ‚rumkriegen'. **12.** **to ~ s.o. to do s.th.** j-n dazu bringen, etwas zu tun. **13.** *Bergbau*: a) *Erz, Kohle* gewinnen, b) erschließen.

III *s* **14.** a) *bes. sport* Sieg *m*, b) Gewinn *m*: **to have a ~** e-n Sieg erzielen; e-n Gewinn machen.

wince [wɪns] **I** *v/i* (zs.-)zucken (**at** bei; **under** unter *dat*): **he did not even ~** er zuckte mit keiner Wimper. **II** *s* (Zs.-)Zucken *n*.

win·cey ['wɪnsɪ] *s* Halbwollstoff *m*.

winch [wɪntʃ] *tech.* **I** *s* **1.** Winde *f*, *mar.* Winsch *f*. **2.** *Textilwesen*: Haspel *f*. **3.** Kurbel *f*. **II** *v/t* **4.** hochwinden, *mar.* hochwinschen. **~ dye·ing ma·chine** *s* 'Haspelₗfärbeappaₗrat *m*.

wind[1] [wɪnd] **I** *s* **1.** Wind *m*: **fair (contrary) ~** günstiger (ungünstiger) Wind; **~ and weather permitting** bei gutem Wetter; **before the ~** vor dem *od.* im Wind; **between ~ and water** a) *mar.* zwischen Wind u. Wasser, b) in der *od.* die Magengrube, c) *fig.* an e-r empfindlichen Stelle; **in(to) the ~'s eye** gegen den Wind; **like the ~** wie der Wind, schnell; **under the ~** *mar.* in Lee; **there is s.th. in the ~** *fig.* es liegt etwas in der Luft; **to be (three sheets) in the ~** *colloq.* ‚Schlagseite haben'; **to fling** (*od.* **cast, throw**) **to the ~(s)** *fig.* außer acht lassen, *e-n Rat etc* in den Wind schlagen; **to gain** (*od.* **get**) **the ~ of** *e-m Schiff* den Wind abgewinnen; **to have (take) the ~ of** *fig.* e-n Vorteil haben (gewinnen) gegenüber, die Oberhand haben (gewinnen) über (*acc*); **to have (get) the ~ up** *colloq.* ‚Bammel' *od.* ‚Schiß' haben (kriegen); **to know how** (*od.* **which way**) **the ~ blows** *fig.* wissen, woher der Wind weht; **to put the ~ up s.o.** *colloq.* j-m Angst einjagen; **to raise the ~** *bes. Br. colloq.* (das nötige) Geld auftreiben; **to sail close to the ~** a) *mar.* hart am Wind segeln, b) sich am Rande der Legalität *od.* hart an der Grenze des Erlaubten bewegen, mit 'einem Fuß im Gefängnis stehen; **to sow the ~ and reap the whirlwind** Wind säen u. Sturm ernten; **to take the ~ out of s.o.'s sails** j-m den Wind aus den Segeln nehmen; → **ill** 1, scatter 2. **2.** Sturm(wind) *m.* **3.** a) (Gebläse- *etc*)Wind *m*: ~ **of a bellows,** b) Luft *f* (*in e-m Reifen etc*). **4.** *med.* (Darm-) Wind(e *pl*) *m*, Blähung(en *pl*) *f*: **to break** ~ e-n Wind abgehen lassen. **5. the** ~ *mus.* a) die ˈBlasinstruˌmente *pl*, b) die Bläser *pl.* **6.** *hunt.* Wind *m*, Witterung *f* (*a. fig.*): **to get** ~ **of** a) wittern (*acc*), b) *fig.* Wind bekommen von. **7.** Atem *m*: **to have a good** ~ e-e gute Lunge haben; **to have a long** ~ e-n langen Atem haben (*a. fig.*); **to get one's second** ~ *bes. sport* den zweiten Wind bekommen; **to have lost one's** ~ außer Atem sein; → **sound**[1] 1. **8.** leeres Geschwätz.

II *v/t* **9.** *hunt.* wittern. **10.** *meist pass* außer Atem bringen, erschöpfen: **to be** ~**ed** außer Atem *od.* erschöpft sein. **11.** verschnaufen lassen.

wind[2] [waɪnd] **I** *s* **1.** Windung *f*, Biegung *f.* **2.** Umˈdrehung *f* (*beim Aufziehen e-r Uhr etc*). **II** *v/i pret u. pp* **wound** [waʊnd] **3.** sich winden *od.* schlängeln (*a. Fluß, Straße etc*). **4.** sich winden *od.* wickeln *od.* schlingen (**about, round** um *acc*). **5.** a) aufgewunden *od.* aufgewickelt werden, b) sich aufwinden *od.* -wickeln lassen. **III** *v/t* **6.** winden, wickeln, schlingen (**round** um *acc*): **to** ~ **off (on to) a reel** *etwas* ab-(auf)spulen; → **finger** 1. **7.** umˈwickeln. **8.** *oft* ~ **up** a) auf-, hochwinden, b) *Garn etc* aufwickeln, -spulen. **9.** *oft* ~ **up** a) *e-e Uhr etc* aufziehen, b) *e-e Saite etc* spannen. **10.** *oft* ~ **up** hochwinden, *Erz* fördern. **11.** (sich) schlängeln: **to** ~ **o.s.** (*od.* **one's way**) **into s.o.'s affection** *fig.* sich j-s Zuneigung erschleichen, sich bei j-m einschmeicheln. **12.** *mar.* a) wenden, b) hieven. **13.** a) *e-e Kurbel* drehen, b) kurbeln: **to** ~ **up (down)** *Autofenster* hochdrehen, -kurbeln (herunterdrehen, -kurbeln). **14.** *oft* ~ **forward** *Film* weiterspulen: **to** ~ **back** zurückspulen.

Verbindungen mit Adverbien:

wind| down I *v/t* → **wind**[2] 13 b. **II** *v/i fig.* an Schwung verlieren. ~ **off** *v/t* abwickeln, abspulen. ~ **up I** *v/i* **1.** (*bes.* s-e Rede) schließen (**by saying** mit den Worten). **2.** *colloq.* enden, ‚landen': **he'll** ~ **in prison; he wound up losing his job** zu guter Letzt verlor er seine Stellung. **3.** *econ.* Konˈkurs machen. **4.** *Baseball*: Schwung holen. **II** *v/t* **5.** → **wind**[2] 8–10, 13 b. **6.** *fig.* anspannen, erregen, (hinˈein)steigern: **wound up to a high pitch** aufs äußerste gespannt, in Hochspannung (versetzt). **7.** *bes. e-e Rede* (ab-) schließen. **8.** *econ.* a) *ein Geschäft* abwickeln, erledigen: **to** ~ **affairs,** b) *ein Unternehmen* auflösen, liquiˈdieren: **to** ~ **a company.**

wind[3] [waɪnd] *pret u. pp* **wound** [waʊnd], **wind·ed** [ˈwaɪndɪd] *v/t poet.* **1.** *das Horn etc* blasen. **2.** *ein Hornsignal* ertönen lassen.

wind·age [ˈwɪndɪdʒ] *s* **1.** *mil. phys.* a) Luftdruckwelle *f* (*e-s Geschosses*), b) Spielraum *m* (*im Rohr*), c) Einfluß *m* des Windes (*auf die Abweichung e-s Geschosses*), d) Abweichung *f.* **2.** *phys.* ˈLuftˌwiderstand *m.* **3.** *mar.* Windfang *m.*

ˈwind|·bag [ˈwɪnd-] *s colloq.* Schwätzer *m*, ‚Schaumschläger' *m.* **ˈ~·blown** *adj* **1.** windig (*Gegend etc*). **2.** windschief (*Bäume etc*). **3.** (vom Wind) zerzaust. **4.** *fig.* Windstoß...: ~ **hairdo.** **ˈ~·bound** *adj* **1.** *mar.* durch ungünstigen Wind am Auslaufen gehindert. **2.** *fig.* verhindert. **ˈ~·break** *s* **1.** Windschutz *m* (*Hecke etc*). **2.** *Forstwirtschaft*: Windbruch *m.* **ˈ~ˌbreak·er** *s* **1.** → **windbreak** 1. **2.** *Am.* Windjacke *f.* **ˈ~ˌbro·ken** *adj vet.* kurzatmig, dämpfig (*Pferd*). **ˈ~·burn** *s med.* von scharfem Wind gerötete Haut. **ˈ~ˌcheat·er** *s bes. Br.* Windjacke *f.* ~ **chest** *s mus.* Windkasten *m*, -kammer *f* (*bes. der Orgel*). **ˈ~·chill fac·tor** *s phys.* Windabkühlungsfaktor *m.* ~ **cone** *s aer. phys.* Luftsack *m.*

wind·ed [ˈwɪndɪd] *adj* **1.** außer Atem, atemlos. **2.** (*in Zssgn*) ...atmig: → **short-winded,** *etc.*

wind egg [wɪnd] *s* Wind-ei *n.*

wind·er [ˈwaɪndə(r)] *s* **1.** Spuler(in). **2.** *tech.* Winde *f*, Haspel *f.* **3.** (Wendeltreppen)Stufe *f.* **4.** *bot.* Schlingpflanze *f.* **5.** a) Schlüssel *m* (*zum Aufziehen*), b) Kurbel *f.*

ˈwind|·fall [ˈwɪnd-] *s* **1.** a) Fallobst *n*, b) *bes. Am.* Windbruch *m* (*umgewehte Bäume*). **2.** *fig.* unverhoffter Glücksfall *od.* Gewinn. **ˈ~ˌfall·en** *adj* vom Wind gestürzt, windbrüchig. **ˈ~ˌfer·ti·lized** *adj bot.* vom Wind bestäubt *od.* befruchtet. **ˈ~ˌflow·er** *s bot.* Aneˈmone *f.* ~ **force** *s meteor.* Windstärke *f.* ~ **ga(u)ge** *s* **1.** *phys. tech.* Wind(stärke-, -geschwindigkeits)messer *m*, Anemoˈmeter *n.* **2.** *mil.* Windvorhalteinstellung *f.* **3.** *mus.* Windwaage *f* (*an der Orgel*). ~ **harp** *s* Äolsharfe *f.*

wind·i·ness [ˈwɪndɪnɪs] *s* Windigkeit *f* (*a. fig. Hohlheit, Leere*).

wind·ing [ˈwaɪndɪŋ] **I** *s* **1.** Winden *n*, Spulen *n.* **2.** (Ein-, Auf)Wickeln *n*, (Um)ˈWickeln *n.* **3.** (Sich)ˈWinden *n*, (-)ˈSchlängeln *n.* **4.** Windung *f*, Biegung *f.* **5.** Umˈwick(e)lung *f.* **6.** *electr.* Wicklung *f.* **II** *adj* **7.** gewunden: a) sich windend *od.* schlängelnd, b) Wendel...: ~ **staircase,** ~ **stairs.** **8.** krumm, schief (*a. fig.*). **9.** Winde..., Haspel...: ~ **cable** Förderseil *n.* ~ **en·gine** *s tech.* **1.** Dampfwinde *f*, **2.** *Bergbau*: Förderwelle *f.* **3.** ˈSpul-, ˈWickelmaˌschine *f* (*a. electr.*). ~ **sheet** *s* Leichentuch *n.* ~ **tack·le** *s mar.* Gien *f* (*Flaschenzug*). **ˌ~-ˈup** *s* **1.** Aufziehen *n* (*e-r Uhr etc*): ~ **mechanism** Aufziehwerk *n.* **2.** *econ.* a) Abwicklung *f*, Erledigung *f* (*e-s Geschäfts*), b) Liquidatiˈon *f*, Auflösung *f* (*e-s Unternehmens*): ~ **sale** (Total)Ausverkauf *m.*

wind| in·stru·ment [wɪnd] *s mus.* ˈBlasinstruˌment *n.* **ˈ~ˌjam·mer** [-ˌdʒæmə(r)] *s* **1.** *mar.* a) Windjammer *m*, b) Maˈtrose *m* auf e-m Windjammer. **2.** → **windcheater. 3.** *Am. sl.* → **windbag. 4.** *mus. Am. sl.* Bläser *m.*

wind·lass [ˈwɪndləs] **I** *s* **1.** *tech.* Winde *f*, *mar.* Winsch *f.* **2.** *Bergbau*: Förderhaspel *f.* **3.** *mar.* Ankerspill *n.* **II** *v/t* **4.** hochwinden, *mar.* hochwinschen.

wind·less [ˈwɪndlɪs] *adj* windstill.

win·dle·straw [ˈwɪndlstrɔː], *a.* **ˈwin·dle·strae** [-streɪ] *s Ir. od. Br. dial.* **1.** trockener Grashalm. **2.** *fig.* a) (*etwas*) Dünnes *od.* Schwaches, b) schmächtige Perˈson.

wind·mill [ˈwɪnmɪl; ˈwɪnd-] **I** *s* **1.** Windmühle *f*: **to tilt at** (*od.* **fight**) ~**s** *fig.* gegen Windmühlen(flügel) kämpfen; **to throw one's cap over the** ~ a) Luftschlösser bauen, b) jede Vorsicht außer acht lassen. **2.** → **whirlybird. 3.** *bes. Br.* Windrädchen *n* (*Kinderspielzeug*). **II** *v/t* **4.** to ~ **one's arms** die Arme kreisen lassen.

win·dow [ˈwɪndəʊ] *s* **1.** Fenster *n* (*a. fig.*): **to climb in at the** ~ zum Fenster hineinklettern; **to look out of** (*od.* **at**) **the** ~ zum Fenster hinausschauen. **2.** Fensterscheibe *f.* **3.** Schaufenster *n*: **to put all one's knowledge in the** ~ *fig.* mit s-m Wissen hausieren gehen. **4.** (*Bank- etc*) Schalter *m.* **5.** *tech.* Fenster *n* (*a. im Briefumschlag*): ~ **dial** Fensterskala *f.* **6.** *geol.* Fenster *n* (*durch Erosion entstandener Einblick*). **7.** *aer. mil.* Düppel *m*, (Radar)Störfolie *f.* **8.** *TV*, *Radar*: Ausblendstufe *f.* ~ **bar** *s* Fenstersprosse *f*, -stab *m.* ~ **box** *s* Blumenkasten *m.* ~ **clean·er** *s* Fensterputzer *m.* ~ **dis·play** *s* Schaufensterauslage *f.* **ˈ~-dress** *v/t fig.* **1.** *econ. e-e Bilanz etc* verschleiern, ‚friˈsieren'. **2.** schmackhaft machen, ‚aufputzen'. ~ **dress·er** *s* **1.** ˈSchaufensterdekoraˌteur(in). **2.** *fig.* Schönfärber(in). ~ **dress·ing** *s* **1.** ˈSchaufensterdekoratiˌon *f.* **2.** *fig.* Aufmachung *f*, ‚Mache' *f*, Schönfärbeˈrei *f.* **3.** *econ.* Verschleiern *n*, ‚Friˈsieren' *n* (*e-r Bilanz etc*).

win·dowed [ˈwɪndəʊd] *adj* mit Fenster(n) (versehen).

win·dow| en·ve·lope *s* ˈFensterˌbriefˌumschlag *m.* ~ **frame** *s* Fensterrahmen *m.* ~ **jam·ming** *s mil. Radar*: Folienstörung *f*, Verdüppelung *f.* **ˈ~-pane** *s* Fensterscheibe *f.* ~ **screen** *s* **1.** Fliegenfenster *n.* **2.** Zierfüllung *f* e-s Fensters (*aus Buntglas, Gitter etc*). ~ **seat** *s* Fensterplatz *m.* ~ **shade** *s Am.* Rouˈleau *n*, Jalouˈsie *f.* **ˈ~-shop** *v/i*: **to go** ~**ping** e-n Schaufensterbummel machen. **ˈ~-ˌshop·per** *s* j-d, der e-n Schaufensterbummel macht. ~ **shut·ter** *s* Fensterladen *m.* **ˈ~-sill** *s* Fensterbrett *n.*

ˈwind|·packed [ˈwɪnd-] *adj*: ~ **snow** Preßschnee *m.* **ˈ~·pipe** *s anat.* Luftröhre *f.* ~ **pow·er** *s* Windkraft *f.* **ˈ~·proof** *adj* ˈwindˌunˌdurchlässig. ~ **rose** *s meteor.* Windrose *f.* **ˈ~·row** *s* **1.** *agr.* a) Schwaden *m* Heu *od.* Getreide, b) Reihe *f* von Garben *od.* Torf *etc.* **2.** (vom Wind zs.-gewehter) Wall von Staub *od.* Laub *etc.* **ˈ~·sail** *s* **1.** *mar.* Windsack *m.* **2.** *tech.* Windflügel *m.* ~ **scale** *s meteor.* Windstärkenskala *f.* **ˈ~·screen** *s* **1.** Windschirm *m.* **2.** *mot. Br. für* **windshield.** **ˈ~-shaped** *adj* windschlüpfig. **ˈ~ˌshield** *s mot. Am.* Windschutzscheibe *f*: ~ **washer** Scheibenwaschanlage *f*; ~ **wiper** Scheibenwischer *m.* ~ **sleeve,** ~ **sock** *s aer. phys.* Luftsack *m.*

Wind·sor| bean [ˈwɪnzə(r)] *s bot.* Puff-, Saubohne *f.* ~ **knot** *s* Windsorknoten *m.* ~ **soap** *s* Windsorseife *f* (*braune Toilettenseife*).

ˈwind|ˌsurf·ing [ˈwɪnd-] *s* Windsurfing *n*, -surfen *n.* **ˈ~·swept** *adj* **1.** windgepeitscht. **2.** → **windblown** 3, 4. ~ **tun·nel** *s aer. phys. tech.* ˈWindkaˌnal *m.*

wind·up [ˈwaɪndʌp] *s bes. Am.* **1.** Schluß *m*, Ende *n.* **2.** *econ.* Abwicklung *f*, Erledigung *f* (*e-s Geschäftes*).

wind·ward [ˈwɪndwə(r)d] *mar.* **I** *adv* wind-, luvwärts, gegen den Wind. **II** *adj* windwärts gelegen, Luv..., Wind...: **W~ Islands** *geogr.* Inseln vor dem Wind; ~ **side** Windseite *f.* **III** *s* Windseite *f*, Luv (-seite) *f*: **to get to the** ~ **of s.o.** *fig.* sich j-m gegenüber e-n Vorteil verschaffen.

wind·y [ˈwɪndɪ] *adj* (*adv* **windily**) **1.** windig: a) stürmisch, b) zugig: **a** ~ **place; the W~ City** (*Beiname von*) Chicago *n.* **2.** *fig.* a) wortreich, hochtrabend, b) windig, hohl, leer: ~ **speeches,** c) geschwätzig. **3.** *med.* blähend. **4.** *bes. Br. colloq.* nerˈvös, ängstlich.

wine [waɪn] **I** *s* **1.** Wein *m*: **new** ~ **in old bottles** *Bibl.* junger Wein in alten Schläuchen (*a. fig.*); ~, **women, and song** Wein, Weib u. Gesang. **2.** gegorener Fruchtsaft. **3.** *pharm.* Medizi'nalwein *m.* **4.** *univ. Br.* Weinabend *m.* **II** *v/t* **5.** mit Wein versorgen *od.* bewirten: **to** ~ **and dine** *j-n* fürstlich bewirten. **III** *v/i* **6.** Wein trinken: **to** ~ **and dine** fürstlich speisen. **ˈ~ˌbib·ber** *s* Weinsäufer(in). **ˈ~ˌbot·tle** *s* Weinflasche *f.* ~ **cask** *s* Weinfaß *n.* ~ **cel·lar** *s* Weinkeller *m.* ~ **cool·er** *s* Weinkühler *m.* ~ **cra·dle** *s* Weinkorb *m.* **ˈ~·glass** *s* Weinglas *n.* **ˈ~ˌgrow·er** *s* Weinbauer *m.* **ˈ~ˌgrow·ing** *s* Wein(an)bau *m*: ~ **area** Weinbaugebiet

n. ~ **list** *s* Weinkarte *f.* ~ **mer·chant** *s* Weinhändler *m.* ˈ~**·press** *s* Weinpresse *f*, -kelter *f.*
win·er·y [ˈwaɪnərɪ] *s bes. Am.* Weinkelleˈrei *f.*
ˈ**wine**|**·skin** *s* Weinschlauch *m.* ~ **stone** *s chem.* Weinstein *m.* ˈ~ˌ**tast·er** *s* Weinprüfer *m*, -verkoster *m.* ˈ~ˌ**tast·ing** *s* Weinprobe *f.* ~ **tav·ern** *s* ˈWeinkeller *m*, -loˌkal *n.* ~ **yeast** *s* Weinhefe *f.*
wing [wɪŋ] **I** *s* **1.** *orn.* Flügel *m* (*a. bot. u. zo.*), Schwinge *f*, Fittich *m* (*a. fig.*): **under s.o.'s ~(s)** unter j-s Fittichen *od.* Schutz; **on the ~** a) im Flug, b) *fig.* auf Reisen; **on the ~s of the wind** wie der Wind, mit Windeseile; **to add** (*od.* **give, lend**) **~s to** *j-n, etwas* beflügeln (*Hoffnung etc*), *j-m* Beine machen (*Furcht etc*); **to spread** (*od.* **stretch, try**) **one's ~s** a) versuchen, auf eigenen Beinen zu stehen, b) versuchen, sich durchzusetzen; **to take ~,** *fig. a.* **to take ~s** a) davonfliegen, b) hastig aufbrechen, c) *fig.* beflügelt werden, d) *fig.* verrinnen (*Zeit*); → **clip**[1] 1, **singe** 1. **2.** (Tür-, Fenster- *etc*)Flügel *m.* **3.** *arch.* Flügel *m*, Seitenteil *m* (*e-s Gebäudes*). **4.** *meist pl thea.* ˈSeitenkuˌlisse *f*: **to wait in the ~s** *fig.* auf Abruf bereitstehen. **5.** *aer.* Tragfläche *f.* **6.** *mot. Br.* Kotflügel *m.* **7.** *mar. mil.* Flügel *m* (*e-r Aufstellung*). **8.** *aer. mil.* a) *brit. Luftwaffe*: Gruppe *f*, b) *amer. Luftwaffe*: Geschwader *n*, c) ‚Schwinge' *f*, Piˈlotenabzeichen *n.* **9.** *sport* Flügel *m*: a) *vorderer linker u. rechter Teil der gegnerischen Spielfeldhälfte*: **on the ~** auf dem Flügel, b) Flügelstürmer *m.* **10.** *pol.* Flügel *m* (*e-r Partei*). **11.** Federfahne *f* (*e-s Pfeils*). **12.** *tech.* Flügel *m.* **13.** ˈumgeklappte Ecke (*e-s Eckenkragens*).
II *v/t* **14.** mit Flügeln *etc* versehen. **15.** *fig.* beflügeln. **16.** *e-e Strecke* durchˈfliegen: **to ~ one's way** dahinfliegen; **to ~ itself into a tree** sich auf e-n Baum schwingen (*Vogel*). **17.** *ein Geschoß* abschießen. **18.** a) *e-n Vogel* anschießen, flügeln, b) *colloq. j-n* (*bes.* am Arm) verwunden *od.* treffen, c) *colloq. ein Flugzeug* anschießen. **19. to ~ it** *Am. sl.* improvisieren.
III *v/i* **20.** fliegen.
wing| **as·sem·bly** *s aer.* Tragwerk *n.* ˈ~**·beat** *s* Flügelschlag *m.* ~ **case** *s zo.* Deckflügel *m.* ~ **chair** *s* Ohrensessel *m.* ~ **com·mand·er** *s aer. mil.* **1.** *Br.* Oberstˈleutnant *m* der Luftwaffe. **2.** *Am.* Geˈschwaderkommoˌdore *m.* ~ **com·pass·es** *s pl a.* **pair of ~** *tech.* Bogenzirkel *m.* ~ **cov·ert** *s orn.* Deckfeder *f.*
wing·ding [ˈwɪŋdɪŋ] *s bes. Am. sl.* **1.** *med. etc* Anfall *m.* **2.** ‚Koller' *m*, Wutanfall *m.* **3.** ‚tolle' *od.* große Sache (*Veranstaltung etc*). **4.** ‚tolle' Party.
winged [wɪŋd] *adj* **1.** *orn., a. bot.* geflügelt. **2.** Flügel..., (*in Zssgn*) ...flüg(e)lig: **the ~ horse** *myth.* der Pegasus; ~ **screw** *tech.* Flügelschraube *f*; ~ **words** *fig.* geflügelte Worte; **double-~ building** zweiflügeliges Gebäude. **3.** *fig.* beflügelt, schnell. **4.** *fig.* beschwingt. **5.** *fig.* erhaben, edel, hehr: ~ **sentiments.** ˈ**wing·ed·ly** [-ŋdlɪ] *adv.*
wing·er [ˈwɪŋə(r)] *s sport* Flügelstürmer *m.*
wing| **feath·er** *s orn.* Schwungfeder *f.* ~ **flap** *s aer.* Landeklappe *f.* ˌ~-ˈ**foot·ed** *adj obs. fig.* schnell(füßig), beflügelt. ˈ~-ˌ**heav·y** *adj aer.* querlastig. ~ **nut** *s tech.* Flügelmutter *f.* ˈ~ˌ**o·ver** *s aer.* Immelmann-Turn *m.* ~ **sheath** → **wing case.** ˈ~**·span** → **wingspread** 2. ˈ~**·spread** *s* **1.** *orn.* (Flügel)Spannweite *f.* **2.** *aer.* (Tragflächen)Spannweite *f.* ˈ~**·stroke** → **wingbeat.** ~ **tip** *s aer.* Tragflächenende *n.*
wink [wɪŋk] **I** *v/i* **1.** (mit den Augen) blinzeln, zwinkern: **to ~ at** a) *j-m* zublinzeln, b) *fig.* ein Auge zudrücken bei *etwas, etwas* ignorieren; **(as) easy as ~ing** *Br. colloq.* kinderleicht; **like ~ing** wie der Blitz. **2.** blinzeln, sich schnell schließen u. öffnen (*Augen*). **3.** blinken, flimmern (*Licht*). **II** *v/t* **4.** blinzeln *od.* zwinkern mit *den Augen.* **5.** *etwas* blinken, durch ˈLichtsiˌgnal(e) anzeigen. **III** *s* **6.** Blinzeln *n*, Zwinkern *n*, Wink *m* (*mit den Augen*): → **tip**[3] 5. **7.** Augenblick *m*: **in a ~** im Nu; **not to sleep a ~, not to get a ~ of sleep** kein Auge zutun; → **forty** 4. ˈ**wink·er** *s* **1.** Scheuklappe *f* (*e-s Pferdes*). **2.** *bes. Am. colloq.* a) Auge *n*, b) Wimper *f.* **3.** *mot. Br. colloq.* Blinker *m.*
win·kle [ˈwɪŋkl] **I** *s zo.* (*eßbare*) Strandschnecke. **II** *v/t* ~ **out** a) herˈausziehen, -polken, b) *colloq. j-n* aussieben *od.* aussondern, c) *bes. Br. colloq. Wahrheit etc* herˈausholen (**of** aus).
ˈ**win·na·ble** *adj*: **a ~ match** *sport* ein Spiel, das zu gewinnen ist *od.* das eigentlich gewonnen werden müßte.
ˈ**win·ner** *s* **1.** Gewinner(in), *bes. sport* Sieger(in). **2.** sicherer Gewinner, ˈSiegeskandiˌdat(in). **3.** erfolgversprechende *od.* ‚todsichere' Sache. **4.** ‚Schlager' *m*, großartige Sache. **5.** *sport* Siegestor *n*, -treffer *m.*
ˈ**win·ning I** *s* **1.** Gewinnen *n*, Sieg *m.* **2.** *meist pl* Gewinn *m* (*bes. beim Spiel*). **3.** *Bergbau*: a) Grube *f*, b) Abbau *m.* **II** *adj* (*adv* **~ly**) **4.** *bes. sport* siegreich, Sieger..., Sieges...: ~ **lead** uneinholbare Führung; ~ **goal** → **winner** 5. **5.** entscheidend: ~ **hit.** **6.** *fig.* gewinnend, einnehmend: **a ~ smile** ein gewinnendes Lächeln. ~ **post** *s sport* Zielpfosten *m.*
win·now [ˈwɪnəʊ] **I** *v/t* **1.** *a.* ~ **out** a) *Getreide* schwingen, sieben, worfeln, b) *Spreu* scheiden, trennen (**from** von). **2.** *fig.* sichten, sondern. **3.** *fig.* trennen, (unter)ˈscheiden (**from** von). **II** *s* **4.** Wanne *f*, Futterschwinge *f.* ˈ**win·now·ing** *s* Worfeln *n*, Schwingen *n*: ~ **fan** Kornschwinge *f*; ~ **machine** Worfelmaschine *f.*
wi·no [ˈwaɪnəʊ] *pl* **-nos** *s Am. sl.* Weinsäufer(in).
win·some [ˈwɪnsəm] *adj* (*adv* **~ly**) **1.** gewinnend, einnehmend: **a ~ smile** ein gewinnendes Lächeln. **2.** (lieb)reizend. **3.** lustig, fröhlich.
win·ter [ˈwɪntə(r)] **I** *s* **1.** Winter *m*: **in ~** im Winter. **2.** *poet.* Lenz *m*, (Lebens)Jahr *n*: **a man of fifty ~s.** **II** *adj* **3.** winterlich, Winter...: ~ **day** Wintertag *m.* **III** *v/i* **4.** überˈwintern (*Tiere, Pflanzen*). **5.** den Winter verbringen: **to ~ in Africa.** **IV** *v/t* **6.** *bes. Pflanzen* überˈwintern. ~ **corn** *s agr.* Wintergetreide *n.* ~ **crop** *s agr.* Winterfrucht *f.* ~ **fal·low** *s agr.* Winterbrache *f.* ˈ~-ˌ**fal·low** *agr.* **I** *v/t Land* im Winter brachen. **II** *adj* winterbrach. ~ **gar·den** *s* Wintergarten *m.*
win·ter·i·ness [ˈwɪntərɪnɪs] → **wintriness.**
win·ter·ize [ˈwɪntəˌraɪz] *v/t Am.* auf den Winter vorbereiten, *bes. mot.* winterfest machen.
ˈ**win·ter**|**·kill** *v/t u. v/i agr. bes. Am.* erfrieren (lassen). ˈ~**·like** → **winterly.**
win·ter·li·ness [ˈwɪntə(r)lɪnɪs] *s* (*das*) Winterliche. ˈ**win·ter·ly** *adj* winterlich.
ˈ**win·ter**|**·proud** *adj agr.* vorzeitig grün. ~ **quar·ters** *s pl* ˈWinterquarˌtier *n.* ~ **sports** *s pl* Wintersport *m.* ~ **term** *s univ.* ˈWinterseˌmester *n.* ˈ~**·time,** *a.* ˈ~**·tide** *s* Winter(zeit *f*) *m.* ˈ~**·weight** *adj* winterlich, Winter...: ~ **clothes** Winterkleidung *f.* ~ **wheat** *s agr.* Winterweizen *m.*
win·ter·y [ˈwɪntərɪ] → **wintry.**
win·tri·ness [ˈwɪntrɪnɪs] *s* Kälte *f*, Frostigkeit *f* (*a. fig.*). ˈ**win·try** [-trɪ] *adj* **1.** winterlich, frostig: ~ **weather.** **2.** *fig.* a) freudlos, trüb(e), b) alt, weißhaarig, c) frostig: **a ~ smile.**
win·y [ˈwaɪnɪ] *adj* **1.** Wein... **2.** weinselig, angeheitert.
winze [wɪnz] *s Bergbau*: Wetterschacht *m.*
wipe [waɪp] **I** *s* **1.** (Ab)Wischen *n*: **to give s.th. a ~** etwas abwischen. **2.** *colloq.* a) ‚Pfund' *n* (*harter Schlag*), b) *fig.* Seitenhieb *m.* **3.** *obs. sl.* Taschentuch *n.* **4.** *Film, TV*: ˈTricküberˌblendung *f.* **II** *v/t* **5.** (ab-, sauber-, trocken)wischen, abreiben, reinigen: **to ~ s.o.'s eye (for him)** *sl.* j-n ausstechen; **to ~ the floor with s.o.** *colloq.* mit j-m ‚Schlitten fahren', j-n ‚fertigmachen'. **6.** *oft* ~ **away,** ~ **off** ab-, wegwischen: ~ **that silly grin off your face!** *colloq.* hör auf, so blöd zu grinsen!; **the smile was ~d off his face** *colloq.* ihm ist das Lachen vergangen. **7.** *oft* ~ **off** *fig.* bereinigen, tilgen, auslöschen, *Rechnung* begleichen: **to ~ s.th. off the slate** *fig.* etwas vergessen *od.* begraben. **8.** wischen mit (**over, across** über *acc*). **9.** *tech.* weichlöten.
Verbindungen mit Adverbien:
wipe|**out** *v/t* **1.** auswischen: **to ~ a jug.** **2.** wegwischen, (aus)löschen, tilgen (*a. fig.*): **to ~ a disgrace** e-n Schandfleck tilgen, e-e Scharte auswetzen. **3.** *Gewinn etc* zuˈnichte machen. **4.** *e-e Armee, Stadt etc* ‚ˈausraˌdieren', *e-e Rasse* ausrotten. ~ **up** *v/t* **1.** aufwischen. **2.** *Geschirr* (ab-)trocknen.
wipe| **break,** ~ **break·er** *s electr.* ˈSchleif-, ˈWischkonˌtaktunterˌbrecher *m.* ~ **joint** *s tech.* (Weich)Lötstelle *f.*
ˈ**wip·er** *s* **1.** Wischer *m* (*Person od. Vorrichtung*). **2.** Wischtuch *n.* **3.** *tech.* a) Hebedaumen *m*, b) Abstreifer *m*, c) *electr.* Konˈtaktarm *m*, Schleifer *m.* **4.** → **wipe** 2 *u.* 3.
wire [ˈwaɪə(r)] **I** *s* **1.** Draht *m.* **2.** *electr.* Leitung(sdraht *m*) *f*: → **live wire** 1. **3.** *electr.* (Kabel)Ader *f.* **4.** Drahtgitter *n*, -netz *n.* **5.** a) Teleˈgrafennetz *n*, b) *colloq.* Teleˈgramm *n*: **by ~** telegrafisch, c) Teleˈfonnetz *n.* **6.** *mus.* Drahtsaite(*n pl*) *f.* **7.** *pl* a) Drähte *pl* (*e-s Marionettenspiels*), b) *fig.* geheime Fäden *pl*, Beziehungen *pl*: **to pull the ~s** a) der Drahtzieher sein, b) s-e Beziehungen spielen lassen; **to pull (the) ~s for office** sich durch Beziehungen e-e Stellung verschaffen. **8.** *opt.* Faden *m* (*im Okular*). **II** *adj* **9.** Draht... **III** *v/t* **10.** mit Draht(geflecht) versehen. **11.** mit Draht (an-, zs.-)binden *od.* befestigen. **12.** *electr.* Leitungen (ver)legen in (*dat*), (be)schalten, verdrahten: **to ~ to** anschließen an (*acc*). **13.** *colloq.* *e-e Nachricht od. j-m* telegraˈfieren. **14.** *hunt.* mit Drahtschlingen fangen. **IV** *v/i* **15.** *colloq.* telegraˈfieren: **to ~ away** (*od.* **in**) *sl.* sich ins Zeug legen, ‚loslegen'.
wire| **bridge** *s tech.* Drahtseilbrücke *f.* ~ **brush** *s* Drahtbürste *f.* ~ **cloth** *s tech.* Drahtgewebe *n.* ~ **cut·ter** *s tech.* **1.** *pl a.* **pair of ~s** Drahtschere *f.* **2.** Drahtschneider *m* (*Arbeiter od. Werkzeug*).
wired [ˈwaɪə(r)d] *adj* **1.** *electr.* verdrahtet, mit (Draht)Leitungen versehen: ~ **music** Musik *f* über Drahtfunk; ~ **radio,** ~ **wireless** Drahtfunk *m.* **2.** mit Draht verstärkt: ~ **glass** Drahtglas *n.* **3.** mit e-m Drahtgeflecht *od.* -zaun umˈgeben.
ˈ**wire**|**·draw** *v/t irr* **1.** *tech. Metall* drahtziehen. **2.** *fig.* a) in die Länge ziehen, b) verzerren, entstellen (**into** zu), c) *ein Argument* überˈspitzen, ausklügeln. ˈ~**·drawn** *adj fig.* a) langatmig, b) spitzfindig, ausgeklügelt, überˈspitzt. ~ **en·tan·gle·ment** *s mil.* Drahtverhau *m.* ~ **ga(u)ge** *s tech.* Drahtlehre *f.* ~ **gauze** *s tech.* Drahtgaze *f*, -gewebe *n.* ~ **glass** *s*

Drahtglas *n.* ~ **gun** *s mil.* Drahtrohr *n.* ˈ**~hair** *s zo.* Drahthaarterrier *m.* ˈ**~haired** *adj* Drahthaar...: ~ **terrier.**

wire·less [ˈwaɪə(r)lɪs] *electr.* **I** *adj* **1.** drahtlos, Funk...: ~ **message** Funkspruch *m*, -meldung *f.* **2.** *bes. Br.* Radio..., Rundfunk...: ~ **set** → 3. **II** *s* **3.** *bes. Br.* ˈRadio(appaˌrat *m*) *n*: **on the** ~ im Radio *od.* Rundfunk. **4.** *abbr. für* **wireless telegraphy, wireless telephony,** *etc.* **III** *v/t* **5.** *bes. Br. e-e Nachricht etc* funken. **IV** *v/i* **6.** *bes. Br.* drahtlos telegraˈfieren, funken. **~car** *s Br.* Funkstreifenwagen *m.* ˈ**~-conˌtrolled** *adj* funkferngesteuert. ~ **op·er·a·tor** *s aer.* (Bord-)Funker *m.* **~(re·ceiv·ing) set** *s* (Funk-)Empfänger *m.* ~ **sta·tion** *s electr.* (*a.* ˈRund)Funkstatiˌon *f.* ~ **te·leg·ra·phy** *s* drahtlose Telegraˈfie, ˈFunktelegraˌfie *f.* ~ **tel·e·phone** *s* ˈFunkteleˌfon *n*, -fernsprecher *m.* ~ **te·leph·o·ny** *s* drahtlose Telefoˈnie, ˈFunktelefoˌnie *f.*

ˈ**wire|·man** [-mən] *s irr bes. Am.* **1.** *tech.* a) Teleˈgrafen-, Teleˈfonarbeiter *m*, b) EˈlektroinstallaˌteurI *m.* **2.** ˈAbhörspeziaˌlist *m.* **~mi·crom·e·ter** *s phys. tech.* ˈFadenmikroˌmeter *n.* ~ **nail** *s tech.* Drahtnagel *m*, -stift *m.* **~net·ting** *s tech.* **1.** Drahtnetz *n*, -geflecht *n.* **2.** *pl* Maschendraht *m.* ˈ**~ˌpho·to** *s* ˈBildteleˌgramm *n*, Funkfoto *n.* ~ **pli·ers** *s pl a.* **pair of** ~ *tech.* Drahtzange *f.* ˈ**~ˌpull·er** *s fig.* Drahtzieher *m.* ˈ**~ˌpull·ing** *s fig.* Drahtziehen *n.* ~ **re·cord·er** *s electr. hist.* Drahtton(aufnahme)gerät *n.* **~rod** *s tech.* Walz-, Stabdraht *m.* ~ **rope** *s* Drahtseil *n.* ~ **rope·way** *s* Drahtseilbahn *f.* **~ser·vice** *s bes. Am.* ˈNachrichtenagenˌtur *f.* ˈ**~·tap** *bes. Am.* **I** *v/t u. v/i* **1.** (*j-s*) Teleˈfongespräche abhören, (*j-s*) Leitung(en) anzapfen. **2.** (*v/t*) sich durch Abhören *Informationen etc* verschaffen. **II** *s* **3.** Abhören *n*, Anzapfen *n.* **III** *adj* **4.** durch Abhören erlangt: ~ **information. 5.** Abhör...: ~ **scandal;** ~ **operation** Abhöraktion *f*, Lauschangriff *m.* ˈ**~ˌtap·per** *s bes. Am.* Abhörer *m*, Anzapfer *m.* ˈ**~ˌtap·ping** *s bes. Am.* Abhören *n*, Anzapfen *n*: ~ **operation** Abhöraktion *f*, Lauschangriff *m.* ~ **tram·way** → **wire ropeway.** ˈ**~ˌwalk·er** *s bes. Am.* ˈDrahtseilakroˌbat(in), Seiltänzer(in). **~wheel** *s mot.* Rad *n* mit Sportfelgen. **~wool** *s* Stahlwolle *f.* ˈ**~worm** *s zo.* Drahtwurm *m.* ˈ**~wove** *adj* **1.** Velin...: ~ **paper. 2.** aus Draht geflochten.

wir·i·ness [ˈwaɪərɪnɪs] *s fig.* Drahtigkeit *f*, Zähigkeit *f.*

wir·ing [ˈwaɪərɪŋ] *s* **1.** Befestigen *n* mit Draht. **2.** *electr.* a) Verdrahtung *f*, (Be-)Schaltung *f*, b) Leitungsnetz *n*: ~ **diagram** Schaltplan *m*, -schema *n.*

wir·y [ˈwaɪərɪ] *adj* **1.** Draht... **2.** drahtig: ~ **hair. 3.** *fig.* drahtig, zäh. **4.** a) viˈbrierend, b) meˈtallisch: ~ **sound.**

wis·dom [ˈwɪzdəm] *s* **1.** Weisheit *f*, Klugheit *f*: **to talk** ~ weise reden. **2.** *obs.* Gelehrsamkeit *f.* **3.** *Bibl.* a) **W~,** *a.* **W~ of Solomon** die Sprüche *pl* Salomons, b) **W~ of Jesus, Son of Sirach** (*das*) Buch Jesus Sirach. ~ **tooth** *s irr* Weisheitszahn *m*: **to cut one's wisdom teeth** *fig.* erwachsen *od.* vernünftig werden.

wise¹ [waɪz] **I** *adj* (*adv* → **wisely**) **1.** weise, klug, einsichtig, erfahren: **it's easy to be** ~ **after the event** hinterher kann man leicht klüger sein. **2.** gescheit, verständig: **to be none the ~r (for it)** nicht klüger sein als zuvor; **without anybody being the ~r for it** ohne daß es jemand gemerkt hätte. **3.** wissend, unterˈrichtet: **to be** ~ **to** *colloq.* Bescheid wissen über (*acc*), *j-n od. etwas* durchschaut haben; **to get** ~ **to** *colloq. etwas* ‚spitzkriegen', *j-m* auf die Schliche kommen; **to put s.o.** ~ **to** *sl.* j-m *etwas* ‚stecken'. **4.** schlau, gerissen. **5.** *colloq.* neunmalklug: ~ **guy** ‚Klugscheißer' *m.* **6.** *obs.* in der Hexenkunst bewandert: ~ **man** Zauberer *m*; ~ **woman** a) Hexe *f*, b) Wahrsagerin *f*, c) weise Frau (*Hebamme*). **II** *v/t* **7.** ~ **up** *bes. Am. colloq. j-n* inforˈmieren, aufklären (**to** über *acc*). **III** *v/i* **8. to** ~ **up to** *bes. Am. colloq.* a) sich informieren über (*acc*), b) *etwas* ‚spitzkriegen'.

wise² [waɪz] *s obs.* Art *f*, Weise *f*: **in any** ~ auf irgendeine Weise; **in no** ~ in keiner Weise, keineswegs; **in this** ~ auf diese Art u. Weise.

-wise [waɪz] *Wortelement mit den Bedeutungen*: a) ...artig, nach Art von, b) ...weise, c) *colloq.* ...mäßig.

ˈ**wise|ˌa·cre** *s* Neunmalkluge(r *m*) *f*, Besserwisser(in). ˈ**~·crack** *colloq.* **I** *s* witzige *od.* treffende Bemerkung, Witzeˈlei *f.* **II** *v/i* witzeln, ‚flachsen'. ˈ**~ˌcrack·er** *s colloq.* Witzbold *m.* ˈ**~·head** → **wiseacre.**

ˈ**wise·ly** *adv* **1.** weise (*etc*; → **wise¹** 1 *u.* 2). **2.** kluger-, vernünftigerweise. **3.** (wohl-)weislich.

wish [wɪʃ] **I** *v/t* **1.** (sich) wünschen. **2.** wollen, wünschen: **I** ~ **I were there** ich wollte, ich wäre dort; **to** ~ **s.o. further** (*od.* **at the devil**) j-n zum Teufel wünschen; **to** ~ **o.s. home** sich nach Hause sehnen. **3.** hoffen: **it is to be ~ed** es ist zu hoffen *od.* zu wünschen. **4.** *j-m Glück, Spaß etc* wünschen: **to** ~ **s.o. well (ill)** j-m Gutes (Böses) wünschen, j-m wohl-(übel)wollen; **to** ~ **s.o. good morning** j-m guten Morgen wünschen; **to** ~ **s.o. (s.th.) on s.o.** j-m j-n (etwas) aufhalsen; **I wouldn't** ~ **that on my worst enemy** das würde ich nicht einmal m-m ärgsten Feind wünschen; → **joy** 1. **5.** *j-n* ersuchen, bitten (**to** zu). **II** *v/i* **6.** (**for**) sich sehnen (nach), wünschen (*acc*): **I have been ~ing for you to come** ich habe mir gewünscht, daß du kommst; **he cannot** ~ **for anything better** er kann sich nichts Besseres wünschen. **III** *s* **7.** Wunsch *m*: a) Verlangen *n* (**for** nach), b) Bitte *f* (**for** um), c) (*das*) Gewünschte: **you shall have your** ~ du sollst haben, was du dir wünschst; → **father** 5. **8.** *pl* (gute) Wünsche *pl*, Glückwünsche *pl.* ˈ**~·bone** *s* **1.** *orn.* Brust-, Gabelbein *n.* **2.** *mot.* Dreiecklenker *m*: ~ **suspension** Schwingarmfederung *f.*

ˈ**wish·ful** *adj* (*adv* **~ly**) **1.** vom Wunsch erfüllt, begierig (**to do** zu tun): ~ **thinking** Wunschdenken *n.* **2.** sehnsüchtig.

ˈ**wish·ing|bone** → **wishbone** 1. **~cap** *s* Zauber-, Wunschkappe *f.*

wish·wash [ˈwɪʃwɒʃ; *Am. a.* -ˌwɑʃ] *s* **1.** labberiges Zeug (*Getränk etc*). **2.** *fig.* leeres Geschwätz, fades Geschreibsel.

wish·y-wash·y [ˈwɪʃɪˌwɒʃɪ; *Am. a.* -ˌwɑ-] *adj* labberig: a) wäßrig, b) *fig.* saft- u. kraftlos, seicht: ~ **style.**

wisp [wɪsp] *s* **1.** (*Stroh- etc*)Wisch *m*, (*Heu-, Haar*)Büschel *n*, (*Haar*)Strähne *f.* **2.** Handfeger *m*, kleiner Besen. **3.** Strich *m*, Zug *m* (*Vögel*). **4.** Fetzen *m*, Streifen *m*: **a** ~ **of a boy** ein schmächtiges Bürschchen. **5.** *fig.* Andeutung *f*, Anflug *m*: ~ **of a smile.** ˈ**wisp·y** *adj* **1.** büschelig: ~ **hair** dünne Haarbüschel. **2.** dünn, schmächtig.

wist [wɪst] *pret u. pp von* **wit².**

wis·ta·ri·a [wɪˈsteərɪə], **wis·te·ri·a** [wɪˈstɪərɪə] *s bot.* Glyˈzine *f.*

ˈ**wist·ful** *adj* (*adv* **~ly**) **1.** sehnsüchtig, wehmütig. **2.** nachdenklich, versonnen. ˈ**wist·ful·ness** *s* **1.** Sehnsucht *f*, Wehmut *f.* **2.** Nachdenklichkeit *f.*

wit¹ [wɪt] *s* **1.** *oft pl* geistige Fähigkeiten *pl*, Intelliˈgenz *f.* **2.** *oft pl* Verstand *m*: **to be at one's ~'s** (*od.* **~s'**) **end** mit s-r Weisheit am Ende sein; **to have one's ~s about one** s-e 5 Sinne *od.* s-n Verstand beisammenhaben; **to have the** ~ **to** Verstand genug haben zu; **to keep one's ~s about one** e-n klaren Kopf behalten; **to live by one's ~s** sich mehr oder weniger ehrlich durchs Leben schlagen; **out of one's ~s** von Sinnen, verrückt. **3.** Witz *m*, Geist *m*, Eˈsprit *m.* **4.** geistreicher Mensch, witziger Kopf. **5.** *obs.* a) kluge Perˈson, b) geistige Größe, c) Witz *m*, witziger Einfall.

wit² [wɪt] *1. u. 3. sg pres* **wot** [wɒt; *Am.* wɑt], *2. sg pres* **wost** [wɒst; *Am.* wɑst], *pl pres* **wite** [waɪt], *pret u. pp* **wist** [wɪst] *v/t u. v/i* **1.** *obs.* wissen. **2. to** ~ *bes. jur.* das heißt, nämlich.

wit·an [ˈwɪtən; *Am.* ˈwɪˌtɑːn] *s pl hist.* **1.** *Mitglieder des* **witenagemot(e). 2.** (*als sg konstruiert*) → **witenagemot(e).**

witch¹ [wɪtʃ] **I** *s* **1.** Hexe *f*, Zauberin *f*: → **cauldron, Sabbath** 3. **2.** *fig. contp.* alte Hexe. **3.** betörendes Wesen, bezaubernde Frau. **II** *v/t* **4.** be-, verhexen.

witch² [wɪtʃ] *s bot.* Baum *m* mit biegsamen Zweigen, *bes.* a) → **wych elm,** b) Eberesche *f.*

ˈ**witch|·craft** *s* **1.** Hexeˈrei *f*, Zaubeˈrei *f.* **2.** Zauber(kraft *f*) *m.* **~ doc·tor** *s* Mediˈzinmann *m.* ~ **elm** → **wych elm.**

witch·er·y [ˈwɪtʃərɪ] *s* **1.** → **witchcraft. 2.** *fig.* Zauber *m.*

witch hunt *s bes. pol.* Hexenjagd *f* (**for, against** auf *acc*).

ˈ**witch·ing I** *adj* (*adv* **~ly**) → **bewitching. II** *s* Hexeˈrei *f.*

wite [waɪt] *pl pres von* **wit².**

wit·e·na·ge·mot(e) [ˌwɪtɪnəgɪˈməʊt] *s hist. gesetzgebende Versammlung im Angelsachsenreich.*

with [wɪð; wɪθ] *prep* **1.** (zuˈsammen) mit: **he went** ~ **his friends. 2.** (*in Übereinstimmung*) mit, für: **he that is not** ~ **me is against me** wer nicht für mich ist, ist gegen mich; **I am quite** ~ **you** ich bin ganz Ihrer Ansicht *od.* auf Ihrer Seite, *a.* ich verstehe Sie sehr gut; **vote** ~ **the Conservatives!** stimmt für die Konservativen!; **blue does not go** ~ **green** blau paßt nicht zu grün. **3.** mit (*besitzend*): **a vase** ~ **handles; a man** ~ **a sinister expression;** ~ **no hat (on)** ohne Hut. **4.** mit (*vermittels*): **to cut** ~ **a knife; to fill** ~ **water. 5.** mit (*Art u. Weise*): **to fight** ~ **courage;** ~ **a smile;** ~ **the door open** bei offener Tür. **6.** mit (*in derselben Weise, im gleichen Grad, zur selben Zeit*): **their power increases** ~ **their number; to rise** ~ **the sun. 7.** bei: **to sit (sleep)** ~ **s.o.; to work** ~ **a firm; I have no money** ~ **me. 8.** (*kausal*) durch, vor (*dat*), an (*dat*): **to die** ~ **cancer** an Krebs sterben; **stiff** ~ **cold** steif vor Kälte; **to tremble** ~ **fear** vor Angst zittern. **9.** bei, für: ~ **God all things are possible** bei Gott ist kein Ding unmöglich. **10.** von, mit (*Trennung*): → **break with,** *etc.* **11.** gegen, mit: **to fight** ~ **s.o. 12.** bei, auf seiten (*gen*): **it rests** ~ **you to decide** die Entscheidung liegt bei dir. **13.** nebst, samt: ~ **all expenses. 14.** trotz: ~ **the best intentions, he failed completely;** ~ **all her brains** bei all ihrer Klugheit. **15.** gleich (*dat*), wie: **to have the same faith** ~ **s.o.** denselben Glauben wie j-d haben. **16.** angesichts (*gen*); in Anbetracht der Tatsache, daß: **you can't leave** ~ **your mother so ill** du kannst nicht weggehen, wenn d-e Mutter so krank ist. **17.** ~ **it** *colloq.* a) ‚auf Draht', ‚auf der Höhe': **get** ~ **it!** sei auf Draht!, b) up to date, modern.

with·al [wɪˈðɔːl] *obs.* **I** *adv* außerdem, obendrein, daˈzu, daˈbei. **II** *prep* (*nach-*

gestellt) mit: **a sword to fight ~** ein Schwert, um damit zu kämpfen.
with·draw [wɪðˈdrɔː; wɪθ-] *irr* **I** *v/t* **1.** (**from**) zuˈrückziehen, -nehmen (von, aus): a) wegnehmen, entfernen (von, aus), *den Schlüssel etc, a. mil. Truppen* abziehen, herˈausnehmen (aus), b) entziehen (*dat*), c) einziehen, d) *fig. e-n Auftrag, e-e Aussage etc* widerˈrufen: **to ~ a motion** e-n Antrag zurückziehen; **to ~ money from circulation** *econ.* Geld aus dem Verkehr ziehen; **to ~ s.th. from s.o.** j-m etwas entziehen; **to ~ o.s.** sich zurückziehen. **2.** *econ.* a) *Geld* abheben, *a. Kapital* entnehmen, b) *e-n Kredit* kündigen. **II** *v/i* **3.** (**from**) sich zuˈrückziehen (von, aus): a) sich entfernen, b) zuˈrückgehen, *mil. a.* sich absetzen, c) zuˈrücktreten (von *e-m Posten, Vertrag*), d) austreten (aus *e-r Gesellschaft etc*), e) *fig.* sich distanˈzieren (von *j-m, e-r Sache*): **to ~ into** (*od.* **within**) **o.s.** *fig.* sich in sich selbst zurückziehen. **4.** *sport* auf den Start verzichten. **withˈdraw·al** *s* **1.** Zuˈrückziehung *f*, -nahme *f* (*a. mil. von Truppen*): **~ of orders** *econ.* Zurücknahme von Bestellungen; **~ (from circulation)** Einziehung *f*, Außerkurssetzung *f*. **2.** *econ.* (Geld)Abhebung *f*, Entnahme *f*. **3.** *bes. mil.* Ab-, Rückzug *m*. **4.** (**from**) Rücktritt *m* (von *e-m Amt, Vertrag etc*), Ausscheiden *n* (aus). **5.** *fig.* Zuˈrücknahme *f*, Widerˈrufung *f*: **~ of a statement.** **6.** Entzug *m*: **~ of privileges.** **7.** *med.* Entziehung *f*: **~ cure** Entziehungskur *f*; **~ symptoms** Entziehungs-, Ausfallserscheinungen, Abstinenzsymptome *pl.* **8.** *sport* Startverzicht *m*.
withˈdraw·ing room *obs. für* **drawing room.**
withˈdrawn I *pp von* **withdraw. II** *adj* **1.** *psych.* introverˈtiert, in sich gekehrt. **2.** zuˈrückgezogen, isoˈliert.
withe [wɪθ; wɪð; waɪð] *s* Weidenrute *f*.
with·er [ˈwɪðə(r)] **I** *v/i* **1.** *oft* **~ up** (ver-) welken, verdorren, austrocknen. **2.** *fig.* a) vergehen: **beauty ~s,** b) zuˈrückgehen, verfallen: **the textile industry ~ed,** c) *oft* **~ away** schwinden: **his influence (hopes,** *etc*) **~ed. II** *v/t* **3.** (ver)welken lassen, ausdörren, -trocknen: **age cannot ~ her** das Alter kann ihr nichts anhaben. **4.** *j-n mit e-m Blick etc, a. j-s Ruf* vernichten: **she ~ed him with a look** sie warf ihm e-n vernichtenden Blick zu. **ˈwith·ered** *adj* **1.** verwelkt, welk, ausgetrocknet. **2.** verhutzelt, schrump(e)lig: **a ~ face. ˈwith·er·ing** (*adv* **~ly**) **1.** ausdörrend. **2.** *fig.* vernichtend: **~ look.**
with·er·ite [ˈwɪðəraɪt] *s min.* Witheˈrit *m*.
with·ers [ˈwɪðə(r)z] *s pl zo.* ˈWiderrist *m* (*des Pferdes etc*): **my ~ are unwrung** *fig.* das trifft mich nicht.
withˈhold *v/t irr* **1.** zuˈrück-, abhalten (**s.o. from s.th.** j-n von etwas): **to ~ o.s. from s.th.** sich e-r Sache enthalten. **2.** vorenthalten, versagen (**s.th. from s.o.** j-m etwas), zuˈrückhalten mit: **to ~ one's consent** s-e Zustimmung versagen; **~ing tax** *econ. Am.* im Quellenabzugsverfahren erhobene (Lohn- *etc*) Steuer.
withˈin I *prep* **1.** innerhalb (*gen*), in (*dat od. acc*) (*beide a. zeitlich binnen*): **~ doors, ~ the house** a) im Hause, innerhalb des Hauses, drinnen, b) ins Haus, hinein; **~ 3 hours** binnen *od.* in nicht mehr als 3 Stunden; **~ a week of his arrival** e-e Woche nach *od.* vor s-r Ankunft; **he is ~ a month as old as I** er ist nicht mehr als e-n Monat älter *od.* jünger als ich. **2.** im *od.* in den Bereich von: **~ the meaning of the Act** im Rahmen des Gesetzes; **~ my powers** a) im Rahmen m-r Befugnisse, b) soweit es in m-n Kräften steht; **~ o.s.** *sport* ohne sich zu verausgaben *od.* voll auszugeben. **3.** im ˈUmkreis von, nicht weiter (entfernt) als: **~ 5 miles; ~ a mile of** bis auf e-e Meile von; → **ace** 4. **II** *adv* **4.** (dr)innen, drin, im Innern: **~ and without** innen u. außen; **black ~** innen schwarz; **from ~** von innen. **5.** a) im *od.* zu Hause, drinnen, b) ins Haus, hinˈein. **6.** *fig.* innerlich, im Innern: **to be furious ~. III** *s* **7.** (*das*) Innere.
withˈout I *prep* **1.** ohne (**doing** zu tun): **~ difficulty; ~ his finding me** ohne daß er mich fand *od.* findet; → **do without, go without. 2.** außerhalb, jenseits (*gen*), vor (*dat*): **~ the gate** vor dem Tor. **II** *adv* **3.** außen, außerhalb, draußen, äußerlich. **4.** ohne: **to go ~** leer ausgehen. **III** *s* **5.** (*das*) Äußere: **from ~** von außen. **IV** *conj* **6.** *a.* **~ that** *obs. colloq.* a) wenn nicht, außer wenn, b) ohne daß.
withˈstand *irr* **I** *v/t* widerˈstehen (*dat*): a) sich widerˈsetzen (*dat*), ˈWiderstand leisten (*dat*), b) aushalten (*acc*), standhalten (*dat*). **II** *v/i* ˈWiderstand leisten.
with·y [ˈwɪðɪ] **I** *s* **1.** → **withe. 2.** *bot.* Korbweide *f*. **II** *adj* **3.** Weiden... **4.** *fig.* drahtig, zäh.
ˈwit·less *adj* (*adv* **~ly**) **1.** geist-, witzlos. **2.** dumm, einfältig. **3.** verrückt. **4.** ahnungslos. **ˈwit·less·ness** *s* **1.** Geistlosigkeit *f*. **2.** Dummheit *f*.
wit·ling [ˈwɪtlɪŋ] *s obs. contp.* geistloser Witzbold.
wit·ness [ˈwɪtnɪs] **I** *s* **1.** Zeuge *m*, Zeugin *f* (*beide a. jur. u. fig.*): **to be a ~ of s.th.** Zeuge von etwas sein; **to call s.o. to ~** j-n als Zeugen anrufen; **a living ~** to ein lebender Zeuge (*gen*); **~ for the prosecution** (*Br. a.* **for the Crown**) *jur.* Belastungszeuge; **~ for the defence** (*Am.* **defense**) *jur.* Entlastungszeuge; → **prosecute** 5. **2.** Zeugnis *n*, Bestätigung *f*, Beweis *m* (**of, to** *gen od.* für): **in ~ whereof** *jur.* urkundlich *od.* zum Zeugnis dessen. **3. W~** *relig.* Zeuge *m* Jeˈhovas. **II** *v/t* **4.** bezeugen, bestätigen, beweisen: **~ Shakespeare** siehe Shakespeare; **~ my hand and seal** *jur.* urkundlich dessen m-e Unterschrift u. mein Siegel; **this agreement ~eth** *jur.* dieser Vertrag beinhaltet. **5.** Zeuge sein von, zuˈgegen sein bei, (mit)erleben (*a. fig.*): **this year has ~ed many changes** dieses Jahr sah (*od.* brachte) viele Veränderungen. **6.** *fig.* zeugen von, Zeuge sein von, Zeugnis ablegen von. **7.** *jur.* a) *j-s Unterschrift* beglaubigen, *ein Dokument* als Zeuge unterˈschreiben, b) *ein Dokument* ˈunterschriftlich beglaubigen. **8.** denken an (*acc*): **~ the fact that** denken Sie nur daran, daß. **III** *v/i* **9.** zeugen, Zeuge sein, Zeugnis ablegen, *jur. a.* aussagen (**against** gegen; **for, to** für): **to ~ to s.th.** *fig.* etwas bezeugen. **~ box,** *bes. Am.* **~ stand** *s jur.* Zeugenstand *m*.
wits·ter [ˈwɪtstə(r)] *s* geistreicher Mensch, witziger Kopf.
wit·ted [ˈwɪtɪd] *adj* (*in Zssgn*) denkend, ...sinnig: → **half-witted,** *etc.*
wit·ti·cism [ˈwɪtɪsɪzəm] *s* witzige Bemerkung.
wit·ti·ness [ˈwɪtɪnɪs] *s* Witzigkeit *f*.
wit·ting [ˈwɪtɪŋ] *adj* (*adv* **~ly**) **1. to be ~ of s.th.** von etwas Kenntnis haben *od.* wissen. **2.** wissentlich: **a ~ insult.**
wit·tol [ˈwɪtl] *s obs.* Hahnrei *m*.
wit·ty [ˈwɪtɪ] *adj* (*adv* **wittily**) witzig, geistreich.
wive [waɪv] *obs.* **I** *v/i* **1.** e-e Frau nehmen, heiraten. **II** *v/t* **2.** *e-n Mann* verheiraten. **3.** ehelichen.
wi·vern [ˈwaɪvɜːn; *Am.* -vərn] *s her.* geflügelter Drache.
wives [waɪvz] *pl von* **wife.**
wiz [wɪz] *colloq. für* **wizard** 2.
wiz·ard [ˈwɪzə(r)d] **I** *s* **1.** Hexenmeister *m*, Zauberer *m* (*beide a. fig.*). **2.** *fig.* Geˈnie *n*, Leuchte *f*, ‚Kaˈnone' *f* (**at mathematics** in Mathematik). **3.** *obs.* Weise(r) *m*. **II** *adj* **4.** magisch, Zauber..., Hexen... **5.** *bes. Br. colloq.* ‚phanˈtastisch', erstklassig, ‚Bomben...' **ˈwiz·ard·ry** [-rɪ] *s* Zaubeˈrei *f*, Hexeˈrei *f* (*a. fig.*).
wiz·en [ˈwɪzn], **ˈwiz·ened** *adj* verhutzelt, schrump(e)lig: **a ~ face.**
wo[1] *obs. für* **woe.**
wo[2], **woa** [wəʊ] *interj* brr! (*halt*) (*zum Pferd*).
woad [wəʊd] **I** *s* **1.** *bot.* Färberwaid *m*. **2.** *tech.* Waid *m* (*blaue Farbe aus den Blättern von* 1). **II** *v/t* **3.** mit Waid färben.
wob·ble [ˈwɒbl; *Am.* ˈwɑ-] **I** *v/i* **1.** wakkeln, schwanken (*a. Stimme u. fig.* **between** zwischen). **2.** schlottern (*Knie etc*). **3.** *tech.* a) flattern (*Rad*), b) *Schallplatte*: ‚eiern'. **II** *v/t* **4.** wackeln an (*dat*): **to ~ the table. III** *s* **5.** Wackeln *n*, Schwanken *n* (*a. fig.*). **6.** *tech.* Flattern *n*. **~ pump** *s aer.* Taumelscheibenpumpe *f*.
wob·bly [ˈwɒblɪ; *Am.* ˈwɑ-] *adj* wack(e)lig, unsicher: **he is still a bit ~ on his legs.**
wob·bu·la·tor [ˈwɒbjʊleɪtə(r); *Am.* ˈwɑbjə-] *s Meßtechnik*: Wobbler *m*, ˈWobbelgeneˌrator *m*.
wo·be·gone *obs. für* **woebegone.**
wodge [wɒdʒ] *s Br. colloq.* **1.** Brocken *m*. **2.** Knäuel *m, n* (*Papier*). **3.** Stoß *m* (*Akten etc*).
woe [wəʊ] **I** *interj* wehe!, ach! **II** *s* Weh *n*, Leid *n*, Kummer *m*, Not *f*: **face of ~** jämmerliche Miene; **tale of ~** Leidensgeschichte *f*; **~ is me!** wehe mir!; **~ be to ...!, ~ betide ...!** wehe (*dat*)!, verflucht sei(en) ...!; → **weal**[1] 1. **woe·be·gone** [ˈwəʊbɪgɒn; *Am. a.* -ˌgɑn] *adj* **1.** leid-, kummer-, jammervoll, vergrämt. **2.** verwahrlost, herˈuntergekommen.
ˈwoe·ful, *obs.* **ˈwo·ful** *adj* (*adv* **~ly**) **1.** *rhet. od. humor.* kummer-, sorgenvoll. **2.** elend, jammervoll. **3.** *contp.* erbärmlich, jämmerlich, kläglich.
wog [wɒg] *s Br. sl. contp.* Ausländer *m*, *bes.* Farbige(r) *m*.
woke [wəʊk] *pret von* **wake**[2]. **ˈwok·en** *pp von* **wake**[2].
wold[1] [wəʊld] *s* **1.** hügeliges Land. **2.** Hochebene *f*.
wold[2] [wəʊld] *obs. pp von* **will**[1].
wolf [wʊlf] **I** *pl* **wolves** [-vz] *s* **1.** *zo.* Wolf *m*: **to cry ~** *fig.* blinden Alarm schlagen; **to have** (*od.* **hold**) **a ~ by the ears** *fig.* ‚in der Klemme sein *od.* sitzen *od.* stecken'; **to keep the ~ from the door** *fig.* sich über Wasser halten; **to throw s.o. to the wolves** *fig.* j-n über die Klinge springen lassen; **a ~ in sheep's clothing** ein Wolf im Schafspelz. **2.** *fig.* a) Wolf *m*, räuberische *od.* gierige Perˈson, b) *colloq.* ‚Casaˈnova' *m*, Schürzenjäger *m*, c) **lone ~** Einzelgänger *m* (*a. Tier*). **3.** *Am.* → **cub** 5. **4.** *mus.* Dissoˈnanz *f*. **II** *v/t* **5.** *a.* **~ down** *Speisen* (gierig) ver-, hinˈunterschlingen. **III** *v/i* **6.** Wölfe jagen. **7.** *Am. colloq.* hinter den Weibern ˈhersein. **ˈ~bane** → **wolfsbane. ~ call** *s Am. colloq. bewundernder Pfiff od. Ausruf beim Anblick e-r attraktiven Frau.* **~ cub** *s* **1.** *zo.* junger Wolf. **2.** *obs. für* **cub** 5. **~ dog, ˈ~hound** *s zo.* Wolfshund *m*.
ˈwolf·ish *adj* (*adv* **~ly**) **1.** wölfisch (*a. fig.*), Wolfs...: **~ appetite** Wolfshunger *m*; **he's got a ~ appetite** er hat Hunger wie ein Wolf. **2.** wild, (raub)gierig, gefräßig.
wolf pack *s* **1.** *zo.* Wolfsrudel *n*. **2.** *mar. mil.* Rudel *n* U-Boote.
wolf·ram [ˈwʊlfrəm] *s* **1.** *chem.* Wolfram *n*. **2.** *min.* → **wolframite. ˈwolf·ram·ate** [-meɪt] *s chem.* wolframsaures Salz.

ˈ**wolf·ram·ite** [-maɪt] *s min.* Wolfraˈmit *m.*
wolfs·bane [ˈwʊlfsbeɪn] *s bot.* (*bes.* Gelber) Eisenhut.
ˈ**wolf's**|**-claw** [ˈwʊlfs-] *s, a.* ˈ**~-foot** *s irr bot.* Bärlapp *m.* ˈ**~-milk** *s bot.* Wolfsmilch *f.*
wolf| **tooth,** *a.* **wolf's tooth** *s irr med. zo.* ˈÜber-, Wolfszahn *m* (*e-s Pferdes*). **~ whis·tle** *s colloq. bewundernder Pfiff beim Anblick e-r attraktiven Frau.*
wol·las·ton·ite [ˈwʊləstənaɪt] *s min.* Wollastoˈnit *m.*
wol·ver·ine, *a.* **wol·ver·ene** [ˈwʊlvəriːn; *Am.* ˌwʊlvəˈriːn] *s* **1.** *zo.* Amer. Vielfraß *m.* **2. W~** *Am.* (*Spitzname für e-n*) Bewohner von Michigan.
wolves [wʊlvz] *pl von* **wolf**.
wom·an [ˈwʊmən] **I** *pl* **wom·en** [ˈwɪmɪn] *s* **1.** Frau: **~ of the world** Frau von Welt; **~ of the streets** Straßen-, Strichmädchen *n*, Prostituierte *f*; **just like a ~!** typisch Frau!; **to play the ~** empfindsam *od.* ängstlich sein; **there's a ~ in it** da steckt bestimmt e-e Frau dahinter; **~'s man** Frauen-, Weiberheld *m.* **2.** a) Hausangestellte *f*, b) Zofe *f.* **3.** (*ohne Artikel*) das weibliche Geschlecht, die Frauen *pl*, das Weib: **born of ~** vom Weibe geboren (*sterblich*); **~'s reason** weibliche Logik; **~'s wit** weibliche Intuition *od.* Findigkeit. **4. the ~** *fig.* das Weib, die Frau, das typisch Weibliche: **he appealed to the ~ in her** er appellierte an die Frau in ihr. **5.** *colloq.* a) (Ehe)Frau *f*, b) Freundin *f*, c) Geliebte *f.*
II *v/t* **6.** Frauen einstellen in (*e-n Betrieb etc*).
III *adj* **7.** weiblich, Frauen...: **~ doctor** Ärztin *f*; **~ hater** Weiberfeind *m*; **~ police** weibliche Polizei; **~ student** Studentin *f.*
ˈ**wom·an·hood** *s* **1.** Stellung *f* der (erwachsenen) Frau: **to reach ~** e-e Frau werden. **2.** Fraulichkeit *f*, Weiblichkeit *f.* **3.** → **womankind** 1.
ˈ**wom·an·ish** *adj* (*adv* **~ly**) **1.** weibisch. **2.** → **womanly** I. ˈ**wom·an·ish·ness** *s* **1.** weibisches Wesen. **2.** → **womanliness**.
ˈ**wom·an·ize I** *v/t* weibisch machen. **II** *v/i colloq.* hinter den Weibern hersein. ˈ**wom·an·iz·er** *s* **1.** *colloq.* Schürzenjäger *m*, ‚Casaˈnova' *m.* **2.** Weichling *m*, weibischer Mann.
ˌ**wom·an**|ˈ**kind** *s* **1.** Frauen(welt *f*) *pl*, Weiblichkeit *f.* **2.** → **womenfolk** 2. ˈ**~like** *adj* wie e-e Frau, fraulich, weiblich.
wom·an·li·ness [ˈwʊmənlɪnɪs] *s* Weiblichkeit *f*, Fraulichkeit *f.* ˈ**wom·an·ly I** *adj* **1.** fraulich, weiblich (*a. weitS.*): **a ~ woman** e-e echte Frau. **2.** für e-e Frau geeignet, Frauen...: **~ work**. **II** *adv* **3.** wie e-e Frau (es tut).
womb [wuːm] *s* **1.** Gebärmutter *f*, (Mutter)Leib *m*, Schoß *m*: **from ~ to tomb** → **womb-to-tomb**; **to lie in the ~ of time** (noch) im Schoß der Zukunft liegen. **2.** *fig.* Schoß *m*, (*das*) Innere: **in the ~ of the earth**. **3.** *obs.* Bauch *m.*
wom·bat [ˈwɒmbət; *Am.* ˈwɑmˌbæt] *s zo.* Wombat *n.*
womb| **en·vy** *s psych.* Gebärneid *m.* ˌ**~-to-**ˈ**tomb** *adj* von der Wiege bis zur Bahre.
wom·en [ˈwɪmɪn] *pl von* **woman**: **W~'s Lib** *colloq.*, **W~'s Liberation (Movement)** Frauenemanzipationsbewegung *f*; **W~'s Libber** *colloq.*, **W~'s Liberationist** Anhängerin *f* der Frauenemanzipationsbewegung; **~'s rights** Frauenrechte; **~'s talk** Gespräche *pl* von Frau zu Frau; **~'s team** *sport* Damenmannschaft *f.* ˈ**~folk** *s pl* **1.** → **womankind** 1. **2.** (*die*) Frauen *pl* (*in e-r Familie etc*), (*mein etc*) ‚Weibervolk' *n* (daˈheim).
won [wʌn] *pret u. pp von* **win**.
won·der [ˈwʌndə(r)] **I** *s* **1.** Wunder *n*, (*etwas*) Wunderbares, Wundertat *f*, -werk *n*: **to work** (*od.* **do**) **~s** Wunder wirken; **to promise ~s** (*j-m*) goldene Berge versprechen; **the 7 ~s of the world** die 7 Weltwunder; **a nine days' ~** e-e kurzlebige Sensation; **(it is) no** (*od.* **small**) **~ that he died** kein Wunder, daß er starb; **he is a ~ of skill** er ist ein (wahres) Wunder an Geschicklichkeit; **~s will never cease** es gibt immer noch Wunder; → **sign** 10. **2.** Verwunderung *f*, (Er)Staunen *n*: **to be filled with ~** von Staunen erfüllt sein; **in ~** erstaunt, verwundert; **for a ~** a) erstaunlicherweise, b) ausnahmsweise. **II** *v/t u. v/i* **3.** (*v/i*) sich (ver)wundern, erstaunt sein (**at, about** über *acc*): **I shouldn't ~ if** ... es sollte mich nicht wundern, wenn... **4.** a) neugierig *od.* gespannt sein, gern wissen mögen (**if, whether, what,** *etc*), b) sich fragen, überˈlegen: **I ~ what time it is** ich möchte gern wissen, wie spät es ist; wie spät es wohl ist?; **I have often ~ed what would happen if** ich habe mich oft gefragt, was (wohl) passieren würde, wenn; **I ~ if you could help me** vielleicht können Sie mir helfen; **well, I ~** na, ich weiß nicht (recht). **~ boy** *s* ‚Wunderknabe' *m*, ‚toller Kerl'. **~ child** *s irr Am.* Wunderkind *n.* **~ drug** *s* Wunderdroge *f*, -mittel *n.*
ˈ**won·der·ful** *adj* (*adv* **~ly**) **1.** wunderbar, wundervoll, wunderschön, herrlich: **not so ~** *colloq.* nicht so toll. **2.** erstaunlich, seltsam.
ˈ**won·der·ing** *adj* (*adv* **~ly**) verwundert, erstaunt.
ˈ**won·der·land** *s* Wunder-, Märchenland *n* (*a. fig.*).
ˈ**won·der·ment** *s* **1.** Verwunderung *f*, (Er)Staunen *n.* **2.** (*etwas*) Wunderbares, Wunder *n.*
ˈ**won·der**|**-struck** *adj* von Staunen ergriffen (at über *acc*). ˈ**~**ˌ**work·er** *s* Wundertäter(in). ˈ**~**ˌ**work·ing** *adj* wundertätig.
won·drous [ˈwʌndrəs] *obs. od. poet.* **I** *adj* (*adv* **~ly**) **1.** wundersam, wunderbar. **II** *adv* **2.** wunderbar: **~ warm**. **3.** außerordentlich: **~ rare**.
won·ky [ˈwɒŋkɪ] *adj Br.* **1.** *sl.* wack(e)lig (*a. fig.*). **2.** schief.
wont [wəʊnt; *Am. a.* wɔːnt] **I** *adj* gewohnt: **to be ~ to do** gewohnt sein zu tun, zu tun pflegen. **II** *s* Gewohnheit *f*, Brauch *m*: **as was his ~** wie es s-e Gewohnheit war.
won't [wəʊnt] *colloq. für* **will not**.
wont·ed [ˈwəʊntɪd; *Am. a.* ˈwɔːn-] *adj* **1.** *obs.* gewöhnt (**to** an *acc*), gewohnt (**to** *inf* zu *inf*). **2.** gewöhnlich, üblich. **3.** *Am.* eingewöhnt, eingelebt (**to** in *dat*).
woo [wuː] *v/t* **1.** werben *od.* freien um, *j-m* den Hof machen. **2.** *fig.* a) *j-n* umˈwerben, b) locken, drängen (**to zu**). **3.** *fig.* zu gewinnen suchen, trachten nach, buhlen um.
wood [wʊd] **I** *s* **1.** *oft pl* Wald *m*, Waldung *f*, Gehölz *n*: **to be out of the ~** (*Am.* **~s**) *colloq.* aus dem Schlimmsten heraus sein, über den Berg sein; **he cannot see the ~ for the trees** er sieht den Wald vor lauter Bäumen nicht; → **halloo** 3, **touch** 17. **2.** (Bau-, Nutz-, Brenn)Holz *n.* **3.** Holzfaß *n*: **wine from the ~** Wein (direkt) vom Faß. **4. the ~** *mus.* → **woodwind** I. **5.** *Holzschnitzerei*: a) Druckstock *m*, b) Holzschnitt *m.* **6.** *Bowling*: (*bes.* abgeräumter) Kegel *m.* **7.** *pl Skisport*: ‚Bretter' *pl.* **8.** *Golf*: Holz(schläger *m*) *n.* **9.** *Badminton, Tennis*: Holz *n* (*Schlägerrahmen*). **II** *adj* **10.** hölzern, Holz... **11.** Wald... **~ ag·ate** *s min.* ˈHolzaˌchat *m.* **~ al·co·hol** *s chem.* Holzgeist *m.* **~ a·nem·o·ne** *s bot.* Buschwindrös-chen *n.* ˈ**~bine,** *a.* ˈ**~bind** *s bot.* **1.** Geißblatt *n.* **2.** *Am.* wilder Wein, Jungfernrebe *f.* **~ block** *s* **1.** Parˈkettbrettchen *n.* **2.** → **wood** 5.
ˈ**wood·bur·y·type** [ˈwʊdbərɪ-] *s print.* **1.** Meˈtalldruckverfahren *n.* **2.** Fotograˈfiedruck *m* nach dem Meˈtalldruckverfahren.
wood| **carv·er** *s* Holzschnitzer *m.* **~ carv·ing** *s* Holzschnitzeˈrei *f*: a) Holzschnitzen *n*, b) Schnitzwerk *n.* ˈ**~chip wall·pa·per** *s* ˈRauhfasertaˌpete *f.* ˈ**~chuck** *s zo.* (Amer.) Waldmurmeltier *n.* **~ coal** *s* **1.** *min.* Braunkohle *f.* **2.** Holzkohle *f.* ˈ**~cock** *s orn.* Waldschnepfe *f.* ˈ**~craft** *s* **1.** die Fähigkeit, im Wald zu (über)ˈleben. **2.** holzschnitzerische Begabung. ˈ**~cut** *s* **1.** Holzstock *m* (*Druckform*). **2.** Holzschnitt *m* (*Druckerzeugnis*). ˈ**~**ˌ**cut·ter** *s* **1.** Holzfäller *m.* **2.** Holzschneider *m.* ˈ**~**ˌ**cut·ting** *s* **1.** Holzfälleˈrei *f.* **2.** Holzschneiden *n.*
wood·ed [ˈwʊdɪd] *adj* bewaldet, waldig, Wald...
wood·en [ˈwʊdn] *adj* (*adv* **~ly**) **1.** hölzern, aus *od.* von Holz, Holz... **2.** *fig.* hölzern, steif (*a. Person*). **3.** *fig.* ausdruckslos: **~ face**. **4.** stumpf(sinnig).
wood| **en·grav·er** *s* Holzschneider *m.* **~ en·grav·ing** *s* **1.** Holzschneiden *n.* **2.** Holzschnitt *m.*
ˈ**wood·en**|**·head** *s colloq.* Dumm-, Schafskopf *m.* ˈ**~**ˌ**head·ed** *adj colloq.* dumm, blöd(e). **W~ Horse** *s* (*das*) Troˈjanische Pferd. **~ leg** *s* Holzbein *n.* **~ spoon** *s* **1.** Holzlöffel *m.* **2.** *bes. sport* Trostpreis *m.* ˈ**~ware** *s* Holzwaren *pl.*
wood| **fi·ber,** *bes. Br.* **~ fi·bre** *s tech.* Holzfaser *f.* **~ flour** *s tech.* Holzmehl *n.* **~ gas** *s tech.* Holzgas *n.* **~ grouse** *s orn.* Auerhahn *m.*
wood·i·ness [ˈwʊdɪnɪs] *s* **1.** Waldreichtum *m.* **2.** Holzigkeit *f.*
wood| **king·fish·er** *s orn.* Königsfischer *m.* ˈ**~land** [-lənd] **I** *s* Waldland *n*, Waldung *f.* **II** *adj* Wald... **~ lark** *s orn.* Heidelerche *f.* **~ lot** *s bes. Am.* ˈWaldparˌzelle *f.* **~ louse** *s irr zo.* Bohr-, Kugelassel *f.* ˈ**~man** [-mən] *s irr* **1.** *Br.* Förster *m.* **2.** Holzfäller *m.* **3.** → **woodsman**. **~ naph·tha** *s chem.* Holzgeist *m.* ˈ**~note** *s* ungekünstelter Gesang (*der Waldvögel etc*). **~ nymph** *s* **1.** *myth.* Waldnymphe *f.* **2.** *zo.* a) (*e-e*) Motte, b) (*ein*) Kolibri *m.* **~ o·pal** *s min.* ˈHolzoˌpal *m.* **~ pa·per** *s tech.* ˈHolzpaˌpier *n.* ˈ**~**ˌ**peck·er** *s orn.* Specht *m.* **~ pi·geon** *s orn.* Ringeltaube *f.* ˈ**~pile** *s* Holzhaufen *m*, -stoß *m.* ˈ**~print** → **woodcut** 2. **~ pulp** *s tech.* Holzstoff *m*, -schliff *m*, Zellstoff *m.* ˈ**~reeve** *s Br.* Forstaufseher *m.* ˈ**~ruff** *s bot.* Waldmeister *m.* **~ rush** *s bot.* Hainsimse *f.* **~ shav·ings** *s pl* Hobelspäne *pl.* ˈ**~shed** *s* Holzschuppen *m.*
woods·man [ˈwʊdzmən] *s irr* Waldbewohner *m.*
wood| **sor·rel** *s bot.* Sauerklee *m.* **~ spir·it** *s chem.* Holzgeist *m.* **~ sug·ar** *s chem.* Holzzucker *m.*
woods·y [ˈwʊdziː] *adj Am. colloq.* **1.** waldartig, waldig, Wald... **2.** im Wald lebend.
wood|**tar** *s chem.* Holzteer *m.* **~ tick** *s zo.* Holzbock *m.* **~ tin** *s min.* Holzzinn *n.* **~ vin·e·gar** *s chem.* Holzessig(säure *f*) *m.* **~ war·bler** *s orn.* Laubsänger *m.* ˈ**~wind** [wɪnd] *mus.* **I** *s* **1.** ˈHolzblasinstruˌment *n.* **2.** *oft pl* (*die*) Holzbläser *pl*, (*das*) Holz, (*die*) ˈHolzblasinstruˌmente *pl* (*e-s Orchesters*). **II** *adj* **3.** Holzblas... **~ wool** *s med.* Zellstoffwatte *f.* ˈ**~work** *s* **1.** *arch.* Holz-, Balkenwerk *n.* **2.** Holzarbeit(en *pl*)

f. ˈ~ˌ**work·er** *s* **1.** Holzarbeiter *m* (*Zimmermann, Tischler etc*). **2.** *tech.* ˈHolzbearbeitungsmaˌschine *f.* ˈ~ˌ**work·ing I** *s* Holzbearbeitung *f.* **II** *adj* holzbearbeitend, Holzbearbeitungs... ˈ~**worm** *s* **1.** Holzwurm *m.* **2.** Wurmstichigkeit *f.*

wood·y [ˈwʊdɪ] *adj* **1.** a) waldig, Wald..., b) waldreich. **2.** holzig, Holz...: ~ **fiber** (*bes. Br.* **fibre**) a) *bot.* Holzfaser *f*, b) *tech.* Holzzellulose *f.*

ˈ**wood·yard** *s* Holzplatz *m.*

ˈ**woo·er** *s* Freier *m*, Anbeter *m.*

woof[1] [wu:f] *s* **1.** *Weberei*: a) Einschlag *m*, (Ein)Schuß *m*, b) Schußgarn *n.* **2.** Gewebe *n.*

woof[2] [wʊf] **I** *s* a) (unterˈdrücktes) Bellen, b) Knurren *n.* **II** *v/i* a) bellen, b) knurren.

woof·er [ˈwu:fə; *Am.* ˈwʊfər] *s electr.* Tieftonlautsprecher *m.*

ˈ**woo·ing I** *s* (*a. fig.* Liebes)Werben *n*, Freien *n*, Werbung *f.* **II** *adj* (*adv* ~**ly**) werbend, verführerisch, (ver)lockend.

wool [wʊl] **I** *s* **1.** Wolle *f*: → **cry** 2. **2.** Wollfaden *m*, -garn *n.* **3.** Wollstoff *m*, -tuch *n.* **4.** (*Baum-, Glas- etc*)Wolle *f.* **5.** (Roh)Baumwolle *f.* **6.** Faserstoff *m*, Zell-, Pflanzenwolle *f.* **7.** *bot.* wollige Behaarung. **8.** *zo.* Haare *pl*, Pelz *m* (*bes. der Raupen*). **9.** *colloq.* ‚Wolle' *f*, (kurzes) wolliges Kopfhaar: **to keep one's ~ (on)** sich beherrschen; **to lose one's ~** wütend werden; **to pull the ~ over s.o.'s eyes** ‚j-n hinters Licht führen', ‚j-m Sand in die Augen streuen'. **II** *v/t* **10.** *Am. colloq.* a) *j-n* an den Haaren ziehen, b) *fig. j-n* mißˈhandeln, übel zurichten. **III** *adj* **11.** wollen, Woll... ~ **card** *s tech.* Wollkrempel *m.* ~**card·ing** *s* Krempeln *n* der Wolle. ~ **clip** *s econ.* (jährlicher) Wollertrag. ~ **comb·ing** *s* Wollkämmen *n.*

woold [wu:ld] *v/t mar. Spiere* mit Tauen umˈwickeln.

wool| **dress·er,** ˈ~ˌ**dress·ing ma·chine** *s tech.* ˈWollˌaufbereitungsmaˌschine *f.* ˈ~-**dyed** *adj tech.* in der Wolle gefärbt.

wool·en, *Br.* **wool·len** [ˈwʊlən] **I** *s* **1.** Wollstoff *m*, -zeug *n.* **2.** *pl* Wollsachen *pl* (*a. wollene Unterwäsche*), Wollkleidung *f.* **3.** Streichgarn *n.* **II** *adj* **4.** wollen, aus Wolle, Woll...: ~ **goods** Wollwaren. ~ **drap·er** *s* Wollwarenhändler *m.*

wool| **fat** *s chem.* Wollfett *n.* ˈ~ˌ**gath·er** *v/i fig.* a) vor sich hin träumen, b) nicht bei der Sache sein. ˈ~ˌ**gath·er·ing I** *s* **1.** Sammeln *n* von Wolle. **2.** *fig.* Verträumtheit *f.* **II** *adj* **3.** *fig.* verträumt. ~ **grass** *s bot.* Wollgras *n.* ~ **grease** → **wool fat.** ˈ~ˌ**grow·er** *s* Schafzüchter *m.* ˈ~ˌ**grow·ing** *s* Schafzucht *f.* ~ **hall** *s econ. Br.* Wollbörse *f*, -markt *m.*

wool·i·ness, *Br.* **wool·li·ness** [ˈwʊlɪnɪs] *s* **1.** Wolligkeit *f.* **2.** *fig.* Verschwommenheit *f.*

wool·len, *etc Br. für* **woolen,** *etc.*

wool·li·ness *Br. für* **wooliness.**

wool·ly [ˈwʊlɪ] **I** *adj* **1.** wollig, weich, flaumig. **2.** Wolle tragend, Woll... **3.** *paint. u. fig.* verschwommen: ~ **thoughts** wirre Gedanken. **4.** *Am. colloq.* rauh, wild: ~ **fellows. II** *s* **5.** *colloq.* a) wollenes Kleidungsstück, *bes.* Wolljacke *f*, b) *pl* → **woolen** 2.

ˈ**wool**|**·pack** *s* **1.** Wollsack *m* (*Verpackung*). **2.** Wollballen *m* (*240 englische Pfund*). **3.** *meteor.* Haufenwolke *f.* ~ **pack·er** *s* **1.** Wollpacker *m.* **2.** *tech.* ˈWollˌpackmaˌschine *f*, -presse *f.* ˈ~**sack** *s* **1.** Wollsack *m.* **2.** *pol.* a) Wollsack *m* (*Sitz des Lordkanzlers im englischen Oberhaus*), b) *fig.* Amt *n* des Lordkanzlers. ˈ~ˌ**sort·er** *s* ˈWollsorˌtierer *m* (*Person od. Maschine*). ~ **sta·ple** *s Br.* Stapelplatz *m* für Wolle. ~ **sta·pler** *s econ.* **1.** Woll(groß)händler *m.* **2.** ˈWollsorˌtierer *m.* ˈ~-ˌ**sta·pling** *adj* Wollhändler... ˈ~-**work** *s* Wollstickeˈrei *f.*

wool·y *Am. für* **woolly.**

woosh [wʊʃ; wu:ʃ] → **whoosh.**

wooz·y [ˈwu:zɪ] *adj colloq.* **1.** (*vom Alkohol etc*) ‚benebelt'. **2.** wirr (im Kopf). **3. he is** (*od.* **feels**) ~ (**in the stomach**) ihm ist ‚komisch' (im Magen). **4.** verschwommen, wirr: ~ **thoughts.**

wop[1] [wɒp; *Am.* wɑp] *s sl. contp.* ‚Itaker' *m*, ‚Spaˈghettifresser' *m.*

wop[2] [wɒp; *Am.* wɑp] → **whop.**

wor·ble → **warble.**

Worces·ter|**(chi·na** *od.* **por·ce·lain)** [ˈwʊstə(r)] *s* ˈWorcester-Porzelˌlan *n.* ~ **sauce** *s* Worcestersoße *f.*

word [wɜ:d; *Am.* wɜrd] **I** *v/t* **1.** in Worte fassen, (in Worten) ausdrücken, formuˈlieren, abfassen: ~**ed as follows** mit folgendem Wortlaut. **II** *s* **2.** Wort *n*: ~**s** a) Worte, b) *ling.* Wörter; ~ **for** ~ Wort für Wort, (wort)wörtlich. **3.** Wort *n*, Ausspruch *m*: ~**s** Worte *pl*, Rede *f*, Äußerung *f.* **4.** *pl* Text *m*, Worte *pl* (*e-s Liedes etc*): ~**s and music** Text u. Musik. **5.** (Ehren-)Wort *n*, Versprechen *n*, Zusage *f*, Erklärung *f*, Versicherung *f*: ~ **of hono(u)r** Ehrenwort; **upon my ~!** auf mein Wort!; **to break (give** *od.* **pass, keep) one's ~** sein Wort brechen (geben, halten); **he is as good as his ~** er ist ein Mann von Wort; er hält, was er verspricht; **to take s.o. at his ~** j-n beim Wort nehmen; **I took his ~ for it** ich zweifelte nicht an s-n Worten; → **eat** 2, **have** 3. **6.** Bescheid *m*, Nachricht *f*: **to leave ~** Bescheid hinterlassen (**with** bei); **to send ~ to s.o.** j-m Nachricht geben. **7.** a) Paˈrole *f*, Losung *f*, Stichwort *n*, b) Befehl *m*, Komˈmando *n*, c) Zeichen *n*, Siˈgnal *n*: **to give the ~ (to do)**; **to pass the ~** durch-, weitersagen; **just say the ~!** du brauchst es nur zu sagen; → **mum**[1] I, **sharp** 4. **8.** *relig.* a) *oft* **the W~ (of God)** das Wort Gottes, das Evanˈgelium, b) **the W~** das Wort (*die göttliche Natur Christi*). **9.** *pl* Wortwechsel *m*, Streit *m*: **to have ~s (with)** sich streiten *od.* zanken (mit).

Besondere Redewendungen:

at a ~ sofort, aufs Wort; **by ~ of mouth** mündlich; **in other ~s** mit anderen Worten; **in a ~** mit ˈeinem Wort, kurz, kurzum; **in the ~s of** mit den Worten (*gen*); **big ~s** große *od.* hochtrabende Worte; **the last ~** a) das letzte Wort (**on** in *e-r Sache*), b) das Allerneueste *od.* -beste (**in** an *dat*); **to have the last ~** das letzte Wort haben; **to have no ~s for s.th.** nicht wissen, was man zu e-r Sache sagen soll; **to have a ~ with s.o.** kurz mit j-m sprechen; **to have a ~ to say** etwas (Wichtiges) zu sagen haben; **to put in** (*od.* **say**) **a (good) ~ for s.o.** ein (gutes) Wort für j-n einlegen; **too silly for ~s** unsagbar dumm; **not only in ~ but also in deed** nicht nur in Worten, sondern auch in Taten; **he hasn't a ~ to throw at a dog** er kommt sich zu fein vor, um mit anderen zu sprechen; er macht den Mund nicht auf; **cold's not the ~ for it** *colloq.* kalt ist gar kein Ausdruck; → **ear**[1] *Bes. Redew.*, **hang** 16.

word|**ac·cent** *s ling.* ˈWortakˌzent *m.* ˈ~-**-blind** *adj psych.* wortblind. ˈ~**book** *s* **1.** Vokabuˈlar *n.* **2.** Wörterbuch *n.* **3.** *mus.* Textbuch *n*, Liˈbretto *n.* ˈ~-ˌ**build·ing** *s ling.* Wortbildung *f.* ˈ~-ˌ**catch·er** *s contp.* Wortklauber *m* (*a. Lexikograph*). ~ **class** *s ling.* Wortart *f*, -klasse *f.* ˈ~-**-deaf** *adj psych.* worttaub. ~ **for·ma·tion** *s ling.* Wortbildung *f.* ˌ~-**for-**ˈ**word** *adj* (wort)wörtlich. ~ **game** *s* Buchstabenspiel *n.*

word·i·ness [ˈwɜ:dɪnɪs; *Am.* ˈwɜr-] *s* Wortreichtum *m*, Langatmigkeit *f.*

ˈ**word·ing** *s* Fassung *f*, Wortlaut *m*, Formuˈlierung *f.*

wor·dle [ˈwɜ:dl; *Am.* ˈwɜrdl] *s tech.* (Zieh)Backe(n *m*) *f* (*e-r Ziehdüse*).

ˈ**word·less** *adj* (*adv* ~**ly**) **1.** wortlos, stumm. **2.** schweigsam.

word| **lore** *s* Wortkunde *f.* ˌ~-**of-**ˈ**mouth** *adj* mündlich: ~ **advertising** Mundwerbung *f.* ~ **or·der** *s ling.* Wortstellung *f*, -folge *f* (*im Satz*). ~ **paint·ing** *s* (*bes.* anschauliche) Beschreibung *od.* Schilderung. ˌ~-ˈ**per·fect** *adj* **1.** textsicher (*Redner, Schauspieler etc*). **2.** perˈfekt auswendig gelernt (*Text etc*). ~ **pic·ture** *s* (*bes.* anschauliche) Beschreibung *od.* Schilderung: **to draw** (*od.* **give, paint**) **a ~ of** *etwas* anschaulich beschreiben. ˈ~**play** *s* Wortspiel *n.* ~ **pro·cess·ing** *s Computer*: Wort-, Textverarbeitung *f.* ~ **sal·ad** *s* ‚ˈWortsaˌlat' *m.* ~ **split·ting** *s* Wortklaubeˈrei *f.* ~ **square** *s* magisches Quaˈdrat. ~ **stress** → **word accent.**

ˈ**word·y** *adj* (*adv* **wordily**) **1.** Wort...: ~ **conflict** Wortstreit *m*; ~ **warfare** Wortkrieg *m.* **2.** wortreich, langatmig.

wore [wɔ:(r)] *pret von* **wear**[1] *u.* **wear**[2].

work [wɜ:k; *Am.* wɜrk] **I** *s* **1.** *allg.* Arbeit *f*: a) Beschäftigung *f*, Tätigkeit *f*, b) Aufgabe *f*, c) Hand-, Nadelarbeit *f*, Stickeˈrei *f*, Näheˈrei *f*, d) Leistung *f*, e) Erzeugnis *n*: ~ **done** geleistete Arbeit; **a beautiful piece of ~** e-e schöne Arbeit; **total ~ in hand** *econ.* Gesamtaufträge *pl*; ~ **in process** *econ.* Erzeugnisse *pl od.* Material *n* in Fabrikation, Halbfabrikate *pl*; ~ **cost per unit** Arbeitskostenanteil *m*; **at ~** a) bei der Arbeit, b) in Tätigkeit, in Betrieb (*Maschine etc*); **to be at ~ on** arbeiten an (*dat*); **to do ~** arbeiten; **to do the ~ of three men** für drei arbeiten; **to be in (out of) ~** (keine) Arbeit haben; (**to put**) **out of ~** arbeitslos (machen); **to set to ~** an die Arbeit gehen, sich an die Arbeit machen; **to have one's ~ cut out (for one)** ‚zu tun' haben, schwer zu schaffen haben; **to make ~** Arbeit verursachen; **to make light ~ of** spielend fertig werden mit; **to make sad ~ of** arg wirtschaften *od.* hausen mit; **to make short ~ of** kurzen Prozeß *od.* nicht viel Federlesens machen mit. **2.** *phys.* Arbeit *f*: **to convert heat into ~. 3.** *a. collect.* (*künstlerisches etc*) Werk: **the ~s of Bach**; → **reference** 8. **4.** Werk *n* (*Tat u. Resultat*): **this is your ~!**; **it was the ~ of a moment. 5.** *arch.* a) *pl* Anlagen *pl*, (*bes. öffentliche*) Bauten *pl*, b) (in Arbeit befindlicher) Bau, Baustelle *f*, c) *mil.* (Festungs)Werk *n*, Befestigungen *pl.* **6.** *pl* (*oft als sg konstruiert*) Werk *n*, Faˈbrik(-anlage) *f*, Betrieb *m*: ~**s climate (council, engineer, outing, superintendent)** Betriebsklima *n* (-rat *m*, -ingenieur *m*, -ausflug *m*, -direktor *m*); ~**s manager** Werkleiter *m.* **7.** *pl tech.* (Räder-, Trieb-)Werk *n*, Getriebe *n*: ~**s of a watch** Uhrwerk. **8.** Werk-, Arbeitsstück *n*, (*bes.* Nadel)Arbeit *f.* **9.** *bes. pl relig.* (gutes) Werk. **10. the ~s** *pl colloq.* alles, der ganze ‚Krempel': **the whole ~s went over board**; **to give s.o. the ~s** a) ‚j-n fertigmachen', b) j-n nach allen Regeln der Kunst verwöhnen; **to shoot the ~s** (*Kartenspiel u. fig.*) aufs Ganze gehen; → **gum**[2] 14.

II *v/i pret u. pp* **worked,** *a.* **wrought** [rɔ:t] **11.** (**at, on**) arbeiten (an *dat*), sich beschäftigen (mit): **to ~ at a social reform** an e-r Sozialreform arbeiten; ~**ed** (*od.* **wrought**) **in leather** in Leder gearbeitet; **to ~ to rule** *econ. Br.* Dienst nach Vorschrift tun. **12.** arbeiten, Arbeit haben, beschäftigt sein. **13.** *fig.* arbeiten, kämpfen (**against** gegen; **for** für *e-e Sache*): **to ~ towards** hinarbeiten auf (*acc*). **14.** *tech.* a) funktioˈnieren, gehen (*beide a. fig.*), b) in Betrieb *od.* Gang sein: **our stove ~s well** unser Ofen funktioniert gut; **your method won't ~** mit Ihrer Methode werden Sie es nicht schaffen. **15.** *fig.* ‚klappen', gehen, gelingen, sich machen lassen: **it** (*od.* **the plan**) **~ed** es klappte; **it won't ~** es geht nicht. **16.** (*pp oft* **wrought**) wirken, sich auswirken (**on, upon, with** auf *acc*, bei): **the poison began to ~** das Gift begann zu wirken. **17. ~ on** *j-n* ‚bearbeiten', sich *j-n* vornehmen. **18.** sich *gut etc* bearbeiten lassen. **19.** sich (*hindurch-, hoch- etc*) arbeiten: **to ~ into** eindringen in (*acc*); **to ~ loose** sich losarbeiten, sich lockern; **her stockings ~ed down** die Strümpfe rutschten ihr herunter. **20.** in (heftiger) Bewegung sein, arbeiten, zucken (**with** vor *dat*; *Gesichtszüge etc*), mahlen (**with** vor *Erregung etc*; *Kiefer*): **his face** (**jaws**) **~ed.** **21.** *mar.* (*bes. gegen den Wind*) segeln, fahren. **22.** gären, arbeiten (*beide a. fig. Gedanke etc*). **23.** (hand-)arbeiten, stricken, nähen.

III *v/t* **24.** arbeiten an (*dat*). **25.** verarbeiten: a) *tech.* bearbeiten, b) *Teig* kneten, c) (ver)formen, gestalten (**into** zu): **to ~ cotton into cloth** Baumwolle zu Tuch verarbeiten. **26.** *e-e Maschine etc* bedienen, *ein Fahrzeug* führen, lenken. **27.** (an-, be)treiben: **~ed by electricity.** **28.** *agr. den Boden* bearbeiten, bestellen. **29.** *e-n Betrieb* leiten, *e-e Fabrik etc* betreiben, *ein Gut* bewirtschaften. **30.** *Bergbau*: *e-e Grube* abbauen, ausbeuten. **31.** *econ.* (*geschäftlich*) bereisen *od.* bearbeiten: **my partner ~s the Liverpool district.** **32.** *j-n, Tiere* (tüchtig) arbeiten lassen, (zur Arbeit) antreiben: **to ~ one's horses.** **33.** *fig. j-n* bearbeiten, *j-m* zusetzen: **he ~ed his teacher for a better mark.** **34.** a) **to ~ one's way** sich (*hindurch- etc*)arbeiten, b) erarbeiten, verdienen: → **passage**[1] 5, **ticket.** **35.** *math.* lösen, ausarbeiten, errechnen. **36.** erregen, reizen, (*in e-n Zustand*) versetzen *od.* bringen: **to ~ o.s. into a rage** sich in e-e Wut hineinsteigern. **37.** bewegen, arbeiten mit: **he ~ed his jaws** s-e Kiefer mahlten. **38.** *fig.* (*pp oft* **wrought**) herˈvorbringen, -rufen, zeitigen, *Veränderungen etc* bewirken, *Wunder* wirken *od.* tun, führen zu, verursachen: **to ~ hardship on s.o.** für j-n e-e Härte bedeuten. **39.** (*pp oft* **wrought**) fertigbringen, zuˈstande bringen: **to ~ it** *colloq.* es ‚deichseln'. **40. ~ into** a) *Arbeit etc* einschieben in (*acc*), b) *Passagen etc* einarbeiten *od.* -flechten *od.* -fügen in (*acc*). **41.** *sl. etwas* ‚herˈausschlagen', ‚organiˈsieren'. **42.** *Am. sl. j-n* ‚bescheißen'. **43.** ˈherstellen, machen, sticken, nähen. **44.** zur Gärung bringen. **45.** → **work over** 2.

Verbindungen mit Adverbien:

work| a·round → **work round.** **~ a·way** *v/i* sich intenˈsiv beschäftigen (**at** mit). **~ in I** *v/t* **1.** *Salbe etc* einreiben, ˈeinmasˌsieren. **2.** *Arbeit etc* einschieben. **3.** *Passagen etc* einarbeiten, -flechten, -fügen. **II** *v/i* **4. ~ with** harmoˈnieren mit, passen zu. **~ off I** *v/t* **1.** weg-, aufarbeiten. **2.** *überschüssige Energie* loswerden. **3.** *ein Gefühl* ˈabreaˌgieren (**against, on** an *dat*). **4.** *e-e Schuld* abarbeiten. **5.** *e-e Ware etc* loswerden, abstoßen (**on** an *acc*). **6.** *print.* abdrucken, abziehen. **II** *v/i* **7.** sich allˈmählich lösen, abgehen. **~ out I** *v/t* **1.** ausrechnen, *e-e Aufgabe* lösen: **to work things out with s.o.** *colloq.* mit j-m ins reine kommen; **to work things out for o.s.** *colloq.* mit s-n Problemen allein fertig werden; **most things work themselves out** *colloq.* die meisten Probleme lösen sich von selbst. **2.** *e-n Plan etc* ausarbeiten. **3.** bewerkstelligen, zuˈwege bringen. **4.** *e-e Schuld etc* abarbeiten. **5.** *Bergbau*: abbauen, (*a. fig. ein Thema etc*) erschöpfen. **6.** *colloq.* schlau werden aus *j-m.* **7. to work one's guts out** *colloq.* sich die Seele aus dem Leib arbeiten. **II** *v/i* **8.** sich herˈausarbeiten, zum Vorschein kommen (**from** aus). **9. ~ at** sich belaufen *od.* beziffern auf (*acc*). **10.** ‚klappen', *gut etc* gehen, sich *gut etc* anlassen: **to ~ well** (**badly**). **11.** *sport colloq.* (Konditiˈon) traiˈnieren. **~ o·ver** *v/t* **1.** überˈarbeiten. **2.** *sl. j-n* ‚in die Mache nehmen', zs.-schlagen. **~ round** *v/i* **1. ~ to** *ein Problem etc* angehen, sich herˈantasten an (*acc*); **by the time he had worked round to asking** als er sich schließlich *od.* glücklich dazu durchgerungen hatte zu fragen; **what are you working round to?** worauf wollen Sie hinaus? **2. ~ to** kommen zu, Zeit finden für. **3.** drehen (*Wind*). **~ to·geth·er** *v/i* **1.** zs.-arbeiten. **2.** ineinˈandergreifen (*Zahnräder*). **~ up I** *v/t* **1.** verarbeiten (**into** zu). **2.** ausarbeiten (**into** zu). **3.** *Geschäft etc* auf- *od.* ausbauen, *Mitgliederzahl etc* vergrößern. **4.** a) *Interesse etc* entwickeln, b) sich *Appetit etc* holen: **he went for a walk to ~ an appetite for lunch.** **5.** a) *ein Thema* bearbeiten, b) sich einarbeiten in (*acc*), *etwas* gründlich stuˈdieren. **6.** *Gefühle, Nerven, a. Zuhörer etc* aufpeitschen, aufwühlen, *Interesse* wecken: **to work o.s. up** sich aufregen; **to ~ a rage, to work o.s. up into a rage** sich in e-e Wut hineinsteigern; **worked up, wrought up** aufgebracht, erregt. **II** *v/i* **7.** sich steigern (**to** zu).

ˌwork·aˈbil·i·ty *s* **1.** *tech.* Bearbeitungsfähigkeit *f.* **2.** *tech.* Betriebsfähigkeit *f.* **3.** ˈDurch-, Ausführbarkeit *f.* **ˈwork·a·ble** *adj* **1.** *tech.* bearbeitungsfähig, (ver)formbar. **2.** *tech.* betriebsfähig. **3.** *Bergbau*: abbauwürdig. **4.** ˈdurch-, ausführbar (*Plan etc*).

ˈwork·a·day *adj* **1.** werktäglich, Arbeits... **2.** Alltags...: **~ clothes**; **~ life.** **3.** *fig.* allˈtäglich, norˈmal.

work·a·hol·ic [ˌwɜːkəˈhɒlɪk; *Am.* ˌwɜr-kə-; *a.* -ˈhɑlɪk] *s* Arbeitssüchtige(r *m*) *f*, arbeitsbesessener Mensch. **ˈwork·a·hol·ism** [-hɒlɪzəm] *s* Arbeitsbesessenheit *f*, -sucht *f.*

ˈwork|·bag *s* (Hand)Arbeitsbeutel *m.* **ˈ~ˌbas·ket** *s* Handarbeitskorb *m.* **ˈ~bench** *s tech.* Werkbank *f.* **ˈ~book** *s* **1.** *tech.* Betriebsanleitung *f.* **2.** Arbeitsbericht *m*, Tagebuch *n* geplanter *od.* getaner Arbeit. **3.** *ped.* Arbeitsheft *f.* **ˈ~box** *s* Werkzeugkasten *m*, *bes.* Nähkasten *m.* **~ camp** *s* Arbeitslager *n.* **ˈ~day I** *s* Werk-, Arbeitstag *m*: **on ~s** werktags. **II** *adj* → **workaday.**

ˈwork·er *s* **1.** a) Arbeiter(in), b) Angestellte(r *m*) *f*, c) *j-d, der auf e-m Gebiet arbeitet*: → **research** 5, d) *allg.* Arbeitskraft *f*: **~s** *pl* Belegschaft *f*, Arbeiter (-schaft *f*) *pl.* **2.** *a.* **~ ant** *od.* **~ bee** *zo.* Arbeiterin *f* (*Ameise, Biene*). **3.** *tech.* a) *Spinnerei*: Arbeitswalze *f*, Läufer *m*, b) *Papierherstellung*: Halbzeugholländer *m*, c) *Gerberei*: Schabmesser *n.* **4.** *print.* Galˈvano *n.* **~ cell** *s Bienenzucht*: Arbeiterzelle *f.* **~ di·rec·tor** *s econ.* ˈArbeitsdiˌrektor *m.* **~ man·age·ment** *s econ.* Arbeiterselbstverwaltung *f.* **~ par·tic·i·pa·tion** *s econ.* Mitbestimmung *f.* **~ priest** *s R.C.* Arbeiterpriester *m.*

ˈwork|ˌfel·low *s* ˈArbeitskameˌrad *m*, -kolˌlege *m.* **~ force** *s* **1.** Belegschaft *f.* **2.** ˈArbeitskräftepotentiˌal *n.* **ˈ~girl** *s* Faˈbrikarbeiterin *f.* **ˈ~horse** *s* Arbeitspferd *n* (*a. fig.*). **ˈ~house** *s* **1.** *Br. hist.* Armenhaus *n* mit Arbeitszwang. **2.** *jur. Am.* Arbeitshaus *n.*

ˈwork·ing I *s* **1.** Arbeiten *n.* **2.** *a. pl* Wirken *n*, Tun *n*, Tätigkeit *f.* **3.** *tech.* Be-, Verarbeitung *f.* **4.** *tech.* a) Funktioˈnieren *n*, b) Arbeitsweise *f.* **5.** *meist pl Bergbau etc*: a) Abbau *m*, b) Grube *f.* **6.** mühsame Arbeit, Kampf *m.* **II** *adj* **7.** arbeitend, berufs-, werktätig: **the ~ population** *a.* die Erwerbsbevölkerung; **~ student** Werkstudent *m*; **~ woman** berufstätige Frau. **8.** Arbeits...: **~ clothes**; **~ method** Arbeitsverfahren *n.* **9.** *econ. tech.* Betriebs...: **~ cost**; **~ voltage.** **10.** grundlegend, Ausgangs..., Arbeits...: **~ hypothesis** Arbeitshypothese *f*; **~ title** Arbeitstitel *m* (*e-s Buchs etc*). **11.** brauchbar, praktisch: **~ knowledge** ausreichende Kenntnisse *pl.* **~ as·sets** *s pl econ.* Betriebsvermögen *n.* **~ cap·i·tal** *s econ.* Beˈtriebskapiˌtal *n*, ˈNettoˌumlaufvermögen *n.* **~ class** *s* Arbeiterklasse *f*: **to be ~** zur Arbeiterklasse gehören. **ˌ~-ˈclass** *adj* der Arbeiterklasse, Arbeiter... **~ con·di·tion** *s* **1.** *tech.* a) Betriebszustand *m*, b) *pl* Betriebs-, Arbeitsbedingungen *pl.* **2.** (*berufliches*) Arbeitsverhältnis. **~ cop·y** *s* ˈArbeitsexemˌplar *n.* **~ coun·cil** *s pol.* Arbeitskreis *m.* **~ cur·rent** *s electr.* Arbeitsstrom *m.* **~ cy·cle** *s* (einzelner) Arbeitsvorgang. **~ day** → workday I. **ˈ~-day** → **workaday.** **~ draw·ing** *s tech.* Konstruktiˈons-, Werkstattzeichnung *f.* **~ ex·pens·es** *s pl econ.* Betriebskosten *pl.* **~ group** *s* Arbeitsgruppe *f*, -kreis *m.* **~ hour** *s* Arbeitsstunde *f*, *pl* Arbeitszeit *f*: **reduction in** (*od.* **of**) **~s** Arbeitszeitverkürzung *f*; → **flexible** 1. **~ life** *s irr* **1.** Berufsleben *n.* **2.** Lebensdauer *f* (*e-r Maschine etc*). **~ load** *s* **1.** *electr.* Betriebsbelastung *f.* **2.** *tech.* Nutzlast *f.* **~ lunch** *s bes. pol.* Arbeitsessen *n.* **~ ma·jor·i·ty** *s pol.* arbeitsfähige Mehrheit. **ˈ~·man** [-mæn] *s irr* → **workman.** **~ ma·te·ri·als** *s pl* Arbeitsmittel *pl.* **~ mod·el** *s tech.* ˈArbeits-, Verˈsuchsmoˌdell *n.* **~ mo·rale** *s* ˈArbeitsmoˌral *f.* **~ or·der** *s tech.* Betriebszustand *m*: **in ~** betriebsfähig, in betriebsfähigem Zustand. **ˌ~-ˈout** *s* **1.** Ausarbeitung *f* (*e-s Plans etc*). **2.** Ausrechnung *f*, Lösung *f* (*e-r Aufgabe*). **~ pa·pers** *s pl econ.* **1.** ˈArbeitsˌunterlagen *pl*, *bes.* Prüfungsbogen *m* (*bei Revision*). **2.** ˈArbeitspaˌpiere *pl.* **~ part** *s tech.* Arbeits-, Verschleißteil *m, n.* **~ par·ty** *s* **1.** *mil.* ˈArbeitsabˌteilung *f* (*a. von Strafgefangenen*). **2.** *Br.* Arbeitsgruppe *f*, -kreis *m.* **~ pow·er** *s* Arbeitskraft *f*: **to offer one's ~.** **~ stroke** *s mot.* Arbeitstakt *m.* **~ sub·stance** *s tech.* Arbeits-, Überˈtragungsmittel *n*, *bes.* Bremsflüssigkeit *f* (*e-r Kolbenbremse etc*), Druckflüssigkeit *f od.* -gas *n* (*e-s Servomotors etc*). **~ sur·face** *s tech.* Arbeits-, Lauffläche *f.* **~ week** *s* Arbeitswoche *f.* **ˈ~ˌwom·an** *s irr* → **workwoman.**

ˈwork·less *adj* arbeitslos.

ˈwork|·load *s* Arbeitspensum *n.* **ˈ~man** [-mən] *s irr* **1.** a) Arbeiter *m* (*Ggs. Angestellter*), b) *allg. guter etc* Arbeiter. **2.** Handwerker *m.* **ˈ~man·like,** *a.* **ˈ~man·ly** *adj* kunstgerecht, fachmännisch. **ˈ~man·ship** *s* **1.** *j-s* Werk: **this is his ~.** **2.** Kunst(fertigkeit) *f.* **3.** *gute etc* Ausführung, Verarbeitungsgüte *f*, Qualiˈtätsarbeit *f.* **ˈ~ˌmas·ter** *s* Werkmeister *m.* **ˈ~men's com·pen·sa·tion in·sur·ance** [-mənz] *s econ.* (Arbeits-) Unfallversicherung *f.* **ˈ~·out** *s* **1.** *sport colloq.* (Konditiˈons)Training *n*: **to have a ~** (Kondition) trainieren. **2.** Versuch *m*, Erprobung *f.* **ˈ~ˌpeo·ple** *s pl bes. Br.* Belegschaft *f.* **~ per·mit** *s* Arbeitserlaubnis *f*, -genehmigung *f.* **ˈ~·piece** *s* Arbeits-, Werkstück *n.* **ˈ~·place** *s bes. Am.* Arbeitsplatz *m.* **~ rate** *s* Arbeitspensum *n*, *a.* geleistete Arbeit. **~ re·lease** *s jur.* Freigang *m*: **to be on ~** Freigang haben, Freigänger sein. **ˈ~·room** *s* Arbeitsraum *m*. **~ shar·ing** *s econ.* Arbeitsaufteilung *f* (*statt Entlassungen*). **~ sheet** *s* **1.** ˈArbeitsˌunterlage *f*. **2.** Arbeitsbogen *m* (*e-s Schülers etc*). **3.** *econ. Am.* ˈRohbiˌlanz *f*. **ˈ~·shop** *s* **1.** Werkstatt *f*: **~ drawing** Werkstatt-, Konstruktionszeichnung *f*. **2.** Werkraum *m* (*e-r Schule etc*). **3.** *fig.* Werkstatt *f* (*e-s Künstlers etc*): **~ theater** (*bes. Br.* **theatre**) Werkstatttheater *n*. **4.** *fig.* Workshop *m*, Kurs *m*, Semiˈnar *n*. **ˈ~-shy** *adj* arbeitsscheu, faul. **~ stud·y** *s* Arbeitsstudie *f*. **ˈ~ˌta·ble** *s* Arbeitstisch *m*. **ˌ~-to-ˈrule** *s econ. Br.* Dienst *m* nach Vorschrift. **ˈ~-up** *s print.* Spieß *m*. **ˈ~·wear** *s* Arbeitskleidung *f*. **ˈ~·week** *s* Arbeitswoche *f*. **ˈ~ˌwom·an** *s irr* Arbeiterin *f* (*Ggs. Angestellte*).

world [wɜːld; *Am.* wɜrld] *s* **1.** Welt *f*: a) Erde *f*, b) Himmelskörper *m*, c) All *n*, Uniˈversum *n*, d) *fig.* (*die*) Menschen *pl*, (*die*) Leute *pl*, e) (Gesellschafts-, Berufs-)Sphäre *f*: **the commercial ~, the ~ of commerce** die Handelswelt; **the scientific ~** die Welt der Wissenschaften; **the ~ of letters** die gelehrte Welt; **all the ~** die ganze Welt, jedermann; → *Bes. Redew.* **2.** (Naˈtur)Reich *n*, Welt *f*: **animal ~** Tierreich, -welt; **vegetable ~** Pflanzenreich, -welt. **3. a ~ of** *fig.* e-e Welt von, e-e Unmenge; **a ~ of difference** ein ‚himmelweiter' Unterschied; **a ~ of difficulties** e-e Unmenge Schwierigkeiten; **the medicine did me a ~ of good** das Medikament hat mir ‚unwahrscheinlich' gutgetan; **there was a ~ of meaning in her look** ihr Blick sprach Bände; **a ~ too big** viel zu groß.

Besondere Redewendungen:
against the ~ gegen die ganze Welt; **for all the ~** in jeder Hinsicht; **it's a small ~!** die Welt ist klein *od.* ein Dorf!; **it's not the end of the ~!** davon geht die Welt nicht unter!; **not for all the ~** um keinen Preis; **from all over the ~** aus aller Welt; **to the ~'s end** bis ans Ende der Welt; **for all the ~ like** (*od.* **as if**) genauso wie *od.* als ob; **for all the ~ to see** a) vor aller Augen, b) für alle deutlich sichtbar; **not for the ~** nicht um die (*od.* um alles in der) Welt; **nothing in the ~** nichts in der Welt, rein gar nichts; **out of this ~** *colloq.* ‚phantastisch', ‚(einfach) sagenhaft'; **all the ~ and his wife were there** *colloq.* alles, was Beine hatte, war dort; Gott u. die Welt waren dort; **they are ~s apart** zwischen ihnen liegen Welten, sie trennen Welten; **~ without end** (*adverbiell*) immer u. ewig; **to bring (come) into the ~** zur Welt bringen (kommen); **to carry the ~ before one** glänzende Erfolge haben; **to have the best of both ~s** weder auf das eine noch auf das andere verzichten müssen; **to live in a ~ of one's own** in s-r eigenen Welt leben; **to put into the ~** in die Welt setzen; **he won't set the ~ on fire** er hat das Pulver auch nicht erfunden; **to set the ~ to rights** *colloq. bes. iro.* die Welt wieder in Ordnung bringen; **to think the ~ of** große Stücke halten auf (*acc*); **she is all the ~ to him** sie ist sein ein u. alles; **how goes the ~ with you?** wie geht's, wie steht's?; **what (who) in the ~?** was (wer) in aller Welt?

World| Bank *s econ.* Weltbank *f*. **ˈw~-ˌbeat·er** *s*: **to be a ~** nicht seinesgleichen haben. **w~ cham·pi·on** *s sport* Weltmeister(in). **w~ cham·pi·on·ship** *s sport* Weltmeisterschaft *f*. **ˈw~-class** *adj* **1.** von Weltklasse, von internatioˈnalem Forˈmat (*Sportler, Künstler etc*). **2.** von internatioˈnaler Qualiˈtät (*Ware*). **~ Coun·cil of Church·es** *s* Weltkirchenrat *m*. **~ Court** *s pol.* Internatioˈnaler Gerichtshof (*in Den Haag*). **~ Cup** *s* **1.** *Skisport etc*: Weltcup *m*, ˈWeltpoˌkal *m*. **2.** Fußballweltmeisterschaft *f*. **w~ e·con·o·my** *s* Weltwirtschaft *f*. **ˈw~-ˌfa·mous** *adj* weltberühmt. **ˈw~-forˌgot·ten** *adj* weltvergessen. **~ Health Or·gan·i·za·tion** *s* ˈWeltgeˌsundheitsorganisatiˌon *f*. **~ Is·land** *s Geopolitik*: Euˈrasien *n* u. Afrika *n*. **w~ lan·guage** *s* Weltsprache *f*.

world·li·ness [ˈwɜːldlɪnɪs; *Am.* ˈwɜrld-] *s* Weltlichkeit *f*, weltlicher Sinn.

world·ling [ˈwɜːldlɪŋ; *Am.* ˈwɜrld-] *s* Weltkind *n*.

world lit·er·a·ture *s* ˈWeltliteraˌtur *f*.

ˈworld·ly *adj u. obs. adv* **1.** weltlich, irdisch, zeitlich: **~ goods** irdische Güter. **2.** weltlich (gesinnt): **~ innocence** Weltfremdheit *f*; **~ wisdom** Weltklugheit *f*. **ˌ~-ˈmind·ed** *adj* weltlich gesinnt. **ˌ~-ˈwise** *adj* weltklug.

world| mar·ket *s econ.* Weltmarkt *m*. **ˈ~-old** *adj* uralt, so alt wie die Welt. **~ or·der** *s* (*die*) Weltordnung. **~ peace** *s* Weltfrieden *m*. **~ pol·i·tics** *s pl* (*oft als sg konstruiert*) ˈWeltpoliˌtik *f*. **~ pow·er** *s pol.* Weltmacht *f*. **~ rec·ord** *s sport, a. weitS.* ˈWeltreˌkord *m*. **~ rec·ord hold·er** *s sport, a. weitS.* ˈWeltreˌkordinhaber(in), ˈWeltreˌkordler(in). **ˈ~-reˌnowned** *adj* weltberühmt. **~ se·ries** *s Baseball*: US-Meisterschaftsspiele *pl*. **ˈ~-ˌshak·ing** *adj oft iro.* welterschütternd. **~ soul** *s philos.* Weltseele *f*. **~ spir·it** *s* Weltgeist *m*. **~ trade** *s econ.* Welthandel *m*. **~ view** *s* Weltanschauung *f*. **~ war** *s* Weltkrieg *m*: **W~ W~ I (II)** erster (zweiter) Weltkrieg. **ˈ~-ˌwea·ry** *adj* weltverdrossen. **ˈ~·wide** *adj* weltweit, ˈweltumˌfassend, -umˌspannend, (*nachgestellt*) auf der ganzen Welt: **~ disarmament** weltweite Abrüstung; **(of) ~ reputation** (von) Weltruf *m*; **~ strategy** *mil.* Großraumstrategie *f*. **ˈ~-withˌout-ˈend** *adj* ewig, immerwährend.

worm [wɜːm; *Am.* wɜrm] **I** *s* **1.** *zo.* Wurm *m*: **even a ~ will turn** *fig.* auch der Wurm krümmt sich, wenn er getreten wird; **~s of conscience** *fig.* Gewissensbisse. **2.** *pl med. vet.* Würmer *pl*, Wurmkrankheit *f*. **3.** *fig. contp.* Wurm *m*, elende *od.* minderwertige Kreaˈtur (*Person*). **4.** *tech.* a) (Schrauben-, Schnecken)Gewinde *n*, b) (Förder-, Steuer- *etc*)Schnecke *f*, c) (Rohr-, Kühl)Schlange *f*. **5.** *phys.* archiˈmedische Schraube. **II** *v/t* **6. to ~ o.s.** (*od.* **one's way**) a) sich schlängeln, b) *fig.* sich (ein)schleichen (**into** in *acc*); **to ~ o.s. into s.o.'s confidence** sich in j-s Vertrauen einschleichen; **to ~ a secret out of s.o.** j-m ein Geheimnis entlocken. **7.** *med. vet.* entwurmen, von Würmern befreien. **III** *v/i* **8.** sich schlängeln, schleichen, kriechen: **to ~ out of s.th.** *fig.* sich aus etwas herauswinden. **ˈ~·cast** *s zo.* vom Regenwurm aufgeworfenes Erdhäufchen. **~ con·vey·or** *s tech.* Förderschnecke *f*. **~ drive** *s tech.* Schneckenantrieb *m*, -getriebe *n*. **ˈ~-ˌeat·en** *adj* **1.** wurmstichig. **2.** morsch, vermodert. **3.** *fig.* altmodisch, veraltet.

ˈworm·er *s med. vet.* Wurmmittel *n*.

worm| fence *s* Scherengitter *n*. **~ gear** *s tech.* **1.** Schneckenantrieb *m*, -getriebe *n*. **2.** Schneckenrad *n*. **ˈ~·hole** *s* Wurmloch *n*, -stich *m*. **ˈ~·seed oil** *s pharm.* Wurmsamenöl *n*.

ˈworm's-eye view *s* ˈFroschperspekˌtive *f*.

worm| thread *s tech.* Schneckengewinde *n*. **~ wheel** *s tech.* Schneckenrad *n*. **ˈ~·wood** *s* **1.** *bot.* Wermut *m*. **2.** *fig.* Bitterkeit *f*: **gall and ~** *Bibl.* Galle u. Wermut; **the (gall and) ~ of being poor** die Bitterkeit, arm zu sein; **it was (gall and) ~ to him to be poor** es war bitter für ihn, arm zu sein.

ˈworm·y *adj* **1.** wurmig, voller Würmer. **2.** wurmstichig. **3.** wurmartig. **4.** *fig.* kriecherisch.

worn [wɔː(r)n] **I** *pp von* **wear¹** *u.* **wear²**. **II** *adj* **1.** getragen: **~ clothes**. **2.** → **worn-out** 1. **3.** erschöpft, abgespannt. **4.** ausgelaugt: **~ soil**. **5.** *fig.* abgedroschen: **~ joke**. **ˌ~-ˈout** *adj* **1.** abgetragen, abgenutzt: **~ clothes; ~ shoes**. **2.** völlig erschöpft, todmüde. **3.** → **worn** 4, 5.

wor·ried [ˈwʌrɪd; *Am. a.* ˈwɜrɪd] *adj* **1.** gequält. **2.** sorgenvoll, bekümmert, besorgt. **3.** beunruhigt, ängstlich. **ˈwor·ri·er** *s* j-d, der sich (ständig) Sorgen macht. **ˈwor·ri·ment** *s bes. Am. colloq.* **1.** Plage *f*, Quäleˈrei *f*. **2.** Angst *f*, Sorge *f*. **ˈwor·ri·some** [-səm] *adj* **1.** quälend. **2.** lästig, störend. **3.** beunruhigend. **4.** unruhig. **ˈwor·rit** [-rɪt] *Br. dial. für* **worry**.

wor·ry [ˈwʌrɪ; *Am. a.* ˈwɜ-] **I** *v/t* **1.** quälen, plagen, stören, belästigen, *j-m* zusetzen: **to ~ s.o. into a decision** j-n so lange quälen, bis er e-e Entscheidung trifft; **to ~ s.o. out of s.th.** a) j-n mühsam von etwas abbringen, b) j-n durch unablässiges Quälen um etwas bringen. **2.** ärgern, reizen. **3.** beunruhigen, ängstigen, quälen, *j-m* Sorgen machen: **to ~ o.s.** sich sorgen (**about, over** um, wegen). **4.** a) zausen, schütteln, zerren an (*dat*), b) *Tier* an der Kehle packen, (ab)würgen (*bes. Hund*). **5.** *etwas* zerren *od.* mühsam bringen (**into** in *acc*). **6.** herˈumstochern in (*dat*). **7.** *oft* **~ out** *e-n Plan etc* ausknobeln. **II** *v/i* **8.** *oft* **~ away** sich quälen *od.* plagen (**at** mit). **9.** sich ängstigen, sich beunruhigen, sich Gedanken *od.* Sorgen machen (**about, over** um, wegen): **don't ~!**, *colloq.* **not to ~!** keine Angst *od.* Sorge!; **I should ~** *colloq.* was kümmert das mich! **10.** sich abmühen *od.* vorwärtskämpfen: **to ~ along** sich mühsam voranarbeiten, sich mit knapper Not durchschlagen; **to ~ through s.th.** sich durch etwas hindurchquälen. **III** *s* **11.** Kummer *m*, Besorgnis *f*, Sorge *f*, (innere) Unruhe. **12.** (Ursache *f* von) Ärger *m*, Verdruß *m*, Aufregung *f*. **13.** Quälgeist *m*. **14.** (**of**) a) Schütteln *n* (*gen*), Zerren *n* (an *dat*), b) (Ab)Würgen *n* (*gen*) (*bes. vom Hund*).

ˈwor·ry·ing *adj* (*adv* **~ly**) beunruhigend, quälend.

wor·ry·wart [ˈwʌrɪwɔː(r)t; *Am. a.* ˈwɜrɪ-] *s colloq.* j-d, der sich ständig unnötige Sorgen macht.

worse [wɜːs; *Am.* wɜrs] **I** *adj* (*comp von* **bad¹, evil, ill**) **1.** schlechter, schlimmer (*beide a. med.*), übler, ärger: **~ and ~** immer schlechter *od.* schlimmer; **the ~** desto schlimmer; **so much** (*od.* **all**) **the ~** um so schlimmer; **that only made matters ~** das machte es nur noch schlimmer; **to make it ~** (*Redew.*) um das Unglück vollzumachen; **he is ~ than yesterday** es geht ihm schlechter als gestern: → **luck** 1, **wear¹** 15. **2.** schlechter gestellt: **(not) to be the ~ for** (nicht) schlecht wegkommen bei, (keinen) Schaden erlitten haben durch, (nicht) schlechter gestellt sein wegen; **he is none the ~ for it** es ist ihm dabei nichts passiert; **you would be none the ~ for a walk** ein Spaziergang würde dir gar nichts schaden; **to be the ~ for drink** betrunken sein. **II** *adv* **3.** schlechter, schlimmer, ärger: **none the ~** nicht schlechter; **to be ~ off** schlechter daran sein; **you could do ~ than get a haircut** du könntest dir ruhig mal die Haare schneiden lassen.

III *s* **4.** Schlechteres *n*, Schlimmeres *n*: ~ **followed** Schlimmeres folgte; **if** ~ **comes to** ~ schlimmstenfalls; **to have** (*od.* **get**) **the** ~ den kürzer(e)n ziehen, schlechter wegkommen; → **bad**[1] 19, **better**[1] 3, **change** 8, 13, **turn**[1] 8.

wors·en [ˈwɜːsn; *Am.* ˈwɜrsn] **I** *v/t* **1.** schlechter machen, verschlechtern. **2.** *Unglück* verschlimmern. **3.** *j-n* schlechter stellen. **II** *v/i* **4.** sich verschlechtern *od.* verschlimmern. ˈ**wors·en·ing** *s* Verschlechterung *f*, Verschlimmerung *f*.

wor·ship [ˈwɜːʃɪp; *Am.* ˈwɜr-] **I** *s* **1.** *relig.* a) Anbetung *f*, Verehrung *f*, Kult(us) *m* (*alle a. fig.*), b) (**public** ~ öffentlicher) Gottesdienst, Ritus *m*: **hours of** ~ Gottesdienstzeiten; **house** (*od.* **place**) **of** ~ Kirche *f*, Gotteshaus *n*, Kultstätte *f*; **the** ~ **of wealth** die Anbetung des Reichtums. **2.** Gegenstand *m* der Verehrung *od.* Anbetung, (*der, die, das*) Angebetete. **3.** *obs.* Ansehen *n*, guter Ruf. **4. his** (**your**) **W**~ *bes. Br.* Seiner (Euer) Gnaden, Seiner (Euer) Hochwürden (*Anrede, jetzt bes. Bürgermeister u. Richter*). **II** *v/t pret u. pp* **-shiped,** *bes. Br.* **-shipped** **5.** anbeten, verehren, huldigen (*dat*). **6.** *fig. j-n* (glühend) verehren, anbeten, vergöttern. **III** *v/i* **7.** beten, s-e Andacht verrichten.

ˈ**wor·ship·er,** *bes. Br.* ˈ**wor·ship·per** *s* **1.** Anbeter(in), Verehrer(in): ~ **of idols** Götzendiener *m*. **2.** Beter(in): **the** ~**s** die Andächtigen, die Kirchgänger. ˈ**wor·ship·ful** *adj* (*adv* ~**ly**) **1.** verehrend, anbetend. **2.** *obs.* angesehen, (ehr)würdig, achtbar. **3.** (*in der Anrede*) hochwohllöblich, verehrlich: **Right W**~ hochwohllöblich, hochangesehen (*bes. Bürgermeister*); **the W**~ **the Mayor of X** *schriftliche Anrede für e-n Bürgermeister*.

worst [wɜːst; *Am.* wɜrst] **I** *adj* (*sup von* **bad**[1], **evil, ill**) schlechtest(er, e, es), übelst(er, e, es), schlimmst(er, e, es), ärgst(er, e, es): **and, which is** ~ und, was das schlimmste ist. **II** *adv* am schlechtesten *od.* übelsten, am schlimmsten *od.* ärgsten: **the** ~**-paid** der *od.* die am schlechtesten Bezahlte. **III** *s* (*der, die, das*) Schlechteste *od.* Übelste *od.* Schlimmste *od.* Ärgste: **at** (**the**) ~ schlimmstenfalls; **to be prepared for the** ~ aufs Schlimmste gefaßt sein; **to do one's** ~ es so schlecht *od.* schlimm wie möglich machen; **do your** ~! mach, was du willst!; **to get the** ~ **of it** am schlechtesten wegkommen, den kürzer(e)n ziehen; **if** (*od.* **when**) **the** ~ **comes to the** ~ wenn es zum Schlimmsten kommt, wenn alle Stricke reißen; **he was at his** ~ er zeigte sich von s-r schlechtesten Seite, er war in denkbar schlechter Form; **to see s.o.** (**s.th.**) **at his** (**its**) ~ j-n (etwas) von der schlechtesten *od.* schwächsten Seite kennenlernen; **the illness is at its** ~ die Krankheit ist auf ihrem Höhepunkt; **the** ~ **of it is** das Schlimmste daran ist. **IV** *v/t* überˈwältigen, besiegen, schlagen.

wor·sted [ˈwʊstɪd; *Am. a.* ˈwɜr-] *tech.* **I** *s* **1.** Kammgarn *n*, -wolle *f*. **2.** Kammgarnstoff *m*. **II** *adj* **3.** Woll...: ~ **socks** wollene Socken; ~ **wool** Kammwolle *f*; ~ **yarn** Kammgarn *n*. **4.** Kammgarn...

wort[1] [wɜːt; *Am.* wɜrt] *s bot.* **1.** *obs.* Pflanze *f*, Kraut *n*. **2.** (*in Zssgn*) ...wurz *f*, ...kraut *n*.

wort[2] [wɜːt; *Am.* wɜrt] *s* (Bier)Würze *f*: **original** ~ Stammwürze; ~ **pump** Maischpumpe *f*; ~ **vat** Würzkufe *f*.

worth[1] [wɜːθ; *Am.* wɜrθ] **I** *adj* **1.** (*e-n bestimmten Betrag*) wert (**to** *dat od.* für): **he is** ~ **£5000 a year** er hat ein Jahreseinkommen von 5000 Pfund; **he is** ~ **a million** ‚er ist e-e Million wert', er besitzt *od.* verdient e-e Million. **2.** *fig.* würdig, wert (*gen*): ~ **doing** wert, getan zu werden; ~ **mentioning** (**reading, seeing**) erwähnens-(lesens-, sehens)wert; **it is** ~ **fighting for** es lohnt sich, dafür zu kämpfen; **to be** ~ (**one's**) **while, to be** ~ **the trouble,** *colloq. a.* **to be** ~ **it** der Mühe wert sein, sich lohnen; **take it for what it is** ~! nimm es für das, was es wirklich ist!; **my opinion for what it may be** ~ m-e unmaßgebliche Meinung; **for all one is** ~ *colloq.* mit aller Macht, so gut man kann, ‚auf Teufel komm raus'; → **candle** 1, **powder** 1, **salt**[1] 1, **whoop** 1. **II** *s* **3.** (Geld)Wert *m*, Preis *m*: **of no** ~ wertlos; **20 pence's** ~ **of stamps** Briefmarken im Wert von 20 Pence; → **money** 1. **4.** *fig.* Wert *m*: a) Bedeutung *f*, b) Verdienst *n*: **men of** ~ verdiente *od.* verdienstvolle Leute.

worth[2] [wɜːθ; *Am.* wɜrθ] *v/i obs. od. poet.* werden, sein (*nur noch in*): **woe** ~ wehe über (*acc*), verflucht sei; **woe** ~ **the day** wehe dem Tag.

wor·thi·ly [ˈwɜːðɪlɪ; *Am.* ˈwɜr-] *adv* **1.** nach Verdienst, angemessen. **2.** mit Recht, mit gutem Grund. **3.** in Ehren, würdig. ˈ**wor·thi·ness** *s* Wert *m*, Würdigkeit *f*, Verdienst *n*.

ˈ**worth·less** *adj* (*adv* ~**ly**) **1.** wertlos, nichts wert, ohne Bedeutung. **2.** *fig.* un-, nichtswürdig. ˈ**worth·less·ness** *s* **1.** Wertlosigkeit *f*. **2.** *fig.* Unwürdigkeit *f*, Nichtswürdigkeit *f*.

ˌ**worth**ˈ**while** *adj* lohnend, der Mühe wert.

wor·thy [ˈwɜːðɪ; *Am.* ˈwɜr-] **I** *adj* (*adv* → **worthily**) **1.** würdig, achtbar, ehrenwert, angesehen. **2.** würdig, wert (**of** *gen*): **to be** ~ **of s.th.** e-r Sache wert *od.* würdig sein, etwas verdienen; **to be** ~ **to be** (*od.* **of being**) **venerated, to be** ~ **of veneration** (es) verdienen *od.* wert sein, verehrt zu werden; verehrungswürdig sein; ~ **of credit** a) glaubwürdig, b) *econ.* kreditwürdig, -fähig; ~ **of a better cause** e-r besseren Sache würdig; ~ **of reflection** es wert, daß man darüber nachdenkt; **the worthiest of blood** *jur. Br.* die Söhne, die männlichen Erben. **3.** würdig: **a** ~ **adversary** (**successor**); **words** ~ (**of**) **the occasion** Worte, die dem Anlaß angemessen sind; ~ **reward** entsprechende *od.* angemessene Belohnung. **4.** *humor.* wacker: **a** ~ **rustic. II** *s* **5.** Perˈson *f* von Verdienst u. Würde, große Perˈsönlichkeit, Größe *f*, Held(in). **6.** *humor.* (*der*) Wackere.

wost [wɒst; *Am.* wɑst] *obs. 2. sg pres von* **wit**[2].

wot [wɒt; *Am.* wɑt] *obs. 1. u. 3. sg pres von* **wit**[2]: **God** ~! weiß Gott!

would [wʊd] **1.** *pret von* **will**[1] I: a) wollte(st), wollten, wolltet: **he** ~ **not go** er wollte (durchaus) nicht gehen, b) pflegte(st) *od.* pflegten *od.* pflegtet zu (*oft unübersetzt*): **he** ~ **take a short walk every day** er pflegte täglich e-n kurzen Spaziergang zu machen; **now and then a bird** ~ **call** ab u. zu ertönte ein Vogelruf; **you** ~ **do that!** du mußtest das natürlich tun!, das sieht dir ähnlich!, du wolltest das ja unbedingt tun!, c) *höflich fragend*: würdest *du?*, würden *Sie?*: ~ **you pass me the salt, please?** würden Sie mir bitte das Salz reichen, d) *vermutend*: **that** ~ **be 3 dollars** das macht (dann) 3 Dollar; **it** ~ **seem that** es scheint fast, daß. **2.** (*konditional, Br. 1. sg u. pl meist colloq.*) würde(st), würden, würdet: **she** ~ **do it if she could; he** ~ **have come if** er wäre gekommen, wenn. **3.** *pret von* **will**[1] II: *ich* wollte *od.* wünschte *od.* möchte: **I** ~ **it were otherwise;** ~ (**to**) **God** wolle Gott, Gott gebe; **I** ~ **have you know** ich muß Ihnen (schon) sagen. **4.** *obs. pp von* **will**[1].

ˈ**would-be I** *adj* **1.** *contp.* Möchtegern...: ~ **critic** Kritikaster *m*; **a** ~ **painter** ein Farbkleckser; **a** ~ **philosopher** ein Möchtegernphilosoph; **a** ~ **poet** ein Dichterling; ~ **politician** Stammtischpolitiker *m*; ~ **huntsman** Sonntagsjäger *m*; ~ **wit** Witzling *m*; ~ **witty** geistreich sein sollend (*Bemerkung etc*). **2.** angehend, zukünftig: ~ **author**; ~ **wife**; ~ **purchaser** (Kauf)Interessent(in). **II** *s* **3.** *contp.* Gernegroß *m*, Möchtegern *m*.

wouldst [wʊdst] *obs. 2. sg pret von* **will**[1].

wound[1] [wuːnd] **I** *s* **1.** Wunde *f*, Verletzung *f* (*beide a. fig.*), Verwundung *f*: ~ **of entry** (**exit**) Einschuß *m* (Ausschuß *m*); **the** (**Five**) **W**~**s of Christ** die (fünf) Wundmale Christi; ~ **chevron** (*od.* **stripe**) *mil. Am.* Verwundetenabzeichen *n* (*Ärmelstreifen*). **2.** *fig.* Kränkung *f*. **II** *v/t* **3.** verwunden, verletzen (*beide a. fig. kränken*): ~**ed veteran** Kriegsversehrte(r) *m*; **the** ~**ed** die Verwundeten *pl*; ~**ed vanity** verletzte Eitelkeit.

wound[2] [waʊnd] *pret u. pp von* **wind**[2] *u.* **wind**[3].

wound·less [ˈwuːndlɪs] *adj* **1.** unverwundet, unverletzt, unversehrt. **2.** *poet.* unverwundbar.

ˈ**wound·wort** [ˈwuːnd-] *s bot.* (*ein*) Wundkraut *n*.

wou·ra·li [wuːˈrɑːlɪ] → **curare.**

wove [wəʊv] *pret u. pp von* **weave.** ˈ**wo·ven** *pp von* **weave**: ~ **goods** Web-, Wirkwaren.

wove pa·per *s tech.* Veˈlinpaˌpier *n*.

wow[1] [waʊ] **I** *interj* **1.** Mensch!, Mann!, ‚toll'! **2.** zack! **II** *s bes. Am. sl.* **3.** a) ‚Bombenerfolg' *m*, ‚tolles Ding', b) ‚toller Kerl': **he** (**it**) **is a** ~ er (es) ist 'ne ‚Wucht'. **III** *v/t* **4.** *j-n* ˈhinreißen.

wow[2] [waʊ] *s* Jaulen *n* (*Schallplatte etc*).

wow·ser [ˈwaʊzə(r)] *s bes. Austral. sl.* moraˈlinsaure Perˈson, faˈnatischer Puriˈtaner.

wrack[1] [ræk] *s* **1.** → **wreck** 1 *u.* 2: ~ **and ruin** Untergang u. Verderben; **to go to** ~ untergehen. **2.** Seetang *m*.

wrack[2] → **rack**[4] I.

wraith [reɪθ] *s bes. Scot.* **1.** (Geister-) Erscheinung *f* (*bes. von Sterbenden od. gerade Gestorbenen*). **2.** a) Geist *m*, b) Gespenst *n*.

wran·gle [ˈræŋgl] **I** *v/i* **1.** (**about, over**) (sich) zanken *od.* streiten (um, wegen), sich in den Haaren liegen (wegen). **II** *v/t* **2.** *etwas* herˈausschinden. **3.** diskuˈtieren über (*acc*). **4.** *Am. Vieh* a) hüten, b) zs.-treiben. **III** *s* **5.** Streit *m*, Zank *m*. **6.** heftige Deˈbatte. ˈ**wran·gler** *s* **1.** Zänker *m*, streitsüchtige Perˈson. **2.** Dispuˈtant *m*: **he is a** ~ er kann gut debattieren. **3.** *univ. Br. Student in Cambridge, der die mathematische Abschlußprüfung mit Auszeichnung bestanden hat.* **4.** *Am.* Cowboy *m*.

wrap [ræp] **I** *v/t pret u. pp* **wrapped,** *a.* **wrapt 1.** wickeln, hüllen, legen, *a. die Arme* schlingen ([**a**]**round** um *acc*). **2.** *meist* ~ **up** (ein)wickeln, (-)packen, (-)hüllen, (-)schlagen (**in** in *acc*): **to** ~ **s.th. in paper**; **to** ~ **o.s. up** sich warm anziehen. **3.** *oft* ~ **up** (ein)hüllen, verbergen, *e-n Tadel etc* (ver)kleiden: ~**ped in mist** in Nebel gehüllt; ~**ped up in mystery** *fig.* geheimnisvoll, rätselhaft; ~**ped** (*od.* **wrapt**) **in silence** in Schweigen gehüllt; ~**ped in allegory** allegorisch verkleidet; **to be** ~**ped up in** a) völlig in Anspruch genommen sein von (*e-r Arbeit etc*), ganz aufgehen in (*s-r Arbeit, s-n Kindern etc*), b) versunken sein in (*dat*). **4.** ~ **up** *colloq.* a) zu e-m glücklichen Ende führen, b) ab-, beschließen, erledigen: **to** ~ **it up**

die Sache (erfolgreich) zu Ende führen; **that ~s it up!** das wär's! **5.** *fig.* verwickeln, -stricken (**in** in *acc*): **to be ~ped in an intrigue.** **II** *v/i* **6.** sich einhüllen *od.* einpacken: **~ up well!** zieh dich warm an! **7.** sich legen *od.* wickeln *od.* schlingen (**[a]round** um). **8. ~ up!** *bes. Br. sl.* halt's Maul! **III** *s* **9.** Hülle *f*, *bes.* a) Decke *f*, b) Schal *m*, Pelz *m*, c) ˈUmhang *m*, Mantel *m*: **to keep s.th. under ~s** *fig.* etwas geheimhalten; **to take the ~s off s.th.** etwas enthüllen. **ˈwrap·aˌround I** *s* **1.** Wickelbluse *f*, -kleid *n*, -rock *m*. **II** *adj* **2.** Wickel... **3.** *tech. Am.* Rundum..., herˈumgezogen: **~ windshield** *mot.* Panorama-, Vollsichtscheibe *f*. **ˈwrapˌo·ver** → **wraparound** 1, 2. **ˈwrap·page** *s* **1.** ˈUmschlag *m*, Umˈhüllung *f*, Hülle *f*, Decke *f*. **2.** Verpackung *f*, ˈPackmateriˌal *n*. **ˈwrap·per** *s* **1.** (Ein)Packer(in). **2.** Hülle *f*, Decke *f*, ˈÜberzug *m*, Verpakkung *f*. **3.** (ˈBuch)ˌUmschlag *m*, Schutzhülle *f*. **4.** *a.* **postal ~** Kreuz-, Streifband *n*. **5.** a) Schal *m*, b) ˈÜberwurf *m*, c) Morgenrock *m*. **6.** Deckblatt *n* (*der Zigarre*).

ˈwrap·ping *s* **1.** *meist pl* Umˈhüllung *f*, Hülle *f*, Verpackung *f*. **2.** Ein-, Verpacken *n*. **~ ma·chine** *s* Verˈpackungsmaˌschine *f*. **~ pa·per** *s* ˈEinwickel-, ˈPackpaˌpier *n*.

ˈwrap·round → **wraparound.**

wrapt [ræpt] *pret u. pp von* **wrap.**

wrasse [ræs] *s ichth.* Lippfisch *m*.

wrath [rɒθ; *Am.* ræθ] *s* Zorn *m*, Wut *f*: **the ~ of God** der Zorn Gottes; **he looked like the ~ of god** *colloq.* er sah gräßlich aus; **the day of ~** *Bibl.* der Tag des Zorns; → **bring down** 7. **ˈwrath·ful** *adj* (*adv* **~ly**) zornig, grimmig, wutentbrannt. **ˈwrath·y** *adj colloq. für* **wrathful.**

wreak [riːk] *v/t Rache etc* üben, *s-e Wut etc* auslassen (**on, upon** an *dat*).

wreath [riːθ] *pl* **wreaths** [riːðz; -θs] *s* **1.** Kranz *m* (*a. fig.*), Girˈlande *f*, Blumengewinde *n*. **2.** (*Rauch- etc*)Ring *m*: **~ of smoke. 3.** Windung *f* (*e-s Seiles etc*). **4.** *tech.* Schliere *f* (*im Glas*). **5.** (Schnee-, Sand- *etc*)Wehe *f*.

wreathe [riːð] **I** *v/t* **1.** winden, wickeln (**[a]round, about** um). **2.** verflechten. **3.** (zu Kränzen) flechten *od.* (zs.-)binden. **4.** *e-n Kranz* flechten, winden. **5.** umˈkränzen, -ˈgeben, -ˈwinden. **6.** bekränzen, schmücken. **7.** kräuseln, in Falten legen: **his face was ~d in smiles** ein Lächeln lag auf s-m Gesicht. **II** *v/i* **8.** sich winden *od.* wickeln: **~d column** *arch.* Schneckensäule *f*. **9.** sich ringeln *od.* kräuseln (*Rauchwolke etc*).

wreath·y [ˈriːθɪ; ˈriːðɪ] *adj* **1.** sich windend. **2.** sich ringelnd *od.* kräuselnd (*Rauch etc*). **3.** bekränzt. **4.** geflochten.

wreck [rek] **I** *s* **1.** *mar.* a) (Schiffs)Wrack *n*, b) Schiffbruch *m*, Schiffsunglück *n*, c) *jur.* Strandgut *n*. **2.** Wrack *n* (*mot. etc, a. fig. bes. Person*), Ruˈine *f*, Trümmerhaufen *m* (*a. fig.*): **nervous ~** Nervenbündel *n*; **she is the ~ of her former self** sie ist nur noch ein Schatten ihrer selbst, sie ist ein völliges Wrack. **3.** *pl* Trümmer *pl* (*oft fig.*). **4.** *fig.* a) ˈUntergang *m*, Ruˈin *m*, b) Zerstörung *f*, Verwüstung *f*: **the ~ of his hopes** die Vernichtung s-r Hoffnungen; **to go to ~ (and ruin)** zugrunde gehen. **II** *v/t* **5.** *allg.* zertrümmern, zerstören, *ein Schiff* zum Scheitern bringen (*a. fig.*): **to be ~ed** a) *mar.* scheitern, Schiffbruch erleiden, b) in Trümmer gehen, c) *rail.* entgleisen. **6.** *fig.* zuˈgrunde richten, ruiˈnieren, *a. s-e Gesundheit* zerrütten, *Pläne, Hoffnungen etc* vernichten, zerstören. **7.** *mar. tech.* abwracken. **III** *v/i* **8.** Schiffbruch erleiden, scheitern (*beide a. fig.*). **9.** verunglücken. **10.** *a. fig.* zerstört *od.* vernichtet werden. **ˈwreck·age** *s* **1.** Schiffbruch *m*, Scheitern *n* (*beide a. fig.*). **2.** *mar.* Wrack(teile *pl*) *n*, (Schiffs-, *allg.* Unfall-)Trümmer *pl*. **3.** Trümmerhaufen *m*. **4.** → **wreck** 4. **5.** *fig.* Strandgut *n* (*des Lebens*), gescheiterte Exiˈstenzen *pl*. **wrecked** *adj* **1.** gestrandet, gescheitert (*beide a. fig.*). **2.** schiffbrüchig: **~ sailors. 3.** zertrümmert, zerstört, vernichtet (*alle a. fig.*): **~ car** Schrottauto *n*. **4.** zerrüttet: **~ health.** **ˈwreck·er** *s* **1.** *mar. bes. hist.* Strandräuber *m*. **2.** *a. fig.* Zerstörer *m*, Vernichter *m*, Saboˈteur *m*. **3.** *mar.* a) Bergungsschiff *n*, b) Bergungsarbeiter *m*. **4.** *tech. bes. Am.* Abbrucharbeiter *m*. **5.** *mot. Am.* Abschleppwagen *m*.

ˈwreck·ing I *s* **1.** *mar. bes. hist.* Strandraub *m*. **2.** *fig.* Ruiˈnieren *n*, Vernichtung *f*. **3.** *Am.* Bergung *f*. **II** *adj* **4.** *Am.* Bergungs...: **~ crew; ~ service** *mot.* Abschleppdienst *m*; **~ truck** Abschleppwagen *m*. **5.** *tech. bes. Am.* Abbruch...: **~ company** Abbruchfirma *f*. **~ a·mend·ment** *s parl. Br. Änderung e-s Gesetzentwurfs, die dessen eigentlichen Zweck vereitelt.*

wren[1] [ren] *s* **1.** *orn.* Zaunkönig *m*. **2. golden-crested ~** *orn.* Wintergoldhähnchen *n*. **3.** *Am. sl.* Mädchen *n*.

Wren[2] [ren] *s mil. Br. colloq.* Maˈrinehelferin *f* (*aus* **Women's Royal Naval Service**).

wrench [rentʃ] **I** *s* **1.** (drehender *od.* heftiger) Ruck, heftige Drehung. **2.** *med.* Verzerrung *f*, -renkung *f*, (gewaltsame) Verdrehung, Verstauchung *f*: **to give a ~ to** → 8. **3.** *fig.* Verzerrung *f*, -drehung *f*. **4.** *fig.* (Trennungs)Schmerz *m*: **leaving home was a great ~** der Abschied von zu Hause tat sehr weh. **5.** *tech.* Schraubenschlüssel *m*. **6.** scharfe Wendung, *bes. hunt.* Haken *m* (*e-s Hasen*). **II** *v/t* **7.** (mit e-m Ruck) reißen, zerren, ziehen: **to ~ s.th. (away) from s.o.** j-m etwas entwinden *od.* -reißen (*a. fig.*); **to ~ open** *die Tür etc* aufreißen. **8.** *med.* verrenken, -stauchen. **9.** verdrehen, -zerren (*a. fig. entstellen*).

wrest [rest] **I** *v/t* **1.** (gewaltsam) reißen: **to ~ out of** herausreißen aus; **to ~ from s.o.** j-m entreißen *od.* -winden, *fig. a.* j-m abringen; **to ~ a living from the soil** dem Boden s-n Lebensunterhalt abringen. **2.** *fig.* verdrehen, -zerren, entstellen. **II** *s* **3.** Ruck *m*, Reißen *n*. **4.** *mus.* Stimmhammer *m*.

wres·tle [ˈresl] **I** *v/i* **1.** *bes. sport* ringen. **2.** *fig.* ringen, schwer kämpfen (**for** um). **3.** *relig.* ringen, inbrünstig beten: **to ~ with God** mit Gott ringen. **4.** *fig.* sich abmühen, kämpfen (**with** mit). **II** *v/t* **5.** *fig.* ringen *od.* kämpfen mit: **to ~ down** niederringen. **6.** *Am. etwas* mühsam (*wohin*) schaffen. **III** *s* **7.** *bes. sport* Ringen *n*, Ringkampf *m*. **8.** *fig.* Ringen *n*, schwerer Kampf. **ˈwres·tler** *s bes. sport* Ringer *m*, Ringkämpfer *m*. **ˈwres·tling** *bes. sport* **I** *s* Ringen *n* (*a. fig.*). **II** *adj* Ring...: **~ match** Ringkampf *m*.

wretch [retʃ] *s* **1.** *a.* **poor ~** armes Wesen, armer Kerl *od.* Tropf *od.* Teufel (*a. iro.*). **2.** Schuft *m*. **3.** *iro.* Wicht *m*, Tropf *m*. **ˈwretch·ed** [-ɪd] *adj* (*adv* **~ly**) **1.** elend, unglücklich, *a.* depriˈmiert (*Person*). **2.** erbärmlich, jämmerlich, dürftig, miseˈrabel, schlecht. **3.** (gesundheitlich) elend. **4.** gemein, niederträchtig. **5.** ekelhaft, scheußlich, entsetzlich. **ˈwretch·ed·ness** *s* **1.** Elend *n*, Unglück *n*. **2.** Erbärmlichkeit *f*. **3.** Niedertracht *f*, Gemeinheit *f*. **4.** Scheußlichkeit *f*. **ˈwretch·less·ness** [-lɪsnɪs] *s obs.* (**of**) Unbekümmertheit *f* (um), Leichtfertigkeit *f* (gegenˈüber).

wrick [rɪk] **I** *s* Verrenkung *f*. **II** *v/t* verrenken, verstauchen.

wrig·gle [ˈrɪgl] **I** *v/i* **1.** sich winden (*a. fig. verlegen od. listig*), sich schlängeln, *zo. a.* sich ringeln: **to ~ along** sich dahinschlängeln; **to ~ out** sich herauswinden (**of s.th.** aus e-r Sache) (*a. fig.*); **to ~ into** *fig.* sich einschleichen in (*acc*). **2.** sich unruhig *od.* nerˈvös hin u. her bewegen, zappeln. **II** *v/t* **3.** hin u. her bewegen, wackeln *od.* zappeln mit: **to ~ one's hips** mit den Hüften wackeln. **4.** schlängeln, winden, ringeln: **to ~ o.s. (along, through)** sich (entlang-, hindurch)winden; **to ~ o.s. into** *fig.* sich einschleichen in (*acc*); **to ~ o.s. out of** sich herauswinden aus. **III** *s* **5.** Windung *f*, Krümmung *f*. **6.** schlängelnde Bewegung, Schlängeln *n*, Ringeln *n*. **7.** Wackeln *n*. **ˈwrig·gler** *s* **1.** Ringeltier *n*, Wurm *m*. **2.** *fig.* aalglatter Kerl.

wright [raɪt] *s* (*in Zssgn*) ...macher *m*, ...bauer *m*: **cart~** Stellmacher *m*, Wagenbauer *m*.

wring [rɪŋ] **I** *v/t pret u. pp* **wrung** [rʌŋ] **1.** *oft* **~ out** *Wäsche etc* (aus)wringen, auswinden. **2.** *oft* **~ out** *Früchte etc* ausdrücken, -pressen. **3.** *oft* **~ out** *Saft etc* herˈausdrücken, -pressen, -quetschen (**of** aus). **4.** a) *e-m Tier den Hals* abdrehen, b) *j-m den Hals* ˈumdrehen: **I'll ~ your neck. 5.** *die Hände* (*verzweifelt*) ringen. **6.** *j-m die Hand* (kräftig) drücken, pressen. **7.** *j-n* drücken (*Schuh etc*). **8.** *fig.* quälen, bedrücken: **to ~ s.o.'s heart** j-m ans Herz greifen, j-m in der Seele weh tun. **9.** *etwas* abringen, entreißen, -winden (**from** *dat*): **to ~ a confession from s.o.** j-m ein Geständnis abringen; **to ~ admiration from s.o.** j-m Bewunderung abnötigen. **10.** *fig. Geld, Zustimmung* erpressen (**from, out of** von). **11.** verzerren, -drehen (*a. fig. entstellen*). **II** *s* **12.** (Aus)Wringen *n*, Auswinden *n*: **to give s.th. a ~** etwas (aus)wringen *od.* auswinden. **13.** Pressen *n*, Druck *m*: **he gave my hand a ~** er drückte mir (kräftig) die Hand. **14.** → **wringer.** **ˈwring·er** *s* a) ˈWringmaˌschine *f*, b) (Obst- *etc*)Presse *f*: **to go through the ~** *colloq.* ‚durch den Wolf gedreht werden'.

ˈwring·ing I *adj* Wring...: **~ machine** → **wringer. II** *adv*: **~ wet** klatschnaß. **~ fit** *s tech.* Haftsitz *m*.

wrin·kle[1] [ˈrɪŋkl] **I** *s* **1.** Runzel *f*, Falte *f* (*im Gesicht*). **2.** Knitter *m*, Kniff *m* (*im Papier, Stoff etc*). **3.** Unebenheit *f*, Vertiefung *f*, Furche *f*. **II** *v/t* **4.** *oft* **~ up** a) *die Stirn, die Augenbrauen* runzeln, b) *die Nase* rümpfen, c) *die Augen* zs.-kneifen. **5.** *Stoff, Papier etc* zerknittern. **6.** *Wasser* kräuseln. **III** *v/i* **7.** Falten werfen (*Stoff*). **8.** sich runzeln, runz(e)lig werden (*Haut*). **9.** knittern (*Papier, Stoff etc*).

wrin·kle[2] [ˈrɪŋkl] *s colloq.* **1.** Kniff *m*, Trick *m*. **2.** Wink *m*, Tip *m*. **3.** Neuheit *f*. **4.** Fehler *m*.

wrin·kled [ˈrɪŋkld] *adj* **1.** gerunzelt, runz(e)lig, faltig. **2.** gekräuselt, kraus.

wrin·kly [ˈrɪŋklɪ] *adj* **1.** → **wrinkled. 2.** leicht knitternd (*Stoff*).

wrist [rɪst] *s* **1.** Handgelenk *n*: **to give s.o. a slap on the ~, to slap s.o.'s ~** *fig.* j-m auf die Finger klopfen. **2.** Stulpe *f* (*am Ärmel etc*). **3.** → **wrist pin.** **ˈ~band** *s* **1.** Bündchen *n*, Manˈschette *f*. **2.** Armband *n*. **ˈ~drop** *s med.* Handgelenkslähmung *f*.

wrist·let [ˈrɪstlɪt] *s* **1.** Pulswärmer *m*. **2.** Armband *n*: **~ watch** *Br.* Armbanduhr *f*. **3.** *sport* Schweißband *n*. **4.** *humor. od. sl.* ‚Armband' *n* (*Handschelle*).

ˈwrist|·lock *s Ringen*: Handgelenksfesselung *f*. **~ pin** *s tech.* Zapfen *m*, *bes.*

Kolbenbolzen *m.* '**~watch** *s* Armbanduhr *f.*

writ[1] [rɪt] *s* **1.** *jur.* a) königlicher *od.* behördlicher Erlaß, b) gerichtlicher Befehl, Verfügung *f*, c) *a.* ~ **of summons** (Vor)Ladung *f*: ~ **of attachment** Haft-, Vorführungsbefehl *m*; (*dringlicher*) Arrest(befehl); ~ **of prohibition** *Anweisung e-r höheren Instanz an e-e niedere Instanz, ein anhängiges Verfahren einzustellen*; **to take out a ~ against s.o., to serve a ~ on s.o.** j-n (vor)laden (lassen); → **capias, error** 3, **execution** 3. **2.** *jur. hist. Br.* Urkunde *f.* **3.** *Br.* Wahlausschreibung *f* für das Parla'ment. **4.** Schreiben *n*, Schrift *f* (*obs. außer in*): **Holy** (*od.* **Sacred**) **W~** (*die*) Heilige Schrift.

writ[2] [rɪt] *obs. pret u. pp von* **write**.

write [raɪt] *pret* **wrote** [rəʊt], *obs. a.* **writ** [rɪt], *pp* **writ·ten** ['rɪtn], *obs. a.* **writ** *od.* **wrote I** *v/t* **1.** *etwas* schreiben: **to ~ a letter; writ(ten) large** *fig.* deutlich, leicht erkennbar. **2.** auf-, niederschreiben, schriftlich niederlegen, aufzeichnen, no'tieren: **to ~ a term into a contract** e-e Bedingung in e-n Vertrag aufnehmen; **it is written that** *Bibl.* es steht geschrieben, daß; **it is written on** (*od.* **all over**) **his face** es steht ihm im Gesicht geschrieben; **written in** (*od.* **on**) **water** *fig.* in den Wind geschrieben, vergänglich. **3.** a) *e-n Scheck etc* ausschreiben, ausstellen, b) *ein Formular etc* ausfüllen. **4.** *Papier etc* vollschreiben. **5.** *j-m etwas* schreiben, schriftlich mitteilen: **to ~ s.o. s.th. 6.** *ein Buch etc* schreiben, verfassen: **to ~ poetry** dichten, Gedichte schreiben; **to ~ the music for a play** die Musik zu e-m (Theater)Stück schreiben. **7.** schreiben über (*acc*): **she is writing her life** sie schreibt ihre Lebensgeschichte. **8. to ~ o.s.** sich bezeichnen als (**a duke**, *etc* Herzog *etc*).
II *v/i* **9.** schreiben. **10.** schreiben, schriftstellern. **11.** schreiben, schriftliche Mitteilung machen: **to ~ home** nach Hause schreiben; **to ~ to ask** schriftlich anfragen; **to ~** (**away** *od.* **off**) **for s.th.** etwas anfordern; → **home** 15.
Verbindungen mit Adverbien:
write| back *v/i* zu'rückschreiben. **~ down I** *v/t* **1.** → **write** 2. **2.** *fig.* a) (schriftlich) her'absetzen *od.* schlechtmachen, 'herziehen über (*acc*), b) nennen, bezeichnen *od.* 'hinstellen als. **3.** *econ.* abschreiben. **II** *v/i* **4.** sich bewußt einfach ausdrücken (to, for für). **~ in I** *v/t* **1.** einfügen, eintragen. **2.** *Bedingungen etc* (*in e-n Vertrag etc*) aufnehmen. **3. to write s.o. in** *pol. bes. Am.* s-e Stimme für j-n abgeben, der nicht auf der Kandidatenliste steht. **II** *v/i* **4.** schreiben (**to** an *acc*): **to ~ for s.th.** um etwas schreiben, etwas anfordern. **~ off** *v/t* **1.** schnell abfassen, her'unterschreiben, ,'hinhauen'. **2.** *econ.* (vollständig) abschreiben (*a. fig.*): **he wrote off his new car** *colloq.* er hat s-n neuen Wagen zu Schrott gefahren. **~ out** *v/t* **1.** *Namen etc* ausschreiben. **2.** abschreiben: **to ~ fair** ins reine schreiben. **3.** → **write** 3 a. **4. to write o.s. out** sich ausschreiben (*Autor*). **5. to be written out of a series** (*Rundfunk, TV*) aus e-r Serie verschwinden. **~ up** *v/t* **1.** *etwas* ausführlich darstellen *od.* beschreiben, eingehend berichten über (*acc*). **2.** (*ergänzend*) nachtragen, *Tagebuch, Text* weiterführen, auf den neuesten Stand bringen. **3.** lobend schreiben über (*acc*), her'ausstreichen, (an)preisen. **4.** *econ.* e-n zu hohen Buchwert angeben für.

'**write|-down** *s econ.* Abschreibung *f.* '**~-in** *s pol. bes. Am.* Stimmabgabe *f* für e-n Kandi'daten, der nicht auf der Liste steht. '**~-off** *s* a) *econ.* (gänzliche) Abschreibung, b) *mot. colloq.* To'talschaden *m*: **it's a ~** *colloq.* das können wir abschreiben, das ist ,im Eimer'.

'**writ·er** *s* **1.** Schreiber(in): **~'s cramp** (*od.* **palsy, spasm**) Schreibkrampf *m.* **2.** Schriftsteller(in), Autor *m*, Au'torin *f*, Verfasser(in): **~ for the press** Zeitungsschreiber(in), Journalist(in); **the ~** (*in Texten*) der Verfasser (= *ich*). **3.** *meist* **~ to the signet** *Scot.* No'tar *m*, Rechtsanwalt *m.*

'**write-up** *s* **1.** lobender Pressebericht *od.* Ar'tikel, positive Besprechung. **2.** *econ.* zu hohe Buchwertangabe.

writhe [raɪð] **I** *v/i* **1.** sich krümmen, sich winden (**with** vor *dat*). **2.** *fig.* sich winden, leiden (**under, at** unter *dat*): **to ~ under an insult. 3.** sich winden *od.* schlängeln: **to ~ through a thicket. II** *v/t* **4.** winden, schlingen, drehen, ringeln. **5.** *das Gesicht* verzerren. **6.** *den Körper* krümmen, winden. **III** *s* **7.** Verzerrung *f.*

'**writ·ing I** *s* **1.** Schreiben *n* (*Tätigkeit*). **2.** Schriftstelle'rei *f.* **3.** schriftliche Ausfertigung *od.* Abfassung. **4.** Schreiben *n*, Schriftstück *n*, (*etwas*) Geschriebenes, *a.* Urkunde *f*: **in ~** schriftlich; **to put in ~** schriftlich niederlegen; **the ~ on the wall** *fig.* die Schrift an der Wand, das Menetekel. **5.** Schrift *f*, (*literarisches*) Werk: **the ~s of Pope** Popes Werke. **6.** Aufsatz *m*, Ar'tikel *m.* **7.** Brief *m.* **8.** Inschrift *f.* **9.** Schreibweise *f*, Stil *m.* **10.** (Hand)Schrift *f.* **II** *adj* **11.** schreibend, *bes.* schriftstellernd: **~ man** Schriftsteller *m.* **12.** Schreib...: **~ book** Schreibheft *n.* **~ case** *s* Schreibmappe *f.* **~ desk** *s* Schreibpult *n*, -tisch *m.* **~ ink** *s* (Schreib)Tinte *f.* **~ pad** *s* **1.** Schreibblock *m.* **2.** 'Schreib,unterlage *f.* **~ pa·per** *s* 'Schreibpa,pier *n.* **~ stand** *s* Stehpult *n.* **~ ta·ble** *s* Schreibtisch *m.*

writ·ten ['rɪtn] **I** *pp von* **write. II** *adj* **1.** schriftlich: **~ examination; ~ evidence** *jur.* Urkundenbeweis *m*; **~ question** *parl.* kleine Anfrage. **2.** geschrieben: **~ language** Schriftsprache *f*; **~ law** *jur.* geschriebenes Gesetz.

wrong [rɒŋ] **I** *adj* (*adv* → **wrongly**) **1.** falsch, unrichtig, verkehrt, irrig: **a ~ opinion; to be ~** a) falsch sein, b) unrecht haben, sich irren (*Person*), c) falsch gehen (*Uhr*); **you are ~ in believing** du irrst dich, wenn du glaubst; **to do the ~ thing** das Verkehrte *od.* Falsche tun, es verkehrt machen; **to prove s.o. ~** beweisen, daß j-d im Irrtum ist. **2.** verkehrt, falsch: **the ~ side** a) die verkehrte *od.* falsche Seite, b) die linke Seite (*von Stoffen etc*); **(the) ~ side out** das Innere nach außen (gekehrt) (*Kleidungsstück etc*); **to be on the ~ side of 60** über 60 (Jahre alt) sein; **he will laugh on the ~ side of his mouth** das Lachen wird ihm schon (noch) vergehen; **to have got out of bed (on) the ~ side** *colloq.* mit dem linken Bein zuerst aufgestanden sein; **to get on the ~ side of s.o.** *colloq.* sich j-s Gunst verscherzen, es mit j-m verderben; → **blanket** 1, **stick**[1] 5. **3.** nicht in Ordnung: **s.th. is ~ with it** etwas stimmt daran nicht, etwas ist nicht in Ordnung damit; **what is ~ with you?** was ist los mit dir?, was hast du?; **I wonder what's ~ with him** was hat er nur?; **what's ~ with ...?** *colloq.* a) was gibt es auszusetzen an (*dat*)?, b) wie wär's mit ...? **4.** unrecht, unbillig: **it is ~ of you to laugh** es ist nicht recht von dir zu lachen.
II *adv* **5.** falsch, unrichtig, verkehrt: **to get it ~** es ganz falsch verstehen, es mißverstehen; **don't get me ~** verstehen Sie mich nicht falsch, mißverstehen Sie mich nicht; **to go ~** a) nicht richtig funktionieren *od.* gehen (*Instrument, Uhr etc*), b) daneben-, schiefgehen (*Vorhaben etc*), c) auf Abwege *od.* die schiefe Bahn geraten, d) fehlgehen; **where did we go ~?** was haben wir falsch gemacht?; **to get in ~ with s.o.** *Am. colloq.* sich j-s Gunst verscherzen, es mit j-m verderben; **to get s.o. in ~** *Am. colloq.* j-n in Mißkredit bringen (**with** bei). **6.** unrecht: **to act ~.**
III *s* **7.** Unrecht *n*: **to do ~** Unrecht tun; **to do s.o. ~** j-m ein Unrecht zufügen. **8.** Irrtum *m*, Unrecht *n*: **to be in the ~** unrecht haben; **to get o.s. in the ~ with s.o.** sich bei j-m ins Unrecht setzen; **to put s.o. in the ~** j-n ins Unrecht setzen. **9.** Schaden *m*, Kränkung *f*, Beleidigung *f.* **10.** *jur.* Rechtsverletzung *f*: **private ~** Privatdelikt *n*; **public ~** öffentliches Delikt, strafbare Handlung.
IV *v/t* **11.** *j-m* (*a. in Gedanken etc*) Unrecht tun, *j-n* ungerecht behandeln: **I am ~ed** mir geschieht Unrecht. **12.** *j-m* schaden, Schaden zufügen, *j-n* benachteiligen. **13.** betrügen (**of** um). **14.** *e-e Frau* entehren, verführen.

,**wrong|'do·er** *s* Übel-, Missetäter(in). ,**~'do·ing** *s* **1.** Missetat *f.* **2.** Vergehen *n*, Verbrechen *n.*

wrong fo(u)nt *s print.* falsche Type.

'**wrong·ful** *adj* (*adv* **~ly**) **1.** ungerecht. **2.** beleidigend, kränkend. **3.** *jur.* 'widerrechtlich, unrechtmäßig, ungesetzlich. '**wrong·ful·ness** *s* **1.** Ungerechtigkeit *f.* **2.** Ungesetzlichkeit *f*, Unrechtmäßigkeit *f*, 'Widerrechtlichkeit *f.*

,**wrong'head·ed** *adj* (*adv* **~ly**) **1.** starr-, querköpfig, verbohrt (*Person*). **2.** verschroben, -dreht, hirnverbrannt.

'**wrong·ly** *adv* **1.** → **wrong** II. **2.** ungerechterweise, zu Unrecht: **rightly or ~** zu Recht *od.* Unrecht. **3.** irrtümlicher-, fälschlicherweise. '**wrong·ness** *s* **1.** Unrichtigkeit *f*, Verkehrtheit *f.* **2.** Unrecht *n*, Unbilligkeit *f.* '**wrong·ous** *adj bes. jur. Scot.* → **wrongful** 3.

wrote [rəʊt] *pret u. obs. pp von* **write**.

wroth [rəʊθ; rɔːθ] *adj obs. od. poet.* zornig, erzürnt, ergrimmt.

wrought [rɔːt] **I** *pret u. pp von* **work**. **II** *adj* **1.** be-, ge-, verarbeitet: **~ goods** Fertigwaren; **~ into shape** geformt; **a beautifully ~ tray** ein wunderschön gearbeitetes Tablett. **2.** geformt. **3.** *tech.* a) gehämmert, geschmiedet, b) schmiedeeisern. **4.** verziert. **5.** gestickt, gewirkt. **~ i·ron** *s tech.* **1.** Schmiede-, Schweißeisen *n.* **2.** schmiedbares Eisen. **~ steel** *s tech.* Schmiede-, Schweißstahl *m.*

wrung [rʌŋ] *pret u. pp von* **wring**.

wry [raɪ] *adj* (*adv* **wryly**) **1.** schief, krumm, verzerrt: **~ neck** schiefer *od.* steifer Hals; **to make** (*od.* **pull**) **a ~ face** e-e Grimasse schneiden. **2.** *fig.* a) verschroben: **~ notion**, b) sar'kastisch: **~ humo(u)r**, c) bitter: **a ~ pleasure**, d) gequält, schmerzlich: **a ~ smile.** '**~-billed** *adj orn.* mit schiefem Schnabel. '**~mouth** *s ichth.* (*ein*) Schleimfisch *m.* '**~-mouthed** *adj* **1.** schiefmäulig. **2.** *fig.* a) wenig schmeichelhaft, b) ätzend, sar'kastisch. '**~neck** *s orn.* Wendehals *m.*

wul·fen·ite ['wʊlfənaɪt] *s min.* Wulfe'nit *m*, Gelbbleierz *n.*

Würm [vʊə(r)m; *Br. a.* wɜːm; *Am. a.* wɜrm] *geol.* **I** *s* Würmeiszeit *f.* **II** *adj* Würm...: **~ time** → I.

wych elm [wɪtʃ] *s bot.* Bergrüster *f*, -ulme *f.*

Wyc·lif·fite, Wyc·lif·ite ['wɪklɪfaɪt] *relig.* **I** *adj* Wyclif *od.* s-e Lehre betreffend. **II** *s* Anhänger(in) Wyclifs.

wye [waɪ] *s* **1.** Ypsilon *n.* **2.** → **Y** 3.

wynd [waɪnd] *s bes. Scot.* enge Straße, Gasse *f.*

wy·vern → **wivern**.

X

X, x [eks] **I** *pl* **X's, Xs, x's, xs** [ˈeksɪz] **1.** X, x *n* (*Buchstabe*). **2. x** *math.* a) x *n* (*1. unbekannte Größe od.* [*un*]*abhängige Variable*), b) x-Achse *f*, Abˈszisse *f* (*im Koordinatensystem*). **3. X** *fig.* X *n*, unbekannte Größe. **4. X** X *n*, X-förmiger Gegenstand. **II** *adj* **5.** vierundzwanzigst(er, e, es). **6. X** X..., X-förmig. **III** *v/t pret u. pp* **x-ed,** *a.* **x'd, xed 7.** ankreuzen: to ~ **out** ausixen.

xan·thate [ˈzænθeɪt] *s chem.* Xanˈthat *n.*

xan·the·in [ˈzænθɪɪn] *s chem.* Xantheˈin *n.*

Xan·thi·an [ˈzænθɪən] *adj* xantisch.

xan·thic [ˈzænθɪk] *adj* **1.** *bes. bot.* gelblich. **2.** *chem.* Xanthin... ~ **ac·id** *s chem.* Xanthoˈgensäure *f.*

xan·thin [ˈzænθɪn] *s* **1.** *bot.* wasserunlösliches Blumengelb. **2.** → **xanthine.**

ˈ**xan·thine** [-θiːn] *s chem.* Xanˈthin *n.*

Xan·thip·pe [zænˈθɪpɪ; -ˈtɪ-] *npr u. s fig.* Xanˈthippe *f.*

Xan·thoch·ro·i [zænˈθɒkrəʊaɪ; *Am.* -ˈθɑkrəˌwaɪ] *s pl Ethnologie*: Blondhaarige *pl* (*nach Huxley*). ˌ**xan·thoˈchro·ic** [-θəʊˈkrəʊɪk; -θə-] → **xanthochroid** I.

ˈ**xan·tho·chroid** [-θəʊkrɔɪd] **I** *adj* blondhaarig u. hellhäutig (*Rasse*). **II** *s* blondhaarige u. hellhäutige Perˈson.

ˌ**xan·thoˈchro·mi·a** [-θəʊˈkrəʊmjə; -ɪə] *s med.* Gelbfärbung *f* der Haut.

xan·tho·ma [zænˈθəʊmə] *pl* **-mas, -ma·ta** [-mətə] *s med.* Xanˈthom *n* (*gutartige, gelbe Hautgeschwulst*).

Xan·tho·mel·a·noi [ˌzænθəʊˈmelənɔɪ] *s pl Ethnologie*: Schwarzhaarige *pl* (*nach Huxley*).

xan·tho·phyl(l) [ˈzænθəʊfɪl] *s bot. chem.* Xanthoˈphyll *n*, Blattgelb *n.*

xan·tho·sis [zænˈθəʊsɪs] *s med.* Xanˈthose *f*, Gelbfärbung *f.* ˈ**xan·thous** [-θəs] *adj* **1.** gelb, gelblich. **2.** *Ethnologie*: gelb, monˈgolisch.

Xan·tip·pe [zænˈtɪpɪ] → **Xanthippe.**

ˈ**x-ˌax·is** *s irr* → **X** 2 b.

X chro·mo·some *s biol.* ˈX-Chromoˌsom *n.*

xe·bec [ˈziːbek] *s mar.* Scheˈbe(c)ke *f.*

xe·ni·al [ˈziːnɪəl] *adj bes. hist.* gastfreundlich.

xe·nog·a·mous [ziːˈnɒgəməs; *Am.* -ˈnɑ-] *adj bot.* xenoˈgam. **xeˈnog·a·my** *s* Xenogaˈmie *f*, Fremd-, Kreuzbestäubung *f.*

ˌ**xen·oˈgen·e·sis** [ˌzenə-] *s biol.* **1.** → **heterogenesis. 2.** Entstehung *f* von Lebewesen, die von den Eltern völlig verschieden sind. ˌ**xen·o·geˈnet·ic** *adj* durch Urzeugung *od.* Generatiˈonswechsel entstanden. ˌ**xen·oˈglos·si·a** [-ˈglɒsɪə; *Am.* -ˈglɑ-] *s Parapsychologie*: Xenoglosˈsie *f* (*unbewußtes Reden in e-r unbekannten Fremdsprache*).

xen·o·lith [ˈzenəlɪθ] *s geol.* Xenoˈlith *m*, Fremdkörper *m.*

ˌ**xen·oˈmor·phic** *adj geol. min.* xenoˈmorph, fremdgestaltig.

xe·non [ˈzenɒn; *Am.* ˈziːˌnɑn; ˈzenˌɑn] *s chem.* Xeˈnon *n* (*Edelgas*).

xen·o·phile [ˈzenəfaɪl] *s* xenoˈphile Perˈson. ˌ**xen·oˈphil·i·a** [-ˈfɪlɪə] *s* Xenophiˈlie *f*, Fremdenliebe *f.* **xe·noph·i·lous** [zeˈnɒfɪləs; *Am.* -ˈnɑ-] *adj* xenoˈphil, fremdenfreundlich.

xen·o·phobe [ˈzenəfəʊb] *s* Fremdenhasser(in). ˌ**xen·oˈpho·bi·a** *s* Xenophoˈbie *f*, Fremdenfeindlichkeit *f.* ˌ**xen·oˈpho·bic** [-bɪk] *adj* xenoˈphob, fremdenfeindlich.

xe·ran·sis [zɪˈrænsɪs] *s med.* Austrocknung *f.*

xe·ran·the·mum [zɪˈrænθəməm] *s bot.* Xerˈanthemum *n*, Strohblume *f.*

xe·ra·si·a [zɪˈreɪzɪə] *s med.* Trockenheit *f* des Haares.

xe·rog·ra·phy [ˌzɪəˈrɒgrəfɪ; *Am.* zəˈrɑ-] *s print.* Xerograˈphie *f.*

xe·ro·mor·phic [ˌzɪərəˈmɔː(r)fɪk] *adj bot.* xeroˈmorph.

xe·roph·i·lous [zɪəˈrɒfɪləs; *Am.* zəˈrɑ-] *adj bot.* xeroˈphil, die Trockenheit liebend.

xe·ro·phyte [ˈzɪərəfaɪt] *s bot.* Xeroˈphyt *m*, Trockenpflanze *f.* ˌ**xe·roˈphyt·ic** [-ˈfɪtɪk] *adj* die Trockenheit liebend.

xe·ro·sis [ˌzɪəˈrəʊsɪs; *Am.* zəˈr-] *s med.* Xeˈrose *f*, krankhafte Trockenheit.

xi [saɪ; zaɪ; gzaɪ; ksaɪ] *s* Xi *n* (*griechischer Buchstabe*).

xiph·oid [ˈzɪfɔɪd; *Am. a.* ˈzaɪˌ-] *anat.* **I** *adj* **1.** schwertförmig. **2.** Schwertfortsatz...: ~ **appendage,** ~ **appendix,** ~ **cartilage,** ~ **process** → 3. **II** *s* **3.** Schwertfortsatz *m* (*des Brustbeins*).

Xmas [ˈkrɪsməs; ˈeksməs] *colloq. für* **Christmas.**

X ray *s med. phys.* **1.** X-Strahl *m*, Röntgenstrahl *m.* **2.** Röntgenaufnahme *f*, -bild *n*: **to take an ~ (of)** ein Röntgenbild machen (von), *etwas* röntgen.

X-ray I *v/t* [ˌeksˈreɪ; ˈeksreɪ] **1.** röntgen: a) ein Röntgenbild machen von, b) durchˈleuchten. **2.** mit Röntgenstrahlen behandeln, bestrahlen. **II** *adj* [ˈeksreɪ] **3.** Röntgen...: ~ **examination (microscope, spectrum,** *etc*); ~ **astronomy** Röntgenastronomie *f*; ~ **picture** (*od.* **photograph)** → **X ray** 2; ~ **tube** Röntgenröhre *f.*

xy·lan [ˈzaɪlæn] *s chem.* Xyˈlan *n*, Holzgummi *m, n.*

xy·lem [ˈzaɪləm; -lem] *s bot.* Xyˈlem *n*, Holzteil *m* der Leitbündel: **primary ~** Protoxylem.

xy·lene [ˈzaɪliːn] *s chem.* Xyˈlol *n.* ˈ**xy·lic** *adj chem.* xylisch: ~ **acid** Xylylsäure *f.*

xy·lo·carp [ˈzaɪləkɑː(r)p] *s bot.* holzige Frucht.

xy·lo·graph [ˈzaɪləgrɑːf; *bes. Am.* -græf] *s* Xylograˈphie *f*, Holzschnitt *m.* **xyˈlog·ra·pher** [-ˈlɒgrəfə(r); *Am.* -ˈlɑ-] *s* Holzschneider *m*, Xyloˈgraph *m.* ˌ**xy·loˈgraph·ic** [-ləˈgræfɪk] *adj* xyloˈgraphisch, Holzschnitt... **xyˈlog·ra·phy** [-ˈlɒgrəfɪ; *Am.* -ˈlɑ-] *s* Xylograˈphie *f*, Holzschneidekunst *f.*

xy·lol [ˈzaɪlɒl; *Am. a.* -ˌləʊl] → **xylene.**

xy·lo·nite [ˈzaɪlənaɪt] (*TM*) *s tech. bes. Br.* (*Art*) Zelluˈloid *n.*

xy·loph·a·gan [zaɪˈlɒfəgən; *Am.* -ˈlɑ-] *zo.* **I** *adj* zu den Holzfressern *od.* -bohrern gehörig. **II** *s* Holzbohrer *m*, -fresser *m.* ˈ**xy·lo·phage** [-ləfeɪdʒ] → **xylophagan** II.

xy·lo·phone [ˈzaɪləfəʊn] *s mus.* Xyloˈphon *n.* **xy·loph·o·nist** [zaɪˈlɒfənɪst; *bes. Am.* ˈzaɪləˌfəʊ-] *s* Xylophoˈnist(in).

xy·lo·py·rog·ra·phy [ˌzaɪləpaɪˈrɒgrəfɪ; *Am.* -ˈrɑ-] *s* Brandmaleˈrei *f* (*in Holz*).

xy·lose [ˈzaɪləʊs; -ləʊz] *s chem.* Xyˈlose *f*, Holzzucker *m.*

xys·ter [ˈzɪstə(r)] *s med.* Knochenschaber *m.*

Y

Y, y [waɪ] **I** *pl* **Y's, Ys, y's, ys** [waɪz] **1.** Y, y *n*, Ypsilon *n* (*Buchstabe*). **2. y** *math.* a) y *n* (*2. unbekannte Größe od.* [*un*]*abhängige Variable*), b) y-Achse *f*, Ordi'nate *f* (*im Koordinatensystem*). **3. Y** Y *n*, Y-förmiger Gegenstand. **II** *adj* **4.** fünfundzwanzigst(er, e, es). **5. Y** Y-... Y-förmig, gabelförmig.

y- [ɪ] *obs. Präfix zur Bildung des pp, entsprechend dem deutschen* ge-.

yacht [jɒt; *Am.* jɑt] *mar.* **I** *s* **1.** (Segel-, Motor)Jacht *f*: ~ **club** Jachtklub *m*. **2.** (Renn)Segler *m*. **II** *v/i* **3.** auf e-r Jacht fahren. **4.** (sport)segeln. **'yacht·er** → **yachtsman.** **'yacht·ing** *mar.* **I** *s* **1.** (Sport)Segeln *n*. **2.** Jacht-, Segelsport *m*. **II** *adj* **3.** Segel..., Jacht...

'yachts·man [-mən] *s irr mar.* **1.** Jachtfahrer *m*. **2.** (Sport)Segler *m*. **'yachts·man·ship** *s* Segelkunst *f*.

yack → **yak**².

yaf·fle ['jæfl], *a.* **yaf·fil** ['jæfl] *s orn.* Grünspecht *m*.

ya·gi ['jɑ:gɪ; 'jægɪ] *s electr.* 'Yagi-An,tenne *f* (*für Kurzwellen*).

yah [jɑ:] *interj* a) äh!, puh!, pfui!, b) ätsch!

ya·hoo [jə'hu:; *Am.* 'jeɪhu:] *s* a) bru'taler Kerl, Rohling *m*, b) ‚Schwein' *n*.

Yah·ve(h) ['jɑ:veɪ], **Yah·we(h)** ['jɑ:weɪ] *s Bibl.* Jahwe *m*, Je'hova *m*.

yak¹ [jæk] *s zo.* Yak *m*, Grunzochs *m*.

yak² [jæk] *colloq.* **I** *s* Gequassel *n*. **II** *v/i* quasseln.

yam [jæm] *s bot.* **1.** Yamswurzel *f*. **2.** *Am.* 'Süßkar,toffel *f*, Ba'tate *f*. **3.** *Scot.* Kar'toffel *f*.

yam·mer ['jæmə(r)] *colloq.* **I** *v/i* **1.** jammern. **2.** *Am.* quasseln. **II** *v/t* **3.** *etwas* jammernd sagen *od.* erzählen.

yank¹ [jæŋk] *colloq.* **I** *v/t* (mit e-m Ruck her'aus- *etc*)ziehen: **to ~ out a tooth; to ~ off** abreißen. **II** *v/i* reißen, heftig ziehen (at an *dat*). **III** *s* (heftiger) Ruck.

Yank² [jæŋk] *colloq. für* **Yankee.**

Yan·kee ['jæŋkɪ] **I** *s* **1.** Yankee *m* (*Spitzname*): a) Neu-'Engländer(in), b) Nordstaatler(in) (*der USA*), c) *allg.* (*von Nichtamerikanern gebraucht*) ('Nord)Ameri,kaner(in), ‚Ami' *m*. **2.** Yankee-Englisch *n* (*in Neu-England*). **II** *adj* **3.** Yankee...: a) neu'englisch, b) *allg.* ('nord)ameri,kanisch. **'Yan·kee·dom** *s* **1.** (*die*) Yankees *pl*. **2.** die Vereinigten Staaten *pl*. **'Yan·kee·fied** [-faɪd] *adj* amerikani'siert. **'Yan·kee·ism** *s* **1.** Eigentümlichkeiten *pl* der Yankees. **2.** ameri'kanische Spracheigenheit.

yap [jæp] **I** *s* **1.** Kläffen *n*, Gekläff *n*. **2.** *colloq.* a) Gequassel *n*, b) ‚Gemeckere' *n*. **3.** *Am. sl.* Trottel *m*. **4.** *bes. Am. sl.* ‚Schnauze' *f* (*Mund*). **II** *v/i* **5.** kläffen. **6.** *colloq.* a) quasseln, b) ‚meckern': **to ~ at s.o.** j-n anmeckern. **III** *v/t* **7.** *etwas* kläffen *od.* bellen (*Person*).

yapp [jæp] *s Br. Bucheinband aus weichem Leder mit überstehenden Rändern.*

yard¹ [jɑ:(r)d] *s* **1.** Yard *n* (*= 0,914 m*): **a sentence a ~ long** *colloq.* ein ‚Bandwurmsatz'. **2.** Yardmaß *n*, -stock *m*: **by the ~** yardweise; **~ goods** *Am.* Yard-, Schnittware *f*. **3.** *mar.* Rah *f*. **4.** *Am. sl.* hundert Dollar.

yard² [jɑ:(r)d] **I** *s* **1.** Hof(raum) *m*, eingefriedigter Platz: **prison ~** Gefängnishof *m*. **2.** Gelände *n* (*e-r Schule od. Universität*). **3.** a) Lager-, Stapelplatz *m*, b) Bauhof *m*. **4.** *rail.* Ran'gier-, Verschiebebahnhof *m*. **5. the Y~** *colloq. für* **Scotland Yard. 6.** *agr.* Hof *m*, Gehege *n*: **poultry ~** Hühnerhof. **7.** *Am.* Garten *m*. **8.** *Am.* Winterweideplatz *m* (*für Elche u. Rotwild*). **II** *v/t* **9.** *Material etc* in e-m Hof lagern. **10.** *oft* **~ up** *Vieh* im Viehhof einschließen.

'yard·age¹ *s* in Yards angegebene Zahl *od.* Länge, Yards *pl*.

'yard·age² *s* Recht *n* zur (*od.* Gebühr *f* für die) Benutzung e-s (Vieh- *etc*)Hofs.

'yard|·arm *s mar.* Rahnock *f*. **'~·land** *s agr. hist.* 1/4 Hufe *f* (*altes englisches Landmaß*). **'~·man** [-mən] *s irr* **1.** *rail.* Ran'gier-, Bahnhofsarbeiter *m*. **2.** Bauhofverwalter. **'~,mas·ter** *s rail.* Ran'giermeister *m*. **~ meas·ure** *s* Yardstock *m*, -maß *n*. **~ rope** *s mar.* Rah-, Nockjolle *f*. **~ sale** → **garage sale.** **'~·stick** *s* **1.** Yard-, Maßstock *m*. **2.** *fig.* Maßstab *m*: **on what kind of ~ is he basing his criticism?** welche Maßstäbe legt er bei s-r Kritik an?; **is profit the only ~ of success?** wird Erfolg (denn) nur am Profit gemessen?

yarn [jɑ:(r)n] *s* **1.** gesponnener Faden, Garn *n*: **dyed in the ~** im Garn gefärbt. **2.** (Kabel- *etc*)Garn *n*. **3.** *colloq.* Garn *n*, abenteuerliche *od.* erfundene *od.* (stark) über'triebene Geschichte: **to spin a ~** (*od.* **~s**) (sein) Garn spinnen. **4.** *colloq.* Plaude'rei *f*, Plausch *m*: **to have a ~ with s.o.** mit j-m plaudern. **~ dress·er** *s tech.* 'Garn,schlichtma,schine *f*. **'~-dyed** *adj tech.* im Garn gefärbt.

yar·row ['jærəʊ] *s bot.* Schafgarbe *f*.

yash·mak ['jæʃmæk] *s* Jasch'mak *m* (*Schleier der mohammedanischen Frauen*).

yat·a·g(h)an ['jætəgən] *s* Jata'gan *m* (*krummer türkischer Säbel*).

yaw [jɔ:] **I** *v/i* **1.** *mar.* gieren, vom Kurs abkommen. **2.** *aer.* (*um die Hochachse*) gieren, scheren. **3.** *fig.* abweichen (**from** von). **II** *s* **4.** *mar.* Gierung *f*, Gieren *n*. **5.** *aer.* Scheren *n*. **6.** *fig.* Abweichen *n*.

yawl¹ [jɔ:l] *Br. dial.* **I** *v/i* jaulen, heulen. **II** *s* Jaulen *n*, Geheul *n*.

yawl² [jɔ:l] *s mar.* **1.** (Segel)Jolle *f*. **2.** Be'sankutter *m*.

yawn [jɔ:n] **I** *v/i* **1.** gähnen. **2.** *fig.* gähnen, klaffen (*Abgrund etc*). **3.** *fig.* a) sich weit u. tief auftun, b) weit offenstehen. **II** *v/t* **4.** gähnen(d sagen). **III** *s* **5.** a) Gähnen *n* (*a. fig.*), b) Gähner *m*: **to give a ~** gähnen. **6.** *fig.* Abgrund *m*, weite Öffnung. **7.** *fig.* a) Langweiligkeit *f*, b) (*etwas*) (zum Gähnen) Langweiliges: **the play was a perfect ~** das Stück war ‚stinklangweilig', c) Langweiler(in). **'yawn·ing** *adj* (*adv* **~ly**) gähnend (*a. fig.*).

yawp [jɔ:p] *Am. colloq.* **I** *v/i* **1.** schreien, brüllen. **2.** a) quasseln, b) ‚meckern': **to ~ at s.o.** j-n anmeckern, c) jammern. **II** *s* **3.** Schrei *m*, Gebrüll *n*. **4.** Gequassel *n*.

yaws [jɔ:z] *s pl* (*a. als sg konstruiert*) *med.* Frambö'sie *f* (*ansteckende Hautkrankheit der Tropen mit himbeerartigem Ausschlag*).

'y-,ax·is *s irr* → Y 2 b.

Y chro·mo·some *s biol.* 'Y-Chromo,som *n*.

y·cleped [ɪ'kli:pt], **y·clept** [ɪ'klept] *adj obs. od. humor.* genannt, namens.

Y con·nec·tion *s electr.* Sternschaltung *f*.

ye¹ [ji:] *pron obs. od. Bibl. od. humor.* **1.** ihr, Ihr: **~ gods!** großer *od.* allmächtiger Gott! **2.** euch, Euch, dir, Dir: **strange news to tell ~. 3.** du, Du (*a. als Anrede*). **4.** *colloq. für* **you: how d'ye do?**

ye² [ji:] *obs. für* **the**¹.

yea [jeɪ] **I** *adv* **1.** *obs.* ja (*als Antwort*). **2.** *obs.* für'wahr, wahr'haftig. **3.** *obs.* ja so'gar. **II** *s* **4.** *obs.* Ja *n*. **5.** *parl. etc* Ja(stimme *f*) *n*: **~s and nays** Stimmen für u. wider; **the ~s have it!** der Antrag ist angenommen!

yeah [jeə] *interj colloq.* ja, klar: **~?** so?, na, na!

yean [ji:n] **I** *v/t* werfen (*Schaf, Ziege*). **II** *v/i* a) lammen, b) zickeln. **'yean·ling** [-lɪŋ] *s* a) Lamm *n*, b) Zicklein *n*.

year [jɜ:; jɪə; *Am.* jɪər] *s* **1.** Jahr *n*: **for a ~ and a day** *jur.* auf Jahr u. Tag; **for ~s** a) jahrelang, seit Jahren, b) auf Jahre hinaus; **~ in, ~ out** jahraus, jahrein; **~ by ~, from ~ to ~, ~ after ~** Jahr für Jahr; **in the ~ one** *humor.* vor undenklichen Zeiten; **not in ~s** seit Jahren nicht (mehr); **since the ~ dot** *colloq.* seit e-r Ewigkeit; **twice a ~** zweimal jährlich *od.* im Jahr; **to take ~s off s.o.** j-n um Jahre jünger machen *od.* aussehen lassen. **2.** (Ka'lender)Jahr *n*: **church ~, Christian ~, ecclesiastical ~** Kirchenjahr *n*; **civil ~, common ~, legal ~** bürgerliches Jahr; → **grace** 7. **3.** *pl* Alter *n*: **she is clever for her ~s** sie ist klug für ihr Alter; **he bears his ~s well** er ist für sein Alter noch recht rüstig; → **get on** 1, **old** 2, **well**¹ 10. **4.** *ped. univ.* Jahrgang *m*: **he was the best in his ~. 5.** *astr.* 'Umlaufzeit *f*, Peri'ode *f* (*e-s Planeten*). **'~·book** *s* **1.** Jahrbuch *n*. **2. Year Books** *pl jur. Br. amtliche Sammlung von Rechtsfällen* (*1292 bis 1534*). **'~-,end** *Am.* **I** *s* Jahresende *n*. **II** *adj* am *od.* zum Jahresende: **~ inventory.**

year·ling [ˈjɜːlɪŋ; ˈjɪəlɪŋ; *Am.* ˈjɪərlɪŋ] **I** *s* **1.** Jährling *m*: a) einjähriges Tier, b) einjährige Pflanze. **2.** *Pferdesport*: Einjährige(s) *n*. **3.** *mil. Am. Angehöriger der zweituntersten Klasse in e-r Militärakademie.* **II** *adj* **4.** einjährig.
ˌyearˈlong *adj* einjährig: **after a ~ absence** nach einjähriger Abwesenheit.
ˈyear·ly I *adj* jährlich, Jahres... **II** *adv* jährlich, jedes Jahr (einmal).
yearn [jɜːn; *Am.* jɜrn] *v/i* **1.** sich sehnen, Sehnsucht haben (**for, after** nach; **to do** danach, zu tun): **to ~ for s.o. to come** a) j-n herbeisehnen, b) sehnsüchtig auf j-n warten. **2.** empfinden (**to, toward[s]** für, mit). **ˈyearn·ing I** *s* Sehnsucht *f*, Sehnen *n*. **II** *adj* (*adv* **~ly**) sehnsüchtig, sehnend.
yeast [jiːst] **I** *s* **1.** (Bier-, Back)Hefe *f*: **~ fungus** Hefepilz *m*. **2.** Gischt *m, f*, Schaum *m* (*a. auf dem Bier*). **3.** *fig.* Triebkraft *f*, -kräfte *pl*. **II** *v/i* **4.** gären. **5.** schäumen. **~ plant** *s bot.* Hefepilz *m*. **~ pow·der** *s* Backpulver *n*.
ˈyeast·y *adj* **1.** hefig, Hefe... **2.** gärend, Gär... **3.** schäumend. **4.** *fig.* a) leer, hohl, oberflächlich, b) geringfügig, nichtig. **5.** *fig.* a) unstet (*Leben etc*), b) ˈüberschwenglich (*Begeisterung etc*), c) enerˈgiegeladen (*Person*).
yecch [jek] → **yuck**. **ˈyecch·y** → **yucky**.
yegg(·man) [ˈjeg(mən)] *s irr Am. sl.* ‚Schränker' *m* (*Geldschrankknacker*).
yelk [jelk] *dial. für* **yolk**.
yell [jel] **I** *v/i* **1.** *a.* **~ out** schreien, brüllen (**with** vor *dat*): **to ~ with laughter (pain)**; **to ~ at s.o.** j-n anschreien *od.* anbrüllen; **to ~ for help** (gellend) um Hilfe schreien. **2.** *Am.* anfeuernd schreien *od.* brüllen: **to ~ for s.o.** für j-n schreien, j-n anfeuern. **3.** *Am.* zetern, schreien. **II** *v/t* **4.** *a.* **~ out** brüllen, schreien: **to ~ curses (s.o.'s name,** *etc***)**; **to ~ a team to victory** e-e Mannschaft zum Sieg brüllen. **III** *s* **5.** Schrei *m*: **to give** (*od.* **let out**) **a ~** e-n Schrei ausstoßen; **~ for help** (gellender) Hilfeschrei; **~ of terror** Entsetzensschrei; **~s of hate** Haßgeschrei *n*. **6.** *Am.* rhythmischer Anfeuerungs- *od.* Schlachtruf (*e-r Schule etc*).
yel·low [ˈjeləʊ] **I** *adj* **1.** gelb (*Am. a. Verkehrsampel*): **the lights were ~** *Am.* die Ampel stand auf Gelb; **~-haired** flachshaarig. **2.** gelb(häutig) (*Rasse*): **the ~ peril** die gelbe Gefahr. **3.** *fig.* a) *obs.* neidisch, ˈmißgünstig, b) *colloq.* feig: **~ streak** feiger Zug. **4.** sensatiˈonslüstern, reißerisch (aufgemacht): **~ paper** Revolverblatt *n*; **~ press** Sensationspresse *f*. **II** *s* **5.** Gelb *n*: **at ~** *Am.* bei Gelb; **the lights were at ~** *Am.* die Ampel stand auf Gelb. **6.** Eigelb *n*. **7.** *sl.* Feigheit *f*. **8.** *pl bot. med. vet.* Gelbsucht *f*. **III** *v/t* **9.** gelb färben *od.* machen. **IV** *v/i* **10.** gelb werden, sich gelb färben, vergilben.
ˈyel·low|ˌbel·ly *s sl.* ‚Schisser' *m* (*Feigling*). **~ book** *s pol.* Gelbbuch *n*. **~ boy** *s hist. Br. sl.* Goldstück *n*. **~ card** *s Fußball*: gelbe Karte: **to be shown the ~** die gelbe Karte (gezeigt) bekommen. **~ car·ti·lage** *s anat.* Netzknorpel *m*. **~ dog** *s Am. colloq.* **1.** Köter *m*, ‚Promeˈnadenmischung' *f*. **2.** *fig.* (hunds)gemeiner *od.* feiger Kerl. **ˌ~-ˈdog** *adj Am. colloq.* **1.** a) (hunds)gemein, b) feig. **2.** gewerkschaftsfeindlich: **~ contract** Anstellungsvertrag *m*, in dem sich der Arbeitnehmer verpflichtet, keiner Gewerkschaft beizutreten. **~ earth** *s min.* **1.** Gelberde *f*. **2.** → **yellow ocher**. **~ fe·ver** *s med.* Gelbfieber *n*. **~ flag** → **yellow jack** 2. **~ gum** *s med.* hochgradige Gelbsucht (*bei Kindern*). **ˈ~ˌham·mer** *s orn.* Goldammer *f*.
ˈyel·low·ish *adj* gelblich.
yel·low| jack *s* **1.** *med.* Gelbfieber *n*. **2.** *mar.* Quaranˈtäneflagge *f*. **~ man** *s irr* Gelbe(r) *m*, Angehörige(r) *m* der gelben Rasse. **~ met·al** *s tech.* ˈMuntzmeˌtall *n*. **~ o·cher,** *bes. Br.* **~ o·chre** *s min.* gelber Ocker, Gelberde *f*. **~ pag·es** *s pl teleph.* (*die*) gelben Seiten, Branchenverzeichnis *n*. **~ soap** *s* Schmierseife *f*. **~ spot** *s anat.* gelber Fleck (*im Auge*).
ˈyel·low·y *adj* gelblich.
yelp [jelp] **I** *v/i* **1.** a) (auf)jaulen (*Hund etc*), b) aufschreien. **2.** kreischen **II** *v/t* **3.** kreischen. **III** *s* **4.** a) (Auf)Jaulen *n*, b) Aufschrei *m*: **to give a ~** → 1.
yen[1] [jen] *pl* **yen** *s* Yen *m*, Jen *m* (*japanische Münzeinheit*).
yen[2] [jen] *colloq. für* **yearn** 1, **yearning** I.
yeo·man [ˈjəʊmən] *s irr* **1.** *Br.* Yeoman *m*: a) *hist.* Freisasse *m*, b) *mil. hist.* berittener Miˈlizsolˌdat, c) *a.* **Y~ of the Guard** (königlicher) ˈLeibgarˌdist: **to do ~'s service for s.o.** *fig.* j-m treue Dienste leisten. **2.** *Br. hist.* a) *Diener od. Beamter in königlichem od. adligem Haushalt*, b) *Gehilfe e-s Beamten*. **3.** *mar.* Verˈwaltungsˌunteroffiˌzier *m*. **ˈyeo·man·ly** *adj Br.* **1.** *hist.* e-n Yeoman betreffend. **2.** *fig.* zuverlässig, treu. **ˈyeo·man·ry** [-rɪ] *s collect. hist. Br.* **1.** Freisassen *pl*. **2.** *mil.* berittene Miˈliz.
yep [jep] *adv colloq.* ja.
yer [jə(r)] *dial. für* **your**.
yer·ba [ˈjeə(r)bə] *s* **1.** Pflanze *f*, Kraut *n*. **2.** *oft* **~ maté, ~ de maté** Matetee *m*.
yes [jes] **I** *adv* **1.** ja, jaˈwohl: **to say ~ (to)** a) ja sagen (zu), (*e-e Sache*) bejahen (*beide a. fig.*), b) einwilligen (in *acc*). **2.** ja, gewiß, allerdings. **3.** (ja) doch. **4.** ja soˈgar. **5.** (*fragend*) ja?, tatsächlich?, wirklich? **II** *s* **6.** Ja *n*. **7.** *fig.* Jawort *n*. **8.** *parl.* Ja(stimme *f*) *n*: **the ~es have it** die Mehrheit ist dafür, der Antrag ist angenommen. **~ man** *s irr contp.* Jasager *m*.
yes·ter [ˈjestə(r)] **I** *adj* **1.** *obs. od. poet.* gestrig. **2.** (*in Zssgn*) gestrig, letzt(er, e, es). **II** *adv obs.* **3.** gestern. **ˈ~day** [-dɪ] **I** *adv* **1.** gestern: **I was not born ~** *fig.* ich bin (doch) nicht von gestern. **II** *adj* **2.** gestrig, vergangen: **~ morning** gestern früh *od.* morgen. **III** *s* **3.** der gestrige Tag: **the day before ~** vorgestern; **~'s paper** die gestrige Zeitung; **of ~** von gestern; **~s** vergangene Tage *od.* Zeiten. **4.** *fig.* (*das*) Gestern. **ˌ~ˈeve, ˌ~ˈe·ven, ˌ~ˈeve·ning** *obs. od. poet.* **I** *adv* gestern abend. **II** *s* gestriger Abend. **ˌ~ˈnight** *obs. od. poet.* **I** *adv* gestern abend, in der letzten Nacht. **II** *s* gestriger Abend, letzte Nacht. **ˌ~ˈyear** *adv u. s obs. od. poet.* voriges Jahr.
yes·treen [jeˈstriːn] *Scot. od. poet.* **I** *adv* gestern abend, in der letzten Nacht. **II** *s* gestriger Abend, letzte Nacht.
yet [jet] **I** *adv* **1.** (immer) noch, noch immer, jetzt noch: **never ~** noch nie; **not ~** noch nicht; **nothing ~** noch nichts; **~ unfinished** noch (immer) unvollendet, noch nicht vollendet; **there is ~ time** noch ist Zeit; **~ a moment** (nur) noch e-n Augenblick; **(as) ~** bis jetzt, bisher; **I haven't seen him as ~** bis jetzt habe ich ihn (noch) nicht gesehen. **2.** schon (*in Fragen*), jetzt: **have you finished ~?** bist du schon fertig?; **not just ~** nicht gerade jetzt; **the largest ~ found specimen** das größte bis jetzt gefundene Exemplar. **3.** (doch) noch, schon (noch): **he will win ~** er wird doch noch gewinnen. **4.** noch, soˈgar (*beim Komparativ*): **~ better** noch besser; **~ more important** sogar noch wichtiger. **5.** noch daˈzu, außerdem: **another and ~ another** noch e-r u. noch e-r dazu; **~ again** immer wieder; **nor ~** (und) auch nicht. **6.** dennoch, trotzdem, jeˈdoch, aber: **it is strange and ~ true** es ist seltsam u. dennoch wahr; **but ~** aber doch *od.* trotzdem. **II** *conj* **7.** aber (dennoch *od.* zuˈgleich), doch: **a rough ~ ready helper** ein zwar rauher, doch bereitwilliger Helfer. **8.** *a.* **~ that** *obs.* obˈgleich.
ye·ti [ˈjetɪ] *s* Yeti *m*, Schneemensch *m*.
yew [juː] *s* **1.** *a.* **~ tree** *bot.* Eibe *f*. **2.** Eibenzweig(e *pl*) *m* (*als Zeichen der Trauer*). **3.** Eibenholz *n*. **4.** Eibenholzbogen *m* (*Waffe*).
Yg(g)·dra·sil [ˈɪgdræsl; ˈɪgdrəsɪl] *s myth.* Yggdrasil *m*, Weltesche *f*.
ˈY-gun *s mar. mil.* Wasserbombenwerfer *m*.
Yid [jɪd] *s sl.* ‚Itzig' *m*, Jude *m*.
Yid·dish [ˈjɪdɪʃ] *ling.* **I** *s* Jiddisch *n*, das Jiddische. **II** *adj* jiddisch.
yield [jiːld] **I** *v/t* **1.** (*als Ertrag*) ergeben, (ein-, er-, herˈvor)bringen, *bes. e-n Gewinn* abwerfen, *Früchte etc*, *a. econ. Zinsen* tragen, *ein Produkt* liefern: **to ~ 6%** *econ.* a) sich mit 6% verzinsen, b) 6% Rendite abwerfen; → **interest** 11. **2.** *ein Resultat* ergeben, liefern. **3.** *e-n Begriff* geben (**of** von). **4.** *Dank, Ehre etc* erweisen, zollen: **to ~ s.o. thanks** j-m Dank zollen. **5.** gewähren, zugestehen, einräumen: **to ~ consent** einwilligen; **to ~ one's consent to s.o.** j-m s-e Einwilligung geben; **to ~ the point** sich in (*e-r Debatte*) geschlagen geben; **to ~ precedence to s.o.** j-m den Vorrang einräumen; **to ~ right-of-way to s.o.** *mot.* j-m die Vorfahrt gewähren. **6.** **~ up** a) auf-, ˈhergeben, b) (**to**) abtreten (an *acc*), überˈlassen, -ˈgeben (*dat*), ausliefern (*dat od.* an *acc*): **to ~ o.s. to** sich (*e-r Sache*) überlassen; **to ~ o.s. prisoner** sich gefangen geben; **to ~ a place to** (*dat*) Platz machen; **to ~ a secret** ein Geheimnis preisgeben; → **ghost** 2, **palm**[2] 3. **7.** *obs.* zugeben. **8.** *obs.* vergelten, belohnen.
II *v/i* **9.** (*guten etc*) Ertrag geben *od.* liefern, *bes. agr.* tragen. **10.** nachgeben, weichen (*Sache od. Person*): **to ~ to despair** sich der Verzweiflung hingeben; **to ~ to force** der Gewalt weichen; **to ~ to treatment** *med.* auf e-e Behandlung(smethode) ansprechen (*Krankheit*); **"~"** *mot. Am.* „Vorfahrt gewähren!" **11.** sich unterˈwerfen, sich fügen (**to** *dat*). **12.** einwilligen (**to** in *acc*). **13.** nachstehen (**to** *dat*): **to ~ to none in s.th.** keinem nachstehen in e-r Sache.
III *s* **14.** Ertrag *m*: a) *agr.* Ernte *f*, b) Ausbeute *f* (*a. phys. tech.*), Gewinn *m*: **~ of radiation** *phys.* Strahlungsertrag, -ausbeute; **~ of tax(es)** *econ.* Steueraufkommen *n*, -ertrag. **15.** *econ.* a) Zinsertrag *m*, b) Renˈdite *f*. **16.** *tech.* a) Meˈtallgehalt *m* (*von Erzen*), b) Ausgiebigkeit *f* (*von Farben etc*), c) Nachgiebigkeit *f* (*von Material*).
ˈyield·ing *adj* (*adv* **~ly**) **1.** ergiebig, einträglich: **~ interest** *econ.* verzinslich. **2.** a) nachgebend, dehnbar, biegsam, b) weich. **3.** *fig.* nachgiebig, gefügig.
yield| point *s tech.* Streck-, Fließgrenze *f*. **~ stress,** *a.* **~ strength** *s tech.* Streckspannung *f*.
yip [jɪp] *Am. colloq. für* **yelp**.
yipe [jaɪp] **I** *v/i* aufschreien. **II** *s* Aufschrei *m*.
yip·pee [jɪˈpiː; ˈjɪpiː] *interj* hurˈra!
Yip·pie [ˈjɪpiː] *s Am.* Yippie *m* (*aktionistischer, ideologisch radikalisierter* Hippie).
y·lang-y·lang → **ilang-ilang**.
y·lem [ˈaɪləm] *s philos.* Hyle *f*, Urstoff *m*.
Y lev·el *s tech.* (Wasserwaage *f* mit) Liˈbelle *f*.
yob [jɒb], **yob·bo** [ˈjɒbəʊ] *pl* **-bos** *s Br. colloq.* Halbstarke(r) *m*, Rowdy *m*.
yo·del [ˈjəʊdl] **I** *v/t u. v/i pret u. pp*

-deled, *bes. Br.* **-delled** jodeln. **II** *s* Jodler *m.* ˈ**yo·del·(l)er** *s* Jodler(in).

yo·ga [ˈjəʊgə] *s* Joga *m, n,* Yoga *m, n.*

yogh [jɒg; jəʊk; jəʊg] *s ling. der mittelenglische Laut* ȝ.

yo·gh(o)urt [ˈjɒgət; *Am.* ˈjəʊgərt] *s* Joghurt *m, n, colloq. a. f.*

yo·gi [ˈjəʊgɪ], *a.* ˈ**yo·gin** [-gɪn] *s* Jogi *m,* Yogi *m.* ˈ**yo·gism** → **yoga.**

yo·gurt → **yogh(o)urt.**

yo·heave-ho [ˌjəʊhiːvˈhəʊ] *interj mar. hist.* hauˈruck!

yo·ho [jəʊˈhəʊ] **I** *interj* **1.** he!, holla! **2.** hauˈruck! **II** *v/i* **3.** ‚holla!‘ *od.* ‚he!‘ rufen.

yoicks [jɔɪks] *hunt.* **I** *interj* hussa! (*Hetzruf an Hunde*). **II** *s* Hussa(ruf *m*) *n.*

yoke [jəʊk] **I** *s* **1.** Joch *n* (*Geschirr für Zugochsen etc*). **2.** *antiq. u. fig.* Joch *n*: **to pass under the ~** sich unter das Joch beugen; **to come under the ~** unter das Joch kommen; **~ of matrimony** Ehejoch, Joch der Ehe; → **throw off** 2. **3.** *sg od. pl* Paar *n,* Gespann *n*: **two ~ of oxen. 4.** *tech.* a) Joch *n,* Schultertrage *f* (*für Eimer etc*), b) Glockengerüst *n,* c) Kopfgerüst *n* (*e-s Aufzugs*), d) Bügel *m,* e) *electr.* (Maˈgnet-, Pol)Joch *n,* f) *mot.* Gabelgelenk *n,* g) doppeltes Achslager, h) *mar.* Kreuzkopf *m,* Ruderjoch *n.* **5.** Passe *f,* Sattel *m* (*an Kleidern*).

II *v/t* **6.** *Tiere* ins Joch spannen, anschirren, anjochen. **7.** *fig.* paaren, verbinden (**with, to** mit). **8.** *e-n Wagen etc* mit Zugtieren bespannen. **9.** *fig.* anspannen, anstrengen (**to** bei): **to ~ one's mind to s.th.** s-n Kopf bei etwas anstrengen.

III *v/i* **10.** a) verbunden sein (**with s.o.** mit j-m), b) *a.* **~ together** zs.-arbeiten.

yoke| bone *s anat.* Jochbein *n.* **~ end** *s mot.* Gabelkopf *m.* ˈ**~ˌfel·low** *s obs.* **1.** (ˈArbeits)Kolˌlege *m.* **2.** (Lebens)Gefährte *m,* (-)Gefährtin *f.*

yo·kel [ˈjəʊkl] *s contp.* Bauerntrampel *m, n,* ‚Bauer‘ *m.*

yoke|line *s mar.* Jochleine *f.* ˈ**~·mate** → **yokefellow. ~ ring** *s* **1.** *electr.* Jochring *m.* **2.** *tech.* Halsring *m.*

yolk [jəʊk] *s* **1.** *zo.* Eidotter *m, n,* Eigelb *n*: **nutritive ~** Nährdotter. **2.** Woll-, Fettschweiß *m* (*der Schafwolle*). **~ bag** → **yolk sac. ~ duct** *s zo.* Dottergang *m.*

yolked [jəʊkt] *adj zo.* (*in Zssgn*) ...dott(e)rig.

yolk sac *s zo.* Dottersack *m.*

ˈ**yolk·y** *adj* **1.** *zo.* Dotter... **2.** dotterartig. **3.** schweißig.

Yom Kip·pur [ˌjɒmˈkɪpə(r); -kɪˈpʊə(r)] *s relig.* Jom Kipˈpur *m,* Versöhnungstag *m* (*jüdischer Feiertag*).

yon [jɒn; *Am.* jɑn] *obs. od. dial.* **I** *adj u. pron* jene(r, s) dort (drüben). **II** *adv* → **yonder** I.

yon·der [ˈjɒndə; *Am.* ˈjɑndər] **I** *adv* **1.** da *od.* dort drüben. **2.** *obs.* dorthin, da drüben hin. **3.** *dial.* jenseits (**of** *gen*). **II** *adj u. pron* → **yon** I.

yoo-hoo [ˈjuːhuː] **I** *interj* juˈhu! **II** *v/i* ‚juˈhu!‘ rufen.

yore [jɔː(r); *Am. a.* ˈjəʊər] *s* Einst *n* (*obs. außer in*): **of ~** vorzeiten, ehedem, vormals; **in days of ~** in alten Zeiten.

York [jɔː(r)k] *npr* (das Haus) York (*englisches Herrscherhaus zur Zeit der Rosenkriege*): **~ and Lancaster** (die Häuser) York u. Lancaster. ˈ**York·ist** *hist.* **I** *s* Mitglied *n od.* Anhänger(in) des Hauses York (*während der Rosenkriege*). **II** *adj* zu den Mitgliedern *od.* Anhängern des Hauses York gehörend.

York·shire [ˈjɔː(r)kʃə(r)] *adj Br.* aus der (*ehemaligen*) Grafschaft Yorkshire, Yorkshire... **~ flan·nel** *s feiner Flanell aus ungefärbter Wolle.* **~ grit** *s tech. Stein zum Marmorpolieren.* **~ pud·ding** *s gebackener Eierteig, der zum Rinderbraten gegessen wird.* **~ ter·ri·er** *s zo.* Yorkshire Terrier *m.*

you [juː; jʊ] *pron* **1.** (*persönlich*) a) (*nom*) du, ihr, Sie, b) (*dat*) dir, euch, Ihnen, c) (*acc*) dich, euch, Sie: **~ are so kind** du bist (ihr seid, Sie sind) so nett; **who sent ~?** wer hat dich (euch, Sie) geschickt?; **~ three** ihr (euch) drei; **don't ~ do that!** tu das ja nicht!; **that's a wine for ~!** das ist vielleicht ein (gutes) Weinchen! **2.** *reflex obs.* a) dir, euch, sich b) dich, euch, sich: **get ~ gone!** schau, daß du fortkommst!; **sit ~ down!** setz dich hin! **3.** *impers* man: **what should ~ do?** was soll man tun?; **~ soon get used to it** man gewöhnt sich bald daran; **that does ~ good** das tut einem gut.

young [jʌŋ] **I** *adj* **1.** jung (*nicht alt*): **~ in years** jung an Jahren; **~ and old** alt u. jung (*alle*); **~ blood** junges Blut; **~ lady (woman)** a) junge Dame (Frau), b) *obs.* Schatz *m,* Freundin *f*; **~ man** a) junger Mann, b) *obs.* Schatz *m,* Freund *m*; **~ person** *jur. Br.* Jugendliche(r *m*) *f,* Heranwachsende(r *m*) *f* (*14–17 Jahre alt*); **the ~ person** *fig.* die (unverdorbene) Jugend. **2.** jung, klein, Jung...: **~ animal** Jungtier *n*; **~ America** *colloq.* die amer. Jugend; **~ children** kleine Kinder; **~ days** Jugend(zeit) *f.* **3.** jung, jugendlich: **~ ambition** jugendlicher Ehrgeiz; **~ love** junge Liebe. **4.** jung, unerfahren, unreif: **~ in one's job** unerfahren in s-r Arbeit. **5.** jünger, junior: **~ Mr. Smith** Herr Smith junior (*der Sohn*). **6.** jung, neu: **a ~ family** e-e junge Familie; **a ~ nation** ein junges Volk. **7.** *bes. pol.* fortschrittlich, jung, Jung... **8.** jung, noch nicht weit fortgeschritten: **the night (year) is yet ~.**

II *s* **9.** *pl* (Tier)Junge *pl*: **with ~** trächtig. **10. the ~** *pl* die Jungen *pl,* die jungen Leute *pl,* die Jugend.

young·er [ˈjʌŋgə(r)] **I** *comp von* **young. II** *s* Jüngere(r *m*) *f*: **Teniers the Y~** Teniers der Jüngere (*niederländischer Maler*); **his ~s** die, die jünger sind als er. **~ hand** *s Kartenspiel*: ˈHinterhand *f* (*bei 2 Spielern*).

ˈ**young·ish** *adj* ziemlich jung.

young·ling [ˈjʌŋlɪŋ] *s obs. od. poet.* **1.** junger Mensch, Jüngling *m.* **2.** Junge(s) *n,* Jungtier *n.*

young·ster [ˈjʌŋstə(r)] *s* **1.** Bursch(e) *m,* Junge *m.* **2.** Kind *n,* Kleine(r *m*) *f,* Kleine(s) *n.*

young'un [ˈjʌŋən] *s colloq.* Junge *m,* Kleine(r) *m.*

youn·ker [ˈjʌŋkə(r)] *s* **1.** *hist.* Junker *m,* junger Herr. **2.** *colloq.* → **youngster.**

your [jɔː(r); *Am. bes.* jʊər] *possessive pron* **1.** a) (*sg*) dein(e), b) (*pl*) euer, eure, c) (*sg od. pl*) Ihr(e): **it is ~ own fault** es ist deine (eure, Ihre) eigene Schuld. **2.** *impers colloq.* a) so ein(e), b) der (die, das) vielgepriesene *od.* -gerühmte: **is that ~ fox hunt?** ist das die (vielgepriesene) Fuchsjagd?

yours [jɔː(r)z; *Am. bes.* jʊərz] *pron* **1.** a) (*sg*) dein(er, e, es), der (die, das) dein(ig)e, die dein(ig)en, b) (*pl*) euer, eure(s), der (die, das) eur(ig)e, die eur(ig)en, c) (*Höflichkeitsform, sg od. pl*) Ihr(er, e, es), der (die, das) Ihr(ig)e, die Ihr(ig)en: **this is ~** das gehört dir (euch, Ihnen); **what is mine is ~** was mein ist, ist (auch) dein; **my sister and ~** meine u. deine Schwester; **a friend of ~** ein Freund von dir (euch, Ihnen); **that dress of ~** dieses Kleid von dir, dein Kleid; **~ is a pretty book** du hast (ihr habt, Sie haben) (da) ein schönes Buch; **what's ~?** *colloq.* was trinkst du (trinkt ihr, trinken Sie)?; → **truly** 2. **2.** a) die Dein(ig)en (Euren, Ihren), b) das Dein(ig)e, deine Habe: **you and ~. 3.** *econ.* Ihr Schreiben: **~ of the 15th.**

yourˈself *pl* **-ˈselves** *pron* (*in Verbindung mit* **you** *od. e-m Imperativ*) **1.** (*bes. verstärkend*) a) (*sg*) (du, Sie) selbst, b) (*pl*) (ihr, Sie) selbst: **do it ~!** mach es selber!, selbst ist der Mann!; **you ~ told me, you told me ~** du hast (Sie haben) es mir selbst erzählt; **by ~** a) selbst, selber, b) selbständig, allein, c) allein, einsam; **be ~!** *colloq.* nimm dich zusammen!; **you are not ~ today** du bist (Sie sind) heute ganz anders als sonst *od.* nicht auf der Höhe; **what will you do with ~ today?** was wirst du (werden Sie) heute anfangen? **2.** *reflex* a) (*sg*) dir, dich, sich, b) (*pl*) euch, sich: **did you hurt ~?** hast du dich (haben Sie sich) verletzt?

youth [juːθ] **I** *s* **1.** Jugend *f,* Jungsein *n.* **2.** Jugend(frische, -kraft) *f,* Jugendlichkeit *f*: **flower of ~** Jugendblüte *f.* **3.** Jugend(-zeit) *f.* **4.** Frühzeit *f,* -stadium *n.* **5.** *collect.* (*als sg od. pl konstruiert*) Jugend *f,* junge Leute *pl od.* Menschen *pl*: **the ~ of the country** die Jugend des Landes. **6.** junger Mensch, *bes.* junger Mann, Jüngling *m.* **II** *adj* **7.** Jugend...: **~ group (movement,** *etc*); **~ hostel** Jugendherberge *f*; **~ hostel(l)er** a) Herbergsvater *m,* b) *j-d, der in Jugendherbergen übernachtet.* ˈ**youth·ful** *adj* (*adv* **~ly**) **1.** jung: **~ offender** *jur.* jugendlicher Täter. **2.** jugendlich (*frisch*): **~ octogenarian; ~ optimism. 3.** Jugend...: **~ days.** ˈ**youth·ful·ness** *s* Jugend(lichkeit) *f,* Jugendfrische *f.*

yowl [jaʊl] **I** *v/t u. v/i* jaulen, heulen. **II** *s* Gejaule *n,* Geheul *n.*

yo-yo [ˈjəʊjəʊ] **I** *pl* **-yos** *s* **1.** Jo-ˈJo *n.* **2.** *Am. sl.* Idiˈot *m.* **II** *adj* **3.** *fig.* fluktuˈierend. **III** *v/i* **4.** *fig.* fluktuˈieren. **5.** *fig.* schwanken, unschlüssig sein.

y·per·ite [ˈiːpəraɪt] *s chem. mil.* Ypeˈrit *n,* Senfgas *n,* Gelbkreuz *n.*

Y po·ten·tial *s electr.* ˈSternpunktpotentiˌal *n,* -spannung *f.*

yt·ter·bi·a [ɪˈtɜːbjə; *Am.* ɪˈtɜrbɪə] *s chem.* Ytterˈbin(erde *f*) *n.* **ytˈter·bic** *adj chem.* Ytter..., Ytterbium..., ytˈterbiumhaltig.

ytˈter·bi·um [-bjəm; -bɪəm] *s chem.* Ytˈterbium *n.*

yt·tri·a [ˈɪtrɪə] *s chem.* ˈYttriumoˌxyd *n.* ˈ**yt·tric** *adj chem.* **1.** ytterhaltig. **2.** Yttrium... ˈ**yt·tri·um** [-əm] *s chem.* Yttrium *n*: **~ metals** Yttrium-Metalle.

yttro- [ɪtrəʊ] *chem. Wortelement mit der Bedeutung* Yttrium, Yttro...

yuc·ca [ˈjʌkə] *s* **1.** *bot.* Yucca *f,* Palmlilie *f.* **2.** Yucca-Blüte *f* (*Symbol des Staates Neu-Mexiko*).

yuck [jʌk] *interj bes. Am. sl.* iˈgitt!, pfui Teufel! ˈ**yuck·y** *adj bes. Am. sl.* ekelhaft, widerlich.

yuft [jʊft] *s* Juchtenleder *n.*

Yu·ga [ˈjʊgə] *s Hinduismus*: Yuga *n,* Weltalter *n.*

Yu·go·slav [ˌjuːgəʊˈslɑːv; *Am. a.* -ˈslæv] **I** *s* **1.** Jugoˈslawe *m,* -ˈslawin *f.* **2.** *ling. colloq.* Jugoˈslawisch *n,* das Jugoslawische. **II** *adj* **3.** jugoˈslawisch. ˌ**Yu·goˈsla·vi·an I** *s* → **Yugoslav** 1. **II** *adj* → **Yugoslav** 3. ˌ**Yu·goˈslav·ic** → **Yugoslav** 3.

yuk → **yuck.** ˈ**yuk·ky** → **yucky.**

yule [juːl] *s obs. od. poet.* **1.** Weihnachts-, Julfest *n.* **2.** → **yuletide. ~ log** *s* Weihnachtsscheit *n.* ˈ**~·tide** *s obs. od. poet.* Weihnacht(en *n od. pl*) *f,* Weihnachtszeit *f.*

yum·my [ˈjʌmɪ] *colloq.* **I** *adj* a) *allg.* ‚prima‘, ‚toll‘, b) lecker (*Mahlzeit etc*). **II** *interj* → **yum-yum.**

yum·yum [ˌjʌmˈjʌm] *interj colloq.* mm!, lecker!

Z

Z, z [zed; *Am.* zi:] **I** *pl* **Z's, Zs, z's, zs** [zedz; *Am.* zi:z] **1.** Z, z *n* (*Buchstabe*). **2. z** *math.* a) z *n* (*3. unbekannte Größe od.* [*un*]*abhängige Variable*), b) z-Achse *f* (*im Koordinatensystem*). **3. Z** Z *n*, Z-förmiger Gegenstand. **II** *adj* **4.** sechsundzwanzigst(er, e, es). **5. Z** Z-..., Z-förmig.

zaf·fer, zaf·fre [ˈzæfə(r)] *s min. tech.* Zaffer *m*, ˈKobaltsafˌflor *m*.

zaf·tig [ˈzɑ:ftɪg] *adj Am. sl.* mollig (*Frau*).

za·ny [ˈzeɪnɪ] **I** *s* **1.** *thea. hist.* Hansˈwurst *m*, *fig. contp. a.* Clown *m*. **2.** *fig. contp.* Einfaltspinsel *m*. **II** *adj* **3.** *fig.* a) *contp.* clownish, b) verrückt: ~ **ideas.** ˈ**za·ny·ism** *s fig. contp.* Hanswurstiˈaden *pl*.

Zan·zi·ba·ri [ˌzænzɪˈbɑ:rɪ] **I** *adj* Sansibar..., sansibarisch. **II** *s* Sansibarer(in).

zap [zæp] *sl.* **I** *v/t* **1.** *j-n* ‚abknallen'. **2.** *j-m* ‚ein Ding (*Kugel, Schlag*) verpassen'. **3.** *fig. j-n* ‚fertigmachen'. **II** *v/i* **4.** ‚zischen': **to ~ off** abzischen. **III** *s* **5.** ‚Schmiß' *m*, Pep *m*. **IV** *interj* **6.** ‚zack'! ˈ**zap·py** [-pɪ] *adj sl.* ‚schmissig', voller Pep.

Zar·a·thus·tri·an [ˌzærəˈθu:strɪən], *etc* → **Zoroastrian**, *etc*.

zar·a·tite [ˈzærətaɪt] *s min.* Zaraˈtit *m*.

ˈ**z-ˌax·is** *s* → **Z** 2 b.

zeal [zi:l] *s* **1.** (Dienst-, Arbeits-, Glaubens- *etc*)Eifer *m*: **full of ~** (dienst- *etc*) eifrig. **2.** Begeisterung *f*, ˈHingabe *f*, Inbrunst *f*.

zeal·ot [ˈzelət] *s* **1.** Zeˈlot *m*, (Glaubens-) Eiferer *m*, Faˈnatiker *m*. **2.** Enthusiˈast (-in), Faˈnatiker(in): **a ~ of the rod** ein begeisterter Angler. **3. Z~** *hist.* Zeˈlot *m* (*jüdischer Sektierer zur Zeit der Römerherrschaft*). ˈ**zeal·ot·ry** [-trɪ] *s* Zeloˈtismus *m*, faˈnatischer (Dienst-, Glaubens-) Eifer.

zeal·ous [ˈzeləs] *adj* (*adv* **~ly**) **1.** (dienst-) eifrig. **2.** eifernd, hitzig, faˈnatisch. **3.** eifrig bedacht, begierig (**to do** zu tun; **for** auf *acc*). **4.** heiß, innig. **5.** begeistert. ˈ**zeal·ous·ness** → **zeal**.

ze·bec(k) → **xebec**.

ze·bra [ˈzi:brə; ˈzeb-] *pl* **-bras,** *bes. collect.* **-bra** *s zo.* Zebra *n*. **~cross·ing** *s Br.* Zebrastreifen *m* (*Fußgängerüberweg*). ˈ**~wood** *s* **1.** *bot. verschiedene Bäume mit zebrastreifigem Holz.* **2.** Zeˈbrano *n*, Zebraholz *n* (*Holz dieser Bäume*).

ze·brine [ˈzi:braɪn] *adj zo.* **1.** zebraartig. **2.** Zebra...

ze·bu [ˈzi:bu:] *pl* **-bus,** *bes. collect.* **-bu** *s zo.* Zebu *n*, Buckelochse *m*.

zec·chi·no [zeˈki:nəʊ; tse-] *pl* **-ni** [-nɪ], *a.* **zech·in** [ˈzekɪn] *od.* ˈ**zec·chine** [-ki:n] *s* → **sequin** 1.

zed [zed] *s Br.* **1.** Zet *n* (*Buchstabe*). **2.** *tech.* Z-Eisen *n*.

zed·o·ar·y [ˈzedəʊərɪ; *Am.* ˈzedəˌweri:] *bot. pharm.* Zitwerwurzel *f*.

zee [zi:] *Am. für* **zed**.

Zee·man ef·fect [ˈzi:mən; ˈzeɪmɑ:n] *s phys.* ˈZeemann-Efˌfekt *m*.

Zeit·geist [ˈtsaɪtgaɪst] (*Ger.*) *s* Zeitgeist *m*.

Zen [zen] *s* **1.** Zen *n*. **2.** → **Zen Buddhist**.

ze·na·na [zeˈnɑ:nə] *s* (*in Indien u. Persien*) Zeˈnana *f*, Frauengemach *n*, Harem *m*.

Zen| Bud·dhism *s* ˈZen-Budˌdhismus *m*. **~ Bud·dhist** *s* ˈZen-Budˌdhist *m*.

Zend [zend] *s* Zend(sprache *f*) *n* (*altpersische Sprache*). **ˌ~-Aˈves·ta** [-əˈvestə] *s* Aˈwesta *n* (*heiliges Buch der Perser*).

Ze·ner| cards [ˈzi:nə(r)] *s pl Parapsychologie*: Zener-Karten *pl*. **~ di·ode** *s phys.* ˈZener-Diˌode *f*.

ze·nith [ˈzenɪθ; *bes. Am.* ˈzi:-] *s* Zeˈnit *m*: a) *astr.* Scheitelpunkt *m* (*a. Ballistik*), b) *fig.* Höhe-, Gipfelpunkt *m*: **to be at one's** (*od.* **the**) **~** den Zenit erreicht haben, im Zenit stehen. ˈ**ze·nith·al** *adj* **1.** Zenit... **2.** *fig.* höchst(er, e, es).

ze·o·lite [ˈzi:əlaɪt] *s min.* Zeoˈlith *m*.

Zeph·a·ni·ah [ˌzefəˈnaɪə] *npr u. s* (das Buch) Zeˈphanja *m*.

zeph·yr [ˈzefə(r)] *s* **1.** *poet.* a) Zephir *m*, Westwind *m*, b) laues Lüftchen, sanfter Wind. **2.** *obs. sehr leichtes Gewebe od. daraus gefertigtes Kleidungsstück.* **3.** a) *a.* **~ cloth** Zephir *m* (*Gewebe*), b) *a.* **~ worsted** Zephirwolle *f*, c) *a.* **~ yarn** Zephirgarn *n*.

Zep·pe·lin, z~ [ˈzepəlɪn], *colloq.* **zep(p)** *s aer.* Zeppelin *m*, *allg.* Starrluftschiff *n*.

ze·ro [ˈzɪərəʊ] **I** *pl* **-ros, -roes** *s* **1.** Null *f* (*Zahl od. Zeichen*; *Am. a. teleph.*): **to equate to ~** *math.* gleich Null setzen. **2.** *phys.* Null(punkt *m*) *f*, Ausgangspunkt *m* (*e-r Skala*), *bes.* Gefrierpunkt *m*: 10° **below (above) ~** 10 Grad unter (über) Null. **3.** *math.* Null(punkt *m*, -stelle) *f*. **4.** *fig.* Null-, Tiefpunkt *m*: **at ~** auf dem Nullpunkt (angelangt). **5.** *fig.* Null *f*, Nichts *n*. **6.** *ling.* Nullform *f*. **7.** *mil.* ˈNulljuˌstierung *f*. **8.** *aer.* Bodennähe *f*: **to fly at ~** unter 1000 Fuß *od.* in Bodennähe fliegen. **II** *v/t* **9.** *tech.* auf Null einstellen. **10. ~ in** *mil.* das Viˈsier *des Gewehrs* juˈstieren. **III** *v/i* **11. to ~ in on** a) *mil.* sich einschießen auf (*acc*) (*a. fig.*), b) *fig.* abzielen *od.* sich konzenˈtrieren auf (*acc*), c) *fig. Problem etc* einkreisen, d) *fig.* sich stürzen auf *e-e Chance etc.* **IV** *adj* **12.** Null...: **~ axis (current, frequency,** *etc*): **~ adjustment** a) *tech.* Nullpunkteinstellung *f*, b) *electr.* Nullabgleich *m* (*e-r Brücke*). **13.** *bes. Am. colloq.* null: **to show ~ interest in s.th. ~con·duc·tor** *s electr.* Nulleiter *m*. **~ grav·i·ty** *s phys.* (Zustand *m* der) Schwerelosigkeit. **~ growth** *s* **1.** *a.* **zero economic growth** Nullwachstum *n*. **2.** *a.* **zero population growth** Bevölkerungsstillstand *m*. **~ hour** *s* **1.** *mil.* Stunde *f* X, X-Zeit *f* (*festgelegter Zeitpunkt des Beginns e-r militärischen Operation*). **2.** *fig.* genauer Zeitpunkt, kritischer Augenblick. **~ op·tion** *s mil. pol.* Nullösung *f*. **~ point** *s* Nullpunkt *m*. ˈ**~-rate** *v/t Br. Waren* von der Mehrwertsteuer ausnehmen.

zest [zest] **I** *s* **1.** Würze *f* (*a. fig. Reiz*): **to add ~ to s.th.** e-r Sache Würze *od.* Reiz verleihen. **2.** Stückchen *n* Apfelˈsinen- *od.* Ziˈtronenschale (*für Getränke*). **3.** *fig.* (**for**) Genuß *m*, Geschmack *m*, Freude *f* (an *dat*), Begeisterung *f* (für), Schwung *m*: **~ for living** Lebensfreude. **II** *v/t* **4.** würzen (*a. fig.*). ˈ**zest·ful** *adj* (*adv* **~ly**) *fig.* **1.** reizvoll, genußreich. **2.** begeistert, schwungvoll.

ze·ta [ˈzi:tə; *Am. a.* ˈzeɪtə] *s* Zeta *n* (*griechischer Buchstabe*).

zeug·ma [ˈzju:gmə; *bes. Am.* ˈzu:gmə] *s ling.* Zeugma *n* (*unpassende Beziehung e-s Satzglieds, bes. des Prädikats, auf zwei od. mehr Satzglieder*): **Mr. Pickwick took his hat and his leave.**

zib·el·(l)ine [ˈzɪbəlaɪn; -li:n] **I** *adj zo.* **1.** Zobel... **2.** zobelartig. **II** *s* **3.** Zobelpelz *m*. **4.** Zibeˈline *f* (*Wollstoff*).

zib·et [ˈzɪbɪt] *s zo.* Indische Zibetkatze.

ziff [zɪf] *s Austral. colloq.* Bart *m*.

zig·zag [ˈzɪgzæg] **I** *s* **1.** Zickzack *m*. **2.** Zickzacklinie *f*, -bewegung *f*, -kurs *m* (*a. fig.*). **3.** Zickzackweg *m*, -straße *f*, Serpenˈtine(nstraße) *f*. **4.** *arch.* Zickzackfries *m*. **5.** *Festungsbau*: Zickzackgraben *m*. **II** *adj* **6.** zickzackförmig, Zickzack... **III** *adv* **7.** im Zickzack. **IV** *v/i* **8.** sich zickzackförmig bewegen, im Zickzack laufen, fahren *etc*, zickzackförmig verlaufen (*Weg etc*). **V** *v/t* **9.** zickzackförmig gestalten. **10.** im Zickzack durchˈqueren.

zilch [zɪltʃ] *s Am. sl.* Nichts *n*, Null *f*: **to be ~** gleich Null sein; **to drop to ~** auf den Nullpunkt sinken.

zil·lah [ˈzɪlə] *s Br. Ind.* Bezirk *m*.

zinc [zɪŋk] **I** *s chem.* Zink *n*: **~ chromate, chromate of ~** a) Zinkchromat *n*, b) *paint.* Zinkgelb *n*; **~ sulphide** Schwefelzink. **II** *v/t pret u. pp* **zinc(k)ed** verzinken. **~blende** *s min.* Zinkblende *f*. **~ bloom** *s min.* Zinkblüte *f*. **~ green** *s paint.* Zinkgrün *n*.

ˈ**zinc·ic** *adj chem. min.* **1.** zinkartig. **2.** zinkhaltig.

zinc·i·fi·ca·tion [ˌzɪŋkɪfɪˈkeɪʃn] *s tech.* Verzinkung *f*. ˈ**zinc·i·fy** [-faɪ] *v/t tech.* verzinken.

zin·co [ˈzɪŋkəʊ] *pl* **-cos** *Br. colloq. für* **zincograph**.

zin·co·graph [ˈzɪŋkəʊgrɑ:f; *bes. Am.* -græf] *s tech.* Zinkätzung *f*, Zinkograˈphie *f*. **zinˈcog·ra·pher** [-ˈkɒgrəfə(r); *Am.* -ˈkɑ-] *s* Zinkoˈgraph *m*, Zinkstecher *m*. **ˌzin·coˈgraph·ic** [-kəˈgræfɪk], **ˌzin·coˈgraph·i·cal** *adj* zinkoˈgraphisch. **zinˈcog·ra·phy** [-ˈkɒgrəfɪ; *Am.* -ˈkɑ-] *s* Zinkograˈphie *f*, Zinkstechkunst *f*.

ˈ**zin·co·type** [-kətaɪp] → **zincograph**.

ˈ**zinc·ous** *adj chem.* Zink...

zinc| sul·phate *s chem.* ˈZinksulˌfat *n*.

~ white *s* Zinkweiß *n*, ˈZinkoˌxyd *n*.
zing [zɪŋ] *colloq.* **I** *s* **1.** Zischen *n*, Schwirren *n*. **2.** *fig.* ‚Schmiß' *m*, Schwung *m*. **II** *v/i* **3.** schwirren, zischen, sausen. **III** *v/t* **4.** ~ **up** *fig.* Schwung bringen in (*acc*). **IV** *interj* **5.** zisch!
zin·ga·ra [ˈzɪŋgərə] *pl* **-re** [-re], *a.* ˈ**zin·ga·na** [-nə] *pl* **-ne** [-neɪ] (*Ital.*) Ziˈgeunerin *f*. ˈ**zin·ga·ro** [-rəʊ] *pl* **-ri** [-riː], *a.* ˈ**zin·ga·no** [-nəʊ] *pl* **-ni** [-niː] (*Ital.*) *s* Ziˈgeuner *m*.
zing·er [ˈzɪŋə(r)] *s colloq.* **1.** schwungvolle Perˈson. **2.** Spitze *f* (*boshafte Anspielung etc*). ˈ**zing·y** *adj colloq.* **1.** ‚schmissig', schwungvoll. **2.** ‚flott' (*Kleidung*), (*a. Laden etc*) ‚schick'.
zink·i·fi·ca·tion, zink·i·fy → **zincification, zincify.**
zin·ni·a [ˈzɪnjə; -nɪə] *s bot.* Zinnie *f*.
Zi·on [ˈzaɪən] *s Bibl.* Zion *m*. ˈ**Zi·on·ism** *s* Zioˈnismus *m*. ˈ**Zi·on·ist I** *s* Zioˈnist(in). **II** *adj* zioˈnistisch, Zionisten...
zip¹ [zɪp] **I** *s* **1.** Zischen *n*, Schwirren *n*. **2.** *colloq.* ‚Schmiß' *m*, Schwung *m*. **3.** → **zip fastener. II** *v/i* **4.** zischen, schwirren. **5.** *colloq.* ‚Schmiß' haben. **6.** sich mit Reißverschluß schließen *od.* öffnen lassen: **to ~ up at the front** vorn e-n Reißverschluß haben. **III** *v/t* **7.** schwirren lassen. **8.** *a.* ~ **up** *colloq.* a) ‚schmissig' machen, b) Schwung bringen in (*acc*). **9.** mit Reißverschluß (ver)schließen *od.* öffnen: **to ~ s.o. up** j-m den Reißverschluß zumachen.
zip² [zɪp] *Am. sl.* **I** *s* Nichts *n*, Null *f* (*bes. in Spielresultaten*): **two to ~** zwei zu null. **II** *v/t* zu null schlagen.
zip| a·re·a *s Am.* Postleitzone *f*. **~code** *s Am.* Postleitzahl *f*. **~ fas·ten·er** *s bes. Br.* Reißverschluß *m*. **~ gun** *s Am. sl.* selbstgebastelte Piˈstole.
zip·per [ˈzɪpə(r)] *Am.* **I** *s* Reißverschluß *m*: ~ **bag** Reißverschlußtasche *f*. **II** *v/t* → **zip¹** 9. ˈ**zip·py** *adj colloq.* schwungvoll, ‚schmissig'.
zir·con [ˈzɜːkɒn; *Am.* ˈzɜrˌkɑn; -kən] *s min.* Zirˈkon *m*. ˈ**zir·con·ate** [-kəneɪt] *s chem.* Zirkoˈnat *n*.
zir·co·ni·a [zɜːˈkəʊnjə; -nɪə; *Am.* zɜr-] *s chem. min.* Zirˈkonerde *f*. **zirˈco·ni·um** [-njəm; -nɪəm] *s chem.* Zirˈkonium *n*.
zit [zɪt] *s med. Am. sl.* Pickel *m*.
zith·er [ˈzɪðə(r); -θ-] *s mus.* Zither *f*. ˈ**zith·er·ist** *s* Zitherspieler(in).
zizz [zɪz] *s Br. sl.* Nickerchen *n*: **to have a ~** ein Nickerchen machen.
ziz·zy [ˈzɪzɪ] *adj sl.* **1.** protzig (*Wesen, Kleidung*). **2.** ausgelassen, turbuˈlent.
zlo·ty [ˈzlɒtɪ] *pl* **-tys,** *collect.* **-ty** *s* Zloty *m* (*polnische Münze*).
zo·di·ac [ˈzəʊdɪæk] *s astr.* Tierkreis *m*, Zoˈdiakus *m*: **the signs of the ~** die Tierkreiszeichen.
zo·di·a·cal [zəʊˈdaɪəkl] *adj astr.* Zodiakal..., Tierkreis...
zo·e·trope [ˈzəʊɪtrəʊp] *s opt.* stroboˈskopischer Zyˈlinder.
zof·tig [ˈzɔːftɪg] → **zaftig.**
zo·ic [ˈzəʊɪk] *adj* **1.** *zo.* zoisch, tierisch. **2.** *geol.* Tier- *od.* Pflanzenspuren enthaltend.
zom·bi(e) [ˈzɒmbɪ; *Am.* ˈzɑm-] *s* **1.** *Wodukult*: a) Pythongottheit *f* (*in Westafrika*), b) Schlangengottheit *f* (*bes. in Haiti*), c) *übernatürliche Kraft, die in e-n Körper eintreten u. ihn wiederbeleben kann.* **2.** Zombie *m* (*wiederbeseelte Leiche*). **3.** *colloq.* a) Roboter *m*, b) komischer Kauz, c) Trottel *m*. **4.** *Am. ein Cocktail aus Rum, Likör u. Fruchtsaft.*
zon·al [ˈzəʊnl] *adj* **1.** zonenförmig. **2.** Zonen... ˈ**zon·a·ry** *adj* zonen-, gürtelförmig.
zon·ate [ˈzəʊneɪt], *a.* ˈ**zon·at·ed** [-tɪd] *adj bot. zo.* mit Ringen *od.* Streifen gezeichnet, gegürtelt.
zonc [zɒŋk; *Am.* zɑŋk] → **conk³.**
zone [zəʊn] **I** *s* **1.** *allg.* Zone *f* (*a. math.*): a) *geogr.* (Erd)Gürtel *m*: → **temperate** 5, **torrid** 2, b) Gebietsstreifen *m*, Gürtel *m*: **wheat ~** Weizengürtel *m*, c) Bezirk *m*, (*a. anat.* Körper)Gegend *f*, Bereich *m* (*a. fig.*): ~ **(of occupation)** (Besatzungs-)Zone; ~ **of silence** Schweigezone; ~ **defence** (*Am.* **defense**) *sport* Raumdeckung *f*; ~ **time** Zonenzeit *f*. **2.** a) (Verkehrs)Zone *f*, Abschnitt *m*, b) *mail rail. Am.* (Gebühren)Zone *f*, c) *mail* Post-(zustell)bezirk *m*, d) (Straßenbahn- *etc*) Teilstrecke *f*. **3.** *Computer*: (Code)Zone *f*. **4.** *poet.* Gürtel *m*: **maiden** (*od.* **virgin**) ~ Gürtel der Keuschheit; **to lose the maiden ~** die Jungfräulichkeit verlieren. **II** *v/t* **5.** in Zonen aufteilen, unterˈteilen.
zonked [zɒŋkt; *Am.* zɑŋkt] *adj sl.* **1.** ‚high' (*im Drogenrausch*). **2.** ‚stinkbesoffen'.
zo·nu·lar [ˈzəʊnjʊlə(r)] → **zonary.** ˈ**zon·ule** [-njuːl] *s* kleine Zone: **ciliary ~** *anat.* Zonula *f* ciliaris zinnii (*im Auge*).
zoo [zuː] *s* Zoo *m*: ~ **keeper** Tierpfleger *m*, -wärter *m*.
zoo- [zəʊəʊ; zəʊə], *a.* **zo-** *Wortelement mit der Bedeutung* tierisch, Tier..., zoologisch.
zo·o·blast [ˈzəʊəblæst] *s* tierische Zelle.
ˌ**zo·oˈchem·is·try** *s zo.* Zoocheˈmie *f*.
ˌ**zo·o·dyˈnam·ics** *s pl* (*als sg konstruiert*) *zo.* ˈTierphysioloˌgie *f*.
zo·og·a·my [zəʊˈɒgəmɪ; *Am.* -ˈɑ-] *s zo.* geschlechtliche Fortpflanzung.
zo·og·e·ny [zəʊˈɒdʒənɪ; *Am.* -ˈɑ-] *s zo.* Zoogeˈnese *f*, Entstehung *f* der Tierarten.
ˌ**zo·o·geˈog·ra·phy** *s* ˈTiergeograˌphie *f*.
zo·og·ra·phy [zəʊˈɒgrəfɪ; *Am.* -ˈɑ-] *s* Zoograˈphie *f*, beschreibende Zooloˈgie, Tierbeschreibung *f*.
zo·oid [ˈzəʊɔɪd] *s biol.* Zooˈid *n*: a) *Zelle mit Eigenbewegung*, b) *selbständiges, sich ungeschlechtlich durch Teilung etc fortpflanzendes Lebewesen.*
zo·o·lite [ˈzəʊəlaɪt], ˈ**zo·o·lith** [-lɪθ] *s geol.* Zooˈlith *m* (*Sedimentgestein, das ausschließlich od. größtenteils aus Tierresten besteht*).
zo·o·log·i·cal [ˌzəʊəˈlɒdʒɪkl; *Am.* -ˈlɑ-] *adj* (*adv* **~ly**) zooˈlogisch: ~ **garden(s)** zoologischer Garten.
zo·ol·o·gist [zəʊˈɒlədʒɪst; *Am.* -ˈɑ-] *s* Zooˈloge *m*, Zooˈlogin *f*. **zoˈol·o·gy** *s* Zooloˈgie *f*, Tierkunde *f*.
zoom [zuːm] **I** *v/i* **1.** surren. **2.** sausen: **to ~ past** vorbeisausen. **3.** *aer.* steil hochziehen. **4.** *phot. Film*: zoomen: **to ~ in** die Gummilinse zuziehen; **to ~ in on s.th.** etwas heranholen; **to ~ out** (die Gummilinse) aufziehen. **5.** *fig.* hochschnellen (*Preise etc*). **II** *v/t* **6.** *aer. das Flugzeug* hochreißen. **III** *s* **7.** Surren *n*. **8.** *aer.* Steilflug *m*, Hochreißen *n*. **9.** *fig.* Hochschnellen *n*. **10.** *phot. Film*: a) *a.* ~ **lens** ˈZoom(objekˌtiv) *n*, Gummilinse *f*, b) *a.* ~ **travel** Zoomfahrt *f*. **11.** *Am. ein Cocktail aus Weinbrand, Honig u. Sahne.* ˈ**zoom·er** → **zoom** 10 a.
ˌ**zo·oˈmor·phic** *adj* zooˈmorphisch, ˈtiersymˌbolisch.
ˌ**zo·o·paˈthol·o·gy** *s vet.* Zoopatholoˈgie *f*.
zo·o·phil·i·a [ˌzəʊəˈfɪlɪə] *s* Zoophiˈlie *f*, Sodoˈmie *f*.
ˌ**zo·oˈpho·bi·a** *s med. psych.* Zoophoˈbie *f*, krankhafte Angst vor Tieren.
zo·o·phyte [ˈzəʊəfaɪt] *s zo.* Zooˈphyt *m*, Zölenteˈrat *m*, Pflanzentier *n*.
zo·o·plas·tic [ˌzəʊəˈplæstɪk] *adj med.* zooˈplastisch. ˈ**zo·oˌplas·ty** *s med.* Zooˈplastik *f* (*Überpflanzung tierischen Gewebes auf den Menschen*).
ˌ**zo·o·psyˈchol·o·gy** *s zo.* ˈTierpsycholoˌgie *f*.
zo·o·sperm [ˈzəʊəspɜːm; *Am.* -ˌspɜrm] *s* **1.** *zo.* Zoospermium *n*, Samenfaden *m*, -zelle *f*. **2.** → **zoospore.**
zo·o·spore [ˈzəʊəspɔː(r); *Am. a.* -ˌspəʊər] *s bot.* Zooˈspore *f*, Schwärmspore *f*.
zo·o·tax·y [ˈzəʊəˌtæksɪ] *s* systeˈmatische Zooloˈgie, Taxonoˈmie *f*.
zo·ot·o·my [zəʊˈɒtəmɪ; *Am.* -ˈɑ-] *s vet.* Zootoˈmie *f*, ˈTieranatoˌmie *f*.
zoot suit [zuːt] *s hist. Am. sl. Anzug, bestehend aus langer, taillierter Jacke mit breiten, wattierten Schultern u. Röhrenhosen.* ˈ**zoot-ˌsuit·er** *s Am. sl.* ‚Lackaffe' *m*, ‚Fatzke' *m*.
Zo·ro·as·tri·an [ˌzɒrəʊˈæstrɪən; *Am.* ˌzəʊrəˈwæs-] **I** *adj* zaraˈthustrisch, zoroˈastrisch. **II** *s* Anhänger(in) des Zaraˈthustra *od.* Zoroˈaster. ˌ**Zo·roˈas·tri·an·ism** *s* Zoroaˈstrismus *m*.
zos·ter [ˈzɒstə; *Am.* ˈzəʊstər; ˈzɑs-] *s med.* Gürtelrose *f*.
zounds [zaʊndz] *interj obs.* sapperˈlot!
zuc·chi·ni [zʊˈkiːniː] *pl* **-ni, -nis** *s bot. Am.* Zucˈchini *f*.
zug·zwang [ˈtsuːktsvaŋ] (*Ger.*) (*Schach*) **I** *s* Zugzwang *m*. **II** *v/t j-n* in Zugzwang bringen.
zwie·back [ˈzwiːbæk; -bɑːk; *Am. a.* ˈswiː-] *s* Zwieback *m*.
Zwing·li·an [ˈzwɪŋglɪən; ˈswɪŋ-] *relig.* **I** *adj* Zwinglisch, des Zwingli. **II** *s* Zwingliˈaner(in).
zwit·ter·i·on [ˈtsvɪtərˌaɪən; ˈzwɪ-] *s chem. phys.* ˈZwitteriˌon *n*.
zy·gal [ˈzaɪgl] *adj* **1.** *anat.* jochförmig, Joch... **2.** H-förmig.
zy·go·dac·tyl [ˌzaɪgəʊˈdæktɪl] *orn.* **I** *s* Klettervogel *m*. **II** *adj* kletterfüßig.
zy·go·ma [zaɪˈgəʊmə] *pl* **-ma·ta** [-mətə] *s anat.* **1.** Jochbogen *m*. **2.** → **zygomatic bone. 3.** → **zygomatic process.**
zy·go·mat·ic [ˌzaɪgəʊˈmætɪk] *anat.* **I** *adj* **1.** Joch(bein)... **2.** jochförmig, zygoˈmatisch. **II** *s* → **zygomatic bone. ~ arch** *s* Jochbogen *m*. **~ bone** *s* Joch-, Wangenbein *n*. **~ pro·cess** *s* Jochbeinfortsatz *m*.
zy·gote [ˈzaɪgəʊt] *s biol.* Zyˈgote *f*, diploˈide Zelle.
zy·mase [ˈzaɪmeɪs] *s biol. chem.* Zyˈmase *f* (*Ferment*). **zyme** [zaɪm] *s* **1.** *chem.* Ferˈment *n*, Gärstoff *m*. **2.** *med.* Infektiˈonskeim *m*.
zy·mo·gen·ic [ˌzaɪməʊˈdʒenɪk] *adj biol. chem.* **1.** zymoˈgen, Gärung erregend. **2.** Zymogen... **~ or·gan·ism** *s biol.* enˈzymliefernder Orgaˈnismus.
zy·mo·sis [zaɪˈməʊsɪs] *pl* **-ses** [-siːz] *s* **1.** *chem.* Gärung *f*. **2.** *med.* Infektiˈonskrankheit *f*.
zy·mot·ic [zaɪˈmɒtɪk; *Am.* -ˈmɑ-] *adj* **1.** *chem.* zyˈmotisch, Gärungs... **2.** *med.* ansteckend, Infektions...: ~ **disease.**

ANHANG

APPENDIX

I. ABKÜRZUNGEN

I. ABBREVIATIONS

A

A *electr.* ampere; *phys.* angstrom unit; *phys.* atomic (weight); *Br.* major arterial road; America(n).

a. acre(s); *ling.* active; (*Lat.*) anno, in the year; *electr.* anode; anonymous; ante; *econ.* approved; (*Flächenmaß*) are.

A. acre(s) *od.* acreage; America(n); answer.

AA *psych.* achievement age; Alcoholics Anonymous; *Br.* Automobile Association; American Airlines; antiaircraft (artillery).

AAA All American Aviation; Amateur Athletic Association; American Automobile Association.

AAAL American Academy of Arts and Letters.

AAAS American Academy of Arts and Sciences.

AACS *mil. Am.* Airways and Air Communications Service (*Flugsicherungsdienst*).

AAF Army and Air Force.

AAM air-to-air missile.

a. & h. accident and health (*Versicherung*).

A & P *Am.* Atlantic and Pacific.

A.A.R., a.a.r. *econ.* against all risks; artists and repertoire.

AAS (Fellow of the) American Academy of Arts and Sciences.

AAU *Am.* Amateur Athletic Union.

AAUN American Association for the United Nations.

AB able-bodied (seaman); air-borne; (*Lat.*) *bes. Am.* Artium Baccalaureus, Bachelor of Arts.

ABA *Br.* Amateur Boxing Association; American Bar Association.

abbr., abbrev. abbreviated; abbreviation.

ABC alphabet; *Br.* Alphabetical (Railway Guide); American Broadcasting Company; atomic, biological, and chemical.

ab init. (*Lat.*) ab initio, from the beginning.

ABM anti-ballistic missile.

Abp. Archbishop.

abr. abridged; abridg(e)ment.

abs. absent; absolute(ly); abstract.

abs. re. (*Lat.*) absente reo, in the absence of the accused person.

ABTA Association of British Travel Agents.

AC *electr.* alternating current; Atlantic Council; (*Lat.*) anno Christi, in the year of Christ; (*Lat.*) ante Christum, before Christ; Atlantic Charter.

a/c *econ.* account (current).

a.c. *electr.* alternating current; (*Lat.*) ante cibum, before meals (*auf Rezepten*).

acad. academic; academy.

ACAS *Br.* Advisory Conciliation and Arbitration Service.

ACC Allied Control Council (*in Berlin*).

acc. *tech.* acceleration; *econ.* acceptance; according; *econ.* account; *ling.* accusative.

acct. *econ.* account(ant).

AC/DC *electr.* alternating current/direct current (*Allstrom*); *colloq.* bisexual.

ACE *med. Am.* alcohol, chloroform, ether mixture (*Anästhetikum*); Allied Command Europe; *Br.* Advisory Centre for Education.

ACGB Arts Council of Great Britain.

ACGBI Automobile Club of Great Britain and Ireland.

ack. acknowledge(d); acknowledg(e)ment.

acpt. *econ.* acceptance.

ACR *Br.* Approach Control Radar.

ACS American Cancer Society.

a/cs pay. *econ. Am.* accounts payable.

a/cs rec. *econ. Am.* accounts receivable.

act. acting; active; actual; actuary.

ACV air-cushion vehicle.

ACW *electr.* alternating continuous waves.

AD (*Lat.*) anno Domini; *mil. Am.* active duty; average deviation.

ad. adapted; adaptor; (*Lat.*) ante diem, before the day.

A. d. and c. advise duration and charge (*Frage nach Dauer und Gebühren eines Telefongesprächs*).

ADC aide-de-camp; amateur dramatic club; analog-digital converter.

add. (*Lat.*) addenda; (*Lat.*) addendum; addition(al); address.

ADF automatic direction finder (*Peilgerät*).

ADG Assistant Director General.

ad inf. (*Lat.*) ad infinitum.

adj. adjacent; *ling.* adjective; adjourned; adjunct; *econ.* adjustment; adjutant.

Adjt. adjutant.

Adm. Admiral(ty); administrative.

adm. administration; administrative; administrator; admission.

ADP automatic data processing.

a.d.s. autograph document signed.

adv. (*Lat.*) ad valorem; advance(d); *ling.* adverb; *ling.* adverbial(ly); (*Lat.*) adversus, against; advertisement; advocate.

ad v(al). (*Lat.*) ad valorem.

advt. advertise(ment); advertiser.

ADW *Am.* air defense warning.

AE *Br.* Adult Education.

AEA American Enterprise Association (*amer. Unternehmerverband*); *Br.* Atomic Energy Authority.

AEC *Am.* Atomic Energy Commission.

AEF Amalgamated Union of Engineering and Foundry Workers (*Gewerkschaft*); *mil.* American Expeditionary Forces.

AELTC All England Lawn Tennis Club.

aero., aeron. aeronautical; aeronautics.

AEU *Br.* Amalgamated Engineering Union (*eine der größten brit. Gewerkschaften*).

AEW airborne early warning.

a.f. audio frequency.

AFA *Br.* Amateur Football Association.

AFC automatic flight control; *electr.* automatic frequency control; *Br.* Association Football Club.

AFEX *Am.* Air Forces Europe Exchange (*Verkaufsläden der amer. Luftwaffe*).

AFL-CIO American Federation of Labor and Congress of Industrial Organizations (*größter amer. Gewerkschaftsverband*).

AFM Air Force Medal.

AFN American Forces Network (*amer. Soldatensender*).

aft., aftn. afternoon.

AG accountant general; Adjutant General; Agent-General; Attorney General.

A/G, a-g *aer.* air-to-ground Bord/Boden-...; Luft/Boden-....

agb, a.g.b. *econ.* any good brand.

agcy. *Am.* agency.

AGM annual general meeting.

agn again.

AGR advanced gas-cooled reactor.

agr., agri. agricultural; agriculture.

agron. agronomy.

AGS American Geographical Society; Army General Staff.

Agt, agt agent; agreement.

a.h. *electr.* ampere-hour.

AHA American Historical *od.* Hospital *od.* Hotel Association.

AHQ Army Headquarters.

AI Amnesty International; Air India; air interception (*Erfassung unbekannter Flugzeuge durch optische od. Radarbordgeräte*); American Institute; artificial insemination.

AICBM anti-intercontinental ballistic missile.

AID Agency for International Development; artificial insemination by donor.

AIRS Aerobic International Research Society.

a.k.a. also known as.

AL American Legion (*Veteranenverband*).
ALA Automobile Legal Association (*Automobil-Rechtsschutzverband*).
Ala. Alabama (*Staat der USA*).
Alas. Alaska (*Staat der USA*).
alc(oh). alcohol.
Ald., Aldm. Alderman.
alg. algebra.
ALGOL algorithmic oriented language (*Programmiersprache*).
All. Alley (*in Straßennamen*).
ALPA *Am.* Air Line Pilots Association.
a.l.s. autograph letter signed.
alt. alternate; alternating; altitude.
Alta. Alberta (*kanad. Provinz*).
AM *electr.* amplitude modulation; (*Lat.*) *Am.* Artium Magister, Master of Arts; Associate Member.
a.m. (*Lat.*) ante meridiem.
AMA American Management *od.* Medical *od.* Missionary Association.
amal., amalg. amalgam(ated); amalgamation.
Amb. ambassador; ambulance.
AMC Army Medical Centre.
amdt. amendment.
Amer. America(n).
amg. among.
amp. *electr.* amperage; ampere.
amp.-hr. *electr.* ampere-hour.
AMRAAM *mil.* advanced medium-range air-to-air missile.
amt. *econ.* amount.
AMU, amu atomic mass unit.
AMVETS American Veterans (of World War II and Korea).
an. (*Lat.*) anno, in the year; *electr.* anode.
anacom analytic computer.
anal. analogous; analogy; analysis; analytic(al).
anat. anatomical; anatomy.
ANC African National Congress (*südafrik. Guerillabewegung*).
anc. ancient(ly).
Ang. Anglesey (*Wales*).
ann. annals; annual; annuity.
annot. annotated; annotations; annotator.
Anon., anon. anonymous(ly).
ANPA American Newspaper Publishers Association.
ANRC American National Red Cross.
ans. answer(s); answered.
antilog *math.* antilogarithm.
ANZAC, Anzac Australian and New Zealand Army Corps.
a.o., a/o *econ.* account of.
a.o.b., A.O.B. any other business.
a/or, &/or, and/or either "and" or "or".
AP Associated Press (*Nachrichtenagentur*).
A/P *econ.* account purchase; *econ. jur.* authority to pay *od.* purchase.
API (*Fr.*) association phonétique internationale, International Phonetic Association.
apmt. appointment.
APO army post office.
app. apparent(ly); appended; appendix.
appd. approved.
appl. *jur. Am.* appeal; applied (to).
approx. approximate(ly).
appx. appendix.
Apr. April.
APT advanced passenger train.
apt(s). *Am.* apartment(s).
AR advice of receipt; annual return; Autonomous Republic.
ar, a/r *econ.* all rail; all risks (*Versicherung*).
ARA Amateur Rowing Association; Associate of the Royal Academy of Arts.
ARAM Associate of the Royal Academy of Music.
ARC American Red Cross; *Br.* Agricultural Research Council.
ARCA Associate of the Royal College of Arts.
arch. archaic; *geogr.* archipelago; architect; architectural; architecture.
arch(a)eol. arch(a)eological; arch(a)eology.
ARCS Associate of the Royal College of Science.
Argyl. Argyllshire (*ehemal. Grafschaft in Schottland*).
arith. arithmetic(al).
Ariz. Arizona (*Staat der USA*).
Ark. Arkansas (*Staat der USA*).
Arm. Armagh (*Grafschaft in Nordirland*).
ARP air-raid precautions *od.* protection.
arr. arranged; arrangement; arrival; arrive(d); arrives.
art. article; artificial; artillery; artist.
ARU American Railway Union.
AS, AS., A.S., A.-S. *ling.* Anglo-Saxon.
A/S *econ.* account sales.
ASA American Standards Association; *Br.* Amateur Swimming Association.
a.s.a.p. as soon as possible.
ASCAP American Society of Composers, Authors and Publishers.
ASCII *Computer*: American standard code for information interchange (*standardisierter Code zur Darstellung von Zeichen*).
ASE American Stock Exchange.
ASEAN Association of Southeast Asian Nations.
asgd. assigned.
asgmt. assignment.
ASH *Br.* Action on Smoking and Health (*Liga gegen das Rauchen in der Öffentlichkeit*).
ASI, asi *aer.* airspeed indicator.
ASLEF *Br.* Associated Society of Locomotive Engineers and Firemen (*Gewerkschaft*).
ASM air-to-surface missile.
asmt. assortment.
ASPCA American Society for the Prevention of Cruelty to Animals.
ASR Air-Sea Rescue (Service).
ASRAAM *mil.* advanced short-range air-to-air missile.
ASRS *Br.* Amalgamated Society of Railway Servants (*Gewerkschaft*).
ass. assembly; assistant; association.
assd. assigned.
Assn., assn. association.
assoc. associate(d); association.
ASSR Autonomous Soviet Socialist Republic.
asst. assistant.
asst'd assorted.
assy, ass'y assembly.
AST *Am.* Atlantic Standard Time.
ASTM American Society for Testing Materials.
ASTMS *Br.* Association of Scientific, Technical and Managerial Staffs (*Gewerkschaft*).
Astron., astron. astronomer; astronomical; astronomy.
asym. asymmetric(al).
A/T *econ.* American terms.
at. airtight; *tech.* atmosphere(s); atomic.
a.t. air temperature; air transport.
ATA, ata actual time of arrival; air-to-air.
AT & T American Telephone and Telegraph Co.
ATC *Br.* Air Training Corps; air traffic control.
atdt. attendant.
Atl. Atlantic.
atm. *tech.* atmosphere(s); atmospheric.
at. no. atomic number.
att. attach(ed); *Am.* attention; attorney.
Atty., atty. Attorney.
Atty. Gen. *jur.* Attorney General.
ATV *Br.* Associated Television.
at.vol. atomic volume.
at.wt. atomic weight.
AUEW *Br.* Amalgamated Union of Engineering Workers (*Gewerkschaft*).
Aug. August.
Aus. Australia(n).
Aust. Cap. Terr. Australian Capital Territory.
Austr. Austria(n).
Austral. Australia; Australasia.
auth. authentic; author(ess); authority; authorized.
auto. automatic; automobile; automotive.
aux. auxiliary.
AV Authorized Version (*der Bibel*).
AV, A-V, a-v audiovisual.
av. *Am.* avenue; average; *econ.* avoirdupois.
avdp. *econ.* avoirdupois.
Ave., ave. avenue.
A/W actual weight.
a.w. *econ.* all water (*im Transportwesen*).
AWACS *mil. aer.* Airborne Warning and Control Systems.
AWOL, awol *mil. Am.* absence *od.* absent without leave.
ax. axiom; axis.

B

B bachelor; *med.* bacillus; (*Schach*) bishop; (*Bleimine*) soft.
b. bachelor; bill; book; born; breadth; billion; (*Kricket*) bowled; (*Kricket*) bye.
B/-, b/ *econ.* bag; *econ.* bale.
BA (*Lat.*) Baccalaureus Artium, Bachelor of Arts; British Academy; British Airways.
BAA British Airports Authority.
BAAS British Association for the Advancement of Science.
BABS, babs beam *od.* blind approach beacon system Leitstrahl- *od.* Blind-Lande-ˈFunkfeuersyˌstem.
Bac. (*Lat.*) Baccalaureus, Bachelor (*im Titel*).
BAC British Aircraft Corporation.
bach. bachelor.
bact(er). bacteria; bacteriological.
BAFTA British Academy of Film and Television Arts.
B.Ag., B.Agr(ic). (*Lat.*) Baccalaureus Agriculturae, Bachelor of Agriculture.
Ba.Is. Bahama Islands.
Bal., bal. *econ.* balance; *econ.* balancing.
BALPA British Airline Pilots' Association.
b. & b. bed and breakfast (*Zimmer mit Frühstück*).
bank. banking.
BAOR British Army of the Rhine.
Bap(t). Baptist.

bap(t). baptized.
bar. barometer; barometrical; barrel; barrister.
B.Arch. (*Lat.*) Baccalaureus Architecturae, Bachelor of Architecture.
Bart, Bart. Baronet.
BASIC beginner's all-purpose symbolic instruction code (*Programmiersprache*).
BAT (Co.) British American Tobacco (Company) (*größte Tabakgesellschaft der Welt*).
Bav. Bavaria(n).
bb, b.b. *jur.* bail bond; *tech.* ball bearing(s).
BBC British Broadcasting Corporation.
bbl(s). *econ.* barrel(s).
BC before Christ; Borough Council; British Columbia; British Council.
B/C *econ.* bill(s) for collection.
BCD *mil. Am.* bad conduct discharge; binary-coded decimal.
BCE before the Christian Era, before the Common Era.
BCG bacillus Calmette-Guérin (*Tuberkulose-Impfstoff*).
bch *econ.* bunch.
BCL (*Lat.*) Bachelor of Civil Law.
B. Com. Bachelor of Commerce.
BCS British Computer Society.
BD Bachelor of Divinity; bank draft.
B/D *econ.* bank draft.
bd. board; (*Buchbinderei*) bound.
BDC, bdc *tech.* bottom dead centre (*unterer Totpunkt beim Kolben*).
bd.ft. *econ.* board feet *od.* foot.
bdl(e). *econ.* bundle.
bds. (*Buchbinderei*) boards; *econ.* bonds; *econ.* bundles.
BDS Bachelor of Dental Surgery.
BDST British Double Summer Time.
B.D.Veh. breakdown vehicle Abschleppfahrzeug.
BE Bachelor of Education *od.* Elocution *od.* Engineering; *econ.* bill of exchange; *Am.* Board of Education.
B/E, b.e., b/e *econ.* bill of exchange.
Bé *phys.* Baumé (*Hydrometer*).
BEA British European Airways.
B.Econ. Bachelor of Economics.
B.Ed. Bachelor of Education.
Beds. Bedfordshire (*engl. Grafschaft*).
bef. before.
bel. below.
Belg. Belgian; Belgium.
BEM British Empire Medal (*Orden*).
BENELUX, Benelux Belgium, Netherlands, Luxemburg.
Berks. Berkshire (*engl. Grafschaft*).
bet(w). between.
BEV, BeV, Bev., bev *electr. Am.* billion electron volts.
B/F, b/f *econ.* brought forward.
b.f. *print.* boldface; *colloq.* bloody fool.
BFA *Am.* Bachelor of Fine Arts; British Football Association.
BFI British Film Institute.
BFN British Forces Network (*brit. Soldatensender*).
bg. *econ.* bag.
b/g *econ.* bonded goods.
BGC British Gas Council.
bgs. *econ.* bags.
B'ham Birmingham.
BHN, Bhn *tech.* Brinell hardness number (*Härtegradzahl von Metallen*).
b.h.p. *tech.* brake horse-power.
BHS British Home Stores (*Warenhaus*).
BIAE British Institute of Adult Education.
bibliog. bibliographer; bibliography.
b.i.d. (*Lat.*) bis in die, twice a day (*auf Rezepten*).
BIF British Industries Fair.
BIM British Institute of Management.
biog. biographer; biographical; biography.
Biol., biol. biological; biologist; biology.
BIS Bank for International Settlements.
BISF British Iron and Steel Federation.
BJ *Am.* Bachelor of Journalism.
Bk., bk. bank; block; book.
bkcy. bankruptcy.
bkpg. bookkeeping.
bkpr. bookkeeper.
bk(r)pt. bankrupt.
bks. *mil.* barracks; books.
bkt(s) basket(s); bracket(s).
BL (*Lat.*) Baccalaureus Legis, Bachelor of Law.
B/L *econ.* bill of lading.
bl. *econ.* bale(s); *econ.* barrel(s); black; block.
b.l. base line; *econ.* bill lodged.
BLADING, Blading *econ.* bill of lading.
bl(d)g. building.
B.Lit(t). (*Lat.*) Baccalaureus Litterarum, Bachelor of Letters *od.* Literature.
blk. black; block; bulk.
bls. *econ.* bales; *econ.* barrels.
Blvd., blvd. *Am.* boulevard.
BM (*Lat.*) Baccalaureus Medicinae, Bachelor of Medicine; British Museum.
B/M *econ.* bill of material.
BMA British Medical Association.
BMC British Medical Council; British Motor Corporation.
bmep *tech.* brake mean effective pressure.
BMR, bmr *biol. med.* basal metabolic rate.
B.Mus. (*Lat.*) Baccalaureus Musicae, Bachelor of Music.
B.N., b.n. bank note.
bn battalion; been.
BNFL British Nuclear Fuels Ltd.
BNOC British National Oil Corporation.
BO body odo(u)r (*euphem. Abkürzung*); *Br.* Branch Office.
B/O Branch Office.
b.o. *econ. Am.* back order; *econ. Am.* bad order (*Waren beim Transport beschädigt*).
BOAC British Overseas Airways Corporation.
BOD biochemical oxygen demand.
B. of E. Bank of England.
BOT *Br.* Board of Trade.
bot. botanical; botanist; botany; bottle; bottom; *econ.* bought.
BP British Petroleum Company Ltd.; boiling point.
B/P *econ. Am.* bills payable.
BPAS British Pregnancy Advisory Centre.
BPB, bpb bank post bill(s).
B.Pharm. (*Lat.*) Baccalaureus Pharmaciae, Bachelor of Pharmacy.
B.Phil. (*Lat.*) Baccalaureus Philosophiae, Bachelor of Philosophy.
bpl. birthplace.
BR British Rail; British Restaurant.
B/R, b.r. *econ.* bills receivable.
br. branch; bridge; brig; bronze; brother.
BRCS British Red Cross Society.
Brec. Brecknockshire (*ehemal. Grafschaft in Wales*).
Brit. Britain; Britannia; Britannica; British.
Bro., bro. brother.
Bros., bros. brothers (*bes. in Firmennamen*).
BRS British Road Services (*Fuhrunternehmen der brit. Eisenbahn*).
BS Bachelor of Science; *econ.* balance sheet; *econ. tech.* British Standard(s).
B/S *econ.* bill of sale; bags; bales.
BSC British Steel Corporation.
B.Sc. (*Lat.*) Baccalaureus Scientiae, Bachelor of Science.
BSG British Standard Gauge.
bsh. *econ.* bushel.
BSI British Standards Institution.
bsk(t). *econ.* basket.
BSM British School of Motoring.
BSS British Standard Specification Britische Normvorschrift.
BST British Summer Time.
BT *Br.* Board of Trade.
Bt, Bt. Baronet (*dem Namen nachgestellt*).
btl. bottle.
BTU British Trade Union.
Btu., B.t.u., btu, b.t.u. *phys.* British thermal unit(s).
bu. *Am.* bureau; *econ.* bushel(s).
Bucks. Buckinghamshire (*engl. Grafschaft*).
bul(l). bulletin.
BUP British United Press (*Nachrichtenagentur*).
BUPA British United Provident Association.
bur. bureau; buried.
bus. *econ.* bushel(s); *Am.* business.
bush. *econ.* bushel(s).
bvt. *mil.* brevet(ted).
BWR boiling-water reactor.
bx(s). *econ.* box(es).

C

C Celsius; *Am.* center; centigrade; century; *chem.* carbon.
c centimeter *od.* centimetre.
c. candle; cent(s); circa; cubic; carat; chapter; (*Kricket*) caught.
CA *econ.* chartered account(ant); *econ.* chief accountant; *econ.* commercial agent; *econ.* controller of accounts.
C/A *econ.* capital account; *econ.* credit account; *econ.* current account.
ca. *electr.* cathode; centiare; (*Lat.*) circa.
CAA Civil Aviation Authority.
CAB *Am.* Civil Aeronautics Board; *Br.* Citizens' Advice Bureau.
CAD computer-aided design.
c.a.d. *econ.* cash against documents.
Caern. Caernarvonshire (*ehemal. Grafschaft in Wales*).
Caith. Caithness (*ehemal. schott. Grafschaft*).
Cal. California (*Staat der USA*); *phys.* (large) calorie(s).
cal. calendar; *Am.* calends; caliber *od.* calibre; *phys.* (small) calorie(s).
Calif. California (*Staat der USA*).
CALTEX, Caltex California-Texas Oil Corporation.
CAM computer-aided manufacture.
Cambs. Cambridgeshire (*engl. Grafschaft*).
Can. Canada; Canadian; *relig.* Canon.
canc. cancel(ed); cancellation.
c & b (*Kricket*) caught and bowled by.
c. & f. *econ.* cost and freight.
C & W *mus.* country and western.
CAP Common Agricultural Policy.

cap. capacity; capital (letter).
Capt. Captain.
Car. Carlow (*Irland*); Carolina (*Staat der USA*).
CARD Campaign Against Racial Discrimination.
Card. Cardiganshire (*ehemal. Grafschaft in Wales*).
CARE Co-operative for American Relief Everywhere (*amer. Organisation, die Hilfsmittel an Bedürftige in aller Welt versendet*).
CARICOM Caribbean Community and Common Market.
carr.pd *econ.* carriage paid.
cas. castle; casual(ty).
CAT *Br.* College of Advanced Technology.
cat. catalogue(d); *relig.* catechism; catamaran.
Cath. Cathedral; Catherine; Catholic.
C.Aus. Central Australia.
CAVU, C.A.V.U., c.a.v.u. *aer.* ceiling and visibility unlimited.
CB Citizens' Band; *Br.* Companion of (the Order of) the Bath (*hoher Orden und Titel*); *mil.* confined *od.* confinement to barracks (*Ausgehverbot*); County Borough.
C/B *econ.* cashbook.
CBC Canadian Broadcasting Corporation.
C.B.D., c.b.d. *econ. Am.* cash before delivery.
CBE Commander of the Order of the British Empire.
CBI Confederation of British Industries.
C-bomb cobalt bomb.
CBR chemical, biological, and radiological warfare.
CBS *Am.* Columbia Broadcasting System.
cc cubic centimeter(s) *od.* cubic centimetre(s); carbon copy *od.* copies.
CC chief clerk; *electr.* continuous current; County *od.* City Council(lor); Cricket Club.
CCC *Am.* Civilian Conservation Corps; *Am.* Commodity Credit Corporation; Corpus Christi College.
cclkw. counter-clockwise.
C.C.P. *jur.* Code of Civil Procedure.
CCR camera cassette recorder; *Am.* Commission on Civil Rights.
C.Cr.P. *jur.* Code of Criminal Procedure.
cd *phys.* candela.
CD Civil Defense; Coast Defence(s) *od.* Defense(s); contagious disease; (*Fr.*) Corps Diplomatique, diplomatic corps; compact disc.
cd. *econ.* canned; *econ.* cord.
c.d. *econ. Am.* cash discount; *econ.* cum dividend.
cd.ft. *econ. Am.* cord foot *od.* feet (*Holzmaß*).
CDT *Am.* Central Daylight Time.
CE Church of England (*besser* C. of E.); civil engineer; *Am.* Christian era.
CEA *Br.* county education authority.
CED *Am.* Committee for Economic Development *od.* Defense.
CEGB *Br.* Central Electricity Generating Board.
Cels. Celsius.
CEMF, cemf *electr.* counter electromotive force.
cen. *Am.* central; century.
cent. centigrade; central; century.
Cent. Am. Central America.
CENTO Central Treaty Organization.
CERN, Cern European Organization for Nuclear Research.
cert. certain(ly); certainty; certificated.
CET Central European Time.
cf. (*Buchbinderei*) calf; confer.
c.f., C.F. *econ.* cost and freight.
c/f *econ.* carried forward.
CFE College of Further Education.
c.f.i. *econ.* cost, freight, and insurance.
cfm., c.f.m. *tech.* cubic feet per minute.
C.G. *phys. tech.* center *od.* centre of gravity; coast guard; consul-general; Coldstream Guards.
cg, cg. centigramme(s) *od.* centigram(s).
CGM Conspicuous Gallantry Medal.
cgs, c.g.s. centimeter- *od.* centimetre-gram(me)-second system.
CH *econ. Am.* clearing house; *Br.* Companion of Honour.
ch. *tech.* chain; (*sport*) champion; chapter; chief; child; children; church.
c.h. central heating.
Chap., chap. *relig.* chaplain; chapter.
Ch.B. (*Lat.*) Chirurgiae Baccalaureus, Bachelor of Surgery.
Ch.E. chemical engineer.
Chem., chem. chemical; chemist(ry).
Ches. Cheshire (*engl. Grafschaft*).
chf. chief.
chg. change; *econ.* charge.
chgs. *econ.* charges.
chm. chairman; checkmate.
chron(ol.) chronological; chronology.
CI cast iron; Channel Islands; Chief Inspector.
C/I certificate of insurance.
CIA *mil. Am.* Central Intelligence Agency.
CIC *mil. Am.* Counter Intelligence Corps.
CID *Br.* Criminal Investigation Department (*brit. Kriminalpolizei*).
Cie., cie. (*Fr.*) Compagnie, Company.
c.i.f. *econ.* cost, insurance, freight.
CINC, CinC, C.-in-C., Cinc *mil.* Commander in Chief.
CIO *Am.* Congress of Industrial Organizations.
circ. circa; circuit; circulation; circumference.
cit. citation; cited; citizen.
civ. civil(ian); civilized.
CJ Chief Justice.
ck. *econ.* cask; *econ. Am.* check; cook.
CL center *od.* centre line.
cl. centiliter *od.* centilitre; class; clerk; cloth; clergyman.
c.l. *econ. Am.* carload (lots).
Cla. Clackmannan (*ehemal. schott. Grafschaft*).
cld. cleared; colo(u)red.
Clear Campaign for Lead Free Air.
clk. *econ.* clerk; clock.
clkw. clockwise.
C.M. *jur. mil.* court-martial.
cm, cm. centimeter *od.* centimetre.
CMG *Br.* Companion of the Order of St Michael and St George.
cml. commercial.
CN credit note.
CNAA *Br.* Council for National Academic Awards.
CND *Br.* Campaign for Nuclear Disarmament.
CNO *Br.* Chief of Naval Operations.
CNS *med.* central nervous system.
CO Commanding Officer; conscientious objector.
Co., co. *econ.* company; county.
c.o., c/o care of; *econ.* carried over.
COBOL common business oriented language (*Programmiersprache*).
COD *Br.* cash on delivery, *Am.* collect on delivery (*Nachnahme*); Concise Oxford Dictionary.
co-ed. co-educational.
C. of C. Chamber of Commerce.
C. of E. Church of England.
C. of I. Church of Ireland.
C. of S. Chief of Staff; Church of Scotland.
COI *Br.* Central Office of Information.
col. collected; collector; college; Colonel.
coll. collect(ion); collective(ly); college.
collab. collaborated; collaboration; collaborator.
collect. collective(ly).
Colo. Colorado (*Staat der USA*).
COM computer output on microfilm.
com. comedy; comma; commander; commentary; commerce; commercial; commission(er); committee; common(ly).
comb. combination; combine(d).
Comdr., comdr. Commander.
COMECON Council for Mutual Economic Aid (*der Ostblockstaaten*).
Cominform Communist Information Bureau.
Comintern Communist International.
Comm. Commander; Commonwealth.
comm. commission; committee.
comn(s). communication(s).
comp. comparative; compare; comparison; compilation; compiled; composer.
compar. comparative.
compl. complement.
Comr. Commissioner.
con. (*Lat.*) *jur.* conjunx, consort; connection; consolidated; consul; contra; conclusion; (*Lat.*) contra; *mus.* concerto.
conc. concentrate(d); concerning.
conf. confer; conference; confessor.
Confed. *Am.* confederate.
Cong. *Am.* Congress(ional).
Conn. Connecticut (*Staat der USA*).
Cons. *pol.* Conservative; Consul.
consol. *econ.* consolidated.
const. constant; constitution(al).
constr. construction.
cont. containing; contents; continent.
contd. continued.
contemp. contemporary.
contg. containing.
contn. continuation.
contr. contract(ed); contraction; contrary.
Co-op. Co-operative (Society).
CORE *Am.* Congress of Racial Equality.
Cor. Mem. corresponding member.
Corn. Cornish; Cornwall (*engl. Grafschaft*).
Corp., corp. *mil.* Corporal (*Dienstgrad*); Corporation.
Corpn., corpn. *econ.* Corporation.
corr. corrected; correspond(ence); correspondent; corresponding.
corresp. correspondence; corresponding to.
cos *math.* cosine.
Cos., cos. companies; counties.
cosec *math.* cosecant.
cot *math.* cotangent.
Coy Company.
CP Canadian Press (*Nachrichtenagentur*); *geogr.* Cape Province; *mil.* Command Post; Communist Party.
cp. compare.

c.p. *phys.* candle power; *econ.* carriage paid; chemically pure.
C.P. Common Prayer; Communist Party; Court of Probate.
CPA, C.P.A., c.p.a. Certified Public Accountant.
CPI *Br.* consumer price index.
c.p.m. *electr. phys.* cycles per minute.
CPO Chief Petty Officer.
CPRE Council for the Preservation of Rural England.
c.p.s. *electr. phys.* cycles per second.
CPSA *Br.* Civil and Public Services Association (*Gewerkschaft*).
CPU *Computer*: central processing unit.
Cr. *econ.* credit(or); *Am.* creek; *Br.* Crown.
Cres. Crescent.
crim. criminal.
crit. critical; criticism; criticized.
CS Civil Service; *Scot.* Court of Session; Chartered Surveyor; Christian Science.
C/S *econ.* cases.
cs. *econ.* cases.
CSA Confederate States of America.
CSE *Br.* Certificate of Secondary Education.
csc *math.* cosecant.
CSM *Br.* Company Sergeant-Major.
CST *Am.* Central Standard Time.
CT Certificated Teacher; commercial traveller.
ct. cent(s); county; court.
CTC centralized traffic control; *Br.* Cyclists' Touring Club.
ctn *math.* cotangent.
cts. cents; centimes; *Am.* certificates.
CTV *Am.* color television; *Br.* commercial television.
cu(b). cubic.
cu.cm. *Am.* cubic centimeter.
cu.ft. *Am.* cubic foot.
cu.in. *Am.* cubic inch.
cum. *econ.* cumulative.
Cumb. Cumberland (*ehemal. engl. Grafschaft*).
CUP Cambridge University Press.
cur. *econ.* currency; current.
CV curriculum vitae; calorific value.
CVO *Br.* Commander of the Royal Victorian Order.
cv(t). *econ. Am.* convertible (bonds).
CW chemical warfare; continuous wave.
c.w.o., C.W.O. *econ.* cash with order.
CWS Cooperative Wholesale Society.
cwt, cwt. hundredweight.
cyl. cylinder; cylindrical.
Czech(osl). *Am.* Czechoslovakia(n).

D

D *mil. Am.* department; dimensional (*in Zusammensetzungen, z.B.* 3D 3-dimensional); democrat(ic); Doctor; dollar; dose.
d. date; daughter; day(s); dead; (*Lat.*) denarii, pence; (*Lat.*) denarius, penny; *phys.* density; died; *Am.* dime.
D2-MAC *TV* Multiplex Analog Components zeitversetzte ana'loge Si'gnale.
DA *Am.* District Attorney; deposit account.
D/A, d.a. *econ.* documents for acceptance; *econ.* deposit account.
dag. decagram(me).
Dak. *geogr.* Dakota.
dal, dal. decaliter *od.* decalitre.
dam. decameter *od.* decametre.
Dan. Daniel; Danish.
D.A.P. *econ.* documents against payment.
DAR Daughters of the American Revolution (*ein Frauenverein*).
D.A.S. *econ.* delivered alongside ship.
DAV Disabled American Veterans.
D.B. *econ.* daybook; *mil.* dive-bomber.
dB, db decibel(s).
d.b.a. *econ. Am.* doing business as.
DBE Dame Commander of the (Order of the) British Empire.
dbl double.
DBS direct broadcasting by satellite.
DC *electr.* direct current; *Am.* District of Columbia; *mus.* da capo.
DCL Doctor of Civil Law.
DCM *Br. mil.* Distinguished Conduct Medal.
DCMO Dame Commander of the (Order of the) British Empire.
DCVO Dame Commander of the Royal Victorian Order.
DD *mil. Am.* dishonorable discharge; *econ.* demand draft; (*Lat.*) Doctor Divinitatis, Doctor of Divinity.
D/D *econ. Am.* days after date.
d–d *euphem. für* damned.
DDD *Am.* direct distance dialing (*Selbstwählfernverkehr*).
DDG *econ. Br.* Deputy Director-General.
DDS Doctor of Dental Surgery.
DDT dichlorodiphenyl-trichloroethane (*Insektizid*).
deb. *econ.* debenture; *colloq.* debutante.
Dec. December.
dec. deceased; *Am.* decimeter; declaration.
decd. deceased.
D.Ed. Doctor of Education.
def. defective; *jur.* defendant; *econ.* deferred (shares); defined; definite(ly); definition.
Del. Delaware (*Staat der USA*).
Dem. *Am.* Democrat; Democratic (Party).
Den. Denmark.
Denb(h). Denbighshire (*ehemal. Grafschaft in Wales*).
dent. dental; dentist(ry).
dep. *Am.* department; departs; departure; *ling.* deponent; deposed; depot; deputy.
Dept., dept, dept. department; deputy.
Derby. Derbyshire (*engl. Grafschaft*).
DES *Br.* Department of Education and Science.
Devon. Devonshire (*engl. Grafschaft*).
DF *aer. mil.* direction finder *od.* finding.
DFC *Br.* Distinguished Flying Cross.
DFM *Br. mil.* Distinguished Flying Medal.
dft. *jur. Br.* defendant; draft.
DG (*Lat.*) Dei gratia, by the grace of God; (*Lat.*) Deo gratias, thanks to God; Director General.
DHSS *Br.* Department of Health and Social Security.
diag. diagram.
diam. diameter.
diff. difference; different.
Dip.A.D. *Br.* Diploma in Art and Design.
Dip. Ed. *Br.* Diploma in Education.
Dir., dir. director.
disc. *econ.* discount; discover(ed).
dist. distance; distinguish(ed); district.
div. divided; *econ.* dividend; division; divisor; divorced.
DIY do-it-yourself.
DJ disc jockey; *Am.* District Judge; dinner jacket.
D.Lit(t). (*Lat.*) Doctor Lit(t)erarum, Doctor of Letters *od.* Literature.
DLT development land tax.
dm, dm. decimeter *od.* decimetre.
DMA *Computer*: direct memory access.
DMS *Br.* Diploma in Management Studies.
D.Mus. Doctor of Music.
DMZ *Am.* demilitarised zone.
DNA desoxyribonucleic acid.
DNB Dictionary of National Biography.
do, do. ditto.
DOA dead on arrival.
doc(s). document(s).
DOD *Am.* Department of Defense.
DOE *Br.* Department of the Environment; *Am.* Department of Energy.
dol(l). dollar(s).
dol(l)s. dollars.
dom. domestic; dominion.
Don. Donegal (*irische Grafschaft*).
Dors. Dorsetshire (*engl. Grafschaft*).
doz. dozen(s).
DP displaced person.
d/p documents against payment.
DPC Defence Planning Committee Rat der Verteidigungsminister (*NATO*).
D.Ph(il). Doctor of Philosophy.
Dpo. depot.
DPP *Br.* Director of Public Prosecutions.
Dpt. dpt. *Am.* department.
DPW Department of Public Works.
Dr. *econ.* debtor; Doctor.
dr. *econ.* debit; drachm(a); dram(s); *econ.* drawer.
d.r. *mar.* dead reckoning.
d.s., d/s *econ.* days after sight.
D.Sc. Doctor of Science.
DSM *mil.* Distinguished Service Medal.
DST *Am.* Daylight Saving Time.
DT(s) *med.* delirium tremens.
Du. Duke; Dutch.
Dubl. Dublin (*Stadt u. Grafschaft in Irland*).
Dumb. Dumbarton(shire) (*ehemal. schott. Grafschaft*).
Dumf. Dumfries(shire) (*ehemal. schott. Grafschaft*).
Dur(h). Durham (*engl. Grafschaft*).
DV (*Lat.*) Deo volente, God willing.
DVM *Am.* Doctor of Veterinary Medicine.
dw. deadweight.
dwt, dwt. denarius weight, pennyweight.
DX (*Funk*) distance.
Dyn., dyn(am). dynamics.
dz. dozen(s).

E

E *phys.* energy; electromotive force; east(ern).
E. Earl; Earth; east(ern); English.
e *phys.* erg; electron.
EA *ped. psych.* educational age.
ea. each.
E. & F.C. examined and found correct.
E.&O.E., e.&o.e. errors & omissions excepted.
EAROM *Computer*: electrically alterable read only memory (*elektrisch veränderbarer Fest*[*wert*]*speicher*).

EB Executive Board; Encyclopaedia Britannica.
EBU European Broadcasting Union.
EC East Central (*Postbezirk*); European Community.
ECE Economic Commission for Europe (*der UN*).
ECG *med.* electrocardiogram; electrocardiograph.
econ. economical; economics; economy.
ECOSOC Economic and Social Council (*der UN*).
ECS European Communications Satellite.
ECSC European Coal and Steel Community.
ECU European Currency Unit.
ed. edited; edition; editor; education(al).
EDC European Defence Community.
EDP electronic data processing.
EDT *Am.* Eastern Daylight Time.
EE Employment Exchange; Early English; electrical engineer(ing).
E.E., E/E., e.e. *econ.* errors excepted.
EEC European (Economic) Community.
EEG *med.* electroencephalogram.
EFL English as a foreign language.
EFTA European Free Trade Association.
EFT-POS electronic funds transfer at the point of sale.
e.g. (*Lat.*) exempli gratia, for example.
EHF *electr.* extremely high frequency.
EHP *phys.* effective horsepower.
E.L. East Lothian (*ehemal. schott. Grafschaft*).
el. elected; electricity; electric light.
eld. eldest.
ELDO European Launcher Development Organization (*zur gemeinsamen Entwicklung von Raketen*).
elem. elementary; element(s).
elev. elevation.
ELF *electr.* extremely low frequency.
ELT English language teaching; European letter telegram.
EM *Am.* enlisted man *od.* men.
EMA European Monetary Agreement.
EMF, emf *tech.* electromotive force.
Emp. Emperor; Empire; Empress.
EMS European Monetary System.
EMU, emu electromagnetic unit(s).
E.N. & T. *med.* ear, nose, and throat.
Enc(l)., enc(l). enclosed; enclosure (*Anlage im Brief*).
eng. engine; engineer(ing); engraved.
Engl. England; English.
ENIAC Electronic Numerical Integrator and Computer.
enl. enlarged.
END *Br.* European Nuclear Disarmament.
ENT *med.* ear, nose, and throat.
env. envelope.
EOC Equal Opportunities Commission.
e.o.m. end of month.
EP extended play (record).
EPA *Am.* Environmental Protection Agency; *Br.* education priority area.
Epis(c)., episc. *relig.* episcopal.
EPNS electroplated nickel silver.
EPROM *Computer*: erasable programmable read only memory (*löschbarer, programmierbarer Fest*[*wert*]*speicher*).
EQ *ped. psych.* educational quotient.
eq. equal(izer); equalizing; equation; equivalent.
equip., eqpt. equipment.
Equity *Br.* Actors' Equity Association (*Schauspielergewerkschaft*).
equiv. equivalent.
ER (*Lat.*) Elizabeth Regina; (*Lat.*) Eduardus Rex.
Ernie *Br.* Electronic Random Number Indicator Equipment (*Computer, der Gewinnzahlen ermittelt*).
ERP European Recovery Program (*Marshall-Plan*).
ERS earnings related supplement.
ERU English Rugby Union.
ESA European Space Agency.
ESN educationally subnormal.
ESP extrasensory perception.
esp(ec). especial(ly).
Esq(r). Esquire.
ESRO European Space Research Organization.
Ess. Essex (*engl. Grafschaft*).
EST *Am.* Eastern Standard Time; electric shock treatment.
est. established; estate; *econ. math.* estimated; *geogr.* estuary; electric shock treatment.
ESU (The) English-Speaking Union.
E.S.U., e.s.u. electrostatic unit.
ETA estimated time of arrival.
et al. (*Lat.*) et alia, and other things; (*Lat.*) et alibi, and elsewhere; (*Lat.*) et alii, and other persons.
etc. (*Lat.*) et cetera.
ETD estimated time of departure.
eth. ethical(ly); ethics.
ETR estimated time of return.
et seq., et sq. (*Lat.*) et sequens, and the following.
et seqq., et sqq. (*Lat.*) et sequentes *od.* et sequentia, and those that follow.
ETU Electrical Trades Union.
etym(ol). *ling.* etymological(ly); *ling.* etymology.
EUCOM *mil. Am.* European Command.
Eur. Europe; European.
EURATOM, Euratom European Atomic Energy Commission.
ev, e.v. *phys.* electron volt(s).
EVA (*Raumfahrt*) extra-vehicular activity.
evg., evng. evening.
ex. examination; examined; example; except(ion); *econ. Am.* exchange; *Am.* executed; *Am.* executive; exercise.
exam. examination; examined; examinee.
exc. excellency; excellent; except(ed).
excl. exclamation; excluded; exclusive(ly).
ex div. *econ.* ex dividend, without dividend.
Ex-Im Bank (U.S.-)Export-Import Bank.
ex int. *econ.* ex interest, without interest.
exp. expenses; expired; export(ation); exported; exporter; express.
expt. experiment.
exptl. experimental.
ext. extension; external(ly); extinct; extra; extract.

F

F Fahrenheit; French; *math.* function (of); *phys.* force.
F. Fahrenheit; *electr.* farad; Fellow.
F:, F/, f, f:, f/ *phot.* F number.
f. *mar.* fathom; feet; female; feminine; following; foot; *phys.* frequency; from.
FA *Br.* Football Association.
FAA *Am.* Federal Aviation Administration (*Luftfahrtbehörde*).
f.a.a. *econ. mar.* free of all average frei von aller Havaˈrie.
facs(im). facsimile.
FACT Federation Against Copyright Theft.
FAGS Fellow of the American Geographical Society.
Fahr. Fahrenheit.
FAIA Fellow of the American Institute of Architects.
fam. familiar; family.
FAO Food and Agricultural Organization (*der UN*).
f.a.o. *tech.* finish all over.
FAP first-aid post.
f.a.s. *econ.* free alongside ship frei Längsseite des Schiffes (*im Abgangshafen*).
fath. *mar.* fathom.
f.b. (*Fußball*) fullback.
FBA Fellow of the British Academy.
FBI *Am.* Federal Bureau of Investigation (*Bundes-Kriminalpolizei*); Federation of British Industries.
FBR fast breeder reactor.
FBS *mil.* forward based systems.
FC Federal Cabinet; *Br.* Football Club.
FCA *Br.* Fellow of the Institute of Chartered Accountants.
fcap, fcap. foolscap (*Papierformat*).
FCC *Am.* Federal Communications Commission.
FCO *Br.* Foreign and Commonwealth Office.
f.co. fair copy.
fcp, fcp. foolscap (*Papierformat*).
Fd, fd *mil.* field (*in Zusammensetzungen*).
FD (*Lat.*) Fidei Defensor, Defender of the Faith.
FDA *Am.* Food and Drug Administration.
Feb. February.
fed. federal; federated; federation.
FEPC *Am.* Fair Employment Practices Committee (*Behörde zur Überwachung der Arbeitsbedingungen*).
Ferm. Fermanagh (*Grafschaft in Irland*).
ff. folios; following (pages); *mus.* fortissimo.
FFAG *phys.* fixed frequency alternating gradient (machine) (*ein Teilchenbeschleuniger*).
f.g.a. *econ. mar.* free of general average frei von allgemeiner Havaˈrie.
FGS Fellow of the Geological Society.
F.H., f.h. fire hydrant.
FHA *Am.* Federal Housing Administration.
FI Falkland Islands.
f.i. for instance.
FICE Fellow of the Institution of Civil Engineers.
fict. fiction(al); fictitious.
fid. *econ.* fiduciary.
Fid.Def. (*Lat.*) Fidei Defensor, Defender of the Faith.
FIFA (*Fr.*) Fédération Internationale de Football Association, International Football Federation.
fi.fa. (*Lat.*) *jur. Br.* fieri facias, cause it to be done (*Vollstreckungsbefehl des Gerichts an den Sheriff*).
fig. figurative(ly); figure(s).
FIJ Fellow of the Institute of Journalists.
Fin. Finland; Finnish.
fin. finance; financial; finished.

f.i.o. *econ. mar.* free in and out (*frei Ein- u. Ausladung*).
fir. firkin(s).
fl. florin(s); fluid.
Fla. Florida (*Staat der USA*).
flex. flexible.
Flint. Flintshire (*ehemal. Grafschaft in Wales*).
fl.oz. fluid ounce(s).
FM *tech.* frequency modulation; *mil. Br.* Field Marshal (*höchster Dienstgrad des Heeres*); Foreign Mission.
Fm. farm.
fm fathom; from.
fmn. formation.
fn., f.n. footnote.
FO *Br.* Foreign Office; *mil.* Field Officer; *mil.* Flying Officer.
Fo, fo. folio.
F.O.B., f.o.b. *econ. mar.* free on board.
FOBS Fractional Bombardment System (*Orbitalraketensystem*).
f.o.c. *econ.* free of charge.
FOE Friends of the Earth.
fol. folio; followed; following.
f.o.q. *econ.* free on quai frei Kai.
for. foreign; forestry.
f.o.r. *econ.* free on rail frei Wag'gon.
FORTRAN formula translation (*Programmiersprache*).
f.o.s. *econ.* free on steamer frei Schiff.
f.o.t. *econ.* free on truck frei Lkw.
f.o.w. *econ.* free on waggon frei Wag'gon.
f.p. *tech.* flash-point; *phys.* foot pound; *phys.* freezing point.
FPA Foreign Press Association (*eine Nachrichtenagentur*); Family Planning Association.
f.p.a. *econ. mar.* free of particular average nicht gegen besondere Hava'rie versichert.
FPHA *Am.* Federal Public Housing Authority.
fpm, f.p.m. *phys.* feet per minute.
fps, f.p.s. *phys.* feet per second; *phys.* foot-pound-second; *phot.* frames per second.
f.p.s. system *phys.* foot-pound-second system.
Fr. *relig.* Father; France; French.
fr. fragment; (*Währung*) franc; from.
Frat. Fraternity.
FRCM *Br.* Fellow of the Royal College of Music.
FRCP *Br.* Fellow of the Royal College of Physicians.
freq. frequent(ly); *ling.* frequentative.
FRG Federal Republic of Germany.
FRGS *Br.* Fellow of the Royal Geographical Society.
Fri. Friday.
Frisco *colloq.* San Francisco.
FRS *Br.* Fellow of the Royal Society; *Am.* Federal Reserve System.
frs. (*Währung*) francs.
frt. *econ.* freight.
frt.fwd. *econ.* freight forward Fracht bei Ankunft der Ware zu bezahlen.
frt.ppd. *econ.* freight prepaid Fracht vor'ausbezahlt.
f.s. *phys.* foot-second.
Ft. Fort.
ft, ft. feet; foot (*Maßeinheit*).
FTC *Am.* Federal Trade Commission (*zur Verhinderung unlauteren Wettbewerbs*).
ft-lb *phys.* foot-pound.
fur. furlong(s).
furn. furnished.
fut. future.
f.v. (*Lat.*) folio verso, on the back of the folio.
f.w.b. *tech.* four-wheel brake.
f.w.d. *tech.* four-wheel drive; front-wheel drive.
fwd(d). forwarded.
FZS *Br.* Fellow of the Zoological Society.

G

G *phys.* gravitational constant; *electr.* conductance; good; *Am. sl.* grand (*1000 Dollars*).
G., g. *tech.* gauge(s); *phys.* gauss; gelding; Gulf; guilder(s); (*Währung*) guinea(s).
g gram(me); *phys.* (acceleration of) gravity; gallon(s).
GA General Agent *od.* Assembly; general average.
Ga. Georgia (*Staat der USA*).
g.a. (*Versicherung*) general average.
Gal. Galway (*irische Grafschaft*).
gal(l). gallon(s).
gals. gallons.
GAT Greenwich Apparent Time.
GATT General Agreement on Tariffs and Trade.
GAW *Am.* guaranteed annual wage.
GB Great Britain.
GB & I Great Britain and Ireland.
GBE (Knight or Dame) Grand Cross of the British Empire.
GBS George Bernard Shaw.
GC Geneva Convention Genfer Konventi'on (*Rotes Kreuz*); George Cross (*Tapferkeitsmedaille*).
GCB (Knight) Grand Cross of the Bath (*hoher brit. Orden*).
G.C.D., g.c.d. *math.* greatest common divisor.
GCE General Certificate of Education.
G.C.F., g.c.f. *math.* greatest common factor.
GCL *aer.* ground controlled landing.
G.C.M., g.c.m. *math.* greatest common measure.
GCMG *Br.* (Knight or Dame) Grand Cross of the Order of St Michael and St George.
GCT Greenwich Central *od.* Civil Time.
GCVO *Br.* (Knight or Dame) Grand Cross of the Royal Victorian Order.
gd. good.
Gdns. Gardens.
GDP gross domestic product.
GDR German Democratic Republic.
gds. goods.
GEC General Electric Company (*größter amer. Elektrokonzern*).
Gen. *mil.* General (*Dienstgrad*); *Bibl.* Genesis.
gen. *biol.* genera; general(ly); *biol.* genus.
genl. general.
Gent., gent. gentleman; gentlemen.
geny. generally.
geo. geometry.
Geog., geog. geographer; geographic(al); geography.
Geol., geol. geologic(al); geologist; geology.
Geom., geom. geometer; geometric(al).
Germ. German(y).
GFR German Federal Republic.
GFTU *Br.* General Federation of Trade Unions (*Gewerkschaftsdachverband*).
g.gr. *econ.* great gross.
GHQ *mil.* general headquarters.
GI *mil. Am. colloq.* enlisted man; *Am.* government issue (*von der Regierung ausgegebene Ausrüstungsstücke*).
gi. *econ. Am.* gill(s).
Gib. Gibraltar.
Glam(org). Glamorganshire (*ehemal. Grafschaft in Wales*).
Glas. Glasgow.
GLC Greater London Council (*Stadtrat von Groß-London*).
GLCM ground-launched cruise missile.
Glos. Gloucestershire (*engl. Grafschaft*).
glt. *print.* gilt.
GM General Motors (*größter amer. Autokonzern*); *mil.* guided missile; *Br.* George Medal; general manager.
gm. gramme(s) *od.* gram(s).
G-man *Am.* government man (*Agent des* FBI).
G.m.a.t. Greenwich mean astronomical time.
GMC *Br.* General Medical Council.
GMT Greenwich Mean Time.
GMWU *Br.* General and Municipal Workers' Union (*Gewerkschaft*).
gns. guineas.
GNP gross national product.
GOC *mil.* General Officer Commanding.
GOM *Br.* grand old man (*bes. für allgemein geachtete ältere Politiker gebraucht*).
GOP *Am.* Grand Old Party (*Republikanische Partei*).
Gov., gov. government; governor.
Govt., govt. government(al).
GP general purpose (*Allzweck..., Mehrzweck...*); general practitioner (*Arzt*); Grand Prix; Gallup Poll; *Br.* graduated pension.
Gp., gp. group.
GPO General Post Office; *Am.* Government Printing Office.
GR (*Lat.*) Georgius Rex, King George.
gr. grade; grain(s) (*Gewicht*); gross.
grad. graduate(d).
Gr.Br(it). Great Britain.
gr.r.t. gross register(ed) tonnage (*Schiffsgrößenangabe*).
gr.wt. *econ.* gross weight.
GS General Secretary; *Br.* general service (*Allzweck..., Mehrzweck...*); General Staff.
gs, gs. guineas (*bei Preisangaben*).
g.s. grandson.
GSA Girl Scouts of America.
GSO *mil. Br.* general staff officer.
gt. great; *mil.* gun turret; (*Lat.*) *med.* gutta.
g.t.c *econ. Am.* good till canceled *od.* countermanded.
gtd. guaranteed.
guar. guarantee(d); guarantor.
GWR *Br. hist.* Great Western Railway.
gym, gym. gymnasium; gymnastic(s).
gyn(a)ecol. *med.* gyn(a)ecological; gyn(a)ecology.

H

H *phys.* magnetic field strength; *electr.* henry *od.* henries; (*Bleimine*) hard; *sl.* heroin.
h., H. height; *electr.* henry; hour(s); hundred; husband.
ha. hectare(s).
h.a. (*Lat.*) hoc anno, in this year.
Hab. Corp. Habeas Corpus (Act).
h. and c. hot and cold (water).
Hants. Hampshire (*engl. Grafschaft*).

Harv. Harvard.
HB (*Bleimine*) hard black (*mittelhart*).
HBM His *od.* Her Britannic Majesty.
HC House of Commons.
H.C.F., h.c.f. *math.* highest common factor.
HCJ *Br.* High Court of Justice.
h.c.l. *colloq. Am.* high cost of living.
HCM His *od.* Her Catholic Majesty.
hcp *sport* handicap.
hd. hand; head.
hdbk. handbook.
HE high explosive; His Excellency.
hectol. hectoliter *od.* hectolitre.
Heref. Herefordshire (*ehemal. engl. Grafschaft*).
Herts. Hertfordshire (*engl. Grafschaft*).
HEW *Am.* Department of Health, Education, and Welfare.
hf *electr.* high frequency; half.
hf. bd. (*Buchbinderei*) half-bound.
hf cf, hfcf., hf.cf. (*Buchbinderei*) half-calf.
hf cl, hfcl., hf.cl. (*Buchbinderei*) half-cloth.
HGV *Br.* heavy goods vehicle.
hhd, hhd. hogshead.
HI Hawaiian Islands.
Hi(-)Fi high fidelity.
HK Hong Kong.
HL House of Lords.
hl, hl., h.l. hectoliter *od.* hectolitre.
HM His *od.* Her Majesty('s); headmaster; headmistress.
HMF Her Majesty's Forces.
HMI *ped. Br.* Her Majesty's Inspector.
HMS His *od.* Her Majesty's Service *od.* Ship *od.* Steamer.
HMSO His *od.* Her Majesty's Stationery Office (*brit. Staatsdruckerei*).
HNC *Br.* Higher National Certificate.
HND *Br.* Higher National Diploma.
HO Head Office; Home Office.
Hon. Honorary (*im Titel*).
hon. honorary; hono(u)rable; hono(u)rably.
hosp. hospital.
HP horsepower; Houses of Parliament; hire purchase; high pressure.
h.p. half-pay; *electr.* high power; high pressure; hire purchase; horsepower.
H.Q., h.q. headquarters.
HR Home Rule(r); *Am.* House of Representatives.
hr, hr. hour(s).
HRH His *od.* Her Royal Highness.
hrs, hrs. hours.
HS *Br.* Home Secretary.
HT *phys.* high tension.
ht. heat; height.
h.t. *electr.* high tension.
Hts. Heights.
Hung. Hungarian; Hungary.
Hunts. Huntingdonshire (*ehemal. engl. Grafschaft*).
HWM high-water mark.
hyp. *math.* hypotenuse; hypothesis; hypothetical.

I

I. island(s); isle(s); international; institute; independent; independence.
Ia. Iowa (*Staat der USA, inoffizielle Abkürzung*).
IAAF International Amateur Athletic Federation.
IAEA International Atomic Energy Agency.
IAF Indian Air Force; International Automobile Federation.
IALC instrument approach and landing chart.
IAS *aer.* indicated air speed.
IATA International Air Transport Association.
i.a.w. in accordance with.
ib. (*Lat.*) ibidem, in the same place.
I.B. *econ.* invoice book.
IBA *Br.* Independent Broadcasting Authority.
ibid. (*Lat.*) ibidem, in the same place.
IBM International Business Machines (*Elektronikkonzern*).
IBRD International Bank for Reconstruction and Development.
IC *psych.* inferiority complex; *electr.* integrated circuit; *ling.* immediate constituent.
i/c in charge (of).
ICA *Br.* Institute of Contemporary Arts.
ICAO International Civil Aviation Organization.
ICBM *mil.* intercontinental ballistic missile.
ICC International Chamber of Commerce; International Computation Centre.
Icel. Iceland(ic).
ICFTU International Confederation of Free Trade Unions.
ICI Imperial Chemical Industries (*größter brit. Chemiekonzern*).
ICJ International Court of Justice (*im Haag*).
ICOMOS International Council on Monuments and Sites (*Rat für Denkmalpflege*).
ICPC International Criminal Police Commission.
ICRC International Committee of the Red Cross.
i.c.w. in connection with.
ID identification (*z.B.* ID Card); *tech.* inside diameter; Intelligence Department.
Id. Idaho (*Staat der USA, inoffizielle Abkürzung*).
IDA International Development Association.
Ida. Idaho (*Staat der USA, inoffizielle Abkürzung*).
i.e. (*Lat.*) id est, that is.
IEA International Energy Agency.
IF, I.F., i.f. *electr. phys.* intermediate frequency.
IFALPA International Federation of Air Line Pilots' Associations.
IFATCA International Federation of Air Traffic Controllers' Associations.
IFC International Finance Corporation.
IFF (*Radar*) identification, friend or foe.
IFT International Federation of Translators.
IFTU International Federation of Trade Unions.
ign. *tech.* ignition; (*Lat.*) ignotus, unknown.
IGY International Geophysical Year.
IHP, I.H.P., ihp, i.h.p. *tech.* indicated horsepower.
ILA International Law Association.
ILEA Inner London Education Authority.
Ill. Illinois (*Staat der USA*).
ill., illus(t). illustrated; illustration.
ILO International Labo(u)r Office *od.* Organization.
i.l.o. in lieu of.
ILP *pol.* Independent Labour Party.
ILRM International League for Rights of Man.
ILS *aer.* instrument landing system.
IMC International Maritime Committee.
IMF International Monetary Fund.
imit. imitation; imitative(ly).
IMM *Br.* Institution of Mining and Metallurgy.
imp. impersonal; import(ed).
impers. impersonal.
impt. important.
in. inch(es).
Inc. *econ. jur. Am.* incorporated.
inc(l). inclosure; included; inclusive.
incog. incognito.
INCOTERMS, Incoterms International Commercial Terms.
incr. increased; increasing.
Ind. Indiana (*Staat der USA*).
ind. independent; index; indicated; *ling.* indicative; indigo; indirect(ly); industrial.
individ. individual.
induc. *phys.* induction.
INF → IRNF.
in.-lb. *phys.* inch pound.
inorg. inorganic.
INP International News Photo.
inst. instant, in the present month; institute; institution; instrumental.
int. intelligence; *econ.* interest; interim; interior; internal; international.
int.al. (*Lat.*) inter alia, among other things.
Intelsat International Telecommunications Satellite.
Intercom(n). intercommunication.
INTERPOL, Interpol International Criminal Police Organization.
in trans. (*Lat.*) in transitu, in transit.
introd. introduced; introducing; introduction.
Inv. Inverness (*ehemal. schott. Grafschaft*).
inv. *econ.* invoice.
invt. inventory.
IOC International Olympic Committee.
I. of M. Isle of Man.
I. of W. Isle of Wight.
IOU I owe you Schuldschein.
IPA International Phonetic Alphabet *od.* Association.
IQ, I.Q. *ped. psych.* intelligence quotient.
i.q. (*Lat.*) idem quod, the same as.
IR Inland Revenue.
Ir. Ireland; Irish.
IRA Irish Republican Army.
IRBM *mil.* intermediate range ballistic missile.
IRC(C) International Red Cross Committee.
IRNF Intermediate-range Nuclear Force.
IRO Inland Revenue Office; International Refugee Organization.
iron. ironic(ally).
irreg. irregular(ly).
is. island(s); isle.
ISBN International Standard Book Number.
ISC International Sporting Commission.
ISD international subscriber dial(l)ing (*zwischenstaatlicher Selbstwählfernverkehr*).
ISDN integrated services digital network.
Isl(s)., isl(s). island(s).
ISO International Standards Organization.
ISV International Scientific Vocabulary.

It. Italian; Italy.
ITA *Br.* Independent Television Authority (*unabhängiges, kommerzielles Fernsehen*).
ital. *print.* italic.
itin. itinerary.
ITN Independent Television News.
ITO International Trade Organization (*UN*).
ITT International Telephone and Telegraph (Corporation) (*Elektronikkonzern*).
ITU International Telecommunications Union.
IU, I.U. *biol. med.* international unit(s) (*Maßeinheit für Menge u. Wirkung von Vitaminen etc*).
IUD intra-uterine device (*zur Empfängnisverhütung*).
IUS International Union of Students.
IUSY International Union of Socialist Youth.
IVB invalidity benefit.
IVS(P) International Voluntary Service (for Peace).
IWW *Am.* Industrial Workers of the World (*Gewerkschaft*).
IYHF International Youth Hostel Federation.

J

J. *electr.* joule; Journal; Judge, Justice.
JA, J.A. *mil.* Judge Advocate (*Rechtsoffizier, keine dt. Entsprechung*).
J/A, j/a *econ.* joint account.
Jam. *geogr.* Jamaica; *Bibl.* James.
Jan. January.
JATO, jato *aer.* jet-assisted take-off (*Start mit Düsenantrieb*).
JC Jesus Christ; Julius Ceasar; jurisconsult.
JCB (*Lat.*) Juris Civilis Baccalaureus, Bachelor of Civil Law.
JCD (*Lat.*) Juris Canonici Doctor, Doctor of Canon Law; (*Lat.*) Juris Civilis Doctor, Doctor of Civil Law.
JCR *Br.* junior common room.
jct(n). junction.
JD Juris Doctor, Doctor of Law *od.* Jurisprudence.
JET Joint European Torus (*Kernfusionsanlage*).
JFK John Fitzgerald Kennedy (Airport).
JIB Joint Intelligence Bureau (*Leitstelle für die engl. Geheimdienste*).
j.n.d. *psych.* just noticeable difference.
jour. journal; journeyman.
JP Justice of the Peace.
Jr., jr. junior.
jt. joint.
JUD (*Lat.*) Juris Utriusque Doctor, Doctor of Civil and Canon Law.
Jul. Jules; Julian; Julius; July.
Jun. June; junior.
Junc., junc. junction.
junr. junior.
juv. juvenile.
jwlr. jewel(l)er.
Jy. *Am.* July.

K

K *phys.* Kelvin; *Am.* kilogram; *mus.* Köchel; (*Schach*) king.
k kilo-.
k. *electr.* capacity; *min.* karat, carat; kilogram(me); *mar.* knot.
ka. *phys.* kathode, cathode.
Kan(s). Kansas (*Staat der USA*).
KB (*Schach*) king's bishop; *jur. Br.* King's Bench; *Br.* Knight of the Bath (*hoher Ehrentitel*).
KBE *Br.* Knight Commander of (the Order of) the British Empire.
KBP (*Schach*) king's bishop's pawn.
KC King's Counsel; King's College; Knight Commander.
kc, kc. *electr. phys.* kilocycle(s).
kcal. kilocalorie.
KCB Knight Commander (of the Order) of the Bath (*hoher brit. Orden*).
KCMC *Br.* Knight Commander (of the Order) of St Michael and St George.
KCVO *Br.* Knight Commander of the Royal Victorian Order.
K.D., k.d. *econ. Am.* knocked down.
KE *phys.* kinetic energy.
Ken. Kentucky (*Staat der USA*).
Ker. Kerry (*Grafschaft in Irland*).
KG Knight of the Garter.
kg *econ.* keg(s); kilogram(me); kilogram(me)s.
kg. kilogram(me); kilogram(me)s.
kgm. kilogrammeter.
kHz *electr.* kilohertz.
KIA *mil.* killed in action gefallen.
Kild. Kildare (*Grafschaft in Irland*).
Kilk. Kilkenny (*Grafschaft in Irland*).
Kin. Kinross (*ehemal. schott. Grafschaft*).
Kinc. Kincardine (*ehemal. schott. Grafschaft*).
Kirk. Kirkcudbright (*ehemal. schott. Grafschaft*).
KKK Ku Klux Klan.
KKt (*Schach*) king's knight.
KKtP (*Schach*) king's knight's pawn.
Kl., kl, kl. kiloliter *od.* kilolitre.
km, km. kilometer(s) *od.* kilometre(s).
km.p.h. kilometres per hour.
kn *mar.* knot(s).
Knt, Knt., knt. Knight.
KO, K.o., k.o. (*Boxsport*) knock(ed) out.
KR (*Schach*) king's rook.
KRP (*Schach*) king's rook's pawn.
k.p.h. kilometres per hour.
kr. (*Währung*) krone.
Kt (*Schach*) knight.
kt. *min.* karat, carat; kiloton; *mar.* knot; (*Schach*) knight.
kts *mar.* knots.
kv, kv. *electr.* kilovolt.
Kv-a., kv.-a. *electr.* kilovolt ampere.
K.W.H., kw-h, kw-hr, kw.-hr. *electr.* kilowatt-hour.
Ky. Kentucky (*Staat der USA*).

L

L large (size); Latin; *Br.* learner (*am Kraftfahrzeug*); length; longitude.
L. Lady; lake; Lord; *pol.* Liberal; Licentiate (*in Titeln*).
£ (*Lat.*) libra(e), pound(s) sterling.
l liter *od.* litre.
L., l. *geogr.* latitude; left; length; libra(e), pound(s); line; link (*Maßeinheit*); liter(s) *od.* litre(s).
LA *geogr.* Los Angeles; *econ.* local agent; Legislative Assembly.
£A (*Währung*) Australian pound(s).
La. Louisiana (*Staat der USA*).
Lab. *Br.* Labour (Party); Labourite.
LAC *mil. Br.* leading aircraftman.
L.Adv. *jur.* Lord Advocate (*in Schottland*).
LAMDA London Academy of Music and Dramatic Art.
Lancs. Lancashire (*engl. Grafschaft*).
lang. language(s).
Laser, laser *phys.* light amplification by stimulated emission of radiation Lichtverstärkung durch angeregte Emissi'on von Strahlung → **Maser.**
LASH lighter aboard ship (*Transport von genormten Leichtern per Mutterschiff*).
Lat. Latin; *geogr.* latitude.
lb, lb. (*Lat.*) libra, pound (*Gewicht*).
lbs. pounds (*Gewicht*).
LBC London Broadcasting Company.
l.b.w. (*Kricket*) leg before wicket.
L/C, l/c *econ.* letter of credit.
l.c. (*Theater*) left center *od.* centre; *econ.* letter of credit; (*Lat.*) loco citato; (*Lat.*) locus citatus, the passage (last) quoted; *print.* lower case.
LCC *Br. hist.* London County Council.
LCD liquid crystal display.
L.C.D., l.c.d. *math.* lowest common denominator.
LCJ *jur. Br.* Lord Chief Justice.
L.C.M., l.c.m. *math.* least *od.* lowest common multiple.
LCT local civil time.
LD *Am.* Lit(t)erarum Doctor, Doctor of Letters *od.* Literature.
Ld, Ld. limited; Lord.
Ldp. Lordship.
LDS *relig.* Latter Day Saints; *Br.* Licentiate in Dental Surgery.
LE *Br.* Labour Exchange.
LEA *Br.* Local Education Authority.
lea. league; leather.
lect. lecture(s).
LED light emitting diode.
leg. legal; legate; legislative; legislature.
legis(l). legislation; legislative; legislature.
Leics. Leicestershire (*engl. Grafschaft*).
Leit. Leitrim (*Grafschaft in Irland*).
LEM lunar excursion module.
l.f. *electr. phys.* low frequency.
lg(e). large.
lgth. length.
LH left hand; Legion of Hono(u)r.
LHA *Br.* Local Health Authority.
li *Am.* link (*Maßeinheit*).
lib *colloq.* liberation.
Lib. Liberal; *colloq.* Liberation.
lib. (*Lat.*) liber; librarian; library.
Lieut. *mil.* Lieutenant (*Dienstgrad*).
LIFO *econ.* last in first out.
LILO *econ.* last in last out.
Lim. County Limerick (*Grafschaft in Irland*).
lin. lineal; linear.
Lincs. Lincolnshire (*engl. Grafschaft*).
ling. linguistics.
liq. liquid; liquor.
lit. liter *od.* litre; literal(ly); literary; literature.
Lit.B. (*Lat.*) Lit(t)erarum Baccalaureus, Bachelor of Letters *od.* Literature.
Lit.D. (*Lat.*) Lit(t)erarum Doctor, Doctor of Letters *od.* Literature.
lith(o). lithograph(y).
LJ *Br.* Lord Justice.
ll. lines; (*Lat.*) loco laudato, in the place cited.
L.L. Late Latin; Low Latin; *Br.* Lord Lieutenant.
LL.B., Ll.B. (*Lat.*) Legum Baccalaureus, Bachelor of Laws.
LL.D., Ll.D. (*Lat.*) Legum Doctor, Doctor of Laws.

LL.M., Ll.M. (*Lat.*) Legum Magister, Master of Laws.
LMT local mean time mittlere Ortszeit.
L.M.T. *phys.* length, mass, time.
LNG liquefied natural gas.
Lnrk. Lanark (*ehemal. schott. Grafschaft*).
loc.cit. (*Lat.*) loco citato.
locn. location.
LOG *mil.* logistics.
log. *math.* logarithm; logic(al).
Lon., lon. *geogr.* longitude.
Lond. London; Londonderry (*Grafschaft in Nordirland*).
Long., long. *geogr.* longitude.
loq. (*Lat.*) loquitur.
LP long-playing (record) ($33^1/_3$ *Umdrehungen pro Minute*); *Br.* Labour Party; *Br.* Lord Provost.
l.p. *phys. tech.* low pressure.
LPG *tech.* liquefied petroleum gas.
LPS *Br.* Lord Privy Seal.
LR long range.
LRBM long-range ballistic missile.
LRCP Licentiate of the Royal College of Physicians.
LRTNF Long Range Theater Nuclear Forces.
LS left side; letter signed.
l.s. left side; (*Lat.*) locus sigilli (*Platz für Siegel auf Dokumenten*).
LSD lysergic acid dietylamide (*Lysergsäurediäthylamid; Halluzinogen*).
L.s.d., £.s.d. (*Lat.*) librae, solidi, denarii, pounds, shillings, pence.
LSE London School of Economics.
LSO London Symphony Orchestra.
LSS *Am.* Lifesaving Service.
LT local time; *electr.* low tension; lawn tennis; letter telegram(me).
LTA Lawn Tennis Association.
Lt. Lieutenant (*Dienstgrad*).
lt. *adj* light.
l.t. *econ.* long ton (*Maßeinheit*); *Am.* local time.
Ltd., ltd. *econ. bes. Br.* limited.
L.T.L., l.t.l. *econ. Am.* less-than-truck-load.
Luth. *relig.* Lutheran.
LV *Br.* luncheon voucher.
lv. *Am.* leave(s); *Am.* livre(s).
LW *electr.* long wave; low water.
LWM, L.W.M., l.w.m. *mar.* low water mark.
LWOP *mil.* leave without pay.
LWT London Weekend Television.
LZ *mil.* landing zone.

M

M *aer. phys.* Mach number; *Br.* motorway; mega-; million; (*Währung*) mark(s); medium (size).
M. (*Lat.*) Magister, Master; *phys.* mass; member; moment; (*Fr.*) Monsieur; Majesty; marquis.
M'- Mac.
m meter(s) *od.* metre(s); minim.
m. male; (*Währung*) mark; married; masculine; meridian; (*Kricket*) maiden (over); (*Lat.*) meridies, noon; meter(s) *od.* metre(s); mile(s); mill; million(s); minim; minute(s); month; moon; morning.
m- *chem.* meta-.
MA (*Lat.*) Magister Artium, Master of Arts; mental age; Military Academy.
mA, ma, ma. *electr.* milliampere.
MAA Motor Agents' Association.
MAARM memory-aided anti-radiation missile.
MACE machine-aided composition and editing.
MACH, mach. machine(ry); machinist.
MAD Mutual Assured Destruction.
mag. magazine; magnetic; magnetism.
MAINT, maint. maintenance.
Maj. *mil.* Major (*Dienstgrad*).
Man. Manchester; Manitoba.
man. manual; manufactory; manufacture(d); manufacturer; manufacturing.
M & S Marks and Spencer (*Bekleidungshaus*).
Mar. March.
mar. maritime; married.
March. Marchioness.
Marq. Marquess.
Maser, maser *phys.* microwave amplification by stimulated emission of radiation Mikrowellenverstärkung durch angeregte Emission von Strahlung → Laser.
MASH *Am.* mobile army surgical hospital.
Mass. Massachusetts (*Staat der USA*).
Math., math. mathematical; mathematician; mathematics.
max. maximum.
MB (*Lat.*) Medicinae Baccalaureus, Bachelor of Medicine.
mb (*Meteorologie*) millibar.
MBA *Am.* Master in *od.* of Business Administration.
MBE Member of the Order of the British Empire.
MBFR Mutual and Balanced Force Reduction.
MBS *Am.* Mutual Broadcasting System.
MC Master of Ceremonies; *Am.* Member of Congress; Member of Council; *Brit.* Military Cross.
Mc- Mac.
mc, mc. *electr.* megacycle(s); *phys.* millicuries; motorcycle.
MCC *Br.* Marylebone Cricket Club (*ein Londoner Club, gleichzeitig Überwachungsorganisation für den gesamten brit. Kricketsport*).
MD *mar. mil.* Medical Department; (*Lat.*) Medicinae Doctor, Doctor of Medicine; Managing Director; mentally deficient.
Md. Maryland (*Staat der USA*).
m.d., m/d *econ.* months' date Monate nach heute.
Mddx. Middlesex (*ehemal. engl. Grafschaft*).
MDS Master of *od.* in Dental Surgery.
mdse. merchandise.
ME Mechanical Engineer; Mining Engineer; Marine Engineer; *ling.* Middle English.
Me. Maine (*Staat der USA*).
meas. measurable; measure.
Mech(an), mech. mechanic(al); mechanics.
M.Ed. Master of Education.
med. medical; medicine; medieval; medium.
meg. *electr.* megacycle.
mem. member; memoir; memorial.
MEMO, memo memorandum.
MEP Member of the European Parliament.
mer. meridian; meridional.
Meri. Merionetshire (*ehemal. Grafschaft in Wales*).
Messrs. Messieurs.
met. meteorological; meteorologist; meteorology.
Met. Metropolitan.
metaph. metaphor; metaphoric(al).
meteor(ol). meteorological; meteorology.
Meth. Methodist.
meth. *chem.* methylated.
METO Middle East Treaty Organization.
Mev, Mev., mev, m.e.v. *electr.* million electron volts.
mf, mf. *electr.* microfarad; *electr.* millifarad.
mfd. manufactured; *electr.* microfarad.
mfg. manufacturing.
MFH *hunt. Br.* Master of Foxhounds.
MFN *econ.* most favo(u)red nation.
mfr. manufacture(d).
MG *mil.* machine gun; Military Government.
mg milligram(s) *od.* milligramme(s).
mg. milligram(s) *od.* milligramme(s); morning.
MGM Metro-Goldwyn-Mayer (*Filmgesellschaft*).
Mgr, Mgr., mgr. manager; Monseigneur; Monsignor.
MH *mil. Am.* Medal of Honour.
mh. *electr. phys.* millihenry.
M.Hon. *Br.* Most Honourable.
MHR *Am.* Member of the House of Representatives.
MI Military Intelligence.
MIA *mil.* missing in action vermißt.
Mich. Michigan (*Staat der USA*); Michaelmas.
MICE *Br.* Member of the Institute of Civil Engineers.
micros. microscope; microscopical; microscopist; microscopy.
Mid. Midlands; midshipman.
mid. middle.
MIDAS, Midas *mil.* Missile Defence (*od.* Defense) Alarm System.
Middlx. Middlesex (*ehemal. eng. Grafschaft*).
Mid.L. Midlothian (*ehemal. schott. Grafschaft*).
MIEE *Br.* Member of the Institute of Electrical Engineers.
mil. military; militia.
mill. million.
Min. mineralogy; Minister; Ministry.
min. minim; minimum; minor; minute(s); mining; mineralogy.
Minn. Minnesota (*Staat der USA*).
MIRV *mil.* multiple independently targeted re-entry vehicle.
misc. miscellaneous; miscellany.
Miss. Mississippi (*Staat der USA*).
MIT Massachusetts Institute of Technology.
mk(s), mk(s). (*Währung*) mark(s).
MKS meter- *od.* metre-kilogram(me)-second (system).
MKSA meter- *od.* metre-kilogram(me)-second-ampere.
mkt. market.
ml. *Am.* mail; millimeter(s) *od.* millimetre(s).
MLA Modern Language(s) Association (of America); Member of the Legislative Assembly.
MLD, mld *med.* minimum lethal dose.
MLF multilateral (nuclear) force.
M.Litt. (*Lat.*) Magister Litterarum, Master of Letters.
MLR *econ.* minimum lending rate.
MLRS *mil.* multi-launch rocket system.
MM *Br.* Military Medal (*für Unteroffiziere u. Mannschaften*).
mm, mm. millimeter(s) *od.* millimetre(s).
m.m.f. *phys.* magnetomotive force.
MO, M.O., m.o. *econ.* mail order; *econ.* money order.

Mo. Missouri (*Staat der USA*).
mo. month(s).
MOD *Br.* Ministry of Defence.
mod. moderate; modern.
mod. cons. *colloq.* modern conveniences.
MOH *Br.* Medical Officer of Health.
mol.wt. *phys.* molecular weight.
Mon. Monaghan (*Grafschaft in Nordirland*); Monday; Monmouthshire (*ehemal. Grafschaft in Westengland*); Monsignor.
mon. monastery; monetary.
Mont. Montana (*Staat der USA*).
Mont(gom). Montgomeryshire (*ehemal. Grafschaft in Wales*).
morph(ol). morphological; morphology.
mos. months.
MOT Ministry of Transport; **MOT (test)** (*etwa*) Prüfung beim TÜV; **MOT (certificate)** Nachweis der TÜV-Überprüfung.
mot. motor(ized).
MOUSE minimum orbital unmanned satellite of the earth (*unbemannter künstlicher Erdsatellit*).
MP *Br.* Member of Parliament; Military Police(man).
m.p. *phys.* melting point.
MPC Member of Parliament, Canada.
m.p.g. miles per gallon.
mph, m.p.h. miles per hour.
MPO *Br.* Metropolitan Police Office (Scotland Yard).
M.Phil. Master of Philosophy.
MPS Member of the Pharmaceutical Society; Member of the Philological Society; Member of the Physical Society.
Mr, Mr. Mister.
MRA Moral Rearmament.
MRBM medium range ballistic missile.
MRC *Br.* Medical Research Council.
MRCA multi-role combat aircraft.
Mrs, Mrs. Mistress.
MS Master of Surgery; multiple sclerosis; motorship.
MS., ms. manuscript.
M/S *econ.* months after sight; motorship.
M.Sc. Master of Science.
msc. miscellaneous; miscellany.
msec. millisecond.
M.S.L., m.s.l. mean sea level.
MSS., mss. manuscripts.
MST *Am.* Mountain Standard Time.
Mt, Mt. mount(ain).
mt. megaton; mountain.
m.t. *tech.* metric ton; *Am.* mountain time.
MTB *Br.* motor torpedo-boat.
M.Tech. Master of Technology.
mtg. meeting; *econ.* mortgage.
M.Th. Master of Theology.
Mtl *geogr.* Montreal.
Mt.Rev. Most Reverend.
Mts., mts. mountains.
mun. municipal.
mus. museum; music(al); musician.
Mus.B., Mus.Bac. (*Lat.*) Musicae Baccalaureus, Bachelor of Music.
Mus.D., Mus.Doc. (*Lat.*) Musicae Doctor, Doctor of Music.
mut. mutilated; mutual.
MV megavolt.
M.v., mv. *mar.* motor vessel; muzzle velocity.
MVO *Br.* Member of the Royal Victorian Order.
MW megawatt; medium wave.
My *Am.* May.
M.Y.O.B. *colloq.* mind your own business.
myth(ol). mythological; mythology.

N

N *phys.* newton(s); (*Schach*) knight; north(ern); noun.
N. Nationalist; Navy; nuclear; north(ern).
N- nuclear.
n. name(d); neuter; noon; north(ern); note; noun; number.
NA *Am.* National Academician *od.* Academy; North America(n).
n.a., n/a *econ.* no account.
NAACP *Am.* National Association for the Advancement of Colored People.
NAAFI *Br.* Navy, Army, and Air Force Institutes (*Truppenbetreuungsinstitution der brit. Streitkräfte*).
N.A.D. *med.* nothing abnormal discovered ohne Befund.
NALGO *Br.* National and Local Government Officers' Association.
NALLA National Long Lines Agency Auslandsfernamt für Fernverbindungen (*innerhalb Europas*).
NASA *Am.* National Aeronautics and Space Administration.
nat. national; native; natural(ist).
natl. national.
NATO North Atlantic Treaty Organization.
NATS *Br.* National Air Traffic Services.
Nat.Sc.D. *Am.* Doctor of Natural Science.
NATSOPA *Br.* National Society of Operative Printers, Graphical and Media Personnel.
Naut., naut. nautical.
nav. naval; navigating; navigation.
navig. navigation.
NB, n.b. (*Lat.*) nota bene.
N.B. New Brunswick (*kanad. Provinz*); (*Lat.*) nota bene.
NBC *Am.* National Broadcasting Company.
N.B.G., nbg *colloq.* no bloody good.
NBS *Am.* National Bureau of Standards.
N.C. North Carolina (*Staat der USA*).
NCB *Br.* National Coal Board.
NCC *Br.* National Consumer Council.
NCO *mil.* noncommissioned officer.
N.D. no date ohne Jahr (*in Büchern*); North Dakota (*Staat der USA*); *econ.* not dated.
n.d. no date ohne Jahr (*in Büchern*); *econ.* not dated.
N.Dak. North Dakota (*Staat der USA*).
NE northeast(ern).
N./E. *econ.* no effects.
NEB New English Bible; National Enterprise Board.
Neb(r). Nebraska (*Staat der USA*).
n.e.c. not elsewhere classified.
NEDC, *colloq.* **Neddy** *Br.* National Economic Development Council.
neg. negation; negative(ly).
n.e.i. (*Lat.*) non est inventus, it has not been found *od.* discovered; not elsewhere indicated.
nem. con. (*Lat.*) nemine contradicente, nobody contradicting *od.* opposing, unanimously.
nem. dis(s). (*Lat.*) nemine dissentiente, nobody dissenting *od.* disagreeing, unanimously.
NERC *Br.* Natural Environment Research Council.
n.e.s. not elsewhere specified.
NET Next European Torus (*Kernfusionsanlage*).
Neth. *geogr.* Netherlands.
neut. *ling.* neuter; neutral.
Nev. Nevada (*Staat der USA*).
New M. New Mexico (*Staat der USA*).
N/F, n.f., n/f *econ.* no funds.
Nfd(l). Newfoundland (*Kanad. Provinz*).
NFS *Br.* National Fire Service.
NFT *Br.* National Film Theatre.
NFU *Br.* National Farmers' Union.
NG *Am.* National Guard.
n.g. *colloq.* no good.
NGA National Graphical Association (*Gewerkschaft*).
N.H. New Hampshire (*Staat der USA*).
NHI *Br.* National Health Insurance.
n.h.p. *phys.* nominal horsepower.
NHS *Br.* National Health Service.
N.I. National Insurance; Northern Ireland.
NIRC National Industrial Relations Court.
N.J. New Jersey (*Staat der USA*).
n.l. (*Lat.*) non licet, it is not permitted.
N.Lab. *Br.* National Labour (Party).
NLRB *Am.* National Labor Relations Board.
N.M. New Mexico (*Staat der USA*).
n.m. *mar.* nautical mile(s).
N.Mex. New Mexico (*Staat der USA*).
No. north(ern); (by) number; numero.
N° *Br.* (by) number; *bes. Br.* numero.
n.o.i.b.n. not otherwise indexed by name.
nol. pros. (*Lat.*) *jur.* nolle prosequi, do not prosecute.
Noncon. Nonconformist.
non obst. (*Lat.*) non obstante, notwithstanding.
non pros. (*Lat.*) non prosequitur, he does not prosecute.
non seq. (*Lat.*) non sequitur, it does not follow.
NOP National Opinion Poll.
n.o.p. not otherwise provided for.
Norf. Norfolk (*engl. Grafschaft*).
norm. normal(ize); normalizing.
Northants. Northamptonshire (*engl. Grafschaft*).
Northum(b). Northumberland (*engl. Grafschaft*).
Norw. Norway; *ling.* Norwegian.
Nos., nos. numbers.
N^os *Br.* numbers.
Notts. Nottinghamshire (*engl. Grafschaft*).
Nov. November.
NOW *Am.* National Organization for Women.
NP neuropsychiatric; neuropsychiatry; new penny *od.* pence; *ling.* noun phrase; Notary Public.
n.p. *print.* new paragraph; no paging; no place ohne Erscheinungsort (*in Büchern*).
NPA Newspaper Publishers' Association.
n.p. or d. no place or date ohne Erscheinungsort od. Jahr (*in Büchern*).
Nr., nr, nr. near.
NRA *Am.* National Recovery Administration.
NRDC National Research Development Corporation (*Vereinigung zur Förderung von Erfindungen u. ihrer technischen Nutzung*).
NRF *Br.* National Relief Fund.
N.S. National Society; Nova Scotia.
N/S, n/s *econ.* not sufficient (funds) ohne ausreichende Deckung.
n.s. not specified; not sufficient.
NSB National Savings Bank.

NSC *Am.* National Security Council.
NSF not sufficient funds.
NSPCC *Br.* National Society for the Prevention of Cruelty to Children.
n.s.p.f. not specifically provided for.
N.S.W. New South Wales (*Staat in Australien*).
NT *Bibl.* New Testament; *print.* new translation; National Trust.
N.T. National Trust; *Bibl.* New Testament; Northern Territory (*Australien*).
NTP normal temperature and pressure.
nt.wt. *econ.* net weight.
n.u. name unknown.
NUAAW *Br.* National Union of Agricultural and Allied Workers (*Gewerkschaft*).
NUJ *Br.* National Union of Journalists (*Gewerkschaft*).
NUM *Br.* National Union of Mineworkers (*Gewerkschaft*).
num. number; numeral(s).
numis(m). numismatic(s).
NUPE *Br.* National Union of Public Employees (*Gewerkschaft*).
NUR *Br.* National Union of Railwaymen (*Gewerkschaft*).
NUS *Br.* National Union of Students; National Union of Seamen (*Gewerkschaft*).
NUT *Br.* National Union of Teachers (*Gewerkschaft*).
NW northwest(erly); northwestern.
N.W.T. Northwest Territories (*Kanada*).
N.Y. New York (*Staat der USA*).
N.Y.C. New York Central *od.* City.
n.y.d. not yet diagnosed.
n.y.p. not yet published.
N.Z. New Zealand.

O

O. Ohio (*Staat der USA*).
o *electr.* ohm.
o. (*Lat.*) (*Pharmazie*) octarius, pint; octavo; old; only.
o- *chem.* ortho-.
o.a., o/a *econ.* on account (of).
O & M organization and methods (*in Arbeitszeitstudien*).
OAP *Br.* Old Age Pension(er).
OAS Organization of American States.
OAU Organization of African Unity.
OB *Br.* outside broadcast ˈAußenüberˌtragung, Reporˈtage.
ob. (*Lat.*) obiit, (he *od.* she) died.
OBE Officer of the (Order of the) British Empire.
obj(ect). object(ion); objective.
obl. oblique; oblong.
Obs., obs. observation; observatory.
obv. obverse.
OC *mil.* Officer Commanding.
Oc., oc. ocean.
o/c *econ.* overcharge.
o'c. o'clock.
occ(as). occasional(ly).
occn. occasion.
Oct. October.
oct. octavo.
O.D. *Am.* Officer of the Day; *mil. Am.* olive drab; outside diameter; *econ.* overdrawn.
O/D *econ.* on demand; *econ.* overdraft.
ODM Ministry of Overseas Development.
OE *ling.* Old English; omissions excepted.
OECD Organization for Economic Co-operation and Development.
OECS Organization of Eastern Caribbean States.
OED Oxford English Dictionary.
OEEC Organization for European Economic Co-operation.
off. offered; office(r); official.
offic. official.
Offr. Officer.
OFT Office of Fair Trading.
o.g. *Sport* own goal.
O.G. Olympic Games; *mil.* Officer of the Guard.
O.H. on hand.
OHMS On His *od.* Her Majesty's Service (*Dienstsache*).
Okla. Oklahoma (*Staat der USA*).
ol. (*Lat.*) oleum, oil.
OM *Br.* Order of Merit.
ONA Overseas News Agency (*eine amer. Presseagentur*).
ONC *Br.* Ordinary National Certificate.
OND *Br.* Ordinary National Diploma.
o.n.o. or near offer V.ˈB., Verhandlungsbasis.
ONS Overseas News Service (*eine engl. Presseagentur*).
Ont. Ontario (*kanad. Provinz*).
OP *econ.* open policy; *mil.* observation post.
o.p. (*Theater*) opposite prompt (side); out of print; overproof (*Alkohol*); opposite; operation; optical.
OPA *Am.* Office of Price Administration.
op.cit. (*Lat.*) opere citato; (*Lat.*) opus citatum, the work quoted.
OPEC Organization of Petroleum-Exporting Countries.
opp. (as) opposed (to); opposes; opposite (to).
Ops, ops operations.
opt. optative; optical; optician; optics.
OR official records; *econ.* operations research; *mil.* other ranks.
o.r. *econ.* owner's risk.
orch. orchestra(l).
ord. ordained; order; ordinal; ordinance; ordinary.
Ore(g). Oregon (*Staat der USA*).
org. organ(ic); organism; organization; organized.
orig. origin; original(ly).
Ork. Orkney (Islands) (*schott. Grafschaft*).
ors. others.
Orse, orse *jur. Br.* otherwise.
orth. orthodox; *med.* orthop(a)edic.
o/s *econ.* out of stock; outstanding.
o.s. only son; old series; *econ.* out of stock.
OT occupational therapy; *Bibl.* Old Testament; overtime.
OTC *mil.* Officers' Training Corps.
OTS *mil.* Officers' Training School.
OU Oxford University; Open University.
OUP Oxford University Press (*Verlag*).
OXFAM Oxford Committee for Famine Relief.
Oxon. Oxfordshire (*engl. Grafschaft*).
oz, oz. ounce(s).
ozs. ounces.

P

P parking; pedestrian; *phys.* pressure; *phys.* power; (*Schach*) pawn.
p. page; part; *ling.* participle; past; per; perch (*Maßeinheit*); (*Währung*) peseta; (*Währung*) peso; pint; pole (*Maßeinheit*); (*Lat.*) post, after; power.
p- *chem.* para.
PA *Am.* public address (system); *jur.* power of attorney; press agent; Press Association; *econ.* private account; *Am.* purchasing agent.
Pa. Pennsylvania (*Staat der USA*).
p.a. per annum; *Am.* press agent.
PAA Pan-American Airways.
PABX *Br.* private automatic branch exchange.
PAC *Am.* Political Action Committee; *Br.* Public Assistance Committee.
Pac(if). Pacific (Ocean).
PAL *TV* phase alternation line.
pal. pal(a)eographical; pal(a)eography; pal(a)eontological; pal(a)eontology.
PAM *Raumfahrt*: payload assist module.
Pan. *geogr.* Panama.
P. and L. *econ. Am.* profit and loss.
p. & p. postage and packing.
PAR *aer.* precision approach radar Präzisiˈons-Anflug-Radargerät.
par. paragraph; parallel; parenthesis.
parens. parentheses.
Parl., parl. Parliament(ary).
pars. paragraphs.
part. *ling.* participle; particular.
pass. *Am.* passenger; *ling.* passive.
pat. patent(ed); *Am.* pattern.
PATCO Professional Air Traffic Controllers' Organization.
path(ol). pathological; pathology.
PAU Pan American Union.
PAX *Br.* private automatic exchange.
PAYE *econ.* pay as you earn.
paym't, payt. payment.
P.B.A.B. *colloq.* please bring a bottle.
PBX *Am.* private branch (telephone) exchange (*Nebenstellenzentrale*).
PC *Br.* Police Constable; postcard; *Br.* Privy Council(lor); Personal Computer.
P/C *econ.* petty cash; *econ.* price(s) current.
pc. *Am.* piece; *Am.* price(s).
p.c. per cent; *econ.* price(s) current.
pcl. parcel.
pcs. pieces.
pct. *Am.* percent.
PD per diem; *Am.* Police Department; *electr.* potential difference.
pd, pd. paid.
p.d. per diem; *electr.* potential difference.
P.D.Q. *sl.* pretty damn quick.
PDT *Am.* Pacific Daylight Time.
P.E. (*Statistik*) probable error; physical education; *print.* printer's error.
p.e. *jur. Br.* personal estate.
PEC photoelectric cell.
Peeb. Peebles(shire) (*ehemal. schott. Grafschaft*).
P.E.I. Prince Edward Island.
PEN (International Association of) Poets, Playwrights, Editors, Essayists and Novelists.
Pen(in)., pen(in). peninsula.
Penn(a). Pennsylvania (*Staat der USA*).
PEP political and economic planning.
per. period; person.
per an(n). per annum.
perf. perfect; performance; perforated.
perh. perhaps.
perm. permanent.
per pro(c). (*Lat.*) per procurationem, by proxy.
pers. person; personal(ly); persons.

PERT programme evaluation and review technique.
pert. pertaining.
PF power factor.
PFC, Pfc *mil. Am.* Private first class (*Dienstgrad*).
pfd. *econ.* preferred (*bei Aktien*).
PFR prototype fast reactor.
P.G. paying guest; postgraduate.
pg. page.
PGA Professional Golfers' Association.
PH Public Health; *mil. Am.* Purple Heart.
ph. phase.
PHA *Am.* Public Housing Authority.
Phar(m)., phar(m). pharmaceutical; pharmacist; pharmacology; pharmacopeia; pharmacy.
Ph.B. (*Lat.*) Philosophiae Baccalaureus, Bachelor of Philosophy.
Ph.D. (*Lat.*) Philosophiae Doctor, Doctor of Philosophy.
phil. philology; philosophical; philosophy.
Phila. Philadelphia.
philol. philological; philology.
philos. philosopher; philosophical.
phon(et). phonetic(s).
phot. photograph(er); photographic; photography.
phr. phrase.
PHS Public Health Service.
phys. physical; physician; physics; physiological; physiology.
PIO Public Information Officer.
PJ Presiding *od.* Probate Judge.
P.J.'s *Am. sl.* pajamas.
P.K. *Parapsychologie*: psycho-kinesis Psychokiˈnese.
pk. pack; park (*Parkanlage*); peak; peck (*Maßeinheit*).
pkg(s). package(s).
P/L *econ.* profit and loss.
pl. place; plate (*Buchillustration*); plural.
PLA Port of London Authority.
plat. plateau; *mil.* platoon.
plf(f) *jur.* plaintiff.
pl.n., pl.-n. place name.
PLO Palestine Liberation Organization.
PLP *Br.* Parliamentary Labour Party.
PLR *Br.* Public Lending Right.
PLSS *Raumfahrt*: portable life-support system.
PM Paymaster; Police Magistrate; Postmaster; post-mortem (examination); *Br.* Prime Minister.
pm. *econ.* premium.
p.m. post meridiem; post-mortem.
PMG Postmaster General; Paymaster General.
p.m.h. *econ.* production per man-hour.
pmk, pmk. postmark.
P/N, p.n. *econ.* promissory note.
PO postal order; Post Office.
POB Post Office Box.
POD *econ.* pay on delivery; Post Office Department.
POE *mil.* port of embarkation; port of entry.
poet. poetic(al); poetry.
pol(it). political(ly); politician; politics.
Pol.Econ., pol.-econ. political economy.
P.O.O., p.o.o. post office order.
P.O.P. *phot.* printing-out paper; Post Office Preferred.
pop. popular(ity); popularly; population.
p.o.r. *econ.* pay on return.
Port. Portugal; Portuguese.
pos. position; positive; *ling.* possessive.
POSB *Br.* Post Office Savings Bank.
poss. possession; possible; possibly.
pot. potential.
POW prisoner of war.
p.p. parcel post; parish priest; (*Lat.*) per procurationem, by proxy; postpaid.
P.P.C., p.p.c. (*Fr.*) pour prendre congé, to take leave.
ppd. *Am.* postpaid; *Am.* prepaid.
ppm, ppm., p.p.m. part(s) per million.
PPS Parliamentary Private Secretary.
p.p.s. (*Lat.*) post postscriptum, further postscript.
p.q. previous question.
PR proportional representation; public relations; Puerto Rico.
pr. pair(s); paper; *ling.* present; price; printed; printer; printing.
PRB Pre-Raphaelite Brotherhood.
prec. preceded; preceding; precentor.
pred. *ling.* predicate; *ling.* predicative(ly).
Pref., pref. preface; *econ.* preference (stock); *econ.* preferred (stock); *ling.* prefix.
prelim. preliminary.
prem. premium.
prep. preparation; preparatory; prepare.
Pres. President.
pres. present; presidency.
Presb. Presbyter(ian).
prev. previous(ly).
Prim., prim. primary; primate; primitive.
Prin., prin. principal(ly); principle.
priv. *adj* private; *ling.* privative.
Pr.Min. *Br.* Prime Minister.
PRO Public Relations Officer.
pro. professional.
prob. probable; probably; problem.
proc. proceedings; procedure; process.
prod. produce(d); product.
Prof., prof. Professor.
prog. progress; progressive; programme.
prohib. prohibit(ion).
prol. prologue.
PROM *Computer*: programmable read only memory programˈmierbarer Fest(wert)speicher.
Prom. promenade; *geogr.* promontory.
pron. pronounce(d); pronunciation.
PROP, prop *aer.* propeller.
prop. properly; property; proposition.
propr. proprietary; proprietor.
Prot. Protestant.
prov. proverb; proverbial(ly); province; provincial; provisional; provost.
prox. (*Lat.*) proximo, next month.
PRS President of the Royal Society.
prs. pairs.
PS passenger steamer; postscript(um); Public School; police sergeant.
ps. (*Währung*) pesetas; pieces.
p.s. postscript(um).
PSBR *econ.* Public Sector Borrowing Requirement.
pseud(on). pseudonym; pseudonymous(ly).
psf, p.s.f. *tech.* pounds per square foot.
psi, p.s.i. *tech.* pounds per square inch.
P.SS., p.ss. postscripts.
PST *Am.* Pacific Standard Time.
PSV public service vehicle.
Psych(ol). psychology.
psych. psychic(al); psychological(ly).
PT *Am.* Pacific Time; physical training; *Br. hist.* purchase tax.
pt. part; payment; pint(s); point; port.
PTA Parent-Teacher Association.
pta. (*Währung*) peseta.
PTBL, ptbl portable.
Pte, Pte. *mil.* Private (*Dienstgrad*).
PTO, P.T.O., p.t.o. please turn over.
pts. parts; payments; pints; points; ports.
pty. party; *econ.* proprietary.
pub. public(ation); publish(ed); publisher; publishing.
PVC *chem.* polyvinyl chloride.
Pvt. *mil.* Private (*Dienstgrad*).
PWA *Am.* Public Works Administration.
PWD Public Works Department.
PWR pressurised water reactor.
pwt. pennyweight.
PX *mil. Am.* Post Exchange (*Verkaufsläden der amer. Streitkräfte*).

Q

Q *electr.* coulomb; quarto; Quebec; Queen; (*Schach*) queen.
q. quart; quarter(ly); quarts; quasi; query; question; quintal; quire.
QANTAS Queensland and Northern Territory Aerial Services (*Fluggesellschaft*).
QB *jur. Br.* Queen's Bench; (*Schach*) queen's bishop.
QBP (*Schach*) queen's bishop's pawn.
QC *jur. Br.* Queen's Counsel.
q.e. (*Lat.*) quod est, which is.
QED, Q.E.D., q.e.d. (*Lat.*) quod erat demonstrandum, which was to be proved.
QKt (*Schach*) queen's knight.
QKtP (*Schach*) queen's knight's pawn.
q.i.d. (*Lat.*) *med.* quater in die, four times a day.
Qld, Q'l'D Queensland.
QM quartermaster.
q.p(l). (*Lat.*) *med.* quantum placet, as much as is desired.
QP (*Schach*) queen's pawn.
QPM Queen's Police medal.
qr. (*Lat.*) (*Währung*) quadrans, farthing; quarter; *print.* (*u. Buchbinderei*) quire.
QR (*Schach*) queen's rook.
QRP (*Schach*) queen's rook's pawn.
q.s. (*Lat.*) *med.* quantum sufficit, as much as suffices.
QSO *astr.* quasi-stellar object.
qt. quantity; quart(s).
q.t. *sl.* quiet, *in* on the q.t. heimlich, verstohlen.
qto. quarto.
qts. quarts.
qty. quantity.
qu. quart; quarter(ly); query; question.
quad. quadrangle; quadrant; quadruple.
quango quasi-autonomous non-governmental organization.
quar(t). quarter(ly).
Que. Quebec (*kanad. Provinz und Stadt*).
quot. quotation; quoted.
q.v. quod vide, which see.
Qy, qy, qy. query.

R

R radical; radius; *math.* ratio; *electr.* (unit of) resistance; röntgen; Royal; (*Schach*) rook.
R. rabbi; *Am.* railroad; railway; Réaumur; (*Lat.*) Regina; Republican; (*Lat.*) Rex; river; road.
® Registered Trademark.
r. radius; rare; right; recipe; ruled; (*Kricket etc*) run(s).
RA Regular Army; *Br.* Royal Academy; Royal Artillery.
RAA Royal Academy of Arts.
Rab. Rabbi; rabbinate.
RAC *Br.* Royal Automobile Club.
RACON, racon *aer. mar.* radar beacon.
Rad. *pol.* Radical; Radnorshire (*ehemal. Grafschaft in Wales*).
rad radiation absorbed dose absorbierte Strahlendosis (*Maßeinheit*).
rad. radial; *ling. math.* radical; radius.
RADA *Br.* Royal Academy of Dramatic Art.
RADWAR *mil. Am.* radiological warfare.
RAF *Br.* Royal Air Force.
RAM *Computer*: random access memory; Royal Academy of Music.
RAMC Royal Army Medical Corps.
Rand *Am.* research and development.
R & D research and development.
R and R *mil. Am.* rest and recreation.
RAOC Royal Army Ordnance Corps.
RAS Royal Astronomical Society; Royal Agricultural Society.
RATO, rato *aer.* rocket-assisted take-off.
RBA Royal Society of British Artists.
RBI, rbi (*Baseball*) run(s) batted in.
RC Red Cross; Roman Catholic.
r.c. (*Theater*) right center *od.* centre.
RCA Radio Corporation of America; Royal College of Art.
RCAF Royal Canadian Air Force.
RCC Roman Catholic Church; *Br.* Rural Community Council.
rcd. received.
RCMP Royal Canadian Mounted Police.
rcpt. receipt.
RCS Royal College of Surgeons; Royal College of Science; Royal Corps of Signals.
R/D *econ.* refer to drawer (*Scheck*).
Rd. *hist.* rix-dollar; road.
rd. road; rod(s) (*Maßeinheit*); round; *phys.* rutherford.
RDF *electr.* radio direction finder *od.* finding; *mil. Am.* Rapid Deployment Force.
R.E. *Br.* Royal Engineers.
rec. receipt; received; recipe; record(ed).
recd, recd., rec'd. received.
recip, recip. reciprocal; *tech.* reciprocating.
rect. receipt; rectangle; rector(y).
red. reduced; *phot.* reducer.
ref. referee; (in) reference (to); referred; reformed.
refc. (in) reference (to).
Ref.Ch. Reformed Church.
reg. region(al); register(ed); registrar; registry; regular(ly); regulation.
regd. registered.
Regt., regt. regent; regiment.
reg.tn. *mar.* register ton.
rel. related; relating; relative(ly).
relig. religion; religious(ly).
REM, rem roentgen equivalent man.
REME *mil.* Royal Electrical and Mechanical Engineers.
Renf. Renfrew(shire) (*ehemal. schott. Grafschaft*).
Rep. *Am.* Representative; *Am.* Republic(an).
rep. repeat; report(ed); reporter; representative; reprint.
repr. represent(s); represented; representing; reprint(ed).
rept. report; receipt.
Repub. Republic(an).
req. request; required; requisition.
res. research; reserve; residence; resident(ial); resides; resigned; resolution.
resp. respective(ly); respondent.
rest. restrict(ed); restriction.
ret. retired; return(ed); retain.
retd. retained; retired; returned.
Rev. *Bibl.* Revelation(s); Reverend.
RF radio frequency; range finder; *mil. Am.* rapid-fire; representative fraction.
RFC *Br.* Rugby Football Club.
RFD *Am.* Rural Free Delivery.
RFE Radio Free Europe.
RFU Rugby Football Union.
RGS Royal Geographical Society.
RH right hand; Royal Highness.
Rh Rhesus factor.
RHA Royal Horse Artillery.
rheo. *electr.* rheostat(s).
rhet. rhetoric(al).
RHG *Br.* Royal Horse Guards.
RHS Royal Historical Society; Royal Horticultural Society; Royal Humane Society.
RI *Br.* Royal Institution; (*Lat.*) Rex et Imperator, King and Emperor; (*Lat.*) Regina et Imperatrix, Queen and Empress.
R.I. Rhode Island.
RIBA Royal Institute of British Architects.
RIP (*Lat.*) requiesca(n)t in pace, may he *od.* she (*od.* they) rest in peace.
Riv., riv. river.
RJ *Am.* road junction.
RL Rugby League (*im Gegensatz zur* RU).
RLO *Br.* Returned Letter Office (*Postdienststelle für unzustellbare Briefe*).
Rly., rly. railway.
rm. ream (*Papiermaß*); room.
RMA *Br.* Royal Military Academy.
RMS *Br.* Royal Mail Service *od.* Steamer.
rms, r.m.s. *math.* root-mean-square.
RN registered nurse; *Br.* Royal Navy.
RNA *chem.* ribonucleic acid.
RO routine order(s).
ro. *print.* recto; *Br.* road; (*Buchbinderei*) *Am.* roan; rood (*Maßeinheit*).
ROM *Computer*: read only memory Nur-Lese-Speicher, Fest(wert)speicher.
Rom. Roman; *ling.* Romance; Romania(n); *Bibl.* Romans.
rom. *print.* roman type.
ROSPA Royal Society for the Prevention of Accidents.
Ross. Ross and Cromarty (*ehemal. schott. Grafschaft*).
rot. rotating; rotation.
Rox. Roxburgh (*ehemal. schott. Grafschaft*).
Roy. Royal.
RP *Br.* reply paid; Regius Professor; Received Pronunciation; Reformed Presbyterian.
RPC remote power control Fernsteuerung; *Br.* Royal Pioneer Corps.
RPI retail price index.
rpm, r.p.m. revolutions per minute.
RPO *Am.* Railway Post Office.
rps, r.p.s. revolutions per second.
rpt. repeat; report.
rptd. repeated; reported.
RQ *biol.* respiratory quotient.
RR *Am.* railroad; Right Reverend.
RS *Br.* recording secretary; *jur.* Revised Statutes; *Br.* Royal Society.
r.s. right side.
RSA Royal Scottish Academician *od.* Academy; *Br.* Royal Society of Arts.
RSC *Br.* Royal Shakespeare Company.
RSFSR Russian Socialist Federated Soviet Republic.
RSPB Royal Society for the Protection of Birds.
RSPCA Royal Society for the Prevention of Cruelty to Animals.
RSV *Bibl.* Revised Standard Version.
R.S.V.P., r.s.v.p. (*Fr.*) répondez s'il vous plaît, reply please.
RT, R/T radiotelegraphy; radiotelephony.
rt. right.
Rt(.)Hon. Right Hono(u)rable.
RTT radioteletype Funkfernschreiber.
RU *Br.* Rugby Union (*im Gegensatz zur* RL).
RUC Royal Ulster Constabulary.
Russ. Russia(n).
Rut(d)., Rutl. Rutlandshire (*ehemal. engl. Grafschaft*).
RV remaining velocity Endgeschwindigkeit; Revised Version (*der Bibel*).
RW radiological warfare.
R.W. Right Worshipful; Right Worthy.
rwy *aer.* runway.
Ry, Ry., ry railway.

S

S small (size).
S. Sabbath; Saint; Senate; Society; (*Lat.*) Socius, Fellow; south(ern); submarine(s); Saturday; Saxon; Socialist; Society.
$ dollar(s).
s. second(s); section; see; semi-; series; set; shilling(s); sign(ed); son; singular.
s- *chem.* symmetrical.
SA, S.A. South Africa; South America; South Australia; Salvation Army; *colloq.* sex appeal.
Sa. Saturday.
s.a. (*Lat.*) sine anno, without year *od.* date; subject to approval; *colloq.* sex appeal.
Sab. Sabbath.
SAC Strategic Air Command.
SACEUR Supreme Allied Commander Europe (*NATO*).
SACLANT Supreme Allied Commander Atlantic (*NATO*).
SACOM *mil. Am.* Southern Area Command.
SADF South African Defence Force.
s.a.e. stamped addressed envelope.
SALT Strategic Arms Limitation Talks.
SAM surface-to-air missile.
san *mil.* sanitary; sanitation.
s.ap. (*Pharmazie*) apothecaries' scruple (*Gewicht*).
SAS Scandinavian Airlines System; Special Air Service.
Sask. Saskatchewan (*kanad. Provinz*).
Sat. Saturday; Saturn.
SATB *mus.* soprano, alto, tenor, bass.
S.Aus. South Australia.
SAYE *Br.* save-as-you-earn.

S.B. sales book; *Br.* savings bank; (*Lat.*) *Am.* Scientiae Baccalaureus, Bachelor of Science; simultaneous broadcast(ing); *mil.* Sam Browne (belt).
SBA *Am.* Small Business Administration; *aer.* standard beam approach system (*SBA-Landefunkfeueranlage, SBA-Landeverfahren*).
SBN Standard Book Number.
SC Security Council (*UN*).
S.C. South Carolina (*Staat der USA*).
sc. scale; scene (*in Bühnenwerken*); science; scientific; (*Lat.*) scilicet, namely, to wit.
Scan(d). Scandinavia(n).
SCAP Supreme Commander Allied Powers.
Sc.D. (*Lat.*) *Am.* Scientiae Doctor, Doctor of Science.
SCE Scottish Certificate of Education.
sch. scholar; school; *mar. Br.* schooner.
sched. schedule.
Sci., sci. science; scientific.
scil. (*Lat.*) scilicet, namely, to wit.
SCM *Br.* Student Christian Movement; State Certified Midwife.
Scot. Scotch; Scotland; Scottish.
SCR *univ. Br.* senior common room.
scr. scruple (*Gewicht*).
Script. scriptural; Scripture.
SD *Am.* Secretary of Defense (*Verteidigungsminister*); *Am.* State Department.
S.D. South Dakota (*Staat der USA*).
s.d. several dates; *econ.* sight draft; (*Lat.*) *jur.* sine die; (*Statistik*) standard deviation.
SDA Scottish Development Agency; Sex Discrimination Act.
S.Dak. South Dakota (*Staat der USA*).
SDI *mil. pol.* Strategic Defense Initiative Straˈtegische Verˈteidigungsinitiaˌtive (*Weltraumverteidigung*).
SDP Social Democratic Party.
SDR special drawing right (from International Monetary Fund).
SE southeast(erly); southeastern; Stock Exchange.
SEATO South-East Asia Treaty Organization.
SEC *Am.* Securities and Exchange Commission.
Sec. Secretary.
sec. *math.* secant; second; secondary; seconds; secretary; section(s); sector; (*Lat.*) secundum.
SECAM *TV* (*Fr.*) système électronique couleur avec mémoire, sequence by colour-memory.
secs. seconds; sections.
sect. section.
SECY, secy., sec'y secretary.
sel. selected; selections.
Selk. Selkirk(shire) (*ehemal. schott. Grafschaft*).
sem. semicolon; seminary; semester.
SEN *Br.* State Enrolled Nurse.
Sen., sen. senate; senator; senior.
Senr., senr. senior.
sep. *bot.* sepal; separate.
Sep(t). September.
seq. sequel; (*Lat.*) *sg* sequens, the following.
seqq. (*Lat.*) *pl* sequentes, the following.
ser. series; sermon; serial.
Serg(t)., Sergt *mil.* Sergeant (*Dienstgrad*).
serv. servant; service.
sess. session(s).
SET *Br. hist.* selective employment tax.
sev(l). several.
SF Science Fiction.
SFA Scottish Football Association.
SG Secretary General (*UN*); *jur. Br.* Solicitor General; specific gravity.
s.g. senior grade; *phys.* specific gravity.
sgd, sgd. signed.
SGHWR steam-generating heavy water reactor.
sh. *econ.* share; sheet; shilling(s).
SHAPE, Shape Supreme Headquarters Allied Powers in Europe.
Shet. Shetland Islands.
SHF *electr.* superhigh frequency.
SHO *med. Br.* senior house officer.
SHP, S.H.P., s.hp., s.h.p. *tech.* shaft horsepower.
shpt. *econ.* shipment.
shtg. shortage.
SI (*Fr.*) Système Internationale (d'Unités), international system of units of measurement.
S.I.C. *phys.* specific inductive capacity.
SIDS *med.* sudden infant death syndrome.
Sig., sig. signal; signature; signor(e).
sigill, sigill. (*Lat.*) sigillum, seal.
sim. similar(ly); simile.
sin *math.* sine.
sing. single; *ling.* singular.
SJG *Am.* Supreme Judicial Court.
sk. *econ.* sack.
SLADE *Br.* Society of Lithographic Artists, Designers, Engravers, and Process Workers (*Gewerkschaft*).
s.l.a.n. (*Lat.*) sine loco, anno, vel nomine, without place, year, or name ohne Erscheinungsort, Jahr od. Verfasser (*in Büchern*).
SLBM submarine-launched ballistic missile.
sld. sailed; sealed.
SLP Scottish Labour Party.
SLR *phot.* single lens reflex.
SM sergeant major.
s.n. *econ.* shipping note; (*Lat.*) sine nomine, without name.
SNP Scottish National Party.
So. south(ern).
SO *Br.* Stationery Office.
S.O.B. *sl. Am.* son of a bitch *od.* silly old bastard.
Soc. *pol.* Socialist; society.
sociol. sociological; sociologist; sociology.
S.of S. *Br.* Secretary of State.
SOGAT *Br.* Society of Graphical and Allied Trades (*Gewerkschaft*).
sol. solicitor; soluble; solution.
Som(s). Somersetshire (*engl. Grafschaft*).
SOP standard operating procedure.
SOS → Wörterverzeichnis.
SP *tech.* self-propelled; starting point; starting price.
sp. special; species; specific; specimen.
s.p. (*Lat.*) *jur.* sine prole, without issue.
Span. Spanish.
spec. special(ly); species; specification; specimen; spectrum.
specif. specific(ally); specification.
sp.gr. *phys.* specific gravity.
spp. *pl* species.
SPQR small profits – quick returns kleine Gewinne – große Umsätze; (*Lat.*) Senatus Populusque Romanus, the Senate and People of Rome.
SPRC *Br.* Society for the Prevention and Relief of Cancer.
SPUC *Br.* Society for Protection of the Unborn Child.
Sq. *mil.* Squadron; Square.
sq. sequence; *math.* square.
sq.ft. square foot *od.* feet.
sq.in. square inch(es).
sq.m. square miles.
sq.mi. square mile(s).
sq.yd. square yard(s).
Sr, Sr. Senior; Sir; Sister.
S – R *psych.* stimulus – response.
SRBM short-range ballistic missile.
SRC *Br.* Science Research Council.
SRN *Br.* State Registered Nurse.
SRO *Am.* standing room only; *Br.* Statutory Rules and Orders.
SRV space rescue vehicle.
SS, S/S steamship.
ss. (*Lat.*) scilicet, namely, to wit; sections.
SSA *Am.* Social Security Administration.
SSM *mil.* surface-to-surface missile.
SSN severely subnormal.
SSR Socialist Soviet Republic; *aer.* secondary surveillance radar.
SSRC *Br.* Social Science Research Council.
St, St. Saint; Station; statute(s); Street.
st. stere; stone (*Gewicht*); street.
s.t. *econ.* short ton.
sta. station(ary); *tech.* stator.
Staffs. Staffordshire (*engl. Grafschaft*).
START Strategic Arms Reduction Talks.
stat. statics; stationary; statistics; statuary; statue; statute (miles); statutes.
STD *Br.* subscriber trunk dialling.
std. standard.
ster. (*Währung*) sterling.
St.Ex(ch). Stock Exchange.
stg, stg. (*Währung*) sterling.
Stir. Stirling(shire) (*ehemal. schott. Grafschaft*).
stk. *econ.* stock.
stn. station.
STOL short take-off and landing (aircraft) Kurzstart(-Flugzeug).
STP standard temperature and pressure.
STRAT *mil.* strategic.
STUC Scottish Trades Union Congress.
stud. student.
sub. *mil.* subaltern; substitute; subscription; suburb(an); subway.
Suff. Suffolk (*engl. Grafschaft*).
suff. sufficient; *ling.* suffix.
sug(g). suggested; suggestion.
Sun(d). Sunday.
Sup., sup. superior; supplement(ary); supply; (*Lat.*) supra, above; supreme.
super. superfine; superior; supernumerary; superintendent; supervisor.
supp(l). supplement(ary).
Supt, Supt., supt. superintendent.
Sur. Surrey (*engl. Grafschaft*).
sur. surcharged; surplus.
surg. surgeon; surgery; surgical.
Suss. Sussex (*engl. Grafschaft*).
Suth. Sutherland (*ehemal. schott. Grafschaft*).
s.v. sailing vessel; (*Lat.*) sub verbo *od.* sub voce.
Svy., svy. survey.
SW *electr.* short wave; South Wales; southwest(erly); southwestern.
S.W.A.(L.)K. *colloq.* (*auf Briefumschlag*) sealed with a (loving) kiss.
SWAPO South West African People's Organization.
SWATF South West African Territorial Force.
Swed. Sweden; Swedish.
SWG standard wire ga(u)ge (*Maßskala*).

Swit(z). Switzerland.
syll. *ling.* syllable; syllabus.
syn. *ling.* synonym; *ling.* synonymous(ly).
syst. system(atic).

T

T *phys.* (absolute) temperature; *phys. tech.* tension.
T. territory; tourist class; township; tablespoon(ful); time; Tuesday.
t. teaspoon(ful); temperature; (*Lat.*) tempore, in the time of; time; ton(s); *econ.* troy; *ling.* transitive; *ling.* tense.
TA telegraphic address.
TAF Tactical Air Force.
tal.qual. (*Lat.*) talis qualis, as they come, without choosing.
TAM television audience measurement.
tan, tan. *math.* tangent.
T & AVR *Br.* Territorial and Army Volunteer Reserve.
TAS *aer.* true air speed.
Tas(m). Tasmania(n).
TASS, Tass (*Russ.*) Telegraphnoye Agentstvo Sovyetskovo Soyuza (*amtliche sowjetische Nachrichtenagentur*).
TB tubercle bacillus; tuberculosis.
t.b. *econ. math.* trial balance.
tbs(p). tablespoon(ful).
TC Trusteeship Council (*UN*); *tech.* twin carburettors; technical college.
tc. *econ.* tierce(s).
TD, td, td. touch down.
TDC, tdc *tech.* top dead center *od.* centre (*oberer Totpunkt beim Kolben*).
t.d.n. *biol. Am.* total digestible nutrients.
tech. technical; technics; technology; *colloq.* technical college.
techn. technical; technology.
technol. technological(ly); technology.
TEFL teaching English as a foreign language.
tel. telegram; telegraph(ic), telephone.
TELECOM telecommunications.
teleg. telegram; telegraph(ic).
teleph. telephone; telephony.
Tel.No., tel.no. telephone number.
temp. temperature; temporary; temperate.
Tenn. Tennessee (*Staat der USA*).
term. terminal; termination.
Terr., terr. terrace; territorial; territory.
TESL teaching English as a second language.
Tex. Texan; Texas (*Staat der USA*).
tf., t.f. till forbidden.
tfr. *econ.* transfer.
TG *ling.* transformational grammar.
t.g. *biol.* type genus.
T.G.I.F. *colloq.* thank God it's Friday.
tgm. telegram.
TGWU *Br.* Transport & General Workers' Union (*Gewerkschaft*).
Theol., theol. theologian; theological; theology.
theor. *math.* theorem(s).
Therap., therap. therapeutic(s).
therm. thermometer.
T.H.I. temperature-humidity index.
THP *aer.* thrust horsepower (*Schubleistung*).
Thu., Thur(s). Thursday.
t.i.d. (*Lat.*) *med.* ter in die, three times a day.
TIR (*Fr.*) Transports Internationaux Routiers, International Road Transport.
tit. title; titular.
tk. *Am.* truck.
TKO, T.K.O., t.k.o. (*Boxen*) technical knockout.
TL total loss.
TLC *colloq.* tender loving care.
T.M. transcendental meditation.
t.m. true mean (value).
TMO *Br.* telegraph money order.
tn. ton; town; train.
tng. training.
TNT trinitrotoluene; trinitrotoluol.
TO *aer.* take-off; *mil. Am.* technical order; *Br.* Telegraph *od.* Telephone Office.
t.o. turn over; *econ.* turnover.
tonn. tonnage.
TOO, too time of origin (*bei Mitteilungen*).
topog. topographer; topographical.
TOR, tor time of reception (*bei Mitteilungen*).
tot. total.
TP telephone; teleprinter; traffic post.
TPI *Br.* Town Planning Institute.
TPO Travelling Post Office Bahnpost.
tpt, tpt. transport.
T/R (*Funk*) transmitter/receiver.
tr. transaction(s); transfer; translate(d); translation; translator; transpose.
trad. tradition(al).
trans. transaction(s); transferred; transport(ation); transverse.
transf. transference; transferred.
transp. transportation.
trav. travel(l)er; travels.
Treas., treas. treasurer; treasury.
T.R.F., t.r.f., t-r-f tuned radio frequency.
TRH Their Royal Highnesses.
trip. triplicate.
trop. tropic(al).
trs. transfer; transpose.
trsd. transferred; transposed.
TS, ts, ts., t.s. *econ.* till sale; typescript.
TT teetotal(ler); Tourist Trophy; tuberculin tested.
TU Trade Union.
TUC *Br.* Trade(s) Union Congress.
Tue(s). Tuesday.
TV television (set).
TVA *Am.* Tennessee Valley Authority *od.* Administration.
TWA Trans World Airlines.
TWI training within industry.
typ(o)., typog. typographer; typographic(al), typography.
Tyr. Tyrone (*Grafschaft in Nordirland*).

U

U. university; Utah (*Staat der USA*); *math.* union; unit; united.
u. uncle; unit; upper.
UAE United Arab Emirates.
UAM underwater-to-air missile.
UAR United Arab Republic.
UAW *Am.* United Auto, Aircraft and Agricultural Implements Workers (*Gewerkschaft*); *Am.* United Automobile Workers (*Gewerkschaft*).
UC University College.
u.c. under construction; *print.* upper case; *econ.* usual conditions.
UCW Union of Communications Workers (*Gewerkschaft*).
UDA Ulster Defence Association.
UDC Universal Decimal Classification; *Br.* Urban District Council.
UDI Unilateral Declaration of Independence.
UDR Ulster Defence Regiment.
UEFA Union of European Football Associations.
UFC United Free Church (of Scotland).
UFO unidentified flying object.
u.g., u/g (*Bergbau*) underground.
UGC *Br.* University Grants Committee.
UGT urgent.
UHF, uhf *electr.* ultrahigh frequency.
UI *Br.* Unemployment Insurance.
UK United Kingdom (of Great Britain and Northern Ireland).
UKAEA United Kingdom Atomic Energy Authority.
ult. ultimate(ly); (*Lat.*) *econ.* ultimo.
UMT(S) *Am.* Universal Military Training (Service *od.* System) (*allgemeine Wehrpflicht*).
UMW *Am.* United Mine Workers (*Gewerkschaft*).
UN United Nations.
unabr. unabridged.
unan. unanimous.
uncert. uncertain.
UNCTAD United Nations Commission for Trade and Development.
UNDP United Nations Development Program(me).
UNDRO United Nations Disaster Relief Organization.
UNEF United Nations Emergency Force.
UNEP United Nations Environment Program(me).
UNESCO, Unesco United Nations Educational, Scientific and Cultural Organization.
unexpl. unexplained.
UNICEF United Nations (International) Children's (Emergency) Fund.
UNIDO United Nations Industrial Development Organization.
univ. universal(ly); university.
unm. unmarried.
UNSC United Nations Security Council.
UNRWA United Nations Relief and Works Agency.
up. upper.
u.p. under proof (*Alkohol*).
UPI United Press International (*Nachrichtenagentur*).
UPU Universal Postal Union (*Weltpostverein*).
URC United Reformed Church.
US United States (of America).
USA United States of America.
USDA United States Department of Agriculture.
USDAW *Br.* Union of Shop, Distributive and Allied Workers (*Gewerkschaft*).
USIA United States Information Agency.
USIS United States Information Service.
USM underwater-to-surface missile.
USN United States Navy.
USS United States Senate; United States Ship.
USSR Union of Socialist Soviet Republics.
usu. usual(ly).
USW ultrashort wave.
UT universal time.
Ut. Utah (*inoffizielle Abkürzung*).
ut. dict. (*Lat.*) ut dictum, as said *od.* stated.

ut. inf. (*Lat.*) ut infra, as below.
ut. sup. (*Lat.*) ut supra, as above.
UU, U.U. Ulster Unionist.
UV, uv ultraviolet.
UVF Ulster Volunteer Force.

V

V victory; *electr.* volt.
V. Very (*in Titeln*); Vice; Viscount; Venerable.
v. *math.* vector; velocity; verse; versus; very; vice(-); (*Lat.*) vide; voice; *electr.* volt; *electr.* voltage; volume.
VA *Am.* Veterans' Administration; Vice Admiral; Vicar Apostolic; (Order of) Victoria and Albert.
vac. vacant; vacate; vacuum.
val. value(d); valuation.
V & A *Br.* Victoria and Albert Museum.
VAR *aer.* visual-aural range (*Funkfeuer mit Sicht- u. Höranzeige*).
var. variant; variation; variety; various; variable.
VAT value-added tax Mehrwertsteuer.
VC Victoria Cross; Vice-Chairman; Vice-Chancellor; Vice-Consul.
VCR video cassette recorder.
VD venereal disease.
v.d. various dates; venereal disease.
VDU visual display unit (*beim Computer*).
V-E Victory in Europe: ~ day 8. Mai 1945.
VEH, veh, veh. vehicle.
ver. verse(s); version.
vert. vertical; *med.* vertigo.
veter. veterinary.
VF video frequency.
v.f. very fair.
VFW *Am.* Veterans of Foreign Wars.
VG Vicar-General; very good.
VHF *electr.* very high frequency.
VI *electr.* volume indicator.
V.I. *geogr.* Vancouver Island; *geogr.* Virgin Islands.
v.i. (*Lat.*) vide infra, see below.
Vic. Victoria (*bes. der austral. Staat*).
VIP *colloq.* very important person.
VIR (*Lat.*) Victoria Imperatrix Regina, Victoria Empress and Queen.
Vis. Viscount(ess).
vis. visibility; visible; visual.
VISTA *Am.* volunteers in service to America (*Freiwilligenhilfsorganisation*).
viz, viz. (*Lat.*) videlicet, namely.
V-J Victory over Japan.
VLF *electr.* very low frequency.
VLR *aer.* very long range.
VO Royal Victorian Order; very old (*Bezeichnung für Branntwein u. Whisky*).
Vol., vol. volcano; volume; volunteer.
vols. volumes.
VP *ling.* verb phrase; Vice-President.
v.p. *phys.* vapo(u)r pressure; various places.
VR (*Lat.*) Victoria Regina, Queen Victoria.
VRI (*Lat.*) Victoria Regina et Imperatrix, Victoria, Queen and Empress.
VS Veterinary Surgeon.
vs. verse; versus.
v.s. (*Lat.*) vide supra, see above.
VSO very superior old (*Bezeichnung für 12–17 Jahre alten Branntwein, Portwein usw.*); *Br.* Voluntary Service Overseas.
VSOP very special old pale (*Bezeichnung für 20–25 Jahre alten Branntwein, Portwein usw.*).
Vt. Vermont (*Staat der USA*).
VTOL vertical take-off (and landing) (aircraft) Senkrechtstarter.
VTR video tape recorder.
v.v. (*Lat.*) vice versa, the other way round.

W

W *electr.* watt.
W. Wales; west(ern); Warden; Welsh.
w. warden; *electr.* watt; week(s); weight; wide; width; wife; with; *phys.* work; (*Kricket*) wide; (*Kricket*) wicket.
WA West Africa; Western Australia.
WAAC *hist.* Women's Army Auxiliary Corps (*Br. 1914–18, Am. 1942–48*).
WAAF *hist. Br.* Women's Auxiliary Air Force (*1939–48*).
WAC *Am.* Women's Army Corps.
WAF *Am.* Women in the Air Force.
w.a.f. with all faults.
War(w). Warwickshire (*ehemal. engl. Grafschaft*).
Wash. Washington (*Staat der USA*).
WASP *Am.* White Anglo-Saxon Protestant.
Wat. Waterford (*Grafschaft in Südirland*).
watt-hr. *electr.* watt-hour.
WAVES, Waves *mil. Am.* Women Accepted for Volunteer Emergency Service (*Reserve der Marine*).
W/B, W.b., W/b *econ.* waybill.
w.b. *econ.* warehouse book; water ballast; *econ.* waybill; westbound.
WBA World Boxing Association.
WBC World Boxing Council; white blood cells; white blood count.
WC water closet; West Central (*London*).
WCC World Council of Churches.
WCT World Championship Tennis.
WD War Department.
wd. ward; word; would.
WEA *Br.* Workers' Educational Association.
Wed. Wednesday.
WEU Western European Union.
Wex. Wexford (*Grafschaft in Irland*).
WFPA World Federation for the Protection of Animals.
WFTU World Federation of Trade Unions.
w.g. *econ.* weight guaranteed; *tech.* wire ga(u)ge.
wh. *electr.* watt-hour; which.
WHO World Health Organization; White House Office.
WI West India(n); West Indies; *Br.* Women's Institute.
w.i. *econ.* when issued; *tech.* wrought iron.
WIA *mil.* wounded in action.
Wilts. Wiltshire (*engl. Grafschaft*).
WIPO World Intellectual Property Organization (*ein Zweig der UN*).
Wis(c). Wisconsin (*Staat der USA*).
WJC World Jewish Congress.
wk. week(s); work.
wkly. weekly.
wks. weeks; works.
WL water line; *phys.* wave length.
W.L. West Lothian (*ehemal. schott. Grafschaft*).
WLM women's liberation movement.
wmk. watermark.
WO War Office; Warrant Officer; wireless operator.
W/O, w/o without.
WOMAN World Organization of Mothers of All Nations.
Worcs. Worcestershire (*ehemal. engl. Grafschaft*).
W.P. weather permitting.
w.p.a. (*Versicherung*) with particular average mit Teilschaden.
w.p.b. wastepaper basket.
WPC woman police constable.
w.p.m. words per minute.
WR Western Region.
WRAC *Br.* Women's Royal Army Corps.
WRAF *Br.* Women's Royal Air Force.
WRNS *Br.* Women's Royal Naval Service.
wrnt. warrant.
w.r.t. with reference to.
WRVS *Br.* Women's Royal Voluntary Service.
W/T wireless telegraphy *od.* telephony.
wt. weight; without.
W.Va. West Virginia.
WW I *od.* **II** World War I *od.* II.
WWF World Wildlife Fund.
WX women's extra large size.
Wy(o). Wyoming (*Staat der USA*).

X

x *math.* an abscissa; *math.* an unknown quantity.
X.D., xd, x-d(iv)., x.(-)d(iv). *econ.* ex dividend (*ohne Anrecht auf die fällige Dividende*).
X.I., x.i., x-i, x-int. *econ.* ex interest (*ohne Anrecht auf die fälligen Zinsen*).
XL extra large (size).
Xm., Xmas Christmas.
XMSN, xmsn (*Funk*) transmission.
Xnty. Christianity.
Xroads, X.roads cross roads.
X-rts. *econ.* ex-rights (*ohne Anrecht auf neue Aktien, Bonusanteile etc*).
XS extra small (size).
Xt, Xt. Christ.
xtry. extraordinary.
Xty. Christianity.
XX (ales of) double strength.

Y

y *math.* an ordinate; *math.* an unknown quantity.
y. yard(s); year(s); you.
YB yearbook.
yd. yard(s).
y'day yesterday.
yds. yards.
YHA *Br.* Youth Hostels Association.
YMCA Young Men's Christian Association.
y.o. year old.
Yorks. Yorkshire (*ehemal. engl. Grafschaft*).
yr. year(s); younger; your.
yrs, yrs. years; yours.
YT Yukon Territory.
YWCA Young Women's Christian Association.

Z

Z *chem.* atomic number.
z. zero; zone.
ZANU Zimbabwe African National Union.
ZAPU Zimbabwe African People's Union.
ZG Zoological Gardens.
Zoochem., zoochem. zoochemistry.
Zoogeog., zoogeog. zoogeography.
zool. zoological; zoologist; zoology.
ZPG zero population growth.
ZS Zoological Society.

II. BIOGRAPHISCHE NAMEN
II. BIOGRAPHICAL NAMES

A

Ach·e·son, Dean Gooderham [ˈætʃɪsn] *1893–1971. Amer. Staatsmann.*

Ad·am [ˈædəm], Robert *1728–92 u. sein Bruder* James *1730–94. Engl. Architekten u. Innenarchitekten.*

Ad·ams, John [ˈædəmz] *1735–1826. 2. Präsident der USA.*

Ad·ams, John Quincy [ˈædəmz] *1767–1848. Sohn von* John Adams. *6. Präsident der USA.*

Ad·di·son, Joseph [ˈædɪsn] *1672–1719. Engl. Essayist.*

Æl·fric Grammaticus [ˈælfrɪk] *955?–1020? Angelsächsischer Abt u. Schriftsteller.*

Aes·chy·lus [ˈiːskɪləs; *Am. bes.* ˈes-] Äschylus. *525–465 v. Chr. Griech. Tragödiendichter.*

Ae·sop [ˈiːsɒp; *Am.* ˈiːˌsɑp] Äˈsop. *620?–560? v. Chr. Griech. Fabeldichter.*

Ag·new, Spiro Theodore [ˈægnjuː; *Am. bes.* ˈægˌnuː] **1918. Amer. Politiker; Vizepräsident.*

Al·bert of Saxe-Co·burg-Go·tha [ˌælbə(r)təvˈsæksˌkəʊbɜːgˈgəʊθə; -ˈgəʊtə; *Am.* -ˌkəʊbɜrg-] Albert von Sachsen-Coburg-Gotha. *1819–61. Gemahl der Königin Viktoria von England.*

Al·cock, Sir John William [ˈælkɒk; ˈɔːl-; *Am.* -ˌkɑk] *1892–1919. Engl. Flugpionier.*

Al·cott [ˈɔːlkət], Amos Bronson *1799–1888, amer. Lehrer u. Philosoph; seine Tochter* Louisa May *1832–88, amer. Schriftstellerin.*

Al·cuin [ˈælkwɪn] Alkuin. *735–804. Engl. Theologe u. Gelehrter.*

Al·drich, Thomas Bailey [ˈɔːldrɪtʃ] *1836–1907. Amer. Schriftsteller.*

Al·fred (the Great) [ˈælfrɪd] Alfred (der Große). *849–899. Angelsächsischer König.*

Al·ger, Horatio [ˈældʒə(r)] *1834–99. Amer. Schriftsteller.*

Al·len, (Charles) Grant [ˈælən] *1848–99. Engl. Schriftsteller.*

Al·len, Woody [ˈælən] **1935. Amer. Filmkomiker, Drehbuchautor u. Regisseur.*

A·mis, Kingsley [ˈeɪmɪs] **1922. Engl. Romanschriftsteller.*

An·der·son, Maxwell [ˈændə(r)sn] *1888–1959. Amer. Dramatiker.*

An·der·son, Sherwood [ˈændə(r)sn] *1876–1941. Amer. Dichter.*

An·gell, Sir Norman [ˈeɪndʒəl] (*eigentlich* Ralph Norman Angell Lane). *1874–1967. Engl. Schriftsteller.*

Anne [æn] Anna. *1665–1714. Königin von England.*

An·selm, Saint [ˈænselm] der heilige Anselm von Canterbury. *1033–1109. Erzbischof von Canterbury; Theologe u. Philosoph.*

Ap·ple·ton, Sir Edward [ˈæpltən] *1892–1965. Engl. Physiker.*

Ar·buth·not, John [ɑː(r)ˈbʌθnət] *1667–1735. Schott. Schriftsteller u. Arzt.*

Ar·chi·me·des [ˌɑː(r)kɪˈmiːdiːz] *287?–212 v. Chr. Griech. Mathematiker.*

Ar·den [ˈɑː(r)dn] *Engl. Familienname.*

Ar·is·toph·a·nes [ˌærɪˈstɒfəniːz; *Am.* -ˈstɑ-] *448?–380? v. Chr. Griech. Dramatiker.*

Ar·is·tot·le [ˈærɪstɒtl; *Am.* ˈærəˌstɑtl] Ariˈstoteles. *384–322 v. Chr. Griech. Philosoph.*

Arm·strong, Louis (Satchmo) [ˈɑː(r)mstrɒŋ] *1900–71. Amer. Jazzmusiker.*

Arm·strong, Neil Alden [ˈɑː(r)mstrɒŋ] **1930. Amer. Astronaut.*

Ar·nold, Malcolm [ˈɑː(r)nəld; -nld] **1921. Engl. Komponist.*

Ar·nold, Matthew [ˈɑː(r)nəld; -nld] *1822–88. Engl. Dichter u. Kritiker.*

Ar·thur [ˈɑː(r)θə(r)] Artus. *6. Jh. Sagenhafter König der Briten.*

Ar·thur, Chester Alan [ˈɑː(r)θə(r)] *1830–86. 21. Präsident der USA.*

As·cham, Roger [ˈæskəm] *1515–68. Engl. Gelehrter.*

Ash·croft, Dame Peggy [ˈæʃkrɒft; *Am. a.* -ˌkrɑft] **1907. Engl. Schauspielerin.*

As·quith, Herbert Henry, 1st Earl of Oxford and Asquith [ˈæskwɪθ] *1852–1928. Brit. Premierminister.*

A·staire, Fred [əˈsteə(r)] **1899. Amer. Tänzer u. Filmschauspieler.*

Ath·el·stan [ˈæθəlstən] *895–940. Angelsächsischer König.*

Ath·er·ton, Gertrude Franklin [ˈæθə(r)tən; -tn] *1857–1948. Amer. Romanschriftstellerin.*

At·ten·bor·ough, Richard [ˈætnbrə; *Am. a.* -ˌbɜrə] **1923. Engl. Filmschauspieler u. Produzent.*

At·ter·bury [ˈætə(r)bərɪ; *Am. a.* -ˌberiː] *Engl. Familienname.*

Att·lee, Clement Richard [ˈætliː] *1883–1967. Brit. Staatsmann; Premierminister.*

Au·den, Wystan Hugh [ˈɔːdn] *1907–73. Amer. Dichter engl. Herkunft.*

Au·gus·tine, Saint [ɔːˈgʌstɪn; *Am. a.* ˈɔːgəˌstiːn] der heilige Auguˈstinus. *?–604. Apostel der Angelsachsen.*

Aus·ten, Jane [ˈɒstɪn; *Am.* ˈɔːstən; ˈɑːs-] *1775–1817. Engl. Romanschriftstellerin.*

Aus·tin, Alfred [ˈɒstɪn; *Am.* ˈɔːstən; ˈɑːs-] *1835–1913. Engl. Dichter; Poeta Laureatus.*

Aus·tin, Mary [ˈɒstɪn; *Am.* ˈɔːstən; ˈɑːs-] *1868–1934. Amer. Schriftstellerin.*

B

Bab·bage, Charles [ˈbæbɪdʒ] *1792–1871. Engl. Mathematiker u. Erfinder.*

Bab·bitt, Irving [ˈbæbɪt] *1865–1933. Amer. Pädagoge u. Schriftsteller.*

Ba·con, Francis, 1st Baron Verulam, Viscount St. Albans [ˈbeɪkən] *1561–1626. Engl. Staatsmann, Philosoph u. Essayist.*

Ba·con, Roger Friar [ˈbeɪkən] *1214?–94. Engl. Philosoph.*

Ba·den-Pow·ell, Robert Stephenson Smyth, 1st Baron of Gilwell [ˌbeɪdnˈpəʊəl] *1857–1941. Brit. General; Begründer der Pfadfinderbewegung.*

Ba·der, Sir Douglas [ˈbɑːdə(r)] *1910–82. Brit. Kampfflieger.*

Bae·da [ˈbiːdə] → Bede.

Ba·ker, George Pierce [ˈbeɪkə(r)] *1866–1935. Amer. Schriftsteller u. Kritiker.*

Ba·ker, Ray Stannard [ˈbeɪkə(r)] (*Pseudonym* David Grayson). *1870–1946. Amer. Schriftsteller.*

Bald·win, James (Arthur) [ˈbɔːldwɪn] **1924. Amer. Schriftsteller.*

Bald·win, James Mark [ˈbɔːldwɪn] *1861–1934. Amer. Psychologe.*

Bald·win, Stanley [ˈbɔːldwɪn] *1867–1947. Brit. Staatsmann; Premierminister.*

Bal·four, Arthur James, 1st Earl of [ˈbælfə(r); -fɔː(r)] *1848–1930. Brit. Staatsmann.*

Ba(l)·li·ol, John de [ˈbeɪljəl] *1249–1315. König von Schottland.*

Bal·lan·tyne [ˈbæləntaɪn] *Engl. Familienname.*

Ban·croft, George [ˈbænkrɒft; ˈbæŋ-] *1800–91. Amer. Historiker, Politiker u. Diplomat.*

Ban·nis·ter, Roger [ˈbænɪstə(r)] **1929. Brit Leichtathlet. Lief als erster die Meile unter vier Minuten.*

Ban·ting, Sir Frederick Grant [ˈbæntɪŋ] *1891–1941. Kanad. Arzt; Entdecker des Insulins.*

Bar·ber, Anthony [ˈbɑː(r)bə(r)] **1920. Brit. Politiker.*

Bar·ber, Samuel [ˈbɑː(r)bə(r)] *1910–81. Amer. Komponist.*

Bar·bour [ˈbɑː(r)bə(r)] *Engl. Familienname.*

Bare·bone [ˈbeə(r)bəʊn] *Engl. Familienname.*

Bar·low, Joel [ˈbɑː(r)ləʊ] *1754–1812. Amer. Diplomat u. Dichter.*

Bar·nard, Christiaan Neethling [ˈbɑː(r)nə(r)d] **1923. Südafr. Chirurg.*

Bar·nar·do, Dr. Thomas John [bɑː(r)ˈnɑː(r)dəʊ] *1845–1905. Engl. Arzt u. Philanthrop.*

Bar·rett [ˈbærət; -ret; -rɪt] *Engl. Familienname.*

Bar·rie, Sir James Matthew [ˈbærɪ] *1860–1937. Schott. Schriftsteller u. Dramatiker.*

Bar·ry, Philip [ˈbærɪ] *1896–1949. Amer. Dramatiker.*

Bar·ry·more [ˈbærɪmɔ:(r)] *Amer. Schauspielerfamilie.*

Ba·ruch, Bernard Mannes [bəˈru:k] *1870–1965. Amer. Wirtschaftspolitiker.*

Bar·wick [ˈbærɪk] *Engl. Familienname.*

Ba·sie, William, *genannt* Count Basie [ˈbeɪsɪ] *1904–84. Amer. Jazzmusiker.*

Bates, Herbert Ernest [beɪts] *1905–74. Engl. Schriftsteller.*

Baynes [beɪnz] *Engl. Familienname.*

Bea·cons·field, Earl of [ˈbi:kənzfi:ld] → Disraeli.

Beards·ley, Aubrey Vincent [ˈbɪə(r)dzlɪ] *1872–98. Engl. Zeichner u. Illustrator.*

Beat·les, The [ˈbi:tlz] *1962–70. Engl. Popgruppe mit* **Len·non,** John [ˈlenən] *1940–80,* **Mc·Cart·ney,** Paul [məˈkɑ:(r)tnɪ] **1942,* **Har·ri·son,** George [ˈhærɪsn] **1943,* **Starr,** Ringo [stɑ:(r)] **1940.*

Bea·ver·brook, William Maxwell Aitken, 1st Baron [ˈbi:və(r)brʊk] *1879–1964. Zeitungsbesitzer; brit. Politiker.*

Bech·et, Sidney [bəˈʃeɪ] *1897–1959. Amer. Jazzmusiker.*

Beck·et, Saint Thomas [ˈbekɪt] der heilige Thomas Becket. *1118?–70. Kanzler Heinrichs II. von England; Erzbischof von Canterbury.*

Beck·ett, Samuel [ˈbekɪt] **1906. Irischer Dichter u. Dramatiker.*

Beck·ford, William [ˈbekfə(r)d] *1759–1844. Engl. Schriftsteller.*

Bede [bi:d], *a.* **Be·da** [ˈbi:də], Saint ("The Venerable Bede") der heilige Beda (Beda Veneˈrabilis). *673?–735. Engl. Theologe u. Historiker.*

Bee·cham, Sir Thomas [ˈbi:tʃəm] *1879–1961. Engl. Dirigent.*

Bee·cher, Harriet Elizabeth [ˈbi:tʃə(r)] → Stowe.

Beer·bohm, Max [ˈbɪə(r)bəʊm] *1872–1956. Engl. Schriftsteller u. Karikaturist.*

Bell, Alexander Graham [bel] *1847–1922. Amer. Erfinder schott. Herkunft.*

Bel·la·my, Edward [ˈbeləmɪ] *1850–98. Amer. Schriftsteller.*

Bel·loc, Hilaire [ˈbelɒk; *Am.* -ˌɑk] *1870–1953. Engl. Schriftsteller u. Publizist.*

Bel·low, Saul [ˈbeləʊ] **1915. Amer. Schriftsteller.*

Be·nét [beˈneɪ; bə-], Stephen Vincent *1898–1943, amer. Schriftsteller; sein Bruder* William Rose *1886–1950, amer. Dichter u. Romanschriftsteller.*

Ben·nett, (Enoch) Arnold [ˈbenɪt] *1867–1931. Engl. Romanschriftsteller.*

Ben·nett, Richard Bedford, Viscount [ˈbenɪt] *1870–1947. Kanad. Staatsmann; Premierminister.*

Ben·tham, Jeremy [ˈbentəm; -θəm] *1748–1832. Engl. Jurist u. Philosoph.*

Ber·lin, Irving [ˈbɜ:lɪn; bɜ:ˈlɪn; *Am.* bɜrˈlɪn] *1888–1970. Amer. Komponist.*

Bern·stein, Leonard [ˈbɜ:nstaɪn; -sti:n; *Am.* ˈbɜrn-] **1918. Amer. Komponist u. Dirigent.*

Ber·ry, Chuck [ˈberɪ] **1931. Amer. Rocksänger u. Gitarrist.*

Bes·sant, Sir Walter [ˈbesənt; ˈbez-; bɪˈzænt] *1836–1901. Engl. Romanschriftsteller.*

Bes·se·mer, Sir Henry [ˈbesɪmə(r)] *1813–98. Engl. Ingenieur.*

Bet·je·man, Sir John [ˈbetʃəmən] *1906–84. Engl. Dichter.*

Bev·an, Aneurin [ˈbevən] *1897–1960. Brit. Gewerkschaftsführer u. Politiker.*

Bev·in, Ernest [ˈbevɪn] *1881–1951. Brit. Staatsmann.*

Bew·ick [ˈbju:ɪk] *Engl. Familienname.*

Bid·dle, John [ˈbɪdl] *1615–62. Stifter der Unitarier in England.*

Bierce, Ambrose Gwinett [ˈbɪə(r)s] *1842–1914? Amer. Schriftsteller.*

Bir·che·nough [ˈbɜ:tʃɪnʌf; *Am.* ˈbɜr-] *Engl. Familienname.*

Black·more, Richard Doddridge [ˈblækmɔ:(r)] *1825–1900. Engl. Romanschriftsteller.*

Blake, Robert [bleɪk] *1599–1657. Engl. Admiral.*

Blake, William [bleɪk] *1757–1827. Engl. Dichter, Maler u. Graphiker.*

Bligh, William [blaɪ] *1754–1817. Brit. Admiral; Kapitän auf der Bounty.*

Bo·a·di·ce·a [ˌbəʊədɪˈsɪə] *?–62. Königin der Briten.*

Bo·gart, Humphrey [ˈbəʊgɑ:(r)t] *1899–1957. Amer. Filmschauspieler.*

Bol·eyn, Anne [ˈbʊlɪn; bʊˈlɪn] *1507–36. 2. Gemahlin Heinrichs VIII. von England.*

Bol·ing·broke, Henry St. John, 1st Viscount [ˈbɒlɪŋbrʊk; *Am.* ˈbɑl-] *1678–1751. Engl. Staatsmann u. Schriftsteller.*

Bo·na·parte [ˈbəʊnəpɑ:(r)t] → Napoleon I.

Bond, Edward [bɒnd; *Am.* bɑnd] **1934. Engl. Dramatiker.*

Bon·i·face, Saint (*vorher* Winfried *od.* Wynfrith) [ˈbɒnɪfeɪs; *Am.* ˈbɑnəfəs; -ˌfeɪs] der heilige Bonifaz *od.* Boniˈfatius. *680?–755. Angelsächsischer Missionar; Apostel der Deutschen.*

Boole, George [bu:l] *1815–64. Engl. Mathematiker.*

Booth [bu:ð; *Am.* bu:θ] *Amer. Schauspielerfamilie:* Junius Brutus *1796–1852; seine Söhne* Edwin Thomas *1833–93 u.* John Wilkes *1838–65, der Mörder des Präsidenten Lincoln.*

Booth, William [bu:ð; *Am.* bu:θ] *1829–1912. Gründer der Heilsarmee.*

Bo·san·quet [ˈbəʊznket; -kɪt] *Engl. Familienname.*

Bos·well, James [ˈbɒzwəl; *Am.* ˈbɑzˌwel] *1740–95. Engl. Schriftsteller u. Biograph.*

Bot·tom·ley, Gordon [ˈbɒtəmlɪ; *Am.* ˈbɑ-] *1874–1948. Engl. Dichter.*

Bow·en, Elizabeth [ˈbəʊɪn] *1899–1973. Engl. Schriftstellerin irischer Herkunft.*

Bow·yer [ˈbəʊjə(r)] *Engl. Familienname.*

Boyle, Robert [bɔɪl] *1627–1961. Irischer Chemiker.*

Brad·war·dine, Thomas [ˈbrædwə(r)di:n] *1290?–1349. Engl. Philosoph; Erzbischof von Canterbury.*

Braith·waite [ˈbreɪθweɪt] *Engl. Familienname.*

Braun, Wernher Freiherr von [braʊn] *1912–1977. Amer. Physiker u. Raketeningenieur deutscher Herkunft.*

Bridg·es, Robert Seymour [ˈbrɪdʒɪz] *1844–1930. Engl. Dichter; Poeta Laureatus.*

Bris·tow, Gwen [ˈbrɪstəʊ] *1903–80. Amer. Schriftstellerin.*

Brit·ten, Edward Benjamin [ˈbrɪtn] *1913–76. Engl. Komponist.*

Brock·le·hurst [ˈbrɒklhɜ:st; *Am.* ˈbrɑklˌhɜrst] *Engl. Familienname.*

Brom·field, Louis [ˈbrɒmfi:ld; *Am.* ˈbrɑm-] *1896–1956. Amer. Romanschriftsteller.*

Bron·të [ˈbrɒntɪ; *Am.* ˈbrɑ-] *Schwestern:* Charlotte (*Pseudonym* Currer Bell) *1816–55;* Emily (Ellis Bell) *1818–48;* Anne (Acton Bell) *1820–49. Engl. Romanschriftstellerinnen.*

Brooke, Rupert [brʊk] *1887–1915. Engl. Dichter.*

Brooks, Van Wyck [brʊks] *1886–1963. Amer. Schriftsteller u. Literaturhistoriker.*

Brown, Charles Brockden [braʊn] *1771–1810. Amer. Romanschriftsteller.*

Brown·ing [ˈbraʊnɪŋ], Elizabeth Barrett *1806–61; ihr Gatte* Robert *1812–89. Engl. Dichter.*

Bru·beck, Dave [ˈbru:bek] **1920. Amer. Jazzpianist u. Komponist.*

Bruce, Robert [bru:s] *1274–1329. Als* Robert I *König von Schottland.*

Bruce, Stanley Melbourne, Viscount [bru:s] *1883–1967. Australischer Staatsmann; Premierminister.*

Brum·mell, George Bryan ("Beau Brummell") [ˈbrʌml] *1778–1840. Londoner Modeheld; Urbild des Dandy.*

Brun·dage, Avery [ˈbrʌndɪdʒ] *1887–1975. Amer. Sportfunktionär.*

Bry·ant, William Cullen [ˈbraɪənt] *1794–1878. Amer. Dichter u. Herausgeber.*

Buc·cleuch [bəˈklu:] *Schott. Familienname.*

Buch·an, John, 1st Baron Tweedsmuir [ˈbʌkən; ˈbʌxən] *1875–1940. Schott. Schriftsteller; Generalgouverneur von Kanada.*

Bu·chan·an, James [bju:ˈkænən; *Am. a.* bəˈk-] *1791–1868. Amer. Politiker u. Diplomat; 15. Präsident der USA.*

Buck, Pearl S. [bʌk] *1892–1973. Amer. Romanschriftstellerin.*

Bud·dha [ˈbʊdə; *Am. a.* ˈbu:də] → Gautama Buddha.

Buf·fa·lo Bill [ˌbʌfələʊˈbɪl] (*eigentlich* William Frederick Cody) *1846–1917. Amer. Schausteller mit berühmter Wildwestshow.*

Bul·wer, William Henry Lytton Earle, Baron Dalling and Bulwer (Sir Henry) [ˈbʊlwə(r)] *1801–72. Engl. Schriftsteller u. Politiker.*

Bul·wer-Lyt·ton [ˌbʊlwə(r)ˈlɪtn] Edward George Earle Lytton, 1st Baron *1803–73, engl. Schriftsteller u. Politiker; sein Sohn* Edward Robert Lytton, 1st Earl of Bulwer-Lytton (*Pseudonym* Owen Meredith) *1831–91, engl. Dichter u. Diplomat.*

Bun·yan, John [ˈbʌnjən] *1628–88. Engl. Prediger u. Schriftsteller.*

Buo·na·par·te [buˌonaˈparte] → Napoleon I.

Burgh·ley, William Cecil, 1st Baron [ˈbɜ:lɪ; *Am.* ˈbɜrli:] *1520–98. Engl. Staatsmann.*

Bur·gin [ˈbɜ:gɪn; ˈbɜ:dʒɪn; *Am.* ˈbɜr-] *Engl. Familienname.*

Burke, Edmund [bɜ:k; *Am.* bɜrk] *1729–97. Brit. Staatsmann u. Schriftsteller.*

Bur·leigh → Burghley.

Bur·nand, Sir Francis Cowley [bɜ:ˈnænd; *Am.* bɜr-] *1836–1917. Engl. Dramatiker; Herausgeber des "Punch".*

Bur·nett, Frances Eliza (*geb.* Hodgson) [bɜ:ˈnet; ˈbɜ:nɪt; *Am.* bɜrˈnet; ˈbɜrnət] *1849–1924. Amer. Romanschriftstellerin.*

Burns, Robert [bɜ:nz; *Am.* bɜrnz] *1759–96. Schott. Dichter.*

Bur·roughs, Edgar Rice [ˈbʌrəʊz; *Am. bes.* ˈbɜr-] *1875–1950. Amer. Schriftsteller; Autor der Tarzangeschichten.*

Bur·ton, Richard [ˈbɜ:tn; *Am.* ˈbɜrtn] *1925–84. Brit. Schauspieler.*

Bur·ton, Robert [ˈbɜ:tn; *Am.* ˈbɜrtn] *1577–1640. Engl. Geistlicher u. Schriftsteller.*

But·ler[1], Samuel [ˈbʌtlə(r)] *1612–80. Engl. Dichter.*

But·ler[2], Samuel [ˈbʌtlə(r)] *1835–1902. Engl. Schriftsteller.*

By·ron, George Gordon, 6th Baron [ˈbaɪərən] *1788–1824. Engl. Dichter.*

C

Cab·ell, James Branch [ˈkæbəl] *1879–1958. Amer. Schriftsteller.*

Ca·ble, George Washington [ˈkeɪbl] *1844–1925. Amer. Schriftsteller.*

Cab·ot [ˈkæbət], John (*eigentlich* Giovanni Caboto) *1450–98, venezianischer Seefahrer in engl. Diensten; sein Sohn* Sebastian *1474–1557, Seefahrer in engl. u. span. Diensten.*

Caed·mon [ˈkædmən] *um 670. Angelsächsischer Dichter.*

Cae·sar, Gaius Julius [ˈsiːzə(r)] *100–44 v. Chr. Röm. Feldherr, Staatsmann u. Schriftsteller.*

Cag·ney, James [ˈkægnɪ] **1899. Amer. Filmschauspieler.*

Caine, Sir (Thomas Henry) Hall [keɪn] *1853–1931. Engl. Romanschriftsteller.*

Caird [keə(r)d] *Engl. Familienname.*

Cald·well, Erskine [ˈkɔːldwəl; -wel] **1903. Amer. Schriftsteller.*

Cal·la·ghan, James [ˈkæləhən; -hæn; -gən] **1912. Brit. Politiker.*

Cal·vin, John [ˈkælvɪn] Johann Calˈvin (*eigentlich* Jean Cauvin). *1509–64. Franz. protestantischer Reformator.*

Camp·bell, Thomas [ˈkæmbl; *Am. a.* ˈkæməl] *1777–1844. Engl. Dichter.*

Camp·bell-Ban·ner·man, Sir Henry [ˌkæmblˈbænə(r)mən; *Am. a.* ˌkæməl-] *1836–1908. Brit. Staatsmann; Premierminister.*

Cam·pi·on, Edmund [ˈkæmpjən; -pɪən] *1540–81. Engl. Jesuit u. Märtyrer.*

Cam·pi·on, Thomas [ˈkæmpjən; -pɪən] *1567–1620. Engl. Dichter u. Musiker.*

Ca·nute (the Great) [kəˈnjuːt; *Am. bes.* kəˈnuːt] Knut *od.* Kanut (der Große). *994?–1035. Dänischer König von England, Dänemark u. Norwegen.*

Ca·pote, Truman [kəˈpəʊt] *1924–84. Amer. Schriftsteller.*

Ca·rew, Thomas [kəˈruː; ˈkeərɪ] *1595?–1645? Engl. Dichter.*

Ca·rey [ˈkeərɪ] *Engl. Familienname.*

Car·lile [kɑː(r)ˈlaɪl] *Engl. Familienname.*

Car·lyle, Thomas [kɑː(r)ˈlaɪl] *1795–1881. Schott Essayist u. Historiker.*

Car·man, (William) Bliss [ˈkɑː(r)mən] *1861–1929. Kanad. Dichter.*

Car·mi·chael, Stokely [kɑː(r)ˈmaɪkl] **1942. Amer. Negerführer der Black-Power-Bewegung.*

Car·ne·gie, Andrew [kɑː(r)ˈnegɪ; -ˈneɪ-; -ˈniː-; *Am. bes.* ˈkarnəgiː] *1835–1919. Amer. Großindustrieller u. Philanthrop schott. Herkunft.*

Car·ter, James Earl, *genannt* Jimmy [ˈkɑː(r)tə(r)] **1924. 39. Präsident der USA.*

Cart·wright, Edmund [ˈkɑː(r)traɪt] *1743–1823. Engl. Geistlicher. Erfinder des mechanischen Webstuhls.*

Car·y, Joyce [ˈkeərɪ] *1888–1957. Engl. Schriftsteller.*

Car·roll, Lewis [ˈkærəl] *1832–98. Engl. Mathematiker u. Schriftsteller.*

Case·ment, Sir Roger David [ˈkeɪsmənt] *1864–1916. Irischer Politiker.*

Cas·tle, Barbara [ˈkɑːsl; *Am.* ˈkæsəl] **1911. Brit. Politikerin.*

Cates·by [ˈkeɪtsbɪ] *Engl. Familienname.*

Cath·er, Willa Sibert [ˈkæðə(r)] *1876–1947. Amer. Romanschriftstellerin.*

Cav·ell [ˈkævl; kəˈvel] *Engl. Familienname.*

Cav·en·dish, Henry [ˈkævəndɪʃ] *1731–1810. Engl. Naturwissenschaftler.*

Cax·ton, William [ˈkækstən] *1422?–91. 1. engl. Buchdrucker.*

Cec·il, (Edgar Algernon) Robert, 1st Viscount Cecil of Chelwood [ˈsesl; ˈsɪsl] *1864–1958. Brit. Staatsmann.*

Cec·il, William [ˈsesl; ˈsɪsl] → Burghley.

Chad·wick, Sir James [ˈtʃædwɪk] *1891–1974. Engl. Physiker.*

Chal·mers [ˈtʃɑːmə(r)z] *Engl. Familienname.*

Cham·ber·lain [ˈtʃeɪmbə(r)lɪn], Joseph *1836–1914, brit. Staatsmann; seine Söhne* Sir (Joseph) Austen *1863–1937, brit. Staatsmann;* (Arthur) Neville *1869–1940, brit. Staatsmann, Premierminister.*

Chan·dler, Raymond [ˈtʃɑːndlə; *Am.* ˈtʃændlər] *1888–1959. Amer. Kriminalschriftsteller.*

Chap·lin, Charles Spencer [ˈtʃæplɪn] *1889–1977. Engl. Filmschauspieler u. Regisseur.*

Chap·man, Colin [ˈtʃæpmən] *1928–82. Brit. Rennwagenkonstrukteur.*

Chap·man, George [ˈtʃæpmən] *1559–1634. Engl. Dramatiker.*

Char·le·magne (Charles the Great) [ˈʃɑː(r)ləmeɪn] Karl der Große. *742–814. Frankenkönig; als Karl I. Kaiser des Heiligen Römischen Reichs.*

Charles [tʃɑː(r)lz] *Könige von England:* Charles I (Charles Stuart) Karl I. *1600–49;* Charles II Karl II. *1630–85.*

Charles Ed·ward Stu·art (the Young Pretender; "Bonnie Prince Charlie") [ˌtʃɑː(r)lzˈedwə(r)dˈstjuːə(r)t; -ˈstjʊə(r)t; *Am. a.* -ˈstuː-; -ˈstʊ-] Karl Eduard (der junge Prätendent). *1720–88. Engl. Prinz; Enkel Jakobs II.*

Chat·ham, Earl of [ˈtʃætəm] → Pitt, William (The Elder Pitt).

Chat·ter·ton, Thomas [ˈtʃætə(r)tən; -tn] *1752–70. Engl. Dichter.*

Chau·cer, Geoffrey [ˈtʃɔːsə(r)] *1340?–1400. Engl. Dichter.*

Cheet·ham [ˈtʃiːtəm] *Engl. Familienname.*

Ches·ter·field, Philip Dormer Stanhope, 4th Earl of [ˈtʃestə(r)fiːld] *1694–1773. Engl. Schriftsteller u. Staatsmann.*

Ches·ter·ton, Gilbert Keith [ˈtʃestə(r)tən; -tn] *1874–1936. Engl. Schriftsteller.*

Chip·pen·dale, Thomas [ˈtʃɪpəndeɪl] *1718?–1779. Engl. Kunsttischler.*

Chis·holm [ˈtʃɪzəm] *Engl. Familienname.*

Chom·sky, Noam [ˈtʃɒmskɪ; *Am.* ˈtʃɑm-] **1928. Amer. Linguist.*

Chris·tie, Dame Agatha [ˈkrɪstɪ] *1891–1976. Engl. Schriftstellerin.*

Chrys·ler, Walther Percy [ˈkraɪzlə; *Am.* ˈkraɪslər] *1875–1940. Amer. Industrieller.*

Church·ill, John, 1st Duke of Marlborough [ˈtʃɜːtʃɪl; *Am.* ˈtʃɜr-] *1874–1965. Brit. Staatsmann; Premierminister.*

Cib·ber, Colley [ˈsɪbə(r)] *1671–1757. Engl. Schauspieler u. Dramatiker; Poeta Laureatus.*

Cic·er·o, Marcus Tullius [ˈsɪsərəʊ] *106–43 v. Chr. Röm. Staatsmann, Redner u. Schriftsteller.*

Cla·ridge [ˈklærɪdʒ] *Engl. Familienname.*

Cleav·er, Eldridge [ˈkliːvə(r)] **1935. Amer. Schriftsteller.*

Clem·ens, Samuel Langhorne [ˈklemənz] (*Pseudonym* Mark Twain) *1835–1910. Amer. Schriftsteller.*

Cleve·land, (Stephen) Grover [ˈkliːvlənd] *1837–1908. 22. u. 24. Präsident der USA.*

Clive, Robert, Baron Clive of Plassey [klaɪv] *1725–74. Brit. General; Begründer der brit. Herrschaft in Ostindien.*

Clough, Arthur Hugh [klʌf] *1819–61. Engl. Dichter.*

Cob·bett, William [ˈkɒbɪt; *Am.* ˈkɑbət] *1763–1835. Engl. Schriftsteller u. Politiker.*

Cob·den, Richard [ˈkɒbdən; *Am.* ˈkɑ-] *1804–65. Engl. Wirtschaftswissenschaftler u. Staatsmann.*

Cof·fin, Robert Peter Tristram [ˈkɒfɪn; *Am. a.* ˈkɑ-] *1892–1955. Amer. Schriftsteller.*

Co·han, George Michael [kəʊˈhæn] *1878–1942. Amer. Schauspieler, Dramatiker u. Regisseur.*

Cole [kəʊl] *Engl. Familienname.*

Cole·man [ˈkəʊlmən] *Engl. Familienname.*

Cole·ridge, Samuel Taylor [ˈkəʊlərɪdʒ] *1772–1834. Engl. Dichter u. Kritiker.*

Col·lier, Jeremy [ˈkɒlɪə(r); -ljə(r); *Am.* ˈkɑ-] *1650–1726. Engl. Geistlicher u. Schriftsteller.*

Col·lins, William [ˈkɒlɪnz; *Am.* ˈkɑlənz] *1721–59. Engl. Dichter.*

Col·lins, (William) Wilkie [ˈkɒlɪnz; *Am.* ˈkɑlənz] *1824–89. Engl. Romanschriftsteller.*

Co·lum·ba, Saint [kəˈlʌmbə] der heilige Coˈlumba *od.* Columˈban. *521–597. Irischer Missionar in Schottland.*

Co·lum·bus, Christopher [kəˈlʌmbəs] Christoph Koˈlumbus. *1451–1506. Ital. Seefahrer, Entdecker Amerikas.*

Con·fu·cius [kənˈfjuːʃjəs; -ʃəs] Konˈfuzius. *551?–478 v. Chr. Chines. Philosoph.*

Con·greve, William [ˈkɒŋgriːv; *Am.* ˈkɑn-; ˈkɑŋ-] *1670–1729. Engl. Dramatiker.*

Con·rad, Joseph [ˈkɒnræd; *Am.* ˈkɑn-] (*eigentlich* Teodor Józef Konrad Korzeniowski). *1857–1924. Engl. Romanschriftsteller ukrainischer Herkunft.*

Con·sta·ble, John [ˈkʌnstəbl; *Br. a.* ˈkɒn-; *Am. a.* ˈkɑn-] *1776–1837. Engl. Maler.*

Cook, Captain James [kʊk] *1728–79. Engl. Weltumsegler.*

Coo·lidge, (John) Calvin [ˈkuːlɪdʒ] *1872–1933. 30. Präsident der USA.*

Coo·per, Anthony Ashley [ˈkuːpə(r)] → Shaftesbury.

Coo·per, Gary [ˈkuːpə(r)] *1901–61. Amer. Filmschauspieler.*

Coo·per, James Fenimore [ˈkuːpə(r)] *1789–1851. Amer. Romanschriftsteller.*

Cop·land, Aaron [ˈkɒplənd; *bes. Am.* ˈkəʊp-] **1900. Amer. Komponist.*

Cor·co·ran [ˈkɔː(r)kərən; -krən] *Engl. Familienname.*

Cos·grave, William Thomas [ˈkɒzgreɪv; *Am.* ˈkɑz-] *1880–1965. Irischer Staatsmann.*

Couch [kuːtʃ] *Engl. Familienname.*

Cou·per [ˈkuːpə(r)] *Engl. Familienname.*

Coup·land [ˈkuːplənd] *Engl. Familienname.*

Cov·er·dale, Miles [ˈkʌvə(r)deɪl] *1488–1568. Engl. Geistlicher; Bibelübersetzer.*

Cow·ard, Noel [ˈkaʊə(r)d] *1899–1973. Engl. Schauspieler u. Dramatiker.*

Cow·ley, Abraham [ˈkaʊlɪ] *1618–67. Engl. Dichter.*

Cow·per, William [ˈkuːpə(r); ˈkaʊ-] *1731–1800. Engl. Dichter.*

Cox [kɒks; *Am.* kɑks] *Häufiger engl. Familienname.*

Crabbe, George [kræb] *1754–1832. Engl. Dichter.*

Craig·av·on, James Craig, 1st Viscount [kreɪgˈævən; -ˈævn] *1871–1940. Brit Staatsmann; 1. Premierminister von Nordirland.*

Craik, Dinah Maria [kreɪk] *1826–87. Engl. Romanschriftstellerin.*

Crane, Stephen [kreɪn] *1871–1900. Amer. Schriftsteller.*

Cran·mer, Thomas [ˈkrænmə(r)] *1489–1556. 1. protestantischer Erzbischof von Canterbury.*

Crash·aw, Richard [ˈkræʃɔː] *1613?–49. Engl. Dichter.*

Craw·ford, Francis Marion [ˈkrɔːfə(r)d] *1854–1909. Amer. Romanschriftsteller.*

Crich·ton, James ("The Admirable Crichton") [ˈkraɪtn] *1560?–82. Schott. Gelehrter u. Dichter.*
Crick, Francis Harry Compton [krɪk] **1916. Engl. Molekularbiologe.*
Cripps, Sir Richard Stafford [krɪps] *1889–1952. Brit. Staatsmann.*
Crock·ett, David (*genannt* Davy Crockett) [ˈkrɒkɪt; *Am.* ˈkrɑkət] *1786–1836. Amer. Pfadfinder, Soldat u. Politiker.*
Croe·sus [ˈkriːsəs] Krösus. *?–546 v. Chr. König von Lydien.*
Crom·well [ˈkrɒmwəl; -wel; *Am.* ˈkrɑm-; ˈkrʌm-], Oliver *1599–1658, engl. General u. Staatsmann, Lordprotektor; sein Sohn* Richard *1626–1712, Lordprotektor.*
Cro·nin, Archibald Joseph [ˈkrəʊnɪn] *1896–1981. Engl. Arzt u. Romanschriftsteller.*
Cros·by, Bing [ˈkrɒzbɪ; *Am. a.* ˈkrɑ-] *1904–77. Amer. Sänger u. Filmschauspieler.*
Cross·man, Richard [ˈkrɒsmən; ˈkrɔːs-] *1907–74. Brit. Politiker.*
Cruik·shank, George [ˈkrʊkʃæŋk] *1792–1878. Engl. Karikaturist u. Illustrator.*
Cun·liffe [ˈkʌnlɪf] *Engl. Familienname.*
Cun·ning·ham [ˈkʌnɪŋəm; *Am. bes.* -ˌhæm] *Häufiger engl. Familienname.*
Cur·ran [ˈkʌrən; *Am. bes.* ˈkɜrən] *Engl. Familienname.*
Cur·rer [ˈkʌrə(r); *Am. bes.* ˈkɜrər] *Engl. Familienname.*
Cur·tis, George William [ˈkɜːtɪs; *Am.* ˈkɜrtəs] *1824–92. Amer. Schriftsteller.*
Cus·ter, George Armstrong [ˈkʌstə(r)] *1839–76. Amer. General.*

D

Dal·gleish [dælˈgliːʃ] *Engl. Familienname.*
Dal·ton, Hugh [ˈdɔːltən; -tn] *1776–1844. Engl. Chemiker u. Physiker.*
Dal·zell [dælˈzel; diːˈel] *Engl. Familienname.*
Dan·iel, Samuel [ˈdænjəl] *1562–1619. Engl. Dichter; Poeta Laureatus.*
Dan·iels, Josephus [ˈdænjəlz] *1862–1948. Amer. Publizist u. Staatsmann.*
Dar·win [ˈdɑː(r)wɪn], Charles Robert *1809–82, engl. Naturforscher; sein Großvater* Erasmus *1731–1802, engl. Arzt u. Naturforscher.*
Dav·e·nant *od.* **D'Av·e·nant,** Sir William [ˈdævɪnənt; -vnənt] *1606–68. Engl. Dichter u. Dramatiker; Poeta Laureatus.*
Da·vey [ˈdeɪvɪ] *Engl. Familienname.*
Da·vid I [ˈdeɪvɪd] *1084–1153. König von Schottland.*
Da·vies [ˈdeɪvɪs; *Am.* -vɪz] *Engl. Familienname.*
Da·vis, Bette [ˈdeɪvɪs] **1908. Amer. Filmschauspielerin.*
Da·vis, Jefferson [ˈdeɪvɪs] *1808–89. Amer. Staatsmann; Präsident der Konföderierten Staaten.*
Da·vis, Richard Harding [ˈdeɪvɪs] *1864–1916. Amer. Schriftsteller.*
Da·vi·son [ˈdeɪvɪsn] *Engl. Familienname.*
Dawes, Charles Gates [dɔːz] *1865–1951. Amer. Staatsmann u. Diplomat.*
De·foe, Daniel [dɪˈfəʊ] *1660–1731. Engl. Schriftsteller.*
Dek·ker, Thomas [ˈdekə(r)] *1572?–1632? Engl. Dramatiker.*
De la Mare, Walter John [ˌdeləˈmeə(r)] *1873–1956. Engl. Dichter.*
De·land, Margaret [dəˈlænd] *1857–1945. Amer. Romanschriftstellerin.*
de la Roche, Mazo [ˌdeləˈrəʊʃ; -ˈrɒʃ] *1885–1961. Kanad. Romanschriftstellerin.*
De l'Isle [dəˈlaɪl] *Engl. Familienname.*
De Mille, Cecil B(lount) [dəˈmɪl] *1881–1959. Amer. Filmproduzent u. Regisseur.*
Demp·sey, Jack [ˈdempsɪ] **1895. Amer. Boxweltmeister im Schwergewicht.*
De Quin·cey, Thomas [dəˈkwɪnsɪ] *1785–1859. Engl. Schriftsteller.*
de Va·le·ra, Eamon [dəvəˈleərə; ˌdevə-] *1882–1975. Irischer Staatsmann; Premierminister; Staatspräsident.*
De·vine [dəˈvaɪn] *Engl. Familienname.*
Dev·lin, Josephine Bernadette [ˈdevlɪn] **1947. Irische Politikerin.*
Dew·ey, John [ˈdjuːɪ; *Am. a.* ˈduːiː] *1859–1952. Amer. Philosoph u. Pädagoge.*
Dick·ens, Charles John Huffam [ˈdɪkɪnz] *1812–70. Engl. Romanschriftsteller.*
Dick·in·son, Emily Elizabeth [ˈdɪkɪnsn] *1830–86. Amer. Dichterin.*
Dick·son [ˈdɪksn] *Engl. Familienname.*
Die·trich, Marlene [ˈdiːtrɪk; -trɪç] **1902. Amer. Filmschauspielerin deutscher Herkunft.*
Dilke, Sir Charles Wentworth [dɪlk] *1843–1911. Brit. Politiker u. Schriftsteller.*
Dil·lon, John [ˈdɪlən] *1851–1927. Irischer Politiker.*
Di·og·e·nes [daɪˈɒdʒɪniːz; *Am.* -ˈɑdʒə-] *412?–323 v. Chr. Griech. Philosoph.*
Dis·ney, Walt(er E.) [ˈdɪznɪ] *1901–66. Meister des Zeichentrickfilms.*
Dis·rae·li, Benjamin, 1st Earl of Beaconsfield [dɪsˈreɪlɪ; *bes. Am.* dɪz-] *1804–81. Brit. Staatsmann u. Schriftsteller; Premierminister.*
Dit·mars, Raymond Lee [ˈdɪtmɑː(r)z] *1876–1942. Amer. Naturforscher u. Schriftsteller.*
Do·bell [dəʊˈbel; dəˈbel] *Engl. Familienname.*
Dob·son, (Henry) Austin [ˈdɒbsn; *Am.* ˈdɑbsən] *1840–1921. Engl. Dichter u. Essayist.*
Dog·gett [ˈdɒgɪt; *Am.* ˈdɑ-] *Engl. Familienname.*
Do·her·ty [ˈdəʊə(r)tɪ; *Br. a.* dəʊˈhɜːtɪ; ˈdɒhətɪ; *Am. a.* dəˈhɜrtiː; ˈdɑhərtiː] *Irischer Familienname.*
Don·ald·son [ˈdɒnldsn; *Am.* ˈdɑ-] *Engl. Familienname.*
Donne, John [dʌn; *Br. a.* dɒn] *1573–1631. Engl. Geistlicher u. Dichter.*
Don·o·van [ˈdɒnəvən; *Am.* ˈdɑn-] *Engl. Familienname.*
Dor·set, Earl of [ˈdɔː(r)sɪt] → **Sackville.**
Dos Pas·sos, John Roderigo [ˌdɒsˈpæsɒs; *Am.* dəˈspæsəs] *1896–1970. Amer. Schriftsteller.*
Dough·ty, Charles Montagu [ˈdaʊtɪ] *1843–1926. Engl. Schriftsteller u. Forscher.*
Doug·las [ˈdʌgləs] *Engl. Familienname.*
Dowse [daʊs] *Engl. Familienname.*
Dow·son, Ernest [ˈdaʊsn] *1867–1900. Engl. Dichter.*
Doyle, Sir Arthur Conan [dɔɪl] *1859–1930. Engl. Arzt; Verfasser von Kriminalromanen.*
Drake, Sir Francis [dreɪk] *1540?–96. Engl. Seeheld.*
Dray·ton, Michael [ˈdreɪtn] *1563–1631. Engl. Dichter.*
Drei·ser, Theodore [ˈdraɪsə(r); -zə(r)] *1871–1945. Amer. Romanschriftsteller.*
Drink·wa·ter, John [ˈdrɪŋkˌwɔːtə(r)] *1882–1937. Engl. Dichter u. Dramatiker.*
Dry·den, John [ˈdraɪdn] *1631–1700. Engl. Dichter u. Dramatiker; Poeta Laureatus.*
Du·ches·ne [djuːˈʃeɪn; duː-] *Engl. Familienname.*
Duff [dʌf] *Engl. Familienname.*
Dug·dale [ˈdʌgdeɪl] *Engl. Familienname.*
Dul·les, John Foster [ˈdʌlɪs; -əs] *1888–1959. Amer. Staatsmann; Außenminister.*
du Mau·ri·er [djuːˈmɒrɪeɪ; *Am. a.* dʊˈmɔː-], George Louis Palmella Busson *1834–96, engl. Zeichner u. Romanschriftsteller; seine Enkelin* Daphne **1907, engl. Romanschriftstellerin.*
Dun·bar, Paul Laurence [ˈdʌnbɑː(r)] *1872–1906. Amer. Dichter.*
Dun·bar, William [dʌnˈbɑː(r); ˈdʌnbɑː(r)] *1460?–1520? Schott. Dichter.*
Dun·can, Isadora [ˈdʌŋkən] *1878–1927. Amer. Tänzerin.*
Dun·lop, John Boyd [ˈdʌnlɒp; dʌnˈlɒp; *Am.* dʌnˈlɑp; ˈdʌnˌlɑp] *1840–1921. Schott. Erfinder.*
Dun·sa·ny, Edward John Moreton Drax Plunkett, 18th Baron, Lord [dʌnˈseɪnɪ] *1878–1957. Irischer Dichter u. Dramatiker.*
Duns Sco·tus, John [ˌdʌnzˈskəʊtəs; *Br. a.* -ˈskɒtəs] *1265?–1308. Schott. Theologe u. Philosoph.*
Dun·stan, Saint [ˈdʌnstən] der heilige Dunstan. *925?–988. Erzbischof von Canterbury.*
Du Pont, Éleuthère Irénée [ˈdjuːpɒnt; djuːˈpɒnt; *Am.* duːˈpɑnt; ˈduːˌpɑnt] *1771–1834. Amer. Industrieller franz. Herkunft.*
Dur·rell, Lawrence [ˈdʌrəl; *Am. bes.* ˈdɜrəl] **1912. Engl. Schriftsteller.*
Duth·ie [ˈdʌθɪ] *Engl. Familienname.*
Dut·ton [ˈdʌtn] *Engl. Familienname.*
Dyke [daɪk] *Engl. Familienname.*
Dyl·an, Bob [ˈdɪlən] **1941. Amer. Folk- u. Protestsänger.*
Dy·mond [ˈdaɪmənd] *Engl. Familienname.*
Dy·son [ˈdaɪsn] *Engl. Familienname.*

E

Ed·dy, Mary Morse (*geb.* Baker) [ˈedɪ] *1821–1910. Amer. Gründerin der "Christian Science".*
E·den, Sir (Robert) Anthony [ˈiːdn] *1897–1977. Engl. Staatsmann; Premierminister.*
Edge·worth, Maria [ˈedʒwɜːθ; *Am.* -ˌwɜrθ] *1767–1849. Engl. Romanschriftstellerin.*
Ed·in·burgh, Duke of [ˈedɪnbərə; -brə; *Am. bes.* ˈednˌbɜrə] → **Philip, Prince.**
Ed·i·son, Thomas Alva [ˈedɪsn] *1847–1931. Amer. Erfinder.*
Ed·ward [ˈedwə(r)d] *Engl. Könige:* **Edward I** Eduard I. *1239–1307;* **Edward II** Eduard II. *1284–1327;* **Edward III** Eduard III. *1312–77;* **Edward IV** Eduard IV. *1442–83;* **Edward V** Eduard V. *1470–83;* **Edward VI** Eduard VI. *1537–53;* **Edward VII** Eduard VII. *1841–1910;* **Edward VIII (Duke of Windsor)** Eduard VIII. (Herzog von Windsor) *1894–1972.*
Ed·ward ("The Black Prince") [ˈedwə(r)d] Eduard (der Schwarze Prinz). *1330–76. Sohn Eduards III von England.*
Ed·ward (the Confessor) [ˈedwə(r)d] Eduard (der Bekenner). *1002?–66. Angelsächsischer König.*

Eg·bert [ˈegbɜːt; *Am.* -bərt] *775?–839. König der Westsachsen u. 1. König von England.*
Eg·gle·ston, Edward [ˈeglstən]*1837–1902. Amer. Schriftsteller.*
Ein·stein, Albert [ˈaɪnstaɪn] *1879–1955. Amer. Physiker deutscher Herkunft.*
Ei·sen·how·er, Dwight David [ˈaɪzn-ˌhaʊə(r)] *1890–1969. Amer. General; 34. Präsident der USA.*
El·gar, Sir Edward [ˈelgə(r); -gɑː(r)] *1857–1934. Engl. Komponist.*
El·i·ot, George [ˈeljət; ˈelɪət] (*eigentlich* Mary Ann Evans). *1819–80. Engl. Romanschriftstellerin.*
El·i·ot, T(homas) S(tearns) [ˈeljət; ˈelɪət] *1888–1965. Engl. Dichter u. Kritiker amer. Herkunft.*
E·liz·a·beth [ɪˈlɪzəbəθ] *Engl. Königinnen*: Elizabeth I Eˈlisabeth I. *1533–1603*; Elizabeth II Eˈlisabeth II. **1926.*
El·lis, (Henry) Havelock [ˈelɪs] *1859–1939. Engl. Schriftsteller.*
El·li·son [ˈelɪsn] *Engl. Familienname.*
El·y·ot, Sir Thomas [ˈeljət; ˈelɪət] *1490?–1546. Engl. Gelehrter u. Diplomat.*
Em·er·son, Ralph Waldo [ˈemə(r)sn] *1803–1882. Amer. Schriftsteller, Dichter u. Philosoph.*
Er·skine, John [ˈɜːskɪn; *Am.* ˈərskən] *1879–1951. Amer. Schriftsteller.*
Eth·el·red II (the Unready) [ˈeθlred] Ethelred II. (der Unberatene). *968?–1016. Angelsächsischer König.*
Eth·er·ege, Sir George [ˈeθərɪdʒ] *1635?–91. Engl. Dramatiker.*
Eu·clid [ˈjuːklɪd] Euˈklid. *Um 300 v. Chr. Griech. Mathematiker.*
Eu·rip·i·des [jʊəˈrɪpɪdiːz; jʊˈr-] *480?–406? v. Chr. Griech. Tragödiendichter.*
Ev·ans, Sir Arthur John [ˈevənz] *1851–1941. Engl. Archäologe.*
Ew·ing [ˈjuːɪŋ; ˈjʊɪŋ] *Engl. Familienname.*

F

Fair·bairn [ˈfeə(r)beə(r)n] *Engl. Familienname.*
Fair·banks, Douglas [ˈfeə(r)bæŋks] *1883–1939. Amer. Schauspieler.*
Fan·shawe [ˈfænʃɔː] *Engl. Familienname.*
Far·a·day, Michael [ˈfærədɪ; -deɪ] *1791–1867. Engl. Chemiker u. Physiker.*
Far·leigh *od.* **Far·ley** [ˈfɑː(r)lɪ] *Engl. Familienname.*
Far·quhar, George [ˈfɑː(r)kwə(r); -kə(r)] *1678–1707. Engl. Dramatiker.*
Far·rant [ˈfærənt] *Engl. Familienname.*
Far·rell, James Thomas [ˈfærəl] *1904–1979. Amer. Romanschriftsteller.*
Faulk·ner, William [ˈfɔːknə(r)] *1897–1962. Amer. Romanschriftsteller.*
Faw·cett [ˈfɔːsɪt] *Engl. Familienname.*
Fawkes, Guy [fɔːks] *1570–1606. Einer der Hauptteilnehmer an der engl. Pulververschwörung.*
Fein·ing·er, Lyonel [ˈfaɪnɪŋə(r)] *1871–1956. Amer. Maler.*
Feld·man, Marty [ˈfeldmən] *1934–82. Brit. Komiker.*
Fenn [fen] *Engl. Familienname.*
Fen·wick [ˈfenɪk; *Am.* -wɪk] *Engl. Familienname.*
Fer·ber, Edna [ˈfɜːbə; *Am.* ˈfərbər] *1887–1968. Amer. Schriftstellerin.*
Ffoulkes [fəʊks; fəʊlks; faʊks; fuːks] *Engl. Familienname.*
Field, Eugene [fiːld] *1850–95. Amer. Dichter u. Publizist.*
Fiel·ding, Henry [ˈfiːldɪŋ] *1707–54. Engl. Romanschriftsteller.*
Fields, W.C. [fiːldz] *1880–1946. Amer. Filmkomiker.*
Fiennes [faɪnz] *Engl. Familienname.*
Fi·field [ˈfaɪfiːld] *Engl. Familienname.*
Fill·more, Millard [ˈfɪlmɔː(r)] *1800–1874. 13. Präsident der USA.*
Fish·er, Dorothy (*geb.* Canfield) [ˈfɪʃə(r)] *1879–1958. Amer. Romanschriftstellerin.*
Fiske, John [fɪsk] (*eigentlich* Edmund Fisk Green). *1842–1901. Amer. Historiker u. Philosoph.*
Fitch, (William) Clyde [fɪtʃ] *1865–1909. Amer. Dramatiker.*
Fitz·ger·ald, Edward [fɪtsˈdʒerəld] *1809–83. Engl. Dichter u. Übersetzer.*
Fitz·ger·ald, Ella [fɪtsˈdʒerəld] **1918. Amer. Jazzsängerin.*
Fitz·ger·ald, Francis Scott Key [fɪtsˈdʒerəld] *1896–1940. Amer. Romanschriftsteller.*
Fitz·roy [fɪtsˈrɔɪ] *Engl. Familienname.*
Flagg, James Montgomery [flæg] *1877–1960. Amer. Maler, Illustrator u. Schriftsteller.*
Flem·ing, Sir Alexander [ˈflemɪŋ] *1881–1955. Engl. Bakteriologe; Entdecker des Penicillins.*
Fletch·er, John [ˈfletʃə(r)] *1579–1625. Engl. Dramatiker.*
Flex·ner, Simon [ˈfleksnə(r)] *1863–1946. Amer. Pathologe.*
Flo·ri·o, John [ˈflɔːrɪəʊ] *1553–1625. Engl. Lexikograph u. Übersetzer.*
Fon·da, Henry [ˈfɒndə; *Am.* ˈfɑndə] *1905–82. Amer. Filmschauspieler.*
Foot, Michael [fʊt] **1913. Brit. Politiker.*
Ford, Ford Madox [fɔː(r)d] (*eigentlich* Ford Madox Hueffer). *1873–1939. Engl. Schriftsteller.*
Ford, Gerald [fɔː(r)d] **1913. 38. Präsident der USA.*
Ford, Henry [fɔː(r)d] *1863–1947. Amer. Industrieller.*
Ford, John [fɔː(r)d] *1586–1640? Engl. Dramatiker.*
For·es·ter, Cecil Scott [ˈfɒrɪstə(r); *Am. a.* ˈfɑr-] *1899–1966. Engl. Romanschriftsteller.*
For·man [ˈfɔː(r)mən] *Engl. Familienname.*
For·ster, E(dward) M(organ) [ˈfɔː(r)stə(r)] *1879–1970. Engl. Schriftsteller.*
Fox, George [fɒks; *Am.* fɑks] *1624–91. Engl. Prediger; Gründer der Quäker.*
Frank·lin, Benjamin [ˈfræŋklɪn] *1706–90. Amer. Staatsmann, Erfinder u. Schriftsteller.*
Free·man, Mary Eleanor [ˈfriːmən] *1852–1930. Amer. Schriftstellerin.*
Fre·neau, Philip Morin [frɪˈnəʊ] *1752–1832. Amer. Dichter.*
Frere [frɪə(r)] *Engl. Familienname.*
Fro·bish·er, Sir Martin [ˈfrəʊbɪʃə(r)] *1535?–94. Engl. Seefahrer.*
Fromm, Erich [frɒm; *Am.* frəʊm; frɑm] *1900–1980. Amer. Psychoanalytiker deutscher Herkunft.*
Frost, Robert Lee [frɒst] *1874–1963. Amer. Dichter.*
Fudge [fjuːdʒ; fʌdʒ] *Engl. Familienname.*
Ful·bright, James William [ˈfʊlbraɪt] **1905. Amer. Politiker.*
Ful·ler, (Sarah) Margaret (*verh.* Marchioness Ossoli) [ˈfʊlə(r)] *1810–50. Amer. Schriftstellerin.*
Ful·ler, Thomas [ˈfʊlə(r)] *1608–61. Engl. Geistlicher u. Schriftsteller.*
Ful·ton, Robert [ˈfʊltən] *1765–1815. Amer. Ingenieur u. Erfinder.*

G

Ga·ble, Clark [ˈgeɪbl] *1901–60. Amer. Filmschauspieler.*
Gads·by [ˈgædzbɪ] *Engl. Familienname.*
Gains·bor·ough, Thomas [ˈgeɪnzbərə; -brə; *Am. bes.* -ˌbɜrə] *1727–88. Engl. Maler.*
Gaits·kell, Hugh Todd [ˈgeɪtskəl] *1903–63. Brit. Politiker.*
Gal·braith, John Kenneth [gælˈbreɪθ; *bes. Am.* ˈgælbreɪθ] **1908. Amer. Wirtschaftswissenschaftler.*
Gale, Zona [geɪl] *1874–1938. Amer. Romanschriftstellerin.*
Gal·la·gher [ˈgæləhə(r); *Am. bes.* -gər] *Engl. Familienname.*
Gal·lup, George Horace [ˈgæləp] *1909–84. Amer. Statistiker.*
Gals·wor·thy, John [ˈgɔːlzwɜːðɪ; *Am.* -ˌwɜrðiː] *1867–1933. Engl. Romanschriftsteller u. Dramatiker.*
Gal·ton, Sir Francis [ˈgɔːltən] *1822–1911. Engl. Naturwissenschaftler.*
Gan·dhi, Mohandas Karamchand (Mahatma Gandhi) [ˈgændiː; ˈgɑːn-] Mohandas Karamtschand Gandhi. *1869–1948. Führer der indischen Unabhängigkeitsbewegung.*
Gar·di·ner, Samuel Rawson [ˈgɑː(r)dnə(r)] *1829–1902. Engl. Historiker.*
Gar·field, James Abram [ˈgɑː(r)fiːld] *1831–81. 20. Präsident der USA.*
Gar·land, Hamlin [ˈgɑː(r)lənd] *1860–1940. Amer. Romanschriftsteller.*
Gar·net(t) [ˈgɑː(r)nɪt] *Engl. Familienname.*
Gar·rick, David [ˈgærɪk] *1717–79. Engl. Schauspieler.*
Gas·kell, Elizabeth Cleghorn [ˈgæskəl] *1810–65. Engl. Romanschriftstellerin.*
Gau·ta·ma Bud·dha [ˌgaʊtəməˈbʊdə; *Am. a.* -ˈbuː-] *563?–483? v. Chr. Indischer Philosoph; Begründer des Buddhismus.*
Gay, John [geɪ] *1685–1732. Engl. Dichter u. Dramatiker.*
Geof·frey of Mon·mouth [ˌdʒefrɪəvˈmɒnməθ; *Am.* -ˈmɑn-] Galfred von Monmouth. *1100?–1154. Engl. Bischof u. Chronist.*
George [dʒɔː(r)dʒ] *Könige von England*: **George I** Georg I. *1660–1727*; **George II** Georg II. *1683–1760*; **George III** Georg III. *1738–1820*; **George IV** Georg IV. *1762–1830*; **George V** Georg V. *1865–1936*; **George VI** Georg VI. *1895–1952.*
George, David Lloyd [dʒɔː(r)dʒ] → **Lloyd George.**
Gersh·win, George [ˈgɜːʃwɪn; *Am.* ˈgɜrʃwən] *1898–1937. Amer. Komponist.*
Get·ty, Jean Paul [ˈgetɪ] *1892–1976. Amer. Ölindustrieller.*
Giel·gud, Sir John [ˈgiːlgʊd] **1904. Engl. Theater- u. Filmschauspieler.*
Gil·bert, W(illiam) S(chwenck) [ˈgɪlbə(r)t] *1836–1911. Engl. Dramatiker u. Librettist.*
Gil·lette [dʒɪˈlet] *Engl. Familienname.*
Gil·lies [ˈgɪlɪs] *Engl. Familienname.*
Gil·ling·ham [ˈgɪlɪŋəm; ˈdʒɪl-] *Engl. Familienname.*
Gill·more [ˈgɪlmɔː(r)] *Engl. Familienname.*
Gill·ray, James [ˈgɪlreɪ] *1757–1815. Engl. Karikaturist.*
Gill·son [ˈdʒɪlsn] *Engl. Familienname.*
Gil·pin [ˈgɪlpɪn] *Engl. Familienname.*
Gim·son [ˈgɪmsn; ˈdʒɪmsn] *Engl. Familienname.*
Gins·berg, Allen [ˈgɪnzbɜːg; *Am.*

-ˈbɜrg] **1926*. *Amer. Dichter.*

Gis·sing, George Robert [ˈgɪsɪŋ] *1857–1903. Engl. Romanschriftsteller.*

Glad·stone, William Ewart [ˈglædstən; *Am.* -ˌstəʊn] *1809–98. Brit. Staatsmann; Premierminister.*

Glas·gow, Ellen Anderson Gholson [ˈglɑːsgəʊ; ˈglɑːz-; *bes. Am.* ˈglæskəʊ; -gəʊ] *1874–1945. Amer. Romanschriftstellerin.*

Glegg [gleg] *Engl. Familienname.*

Glen·dow·er, Owen [glenˈdaʊə(r)] *1359?–1416? Führer der walisischen Aufständischen gegen Heinrich IV. von England.*

Glos·ter [ˈglɒstə(r); *Am. a.* ˈglɑ-] *Engl. Familienname.*

Glouces·ter, Duke of [ˈglɒstə(r); *Am. a.* ˈglɑ-] → **Humphrey.**

God·win, William [ˈgɒdwɪn; *Am.* ˈgɑdwən] *1756–1836. Engl. Philosoph u. Romanschriftsteller.*

Gold·ing, William [ˈgəʊldɪŋ] **1911*. *Engl. Romanschriftsteller.*

Gold·smith, Oliver [ˈgəʊldsmɪθ] *1728–74. Engl. Dichter.*

Gold·wyn, Samuel [ˈgəʊldwɪn] *1884–1974. Amer. Filmproduzent.*

Gol·lancz, Victor [gəˈlænts; *Br. a.* ˈgɒlənts; *Am. a.* ˈgɑlənts] *1893–1967. Engl. Verleger u. Schriftsteller.*

Good·man, Benny [ˈgʊdmən] **1909*. *Amer. Jazzmusiker.*

Good·year, Charles [ˈgʊdjɜː; -jə; -ˌjɪə; *Am.* -ˌjɪr; -dʒɪr] *1800–60. Amer. Erfinder.*

Gor·ba·chev, Mikhail [ˌgɔː(r)bəˈtʃɒf; *Am. a.* -ˈtʃɔːv] Michail Gorbatschow. **1931*. *Sowjet. Parteichef.*

Gosse, Sir Edmund William [gɒs; *Am.* gɑs] *1849–1928. Engl. Dichter u. Kritiker.*

Gour·lay *od.* **Gour·ley** [ˈgʊə(r)lɪ] *Engl. Familienname.*

Gow [gaʊ] *Engl. Familienanme.*

Gow·er, John [ˈgaʊə(r)] *1325?–1408. Engl. Dichter.*

Gra·ham [ˈgreɪəm; ˈgreəm] *Engl. Familienname.*

Gran·ger [ˈgreɪndʒə(r)] *Engl. Familienname.*

Grant, Cary [grɑːnt; *Am.* grænt] **1904*. *Amer. Filmschauspieler.*

Grant, Ulysses Simpson [grɑːnt; *Am.* grænt] *1822–85. Amer. General; 18. Präsident der USA.*

Gran·ville-Bar·ker, Harley [ˌgrænvɪlˈbɑː(r)kə(r)] *1877–1946. Engl. Dramatiker, Schauspieler u. Regisseur.*

Graves, Robert Ranke [greɪvz] **1895*. *Engl. Schriftsteller.*

Gray, Thomas [greɪ] *1716–71. Engl. Dichter.*

Greaves [griːvz] *Engl. Familienname.*

Greene, Graham [griːn] **1904*. *Engl. Schriftsteller.*

Greene, Robert [griːn] *1560?–92. Engl. Dichter u. Dramatiker.*

Green·halgh [ˈgriːnhælʃ; -hældʒ; -hɔː-] *Engl. Familienname.*

Greg(g) [greg] *Engl. Familienname.*

Greg·o·ry, Lady Augusta (*geb.* Persse) [ˈgregərɪ] *1859?–1932. Irische Dramatikerin.*

Greig [greg] *Engl. Familienname.*

Gre·ville [ˈgrevɪl; -vl] *Engl. Familienname.*

Grey, Charles, 2nd Earl [greɪ] *1764–1845. Brit. Staatsmann; Premierminister.*

Grey, Lady Jane [greɪ] *1537–54. Engl. Gegenkönigin.*

Grice [graɪs] *Engl. Familienname.*

Grid·ley [ˈgrɪdlɪ] *Engl. Familienname.*

Grier·son, John [ˈgrɪə(r)sn] *1898–1972. Brit. Filmregisseur.*

Guin·ness, Sir Alec [ˈgɪnɪs] **1914*. *Engl. Schauspieler.*

H

Hack·ett [ˈhækɪt] *Engl. Familienname.*

Had·ow [ˈhædəʊ] *Engl. Familienname.*

Hag·gard, Sir Henry Rider [ˈhægə(r)d] *1856–1925. Engl. Romanschriftsteller.*

Haig, Al [heɪg] *1924–82. Amer. Jazzpianist.*

Haigh [heɪg; heɪ] *Engl. Familienname.*

Ha·ley, Bill [ˈheɪlɪ] *1925–81. Amer. Rockmusiker.*

Hal·i·fax, Edward Frederick Lindley Wood, Earl of [ˈhælɪfæks] *1881–1959. Brit. Staatsmann.*

Hal·lam, Henry [ˈhæləm] *1777–1859. Engl. Historiker.*

Hal·leck, Fitz-Greene [ˈhælɪk; -lək] *1790–1867. Amer. Dichter.*

Hal·ley, Edmund [ˈhælɪ] *1656–1742. Engl. Astronom.*

Hal·li·day [ˈhælɪdeɪ] *Engl. Familienname.*

Ham·il·ton, Alexander [ˈhæmltən; -məl-] *1757–1804. Amer. Staatsmann.*

Ham·il·ton, Lady Emma (*geb.* Lyon) [ˈhæmltən; -məl-] *1765?–1815. Geliebte Lord Nelsons.*

Ham·mer·stein [ˈhæmə(r)staɪn; *Am. a.* -ˌstiːn], Oscar *1847?–1919, amer. Regisseur deutscher Herkunft; sein Enkel* Oscar (Hammerstein II) *1895–1960, amer. Dichter u. Librettist.*

Ham·mett, Dashiell [ˈhæmɪt] *1894–1961. Amer. Kriminalschriftsteller.*

Hamp·den, John [ˈhæmpdən; ˈhæmdən] *1594–1643. Engl. Staatsmann.*

Han·cock, John [ˈhænkɒk; *Am.* -ˌkɑk] *1737–93. Amer. Staatsmann.*

Har·ding, Warren Gamaliel [ˈhɑː(r)dɪŋ] *1865–1923. 29. Präsident der USA.*

Har·dy, Oliver [ˈhɑː(r)dɪ] *1892–1957. Amer. Filmkomiker.*

Har·dy, Thomas [ˈhɑː(r)dɪ] *1840–1928. Engl. Schriftsteller.*

Har·old [ˈhærəld] *Angelsächsische Könige*: **Harold I** (**Harold Harefoot**) Harold I. (Harold Hasenfuß) *?–1040*; **Harold II** Harold II. *1022?–66.*

Har·rap [ˈhærəp] *Engl. Familienname.*

Har·ri·man, William Averell [ˈhærɪmən] **1891*. *Amer. Diplomat u. Politiker.*

Har·ris, Joel Chandler [ˈhærɪs] *1848–1908. Amer. Schriftsteller.*

Har·ri·son, Benjamin [ˈhærɪsn] *1833–1901. 23. Präsident der USA.*

Har·ri·son, George → **Beatles.**

Hart, Moss [hɑː(r)t] *1904–61. Amer. Librettist u. Dramatiker.*

Harte, (Francis) Bret(t) [hɑː(r)t] *1836–1902. Amer. Schriftsteller.*

Har·vey, William [ˈhɑː(r)vɪ] *1578–1657. Engl. Arzt. Entdeckte den Blutkreislauf.*

Have·lock [ˈhævlɒk; *Am.* -ˌlɑk] *Engl. Familienname.*

Haw·kins, Sir Anthony Hope [ˈhɔːkɪnz] (*Pseudonym* **Anthony Hope**) *1863–1933. Engl. Romanschriftsteller u. Dramatiker.*

Hawks, Howard [hɔːks] *1896–1977. Amer. Filmregisseur.*

Haw·thorne, Nathaniel [ˈhɔːθɔː(r)n] *1804–64. Amer. Schriftsteller.*

Hayes, Rutherford Birchard [heɪz] *1822–93. 19. Präsident der USA.*

Haz·litt, William [ˈheɪzlɪt; ˈhæz-] *1778–1830. Engl. Essayist.*

Hea·ly [ˈhiːlɪ] *Engl. Familienname.*

Hearne [hɜːn; *Am.* hɜrn] *Engl. Familienname.*

Hearst, William Randolph [hɜːst; *Am.* hɜrst] *1863–1951. Amer. Zeitungsverleger.*

Heath, Edward Richard George [hiːθ] **1916*. *Brit. Politiker; Premierminister.*

Heath·cote [ˈheθkət; ˈhiːθ-] *Engl. Familienname.*

Hem·ans, Felicia Dorothea [ˈhemənz] *1793–1835. Engl. Dichterin.*

Hem·ing·way, Ernest [ˈhemɪŋweɪ] *1899–1961. Amer. Schriftsteller.*

Hen·ley, William Ernest [ˈhenlɪ] *1849–1903. Engl. Schriftsteller u. Herausgeber.*

Hen·nes·s(e)y [ˈhenɪsɪ; -nəsɪ] *Engl. Familienname.*

Henry [ˈhenrɪ] *Könige von England*: **Henry I** Heinrich I. *1068–1135*: **Henry II** Heinrich II. *1133–89*; **Henry III** Heinrich III. *1207–72*; **Henry IV** Heinrich IV. *1367–1413*; **Henry V** Heinrich V. *1387–1422*; **Henry VI** Heinrich VI. *1421–71*; **Henry VII** Heinrich VII. *1457–1509*; **Henry VIII** Heinrich VIII. *1491–1547.*

Hens·ley [ˈhenzlɪ] *Engl. Familienname.*

Hens·lowe, Philip [ˈhenzləʊ] *?–1616. Engl. Theaterbesitzer u. Tagebuchschreiber.*

Hen·ty, George Alfred [ˈhentɪ] *1832–1902. Engl. Romanschriftsteller.*

Hep·burn, Katharine [ˈhebɜːn; ˈhepb-; *Am.* ˈhepbərn; -ˌbɜrn] **1909*. *Amer. Filmschauspielerin.*

Hep·ple·white, George [ˈheplwaɪt] *?–1786. Engl. Kunsttischler.*

Her·bert, George [ˈhɜːbət; *Am.* ˈhɜrbərt] *1593–1633. Engl. Dichter.*

Her·rick, Robert [ˈherɪk] *1591–1674. Engl. Dichter.*

Her·schel [ˈhɜːʃl; *Am.* ˈhɜrʃəl], **Sir John Frederick William** *1792–1871; sein Vater* **Sir William** *1738–1822. Engl. Astronomen.*

Hew·ard [ˈhjuːə(r)d] *Engl. Familienname.*

Hew·lett [ˈhjuːlɪt] *Engl. Familienname.*

Hey·ward, DuBose [ˈheɪwə(r)d] *1885–1940. Amer. Schriftsteller.*

Hey·wood, John [ˈheɪwʊd] *1497?–1580? Engl. Dichter.*

Hey·wood, Thomas [ˈheɪwʊd] *1574?–1641. Engl. Dramatiker.*

Hick·in·bot·ham [ˈhɪkɪnbɒtəm; *Am.* -ˌbɑ-] *Engl. Familienname.*

Hig·gins [ˈhɪgɪnz] *Engl. Familienname.*

Hig·gin·son, Thomas Wentworth Storrow [ˈhɪgɪnsn] *1823–1911. Amer. Schriftsteller.*

Hil·la·ry, Sir Edmund [ˈhɪlərɪ] **1919*. *Neuseeländ. Bergsteiger. Bestieg als erster den Mount Everest.*

Hil·ton, James [ˈhɪltən] *1900–54. Engl. Romanschriftsteller.*

Hitch·cock, Sir Alfred [ˈhɪtʃkɒk; *Am.* -ˌkɑk] *1899–1980. Engl. Filmregisseur.*

Hobbes, Thomas [hɒbz; *Am.* hɑbz] *1588–1679. Engl. Philosoph.*

Hock·ney, David [ˈhɒknɪ; *Am.* ˈhɑ-] **1937*. *Engl. Maler.*

Hodg·es [ˈhɒdʒɪz; *Am.* ˈhɑ-] *Engl. Familienname.*

Ho·garth, William [ˈhəʊgɑː(r)θ] *1697–1764. Engl. Maler u. Kupferstecher.*

Hogg, James ("The Ettrick Shepherd") [hɒg; *Am. a.* hɑg] *1770–1835. Schott. Dichter.*

Hol·croft [ˈhəʊlkrɒft; *Am.* -ˌkrɑft] *Engl. Familienname.*

Hol·den, William [ˈhəʊldən] *1918–1981. Amer. Filmschauspieler.*

Holds·worth [ˈhəʊldzwɜːθ; -wəθ; *Am.* -ˌwɜrθ; -wərθ] *Engl. Familienname.*

Hol·in·shed, Raphael [ˈhɒlɪnʃed; *Am.* ˈhɑlən-] *?–1580? Engl. Chronist.*

Hol·lo·way [ˈhɒləweɪ; *Am.* ˈhɑ-] *Engl. Familienname.*

Hol·man [ˈhəʊlmən] *Engl. Familienname.*

Home [həʊm; hjuːm] *Engl. Familienname.*
Home, Sir Alec Douglas-Home [hjuːm] **1903. Brit. Politiker.*
Ho·mer [ˈhəʊmə(r)] Hoˈmer. *Ende des 8. Jhs. v. Chr. Griech. Dichter.*
Ho·mer, Winslow [ˈhəʊmə(r)] *1836–1910. Amer. Maler.*
Hood, Thomas [hʊd] *1799–1845. Engl. Dichter.*
Hoo·ver, Herbert Clark [ˈhuːvə(r)] *1874–1964. 31. Präsident der USA.*
Hope, Anthony [həʊp] → **Hawkins, Sir Anthony.**
Hope, Bob [həʊp] **1904. Amer. Komiker.*
Hop·kins, Gerard Manley [ˈhɒpkɪnz; *Am.* ˈhɑp-] *1844–89. Engl. Dichter.*
Hop·per, Edward [ˈhɒpə; *Am.* ˈhɑpər] *1882–1967. Amer. Maler u. Graphiker.*
Hou·di·ni, Harry [huːˈdiːnɪ] *1874–1926. Amer. Entfesselungskünstler.*
Hough [hʌf; hɒf; *Am. a.* hɑf] *Engl. Familienname.*
Hous·man, Alfred Edward [ˈhaʊsmən] *1859–1936. Engl. Dichter u. Altphilologe.*
Hov·ey, Richard [[ˈhʌvɪ] *1864–1900. Amer. Dichter.*
How [haʊ] *Engl. Familienname.*
How·ard, Catherine [ˈhaʊə(r)d] *1521?–42. Fünfte Frau Heinrichs VIII.*
How·ard, Henry, Earl of Surrey [ˈhaʊə(r)d] *1517?–47. Engl. Dichter.*
How·ell [ˈhaʊəl] *Engl. Familienname.*
How·ells, William Dean [ˈhaʊəlz] *1837–1920. Amer. Schriftsteller.*
How·ie [ˈhaʊɪ] *Engl. Familienname.*
How·orth [ˈhaʊə(r)θ] *Engl. Familienname.*
Hoyle, Fred [hɔɪl] **1915. Engl. Astronom u. Schriftsteller.*
Hub·bard, Elbert Green [ˈhʌbə(r)d] *1856–1915. Amer. Schriftsteller u. Herausgeber.*
Hughes, Howard [hjuːz] *1905–76. Amer. Industrieller u. Filmproduzent.*
Hughes, (James) Langston [hjuːz] *1902–67. Amer. Schriftsteller.*
Hughes, Richard Arthur Warren [hjuːz] *1900–76. Engl. Schriftsteller.*
Hulme [hjuːm; huːm] *Engl. Familienname.*
Hume, David [hjuːm] *1711–76. Schott. Philosoph u. Historiker.*
Hum·phrey, Duke of Gloucester and Earl of Pembroke [ˈhʌmfrɪ] *1391–1447. Engl. Staatsmann.*
Hunt, (James Henry) Leigh [hʌnt] *1784–1859. Engl. Essayist u. Dichter.*
Hus·ton, John [ˈhjuːstən] **1906. Amer. Filmregisseur.*
Hux·ley [ˈhʌkslɪ], Aldous Leonard *1898–1963, engl. Schriftsteller; sein Bruder* **Sir Julian Sorell** *1887–1975, engl. Biologe; ihr Großvater* **Thomas Henry** *1825–95, engl. Biologe.*
Hyde, Douglas [haɪd] *1860–1949. Irischer Schriftsteller; 1. Präsident der Republik Irland.*

I

Il·ling·worth [ˈɪlɪŋwə(r)θ; *Br. a.* -wɜːθ; *Am. a.* -ˌwɜrθ] *Engl. Familienname.*
Inge, William Ralph [ɪŋ] *1860–1954. Engl. Geistlicher u. Schriftsteller.*
In·glis [ˈɪŋglz; ˈɪŋglɪs] *Engl. Familienname.*
In·man [ˈɪnmən] *Engl. Familienname.*
In·ness, George [ˈɪnɪs], *Vater 1825–94 u. Sohn 1854–1926. Amer. Maler.*
Ir·ving, Washington [ˈɜːvɪŋ; *Am.* ˈɜr-] *1783–1859. Amer. Schriftsteller.*
I·saacs, Sir Isaac Alfred [ˈaɪzəks] *1855–1948. Austral. Jurist u. Staatsmann; Generalgouverneur von Australien.*
Ish·er·wood, Christopher William Bradshaw [ˈɪʃə(r)wʊd] **1904. Engl. Schriftsteller u. Dramatiker.*

J

Jack·son, Andrew [ˈdʒæksn] *1767–1845. Amer. General; 7. Präsident der USA.*
Jack·son, Helen Maria Hunt [ˈdʒæksn] *1830–85. Amer. Dichterin u. Romanschriftstellerin.*
Jag·ger, Mick [ˈdʒægə(r)] **1943. Engl. Rocksänger u. Texter.*
Ja·go [ˈdʒeɪgəʊ] *Engl. Familienname.*
James [dʒeɪmz] *Engl. Könige:* **James I** Jakob I. *1566–1625;* **James II** Jakob II. *1633–1701.*
James [dʒeɪmz], Henry *1811–82, amer. Philosoph; seine Söhne* **Henry** *1843–1916, amer. Schriftsteller, u.* **William** *1842–1910. amer. Psychologe u. Philosoph.*
Ja·mie·son [ˈdʒeɪmɪsn; ˈdʒem-; ˈdʒæm-; ˈdʒɪm-] *Engl. Familienname.*
Jans·sen, David [ˈdʒænsən] *1931–1980. Amer. Filmschauspieler.*
Jeans, Sir James Hopwood [dʒiːnz] *1877–1946. Engl. Astronom, Physiker u. Philosoph.*
Jef·fers, Robinson [ˈdʒefə(r)z] *1887–1962. Amer. Dichter.*
Jef·fer·son, Thomas [ˈdʒefə(r)sn] *1743–1826. Amer. Staatsmann; 3. Präsident der USA.*
Jen·kins, Roy [ˈdʒeŋkɪnz] **1920. Brit. Politiker.*
Jen·ner, Edward [ˈdʒenə(r)] *1749–1823. Engl. Arzt; Entdecker der Pockenschutzimpfung.*
Je·sus (Christ) [ˈdʒiːzəs; ˌ-ˈkraɪst] Jesus (Christus). *Zwischen 8 u. 4 v. Chr.–30? n. Chr.*
Jev·ons, William Stanley [ˈdʒevənz; -vnz] *1835–82. Engl. Philosoph u. Volkswirtschaftler.*
Jew·ett, Sarah Orne [ˈdʒuːɪt] *1849–1909. Amer. Schriftstellerin.*
Joan of Arc, Saint [ˌdʒəʊnəvˈɑː(r)k] die heilige Joˈhanna von Orléans. *1412?–31. Franz. Nationalheldin.*
John (Lackland) [dʒɒn; *Am.* dʒɑn] Johann (ohne Land). *1167–1216. König von England.*
John of Gaunt, Duke of Lancaster [ˌdʒɒnəvˈgɔːnt; *Am.* ˌdʒɑn-; *a.* -ˈgɑːnt] *1340–99. Engl. Staatsmann.*
John·son, Andrew [ˈdʒɒnsn; *Am.* ˈdʒɑnsən] *1808–75. 17. Präsident der USA.*
John·son, James Weldon [ˈdʒɒnsn; *Am.* ˈdʒɑnsən] *1871–1938. Amer. Schriftsteller.*
John·son, Lyndon Baines [ˈdʒɒnsn; *Am.* ˈdʒɑnsən] *1908–1973. 36. Präsident der USA.*
John·son, Samuel (Dr. Johnson) [ˈdʒɒnsn; *Am.* ˈdʒɑnsən] *1709–84. Engl. Lexikograph, Essayist u. Dichter.*
Jones, Daniel [dʒəʊnz] *1881–1967. Engl. Phonetiker.*
Jones, Inigo [dʒəʊnz] *1573–1652. Engl. Architekt.*
Jon·son, Ben (*eigentlich* Benjamin) [ˈdʒɒnsn; *Am.* ˈdʒɑnsən] *1572?–1637. Engl. Dramatiker u. Dichter; Poeta Laureatus.*
Joule, James Prescott [dʒuːl; dʒaʊl; dʒəʊl] *1818–89. Engl. Physiker.*
Joyce, James [dʒɔɪs] *1882–1941. Irischer Schriftsteller.*

K

Kauf·man, George Simon [ˈkɔːfmən] *1889–1961. Amer. Dramatiker.*
Keane [kiːn] *Engl. Familienname.*
Kea·ting(e) [ˈkiːtɪŋ] *Engl. Familienname.*
Kea·ton, Buster [ˈkiːtn] *1895–1966. Amer. Filmkomiker.*
Keats, John [kiːts] *1795–1821. Engl. Dichter.*
Ke(e)·ble [ˈkiːbl] *Engl. Familienname.*
Ke·fau·ver, Carey Estes [ˈkiːˌfɔːvə(r)] *1903–63. Amer. Politiker.*
Keigh·ley [ˈkiːθlɪ; ˈkiːlɪ; ˈkaɪlɪ] *Engl. Familienname.*
Keir [kɪə(r)] *Engl. Familienname.*
Kel·ler, Helen Adams [ˈkelə(r)] *1880–1968. Amer. Schriftstellerin.*
Kel·logg, Frank Billings [ˈkelɒg; *Am. a.* -ˌɑg] *1856–1937. Amer. Staatsmann.*
Kel·vin, William Thomson, 1st Baron [ˈkelvɪn] *1824–1907. Engl. Mathematiker u. Physiker.*
Ken·dal(l) [ˈkendl] *Engl. Familienname.*
Ken·ne·dy [ˈkenɪdɪ; -nə-], John Fitzgerald *1917–63, 35. Präsident der USA; sein Bruder* **Robert Francis** *1925–68, Amer. Politiker.*
Ken·ton, Stan [ˈkentən] *1912–79. Amer. Jazzmusiker.*
Ken·yat·ta, Jomo [kenˈjætə] *1891?–1978. Ministerpräsident u. Präsident von Kenia.*
Kern, Jerome David [kɜːn; *Am.* kɜrn] *1885–1945. Amer. Komponist.*
Ke·rou·ac, Jack [ˈkerʊæk; *Am.* ˈkerəˌwæk] *1922–69. Amer. Schriftsteller.*
Kerr [kɑː; kɜː; *Am.* kɜr; kɑr] *Engl. Familienname.*
Keynes, John Maynard [keɪnz] *1883–1946. Engl. Ökonom.*
Kidd, William (Captain Kidd) [kɪd] *1645?–1701. Engl. Seefahrer u. Seeräuber.*
Kil·mer, (Alfred) Joyce [ˈkɪlmə(r)] *1886–1918. Amer. Dichter.*
King, Martin Luther [kɪŋ] *1929–68. Amer. Negerführer der Civil-Rights-Bewegung.*
King, William Lyon Mackenzie [kɪŋ] *1874–1950. Kanad. Staatsmann; Ministerpräsident.*
Kings·ley, Charles [ˈkɪŋzlɪ] *1819–75. Engl. Geistlicher u. Romanschriftsteller.*
Kip·ling, Rudyard [ˈkɪplɪŋ] *1865–1936. Engl. Dichter u. Schriftsteller.*
Kirk·ness [kɜːkˈnes; *Am.* ˌkɜrk-] *Engl. Familienname.*
Kitch·e·ner, Horatio Herbert, 1st Earl Kitchener of Khartoum and of Broome [ˈkɪtʃɪnə(r); -tʃə-] *1850–1916. Brit. Feldmarschall.*
Knowles [nəʊlz] *Engl. Familienname.*
Knox, John [nɒks; *Am.* nɑks] *1505?–72. Schott. Reformator.*
Kreym·borg, Alfred [ˈkreɪmbɔː(r)g] *1883–1966. Amer. Dichter.*

Kru·ger, Stephanus Johannes Paulus ("Oom Paul") [ˈkru:gə(r)] Stephanus Johannes Paulus Krüger. *1825–1904. Südafrik. Staatsmann.*

Kru·pa, Gene [ˈkru:pə] *1909–73. Amer. Schlagzeuger.*

Ku·brick, Stanley [ˈkju:brɪk; *Am. bes.* ˈku:-] **1928. Amer. Filmregisseur u. Produzent.*

Kyd, Thomas [kɪd] *1558–94. Engl. Dramatiker.*

L

Laing [læŋ; leɪŋ] *Engl. Familienname.*

Lamb, Charles [læm] *1775–1834. Engl. Essayist u. Kritiker.*

Lamp·lough [ˈlæmplu:; -lʌf] *Engl. Familienname.*

Lan·dor, Walter Savage [ˈlændɔ:(r); -də(r)] *1775–1864. Engl. Schriftsteller.*

Lang·land, William [ˈlæŋlənd] *1332?–1400? Engl. Dichter.*

Lang·ley, Samuel Pierpont [ˈlæŋlɪ] *1834–1906. Amer. Astronom u. Pionier des Flugzeugbaus.*

Lang·ton, Stephen [ˈlæŋtən] *?–1228. Engl. Theologe, Historiker u. Dichter.*

La·nier, Sidney [ləˈnɪə(r)] *1842–81. Amer. Dichter.*

Lans·down(e) [ˈlænzdaʊn] *Engl. Familienname.*

Lan·sing, Robert [ˈlænsɪŋ] *1864–1928. Amer. Staatsmann.*

Lao-tse *od.* **Lao-tze** [ˌlɑ:əʊˈtseɪ; -ˈtsi:; ˌlaʊ-; *Am.* ˌlaʊdˈzʌ] *od.* **Lao-tzu** [ˌlɑ:əʊˈtsu:; *Am.* ˌlaʊdˈzʌ] Lao-tse. *604?–531? v. Chr. Chines. Philosoph.*

Lard·ner, Ring [ˈlɑ:(r)dnə(r)] (*eigentlich* Ringold Wilmer) *1885–1933. Amer. Journalist u. Verfasser von Kurzgeschichten.*

La·tham [ˈleɪθəm; -ðəm] *Engl. Familienname.*

Lat·i·mer, Hugh [ˈlætɪmə(r)] *1485?–1555. Engl. Reformator; protestantischer Märtyrer.*

Laud, William [lɔ:d] *1573–1645. Erzbischof von Canterbury.*

Laugh·ton, Charles [ˈlɔ:tn] *1899–1962. Engl. Schauspieler.*

Lau·rel, Stan [ˈlɔrəl; *Am. a.* ˈlɑ-] *1890–1965. Amer. Filmkomiker.*

La·ver·y [ˈleɪvərɪ; ˈlæv-] *Engl. Familienname.*

Law, Andrew Bonar [lɔ:] *1858–1923. Brit. Staatsmann; Premierminister.*

Law, John [lɔ:] *1671–1729. Schott. Finanzmann.*

Law·rence, David Herbert [ˈlɒrəns; ˈlɔ:-; *Am. a.* ˈlɑ-] *1885–1930. Engl. Romanschriftsteller.*

Law·rence, Thomas Edward ("Lawrence of Arabia") [ˈlɒrəns; ˈlɔ:; *Am. a.* ˈlɑ-] *1888–1935. Engl. Archäologe u. Schriftsteller.*

Lay·a·mon [ˈlaɪəmən; *Am. a.* ˈleɪə-] *Um 1200. Engl. Dichter.*

Lea·cock, Stephen Butler [ˈli:kɒk; *Am.* -ˌkɑk] *1869–1944. Kanad. humoristischer Erzähler.*

Leck·y, William Edward Hartpole [ˈlekɪ] *1838–1903. Irischer Historiker u. Essayist.*

Lee, Robert Edward [li:] *1807–70. General der Konföderierten im amer. Sezessionskrieg.*

Le·fe·vre [ləˈfi:və(r); -ˈfeɪ-] *Engl. Familienname.*

Legge [leg] *Engl. Familienname.*

Legh [li:] *Engl. Familienname.*

Leigh [li:] *Engl. Familienname.*

Len·non, John → **Beatles.**

Les·lie [ˈlezlɪ; *Am.* ˈles-] *Engl. Familienname.*

Le·ver, Charles James [ˈli:və(r)] *1806–72. Irischer Romanschriftsteller.*

Le·v(e)y [ˈli:vɪ; ˈlevɪ] *Engl. Familienname.*

Lew·es, George Henry [ˈlu:ɪs] *1817–78. Engl. Philosoph u. Kritiker.*

Lew·in [ˈlu:ɪn] *Engl. Familienname.*

Lew·is, Matthew Gregory ("Monk Lewis") [ˈlu:ɪs] *1775–1818. Engl. Dichter u. Romanschriftsteller.*

Lew·is, Sinclair [ˈlu:ɪs] *1885–1951. Amer. Romanschriftsteller.*

Ley [li:] *Engl. Familienname.*

Lin·coln, Abraham [ˈlɪŋkən] *1809–65. 16. Präsident der USA.*

Lind·bergh, Charles Augustus [ˈlɪndbɜ:g; ˈlɪnbɜ:g; *Am.* -ˌbɜrg] *1902–74. Amer. Flugpionier.*

Lind·say, Howard [ˈlɪndzɪ; ˈlɪnzɪ] *1889–1968. Amer. Dramatiker u. Schauspieler.*

Lind·say, (Nicholas) Vachel [ˈlɪndzɪ; ˈlɪnzɪ] *1879–1931. Amer. Dichter.*

Lipp·mann, Walter [ˈlɪpmən] *1889–1974. Amer. Journalist u. Schriftsteller.*

Lips·comb(e) [ˈlɪpskəm] *Engl. Familienname.*

Live·sey [ˈlɪvsɪ; -zɪ] *Engl. Familienname.*

Liv·ing·ston, Robert R. [ˈlɪvɪŋstən] *1746–1813. Amer. Staatsmann.*

Liv·ing·stone, David [ˈlɪvɪŋstən] *1813–73. Schott. Missionar u. Forschungsreisender in Afrika.*

Liv·y (Titus Livius) [ˈlɪvɪ] Livius. *59 v. Chr.–17 n. Chr. Röm. Historiker.*

Lloyd George, David, 1st Earl of Dufor [ˌlɔɪdˈdʒɔ:(r)dʒ] *1863–1945. Brit. Staatsmann; Premierminister.*

Locke, John [lɒk; *Am.* lɑk] *1632–1704. Engl. Philosoph.*

Lock·er-Lamp·son, Frederick [ˌlɒkəˈlæmpsn; *Am.* ˌlɑkər-] *1821–95. Engl. Dichter.*

Lock·hart [ˈlɒkət; ˈlɒkhɑ:t; *Am.* ˈlɑkərt; ˈlɑkˌhɑrt] *Engl. Familienname.*

Lodge, Henry Cabot [lɒdʒ; *Am.* lɑdʒ] *1850–1924. Amer. Staatsmann u. Schriftsteller.*

Lodge, Thomas [lɒdʒ; *Am.* lɑdʒ] *1558?–1625. Engl. Dichter u. Dramatiker.*

Lon·don, Jack [ˈlʌndən] *1876–1916. Amer. Schriftsteller.*

Long·fel·low, Henry Wadsworth [ˈlɒŋˌfeləʊ] *1807–82. Amer. Dichter.*

Lons·dale [ˈlɒnzdeɪl; *Am.* ˈlɑnz-] *Engl. Familienname.*

Lo·raine [lɒˈreɪn; lə-] *Engl. Familienname.*

Lou·is, Joe [ˈlu:ɪs] *1914–81. Amer. Boxer.*

Love·lace, Richard [ˈlʌvleɪs] *1618–58. Engl. Dichter.*

Lov·ell, Sir Bernard [ˈlʌvl] **1913. Engl. Astronom.*

Lov·er, Samuel [ˈlʌvə(r)] *1797–1868. Irischer Romanschriftsteller.*

Low, David [ləʊ] *1891–1963. Engl. politischer Karikaturist.*

Low·ell [ˈləʊəl], **Abbot Lawrence** *1856–1943, amer. Pädagoge; sein Bruder* **Percival** *1855–1916, amer. Astronom; seine Schwester* **Amy** *1874–1925, amer. Dichterin u. Kritikerin.*

Low·ell, James Russell [ˈləʊəl] *1819–91. Amer. Dichter, Essayist u. Diplomat.*

Lowes [ləʊz] *Engl. Familienname.*

Lowndes [laʊndz] *Engl. Familienname.*

Low·ry, L(awrence) S(tephen) [ˈlaʊrɪ] *1887–1976. Engl. Maler.*

Lud·gate [ˈlʌdgɪt; -geɪt] *Engl. Familienname.*

Ly·all [ˈlaɪəl] *Engl. Familienname.*

Lyd·gate, John [ˈlɪdgeɪt; -gɪt] *1370?–1450? Engl. Dichter.*

Lyl·y, John [ˈlɪlɪ] *1554?–1606. Engl. Dichter u. Dramatiker.*

Ly·nam [ˈlaɪnəm] *Engl. Familienname.*

Lynch, John Mary (Jack) [lɪntʃ] **1917. Premierminister von Irland.*

M

Mac- → *a.* **Mc-.**

Mac·Ar·thur, Douglas [məˈkɑ:(r)θə(r); məkˈɑ:(r)-] *1880–1964. Amer. General.*

Mac·Cal·lum [məˈkæləm] *Engl. Familienname.*

Mac·Car·thy [məˈkɑ:(r)θɪ] *Engl. Familienname.*

Ma·cau·lay, Rose [məˈkɔ:lɪ] *1881–1958. Engl. Schriftstellerin.*

Ma·cau·lay, Thomas Babington, 1st Baron [məˈkɔ:lɪ] *1800–59. Engl. Historiker u. Staatsmann.*

Mac·beth [məkˈbeθ] *?–1057. König von Schottland.*

Mac·Clure [məˈklʊə(r)] *Engl. Familienname.*

Mac·Crae [məˈkreɪ] *Engl. Familienname.*

Mac·don·ald, George [məkˈdɒnəld; *Am.* -ˈdɑnld] *1824–1905. Schott. Romanschriftsteller u. Dichter.*

Mac·Don·ald, James Ramsay [məkˈdɒnəld; *Am.* -ˈdɑnld] *1866–1937. Brit. Staatsmann; Premierminister.*

Mac·Dou·gal [məkˈdu:gl] *Engl. Familienname.*

Mac·Gee [məˈgi:] *Engl. Familienname.*

Mach·en [ˈmeɪtʃən; ˈmækɪn] *Engl. Familienname.*

Mack [mæk] *Engl. Familienname.*

Mac·Ken·na [məˈkenə] *Engl. Familienname.*

Mack·ie [ˈmækɪ] *Engl. Familienname.*

Mac·lar·en, Ian [məˈklærən] → **Watson, John.**

Mac·Leish, Archibald [məˈkli:ʃ] *1892–1982. Amer. Dichter.*

Mac·leod, Fiona [məˈklaʊd] → **Sharp, William.**

Mac·mil·lan, Harold [məkˈmɪlən] **1894. Brit. Verleger u. Staatsmann; Premierminister.*

Mac·Nab [məkˈnæb] *Engl. Familienname.*

Mac·na·ma·ra [ˌmæknəˈmɑ:rə; *Am.* -ˈmærə] *Engl. Familienname.*

Mac·Neice, Louis [məkˈni:s] *1907–63. Engl. Dichter u. Philologe.*

Mac·o·no·chie [məˈkɒnəkɪ; *Am.* -ˈkɑ-] *Engl. Familienname.*

Mac·pher·son, James [məkˈfɜ:sn; *Am.* -ˈfɜrsn] *1736–96. Schott. Dichter.*

Mad·i·son [ˈmædɪsn], **James** *1751–1836, 4. Präsident der USA; seine Frau* **Dolly (Dorothea,** *geb.* **Payne)** *1768–1849.*

Mae·ce·nas, Gaius Cilnius [mi:ˈsi:næs; -nəs] *70?–8 v. Chr. Röm. Staatsmann u. Förderer der Künste u. Wissenschaften.*

Ma·gee [məˈgi:] *Engl. Familienname.*

Ma·hom·et [məˈhɒmɪt; *Am.* məˈhɑmət; *Br. u. Am. a.* ˈmeɪəmet], *a.* **Ma·hom·ed** [-d] → **Mohammed.**

Ma·hon [mɑ:n; məˈhu:n; məˈhəʊn] *Engl. Familienname.*

Ma·hon(e)y [ˈmɑːənɪ; ˈmɑːnɪ] *Engl. Familienname.*
Mail·er, Norman [ˈmeɪlə(r)] **1923. Amer. Schriftsteller.*
Mal·lett [ˈmælɪt] *Engl. Familienname.*
Ma·lone, Edmund [məˈləʊn] *1741–1812. Irischer Literaturhistoriker; Shakespeareforscher.*
Mal·o·ry, Sir Thomas [ˈmælərɪ] *1408?–71? Engl. Verfasser eines Artusromans.*
Mal·thus, Thomas Robert [ˈmælθəs] *1766–1834. Engl. Wirtschaftswissenschaftler.*
Man·ning, Henry Edward [ˈmænɪŋ] *1808–92. Engl. Kardinal u. Schriftsteller.*
Mans·field, Katherine [ˈmænsfiːld] (*Pseudonym von* Kathleen Murry, *geb.* Beauchamp) *1888–1923. Engl. Schriftstellerin.*
Man·to·va·ni, Annunzio Paolo [ˌmæntəˈvɑːnɪ] *1905–80. Brit. Violinist u. Komponist ital. Herkunft.*
Mao Tse-tung [ˌmaʊtseˈtʊŋ; *Am.* ˌmaʊdzəˈdʊŋ] *1893–1976. Chines. Staatsmann; Präsident der Volksrepublik China.*
Map [mæp], *a.* **Mapes,** Walter [mæps; ˈmeɪpiːz] *1140?–1209? Walisischer Dichter.*
Mar·cu·se, Herbert [mɑː(r)ˈkuːzə] *1898–1979. Amer. Philosoph deutscher Herkunft.*
Mark·ham, Edwin [ˈmɑː(r)kəm] *1852–1940. Amer. Dichter.*
Marl·bor·ough, Duke of [ˈmɔːlbərə; -brə; ˈmɑː(r)l-; *Am. bes.* -ˌbɜrə] → Churchill, John.
Mar·ley, Bob [ˈmɑː(r)lɪ] *1945–81. Jamaikanischer Reggae-Star.*
Mar·lowe, Christopher [ˈmɑː(r)ləʊ] *1564–93. Engl. Dramatiker.*
Mar·ner [ˈmɑː(r)nə(r)] *Engl. Familienname.*
Mar·quand, John Phillips [ˈmɑː(r)kwənd; *Am. bes.* mɑrˈkwɑnd] *1893–1960. Amer. Schriftsteller.*
Mar·ry·at, Frederick [ˈmærɪət] *1792–1848. Engl. Marineoffizier u. Romanschriftsteller.*
Mar·shall, George Catlett [ˈmɑː(r)ʃl] *1880–1959. Amer. General u. Staatsmann.*
Mar·ston, John [ˈmɑː(r)stən] *1575?–1634. Engl. Dramatiker.*
Mar·ti·neau, Harriet [ˈmɑːtɪnəʊ; *Am.* ˈmɑrtnˌəʊ] *1802–76. Engl. Schriftstellerin.*
Mar·vell, Andrew [ˈmɑː(r)vl] *1621–78. Engl. Dichter.*
Marx Broth·ers [ˈmɑː(r)ksˌbrʌðə(r)z] *Amer. Filmkomiker:* Arthur Marx, *genannt* **Harpo** [ˈhɑː(r)pəʊ] *1893–1964;* Herbert Marx, *genannt* **Zeppo** [ˈzepəʊ] *1901–79;* Julius Marx, *genannt* **Groucho** [ˈgraʊtʃəʊ] *1895–1977;* Leonard Marx, *genannt* **Chico** [ˈtʃiːkəʊ] *1891–1961.*
Mar·y I ("Bloody Mary") [ˈmeərɪ] Maˈria I. (die Katholische *od.* die Blutige) *1516–58. Königin von England.*
Mar·y II [ˈmeərɪ] *1662–94. Königin von England; Gemahlin König Wilhelms III. von Oranien.*
Mar·y Stu·art, Mary, Queen of Scots [ˌmeərɪˈstjʊə(r)t; -ˈstjuː; *Am. a.* -ˈstuːərt] Maˈria Stuart. *1542–87. Königin von Schottland.*
Mar·y Tu·dor [ˌmeərɪˈtjuːdə(r); *Am. a.* -ˈtuː-] → Mary I.
Mase·field, John [ˈmeɪsfiːld] *1878–1967. Engl. Dichter; Poeta Laureatus.*
Mas·ham [ˈmæsəm; ˈmæʃəm] *Engl. Familienname.*
Ma·son, James [ˈmeɪsn] *1909–84. Brit. Filmschauspieler.*
Mas·sin·ger, Philip [ˈmæsɪndʒə; *Am.* ˈmæsndʒər] *1583–1640. Engl. Dramatiker.*
Mas·ters, Edgar Lee [ˈmɑːstəz; *Am.* ˈmæstərz] *1869–1950. Amer. Schriftsteller.*
Ma·thews [ˈmæθjuːz; ˈmeɪ-] *Engl. Familienname.*
Maud·ling, Reginald [ˈmɔːdlɪŋ] **1917. Brit. Politiker.*
Maug·ham, William Somerset [mɔːm] *1874–1965. Engl. Romanschriftsteller u. Dramatiker.*
Maughan [mɔːn] *Engl. Familienname.*
Max·well, James Clerk [ˈmækswəl; -wel] *1831–79. Schott. Physiker.*
May·hew [ˈmeɪhjuː] *Engl. Familienname.*
May·o [ˈmeɪəʊ] Charles Horace *1865–1939; sein Bruder* William James *1861–1939. Amer. Chirurgen.*
Mc- → *a.* Mac-.
Mc·Car·thy, Joseph R. [məˈkɑː(r)θɪ] *1909–57. Amer. Politiker.*
Mc·Cart·ney, Paul → Beatles.
Mc·Kin·ley, William [məˈkɪnlɪ] *1843–1901. 25. Präsident der USA.*
Mc·Queen, Steve [məˈkwiːn] *1930–1980. Amer. Filmschauspieler.*
Meagher [mɑː(r)] *Engl. Familienname.*
Mel·bourne, William Lamb, 2nd Viscount [ˈmelbə(r)n] *1779–1848. Brit. Staatsmann.*
Mel·chi·or, Lauritz [ˈmelkɪɔː(r)] *1890–1973. Deutsch-amer. Operntenor.*
Mel·ville, Herman [ˈmelvɪl] *1819–91. Amer. Schriftsteller.*
Menck·en, Henry Louis [ˈmeŋkən] *1880–1956. Amer. Schriftsteller u. Kritiker.*
Men·zies, Sir Robert Gordon [ˈmenzɪz] *1894–1978. Austral. Staatsmann.*
Mer·e·dith, George [ˈmerədɪθ] *1828–1909. Engl. Romanschriftsteller u. Dichter.*
Me·thu·en [ˈmeθjʊɪn] *Engl. Familienname.*
Meyn·ell, Alice Christiana Gertrude (*geb.* Thompson) [ˈmenl; ˈmeɪnl] *1847–1922. Engl. Dichterin u. Essayistin.*
Mey·rick [ˈmerɪk; ˈmeɪ-] *Engl. Familienname.*
Mid·dle·ton, Thomas [ˈmɪdltən] *1570?–1627. Engl. Dramatiker.*
Miers [ˈmaɪə(r)z] *Engl. Familienname.*
Mill [mɪl], James *1773–1836, schott. Philosoph u. Volkswirtschaftler; sein Sohn* John Stuart *1806–73, engl. Philosoph u. Volkswirtschaftler.*
Mil·lay, Edna St. Vincent [mɪˈleɪ] *1892–1950. Amer. Dichterin.*
Mil·ler, Arthur [ˈmɪlə(r)] **1915. Amer. Dramatiker.*
Mil·ler, Henry [ˈmɪlə(r)] *1891–1980. Amer. Schriftsteller.*
Milne, Alan Alexander [mɪln; mɪl] *1882–1956. Engl. Dichter u. Dramatiker.*
Milnes [mɪlz; mɪlnz] *Engl. Familienname.*
Mil·ton, John [ˈmɪltən] *1608–74. Engl. Dichter.*
Mitch·ell, Margaret [ˈmɪtʃl] *1900–49. Amer. Schriftstellerin.*
Mitch·ell, Silas Weir [ˈmɪtʃl] *1829–1914. Amer. Arzt u. Schriftsteller.*
Mit·ford, Mary Russell [ˈmɪtfə(r)d] *1787–1855. Engl. Romanschriftstellerin u. Dramatikerin.*
Mit·ford, Nancy [ˈmɪtfə(r)d] *1904–73. Engl. Schriftstellerin.*
Mo·ham·med [məʊˈhæmed; -ɪd] *570–632. Stifter des Islams.*
Mo·lo·ny [məˈləʊnɪ] *Engl. Familienname.*
Mo·ly·neux [ˈmɒlɪnjuːks; ˈmʌl-; -njuːz; *Am. bes.* ˈmʌlɪˌnuːks; -ˌnuː] *Engl. Familienname.*
Mon·mouth, James Scott, Duke of [ˈmɒnməθ; *Am.* ˈmʌn-; ˈmɑn-] *1649–85. Sohn Karls II. von England. Engl. Rebell u. Thronprätendent.*
Mon·roe, Harriet [mənˈrəʊ] *1861?–1936. Amer. Dichterin.*
Mon·roe, James [mənˈrəʊ] *1758–1831. 5. Präsident der USA.*
Mon·roe, Marilyn [mənˈrəʊ] *1926–62. Amer. Filmschauspielerin.*
Mon·son [ˈmʌnsn] *Engl. Familienname.*
Mon·ta·gue, Lady Mary Wortley [ˈmɒntəgjuː; ˈmʌn-; *Am.* ˈmɑn-; ˈmʌn-] *1689–1762. Engl. Schriftstellerin.*
Mont·fort, Simon de, Earl of Leicester [ˈmɒntfət; *Am.* ˈmɑntfərt] *1208?–65. Engl. Heerführer u. Staatsmann; Sohn des* Simon de Montfort l'Amaury.
Mont·gom·er·y, Sir Bernard Law, 1st Viscount Montgomery of Alamein [məntˈgʌmərɪ; mənˈg-; *Br. a.* mɒntˈgɒm-; *Am. a.* mɑntˈgɑm-] *1887–1976. Brit. Feldmarschall.*
Moore, George [mʊə(r); mɔː(r)] *1852–1933. Irischer Schriftsteller.*
Moore, Henry [mʊə(r); mɔː(r)] **1898. Engl. Bildhauer.*
Moore, Thomas [mʊə(r); mɔː(r)] *1779–1852. Irischer Dichter.*
More, Henry [mɔː(r)] *1614–87. Engl. Philosoph.*
More, Paul Elmer [mɔː(r)] *1864–1937. Amer. Essayist u. Kritiker.*
More, Sir (Thomas Morus) [mɔː(r)] *1478–1535. Engl. Humanist u. Staatsmann; heiliggesprochen.*
Mor·gan, Charles Langbridge [ˈmɔː(r)gən] *1894–1958. Engl. Romanschriftsteller.*
Mor·gen·thau, Henry [ˈmɔː(r)gənθɔː] *1891–1967. Amer. Politiker.*
Mor·ley, Christopher Darlington [ˈmɔː(r)lɪ] *1890–1957. Amer. Schriftsteller.*
Mor·ley, John, Viscount Morley of Blackburn [ˈmɔː(r)lɪ] *1838–1923. Engl. Staatsmann u. Schriftsteller.*
Mor·rell [ˈmʌrəl; məˈrel] *Engl. Familienname.*
Mor·ris, William [ˈmɒrɪs; *Am. a.* ˈmɑrəs] *1834–96. Engl. Dichter u. Maler.*
Morse, Samuel Finley Breese [mɔː(r)s] *1791–1872. Amer. Maler u. Erfinder.*
Mor·ti·mer, Roger de, 1st Earl of March [ˈmɔː(r)tɪmə(r)] *1287–1330. Walisischer Rebell; Günstling der Königin Isabella von England.*
Mos·ley, Sir Oswald Ernald [ˈmɒzlɪ; *bes. Am.* ˈməʊzlɪ] *1896–1980. Brit. Politiker.*
Mount·bat·ten, Louis, 1st Earl Mountbatten of Burma [maʊntˈbætn] *1900–79. Brit. Großadmiral.*
Mow·att [ˈmaʊət; ˈməʊət] *Engl. Familienname.*
Mowll [məʊl; muːl] *Engl. Familienname.*
Mu·ham·mad Ali [mʊˌhæmədɑːˈliː; -ɑːlɪ; -ˈælɪ] **1942. Amer. Boxer.*
Mu·lock, Dinah Maria [ˈmjuːlɒk; *Am. bes.* -ˌlɑk] → Craik.
Mun·ro [mʌnˈrəʊ; ˈmʌnrəʊ] *Engl. Familienname.*
Mur·doch, Iris [ˈmɜːdɒk; *Am.* ˈmɜrdək; -ˌdɑk] **1919. Brit. Schriftstellerin.*
Mur·ry, John Middleton [ˈmʌrɪ; *Am. bes.* ˈmɜriː] *1889–1957. Engl. Schriftsteller.*

N

Nab·o·kov, Vladimir Vladimirovich [nəˈbəʊkɒf; ˈnæbəʊkɒf; *Am.* nəˈbɔːkəf] *1899–1977. Amer. Schriftsteller russischer Herkunft.*

Na·po·le·on I *od.* **Na·po·le·on Bo·na·parte** [nəˈpəʊljən; -lɪən; ˈbəʊnəpɑː(r)t] *1769–1821. Kaiser der Franzosen.*

Nash, Ogden [næʃ] *1902–71. Amer. Dichter.*

Nash, John [næʃ] *1752–1835. Engl. Architekt.*

Nash(e), Thomas [næʃ] *1567–1601. Engl. Dichter u. Dramatiker.*

Neale [niːl] *Engl. Familienname.*

Neh·ru, Jawaharlal [ˈneəruː] *1889–1964. Ind. Staatsmann; Premierminister.*

Neil(l) [niːl] *Engl. Familienname.*

Nel·son, Horatio, Viscount [ˈnelsn] *1758–1805. Brit. Admiral.*

New·bolt, Sir Henry John [ˈnjuːbəʊlt; *Am. a.* ˈnuː-] *1862–1938. Engl. Schriftsteller.*

New·man, John Henry (Cardinal Newman) [ˈnjuːmən; *Am. a.* ˈnuː-] *1801–80. Engl. Theologe; Kardinal.*

New·man, Paul [ˈnjuːmən; *Am. a.* ˈnuː-] **1925. Amer. Filmschauspieler.*

New·ton, Sir Isaac [ˈnjuːtn; *Am. a.* ˈnuːtn] *1643–1727. Engl. Physiker, Mathematiker u. Philosoph.*

Night·in·gale, Florence [ˈnaɪtɪŋgeɪl; *Am. a.* -tn-] *1820–1910. Engl. Philanthropin.*

Niv·en, David [ˈnɪvən; -vn] *1909–83. Brit. Filmschauspieler.*

Nix·on, Richard Milhous [ˈnɪksən] **1913. 37. Präsident der USA.*

Nor·ris, Frank [ˈnɒrɪs; *Am. a.* ˈnɑrəs] *1870–1902. Amer. Romanschriftsteller.*

North, Frederick, Lord [nɔː(r)θ] *1732–92. Brit. Staatsmann; Premierminister.*

Nor·ton, Charles Eliot [ˈnɔː(r)tn] *1827–1908. Amer. Schriftsteller u. Gelehrter.*

Nor·ton, Thomas [ˈnɔː(r)tn] *1532–84. Engl. Jurist u. Dichter.*

Now·ell [ˈnəʊəl] *Engl. Familienname.*

O

Oates [əʊts] *Engl. Familienname.*

O'Brien [əʊˈbraɪən] *Engl. Familienname.*

O'Cal·la·ghan [əʊˈkæləhən] *Engl. Familienname.*

O'Ca·sey, Sean [əʊˈkeɪsɪ] *1880–1964. Irischer Dramatiker.*

Oc·cam *od.* **Ock·ham,** William of [ˈɒkəm; *Am.* ˈɑkəm] *1300?–49? Engl. Theologe u. Philosoph.*

O'Con·nor, Frank [əʊˈkɒnə; *Am.* -ˈkɑnər] *1903–66. Irischer Schriftsteller.*

O'Con·nor, Thomas Power [əʊˈkɒnə; *Am.* -ˈkɑnər] *1848–1929. Irischer Journalist u. Nationalist.*

O·dets, Clifford [əʊˈdets] *1906–63. Amer. Dramatiker.*

O'Don·nell [əʊˈdɒnl; *Am.* -ˈdɑnl] *Engl. Familienname.*

O'Dowd [əʊˈdaʊd] *Engl. Familienname.*

O'Fla·her·ty, Liam [əʊˈfleətɪ; *bes. Am.* əʊˈflæhə(r)tɪ] *1896–1984. Irischer Romanschriftsteller.*

O'Ha·gan [əʊˈheɪgən] *Engl. Familienname.*

O'Har·a [əʊˈhɑːrə; *Am.* əʊˈhærə] *Engl. Familienname.*

O. Hen·ry [əʊˈhenrɪ] → **Porter,** William Sidney.

O'Kel·ly, Seán Thomas [əʊˈkelɪ] *1883–1966. Irischer Politiker; Staatspräsident der Irischen Republik.*

O'Lear·y [əʊˈlɪərɪ] *Engl. Familienname.*

O·liv·i·er, Sir Laurence [əˈlɪvɪeɪ] **1907. Engl. Schauspieler.*

O'Neill, Eugene Gladstone [əʊˈniːl] *1888–1953. Amer. Dramatiker.*

On·ions, Charles Talbut [ˈʌnjənz] *1873–1965. Engl. Philologe u. Lexikograph.*

Op·pen·heim, Edward Phillips [ˈɒpənhaɪm; *Am.* ˈɑp-] *1866–1946. Engl. Romanschriftsteller.*

Op·pen·hei·mer, J. Robert [ˈɒpənhaɪmə(r); *Am.* ˈɑp-] *1904–67. Amer. Physiker.*

Or·well, George [ˈɔː(r)wəl; -wel] *1903–50. Engl. Schriftsteller u. Essayist.*

Os·borne, John [ˈɒzbən; -bɔːn; *Am.* ˈɑzbərn; -ˌbɔːrn] **1929. Engl. Schriftsteller u. Dramatiker.*

O'Shaugh·nes·sy [əʊˈʃɔːnɪsɪ; -nəsɪ] *Engl. Familienname.*

O'Shea [əʊˈʃeɪ] *Engl. Familienname.*

O'Sul·li·van [əʊˈsʌlɪvən] *Engl. Familienname.*

Ot·way, Thomas [ˈɒtweɪ; *Am.* ˈɑt-] *1652–85. Engl. Dramatiker.*

Oug·ham [ˈəʊkəm] *Engl. Familienname.*

Outh·waite [ˈuːθweɪt; ˈəʊθ-; ˈaʊθ-] *Engl. Familienname.*

O·ver·bur·y [ˈəʊvə(r)bərɪ; -brɪ; *Am. bes.* -ˌberiː] *Engl. Familienname.*

Ow·en, Robert [ˈəʊɪn] *1771–1858. Engl. Sozialreformer.*

Ow·en, Wilfred [ˈəʊɪn] *1893–1918. Engl. Dichter.*

Ow·ens, Jesse [ˈəʊɪnz] *1913–80. Amer. Leichtathlet.*

Owles [əʊlz] *Engl. Familienname.*

P

Page, Thomas Nelson [peɪdʒ] *1853–1922. Amer. Romanschriftsteller u. Diplomat.*

Paine, Thomas [peɪn] *1737–1809. Amer. Staatstheoretiker engl. Herkunft.*

Pais·ley, Ian [ˈpeɪzlɪ] **1926. Nordirischer protestantischer Politiker.*

Palm·er, George Herbert [ˈpɑːmə(r); *Am. a.* ˈpɑl-] *1842–1933. Amer. Pädagoge u. Philosoph.*

Palm·er·ston, Henry John Temple, 3rd Viscount [ˈpɑːmə(r)stən; *Am. a.* ˈpɑl-] *1784–1865. Brit. Staatsmann; Premierminister.*

Pank·hurst, Emmeline [ˈpæŋkhɜːst; *Am.* -ˌhɜrst] *1858–1928. Engl. Frauenrechtlerin.*

Par·ker, Charlie [ˈpɑː(r)kə(r)] *1920–55. Amer. Jazzmusiker u. Komponist.*

Par·ker, Dorothy (*geb.* Rothschild) [ˈpɑː(r)kə(r)] *1893–1967. Amer. Schriftstellerin.*

Par·ker, Sir Gilbert [ˈpɑː(r)kə(r)] *1862–1932. Kanad. Schriftsteller.*

Par·nell, Charles Stewart [pɑː(r)ˈnel; ˈpɑː(r)nəl] *1846–91. Irischer Nationalist.*

Pa·ter, Walter Horatio [ˈpeɪtə(r)] *1839–94. Engl. Essayist u. Kritiker.*

Pat·more, Coventry Kersey Dighton [ˈpætmɔː(r)] *1823–96. Engl. Dichter.*

Pat·ter·son [ˈpætə(r)sn] *Engl. Familienname.*

Payne, John Howard [peɪn] *1791–1852. Amer. Schauspieler u. Dramatiker.*

Pea·bod·y, George [ˈpiːˌbɒdɪ; *Am.* -ˌbɑdiː] *1795–1869. Amer. Kaufmann u. Philanthrop.*

Pea·cock, Thomas Love [ˈpiːkɒk; *Am.* -ˌkɑk] *1785–1866. Engl. Romanschriftsteller.*

Pears [pɪə(r)z; peə(r)z] *Engl. Familienname.*

Pear·sall [ˈpɪə(r)sɔːl; -səl] *Engl. Familienname.*

Pear·son [ˈpɪə(r)sn] *Engl. Familienname.*

Peart [pɪə(r)t] *Engl. Familienname.*

Peel, Sir Robert [piːl] *1788–1850. Brit. Staatsmann; Premierminister.*

Peele, George [piːl] *1558?–97? Engl. Dramatiker u. Dichter.*

Penn [pen], Sir William *1621–70, engl. Admiral; sein Sohn* **William** *1644–1718, engl. Quäker, Gründer der Kolonie Pennsylvania.*

Pep·per, Art [ˈpepə(r)] *1925–82. Amer. Jazzmusiker.*

Pepys, Samuel [piːps] *1633–1703. Verfasser berühmter Tagebücher.*

Per·cy, Sir Henry ("Percy Hotspur") [ˈpɜːsɪ; *Am.* ˈpɜrsiː] *1364–1403. Engl. Heerführer.*

Phil·ip, Prince, 3rd Duke of Edinburgh [ˈfɪlɪp] Prinz Philipp, Herzog von Edinburgh. **1921. Gemahl Elisabeths II. von England.*

Phil·ips, Ambrose ("Namby-Pamby") [ˈfɪlɪps] *1674–1749. Engl. Dichter u. Dramatiker.*

Pi·cas·so, Pablo [pɪˈkæsəʊ; *Am. a.* pɪˈkɑː-] *1881–1973. Span. Maler, Graphiker u. Bildhauer.*

Pick·ford, Mary [ˈpɪkfə(r)d] *1893–1979. Amer. Stummfilmstar.*

Pierce, Franklin [pɪə(r)s] *1804–69. 14. Präsident der USA.*

Pi·ne·ro, Sir Arthur Wing [pɪˈnɪərəʊ] *1855–1934. Engl. Dramatiker.*

Pi·ther [ˈpaɪθə(r); -ðə(r)] *Engl. Familienname.*

Pit·man, Sir Isaac [ˈpɪtmən] *1813–97. Engl. Stenograph.*

Pitt [pɪt], William, 1st Earl of Chatham (The Elder Pitt) William Pitt (der Ältere) *1708–78, brit. Staatsmann; sein Sohn* **William (The Younger Pitt)** William Pitt (der Jüngere) *1759–1806, brit. Staatsmann, Premierminister.*

Pla·to [ˈpleɪtəʊ] Plato(n). *427?–347 v. Chr. Griech. Philosoph.*

Poe, Edgar Allan [pəʊ] *1809–49. Amer. Dichter.*

Polk, James Knox [pəʊk] *1795–1849. 11. Präsident der USA.*

Pope, Alexander [pəʊp] *1688–1744. Engl. Dichter.*

Por·ter, Katherine Anne [ˈpɔː(r)tə(r)] *1890–1980. Amer. Schriftstellerin.*

Por·ter, Cole [ˈpɔː(r)tə(r)] *1893–1964. Amer. Komponist.*

Por·ter, William Sidney [ˈpɔː(r)tə(r)] (*Pseudonym* O. Henry). *1862–1910. Amer. Schriftsteller.*

Pot·ter, Beatrix [ˈpɒtə; *Am.* ˈpɑtər] *1866–1943. Engl. Autorin von Kinderbüchern.*

Pot·ter Simeon [ˈpɒtə; *Am.* ˈpɑtər] *1898–1976. Engl. Philologe.*

Pound, Ezra Loomis [paʊnd] *1885–1972. Amer. Dichter.*

Pow·lett [ˈpɔːlɪt] *Engl. Familienname.*

Pow·ys [ˈpəʊɪs] *Brüder:* **John Cowper** *1872–1963;* **Theodore Francis** *1875–1953;* **Llewelyn** *1884–1939. Engl. Schriftsteller.*

Poyn·ter [ˈpɔɪntə(r)] *Engl. Familienname.*

Pres·ley, Elvis [ˈprezlɪ] *1935–77. Amer. Sänger u. Gitarrist.*

Priest·ley, John Boynton [ˈpriːstlɪ] *1894–1984. Engl. Romanschriftsteller.*

Pri·or, Matthew [ˈpraɪə(r)] *1664–1721. Engl. Dichter.*

Prit·chard [ˈprɪtʃə(r)d; -tʃɑː(r)d] *Engl. Familienname.*
Pugh [pjuː] *Engl. Familienname.*
Pul·itz·er, Joseph [ˈpʊlɪtsə(r)] *1847–1911. Amer. Journalist ungar. Herkunft.*
Pur·cell, Henry [ˈpɜːsl; *Am.* ˈpɜrsl] *1658?–95. Engl. Komponist.*
Pyke [paɪk] *Engl. Familienname.*
Pym, John [pɪm] *1584–1643. Engl. Staatsmann.*

Q

Quarles, Francis [kwɔː(r)lz; *Am. a.* kwɑrlz] *1592–1644. Engl. Dichter.*
Quil·ler-Couch, Sir Arthur Thomas [ˌkwɪlə(r)ˈkuːtʃ] *1863–1944. Engl. Schriftsteller u. Literaturhistoriker.*
Quin·cy, Josiah [ˈkwɪnsɪ; *Am. a.* -ziː] *1744–75. Amer. Rechtsanwalt u. Politiker.*
Quinn, Anthony [kwɪn] **1915. Amer. Filmschauspieler mexikan. Herkunft.*

R

Rack·ham, Arthur [ˈrækəm] *1867–1939. Engl. Illustrator.*
Rae [reɪ] *Engl. Familienname.*
Rae·burn, Sir Henry [ˈreɪbɜːn; *Am.* -ˌbɜrn] *1756–1823. Schott. Maler.*
Raft, George [rɑːft; *Am. bes.* ræft] *1895–1980. Amer. Schauspieler.*
Ra·le(i)gh, Sir Walter [ˈrɔːlɪ; ˈrɑːlɪ; ˈrælɪ] *1552?–1618. Engl. Seefahrer u. Schriftsteller.*
Ram·say, Allan [ˈræmzɪ] *1686–1758. Schott. Dichter.*
Ran·some, Arthur [ˈrænsəm] *1884–1967. Engl. Schriftsteller.*
Rat·cliffe [ˈrætklɪf] *Engl. Familienname.*
Rat·ti·gan, Sir Terence [ˈrætɪgən] *1911–77. Engl. Dramatiker.*
Ray, Man [reɪ] *1890–1976. Amer. Objektkünstler, Fotograf u. Maler.*
Reade, Charles [riːd] *1814–84. Engl. Romanschriftsteller.*
Rea·gan, Ronald [ˈreɪgən] **1911. Amer. republikanischer Politiker. Seit 1981 40. Präsident der USA.*
Reed, John [riːd] *1887–1920. Amer. Journalist u. Schriftsteller.*
Reed, Sir Carol [riːd] *1906–76. Engl. Filmregisseur.*
Reeve [riːv] *Engl. Familienname.*
Reid [riːd] *Engl. Familienname.*
Reith, John Charles Walsham [riːθ] *1889–1971. 1. Generaldirektor der BBC.*
Rem·ing·ton, Frederic [ˈremɪŋtən] *1861–1909. Amer. Maler u. Bildhauer.*
Ren·wick [ˈrenwɪk; ˈrenɪk] *Engl. Familienname.*
Rep·plier, Agnes [ˈreplɪə(r)] *1855–1950. Amer. Essayistin.*
Reyn·olds, Sir Joshua [ˈrenldz] *1723–92. Engl. Maler.*
Rhodes, Cecil John [rəʊdz] *1853–1902. Brit.-südafrik. Wirtschaftsführer u. Staatsmann.*
Rice, Elmer L. [raɪs] (*eigentlich* Reizenstein). *1892–1967. Amer. Dramatiker.*
Rich·ard [ˈrɪtʃə(r)d] *Könige von England:* Richard I (Cœur de Lion) Richard I. (Löwenherz) *1157–99;* Richard II *1367–1400;* Richard III *1452–85.*
Rich·ard·son, Samuel [ˈrɪtʃə(r)dsn] *1689–1761. Engl. Romanschriftsteller.*
Rid·ley, Nicholas [ˈrɪdlɪ] *1500?–55. Engl. Reformator u. protestantischer Märtyrer.*
Ri·dout [ˈrɪdaʊt] *Engl. Familienname.*
Ri·ley, James Whitcomb [ˈraɪlɪ] *1849–1916. Amer. Dichter.*
Robe·son, Paul [ˈrəʊbsn] *1898–1976. Amer. Schauspieler u. Sänger.*
Rob·in Hood [ˌrɒbɪnˈhʊd; *Am.* ˌrɑ-] *Legendärer Geächteter zur Zeit Richards I.*
Ro·bins [ˈrəʊbɪnz; *Br. a.* ˈrɒ-; *Am. a.* ˈrɑ-] *Engl. Familienname.*
Rob·in·son, Edwin Arlington [ˈrɒbɪnsn; *Am.* ˈrɑ-] *1869–1935. Amer. Dichter.*
Rob·in·son, Edward G(oldenberg) [ˈrɒbɪnsn; *Am.* ˈrɑ-] *1893–1973. Amer. Filmschauspieler rumän. Herkunft.*
Rob Roy [ˌrɒbˈrɔɪ; *Am.* ˌrɑb-] *1671–1734. Schott. Geächteter.*
Rock·e·fel·ler, John Davison [ˈrɒkɪfelə(r); *Am.* ˈrɑ-] *Vater 1839–1937 u. Sohn 1874–1960. Amer. Ölmagnaten.*
Rodg·ers, Richard [ˈrɒdʒə(r)z; *Am.* ˈrɑ-] *1902–79. Amer. Komponist.*
Rog·ers, Ginger [ˈrɒdʒə(r)z; *Am.* ˈrɑ-] **1911. Amer. Filmschauspielerin u. Tänzerin.*
Ro·get, Peter Mark [ˈrɒʒeɪ; *Am.* rəʊˈʒeɪ; ˈrəʊˌʒeɪ] *1779–1869. Physiker u. Verfasser eines Synonym-Wortschatzes.*
Rom·ney, George [ˈrɒmnɪ; ˈrʌm-] *1734–1802. Engl. Maler.*
Roo·se·velt [ˈrəʊzəvelt; *Br. a.* ˈruːsvelt], Franklin Delano *1882–1945, 32. Präsident der USA; seine Frau* (Anna) Eleanor *1884–1962, amer. Schriftstellerin.*
Roo·se·velt, Theodore [ˈrəʊzəvelt; *Br. a.* ˈruːsvelt] *1858–1919. 26. Präsident der USA.*
Ros·set·ti [rɒˈsetɪ; rəˈs-; *Am.* rəʊˈz-], Dante Gabriel *1828–82, engl. Maler u. Dichter; seine Schwester* Christina Georgina *1830–94, engl. Dichterin.*
Roth·schild [ˈrɒθtʃaɪld; ˈrɒstʃ-; ˈrɒθstʃ-; *Am. a.* ˈrɑ-], Meyer Amschel *1743–1812, dt. Bankier; sein Sohn* Nathan Meyer *1777–1836, Bankier in London.*
Rouse [raʊs; ruːs] *Engl. Familienname.*
Routh [raʊθ] *Engl. Familienname.*
Rowe, Nicholas [rəʊ] *1674–1718. Engl. Dichter u. Dramatiker; Poeta Laureatus.*
Row·ell [ˈraʊəl; ˈrəʊəl] *Engl. Familienname.*
Row·ley, William [ˈrəʊlɪ; *Am. a.* ˈraʊliː] *1585?–1642? Engl. Schauspieler u. Dramatiker.*
Rudge [rʌdʒ] *Engl. Familienname.*
Rum·bold [ˈrʌmbəʊld] *Engl. Familienname.*
Run·yon, Damon [ˈrʌnjən] *1884–1946. Amer. Schriftsteller.*
Rusk, Dean [rʌsk] **1909. Amer. Politiker.*
Rus·kin, John [ˈrʌskɪn] *1819–1900. Engl. Schriftsteller u. Sozialreformer.*
Rus·sell, Bertrand Arthur William, 3rd Earl [ˈrʌsl] *1872–1970. Engl. Philosoph, Mathematiker u. Schriftsteller.*
Rus·sell, George William [ˈrʌsl] (*Pseudonym* Æ). *1867–1935. Irischer Dichter u. Maler.*
Rus·sell, Lord John, 1st Earl Russell of Kingston Russell [ˈrʌsl] *1792–1878. Brit. Staatsmann; Premierminister.*
Ry·an [ˈraɪən] *Engl. Familienname.*

S

Sack·ville, Thomas, 1st Earl of Dorset [ˈsækvɪl] *1536–1608. Engl. Dichter u. Diplomat.*
Sack·ville-West, Victoria Mary [ˌsækvɪlˈwest] *1892–1962. Engl. Schriftstellerin.*
Sad·ler [ˈsædlə(r)] *Engl. Familienname.*
Salis·bur·y, Robert Arthur Talbot Gascoyne-Cecil, 3rd Marquis of [ˈsɔːlzbərɪ; -brɪ; *Am. a.* -ˌberiː] *1830–1903. Brit. Staatsmann.*
Sand·burg, Carl [ˈsændbɜːg; ˈsænb-; *Am.* -ˌbɜrg] *1878–1967. Amer. Dichter.*
San·ders [ˈsɑːndə(r)z; *Am. bes.* ˈsæn-] *Engl. Familienname.*
San·ta·ya·na, George [ˌsæntəˈjɑːnə; ˌsæntɪˈɑːnə] *1863–1952. Amer. Philosoph u. Schriftsteller span. Herkunft.*
Sar·gent, Sir Malcolm [ˈsɑː(r)dʒənt] *1895–1967. Engl. Dirigent.*
Sa·roy·an, William [səˈrɔɪən] *1908–81. Amer. Schriftsteller.*
Sas·soon, Siegfried [səˈsuːn; sæ-] *1886–1967. Engl. Schriftsteller.*
Saun·ders [ˈsɔːndə(r)z; ˈsɑːn-] *Engl. Familienname.*
Saw·yer [ˈsɔːjə(r)] *Engl. Familienname.*
Say·ers, Dorothy L(eigh) [ˈseɪə(r)z; ˈseə(r)z] *1893–1957. Engl. Schriftstellerin u. Dramatikerin.*
Scott, Sir Walter [skɒt; *Am.* skɑt] *1771–1832. Schott. Dichter u. Romanschriftsteller.*
Sco·tus, Duns [ˈskəʊtəs; *Br. a.* ˈskɒtəs] → Duns Scotus.
Searle [sɜːl; *Am.* sɜrl] *Engl. Familienname.*
Sedg·wick [ˈsedʒwɪk] *Engl. Familienname.*
See·ger, Alan [ˈsiːgə(r)] *1888–1916. Amer. Dichter.*
See·l(e)y [ˈsiːlɪ] *Engl. Familienname.*
Sel·kirk, Alexander [ˈselkɜːk; *Am.* -ˌkɜrk] *1676–1721. Schott. Seemann. Vorbild für Defoes "Robinson Crusoe".*
Ser·vice, Robert William [ˈsɜːvɪs; *Am.* ˈsɜr-] *1874–1958. Kanad. Schriftsteller.*
Se·ton, Ernest Thompson [ˈsiːtn] *1860–1946. Engl. Schriftsteller u. Illustrator in den USA.*
Sew·ell [ˈsjuːəl; *bes. Am.* ˈsuːəl] *Engl. Familienname.*
Sey·mour, Jane [ˈsiːmɔː(r)] *1509?–37. 3. Frau Heinrichs VIII.*
Shad·well, Thomas [ˈʃædwəl; -wel] *1642?–92. Engl. Dramatiker; Poeta Laureatus.*
Shaftes·bur·y, Anthony Ashley Cooper, 1st Earl of [ˈʃɑːftsbərɪ; -brɪ; *Am.* ˈʃæfts-; *a.* -ˌberiː] *1621–83. Engl. Staatsmann.*
Shake·speare *od.* **Shak·speare** *od.* **Shak·spere,** William [ˈʃeɪkˌspɪə(r)] *1564–1616. Engl. Dramatiker u. Dichter.*
Sharp, William [ʃɑː(r)p] (*Pseudonym* Fiona Macleod). *1856?–1905. Schott. Dichter.*
Shaw, George Bernard [ʃɔː] *1856–1950. Irischer Dramatiker u. Kritiker.*
Shea [ʃeɪ] *Engl. Familienname.*
Shel·ley [ˈʃelɪ], Percy Bysshe *1792–1822, engl. Dichter; seine Frau* Mary Wollstonecraft (*geb.* Godwin) *1797–1851, engl. Romanschriftstellerin.*
Shen·stone, William [ˈʃenstən; *Am. a.* -ˌstəʊn] *1714–63. Engl. Dichter.*
Shep·ard, Alan Bartlett [ˈʃepə(r)d] **1923. 1. amer. Astronaut im Weltall.*
Shep·pard [ˈʃepə(r)d] *Engl. Familienname.*
Sher·a·ton, Thomas [ˈʃerətən; -ətn] *1751–1806. Engl. Kunsttischler.*

Sher·i·dan, Richard Brinsley [ˈʃerɪdn] *1751–1816. Irischer Dramatiker u. Politiker.*
Sher·lock [ˈʃɜːlɒk; *Am.* ˈʃɜrlɑk] *Engl. Familienname.*
Sher·man, John [ˈʃɜːmən; *Am.* ˈʃɜr-] *1823–1900. Amer. Staatsmann.*
Sher·wood, Robert Emmet [ˈʃɜːwʊd; *Am.* ˈʃɜr-] *1896–1955. Amer. Dramatiker.*
Shir·ley, James [ˈʃɜːlɪ; *Am.* ˈʃɜrliː] *1596–1666. Engl. Dramatiker.*
Shute, Nevil [ʃuːt] *1899–1960. Engl. Romanschriftsteller.*
Sid·ney, Sir Philip [ˈsɪdnɪ] *1554–86. Engl. Dichter u. Staatsmann.*
Simp·son [ˈsɪmpsn; ˈsɪmsn] *Engl. Familienname.*
Si·na·tra, Francis Albert, *genannt* Frank [sɪˈnɑːtrə] **1917. Amer. Sänger.*
Sin·clair, Upton Beall [ˈsɪŋkleə(r); *Am. bes.* sɪnˈkleər] *1878–1968. Amer. Schriftsteller u. Politiker.*
Sing·er, Isaac Bashevis [ˈsɪŋə(r)] **1904. Amer. Schriftsteller poln. Herkunft.*
Sit·well, [ˈsɪtwəl; -wel], Dame Edith *1887–1964, engl. Dichterin; ihre Brüder* Osbert *1892–1969 u.* Sacheverell **1897, engl. Schriftsteller.*
Skel·ton, John [ˈskeltən] *1460?–1529. Engl. Dichter.*
Slade [sleɪd] *Engl. Familienname.*
Sloan, John [sləʊn] *1871–1951. Amer. Maler.*
Smil·lie [ˈsmaɪlɪ] *Engl. Familienname.*
Smith, Adam [smɪθ] *1723–90. Schott. Moralphilosoph u. Volkswirtschaftler.*
Smith, Francis Hopkinson [smɪθ] *1838–1915. Amer. Romanschriftsteller u. Maler.*
Smith, Joseph [smɪθ] *1805–44. Amer. Gründer der Mormonen.*
Smol·lett, Tobias George [ˈsmɒlɪt; *Am.* ˈsmɑlət] *1721–1771. Engl. Schriftsteller.*
Smuts, Jan Christiaan [smʌts] *1870–1950. Südafrik. Staatsmann; Ministerpräsident der Südafrik. Union.*
Smyth [smɪθ; smaɪθ] *Engl. Familienname.*
Snow, C(harles) P(ercy), Baron of Leicester [snəʊ] *1905–80. Engl. Schriftsteller, Physiker u. Politiker.*
Snow·den [ˈsnəʊdn] *Engl. Familienname.*
Soames [səʊmz] *Engl. Familienname.*
Soc·ra·tes [ˈsɒkrətiːz; *Am.* ˈsɑ-] Sokrates. *470?–399 v. Chr. Griech. Philosoph.*
Sol·ti, Sir Georg [ˈʃɒltɪ; *Am.* ˈʃɑltiː] **1912. Brit. Dirigent ungar. Herkunft.*
So·mers [ˈsʌmə(r)z] *Engl. Familienname.*
Soph·o·cles [ˈsɒfəkliːz; *Am.* ˈsɑ-] Sophokles. *496?–406 v. Chr. Griech. Tragödiendichter.*
Sou·they, Robert [ˈsaʊðɪ; ˈsʌðɪ] *1774–1843. Engl. Dichter u. Schriftsteller; Poeta Laureatus.*
Spark, Muriel [spɑː(r)k] **1918. Schott. Romanschriftstellerin.*
Spell·man, Francis Joseph [ˈspelmən] *1889–1967. Amer. Kardinal.*
Spen·cer, Herbert [ˈspensə(r)] *1820–1903. Engl. Philosoph.*
Spen·der, Stephen [ˈspendə(r)] **1909. Engl. Dichter u. Kritiker.*
Spen·ser, Edmund [ˈspensə(r)] *1552?–99. Engl. Dichter; Poeta Laureatus.*
Stan·ley, Sir Henry Morton [ˈstænlɪ] (*eigentlich* John Rowlands). *1841–1904. Engl. Afrikaforscher.*
Stap·ley [ˈstæplɪ; ˈsteɪplɪ] *Engl. Familienname.*
Starr, Ringo → Beatles.
Steele, Sir Richard [stiːl] *1672–1729. Engl. Essayist u. Dramatiker.*
Stein, Gertrude [staɪn] *1874–1946. Amer. Schriftstellerin.*
Stein·beck, John Ernst [ˈstaɪnbek] *1902–68. Amer. Schriftsteller.*
Ste·phen (of Blois) [ˈstiːvn] Stephan (von Blois) *1097?–1154. König von England.*
Ste·phen, Sir Leslie [ˈstiːvn] *1832–1904. Engl. Philosoph, Kritiker u. Biograph.*
Ste·phens, James [ˈstiːvnz] *1882–1950. Irischer Dichter u. Romanschriftsteller.*
Ste·phen·son [ˈstiːvnsn], George *1781–1848, engl. Eisenbahningenieur; sein Sohn* Robert *1803–59, engl. Ingenieur.*
Sterne, Laurence [stɜːn; *Am.* stɜrn] *1713–68. Engl. Romanschriftsteller.*
Steu·ben, Friedrich Wilhelm Ludolf Gerhard Augustin, Baron von [ˈstjuːbən; ˈstuː-; ˈʃtɔɪ-] *1730–94. Preußischer General in Amerika.*
Ste·ven·son, Adlai Ewing [ˈstiːvnsn] *1900–65. Amer. Politiker.*
Ste·ven·son, Robert Louis Balfour [ˈstiːvnsn] *1850–94. Schott. Schriftsteller.*
Stew·art, Dugald [stjʊə(r)t; ˈstjuːə(r)t; *Am. a.* ˈstuː-] *1753–1828. Schott. Philosoph.*
Stew·art, James [stjʊə(r)t; ˈstjuːə(r)t; *Am. a.* ˈstuː-] **1908. Amer. Filmschauspieler.*
Stew·art, Rod [stjʊə(r)t; ˈstjuːə(r)t; *Am. a.* ˈstuː-] **1945. Schott. Rocksänger.*
Stock·ton, Francis Richard (Frank R.) [ˈstɒktən; *Am.* ˈstɑk-] *1834–1902. Amer. Schriftsteller.*
Stod·dard [ˈstɒdəd; *Am.* ˈstɑdərd] *Engl. Familienname.*
Stop·pard, Tom [ˈstɒpəd; *Am.* ˈstɑpərd] **1937. Engl. Dramatiker.*
Stour·ton [ˈstɜːtn; *Am.* ˈstɜrtən] *Engl. Familienname.*
Stowe, Harriet Elizabeth (*geb.* Beecher) [stəʊ] *1811–96. Amer. Schriftstellerin.*
Stra·chey, (Giles) Lytton [ˈstreɪtʃɪ] *1880–1932. Engl. Schriftsteller u. Biograph.*
Straf·ford, Sir Thomas Wentworth, 1st Earl of [ˈstræfə(r)d] *1593–1641. Engl. Staatsmann.*
Stu·art [stjʊə(r)t; ˈstjuːə(r)t; *Am. a.* ˈstuː-] → Charles I u. Mary Stuart.
Stubbs, George [stʌbs] *1724–1806. Engl. Maler.*
Sul·li·van, Sir Arthur [ˈsʌlɪvən] *1842–1900. Engl. Komponist.*
Sur·rey, Henry Howard, Earl of [ˈsʌrɪ; *Am. a.* ˈsɜriː] *1517?–47. Engl. Dichter.*
Sur·tees [ˈsɜːtiːz; *Am.* ˈsɜr-] *Engl. Familienname.*
Suth·er·land, Graham [ˈsʌðə(r)lənd] *1903–80. Engl. Maler u. Graphiker.*
Swift, Jonathan [swɪft] *1667–1745. Engl. Schriftsteller irischer Herkunft.*
Swin·burne, Algernon Charles [ˈswɪnbɜːn; -bən; *Am.* -ˌbɜrn; -bərn] *1837–1909. Engl. Dichter.*
Sykes [saɪks] *Engl. Familienname.*
Sy·mons, Arthur [ˈsaɪmənz; ˈsɪm-] *1865–1945. Engl. Dichter u. Kritiker.*
Synge, John Millington [sɪŋ] *1871–1909. Irischer Dichter u. Dramatiker.*

T

Taft, William Howard [tæft] *1857–1930. 27. Präsident der USA.*
Tate, (John Orley) Allen [teɪt] *1899–1979. Amer. Dichter u. Kritiker.*
Tate, Nahum [teɪt] *1652–1715. Engl. Dramatiker; Poeta Laureatus.*
Taw·ney, R(ichard) H(enry) [ˈtɔːnɪ] *1880–1962. Engl. Wirtschaftshistoriker.*
Tay·lor, Jeremy [ˈteɪlə(r)] *1613–67. Engl. Geistlicher u. Schriftsteller.*
Tay·lor, Zachary [ˈteɪlə(r)] *1784–1850. 12. Präsident der USA.*
Teas·dale, Sara [ˈtiːzdeɪl] *1884–1933. Amer. Dichterin.*
Tem·ple, Sir William [ˈtempl] *1628–99. Engl. Staatsmann u. Schriftsteller.*
Ten·niel, Sir John [ˈtenjəl] *1820–1914. Engl. Karikaturist.*
Ten·ny·son, Alfred, 1st Baron [ˈtenɪsn] *1809–92. Engl. Dichter; Poeta Laureatus.*
Thack·er·ay, William Makepeace [ˈθækərɪ] *1811–63. Engl. Romanschriftsteller.*
That·cher, Margaret [ˈθætʃə(r)] **1925. Engl. Politikerin; Premierministerin seit 1979.*
Thom·as à Beck·et [ˌtɒməsəˈbekɪt; *Am.* ˌtɑ-] → Becket.
Thom·as, Dylan [ˈtɒməs; *Am.* ˈtɑ-] *1914–53. Walisischer Dichter u. Essayist.*
Thom·as of Er·cel·doune ("Thomas the Rhymer") [ˌtɒməsəvˈɜːsldʊːn; *Am.* ˌtɑ-; -ˈɜr-] *1220?–97. Schott. Dichter.*
Thomp·son, Francis [ˈtɒmpsn; ˈtɒmsn; *Am.* ˈtɑ-] *1859–1907. Engl. Dichter.*
Thom·son[1], James [ˈtɒmsn; *Am.* ˈtɑmsən] *1700–48. Schott. Dichter.*
Thom·son[2], James [ˈtɒmsn; *Am.* ˈtɑmsən] (*Pseudonym* B.V.) *1834–82. Schott. Dichter.*
Thom·son, Roy Herbert, 1st Baron Thomson of Fleet [ˈtɒmsn; *Am.* ˈtɑmsən] *1894–1976. Engl. Zeitungsverleger kanad. Herkunft.*
Tho·reau, Henry David [ˈθɔːrəʊ; *Am. bes.* θəˈrəʊ] *1817–62. Amer. Schriftsteller u. Philosoph.*
Thorn·dike, Dame Sybil [ˈθɔː(r)ndaɪk] *1882–1976. Engl. Schauspielerin.*
Thur·ber, James [ˈθɜːbə; *Am.* ˈθɜrbər] *1894–1961. Amer. Schriftsteller.*
Thu·ron [tʊˈrɒn; *Am.* -ˈrɑn] *Engl. Familienname.*
Tibbs [tɪbz] *Engl. Familienname.*
Tin·dale [ˈtɪndl] *Engl. Familienname.*
Tip·pett, Sir Michael Kemp [ˈtɪpɪt] **1905. Engl. Komponist.*
Ti·tian (Tiziano Vecellio) [ˈtɪʃn; ˈtɪʃjən] Tizian. *1477?–1576. Ital. Maler.*
Tol·kien, J(ohn) R(onald) R(euel) [ˈtɒlkiːn; *Am.* ˈtɑl-] *1892–1973. Engl. Schriftsteller u. Philologe.*
Toole [tuːl] *Engl. Familienname.*
Too·ley [ˈtuːlɪ] *Engl. Familienname.*
Tour·neur, Cyril [ˈtɜːnə; *Am.* ˈtɜrnər] *1576?–1626. Engl. Dramatiker.*
To·vey [ˈtəʊvɪ; ˈtʌvɪ] *Engl. Familienname.*
Towle [təʊl] *Engl. Familienname.*
Toyn·bee, Arnold Joseph [ˈtɔɪnbɪ] *1889–1975. Engl. Historiker.*
Tra·cy, Spencer [ˈtreɪsɪ] *1900–67. Amer. Filmschauspieler.*
Tre·herne [trɪˈhɜːn; *Am.* -ˈhɜrn] *Engl. Familienname.*
Tre·vel·yan [trɪˈvɪljən; -ˈvel-], George Macauley *1876–1962, engl. Historiker; sein Vater* Sir George Otto *1838–1928, engl. Biograph, Historiker u. Staatsmann.*
Trol·lope, Anthony [ˈtrɒləp; *Am.* ˈtrɑ-] *1815–82. Engl. Romanschriftsteller.*
Tru·deau, Pierre Elliot [truːˈdəʊ] **1919. Kanad. Politiker; ehem. Premierminister.*
Tru·man, Harry S. [ˈtruːmən] *1884–1972. 33. Präsident der USA.*
Tur·ner, Joseph Mallord William [ˈtɜːnə; *Am.* ˈtɜrnər] *1775–1851. Engl. Maler.*

Twain, Mark [tweɪn] → **Clemens.**
Tweed, William Marcy [twi:d] *1823–78. Amer. Politiker.*
Twist [twɪst] *Engl. Familienname.*
Ty·ler, John [ˈtaɪlə(r)] *1790–1862. 10. Präsident der USA.*
Ty·ler, Wat *od.* Walter [ˈtaɪlə(r)] *?–1381. Engl. Rebell.*
Tyn·dale, William [ˈtɪndl] *1492?–1536. Engl. Bibelübersetzer u. Reformator.*

U

U·dall, Nicholas [ˈju:dl; *Am. a.* -ˌdɔ:l] *1505–56. Engl. Dramatiker.*
Up·dike, John [ˈʌpdaɪk] **1932. Amer. Schriftsteller.*
U·rey, Harold Clayton [ˈjʊərɪ] *1893–1981. Amer. Chemiker.*
Ur·quhart, Sir Thomas [ˈɜ:kət; *Am.* ˈɜrkərt] *1611–60. Schott. Schriftsteller u. Übersetzer.*
Uve·dale [ˈju:dl; ˈju:vdeɪl] → **Udall.**

V

Val·en·ti·no, Rudolph [ˌvælənˈti:nəʊ] *1895–1926. Amer. Stummfilmstar.*
Van·brugh, Sir John [ˈvænbrə; vænˈbru:] *1664–1726. Engl. Dramatiker u. Baumeister.*
Van Bu·ren, Martin [vænˈbjʊərən] *1782–1862. 8. Präsident der USA.*
Van·den·berg, Arthur Hendrick [ˈvændənbɜ:g; *Am.* -ˌbɜrg] *1884–1951. Amer. Publizist u. Politiker.*
Van·der·bilt, Cornelius [ˈvændə(r)bɪlt] *1794–1877. Amer. Finanzier.*
Van Loon, Hendrik Willem [vænˈləʊn] *1882–1944. Amer. Schriftsteller u. Journalist holl. Herkunft.*
Vaughan, Henry ("The Silurist") [vɔ:n; *Am. a.* vɑ:n] *1622–95. Engl. Dichter.*
Vaughan Wil·liams, Ralph [ˌvɔ:nˈwɪljəmz; *Am. a.* ˌvɑ:n-] *1872–1958. Engl. Komponist.*
Vaux [vɔ:z; vɒks; vɔ:ks; vəʊks] *Engl. Familienname.*
Ver·gil (Publius Vergilius Maro) [ˈvɜ:dʒɪl; *Am.* ˈvɜrdʒəl] Verˈgil. *70–19 v. Chr. Röm. Dichter.*
Ver·ner, Karl Adolph [ˈvɜ:nə; ˈveənə; *Am.* ˈvɜrnər; ˈveərnər] *1846–96. Dän. Philologe.*
Ver·rall [ˈverɔ:l; -rəl] *Engl. Familienname.*
Ver·u·lam, Baron [ˈverʊləm] → **Bacon, Francis.**
Vi·alls [ˈvaɪəlz; -ɔ:lz] *Engl. Familienname.*
Vick·ers [ˈvɪkə(r)z] *Engl. Familienname.*
Vic·to·ri·a [vɪkˈtɔ:rɪə] Vikˈtoria. *1819–1901. Königin von Großbritannien u. Irland; Kaiserin von Indien.*
Vil·lard, Oswald Garrison [vɪˈlɑ:(r); vɪˈlɑ:(r)d] *1872–1949. Amer. Journalist.*
Vir·gil → **Vergil.**

W

Wace, Robert [weɪs] *12. Jh. Anglonormannischer Dichter.*
Wad·dell [wɒˈdel; ˈwɒdl; *Am.* wɑˈdel; ˈwɑdl] *Engl. Familienname.*
Wad·ham [ˈwɒdəm; *Am. a.* ˈwɑ-] *Engl. Familienname.*
Wads·worth [ˈwɒdzwɜ:θ; *Am.* ˈwɑdzwərθ] *Engl. Familienname.*
Wal·de·grave [ˈwɔ:lgreɪv; ˈwɔ:ldə-] *Engl. Familienname.*
Wald·stein [ˈwɔ:ldstaɪn; ˈvæld-] *Engl. Familienname.*
Wal·lace, Alfred Russel [ˈwɒlɪs; *Am.* ˈwɑləs] *1823–1913. Engl. Zoologe u. Forschungsreisender.*
Wal·lace, Edgar [ˈwɒlɪs; *Am.* ˈwɑləs] *1875–1932. Engl. Kriminalschriftsteller.*
Wal·lace, Sir William [ˈwɒlɪs; *Am.* ˈwɑləs] *1272?–1305. Schott. Freiheitsheld.*
Wal·ler, Edmund [ˈwɒlə; *Am.* ˈwɑlər] *1606–87. Engl. Dichter.*
Wal·pole, Horace, 4th Earl of Orford [ˈwɔ:lpəʊl; *Am. a.* ˈwɑl-] *1717–97. Engl. Schriftsteller.*
Wal·pole, Sir Hugh Seymour [ˈwɔ:lpəʊl; *Am. a.* ˈwɑl-] *1884–1941. Engl. Romanschriftsteller.*
Wal·pole, Sir Robert, 1st Earl of Orford [ˈwɔ:lpəʊl; *Am. a.* ˈwɑl-] *1676–1745. Brit. Staatsmann; Premierminister.*
Walsh, Raoul [wɔ:lʃ; *Am. a.* wɑlʃ] *1892–1980. Amer. Filmregisseur.*
Wal·sing·ham [ˈwɔ:lsɪŋəm; *Am. a.* ˈwɑl-] *Engl. Familienname.*
Wal·ter, John [ˈwɔ:ltə(r)] *1739–1812. Engl. Journalist; Gründer der "Times".*
Wal·ton, Izaac [ˈwɔ:ltən; -tn] *1593–1683. Engl. Schriftsteller.*
War·hol, Andy [ˈwɔ:(r)hɔ:l; -həʊl] **1930. Amer. Filmregisseur u. Maler.*
Wa·ring [ˈweərɪŋ] *Engl. Familienname.*
Warne [wɔ:(r)n] *Engl. Familienname.*
War·ner, Charles Dudley [ˈwɔ:(r)nə(r)] *1829–1900. Amer. Herausgeber u. Schriftsteller.*
War·ren, Earl [ˈwɒrən; *Am. a.* ˈwɑrən] *1891–1974. Amer. Jurist.*
War·ren, Robert Penn [ˈwɒrən; *Am. a.* ˈwɑrən] **1905. Amer. Schriftsteller.*
War·ton [ˈwɔ:(r)tn], **Joseph** *1722–1800, engl. Dichter; sein Bruder* **Thomas** *1728–90, engl. Dichter u. Literaturhistoriker, Poeta Laureatus.*
War·wick, Richard Neville, Earl of ("The Kingmaker") [ˈwɒrɪk; *Am. bes.* ˈwɑrɪk] Warwick („Der Königsmacher"). *1428–71. Engl. Feldherr u. Staatsmann.*
Wash·ing·ton, George [ˈwɒʃɪŋtən; *Am. a.* ˈwɑʃ-] *1732–99. Amer. General; 1. Präsident der USA.*
Wat·kins [ˈwɒtkɪnz; *Am. a.* ˈwɑt-] *Engl. Familienname.*
Wat·son, James Dewey [ˈwɒtsn; *Am. bes.* ˈwɑtsən] **1928. Amer. Biologe.*
Wat·son, John [ˈwɒtsn; *Am. bes.* ˈwɑtsən] (*Pseudonym* **Ian Maclaren**). *1850–1907. Schott. Geistlicher u. Schriftsteller.*
Wat·son, Sir William [ˈwɒtsn; *Am. bes.* ˈwɑtsən] *1858–1935. Engl. Dichter.*
Watt, James [wɒt; *Am. bes.* wɑt] *1736–1819. Schott. Erfinder.*
Wat·ter·son, Henry [ˈwɒtə(r)sn; *Am. a.* ˈwɑ-] *1840–1921. Amer. Publizist u. Politiker.*
Watts, George Frederic [wɒts; *Am. bes.* wɑts] *1817–1904. Engl. Maler u. Bildhauer.*
Watts-Dun·ton, Walter Theodore [ˌwɒtsˈdʌntən; *Am. bes.* ˌwɑts-] *1832–1914. Engl. Kritiker u. Dichter.*
Waugh [wɔ:] *Brüder:* **Evelyn Arthur St. John** *1903–66;* **Alec** *1898–1981. Engl. Romanschriftsteller.*
Wayne, John [weɪn] *1907–79. Amer. Filmschauspieler.*
Wear·ing [ˈweərɪŋ] *Engl. Familienname.*
Web·ster, John [ˈwebstə(r)] *1580?–1625? Engl. Dramatiker.*
Web·ster, Noah [ˈwebstə(r)] *1758–1843. Amer. Lexikograph.*
Wedg·wood, Josiah [ˈwedʒwʊd] *1730–95. Engl. Keramiker.*
Wel·ler [ˈwelə(r)] *Engl. Familienname.*
Welles, (George) Orson [welz] **1915. Amer. Schauspieler u. Regisseur.*
Wel·ling·ton, Arthur Wellesley, 1st Duke of [ˈwelɪŋtən] *1769–1852. Brit. Feldmarschall u. Staatsmann.*
Wells, H(erbert) G(eorge) [welz] *1866–1946. Engl. Schriftsteller.*
Went·worth [ˈwentwə(r)θ] *Engl. Familienname.*
Wes·ker, Arnold [ˈweskə(r)] **1932. Engl. Dramatiker.*
Wes·ley [ˈwezlɪ; ˈweslɪ], **Charles** *1707–88, engl. Methodistenprediger u. Kirchenliederdichter; sein Bruder* **John** *1703–91, engl. Erweckungsprediger, Begründer des Methodismus.*
West, Mae [west] *1892–1980. Amer. Filmschauspielerin.*
West, Rebecca [west] (*eigentlich* **Cicily Isabel Fairfield**). **1892. Engl. Kritikerin u. Romanschriftstellerin.*
Whal·ley [ˈweɪlɪ; ˈwɔ:lɪ] *Engl. Familienname.*
Whar·am [ˈweərəm] *Engl. Familienname.*
Whar·ton, Edith Newbold [ˈwɔ:(r)tn] *1862–1937. Amer. Romanschriftstellerin.*
What·mough [ˈwɒtməʊ; *Am.* ˈwɑt-] *Engl. Familienname.*
Wheat·ley, Dennis Yeats [ˈwi:tlɪ] *1897–1977. Brit. Romanschriftsteller.*
Whis·tler, James Abbot McNeill [ˈwɪslə(r)] *1834–1903. Amer. Maler u. Graphiker.*
Whi·tack·er, Whit·a·ker, Whit·ta·ker [ˈwɪtəkə(r); -tɪ-] *Engl. Familienname.*
White, William Allen [waɪt] *1868–1944. Amer. Journalist u. Schriftsteller.*
Whit·man, Walt(er) [ˈwɪtmən] *1819–92. Amer. Dichter.*
Whit·ti·er, John Greenleaf [ˈwɪtɪə(r)] *1807–92. Amer. Dichter.*
Whyte [waɪt] *Engl. Familienname.*
Wic·lif, *a.* **Wick·liffe** → **Wyclif(fe).**
Wig·gins [ˈwɪgɪnz] *Engl. Familienname.*
Wil·ber·force, William [ˈwɪlbə(r)fɔ:(r)s] *1759–1833. Brit. Staatsmann u. Philanthrop.*
Wil·cox [ˈwɪlkɒks; *Am.* -ˌkɑks] *Engl. Familienname.*
Wilde, Oscar Fingal O'Flahertie Wills [waɪld] *1854–1900. Engl. Dichter u. Dramatiker irischer Herkunft.*
Wil·der, Thornton Niven [ˈwaɪldə(r)] *1897–1975. Amer. Romanschriftsteller u. Dramatiker.*
Wil·ding [ˈwaɪldɪŋ] *Engl. Familienname.*
Wil·kin·son [ˈwɪlkɪnsn] *Engl. Familienname.*
Wil·liam [ˈwɪljəm] *Könige von England:* **William I (the Conqueror)** Wilhelm I. (der Eroberer) *1027–87;* **William II (Rufus)** Wilhelm II. (Rufus) *1056?–1100;* **William III (Prince of Orange)** Wilhelm III. (von Oranien) *1650–1702;* **William IV** Wilhelm IV. *1765–1837.*
Wil·liam of Malmes·bur·y [ˌwɪljəməvˈmɑ:mzbərɪ; -brɪ; *Am. a.* -ˌberi:; -ˈmɑlmz-] *um 1095–1143? Engl. Historiker.*
Wil·liams, Tennessee [ˈwɪljəmz] (*eigentlich* **Thomas Lanier Williams**) *1911?–83. Amer. Dramatiker.*
Wil·shire [ˈwɪlʃə(r); -ʃɪə(r)] *Engl. Familienname.*
Wil·son, James Harold [ˈwɪlsn] **1916. Engl. Politiker; Premierminister.*
Wil·son, (Thomas) Woodrow [ˈwɪlsn] *1856–1924. 28. Präsident der USA.*

Wind·sor, Duke of [ˈwɪnzə(r)] → Edward VIII.
Wing·field [ˈwɪŋfi:ld] *Engl. Familienname.*
Wis·ter, Owen [ˈwɪstə(r)] *1860–1938. Amer. Romanschriftsteller.*
Wi·tham [ˈwɪðəm] *Engl. Familienname.*
With·er(s), George [ˈwɪðə(r); -ðə(r)z] *1588–1667. Engl. Dichter.*
Witt·gen·stein, Ludwig Josef Johann [ˈvɪtgənstaɪn] *1889–1951. Brit. Philosoph österr. Herkunft.*
Wode·house, P(elham) G(renville) [ˈwʊdhaʊs] *1881–1975. Engl. Romanschriftsteller.*
Wolfe, Charles [wʊlf] *1791–1823. Irischer Dichter.*
Wolfe, Thomas Clayton [wʊlf] *1900–38. Amer. Romanschriftsteller.*
Wolff [wʊlf; vɒlf] *Engl. Familienname.*
Wol·sey, Thomas [ˈwʊlzɪ] *1475?–1530. Engl. Kardinal u. Staatsmann.*
Wood, Sir Henry [wʊd] *1869–1944. Engl. Dirigent.*
Wood·row [ˈwʊdrəʊ] *Engl. Familienname.*
Woolf, Virginia [wʊlf] *1882–1941. Engl. Romanschriftstellerin.*
Wool·worth, Frank Winfield [ˈwʊlwə(r)θ; *Br. a.* -wɜ:θ; *Am. a.* -ˌwɜrθ] *1852–1919. Amer. Geschäftsmann.*
Words·worth, William [ˈwɜ:dzwəθ; -wɜ:θ; *Am.* ˈwɜrdzwərθ; -ˌwɜrθ] *1770–1850. Engl. Dichter; Poeta Laureatus.*
Wor·rall [ˈwʌrəl; ˈwɒ-; *Am. a.* ˈwɑ-] *Engl. Familienname.*
Wort·ley [ˈwɜ:tlɪ; *Am.* ˈwɜrtli:] *Engl. Familienname.*
Wot·ton, Sir Henry [ˈwɒtn; ˈwʊtn; *Am. a.* ˈwɑtn] *1568–1639. Engl. Diplomat u. Dichter.*
Wren, Sir Christopher [ren] *1632–1723. Engl. Baumeister.*
Wright, Frank Lloyd [raɪt] *1869–1959. Amer. Architekt.*
Wright [raɪt], **Orville** *1871–1948; sein Bruder* **Wilbur** *1867–1912. Amer. Flugpioniere.*
Wy·at(t), Sir Thomas [ˈwaɪət] *1503?–42. Engl. Dichter u. Diplomat.*
Wych·er·ley, William [ˈwɪtʃə(r)lɪ] *1640?–1716. Engl. Dramatiker.*
Wyc·lif(fe), John [ˈwɪklɪf] John Wyclif. *1330?–84. Engl. Reformator u. Bibelübersetzer.*
Wy·ler, William [ˈwaɪlə(r)] *1902–81. Amer. Filmregisseur schweizer. Herkunft.*
Wy·lie, Elinor Morton (Mrs. William Rose Benét) [ˈwaɪlɪ] *1885–1928. Amer. Dichterin u. Romanschriftstellerin.*
Wy·man [ˈwaɪmən] *Engl. Familienname.*

Y

Yeat·man [ˈji:tmən; ˈjeɪt-; ˈjet-] *Engl. Familienname.*
Yeats, William Butler [jeɪts] *1865–1939. Irischer Dichter u. Dramatiker.*
Yer·kes [ˈjɜ:ki:z; *Am.* ˈjɜr-] *Engl. Familienname.*
Yonge [jʌŋ] *Engl. Familienname.*
Young, Edward [jʌŋ] *1683–1765. Engl. Dichter.*
Young, Owen D. [jʌŋ] *1874–1962. Amer. Wirtschaftsführer.*
Yu·ill [ˈju:ɪl] *Engl. Familienname.*

III. VORNAMEN
III. CHRISTIAN NAMES

A

Aar·on [ˈeərən] Aaron *m.*
Ab·by [ˈæbɪ] *Kurzform für* **Abigail.**
Abe [eɪb] *Kurzform für* **Abraham.**
A·bie [ˈeɪbɪ] *Kurzform für* **Abraham.**
Ab·i·gail [ˈæbɪgeɪl; -bə-] Abigail *f.*
Ab·ner [ˈæbnə(r)] *m.*
A·bra·ham [ˈeɪbrəhæm] Abraham *m.*
A·da [ˈeɪdə] Ada *f*, Adda *f.*
Ad·al·bert [ˈædəlbɜːt; *Am.* ˈædlˌbɜrt] Adalbert *m.*
Ad·am [ˈædəm] Adam *m.*
Ad·e·la [ˈædɪlə; əˈdeɪlə; *Am.* ˈædlə] Aˈdele *f.*
Ad·e·laide [ˈædəleɪd; *Am.* ˈædl-] Adelheid *f.*
A·dri·an [ˈeɪdrɪən] Adrian *m*; Adriˈane *f.*
A·dri·enne [ˈeɪdrɪen] Adriˈenne *f*, Adriˈane *f.*
Af·ra [ˈæfrə; ˈeɪfrə] Afra *f.*
Ag·a·tha [ˈægəθə] Aˈgathe *f.*
Ag·gie [ˈægɪ] *Kurzform für* **Agatha** *od.* **Agnes.**
Ag·nes [ˈægnɪs] Agnes *f.*
Ai·leen [ˈeɪliːn; *Am. a.* eɪˈliːn] → **Helen.**
Al [æl] *Kurzform für* **Albert** *od.* **Alfred.**
Al·an [ˈælən] *m.*
Al·as·tair [ˈæləstə(r)] (*Scot.*) → **Alexander.**
Al·ban [ˈɔːlbən; *Am. a.* ˈæl-] Alban *m.*
Al·bert [ˈælbə(r)t] Albert *m.*
Al·ber·ta [ælˈbɜːtə; *Am.* ælˈbɜrtə] Alˈberta *f.*
Al·den [ˈɔːldən] *m.*
Al·dous [ˈɔːldəs; ˈæl-] *m.*
Al·ec(k) [ˈælɪk] *Kurzform für* **Alexander.**
Al·ex [ˈælɪks] *Kurzform für* **Alexander.**
Al·ex·an·der [ˌælɪgˈzɑːndə; *Am.* -ˈzændər] Alexˈander *m.*
Al·ex·an·dra [ˌælɪgˈzɑːndrə; *Am.* -ˈzæn-] Alexˈandra *f.*
Alf [ælf] *Kurzform für* **Alfred.**
Al·fred [ˈælfrɪd] Alfred *m.*
Al·ger·non [ˈældʒə(r)nən] *m.*
Al·gie, Al·gy [ˈældʒɪ] *Koseformen von* **Algernon.**
Al·ice [ˈælɪs], **A·li·ci·a** [əˈlɪʃɪə; -ʃə] Aˈlice *f.*
Al·i·son [ˈælɪsn] *f.*
Al·is·tair [ˈælɪstə(r)] (*Scot.*) → **Alexander.**
Al·lan, Al·len [ˈælən] *m.*
Al·lis·ter [ˈælɪstə(r)] (*Scot.*) → **Alexander.**
Al·ma [ˈælmə] Alma *f.*
Al·vin [ˈælvɪn], **Al·win** [ˈælwɪn] Alwin *m.*
Am·a·bel [ˈæməbel] *f.*
A·man·da [əˈmændə] Aˈmanda *f.*
Am·brose [ˈæmbrəʊz] Amˈbrosius *m.*
A·mel·ia [əˈmiːljə; -lɪə] Aˈmalie *f.*
A·mos [ˈeɪmɒs; *Am.* -əs] Amos *m.*
A·my [ˈeɪmɪ] *f.*
An·dre·a [ˈændrɪə] Anˈdrea *f.*
An·drew [ˈændruː] Anˈdreas *m.*
An·dy [ˈændɪ] *Kurzform für* **Andrew.**
A·neu·rin [əˈnaɪərɪn; -ˈneɪr-] (*Welsh*) *m.*
An·ge·la [ˈændʒələ; -dʒɪ-] Angela *f.*
An·gel·i·ca [ænˈdʒelɪkə] Anˈgelika *f.*
An·ge·li·na [ˌændʒɪˈliːnə; -dʒə-] Angeˈlina *f.*
An·gus [ˈæŋgəs] *m.*
A·ni·ta [əˈniːtə] Aˈnita *f.*
Ann [æn], **An·na** [ˈænə] Anna *f*, Anne *f.*
An·na·bel [ˈænəbel], **An·na·bel·la** [ˌænəˈbelə], **An·na·belle** [ˈænəbel] Annaˈbella *f.*
Anne → **Ann.**
An·nette [æˈnet; əˈn-] Anˈnette *f.*
An·nie [ˈænɪ] Anni *f.*
An·the·a [ænˈθɪə; ˈænθɪə] *f.*
An·tho·ny [ˈæntənɪ; *bes. Am.* -θə-] Anton *m.*
An·to·ni·a [ænˈtəʊnjə; -nɪə] Anˈtonia *f*, Anˈtonie *f.*
Ar·a·bel·la [ˌærəˈbelə], *a.* **ˈAr·a·bel** [-bel] Araˈbella *f.*
Ar·chi·bald [ˈɑː(r)tʃɪbɔːld; -bəld] Archibald *m.*
Ar·chie, Ar·chy [ˈɑː(r)tʃɪ] *Kurzformen für* **Archibald.**
Ar·lene, Ar·line [ɑː(r)ˈliːn] *f.*
Ar·nold [ˈɑː(r)nəld; ˈɑː(r)nld] Arnold *m.*
Art [ɑː(r)t] *Kurzform für* **Arthur.**
Ar·thur [ˈɑː(r)θə(r)] Art(h)ur *m.*
Art·ie [ˈɑː(r)tɪ] *Kurzform für* **Arthur.**
A·sa [ˈeɪsə; -zə] *m.*
Au·brey [ˈɔːbrɪ] Alberich *m.*
Au·drey [ˈɔːdrɪ] *f.*
Au·gust [ˈɔːgəst] August *m.*
Au·gus·ta [ɔːˈgʌstə] Auˈgusta *f*, Auˈguste *f.*
Au·gus·tin(e) [ɔːˈgʌstɪn; *Am. a.* ˈɔːgəstiːn] Augustin *m.*
Au·gus·tus [ɔːˈgʌstəs] Auˈgustus *m.*
Au·re·lia [ɔːˈriːljə; -lɪə] Auˈrelia *f*, Auˈrelie *f.*
Aus·tin [ˈɒstɪn; *Am.* ˈɔːstən; ˈɑs-] *Kurzform für* **Augustin.**
A·ver·il [ˈævərɪl] *m.*
A·ver·y [ˈeɪvərɪ; -vrɪ] *m.*
Ayl·mer [ˈeɪlmə(r)] → **Elmer.**
Ayl·win [ˈeɪlwɪn] *m.*

B

Bab [bæb], **Bab·bie** [ˈbæbɪ] *Koseformen von* **Barbara.**
Ba·bette [bæˈbet] Baˈbette *f.*
Babs [bæbz] *Koseform von* **Barbara.**
Bald·win [ˈbɔːldwɪn] Balduin *m.*
Bar·ba·ra [ˈbɑː(r)bərə; -brə] Barbara *f.*
Bar·na·bas [ˈbɑː(r)nəbəs], **ˈBar·na·by** [-bɪ] Barnabas *m.*
Bar·nard [ˈbɑː(r)nə(r)d] → **Bernard.**
Bar·ney [ˈbɑː(r)nɪ] *Kurzform für* **Barnabas** *od.* **Bernard.**
Bar·ry [ˈbærɪ] *m.*
Bart [bɑː(r)t] *Kurzform für* **Bartholomew.**
Bar·thol·o·mew [bɑːˈθɒləmjuː; *Am.* [bɑːrˈθɑ-] Bartholoˈmäus *m.*
Bar·ton [ˈbɑː(r)tn] *m.*
Bas·il [ˈbæzl; -zɪl] Baˈsilius *m.*
Bay·ard [ˈbeɪɑː(r)d; -ə(r)d] *m.*
Be·a·ta [bɪˈeɪtə] Beˈata *f*, Beˈate *f.*
Be·a·trice [ˈbɪətrɪs] Beaˈtrice *f.*
Be·a·trix [ˈbɪətrɪks] Beˈatrix *f.*
Beck·ie, Beck·y [ˈbekɪ] *Kurzformen für* **Rebecca.**
Bee [biː] *Koseform von* **Beatrice.**
Be·lin·da [bɪˈlɪndə; bə-] *f.*
Bell [bel], **Bel·la** [ˈbelə] *Kurzformen für* **Arabella** *od.* **Isabella.**
Belle [bel] Bella *f.*
Ben [ben] *Kurzform für* **Benjamin.**
Ben·e·dict [ˈbenɪdɪkt; *Br. a.* ˈbenɪt] Benedikt *m*, Beneˈdiktus *m.*
Ben·ja·min [ˈbendʒəmɪn; -mən] Benjamin *m.*
Ben·net [ˈbenɪt] *Kurzform für* **Benedict.**
Ben·ny, *a.* **Ben·nie** [ˈbenɪ] *Kurzformen für* **Benjamin.**
Ber·na·dette [ˌbɜːnəˈdet; *Am.* ˌbɜr-] Bernaˈdette *f.*
Ber·na·dine [ˈbɜːnədiːn; *Am.* ˈbɜr-] *f.*
Ber·nard [ˈbɜːnəd; *Am.* ˈbɜrnərd; bərˈnɑːrd] Bernhard *m.*
Ber·ney [ˈbɜːnɪ; *Am.* ˈbɜrniː] *Kurzform für* **Bernard.**
Ber·nice [ˈbɜːnɪs; *Am.* bɜrˈniːs; ˈbɜrnəs] *f.*
Ber·nie → **Berney.**
Bert [bɜːt; *Am.* bɜrt] *Kurzform für* **Albert, Bertram, Gilbert, Herbert, Hubert.**
Ber·tha [ˈbɜːθə; *Am.* ˈbɜrθə] Berta *f.*
Ber·thold [*Br.* ˈbɜːthəʊld; *Am.* ˈbɜrtəʊld] Bert(h)old *m.*
Ber·tie [ˈbɜːtɪ; *Am.* ˈbɜrtiː] *Kurzform für* **Albert, Bertha, Bertram, Gilbert, Herbert, Hubert.**
Ber·tram [ˈbɜːtrəm; *Am.* ˈbɜr-], **ˈBer·trand** [-rənd] Bertram *m.*
Ber·yl [ˈberɪl; -əl] *f.*
Bess [bes], **Bes·sie** [ˈbesɪ], **Beth** [beθ], **Bet·s(e)y** [ˈbetsɪ], **Bet·ti·na** [beˈtiːnə; bə-], **Bet·ty** [ˈbetɪ] *Kurzformen für* **Elizabeth.**
Bev·er·l(e)y [ˈbevə(r)lɪ] *f.*
Bill [bɪl], **Bil·lie, Bil·ly** [ˈbɪlɪ] *Kurzformen für* **William.**
Blanch(e) [blɑːntʃ; *Am.* blæntʃ] Blanche *f.*
Bob [bɒb; *Am.* bɑb], **Bob·bie, Bob·by** [ˈbɒbɪ; *Am.* ˈbɑbiː] *Kurzformen für* **Robert.**
Bon·ny, *a.* **Bon·nie** [ˈbɒnɪ; *Am.* ˈbɑniː] *f.*

Boyd [bɔɪd] *m.*
Brad·ley [ˈbrædlɪ] *m.*
Bren·da [ˈbrendə] *f.*
Bri·an, Bry·an [ˈbraɪən] *m.*
Bridg·et [ˈbrɪdʒɪt] Briˈgitte *f*, Briˈgitta *f.*
Bri·die [ˈbraɪdɪ] *Kurzform für* **Bridget.**
Brig·id [ˈbrɪdʒɪd], **Bri·gitte** [ˈbrɪdʒɪt; brɪˈʒɪt] → **Bridget.**
Bruce [bruːs] *m.*
Burt [bɜːt; *Am.* bɜrt] → **Bert.**
By·ron [ˈbaɪərən; ˈbaɪrən] *m.*

C

Ca·mil·la [kəˈmɪlə] Kaˈmilla *f.*
Can·di·da [ˈkændɪdə] *f.*
Ca·rew [kəˈruː] *m.*
Car·ey [ˈkeərɪ] *Kurzform für* **Carew.**
Carl [kɑː(r)l] Karl *m*, Carl *m.*
Car·mel [ˈkɑː(r)mel; -məl], **Carˈmel·a** [-ˈmelə] *f.*
Car·ol [ˈkærəl] Kaˈrolus *m*; Kaˈrola *f.*
Car·o·la [ˈkærələ], **Car·ole** [ˈkærəl] Caˈrola *f*, Kaˈrola *f.*
Car·o·line [ˈkærəlaɪn; -lɪn], **ˈCar·o·lyn** [-lɪn] Caroˈline *f*, Karoˈlina *f*, Karoˈline *f.*
Car·rie [ˈkærɪ] *Kurzform für* **Caroline.**
Car·son [ˈkɑː(r)sn] *m.*
Car·y [ˈkeərɪ] *Kurzform für* **Carew.**
Cath·er·ine, *a.* **Cath·a·rine** [ˈkæθərɪn], **ˌCath·aˈri·na** [-ˈriːnə] Kathaˈrina *f.*
Cath·leen [ˈkæθliːn] (*Irish*) → **Catherine.**
Cath·y [ˈkæθɪ] *Kurzform für* **Catherine.**
Ce·cil [ˈsesl; ˈsɪsl; *Am. a.* ˈsiːsl] Cecil *m.*
Ce·cile [ˈsesɪl; *Am.* sɪˈsiːl], **Ce·cil·ia** [sɪˈsɪljə; -ˈsiːl-], **Cec·i·ly** [ˈsɪsɪlɪ; ˈse-; *Am.* ˈsesəliː] Cäˈcilie *f.*
Ced·ric [ˈsiːdrɪk; ˈse-] *m.*
Ce·leste [sɪˈlest; sə-] *f.*
Ce·les·tine [ˈselɪstaɪn; sɪˈlestaɪn; -tɪn] Zöleˈstin(us) *m*; Zöleˈstine *f.*
Cel·ia [ˈsiːljə] *f.*
Cha·ris·sa [kəˈrɪsə] Charis *f.*
Char·i·ty [ˈtʃærətɪ] *f.*
Charles [tʃɑː(r)lz] Karl *m.*
Char·ley, Char·lie [ˈtʃɑː(r)lɪ] *Koseformen von* **Charles.**
Char·lotte [ˈʃɑː(r)lət] Charˈlotte *f.*
Chaun·cey [ˈtʃɔːnsɪ; *Am. a.* ˈtʃɑːn-] *m.*
Cher·yl [ˈtʃerɪl] *f.*
Ches·ter [ˈtʃestə(r)] *m.*
Chlo·ë, *a.* **Chlo·e** [ˈkləʊɪ] Chloe *f.*
Chris [krɪs] *Kurzform für* **Christian, Christiana, Christopher.**
Chris·sie [ˈkrɪsɪ] *Kurzform für* **Christina.**
Chris·tian [ˈkrɪstjən; *bes. Am.* -tʃən] Christian *m.*
Chris·ti·an·a [ˌkrɪstɪˈɑːnə; *Am.* -ˈænə] Christiˈane *f.*
Chris·ti·na [krɪˈstiːnə] Chriˈstina *f.*
Chris·tine [ˈkrɪstiːn; krɪˈstiːn] Chriˈstine *f.*
Chris·to·pher [ˈkrɪstəfə(r)] Christoph *m.*
Cic·e·ly [ˈsɪsɪlɪ; -sə-; -slɪ] → **Cecile.**
Cin·dy [ˈsɪndɪ] *Kurzform für* **Lucinda.**
Cis [sɪs], **Cis·sy** [ˈsɪsɪ] *Kurzformen für* **Cecile.**
Clair → **Clare.**
Clar·a [ˈkleərə], **Clare** [kleə(r)] Klara *f.*
Clar·ence [ˈklærəns] *m.*
Clar·ice [ˈklærɪs] → **Clarissa.**
Cla·ris·sa [kləˈrɪsə] Klaˈrissa *f.*
Clark [klɑː(r)k] *m.*
Claud(e) [klɔːd] → **Claudius.**
Clau·dette [klɔːˈdet] *f.*
Clau·di·a [ˈklɔːdjə; -dɪə] Claudia *f*, Klaudia *f.*
Clau·dine [klɔːˈdiːn] Clauˈdine *f*, Klauˈdine *f.*
Clau·dius [ˈklɔːdjəs; -dɪəs] Claudius *m.*
Clay·ton [ˈkleɪtn] *m.*
Clem·ent [ˈklemənt] Clemens *m*, Klemens *m.*
Clem·en·ti·na [ˌklemənˈtiːnə], **ˈClem·en·tine** [-taɪn; -tiːn] Klemenˈtine *f.*
Cle·o [ˈklɪəʊ; *bes. Am.* ˈkliːəʊ] *Kurzform für* **Cleopatra.**
Cle·o·pat·ra [ˌklɪəˈpætrə; -ˈpɑː-; *Am.* ˌkliːəˈpætrə; -ˈpeɪ-] Kleˈopatra *f.*
Cliff [klɪf] *Kurzform für* **Clifford.**
Clif·ford [ˈklɪfə(r)d] *m.*
Clif·ton [ˈklɪftən] *m.*
Clint [klɪnt] *Kurzform für* **Clinton.**
Clin·ton [ˈklɪntən] *m.*
Clive [klaɪv] *m.*
Clo·t(h)il·da [kləʊˈtɪldə] Kloˈthilde *f.*
Clyde [klaɪd] *m.*
Co·lette [kɒˈlet; *Am. a.* kɑ-] *f.*
Col·in [ˈkɒlɪn; *Am.* ˈkɑlən] *Kurzform für* **Nicholas.**
Col·leen [ˈkɒliːn; kɒˈliːn; *Am.* kɑˈliːn; ˈkɑlˌiːn] *f.*
Col·ley [ˈkɒlɪ; *Am.* ˈkɑliː] *Kurzform für* **Nicholas.**
Con·nie [ˈkɒnɪ; *Am.* ˈkɑniː] *Kurzform für* **Conrad, Constance, Cornelius.**
Con·nor [ˈkɒnə; *Am.* ˈkɑnər] (*Irish*) *m.*
Con·rad [ˈkɒnræd; *Am.* ˈkɑn-] Konrad *m.*
Con·stance [ˈkɒnstəns; *Am.* ˈkɑn-] Konˈstanze *f.*
Con·stan·tine [ˈkɒnstəntaɪn; *Am.* ˈkɑn-; *a.* -ˌtiːn] Konstantin *m.*
Co·ra [ˈkɔːrə] Kora *f.*
Cor·del·ia [kɔː(r)ˈdiːljə; -lɪə] Korˈdelia *f.*
Co·rin·na [kəˈrɪnə] Koˈrinna *f.*
Cor·nel·ia [kɔː(r)ˈniːljə; -lɪə] Corˈnelia *f.*
Cor·nel·ius [kɔː(r)ˈniːljəs; -lɪəs] Corˈnelius *m.*
Craig [kreɪg] *m.*
Cur·tis [ˈkɜːtɪs; *Am.* ˈkɜrtəs] *m.*
Cuth·bert [ˈkʌθbə(r)t] *m.*
Cyn·thi·a [ˈsɪnθɪə] *f.*
Cyr·il [ˈsɪrəl] Cyˈrillus *m*, Cyrill *m*, Kyˈrillus *m*, Kyrill *m.*
Cy·rus [ˈsaɪərəs; ˈsaɪrəs] Cyrus *m.*

D

Dai·sy [ˈdeɪzɪ] *Koseform von* **Margaret.**
Dale [deɪl] *m, f.*
Dan [dæn] *m, a. Kurzform für* **Daniel.**
Da·na [ˈdeɪnə; ˈdænə] *f.*
Dan·iel [ˈdænjəl] Daniel *m.*
Dan·ny [ˈdænɪ] *Kurzform für* **Daniel.**
Daph·ne [ˈdæfnɪ] Daphne *f.*
Dave [deɪv] *Kurzform für* **David.**
Da·vid [ˈdeɪvɪd] David *m.*
Da·vy [ˈdeɪvɪ] *Kurzform für* **David.**
Dawn [dɔːn] *f.*
Dean(e) [diːn] *m.*
Deb [deb], **Deb·by** [ˈdebɪ] *Kurzformen für* **Deborah.**
Deb·o·rah [ˈdebərə] *f.*
Deir·dre [ˈdɪə(r)drɪ] (*Irish*) *f.*
Del·a·no [ˈdelənəʊ] *m.*
De·lia [ˈdiːljə; -lɪə] *f.*
Den·(n)is [ˈdenɪs] Dioˈnys(ius) *m.*
Den·ny [ˈdenɪ] *Kurzform für* **Daniel.**
Der·ek, Der·rick [ˈderɪk] *m.*
Des·mond [ˈdezmənd] *m.*
De·witt, De Witt [dəˈwɪt] *m.*
Dex·ter [ˈdekstə(r)] *m.*
Di·an·a [daɪˈænə] Diˈana *f.*
Dick [dɪk], **Dick·en** [ˈdɪkən], **Dick·ie** [ˈdɪkɪ], **Dick·on** [ˈdɪkən], **Dick·y** [ˈdɪkɪ] *Koseformen von* **Richard.**
Di·nah [ˈdaɪnə] Dina *f.*
Dir(c)k [dɜːk; *Am.* dɜrk] Dirk *m.*
Dob [dɒb; *Am. a.* dɑb], **Dob·bin** [ˈdɒbɪn; *Am.* ˈdɑbən] *Kurzformen für* **Robert.**
Dol(l) [dɒl; *Am. a.* dɑl], **Dol·ly** [ˈdɒlɪ; *Am. a.* ˈdɑliː] *Kurzformen für* **Dorothea.**
Dom·i·nic [ˈdɒmɪnɪk; *Am.* ˈdɑmə-] Doˈminikus *m*, Domiˈnik *m.*
Don [dɒn; *Am.* dɑn] *Kurzform für* **Donald.**
Don·ald [ˈdɒnld; *Am.* ˈdɑ-] Donald *m.*
Don·na [ˈdɒnə; *Am. a.* ˈdɑnə] *f.*
Do·ra [ˈdɔːrə; *Am. a.* ˈdəʊrə] Dora *f.*
Do·reen [dɔːˈriːn; də-] (*Irish*) *Kurzform für* **Dorothea.**
Dor·is [ˈdɒrɪs; *Am.* ˈdɔːrəs; ˈdɑ-] Doris *f.*
Dor·o·the·a [ˌdɒrəˈθɪə; *Am.* ˌdɔːrəˈθiːə; ˌdɑr-], **ˈDor·o·thy** [-θɪ] Doroˈthea *f*, Doroˈthee *f.*
Dor·ritt [ˈdɒrɪt; *Am. a.* ˈdɑrət] *Kurzform für* **Dorothea.**
Doug [dʌg] *Kurzform für* **Douglas.**
Dou·gal [ˈduːgəl] *m.*
Doug·las [ˈdʌgləs] Douglas *m.*
Dud·ley [ˈdʌdlɪ] *m.*
Dul·ce, Dul·cie [ˈdʌlsɪ] *f.*
Dun·can [ˈdʌŋkən] *m.*
Dun·stan [ˈdʌnstən] *m.*
Dwight [dwaɪt] *m.*

E

Earl(e) [ɜːl; *Am.* ɜrl] *m.*
Eb·e·ne·zer [ˌebɪˈniːzə(r)] *m.*
Ed [ed], **Ed·die, Ed·dy** [ˈedɪ] *Kurzformen für* **Edgar, Edmond, Edward, Edwin.**
Ed·gar [ˈedgə(r)] Edgar *m.*
E·dith [ˈiːdɪθ] Edith *f.*
Ed·mond, Ed·mund [ˈedmənd] Edmund *m.*
Ed·na [ˈednə] *f.*
Ed·ward [ˈedwə(r)d] Eduard *m.*
Ed·win [ˈedwɪn] Edwin *m.*
Ed·wi·na [edˈwiːnə] *f.*
Ei·leen [ˈaɪliːn; *Am.* aɪˈliːn] → **Helen.**
Ei·rene → **Irene.**
E·lain(e) [eˈleɪn; ɪˈl-] → **Helen.**
El·dred [ˈeldrɪd] *m.*
El·ea·nor [ˈelɪnə(r); -lə-; *Am. a.* -ˌnɔːr], **El·ea·no·ra** [ˌelɪəˈnɔːrə; *Am. a.* ˌelə-] Eleoˈnore *f.*
El·e·na [ˈelənə] → **Helen.**
E·li [ˈiːlaɪ] *m.*
E·li·as [ɪˈlaɪəs] → **Elijah.**
E·li·jah [ɪˈlaɪdʒə] Eˈlias *m.*
El·i·nor [ˈelɪnə(r)] → **Eleanor.**
El·i·ot [ˈeljət; ˈelɪət] *m.*
E·li·za [ɪˈlaɪzə] *Kurzform für* **Elizabeth.**
E·liz·a·beth [ɪˈlɪzəbəθ] Eˈlisabeth *f.*
El·la [ˈelə] *Kurzform für* **Eleanor** *etc.*
El·len [ˈelɪn; -ən] → **Helen.**
El·lie [ˈelɪ] *Kurzform für* **Alice, Eleanor** *etc.*
El·lis [ˈelɪs] → **Elijah.**
El·ma [ˈelmə] *f.*
El·mer [ˈelmə(r)] Elmar *m.*
El·o·ise [ˌeləʊˈiːz] *f.*
El·sa [ˈelsə], **El·sie** [ˈelsɪ] Elsa *f*, Else *f.*
El·ton [ˈeltən] *m.*
El·vis [ˈelvɪs] *m.*
Em·e·line [ˈemɪliːn; *Am. a.* -ˌlaɪn] *f.*
Em·er·y [ˈemərɪ] Emmerich *m.*
Em·i·ly, *a.* **Em·i·lie** [ˈemɪlɪ; *Am. a.* ˈemliː], **E·mil·i·a** [ɪˈmɪlɪə] Eˈmilie *f.*

Em·ma [ˈemə] Emma *f.*
Em·mie [ˈemɪ] *Koseform von* **Emma.**
Em·rys [ˈemrɪs] (*Welsh*) → **Ambrose.**
E·na [ˈiːnə] *f.*
E·nid [ˈiːnɪd] *f.*
E·noch [ˈiːnɒk; *Am.* ˈiːnək] Enoch *m.*
Er·ic [ˈerɪk] Erich *m.*
Er·i·ca [ˈerɪkə] Erika *f.*
Er·na [ˈɜːnə; *Am.* ˈɜrnə] Erna *f.*
Er·nest [ˈɜːnɪst; *Am.* ˈɜrnəst] Ernst *m.*
Er·nes·tine [ˈɜːnɪstiːn; *Am.* ˈɜrnə-] Erneˈstine *f.*
Er·nie [ˈɜːnɪ; *Am.* ˈɜrniː] *Kurzform für* **Ernest.**
Er·rol [ˈerəl] *m.*
Er·win [ˈɜːwɪn; *Am.* ˈɜr-] Erwin *m.*
Es·tel·la [eˈstelə], **Es·telle** [eˈstel] → **Stella.**
Es·ther [ˈestə(r); *Br. a.* ˈesθə] Esther *f.*
Eth·el [ˈeθl] *f.*
Eth·el·bert [ˈeθlbɜːt; *Am.* -ˌbɜrt] *m.*
Eu·gene [ˈjuːdʒiːn; juːˈdʒiːn; *Br. a.* juːˈʒeɪn] Eugen *m.*
Eu·ge·ni·a [juːˈdʒiːnjə; -nɪə] Euˈgenie *f.*
Eu·la·li·a [juːˈleɪljə; -lɪə] Euˈlalia *f,* Euˈlalie *f.*
Eu·nice [ˈjuːnɪs] Euˈnice *f.*
E·va [ˈiːvə] → **Eve.**
Ev·an [ˈevən] *m.*
Eve [iːv] Eva *f.*
Ev·e·lyn [ˈiːvlɪn; ˈev-; *Am. a.* ˈevə-] *m, f.*
Ev·er·ard [ˈevərɑː(r)d] Eberhard *m.*
Ev·er·ett [ˈevərɪt] *m.*
Ew·an, Ew·en [ˈjuːɪn] (*Welsh*) → **Owen.**
Ez·ra [ˈezrə] *m.*

F

Faith [feɪθ] *f.*
Fan·nie, Fan·ny [ˈfænɪ] *Kurzformen für* **Frances.**
Far·quhar [ˈfɑː(r)kwə(r); -kə(r)] *m.*
Fay(e) [feɪ] *Kurzform für* **Faith.**
Fe·lice [fəˈliːs], **Fe·li·ci·a** [fəˈlɪsɪə; *bes. Am.* -ʃɪə; -ʃə] Feˈlizia *f.*
Fe·lic·i·ty [fəˈlɪsətɪ] Feˈlizitas *f.*
Fe·lix [ˈfiːlɪks] Felix *m.*
Fer·gus [ˈfɜːgəs; *Am.* ˈfɜr-] (*Gaelic*) *m.*
Fi·o·na [fɪˈəʊnə] *f.*
Flo [fləʊ] *Kurzform für* **Florence.**
Flo·ra [ˈflɔːrə; *Am. a.* ˈfləʊrə] Flora *f.*
Flor·ence [ˈflɒrəns; *Am.* ˈflɔːr-; ˈflɑːr-] Florenˈtine *f.*
Flor·rie [ˈflɒrɪ; *Am.* ˈflɔːriː; ˈflɑːriː] *Kurzform für* **Florence.**
Floyd [flɔɪd] → **Lloyd.**
Fran·ces [ˈfrɑːnsɪs; *Am.* ˈfræn-] Franˈziska *f.*
Fran·cie [ˈfrɑːnsɪ; *Am.* ˈfrænsiː] *Koseform von* **Frances** *od.* **Francis.**
Fran·cis [ˈfrɑːnsɪs; *Am.* ˈfræn-] Franz *m.*
Frank [fræŋk] Frank *m.*
Frank·lin [ˈfræŋklɪn] *m.*
Fred [fred] *Kurzform für* **Alfred, Frederic, Wilfred.**
Fre·da [ˈfriːdə] Frieda *f.*
Fred·dy [ˈfredɪ] *Kurzform für* **Alfred, Frederic, Wilfred.**
Fred·er·ic(k) [ˈfredrɪk; -də-] Friedrich *m.*
Fred·er·i·ca [ˌfredəˈriːkə] Friedeˈrike *f.*

G

Ga·bri·el [ˈgeɪbrɪəl] Gabriel *m.*
Ga·bri·el·la [ˌgeɪbrɪˈelə], **ˌGa·briˈelle** [-ˈel] Gabriˈele *f.*
Gail [geɪl] *Kurzform für* **Abigail.**
Gar·eth [ˈgæreθ] *m.*
Gar·ry, Gar·y [ˈgærɪ] *m.*
Ga·vin [ˈgævɪn], **Ga·wain** [ˈgɑːweɪn; *Am.* ˈgɑːwɪn; ˈgɔː-] *m.*
Gene [dʒiːn] *Kurzform für* **Eugene** *od.* **Eugenia.**
Gen·e·vieve [ˌdʒenəˈviːv; ˈdʒenɪviːv] Genoˈveva *f.*
Ge·nie [ˈdʒiːnɪ] *Kurzform für* **Eugenia.**
Geof·frey [ˈdʒefrɪ] Gottfried *m.*
George [dʒɔː(r)dʒ] Georg *m.*
Geor·gia [ˈdʒɔː(r)dʒjə; *Am. bes.* -dʒə] Geˈorgia *f.*
Geor·gie [ˈdʒɔː(r)dʒɪ] *Koseform von* **George** *od.* **Georgia.**
Geor·gi·na [dʒɔː(r)ˈdʒiːnə] Georˈgine *f.*
Ger·ald [ˈdʒerəld] Gerald *m,* Gerold *m.*
Ger·al·dine [ˈdʒerəldiːn] Geralˈdine *f.*
Ge·rard [ˈdʒerɑːd; *bes. Am.* dʒəˈrɑː(r)d; dʒə-] Gerhard *m.*
Ger·maine [dʒɜːˈmeɪn; *Am.* dʒɜr-] *f.*
Ger·ry [ˈgerɪ; ˈdʒerɪ] *Kurzform für* **Gerald** *od.* **Geraldine.**
Ger·tie, Ger·ty [ˈgɜːtɪ; *Am.* ˈgɜrtiː] Gertie *f.*
Ger·trude [ˈgɜːtruːd; *Am.* ˈgɜr-] Gertrud *f,* Gerˈtrude *f.*
Gif·ford [ˈgɪfə(r)d] *m.*
Gil·bert [ˈgɪlbə(r)t] Gilbert *m.*
Gil·da [ˈgɪldə] *f.*
Giles [dʒaɪlz] Äˈgid(ius) *m.*
Gill [dʒɪl] *Kurzform für* **Gillian.**
Gil·li·an [ˈdʒɪlɪən; -ljən; *Br. a.* ˈgɪl-] *m, f.*
Gil·roy [ˈgɪlrɔɪ] *m.*
Gi·nev·ra [dʒɪˈnevrə] → **Guinevere.**
Gin·ger [ˈdʒɪndʒə(r)] *f.*
Glad·ys [ˈglædɪs] *f.*
Glen(n) [glen] *m.*
Glen·da [ˈglendə] *f.*
Glo·ri·a [ˈglɔːrɪə; *Am. a.* ˈgləʊ-] Gloria *f.*
God·dard [ˈgɒdəd; *Am.* ˈgɑdərd] Gotthard *m.*
God·frey [ˈgɒdfrɪ; *Am.* ˈgɑdfriː] Gottfried *m.*
God·win [ˈgɒdwɪn; *Am.* ˈgɑ-] Gottwin *m.*
Gor·don [ˈgɔː(r)dn] *m.*
Grace [greɪs], **Gra·ci·a** [ˈgreɪʃɪə; -ʃə] Gracia *f,* Grazia *f.*
Graeme [greɪm; ˈgreɪəm] → **Graham.**
Gra·ham [ˈgreɪəm] *m.*
Grant [grɑːnt; *Am.* grænt] *m.*
Greg [greg] *Kurzform für* **Gregory.**
Greg·o·ry [ˈgregərɪ] Gregor *m.*
Gre·ta [ˈgriːtə; ˈgretə] *Kurzform für* **Margaret.**
Grif·fin [ˈgrɪfɪn] *m.*
Grif·fith [ˈgrɪfɪθ] *m.*
Guin·e·vere [ˈgwɪnɪˌvɪə(r); ˈgɪ-], *a.* **Guen·e·ver** [ˈgwenɪvə(r)] Giˈnevra *f,* Geniˈevra *f.*
Gus [gʌs] *Kurzform für* **Augusta, Augustus, Gustavus.**
Gus·ta·vus [gʊˈstɑːvəs; gʌˈsteɪ-] Gustav *m.*
Guy [gaɪ] Guido *m.*
Gwen [gwen] *Kurzform für* **Gwendolen.**
Gwen·do·len, Gwen·do·line, Gwen·do·lyn [ˈgwendəlɪn] Gwendolin *f.*
Gwyn·eth [ˈgwɪnɪθ] *f.*

H

Hal [hæl] *Kurzform für* **Harold** *od.* **Henry.**
Ham·il·ton [ˈhæmltən] *m.*
Ham·ish [ˈheɪmɪʃ] *m.*
Hank [hæŋk] *Kurzform für* **Henry.**
Han·nah [ˈhænə] Hanna *f.*
Har·old [ˈhærəld] Harald *m.*
Har·ri·et, Har·ri·ot [ˈhærɪət] *f.*
Har·ry [ˈhærɪ] *Koseform von* **Harold** *od.* **Henry.**
Hart·ley [ˈhɑː(r)tlɪ] *m.*
Har·vey [ˈhɑː(r)vɪ] *m.*
Ha·zel [ˈheɪzl] *f.*
Heath·er [ˈheðə(r)] *f.*
Hec·tor [ˈhektə(r)] Hektor *m.*
Hed·da [ˈhedə] *f.*
Hed·wig [ˈhedwɪg] Hedwig *f.*
Hel·en [ˈhelɪn; -ən], **ˈHel·e·na** [-nə] Helena *f,* Heˈlene *f.*
Hen·ri·et·ta [ˌhenrɪˈetə] Henriˈette *f.*
Hen·ry [ˈhenrɪ] Heinrich *m.*
Her·bert [ˈhɜːbət; *Am.* ˈhɜrbərt] Herbert *m.*
Her·man [ˈhɜːmən; *Am.* ˈhɜr-] Hermann *m.*
Hes·ter [ˈhestə(r)] → **Esther.**
Hil·a·ry [ˈhɪlərɪ] Hiˈlarius *m;* Hiˈlaria *f.*
Hil·da [ˈhɪldə] Hilda *f,* Hilde *f.*
Hi·ram [ˈhaɪərəm; ˈhaɪrəm] *m.*
Ho·bart [ˈhəʊbɑː(r)t; *Am. bes.* -bərt] *m.*
Ho·mer [ˈhəʊmə(r)] *m.*
Hor·ace [ˈhɒrəs; *Am. a.* ˈhɑrəs], **Ho·ra·tio** [həˈreɪʃɪəʊ; -ʃəʊ] *m.*
Hor·ten·si·a [hɔː(r)ˈtensɪə; -ʃɪə], *a.* **Horˈtense** [-ˈtens] Horˈtensia *f.*
How·ard [ˈhaʊə(r)d] *m.*
How·ell [ˈhaʊəl] *m.*
Hu·bert [ˈhjuːbə(r)t] Hubert *m,* Huˈbertus *m.*
Hugh [hjuː], **Hu·go** [ˈhjuːgəʊ] Hugo *m.*
Hum·bert [ˈhʌmbə(r)t] *m.*
Hum·phr(e)y [ˈhʌmfrɪ] *m.*

I

I·an [ɪən; ˈiːən] (*Gaelic*) → **John.**
I·da [ˈaɪdə] Ida *f.*
Ik, Ike [aɪk], **Ik(e)·y** [ˈaɪkɪ] *Kurzformen für* **Isaac.**
Il·se [ˈɪlsə; -zə] Ilse *f.*
Im·o·gen [ˈɪməʊdʒən; ˈɪmədʒən; -dʒen], **ˈIm·o·gene** [-dʒiːn] *f.*
I·na [ˈaɪnə] Ina *f.*
In·grid [ˈɪŋgrɪd] Ingrid *f.*
In·i·go [ˈɪnɪgəʊ] *m.*
I·ra [ˈaɪərə; *Am.* ˈaɪrə] *m.*
I·rene [aɪˈriːnɪ; ˈaɪriːn; *Am. bes.* aɪˈriːn] Iˈrene *f.*
I·ris [ˈaɪərɪs; *Am.* ˈaɪrəs] Iris *f.*
Ir·ma [ˈɜːmə; *Am.* ˈɜrmə] Irma *f.*
Ir·ving [ˈɜːvɪŋ; *Am.* ˈɜr-] *m.*
Ir·win [ˈɜːwɪn; *Am.* ˈɜrwən] *m.*
I·saac [ˈaɪzək] Isaak *m.*
Is·a·bel [ˈɪzəbel], **Is·a·bel·la** [ˌɪzəˈbelə] Isaˈbel(la) *f.*
I·sa·iah [aɪˈzaɪə; *Am. bes.* -ˈzeɪə] *m.*
I·solde [ɪˈzɒldə; *Am.* ɪˈzəʊldə; ɪˈsəʊldə; ɪˈsəʊld] Iˈsolde *f.*
I·van [ˈaɪvən] Iwan *m.*
I·vor [ˈaɪvə(r); *Am. a.* ˈiːvər] *m.*
I·vy [ˈaɪvɪ] *f.*

J

Jack [dʒæk] Hans *m.*
Jack·ie [ˈdʒækɪ] *Kurzform für* **Jacqueline.**
Ja·cob [ˈdʒeɪkəb] Jakob *m.*
Jac·que·line [ˈdʒækliːn; *Am.* -kwəlɪn; -ˌliːn] *f.*

Jake [dʒeɪk] *Kurzform für* **Jacob**.
James [dʒeɪmz] Jakob *m.*
Ja·mie [ˈdʒeɪmɪ] *Koseform von* **James**.
Jan [dʒæn] *Koseform von* **John** *od. Kurzform für* **Janet**.
Jane [dʒeɪn] → **Joan**.
Ja·net [ˈdʒænɪt; *Am. a.* dʒəˈnet] *Koseform von* **Jane**.
Ja·nie [ˈdʒeɪnɪ] *Koseform von* **Jane**.
Jar·vis [ˈdʒɑː(r)vɪs] *m.*
Ja·son [ˈdʒeɪsn] *m.*
Jas·per [ˈdʒæspə(r)] Jasper *m.*
Jay [dʒeɪ] *m.*
Jean, Jeanne [dʒiːn] → **Jane**.
Jean·nette [dʒɪˈnet; dʒə-] Jeanˈnette *f.*
Jeff [dʒef] *Kurzform für* **Jeffrey**.
Jef·frey → **Geoffrey**.
Jen·ni·fer [ˈdʒenɪfə(r)] → **Guinevere**.
Jen·ny [ˈdʒenɪ; *Br. a.* ˈdʒɪ-] *Koseform von* **Jane**.
Jer·e·mi·ah [ˌdʒerɪˈmaɪə; -rə-], **ˈJer·e·my** [-mɪ] *m.*
Je·rome [dʒəˈrəʊm; *Br. a.* ˈdʒerəm] Hieˈronymus *m.*
Jer·ry [ˈdʒerɪ] *Kurzform für* **Gerald, Geraldine, Gerard, Jeremiah, Jeremy, Jerome**.
Jess [dʒes] *Koseform von* **Jane**.
Jes·sa·mine [ˈdʒesəmɪn] *f.*
Jes·se [ˈdʒesɪ] *m.*
Jes·si·ca [ˈdʒesɪkə] *f.*
Jes·sie [ˈdʒesɪ] (*Scot.*) *Koseform von* **Jane**.
Jeth·ro [ˈdʒeθrəʊ] *m.*
Jill [dʒɪl] *Kurzform für* **Gillian**.
Jim [dʒɪm], **Jim·mie, Jim·my** [ˈdʒɪmɪ] *Kurzformen für* **James**.
Jo [dʒəʊ] *Kurzform für* **Joseph** *od.* **Josephine**.
Jo·a·chim [ˈdʒəʊəkɪm] Joachim *m.*
Joan [dʒəʊn], **Jo·an·na** [dʒəʊˈænə] Joˈhanna *f*, Joˈhanne *f.*
Job [dʒəʊb] *m.*
Joc·e·lin(e), Joc·e·lyn [ˈdʒɒslɪn; *Am.* ˈdʒɑslən] *f.*
Joe [dʒəʊ] *Kurzform für* **Joseph**.
Jo·el [ˈdʒəʊel; -əl] Joel *m.*
Jo·ey [ˈdʒəʊɪ] *Koseform von* **Joseph**.
Jo·han·na [dʒəʊˈhænə] → **Joanna**.
John [dʒɒn; *Am.* dʒɑn] Joˈhann(es) *m.*
John·ny [ˈdʒɒnɪ; *Am.* ˈdʒɑniː] *Koseform von* **John**.
Jo·nah [ˈdʒəʊnə], **ˈJo·nas** [-nəs] Jona(s) *m.*
Jon·a·than [ˈdʒɒnəθən; *Am.* ˈdʒɑ-] Jonathan *m.*
Jo·seph [ˈdʒəʊzɪf; -zəf] Josef *m*, Joseph *m.*
Jo·se·phine [ˈdʒəʊzɪfiːn; -zə-] Joseˈphine *f.*
Josh [dʒɒʃ; *Am.* dʒɑʃ] *Kurzform für* **Joshua**.
Josh·u·a [ˈdʒɒʃwə; *Am.* ˈdʒɑ-] Josua *m.*
Jo·si·ah [dʒəʊˈsaɪə], **Joˈsi·as** [-əs] Joˈsia(s) *m.*
Joy [dʒɔɪ] *f.*
Joyce [dʒɔɪs] *f, m.*
Jude [dʒuːd] *m.*
Ju·dith [ˈdʒuːdɪθ] Judith *f.*
Ju·dy [ˈdʒuːdɪ] *Kurzform für* **Judith**.
Jul·ia [ˈdʒuːljə] Julia *f*, Julie *f.*
Jul·ian [ˈdʒuːljən] Juliˈan(us) *m.*
Ju·li·an·a [ˌdʒuːlɪˈɑːnə; *bes. Am.* -ˈænə] Juliˈana *f*, Juliˈane *f.*
Ju·lie [ˈdʒuːlɪ; ʒyli] (*Fr.*) → **Julia**.
Ju·li·et [ˈdʒuːljət; -lɪet] Julia *f*, Juliˈette *f.*
June [dʒuːn] *f.*
Jus·tin [ˈdʒʌstɪn] Juˈstin(us) *m.*
Jus·tine [ˈdʒʌstiːn] Juˈstina *f.*

K

Kar·en [ˈkɑːrən; ˈkærən] Karin *f.*
Karl [kɑː(r)l] Karl *m.*
Kate [keɪt] Käthe *f.*
Kath·er·ine, *a.* **Kath·a·rine, Kath·a·rina** → **Catherine** *etc.*
Kath·leen [ˈkæθliːn] (*Irish*) → **Catherine**.
Kath·y [ˈkæθɪ] → **Cathy**.
Ka·tie [ˈkeɪtɪ] *Koseform von* **Catherine, Katherine** *etc.*
Kat·rine [ˈkætrɪn], **Kay** [keɪ] *Kurzformen für* **Catherine, Katherine** *etc.*
Kay [keɪ] Kai *m, f*, Kay *m, f.*
Keith [kiːθ] *m.*
Kel·ly [ˈkelɪ] *m.*
Kel·vin [ˈkelvɪn] *m.*
Ken [ken] *Kurzform für* **Kenneth**.
Ken·dall [ˈkendl] *m.*
Ken·neth [ˈkenɪθ] *m.*
Kent [kent] *m.*
Ker·ry [ˈkerɪ] *m.*
Kev·in [ˈkevɪn] *m.*
Kim [kɪm] *m, f.*
Kirk [kɜːk; *Am.* kɜrk] *m.*
Kir·sten [ˈkɜːstɪn; *Am.* ˈkɜrstən] → **Christine**.
Kit·ty [ˈkɪtɪ] *Kurzform für* **Catherine**.
Kurt [kɜːt; *Am.* kɜrt] Kurt *m.*

L

Lach·lan [ˈlæklən; ˈlɒk-] (*Gaelic*) *m.*
Lam·bert [ˈlæmbə(r)t] Lambert *m.*
La·na [ˈlɑːnə; *Am. a.* ˈlænə] *f.*
Lance [lɑːns; *Am.* læns] *Kurzform für* **Lancelot**.
Lan·ce·lot [ˈlɑːnslət; *Am.* ˈlænsəˌlɑt] *m.*
Lar·ry [ˈlærɪ] *Kurzform für* **Laurence** *od.* **Lawrence**.
Lau·ra [ˈlɔːrə] Laura *f.*
Lau·rence [ˈlɒrəns; *Am.* ˈlɔːr-; ˈlɑːr-] Lorenz *m.*
Lau·rie [ˈlɔːrɪ; *Br. a.* ˈlɒrɪ] *Kurzform für* **Laurence**.
Lau·rin·da [lɔːˈrɪndə] *f.*
Law·rence → **Laurence**.
Lee, Leigh [liː] *m.*
Lei·la(h) [ˈliːlə] *f.*
Le·na [ˈliːnə] Lena *f*, Lene *f.*
Le·no·ra [ləˈnɔːrə; *Am. a.* ləˈnəʊrə], **Le·nore** [ləˈnɔː(r); *Am. a.* ləˈnəʊr] Leˈnore *f.*
Le·o [ˈliːəʊ] Leo *m.*
Le·on [ˈliːən; *Am. a.* ˈliːˌɑn] Leon *m.*
Leon·ard [ˈlenə(r)d] Leonhard *m.*
Le·o·no·ra [ˌliːəˈnɔːrə; *Am. a.* -ˈnəʊrə] Leoˈnore *f.*
Le·roy [ləˈrɔɪ; ˈliːrɔɪ] *m.*
Les·lie, *a.* **Les·ley** [ˈlezlɪ; *Am.* ˈlesliː] *m, f.*
Les·ter [ˈlestə(r)] *m.*
Le·vi [ˈliːvaɪ] *m.*
Lew [luː] *Kurzform für* **Lewis**.
Lew·is [ˈluːɪs] → **Louis**.
Lib·by [ˈlɪbɪ] *Kurzform für* **Elizabeth**.
Lil·(l)i·an [ˈlɪlɪən; -ljən] Lilian *f.*
Lil·y [ˈlɪlɪ] Lilli *f.*
Lin·coln [ˈlɪŋkən] *m.*
Lin·da [ˈlɪndə] *Kurzform für* **Belinda**.
Linus [ˈlaɪnəs] Linus *m.*
Li·o·nel [ˈlaɪənl] *m.*
Li·sa [ˈliːzə; ˈlaɪzə; *Am. a.* ˈliːsə], **Li·se** [ˈliːzə], **Li·sette** [lɪˈzet] *Kurzformen für* **Elizabeth**.
Lisle → **Lyle**.
Liz [lɪz], **Li·za** [ˈlaɪzə], **Liz·zie, Liz·zy** [ˈlɪzɪ] *Kurzformen für* **Elizabeth**.
Llew·el·lyn [luːˈelɪn] (*Welsh*) *m.*
Lloyd [lɔɪd] *m.*
Lo·is [ˈləʊɪs] *f.*
Lo·la [ˈləʊlə] Lola *f.*
Lo·re·na [ləˈriːnə] *f.*
Lor·na [ˈlɔː(r)nə] *Kurzform für* **Lorena**.
Lot·ta [ˈlɒtə; *Am.* ˈlɑtə], **Lot·tie** [ˈlɒtɪ; *Am.* ˈlɑtiː] Lotte *f.*
Lou [luː] *Kurzform für* **Louis** *od.* **Louisa**.
Lou·ie [ˈluːɪ] *Kurzform für* **Louis** *od.* **Louisa**.
Lou·is [ˈluːɪ; ˈluːɪs] Ludwig *m.*
Lou·i·sa [luːˈiːzə], **Louˈise** [-ˈiːz] Luˈise *f.*
Lov·ell [ˈlʌvl] *m.*
Low·ell [ˈləʊəl] *m.*
Lu·cas [ˈluːkəs] Lukas *m.*
Lu·cia [ˈluːsjə; *Am.* ˈluːʃə; -ʃɪə] Lucia *f.*
Lu·cil(l)e [luːˈsiːl] *f.*
Lu·cin·da [luːˈsɪndə] Luˈcinde *f.*
Lu·cius [ˈluːsjəs; -ʃjəs; *Am.* -ʃəs; -ʃɪəs] Lucius *m*, Luzius *m.*
Lu·cy [ˈluːsɪ] *Kurzform für* **Lucia** *od.* **Lucil(l)e**.
Lu·el·la [luˈelə] *f.*
Luke [luːk] Lukas *m.*
Lu·lu [ˈluːluː] *Koseform von* **Louisa** *od.* **Louise**.
Lu·ther [ˈluːθə(r)] Lothar *m.*
Lyd·i·a [ˈlɪdɪə] Lydia *f.*
Lyle [laɪl] *m.*
Lynn [lɪn] *f.*

M

Ma·bel [ˈmeɪbl] *Kurzform für* **Amabel**.
Mad·e·line, *a.* **Mad·e·leine** [ˈmædlɪn; -dleɪn] → **Magdalen(e)**.
Madge [mædʒ] *Kurzform für* **Margaret, Margery, Marjorie**.
Mad·oc [ˈmædək] *m.*
Mae → **May**.
Mag·da·len [ˈmægdəlɪn], **ˈMag·da·lene** [-lɪn; -liːn] Magdaˈlena *f*, Magdaˈlene *f.*
Mag·gie [ˈmægɪ] *Kurzform für* **Margaret**.
Mag·nus [ˈmægnəs] Magnus *m.*
Mai·da [ˈmeɪdə] *f.*
Mai·sie [ˈmeɪzɪ] (*Scot.*) *Kurzform für* **Margaret**.
Mal·colm [ˈmælkəm] *m.*
Ma·mie [ˈmeɪmɪ] *Kurzform für* **Margaret**.
Man·dy [ˈmændɪ] *Kurzform für* **Amanda**.
Mar·cus [ˈmɑː(r)kəs] Mark(us) *m.*
Mar·ga·ret [ˈmɑː(r)gərɪt] Margaˈreta *f*, Margaˈrete *f.*
Mar·ger·y [ˈmɑː(r)dʒərɪ] → **Margaret**.
Mar·gie [ˈmɑː(r)dʒɪ] *Kurzform für* **Margaret**.
Mar·go [ˈmɑː(r)gəʊ] *Kurzform für* **Margot**.
Mar·got [ˈmɑː(r)gəʊ; *Am. a.* ˈmɑːrgət] Margot *f.*
Ma·ri·a [məˈraɪə; -ˈrɪə; -ˈriːə] → **Mary**.
Mar·i·an [ˈmeərɪən; ˈmær-], **Mar·i·anne** [ˌmeərɪˈæn], *a.* **ˌMar·iˈan·na** [-ˈænə] Mariˈanne *f.*
Ma·rie [ˈmɑːrɪ; məˈriː] Maˈrie *f.*
Mar·i·lee [ˈmærɪliː] *f.*
Mar·i·lyn [ˈmærɪlɪn] *f.*
Ma·ri·na [məˈriːnə] Maˈrina *f.*
Mar·i·on [ˈmærɪən; ˈmeər-] Marion *f.*
Mar·jo·rie, Mar·jo·ry [ˈmɑː(r)dʒərɪ] → **Margaret**.
Mark [mɑː(r)k] → **Marcus**.
Mar·lene [ˈmɑː(r)liːn] Marˈlene *f.*
Mar·shal(l) [ˈmɑː(r)ʃl] *m.*
Mar·tha [ˈmɑː(r)θə] Martha *f.*
Mar·tin [ˈmɑːtɪn; *Am.* ˈmɑːrtn] Martin *m.*

Mar·ty [ˈmɑː(r)tɪ] *Koseform von* **Martha** *od.* **Martin.**
Mar·vin [ˈmɑː(r)vɪn] *m.*
Mar·y [ˈmeərɪ] Maˈria *f.*
Ma·t(h)il·da [məˈtɪldə] Matˈhilde *f.*
Mat(t) [mæt] *Kurzform für* **Matthew.**
Mat·thew [ˈmæθjuː] Matˈthäus *m.*
Mat·thi·as [məˈθaɪəs] Matˈthias *m.*
Mat·tie, Mat·ty [ˈmætɪ] *Kurzformen für* **Martha, Mat(h)ilda, Matthew.**
Maud(e) [mɔːd], ˈ**Maud·lin** [-lɪn] *Kurzformen für* **Magdalen(e).**
Mau·ra [ˈmɔːrə], **Mau·reen** [ˈmɔːriːn; *bes. Am.* mɔːˈriːn] (*Irish*) → **Mary.**
Mau·rice [ˈmɒrɪs; *Am.* ˈmɔːrəs; ˈmɑːr-; mɔːˈriːs] Moritz *m.*
Ma·vis [ˈmeɪvɪs] *f.*
Max [mæks] Max *m.*
Max·ine [mækˈsiːn; ˈmæksiːn] *f.*
Max·well [ˈmækswəl; -wel] *m.*
May [meɪ] *Kurzform für* **Mary.**
May·nard [ˈmeɪnə(r)d; -nɑː(r)d] Meinhard *m.*
Meave [meɪv] (*Irish*) *f.*
Meg [meg] *Kurzform für* **Margaret.**
Mel·a·nie [ˈmelənɪ] Melanie *f.*
Me·lis·sa [mɪˈlɪsə] Meˈlissa *f.*
Mel·vin, Mel·vyn [ˈmelvɪn] *m.*
Mer·e·dith [ˈmerədɪθ] *m.*
Merle [mɜːl; *Am.* mɜrl] *m.*
Mer·vin, Mer·vyn [ˈmɜːvɪn; *Am.* ˈmɜr-] → **Marvin.**
Mi·chael [ˈmaɪkl] Michael *m.*
Mi·chelle [miːˈʃel; mɪ-] Miˈchèle *f*, Miˈchelle *f.*
Mick [mɪk], **Mick·y** [ˈmɪkɪ] *Kurzformen für* **Michael.**
Mike [maɪk] *Kurzform für* **Michael.**
Mil·dred [ˈmɪldrɪd] Miltraud *f*, Miltrud *f.*
Miles [maɪlz] *m.*
Mil·li·cent [ˈmɪlɪsnt] *f.*
Mil·lie, Mil·ly [ˈmɪlɪ] *Koseformen von* **Amelia, Emily, Mildred, Millicent.**
Mil·ton [ˈmɪltən] *m.*
Mi·mi [ˈmɪmɪ] Mimi *f.*
Min·na [ˈmɪnə] Minna *f.*
Min·nie [ˈmɪnɪ] *f, auch Koseform von* **Mary.**
Mir·a·bel [ˈmɪrəbel] Miraˈbell *f.*
Mi·ran·da [mɪˈrændə] Miˈranda *f.*
Mir·i·am [ˈmɪrɪəm] → **Mary.**
Mitch·ell [ˈmɪtʃl] *m.*
Moi·ra [ˈmɔɪərə; ˈmɔɪrə] → **Maura.**
Moll [mɒl; *Am.* mɑl], **Mol·ly** [ˈmɒlɪ; *Am.* ˈmɑliː] *Koseformen von* **Mary.**
Mo·na [ˈməʊnə] *f.*
Mon·i·ca [ˈmɒnɪkə; *Am.* ˈmɑ-] Monika *f.*
Mon·roe [mənˈrəʊ; ˈmʌnrəʊ] *m.*
Mon·ta·gue [ˈmɒntəgjuː; ˈmʌn-; *Am.* ˈmɑn-] *m.*
Mor·gan [ˈmɔː(r)gən] *m.*
Mor·ris [ˈmɒrɪs; *Am.* ˈmɔːrəs; ˈmɑːrəs] → **Maurice.**
Mor·ti·mer [ˈmɔː(r)tɪmə(r)] *m.*
Mor·ton [ˈmɔː(r)tn] *m.*
Mose [məʊz] *Kurzform für* **Moses.**
Mo·ses [ˈməʊzɪz] Moses *m.*
Moy·na [ˈmɔɪnə] *f.*
Mur·doch [ˈmɜːdɒk; *Am.* ˈmɜrdək; -ˌdɑk] *m.*
Mu·ri·el [ˈmjʊərɪəl] *f.*
Mur·phy [ˈmɜːfɪ; *Am.* ˈmɜrfiː] *m.*
Mur·ray [ˈmʌrɪ; *Am.* ˈmɜriː] *m.*
My·ra [ˈmaɪərə] *f.*
Myr·tle [ˈmɜːtl; *Am.* ˈmɜrtl] *f.*

N

Nan [næn], **Nance** [næns], ˈ**Nan·cy** [-sɪ], **Nan·(n)ette** [næˈnet], **Nan·ny** [ˈnænɪ] *Koseformen von* **Ann.**
Na·o·mi [ˈneɪəmɪ; *Am. a.* neɪˈəʊmiː] *f.*
Nat [næt] *Kurzform für* **Nathan** *od.* **Nathaniel.**
Nat·a·lie [ˈnætəlɪ], *a.* **Na·ta·lia** [nəˈtɑːljə; -ˈteɪ-; *Am. a.* nəˈtælɪə] Naˈtalie *f.*
Na·than [ˈneɪθən] Nathan *m.*
Na·than·iel [nəˈθænjəl], *a.* **Naˈthan·a·el** [-neɪəl; -njəl] Naˈthanael *m.*
Neal [niːl] *m.*
Ned [ned], **Ned·die, Ned·dy** [ˈnedɪ] *Koseformen von* **Edmund, Edward, Edwin.**
Neil → **Neal.**
Nell [nel], **Nel·lie, Nel·ly** [ˈnelɪ] *Koseformen von* **Eleanor, Ellen, Helen.**
Nel·son [ˈnelsn] *m.*
Nes·sa [ˈnesə], **Nes·sie** [ˈnesɪ], **Nes·ta** [ˈnestə] *Koseformen von* **Agnes.**
Nev·il(e), Nev·ille [ˈnevɪl; ˈnevl] *m.*
New·ton [ˈnjuːtn; *Am. a.* ˈnuː-] *m.*
Nich·o·las [ˈnɪkələs; ˈnɪkləs] Nikolaus *m.*
Nick [nɪk] *Kurzform für* **Nicholas.**
Nic·o·la [ˈnɪkələ] Nikola *f.*
Ni·gel [ˈnaɪdʒəl; -dʒl] *m.*
Ni·na [ˈniːnə; ˈnaɪnə] *Koseform von* **Ann.**
No·el [ˈnəʊəl] *m.*
No·lan [ˈnəʊlən] *m.*
No·ra(h) [ˈnɔːrə] *Kurzform für* **Eleanor, Leonora.**
Nor·bert [ˈnɔː(r)bə(r)t] Norbert *m.*
Nor·ma [ˈnɔː(r)mə] *f.*
Nor·man [ˈnɔː(r)mən] *m.*

O

O·laf [ˈəʊləf] Olaf *m.*
Ol·ive [ˈɒlɪv; *Am.* ˈɑlɪv] → **Olivia.**
Ol·i·ver [ˈɒlɪvə; *Am.* ˈɑləvər] Oliver *m.*
O·liv·i·a [ɒˈlɪvɪə; *bes. Am.* əˈl-; əʊˈl-] Oˈlivia *f.*
Ol·lie [ˈɒlɪ; *Am.* ˈɑliː] *Kurzform für* **Oliver.**
O·phel·ia [ɒˈfiːljə; *bes. Am.* əˈf-; əʊˈf-] Oˈphelia *f.*
Os·car [ˈɒskə; *Am.* ˈɑskər] Oskar *m.*
Os·wald, Os·wold [ˈɒzwəld; *Am. a.* ˈɑz-] Oswald *m.*
O·tis [ˈəʊtɪs] *m.*
Ot·to [ˈɒtəʊ; *Am.* ˈɑtəʊ] Otto *m.*
Ow·en [ˈəʊɪn] *m.*

P

Pad·dy [ˈpædɪ] *Kurzform für* **Patricia** *od.* **Patrick.**
Pam·e·la [ˈpæmələ] Paˈmela *f.*
Pat [pæt] *Kurzform für* **Martha, Mat(h)ilda, Patricia, Patrick.**
Pa·tience [ˈpeɪʃns] *f.*
Pa·tri·cia [pəˈtrɪʃə; -ʃɪə] Paˈtrizia *f.*
Pat·rick [ˈpætrɪk] Patrick *m*, Paˈtrizius *m.*
Pat·ty [ˈpætɪ], *a.* ˈ**Pat·sy** [-sɪ] *Kurzformen für* **Martha, Mat(h)ilda, Patricia, Patrick.**
Paul [pɔːl] Paul *m.*
Pau·la [ˈpɔːlə] Paula *f.*
Pau·line [pɔːˈliːn; *Br. a.* ˈpɔːliːn] Pauˈline *f.*
Pearce [pɪə(r)s] → **Peter.**
Pearl [pɜːl; *Am.* pɜrl] *f.*
Peg [peg], **Peg·gie, Peg·gy** [ˈpegɪ] *Kurzformen für* **Margaret.**
Pe·nel·o·pe [pɪˈneləpɪ; pə-] *f.*
Pen·ny, *a.* **Pen·nie** [ˈpenɪ] *Kurzform für* **Penelope.**
Per·ci·val, *a.* **Per·ce·val** [ˈpɜːsɪvl; *Am.* ˈpɜrsəvl] Parzival *m.*
Per·cy [ˈpɜːsɪ; *Am.* ˈpɜrsiː] *Kurzform für* **Percival.**
Per·e·grine [ˈperɪgrɪn] Pereˈgrin *m.*
Per·kin [ˈpɜːkɪn; *Am.* ˈpɜr-] *Koseform von* **Peter.**
Per·ry [ˈperɪ] *Kurzform für* **Peregrine.**
Pete [piːt] *m, a. Kurzform für* **Peter.**
Pe·ter [ˈpiːtə(r)] Peter *m.*
Phil [fɪl] *Kurzform für* **Philip.**
Phil·ip [ˈfɪlɪp] Philipp *m.*
Phi·lip·pa [ˈfɪlɪpə; *bes. Am.* fɪˈlɪpə] Phiˈlippa *f.*
Phoe·be [ˈfiːbɪ] Phöbe *f.*
Phyl·lis [ˈfɪlɪs] Phyllis *f.*
Pierce [pɪə(r)s] → **Peter.**
Poll [pɒl; *Am.* pɑl], **Pol·ly** [ˈpɒlɪ; *Am.* ˈpɑliː] *Koseformen von* **Mary.**
Por·gy [ˈpɔː(r)gɪ] *m.*
Por·tia [ˈpɔː(r)ʃjə; -ʃɪə; -ʃə] *f.*
Pres·ton [ˈprestən] *m.*
Pris·cil·la [prɪˈsɪlə] Prisˈcilla *f.*
Pru·dence [ˈpruːdns] Pruˈdentia *f.*

Q

Queen·ie [ˈkwiːnɪ] *f.*
Quen·tin [ˈkwentɪn; *Am.* -tn], *a.* **Quin·tin** [ˈkwɪntɪn; *Am.* -tn] Quinˈtinus *m, a.* Quinˈtin *m.*
Quin·c(e)y [ˈkwɪnsɪ] *m, f.*

R

Ra·chel [ˈreɪtʃəl] Ra(c)hel *f.*
Rae [reɪ] *Kurzform für* **Rachel.**
Ralph [rælf; *Br. a.* reɪf] Ralf *m.*
Ra·mo·na [rəˈməʊnə] Raˈmona *f.*
Ran·dal(l) [ˈrændl] *m.*
Ran·dolph [ˈrændɒlf; *Am.* -ˌdɑlf] *m.*
Ran·dy [ˈrændɪ] *Kurzform für* **Randolph.**
Raph·a·el [ˈræfeɪəl; ˈræfeɪl; *Am.* ˈræfɪəl; ˈreɪfɪəl] Raphael *m.*
Ray [reɪ] *m, f.*
Ray·mond, Ray·mund [ˈreɪmənd] Raimund *m*, Reimund *m.*
Ray·ner [ˈreɪnə(r)] Rainer *m*, Reiner *m.*
Re·bec·ca, *auch* **Re·bek·ah** [rɪˈbekə] Reˈbekka *f.*
Reg [redʒ], **Reg·gie** [ˈredʒɪ] *Kurzformen für* **Reginald.**
Re·gi·na [rɪˈdʒaɪnə; *Am. a.* -ˈdʒiː-] Reˈgina *f*, Reˈgine *f.*
Reg·i·nald [ˈredʒɪnld] Reginald *m*, Reinald *m.*
Re·gis [ˈriːdʒɪs] *m.*
Re·na [ˈriːnə] Rena *f.*
Re·na·ta [rəˈnɑːtə; rɪˈneɪtə] Reˈnata *f*, Reˈnate *f.*
Reu·ben [ˈruːbɪn; -ən] Ruben *m.*
Rex [reks] *m, a. Kurzform für* **Reginald.**
Reyn·old [ˈrenld; -nəld] → **Reginald.**
Rho·da [ˈrəʊdə] *f.*

Rich·ard [ˈrɪtʃə(r)d] Richard *m.*
Rich·ie [ˈrɪtʃɪ] *Kurzform für* Richard.
Rick [rɪk] *Kurzform für* Richard.
Ri·ley [ˈraɪlɪ] *m.*
Ri·ta [ˈriːtə] Rita *f.*
Rob [rɒb; *Am.* rɑb], **Rob·bie** [ˈrɒbɪ; *Am.* ˈrɑbiː] *Kurzformen für* Robert.
Rob·ert [ˈrɒbət; *Am.* ˈrɑbərt] Robert *m.*
Rob·in [ˈrɒbɪn; *Am.* ˈrɑbən] *Kurzform für* Robert.
Rod·er·ic(k) [ˈrɒdərɪk; -drɪk; *Am.* ˈrɑ-] Roderich *m.*
Rod·ney [ˈrɒdnɪ; *Am.* ˈrɑdniː] *m.*
Rog·er [ˈrɒdʒə; *Am.* ˈrɑdʒər] Rüdiger *m,* Roger *m.*
Ro·land [ˈrəʊlənd] Roland *m.*
Ron [rɒn; *Am.* rɑn] *Kurzform für* Ronald.
Ron·ald [ˈrɒnld; *Am.* ˈrɑ-] Ronald *m.*
Ron·nie [ˈrɒnɪ; *Am.* ˈrɑniː] *Koseform von* Ronald *od.* Veronica.
Ron·ny [ˈrɒnɪ; *Am.* ˈrɑniː] *Koseform von* Ronald.
Ro·sa [ˈrəʊzə] Rosa *f.*
Ro·sa·lia [rəʊˈzeɪljə], **Ros·a·lie** [ˈrəʊzəlɪ; *Br. a.* ˈrɒz-; *Am. a.* ˈrɑz-] Roˈsalia *f,* Roˈsalie *f.*
Ros·a·lind [ˈrɒzəlɪnd; *Am.* ˈrɑ-; ˈrəʊ-], *a.* **Ros·a·lyn** [ˈrɒzəlɪn; *Am.* ˈrɑ-; ˈrəʊ-] Rosaˈlinde *f.*
Ros·coe [ˈrɒskəʊ; *Am. bes.* ˈrɑs-] *m.*
Rose [rəʊz] → Rosa.
Rose·mar·y [ˈrəʊzmərɪ; *Am.* -ˌmeriː] ˈRosemaˌrie *f.*
Ro·sie [ˈrəʊzɪ] Rosi *f.*
Ross [rɒs; *Am. a.* rɔːs; rɑs] *m.*
Row·an [ˈrəʊən; ˈraʊən] *m.*
Row·e·na [rəʊˈiːnə; *Am.* rəˈwiːnə] Roˈwena *f.*
Roy [rɔɪ] *m.*
Ru·by [ˈruːbɪ] *f.*
Ru·dolph [ˈruːdɒlf; *Am. bes.* -ˌdɑlf] Rudolf *m.*
Ru·fus [ˈruːfəs] Rufus *m.*
Ru·pert [ˈruːpə(r)t] Rupert *m,* Ruprecht *m.*
Rus·sel(l) [ˈrʌsl] *m.*
Ruth [ruːθ] Ruth *f.*

S

Sa·bi·na [səˈbaɪnə; -ˈbiːnə] Saˈbine *f.*
Sa·bri·na [səˈbraɪnə; -ˈbriːnə] *f.*
Sa·die [ˈseɪdɪ], **Sal** [sæl], **Sal·lie, Sal·ly** [ˈsælɪ] *Koseformen von* Sara(h).
Sa·lo·me [səˈləʊmɪ] Salome *f.*
Sam [sæm], **Sam·my** [ˈsæmɪ] *Kurzformen für* Samuel *od.* Samantha.
Sa·man·tha [səˈmænθə] *f.*
Sam·u·el [ˈsæmjʊəl; *Am. a.* -jəl] Samuel *m.*
San·dra [ˈsændrə; ˈsɑːn-] *Kurzform für* Alexandra.
San·dy [ˈsændɪ] *Kurzform für* Alexander, Alexandra, Sandra.
San·ford [ˈsænfə(r)d] *m.*
Sar·a(h) [ˈseərə; *Am. a.* ˈseɪrə] Sara *f.*
Saul [sɔːl] Saul *m.*
Scott [skɒt; *Am.* skɑt] *m.*
Seam·as, Seam·us [ˈʃeɪməs] (*Irish*) → James.
Sean [ʃɔːn] (*Irish*) → John.
Se·bas·tian [sɪˈbæstjən; *Am.* -tʃən] Seˈbastian *m.*
Sel·ma [ˈselmə] Selma *f.*
Sey·mour [ˈsiːmɔː(r); -mə(r); *Br. a.* ˈseɪ-] *m.*
Shar·on [ˈʃeərɒn; ˈʃæ-; *bes. Am.* -rən] *f.*
Shaun, Shawn [ʃɔːn] (*Irish*) → John.
Shei·la [ˈʃiːlə] (*Irish*) → Cecilia.
Shel·don [ˈʃeldən] *m.*
Sher·i·dan [ˈʃerɪdn] *m.*
Sher·man [ˈʃɜːmən; *Am.* ˈʃɜr-] *m.*
Sher·wood [ˈʃɜːwʊd; *Am.* ˈʃɜr-] *m.*
Shir·ley [ˈʃɜːlɪ; *Am.* ˈʃɜrliː] *f.*
Sib·yl [ˈsɪbɪl; ˈsɪbl] Siˈbylle *f.*
Sid·ney [ˈsɪdnɪ] *m, f.*
Si·las [ˈsaɪləs] *m.*
Sil·vi·a [ˈsɪlvɪə] Silvia *f.*
Sim·e·on [ˈsɪmɪən] Simeon *m.*
Si·mon [ˈsaɪmən] Simon *m.*
Sin·clair [ˈsɪŋkleə(r); *Br. a.* -klə; *Am. a.* sɪnˈkleər] *m.*
Sis·ley [ˈsɪslɪ] *Kurzform für* Cecily.
So·nia, So·nya [ˈsɒnɪə; -njə; ˈsəʊ-] Sonja *f.*
So·phi·a [səʊˈfaɪə; sə-; *Am. a.* səˈfiːə; ˈsəʊfɪə] Soˈphia *f,* Soˈphie *f,* Soˈfie *f.*
So·phie [ˈsəʊfɪ] *Kurzform für* Sophia.
Spen·cer [ˈspensə(r)] *m.*
Stan [stæn] *Kurzform für* Stanley.
Stan·ley [ˈstænlɪ] *m.*
Stan·ton [ˈstæntən; *Br. a.* ˈstɑːn-] *m.*
Steen·ie [ˈstiːnɪ] *Koseform von* Stephen.
Stel·la [ˈstelə] Stella *f.*
Steph·a·nie [ˈstefənɪ] Stefanie *f,* Stephanie *f.*
Ste·phen [ˈstiːvn] Stephan *m,* Stefan *m.*
Ster·ling [ˈstɜːlɪŋ; *Am.* ˈstɜr-] *m.*
Steve [stiːv] *Kurzform für* Stephen.
Ste·ven → Stephen.
Stev·ie [ˈstiːvɪ] *Koseform von* Steven, Stephen, Stephanie.
Stew·art, *a.* **Stu·art** [stjʊə(r)t; *Am. a.* ˈstuː-] *m.*
Stir·ling → Sterling.
Sue [sjuː; *bes. Am.* suː], **Suke** [-k], ˈ**Su·ky** [-kɪ] *Kurzformen für* Susan.
Su·san [ˈsuːzn], **Su·san·na(h)** [suːˈzænə] Suˈsanna *f,* Suˈsanne *f.*
Su·sie, *a.* **Su·sy** [ˈsuːzɪ] Susi *f.*
Su·zanne [suːˈzæn] Suˈsanne *f,* Suˈsanna *f.*
Syb·il [ˈsɪbɪl] Siˈbylle *f,* Syˈbille *f.*
Syl·ves·ter [sɪlˈvestə(r)] Silˈvester *m,* Sylˈvester *m.*
Syl·vi·a [ˈsɪlvɪə] Silvia *f,* Sylvia *f,* Sylvie *f.*

T

Tal·bot [ˈtɔːlbət; *Br. a.* ˈtɒl-] *m.*
Ta·ma·ra [təˈmɑːrə; təˈmærə] Taˈmara *f.*
Ted [ted], **Ted·dy** [ˈtedɪ] *Kurzformen für* Edward *od.* Theodore.
Ter·ence, *a.* **Ter·rence** [ˈterəns] *m.*
Ter·ry [ˈterɪ] *Kurzform für* Terence, Theodore, Theresa.
Tess [tes], **Tes·sa** [ˈtesə], **Tes·sie** [ˈtesɪ] *Kurzformen für* Theresa.
Thad [θæd] *Kurzform für* Thaddeus.
Thad·de·us [θæˈdiːəs; *bes. Am.* ˈθædɪəs] Thadˈdäus *m.*
Tha·li·a [θəˈlaɪə; *Am.* ˈθeɪlɪə; -ljə] *f.*
The·a [θɪə; ˈθiːə] Thea *f.*
The·o·bald [ˈθɪəbɔːld; *Am.* ˈθiːə-] Theobald *m.*
The·o·dore [ˈθɪədɔː; *Am.* ˈθiːəˌdɔːr] Theodor *m.*
The·re·sa [tɪˈriːzə; *Am.* təˈriːsə] Theˈresa *f,* Theˈrese *f.*
Thom·as [ˈtɒməs; *Am.* ˈtɑ-] Thomas *m.*
Til·da [ˈtɪldə], **Til·lie, Til·ly** [ˈtɪlɪ] *Kurzformen für* Mat(h)ilda.
Tim [tɪm] *Kurzform für* Timothy.
Tim·o·thy [ˈtɪməθɪ] Tiˈmotheus *m.*
Ti·na [ˈtiːnə] *Kurzform für* Christina.
To·bi·ah [təˈbaɪə; təʊ-], **Toˈbi·as** [-əs] Toˈbias *m.*
To·by [ˈtəʊbɪ] *Kurzform für* Tobiah *od.* Tobias.
Tom [tɒm; *Am.* tɑm], **Tom·my** [ˈtɒmɪ; *Am.* ˈtɑmiː] *Kurzformen für* Thomas.
To·ny [ˈtəʊnɪ] *Kurzform für* Anthony.
Tra·cy [ˈtreɪsɪ] *m.*
Trev·or [ˈtrevə(r)] *m.*
Tri·cia [ˈtrɪʃə], **Trish** [trɪʃ] *Kurzformen für* Patricia.
Tris·tan [ˈtrɪstən], ˈ**Tris·tram** [-trəm] Tristan *m.*
Trix [trɪks], **Trix·ie, Trix·y** [ˈtrɪksɪ] *Kurzformen für* Beatrice *od.* Beatrix.
Troy [trɔɪ] *m.*
Tru·dy [ˈtruːdɪ] *Kurzform für* Gertrude.
Tru·man [ˈtruːmən] *m.*
Tyb·alt [ˈtɪbəlt; ˈtɪblt] → Theobald.
Ty·rone [tɪˈrəʊn; *Am. a.* ˈtaɪˌrəʊn] *m.*

U

Ul·ric [ˈʊlrɪk; ˈʌl-] Ulrich *m.*
U·lys·ses [juːˈlɪsiːz; jʊˈl-] *m.*
U·ri·ah [ˌjʊəˈraɪə; jʊˈr-] Uriel *m.*
Ur·su·la [ˈɜːsjʊlə; *Am.* ˈɜrsələ] Ursula *f.*

V

Val [væl] *Kurzform für* Valentine *od.* Valerie.
Val·en·tine [ˈvæləntaɪn] Valentin *m.*
Val·er·ie [ˈvælərɪ], *a.* **Va·le·ri·a** [vəˈlɪərɪə] Vaˈleria *f,* Vaˈlerie *f.*
Van [væn] *m.*
Vance [væns] *m.*
Va·nes·sa [vəˈnesə] *f.*
Vaughan, Vaughn [vɔːn] *m.*
Ve·ra [ˈvɪərə] Vera *f.*
Vere [vɪə(r)] *m, f.*
Ver·na [ˈvɜːnə; *Am.* ˈvɜrnə] *f.*
Ver·non [ˈvɜːnən; *Am.* ˈvɜr-] *m.*
Ve·ron·i·ca [vɪˈrɒnɪkə; və-; *Am.* vəˈrɑ-] Veˈronika *f.*
Vick·y [ˈvɪkɪ] *Kurzform für* Victoria.
Vic·tor [ˈvɪktə(r)] Viktor *m.*
Vic·to·ri·a [vɪkˈtɔːrɪə] Vikˈtoria *f.*
Vin·cent [ˈvɪnsənt] Vinzenz *m.*
Vi·o·la [ˈvaɪələ; ˈvɪəʊlə; *Am. a.* vaɪˈəʊlə; vɪ-] Viˈola *f.*
Vi·o·let [ˈvaɪələt] Vioˈletta *f,* Vioˈlet(te) *f.*
Vir·gil [ˈvɜːdʒɪl; *Am.* ˈvɜrdʒəl] Virˈgil *m.*
Vir·gin·ia [və(r)ˈdʒɪnjə; -nɪə] Virˈginia *f.*
Viv·i·an [ˈvɪvɪən; -jən] *m, f.*
Viv·i·en(ne) [ˈvɪvɪən; -jən] *f.*

W

Wal·do [ˈwɔːldəʊ; *Br. a.* ˈwɒl-; *Am. a.* ˈwɑl-] *m.*
Wal·lace [ˈwɒlɪs; *Am.* ˈwɑləs] *m.*
Wal·ly [ˈwɒlɪ; *Am.* ˈwɑliː] *Koseform von* Walter.
Walt [wɔːlt] *Kurzform für* Walter.
Wan·da [ˈwɒndə; *Am.* ˈwɑndə] Wanda *f.*

War·ren [ˈwɒrən; *Am. a.* ˈwɑrən] *m.*
Wayne [weɪn] *m.*
Wen·dy [ˈwendɪ] *f.*
Wes·ley [ˈwezlɪ; ˈweslɪ] *m.*
Wil·bert [ˈwɪlbə(r)t] *m.*
Wil·bur [ˈwɪlbə(r)] *m.*
Wil·fred, Wil·frid [ˈwɪlfrɪd] Wilfried *m.*
Wil·hel·mi·na [ˌwɪlhelˈmiːnə; ˌwɪləˈm-] Wilhelˈmine *f.*
Will [wɪl] *Kurzform für* **William.**
Wil·lard [ˈwɪlɑːd; *bes. Am.* ˈwɪlə(r)d] *m.*
Wil·liam [ˈwɪljəm] Wilhelm *m.*
Wil·lie [ˈwɪlɪ] *Kurzform für* **William** *od.* **Wilhelmina.**
Wil·lis [ˈwɪlɪs] *m.*
Wil·ma [ˈwɪlmə] Wilma *f.*
Win·field [ˈwɪnfiːld] *m.*
Win·fred [ˈwɪnfrɪd] Winfried *m.*
Win·ston [ˈwɪnstən] *m.*
Wood·row [ˈwʊdrəʊ] *m.*
Wy·att [ˈwaɪət] *m.*

Y

Y·vonne [ɪˈvɒn; *Am.* ɪˈvɑn] Yˈvonne *f,* Iˈvonne *f.*

Z

Zane [zeɪn] *m.*
Zel·da [ˈzeldə] *f.*
Zo·e [ˈzəʊɪ] Zoe *f.*

IV. GEOGRAPHISCHE NAMEN
IV. GEOGRAPHICAL NAMES

A

Ab·er·deen [ˌæbəˈdiːn; *Am.* ˈæbərˌdiːn] a) → **Aberdeenshire**, b) *Hafen u. Hauptstadt von Grampian Region, Schottland.*

Ab·er·deen·shire [ˌæbəˈdiːnʃə; -ˌʃɪə; *Am.* ˈæbərˌdiːnˌʃɪər; -ʃər] *Ehemal. Grafschaft im nordöstl. Schottland.*

Ab·er·yst·wyth [ˌæbəˈrɪstwɪθ] *Hafen u. Seebad in Dyfed, Wales.*

Ab·ys·sin·i·a [ˌæbɪˈsɪnjə; -nɪə] Abesˈsinien *n* (→ **Ethiopia**).

Ac·cra [əˈkrɑː] Akkra *n* (*Hauptstadt der afrik. Republik Ghana*).

Ad·dis Ab·a·ba [ˌædɪsˈæbəbə] Addis Abeba *n* (*Hauptstadt von Äthiopien*).

Ad·e·laide [ˈædəleɪd] *Hauptstadt des austral. Bundesstaates Südaustralien.*

A·den [ˈeɪdn; *Am. a.* ˈɑːdn] *Hauptstadt der Volksrepublik Südjemen.*

A·dri·at·ic Sea [ˌeɪdrɪˈætɪk; ˌæd-] Adria *f*, Adriˈatisches Meer.

Af·ghan·i·stan [æfˈgænɪstæn; *Br. a.* -stən; -stɑːn] *Staat in Vorderasien.*

Af·ri·ca [ˈæfrɪkə] Afrika *n*.

Air·drie [ˈeə(r)drɪ] *Stadt östl. von Glasgow, Schottland.*

Aire [eə(r)] *Nebenfluß des Ouse, Nordengland.*

Aix-la-Cha·pelle [ˌeɪkslɑːʃæˈpel; -ʃəˈpel; ˌeks-] Aachen *n*.

Ak·ron [ˈækrən] *Stadt in Ohio, USA.*

Al·a·bama [ˌæləˈbæmə] *Staat u. Fluß im Süden der USA.*

Al·a·me·da [ˌæləˈmiːdə; -ˈmeɪdə] *Stadt in Kalifornien, USA.*

Al·a·mo, the [ˈæləməʊ] *Missionsstation in San Antonio, Texas, USA. Schlacht 1836.*

A·las·ka [əˈlæskə] *Staat der USA im Nordwesten Nordamerikas.*

Al·ba·nia [ælˈbeɪnjə; -nɪə; ɔːlˈb-] Alˈbanien *n*.

Al·ba·ny [ˈɔːlbənɪ] a) *Hauptstadt des Staates New York, USA*, b) *Fluß in Kanada*, c) *Stadt in Georgia, USA.*

Al·ber·ta [ælˈbɜːtə; *Am.* -ˈbɜr-] *Provinz im westl. Kanada.*

Al·bu·quer·que [ˈælbəkɜːkɪ; *Am.* -ˌkɜr-] *Größte Stadt in New Mexico, USA.*

Al·ca·traz [ˌælkəˈtræz; ˈælkətræz] *Felseninsel in der Bucht von San Franzisko.*

Al·der·mas·ton [ˈɔːldə(r)ˌmɑːstən; *Am.* -ˌmæ-] *Dorf in Berkshire, England. Forschungs- u. Entwicklungszentrum für nukleare Waffen u. Atomenergiegewinnung.*

Al·der·ney [ˈɔːldə(r)nɪ] *Brit. Kanalinsel.*

Al·ders·gate [ˈɔːldə(r)zgeɪt; *Br. a.* -gɪt] *Straße in London.*

Al·der·shot [ˈɔːldəʃɒt; *Am.* ˈɔːldərˌʃɑt] *Stadt in Hampshire, England. Größte Garnison Großbritanniens.*

Ald·gate [ˈɔːldgɪt; ˈɔːlgɪt; -geɪt] *Straße in London.*

Al·dridge-Brown·hills [ˌɔːldrɪdʒ-ˈbraʊnhɪlz] *Stadt in West Midlands, England.*

Ald·wych [ˈɔːldwɪtʃ] *Straße in London.*

A·leu·tian Is·lands [əˈluːʃjən; *bes. Am.* əˈluːʃn] Aleˈuten *pl* (*Inselgruppe zwischen Alaska u. Kamtschatka*).

Al·ge·ria [ælˈdʒɪərɪə] Alˈgerien *n*.

Al·giers [ælˈdʒɪə(r)z] Algier *n* (*Hauptstadt von Algerien*).

Al·le·ghe·ny [ˈælɪgenɪ; *Am.* ˌæləˈgeɪniː] *Fluß im westl. Pennsylvania, USA.*

Al·len·town [ˈæləntaʊn] *Stadt in Pennsylvania, USA.*

Alps [ælps] Alpen *pl*.

Al·trin·cham [ˈɔːltrɪŋəm] *Stadt in Greater Manchester, England.*

Am·a·zon [ˈæməzən; -zn; *Am. a.* -ˌzɑn] Amaˈzonas *m* (*Fluß im nördl. Südamerika*).

A·mer·i·ca [əˈmerɪkə; *Am.* -rə-] Aˈmerika *n*.

Am·man [əˈmɑːn; *Am.* æˈmɑːn; æˈmæn] *Hauptstadt von Jordanien.*

Am·ster·dam [ˌæmstə(r)ˈdæm; ˈ-ˌdæm] *Stadt in den Niederlanden.*

An·a·con·da [ˌænəˈkɒndə; *Am.* -ˈkɑ-] *Industriestadt in Montana, USA.*

An·chor·age [ˈæŋkərɪdʒ] *Hafenstadt im südl. Alaska, USA.*

An·da·lu·sia [ˌændəˈluːzjə; *Am.* -ˈluːʒə; -ʒɪə] Andaˈlusien *n*.

An·des [ˈændiːz] Anden *pl* (*Gebirgszug im Westen Südamerikas*).

An·dor·ra [ænˈdɔːrə; *Am. a.* -ˈdɑːrə] *Zwergstaat in den östl. Pyrenäen.*

An·gle·sey, *auch* **An·gle·sea** [ˈæŋglsɪ] a) *Insel an der Nordwestküste von Wales*, b) *ehemal. Grafschaft in Wales.*

An·glia [ˈæŋglɪə] *Lat. Name für England.*

An·go·la [æŋˈgəʊlə] *Volksrepublik im südwestl. Afrika.*

An·guil·la [æŋˈgwɪlə] *Insel der Kleinen Antillen.*

An·gus [ˈæŋgəs] *Ehemal. Grafschaft im östl. Schottland.*

An·ka·ra [ˈæŋkərə] *Hauptstadt der Türkei.*

An·nam [ænˈæm; ˈænæm] *Teil Vietnams.*

An·nap·o·lis [əˈnæpəlɪs; *Am. a.* -pləs] *Haupt- u. Hafenstadt von Maryland, USA.*

Ant·arc·ti·ca [æntˈɑː(r)ktɪkə; *Am. a.* -ˈɑːrtɪkə], **Ant·arc·tic Con·ti·nent** [æntˈɑː(r)ktɪk; *Am. a.* -ˈɑːrtɪk] Antˈarktis *f*.

An·ti·gua [ænˈtiːgə] *Insel der Kleinen Antillen.*

An·ti·gua and Bar·bu·da [ænˈtiːgə; bɑː(r)ˈbuːdə] *Staat im Bereich der Westind. Inseln.*

An·til·les [ænˈtɪliːz] Anˈtillen *pl* (*Westindische Inseln*).

An·tip·o·des [ænˈtɪpədiːz] Antiˈpoden-Inseln *pl* (*südöstl. von Neuseeland*).

An·trim [ˈæntrɪm] *Grafschaft in Nordirland.*

Ant·werp [ˈæntwɜːp; *Am.* -wɜrp], (*Fr.*) **An·vers** [ɑ̃vɜr] Antˈwerpen *n* (*Hafenstadt im nördl. Belgien*).

Ap·en·nines [ˈæpɪnaɪnz] Apenˈnin *m*, Apenˈninen *pl* (*Gebirgszug in Italien*).

Ap·pa·lach·i·an Moun·tains [ˌæpəˈleɪtʃjən; *Am.* -tʃən; -ˈlætʃən; -ˈleɪʃən], **ˌAp·paˈlach·i·ans** [-z] Appaˈlachen *pl* (*Gebirgszug in den östl. USA*).

A·ra·bia [əˈreɪbjə; -bɪə] Aˈrabien *n*.

A·ran Is·land [ˈærən] Araninsel *f* (*Insel im Nordwesten von Donegal, Irland*).

A·ran Is·lands [ˈærən] Araninseln *pl* (*Inselgruppe vor der Galway Bay an der Westküste Irlands*).

Ar·broath [ɑː(r)ˈbrəʊθ] *Hafen u. Seebad in Tayside, Schottland.*

Arc·tic O·cean [ˈɑː(r)ktɪk; *Am. a.* ˈɑːrtɪk] ˈNordpoˌlarmeer *n*.

Ar·gen·ti·na [ˌɑː(r)dʒənˈtiːnə] Argenˈtinien *n*.

Ar·gen·tine, the [ˈɑː(r)dʒəntaɪn; *Am. bes.* -ˌtiːn] → **Argentina**.

Ar·gyll(·shire) [ɑː(r)ˈgaɪl; -ʃə(r); -ˌʃɪə(r)] *Ehemal. Grafschaft im westl. Schottland.*

Ar·i·zo·na [ˌærɪˈzəʊnə; *Am.* ˌærə-] *Staat im Südwesten der USA.*

Ar·kan·sas [ˈɑː(r)kənsɔː] a) *Staat im Süden der USA*, b) [*a.* ɑː(r)ˈkænzəs] *rechter Nebenfluß des Mississippi, USA.*

Ar·ling·ton [ˈɑː(r)lɪŋtən] *Nationalfriedhof der USA bei Washington.*

Ar·magh [ɑː(r)ˈmɑː] a) *Grafschaft in Nordirland*, b) *Hauptstadt von a.*

Ar·me·nia [ɑː(r)ˈmiːnjə; -nɪə] Arˈmenien *n*.

Ar·un·del [ˈærəndl] *Stadt in West Sussex, England.*

As·cen·sion [əˈsenʃn] *Insel im Südatlantik, nordwestl. von St. Helena.*

As·cot [ˈæskət] *Dorf in Berkshire, England. Berühmte Pferderennbahn.*

Ash·bur·ton [ˈæʃbɜːtn; *Am.* -ˌbɜrtn] a) *Fluß im austral. Bundesstaat Westaustralien*, b) *Stadt im östl. Neuseeland.*

Ash·ford [ˈæʃfə(r)d] *Stadt in Kent, England.*

Ash·ton-un·der-Lyne [ˈæʃtənˌʌndə(r)ˈlaɪn] *Stadt in Greater Manchester, England.*

A·sia [ˈeɪʃə; ˈeɪʒə] Asien *n*.

A·sia Mi·nor [ˌeɪʃəˈmaɪnə(r); ˌeɪʒə-] Kleinˈasien *n*.

As·sam [æˈsæm; ˈæsæm] Assam *n* (*Staat im nordöstl. Indien*).

As·sin·i·boine [əˈsɪnɪbɔɪn] *Fluß im südl. Kanada.*

A·sun·ción [əˌsʊnsɪˈəʊn] *Hauptstadt von Paraguay.*

Ath·a·bas·ca, *auch* **Ath·a·bas·ka** [ˌæθəˈbæskə] *Fluß im westl. Zentral-Kanada.*

Ath·ens [ˈæθɪnz; *Am.* -ənz] Aˈthen *n*.

At·lan·ta [ətˈlæntə; æt-] *Hauptstadt von Georgia, USA.*

At·lan·tic O·cean [ətˈlæntɪk] Atˈlantischer Ozean.

Auck·land [ˈɔːklənd] *Hafenstadt im nördl. Neuseeland.*

Au·gus·ta [ɔːˈgʌstə; əˈg-] a) *Stadt in Georgia, USA,* b) *Hauptstadt von Maine, USA.*

Aus·tin [ˈɒstɪn; *Am.* ˈɔːstən; ˈɑː-] *Hauptstadt von Texas, USA.*

Aus·tral·a·sia [ˌɒstrəˈleɪʒjə; -ʒə; -zjə; *Am.* ˌɔːstrəˈleɪʒə; -ʃə; ˌɑːs-] Auˈstralasien *n*, Ozeˈanien *n* (*Inseln zwischen Südostasien u. Neuguinea*).

Aus·tra·lia [ɒˈstreɪljə; -lɪə; *Am.* ɔː-; ɑː-] Auˈstralien *n.*

Aus·tra·lian Cap·i·tal Ter·ri·to·ry [ɒˈstreɪljən; -lɪən; *Am.* ɔː-; ɑː-] *Gebiet um Canberra, Australien.*

Aus·tria [ˈɒstrɪə; *Am.* ˈɔː-; ˈɑː-] Österreich *n.*

A·von [ˈeɪvən] a) *Fluß in Mittelengland,* b) *Grafschaft im südwestl. England.*

Ay·cliffe [ˈeɪklɪf] *Stadt in Durham, England.*

Ayles·bur·y [ˈeɪlzbərɪ; -brɪ] *Hauptstadt von Buckinghamshire, England.*

Ayr [eə(r)] a) → **Ayrshire,** b) *Hafen in Strathclyde, Schottland.*

Ayr·shire [ˈeə(r)ʃə(r); -ˌʃɪə(r)] *Ehemal. Grafschaft im südwestl. Schottland.*

A·zores [əˈzɔː(r)z; *Am. a.* ˈeɪˌzɔːrz] Aˈzoren *pl* (*Inselgruppe westl. von Portugal*).

B

Baf·fin Bay [ˈbæfɪn] Baffin-Meer *n* (*zwischen Grönland u. dem nordöstl. Kanada*).

Bag·dad, Bagh·dad [ˌbægˈdæd; *bes. Am.* ˈbægdæd] Bagdad *n* (*Hauptstadt des Irak*).

Ba·ha·ma Is·lands [bəˈhɑːmə; *Am. a.* -ˈheɪ-] Baˈhama-Inseln *pl* (*südöstl. von Nordamerika*).

Bah·rain, Bah·rein [bɑːˈreɪn] *Emirat am Pers. Golf.*

Bai·le A·tha Cli·ath [ˌblɔːˈkliː] (*Gaelic*) → **Dublin.**

Bal·boa (Heights) [bælˈbəʊə] *Verwaltungszentrum der Panamakanal-Zone.*

Bal·e·ar·ic Is·lands [ˌbælɪˈærɪk] Baleˈaren *pl* (*Inselgruppe östl. von Spanien*).

Bal·mor·al [bælˈmɒrəl; *Am.* -ˈmɔː-; -ˈmɑː-] *Residenz der engl. Könige in Grampian Region, Schottland.*

Bal·tic Sea [ˈbɔːltɪk] Ostsee *f.*

Bal·ti·more [ˈbɔːltɪmɔː; *Am.* ˈbɔːltəˌmɔːr; -ˌməʊr] *Stadt in Maryland, USA.*

Ba·ma·ko [ˌbɑːməˈkəʊ; ˌbæ-] *Hauptstadt der Republik Mali.*

Ban·bury [ˈbænbərɪ; -brɪ; *Am. a.* -ˌberiː] *Stadt in Oxfordshire, England.*

Banff·shire [ˈbæmfʃə(r); -ˌʃɪə(r)] *Ehemal. Grafschaft im nordöstl. Schottland.*

Bang·kok [ˌbæŋˈkɒk; ˈbæŋkɒk; *Am.* ˈ-ˌkɑk; bæŋˈkɑk] *Hauptstadt von Thailand.*

Bang·la·desh [ˌbæŋgləˈdeʃ; -ˈdeɪʃ; ˌbɑː-] Banglaˈdesch *n* (*Volksrepublik in Südasien*).

Ban·gor [ˈbæŋgə(r)] a) *Universitätsstadt in Gwynedd, Wales,* b) *Stadt in Down, Nordirland.*

Ban·jul [bænˈdʒuːl; *Am.* ˈbɑnˌdʒuːl] *Hauptstadt von Gambia, Westafrika.*

Ban·nock·burn [ˈbænəkbɜːn; *Am.* -ˌbɜrn] *Ort in Central Region, Schottland. Schlacht 1314.*

Bar·ba·dos [bɑː(r)ˈbeɪdəʊz; -dəs] a) *Östlichste Insel der Kleinen Antillen,* b) *unabh. Staat im Commonwealth auf* a.

Bark·ing [ˈbɑː(r)kɪŋ] *Nordöstl. Stadtbezirk Groß-Londons.*

Bar·net [ˈbɑː(r)nɪt] *Nördl. Stadtbezirk Groß-Londons.*

Barns·ley [ˈbɑː(r)nzlɪ] *Hauptstadt von South Yorkshire, England.*

Bar·row, Point [ˈbærəʊ] *Nordkap Alaskas.*

Bar·row-in-Fur·ness [ˌbærəʊɪnˈfɜːnɪs; *Am.* ˌbærəwənˈfɜrnəs] *Stadt in Cumbria, England.*

Ba·sil·don [ˈbæzldən] *Stadt in Essex, England.*

Ba·sing·stoke [ˈbeɪzɪŋstəʊk] *Stadt in Hampshire, England.*

Bass Strait [bæs] Bass-Straße *f* (*Meeresstraße zwischen Tasmanien u. Australien*).

Bath [bɑːθ; *Am.* bæθ] *Kurort in Avon, England.*

Bath·urst [ˈbæθɜːst; -əst; *Am.* -ɜrst; -ərst] a) → **Banjul,** b) *Stadt im austral. Bundesstaat Neusüdwales.*

Bat·on Rouge [ˌbætnˈruːʒ] *Hauptstadt von Louisiana, USA.*

Bat·ter·sea [ˈbætə(r)sɪ] *Stadtteil von London.*

Bat·tery, the [ˈbætərɪ] *Park in New York, an der Südspitze Manhattans.*

Ba·var·ia [bəˈveərɪə] Bayern *n.*

Bays·wa·ter [ˈbeɪzˌwɔːtə(r)] *Stadtteil von London.*

Bed·ford [ˈbedfə(r)d] a) → **Bedfordshire,** b) *Hauptstadt von Bedfordshire.*

Bed·ford·shire [ˈbedfə(r)dʃə(r); -ˌʃɪə(r)] *Grafschaft in Mittelengland.*

Bed·loe's Is·land [ˈbedləʊz] *früherer Name von Liberty Island.*

Bei·rut [ˌbeɪˈruːt; ˈbeɪruːt] *Haupt- u. Hafenstadt der Republik Libanon.*

Bel·fast [ˌbelˈfɑːst; ˈbelfɑːst; *Am.* ˈ-fæst] *Haupt- u. Hafenstadt von Nordirland.*

Bel·gium [ˈbeldʒəm] Belgien *n.*

Bel·grade [ˌbelˈgreɪd; ˈbelgreɪd] Belgrad *n* (*Hauptstadt von Jugoslawien*).

Bel·grave Square [ˈbelgreɪv] *Platz in London.*

Be·lize [beˈliːz; bə-] a) *Staat in Zentralamerika,* b) *Hafenstadt in* a.

Belle Isle, Strait of [ˌbelˈaɪl] Belle-Isle-Straße *f* (*Meeresstraße zwischen Labrador u. Neufundland*).

Bel·voir[1] [ˈbiːvə(r)] *Schloß in Leicestershire, England.*

Bel·voir[2] [ˈbelvwɔː(r); -vɔɪə(r)] *In Straßennamen.*

Be·na·res [bɪˈnɑːrɪz; bə-] → **Varanasi.**

Ben·gal [ˌbeŋˈgɔːl; ˌben-] Benˈgalen *n* (*Landschaft im nordöstl. Indien*).

Be·nin [beˈnɪn; bə-; *a.* -ˈniːn] a) *Volksrepublik in Westafrika,* b) *ehemal. Königreich in Südnigeria,* c) *Fluß in Südnigeria.*

Ben Lo·mond [ˌbenˈləʊmənd] *Berg im Schott. Hochland.*

Ben Ne·vis [ˌbenˈnevɪs] *Berg in den schott. Grampian Mountains. Höchster Berg Großbritanniens.*

Ben·ning·ton [ˈbenɪŋtən] *Dorf im südwestl. Vermont, USA. 1777 Sieg der Amerikaner über die Engländer.*

Ber·be·ra [ˈbɜːbərə; *Am.* ˈbɜr-] *Hafenstadt im nordwestl. Somalia.*

Berke·ley[1] [ˈbɜːklɪ; *Am.* ˈbɜr-] *Stadt in Kalifornien.*

Berke·ley[2] [ˈbɑːklɪ; *Am.* ˈbɜr-] *Stadt in Gloucestershire, England. Kernkraftwerk.*

Berk·shire [ˈbɑːkʃə; -ˌʃɪə; *Am.* ˈbɜrkʃər; -ˌʃɪər] *Grafschaft in Südengland.*

Ber·lin[1] [bɜːˈlɪn; *Am.* bɜr-] Berˈlin *n* (*Deutschland*).

Ber·lin[2] [ˈbɜːlɪn; *Am.* ˈbɜrlən] *Stadt in New Hampshire, USA.*

Ber·mond·sey [ˈbɜːməndzɪ; *Am.* ˈbɜr-] *Stadtteil von London.*

Ber·mu·da (Is·lands) [bə(r)ˈmjuːdə], **Berˈmu·das** [-dəz] Berˈmuda-Inseln *pl* (*im Atlantischen Ozean*).

Bern(e) [bɜːn; beən; *Am.* bɜrn; beərn] a) *Bundeshauptstadt der Schweiz,* b) *Schweizer Kanton.*

Ber·wick(·shire) [ˈberɪk; ˈ-ʃə(r); ˈ-ˌʃɪə(r)] *Ehemal. Grafschaft im südöstl. Schottland.*

Ber·wick(-up·on-Tweed) [ˈberɪk; ˌ-əpɒnˈtwiːd] *Stadt in Northumberland, England.*

Beth·le·hem [ˈbeθlɪhem; -lɪəm] *Ort in Palästina. Geburtsort Jesu.*

Beth·nal Green [ˌbeθnəlˈgriːn] *Stadtteil Londons.*

Be·thune [beˈθjuːn; bə-] *In Straßennamen.*

Bev·er·ly Hills [ˌbevə(r)lɪˈhɪlz] *Vorstadt von Los Angeles, Kalifornien, USA.*

Bex·ley [ˈbekslɪ] *Östl. Stadtbezirk Groß-Londons.*

Bhu·tan [buːˈtɑːn; -ˈtæn] *Konstitutionelle Monarchie im östl. Himalaja.*

Bi·a·fra [bɪˈæfrə] *Gebiet im östl. Nigeria. 1967–70 unabhängige Republik.*

Bil·lings·gate [ˈbɪlɪŋzgɪt; -geɪt] *Größter Fischmarkt Londons.*

Bir·ken·head [ˈbɜːkənhed; ˌ-ˈhed; *Am.* ˈbɜr-] *Hafenstadt in Merseyside, England.*

Bir·ming·ham [ˈbɜːmɪŋəm; *Am.* ˈbɜrmɪŋˌhæm] a) *Hauptstadt von West Midlands, England,* b) *Stadt in Alabama, USA.*

Bis·cay, Bay of [ˈbɪskeɪ; -kɪ] Golf *m* von Bisˈcaya.

Bish·op Auck·land [ˌbɪʃəpˈɔːklənd] *Stadt in Durham, England.*

Bis·marck [ˈbɪzmɑː(r)k] *Hauptstadt von North Dakota, USA.*

Black·burn [ˈblækbɜːn; *Am.* -ˌbɜrn] *Industriestadt in Lancashire, England.*

Black For·est [blæk] Schwarzwald *m* (*Mittelgebirge in Südwestdeutschland*).

Black·heath [ˌblækˈhiːθ] *Stadtteil von London.*

Black·pool [ˈblækpuːl] *Hafenstadt u. Seebad in Lancashire, England.*

Black Sea [blæk] Schwarzes Meer (*zwischen Südosteuropa u. Asien*).

Blanc, Mont [ˌmɔ̃ːmˈblɑ̃ːŋ; ˌmɔ̃ːˈblɑ̃ː] *Höchster Berg der Alpen.*

Blar·ney [ˈblɑː(r)nɪ] *Stadt in Cork, Südwestirland.*

Blay·don [ˈbleɪdn] *Industriestadt in Tyneside, England.*

Blen·heim [ˈblenɪm; -əm] Blindheim *n* (*Dorf bei Augsburg. 1704 Sieg Marlboroughs über die Franzosen u. Bayern*).

Bloem·fon·tein [ˈbluːmfənteɪn] *Hauptstadt des Oranje-Freistaats, Südafrik. Republik.*

Blooms·bury [ˈbluːmzbərɪ; -brɪ] *Stadtteil Londons.*

Blyth [blaɪð; blaɪθ; blaɪ] *Stadt in Northumberland, England.*

Blythe [blaɪð] *Fluß in Warwickshire, England.*

Bod·min [ˈbɒdmɪn; *Am.* ˈbɑ-] *Stadt in Cornwall, England.*

Bog·nor Re·gis [ˌbɒgnəˈriːdʒɪs; *Am.* ˌbɑ-] *Stadt u. Kurort in West Sussex, England.*

Bo·go·tá [ˌbɒgəʊˈtɑː; ˌbəʊgəˈtɑː; *Am.* ˌbəʊgəˈtɔː; -ˈtɑː] *Hauptstadt von Kolumbien, Südamerika.*

Bo·he·mia [bəʊˈhiːmjə; -mɪə] Böhmen *n* (*Westl. Tschechoslowakei*).

Boi·se [ˈbɔɪzɪ; -sɪ] *Hauptstadt von Idaho, USA.*

Bo·liv·ia [bəˈlɪvɪə] Boˈlivien *n* (*Republik in Südamerika*).

Bol·ton [ˈbəʊltən; -tn] *Stadt in Greater Manchester, England.*
Bor·ders Re·gion [ˈbɔː(r)də(r)z] *Verwaltungsregion des südöstl. Schottlands.*
Bos·ton [ˈbɒstən; *Am. bes.* ˈbɔː-] *Haupt- u. Hafenstadt von Massachusetts, USA.*
Bos·worth Field [ˈbɒzwəθ; -wɜːθ; *Am.* ˈbɔːzwərθ; -ˌwɜrθ] *Ebene in Leicestershire. Schlacht 1485 (Ende der Rosenkriege).*
Bot·a·ny Bay [ˈbɒtənɪ; *Am.* ˈbɑtniː] *Bucht an der Ostküste Australiens.*
Bot·swa·na [bɒˈtswɑːnə; *Am.* bɑtˈs-] Boˈtswana *n (Republik in Südafrika).*
Bourne·mouth [ˈbɔː(r)nməθ] *Seebad in Dorset, England.*
Boyne [bɔɪn] *Fluß im östl. Irland. 1690 Sieg Wilhelms III. von Oranien über Jakob II. von England.*
Brad·ford [ˈbrædfə(r)d] a) *Stadt in West Yorkshire, England,* b) *Stadt in Pennsylvania, USA.*
Brae·mar [breɪˈmɑː(r)] *Landschaft in den Grampian Highlands, Schottland.*
Bra·si·lia [brəˈzɪljə] *Hauptstadt von Brasilien.*
Bra·zil [brəˈzɪl] Braˈsilien *n.*
Braz·za·ville [ˌbræzəˈvɪl; ˈbræzəvɪl] *Hauptstadt des Kongo (Brazzaville).*
Breck·nock(·shire) [ˈbreknɒk; *Am.* -ˌnɑk; ˈ-ʃə(r); ˈ-ˌʃɪə(r)], **Brec·on(·shire)** [ˈbrekən; ˈ-ʃə(r); ˈ-ˌʃɪə(r)] *Ehemal. Grafschaft in Südwales.*
Brent [brent] *Nordwestl. Stadtbezirk Groß-Londons.*
Brent·ford and Chis·wick [ˌbrentfə(r)dnˈtʃɪzɪk] *Stadtteil Londons.*
Bret·ton Woods [ˌbretnˈwʊdz] *Stadt in New Hampshire, USA. Weltwährungskonferenz 1944.*
Bridge·port [ˈbrɪdʒpɔː(r)t] *Seehafen in Connecticut, USA.*
Bridge·town [ˈbrɪdʒtaʊn] *Hauptstadt der Insel Barbados, Westindien.*
Bright·on [ˈbraɪtn] *Seebad in East Sussex, England.*
Bris·bane [ˈbrɪzbən] *Hauptstadt des austral. Bundesstaates Queensland.*
Bris·tol [ˈbrɪstl] *Hauptstadt von Avon, England.*
Brit·ain [ˈbrɪtn], *(Lat.)* **Bri·tan·nia** [brɪˈtænjə] Briˈtannien *n (Name des alten engl. Königreichs).*
Brit·ish A·mer·i·ca [ˌbrɪtɪʃəˈmerɪkə] a) *Kanada,* b) *die brit. Besitzungen in Nord- u. Südamerika.*
Brit·ish Co·lum·bia [ˌbrɪtɪʃkəˈlʌmbɪə] *westlichste Provinz von Kanada.*
Brit·ta·ny [ˈbrɪtənɪ; *Am.* ˈbrɪtniː] Breˈtagne *f (Halbinsel im nordwestl. Frankreich).*
Broads, the [brɔːdz] *Durch Flüsse miteinander verbundene Seen in Norfolk u. Suffolk.*
Brom·ley [ˈbrɒmlɪ; *a.* ˈbrʌm-; *Am.* ˈbrɑmliː] *Südöstl. Stadtbezirk Groß-Londons.*
Bronx [brɒŋks; *Am.* brɑŋks] *Stadtteil von New York.*
Brook·lyn [ˈbrʊklɪn] *Stadtteil von New York.*
Brough·ton [ˈbrɔːtn] *Häufiger Ortsname in England.*
Bru·nei [ˈbruːnaɪ] *Moham. Sultanat auf Borneo.*
Bruns·wick [ˈbrʌnzwɪk] Braunschweig *n.*
Brus·sels [ˈbrʌslz], *(Fr.)* **Bru·xelles** [bryksɛl; brysɛl] Brüssel *n.*
Bu·cha·rest [ˌbjuːkəˈrest; ˌbuː-; ˈ-rest] Bukarest *n (Hauptstadt von Rumänien).*
Buck·ing·ham(·shire) [ˈbʌkɪŋəm; ˈ-ʃə(r); ˈ-ˌʃɪə(r)] *Grafschaft in Mittelengland.*
Bu·da·pest [ˌbjuːdəˈpest; ˌbuː-; *Am.* ˈbuːdəˌpest] *Hauptstadt von Ungarn.*
Bue·nos Ai·res [ˌbwenəsˈaɪərɪz; *Am.* ˌbweɪnəˈseəriːz] *Haupt- u. Hafenstadt von Argentinien.*
Buf·fa·lo [ˈbʌfələʊ] *Stadt am Ostende des Eriesees, USA.*
Bul·gar·ia [bʌlˈgeərɪə] Bulˈgarien *n.*
Bun·ker Hill [ˌbʌŋkə(r)ˈhɪl] *Anhöhe bei Boston, USA. 1775 Schlacht im amer. Unabhängigkeitskrieg.*
Burgh[1] [ˈbʌrə] *Ortsname in Surrey u. Lincolnshire, England.*
Burgh[2] [bɜːg] *Ortsname in Suffolk, England.*
Bur·gun·dy [ˈbɜːgəndɪ; *Am.* ˈbɜr-] Burˈgund *n (Landschaft im südöstl. Frankreich).*
Bur·ling·ton [ˈbɜːlɪŋtən; *Am.* ˈbɜr-] a) *Stadt in Vermont, USA,* b) *Stadt am Mississippi, Iowa, USA,* c) *Stadt in North Carolina, USA.*
Bur·ma [ˈbɜːmə; *Am.* ˈbɜr-] Birma *n (Republik in Hinterindien).*
Burn·ley [ˈbɜːnlɪ; *Am.* ˈbɜrnliː] *Stadt in Lancashire, England.*
Bur·ton-up·on-Trent [ˌbɜːtnəpɒnˈtrent; *Am.* ˌbɜrtn-] *Stadt in Staffordshire, England.*
Bu·run·di [bʊˈrʊndɪ] *Republik im östl. Zentralafrika.*
Bur·y [ˈberɪ] *Stadt in Greater Manchester, England.*
Bur·y St. Ed·munds [ˌberɪsntˈedməndz] *Stadt in Suffolk, England.*
Bute [bjuːt] a) *Insel im Firth of Clyde, Schottland,* b) → **Buteshire.**
Bute·shire [ˈbjuːtʃə(r); -ˌʃɪə(r)] *Ehemal. Grafschaft in Mittelschottland.*
Bux·ton [ˈbʌkstən] *Stadt in Derbyshire, England.*

C

Caer·le·on [kɑː(r)ˈliːən] *Stadt in Gwent, Wales.*
Caer·nar·von [kə(r)ˈnɑː(r)vən; kɑː(r)ˈn-] a) → **Caernarvonshire,** b) *Haupt- u. Hafenstadt von Gwynedd, Wales.*
Caer·nar·von·shire [kə(r)ˈnɑː(r)vənʃə(r); -ˌʃɪə(r); kɑː(r)ˈn-] *Ehemal. Grafschaft im nordwestl. Wales.*
Cairns [keə(r)nz] *Stadt an der Ostküste von Queensland, Australien.*
Cai·ro [ˈkaɪərəʊ; ˈkaɪrəʊ] Kairo *n (Hauptstadt von Ägypten).*
Caith·ness [ˈkeɪθnes; -nəs] *Ehemal. Grafschaft im nördl. Schottland.*
Cal·cut·ta [kælˈkʌtə] Kalˈkutta *n (Hauptstadt des Staates Westbengalen, Indien).*
Cal·der Hall [ˌkɔːldə(r)ˈhɔːl] *Ort in Cumbria, England. Erstes Atomkraftwerk der Welt.*
Cal·e·do·nia [ˌkælɪˈdəʊnjə; -nɪə] *hist. od. poet.* Kaleˈdonien *n (Schottland).*
Cal·e·do·nian Ca·nal [ˌkælɪˈdəʊnjən kəˈnæl] Kaleˈdonischer Kaˈnal *(Schottland).*
Cal·ga·ry [ˈkælgərɪ] *Stadt in Alberta, Kanada.*
Cal·i·for·nia [ˌkælɪˈfɔː(r)njə; -nɪə] Kaliˈfornien *n (Staat im Westen der USA).*
Cam·ber·well [ˈkæmbə(r)wəl; -wel] *Stadtteil Londons.*
Cam·bo·dia [kæmˈbəʊdjə; -dɪə], *(Fr.)* **Cam·bodge** [kɑ̃bɔdʒ] → **Kampuchea.**
Cam·borne-Red·ruth [ˌkæmbɔː(r)nˈredruːθ] *Stadt in Cornwall, England.*
Cam·bria [ˈkæmbrɪə] *(Lat.)* → **Wales.**
Cam·bridge [ˈkeɪmbrɪdʒ] a) *Universitätsstadt u. Hauptstadt von Cambridgeshire,* b) *Universitätsstadt in Massachusetts, USA,* c) → **Cambridgeshire.**
Cam·bridge·shire [ˈkeɪmbrɪdʒʃə(r); -ˌʃɪə(r)] *Grafschaft im östl. Mittelengland.*
Cam·den [ˈkæmdən] a) *Hafenstadt in New Jersey, USA,* b) *Stadtbezirk des inneren Verwaltungsgebiets Groß-Londons.*
Cam·er·oon [ˈkæməruːn; ˌkæməˈruːn], *(Fr.)* **Ca·me·roun** [kamrun] Kamerun *n (Republik in Westafrika).*
Can·a·da [ˈkænədə] Kanada *n.*
Ca·nar·ies [kəˈneərɪz], **Ca·nary Is·lands** [kəˈneərɪ] Kaˈnarische Inseln *pl.*
Ca·nav·er·al [kəˈnævərəl; -vrəl] → **Cape Kennedy.**
Can·ber·ra [ˈkænbərə; -brə] *Bundeshauptstadt von Australien.*
Can·ter·bury [ˈkæntə(r)bərɪ; -brɪ; *Am. bes.* -ˌberiː] *Stadt in Kent, England.*
Cape Cod [kɒd; *Am.* kɑd] a) *Halbinsel im südöstl. Massachusetts,* b) *Nordspitze von* a.
Cape Ken·ne·dy [ˈkenɪdɪ; -ədɪ] *Amer. Raketen-Versuchszentrum an der Ostküste Floridas.*
Cape of Good Hope [ˌgʊdˈhəʊp] Kap *n* der Guten Hoffnung *(Südspitze Afrikas).*
Cape Town, Cape·town [ˈkeɪptaʊn] Kapstadt *n (Hauptstadt der Kapprovinz, Südafrika).*
Ca·pri [ˈkæpriː; ˈkɑː-; *Am. a.* kæˈpriː; kəˈp-] *Insel in der Bucht von Neapel.*
Ca·ra·cas [kəˈrækəs; -ˈrɑː-] *Hauptstadt von Venezuela, Südamerika.*
Car·diff [ˈkɑː(r)dɪf] *Haupt- u. Hafenstadt von South u. Mid Glamorgan, Wales.*
Car·di·gan Bay [ˈkɑː(r)dɪgən] *Bucht an der Westküste von Wales.*
Car·di·gan(·shire) [ˈkɑː(r)dɪgən; ˈ-ʃə(r); ˈ-ˌʃɪə(r)] *Ehemal. Grafschaft in Wales.*
Car·ib·be·an, the [ˌkærɪˈbiːən; kəˈrɪbɪən] a) Kaˈribik *f,* b) → **Caribbean Sea.**
Car·ib·be·an Is·lands [ˌkærɪˈbiːən; kəˈrɪbɪən] Kaˈr(a)ibische Inseln *pl.*
Car·ib·be·an Sea [ˌkærɪˈbiːən; kəˈrɪbɪən] Kaˈr(a)ibisches Meer.
Ca·rin·thia [kəˈrɪnθɪə] Kärnten *n (südlichstes österr. Bundesland).*
Car·lisle [kɑː(r)ˈlaɪl; ˈkɑː(r)laɪl] *Hauptstadt von Cumbria, England.*
Car·low [ˈkɑː(r)ləʊ] a) *Grafschaft im südöstl. Irland,* b) *Hauptstadt von* a.
Car·mar·then [kəˈmɑːðn; *Am.* kɑːrˈmɑːrðən] a) → **Carmarthenshire,** b) *Hauptstadt von Dyfed, Wales.*
Car·mar·then·shire [kəˈmɑːðnʃə; -ˌʃɪə; *Am.* kɑːrˈmɑːrðənˌʃɪər] *Ehemal. Grafschaft im südl. Wales.*
Car·nar·von(·shire) → **Caernarvon(shire).**
Car·o·li·na [ˌkærəˈlaɪnə] → **North Carolina** *u.* **South Carolina.**
Car·pa·thi·an Moun·tains [kɑː(r)ˈpeɪθjən; -ɪən] Karˈpaten *pl (Gebirge im südöstl. Mitteleuropa).*
Car·pen·tar·ia, Gulf of [ˌkɑː(r)pənˈteərɪə] Carpenˈtaria-Golf *m (an der Nordostküste Australiens).*
Car·son Cit·y [ˈkɑː(r)sn] *Hauptstadt von Nevada, USA.*
Cas·cade Range [kæsˈkeɪd] Kasˈkadengebirge *n (Teil der westl. Kordilleren, USA).*
Cas·pi·an Sea [ˈkæspɪən] Kaspisches Meer *(zwischen Südosteuropa u. Asien).*
Ca·taw·ba [kəˈtɔːbə] *Fluß in North u. South Carolina, USA.*
Cau·ca·sus Moun·tains [ˈkɔːkəsəs] Kaukasus *m (Hochgebirge zwischen dem Schwarzen u. dem Kaspischen Meer).*
Cav·an [ˈkævən; -vn] a) *Grafschaft in Irland,* b) *Hauptstadt von* a.

Cen·tral Af·ri·can Re·pub·lic Zen'tralafri,kanische Repu'blik.
Cen·tral Re·gion *Verwaltungsregion in Mittelschottland.*
Cey·lon [sɪ'lɒn; *Am.* sɪ'lɑn; seɪ-] a) *Insel im Indischen Ozean,* b) → **Sri Lanka.**
Chad [tʃæd] Tschad *m* (*Republik im nördl. Zentralafrika*).
Chan·nel Is·lands Ka'nalinseln *pl* (*Brit. Inselgruppe im Ärmelkanal*).
Char·ing Cross [ˌtʃærɪŋ'krɒs] *Stadtteil Londons.*
Charles·ton ['tʃɑ:(r)lstən] a) *Hauptstadt von West-Virginia, USA,* b) *Hafenstadt in South Carolina, USA.*
Char·lotte ['ʃɑ:(r)lət] *Größte Stadt in North Carolina, USA.*
Char·lotte·town ['ʃɑ:(r)ləttaʊn] *Haupt- u. Hafenstadt der Provinz Prinz-Edward-Insel, Kanada.*
Chat·ham ['tʃætəm] *Hafenstadt in Kent, England.*
Chat·ta·noo·ga [ˌtʃætə'nu:gə; -tn'u:gə] *Stadt in Tennessee, USA.*
Cheap·side [ˌtʃi:p'saɪd; '-saɪd] *Straße in London.*
Ched·dar ['tʃedə(r)] *Stadt in Somersetshire, England.*
Chelms·ford ['tʃelmsfə(r)d] *Hauptstadt von Essex, England.*
Chel·sea ['tʃelsɪ] *Stadtteil Londons.*
Chel·ten·ham ['tʃeltnəm] *Badeort in Gloucestershire, England.*
Che·nies ['tʃi:nɪz] *Straße in London.*
Cheq·uers ['tʃekə(r)z] *Landsitz des engl. Premierministers in Buckinghamshire.*
Chert·sey ['tʃɜ:tsɪ; *Am.* 'tʃɜrtsi:] *Stadt in Surrey, England.*
Ches·a·peake Bay ['tʃesəpi:k; -spi:k] Chesapeake-Bai *f* (*Bucht des Atlantischen Ozeans in Virginia u. Maryland, USA*).
Chesh·ire ['tʃeʃə(r); -ˌʃɪə(r)] *Grafschaft im nordwestl. England.*
Ches·ter ['tʃestə(r)] a) *Hauptstadt von Cheshire,* b) *Stadt in Pennsylvania, USA.*
Ches·ter·field ['tʃestə(r)fi:ld] *Stadt in Derbyshire, England.*
Chev·i·ot Hills ['tʃevɪət; 'tʃi:-] *Bergland an der engl.-schott. Grenze.*
Chey·enne [ʃaɪ'æn; -'en] *Hauptstadt von Wyoming, USA.*
Chich·es·ter ['tʃɪtʃɪstə(r)] *Hauptstadt von West Sussex, England.*
Chig·well ['tʃɪgwəl] *Stadt in Essex, England.*
Chil·e ['tʃɪlɪ] *Republik im Südwesten Südamerikas.*
Chi·na ['tʃaɪnə] China *n.*
Chip·pe·wa ['tʃɪpɪwɑ:; -wə; *Am. a.* -pəˌweɪ] *Nebenfluß des Mississippi, Wisconsin, USA.*
Chis·le·hurst and Sid·cup [ˌtʃɪzlhɜ:stn'sɪdkəp; *Am.* -ˌhɜrst-] *Stadtteil Londons.*
Chis·wick → **Brentford and Chiswick.**
Cim·ar·ron ['sɪmərɒn; *Am.* -ˌrɑn; -ˌrəʊn] *Nebenfluß des Arkansas, USA.*
Cin·cin·nat·i [ˌsɪnsɪ'nætɪ] *Stadt in Ohio, USA.*
Ci·ren·ces·ter ['saɪərənsestə(r); 'sɪsɪtə(r)] *Stadt in Gloucestershire, England.*
Cis·kei ['sɪskaɪ] *Autonomer Staat in Südafrika.*
Clack·man·nan [klæk'mænən] a) → **Clackmannanshire,** b) *Stadt in Central Region, Schottland.*
Clack·man·nan·shire [klæk'mænənʃə(r); -ˌʃɪə(r)] *Ehemal. Grafschaft in Mittelschottland.*
Clac·ton-on-Sea ['klæktən] *Seebad in Essex, England.*
Clap·ham ['klæpəm] *Stadtteil von London.*
Clare [kleə(r)] *Grafschaft in Westirland.*
Clee·thorpes ['kli:θɔ:(r)ps] *Kurort in Humberside, England.*
Cler·ken·well ['klɑ:(r)kənwel] *Stadtteil von London.*
Cleve·land ['kli:vlənd] a) *Stadt in Ohio, USA,* b) *Grafschaft im nordöstl. England.*
Clw·yd ['klu:ɪd] *Grafschaft im nordöstl. Wales.*
Clyde [klaɪd] *Fluß an der Westküste Schottlands.*
Clyde·bank ['klaɪdbæŋk] *Stadt in Strathclyde, Schottland.*
Clyde·side ['klaɪdsaɪd] *Industrieregion u. Schiffbauzentrum mit u. um Glasgow.*
Coat·bridge ['kəʊtbrɪdʒ] *Industriestadt in Strathclyde, Schottland.*
Co·chin-Chi·na [ˌkɒtʃɪn'tʃaɪnə; *bes. Am.* ˌkəʊ-] Kotschin'china *n* (*Gebiet im Süden Vietnams*).
Cock·er·mouth ['kɒkəməθ; *Am.* 'kɑkər-] *Stadt in Cumbria, England.*
Col·ches·ter ['kəʊltʃɪstə; *Am.* -ˌtʃestər] *Stadt in Essex, England.*
Co·logne [kə'ləʊn] Köln *n.*
Co·lom·bia [kə'lɒmbɪə; *bes. Am.* -'lʌm-] Ko'lumbien *n* (*Republik in Südamerika*).
Col·o·ra·do [ˌkɒlə'rɑ:dəʊ; *Am.* ˌkɑlə'rædəʊ; -'rɑ:-] a) *Staat im Westen der USA,* b) Colo'rado *m* (des Westens) (*Fluß im Südwesten der USA*), c) Colo'rado *m* (des Ostens) (*Fluß in Texas, USA*).
Co·lum·bia [kə'lʌmbɪə] a) *Strom im westl. Nordamerika,* b) *Hauptstadt von South Carolina, USA.*
Co·lum·bus [kə'lʌmbəs] *Hauptstadt von Ohio, USA.*
Com·o·ro Is·lands ['kɒmərəʊ; *Am.* 'kɑ-] Ko'moren *pl* (*Inselgruppe u. Staat im Indischen Ozean*).
Con·a·kry ['kɒnəkrɪ; *Am.* 'kɑ-] Konakry *n* (*Hauptstadt von Guinea*).
Con·cord ['kɒŋkəd; *Am.* 'kɑŋkərd] a) *Stadt in Massachusetts, USA. 1775 Schlacht im amer. Unabhängigkeitskrieg,* b) *Hauptstadt von New Hampshire, USA.*
Co·ney Is·land ['kəʊnɪ] *Teil von Brooklyn, New York City. Seebad, Vergnügungsstätten.*
Con·go ['kɒŋgəʊ; *Am.* 'kɑŋ-] Kongo *m:* a) *Fluß in Westafrika,* b) *Republik Kongo* (*bis 1971; heute* → **Zaire**), c) *Republik Kongo* (*Brazzaville*).
Con·is·ton Wa·ter ['kɒnɪstən; *Am.* 'kɑ-] *See in Cumbria, England.*
Con·nacht ['kɒnət; -nəxt; *Am.* 'kɑnɔ:t], *hist.* **Con·naught** ['kɒnɔ:t; *Am.* 'kɑ-] *Provinz in Irland.*
Con·nect·i·cut [kə'netɪkət] a) *Staat im Nordosten der USA,* b) *Fluß im Nordosten der USA.*
Con·ne·ma·ra [ˌkɒnɪ'mɑ:rə; *Am.* ˌkɑnə-] *Küstenregion in Galway, Irland.*
Con·sett ['kɒnsɪt; *Am.* 'kɑn-] *Stadt in Durham, England.*
Con·stance, Lake ['kɒnstəns; *Am.* 'kɑ-] Bodensee *m.*
Con·way ['kɒnweɪ; *Am.* 'kɑn-] *Stadt in Gwynedd, Wales.*
Co·pen·ha·gen [ˌkəʊpn'heɪgən] Kopen'hagen *n.*
Cor·al Sea ['kɒrəl; *Am. a.* 'kɑ:-; 'kɔ:-] Ko'rallenmeer *n* (*Teil des Pazifischen Ozeans*).
Cor·dil·le·ras [ˌkɔ:dɪ'ljeərəz; *Am.* ˌkɔ:rdl'j-; -di:'erəz] Kordil'leren *pl* (*Gebirgskette an der Pazifikküste Nord- u. Südamerikas*).
Cork [kɔ:(r)k] a) *Grafschaft im südwestl. Irland,* b) *Hauptstadt von* a.
Corn·wall ['kɔ:(r)nwəl; -wɔ:l] *Grafschaft in Südwestengland.*
Cor·si·ca ['kɔ:(r)sɪkə] Korsika *n* (*Insel im Mittelmeer*).
Cos·ta Ri·ca [ˌkɒstə'ri:kə; *Am.* ˌkɑ-; ˌkɔ:-] *Mittelamer. Republik.*
Cots·wold Hills ['kɒtswəʊld; *Am.* 'kɑ-] *Höhenzug im südwestl. England.*
Cov·en·try ['kɒvəntrɪ; *bes. Am.* 'kʌv-] *Stadt in West Midlands, England.*
Cowes[1] [kaʊz] *Stadt an der Südküste Victorias, Australien.*
Cowes[2] [kaʊz] *Stadt auf der Insel Wight.*
Cran·well ['krænwəl] *Ort in Lincolnshire, England. Luftwaffenakademie.*
Craw·ley ['krɔ:lɪ] *Stadt in West Sussex, England.*
Crete [kri:t] Kreta *n* (*Insel im Mittelmeer*).
Crewe [kru:] *Stadt in Cheshire, England.*
Cri·mea [kraɪ'mɪə] Krim *f* (*Halbinsel an der Nordküste des Schwarzen Meeres*).
Cro·ker Is·land ['krəʊkə(r)] *Insel nördl. von Australien.*
Crom·ar·ty ['krɒmətɪ; *Am.* 'krɑmərti:] → **Ross and Cromarty.**
Cros·by ['krɒzbɪ; -sbɪ] *Stadt in Merseyside, England.*
Croy·don ['krɔɪdn] *Südl. Stadtbezirk Groß-Londons.*
Cu·ba ['kju:bə] Kuba *n* (*größte Insel der Großen Antillen, Westindien*).
Cum·ber·land ['kʌmbə(r)lənd] a) *Ehemal. Grafschaft im nordwestl. England,* b) *linker Nebenfluß des Ohio, USA.*
Cum·ber·nauld [ˌkʌmbə(r)'nɔ:ld] *Stadt in Strathclyde, Schottland.*
Cum·bria ['kʌmbrɪə] *Grafschaft im nordwestl. England.*
Cum·bri·an Moun·tains ['kʌmbrɪən] Kumbrisches Bergland (*Nordwestengland*).
Cwm·bran [ˌku:m'brɑ:n] *Hauptstadt von Gwent, Wales.*
Cy·prus ['saɪprəs] Cypern *n* (*Insel im östl. Mittelmeer*).
Czech·o·slo·va·kia, *auch* **Czech·o-Slo·va·kia** [ˌtʃekəʊsləʊ'vækɪə; -'vɑ:-] Tschechoslowa'kei *f.*

D

Dac·ca ['dækə] Dakka *n* (*Hauptstadt von Bangladesch*).
Dag·en·ham ['dægənəm; -gnəm] *Stadtteil von London. Kfz-Industrie.*
Da·ho·mey [də'həʊmɪ] Daho'me *n* (*bis 1975;* → **Benin** a).
Da·kar ['dækə; -kɑ:; *Am.* 'dækˌɑ:r; də'kɑ:r] *Haupt- u. Hafenstadt der Republik Senegal, Westafrika.*
Da·ko·ta [də'kəʊtə] a) → **North Dakota,** b) → **South Dakota.**
Dal·keith [dæl'ki:θ] *Stadt in Lothian Region, Schottland.*
Dal·las ['dæləs] *Stadt in Texas, USA.*
Dal·ton in Fur·ness [ˌdɔ:ltənɪn'fɜ:nɪs; *Am.* -'fɜr-] *Stadt in Cumbria, England.*
Da·mas·cus [də'mɑ:skəs; *bes. Am.* -'mæs-] Da'maskus *n* (*Hauptstadt von Syrien*).
Dan·ube ['dænju:b] Donau *f.*
Dar·jee·ling, Dar·ji·ling [dɑ:(r)'dʒi:lɪŋ] Dar'dschiling *n* (*Stadt im nordöstl. Indien*).
Dar·ling ['dɑ:(r)lɪŋ] *Größter Nebenfluß des Murray, Australien.*
Dar·ling·ton ['dɑ:(r)lɪŋtən] *Stadt in Durham, England.*
Dart·ford ['dɑ:(r)tfə(r)d] *Stadt in Kent, England.*
Dart·moor ['dɑ:(r)tˌmʊə(r); -mɔ:(r)] *Tafelland in Südwestengland.*

Dart·mouth [ˈdɑː(r)tməθ] *Stadt in Devonshire, England.*
Dar·win [ˈdɑː(r)wɪn] *Haupt- u. Hafenstadt des Nordterritoriums, Australien.*
Dav·en·port [ˈdævnpɔː(r)t; -vm-; *Am. a.* -ˌpɔʊrt] *Stadt in Iowa, USA.*
Dav·en·try [ˈdævəntrɪ] *Stadt in Northamptonshire, England.*
Day·ton [ˈdeɪtn] *Stadt in Ohio, USA.*
Day·to·na Beach [deɪˈtəʊnə] *Stadt an der Nordostküste von Florida, USA.*
Dead Sea [ded] Totes Meer (*Salzsee an der Ostgrenze von Israel*).
Dear·born [ˈdɪə(r)bɔː(r)n; -bə(r)n] *Stadt in Michigan, USA.*
Dee [diː] *Name mehrerer Flüsse in Großbritannien.*
Del·a·ware [ˈdeləweə(r)] *Staat u. Fluß im Osten der USA.*
Del·hi [ˈdelɪ] a) *Unionsterritorium im nördl. Indien,* b) *Hauptstadt von Indien.*
Den·bigh(·shire) [ˈdenbɪ; ˈ-ʃə(r); ˈ-ˌʃɪə(r)] *Ehemal. Grafschaft in Nordwales.*
Den·mark [ˈdenmɑː(r)k] Dänemark *n.*
Den·ver [ˈdenvə(r)] *Hauptstadt von Colorado, USA.*
Dept·ford [ˈdetfə(r)d] *Stadtteil von London.*
Der·by [ˈdɑː(r)bɪ; *Am. bes.* ˈdɜr-] a) → **Derbyshire**, b) *Hauptstadt von Derbyshire.*
Der·by·shire [ˈdɑː(r)bɪʃə(r); -ˌʃɪə(r); *Am. bes.* ˈdɜr-] *Grafschaft in Mittelengland.*
Der·ry [ˈderɪ] → **Londonderry**.
Der·went·wa·ter [ˈdɜːwəntˌwɔːtə(r); *Am.* ˈdɜr-] *See im Lake District, Cumbria, England.*
Des Moines [dɪˈmɔɪn] a) *Hauptstadt von Iowa, USA,* b) *Fluß in Iowa, USA.*
De·troit [dəˈtrɔɪt; dɪ-] *Stadt in Michigan, USA.*
De·viz·es [dɪˈvaɪzɪz] *Stadt in Wiltshire, England.*
Dev·on(·shire) [ˈdevn; ˈ-ʃə(r); ˈ-ˌʃɪə(r)] *Grafschaft im südwestl. England.*
Dews·bury [ˈdjuːzbərɪ; *Am. a.* -ˌberiː; ˈduːz-] *Stadt in West Yorkshire, England.*
Ding·wall [ˈdɪŋwɔːl] *Stadt in Highland Region, Schottland.*
Dis·trict of Co·lum·bia [kəˈlʌmbɪə] *Bezirk um Washington, Bundesdistrikt der USA.*
Dja·kar·ta [dʒəˈkɑː(r)tə] *Hauptstadt von Indonesien.*
Dji·bou·ti [dʒɪˈbuːtɪ] Dschiˈbuti *n:* a) *Republik im nordöstl. Afrika,* b) *Hafenstadt in* a.
Dodge Cit·y [dɒdʒ; *Am.* dɑdʒ] *Stadt in Kansas, USA.*
Dog·ger Bank [ˈdɒgə(r); *Am. a.* ˈdɑ-] Doggerbank *f* (*Sandbank in der Nordsee*).
Do·lo·mites [ˈdɒləmaɪts; *Am.* ˈdəʊ-; ˈdɑ-] Doloˈmiten *pl* (*Teil der Ostalpen*).
Dom·i·ni·ca [ˌdɒmɪˈniːkə; dəˈmɪnɪkə; *Am.* ˌdɑməˈniːkə] a) *Insel der Kleinen Antillen,* b) *Republik auf* a.
Do·min·i·can Re·pub·lic [dəˈmɪnɪkən] Dominiˈkanische Repuˈblik (*auf der Insel Hispaniola*).
Don·cas·ter [ˈdɒŋkəstə(r); *Am.* ˈdɑŋ-] *Stadt in South Yorkshire, England.*
Don·e·gal [ˈdɒnɪgɔːl; ˌ-ˈgɔːl; ˌdʌnɪˈgɔːl; *Am.* ˌdɑnɪˈgɔːl] *Grafschaft im nördl. Irland.*
Dor·ches·ter [ˈdɔː(r)tʃɪstə(r); *Am. a.* -ˌtʃestər] *Hauptstadt von Dorsetshire, England.*
Dor·set(·shire) [ˈdɔː(r)sɪt; ˈ-ʃə(r); ˈ-ˌʃɪə(r)] *Grafschaft in Südengland.*
Doun·reay [ˈdʊnreɪ] *Ort in Highland Region, Schottland. Kernkraftwerk.*
Do·ver [ˈdəʊvə(r)] a) *Hafenstadt in Kent, England,* b) *Hauptstadt von Delaware, USA.*
Down [daʊn] *Grafschaft in Nordirland.*
Down·ing Street [ˈdaʊnɪŋ] *Straße in Westminster, London.*
Downs, the [daʊnz] *Hügelland in Südengland.*
Dra·kens·berg Moun·tains [ˈdrɑːkənzbɜːg; *Am.* -ˌbɜrg] Drakensberge *pl* (*höchstes Gebirge Südafrikas*).
Dro·ghe·da [ˈdrɔɪɪdə; ˈdrɔːədə] *Hafenstadt in Louth, Irland.*
Dru·ry Lane [ˈdrʊərɪ] *Straße in London.*
Dub·lin [ˈdʌblɪn] a) *Grafschaft im östl. Irland,* b) *Hafen- u. Hauptstadt von Irland.*
Dud·ley [ˈdʌdlɪ] *Stadt in West Midlands, England.*
Du·luth [djuːˈluːθ; *Am.* dəˈluːθ] *Stadt in Minnesota, USA.*
Dul·wich [ˈdʌlɪdʒ; -ɪtʃ] *Stadtteil von London.*
Dum·bar·ton [dʌmˈbɑː(r)tn] → **Dunbarton**.
Dum·fries [dʌmˈfriːs] a) → **Dumfriesshire**, b) *Hauptstadt von Dumfries and Galloway.*
Dum·fries and Gal·lo·way Re·gion [dʌmˌfriːsndˈgæləweɪ] *Verwaltungsregion des südwestl. Schottland.*
Dum·fries·shire [dʌmˈfriːsʃə(r); -ˌʃɪə(r)] *Ehemal. Grafschaft im südl. Schottland.*
Dun·bar [dʌnˈbɑː(r); ˈ-bɑː(r)] *Stadt in Lothian Region, Schottland. 1650 Sieg Cromwells über die Schotten.*
Dun·bar·ton [dʌnˈbɑː(r)tn] a) → **Dunbartonshire**, b) *Stadt in Strathclyde, Schottland.*
Dun·bar·ton·shire [dʌnˈbɑː(r)tnʃə(r); -ˌʃɪə(r)] *Ehemal. Grafschaft in Mittelschottland.*
Dun·dalk [dʌnˈdɔːk] *Stadt in Louth, Irland.*
Dun·dee [dʌnˈdiː; ˈdʌndiː] *Hauptstadt von Tayside Region, Schottland.*
Dun·e·din [dʌˈniːdn; -dn] *Stadt auf der Südinsel Neuseelands.*
Dun·ferm·line [dʌnˈfɜːmlɪn; *Am.* -ˈfɜrm-] *Stadt in Fife, Schottland.*
Dun·ge·ness [ˌdʌndʒɪˈnes; dʌnʒˈnes] *Landspitze in Kent, England.*
Dun·sta·ble [ˈdʌnstəbl] *Industriestadt in Bedfordshire, England.*
Dur·ban [ˈdɜːbən; *Am.* ˈdɜr-] *Hafenstadt in Natal, Südafrika.*
Dur·ham [ˈdʌrəm; *Am. bes.* ˈdɜrəm] a) *Grafschaft in Nordengland,* b) *Hauptstadt von* a.
Dyf·ed [ˈdʌvɪd; -ed] *Grafschaft im südwestl. Wales.*

E

Ea·ling [ˈiːlɪŋ] *westl. Stadtbezirk Groß-Londons.*
East An·glia [ˌiːstˈæŋglɪə] Ostˈanglien *n* (*Landschaft in Ostengland*).
East·bourne [ˈiːstbɔː(r)n] *Stadt in East Sussex, England.*
East End [ˌiːstˈend] *Teil des östl. Londons mit Hafenanlagen, Industriegebieten u. Slums.*
East Ham [ˌiːstˈhæm] *Stadtteil im Osten von London.*
East In·dies [ˌiːstˈɪndɪz] Ostˈindien *n:* a) *alter Name für Vorder- u. Hinterindien sowie den Malaiischen Archipel,* b) *Inseln Indonesiens.*
East·leigh [ˈiːstliː] *Stadt in Hampshire, England.*
East Lo·thi·an [ˌiːstˈləʊðjən; -ɪən] *Ehemal. Grafschaft im südöstl. Schottland.*
East Rid·ing [ˌiːstˈraɪdɪŋ] *Ehemal. Verwaltungsbezirk der Grafschaft Yorkshire, England.*
East Sus·sex [ˌiːstˈsʌsɪks] *Grafschaft im südöstl. England.*
Ebbw Vale [ˌebuːˈveɪl] *Stadt in Gwent, Wales.*
Ec·cles [ˈeklz] *Stadt in Greater Manchester, England.*
Ec·ua·dor [ˈekwədɔː(r)] Ecuaˈdor *n* (*Republik im Nordwesten Südamerikas*).
Ed·in·burgh [ˈedɪnbərə; -brə; *Am. bes.* ˈednˌbɜrə; *a.* -ˌbʌrə] a) *Hauptstadt von Schottland,* b) *hist. für* **Midlothian**.
Ed·mon·ton [ˈedməntən] a) *Stadtteil von London,* b) *Hauptstadt von Alberta, Kanada.*
Eg·ham [ˈegəm] *Stadt in Surrey, England.*
E·gypt [ˈiːdʒɪpt] Äˈgypten *n.*
Ei·re [ˈeərə] (*Irish*) → **Ireland**.
El·gin [ˈelgɪn] a) *hist. für* **Moray**, b) *Stadt in Grampian Region, Schottland.*
E·lis·a·beth·ville [ɪˈlɪzəbəθvɪl] → **Lubumbashi**.
E·liz·a·beth [ɪˈlɪzəbəθ] *Stadt in New Jersey, USA.*
Elles·mere Port [ˈelzˌmɪə(r)] *Hafenstadt in Cheshire, England.*
El·lis Is·land [ˈelɪs] *Kleine Insel in der New York Bay. Bis 1954 Einreise-Kontrollstelle.*
El Pas·o [elˈpæsəʊ] *Stadt in Texas, USA.*
El Sal·va·dor [elˈsælvədɔː(r)] El SalvaˈdorGanz *n* (*Republik in Mittelamerika*).
E·ly [ˈiːlɪ] *Stadt in Cambridgeshire, England.*
E·ly, Isle of [ˈiːlɪ] *Ehemal. Grafschaft im östl. Mittelengland.*
En·field [ˈenfiːld] *Nördl. Stadtbezirk Groß-Londons.*
Eng·land [ˈɪŋglənd] England *n.*
Eng·lish Chan·nel [ˌɪŋglɪʃˈtʃænl] Englischer Kaˈnal, ˈÄrmelkaˌnal *m* (*zwischen England u. Frankreich*).
En·teb·be [enˈtebɪ] *Stadt im südl. Uganda, Ostafrika.*
Ep·ping [ˈepɪŋ] *Stadt in Essex, England.*
Ep·som [ˈepsəm] *Stadt in Surrey. Pferderennbahn.*
Equa·to·ri·al Guin·ea [ˌekwəˈtɔːrɪəl ˈgɪnɪ; ˌiːkwə-] Äquatorialguiˈnea *n* (*Republik in Ostafrika*).
E·rie [ˈɪərɪ] *Hafenstadt am Eriesee, USA.*
Er·i·trea [ˌerɪˈtreɪə; *Am. a.* -ˈtriːə] *Autonome Provinz im Norden Äthiopiens.*
Es·sex [ˈesɪks] *Grafschaft in Südostengland.*
Es·t(h)o·nia [eˈstəʊnjə; esˈθəʊ-; -nɪə] Estland *n.*
E·thi·o·pia [ˌiːθɪˈəʊpjə; -pɪə] Äthiˈopien *n:* a) *antik. Land in Nordostafrika,* b) *Volksrepublik in Nordostafrika.*
Et·na [ˈetnə] Ätna *m* (*Vulkan an der Ostküste Siziliens*).
E·ton [ˈiːtn] *Stadt in Berkshire, England. Berühmte Public School.*
Eu·phra·tes [juːˈfreɪtiːz; jʊ-] Euphrat *m* (*Größter Strom Vorderasiens*).
Eur·a·sia [jʊəˈreɪʃə; -ʒə] Euˈrasien *n* (*Asien u. Europa als Gesamtheit*).
Eu·rope [ˈjʊərəp] Euˈropa *n.*
Ev·ans·ville [ˈevənzvɪl] *Stadt in Indiana, USA.*
Ev·er·est, Mount [ˈevərɪst] *Höchster Berg der Erde im östl. Himalaja.*
Ev·er·glades, the [ˈevə(r)gleɪdz] die Everglades *pl* (*großes Sumpfgebiet im südl. Florida, USA*).
Eve·sham [ˈiːvʃəm] *Stadt in Hereford and Worcester, England.*
Ex·e·ter [ˈeksɪtə(r)] *Hauptstadt von Devonshire, England.*

Ex·moor [ˈeksˌmʊə(r); -mɔː(r)] *Heidemoor in Somerset und Devon, England.*
Ex·mouth [ˈeksmaʊθ; -məθ] *Stadt in Devonshire, England.*
Eyre Pen·in·su·la [eə(r)] Eyre-Halbinsel *f* (*Südaustralien*).

F

Faer·oes [ˈfeərəʊz] Färöer *pl* (*dänische Inseln zwischen Schottland u. Island*).
Fair·banks [ˈfeə(r)bæŋks] *Stadt in Alaska, USA.*
Fal·kirk [ˈfɔːlkɜːk; *Am.* -ˌkɜrk] *Stadt in Central Region, Schottland.*
Falk·land Is·lands [ˈfɔːklənd; ˈfɔːk-] Falklandinseln *pl* (*im Süden des Atlantischen Ozeans*).
Fall Riv·er [fɔːl] *Stadt in Massachusetts, USA.*
Fal·mouth [ˈfælməθ] *Hafenstadt in Cornwall, England.*
Fare·ham [ˈfeərəm] *Stadt in Hampshire, England.*
Fare·well, Cape [ˈfeə(r)wel] Kap *n* Farˈvel (*Südspitze Grönlands*).
Farn·bor·ough [ˈfɑː(r)nbərə; -brə; *Am. bes.* -ˌbɜrə; *a.* -ˌbʌrə] *Stadt in Hampshire, England.*
Farn·ham [ˈfɑː(r)nəm] *Stadt in Surrey, England.*
Far·oe Is·lands [ˈfeərəʊ] → **Faeroes.**
Fa·ver·sham [ˈfævə(r)ʃəm] *Stadt in Kent, England.*
Fed·er·al Re·pub·lic of Ger·ma·ny ˈBundesrepuˌblik *f* Deutschland.
Fe·lix·stowe [ˈfiːlɪkstəʊ] *Stadt in Suffolk, England.*
Felt·ham [ˈfeltəm] *Stadtteil von London.*
Fens, the [fenz] *Marschland am Wash, Ostengland.*
Fer·man·agh [fə(r)ˈmænə] *Grafschaft in Nordirland.*
Fife [faɪf] *Verwaltungsregion des östl. Mittelschottlands.*
Fife(·shire) [faɪf; ˈ-ʃə(r); ˈ-ˌʃɪə(r)] *Grafschaft in Ostschottland.*
Fi·ji [ˌfiːˈdʒiː; *bes. Am.* ˈfiːdʒiː] Fidschi-Inseln *pl* (*im Pazifischen Ozean*).
Finch·ley [ˈfɪntʃlɪ] *Stadtteil von London.*
Fin·land [ˈfɪnlənd] Finnland *n.*
Fin·lay [ˈfɪnleɪ; -lɪ; *Am.* -liː] *Fluß in Brit. Columbia, Kanada.*
Fins·bury [ˈfɪnzbərɪ; -brɪ; *Am. a.* -ˌberiː] *Stadtteil von London.*
Firth of Forth [ˌfɜːθəvˈfɔː(r)θ; *Am.* ˌfɜrθ-] → **Forth, Firth of.**
Flam·bor·ough Head [ˌflæmbərəˈhed; -brəˈh-; *Am. bes.* -ˌbɜrə-; *a.* -ˌbʌrə-] *Kap an der Küste von Humberside, England.*
Flan·ders [ˈflɑːndəz; *Am.* ˈflændərz] Flandern *n.*
Fleet·wood [ˈfliːtwʊd] *Fischereihafen in Lancashire, England.*
Flint [flɪnt] a) *Stadt in Michigan, USA,* b) → **Flintshire.**
Flint·shire [ˈflɪntʃə(r); -ˌʃɪə(r)] *Ehemal. Grafschaft in Wales.*
Flor·ence [ˈflɒrəns; *Am. a.* ˈflɑːr-] Floˈrenz *n* (*Stadt in Mittelitalien*).
Flor·i·da [ˈflɒrɪdə; *Am. a.* ˈflɑːr-] *Südöstlicher Staat der USA.*
Flor·i·da Keys [ˌflɒrɪdəˈkiːz; *Am. a.* ˌflɑːr-] Key-Inseln *pl* (*südl. von Florida*).
Flush·ing [ˈflʌʃɪŋ] a) *Stadtteil von New York,* b) Vlissingen *n* (*Hafenstadt in den Niederlanden*).
Folke·stone [ˈfəʊkstən] *Hafenstadt u. Seebad in Kent, England.*
For·far [ˈfɔː(r)fə(r)] *Ort in Tayside, Schottland. Ehemal. Sitz schott. Könige.*
For·mo·sa [fɔː(r)ˈməʊsə; -zə] → **Taiwan.**
For·tes·cue [ˈfɔː(r)tɪskjuː] *Fluß im nordwestl. Australien.*
Forth, Firth of [ˈfɔː(r)θ] *Wichtigste Bucht der schott. Ostküste.*
For·ties Field [ˈfɔː(r)tɪz] *Ölfeld vor der nordöstl. Küste Schottlands.*
Fort Knox [ˌfɔː(r)tˈnɒks; *Am.* -ˈnɑks; *a.* ˌfəʊrt-] *Militärlager in Kentucky, USA. Bombensicheres Golddepot.*
Fort Lau·der·dale [ˈlɔːdə(r)deɪl] *Stadt in Florida, USA.*
Fort Wayne [weɪn] *Stadt in Indiana, USA.*
Fort Worth [wɜːθ; *Am.* wɜrθ] *Stadt in Texas, USA.*
Four For·est Can·tons, Lake of the → **Lucerne, Lake of.**
France [frɑːns; *Am.* fræns] Frankreich *n.*
Fran·co·nia [fræŋˈkəʊnjə; -nɪə] Franken *n.*
Frank·fort [ˈfræŋkfə(r)t] *Hauptstadt von Kentucky, USA.*
Frank·fort on the Main [ˈfræŋkfə(r)t; meɪn] Frankfurt *n* am Main.
Frank·lin [ˈfræŋklɪn] *Distrikt der kanad. Nordwest-Territorien.*
Fred·er·ic·ton [ˈfredrɪktən] *Hauptstadt von Neubraunschweig, Kanada.*
Fre·man·tle [ˈfriːmæntl; *Am.* friːˈmæntl] *Hafenstadt im austral. Bundesstaat Westaustralien.*
French Gui·a·na [ˌfrentʃgaɪˈænə; *Am. a.* -giːˈænə; -ˈɑːnə] Franz.-Guaˈyana *n* (*franz. Überseedepartement im nordwestl. Südamerika*).
Fres·no [ˈfreznəʊ] *Stadt in Kalifornien, USA.*
Fri·sian Is·lands [ˈfrɪzɪən; -ʒjən; *bes. Am.* -ʒən] Friesische Inseln *pl* (*an der Nordseeküste von Holland bis Jütland*).
Frome [fruːm] *Stadt in Somersetshire, England.*
Ful·ham [ˈfʊləm] *Stadtteil von London.*
Fun·dy, Bay of [ˈfʌndɪ] Fundy-Bay *f* (*Bucht des Atlantischen Ozeans im Südosten Kanadas*).
Fur·ness [ˈfɜːnɪs; *Am.* ˈfɜrnəs] *Halbinsel an der Irischen See, Cumbria, England.*

G

Ga·boon [gəˈbuːn], **Ga·bun** [gəˈbuːn], (*Fr.*) **Ga·bon** [gæˈbɒn; gə-; *Am.* gəˈbəʊn; -ˈbɑn; gabõ] Gaˈbun *n* (*Republik in Westafrika*).
Gains·bor·ough [ˈgeɪnzbərə; -brə; *Am. bes.* -ˌbɜrə] *Stadt in Lincolnshire, England.*
Ga·la·shiels [ˌgæləˈʃiːlz] *Stadt in Borders Region, Schottland.*
Gal·braith [gælˈbreɪθ] *Stadt im australischen Bundesstaat Queensland.*
Gal·lo·way [ˈgæləweɪ] *Landschaft im südwestl. Schottland.*
Gal·ves·ton [ˈgælvɪstən; -vəs-] *Hafenstadt im südöstl. Texas, USA.*
Gal·way [ˈgɔːlweɪ] a) *Grafschaft im westl. Irland,* b) *Hauptstadt von* a.
Gam·bia [ˈgæmbɪə] a) *Fluß in Westafrika,* b) *Republik an der westafrik. Küste.*
Gan·ges [ˈgændʒiːz] *Strom im nördl. Vorderindien.*
Gar·y [ˈgærɪ; ˈgeərɪ] *Stadt am Michigan-See, USA.*
Gas·pé Pen·in·su·la [gæˈspeɪ; ˈgæspeɪ] Gasˈpé *n* (*Halbinsel im südöstl. Kanada*).
Gates·head [ˈgeɪtshed] *Hafenstadt in Tyne and Wear, England.*
Gat·wick (Air·port) [ˈgætwɪk] *Flughafen 40 km südl. von London in West Sussex.*
Ga·za [ˈgɑːzə; *Am. a.* ˈgæ-; ˈgeɪ-] Gasa *n,* Gaza *n* (*Hafenstadt an der Südostküste des Mittelmeers*).
Gee·long [dʒɪˈlɒŋ] *Hafenstadt an der Südküste des austral. Bundesstaates Victoria.*
Ge·ne·va [dʒɪˈniːvə] Genf *n*: a) *Kanton der Schweiz,* b) *Hauptstadt von* a.
Ge·ne·va, Lake [dʒɪˈniːvə] Genfer See *m* (*Schweiz*).
George·town [ˈdʒɔː(r)dʒtaʊn] *Hauptstadt von Guayana.*
Geor·gia [ˈdʒɔː(r)dʒjə; *Am.* -dʒə] a) *Staat der USA,* b) Geˈorgien *n* (*Landschaft in Transkaukasien, UdSSR*).
Ger·man Dem·o·crat·ic Re·pub·lic Deutsche Demoˈkratische Repuˈblik.
Ger·ma·ny [ˈdʒɜːmənɪ; -mnɪ; *Am.* ˈdʒɜr-] Deutschland *n.*
Get·tys·burg [ˈgetɪzbɜːg; *Am.* -ˌbɜrg] *Stadt in Pennsylvania, USA. 1863 Niederlage der Konföderierten.*
Gha·na [ˈgɑːnə; *Am. a.* ˈgæ-] *Republik in Westafrika.*
Gi·bral·tar [dʒɪˈbrɔːltə(r)] *Stadt u. Festung in Südspanien. Polit. mit Großbritannien assoziiert.*
Gil·ling·ham¹ [ˈdʒɪlɪŋəm] *Stadt in Kent, England.*
Gil·ling·ham² [ˈgɪlɪŋəm] a) *Ort in Dorsetshire, England,* b) *Ort in Norfolk, England.*
Gla·cier Na·tion·al Park [ˈglæsjə; ˈgleɪ-; *Am.* ˈgleɪʃər] a) *Nationalpark im nordwestl. Montana, USA,* b) *Nationalpark im südöstl. Brit. Columbia, Kanada.*
Glad·stone [ˈglædstən; *Am.* -ˌstəʊn] *Stadt an der Ostküste von Queensland, Australien.*
Gla·mor·gan(·shire) [gləˈmɔː(r)gən; -ʃə(r); -ˌʃɪə(r)] *Ehemal. Grafschaft im südöstl. Wales.*
Glas·gow [ˈglɑːsgəʊ; *bes. Scot. u. Am.* ˈglæzgəʊ; ˈglæs-] *Hauptstadt von Strathclyde, Schottland.*
Glas·ton·bury [ˈglæstənbərɪ; -brɪ; *Am. bes.* -ˌberiː] *Stadt in Somersetshire, England.*
Glen·dale [ˈglendeɪl] *Stadt in Kalifornien, USA.*
Glen·roth·es [glenˈrɒθɪs; *Am.* -ˈrɑ-] *Hauptstadt von Fife, Schottland.*
Glouces·ter [ˈglɒstə; *Am.* ˈglɑːstər; ˈglɔː-] a) → **Gloucestershire,** b) *Hauptstadt von Gloucestershire.*
Glouces·ter·shire [ˈglɒstə(r)ʃə(r); -ˌʃɪə(r); *Am.* ˈglɑː-; ˈglɔː-] *Grafschaft in Südwestengland.*
Go·dal·ming [ˈgɒdlmɪŋ; *Am.* ˈgɑ-] *Stadt in Surrey, England.*
Gode·rich [ˈgəʊdrɪtʃ] *Stadt in Ontario, Kanada.*
Gog·ma·gog Hills [ˈgɒgməgɒg; *Am.* ˈgɑgməˌgɑg] *Hügelland in Cambridgeshire, England.*
Gold·en Gate [ˌgəʊldənˈgeɪt] Goldenes Tor (*Einfahrt in die Bucht von San Franzisko*).
Good·win Sands [ˈgʊdwɪn] *Sandbank vor der Südostküste von England.*
Goole [guːl] *Stadt in Humberside, England.*
Gor·ham [ˈgɔːrəm] *Stadt in New Hampshire, USA.*
Gos·port [ˈgɒspɔː(r)t; *Am.* ˈgɑs-] *Stadt an der Küste von Hampshire, England.*

Gow·er [ˈgaʊə(r)] *Halbinsel im Bristol-Kanal an der Südküste von Wales.*
Gram·pi·an Hills [ˈgræmpjən; -pɪən], **ˈGram·pi·ans, the** [-ənz] Grampiangebirge *n (Schottland).*
Gram·pi·an Re·gion [ˈgræmpjən; -pɪən] *Verwaltungsregion des nordöstl. Schottland.*
Gran·by [ˈgrænbɪ] *Stadt in der Provinz Quebec, Kanada.*
Grand Can·yon [ˌgrændˈkænjən] *Durchbruchstal des Colorado River in Arizona, USA.*
Gras·mere [ˈgrɑːsˌmɪə; *Am.* ˈgræsˌmɪər] *See im Lake District, in Cumbria, England.*
Graves·end [ˌgreɪvzˈend] *Stadt in Kent, England.*
Great Brit·ain [ˌgreɪtˈbrɪtn] Großbriˈtannien *n (England, Schottland, Wales).*
Great·er An·til·les [ˌgreɪtərænˈtɪliːz] Große Anˈtillen *pl (Inselgruppe Westindiens).*
Great·er Lon·don [ˌgreɪtə(r)ˈlʌndən] *Verwaltungsgebiet, bestehend aus der City of London und 32 Stadtbezirken.*
Great·er Man·ches·ter [ˌgreɪtə(r)ˈmæntʃɪstə(r); -tʃes-] *Stadtgrafschaft im nordwestl. England.*
Great Lakes [ˌgreɪtˈleɪks] Große Seen *pl (Gruppe von 5 Seen im mittl. Nordamerika u. Kanada).*
Greece [griːs] Griechenland *n.*
Green·ham Com·mon [ˌgriːnəmˈkɒmən; *Am.* -ˈkɑ-] *Militärflughafen bei Newbury in Berkshire, England.*
Green·land [ˈgriːnlənd; -lænd] Grönland *n.*
Green·ock [ˈgriːnək; ˈgrenək] *Hafen- u. Industriestadt am Firth of Forth, Schottland.*
Greens·boro [ˈgriːnzbərə; -brə; *Am. bes.* -ˌbɜrə; *a.* -ˌbʌrə] *Stadt in North Carolina, USA.*
Green·wich [ˈgrɪnɪdʒ; -ɪtʃ; ˈgren-] *östl. Stadtbezirk Groß-Londons.*
Green·wich Vil·lage [ˌgrenɪtʃˈvɪlɪdʒ; ˌgrɪn-] *Stadtteil von New York.*
Gre·na·da [greˈneɪdə; grə-] *a) Unabhängiger Staat u. Mitglied des Commonwealth in Westindien, b) Hauptinsel von a.*
Gret·na Green [ˌgretnəˈgriːn] *Dorf an der schott.-engl. Grenze.*
Grims·by [ˈgrɪmzbɪ] *Hafenstadt in Humberside, England.*
Gros·ve·nor Square [ˈgrəʊvnə(r)] *Platz in Mayfair, London.*
Gua·de·loupe [ˌgwɑːdəˈluːp; *Am. a.* ˈgwɑːdlˌuːp] Guadeˈloupe *n (größte Insel der Kleinen Antillen, Westindien).*
Gua·te·ma·la [ˌgwætɪˈmɑːlə; *bes. Am.* ˌgwɑːtə-] Guateˈmala *n: a) Republik in Mittelamerika, b) Hauptstadt von a.*
Guern·sey [ˈgɜːnzɪ; *Am.* ˈgɜrnziː] *Insel im Ärmelkanal.*
Guild·ford [ˈgɪlfə(r)d] *Stadt in Surrey, England.*
Guin·ea [ˈgɪnɪ] *a) Küstengebiet in Westafrika, b) Republik in Westafrika.*
Guy·a·na [gaɪˈænə] Guˈyana *n (Republik im nordöstl. Südamerika).*
Gwent [gwent] *Grafschaft im südöstl. Wales.*
Gwyn·edd [ˈgwɪnəð; -eð] *Grafschaft im nordwestl. Wales.*

H

Hack·ney [ˈhæknɪ] *Stadtbezirk des inneren Verwaltungsgebiets Groß-Londons.*
Hague, the [heɪg] Den Haag *m (Königliche Residenz u. Regierungssitz der Niederlande).*
Hai·ti [ˈheɪtɪ] Haˈiti *n: a) Insel der Großen Antillen, b) Republik auf Haiti.*
Hal·i·fax [ˈhælɪfæks] *a) Stadt in West Yorkshire, England, b) Hauptstadt von Neuschottland, Kanada.*
Ham·il·ton [ˈhæmltən; -məl-] *a) Hafen- u. Industriestadt am Ontario-See, Kanada, b) Fluß in Labrador, Kanada, c) Stadt in Ohio, USA, d) Stadt südöstl. von Glasgow, Schottland.*
Ham·mer·smith [ˈhæmə(r)smɪθ] *Stadtbezirk des inneren Verwaltungsgebiets Groß-Londons.*
Ham·mond [ˈhæmənd] *Stadt in Indiana, USA.*
Hamp·shire [ˈhæmpʃə(r); -ˌʃɪə(r)] *Grafschaft in Südengland.*
Hamp·stead [ˈhæmpstɪd; -sted; ˈhæmst-] *Stadtteil von London.*
Hamp·ton [ˈhæmptən; ˈhæmt-] *Stadtteil von London.*
Ha·noi [hæˈnɔɪ] *Hauptstadt von Nordvietnam.*
Han·o·ver [ˈhænəʊvə(r); -nəv-] Hanˈnover *n.*
Ha·ra·re [həˈrɑːreɪ] *Hauptstadt von Zimbabwe.*
Ha·rin·gey [ˈhærɪŋgeɪ] *Nördl. Stadtbezirk Groß-Londons.*
Har·lem [ˈhɑː(r)ləm] *Stadtteil von New York City.*
Har·ling·ton [ˈhɑː(r)lɪŋtən] → **Hayes and Harlington.**
Har·low [ˈhɑː(r)ləʊ] *Stadt in Essex, England.*
Har·ris·burg [ˈhærɪsbɜːg; *Am.* -ˌbɜrg] *Hauptstadt von Pennsylvania, USA.*
Har·ro·gate [ˈhærəʊgɪt; -rəg-; -geɪt] *Stadt in North Yorkshire, England.*
Har·row [ˈhærəʊ] *Nordwestl. Stadtbezirk Groß-Londons.*
Hart·ford [ˈhɑː(r)tfə(r)d] *Hauptstadt von Connecticut, USA.*
Har·tle·pool [ˈhɑː(r)tlɪpuːl] *Hafenstadt an der Nordsee, in Cleveland, England.*
Har·well [ˈhɑː(r)wəl; -wel] *Dorf in Berkshire, England. Forschungszentrum der brit. Atomenergiebehörde.*
Har·wich [ˈhærɪdʒ] *Hafenstadt in Essex, England.*
Ha·sle·mere [ˈheɪzlˌmɪə(r)] *Stadt in Surrey, England.*
Has·tings [ˈheɪstɪŋz] *Hafenstadt in East Sussex, England. Schlacht 1066.*
Hat·field [ˈhætfiːld] *Stadt in Hertfordshire, England.*
Ha·van·a [həˈvænə] Haˈvanna *n (Hauptstadt von Kuba).*
Ha·ver·ing [ˈheɪvərɪŋ] *Nordöstl. Stadtbezirk von Groß-London.*
Ha·waii [həˈwaɪiː; həˈwɑːiː] *a) Größte der Hawaii-Inseln, b)* → **Hawaiian Islands.**
Ha·wai·ian Is·lands [həˈwaɪən; *Am.* həˈwɑːjən; -ˈwaɪən] Haˈwaii-Inseln *pl, Staat der USA (nördl. Pazifischer Ozean).*
Haw·ick [ˈhɔːɪk] *Stadt in Borders Region, Schottland.*
Hayes and Har·ling·ton [ˌheɪzn-ˈhɑː(r)lɪŋtən] *Stadtteil von London.*
Hay·mar·ket [ˈheɪˌmɑː(r)kɪt] *Straße in London.*
Heb·ri·des [ˈhebrɪdiːz] Heˈbriden *pl (Inselgruppe an der Westküste Schottlands).*
Hel·e·na [ˈhelɪnə; -lənə] *Hauptstadt von Montana, USA.*
Hel·i·go·land [ˈhelɪgəʊlænd] Helgoland *n.*
Hel·sin·ki [ˈhelsɪŋkɪ; helˈs-] *Haupt- u. Hafenstadt von Finnland.*
Hel·vel·lyn [helˈvelɪn] *Berg im Lake District, England.*
Hemp·stead [ˈhempstɪd; -sted; -mst-] *Vorort von New York.*
Hen·don [ˈhendən] *Stadtteil von London.*
Hen·ley-on-Thames [ˌhenlɪɒnˈtemz] *Stadt in Oxfordshire, England.*
Her·e·ford [ˈherɪfə(r)d] *a)* → **Herefordshire**, *b) Stadt in Hereford and Worcester.*
Her·e·ford and Worces·ter [ˌherɪfə(r)dnˈwʊstə(r)] *Grafschaft im westl. Mittelengland.*
Her·e·ford·shire [ˈherɪfə(r)dʃə(r); -ˌʃɪə(r)] *Ehemal. Grafschaft im westl. England.*
Herne Bay [hɜːn; *Am.* hɜrn] *Stadt an der Nordküste von Kent, England.*
Herst·mon·ceux [ˌhɜːstmənˈsjuː; -ˈsuː; *Am.* ˌhɜrst-] *Ort in East Sussex, England. Observatorium.*
Hert·ford [ˈhɑː(r)fə(r)d] *a)* → **Hertfordshire**, *b) Hauptstadt von Hertfordshire.*
Hert·ford·shire [ˈhɑː(r)fə(r)dʃə(r); -ˌʃɪə(r)] *Grafschaft in Südostengland.*
Her·vey Bay [ˈhɑːvɪ; ˈhɜːvɪ; *Am.* ˈhɑːrviː; ˈhɜr-] *Bucht an der Ostküste von Queensland, Australien.*
Hesse [ˈhesɪ; hes] Hessen *n.*
Hes·ton and I·sle·worth [ˌhestnəˈnaɪzlwə(r)θ] *Stadtteil Londons.*
Hex·ham [ˈheksəm] *Stadt in Northumberland, England.*
Hey·sham [ˈhiːʃəm] *Hafenstadt in Lincolnshire, England. Kernkraftwerk.*
Hey·wood [ˈheɪwʊd] *Stadt in Greater Manchester, England.*
High·gate [ˈhaɪgɪt; -geɪt] *Stadtteil von London.*
High·land Re·gion [ˈhaɪlənd] *Verwaltungsregion des nördl. Schottland.*
High·lands, the [ˈhaɪləndz] *Hochland nördl. des Grampiangebirges in Schottland.*
High Wy·combe [ˌhaɪˈwɪkəm] *Stadt in Buckinghamshire, England.*
Hil·ling·don [ˈhɪlɪŋdən] *Westl. Stadtbezirk Groß-Londons.*
Hi·ma·la·ya(s), the [ˌhɪməˈleɪə; hɪˈmɑːljə; -z] Hiˈmalaja *m (höchstes Gebirge der Erde, Zentralasien).*
Hi·ro·shi·ma [hɪˈrɒʃɪmə; ˌhɪrɒˈʃiːmə; *Am.* ˌhɪrəˈʃiːmə; həˈrəʊʃəmə] Hiˈroschima *n (Stadt auf Hondo, Japan. 1945 Abwurf der ersten Atombombe).*
His·pan·io·la [ˌhɪspənˈjəʊlə] *Insel der Großen Antillen.*
Ho·bart [ˈhəʊbɑː(r)t] *Hauptstadt des austral. Bundesstaates Tasmanien.*
Ho·bo·ken [ˈhəʊbəʊkən] *Stadt in New Jersey, USA.*
Ho Chi Minh Cit·y [ˌhəʊtʃiːˈmɪn ˈsɪtɪ] Ho-Chi-ˈMinh-Stadt *f (Hafenstadt im Süden Vietnams; bis 1976 Saigon).*
Hol·born [ˈhəʊbə(r)n] *Stadtteil von London.*
Hol·land [ˈhɒlənd; *Am.* ˈhɑ-] → **Netherlands.**
Hol·land, Parts of [ˈhɒlənd; *Am.* ˈhɑ-] *Gebiet in Lincolnshire, England.*
Hol·ly·wood [ˈhɒlɪwʊd; *Am.* ˈhɑ-] *Stadtteil von Los Angeles, Kalifornien, USA. Zentrum der amer. Filmindustrie.*
Hol·y·head [ˈhɒlɪhed; *Am.* ˈhɑ-] *a) Insel vor der Westküste von Anglesey, Wales, b) Hauptstadt von a.*
Hon·du·ras [hɒnˈdjʊərəs; *Am.* hɑn-; *a.* -ˈdʊrəs] *Republik in Mittelamerika.*
Hong Kong [ˌhɒŋˈkɒŋ; *Am. bes.* ˈhɑŋˌkɑŋ; ˌhɑŋˈkɑŋ] Hongkong *n (Brit. Kronkolonie an der Südküste Chinas).*
Hon·o·lu·lu [ˌhɒnəˈluːluː; *Am.* ˌhɑnlˈuːluː] *Haupt- u. Hafenstadt von Hawaii, Pazifischer Ozean.*
Hoo·ver Dam [ˌhuːvə(r)ˈdæm] *Staudamm des Colorado, USA.*
Hor·muz, Strait of [ˈhɔː(r)mʌz] *Meer-*

enge an der iran. Küste. Verbindet den Pers. Golf u. Ind. Ozean.
Horn, Cape [hɔː(r)n] Kap *n* Horn (*Südspitze Südamerikas*).
Hor·sham [ˈhɔː(r)ʃəm] *Ort in West Sussex, England.*
Hough·ton-le-Spring [ˌhəʊtnlɪˈsprɪŋ; ˌhaʊtn-] *Stadt in Tyneside, England.*
Houns·low [ˈhaʊnzləʊ] *Südwestl. Stadtbezirk Groß-Londons.*
Hous·ton [ˈhjuːstən; ˈjuː-] *Stadt in Texas, USA.*
Hove [həʊv] *Vorstadt von Brighton, England.*
Huck·nall [ˈhʌknəl] *Stadt in Nottinghamshire, England.*
Hud·ders·field [ˈhʌdə(r)zfiːld] *Stadt in West Yorkshire, England.*
Hud·son [ˈhʌdsn] *Fluß im Osten des Staates New York, USA.*
Hull [hʌl] *Haupt- u. Hafenstadt von Humberside, England.*
Hum·ber [ˈhʌmbə(r)] *Fluß in Ostengland.*
Hum·ber·side [ˈhʌmbə(r)saɪd] *Grafschaft im nordöstl. Mittelengland.*
Hun·ga·ry [ˈhʌŋgərɪ] Ungarn *n.*
Hun·ting·don(·shire) [ˈhʌntɪŋdən; ˈ-ʃə(r); ˈ-ˌʃɪə(r)] *Ehemal. Grafschaft in Mittelengland.*
Hu·ron, Lake [ˈhjʊərən; *Am. a.* ˈhjʊrˌɑn] Huronsee *m* (*einer der 5 Großen Seen Nordamerikas*).
Hurst·mon·ceux [ˌhɜːstmənˈsjuː; -ˈsuː; *Am.* ˌhɜrst-] → **Herstmonceux.**
Hyde Park [haɪd] *Park in London.*
Hythe [haɪð] *Stadt in Kent, England.*

I

Ice·land [ˈaɪslənd] Island *n.*
I·da·ho [ˈaɪdəhəʊ] *Staat im Nordwesten der USA.*
IJs·sel, Lake [ˈaɪsl], **IJs·sel·meer** [ˌaɪslˈmeə(r)] Ijs(s)elmeer *n* (*Niederlande*).
Il·ford [ˈɪlfə(r)d] *Stadtteil von London.*
Il·li·nois [ˌɪlɪˈnɔɪ] *Staat im Mittelwesten der USA.*
In·dia [ˈɪndjə; -dɪə] Indien *n.*
In·di·ana [ˌɪndɪˈænə] *Staat im Mittelwesten der USA.*
In·di·an·ap·o·lis [ˌɪndɪəˈnæpəlɪs; -ˈnæpləs] *Hauptstadt von Indiana, USA.*
In·dies [ˈɪndɪz] a) → **East Indies,** b) *selten für* **West Indies.**
In·do·chi·na [ˌɪndəʊˈtʃaɪnə] Indoˈchina *n od.* Hinterˈindien *n.*
In·do·ne·sia [ˌɪndəʊˈniːzjə; *bes. Am.* -ʒə; -ʃə] Indoˈnesien *n* (*Republik in Südostasien*).
In·dus [ˈɪndəs] *Hauptstrom im westl. Vorderindien.*
In·ver·car·gill [ˌɪnvə(r)ˈkɑː(r)gɪl] *Hafenstadt auf der Südinsel Neuseelands.*
In·ver·ness [ˌɪnvə(r)ˈnes] *Hauptstadt von Highland Region, Schottland.*
In·ver·ness(·shire) [ˌɪnvə(r)ˈnes; -ʃə(r); -ˌʃɪə(r)] *Ehemal. Grafschaft in Schottland.*
I·o·na [aɪˈəʊnə] *Kleine Insel der inneren Hebriden.*
I·o·wa [ˈaɪəʊə; *bes. Am.* ˈaɪəwə] *Staat im Mittelwesten der USA.*
Ips·wich [ˈɪpswɪtʃ] *Haupt- u. Hafenstadt von Suffolk, England.*
I·ran [ɪˈrɑːn; *Am. a.* ɪˈræn] *Islam. Republik in Vorderasien.*
I·raq [ɪˈrɑːk; *Am. a.* ɪˈræk] Iˈrak *m* (*demokrat. Volksrepublik in Vorderasien*).
Ire·land [ˈaɪə(r)lənd] Irland *n.*
I·rish Sea [ˈaɪərɪʃ; ˈaɪrɪʃ] Irische See (*zwischen Großbritannien u. Irland*).
Is·la [ˈaɪlə] *Fluß in Mittelschottland.*
Is·lay [ˈaɪleɪ] *Insel vor der Westküste Schottlands.*
Isle of Man [ˌaɪləvˈmæn] → **Man, Isle of.**
Isle of Wight [ˌaɪləvˈwaɪt] → **Wight, Isle of.**
I·sle·worth [ˈaɪzlwə(r)θ] → **Heston and Isleworth.**
Is·ling·ton [ˈɪzlɪŋtən] *Nördl. Stadtbezirk des inneren Verwaltungsgebiets Groß-Londons.*
Is·ra·el [ˈɪzreɪəl; *bes. Am.* ˈɪzrɪəl] *Staat im Vorderen Orient.*
Is·tan·bul [ˌɪstænˈbuːl; -tɑːn-; *Am. a.* ˌɪstəm-; ˌɪstɑːm-] *Stadt am Bosporus.*
It·a·ly [ˈɪtəlɪ; *Am.* ˈɪtliː] Iˈtalien *n.*
I·vo·ry Coast [ˌaɪvərɪˈkəʊst] Elfenbeinküste *f* (*Republik in Westafrika*).

J

Jack·son [ˈdʒæksn] *Hauptstadt von Mississippi, USA.*
Jack·son·ville [ˈdʒæksnvɪl] *Hafenstadt in Florida, USA.*
Ja·mai·ca [dʒəˈmeɪkə] Jaˈmaika *n* (*Insel u. Staat der Großen Antillen*).
Jan May·en Is·land [ˌjænˈmaɪən; ˌjɑːn-] Jan Mayen *n* (*Vulkaninsel im europ. Nordmeer*).
Ja·pan [dʒəˈpæn] Japan *n.*
Ja·va [ˈdʒɑːvə; *Am. a.* ˈdʒæ-] *Insel des Malaiischen Archipels, Indonesien.*
Jef·fer·son Cit·y [ˈdʒefə(r)sn] *Hauptstadt von Missouri, USA.*
Jer·sey [ˈdʒɜːzɪ; *Am.* ˈdʒɜrziː] *Insel im Ärmelkanal.*
Je·ru·sa·lem [dʒəˈruːsələm] *Hauptstadt Israels.*
Ji·bou·ti, Ji·bu·ti [dʒɪˈbuːtɪ] → **Djibouti.**
Jod·rell Bank [ˌdʒɒdrəlˈbæŋk; *Am.* ˌdʒɑ-] *Observatorium in Cheshire, England.*
Jo·han·nes·burg [dʒəʊˈhænɪsbɜːg; *Am.* -nəsˌbɜrg] *Größte Stadt Südafrikas.*
John·stone [ˈdʒɒnstən; ˈdʒɒnsn; *Am.* ˈdʒɑn-] *Stadt in Strathclyde, Schottland.*
Jor·dan [ˈdʒɔː(r)dn] a) Jordan *m* (*Fluß in Israel u. Jordanien*), b) Jorˈdanien *n* (*Arab. Staat in Vorderasien*).
Ju·neau [ˈdʒuːnəʊ; dʒʊˈn-] *Hauptstadt von Alaska, USA.*
Jut·land [ˈdʒʌtlənd] Jütland *n.*

K

Ka·bul [ˈkɔːbl; kəˈbʊl; *bes. Am.* ˈkɑːbl; kəˈbuːl] *Hauptstadt von Afghanistan.*
Kal·a·ma·zoo [ˌkæləməˈzuː] *Stadt in Michigan, USA.*
Kam·chat·ka [kæmˈtʃætkə] Kamˈtschatka *n* (*Halbinsel der östl. Sowjetunion*).
Kam·pa·la [kæmˈpɑːlə; *Am.* kɑm-] *Hauptstadt Ugandas.*
Kam·pu·che·a [ˌkæmpʊˈtʃɪə] Kamˈbodscha *n* (*Volksrepublik in Südostasien*).
Kan·sas [ˈkænzəs] *Staat im Innern der USA.*
Ka·ra·chi [kəˈrɑːtʃɪ] Kaˈratschi *n* (*Hauptstadt von Pakistan*).
Kash·mir [ˌkæʃˈmɪə(r); ˈkæʃˌmɪə(r)] Kaschmir *n* (*Staat im nordwestl. Himalaja*).
Ka·tah·din, Mount [kəˈtɑːdɪn; *Am.* -dn] *Höchster Berg in Maine, USA.*
Ka·tan·ga [kəˈtæŋgə; *Am. a.* -ˈtɑ-] → **Shaba.**
Kat·man·du [ˌkɑːtmɑːnˈduː; ˌkætmænˈduː] *Hauptstadt von Nepal, Vorderindien.*
Ke·dah [ˈkedə] *Gliedstaat Malaysias.*
Kee·wa·tin [kiːˈwɒtɪn; *Am.* -ˈweɪtn] *Distrikt der Nordwest-Territorien Kanadas.*
Keigh·ley [ˈkiːθlɪ] *Stadt in West Yorkshire, England.*
Ke·lan·tan [keˈlæntən; kə-] *Gliedstaat Malaysias.*
Ken·dal [ˈkendl] *Stadt in Cumbria, England.*
Ken·il·worth [ˈkenəlwɜːθ; ˈkenl-; *Am.* -ˌwɜrθ] *Stadt in Warwickshire, England.*
Ken·sing·ton and Chel·sea [ˌkenzɪŋtənənˈtʃelsɪ] *Stadtbezirk des inneren Verwaltungsgebiets Groß-Londons.*
Kent [kent] *Grafschaft in Südostengland.*
Ken·tuck·y [kenˈtʌkɪ; kən-] *Staat im Osten der USA.*
Ken·ya [ˈkenjə; ˈkiːn-] Kenia *n* (*Republik in Ostafrika*).
Ker·ry [ˈkerɪ] *Grafschaft im südwestl. Irland.*
Kes·te·ven, Parts of [ˈkestɪvən; keˈstiːvən] *Gebiet in Lincolnshire, England.*
Kew [kjuː] *Stadtteil von London. Bedeutender botanischer Garten.*
Khar·t(o)um [kɑː(r)ˈtuːm] *Hauptstadt des Sudan, Ostafrika.*
Kid·der·min·ster [ˈkɪdə(r)mɪnstə(r)] *Stadt in Hereford and Worcester, England.*
Kiel Ca·nal [kiːl] Nordˈostseekaˌnal *m.*
Kil·dare [kɪlˈdeə(r)] *Grafschaft im östl. Irland.*
Kil·i·man·ja·ro, Mount [ˌkɪlɪmənˈdʒɑːrəʊ] Kilimanˈdscharo *m* (*Vulkan in Tansania, Ostafrika*).
Kil·ken·ny [kɪlˈkenɪ] *Grafschaft im südöstl. Irland.*
Kil·lar·ney [kɪˈlɑː(r)nɪ] *Stadt in Kerry, Irland.*
Kil·lie·cran·kie [ˌkɪlɪˈkræŋkɪ] *Gebirgspaß im Grampiangebirge, Schottland.*
Kil·mar·nock [kɪlˈmɑː(r)nək] *Stadt in Strathclyde, Schottland.*
Kim·ber·ley [ˈkɪmbə(r)lɪ] *Stadt in der Südafrik. Republik. Diamantfunde.*
Kin·car·dine(·shire) [kɪnˈkɑːdɪn; *Am.* -ˈkɑːrdn; -ʃə(r); -ˌʃɪə(r)] *Ehemal. Grafschaft im östl. Schottland.*
King's Lynn [ˌkɪŋzˈlɪn] *Stadt in Norfolk, England.*
Kings·ton [ˈkɪŋstən] *Hauptstadt von Jamaika.*
Kings·ton up·on Hull [ˌkɪŋstənəpɒnˈhʌl] → **Hull.**
Kings·ton up·on Thames [ˌkɪŋstənəpɒnˈtemz] *Südwestl. Stadtbezirk Groß-Londons u. Hauptstadt von Surrey.*
Kin·ross(·shire) [kɪnˈrɒs; -ʃə(r); -ˌʃɪə(r)] *Ehemal. Grafschaft in Schottland.*
Kin·sha·sa [kɪnˈʃɑːzə; -sə] *Hauptstadt von Zaire.*
Kin·tyre [kɪnˈtaɪə(r)] *Halbinsel im südwestl. Schottland.*
Kirk·cal·dy [kɜːˈkɔːdɪ; -ˈkɔːldɪ; *Am.* kɜr-] *Hafenstadt in Fife, Schottland.*
Kirk·cud·bright(·shire) [kɜːˈkuːbrɪ; *Am.* kɜr-; -ʃə(r); -ˌʃɪə(r)] *Ehemal. Grafschaft im südwestl. Schottland.*

Kirk·wall [ˈkɜːkwɔːl; *Am.* ˈkɜrk-] *Hauptstadt der Orkney Islands.*
Klon·dike [ˈklɒndaɪk; *Am.* ˈklɑn-] *Landschaft im nordwestl. Kanada.*
Knights·bridge [ˈnaɪtsbrɪdʒ] *Straße in London.*
Knox·ville [ˈnɒksvɪl; *Am.* ˈnɑks-] *Stadt in Tennessee, USA.*
Ko·di·ak [ˈkəʊdɪæk] *Insel an der Südküste Alaskas, USA.*
Ko·rea [kəˈrɪə] Koˈrea *n.*
Kos·ci·us·ko, Mount [ˌkɒsɪˈʌskəʊ; *Am.* ˌkɑzɪ-] *Höchster Berg Australiens, im Bundesstaat Victoria.*
Kua·la Lum·pur [ˌkwɑːləˈlʊmˌpʊə(r); -ˈlʌm-] *Hauptstadt Malaysias.*
Ku·wait [kʊˈweɪt; *Am.* kəˈw-] a) *Emirat am Pers. Golf,* b) *Hauptstadt von* a.

L

Lab·ra·dor [ˈlæbrədɔː(r)] Labraˈdor *n* (*Halbinsel im östl. Kanada*).
La·gos [ˈleɪgɒs; *Am.* -ˌgɑs] *Hauptstadt von Nigeria, Westafrika.*
La Guar·dia [ləˈgwɑː(r)dɪə; -ˈgɑː(r)-] *Zweitgrößter Flughafen in New York, USA.*
La·hore [ləˈhɔː(r)] Laˈhor(e) *n* (*Stadt im Nordosten Pakistans*).
Lake Dis·trict [ˈleɪkˌdɪstrɪkt] *Hügeliges Seengebiet in Cumbria, England.*
Lake·hurst [ˈleɪkhɜːst; *Am.* -ˌhɜrst] *Flugstützpunkt der amer. Marine in New Jersey, USA.*
Lam·ba·re·ne [ˌlæmbəˈreɪnɪ; ˌlɑːm-] *Stadt in Gabun, Afrika.*
Lam·beth [ˈlæmbəθ] *Stadtbezirk des inneren Verwaltungsgebiets Groß-Londons.*
Lan·ark(·shire) [ˈlænə(r)k; ˈ-ʃə(r); ˈ-ˌʃɪə(r)] *Ehemal. Grafschaft im südl. Schottland.*
Lan·ca·shire [ˈlæŋkəʃə(r); -ˌʃɪə(r)] *Grafschaft im nordwestl. England.*
Lan·cas·ter [ˈlæŋkəstə(r); *Am. a.* -ˌkæs-] a) *Stadt in Lancashire,* b) → **Lancashire,** c) *Stadt in Pennsylvania, USA.*
Land's End [ˌlændzˈend; ˌlænz-] *Landzunge im südwestl. Cornwall. Westlichster Punkt Englands.*
Lan·sing [ˈlænsɪŋ] *Hauptstadt von Michigan, USA.*
Laoigh·is [liːʃ; *Am. a.* leɪʃ] *Grafschaft in Mittelirland.*
La·os [ˈlɑːɒs; ˈlaʊs; *Am. a.* ˈleɪˌɑs] *Volksrepublik in Südostasien.*
La Paz [lɑːˈpæz; lə-] *Hauptstadt von Bolivien.*
Lap·land [ˈlæplænd] Lappland *n.*
Las·sen Peak [ˈlæsn] *Vulkan in Kalifornien, USA.*
Las Ve·gas [ˌlæsˈveɪgəs; ˌlɑːs-] *Stadt in Nevada, USA.*
Lat·in A·mer·i·ca [ˈlætɪn; *Am.* ˈlætn] Laˈteinaˌmerika *n* (*Süd- u. Mittelamerika*).
Lat·via [ˈlætvɪə] Lettland *n.*
Lau·der·dale [ˈlɔːdə(r)deɪl] *Landschaft im südöstl. Schottland.*
Lea·ming·ton (Spa) [ˈlemɪŋtən; ˌ-ˈspɑː] *Badeort in Warwickshire, England.*
Leb·a·non [ˈlebənən; *Am. a.* -ˌnɑn] Libanon *m* (*Republik im Vorderen Orient*).
Leeds [liːdz] *Stadt in West Yorkshire, England.*
Leices·ter [ˈlestə(r)] a) → **Leicestershire,** b) *Hauptstadt von Leicestershire.*
Leices·ter·shire [ˈlestə(r)ʃə(r); -ˌʃɪə(r)] *Grafschaft in Mittelengland.*
Leigh [liː] *Stadt in Greater Manchester, England.*
Lein·ster [ˈlenstə(r)] *Provinz im südöstl. Irland.*
Lei·trim [ˈliːtrɪm] *Grafschaft im Nordwesten von Irland.*
Leix [liːʃ; *Am. a.* leɪʃ] → **Laoighis.**
Le·man, Lake [ˈlemən; ˈliːmən; lɪˈmæn] → **Geneva, Lake of.**
Len·nox [ˈlenəks] *Landschaft in Mittelschottland.*
Lé·o·pold·ville [ˈlɪəpəʊldˌvɪl] *Ehemal. Name für Kinshasa.*
Ler·wick [ˈlɜːwɪk; *Am.* ˈlɜr-] *Ort auf der Shetlandinsel Mainland. Nördlichste Ortschaft der brit. Inseln.*
Le·so·tho [ləˈsuːtuː; *bes. Am.* ləˈsəʊtəʊ] Leˈsotho *n* (*Königreich in Südafrika*).
Less·er An·til·les [ˌlesərænˈtɪliːz] Kleine Anˈtillen *pl* (*Inseln zwischen Puerto Rico u. Trinidad, Westindien*).
Le·vant [lɪˈvænt] Leˈvante *f* (*Länder um das östl. Mittelmeer*).
Lew·es [ˈluːɪs] *Hauptstadt von East Sussex, England.*
Lew·i·sham [ˈluːɪʃəm] *Stadtbezirk des inneren Verwaltungsgebiets Groß-Londons.*
Lew·is with Har·ris [ˌluːɪswɪðˈhærɪs] *Nördlichste Insel der Äußeren Hebriden, Schottland.*
Lex·ing·ton [ˈleksɪŋtən] a) *Stadt in Kentucky, USA,* b) *Stadt in Massachusetts, USA. 1775 erste Schlacht im amer. Unabhängigkeitskrieg gegen die Engländer.*
Ley·land [ˈleɪlənd] *Industriestadt in Lancashire. Kfz-Industrie.*
Ley·ton [ˈleɪtn] *Stadtteil von London.*
Lha·sa [ˈlɑːsə; ˈlæsə] *Hauptstadt von Tibet.*
Li·be·ria [laɪˈbɪərɪə] *Republik in Westafrika.*
Lib·er·ty Is·land [ˈlɪbə(r)tɪ] *Kleine Insel in der Hafenbucht von New York mit der Freiheitsstatue.*
Lib·ya [ˈlɪbɪə] Libyen *n.*
Lich·field [ˈlɪtʃfiːld] *Stadt in Staffordshire, England.*
Liech·ten·stein [ˈlɪktənstaɪn] Liechtenstein *n.*
Li·ma [ˈliːmə] *Hauptstadt von Peru.*
Lime·house [ˈlaɪmhaʊs] *Stadtteil von London.*
Lim·er·ick [ˈlɪmərɪk] a) *Grafschaft im südwestl. Irland,* b) *Hauptstadt von* a.
Lin·coln [ˈlɪŋkən] a) *Hauptstadt von Nebraska, USA,* b) → **Lincolnshire,** c) *Hauptstadt von Lincolnshire.*
Lin·coln·shire [ˈlɪŋkənʃə(r); -ˌʃɪə(r)] *Grafschaft in Ostengland.*
Lin·dis·farne [ˈlɪndɪsfɑː(r)n] *Insel vor der Küste von Northumberland, England.*
Lind·sey, Parts of [ˈlɪndzɪ; -nzɪ] *Gebiet in Lincolnshire, England.*
Lin·lith·gow [lɪnˈlɪθgəʊ] a) *hist. für* **West Lothian,** b) *Ort in Lothian Region, Schottland.*
Lin·wood [ˈlɪnwʊd] *Stadt in Lothian Region, Schottland. Kfz-Industrie.*
Li·ons, Gulf of [ˈlaɪənz] Golfe *m* du Lion (*Meerbusen an der Mittelmeerküste, Südfrankreich*).
Lis·bon [ˈlɪzbən] Lissabon *n.*
Lith·u·a·nia [ˌlɪθjuːˈeɪnjə; *Am.* ˌlɪθəˈweɪnɪə] Litauen *n.*
Lit·tle Rock [ˈlɪtlrɒk; *Am.* -ˌrɑk] *Hauptstadt von Arkansas, USA.*
Liv·er·pool [ˈlɪvə(r)puːl] *Haupt- u. Hafenstadt von Merseyside, England.*
Li·vo·nia [lɪˈvəʊnjə; -nɪə] Livland *n* (*Landschaft im Baltikum*).
Liz·ard, the [ˈlɪzə(r)d] *Halbinsel in Cornwall, England, mit dem südlichsten Punkt Englands.*
Llan·drin·dod Wells [lænˌdrɪndɒdˈwelz] *Hauptstadt von Powys, Wales.*
Llan·dud·no [lænˈdɪdnəʊ; -ˈdʌd-] *Stadt u. Kurort in Gwynedd, Wales.*
Lla·nel·ly [læˈneθlɪ] *Industriestadt in Dyfed, Wales.*
Llan·go·llen [lænˈgɒθlən] *Ort in Clywd, Wales. Jährl. Eisteddfod-Fest.*
Lla·no Es·ta·ca·do [ˈlɑːnəʊˌestəˈkɑːdəʊ; *Am. a.* ˈlæn-] *Hochebene in Texas u. New Mexico, USA.*
Loch·a·ber [lɒˈkɑːbə(r); -ˈkæ-; *Am. a.* lɑˈkæ-] *Landschaft im nördl. Schottland.*
Lom·bar·dy [ˈlɒmbə(r)dɪ; *Am.* ˈlɑm-; *a.* -ˌbɑːrdiː] Lombarˈdei *f* (*Landschaft in Oberitalien*).
Lo·mond, Loch [ˈləʊmənd] *See nördl. von Glasgow, Schottland. Größter See Großbritanniens.*
Lon·don [ˈlʌndən] London *n.*
Lon·don·der·ry [ˌlʌndənˈderɪ] a) *Grafschaft in Nordirland,* b) *Hauptstadt von* a.
Long·ford [ˈlɒŋfə(r)d] *Grafschaft im östl. Mittelirland.*
Longs Peak [lɒŋz; lɔːŋz] *Höchster Berg im Rocky Mountains National Park in Colorado, USA.*
Looe Is·land [luː] *Insel vor der Südküste von Cornwall, England.*
Los Al·a·mos [lɒsˈæləmɒs] *Stadt in New Mexico, USA. Kernforschungslabor. Entwicklung der ersten Atombombe 1945.*
Los An·ge·les [lɒsˈændʒɪliːz; -dʒələs] *Hafenstadt im südwestl. Kalifornien.*
Lo·thi·an Re·gion [ˈləʊðjən; -ɪən] *Verwaltungsregion des südöstl. Mittelschottland.*
Lo·thi·ans, the [ˈləʊðjənz; -ɪənz] *3 ehemal. Grafschaften in Schottland.*
Lough·bor·ough [ˈlʌfbərə; -brə; *Am. bes.* -ˌbɜrə] *Stadt in Leicestershire, England.*
Lou·i·si·ana [luːˌiːzɪˈænə; lʊˌiː-; *Am. a.* ˌluːzɪ-] *Staat im Süden der USA.*
Lou·is·ville [ˈluːɪvɪl] *Hafenstadt am Ohio in Kentucky, USA.*
Louth [laʊð] *Grafschaft in Nordostirland.*
Low Coun·tries [ləʊ] *Niederlande, Belgien und Luxemburg.*
Low·er Cal·i·for·nia [ˈləʊə(r)ˌkælɪˈfɔː(r)njə; -nɪə] ˈNiederkaliˌfornien *n* (*Halbinsel an der Westküste Mexikos*).
Lowes·toft [ˈləʊstɒft; -təft] *Hafenstadt in Suffolk, England.*
Lowth·er Hills [ˈlaʊðə(r)] *Hügelland im südl. Schottland.*
Lu·an·da [lʊˈændə] *Hauptstadt von Angola, Westafrika.*
Lu·bum·ba·shi [ˌluːbʊmˈbæʃɪ; -ˈbɑːʃɪ] *Hauptstadt der Provinz Shaba im südl. Zaire.*
Lu·cerne, Lake of [luːˈsɜːn; *Am.* -ˈsɜrn] Vierˈwaldstätter See *m* (*Schweiz*).
Lud·gate Hill [ˈlʌdgɪt; -geɪt] *Straße in London.*
Lu·sa·ka [luːˈsɑːkə] *Hauptstadt von Zambia.*
Lu·ton [ˈluːtn] *Stadt in Bedfordshire, England. Flughafen. Kfz-Industrie.*
Lux·em·b(o)urg [ˈlʌksəmbɜːg; *Am.* -ˌbɜrg] Luxemburg *n.*
Lu·zon [luːˈzɒn; *Am.* -ˈzɑn] *Hauptinsel der Philippinen.*
Lym·ing·ton [ˈlɪmɪŋtən] *Stadt in Hampshire, England.*
Lynn [lɪn] *Stadt in Massachusetts, USA.*
Ly·ons [ˈlaɪənz], (*Fr.*) **Lyon** [ˈliːɔːŋ; ljõ] Lyˈon *n* (*Stadt in Südostfrankreich*).
Lyth·am [ˈlɪðəm] *Stadt an der Küste von Lancashire, England.*

M

Mac·cles·field [ˈmæklzfiːld] *Stadt in Cheshire, England.*

Mac·kay [məˈkaɪ; -ˈkeɪ] *Stadt im austral. Bundesstaat Queensland.*

Mac·ken·zie [məˈkenzɪ] *Zweitgrößter Strom Nordamerikas, im nordwestl. Kanada.*

Mac·quar·ie [məˈkwɒrɪ; *Am.* məˈkwɑriː] *Fluß im austral. Bundesstaat Neusüdwales.*

Mad·a·gas·car [ˌmædəˈgæskə(r)] Madaˈgaskar *n* (*Insel u. Republik vor der Ostküste Südafrikas*).

Ma·dei·ra [məˈdɪərə] *Insel im Atlantischen Ozean, westl. von Marokko.*

Mad·i·son [ˈmædɪsn] *Hauptstadt von Wisconsin, USA.*

Ma·drid [məˈdrɪd] Maˈdrid *n.*

Maf·e·king [ˈmæfɪkɪŋ] *Stadt im südl. Südafrika. Im Burenkrieg 217 Tage lang von den Buren belagert.*

Ma·gel·lan, Strait of [məˈgelən; *Am.* -ˈdʒe-] Magelˈlanstraße *f.*

Maid·en·head [ˈmeɪdnhed] *Stadt in Berkshire, England.*

Maid·stone [ˈmeɪdstən; -stəʊn] *Hauptstadt von Kent, England.*

Maine [meɪn] *Staat im Nordosten der USA.*

Main·land [ˈmeɪnlənd; -lænd] a) *Hauptstadt der Shetland-Inseln,* b) *Hauptinsel der Orkney-Inseln.*

Ma·jor·ca [məˈdʒɔː(r)kə; -ˈjɔː(r)-] Malˈlorca *n* (*Größte Insel der Balearen*).

Ma·ju·ba Hill [məˈdʒuːbə] *Berg in Natal, Südafrika. 1881 Sieg der Buren über die Engländer.*

Mal·a·gas·y Re·pub·lic [ˌmæləˈgæsɪ] Madaˈgassische Repuˈblik (*früherer Name von Madagaskar*).

Ma·la·wi [məˈlɑːwɪ] Maˈlawi *n* (*Republik in Südostafrika*).

Ma·laya [məˈleɪə] Maˈlaya *n* (*Westmalaysia, ehemal. malaiischer Bund*).

Ma·lay Ar·chi·pel·a·go [məˈleɪ ˌɑː(r)kɪˈpelɪgəʊ; -ləgəʊ] Maˈlaiischer Archiˈpel (*Inseln zwischen Südostasien u. Neuguinea*).

Ma·lay·sia [məˈleɪzɪə; *bes. Am.* -ʒɪə; -ʒə; -ʃə] Maˈlaysia *n* (*konstitutionelle Wahlmonarchie in Südostasien*).

Mal·dive Is·lands [ˈmɔːldɪv; *Am.* -ˌdiːv; -ˌdaɪv] Maleˈdiven *pl* (*Korallenatolle im Indischen Ozean; Republik*).

Mal·don [ˈmɔːldən] *Stadt in Essex, England.*

Ma·li [ˈmɑːlɪ] *Republik in Westafrika.*

Mal·ta [ˈmɔːltə] a) *Inselgruppe im Mittelmeer,* b) *Hauptinsel von* a.

Mal·tese Is·lands [ˌmɔːlˈtiːz] → **Malta** a.

Mal·vern [ˈmɔːlvə(r)n] *Stadt in Hereford and Worcester, England.*

Mam·moth Cave [ˈmæməθ] Mammuthöhle *f* (*in Kentucky, USA. Größte Höhle der Erde*).

Man·da·lay [ˈmændəleɪ; ˌ-ˈleɪ] *Stadt in Burma.*

Man, Isle of [mæn] *Insel in der Irischen See.*

Ma·na·gua [məˈnægwə; *Am.* -ˈnɑː-] *Hauptstadt von Nicaragua, Mittelamerika.*

Man·ches·ter [ˈmæntʃɪstə; *Am.* -ˌtʃestər; -tʃəs-] *Verwaltungszentrum von Greater Manchester, England.*

Man·hat·tan [mænˈhætn] *Stadtteil von New York.*

Ma·nila [məˈnɪlə] *Hauptstadt der Philippinen.*

Man·i·to·ba [ˌmænɪˈtəʊbə] *Kanad. Prärieprovinz.*

Mans·field [ˈmænsfiːld; *Am. a.* ˈmænz-] *Stadt in Nottinghamshire, England.*

March·es [ˈmɑː(r)tʃɪz] Marken *pl* (*Landschaft in Mittelitalien*).

Mar·gate [ˈmɑː(r)gɪt; -geɪt] *Seebad in Kent, England.*

Mar·i·a·na Is·lands [ˌmeərɪˈænə; ˌmær-; -ˈɑːnə] Mariˈanen *pl* (*Inselgruppe im Pazifischen Ozean*).

Mar·i·time Prov·inc·es [ˈmærɪtaɪm] *Kanad. Provinzen New Brunswick, Nova Scotia, Prince Edward Island.*

Marl·bor·ough [ˈmɔːlbərə; -brə; *a.* ˈmɑːl-; *Am. bes.* ˈmɑːrlˌbɜrə; -bərə] *Stadt in Wiltshire, England.*

Mar·seilles [mɑː(r)ˈseɪlz; -ˈseɪ], (*Fr.*) **Mar·seille** [mɑː(r)ˈseɪ; marsɛj] Marˈseille *n.*

Mar·ti·nique [ˌmɑːtɪˈniːk; *Am.* ˌmɑːrtnˈiːk] *Insel der Kleinen Antillen, Westindien.*

Mar·y·land [ˈmeərɪlænd; *bes. Am.* ˈmerɪlənd] *Staat im Osten der USA.*

Mar·y·le·bone [ˈmærələbən] → **Saint Marylebone.**

Mas·sa·chu·setts [ˌmæsəˈtʃuːsɪts; -səts; *Am. a.* -zəts] *Staat im Nordosten der USA.*

Mat·lock [ˈmætlɒk; *Am.* -ˌlɑk] *Hauptstadt von Derbyshire, England.*

Mat·ter·horn [ˈmætə(r)hɔː(r)n] *Berg in den Alpen, zwischen Italien u. der Schweiz.*

Mau·i [ˈmaʊɪ] *Zweitgrößte der Hawaii-Inseln, Pazifischer Ozean.*

Mau·ri·ta·nia [ˌmɒrɪˈteɪnjə; -nɪə; *Am.* ˌmɔːrə-; ˌmɑːrə-] Maureˈtanien *n* (*Republik in Westafrika*).

Mau·ri·ti·us [məˈrɪʃəs; *bes. Am.* mɔːˈr-] *Insel u. parlamentar. Monarchie im Indischen Ozean.*

May·o [ˈmeɪəʊ] *Grafschaft im nordwestl. Irland.*

Mc·Al·is·ter [məˈkælɪstə(r)] *Berg im austral. Bundesstaat Neusüdwales.*

Mc·Kin·ley, Mount [məˈkɪnlɪ] *Berg in Alaska. Höchster Berg in Nordamerika.*

Meath [miːð; miːθ] *Grafschaft in Ostirland.*

Med·way [ˈmedweɪ] *Fluß in Kent, England.*

Me·kong [ˌmiːˈkɒŋ; *Am.* ˌmeɪˈkɔːŋ; -ˈkɑːŋ] Mekong *m* (*Größter Strom Hinterindiens*).

Mel·a·ne·sia [ˌmeləˈniːzjə; *bes. Am.* -ˈniːʒə; -ʃə] Melaˈnesien *n* (*Inselgruppen des südwestl. Pazifischen Ozeans*).

Mel·bourne [ˈmelbə(r)n] *Hauptstadt des austral. Bundesstaates Victoria.*

Mem·phis [ˈmemfɪs] a) *antike Ruinenstadt am Nil,* b) *Stadt in Tennessee, USA.*

Men·ai Strait(s) [ˈmenaɪ] ˈMenaikaˌnal *m* (*Meerenge zwischen der Insel Anglesey u. Wales*).

Men·dips [ˈmendɪps], **Men·dip Hills** [ˌmendɪpˈhɪlz] *Hügelkette aus Kalkstein in Somerset, England.*

Men·do·ci·no, Cape [ˌmendəˈsiːnəʊ] *Westlichster Punkt Kaliforniens, USA.*

Mer·cia [ˈmɜːsjə; -ʃjə; *Am.* ˈmɜrʃɪə; -ʃə] *hist. Angelsächsisches Königreich.*

Mer·i·on·eth·shire [ˌmerɪˈɒnɪθʃə(r); -ˌʃɪə(r); *Am.* -ˈɑnəθ-] *Ehemal. Grafschaft in Wales.*

Mer·sey [ˈmɜːzɪ; *Am.* ˈmɜrziː] *Fluß im westl. Mittelengland.*

Mer·sey·side [ˈmɜːzɪsaɪd; *Am.* ˈmɜr-] *Grafschaft im nordwestl. England mit Liverpool als Verwaltungszentrum.*

Mer·ton [ˈmɜːtn; *Am.* ˈmɜrtn] *Südwestl. Stadtbezirk Groß-Londons.*

Meuse [mɜːz; mjuːz] Maas *f* (*Fluß in Frankreich, Belgien u. den Niederlanden*).

Mex·i·co [ˈmeksɪkəʊ] Mexiko *n:* a) *Republik in Mittelamerika,* b) *Hauptstadt von* a, c) *mexik. Bundesstaat.*

Mex·i·co Cit·y → **Mexico** b.

Mi·ami [maɪˈæmɪ] *Stadt in Florida, USA.*

Mich·i·gan [ˈmɪʃɪgən] *Staat im Norden der USA.*

Mi·cro·ne·sia [ˌmaɪkrəʊˈniːzjə; *bes. Am.* ˌmaɪkrəˈniːʒə; -ʃə] Mikroˈnesien *n* (*Inselgruppen im nordwestl. Ozeanien*).

Mid·dles·brough [ˈmɪdlzbrə] *Haupt- u. Hafenstadt von Cleveland, England.*

Mid·dle·sex [ˈmɪdlseks] *Ehemal. Grafschaft im südöstl. England.*

Mid·dle·ton [ˈmɪdltən] *Stadt in Greater Manchester, England.*

Mid·dle West [ˌmɪdlˈwest] → **Midwest.**

Mid Gla·mor·gan [ˌmɪdgləˈmɔː(r)gən] *Grafschaft im südl. Wales.*

Mid·lands, the [ˈmɪdləndz] *Grafschaften Mittelenglands, bes. Warwickshire, Northamptonshire, Leicestershire, Nottinghamshire, Derbyshire, Staffordshire.*

Mid·lo·thi·an [mɪdˈləʊðjən; -ɪən] *Ehemal. Grafschaft im südöstl. Schottland.*

Mid·west [ˌmɪdˈwest] *Amer. u. Kanad. Mittelwesten.*

Mi·lan [mɪˈlæn] Mailand *n.*

Mil·ford Ha·ven [ˈmɪlfə(r)d] *Hafenstadt in Dyfed, Wales.*

Mil·ton Keynes [ˌmɪltənˈkiːnz; -tnˈk-] *Stadt in Buckinghamshire, England.*

Mil·wau·kee [mɪlˈwɔːkiː] *Handels- u. Industriestadt am Michigansee, USA.*

Min·da·nao [ˌmɪndəˈnaʊ] *Zweitgrößte Insel der Philippinen, Pazifischer Ozean.*

Min·ne·ap·o·lis [ˌmɪnɪˈæpəlɪs; *Am. a.* -ˈæpləs] *Stadt in Minnesota, USA.*

Min·ne·so·ta [ˌmɪnɪˈsəʊtə] *Staat im Norden der USA.*

Mis·sis·sip·pi [ˌmɪsɪˈsɪpɪ] a) *Größter Strom Nordamerikas,* b) *Staat im Süden der USA.*

Mis·sou·ri [mɪˈzʊərɪ] a) *Größter Nebenfluß des Mississippi, USA,* b) *Einer der nordwestl. Mittelstaaten der USA.*

Mitch·ell, Mount [ˈmɪtʃl] *Höchster Gipfel der Appalachen.*

Mo·bile Bay [ˌməʊbiːlˈbeɪ] *Bucht des Golfs von Mexiko.*

Mog·a·di·sci·o [ˌmɒgəˈdɪʃəʊ; -ʃɪəʊ; *Am.* ˌmɑ-], ˌ**Mog·aˈdish·u** [-ˈdɪʃuː] Mogaˈdischu *n* (*Hauptstadt von Somalia, Ostafrika*).

Mo·have Des·ert, Mo·ja·ve Des·ert [məʊˈhɑːvɪ; məˈh-] Moˈhavewüste *f* (*Sand- u. Lehmwüste in Kalifornien, USA*).

Mold [məʊld] *Hauptstadt von Clwyd, Wales.*

Mo·lo·kai [ˌməʊləʊˈkɑːɪ; *Am.* ˌmɑləˈkaɪ; ˌməʊləˈkaɪ] *Eine Hawaii-Insel. Station für Leprakranke.*

Mom·ba·sa [mɒmˈbæsə; *Am.* mɑmˈbɑːsə] *Hafenstadt in Kenia, Ostafrika.*

Mon·a·co [ˈmɒnəkəʊ; *Am.* ˈmɑ-] *Fürstentum an der franz. Riviera.*

Mon·a·ghan [ˈmɒnəhən; -xən; *Am.* ˈmɑ-] *Grafschaft im nordöstl. Irland.*

Mon·go·lia [mɒŋˈgəʊljə; -lɪə; *Am.* mɑn-; mɑŋ-] Mongoˈlei *f* (*Gebiet im nordöstl. Innerasien*).

Mon·mouth(·shire) [ˈmɒnməθ; *Am.* ˈmɑn-; ˈ-ʃə(r); ˈ-ˌʃɪə(r)] *Ehemal. Grafschaft in Wales.*

Mon·ro·via [mɒnˈrəʊvɪə; *Am.* mən-; mʌn-] *Hauptstadt von Liberia, Westafrika.*

Mon·tana [mɒnˈtænə; *Am.* mɑn-] *Staat im Nordwesten der USA.*

Mont Blanc [ˌmɔ̃ːmˈblɑ̃ːŋ; ˌmɔ̃ːˈblɑ̃ː] → **Blanc, Mont.**

Mon·te Car·lo [ˌmɒntɪˈkɑː(r)ləʊ; *Am.* ˌmɑ-] *Teil des Fürstentums Monaco.*

Mon·te·rey [ˌmɒntəˈreɪ; *Am.* ˌmɑn-] *Seebad in Kalifornien.*

Mon·te·vi·deo [ˌmɒntɪvɪˈdeɪəʊ; ˌmɑn-; *Am. a.* ˌ-ˈvɪdɪˌəʊ] *Hauptstadt von Uruguay.*

Mont·gom·ery [məntˈgʌmərɪ; *Br. a.* mɒntˈgɒm-; *Am. a.* mɑntˈgɑm-] a) → **Montgomeryshire,** b) *Hauptstadt von Alabama, USA.*

Mont·gom·ery·shire [məntˈgʌmərɪʃə(r); -ˌʃɪə(r); *Br. a.* mɒntˈgɒm-; *Am. a.* mɑntˈgɑm-] *Ehemal. Grafschaft in Wales.*

Mont·pe·lier [mɒntˈpiːljə(r); *Am.* mɑnt-] *Hauptstadt von Vermont, USA.*
Mont·re·al [ˌmɒntrɪˈɔːl; *Am.* ˌmɑn-] *Handels- u. Industriestadt in der Provinz Quebec, Kanada.*
Mont·rose [mɒnˈtrəʊz; *Am.* mɑn-] *Stadt in Tayside, England.*
Moor·gate [ˈmʊə(r)geɪt; -gɪt; ˈmɔː(r)-] *Straße in London.*
Mo·ra·via [məˈreɪvjə; -vɪə] Mähren *n.*
Mor·ay [ˈmʌrɪ; *Am. a.* ˈmɜriː] *Ehemal. Grafschaft im nordöstl. Schottland.*
Mor·ley [ˈmɔː(r)lɪ] *Stadt in West Yorkshire, England.*
Mor·ning·ton [ˈmɔː(r)nɪŋtən] a) *Insel vor der Nordküste des austral. Bundesstaates Queensland,* b) *Stadt im austral. Bundesstaat Victoria.*
Mo·roc·co [məˈrɒkəʊ; *Am.* -ˈrɑ-] Maˈrokko *n* (*Land in Nordwestafrika*).
Mos·cow [ˈmɒskəʊ; *Am.* ˈmɑskaʊ; -kəʊ] Moskau *n.*
Mo·selle [məʊˈzel] Mosel *f.*
Moth·er·well and Wish·aw [ˌmʌðə(r)wələnˈwɪʃɔː] *Stadt in Strathclyde, Schottland.*
Mo·zam·bique, Mo·çam·bique [ˌməʊzəmˈbiːk] *Volksrepublik im südöstl. Afrika.*
Mul·grave [ˈmʌlgreɪv] *Stadt in Neuschottland, Kanada.*
Mull [mʌl] *Zweitgrößte Insel der Inneren Hebriden, Schottland.*
Mu·nich [ˈmjuːnɪk] München *n.*
Mun·ster [ˈmʌnstə(r)] *Provinz in Südirland.*
Mur·chi·son [ˈmɜːtʃɪsn; ˈmɜːkɪsn; *Am.* ˈmɜrtʃəsən] *Fluß in Westaustralien.*
Mur·ray [ˈmʌrɪ; *Am. a.* ˈmɜriː] *Fluß im südöstl. Australien.*
Mus·cat and O·man [ˌmʌskətəndəʊˈmɑːn; -kæt-; *Am. a.* -əʊˈmæn] Maskat *n* u. Oˈman *n* (*bis 1970 Name für Oman*).

N

Na·ga·sa·ki [ˌnægəˈsɑːkɪ; ˌnɑː-; ˌnægəˈsækɪ] *Hafenstadt an der Westküste von Kiuschu, Japan.*
Nairn(·shire) [neə(r)n; ˈ-ʃə(r); ˈ-ˌʃɪə(r)] *Ehemal. Grafschaft im nördl. Schottland.*
Nai·ro·bi [naɪˈrəʊbɪ] *Hauptstadt von Kenia, Ostafrika.*
Na·mib·ia [nəˈmɪbɪə] *Das ehemal. Südwestafrika, unter Treuhandverwaltung der UN.*
Nan·ga Par·bat [ˌnʌŋgəˈpɑː(r)bət] *Berg im Himalaja, Kaschmir.*
Nan·tuck·et [nænˈtʌkɪt] *Insel an der Küste von Massachusetts, USA.*
Na·ples [ˈneɪplz] Neˈapel *n* (*Hafenstadt in Süditalien*).
Nar·ra·gan·sett Bay [ˌnærəˈgænsɪt] *Bucht an der Küste von Rhode Island, USA.*
Nash·ville [ˈnæʃvɪl; -vəl] *Hauptstadt von Tennessee, USA.*
Nas·sau [ˈnæsɔː] *Hauptstadt der Bahama-Inseln, Westindien.*
Na·tal [nəˈtæl] *Provinz der Südafrik. Republik.*
Na·u·ru [nɑːˈuːruː] *Insel im westl. Pazifischen Ozean; Republik.*
Naz·a·reth [ˈnæzərəθ] *Stadt u. christlicher Wallfahrtsort in Israel.*
Naze, the [neɪz] *Landspitze in Essex, Südostengland.*
Neagh, Lough [ˌlɒkˈneɪ; ˌlɒx-; *Am.* ˌlɑk-; ˌlɑx-] *See in Antrim, Nordirland. Größter See der britischen Inseln.*
Ne·bras·ka [nɪˈbræskə; nə-] *Mittelstaat der USA.*
Ne·gri Sem·bi·lan [ˌnəgrɪsemˈbiːlən; *Am.* nəˌgriːsəmˈb-] *Gliedstaat Malaysias.*
Nel·son [ˈnelsn] a) *Stadt in Lancashire, England,* b) *Fluß in Kanada.*
Ne·man [ˈnemən] Memel *f* (*Fluß in Osteuropa*).
Ne·pal [nɪˈpɔːl; -ˈpɑːl] *Königreich südl. des Himalaja.*
Neth·er·lands [ˈneðə(r)ləndz] Niederlande *pl.*
Neth·er·lands An·til·les [ˌneðə(r)ləndzænˈtɪliːz] Niederländische Anˈtillen *pl* (*Niederl. Inseln in Westindien*).
Ne·va·da [neˈvɑːdə; *Am.* nəˈvædə; *a.* -ˈvɑː-] *Staat im Westen der USA.*
New Am·ster·dam [ˌnjuːˈæmstə(r)dæm; *Am. bes.* ˌnuː-] Neu-Amsterˈdam *n* (*ursprünglicher Name der Stadt New York*).
New·ark [ˈnjuːə(r)k; *Am. bes.* ˈnuː-] a) *Stadt in New Jersey, USA,* b) *Stadt in Nottinghamshire, England.*
New Bed·ford [ˌnjuːˈbedfə(r)d; *Am. bes.* ˌnuː-] *Hafenstadt in Massachusetts, USA.*
New Bruns·wick [ˌnjuːˈbrʌnzwɪk; *Am. bes.* ˌnuː-] Neuˈbraunschweig *n* (*kanad. Provinz*).
New·bury [ˈnjuːbərɪ; -brɪ] *Stadt in Berkshire, England.*
New Cal·e·do·nia [ˈnjuːˌkælɪˈdəʊnjə; -nɪə; *Am. bes.* ˈnuː-] Neukaleˈdonien *n* (*Insel östl. von Australien*).
New·cas·tle [ˈnjuːˌkɑːsl; *Am.* ˈnuːˌkæsəl; *a.* ˈnjuː-] a) [*a.* njʊˈkæsl] *Haupt- u. Hafenstadt von Tyne and Wear, England,* b) *Hafen- u. Industriestadt im austral. Bundesstaat Neusüdwales.*
New·cas·tle-up·on-Tyne [ˈnjuːˌkɑːsləˌpɒnˈtaɪn; *Am.* ˈnuːˌkæsəl-] → **Newcastle** a.
New Del·hi [ˌnjuːˈdelɪ; *Am. bes.* ˌnuː-] Neu-Delhi *n* (*Stadtteil von Delhi, Indien*).
New Eng·land [ˌnjuːˈɪŋglənd; *Am. bes.* ˌnuː-] Neuˈengland *n* (*die nordöstl. Staaten der USA*).
New·found·land [ˈnjuːfəndlənd; -fənl-; ˌ-ˈlænd; *Am. bes.* ˈnuː-; ˌnuː-] Neuˈfundland *n* (*östlichste Provinz Kanadas*).
New Guin·ea [ˌnjuːˈgɪnɪ; *Am. bes.* ˌnuː-] Neuguiˈnea *n* (*Insel nördl. von Australien*).
New·ham [ˈnjuːəm; *Am. bes.* ˈnuːəm] *Östl. Stadtbezirk Groß-Londons an der Themse.*
New Hamp·shire [ˌnjuːˈhæmpʃə(r); -ˌʃɪə(r); *Am. bes.* ˌnuː-] *Staat im Nordosten der USA.*
New Ha·ven [njuːˈheɪvn; *Am. bes.* nuː-] *Hafenstadt im südl. Connecticut, USA. Sitz der Yale-Universität.*
New·ha·ven [njuːˈheɪvn; *Am. bes.* nuː-] *Fährhafen u. Kurort in East Sussex, England.*
New Heb·ri·des [ˌnjuːˈhebrɪdiːz; *Am. bes.* ˌnuː-] Neue Heˈbriden *pl* → **Vanuatu**.
New Jer·sey [ˌnjuːˈdʒɜːzɪ; *Am.* ˌnuːˈdʒɜrziː; *a.* ˌnjuː-] *Staat im Osten der USA.*
New·mar·ket [ˈnjuːˌmɑː(r)kɪt; *Am. bes.* ˈnuː-] *Stadt in Suffolk, England. Berühmte Pferderennbahn.*
New Mex·i·co [ˌnjuːˈmeksɪkəʊ; *Am. bes.* ˌnuː-] *Staat im Südwesten der USA.*
New Or·le·ans [ˌnjuːˈɔː(r)lɪənz; -ɔː(r)ˈliːnz; *Am. bes.* ˌnuː-] *Hafenstadt in Louisiana, USA.*
New·port [ˈnjuːpɔː(r)t; *Am. bes.* ˈnuː-] *Haupt- u. Hafenstadt von Gwent, Wales.*
New South Wales [ˌnjuːsaʊθˈweɪlz; *Am. bes.* ˌnuː-] Neusüdˈwales *n* (*Staat im südöstl. Australien*).
New·town St. Bos·wells [ˌnjuːtaʊnsntˈbɒzwəlz; *Am. bes.* ˌnuː-; -ˈbɑzwəlz; *a.* -seɪnt-] *Verwaltungszentrum von Borders Region, Schottland.*
New York [ˌnjuːˈjɔː(r)k; *Am. bes.* ˌnuː-] a) *Staat im Osten der USA,* b) *Größte Stadt der USA.*
New Zea·land [ˌnjuːˈziːlənd; *Am. bes.* ˌnuː-] Neuˈseeland *n.*
Ni·ag·a·ra [naɪˈægərə; -grə] *Fluß zwischen Erie- u. Ontariosee, Nordamerika.*
Nic·a·ra·gua [ˌnɪkəˈrægjʊə; *bes. Am.* -ˈrɑːgwə] *Republik in Mittelamerika.*
Nice [niːs] Nizza *n* (*Kurort an der franz. Riviera*).
Ni·ger [ˈnaɪdʒə(r)] a) *Größter Fluß Westafrikas,* b) [*Br.* niːˈʒeə] *Republik in Westafrika.*
Ni·ge·ria [naɪˈdʒɪərɪə] *Republik in Westafrika.*
Nile [naɪl] Nil *m* (*Fluß im östl. Afrika*).
Nip·pon [ˈnɪpɒn; *Am.* nɪpˈɑn] (*Japanese*) → **Japan**.
Nor·folk [ˈnɔː(r)fək] a) *Grafschaft in Ostengland,* b) *Hafenstadt in Virginia, USA.*
Nor·man·dy [ˈnɔː(r)məndɪ] Normanˈdie *f.*
North·al·ler·ton [nɔː(r)ˈθælə(r)tən; -tn] *Hauptstadt von North Yorkshire, England.*
North·amp·ton [nɔː(r)ˈθæmptən; nɔː(r)θˈhæ-] a) → **Northamptonshire**, b) *Hauptstadt von Northamptonshire.*
North·amp·ton·shire [nɔː(r)ˈθæmptənʃə(r); -ˌʃɪə(r); nɔː(r)θˈhæ-] *Grafschaft in Mittelengland.*
North Car·o·li·na [ˌkærəˈlaɪnə] *Staat im Süden der USA.*
North Coun·try *England nördl. des Humber.*
North Da·ko·ta [dəˈkəʊtə] *Nordwestl. Mittelstaat der USA.*
North·ern Ire·land [ˈaɪə(r)lənd] Nordˈirland *n.*
North·ern Ter·ri·to·ry ˈNordterriˌtorium *n* (*Australien*).
North Rid·ing [ˈraɪdɪŋ] *Ehemal. Verwaltungsbezirk der engl. Grafschaft Yorkshire.*
North·um·ber·land [nɔː(r)ˈθʌmbə(r)lənd] *Grafschaft in Nordengland.*
North·um·bria [nɔː(r)ˈθʌmbrɪə] *hist. Nördlichstes Königreich der Angelsachsen.*
North·west Ter·ri·to·ries NordˈwestterriˌtorienWe *pl* (*Kanada*).
North York·shire [ˈjɔː(r)kʃə(r); -ˌʃɪə(r)] *Grafschaft in Nordengland.*
Nor·way [ˈnɔː(r)weɪ] Norwegen *n.*
Nor·wich [ˈnɒrɪdʒ; -ɪtʃ; *Am.* ˈnɔːrwɪtʃ; ˈnɑːrɪtʃ] a) *Hauptstadt von Norfolk, England,* b) *Stadt in Connecticut, USA.*
Not·ting·ham [ˈnɒtɪŋəm; *Am.* ˈnɑ-] a) → **Nottinghamshire**, b) *Hauptstadt von Nottinghamshire.*
Not·ting·ham·shire [ˈnɒtɪŋəmʃə(r); -ˌʃɪə(r); *Am.* ˈnɑ-] *Grafschaft in Mittelengland.*
No·va Sco·tia [ˌnəʊvəˈskəʊʃə] Neuˈschottland *n* (*Halbinsel im südöstl. Kanada*).
Nu·bia [ˈnjuːbjə; -bɪə; *Am. bes.* ˈnuːbɪə] Nubien *n* (*Landschaft in Nordostafrika*).
Nun·ea·ton [nʌnˈiːtn] *Stadt in Warwickshire, England.*
Nu·rem·berg [ˈnjʊərəmbɜːg; *Am.* ˈnʊrəmˌbɜrg; *a.* ˈnjʊr-] Nürnberg *n.*
Ny·sa [ˈnɪsə] (Glatzer) Neiße *f* (*Nebenfluß der Oder*).

O

Oak·land [ˈəʊklənd] *Stadt in Kalifornien, USA.*

O·ce·an·ia [ˌəʊʃɪˈeɪnjə; -nɪə; *Am. a.* -ˈænɪə], ˌ**O·ce'an·i·ca** [-ˈænɪkə] Ozeˈanien *n* (*Inseln des südwestl. Pazifischen Ozeans*).
Of·fa·ly [ˈɒfəlɪ; *Am. a.* ˈɑf-] *Grafschaft in Mittelirland.*
O·hi·o [əʊˈhaɪəʊ] a) *Staat im Osten der USA*, b) *größter linker Nebenfluß des Mississippi, USA.*
O·kee·cho·bee, Lake [ˌəʊkɪˈtʃəʊbɪ] *See in Florida, USA.*
O·ki·na·wa [ˌɒkɪˈnɑːwə; *bes. Am.* ˌəʊkɪ-] a) *Mittlere Inselgruppe der Riukiu-Inseln, Japan*, b) *Hauptinsel der Riukiu-Inseln, Japan.*
O·kla·ho·ma [ˌəʊkləˈhəʊmə] *Südl. Mittelstaat der USA.*
O·kla·ho·ma Cit·y [ˌəʊkləˈhəʊmə] *Hauptstadt von Oklahoma, USA.*
Old·ham [ˈəʊldəm] *Stadt in Greater Manchester, England.*
Ol·ives, Mount of [ˈɒlɪvz; *Am.* ˈɑl-] Ölberg *m* (*Palästina*).
O·lym·pia [əʊˈlɪmpɪə; əˈl-] a) *antike Kultstätte in Südgriechenland*, b) *Hauptstadt des Staates Washington, USA.*
O·magh [ˈəʊmə] *Hauptstadt von Tyrone, Nordirland.*
O·ma·ha [ˈəʊməhɑː; *Am. a.* -ˌhɔː] *Stadt in Nebraska, USA.*
O·man [əʊˈmɑːn] *Sultanat im südöstl. Arabien.*
On·tar·i·o [ɒnˈteərɪəʊ; *Am.* ɑnˈter-] *Provinz in Ostkanada.*
Or·ange [ˈɒrɪndʒ; *Am. a.* ˈɑr-] Oˈranje *m* (*Fluß in Südafrika*).
Or·e·gon [ˈɒrɪgən; *Am. a.* ˈɑr-] *Staat im Nordwesten der USA.*
Ork·ney Is·lands [ˈɔː(r)knɪ], ˈ**Ork·neys** [-nɪz] Orkney-Inseln *pl* (*vor der Nordspitze Schottlands*). *Insulare Verwaltungsregion.*
Or·ping·ton [ˈɔː(r)pɪŋtən] *Stadtteil von London.*
O·sage [əʊˈseɪdʒ; ˈəʊseɪdʒ] *Fluß in Kansas u. Missouri, USA.*
Os·lo [ˈɒzləʊ; ˈɒs-; *Am.* ˈɑz-; ˈɑs-] Oslo *n.*
Ost·end [ɒˈstend; *Am.* ɑsˈtend] Ostˈende *n* (*Hafenstadt u. Seebad in Belgien*).
Ot·ta·wa [ˈɒtəwə; *Am.* ˈɑt-; *a.* -ˌwɑː] a) *Hauptstadt von Kanada*, b) *Fluß im südöstl. Kanada.*
Ouach·i·ta [ˈwɒʃɪtɔː; *Am.* ˈwɑʃəˌtɔː] *Fluß in Arkansas u. Louisiana, USA.*
Ouse [uːz] a) *Zufluß des Wash, Ostengland*, b) *Zufluß des Humber in Yorkshire, England.*
Ox·ford [ˈɒksfəd; *Am.* ˈɑksfərd] a) → **Oxfordshire**, b) *Haupt- u. Universitätsstadt von Oxfordshire.*
Ox·ford·shire [ˈɒksfə(r)dʃə(r); -ˌʃɪə(r); *Am.* ˈɑks-] *Grafschaft in Mittelengland.*

P

Pad·ding·ton [ˈpædɪŋtən] *Stadtteil von London.*
Pa·hang [pəˈhʌŋ; pəˈhæŋ] *Gliedstaat Malaysias.*
Pais·ley [ˈpeɪzlɪ] *Stadt in Strathclyde, Schottland.*
Pa·ki·stan [ˌpɑːkɪˈstɑːn; ˌpækɪˈstæn] *Staat in Vorderindien.*
Pal·es·tine [ˈpæləstaɪn; *Am. a.* -ˌstiːn] Paläˈstina *n.*
Pall Mall [ˌpælˈmæl] *Straße in London.*
Palm Beach [ˌpɑːmˈbiːtʃ; *Am. a.* ˌpɑːlm-] *Badeort in Florida, USA.*
Pa·mirs [pəˈmɪə(r)z] Paˈmir *m* (*Hochland in Zentralasien*).
Pam·li·co Sound [ˈpæmlɪkəʊ] Pamlico-Sund *m* (*an der Küste von North Carolina, USA*).
Pan·a·ma [ˌpænəˈmɑː; ˈpænəmɑː; *Am. a.* -ˌmɔː; -ˌmɔː] a) *Republik im südl. Mittelamerika*, b) *Hauptstadt von* a.
Pa·pe·e·te [ˌpɑːpɪˈiːtɪ; *Am.* -ˈeɪtiː; *a.* pəˈpeɪtiː] *Hauptstadt der Gesellschaftsinseln, auf Tahiti.*
Pa·pua New Guin·ea [ˈpɑːpʊəˌnjuːˈgɪnɪ; ˈpæpjʊə-; *Am.* ˈpæpjəwəˌnuːˈgɪniː; ˈpɑːpəwə-] Papua-Neuguiˈnea *n* (*Inselstaat im westl. Pazifik*).
Par·a·guay [ˈpærəgwaɪ; -gweɪ] a) *Republik im Inneren Südamerikas*, b) *Fluß in Brasilien u. Paraguay.*
Par·a·mar·i·bo [ˌpærəˈmærɪbəʊ] *Haupt- u. Hafenstadt von Surinam, Südamerika.*
Par·is [ˈpærɪs] Paˈris *n.*
Pas·a·de·na [ˌpæsəˈdiːnə] *Stadt in Kalifornien, USA.*
Pas·sa·ma·quod·dy Bay [ˌpæsəməˈkwɒdɪ; *Am.* -ˈkwɑdiː] Passamaˈquoddybucht *f* (*des Atlantischen Ozeans in Kanada u. USA*).
Pat·er·son [ˈpætə(r)sn] *Stadt in New Jersey, USA.*
Pearl Har·bor [ˌpɜːlˈhɑːbə; *Am.* ˌpɜrlˈhɑːrbər] *Hafen auf der Hawaii-Insel Oahu, Pazifischer Ozean.*
Peck·ham [ˈpekəm] *Stadtteil von London.*
Pe·cos [ˈpeɪkəs] *Fluß in New Mexico u. Texas, USA.*
Pee·bles(·shire) [ˈpiːblz; ˈ-ʃə(r); ˈ-ˌʃɪə(r)] *Ehemal. Grafschaft im südöstl. Schottland.*
Pe·king [ˌpiːˈkɪŋ] Peking *n.*
Pem·broke [ˈpembrʊk] a) → **Pembrokeshire**, b) *Stadt in Dyfed, Wales.*
Pem·broke·shire [ˈpembrʊkʃə(r); -ˌʃɪə(r)] *Ehemal. Grafschaft im südwestl. Wales.*
Pen·nine Chain [ˌpenaɪnˈtʃeɪn] Penˈninisches Gebirge (*Nordengland*).
Penn·syl·va·nia [ˌpensɪlˈveɪnjə; -nɪə] Pennsylˈvanien *n* (*Staat im Osten der USA*).
Pen·rith [ˈpenrɪθ; penˈrɪθ] *Stadt in Cumbria, England.*
Pen·zance [penˈzæns; pən-] *Stadt in Cornwall, England.*
Pe·o·ria [piːˈɔːrɪə] *Stadt in Illinois, USA.*
Pe·rak [ˈpeərə; ˈpɪərə] *Gliedstaat Malaysias.*
Per·sia [ˈpɜːʃə; *Am.* ˈpɜrʒə] Persien *n.*
Perth [pɜːθ; *Am.* pɜrθ] a) *Hauptstadt des austral. Bundesstaates Westaustralien*, b) → **Perthshire**, c) *Stadt in Central Region, Schottland.*
Perth·shire [ˈpɜːθʃə(r); -ˌʃɪə(r); *Am.* ˈpɜrθ-] *Ehemal. Grafschaft in Mittelschottland.*
Pe·ru [pəˈruː] *Republik im nordwestl. Südamerika.*
Pe·ter·bor·ough [ˈpiːtə(r)brə; -bərə; -bʌrə; *Am. bes.* -ˌbɜrə] *Stadt in Cambridgeshire, England.*
Pe·ter·bor·ough, Soke of [ˌsəʊkəvˈpiːtə(r)brə; -bərə; -bʌrə; *Am. bes.* -ˌbɜrə] *Ehemal. Verwaltungsbezirk in Northamptonshire, England.*
Phil·a·del·phia [ˌfɪləˈdelfjə; -fɪə] *Stadt in Pennsylvania, USA.*
Phil·ip·pine Is·lands [ˈfɪlɪpiːn], ˈ**Phil·ip·pines** [-piːnz] Philipˈpinen *pl* (*Inselgruppe im Malaiischen Archipel, Pazifischer Ozean*).
Phnom Penh [ˌnɒmˈpen; *Am. a.* ˌnɑm-] → **Pnompenh.**
Phoe·nix [ˈfiːnɪks] *Hauptstadt von Arizona, USA.*
Pic·ca·dil·ly [ˌpɪkəˈdɪlɪ] *Straße in London.*
Pied·mont [ˈpiːdmənt; -mɒnt; *Am.* -ˌmɑnt] a) Pieˈmont *n* (*Landschaft in Oberitalien*, b) *Landschaft im Osten der USA.*
Pierre [pɪə(r)] *Hauptstadt von South Dakota, USA.*
Pie·ter·mar·itz·burg [ˌpiːtə(r)ˈmærɪtsbɜːg; *Am.* -ˌbɜrg] *Hauptstadt der Provinz Natal, Südafrika.*
Pim·li·co [ˈpɪmlɪkəʊ] *Stadtteil von London.*
Pit·cairn Is·land [pɪtˈkeə(r)n; ˈpɪtk-] *Insel im südl. Pazifik.*
Pitch Lake [pɪtʃ] Asˈphaltsee *m* (*auf Trinidad, Westindien*).
Pitts·burgh [ˈpɪtsbɜːg; *Am.* -ˌbɜrg] *Stadt in Pennsylvania, USA.*
Plais·tow [ˈplæstəʊ; ˈplɑː-] *Stadtteil von London.*
Platte [plæt] *Nebenfluß des Missouri in Nebraska, USA.*
Plym·outh [ˈplɪməθ] a) *Hafenstadt in Devonshire, England*, b) *Stadt in Massachusetts, USA. Erste ständige europ. Siedlung in New England.*
Pnom·penh, Pnom-Penh [ˌnɒmˈpen; *Am. a.* ˌnɑm-] Pnomˈpenh *n* (*Hauptstadt von Kambodscha*).
Po [pəʊ] *Fluß in Norditalien.*
Po·land [ˈpəʊlənd] Polen *n.*
Pol·y·ne·sia [ˌpɒlɪˈniːzjə; -ʒjə; *bes. Am.* -ʒə; -ʃə; *Am.* ˌpɑlə-] Polyˈnesien *n* (*Inselgruppe des östl. Ozeaniens, Pazifischer Ozean.*
Pom·er·a·nia [ˌpɒməˈreɪnjə; -nɪə; *Am.* ˌpɑ-] Pommern *n.*
Po·mo·na [pəʊˈməʊnə; pəˈm-] → **Mainland** b.
Pon·ce [ˈpɒnsɪ; *Am.* -seɪ] *Hafenstadt auf der Insel Puerto Rico, Westindien.*
Pon·te·fract [ˈpɒntɪfrækt] *Stadt in West Yorkshire, England.*
Pon·ti·ac [ˈpɒntɪæk; *Am.* ˈpɑ-] *Stadt in Michigan, USA.*
Pon·ty·pool [ˌpɒntɪˈpuːl; *Am.* ˌpɑntə-] *Stadt in Gwent, Wales.*
Pon·ty·pridd [ˌpɒntɪˈpriːð; *Am.* ˌpɑntə-] *Stadt in Mid Glamorgan, Wales.*
Poole [puːl] *Stadt an der Küste von Dorsetshire, England.*
Pop·lar [ˈpɒplə; *Am.* ˈpɑplər] *Stadtteil von London.*
Por·ta·down [ˌpɔː(r)təˈdaʊn] *Stadt in Armagh, Nordirland.*
Port-au-Prince [ˌpɔː(r)təʊˈprɪns] *Haupt- u. Hafenstadt von Haiti.*
Port·land [ˈpɔː(r)tlənd] a) *Hafenstadt in Oregon, USA*, b) *Hafenstadt in Maine, USA.*
Ports·mouth [ˈpɔː(r)tsməθ] *Hafenstadt in Hampshire, England.*
Port Tal·bot [ˌpɔː(r)tˈtɔːlbət; -ˈtæl-] *Hafenstadt in West Glamorgan, Wales. Stahlwerk.*
Por·tu·gal [ˈpɔːtjʊgl; -tʃʊgl; *Am.* ˈpɔːrtʃɪgəl] Portugal *n.*
Po·to·mac [pəˈtəʊmək] *Fluß im Osten der USA.*
Pow·ys [ˈpəʊɪs; ˈpaʊɪs] *Grafschaft im östl. Wales.*
Prague [prɑːg] Prag *n.*
Pres·ton [ˈprestən] *Haupt- u. Hafenstadt von Lancashire, England.*
Prest·wich [ˈprestwɪtʃ] *Stadt in Greater Manchester, England.*
Pre·to·ria [prɪˈtɔːrɪə] *Verwaltungshauptstadt der Südafrik. Republik.*
Prib·i·lof Is·lands [ˈprɪbɪlɒf; *Am.* -bəˌlɔːf] Pribylow-Inseln *pl* (*Alaska, USA*).
Prince Ed·ward Is·land [ˌprɪnsˈedwə(r)d] *Kanad. Insel u. Provinz im St.-Lorenz-Golf.*
Prince·ton [ˈprɪnstən] *Universitätsstadt in New Jersey, USA.*

Prov·i·dence [ˈprɒvɪdəns; *Am.* ˈprɑ-; *a.* -ˌdens] *Hauptstadt von Rhode Island, USA.*
Prus·sia [ˈprʌʃə] *hist.* Preußen *n.*
Pud·sey [ˈpʌdzɪ] *Stadt in West Yorkshire, England.*
Puer·to Ri·co [ˌpwɜːtəʊˈriːkəʊ; ˌpweətəʊ-; *Am.* ˌpɔːrtəˈr-; ˌpwertəˈr-] *Kleinste Insel der Großen Antillen, Westindien.*
Pu·get Sound [ˈpjuːdʒɪt] Pugetsund *m (Bucht des Pazifischen Ozeans im Staate Washington, USA).*
Pun·jab [ˌpʌnˈdʒɑːb; ˈpʌndʒɑːb] Panˈdschab *n (Landschaft im nordwestl. Indien).*
Pyong·yang [ˌpjɒŋˈjæŋ; *Am.* piːˈɔːŋˌjɑːŋ; -ˌjæŋ] Pjöngˈjang *n (Hauptstadt von Nordkorea).*
Pyr·e·nees [ˌpɪrəˈniːz; *Am.* ˈ-ˌniːz] Pyreˈnäen *pl.*

Q

Qa·tar [kæˈtɑː; *Am.* ˈkɑːtər; ˈgɑː-] *Staat u. Halbinsel Arabiens im Pers. Golf.*
Que·bec [kwɪˈbek], *(Fr.)* **Qué·bec** [keɪˈbek; kebɛk] a) *Provinz Kanadas,* b) *Hauptstadt von* a.
Queens [kwiːnz] *Stadtteil von New York.*
Queens·land [ˈkwiːnzlənd; -lænd] *Austral. Bundesstaat.*
Qui·to [ˈkiːtəʊ] *Hauptstadt der Republik Ecuador.*

R

Ra·bat [rəˈbɑːt] *Hauptstadt von Marokko.*
Rad·cliffe [ˈrædklɪf] *Stadt in Greater Manchester, England.*
Rad·nor(·shire) [ˈrædnə(r); ˈ-ʃə(r); ˈ-ˌʃɪə(r)] *Ehemal. Grafschaft in Wales.*
Ra·leigh [ˈrɔːlɪ; ˈrɑːlɪ] *Hauptstadt von North Carolina, USA.*
Rams·gate [ˈræmzgɪt; -geɪt] *Hafenstadt u. Seebad in Kent, England.*
Range·ley Lakes [ˈreɪndʒlɪ] *Seengruppe in Maine, USA.*
Ran·goon [ræŋˈguːn] Ranˈgun *n (Hauptstadt von Birma).*
Read·ing [ˈredɪŋ] a) *Hauptstadt von Berkshire, England,* b) *Stadt in Pennsylvania, USA.*
Red·bridge [ˈredbrɪdʒ] *Nordöstl. Stadtbezirk Groß-Londons.*
Re·gi·na [rɪˈdʒaɪnə] *Hauptstadt von Saskatchewan, Kanada.*
Rei·gate [ˈreɪgɪt; -geɪt] *Stadt in Surrey, England.*
Ren·frew(·shire) [ˈrenfruː; ˈ-ʃə(r); ˈ-ˌʃɪə(r)] *Ehemal. Grafschaft im Südwesten Schottlands.*
Re·no [ˈriːnəʊ] *Stadt in Nevada, USA.*
Re·val [ˈreɪvɑːl] → **Tallin(n).**
Rey·kja·vik [ˈreɪkjəviːk; -vɪk] *Hauptstadt von Island.*
Rhine [raɪn] Rhein *m.*
Rhine·land [ˈraɪnlænd; -lənd] Rheinland *n.*
Rhine Pa·lat·i·nate [ˌraɪnpəˈlætɪnət; -tnət] *hist.* Rheinpfalz *f.*
Rhode Is·land [ˌrəʊdˈaɪlənd] *Staat im Osten der USA.*
Rhodes [rəʊdz] Rhodos *n (griech. Insel im Südosten des Ägäischen Meeres).*
Rho·de·sia [rəʊˈdiːzjə; -ʒɪə; -ʒə; -ʃə] Rhoˈdesien *n (bis 1980 Name für Zimbabwe).*
Rhon·dda [ˈrɒndə; *Am.* ˈrɑn-] *Stadt in Mid Glamorgan, Wales.*
Rhone [rəʊn] *Fluß in Südfrankreich.*
Rich·mond [ˈrɪtʃmənd] a) → **Richmond-upon-Thames,** b) *Hauptstadt von Virginia, USA,* c) *Stadtbezirk von New York,* d) *Stadt in Kalifornien, USA.*
Rich·mond-upon-Thames [ˈrɪtʃməndəˌpɒnˈtemz] *Südwestl. Stadtbezirk Groß-Londons.*
Rick·mans·worth [ˈrɪkmənzwɜːθ; *Am.* -ˌwɜrθ] *Stadt in Hertfordshire, England.*
Ri·o de Ja·nei·ro [ˌriːəʊdədʒəˈnɪərəʊ; -deɪ-; *Am. bes.* -ʒəˈneərəʊ] a) *Staat im südöstl. Brasilien,* b) *Haupt- u. Hafenstadt von* a.
Ri·o Grande [ˌriːəʊˈgrændɪ; -ˈgrænd] *Fluß im Südwesten der USA.*
Rip·ley [ˈrɪplɪ] *Stadt in Derbyshire, England.*
Ri·pon [ˈrɪpən] *Stadt in North Yorkshire, England.*
Riv·i·era [ˌrɪvɪˈeərə] *Teil der franz. u. ital. Mittelmeerküste.*
Ro·a·noke [ˈrəʊənəʊk] a) *Stadt in Virginia, USA,* b) *Fluß in Virginia u. North Carolina, USA.*
Rob·ben Is·land [ˈrɒbən; *Am.* ˈrɑ-] *Insel vor der Südspitze Afrikas.*
Roch·dale [ˈrɒtʃdeɪl; *Am.* ˈrɑ-] *Stadt in Lancashire, England.*
Roch·es·ter [ˈrɒtʃɪstə; *Am.* ˈrɑtʃəstər] a) *Stadt in Kent, England,* b) *Stadt im Staate New York, USA.*
Rock·ford [ˈrɒkfəd; *Am.* ˈrɑkfərd] *Stadt in Illinois, USA.*
Rock·ies [ˈrɒkɪz; *Am.* ˈrɑ-] → **Rocky Mountains.**
Rock·y Moun·tains [ˌrɒkɪˈmaʊntɪnz; *Am.* ˌrɑkɪˈmaʊntnz] *Gebirge im Westen der USA.*
Ro·ma·nia [ruːˈmeɪnjə; -nɪə; rʊ-; *bes. Am.* rəʊ-] a) Ruˈmänien *n,* b) [rəʊ-] *das Röm. Reich.*
Rome [rəʊm] Rom *n.*
Rom·ford [ˈrɒmfəd; *Am.* ˈrɑmfərd] *Stadtteil von London.*
Ros·com·mon [rɒsˈkɒmən; *Am.* rɑˈskɑ-] *Grafschaft in Mittelirland.*
Ross and Crom·ar·ty [ˌrɒsənˈkrɒmə(r)tɪ; *Am.* -ˈkrɑ-] *Ehemal. Grafschaft im nördl. Schottland.*
Roth·er·ham [ˈrɒðərəm; *Am.* ˈrɑ-] *Stadt in South Yorkshire, England.*
Rox·burgh(·shire) [ˈrɒksbərə; -brə; *Am.* ˈrɑksˌbɜrə; ˈ-ʃə(r); ˈ-ˌʃɪə(r)] *Ehemal. Grafschaft im südöstl. Schottland.*
Ru·an·da-U·run·di [rʊˌændəʊʊˈrʊndɪ; *Am.* rʊˌɑndəʊʊˈruːndiː] *(bis 1982 unter Treuhandverwaltung der UN, danach geteilt in* → **Rwanda** *u.* → **Burundi**).
Rug·by [ˈrʌgbɪ] *Stadt in Warwickshire, England.*
Ruge·ley [ˈruːdʒlɪ] *Stadt in Staffordshire, England.*
Ru·ma·nia [ruːˈmeɪnjə; -nɪə; rʊ-] → **Romania** a.
Run·corn [ˈrʌŋkɔː(r)n] *Hafen- u. Industriestadt in Cheshire, England.*
Run·ny·mede [ˈrʌnɪmiːd] *Wiesenfläche an der Themse bei Windsor. Magna Charta 1215.*
Rush·worth [ˈrʌʃwɜːθ; *Am.* -ˌwɜrθ] *Stadt im austral. Bundesstaat Victoria.*
Rus·sia [ˈrʌʃə] Rußland *n.*
Rut·land(·shire) [ˈrʌtlənd; ˈ-ʃə(r); ˈ-ˌʃɪə(r)] *Ehemal. Grafschaft in Mittelengland.*
Rwan·da [rʊˈændə; *Am.* -ˈɑn-] Ruˈanda *n (Republik in Zentralafrika).*
Ryde [raɪd] *Stadt auf der Insel Wight, im Ärmelkanal.*
Rush·more, Mount [ˈrʌʃmɔː(r)] *Berg in Süd-Dakota, USA. Nationaldenkmal mit den aus Stein gehauenen Gesichtern von Washington, Lincoln, Jefferson, Roosevelt.*
Rye [raɪ] *Stadt in East Sussex, England.*
Ryu·kyu Is·lands [rɪˈuːkjuː] Riˈukiu-Inseln *pl (im westl. Pazifischen Ozean).*

S

Sa·bah [ˈsɑːbɑː; -bə] *Gliedstaat Malaysias.*
Sa·ble, Cape [ˈseɪbl] Kap *n* Sable: a) *Kap an der Südwestspitze Neuschottlands, Kanada,* b) *Kap an der Südspitze Floridas, USA.*
Sac·ra·men·to [ˌsækrəˈmentəʊ] a) *Hauptstadt von Kalifornien, USA,* b) *Fluß im Norden Kaliforniens, USA.*
Sa·ha·ra [səˈhɑːrə; *Am. a.* -ˈhærə; -ˈheərə] *Wüste in Nordafrika.*
Sai·gon [saɪˈgɒn; *Am.* -ˈgɑn; *a.* ˈsaɪˌgɑn] → **Ho Chi Minh City.**
Saint Al·bans [sntˈɔːlbənz; *Am. bes.* seɪnt-] *Stadt in Hertfordshire, England.*
Saint An·drews [sntˈændruːz; *Am. bes.* seɪnt-] *Stadt in Fife, Schottland.*
Saint Aus·tell [sntˈɔːstl; *Am. bes.* seɪnt-] *Stadt in Cornwall, England.*
Saint He·le·na [ˌsentɪˈliːnə; *Am.* ˌseɪntlˈiːnə; -həˈliːnə] Sankt Helena *n (Insel im südl. Atlantischen Ozean).*
Saint Hel·ens [sntˈhelɪnz; *Am. bes.* seɪnt-] *Stadt in Merseyside, England.*
Saint John's [sntˈdʒɒnz; *Am.* seɪntˈdʒɑnz] *Hauptstadt von Neufundland, Kanada.*
Saint Law·rence [sntˈlɒrəns; *Am.* seɪntˈlɔːrəns; -ˈlɑːr-] Sankt-Lorenz-Strom *m (Nordamerika).*
Saint Lou·is [sntˈlʊɪs; *Am.* seɪntˈluːəs] a) *Stadt in Missouri, USA,* b) *Fluß in Minnesota, USA.*
Saint Mar·y·le·bone [sntˈmærələbən; *Am. bes.* seɪnt-] *Stadtteil von London.*
Saint Pan·cras [sntˈpæŋkrəs; *Am. bes.* seɪnt-] *Stadtteil von London.*
Saint Paul [sntˈpɔːl; *Am. bes.* seɪnt-] *Hauptstadt von Minnesota, USA.*
Sa·lem [ˈseɪlem; -ləm] a) *Stadt in Massachusetts, USA,* b) *Hauptstadt von Oregon, USA,* c) *Stadt im südl. Indien.*
Sal·ford [ˈsɔːlfə(r)d] *Stadt in Greater Manchester, England.*
Salis·bury [ˈsɔːlzbərɪ; -brɪ; *Am. bes.* -ˌberiː] a) *Stadt in Wiltshire, England,* b) → **Harare.**
Sal·op [ˈsæləp] *Grafschaft in Westengland.*
Salt Lake City [ˌsɔːltleɪkˈsɪtɪ] *Hauptstadt von Utah, USA.*
Sa·moa (Is·lands) [səˈməʊə] Saˈmoa-Inseln *pl (Inselgruppe im Pazifischen Ozean).*
Sa·mos [ˈseɪmɒs; *Am.* -ˌmɑs] *Griech. Insel.*
San An·to·nio [ˌsænænˈtəʊnɪəʊ; -ənˈt-] *Stadt in Texas, USA.*
San Ber·nar·di·no [sænˌbɜːnəˈdiːnəʊ; *Am.* -ˌbɜrnərˈd-; -ˌbɜrnəˈd-] *Stadt in Kalifornien, USA.*
Sand·hurst [ˈsændhɜːst; *Am.* -ˌhɜrst] *Ort in Berkshire, England. Militärakademie.*

San Di·e·go [ˌsændɪˈeɪɡəʊ] *Hafenstadt in Kalifornien, USA.*
San·down [ˈsændaʊn] *Stadt auf der Insel Wight, im Ärmelkanal.*
San·dring·ham [ˈsændrɪŋəm] *Dorf in Norfolk, England. Zeitweilig königliche Residenz.*
Sand·wich [ˈsænwɪtʃ; -nd-] *Stadt in Kent, England.*
Sand·wich Is·lands [ˈsænwɪtʃ; -nd-] *hist. für* **Hawaiian Islands.**
Sandy Hook [ˌsændɪˈhʊk] *Landzunge an der Einfahrt in den Hafen von New York.*
San Fran·cis·co [ˌsænfrənˈsɪskəʊ] *Hafenstadt in Kalifornien, USA.*
San Jo·sé [ˌsænhəʊˈzeɪ; *Am. bes.* ˌsænəˈzeɪ] a) *Stadt in Kalifornien, USA,* b) *Hauptstadt der Republik Costa Rica.*
San Juan [sænˈhwɑːn; -ˈwɑːn] *Hauptstadt von Puerto Rico, Westindien.*
San Ma·ri·no [ˌsænməˈriːnəʊ] *Republik auf der Apenninenhalbinsel.*
San Sal·va·dor [sænˈsælvədɔː(r)] a) *Hauptstadt der Republik El Salvador,* b) *eine der Bahama-Inseln.*
San·ta Bar·ba·ra Is·lands [ˌsæntəˈbɑː(r)bərə; -brə] Santa-Barbara-Inseln *pl* (*vor der Südwestküste Kaliforniens, USA*).
San·ta Fé [ˌsæntəˈfeɪ] *Hauptstadt von New Mexico, USA.*
San·ta Mon·i·ca [ˌsæntəˈmɒnɪkə; *Am.* -ˈmɑ-] *Stadt in Kalifornien, USA.*
San·ti·a·go de Chi·le [ˌsæntɪˈɑːɡəʊdəˈtʃɪlɪ] *Hauptstadt von Chile.*
San·to Do·min·go [ˌsæntəʊdəˈmɪŋɡəʊ] *Hauptstadt der Dominikanischen Republik.*
Saor·stat Eir·eann [ˌseəstɑːtˈeərən] (*Gaelic*) → **Ireland.**
Sa·ra·wak [səˈrɑːwək; -wæk; *Am. a.* -wɑːk] *Gliedstaat Malaysias.*
Sar·din·ia [sɑː(r)ˈdɪnjə; -nɪə] Sarˈdinien *n:* a) *Ital. Insel im Mittelmeer,* b) *hist. Königreich (Insel Sardinien u. Piemont-Savoyen).*
Sas·katch·e·wan [səsˈkætʃɪwən; sæs-] a) *Fluß in Kanada,* b) *Provinz im westl. Kanada.*
Sau·di A·ra·bia [ˌsaʊdɪəˈreɪbɪə; ˌsɔːdɪ-] Saudi-Aˈrabien *n* (*Königreich in Nord- u. Mittelarabien*).
Sault Sainte Ma·rie Ca·nals [ˌsuːseɪntməˈriː] *Drei schiffbare Kanäle zwischen Oberem See u. Huronsee, USA u. Kanada.*
Sa·van·nah [səˈvænə] a) *Stadt in Georgia, USA,* b) *Fluß zwischen Georgia u. South Carolina, USA.*
Sax·o·ny [ˈsæksnɪ; -sənɪ] Sachsen *n.*
Sca·fell Pike [ˌskɔːˈfel; ˈskɔːfel] *Höchster Berg Englands, in Cumbria.*
Scan·di·na·via [ˌskændɪˈneɪvjə; -vɪə] Skandiˈnavien *n.*
Scar·bor·ough [ˈskɑː(r)brə; -bərə; *Am. bes.* -ˌbɜrə] *Stadt in North Yorkshire, England.*
Scheldt [skelt], (*Dutch*) **Schel·de** [ˈskeldə; ˈsxeldə] Schelde *f* (*Hauptfluß in Mittelbelgien*).
Scil·ly Isles [ˈsɪlɪ] Scilly-Inseln *pl* (*vor der Südwestspitze Englands*).
Scone [skuːn] *hist. Krönungsort der schott. Könige nahe Perth.*
Sco·tia [ˈskəʊʃə] (*Lat.*) *hist. für* **Scotland.**
Scot·land [ˈskɒtlənd; *Am.* ˈskɑt-] Schottland *n.*
Scran·ton [ˈskræntn; -tən] *Stadt in Pennsylvania, USA.*
Scun·thorpe [ˈskʌnθɔː(r)p] *Stadt in Humberside, England.*
Sea·ford [ˈsiːfə(r)d; -fɔː(r)d] *Stadt in East Sussex, England.*
Se·at·tle [sɪˈætl] *Hafenstadt im Staat Washington, USA.*
Sedge·mor [ˈsedʒˌmʊə(r); -mɔː(r)] *Ebene in Somerset, England. Schlacht 1685.*
Seine [seɪn] *Fluß in Nordfrankreich.*
Se·lang·or [səˈlæŋə(r); -ŋɔː(r)] *Gliedstaat Malaysias.*
Sel·by [ˈselbɪ] *Stadt in North Yorkshire, England.*
Sel·kirk [ˈselkɜːk; *Am.* -ˌkɜrk] a) → Selkirkshire, b) *Stadt in Borders Region, Schottland.*
Sel·kirk·shire [ˈselkɜːkʃə(r); -ˌʃɪə(r); *Am.* -ˌkɜrk-] *Ehemal. Grafschaft im südöstl. Schottland.*
Sen·e·ca Lake [ˈsenɪkə] Seneca-See *m* (*im Staat New York, USA*).
Sen·e·gal [ˌsenɪˈɡɔːl] a) *Fluß im nordwestl. Afrika,* b) *Republik in Westafrika.*
Seoul [səʊl] Seˈoul *n,* Söˈul *n* (*Hauptstadt von Südkorea*).
Se·quoia Na·tion·al Park [sɪˈkwɔɪə] *Naturschutzpark in Mittelkalifornien, USA.*
Ser·bia [ˈsɜːbjə; -bɪə; *Am.* ˈsɜrbɪə] Serbien *n* (*Volksrepublik im östl. Jugoslawien*).
Sev·en·oaks [ˈsevnəʊks] *Stadt in Kent, England.*
Sev·ern [ˈsevə(r)n] *Fluß in Wales u. Westengland.*
Sew·ard Pen·in·su·la [ˈsjuːə(r)d; ˈsuː-] Seward-Halbinsel *f* (*Alaska, USA*).
Sey·chelles [seɪˈʃelz; -ˈʃel] Seyˈchellen *pl* (*Inselgruppe und Republik im westl. Ind. Ozean*).
Sha·ba [ˈʃɑːbə] *Provinz im südöstl. Zaire (früher Katanga).*
Shaftes·bury [ˈʃɑːftsbərɪ; -brɪ; *Am. bes.* ˈʃæftsˌberiː] *Stadt in Dorsetshire, England.*
Shan·non [ˈʃænən] a) *Größter Fluß Irlands,* b) *Flughafen in Clare, Irland.*
Shatt-al-Ar·ab [ˌʃætælˈærəb] *Fluß im südöstl. Irak.*
Sheer·ness [ˌʃɪə(r)ˈnes] *Stadt in Kent, England.*
Shef·field [ˈʃefiːld] *Industriestadt in South Yorkshire, England.*
Sher·borne [ˈʃɜːbən; *Am.* ˈʃɜrbərn] *Stadt in Dorsetshire, England.*
Shet·land (Is·lands) [ˈʃetlənd] Shetland-Inseln *pl* (*vor der Nordküste Schottlands*).
Shore·ditch [ˈʃɔː(r)dɪtʃ] *Stadtteil von London.*
Shore·ham-by-Sea [ˌʃɔːrəmbaɪˈsiː] *Stadt in West Sussex, England.*
Shreve·port [ˈʃriːvpɔː(r)t] *Stadt in Louisiana, USA.*
Shrews·bury [ˈʃrəʊzbərɪ; -brɪ; ˈʃruːz-; *Am. bes.* ˈʃruːzˌberiː] *Hauptstadt von Salop, England.*
Shrop·shire [ˈʃrɒpʃə(r); -ˌʃɪə(r); *Am.* ˈʃrɑp-] *Ehemal. Grafschaft in Westengland.*
Si·am [ˌsaɪˈæm; ˈsaɪæm] → **Thailand.**
Si·be·ria [saɪˈbɪərɪə] Siˈbirien *n.*
Sic·i·ly [ˈsɪsɪlɪ; *Am. a.* ˈsɪsliː] Siˈzilien *n.*
Sid·cup [ˈsɪdkəp] → **Chislehurst and Sidcup.**
Sid·mouth [ˈsɪdməθ] *Stadt in Devonshire, England.*
Si·er·ra Le·o·ne [sɪˌerəlɪˈəʊn; -nɪ; ˌsɪərə-] *Republik in Westafrika.*
Si·er·ra Ne·va·da [sɪˌerənɪˈvɑːdə; ˌsɪərə-; *Am. a.* -nəˈvæ-] a) *Hochgebirge in Kalifornien, USA,* b) *Hauptzug des Andalusischen Berglandes, Südspanien.*
Sik·kim [ˈsɪkɪm] *Ind. Bundesstaat im östl. Himalaja.*
Si·le·sia [saɪˈliːzjə; *bes. Am.* -ʒɪə; -ʃɪə; -ʒə; -ʃə] Schlesien *n.*
Si·nai [ˈsaɪnɪaɪ; -naɪ] *Halbinsel im Norden des Roten Meeres, Ägypten.*
Sin·ga·pore [ˌsɪŋɡəˈpɔː(r); ˌsɪŋə-; *Am.* ˈ-ˌpɔːr] Singapur *n:* a) *Insel südlich von Malakka; Republik,* b) *Hauptstadt von a.*
Sin·gle·ton [ˈsɪŋɡltən] *Stadt im austral. Bundesstaat Neusüdwales.*
Skag·er·rak [ˈskæɡəræk] *Teil der Nordsee zwischen Norwegen u. Dänemark.*
Skaw, the [skɔː] Kap *n* Skagen (*nördlichster Punkt Dänemarks*).
Skeg·ness [ˌskeɡˈnes; ˈskeɡnes] *Stadt in Lincolnshire, England.*
Skid·daw [ˈskɪdɔː] *Berg in Cumbria, England.*
Skye [skaɪ] *Größte Insel der Inneren Hebriden, Schottland.*
Sli·go [ˈslaɪɡəʊ] a) *Grafschaft im nordwestl. Irland,* b) *Hauptstadt von a.*
Slough [slaʊ] *Stadt in Berkshire, England.*
Slo·va·kia [sləʊˈvækɪə; -ˈvɑː-] Slowaˈkei *f* (*östl. Teil der Tschechoslowakei*).
Slo·ve·nia [sləʊˈviːnjə; -nɪə] Sloˈwenien *n* (*Landschaft im Nordwesten Jugoslawiens*).
Snae·fell [ˌsneɪˈfel] *Berg auf der Insel Man in der Irischen See.*
Snow·don [ˈsnəʊdn] *Berg im nördl. Wales.*
So·ci·e·ty Is·lands [səˈsaɪətɪ] Gesellschafts-Inseln *pl* (*südl. Pazifischer Ozean*).
So·fia [ˈsəʊfjə; -fɪə] *Hauptstadt von Bulgarien.*
So·lent, the [ˈsəʊlənt] *Kanal zwischen der engl. Insel Wight u. der Küste von Hampshire, England.*
Sol·o·mon Is·lands [ˈsɒləmən; *Am.* ˈsɑ-] Salomoninseln *pl* (*Inselstaat nordöstl. von Australien*).
Sol·way Firth [ˈsɒlweɪ; *Am.* ˈsɑl-] *Meeresbucht der Irischen See.*
So·ma·lia [səʊˈmɑːlɪə; -ljə; səˈm-] *Republik in Ostafrika.*
Som·er·set(·shire) [ˈsʌmə(r)sɪt; -set; ˈ-ʃə(r); ˈ-ˌʃɪə(r)] *Grafschaft im südwestl. England.*
Som·er·ville [ˈsʌmə(r)vɪl] *Stadt in Massachusetts, USA.*
Soo Ca·nals [suː] → **Sault Sainte Marie Canals.**
Sound, the [saʊnd] Sund *m* (*Meerenge zwischen Dänemark u. Schweden*).
Sou·ter Head [ˌsuːtə(r)ˈhed] *Landspitze an der Küste des östl. Mittelschottlands.*
South Af·ri·ca, Re·pub·lic of [ˌsaʊθˈæfrɪkə] Südafrik. Repuˈblik *f.*
South·all [ˈsaʊθɔːl] *Stadtteil von London.*
South·amp·ton [saʊθˈæmptən; -ˈæmtən; -ˈhæ-] *Hafen in Hampshire, England.*
South Aus·tra·lia [ɒˈstreɪljə; -lɪə; *Am.* ɔːˈst-; ɑːˈst-] Südauˈstralien *n* (*austral. Bundesstaat*).
South Bend [ˌsaʊθˈbend] *Stadt in Indiana, USA.*
South Car·o·li·na [ˌkærəˈlaɪnə] *Staat im Südosten der USA.*
South Da·ko·ta [dəˈkəʊtə] *Nordwestl. Mittelstaat der USA.*
South Downs [ˌsaʊθˈdaʊnz] *Hügelkette im südl. England, von Dorset bis Sussex.*
South·end on Sea [ˌsaʊθendɒnˈsiː] *Stadt in Essex, England.*
South·ern Alps [ˌsʌðə(r)nˈælps] Neuˈseeländische Alpen *pl* (*Gebirgskette auf Neuseeland*).
South·ern Yem·en [ˈjemən] Südjemen *m* (*Volksrepublik im südwestl. Arabien*).
South Gla·mor·gan [ɡləˈmɔː(r)ɡən] *Grafschaft im südl. Wales.*
South·port [ˈsaʊθpɔː(r)t] *Stadt in Merseyside, England.*
South Sea Is·lands Südsee-Inseln *pl,* Ozeˈanien *n.*
South Seas *Die Gewässer der südl. Hemisphäre, bes. der südl. Pazifische Ozean.*
South Shields [ˌsaʊθˈʃiːldz] *Stadt in*

Tyne and Wear, England.
South·wark [ˈsʌðə(r)k; ˈsaʊθwə(r)k] *Stadtbezirk des inneren Verwaltungsgebiets Groß-Londons.*
South·wick [ˈsaʊθwɪk] *Stadt in Sussex, England.*
South York·shire [ˈjɔː(r)kʃə(r); -ˌʃɪə(r)] *Grafschaft in Nordengland.*
So·vi·et Un·ion [ˌsəʊvɪətˈjuːnjən; ˌsɒv-; *Am.* ˌsəʊvɪet-; ˌsɑv-] Soˈwjetuniˌon *f.*
Spa [spɑː] *Badeort in Belgien.*
Spain [speɪn] Spanien *n.*
Spal·ding [ˈspɔːldɪŋ] *Stadt in Lincolnshire, England.*
Spen·bor·ough [ˈspenbərə; -brə; *Am. bes.* -ˌbɜrə] *Stadt in West Yorkshire, England.*
Spit·head [ˌspɪtˈhed; ˈspɪthed] *Meeresarm zwischen der engl. Insel Wight u. der Küste von Hampshire, England.*
Spo·kane [spəʊˈkæn] a) *Stadt im Staate Washington, USA,* b) *Nebenfluß des Columbia im Staate Washington, USA.*
Spring·field [ˈsprɪŋfiːld] a) *Stadt im südwestl. Massachusetts, USA,* b) *Hauptstadt von Illinois, USA.*
Sri Lan·ka [ˌsriːˈlæŋkə; *Am.* -ˈlɑŋkə] *Republik auf Ceylon.*
Staf·fa [ˈstæfə] *Insel der Inneren Hebriden, Schottland.*
Staf·ford [ˈstæfə(r)d] a) → **Staffordshire,** b) *Hauptstadt von Staffordshire.*
Staf·ford·shire [ˈstæfə(r)dʃə(r); -ˌʃɪə(r)] *Grafschaft im Westen Mittelenglands.*
Staines [steɪnz] *Stadt in Surrey, England.*
Staked Plain [ˌsteɪktˈpleɪn] → **Llano Estacado.**
Sta·ly·bridge [ˈsteɪlɪbrɪdʒ] *Industriestadt in Greater Manchester.*
Stam·boul [stæmˈbuːl] Stambul *n* (*Kurzform für* **Istanbul**).
Stam·ford [ˈstæmfə(r)d] *Stadt in Connecticut, USA.*
Stam·ford Bridge [ˌstæmfə(r)dˈbrɪdʒ] *Ort östl. von York. Schlacht 1066.*
Stan·ley [ˈstænlɪ] *Stadt in Durham, England.*
Stat·en Is·land [ˌstætnˈaɪlənd] *Insel u. Stadtteil von New York.*
States of the Church [ˌsteɪtsəvðəˈtʃɜːtʃ; *Am.* -ˈtʃɜrtʃ] *hist.* Kirchenstaat *m* (*Staatsgebiet unter päpstlicher Oberhoheit*).
Step·ney [ˈstepnɪ] *Stadtteil von London.*
Ste·ven·age [ˈstiːvnɪdʒ] *Stadt in Hertfordshire, England.*
Stir·ling [ˈstɜːlɪŋ; *Am.* ˈstɜr-] a) → Stirlingshire, b) *Hauptstadt der Central Region, Schottland.*
Stir·ling·shire [ˈstɜːlɪŋʃə(r); -ˌʃɪə(r); *Am.* ˈstɜr-] *Ehemal. Grafschaft in Mittelschottland.*
Stock·holm [ˈstɒkhəʊm; *Am.* ˈstɑk-; *a.* -ˌhəʊlm] Stockholm *n.*
Stock·port [ˈstɒkpɔː(r)t; *Am.* ˈstɑk-] *Stadt in Greater Manchester, England.*
Stock·ton-on-Tees [ˌstɒktənɒnˈtiːz; *Am.* ˌstɑk-] *Stadt in Cleveland, England.*
Stoke New·ing·ton [ˌstəʊkˈnjuːɪŋtən; *Am. bes.* -ˈnuː-] *Stadtteil von London.*
Stoke-on-Trent [ˌstəʊkɒnˈtrent] *Stadt in Staffordshire, England.*
Stone·henge [ˌstəʊnˈhendʒ; ˈstəʊnhendʒ] *Vorgeschichtliches, vermutlich sakrales Bauwerk nördl. von Salisbury in Wiltshire, England.*
Stor·no·way [ˈstɔː(r)nəweɪ] *Hafen auf Lewis. Verwaltungszentrum der Western Isles.*
Stour·bridge [ˈstaʊə(r)brɪdʒ] *Stadt in West Midlands, England.*
Stra·bane [strəˈbæn] *Stadt in Tyrone, Nordirland.*
Stran·raer [strænˈrɑː(r)] *Stadt in Dumfries and Galloway, Schottland.*
Strat·ford-on-A·von [ˌstrætfə(r)dɒnˈeɪvn] *Stadt in Warwickshire, England. Geburtsort Shakespeares.*
Strath·clyde [stræθˈklaɪd] *Verwaltungsregion Westschottlands.*
Stroud [straʊd] *Stadt in Gloucestershire, England.*
Styr·ia [ˈstɪrɪə] Steiermark *f* (*Land im südöstl. Österreich*).
Su·dan [suːˈdɑːn; -ˈdæn] a) *Landschaft im nördl. Afrika,* b) *Republik in Ostafrika,* c) → Mali.
Su·ez Ca·nal [ˌsʊɪzkəˈnæl; ˌsuːɪz-; *Am. bes.* suːˌez-; ˌsuːez-] ˈSuezkaˌnal *m* (*Ägypten*).
Suf·folk [ˈsʌfək] *Grafschaft im Osten Englands.*
Su·ma·tra [sʊˈmɑːtrə] *Insel des Malaiischen Archipels, Indonesien.*
Sun·bury-on-Thames [ˌsʌnbərɪɒnˈtemz; -brɪ-; *Am. bes.* ˌsʌnberɪ-] *Stadt in Surrey, England.*
Sun·da Isles [ˈsʌndə; *Am. a.* ˈsuːndə] Sunda-Inseln *pl* (*Malaiischer Archipel, Indonesien*).
Sun·der·land [ˈsʌndə(r)lənd] *Hafenstadt in Tyne and Wear, England.*
Su·pe·ri·or, Lake [suːˈpɪərɪə; sjuː-; *Am.* sʊˈpɪrɪər] Oberer See (*der westlichste der Großen Seen, Nordamerika*).
Su·ri·nam [ˌsʊərɪˈnæm; *Am.* ˈsʊrəˌnæm; ˌsʊrəˈnɑːm] Suriˈnam *n* (*Republik im Nordosten Südamerikas*).
Sur·rey [ˈsʌrɪ; *Am. bes.* ˈsɜriː] *Grafschaft in Südengland.*
Sus·que·han·na [ˌsʌskwɪˈhænə] *Fluß im Osten der USA.*
Sus·sex [ˈsʌsɪks] *Ehemal. Grafschaft im Südosten Englands;* → **East Sussex, West Sussex.**
Suth·er·land(·shire) [ˈsʌðə(r)lənd; ˈ-ʃə(r); ˈ-ˌʃɪə(r)] *Ehemal. Grafschaft im Nordwesten Schottlands.*
Sut·ton [ˈsʌtn] *Südl. Stadtbezirk Groß-Londons.*
Sut·ton Cold·field [ˌsʌtnˈkəʊldfiːld] *Stadt in West Midlands, England.*
Sut·ton-in-Ash·field [ˌsʌtnɪnˈæʃfiːld] *Stadt in Nottinghamshire, England.*
Swa·bia [ˈsweɪbjə; -bɪə] Schwaben *n.*
Swan·age [ˈswɒnɪdʒ; *Am.* ˈswɑn-] *Stadt in Dorsetshire, England.*
Swan·sea[1] [ˈswɒnzɪ; *Am.* ˈswɑnziː] *Haupt- u. Hafenstadt von West Glamorgan, Wales.*
Swan·sea[2] [ˈswɒnsɪ; *Am.* ˈswɑnsiː] *Stadt auf Tasmanien, Australien.*
Swa·zi·land [ˈswɑːzɪlænd] Swasiland *n* (*konstitutionelle Monarchie im südl. Afrika*).
Swe·den [ˈswiːdn] Schweden *n.*
Swin·don [ˈswɪndən] *Stadt in Wiltshire, England.*
Swit·zer·land [ˈswɪtsə(r)lənd] Schweiz *f.*
Syd·en·ham [ˈsɪdnəm] *Stadtteil von London.*
Syd·ney [ˈsɪdnɪ] *Hauptstadt des austral. Bundesstaates Neusüdwales.*
Syr·a·cuse[1] [ˈsaɪərəkjuːz; *Am.* ˈsɪrəˌkjuːs] Syraˈkus *n* (*Hafenstadt im südöstl. Sizilien*).
Syr·a·cuse[2] [ˈsɪrəkjuːs] *Stadt im Staat New York, USA.*
Syr·ia [ˈsɪrɪə] Syrien *n.*

T

Ta·ble Moun·tain [ˈteɪbl] Tafelberg *m* (*Südafrika*).
Ta·co·ma [təˈkəʊmə] *Hafenstadt im Staat Washington, USA.*
Ta·gus [ˈteɪgəs] Tajo *m* (*Fluß in Spanien u. Portugal*).
Ta·hi·ti [tɑːˈhiːtɪ; təˈh-] *Größte der Gesellschaftsinseln, Pazifischer Ozean.*
Tai·peh, Tai·pei [ˌtaɪˈpeɪ; -ˈbeɪ] *Hauptstadt von Taiwan.*
Tai·wan [ˌtaɪˈwɑːn] *Insel u. Republik vor der südchines. Küste.*
Tal·la·has·see [ˌtæləˈhæsɪ] *Hauptstadt von Florida, USA.*
Tal·lin(n) [ˈtælɪn] Tallin(n) *n* (*russ. Name für Reval, Haupt- u. Hafenstadt von Estland*).
Tam·pa [ˈtæmpə] *Hafenstadt in Florida, USA.*
Ta·na·na·rive [ˌtænənəˈriːv; *Am.* təˈnænəˌriːv; tananariv] (*Fr.*) Tananaˈrivo *n* (*Hauptstadt der Insel Madagaskar*).
Tan·gan·yi·ka [ˌtæŋgəˈnjiːkə] Tangaˈnjika *n* (*Teil von Tansania*).
Tan·gier [tænˈdʒɪə(r)] Tanger *n* (*Hafenstadt im nordwestl. Marokko*).
Tan·za·nia [ˌtænzəˈnɪə] Tanˈsania *n* (*Republik in Ostafrika*).
Tas·ma·nia [tæzˈmeɪnjə; -nɪə] Tasˈmanien *n* (*austral. Insel u. Bundesstaat*).
Tas·man Sea [ˈtæzmən] Tasman-See *f* (*Teil des Pazifischen Ozeans zwischen Südostaustralien u. Neuseeland*).
Taun·ton [ˈtɔːntən; *a.* ˈtɑːn-] *Hauptstadt von Somersetshire, England.*
Tav·is·tock [ˈtævɪstɒk; *Am.* -vəˌstɑk] *Stadt in Devonshire, England.*
Tay [teɪ] *Fluß in Mittelschottland.*
Tay·side (Re·gion) [ˈteɪsaɪd] *Verwaltungsregion Ostschottlands.*
Tees [tiːz] *Fluß in Nordengland.*
Tees·side [ˈtiːzsaɪd] *Industrieregion an der Mündung des Tees.*
Te·gu·ci·gal·pa [tɪˌguːsɪˈgælpə] *Hauptstadt von Honduras, Mittelamerika.*
Te·he·ran, Teh·ran [ˌtɪəˈrɑːn; ˌtehə-; *Am. bes.* ˌteɪəˈræn] Teheˈran *n* (*Hauptstadt des Iran*).
Teign·mouth [ˈtɪnməθ] *Stadt in Devonshire, England.*
Tel A·viv [ˌteləˈviːv] *Stadt in Israel.*
Tel·ford [ˈtelfə(r)d] *Stadt in Salop, England.*
Ten·e·rife, *a.* **Ten·e·riffe** [ˌtenəˈriːf] Teneˈriffa *n* (*größte der Kanarischen Inseln*).
Ten·nes·see [ˌtenəˈsiː] a) *Südöstl. Mittelstaat der USA,* b) *linker Nebenfluß des Ohio, USA.*
Te·ton Range [ˈtiːtn; *Am. a.* -ˌtɑn] *Gebirgszug im nördl. Mittelamerika.*
Te·viot [ˈtiːvjət; -vɪət] *Fluß im südöstl. Schottland.*
Tewkes·bury [ˈtjuːksbərɪ; -brɪ; *Am. bes.* ˈtuːksˌberiː] *Stadt in Gloucestershire, England.*
Tex·as [ˈteksəs] *Staat im Süden der USA.*
Thai·land [ˈtaɪlænd; -lənd] *Königreich in Hinterindien.*
Thames[1] [temz] Themse *f* (*Fluß in Südengland*).
Thames[2] [temz] a) *Fluß in Ontario, Kanada,* b) *Stadt auf der Nordinsel von Neuseeland.*
Than·et, Isle of [ˈθænɪt] *Nordöstl. Teil der Grafschaft Kent, England.*
The Hague → **Hague, The.**
The·o·balds [ˈθɪəbɔːldz] *Straße in London.*
Thread·nee·dle Street [ˌθredˈniːdl; ˈ-ˌniːdl] *Straße in der Londoner City mit der Bank of England.*
Thu·rin·gia [θjʊəˈrɪndʒɪə; θjʊˈr-; *Am. a.* θʊˈr-] Thüringen *n.*
Thur·rock [ˈθʌrək; *Am. bes.* ˈθɜrək] *Stadt in Essex, England.*
Thurs·day Is·land [ˈθɜːzdɪ; *Am.* ˈθɜrzdiː] *Insel vor der Nordspitze Australiens.*

Ti·ber [ˈtaɪbə(r)] *Fluß in Mittelitalien.*
Ti·bet [tɪˈbet] Tibet *n (Hochland in Zentralasien).*
Ti·ci·no [tɪˈtʃiːnəʊ] Tesˈsin *n (südlichster Kanton der Schweiz).*
Tier·ra del Fue·go [tɪˌerədelˈfweɪgəʊ; -fʊˈeɪ-] Feuerland *n.*
Ti·gris [ˈtaɪgrɪs] *Strom in Vorderasien.*
Til·bury [ˈtɪlbərɪ; -brɪ; Am. bes. -ˌberiː] *Stadt in Essex, England.*
Tin·tag·el Head [tɪnˌtædʒəlˈhed] *Kap an der Nordwestküste von Cornwall, England. Legendärer Geburtsort König Arthurs.*
Tin·tern Ab·bey [ˌtɪntə(r)nˈæbɪ] *Klosterruine in Gwent, Wales.*
Tip·per·ary [ˌtɪpəˈreərɪ] a) *Grafschaft im Süden Irlands,* b) *Stadt in* a.
Ti·ra·na [tɪˈrɑːnə] *Hauptstadt von Albanien.*
To·go [ˈtəʊgəʊ] *Republik in Westafrika.*
To·kyo [ˈtəʊkjəʊ; -kɪəʊ] Tokio *n.*
To·le·do a) [tɒˈleɪdəʊ; *bes. Am.* təˈliːdəʊ] *Stadt in Mittelspanien,* b) [təˈliːdəʊ] *Stadt in Ohio, USA.*
Ton·ga [ˈtɒŋə; -ŋgə; *Am.* ˈtɑ-] Tonga *n (Königreich im südwestl. Polynesien).*
Ton·kin [ˌtɒnˈkɪn; ˌtɒŋ-; *Am.* ˈtɑŋkən; ˌtɑnˈkɪn], *auch* **Tong·king** [ˌtɒŋˈkɪŋ; *Am.* ˌtɑŋ-] Tongking *n (Teil von Nord-Vietnam).*
To·pe·ka [təʊˈpiːkə; təˈp-] *Hauptstadt von Kansas, USA.*
Tor·bay [ˌtɔː(r)ˈbeɪ] a) *Grafschaftsfreie Stadt in Devonshire, England,* b) *Bucht des Ärmelkanals an der Ostküste von Devonshire, England.*
To·ron·to [təˈrɒntəʊ; *Am.* -ˈrɑn-; *a.* -tə] *Hauptstadt von Ontario, Kanada.*
Tor·quay [ˌtɔː(r)ˈkiː] *Seebad in Devonshire, England.*
Tor·rens, Lake [ˈtɒrənz; *Am. a.* ˈtɑ-] Torrenssee *m (Salzsee im austral. Bundesstaat Südaustralien).*
Tot·nes [ˈtɒtnɪs; *Am.* ˈtɑtnəs] *Stadt in Devonshire, England.*
Tot·ten·ham [ˈtɒtnəm; *Am.* ˈtɑ-] *Stadtteil von London.*
Tow·er Ham·lets [ˈtaʊə(r)ˌhæmlɪts] *Stadtbezirk Groß-Londons mit dem größten Teil des East-End.*
Tra·fal·gar, Cape [trəˈfælgə(r)] Kap *n* Traˈfalgar *(an der Südwestküste Spaniens. 1805 Seesieg Nelsons über die franz.-span. Flotte).*
Tra·lee [trəˈliː] *Stadt in Kerry, Irland.*
Trans·kei [ˌtrænsˈkaɪ] Transˈkei *f (Staat in Südafrika).*
Trans·vaal [ˈtrænzvɑːl; *bes. Am.* ˌtrænsˈvɑːl; -nzˈvɑːl] Transˈvaal *n (nördl. Provinz der Südafrik. Republik).*
Trav·erse, Lake [ˈtrævəz; *Am.* -vərs] *See in South Dakota u. Minnesota, USA.*
Tre·de·gar [trɪˈdiːgə(r)] *Stadt in Gwent, Wales.*
Treng·ga·nu [treŋˈgɑːnuː] Trenˈganu *n (Gliedstaat Malaysias).*
Trent [trent] a) Triˈent *n (Stadt im nordöstl. Italien),* b) *Fluß in Mittelengland.*
Tren·ton [ˈtrentn; -tən] *Hauptstadt von New Jersey, USA.*
Treves [triːvz] Trier *n.*
Trin·i·dad and To·ba·go [ˌtrɪnɪdædntəʊˈbeɪgəʊ; -təˈb-] *Inseln der Kleinen Antillen; unabhängiger Commonwealth-Staat.*
Trip·o·li [ˈtrɪpəlɪ] Tripolis *n:* a) *Hauptstadt von Libyen,* b) *Hafenstadt im nordwestl. Libanon.*
Trow·bridge [ˈtrəʊbrɪdʒ] *Hauptstadt von Wiltshire, England.*
Troy [trɔɪ] Troja *n (antike Stadt im nordwestl. Kleinasien).*
Tru·cial O·man [ˌtruːsjələʊˈmɑːn; *bes. Am.* -ʃəl-; *Am. a.* -əʊˈmæn] Befriedetes Oˈman *(früherer Name für United Arab Emirates).*
Tru·ro [ˈtrʊərəʊ] *Hauptstadt von Cornwall, England.*
Tul·sa [ˈtʌlsə] *Stadt im nordöstl. Oklahoma, USA.*
Tun·bridge Wells [ˌtʌnbrɪdʒˈwelz] *Badeort in Kent, England.*
Tu·nis [ˈtjuːnɪs; *Am. bes.* ˈtuːnəs] a) → **Tunisia,** b) *Hauptstadt von Tunesien.*
Tu·ni·sia [tjuːˈnɪzɪə; -sɪə; *Am.* tuːˈniːʒɪə; -ʒə; -ˈnɪ-] Tuˈnesien *n (Staat in Nordafrika).*
Tur·key [ˈtɜːkɪ; *Am.* ˈtɜrkiː] Türˈkei *f.*
Turks and Cai·cos Is·lands [ˌtɜːksnˈkeɪkəs; *Am.* ˌtɜrks-] *Brit. Kolonie, Inselgruppe südöstl. der Bahamas.*
Tus·ca·ny [ˈtʌskənɪ] Tosˈkana *f (Landschaft in Mittelitalien).*
Tu·va·lu [ˌtuːvəˈluː] *Parlamentarische Monarchie im südwestl. Pazifik.*
Tweed [twiːd] *Fluß in England u. Schottland.*
Twick·en·ham [ˈtwɪknəm; -kənəm] *Stadtteil von London.*
Ty·burn [ˈtaɪbɜːn; *Am.* -ˌbɜrn] *Ehemalige Richtstätte in London.*
Tyne [taɪn] *Fluß in Northumberland, England.*
Tyne and Wear [ˌtaɪnəndˈwɪə(r)] *Grafschaft im nordöstl. England.*
Tyne·mouth [ˈtaɪnmaʊθ] *Stadt in Tyne and Wear, England.*
Tyne·side [ˈtaɪnsaɪd] *Ballungsgebiet am Fluß Tyne von Newcastle bis zur Küste.*
Ty·rol [ˈtɪrəl; tɪˈrəʊl; *Am. a.* ˈtaɪˌrəʊl] Tiˈrol *n.*
Ty·rone [tɪˈrəʊn] *Grafschaft in Nordirland.*
Tyr·rhe·ni·an Sea [tɪˌriːnjənˈsiː; -nɪən-] Tyrˈrhenisches Meer.

U

U·gan·da [juːˈgændə] *Republik in Ostafrika.*
U·in·ta Moun·tains [juːˈɪntə; jʊ-] *Gebirge in Utah, USA.*
U·ist [ˈjuːɪst] *Zwei Inseln der Äußeren Hebriden, Schottland.*
U·kraine [juːˈkreɪn; -ˈkraɪn] *Südl. Teil der europ. UdSSR.*
U·lan Ba·tor (Kho·to) [ʊˌlɑːnˈbɑːtɔː(r); *Am. a.* ˌuːlɑːn-; ˈkəʊtəʊ] Ulan-Bator(-Choto) *n (Hauptstadt der Mongolischen Volksrepublik).*
Ul·ster [ˈʌlstə(r)] *Provinz in Nordirland.*
U·nit·ed Ar·ab E·mir·ates [juːˈnaɪtɪdˌærəbeˈmɪərəts; -ˈɪm-] Vereinigte Aˈrabische Emiˈrate *pl.*
U·nit·ed Ar·ab Re·pub·lic Vereinigte Aˈrabische Repuˈblik *(offizieller Name Ägyptens 1958–71).*
U·nit·ed King·dom [juːˌnaɪtɪdˈkɪŋdəm] Vereinigtes Königreich *n (Großbritannien u. Nordirland).*
Up·per Vol·ta [ˌʌpə(r)ˈvɒltə; *Am. bes.* -ˈvɑltə; -ˈvəʊltə] Oberˈvolta *n (Republik in Westafrika).*
U·ral Moun·tains [ˈjʊərəl] Uˈral *m (Gebirge in der UdSSR. Grenze zwischen Europa u. Asien).*
U·ru·guay [ˈjʊərʊgwaɪ; -rəg-; ˈʊrə-; *Am. a.* -ˌgweɪ] a) *Republik im Südosten Südamerikas,* b) *Fluß im Südosten Südamerikas.*
Ush·ant [ˈʌʃənt; ˈʌʃnt] *Insel vor der Nordwestküste Frankreichs.*
U·tah [ˈjuːtɑː; -tɔː] *Staat im Westen der USA.*
U·ti·ca [ˈjuːtɪkə] *Stadt im Staat New York, USA.*
Ut·tox·e·ter [juːˈtɒksɪtə; ʌˈt-; *Am.* -ˈtɑksətər] *Stadt in Staffordshire, England.*
Ux·bridge [ˈʌksbrɪdʒ] *Stadtteil von London.*

V

Va·duz [vɑːˈduːts] *Hauptort des Fürstentums Liechtenstein.*
Va·lais [ˈvæleɪ; væˈleɪ] Wallis *n (Kanton in der südwestl. Schweiz).*
Va(l)·let·ta [vəˈletə] *Hauptstadt von Malta.*
Van·cou·ver [vænˈkuːvə(r)] *Stadt in Brit. Columbia, Kanada.*
Van·ua·tu [ˌvænwɑːˈtuː] *Inselgruppe u. Republik im südwestl. Pazifik (seit 1980; früher New Hebrides).*
Va·ra·na·si [vəˈrɑːnəsɪ] *Stadt in Indien. Früherer Name Benares.*
Vat·i·can Cit·y [ˌvætɪkənˈsɪtɪ] Vatiˈkanstadt *f.*
Vaud [vəʊ] Waadt *n (Kanton in der westl. Schweiz).*
Vaux·hall [ˌvɒksˈhɔːl; *Am.* ˌvɑks-] *Londoner Straßenname.*
Ven·e·zu·e·la [ˌveneˈzweɪlə; -nɪˈzw-; *Am. a.* -nəzˈwiːlə] *Republik im Norden Südamerikas.*
Ven·ice [ˈvenɪs] Veˈnedig *n.*
Vent·nor [ˈventnə(r)] *Stadt auf der Insel Wight, im Ärmelkanal.*
Ver·dun[1] [vɜːˈdʌn; *Am.* vɜr-; vər-] *Stadt u. Festung im nordöstl. Frankreich.*
Ver·dun[2] [vɜːˈdʌn; *Am.* vɜr-; vər-] *Stadt in Quebec, Kanada.*
Ver·mont [vɜːˈmɒnt; *Am.* vərˈmɑnt] *Staat im Osten der USA.*
Vert, Cape [vɜːt; *Am.* vɜrt] Kap *n* Verde *(westlichster Punkt Afrikas).*
Ve·su·vi·us [vɪˈsuːvjəs; -vɪəs] Veˈsuv *m (Vulkan in Süditalien bei Neapel).*
Vic·to·ria [vɪkˈtɔːrɪə] a) *Austral. Bundesstaat, Südaustralien,* b) *Hauptstadt der Seychellen,* c) *Hafenstadt an der Südostküste Chinas,* d) *Hauptstadt von British Columbia, Kanada.*
Vi·en·na [vɪˈenə] Wien *n.*
Viet·nam, Viet-Nam [ˌvjetˈnæm; -ˈnɑːm; *Am. a.* viːˌet-; ˌviːetˈnɑːm] Vietˈnam *n (Volksrepublik in Südostasien).*
Vir·gin·ia [və(r)ˈdʒɪnjə; -nɪə] *Staat im Osten der USA.*
Vir·gin Is·lands [ˈvɜːdʒɪn; *Am.* ˈvɜr-] Jungferninseln *pl (Kleine Antillen, Westindien).*

W

Wa·bash [ˈwɔːbæʃ] *Nebenfluß des Ohio in Indiana u. Illinois, USA.*
Wai·ki·ki Beach [ˌwaɪkɪˈkiː; ˈwaɪkɪkiː] *Badestrand von Honolulu, Hawaii, Pazifischer Ozean.*
Wake·field [ˈweɪkfiːld] a) *Hauptstadt von West Yorkshire, England,* b) *Stadt in Massachusetts, USA.*

Wales [weɪlz] *Teil Großbritanniens an der Irischen See.*
Wal·la·sey [ˈwɒləsɪ; *Am.* ˈwɑ-] *Stadt in Merseyside, England.*
Walls·end [ˈwɔːlzend] *Stadt in Tyne and Wear, England.*
Wal·sall [ˈwɔːlsɔːl; -sl] *Stadt in West Midlands, England.*
Wal·tham For·est [ˌwɔːltəmˈfɒrɪst] *nordöstl. Stadtbezirk Groß-Londons.*
Wands·worth [ˈwɒndzwə(r)θ; ˈwɒnz-; *Am.* ˈwɑ-] *Stadtbezirk des inneren Verwaltungsgebiets Groß-Londons.*
Wang·a·nui [ˌwɒŋəˈnʊɪ; *Am.* ˌwɑŋəˈnuːiː] *Hafenstadt auf der Nordinsel von Neuseeland.*
Wan·stead and Wood·ford [ˌwɒnstɪdnˈwʊdfə(r)d; *Am.* ˌwɑn-] *Stadtteil von London.*
Ware·ham [ˈweərəm] *Stadt in Dorsetshire, England.*
War·ley [ˈwɔː(r)lɪ] *Industriestadt in West Midlands, England.*
War·ring·ton [ˈwɒrɪŋtən; *Am. a.* ˈwɑr-] *Stadt in Cheshire, England.*
War·saw [ˈwɔː(r)sɔː] Warschau *n.*
War·wick [ˈwɒrɪk; *Am. bes.* ˈwɑ-] a) → **Warwickshire**, b) *Hauptstadt von Warwickshire.*
War·wick·shire [ˈwɒrɪkʃə(r); -ˌʃɪə(r); *Am. bes.* ˈwɑ-] *Grafschaft in Mittelengland.*
Wash, the [wɒʃ; *Am. a.* wɑʃ] *Meerbusen an der engl. Nordseeküste.*
Wash·ing·ton [ˈwɒʃɪŋtən; *Am. a.* ˈwɑ-] a) *Staat im Nordwesten der USA*, b) *Hauptstadt der USA.*
Wash·i·ta [ˈwɒʃɪtɑ; *Am.* ˈwɑʃəˌtɔː] a) → **Ouachita**, b) *Fluß in Oklahoma, USA.*
Wast Wa·ter [ˈwɒstˌwɔːtə(r); *Am. a.* ˈwɑst-; -ˌwɑːtər] *See im Lake District, Cumbria, England.*
Wa·ter·bury [ˈwɔːtə(r)bərɪ; -brɪ; *Am.* -ˌberiː; *a.* ˈwɑː-] *Stadt in Connecticut, USA.*
Wa·ter·ford [ˈwɔːtə(r)fə(r)d; *Am. a.* ˈwɑː-] *Grafschaft im Süden Irlands.*
Wa·ter·loo [ˌwɔːtə(r)ˈluː; *Am. a.* ˌwɑː-] *Ort südl. von Brüssel, Belgien. 1815 Sieg Blüchers u. Wellingtons über Napoleon I.*
Wat·ford [ˈwɒtfəd; *Am.* ˈwɑtfərd] *Stadt in Hertfordshire, England.*
Weald, the [wiːld] *Landschaft im südöstl. England.*
Wel·ling·ton [ˈwelɪŋtən] *Hauptstadt von Neuseeland.*
Wells [welz] *Stadt in Somersetshire, England.*
Wel·wyn Gar·den Cit·y [ˈwelɪnˌgɑː(r)dnˈsɪtɪ] *Stadt in Hertfordshire, England.*
Wem·bley [ˈwemblɪ] *Stadtteil von London.*
Wes·sex [ˈwesɪks] *hist. Angelsächsisches Königreich im südwestl. England.*
West Brom·wich [ˌwestˈbrɒmɪdʒ; -ɪtʃ; *bes. Am.* -ˈbrʌm-; *Am. a.* -ˈbrɑm-] *Stadt in West Midlands, England.*
West·ern Aus·tra·lia [ɒˈstreɪljə; -lɪə; *Am.* ɔː-; ɑː-] ˈWestauˌstralien *n (austral. Bundesstaat).*
West·ern Isles [ˌwestə(r)nˈaɪlz] *Insulare Verwaltungsregion der Äußeren Hebriden.*
West·ern Sa·moa [səˈməʊə] Westsaˈmoa *n (Staat im südl. Pazifik).*
West·gate on Sea [ˌwestgɪtɒnˈsiː; ˌwesgɪt-] *Stadt in Kent, England.*
West Gla·mor·gan [ˌwestgləˈmɔː(r)gən] *Grafschaft im südl. Wales.*
West Ham [ˌwestˈhæm] *Stadtteil im Osten von London.*
West In·dies [ˌwestˈɪndɪz] Westˈindien *n (die Inseln Mittelamerikas).*
West Lo·thi·an [ˌwestˈləʊðjən; -ɪən] *Ehemal. Grafschaft im südöstl. Schottland.*
West·meath [westˈmiːð] *Grafschaft in Irland.*
West Mid·lands [ˌwestˈmɪdləndz] *Grafschaft in Mittelengland.*
West·min·ster [ˈwestmɪnstə(r); ˈwesm-] *Stadtbezirk Groß-Londons an der Themse.*
West·mor·land [ˈwestmə(r)lənd; ˈwesm-] *Ehemal. Grafschaft in Nordwestengland.*
Wes·ton-su·per-Mare [ˈwestənˌsuːpə(r)ˈmeə(r); *Br. a.* -ˌsjuː-] *Stadt in Avon, England.*
West·pha·lia [westˈfeɪljə; -lɪə] Westˈfalen *n.*
West Rid·ing [ˌwestˈraɪdɪŋ] *Ehemal. Verwaltungsbezirk der Grafschaft Yorkshire, England.*
West Sus·sex [ˌwestˈsʌsɪks] *Grafschaft im südöstl. England.*
West Vir·gin·ia [ˌwestvə(r)ˈdʒɪnjə; -nɪə] *Staat im Osten der USA.*
West York·shire [ˌwestˈjɔː(r)kʃə(r); -ˌʃɪə(r)] *Grafschaft in Nordengland.*
Wex·ford [ˈweksfə(r)d] *Grafschaft im südöstl. Irland.*
Wey·mouth [ˈweɪməθ] a) *Stadt in Dorsetshire, England*, b) *Stadt in Massachusetts, USA.*
Whit·by [ˈwɪtbɪ; ˈhw-] *Fischereihafen in North Yorkshire, England.*
Wich·i·ta [ˈwɪtʃɪtɔː] a) *Stadt in Kansas, USA*, b) *Fluß in Texas, USA.*
Wick·low [ˈwɪkləʊ] *Grafschaft im Osten Irlands.*
Wid·nes [ˈwɪdnɪs] *Stadt in Cheshire, England.*
Wi·gan [ˈwɪgən] *Stadt in Greater Manchester, England.*
Wight, Isle of [waɪt] *Insel u. Grafschaft vor der Südküste Englands, im Ärmelkanal.*
Wig·town [ˈwɪgtən; *Am. a.* -ˌtaʊn] a) → **Wigtownshire**, b) *Stadt in Dumfries and Galloway.*
Wig·town·shire [ˈwɪgtənʃə(r); -ˌʃɪə(r); *Am. a.* -ˌtaʊn-] *Ehemal. Grafschaft im südwestl. Schottland.*
Willes·den [ˈwɪlzdən] *Stadtteil von London.*
Wil·ming·ton [ˈwɪlmɪŋtən] *Hafenstadt in Delaware, USA.*
Wil·ton [ˈwɪltən] *Stadt in Wiltshire, England.*
Wilt·shire [ˈwɪltʃə(r); -ˌʃɪə(r)] *Grafschaft in Südengland.*
Wim·ble·don [ˈwɪmbldən] *Stadtteil von London.*
Win·ches·ter [ˈwɪntʃɪstə(r); *Am. bes.* -ˌtʃestər] *Hauptstadt von Hampshire, England.*
Win·der·mere [ˈwɪndə(r)ˌmɪə(r)] *See im Lake District, Cumbria, England.*
Wind·hoek [ˈwɪnthʊk; ˈvɪnt-] Windhuk *n (Hauptstadt von Namibia).*
Wind·sor [ˈwɪnzə(r)] a) *Stadt in Berkshire, England*, b) *Stadt in Ontario, Kanada.*
Wink·field [ˈwɪŋkfiːld] *Stadt in Berkshire, England.*
Win·ne·ba·go, Lake [ˌwɪnɪˈbeɪgəʊ] Winneˈbagosee *m (in Wisconsin, USA).*
Win·ni·peg [ˈwɪnɪpeg] a) *Hauptstadt von Manitoba, Kanada*, b) *Fluß im südl. Kanada.*
Wir·ral [ˈwɪrəl] *Halbinsel im nordwestl. England.*
Wis·bech [ˈwɪzbiːtʃ] *Stadt in Cambridgeshire, England.*
Wis·con·sin [wɪsˈkɒnsɪn; *Am.* -ˈkɑnsən] a) *Staat im Nordosten der USA*, b) *Fluß in Wisconsin, USA.*
Wish·aw [ˈwɪʃɔː] → **Motherwell and Wishaw.**
Wit·ham[1] [ˈwɪðəm] *Fluß in Lincolnshire, England.*
Wit·ham[2] [ˈwɪtəm] *Stadt in Essex, England.*
Wo·burn [ˈwəʊbə(r)n] *Londoner Straßenname.*
Wo·king [ˈwəʊkɪŋ] *Stadt in Surrey, England.*
Wolds, the [wəʊldz] *Höhenzug in Yorkshire u. Lincolnshire, England.*
Wol·sing·ham [ˈwɒlsɪŋəm] *Stadt in Durham, England.*
Wol·ver·hamp·ton [ˈwʊlvə(r)ˌhæmptən; ˌ-ˈhæmptən] *Stadt in West Midlands, England.*
Wool·wich [ˈwʊlɪdʒ; -ɪtʃ] *Stadtteil von London.*
Worces·ter [ˈwʊstə(r)] a) → **Worcestershire**, b) *Hauptstadt von Hereford and Worcester*, c) *Stadt in Massachusetts, USA.*
Worcester·shire [ˈwʊstə(r)ʃə(r); -ˌʃɪə(r)] *Ehemal. Grafschaft im westl. Mittelengland.*
Work·sop [ˈwɜːksɒp; *Am.* ˈwɜrkˌsɑp] *Stadt in Nottinghamshire, England.*
Wors·ley [ˈwɜːslɪ; *Am.* ˈwɜrsliː] *Stadt in Greater Manchester, England.*
Wor·thing [ˈwɜːðɪŋ; *Am.* ˈwɜr-] *Seebad in West Sussex, England.*
Wran·gell Moun·tains [ˈræŋgl] *Vulkangruppe im südöstl. Alaska.*
Wrath, Cape [rɔːθ; *Am. bes.* ræθ] *Kap im Nordwesten von Schottland.*
Wre·kin, the [ˈriːkɪn] *Berg in Salop, England.*
Wrex·ham [ˈreksəm] *Stadt in Clwyd, Wales.*
Wye [waɪ] *Fluß in Wales u. Westengland.*
Wynd·ham [ˈwɪndəm] *Stadt im Norden von Westaustralien.*
Wy·o·ming [waɪˈəʊmɪŋ] *Staat im Westen der USA.*

Y

Yal·ta [ˈjæltə; *Am.* ˈjɔːltə] Jalta *n (Hafenstadt auf der Krim, UdSSR. Konferenz 1945).*
Yar·mouth, Great [ˈjɑː(r)məθ] *Hafenstadt in Norfolk, England.*
Yel·low·stone [ˈjeləʊstəʊn] *Rechter Nebenfluß des Missouri in Wyoming u. Montana, USA.*
Yem·en [ˈjemən] Jemen *m (Republik im südwestl. Arabien).*
Yeo [jəʊ] *Name mehrerer Flüsse in England.*
Yeo·vil [ˈjəʊvɪl] *Stadt in Somersetshire, England.*
Yon·kers [ˈjɒŋkəz; *Am.* ˈjɑŋkərz] *Stadt im Staat New York, USA.*
York [jɔː(r)k] a) → **Yorkshire**, b) *Stadt in North Yorkshire.*
Yorke Pen·in·su·la [jɔː(r)k] Yorke-Halbinsel *f (Südaustralien).*
York·shire [ˈjɔː(r)kʃə(r); -ˌʃɪə(r)] *Ehemal. Grafschaft in Nordengland*; → **North Yorkshire, South Yorkshire, West Yorkshire.**
York·shire Dales [ˌjɔː(r)kʃə(r)ˈdeɪlz; -ˌʃɪə(r)ˈd-] *Flußtäler in North Yorkshire.*
Yo·sem·i·te Na·tion·al Park [jəʊˈsemɪtɪ] *Nationalpark in Kalifornien, USA.*
Youghal [jɔːl] *Hafenstadt in Cork, Südirland.*

Youngs·town [ˈjʌŋztaʊn] *Stadt in Ohio, USA.*
Y·than [ˈaɪθən] *Fluß im nordöstl. Schottland.*
Yu·go·sla·via [ˌjuːgəʊˈslɑːvjə; -vɪə] Jugoˈslawien *n.*
Yu·kon [ˈjuːkɒn; *Am.* -ˌkɑn] a) *Strom im nordwestl. Nordamerika,* b) *Gebiet im nordwestl. Kanada.*

Z

Za·ire [zɑːˈɪə(r); *Am. a.* ˈzaɪər] *Republik in Äquatorialafrika.*
Zam·be·zi [zæmˈbiːzɪ] Samˈbesi *m* (*Strom in Südafrika*).
Zam·bia [ˈzæmbɪə] Sambia *n* (*Republik in Südafrika*).
Zan·zi·bar [ˌzænzɪˈbɑː; *Am.* ˈzænzəˌbɑːr] Sansibar *n* (*Insel vor der Ostküste Afrikas; Teil von Tansania*).
Zim·ba·bwe [zɪmˈbɑːbwɪ; -bweɪ] Simˈbabwe *n* (*seit 1980 Name für Rhodesien*).
Zu·lu·land [ˈzuːluːlænd] *Gebiet im Osten der Südafrik. Republik.*
Zu·rich [ˈzjʊərɪk; *bes. Am.* ˈzʊə-] Zürich *n.*

V. UNREGELMÄSSIGE VERBEN
V. IRREGULAR VERBS

Infinitiv Infinitive	Präteritum Preterite	Partizip Perfekt Past Participle
abide*	abode, abided	abode, abided
arise	arose	arisen
awake*	awoke, awaked	awaked, awoken
be*	was, were	been
bear*	bore	borne; born
beat*	beat	beaten
become	became	become
befall	befell	befallen
beget*	begot	begotten
begin	began	begun
behold*	beheld	beheld
bend*	bent	bent
bereave	bereaved, bereft	bereaved, bereft
beseech	besought, beseeched	besought, beseeched
beset	beset	beset
bespeak*	bespoke	bespoken
bestride*	bestrode	bestridden
bet	bet, betted	bet, betted
betake	betook	betaken
bethink	bethought	bethought
bid*	bid; bade	bid; bidden
bide	bode, bided	bided
bind*	bound	bound
bite*	bit	bitten
bleed	bled	bled
blend*	blended, blent	blended, blent
bless*	blessed, blest	blessed, blest
blow	blew	blown
break*	broke	broken
breed	bred	bred
bring	brought	brought
broadcast	broadcast, broadcasted	broadcast, broadcasted
browbeat	browbeat	browbeaten
build	built	built
burn	burned, burnt	burned, burnt
burst	burst	burst
buy	bought	bought
cast	cast	cast
catch	caught	caught
chide	chid, chided	chid, chided, chidden
choose*	chose	chosen
cleave*	cleft, cleaved, clove	cleft, cleaved, cloven
cling	clung	clung
clothe	clothed, clad	clothed, clad
come	came	come
cost	cost	cost
creep	crept	crept
crow*	crowed; crew	crowed
cut	cut	cut
deal	dealt	dealt
dig*	dug	dug
dive*	dived, dove	dived
do*	did	done
draw	drew	drawn
dream	dreamed, dreamt	dreamed, dreamt
drink*	drank	drunk
drive*	drove	driven
dwell*	dwelt	dwelt
eat	ate	eaten
fall	fell	fallen
feed	fed	fed
feel	felt	felt
fight	fought	fought
find	found	found
flee	fled	fled
fling	flung	flung
fly	flew	flown
forbear	forbore	forborne
forbid*	forbade	forbidden
forecast	forecast, forecasted	forecast, forecasted

* Weitere Informationen über Bedeutungsunterschiede und Sonderformen (*obs.*, *dial. etc*) finden sich im Wörterverzeichnis A–Z.

Infinitiv Infinitive	Präteritum Preterite	Partizip Perfekt Past Participle
for(e)go	for(e)went	for(e)gone
foreknow	foreknew	foreknown
foresee	foresaw	foreseen
foretell	foretold	foretold
forget	forgot	forgotten
forgive	forgave	forgiven
forsake	forsook	forsaken
forswear	forswore	forsworn
freeze	froze	frozen
gainsay	gainsaid	gainsaid
get*	got	got
gild	gilded, gilt	gilded, gilt
gird	girded, girt	girded, girt
give	gave	given
go*	went	gone
grave	graved	graven, graved
grind	ground	ground
grow	grew	grown
hamstring	hamstringed, hamstrung	hamstringed, hamstrung
hang*	hung; hanged	hung; hanged
have*	had	had
hear	heard	heard
heave*	heaved, hove	heaved, hove
hew	hewed	hewed, hewn
hide	hid	hidden, hid
hit	hit	hit
hold*	held	held
hurt	hurt	hurt
inlay	inlaid	inlaid
keep	kept	kept
kneel	knelt, kneeled	knelt, kneeled
knit	knit, knitted	knit, knitted
know	knew	known
lade	laded	laden, laded
lay	laid	laid
lead	led	led
lean	leaned, leant	leaned, leant
leap	leaped, leapt	leaped, leapt
learn	learned, learnt	learned, learnt
leave	left	left
lend	lent	lent
let	let	let
lie*	lay	lain
light	lighted, lit	lighted, lit
lose	lost	lost
make	made	made
mean	meant	meant
meet	met	met

Infinitiv Infinitive	Präteritum Preterite	Partizip Perfekt Past Participle
melt	melted	melted, molten
mow	mowed	mowed, mown
overbear	overbore	overborne
overhang	overhung	overhung
overlay	overlaid	overlaid
overlie	overlay	overlain
partake	partook	partaken
pay*	paid	paid
plead*	pleaded, plead, pled	pleaded, pled
put	put	put
quit*	quitted, quit	quitted, quit
read	read	read
recast	recast	recast
re-lay	re-laid	re-laid
rend	rent	rent
rid*	rid	rid
ride*	rode	ridden
ring*	rang	rung
rise	rose	risen
rive	rived	rived, riven
run*	ran	run
saw	sawed	sawed, sawn
say*	said	said
see	saw	seen
seek	sought	sought
sell	sold	sold
send	sent	sent
set	set	set
sew	sewed	sewed, sewn
shake	shook	shaken
shave	shaved	shaved, shaven
shear*	sheared	sheared, shorn
shed	shed	shed
shine*	shone	shone
shoe	shod	shod
shoot	shot	shot
show	showed	shown
shrink*	shrank	shrunk
shrive	shrove	shriven
shut	shut	shut
sing*	sang	sung
sink*	sank	sunk
sit*	sat	sat
slay	slew	slain
sleep	slept	slept
slide*	slid	slid, slidden
sling	slung	slung
slink*	slunk	slunk

Infinitiv Infinitive	Präteritum Preterite	Partizip Perfekt Past Participle
slit	slit	slit
smell	smelled, smelt	smelled, smelt
smite*	smote	smitten, smote
sow	sowed	sowed, sown
speak*	spoke	spoken
speed*	sped, speeded	sped, speeded
spell	spelled, spelt	spelled, spelt
spend	spent	spent
spill	spilled, spilt	spilled, spilt
spin*	spun	spun
spit*	spat	spat
split*	split	split
spoil	spoiled, spoilt	spoiled, spoilt
spread	spread	spread
spring	sprang, sprung	sprung
stand	stood	stood
stave	staved, stove	staved, stove
steal	stole	stolen
stick	stuck	stuck
sting*	stung	stung
stink	stank, stunk	stunk
strew	strewed	strewed, strewn
stride*	strode	stridden
strike*	struck	struck, stricken
string*	strung	strung
strive*	strove	striven
swear*	swore	sworn
sweat*	sweat, sweated	sweat, sweated
sweep	swept	swept
swell*	swelled	swollen
swim*	swam	swum

Infinitiv Infinitive	Präteritum Preterite	Partizip Perfekt Past Participle
swing*	swung	swung
take	took	taken
teach	taught	taught
tear*	tore	torn
tell	told	told
think	thought	thought
thrive	throve, thrived	thriven, thrived
throw	threw	thrown
thrust	thrust	thrust
tread*	trod	trodden, trod
unbend	unbent	unbent
unbind	unbound	unbound
underbid	underbid	underbid, underbidden
undergo	underwent	undergone
understand	understood	understood
undo	undid	undone
upset	upset	upset
wake	waked, woke	waked, woken
waylay	waylaid	waylaid
wear	wore	worn
weave*	wove	woven
wed	wedded, wed	wedded, wed
weep	wept	wept
wet	wet, wetted	wet, wetted
win	won	won
wind	wound	wound
withdraw	withdrew	withdrawn
withhold	withheld	withheld
withstand	withstood	withstood
wring	wrung	wrung
write*	wrote	written

VI. ZAHLWÖRTER — VI. NUMERALS

1. GRUNDZAHLEN **1. CARDINAL NUMBERS**			**2. ORDNUNGSZAHLEN** **2. ORDINAL NUMBERS**		
0	nought, zero, cipher	null	**1st**	first	erste
1	one	eins	**2(n)d**	second	zweite
2	two	zwei	**3(r)d**	third	dritte
3	three	drei	**4th**	fourth	vierte
4	four	vier	**5th**	fifth	fünfte
5	five	fünf	**6th**	sixth	sechste
6	six	sechs	**7th**	seventh	siebente
7	seven	sieben	**8th**	eighth	achte
8	eight	acht	**9th**	ninth	neunte
9	nine	neun	**10th**	tenth	zehnte
10	ten	zehn	**11th**	eleventh	elfte
11	eleven	elf	**12th**	twelfth	zwölfte
12	twelve	zwölf	**13th**	thirteenth	dreizehnte
13	thirteen	dreizehn	**14th**	fourteenth	vierzehnte
14	fourteen	vierzehn	**15th**	fifteenth	fünfzehnte
15	fifteen	fünfzehn	**16th**	sixteenth	sechzehnte
16	sixteen	sechzehn	**17th**	seventeenth	siebzehnte
17	seventeen	siebzehn	**18th**	eighteenth	achtzehnte
18	eighteen	achtzehn	**19th**	nineteenth	neunzehnte
19	nineteen	neunzehn	**20th**	twentieth	zwanzigste
20	twenty	zwanzig	**21st**	twenty-first	einundzwanzigste
21	twenty-one	einundzwanzig	**22(n)d**	twenty-second	zweiundzwanzig-ste
22	twenty-two	zweiundzwanzig			
30	thirty	dreißig	**23(r)d**	twenty-third	dreiundzwanzig-ste
31	thirty-one	einunddreißig			
40	forty	vierzig	**30th**	thirtieth	dreißigste
41	forty-one	einundvierzig	**31st**	thirty-first	einunddreißigste
50	fifty	fünfzig	**40th**	fortieth	vierzigste
51	fifty-one	einundfünfzig	**41st**	forty-first	einundvierzigste
60	sixty	sechzig	**50th**	fiftieth	fünfzigste
61	sixty-one	einundsechzig	**51st**	fifty-first	einundfünfzigste
70	seventy	siebzig	**60th**	sixtieth	sechzigste
71	seventy-one	einundsiebzig	**61st**	sixty-first	einundsechzigste
80	eighty	achtzig	**70th**	seventieth	siebzigste
90	ninety	neunzig	**71st**	seventy-first	einundsiebzigste
100	a (*od.* one) hundred	hundert	**80th**	eightieth	achtzigste
101	hundred and one	hundert(und)eins	**81st**	eighty-first	einundachtzigste
200	two hundred	zweihundert	**90th**	ninetieth	neunzigste

1. GRUNDZAHLEN
1. CARDINAL NUMBERS

572	five hundred and seventy-two	fünfhundert(und)-zweiundsiebzig
1,000	a (*od.* one) thousand	tausend
2,000	two thousand	zweitausend
1,000,000	a (*od.* one) million	eine Million
2,000,000	two million	zwei Millionen
1,000,000,000	a (*od.* one) milliard, *Am.* billion	eine Milliarde
1,000,000,000,000	a (*od.* one) billion, *Am.* trillion	eine Billion

2. ORDNUNGSZAHLEN
2. ORDINAL NUMBERS

100th	(one) hundredth	hundertste
101st	hundred and first	hundertunderste
200th	two hundredth	zweihundertste
300th	three hundredth	dreihundertste
572(n)d	five hundred and seventy-second	fünfhundert(und)-zweiundsiebzigste
1,000th	(one) thousandth	tausendste
2,000th	two thousandth	zweitausendste
1,000,000th	(one) millionth	millionste
2,000,000th	two millionth	zweimillionste

3. BRUCHZAHLEN
3. FRACTIONAL NUMBERS

$^1/_2$	one (*od.* a) half	ein halb
$1^1/_2$	one and a half	anderthalb
$^1/_2$ m.	half a m.	eine halbe Meile
$^1/_3$	one (*od.* a) third	ein Drittel
$^2/_3$	two thirds	zwei Drittel
$^1/_4$	one (*od.* a) fourth one (*od.* a) quarter	ein Viertel
$^3/_4$	three fourths three quarters	drei Viertel
$2^1/_4$ h.	two hours and a quarter	zwei und eine Viertelstunde
$^1/_5$	one (*od.* a) fifth	ein Fünftel
$^1/_6$	one (*od.* a) sixth	ein Sechstel
$3^4/_5$	three and four fifths	drei vier Fünftel
.4	point four	null Komma vier (0,4)
2.5	two point five	zwei Komma fünf (2,5)

Bei Dezimalstellen zentriert das britische Englisch den Punkt; das amerikanische Englisch läßt ihn auf der Zeile: *Br.* 10·41 *ft.*; *Am.* 10.41 *ft.*

4. ANDERE ZAHLENWERTE
4. OTHER NUMERICAL VALUES

Single	einfach
double	zweifach
threefold, treble, triple	dreifach
fourfold, quadruple	vierfach
fivefold *etc*	fünffach *etc*
Once	einmal
twice	zweimal
three times	dreimal
four times	viermal
five times *etc*	fünfmal *etc*
twice as much (*od.* many)	zweimal soviel(e)
once more	noch einmal
Firstly *od.* in the first place	erstens
secondly *od.* in the second place	zweitens
thirdly *od.* in the third place *etc*	drittens *etc*

VII. MASSE UND GEWICHTE — VII. WEIGHTS AND MEASURES

1. BRITISCHE UND AMERIKANISCHE MASSE UND GEWICHTE

1. BRITISH AND AMERICAN WEIGHTS AND MEASURES

a) Längenmaße — Linear Measure

1 line			=	2,12	mm
1 inch	=	12 lines	=	2,54	cm
1 foot	=	12 inches	=	0,3048	m
1 yard	=	3 feet	=	0,9144	m
1 (statute) mile	=	1760 yards	=	1,6093	km
1 (land) league	=	3 (statute) miles	=	4,827	km
1 hand	=	4 inches	=	10,16	cm
1 rod (perch, pole)	=	$5^1/_2$ yards	=	5,029	m
1 chain	=	4 rods	=	20,117.	m
1 furlong	=	10 chains	=	201,168	m

b) Kettenmaße — Chain Measure

(Gunter's *od.* surveyor's chain)

1 link	=	7.92 inches	=	20,12	cm
1 chain	=	100 links	=	20,117	m
1 furlong	=	10 chains	=	201,168	m
1 (statute) mile	=	80 chains	=	1,6093	km

c) Nautische Maße — Nautical Measure

1 fathom	=	6 feet	=	1,829	m
1 cable's length	=	100 fathoms	=	182,9	m
		mar. mil. Br. = 608 feet	=	185,3	m
		mar. mil. Am. = 720 feet	=	219,5	m
1 nautical mile	=	10 cables' length	=	1,853 *od.* 1,852	km (*international*)
	=	1.1508 (statute) miles			
1 marine league	=	3 nautical miles	=	5,56	km
60 nautical miles	=	1 Längengrad am Äquator			

d) Flächenmaße — Square Measure

1 square inch			=	6,452	cm²
1 square foot	=	144 square inches	=	929,029	cm²
1 square yard	=	9 square feet	=	8361,260	cm²
1 acre	=	4840 square yards	=	4046,8	m²
1 square mile	=	640 acres	=	259	ha = 2,59 km²

1 square rod (square pole, square perch)	=	$30^1/_4$ square yards	= 25,293 m²
1 rood	=	40 square rods	= 1011,72 m²
1 acre	=	4 roods	= 4046,8 m²

e) Raummaße — Cubic Measure

1 cubic inch		= 16,387 cm³
1 cubic foot	= 1728 cubic inches	= 0,02832 m³
1 cubic yard	= 27 cubic feet	= 0,7646 m³

f) Schiffsmaße — Shipping Measure

1 register ton	= 100 cubic feet	= 2,8317 m³
1 freight ton *od.* measurement ton *od.* shipping ton	= *Br.* 40 cubic feet	= 1,133 m³
	Am. auch 42 cubic feet	= 1,189 m³
1 displacement ton =	35 cubic feet	= 0,991 m³

g) Hohlmaße — Measure of Capacity

				Flüssigkeitsmaße Liquid Measure	Trockenmaße Dry Measure
Britisch					
1 fluid ounce			=	0,0284 l	0,0284 l
1 gill	=	5	fluid ounces =	0,142 l	0,142 l
1 pint	=	4	gills =	0,568 l	0,568 l
1 (imperial) quart	=	2	pints =	1,136 l	1,136 l
1 (imperial) gallon	=	4	quarts =	4,5459 l	4,5459 l
1 peck	=	2	gallons =	—	9,092 l
1 bushel	=	4	pecks =	—	36,368 l
1 quarter	=	8	bushels =	290,935 l	290,935 l
1 barrel	=	36	gallons =	163,656 l	Obst 115,6 l
Amerikanisch					
1 gill			=	0,1183 l	—
1 pint	=	4	gills =	0,4732 l	0,5506 l
1 quart	=	2	pints =	0,9464 l	1,1012 l
1 gallon	=	4	quarts =	3,7853 l	4,405 l
1 peck	=	2	gallons =	—	8,8096 l
1 bushel	=	4	pecks =	—	35,2383 l
1 barrel	=	31.5	gallons =	119,228 l	
1 hogshead	=	2	barrels =	238,456 l	
1 barrel petroleum	=	42	gallons =	158,97 l	

h) Apothekermaße (Flüssigkeiten) — Apothecaries' Fluid Measure

1 minim		*Br.* = 0,0592 ml
		Am. = 0,0616 ml
1 fluid dram	= 60 minims	*Br.* = 3,5515 ml
		Am. = 3,6966 ml

1 fluid ounce	= 8 drams	*Br.*	= 0,0284 l
		Am.	= 0,02957 l
1 pint	*Br.* = 20 fluid ounces		= 0,5683 l
	Am. = 16 fluid ounces		= 0,4732 l

i) Handelsgewichte — Avoirdupois Weight

1 grain		=	0,0648 g
1 dram	= 27.3438 grains	=	1,772 g
1 ounce	= 16 drams	=	28,35 g
1 pound	= 16 ounces	=	453,59 g
1 hundredweight			
= 1 quintal *Br.*	= 112 pounds	=	50,802 kg
Am.	= 100 pounds	=	45,359 kg
1 long ton *Br.*	= 20 hundredweights	=	1016,05 kg
Am.	= 20 hundredweights	=	907,185 kg
1 stone	= 14 pounds	=	6,35 kg
1 quarter *Br.*	= 28 pounds	=	12,701 kg
Am.	= 25 pounds	=	11,339 kg
Am. 1 bushel wheat	= 60 pounds	=	27,216 kg
Am. 1 bushel rye, corn	= 56 pounds	=	25,401 kg
Am. 1 bushel barley	= 48 pounds	=	21,772 kg
Am. 1 bushel oats	= 32 pounds	=	14,515 kg

j) Apothekergewichte — Apothecaries' Weight

1 grain		=	0,0648 g
1 scruple	= 20 grains	=	1,2960 g
1 dram	= 3 scruples	=	3,8879 g
1 ounce	= 8 drams	=	31,1035 g
1 pound	= 12 ounces	=	373,2418 g

2. DEUTSCHE MASSE UND GEWICHTE

2. GERMAN WEIGHTS AND MEASURES

a) Längenmaße — Linear Measure

1 mm		=	0.0394 inch
1 cm	= 10 mm	=	0.3937 inch
1 dm	= 10 cm	=	3.9370 inches
1 m	= 10 dm	=	1.0936 yards
1 dkm	= 10 m	=	10.9361 yards
1 hm	= 10 dkm	=	109.3614 yards
1 km	= 10 hm	=	0.6214 mile

b) Flächenmaße — Square Measure

1 mm^2		=	0.00155 square inch
1 cm^2	= 100 mm^2	=	0.15499 square inch
1 dm^2	= 100 cm^2	=	15.499 square inches
1 m^2	= 100 dm^2	=	1.19599 square yards

1 dkm^2	= 100 m^2	= 119.5993	square yards
1 hm^2	= 100 dkm^2	= 2.4711	acres
1 km^2	= 100 hm^2	= 247.11	acres = 0.3861 square mile
1 m^2		= 1,549.9	square inches
1 a	= 100 m^2	= 119.5993	square yards
1 ha	= 100 a	= 2.4711	acres
1 km^2	= 100 ha	= 247.11	acres = 0.3861 square mile

c) Raummaße — Cubic Measure

1 mm^3		= 0.000061	cubic inch
1 cm^3	= 1000 mm^3	= 0.061023	cubic inch
1 dm^3	= 1000 cm^3	= 61.024	cubic inches
1 m^3	= 1000 dm^3	= 35.315	cubic feet = 1.3079 cubic yards

d) Hohlmaße — Measure of Capacity

		Britisch British			Amerikanisch American	
1 ml	= 1 cm^3	= 16.89	minims		16.23	minims
1 cl	= 10 ml	= 0.352	fluid ounce		0.338	fluid ounce
1 dl	= 10 cl	= 3.52	fluid ounces		3.38	fluid ounces
1 l	= 10 dl	= 1.76	pints		1.06	liquid quarts
				od.	0.91	dry quart
1 dkl	= 10 l	= 2.1998	gallons		2.64	gallons
				od.	0.284	bushel
1 hl	= 10 dkl	= 2.75	bushels		26.418	gallons
1 kl	= 10 hl	= 3.437	quarters		264.18	gallons

e) Gewichte — Weight

		Avoirdupois	
1 mg		= 0.0154	grain
1 cg	= 10 mg	= 0.1543	grain
1 dg	= 10 cg	= 1.543	grains
1 g	= 10 dg	= 15.432	grains
1 dkg	= 10 g	= 0.353	ounce
1 hg	= 10 dkg	= 3.527	ounces
1 kg	= 10 hg	= 2.205	pounds

1 t	= 1000 kg	*Br.*	= 0.9842	long ton
		Am.	= 1.102	short tons

1 Pfd.	= 500 g	= $^1/_2$ kg		= 1.1023	pounds
1 Ztr.	= 100 Pfd.	= 50 kg	*Br.*	= 0.9842	hundredweight
			Am.	= 1.1023	hundredweights
1 dz	= 100 kg		*Br.*	= 1.9684	hundredweights
			Am.	= 2.2046	hundredweights

3. UMRECHNUNGSTABELLEN FÜR MASSE UND GEWICHTE

3. CONVERSION TABLES OF WEIGHTS AND MEASURES

Diese Tabelle dient der Umrechnung von Maßen und Gewichten innerhalb des angelsächsischen Maßsystems.

Lengths

Inches (in.)	Feet (ft.)	Yards (yd.)	Rods (rd.)	Miles (mi.)
1	0,083333$(^1/_{12})$	0,027778$(^1/_{36})$	0,00505051$(^1/_{198})$	0,0000157828
12	1	0,333333$(^1/_3)$	0,0606061	0,000189394
36	3	1	0,181818	0,000568182
198	16,5	5,5	1	0,003125
63 360	5 280	1 760	320	1

Area

Square inches (sq. in.)	Square feet (sq. ft.)	Square yards (sq. yd.)	Square rods (sq. rd.)	Acres (A.)	Square miles (sq. mi.)
1	0,0069444$(^1/_{144})$	0,0007716$(^1/_{1296})$	....	....	....
144	1	0,1111$(^1/_9)$	0,0036731	$2{,}29568 \times 10^{-5}$	$3{,}58701 \times 10^{-8}$
1 296	9	1	0,03305785	$2{,}06612 \times 10^{-4}$	$3{,}22831 \times 10^{-7}$
39 204	272,25	30,25	1	0,00625$(^1/_{16})$	$9{,}765625 \times 10^{-6}$
627 264	43 560	4 840	160	1	0,0015625
$4{,}0154 \times 10^9$	27 878 400	3 097 600	102 400	640	1

Volume

Cubic inches (cu. in.)	Cubic feet (cu. ft.)	Cubic yards (cu. yd.)
1	0,000578704$(^1/_{1728})$	$2{,}143347 \times 10^{-5}$
1 728	1	0,0370370$(^1/_{27})$
46 656	27	1

Capacity — Liquid Measure

Gills (gi.)	Pints (pt.)	Quarts (qt.)	Gallons (gal.)	Cubic inches (cu. in.)
1	0,25$(^1/_4)$	0,125$(^1/_8)$	0,03125$(^1/_{32})$	7,21875
4	1	0,5$(^1/_2)$	0,125$(^1/_8)$	28,875
8	2	1	0,25$(^1/_4)$	57,749
32	8	4	1	231

Apothecaries' Fluid Measure

Minims (min.)	Fluid drams (fl. dr.)	Fluid ounces (fl. oz.)	Pints (pt.)
1	0,016667$(^1/_{60})$	0,0020833$(^1/_{480})$	0,00013021
60	1	0,125$(^1/_8)$	0,0078125
480	8	1	0,0625$(^1/_{16})$
7 680	128	16	1

Dry Measure

Pints (pt.)	Quarts (qt.)	Pecks (pk.)	Bushels (bu.)	Cubic inches (cu. in.)
1	0,5$(^1/_2)$	0,0625$(^1/_{16})$	0,015625$(^1/_{64})$	33,6003
2	1	0,125$(^1/_8)$	0,03125$(^1/_{32})$	67,2006
16	8	1	0,25$(^1/_4)$	537,605
64	32	4	1	2 150,42

Mass — Avoirdupois / Commercial

Grains (gr.)	Drams (dr. av.)	Ounces (oz. av.)	Pounds (lb. av.)	Tons (short) (tn. sh.)
1	0,03657143	0,0022857	0,00014286$(^1/_{7000})$	....
27,34375	1	0,0625$(^1/_{16})$	0,00390625$(^1/_{256})$	....
437,5	16	1	0,0625$(^1/_{16})$	0,00003125
7 000	256	16	1	0,0005
...	572 000	32 000	2000	1

Mass — Troy Weight

Grains (gr.)	Pennyweights (dwt.)	Ounces (oz. t.)	Pounds (lb. t.)
1	0,041667$(^1/_{24})$	0,0020833$(^1/_{480})$	0,0001736111$(^1/_{5760})$
24	1	0,05$(^1/_{20})$	0,0041667$(^1/_{240})$
480	20	1	0,083333$(^1/_{12})$
5 760	240	12	1

Mass — Apothecaries' Weight

Grains (gr.)	Scruples (℈ or s. ap.)	Drams (ʒ or dr. ap.)	Ounces (℥ or oz. ap.)	Pounds (lb. ap.)
1	0,05$(^1/_{20})$	0,016667$(^1/_{60})$	0,0020833$(^1/_{480})$	0,0001736111$(^1/_{5760})$
20	1	0,333333$(^1/_3)$	0,041667$(^1/_{24})$	0,0034722$(^1/_{288})$
60	3	1	0,125$(^1/_8)$	0,0104167$(^1/_{96})$
480	24	8	1	0,083333$(^1/_{12})$
5 760	288	96	12	1

Aus: „Documenta Geigy, Wissenschaftliche Tabellen", J. R. Geigy A. G., Basel

4. UMRECHNUNGSFAKTOREN FÜR MASSE UND GEWICHTE
4. CONVERSION FACTORS FOR WEIGHTS AND MEASURES

Längenmaße

Umzurechnen	*in*	*Multiplizieren mit*
cm	inch (″)	0.3937
m	foot (′)	3.2808
m	yard (yd)	1.0936
km	statute mile (st. mi)	0.6214
inch	cm	2.5400
foot	m	0.3048
yard	m	0.9144
statute mile	km	1.6093

Flächenmaße

Umzurechnen	*in*	*Multiplizieren mit*
cm²	square inch (sq. in)	0.1550
m²	square foot (sq. ft)	10.7639
m²	square yard (sq. yd)	1.1960
1000 m²	acre (ac)	0.2471
km²	square mile (sq. mi)	0.3861
square inch	cm²	6.4516
square foot	m²	0.0929
square yard	m²	0.8361
acre	m²	4046.8
square mile	km²	2.5900

Volumenmaße (allgemein)

Umzurechnen	*in*	*Multiplizieren mit*
cm³	cubic inch (cu. in)	0.06102
Liter	cubic foot (cu. ft)	0.03531
m³	cubic yard (cu. yd)	1.308
m³	register ton (reg. tn)	0.3531
cubic inch	cm³	16.387
cubic foot	Liter	28.317
cubic yard	m³	0.7646
register ton	m³	2.8317

Hohlmaße für Trockensubstanzen

Umzurechnen	*in*		*Multiplizieren mit*
Liter	pint, dry	(USA)	1.8162
Liter	quart, dry	(USA)	0.9081
Liter	peck	(USA)	0.1135
Liter	bushel	(USA)	0.0284
m³	barrel	(USA)	8.6484
m³	barrel Petrol	(USA)	**6.2972**
m³	quarter	(USA)	4.1305
Liter	peck	(Brit.)	0.1100
Liter	bushel	(Brit.)	0.0275
Liter	kilderkin	(Brit.)	0.0122
m³	barrel	(Brit.)	6.1103
m³	quarter	(Brit.)	3.4370
pint, dry	(USA)	Liter	0.5506
quart, dry	(USA)	Liter	1.1012
peck	(USA)	Liter	8.8098
bushel	(USA)	Liter	35.2393
barrel	(USA)	m³	0.1156
barrel Petrol	(USA)	m³	**0.1588**
quarter	(USA)	m³	0.2421
peck	(Brit.)	Liter	9.0922
bushel	(Brit.)	Liter	36.3687
kilderkin	(Brit.)	Liter	81.829
barrel	(Brit.)	m³	0.1637
quarter	(Brit.)	m³	0.2909

Hohlmaße für Flüssigkeiten

Umzurechnen	*in*		*Multiplizieren mit*
cm³	minim	(USA)	16.2306
Liter	gill (liqu)	(USA)	8.4534
Liter	pint (liqu)	(USA)	2.1134
Liter	quart (liqu)	(USA)	1.0567
Liter	gallon	(USA)	0.2642
Liter	gill (liqu)	(Brit.)	7.0390
Liter	pint (liqu)	(Brit.)	1.7598
Liter	quart (liqu)	(Brit.)	0.8799
Liter	pottle	(Brit.)	0.4399
Liter	gallon	(Brit.)	0.2200
minim	(USA)	cm³	0.0616
gill (liqu)	(USA)	Liter	0.1183
pint (liqu)	(USA)	Liter	0.4732
quart (liqu)	(USA)	Liter	0.9464
gallon	(USA)	Liter	3.7854
gill (liqu)	(Brit.)	Liter	0.1421
pint (liqu)	(Brit.)	Liter	0.5683

Umzurechnen	in	Multiplizieren mit
quart (liqu) (Brit.)	Liter	1.1365
pottle (Brit.)	Liter	2.2730
gallon (Brit.)	Liter	4.5461

Gewichte

System avoirdupois (av.) für den allgemeinen Gebrauch

Umzurechnen	in	Multiplizieren mit
g	grain	15.4323
g	dram (av.)	0.5644
g	ounce (av.)	0.0353
kg	pound (av.)	2.2046
t	short ton (USA)	1.1023
t	long ton (Brit.)	0.9842
grain	g	0.0648
dram	g	1.7718
ounce	g	28.3495
pound	kg	0.4536
short ton (USA)	kg	907.2
long ton (Brit.)	kg	1016.05

Apotheker-Maßsystem für Feststoffe (ap.)

sowie Troy-System (t) für Edelmetalle und Drogen

Umzurechnen	in	Multiplizieren mit
g	grain	15.4323
g	scruple (ap.)	0.7716
g	pennyweight (t)	0.6430
g	dram od. drachm	0.2572
g	ounce (ap. od. t)	0.03215
kg	pound (ap. od. t)	2.67923
grain	g	0.064799
scruple (ap.)	g	1.295978
pennyweight (t)	g	1.555174
dram od. drachm	g	3.887935
ounce (ap. od. t)	g	31.103481
pound (ap. od. t)	g	373.24177

Apotheker-Maßsystem für Flüssigkeiten

Umzurechnen	in	Multiplizieren mit
cm^3	fluid dram (USA)	0.27052
cm^3	fluid ounce (USA)	0.03381
cm^3	minim (Brit.)	16.892
cm^3	fluid dram (Brit.)	0.2815
cm^3	fluid ounce (Brit.)	0.0352
fluid dram (USA)	cm^3	3.69661
fluid ounce (USA)	cm^3	29.5729
minim (Brit.)	cm^3	0.0592
fluid dram (Brit.)	cm^3	3.552
fluid ounce (Brit.)	cm^3	28.412

Aus: Horn-Schönberg UMWANDLUNGSTABELLEN für U.S.- und britische Einheiten ins metrische System und umgekehrt, 4. Auflage, Carl Hanser Verlag, München.

VIII. ENGLISCHE KORREKTURZEICHEN
VIII. ENGLISH PROOFREADER'S MARKS

Zeichen am Rand	*Zeichen im Text*	*Ausgeführte Korrektur*	*Erklärung*
/	*keines*		*Ende der Korrektur* Correction is concluded
Br. ꝺ͡ *Am.* ꝺ͡	*Br.* beelow *od.* beelow *Am.* beelow	below	*Überflüssige Buchstaben tilgen, anschließen* Delete and close up
Br. ꝺ *Am.* ꝺ	dogg dog	dog	*Überflüssige Buchstaben oder Wörter tilgen* Delete
o *below*	dig beowlo	dog below	*Falsche Buchstaben oder falsche Wörter ersetzen* Substitute letter or part of one or more word(s)
Br. l/ *Am.* l	*Br.* Wil/iam *Am.* Wil‸iam	William	*Auslassung* Caret, insert matter indicated in margin
Br. Ⓘ *Am.* stet	of ~~all~~ ages	of all ages	*Rückgängigmachung von fälschlich Korrigiertem* Leave as printed
Br. ⊔⊔ *Am.* ital	Mr. (or Mrs.)	Mr. (*or* Mrs.)	*Kursiv* Italic type
Br. ═ *Am.* sc	The Hague Tribunal	THE HAGUE TRIBUNAL	*Kapitälchen* Small capitals
Br. ≡ *Am.* caps	The Hague Tribunal	THE HAGUE TRIBUNAL	*Versalien* Capital letters
═	The Hague Tribunal	THE HAGUE TRIBUNAL	*Anfangsbuchstaben in Versalien, die übrigen in Kapitälchen* Use capital letters for initial letters and small capitals for rest of words
Br. ~~~ *Am.* bf	the English and German languages	the **English** and **German** languages	*Halbfett* Bold(face) type
Br. ⊔⊔ *Am.* bf ital	Explanations	***Explanations***	*Halbfett kursiv* Bold(face) italic type
Br. ≢ *Am.* lc	*Br.* General *Am.* General	general	*Kleinschreibung* Lower case
Br. ⊔⊔ *Am.* rom	of *all* ages	of all ages	*Grundschrift (Antiqua)* Roman type
Br. ⊗ *Am.* wf	edition	edition	*Falsche Type (Zwiebelfisch)* Wrong fo(u)nt

Zeichen am Rand	*Zeichen im Text*	*Ausgeführte Korrektur*	*Erklärung*
Br. ⌒ *Am.* ⑨	ə̲xercise	exercise	*Verkehrt oder quer stehender Buchstabe* Invert type, reverse
×	ⓔlectricity	electricity	*Beschädigter oder unreiner Buchstabe* Broken *od.* damaged letter
Br. *Am.*	*Br.* his latest work/ his latest work ⁄ *Am.* his latest work ^	his latest work[2]	*Hochstellung* Superscript (number specified)
Br. *Am.*	*Br.* his latest work/ his latest work ⁄ *Am.* his latest work ^	his latest work$_3$	*Tiefstellung* Subscript (number specified)
⁀	chancellor ship	chancellorship	*Anschließen* Close up entirely, no space
⁀	Phoebus offer	Phœbus offer	*Ligatur* Ligature
oe, ff	Phœbus, offer	Phoebus, offer	*Keine Ligatur* Substitute separate letters for ligature or diphthong
Br. Y *Am.* #	*Br.* mothercountry *Am.* mothercountry	mother country	*Fehlender Wortzwischenraum* Insert space between words
) *od.*	There was a young lady of Troy, Whom several large flies did annoy; (	There was a young lady of Troy, Whom several large flies did annoy;	*Fehlender Durchschuß* Insert space between lines or paragraphs
(*od.*	Some she killed with a thump, Some she drowned at the Pump,) And some she took with her to Troy.	Some she killed with a thump, Some she drowned at the Pump, And some she took with her to Troy.	*Zu großer Durchschuß* Reduce space between lines or paragraphs
Br. *Am.* eq.#	*Br.* his | sons | and | daughters *Am.* his sons and daughters	his sons and daughters	*Zwischenräume ausgleichen* Make space appear equal between words
⊤	his sons and daughters	his sons and daughters	*Weniger Zwischenraum* Reduce space between words
Br. Y *Am.* ls	A|N|N|O D|O|M|I|N|I	A N N O D O M I N I	*Sperrung* Insert space between letters
Br. ⊔⊓ *Am.* tr	a painter famous let us consider the case now heer	a famous painter now let us consider the case here	*Umstellen* Transpose words or letters indicated

Zeichen am Rand	*Zeichen im Text*	*Ausgeführte Korrektur*	*Erklärung*
Br. [ ] *Am.*] [	[Autumn]]Autumn[	Autumn	*Zentrieren* Place in centre (*od.* center) of line
Br. [2 , *Am.* □	Peter [Paul [Michael [George [John	Peter Paul Michael George John	*Einzug um 1–4 Gevierte* Indent 1—4 ems
move	[cold]——→	cold	*Text an die angegebene Stelle setzen* Move matter to position indicated
Br. *Am.*]	Here shall he see No enemy No enemy]	Here shall he see No enemy	*Text nach rechts versetzen* Move matter to right
Br. *Am.* [	Here shall he see No enemy] [No enemy	Here shall he see No enemy	*Text nach links versetzen* Move matter to left
	Here shall he see [No enemy	Here shall he see No enemy	*Übernahme in die folgende Zeile, Spalte oder Seite* Take over letter or word or line to next line, column or page
	Here shall he see] No enemy	Here shall he see No enemy	*Übernahme aus der folgenden Zeile, Spalte oder Seite* Take back letter or word or line to previous line, column or page
Br. *Am.*	*Br.* Raise to position proper *Am.* Raise to position proper	Raise to proper position	*In die richtige Höhe bringen (höher!)* Raise to proper position
Br. *Am.*	*Br.* Lower to proper position *Am.* Lower to proper position	Lower to proper position	*In die richtige Höhe bringen (tiefer!)* Lower to proper position
||	Peter Paul George	Peter Paul George	*Rand ausrichten* Correct the vertical alignment
═	It is a foolish thought	It is a foolish thought	*Verschobener Durchschuß oder nicht Linie haltende Stelle* Straighten line

Zeichen am Rand	*Zeichen im Text*	*Ausgeführte Korrektur*	*Erklärung*
Br. ⊥ *Am.* ⫰	A great[ ]many things	A great many things	*Spieß (hochgekommener Durchschuß oder Ausschluß)* Push down risen spacing material
Br. ⎍ *Am.* ¶	*Br.* in 1926. ⌐In the following years *Am.* in 1926. ⌐In the following years	in 1926. In the following years	*Neuer Absatz* Start new paragraph
Br. ∾ *Am.* no ¶	a man of great re- nown.) (He was	a man of great re- nown. He was	*Anhängung eines Absatzes* Run on (no fresh paragraph here)
Br. ⋌Ⓐ *Am.* out-see copy	*Br.* in the ⋌ There was *Am.* in the ∧ There was	in the (*Manuskriptergän-zung*) There was	*Nach dem Manuskript zu ergänzende Auslassung* Insert omitted portion of copy
Br. , *Am.* ⁁	*Br.* books/ etc. books ⋌ etc. *Am.* books ∧ etc. books/ etc.	books, etc.	*Fehlendes Komma* Substitute or insert comma
Br. ; *Am.* ;|	*Br.* came/ there was came ⋌ there was *Am.* came ∧ there was came/ there was	came; there was	*Fehlendes Semikolon* Substitute or insert semi-colon
⊙	*Br.* Here he comes/ Here he comes ⋌ *Am.* Here he comes ∧ Here he comes/	Here he comes.	*Fehlender Punkt* Substitute or insert full stop (= period) or decimal point
Br. (:) *Am.* :|	*Br.* runs as follows/ runs as follows ⋌ *Am.* runs as follows ∧ runs as follows/	runs as follows:	*Fehlender Doppelpunkt* Substitute or insert colon
Br. ?⋌ *Am.* (set) ?	*Br.* Where are you ⋌ *Am.* Where are you ∧ Where are you/	Where are you?	*Fehlendes Fragezeichen* Substitute or insert question (*od.* interrogation) mark
!⋌	*Br.* Come here ⋌ *Am.* Come here ∧ Come here/	Come here!	*Fehlendes Ausrufezeichen* Substitute or insert exclamation mark (*od.* point)
Br. (⋌)⋌ *Am.* (/)	*Br.* ⋌round ⋌ brackets *Am.* ∧round ∧brackets	(round) brackets	*Fehlende runde Klammern* Insert parentheses
Br. [⋌]⋌ *Am.* [/]	*Br.* ⋌square⋌ brackets *Am.* ∧square ∧ brackets	[square] brackets	*Fehlende eckige Klammern* Insert square brackets
Br. ⊢⊣ *Am.* ⊢⊣	*Br.* gentleman/ farmer gentleman ⋌ farmer *Am.* gentleman ∧ farmer	gentleman-farmer	*Fehlender Bindestrich* Substitute or insert hyphen

Zeichen am Rand	*Zeichen im Text*	*Ausgeführte Korrektur*	*Erklärung*
Br. |en| *Am.* 1/N	*Br.* 1914 ⋏ 1918 *Am.* 1914 ∧ 1918	1914–1918	*Strich von 1 Halbgeviert* Insert en rule (*od.* half-em rule *od. Am.* one en dash)
Br. |em| *Am.* 1/M	*Br.* his father ⋏ a good old gentleman *Am.* his father ∧ a good old gentleman	his father—a good old gentleman	*Gedankenstrich von 1 Geviert* Insert one em rule (*od. Am.* one em dash)
Br. ’⁄ *Am.* ’∨	*Br.* my father/s my father/s *Am.* my fathers	my father's	*Fehlender Apostroph* Substitute or insert apostrophe
Br. ‘⁄ ’⁄ *Am.* ‘∨ ’∨	*Br.* ⋏ No⁄, she said ⋏ No ⋏, she said *Am.* ∧ No ∧, she said	'No', she said	*Fehlende Anführungszeichen (einfach)* Substitute or insert single quotation marks
Br. “⁄ ”⁄ *Am.* “∨ ”∨	*Br.* ⋏ No⁄, she said ⋏ No ⋏ , she said *Am.* ∧ No ∧ , she said	"No", she said	*Fehlende Anführungszeichen (doppelt)* Substitute or insert double quotation marks
Br. ••• *Am.* |•|•|•|	*Br.* and she arrived ⋏ *Am.* and she arrived ∧	and she arrived ...	*Auslassungspunkte* Ellipsis
(•••)	*Br.* page A. General Indica- tions ⋏ XVII I Styles of Type ⋏ XVII II Arrangement of Entries ⋏ XVII *Am.* A. General Indica- tions ∧ XVII I Styles of Type ∧ XVII II Arrangement of Entries ∧ XVII	page A. General Indica- tions .... XVII I Styles of Type. XVII II Arrangement of Entries ... XVII	*Leitpunkte* Leaders
(/)	and / or and ⋏ or	and / or	*Schrägstrich* Substitute or insert oblique
Br. (?) *Am.* ?	(not) irreparable not irreparable	irreparable	*Fragliche Textstelle. Manuskript prüfen; Rückfrage beim Verfasser* Refer to appropriate authority anything of doubtful accuracy

IX. BUCHSTABIERALPHABETE

IX. PHONETIC ALPHABETS

	Deutsch	*Britisches Englisch*	*Amerikanisches Englisch*	*International*	*Zivil-Luftfahrt (ICAO)*
A	Anton	Andrew	Abel	Amsterdam	Alfa
Ä	Ärger	—	—	—	—
B	Berta	Benjamin	Baker	Baltimore	Bravo
C	Cäsar	Charlie	Charlie	Casablanca	Charlie
CH	Charlotte	—	—	—	—
D	Dora	David	Dog	Danemark	Delta
E	Emil	Edward	Easy	Edison	Echo
F	Friedrich	Frederick	Fox	Florida	Foxtrot
G	Gustav	George	George	Gallipoli	Golf
H	Heinrich	Harry	How	Havana	Hotel
I	Ida	Isaac	Item	Italia	India
J	Julius	Jack	Jig	Jérusalem	Juliett
K	Kaufmann	King	King	Kilogramme	Kilo
L	Ludwig	Lucy	Love	Liverpool	Lima
M	Martha	Mary	Mike	Madagaskar	Mike
N	Nordpol	Nellie	Nan	New York	November
O	Otto	Oliver	Oboe	Oslo	Oscar
Ö	Ökonom	—	—	—	—
P	Paula	Peter	Peter	Paris	Papa
Q	Quelle	Queenie	Queen	Québec	Quebec
R	Richard	Robert	Roger	Roma	Romeo
S	Samuel	Sugar	Sugar	Santiago	Sierra
Sch	Schule	—	—	—	—
T	Theodor	Tommy	Tare	Tripoli	Tango
U	Ulrich	Uncle	Uncle	Upsala	Uniform
Ü	Übermut	—	—	—	—
V	Viktor	Victor	Victor	Valencia	Victor
W	Wilhelm	William	William	Washington	Whiskey
X	Xanthippe	Xmas	X	Xanthippe	X-Ray
Y	Ypsilon	Yellow	Yoke	Yokohama	Yankee
Z	Zacharias	Zebra	Zebra	Zürich	Zulu